国家社会科学基金特别委托项目，项目编号：10@zh027，
项目名称：“革命根据地法律文献整理与研究”

本书得到中国人民大学科学研究基金项目“革命根据地法律文献整理与研究”
（批准号：15XNQ063）支持

革命根据地法律文献选辑

（第三辑）

抗日战争—解放战争时期老解放区的法律文献
（1937—1949）

第一卷

总 纲

张希坡 编著

中国人民大学出版社
·北 京·

中共中央指示：

在人民新的法律还没有系统地发布以前，应该以共产党的政策以及人民政府与人民解放军所已发布的各种纲领、法律、命令、条例、决议作依据。目前在人民的法律还不完备的情况下，司法机关的办事原则，应该是：有纲领、法律、命令、条例、决议规定者，从纲领、法律、命令、条例、决议之规定；无纲领、法律、命令、条例、决议规定者，从新民主主义的政策。

1949年2月《中共中央关于废除国民党的〈六法全书〉和确定解放区的司法原则的指示》

华北人民政府训令：

人民的法律，已经有了解放区人民相当长期的统治经验，有的已经研究好，写在人民政府、人民解放军发布的各种纲领、法律、条例、命令、决议等规定里，有的正在创造。……用全副精神来学习马列主义——毛泽东思想的国家观法律观，学习新民主主义的政策、纲领、法律、命令、条例、决议，来搜集与研究人民自己的统治经验，制作出新的较完备的法律来。

1949年4月1日《华北人民政府为废除国民党的六法全书及一切反动法律的训令》

董必武：

大家知道，在过去国内革命战争的各个时期，各个革命根据地，在党的统一领导下，制定了许多代表人民意志和符合革命利益的政策法令。尽管它们在形式上较为简单，而且不可避免地带有地方性，但是它们有力地保障和促进了革命事业的发展。不仅如此，它们并且是我们现在人民民主法制的萌芽。

1956年9月19日，董必武在中国共产党第八次全国代表大会上的发言：《进一步加强人民民主法制　保障社会主义建设事业》。转引自《董必武法学文集》，北京，法律出版社，2001，第340页。

人民政法工作和军事工作、经济工作、文教工作一样，在党中央和毛主席的领导下，从民主革命到社会主义革命，逐步积累起丰富的经验，形成了自己的优良传统。这就是服从党的领导、贯彻群众路线、结合生产劳动、为党和国家的中心工作服务。这十分鲜明地概括了我们人民政法工作的优良传统。

1959年5月16日，董必武在全国公安、检察、司法先进工作者大会的讲话《实事求是地总结经验，把政法工作做得更好》。转引自《董必武法学文集》，北京，法律出版社，2001，第423～424页。

胡锦涛：

中国共产党从成立之日起就以实现人民当家作主为己任。以毛泽东同志为主要代表的中国共产党人，创造性地把马克思主义国家学说同中国具体实际结合起来，在带领人民为推翻三座大山而浴血奋战的同时，对建立新型人民民主政权及其组织形式进行了长期探索和实践。从第一次国内革命战争时期的罢工工人代表大会和农民协会到第二次国内革命战争时期的工农兵代表苏维埃，从抗日战争时期的参议会到解放战争后期和建国初期各地普遍召开的各界人民代表会议，都是我们党为实现人民民主而进行的探索和创造。我们党深刻总结中国近代政治发展的历程和建立新型人民民主政权的实践，得出了一个重要结论，这就是：新民主主义革命胜利后建立的政权，只能是工人阶级领导的、以工农联盟为基础的人民民主专政；同这一国体相适应的政权组织形式，只能是民主集中制的人民代表大会制度。

2004 年 9 月 15 日胡锦涛在首都各界纪念全国人民代表大会成立 50 周年大会上的讲话（2004 年 9 月 16 日《光明日报》，新华社北京 9 月 15 日电）

习近平：

历史是最好的教科书。学习党史、国史，是坚持和发展中国特色社会主义、把党和国家各项事业继续推向前进的必修课。这门功课不仅必修，而且必须修好。

2013 年 6 月 25 日，习近平在中共中央政治局第七次集体学习时的讲话（2013 年 6 月 27 日《光明日报》，新华社北京 6 月 26 日电）

深入开展中国人民抗日战争研究，必须坚持正确历史观、加强规划和力量整合、加强史料收集和整理、加强舆论宣传工作，让历史说话，用史实发言，着力研究和深入阐释中国人民抗日战争的伟大意义、中国人民抗日战争在世界反法西斯战争中的重要地位、中国共产党的中流砥柱作用是中国人民抗日战争胜利的关键等重大问题。……要坚持用唯物史观来认识和记述历史，把历史结论建立在翔实准确的史料支撑和深入细致的研究分析的基础之上。要坚持正确方向、把握正确导向……按照“总体研究要深、专题研究要细”的原则，制定中长期规划和具体工作方案，确定研究重点和主攻方向……推出高水准的权威专著和通俗读物。

2015 年 7 月 30 日，习近平在中共中央政治局就中国人民抗日战争的回顾和思考进行第二十五次集体学习时的讲话（2015 年 8 月 1 日《光明日报》，新华社北京 7 月 31 日电）

编者说明

一、革命根据地的法律文献，堪称“红色法律经典”

所谓“红色法律经典”（简称“红色法经”），是指中国共产党在新民主主义革命时期，领导人民在革命根据地内，由革命政权所制定的反帝反封建的人民民主专政的法律文献。

所谓“经典”，按《辞海》的解释，是指“一定时代、一定阶级认为最重要的、有指导作用的著作”。《汉语大词典》的解释是：“旧指作为典范的儒家载籍”，或者具有权威性的著作。以现代文学艺术作品为例，有许多被公认为“红色经典”之作，如反映土地改革的小说和电影，有周立波的《暴风骤雨》和丁玲的《太阳照在桑干河上》；反映解放区婚姻制度改革的作品就更多，如《刘巧儿》《小二黑结婚》和《李二嫂改嫁》；等等。这些文艺作品早已家喻户晓，受到人们的普遍欢迎。可是，这些文艺作品所反映的法律母体，一般人却不太了解。这正是本课题所要研究的对象，也就是本“选辑”所要收集的重要内容。大家知道，《暴风骤雨》和《太阳照在桑干河上》所描写的是解放战争时期轰轰烈烈的土地改革运动，而指导那场土改运动的纲领性的法律文献，是 1947 年 10 月在西柏坡召开的全国土地会议上研究制定的《中国土地法大纲》。该大纲明确规定，“废除封建性及半封建性剥削的土地制度，实现耕者有其田的土地制度”。这是中国共产党领导的新民主主义革命的三大经济纲领的重要组成部分，因此，《中国土地法大纲》堪称土地立法的“红色经典”。同样，上述反映解放区婚姻制度改革的文艺作品，无一不是各个历史时期婚姻法规的写照。例如《刘巧儿》的故事，是发生在 1943 年陕甘宁边区的真人真事，它所反映的追求婚姻自由、反对包办、买卖婚姻的主题思想，是以 1939 年制定的《陕甘宁边区婚姻条例》为依据的。《小二黑结婚》发生在抗日战争时期的华北抗日根据地，它所反映的婚姻自主、自由恋爱的思想，是 1942 年的《晋冀鲁豫边区婚姻条例》和 1943 年的《晋察冀边区婚姻条例》的主题思想。《李二嫂改嫁》则发生在解放战争时期的山东解放区，它所诠释的寡妇再婚的政策，是 1945 年 3 月《山东省婚姻暂行条例》所规定的“寡妇有再嫁与否之自由，任何人不得干涉”。因此，上述婚姻立法，即成为革命根据地“红色法律”的经典之作。

但是，革命根据地的土地改革法，不是只有一个《中国土地法大纲》，而是还有它产生、发展的过程。中国共产党成立后，在领导农民运动时，早就提出“耕地农有”的口号，并开始实行减租减息。在第一次国共合作时期，中国共产党与孙中山共同研究，确定采取“二五减租”的政策，并提出“耕者有其田”的口号。到第二次国内革命战争时期，在红色革命根据地，先后制定了《井冈山土地法》和《中华苏维埃共和国土地法》，指导苏区农民实行彻底的土地改革。抗日战争时期，根据抗日民族统一战线的方针，在各抗日根据地内，分别颁布了若干《减租减息条例》，全面推行减租减息政策。到解放战争时期，各解放区依照《中国土地法大纲》，实现了“耕者有其田”的制度。这便为全国解放后制定《中华人民共和国土地改革法》、在新区开展土地改革运动，积累了丰富的经验。同样，革命根据地的婚姻立法也有个逐步发展的过程：在中国共产党成立后制定的政纲、决议中，以及工农运动制定的规约、条令中，确立了新民主主义婚姻制度的四项原则，即男女平等，婚姻自由，一夫一妻，保护妇女、儿童和老人；以后在《中华苏维埃共和国婚姻法》以及各解放区制定的《婚姻条例》中，作了具体规定。上述法律文献在本“选辑”中，都可查到具体条文。

其他方面的法律法规也是如此。比如反映劳动立法的文艺作品，有第一次大革命时期中国工人阶级为反抗军阀压迫、争取建立工会组织而发动的“安源路矿工人大罢工”和京汉铁路工人“二七大罢工”，以及香港和广州工人举行的反帝爱国斗争——“省港大罢工”，这些都是以中国共产党在1922年制定的《劳动法案大纲》作为指导纲领的。第二次国内革命战争时期颁布了《中华苏维埃共和国劳动法》，之后在各抗日根据地内，陆续制定了各地区的《劳动保护条例》，这些都可在本“选辑”中窥见其发展、演变的进程。

综上所述，不难看出，既然大量的反映反帝反封建斗争的影视诗歌被称作主旋律的“红色经典”，那么指导这些文艺作品的法律母体，理所当然更应属于“红色法律经典”。本丛书就是从几十年来收集的大量法律文献中，经过考察、校订，选出具有代表性的法律文献，编成《革命根据地法律文献选辑》，供国内外专家及广大读者学习、研究中国近现代史及中国法制史，了解我国现行法律制度的发展、沿革的过程，总结历史经验。

但应指出，这里所说的“红色法律经典”，主要是指那些具有历史价值并具有代表性的法律文献。现在收入本“选辑”的，并非都是经典之作，有些规约、条令是临时性的、地区性的应急之作；有些规定还带有时代的局限性，因受主、客观条件的影响，某些规定是不正确的，需要客观地、全面地进行分析研究。之所以收集进来，是为了说明革命根据地的法制建设工作与其他工作一样，有一个从无到有、由小到大、从萌芽雏形到逐步成熟完善的发展过程。因此，它们统称为“红色法律资源”，都属于“红色法律文化遗产”的范畴。

本丛书内容涉及范围很广，包括以下各个部门法的历史文献：宪法施政纲领、选举法、政权组织法、民政、外事、军事、财政金融税收、经济管理（工农商贸合作社及知识产权）、文化教育与卫生、土地法、劳动法、婚姻与继承、刑事法规、监察与公安检察、司法审判及狱政，等等。

二、革命根据地的人民民主法制史的上限始于何时？

现在在一般教材和史料汇编中，对于人民民主法制史的上限，多是从1927年苏维埃红色政权创立开始。诚然，1927年秋收起义后在农村根据地建立的苏维埃政权，的确奠定了人民民主法制的坚实基础。但是，这仅仅是“流”，而不是“源”。大量的历史事实证明，我国人民民主法制，应以中国共产党的成立和第一次国内革命战争时期建立的广东革命根据地作为起点。中国共产党成立后，明确提出驱除国际帝国主义、打倒封建军阀、建立“真正民主共和国”的政治纲领，并陆续制定了有关人民民主法制的若干基本原则。为了实现上述反帝反封建的政治纲领，中国共产党积极领导开展了三方面的斗争，即工人运动、农民运动以及同孙中山领导的中国国民党进行合作，共同开创了广东革命根据地。在工人运动中，制定了最早的工会条例和劳动立法。在农民运动中，实行减租减息，制定《农民协会章程》，并以农民协会作为临时的基层政权，待条件具备时建立普选的乡村自治委员会，实行民主集中制的县政府委员会制度。特别是在工农运动的实践中，创建了我国人民代表大会制度的三株珍贵“萌芽”——省港罢工工人代表大会、各级（主要是省级）农民代表大会以及上海工人第三次武装起义中建立的上海市民代表大会。同时在中国共产党的政纲宣言和工农运动产生的规约、条令中，提出了婚姻制度改革的立法原则，确立男女平等的财产权和继承权；在刑事立法方面，提出“反革命罪”的概念，制定《反革命罪条例》、《惩治土豪劣绅条例》和《惩治贪污条例》，建立了新型的革命法庭；改革司法制度，并在工农革命组织中成立了最早的人民调解机构；等等。这一切都可以从本“选辑”中得到充分证实。

三、《革命根据地法律文献选辑》的体系结构

全书共分为4辑。

第一辑为“中国共产党成立后与第一次国内革命战争时期的法律文献（1921—1927）”。

第二辑为“第二次国内革命战争时期中华苏维埃共和国的法律文献（1927—1937）”。

第三辑为“抗日战争—解放战争时期老解放区的法律文献（1937—1949）”。

第四辑为“解放战争时期新解放区的法律文献（1945—1949）”。

在每一辑中，根据其实际情况及史料的多少，有的分为上下卷（如中央苏区），有的分列多卷本（如抗日根据地）。

革命的前辈在政权与法制建设方面所遗留的这些丰富史料，不仅为法制史学的研究创造了有利条件，而且对于政治史、经济史、文化史以及各个部门法史都有极重要的研究价值。期望大家能对这些史料进行深入、系统的探讨，相信不久的将来，定会有高水平的论著不断问世。

六十多年来，先后参加本“选辑”史料汇集工作的有以下同志：常风、毛天祜、梁秀如、郝正宇、关子健、胡大展、雷晟生、范明辛等。其中大部分现已作古，仅以本书的出版，告慰他（她）们的在天之灵。

多年来，在收集与研究革命根据地法律文献的过程中，得到有关单位与专家的指导和帮助，特借本“选辑”出版之机，再次表示衷心感谢！本“选辑”存在的缺点、错误，欢迎各位专家与广大读者批评指正。

先后应邀参加本课题组的成员有：马小红、赵晓耕、侯欣一、丁相顺、高仰光、黄东海、陈和平、段俊杰等。其中，黄东海、陈和平、段俊杰参加了部分文稿的校订及其他辅助工作。此外，还有一个十多人的“家庭总后备队”，祖孙三代齐上阵，从早期的手抄复写和手工打字，到后期的电脑打字、校对、改错、图书借阅、网上购书、文献拍照、图表复制，以及各种事务性工作，都为本“选辑”的出版作出一定贡献。

编　者

2016年10月

第三辑说明

1931 年“九一八事变”揭开了中国人民抗日战争及世界反法西斯战争的序幕。

日本军国主义妄图吞并中国的阴谋由来已久。早在 1894 年（甲午年）日本就发动侵华的“甲午战争”，1895 年迫使清政府签订了中日《马关条约》，窃取了中国的固有领土台湾全岛及澎湖列岛诸岛屿。1904 年竟然在中国境内爆发日俄战争。日本侵略者强占了中国原被沙皇俄国占据的辽宁旅顺、大连地区和南满铁路（长春至大连）。1919 年日本军国主义在旅顺口设立了“关东军司令部”，这是日本军队侵略中国的大本营；并在南满铁路沿线驻兵。1927 年日本首相田中义一在密奏天皇的《对华政策纲要》（即所谓“田中奏折”）中宣称“欲征服中国，必先征服满蒙；欲征服世界，必先征服中国”。以后日本军国主义即按此计划先后发动了 1931 年的“九一八事变”、1937 年的“七七卢沟桥事变”和 1941 年的“太平洋战争”。

1931 年 9 月，日本关东军在南满铁路沈阳北郊柳条沟自行炸毁一段铁轨，反诬中国军队破坏铁路，以此为借口，突然于 9 月 18 日晚，向沈阳北大营的中国军队发起进攻，19 日占领了沈阳全城，此即“九一八事变”。由于蒋介石的不抵抗政策，至 1932 年日军的铁蹄踏遍东北辽吉黑三省，不久日本又侵占了热河省，接着便在我国东北四省建立起傀儡政权“满洲国”。

日本发动“九一八事变”，激起了全国人民的抗日怒潮，特别是东北军民纷纷组成“抗日义勇军”“抗日救国军”，直接反击日寇。

中国共产党在“九一八事变”后，于 1931 年 9 月 20 日发布《中国共产党为日本帝国主义强暴占领东三省事件宣言》，接着又于同年 9 月 22 日通过《中共中央关于日本帝国主义强占满洲事变的决议》。中华苏维埃共和国临时中央政府于 1937 年 4 月 15 日发布《关于动员对日宣战的训令》，4 月 25 日发布《中华苏维埃共和国临时中央政府对日宣战通电》。特别是中国工农红军经过长征到达陕北后，于 1935 年 12 月 25 日召开中共中央政治局瓦窑堡会议，通过了《中共中央关于目前政治形势与党的任务的决议》，于 1936 年 9 月

17 日通过了《中共中央关于救亡运动的新形势与民主共和国的决议》。

与此同时，中华苏维埃人民共和国中央政府、中国人民抗日红军革命军事委员会于 1936 年 6 月 1 日联合发出布告，宣布《抗日救国政纲》20 条，提出“全国工农商学兵团结起来抗日救国!”“全国人民武装起来，一致对日作战!”“停止内战，不分红军、白军一致抗日!”“成立国防政府和抗日联军!”等口号。

中国共产党为了加强对东北抗日军民的领导，向东北地区派出许多骨干力量，逐步把分散在各地的抗日武装联合起来。在中共满洲省委的领导下，先后建立了东北人民革命军一至六个军。至 1936 年在黑龙江省汤原县举行东北抗日联合军政扩大会议，决定建立东北抗日联合军总司令部（简称“东北抗联”）。以杨靖宇为第一路军总司令兼政治委员，周保中为第二路军总指挥，李兆麟为第三路军总指挥。以后又陆续扩展到十几个军。这支由共产党所领导的抗日联军，在极端艰苦的条件下，在白山黑水之间坚持战斗，直至 1945 年抗战胜利，开辟了世界最早的、为时最长的反法西斯东方战场，做出了中国人民的卓越贡献。

以上“九一八事变”后的相关文献，已收录在第二辑中。1937 年“七七事变”之后的文献，则收录在本辑即第三辑中。

1937 年“七七事变”，日本军国主义大举向中国内地进攻，妄想以武力吞并全中国，全国人民奋起抗战，从此中国革命进入全面的抗日战争时期。中国共产党根据抗日民族统一战线的总方针，同国民党当局实现了第二次国共合作。中共中央于 1937 年 9 月 6 日决定将中华苏维埃共和国中央临时政府西北办事处更名为陕甘宁边区政府。陕甘宁边区及其首府延安，就成为中共中央、中央军事委员会所在地，也是全国人民革命斗争的指导中心。

1937 年 8 月 25 日，中央军委发布命令，将中国工农红军改编为国民革命军第八路军（9 月改称第十八集团军），下辖一一五师、一二〇师、一二九师。八路军改编后，除陕甘宁边区留守兵团外，遵照中央军委指示，立即开赴华北抗日前线，在日寇占领地区开展游击战争，解放了广大的地区和人民，逐步创立了华北各抗日根据地。同年 10 月 2 日，中共中央决定将活动在长江南北八省的红军游击队，改编为国民革命军新编第四军，下辖四个支队，开赴华中抗日前线，参加对日作战，逐步开辟了华中各抗日根据地。1938 年年底，又将活动在广东东江和海南岛两地的红色游击队，改编为“广东东江人民抗日游击队”和“琼崖人民抗日游击独立纵队”，创建了华南抗日根据地。

经过多年的艰苦奋战，抗日根据地北起内蒙古，南至海南岛，包括 19 个省（辽宁、热河、察哈尔、绥远、陕西、甘肃、宁夏、山西、河北、河南、山东、江苏、浙江、安徽、江西、湖北、湖南、广东、福建等）的一部或大部，共建立了 19 个抗日根据地。除陕甘宁边区是由原来的老苏区转化而来者外，其他 18 个抗日根据地都是在敌人占领的地区建立起来的，故称敌后抗日根据地。其分布情况是：

华北地区：晋察冀、冀热辽、晋绥、晋冀豫、冀鲁豫、山东等 6 个抗日根据地。

华中地区：苏北、苏中、苏南（苏浙皖）、淮北、淮南、皖中（皖江）、浙东、鄂豫皖、湘鄂赣、河南等 10 个抗日根据地。

华南地区：广东东江、琼崖 2 个抗日根据地。

在各抗日根据地里，先后建立起各级抗日民主政权。有的称边区政府（如晋冀鲁豫边区政府），有的称边区行政委员会（如晋察冀边区行政委员会），有的称省政府（如山东省政府），有的称行政公署（如淮南行政公署等）。

到抗战胜利时，抗日根据地共有行政公署22个，专员公署90个，县政府635个；拥有人口9 550万，正规军91万，民兵220万，这些成为打败日本军国主义的中坚力量，也为新中国的建立奠定了坚实的战略基地。

抗日战争时期，由于全面贯彻抗日民族统一战线的战略方针，在根据地里没有建立全国性的人民革命政权，所以各抗日民主政权之间互无隶属关系，而是在中共中央和各边区中央分局或党委的统一政策方针的指导下，因地制宜地设置地方政权组织，分别制定了大量的地区性的法律条令，领导各地人民进行根据地的各项建设事业。

基于上述原因，首先将中共中央的方针政策以及带有全局性的文献史料，列为第一卷“总纲”，作为各边区政府立法工作的指导方针，然后选出6个地区的法律文献作为典型代表。本辑共分下列7卷：

第一卷　总纲

第二卷　陕甘宁边区

第三卷　晋绥边区

第四卷　晋察冀边区

第五卷　晋冀鲁豫边区

第六卷　山东省

第七卷　华中区

原计划是将第三辑定为抗日战争时期（1937—1945），第四辑为解放战争时期（1945—1949）。鉴于解放战争时期有些老区的法律文献不多，单独作为一卷，显得前后不均衡，不如将各根据地的法律文献前后连贯起来，能比较清晰地展现其发展脉络。因此，特将第三辑改为“抗日战争—解放战争时期老解放区的法律文献（1937—1949）”。第四辑改为“解放战争时期新解放区的法律文献（1945—1949）”，涵盖如华北解放区、东北解放区、内蒙古自治区以及新解放的大城市（以北平、天津、南京、上海为代表）等。

至于每卷的序列，根据实际情况采用不同的方式。如内容较多者，先按部门法分类，然后再以年代为序；内容较少者，即不分类别，只以年代先后为序。

附表一：地支代月表

一月：子　　二月：丑　　三月：寅　　四月：卯　　五月：辰
六月：巳　　七月：午　　八月：未　　九月：申　　十月：酉
十一月：戌　　十二月：亥

附表二：韵目代日表

一日：东、先　　二日：冬、萧　　三日：江、肴
四日：支、豪　　五日：微、歌　　六日：鱼、麻
七日：虞、阳　　八日：齐、庚　　九日：佳、青
十日：灰、蒸　　十一日：真、尤　　十二日：文、侵
十三日：元、覃　　十四日：寒、盐　　十五日：删、咸
十六日：铣、谏　　十七日：篠、霰　　十八日：巧、啸
十九日：皓、效　　二十日：哿、号　　二十一日：马、箇
二十二日：养、祃　　二十三日：梗、漾　　二十四日：迥、敬
二十五日：有、径　　二十六日：寝、宥　　二十七日：感、沁
二十八日：俭、勘　　二十九日：豏、艳　　三十日：陷
三十一日：世

附表三：地支代时表

子时：二十三时——翌晨一时
丑时：一时——三时
寅时：三时——五时
卯时：五时——七时
辰时：七时——九时
巳时：九时——十一时
午时：十一时——十三时
未时：十三时——十五时
申时：十五时——十七时
酉时：十七时——十九时
戌时：十九时——二十一时
亥时：二十一时——二十三时

凡　例

一、本选辑是以各个历史时期中国共产党的方针政策为指导的，以各政权机关制定的法律法规为主体。同时为了使读者具体了解某一法律文献制定的历史背景及立法宗旨，特以“附件”的形式，适当选入一些有关的社论或署名文章作为解说；为了使读者了解各个历史时期政策、法律的实施情况及经验教训，选入若干政府工作报告和专门工作总结，以供研究参考。

二、本选辑的史料来源很广，有政府公报、政策法令汇编、史料选集，以及报纸杂志等，也有少量油印件和手抄本。为了核查方便，在每个文件之后，皆注明其史料来源（早期手抄本例外），并尽可能找到多种不同版本相互校正（一般有两件以上，最多的有十件，如《中华苏维埃共和国宪法大纲》）。发现各种版本互有歧异者，在脚注中加以说明。每卷皆附有参考书目录。

三、原件有标题者，一般保留原标题，个别由编者酌加改动。原件无标题或标题较为简略者（如“布告”“通知”等），则由编者根据内容酌拟副标题，以便检索。另有部分篇目在脚注中加以题注，简介有关情况，或作必要考释。

四、各种法律文献的制定时间，在标题下者，一律采用公历；在原件正文中者，注明“民国××年”“中华苏维埃共和国×年”；以干支纪年者，一般未作改动。采用电报代日韵目者，在脚注中写明日期。

五、原件有明显错讹文字或文字用法不符合现代用法者，径行改正，或以（ ）订正；有字迹不清者，以□标明；有脱漏者，以［ ］补正或以“……”标明。原有注文者，标明“原注”。

六、所引原件补充或说明性文字用〔 〕标明。

目　录

上

下

上

1. 中国共产党为日军进攻卢沟桥通电

1937年7月8日

全国各报馆，各团体，各军队中国国民党，国民政府，军事委员会，暨全国同胞们!

本月七日夜十时，日本在卢沟桥，向中国驻军冯治安部队进攻，要求冯部退至长辛店，因冯部不允，发生冲突，现双方尚在对战中。

不管日寇在卢沟桥这一挑战行动的结局，即将扩大成为大规模的侵略战争，或者造成外交压迫的条件，以期导入于将来的侵略战争，平津与华北被日寇武装侵略的危险，是极端严重了。这一危险形势告诉我们：过去日本帝国主义对华“新认识”“新政策”的空谈，不过是准备对于中国新进攻的烟幕。中国共产党早已向全国同胞指明了这一点，现在烟幕揭开了。日本帝国主义武力侵占平津与华北的危险，已经放在每一个中国人的面前。

全中国的同胞们！平津危急！华北危急！中华民族危急！只有全民族实行抗战，才是我们的出路！我们要求立刻给进攻的日军以坚决的反攻，并立刻准备应付新的大事变。全国上下应该立即放弃任何与日寇和平苟安的希望与估计。

全国同胞们！我们应该赞扬与拥护冯治安部的英勇抗战！我们应该赞扬与拥护华北当局与国土共存亡的宣言！我们要求宋哲元将军立刻动员全部廿九军，开赴前线应战，我们要求南京中央政府立刻切实援助廿九军，并立即开放全国民众爱国运动，发扬抗战的民气，立即动员全国海陆空军，准备应战，立即肃清潜藏在中国境内的汉奸卖国贼分子，及一切日寇侦探，巩固后方。我们要求全国人民，用全力援助神圣的抗日自卫战争！我们的口号是：

武装保卫平津，保卫华北！

不让日本帝国主义占领中国寸土！

为保卫国土流最后一滴血！

全中国同胞，政府，与军队，团结起来，筑成民族统一战线的坚固长城，抵抗日寇的侵掠！

国共两党亲密合作抵抗日寇的新进攻！

驱逐日寇出中国！

中国共产党中央委员会

选自《中共中央文件选集》(10)，中共中央党校出版社1985年版，第277～278页。

互校版本：《晋绥根据地资料选编》，第三集，中共吕梁地委党史资料征集办公室1984年编印，第1～2页。原注：“摘自《解放》第一卷第十期”。

2. 中央关于卢沟桥事变后华北工作方针问题给北方局的指示

1937年7月8日

北方局诸同志：

卢沟桥战争有扩大可能，不管日方将扩大为大规模战争，或将暂时取外交压迫形式，我党在平津在华北，应立即开始执行下列方针：

甲、坚决保卫平津，保卫华北，提出："不让日本帝国主义侵占中国寸土""为保卫国土流最后一滴血"等口号，动员全体爱国军队，全体爱国国民，抵抗日本帝国的进攻，在各地用宣言、传单、标语及群众会议，进行宣传与组织的动员。

乙、立即与政府当局及各界领袖协商执行上述方针之具体办法，迅速组成坚固的统一战线，对付当前的重大事变。

丙、立即在平绥平津以东地区，开始着手组织抗日义勇军，准备进行艰苦的游击战争，在平汉线、津浦线亦应准备组织义勇军，注意与各界爱国分子合作。

丁、进行坚决的反汉奸斗争。

中央书记处

选自《中共中央文件选集》(10)，中共中央党校出版社1985年版，第279页。

3. 中国共产党为公布国共合作宣言

1937年7月4日起草，同年7月15日由中共中央交付国民党，9月22日国民党中央发表

解放报记者以共产党中央最近由南京中央社广播发表之宣言，影响中国时局甚为广大，特请共产党中央负责人发表意见如下：

"关于国共两党联合救国之伟大事业，已在九月二十二日经过中央通讯社所发表的中国共产党宣言及九月二十三日该社继续发表的蒋介石氏的谈话，建立起必要的基础了。

蒋氏的谈话，指出了团结救国的深切意义，发出了与全国国民彻底更始的诺言，承认了共产党在全国的合法地位，这是值得赞许的。但是在蒋氏谈话中尚没有抛弃国民党自大主义的精神，尚没有能坦白地承认国民党过去十年来在民族危机中自己所应负的责任，不免遗憾！共产党的宣言及蒋氏的谈话，宣布了中国抗日民族统一战线的成功。今后的问题，是如何实行民主政治，改善人民生活，启发全国人民的抗日运动，用以极大地增强抗日战争的力量。这个宣言是一个公布国共合作的宣言，本应早日发表，还是在七月四日起草，七月十五日就交付国民党了的，可是推迟了两个多月才发表，然而宣言的基本精神是没有损失的，这个宣言不但将成为两党团结的方针，而且将成为全国人民大团结的根本方

针。中华民族之复兴，日本帝国主义之打倒，将于今后的两党团结与全国团结得到其基础。”

宣言全文如下：

亲爱的同胞们！

中国共产党中央委员会谨以极大的热忱向我全国父老兄弟诸姑姊妹宣言，当此国难极端严重民族生命存亡绝续之时，我们为着挽救祖国的危亡，在和平统一团结御侮的基础上，已经与中国国民党获得了谅解，而共赴国难了，这对于我们伟大的中华民族前途有着怎样重大的意义啊！因为大家都知道，在民族生命危急万状的现在，只有我们民族内部的团结，才能战胜日本帝国主义的侵略。现在民族团结的基础已经定下了，我们民族独立自由解放的前提也已创设了，中共中央特为我们民族的光明灿烂的前途庆贺。

不过我们知道，要把这个民族的光辉前途，变为实现独立自由幸福的新中国，仍需要全国同胞，每一个热血的黄帝子孙，坚韧不拔地努力奋斗。中国共产党愿当此时机，向全国同胞提出我们奋斗之总的目标，这就是：

（一）争取中华民族之独立自由与解放。首先须切实地迅速地准备与发动民族革命抗战，以收复失地和恢复领土主权之完整。

（二）实现民权政治，召开国民大会，以制定宪法与规定救国方针。

（三）实现中国人民之幸福与愉快的生活。首先须切实救济灾荒，安定民生，发展国防经济，解除人民痛苦与改善人民生活。

凡此诸项，均为中国的急需，以此悬为奋斗之鹄的，我们相信必然获得全国同胞之热烈的赞助。中共愿在这个总纲领的目标下，与全国同胞手携手地一致努力。

中共深切知道，在实现这个崇高目标的前进路上，须要克服许多的障碍和困难，首先将遇到日本帝国主义的阻碍和破坏。为着取消敌人的阴谋之借口，为着解除一切善意的怀疑者之误会，中国共产党中央委员会有披沥自己对于民族解放事业的赤忱之必要。因此，中共中央再郑重向全国宣言：

（一）孙中山先生的三民主义为中国今日之必需，本党愿为其彻底的实现而奋斗。

（二）取消一切推翻国民党政权的暴动政策及赤化运动，停止以暴力没收地主土地的政策。

（三）取消现在的苏维埃政府，实行民权政治，以期全国政权之统一。

（四）取消红军名义及番号，改编为国民革命军，受国民政府军事委员会之统辖，并待命出动，担任抗日前线之职责。

亲爱的同胞们！本党这种光明磊落、大公无私与委曲求全的态度，早已向全国同胞在言论行动上明白表示出来，并且已获得同胞们的赞许。现在为求得与国民党的精诚团结，巩固全国的和平统一，实行抗日的民族革命战争，我们准备把这些诺言中在形式上尚未实行的部分，如苏区取消、红军改编等，立即实行，以便用统一团结的全国力量，抵抗外敌的侵略。

寇深矣！势亟矣！同胞们，起来，一致地团结啊！我们伟大悠久的中华民族是不可屈服的。起来，为巩固民族的团结而奋斗，为推翻日本帝国主义的压迫而奋斗，胜利是属于中华民族的。

抗日战争胜利万岁！

独立自由幸福的新中国万岁！

中国共产党中央委员会

选自《周恩来选集》上卷，人民出版社1980年版，第76～78页。但无上述解放报记者的说明，而有以下脚注："这是为中共中央起草的宣言。此宣言起草于一九三七年七月四日，七月十五日由中共中央交付国民党，至九月二十二日国民党中央社才发表。"

互校版本：《中共党史教学参考资料》抗日战争时期（上），中国人民大学中共党史系资料室1980年编印，第3～5页。原注："原载《解放周刊》第一卷第十八期，一九三七年十月二日出版"。

4. 中央关于南方各游击区域工作的指示

1937年8月1日

根据目前统一战线开展与抗日战争将要开始的形势，各游击区域为着实行党的新政策，开展统一战线工作，保存与扩大革命的支持点的目的，应该依据下列原则，配合当地实际情况，灵活地全面地改变自己的一切工作。

（一）政权问题。争取地方政权实行普选的民主制度。进行的步骤是：（1）已建立苏维埃政权的地方，取消苏维埃的制度，采取国民党现有的政权组织形式，用普选的方法选举保甲长、分区长；保障政权实际上仍在党的领导之下。（2）凡游击区域没有旧政权的，同样建立现有国民党式的政权，有旧政权的则力争旧政权的民主化，争取党的领导。（3）邻近游击区域周围的国民党区域，我们必须利用一切旧关系打进旧政权中，去充当保甲长或区长及职员等等，尽量实施一切有利于人民的事业，如实现民主、改善民生等。

（二）土地问题。停止没收地主土地财产，注意改善群众的日常生活，领导群众的日常斗争，争取与团结群众在党的周围。（1）尽可能利用一切合法的斗争方式，求得群众生活的改善（如增加工人雇农的工资、改良待遇、减租、减息、减税）。（2）利用国民党旧有的组织，如农村复兴会与合作社等等，到里面去工作，在真正为群众谋利益的过程中去取得领导。没有这类组织的地方，组织这类合法的组织。这类工作，也应该完全利用合法的形式。（3）在已没收分配土地的地方，注意保障群众已得的土地革命利益。豪绅地主至多只能与一般人民得到同等的利益。（4）已被移民的地方，应该用各种方法争取移民回家，设法解决其土地耕具房屋等问题。

（三）武装问题。在保存与巩固革命武装，保障党的绝对领导的原则之下，（1）较大的红色部队，可与国民党的附近驻军或地方政权进行谈判，改变番号与编制以取得合法地位，但必须严防对方瓦解与消灭我们的阴谋诡计与包围袭击。（2）改变番号与编制后，部队中可成立队长与副队长，政治处主任及总支部书记的党的秘密委员会，领导部队中一切工作。党的工作与政治工作均须改变以适合于新的情况。（3）脱离生产的小的地方性的游击队、游击小组，原则上可一律变为民团，以取得合法地位，不可能时，仍可非法存在。（4）赤少队取消，有计划有组织地改变或混编在当地壮丁队民团中去起作用。（5）未与国民党政府及当地驻军确实谈判好以前，则我们的一切武装部队，可以自动改变番号，用抗日义勇军、抗日游击队名义，根据党的新政策，进行独立的活动，继续开展统一战线的工作，以灵活的游击行动，去发动与组织人民，建立党的秘密组织，捉杀汉奸，扩大党的新政策的影响。但在取得与国民党驻军停战谈判机会后，即当用大力量，利用时机，进行整顿与训练，并掩护当地群众工作。用一切方法提高部队每个战斗员的政治水平及坚定的意识，防止一切收买利诱分化的阴谋。（6）关于部队给养问题，在未与对方谈判好以前，我们可采取由富有者募捐的方式募集钱粮。只有确实是汉奸的财产，才采取没收的办法。

（四）群众工作问题。（1）在顺利的条件下，原有苏区及游击区域已有的群众组织，应保持其存在与巩固。加强群众组织的民主化与党的领导，改善群众的工作方式与方法，使之成为团结广大群众的组织。纠正党内代替包办群众团体和改变群众团体为第二党的倾向。（2）在顺利的条件下，如果革命的群众团体还不能公开地存在时，党应当根据当地的实际环境，利用一切合法的可能与组织形式去进行组织群众的运动。（3）在改善群众的日常生活，争取人民的权利，动员人民参加抗日的民族革命等群众运动与群众斗争中，党必须及时注意防止与纠正左倾关门主义与盲动主义以及右倾的尾巴主义与失掉阶级立场的投降主义的错误。党时时刻刻应当注意能去团结与领导千千万万的广大群众参加到抗日的民族统一战线中来，这是领导群众的基本方针。（4）必须有计划地去开展四周国民党区域的群众工作。

（五）对国民革命军工作。现在我们对于国民革命军工作的方针一般的不是瓦解它，而是采取争取其官兵共同抗日的方针。（1）站在抗日的民族统一战线的立场上，向官兵宣传解释我党的主张，首先是以和平统一团结御侮的主张，去争取停止内战互不侵犯，以至进行和平谈判，成立协定。（2）利用一切机会去接近下级的官佐士兵，提高官兵政治的民族的觉悟与抗日情绪，建立党的秘密组织，从部队的日常生活出发，逐渐地进行改善士兵生活，改良部队的纪律组织与教育。（3）但在它们继续向我们进攻时，我们仍应坚持自卫的游击战争。

对于民团，一般的要同样采取以上的方针。但顽固的反动的民团与土匪的坚持与我们作对者，争取不可能时，可以以政治瓦解与军事进攻消灭之。在我们和当地驻军与政权谈判好时，可同他们共同解决之。

（六）关于党的组织与工作。（1）普遍建立党的秘密组织。无论是苏区、游击区，党的组织必须全部变为秘密的组织。不必公开的干部与党员，不应在群众中以共产党员的面目出头。对于党要注意秘密工作的教育和执行。对于在政权中工作的党员或左派分子，决不要他们直接作党与群众工作，仅能作群众工作的掩护者，只能在他的地位上作他自己可能作的工作，如政权的民主化，以及经过政权力量减少人民的压迫与剥削等等。（2）必须改变党的领导方式与工作方法，首先要把党的工作与其他政权的、武装的、群众的工作方式分别清楚，不能混淆，不能代替包办。要真正建立党团工作，一切工作经过“党团”。党不应直接干涉其他组织的独立工作。不仅政权中，群众团体中应当广泛实行民主制度，即党内在可能条件下，亦应发展党的民主，实行集体的讨论与党的领导机关的选举。（3）有组织有计划地以马克思列宁主义重新训练党的干部与党员，了解党的新政策。要有计划地有系统地举办党校与训练班。

（七）解释工作的重要。必须在党内外解释，在建立民族统一战线中上述这种改变的必要。但同时应该指出，同国民党求得和平妥协，需要我们长期忍耐的工作与不屈不挠的艰苦斗争。在没有和平以前，一面要进行坚决的自卫战，一面又要坚持统一战线的工作求得和平。在和平之后，我们的任务不但不减轻，而且更为加重了。我们仍应保持过去十年来艰苦卓绝的革命传统，在新的条件下为执行党的路线而奋斗。

选自《中共党史教学参考资料》抗日战争时期（上），中国人民大学中共党史系资料室1980年编印，第26～29页。原注："原载《六大以来》（上）"。

互校版本：《中共中央文件选集》(10)，中共中央党校出版社1985年版，第298～301页。

5. 中国共产党抗日救国十大纲领
——为动员一切力量，争取抗战胜利而斗争

1937年8月25日①

（一）打倒日本帝国主义：

对日绝交，驱逐日本官吏，逮捕日本侦探，没收日本帝国主义在华财产，否认对日债务，废除与日本签订的条约，收回一切日本租界。

为保卫华北和沿海各地而血战到底。

为收复平津和东北而血战到底。

驱逐日本帝国主义出中国。

反对任何的动摇妥协。

（二）全国军事的总动员：

动员全国海陆空军，实行全国抗战。

反对单纯防御的消极的作战方针，采取独立自主的积极的作战方针。

建立经常的国防会议，讨论和决定国防计划和作战方针。

武装人民，发展抗日的游击战争，配合主力军作战。

改革军队的政治工作，使指挥员和战斗员团结一致。

军队和人民团结一致，发扬军队的积极性。

援助东北抗日联军，破坏敌人的后方。

实现一切抗战军队的平等待遇。

建立全国各地军区，动员全民族参战，以便逐步从雇佣兵役制转变为义务兵役制。

（三）全国人民的总动员：

全国人民除汉奸外，都有抗日救国的言论、出版、集会、结社和武装抗敌的自由。

废除一切束缚人民爱国运动的旧法令，颁布革命的新法令。

---

① "人大党史版""西南函授版"为"8月25日"，"党校中央文件版"印作"8月15日"。

释放一切爱国的革命的政治犯，开放党禁。

全中国人民动员起来，武装起来，参加抗战，实行有力出力，有钱出钱，有枪出枪，有知识出知识。

动员蒙民、回民及其他少数民族，在民族自决和自治的原则下，共同抗日。

（四）改革政治机构：

召集真正人民代表的国民大会，通过真正的民主宪法，决定抗日救国方针，选举国防政府。

国防政府必须吸收各党各派和人民团体的革命分子，驱逐亲日分子。

国防政府采取民主集中制，它是民主的，又是集中的。

国防政府执行抗日救国的革命政策。

实行地方自治，铲除贪官污吏，建立廉洁政府。

（五）抗日的外交政策：

在不丧失领土主权的范围内，和一切反对日本侵略主义的国家订立反侵略的同盟及抗日的军事互助协定。

拥护国际①和平阵线，反对德日意侵略阵线。

联合朝鲜和日本国内的工农人民反对日本帝国主义。

（六）战时的财政经济政策：

财政政策以有钱出钱和没收汉奸财产作抗日经费为原则。经济政策是：整顿和扩大国防生产，发展农村经济，保证战时生产品的自给。提倡国货，改良土产。禁绝日货，取缔奸商，反对投机操纵。

（七）改良人民生活：

改良工人、职员、教员和抗日军人的待遇。

优待抗日军人的家属。

废除苛捐杂税。

减租减息。

救济失业。

调节粮食。

赈济灾荒。

（八）抗日的教育政策：

改变教育的旧制度、旧课程，实行以抗日救国为目标的新制度、新课程。②

实施普及的义务的免费的教育方案，提高人民民族觉悟的程度。

实行全国学生的武装训练。

（九）肃清汉奸卖国贼亲日派，巩固后方。

（十）抗日的民族团结：

在国共两党合作的基础上，建立全国各党各派各界各军的抗日民族统一战线，领导抗

① “西南函授版”“人大党史版”漏掉“国际”二字。

② “党校中央文件版”漏掉下列两项计 37 个字。

日战争，精诚团结，共赴国难。

中国共产党中央委员会

选自《中共中央文件选集》(10)，中共中央党校出版社1985年版，第316～318页。简称“党校中央文件版”。

互校版本：

1.《中共党史教学参考资料》抗日战争时期（上），中国人民大学中共党史系资料室1979年编印，第42～47页。原注：“原载《解放周刊》第一卷第十五期，一九三七年九月六日出版”。简称“人大党史版”。

2.《中国新民主主义革命时期法制建设资料选编》第一册，西南政法学院函授部1982年2月编印，第5～7页。原注：“选自胡华主编《中国新民主主义革命史参考资料》”。简称“西南函授版”。

6. 中央革命军事委员会关于红军改编为国民革命军第八路军的命令

1937年8月25日

南京已经开始对日抗战，国共两党合作初步成功。为着实现共产党中央给国民党三中全会红军改名之保证，使红军成为抗日民族战争的模范，推动这一抗战，成为全民族的抗日革命战争，以争取最后的彻底胜利。特依据与国民党及南京政府谈判结果，宣布红军改名为国民革命军第八路军。

将前敌总指挥部改为第八路军总指挥部，以朱德为总指挥，彭德怀为副总指挥，叶剑英为参谋长，左权为副参谋长。总政治部为第八路军政治部，以任弼时为主任，邓小平为副主任。第一军团、十五军团及七十四师合编为陆军一一五师。以林彪为该师师长，聂荣臻为副师长，周昆为参谋长，罗荣桓为该师政训处主任，萧华为副主任。二方面军、二十八军、二十七军等部，合编为陆军第一百二十师。以贺龙为师长，萧克为副师长，周士第为参谋长，关向应为政训处主任，甘泗淇为副主任。第四方面军及二十七军、二十九军、三十军等部，改编为第一百二十九师。以刘伯承为师长，徐向前为副师长，倪志亮为参谋长，张浩为政训处主任，宋任穷为副主任。以上之改编后人员委任照前总命令行之。各师改编为国民革命军后，必须加强党的领导，保持和发挥十年斗争的光荣传统，坚决执行党中央与军委会的命令，保证红军在改编后应完成共产党的党军，为党的路线及政策而斗争，完成中国革命之伟大使命。

中央革命军事委员会主席　毛泽东

副主席　朱　德

周恩来

选自《中共中央文件选集》(10)，中共中央党校出版社1985年版，第323～324页。

7. 中央关于共产党参加政府问题的决定草案

1937 年 9 月 25 日

（一）今天抗战的形势，急需要有一个全民族的抗日民族统一战线的政府，才能有利于领导抗日民族革命战争，战胜日本帝国主义。共产党准备参加这样的政府，即直接公开担负政府的行政责任，并在其中起积极作用。然而今天还没有这样的政府。今天有的，还是国民党一党专政的政府。

（二）只有将国民党一党专政的政府转变为全民的统一战线的政府的时候，即在今天的国民党政府（甲）接受本党所提抗日救国十大纲领的基本内容，依据此内容，发布施政纲领时；（乙）在实际行动上已经开始表示实现这一纲领的诚意和努力，并在这方面获得相当成绩时；（丙）容许共产党组织的合法存在，保证共产党动员群众、组织群众和教育群众的自由时，中共才能去参加。

（三）在党中央没有决定参加中央政府以前，共产党员一般地不得参加地方政府，并不得参加中央的及地方的一切附属于政府行政机关的各种行政会议及委员会。因为这种参加，徒然模糊共产党人的面目，延长国民党的独裁统治，对于推动统一的民主政府的建立，是有害无利的。

（四）但在特殊地区的地方政府如战区的地方政府中，由于旧的统治者已不能照旧统治，基本上愿意实行共产党的主张，共产党已经取得了公开活动的自由，并且由于当前的紧急形势，使共产党的参加在人民和政府看来，均已成为必要，共产党可以去参加。在日寇占领区域，共产党更应公开成为抗日统一战线政权的组织者。

（五）共产党在没有公开参政以前，参加全国国民大会之类的商讨民主宪法和救国方针的代议机关，在原则上是许可的。因此，共产党应力争自己的党员当选到大会中去，利用国民大会的讲台，宣传共产党的主张，用以达到动员人民和组织人民在共产党周围，推动统一的民主政府的建立。

（六）共产党中央及地方党部和国民党中央及地方党部，在一定的共同纲领并在完全平等的原则之下，可以组织统一战线的组织，如各种联合委员会（例如国民革命同盟会、群众运动委员会、战地动员委员会等）；共产党应该经过和国民党的这种共同行动，以达到国共两党的合作。

（七）在红军改名为国民革命军，红色政权机关改为特区政府之后，它们的代表可以拿自己已经取得的合法地位，参加到一切有利于抗日救国的军事的和群众的机关中去。

（八）在原有红军中及一切游击队中，共产党绝对独立领导之保持，是完全必要的；共产党员不许可在这个问题上发生任何原则上的动摇。

中央书记处

选自《中共中央文件选集》(10)，中共中央党校出版社 1985 年版，第 333～334 页。

8. 中共中央书记处关于要求国民党解决陕甘宁特区问题的指示

1937 年 9 月 27 日

伯渠同志并告博、叶、周、朱、彭、任、聂、贺、关、刘、张①：

下列要求国民党解决陕甘宁特别区问题，早已向南京提出，拖延半年之久尚未解决。请再提交蒋鼎文先生转蒋介石先生，速为解决定发表，保障红军在前线安心杀敌。

甲、承认特区的民选制度，特区政府经人民选出可以由南京加委。

乙、加委林伯渠、张国焘、秦邦宪、董必武、徐特立、谢觉哉、郭洪涛、马明芳、高岗九人为特区政府委员，以林伯渠为行政长官、张国焘为副长官（坚决拒绝丁惟分，因为，他是最先提倡反共及反共最坚决之一人。全苏区人民誓不承认）。

丙、设民政、建设、教育、农工、财政五厅（反对设处）及保安司令部。

丁、特区范围包括宜川、鄜县、洛川、淳化、栒邑、正宁、宁县、合水、庆阳、西峰镇、镇原、预旺、环县、盐池、定边、安边②、靖边、横山南中部、安边③（包括瓦窑堡）、米脂、绥德、清涧、葭县、吴堡、神府苏区、延川、延长在内。

戊、特区经费每月十五万元，另善后遣散费六十万元。

己、保安师编九千五百人。

以上六项是最低限度，必须要求国民党全部同意者。否则我们将受到全党责备。因此不能不坚持。

上电请伯渠原文抄送蒋鼎文。

中央书记处

九月二十七日

选自《陕甘宁边区抗日民主根据地》文献卷·上，中共党史资料出版社 1990 年版，第 285～286 页。

原注："本文按中央档案馆保存的电报抄写稿刊印。标题是本书编者加的。"

9. 中国共产党中央委员会对于召集临时国民大会的提议

1937 年 11 月 1 日

【一】抗战已进入紧急的转变关头。为坚持抗战，争取抗战最后胜利，本党特向中国

① 原注：指林伯渠、博古、叶剑英、周恩来、朱德、彭德怀、任弼时、聂荣臻、贺龙、关向应、刘伯承、张浩。
② 原注：安边原为县制，后撤销。
③ 原注：此处安边为安定之误。安定即今子长。

国民党中央、国民政府提议，立刻召集临时国民大会，以实现下列的紧急任务。

（甲）决定具体的国防纲领（希望采取本党提出的抗日救国十大纲领），及保证实施的具体办法。

（乙）通过民主的宪法大纲，及保证实施的具体办法。

（丙）选举政府机关。

【二】为完成上述三大任务，本党所提议召集的临时国民大会，必须是：

（甲）真正代表民意的机关，而不是少数人包办的机关。

（乙）国家的最高权力机关，而不是政府的咨询机关。

【三】本党根据于孙中山先生历次所提召集国民大会的主张，与目前紧急情况，认为必须由下列团体的代表来组织临时国民大会：

（甲）前后方的抗日军队。

（乙）一切抗日救亡的民主团体。

（丙）工会、农会、学生会、文化教育团体、商会、实业团体。

（丁）各抗日救亡的政党。

这类代表的数量，应依照一定的比例，由各团体自己选出。代表总数以便利于切实地迅速地进行工作为原则，对汉奸亲日派则绝对排斥。

【四】本党认为临时国民大会的召集，实为目前转移时局的主要关键。希望中国国民党中央委员会与国民政府各同志以民族国家利益为重，一致赞成本党主张，促其实现，不胜幸甚。

中国共产党中央委员会

选自《中共中央文件选集》(10)，中共中央党校出版社 1985 年版，第 368～369 页。

10. 目前的时局和方针
——毛泽东在陕北公学开学典礼会上的讲演[①]

1937 年 11 月 1 日

同志们：

你们要求我讲时局问题，趁着你们开学的机会，我就来讲一讲这个问题。这个问题是与你们有密切联系的，因为学习的人、教育的人都是为着一个目的，这就是挽救民族与社会危机。

现在的形势是很紧张的。上海第二道防线失守。晋东敌人已经突破了娘子关，要与晋北之敌配合，向太原前进。目前有两个问题提出在我们面前，就是：（一）再打还是不再打？（二）怎么样打？

现在的战争形势，中国显然不顺利。这是由于过去只是片面的抗战，不是全面的抗

① 副标题是编者参照其他版本所加。

战。现在外面有好多人说现在已是全面的抗战，这是不对的。因为在地域上说是全面，在成分上说只是一面，还有广大的群众并没有发动到抗战中来，只是军队和政府来干而已，所以遭受了许多失败。在这种情形下，有一种新的危险在增长着，汉奸与亲日派乘机抬头，“战必败”“唯武器论”这一套，一定会跟着活动。他们的结论是：中国打不过，只有投降。民族投降主义是目前新的危险。

我们必须认识，过去我们的抗战是有着不可抹煞的成绩的，这些成绩是什么呢？（一）中国的抗战是百年来未有的，它的性质是革命的。（二）在抗战中中国国内即比较团结了。（三）在军事上虽然遭受许多失败，但给了日寇以相当严重的打击。（四）取得了国际间的同情。（五）这最重要的，就是在战争中取得了深刻的教训，片面的抗战是不能取得胜利的。

我们决不要因现在的局面而悲观，我们完全赞成蒋介石先生在十月九日的演说，坚决打到底，一直打到最后一个人一根枪还要再打，这就是共产党“为保卫祖国流最后一滴血”的意思，是对目前时局的根本方针。

一定要再打，但怎么样打呢？在军事上要学第八路军的打法，就是要活打，不要死打。过去只是挨敌人的打，所以必须改变一个打法。我们去打敌人，最主要的是执行共产党所提出的抗日救国十大纲领，动员四万万五千万中国人参加抗战，组织他们，武装他们。这是一个最伟大的力量，只有这个力量，中国才能打胜仗。全国一定要学习八路军的样子，真正地做到军民一致，官兵一致，用改造军队精神、加强军队中的政治工作去达到目的，只有这样，才能挽回目前严重的局势。这就是执行再打方针的正确办法。有了以上的方针与办法这两个方面，我们就一定能战胜日本帝国主义。

我们要造就大批的民族革命干部，他们是有革命理论的，他们是富于牺牲精神的，他们是革命的先锋队。只有依靠成千成万的好干部，革命的方针与办法才能执行，全面的全民族的革命战争才能出现于中国，才能最后战胜敌人。

选自《毛泽东文集》第二卷，人民出版社1983年版，第62～64页。

互校版本：《中共中央文件选集》(10)，中共中央党校出版社1985年版，第370～371页。原注：“发表于一九三七年十一月四日出版的《新中华报》第四〇一期”。

11. 毛泽东：关于八路军应积极参加特区大会选举问题的指示

1937年11月13日毛泽东致各军政首长及政治机关

各级首长，各级政治机关：

陕甘宁特区大会，在动员特区广大人民及其武装部队，积极参加抗战、保卫特区的任务之下，定于明年一月五日在延安开幕。当此抗战紧急、中华民族生死存亡关头，特区政府在中央的领导下，首先在西北广大地区，实施抗战和普选的民主政治，作全国民主政治之先导。特区的大会开幕将更进一步推动全国的民主力量，围绕在特区政府的周围，在活的榜样之下，为实现全国的民主制度而努力，为救亡图存而抗战到底。特区民主政治的实施，在巩固和开展全国统一战线的基础上，这是国共合作迅速走上新的阶段的推力。因此特区大会的开幕，实有全国性政治意义。我第八路军是抗战序列中的重要支柱，是共产党直接领导的武装力量，必积极地热烈地参加特区大会的选举，在选举运动中必须与抗战任务紧密联系起来，目前应以一切力量支持华北的游击战争，为全国与保卫特区而奋斗，以英勇战斗与政治工作的模范去影响一切友军，达到改造国民党、改造国民政府、改造军队，最后战胜日寇的目的。在战争进行特区大会代表的选举，选举办法及时间另告。

毛泽东

选自《中共中央文件选集》(10)，中共中央党校出版社 1985 年版，第 379～380 页。

12. 中央关于发动游击战争建立根据地和党的工作问题给山东省委的指示

1938 年 1 月 15 日

山东省委：

济南失守后，日寇继续南下，津浦线济南徐州间有完全被日寇占领之可能，因此山东广大地区有沦为被日寇占领区域之危险。

目前省委工作的布置，应注意即使山东完全变为日寇占领区域，还能使我们的党坚持在山东发动群众，组织游击战争，保存党的力量，坚持地与日寇进行长期的斗争。因此，省委的工作，应着重下列几点：

（甲）应以发动游击战争与建立游击区的根据地为中心。根据最近中央新的决定（参看洛甫的文章《巩固国共合作争取抗战胜利》，及中央的宣言），重新布置工作与重新教育干部，成为顺利地进行游击战争与建立游击区域的基本条件。从省委十二月二十一日的报告中，已经看到你们已注意这个问题，这是非常之好的。对于发动游击战争，我们还有下列的提议：（一）创立在党领导下可靠的基干游击队。必须动员好的干部党员到这种游击队内去。（二）游击战争必须密切与群众联系，才能生存和发展。（三）游击战争必须正确地实行抗日统一战线的政策，才能达到抗日的整个任务。（四）山东为土匪最多的地区，必须对土匪有正确的政策。我们对土匪总的方针，应当是争取他们抗日，当土匪还是抗日时，我们不应去削弱或瓦解他们的部队，应当帮助他们的发展，巩固他们的部队，并逐渐地帮助他们改善与群众的关系，与他们采取共同行动去反对日寇。当土匪为日寇所利用时，我们也不应当去积极反对他们，而应当使他们中立，即是他们一方面去敷衍日寇，而又与我们保持善意的中立。（五）对于当地旧政权和专员县长等，当他仍旧在该地继续抗日，应当与他们合作，共同行动；当旧政权退出的区域，抗敌后援会可起政权的作用，但不必组织其他名义的政权。（六）估计山东地区广大，日寇虽然暂时占领中心城市和交通要道，但无法占领一切地区，因此，在开始的一个时期以内，坚持在山东的游击战争是完全可能的。（七）同时估计到山东大部是平原，交通比较便利，因此当游击队受到敌人的压迫时，应当非常机动地采取有进有退、流动游击的办法，不使游击队受到不必要的损失。当大的游击队（如连以上）不能在某个区域内活动时，他应当按照情况向新的地区转移和发展，应当留下小的游击队（如班排）继续坚持斗争。（八）最重要的，应当估计山东游击战争是比较长期性的，因此，必须准备长期艰苦斗争。因此在党的工作上、群众工作上、游击战争上都必须采取积蓄力量、保存力量的方针，即是“赚钱就来，失本不干”。

（乙）党的工作应当适应山东被占领的环境和游击战争的任务来布置工作。因此：（一）把党的组织和党员分成两部分，一部分在当地不能立足以及准备动员到游击队内去工作的干部和党员，应当参加到游击队内去；另一部分是准备在日寇已占领或将占领的区域内，坚持党与群众的工作，须严格地保持秘密条件下党的工作原则，利用一切合法的可能进行工作。（二）省委工作的中心应当放在鲁中区，开始依靠新泰、莱芜、泰安、邹县的工作基础，努力向东发展，尤以莒县、蒙阴等广大地区为重心。因此，我们提议省委应在鲁中区较为适宜，万一在徐州被占的情况下，省委应以苏鲁边广大地区为活动范围。（三）在目前民族革命的高潮中，应当大量地吸收积极的工农成分和革命的学生入党，但同时必须严密党的组织，不使一个奸细和投机分子混入党内。（四）对于出狱和恢复关系的党员，应重新考查。（五）应当与各个区域建立经常的秘密交通关系。

在山东被占后，省委的工作将进到一个较困难的时期，应当抱定在山东坚持长期的艰苦斗争，即使在与中央的关系断绝后，也应根据抗日民族统一战线的方针，独立地进行工作，依靠中国正规军队收复山东不是短期内的事。因此省委应当在保存力量、积蓄力量的原则下，发展群众运动和游击战争，坚持在山东与日寇作斗争。

中共中央

选自《中共中央文件选集》(10)，中共中央党校出版社1985年版，第423～425页。

13. 对新四军进行游击战的指示

1938年5月4日毛泽东同志致项英同志

项英同志：

在敌后进行游击战争虽有困难，敌情方面虽较严重，但只要有广大群众活动地区，充分注意指挥的机动灵活，也会能够克服这种困难，这是河北及山东方面的游击战争已经证明了的。在侦察部队出去若干天之后，主力就可准备跟进，在广德、苏州、镇江、南京、芜湖五区之间广大地区创造根据地，发动民众的抗日斗争，组织民众武装，发展新的游击队，是完全有希望的。在茅山根据地大体建立起来之后，还应准备分兵一部进入苏州、镇江、吴淞三角地区去，再分一部分渡江进入江北地区。在一定条件下，平原也是能发展游击战争的。条件与内战时候，很大不同。当然，无论何时，应有谨慎的态度，具体的作战

行动应在具体的情况许可之下，这是不能忽视的。（下略）

选自《中共中央文件选集》(10)，中共中央党校出版社1985年版，第510页。

互校版本：《中共党史教学参考资料》抗日战争时期（上），中国人民大学中共党史系资料室1980年编印，第212页。原注："原载《中共党史教学参考资料》第二批，中共中央宣传部一九五七年编印"。

14. 中央关于建立大青山游击根据地及党的政策的指示

1938年6月24日毛泽东、王稼祥、杨尚昆、贺龙、关向应致周士第、甘泗淇、李井泉①

周、甘转李井泉：

（一）大青山北靠外蒙，敌正重视，察热游击战争尚未开展，又形孤立，欲在那里建立冀察晋型式的根据地，在今天则不可能，但坚持长期游击战争建立游击根据地，完全可能，而且是中心任务。

（二）故那里一切政策应以长期游击战争性质为出发点：

甲、组织伪军反正应避免过早不必要的零散爆发，惟须估计到反正情绪不可抑制时或已爆发以及军事上必要时，则毅然行之。但一般的工作，应适应长期性这原则。

乙、反正前后应使其意识到物质条件的困难与斗争的艰苦性。反正后一般的应争取属于八路军指挥的名义，在斗争过程中改造或改编之，最好争取它靠近晋西北或晋察冀边区，但不勉强为人作嫁，反增以后困难。

丙、对大股土匪或半土匪性质的自发抗日武装，应采取上层联络与影响推动和帮助它进步。勿造成对立，以增加我们游击队和地方工作的困难。对零星土匪则可消灭之，仍须对之以礼貌，勿乱杀人。

丁、对于静漪之自卫军，估计到与傅的关系，应采取上层联络以及帮助推动它进步，不采取分化瓦解的方针。

（三）绥远问题，须处处照顾到与傅作义的统一战线，对绥远当地上层统一战线与对伪政权等策略，应不违背长期游击战争这一特点。

（四）另一基本任务是：团结蒙汉人民联合抗日，以我们正确的少数民族政策来改变中国过去传统的错误政策，我们做成模范来推动影响国民党，首先是傅作义的转变。

甲、估计蒙民的民族意识，蒙民对王公的信仰，对德王仍应采取争取的策略，继续执行要求德王回头抗日的口号。

乙、对蒙人要求收回汉人侵占的土地，应使汉人出相当代价立约收买或作租佃纳租，

① "中央文件版"原注：原件无月份，从内容判断，当在1938年6月。"大青山资料版"原注："1938年11月20日"，并说明"此电文的月份为编者考订"。

地方政府应依具体情况分别公正处理，以团结蒙汉联合抗日为原则。

丁[①]、尊重蒙民风俗习惯、宗教，并发扬其文化，勿侵犯蒙民利益，特别是收买马匹，必须切实教育部队。

戊、吸收蒙人中知识分子，培养蒙民干部，做蒙民工作。

（五）须向[②]绥察边与铁路以南发展与工作，多繁殖地方游击队，培养地方干部与群众的领袖。

毛、王、杨、贺、关

选自《中共中央文件选集》(10)，中共中央党校出版社 1985 年版，第 554～555 页。简称“中央文件版”。

互校版本：《大青山抗日游击根据地资料选编》，内蒙古人民出版社 1986 年版，第 8～9 页。简称“大青山资料版”。

15. 中央关于晋察冀边区货币政策的指示

1938 年 8 月 17 日毛泽东、洛甫、王稼祥、刘少奇致聂荣臻、彭真并朱德、彭德怀

聂、彭，并告朱、彭：

边区货币政策应根据以下原则：

（一）边区应有比较稳定的货币，以备同日寇作持久的斗争。

（二）边区的纸币数目，不应超过边区市场上的需要数量。这里应该估计到边区之扩大和缩小之可能。

（三）边区的纸币应有准备金。第一货物，特别是工业品。第二伪币。第三法币。

（四）日寇占领城市及铁路线，我据有农村。边区工业品之来源是日寇占领地，边区农业产品之出卖地，亦在日寇占领区域。因此边区应有适当的对外贸易政策，以作货币政策之后盾。

（五）边区军费浩大，财政货币政策应着眼于将来军费之来源。

（六）在抗战最后胜利之前，法币一定继续跌价，法币有逐渐在华北灭迹之可能。杂币更会跌落，伪币亦会有一定程度的跌落。边区纸币如数量过多，亦会跌落。问题中心在于边区纸币应维持不低于伪币之比价。

我们提议下列具体办法：

甲、发行一定数量的边区纸币（此数量由你们考虑决定电告我们），收买法币，保留一部分法币，大部分购买工业品，用一部分法币兑换伪币。

乙、对于杂钞应设各种方法，使其流到边区以外去。

---

① “中央文件版”原注：原件缺丙项。“大青山资料版”印作甲、乙、丙、丁四项，丙、丁的内容与“中央文件版”丁、戊相同。

② “中央文件版”为“须向绥察边……”。“大青山资料版”标作“德□向……”，并注明“原文不清”。

丙、有无可能送一部分杂币至总部及一二〇师带一部分法币来延安，请考虑电复。

丁、扩大边区纸币的印刷。因将来印刷一定比现在更困难。上述各项请考虑研究。待彭真来延时，再详细讨论决定。

毛、洛、王、胡

选自《中共中央文件选集》(10)，中共中央党校出版社1985年版，第564～565页。

16. 中央关于目前晋冀豫党与八路军的任务的指示

1938年8月24日洛甫、毛泽东、刘少奇致朱瑞等

朱瑞同志并致朱、彭、尚昆、刘、徐、邓①、唐天际：

摆在冀晋豫全区面前的中心任务，是以最快的速度创造冀晋豫边区成为坚持抗战的巩固根据地，因此你处党与八路军的任务是：

（一）建立完全在党领导下的有战斗力的若干游击兵团（如荣臻同志的游击支队）及地方游击队。

（二）广泛组织不脱离生产的自卫军，并使他们担任侦察、警戒、放哨、坚壁清野等。

（三）争取改造友军，特别是准备永久留华北打游击的友军，成为坚强进步的抗日军。

（四）逐渐改造政权机关，使之成为广泛人民阶层的抗日民主政权，但同时是国民党政权，各级动员委员会吸收真正人民团体及武装部队代表参加，使之成为实际的各级政府委员会，逐渐洗刷机关中的腐败分子，尤其是汉奸动摇分子。

（五）逐渐求得军事政治的统一指挥与领导，采取必要过渡办法，以准备将来召集冀晋豫边区政府代表大会，成立边区临时政府。

（六）在统一战线方针下，坚决执行动员武装群众及肃清汉奸的政策。

（七）设法召集全边区或若干县联合的群众团体的代表会议，以动员群众参战及建立真正有广大群众的团体在抗日的大前提下，依照阎②之法令解除人民一些痛苦，满足人民一些迫切要求。

（八）大大发展党，建立与健全各级党的领导机关，办一两个较大的学校，训练政治、军事、群众团体及政府的干部，党办训练班。

（九）你准备留在冀晋豫边区负总责，如聂荣臻同志在冀察晋。

洛甫、毛泽东、胡服

选自《中共中央文件选集》(10)，中共中央党校出版社1985年版，第567～568页。

---

① 原注：姓名全称是朱德、彭德怀、杨尚昆、刘伯承、徐向前、邓小平。

② 指阎锡山。

17. 中央关于严格建立财政经济制度的决定

1939 年 6 月 5 日

财政经济日益困难，除积极加紧生产以谋自给外，目前特别要注意认真地严格地建立财政经济的制度，发扬艰苦作风厉行节省，以便坚持抗战，坚持长期艰苦斗争，因此，中央书记处有如下的决定：

【一】严格统一收支（甲）各机关部队的收入，不得于未报解中财经部以前，自行开支。（乙）所有公营企业，应按党政军系统统一领导，集中营业，所有盈余，概须报告中财经部，确定支配办法，不得自由支配，并将资金及营业状况于六月内确切报告中央。

【二】严格建立预决算制度（甲）照中财经部通知第四号规定认真执行，每月开支预算必须负责在节省原则下切实估计，一次提出经中财经部切实审核发给，如经中财经部批准之预算有不同意时，必须经中央书记处的审查批准，中财经部始能作第二次的修改。（乙）任何机关部队必须照批准之预算限度内开支，如有浪费或超过情事，概不批准。（丙）预决算及一切应缴单据必须按规定期限送交中财经部，如不按时送出者，停止发给经费。

【三】建立会计审计制（甲）由中财经部建立会计处与审计处，并有检查审核各机关学校部队的会计账目及开支情况之权。（乙）各机关部队学校关于会计审计方面有不明了及应实行改革之处，得随时分别询问中财经部会计处及审计处。

【四】为着调剂财政困难必须厉行节省（甲）从六月份起一概暂停建筑，已经在五月份批准建筑者亦需节省，限期结束。（乙）七月份，照前方规定各机关部队学校津贴一律发给一元，有特殊津贴者必须经过中财经部之批准。（丙）从六月份起各种特别临时办公等费，要尽量减少，一切日常用品要想各种办法节省，以简单朴素为原则。（丁）各机关学校部队的油印刊物须分别经中宣部或总政治部批准后，始能出版，否则一律停止刊印。（戊）各机关部队学校除自己节省伙食举行会餐外，不得互相请客（外客来宾招待除外）。平时开会不得招待酒菜香烟。

以上各项党政军民学各部门务须切实执行并责成中财经部随时督促检查。各部门资材限于六月底以前进行一次总清理，报告中财经部。

中央书记处

选自《中共中央文件选集》(11)，中共中央党校出版社 1985 年版，第 70～71 页。

18. 中央关于边区[1]与扩军问题同国民党的谈判条件给南方局的指示（节录“丙、边区问题”）

1940 年 1 月 11 日

（上略）

丙、边区问题：

（一）坚持二十三县，少一县不行。

（二）可将淳化、栒邑、正宁、宁县、镇原五县划出。如此则二十三县范围如下：

（A）甘肃三县：庆阳、合水、环县。

（B）宁夏一县：盐池。

（C）陕西十九县：鄜县、甘泉、肤施、安塞、安定、延安、延川、清涧、绥德、米脂、吴堡、葭县、神木、府谷、榆林、横山、保安、靖边、定边。

（三）但原有关中苏区，即淳化、栒邑、宁县各一部分，仍须在边区范围内，否则当地民众决不同意。

（四）二十三县境内实行边区民主制度，彼方原有行政机关地方武装一律撤销。

（五）撤销以破坏边区为目的之一切特务机关，但党部不在内。

（六）边区名称为：“陕甘宁边区”。

（七）边区政府委员会，由边区参议会选举，国府加委不得委别人。

（八）主席林伯渠。

（九）边区行政经费，每月津贴二十万元。

（十）撤销咸榆公路及陇海铁路上一切阻拦制度，以后不得扣留与阻拦来往人员。

（十一）马师撤退洛川以南，其他包围之军队一概撤退，恢复八月前现状，我方亦不再调兵来边区。

（下略）

中央书记处

选自《中共中央文件选集》(11)，中共中央党校出版社 1985 年版，第 248～249 页。

19. 中央关于抗日民主政权的阶级实质问题的指示

1940 年 2 月 1 日[2]

北方局并转各分局、各师、区党委：

关于敌后我们领导的政权“在政策上是统一战线的，而在其阶级实质上应该是工农小

---

① 此处指陕甘宁边区。

② 原注：年代是编者判定的。

资产阶级的政权”问题，我们意见如下：

一、我们领导的政权是抗日民主政权，是几个革命阶级联合的政权，是一切赞成抗日又赞成民主的人们的革命的专政，对于反抗日反民主的反动分子、反共分子、投降分子，当然是除外的。

二、抗日民主政权在其阶级成分上，工农小资产阶级是主要的，然而应当吸收进步的中产阶级分子及进步士绅加入，拒绝他们参加政权，对我们对抗日都是不利的。

三、抗日民主政权假若看作是工农小资产阶级的专政，这是不利于我们去麻痹地主资产阶级的，可是这种麻痹是绝对必要的。

四、因此抗日民主政权应当在政策上和阶级实质上，都是抗日统一战线的政权，即一切拥护抗日统一战线、不投降、不反共、不倒退的人都应当吸收其代表加入政权，但绝不是大地主大资本家工农小资产阶级的联合政权，而是以工农小资产阶级为主，同时又不拒绝进步的中产阶级分子及进步绅士参加的政权，这样形式与内容便是一致的。而国民党政权则是大资产阶级与地主联合的政权，工农小资产阶级、中产阶级都是除外的。

五、所以“工农小资产阶级政权”这个口号在现时不适当，因为这个口号对于党的抗日民族统一战线的路线不适合，当党的政治路线没有变更以前，我们不宜提这个口号。以上各点，请将讨论结果电告。

中央书记处

选自《中共中央文件选集》(11)，中共中央党校出版社1985年版，第283～284页。

20. 延安各界宪政促进会对于国民大会代表选举法之修正案

1940年2月20日

民国二十五年五月十四日，国民政府公布之国民大会代表选举法，迄今已四年之久。在这期间，爆发了中国历史上空前未有之抗日民族自卫战争，全国各阶级各党派及无党无派之广大人士，均英勇参战，坚持将及三年，已奠定最后胜利的基础。因此，今日中国的环境，国内各阶级各政党的关系，以及军事、政治、经济的变化，都非四年前所可比拟。因而四年前所公布之选举法，自应有适合于中国今日新环境，所需要的修正。本会特提出具体之修正案如下：

（一）选举法第二条，规定除当然代表外并由国民政府指定代表二百四十名。

我们主张废止当然代表及由国民政府指定之代表。所有大会代表，完全经由国民以民主办法选出，以便能真正代表民意，使国民大会成为真正代表民意的机关。

（二）选举法第三条，中华民国人民满二十岁，经公民宣誓者，有选举国民大会代表之权。

我们主张废止宣誓。凡年满十八岁之中国人民，不分阶级、党派、财产、职业、文化、宗教、性别、民族，一律有选举与被选举之平等权利。

（三）选举法第四条，我们主张修改为有左列情事之一者，不得有选举与被选举权。

（1）通敌卖国者。

（2）刑事犯（政治犯不算）经法院判决有罪褫夺公权尚未恢复者。

（3）有重大精神病经医生证明经公众承认者。

（4）吸食鸦片或其他代用品者。

（四）选举法第十一条，关于各选举区候选人，由乡长、镇长、坊长推选之规定。

我们主张，不论区域选举、职业选举、特种选举，都由选民自己举行选民大会，选出推选人，由推选人自己举行大会，推出候选人，再由选民大会由候选人中选出代表。各抗日党派有权提出候选人参加竞选，其人数比例按目前各党派之情况确定之。

妇女被选为推选人或候选人，应与男子有平等权利。

（五）选举法第十五条，参加选举之职业团体，以在本法公布前依法成立者为限。

我们主张参加选举之职业团体，以在选举法修正公布前实际成立并真正拥有群众者为限，不必问其备案手续是否完毕。

失业工人团体，应与在业工人团体有参加选举之同等资格。小学教员团体选出之代表，应当于大学教授之五倍，中学教员之三倍。

自由职业团体应增加自然科学、社会科学、哲学、历史科学、文艺、妇女、青年、新闻记者等团体单位。

（六）选举法第二十五条，规定东北四省国民大会代表候选人由国民政府指定。

我们主张东北四省国民大会代表候选人，由东北各救亡团体、东北抗日联军、东北在关内抗日军队、东北名流学者会商共同提出。

（七）陕甘宁边区、冀察晋边区及其他各抗日民主区，应选出下列名额与种类之代表。

（1）区域选举每县各一人。

（2）职业选举每一区域商会二名，工会三名，农会五名，妇女团体五名，青年团体四名，学生三名，医药师科学家工程师联合选一名，小学教员三名，新闻记者一名。

（八）特种选举内，我们主张增加下列之规定：

（1）沦陷区有我国政权的地方，举行一般选举（区域和职业）。

（2）沦陷区没有我国政权的地方，得进行秘密选举。

（3）沦陷区人士所组织之抗日救亡团体（妇女青年团体在内），无论其活动范围在沦陷区或大后方，每一单位应有选出代表之权。

（九）我们主张修改选举法第四章第四节军队选举之一切条文（例如曾在国民革命军服务五年以上，著有勋绩，或曾在军事教育机关毕业，学行俱优者等资格的规定）。

我们主张凡参加抗日的部队，不论正规军或游击队，不论官长与士兵，皆有选举与被选举权。

抗战以来，全国军队既增加一倍以上，其代表人数亦应照军队比例增加。

官长应与士兵分别选举，各由自己的选民大会选出推选人，由推选人推出候选人，再由选民大会于候选人中选出代表。士兵代表人数，至少应为官长代表之三倍。

（十）选举法第五章，关于选举监督，由各该区最高行政长官出任之规定。

我们主张，选举事务所应由各该地政府及当地各党派各群众团体宪政团体各派代表合组之选举委员会组成之，其监督由代表互推。

（十一）我们主张在选举法中明白规定各抗日党派、团体、军队和个人均享有言论、出版、集会、结社之政治自由，以保证他们参加竞选的权利。

（十二）我们主张，此次国民大会之代表，应完全根据修正后之新选举法，由人民选出。根据民国二十五年五月旧选举法所选出之代表一律无效。

选自《中共中央文件选集》(11)，中共中央党校出版社 1985 年版，第 320～323 页。

21. 延安各界宪政促进会对于国民大会组织法修正案

1940 年 2 月 20 日

（一）关于国民大会的职权，我们主张应规定如下：

一、制定宪法，决定宪法实施日期并执行宪法；

二、确定内政、外交总方针与国民经济原则；

三、选举政府，监督政府并罢免政府人员；

四、产生经常驻会机关（中央国民委员会及其常务委员会）；

五、创制与复决法律，批准通行全国之法令与命令。

（二）组织法第三条所规定之当然代表，我们主张修正为得列席国民大会。

（三）组织法第十一条国民大会于会期完毕任务终了。

我们主张，国民大会由选举法修正案所选出之代表组织之，并由本届大会行使宪法所赋予之职权，大会闭会期间由常驻委员会行使职权。

（四）我们主张，国民大会代表任期为二年，每年举行大会一次，第一次大会以后，由常务委员会决定召集之，有必要时，得召集临时大会。

选自《中共中央文件选集》(11)，中共中央党校出版社 1985 年版，第 324 页。

22. 中央关于开展抗日民主地区的国民教育的指示

1940 年 3 月 18 日

（一）开展抗日民主地区的国民教育，是当前深入动员群众参加与坚持抗战，培养革命知识分子与干部的重要环节。各地党的领导机关及其宣传教育部，必须认真地把这一工作当做他们的中心任务之一，坚决反对党内历来对于这一工作的轻视与忽视的态度，及认为战地不能注意与发展国民教育的观点。特别党的宣传教育工作者，应该认真地打破过去宣传教育工作的狭窄的圈子而走进这个广大的活动领域中去。

（二）国民教育一般的可分为学校教育与社会教育。在学校教育方面，举其大者，必须：

1. 尽可能地恢复与重新建立各地小学校，达到每村有一个初级小学校，每乡（或每编村）有一个中心小学或模范初级小学，每个中心区有一个两级小学或完全小学，以建立广泛的小学网。

2. 大批地吸收与鼓励青年知识分子或旧知识分子，尤其是过去的小学教员，担任小学教员的工作，开办各种小学教师训练班或讲习所，给他们以必要的训练。必须计划在几个中心地区设立师范学校，大批地培养小学教员，并注意女教员的培养。

3. 用说服解释方法及政府法令的强制力量，大量地动员学龄儿童入学，同时设法克服学龄儿童不能入学的实际困难。一切革命者家属的儿童，应首先入学起模范作用。

4. 为了提高各地文化、政治、专门知识的水平，为了造成中级与高级的知识分子，为了吸收现在尚散伏在乡村中的游离知识分子或半知识分子，某些县区内公立中学校的设立，仍然是必要的。这种中学校的一切设施，应相当正规化。

5. 为了吸收青年妇女进学校，同时估计到中国旧社会中封建思想的存在，应在某些地区设立女子两级小学或女子高等小学、女子师范及女子中学，但同时应该提倡男女同学，一切学校均应吸收女子入学。

（三）在社会教育方面，举其大者，必须：

1. 在各村各乡小学校内或小学校外，建立民革室、救亡室、俱乐部一类的文化教育活动的中心。开办各种民众学校、夜校、识字班（女子可同男子分开，上课应在白天），组织各种识字组、大众黑板、读报、演讲、娱乐体育、壁报、戏剧等一切适合于民众需要及为民众所喜欢参加的活动。小学教员即应成为该乡该村社教的主持者，他的小学校中的优秀分子即可成为他的助手（即小先生制）。该乡该村的共产党员首先应参加这个工作，成为其中的积极分子，并经过他以团结与教育群众。

2. 各级党部、政府、部队、学校、民众团体都应负责在其机关附近办理民革室、救亡室、俱乐部一类的组织及民众学校等，吸收机关周围的群众参加，以帮助社教的发展，并应指定专人负责。

3. 在自卫军内进行有系统的、有计划的社教工作。这是最便利于进行社教活动的场所。

4. 大大发展农村中的戏剧、歌咏运动。但应注意于戏剧、歌咏的通俗化、大众化、民族化、地方化，特别注意于利用旧形式，改造旧形式。

5. 在每县内的中心市镇设立民众教育馆，使之成为推广社教的模范。

（四）应该确定国民教育的基本内容为新民主主义的教育，这即是以马列主义的理论与方法为出发点的关于民族民主革命的教育与科学的教育。

（五）为了加强党对国民教育的领导，党的宣传教育部内应该有国民教育科。它应该经过政府的教育厅或科及其他国民教育的社团去领导国民教育。党委与宣传教育部应经常检查、讨论、督促、帮助并总结教学等经验。

（六）为了推动国民教育的进行，在上级政府的教育厅或科下可有专门的“督学”之类去分区负责巡视学校教育。可有社教督导团或巡回教育团之类去负责推广社会教育。党与政府应经过他们去了解下面具体情况，总结经验，并经常给各地以实际的帮助。

（七）上级政府的教育厅或部下应有专门人与机关负责编辑、审查、出版、发行各种国民教育的教科书、教材、参考材料，并力求其完备与统一。

（八）各种报纸、杂志，应经常披露国民教育的消息与材料，并加以指导与帮助。可能时，应专办推广国民教育的刊物与报纸。通俗的大众读物，今天特别需要。

（九）应经常召集各种关于国民教育的会议，讨论各种问题，吸收一切同国民教育有关的团体与工作者参加。

（十）应组织各种帮助国民教育的社会团体，如小学教育联合会、社教促进会或国民教育研究会等。各种文化团体，如文化协会、戏剧协会等，应以帮助国民教育为它们的主要任务之一。

（十一）政府应提高用于国民教育方面的经费的比例，尽可能实行免费教育，对贫苦学生还应给以必要的书籍与纸笔等日用品。

（十二）要提高小学教员及社教工作者在社会上的地位，关心他们的学习与生活，并给其中的优秀分子以各种的奖励，反对任何轻视他们的不正确观点。对于在其他政党不良影响下的小学教员，应积极争取之。党员的小学教员，一般可兼任支部的宣传干事及政府教育委员会主任等工作。

（十三）党应决心动员一批党员知识分子终身从事于国民教育的事业，把这种事业当做一个党员的光荣任务。

（十四）青年救国会及其领导下的儿童团，其最主要任务之一，即为文化教育方面的活动。他们应该成为党与政府在国民教育方面的第一个助手。他们的会员的最大多数应积极参加国民教育的活动，在学校中，在社教中，成为成年、青年、儿童的模范。

（十五）在国民教育工作方面，共产党应力求同有正义感的名流学者公正士绅实行统一战线。这在争取全国中间力量同情我们上，有极重大的意义。

选自《中共中央文件选集》(11)，中共中央党校出版社 1985 年版，第 353～356 页。

互校版本：《中共党史教学参考资料》抗日战争时期（中），中国人民大学中共党史系资料室 1997 年编印，第 52～55 页。原注：“原载《六大以来》(下)”。

23. 关于回回民族问题的提纲

1940 年 4 月中央西北工作委员会拟定，基本上经中央书记处批准

一、回回民族的特征

现在居住于西北之甘、宁、青、陕与西南之云、贵、川以及散布全国各省之数百万回回的来源，历史上曾有波斯大食人之后与回纥回鹘之后的两种说法。根据现有材料的研究，我们认为前一种说法较为可信。波斯大食人，在唐宋时代已来到中国贸易，而在元时则随同征服中国的蒙古军大量地移入中国，逐渐形成为中国境内的一个民族。同时它又可能有一部分信回教的回纥回鹘人与汉人混杂在内，这个民族曾经过多次反对异民族压迫的斗争，得以生存发展于今日，是富于斗争精神的一个民族。

回回民族现在还没有发展成为近代的民族，仅仅开始进入这个发展过程，它是半殖民地半封建中国的少数民族。

现在的回回民族，它的内部经济、政治、文化各方面有如次的特征：

（一）经济上具有西北地区一般的农业经济的各种特征，但封建的剥削更为厉害。由于封建势力厉行劳役、征发、强捐、勒派等非经济的残酷剥削，致使农村经济激剧地破产，农民生活激剧地恶化，人口大批死亡与逐年激减，农村中的阶级对立日益尖锐，主要的是农民与封建剥削阶级的对立；但这种内部的对立，因为被回汉民族的对立阻碍着，不能展开。

（二）回族在元时，虽是被统治的民族，但在政治上曾享有相当隆高的仅次于蒙古人的政治地位。但在元亡后，回族的政治地位日益丧失，逐渐转入完全的被压迫民族的境地，而以满清一代回回所受的压迫为最甚。直至辛亥起义，回回军人始乘机获得甘、宁、青的政权，保持了宁、青两省政权至于今日，并有相当庞大的军队。这种半封建的上层建筑是由全回族血的奋斗所建立所维护，同时它又与回族下层对立着。

（三）伊斯兰教对回回民族，不只是简单的宗教信仰。伊斯兰教原是兴起于反对异族侵略与内部压迫的环境中，它富有反抗的精神，教义中还包含着社会的、文化教育的以至政治的制度之规约。回回民族由于自己的历史环境至今牢固地保持着伊斯兰教的传统。伊斯兰教成了回回民族社会生活的组成部分，与团结奋斗的神圣旗帜；但另一方面，它又成了回族文化发展与民族觉醒、阶级觉醒的障碍，回族内部与外部的黑暗势力就利用它来作巩固自己地位的工具。

（四）回族“汉化”程度相当的深，这一方面由于受了汉族这个比较进步民族的影响，另一方面则由于大汉族主义的野蛮的压迫。前者是自然的过程，后者是人工的强迫。因此“汉化”的加深，固然提高了回族，同时又加强了回族对汉族的民族仇恨。

（五）回族处在汉族压迫之下，但在它自己统治的区域内，它又是其他民族如汉人、番人、蒙古人、萨拉人的压迫者；特别是青海的番人，为着抵抗这种压迫，经常举行武装的反抗。

二、国民党政府的大汉族主义政策及其影响

对回回民族大汉族主义的猖獗，始于满清一代。满清统治者尽力挑拨回汉间的斗争，借以维持自己日趋没落的统治，同时又利用大汉族主义的刽子手，对回族实行历史上空前无比的野蛮政策：对“叛回”实行血洗，对“降回”则实行分散，剥夺其迁徙居住的自由，这是回回民族人口衰落与住地分散的主要的历史原因。所以满清统治是中国各民族的最黑暗的牢狱。

辛亥起义后，高举“五族共和”的旗帜，但实际上并未作到各民族平等。国民党第一次代表大会“对内民族平等”的宣言，至今只是一张空头支票。

回族已经汉化，回族就是回教徒，回族不是一个民族，因此回族所需要的不是民族平等，而是教育，是要用教育来解除回族的宗教迷信，来提高回族的知识文化：这就是大汉族主义的理论与政策。但这只是国民党对回族政策的表面，还不是它的实质。国民党政府对待回族，没有在政治上、经济上、文化教育上实行民族平等的原则，没有减轻过去北洋军阀当权时代的压迫、剥削，同时还尽量地维持回族内部一切落后的和黑暗的势力，利用

回族的上层封建分子以巩固对整个回族的统治。

同时另一方面，伴着大汉族主义而来的，在回族内部也有狭隘的回族主义的思想。不论大汉族主义或回族主义，主要的虽是在回汉两族上层统治阶级的利益的基础上形成的，但在回汉两族广大的下层民众中间，也仍然存在着的。

抗战以来，国民党政府虽然企图团结回族抗日，也做些表面上的宣传号召，但对于自己一贯的大汉族主义政策基本上没有什么改变；一方面却在回族中尽力进行“防共”“反共”的挑拨，甚至是防共先于抗日。

因此，抗战以来，回汉间民族的不信任和民族的仇恨，不但没有消灭，也没有减少。回族上层不信任国民党，但同时也还惧怕共产党。

三、日本帝国主义的阴谋

日本帝国主义为了它灭亡中国的目的，久已穿着提倡回教的伪装，捧出“大回回国”的旗帜，在回族间进行挑拨分立的活动。化装回教徒的日本奸细，从民国三年即已深入甘、宁、青各地。抗战以后虽然把它的公开的特务机关驱走了，但是没有根绝它的奸细的活动，也没有斩断某些回族上层分子和它的联系。一部分汉奸、回奸和不明大义的阿訇正在为了它进行“大回教主义”“回民自治，成立回回国”“抗战是为了汉人，为了蒋委员长”“日本是你们的保护者”“日本帮助你们‘防共’”等等宣传。许多汉奸、托派、回奸利用回汉仇恨，利用国民党“防共”政策，在回族的上层和下层进行破坏抗日、投降日本的阴谋活动。而日寇在西北地区以外，在平津、在山东、在河南、在上海、在香港更是有声有色地进行各种形式、各种名义的回教组织（如回教总会等等）和宣扬回教的活动，并极力争取回教中有威望者的阿訇教主，以及开办训练班等等。

日本帝国主义的主要的政策，是利用回汉民族矛盾与“防共”为挑拨回族的口实，而以回教与“回回国”为团结回族的旗帜。日本的挑拨政策，在回族中特别是在其上层分子中，已有相当严重的影响。

四、回族问题的严重性

回族，由于它的历史、它的力量和它的居住地区，它在抗战中处于很重要的地位。回族问题是抗日战争中重要问题之一。但是由于它的落后，由于它的上层的黑暗，与地方民族主义的倾向，特别是由于大汉族主义压迫和日本帝国主义挑拨的影响，使得回族问题在抗日民族战争中成了非常严重的问题。

回族问题的严重性表现在：

（一）某些回族上层对国民党冷淡拒绝，对共产党惧怕和“防共”，而对抗战则摇摆和消极，在日本继续进攻和中国抗战不利情形之下，有投降日本的极大可能性。

（二）回族中抗日救亡运动根本没有展开，少数先进青年没有力量，一部分回族民众甚至认为：“日本人来了也不过这样坏！”因此，在抗战问题上，没有下层推动上层的力量。

因此，今天的回族问题，是回族站在日本方面还是站在抗战方面的问题。这个严重的问题，迫切地提在我们的面前了！

五、争取回族的政策

回族问题的重要性，并不取消争取回族的可能，我们能够争取回族青年知识分子和下层是无疑问的。在一部分地区中，回族民众对八路军有良好的影响。在先进青年中，完全接受我党的主张。即使上层，也还有可能，因为他们还在摇摆中。他们所以“防共”，其原因之一是受了日本和国民党武断宣传的影响，同时他们不能阻止回族下层对我们逐渐地认识和信任。我们一定要争取，要努力地争取，多方地争取，不但要争取下层，并且要注意争取上层。

问题的关键在于我们有正确的政策，使回族认识并相信我们的政策，减少以至消灭他们对我们的成见（有的是朴素的成见）；在于改变国民党政府大汉族主义的立场及其企图利用回族反共的错误，同时克服回族中狭隘的回族主义的倾向，这是团结回汉两族共同抗日的先决条件。

摆在回族的面前，有三个基本矛盾：回日矛盾，回汉间民族矛盾，回族内部民主力量（主要是农民）与封建残余势力的阶级矛盾。因此，回族解放的历史任务，是打倒日本帝国主义，消灭国内民族不平等，消灭封建残余。但这三个历史任务的解决与整个中国革命的发展和胜利不可分离，今天回族的命运，也和整个中华民族的命运一样，只有从彻底抗日的斗争中，才能争取一切其他方面的解放。因此今天回族的首要任务，也和整个中华民族一样，是抗日，而且不能不是抗日，但问题的严重性在于回族的主观认识上还没有把抗日提到第一位，实际还压在第三位。这首先而且主要的是被回汉矛盾掩盖着，同时回族内部的阶级矛盾也是阻碍回日矛盾发展的原因，虽然这是次要的原因。

由此回族政策的出发点是争取回族成为坚决抗日的力量，而要达到这个目的，首先必须依据民族平等的原则去解消回汉矛盾，同时要给回族广大民众以最低限度的民主权利，并适当地改善他们的生活。

我党历次重要会议均有对国内少数民族问题的指示，党的六中全会对团结国内少数民族参加抗日的政策，更有基本方针的指示。依据回回民族的特点和现势，应当把六中全会的精神具体化为下列的纲领：

（一）启发并提高全回回民族坚决抗日的认识和信心。为此目的，必须：

1. 在回族中广泛地进行抗日的宣传解释工作；

2. 在回族中广泛地揭露日本帝国主义及其走狗汉奸、回奸与反共分子挑拨回汉恶感、制造反共谣言、破坏抗日团结的一切阴谋诡计；

3. 坚决反对任何对日妥协投降的企图。

（二）回族在政治上应与汉族享有平等的权利。为此目的，必须：

1. 在共同抗日的原则下，允许回族有管理自己事务之权；

2. 中央政府及甘肃省政府应有适当数目的回人参加为委员和行政工作人员，内地各省回汉杂居的县、市、区地方政权机关，同样应有适当数目的回人参加；

3. 国民参政会应增加适当数目的回人参政员；凡有回民聚居的地方，其省、市、县参议会，应有适当数目的回人参议员；

4. 凡回汉杂居的地方，当地政府应设置由当地回族人员组成的委员会，作为省、县、市政府的一个部门，管理和回族有关的事务，调节回汉间的关系。

（三）尊重回族人民信奉宗教的自由，尊重他们的风俗习惯，发扬回教的美德，提倡抗日回教保护清真寺，反对和禁止任何侮蔑与轻视回教的言论行动。

（四）帮助回族强大抗日武装部队，以充实国防力量。为此目的，必须：

1. 回族军队享有与其他国民革命军同等待遇的权利；

2. 改善兵役制度；

3. 提高官兵抗战建国的政治认识；

4. 扶助民众抗日武装。

（五）帮助回族改善人民生活，激发回族人民抗战热忱与生产热忱。为此目的，必须：

1. 政府拨款救济农村，抚恤流亡；

2. 废除苛捐杂税、无偿摊派及无偿劳役等有害民生的弊政；

3. 颁布减租、减息及取缔奸商垄断的法令；

4. 没收回奸财产，分给贫民；

5. 使“天课”实惠贫民；

6. 改善公务人员的待遇。

（六）实施抗战教育，发扬回族固有的优良文化传统，培植抗战建国的回族人才。为此目的，必须：

1. 普遍实施国民教育，并设立各级学校；

2. 全国重要学校，应广招回族青年入学，设立回民班次，并有适合于回人生活习惯的设备；

3. 设立阿訇训练班，提高阿訇的文化政治水平，使为抗战的文化教育服务；

4. 回族有自己选择语言、文字的权利；

5. 回族青年，有自己选择学校的权利。

（七）开放民主，保证回族人民有抗战建国的言论、出版、集会、结社之自由，并组织各种民众团体，拥护政府抗战。

（八）扶助并发展回族农业手工业生产，设立工厂，开发矿山，发展交通运输，举办实利回民的生产消费合作事业与信用借贷。

（九）回族有居住迁徙的自由，应撤销不准回族居住某些城镇和地区的禁令。

（十）改善回、汉、番、蒙、萨拉各民族间的关系，巩固抗日团结。为此目的，必须：

1. 从上而下地彻底根绝大汉族主义的传统，并教育回汉杂居地方的汉族人民，以平等亲爱的精神对待回族人民；

2. 在回族执政的地方，回族军政当局必须依据民族平等的原则，在政治、经济、文化各方面给予当地其他各民族如汉人、番人、蒙人、萨拉人等以平等权利，调剂各民族间的关系，尊重他们的风俗习惯、语言文字，并教育当地回族人民以平等亲爱的精神对待这些民族，克服狭隘的回族主义的偏向。

（十一）回回民族与汉族及蒙、藏、番各民族在平等原则之下共同联合抗日，并实现建立统一的三民主义的新共和国的目的。

六、党的工作方针

抗战以来，党在回族中的工作，没有获得应有的成绩。估计到回族问题的严重性，党必须采取更坚决更切实的步骤来开辟这方面的工作。

估计到目前回族问题的形势及我们工作的状况，认为党在回族工作方面，须采取如下的方针和步骤：

（一）要展开我们的宣传工作，以扩大党在回族中的政治影响，打消日寇的欺骗并战胜国民党大汉族主义与“防共”的错误政策，在思想上团结回族到坚决抗战的阵地上来。

（二）必须重视回教并把回教变成为团结回族抗日的旗帜，这是一个非常重要的策略问题。在取得回族信任，在对抗日本的欺骗与国民党“防共”的挑拨（国民党在回族中散布共产党“毁灭宗教”“共妻”等谣言）上，都非常重要。

（三）极力亲近和团结回族的上层到抗战方面来。在回族中下层则进行长期的深入的工作。

（四）对于回族被日寇欺骗和劫持下的回族团体以及教主阿訇等，仍以争取为原则，采取说服批评的态度，不采取正面打击的态度。

（五）最重要的问题之一，便是搜集训练回族干部和适宜于回族工作的汉族干部。

选自《中共中央文件选集》(11)，中共中央党校出版社1985年版，第386～395页。

24. 总政治部对于新四军政治工作的指示

1940年5月6日

我们根据中央五月四日对新四军的指示，看了新四军政治部的少数比较旧的材料之后，对新四军政治工作有以下意见：

（一）我军的政治工作，是根据共产党的理论、纲领、策略和口号。因此，军队中政治工作，仍旧是共产党的党的工作，并不因统一战线的环境和战区的指挥关系而有所改变。因此，政治工作必须在政治上、理论上、组织上、工作内容与方法上，保持共产党的独立性。一切迁就国民党，迁就军队指挥的上下系统，而丧失或减弱我党独立性的办法，是有害的。

（二）在鼓动宣传教育工作中，我们应当依照共产党的基本理论与目前策略路线出发，必须把阶级教育与民族解放教育正确地适当地联系起来。在目前特别着重说明投降妥协的危险，以及反对这种危险的斗争的必要，说明资产阶级在中国革命中的两重性与动摇妥协性。不应把国民党首领的演说宣言编成讲话材料，这种方法是不妥当的。

（三）在组织方面，红军时代的政治工作条例基本上现在仍旧适用。你们起草的政治工作条例是不妥当的。我们必须保证共产党对军队的领导。一切减弱党的领导作用的企图办法，都应该坚决拒绝之。对战区政治部的反动命令，绝对不应服从，因为国民党的政治工作，完全是反共的特务工作。

（四）在居民中的工作，亦应当根据党的政策去进行宣传和组织工作，中央指示已提及，兹不赘述。

（五）总之，政治工作是共产党党的工作，我们应公开说明我军的政治工作这种特殊性，对抗战是有利的、必需的。我们不能向落后的看齐，而应当是落后的向进步的看齐。八路军、新四军中之有共产党与其工作，正如其他军队中之有国民党及其工作一样，所以我们政治工作的原则、内容、口号与方法都是光明正大的、有理由的。因此，我们政治工作不应当有对外对内两套，不能对外迁就国民党，对内说共产党私话。我们的立场是公开的、理直气壮的。以上请讨论，并电复结果。

选自《中共中央文件选集》(11)，中共中央党校出版社1985年版，第399～400页。

25. 中央关于在敌后地区没收大汉奸土地财产问题的指示

1940年7月31日

（一）罪大恶极的大汉奸的土地财产，经当地群众的真正要求可以没收，但须经当地政权之正式判定并出布告。在判定书中，以抗战建国纲领及中央法令中的条文为根据。

（二）但这种没收，仅仅应对付个别的罪恶昭著的大汉奸。因此，对每一次的没收，必须事前经过慎重的考虑，绝不应没收一切汉奸的土地财产，绝不应把没收汉奸土地财产变成普遍的没收土地与分配土地的运动。

（三）对一切反共顽固分子，不论其罪恶如何重大，不论其勾结日寇有何证据，在他们未公开投敌当汉奸前，均不应没收其土地财产。在反共顽固分子公开当汉奸以后，也只能没收其中最坏最大者的土地财产，而不应没收一切当了汉奸的反共顽固分子的土地财产。

（四）为争取伪军反正抗日，所以一切伪军官长的土地概不没收。如伪军军官全家逃亡，其土地可由政府暂时代管，不宣布没收。其土地可由政府以低租租给农民，俟其反正时即退还其土地财产。

（五）对于全家逃亡敌占区的普通汉奸或普通地主之土地财产不应宣布没收，而应由政府暂时代管，以低租租给农民，俟其返回重新抗日时，即退还其土地财产。

（六）抗日军队及政权经费之来源，主要的依靠税收、公债及救国公粮。新区域则依靠募捐及合理负担。应反对以打汉奸作为财政主要出路，反对在敌占区任意没收和罚款等之错误办法。

（七）已被没收之土地财产，由当地民主政权机关处理，或政府出租给农民，但只收轻微租税或由政府分配给受了日寇汉奸摧残的贫苦农民。

（八）没收某个大汉奸的土地财产的具体决定权，属于特委以上、旅以上、专员以上的党、政、军机关，并且须共同商决并报告上级。特委以下、旅以下、专员以下的机关，概无没收土地财产之决定权。

中央书记处

选自《中共中央文件选集》(11)，中共中央党校出版社1985年版，第439～440页。

互校版本：《中共党史教学参考资料》抗日战争时期（中），中国人民大学中共党史系资料室1979年编印，第124～125页。原注："原载《六大以来》（上）"。

26. 关于抗战中蒙古民族问题提纲

1940年7月中央西北工作委员会拟定，基本上经中央书记处批准

一 蒙古民族的特征

“蒙古”是蒙古民族的称呼，而蒙古民族历来居住及游牧所及的地方亦称蒙古。

根据历史材料的推断，蒙古民族是包括若干种族的一个民族。它的来源，有以下四种说法：一、室韦契丹种；二、突厥种；三、突厥种与东胡种的混合种；四、鞑靼种。这四种说法究竟何者正确，一时还难断定，但成吉思汗曾自称为突厥人。

满清以后，蒙古民族被分为外蒙古、内蒙古（包括黑龙江、辽宁、热河、察哈尔、绥远各盟旗）、宁夏蒙古（又称西套蒙古）、青海蒙古、新疆蒙古等地区，全部人口约一百七八十万人。但外蒙古已获得解放，现在的蒙古民族问题，乃是内蒙古及宁、青、新蒙古问题，故本提纲以下所指的蒙古民族问题，不包含外蒙古在内（外蒙古人口约八十万至九十万人）。

蒙古民族发展的历史、经济、政治、宗教等各方面有如下的特征：

（一）蒙古民族在历史上曾经一度是强悍善战的民族，这个民族十二世纪初至十三世纪中，在成吉思汗、窝阔台、忽必烈等统率之下，曾经建立过地跨欧亚二洲的蒙古大帝国。但在蒙古大帝国崩溃后（十三世纪中至十五世纪末），蒙古民族就日渐衰落，满清以后，终至转为长期受异族压迫与帝国主义侵略的落后民族。

（二）蒙古社会经济发展的具体历史尚待更深刻的研究，但蒙古民族是长期从事游牧经济的民族。在蒙古经济发展过程中，由于异族长期压迫与帝国主义侵略，一方面使蒙古经济的发展受到了严重的阻碍；另一方面又使蒙古经济发生变化，形成极端复杂与不平衡的状态。现在，蒙古经济是殖民地（日本统治区）与半殖民地（中国统治区）的经济，有些区域（如绥远之伊乌两盟，宁、青、新各盟旗，及东三盟某些盟旗），还是纯畜牧或以畜牧为主的经济，但有些区域（如绥远之土默特旗及察、热、东三盟某些盟旗），则已进入纯农业或以农业为主的经济，而在日寇殖民地化的政策下，东三盟更开始有了一些微弱的工业。蒙古的畜牧经济大多是在偏僻荒凉的沙漠地带，而其农业经济则多在蒙汉杂居地带，并与汉族地主或农民在经济上密切结合着；因此，这些地区蒙人由畜牧经济进入农业经济的过程与其汉化的过程联系着。

在上述经济基础上，形成蒙古社会内部阶级结构的两种不同的形式。在畜牧或以畜牧为主的区域，主要的是上层王公贵族阶级与下层广大牧人即平民阶级的对立。王公贵族阶级乃是一个血统，内部有许多复杂的等级，他是统治与剥削阶级；而广大牧人平民阶级，则是社会经济的生产者，他们向王公贵族交纳一定数量的贡赋，并须担负一切徭役与供应，他们是被统治、被剥削阶级。喇嘛在基本上是属于王公贵族阶级的一个阶层，但下层喇嘛则多来自牧人，而与牧人平民阶级有密切联系。此外还有一部分过去社会残余的奴隶（黑徒、黑人），他们是属于被统治被剥削的牧人平民阶级的。在纯农业或以农业为主的区域，由于经济条件的变动，使阶级结构与关系也发生了变化。在由畜牧经济转入农业经济

的基础上，一方面王公贵族阶级表现破产和没落，或转为地主、商人及个别资本家，而附属于王公贵族阶级的喇嘛与奴隶，也随着王公贵族的没落而没落；另一方面牧人平民阶级也逐渐过渡为农民以及个别商业经营者。同时由于蒙古农业经济与汉人的结合（或者是蒙人土地与汉人耕种，或者是蒙人把土地租与汉族地主，而由汉族农民耕种），又使蒙古农业经济中的阶级关系，成为一种特殊的形式：这就是民族关系上，是汉商、地主、高利贷者压迫剥削蒙人；而在阶级关系上，则有蒙人地主贵族剥削汉人农民的现象。当然，两者比较起来，仍以汉商、地主、高利贷者对蒙人的压迫剥削为主。帝国主义侵略与异民族压迫更使蒙古社会内部的阶级分化不甚显明。

（三）蒙古民族在政治上现在是非独立和不统一的，是帝国主义或异民族的附庸。在日寇统治区内，东三盟的四个兴安分省乃是伪满洲国的一个组成部分，而察绥伪蒙古联合自治政府，又是日寇御用的傀儡政权。在这些区域，日寇是蒙古民族最高的统治者。在中国政府统治区内，蒙古民族则仍受着大汉族主义或其他异民族的压迫，在政治上很少权利和独立性。蒙古民族现在保存着的盟旗制度，是一种很落后的统治，不论在政治上、军事上及文化上，都表现它的软弱无力，因而不能不成为帝国主义与异民族统治压迫的附属物。蒙古民族在政治上的此种附属性与其经济上的落后性是密切联系着的。

（四）蒙古民族于元时信奉喇嘛教，满清政府曾利用喇嘛教来毒害蒙古民族。当时满清政府极力提倡喇嘛教，建立寺院，尊重活佛，优待喇嘛，赐与特权，使蒙古民族迷信喇嘛达于极点，喇嘛在蒙古人口中达到百分之二十五至三十的惊人数目，遂影响蒙古人口锐减、性病激增、生产停滞、民族意识消沉等种种严重恶果。现在，喇嘛在经济上进步的农业区域虽已日渐减少，但在落后的游牧区域，仍占有很大数量，成为蒙古民族经济发展与政治文化提高的严重障碍。

由于上述种种原因，就使蒙古民族今日存在着缺乏朝气与堕落腐败的现象，使蒙古民族上下层都对自己民族前途没有信心，感觉没有力量和出路，充分表现出颓废软弱与依赖性。这种情形，又说明蒙古民族的解放须要有外部革命力量的援助；蒙古民族解放运动的胜利，必须与中国革命结合起来才有可能。

二 日本帝国主义对蒙古民族的侵略与伪蒙古联合自治政府

“欲征服中国，必先征服满蒙”，乃是日寇大陆政策的重要部分。

日寇对蒙古民族的侵略，实自一九〇四年日俄战争后开始，而于一九一七年帝俄崩溃后，取得了侵略蒙古的独占地位。

日寇在九一八事变前对蒙古民族的侵略，一般地采取隐蔽的政治阴谋活动方针，如一九一九年经过谢米诺夫煽惑外蒙的“独立”等。而在九一八事变后，则采取公开的军事占领与隐蔽的政治阴谋同时并进的政策，如日寇之占领东三盟，同时诱惑察、绥蒙古各盟旗发动所谓高度自治运动；又利用内蒙自治运动中某些上层王公（如德王等）对大汉族主义者的不满，而实现其进一步的侵略计划，这就是一九三五年占领察北六县，一九三六年策动德王、李守信等成立伪蒙古军政府，并发动侵绥战争。七七事变及日寇进占平绥线后，乃在日寇操纵下产生了伪蒙古联合自治政府。从此，内蒙除伊克昭盟外，尽为日寇所有。同时，对未沦陷区的蒙古，更加紧进行其挑拨离间的政治阴谋活动。

日寇对蒙古民族的侵略政策，主要的是利用过去大汉族主义对蒙古民族压迫所造成的蒙汉成见，实行“抑汉扬蒙”政策来挑拨蒙人对汉人的仇恨，提出“帮助蒙古独立自治”“民族协和”“日蒙联合”“共存共荣”“收复蒙地”“共同防共”等口号，优容上层王公，并施小惠于下层蒙人，组织傀儡的伪蒙古政府，同时在这一切欺骗政策上加以军事的威胁与监督，以各种政治上的羁縻政策骗取蒙人的信任，达到其“以蒙治蒙”与长久统治绥察的目的。

伪蒙古联合自治政府有如下的特征：

（一）是日寇长期孕育与一手造成的傀儡政权，与“满洲国”无丝毫差别。参加伪政府的王公，无丝毫权力，而日本顾问则是最高的权威者。

（二）民国以来大汉族主义对蒙古民族的压迫，也推使一部分蒙古上层王公（如德王）投入日寇的怀抱，他们是带着对大汉族主义极度仇恨与不满的情绪而与日寇接近的。但伪蒙政府各派王公是不一致的，可分三派：一、坚决投敌，长期为日寇豢养的蒙奸（如×××等）；二、幻想利用日寇帮助来脱离大汉族主义压迫而强大自己的上层王公（如××等）；三、被日寇威胁参加的上层王公。因此他们之间存在着矛盾。

（三）伪蒙政府与日寇之间也有矛盾，这在目前日寇极力使伪政府傀儡化，并妨害到蒙古上层王公与下层人民利益的条件下日渐显明。

（四）伪蒙政府与广大蒙人之间，开始生长着矛盾，原来广大蒙人对伪政府所抱之幻想，已逐渐为日寇对蒙人的拉兵、抽税、烧房、奸淫，与伪政府丝毫不能给蒙人办事的具体事实所揭破，广大蒙人对伪政府感到失望，一部分蒙人对伪政府心怀不满。

因此，日寇及伪蒙政府的统治是不巩固的。

三　国民党大汉族主义政策在蒙古民族中的影响

国民党继承了满清政府与北洋军阀时代的对蒙政策，对蒙古民族继续实行大汉族主义的压迫。

大汉族主义者在蒙古地方实行殖民、屯垦、建省、设治，其结果，就是使广大蒙人从那些原来已经保存不多而较肥沃优良的地方，被排挤到更荒凉的沙漠地带，更加陷入极端落后与黑暗痛苦的生活。

大汉族主义者极力培植蒙古的黑暗势力，并维持其统治与剥削，利用并经过它们实行对蒙古民族财富宝藏的掠夺，使广大蒙人长期在黑暗的专制统治下，没有任何民主权利。

大汉族主义者从来不曾善意地帮助蒙古民族建立自己的学校和文化教育机关，他们极力抑制蒙古文化的发展，使蒙古人民长期处于文盲与愚昧状态。

大汉族主义者极力阻止与压迫蒙古民族一切进步的解放斗争，他们利用蒙古的反动力量来打击进步的革命力量，几乎完全窒息了蒙古民族自救更生的积极性，并在蒙古民族中培植深刻的不信任与对民族前途悲观失望没有出路的心理。

大汉族主义政策实行的结果，造成了广大蒙人对汉族深刻的仇恨与成见。由于这种仇恨与成见，又造成某些地方蒙人压迫汉人的现象。大汉族主义者激起了某些蒙古人中狭隘的地方民族主义倾向，使蒙汉矛盾加深；另一方面就是帮助了日寇对蒙古民族的侵略，使蒙古民族不自觉地陷入日寇的陷阱。

抗战以来，国民党只在表面上进行了一些对蒙古上层的羁縻、拉拢与敷衍应付的工作，并没有改变大汉族主义的实质。大汉族主义者的政府和军队，在未沦陷区对蒙人有加无已的骚扰和压迫，使广大蒙人怨声载道，而在沦陷区，更公开提出“抗日灭蒙”的口号，引起广大蒙人的仇恨与反抗。同时，大汉族主义者及顽固分子，又在蒙古民族中实行“防共”“反共”的政策，极力推使蒙古上层王公“防共”“反共”，压迫与破坏共产党八路军在蒙古民族中的抗日工作；甚至勾结日寇以打击我党与八路军。

国民党对蒙古民族继续大汉族主义压迫与实行“防共”“反共”的结果，就阻止了蒙古人民抗日的觉醒，同时使蒙古民族与汉族及其他民族的抗日团结，不能达到应有的程度；而另一方面，恰恰又是便利了日寇对蒙古民族的欺骗与愚弄。

四　蒙古民族对抗战的态度

蒙古民族是中华民族的一部分，它直接受日寇统治、压迫、侵略，并且它居住于中日战争极关重要之战略地带，是中国抗战必须争取的力量，所以蒙古民族在抗战中处于非常重要的地位。

但蒙古民族对抗战的态度如何呢？

（一）沦陷区蒙古民族对抗战的态度，在抗战开始时是完全漠视与愚昧的。其原因，就是由于日寇的欺骗与统治，伪蒙政府在蒙人中的麻痹作用，以及大汉族主义压迫所激起的广大蒙人对汉族仇恨与成见所致。他们当时既然对日寇有很大幻想，又把伪蒙政权看做是蒙人的政府，因而他们漠视甚至反对在他们看来“只是为了汉人利益的战争”。彼时蒙古上下层的亲日倾向相当浓厚。但现在这种情形开始有了变化：一方面，由于日寇对蒙古统治、压迫与剥削的实际经验，使蒙人开始逐渐认识它的真面目；另一方面，则是由于中国抗战之坚持与八路军进入沦陷区蒙古地带活动，给了蒙人以很大刺激和影响，使沦陷区蒙古上层对抗战态度开始有了分化：一、除开长期与日寇勾结甘心附逆的王公，仍坚决站在日寇方面而反对中国抗战外，原来企图利用日寇来强大自己的王公，现因对日寇失望而消极悲观，对中日战争开始表现动摇；二、受日寇威胁压迫而心怀不满的王公，他们开始有了同情中国抗战的心理，这种分化必将继续下去；三、在广大下层蒙人中对日寇伪政权的失望与不满情绪也在开始增长起来，在这种情绪的增长中，生长着对抗战的同情心理，并有一部分先进的蒙人对于抗战已有了认识和希望，他们团结在八路军的周围，开始了抗日运动。

（二）未沦陷区蒙古民族对抗战的态度，虽然经过国民党极力的羁縻、拉拢并在军事上加以监督，表面看来，情形似乎比沦陷区好些，但实际不然。由于日寇及伪政权在未沦陷区蒙人中的活动及其影响，大汉族主义的继续压迫，以及日寇与国民党顽固分子在他们中“防共”“反共”阴谋活动，致使未沦陷区广大蒙人对抗战的认识仍然模糊，抗日的觉悟与信心异常不够，使他们对抗战实际上还是采取冷淡观望与应付的态度。未沦陷区蒙古上层中，虽然也有对抗日较有认识的王公，他们赞助抗战，同时接近我党，但这是极少数，而大部分王公是对抗战抱着“汉强随汉”“日强随日”的两面态度。他们对抗战在表面上不能不表示赞成，而实际上是中立的，甚至还有与日寇暗中勾结而准备机会一到即投降日本的。至于远后方蒙古对抗战的态度，由于他们远离战区及其他各种原因，还看不到有什么反映，大致是不闻不问的状况。

由此可知，不论沦陷区或未沦陷区蒙古民族对抗战的态度，基本上还是动摇的与中立的，就是说，他们坚决降日的虽然不是多数，而坚决抗日的也还是少数，他们今天的最大部分对抗战抱着观望的中立态度，所以采取两面政策。这就是现在蒙古民族对抗战态度的基本特点。

蒙古民族站在中国抗战方面，还是站在日寇方面？这就是现在蒙古民族问题的中心，同时也就是抗战中的严重问题之一。

五　团结蒙古民族抗日的可能条件与基本政策

团结蒙古民族坚决走上抗日的道路，不但是必要的，而且是可能的。可能性在于：一、日寇是蒙古民族最大的敌人，日寇及其傀儡政府在蒙人中的欺骗与蒙人对它的幻想，在开始减低；二、中国坚持抗战与日寇日益困难，对蒙古民族开始有了某种影响，特别是共产党八路军陕甘宁边区在蒙古人中的政治影响更为扩大；三、外蒙古人民共和国的存在与发展，对内蒙抗日的解放运动将会有更大的作用与影响；四、蒙古民族本身已开始有了一部分抗日的先进分子，而广大蒙人的抗日觉醒也在开始增长，同时蒙古上层王公中，除了少数坚决降日的外，大多数都还是可以争取的。

但要把这种可能变为现实，必须抗战的党、政、军、民，首先是我党、八路军和陕甘宁边区，协同蒙古内部的抗日分子，进行最大的和不断的努力，而其中心关键即在对蒙古民族实行正确的民族政策，并予以实力的扶助与推动。

党对蒙古民族的政策，基本的根据是以下三点：

（一）团结蒙古民族抗日并反对伪政府，组织蒙古民族成为一个坚强的抗战力量。

（二）肃清大汉族主义压迫政策，实行蒙古民族在国内政治上的完全平等。

（三）在抗战过程中，实现蒙古民族一切必要与可能的民主改革与民生改善，以提高蒙古各阶层人民抗日积极性。

具体说来，对蒙古民族应采取以下的政策：

（一）唤醒并提高蒙古民族坚决抗日的认识和信心，一致奋起推翻日寇的统治，及其傀儡伪蒙疆自治政府、伪满洲国政府，收复已失蒙古地方，把日寇从蒙古地方及中国境内驱逐出去。为此目的，必须：

1. 在蒙古民族中广泛地进行抗日的宣传解释工作。

2. 在蒙古民族中，广泛地揭露日本帝国主义及其走狗汉奸、蒙奸所制造的傀儡政府的实质，揭露“日蒙民族协和”和“日本帮助扶植蒙古民族自治独立”以及“反共”“和平”、挑拨蒙汉恶感等一切阴谋诡计。

3. 争取伪蒙古军反正，争取被日寇欺骗威胁参加伪蒙政府的王公，反对甘心附逆出卖民族国家的蒙奸。

（二）蒙古民族在政治上应与汉族享有平等的权利。为此目的，必须：

1. 在敌后方，蒙古民族有权组织各盟、部、旗、群的抗日政权，并成立统一的蒙古地方政府，建立抗日的根据地。

2. 蒙古民族有管理自己事务之权，各省、县不得干涉各盟旗政府管辖区域一切政治、经济、文化职权的行使。

3. 在蒙古地方设县、治局，必须在蒙人自愿与自主的原则下，反对大汉族主义的强迫设施。原来蒙古地方已设县与治局者，应有蒙人参加，一切税收应有定额，并划作蒙古民族政治、经济、文化、教育的费用。

4. 取消或调整各级管理蒙古事务的骈枝机关，而设立由蒙人组成的中央管理蒙古事务的委员会。中央政府及绥、宁、青等省政府，应有适当数目之蒙人参加为委员和行政工作人员。各省有蒙人杂居的市、县、区地方政权机关，同样应有适当数目之蒙人参加。

5. 国民参政会应增加蒙人参政员。同时蒙古地方应组织国民参议会，绥、宁、青、新各省国民参议会及凡有蒙古民族居住的市、县参议会，也应参加适当数目之蒙人参议员。

6. 凡蒙古民族与其他各民族杂居的地方，当地政府应设置由当地蒙古民族人员组成的委员会，作为市、县政府的一个部门，管理和他们有关的事务，调节蒙汉关系。

（三）开放民主，保证蒙古人民有抗战建国的言论、出版、集会、结社之自由，并组织牧人、农民、军人、学生、喇嘛……各种团体参加抗日。

（四）尊重蒙古民族的风俗、习惯、宗教、语言、文字，保障喇嘛庙，提倡与鼓动青年喇嘛参加生产，反对与禁止任何侮蔑与轻视蒙古民族之言论与行动。

（五）帮助蒙古民族改善与提高其人民生活，激发蒙古人民抗战热忱与生产热忱，为此目的，必须：

1. 政府拨款救济牧人，抚恤流亡。

2. 禁止强迫侵占蒙人牧场与土地，在蒙人自愿与自主的原则下，实行垦荒，帮助蒙人以适当的、低额的价格赎回抵押的土地，汉商地主所租蒙古土地不愿交赎者，应缴纳适当的地租。

3. 废除一切苛捐、杂税、派捐、派款、征收马匹及无偿徭役，减轻水草税。

4. 禁止高利贷及贱买贵卖，调剂蒙人日常需用的农产品、工艺品。

5. 切实执行防疫、防灾，设立免费医院、轮回医院等。

（六）帮助蒙古的抗日军队，组织与强大抗日武装部队，充实国防力量。发扬蒙人骑术的特长，展开并坚持敌占区的游击战争，为此目的，必须：

1. 蒙古民族抗日军队享有与其他国民革命军同等待遇的权利。

2. 改善兵役制度。

3. 提高官兵抗日自卫的政治认识。

4. 帮助蒙古实施各盟旗人丁及寺庙喇嘛的军事训练，扶助民众抗日武装。

（七）实施抗战教育，发扬蒙古民族固有的优良文化与光荣的革命传统，培植抗战建国的人才，为此目的，必须：

1. 普遍实施国民抗日教育，并设立各级完全免费的学校。

2. 全国各重要学校应广招蒙民青年完全免费入学、设立蒙民班次，并有适合于蒙人生活习惯的设备。

3. 设立喇嘛训练班，提高喇嘛的政治文化水平，使其为抗战的文化教育服务。

4. 蒙古民族的文化教育用蒙古语文，同时蒙古人民自己有选择语文的权利。

5. 蒙古青年有自己选择学校的权利。

（八）扶助蒙古人民改进畜牧生产，发展农业、手工业，开办毛织皮革工厂，发展交通运输，举办实利蒙民的生产消费合作事业与信用借款，发展与提高蒙古民族的经济生活。

（九）改善蒙、回、藏、汉、维吾尔各民族间的关系，巩固抗日团结，为此目的，必须：

1. 从上而下地彻底肃清大汉族主义的传统与狭隘的民族观点，并教育蒙、汉、回……各族杂居地方的各族人民以平等亲爱的精神对待蒙族人民。

2. 在蒙古地方，蒙古军、政当局也必须依据民族平等的原则对待各民族人民，以平等权利调剂各民族间的关系，尊重它们的风俗、习惯、宗教、语言、文字，并教育当地蒙民以一律平等亲爱的精神对待这些民族。

3. 蒙古民族与汉、回、藏、维吾尔国内各民族在平等原则之下共同抗日，并实现建立统一联合的三民主义的新共和国。

选自《中共中央文件选集》(11)，中共中央党校出版社 1985 年版，第 441～453 页。

27. 中央关于保育工作的通知

1940 年 8 月 20 日

适当地解决保育儿童问题，可以使工作人员安心于革命工作，同时也是共产党员应负的责任，因此特别规定保育儿童的办法如下：

（一）在党内进行教育工作，解释应该爱护母亲与保育儿童，批评与纠正少数同志中对这一问题的轻视与漠不关心的态度，首先在延安由中央妇委协同中央组织部召集有关的男女干部会议，讨论延安机关学校在职在学人员中关于保育儿童的工作。

（二）各机关学校不准将原有的孕妇或带有小孩的女同志任意推却，而应该给以适当的处置。

（三）增加保育经费。自十月份起重新规定如下：

甲、生产费三十五元（保证生产前一个［月］预发），小产发休养费十五元。

乙、产母于产前休息期间发休养费十元。

丙、婴儿在一岁前每月养育费十元，一岁半至五岁如自己养育者，亦发休养育费十元（自愿请老百姓抚养者亦同）。

丁、儿童衣服费按成人衣服费减半发给（每次发衣服时由中财部临时规定统一发给）。

戊、以上各费不得移作别用，并决定凡有工资者及边区县级以上干部家中分得土地者一律减半发给。

（四）产母休养时间规定产前休息一个月，产后休息一个半月，但身体有病者得医生批准酌量增加之。

（五）托儿所之设立：凡婴儿在一岁脱奶以前，须由其生母喂奶与养育（特殊情形者例外），并由各机关学校设立托儿所（按母亲所在地为标准），其详细办法另定之。凡有三个婴儿以上之单位，须由行政上负责设置必需之窑洞，并设法雇人帮助其母亲洗衣杂物等，使母亲仍能附带工作。三个婴孩以下之机关学校，由其母亲自己抚养。

（六）尊重边区政府法令，禁止私自打胎（有特殊情形者，经医院产科专门医生及本机关学校行政负责人之批准得打胎）。

（七）边区政府及各县政府须设保育科（同级妇联派人参加工作），区乡的保育工作由该同级妇联工作同志兼任，经常指导与帮助民众中的保育工作。

中央号召全体党员积极起来，注意保育儿童的工作，并希望女同志热烈响应中央的号召，积极参加保育工作。

中央书记处

选自《中共中央文件选集》(11)，中共中央党校出版社1985年版，第470～471页。

28. 中央社会部关于锄奸政策与锄奸工作的指示

1940年9月1日

关于锄奸工作，中央已有原则指示，本部根据这些指示与我党锄奸工作现状，认为对于锄奸政策与锄奸工作有使之明确化与具体化之必要。

（一）要加强保卫工作，须有正确的锄奸政策；要巩固党的组织，必须彻底地肃清内奸。因此，一方面要反对对敌人内奸政策的麻木不仁现象，又一方面要反对乱捉乱杀乱打乱罚的左倾观象。

（二）为了正确地进行锄奸工作，以加强反奸细斗争，首先要坚持下列的锄奸政策：

1. 必须根据党的统一战线方针。认清日寇是主要敌人，反对锄奸工作的一般化。因此不可笼统地把日探与国特混为一谈，也不可把国特普通情报人员与特务破坏分子混为一谈，不应把顽固分子都当作汉奸敌探，不应将一切国民党员绅士都当做特务人员，更不应将中间派当做顽固分子。应当经常记得党的策略方针是："联合多数""打击少数"。

2. 必须根据党的民主政治方针。真正地提高革命警惕性，反对锄奸工作的扩大化。因此要反对无证据无法律的乱捕乱杀，反对严刑逼供，虐待犯人。要以革命的法治精神，客观的慎重态度，依靠侦察，根据证据，废止刑讯，依靠政治。应经常记好这个原则："不放过一个敌探，不错办一个好人"。

3. 必须根据党的六中全会的锄奸方针。采用灵活的策略去反对敌人，反对锄奸工作的简单化。因此对敌人应各个击破，分别处理，打击主力，争取协［胁］从。对主要干探严加处置，对协［胁］从小卒准其自新，争取动摇分子潜伏敌内，感化无知乡愚，减少敌人。应经常记得这个原则："不放过一个敌人，不制造一个敌人"。

4. 必须根据党巩固组织的方针。反对对敌人内奸政策无警觉性，应将肃清内奸视为全党的战斗任务与巩固组织的重要尺度。因此必须认清目前日寇国特正以内奸政策为中心工作，国民党中央统计调查局对我党我军的领导机关正进行着内线突击，因此党的锄奸工作，须以"厉行肃清内奸"为主要任务。同时在反奸细斗争中，要防止造成党内恐慌，不相信党的与非党的干部。应经常记得这个原则："不放过一个内奸，不冤枉一个同志"。

（三）执行上面的各项政策时，必须广泛地进行反奸细斗争的教育，进行各种具体工作，建立各种正规制度，培养大批"德才兼备""奉公守法"的忠实干部。没有这些具体工作，正确的锄奸政策便不能实施。

（四）关于具体工作另有指示。

选自《中共中央文件选集》(11)，中共中央党校出版社 1985 年版，第 479～480 页。

互校版本：《中共党史教学参考资料》抗日战争时期（中），中国人民大学中共党史系资料室 1979 年编印，第 140～141 页。原注："原载《中共党史教学参考资料》第二批，中共中央宣传部一九五七年编印"。

29. 中央关于统一累进税问题给冀察晋的指示

1940 年 9 月 18 日

累进税乃是应向我区内一切人民征收的税则。特别是在民族统一战线的政策下，虽然捐税应由富有者比较多担负一些，但要富有者完全担负或负担过重，这亦是不好的。

累进税则应照顾极贫苦之工农，规定对最低限度的收入者予以应有的免征，但免征者不应超过人口百分之十到二十，以使百分之八十到九十人口，即绝对多数人口，其中包含中农贫农基本群众均须予适当的负担。

在一定条件下征税应无例外，如目前为着发展与调剂公私商业，因之对公私商业均应征以一定的税额之税金，但如实行商业之累进税，有时则又应例外，实行免税或减税，例如对抗属及退伍残废军人等之优待。

冀察晋对工人免税行之已久，如果对其他阶层人民无大的反感，如果乐捐所得，不比征税相差过大，则不必改变，否则须经过工人自己动员要求政府，酌予改变。

最后关于村一级的收入与开支，应当统筹统支，否则增加人民负担，增加开支浪费。在战时的中央苏区与和平时的陕甘宁边区，村财政均是统筹统支的。此点请你们详细考虑，并讨论实行方法。

选自《中共中央文件选集》(11)，中共中央党校出版社 1985 年版，第 492 页。

30. 中央关于建立与巩固华中根据地的指示

1940 年 11 月 1 日

中原局、华中新四军、八路军各负责同志，东南局并山东分局、一一五师、一二九师、冀南及北方局：

根据华北抗日根据地之建立与巩固的经验，特向你们提供关于建立与巩固华中新根据地的下列意见，望研究实行：

（一）根据地之建立，政权问题有第一等重要意义。过去华北有些地方是忽视了政权工作，迟迟未建立民主政权，另外很多地方对政权成分采取了过左的办法，违反了统一战线的政权原则。因此，华中应注意这些经验，一开始便实行三三制政权，把原来的大地主阶级的旧政权改造成为几个革命阶级抗日民主的统一战线政权，防止过左过右的错误，以免缩小抗日民主政权的社会基础。其具体表现应在各级民意机关（参议会）及高级行政机关（如苏北行政主任公署）与各县政府，必须尽力吸收进步分子与中间分子参加。同时，要注意保持党所领导的工农小资产阶级在政权中的优势，要注意在区村级的区长村长一定要是党员与进步分子，才能真正保障基本群众利益，防止地主阶级的操纵。要教育干部党员与群众学会议会斗争的方式与民主作风，善于在民主斗争中的形式、政府仲裁的形式下来保护基本群众的利益与实现党的政策，而不让别人感觉仍同国民党一样的“一党专政”。在根据地民主政权已经建立起来的地区，要教育干部党员、部队、群众团体尊重与拥护这个政权，不可破坏政府威信与法令。

（二）根据地各种政策应以统一战线原则为标准，发动基本工农群众的积极性为轴心。因此，减租减息提高工农群众的政治权利是必要的，反对只照顾统一战线，而完全不触犯旧日的地主阶级统治秩序的右倾错误；同时，应注意防止过左的倾向，把减租减息合理负担变成土地革命，或消灭地主富农的错误，以及过分强调改善工人生活，而使工商业关门，生产缩小，甚至引起工农对立的错误，应承认地主、富农、雇主、商人的财产权及公民权，不能随便地没收逮捕处罚（真正的汉奸除外）。在目前的革命阶段上，还不是消灭阶级，取消剥削，而是限制剥削，给阶级关系以适当的有利于抗日的调整。特别要注意在发动广大群众反韩德勤顽固势力及反旧日大地主阶级专政的斗争中，要防止农民的报复性与下级干部小资产阶级的疯狂性，容易走得过左。要避免发生如晋西北、冀南、鲁西等区域，在反顽固斗争中走到“无地主不顽固，无顽固不汉奸”乱打乱杀乱没收，把地主都逼往敌区、顽区，与我尖锐对立的现象。不要乱打汉奸，不要没收逃亡地主的土地（只能由政府代管交农民代耕），并要善于经过顽军的家属去争取顽军，要有正确的锄奸政策。

（三）关于财政经济，应注意一开始便作长期打算，节省人力物力，注意培养积蓄认真地爱护根据地，反对临时性的抓一把的办法，要有比较固定的经常的政策。严格建立各级预决算制度，实行统筹统支，实行统一的累进税制，设立银行，开展合作运动，发展工农业生产，发展对外贸易，反对贪污浪费。严格规定动员人力、牲口的办法，禁止各部分随便自由募捐筹款，禁止一切浪费人力物力破坏生产的动员。对商人政策要正确，根据地内商业应有自由，对敌区的商业应有一定限度的统制。对于各种负担，应按照有力出力有钱出钱的原则，但根据地居民百分之八十以上的人口均应负担，不可把负担完全放在富有者身上，尤其是在我军刚占领新区域时，不应向老百姓要的东西过多，而应同时实行许多善政，以使老百姓了解旧政权与新政权之区别。

（四）地方武装对根据地之巩固特别重要，应注意其建立与培养，要防止正规军把地方游击队完全吃光的现象，要使各县都成立独立团营的地方武装，并普遍地把自卫队组织起来。要注意培养地方武装的干部与帮助地方武装的武器。要建立军区与建立正规的经常的经过基干自卫队地方游击队去补充正规军的制度。

（五）党的组织固应发展数量，但不可为了数量而降低质量，而实行突击等办法，否则因为当权党的关系，坏分子及投机分子，容易混进党内破坏党的政策，于党有害无益。对党员社会成分的比例，应有正确的政策，华北各地中农把持党政民机关，以致有碍于党的政策之实行之现象，是值得注意的。军队党对于新区域的地方党负有极大的帮助责任，要善于去团结地方干部，培养地方干部，提高地方干部的能力与威信，使能独立领导当地的工作，严格防止随便撤换地方干部，打击地方干部，尽用外来干部代替地方干部的现象。

（六）军队之纪律在新区域应特别严格，以收复民心，绝不应乱罚款、乱捉人。

（七）大规模地开办各种训练班与扩大联大分校，尽量吸收青年学生和知识分子，很好地爱护他们，培养他们来参加根据地各方面的工作，反对不注意争取知识分子与不信任非党干部的狭隘倾向。

（八）友军联络工作在今天华中环境占着非常重要的地位，要充分发扬历次苏北友军工作成功的经验，时时都要注意利用矛盾，争取多数，反对少数，勿使自己陷于孤立，时时信使四出去广泛进行交朋友工作。要优待顽军的俘虏与家属，要善待顽军反正的部队（不可随便撤换原有干部与改编），要照顾能够同情我或对我中立的友军的利益，要在反顽斗争中尽力扩大我们的抗日政治影响和把握着有理有利有节的原则，便能破坏顽固派正在继续发动组织一切友军向我围攻的企图。

中央书记处

选自《中共中央文件选集》(11)，中共中央党校出版社1985年版，第530～533页。

31．中央关于各抗日根据地劳动政策的初步指示

1940年12月3日

（一）我们认为各根据地采取在政治、经济、文化各方面改善工人阶级的生活地位，并广泛地发动工人阶级参加抗战的政策是正确的，对于组织工人的工作是有成绩的。但对于劳动政策的执行，曾发生过左的倾向。例如：

（甲）提出不适合于根据地现时条件的过高要求，如过高增加工资，改善待遇条件过多，如要雇主供给衣服鞋袜，要同雇主吃同等伙食，工人参加会议除工资照给外，还要雇主供给饭钱，要求分得百分之四十红利，及监督审查盈利数目，过高规定伤亡恤金，及强调实行八小时工作制等。

（乙）实行不正确的斗争方式，如工会决定要求条件即强迫雇主实行，甚至实行联合请愿示威与罢工的尖锐斗争形式，强迫雇主雇用失业工人等。

（丙）不尊重政府法令，如自由打汉奸，没收汉奸财产分配给失业工人，甚至工会代替政府直接处理汉奸案件。结果造成工农对立，工人与雇主严重对抗，以致吓走地主、商人，妨碍根据地工农商业的发展。

（二）根据地的劳动政策，应当以支持长期抗战、争取抗战胜利为原则，否则既不能保存工人已得利益，更不能彻底解放工人阶级，因此工人阶级眼前利益必须服从于永久的全部利益。因此劳动政策应根据下列原则：

（甲）对根据地的工人阶级，应力求在政治、经济、文化各方面予以可能的改善，以便动员工人阶级积极领导和参加抗战。另一方面，又要避免与各阶级尖锐对抗的斗争，而

要协调各阶级关系，以便争取各阶级共同抗战，因此照顾工人利益同时又要照顾统一战线各阶级利益。工人单方面决定之条件，不应强迫雇主执行；但另一方面要防止借口统一战线各阶级利益而牺牲工人阶级利益。

（乙）工会是巩固政府的杠杆，工人必须是政府的重要群众基础。同样政府是保护工人及抗日各阶级人民的，因此工会应当尊重政府法令及法律程序，劳资纠纷应尊重政府及劳资三方的仲裁。

（丙）工人待遇的改善，工资的增加，工时的规定，必须以发展抗日根据地之工农商业，增加抗战生产，适合战时需要为原则，否则即有碍于根据地之坚持与巩固，也就违反了工人阶级的根本利益。

（丁）改善工人生活，必须估计到在持久的战争中根据地人民的生活日益艰苦，国民经济生活一般已降低，根据地工人生活想改善得比战前更好是不可能的。

（三）因此工会工作方向应当是：

（甲）在政治上动员工人参战，一切为着巩固抗日政权，争取抗战胜利，动员工人到八路军游击队去参战，发扬劳动热忱，积极地参加根据地的一切建设工作。

（乙）应当使工人成为统一战线的模范，成为团结根据地人民的中心。对于阶级关系应适当调剂，而不是与各阶级的尖锐对抗。因此必须纠正自由没收汉奸及强迫雇主雇用工人和实行自己一切要求的办法。

（丙）必须组织城市及乡村工人到工会中来，使工会成为有广大工人群众基础和广泛民主的团体，才能使工会成为工人阶级的坚强组织。

（丁）必须以马列主义来教育工人，特别是工人干部，首先使他们打破行会主义的思想，使他们认识工人阶级只有经济斗争是不能获得最后解放的真理。必须提高文化，消灭文盲，使工会成为工人阶级的学校，把教育工人看作是经常的重要工作。

（四）解决目前一些具体问题的原则：

（甲）手工业、农业、店员工人目前绝不宜实行八小时工作制，公营工业及合作社等除已规定之八小时工作制外，应经过工会发动工人做两小时义务工（现在陕甘宁边区实行此制度）。

（乙）对失业工人及其家属应尽可能组织到各种生产部门如工厂及合作社中去，到各种军事政治学校及军队游击队中去，才能解决。

（丙）农业、手工业、店员工资，应以现在生活水准能够维持生活为原则，以当地政府颁布的劳动法令为根据订立合同，不宜有过高和过苛的要求，并且工资以不高于公营工厂工资待遇的总和为原则，否则将影响到生产及技术的发展，但已增加之工资待遇不能以命令取消之。

（丁）公营工业工人除工资外，一般待遇必须注意不能超过当地生活水准，一般需要照可能范围，工人伤亡抚恤不能超过抗日阵亡将士之抚恤，否则将影响于部队。

（五）劳动政策的过左倾向必须纠正，否则不仅影响到根据地工农商业的发展，而且会造成阶级的尖锐对抗、工农对立。但是进行纠正这种错误倾向时应注意：

（甲）纠正过左的倾向时，应经过当地工会的动员说服，根据具体情况重新商订合同，不能简单地命令取消工人已得之利益。否则会脱离基本群众，引起群众对我不满；并要防止雇主乘机反攻。至于从未增加过工资的工人，应依上述原则改善其生活待遇，防止纠正过左而产生右的倾向。其实上述左的倾向是带有右的实质的，因为他以简单的打汉奸及强迫雇用的办法去解决失业工人问题，用强迫雇主履行自己条件来代替耐心去了解和恰当地改善工人生活。

（乙）上述倾向的产生显然是受过去苏维埃时代的劳动政策与狭隘的行会主义思想所影响，尤其受过去在国民党区域工人与政府资本家尖锐对立的斗争方式所影响，因此在纠正上述倾向时，必须先在党内外从上而下地作深入解释教育工作，首先是教育干部。

（丙）忽视职工运动的地区，必须依照本指示加强起来，以免重复上述错误。

你们接到本指示后，望切实检查讨论后，将你们意见电告中央。

中央书记处

选自《中共中央文件选集》(11)，中共中央党校出版社 1985 年版，第 556～559 页。

互校版本：《中共党史教学参考资料》抗日战争时期（中），中国人民大学中共党史系资料室 1979 年编印，第 193～196 页。原注："原载《六大以来》(上)"。

32. 中央关于华中各项政策的指示

1940 年 12 月 13 日

中原局并告北方局、山东分局、东南局、南方局、南委：

（一）苏北组织政权机关及民意机关时，应坚决实行三三制，共产党只占三分之一，在开始时还可少于三分之一，网罗各党各派无党无派一切不积极反共之领袖人物参加，其中应有国民党中派及左派，韩国钧等民族资产阶级及开明地主均应该参加，也可容许少数右派代表，真正组织各党各派各界各军的联合政权，力避我们包办。这对于全国是有大影响的。

（二）劳动政策力避过左，目前只作轻微改良，例如十四小时工作日者减至十三小时或十二小时，不要实行八小时制。保证资本家能赚钱。

（三）土地政策应实行部分的减租减息以争取基本农民群众，但不要减得太多，不要因减息而使农民借不到债，不要因清算旧债而没收地主土地，同时应规定农民有交租交息之义务，保证地主有土地所有权，富农的经营原则上不变动，要向党内及农民说明，目前不是实行土地革命的时期，避免华北方面曾经发生过的过左错误。

（四）同意胡服对税收办法的意见，在无更好办法之时暂时照旧法征税，惟苛杂应酌量减轻。

（五）锄奸政策以镇压众人皆恶之少数最反动分子为原则，极力避免多杀人。除政府外各机关团体不得自由捕人罚人。

（六）经济政策是尽量发展工业农业生产与商业流通，力避破坏生产与商业，号召上海资本家到苏北办实业。

（七）文化教育政策只去掉买办大资产阶级的文化专制主义，容许民族资产阶级的自由主义思想存在，容许自由主义的文化人及教育家办报办学。

（八）总之目前你们的政策只去掉买办大资产阶级及封建大地主的专制主义及作初步的民生改良，一方面保证工农小资产阶级人权政权财权及言论集会结社之自由，另方面也应保证除汉奸以外一切资本家地主的人权政权财权及言论集会结社之自由，只要不武装暴动，任何党派阶层有活动之自由，应容许国民党之存在，应组织进步的国民党。

（九）整个华中都应执行上述方针（当然华北亦如此）。

（十）你们如何具体执行各项政策，望随时电告。

中央书记处

选自《中共中央文件选集》(11)，中共中央党校出版社1985年版，第560～561页。

33. 审计制度示范

1940年中央财政部起草

第一条　边区政府最高审计机关为审计处，综掌边区政府及所属各机关财务之审计。

第二条　审计处之职权如下：

一、监督边区一级及所属各级预算之执行。

二、核定边区一级及所属各级收支命令。

三、审核边区一级及所属各级预算与决算。

四、稽查边区一级及所属各级收支上之不法或不忠于职务之行为。

第三条　审计处设四科，根据前条分掌下列事务。

一、第一科，掌理文书、会计、处务及不属于其他各科事务。

二、第二科，掌理边府及所属各机关之事前审计。

三、第三科，掌理边府及所属各机关之事后审计。

四、第四科，掌理边府及所属各机关之稽查事务。

第四条　于（设）处长一人，承边区政府主席之命，并对边参会负责．综理并监督全处及所属审计事项，必要时得设副处长一人。

第五条　设秘书主任一人，秘书若干人，承处长之命，掌理处务及会议记录。

第六条　各科设科长一人，科员若干人，分掌各该科审计事务。

第七条　关于处理审计稽查重要事务及调度重要审计人员，须以审核会议之决议行之。审核会议以审计处处长、秘书主任及各科科长组成之。

第八条　边区各机关及其所属机关财务之审计由审计处办理，其在各县市地方者，凡规定应送审计处审核者不（亦）同。

第九条　分区及边区政府所属各机关需要设立审计员者，均由审计处委派，但对于县或有特殊情形之机关，得由审计机关通知其送审，仍应每年派员就地为抽查之审计。

第十条　审计机关为行使职权，向各机关查阅簿籍凭证，或其他文件，或检查财物时，各该应管人员不得隐匿或拒绝，遇有疑问并应为详实之答复。

第十一条　审计机关为行使职权，于必要时得派员持介绍信向负责之公私团体或个人查询或调阅簿籍凭证，或其他文件，各该负责人不得隐匿或拒绝，遇有疑问并应作详实之答复。

第十二条　审计机关行使前两条之职权，遇必要时得临时封锁各项有关簿籍凭证或其他文件，并得提取全部或一部。

第十三条　审计人员发觉各机关人员有财务上之不法或不忠于职务之行为，应报告该主管审计机关通知各机关首长处分之。

第十四条　审计机关或审计人员在行使审计职权遇必要时，得知照司法或警察机关协助之。

第十五条　遇有应负赔偿之责任者，审计机关应通知该机关首长限期返缴。

第十六条　凡机关首长犯有财务上不法情事时，审计机关应通知其上级机关执行处分。

第十七条　对于审计机关通知处分之案件，各机关有逼压或处分不当情事，审计机关应查催或质询之，各该机关应为负责之答复。

第十八条　审计机关或审计人员对于各机关显然不当之支出，虽未超越预算，亦得事前拒签或事后驳复之。

第十九条　关于审计之各种章则及书表格式由审计处定之。

第二十条　审计处应将每会计年度审计之结果编制审计报告书，并就应行改进之事项附具意见，呈报边区政府。

第二十一条　财政厅编就总概算书后，应送审计处审核，审计处得依据审核结果缮写意见书，呈请边府委员会议。

第二十二条　各机关应于预算开始执行前，将核定之分配预算缮写三份，送审计机关审核发还，如与法定预算不符者审计机关应纠正之。

第二十三条　财政机关发放各项经费之支出书，应送审计机关核签，非经审签后公库不得付款或转账。

第二十四条　各机关收支凭证，应连其他证件送交驻在各机关之审计人员核签，非经核签不得收付款项，但未驻有审计人员者不在此限。

第二十五条　审计机关或审计人员核签支付书收据凭证发现与预算或其他有关审计法令不符时，应拒绝之。

第二十六条　审计机关或审计人员对于支付书或收支凭证核签与否，应从速决定，不得影响行政工作，除有不得已之事由外，自收受之日起最长不得逾三日。

第二十七条　驻有审计人员之机关，应将各项日报、旬报、月报按期送该审计人员查核，该审计人员对于各项簿籍得随时检查，并与一切凭证及现金财物等核对。

第二十八条　未驻有审计人员之机关，其收支凭证，因特殊情形准预送有审计机关，除就旬报月报查核外，得定期派员赴各机关审核或抽查其有关之簿籍凭证及案卷。

第二十九条　驻在或派赴各机关之审计人员，应将审计结果向该管审计机关报告，解决完后分别分给核准通知或审核通知于各该机关。

第三十条　经审计机关通知送审之机关，于造送各项会计报告时，应将有关之原始凭证及其他附属表格一并送审。

第三十一条　各机关之年度决算应送审计机关审核，审计机关应为符合者发给核准书。

第三十二条　主管公库机关代理公库之银行应将每日库款收支详具报告，逐日送该审计机关或驻公库之审核人员查检。

第三十三条　主管公库机关应按月编造库款收支月报，并于年底终了时编造库款收支年报各三份，于每月终了五日内及年度终了十天内分别送该管审计机关查核。

第三十四条　经理公债财物或特种基金之机关，应按月编造动态月报，并于年度终了时编造年报，分别依限送该审计机关审核。

第三十五条　各级政府编制之年度终决算应送审计机关审定，审计机关审定后，应加具审查报告，由审计处汇核呈送边区政府。

第三十六条　审计机关对于各机关之一切收支现金票据证券得随时检查之。

第三十七条　审计机关对于各机关之财物得随时盘查，如遇水火盗难或其他意外事故，各机关所管之现金单据证券与会计档案及其他重要公有财物应分别解决，缴公库或移地保管，倘因疏忽致有遗失损坏者，该机关首长及主管人员应负赔偿之责。

第三十八条　各机关营缮工程及购置或复卖各种财物之验收应通知审计机关派员监视，其不合法定手续或与责约章则不符者，监视员应纠正之。

第三十九条　经营债券机关，于债券抽签偿还及销毁得归之债券时，应通知审计机关派员监视。

第四十条　审计机关对于各机关有关财务之行政事项，得调查之，认为有不当者，得随时提出意见于各机关。

第四十一条　审计机关对于受公款补助之私人或团体应行审计事务应同样处理之。

选自《中国革命根据地审计史料汇编》，中国审计学会审计署审计科研所编，北京工业大学出版社1990年版，第3～5页。

△毛泽东：论政策

1940年12月25日

（见《毛泽东选集》第二卷，人民出版社1991年版，第762～770页。）

34. 中央关于皖南事变的指示

1941年1月18日

（一）皖南新四军军部及主力八千余人于本月四日起，开始遵照党中央向国民党让步的决定，服从蒋介石命令，向江北移动，不料国民党当局早有“聚歼”计划，我军行至泾县之茂林即为国民党军队七个师重重包围，激战七昼夜，全部覆没。这是抗战以来国共两党间，也是抗日民族统一战线内部空前的严重事变，应该引起全党及全国人民的注意。国民党现已公开宣布新四军“叛变”，叶挺交军法审判。国民党这一政治步骤，表示他自己已在准备着与我党破裂，这是“七七”抗战以来国民党第一次重大政治变化的表现。

（二）国民党这一表现的原因是：

第一，亲日派何应钦及CC系陈立夫等经过反共，准备投降的阴谋活动。

第二，顽固派头子及英美派代表，由于英美集团与德意日集团间矛盾之扩大与英美拉拢中国之积极，及日本在中国的进攻行动受到了英美的牵制等原因，他们的气焰大为高涨，认为此乃向我党进攻以巩固其统治的有利时机。皖南事变即是三国同盟以来国民党内亲日派、英美派同谋的一连串反共事变的继续发展。

（三）皖南事变及国民党的公开处理，在全国人民及全世界公正人士前面，暴露着国民党破坏抗战破坏团结的真面目，暴露着他们的阴险毒辣、没有信义、没有道德，它将使国民党的威信大受损失，同时揭破其关于统一军令政令之宣传的全部虚伪性。因此，皖南事变同时造成了我们在政治上给国民党亲日派、英美派向我们的进攻以有力回击的有利条件。新四军是积极抗日的，北移是服从命令的，现在得着的是被消灭，被宣布为“叛变”与被交军法审判。一切理由都在我们方面。

（四）为了反对国民党的进攻，中央特决定：

甲、在各抗日根据地内经过刊物、报纸、会议、群众大会，对于国民党亲日派、顽固派同谋歼灭皖南新四军的行动，提出严重抗议，并到处提出下列口号：

（1）立刻释放叶军长，释放一切被俘将士，抚恤伤亡，惩办祸首！

（2）立刻停止华中二十万大军前进剿共，反对内战，中国人不打中国人，前线国军同八路军、新四军团结起来，枪口一致对日！

（3）立刻停止陕甘宁边区周围的碉堡线，把一万万元的碉堡建筑费，用到国防建设上去，用到改善人民生活上去！

（4）取消一党专政，改革政治机构，实行民主政治，召集真正代表民意的国民大会。释放张学良、杨虎城、马寅初以及一切抗日救国的政治犯。保障言论、集会、出版的自由！

（5）坚持抗战，坚持团结，坚持进步，驱逐亲日派头子何应钦、陈立夫！

乙、在宣传鼓动工作中应无情地揭破国民党当局自抗战以来，对人民、对革命分子则肆意压迫与屠杀，对日寇、汉奸则消极应付与宽容，有功者罚，有罪者赏等一切倒行逆施的黑暗的反动的方面；指出只有改革政治机构，实行民主，才能使抗战坚持到最后胜利。

丙、八路军、新四军在政治上、军事上应充分提高警觉性和作战的充分准备。

丁、在大后方应经过各种不使党的组织遭受破坏的、侧面的、间接的方式去动员舆论与群众，特别抓住物价高涨去提高人民的不满情绪到要求驱逐亲日派、改组国民政府、实行民主抗日的水平。

选自《中共中央文件选集》(11)，中共中央党校出版社1985年版，第582～584页。

35. 新四军将领就职通电

1941年1月23日

全国各友军公鉴：

奉中国共产党中央革命军事委员会号日①命令开：任命陈毅为国民革命军新编第四军代理军长，张云逸为副军长，刘少奇为政治委员，赖传珠为参谋长，邓子恢为政治部主任，等因，奉此，遵即宣誓就职。当此寇氛弥漫秦桧横行之际，毅等誓遵三民主义，服从总理遗嘱，与万恶敌人日本帝国主义及其走狗中国亲日派奋斗到底。惟望全国袍泽，共矢抗日之忠诚，勿为奸邪所蒙蔽，拒绝内战，一致对敌，民族国家之前途，实深利赖。特电奉闻，敬候明教。

国民革命军新编第四军代理军长　陈　毅
副　军　长　张云逸
政 治 委 员　刘少奇
参　谋　长　赖传珠
政治部主任　邓子恢
叩　漾②

选自《中共中央文件选集》(11)，中共中央党校出版社1985年版，第592页。

36. 中央革命军事委员会命令——颁布军政委员会条例

1941年2月7日于延安

兹颁布八路军、新四军之军政委员会的条例，望各级遵照执行。

（一）游击战争的环境与部队的分散行动，要求一定限度的集体领导与一定限度的集中指挥。

（二）为此目的，在军、师、旅、团及纵队、支队、军区、分区等级成立军政委员会（以前军队与地方党政合组的军政委员会，一律改名为军政党委员会，以资区别），作为每级的集体领导机关。

（三）各级军政委员会，由司令员、政委、政治主任、参谋长等主要负责人组成之。人数不超过五人至七人，由每级提出名单，经上级决定之。军政委员会的主席，一般的由政委担任。

---

① 按电报代日韵目，“号日”为20日。
② 按电报代日韵目，“漾”为23日。

（四）军政委员会为执行上级指示，决定该部大政方针，布置工作及检讨工作的计划机关。凡关系本部的军、政、党、后勤等等一切工作，均可讨论决定。但军政委员会并非执行机关，其决定应交各部门执行之。例如关于军事工作的决定，应交司令部执行，关于政治工作的决定，应交政治部执行等。军政委员会，只应讨论比较重大问题。把一切琐碎细小问题提交军政委员会讨论，是错误的。

（五）军政委员会，应批准干部之升任与调动，但关于党员的处分与入党批准等等事宜，仍由党务委员会决定。

（六）军政委员会的决定，不用军政委员会名义下达，而应根据决定之性质，分别由司令机关、政治机关用命令下达之。下级对上级报告，也不用军政委员会名义，由各部门分别地向上级报告。

（七）军政委员会在讨论问题时，如遇争论不能解决，应呈报上级决定之。关于紧急问题，司令员与政委仍有独断专行之权，但应将各种不同意见报告上级。

（八）各级军政委员会，每月至少开会一次，至多两次，不得无故不召集开会。

（九）应向干部解说军政委员会之设立，是为适应游击战争的分散环境，以收集体领导，团结干部之效能。但军队仍是集中的组织，上级司令员、政委及各部之命令，下级应绝对执行，下级军政委员会无权讨论拒绝命令之执行，即同级各部门亦应执行首长之命令。认为一切均应经过军政委员会的虚伪的民主情绪是错误的，应当防止与纠正。军政委员会之设立，并不减弱个人负责制。

（十）本条例解说及修改之权，属于中央军委。

（十一）本条例经中央书记处批准。

选自《中共中央文件选集》(11)，中共中央党校出版社1985年版，第606～607页。

互校版本：《中共党史教学参考资料》，抗日战争时期（中），中国人民大学中共党史系资料室1979年编印，第237～238页。原注：“原载一九四一年二月十三日《新中华报》”。

37. 中共中央关于党员参加经济和技术工作的决定

1941年5月1日

（一）向全党解释，各种经济工作和技术工作是革命工作中不可缺少的部分，是具体的革命工作。应纠正某些党的组织和党员对革命工作抽象的狭隘的了解，以至轻视经济工作和技术工作，认为这些工作没有严重政治意义的错误观点。

（二）解释学习理论与参加实际工作都是每个党员不可或缺的责任。但在革命运动中，尤其领导着军队和政权的党，共产党员决不能离开各类实际工作去“专做”理论工作（虽然可以与应该有一小部分人专门从事理论的研究），同时也决不能单单埋头实际工作而完全不学习理论。因此借口学习理论而不愿参加实际工作，或仅仅埋头实际工作而不在工作中抽暇学习理论的倾向，都必须纠正。

（三）每个党员必须无条件地服从党对他的工作分配，纠正某些党员不愿参加经济和技术工作及分配工作时讨价还价的现象。

（四）一切在经济和技术部门中服务的党员，必须向非党的和党的专门家学习。他们的责任是诚心诚意地学习和熟练于自己的技术，使各部门建设工作获得发展，同时并使每个党员获得在社会上独立生活所必需的技能。

（五）党必须加强对经济和技术部门工作中党员与非党员的领导，照顾他们的政治进步，并在各方面帮助他们。

中央书记处

选自江苏省财政厅、江苏省档案馆、财政经济史编写组合编：《华中抗日根据地财政经济史料选编》第一卷，档案出版社1984年版，第10页。原注：“按《六大以来》刊印”。

互校版本：

1.《陕甘宁革命根据地史料选辑》第二辑，甘肃人民出版社1983年版，第178页。

2.《中共党史教学参考资料》抗日战争时期（中），中国人民大学中共党史系资料室1979年编印，第267～268页。原注：“原载一九四一年五月八日《新中华报》第二二八号”。

38. 李富春对抗日根据地财政经济政策的意见①

1941年5月10日

决定抗日根据地财政经济政策的第一个根据就是要使政策的实行能够适合当前中国抗战建国的目的，即是建立新民主主义的新中国的目的。

新民主主义的新中国社会，是以新民主主义的经济作基础的，所谓新民主主义的经济，决不是“少数人所得而私”让少数人操纵国民生计的经济，而是以平均地权，节制资本作骨干的，各革命阶级的经济联盟，新民主主义经济的集中表现，就是新民主主义的政治。在今天的中国说，新民主主义的经济，就是抗日民族统一战线的经济，它是抗日的，反对帝国主义的，要求民族经济的独立自主的，又是几个抗日阶级联合的，统一战线的经济。要求各抗日阶级在经济上“有福同享，有祸同当”。

中国是经济落后的国家，特别在日寇的野蛮侵略下，国民经济遭受巨大的损害。操纵国民生计的大银行、大工厂、大商业，不是被日本帝国主义所掠夺，便被少数买办式的大资产阶级所独占；真正独立自主的民族经济的基础，还很薄弱，不依属帝国主义的民族资本的力量，还很软弱，因此抗日民族统一战线的经济政策，应当是以政治上的民主主义与经济上的自由主义相配合，照顾各阶级的经济利益，调解各阶级的利害关系，改善人民大众的生活，以便发展独立自主的民族资本主义，同时以改良的政策，逐渐限制地主阶级与

① 李富春时任中共中央财政经济部部长，关于财政经济政策的论述，对各根据地具有重要指导意义。

买办阶级的半殖民地半封建的剥削，推动其走向民族的民主的经济道路，以革命的手段，没收甘作汉奸的大地主大资本家的财产，作为民族国家的财政经济的来源之一，以这样的政策，去逐渐地做到“节制资本”“平均地权”。

决定抗日根据地的财政经济政策的第二个根据，就是要使政策的实施，适合粉碎敌人的经济侵略的政策，树立长期抗战的经济基础。

日本帝国主义正以其野蛮的经济侵略，配合其军事的政治的残酷进攻，以便达到其灭亡全中国，使中国变为日本帝国主义的殖民地的目的。因此，其对中国的经济侵略政策，基本是殖民地化中国的政策。四年来，对中国经济的野蛮的掠夺、破坏，甚至开发东北华北，拓殖华中华南，无非是想达到其“以战养战”而至中日“满”的经济一体。同时不断地以经济诱降、经济封锁与军事进攻相配合，其目的也无非是想威迫利诱中国的大资产阶级，破坏抗日民族统一战线，以达到殖民地化中国的目的。

日本帝国主义的财政经济政策的实施，是异常狠毒的。正如“水银泻地，无孔不入”。日寇利用其占有中国的大城市与交通要道的便利条件，无论在工业农业商业上、金融货币上，以至税收上，无不是以野蛮的原始的掠夺与独占政策，摧毁民族经济，奴役中国人民，使中国国民经济，遭受大的摧残，使中国在抗战中的财政经济，遭受巨大的困难，因此我们的财政经济政策，必须适合于与日寇作艰苦的经济斗争，必须能在经济战线的各方面打击日寇，克服困难保护自己发展自己，以求生存。

抗日战争是长期的持久的战争，要从经济上保障军事的需要，与军事的胜利。因此，我们的政策不能不是战时的政策，但又不能不是从长期着眼统盘筹划的政策，以便在战争中建立能够支持长期战争的自力更生的经济基础。

这样双重的严重任务，必须实行民主，动员全民族的力量，发扬各抗日阶层全体人民的人力物力财力智力，才能完成。任何限制与损害人民力量，只顾少数特权阶级利益的设施，任何姑息或助长日寇经济侵略的政策，都只能引导中华民族走到奴隶的道路。

以上两个根据，不仅是决定抗日根据地的财政经济政策的原则，而且是决定全国财政经济的规律，全国的任何地区如果在财政经济的实施上违反了这样的规律，是无法战胜日本帝国主义的，抗战建国的胜利，是不可能实现的。但是决定敌后抗日根据地的财经政策时，还必须配合敌后抗日根据地的特点。敌后抗日根据地所处的政治的军事的经济的社会的环境，对于完成财政经济的严重任务，有其特别困难与特别有利的条件，这是我们必须深切予以注意的。

首先，必须认识敌后抗日根据地是处于日寇的重重包围封锁之中，处于与敌人犬牙交错的残酷战争环境中，敌人的一切军事行动，及其一切政治的经济的措施，都即时地影响到根据地之内。在经济上，是经常处于敌人的竞争、封锁、破坏，以至毁灭扫荡的威胁中，是与大后方隔绝，与其他抗日根据地隔断，与城市隔离，完全处于孤军作战、独立支持的状况。在这样的环境下，首先是增加了我们的困难，为要长期坚持敌后的抗战，不能不更警惕的、更细密的、更灵活具体的，一方面与敌人作多样的经济斗争，一方面不能不以爱护与巩固根据地，作为财政经济设施的出发点，注意在经济战线上巩固统一战线的社会基础。但是又必须认识在这样环境中，革命的战争改造了一切，改变了旧有的半殖民地半封建的经济关系，改变了城市与乡村的联系，便利了我们向着发展独立自主的民族经济的道路前进，更要求我们向着自力更生之途迈进。

其次，必须认识敌后抗日根据地是完全处于农村的环境中是要以农村来包围与战胜城市。农村是根据地的基本阵地，农民是根据地的主要社会基础，农业是根据地已有的基本产业，而地大物博人口众多的条件，也在农村。因此，在抗日根据地内的民族经济，就是以农业为本的经济，因此发展农业生产，繁荣农村经济，改善农民生活，调剂农村各阶级的经济关系，使地大物博人口众多的自然条件，转变为坚持抗战的革命的社会生产力，是抗日根据地财政经济政策的第一等任务，是发展整个经济的先决条件，也就是农村能够自足自给，包围城市，孤立城市，以至配合全国，最后战胜城市的基础。

再次，抗日根据地已经建立了新民主主义的政权，在政治上各抗日阶层的人民，均获得了抗日民主自由的权利，人民的文化水准与民族觉醒提高了，在经济上，实行了必要的改革，限制了半殖民地半封建的剥削，历来受压榨的农民经济，获得自由发展的前途，开辟了民族资本发展的道路，造成了抗日根据地发展新国民经济的前提，具备了实行新的战时的财政经济任务的有利条件。

最后，还应当认识敌后各抗日根据地原来的政治经济的发展是不平衡的，各有其不同的地理环境、经济基础、政治条件与战争状况，而且各个根据地建立的时间与发展的程度，也有不同敌我力量的对比，也有差异，因此财政经济政策的实施，不能不在遵守一般的原则之下，注意于特殊的具体的实际运用。

综合上述的根据，抗日根据地的财政经济政策，是一种新的战时的政策；即是抗日的、民族统一战线的、自由主义的经济政策。这种政策的目的一方面保障各阶层人民，摆脱半殖民地半封建的束缚，能独立自由地发展；一方面团结全民族的经济力量，与敌人作坚决的经济斗争，求得自足自给，保障持久抗战的物资需要。这就是抗战建国不可分离的基本环节。依此目的来决定政策的具体内容与具体任务。

政策第一个任务就是要坚决艰苦地与敌人作持久的经济斗争。这种持久的经济斗争，基本上是要组织与动员全民族各阶级人民的力量，独立自主地奋斗到底，同时要善于利用敌人内部的矛盾，与争取一切可能的外援，增强自己的战斗力，这样的经济战争，是配合军事的、政治的战争，从两方面展开的。一方面是要进攻敌人，与敌人企图殖民地化中国的毒计，敌人的“经济开发”与“以战养战”的政策作斗争。用一切军事的政治的经济的力量去阻碍、削弱、破坏敌人在沦陷区一切的经济上财政上的设施与经营。发展广大群众的游击战争，破坏敌人的交通，袭毁敌人的企业，截击敌人的资财，耗费敌人的军需，特别应当去加强敌占区的工作，不仅要注意争取团结敌占区的人民，在物资上给抗战帮助，削弱敌人在广大人民中的经济的财政的信用；而且应当深入到敌后的占领区去，利用敌人财政经济上的弱点与矛盾，利用敌人的以战养战，去建立抗战的经济据点，特别在目前全国及各抗日根据地的困难日增的情况下更有必要。另一方面为要保护自己，坚决地同敌人的经济封锁、经济掠夺与破坏作斗争，在全国，特别处在敌后的抗日根据地，应当有一套有系统的具体办法对付敌人，实行经济的反封锁，实行对外贸易的统一与对内贸易自由的原则，以便抵制敌人的倾销与封锁，实行新的货币金融政策、保护法币，抵制伪钞，以便同敌人作货币斗争，实行武装人民、发展人民大众的游击战争，实行坚壁清野，保护春耕夏收，在财经的实施上，要发挥充分的机动性、灵活性，要随时适应新的环境，利用新的条件，建立游击性的生产制度（如能随军行动的小型工厂与随军行动的生产军）与流动性的交换方式（如流动性的合作社与常常易地的市集），以便抵制敌人的掠夺、破坏及所谓“毁灭扫荡”，严厉地对付经济汉奸，严格地防止与纠正违背正确经济政策而有利敌人的行为，以便更好地巩固自己，肃清敌人的破坏活动。

政策的第二个任务，要保障支持长期战争的经济需要，一切物资人力的筹备与供给，首先要适合军事的要求，保障前线的胜利。因此战时的经济政策，一方面不能不要求抗日各阶层人民在不损害其基本利益之下，大家为着民族的生存节衣缩食，忍受一时的、局部的牺牲，争取经济发展的保障；另方面抗日的政府与军队必须从全局着眼，从长期打算，在不妨碍战争全局的原则下，尽可能调剂节省与培植人力物力财力，要极力纠正只顾眼前的便利、只看到局部的利益、只顾到一时的方便，而损害全局、损害将来的狭窄观点。因此一切不切实要的建设与任何浪费浮支，都是与支持长期战争的利益相违的。要善于从旧有的财政经济基础上，采取逐渐改良的步骤，培养与生长能够支持长期战争的自力更生的经济基础，因此徒知破坏旧的财政的经济的力量与结构，不知道改良而利用之，这只是招致更多困难的办法，是不合乎战时的需要与统一战线的政策的。

为求达到这样的任务，政府的领导，必须加强财政经济部门的工作，尽可能避免盲目摸索的过程，尽可能少采取临时的局部的粗枝大叶的办法，要有力求迅速正规化、统一化、经常化的全盘远大计划与制度，要有精密的具体的贯彻到底的组织工作，要克服把财政经济工作，视为单纯技术的供给的没有严重政治意义的工作错误观点，要克服离开整个计划与统一领导的各自为政的现象。

为要支持长期战争与敌人进行残酷的经济斗争，政策的第三个任务，就是要能改善人民的生活。在经济战线上，如果没有这一条，要想动员全民族的人力物力财力是不可能的，要建立新民主主义的经济，也是不可能的。抗战以来，由于战争的破坏与消耗，人民对国家的负担，是加重了，人民的生活是比战前降低了。因此，政府必须在适当的条件下满足人民适当的要求，改善人民旧有的经济束缚与压榨，改善旧有的各阶级间的经济关系。因此必须改良旧有的租赋，免除苛捐杂税，改善租佃关系，实行减租减息与低利借贷，改善劳资关系，改良工人待遇，特别应积极奖励合作事业，提倡生产运动，帮助贫苦的劳动人民的生活改善经济发展，在完成此任务时，须一面反对忽视人民生活改善的倾向，一面纠正不适当的、不合乎当地情况的过分要求，过与不及都足以阻碍经济的应有发展的！

政策的第四个任务，就是必须贯彻统一战线的政策，奖励与保护民族资本主义的发展。经济落后的中国，在长期抗战中的中国，只有政治上的民主主义与经济上的自由主义充分配合，才能支持长期战争，建立新民主主义的经济基础，因此抗日根据地的工农商业必须以私人经营为中心，除了为着集中力量，与日寇作经济斗争，需要有统一的步骤与调剂的办法外；除了为着加速经济的发展，有某些统一计划的推动力量外，任何妨害私人经营自由的垄断统制的设施，是应当反对的。政府的责任在改善租税，发展交通，稳定市场，爱惜民力，奖励工农商业的投资，提倡生产的发展，保护经营的自由，促进民族资本的发展。政府及军队出资经营的企业，其作用是一方面与私人经营取得密切联系，更加刺激与推动私人经营的发展；一方面是解决一部分战争的物资需要，减轻人民的负担，便利于苏息民力，因此任何公营的工农商业，决不是垄断统制的与民争利的，只是整个国民经济的一部分。

承认私有财产与财权，是抗日的民族统一战线经济的基础，除了罪大恶极的、甘心附逆的汉奸，其本人财产应予没收外，一切抗日的地主、士绅、工商业家，不论其本人是否居住根据地内，抗日民主的政府，必须切实保护其财产与财权，不得任意侵犯。抗日民族统一战线的经济政策，在调剂各阶级关系的原则上，其具体表现：第一是在租佃关系上，一方面要减租减息，一方面要还租还息。第二是在劳资关系上，一方面要改善工人生活待遇，一方面要遵守劳动纪律。第三是在财政税收制度上，规定钱多者多负担，钱少者少负担，无钱者不负担，不将负担完全放在富有者身上。第四在企业上，一方面保护与扶助私人资本的发展，一方面则积极建设公营事业，提倡合作事业，使之与私人企业相互为用。第五在商业政策上，对外贸易务求调剂，对内贸易务求自由。

第五个任务是在于根据各个不同地区、不同条件，注意特殊的实际运用。平原地带与山岳地带应有不同而应有相互的配合。物博人多的地带，与物少人稀的地带，应有不同，而应有相互的辅助。工业较发展的地带，与完全农业的地带，应有不同，而应有相互的平衡发展与相互的调剂。在游击区与巩固根据地应有不同的具体政策，游击区应尽可能避免过分的消耗破坏，根据地应力求正规化。在战争某时相当和平，与战争某时相当紧张应有不同的具体政策，和平时准备战争紧张时期的到来，扫荡中准备扫荡后的迅速恢复。落后地区与先进地区应有不同，在工作上，先进的应帮助落后的，在物资上，落后的应调剂先进的。当前特别重要的是打破敌人对各个根据地的隔绝孤立，在财政经济上，争取各个根据地互相联系，互相帮助，以至能集合力量互相发展，才能克服各个抗日根据地日益加重的困难，而有利于抗战的坚持与经济的发展，消除各个抗日根据地在经济上与不照应孤军作战的特点。

这样新的战时的财政经济政策，是适合抗战建国的需要、适合中国政治经济发展的必然规律的，是真正代表全民族的利益的，故它不仅应为各抗日根据地所运用，而且为全国所需要。

国民党几年来所实行的所谓统制经济政策是同我们所主张与实行的政策完全相反的，所谓统制政策是以政治上的专制主义与经济上的垄断主义相配合的产儿，是以极少数特权阶级的利益作基础的。这不仅不能开辟中国独立自主的经济发展的道路，而完全是违反中国政治经济发展的历史道路的。它不仅不能解除中国经济上的半殖民地半封建的束缚，而且相反的，正是以军事的封建的统治形式，企图去保守与加深已要没落的半殖民地半封建的统治桎梏，阻碍民族资本的发展。它不仅不能代表全民族的利益，而相反的，只是保护极少数买办性的大资本家大地主的利益，而压迫工农小资产阶级与民族资本家。它不仅不能改善人民生活，而完全相反的是要否认阶级斗争，增加田赋，增加消费税，实行日常用品的专卖等等来加重工农剥削，恶化人民生活。它不仅不能与日本帝国主义作经济斗争，而相反的是放纵日本帝国主义的经济侵略，它不仅不能解决抗战时的财政经济困难，相反的是日益增加财政经济的困难。国民党所采取的经济政策，正是国民党倒退的具体表现之一。

因此抗日根据地的民主政府所施行的财政经济政策，就增加了它的全国的历史的重要意义。不仅在基本方面要同日本帝国主义奴役中国的殖民地政策作艰苦的斗争，而且为着推动全国进步，引导全国向着抗战建国的胜利大道前进，还需与国民党的倒退的统制政策作斗争。因此各抗日根据地要与其他政策的贯彻相配合，认真地正确地实行新的财政经济政策，用实际的成果与模范，昭示全民族，团结全民族，从艰苦的斗争过程中，争取抗战建国的最后胜利。

选自江苏省财政厅、江苏省档案馆、财政经济史编写组合编：《华中抗日根据地财政经济史料选编》第一卷，档案出版社1984年版，第11～19页。原注："按《共产党人》刊印"。

39. 中央关于出版《解放日报》等问题的通知

1941年5月15日

五月十六日起，将延安《新中华报》《今日新闻》合并，出版《解放日报》。新华通讯社事业，亦加改进，统归一个委员会管理。一切党的政策，将经过《解放日报》与新华社向全国宣达。《解放日报》的社论，将由中央同志及重要干部执笔。各地应注意接收延安的广播，重要文章除报纸刊物上转载外，应作为党内学校内机关部队内的讨论与教育材料，并推广收报机，使各地都能接收，以广宣传，是为至要。

选自《中共中央文件选集》(11)，中共中央党校出版社1985年版，第658页。

40. 附［报刊评论］：论抗日根据地的社会性质

1941年5月24日《解放日报》社论

在将近四年的抗日战争烽火中，经过浴血的搏斗，八路军、新四军在共产党领导之下，在华北华中创造了许多抗日根据地。不管日寇是怎样残酷地反复"扫荡"，不管反共派、顽固派是怎样的恣意破坏，这些根据地今天仍然是雄立在敌后广大国土之上，在严重的锤炼中，日益巩固起来。

这些抗日根据地，是敌寇的心腹大患。它拖住着敌人的兵力，束缚着敌伪的活动，团结着广大的人民，新生着反攻的力量，使敌后成前线，粉碎了日本帝国主义企图确实掌握占领区的迷梦。很明白的：没有华北华中这些大块根据地的建立来配合正面的抗战，要取得今天这种使日寇的泥脚愈陷愈深的战局，是不可能的。

为着动员一切有生力量，坚持敌后的长期抗战，在这些根据地上，都曾经和正在进行各种巩固根据地的建设工作。无论政治、经济、文化方面，都获得了不少的成绩，对于民族、国家有极伟大的贡献。

在政治方面：在这些根据地内，实现了最广泛的民主，全体抗日人民（除少数汉奸卖国贼外），都获得了政治上的自由，都享有人权、政权、财权以及言论、出版、集会、结社等的充分自由。各级政权机构，都经过了人民的民主选举，建立了真正的民意机关（村代表会与各级参议会）。在各级政权中真正执行了“三三制”，共产党员只占三分之一（不少的地区还少于三分之一）。这种政权，是全体抗日人民（地主、资本家、工人、农民等）的联合政权。它是团结一致对抗敌伪的专政。

在经济方面：在这些根据地内，实现了减租减息，取消了苛捐杂税，实行了合理的、累进的新税制。人民生活获得了初步的改善，大大刺激了人民的生产热忱，在政府奖励与保护之下，私营和公营的工商业都有大的发展，农业生产也有相当的提高（如开荒、水利、春耕、秋耕、夏耕运动等），这就使得根据地的经济，展开了资本主义自由发展的种种便利，向着新民主主义的经济大道迈进。

在文化方面：普遍开展了学校教育与社会教育，实行了免费的义务教育制度，举办了各种短期训练班，组织了午校、夜校、补习班、识字班等社会教育事业，人民的知识与文化水平已有空前的提高，增强了人民的民族自尊心与自信心。

各个抗日根据地上，一切政策的基本出发点，是抗日民族统一战线，即是说，为着团结一切赞成抗日与民主的人民，由地主资本家到工农群众，共同支持长期抗战。

这些政策，在目前中国的情形下，是最革命的政策，只有这样才能战胜日本帝国主义，使中国革命走向胜利。

总之，华北华中的各个抗日根据地，在政治上说来，它是一切赞成抗日与民主的人民的统一战线政治。在经济上说来，它是基本上排除了半殖民地因素与半封建因素的经济。在文化上说来，它是人民大众反帝反封建的文化。因此，无论从哪一方面看，在政治经济文化各方面说来，这些抗日根据地，都已经是新民主主义的社会性质了。

诚然，华北华中各抗日根据地，在创立的时间上说，有先有后；在工作成绩上说，有好有坏；在政策执行上，也还有差别，因而巩固的程度，也就不同，但就总的方面说来，我们还是应该承认，都是新民主主义的性质。为什么呢？因为在各个抗日根据地内，都已经改变了大地主大资产阶级一党专政的形势，而实现了统一战线的抗日民主政权。这一个基本之点改变了，因此，社会性质也就随之而有了改变。

所以，三三制的统一战线政权，便是新民主主义的主要标志。只有掌握到这一基本论点，才能正确地去了解华北华中各个抗日根据地。

在这种意义上，如果以这一基本标志去考察各抗日根据地，那么，只是实行了减租减息的华北华中各抗日根据地，与曾经实行了彻底的土地革命的陕甘宁边区，都同样是新民主主义的社会。

选自《中共党史教学参考资料》抗日战争时期（中），中国人民大学中共党史系资料室1992年编印，第284～286页。原注：“原载一九四一年五月二十四日《解放日报》”。

41. 附［报刊评论］：切实保障人民权利

1941年5月26日《解放日报》

从来的革命运动都是人民争取民主的伟大运动，革命与反革命的分野，只在于要不要民众，给不给民众以民主自由。对于英勇斗争中的中国，民主始终是团结与进步的基础，因为离开了民主就不能团结全国人民起来战胜日本帝国主义，没有民主也就没有新民主主义在中国的胜利。而民主与不民主的尺度，主要地要看人民的人权、政权、财权及其他自由权利是不是得到切实的保障，不做到这点，根本就谈不到民主。

这是为什么边区施政纲领明确地规定："保证一切抗日人民（地主、资本家、农民、工人等）的人权、政权、财权及言论、出版、集会、结社、信仰、居住、迁徙之自由权"，责成当选为行政人员的共产党员应坚决执行之，并指出"人民则有用无论何种方式控告任何公务人员非法行为之权利"。可以想象得到，在帝国主义借战争的掩护把人民从多年斗争中获得的民主权利剥削殆尽的时候，在中国大资产阶级实行高压政策以致人民的人命、财产、自由没有一点保障的时候，在陕甘宁边区从过去的民主传统向新民主主义的路程前进的时候，这样的尊重民主自由与保证它的彻底实现，是具有怎样伟大的意义。

中国共产党一向是忠实于它对人民的诺言的，一向是言行一致的，因此它的纲领中的每一条文与每一句话，都是兑现的。我们决不空谈保障人权，而是要尊重人类崇高的感情与向上发展的愿望，对犯过错误而愿走向光明的分子采取宽大的态度，禁止不经过法定手续来逮捕、审问、处罚任何人，反对把人拖到卑鄙无耻的道路上去，用这些事实来使得人权得到充分保证。我们决不空谈保障政权，而是真心诚意地要人民起来参加政权的管理，承认各抗日党派的合法地位，提高民意机关的职权与威信，建立普遍直接平等无记名的投票选举制，并实行三三制，保证民意机关与行政机关中的人员有三分之二为党外人士充任。我们决不空谈保障财权，而是要在实际行动中做到保护私有财产，奖励私人企业，严禁随意动员征发，实行合理的统一累进税收制度，维护农民从过去土地革命中获得的利益，保证佃农债户向地主与债主交租交息，使得一切抗日人民都能安居乐业。这样就不只是给人民带来了美丽的希望，还真正地要他们享受到新民主主义的果实。

对于言论、出版、集会、结社、信仰、居住、迁徙之自由权，边区过去早已注意保护，今后仍当循此前进。只要是抗日的有利于中华民族解放事业的言论与出版物，无论是出自任何抗日党派与团体个人，都有发表与出版的自由，政府还给予使用会场与印刷机器的便利条件。在这里，不会有思想的统制，我们鼓励自由研究，尊重少数民族的宗教信仰，欢迎边区境外愿做抗战工作人士来此开办学校，设立出版机关，组织文化团体，并且给予必要的帮助。人民不仅有集会结社的自由，还有武装自己的权利，我们不怕人民的组织与活动，只怕他们不能积极动员起来。我们要保障的居住与迁徙的自由不是消极的，因此我们帮助外来移民解决他们各种困难，保护因革命行动被迫来到边区居住的人民，救济流亡学生与灾民难民使得他们不仅能够自由地生活，还可以幸福地生活。只有这样，才真正地保障了人民的自由权利。让全国人民看到我们高举起来的民主旗帜，是飘扬着多么鲜明的色彩！

仅仅政府明令保障人民的民主自由是不够的，公务人员知道要保障人民的民主自由还是不够的，必须人民自己珍贵这种只有在抗日民主根据地的边区才能获得的权利，要求它在边区得到切实的保障，并把它推到全国的范围里去。

当广大的人民掌握到民主自由的权利时，它不仅成为物质的力量，还将成为不可战胜的力量。

选自《中国新民主主义革命时期法制建设资料选编》第一册，西南政法学院函授部1982年编印，第64～66页。原注："摘自一九四一年五月二十六日《解放日报》"。简称"西南函授版"。

42. 附［报刊评论］：决定锄奸政策的出发点

1941年10月21日《解放日报》社论

决定敌后抗日根据地的锄奸政策，其出发点，应根据下面三个主要问题：

首先，要认清抗日根据地是处在敌后长期抗日战争的环境，在残酷战争中，正是日探奸细向我们积极进攻的时机。日本是一个惯用侦探间谍的帝国主义，他的特务工作，是侵华战争的先遣队伍。他有庞大的间谍机关，有复杂的汉奸团体，有傀儡政权等特务工具，有在华侦探活动六十余年的历史。抗战以来，日本帝国主义运用公开的与隐蔽的侦探奸细，在各地收买汉奸，建立傀儡政权，进行诱降，挑拨反共战争，在前方则瓦解抗日部队，在大后方则窃取国家机密，其各种破坏行为，予中国抗战团结事业以重大的损害；而对共产党、八路军、新四军在敌后所建立的抗日根据地，更是他们进行破坏的中心目标。

另一方面，我们根据地是处在敌人包围的环境，在这些区域内，有许多敌人据点，其边境与敌占区是犬牙交错的。各抗日根据地在敌人的包围与不断的残酷"扫荡"中，尚不巩固，党政军民的组织，还不免有奸细混入，反奸细斗争还未深入，敌探奸细及有些完全起着汉奸作用的亲日反共特务分子的危害，曾使我们遭受许多损失。几年来各抗日根据地所发现的各种方式的阴谋、暗害、刺杀、放毒的事件，各地所破获的各种面目的侦探奸细，必须引起我们今后更加警惕，没有艰苦的锄奸工作，敌人决不会自动地放下武器。

因此，我们锄奸政策的出发点，首先必须根据这些客观环境，清楚认识这些敌人的特务工作之危害作用，对于一切可能的阴谋破坏，必须严加警惕。没有这种认识，我们便会轻视敌人，麻木不仁，遭受敌探奸细的破坏与袭击。

其次，应正确地估计我们敌后抗日根据地，是经过了长期战争和无数胜利建立起来的。共产党与八路军将沦陷区广大人民从亡国奴的命运中解放出来，使一切抗日人民获得了民主自由，建立了民众自己的抗日政权，这种政权是与广大人民血肉相关，为广大人民所热烈拥护的。

在这些区域里，有八路军、新四军有觉悟的抗日军队，有地方的抗日的民众武装。这些军队，不是压迫人民的武装，而是人民自己的武装，并且是在共产党坚强的领导之下的。

在这些区域里，有广大民众的抗日团体，一切工人、农民、青年、妇女，都参加了抗日组织，受到了抗日锄奸的教育。

在这些区域里，有强大的共产党的组织，有忠于国家民族，忠于党与阶级的优秀干部，有坚定的政治方针和党的正确领导，这是巩固抗日根据地的决定因素。

因此，我们锄奸政策的出发点，同时必须正确地估计到这些主观条件，相信自己的力量，相信自己的干部，相信广大群众，认识敌探奸细只是少数的民族败类，我们整个的政权，整个的武装，绝大多数的干部和群众，绝对不会成为敌人的组织与敌人的奸细。没有这种认识，我们便会夸大敌人的力量，不相信自己的组织，惊慌失措，中了敌人借刀杀人之计。

第三，应认清目前党的政策，是抗日民族统一战线的政策，是联合各抗日党派、各阶层及一切不愿投降的人们共同抗日的政策。各抗日根据地的政权形式，是新民主主义的形式，是抗日统一战线的形式，按“三三制”的原则组成的。因此，锄奸政策，就必须根据党的抗日民族统一战线的政策，适合“三三制”政权的施政方针，过去内战时代工农民主专政下的锄奸政策，在现在各抗日革命阶级联合的民主专政的政权下，是不能适用的。

因此，我们锄奸政策的出发点，更必须根据党在今天的路线，适合政权的新的形式，认识保障全体抗日人民的民主权利和身体自由，便是减少敌探奸细的社会基础。没有这种认识，我们就会制造敌人，到处树敌，将那些中间分子动摇分子驱逐到敌人营垒中去。

根据上面三方面的说明，就应该认识敌后抗日根据地的锄奸政策，必须是适合于抗日民族统一战线的方针，同时又是适合于巩固抗日根据地的任务；必须是镇压敌探与保障人权的统一。这就是说，一方面，必须坚决镇压少数敌探奸细，要不放过一个敌探，不漏过一个奸细，非此不能保卫根据地，非此不能巩固抗日的革命势力和党的组织。另一方面，必须坚决保障全体抗日人民的民主权利，不要错办一个好人，不要冤枉一个好人，非此不能瓦解敌人，非此不能得到民众的拥护。

总之，在不放松敌人，不夸大敌人的原则下，把镇压少数敌探汉奸的活动，和保障全体抗日人民的民主权利统一起来，是我们决定敌后抗日根据地锄奸政策的基本原则，二者是不能分离的，任何一方面的偏差和忽略，都会使锄奸政策发生极大的错误。

选自《中共中央文件选集》(11)，中共中央党校出版社 1985 年版，第 750～752 页。

互校版本：《中共党史教学参考资料》抗日战争时期（中），中国人民大学中共党史系资料室 1979 年编印，第 396～398 页。

△毛泽东：《在陕甘宁边区参议会的演说》

1941 年 11 月 6 日

（见《毛泽东选集》第三卷，人民出版社 1991 年版，第 807～810 页。）

43. 中共中央财政经济部关于法币贬值各根据地应采取的对策的指示

1942 年 1 月 5 日

自从太平洋战争爆发以后，上海与香港均成死港，据闻国民党早有准备放弃维持上海香港法币之说，就目前趋势观之，似已迫成事实。查上海法币流通量约有八九十万万元，其中除一小部分小工商业者手中外，大部分是操之于大官僚大资本家手中，向以投机外汇为主要出路，今外汇市场内移，沪港黑市渐告消灭，此项法币向后方逃避是很有可能的，如此，则法币在大后方的流通量势将倍增，其购买力亦将因之而愈益下降。

重庆国民政府今年预算总额为二七〇万万元，收入计：税收五五万万元（其中包括田赋二〇万万元，盐税一〇万万元，专卖税二〇万万元，直接税二·五万万元，关税二·五万万元），公债二四万万元，粮食库券二〇万万元，美国借款四〇万万元，共约一三九万万元，财政赤字在一三〇万万元以上。赤字的弥补，主要是依靠增发通货，法币发行量原已达二〇〇余万万元，如再继续大量发行，其购买力必严重下降，反过来会使财政赤字更加扩大，故传闻国民党有发行新货币之说。在国民政府财政经济困难日益严重，太平洋战争初期将继续对日有利，沦陷区法币内流的情况下，发行新货币也是有可能的，但不管如何，印刷机将开足马力，加速动转，法币的购买力将继续下降，则毫无可疑。

法币购买力严重下降，对于各根据地的金融与物价或轻或重可能遭受到以下的损失及影响：（一）在流通与贮蓄法币的地区将遭受法币跌价的损失及影响物价高涨。（二）已经停止法币流通的地区，而边币信用尚欠巩固或与法币联系较密切者，边币的购买力可能受法币跌价之影响而随之下降，物价亦必上涨。（三）在以上两种情况下，边币信用将随法币的跌落而受到影响。（四）敌人可能以大批法币用各种手段向我根据地抛出，吸收我资源，捣乱我金融，同时敌人为了应付战争，在敌占区可能实行通货膨胀政策，今后伪币的购买力也必然日趋下降，这对于我们边币也会发生同样的影响。

为此，各根据地不能不预为防范，以避免或减轻上述可能遭受的损失及影响。今后各根据地在金融上总的方针应当是：（一）建立独立的与统一的金融制度，以维护根据地的资源，财政上应努力发展私人经济特别是农业，以其税收收入来解决财政问题，不要依靠发行钞票为主要来源；（二）对外贸易应实行相当管理，要尽量作到以货易货，有计划地管理主要贸易，以剩余生产品，换进缺少的或不足的必需品；（三）要向着自给自足的路上发展。然各根据地的具体条件与环境是不相同的，目前可能遭受的损失及影响，当然也不会一样，因之，我们的对策不能不依靠各种不同的情况分别如下：

一、华北各根据地——如晋察冀、晋冀鲁豫等处，在政治上经济上都具有比较巩固的基础，边币的信用相当高，法币的信用反而逐渐下降，法币不但在境内不能流通，并且也极少贮蓄，在对外支付上，由于完全处于敌后方，贸易的对象是敌占区，可使边币与伪币暗中联系，采取以货易货办法进行之，完全不用法币是没有问题的（晋东南与晋察冀边区已这样做了，并无问题发生）。不过在这些地区内，可能发生的问题是敌人可能用政治上的宣传、经济上的利诱，特别是配合军事扫荡以大量法币（战前华北保有法币约六万万到八万万元）向我根据地特别是不大巩固的区域驱入，吸收我资源，扰乱我金融，我们的对策，除了与法币断绝联系外，并应（一）在经济上实行必要的反封锁，发展生产，利用代替品（如晋东南以核桃油代替煤油，以火镰代替火柴），减少输入；（二）在政治上宣传法币跌价的必然性，并在各主要地区附近压低其价格，以边币换吸一部分，乘机使边币流通范围向外扩展；（三）如法币已经挤入我区时，应相机贬值收回，以免侵犯我边币之流通，吸收进来的法币，一部分设法于最短期内迅速送××，一部分通过私商抛出境外，换回货物。

二、华中各根据地——如鄂豫、苏北等地，军事变动性很大，政权基础不甚稳固，因而，我们在经济上对敌很难作到严密而有效的反封锁，在金融制度上又都未建立起来，对内对外法币还是主要的流通工具，我们所发行的流通券，还是一种临时性的货币，为数很小，信用又在法币之下，因此，在这些地区内，想停用法币或与法币断绝联系以及阻止敌占区法币的流入，目前是办不到的，只能从减轻法币跌价所给予的损失方面想办法：(一）急速成立银行、发行边币，并可允许成立钱庄发行地方辅币；（二）以边币或地方辅币吸收境内法币以扩大边币或地方辅币流通范围；（三）在相当巩固的一定区域，有可能时动员党政军民、公营商店、合作社，将所得之法币随时随地交给贸易局向境外换回货物，不得再用于境内，更不应囤积，以减少法币在境内停留所遭受的损失。

选自《中共中央文件选集》(12)，中共中央党校出版社1985年版，第3～5页。

44. 中共中央关于抗日根据地土地政策的决定

1942年1月28日中央政治局通过

抗战以来，我党在各抗日根据地实行的土地政策，是抗日民族统一战线的土地政策，也就是一方面减租减息，一方面交租交息的土地政策。这一政策，在各根据地实行以后，曾经获得了广大群众的拥护，团结了各阶层的人民，支持了敌后的抗战。凡在比较普遍比较认真比较彻底地实行了减租减息，同时又保障交租交息的地方，当地群众参加抗日斗争与民主建设的积极性就比较高，而且能够保持工作的经常状态，安定社会的生活秩序，那里的根据地就比较巩固。但是这一政策，在许多根据地内还没有普遍地认真地彻底地实行。在有些根据地内，还只在一部分地方实行了减租减息，而在另一部分地方，或则还只把减租减息当作一种宣传口号，既未发布法令，更未动手实行；或则虽已由政府发布了法令，形式上减了租息，实际并未认真去做，发生了明减暗不减的现象。在这些地方，群众的积极性不能发扬，也就不能真正将群众组织起来，造成热烈抗日的基础。在这些地方，抗日根据地就无法巩固，经不起敌人的扫荡，变成软弱无力的地区。但是在另外若干地方，则又犯了某些左的错误，虽然这种错误只发生在一部分地方，并且经过中央指示后已经大体上纠正了，但是还有引起各地同志加以注意之必要。当此抗战进入更加艰苦的时期，要求各根据地更加发动广大群众的抗日与生产的积极性，更加团结一切抗日阶层来坚持敌后的长期斗争。中央在详细研究各地经验之后，特将我党土地政策作一总结的决定。另有关于执行土地政策的具体办法，作为附件，随此决定一并发下，以供各地采用。务望各地同志加以研究，认真执行。

（一）承认农民（雇农包括在内）是抗日与生产的基本力量。故党的政策是扶助农民，减轻地主的封建剥削，实行减租减息，保证农民的人权、政权、地权、财权，借以改善农民的生活，提高农民抗日的与生产的积极性。

（二）承认地主的大多数是有抗日要求的，一部分开明绅士并是赞成民主改革的。故党的政策仅是扶助农民减轻封建剥削，而不是消灭封建剥削，更不是打击赞成民主改革的开明绅士。故于实行减租减息之后，又须实行交租交息，于保障农民的人权、政权、地权、财权之后，又须保障地主的人权、政权、地权、财权，借以联合地主阶级一致抗日。只是对于绝对坚决不愿改悔的汉奸分子，才采取消灭其封建剥削的政策。

（三）承认资本主义生产方式是中国现时比较进步的生产方式，而资产阶级、特别是小资产阶级与民族资产阶级，是中国现时比较进步的社会成分与政治力量。① 富农的生产方式是带有资本主义性质的，富农是农村中的资产阶级，是抗日与生产的一个不可缺少的力量。小资产阶级、民族资产阶级与富农，不但有抗日要求，而且有民主要求。故党的政策，不是削弱资本主义与资产阶级，不是削弱富农阶级与富农生产，而是在适当地改善工人生活条件之下，同时奖励资本主义生产与联合资产阶级，奖励富农生产与联合富农。但富农有其一部分封建性质的剥削，为中农贫农所不满，故在农村中实行减租减息时，对富农的租息也须照减。在对富农减租减息后，同时须实行交租交息，并保障富农的人权、政权、地权、财权。一部分用资本主义方式经营土地的地主（所谓经营地主），其待遇与富农同。

（四）上述三条基本原则，是我党抗日民族统一战线及其土地政策的出发点。四年以来的经验证明，只有坚持这些原则，才能巩固抗日民族统一战线，才能正确地处理土地问题，才能联合全民支持民族抗战，而使日寇完全陷于孤立。一切过左过右的偏向，都是不能达到这个目的的。

（五）在农村统一战线中，地主与农民间的矛盾，例如地主反对或妨碍农民关于民主民生的要求等，必须按照上述原则作适当的处理。双方的合理要求必须满足，但双方都应服从于整个民族抗战的利益。在处理农村纠纷中，党与政府的工作人员，不是站在农民或地主的某一方面，而是根据上述基本原则，采取调节双方利益的方针。

（六）三三制政权，就是调节各抗日阶级内部关系的合理的政治形式。这一制度，必须在参议会系统中与政府系统中坚决地认真地普遍地实行。认为这一制度不过是一种敷衍党外人士的办法的那种观点，是不正确的。

（七）政府法令应有两方面的规定，不应畸轻畸重。一方面，要规定地主应该普遍地减租减息，不得抗不实行。另一方面，又要规定农民有交租交息的义务，不得抗不缴纳。一方面要规定地主的土地所有权与财产所有权仍属于地主，地主依法有对自己土地出卖、出典、抵押，及作其他处置之权。另一方面，又要规定当地主作这些处置之时，必须顾及农民的生活。一切有关土地及债务的契约的缔结，须依双方自愿，契约期满，任何一方有解约之自由。

（八）抗日经费，除赤贫者外，一切阶级的人民均须按照累进的原则向政府交纳，不得畸轻畸重，不得抗拒不交。

（九）减租减息实行之后，给予了提高农业生产的必要的前提，而农业生产是抗日根据地的主要的生产，党与政府的工作人员必须用最大力量推动发展之。政府应举行大量的农业贷款，以解决农民借贷的困难。

---

① “社科法制版”在“进步的生产方式”与“进步的社会成分”之间漏掉 34 字。

（十）农救会的任务．在减租减息之前，主要的是协助政府实行减租减息的法令。在减租减息之后，主要的是协助政府调解农村纠纷与发展农业生产，而不是以自己的决定代替政府的法令，不是以农救会代替政府。在调解农村纠纷的任务上，应取仲裁的方式，而不是专断的方式。在发展农业生产的任务上，应动员所有农救会员起模范的领导的作用。

（十一）既然减租减息与保障农民的人权、政权、地权、财权，是我党土地政策的第一个方面，既然各根据地内尚有许多地方并未普遍地认真地彻底地实行减租减息，而其原因，不是地主抗不实行，就是党与政府的工作人员采取漠不关心与官僚主义的态度。因此，各根据地内党与政府的工作人员，必须对自己工作加以严格的检查，派员下乡分途巡视各地实行的程度，加以周密的调查研究，全盘地总结各地经验，发扬正确实行的例子，批评官僚主义的例子。须知发布口号发布法令与实行口号实行法令之间，是常常存在着很大的距离的，如不严惩官僚主义，反对右倾观点，就无法使口号法令见之实行。

（十二）既然交租交息与保障地主的人权、政权、地权、财权，是我党土地政策的第二个方面，既然各根据地内曾经发生过忽现这一方面的左倾错误，而其原因，不是农民不了解我党的土地政策，就是党与政府的工作人员也不了解或不完全了解我党的政策。为着防止今后重复这种错误，就必须在党内在农民群众中明确地解释党的政策，使他们明白现在我党的抗日民族统一战线的土地政策，是与内战时期的土地政策有根本区别的，使他们不限制于眼前的狭隘的利益，而应把眼前利益与将来利益联系起来，把局部利益与全民族利益联系起来。必须劝告农民，在实行减租减息与保障农民的人权、政权、地权．财权之后，同时实行交租交息与保障地主的人权、政权、地权、财权。正如在减租减息与保障人权、政权，地权、财权的问题上，必须劝告地主不应该限制于眼前的狭隘的利益，而要顾及将来与全民族的利益，是一样的。

选自《陕甘宁革命根据地史料选辑》第二辑，甘肃人民出版社 1983 年版，第 368～372 页。

互校版本：

1.《中共中央文件选编》(12)，中共中央党校出版社 1986 年版，第 10～14 页。

2.《中国新民主主义革命时期根据地法制文献选编》第四卷，中国社会科学出版社 1984 年版，第 182～186 页。原注："选自一九四二年二月六日《解放日报》"。简称"社科法制版"。

45. 中共中央关于抗日根据地土地政策决定的附件（一）（二）（三）

1942 年 1 月 28 日中央政治局通过

由于各根据地情况不同及在一根据地内情况亦有不同者，故关于解决土地问题的具体办法，不能统一施行整齐划一的制度。中央在关于土地政策决定内规定了统一施行的原则，而在本附件内则根据此种原则提出具体办法，以供各地采用。本附件内所列各项，凡与各地情况相合者，均应坚决执行之。其有不合情况而须变通办理者，各地得加以变通，惟须将变通之点报告中央，并取得中央之批准。

（附件一：）关于地租及佃权问题

（一）一切尚未实行减租的地区，其租额以减低原租额百分之二十五（二五减租）为原则，即照抗战前租额减低百分之二十五，不论公地、私地、佃租地、伙种地，也不论钱租制、物租制、活租制、定租制，均适用之。各种不同形式的伙种地，不宜一律规定为依地主所得不超过十分之四，或十分之六，应依业佃双方所出劳动力、牛力、农具、肥料、种子及食粮之多寡，按原来租额比例，减低百分之二十五。在游击区及敌占点线附近，可比二五减租还少一点，只减二成、一成五或一成，以能相当发动农民抗日的积极性及团结各阶层抗战为目标。

（二）地租一律于产物收获后交纳，出租人不得向承租人预收地租，并不得索取额外报酬。

（三）定租（铁租），因天灾人祸，其收成之全部或大部被毁时，得停付或减付地租。

（四）多年欠租，应予免交。

（五）公粮公款，按累进原则，由业佃双方负担。土地税，由土地所有者负担之。

（六）地租原约定以货币支付者，因纸币变价而发生争议时，政府应召集业佃双方协议调解，并得将货币地租之一部或全部，改为实物地租。

（七）如设有调租委员会等调解机关的地方，须有农民、地主、政府三方代表参加，但政府有最后决定权。

（八）在租佃契约上及习惯上有永佃权者，应保留之。无永佃权者，不应强迫规定。但可奖励双方订立较长期的契约，例如五年以上，俾农民得安心发展生产。

（九）无永佃权之地及契约期满之地，出租人有依约处置之自由，包括转让、出典、出卖、自耕，及雇人耕种等项在内。但在抗战期间，地主收地，应顾及农民生活，并须于收获前三个月通知承佃人，原承佃人太穷苦者，应由政府召集双方加以调剂，或延长佃期，或只返佃一部。

（十）出租人于契约期满，招人承佃或出典出卖时，原承租人依同等条件有承典承买之优先权。

（十一）出租人出卖有永佃权或契约期限未满之地，原承佃人有继续佃耕之权。非原约期满，新主不得另佃他人。

（十二）承租人在二年内无故不耕，或力能付租而故意不付者，出租人有收回土地之权。

（附件二：）关于债务问题

（一）减息，是对于抗战前成立的借贷关系，为适应债务人的要求，并为团结债权人一致抗日起见，而实行的一个必要政策，应以一分半为计息标准。如付息超过原本一倍者，停利还本，超过原来二倍者，本利停付。至于抗战后的息额，应以当地社会经济关系，听任民间自行处理，政府不应规定过低息额，致使借贷停滞，不利民生。

（二）债权人不得因减息而解除借贷契约，债务人亦不得在减息后拒不交息，债权人有依法诉追债务之权。

（三）凡抗战后新成立的借贷关系，债务人到期不能付息还本，债权人有依约处理抵押品之权。如有争议，由政府判处。同一抵押品而担保数债权者，其卖得之价格，按各债权契约先后，依次并比例清偿之。抵押品如为土地（押地），照此办理。

（四）凡典地尚未转成买卖关系者，出典人随时可用原典价依约赎回土地，不得用抽地换约的办法。如已转成买卖关系者，不得赎回。因纸币跌价而在赎回典地时所生之争议，由政府调处之。

（五）凡抗战后成立的借贷关系，因天灾人祸及其他不可抗拒之原因，债务人无力履行债约时，得请求政府调处，酌量减息或免息还本。

（六）因纸币跌价，债务人用纸币还债而生之争议，由政府适当调处之。

（附件三：）关于若干特殊土地的处理问题

（一）凡罪大恶极之汉奸的土地，应予没收，归政府管理，租给农民耕种，以示惩罚。其家属如未参加此种汉奸活动，或其情节较轻者，不在此例。

（二）被迫汉奸的土地不应没收，以示宽大，争取其悔过自新。无人管理者，由政府代管，租给农民耕种，俟其回来抗日，即发还之。

（三）凡逃亡地主，不论其逃至何处，其土地不得没收。无人管理者，由政府代管，招人耕种，并保存其应得地租，代交田赋公粮。原主回家时，将其土地及应得地租一并发还之。

（四）凡没有税过契或没有纳过税的黑地，不许没收，而限期责令业主税契纳粮。如逾期仍不税契不纳粮时，由政府给予相当的处罚。

（五）族地、社地，由本族本社人员组织管理委员会管理之，以其收入作为本族、本社或本地公益事业之用。

（六）学地留作教育经费，由政府或本地人员组织教育基金管理委员会管理之。

（七）宗教土地（基督教、佛教、回教、道教及其他教派的土地），均不变动。

（八）公荒，由政府分配给抗属、难民、贫农开垦，并归其所有。在一定期限内，免除或减少其税收。

（九）私荒，不论生荒熟荒，应先仅业主开垦。如业主无力开垦任其荒芜的，政府得招人员开垦，并在一定期限内，免除或减少其租税。土地所有权仍属于原主，但开垦者有永佃权。

选自《陕甘宁革命根据地史料选辑》第二辑，甘肃人民出版社 1983 年版，第 373～376 页。

互校版本：《中共中央文件选集》（12），中共中央党校出版社 1986 年版，第 14～18 页。

46. 中共中央关于如何执行土地政策决定的指示

1942 年 2 月 4 日

（一）一月二十八日中央政治局所通过的关于抗日根据地土地政策的决定及其三个附

件，是综合五年来各地经验而得的结论。它的基本精神是先要能够把广大农民群众发动起来，如果群众不能起来，则一切无从说起。在群众真正发动起来后，又要让地主能够生存下去。所以在经济上只是削弱（但一定要削弱）封建势力，而不是消灭封建势力，对富农则是削弱其封建部分而奖励其资本主义部分。在经济上，目前我党的政策，以奖励资本主义生产为主，但同时保存地主的若干权利，可以说是一个七分资本、三分封建的政策。在政权上则实行“三三制”，使地主、资产阶级觉得还有前途。所有这些都是为着拆散地主、资产阶级与敌人及顽固派的联合，争取地主、资产阶级的大多数站在抗日民主政权方面，而不跑到敌人与顽固派方面去，跑去了的，也可以争取回来。

（二）联合地主抗日是我党的战略方针。但在实行这个战略方针时，必须采取先打后拉，一打一拉，打中有拉，拉中有打的策略方针，当广大群众还未发动起来的时候，一般地主阶级是坚决反对减租减息与民主政治的。在这种时候，我们必须积极帮助群众打击地主的反动，摧毁地主阶级在农村中的反动统治，确立群众力量的优势，才能使地主阶级感觉除了服从我们的政策便不能保持他们的利益，便无其他出路。在这种广大群众的热烈斗争中，不可避免地要发生一些过左行动，而这些过左行动，如果真正是最广大群众自愿自觉的行动，而不是少数人脱离群众蛮干的（这是绝对不许可的原则问题），则不但无害，而且有益，因为可以达到削弱封建发动群众之目的。在这种时候，畏首畏尾，束缚群众手足就是右倾错误。这是策略斗争的第一阶段（打的阶段），但是这个阶段应被联合抗日的战略方针所限制，不能拖得过长，不能听其自然发展下去，以致迫使地主阶级跑到敌顽方面，坚决反对我们，或跑去了也不愿回来，妨害抗日战争与根据地的巩固。因此党的策略，不是在事先限制这些过左行动不发生，以致妨害群众之充分发动与充分起来，而是在群众已经充分发动充分起来之后，能够及时地说服群众，纠正过左行动，给予地主以交租交息及政治上的三三制，保障地主的人权、政权、地权、财权，使其感恩怀德，愿与我们合作，达到团结抗战之战略目的，这就是策略斗争的第二阶段（拉的阶段）。在策略斗争的第一阶段中，也不是一切打倒，而是争取一部分倾向我们的地主（打中有拉），中立（麻痹）一部分动摇不定的地主，集中火力打击一部分最顽固的地主（但与内战时期打击地主的内容与形式都不相同）。在策略斗争的第二阶段中，我们必须极力表示宽大，认真实行“三三制”与交租交息，认真保障地主的人权、政权、地权、财权，公开批评自己内部的宗派主义（关门主义），纠正过火行动。在这种时候，如不着重说服党员，说服农民，争取地主，就不能拆散地主与敌顽的联合，就有使我党与农民陷于孤立，以致失败的危险。但在纠正过火行动与作自我批评中，必须同时注意到保护干部与群众的积极性、热烈情绪或热气，须知我们正确地批评过火行动与宗派主义，绝不是向这种热气泼冷水，以致造成干部消极、群众失望、地主反攻的局面。在正常的斗争过程中，应该有一个酝酿斗争的准备阶段，在这个阶段中，地主还是优势，农民还正在准备斗争，如果把这个作为第一阶段，则实行斗争（打）为第二阶段，团结抗日（拉）为第三阶段。在晋察冀区域，除了雁北及平西两区尚未普遍与彻底按照党的政策解决土地问题以外，其他基本区域是都经过了酝酿、斗争、团结这样三个阶段的，这是最正常的策略模范，在其他若干根据地中，也有这种模范。所有这些，都是为着执行联合抗日这个战略方针的总过程中，应该极力注意的策略阶段。

（三）各地过去在执行土地政策中所发生的过左错误，大体已经纠正。在今天，一切为广大群众所拥护，而地主又已不生严重争议的事件，应作为已经解决，不再变动，维持良好的抗日秩序。但对“三三制”之没有彻底实行及地主、农民间尚有重大争议的事件仍须着重纠正错误。

（四）目前严重的问题，是有许多地区并没有认真实行发动群众向地主的斗争，党员与群众的热气，都未发动与组织起来，这是严重的右倾错误。这种错误，不但在较差的根据地中，是严重存在着，就是在最好的根据地中，亦有一部分区域尚未实行减租减息与发动群众斗争。因此，目前应当强调反对这种右倾，要求一切没有实行减租减息，没有发动群众热情的地区，在广大农民群众自愿自觉，而不是少数人包办蛮干的基础之上，迅速实行减租减息，迅速把群众热情发动起来。各地党部必须检查这一问题，对此问题如果某些人采取漠不关心与官僚主义的态度，就须向他指明加以纠正。

（五）在农民已经充分发动彻底执行了减租减息，经过了打的阶段，因而进入了拉的阶段的地区，由于我们开展自我批评，纠正过火行动，彻底实行“三三制”与保障地主的人权、政权、地权、财权，地主阶级必然要抓住新政策之有利于己的方面，加以扩大，和农民作斗争。由于今天根据地内部在此阶段（拉的阶段）内，各阶级的争议只能采取民主的合法的说理的方式去进行，而文化落后的农民群众甚至区、村干部，遂容易被老奸巨猾的地主所欺骗，或被地主收买操纵区村政权，或被地主打击而不敢回击。因此必须教育县、区、村三级干部，学会与地主作合法斗争的本领，熟悉政府的法令，熟悉拉中有打的策略，以便对付某些奸猾地主的无理进攻，同时须防止被收买。

（六）减租是减今后的，不是减过去的，减息则是减过去的，不是减今后的，大体上以抗战前后为界限。在减租问题上，第一，应当允许农民清算旧账（包括算公账与私账），以此作为发动群众的手段。到了群众已经充分发动，才把双方争论加以调停，使归平允。第二，抗战以后，是借不到钱的问题，不是限制息额的问题。各根据地，都未认清这个道理，强制规定今天息额不得超过一分或一分半，这是害自己的政策。今后应该听任农村自由处理，不应规定息额。目前农村只要有借贷，即使利息是三分、四分，明知其属于高利贷性质，亦于农民有济急之益，同时政府每年的建设费中，应以百分之七十至八十投于农村，作为对农民的低利贷款（包括合作社贷款在内），以发展各根据地的基本的农业经济，而只以百分之二十至三十投于公营工商业及私人商业。须知发展农业不但是农民的利益，而且就是扩大政府税收的最大与最可靠的来源，就是解决财政问题基本政策。

（七）中央关于抗日根据地土地政策决定及其三个附件，都已公开发表，各地应即公布广为宣传，认真实行。这是我党在新民主主义革命阶段的长期的土地政策，不但今天必须实行，而且还有很长时期要实行的。至于本指示，则是专门对党内的，不得公开发表，每一根据地内，应利用会议党校及文电使党的基本干部懂得中央的战略与策略方针，然后经过他们，使下级干部懂得，使这种具体的策略教育确实收到成效。

中　央

选自《中共中央文件选集》(12)，中共中央党校出版社1985年版，第19～23页。

47. 中共中央财政经济部关于法币问题的指示[①]
——各根据地可采取的对策

1942年2月5日

自太平洋战争爆发以后，上海、香港均已成为死港，国民党拟放弃维持沪、港法弊之传说，已自成为事实。目前上海存有法币八九万万元，其中除一小部分在小工商业手中外，大部分是操之于大官僚大资本家手中，而操之于大官僚大资本家手中者，素以投机外汇为出路，但外汇市场内之沪港汇市渐告消灭，此项法币向后方拥挤将是可能的，法币在大后方的流通量势将倍增，其购买力势将日逾下降无疑。因此，将国民政府今后预算总额为二百七〇万万元，收入计税收五五万万元（计田赋二〇万万，盐税一〇万万，牙卖税二〇万万，直接税二万五千万，关税二万五千万），公债二〇万万，粮食库券二〇万万，美国贷款四〇万万，共约一三五万万元，财政赤字达一百三〇万万元以上，赤字弥补主要是依靠增发通货一途。法币发行额原已达二百万万元，如再继续大量发行，其购买力日逾下降无疑，因此将会使财政赤字更加扩大。据传闻国民党有发行新货币之说，在国民党政府财政经济困难日益严重，太平洋战争继续对日有利，沦陷区法币内流的情况下，发行新货币，是很有可能的，但不管如何印刷□□□□□□□□□□□法币价格继续下降已是确定之势。法币购买力严重下降，对于我们各根据地的金融影响或轻或重，可能遭受以下的损失及影响：

甲、在流通与储蓄法币的地区将遭受法币跌价的损失，及影响物价高涨。

乙、没有法币流通的地区，则法币信用，将更巩固，但与法币联系较密切者其购买力可能受法币跌价之影响而随之下降，物价亦仍上涨。

丙、在以上两种情况下，边币的信用将随法币的跌落大受影响。

丁、敌人可能以大量法币用各种手段，向我各根据地抛出. 吸收我资源，扰乱我金融，目前敌人为了应付战争在敌占区□□□□可能实行通货膨胀政策，伪币购买力也必然日趋下降，对我边币也可能发生同样影响。为此，各根据地不能不预作防患，以避免或减轻上述可能遭受的损失及影响，今后各根据地在金融方面总的方针应当是：

（1）建立独立与统一的金融制度，以维持根据地资源，财政上应努力发展私人经济，特别是农业，以其税收收入来解决财政问题，不专靠发行为主要来源。

（2）对外贸易应实行相当统制，尽量做到以物易物，有计划地管理主要贸易，以剩余生产品换进所缺少的或不足的必需品。

（3）要向自给自足的路上发展，虽然各根据地的具体条件与环境各不相同，可能遭受的损失及影响当然也不会一样，因此我们的对策不能不依据各种不同的情况分别拟定如下：

A. 华北各根据地如晋察冀、晋冀鲁豫等处在政治上经济上都有较巩固的基础，边币

① 副标题系原编者所拟。

的信用相当高，法币的信用逐渐下降，法币□□在境内不能流通并且也极少积蓄，在对外支付上由于完全处于敌后方，贸易的对象是敌占区，还将可能与伪币暗中联系，采取以货易货办法进行，完全不用法币没有问题（晋东南与晋察冀边区已这样作过并无问题）。不过，在这些地区可能发生的问题是敌人可能用政治上的宣传，经济上的利诱，特别是配合军事扫荡以大量法币（战前华北保有法币约六万万到八万万元）向我根据地特别不大巩固的地区驱入，吸收我物资，扰乱我金融，我的对策除了与法币断绝联系外并应：

B. 在经济上实行必要的反封锁，发展生产，利用代用品（如晋东南今年以核桃代煤油，以火铁代洋火）减少入口。

C. 在政治上宣传法币跌价的必然性，并在各主要地区附近压低其价格，以边币换吸一部分，乘机使边币向外扩展。

D. 如法币已挤入我区时，应相机低价值收回，以免侵犯我边币流通范围，但收进来的法币一部分应设法于最短期内速送回中央，一部分通过私商抛出境外换回货物。华中各根据地如鄂豫边、苏北等这些根据地军事变动性很大，政权基础不甚稳固，因之我们在经济上对敌人很难作到严密而有效的反封锁，在金融制度上又都未建立起来，对内、对外法币还是主要的流通工具。我们所发行的流通券还是一个临时性的，而且数量很少，信用又在法币之下，因此在这些地区内想驱逐法币、与法币割断联系以及防止敌占区法币的流入，目前是办不到的，只好用减轻法币跌价所给予的损失方面想办法。

①急速成立银行或钱庄发行边币或辅币。

②以边币或地方辅币收买境内法币，扩大边币或地方辅币所流动的范围。

③在已相当巩固的一定区域，可能时动员党政军及群众团体公［工］商合作社将所得之法币集中交给贸易局，由贸易局到境外，迅速换取货物，再不得再留于境内，为以减少法币在境内停留所遭受的损失，更不应存积法币。

选自江苏省财政厅、江苏省档案馆、财政经济史编写组合编：《华中抗日根据地财政经济史料选编》第一卷，档案出版社 1984 年版，第 27～29 页。

48. 中共中央关于春耕运动的指示

1942 年 2 月 28 日

春节到了，计划春耕是各抗日根据地当前最中心最重大且关系全局的任务，各地对于今年春耕虽有所布置，兹为引起同志注意起见，特指示如下几点：

一、根据地的经济建设基本重心，应当放在发展工业农业生产方面，这样才能解决财政经济的预算，保证全体军民的粮食，及各种生产需要品（如衣服纸张油墨的原料等），才能改善群众生活，与粉碎敌人对我经济上的封锁破坏，而坚持根据地的斗争，今年工业生产能否胜利地完成，全看春耕运动是否做得好，全看各地方及政府的工作人员能否在目前抓紧这一中心工作，造成广大群众的生产热潮，有计划地有组织地动员所有党政军民的力量，除作战外都集中力量，为完成这一任务而奋斗。

二、除麦子外必须在各地下种以前，就将一切的春耕准备工作完全做好，包括政治动员及实际帮助群众解决一切春耕中的具体困难问题（如种子肥料者与耕牛粮食缺乏者，必须设法调剂之，对抗属缺乏劳动力者，实行代耕或劳动互助），必须正确解决主佃间劳资间的关系，使双方都肯于提高生产热情，对于修水沟消灭旱荒，凿荒地改良种子，改善耕种技术，增加产量，发展工业，种植一定数量之供全体军民需要的麻棉花等，应有具体计划，必须把妇女老幼及一切可能人员都动员到生产战线上去，必须使广大群众在春耕中的生产积极性提高到非常之高，必须把春耕各种准备工作做好，才能保证春耕任务之完成。要使这工作做得好，党与政府决不是定出计划发布命令，就算完结，必须动员所有得力干部全到下面去切实检查与具体帮助，才能保证春耕运动的伟大收效。

三、在春耕农忙时期，必须将群众的支差动员及开会，尽可能发动一切人力物力财力到春耕战线上去。

四、政府今年的建设经费必须以百分之七十到八十以上用作借贷（包括合作社贷款在内），只有农民生产之扩大，才能改善人民生活，也才能增加政府的财政收入，陕甘宁边区为了生产建设决心以数百万元归入私人农业，就为这一目的。

五、各机关各部队在不妨害执行自己之主要任务下，必须积极参加生产，各单位应订立自己全年生产计划，主要放在农业及手工业的生产，自足制度，就是除政府供给粮食衣服及一部分伙食费及办公费外，各单位须自己解决一半的伙食费办公费，为达此目的政府须对各单位交给必要的资本，敌后根据地有许多地方不可能执行这一制度，但若干地方仍然可能的应号召全体党员在生产上努力，而不仅限于在节约方面。

尽可能做到生产本单位几个月或者全年足够的菜蔬，及一部分粮食，没有耕地者，可向人民借种或买种；并应尽可能动员一部分人力、牲口，帮助群众春耕，增进军民关系。

六、陕甘宁边区应尽量实行半统筹统支，半自给，发扬春耕运动中的模范作用，各机关各部队的干部和士兵应努力在生产中起模范作用，帮助群众耕种和采用竞赛奖励等方法，完成广大群众在春耕运动中的热潮，完成今年各根据地扩大农业生产的计划。

七、必须估计到敌人可能来扰乱破坏我们的春耕工作，因此应当根据各地区不同的敌人，有计划地准备武装保护春耕，并克服敌人所加给我们的各种困难。

中央书记处

选自江苏省财政厅、江苏省档案馆、财政经济史编写组合编：《华中抗日根据地财政经济史料选编》第一卷，档案出版社 1984 年版，第 34～35 页。原注：“按一九四二年三月十八日《淮海报》刊印”。

49. 中共中央对晋东南抗日根据地职工运动的指示

1942 年 4 月 24 日

北方局转晋东南党委：

党委工委报告，已收到，内容很好。希望以后根据中央调查研究决定，深入调查各种具体情况，经常报告，以便向你们提供意见。在报告中证明职工会工作有了很大进步，并向深入工作方面发展；但另一方面，尚有许多弱点，主要表现在对抗日根据地的基本特点（战争，农村，新民主主义政权）认识不足，因而对劳动政策了解不深刻，工作缺乏中心和经常性，党政军民关系有些不正常，所以职工会工作还不够深入巩固。望工委考虑下列意见，改进职工会工作：

一、关于工资问题

敌占区高于我区的工资额，是因为敌占点线平原交通便利，工业品来源较易，而某些农产品价格则较我区高，因此一般生活水准亦较我区高。我区经济落后，且不断受敌破坏掠夺封锁。因而，相对的名义工资必然高于我区，此种现象，敌我形势未根本改变前是很难彻底转变的，就在平常状态农村工资也低于城市工资的，因此，我们不能采取提高工资与敌竞争劳动力的政策。在我工作不深入，党政军民关系不正常，敌人高价吸收工人下，部分劳动力的外流是必然会发生的。我们只有深入群众工作，团结职工，提高政治教育，适当改善工人生活与社会地位，改善党政军民关系，从政治上来对抗敌人的奴役政策与引诱政策。

由于战时的破坏，根据地生产缩小，而需要则增加，因此在根据地内把战前生活与现在比较作为改善工人生活标准是不妥当的。目前改善工人生活，只能依据战争环境及各地生产及生活水准之不同，来规定工资。农村成年工人，一般以维持本人生活外，还能养活一个人为原则。因此规定各地同等的工资是不可能的。

公营工厂工人工资如果把各种优待价值算入工资之内，则实际工资并不比农村工人低得多少。至于某些公营工厂工资稍低于农村工人工资的原因，是由于公营工厂的生产主要不是为了营业获利，而是为了战争的需要，加上抗战经费的困难，在长期战争环境中，此种现象是很难免的。因此，职工在军事工业及公营工厂中工作，是一种抗战义务性的光荣劳动，党的支部和工会应在这一方面作深入的解释工作，加强政治教育，提高职工政治认识与技能，改善其社会地位，协同党政军改进工厂管理方法，发扬民主，调剂职工关系，在可能范围内改善物质生活，来团结职工安定工人生活。减少工资问题的纠纷，最好采用物品本位的工资制，为了提高生产效率，仍以计件制为宜。

二、农村劳资关系问题

农村雇主不愿雇用工会积极分子，多找小山沟出来的落后农民，或少年工人的现象，除某些雇主抱有恐惧工人斗争心理之外，同时由于工会会员中积极分子，各种会议活动时间过多，耽误生产，甚至恃势凌人，要求过高，此种观象若不改正，不仅雇主不雇工会会员及积极分子，而且将降低农村生产，妨害工人团结，养成工人惰性，造成工人失业，工会脱离群众等危险。雇工积极分子所提出的“多种，早锄，多收好抗日”的口号及生产互助小组，应广泛宣传与实行，才能发展生产，改善工人生活，协调劳资关系。对于企图利用我们政策的改正，而向工人进攻的雇主（如多分配雇工负担等），应根据具体事实，进行调解，必要时请求政府仲裁。总之，我们必须从劳资双方均能获益为原则，去适当改善工人生活，照顾各阶层利益的观点出发，坚决克服狭隘的行会利益的思想。

三、关于工时问题

一切公私工厂作坊必须依据中央的指示，实行十小时工作制，至于雇工手艺工人亦只能按原来的生产习惯，酌量减少一二小时，工会开会及开短期训练班，应于例假休息时间举行，不能占用生产时间，还须遵守劳动纪律，及劳动合同，以便发展生产，维持劳资双方友好关系，保障团结抗战。

四、职工负担与支差问题

应执行政府各阶级公平负担的政策，但因职工没有副产，其免征点可以在保证维持职工生活条件下，可提交当地参议会讨论，以减轻某些生活特别困难之职工的负担。因雇工劳动既已出卖给雇主，其支差应属于雇主方面，但战争动员，则一切职工，应一律执行。

五、职工会的组织形式

主观地把产业城市的组织形式机械地搬到农村来，如你们在地方总工会下成立各业总工会（产业的、矿工的），一县之内成立矿工会，产业工会，直属各业总工会的领导，显然是不适当的（至于某些县份矿工集中较多者则仍可成立矿工产业工会）。因为地区辽阔多山的农村中，工人稀少已不易领导，再加组织上的分离，不管在组织上深入工作上，都是不利的。农村中的零散矿工与雇工羊工，应统一于县工会之内，直属于总工会领导，否则不仅浪费人力金钱，而且会使工会成为形式主义，脱离实际，障碍深入工作。工委应提交各业总工会的代表大会，向群众解释清楚，改变上述组织形式，把工作交由总工会执行，各业干部则参加总工会的领导。

至于按行政系统组织的产业联合组织（如后勤军工行署等），为适合党政工的配合，仍可以保存，直属总工会。此种组织的改变，不是削弱产业工人工作，而是加强总工会对产业工会矿工工会的领导。

六、职工会的主要工作任务

职工会应以提高劳动热忱，严守劳动纪律，提高职工技术，保证生产，适当改善工人生活。党政工会必须协同进行政治、文化、技术教育，根据工人具体特点，决定这三种教育的分量，使生产与学习适当地配合起来，以安定和提高工人的生产情绪。

工会教育工作，及日常活动应注意时间的节制与工人兴趣，除工厂煤矿，必须单独进行工作外，一般应集中于村镇：民革室、民众学校及各救①共同活动，调剂各救关系，纠正借口在加强无产阶级领导口号之下，工会工作突出和骄傲现象。工会会议至多一月举行一次，内容着重抗战工作，劳动政策的检讨，鼓励学习发展生产，教育的中心则以学习技术识字为主。

工人武装组织，均应集中于武委会领导。工会应积极参加武委会工作，工会内不应单独成立武装部及单独之部队。

工会工作应尽量发挥民主，在组织与领导上，必须反对共产党员包办的现象。在各级工会领导机关，应实行共产党员与一般工人之比例只占三分之一的“三三制”，尽量吸收不脱离生产的工人积极分子参加各级领导机关，使群众与领导机关的联系更加密切。

为实行精兵简政方针，节省人力物力，工会应尽量培养不脱离生产的干部，向减少职业干部方向发展，职业干部应以少而精为原则。

严格建立在职干部学习制度，学习内容政治方面以党的政策、政府法令、职运历史策

① 指“各种救国会”。

略及实际调查的研究为中心。日常教育应以提高生产技术及文化水平与科学知识为主。一般干部训练，工会不必单独办训练班，必要时可在党校及其他学校设立职干班，其教育内容，亦应以上列科目为原则。

某些工会组织与军政民关系不甚融洽的现象，工会应自主地力求改善，克服狭隘的偏见，凡不能直接解决的问题，可会商召集适当的联席会议解决之，这是今天晋东南职工会急待解决的问题。

选自《中共中央文件选集》(12)，中共中央党校出版社 1985 年版，第 66～70 页。

互校版本：《中共党史教学参考资料》抗日战争时期（中），中国人民大学中共党史系资料室 1979 年编印，第 436～440 页。

50. 军委关于成立陕甘宁晋绥联防军司令部的决定

1942 年 5 月 13 日

前总、新四军、各师、各旅、各纵队、联防司令部：

（一）为了统一晋西北与陕甘宁两个区域的军事指挥，决定在延安设立陕甘宁晋绥联防军司令部，以统一两个地区的作战行动与建军工作。

（二）决定以贺龙为联防军司令员，徐向前为副司令员兼参谋长，关向应为政治委员（关在休养，高岗为代政委），林枫为副政委。

（三）联防司令部直辖下列各兵团：1. 一二〇师。2. 留守兵团。3. 晋西北新军。4. 三五九旅。5. 陕甘宁边区保安部队。6. 炮兵团。

（四）凡直属联防司令部指挥的各兵团，从五月二十一日起，即与联防司令部直接发生关系并接受其命令。

（五）华中华北各战略区，望与联防司令部相互通报，确保联络。

军　委

选自《中共中央文件选集》(12)，中共中央党校出版社 1985 年版，第 75 页。

51. 中共中央军事委员会通令
（成立晋西北陕甘宁联防司令部）

1942 年 6 月 10 日

根据六月四日中共中央政治局决议：为着更切实地克服困难，战胜日本帝国主义起见，前已决定建立晋西北边区及陕甘宁边区两区域的联防司令部，以贺龙同志为司令员，徐向前同志为副司令员，关向应同志为政治委员，高岗同志为代理政治委员，林枫同志为副政治委员。兹特决定给予联防司令部以下列三项职权：

一、统一两区域的军事指挥及军事建设；

二、统一两区域的财政经济建设；

三、统一两区域的党政军民关系。

为了执行第二项职权，并成立财政经济委员会，以林伯渠、贺龙、李鼎铭、续范亭、高岗、林枫、陈正人、牛荫冠、南汉宸、白如冰、徐向前、肖劲光、叶季壮、王震、王世泰、高自立、朱理治、霍维德、李六如等十九同志组织之，以林伯渠同志、贺龙同志分任正副主任，下设财政经济办事处，以贺龙同志为主任。等因，兹特将中央决议通令各部队、机关、学校同志们知悉，望各遵照为要！

主　席　毛泽东

副主席　朱　德

王稼祥

参谋长　叶剑英

中华民国三十一年六月十日

选自《陕甘宁边区抗日民主根据地》文献卷·上，中共党史资料出版社 1990 年版，第 243～244 页。原注："本文按陕西省档案馆保存的油印件刊印。"

52. 中共中央关于统一抗日根据地党的领导及调整各组织间关系的决定（节录）

1942 年 9 月 1 日中共中央政治局通过

（一）至（四）略

（五）政权系统（参议会及政府）是权力机关，他们的法令带有强制的性质。党委与政权系统的关系，必须明确规定。党委包办政权系统工作、党政不分的现象与政权系统中党员干部不遵守党委决定、违反党纪的行为，都必须纠正。为了实行"三三制"，党对政权系统的领导，应该是原则的、政策的、大政方针的领导，而不是事事干涉，代替包办。下级党委无权改变或不执行上级参议会及政府的决定与法令，党的机关及党员应该成为执行参议会及政府法令的模范。党应进行政治工作以提高参议会及政府的威信，党的干部与党员违反参议会及政府法令时，党的组织应给以严厉的处分。党对参议会及政府工作的领导，只能经过自己的党员和党团，党委及党的机关无权直接命令参议会及政府机关。党团必须服从同级党委；但党团的工作作风必须刷新，不是强制党外人士服从，而是经过自己的说服与政治工作。在党团万一没有说服参议会及政府的大多数因而党团意见未被参议会及政府通过时，必须少数服从多数，不得违反民主集中制的原则。但是假如党团同志因为自己的意见与同级党委有分歧因而不坚决执行党委的决定，这是党团同志违反党纪的行为，应当受到指斥与处分。党必须派遣得力的干部到参议会及政府中工作，一切忽视政权工作，把干部堆在党的机关中的现象，必须纠正。在实行"三三制"时，党员在政权系统中的数量减少，但在政权系统中工作的党员质量必须大大提高。在政权系统中工作的党员和干部，必须服从党委与党团的决议、决定与纪律，不得利用自己的地位自由行动。在这里，应特别提出，党对“三三制”政权之领导的实现、有赖于政权系统中党员干部之言论行动的一致及其对党的决定的绝对服从，所以严整政权系统中党员及党员干部的党纪是有严重意义的。党委在调动政权系统中的党员时要慎重，还必须经过党员实行向政权机关辞职的手续。政府、军队的关系必须改善；军队中应进行拥护政府的教育；政府应保证军队的给养及运输；军队的首长应被选为政府委员及参议员。军队应成为尊重政权执行法令的模范，军人的违法行动，军事机关必须严格处分。军人除以公民及政府委员、参议员资格对参议会及政府发表意见外，一切军人及军事机关无权干涉参议会及政府的内部工作。但军队政治机关，必须尽可能地帮助政府工作。

（六）民众团体是民众自己的自愿组织的团体，党、政府、军队不应直接干涉民众团体内部的生活。党对民众团体的领导，经过自己的党员及党团。但党民不分、包办、清一色的现象，必须纠正。民众团体的各级委员会委员须尽可能有半数以上的非党员。民众团体中的党团问题与政府中党团同。政府应尊重民众团体的独立性，给民众团体以必要的帮助，要求民众团体执行政府的法令。民众团体应依法向政府请求登记，取得合法地位。如民众团体违反政府法令时，政府可加以处分、甚至解散，此外一律不干涉民众团体的生活与工作。民众团体应号召民众，拥护政府和军队，帮助抗战动员工作。但民众团体并非政权机关，不得代替政府行政及对人民执行逮捕、审讯、判决等事宜。军队与民众团体应相互帮助，但不应相互干涉。

（下略）

选自《中共中央文件选集》(12)，中共中央党校出版社 1986 年版，第 124～129 页。

互校版本：《中共党史教学参考资料》抗日战争时期（中），中国人民大学中共党史系资料室 1979 年编印，第 485～487 页。

53. 中共中央关于宽大政策的解释

1942 年 11 月 6 日

各抗日根据地发布的施政纲领或其他文件，曾宣布：对敌人、汉奸及其他一切破坏分子等，在被俘被捕后，除绝对坚决不愿改悔者外，一律施行宽大政策，予以自新之路。这里是提示①了镇压与宽大两个政策，并非片面的只有一个宽大政策。对于绝对坚决不愿改悔者，是除外于宽大政策的，这就是镇压政策。这样同时提示②的两个政策，是完全正确的，必须坚决实行的。但各地有些同志只作片面的了解，这是错误的，必须纠正。对于一切破坏民族利益的分子，必须采取坚决镇压的政策。凡属破坏抗日政府、抗日军队、抗日人民、抗日政党的利益者，都是破坏民族利益的分子。对于此类破坏分子如不采取坚决镇压政策，即无异帮助敌人。对于此类分子，采取放任态度，并谬托于宽大政策，是完全不正确的，是脱离群众的。凡在此类分子的行为上已经证明是坚决破坏民族利益者，即应依

①② “中央文件版”“党史资料版”两处皆为“提示”，“社科法制版”皆印作“提出”。

法严惩，绝对不应放任。只有那些真正表示改悔者，才应采取宽大政策。而对于一切曾有破坏行为、但是真正表示改悔、确有证据者，我们则必须采取宽大政策。在实施时，又必须区别首要分子与胁从分子。在首要分子中，真正表示改悔者，也是可能的，也是有过的。但在胁从分子中，真正表示改悔的可能性最大，过去经验证明也最多。根据此种情形，我们在惩治破坏分子时，主要的应是惩治那些首要分子，其次才是惩治那些胁从分子。同时，我们的宽大政策，主要的是施于胁从分子，其次才是施于首要分子。总之，以表示真心改悔与否为决定政策的标准。

各地党政军领导机关应根据本件作明确正当的解释，并根据此种解释去实事求是地有分别地实行镇压政策与宽大政策。而镇压与宽大应同时注意，不可缺一①。

选自《中国新民主主义革命时期根据地法制文献选编》第三卷，中国社会科学出版社1981年版，第54～55页。原注："选自晋冀鲁豫边区冀鲁豫行署《法令汇编》上册，一九四四年版"。简称"社科法律版"。

互校版本：

1.《中共中央文件选集》(12)，中共中央党校出版社1986年版，第149～150页。简称"中央文件版"。

2.《中共党史教学参考资料》抗日战争时期（中），中国人民大学中共党史系资料室1979年编印，第491～492页，原注："原载《中共党史教学参考资料》第二批，中共中央宣传部一九五七年编印。"简称"党史资料版"。

54. 中共中央对晋察冀参议会发表宣言的指示

1943年1月11日

晋察冀分局"北局"：

甲、二十九年发布之施政纲领，在群众中有很大影响，并且直至现在还是适用的。目前不但不应发布和旧纲领并无多大区别的新纲领，而且不应对旧纲领条文有所修改，致影响旧纲领在群众中的威信。此次参议会可发一宣言，此宣言由参议会中共产党员发起，邀党外人士联署向参议会提出通过然后发表。宣言中拥护二十九年之施政纲领，同时对二十九年纲领中未包括之事项加以叙述。

乙、你们所提新纲领草案中，有些提得不适当的地方，指出如下：

一、目前晋察冀边区形势的特点，是边区极大部分地区日益游击化，根据地日益缩小，处境日益困难，而严重的困难则还在今后，因此除说明有利形势外，应将此点补充进去。而对基本根据地区与已经变为游击区之地区，我们的政策应有不同的提法。

二、应着重提出调整边区各阶级关系，以巩固边区党政军民及各阶层间的团结。

① "中央文件版""党史资料版"印作"镇压与宽大是必须同时注意，不可缺一的"，"社科法制版"印作"不可偏倚的。"

三、应着重提出认真实行精兵简政政策，以便渡过黎明前的黑暗，克服困难，准备反攻，军民公私，必须积极协力发展生产，发展贸易，以开财源，以裕民生。

四、在冀中冀东等广大的游击区中，不仅汉奸之依照法定手续处理，严格的法制制度之建立，财政税收之严格统一与正规化等，均难实行，即对于敌伪政权、敌伪组织及敌伪之各种设施，必要时亦不得不采取两面政策应付，因此虽应对之分别进行瓦解、分化、争取、打击或相机抵制，却难一律摧毁或坚决反对，在纲领中应同时照顾这些情况。

五、在环境日益困难，游击区日益扩大的条件下，应争取先机，积极缩编，健全游击队，加强民兵组织和训练，并由政府和主力军尽量供给民兵以武器弹药，方能广泛开展群众游击战争，以配合主力及游击队打击敌人的蚕食政策与扫荡，以达缩小敌区扩大或保持我区之目的，不必提出实施志愿义务兵役制问题，因实际上今天很困难实行，反可给敌利用来欺骗群众。

六、在目前边区斗争条件下，不仅要教育民众尊敬爱护与帮助军队，更应教育部队爱护尊敬并帮助老百姓，使军民同心同德，共赴国难，这点在今后极端困难的环境下，有重要意义。

七、有些过高而难实现的办法不应提出，如允许战后实行薪俸制及减轻人民负担等，这在将来是无把握的。

八、关于保障人权中之逮捕拘讯处罚问题，在今天敌后斗争形势下，除第六条所规定者外，应加上在敌人扫荡时及游击区等特殊情形之下，经政府授权者不在此例的意思。

丙、以上所指各点，在你们起草参议会宣言时望加以注意。

中央书记处

选自《中共中央文件选集》(12)，中共中央党校出版社 1986 年版，第 172～173 页。

55. 中共中央关于庆祝中美中英间废除不平等条约的决定

1943 年 1 月 25 日

最近中美中英签订了废除不平等条约的协定，美英放弃了在华的特权。我们应当庆祝不平等条约的废除，各地党部凡在战争环境许可下，均于旧历元旦前后召开军民庆祝大会，庆祝中美中英间新的关系与新的团结，坚定军民抗战信心，号召军民为驱逐日寇，完成中国独立解放而斗争到底。一切共产党员，均须循此目标前进。并向全国人民说明下列各点：

（一）中国近百年的历史是中国逐步丧失独立沦为半殖民地殖民地的历史，同时又是中国人民为民族独立解放而英勇斗争的历史。一方面是帝国主义的侵略与残暴，中国民族中败类自西太后、袁世凯、北洋军阀、不抵抗主义者、直到汪精卫等等卖国求荣的无耻；另一方面是中国人民的觉醒、反抗与解放斗争，自鸦片战争、太平天国、义和团、辛亥革命、五四运动、大革命、红军运动直至现在的民族大抗战。一方面是荒淫无耻，一方面是庄严的斗争。

（二）中国殖民地化过程与民族解放过程的斗争，到了“七七”抗战以后，已进入到决定胜负与决定中国最后命运的阶段。百年来中国人民独立解放的斗争涌出了领导这个斗争的国民党与共产党。“七七”抗战的发动，民族统一战线的形成，国共合作的坚持，全国军民的卓绝奋斗，国际反法西斯联合阵线的形成，英美苏（苏联还远在十月革命后即发表声明书，声明废弃帝俄与中国签订的一切不平等条约，后又签订孙文越飞协定，更于一九二四年正式签订条约，完全取消中俄间不平等条约，完全放弃沙皇俄国在中国取得的特权）对中国抗战的同情与援助，使中国的国际地位提高了，使中英美间不平等条约得到废除。

（三）中国今后命运是要在抗日战争的烽火中得到决定。抗战已五年有半，今后困难尚多，我们必须坚持抗战，克服困难，巩固国内团结，反对民族败类——汪精卫及其他无耻汉奸，揭露日汪间一切奴役中国、出卖中国的协定，打走日本帝国主义，收复一切失地，不如此，中国的独立解放便无法实现，中美中英间不平等条约之废除也还是一纸空文。

（四）中国要变成独立的国家，要变成与世界列强列于平等地位与平等关系的国家，不仅有赖于对日战争的胜利，而且有赖于战后国家之建设。我党中央在去年“七七”宣言中已指出战后中国应当是一个什么样的中国。尤其重要的是历史的事实证明了：当国内团结、国共合作时，中国是充满着光明与希望的，当分裂内战时人家便来欺负，国必自侮，而后人侮之，上一次国共合作，曾经收复了汉口、九江租界，这一次国共合作，又取消了不平等条约。战后新中国的建设，是保证中国独立解放的重要关键。

（五）中国共产党自诞生后，便投入了民族解放斗争的最前线。孙中山先生受俄国十月革命的影响，改变革命方法，采取发动群众的路线，实行与共产党合作，改组国民党，提出打倒帝国主义，废除不平等条约的口号。共产党在大革命时代始终尽了急先锋的作用，后虽不幸破裂，被迫退入农村，继续民族解放的斗争，但自“九一八”后，共产党又不断提议，组织民族统一战线与恢复国共合作，特别是“七七”抗战后，国共两党实行合作，举国一致在蒋委员长领导之下，发动伟大的抵抗日本帝国主义侵略的自卫战争。在抗日战争中，共产党及其所领导的八路军新四军始终是站在最前线的地位，担任最艰苦的职务，转战敌后五年有半，抗击在华日军恰好一半，前仆后继，未尝稍懈。共产党不仅是为抗战胜利而坚决斗争，并且还要在战后独立、自由、民主、与国际列强列于平等地位之新中国的建设工作中，同样也站在最前线。

选自《中共中央文件选集》(12)，中共中央党校出版社1985年版，第176～178页。

56. 附［报刊评论］：中国共产党与废除不平等条约

1943年2月4日《解放日报》社论

延安各界正开盛大的群众大会庆祝不平等条约的废除。在前线与后方各地，日内均将召开同样的大会。全国人民对于我伟大民族之获得国际地位的平等，正在兴奋热烈地进行庆祝。本报愿乘此机会，一述中国共产党与废约运动。

“中国近百年的历史是逐步丧失独立沦为半殖民地的历史，同时又是中国人民为民族独立解放而英勇奋斗的历史。”在这一历史时期中，大体上又可以划分为两个阶段，前一阶段为帝国主义者残暴侵略，中国腐朽统治者卖国求荣，中国国际地位日益下降的阶段，后一阶段为中国人民民族觉悟生长、民族团结增强、民族解放斗争如火如荼发展的阶段。这种划分是大体上的，因为在前一阶段中，也曾有过平英团、太平天国、义和团、辛亥前夜的护路斗争等等民众的反抗运动，而后一阶段中，亦曾有过“九一八”后汪精卫的不抵抗主义与投降主义。然而基本上是可以作这种划分的，因为前一阶段中虽然有民众反抗运动，但这种运动是自发的、民族觉悟程度不高的、组织散漫的、目标不清楚的、屡仆屡起的斗争，只有在后一阶段上，中国人民才清楚地认识了帝国主义加于中华民族的桎梏，才有高度的民族自觉，才有鲜明的打倒帝国主义的口号，才有强有力的领导人民斗争的政党，及全民族的团结奋斗，以致能够进行神圣的抗战和取得目前废约的成功。后一阶段上虽曾有人如汪精卫之流和我们民族死敌日本帝国主义者，谈和平、谈共荣、讲妥协、签条约，可是民众义愤终于焚毁了这些纸张，爆发了伟大神圣的祖国战争。这两个阶段的分水岭是一九二一年——中国共产党之诞生。中国共产党，是认清中国所处的半殖民地地位及提出推翻国际帝国主义压迫及废除不平等条约的第一个政党。当在中国尚有许多人士迷信“威尔逊宣言”和期待“列强援助”之时，中国共产党在其第一个政治宣言——一九二二年七月第二次全国大会宣言上，以“帝国主义宰割下之中国”为题，而分析了“帝国主义列强历来侵略中国的进程”，暴露了“世界资本主义榨取中国的本相”，指明了“帝国主义列强在这八十年侵略中国时期之内，中国已事实上变成了他们的殖民地了，中国人民是倒悬于他们欲壑无底的巨吻中间”，提出了“推翻国际帝国主义的压迫，达到中华民族完全独立”的战斗口号。并于同年六月第一次对时局宣言中提出：“改正协定关税制，取消列强在华各种治外特权，清偿铁路债款，完全收回管理”之要求，此乃废除不平等条约这一口号之嚆矢。为达到这一目的，中国共产党曾大声疾呼倡导民族民主的联合战线，两年之后这一联合战线结成了，共产党员加入了国民党，国民党改组于广州，其第一次全国代表大会通过了新的政纲，其中有一条是：“一切不平等条约，如外人租借地、领事裁判权、外人管理关税以及外人在中国境内行使一切政治的权力侵害中国主权者，皆当取消，重订双方平等互尊主权之条约”。这时候，中国共产党所提出之口号已成为民族民主联合战线的口号、全国人民的口号。自此以还，民族斗争日益澎湃，由“五卅”而省港罢工、而北伐、而占领武汉、而收回汉口租界。不幸中途变生，功败垂成。此后十余年中，中国共产党始终坚持着推翻帝国主义统治争取民族独立解放的光辉旗帜。当汪精卫之流窃据要津，高唱“不抵抗主义”，“一面抵抗、一面交涉”及签定屈辱条约时，中国共产党却坚持地领导民族解放斗争，宣传、组织和实行以民族革命战争抵抗日本帝国主义侵略的口号；此后，中国共产党又为抗日民族统一战线之结成奔走呼号，乃于卢沟桥事变之后，在蒋委员长领导之下，发动了全国抗战，恢复了国共合作，五年以来坚持不屈，用能屡挫暴寇，使中国一跃为世界四强之一，而获得了今日不平等条约之废除与平等新约之签订。

从这历史的回顾中，我们可以看到：

（一）中国共产党是中华民族解放的急先锋，它是推翻帝国主义在华统治、废除不平等条约的首倡者，是这一主张始终不屈的坚持者，是抗日民族统一战线的创议者，是抗日战争中站在最前线的英勇战士。而共产党之能够首先认清中国的半殖民地的屈辱地位，提出争取民族独立解放之正确的口号、方向、道路、方法，乃是因为它是马列主义的政党，它掌握了集几千年人类思想大成的理论与方法。正是马列主义帮助中国共产党去了解周围环境，判明祖国所处的危急状况，认识奋斗的方向，提出战斗的口号。正是马列主义帮助中国共产党发扬中国人民反抗外敌的光荣传统，走出狭隘的排满口号，抛弃“列强援助”的幻想，而走上广泛地坚决地反对帝国主义争取民族独立的斗争。马列主义及掌握马列主义的中国共产党乃是中华民族解放斗争的灯塔。

（二）中国共产党不仅是废除不平等条约的口号的倡导者，而且是争取这一口号实现、争取民族独立解放实现的主要方法——民族统一战线的倡议者。中国共产党早就看到，只有全民族团结一致的斗争，才能求得中华民族之自由平等。历史事实证明了中国共产党远见之正确，大革命时代与抗战时代，不论对内对外都是中华民族近百年史上最光明最充满希望的时代。目前废约之成功，将来抗战之胜利，均唯民族统一战线与国共合作是赖！

（三）虽然如此，在今日废约成功之时，中国共产党却并不为此自炫。它深知在这事业上，政党倡导之力固然不可湮没，然而这小成功，总的说来，是全国人民努力奋斗的结果。人民，唯有人民，乃是这一光荣史诗的作者。政党只是人民的一部分，它的领导只是把人民的公意“集中起来”为口号、纲领，又“坚持下去”为广大人民的伟大运动。任何政党只有在能够与人民一起正确反映与集中人民的要求而又不折不挠坚持这个要求，才能成为运动的胜利的领导者，反之，就会成为可怜的失败者、历史的丑角。所以，若问：这是谁的成功？我们将毫不迟疑地回答：这首先是中华民族广大人民的成功。我们衷心地崇拜我们伟大人民的力量的雄伟，而要更深入民众，加强与民众的联系，正确反映民众的要求和坚持民众的要求。人民——这是中华民族求得自由平等的力量的源泉和保证。

（四）正如我们在中共中央二十五日决定中所看到的，中国共产党，一方面，热烈庆祝废约之成功，另一方面，却强调争取抗战胜利之重要。废约和平等新约之订立，固然是中华民族独立解放斗争中的一个重大成功，可是，这还不是民族解放的彻底实现……因为必须“打走日本帝国主义，收复一切失地，不如此，中国的独立解放便无法实现，中美中英间不平等条约之废除还是一纸空文”（中共中央决定）。现在日本帝国主义者蹂躏着我们的大好山河，不击败它，不把它赶出中国境外，则一切平等条约的规定，便不能实现。胜利——抗日战争的胜利是当前的急务。在欢欣庆祝之中，我们应更“坚定军民抗战的信心，号召军民驱逐日寇，为完成中国独立解放而斗争到底！”我们已经有了中美中英间废除不平等条约的成功，我们还需战胜日寇的民族战争的胜利，我们需要胜利，我们一定能够胜利。全国军民，全国同胞，为抗战胜利而努力呵！为彻底实现民族的独立解放而奋斗呵！

选自《中共中央文件选集》(12)，中共中央党校出版社 1985 年版，第 179～183 页。

互校版本：《中共党史教学参考资料》抗日战争时期（下），中国人民大学中共党史系资料室 1979 年编印，第 8～12 页。

57. 中共中央关于目前各抗日根据地职工运动的决定

1943 年 5 月 1 日

中华民族的抗日战争已进入第六个周年，战争的残酷与困难，随着接近胜利而增加，为了克服困难和适应日益残酷斗争的环境，因此中央和毛泽东同志指出：战争、生产、教育为今年的中心任务。各地职工会应根据上述任务以整风精神来检查过去工作及布置今后工作。

在六年的抗日战争中，陕甘宁边区及各个抗日根据地，由于新民主主义政权的建立，工人阶级不仅获得了政治自由，而且获得了参加政权的管理，虽然处于残酷的斗争的环境中，在敌寇烧杀破坏之下，经济生活仍获得了改善，政治文化亦有了进一步的提高，职业有了保障，因此提高了工人阶级配合八路军、新四军与敌作战的决心，发扬了生产的劳动热情，赵占魁运动正在陕甘宁、晋东南、晋西北等各抗日根据地继续开展，于是帮助了抗日政府与军队，解决了某些物质供给的困难和促进了国民经济的发展，工作是有成绩的。

然而在职工运动中仍存在着不少错误和缺点。在公营工厂中由于没有充分了解我们工厂的性质，因而不能掌握完成生产计划，作为自己的中心任务；对反革命分子在工业建设上的阴谋破坏，对于贪污浪费，未能进行坚决的斗争，反而采取自由主义态度（如陕甘宁边区）；公营工厂行政管理人员对轻视职工会的错误态度，未能及时克服；生产计划及管理制度，没有建立在工人群众基础之上，于是影响到工人对于自己工厂的爱护和关心。不懂得我们采取一切必要办法改善工人生活之目的是为着进一步地发扬工人劳动热情和创造精神，我们不是仅仅照顾工人眼前利益，同时要照顾抗日各阶级及整个抗战利益，因此不少职工会工作干部犯着经济主义的错误思想。在工作作风上，不深入群众，不了解具体情况，存在着形式主义与官僚主义及在教育工作上的教条主义。这是我们在各根据地今天职工运动中的主要错误和缺点。

为了克服上述错误和缺点，职工运动应根据下述方针进行工作。公营工厂是为革命而服务的，他的目的是为供给抗日政府及其军队之需要，并促进国民经济的发展。因此，职工运动的重心应当放在公营工厂，在那里职工会应当同工厂行政一致为完成生产任务而斗争。为此必须：

（1）在一切公营工厂中，发动职工反对贪污浪费及一切暗害分子损害工厂行为的斗争。工人阶级应当在实践中证明，他的确把工厂当作自己的家庭一样爱护，随时随地注意破坏分子的行动及贪污浪费，损坏工具原料，盗窃资料，破坏生产计划及劳动纪律等行为之发生，并与这种破坏行为作有系统的斗争。

（2）在公营工厂中，应组织一些生产积极、政治觉悟程度较高的工人，学习赵占魁的劳动态度及爱护工厂的精神，以便普遍地开展赵占魁运动，使公营工厂生产标准及其质量提高，成本减低，并在生产比赛运动中教育工人阶级，提高他们的政治认识和阶级觉悟，经过参加赵占魁运动的积极分子，去团结和提高全体职工生产情绪，使全厂生产情绪，使全厂生产标准比平时提高一步，并坚持下去。

（3）各地总工会或抗联的工人部，应分别检查各级职工会在工作作风上的主观主义，组织上的形式主义，和不了解具体情况、不深入群众的官僚主义，对于这种恶劣作风，应予以彻底纠正，引导职工会干部学习实事求是、深入群众的作风。

（4）为了适应战时生产，应坚决实行十小时工作制（如冬天时间短可利用夏秋时间长来调剂）及半月一次的大礼拜日（即十五天作一礼拜日）。对于足以妨碍劳动政策、障碍国民经济发展的狭隘行会主义、经济主义思想，如只顾工人眼前狭隘利益，不管工厂本身是否可能解决的一些过分要求，应给以适当批评和纠正。

（5）为了使工人阶级战斗决心的提高与劳动热情之发扬，应当注意改善工人政治地位及其经济文化生活。对于工人疾病及家庭困难应尽可能地为他解决，并经常关心其政治文化的提高。

（6）对于农业、手工业、店员工人，应根据各地政府施政纲领（如陕甘宁“五一”纲领，晋察冀“双十”纲领）规定劳动政策，依照物价之变动，注意劳动合同之修正，一方面注意雇主对于劳动合同义务之履行，同时应保证工人遵守工作时间及工作质量。总之以巩固统一战线团结各阶层共同抗战为原则。

（7）工人教育应当是为了提高生产，因此必须教育工人懂得我们工厂的性质，及建立新的劳动态度的重要，提倡生产技术的学习，教他们学习与生产环境及生活有关的文字。一切与生产及职工生活脱节的教条主义教育，应当废止。至于农村工人，主要是在工余之暇，参加地方一般群众的识字组织。

（8）为实行群众运动领导的一元化，工农青妇应联合组织民众抗敌联合会（陕甘宁、晋察冀已实行），其内部组织仍保存其独立分工，以便研究工农青妇某种特殊要求。至于农村工会已由于农村经济之变化，过去许多工人已变成农民，因此，过于零散的工人可编入一般民众组织之内，工人集中的乡村则可单独成立小组，没有工人的工会，应当取消。

（9）为适合政府及军队之需要，政府所规定之义务劳动及战争动员，如农村工人交救国公粮、义务工役及战争之直接动员等，为了民族和阶级解放，职工会应当发动工人积极参加。

（10）应当进行调查研究所在工厂的生产计划、生产组织、管理情况、工人生活及劳动情绪，以便具体指导生产管理及保证任务之完成。在农业、手工业、店员中，实行一区一乡一市一镇甚至一店铺一作坊的调查研究工作，以便了解农业、手工业、店员工人的变化及其劳动生活情况，同时了解雇主对工人态度及其营业盈亏状况，以便改善对农业、手工业工人工作之领导。

这就是各个抗日根据地职工运动的基本方针和基本工作任务。各地应根据这个方针及当地具体情况，来检查和布置自己的工作。

选自《中共中央文件选集》(12)，中共中央党校出版社 1985 年版，第 189～192 页。

58. 中共中央关于审查干部的决定

1943 年 8 月 15 日

特务之多，原不足怪。在德意日法西斯国家及其附属国与占领地，欺骗与强迫千百万青年加入法西斯组织，并为其服务。中国买办封建的法西斯化的国民党，虽有抵抗外国法西斯侵略的作用，但从一九二七年以来就是反共反人民的，设立了庞大的特务系统。抗战期间，虽则一面利用共产党抗日，但是一面又极力反共，欺骗与强迫广大青年加入其组织，并将其中一部分变为职业特务，从事于反共破坏活动。日本法西斯则利用中国人作特务，其数量亦是很多的。故特务是一个世界性群众性的问题，不认识此点，就不能采取正确方针。

这一次我党在整风中审查干部，并准备进一步审查一切人员，不称为肃反，不采取将一切特务分子及可疑分子均交保卫机关处理的方针，而采取首长负责，自己动手，领导骨干与广大群众相结合，一般号召与个别指导相结合，调查研究，分清是非轻重，争取失足者，培养干部，教育群众的方针，就是因为这是一个群众性的问题。离开了机关学校部队工厂农村的广大群众及其各级联系群众的强有力的干部，就无法最妥善地最彻底地解决这个重要问题。

上述首长负责的整个方针，是和内战时期曾经在许多地方犯过的错误的肃反方针根本对立的。这个错误方针，简单地说来，就是逼供信三字。审讯人对特务分子及可疑分子采取肉刑、变相肉刑及其他威逼办法；然后被审人随意乱供，诬陷好人；然后审讯人及负责人不加思索地相信这种绝对不可靠的供词，乱捉乱打乱杀。这是完全主观主义的方针与方法。抗战时期，山东湖西地方的错误肃反事件，也是重复这种方针与方法的结果。这种错误思想的余毒，在许多干部中，特别是在保卫工作干部中，至今还是严重地保存着；只有采取上述首长负责的整个方针，才有充分可能肃清这种主观主义的错误思想，而使这次审查干部乃至审查一切人员，达到最妥善最彻底之目的。

首长负责，就是将大多数有问题的人留在各机关学校部队，信任与责成当地各级行政首长负责审查（但若干被坏人掌握的部门不在此例，对于这些部门，必须首先改造领导）。延安是分普通、反省、保卫三种机关进行这个工作的。对于有问题的人，责成普通机关即各党政军民学机关自己处理的约占百分之八十；送反省机关，例如西北公学、行政学院处理的约占百分之十；送保卫机关，例如社会部、保安处、军法处处理（逮捕审讯）的约占百分之十。三者在整个审查过程中又互相交流，某些人由普通机关送入反省及保卫机关，某些人在反省与审查清楚并表示改悔之后，又由反省及保卫机关送回普通机关。凡在普通机关及反省机关的特务分子及嫌疑分子，大多数均照常在原来的工作岗位及学习岗位上，仅为保障机密、防止破坏及自杀，才将某些人移动工作，或加以监视。各机关学校均严密地组织自己的自卫军，在一定时期内实行戒严，除可靠人员携带通行证得互相出入外，一切有问题的人都暂时禁止个人外出自由，只许随大众集体行动。

自己动手，就是从当地最高负责同志至各伙食单位的首长，均须亲身参加审查干部的大会、小会、劝说、询问及研究，以便收集经验，指导运动。空口指挥，坐着不动的官僚主义态度，是错误的。

领导骨干与广大群众相结合，就是从每一伙食单位的全体人员中，以最可靠的一个行政首长为中心，围绕他组织几个小核心，再围绕着小核心组织十几人乃至几十人的中核心、大核心，围绕着这些核心乃是广大的群众。大多数有问题的人，均须经过核心组的谈话与群众的质问、劝说、斗争及开展热烈的坦白运动。各级核心即是各级学习委员会及支部委员会与小组长，这些人须是完全可靠的，而且是从整风及审查干部过程中逐渐地形成起来的。

一般号召与个别指导相结合，就是各级领导人员，除在当时当地一般地提出审查任务并推动大家去做之外，还必须选择个别单位，集中力量，给予突破，才能取得经验，造出范例，推动其余。然后再对所有各单位一个一个地给以具体的总结与指示，经常不断，耐烦耐劳，审查工作才能彻底收效，不犯错误，或少犯错误。

调查研究，就是调查与研究每一个人的历史，找出其矛盾，发现其问题。每一单位，须由领导核心根据所有人员平日的言行，经过慎重考虑，拟定两种名单，一种是估计无问题的，一种是估计有问题的，经过上级在慎重考虑后的批准，然后对于有问题的一个一个地，予以实事求是的调查研究，禁止主观主义的逼供信方法。

分清是非轻重，就是用调查研究方法，第一分清其是不是两条心的特务，或叛徒，或隐瞒自己参加过其他党派的人们，决不可把半条心的人（共产党员，但有非无产思想及犯错误者）与两条心的人混为一谈；第二分清其犯罪的轻重，或者是情节很轻的普通分子（占多数），或者是情节较重的中等分子，或者是情节很重的头等分子（后二者占少数）。不可以为凡被提出的一定都是特务，或都是重要特务。每一个被提出的人，虽被提出或被逮捕，但他究竟是不是特务及是轻是重，全靠我们用调查研究方法，搜集材料，加以分析，才能清楚，这就是分清是非、分清轻重的任务。如果是被冤枉了的或被弄错了的，必须予以平反，逮捕的宣布无罪释放，未逮捕的宣布最后结论，恢复其名誉。在审查运动中，一定会有过左的行动发生，一定会犯逼供信错误（个人的逼供信与群众的逼供信），一定会有以非为是、以轻为重的情形发生，领导者必须精密注意，适时纠正。对于过左偏向，纠正太早与纠正太迟都不好，太早则无的放矢，妨碍运动的开展，太迟则造成错误，损伤元气；故以精密注意，适时纠正为原则。

争取失足者，就是对于一切大小特务、叛徒、或被日本被国民党一时利用的普通分子（占多数），原则上一律采取争取政策，即宽大政策。延安审查出二千多人（其中有一部分人被弄错了或被冤枉了，准备在最后清查时给予平反），至今未杀一人。其罪大恶极、反复无常、绝对坚决、不愿改悔者，自应处以极刑，但这种人是极少数的。前方及边境地区环境特殊，或对某些个别分子有早日镇压的必要，但总方针应是毫不动摇地、千方百计地、耐心地、热情地争取他们。在大会小会及个别谈话中，向他们说明，世界法西斯末日已到，国民党腐败黑暗，决无前途，共产党则光明正大，前途无限，从思想上瓦解他们。延安经验证明，绝大多数这类分子是能够被我们争取转变为一条心的，许多人转变得很好。整风的任务就是将半条心的人们转变为一条心，审查干部的任务就是将两条心的人们转变为一条心。日本及国民党很久以来就采取争取与软化共产党员为其服务的反革命方针，很少杀人。我党必须采取争取大部至全部特务分子为我们服务的方针，否则我们就是失败的。不要有怕特务跑掉的恐惧心理。当然不是故意放纵，让其跑掉，但是不可因怕跑掉而主张多杀。在某种情形下，宁可让他们跑掉，亦不可多杀人，跑掉是比杀掉为有利的。只有少捉不杀，或少捉少杀，才可保证最后不犯错误。留得人在，虽有冤枉，可以平反（确实冤枉的必须平反，绝无犹疑余地）。多捉多杀，则一定会犯不可挽救的错误。

培养干部，就是应该从一切参加审查及被审查的人员中，培养出百分之十至百分之二十的人学会调查、研究、侦查、讯问、审查等一全套的理论与技术。例如延安三万党政军，一万老百姓，应该培养出四千至八千人善于这一套。从一九四三年四月起至八月止，延安头一期参加审查工作的一万干部及数千杂务人员中，已经培养出二千多个这样的人。只有这样，才能打破保卫工作神秘化的观点，才使特务不容易再侵入，才为将来准备了大批的锄奸干部，肃清、争取并改造许多的特务破坏分子。在培养干部的任务中，应该包括党员与特务两部分人在内，就是说，不仅要注意培养共产党员（这当然是主要的），而且要着重注意，将反革命特务分子转变为革命的锄奸干部，愈是大特务转变过来就愈有用处。这个政策，日本及国民党也是很早就采取了，用以对付共产党，并且收到了成效。延安几个月来已经争取一大批特务分子很好地转变过来为我党服务，便利了我们的清查工作。

教育群众，就是在此次审查干部以及进一步审查一切人员中，一定要发动广大群众与核心骨干一起进行。这样不但培养了干部，而且使群众有了充分的经验，积极性发扬了，眼睛打开了，觉悟性提高了，党才真正巩固了。如果没有群众的发动、参加、受锻炼与提高觉悟，党的真正巩固是不可能的。脱离群众，少数人冷冷清清地审查干部，也一定是达不到目的的。我党过去在审查干部问题上所犯极端恶劣的形式主义的错误，其根本原因就是在组织问题上的右倾观点与审查干部时的脱离群众。为了培养干部与教育群众，一般地上级不可代替下级，此地不可代替彼地。例如中央局或区党委，如果代替下级审查一切有问题的人，一则全部代替是不可能的，二则即使可能（例如代替下级审查大部分干部），也会使地委、县委、区委及区乡村支部袖手旁观，毫无审查干部、审查党员、审查其他坏人、肃清反动分子的经验，并使有问题的人脱离当地群众，脱离工作岗位，而不易审查清楚。从沦陷区调人来根据地审查是必要的，在根据地内抽调一部分人集中审查（例如进党校、抗大、或开整风班）也是必要的；但一般地代替下级、代替他处，则是错误的。为了防止下级发生偏向，上级事前应作充分的思想准备与组织准备，并派人下去帮助，调人上来研究，密切注意，毫不放松，就可以解决偏向的问题。

以上指出了主要的方针与经验，希望各地同志研究采用，并依据你们的具体环境，创造你们自己的经验。

根据各地材料，各地整风须延长至一九四四年，审查干部可在整风中掺杂着进行。凡发现了特务活动并且有了思想准备与组织准备的地方，就可动手审查他们。先从一部分重要机关开始，取得经验，并巩固这些机关，然后逐渐推广于其他部门及其他地方，决不可普遍地同时进行。在那些还没有思想准备与组织准备的地方，在领导机关掌握在坏人手里的部门或地方，便决不可轻易发动审查干部，这类地方，仍然应该着重整风或改造领导，准备审查干部的必要条件。

选自《中共中央文件选集》(12)，中共中央党校出版社 1985 年版，第 329～334 页。

59. 关于在反特斗争中坚持少捉少杀及少捉不杀方针的指示

1943 年 12 月 27 日毛泽东、康生致华中局等电

华中局并转一、二、三、四师，山东分局，五师：

反特务斗争必须坚持少捉少杀及少捉不杀方针，才能保证彻底肃清特务及虽有弄错及

诬陷（可能有大部被弄错，可能有一部被诬陷），亦留有最后挽救之余地。所谓少捉，即除直接危害抗日之军事间谍及汉奸现行犯外，对一切特务嫌疑分子，为着弄清线索而逮捕者不得超过嫌疑分子总数百分之五，此点须通知下级注意以免逮捕过多难于处理。所谓少杀及不杀，即除直接危害抗日的军事间谍得经县以上机关批准处以死刑及汉奸现行犯而有武装拒捕行为者得就地格杀外，一切特务分子虽已证据确实亦应不杀一人，争取转变为我所用。此即一个不杀大部不捉方针。应通知下级对于证据确实的特务分子一九四四年一年之内不许杀害一人，延安陕甘宁边区及晋西北今年反特务运动中清出大批特务没有杀一人，故虽有许多被弄错的、被诬陷的、因党内错误被误认为特务的、仅有党派问题但未作坏事亦被认为特务的，均得在复查过程中加以平反。此种经验，值得注意。关于直接危害抗日的军事间谍及汉奸现行犯之处理，有太行军区命令一件，发供你们参考。

毛泽东　康生

亥感

选自《中共中央文件选集》(14)，中共中央党校出版社1992年版，第140～141页。

60. 朱德：展开拥政爱民运动[①]

1944年1月1日

一九四四年反法西斯战争与过去任何时期不同。在西欧，苏英美盟国已决定要从东南西三面进攻德国；最后击败法西斯德国的计划，将迅速实现。一九四三年西方反法西斯战争由防御转入了进攻。除了红军攻势的伟大胜利，英美军在北非胜利及进攻意大利以外，最重要的是莫斯科会议及德黑兰会议，这两个会议决定了迅速结束战争的计划，一九四四年将成为实现这个东西双方共同进攻计划、最后战败希特勒的一年。不仅如此，莫斯科及德黑兰会议，英美苏三盟国关于奥国、意大利的宣言及三国宣言，确定了世界发展的新方向，战后的世界必然是一个民主的世界。各国反动派的反苏阴谋，他们把旧世界的面貌丝毫不变地重演于战后的企图，他们分裂盟国团结的各种努力，都遭遇了粉碎的打击，这是苏英美中人民和全世界民主势力的空前伟大胜利。

在东方，日本帝国主义在一九四三年已转入守势，美国在南太平洋上渐取积极行动。开罗会议以后，美英海空军以较过去更积极的行动削弱日本，日本帝国主义的厄运将日形严重。

一九四四年的国际形势对于中国抗战，比起往年是更加有利了。但在达到最后打倒日本帝国主义之前，我们中国和东方各民族，还要经过一段困难的途程。因此中国人民必须更加强自己的战斗的团结，来克服困难，争取胜利。

---

① 原注：这是朱德一九四四年一月一日在延安干部晚会上的讲演。按一九四四年一月四日《解放日报》刊印。

六年半来八路军新四军进行了英勇的抗日战争，打了百分之五十八的在华敌军及全部的伪军，这种战绩是大家看见的。六年半来，华北华中敌后人民，在敌人频繁的“扫荡”“蚕食”与三光政策的长期破坏下，不仅节衣缩食，保证了军队的供给，而且组织广大民兵，学会打仗的本领，英勇不屈地配合了八路军新四军共同坚持了敌后抗战。而陕甘宁边区人民则努力生产，供应了后方机关部队学校的需要，共同保卫了八路军新四军的后方。在庆祝新年之际，我们首先念念不忘的，就是这些忠勇为国、艰苦奋斗的广大人民，我们应当普遍地展开热烈的运动，来慰劳敌后及边区人民，慰劳敌后各根据地政府及边区政府。没有这广大人民与各地政府对我们部队的爱护，我们的抗战是无法坚持到今天的。在一九四四年，希望我们全党全军在党中央及毛主席的领导之下，更加团结一致，更好地打击敌人，更好地发展生产，更好地团结群众，以争取更大的胜利。

全世界反法西斯战争形势极为有利，中国抗战形势也更加光明了。为了克服困难迎接胜利，就必须紧紧地依靠老百姓，使拿枪的和不拿枪的打成一片，进一步结合起来，因此在今天一切根据地上，更认真的、仔细的、彻底的争取和团结广大的人民群众，实具有特殊重要的意义。一切根据地的党和军队，必须把拥政爱民运动当作一件十分重要的任务。只有好好完成这个任务，发展生产和战胜敌人，才能更有办法。

我们的军队已学好了打仗，现在又学会了生产，敌后部队也正在学会生产。如果再把做群众工作的本事学得更好，与群众打成一片，我们的部队便真正“无敌于天下”，便一定能够最后战胜日寇。

我们的八路军新四军是共产党领导的军队、革命的军队、人民的军队。它是从中国人民大众中生长出来，又为了人民与民族的生存和利益、为了反对日本帝国主义的侵略而奋斗的。十六年来我们军队一贯忠心耿耿，为了人民的利益而牺牲流血。它今天在全中国，也是一支最好的军队。我们的绝大部分干部与战士，为了人民与民族的利益，十余年未曾放下过枪，未曾停止过战斗，他们奋不顾身，坚持奋斗。这样的军队，是古今中外所罕见的。

但是，我们军队里面一部分同志忘掉了过去的优良传统，犯了一些军阀主义的毛病。这种毛病的主要表现在于不尊重党的领导、不尊重政府的法令、和人民关系不好、脱离群众的现象的滋长。这是一种严重的毛病，必须改正。

在边区，一年来经过高干会与军政干部会，又经过拥政爱民运动，这种倾向已是根本上克服下去了，还有些残余，今年要继续克服下去。华北华中各根据地上也有这种毛病，那里的党和军队也开始注意了克服这种毛病，进行了拥政爱民运动。拥政爱民运动是全部队人员的思想教育与政治工作的重要项目。过去一年经过教育、反省、批评、斗争和实际执行的结果，普遍加深了部队的群众观点，使党政军民之间的关系呈现着新的气象。综合起来，有下列几点：

（一）拥政爱民教育：以边区部队为例，不论干部、战士、伙伕、马伕，都普遍参加了。各部队召开了干部会、军人大会，进行了上课、讨论，互相批评，并联系实际，进行反省，检讨自己和政府人民的关系还有什么缺陷。经过这样的拥政爱民教育，部队思想上有了很大的进步。爱惜人民，尊重政府的观点普遍加深了。当然还有一小部分人对于拥政爱民，在思想上还未真正弄通，需要以后更大的努力。

（二）节省民力与帮助人民生产：军队有强大的劳动力，有严密的组织，不仅可以自己生产，而且有力量帮助人民生产。发展军队自己的生产和帮助人民的生产，成为拥政爱民的主要工作。

A. 军队本身生产减轻人民负担——留守兵团共开荒地二十万六千亩，收粮食三万一千石。如三五九旅已经做到全部自给，其他部队也做到粮食部分自给，和菜蔬肉食及各种费用的全部自给。以一个连为例：三五九旅七团二连是个模范连，他们去年种地一千七百二十五亩，收细粮四百四十三石，洋芋三万斤，菜四万三千八百二十斤，干草二十三万斤，砍柴二十四万斤，捻羊毛四百四十斤，运盐赚钱二十余万元，自置生产工具一千三百五十九件，这是相当巨大的一个数目。

B. 自己运粮运草——许多部队的粮草去年都是全部或大部自己运。三五九旅动员指战员自己背粮，一次背了三百石粮食，节省了人民三千个畜工，一千个人工，和十一万元路费。留直各单位的粮食大部分由自己运的，据去年上半年统计，由老百姓代运的只占百分之十二，自运的占百分之八十八。计算起来，少动员大车三千二百余辆，节省人民运费四百五十余万元。

C. 以劳动力帮助人民生产——例如去年三五九旅全部平均每人帮了群众三个义务工。在春耕、秋收、锄草、割麦期间，各部队也都帮助了人民。再以三五九旅的模范连为例：春耕时帮人民挖熟地三十亩，开荒五十亩，锄草二百三十亩，秋收也帮了不少工。各部队在帮工中一般做得还好。一般做到了：一、不吃群众一碗饭；二、粮食自己背，菜蔬自己运；三、工作切实迅速——不踏坏一根苗，不留一根草；四、爱护群众的工具。

在前线上的部队，也尽力帮助群众锄草、割麦，九旅每连都帮锄了几十亩，老百姓说："你们真是好队伍，当官的也是好官，希望你们长住在这里不要走。"

此外，如退还土地、安置移民、保护庄禾、变工生产，也都是帮助群众生产中实行的办法。

（三）保护生产，救济灾荒：在华北华中各根据地上，我们的部队每天都在打仗，但为了减轻人民负担，一年来也实行了一些生产运动，做到部分地解决部队吃粮、减轻了人民负担。

去年华北部分地区（如太行、冀南等地），由于敌人的掠夺、烧杀、修筑公路堡垒，再加上天旱，造成了百年来最严重的荒年. 那里的八路军便普遍展开了领导人民克服灾荒的斗争。例如太行八路军欧团在去年夏季，实行了节食、种菜、采集野菜、拾野果，来救济灾民和自足自给。仅在八月份的十天内，在战斗情况下，补种了二百亩菜地，采野菜二万斤，拾野果五十石，节约粮食二千余斤。八路军总部的同志，则发起取消夜餐粮，救济附近灾民。

晋察冀的部队，帮助群众割草压肥，并实行了捐款节食，救济灾胞，很多人拿出十几个月的津贴，有的并且拿出平常的积蓄。他们说："这就是解决咱们这里的困难。"

日寇为了断绝根据地人民的生计，除了扫荡烧杀破坏之外，还普遍在华北华中实行了破坏春耕秋收和大规模的抢粮运动。于是我八路军新四军部队便展开了保护群众春耕秋收，打击抢粮的运动。部队在前面打击敌人，群众在后边抢收抢打粮食。

（四）军民联欢，清理旧案：A. 各地部队在旧历年关举行了军民联欢，如拜年、聚餐、演戏、联欢会等，使老百姓非常感动。B. 进行了清理旧案。首先经过部队自己的纪律检查以及座谈会和调查团的清查，随即普遍地赔偿和送还东西。调防走了的，也派人回原驻地去偿还。老百姓欢天喜地地说："做梦也想不到天下有这样好的军队。"

因为军队帮助了人民，进一步地整饬了纪律，人民便表现了对军队的无限的爱护、帮助。军民之间，真正表现了同生死、共患难的关系。去年边区的劳军运动规模之大，是空前未有的。劳军运动之后，各地都还经常慰劳军队。在边境情况紧急时，人民自动送柴送菜，妇女们连夜替军队做鞋子，炒干粮。部队因任务调走了，人民自动地组织起来替军队锄草。部队调防了，老百姓都来挽留，群众有送几十里远的，还依依不舍，希望以后回来。这种拥军的热情，是普遍的群众性的。到去年生产展览会和劳动英雄大会时，群众看到军队努力生产减轻人民负担的伟大成绩，更提高了拥军热情，劳动英雄们一致表示要更好地领导拥军工作，延安市民们即掀起了捐款捐肉劳军的热潮。老百姓纷纷称赞这次拥政爱民教育的成功，他们说："上面领导抓得紧，八路军上下一致，真有办法。"

综上所述，一年来我们边区部队在军民关系军政关系上有了很大进步。但是我们不应该自满，还要继续自我批评，继续求进步。如毛主席所说："我们脸上有灰尘，就要天天洗脸，地上有灰尘，就要天天扫地，因为我们是处在日本帝国主义与反动势力层层包围之中，我们是处在散漫的小资产阶级的包围之中，极端恶浊的官僚主义与军阀主义灰尘天天都大批向我们脸上扑来，因此决不能一见成绩就自满起来，应该抑制自满，时时批判自己的缺点，好像为了清洁、为了去掉灰尘，天天要洗脸，天天要扫地一样。"

新四军政治部及太行区党委及其他根据地，最近已纷纷发布指示，进行拥政爱民运动。新四军重申了三大纪律八项注意，其他各地也订了许多办法。这是很好的。我们应当认真实行去年十月一号中央关于拥政爱民工作的规定：

A. 今天在敌后，我们的军队与人民同甘共苦，血肉相关，一般地说，军民关系是团结一致的，但是某些地区还未充分注意与实行拥政爱民运动。因此，今年各地八路军新四军部队，应当在内部进行深入的拥政爱民教育，使部队中一切人员了解：我们的部队是人民的军队；脱离了人民，我们的军队便无法存在，抗日便要失败。应当反复说明这个道理，使群众观点深植于每个人的头脑中。

B. 其次，要竭力想一切办法来节省民力，解决人民的困难，尽力发展部队的生产，减轻人民负担。在敌后的部队，由于战争环境，虽不能像陕甘宁边区部队做到全部自给，但也要尽量做到自给一部。目前太行区已在这方面得到成绩，其他区域应向它看齐。部队并应尽力减少动员，减少妨碍人民生产的事。

C. 要使拥政爱民成为全军的运动。按照各地情况，创造新的办法，来发动战斗员之间、指挥员之间、各种人员、各个部门、班排连营……单位的竞赛，并及时总结经验。

D. 战斗、生产、团结群众，是今年各部队的三大主要任务。应把团结群众、拥政爱民工作的好坏，订为检查工作、考核成绩的标准之一，而一切都是为了战胜敌人。希望各根据地党与军队的领导机关，充分注意这项任务，负起责任，认真贯彻下去。

拥政爱民这件大事，全党全军都要负责，但主要要靠军队。军政民关系如搞不好，一般的也要军队负主要责任。因为军队是我党在人民中的一支大旗，人民把八路军新四军看做是党的代表，我们军队人员的一举一动，均发生很重要的影响。的确，过去的红军、今天的八路军新四军，不是单纯打仗的军队，我们是中国人民的宣传者、组织者和领导者。在军队中的同志应当具有最坚强的党性。因为这些同志们受党的教育较多，文化水平较高，又经过长期斗争，经验和锻炼都较多。如果事情未办好，军队的责任重于地方。相信军队中的同志们一定能担负起这一光荣任务，做出辉煌的成绩。

我们军队我们党之所以不可战胜，便因为我们不掩饰自己的缺点和错误，我们一贯善于进行批评和自我批评，善于从错误中来教育和训练干部，善于及时改正自己的错误，不因成功而自满、自傲。我们相信今年一年，我们全党全军一定能进一步发扬优点、克服缺点，更好地学会团结群众的本领。依靠这种团结，我们便能够战胜一切困难，达到抗战的最后胜利！

选自《陕甘宁边区抗日民主根据地》文献卷·上，中共党史资料出版社1990年版，第258～264页。

61. 中央书记处关于对坦白分子进行甄别工作给邓小平、饶漱石、林枫、程子华的指示

1944年1月24日

小平、漱石、林枫、子华四同志：

（一）对于坦白分子之处理，首先要进行调查研究，分清是非轻重，绝不要将所有坦白了的人，都认为是特务分子，因为在坦白运动中，固然有少数重要特务分子，常常用假坦白的手段来欺骗我们，我们必须警惕。但又有很多坦白分子，按其性质，并不是特务问题，他们或因问题复杂，一时难弄清楚，或因惧怕镇压，或逼于群众压力，或由于逼供信的错误，或由于特务的诬陷，而暂时承认自己是特务分子。这种事实，在延安是很多的。如果我们不加分析区别，笼统地将所有坦白分子，都主观肯定为特务分子，就会犯严重错误。

（二）根据延安初步经验，已坦白的人大致可分为六类：

第一类是职业特务。他们是加入了特务组织，进行过特务活动，保持着特务联系，以特务工作为职业的。但这类职业特务是极少数，仅占全体坦白分子百分之十左右。其中又有自觉与被逼、首要与胁从之别。

第二类是变节分子。其中有的破坏过党的组织，捉过人、杀过人的；有的是自首后写过反共文件的；有的被敌人短促突击，接受了敌人的任务，但回来没有实行，但也没有向党报告的。这一类人在坦白分子中也是少数。

第三类是党派问题。他们是加入过国民党、三青团、公道团或其他党派，其中许多人加入我党后，没有向党报告，但还不是特务分子。这类人占颇大数目。

第四类是被特务利用和蒙蔽的分子。其中有的是在敌人红旗政策下不自觉地被特务利用；有的因为半条心作了特务的工具。

第五类是党内错误。如假造历史，虚报党令，与坏人来往，泄露秘密，包庇亲友，欺

骗组织，政治错误及贪污腐化等等，在坦白运动中，被人怀疑，甚至被误认为特务。

第六类是被特务诬害或在审查时完全弄错的人，这类人虽然是少数，但确是有的，甚至在已逮捕的人中也还有的。

以上六类是根据延安坦白分子的情况，作一个初步的分析。其准确性，尚待今后甄别工作来证实。但职业特务是极少数。有党派问题的分子、被欺骗蒙蔽的分子及仅属党内错误的分子三类占绝大多数，这种估计大致合乎事实，这些人在分清是非后，均应平反，取消特务帽子，而按其情况作出适当结论。因此你们可以将这六类分析，当作一个方法，去细心分析你们那里的人，遇有不是特务而被误认为是特务者，必须在复查过程中，加以平反。要教育同志认清：从党内清除特务固然是成绩；从坦白分子中，将弄错了的人平反，同样是成绩，而且是完全必要的。但这种平反，不是在反特务斗争正在高潮之时，而是在高潮过去，特务已经清出之后。由领导同志先向高级干部解释明白，对于所有坦白分子进行复查，根据复查结果而加以平反。

（三）在反特斗争中要注意保护好人，防止特务诬害。这里要注意：不要将所有或多数新知识分子都认为是特务分子或嫌疑分子，延安许多机关，在初步复查工作中，已证明新知识分子大部分是好的，其中有政治问题的（轻重不等）只占百分之二十左右，这个经验值得注意。在反特务斗争中，要注意保护知识分子。

（四）关于坦白分子的党籍问题，为了顺利地开展坦白运动，目前不要宣布停止，即对于那些杀过我们人的和假坦白的人，暂时也不明白宣布，但你们绝不要通过甚么正式决议和文件。中央局及分局的负责同志也不要肯定地担保党籍，因这个问题目前还不到解决的时期。对于不愿真正坦白的分子，主要的是依靠调查研究搜集证据与宽大政策感化教育相结合的方法，促其觉悟，一般的不要采取逮捕的办法，因为如果我们没有确实材料与真凭实据，即使逮捕了也不能解决问题。

中央书记处
子敬

选自《中共中央文件选集》(14)，中共中央党校出版社1992年版，第157～160页。

62. 中共中央转发《西北局关于减租的指示》

1944年2月8日

各级党委：

兹将西北局对各地减租指示发给你们参考，其中所述原则各地均适用，望据以检查你们的减租斗争。

中共中央

西北局关于减租的指示原文如下：

据最近各地报导，减租运动已在各未经分配土地区域广泛展开。党政已发动群众起来，向某些顽固地主进行斗争，以贯彻减租。在此情况下，各地党应注意如下数点：

（一）应抓紧已彻底进行减租地区的典型例子，向所有应当实行减租而未贯彻的地区的农民进行广泛深入的宣传，并于春耕前，一律普遍彻底减租。

（二）凡已发动群众起来彻底减租的地区，应即注意对地主的团结。在彻底实行减租后，对地主一般的不是继续斗争，而是注意团结他们，稳定他们，使他们不但不离开我们，且不得不靠近我们。

（三）在减租斗争中，应防止对地主采取过左的政策，如不看具体对象，一律退回三四年长收的租子，及对地主过多的罚款等。甚至个别地方已发生要求没收地主的土地。这些都是不对的。如已发生，应适当纠正（但不能损害群众积极性），如未发生，应预先防止，使减租斗争正确地顺利地开展下去。

（四）各地目前应即全面地检查一次减租进行情形，并具体定出春耕前贯彻减租的计划，同时报告西北局。

选自《中共中央文件选集》(12)，中共中央党校出版社1985年版，第423～424页。

63. 中共中央关于在新区彻底实行减租减息在老区发展生产运动给华中局的指示

1944年5月31日

华中局：

华中来延干部据称：去冬睢邳铜地区即已开始了反恶霸的群众运动，如算旧账、昭雪几十年的冤案等。最近新华社华中分社又报导淮北行署发动的反贪污斗争，其内容包括公款、公地、公物、公粮及吞没大众的钱、物、抢粮等，期限从民国元年算起，并要以分半给息，土地则以每年收益计算偿还，本人死后，儿子负责等。上述的问题，如作为个别的案件，发动群众经由政府或法院依具体情况公允处理，要犯主给苦主以适当的赔偿，要吞没者吐出一部分，只要不超过可能，达到双方关系的调整和正气的伸张，则这些措施是有意义的，应该审慎去分别办理，但如作为普遍的群众运动，而党与政府公开号召，且加以组织和领导，则其弊害甚大，如淮北真在进行此种反恶霸、算贪污积年旧账的群众斗争，那是可以引起不良结果的，应该加以纠正。

华中各地为了发动与争取基本群众，或使群众运动更深入，其方针应该是：在新区彻底实行减租减息，在老区发展生产运动。就是说，从减租减息到发展生产的群众运动方针，应正确地彻底执行，不宜用其他办法去代替，反恶霸和算旧账，只能限于个别的顽固家伙，期限亦不能那样长，亦不能采取减租减息那样普遍的群众运动方式。华中几年的减租运动，均获得很大成绩，目前宜以生产运动号召各阶级参加，一面更能提高和保护基本群众的利益，一面也更能使中上层阶级认识我党的建设能力，缓和农民与地主的阶级矛盾，而不是无限度地对他们进攻，并真心保护其合法权益。特别华中各老区在几年的紧张的群众运动之后，在策略上不宜继续紧张下去，普遍的反恶霸算旧账，必致造成过分震动，某些方面人人自危，给予特工和二流子等以活动机会，甚至“逼上梁山”，破坏根据地的抗日秩序，而妨害大规模的生产运动，并影响各阶级间的抗日团结。请你们考虑此电后，转告淮北，按实况加以纠正，并告知各区党委查照。

中　央

选自《中共中央文件选集》(12)，中共中央党校出版社1985年版，第490～491页。

64. 中共中央关于以统一累进税代替合理负担问题给饶漱石、张云逸、曾山的指示

1944年5月31日

饶、张、曾：

三十日据陈毅同志报告：

华中过去几年来实行征收公粮的合理负担制度，比较把负担重点放在中上层阶级方面，于一九四二年加征田赋亦复如此，同时几年来货检税收入甚大，这些办法在初期均是必要的，而且是适合当时情况的，依靠它保证了抗战经费之供应无缺。由于贫苦工农无负担或负担少，也有助于工农生活之改善，这些均对根据地之创立和巩固，起了积极作用。

近年来，由于华中根据地群众斗争业已深入，根据地内部阶级关系呈露着新的变化，如贫农中农不断上升，中小地主降落或转移和出卖其土地等，雇农贫农无负担或负担很少，实际上有许多已提到富裕阶段。另一方面，某些中农和富农及中小地主负担较重，许多大地主负担比重反而是很少，同时货检税是一种间接税制度，商家获利极巨而负担特少。你们应考虑这些新情况，去适当改订华中的财税政策。

根据华北及陕甘宁边区的经验，以统一累进税制代替合理负担制度，则可收得下列效果：一，使负担面扩大，负担量减轻，于财政收入总额并无妨害；二，征税比较公允，可以刺激根据地的生产向前发展；三，按富力逐步累进，使根据地每一公民，均负担一定的不过量的纳税义务（免征者除外），不致有畸轻畸重之弊，这样，可相当调整根据地各阶级关系，特别对中间势力的争取有极大意义；四，统累税办得好，才算根本扫除了旧时代的苛捐杂税遗迹，而扩大新民主主义的政治影响，你们应考虑在华中实施统累税的具体办法。

这一工作有两方面：第一，在农业累进税方面，其繁难处在于土地调查和登记；第二，商业累进税方面，其繁难处在于富力计算，如资产利润的估计；此外便是免征点、累进率和最高点的适当规定。这些均应经过极其仔细的调查研究。一般说来，在华中党与群众工作有基础的地方，只要领导得法，上述困难是可以顺畅解决的。你们可在今年秋季开始在几个中心县区试行，取得经验，事前并不发动讨论，征求人民的意见，以便明年能比较普遍实施，你们可向北方局要参考材料，延安亦可供给你们一些。

中　央

选自《中共中央文件选集》(12)，中共中央党校出版社1985年版，第492～493页。

65. 中共中央关于城市工作的指示

1944年6月5日

（一）不占领大城市与交通要道，不能驱逐日寇出中国。不争取在日寇压迫下的千百万劳动群众与市民群众，瓦解伪军伪组织，并准备武装起义，不能配合军队由农村占领大城市与交通要道。过去人们以为从大城市交通要道驱逐日寇的任务，似乎只有国民党才能胜任，现在必须改变这种观点，要认为只有依靠我党才能胜任，主要依靠我党才能胜利。依靠国民党是无望的，国民党已腐化达到极点，河南数十万国民党军队不战而溃，或一触即溃就是证明。仅在没有我党强大军队与强大根据地的地方，我党才不能负此责任。

（二）因此各局各区委必须把城市工作与根据地工作作为自己同样重要的两大任务，而负起准备夺取所属一切大中小城市与交通要道的责任来。日寇现在为着救死而正在向中国正面战场大举进攻，日寇正处在没落过程中，西方反希特勒斗争不久可望获胜，太平洋反攻日寇今后必有开展。这一切给予我党以良好条件，一方面发展与巩固根据地，依据现有基础建设比现在强大得多的军队与地方工作；另方面争取城市及交通要道的千百万群众，瓦解与争取伪军伪警，准备武装起义，一俟时机成熟，就可使二者相互结合，里应外合地进攻日寇，占领大城市与交通要道。里应外合的思想是我党从大城市驱逐敌人的根本思想。

（三）各局各区委必须把争取敌占一切大中小城市与交通要道及准备群众武装起义这种工作做好，极应改变我们过去不注重或不大注重城市工作与交通要道工作的观点，唤起全党注重此项工作，认真地与细心地总结经验，研究办法，组织机关，配备干部，进行工作，以期在今年下半年及明年上半年就能收获显著成绩。准备群众，在世界大事变到来、在时机成熟时，夺取在有我强大军队与强大根据地附近的一切敌占城市与交通要道。

（四）要实现这个伟大任务，必须解决下列诸项具体问题：

第一、关于思想：要进行教育，使广大干部完全了解由我党领导里应外合地占领广大城市与交通要道，以便最后驱逐日寇的可能性、必然性与重要性，没有此种思想教育是不能动员全党行动的。又要使干部了解在目前去进行城市与交通要道的工作，比过去有完全新的目标，在以前进行这种工作，只是为了保存组织，度过黑暗或是为了获取情报与购买物资，现在则是为了争取千百万群众，争取伪军，实行准备武装起义，夺取城市与交通要道，一切努力与工作都是为了联系这个目标，并服从这个目标。只要使干部了解在目前为了这样的目标去进行城市与交通要道的工作是切合时宜的。目前世界反法西斯战争与中国抗战均已确切接近完全胜利，国民党的极端腐败与我党我军在广大敌后战场的胜利坚持，全国人民对国民党更加失望，而对我党我军则抱着无限希望，敌占区广大群众的革命高潮今后必然要极趋迅速高涨，目前去进行这一工作比以前有更宽广的社会条件与群众条件，因此在以前曾经正确的不提出准备武装起义夺取大城市的任务，而在现在就必须提出。现在如果不提出，则我们一定要犯一个大错误或在将来反攻时，逼使我们在没有准备或准备不足的情况下在进行争夺大城市与交通要道的斗争，使我军将来进攻城市时没有充分与必要的内应，以及在夺取城市后不能迅速发动群众建立城市的革命秩序与掌握城市。又要使我们干部了解为了夺取城市与交通要道的武装起义的准备工作，是一种长期艰苦而伟大的准备工作，根据中国特殊条件，城市武装起义常常只有在响应城外进攻军队的条件下，即在里应外合条件下才有胜利可能（例如一九二七年上海起义）而没有城外军事行动配合的单纯城市起义是难得胜利的，因此在准备城市武装起义工作中应该反对急躁病，反对轻率的举行武装起义，反对在没有城外我军配合条件下单独的或者过早的发动起义，必须要有长时期和极端复杂忍耐的工作，决不是粗枝大叶的急躁工作所能济事。又要使干部了解我们进行城市工作的方针和一般策略是无法秘密的，是应该向全党传达的，但是在城市与敌占区的具体工作计划及具体组织工作则应完全秘密，应在党内进行关于秘密工作的教育，每个党员及干部只应知道他们所必须知道的事，不应知道他们所不能够和不应该知道的事。

第二、关于计划与组织：各局各区委应依自己所属地区的一切大中小城市及铁路公路与伪军伪警的具体情况拟定一个具体计划。例如：如何分工负责，如何组织机关，如何配备干部与训练干部等，应该以每一个城市（大的中等的或小的）每一段铁路公路，每一个伪军军队与伪警组织中工作对象都组织一个有能力的工作委员会去进行工作，大城市与大部队还可组织几个委员会分头分区去工作，此种委员会不做根据地工作，专门负责组织与指导各该城市要道与伪军中的工作，此种委员会目前可设在根据地内或游击区内，如有安全条件，则设在城市内。各局各区党委对所属大城市中等城市及重要铁路应委托在自己直接指挥下的工作委员会去工作，各敌占县城及小城市则在各地委或县委指导下组织委员会去工作，对于经常调动的伪军中的每一个军或师应在适当党委指导下成立一个委员会去工作；但是同时这种工作还应动员全党全军一切组织分头与具体地去进行，从支部到中央局各级组织，只要他对城市与交通要道及伪军伪警有办法去进行工作者，均应直接派人去工作，暂时不必统一关系，亦不必交代，如各种关系在工作中群众中碰头时，则应彼此关照协助，不应彼此争夺和抱怨。这种工作应由各级党委负责领导，但为管理方便起见，在各局及区委之下可成立城市工作部门，这种部门除指导和组织城市与交通要道秘密工作外，还应该指导敌占区城市与交通要道附近的小型便衣游击队，借此给城市工作以便利，这种部门应住在根据地比较隐蔽的地方，不要与根据地党政军混在一块。

第三、关于工作方向：由于我们的工作目标是反对民族敌人，大局有利于我，城市与交通要道周围有我党强大军队与根据地，这种工作将有很大开展的客观条件。在敌占城市与交通要道的人民除开极少数死心汉奸与顽军反共分子外，大多数人是能够参加或同情各种各样抗日工作的。因此我们在城市与交通要道的一切群众中各界人民中都要进行广泛的妥善的工作，在伪军伪警中，在工人苦力中，在伪政界伪经济界伪文化界中以及在青年学生儿童妇女中，甚至各种秘密结社与民众组织中都要进行工作，但应将主要注意力放在争取数十万伪军伪警和争取数百万工人苦力的工作上，因为他们是武装起义的主要力量，而这点正是各级党以前所注意不够的。我们在工人苦力中的活动与组织，应与上层统一战线的活动分开进行，而上层活动一般应是为了掩护与协助下层群众中的活动。我们的活动不应与国民党组织发生任何关系，我们应在群众中揭破国民党人的反动腐败无能和只顾少数人利益，不顾民族利益，肃清大城市群众中对国民党的任何幻想。过去我们在大城市为情报及经济工作而建立的组织关系仍应进行情报与经济工作，只在可能情况下去进行一些上层活动与群众工作。为了广泛造成根据地与城市（特别是大城市）和要道的交通联系，并为准备夺取城市和要道的军事出发地，应在城市四围与交通要道两侧的人民中进行充分的工作，根据地游击战争应采取各种妥善的办法向城市四周与交通要道两侧逐渐逼近，在那里建立隐蔽的游击区。此种城市与交通要道工作的进行，同时可动员城市与交通要道中的大批工人与革命知识分子出城到外参加游击战争，其中若干人准备在起义时派回指导起义的武装斗争，以便里应外合占领城市与交通要道。重说一次，里应外合的思想是我党夺取城市与交通要道的根本思想，要从这点出发去部署一切力量，布置一切工作。

第四、关于工作方法：到城市与交通要道工作的方法应从总结工作经验中取得，并应在以后的工作中不断去总结经验，将群众中创造的各种好方法普遍化。但应指出党在内战时期在城市与交通要道的工作方法，一般是错误的、是不能采用的，应该批判这种错误，以免重复；而在抗战以来各根据地在其附近敌占区与某些小城市进行了极有成效的合法斗争与非法斗争相配合的工作，在某些大城市也有许多好的工作，在这些工作中其方法一般是正确的，如果将我们在敌占区与小城市的工作经验加以适当改造，就可移用于大城市中等城市与交通要道，各地应用心研究适合某一个地点、某一种群众当时环境中合法与非法相配合的斗争形式，在敌占区党和抗日团体的组织只能秘密进行，因此应该注意训练隐蔽，严防特务分子混入，但各种普通群众组织与群众活动就应该公开利用一切可能的合法形式去进行，例如利用已有各种伪组织（新民会自卫团等），或成立各种灰色社会团体或建立纯粹的但与群众有密切联系的社会职业机关与职业活动（茶馆、饭店、店房等），甚至利用工厂、工房、学校、店铺，在为了共同欺骗与应付敌人汉奸保护中国人的口号下，成立其中所有人员各种无定形的联盟，亦是一种很好的组织形式。我们看到根据地附近的村中，全村以联盟共同欺骗与应付敌人汉奸的严密组织和分工，这种办法应该运用到城市某些工厂工房学校店铺中去，应从保护群众的切身利益出发，把群众联合起来，例如减轻负担，免除骚扰、隐藏物资，以及增加工资，改善待遇等，均可以成为群众联合行动的出发点，而敌对我新政策的欺骗做诈，则大可成为我们和群众利用的合法口号。其次，八路军新四军在敌占区各阶层人民中的极高威信，亦可成为我们城市工作中有利资本，许多人以听到我军消息与我发生某种联系，取得我军某种证件为荣耀者，我们应该利用这种情形去促进人民的团结，但这在敌占区是非法的。应该十分隐蔽地有限度地去利用。在目前城市和交通要道的一切非法活动与非法斗争以不妨碍和破坏我们的合法组织和合法斗争的限度，这个与根据地附近游击区中的合法与非法联系的斗争是有些区别的，在游击区中的合法斗争常常是为了掩护非法游击区的活动和存在，而在城市与交通要道则相反，非法斗争常常应该服从合法斗争。在敌占区的宣传工作，亦应采取许多合法形式去进行，利用各种合法的报纸，刊物和书籍，并利用各种合法口号去进行各种非法宣传，也是应该进行的，但应切实考虑其方法，在目前口头宣传是主要的，甚至可用散布流言的方法。散发非法的传单，书籍，报纸，应有送寄谨慎的组织。总之，在城市工作的工作方法上，应反对两种偏向，一是粗心大意，不负责任，大叫大喊，乱撞乱冲的冒险主义方法；一是根本不动，单纯隐蔽，不去联系群众与进行群众工作的尾巴主义方法。正确的方法是在一切可能的与合法的范围内去联系与团结广大的群众，去提高群众的觉悟性、组织性，而使精干的秘密活动隐蔽在广大群众之中，隐蔽在群众的合法活动之中。而在举行起义以前，一切组织形式与斗争形式，均应避免定形的与系统的形式，推动各种不定形的与分散的方式，以期多得胜利，减少损害。

第五、关于干部：必须有大批的干部去进行城市与交通要道的工作，现有在城市工作的干部及过去在城市工作过的老干部，设法配备，使他们仍担负这种工作，但使用他们吸收新经验，并在新方针下用新方法去工作；其次数年来在各根据地附近敌占区的两面斗争中，已经锻炼出广大而善于进行合法斗争的党与非党干部，其中许多人是有善于应付敌人欺骗敌人进行合法斗争的丰富知识的，有的甚至超过我们内战时期城市工作的老干部，其中许多人是能够到城市工人苦力及其他各种职业中立足的，应该很好地训练、培养与使用这些干部，只要这些人有办法到大城市中等城市及交通要道立足并能进行工作，应在根据地抽调一些出来加以尽量训练派出工作，无论是知识分子工人农民及其他各种职业者或党与非党干部均可，而这种干部现在各根据地是很多的。数十万人到上海及杭州满州各城市谋生，因此应从这些人中寻找与训练出各种各样的城市工作干部，此外在伪军俘获中亦可训练一些干部放回去，根据地士绅到城市居住者，亦可给以某种任务和名义到城市活动，就是根据地中因有某种政治嫌疑而不易弄清楚者，亦可派他们到敌占城市进行某种独立活动来考察他，而在各种干部中要特别注意培养各城各路的当地干部，外地干部应把自己当作当地干部的引路者与保育者，在根据地中还可以找到原来在城市及交通要道生产与居住过的干部，加以训练派回去，总之我们应该放手使用各种各样的干部去进行各种各样的工作，并使各种人各种工作都分开进行，不混杂在一起，多头的与分路的去做，但同时又必须保持党的秘密组织之精干、纯洁与可靠，在一切大中小城市及铁路公路上建立起党的无数可靠据点，作为伟大城市工作的领导骨干，形成党的领导骨干与广大人民群众相结合的局面，此外在根据地中各级党政军民的负责干部，均应切实研究与学习城市工作，研究城市的武装起义及里应外合的斗争艺术，研究建立城市革命秩序，掌握城市及大的工商业作为将来夺取与管理大城市和交通要道的准备。

第六、关于经费：必须有大批经费去进行城市与交通要道的工作，只要不引起干部的浪费及城市工作人员的雇佣观念，一切必须的经费是应该充分付给的，每个根据地各种组织为了进行城市与交通要道工作的必须开支，应准其报销，在各根据地预算中应准备一笔充足的城市工作经费，发给资本到城市与交通要道做生意，以其盈利充作工作经费的办法也是可以采用的。

（五）上述各项具体问题的意见应由各局各区委依据当地情况加以切实研究灵活运用到实际工作中去，并在以后工作中加以充分发挥，只有这些具体问题完全解决，才能使城市与交通要道工作获得显著成绩，走向武装起义的目的地。

选自江苏省财政厅、江苏省档案馆、财政经济史编写组合编：《华中抗日根据地财政经济史料选编》第三卷，档案出版社 1986 年版，第 2～8 页。原注：“按一九四四年十二月《新区工作文集》（一）刊印”。

互校版本：《中共中央文件选集》(12)，中共中央党校出版社 1986 年版，第 494～501 页。

66. 中央书记处关于审干反奸工作给晋察冀分局的指示

1944年11月26日

晋察冀分局：

鉴于内战时期的肃反教训，抗战初期某些地区乱捉乱杀的错误，鉴于去年延安抢救运动时，在实行正确路线中，发生的过火行动，因此各地对于审干反奸工作，要采取谨慎态度。澜涛来此，知分局同志能掌握此种方针，这是很好的。目前工作情况如何？望你们将成绩缺点经验教训电告我们。

为使正确方针能够继续坚持下去，不致在运动开展中发生毛病，特将下列问题提起你们注意。

（一）分局应速将九条方针的条文，中央今年几次反奸指示，西北局高干会反奸报告，中央社会部审讯条例等文件，多多印发给各地区、各机关、各部队、各学校的干部和党员，配合冀察晋抗战初期的反奸教训及这次工作中的经验，进行广泛深刻的教育，使党员干部搞通思想，掌稳政策，这是一切工作的前提。这种宣传教育工作，应耐心经常地进行，采取整风的方法研究文件，以民主的方法吸取群众的意见，以批评与自我批评的方法检讨工作，务使九条方针的每一条都能深入到群众中，贯彻到实际工作中去。只有这样才能保证不犯错误或少犯错误。九条方针中，最主要的是调查研究、分清是非轻重两条。两条中又以调查研究为最中心关键。凡无调查研究或虽有而是表面的非真凭实据的，一概不能误认为特务，此点须使一切干部充分认识清楚。

（二）在党校和分局、军区、行署各机关中审查干部，更要特别慎重，不要将反对公开的国民党特务（如郝胜符之流）的方法，使用于党内审查干部，也不要将反对公开的国民党党部的方法，使用于三三制政权中的非党人士。因此，党校及各机关的审干及反奸工作，不要采取单纯的反特务斗争的方式（这样很容易产生简单化的毛病），而应采取整风学习、自我反省、坦白运动的党内方式。行政人员训练班，不要发展为反省机关（这样很容易产生扩大化的毛病），而应成为一种整风学习的教育组织。一切机关、部队、学校和地区，不要将审干反奸与坦白运动分离起来，而应将坦白运动当作审干反奸的主要形式，以党内整风反省的姿态，达到坦白生活、道德、工作、思想、政治、党派、变节、特务等各种党内党外问题。分局务将这个方针继续贯彻下去，对于一切简单化扩大化的倾向，须随时注意。

（三）在坦白运动中，应提倡说老实话，宣传“是则是非则非”的口号，发扬实事求是的精神，纠正干部中强迫坦白、指名坦白、过火要求、不坦白特务不过瘾的“左”倾情绪，同时反对坦白者哗众取宠、混编乱造、夸大其词。对逼供信偏向，及时注意，即便个别现象也不要轻易放松。对于坦白了特务和变节的分子，如果我们没有真凭实据，不要加以深追，以免造成对立僵局，有碍争取，或中敌人诬陷同志的奸计，混乱了自己的队伍。对一时审查不清的重大嫌疑分子，不要急于求得解决，以免逼供信错误，可以有意识地放松一时期，或暂时按他所讲的作一结论，然后继续进行调查研究，秘密侦查，这样如系好人则便于团结，如系坏人则便于麻痹。对于一切坦白材料和口供，决不可轻信，必须用周密的调查研究具体分析的方法，分清其中有真有假有冤枉有夸大各种不同的性质。因此，一切被审查的人，无论他坦白党内党外问题，均应进行甄别工作，分清是非轻重，这是审干反奸一个最重要的关节。你们已经进行过坦白运动的机关学校及进行过反国特群众运动的地方，是否已经开始。

（四）经常检查和警惕有无肉刑与变相肉刑、车轮战、打骂、捆吊、污辱等等犯法行为发生，实现逮捕人犯必须经过上级批准，并不得超过嫌疑分子百分之三的制度。根据具体情况订立反奸纪律，在群众中公布。

（五）随时防止和纠正老的工农干部对新的知识分子的宗派主义与报复情绪，正确估计新知识分子绝大多数是好的，特务只是极少数，不要将他们的思想问题与特务问题混为一谈，这个问题，特别是在军队更要极端严重地注意，许多知识分子，从抗战以来，在军队中在战斗的环境内出生入死多年，当审查他们时，绝不要忘掉这个重要根据。对他们的方针是既要详细审查，又须关心爱护，二者必须统一。①

中央书记处

十一月廿六日

根据中央档案原件刊印

选自《中共中央文件选集》(14)，中共中央党校出版社 1992 年版，第 400～403 页。

67. 附［工作报告］：中国解放区工人在战斗中

1945 年 1 月解放区工会代表邓发出席世界工会代表大会时所用的材料

原编者按：“中国解放区工人在战斗中”是 1945 年邓发同志代表解放区工会出席世界工会代表大会（1945 年 9 月 25 日至 10 月 9 日在巴黎举行）时所使用的材料。原稿已不完全，但从保存下来的部分中仍可看出当时解放区工运的基本情况。

一　八十余万工人有了自己的组织

在中国共产党领导下的八路军、新四军所建立起来的华北、华中等各抗日民主解放区中，工人们都得到了组织工会的自由。根据一九四四年以前不完整的统计，中国解放区中之职工会会员，共在八十万人以上。

陕甘宁边区在抗战之前已组织了总工会，直属陕甘宁边区各界抗敌联合会领导，为该会一重要的组成部分。边区总工会在全国为合法团体，与中国劳动协会有关系，其执委廖似光，就是中国劳动协会的委员。边区总工会的执委共有四十九人，候补委员七人，常委七人。现任主任崔田夫，副主任萧彩峰，皆为边区雇工出身。它现拥有会员群众共达六万余人，其中包括边区公营工厂及私营工厂的各业职工凡一万余人。见下表。

---

① 原注：此指示，同时发给山东、太行、冀鲁豫、湖北、华中、晋西北等处。

陕甘宁区总工会产业工会会员人数统计表

业别	公营工厂职工会会员人数	私营工厂职工会会员人数	合计人数	附注
矿冶业	1 360	1 352	2 712	
机械工具业	973	408	1 381	民营人数主要指铁匠工人
化学业	594	346	940	包括肥皂、皮革及瓷窑工人
纺织业	1 624	809	2 488	
被服业	662	282	944	包括制鞋工人
造纸业	334	150	484	
印刷业	297		297	
木工业	290	142	432	
火柴业	40		40	
面粉业		196	196	
榨油业		287	237	
盐工		1 959	1 959	
其他		483	483	包括毯坊、毛口袋、绳铺、钉掌铺、蒸笼铺作坊
总计	6 174	6 864	12 538	

另有交通运输工人约三千人及城乡工人（包括农村雇工、农村手工业者、城市店员、城市手工业者）凡四万五千四百余人，加上公司工厂一二、五三八人，合计五七、九三八人。① 在一九四二年时，城乡工人的各级工会组织计有，分区工会四个、县工会三十个、区工会六十一个、乡工会一、一一二个、炭工工会二十三个、盐工工会七个及运输工会六个。这几年来，由于经济的蓬勃发展，同时根据多年经验证明，在分散的农村中，工人分散，数目不大，单独在分散农村建立工会工作感到许多困难，因此，现在这一类城乡工人的工会会员，已全部加入合作社或变工队、札工队组织，归各级抗联会领导。故在农村中系统的工会组织，已经取消，而在民营、公营工厂及煤矿、盐场、运输工人中，则仍有自己独立的工会组织。

在晋察冀边区，于一九三七年就成立“工人抗日救国总会”，主任为王文兴，拥有会员群众达二三四、六七三人。在北岳区有县工会二十二个，村工会一、〇七八个，工厂工会八个，会员共有一〇四、八〇六人，在冀中区有县工会二十一个，区工会九十个，村工会二、一六九个，会员共有一二九、八六七人。

在晋冀鲁豫边区，于一九三九年就成立了“晋东南总工会”，主任为杨珏。现有农业分工会三十八个，各县设农村工会支部。如在武乡县有农业工会支部一五八个，小组六六七个。在煤铁生产集中的地区，如武乡、襄垣、辽县、和顺、太南区、太岳区、磁县等处，则各设矿业工会，各矿场设矿工工会支部，产业总工会下有九十二个工厂支部。全边区的工会会员共有一二四、〇〇八人。

① 原注：原稿为“五七，九三八人”可能是抄写错了。下表在下面的“中国解放区职工会会员人数统计表”中，陕甘宁的会员人数是“六〇、九五六人”。

晋绥边区的总工会于一九四〇年成立，主任为王永和。其下设六个中心区工会，包括二十个县工会，煤矿和磁业工会共二十二个，产业工会五个。全边区工会会员共有一六、八〇三人。

山东总工会在一九三八年五月就成立了，主任为张天民。现在该会会员分布在山东各解放区者，计有一四四、三六九人之众。胶东区有五五、八七六人，鲁中区有六三、一五一人，鲁南区有四、三〇三人，清河区有二一、〇三九人。

在华中，苏北、苏中、苏南、淮北、淮南、皖中、鄂豫皖、[浙东]等八个解放区中，有组织的工人不下二十万人（苏北沿海的盐业工人及苏中五、六、七月中的渔业工人计约三十五万人，未计在内）。

以上各解放区职工会会员人数统计如下：

中国解放区职工会会员人数统计表

职工会名称	会员人数	附注
陕甘宁边区总工会	60 956	
晋察冀边区工人抗日救国总会	234 673	
晋冀鲁豫边区晋东南总工会	124 008	
晋绥边区总工会	16 803	
山东总工会	144 369	
苏北、苏中、苏南、淮北、淮南、皖中、鄂豫皖、浙东八个区总工会	200 000	渔业及盐业 35 万工人在外
合计	780 809	

在晋察冀、晋冀鲁豫、晋绥、山东及华中各解放区的总工会，也与陕甘宁边区的总工会一样，直属于各该地区的总的群众组织——各界抗敌救国联合会领导。因为这些解放区大都分散在敌后，地区辽阔、交通不便，又因战争频繁的关系，所以各解放区的工人，向无全国统一联合性的组织。这些职工会员的成分，亦因为解放区现在所处的环境，绝大部分是生产力很落后的农村，很少工业都市，所以农业工人占最多数，约占全体职工会员的百分之五十五；农村手艺工人次之，约占百分之二十五；产业工人主要是公营工业部分，只占百分之十五，其他各业如渔业、盐业等工人约占百分之五。

在如此分散、辽阔的中国解放区中的工人，在各乡村、各城镇凡有工人之处，皆能有此自下而上的、广泛普遍的职工会组织，不能不是世界民主运动中的一种新奇而可贵的现象！

二　战斗在反对日本法西斯的最前线

华北等各抗日民主解放区中的工人，当抗战初期，他们把自己所担负的交通运输、工业生产尽到了最后责任，镇静地退出城市交通线以后，曾纷纷建立自己的武装，组织游击队，在发动民众抗击日本法西斯的进攻上，起了他们先锋的作用。工人武装抗战的发展，是随着敌人向我进攻的时间与方向而发展起来的。如敌人侵占正太路的娘子关时，正太路的铁路工人、阳泉煤矿工人，随时就拿起枪来，在正太路沿线打游击。以后正太铁工、阳泉矿工、榆次纱厂工人等三个游击队合组为榆太游击支队，建立了许多战绩，曾因为捉火车头的故事，取得了农民及八路军的很大信仰。当敌人侵占太原时，太原的工人武装自卫队，便立即在交城、文水、汾阳一带，榆次、太谷、祁县的工人游击队，在同蒲路东一带与敌人周旋，把敌人拖住，使得八路军便于建立晋东南太行山的抗日民主解放区。同蒲路铁工自卫队，在敌占临汾时，即在该路东南起了袭扰敌人及进行了有名的锄奸护路运动。以后他们经常在晋东南与敌人作战，转战于中条山及芮城一带，并曾收复过芮城。他们经常使敌人的火车出轨、曾以七个队员击退敌人十三辆汽车。他们原来是在无衣无食、极端困难的环境中产生出来的。胶济路及淄博的工人，曾炸毁敌人的博山总电厂，烧毁淄川的洪山煤矿，给日寇以很大的损失，单资本一项来说，就有百余万元。平汉铁路工人游击队，也是只由二十几个赤手空拳的铁路工人搞起来的，后来他们发展成为四队，配合军队作战。有二次他们仅有十个工人，就把从方顺桥到保定的火车头破坏了两个，造成敌人运输很大的困难。六河沟煤矿工人的抗日武装斗争，当磁县国民党委任的旧县长因日本人的进攻而逃跑了的时候，他们在彭城就领导民众建立了华北解放区的第一个抗日民主县政权。此外如津浦、道清等铁路的工人，也分别成立铁路破坏队及游击队。青岛纱厂工人则成立劳山支队。井陉、烈山等矿工亦成立有矿工游击队。山东沿海渔民则组织海上游击队。再如榆社工人游击队、平定工人游击队、翼城工人自卫队、平陆县码头工人自卫队、襄垣县工人游击队、胶东工人武装队、涞源游击队等等。在抗战初期，单是在华北这些具有相当规模及战斗力的工人游击队，就有二十六个之多。在抗战过程中，这些工人武装部队多已壮大起来，或编为正规军，如太原工人武装自卫队，现已成为八路军“工卫旅”，是一支坚强的主力军，活跃于太原与晋西一带，有的则继续与敌作战。

至于解放区中不脱离生产的雇工、矿工、交通运输和工厂工人，则大部分参加游击小组或参加自卫军、民兵，或单独成立工人基干队。他们有的虽名为“游击小组”，可是参加的人数则是从几十人到几百人不等。他们经常配合正规军袭扰敌人，或担任放哨、锄奸、通讯、侦察、运输、担架、救护等工作。例如唐县工人的游击小组，他们常常发动四五百人至七八百人，破坏敌人的汽车路与有防御工事的要岭。灵山矿工模范自卫队，在敌人任何一次“扫荡”中都有他们参加，他们动员了人力、物力、财力，帮助解放区中的抗日政府及军队，坚持敌后的残酷战斗。根据一九四〇年六个月不完全的统计，他们总共破坏交通六十六次，动员的总人数有三二、〇四〇人，担架运输共九三〇人。他们在部队战斗的前后，进行慰劳工作，经常在火线上送子弹、救护伤兵，并与部队一道冲锋。在一九四〇年百团大战时，八路军攻入井陉煤矿，技术工人参加破坏机器锅炉，正太铁路工人参加破坏铁桥铁轨，造成了震动全国的空前胜利。

工人们不仅衷心地拥护他们自己的军队——八路军、新四军，从各方面设法帮助他们，配合作战，而且积极踊跃地参加到八路军、新四军中来。抗战初期在华北仅就不完全统计，工人有组织的参加八路军的就有一八、七八〇余人。当八路军从辽县派了一个小的支队到磁县时，磁县及六河沟的煤矿工人，就爆发了一个参加八路军的怒潮，只有半个月，便有三千以上的工人参加八路军，其中发生许多兄弟朋友相约而来参加八路军打鬼子的佳话。同蒲路工人全数不过八千到一万，他们有组织地参加八路军及山西新军抗日的，就有二千人以上。在华中各解放区的工人，除参加民兵、市镇自卫队、模范班等抗日武装工作外，亦同样积极踊跃地参加到新四军中来；该军某旅数千战士及连、营干部，全都皆是大城市工人，具有最坚强的战斗力量。苏南在一九四一年扩军时，工人成分几乎占了一半；江南津浦路东一区扩军中的工人成分占到百分之八十，都是从上海一带来的机器、码头、纱厂工人。至于城市手工业工人、农村雇工等自动参加八路军、新四军的更不计其数，而且他们还是一股继续不断地、有组织地补充抗日军队的源泉。

根据以上部分的事实，我们可以看到，中国解放区中八十万有组织的工人，是如何英勇、紧张、艰苦地战斗在为反对日本法西斯的最前线了。

三　在生产战斗中亦如在火线上一样

中国解放区中的工人，为了保证战争的供给，和保证解放区内人民日常生活的需要，他们亦如在火线上一样奋不顾身地，用尽自己一切力量与才智，为抗日民主政府及军队所计划的工业生产任务而战斗着。在抗战七年来的过程中，在这一方面，更辉煌地表现出他们惊人的成绩。

陕甘宁边区在一九三七年以前，原来是毫无工业基础，在中国是一块素来有名的“地瘠民贫”的山丘地带。抗战以来，它的四面又处在日本法西斯和中国国民党顽固派的封锁包围之中，外援既被断绝，内部又缺少必需的原料、工具和技术人才。但是六七年来，在中国共产党及人民选举的民主政府领导之下，在那样艰难的环境中，边区的工业由开始的一两个小工厂、几十个不熟练的工人，慢慢一步步地奋斗到现在，已发展到一万多职工，建设起较具规模的大小工厂七八十个了，全靠这些工人们的血汗与智慧，高度热爱抗日民主解放区的情怀，把这从来经济落后的边区，逐渐一变而为富裕的地方了。陕甘宁边区现在不仅有了纺织、造纸、印刷、皮革、被服、肥皂、制药及煤炭等日用必需品的工业，而且有了炼铁、造玻璃、造酸、火柴以及造子弹、手榴弹、炮弹、掷弹筒以至步枪等军械的工厂。他们便是这样从无到有，由小到大，逐渐摆脱了过去工业品完全仰给外来的情况，而向工业品全面自给的目标迈进着。

在华北、华中等各敌后解放区中的工人，近数年来，也一步一步地建立了自己的工业基础。在晋绥边区，一九四二年时就有了修械、化学、纺织、造纸及煤铁等三十一个工厂。在山东解放区，有淄博、台儿庄等地之煤，金岭镇之铁，胶东之金，皆闻名全国。在一九四二年时，单淄博、莱芜一带的手工业工厂，即有百余家之多。还有许多解放区中的工厂，是由工人自己创造起来、自己管理的：如晋察冀北岳区最大的“工营煤矿”，就是总工会投资，由过去唐山开滦煤矿的老矿工老孙一手创办起来，并由他管理至今。抗战初期，磁县国民党军队退却时，在工人领袖田珍的领导之下，工人们尽量把机器、原料搬到抗日解放区来，帮助晋冀豫解放区的八路军成立了一个小型兵工厂。去年秋天，晋绥解放区的劳动英雄刘清荣，还发动了十个工人组织了一个专造地雷、手榴弹的合作工厂，即大家集股，合作经营，在短短两三个月内，该厂即扩大了一倍；随着各厂亦广泛地掀起合作经营的运动，到去年十一月，已经合作起来的计有铁厂十六个，煤窑九个，其他矿厂八个。在华中的苏北、苏中、苏南、淮北、淮南、皖中、鄂豫皖及浙东等八个解放区，亦皆各有独立的兵工厂，自己翻造子弹、炸弹、地雷、刺刀、修械等军需供给，此外尚有被服、造纸、碾米、榨油、电厂、猪行、肉松厂、茧行、酒行、米行、棉行、船夫、渔业、盐业及铁路等当地的公营及民间私营工业。

中国解放区中之经济，处在敌人的重重封锁包围、“扫荡”“清乡”的残酷战争之中，又加上原来是异常落后的农村环境，不但能战胜了那许多困难，而且在不断扩大与发展着，是与这八十余万有组织的工人的努力与创造分不开的。

工人们在敌后解放区中是怎样进行生产的呢？他们的生产，是与战斗随时随地地结合着的，因为他们时刻都有遭受敌人袭击消灭的危险。他们是在一手操纵着机器，一手执着武器在生产的。他们平日在进行生产时，工人武装自卫队就派人轮流放哨警戒，一当战争迫近工厂时，他们就首先把机器、工具、原料转移到另一地区，继续生产，或是把它们埋藏起来，带着小型机器，在战地中进行工作；或是举起刀枪来进行冲锋肉搏的战斗，配合军队，抗击与袭扰敌人。工人们自己的口号是："生产中是积极的工人，战斗中是模范的战士"。敌人来袭击，则进行游击，打退敌人，又开始生产，所以他们被解放区中的人民称为"生产游击队"。晋东南新华日报的印刷工人们，就这样常在火线上随着战斗的军队，印刷报纸，冀鲁豫兵工厂的工人不止一次地参加了反"扫荡"战斗，使敌人几次来袭的企图都落了空；当工厂一度被敌人侵占时，工人们便缠绕在工厂的周围，不断地袭扰敌人，一直把敌人赶走为止，又立刻恢复被敌摧毁的建筑，进行生产。一九四二年五月反"扫荡"中，太行被服厂的一个工人被敌俘去，一直到死也未说出工厂埋藏机器的地方。工人们像这样为了保卫工厂而英勇斗争至流血牺牲的故事，是数不胜数的。

现在各解放区的工人，在生产战线上正广泛地开展着一种"新劳动者运动"，这就是一九四二年首先在陕甘宁边区工厂中开展起来的改造工人劳动态度、提高生产效率的"赵占魁运动"。赵占魁是边区工人中的特种劳动英雄，他不仅个人在生产中积极、有创造，而且具有大公无私、舍己为群、埋头苦干、始终如一的精神，因此边区工人公认他为自己的旗帜，都向他看齐。赵占魁运动的开始，虽然是由少数先进职工参加，根据自己生产能力的最大可能，订出个人计划，由厂方及工会合组的"赵占魁运动委员会"领导，督促检查计划之执行，然后影响与推动全厂职工都自觉地来参加运动，为完成与超过全厂总的任务而分别订出各部门、各个人的计划，去努力奋斗；所以这种运动经过一年多的发展，到现在已逐渐成为一种群众性的运动了，在各个工业部门都产生了好多像赵占魁一样的劳动英雄。这个运动所收到的显著成绩，是在职工中建立了新的劳动态度，因而大大地把边区工业向前推进了一步。在一年多运动的发展过程中，各厂产量平均皆增加百分之三十至百分之五十，有的厂竟增加到百分之一百二十至百分之一百五十。有许多工厂的工人还自动地做义务工，如工艺实习厂的工人在去年二月份的义务工时，就有三千七百小时之多。他们觉得为反对日本法西斯而多做一些工作，是应该的。

晋绥解放区的工厂工人，也相继开展了他们的张秋凤运动。张秋凤本人一天生产二百二十个手榴弹，别人只能生产一百二十个。在他的影响下，全晋绥边区的生产量皆提高到百分之五十至百分之九十。冀鲁豫解放区开展了甄荣典的新劳动者运动以后，以一九四二年底各厂平均生产指数为一〇〇，则一九四三年六月的平均指数为一六〇，最高指数为二〇五。被服厂的工人说："我们是革命工人，一切为了前线！"他们全体自动每天增加义务工一小时，直到抗战胜利时为止。晋察冀与山东各解放区也开展了赵占魁运动，在一九四三年五月大竞赛中，晋察冀印刷厂的五十个人的工作由十九个人便完成了。山东各纺织厂的平均产量增加到百分之五十五以上；有些工厂的工人自动开夜工，厂方阻止还是偷着干，因此工会不得不提出来："大家要遵守劳动纪律，不准早到迟退，更不准自动开夜工"。冀鲁豫总工会也向工人提出爱护身体的号召。像这种普遍高涨的生产热情，在解放区工厂工人中，已经是一种很平常的现象。

在新劳动者运动中，工人们有技术不保守，肯积极耐心地传教徒弟、在技术上及文化上的互相学习，在工人中已成为一种很流行的美德，因此工人们皆能很快地掌握技术。如晋察冀北岳区的工厂学徒，限规定是一年半方可学会的技术，但是他们三个月就学会了。还有很多的工人把自己的特殊技能及发明奉献给工厂，自动地为工厂节省原料，克服困难。他们完全以新的态度对待反对日本法西斯的生产劳动，把生产看作是战斗，把工厂看作是工人自己的家庭。

四　他们在战斗中获得了光明的出路

在中国广大的抗日民主解放区中，已实行了新民主主义政治，千百年来被封建势力压迫下的广大农民和工人，今天他们都得到了解放，不仅可以自由组织工会，而且可以参加“三三制”政权；充分地享受一个民主国家公民的应有权利。在陕甘宁边区参议会，有工人参议员二十三名，其中七名是工厂直接选出的。陕甘宁边区有统计的二十一个县政府委员二〇九名中，有雇农工人八名；在一、九五五个县参议员中，农业工人有六十五名，手艺工人三十二名；在延安等十九个县的乡政府委员五、三七〇人中，农业工人有三八二名，手艺工人一〇一名；又延安等十四个县的乡参议员一三、九二八人中，农业工人一、一八二名，手艺工人三七四名；六二〇个乡长中，农业工人三十二名，手艺工人六名。

在晋察冀解放区，阜平等七县的村、区、县选举结果，工人当选为村主席和秘书者，占百分之六，各委员会主任占百分之八，区主任和秘书占百分之五，区长占百分之三，县参议员占百分之四。

在晋冀鲁豫边区，黎城县十个区中，有工人出身的区长两名；一〇五个村长中工人占十二名；阳寿县有工人出身的科长、公安局长各一人；辽县有工人区长一人，村长十三人。在晋绥解放区参议会中，有工人参议员五名。在华中各解放区中的县、区、专区各级参议会中的工人参议员百分之二十一三十。

工人参议员的产生，是完全自下而上的民主选举的。选举期中停工的工资由厂方照给。选举由职工会主持，首先由大家选举“参选委员会”，然后编小组，登记选民，提候选代表，讨论提案，最后开选民大会选出正式出席工人参选代表大会的代表及参议员候选人。各竞选人除在大会上介绍自己的履历外，还要报告他的政治主张。如晋绥解放区的总工会主任王永和在一九四二年五月间竞选时的主张是：“一、彻底实行中共提出的三三制政权，调整劳资关系，纠正资方对工人不合理的超经济的剥削，使资方有利可图，工人有饭吃饱，工人要自觉遵守劳动纪律；二、适当改善工人生活，保障工人利益，开展生产建设事业，吸收与优待技术工人，培养大批学徒，三、肃清浪费现象……”工人们便这样在自己选出的参议会里，热烈地讨论着竞选人的演说与主张，并且互相交换与讨论着各种提案，最后再选出自己认为可靠的人来，参加办理整个解放区的国家大事。正如该区工卫旅修械所的一个老工人所说：“以前做工往往因一点小事厂方动不动罚坐禁闭，或者经常失业饿肚，甚至抛弃生命，工人没有说话的自由；但今天不同了，我们实行了民主政治，工人也是新政权的主人，我们能像亲兄弟一般在一块轰轰烈烈地开会，心里又实在感到说不出的愉快！……”

在解放区中，许多能干的工人都当了工厂的厂长。因为他们是工人出身的，所以他们也最懂得工人，也最善于管理工厂。在陕甘宁边区这样工人当厂长的例子便有很多，如：中央印刷厂的厂长祝志澄，他原来是一个很老的上海产业工人；新华化学厂的厂长金直夫，是一九三八年才来边区的法国华侨工人；实验工厂厂长王保林，是河南豫丰纱厂的工人。他们不仅很有条理地管理着工厂，使生产一天天向上发展，而且与工人生活打成一片，自己也参加生产劳动。各厂职工会主任皆参加厂务会议，工人完全有权力提出自己对工厂管理的意见。

解放区中工人的生活，都获得了合理的适当解决。民主政府的法令上规定着：一个熟练工人的工资，除供给本人衣食外，尚能维持一个人到一个半人的生活。比如在华北、华中各地，工人一般的工资皆比以前要增加一倍到一倍半以上。各个解放区的民主政府，皆实行了一方面要照顾工人及雇主的利益，一方面又照顾整个经济发展的增资减租政策，因此农村雇工们的生活待遇较前改善了，而生产情绪也随之提高。如武乡雇工在战前每人平均种地二十亩，打十八石粮，现在能种三十亩，打二十七石粮，增加百分之四十五。据山东博兴县一三〇个村的统计，内有二、〇九九个雇工得到增资，平均每人得二三斗粮食。淮北边区增加工资的雇工有二八、四二二人，计增加粮食二五、六七六石。减租退租已在百分之七十五的地区进行，受益佃户达四六、三三二户，减租粮食四万余石。根据该区二届农民代表大会十个县的调查，雇工因增加工资及政府春荒贷款，已普遍上升为贫农。泗南县半城区莲花村四年来农村经济上升中，全村一〇四户，雇农兼贫农六户，均已上升，合计买牛一头，地三十四亩，不欠账，还做小生意。皖中临江六洲乡六洲保有居民百余家，三年中雇农十分之四上升为贫农。晋冀鲁豫解放区左权县的工人，原有四十五户，在一九四二年上升为贫农者有二十六户，上升为中农者有十九户。在陕甘宁边区的雇工工资，全年可得小米四石四斗。该区在土地革命时分得土地的农村雇工，其生活更加提高，现在已有不少上升到富裕中农及富农的地位了。同时，在农村有农会保护工人的利益，实行与雇主订立劳动合同，使雇主〔工〕生活更有保障，而且一般地皆实行实物工资，不因战时的货币波动而影响工人生活。

减租增资以后，工人的生产情绪提高，劳资双方的关系也很顺利地调整了。晋察冀完县一家雇主到秋收时，一亩地比别家要多收一倍，因此一般雇主说："政府、工会是公平的，也照顾到咱们。这么办，增资咱也痛快。"一般雇工也高兴地表示："我们增加了工资，就得好好给主家干活，打鬼子是大家的事，我们雇工要和主家好好相处。"

矿工生活一般也改善了，过去窑主得六，工人得四，且有种种额外剥削；现在多采雇主四，工人六，或对半分，各种无理的额外剥削，如要工人负担的灯油费，为窑主做额外的杂工等，都被废除了。矿工们的生产积极性也提高了。如在陕甘宁边区的煤矿工人，过去每月下井最多不过十八次，现在一般都下井二十次，而每人产量较前增加了百分之二十。又晋冀鲁豫武乡矿工，每天每人增加生产九十斤。

工厂工人一般计时工资的，采用津贴和实物混合工资制，即由工厂供给工人的伙食、衣服、鞋袜、毛巾、肥皂等日用品外，并按工人技术的高低，产量多少，质量好坏，而给以八升至四斗的津贴。计件工资者，则生产得多，工资就多得。陕甘宁边区的纺织工人、每月最高能拿到一石五斗小米工资，一般也在八斗至一石二斗之间。近年该区各工厂都提倡副业生产，工人在业余时间与工厂合作，进行种菜和瓜果，或进行手工业生产，除以百分之十至百分之五十归工厂外，其余为工人自得；同时又鼓励工人储蓄，吸收游资投在合作社。(下缺——原编者)

选自中华全国总工会中国职工运动史研究室编：《中国工会历史文献》(4)，工人出版社1959年版，第35～48页。

△关于若干历史问题的决议

1945年4月20日中国共产党第六届中央委员会扩大的第七次全体会议通过

见《毛泽东选集》第三卷，人民出版社1991年版，第952～999页，附录。

68. 为独立与民主而战
——准备成立中国解放区职工联合会

1945年2月7日　解放日报社论

中国共产党诞生不久即领导了平汉铁路工人高举着："为民主而战！为自由而战！"的旗帜，引导中国工人阶级公开出现于中国政治舞台，进行了英勇的斗争，而且斗争的发展几乎波及全国主要铁路工人。而曹、吴军阀却在帝国主义唆使之下，对于为民主自由而战的先进战士实行屠杀镇压，因此而发生了"二七"惨案。这个永垂史册的革命纪念日，到今年已经二十三周年了。虽然时光消逝得如此迅速但烈士们以自己的鲜血所染红了的旗帜，为中国人民所呼叫出的口号，现在总算在中国很大一块土地上实现了。在陕甘宁边区、华北、华中、华南各抗日根据地的解放区内，职工们与一切被解放了的人民一样，已获得了集会、结社、言论、出版的自由，完全摆脱了从外国人及内部反动派所加于他们身上的枷锁。在这里不仅组织了八十万有组织的职工在各职工会周围，昔日手无寸铁的工人，但自抗战至今，由平汉、正太、胶济、津浦、同蒲、港九等铁路，及平津、京沪、太原、济南等各大小城市，唐山、淄博、阳泉、焦作等各个矿场职工所组织的抗日武装游击队，转战数年已成为强大的武装队伍，已成为各解放区主力军的组成部分。同时职工们在新民主主义政权里，在各级政府机关中都有了自己的代表参加政权管理。他们已成为这个政府的主人翁之一。为了巩固已得利益，最后战胜日寇，他们在生产战线上则奋不顾身地劳动，逐渐恢复被敌人摧毁了的工业继续生产，在各地展开了赵占魁、甄荣典、张秋凤等劳动英雄劳动，使各解放区一切工业生产超过平时产量百分之五十到二百，担负起生产物资，支持长期抗战及为反攻准备力量的重任。因而职工生活亦获得了改善，而且一切职工妻儿子女生活都有了保障。

大后方职工们，虽然在国民党统治之下，没有民主自由，受到各种压迫限制，而且遭遇到由于国民党之军事无能、节节败退所造成的逃亡流浪的悲惨生活，但他们并不气馁，依然继续奋斗，仍在忍受着一切痛苦而为抗战生产。在敌后的职工们，则在敌人极度的恐怖统治下坚持着正义的斗争。这就是中国职工承继“二七”光荣斗争传统的表现，这一切都足以告慰于“二七”牺牲的烈士们的。

然而我们不能因此而满足，因为胜利虽已在望，日、德法西斯已走到了死亡的边缘，但他并未完全垮台，尚有余力顽抗正义之师。尤其是日本法西斯依然占领着我们大块土地和中心城市，无数同胞仍受其凌辱，因此反法西斯斗争的胜利仍须我们最后努力。所以在全世界职工运动面前提出了鲜明的斗争纲领——努力生产物资，支援反法西斯胜利事业，加速共同敌人的死亡！同时为了奠定今后世界和平基础而力谋世界职工的大团结。这次伦敦召开之英美苏职工世界大会，就是为着实行这一方针的具体表现。各解放区职工会为了向全世界表示自己的愿望，曾经准备派出代表同中国劳动协会（国民党区域的工会）代表合组代表团前往出席伦敦世界职工大会，但国民党政府并未允许我们的请求，不发给我们代表的出国护照，目的是想将解放区的职工同全国及全世界职工运动隔离起来。这不是一件“小事”，这恰恰说明：国民党政府固执一党专政，贯彻其法西斯军令政令之又一表现而已。同时又证明了国民党政府对中共及各抗日党派与全国进步人士所提出建立民主联合政府，废除一党专政，仍毫无诚意。如此下去，不但障碍了人民抗日力量的发扬，损害人民的抗日积极性，而且延缓了日本法西斯死亡的时间，影响整个反法西斯胜利的来临，拖长人民痛苦过程和牺牲的加重。所以我们说国民党所有这些措施是违背全世界反法西斯斗争志愿的。

问题是很清楚的。中国职工除在陕甘宁边区及敌后解放区之外，依然是没有民主和自由的，争取抗战胜利与实行人民民主是不可分的。但是我们千万不要幻想民主自由会唾手可得，民主自由的获得是决定于力量和斗争决心的，但目前中国职工在全国总工会被国民党解散之后，在全国来说，仍无统一的全国性组织，为了促进这个组织，各解放区的职工会应首先联合起来，成立各解放区职工联合组织——中国解放区职工联合会。这样，可使各个解放区职工的一切经验交流。例如：如何发扬劳动热忱、组织劳动英雄运动等以便更有效地生产战争物质，支援解放军；如何组织职工游击队进行战争，以便更有效地打击日本法西斯；如何进行工业的恢复和建设，以便使落后的工业技术提高一步；如何获得劳资双方团结，以便更有效地使资本同劳力结合起来，有效地生产物资；如何开展敌占城市交通中的工作，以便有效地实行毛主席的号召——组织地下军等。同时又可以从自己的联合中来促进中国职工的大团结，以一致的行动来反对国民党一党专政的各种反动措施，反对国民党对全国职工组织的人工分割，争取民主自由，并力促民主联合政府的建立，更有效地更迅速地把日寇打出中国去！我们为了向全世界职工表示：中国职工是愿意同世界职工一样团结起来的，我们应竭尽全力联合各解放区以至全国职工力量来冲破国民党专制统治把中国工人同世界职工隔离开来的墙壁。争取与世界职工运动取得联系，以便与全世界职工兄弟团结起来，并要求全世界职工对于我们解放区职工的经济援助和医药的救济；以便更有效地消灭共同敌人——日、德法西斯。因此各解放区全体职工们应考虑如何实行这种联合步骤，将来并设法邀请大后方、敌占区职工及世界职工大会代表来参加解放区职工联合大会。

为了加速法西斯的死亡，目前各解放区职工们，应当加紧生产，积极参加反对敌人的武装斗争。在大后方的职工们，应当采取一切可能形式团结自己，积极参加各种促进民主运动的斗争，采取一切适合于你们环境的方法，把目前你们对于解放区的军民同情运动开展起来。在敌人沦陷区城市交通及被敌人拉去强迫劳动的职工们，应当认识敌人的黑暗统治将要被胜利之光明所代替了，赶快学习巴黎地下军的经验，准备自己武装，学习起义的艺术，积蓄自己的力量，准备迎接光明的到来吧！让我们同全中国人民团结一致，建立一个崭新的民族独立、民主自由的新中国吧！

全中国的职工们，让我们高举“二七”为民主而战！为自由而战的旗帜前进吧！用我们的实际行动来纪念“二七”吧！

选自《中国工会历史文献》(4)，工人出版社1959年版，第49～52页。

69. 陕甘宁边区总工会关于发起成立中国解放区职工联合会的决定（附回电）

1945年2月10日

一、总工会常务委员会研究了解放日报纪念“二七”二十三周年“为独立与自由而战准备成立中国解放区职工联合会”的社论以后，一致认为各解放区的职工会联合起来，可以交流各解放区职工对敌斗争、发展生产等一切经验；可以促进全国职工和全国人民的团结，争取民主自由，力促民主联合政府的建立，更有效更迅速地驱逐日寇；也便于和全世界职工团结起来，更有效地消灭日、德法西斯。因此，完全赞成并决定发起成立各解放区职工联合组织——中国解放区职工联合会。①

二、致电各解放区职工会，邀请他们推派代表在延安组织中国解放区职工联合会大会筹备会，商讨与筹备联合会的成立事宜。

三、陕甘宁边区各工厂工会和各业各地方工会，应组织职工讨论解放日报“二七”社论和本决定，并联系检查和改进自己工会的工作，总结各种经验，例如：如何发扬劳动热忱，提高生产技术和效率，组织赵占魁运动；如何进行职工教育，提高职工政治文化水平；如何组织职工节约储蓄，建立家务，改善生活；如何改善工作作风，加强职工团结；如何调节劳资关系；如何组织工人参加战争动员等等。发挥优点，改正缺点，务求达到发扬民主，亲密团结，提高政治认识，增强劳动热忱，把工作向前推进一步的目的。并在讨论中提出和汇集对于成立中国解放区职工联合会的意见。

（1945年2月15日《解放日报》）

陕甘宁边区总工会致各解放区工会电

1945年2月10日

各解放区职工会：

本会完全赞成解放日报“二七”社论的意见，特决定发起成立中国解放区职工联合

① 原注：各解放区工会的代表于1945年4月22日在延安开会，成立了解放区职工联合会筹备委员会。

会，并提议在延安组织筹备会，商讨与筹备成立联合会事宜，如蒙赞助，推派代表参加筹备会为荷。

（1945年2月15日《解放日报》）

晋察冀边区总工会的复电（摘要）

1945年2月16日

“……成立各解放区职工联合会组织，足以交流经验，以进一步开展对敌斗争与发展工业生产。我们须要以这个联合组织促进全国职工的大团结，这样才能更加有效地反对国民党一党专政，促进民主联合政府的实现，争取反对日本法西斯战争的早日胜利。”

（1945年2月26日《解放日报》）

山东省总工会的复电

1945年2月20日

陕甘宁边区总工会：

看到二月十日你们的提议，我们非常兴奋。我们完全拥护解放日报纪念“二七”社论的精神，及边区总工会“关于发起成立中国解放区职工联合会的决定”，以及在延安成立筹备会的提议，并推选代表前去参加。为了以实际行动预祝中国解放区职工联合会的成立，除号召山东解放区全体职工亲密团结，努力生产，积极参加一切对敌斗争，更加扩大山东解放区外，并与全国工友和全国人民一致，为建设民主的联合政府及联合统帅部而奋斗！

（1945年3月3日《解放日报》）

（下略）

选自《中国工会历史文献》(4)，工人出版社1959年版，第53～55页。

70. 中国解放区人民代表会议筹备委员会通电

1945年7月13日

全解放区的同胞们！全中国的同胞们！

中国解放区人民代表会议的筹备，自六月二十一日陕甘宁边区政府委员会与参议会常驻委员会发起以来，迅速得到华北、华中、华南各解放区与解放区各人民团体的热烈响应，在短短的二十二天里，各方选出参加筹备工作的代表已达一百二十九人。被选担任筹备工作的同人鉴于解放区人民对于这个代表会议的迫切期望，已于今日（七月十三日）在延安集会，宣告中国解放区人民代表会议筹备委员会的正式成立，并选出周恩来、林伯渠、续范亭、邢肇棠、李鼎铭、谢觉哉、刘少白、杨秀林、成仿吾、郭任之、郭子化、李澄之、沈其震、古大存、何思敬、杨尚昆、潘汉年、蔡畅、邓发、丁玲、张宗麟、柳湜、乌兰夫、李延禄、周泽昭等二十五人为常务委员。

在筹备委员会的成立会上，通过关于中国解放区人民代表会议选举事项的决议，决定中国解放区人民代表会议于中华民国三十四年十一月在延安举行，希望各地各团体选出的代表统于十一月十二日以前到达延安。为使这个代表会议尽可能反映最广泛的中国人民的意旨起见，筹委会又决定：代表会议的代表，除极大部分由各解放区依地域选出外，解放区各种性质的人民团体，如工人团体、农民团体、妇女团体、青年团体、文化团体、宗教团体等，都有权选出一定数量的代表；此外，筹委会并热诚欢迎中国的各党派，东北、华北、华中、华南沦陷区的人民团体，国民党统治区的人民团体，中国各少数民族的人民团体，南洋及其他海外各地的华侨团体，都能选出自己的代表来参加这个关系中国前途的会议。

全解放区的同胞！全中国的同胞！中国解放区人民代表会议的使命，如我们所已再三宣布的，就是：统一各解放区的行动，加强各解放区的抗日工作，援助国民党统治区人民的抗日民主运动，援助沦陷区人民的地下军运动，促进全国人民的团结与全国联合政府的成立。随着解放区与同盟国对日战争的进展，随着中国人民争取中国民主事业的进展，上述的这些重大的使命，是一天比一天更加重大了。我们坚信，解放区人民代表会议的召集，将为中国的最后胜利与全国民主开辟广大的道路。解放区人民代表会议，将是一个加强抗战、配合盟国、准备对日反攻的大会，将是一个加强团结制止分裂与内战的大会，将是一个促成国民党一党专政之迅速结束与民主的联合政府之迅速产生的大会。我们要求全解放区的人民与全中国的人民一致起来协助、监督和指导我们的工作，迅速地慎重地选出自己的代表，以便使这个伟大的会议得以如期召集，并获得伟大的胜利！

选自《中共中央文件选集》(13)，中共中央党校出版社 1985 年版，第 101～102 页。

71. 关于中国解放区人民代表会议选举事项的决议草案

1945 年 7 月 13 日中国解放区人民代表会议筹备委员会全体会议通过

一、为适应目前时局迫切需要迅速召开中国解放区人民代表会议，以便讨论统一各解放区的行动，加强各解放区的抗日工作，援助国民党统治区人民的抗日民主运动，援助沦陷区人民的地下军运动，促进全国人民的团结与联合政府的成立起见，中国解放区人民代表会议定于中华民国三十四年十一月在延安举行，各地各团体选出之代表统限十一月十二日以前到达延安。

二、中国解放区人民代表会议的代表名额，为适应战争环境、交通困难及备荒节约起见，定为四百名左右。

三、中国解放区人民代表会议的代表名额，依地区人口、团体及政治、交通等条件，大致分配如下：

（一）陕甘宁解放区四十五人（内有延安市十人）；

（二）晋绥解放区三十三人；

（三）晋察冀解放区五十人；

（四）晋冀鲁豫解放区五十五人；

（五）山东解放区四十七人；
（六）华中东部各解放区三十七人；
（七）河南解放区五人；
（八）鄂豫皖解放区十人；
（九）湘鄂赣解放区五人；
（十）华南解放区六人；
（十一）少数民族十人；
（十二）华侨团体十人；
（十三）沦陷区地下抗日团体十人；
（十四）国民党统治区人民团体十人；
（十五）中国共产党五人；
（十六）中国国民党五人；
（十七）其他民主党派五人；
（十八）八路军总部五人；
（十九）新四军军部五人；
（二十）其他抗日军队五人；
（廿一）中国解放区职工联合会五人；
（廿二）中国解放区农民团体五人；
（廿三）中国解放区青年联合会五人；
（廿四）中国解放区妇女联合会五人；
（廿五）中国解放区文化团体五人；
（廿六）中国解放区工商业团体五人；
（廿七）中国解放区合作社团体五人；
（廿八）中国解放区自由职业团体五人；
（廿九）中国解放区新闻记者联合会五人；
（三十）中国解放区中小学教职员联合会五人；
（卅一）中国解放区各大学五人；
（卅二）中国解放区宗教团体五人；
（卅三）东北救亡团体五人；
以上共四百二十八人。

四、中国解放区人民代表会议的代表成分，应依抗日民族统一战线及民族平等原则，使十八岁以上不分职业、性别、信仰之工、农、兵、学、商、绅各方面代表人物均能推选。

五、中国解放区人民代表会议代表资格，应是：（一）抗战有功；（二）在群众中有威信、社会上有声望；（三）有奋斗历史；或（四）有工作经验的代表人物。

六、中国解放区人民代表会议的代表产生方法，应实行复选或推选。复选法以县为初选单位，由县参议会选出一定数目的代表，然后集合于专员区或行政区或边区举行复选。推选法以专员区或行政区或边区为推选单位，由该选举区政、党、军、民各最高机关选出同等数目的代表，开联合选举会推选。在选举中，任何民主政党团体或个人均有权提出代表的候选名单或几个团体的联合候选名单，实行竞选。不论初选、复选或推选，均应实行无记名投票。何地应实行复选，何地应实行推选，并在何时选举，由各解放区政府及参议会根据当地具体情况自定之。各政党各军队各团体的直接代表，由其本组织自选之，或几个同性质团体联合选举之。如各地团体所选之代表有缺额时，得推选之。

七、中国解放区人民代表会议的选举事务，应由解放区人民代表会议筹备委员会担任之。各解放区的选举事务，即由各解放区政府委员会及参议会常驻委员会联合办理之。

选自《中国新民主主义革命时期法制建设资料选编》第二册，西南政法学院函授部1982年编印，第162～164页。原注："《解放日报》1945年7月15日"。

72. 周恩来：《关于中国解放区人民代表会议选举事项的决议》草案的说明

1945年7月13日

各位筹备委员同志！各位列席同志！各位旁听同志！

在中国解放区人民代表会议筹备委员会的小组长联席会议上，通过了一个《关于中国解放区人民代表会议选举事项的决议》草案，今天提到筹备委员会全体会议上来讨论。我们筹备会的主要工作，就是为着要执行中国解放区人民代表会议的选举以及其他应该筹备的事项，尤其是因为要求得迅速召开人民代表会议，所以选举的筹备比其他事项的筹备，更重要，更急迫。因此，在这次筹备委员会的全体会议上，希望能批准这个草案，好公布到各解放区，公布到全国，来进行选举，以加速代表会议的召开。我现在就将这个草案中间的重要点，加以说明。

这个草案共分七项：

第一项是关于中国解放区人民代表会议的性质和会议的日期。

自从毛主席在中国共产党第七次代表大会上提议和号召迅速召开中国解放区人民代表会议以来，各个解放区人民都给了热烈的响应和拥护。因此，陕甘宁边区政府和参议会就发起这个筹备的事情，在不到一个月的工夫，已经得到了各个解放区各个团体的一致赞成，并派出了他们的筹备委员。这说明毛主席的号召和提议，是深得人心、极合时宜的。我们可以说，今天筹备委员会的成立，不仅代表了各解放区人民的公意，而且也适合国内外抗日民主人士的迫切要求。

我们看，八年以后抗战，在中国共产党、八路军、新四军、一切抗日民主分子、一切抗日部队和广大人民的同心协力之下，到今天来说，已经收复了沦陷的广大领土，解放了九千九百八十多万的人口，建立了十九个大块的解放区，发展了近百万的人民军队，组织了二百多万民兵。依靠着这些力量，我们今天抗击着百分之五十六的日本侵略部队和百分之九十五的伪军，八年来杀伤了和俘虏了敌军有五十三万多，伪军九十二万多。我们拿敌人的武器，武装了自己，八年当中缴获了步枪四十六万多支，轻重机关枪八千多挺，炮一千多门。我们已经收复了七十多个城市。在广大的土地上，我们建立了民选的县政府七百零九个，专员公署一百零四个，边区政府四个，行政公署廿四个。

中国解放区的军民取得了这样大的胜利和成绩，比起国民党统治区从东北退到西南，丧失了土地二百七十九万多方公里，抛弃了中国人民二万万六千多万的成绩说来，真是一个最明显不过的对照了。可是，八年来，我们解放区的人民、政府、军队不断地要求国民党政府承认和援助这些解放区的人民军队和民选的地方政府，国民党政府对它们不但不予承认和援助，并且还不断地加以进攻和封锁。现在进攻边区和八路军、新四军、华南抗日纵队的国民党军队，已经达到了九十四万多人，这个数目超过以前任何时期的数目，如果要比起国民党现存军队的数目，确已超过半数。现在封锁各解放区的情况比从前更变本加厉，去年六月间国民党政府还有一次允许过中外记者到边区来参观，但是从这次以后，任何记者都不能进解放区了。最近，国民党军事特务机关更利用美国的援助、训练和技术合作，派遣大批的中美特务部队（就是别动队），窜入敌后，不是去打敌人，而是来进行破坏解放区和八路军、新四军的阴谋活动。

中国解放区处在这样内外夹攻左右无援的情况下，我们靠什么来支持呢？我们完全依靠了人民的力量，自力更生，一直奋斗到现在。我们敢说，没有解放区及其人民军队的力量，就没有今天中国的抗战局面，也没有明天的反攻胜利；没有解放区及其人民政权的建立，就不会有今天中国民主运动的高潮，也不会有明天联合政府的建立。

但是我们也承认解放区还有他的缺点和弱点。这就是由于我们处在长期的抗日游击战争的环境，各个解放区还是被分割着，还不是一个连成一片版图完整的解放区，各个解放区的行动还没有完全统一，各个解放区的工作还没有很好地交换经验，加强力量。尤其是着眼于对日反攻的准备，对大后方民主运动的援助和对于全国联合政府的促成，我们更急需使中国各个解放区的力量联合起来，行动统一起来，工作加强起来，具体的办法就是要实现毛主席的号召，迅速地召开中国解放区人民代表会议。在毛主席的号召与提议中，他已经为中国解放区人民代表会议，规定了这样的任务：统一各解放区的行动，加强各解放区的抗日工作，援助国民党统治区人民的抗日民主运动，援助沦陷区人民的地下军运动，促进全国人民的团结和联合政府的成立。由此任务，就规定了这个代表会议的性质。我们根据今天的实际可能，所以提议中国解放区人民代表会议应该是今年十一月在延安举行，各个地方、各个团体的代表要能够在十一月十二日以前到达延安，以便这个会议能够如期开成。我们相信，这个会议开成之后，定能满足国内外抗日民主人士的渴望，形成中国解放区人民的联合组织，以弥补刚才所说的缺陷，而开展新的胜利的局面。

第二项是关于中国解放区人民代表会议代表的名额。

因为这将是解放区人民代表会议，它要能代表各解放区人民的公意。以交换和总结抗战八年的经验，定出今后的行动方针，所以我们提议代表名额应该有一个足够的数目。但是另一方面，又要估计到战争环境还不可能有太多的代表来到延安，尤其是因为交通困难，要通过层层封锁和长途路程，加上今年各解放区都遇到或多或少的灾荒，所以人数亦不宜太多，故我们提议是四百名左右。因为这样的数目，既可以顾到上面所说的种种困难，又可以足够地代表各解放区的民意。根据一亿万人口计算，差不多二十五万人中间就有一个代表。并且这样的数目，也可以便于集合起来，实行民主讨论，共同拟定大计。

第三项是关于中国解放区人民代表会议的名额分配。

根据第二项规定四百名左右的名额，我们提出一个大致的分配数目。这个大致的分配数目是以地区的代表为主，团体的代表为辅。因为这是解放区人民代表会议，所以极大多数的代表，应该从各地区选出。但是我们今天因为时间和战争分割的关系，更因为各项团体在抗日战争表现的成绩，所以又加上团体的代表，就是说，加上党派、军队、人民团体的代表，来补助它的不足。从草案上，我们可以看出，地区的代表占主要数目。我们将十九个解放区分成十个大选举区：陕甘宁解放区，晋绥解放区，晋冀察解放区（包括晋察冀、冀热辽两个解放区），晋冀鲁豫解放区（包括晋冀豫、冀鲁豫两个解放区），山东解放区，华中东部解放区（这里面包括七个解放区：苏北、苏中、苏南、淮北、淮南、皖中、浙东），华南解放区（包括广东、琼崖两解放区），湘鄂赣解放区，鄂豫皖解放区，河南解放区。这十个选举区的代表是二百九十三人，约占代表全数的十分之七。在这个地区代表里头，我们又照顾到政治、人口、交通等条件，比如说，陕甘宁边区，它的人口虽少，但它是中国各个解放区的出发地，也可说是首席解放区，而延安市又是今天中国各解放区的政治中心。所以我们提议陕甘宁边区应有四十五名代表，内中有十人应从延安市选出。比如华北四个大选举区，除晋绥解放区因无交通困难可以比例较高外，其他均依照人口的多寡，比例规定。像华中华南解放区，因为交通困难，又加以敌人和国民党军队的层层封锁，代表的数目便相当减少。还有，像湘鄂赣、河南两个解放区，是在去年敌人进攻和国民党溃退以后沦陷的，然后又经过那个地区的人民配合八路军、新四军的部队解放出来的新地区，虽然今天还是不巩固的游击区，但我们为了尊重新的解放区，也规定了相当数目的代表。

对于团体为辅的代表名额，也有几点要说明，首先，我们这个解放区人民代表会议是以解放区的人民代表为主的，但我们不是只限于解放区而已，所以我们欢迎解放区以外的人民代表来参加这个会议，赞助解放区的工作，以扩大解放区。我们欢迎今天还沦陷在敌人手里或尚在国民党统治下的少数民族，像蒙回等少数民族，能有代表参加这个会议；我们欢迎今天还在敌人摧残之下的海外华侨或是他们在国内的团体，能有代表参加这个会议；我们欢迎沦陷区，今天在敌人占领下的大城市，能有地下抗日团体的代表参加这个会议；我们欢迎今天在国民党统治区的人民团体，能有代表参加这个会议。其次，我们规定各抗日党派均得直接选派代表参加这个会议。今天中国共产党已成为全国广大人民所仰望的重心，共产党的中央委员会应该有代表参加会议。同时，对于国民党，对于其他民主党派，不论在国民党统治区，更不用说在解放区，我们都欢迎他们能派代表来参加。又其次，关于军队，我们不仅规定成为中国解放区人民武装主力的八路军、新四军有它们直接选派的代表，我们也欢迎解放区的其他抗日军队，以至国民党统治区的抗日部队，也能派代表来参加。再其次，关于人民团体，我们规定各种人民团体：工、农、青年、妇女、文化等团体，中小学教职员团体，工商业家团体，自由职业团体，新闻记者团体，解放区的各大学都有代表参加。还有，我们规定解放区的宗教团体，只要是赞助抗日事业、民主事业的宗教团体，不论任何宗教，如天主教、基督教、回教以及其他宗教等都有权利派出它的代表参加会议。最后，我们规定东北的流亡团体，可以直接派出他的代表参加会议。东北四省在国民党当局不抵抗主义断送之下，已经沦陷了十四个年头了。几十万的东北流亡人士散布在全中国流离失所，衣食无着。尤其是西安事变及张学良将军被无理囚禁以后，东北军被国民党当局编散了，削弱了，到今天大部份已经被消灭了。东北的青年从关外跑到关内，都愿为抗战效力，但得不到国民党当局的爱护，反而用特务加以摧残。对这些流亡惨状，我们解放区的人民、政府、军队是极其同情的。在我们解放区内，不仅东北流亡人士有自己的团体，东北青年受到照顾和工作，并且还树有东北的抗战旗帜，山东有万毅将军的部队，山西河北有吕正操将军的部队，这都是将来收复东北的先锋，他们是有责任把中国解放区扩大到长白山至鸭绿江边去的。

这是一个大致的分配，我们希望筹委会全体会议将伸缩之权交给将来的常委会，以便于进行选举的筹备工作。

第四项是关于中国解放区人民代表会议的代表成分。

从代表成分的规定上，可看出解放区人民代表会议的特质。人民代表会议代表的成分应该是依照抗日民族统一战线和民族平等的原则，规定凡是在十八岁以上，不分职业、不分性别、不分信仰的各界代表人物都可当选。这就是说，不论工人成分、农民成分、军人成分（包含指挥员、战斗员、军队的各项工作人员），不论工商界，自由职业界，不论文化教育界，科学界，学生界，或是公务人员，不论是绅士，我们都希望能有他们的代表人物当选，使在十一月要开的人民代表会议上，真正能代表中国解放区及其他区域的各阶层、各党派、各军队以及各种职业的团体。这样的会议，我们相信，将会是真正的人民代表会议。

第五项是关于中国解放区人民代表会议的代表资格。

我们规定要有这样资格的代表人物当选：首先是有奋斗历史的，在被选代表里头，要有真正在抗战中，在革命中，在各种建设中有奋斗历史的人当选，这是以增加人民代表会议的影响和成就。其次，要有在群众中有威信的，如像各解放区所涌现出来的人民公认的战斗英雄、劳动英雄、模范工作者当选，这足以多多反映群众中各方面的意见，并加强会议的影响。第三，要有在社会上有声望的人士当选，因为他们可代表某些方面，能把那些方面的意见集中到会议上来。第四，要有有工作经验的，抗战八年，不论在军事、在政治、在经济、在文化等各方面，我们都有极丰富的工作经验，如能有其中的代表人物当选，会议中便很易于交换经验，总结经验。

第六项是关于中国解放区人民代表会议的选举方法。

在目前条件下，我们采用两种最适当的方法：

第一种复选的方法，是由各县参议会选出初选代表，然后把这些初选代表集中到一个地方，或者是专员区，或者是行政区，或者是边区，来开复选会，选出人民代表会议的代表。这种复选法是有它普选基础的，因为各县参议会是由人民选举产生的，而现在更有些边区正在进行新的普选，比如晋绥、晋察冀、山东这三个解放区，都正在进行县参议员和边区参议员的普选。

第二种推选的方法是以边区为单位，或者以行政区为单位，或者以专员区为单位，集合这个地区同级的政府、参议会、党派、军队、人民团体的同等的数目的代表，开联合选举会，选出人民代表会议的代表。所有这些团体都是有群众基础的，政府和参议会原来就是人民代表选出的，党派是有它广大群众基础的，拿中国共产党来说，就有一百二十万党员，军队有近一百万正规军，二百多万民兵，人民团体如工、农、青、妇、文化等等差不多有上千万人的组织。这就是说，这些团体的联合选举，是有它广大的，不是几千几万而是几百万几千万的群众基础的。

在复选会和推选会上，各个政党，各个人民团体，或者初选代表或团体代表的个人，都有权提出人民代表会议代表的候举名单，或分别提出名单，实行竞选，或由各方协商，根据抗日民族统一战线的各党各派无党无派人士合作的三三制的原则，提出联合的候选名单，实行选举。在选举中，不论初选复选，或者推选，都实行无记名投票。这一切选举方法，说明我们的选举是平等的是自由无拘束的。

拿我们解放区的人民代表会议所要进行的这种选举和国民党今天在大后方所要进行的伪国民大会来对比，那真是一个明显的真伪的对照。因为那个伪国民大会，原来是在十年前内战时期，由国民党一手包办的，而绝对不是由人民选举的，也绝无任何群众基础。国民党当局如果承认取消那个遗臭万年的伪国民大会还罢，如果硬不取消，那不仅会更加深分裂发动内战，并且必然会宣告它自己的破产。如果它还要伪装一番，搞一点新花样，硬要冒充全国国民大会，我们只须问他：在沦陷区，有一万万六千万人口，你是不管的，在解放区的一万万人口，你是不要的，剩下来的大后方人口已经占了全国的少数，而且又没有民主选举权利，那么，你要搞的国民大会无论如何变法，无论如何投合外国反动分子之所好，也终归是假的，这不仅解放区人民坚决反对，就是国民党统治区及沦陷区的人也同样要反对的。

最后，第七项是关于中国解放区人民代表会议的选举筹备。

选举筹备有两个部分：一部分是总的，一部分是地方的。总的就是中国解放区人民代表会议筹备委员会关于各解放区各团体选举事务的指导，我们提议全体会议应委托常务委员会来进行他的日常工作。地方的选举的筹备和进行，即由各个地区政府委员会和参议会常驻委员会联合会办理。

以上就是关于决议草案的全部说明。

我们相信，这个关于选举事项的决议，今天如果通过，明日就能付诸实施，那末，各地方各团体的代表就一定能够如期选出，如期集合到延安来开一个盛大的中国解放区人民代表会议，负起自己应负的责任，而不使全中国人民失望。到那时，对于这个人民会议忌恨、畏惧、叫嚣反对的奇怪现象的，将是我们的敌人和国内外一切反动分子，而对之拥护、赞助、庆祝、欢呼的将是全中国的人民和世界上一切爱好和平与进步的人士。

选自《中国新民主主义革命时期法制建设资料选编》第二册，西南政法学院函授部1982年编印，第164～173页。原注："《解放日报》1945年7月16日"。

73. 延安总部命令（第七号）——实施紧急军事管制

1945年8月11日18时

当我解放区抗日部队进入敌伪侵占之城镇要塞后，我命令各部队司令员负责实施下列紧急军事管制：

一、规定管制区域，指定警戒部队，委任卫戍司令，负责实施军事戒严。

二、划出安置俘虏及日本居留民区域，实施军事管制。

三、登记及逮捕战争罪犯及卖国奸贼。

四、控制一切军事性质的机关、仓库、工厂、学校、兵营及要塞，严禁自由出入。

五、控制一切轮船、火车、军用汽车、水陆码头及邮政、电话、电报、无线电机关，实施严格军事检查。

六、控制一切军用和商用的飞机场及其仓库，派兵驻守，严行保护。

七、维持秩序，保护居民，严防反动破坏分子及残留敌探汉奸进行破坏活动。如有发现，应行军事制裁。

八、居民中如有抗日武装组织，应令其报告人数武器，归该地区卫戍司令指挥。

九、通告居民不得藏匿敌伪分子及散枪武器，一经发现，应予严惩。

十、管制粮食、煤炭及水电，严禁奸商囤积操纵。

总司令　朱德

选自《中共中央文件选集》(13)，中共中央党校出版社1985年版，第122页。

74. 中国解放区抗日军总司令朱德：命令冈村宁次投降①

1945年8月15日

南京冈村宁次②将军：

一、日本政府已正式接受波茨坦宣言③条款宣布投降。

二、你应下令你所指挥下的一切部队，停止一切军事行动，听候中国解放区八路军、新四军及华南抗日纵队的命令，向我方投降，除被国民党政府的军队所包围的部分外。

三、关于投降事宜：在华北的日军，应由你命令下村定将军派出代表至八路军阜平地区，接受聂荣臻将军的命令；在华东的日军，应由你直接派出代表至新四军军部所在地天长地区，接受陈毅将军的命令；在鄂豫两省的日军，应由你命令在武汉的代表至新四军第五师大悟山地区，接受李先念将军的命令；在广东的日军，应由你指定在广州的代表至华南抗日纵队东莞地区，接受曾生将军的命令。

四、所有在华北、华东、华中及华南之日军（被国民党军队包围的日军在外），应暂时保存一切武器、资材，静候我军受降，不得接受八路军、新四军及华南抗日纵队以外之命令。

---

① 原注：这个命令在1945年8月16日延安《解放日报》发表。

② 原注：冈村宁次（一八八四——一九六六），一九四五年八月日本投降时是日本侵略军中国派遣军总司令官，在延安公布的日本战犯名单中被列为首要战犯。解放战争期间曾充当蒋介石的秘密军事顾问。一九四九年一月被国民党政府宣判“无罪”，释放回国。

③ 原注：一九四五年七月十七日至八月二日，苏、美、英三国在德国波茨坦举行会议。会议期间，中、美、英三国于七月二十六日发表促令日本无条件投降的公告，称为波茨坦宣言。八月八日苏联宣布加入该公告。

五、所有华北、华东之飞机、舰船，应即停留原地；但沿黄海、渤海之中国海岸的舰船，应分别集中于连云港、青岛、威海卫、天津。

六、一切物资设备，不得破坏。

七、你及你所指挥的在华北、华东、华中及华南的日军指挥官，对执行上述命令应负绝对的责任。

中国解放区抗日军总司令

朱　德

选自《朱德选集》，人民出版社 1983 年版，第 185～186 页，第 425 页注。

75. 中共中央对目前时局宣言

1945 年 8 月 25 日

全国同胞们！

由于日本的投降，我全民族八年来所坚持的神圣的抗日战争，已经胜利地结束了！全世界反法西斯战争也胜利结束了！在全中国与全世界，一个新的时期，和平建设的时期，已经来临了！

中国共产党认为在这个新的历史时期中，我全民族面前的重大任务是：巩固国内团结，保证国内和平，实现民主，改善民生，以便在和平民主团结的基础上，实现全国的统一，建设独立自由与富强的新中国，并协同英、美、苏及一切盟邦巩固国际间的持久和平。

全国同胞们！对日战争的胜利结束，最后扑灭了法西斯的暴政、奴役与侵略，在全人类面前展开了和平发展的前途，这是英、美、苏、中四大同盟国共同努力的结果，这是我国全体军民共同努力的结果。我们相信，我全国同胞必能以自己表现在抗日战争中的英勇奋斗、不屈不挠的精神，转而用之于伟大的建国事业中。中国解放区的一万万人民，在抗日战争中付出了最大的努力与牺牲，为中外所公认，在今后的和平建设时期中，也应继续作为全国民主建设的模范与和平团结的中坚，而尽其伟大的任务。

但是，在为独立、自由与富强的新中国而斗争的道路上，不是没有阻碍、没有困难、没有荆棘的。日本帝国主义侵略者，还没有执行波茨坦宣言，还没有放弃使其侵略的军国主义死灰复燃的企图，他们还在放肆地施行挑拨、分裂与奴役中国的阴谋。他们在中国的走狗们——中国的吉斯林们，正奉行其日本主子的指示，摇身一变，取得保护色彩，以图继续挑拨内战、破坏团结、阻挠民主，他们的这种企图并没有遇到打击，他们的罪行并没有受到惩处。相反，他们还受到了鼓励，愈益横行无忌。因此，中国吉斯林们及其他反动分子们的各种危险活动，重大地威胁着中国的和平、民主、团结。中国人民必须严重警戒与击破敌人的阴谋。

中国共产党认为在目前必须要求国民政府立即实施若干紧急措施，以奠定今后和平建设的基础，这些紧急措施是：

（一）承认中国解放区的民选政府和抗日军队，撤退包围与进攻解放区的军队，以便立即实现和平，避免内战。

（二）划定八路军、新四军及华南抗日纵队接受日军投降的地区，并给与他们以参加处置日本的一切工作的权利，以昭公允。

（三）严惩汉奸，解散伪军。

（四）公平合理地整编军队，办理复员，救济难胞，减轻赋税，以苏民困。

（五）承认各党派合法地位，取消一切妨碍人民集会结社言论出版自由的法令，取消特务机关，释放爱国政治犯。

（六）立即召开各党派和无党派代表人物的会议，商讨抗战结束后的各项重大问题，制定民主的施政纲领，结束训政，成立举国一致的民主的联合政府，并筹备自由无拘束的普选的国民大会。

中国共产党声明，我们愿意与中国国民党及其他民主党派，努力求得协议，以期各项紧急问题得到迅速的解决，并长期团结一致，彻底实现孙中山先生的三民主义。

同胞们！抗战胜利了！新的和平建设时期开始了！我们必须坚持和平、民主、团结，为独立、自由与富强的新中国而奋斗！

中国共产党中央委员会

选自《中共中央文件选集》(13)，中共中央党校出版社1985年版，第135～137页。

76. 附：日本无条件投降书

1945年9月2日

我们谨奉日皇、日本政府与其帝国大本营的命令，并代表日皇，日本政府与其帝国大本营，接受美中英三国政府元首七月二十六日在波茨坦宣布的，及以后由苏联附署的公告各条款。以下称四大强国为同盟国。

我们兹宣布日本帝国大本营及在日本控制下驻扎各地的日本武装部队，向同盟国无条件投降。

我们兹命令驻扎各地的一切日本武装部队及日本人民，即刻停止战事，保存一切舰艇、飞机、资源、军事及非军事的财产，免受损失，并服从同盟国最高统帅，或在他指导下日本政府各机关所要求的一切需要。

我们兹命令日本帝国大本营即刻下令日本的一切武装部队及不论驻在何地的日本控制下的武装部队的指挥官，他们自己及他们所率的武装部队，无条件投降。

我们兹命令一切民政的、军事的与海军的官员，服从与实行盟国最高统帅认为实践这一投降所适当的一切宣言、命令与指令，以及盟国最高统帅及在他授权下所颁布的一切宣言、命令与指令，并训令上述一切官员留在他们现有职位，除非由盟国最高统帅或在他授权下特别解除职务者外，继续执行非战斗的职责。

我们兹承担日皇、日本政府及其继承者忠实实行波茨坦公告的各项条文，并颁布盟国最高统帅所需要的任何命令及采取盟国最高统帅所需要的任何行动，或者实行盟国代表为实行波茨坦公告的任何其他指令。

我们兹命令日本帝国政府及日本帝国大本营，即刻解放在日本控制下的一切盟国军事俘虏及被拘禁的公民，并给予他们保卫、照料，维持并供给运抵指定地点的运输工具。

日皇与日本政府统治国家的权力，将服从盟国最高统帅，盟国最高统帅将采取他们认为实行这些投降条款所需要的一切步骤。

选自《晋察冀抗日根据地史料选编》下册，河北人民出版社 1983 年版，第 515～516 页。（未注明史料来源）

附：抗战历史回顾①

77. 林伯渠：由苏维埃到民主共和制度

1937 年 5 月 31 日

一、绪言

苏维埃过去的正确性与其所起的作用

半殖民地半封建的中国，在一九二七年大革命失败后，资产阶级退出革命，投靠帝国主义与封建势力，变为人民的敌人，在这一环境中，中国无产阶级及其政党中国共产党，领导农民小资产阶级，为坚决执行资产阶级民主革命任务，十年来苏维埃的奋斗是保持了革命的传统。当全国转入反动统治时期，帝国主义的压迫剥削、特别是日本帝国主义强盗的侵略，只有在苏维埃区域是被推翻了。全国封建势力继续抬头，封建剥削有加无已，也只有苏区地主土地被没收了，分给农民，真正的实行了“耕者有其田”，封建势力扫荡殆尽。进行认真地改善人民生活，工人获得劳动立法的保证，实行八小时工作制。全国人民被剥夺了一切民主权利，而在苏区的广大人民却能享受一切民主权利。无论在闽广苏区、鄂豫皖苏区、湘鄂西苏区、湘鄂赣苏区、浙西苏区、闽浙赣苏区、川陕苏区，以及陕北苏区，虽然星散在中国各部，但其执行的任务，是充分证明了他是继承了辛亥革命、黄花岗七十二烈士、二七罢工、省港罢工、五四运动、五卅运动、上海起义、南昌起义、广州起义，中国革命历史的传统。他的身上寄托着中华民族悠久伟大的过去及光明灿烂的未来。

---

① 在学习党中央的方针政策之后，再阅读陕甘宁边区政府负责同志的历史回顾，这便为以下深入研究陕甘宁边区的法制建设，奠定下坚定的理论与历史基础。

苏维埃转变的根据

由于中日矛盾成为主要矛盾，国内矛盾降到次要与服从地位，客观环境的要求，必须改变国内二个政权对立的状态，以使团结一致，共同赴敌。根据这一原则，在现阶段，变更苏维埃制度，使抗日民族统一战线，得着新的基础，并以这一让步去兑换全国所需要的和平民主与抗战，这是完全正确的。

苏维埃在现阶段所起的作用

十年来苏维埃的奋斗，在全国群众面前指出了苏维埃红军是继承了过去中国民族革命的传统。证实了他有资格成为民族统一战线的巩固阵地，他是抗日的先锋与坚强的核心，他能服从于民族利益，本着共产党的抗日主张，为实现中华民主共和国而斗争到底，没有过去，就没有今天。

由苏维埃到民主共和国是革命的前进，不是取消一切

工农兵代表苏维埃制度是最民主的。他最能吸收广大工农群众到政治生活中来，管理自己的政权，发挥自己的创造性，为独立自由幸福的新中华而奋斗。在十年来的国内战争中，苏维埃在战争动员上，如扩大红军运动、粮食动员、经济建设公债动员，在土地斗争中，如查田运动、春耕、夏耕、秋收、冬耕运动，在苏维埃建设上，如经济建设、文化建设、选举运动，都发动了千百万劳苦群众参加到各个战线上来，胜利地完成了光荣的任务。由于其只在一部分地区的胜利，我们拿这胜利去兑换全中国全民族的民主时，我们准备在民主共和国过程中，用立法的手段及别的适当方法，去解决农民土地问题。在保卫中国大前提下，来解决一切阶级矛盾。在全国范围说来，是革命的向前开展。现在苏区中的基本任务，是在于转变与创造特区成为抗日的及民主政治的模范地区，那么我们苏区的全盘工作，必须总结苏维埃运动的成绩与教训，根据国内和平与实现普选民主制度的环境，而有新的转变与发扬。忽视苏维埃优秀的成绩，而认（为）取消苏维埃制度即取消一切是不正确的。

二、新民主制度与选举

我们苏区现在要转变为国民政府的特区，从工农兵代表会议制度转到普选的民主共和制度，从更高的民主转到在全中国将要实现的适应于抗战的民主制度。这一新的民主制度应有它的特点。

新民主制度的特点

（一）实现真正的民主的选举制度及议会政治。特区及县设立议会、区及乡设立区及乡代表会议。

（二）各级议会议员的产生，均按照平等直接无记名投票方法选举，议员应对各该选举区的选民负责。这种各级议会议员的直接选举与苏维埃多层的宝塔式的选举不同，因为只有如此才适合各阶级联盟的民主制度，适合于各党各派及全体人民的要求。

（三）议会议员的选举，不仅按区域按生产单位选举，且应有各该级政府所属抗日武装部队直接选出的议员代表。

（四）各级行政长官（乡长、区长、县长、边区主席）由议会及代表会议选举，对议会要负完全责任。

特区实现新民主的方向

（一）边区在全国范围内，首先实现普选民主制度，设立议会。

（二）立即改变行政机构，使之适应于抗战的需要，使之合理化，使之有工作能力而保持苏维埃的工作作风。

（三）重新划分行政区域，使行政机关更接近地方人民。

（四）保证工农劳苦群众在革命斗争中所获得的利益，如已分配的土地，不能退还地主，八小时工作制不能取消等。

（五）保证抗日武装力量之政治的坚决，成分之纯洁，及组织的灵活，并发展之。

（六）保证人民一切民主权利，同时加强保安工作，严镇人民公敌汉奸。

三、行政机构的整理

转变到民主共和制度之政权机关组织形式，必须加以整理，并加强其工作能力。因此苏维埃政权形式有改变的必要。根据陕甘宁边区的特殊情形，苏维埃政府转为边区政府时，边区政府下设立秘书处、建设厅、农工厅、教育厅、财政厅、民政厅、保安司令、法院、审计处，边区政府组织主席团，各厅组织委员会，厅长为当然主任。县设县长、区设区长、乡设乡长，乡长下设各种委员会。边区政府的特点与其贡献于全国各省的宝贵经验：

（一）为改善人民生活，保障人民权利，特设农工厅。人民的要求，经过这一组织，可以充分反映到政府，在阶级利益服从于民族利益的原则下，能适当地解决一切阶级间之矛盾，一一见诸实施。

（二）法院的审判独立，但隶属在主席团之下，不采取司法与行政并立的制度。

（三）保安司令为维持治安之负责机关，他对于人民公敌、汉奸、奸细，能予以充分的注意与之作无情的斗争，而绝对保证人民应享受之一切民主权利。

（四）乡政府为吸收广大群众参加工作，可按工作组织各种委员会，苏维埃过去的经验告诉我们，这是人民直接参加政府工作的最好组织形式，应充分保存并发展起来。

这一行政机构，与各群众组织（如：工会、农民委员会、青年救国会、妇女代表会）及一切抗日团体，取得密切的联系，使这些组织成为政府最重要的支柱与依靠，成为人民政权的轮带。因此各级政府机关，应保持过去良好的制度，发挥这一机构的特长，各级机关必须进行下列工作制度：

（一）集体办公制度；

（二）集体领导个人负责制度；

（三）工作检查与工作报告制度；

（四）依据工作计划，严格执行预计算制度。

只有如此才能使这一行政机构成为有机的合理化的组织，有能力而能适应客观需要的政权组织。

四、转向民主政治的主要工作

使苏区变为抗日模范区，我们的工作从何开始呢？

（一）开展广泛的民主选举运动。

依照陕甘宁边区选举条例，进行各级政府的改选，并建立各级议会和区乡代表会议。

以民主制度的转变，更提高群众的政治积极性，以高度的政治和组织工作，来完成这一任务。为此必须进行广大的政治宣传解释，向群众说明为挽救中国的危亡，安置民族统一战线之坚固的基础，而转变到民主共和制度去之必要意义和实质，与人民的敌人汉奸、托洛斯基派等每一武断煽惑与捣乱行为作揭发与严厉反对的斗争。按期进行一切选举的准备工作，按期检查进行程度。

（二）限期肃清土匪。

在苏区自革命以后，土匪是没有了。但在新的局面之下，被革命所推翻的豪绅地主回家来了，反革命组织在民主制度下，更多机会活动了，这些反动势力的企图复活与武装的破坏是不会停止的，因此肃清土匪是进行转变各种工作中之主要的一环。我们必须认识苏区内的土匪的社会基础是：

一、过去被推翻的豪绅地主；

二、过去被解除武装的民团土匪；

三、封建势力下产生的反动组织如个别哥老会等；

四、苏区以外的反动势力汉奸亲日派。

因此现在对土匪，我们应该采取消灭政策，加强地方武装与群众团体的组织与领导，从根本上去消灭他。

（三）文化建设

文化教育工作在新的条件下，带着极端重大作用与意义，必须大大的以百分之五十的力量去进行文化建设。采取适当的办法，实施以民族解放和民主政治为民众教育中心内容的普及教育。根据群众的文化教育建设方案，必须进行下列事项：

一、发动群众普遍组织识字促进会和识字组。

二、设立夜校，在人口比较集中地方设立补习学校。

三、按区开办冬学。

四、在人口稀少的地方办巡回训练班，进行巡回的短期训练。

五、根据具体情形恢复与创办小学校。

六、健全各级教育行政机关的组织，建立巡视登记报告制度。

（四）经济建设

在改善人民生活与巩固国防的目标下，适应特区经济发展的具体环境，我们进行经济建设时，应把握着坚强的信心。有些同志以为陕甘宁地区贫瘠，人口稀少，经济落后，加以战争破坏等，一时经济难于发展。但在抗日前进阵地的陕甘宁：（一）是当前民族团结，对日抗战的全国人士注目地。（二）他有十年来苏维埃建设之丰富经验与坚强干部，以及特区内广大忍苦耐劳具有强大组织力与高度政治觉悟的人民。（三）他有共产党正确坚强的领导。这些政治上的优越条件和具有广大土地与石油、盐、煤、铁、牲畜、皮毛、药材等的丰富出产，只要有正确的领导，与生产战线上良好的组织工作，特区的经济建设是有充分发展的可能。因此我们必须根据特区经济建设方案，开展广泛的经济建设运动。

一、在农业方面要领导春耕与夏耕运动，以恢复与改善农村经济，改善人民生活。

二、开办水利，以利农耕，改良土地。

三、在工业上注意发展石油、盐、煤、铁等主要生产，保护手工业。

四、在商品流通上，广泛发展合作运动，注意皮毛药材出口，相当提高农产品价格，以刺激农民，提高农业生产。

五、修筑道路，以便解决运输困难。

六、积极领导经济建设运动，扩大加强各种劳动组织，吸收妇女到经济建设上来。

五、工作方式与工作方法的转变

为着实现目前新的伟大任务，边区政府的工作更加合理化与活跃化，必须要求政府工作人员充分进行民主的工作方式与工作方法。要达到这一点：

（一）首先要认识环境。现在是从战争转入了和平。如对这一估计不足，那么我们就无法转变一切工作。如果说过去的工作中心是动员一切力量进行打仗，口号是“一切服从于战争”，那么现在是迅速准备充实快要到来的抗日战争的力量，一切带着国防的性质，工作中心已转到国防建设方面来了。如果说，过去工作多带着流动的性质，常采取突击的方式，那么现在则更固定些，计划应有经常性。过去的工作单纯些，现在却更复杂了，因此处理问题要有原则的了解。

（二）在民主集中制的基础上实行工作民主化，其方法：

甲、各级政府应该更加注意集体的领导，在严密分工与个人负责制上，一切工作应有集体讨论与决定。

乙、实行工作检查制度，按期检查工作，按期向上级及群众报告，这可以使工作计划不打折扣，而能全部实现。

丙、实现合署办公；工作人员的紧缩与集体办公，这可以增加学习的机会与提高工作效率。

（三）建立启发下级组织与群众积极性与创造性的领导，因此不能采取抑制与束缚下级组织及干涉一切的领导，而要有充分的工作批评的自由与工作报告的制度。

（四）在复杂的环境中，要有分别的具体的灵活的，带作战性的领导方式，要反对不顾具体情形一般地公式化的领导方式。

从苏维埃到民主共和国，我们已付了相当的代价。十年来流血的斗争，造下了今日的和平局面。在巩固国内和平迅速准备对日抗战的过程中，还有许多的困难，还须要付与相当的代价。为取得中华民族解放与自由，我们不仅要了解群众的困难，倾听群众的意见，同时也要给他们以正确的解释，及时地解决问题。在中国共产党领导之下，我们是能够把胜利的前途变为胜利的现实的。

选自《陕甘宁边区参议会》资料选辑，中共中央党校科研办公室1985年编印，第48～55页。原注：“载《解放》第五期，一九三七年五月三十一日出版”。

78. 谢觉哉：陕甘宁边区政府的组织与建设

1937年6月

《新中华报》编者按：这个材料准备在以后各期连续发表，专门供给各地干部及群众的教育用的，希各地同志们注意。

第一讲　为什么要有边区的建立

边区的疆域

边区的四至，不是依据山川的天然疆界，也不是说已是国家的边境，而且也不能有严格的划界。只是事实上已有了这特殊情形的边区。它的四至：北靠长城，南抵渭河，东起黄河，西至灵武、金积，纵横均及千里，原属陕西、甘肃的北部，宁夏的东部。现分为陕北省、陕甘宁省和关中特区、神府特区，神府与陕北尚未连系。

附边区略图（略）

边区人口未全统计，大概有一百五六十万左右。农业因水利未修，耕种粗放，产不多，可是每人种地很多，丰收一年可以吃两年以上。药材为出口大宗。矿产出名的有延长的石油，花马池的盐，煤到处皆产。边区经济，大有发展的余地。

现在边区共有五十个县，许多是新划的。

边区的特点

一、边区建立苏维埃有了六七年，封建势力根本肃清。

二、人民已得完全的民主。

三、土地分配了，苛捐杂税取消了，人民生活逐渐改善。

四、人民因实行管理政权，政治情绪很高。

五、是全国最富于抗日准备的地方，且已站在抗日的前线。

为什么要有边区的组织

一、中华民族的解放和民生的改善，需要抗敌，需要民主。苏维埃为着这个目的，奋斗了十年。其抗日的准备与民主的训练，可以做全国的模范。

二、中国大得很，百分之九十九以上的地方，尚没有民主，封建残余的势力，非常猖獗。假如把这不足百分之一的已解放了的苏区，混在他们的组织里，那末，纵不像江西苏区、鄂豫皖苏区、通南巴苏区等被残杀，而发生的民主嫩芽，也必像受到霜雪一样：萎败下去。反之，有个边区组织，独立地表现它的成绩，那必然成为全国解放的模范，为全国先进群众所向往。全国的解放也就不远了。

对怀疑者的解释

怀疑的人有两种：一是苏区的人，他们说："只有苏维埃才能救中国。我们为苏维埃血战了十五年，我们不能把红旗子取下！"我们的答复："对的，但现在为要救世打日本，国内必须统一，要把两个政权对立的状态取消。这是一方面。另一方面，苏维埃名义虽然取消，苏维埃的好办法，仍然存在。土地分配了，不还原；民主制度继续发展，红军游击队的武装仍在工农大众的手里。而且要把这些办法推广到全中国。"去换过一种武器（不是用枪炮）推广到全中国去，那不比屈促在小小苏区，老是打不出湖，好得多么？

一是苏区外的人，他们说："既已和平统一，为什么不把所占区域归还建制，而要成立边区呢？是不是共产党也学军阀一样，要弄个地盘呢？"我们的答复：不是，绝对不是。共产党是最进步的政党，他要解放全中国全世界，他的力量倚靠革命的阶级和先进的群众。若说共产党也学割据军阀的样，那只暴露其无识。至于为什么要设立边区呢？那正如上面所说的，已得解放的地区，应继续发展，不应拉它后退。而且在落后的边区里，做出抗日和民主的榜样来，给那班说“中国无力抗日”“中国民众落后”的话的人，以事实上的回答，也是最好不过的事。到将来真正民主共和国成立，非边区也和边区一样时，那末，区划也许应该改变。

第二讲　边区政府和苏维埃不同的地方

上面说，苏区改为边区，苏维埃好的办法和实质依然存在。但是不是名义上改变，内容上还是一样？不是的，内容有很多不同，且有些原则的不同：

第一，政权的性质——由工农民主改为一般民主。苏维埃是工农民主，工人、农民及和工人、农民差不远的小资产阶级，有选举权和被选举权，地主、富农、资本家，一切专靠剥削为生的人，没有选举权和被选举权。政权机关和劳动者连系在一起，真正是劳动阶级管理，为劳动阶级做事。全世界除苏联外，尚只有中国苏区做到这样。

现在改为一般的民主，那就是说，除工农小资产阶级外，地主、富农、资本家也有选举权和被选举权了，只要他不是汉奸、卖国贼。里面办事，采取资产阶级及民主的方法，自然比工农民主要呆板得多。问题就在这里，这不是“开倒车”么？我们说，是一种让步，但不是“开倒车”，而是向前进。小小的苏区虽然实现了更高的民主而全国广大地区连一点民主的影子都没有。现与国民党约：苏区里面，允许地主、富农、资本家有选举权和被选举权；国民党所辖区域，也允许工农大众参加政权。像走路一样，前面的站住一步，落伍的赶将上来，不要彼此“相背而驰”。我们在小小苏区让点步，而在全国取得胜利，这不是前进是什么？这是一。

二、在苏区里让步也是有限度的，苏区和红军问题上共产党领导的保持，是让步的限度，超过这限度是不许可的。

三、假如国民党不这样做怎么办？我们说：国民党已经答应，实行宪政。工农向他要民主，总不好意思公然拒绝。过去他说苏维埃跑得太远，不合国情，赶不上（当然全国人民对苏维埃的认识还差）。现在苏维埃改边区，实行国民党所允诺的民主政治，做个样子给他看，给全国民众看，必然的，大家会开步跑赶上，谁也不能骗住或骇住他。

四、边区里面封建势力已经打倒，工农已有了政治的觉悟和经验，今后虽允许地主、富农、资本家参加选举，但他要恢复从前的势力，已不可能。这就是说我们可以尽量到全国去和封建势力斗争，而在边区里却用不着忧虑。——当然我们仍需警觉，需要做许多工作，去克服他们复活的企图。

第二，政权的形式——由苏维埃形式改为议会形式。苏维埃组织像宝塔一样，一层层选上去——选民选出乡代表，乡代表选出区代表，区代表选出县代表，县代表选出省代表，省代表选出全苏代表。这是一方面。

…………①

有几点与国民政府现行制度稍异的，须得说明如下：

现行制度没有农工厅，但改善群众生活，实际就是改善工农大众的生活。工农生活得不到保障，也就无从发扬国力，抗日救亡。边区特设农工厅，有它的重大意义。将来全国

---

① 原注：本文从《新中华报》第三百六十六期（一九三七年六月十六日出版）开始连载，因为缺《新中华报》第三百六十七期，此处脱稿，故缺第二讲的后一部分和第三讲的前半部分。

也是要设立的。农工厅的长官须是工农所爱戴的工农出身的分子。

现行制度法院和行政对立的，边区法院仍隶属于主席团之下，因为时局进展，审判常须受政治的指导。与其设特别法庭或戒严法来调济，不若使法院在主席团领导下保持其独立，这于保障人权较为有利。

议会的组织

一、各级议会都是由选民直接选举，上面已说过。

二、各级议会改选与开会时期：乡代表会每六个月改选一次，每一个月召集一次会；区议会每九个月改选一次，每两个月召集一次会；县议会每一年改选一次，每六个月召集一次会；边区议会每两年改选一次，每一年召集一次会。各级长官改选时期与各级议会同。

三、县议会、边区议会闭会时设常驻议员代行议会职权。

议会和政府的关系

打个比方：议会是人民直接选的，是主人；政府是议会选的，是佣人。主人对佣人有监督指挥的权利，佣人应接受主人的监督和指挥。边区议会及行政组织纲要规定各级议会职权：

一、选举行政长官。

二、批准预算（预算以一年为一会计年度，审计处只审查计算）。

三、编制或批准各项建设计划（边区政府虽是全国中央政府之一部分，但又是地方自治政府，主要的任务是建设）。

四、决定征收各项地方性的捐税及发行地方公债（办事要钱，钱的来源须由主人——议会自己决定，佣人——政府不得自由征取）。

五、议决边区内的单行法律。

六、召回所选出的行政长官（比如县长是县议会选的，如发现该县长不好，县议会可以把他撤回来另选过一个。同样，选民选的议员，如认为不好，也可以把他撤回来，改选一个）。

七、下级议会议决案不得与上级议会议决案冲突。

注：四、五两项是专门属于边区议会的。

又纲要上规定："各级政府直接向各级议会负责"。正像佣人应对主人负责一样，他要到议会做工作报告，接受议会的质问和批评。这里不是说各级政府可不对上级政府负责，上级政府是上级议会选出的，下级议会不得有与上级议会不同的议决，那么下级政府对上级政府负责，与他对同级议会的负责并不矛盾。

政府的权力

照上面说：政府权力似乎小了，其实不然。只有这样的政府，权力才是无限大。因为它集中了广大民众的力量，为广大民众所支持。比如说，它的武装是民众的武装，训练有素，一声令下，要上边境抗敌，马上就四面八方来了。又如要把盐池到西峰的汽车路修好，便利运盐，民众都晓得是利益之所在，动员方法和经费支配都很清楚，一声喊就可以完成，试问那些独裁的官僚政府能这样吗？

政府与人民的关系

苏区已经把旧时代的政权机关全部推翻，重新建设，找不出旧政权时代的官僚影子了。如果说旧时代下层民众与上层政权结构是两截的话，那末现在的边区民众与政权结构已融合在一起。这种改革今后更应发扬起来，其保证：一、如上所述，选举和议会的彻底民主。二、广大不脱离生产的民众参加政权（后面再说）。三、废去佣兵制，民众直接武装。四、政府工作人员的俸给不得超过边区熟练劳动者的所得。苏维埃是这样，边区政府也是这样。五、边区群众文化的政治的水平提高与生活改善。

第三讲　边区政府工作纲领

民主建立

因为边区成立过苏维埃，有更高的民主基础：

一、群众用自己的血夺来的政权，比一般所谓政权开放下的群众，情绪完全两样。

二、官僚习气已铲除，群众和政权机关的接触是赤裸裸的。

三、群众组织发达，没有人不参加其特殊利益的团体。工人有自己的组织，农民有自己的组织，商人也有自己的组织，小孩入儿童团，青年入青年救国会，妇女入妇女代表会。这些团体也是整个民主的有力支柱，因为这些团体的本身是极民主的。

四、市乡苏维埃民主制度的特点如下：1. 市乡代表的任务。苏维埃组织法第十三条规定，“市乡代表的任务：一方面是代表选举他们的选民到苏维埃去工作，传达选民意见及选民所要进行的工作；另一方面是将上级苏维埃所要进行的工作，经过市乡苏维埃讨论之后传达到群众中去，领导各代表所在范围内的居民坚决执行……”这样，使居民与政府完全连结起来。2. 市乡代表主任制。为着使各村各街道的工作进行便利，在几个代表中选一代表主任。3. 固定代表制。苏维埃组织法第十五条规定，“为着代表与居民的密切联系，便于吸收居民意见及领导工作，应依照代表与居民住所接近，将全体居民适当地分配于各个代表的领导之下（人数以二十人为准，但因居所的便利，可以多一点或少一点），使各个代表对于其一定范围内的领导下的居民发生固定联系”。这办法好得很。代表对他所代表的居民的家产、意见、情绪、能力、困难，无不了然。居民有什么都找他解决问题，听他指挥。4. 吸收广大群众参加工作。苏维埃组织法第十六条规定，市乡苏维埃之下设立各种经常的或临时的委员会：扩大红军委员会、优待红军委员会、慰劳红军委员会、赤色戒严委员会、防空防毒委员会、义务劳动委员会、失业救济委员会、贫民委员会、房屋委员会、户口委员会、工业研究委员会、农业研究委员会、国有财产委员会、教育委员会、卫生委员会、桥路委员会、粮食委员会、备荒委员会、森林委员会、水利委员会、牧畜委员会、开荒委员会、选举委员会、武装委员会等。这些委员会的办法是苏区里一些模范乡的群众创造出来的。他们用这方法，发展了群众的力量，提高了群众的情绪，得到了意外的成绩。看起来好像麻烦，但农民是实际主义者，有某事项才组织某项委员会，事做完了，委员会就停止，并不感到麻烦。这是一。第二，各委员会都有乡代表参加，为委员会主任，经常参加乡的会议，在乡主席的领导下，配合着进行工作。第三，委员会多，参加的人就多，尤有活动能力的男女，都在做工作，像千百条血管连结在群众里面。

五、选民有随时召回被选人的权利。召回权在乡一级多已实行。

上面这些是现代一般的民主国家所没有的。边区却已经有了。所以，说边区建设民主不容易，固然不对；说边区民主只限于一般的民主自由，其认识也是不够的。边区居民已不能以此为满足了。

自然，一般的民主（如言论、集会、结社、罢工等自由）、各级议会、政府选举的民主，政府工作方式的民主（如会议制、集体领导、个人负责等），都应该做得很好。但这些民主做得很好的保证，在于我们保存并发扬上面所讲的这些高度的民主基础。

过去，边区周围有一道人为的墙，这边极民主，那边极不民主，现在这道墙快拆完了，民主洪流将冲决而出，首当其冲的是下层地方行政——联保制度（我们不反对联保名义，只要保长民选，有民选的保甲代表会）。上面来的风吹折枯枝，且下面发的水连根拔去。这就是我们民主模范的特色，我们可能且必须向这样的前途迈进。

经济建设

群众没有饭吃，没有衣穿，而说这是模范区，固然是笑话。到处闹饥荒，饿死人，一面却整顿市面，不许行人打赤膊，随地小便，说国家已现代化了，同样也是羞死人。边区的经济建设，应脚踏实地，在一定期内做出预期的成绩。

第一，我们有经济建设的优越条件：

一、高利重租苛捐杂税，一切足以妨碍生产的封建制，已根本铲除——从前三边地方平均每人每年捐税在二十元以上，清、绥、安定一带，一垧地正赋收五角，附加却加到十元，利息普遍到百分之三十到百分之一百，这是农村破产的重要原因。现在都取消了。以后捐税须经议会议决才能征收，利息现已规定不得超过百分之十五。

二、农民都分得了土地，生产热情增高——今年仅据陕北七个县的报告，垦荒三万七千余垧，达原有耕地的七分之一。妇女生产学习组、劳动互助社、犁牛互助，到处都在组织。这还是初停战时的现象。

三、有广大未开垦的土地，足资牧畜的草原，能开浚的水利，待开发的矿产。

第二，目前经济建设的方针：

一、西北农村破产，怕比任何一省都厉害，现第一步是逐渐恢复原状，但同时应在力所能及之内，采取新的设置和技术。

二、为着经济进步增速，而又不违反争非资本主义前途的原则，现时经济的组织，应该是：1. 合作社的经济——合作社是抵抗私人资本的群众经济组织，它是过渡到非资本主义前途的桥梁。2. 小商品的经济——因受帝国主义经济侵略，大部小商品生产者破产了。应给以特殊保护（如低利贷本、保障销场等），使其恢复并发展。3. 私人资本主义的经济——边区是营业极自由的地方，没有苛捐杂税，没有外货压迫，而石油业、煤铁业、盐业、皮毛业、牧场、农场、水利，都大有发展的可能。我们欢迎资本家投资，并保证保障其能得利。4. 国家资本主义的经济——国家应以极大力量来办理私人所不易举办的事，农业、工业、矿业甚至商业，都可以部分地国营。

第三，在边区内讲，经济建设已成为现在的重要一环，建设厅（即现在的国民经济部）应即着手制定具体的计划，大体的内容应如下：

一、农业：大量垦荒——新荒老荒不知道有若干，除发动现有农民开垦外，地主豪绅回家的，外籍士兵愿在此落业的。外籍逃荒来的皆给以足够土地，一经垦熟，即永为所有。实行农贷——缺乏种子、耕牛、农具的，政府借款把他，或代为购买，其集股开渠凿井办农场的，政府除低利贷款外，还须派专门人员去帮助。开办农校及模范农场——办农业学校一所，学理论与实习并重，凡暂时在边区不能实行的缓教，农校应与农民联为一气，并接受老农的经验，设模范农场一所或两所，农场做的，要使农民能够马上仿行，并帮助他们仿行。开水利——边区有很多能灌溉的地方，费几百元钱即可溉田数百垧至千余垧，在目前大部须由政府来办。粮食储备——边区虽常遭荒旱，但地广人稀，收一年可食两年。近代因打仗，储粮吃空了。今后粮食生产必多，一面固应运些出口，但同时充实义仓，鼓励群众储粮，准备将来抗战，仍是必要的。此外如改良农具，边区农具比东南落后，在不能机械化时，应仿照东南匠人制造较进步的农具。施肥也同样应仿效东南的方法，使由粗放耕种渐进到集约耕种。

二、牧畜：改良畜种——过去农民无力择种，就是边区内较好的种，也听其自然。今后不仅在边区选种，且应购入国外的良种。精制皮毛——开公司，用较新科学方法硝皮、洗毛，提高皮毛价值。繁殖畜产——这几年畜产数量，减少很多，今后应保护母羊，改良畜舍。扑灭畜病——各区乡订立畜产增加的比赛。

三、植林：避免荒旱，调节气候，供给器用，都需植林。边区不是不宜植林，而是砍伐太多，又不栽种。今后每年冬春之间，应举行植树运动，设立苗圃。同时边区到处有煤，燃料应取给于煤，不许砍树（居民无力开煤窑的，政府贷与资本）。

四、矿业：全国闻名的延长石油，我们拾了以前资本家丢下的机器，费很少的钱，出产也还不错。花马池的盐，稍加人工，即成精盐。煤矿、铁矿、银矿蕴藏不少。我们欢迎资本家来投资，大量开发。

五、工业：首先帮助手工业恢复生产，其次购进简单的机器，如织布机、纺纱机、硝皮洗毛机等。

六、合作社：边区的合作社，过去起了很大作用，今后更应发展它的功能。其改进方法：（一）合作社须独立营业；（二）实行社内民主；（三）设生产合作社或消费合作社附设生产部门；（四）加强各级合作社指导委员会的领导；（五）加强贸易局对合作社营业的帮助；（六）银行对合作社的低利贷金。

七、国营商业：过去贸易局主要是保障部队和机关的供给，今后贸易局的任务在调济盈虚，刺激生产，抑制商人的操纵。因此贸易局应有远大眼光，有整个计划，在各经济中心，如定边、西峰、延安……建立起在商业上的领导作用。当然我们并不垄断，相反的，对商人仍采取保育政策。

八、修路：通绥德、定边的汽车路须早完成，其他道途须尽可能做到能行大车。

为达到上述目的，边区政府：一、欢迎国内资本家及华侨资本家投资，给以优益的条件；二、欢迎技术人才，尽可能给以优待。

文化建设

国民党肖淑宇先生到过湘经“匪区”。在他给国民党中央的报告上说：“匪区教育虽浅，确已普及；所有祠庙都变成了列宁小学，校长是农民，教员是知识分子，教员很尽职。”又说，“中国教育普及讲了几十年，越讲越不普及，大家说是师资和财力缺乏所致，难道‘匪区’师资财力比我们多吗？这点我们应该自愧。”可惜得很！肖先生尚没有看见“匪区”的干部教育，假如看见的话，不知要“愧”到怎样？究竟苏区教育怎样办的？抽象地说：“群众自己起来要求自己所需要的教育，同时群众自己起来教育自己。”具体地说：一个村吧，儿童团集会、讨论、唱歌、游戏，互相督促上学校，竞赛；妇女会、少先队、青年团互相督促加入夜校、半日校、识字组，办学的是他们，教书的也是他们。学了就教，学了就用，困难时树枝、土块可以当笔；紧急时，前面行人背着字，后面行人学着写。江西苏区的教育就是这样普及的。干部教育大部是从工作过程中进行的，而出学校去工作，做一时工作又进学校，也是常事。卫生学校、通讯学校等技术教育，一些不大识字的青年，学几个月、年把居然成了好的医生或报务员，这是出人意料的，然而确是事实。今后边区的教育是要扩大这种精神。

一、一切教育的中心是抗敌救亡，即国难教育；

二、教育与生活合一；

三、依靠大众在生活过程上要求教育的热忱，教育方式不限于学校；

四、实行儿童免费教育（包括幼稚园在内）；

五、中等以上学校，供给衣食，并给津贴，所谓学费不是学生缴把学校，而是学校发把学生，使凡须学习的及已就职的，而仍需深造的，都能就学；

六、文化出版完全自由，并给以物质的帮助；

七、完全文盲的，先教新文字，逐渐改革中国的文字工具。

军事建设

同样是继续苏维埃军事建设的精神：

一、废除佣兵制，武力成为民众的武力；

二、农民组织自卫军、工人组织纠察队、青年组织少年先锋队，各置备新式或旧式武器，时常训练；

三、组织航空化学协会，发展摩托教育；

四、普及体育运动，使居民都具有能够抗敌的健强身体；

五、依靠民众自卫力量彻底消灭反动土匪。

财政建设

边区是受协省份最贫瘠的地区，但我们相信，最近期内，可以做到财政完全自给。其办法：

收入方面：一、国营企业（矿、工、商、水利等）的收入，将占重要部分或大部分；二、实行统一的累进税，富的多出，贫的少出或不出；三、群众自由报效。

支出方面：一、减少消费的支出，增加建设的支出、二、不采取旧社会上下悬距的俸给制；三、财政统一，尽可能节省，严格执行审计制度。

我们以前是这样办的，以后还是这样办。

薪给制度

“升官”与“发财”相连是中国政权机关腐化的根源。列宁说：政府人员的最高薪给，不能超过一个工人：理由是政府人员并不需要比工人还多的长期训练。中国有句古话：“禄足以代其耕”“休官的叫归田”。做官的和耕田的，只是一时事业的变换。苏区的代耕队替士兵、工作人员的家里种地，就是这个意思。将武装部队仍应保存这个办法，其他人员如给薪时，薪额只能“以代其耕”为限，即最高不得超过边区里一个熟练工人。

这办法的好处：一、能够保持朴素耐劳的传统作风；二、给工作人员生活以确定保障。许多从前过过或现在仍在过着旧时代俸给生活的，都说这办法好，衣食虽然坏一点，但谁也无生活的顾虑，安心地做他的工作。

农工问题

苏维埃颁布的劳动法，雇农条例规定了八小时工作制、劳动合同、集体合同、最低工资等，依然有效。另一方面，社会保险（工人失业、疾病死亡等救济）、社会救济（老弱残废、凶灾、贫穷等救济，因革命被难者的救济，即现在互济会的事业）、租息的限制（息已有了规定，租还没有，既已允许田地出租，又不再没收地主土地，租额必须有个限制，像过去陕北的"打伙子""捧子""保租"，陕甘宁的"调分子""招伙子""死租""租牛"等封建办法，不能允许再存在），均须把它做得很好。

司法制度

一、田土、婚姻、钱债、斗殴等诉讼，边区已不大有。因为这些诉讼的社会基础，发生了根本变化，反革命案及被反革命利用的土匪案，将占司法上的重要地位。

二、充分采取感化主义，不采取报复主义，但为着保护革命利益，对顽强的反革命分子仍允许采取严厉办法。

三、行三级两审制，初审机关判决后，被告即不声明不服，也须送给上级审判机关审查以昭慎重，死刑则必须经过最高审判机关核准，才能执行。

四、审判独立，但仍在边区主席团的领导之下，使审判能适合于当时政治的环境。

五、改善感化院的设备，从生活上教育上给罪犯身心上以根本的改造。

妇女问题

边区妇女在财产上、政治上、职业上、婚姻上已得到解放了。但因生理的习惯制，彻底解放还未可能，因此妇女代表会、妇女救国会等特殊组织，应使之发展，托儿所、公共食堂还待组织。民政厅内应设专做妇女工作的科，保护妇女的利益。

少数民族问题

过去统治者对于少数民族问题，铸成大错，只看见现在蒙古民族的衰弱，勾引日寇，德王企图建立傀儡蒙古国。回民呢？同治光绪年甘西北回汉大惨斗，至今还是一片荒凉。数年前甘回暴动，死人好几万，这种大汉族主义的办法，没有一点好处，结果只有便利敌人，同归于尽。红军自到陕甘与蒙回接触，坚持民族自决主张，并诱导帮助他们自决，使他们有自己的武装和自己的政权组织，从前仇恨的，现在异常亲爱起来，能独立而后能有联合，有自由而后能讲平等，边区组织纲要上规定：少数民族，蒙回有自由组织政府及自由加入或退出边区政府之权。边区议会内设少数民族委员会，保护少数民族特殊利益。这个政策的实施是解决全国将近二千万少数民族问题的根本，我们须予以绝大的注意。

工作方式与方法

工作方式与工作方法：

一、首先认识环境，现在从战争转入和平，如果说过去中心工作是动员一切力量进行打仗，一切建设是为着打仗，那末，现在是迅速准备快要到来的抗日战争的力量。工作中心转到国防建设上来，过去的工作多带着流动性、突击性，现在则因固定了些，计划应有经常性，处理问题都要有远见及原则的了解。

二、发扬民主集中的工作作风：甲、各级政府应更加注意集体领导，在严密分工与个人负责制上，一切工作应有集体讨论与决定。乙、实行工作检查制度，按期检查工作，按期向上级及群众作报告。丙、实行合署办公，提高工作效率及增加工作人员学习的机会。

三、建设要启发下级组织与群众的积极性和创造性的领导。

四、要有分别的具体的灵活的领导，反对不顾具体情形，一般的公式化的领导方式。

参考材料：《苏维埃土地法》《苏维埃劳动法》《苏维埃婚姻法》《地方苏维埃组织条例》《陕甘宁边区议会及行政组织纲要》《陕甘宁边区选举条例》《陕甘宁边区经济建设计划草案》《陕甘宁边区教育原则和方案》

选自《陕甘宁边区参议会》资料选辑，中共中央党校科研办公室 1985 年编印，第 56～71 页。原注："载《新中华报》一九三七年六月十六、二十三、二十六、二十九日第四版"。

79. 李维汉①：陕甘宁边区政府工作回顾②

1986 年

一、毛泽东的嘱咐

以延安为中心的陕甘宁边区，是中央红军长征的落脚点，又是抗日战争的出发点，党中央指挥全国革命的大本营，全国政治上最进步的区域。但存在两方面的情况，一是国民党顽固派方面，他们把陕甘宁边区看作眼中钉，时刻妄图拔掉它。一九四〇年前，尚有国民党县政府、县党部和电报局、邮政局等通讯机关设在边区，还设有榆林地方部队常驻机关，从事反共反边区间谍破坏工作。这些机关因其破坏活动被我揭露撤离后，国民党又不断向边区秘密派遣特务，并在洛川、西峰镇、榆林三处设立反共据点，伺机进袭，从政治、经济、文化上封锁边区。二是我们自己方面，边区地广人稀，经济落后，文化闭塞，人畜死亡率很高。全区共辖二十七个县、市，包括陕西、甘肃、宁夏的延安（县、市）、甘泉、富县、延长、延川、安定（子长）、安塞、保安（志丹）、固临、绥德、清涧、米脂、佳县、吴堡、新宁（宁县）、新正（正宁）、赤水（旬邑）、淳耀（淳化、耀县各一部分）、庆阳、合水、环县、华池、靖边、定边、盐池、吴旗等地。人口仅一百五十万。因此，经济建设和文化建设的任务是十分艰巨的。

我在中央研究院的整风学习告一段落，确定调往陕甘宁边区政府工作时，枣园打来一个电话，说毛泽东找我谈话。我到了毛泽东那里，他和我谈了很长时间，主要谈边区政府的工作。他说：今后边区政府的工作，第一，要讲团结，全边区要团结在以高岗为首的西北局周围，边区政府内部要团结在以林伯渠为首的政府党组周围；第二，要精兵简政，做到五句话：精简，节约，统一，效能，反对官僚主义；第三，要发展生产，主要是农业生产，也要搞好工业生产（他知道边区已经有火柴、毛织等工业和七百个工人，沈鸿还带进一些机器来，很高兴）；第四，要搞好文化教育工作，边区文化教育太落后，文盲多，巫

---

① 李维汉，1942 年 9 月—1946 年 4 月，任陕甘宁边区政府秘书长兼政策研究室主任。

② 原注：本文原载李维汉《回忆与研究》（下），中共党史资料出版社出版（一九八六年四月）。文内的注释是原有的。本书编者对个别史实、时间、人名、数字有订正。

神多，迷信多，文化教育要抓紧发展；第五，要搞好“三三制”政权，此事，陕甘宁边区一定要带头搞好。我离开时，他送到窑洞外，特别叮咛说：“罗迈，延安好比英国的伦敦。”我体会这句话的意思是说，伦敦是英国的首都，它的政策影响着英国的众多的殖民地。我们当时也有很多根据地，根据地当然不是殖民地，但需要一个“首都”作为政策中心，则是一样的。毛泽东是要求陕甘宁边区在执行党的政策中带个头，自觉承担试验、推广、完善政策的任务。期望殷切，鼓舞极大。毛泽东的这次谈话，我向西北局报告过，也在边区政府党组传达讨论过。

从一九四二年九月十二日到职至一九四六年四月十九日离开，我在边区政府一共工作了三年零七个月。我的职务是边区政府秘书长兼政策研究室主任，李景林是副秘书长兼审判委员会秘书长，以后常黎夫来了，他先是秘书处长，以后是副秘书长兼政策研究室副主任。我主要协助以林伯渠为首的党组做一些会议组织工作和政策研究工作。这样的人事安排，就使我有可能花更多的力量去做上述的工作，对我的帮助是很大的。政策研究室的同志们在协助组织大会和研究政策工作中，经常深入实际，联系群众，调查研究，了解情况，反映问题，总结经验，也付出了辛勤劳动。这几年边区政府的工作安排及其方针政策，就是根据毛泽东的上述原则要求和指导思想，在党中央和西北局的领导下进行的。

政府工作的面很广，这里着重回忆毛泽东嘱咐的四个方面工作，即：精兵简政，政权建设，经济工作，文教工作，另外再谈谈土地改革、接待中外记者团和一个政治运动：审干和“抢救”。

二、精兵简政

毛泽东在一九四二年九月七日为延安《解放日报》写的社论《一个极其重要的政策》中说：“党中央提出的精兵简政的政策，是一个极其重要的政策。”我在同年同月临来陕甘宁边区政府前，他找我谈话嘱咐我转达边区政府的第一件事，也是精兵简政。我回忆在边区政府的工作，就从精兵简政开始。

（一）严重困难

一九四〇年和一九四一年，是各个抗日根据地遭遇空前物质困难的时期，正如毛泽东说过的：“我们曾经弄到几乎没有衣穿，没有油吃，没有纸，没有药，战士没有鞋袜，工作人员在冬天没有被盖。国民党用停发经费和经济封锁来对待我们，企图把我们困死，我们的困难真是大极了。”陕甘宁边区的财政收支由于下列三个原因，也发生了很大问题：第一，脱产人员猛增。一九三七年陕甘宁边区成立时，党政军脱产人员仅一万四千人，一九三八年亦仅一万六千人。一九三九年后，主要是一九四〇年和一九四一年，国民党发动两次反共磨擦，用重兵包围边区，并伺机大举进攻。我们被迫从前线陆续调回军队，保卫边区。边区脱产人员（主要是军队）即从一九三九年起直线上升，计：一九三九年四万九千人，一九四〇年六万一千人，一九四一年七万三千人。人员猛增，支出随之大幅度增长。第二，财政收入锐减。陕甘宁边区的财政收入存在一个很大弱点，就是依赖外援。外援（包括海外华侨的捐款、国内民主人士和抗日团体的捐助，以及国民党给八路军的军饷等）在边区财政收入中所占的比例极大，据统计，外援所占的比重：一九三八年为百分之五十一点六，一九三九年为百分之八十五点七九，一九四〇年为百分之七十四点七。一九四〇年十月起国民党停发八路军军饷，同时实行断邮，外援也大部断绝。第三，人民负担加重。中央曾经规定，党政军脱产人员不能超过人口总数的百分之三，但当时实际已达百分之五点四，势必增加人民负担。以人民的公粮负担为例：一九三七年征收公粮一万四千石（一石为三百斤），占边区粮食总产量的百分之一点二八，每人平均负担仅一升，是很轻的。以后逐年增加，一九三八年一万五千石，一九三九年六万石，一九四〇年十万石，一九四一年激增至二十万石。这个二十万石说明了什么问题呢？第一，它说明公粮已占总产量的百分之十三点八，比一九三七年只占百分之一点二八，增加了十多倍。第二，它说明每人平均负担已达一斗四升，比一九三七年只负担一升，也增加了十多倍。人民负担确实重了，党内外反应强烈，党中央、西北局极为关怀。一九四一年九月至十一月，西北局曾派宣传部长李卓然率柯华、秦川、石峻、魏啸天、吴文遴等，在固临县调查了三个区，写了一个《固临调查》材料，也证实了这一情况。正是由于脱产人员猛增，财政收入锐减，人民负担加重，就使我们的财政发生了严重困难。这是一个物质方面的困难，毛泽东说："我们必须克服这个困难，我们的重要的办法之一就是精兵简政。"

（二）采用建议

精兵简政，是李鼎铭等人提出来的。一九四一年十一、二月间，陕甘宁边区召开第二届参议会，李鼎铭等十一人提出一个有关财政问题的提案，建议："政府应彻底计划经济，实行精兵简政主义，避免入不敷出经济紊乱之现象。"这个提案经参议会讨论通过，"交政府速办"。毛泽东看到后，批示："这个办法很好，恰恰是改造我们的机关主义、官僚主义、形式主义的对症药"。党中央讨论了这个问题，并于一九四一年十二月十三日向各抗日根据地发出精兵简政、发展经济的指示，普遍推行。以后毛泽东还说过，"'精兵简政'这一条意见，就是党外人士李鼎铭先生提出来的；他提得好，对人民有好处，我们就采用了。"

（三）第一、第二次精简

陕甘宁边区政府为了执行第二届参议会关于精兵简政的"速办"决议，在参议会闭会不久，一九四一年十二月四日就发出了《为实行精兵简政给各县的指示信》，同年十二月中旬就拟定了整编方案，开始了第一次精简。三个月后，至一九四二年四月，整编工作基本结束，裁减了骈枝机构百余处，缩减了工作人员数千名，这是收获。但由于缺乏经验，对精简工作的必要性的认识也不足，所以思想提高不多，工作改进不大。

一九四二年六月三十日，陕甘宁边区政府第二十六次政务会议讨论通过《陕甘宁边区政府系统第二次精兵简政方案》，开始了第二次精简。这次精简的重点是建立边区政府本身的工作制度，如实行合署办公制度；政务与事务适当分工，使领导人有可能多抓政务；加强下级，提高县政府职权等。边区政府各个单位根据这一重点分别进行了内部的整编工作，调整机构，精简人员，改革制度。八月初实行合署办公。这次精简工作主要是建立和健全制度。上级机关也精简了一些人员，但又都充实了基层组织，实际精简不多。

（四）第三次精简

一九四二年九月，第二次精简已经结束，正在根据党中央《关于统一抗日根据地党的领导及调整各组织间关系的决定》进行第三次精简的准备工作。我参加了第三次精简。

1. 准备工作。第三次精简酝酿很久，准备充分。主要做了如下工作：

第一，总结经验。一九四二年九月中旬，对前两次精简进行了认真的检查，内容包括：经过精简后，机构设置是否合适，人员配备有无余缺，职责分工是否明确，行政、用人和总务工作有无制度、是否完整，干部使用、领导作风、目前工作存在什么问题等。这次检查实际是总结第一、二次精简工作，动员第三次精简工作。我虽然未曾参加第一、二次精简工作，但从这一检查中大体了解了它们的成绩、经验和问题，为参加第三次精简工作做了思想准备和组织准备。

第二，统一认识。一九四二年九月下旬，我们专门召集分区专员，延安、安塞、甘泉等县县长，以及其他一部分县、区、乡干部，举行简政座谈会，研究专员公署①以下各级政府的简政问题。这次座谈会以整风精神进行讨论，使大家对于各级政府的职能有了一致的认识，普遍认为提高政府工作效能的关键在于加强乡政权，简政工作必须以加强乡政权为重点。通过这次座谈会，明确了第三次精简必须注意的一些问题，为深入进行精简打下了思想基础。

第三，准备文件。一九四二年九月十九日至一九四三年一月十四日，西北局召开高干会，简政整政问题是重点讨论问题之一。根据政府党组的指示，在多次集体酝酿的基础上，我负责起草了《陕甘宁边区简政实施纲要》和林伯渠准备在高干会上作的关于《简政整政问题》的报告。一九四二年十一月四日林伯渠在高干会上作了《简政整政问题》的报告，并把《陕甘宁边区简政实施纲要》提交大会讨论，获得通过。

第四，听取指示。准备工作的最重要一步，是直接听取毛泽东的指示。一九四二年十二月，毛泽东在西北局高干会上作了《经济问题与财政问题》的著名报告，提出了"发展经济，保障供给"的经济工作和财政工作的总方针，也提出了"精兵简政"工作。他说；"这次陕甘宁边区高级干部会议以后，我们就要实行'精兵简政'。这一次精兵简政，必须是严格的、彻底的、普遍的，而不是敷衍的、不痛不痒的、局部的。在这次精兵简政中，必须达到精简、统一、效能、节约和反对官僚主义五项目的。"这是对过去精简工作的批评，也是对今后精简工作的期望。我直接听到了这些指示，极大地提高了对精简工作的意义、目的和要求的认识，在自己的头脑里完成了一次重大的思想武装。

2. 贯彻执行。第一、第二次的精兵简政只在政府系统进行。第三次精兵简政根据毛泽东提出必须是"普遍的"而不是"局部的"的要求，在党中央系统、西北局系统和军队系统也进行了。一九四三年三月二十日，党中央召开政治局扩大会议，讨论精兵简政，对中央机构的人员也进行了精简，为延安其他党政军机关的精简工作，做出了榜样。

陕甘宁边区政府进行第三次精简工作的基本纲领，就是《陕甘宁边区简政实施纲要》。它经一九四二年十二月边区政府委员会第三次会议讨论通过，一九四三年三月三日边区政府主席、副主席明令公布，下达执行。其主要内容和贯彻执行情况如下：

第一，主要内容。这个《纲要》根据边区整风中揭露的问题和总结第一、二次精简工作的经验，本着实事求是的整风精神，从目的、任务、机构、人员、制度、作风等各个方面，提出了十一个问题。其中主要是：一、指出了这次精兵简政的目的，是要使政权工作做到精简、统一、效能、节约和反对官僚主义五项要求。要减去一些不急要的政务，全力

① 原编者注：陕甘宁边区的政制为边区、县、乡三级，专员公署为边区政府的派出机关。区公署为县政府的派出机关。

搞好生产、教育两项急要和首要任务；要减去一些不急需的机构和人员，把政府系统人员由现有的一万一千五百人减至七千五百人，即减去百分之三十五弱。二、重新划分和审定边区政府及其各个工作部门、各分区代表机关、各县、乡政权机关的职权和业务。规定“边区政府是边区政权的首脑部”，基本任务是“掌握政策，掌握干部”；“县政府是边区各级政权的枢纽”，基本任务是“组织人民经济和健全乡政权”；“乡政权是边区政权的基层组织”，“第一个重要任务”是“发展农村生产”。三、要求改善领导作风。首先改善高级机关的领导作风，要善于掌握政策，即会出主意，会指导实行。《纲要》强调指出：“这次简政工作涉及了政策问题，制度问题，业务问题，机构问题，干部问题，民主集中制问题，领导作风问题，以及拥军问题，三三制问题等等”，就是说，“简政工作是一序列的组织问题，又是一序列的思想问题”，“必须从组织上贯彻，又从思想上贯彻”。因之，一方面，要同整风学习结合，用整风精神进行简政；又方面，要同检查工作结合，政务人员要作思想检查，政府系统要作工作检查，用思想指导行动，用行动贯彻思想。要求一九四三年上半年完成这次精简任务。

第二，组织实施。这是一项十分细致的组织工作，首先是一项十分细致的思想工作。工作人员担心列入编外，不光荣；领导人员担心减少人，难办事。思想问题一大堆。因此决定召开一些干部会议，我和民政厅长刘景范一道，先是召开边区政府各厅处院的负责人会议，做领导机关的思想工作；再是召开各专员、县长联席会议，做中层干部的思想工作。在这些会议中，先组织学习毛泽东在边区高干会上所作《经济问题与财政问题》报告，讨论《陕甘宁边区简政实施纲要》，研究实施简政的措施和加强生产、教育工作的途径。经过这样的学习、讨论和研究，大家的认识有所提高，决心和信心也就大了。

在此基础上，边区政府颁布了一系列有关的组织措施和条例，如《政纪总则》《县政府组织暂行条例》《乡政府组织暂行条例》《各级政府干部管理暂行通则》《各级政府干部奖惩暂行条例》《区以上政务人员公约》《简编方案》等，为简政规定了具体目标、任务和要求。

这就是说，我们做了一些思想工作，又做了一些组织工作。

第三，效果。第三次简政工作经过一年的努力，到一九四四年初检查，已经获得了预期的结果，即基本上达到了精简、统一、效能、节约和反对官僚主义五个方面的目的。

精简。业务上，做到了生产第一，其中又以农业为第一位；教育第二，其中又以干部教育为第一位（具体情况将在本篇的《自力更生，建设边区》和《文化教育》两章介绍）。边区政府各部门和下级政府一般已能抓住业务中心，开展业务工作。机构上，全部按简编方案执行。各厅处院的内部机构，裁减了四分之一，边区政府直属机关从三十五个减至二十二个，专署及县府的内部机构从八九个减至四五个等，消除了头重脚轻的积弊。人员上，边府各厅处院及县附属机关的人员，都已按计划精简，办公厅、民政厅、财政厅、建设厅、教育厅和物资局等六个单位从原有四百六十九人减至二百七十九人，精简百分之四十强。干部调配上，从下级提拔了一部分干部到专署和边府工作，如边府就调入了五个县长当处长，也选派了一些得力干部去加强区乡政权，如延安县就有十个县级干部调区，二十个区级干部调乡，选送一百五十多个高、中级干部去干部学校培养提高。初步实现了精简上级，加强下级和生产单位的方针。

统一。政治上，政策、法令、命令、指示已基本统一，“政出多门”的现象少了。组织上，加强了“一元化”。各厅、处、院、局在具体业务上可与下级相应业务机构直接联系，重大任务的部署则一律通过各专署、县政府负责人进行。人事任免上，基本上已统一于民政机构，改正了各自为政、自由任免的现象。

效能。由于坚持了统一领导，反对了“各自为政”的现象，精简了机构和人员，加强了下级，使工作效能有很大提高。尤其一些行政和企业机构，工作有明确指标，效能的提高更为显著，如文书科三个人做了过去十三个人的工作。边区通讯站一至四月每月平均投递一万六千六百六十一件，五至十一月激增至每月平均投递三万零七十八件，提高效率百分之八十以上。在政府经营的工业中，效能提高的程度更为惊人。

节约。民力的动员减少了，如延安一九四一年动员民力六万多个，一九四二年只动员二万八千多个，减少一倍多。绥德一九四一年动员民力七万五千多个，一九四二年只九百个，简直说不上什么比例了。一个重要原因，是军队自力更生，自运粮草，不再动员民力，这样就极大地减轻了人民的负担。机关、部队、学校节约粮食、燃料、日用品的成绩也很突出。三五九旅用洋芋和南瓜部分代替粮食，做到了粮食全部自给。被服厂、纺织厂、振华造纸厂等工厂由于精打细算，节省了大量布匹、棉纱、木材等生产用原材料，对经济建设贡献很大。

反对官僚主义。在过去一年中，在反对官僚主义、改善领导作风上，也有进步。我们许多领导干部为贯彻《陕甘宁边区简政实施纲要》，在精简机构和人员、建立统一领导的制度和纪律、调整干部等方面，都做了许多具体工作，如一九四二年工厂会议开得好，转变了对工业的领导；具体帮助农业劳动英雄订一年生产计划，对边区按户计划及生产竞赛起了号召和推动作用；边区政府对于专员公署的日常指导，也减少了命令方式，增加了民主协商。边区政府以下各级政府的领导作风，也有改进，主要表现在对生产的领导具体了，大家能够自己动手去组织变工队、订农户计划、修水利、组织运输队、改造二流子、改造合作社、改良植棉等。总之，从上到下“官僚”少了，人民勤务员多了。这是最得人心的转变。

从以上简单叙述中可以看出，这次精简工作是有成绩的。说明从边区政府到各专署、县、乡政权确实做到了从思想上贯彻，从组织上贯彻，思想工作和组织工作都是做得很好的。

3. 第三次精简工作存在两个主要问题。

第一，有不足，也有过头。这是指第三次精简工作本身说的。有不足，如家属等未妥善处理，使不属正式编制而继续吃公粮的，仅边区一级还有一千余人。浪费现象也还比较严重。也有过头，即有过分集中的倾向，如对小学，部分地采取合并的办法，助长了不适合农村环境的“集中办小学”的缺点，对社会教育也如此，强调社会教育集中办，有的一个区才办一个冬学。机械地执行政府系统新定七千五百人的编制，削弱了某些必要的正常的业务活动。

第二，走回头路。精简后好了一阵，随后又恢复了老样子。这是指第三次精简工作过后的变化说的。第三次精简工作以后，有些单位在组织、机构、制度、人员、作风等各个方面，始终坚持精简成果，甚至续有提高。但也有些单位时过境迁，又走回头路，比如，机构又有增设，人员又有膨胀，制度又有废弛，统一又有削弱，效能又有下降，浪费又有抬头。尤其严重的是，在领导作风方面，官僚主义的残余显然大量存在，并有滋长趋势。

（五）经验

经过三次精简，至少获得三条经验。

1. 只有精兵简政，才能集中力量于急要和首要任务。当时的急要和首要任务，第一是生产，第二是教育。由于多次进行精简，才终于集中力量发展了生产和加强了教育。可见，凡事要有中心，工作要分缓急。如果缓急不分，百端俱举，必然急也变缓，一事无成，一端也举不起来。

2. 精兵简政是临时工作，又是经常工作。所谓临时工作，就是按照一定的精简计划要求在一定时间内完成的工作，有时间性。所谓经常工作，就是要把精简精神在日常工作中贯彻始终，无时间性。我们必须不使一次精简后，时过境迁，死灰复燃。如果一次精简后就一曝十寒，肯定会把精简成果丧失殆尽的。过去的精简情况说明了这一点，全国解放后的多次精简情况也说明了这一点。

3. 精兵简政是组织工作，又是思想工作。要改革体制、整顿机构、精简人员、健全制度等，一句话，要在组织上贯彻，首先要在思想上贯彻。要做好思想工作，打通人们的思想，提高人们的认识，引导人们不是被动应付，而是自觉执行。如果组织工作没有思想工作做保证，组织工作就会失去灵魂，不能持久，也无法巩固。

三、审干和“抢救”

我参加了陕甘宁边区政府系统的整风运动，但已近尾声。一九四三年二、三月间，根据西北局决定，我组织总结了这一运动，大体上没有毛病，从略。这里着重谈审干和“抢救”。

一九四二年十二月十六日，康生在西北局高干会上作了关于锄奸问题的报告，夸大敌情，批判干部在对敌斗争中的自由主义态度，并提出了开展反奸细斗争的任务。此后不久，边区政府就有少数单位（如边区银行等）开始审干。一九四三年四月一日夜，康生亲自圈定名单，指令边区政府保安处开始逮捕所谓“特务”“叛徒”“反革命”嫌疑分子。四月三日，党中央发出《关于继续开展整风运动的决定》，提出整风的目标除“纠正干部中的非无产阶级思想”外，还要“肃清党内暗藏的反革命分子”。边区政府机关的审干工作，就是在这种情况下，于四月中旬全面展开的。

（一）“之”字路

边区政府系统的审干和“抢救失足者”运动，都是由边区政府系统总学习委员会领导的。总学委的负责人是林伯渠、谢觉哉，我是总学委委员，主持日常工作，实际负主要责任。运动的安排同延安地区总的步调基本一致。我个人参加领导这一运动走了一段“之”字路：谨慎——急躁——复谨慎。最初是谨慎的，我知道苏区搞肃反扩大化的危害；以后来了一个“抢救”运动，张克勤现身说法，我也就急躁起来，搞“抢救”运动了，开了三次“抢救”大会；在最后一次“抢救”大会后，才又恢复理智，退了下来。

我走“之”字路的大致情况如下：

1. 比较谨慎。从一九四三年四月中旬全面展开审干工作至五月二十二日在边府大礼堂召开坦白大会，在这一个多月时间内，我是比较谨慎的，步骤也是比较稳妥的，从学习文件、检查工作、思想反省到历史审查，循序渐进，未发生大的偏差。在审干过程中，始终强调多调查研究、个别座谈和漫谈以了解情况，明辨是非。如对保育院的“车轮战”和银行、法院等个别机关的过火现象，都及时做了纠正。在我直接指导的单位中，有同志被揭发参加过国民党的学生军训并加入了三青团，有同志被揭发是国民党的骨干分子等，我都亲自过问了他们的问题，要求做到一条：注意历史情况，进行具体分析。查证结果，前一揭发是张冠李戴，把她姐姐的同学的事放在她身上了，后一揭发是小题大做，把一个集体参加国民党的普通国民党员说成了国民党骨干。这样的事例可能还有，说明此时头脑是比较冷静的。

2. 逐渐急躁。早在一九四二年十一月，康生就用“逼、供、信”办法，强迫原甘肃地下党员、西北公学（中央社会部办的）学员张克勤承认是“特务”，进而制造了甘肃地下党是“红旗党”（这是康生对白区地下党的诬陷，意指地下党外红内白，表面是共产党，实际是国民党）的假案。一九四三年五月中旬的一天，康生亲自在大砭沟八路军大礼堂主持召开以各单位审干核心小组成员为主的干部大会，令张克勤以“坦白典型”面目，作“坦白”动员报告。此后，康生令张克勤到处作报告，以“感召失足者坦白”。在这种“坦白”气氛中，五月二十二日，边府大礼堂也召开了坦白大会。形式上，个人自觉反省与集体帮助相结合；似乎是审干的一种好办法，容易取得“成绩”。事实上，“逼、供、信”开始抬头，调查研究退居次要地位，是一种摇摆的表现。七月十五日康生进一步加大压力，作了《抢救失足者》的煽动性报告，宣布经过三个月“抢救”，已有四百五十人向党坦白悔过。“号召未坦白的人赶快坦白，不要放松一秒钟的时间”，“要在此地就下决心，在这里或者回去立即坦白自己的问题”。警告“不愿坦白的人们，宽大是有一定限度的，这点要严重注意”。剑拔弩张，形势咄咄逼人。在此以前，七月一日，毛泽东已经写信给康生，明确提出“防奸工作的两条路线：正确路线是，首长负责，自己动手，领导骨干与广大群众相结合，一般号召与个别指导相结合，调查研究，分清是非轻重，争取失足者，培养干部，教育群众（即审干九条方针）；错误路线是，‘逼、供、信’。我们应该执行正确路线，反对错误路线。”康生所作《抢救失足者》的报告，是阳奉阴违，直接对抗毛泽东指示的。但由于康生当时在党内的地位，使他的报告带上了极大的权威性。此后，延安党政军民学各机关就纷纷召开“抢救”大会，出现“抢救”高潮。

边区政府系统也同样，在康生报告的第二天，七月十六日召开“抢救”大会，就不要实事求是，不要调查研究了。在短短十多天中，开了三次大会。第一次，以“坦白”号召“坦白”。同中央机关和军队系统一样，边区政府也把张克勤请来作“坦白”报告，要他现身说法，劝说别人“坦白”。这叫作思想发动。第二次，欢迎和劝说。劝说“回头是岸”，欢迎上台“坦白”。气氛极为紧张。大会以后的若干日日夜夜里，我自己也头脑发热，参加了几次具体的“抢救”工作。如文书科的一个女同志，在“抢救”她的时候，满头大汗，紧张极了。研究室有一个同志，×校领导人打来电话，说他是“CC 分子”，“抢救”了一个晚上，形式是和平的，实际也是“逼、供、信”。教育厅有一个同志，因档案内有“CC”嫌疑材料，也“抢救”了他。财政厅有一个同志，是中央社会部通知我，说他是“叛徒”，要我把他送到保安处。我说保安处要找你谈话，他老老实实地去了。后来的甄别证明，他们都是一条心为党工作的好党员，但却把他们当作“两条心”① “抢救”了。这时“逼、供、信”已十分明显和突出，我开始有所怀疑，有所警惕，但还没有决心停止。第三次，控告。这次是我当主席，由边区银行行长黄亚光控告一个工作人员。场内群情激愤，如果有人提议处以死刑，也是一定会得到拥护通过的。我一看形势不对，只好立即宣布逮捕送保安处了事。台下还高喊：“捆起来，捆紧点!”这样一来，我清醒了。原来还有五个被控告的，我与主席团商量，停了。会后，我请各厅负责人留下商量，我说，“抢救”大会已经搞得黑白难分，人人自危，不能再搞了。大家同意，就决定再也不搞“抢救”大会了。

3. 复归谨慎。那时，康生等在中央机关许多单位搞出了所谓“红旗党”，说甘肃、四川、河南、湖南、湖北、云南、贵州、浙江、陕西等十多个省的地下党都是“红旗党”。边区个别机关也开始在搞，高等法院就追王怀安是四川“红旗党”派来的。适值周恩来回延安，这些党组织都是他领导的，我问他是怎么回事。他说正在清理，没有这回事。所以我们就没有追下去。

一九四三年八月十五日，党中央鉴于“抢救”运动中所发生的偏向和恶果，正式做出了《关于审查干部的决定》，公开阐明了毛泽东提出的审干工作包括“一个不杀，大部不抓”的九条方针，尖锐地批判了“逼、供、信”的错误方针。并发出一系列关于甄别工作的指示，甄别所有案子。

根据中央的指示，边区政府机关成立了甄别工作委员会，帅孟奇任主任，周扬、王子宜参加，工作人员有刘泽西（民政厅）、李育英（高等法院）、华子扬（政策研究室）等。此时，不少地区和单位还在召开“坦白大会”“全县人民控诉国特和日特罪行大会”“各界民众控诉国特罪行大会”等，因之，我再三交代帅孟奇、刘泽西说：“你们必须坚持调查研究的原则，不采取任何逼迫性的方式，不开任何斗争性的大会，不要受外来影响，调查研究是驳不倒的。”以后他们正是这样做的，特别是帅孟奇，她严格掌握政策，赤诚对待同志，坚持一个人只作一个结论，不留“尾巴”，并同本人见面。因之，一般说，甄别工作是做得比较好、比较快、比较令人满意的。

边区政府机关共有工作人员三四百人，受“抢救”的百余人，比例是很大的，其中约二三十人嫌疑较大，送往保安处；五十余人有一般嫌疑，送往行政学院（临时审查机关），个别送中央党校第三部。甄别工作从一九四三年十二月开始，到了一九四四年四、五月，机关和行政学院的甄别工作就都基本结束了，多数是无问题错“抢”的，有些是党内问题，有些是一般党派问题。也有少数人的政治性问题因受当时条件限制，无从查证，拖到一九四五年初仍然做不出否定或肯定结论，经逐级请示，最后毛泽东说：现在东北快解放了，需要大批干部，让他们到前线自己去做结论吧。是共产党人，一定留在共产党内，是国民党人，让他跑到国民党去，怕什么呀！这样一来，受过“抢救”的人就全部甄别解放了。

---

① 原编者注“一条心”“两条心”是审干期间的用语。“一条心”意指一心为党工作的好党员。“两条心”意指特务、叛徒或隐瞒自己参加过其他党派的人们。同时还有“半条心”的说法，意指共产党员但有非无产阶级思想及犯错误者。

（二）摘帽道歉

康生夸大敌情，谎报军情，对毛泽东提出的审干九条方针和严禁“逼、供、信”指示，又阳奉阴违，拒不执行，一手制造了“抢救”运动和大量的冤、假、错案。康生的这个责任是无论如何也推卸不了的。但事实上，我从来没有听到过他在何时何地作过何种检查。真正在全党承担责任作出检查的，还是毛泽东。他在陕甘宁边区行政学院当着大家的面，公开承认“抢救”运动搞错了，说：“我向大家赔个不是”“一人向隅，满座为之不欢”，并向大家鞠了一个躬。他又在一九四五年七大前夕，在中央大礼堂的一次有中央机关和边区系统干部参加的大会上，公开向被“抢救”错了的同志道歉，并且要求各单位对在什么场合因“抢救”戴错了帽子的，要在原场合取下来。

遵照毛泽东对全党的指示，一九四五年十月九日，我也召集边区政府干部大会，在会上揭露了自己在审干工作中走“之”字路的全部过程，检讨了“抢救”运动的错误，向受委屈的同志道歉赔不是，当场取下了错误戴上的帽子，说明“抢救”错误下面同志无责任，由上面负责，由我负责。我也提出彼此不要背包袱，我说：“像毛主席所说的，让我们共同当作经验教训来学吧！”

以后，我还个别地向有关同志赔礼道歉。一九四六年我去晋西北时，曾经请参加土改的同志带口信给一个同志：在一九四三年“抢救大会”上把他逮捕送保安处是错误的，我对他不住，向他道歉。一九八一年初，我又曾经托人征求一个同志对我在一九四三年错误地“抢救”他这件事的意见，并表示了歉意。

（三）经验教训

唯一重要的教训是野心家、阴谋家、两面派康生窃取了党的保卫机关的领导权。一九三七年，康生把苏联错误的肃反经验带回国来，用他的两面派手法，窃取了中央社会部的领导权，把它变成可以生杀予夺的权威机关，并且变成披着层层面纱的神秘机关，以掩盖他的真面目。在平时，他任意指定某一机关学校送干部去受审查，经我手的前后就有三个同志，一个去后杳无音信，两个是释放了。但三个同志的所谓“问题”和审查情况从来没有同我谈过。

延安审干是整风的继续，但实际上是两个本质不同的阶段。整风是毛泽东亲自领导的真正的马克思主义教育运动。审干则是康生企图制造一场错误肃反，肆行“逼、供、信”的“抢救”运动，并准备杀人。在党校曾召开公审大会，判决一个护士长的死刑，在延安市曾召开群众大会，要处决四个人，都被毛泽东知道制止了，并立即提出“一个不杀，大部不抓”的方针，免除了一次严重的错误。康生行为的性质不是一般的错误，而是严重的罪恶。但由于他所窃据的权位，人们把“抢救运动”当作中央的指令，普遍推行。这笔罪恶账只能记在康生等人的身上。我们的经验教训是：一、一定要注意防奸除奸。延安有特务，现在也还会有特务，混进来的，变过去的；二、一定要保持领导班子的纯洁，防止野心家、阴谋家、两面派窃取领导权，三、一定要调查研究，独立思考，实事求是，避免迷信和盲从，正确地执行肃反政策。

四、政权建设

七七事变以前，蒋介石对于我们党中央提出的和平、民主、抗战三项要求，被迫接受了和平、抗战两项，却拒绝实行民主政治。我们党为了贯彻抗日民族统一战线政策，团结各阶层人民和各党派无党派人士共同抗日，推进全国的政治民主化，加速抗日战争的最后胜利，主动在陕甘宁边区建立了团结一切抗日阶层的民主政权。一九四〇年三月六日，党中央发出关于抗日根据地的政权问题的党内指示，进一步提出了在各抗日根据地建立“三三制”政权（即在人员分配上，共产党员占三分之一，非党的左派进步分子占三分之一，中间派占三分之一）的任务，明确规定：“这种政权，是一切赞成抗日又赞成民主的人们的政权，是几个革命阶级联合起来对于汉奸和反动派的民主专政。”陕甘宁边区执行了中央的指示，在党中央和西北局的直接领导下，基本上完成了这个建设抗日民主政权的光荣任务。

（一）普选

陕甘宁边区的“三三制”政权，是统一战线的、民主的政权。边区、县、乡三级参议会都是人民直接无记名选举产生，三级政府由参议会选举产生。定期普选，是陕甘宁边区民主政权的首要特点。从一九三七年以来进行了三次普选：第一次是一九三七年，第二次是一九四一年，这两次选举时我还没有调到边区政府，没有参加；第三次是一九四五年，这一次我参加了。主要谈谈这一次普选。

1. 学习和实践。一九四五年边区第三次普选，是边区人民的一件大事，边区政府党组讨论过多次，作了充分的准备。在七月二十五日党组会上，我对这次选举的环境、目的、方法、重点以及亟待进行的准备工作，提出了自己的意见。接着，为了弄懂马列主义在代议制或代表制问题上的理论，我专门学习了列宁的《国家与革命》一书。列宁引用的马克思有关巴黎公社的论点，和列宁自己的论点，对我都有很大启发。此时各分区都已选择个别乡进行试点，以便积累经验，逐步推广。我也在八月六日至九月九日共花三十四天时间，参加了一个乡的选举试点，这就是延安市新市乡的选举试点。我亲自参加了实践，接触了群众，取得了第一手材料，增加了感性知识，发言权就多了。我在这次试点中有两条突出体会：第一，“三三制”的作用主要反映在边区、县两级政权机构上，边区、县两级政权机构要强调实行“三三制”，乡级则不必机械地实行“三三制”，只照顾党和非党联盟就可以了。因为乡参议会实质就是乡人民代表会（一九四五年十月十四日，边区参议会常驻会、边区政府正式联合通知：乡参议会改为人民代表会），乡村的人民主要是农民和其他劳动人民，农民由地主代表，于理不通，于情不合。当时有人不同意我的意见，说：“‘三三制’就是党和非党联盟，罗迈把‘三三制’同‘党和非党联盟’两者对立起来了。”我说：这话不对，“三三制”不是一般意义上的党和非党联盟，而是在我党占优势的情况下各革命阶级包括中间派在内的抗日联盟；解放区主要在农村，这就是包括开明绅士，即一部分拥护抗日和民主的地主在内的联盟；但在乡政权不宜吸收许多地主阶级的代表参加，而应由农民自己选择他们所信任的能不损害他们的根本利益的人参加，防止硬拉“开明绅士”凑数，脱离农民群众，束缚他们的手足，这就是实事求是。第二，选举运动也包含着阶级斗争，在新市乡具体表现为店员、学徒和老板的斗争，小商人和大商人的斗争，农村中则是农民和地主的斗争。这观点现在已经过时，当时则是正确的。以上两点体会，未公开宣传，我曾建议给各级党组织发一指示，供他们参考。

新市乡试点回来，我写了一个试点笔记，题名《新市乡乡选工作初步经验》。一九四五年十月，选举工作全面铺开，新市乡试点经验基本上为选举委员会所接受，在全边区获得推广。

2. 三个特点。这次普选，是在日本投降，抗战胜利，普天同庆的情况下进行的，群众的政治热情十分高涨；从一九四五年十月半开始至一九四六年三月结束，历时四月余，既检查了工作，又选举了代表，取得了圆满成功。这次普选有三个特点：

第一，实现了普遍、直接、平等、自由的选举原则。普遍：根据全边区三十八个选举单位的统计，参加选举的人数占全部选民的百分之八十二点五，有的则达百分之九十六。除汉奸和刑事犯外，凡是年满十八岁以上的各族人民，都享受了选举权和被选举权。直接：采用选民所能接受的各种选举办法，如识字的用选票，识字不多和不识字的用画圈、画杠、画点、投豆等方法，按选民各自的具体情况，直接参加了选举。平等：一人一票，没有所谓财产多少、文化高低和民族差别等的限制。自由：谁要选谁就选谁，谁也不能控制谁。

第二，彻底的“三三制”。共产党限制自己的候选人，并为各阶层、各党派和无党派提出候选人。自己选多了，就主动退出。李鼎铭说：“所有这些情形，都是我亲自见到的，也是大家亲自见到的。所以国内外有个别人说边区政权是共产党把持包办，我想是很可笑的。”

第三，在选举中检查政府工作。这次选举，我们特别强调了这一点，目的是发现问题，以便改进；识别人才，以便改选。检查工作是改选人员的基础。在选举中，人民放手检查政府工作，揭发了大量有关兴利除弊的实际问题，大部分获得了解决；又自由选择和认真讨论了候选人，选举了数千个为人民信任的各级代表。

（二）政权结构

陕甘宁边区的政权结构，是特定历史条件下的产物。这个特定历史条件，就是极端分散的农村环境和战争环境。因之，和现代的政权结构比较，不免有缺点，但在当时是符合实际情况的，是正确的。

1. 三个组成部分。当时的全部政权结构，由三个部分组成。

第一，民意机关（人民代表机关）。设边区、县、乡三级参议会。边区参议会根据一九四五年第三次选举结果，共有议员一百七十人。其阶级成分，包括边区社会的广泛阶层，计有工人六，贫农十八，中农六十九，富农二十六，商人九，地主三十四等。其党派关系，有共产党员六十一人，占百分之三十五点九；国民党员十九人，占百分之十一点二；无党派人士八十九人，占百分之五十二。有回族三人，蒙古族三人，天主教徒三人，妇女七人。它是边区政权的最高权力机关，有通过《施政纲领》、确定施政方针，选举、罢免政府人员，创制及复决边区的单行法规，监督政府工作及决定一切重要问题的权力。边区参议会闭会期间，设常驻会，由议员中选出常驻议员十二人组成。这十二人是：议长高岗，副议长谢觉哉、安文钦，常驻议员习仲勋、刘培基、曹力如、高愉庭、房文礼、霍仲年、蔡丰、谷莲舫、杜洪源，其中共产党员四人，占三分之一，非党左派进步分子和中间分子八人，占三分之二。这就是说，在人民代表机关中，我们党忠实地执行了自己的“三三制”政策。

第二，政府机关。设边区、县、乡三级政府委员会。边区政府委员会在一九四六年第三届边区参议会上选举十九人组成。这十九人是：主席林伯渠、副主席李鼎铭、刘景范，政府委员贺连城、马济川、毕光斗、王世泰、霍维德、王子宜、霍祝三、唐洪澄、霍子乐、刘文卿、阿拉并巴音（蒙）、杨正甲、蔡登霄（回）、李仲仁、魏民选、靳体元。其中共产党员六人，占三分之一弱，非党左派进步分子和中间分子十三人，占三分之二强。这就是说，在政府机关中，党同样忠实地执行了自己的“三三制”政策。

第三，司法机关。边区设高等法院，分区设高等法院分庭，县设审判员，后改为县法院。根据一九四三年四月二十五日颁布的《陕甘宁边区政纪总则草案》规定：“司法机关为政权工作的一部分，应受政府统一领导，边区审判委员会及高等法院，受边区政府领导，各下级司法机关，受各该级政府领导。”一九四一年十一月第二届边区参议会选举雷经天为高等法院院长，一九四六年四月第三届边区参议会选举马锡五为高等法院院长。

2. 三个争论问题。在这一政权结构上，曾有过激烈的争论，主要是三个问题：

第一个问题，社会各阶级在“三三制”政权中的地位问题，或叫“国体”问题。有的同志主张“三民”主义：民有（人民的政权）、民治（人民管理的政权）、民享（为人民的政权），实质即所谓“纯粹的无阶级差别的民权”。这实际是资产阶级专政的政权，因为“纯粹的无阶级差别的民权”在世界上是从来未曾有过的。而我则坚持毛泽东所指出的无产阶级领导下的人民大众的反帝反封建的民主政权。边区的“三三制”在阶级关系上是工、农、贫苦小资产阶级、民族资产阶级（边区为数极少）和开明地主的合作，在政治上则主要是革命民主派和中间分子的合作。因为共产党代表工人、农民和贫苦小资产阶级，所以关键在于共产党怎样领导中间分子。把“三三制”看作各阶级的制约关系，也是不对的。

第二个问题，政权构成的形式问题，或叫“政体”问题。有的同志主张议、行并列，“县与边区两级参议会与政府并列，与一般民主制度国家相同”。“立法，司法、行政三权鼎立，也不能说是多元论”。我则主张边区的政权构成应是立法、司法、行政统一的一元化的民主集中制，议、行并列的参议会制应改为符合民主集中制的人民代表会制，只有这样才能适用于边区，便利于人民。立法、司法、行政是政权的三种职能，但决不能三权鼎立。三权鼎立就是三元论，在我们边区是完全不适用的。

还有第三个问题，“最高权力机关”问题。我曾经有一种错误的看法，并把它反映到了一九四三年四月二十五日颁布的《陕甘宁边区政纪总则草案》中。这就是所谓“边区参议会是边区最高权力机关，在边区参议会闭会期间，边区政府是边区最高权力机关”的说法。一九四五年一月十三日，有同志在个别谈话中批评这种观点“为世界各国所没有，满清末年的宪法才如此，国民党才企图如此，莫索里尼、希特勒才如此”。我当时就承认我的上述看法“有毛病”，并把它改为“在边区参议会闭会期间，边区政府委员会是边区最高行政机关”。

（三）领导权

在“三三制”政权中，我们必须不是以党员数量和强制办法，而是以党的正确政策和党员的模范工作，去团结和争取党外人士尤其中间分子，既要使他们愿意接受我们的建议，保证党的领导权，又要使他们有职有权，发挥他们的积极作用，二者是不可分离的。一般说，三分之一的非党左派进步分子容易接受党的政策领导，主要是三分之一的中间分子，即民族资产阶级和开明绅士，其代表人物有李鼎铭（边区政府副主席）、贺连城（边区政府委员会委员，教育厅副厅长）、霍子乐（边区政府委员会委员，建设厅副厅长）、安文钦（边区参议会副议长）等。由于一，阶级利益和历史关系，他们和党存在一定距离；二，汉奸、特务、反革命按其“利用三三制，破坏三三制”的方针，经常挑拨离间，如造谣说“安副议长被罚款五十万元，李副主席被撤职”等。我们用两方面事实揭露了敌人的阴谋，表达了我们的诚意，巩固和发展了“三三制”政权。第一，政治上，我们坚决贯彻了“三三制”统一战线政权的政治基础即《陕甘宁边区政府施政纲领》。边区政府几年来的工作完全说明了这一点。第二，组织上，我们坚决保证了参加政权工作的党外人士的职权，务使他们有职有权，有充分机会行使他们的法定职权。在这个问题上，林伯渠做了许多工作，我和李景林、常黎夫也做了不少工作。我们的做法是：

1. 民主合作。一九四一年十一月二十一日，毛泽东在第二届边区参议会上说过：“我们一定要学会打开大门和党外人士实行民主合作的方法，我们一定要学会善于同别人商量问题。”我们执行了这个指示。

在一个时期内，我们和这些中间人士的关系，一度搞得不十分好，把李鼎铭当客人待，形式上客客气气；事实上对他的职权并不尊重。而他对是否有职有权，则非常重视。我在任秘书长以后大约半年时间内，就在若干情况上发现了他的消极和不满态度。其一，他在政务会议上，不论是否当会议主席，总是很少发言。有时林伯渠问：“李鼎老有什么意见？”他总答复：“俺没意见。”其二，有时政府行文，他不划行。其三，他同柳湜、贺连城、霍子乐等非党人士之间，和同共产党员负责人之间，亲疏不同。这三种情况，都表示党内外关系不好。我将这些情况同林伯渠讲了，林伯渠也有所感觉。经商量之后，林伯渠同意我采取下述方式去同李鼎铭开门见山、开诚布公地谈谈。某个晚上，我就专去会见李鼎铭，我说：“鼎老，我这秘书长不能当了，我要辞职了。”他问：“为什么？”我说：“好多事情，副主席不吭气，我这秘书长怎么当？!”我这样一说，把他头脑里积蓄已久的意见挑动了。他打起精神，与我谈了很久很久。他说：“我原本不愿出来做事的，是受到毛主席在参议会上的演说的感动才出来的，在党外人士有职有权的鼓励下出来的。任职后，政府开会要我主持时，只临时给我一个条子，什么都不跟我谈，我怎么办？政府下达命令、指示，要我划行，有的内容事先我一点也不知道，怎么办？现在同级把我当客人，下级把我当傀儡。党上有包办，政府不能决定政策。我这个副主席也不想干了。”我完全意识到，他确实把心里话说了。回来我就和林伯渠商量，也报告了党组。我说，党组当今应该尊重党外人士的职权，设法打破这种不正常局面。党组随即商定了几个改进措施：一、要各厅、处、院轮流向政府主席、副主席和参议会副议长汇报工作，我也参加；二、每次政务会议前，由有关单位的党员领导人向他汇报会议内容和可能出现的问题，取得他的同意才开会，不同意便缓期开会，进行协商；三、某些不需要经过政务会议通过，而要由副主席副署下达的文件，必须由主管负责人先向他说明内容，取得同意，然后办理划行手续；四、平日多接近，多谈心，多交换意见。一句话，要同党外人士民主相处。这样做，李鼎铭很高兴，态度完全变了。不作客人，而作主人了。不讲“你们党上”，而讲“我们团体”了。有一次财政厅长南汉宸汇报边币发行数量时，他马上以主人翁的姿态关照说：“这要绝对保密，不要让其他的人也知道。”多大的变化呀！以后中外记者团来延安，一个英国记者要求同李鼎铭副主席谈话，我们给他配备了翻译，就让他自己找去了。

他在谈话间问李鼎铭："你是不是有职有权？"李鼎铭爽朗地笑着回答说："我有职有权。"这位英国记者事后对我说："李鼎铭副主席真正有职有权，他在回答我的问题时，面笑心也笑了。"安文钦本来是比较右的，但他在外国记者面前，也为边区说话，痛骂国民党。后来向毛泽东汇报时，我说这些党外人士同中外记者谈话，都有一个"边区立场"，这是一个很好的局面。毛泽东听了很高兴，说延安的"三三制"搞得好。

一九四五年一月，边区政府动员检查工作。我采取个别谈心或二三人座谈方式，征求和听取几个主要党外人士的意见。在此期间，我和李鼎铭有过多次谈心，和贺连城、霍子乐等也有过多次谈心。他们的意见，有正确的，确属我们工作中的缺点；有不正确的，有的是成见，有的是误会。当时我感到他们提的意见有两点值得我们认真对待，其一，认为党外人士有职无权。李鼎铭曾经有过这种意见，已如前述。霍子乐、柳湜也有这种意见。霍说："高厅长未病时，计划、指示由他自己搞好，就可拿出来。他病了，我们搞的就得酝酿酝酿。我们难说话，说话就可能对立起来。"柳说："我的命令，下面总是推延不执行，大概是要等支部内商量。"其二，认为非党员受歧视。柳湜说："共产党员对党外人士歧视，看不起他们。"贺连城说："主客之分不对，党外人士以客人自居，视党人为主人，不对。党人以主人自居，视党外人士为客人，也不对。这鸿沟之存在，共产党人要负主要责任。""绥米来的知识分子，民政厅分配工作要他们填志愿表，但填教育的，派去工厂；填工厂的，派去搞教育。有个青年跑去质问：'你们党员提要求，都解决了，非党员为什么不解决？'回答的同志说：'你为啥不加入组织'？"其他还有对保安工作的意见。林伯渠知道了对他们说，大家的事，要大家负责才能办好。无论对什么事，有什么意见，都可以说也应该说。发生争论，也是民主政治中的健康现象。以后希望常谈心，可以会上谈，更可以个别谈。大家表示同意。

一九四五年一月二十九日、三十日，林伯渠和我先是向西北局，然后向毛泽东、朱德和任弼时汇报了边区政府检查工作中党外人士的意见。西北局同意李鼎铭等所提意见是好意的估计，同意他们提出的很多意见是很好的。毛泽东赞成我们和人谈心的方法，他说："议论和批评对我们总是有帮助的。说党包办，总是有原因的，我们要研究解决。凡是对的意见，我们都要研究解决。"

2. 生活照顾。党外人士、尤其中间人士，有不同的生活习惯，我们给了适当照顾。李鼎铭最初住在山沟的一个土窑洞里（防空），进出不便，没有引起注意。记得是常黎夫发现了这一情况，我们就注意了。以后在林伯渠和我住的那排土窑洞下面，为他新砌了石窑洞，这是陕北的"钢筋混凝土大厦"，请他搬到新居，他表示满意。李鼎铭有些特殊的生活嗜好，但与政治无关，我们一概不加干涉，对此他是感激的。对其他在职的党外民主人士的生活，我们也在可能范围内给了必要的照顾。

3. 适当让步。开明绅士毕竟是地主阶级分化出来的爱国民主人士，他们不可能不关心地主阶级的利益，为他们说话。为了巩固和发展统一战线，在有些问题上就需要作适当的让步，我们正是这样做的。记得我到职不久，一次开边区政府委员会会议讨论西北局提出的土地条例，我在会上作了说明，但李鼎铭对其中的一条不同意，因之不签发有关文件。最后由西北局书记高岗亲自到他家里，听了意见，让了步，才解决问题，同意签发。

当时绥德警备区包括绥德、葭县等地未经土改、经常发生农民和地主的土地纠纷事件。边区政府有一个审判委员会，林主席、李副主席分任正、副委员长，李景林为秘书长。审判委员会除按边区司法三级三审裁判制度担任第三级终审职责外，还专门研究和裁决绥、葭地区农民和地主之间的纠纷问题。有些案件裁决结果，有农民吃亏的。我见到毛泽东谈起此事，他说：和地主阶级的代表人物合作，有些事情让点步是难免的。你们可以这样做：如果农民吃了亏，可由边区政府给农民作相应的补偿，使农民不吃亏。就是说，这吃亏由政府承担，地主和农民双方就都照顾了。

4. 必要的斗争。我们对党外人士主要是对中间派需要作适当让步，让步是为了团结；又需要作必要的斗争，斗争也是为了团结。一九四五年三月五日，李鼎铭副主席主持一次政务会议，讨论奖励投资条例。其中有一条说："投资开垦公荒者，其土地使用权属于投资者。"李鼎铭主张把"土地使用权"改为"土地所有权"，即改为"其土地所有权属于投资者"。说不如此人家就不来。我说开荒有两种，一种是耕者有其田，现在就是这样做的；一种是大量投资开垦，须预防土地过分集中。因土地私有是允许的，但是过分集中则是违反新民主主义的。贺连城同意防止过分集中，但主张有限制地承认所有权。这是一个原则问题，经过反复讨论，未能取得一致意见。我和民政厅长刘景范商量，原则要坚持，但方式要灵活，建议暂时取消这一条，留待以后继续研究。林伯渠同意，李鼎铭也同意，就取消了这一条。这是一次小小的斗争。

我们对边区"三三制"统一战线政权中的中间分子，经常注意了这些问题，进行了团结工作，主要团结了如李鼎铭、安文钦、霍子乐、贺连城、刘绍庭、刘文卿、王德菴、张喆卿、霍仲年、刘杰三、蔡幼轩、李元桢、张敬斋、丁子文、高寿凯（高愉庭）、李建侯、马醒民、马阁臣、姬伯雄、艾秉卿、高诚斋、马润之、赵亚农、霍敬堂、白宝珊、乔松山、杜嗣尧、曹旋夫、周志歧、任逢华、毕光斗等人，确实极大地巩固了党的领导权，也取得了对敌斗争的主动权，对国民党统治区，尤其对边区周围的榆林、陇东、西安等地区产生了极大的影响。正是正确执行了党的统一战线政策和实行"三三制"民主政权，他们的爱国心、正义感和主人翁感情，也大大地激发出来了。一九四六年四月二日第三届边区参议会开幕会上，他们的表现完全证明了这一点。在这次会议上，安文钦、刘文卿、高愉庭等地主出身的六十岁以上的老人，莫不怀着热爱边区和痛恨国民党顽固派的心情，慷慨陈词，感人肺腑。我当时深切地感受到，这是我们党的联合政府政策的大成功！

（四）作风问题

作风问题是党的建设，也是政权建设的根本问题之一。党的三大作风，理论和实践相结合的作风，同人民群众紧密联系的作风以及批评与自我批评的作风，是党中央和毛泽东多年来在延安培育出来的优良传统。但这一传统的形成是经过了一个艰苦的过程的。全党是这样，边区政权系统也是这样。

一九四二年冬边区高干会提出了转变作风的任务，要求从适合于战争环境的动员作风转变到适合于建设环境的新的创造性的作风。经过一九四三、一九四四两年的实践，有所改进，仍有问题。

1. 问题在区乡，责任在上级。政权机关作风的好坏，直接地从区乡干部同群众的关系中表现出来。群众要求区乡干部的标准，大致有四条：公道、腿勤（积极）、平和、有办法。我们大多数区乡干部是从苏维埃红军运动中成长起来的，前两条无问题，老实、朴素、肯干；问题在后两条，缺平和、少办法。在执行上级任务的时候，容易发生“生硬”“瞪眼睛”“要态度”的毛病，也就是命令主义的毛病。在接受群众的要求的时候，容易发生“拖拉”“不顶事”的毛病，也就是官僚主义的毛病。他们遇事大多依靠命令、摊派。不仅上级要东西依靠强迫命令、摊派要上来，甚至上级给东西也依靠命令、摊派给下去，以至有时把好事也办成了不得人心的事。因之，在很长的一段时间内，群众对他们不满，一些党外人士也认为“上面都好，下面走了样”，“下面歪嘴子和尚念歪了经”，把一切工作的缺陷和错误统统推在区乡干部身上。事实上，问题在区乡，责任在上级。据我当时分析，上级本身存在主观主义、命令主义和官僚主义的毛病。这种毛病的表现是：第一，布置工作倾盆大雨。只知道往下交任务，不讲政策，不问情况，不看对象，不给措施，不教办法。而且求之很高，操之很急。这种命令主义的领导，怎能要求下级不搞命令主义呢？区乡干部对此是很有意见的，他们说：“乡下工作多，生产任务重，上面笔杆子摇一摇，我们就得一阵跑。跑一天回来，还得自己做饭。”“误工，得罪人，上下批评，左右为难。”这是实情。第二，对待下级的困难麻木不仁。不知道农村特点，不倾听群众呼声，不照顾干部困难。区乡干部的困难是很多的，一是山村环境，交通十分不便。二是干部农民出身，文化低，能力弱，很难独立掌握政策法令。部分地区还不适当地要求他们生产自给，生活负担很大。三是内战时期的战争动员作风一般未作必要改变。在这种主观客观都有困难的情况下，亟需上级加以支持和帮助，要多作典型调查，开会推广。要多到地方开会，就地面对面地解决问题，少发文件。要想方设法帮助区乡干部，训练和提高他们。但上级对此体会不深，支持不够，帮助不力。这也是作风问题。这说明区乡干部的作风问题，实质上反映了我们上级机关的作风问题，反映了我们整个政权机关的作风问题。

2. 党直接领导解决作风问题。基于上述认识，我们在区乡干部的作风问题上，同各种片面的指责进行了多年的争论，为绝大多数区乡干部的本质辩护。党中央和西北局也极为关怀，并直接过问和领导了这个问题的解决。

一九四四年十二月，我在向刘少奇汇报党外人士对区乡干部的意见时，他说：“下面同志拉稀，说明上级领导有问题。”一九四五年一月七日，高岗、林伯渠、贾拓夫、刘景范和我在毛泽东处谈劳模大会总结问题，刘少奇也在座。毛泽东说：热过头了（意指冲昏头脑），要泼点冷水（头脑冷下来）。毛泽东和刘少奇一致指出：上级指示行不通的，打个招呼，顶回来，才是真正对革命负责。党的根本宗旨是为人民服务，对人民负责。上级指示不可生硬。一九四五年一月十日毛泽东在陕甘宁边区劳模大会上还说过，我们的思想要适合于目前我们所处的农村环境，从这一点出发，我们的工作效果就决不是很慢，反而是很快的。“不是采取强迫命令、欲速不达的方针，而是采取耐心说服、典型示范的方针”。毛泽东、刘少奇的这些指示，对我们解决边区政权作风问题，是一个极关重要的政策指导。

一九四五年一月五日至八日，西北局高干会也专门讨论了作风问题，认为区乡干部的作风问题，主要是思想方法问题，缺乏文化也是一个原因。主要责任在上级，上级的关键问题在于不了解农村和农民：地广人稀、个体经济、劳动力不足、文化落后。不善于根据这些实际情况采取相应措施：组织起来；发展群众教育文化卫生事业；要特别强调自愿原则，不能性急等。这个问题在一部分领导干部中，包括我自己在内，一直没有完全解决。

究其原因，一是由于对实际情况及其变化缺乏了解，二是由于对一九四二年高干会后的工作成绩产生了骄傲情绪。所以，要解决区乡干部的作风问题，首先要解决领导机关和领导干部的作风问题。西北局高干会深入地讨论了这个问题，并在会上开展了严肃的批评和自我批评。这样就为边区一级领导机关和领导干部解决作风问题打下了思想基础。边区一级领导机关和领导干部改正了自己作风上的毛病，就会给下级作出榜样，启发和帮助下级改变作风。

上级作风要改，下级作风也要改。一九四四年七月边区参议会常驻会和边区政府委员会联席会议时，霍祝三参议员（党外进步分子）等提出了一个训练区乡干部的建议。毛泽东知道了，很高兴，打来电话说，可以一年训练一次。西北局在作风问题座谈会后，就根据霍祝三参议员的提议和毛泽东的指示，在一九四四年冬至一九四五年初办了一期区乡干部训练班，对多数区乡干部进行了一次如何正确地为人民服务，从立场、观点、方法上改进服务工作的训练，收到了很好的效果。林伯渠在边区第三届参议会政府工作报告中提出，今后要每年进行一次与乡选结合起来的乡村干部冬训。乡村干部训练从此成了制度。

一九四五年冬至一九四六年初第三次普选，群众检查政府工作，实际又是对区乡干部的一次群众性的冬训，使区乡干部受到比头一年冬训更为深刻的教育。他们经过群众的批评和帮助，多数有很大提高，开始学习和群众商量办事，命令主义少了，民主作风多了。

3. 边区政府的工作和作风检查。一九四五年一月初，西北局高干会讨论作风问题后，边区政府也多次讨论作风问题，并立即进行了一次工作和作风检查。检查的内容，一是业务，二是作风。从业务检查到作风，又从作风检查到业务。作风检查包括：实事求是还是主观主义；群众路线还是官僚主义；五湖四海还是宗派主义；民主集中制还是自由主义等。我进行了自我检查，也参加了办公厅的检查和整个政府机关的检查。

第一，自我检查。自从认识到区乡干部的作风问题上级要负主要责任以来，在一九四四年末的一些日子里，我详细反省了自己一九四二年九月调来边区政府到一九四四年末这两年多时间内的工作。在这段时间内，我主要是帮助政府研究了一些政策问题，我认识到：《陕甘宁边区简政实施纲要》虽无大错误，但有过分集中向倾向，执行中也同样，"抢救运动"中犯了"左"倾毛病；一九四四年一月《边区政府一年工作总结》写得不够好，在根据毛泽东提议搞一个长期建设规划时，犯了机械执行、脱离实际的毛病；在开文教大会期间，我尤其深刻地感到对下面实际了解太少，以及在实际工作中存在的命令主义、形式主义的严重性和上面责任的重大等。对这些工作虽属初步检查，已经充分说明我们边区政府（我自己在内）的领导作风是存在问题的。因此，在一九四五年元旦的日记中，我作了如下的记载："关键在于进一步改造作风，立下下面几条：一、严格地实事求是，从人民、从实际、从农村出发考虑问题。二、多作酝酿，善于等待。三、冷静的头脑，热情的态度。四、从坏处着想，从好处争取。五、正确的坚持下去，错误的立刻改正，关键在于检查，自我批评，时刻防止背包袱。"

第二，办公厅检查。在一月十七日办公厅全体人员大会上，我讲了这次检查的必要性、目的、内容等，并对自己的缺点进行了初步的检查。我认为主要缺点是在某些问题上还有主观主义，民主不足，急躁，生硬。要求大家批评。一月二十五日前后，我多次参加研究室检查作风的座谈会。研究室的同志普遍进行了自我批评，也有相互的批评。对我，同意我的检查，也补充提出了一些批评意见，对他们关心，指导，帮助少。研究室的作风，肯钻研，有朝气，有干劲，反映了青年的优点。缺点是一部分同志经验不足，有骄气，需要帮助。过去我对他们确实既少表扬，也少批评，帮助不够，以后开始注意。二月二十八日，我同常黎夫交换意见，他认为：一、政府作风各有各的一套，需要分别谈通，才好工作；二、各厅领导互不商量问题，对工作十分不利，须设法解决。我同林伯渠商量后，遂于三月一日邀请刘景范、南汉宸、李景林、常黎夫、王恩惠诸同志座谈机关作风和制度问题，确定：一、各厅分科集体办公，主席、厅长每日办公第一小时碰头，商办紧要事项；二、成立行政处，实际即政治处，以利机关政治工作。对加强政府内部的集体领导，加强政治工作，改进机关作风，发挥了积极作用。

第三，整个政府工作作风检查。二月二十八日政务会议决定要我总结这次检查，因此我用了不少时间，作调查，听汇报，看材料，对这次检查作了小结。经过这次检查，以后又经过第三次普选中的群众大检查，在政权作风上明确了很多问题，也提出了改进措施。(1) 问题的实质是群众观点问题。我们现在处在相对和平的建设环境，我们的作风问题，基本上就是怎样领导建设问题。我们的建设工作主要是为农村为农民的建设工作，这主要的是要靠农民的自觉性和积极性。因之我们的作风问题，归根到底就是同农民群众的关系问题。我们要实现“组织起来”的建设道路，就需要帮助农民将习惯势力得到改造。如何帮助农民改造自己的习惯势力？是从农村的实际出发，按群众的需要与自愿，逐步引导他们前进，还是强求速成，要群众超速前进？这就是我们作风中存在的实质问题。(2) 主要毛病是犯了急性病。在执行政策的方式方法上，或不按自愿原则办事，交替出现命令主义和自由主义，忽“左”忽右。或不按实际情况办事，搞大而全，如提过高口号“耕三余一，两年完成”[①]；要求组织大变工队，把百分之五十以上的劳动力组织到变工队；组织大运输队，强求一揽子合作社、一揽子英雄、一揽子学校等。这些都与边区政府的贪大、求全、急躁的领导思想有关。一九四四年一月六日林伯渠在边区政府委员会第四次会议上所作《边区政府一年工作总结》中提出的新任务，不少就有贪大、求全、急躁的缺点。这些新任务不是少数人匆促定的，不是少数人的缺点，而是经过十多天的酝酿讨论集体定的，是胜利声中产生的一股社会思潮，犯了急性病。(3) 改进办法：领导人员“下乡挖根子”。就是说，加强调查研究。过去也谈调查研究，也派出过多次调查小组或调查人员，但主要领导人员很少参加，以致领导体会不深，调查收效不大。上述观点林伯渠在向第三届边区参议会所作政府工作报告《今后三年的建设任务》中，又作了详细的论述。林伯渠说：“为胜利地实现建设任务，政府人员应该经常努力加强作为人民勤务员的民主作风与实事求是的科学态度”，林伯渠还说：“我请求各级人民的代表经常密切地督促行政干部和其他公务人员，督促和帮助我们成为名实相符的人民勤务员。”

（五）司法工作

雷经天担任高等法院院长七年，一九四五年三月他要调到南方去，林伯渠约他谈话，

---

① 原编者注：“耕三余一”是当时边区的劳动模范提出的口号，意思是种三年庄稼，要存下够吃一年的余粮，即种三年，可以吃四年。提出“耕三余一，两年完成”实际上变成了“耕二余一”，要求过高了，脱离了当时边区农村的实际。

我也参加了。林伯渠说，过去政府对法院关心不够，每年讨论司法工作最多一次，法院成了一个独立的山头，做好做坏凭自己；这两年抓得紧，有方向，帮助很大，但缺少经常检查。他还说自觉性差的人容易产生自流现象。我说，经常检查少，这是事实，我是秘书长，有责任。我对司法工作缺乏研究，经验也不足，因职务关系，有时也过问，时断时续，有正确的，有糊涂的。作为历史经验，我在这里也记上一笔，这只能代表边区司法工作的一斑，不能代表边区司法工作的全貌。但从一斑看全貌，在一些领导思想和具体做法中，是可以看出边区司法工作的基本趋向的。

1. 任务。司法工作，是边区“三三制”政权结构的一个有机组成部分，它的主要任务，一是保护一切抗日人民的人权、政权、财权，这是大量的；二是打击一切汉奸、反革命和破坏分子，这类人为数不多。因之，对一般犯罪分子采取教育为主、惩办为辅的方针。他们除自由受到限制外，同样看书、读报、开会、劳动、学文化、练技能。因之，许多服刑期满的罪犯，以后都变成了有一定觉悟、有一技之长的公民。

2. 领导体制。由于当时处在战时和极端分散的农村环境，司法工作不是很正规的，也可以说存在着很大的盲目性。法官判案的根据是政策、法律、民情，事实上主要是政策和民情，法律很不完备。与此相适应，司法工作的领导体制存在两个特点：第一，由高等法院全面负责审判、检察和司法行政三种职能。本来，高等法院仅行使审判职能，兼管司法行政。一九四四年，李鼎铭副主席多次提出建立检察制度，这意见无疑是正确的。曾经设想由边区参议会常驻会代行检察职能，行不通。最后决定在高等法院内设检察处（专区分庭和县司法处设检察员），作为公诉机关。司法工作的三种职能就全部集中到了高等法院。第二，高等法院对边区参议会负责，日常工作则由边区政府直接领导，实质就是置司法于行政领导之下。这同现在实行的制度是不同的。一九四五年十二月二十八日，西北局讨论司法工作，同意了这种司法体制。这是过渡时期的权宜之计，是适合边区的战时和农村环境的，但是也确实遇到了不少困难。一九四六年二月十三日，林伯渠、李鼎铭、习仲勋集会讨论召开第三届边区参议会的准备工作时，我提出一些意见，其中有一条就是关于加强司法工作问题，我说：“今后应该适当强调并逐步实行法治。为此，立制施令，必须慎重，以期制立令行；又必须培养守法观念，辅以赏罚。因我们长期同国内外敌人进行非法斗争，许多人缺乏守法观念，因此缺乏守法习惯，对此必须有所转变。”同年四月，林伯渠在第三届边区参议会上所作的政府工作报告中，就把“健全法律与制度”作为今后的第二个重要任务提出来，加强了对司法工作的领导。

3. “调解”问题。陕甘宁边区陇东分区专员、第三届边区参议会上被选举为边区高等法院院长的马锡五在其司法工作实践中，创造了一种审判方式，即深入实际，调查研究，调解纠纷，教育群众，受到群众普遍欢迎。以后群众就把这种方式称为“马锡五审判方式”，把马锡五本人称为“马青天”。我赞成这种做法，也到高等法院亲自实验过，效果很好。因此提出一个“调解为主，审判为辅”的审判方针，经过党中央和西北局同意，也经边区政府委员会讨论同意，推广施行。一九四三年六月十一日颁布的《陕甘宁边区民刑事件调解条例》贯彻了这一精神，规定“凡民事一切纠纷均应力行调解，凡刑事除了下列各罪（列举了内乱、外患、汉奸、故意杀人，盗匪、破坏社会秩序、贪污渎职、妨碍选举等二十三种罪行）不许调解外，其他各罪均得调解。”林伯渠在一九四四年一月六日边区政府委员会第四次会议上所作的一年政府工作总结中，进一步明确提出，要“提倡并普及依双方自愿为原则的民间调解，以减少人民诉讼到极小限度。民事一般进行调解，刑事除汉奸反革命破坏罪行外，大部分也可适用调解。”有同志不同意这个方针，认为它不符合司法正规化的要求。但经过一九四四、一九四五两年的反复实践结果，民事纠纷调解十分成功。各个地区在一九四五年十二月司法会议上汇报，民间纠纷处理办法有三种：民间调解，区乡处理，法庭审判。多数是区乡处理。区乡处理是调解和审判兼而有之，也就是“调解为主，审判为辅”。因此，司法会议作出结论，今后民间纠纷（包括一般性刑事案件）应实行民主审判（调查研究，陪审，联系群众，保证被告有充分辩护的机会等），改善区乡处理（不打骂，不强迫），提倡民间调解。我认为，这是当时环境中边区司法工作的一个创造。

4. 捕人问题。在抗战时期，由于抗战环境和工作上的缺点，除司法机关和公安机关外，其他机关、部队、学校等也有任意捕人行为，这是违反人权、侵犯司法机关职权的严重问题。我受边区政府委员会委托，曾于一九四六年二月草拟政府指令，责成各专员按级口头传达至所属政府（尤其区乡政府）、机关、学校，也咨请联防司令部政治部：第一，要求党政军民学各界切实保障一切抗日人民（包括工人、农民，也包括地主、资本家等）的人权、财权及言论、出版、集会、结社、信仰、居住、迁徙之自由权。除司法机关及公安机关依法执行其职务外，任何机关、部队、团体不得逮捕、审问或处罚任何人。而人民则有用任何方式控告任何公务人员非法行为的权利。第二，司法机关或公安机关捕人，需有充分证据。民事不得捕人。第三，公安机关除违警事件得依违警条例自行处理外，其他人犯必须于被拘二十四小时内移送司法机关审理。第四，司法机关及公安机关以外的人员逮捕现行犯时，须于捕获后立即移送司法机关或公安机关依法处理。第五，军民间的纠纷或诉讼，必须经由司法机关审理，部队可派员陪审，不得自行处理。这些规定下达执行后，情况有好转，滥捕问题基本上得到了纠正。

（六）小结

抗日战争时期边区“三三制”政权建设，是我们党在这一历史时期政权建设的一个创造，也是以后在全国范围内实行新民主主义政治的一个试点。“三三制”是联合政府的一种形式，实质是新民主主义革命时期工人阶级（经过共产党）领导的工农联盟为基础的新民主主义政权的形式。“我们的同志必须懂得一条真理：共产党员和党外人员相比较，无论何时都是占少数”，“对于一切愿意同我们合作以及可能同我们合作的人，我们只有同他们合作的义务，绝无排斥他们的权利”。建国以后党中央一再强调共产党和各民主党派“长期共存，互相监督”，道理就在这里。从这一点说，陕甘宁边区“三三制”统一战线政权的实践，为我们提供了一定的经验。

五、自力更生，建设边区

（一）自力更生，克服困难

一九四一年和一九四二年是抗日战争期间陕甘宁边区财政经济最困难的时期。在一九四二年十二月西北局高干会上，毛泽东作了《经济问题与财政问题》的著名报告，号召全党努力领导人民发展农业生产和其他生产事业，组织机关、学校、部队尽可能实行生产自给，同时号召“精兵简政”。我们正是实行这些政策，终于克服了当时财政经济的严重困难，坚持了抗日战争和自卫战争到最后胜利。

《经济问题与财政问题》的第一章是《关于过去工作的基本总结》，回顾了五年以来党实行“发展经济，保障供给”的正确方针的情况和经验。我是在一九四二年九月带着毛泽东“要发展生产”的嘱咐来到陕甘宁边区政府工作的，十二月又直接聆听了《经济问题与财政问题》的报告，受益很大。此后边区政府领导边区人民的生产和机关、学校、部队自给生产，就是按此方针进行的。因此，我现在回忆陕甘宁边区的生产运动，就按毛泽东在上述报告中曾经提出的历史总结，对边区几年来的经济困难和生产情况作一回顾。

一、一九三九年困难露头，党中央号召“自己动手”“自力更生”。一九三九年二月二日，党中央召开生产动员大会。毛泽东、洛甫、陈云、李富春，以及各机关代表七百多人出席了会议。毛泽东代表党中央发出了“自己动手”“自力更生”的号召。他说，“饿死呢？解散呢？还是自己动手呢？饿死是没有一个人赞成的，解散也是没有一个人赞成的，还是自己动手吧!”

当时，抗战中的严重经济困难，在陕甘宁边区刚刚露头。武汉失守以后，已经明显地看出，依靠国民政府的财政支援和国内外友好人士的资助越来越不行了。因为在财政供应上存在着严重的威胁，所以，毛泽东发出了“自己动手”“自力更生”的号召。这是一个英明的决策，科学的预见。这个思想同毛泽东在统一战线中坚持独立自主原则和党的领导权是一致的，是政治上军事上的独立自主原则在经济工作中的具体实施。

在这个动员会上，李富春代表总生产委员会作报告，就开展机关、部队、学校生产运动的目的、意义、生产计划及其实施办法，作了详细的说明，提出一九三九年生产运动的具体目标是以发展农业生产为主，同时，帮助人民发展手工业，如纺纱织布，整理和发展群众合作事业，并统筹发展生产合作事业。要求全边区实现增产粮食百分之二十，主要措施是开荒六十万亩和改良耕作技术。规定机关、部队、学校生产运动的具体任务是：边区政府系统（包括保安部队）生产粮食一万五千石（每石三百斤），军事系统（包括八路军留守部队以及所属学校）生产粮食二万五千石，中央直属机关（包括中央所属学校）生产粮食一千石，并动员所有机关部队学校大量种菜，从七月份起自给一部分，适当减少菜金。

在这次生产动员大会以后，机关、部队、学校的生产迅速开展起来了。党中央的领导同志毛泽东、洛甫、陈云、李富春等也都参加了生产劳动。

三月十七日，中共中央财政经济部（部长李富春）发出关于生产突击的通知，规定三月二十日至四月五日，各机关、学校、部队每天下午一律停止学习和工作，发动全体人员有组织有计划地进行开荒种地突击。这次生产突击，机关部队学校共开荒五万四千多亩。许多单位还在延安市区以外建立了生产基地——农场。

在党中央开展生产运动的号召下，到八月底，全边区共开荒一百零五万五千八百三十四亩，其中中央直属机关学校开荒二万七千二百二十八亩、八路军后方留守部队二万三千三百一十四亩、陕甘宁边区一级（包括延安市政府及所属学校）二万一千七百九十七亩、边区各县县级机关及县以下机关六万四千四百零九亩、边区各县群众九十一万九千零八十六亩。开荒总数超过原定六十万亩的百分之七十五。涌现了大批劳动英雄。

一九三九年的生产运动以农业为主。秋后，机关、部队、学校共收获粗粮一万四千石，细粮九千五百七十二石（每石以三百五十斤计）。尚有部分县未统计在内，改善了机关部队学校的生活。其中，尤以八路军留守兵团和保安部队最好。他们不仅实现了蔬菜自给、肉食自给，而且还有能力为战士每人增发一套单衣，又发了毛衣、毛袜、毛鞋等用品。

这一年的生产运动，促进了大家对生产运动的认识，改善了大家的生活。得到了“自己动手”的好处。

二、一九四〇年劳动力减少，农业生产缩小。一九四〇年的生产任务，是要求中央和边区一级的机关、学校自给两个月粮食；边区一级以下的机关自给三个月粮食；留守部队因为战斗任务紧张，自给一个半月粮食，保安部队则自给两个半月。除保证最低限度的粮食自给以外，发展生产的主要目的是改善各机关自己的生活。

这一年生产劳动的组织有所改善。一九三九年规定人人参加生产劳动，从党中央毛泽东、朱德起到每一个干部、战士都进行生产。一九四〇年规定女同志和体弱的同志不参加重体力劳动；五十岁以上的老同志和十五岁以下的小同志免除生产劳动；工业部门、医院、休养所、保育院、小学教员不参加粮食生产，主要从事蔬菜生产；较远地区的生产，组织专业生产队伍进行。

劳动组织上的改变，使生产运动能持续地进行，并把生产技术水平提到更高的程度，这是很好的。但是由于劳动组织的改变，劳动力减少很多，许多开垦出来的荒地无法下种，一些单位就采取与群众伙种的办法，有的将一部分耕地给了老百姓。所以，一九四〇年农业生产不但没有发展，而且缩小了，结果，全年只收获细粮三千石。除部队以外，机关学校的粮食自给比例没有达到。

粮食生产虽然进展不大，合作社、商业活动却有发展，喂猪养羊数也有增加。一些单位的生活改善很快，出现了某些追求利润从事商业活动的偏向。

三、一九四二年是边区最困难的一年。机关、部队、学校的物质生活遇到了极大的困难，个别单位因为粮食一时供应不上，一天只能喝两顿稀的。为了保证军队和政府机关的需要，一九四一年实征公粮二十万零一千六百七十石，比一九四〇年增加一倍以上，平均每人负担一斗四升（合四十二斤）。部分群众因此产生了不满情绪，说：“救国公粮任务太重，群众要饿肚子了。”“共产党的经是好经，让歪嘴和尚给念歪了。”负担过重伤害了群众的生产积极性，也损害了党和群众的关系，以致发生了所谓“雷公打死毛泽东”的故事。

事情是这样的，就在这一年的八月间，边区政府在小礼堂召开县长联席会议，讨论征粮问题，并研究减轻群众负担过重的问题。那天正值雷阵雨天气，雷击礼堂，一根柱子折了，坐在柱旁的一个县政府干部不幸触电致死。有一个对负担不满的农民便说，老天爷不开眼，雷打死县干部，为什么不打死毛泽东?！这就是当时在延安盛传的“雷公打死毛泽东”的故事。有的主张清查那个农民，有的认为是气头上的话，不必追究。毛泽东知道以后，说：“群众的意见反映了我们工作上有毛病，有些问题需要我们去解决。要允许人家讲话，讲错了也不要紧。人家说救国公粮太重，这是实际情况，一九四〇年以来人民的负担是加重了。人家说共产党的经是好经，让歪嘴和尚念歪了，说明他是拥护共产党的，但对我们的工作和作风有意见。”这件事反映了毛泽东的高度的民主精神，也转变了一部分同志的思想和作风，促使党中央和毛泽东进一步下决心去解决边区一百三十万群众的“救民私粮”问题。

四、一九四一、一九四二年为了克服困难，采取一些重要的政策措施。从一九四一年起，党中央在抓机关、部队、学校生产运动的同时，更加强调边区群众的生产运动，把重点转到群众生产上来，并且提出了实现边区经济自给自足的政策。为此，陕甘宁边区党委曾在一九四〇年十二月三日召开了经济自给动员大会。毛泽东、朱德、洛甫等和陕甘宁边区的领导同志，以及群众一千多人参加了大会。会上，林伯渠作了动员报告，阐明了边区经济自给的意义和实现边区经济自给的条件，提出了一九四一年边区经济自给的计划。会上，毛泽东、朱德等讲了话。毛泽东在讲话中指出，经济建设的任务是适应现在的环境而提出的。我们今天进行经济建设，也要懂得这个道理，孤家寡人是什么也干不成的。朱德的讲话提出了建立革命家务的主张。他说：“我们的家今天要自己来当了。要把家当得好，我们就不能把这个责任单单放在做经济工作的同志身上。今天的动员大会就是要大家都来注意自己家里的事情。”后来朱德还专门为此写过一篇署名文章，题目就叫《建设革命家务》，发表在一九四三年五月一日的延安《解放日报》上。

在这次动员大会以后，党中央和边区政府先后采取了一系列有力的措施，以促进生产，克服困难。这些措施，主要的有：

第一，刷新领导生产业务的组织。先后成立了中央直属财政经济处（邓洁负责，后改为中央事务管理局）、军委系统后勤经济建设处（叶季壮负责）、边区财政经济处（曹力如负责），各分区县亦成立了生产委员会，以进一步加强对于生产运动的领导。

第二，进行思想教育，纠正轻视经济工作和技术工作的错误观点。一九四一年四月二十七日，党中央作出《关于党员参加经济和技术工作的决定》，阐明了党对经济和技术工作的根本观点。那个决定说，“各种经济工作技术工作是革命工作中不可缺少的部分，是具体的革命工作。应纠正某些党的组织和党员对革命工作抽象的狭隘的了解，以至轻视经济工作和技术工作，认为这些工作没有严重政治意义的错误观点。”在这个决定以前，一些党组织和党员，对经济工作和技术工作存在着不正确的看法，认为只有党务、军队和政府的工作才是革命工作，经济工作和技术工作不是革命工作。少数党员甚至不愿做经济工作和技术工作。这个决定扭转了一些党组织和党员的这种错误看法。决定还要求：“每个党员必须无条件地服从党对于他的工作分配，纠正某些党员不参加经济和技术工作及分配工作时讨价还价的现象”。“一切在经济和技术部门中服务的党员，必须向非党的和党的专门家学习。他们的责任是诚心诚意地学习和熟练于自己的技术，使各部门建设工作获得发展，同时并使每个党员获得在社会上独立生活所必需的技能。”决定还要求党的组织“必须加强对经济和技术部门工作中党员与非党员的领导，照顾他们的政治进步，并在各方面帮助他们”。

第三，农业上，提倡吴满有方向。吴满有是横山人，一九二八年逃难到延安柳林区二乡，难以为生。一九三五年五月遇上革命，分得六十垧荒地，开始了新的生活。他连年开荒，改良农作，把六十垧荒地变成了熟地，获得好收成。由于他的辛勤劳动，成了劳动致富的富农。所以他说：“我是受过革命好处的人。”他带头交公粮，出负担。自己是抗属，不但不要优待，而且担任优抗主任，优待别的抗属。延安《解放日报》记者发现了他，报道了他的模范事迹。一九四二年四月三十日延安《解放日报》发表了题为《边区农民向吴满有看齐》的社论，号召边区的农民向他看齐。随即，边区政府主席林伯渠、副主席李鼎铭特通令各分区专员、县长，要他们"广为宣传，号召每个农民，向吴满有学习，向吴满有看齐，抓紧雨后开荒播种的好机会，利用最近一个月的春耕时间，以全力推动春耕运动，组织开荒突击、生产竞赛，更进一步提高人民生产热忱，创造更多的吴满有!"后来，学习吴满有成了边区农民的一个运动，对于提高边区农民的觉悟，发展边区的农业生产起了很大的促进作用。（吴满有本人，以后入了党，当了干部，一九四七年三月被胡宗南部俘虏后丧失了立场，那是另一回事。——原编者注）

第四，工业上，开展赵占魁运动。赵占魁是山西定襄县人，先后在太原、同蒲路做工二十多年，一九三八年九月由安吴青训班转道到延安，入抗大职工队学习，同年十二月入党，一九三九年七月入农具工厂当翻砂工人，不久调任翻砂股股长。他在平凡的工作中，犹如泉水滴石一般地做出了不平凡的业绩，成为边区工人中的模范。延安《解放日报》一九四二年九月十一日发表了《向模范工人赵占魁学习》的社论，号召边区工人向赵占魁学习。随后边区总工会发出通知，号召开展学习赵占魁运动。通知要求通过这一运动达到提高工人政治觉悟，稳定生产情绪，激发劳动热忱，提高生产质量的目的。通知还指出，在这一运动中必然会涌现出大批像赵占魁一样的模范工人，要求各厂应详细订出评判标准和奖励办法，发扬好的，批评坏的，以推动这一运动的发展。赵占魁运动就是边区工人个个争当模范工人的运动，边区总工会根据赵占魁的工作作风提出的模范工人的标准，现在看来仍有现实意义。这些标准就是：一、爱护工厂，严守纪律；二、积极工作，始终如一；三、数量最多，质量最好；四、爱惜工具，节省资料；五、吃苦在前，享受在后；六、努力学习，帮助别人；七、克己奉公，团结群众。

赵占魁运动的总目的是推动生产，教育工人。后来成了改造工人劳动态度，推动生产发展的群众运动，有力地促进了边区的工业生产。

第五，发展盐业。盐是边区的一个极大的富源。盐对于边区物价的稳定，出入口贸易的平衡有重要的作用。盐既是边区相当大的一部分群众和军队赖以维持生活或补助生活的来源，同时又是边区财政的重要来源。在一九四一、一九四二年的严重困难时期，盐是用以交换外货、平衡出入的主要产品。

边区政府对发展盐业，一直十分注意。一九四〇年秋季开始，采取了督运政策，发动群众制盐、运盐，外销换取边区所需要的货物。计划一九四一年产盐和运盐七十万驮（每驮一百五十斤），实际外销就有二十九万九千余驮，创造了边区历史上外销盐的最高纪录，对边区的财政是一个极大的支持。

一九四一年九月十四日、十五日在延安《解放日报》上发表的高克林写的《鲁忠才长征记》就是反映当时发展盐业的一个具体记录。毛泽东当时十分重视，亲自为《鲁忠才长征记》作了序，说，"这是一个用简洁文字反映实际情况的报告，高克林同志写的，值得大家学习。现在必须把那些'下笔千言、离题万里'的作风扫掉，把那些'夸夸其谈'扫掉，把那些主观主义、形式主义扫掉。高克林同志的这篇调查报告是在一个晚上开了三个人的调查会之后写出的，他的调查会开得很好，他的报告也写得很好。我们需要的是这类东西，而不是那些千篇一律的'夸夸其谈'，而不是那些党八股。"毛泽东的这个序表扬了高克林的调查研究作风，把它作为发展盐业的一个范例，以后又收入了《经济问题与财政问题》一书中。

第六，实行优待移民、难民政策。边区政府实行接纳安置移民、难民的政策，为边区发展农业生产创造了有利条件。边区在开展生产运动以来，增加了一百三十五万亩耕地，一个重要的原因是地多人少的区域大批地吸收了移民、难民，增加了劳动力。

就整个边区来说，除绥德分区的绥德、米脂，陇东分区的庆阳等少数地区人多地少外，多数地区都是人少地多，如延属分区的延安、鄜（富）县、甘泉，陇东分区的华池、合水等县，土地荒芜很多，需要开发，是开荒生产的好地方。

边区政府在一九四〇年三月就公布了关于优待移民、难民的决定，一九四一年连续两次发出布告，一九四二年又颁布了优待移民、难民的条例。在这些决定和条例中规定优待移民、难民的内容有：1. 移民、难民开公荒可以取得土地所有权；垦私荒则三年不交租；2. 移民、难民三年不交公粮，并减轻其他负担，第一年完全免去义务劳动；3. 政府尽力帮助移民、难民解决吃住困难，借贷或调剂耕牛、农具、种子等；4. 移民有选举权，可以自己建立移民聚居处，自选乡长、行政村主任，自己管理自己的事务。

由于边区政府实行优待移民、难民的政策，边区以外的难民纷纷到边区来安家；边区内绥德、米脂等地的群众也不断南下到延属地区来安置。据统计：一九四一年边区安置移民、难民七千八百五十五户（移民占绝大部分），共二万零七百四十人；一九四二年安置五千零五十六户（绝大部分为移民），共一万二千四百三十二人。这些移民、难民是大生产运动中的一支劳动大军，在边区的开荒运动中作用很大。在移民、难民中劳动力占三分之一。如果以每人开荒二十亩计，上万个劳动力可开荒二十多万亩。

由于边区政府对移民、难民的优待、帮助和边区生产运动的发展，所以来边区的移民、难民的经济很快发展起来，生活得到改善。一般在一年以后就解决了吃粮问题，两三年以后就可以自己种庄稼独立经营了。

第七，军队实行屯田政策。军队实行屯田是朱德倡导的。他从前线回延安后，非常关心部队的生产，主张以部队强壮众多的劳动力，投入到生产运动中去，以减轻人民的负担，密切军民关系，同时帮助边区的建设，也改善部队本身的生活。一九四一年春，朱德亲自去南泥湾察看，并且决定三五九旅到南泥湾实行屯田。一是为了防止胡宗南的进攻，南泥湾是保卫延安的南大门，军事上的地位重要，在那里屯田对战备有利；二是因为南泥湾土地肥沃，还有较为充足的水源，适宜于农作，是实行屯田的理想地方。三五九旅的指战员开到南泥湾后，就开荒种地，进行生产运动，口号是“一把镢头一支枪，生产自给保卫党中央”。三五九旅从旅长王震到每一个战士、勤务员、炊事员，无一例外地参加生产，开荒种地。第一年开荒一万一千多亩，第二年又开荒二万六千多亩，第三年种地十万亩。生产运动取得了很大的成绩，不但做到完全自给，而且交公粮一万石。在一九四二年的中共中央西北局高干会上，王震受到了大会的表扬。毛泽东在发给王震的奖状上题词：“有创造性”。

三五九旅在生产上除屯田外，还发展多种经营，如创办大光纺织厂、大光肥皂厂，产品自用有余，还在市场上出售；搞运输，陕北交通不便，三五九旅建立了一支拥有六百头驮骡的运输队，运盐运货，在绥德、三边、延安之间沿途设立了十多个骡马店；以及开设商店等。

在南泥湾政策（即屯田政策）的影响下，边区的部队基本上采取了屯田政策，先后出现了槐树庄、金盆湾、大凤川、小凤川、二家川、豹子川、清泉镇、郭家湾、关门子、田家湾、柳林、葫芦河等地的屯垦区。三八五旅在合水、东华池开荒，也很有成绩。

第八，提倡和推广植棉。棉花和棉布是边区自给自足中的主要问题之一。边区生产棉花很少，棉布都是从边区以外输入的。边区一百五十万人口，按每人每年需要二斤棉花（包括织布）计，就需要三百万斤。一九三九年起各方面都感到了棉花的需要，边区政府开始提倡植棉，但只种三千七百六十七亩。一九四〇年增至一万五千一百七十七亩，产量低，收获量不大。经政府大力提倡，推广植棉技术，解决棉籽等的具体困难，以及奖励政策（例如植棉三年不交公粮，奖励植棉劳动英雄等），一九四一年植棉有了较大的发展，棉田达三万九千零八十七亩。一九四二年又发展到九万四千四百零五亩，棉花的收获量达到边区需要量的一半。

第九，实行减租减息，发动了未土改区农民的生产积极性。边区在土地问题上存在着两种根本不同的情况：一是已经分配了土地的地区，如延属分区的大部分，绥德、三边、陇东、关中分区的小部分，共计土地九百余万亩。二是未经分配土地的地区，如绥德、三边、陇东、关中分区的大部分，延属分区的小部分，共计地主土地五十余万亩。这两种地区的阶级状况也完全不同。减租减息只在未经分配土地的地区进行。

边区的减租减息运动，大致经过三个阶段：第一阶段从一九三七年至一九四〇年，主要是宣传时期，一般的都未实行。原因有两方面：从客观上讲，这些地区如延安、甘泉、富县、庆阳、合水、绥德、米脂等，还存在着双重政权，有国民党的县政府，也有我们的“县政府”（公开名义是抗敌后援会或农会），是所谓“统战区”。当时国民党绥德警备区的何绍南就公开反对减租，所以不利于我们贯彻减租减息政策。从主观上讲，部分同志的右倾思想，怕因减租得罪了地主，妨碍统一战线，不敢实行减租减息。第二阶段是一九四〇年至一九四一年。因为国民党委派的县政府经常制造磨擦，派遣特务，刺探军情，破坏边区，在忍无可忍的情况下，一九四〇年我们赶跑了顽固派，结束了边区部分地区的双重政权局面，边区在行政上得到了完全的统一。减租运动客观上的困难消除了。但是，在根据“三三制”政策精神进行边区参议会选举的情况下，有些人又忘记了减租减息这一中心工作。虽然部分地区开始实行减租减息，但是没有发动群众，而是采取行政命令的办法，或者用恩赐的办法，同时，地主则采取各种手段和办法进行抵抗，结果成效不大。第三阶段是一九四三年以后。减租减息真正开始，是在一九四二年冬和一九四三年春。

一九四二年一月，中共中央作出了《关于抗日根据地土地政策的决定》明确地规定了减租减息政策。十月，中共中央西北局发出了《关于彻底实行减租的指示》。指示说，“减租必须普遍地达到各地减租法令的规定的程度，必须用政府权力，特别是群众坚决的态度打破地主对抗减租所实行的一切投机取巧的办法，在政府统一的租佃条例未颁行前，各地可临时制定保护农民佃权及禁止地主一切投机取巧的行为的办法，严申政府减租法令，并使这些法令成为农民进行减租斗争的合法武器。”中央西北局并为此特制定了一个《关于减租实施的补充办法》作为附件下发，参照实行。西北局的指示还强调：“要保证减租的彻底实行，不能单凭政府减租法令的公布，还必须采取发动群众的方针”，并且“由群众组织的力量来保证之”。这时，减租采取了群众斗争的方式，有的组织了农会，有的组织了减租会，来领导群众进行减租斗争。在群众斗争的同时，在地主中还推动开明分子出面倡导减租，以维护政府法令，推动减租的进行。在这方面，李鼎铭起了很好的作用。在这一阶段中，党要求农民在地主按照法令减租之后，也按照法定额（即实行二五减租）交租。

在减租过程中有一个十分重要的问题，这就是保障佃权。在减租斗争中，一部分不明大义的地主，借故以撤佃来威胁农民减租，同时，一部分佃农也担心地主撤佃。他们说，“今年减租，明年没地种。”“减租倒好，没地种事大。”有的干脆说，“不敢减，减了租就不叫咱种地了。”为此，边区政府于一九四二年十二月二十九日颁布了《陕甘宁边区土地租佃条例（草案）》，以确保减租政策的彻底实行。在这个土地租佃条例公布后，李鼎铭发表了很好的谈话，他说：“我以为这个条例的颁布，对于政府解决土地问题及贯彻减租交租政策，将有很大作用，希望全边区的先进士绅与开明地主能够竭诚拥护这个条例，尊重政府法令，认真实行减租并尊重农民佃权；各地广大农民亦应于减租之后依法交租并尊重地主地权，造成边区内各阶层的亲密团结，以发展生产，准备反攻，争取抗战的最后胜利。”因为减租减息政策的顺利进行，极大地调动了未土改地区农民的生产积极性。

（二）建设边区，丰衣足食

如前所述，毛泽东在《经济问题与财政问题》的报告中，提出了“发展经济，保障供给”的财政工作的总方针和公私关系上的“公私兼顾”的原则，阐明了今后在发展各项生产事业中的基本政策，规定了生产和教育为今后两大中心任务。他说：“在目前陕甘宁边区的条件下，大多数人做工作，讲革命，除了经济和教育两件工作以外，究竟还有什么工作值得称为中心工作，或者所谓第一位的工作的呢？究竟还有什么工作更革命的呢？不错，其他工作是有的，而且还有许多，但是中心的或第一位的工作，就目前边区条件说来，就大多数同志说来，确确实实地就是经济工作与教育工作，其他工作都是围绕着这两项工作而有其意义。”毛泽东的这一指导思想，我们在《陕甘宁边区简政实施纲要》中把它完整地反映了出来，规定了“第一是发展生产”“第二是教育”的建设方针。陕甘宁边区的大生产运动，就在西北局高干会和毛泽东的伟大号召下蓬勃开展起来了。

1. 进行生产总动员，号召为实现“丰衣足食”而斗争。中共中央在一九四三年一月八日召开的中央、军委直属各机关学校生产负责同志的会上，李富春代表中央作了题为《丰衣足食，为改善物质生活而斗争》的报告，传达了党中央关于一九四三年达到“丰衣足食”的号召，说，“毛主席号召全边区在今年达到‘丰衣足食’的目的。”这次会议讨论了一九四三年生产的方针问题。会议认为，在全边区要实现“丰衣足食”，对机关学校来说当然更要做到“丰衣足食”。会议要求各机关把生产作为中心任务之一，立即组织临时生产委员会，总结一九四二年生产工作的经验，并根据各该机关人数及劳动力的比例，制订一九四三年的生产计划，以及生产的各种措施。这次会议以后，中共中央和军委的机关学校开始制订“丰衣足食”的生产计划。

随后，边区系统各单位也开始总结一九四二年的生产经验，制订一九四三年“丰衣足食”的生产计划。

在中央、军委直属机关和边区系统制订生产计划的基础上，于一九四三年三月四日，在八路军大礼堂召开了延安各机关、部队、学校生产总动员大会。朱德、贺龙、林伯渠、徐向前等和劳动英雄，以及各机关单位的代表一千五百多人出席了大会。李富春作动员报告，阐明了一九四三年生产运动的目的、意义和方针，规定了一九四三年机关生产的总任务。一九四三年中央、军委、留守兵团直属机关和边区等系统（不包括部队）生产的总任务为：一亿六千二百四十二万一千元（边币），其中计划种地三万零二百亩，预计收获粮食三千八百七十四石，蔬菜九百万零二千斤；喂猪三千七百四十三头，养羊三千六百五十四头，鸡鸭八千五百只；办煤矿、纺织厂、木工厂、铁工厂、纸厂、豆腐坊、粉坊、马掌铺、酱园、榨油坊、酒坊等九十五个。计划要求机关生产的自给程度比去年增加一倍。李富春在报告中还谈到了一九四三年机关生产与以往不同的六个特点：第一，生产的计划性加强了。各单位都制订了详细的生产计划，并经逐级慎重审查批准。第二，一九四三年的生产建立在广泛的群众性的基础上，实行集体生产与个人生产的结合。第三，掌握了以农业为主的方针，靠自己的劳动，建立生产的基础和积累财富，逐步建立起集体的家务。第四，有了以往的生产经验，开始掌握了生产的规律，改进了生产技术，第五，不只是一般地补助经费上的不足，而是更积极地为“丰衣足食”而斗争。第六，思想上对生产有了新的认识，自觉性提高了，大家起来动手，一定能够实现“丰衣足食”。

朱德讲了话。他在讲话中指出：“贪污、腐化、浪费是生产运动的敌人。在生产中不许有一个败家子、二流子。”他继一九四〇年十二月三日在陕甘宁边区党委召开的经济自给动员大会上提出建立革命家务以来，第二次提出建立革命家务。他说，“我们一方面艰苦的劳动，一方面改善物质的和精神的生活，革命的家务是一定可以发展起来的。”林伯渠在讲话中针对一度曾把商业作为机关自给运动主要方向的偏向，着重指出农业生产的重要性。

会上，还奖励了六十六位机关生产中涌现出来的劳动英雄。

这次生产总动员标志着边区为实现“丰衣足食”而斗争的生产运动的新阶段。

配合生产运动的新阶段，文艺、报纸等宣传工作搞得很生动活泼，十分出色。《生产大合唱》《南泥湾》等歌曲，《兄妹开荒》《十二把镰刀》《二流子变英雄》等戏剧，在延安和全边区巡回演出，激励着千万群众的生产积极性，在大生产运动中发挥了巨大的动员、鼓舞和教育的作用。

2. 开展生产大竞赛。生产大竞赛是一九四三年全边区为实现“丰衣足食”而斗争中出现的一个新事物，是安塞县劳动英雄杨朝臣和延安县劳动英雄吴满有共同发动起来的。

一九四三年二月二十四日，安塞县劳动英雄、模范退伍军人杨朝臣写信给延安县劳动英雄吴满有，倡议开展生产竞赛。杨朝臣在信中说：“我的一切条件不如你，可是我愿意拿你我的不同条件来和你竞赛，并且请你我的区、县长作见证人，请高、霍厅长作评判员，你说好不好？第一，今年开荒五垧，要把草、树连根拔掉，并且要掏一尺多深。第二，粪要沤得好，翻两三次，每垧地上粪十袋。第三，锄草四次，培土要好到苗秆不倒。第四，牲口保证不生病，菜要种得好，粮食要比去年每垧多收一斗。第五，和民众关系一定要好，要帮助群众解决困难。第六，我是受移民优待的，三年不交公粮，但我能够做的公益事，要热心参加。我是一个共产党员，是八路军的退伍军人，你是边区农民的劳动英雄，我很赞成你的光荣，所以咱们就竞赛吧，挑战吧！”

吴满有在收到杨朝臣的挑战书以后，积极赞同，于二月二十八日复信杨朝臣表示应战。吴满有在信中除完全同意杨朝臣提出的六个竞赛条件，并给以补充以外，特别提出开展庄与庄之间的劳动竞赛，建设“劳动英雄庄”。吴满有在复信中说：“我想，只是在你我两个人身上比较，对于革命，固然很好，但为了扩大这个竞赛运动，我们要在群众身上来比较。现在我庄已成立生产互助小组，我已被选做组长，我们已经商量好，一定要使全庄子里的男女老少，都把他们的力量用在生产上，并且用互相帮助，互相调剂的方法，组织变工，给贫苦村民调剂口粮、籽种和农具，发挥大家的生产力量，也只有使大家的生产发展起来，才是真正响应毛主席发展生产的号召。所以，我也向你提出两条：第一，就是不仅你和我两人要竞赛，而且要首先把你我两个庄子的生产搞好，我提议根据两庄的劳动力和牛犋来竞赛，看谁个庄子打的粮食多？争取‘劳动英雄庄’的光荣名号。第二，边区的劳动英雄不止你和我两个人，各县都有，还有我们的军队这两年的生产成绩特别大，他们一定有更多的劳动英雄。所以，我主张把这个生产竞赛运动，扩大到全边区的军队、群众中去。我想你一定是赞成的。”

朱德在得到杨朝臣、吴满有开展生产竞赛的消息以后，非常重视。他立即电令边区所有部队积极响应吴满有生产大竞赛的号召，朱德在电令中特别强调，要认真发现部队中的劳动英雄，以作竞赛劳动中的骨干力量，并由此而广泛地展开群众性的劳动竞赛，电文说，“八路健儿都是劳动人民的子弟，他们来自工厂，来自农村，对于生产和劳动，都是最积极的，像吴满有这样的劳动英雄一定很多。”电令还强调生产竞赛，增加粮食的重大意义，说，“这个道理很明显，多产一粒粮食，就是多增加一份抗日的力量。”贺龙也连夜打电话给南泥湾驻军，令他们迅速接受吴满有的友谊挑战。

三月三日，中共中央西北局向各地党委发出通知，要求各地党委去切实推广和领导这一生产大竞赛。通知说，“这是从党员发动的群众中的创作，各地党应特别注意这一运动，把它推广起来，切实的去组织和领导，提高和巩固群众的生产积极性，仿照延安刘秉温变工队办法组织劳动互助，发扬群众生产的组织性。生产竞赛，劳动互助，是推动春耕、增产粮食、组织群众、教育群众最重要的事情。”

接着边区政府主席林伯渠、副主席李鼎铭联名发出指示。指示要求各分区县市将生产竞赛运动推广到群众中去。

一个劳动英雄与劳动英雄之间、庄与庄之间、军队与民众之间、军队与军队之间的生产竞赛和劳动互助运动迅速在边区掀起，发展到边区的各个角落。

这个生产竞赛开展是健康的，推动了边区群众劳动互助的发展，有力地促进了生产运动的发展。正是这个生产大竞赛促使边区劳动英雄大批地出现，劳动英雄和模范工作者辈出。

3. 一九四三年边区的两大盛会。为了检阅一九四三年大生产运动的丰硕成果，表彰大生产运动中涌现出来的劳动英雄，边区政府于一九四三年十一月二十六日至十二月十六日在延安同时举行了两大盛会：陕甘宁边区第三届生产展览会和第一届劳动英雄大会。这两大盛会是在西北局直接领导之下，由党、政、军三结合组织实行具体领导：贾拓夫代表西北局，高自立和我代表边区政府，邓发代表中央职工运动委员会。

这次生产展览会是空前的，规模是很大的。大会展览品分为两大部分：一为总展：陈列边区各种生产事业总的情景，其中有各种极为详尽的统计图表，最能说明问题也最有教育意义。一为分展：其中有中央直属机关、军委直属机关、留守兵团直属机关和边区系统的机关生产展览部，有绥德、延属、关中、陇东、三边分区等的展览部。展览会有近百个展室，长约半里地，共有展品六千五百九十六件，图表和照片一千九百八十七张。整个展览会是边区"丰衣足食"的缩影。它表明，经过边区群众和机关部队学校同志的共同努力，尤其是一九四三年大生产运动的飞跃发展，边区人民初步实现了党中央提出的"丰衣足食"的号召。

展览会告诉我们：第一，由于全边区一九四三年开荒九十七万六千二百二十四亩，使边区的耕地面积达到一千三百三十八万余亩，粮食总产量达到一百八十四万余石，比一九四二年增产十六万石（细粮），其中因开荒增产的粮食十四万五千石，因改良耕作技术而增产一万五千石。全边区年消耗粮食约为一百六十二万石，出现了有二十二万石余粮的局面。这就是说，边区广大群众基本上做到了"足食"，而部分群众开始有了余粮。

第二，由于一九四三年植棉十五万零二百八十七亩（比一九四〇年的一万五千一百七十七亩，扩大近十倍），收棉花一百七十三万斤，达到边区棉花需要量的一半以上。一九四三年一至九月已产布一万五千八百四十大匹（比一九四〇年产布三千零八大匹，增长近五倍），棉布的自给率已达百分之七十三。

第三，一九四三年一至九月产盐四十七万驮（每驮一百五十斤），估计年产盐可达六十万驮，比一九四二年的二十七万驮增产一倍以上。盐是边区用来进行外贸的主要物资，对边区说，盐就是粮和布。

第四，六畜兴旺，也是"丰衣足食"的一个侧面。据统计：牛由一九四〇年的十九万三千二百八十三头增加到一九四三年的二十二万零七百八十一头；驴由一九四〇年的十二万五千零五十四头增加到十六万七千六百九十一头；羊由一九四〇年的一百七十二万五千零三十七头增加到二百零三万三千二百七十一头。

第五，随着边区经济的发展，合作社事业也迅速提高，一九四三年边区有合作社二百五十五处，股金约一亿五千万元。

第六，展览会还充分体现了一九四三年生产运动的群众性，生产领导上的组织性和计划性，劳动组织上的由分散到互助合作的方向，以及公私兼顾、军民合作的特点。展览会表明，一九四三年是边区生产大发展的一年。为数年后进行的自卫战争，打下了坚实的物质基础。它以充分的事实说明，党的新民主主义的经济政策是完全正确的。

这一经济的辉煌成就，是边区千百万劳动群众共同努力的结果，大批劳动英雄和模范工作者在这里起了积极的带头作用、骨干作用和桥梁作用。

召开劳动英雄大会，就是为了表彰他们对边区新民主主义建设的巨大贡献。

陕甘宁边区第一届劳动英雄大会，有著名的农业劳动英雄吴满有、刘玉厚、张振财、贺保元、杨步浩、郝树才，工业劳动英雄赵占魁，部队劳动英雄李位，机关劳动英雄黄立德，合作社劳动英雄刘建章，劳动英雄、模范党员申长林，移民劳动英雄冯云鹏，妇女劳动英雄郭凤英、张芝兰等一百八十五名劳动英雄出席。

这样的劳动英雄大会在边区的历史上还是第一次。在旧社会被认为是"下等人"的劳动人民，现在成了新社会的"状元"，受人尊敬。大会会场的布置说明了这一点，有十几位劳动英雄的肖像，同毛泽东、朱德等领导同志的肖像挂在主席台上。

两大盛会揭幕时，有近三万人参加。延安附近三十里内外来的群众也在千人以上。朱德、贺龙、高岗、林伯渠、李鼎铭以及晋绥行署主任续范亭等参加了大会。会上，林伯渠代表边区政府作了报告，详述了一九四三年边区“丰衣足食”的情况。他说，在边区“这样一个战争环境又是比较穷困的地区，人民和军队今年居然能做到丰衣足食，这是边区人民和八路军力量的表现”。

会上，朱德、贺龙、续范亭等讲了话。续范亭说：“我五十岁了，第一次才看见这样的事情。”接着他对劳动英雄表示衷心的祝贺，并且以幽默的语言，严正驳斥了把共产党人描绘成“三头六臂”的怪物。他说：“是的，共产党人是有三头六臂的。三头就是‘枪’头、‘锄’头和‘笔’头，六臂就是‘两只手’能打仗，‘两只手’能生产，另外‘两只手’能写文章，能学习，能抓汉奸特务分子。这样的三头六臂，对老百姓是好的，对中国是好的。”他的这种说法，是当时我们在延安一面打仗，一面生产，一面学习的一个生动的写照。

毛泽东没有出席这两大盛会的开幕式，但他非常关心这两大盛会。一九四三年十一月二十九日下午，他把全体劳动英雄请到杨家岭中央大礼堂，同朱德、刘少奇、周恩来等一起接见并宴请了劳动英雄，作了著名的《组织起来》的讲话。十二月九日，毛泽东参观了生产展览会，又专门找了吴满有、申长林、刘生海、孙万福、冯云鹏、高仲和、张振财、石明德、李位、刘玉厚等十七位劳动英雄座谈了生产经验。毛泽东与冯云鹏、安兆甲谈移民问题，与张振财、李长清、梁显荣、刘玉厚谈变工札工的问题，与田荣贵谈合作社问题，与李位谈部队生产问题，与张清益谈义仓问题等，一直从下午谈到深夜才结束。

大会期间，劳动英雄们互相交流了经验，热烈地讨论了毛泽东“组织起来”的号召，制订了“组织起来”搞互助合作的计划，提出了一九四四年进一步“丰衣足食”的生产任务和具体计划。

大会给予劳动英雄和模范工作者以优厚的奖励，有二十五名劳动英雄获特等奖，各得奖金三万元；三十四名劳动英雄获甲等奖，各得奖金两万元；八名获乙等奖，各得奖金一万元。所有参加大会的劳动英雄由边区政府发给奖状及由毛泽东、朱德、高岗、贺龙，林伯渠、李鼎铭等的亲笔题词。在大会上，还奖励了五个模范村：淳耀的白塬村（劳动英雄石明德所在村）、延安的吴家枣园（劳动英雄吴满有所在村）、绥德的郝家桥（劳动英雄刘玉厚所在村）、华池的城壕村（劳动英雄张振财所在村）、定边的贺家园（劳动英雄贺保元所在村），各奖耕牛一头。

大会最后通过了《陕甘宁边区第一届劳动英雄代表大会宣言》，总结了大会的盛况，要求全边区农民、工人、战士，机关干部，学校学生进一步发展生产，以便充实物质力量，准备消灭日寇和对付反动派的袭击，取得对敌斗争的最后胜利。宣言最后要求实行毛泽东“组织起来”的号召，做到：

第一，普遍发展变工、札工。向淳耀的白塬村、延安的吴家枣园和安塞的马家沟学习。

第二，实行移民政策，增加新的劳动力。全边区要向赤水的冯云鹏、延安的马丕恩学习。

第三，一九四四年要把边区的全部二流子改造好，一面由政府督促，一面由群众劝说。全边区的二流子都要向吴旗的刘生海学习。他过去是个二流子，没吃没穿，婆姨也离开了他。自从一九四一年转变以后，努力生产，到现在有九个牲口，打粮二十多石，成了边区的劳动英雄出席了这次大会。

第四，发动能劳动的妇女参加农业生产。全边区的劳动妇女都要向米脂的郭凤英学习。她和男人一样，既能种庄稼，又会纺纱。

第五，多开荒地，深耕细作，增修水利，发展副业。全边区的老百姓都要向延安的吴满有学习。他一九四三年一家开荒三十二垧（每垧三亩），多打四十石粮。

第六，多种棉花，发动妇女纺织。多种棉花要向吴堡的刘秉仁学习。他种的一亩棉花产净花四十四斤，并推动全村每户种一亩棉花。纺纱要向刘（桂英）老太婆学习。她除了自己纺纱，还组织了一百八十个妇女纺纱。

第七，办好合作社。全边区的合作社都要向延安的刘建章学习。他办的南区合作社，发展成为消费、生产、运输、信用的综合合作社，给老百姓谋了几千万元钱的利益。

第八，组织运输队，多运盐出口。全边区的运输队都要向延安的刘永祥学习。他在南区合作社的帮助下，利用公盐代金，组织了七百多头牲口的公私合作的运输，运盐一万八千驮。不但方便了群众运盐，而且凡出公盐代金的还可以有许多红利。

第九，一面努力发展生产，一面还要节约粮食，储存粮食，多种洋芋。

第十，号召部队、机关、学校，加紧生产，部队要向张治国、李位、胡青山、郝树才、武生华学习，从半自给做到全自给。工厂要向赵占魁、袁生华、李凤莲学习。机关学校要向黄立德、佟玉新学习。

4. 一九四四年底至一九四五年初边区的两大盛会。一九四三年底召开的边区劳动英雄大会充分显示了劳动英雄运动在大生产运动中的重大作用。为了进一步推动生产运动，边区政府在一九四四年把劳动英雄运动推广到一切部门，边区的群众和机关、部队、学校，人人都可以争当劳动英雄和模范工作者。一九四四年劳模运动的特点，第一，运动全面开展。劳动英雄及模范工作者运动，从农村、工厂、机关、部队的生产运动推广到了文化、政治、军事及其他各项建设事业。第二，英雄大量产生。七十二行，行行有英雄、有模范。第三，由个人到集体。劳动英雄带动了一个村、一个单位，出现模范村，模范班、排、连，以及机关团体中的模范单位。第四，劳动英雄与模范工作者是选举产生的，具有更广泛的群众性，受到更多的群众的尊敬和拥护，在群众中的带头作用、骨干作用和桥梁作用更大。第五，劳动英雄和模范工作者的标准更高了。第六，领导更加自觉了。经过几年劳模运动的实践，领导干部领导劳模运动积累了经验，提高了自觉性。

为了总结劳模运动和边区生产运动的经验，陕甘宁边区在一九四四年十二月二十二日至一九四五年一月十四日，召开了“劳动英雄与模范工作者大会”，当时，大家都叫它“群英会”。有四百七十六位劳动英雄和模范工作者出席了大会。

在群英会开幕那天，延安十分热闹。开幕式在参议会大礼堂举行。会场上，张灯结彩，劳动英雄披红戴花。林伯渠致开幕词，他首先指出一年来劳动英雄与模范工作者运动的新发展，以及他们在新民主主义建设中的积极作用。林伯渠强调劳动英雄要时时抑制自满，互相学习，交流经验，发扬优点，克服缺点，开展批评与自我批评，力求进步，以期完成边区新民主主义建设的新任务。朱德出席了开幕式，讲了话。他说：几年来，我们靠着“血和汗”，坚持抗战，建设边区，获得举世的称道。对于这一奇迹，劳动英雄、战斗英雄和模范工作者起了决定作用。

这次群英会的重点是交流经验。会议以农业、工业、运输合作、纺织、部队、机关学校、财政、金融贸易、司法、保安、文教及其他等十一个组，分别进行经验交流和典型介绍。在分组交流经验的基础上，选举和评比产生边区劳动英雄和模范工作者的等第，共评选了特等劳动英雄和模范工作者七十四名，甲等劳动英雄和模范工作者二百名，乙等劳动英雄和模范工作者一百八十九名，以及模范村、模范连队和模范单位团体十四个，并给予奖励。

在会议期间，毛泽东于一九四五年一月十日向全体劳动英雄和模范工作者作了题为《必须学会做经济工作》的报告。毛泽东在报告中称赞劳动英雄和模范工作者起了三种作用，即带头作用、骨干作用和桥梁作用（这三大作用是在群英会中反映出来的，我们向毛泽东汇报时提到了，他称许这些提法很好），鼓励他们戒骄戒躁，争取更大的进步。毛泽东在讲话中提出了在两三年内完全学会经济工作的任务，强调“我们边区和整个解放区，还要有两年至三年工夫，才能学会全部的经济工作。我们到了粮食和工业品全部或大部自种自造自给并有盈余的日子，就是我们全部学会在农村中如何做经济工作的日子。将来从城市赶跑敌人，我们也会做新的经济工作了。中国靠我们来建设，我们必须努力学习。”

大会最后由边区政府民政厅长刘景范作总结：《更加推广劳动英雄和模范工作者的运动》。说明边区劳模运动的历史和现状，劳模运动的作用，以及今后的方针等问题。

大会于一九四五年一月十四日闭幕。在闭幕式上，李鼎铭致闭幕词。彭德怀、陈毅，刘伯承、聂荣臻、吴玉章等讲了话。他们在讲话中都强调了边区劳模运动对全国，尤其对敌后抗日根据地的作用。彭德怀说：“你们和全体人民把陕甘宁边区贫穷的山谷建设成富庶的边区，创造了许多模范的事迹。八路军和新四军有这样边区作为立脚点和出发点，所以能够在敌后坚持抗战，愈战愈强，在华北开辟了三十倍于边区的人口及在全国开辟了六十倍于边区人口的抗日民主根据地。同时由于边区的带头作用，我们在敌后开展了生产和战斗结合的劳模运动，军民吃饱穿暖，大大提高了我们的战斗力。”聂荣臻也说，陕甘宁边区不仅是抗日的出发点，并且是建设新民主主义中国的出发点。

在群英会召开的同时，“陕甘宁边区建设展览会”于一九四四年十二月二十五日正式开幕。这次展览会与以前的工农业生产展览会不同，增加了边区军事、政治建设的内容。展览分四大部分：第一部分：军事，包括练兵习武、民兵训练、军队文教工作、医药卫生、官兵关系、拥政爱民、军事工业、生产、供给和战利品等，在八路军大礼堂展出。第二部分：经济建设，包括农业、公营工业、民间纺织和工业、运输业、合作事业、机关生产、财政、贸易、金融等。第三部分：民主建设，包括民政、吴满有模范乡、保安工作，司法工作等。第四部分：文化教育，包括医药卫生、反对巫神运动、民办小学、国民教育、文艺、报纸等。展览会反映了一年来边区财政经济、民政司法、文化教育、保安等方面所取得的巨大成绩。一直到一九四五年一月十五日闭幕，参观展览会群众达三万余人次。

5. 开始进入“丰衣足食”境地。经过全边区群众的努力和机关部队学校大生产运动的继续开展，边区一九四四年的自给自足经济有了更进一步的发展，“丰衣足食”的程度又有提高。总计全边区增产细粮二十余万石，机关部队学校生产细粮十万石。因此，除了边区群众和机关部队学校的消费，尚可节余二十八万石，连同以前几年的结余，边区积存的余粮在七十万石以上（实际不止此数）。这一年边区植棉三十万亩，收棉花三百万斤，可以织布一百五十万匹（三八布），自给率达到三分之二。工业方面，生产的日用品如毛巾、肥皂、火柴、纸张、陶瓷、纸烟等已经自给或者大部分自给，延长石油生产也有恢复和长进，军事工业也得到了很大的发展，除了生产步枪、子弹以外，又陆续生产出掷弹筒、炮弹等武器。对于边区的工业发展，边区劳动英雄、模范工程师沈鸿起了极大的作用。沈鸿是学徒出身，经过自己的刻苦钻研，终于成了一个工业家。一九三八年自带十台机床到延安参加革命。他到延安以前，边区除延长的煤油厂有少数几台机器以外，其他地区没有现代化的机器。他到延安以后，又亲自设计、制造了许多设备，配备了边区的许多工厂，帮助了边区工业的发展。延安中央印刷厂的油墨机、造纸厂的造纸机、制药厂的压片机、煤油厂的炼油设备，以及边区其他工厂的许多机器，主要都是经过他的设计，直接或间接地从他带来的十台机床上生产出来的。更重要的是他还帮助了八路军后方修械所，并亲自设计、制造了掷弹筒、炮弹等前方急需的武器、装备。

具体说，边区人民的生活水平和机关部队学校的供给标准，都有了很大的提高。林伯渠在陕甘宁边区参议会第二届第二次会议的报告中充分反映了这一情况，他说：“坚持从经济到财政的发展路线之结果，人民的收入大大增加了，部队和机关学校也逐渐建立了家务，但政府取之于民的部分，却相对地减少了，以至绝对地减少了。例如公粮，去年十八万石，今年减至十六万石，其他税收也有减轻。因此，军民生活一年一年地更加改善了。”

农民方面，以清涧辛家沟村为例，全村共二十六户，一九四一年收获量为二百零九石六斗二升，消费量为一百四十二石四斗二升，负担为二十四石七斗，占收获量的百分之十一点七六，收支相抵，盈余四十二石五斗。一九四三年收获量为二百八十五石六斗九升；消费量为一百八十四石三斗，较一九四一年增加百分之二十七点二，生活上升；负担为十九石九斗八升，占收获量的百分之六点九九，负担下降；收支相抵，盈余八十一石八斗一升。

工人方面，城市手工业工人实际工资比战前提高百分之一百四十九点八至四百；公营企业工人的实际工资则提高百分之五十八点七至八十四，但公营企业工人的医药、文化和娱乐等费、劳动保险和社会保险统由公家负责。

部队方面，战士的衣食两项供给标准，如以一九三九年为一百，则一九四三年已提高至百分之一百二十五点五，一九四四年当续有提高。

一般公务人员和学生方面，以今年（一九四四年）为例，单就衣食两项实物供给标准，平均为小米六石以上，其他如办公、文娱、书报、医药等费，概由公家供给，病员、产妇、婴孩等更有特殊待遇。公务人员家庭有土地而无劳动力者，为之代耕；全无产业者，帮助其家属从事生产或给以适当工作，其子女的抚养教育费用，亦由公家供给。

值得指出的，去年以来，工厂人员合作社，部队人员合作社，机关和学校人员合作社，普遍成立，便利个人储蓄，并为个人建立了家务，已有相当成绩。

可以说，边区军民生活已开始进入丰衣足食境地。

一九四五年边区受了特大旱灾，农业歉收，粮食作物减产。为了照顾部分地区的歉收，一九四五年的公粮又从一九四四年的十六万石减到十二万石。因此，人民的生活仍然有所改善。

这时，边区农村的情景已经大变样了。不仅人民的生活有所改善，而且农村的阶级状况也有了变化，最突出的一点是从前雇农和贫农是农村的主要群众，这时变成了以中农和富裕中农为主要群众；从前乞丐到处可见，这时已经绝迹。这种情况反映了边区建设已经进入了一个更新的阶段——全面建设边区。

6. 小结。

以上事实说明，在边区生产运动中，党中央、西北局和边区政府抓“两点论”抓得好。第一，抓“两个环子”。这就是毛泽东所说的：“一九四二和一九四三两年先后开始的带普遍性的整风运动和生产运动，曾经分别地在精神生活方面和物质生活方面起了和正在起着决定性的作用。这两个环子，如果不在适当的时机抓住它们，我们就无法抓住整个的革命链条，而我们的斗争也就不能继续前进。”我们党抓住了整风运动，使我们党在思想上、政治上、组织上达到了空前的团结和统一，大踏步地稳步地前进了。同样，我们党抓住了生产运动，达到了“丰衣足食”，我们又活跃了，我们又生气勃勃了。可见，同时抓整风和生产两大运动，精神和物质两个领域，这在历史上是极端重要的，在现在也是极端重要的。第二，抓统一战线。在政治上要抓统一战线，在经济工作上也要抓统一战线。陕甘宁边区在政治上贯彻统一战线政策是有成绩的，在经济工作上贯彻统一战线政策也是有成绩的。劳动英雄中间，就包括了各阶层的人，如工业方面的沈鸿，他现在已经是革命干部了，但他在未来边区以前曾经是一个拥有生产工具的工业家；农业方面的吴满有，是劳动致富的富农；延安市商会会长王克温就是一个商业资本家，在国民党对边区实行经济封锁以后，我们的对外贸易，有许多是通过他办的。又如，我们在发展公营商业的同时，私营商业的发展也很快，延安市一九三六年仅有各种私营商店一百二十三家，到一九四三年即达四百七十三家。第三，抓两股力量。一是抓民也抓军，军民齐奋战。在大生产运动中，我们打破了当兵“吃粮”，“脱产”革命的旧习惯，使机关、部队、学校的“脱产”人员一律变成不脱产人员，又工作（打仗），又生产，同广大人民群众共同组成劳动大军。不仅有利于生产，而且有助于改善军民关系，增强劳动观念，加强纪律性，对人民群众的生产也起了促进作用。二是抓兵也抓“官”，官兵一致。司令员和战斗员，领导和群众，同吃，同住，同劳动。这同样不仅有利于生产，而且有助于改善官兵和上下级关系。三是抓公也抓私，公私兼顾。参加机关生产，这是为公；进行个人副业生产，这是为私。个人副业生产发展了，个人自给比例增大了，需要公家供给的比例就缩小了。这是符合当时实际需要的。

六、文化教育

发展文化教育事业，是一九四二年九月毛泽东当面嘱咐要求边区政府抓紧进行的四项任务之一。边区政府一九四三年确定：“目前政府工作必须集中力量于急要和首要的任务，第一是发展生产”，“第二是教育”，把发展文化教育事业列入重要议事日程。边区政府的教育工作由教育厅主管，我因在来边区政府工作之前曾经作过几年教育工作（主要是干部教育），并且教育厅厅长柳湜当时是以救国会代表的身份参加边区工作的，副厅长贺连城也是党外人士，边区政府党组便要我多帮助他们工作。我主要是协助他们做了一些政策研究工作和某些会议的组织协调工作，因此对教育工作接触较多，感受也较深，现将我对边区文化教育发展概况和各项方针实施情况简要记述如下。

（一）历史发展概况

要了解陕甘宁边区政府执行文化教育政策的情况，首先必须了解陕甘宁边区在旧社会的经济文化教育状况。陕甘宁边区在旧社会经济文化十分落后，地主阶级对农民的残酷剥削和压迫，使分散的落后的农村经济长期处于停滞状态，社会分工和商品生产都很不发达，基本上是自给自足的自然经济。荒山遍野，地广人稀，农业粗放，交通不便，农民终日劳动难得温饱。反映在文化教育上，就是封建、文盲、迷信和不卫生。知识分子缺乏，文盲高达百分之九十九；学校教育，除城镇外，在分散的农村，方圆几十里找不到一所学校，穷人子弟入学无门；文化设施很缺，人民十分缺乏文化生活；卫生条件极差，缺医少药，人畜死亡率很高，婴儿死亡率达百分之六十，成人达百分之三；全区巫神多达二千余人，招摇撞骗，为害甚烈。人民不仅备受封建的经济压迫，而且吃尽了文盲、迷信、不卫生的苦头，人民的健康和生命得不到保障。

一九三七年九月陕甘宁边区政府正式成立后，在扫除文盲、破除迷信、改变不卫生情况等方面，作了很多工作，很有成绩。但从数字增长和社会效果对比看，还是很不够的。小学数量有增加，但失学儿童仍在四分之三以上。文盲数量有减少，但仍高达百分之九十三至九十五。人畜死亡率也很高。客观原因是经济发展不足，群众的物质生活问题未解决，文化生活问题也很难解决。但主观上也存在着一些缺点和错误，表现在：

第一，政治上有某种程度的右倾，这是抗战初期统一战线工作中右倾错误的一种表现。在教育内容上强调抗日，这是对的，但忽视了民主；强调团结，这也是对的，但忽视了必要的斗争。当时发生过这样一件事：教育厅口试鲁迅师范的毕业生："顽固分子来了怎么办？"问了几个，都答"退让"。又问"他们再进攻怎么办？"答："还是退让。"问到第三次，他们无法回答了。只有一个长征过来的毕业生挥拳高呼："打！"这件事曾引起边区党组织的注意，并在一九三九年边区党第二次代表大会上特别指出过。但在以后的教育领导工作中仍未引起足够重视，如绥德分区的教育在一九四〇年新政权建立后，政府与一些开明教育家作了许多工作，但直到一九四一、一九四二年对何绍南反动统治时期的旧教育，仍然未能有计划地进行改造，许多地区的小学教育仍被顽固分子把持，他们仍以各种敌视人民、敌视边区、敌视共产党的反动思想继续毒化青年。

第二，学校教育搞旧型正规化，对边区落后的经济、文化状况和地广人稀的特点注意不够，未能及时解决教育和实际结合、适应分散的农村、为边区服务的问题。当时干部教育（培养边区的知识分子）是提高边区一切工作包括教育工作的决定因素，长期未被重视。国民教育也不顾边区具体情况，先是不切实际地普遍推行普及教育、义务教育，后又走到另一个极端，提出了所谓"减少数量提高质量"的口号。边区人民在一九三八、一九三九年生活还很困难，首要任务是恢复民力，发展生产，推广义务教育则为时过早，但一九四〇年《陕甘宁边区实施义务教育暂行办法》反而把要求又提高了一步，提出要逐步普及义务教育，学龄儿童（八岁到十四岁）都要按规定入学，否则予以处罚。这是主观主义、命令主义和形式主义的规定，当然行不通。后来在边区召开的教育科长会议上，又决定重质不重量，精简和合并学校，每县宁可取消十个普小，一定要办好一个集中的完小；每个学校不满二三十人不能开办；年限、班级、开学、放假等制度必须“整齐划一”。在这种错误思想的指导下，小学由一九四〇年的一千三百四十一所减至一九四二年的七百二十三所，减少百分之四十六，学生也减少了一万余人，将近减少三分之一。这是忽视了边区生产落后、村庄分散、交通不便、劳动力缺乏等特点，抄袭旧的一套教育体制所造成的恶果。

此外，社会教育、文艺工作也存在一些问题。社会教育流于形式，文艺工作侈谈提高，忽视普及，以外边进来的知识分子为主要对象，忽视人民群众需要。民间文艺仍是封建的旧的东西占统治地位。特别严重的是，对大批人畜死亡现象，迄未给予应有的重视。

上述这些问题都是亟待解决的问题。我到边区政府后，全党正在开展整风运动，西北局又召开了高干会，为我们纠正教育工作中的缺点错误指明了方向。我们在党中央和西北局的直接领导下，仔细分析了边区教育中存在的问题，主要是旧型正规化问题。开展了批评和自我批评，纠正了缺点错误，进行了教育改革，整掉了旧型正规化，实质就是整掉了主观主义、命令主义和形式主义。教学内容和教学方法逐步做到了与群众需要相结合，与边区实际相结合，真正为边区人民大众服务，边区教育出现了向着新的方向改革的大好局面，这是整风的重大成果。一九四四年十月陕甘宁边区文教大会，总结了边区教育工作正反两个方面的经验，特别是总结了一九四三年整风以来教育改革的新鲜经验，提出了今后发展文教工作的方针和政策，明确了文化教育在整个革命事业中的地位和作用，收获是很大的。尤其是毛泽东在会上的讲演，对边区文教工作作了高度的理论概括，为今后进一步发展文化教育事业指明了前进的方向。

以上是历史发展概况。下面想就边区小学教育、中等教育、社会教育、文艺工作等方面分别作些具体说明，也对边区文教大会作一专门介绍。

（二）小学教育

边区政府成立后，即注意了教育建设，历年均有发展。一九三七年春全边区仅有小学校三百二十所，学生五千六百人（不包括绥德警备区）。一九四〇年春增至一千三百四十一所，学生四万一千多人，学校数和学生数分别增长了三倍多和六倍多。整风运动批判了教条主义的错误倾向，促进了教育事业朝着按照群众需要的方向改革。一九四四年后，各地陆续出现了一种新事物，即民办学校，发展到五百余处，这是教育改革的良好开端。民办学校形式多样，各有特色，创造了很多的好经验。主要有：

延安市杨家湾小学。这种类型的小学，特点是民办公助，是在农民积极分子倡议下，由政府领导和帮助办起来的。陶端予是这所小学的教员，是当时杨家岭中央机关到北效乡做居民工作，应农民之请派下去的。教员到了村里，便帮助群众修理纺车，与群众建立感情，学校办起来后，经常进行家访，家长、教员、学生连成一片，群众的意见成了教员工作的依据，群众的反映就是教员检查自己工作的尺度；在与群众密切联系中，吸取了人民丰富的语言和生活的滋润，编成教材，进行教学。学校设有语文、算术、卫生、常识、习字等课程，教语文，学写便条；教算术，学心算、珠算和记账；教生产知识，同时培养劳动观念，紧密结合家庭和生产实际。教学中，不光学文化，还要养成儿童民主与遵守纪律的习惯；提倡讲礼貌、团结友爱，讲究卫生，尊重父母、家庭和睦的道德风尚；教育儿童懂道理，服从道理而不是服从个人。学校还开展成人教育，推动全村卫生运动，使杨家湾成为全边区最好的模范村。

米脂高家沟民众学校。这种类型学校的特点，是农民自动起来办学校。高家沟的农民说："咱们这辈子不识字，是睁眼瞎子，可不能再让子孙受害了。"于是便立下这个学校，推举全村唯一识字较多的高怀山当教员，自办，自管，自教。经过群众讨论，课目有识字、算术、读报、写仿（习字）、唱歌或游戏等，按新编课本教，教员也自编一些辅助教材，注重应用文和珠算的教学。农忙放假，平时鼓励学生参加家庭劳动，做到学习、生产两不误。学制分全日班、半日班，还有拦羊娃的早班，无固定年限，能写会算就毕业。学校同时也是本村文化建设的中心，成立了变工队员读报识字组，妇女纺织识字组，并与村、乡政府配合，开展卫生运动和文化活动。

米脂杨家沟学校。这是一种穷人翻了身，迫切要求文化的"一揽子"形式的村学，特点是以成人教育为主，和生产密切结合。教育对象主要是成年男女，也包括儿童。教学内容按群众和生产需要规定，全体学生都不脱离生产，教学时间也根据生产时间不同，分为早、中、晚三班进行。

巡回学校。在教育改革中，志丹县七区一乡，从改造旧轮学（即轮回教学）中，吸取其合理部分，创办了一所巡回学校。这个乡共六个小村，比较大的如红石峁等四个村子，每村才六七户人家，最大的也只十二户，相隔都在三五里路，地区分散，农民生产负担很重，每个儿童也要拦羊三四十只。要办学，一个村办"供不起"（经费），一个乡集中办又"误不起"（时间）。他们就共同请了一个教员，选定这四个较大村子作为基本巡回教学范围，定名为巡回学校，每天轮教两个村子，每隔一天就可轮到一次。每村都有简易的校舍，有桌凳、黑板等校具。学校有校董会，每村选一人任校董，协助教员管理学生，教员轮到哪个村子时，他就把学生集合在一起，平时则督促儿童复习。儿童不离本村，就地上学，不误生产。"误不起""供不起"的问题解决了。志丹其他乡及靖边、吴旗一些较偏僻的乡村，也创办了这样的巡回学校或轮学，同样得到群众的拥护。

教育改革，民办小学带了头，做出了榜样。一九四三年特别是一九四四年以后，公办小学和完全小学，也在逐步地进行改革。我们一方面号召各地继续试办民办小学，一方面推广了吴旗县赵老沟小学教员刘保堂结合实际和群众需要办学的经验。许多小学教员经过整风，批评了旧型正规化的思想，开始认识到，不结合边区实际，不懂得农民的要求，办教育是没有出路的。他们向民办小学学习，向刘保堂学习，在课程设置上，增加了农村迫切需要的教材，增教应用文和珠算，增教生产知识和卫生知识，向着新的方向转变，迈出了可喜的一步。同时，我们还抓了私塾的改造。边区文化落后，私塾仍占相当数量，陇东分区就有一百五十处，他们多半教些封建迷信的东西，改造是必要的。我们推广了陇东贾其昌私塾改造的经验，促进私塾按照政府的教育方针办，向着新式的村学转变。农民对小学的改革是欢迎的，有的要求办得好的中心小学、普通小学继续公办，有的因为需要或有的小学办得不好，则改为民办，使学校更能按照群众的意愿办。但是小学教育的改革，仍然存在一些问题，一部分小学教员习惯于过去旧的一套，只知道政府办，不知道根据群众意志由群众决定学校的形式与内容；在另一部分学校中，则又过分强调生产劳动，过多地参加社会活动，忽视了知识的教学。这两种倾向，在继续改革的过程中，都是要注意解决的。

小学教育改革的情况说明，群众本来蕴藏着办学的积极性，但被旧型正规化束缚住了。经过整风和大生产运动，这种积极性迸发出来了，他们要求创办学校，改革学校。这种改革，也只是开始，它将随着边区经济、文化的发展而逐步提高。在当时的情况下，小学教育的改革具有如下一些特点：

第一，读书与抗日、建设相结合，教育和政治、生产劳动相结合。这是抗战时期教育改革的基本原则。边区小学是传授儿童文化科学知识的阵地，同时又是宣传抗日和党的政策，推动农村建设的重要环节，教员在这方面起了很大作用。当时边区多数教员工作勤奋，生活刻苦，政治觉悟较高，他们不仅教儿童读书，开展成人教育，开展卫生运动，使乡村小学成为农村文化建设的中心；而且还指导学生各种抗日救亡活动和生产建设活动，发挥了教育为抗战为生产服务的作用。

第二，学校的设置和组织形式，因时因地因人制宜，贯彻群众需要与自愿的原则。既有适应农村分散的特点和农民生产生活需要的各种形式的民办小学，又有适合县城和集镇的中心、普小和完全小学。经济文化的落后和发展不平衡，不仅偏僻的乡村与城镇有差异，就是县城的完全小学，因地区不同，要求也各异。绥德、米脂的完小毕业生多希望升学，而延长和环县的毕业生则多参加工作，所以课程设置和毕业年限也不必强求一律，而应因地因人有所侧重。

第三，坚持群众路线，学校与群众配合。边区政府重视教育事业，教育经费占支出的七分之一。但由于实施免费教育，学生入学不交学费和杂费，而且要创办更多的新学校，所以经费仍有困难。这就要发扬艰苦奋斗的精神，因陋就简，发动群众自己维持学校用费，来解决这个困难。群众了解儿童教育、社会教育和救亡活动的重要，自愿担负起维持学校经费的任务。政府则着重在政策、教材、培养教员等问题上加强领导。这样我们在边区经济落后、物资困难的条件下，仍然把教育事业扩大到穷乡僻壤，使教育事业得到发展。民办公助方针为人民所拥护，深深地扎根于群众之中。

一九四五年二月二十六日，我在保小（保育院小学、即过去的干部子弟学校、是唯一直属教育厅的小学）、抗小、延属干小、完小等四校的教员训练班上，曾经根据了解的情况，讲过以下四个问题，这是我个人对当时边区小学教育的意见：

（1）干部子弟学校教育方针应该是健康、文化与人生观三者并重。前一代人的弱点是文化落后，身体不强，后一代人将是建设人才，应把身体搞好，文化搞好。前一代人有为人民当勤务员的传统，后一代人必须继承与发扬这种传统，切不可沾染新贵族思想。

（2）教育态度应该是一切为了学生——未来的人民勤务员。用作人民勤务员的精神去教育他们，先作学生，后作先生。要坚持真理，又要善于说服。以说服方法和集体生活，培养孩子们的纪律观点。要从正确方面启发学生，也要从错误方面教育学生。要在教育方面培养一种纯正的实事求是与联系群众的作风。

（3）加强教员的修养和学习。一是思想作风修养，要放下包袱，打开脑筋，用民主方法争取别人的帮助，从实践中破旧立新。二是政治和政策学习，上级要给予帮助。三是业务学习，要从实践到理论，做什么，学什么。此外，教员的政治待遇与物质待遇，应该适当解决。

（4）要克服学校教育领导工作中存在的作风问题，即官僚主义问题。领导部门要了解下面的意见和要求，解决实际问题。

在训练班上，学员们对领导上的官僚主义作风，意见比较多，为此，我曾给教育厅的负责同志写过信，又同他们谈过话，建议他们亲自去教育训练班主持些日子，以便提高学员的信心，建立领导的威信，解决实际存在的问题。

（三）中等教育

边区的中等教育，是一个从无到有，探索前进、逐步成熟的过程，大致可分为三个时期。

边区在一九三七年前，没有一所中等学校。一九三七年三月成立鲁迅师范，一九三八年成立边区中学，这是边区中等学校的初创时期。时间虽短，但在教育实施上却带有初创时期的许多特点和创造。教学内容为了适应当时抗战的需要，一般是政治重于文化或政治文化并重。学制也是按实际需要，灵活掌握，有的半年毕业，也有的一二个月毕业。学生随到随考随编班，如果工作急需，也可以随时调出。学生入学不受严格限制，初期很多是部队机关的勤务人员、退伍红军、红军家属、残废军人等。文化程度高的设中学班或师范班，低的设预备班，都属训练班性质。学生要参加社会活动，作群众工作，并适当参加生产劳动。

这个时期的中等教育，虽然在教学组织、内容、制度、方法上还有很多缺点，但它打破了过去只有富人子弟才能入学的阶级界限，的确是一种新教育的雏形。由于当时具体条件的限制（国民教育刚刚开始发展，完全小学只有一二个），还不可能把培养边区知识分子当作主要目的，但是因为接受了内战时期革命队伍艰苦奋斗的优良传统和作风，所以培养出来的学生在当时边区文教工作中依然起了很好的作用。

一九四〇年是边区中等学校在数量上大发展的一年，学校由两所增加到了七所，就是：边区师范（一九三九年八月由鲁迅师范和边区中学合并而成）、三边师范、关中师范、陇东中学、绥德师范、米脂中学、边区医药学校。一九四一年后又发展为十所，即增加了鄜县师范、新文字干部学校、边区职业学校（一九四〇年创办边区农校，一九四一年创办边区职业学校，一九四二年将两校合并成职校）。这十所中等学校，有普通中学二所，占百分之二十；师范中学五所，占百分之五十；中等专业学校三所，占百分之三十。中等教育这个结构的比例，在文教建设的初期，是大体上符合边区经济发展和社会分工的需要的。师范学校占的比例最大，这反映了边区对培养知识分子和发展文教事业的迫切需要。当时中等学校的学制，确定为两年到四年。后来边区的青年学生逐渐占了多数，开始提出了为边区培养小学教师和新知识分子的任务。文化教育内容的比重大大增加了。边区师范、三边师范、绥德师范还附设了行政人员训练班（地干班），这是一个新的发展和改革，正符合边区要提高现任干部文化水平的需要。但是在执行过程中，也发生了两种偏向：有些学校对旧学校遗留的教学内容、方法、作风的改造不够，存在着不切合边区实际需要的所谓“正规化”倾向，学了一些不急需或用处不多的东西。又有些学校提出抽象的政治和思想要求，用教条主义、形式主义的方法盲目地给学生讲许多政治和社会科学概念，学生学不了，也减少了文化教育的时间。这同样是脱离边区实际需要的。

一九四三年的整风，针对上述偏向，即旧的教育思想和新的教条主义倾向，进行了检查和批判，实现了重大的改革。首先，明确规定了中等学校带有干部学校的性质，并增设地干班，使边区中等教育与边区建设实际需要进一步结合。其次，为此目的，削减了不急需的课程，增加了当时有实际需要的课程。再次，确定了政治教育、思想教育的原则，是在学生的实际活动中培养他们的革命观点、群众观点与劳动观点，而不是只讲抽象的理论。通过这些改革，边区中等教育出现了新气象，不再把自己的任务限制在只是培养小学教师与一般中学生的圈子里，而是扩大到了同时培养边区建设所需的各种干部和人才。因此在中学班、师范班以外，增设了地干班或其他实际需要的班次。这样一来，进校学生增加了，学生热爱边区及为人民服务的热情大大提高了，不愿去偏僻的农村工作的愿意去了。

中等教育的这一次重大改革，也有缺点。规定课程教学大纲是好事，但有些规定得太广泛、太复杂，以致教员教不了，学生学不了。注意教学与边区实际相结合也是好事，但有些把实际理解得太狭隘，忽视了一些必需的知识的学习。还存在着教条主义的残余。

一九四六年一月十四日至二月十二日，在边区政府领导下，在延安召开了边区中学教育会议，对从一九四三年以来的整风和改革的成果，进行了认真的检查和总结。这次会议在边区中等教育的发展史上，是有重大意义的。除三所中等专业学校未参加外，七个中学校长、教导主任、地干班主任及教员代表等共三十余人参加了会议。主要讨论了中等教育的方针、学制、课程、教材、教学法、地干班、思想教育、组织与领导等问题。

边区中等学校教育的总任务，是有计划地培养边区知识分子，提高现任区、乡干部的文化水平。根据这一总任务，会议进一步明确了中等学校的方针，应是与边区实际结合，学以致用，培养未来干部和提高现有干部（包括小学教师），即具有为人民服务精神并有一定文化水平的干部。教学内容必须以文化教育为主，文化教育又必须以语文为主。

二月七日，我受边区政府主席的委托，听取了教育厅长柳湜的汇报，并看了边区政府政策研究室同志的书面汇报，经过共同商议，获得了如下一致的意见：

“今后中等教育需要有点计划。边区迫切需要知识分子和工农干部知识化，否则边区建设很难前进。”

“‘地干班’，应成为工农干部取得语文工具的场所，因此应予扩大，并确定轮训计划，强制执行。”

“‘普通班’，应照顾临时、一般和将来的需要，而以一般需要为主。所谓临时需要，指目前过渡期间的紧急需要（接替外来干部），可指定若干班次为之。一般需要，是指初级知识分子和小学师资，保证三年毕业。这两种，均以搞好语文，达到清顺为主。将来需要，是开办若干高级中学班，不仅语文要流畅，并须掌握普通科学知识。”

边区的中等教育，一向重视思想教育，但长期存在两种偏向，一是简单化，企图用“斗争会”“反省”、群众压力和组织手段等办法，解决细致、复杂的思想问题。二是急性病，企图入校一年就克服学生的家庭观念，并完全做到大公无私。会议批评和纠正了这些偏向，认为思想教育中的简单化和急性病，不符合青年思想的发展规律，也不符合对青年应以启发、诱导与培养为主的训导原则，因之是错误的。会议明确了思想教育应是新民主主义的、人民大众的，确立为人民大众服务的观点；日常生活中的思想指导，应该通过民主、自由讨论的方式，坚决纠正强迫、斗争等方式。

关于政治课设置，政治课小组曾发生过激烈争论，以后基本上取得了一致的意见。认为各学校的政治课教学各有长短，今后应当取长补短，根据实际需要，决定课程设置。并研究了课程的具体内容为：社会科学一般常识、边区史地、国民党与共产党、三民主义与共产主义、边区政策、工作方法、时事教育等。

（四）社会教育

边区社会教育主要对象是农民，是成年农民（包括失学儿童）不脱产的教育。边区农民不但从人力、物力上支援抗日战争，而且是边区经济建设和文化建设的直接承担者。社会教育是国民教育的一个组成部分，是党领导农民进行革命斗争的重要一环。抗日战争和发展生产不但要求办好小学和中学，培养知识分子，而且要求农民群众逐步消灭文盲，破除迷信，讲究卫生，提高政治觉悟，加强农村的文化建设，把陕甘宁边区建设成为抗日民主的模范根据地。

经过教育改革，边区的社会教育，贯彻了毛泽东提出的按照群众的需要和自愿的原则。基本方针是民办公助，主要靠群众觉悟，自己动手，政府除加强领导外，并在干部。课本、部分经费等方面，予以必要帮助。

边区的社会教育，从边区实际出发，创造了适合边区情况的成人和失学儿童教育的多种形式，主要有读报识字组、夜校、半日校、冬学和民教馆。其中又以各种类型的识字组和冬学最受群众欢迎。

读报识字组是扫盲运动中最经常最普遍的一种群众教育形式，它最能发挥“民教民”的作用，又识字，又学时事政治，又可结合生产。当时边区还没有广播的条件，通过读报识字，“农民不出门，能知天下事”，扩大了农民的眼界。这对提高农民文化和政治觉悟，移风易俗，促进生产，都起了很大的作用。如听了《边区群众报》批评有的变工队管理不善，有名无实，就联系自己的情况检查；听了报上植棉技术、防治病虫害，就在自己的地里照着做；报上登载了医治牲畜疾病，讲究卫生，反对巫神，破除迷信等，各地读报识字组就进行讨论和实行等。当时的读报识字组最受群众欢迎的有四种类型：一种是以生产组织建立起来的读报识字组，它主要依靠劳动英雄或变工队负责人领导，组织村学教员、学生、政府干部当教员，实行民教民的办法，能者为师，互教互学，子教母，夫妻互教，识字多的教识字少的，像淳耀县自塬村识字组就是这种类型的代表。一种是以小学校为中心的读报识字组，这种类型的识字组主要是靠“小先生”开展工作，它也是民教民的一种形式。在边区经过一九四四年的教育改革，各种类型的民办小学和公办小学，“小先生制”得到较普遍的推广。“小先生制”既适用于分散的农村，也适用于小城镇，既可按小组活动，也可深入到家庭对妇女儿童进行教学，方式灵活多样，不误生产，送上门去。当时绥德实验小学执行的“小先生制”，在扫除文盲中发挥了作用。还有一种是民教馆领导的识字职业教育，定边民教馆办的七个妇女职业学校，学生不脱离生产。一面识字，一面学编织等手艺，很受群众欢迎。第四种是任逢华识字班。任逢华是中师毕业生，在旧社会当了二十年小学教员，退职回家后，先在吴堡创办了一个识字班，五年内从二十一人发展到一千七百零一人，从一个村庄发展到八十五个村庄，从吴堡发展到绥德。他给农民送字，经常一天跑几十里，风雨无阻。有一次他要给二十里路远的一个村庄送字，天下了三寸厚的大雪，当时老百姓以为他不会来了，但他天不明就从家里动身，到得村来，大家还没有起床，他就站在大门口等着，学生打开大门看到这种情景，无不感动不已。“雪里送字”，传为美谈。所以，他在边区文教大会上受到奖励，被誉为“民间教育家”。

各种类型的读报识字组，在一九四三年至一九四四年发展较快，最高时达五六万人，但在部分识字组中仍有强迫命令的事情发生。一九四四年总结了经验，指出了这种缺点，又出现了放任自流的现象。尽管如此，农民的识字教育已经开始走出一条路子来了，成绩是很大的。

特别值得重视的是冬学。冬学是群众创造的有历史传统的一种成人和失学儿童教育的组织形式，陕北地方党组织曾利用冬学进行革命宣传活动和文化活动。边区政府及时总结了这个经验，从一九三七年开始就得到推广。一九四三年以后，人民生活得到改善，对文化生活的要求也提高了，一九四四年共办了三千四百七十所冬学，入学的农民达五万余人。延安各单位派下去支援办冬学的就有一千余人，数量和质量都比往年提高了。这一年举办的冬学，在边区政府发出的卫生第一，消灭婴儿百分之六十的死亡率的号召下，各地创办了一批以妇婴卫生为主要内容的妇女卫生冬学。延安大学派了一批学生到陇东分区帮助办冬学，在镇源刘家城办了一所妇女卫生冬学，教员从调查入手，弄清楚了妇女临产，习惯用破瓷片断脐带，婴儿得破伤风死亡的情况。教员就抓住群众这个最迫切的问题，进行卫生教育，用新旧对比的办法，使群众接受了新法接生，为民造了福。各地举办的卫生冬学，也收到同样的效果。这是教育改革的一个新创造，把扫盲和普及科学卫生知识结合起来。这一年的冬学，从读、写、算，到群众迫切需要的卫生知识都成了教学的主要内容。一冬三个月的学习，有的学会了写信，能读《边区群众报》；有的学会了珠算，能记账；特别是在冬学里进行妇婴卫生的教育，使冬学的发展往前推进了一步，成绩是显著的。这些成绩的获得，首先是坚持了自愿与需要的原则。群众眼看人畜死亡的严重，迫切要求在发展生产的同时，发展医药卫生，发展文化教育，做到人财两旺。边区文教工作者抓住了群众的切身利害，启发群众起来向愚昧作斗争。其次是认真贯彻了民办公助的原则。群众自己办，政府在人力、物力上给予必要的帮助。把过去以乡为单位改为以村为单位办。但发展不平衡，还有一部分冬学重复了过去命令主义的错误，强迫招生，集中办学，这一部分冬学，群众反对，教学效果也差。

一九四五年十月上旬，我受命修改当年办冬学的指示信，研究了前一年办冬学的经验和问题。我们分析了群众对冬学的思想顾虑，是男怕误工，女怕误活，妨碍生产；怕当公家人，减少劳动力；怕老婆离婚；怕天冷、路远、孩子往返不便；怕心杂、意乱，识不下；觉得一辈子不识字也过来了，识字顶啥用等。在指示信中，第一，要求针对不同思想，具体进行工作。第二，重申了需要与自愿原则，要具体发动，不搞命令主义；要分散经营，不搞集中办学；要因人施教，不搞硬性灌输。第三，强调了民办公助方针。主要靠群众自己动手，政府予以适当帮助。“形式是民办公助，精神是需要与自愿”。第四，肯定了前一年冬学的一个好经验，即以妇婴卫生为主的妇女冬学，要求卫生机关参加，积极推广。第五，阐述了争取和团结农村旧知识分子的重要性，要求尊重和争取他们参加办冬学。这一指示信对当年冬学工作的开展，起了很好的指导作用。

（五）文艺工作

1. 中国文艺协会。旧社会边区的教育事业落后，文化事业更落后。一九三六年十一月，才由丁玲等主持成立陕北根据地第一个文艺团体——中国文艺协会，毛泽东誉为“苏维埃运动的创举”。中国文艺协会成立后，就沿着发扬苏维埃的工农大众文艺和民族革命战争的抗日文艺方向，积极开展活动。曾经发起“苏区一日”“长征记”等征文，收获不小。先后创办《红色中华副刊》《苏区文艺》《解放周刊》《新中华副刊》等刊物，发表过不少文艺作品。“人民抗日剧社”“锄头剧社”演出过《亡国恨》《放下你的鞭子》等十四五个剧目。“平凡”“中央”和“战号”三个剧团还联合演出了《阿Q正传》，文化活动开始活跃。

2. 陕甘宁边区文化协会。一九三七年七七事变后，丁玲等又组织西北战地服务团奔赴山西前线参加战斗，上海各地一些文艺界骨干力量来到延安，文艺队伍又扩大了。一九三七年十一月新成立了陕甘宁边区文化协会，先后由艾思奇、周扬、丁玲、柯仲平等主持工作。一九四〇年春，举行了第一次文化协会代表大会，选举吴玉章为主任，艾思奇、丁玲为副主任。文化协会成立后，开展过街头诗运动和诗歌朗诵等活动，组织过文学顾问委员会、民众剧团、文艺小组、世界语小组等，为群众文艺提供了活跃的阵地。其中一九三八年夏成立的先后由柯仲平、马健翎领导的民众剧团，几年内足迹遍及二十四县（边区共辖二十九县。边区的行政区划时有变动，所辖县市亦因此而有变动），观众达二百万人次，成绩卓著。文协和八路军总政治部共同组织过五个抗战文艺工作组，各组组员有卞之琳、吴伯箫、鲁藜、刘白羽、周而复等，先后派赴晋冀鲁豫和晋察冀等敌后抗日根据地，进行抗战文艺宣传工作，收获很大。

边区文协还创办了大众读物社，由周文、胡绩伟、胡采、赵守一、林今朋等负责。该社出版了《边区群众报》，曾受到毛泽东的表扬，一直出版到全国解放后。还出版了大众读物丛书，出版刊物《大众习作》，很受中小学的欢迎。

3. 中华全国文艺界抗敌协会延安分会。一九四〇年，在我党的影响和支持下，重庆成立了中华全国文艺界抗敌协会，延安相应成立了中华全国文艺界抗敌协会延安分会（简称文抗）。相继组织过文学顾问委员会和文艺小组工作委员会，创办过文艺学园，出版过“谷雨”和《文艺月报》，又成立了文化俱乐部，萧三任主任，创办了“作家之家”。在学术研究方面，成立了鲁迅研究会、青年文艺习作会。各种街头黑板报不断兴起，成立了诗刊社并出版了《诗刊》，群众性的文艺活动如秧歌等更是遍地开花，搞得热火朝天。

延安整风之前，在知识分子中关于文艺为什么人服务的问题并不明确，思想比较混乱，存在着侈谈提高、忽视普及、脱离实际、脱离群众需要的现象。一九四〇年一月，毛泽东发表了《新民主主义论》，提出了民族的、科学的、大众的文化即新民主主义的文化。一九四二年五月，召开文艺座谈会，毛泽东在会上讲了话，即著名的《在延安文艺座谈会上的讲话》，明确了文艺工作的两个根本问题即为群众的问题和如何为群众的问题。与此同时，又在全党开展了整风运动，文化工作中的教条主义和脱离群众的倾向得到克服。接着，一九四三年发动了全区大生产运动，大大地改善了工农群众和部队、机关、学校的战士、干部、学生的生活，达到了“丰衣足食”。这样就为文化运动的大规模开展奠定了思想基础和物质基础，边区的工艺工作就空前活跃起来了。我们亲眼看到群众性秧歌活动和戏剧活动的极大发展，文艺工作呈现一派大好形势。在创作方面，产生了许多新的作品如《兄妹开荒》《夫妻识字》《十二把镰刀》《血泪仇》等，在演出方面，“鲁艺”和中央党校等组织的秧歌队，由于结合了抗战和人民群众生产生活的需要，群众称之为“斗争秧歌”。文协、民众剧团和延安各文艺团体纷纷下乡，到群众中生活、工作和演出，为贯彻党的革命文艺路线贡献力量，博得广大群众的普遍拥护和热情欢迎。这是毛泽东指出的文艺为工农大众服务的方向的可喜实践。

（六）文教大会

一九四四年十月十一日至十一月十六日，西北局、边区政府和边区文协联合召开了陕甘宁边区文化教育大会，总结了一九四二年整风运动和一九四三年生产运动以来文教工作的经验，表扬了各条战线群众创造的文教工作的典型，奖励了一批文教工作的模范，明确了继续发展文教工作的方针，提出了今后五至七年内文教工作的目标。这是边区文教工作的一次检阅、评比和总结。意义重大，影响深远。

党中央和毛泽东对这次文教大会是十分重视的。早在一九四四年四月上旬，毛泽东就召集中央宣传部、西北局宣传部、边区政府的负责同志和陕甘宁边区五个分区的地委书记的座谈会。我和李卓然、董纯才等参加了这次会议。会上，毛泽东反复阐明了文教工作的重大意义。他说，一九四三年一年把经济搞好了，但文化问题还未提到议事日程上来。有些宣传部门不知如何干法，只会搞军事、政治，不会搞经济、文化，这不行。接着毛泽东又进一步就文化教育与政治、军事、生产的关系作了论述。他说，过去军事政治第一是对的，要打垮阻碍经济文化发展的东西，才能搞经济文化。军事政治是推翻阻碍生产力发展的力量，目的在发展经济文化。他又说，文化反映政治经济，反过来又影响政治经济。孔夫子办学校，目的是宣传封建秩序。资本主义没有文化建设不成。我们建设抗日根据地，没有文化也不行。军队需要文化，才能战胜旧军队。战士没有文化，不可能提高战斗力。如果不发展文化，经济发展会受阻碍。最后，毛泽东说，现在就要开始准备，今年冬天要展开讨论文化教育问题。文化教育中有四个问题，就是：报纸，学校，艺术，卫生。

毛泽东的讲话成了边区教育改革的指导思想，也是召开文教大会的指导思想。

西北局为了具体实现毛泽东的讲话精神，四月十五日约集五个分区的地委书记及延安各有关负责同志开座谈会，讨论边区文教建设，并就报纸、教育、卫生、文艺等方面的工作，作出了决定。四月二十三日边区政府发出《关于提倡研究范例及试行民办小学的指示信》，对试办民办小学和小学改革作出了具体的安排。这样，在党中央、西北局的领导下，边区文教大会的准备工作就全面展开了。

在毛泽东召开座谈会以后，我受边区政府委托，参加了文教大会的筹备工作和组织工作。六月十七日，西北局宣传部，边区政府教育厅，边区文协举行联席会议，推选罗迈、徐特立、乔木，李卓然、柳湜、周扬、萧向荣、赵伯平、赵毅敏、柯仲平、蒋南翔、吴文遴等二十五人组成大会筹备委员会，并选我为筹委会主任。二十五日召开第一次筹委会，推选罗迈、李卓然、柳湜、萧向荣、赵伯平五人为筹委会常委，处理筹备大会的日常工作。二十八日召开了第二次筹委会，组成了五个文教工作组，分别到延安、绥德、关中、陇东、三边等五个分区调查研究文教工作的典型范例。各组负责人是：陇东组蒋南翔，关中组柯仲平，绥德组柳湜，三边组吴文遴，延属组赵毅敏。当时边区政府常黎夫、李之钦、张健、孙伟、翟定一，鲁迅艺术学院刘安波，《边区群众报》胡绩伟等参加了各组的工作。七月六日赵毅敏率领中宣部文教工作组到达延属专署，十二日分别下到安塞、子长、延川、志丹等县，其他各组也于七月中旬以前到达分区，调查历时两个月，于九月上中旬先后返回延安。这次调查，为大会准备了各类典型和总结经验的材料，是整风后文教工作纠正教条主义，贯彻理论联系实际，实事求是，一切从实际出发的学风的实际行动。

大会于十月十一日开幕，会场两边贴着两张巨大的条幅。右边一幅写着：要战胜日本帝国主义，必须要武装部队与文化部队的结合；左边一幅写着：文教工作与生产结合起来。充分体现了毛泽东关于文教事业的地位和作用的战略思想。这次大会，出席代表共四百五十余人，有在实践中涌现出来的工人、农民、士兵的文教工作者，有知名学者、诗人、作家、画家、医生，有蒙、回等少数民族和宗教团体的文教代表，旧知识界人士、热心文化建设的绅商，还有帮助边区文教建设的国际友人等。

毛泽东、朱德对大会十分重视，在会议期间，先后作了重要讲话，在政治上、政策上指导了大会的胜利进行。

朱德在开幕式上讲话，他说，文化教育工作取得了巨大成就，这是毛主席在文艺座谈会上的讲话的积极成果。文教工作对于争取抗战胜利有极大作用，希望大家时刻要求进步。朱德的讲话鼓舞了到会代表，增强了大家的荣誉感和责任心。

毛泽东在十月三十日向大会作了题为《文化工作中的统一战线》的讲演，第一，明确了文教工作在整个革命事业中的地位和作用。他说："我们的工作首先是战争，其次是生产，其次是文化。没有文化的军队是愚蠢的军队，而愚蠢的军队是不能战胜敌人的。"第二，阐明了统一战线的重要性。他说：要同文盲、迷信和不卫生的习惯作斗争，"不能不有广泛的统一战线。而在陕甘宁边区这样人口稀少、交通不便、原有文化水平很低的地方，加上战争期间，这种统一战线就尤其要广泛。""我们的任务是联合一切可用的旧知识分子，旧艺人，旧医生，而帮助、感化和改造他们。为了改造，先要团结"。第三，强调了为人民服务，群众路线的重要性。他说："文化工作者必须有为人民服务的高度的热忱，必须联系群众，而不要脱离群众。要联系群众，就要按照群众的需要和自愿"。"这里是两条原则：一条是群众的实际上的需要，而不是我们脑子里头幻想出来的需要；一条是群众的自愿，由群众自己下决心，而不是由我们代替群众下决心。"毛泽东的讲演，解决了边区文教工作中的几个要害问题，为边区文教工作的发展指明了前进的道路和正确的方法。

会议期间，吴玉章、徐特立等也参加了会议并讲了话。

大会对教育、卫生、文艺、报纸等工作进行了讨论，作出了结论，并拟定了各项决议草案。

关于教育工作。大会回顾了边区教育发展的历史，讨论了当前及今后的教育工作。十月三十日我在会上作了一次发言，谈了我对于边区教育发展三个时期的看法：第一个时期是内战时期，比较粗糙和简单，但把教育的权力从敌人转到人民手中，人民在教育上翻了身，教育的内容和当时人民政治上和生活上的需要相结合，所以方针是正确的。第二个时期是抗战初期，学校的数量和规模都有发展，但受旧型正规化指导思想的影响，存在一些严重缺点，实际效果受到限制。第三个时期是一九四三年以后，这是贯彻新教育方针时期，教育工作开始了新局面。这个发言获得大会教育组的一致同意。

十一月十五日，教育厅长柳湜作教育工作总结，提出三点意见：第一，认真培养边区知识分子，同时提高现任干部的文化水平。第二，开展群众教育，要适应农村环境和当前群众的迫切需要。第三，要加强对民办公助学校的领导。

关于医药卫生工作。大会热烈讨论了这个问题，尤其对中西医合作问题讨论得很好。会前，有些地方已经成立了中西医合作的组织“医药研究会”，会上，中西医双方互相学习，态度诚恳，很多中医当场公开秘方，介绍经验，体现了中西医合作的良好气氛。十一月一日中央财政部长李富春作了一次发言，强调指出：第一，边区当前存在“财旺（已做到‘丰衣足食’）人不旺（疫病流行、人畜死亡率仍高）”的严重情况，群众医疗卫生问题亟待解决。第二，边区医生应为工农兵服务，成为解决医疗卫生问题的“救星”，批评了某些医务人员的所谓“自由职业者”的态度。第三，新民主主义卫生事业应针对两个方面进行，一是群众方面，要提高群众的文化水平，改造他们的不卫生习惯；二是医药卫生工作和医务人员方面，要普及和提高结合，中医和西医合作。十一月十二日民政厅长刘景范向大会提出了发展医药卫生抢救人畜的四项任务：第一，开展群众卫生运动；第二，贯彻文教统一战线；第三，改造巫神；第四，改造牲畜管理。这次文教大会对发展边区医药卫生事业起了很大的促进作用。

关于艺术工作。大会经过讨论，对群众文艺运动的方针等问题取得了一致意见。十一月十二日周扬向大会作了总结，明确了以下三个问题：第一，要有计划地发展和普及群众新文艺运动，要求文艺工作者深入工农兵群众，也发动工农兵群众自已动手，创造表现群众生活的新艺术，各尽所能，自由发展。第二，要发展文艺统一战线，改造旧秧歌、旧戏，改造和团结旧艺人。第三，党政机关要加强领导，提高文艺工作者的政治和生活待遇，发挥他们的创作积极性。

关于报纸工作。大会讨论了大众黑板报、读报组和工农通讯等问题。十一月十五日，西北局宣传部长李卓然对讨论情况作了总结。他在充分肯定了前段的工作成绩后，要求各级党组织普遍在识字组、变工队、合作社、运输队、妇纺组和夜校组织读报，在市镇及人口较为集中的大村庄创办黑板报和大力发展工农通讯，使每一个读报组，每块黑板报，每一篇工农通讯，均能起教育干部、群众与推动各种工作的作用。

十一月十六日，大会胜利闭幕。在闭幕会上，大会筹委会委员胡乔木主持通过了各项决议，包括：教育、卫生、艺术、报纸工作决议，部队及工厂、机关、学校文教工作各项决议，加强荣誉军人学校的文教工作决议，并通过了确认邹韬奋为模范革命出版工作者的提议。值得强调指出的，是《关于培养知识分子与普及群众教育的决议》。这个决议指出了由于战争形势与边区建设的发展，在边区培养知识分子和扫除文盲的极大重要性。决议指出，培养大量的边区知识分子，是边区的头等任务之一。要达到这个目的，须经过提高在职工农干部的文化和培养与工农相结合的新的知识分子两个方法。教育内容应从边区实际需要出发，继续纠正脱离实际脱离群众的恶习。我们所要培养的知识分子，应该不仅具有为人民服务的满腔热忱与实际技能，并且具有一定水平的现代科学知识。决议接着提出在目前边区情况下群众教育的中心任务是扫除广大成人与失学儿童的文盲，提高其文化与政治觉悟。群众迫切要求学会读、写、算能力，应以成为群众生活中最大问题的生产与卫生两项知识，构成群众学习读、写、算的主要内容。群众教育的形式，应适合边区环境。小学应以民办公助的村学为主要形式，推行“小先生制”，要组织校外识字组，在冬季组织冬学。决议并对实现上述任务所需教育干部和教材问题的解决作了切实的规定。这个决议，总结了边区教育工作的正反两方面的经验和教训，问题集中，方向明确，指导意义是很大的。

我受边区政府委托，作了大会总结，题目是《发展大规模的群众文教运动》。其中关于文化统一战线问题是按照毛泽东讲话精神结合边区实际谈的。此外，还谈了两个问题。第一，边区群众文教工作当前的任务，是开展卫生、教育、报纸、文艺的大规模群众运动。在继续发展生产的基础上，要求在十年之内，消灭原来占成人百分之三、婴儿百分之六十的不正常的死亡率，消灭男子四十岁与女子三十五岁以下的文盲，使大家能读能写，健康愉快，享有文化生活，从而有充分能力向前发展政治经济，因此应该重视文教工作，动员一切可以动员的力量一致奋斗。第二，要为边区培养大量的足够的本地知识分子，这是边区今后一切工作的关键，更是开展文教工作的关键。我们的干部教育除学习必要的政治、文化、科学知识与专门技能外，应该着重学习边区建设，学习边区的经济政策和文化政策，尤其注意新的人生观的培养，使每个干部具有为人民大众服务的无限热情和向人民大众学习的真正决心。这是知识分子与工农兵结合的决定关键，又是业务成功的决定关键。我们应该充分重视和信任革命知识分子，他们是边区的宝贵财产。党和政府对他们应给予政治上的指导、照顾和学习的机会，应关心其物质生活、家庭生活，解决其工作上的需要，鼓励他们努力前进。

最后由边区政府主席林伯渠致闭幕词。他刚从重庆赶回来，兴奋地说：这是陕甘宁边区第一次文教大会，是新民主主义社会建设中的一件重大工作。在全国来说，这样的大会，从来没有开过，现在也只能在边区开，有这样一个边区，中国便有前途。他勉励全体代表为中国的新文化运动继续努力，做出更大成绩！

边区文教大会以后，各分区也都召开了文教大会。

一九四六年四月我离开边区政府，在此以前，一九四六年四月十三日，我在与习仲勋、林伯渠和李鼎铭座谈边区参议会的准备工作时，对今后边区文教工作提出过如下建议："边区建设前进的速度，文化将有决定影响，今后应当适当地强调国民教育，尤其要认真解决培养知识分子及消灭干部文盲的中学教育的建设"。这是我在边区文教工作中长期坚持的主张，也是我在离开边区前向负责同志提出的建议。

七、土地改革

彻底改变土地制度，解决土地问题，实现"耕者有其田"，这是中国新民主主义革命的一项基本任务，必须完成。采取什么政策解决这一问题，则因时而异，几经变化。我党在新民主主义革命过程中解决土地问题，经历了三个时期，采取过三种政策。这就是十年内战时期，采取暴力没收地主土地的政策；抗日战争时期，采取减租减息政策；解放战争时期，采取多种方式没收地主土地的政策。此问题当时是一个中外瞩目、影响深远的大问题。由于我党策略运用灵活，既坚持原则，又因时制宜，不仅得到了亿万农民的衷心拥护，也得到了多数民主人士的同情和支持，进行得十分顺利。现根据历史发展的真实情况，对陕甘宁边区的土地问题解决过程作一综合回忆。三个时期，三种政策都谈，重点谈抗日战争时期的减租减息政策和解放战争时期的多种方式的土地改革政策。

（一）十年内战时期

进行土地革命，实行用暴力没收地主土地分配给农民的政策。这一政策是在一九二七年蒋介石集团背信弃义叛变革命，血腥镇压工农群众之后采取的。一九二七年“八七”会议把没收地主土地作为尔后革命总方针之一规定下来，并在赤色根据地开始实行。一九二八年七月党的六大正式确定了这一政策，即“没收一切地主阶级的土地，耕地归农”。当时，陕甘革命根据地同样执行了这一政策。以后陕甘宁边区政府成立，共辖二十七个县，其中就有十几个县，即延安直属分区的大部分，三边、陇东、绥德和关中分区的一部分，已经进行过土地革命，打倒了封建势力，消灭了封建剥削制度，剥夺了地主在农村中的政治经济特权，基本上做到了“耕者有其田”。在这部分地区，农民土地问题获得基本解决。

（二）抗日战争时期

实行减租减息政策。这就是毛泽东所说的这样一种情况：“在抗日战争时期，为着同国民党建立抗日统一战线和团结当时尚能反对日本帝国主义的人们起见，我党主动地把抗日以前的没收地主土地分配给农民的政策，改变为减租减息的政策。”一九三六年十二月西安事变和平解决以后，我党即于一九三七年二月致电国民党三中全会，为着表示团结御侮之诚意，向他们提出了四项保证，其中一项就是“停止没收地主土地之政策，坚决执行抗日民族统一战线之共同纲领”。一九四〇年十二月二十五日毛泽东为中共中央写的“论政策”的党内指示中，进一步明确了“关于土地问题”的政策，即“一方面，应该规定地主实行减租减息，方能发动基本农民群众的抗日积极性”，“另一方面，要规定农民交租交息，土地所有权和财产所有权仍属于地主”。陕甘宁边区经过土地革命解决了土地问题的十几个县不复存在减租减息问题。但还有十来个县如延安直属分区的小部分，陇东、绥德分区的大部分，三边、关中分区的一部分，约占边区一半人口的地区，没有进行过土地革命，封建剥削制度依然存在，地主在农村中的政治经济特权未经触动，他们对农民的经济剥削和政治压迫，仍然是农村亟待解决的主要问题。因之，在这些地区，陕甘宁边区政府领导农民执行了减租减息政策。现将历史情况和执行过程简述如下。

1. 残酷剥削。这些地区的土地，大部分集中在地主手里。以同宜耀县为例，全县仅有耕地六万余亩，地主即占四万二千九百余亩，达百分之七十强。土地的这种高度集中充分说明了农民受地租剥削的普遍性和残酷性。绥德是一个人多地少的地区，租额更高，最高达全部收获量的百分之四五十，即劳和不劳，各得其半。由于陕北地处黄土高原，气候干旱，自然灾害多，歉收荒年多，佃户经常交不足租子。一旦出现欠租现象，就会背上几辈子还不清的欠租重担，农民生活陷入极度困境。在租佃关系上，还有一种极不正常的状况，即许多佃户租种的土地，实际是他们自己的土地。过去因为生活困难，出卖或典给了地主。虽说“典地千年活”，随时都可以赎回来，但多数农民无此力量，典地实际也成了卖地，只好向地主租种原属自己的土地，祖祖辈辈挨穷受剥削。说明地主对农民的剥削是残酷的，要发动农民的生产和抗战积极性，减租减息，势在必行。

2. 顾虑重重。但是，要彻底执行减租减息政策，并非易事。边区的减租减息是从一九三七年开始的，到一九四二年为止，整整搞了五六年，进行了宣传，公布了条例，动用了一切行政手段，结果或明减暗不减，或减也很不彻底。强制推行，收效甚微。其中一九三七年至一九四〇年主要是政治原因。当时这些地区叫“统战区”，存在双重政权，国民党委派县长，主持政务，我们只有驻军和群众团体，因之群众有顾虑。一九四〇年至一九四二年主要是经济原因。当时国民党县长已经撤走，结束了双重政权的局面，许多农民迫切要求减租，但仍裹足不前，顾虑重重，一个重要问题是佃权无保障。他们说；“今年减租是好事，但如果明年没地种咋办?”明明想减而出现明减暗不减的现象，大都就是在地主威胁抽地、倒佃的情况下发生的。

3. 减租高潮。一九四二年冬至一九四三年，终于出现了群众减租运动的高潮。党和政府为此做了一系列工作，制订政策，组织群众。一九四二年二月中共中央公布了《关于抗日根据地土地政策的决定》，中共中央西北局和边区政府随即作出了贯彻执行的办法，并且成立了由刘景范负责、崔田夫、张邦英、高长久、李景林等参加组成的土地问题专门委员会，集中研究边区土地问题，处理边区土地纠纷。同年十月，召开西北局高干会纠正了一部分干部对地主只讲团结不敢斗争的倾向，提高了干部的政策思想。十二月，边区政府又颁布了《陕甘宁边区土地租佃条例草案》，明确规定出租人和承租人均应按本条例所规定的减租率和减租额收租和交租，不得多收，不得少交。尤其明确规定了出租人不得任意收回租地。除此之外，有些地区还创造了一种发动群众进行减租斗争的方法。这就是说，佃权有了保障，斗争有了方向，佃农敢于面对面地同地主进行减租斗争，减租高潮起来了。

减租高潮的主要标志是：第一，有了群众基础。广大群众，主要是佃户真正发动起来了，他们成了开展减租斗争的主力军。第二，有了领导组织。佃户组成了减租会或减租小组或农会，由这些组织具体领导减租工作。第三，有了周密部署。斗争包括三个步骤：清账、退租、换约。首先是清账，就是清算一九三九、四〇年以前减租条例已公布，未执行，从而多交了的租额的账目；然后是退租，就是根据清算结果，确定应退数量，由地主将多收租子如数退回佃户；最后是换约保佃，巩固减租成果。有条不紊，成绩显著。

4. 农民获益。经过减租斗争，用佃户自己的话说，他们获得了“半翻身”。经济和政治地位都有很大提高。经济上，一是当年不仅少交大量租子，而且收回大量退租，获得实际收益。据陇东地区庆阳、合水、镇原三个县十七个乡在一九四二年七、八两月减租统计：共有佃户四百三十二户，承租土地二万二千五百余亩。经过减租，免去一九三九年以前欠租四百零五石，退回一九四二年以前多收租子七十一石，本年减租二百八十二石，合计纯收益达七百数十石。在当时对一般佃户说，无疑是一笔很大的收入。这不是个别事例，而是减租后的普遍现象。二是土地所有权发生部分转移，有一部分土地逐步从地主手里转移到了农民手里。如庆阳高迎区就有六户佃农靠减租等收入，从地主那里换得了二百亩土地，其中有四户成了自耕农；米脂民权区也有一些佃农在一九四一至四四年期间，同样用减租等收入买地一百三十三垧，使七户贫农上升为中农。这样的事例也是很多的。政治上，经过减租斗争，不仅削弱了地主经济，而且打垮了地主对乡村的政治统治。减租会和农会获得了实际统治权，农民确实扬眉吐气了。

5. 地主动向。在减租减息中和减租减息后，地主有各种不同表现。在减租减息中，有三类地主，三种表现。第一种，表现好，积极拥护政府减租政策，自动实行减租。如李鼎铭副主席的兄弟李风雄，他是米脂桃镇区地主，表现很好，就邀请他参加减租检查会，对减租起了积极促进作用。又如绥德辛店区地主王随合，过去也是苦出身，减租法令下达后，积极响应，说：“我知道穷人的困苦。八路军在前方拿命在拼，我们为啥不出公粮，不好好执行减租法令?”当时我们对这类地主的言行，在报上予以公布表扬，称之为“自动”减租，给了充分的肯定。第二种，表现坏，公开或不公开抵制减租政策，破坏减租运动。抵制和破坏的手段很多，如抽地“自种”（“自种”是借口，实际是改租），假典假卖，改变租佃形式，丈地加租，变相加租，明减暗不减等等。对这类地主，一般采用群众开会斗争方式。在群众会上，选定一二个表现特坏的地主，进行有效的斗争。这样一来，“杀一儆百”，局面就打开了。第三种，表现不好不坏，一般对减租不公开抵制，也不积极响应，抱观望态度。这类地主居多数。对这类地主，我们大多采取主佃双方座谈，进行说理斗争的方式。经过这样的斗争，一般都能按条例规定进行减租。

在减租减息后，地主经济发生了很大的变化，主要是有一部分地主改变了自己的经营方向。他们出典或出卖土地，改营工商业和合作事业。如米脂、绥德等县就有十八家地主，在一九四二至一九四四年三年中共出典或出卖土地八百六十八垧，占他们原占有土地数的百分之二十，将全部所得作为资本投入了工商业或合作事业，他们经营工商业或合作事业的收益，占了他们经济总收入的一半。这种经营方向的改变，使地主经济逐步发展成了资本主义经济，极大地削弱了封建制度的基础。

因此，一九四四年六月中外记者团访问延安向我们提出土地政策问题时，我就是这样回答他们的：“我们现在的土地政策是减租减息和交租交息，我们执行这个政策已经得到很好效果。地主在减租以后，有的已经开始自己劳动，有的雇人劳动，有的转办工厂、合作社，改变了他们的经济地位。政府鼓励这种改变。这些经验说明，在民主政府领导下，土地问题是可以和平解决的”。

（三）解放战争时期

进行土地改革，实行用各种方式没收地主阶级的土地分配给农民的政策。这就是毛泽东所说的这样一种情况：“日本投降以后，农民迫切地要求土地，我们就及时地作出决定，改变土地政策，由减租减息改为没收地主阶级的土地分配给农民”。

为此目的，党和边区政府根据不同情况，先后采取过三种不同方式的土地改革，帮助农民获得土地。

1. 进一步减租查租，部分地达到“耕者有其田”。一九四六年五月四日中共中央发布《关于清算减租及土地问题的指示》（简称“五四”指示）强调指出：“必须明确认识解决解放区的土地问题是我党目前最基本的历史任务，是目前一切工作的最基本的环节。必须以最大的决心和努力，放手发动与领导目前的群众运动来完成这一历史任务。”“党应坚决拥护群众从反奸、清算、减租、减息、退租、退息等的斗争中，从地主手中获得土地，实现耕者有其田。”方法是：“（甲）没收分配大汉奸土地。（乙）减租之后，地主自愿出卖土地，而佃农则以优先权买得此种土地。（丙）由于在减租后保障了农民的佃权，地主乃自愿给农民七成或八成的土地，求得抽回二成或三成的土地自耕。（丁）在清算租息，清算霸占、清算负担及其他无理剥削中，地主出卖土地给农民来清偿负欠。农民用以上各种方式取得土地，且大多数取得地主书写的土地契约，这样就基本上解决了农村土地问题，而和内战时期在解决土地问题时所采用的方式大不相同。”

根据中央“五四”指示精神，陕甘宁边区政府于同年七月二十一日发出《关于减租和查租的指示》，要求在减租已较彻底的绥德和关中一带，应以复查和保佃为主；在减租尚不彻底不普遍的陇东庆（阳）、合（水）、镇（原）一带，应以减租、退租、勾欠、换约、保佃为主；在安边除切实依照租佃条例进行退租、勾欠、换约、保佃达到彻底减租外，同时应根据其具体情况适当照顾各阶层利益。非法倒动的土地，仍应退还农民耕种，假典假卖，抬高租额，骗取陈租等行为，应受到法律的制裁并补偿农民的损失，消灭明减暗不减现象，揭露招摇撞骗，愚弄农民的手段。贯彻减租政策并研究妥善办法，逐步达到耕者有其田。随后，边区政府派出了三个工作组，分赴陇东、绥德、三边分区的各县进行查租保佃工作。

在减租查租中，群众起来斗争并清算了一些大恶霸，如庆阳“八大家”地主之一的王铨，经过清算斗争，应退租一千四百五十三石，折地五百十九亩，分给了农民。镇原县孟坝区在清算大恶霸李某时，也索回土地千余亩。总计庆阳、镇原、合水三县二千二百四十家佃户，几年来从地主手里收回过去多交的租子折合土地共五万五千九百余亩。

在减租查租高潮中，也有一些开明士绅自动提出向政府献地，如安旗庭先生代表其母及弟安子文、安志文（都是我党干部）自动献出山地十垧，水地三垧，窑三孔。安文钦（边区参议会副议长）献地三百垧。刘文卿（抗战胜利后新解放的安边县县长）是一个小地主，也把多余的土地献给了政府，并号召全县地主献地。在他的号召下，全县的地主献地达两万余亩。

经过上述清算恶霸、减租减息、退租退息和开明士绅的自愿献地等活动，边区未经分配土地的一些县，平均已有约百分之五十的土地转入了农民手中。说明彻底解决边区土地问题的条件已经接近成熟。

2. 征购地主土地给农民。一九四六年十月三十日至十一月五日，第三届边区政府委员会召开第二次会议，着重讨论了征购地主超额土地问题并作出了决定，接着边区政府土地委员会制订了《征购地主土地条例》（草案），于一九四六年十二月公布试行。条例规定：“在未经土地改革区域，发行土地公债，征购地主超过应留数量的土地，分配给无地或少地之农民，以达到耕者有其田之目的”，“富农耕种之土地，不得征购”。这是一种“和平土改”的尝试。

为了取得经验，普遍推广，中共中央西北局、陕甘宁边区政府从一九四六年十一月至一九四七年一、二月，组织了三个征购土地工作团，分赴绥德新店区一乡、庆阳高迎区王家塬乡，米脂杨家沟进行试点。

绥德新店区一乡征购土地试点工作，从十一月二十五日开始，进行了十天左右。首先是宣传解释土地公债条例，然后组织征购委员会，以乡农会为主，村代表和公正人（非征购户和非承购户）参加组成，弄清土地情况，评定土地等级和地价；评议成分，确定征购户和承购户及征购和承购数量。征购结果，以该乡贺家石村为例，全村六十一户无地或少地的农民，用十九石八斗米买了四百二十四垧地（内有典地一百四十一垧半）。七户地主共五十七人留地二百七十二垧半，每人留地四点八垧，多是近地好地，照顾多了。

庆阳高迎区王家塬乡的试点工作，是由西北局组织部长马文瑞率领工作团进行的。从十二月二十四日开始，历时十七天结束。其步骤是：第一，调查研究，宣传政策；第二，召开大会，发动群众，讨论征购，控诉恶霸；第三，根据实际情况，确定征地和分地原则；第四，换约，丈地，定界，给地主发公债，给农民发土地证；第五，在此基础上，健全村政权，推行乡自治。

米脂杨家沟的试点工作，在政府工作团的帮助下，从一九四七年一月开始，二月结束，起步比较晚些，但同样获得很好效果。杨家沟是陕北有名的“地主窝”，全乡七十七户地主，占有土地四万四千八百五十四垧。经过几年来的减租运动和开明地主的自动献地，已有百分之四十一的土地转入农民手中，但是全乡还有二百九十二户无地或少地的农民。征购结果，全乡从六十三户地主手中征购了二万零八百八十一亩土地，全部分给了无地或少地的农民。杨家沟附近七个区的二千余农民还在杨家沟联合召开了诉苦斗争大会，控诉杨家沟地主集团的罪行，推倒了他们的“功名碑”，建立了自己的“翻身碑”，上书：“二月十五日，八路军领导人民翻身纪念碑”。会上一致通过二月十五日为“翻身节”，并写信给毛主席，报告他们的翻身经过，感谢毛主席、共产党、八路军领导他们翻了身。

根据绥德新店区一乡、庆阳高迎区王家塬乡的试点经验，边区政府在一九四七年一月下旬召开了专员、县长联席会议，边区政府副主席刘景范总结了这些经验。他强调：第一，要完成征购土地的任务，必须自下而上地发动群众；第二，在承购土地中，必须使贫苦农民能够普遍获得土地，并做到在数量和质量上大体平均；第三，彻底解决农民的土地问题，是推动一切工作的关键。

试点证明，由政府发行土地公债，向地主征购土地分配给农民，这样一种用和平方式进行土地改革，解决土地问题，是可能的。但必须具备一个条件，就是要有可能实行和平改革的环境。

3. 彻底改革土地制度。一九四七年初征购土地试点工作尚未完全结束，陕甘宁边区的和平环境就被国民党反动派破坏了。他们集中了二十三万多兵力，大举进犯边区，并于一九四七年三月十九日悍然占领了延安。和平环境变成了战争环境，“和平土改”的道路也就被堵死了。为了广泛动员群众，最后战胜敌人，彻底改革土地制度就成了当务之急。所以，毛泽东在一九四七年十二月二十五日中央杨家沟会议的报告中向全党明确指出：“全党必须明白，土地制度的彻底改革，是现阶段中国革命的一项基本任务。如果我们能够普遍地彻底地解决土地问题，我们就获得了足以战胜一切敌人的最基本的条件。”因此，在解决土地问题上，我们就开始了彻底改革土地制度的阶段，在各个解放区进行了普遍的彻底的土地改革运动，规模十分巨大，真正发动了农民群众，打击了地主阶级。但在有些地区，也发生了一些“左”的偏向。

我于一九四六年十一月因蒋介石已经发动全国性内战，国共和谈破裂，乃奉命随周恩来从南京回延安。我在延安干部会上听过康生的报告，总结他们在晋西北某地进行土改工作的经验，这个经验当时给我印象最深的，是他说的“对地主实行扫地出门”。这是毛泽东曾经严厉批评过的过左政策。一九四七年三月撤出延安，我直接到了晋西北。在路上，见到某些圩场的商店全都关了门。我把从国民党统治区撤回来的干部派去参加土改，我自己没有参加土改，但参观了驻地的土改。我看到土改工作队把地主仰放在地上推磨，逼供“地财”所在，强迫挖“浮财”。后来知道，晋西北土改有“左”倾，主要是：一是错划阶级成分，把某些并无封建剥削或只有轻微剥削的劳动人民错划入地富圈子，扩大了打击面；二是侵犯了地富所有的工商业和打击了一般工商业；三是发生了一些过火做法如挖“浮财”“扫地出门”等。但这些“左”倾做法，党中央很快发现并切实纠正了。主要是一九四七年十二月，毛泽东在中央杨家沟会议上作了《目前形势和我们的任务》的报告，随即派任弼时召集西北中央局和晋绥分局负责同志在晋西北三交镇召开会议（我参加了会议），对土改政策作了检查并作出了正确的决议。当时政策上的"左"倾在各解放区或多或少都有发生。一九四八年一月十八日毛泽东为中共中央起草的《关于目前党的政策中的几个重要问题》的党内指示和以后陆续发出的好些党内指示，反复阐明了党的正确的土改政策，指出必须避免对中农、中小工商业者、知识分子采取任何冒险政策，照顾开明绅士，区别地主和富农，区别新富农和旧富农，区别地主的大、中、小和恶霸、非恶霸，严禁乱杀，不应过分强调斗"地财"等，这样就对各解放区在实践中已经发生或可能发生的"左"的偏向作了纠正和防止。

这时，边区政府林伯渠主席等也到了晋西北三交以西地区暂住，我专程看望了他。以后李鼎铭从临县（晋西北党政领导机关驻地）看望刘少白回来，路过三交，我也专程看望了他。他表示赞成中国土地法大纲和土地改革。他后来回到边区政府，主持会议通过了土地法令。不幸在杨家沟会议之前逝世，中央决定隆重举行追悼，并电唁他的家属。这位从地主阶级分化出来的开明绅士的代表，对边区的政权建设和土地改革，是有相当贡献的。

八、接待中外记者参观团

一九四四年五月至十月，陕甘宁边区接待了一个中外记者参观团，这是我国土地革命时期至抗日战争时期在同国际友好人士交往中，继斯诺、斯沫特莱等来访之后的第一个规模最大的中外记者参观团。

一九四四年二月，在重庆的十名外国记者联名写信给蒋介石，要求到延安参观、访问。四月十日，在国共两党谈判前夕，国民党中央宣传部长梁寒操被迫表示同意，同时批准了一部分中国记者的要求，组成"中外记者西北参观团"，实际上是解放区参观团。

这个参观团有六名外国记者：史坦因（美联社、《曼彻斯特导报》《基督教科学箴言报》）、爱泼斯坦（美国《时代》杂志、《纽约时报》《同盟劳工新闻》）、福尔曼（合众社、伦敦《泰晤士报》）、武道（路透社、《多兰多明星周刊》《巴尔的摩太阳报》）、夏南汗神甫（美国《天主教信号杂志》《中国通讯》）、普金科（塔斯社），和九名中国记者：孔昭恺（《大公报》）、张文伯（《中央日报》）、谢爽秋（《扫荡报》）、周本渊（《国民公报》）、赵炳烺（《时事新报》）、赵超构（《新民报》）、金东平（《商务日报》）、徐兆镛（中央社）、杨嘉勇（中央社）。另有两名正副领队：谢保樵、邓友德，四名国民党中央宣传部工作人员：魏景蒙、陶启湘、张湖生、杨西崐。

中外记者参观团于一九四四年五月三十日进入陕甘宁边区，先在固临、延长参观访问，后到南泥湾，在王震陪同下参观了三五九旅的军事训练和生产建设。六月九日抵达延安，由十八集团军参谋长叶剑英、第二战区副司令长官部秘书长杨尚昆、边区政府民政厅长刘景范等设宴洗尘。第二天，叶剑英代表第二战区副司令朱德在王家坪设宴欢迎。

一九四四年六月十二日，毛泽东接见了中外记者参观团，并设宴招待。席间，毛泽东畅谈了国内外局势，对欧洲第二战场的开辟表示庆祝，重申了我党在处理国共两党关系中的一贯政策，批评了国民党及其政府对各党派和人民的不民主制度。在回答记者的问题时，毛泽东又强调了民主与统一的关系，指出："政治需要统一，但是只有建立在言论、出版、集会、结社的自由与民主选举政府的基础上面，才是有力的政治。统一在军事上尤为需要，但是军事的统一，亦应建筑在民主基础上，在军官与士兵之间，军队与人民之间，各部分军队互相之间，如果没有一种民主生活、民主关系，这种军队是不能统一作战的。”

毛泽东在同记者的交谈中，解释了我党的共产主义世界观与新民主主义制度的关系。他说：“没有共产主义的思想方法，我们就无法指导目前我们社会革命的民主阶段。而没有政治上的新民主主义的制度，我们也无法将我们共产主义的哲学，正确的运用到中国的实际上面。”当美联社记者史坦因问毛泽东：“你以什么权利在这里指导政府和军队”时，毛泽东答：“靠人民的信任，靠当前在我们新民主主义的各政府之下的八千六百万人民的信任。”

以后，十八集团军参谋长叶剑英应中外记者的要求，在王家坪向他们介绍了敌后战场的抗战概况。他以大量的事实说明了八路军、新四军、华南游击队和敌后抗日民主根据地的抗战业绩，有力地驳斥了国民党的所谓八路军、新四军“游而不击”“破坏抗战、危害国家”的诬蔑。

延安文化界也举行过招待中外记者的集会，出席的有吴玉章、周扬、范文澜、丁玲、艾青、柯仲平、周立波、吴伯箫、陈家康等数十人，介绍了延安文化协会的一般情况。

一九四四年六月二十六日起至七月上旬，陕甘宁边区政府接待了中外记者参观团。当时，边区政府主席林伯渠去重庆同国民党谈判，我作为边区政府秘书长主持了接待工作。接待的原则是“敞开大门”，让他们自由参观访问，并由有关部门分别介绍情况，讲解政策，回答问题。记者们在延安参观访问了很多工厂、机关、学校，如《解放日报》社、新华社和中央印刷厂，并就新闻业务问题进行了座谈。又参观了被服厂、兵工厂、难民工厂、皮革厂、振华纸厂、光华农场、国际和平医院、中央医院、中央总卫生处门诊部、医科大学、日本工农学校等。为了使中外记者能够更自由地提出各自感兴趣的问题，同时也为了语言上的方便，接待工作是分别进行的。方法是首先由他们书面提出问题，然后由有关部门按问题作情况介绍，并发给书面材料，同时回答记者们临时提出的问题。

六月二十六日，第一次接谈是进行综合介绍。首先由我介绍了陕甘宁边区的历史演变和现实情况。说明红军时代开创的陕甘宁边区，在抗日民族统一战线形成以后，改变为陕甘宁特区，以后又改变为陕甘宁边区，经国民政府行政院第三三三次会议通过，予以正式承认，但后来他们违背诺言，不断封锁和侵袭边区。也简单地介绍了边区的政治、经济、军事、文化的现状。并当场发给他们《陕甘宁边区建设简述》书面材料（附件一）。这个材料是我起草，并经毛泽东、周恩来审阅同意的。最后，我就记者们临时提出的问题作了答复（附件二）。

会上，边区政府副主席李鼎铭向记者作了《关于边区总政策的报告》。他说：我们总的政策只有一个，就是抗战，一切都是为了抗战。在这个总政策下面，边区做了四件事：第一，抗战。尽管中央政府对边区施加种种压力，进行骚扰和破坏，但并不因此放弃抗战。第二，团结。在抗战中间，边区政府一贯坚持团结。第三，民主。主张不分阶级、党派，不分宗教信仰，男女平等，民族平等。第四，生产。由于中央政府停发军饷，同时为了减轻人民负担，坚持抗战，边区党政军自己动手，开荒织布，发展生产。外国记者对李鼎铭的讲话很感兴趣，并提出要同他就党外人士在政府工作中是否有职有权的问题进行座谈。通过他们与李鼎铭进行自由座谈后，说李鼎铭是“有职有权的”，“他对我们的谈话是真心实意的，皮笑肉也笑了”。

以后的接谈，是由各有关主管部门分别向中外记者介绍边区的政治、经济、文化各方面情况。主要是：边区参议会副议长谢觉哉介绍了边区的民主政治，即边区的选举制度和选举方式；边区政府民政厅厅长刘景范介绍了边区的行政机构；财政厅厅长南汉宸介绍了边区的财政收支、税收、人民负担和工作人员的供给制度等问题；建设厅厅长高自立介绍了边区的劳动政策和合作政策；建设厅副厅长霍子乐介绍了边区的工业、农业和私营工业的政策；教育厅厅长柳湜介绍了边区的教育制度和施教方针；边区贸易局经理叶季壮和边区银行行长黄亚光分别介绍了边区的贸易活动和边币的发行、银行的金融等问题。他们的情况介绍以及回答各种问题，基本上满足了记者们的要求。

七月十二日，参观团的全体中国记者和外国记者夏南汗神甫离开延安返重庆。八月中旬，外国记者史坦因、爱泼斯坦、福尔曼、武道、普金科和国民党中央宣传部的张湖生离开延安，到边区的绥德等地参观访问。八月二十二日在绥德由专员袁任远、副专员杨和亭主持，专门同绥德的士绅安文钦、刘绍庭、刘杰三、张喆卿、王德菴、丁子文、张敬斋、王文卿，以及霍子乐等进行座谈。有记者问过去的一个国民党员，他是否国民党员，他答：过去是，现在没有关系，对国民党印象不好。问过去的一个国民党军官，他对国民党的看法，他答：国民党不民主，政策不转变，前途暗淡。问过去国民党的又一个军官，对原驻扎在绥德地区国民党部队的看法，他答：天天找八路军磨擦，暗杀八路军公务人员等。这些回答，说明这些开明士绅明辨是非，有正义感。晚间文艺晚会上为记者们演出《打碉堡》等节目，反映演得好。

八月三十日，记者团东渡黄河进入晋西北根据地。通过敌马坊驻点封锁线时，适值我八路军攻克该地，遂参观了作战现场，并询问了敌伪俘虏。九月中旬，进入晋西北军区八分区，参观了分区医院和兵工厂等，实地观察了我军和地方游击队夜袭敌战略据点——汾阳。这次夜袭中，炸毁了汾阳大营盘电灯公司，火烧了汾阳火车站、飞机场和火柴公司，火光冲天。战斗后，爱泼斯坦向指战员要了一面缴获的日本战旗，并请指战员在旗帜上题词。福尔曼到处给指战员拍照留念。在祝捷大会上，福尔曼说：“过去有人告诉我们说，八路军不打仗，没有伤兵，没有俘虏，人民害怕八路军，恨八路军。今天这些谣言已被事实揭穿了。我们看到了八路军在英勇作战，人民热爱八路军。”他们离开时，用汉语向欢送的群众齐声高呼：“八路军、游击队、民兵、老百姓万岁!”

十月下旬，中外记者由晋西北回到延安后不久，就相率离开延安返回重庆。爱泼斯坦在晋西北军区八分区的欢迎会上曾经说过：“我们在陕甘宁边区、晋绥边区住了几个月，看到了敌后的军队与人民在怎样艰苦英勇地工作与战斗，怎样牺牲自己的生命，为自己的祖国，为世界人类和平而斗争。我们的责任是将所知道的告诉全世界人民。”他们回去后实现了自己的诺言，向全中国和全世界说了公道话，延安及解放区的许多消息很快地就传播了出去。比如一九四四年七月一日，在毛泽东接见中外记者参观团之后不到二十天，英国伦敦《泰晤士报》就刊载了毛泽东对中外记者团的谈话。八月三日，美国旧金山电台在《美国之呼声》的广播中，广播了美国著名报纸《纽约时报》《纽约论坛报》《基督教警世报》上由驻延安记者发出的通讯，称赞陕甘宁边区的军民，并报道八路军不依赖政府，自己生产自给，在中国军队中给养最好；八路军办的医院效率高，能克服各种困难，但是由于国民党对边区的封锁，八路军很难从外面得到药品；在共产党领导的地区，已经广泛地实行了民主等。八月三十一日，旧金山电台，再次广播驻延安记者的通讯，报道陕甘宁边区的建设情况，并说："在延安的人们是愉快的，他们深信他们的事业是正确的。"他们在返回重庆以后，写了更多的文章和小册子，如史坦因等的《毛泽东印象记》。他们中间的一些人，如爱泼斯坦、史坦因等，后来成了中国人民的好朋友。

外国记者对解放区的友好访问及其报道，使国民党当局大为恼火，把进入解放区的大门再次堵上了。这就是毛泽东在七大政治报告中所指出的："在国民党统治区，在国外，由于国民政府的封锁政策，很多人蒙住了眼睛。在一九四四年中外新闻记者参观团来到中国解放区以前，那里的许多人对于解放区几乎是什么也不知道的。国民党政府非常害怕解放区的真实情况泄露出去，所以在一九四四年的一次新闻记者团回去之后，立即将大门堵上，不许一个新闻记者再来解放区。"但实际上，"堵门"政策已经不行了，以后解放区日益扩大，"堵门"政策遭到了完全的失败。

选自《陕甘宁边区抗日民主根据地》回忆录卷，中共党史资料出版社 1990 年版，第 1～102 页。

80. 刘景范：回顾陕甘宁边区政府工作

1990 年

一九三七年九月六日，陕甘宁边区政府在延安诞生了。陕甘宁边区的党和政府在毛泽东为首的中共中央直接领导下，组织和领导陕甘宁边区全体军民为打倒日本帝国主义，建立独立、自由、民主、繁荣、富强的新中国进行了艰苦卓绝的斗争。在军事、政治、经济、文化各条战线上，取得了一系列重大的胜利。为新中国奠定了第一块基石。

我从陕甘宁边区政府成立时起到一九四九年十月的十二年中，一直在陕甘宁边区政府工作。先后担任过边区政府建设厅长、民政厅长、副主席、代主席，经历了抗日战争和解放战争的两个时期。这里，我着重回顾的是抗日战争时期陕甘宁边区的政府工作。

甲、全面动员，一致抗战，剿匪锄奸，保卫边区

一、全面抗战动员

抗日战争爆发以后，党中央号召动员一切力量为争取抗战胜利而斗争。陕甘宁边区率先进行了全面的抗日动员。首先在群众中进行了广泛深入的抗日宣传工作，激发广大群众抗日救国的热情和决心，教育群众明瞭抗日救国的道路和前途，懂得自己应尽的责任，同时进行了具体的组织工作。把全体人民组织到抗日斗争的行列里来。

为了加强抗战动员工作，边区政府组织了战时动员委员会。开始由谭生彬任主任，我到民政厅工作以后，战时动员委员会改为边区抗战动员委员会，我任主任，谭生彬任副主任，委员有王首道、叶季壮、莫文骅、唐洪澄、吕振球、高长久等。在抗日战争时期，做了以下各项工作：

（1）动员群众参军。

中央红军到达陕北以后，曾进行过几次扩大红军的动员。有几千青年参加了红军。抗战以来，在一九三七年、一九三八年两年中，又动员了八千多名青年参加了八路军和边区的保安部队。一九四〇年春，原计划动员三千五百名青年参军，结果有五千多名青年报名参军，总计先后动员了三万多名边区青年参军。有些地区参军的人数占到总人口的百分之十。

（2）动员人力、物力、畜力，支援前线。

一九三七年十一月晋南形势紧张。边区沿黄河各县，在七天之内就动员了一万多头牲口，组成运输队到山西帮助运送军需物资。一九三八年三月至一九三九年十二月，日军向边区的河防阵地发动了二十三次进攻，尤以一九三九年六月的进攻规模最大。当时，日军出动两个师团进至山西汾阳、离石地区，兵分两路，一路有一万多人，进占军渡，以炮火轰击边区的宋家川、枣林坪等地；一路有一万五千多人，占领了黄河东岸的孟津、碛口等地；还有两千多人，占领了延长对岸的马头关等山头阵地。均企图强渡黄河，进犯边区。我八路军留守兵团和地方部队在群众的支援下，坚守阵地，与敌军隔河激战三昼夜。我河东八路军也猛烈地袭击敌之侧背，破坏其交通运输线，终于击退敌军，使敌军未能跨越河防一步。从一九三八年十月至十二月的三个月中，边区动员了整营整营的自卫军协同作战部队修筑千里河堤的工事，为保卫河防作出了重要贡献。

（3）组织和训练自卫军。

一九三七年，边区政府和边区保安司令部颁发了自卫军组织条例。规定：凡边区的劳动公民，年龄在十八岁以上四十五岁以下身体健康者，不分男女，都有加入抗日自卫军的光荣权利，实行武装保卫国家。从那时起，整编扩大和训练自卫军便成为全边区的一项重要工作。到一九三九年底，参加自卫军的人数达二十二万四千余人，其中有基干自卫军三万人，自上而下地建立了指挥系统。村设班和排，乡设连，区设营，县设保安大队，统归边区保安司令部指挥。另外，还有总人数达二万八千余人的少年先锋队。每年利用冬闲，对自卫军，特别是基干自卫军进行一次冬季训练。训练的内容有梭镖刺杀、投弹、布雷、射击、盘查放哨以及侦察敌情等。自卫军的主要任务是帮助正规兵团维护治安、转运粮食和伤员，必要时，配合部队作战。他们对保卫和巩固边区起了重要的作用。

（4）慰劳前方战士。

为了提高前方战士的抗战情绪，使他们亲切地感觉到自己是人民的子弟兵，为全国人民利益而战斗；同时使后方的群众认识到帮助前方战士是自己应尽的义务，因此我们广泛发动群众，慰劳前方战士。一九三七年为前方募送了毛袜和手套十万双。一九三八年募送了四万双军鞋。

（5）优待抗属，提高抗属的社会地位。

边区直接参加前后方抗战工作的，按户数计，有二万户左右，边区政府颁布的《关于优待抗日军人家属条例》规定：抗日军人家属，凡有土地而劳力不足，又不能维持普通生活者，均酌量为之半代耕或辅助代耕，凡土地少而又全无劳动力，无法谋生者，则为之全代耕；凡无资产无土地无劳动力，或尽其力尚不足维持生活者，由地方政府拨给公地代耕，并酌情救济之。边区政府还颁发了义务耕田队的组织条例。该条例规定，边区农民均有无报酬地为抗属耕地的义务。以固临、神府为例，一九三九年固临县为抗属代耕土地三万九千九百六十三亩，神府代耕一万多亩。据子长县（原安定）南区的统计，农村每个劳动力须为抗属耕种土地十一亩，年需一个月的义务劳动时间。

边区政府规定，贫苦的抗日军人家属免纳救国公粮和其他负担；在公营商店和合作社购买物品时，可享受优惠照顾；在承借、承租公有土地、房屋和向银行贷款时有优先权；在公共卫生机关看病时，可免费照顾。许多抗属积极鼓励自己在部队的亲人，努力杀敌立功，自己也积极参加生产和各项抗日活动，成为抗日家属的模范，得到政府的奖励和人民的尊敬。

（6）抚恤残废军人。

边区政府规定，因革命致残者，按残废程度发给抚恤费。一等残废每年发抚恤金三十元，二等残废每年二十元，三等残废每年十二元，临时残废一次抚恤十元。边区在一九三七年、一九三八年两年中，抚恤残废军人六千多人，到抗战胜利前夕，增至一万多人。政府对残废军人除了发放抚恤金以外，还积极组织他们进行力所能及的生产，以增加收入，改善生活。

在抗日战争时期，在边区受优待的残废军人和年老退伍军人共一万五千多人，受优待的抗日军人家属九万多人。

（7）创办抗日军人家属学校。

为了提高抗日军人家属的政治文化水平，培养他们成为抗日运动的骨干，边区政府曾创办抗日军人家属学校，先后吸收学员三万多人。学习的内容除政治时事外，重点是文化学习，一些原来不识字的抗日军人家属，经过学习，能够写信给自己在前方的亲人，对前方的战士以很大的鼓舞。

（8）安置友军抗属。

边区政府优待抗日军人家属，包括优待友军（当时我们对一般国民党军队的称呼）的家属。凡是在边区境内的友军家属，边区人民同样给予优待和照顾。此外，边区政府还安置了从边区以外逃难来边区的友军家属。例如，一九三八年，来到延安的友军抗日军人家属达一千多人，边区政府把他们分别安置在延安县的各个区乡，给他们解决口粮、土地和种子等问题，并且发动当地农民为他们代耕。

（9）开展拥军优抗和拥政爱民活动。

为了密切军政关系和军民关系，纠正曾经出现过的政府和群众对军队爱护和帮助不够，军队对政府和群众尊重和支持不够等现象。一九四三年春节期间，边区开展了大规模的“拥军优抗”运动，同时，边区的军队也开展了“拥政爱民”运动，双方各自检讨自己的缺点。互相进行慰问。边区政府主席林伯渠亲自率慰问团到南泥湾慰问三五九旅的指战员。全边区的各机关、学校、团体和群众代表，也到附近部队的驻地进行慰问。此后，每逢春节，边区都开展“拥军优抗”和“拥政爱民”活动。这个传统至今仍然保持下来。

二、剿匪锄奸

在抗日战争以前，边区原有土著土匪基本上已经被消灭，地方上反对革命的分子，早经驱除。但是，自从抗日战争爆发，红军改编为八路军开赴前线后，由日寇汉奸、国民党特务和反动地主、恶霸组织起来的四十多股武装土匪，四千多人，有枪两千余支，曾经猖獗一时。这些股匪有三边的张廷芝，环县的赵老五，甘泉的李钦武等。他们除了一般的打家劫舍杀人掳掠以外，还劫夺我军用车辆，枪杀我抗日军人家属、退役军人、爱国志士、政府工作人员，抢掠合作社，破坏交通，策动少数保安队哗变，甚至宣扬日寇的“王道乐土”。其目的是破坏边区，破坏抗战。因此，剿匪锄奸工作，就成为巩固边区、建设边区，坚持长期抗战的一项紧迫的任务。

从一九三七年至一九三八年的两年中，边区八路军留守兵团在保安部队和自卫军的配合下，基本消灭了大小四十多股武装土匪，毙伤和俘虏千余人，缴枪一千多支，其余逃窜到边区以外。

我们动员广大群众参加锄奸运动，在每个乡设立锄奸委员会，每个村建立锄奸小组，每个锄奸小组有十个以上人员。全边区有千个以上的锄奸委员会，九千多个锄奸小组，十万以上的锄奸人员。在一九三七年和一九三八年的两年中，破获敌特汉奸案一百多起。其中较为重要的有：进行秘密侦探案九起，利用宗教团体进行汉奸活动案二起，组织匪徒枪杀人民案四起，化装农民进行汉奸活动案五起，策反抗日战士拖枪逃跑案五起，另外，破获土匪案一百五十多起，瓦解股匪，争取匪众一百多人，缴获枪支一百多（不包括上述部队剿匪的成绩）。此外，还检举了一些豪绅地主及捣乱分子的破坏活动，没收烟土七千多两，破获伪钞案二十多起。至此，边区匪患基本肃清，社会秩序安定，人民安居乐业，更加积极地参加抗战活动。

三、制止反共磨擦

在陕甘宁边区政府成立初期，边区境内还有一个“统战区”的问题。“统战区”，是“西安事变”以后逐渐形成的。“西安事变”发生时，我党为了争取“西安事变”的和平解决，应张学良和杨虎城的邀请，派周恩来等同志去西安，协助张、杨同蒋介石进行谈判，同时，派彭德怀率领红军，开赴三原、淳化、旬邑、正宁等地，策应东北军和十七路军，对抗何应钦向西安的进攻。红军在南下时，征得张学良、杨虎城的同意，进入东北军和十七路军的部分防地。一九三六年十二月十八日红军进入延安。我军进入这些地区后，执行抗日民族统一战线政策，停止土地革命和建立苏维埃政权，并保存了国民党政权。这些地区就成为边区最初的统一战线区。一九三八年春，河防吃紧，国民政府成立了绥德警备区（包括绥德、米脂、佳县、吴堡、清涧五县，这些地区的大部分农村原是苏区，政权仍在我们手中），委派何绍南为专员，八路军一部分留守部队到绥德警备区驻防，陈奇涵为司令员。这样，绥、米、佳、吴、清五县也成了统一战线区。

上述统一战线区的根本特点是存在着两重政权，即国民党的政权和我党领导的政权（有的地方名义上叫“抗日救国会”等）。抗战开始以后，“统战区”中的一些国民党官员，不顾团结抗日的大局，多次制造“反共”事件和“磨擦”活动。他们唆使和支持地主势力进行复辟活动，一些原来苏维埃地区的区、乡政权被地主势力所颠覆，并迫使农民退还已经分配了的土地、房屋，重新向农民索要已经废除了的债款。国民党委派的安定、旬邑县县长和富县国民党党部书记长等反共顽固分子，制造种种事端，破坏团结抗战，甚至绑架我抗日民主政府的县长，枪杀我八路军的伤残人员，进攻驻防的八路军。

为了保护人民的利益，打击国民党破坏边区的活动。毛泽东亲自起草了《陕甘宁边区政府》第八路军后方留守处布告（见《毛泽东选集》第二卷），于一九三八年五月十五日发布。布告严正指出："近查边区境内，竟有不顾大局之徒，利用各种方式，或强迫农民交还已经分得的土地房屋，或强迫欠户交还已经废除的债务，或强迫人民改变已经建立的民主制度，或破坏已经建立的军事、经济、文化和民众团体的组织。甚至充当暗探，联络土匪，煽动部队哗变，实行测绘地图，秘密调查情况，公开进行反对边区政府的宣传。上述种种行为，显系违反团结抗日的基本原则，违反边区人民的公意，企图制造内部纠纷，破坏统一战线，破坏人民利益，破坏边区政府的威信，增加抗日动员的困难。察其原因，不外有少数顽固分子，不顾民族国家利益，恣意妄为。甚有为日寇所利用，假借名义，作为掩护其阴谋活动的工具。"布告中明令规定了四条应该保护、禁止、取缔、严惩的事项，要求"全边区军民人等一律遵照，不得违背。倘有不法之徒，胆敢阴谋捣乱，本府本处言出法随"。这个布告，对于打击敌人，保卫边区起了重大作用。我在这个布告发布之后，曾到志丹县（原保安）进行了一个多月的查处工作。查处了几宗地主反攻倒算的事件，斗争金汤区豪绅地主孙相奎就是其中的一个。孙相奎原是一个大地主，有地二千多垧，土地革命时逃跑了。边区政府成立以后，他又回到了老家，按照边区政府的规定，当地的政府分给他六十垧土地和居住的房屋。一九三八年，边区进行土地登记，孙相奎因为识几个字，当上了金汤区的土地登记委员。在土地登记工作中，他竟把已经分配给农民的一千九百多垧土地，登记在自己名下，并向农民算旧账。群众告到县政府，我亲自处理了这件事。我们在发动群众斗争孙相奎以后，撤销了他的土地登记委员职务，重新收回他向农民夺去的土地，罚他苦役一年，但不剥夺他的公民权，也不收回他应得的同农民一样多的土地和房屋。这样做，既保护了农民的利益，又体现了我们党的统一战线政策。

一九三九年九月，党中央调一二〇师三五九旅回边区，驻绥德警备区。绥德专员何绍南竟诬蔑三五九旅是"溃军"，并不准群众把住房借给三五九旅的战士住，禁止群众卖粮给部队，妄图以此撵走三五九旅。三五九旅在王震旅长的领导下，同何绍南作了坚决的斗争，揭露了何绍南制造"磨擦"、侵吞账款、危害百姓的种种罪行。何绍南带领一部分人畏罪潜逃，我们立即登报"通缉"，并由陕甘宁边区政府主席林伯渠和八路军后方留守处主任肖劲光，于一九四〇年二月中旬致电国民党最高当局，要求惩办"犯官"何绍南，并报请委任王震为绥德地区行政督察专员。同时，边区政府和八路军后方留守处又致电西安天水行营，要求撤走在边区境内十三个县（旬邑、淳化、肤施、延长、延川、清涧、吴堡、绥德、米脂、佳县、安定、富县、甘泉）的国民党的政权机关，并申明：如不自动撤走，边区"有权护送出境"。我们随之在上述各县先后成立了抗日民主政府，结束了边区境内的双重政权的局面，边区在行政上得到了统一，各项政策得到了有效的实施。

乙、加强新民主主义的政权建设

陕甘宁边区的政权机构，是按边区、县、乡三级设置的。另外设专员公署作为边区政府的派出机关，设区公署作为县政府的派出机关。乡政府下有行政村和自然村。各级政权组织的基本组织原则是民主集中制。

陕甘宁边区参议会是边区的最高权力机关，它同国民党召开的国民参政会和各省参议会，是有根本区别的。国民党召开的参政会和各省参议会只是一个咨询机关，参政员和省参议员都是由国民党选定的。边区参议会是由边区人民选举产生的，是具有人民代表大会性质的权力机关。它的职权是：选举或罢免边区政府的主席、副主席、委员及高等法院的院长；监察及弹劾边区各级政府的政务人员；批准关于民政、财政、经济建设、文化教育、地方军事等各项计划；通过及审查边区政府的预决算；决定征收、废除或增减地方捐税，发行地方公债；审议和决定议员的各项提案，以及其他应兴应革事宜等。

边区参议会选举议长、副议长主持全会工作，并选举包括议长、副议长在内的常驻议员组成参议会常驻委员会。常驻会在参议会闭会期间，有权监督政府执行参议会的决议案，听取工作报告，提出询问和建议，出席政府委员会议以及召集临时参议会等。

边区参议会选出的边区政府主席、副主席和委员组成政府委员会，负责全边区的政务，并向参议会负责和报告工作。边区政府委员会在参议会闭会期间，是最高行政机关。

边区政府派出自己的代表机关——行政督察专员公署，按照边区政府的命令和指示，指导和监督所辖各县政务及边区政府驻在分区的附属机关。行政督察专员公署设专员、副专员，下设若干行政科室。

县级政权是推行边区各项任务的枢纽，县参议会是县的最高权力机关。县参议员由全县人民直接选举产生。县参议会的性质、职权与边区参议会大体一致。县参议会选举县长、副县长和县政府委员，组成县政府委员会，它是县参议会闭会期间决定政务的机关。县政府下设秘书、民政、财务、建设、教育、粮食、保安等科室，以及司法处、保安大队等机构。县派出自己的代表机关——区公署，协助县政府指导所属各乡的政权工作。区公署设区长一人，区助理员若干人和自卫军营长，组成区公署，在区长的领导下进行工作。

乡政权是边区的基层政权组织。乡参议会为乡的最高权力机关，在乡参议会休会期间，乡政府委员会为乡政权最高机关。在乡一级实行议行合一的民主制度，乡参议员（后改为人民代表）由选民直接选举产生，乡参议会不设议长和常驻会，只在开会时推选三人组成主席团（乡长为当然主席团成员）主持会议。乡参议会选举乡长、乡政府委员组成乡政府委员会，执行全乡任务，并对上级政府和乡参议会负责及报告工作。乡政府下设人民仲裁、锄奸保卫、卫生教育、妇女儿童、生产建设、优待救济等组织和自卫军连长，在乡长的领导下进行工作。乡政府除乡长、文书为脱产或半脱产干部外，其他成员均不脱离生产。

乡政府下设行政村，设主任一人，辖若干个自然村；自然村设村长一人，均由村民直接选举产生。均不脱产。

以上，就是陕甘宁边区的政权体系和政权组织。边区的各项抗战动员和建设工作，都是在中国共产党的领导下，通过这套政权体系去进行的。从一九三九年到一九四六年，边区召开了三届参议会，民主政治制度日臻完善。

一、边区第一届参议会

一九三七年十二月，边区经过选举产生了五百多名边区议会议员。由于战争环境和其他原因，边区议会未能及时召开。一九三八年七月，首届国民参政会在武汉召开，并制定了省、市参议会的组织条例。为了抗日民族统一战线的需要，边区政府于一九三八年十一月决定将陕甘宁边区议会改为陕甘宁边区参议会，所选的边区议员改为边区参议员，并决定在一九三九年一月召开边区第一届参议会。因为会议延期，原先选出的议员因战争环境的变化和抗日工作的需要，一部分边区议员已经离开边区到前线去了，无法出席会议。边区政府决定召开各县议员复选会，由原选议员出席会议，互推原议员的百分之五十出席边区参议会。考虑到选举产生的边区参议员，几乎是“清一色”的共产党员和工农进步分子，边区政府特聘了十二名民主人士为边区参议员。

一九三九年一月十七日至二月四日，陕甘宁边区第一届参议会在延安召开。到会参议员一百四十六名（其中有边区政府聘请的十名）。毛泽东、洛甫等出席了开幕式，并作了讲演。这次会议的议程有三项：

第一，听取边区政府主席林伯渠的政府工作报告。林伯渠在报告中，阐述了目前的抗战形势和边区所处的环境，说明边区在抗战中的重要性；总结了边区政府成立两年来在保卫边区和全国的抗战中所作的工作；提出了边区政府在抗战新阶段中的任务。林伯渠强调指出：“边区今后工作的总方针，就是团结边区全体人民，坚持巩固和扩大抗日民族统一战线，坚持持久抗战，保卫边区，保卫西北，保卫全中国，为争取抗战最后胜利，实现三民主义新中国而奋斗。”会议还听取了边区政府各厅、处，以及高等法院的工作报告。经过热烈讨论，大会一致通过了政府工作报告。

第二，讨论并通过《陕甘宁边区抗战时期施政纲领》及其他单行法规。

《陕甘宁边区抗战时期施政纲领》是由中国共产党陕甘宁边区委员会提出的。它是中国共产党为之奋斗的革命三民主义在陕甘宁边区的具体实施。纲领规定在边区实行“坚持巩固与扩大抗日民族统一战线，团结全边区人民与党派，动员一切人力、物力、财力、智力，为保卫边区、保卫西北、保卫中国、收复一切失地而战”的彻底的民族主义；“发扬民主政治，采用直接、普遍、平等、不记名的选举制，健全民主集中制的政治机构，增强人民之自给能力”的彻底的民权主义；“确定私人财产所有权，保护边区人民由土地改革所得之利益”，“增加农业生产”，“发展手工业及其他可能开办之工业”，“发展商业”，以改善人民生活的彻底的民生主义。大会经过讨论，一致通过了这个纲领，作为“边区一切工作之准绳”。

大会还通过了《陕甘宁边区政府组织条例》《陕甘宁边区选举条例》《陕甘宁边区各级参议会组织条例》《陕甘宁边区高等法院组织条例》和《陕甘宁边区土地条例》等，确立了边区抗日民主政治的基本法规。

大会还讨论和通过了十二件重要提案。其中有：根绝汉奸、土匪，扩大地方武装案，统一战线动员案，发展国防经济案，工作人员参加生产运动案，发展国防教育、提高大众文化案，优待抗日军人家属案，提高妇女政治经济地位案等。这些提案，会后都由边区政府执行了。

第三，选举边区参议会和边区政府领导人员。

大会第一日，首先选举参议会正副议长，高岗当选为议长，张邦英为副议长。大会的最后一天，进行边区政府委员和参议会常驻参议员的选举。林伯渠当选为边区政府主席，高自立为副主席，林伯渠、雷经天、周兴、王世泰、高自立、周扬、曹力如、刘景范、阎红彦、霍维德、马锡五、王兆相、贺晋年、李子厚、乔钟灵为边区政府委员。选举雷经天为边区高等法院院长。选举高岗、张邦英、毛齐华、崔田夫、陈伯达、周长安、路志亮（女）、王观澜、高述先为边区参议会常驻参议员。

二月六日，边区政府委员会召开第一次会议，决定高自立兼民政厅厅长；曹力如任边区政府秘书长兼审计处主任；周扬任教育厅厅长；刘景范任建设厅厅长，朱开铨为副厅长；张慕尧任财政厅代理厅长，艾楚南为副厅长；高岗兼保安司令，王世泰、周兴为副司令；周兴兼任保安处处长。边区第一届民选政府于是日正式成立。以后在人事上稍有变动。一九三九年六月，边区政府委员会决定曹菊如接替张慕尧任财政厅代理厅长，十二月又决定南汉宸任财政厅厅长，霍维德任副厅长。一九四〇年十月，决定由谢觉哉接替曹力如任边区政府秘书长，高自立兼任建设厅厅长，我改任民政厅厅长。

边区第一届参议会的召开，具有重大的意义和深远的影响。它奠定了边区抗日民主政治的基础，保证和推动了边区政治、经济、文化教育等各项事业的发展，并且为各敌后抗日民主根据地，以至全国实行民主政治树立了榜样。这届参议会的不足之处是：政权机关领导成员中没有选进有代表性的非党人士。

二、边区第二届参议会

一九四〇年一月，毛泽东发表了著名的《新民主主义论》，它是我党在整个新民主主义革命时期的基本理论和基本纲领。同年三月，毛泽东为中央起草的《抗日根据地的政权问题》中指出："在抗日时期，我们所建立的政权的性质，是民族统一战线的。这种政权，是一切赞成抗日又赞成民主的人们的政权，是几个革命阶级联合起来对于汉奸和反动派的民主专政。""在绥德、富县、陇东等地建立新的政权，也具有严重的意义，必须依照上述原则进行，力避过右和过左的倾向。"同时指出，"根据抗日民族统一战线政权的原则，在人员分配上，应规定为共产党员占三分之一，非党的左派进步分子三分之一，不左不右的中间派占三分之一。""必须使党外进步分子占三分之一，因为他们联系着广大的小资产阶级群众。""给中间派以三分之一的位置，目的在于争取中等资产阶级和开明绅士。"

根据党中央的指示，边区政府从一九四〇年二月，在国民党政权机关从绥德等县撤走以后，在这些县相继召开了临时参议会，建立抗日民主政权。因为来不及进行民主选举，县的参议员是由政府聘请的。其中非党人士超过三分之二以上。这是边区实施"三三制"的开始。

一九四一年一月，边区开始筹备召开第二届参议会，全面实施"三三制"的政权建设。为此，中共陕甘宁边区中央局（后改为中共中央西北局）起草了《陕甘宁边区施政纲领》，经党中央和毛泽东研究修改后，于一九四一年五月一日发布，这就是著名的"五一施政纲领"。施政纲领正式发布前，四月二十八日毛泽东在给任弼时和边区中央局的信中说："施政纲领的最后修正稿，附上二份，请在边区刊物上发表，并印多张广为散布于边区境内及外。支部书记以上，班长以上，乡主席以上之干部，须使之人手一张，识字少者当作识字课本读，并张贴于通衢。《群众报》上，须为之逐条加以通俗解释。"这个纲领的基本精神，就是"团结、抗日、救中国"。其具体内容包括：边区境内各社会阶级、抗日党派，共同团结抗日；坚持与边区境外之友党友军团结抗日；提高边区武装部队的战斗力和做好优抗工作；实行"三三制"，共产党员同非党人士团结合作；保障人民的民主和自由；改进司法制度，厉行廉洁政治；发展工农业生产，实行减租减息，改善劳资关系，实行合理的税收制度；普及国民教育，发展文化事业，保障人民的健康；男女平等，保护妇女儿童；坚持民族平等；保障外侨和外国人的利益；给社会游民以公民平等的权利；优待敌伪俘虏，等等。这个纲领是新民主主义政治、经济、文化的具体化。

为了做好边区第二届参议会的参议员选举，成立了边区选举委员会，领导边区各级政府的选举事宜。我被边区政府任命为选举委员会主任，成员有张邦英、高朗山、白茜、高长久、吕振球、李景林、乔钟灵、马肖云、吴汉章、周长安、师储杰、莫文骅等。实际工作由民政厅主管。选举委员会的任务是制定宣传计划，负责选举的宣传和疑难问题的解答，管理有关选举的各项事宜，保证选举工作的正常进行。选举结束后，机构撤销。

选举工作分三个阶段进行：

第一阶段，进行宣传动员和选举准备工作。

从一九四一年一月开始，进行民主选举的宣传教育工作。重新公布了《陕甘宁边区选举条例》，逐条地进行通俗解释。由边区和县两级分别举办选举训练班，培训选举工作干部。边区政府先后派出九个工作团协助进行选举训练工作，一共培养了八千七百多名选举工作干部。

在党提出“三三制”原则以后，引起各界人士的关切，选举工作的宣传，就转向以贯彻实行“三三制”为重点。当时许多人对这个问题认识不清，甚至怀疑，尤其是经过土改的原苏区的干部和群众思想不通。他们说：“咱们流血牺牲闹革命，打土豪、分田地，建立的政权，现在又让他们来参加，来管我们，敢保不吃亏上当?!”“不要他们该有多省心，何必自找麻烦。”“为什么要那么多的地主、士绅，‘三分之一’呀!”一部分未经土地革命地区的农民害怕地主参了政，自己更没有翻身的希望。在一些干部、党员中间，思想也不通，有的认为“三三制”是“三分天下”，担心实行“三三制”会削弱共产党的领导。一些地主和开明士绅，一面称赞“三三制”表现了“共产党的宽宏大量”，“从前不要咱们这号人了，今天又能参加政权”，“尔今事情真不同了，咱们也有公民权，同别人平等了”；一面又怀疑“三三制”的选举，是“摆样子”“作摆设”。而多数的中间分子则持观望等待的态度。针对这些思想情绪，选举委员会做了大量工作。我们对地主、士绅说：“现在实行民族统一战线，要团结一切抗日的阶级和阶层，共同打倒日本帝国主义，挽救中国的危亡。只要赞成抗日，赞成民主的，我们一律采取团结的方针。”我们对干部和群众说：“大敌当前，只有团结一切愿意抗日的阶级与阶层，形成广泛的抗日民族统一战线，才能战胜日本帝国主义，建设新中国。”“共产党员虽然只占三分之一，但有很高的威信，一定能够也必须保证在政权组织中的领导地位。”“共产党员在全体人民中间毕竟占少数，我们一定要学会同党外人士合作共事的本领。”思想通了，选举工作就能比较顺利地展开。

在这个阶段中，边区选举委员会派出了一个工作组到延安裴庄乡进行选举试点。裴庄乡的选举从二月三日成立乡选举委员会开始，到三月十日乡参议会召开，历时一个多月。试点取得了两方面的经验：第一，在乡一级贯彻“三三制”的具体经验。裴庄乡共选出乡参议员二十五名（其中有妇女三名），候补参议员七名（其中有妇女二名）。从阶级成分看，贫农三名，中农十三名，富农六名，士绅一名，地主二名。其中有共产党员九名，占三分之一强，如加上候补参议员，则共产党员占四分之一。基本上符合“三三制”原则。第二，在选举过程中发动群众给乡政府的工作提意见，检查政府工作。这样做的目的，首先是发现问题，以便改进政府工作；其次是识别人才，以便改选。在乡参议会上提出提案三十二起。这对于改进乡政府的工作很有帮助。这些经验对于其他地区的乡选也有一定的指导意义。

第二阶段，县、乡两级参议员的选举和参议会的召开。

边区政府原定六、七两月进行县、乡两级的选举，后因七月是边区夏收大忙季节，故延期到九月进行。九月底，各县和乡（市）的选举基本结束，并召开了县、乡两级参议会。

乡是边区政权的基层组织，边区政府的一切政策和任务，都要经过乡政府去执行和完成。乡的选举搞好了，县和边区的选举就有了坚实的基础。

在乡选中，根据裴庄乡的经验，普遍开展了检查乡政府工作。乡政府必须向选民报告工作，由选民评议，提出批评、建议和提案，交乡参议会讨论并决定。通过对政府工作的检查，识别干部的好坏，决定对干部的任免。这个措施充分发扬了民主，促进了干部更好地为群众服务，是一个很成功的经验。经过对政府工作的检查，一般的情况是：不称职的干部大部分落选，一大批新干部被选了出来。据统计，改选以后，新旧干部（包括乡政府委员）大体上各占一半。例如，延安县原来的乡政府委员当选的一百三十三名，新选的一百八十五名；绥德分区五县的统计，落选的乡干部有一千多人。当然，落选的干部不都是不好的干部，而是许多地方因为实行“三三制”，党员名额有限自动退出的。

边区政府委员会于一九四一年十月十三日召开会议对乡选工作做了初步总结。这次乡选中，边区一千五百四十九个乡，共选出乡议员三万多名。会议认为：这次乡选取得了很大的成绩。第一，普遍实行了“三三制”，边区内各党各派各阶级阶层的团结得到进一步的加强。第二，人民敢于大胆地批评政府的工作，发扬了民主，增强了当家作主的责任感。第三，洗刷了一些不好的干部，改进和加强了基层政权的工作。第四，密切了人民与政府的关系。第五，教育了干部和群众，懂得了民主政治的意义，学会了掌握和运用民主，参加政权管理。第六，进一步团结了少数民族。但也有不少缺点，主要的是：一些干部对民主选举不够重视，工作马马虎虎，在实行“三三制”中走形式，硬凑数，致使一些不良分子混入政权，把持基层政权。从这件事中，使我们认识到，在基层政权组织中实行“三三制”，不能机械地凑数，必须从农村的实际出发，酌情变通，防止地主豪绅、不良分子混进政权组织中来。乡长和文书两个重要岗位，一定要掌握在共产党员和进步分子手中。故在一九四二年又举行过一次乡级选举，对上述缺点作了补救。

有了乡选的基础，县参议员的选举就比较容易了，重点是提出候选人名单，在群众中进行酝酿。候选人酝酿成熟了，选举工作就做了一半，正式选举也就好办了。县参议会参议员的选举，基本上符合“三三制”原则。但是，县参议员是直接选举，情况复杂，选民投票以后，不能再重新选，所以有的县参议员中共产党员较多。例如，延安市五十四名议员，共产党员占了大多数，因为，延安市的参议员包括机关、学校和团体，他们的代表中共产党员多。延安县的参议员七十六名，基本上符合“三三制”，从阶级成分上说，中农、贫农四十八名，开明士绅、富农、商人二十五名，为了使参议员在成分上更符合“三三制”原则，延安县政府还聘请了六名士绅为县参议员。有的县，如盐池还考虑选举了少数民族的参议员。

县级选举中的关键是开好县参议会。首先要做好开会的准备工作，一是准备好政府工作报告，二是参议员搜集群众意见，作好提案准备。最后进行选举时，既要充分发扬民主，又要贯彻“三三制”原则。在县政府委员和县参议会常驻会成员的选举中，绝大部分县实现了“三三制”，个别县，也有共产党员不足三分之一的，也有几个县共产党员仍占绝对多数。

第三阶段，边区参议员的选举和第二届参议会的召开。

边区参议员的选举工作从六月开始准备。在“五一施政纲领”公布以后，各县即按照施政纲领的精神，提出符合“三三制”原则的候选人名单。七月，西北局同边区政府经过研究讨论，批准和补充了各县提出的名单。九月二十四日，西北局正式发出通知，对于确定候选人作出了三点原则规定：一、候选人必须根据党的统一战线政策与“三三制”原则来确定；二、对于我党所提出的候选人，应向群众解释其履历，使群众了解和拥护；三、凡属当地提出的党与非党候选人，如有不当者，在不增加党员人数的情况下，可酌量变动。

九、十月间正式选举。由于有些党员干部，对“三三制”认识不足，工作不深不细，加以群众对某些非党候选人不满意，故选举结果，非党候选人尤其开明士绅落选的甚多。在选出的二百四十二名边区参议员（包括候补参议员）中，共产党员占了多数。因为边区参议员是选民直接选举的，不能随便更换，所以，西北局和边区政府共同决定，聘请四十六名非党人士（主要是开明士绅）为边区参议员，使边区参议员的成分基本上符合“三三制”的原则。在边区参议员的总数中，虽然党员仍占百分之五十，但各地区的情况不一。在老根据地，有代表性的地主、士绅较少，共产党员当选的自然就多。而在新区，如绥德选出的二十二名边区参议员中，共产党员只有七名，国民党员却有八名；佳县的十六名边区参议员中，共产党员只有四名，占四分之一，国民党员也有四名，也占四分之一，加上开明士绅，所占的比例更大。在这次选举中，有一批开明士绅当了边区参议员，如米脂的士绅李鼎铭、贺连城，绥德的地主士绅安文钦、霍子乐等。在当选的边区参议员中，有少数民族人士马生福阿訇（回族）、鲜维俊（回族）、那素滴勒盖（蒙古族）等六名。还有国际友人申健（日本）、武亭（朝鲜）、阿里阿罕（印尼）、巴素华（印度）等。这样，边区参议员具有广泛的代表性，体现了党的政策，也符合边区的实际情况。

边区第二届参议会于一九四一年十一月六日至二十一日在延安新建的参议会大礼堂隆重举行。到会的参议员二百零九名（其中有十六名候补参议员）。大会开幕那天，毛泽东、朱德等中央领导同志参加了会议。晋西北行署主任续范亭和晋察冀，晋冀豫、胶东、鲁西、华中、苏北等敌后抗日根据地也派出代表出席了会议。国民党军事委员会驻十八集团军的高级联络参谋陈宏漠、周励武、郭亚生等也出席了会议的开幕典礼。

毛泽东在开幕典礼上作了重要讲话。他指出：“参议会的目的，只有一个，就是打倒日本帝国主义，建设新民主主义的中国。”“国事是国家的公事，不是一党一派的私事。因此，共产党员只有对党外人士实行合作的义务，而无排斥别人，垄断一切的权利。共产党是为民族、为人民谋利益的政党，它本身绝无私利可图，它应该受人民的监督，而不应该违背人民的意志。”毛泽东号召参议员中的共产党员要克服自己的关门主义和宗派主义，倾听人民的意见，同党外人士实行民主合作。他要求党外人士帮助共产党克服关门主义和宗派主义的毛病，共同把国事真正办好。毛泽东的讲话，在参议员中引起极大的反响，受到高度的赞扬，成为这次大会的指导思想。

大会的第二日，选举边区参议会正副议长、大会主席团和通过大会的议事日程。高岗当选为议长，李鼎铭、谢觉哉当选为副议长。李鼎铭在当选副议长后，发表了很好的讲话。他说：“我今年六十一岁了，本来没有能力，加之衰病交加，十余年不出家门，纵然有点思想，也是闭门造车，不能出门合辙。今天大家选举我，我觉得惭愧得很。但是，既蒙选举，自当勉尽绵力。”又说：“我是一个无党无派的人，无党无派中也有几等。一等是中立不移的，一等是倾右的，一等是倾左的。我本来倾右，觉得共产党的社会主义不对，转念我又想我们常常笑人盲从，我说社会主义不对，究竟从何处说起？于是我找到几种社会主义的书，加以研究，才知道社会主义是天公地道的主义。在现在世界，无论何国，非实行社会主义不可。中国今日强敌压境，资源薄弱，要实行社会主义，困难殊多，但当这生死存亡的时候，必须努力进行，不过这种努力要有一个路线。我站在无党无派的地位，一方面对共产党进几句忠言，一方面奉劝我们无党无派、各党各派的人，大家都向一条大路前进。”李鼎铭最后讲了两点意见：“第一，就是团结二字。昨天大会开会时，诸位对这团结，再三再四的致意，但是诸位先生指示的团结，究竟怎样做法呢？我想，最好不要责备别人，先从自己做起。第二，是经济问题，所有抗战建国的工作，都离不开经济，我们处在资源薄弱的地方，又加以连年灾荒，经济的困难，达于极点。但是，无论如何困难，我们抗战建国的事不能不做。因为处在生死存亡的时候，人人都应该毁家纾难，把中国救下来再说别的。”李鼎铭的讲话，也受到大家的一致赞同。

边区政府主席林伯渠向大会作了政府工作报告。报告总结了边区第一届参议会以来，边区政府实施第一届参议会制定的施政纲领所取得的成绩和存在的问题，提出了今后的中心工作和方针。经过讨论，大家一致通过了政府工作报告，并作出关于政府工作报告的总决议。

这届大会的中心内容之一是讨论和决定是否接受中国共产党提出的《陕甘宁边区施政纲领》（这个纲领是5月1日公布的，故又称《五一施政纲领》）。中共中央西北局书记高岗向大会作了《关于五一施政纲领的解释》的报告，提请大会采纳。这个纲领是总结中国共产党二十多年斗争经验的基础上制定的。实施这个纲领的基本方法，就是共产党提出的“三三制”，就是大家都来参加政权工作，不是一意孤行，把持包办。全体参议员一致通过了这个纲领，并作出决议，指出：“该纲领不但适合于边区的需要，而且完全符合于中国的国情，是唯一正确的边区施政方针，也是团结抗战以救中国的良策。”

大会还通过了《陕甘宁边区保障人权财权条例》《陕甘宁边区行政督察专员公署组织暂行条例》《陕甘宁边区县政府组织暂行条例》《陕甘宁边区各级参议会组织条例》《陕甘宁边区各级参议会选举条例》等九项单行法规。

大会一致通过一九四二年度边区财政概算。在讨论财政概算时，李鼎铭等十一位参议员提出，“政府应计划经济，实行精兵简政主义，避免入不敷出，经济紊乱之现象”案，这一提案受到大会的重视，以一百六十五票的绝对多数通过，并“交政府速办”。这就是后来实行精兵简政之由来。

大会收到有关军事、政治、经济，文化、教育、卫生、妇女、儿童方面的提案三百九十九件，均经分组审查，提出审议意见，由大会以全体或多数票通过，交由政府分别执行。

大会最后进行边区政府领导人员的选举。林伯渠当选为边区政府主席，李鼎铭当选为副主席。依法，李鼎铭担任边区政府副主席以后不能同时担任边区参议会副议长职务。大会免去李鼎铭的边区参议会副议长职务，补选安文钦为边区参议会副议长。大会选举高自立、南汉宸、肖劲光、贺连城、刘景范、马明方、柳湜、霍子乐、那素滴勒盖（蒙古族）、毕光斗、肖筱梅、高步范、杨正甲、马生福（回族）、高崇珊、徐特立等十六人为边区政府委员会委员。边区政府正副主席为边区政府委员会当然委员，并为政府委员会的主席、副主席。故政府委员共十八名，其中有共产党员七名，超过“三三制”的规定，徐特立当即申请退出。经大会同意，依次由非党人士白文焕递补。大会选举雷经天为最高法院院长。

边区第二届参议会的胜利召开，为“三三制”的政权奠定了坚实的基础，使边区新民主主义政权建设发展到一个新的阶段。

第二届边区政府的机构设置和领导人员如下：

秘书长：周文（一九四二年九月起秘书长李维汉，副秘书长李景林后常黎夫）；

民政厅：刘景范任厅长，唐洪澄任副厅长；

财政厅：南汉宸任厅长，霍维德任副厅长；

建设厅：高自立任厅长，霍子乐任副厅长，

教育厅：柳湜任厅长，贺连城任副厅长；

保安处：周兴任处长；

保安司令部：司令员高岗，副司令员王世泰。

此外，边区政府还设立了下列直属机构：

民族事务委员会。主任委员赵通儒。委员谢觉哉、那素滴勒盖（蒙古族）、刘景范、马生福（回族）。专管少数民族工作事宜。

法制室。主任委员张曙时，委员鲁佛民、李木庵。执掌边区的法律研究、草拟、修正等事宜。

禁烟督察处。霍维德兼处长。执行边区境内鸦片及鸦片代用品的查禁事宜。

文化工作委员会。主任委员吴玉章，委员有林伯渠、李鼎铭、徐特立、丁玲、贺连城、柳湜、李丹生、周扬、肖军、丁浩川、艾思奇、罗烽、欧阳山、李卓然、江丰、马济川、高长虹、何思敬、周文、柯仲平、吕骥、舒群、塞克、艾青等二十七人。[①] 领导边区新民主主义的文化运动，统一管理边区的文化团体。

审判委员会和司法委员会。主任委员林伯渠，委员李鼎铭、刘景范、贺连城、毕光斗。受理不服高等法院判决的刑事、民事上诉案，行政诉讼、死刑复核及法令解释等。

从第二届边区参议会到第三届边区参议会的五年多的时间里，边区政府根据“五一施政纲领”，进行了大量的工作，克服了重重困难，取得了很大的成绩。特别是从一九四二年和一九四三年先后开始的带有普遍性的整风运动和生产运动，曾经在精神生活方面和物质生活方面起了决定性作用，为抗日战争以至解放战争的胜利打下了牢固的思想和物质基础。初步形成了边区新民主主义的政治体制、经济结构和文教网络，人民开始过上了“丰衣足食”的生活。这里我想着重提一下，在大生产运动中涌现出的成千上万的劳动英雄和模范工作者在政权建设中的作用。他们在群众中起着带头作用和骨干作用，在政府和群众

① 名单为25人。

中起着桥梁作用。边区政府十分重视劳动英雄和模范工作者，吸收他们参加各级政府，尤其是乡政府的工作，给基层政权灌注了新鲜血液，补充了新的骨干，增强了基层政权的活力，把新民主主义的政权建设推进了一大步。当时曾涌现出许多由劳动英雄带头的模范乡、模范村，如延安的吴家枣园（劳动英雄吴满有所在村）、绥德的郝家桥乡（劳动英雄刘玉厚所在乡）、淳耀的白塬村（劳动英雄石明德所在村）、华池的城壕村（劳动英雄张振财所在村）和定边的贺家园（劳动英雄贺保元所在村）等。

三、边区第三届参议会

边区第三届三级参议会的选举，从一九四五年十月开始，至一九四六年三月结束。一九四五年十月十四日，边区参议会常驻会和边区政府联合发出通知，正式改乡参议会为乡人民代表会。由人民选举人民代表，召开乡人民代表会，选举乡政府委员会。

参加第三届边区参议员选举的选民平均占百分之八十二点五，有些地区达到百分之九十以上。共选出边区参议员一百七十名。正式参议员一百三十五名，候补参议员三十五名，其中上届连选连任的五十七名，新当选的一百一十三名。从党派关系上说，共产党员六十一名，占百分之三十五点九；国民党员十九名，占百分之十一点二；救国会一名；无党无派（包括进步分子和开明士绅）八十九名，占百分之五十二点四。就阶级成分说，地主三十四名，富农二十六名，中农六十九名，贫农十八名，工业资本家三名，中小商人九名，工人六名，城市小资产阶级三名，城市贫民二名。边区参议员中有少数民族六名，妇女七名，天主教徒三名。边区参议员的构成充分体现了共产党与非党人士、各阶级、各民族的大联盟。

边区第三届参议会于一九四六年四月二日至二十七日在延安召开。出席会议的参议员一百三十九名（其中候补参议员二十一名）。

这次大会是在抗日战争胜利以后召开的，是一次民主团结的大会。这次大会的中心议题是：争取和平与民主，把边区建设成新民主主义的模范民主自治区。

大会开幕典礼在隆重、和谐、欢腾的气氛中进行。副议长谢觉哉致开幕词后，朱德代表中共中央向大会致贺词。他称赞了边区在八年抗战和建设中作出的伟大贡献，希望把边区建设成和平民主新中国的更光明的灯塔，更坚强的堡垒。副议长安文钦在讲话中评议这次边区参议会"真正是普遍的、平等的、直接的、自由无拘束的，秘密不记名投票的选举。""是真正的民主，彻底的民主!"八十一岁的老人高愉庭参议员说："前年二届二次大会闭幕时。曾说过'别时容易见时难'。自以为活不久了。可是今天又和大家见面，真是高兴极了。""只要还活着一天，我愿意追随众位议员之后，为中国和平民主事业奋斗一天!"

大会的第二日选举三届参议会的正副议长。首先由各议员小组酝酿候选人。然后采取无记名投票方式，进行选举。当大会主席团宣布各议员小组提出的九名候选人名单时，参议员习仲勋当即郑重声明："候选人中共产党员已超出三三制名额，本人提请大会准予退出。"选举结果，高岗当选为议长，谢觉哉、安文钦当选为副议长。

大会从第三日至第十四日，进行政府各项工作报告，质询及讨论。林伯渠作了题为《边区建设新阶段》的报告，李鼎铭作了关于选举工作的报告，霍维德作了财政工作的报告，霍子乐作了今后三年经济建设计划的报告，贺连成作了今后三年文教建设方案的报告，我作了复员方案草案的报告。阎揆要、贾拓夫、王子宜、周兴、唐洪澄等就军事、财经、减租减息、司法、保安及干部问题作了重要发言。

在讨论政府各项工作中，无论在大会或小组会，大家都进行了认真、热烈的讨论。有五十九位参议员（占百分之四十二点四）在大会上发言，小组会上则人人都有发言。发言中，赞扬了政府工作的成绩，同时也直言不讳地批评了政府在工作中的缺点和错误。例如，指出一些县在选举运动中没有认真发动群众检查政府工作，在区、乡干部，以至高级领导机关的工作作风中存在着强迫命令、形式主义或自由放任等官僚主义的毛病；上级政府对区乡干部的困难了解和帮助、教育做得很不够；某些地区减租工作搞得不彻底；税务缉私工作中存在着乱没收的现象；保护森林、禁止缠足，虽然历次参议会都有决定，但做得很不深入，等等。参议员们能够“知无不言，言无不尽”，政府领导人员能够虚心倾听意见，做到“有则改之，无则加勉”，使会议开得生动活泼，充分发扬了民主精神。农民参议员刘德富说，“我们这些农民还能批评政府的干部，真是开天辟地没有见过的事。”

当议事日程进入审查提案阶段，议员们更加紧张而活跃地准备提案。此次大会共收到提案一百五十九件，分别按政治、财经、文教、特种四组审查。在审查过程中，关于小学学制、婚姻条例等问题，一直由小组争论到大会，十分热烈，为历次大会所没有。提案中有“收回久欠账债”“分田不均、重新调查分配登记”两案。因与边区现行政策不符，被大会否决。

四月二十五日、二十六日，进行参议会常驻会和政府委员会等的选举。林伯渠连任边区政府主席，李鼎铭和刘景范为副主席。马济川、贺连城、霍维德、毕光斗、王子宜、王世泰、霍子乐、唐洪澄、霍祝三、刘文卿、阿拉并巴音（蒙古族）、杨正甲、蔡登霄（回族）、李仲仁、魏民选、靳体元为政府委员。连同三位正副主席，边区政府委员共十九名。习仲勋、刘培基、曹力如、高愉庭、房文礼、霍仲年、蔡丰、谷莲舫、杜洪源为边区参议会常驻议员，加上三位正副议长，共十二名。会议选举马锡五为边区高等法院院长。在政府委员和常驻议员中，共产党员都只占三分之一。

四月二十七日，大会圆满结束，副议长安文钦致闭幕词，强调“我们坚决反对法西斯特务分子破坏中国的和平民主事业，边区人民要和全国人民团结一致，不达最后胜利，决不退让”。大会来宾贺龙（陕甘宁晋绥联防军司令员）、黎玉（山东省政府主席）、薄一波（晋冀鲁豫参议会议长）、邓子恢（华中军区政委）在会上讲了话。贺龙特别强调，要更加加强边区的自卫力量。林伯渠最后号召“陕甘宁边区一百六十万人民要成为一个融洽和睦的大家庭。要更进一步团结起来，为实现全国和平民主而奋斗”。

这届边区政府各厅处负责人员是：

秘书长王子宜（后王达成），副秘书长常黎夫；

民政厅：厅长刘景范兼（后王子宜），副厅长唐洪澄（后章夷白）；

财政厅：厅长霍维德，副厅长黄静波；

教育厅：厅长贺连城，副厅长赵伯平（后江隆基）；

建设厅：厅长霍子乐，副厅长惠中权；

边区银行：行长黄亚光；

保安处：处长周兴，副处长刘秉温、赵苍璧、李启明；

保安司令部：司令员王世泰，副司令员阎揆要。

第三届民选政府成立以后，蒋介石发动了全面内战，胡宗南。调集军队准备向边区进攻，边区随即转入战争状态，第三届边区参议会通过的三年边区建设计划被迫中断。

四、精兵简政

精兵简政是边区第二届参议会通过的一个重要议案。毛泽东看了这个提案后批示："这个办法很好。恰恰是我们的机关主义、官僚主义、形式主义的对症药。"一九四二年九月，毛泽东在为《解放日报》写的社论中指出，精兵简政是"一个极其重要的政策"。同年十二月，毛泽东在西北局高级干部会议上，又进一步指出："这一次精兵简政，必须是严格的、彻底的、普遍的，而不是敷衍的、不痛不痒的、局部的。在这次精简中，必须达到精兵简政、统一、效能、节约和反官僚主义五项目的"。边区政府从一九四一年二届参议会闭会后先后进行了三次精简。第一次精简从一九四一年十二月开始到一九四二年结束。这次精简，侧重于减少机构和缩减人员，精简结果，裁减并机构百余处，缩减人员一千五百九十八名，占边区级机关原有人数的百分之二十四。第二次精简从一九四二年七月开始，九月结束。这次精简，主要是建立边区政府的工作制度，实行合署办公，政务与事务适当分工，加强下级，提高县政府的职能等。这两次精简，虽然有相当大的成绩，但尚未达到精兵简政的全部目的。

一九四二年十二月十三日，边区政府委员会第三次会议通过了《陕甘宁边区简政实施纲要》，并于一九四三年三月明令公布，开始了边区政府的第三次简政。

《陕甘宁边区简政实施纲要》是由边区政府秘书长李维汉主持起草的。内容详实，切合边区的实际，后来我们把它作为政府工作人员的整风学习文件。

这次精简工作经过一年的努力，基本上实现了简政实施纲要上规定的目标、任务和要求：

首先边区各级政府都做到了生产第一，重点抓了农业生产。从一九四二年开展的大生产运动，党政军民学，大家齐动手，取得了众所周知的丰硕成果，粮食基本上达到耕三余一或耕二余一，棉花和日用工业品也有较大的增长，实现了自给和半自给。同时，都做到了教育第二，而又以干部教育为重点。一九四三年和一九四四年，干部教育也取得了可喜的成绩。除了加强在职干部学习以外，有一千五百多名干部到中央党校、西北党校和各种干部学校学习。民政厅办了县长训练班，边区师范、绥德师范、三边师范都增设了行政人员训练班（地干班），训练了大批的行政干部。从一九四三年开始，每年冬季各县办区、乡干部训练班，参加学习的有两千人左右。

第二，政府机构作了调整，人员作了精简。边区政府各厅处的内部机构裁减了四分之一。边区政府本身原有五百五十二人，整编为四百一十六人；各厅、处的附属机关原有一千一百四十人，整编为九百一十一人，各分区专员公署，原有一百零一人，因为增设延属、三边两个分区，总人数增加到一百四十八人，但原有专员公署的人数减少了。各县原有一千一百八十八人，整编为七百九十一人。边区共有二百一十三个区公署，原有一千二百五十人，整编为九百五十五人。区以上各级政府机关精简总人数为一千零十人，占原有总人数的百分之二十三点八。边区共有一千二百七十个乡，每个乡都增设了文书一人，调派一千多名青年知识分子参加乡政府工作，既加强了乡政权，又锻炼了青年知识分子。他们中的大多数后来成了各条战线的领导骨干。一部分干部由上往下移，如延安县的十名县级干部调区工作，二十名区级干部调乡工作。初步实现了精简上层，充实下层的方针。

第三，加强了统一性。基本上实现了政策、法令、命令和指示的统一执行、干部的统一管理，“政出多门”的现象、本位主义的现象大为减少。

第四，提高了工作效能。许多单位过去由几个人做的工作，整编以后一个人就承担了。

第五，节约也取得了成绩。由于机关、部队人员减少，一九四四年节约粮食一万五千石，民力的节约尤为显著。如延安县一九四一年动员民力六万多个，一九四二年只动员了二万八千多个，减少一半多；绥德县一九四二年动员民力七万五千多个，一九四二年少动员了九百个。

第六，反对官僚主义的斗争有了进展。许多领导干部深入群众，深入基层，深入实际，调查研究，了解民情，改进了领导作风，改善了干部关系、军民关系、军政关系。

在这次“精兵简政”中，我曾担任简政委员会主任，做了一些具体工作。我深深地体会到：“精兵简政”是改善和加强政权工作的一个十分重要的内容，是一项经常要做的工作。确实是我们的机关主义、官僚主义、形式主义的对症药。过去需要，现在更需要。我们的历次精简中，有一个大缺点，就是经验不能推广，成绩不能巩固，特别是在形势发展，情况好起来的时候，故病重犯又走回头路。“庙”也多了，“神”也多了，机关主义、官僚主义、政出多门等现象也多了，给革命和建设带来很大的祸害。这是一个值得记取的教训。回想当年在延安工作和学习的同志，吃的是小米，缺肉少菜；穿的粗布衣服，单衣一年一套，棉衣三年一套；住的是自己打的土窑洞，只有一床、一桌、一凳；出门下乡靠两条腿，餐风宿露，艰苦备尝；工作之余，还要自己动手种地种菜，纺纱线。还有一定的上缴任务。然而大家充满革命的乐观主义，一心一意扑在工作上，不顾个人身家性命、荣辱利害和安危得失。这是什么精神？这就是延安精神，共产主义精神。我们的政权建设，没有这样一大批不谋私利、一心为公、一心为人民的人，是不能成功的。

丙、全力支援解放战争，解放大西北

一九四六年六月，国民党反动派以进攻中原解放区为起点，发动了反革命的全面内战，七月，胡宗南调集十个整编旅约十二万人，结集到边区南边，部署进攻边区。由于中原解放军在李先念、郑位三、王震等率领下，主动转移，分头进行突围，转战于鄂、豫、陕、甘边界，胡宗南部奉调赴陕南堵截中原解放军，打乱了他们进攻边区的部署。

王震率领的三五九旅突围到陕南后，奉命返回陕甘宁边区。为了迎接三五九旅，边区部队于八月下旬发动迎接三五九旅战役。八月二十三日突破敌人防线，打进国民党统治区，于二十九日在陇东屯子镇与三五九旅会师。在边区部队的接应下。三五九旅于八月底回到边区。我代表边区政府前往庆阳驿马关迎接。九月中旬，三五九旅在王震率领下回到延安，毛泽东等中央领导同志接见他们。随后，三五九旅离开陕甘宁边区去晋西北吕梁根据地休整。

十月，胡宗南在西安召开军事会议再次部署进攻陕甘宁边区。十一月九日，胡宗南在洛川、宜川结集了十个整编旅，企图偷袭延安。这时，结集在边区周围的国民党军队还有边区西面的马鸿逵、马鸿宾、马步芳部和北面的邓宝珊、左协中部，总兵力号称三十万。

实际有二十多万人，企图从南北西三面合击陕甘宁边区。党中央调动吕梁山的部队和太岳解放区的部队发动了晋南战役，迫使蒋介石调动胡宗南部去支援阎锡山，再次打乱了胡宗南进攻边区的部署。但是，边区周围的战争空气已呈紧张状态。

十一月十一日，中共中央召开干部动员大会，朱德、彭德怀、刘少奇、杨尚昆参加大会，并讲了话，号召一致动员起来，保卫边区，保卫延安。十三日，边区政府也召开干部动员大会，林伯渠、习仲勋、李鼎铭和我都在会上讲了话，号召全边区行动起来，保卫边区，保卫延安，保卫党中央，保卫毛主席。

十一月十四日，边区政府成立“总动员委员会”，任命我为主任，贾拓夫、方仲如为副主任。下设：动员部，王子宜负责；粮草被服部，范子文负责；医药救护部，苏井观负责；后方勤务部，方仲如负责；秘书处，常黎夫负责。稍后又设立“坚壁清野”部，惠中权负责。延安开始进行疏散和“坚壁清野”。

十一月中旬，毛泽东、周恩来、任弼时找林伯渠和我谈话。毛泽东说，蒋介石突袭延安，挽救不了他灭亡的前途，也无损于人民解放战争的胜利。党中央“不准备死守延安”，除了让出延安，也要准备让出一些县城和大道，我们还是占农村，党中央仍留在陕北。他指示要我们做好疏散工作，首先是粮食和老弱病残要很快疏散，这些都要向群众说清楚。

边区经过大生产运动，实现了“丰衣足食”，边区政府在延安集中了不少粮食。我们首先动员群众把延安的粮食疏散到离延安几十里、上百里以外的农村去。到年底，延安共疏散三千四百四十三万斤粮食，各县城的粮食也进行了疏散。同时，把延安存放的棉花、布疋、纸张和其他物资也进行了疏散。棉花疏散到安塞、子长、志丹的农村，布和纸张（油光纸）疏散到晋绥边区。

十一月下旬开始疏散人口，当时延安的群众都不愿意离开延安，不相信国民党能占领延安，疏散工作不容易做。所以，这次疏散的主要是“公家人”及其家属。边区的东部，隔黄河就是晋绥边区，比较安全，人口向东疏散到紧靠黄河的几个县，情况紧急时，再过黄河。一九四七年初，情况再次紧张，疏散工作一再抓紧，先后共疏散老弱病残和妇女、儿童六千六百八十四人。

十一月二十一日，边区政府发出“坚壁清野”的命令，延安及延安周围的群众也开始实行“坚壁清野”。

在此期间，边区军民同入侵的国民党军队作战一百六十五次，毙伤一千零六十七人，俘虏一千四百六十九人。九、十月间，榆林国民党二十二军八十六师，进犯我佳县古木区、米脂海会寺等地区，我边区部队发动了榆横战役，打退了敌人。国民党陕北保安总指挥部副总指挥胡景铎率五千余人起义，我军先后解放了无定河以南五千平方公里的土地，约十二万人口，成立榆横政务委员会，辖镇川、横山两县。

一九四七年一、二月，胡宗南发动对关中、陇东分区的进攻，先后侵占旬邑、庆阳、合水等地，形势更趋紧张。

为了进一步加强战备，边区政府在一月十五日至二十三日召开专员、县长联席会议，中共中央西北局书记习仲勋在会上作了动员。要求大家对蒋介石、胡宗南进攻边区和延安保持高度的警惕，一切工作要做长期打算。会议着重讨论了三个问题：战争动员（包括疏散工作）、土地改革和生产运动。会议提出边区政府在一九四七年的四大工作任务，即彻底实行土地改革，发展生产，做好拥军优属工作，深入战争动员。要求各县都要做好疏散工作，县城周围及大道两旁，都要实行“坚壁清野”。各级政府工作人员，都要坚守岗位，不准离开自己的地区。撤离时，必须走在群众后头，并保持同边区政府的联系，随时准备接受各种任务。三月初，胡宗南主力集中于宜川地区准备进攻延安。三月八日，延安各界万余人举行“保卫边区、保卫延安、保卫党中央、保卫毛主席动员大会”。参加大会的，除了中央和边区的机关、学校、团体、军队的人员以外，还有延安四五十里内外各乡的农民、自卫军数千人。林伯渠主持会议。朱德、彭德怀、周恩来等都讲了话，一致号召边区军民团结起来、行动起来，粉碎蒋介石胡宗南的进攻，保卫边区，保卫延安，保卫毛主席！

三月十一日起，蒋介石、胡宗南不断派飞机轰炸延安。十三日多达二十五架次。十四日以后，分头对富县、甘泉、金盘湾等地发动进攻。延安实行紧急疏散。

国民党飞机的炸弹给我们作了“动员”，群众很快实行疏散和“坚壁清野”，让敌人来了没有吃的。

为了适应战争的需要，加强对迁移至后方的党政机关和学校的统一领导和管理，边区政府成立了后方办事处，主任马锡五，委员史唯然、刁仲棋、高登榜。办公地点在安塞真武洞，组织撤离工作。边区政府从十三日开始，逐步撤离延安，主要负责人仍坚持岗位。

三月十四日晚，毛泽东在接见守卫延安的教导旅、新四旅干部时说：“延安永远是我们的。少则一年，多则两年，我们还要回来的。”

三月十六日，毛泽东以中共中央军委主席的名义发布《关于保卫延安的命令》，我军在南泥湾一线阻击胡宗南的进攻。

同日，中共中央军委决定，以陕甘宁晋绥的第一纵队（三五八旅）、第二纵队（三五九旅）、第三纵队（许光达旅）、第四纵队（警备第一旅、第三旅和新编骑兵第六师）、第六纵队（新编第四旅、教导旅）组成西北野战军，由彭德怀任司令员兼政治委员，习仲勋任副政治委员。同时，中共中央决定，彭德怀为中共中央西北局第一书记，贺龙为第二书记，习仲勋为第三书记。

毛泽东、周恩来在即将撤离延安时，找我谈话，要我任西北野战军后勤司令。毛泽东说：延安的疏散工作做得很好。以后野战部队转战边区，后勤工作仍然要靠边区政府，你要全力以赴做好后勤工作，中央决定由你担任西北野战军后勤司令。我说：后勤工作由联防军后勤部做就行了。毛泽东说：光靠联防军后勤部不行。今后的战争是长期的、全面的，后勤工作变得更重要了，只有动员全边区人民才能完成，所以决定由你来做西北野战军的后勤工作。你是边区政府副主席，更有利于调动边区的力量。就这样，我接受了这个任务。

三月十八日晚上，彭德怀、习仲勋和我，住在王家坪。第二天，天未亮，部队撤离以后，我们最后离开。在晨曦中，我们登上了清凉山，用望远镜可以看见胡宗南的部队，从十里堡接近延安。我们翻过清凉山，过桥儿沟后沟，再翻一条梁，到达丰富川。

当胡宗南占领延安时，延安是一座空城，无一群众，除了窑洞以外，什么也没有。我们撤离时，有几垛杂草，来不及运走，也把它烧掉了。

三月二十日，西北野战军指挥机关在丰富川正式组成：张文舟为参谋长、王政柱为副参谋长；甘泗淇为政治部主任，徐立清为副主任；我为后勤司令部司令兼政委，方仲如为副司令（联司后勤部长），万成章任参谋长，王士英任秘书长。

后勤司令部下设：供给部，负责弹药、粮食、衣服等的供应，部长黄静波（边区政府财政厅副厅长），副部长杨林；卫生部，负责前线救护和医治伤病员，有四个野战医院和一个后方医院，部长先为曲正（边区政府民政厅卫生处处长），后为靳来川；兵站部，负责军事运输和通讯工作，部长刘海滨（边区保安处副处长），后为赵玉文（志丹县县长）；经济部，负责没收敌产、兑换货币等，部长吴锡智，副部长薛宏福；政治部主任孙君一。另外，后勤司令部有一支三十多人的骑兵警卫队，全是青壮小伙子。没有现代化的通讯工具，送情报、下达命令、传递消息，全靠他们。他们人熟地熟，能克服困难，任务完成得很好。后勤司令部共有三百多人，在战争期间，一直随军行动，进行战前准备、战地服务和战后的善后工作。

胡宗南的大军侵占延安以后，害怕我军袭击，不敢分散活动，总是以集团的方式行动，像擀面一样，一来就是一大片，而且都是沿大道行动。西北野战军当时只有二万五千多人，在党中央、毛泽东的领导下，在彭德怀的指挥下，采取了“蘑菇”战术，等待时机消灭敌人。三月二十五日，在青化砭打了一个伏击战，消灭了敌整编三十一旅旅部和一个团，共歼敌二千九百多人，取得了序战胜利。四月十四日，在羊马河伏击成功，全歼敌整编十五师一三五旅，共四千七百余人。五月二日，我军乘敌人主力北进之机，对蟠龙的驻敌发起攻击。经过三天激战，全歼敌整编第一师一六七旅旅部及一个团，共六千七百余人，其中生俘旅长以下五千七百多人。蟠龙是胡宗南的一个重要补给兵站，缴获了大批弹药、武器和面粉一万二千袋，军衣四万套。

这三次战斗中的后勤工作，没有多大困难。战争开始不久，粮食富足，随便到边区什么地方，动员几十石粮食不困难。伤员也不多，青化砭一仗，只有一百多人伤亡。蟠龙战斗缴获的东西，大部分分给了部队，剩下的一部分，我们从从容容地运走了。

八月上旬，西北野战军围攻榆林。蒋介石于八月七日飞到延安，命令胡宗南在志丹、安塞地区的十个半旅六万三千多人迅速北上支援榆林，并要整编三十六师轻装捷径，星夜兼程，驰援榆林。八月十二日，三十六师接近榆林城郊，敌人的其他部队也陆续来援。我军主力主动撤出战斗，集结榆林东南、沙家店以北地区隐蔽待敌。

但情况出于我们的意料之外，敌人来得很快，整编三十六师十三日入榆林，第二天就掉头南下，十五日敌主力在绥德会合，除一部分守备绥德以外，五个整编旅统归二十九军军长刘戡指挥，十六日由义合镇地区向佳县方向推进。

在佳县乌龙铺，有我们的一个比较大的医院，伤员较多。这个医院，本来是我们的一个后方医院，但在围攻榆林时，又变成了前线的野战医院。由于敌人迅速到来，情况万分紧急，医院需要立即转移。正值毛泽东、周恩来、任弼时等于八月十六日进入佳县地区。周恩来在乌龙铺视察工作，亲自指挥了医院的撤离工作。我们动员大批担架，连夜把重伤员转移到晋西北去。

敌整编三十六师师长钟松自持援榆林有功，骄傲异常，远离主力，孤军冒进。十七日三十六师一部向沙家店以东的乌龙铺前进。西北野战军司令部决定集中优势兵力在沙家店地区歼灭三十六师。十八日，西北野战军三纵队一部与三十六师一部在乌龙铺以北地区接触，展开战斗。因天降大雨，山洪暴发，部队行动不便，未能全歼该敌。

八月十九日，毛泽东到佳县前东原村西北野战军总指挥部，参加总指挥部的军事会议，进行作战部署。彭德怀、张宗逊、张文舟、王震和我都参加了会议。毛泽东说，撤离榆林是正确的，围城的目的是要打援，一定要在沙家店把敌人消灭。毛泽东还问我吃粮是否有困难。我表示，困难可以克服。我们动员米脂、镇川等地的几千名民工和上千头毛驴，冒着敌机的轰炸，把附近各地粮站的粮食，迅速集中到沙家店一带。沙家店地区的群众，把自己埋藏在地里的粮食挖出来，把庄稼地里未熟的南瓜摘下来，供给部队。许多群众把尚未完全成熟的谷子，一穗一穗的剪下来，连夜炒干磨碎，给部队送去，保证了部队的供应。

八月二十日，西北野战军在沙家店地区与敌三十六师激战一天。全歼三十六师一二三旅，共毙伤俘六千余人。我们也付出了很大代价。运送伤员和打扫战场的任务也十分严重，许多重伤员，一站接一站地送到晋西北地区去。

沙家店战役是我军由防御转入反攻的开始，是收复延安，解放大西北的开始。沙家店战役以后，敌军全线溃退，我军立即进行追击。先后进行了关庄、岔口、清涧、黄龙战役。至一九四七年底，共计歼敌七万余人。西北野战军则由二万五千多人发展到七万五千多人，地方部队发展到三万四千多人，合计十一万余人，敌我力量的对比发生了有利于我的重大变化。一九四八年三月的瓦子街战役，是西北野战军转入外线进攻的开始，此役歼敌三万人，击毙整编二十九军军长刘戡。四月二十二日，延安收复。从放弃延安到收复延安，历时一年另一个月，完全证实了毛泽东的预言。

在这一年的作战中，边区全体人民在“保卫党中央、保卫毛主席”“一切为了战争，一切为了前线”的口号下，进行了英勇的斗争，甚至连边区的每头毛驴也都为战争立了战功，这真是一场人民战争，使敌人陷于灭顶之灾的汪洋大海之中。

从战争开始到延安光复，边区有两万多青年参加主力部队和、地方兵团，有一万多青壮年参加游击队，三万四千多人参加各分区的地方武装。这些地方武装和游击队同敌人作战三千零六十四次。歼敌一万四千多人，有力地配合了野战军主力的作战。

边区广大群众组成随军担架六千六百三十三付（两月一换），临时担架一万五千五百八十二付，随军运输牲口五千五百四十头。每个劳动力和畜力，平均为战争服务两个月。

边区人民为前线部队提供了二百四十万石（七千八百八十万斤）粮食，军草一亿多斤，军鞋十五万双。从晋绥边区背回救灾粮六百万斤。

边区原本缺医少药，战时更为严重，医护人员也很少。我们把知行中学（原边区中学）、子长中学、米脂中学和绥德师范的一千三百多名学生，稍加训练，担任野战医院和后方医院的护士，绝大多数都干得很好。

一九四八年二月，我军进入国民党统治区作战。那里的群众十分欢迎解放军。每经一地群众都出来欢迎我们。给我们送茶送水，还有各种吃的。我们的运输队过黄陵时，天下大雨，路不好走，滑倒两头驮骡，驮的银元和西药全撒了，从山顶一直撒到山脚下，群众帮我们拣回来，居然一点不少。四月五日，赵寿山、甘泗淇和我，同关中地委的同志一起谒黄帝陵，许多群众也都参加了。

部队初到新区，后勤工作出现了两大困难：一是筹粮，二是边币不能用，买不到东西。当时部队有很大的发展，需要的粮食数目极大。除了缴获敌军的粮食和当地动员的粮食外，彭总叫我去晋南弄粮食。晋南行署支援我们五百万斤粮食，解决了我们的大问题。

进入新区以后，边币还没有取得群众的信任，不能使用。国民党的“金圆券”已经贬值，像一张废纸，我们不能使用它。为了解决这个问题，在我们打出边区时，后方给了野战军二十驮的黄金和银元，大约够发三个月的军饷。我们想了一个办法，不是直接用黄金和银元买各种军需用品，而是在新区各地设立边币兑换所，把我们带去的黄金、银元往柜台上一摆，用边币来兑取。开始有不少人来兑取，不久就没有人来兑取了。因为群众感到边币确实可以兑取黄金、银元，边币就很快地占领了市场，代替了“金圆券”，我们的困难也就解决了。

从一九四八年四月十二日开始，我军发动了西府、陇东战役，歼敌二万一千多人，缴获了大量的装备、弹药和军需物资，摧毁了国民党在西北的军事供应基地。十月，发动了苏北战役，歼敌二万五千多人，粉碎了胡宗南的重点防御。

在我军完全进入外线作战以后，军需物资、粮食衣物，大多数取之于敌，同时，也得到了新区人民的大力支援。例如，在一九四九年五月至八月的四个月中，新区群众出粮一亿八千二百万斤、食油三十五万斤、食盐八十一万斤、军鞋五十万双。同时，有七十五万群众参加了支前工作，组织了运输大队，有大车二万七千多辆，牲畜数万头，随军担架一万多付。对解放大西北作出了重大贡献。

选自《陕甘宁边区抗日民主根据地》回忆录卷，中共党史资料出版社 1990 年版，第129～166 页。

81. 陕甘宁边区抗日民主根据地概述

1990 年《陕甘宁边区抗日民主根据地》编辑组

一、陕甘宁边区的形成

陕甘宁边区地处祖国的西北黄土高原，山峦连绵，沟壑纵横，雨量稀少，灾荒频仍，交通不便，地瘠民贫，经济文化十分落后。在旧社会，由于军阀野蛮掠夺，官府衙吏横征暴敛，地主豪绅残酷剥削，民生凋敝，人民陷于水深火热之中。大革命时期，中国共产党领导人民群众进行了轰轰烈烈的反对帝国主义，反对军阀，反对地主豪绅的斗争。大革命失败后，中国共产党的工作重点逐渐转入农村，开展武装斗争。陕北、陕甘的党的组织经过长期艰苦曲折的斗争。组织起红二十六军、红二十七军两支红军，创立了陕北、陕甘边两块革命根据地。一九三五年二月，中共西北工作委员会和西北军事委员会建立，实现了两个苏区党组织和两支红军的统一领导，粉碎了敌人六个师对西北苏区的第二次“围剿”，解放了安定（现子长）、延长、延川、安塞、保安（现志丹）、靖边等六个县的县城，两个苏区连成一片，面积达三万平方公里，人口九十万，发展和巩固了二十多个县级苏维埃政权，红军扩大到五千多人，游击队发展到四千多人。在创造西北红军和西北革命根据地的过程中，刘志丹、谢子长是两位杰出的领导人。

一九三五年九月，红二十六军、二十七军与由陕南转战到达陕北的红二十五军会合，编为红十五军团，徐海东任军团长，程子华任政治委员，刘志丹任副军团长兼参谋长。在崂山战役和榆林桥战役中，红十五军团歼灭国民党东北军两个师的大部。正当第三次反“围剿”斗争的紧要关头，苏区内发生了严重的错误肃反，刘志丹等一批创建西北红军和西北根据地的老干部被捕。革命形势出现严重危机。

一九三五年十月，中共中央率领红一方面军到达陕甘边的吴起镇。中央到达陕北后，立即下令纠正苏区内正在进行的错误肃反。十一月，在毛泽东、周恩来、彭德怀的指挥下，一方面军和红十五军团联合作战，取得直罗镇战役的重大胜利，使西北根据地转危为安，“给党中央把全国革命大本营放在西北的任务，举行了一个奠基礼。”①

一九三六年二月，红军渡黄河东征。五月，红军东征回师之后又挥戈西进，解放了甘肃、宁夏边境的部分地区，形成了陕甘宁边区的区域范围。

一九三七年三月，苏区改为特区，不久，改名为陕甘宁边区。九月，经蒋介石指定和国民政府行政院第三三三次会议通过，将延安、延川、延长、绥德、米脂、葭县（现佳县）、清涧、吴堡、神木、府谷、安定、安塞、靖边、定边、保安、甘泉、鄜县（现富县）、淳化、正宁、宁县、庆阳、合水、镇原、环县、栒邑（现旬邑）、盐池等二十六县，划为八路军募补区，归陕甘宁边区政府辖治。

一九三九年冬至一九四〇年春，国民党军队先后夺去镇原、宁县、正宁、栒邑、淳化等五座县城、六个区、四十三个乡。边区政府随即新建了新宁、新正，淳耀、赤水、固临等五县。一九四四年底，陕甘宁边区的区域面积为九万八千九百六十平方公里，人口约一百五十万。共辖有一市、三十县，划分为五个分区，即：

延属分区，辖：延安、甘泉、鄜县、志丹、安塞、子长、延川、延长、固临等九县和延安市，人口约四十万。

绥德分区，辖：绥德、米脂、清涧、吴堡、葭县、子洲、神府等七县，人口约五十六万二千。

关中分区，辖：淳耀、赤水、新正、新宁等四县，人口约十二万一千。

陇东分区，辖：庆阳、合水、环县、镇原、曲子、华池等六县，人口约二十六万二千。

三边分区，辖：定边、盐池、靖边、吴旗等四县，人口约十五万五千。

二、陕甘宁边区的根本特点和历史地位

陕甘宁边区是中共中央到达陕北后，在西北革命根据地的基础上，扩大、巩固和建设起来的，是中国工农红军长征胜利的落足点，是伟大抗日战争的出发点。

陕甘宁边区从一九三五年十月到一九四八年三月的十三年中，是中国共产党中央的所在地，全国革命的指挥中心，是抗日战争中八路军、新四军和解放战争中人民解放军的总后方，是中国人民革命斗争胜利的摇篮，在中国革命历史上占有特殊重要的地位。

以毛泽东为首的中共中央在延安和陕甘宁边区召开了一系列重要的会议。如一九三五年十二月在瓦窑堡召开的中央政治局会议；一九三七年五月在延安召开的全国党代表会议；同年八月在洛川召开的中央政治局扩大会议；一九三八年九月底到十一月初在延安召

① 原注：引自毛泽东：《论反对日本帝国主义的策略》，《毛泽东选集》第一卷145页。

开的扩大的六届六中全会；一九四五年四月在延安举行的六届七中全会、第七次全国代表大会；一九四七年十二月在米脂杨家沟召开的中央会议等等。中共中央在陕甘宁边区制定了决定中国命运的政治路线、组织路线和一系列方针政策，指引中国革命克服重重艰难险阻，胜利地实现了国共第二次合作和抗击日本侵略者的历史转折，胜利地完成了抗日战争和解放战争的伟大历史任务。

马克思主义的理论与中国革命实践相结合的毛泽东思想，是在延安时期全面形成的。正如邓小平所说："延安时期那一段，可以说是毛泽东思想比较完整地形成起来的一段。毛泽东思想中关于新民主主义革命的理论，包括党的建设的理论和处理党内关系的原则，在延安整风前后，都比较完整地形成了。"① 毛泽东思想是中国共产党人集体智慧的结晶，它体现在这一时期中共中央的重要决议文件，毛泽东和党中央其他领导人发表的大量关于政治、军事、经济、哲学、党的建设、文化教育等方面的著作、讲话中，它哺育了全党，教育了广大干部和群众。毛泽东思想过去是现在是今后也仍是中国革命和建设事业不断胜利前进的指南。

中国共产党领导的工农革命武装力量——红军，改编为国民革命军第八路军，是从陕甘宁边区出发到敌后抗日战场的。八路军和新四军在中共中央正确领导下，浴血奋战，打击、歼灭敌军，不断壮大自己，在抗日战争期间，抗击了百分之六十四的日军和百分之九十五的伪军，开辟了十八块敌后根据地。日本投降之后，蒋介石发动大规模的内战，中国人民解放军经过三年英勇奋战，最终打败了蒋介石的八百万大军，取得了全国革命的胜利，立下了不朽的功勋。

陕甘宁边区是培养革命干部的重要基地，延安被誉为革命圣地，革命的大熔炉。抗日战争时期，成千上万的进步人士、革命青年和爱国侨胞，不畏艰难险阻，不远千里万里从四面八方来到延安寻求真理，献身民族解放事业。为了适应抗战需要，中共中央在延安创办了各类干部学校二十多所，培养干部四万多人。他们学习了马列主义、毛泽东思想和党的路线方针政策，学习了革命战争的战略策略和党的优良作风，提高了觉悟，改造了思想，精神面貌焕然一新，成为各条战线上的生力军和骨干力量，在抗日战争、解放战争以及以后的社会主义革命和建设中，做出了重要贡献。

延安是马克思列宁主义的传播中心。在中共中央的指导下，曾经出版过相当数量和有很大影响的书刊报纸。据不完全统计，抗日时期在延安出版马列著作五十多种，报刊三十多种，对传播马列主义、毛泽东思想和宣传中国共产党的路线、方针、政策，教育人民，团结人民，鼓舞人民，坚持抗战，赢得最后胜利，起了重要的作用。

伟大的整风运动和大生产运动，是中共中央从延安首先发起，总结了成功经验，然后在各抗日根据地推行的。前者是解决马克思主义和非马克思主义思想之间的矛盾，后者是解决抗战物质需要和财政经济困难之间的矛盾。毛泽东指出："一九四二和一九四三两年先后开始的带普遍性的整风运动和生产运动，曾经分别地在精神生活方面和物质生活方面起了和正在起着决定性的作用。这两个环子，如果不在适当的时机抓住它们，我们就无法

---

① 原注：引自邓小平：《对起草〈关于建国以来党的若干历史问题的决议〉的意见》，《邓小平文选》256页。

抓住整个的革命链条，而我们的斗争也就不能继续前进。”① “让我们进一步地、普遍地去推广这两大运动，以为其他各项战斗任务的基础。果能如此，那末，中国人民的彻底解放，就有把握了。”② 历史的实践完全证明了毛泽东的这个正确论断。

在中共中央的直接领导下，陕甘宁边区党政组织和全体军民，尽了最大的努力，把陕甘宁边区建设成为全国的模范抗日根据地，新民主主义建设的示范区。中共中央通过在陕甘宁边区的实践，及时总结经验，指导全党工作和敌后各抗日根据地的工作。陕甘宁边区的一切重大活动牵动着全国的神经，代表着中国的方向，全国进步人士无不对陕甘宁边区寄以厚望。陕甘宁边区不仅在国内而且在国际上也产生了重大影响。一九三六年，美国记者埃·斯诺到陕北苏区和红军战地考察采访，写出著名的《西行漫记》一书，向全世界人民如实地报道了中国共产党领导的中国革命根据地的真相，展示了中国的光明未来和希望的所在。抗日战争时期，艾·史沫特莱、贝特兰、哈·福尔曼、伊·爱泼斯坦等一批批外国记者先后到陕甘宁边区访问，他们回国后大都对陕甘宁边区作了客观、友好的报道。加拿大医生白求恩、印度医生柯棣华等率领的援华医疗队，先后不远千万里来到延安，并奔赴抗日前线工作。他们不仅对中国的抗日战争作出了贡献，也扩大和增进了世界反法西斯人民之间的战斗友谊。在延安成立了东方各民族反法西斯大同盟、在华日人反战同盟延安支部和华北联合会、日本工农学校、朝鲜革命军政学校，越共领袖阮爱国（胡志明）、日共领袖冈野进（野坂参三），国际学联代表柯尔曼、雅德、傅洛德、雷克难等，到延安切磋国际反法西斯的问题，都是具有国际影响和意义的。南洋华侨领袖陈嘉庚等亲赴延安参观访问，对边区和八路军在精神上和物质上都给予了很大的鼓励和支援，在国际上特别是在国外侨胞中影响很大。一九四四年，美军派出观察组驻延安，实地观察了中国共产党领导八路军、新四军和人民群众抗日斗争的情况，对美国当时对华政策有一定的影响。

三、陕甘宁边区的政权由苏维埃制到民主共和制

一九三一年，日本帝国主义发动了“九·一八”事变，一九三五年又发动了“华北事变”，妄图吞并全中国。由此引起中国国内外矛盾的重大变化，中日矛盾成为主要矛盾，国内矛盾降到次要和服从的地位。

一九三五年十二月十七日至二十五日，中共中央在瓦窑堡召开了政治局会议，分析了当时的形势，通过了《中共中央关于目前政治形势与党的任务决议》，确定了抗日民族统一战线的策略路线。会后，毛泽东在党的活动分子会上作了《论反对日本帝国主义的策略》的报告，明确提出，党的基本任务就是建立广泛的抗日民族统一战线。为了贯彻执行会议的决议，中共中央采取了一系列重大的政策措施，开展了广泛的政治活动。包括：第一，调整阶级关系，实行政策转变。如一九三五年十二月六日发布了《中央关于改变对富农政策的决定》，一九三六年七月二十二日发出关于《土地政策新的改变》，调整对地主富农的政策。一九三七年三月以后，停止没收地主的土地，恢复资本家、富农、地主的公民权。第二，争取东北军、西北军首先停止内战，联合抗日。一九三六年一月二十五日，毛泽东、周恩来、彭德怀等红军领导人联名发出《致东北军全体将士书》，呼吁停止内战联

① 原注：引自毛泽东：《论军队生产自给，兼论整风和生产两大运动的重要性》，《毛泽东选集》第三卷 1108 页。
② 原注：引自毛泽东：《论军队生产自给，兼论整风和生产两大运动的重要性》，《毛泽东选集》第三卷 1109 页。

合抗日。二月，中共中央派李克农先后同东北军六十七军军长王以哲和张学良会谈。四月九日，中共中央派周恩来在延安与张学良会谈，达成了联合抗日的协议。九月二十二日，毛泽东与张学良签署《抗日救国协定》。一九三五年十二月，汪锋持毛泽东、彭德怀致杨虎城的信和毛泽东分别致杜斌丞、邓宝珊的信，赴西安与杨、杜会晤，同时南汉宸介绍王世英赴西安与杨虎城会晤。一九三六年八月二十六日，张文彬持毛泽东分别写给杨虎城和杜斌丞的信抵达西安，九月六日与杨虎城达成抗日合作口头协定。至此，抗日民族统一战线实际上首先在西北实现。第三，改“抗日反蒋”为“逼蒋抗日”。中共中央一九三六年九月一日向全党发出《关于逼蒋抗日问题的指示》，指出逼蒋介石抗日是“我们的总方针”。

一九三六年十二月十二日西安事变发生后，中共中央决定和平解决西安事变的方针，并派周恩来、秦邦宪（博古）、叶剑英到西安与各方商谈，终于迫使蒋介石接受了停止内战，联共抗日等条件，为国共两党重新合作建立了一个必要的前提。一九三七年二月十日，中共中央电告国民党五届三中全会。提出停止内战，一致对外等五项要求和停止武力推翻国民党政府的方针等四项保证，促使国民党于二月二十一日通过停止“剿共”内战决议。七月十七日，中国共产党代表周恩来、秦邦宪、林伯渠同国民党代表蒋介石、邵力子、张冲在庐山进行谈判，最后达成协议：红军改编为国民革命军第八路军，陕甘宁边区作为国民政府行政院的一个直辖行政区域。九月二十二日国民党中央通讯社发表了《中共中央为公布国共合作宣言》，次日蒋介石发表了“团结御侮”的谈话，实际上承认了中国共产党和陕甘宁边区的合法地位。至此，第二次国共合作正式实现，抗日民族统一战线在全国形成。

随着形势任务的变化，陕甘宁边区的政权由苏维埃制转变为民主共和制。中共中央到达陕北后，于一九三五年十一月中旬成立了中华苏维埃共和国临时中央政府西北办事处，将西北革命根据地划分为陕甘、陕北两个省和神府特区，统一归于西北办事处领导之下。西北办事处是西北苏区的最高政权机构，同时也是苏维埃中央政府的办事机构。办事处设主席团，秦邦宪任主席。一九三七年二月二十四日，中共中央政治局常委决定由林伯渠主持西北办事处的工作，开始筹建陕甘宁边区政府，进行“更名”“改制”。所谓“更名”，就是将西北办事处改为陕甘宁边区政府；所谓“改制”，就是将工农民主制即苏维埃制，改为普选的不分阶级的民主共和制。五月，《陕甘宁边区选举条例》和《陕甘宁边区议会及行政组织纲要》公布，从七月开始，举行了乡、县选举，改选了乡、县两级政府，至十二月全边区共选举产生边区议会议员五百多名，但由于战争环境及其他原因未能及时举行边区议会的会议。

一九三七年九月六日，陕甘宁边区政府宣告成立。林伯渠、张国焘、秦邦宪、董必武、徐特立、谢觉哉、郭洪涛、马明方、高岗等九人为边区政府主席团委员，林伯渠为主席，张国焘为副主席。从此，陕甘宁边区的革命斗争进入一个新的历史时期。

四、中国共产党在陕甘宁边区领导机构的变革和党的建设

中共中央初到陕北时，撤销了中共陕甘晋省委，成立了中共陕北省委和陕甘省委，在关中、三边、神府成立了三个特委，在伊克昭盟成立了工委。一九三六年五月，中央又成立了中共陕甘宁省委。一九三七年二月，中共中央决定设立中共陕甘宁边区委员会。五

月，中共陕甘宁边区第一次代表大会选举高岗、林伯渠、吴亮平、马明方、李富春、周兴、李建贞、郭洪涛、王达成、习仲勋、自治民、刘长胜、崔田民、张秀山、刘景范、崔田夫、李维汉为边区党委执委，罗梓铭、蔡畅、马锡五、王世泰、张邦英、马丕勋为候补执委，第一次执委会议选举郭洪涛为书记。在边区党委成立前后，中共中央撤销了中共陕甘宁、陕北、陕甘省委，边区各地的党组织统一由边区党委领导。一九三八年四月，中共中央决定高岗接替郭洪涛任中共陕甘宁边区委员会书记。一九三九年十二月，中共陕甘宁边区第二次代表大会选举产生了新的边区党委，书记高岗，副书记王观澜。一九四〇年九月，中共中央决定将边区党委改为边区中央局，书记高岗，副书记谢觉哉。一九四一年五月，中共中央决定将西北工作委员会与边区中央局合并，成立中共西北中央局，书记高岗，委员林伯渠、谢觉哉、肖劲光、陈正人、王世泰、张邦英，候补委员贾拓夫、李卓然。一九四三年一月，中共中央批准高岗、林伯渠、贺龙、陈正人、贾拓夫为西北中央局常委。一九四四年三月，中共中央政治局决定陈云任西北中央局委员。一九四五年十月以后，高岗调往东北，习仲勋任西北中央局书记。陕甘宁边区党委及以后的边区中央局、西北中央局，在中共中央的直接领导下，贯彻执行了党的路线、方针和政策，加强了党的建设，有力地推动了边区各项工作的不断发展。

一九三七年和一九三九年的两次边区党代表大会和一九四二年开始的整风运动，对于加强边区党的建设具有重大意义和深远影响。

一九三七年五月二日至十四日，有苏区、白区和红军代表参加的中国共产党全国代表会议在延安召开。张闻天作了题为《中国共产党苏区代表会议的任务》的开幕词，指出“巩固我们的党现在成为一切工作的核心”。毛泽东作了《中国共产党在抗日时期的任务》的政治报告和《为争取千百万群众进入抗日民族统一战线而斗争》的结论。毛泽东在结论中论述了党的建设的三个重要问题，即干部问题、党内民主问题和全党团结问题，指出：“指导伟大的革命，要有伟大的党，要有许多最好的干部。”“这些干部和领袖懂得马克思列宁主义，有政治远见，有工作能力，富于牺牲精神，能独立解决问题，在困难中不动摇，忠心耿耿地为民族、为阶级、为党而工作。”“要党有力量，依靠实行党的民主集中制去发动全党的积极性”。“团结全党像钢铁一样”，“这种团结是当前民族和民主革命的最重要的基础”①。秦邦宪作了《关于苏区党的组织问题》的报告，指出：为了适应新形势新任务的需要，党必须提高政治工作和组织工作的水平，改革工作方法和组织形式。这次大会，指明了党的政治路线、组织路线和政治工作、组织工作的方针任务。五月十五日，出席全国代表会议的苏区代表，举行了中共陕甘宁边区第一次代表大会。

这次代表大会召开时，边区已有党员三万二千四百一十八名。在会后的两年内，根据《中共中央关于发展党员的决议》，全边区的党员发展到四万六千二百二十七名（军队中的党员未计在内），比一九三七年增长百分之四十。党的基层组织普遍建立和健全起来，加强了对党员的政治教育、文化教育特别是党的纪律教育，强调个人服从组织，少数服从多数，下级服从上级，全党服从中央的准则。同时，中共中央制定了各级组织的工作法规，以统一各级领导机关的行动。

---

① 原注：引自毛泽东：《为争取千百万群众进入抗日民族统一战线而斗争》，《毛泽东选集》第一卷 267 至 268 页。

一九三九年十一月十三日至十二月十七日，中共陕甘宁边区第二次代表大会在安塞县徐家沟举行。出席这次大会的代表一百七十名。毛泽东向大会作了政治报告，分析了当前国内外形势，向边区党组织提出了“提高自己，帮助全国”的任务，号召把陕甘宁边区建设成为全国的抗日民主模范区。高岗作了《关于抗战新阶段中陕甘宁边区的任务》的报告。陈云作了《关于干部队伍建设的几个问题》的报告。大会的决议特别强调指出，提高党员尤其是干部的马列主义水平，是提高党的战斗力和巩固党的关键，并规定了党内政治思想教育和文化教育的具体要求和方法，号召全党开展一个学习竞赛。大会还发出《告边区全体党员书》和《告全边区民众书》，号召全边区的共产党员团结广大群众，以充分的毅力和信心贯彻执行大会的各项决议。

这次大会之前，一九三九年八月二十五日，中共中央政治局作出《关于巩固党的决定》。这次大会之后的两年内，主要进行党员的审查和教育工作。党员的文化水平、政治理论水平，得到了提高，成长了一批老干部，提拔了一批新干部，增强了党的队伍的素质。党的组织也更加纯洁，更加巩固了。

一九四二年开始的整风运动是一次普遍的马克思主义教育运动，是党的建设上的一个伟大的创举。一九四二年四月三日，中共中央宣传部发布了《关于在延安讨论中央决定及毛泽东同志整顿三风报告的决定》。在中共中央总学习委员会领导下，成立了边区一级总学习委员会，下设党、政、军三个分学习委员会，统一领导边区的整风运动。四月十四日，中共西北中央局对整风学习作出具体部署。四月二十一日，任弼时在边区级机关干部大会上作了关于整风学习问题的报告。会后，全边区从上而下陆续掀起整风学习的热潮，边区系统的一万二千多名各级干部和各类干部学校师生参加了整风学习。大家认真学习整风文件，对照检查自己的思想、工作和历史，开展互相帮助和互相批评，提高了觉悟，增强了党性。通过这次整风学习，较好地解决了各级领导机关、广大干部和党员进一步掌握马克思主义的理论与中国革命的实践统一这个基本方向问题。彻底清算了王明左倾错误路线，发展了理论联系实际，密切联系群众和自我批评的三大作风，确立了“惩前毖后、治病救人”，“既要弄清思想，又要团结同志”的正确处理党内关系的原则。收获是极大的。

一九四二年十月十九日至一九四三年一月十四日，中共西北中央局召开了边区高级干部会议，党、政、军、民各方面的重要负责干部三百多人参加会议。这是在中共中央直接领导下进行的一次整风会议，毛泽东在会上作了《经济问题与财政问题》的报告。会议集中讨论了三个问题：第一，是中央到陕北前，边区党的历史经验教训问题。经过热烈的讨论，严肃的批评和自我批评，提高了觉悟，清算了左倾错误路线对西北革命造成的危害。第二，是检查了抗战以来边区党内在思想上、组织上以及实际工作中的某些偏向，特别是某些干部闹独立性，地方工作中某些干部的官僚主义和军队中某些干部的军阀主义等不良倾向，从组织上、思想上、政策上，加强了党的统一领导。第三，是边区的任务问题。会议检查和纠正了某些干部在建设边区工作中的“百端并举”“样样是中心”等不切实际、不正确的思想，确定生产和教育是边区建设的两大任务，而以生产为第一。这次大会有力地推动了边区整风运动的深入发展，对于边区工作起了巨大的促进作用。

一九四三年四月三日，中共中央作出《关于继续开展整风运动的决定》。决定提出，在整风学习后期进行审干运动和群众性的反特斗争。康生利用整风审干之机，发起“抢救失足者”运动。七月十五日，康生作了《抢救失足者》的报告，强调“清除内奸，这是我们目前急不可缓的任务”。报告前后，边区各机关各地区掀起了“抢救失足者运动”，大搞逼、供、信的过火斗争，混淆敌我界限，造成许多冤假错案，伤害了不少干部。毛泽东发现这一错误后，立即指示停止“抢救失足者运动”，随后对受害人员进行甄别平反，赔礼道歉，使整风运动得以继续健康发展。一九四四年中共中央组织高级干部学习《两条路线》和《六大以来》两个文献集，进一步总结了党的历史上的经验教训。一九四五年四月二十日举行的中共中央六届七中全会讨论通过了《关于若干历史问题的决议》，为党的第七次全国代表大会的胜利召开，和取得抗日战争、解放战争的伟大胜利，奠定了思想政治基础。

五、坚持抗战，剿匪除奸，保卫边区，巩固边区

组织和加强抗战武装力量。国共合作实现以后，陕甘宁边区一度处于和平环境。但随着时局的发展，形势不断发生变化。太原失守后，日军逼近黄河东岸，威胁边区安全；国民党反动派不断制造磨擦事件，边区境内和边界土匪猖獗，骚乱社会秩序，破坏团结抗日。为了坚持抗战，保卫边区，中共中央加强了边区的武装力量。将留驻边区的部分八路军主力，组成留守兵团，由肖劲光任司令员，曹里怀任参谋长，莫文骅任政治部主任；并设立绥德米脂葭县吴堡清涧警备区司令部、延川延长河防司令部。将地方兵团，组成保安司令部，由高岗任司令员，周兴为副司令员，谭希林为参谋长。加强民兵建设，组织边区人民抗日自卫军。这三部分武装力量，形成边区军民三结合的武装体系，担负着保卫河防、肃清匪患，制止反共磨擦、保卫边区的重要任务。

进行抗战动员，保卫河防。抗日战争爆发后，中共中央号召动员一切力量，为争取抗战胜利而斗争。一九三七年十一月十五日，中共陕甘宁边区委员会给各级党委发出指示信，提出要把边区变成抗战运动的模范，要求党的一切支部成为抗战动员的核心，要求各个群众组织把抗战动员作为自己的中心工作。一九三八年三月三日，边区党委和边区政府联合发出《告民众书》，提出：全边区人民应该武装起来，开展广泛的民众游击战争；努力帮助政府军队做好各项后勤工作；一切群众团体都要组织自己的力量，保证抗战工作之顺利进行。边区人民热烈响应党和政府的号召，积极参加抗战动员工作。一九三七年、一九三八年、一九四〇年三年内，边区动员一万三千多名青壮年参军，加上抗战前夕参军的人数，总计达三万余人。一九三七年、一九三八年组织二十二万人参加自卫军（三万多人是基干民兵），二万八千多名少年参加少年先锋队配合部队保卫边区。一九三七年十一月晋南吃紧，边区沿河各县在七天内动员一万多头牲口组成运输队到山西帮助军队运输物资，支援战争。边区人民为前线募送毛袜、手套十万双。一九三八年三月至一九三九年底，日军向边区河防发动二十三次进攻，规模最大的一次是在一九三九年五月，敌以一万五千人的兵力，先后占领军渡、孟津、碛口一带，炮击沿河的宋家川、枣林坪，并用飞机轰炸延安及沿河各县，边区河防部队坚守阵地，在宋家川方向，与日军昼夜隔河激战；边区动员各地自卫军整营出动，在隆冬寒月里，协助部队修好千里河堤工事，配合部队阻击敌人。在此期间，边区河防部队与日军大小战斗七十八次，在晋西北人民和军队的配合下，终于打退了日军的进攻，使敌人未能跨我河防一步。

抗日战争期间，边区安置了一万一千五百多名伤病退伍军人，优待军烈属十万人，其

中，为之代耕的一万七千多人，代耕土地十五万亩。抗日战争时期边区脱产人员较多，最多时达十万人。仅粮食一项，每年就需要十多万石。一九三七年至一九四五年八年中，边区人民缴纳救国公粮九十八万三千石。在地瘠民贫、只有一百五十万人口的陕甘宁边区，供给这样多的粮食，是很不容易的。边区人民积极生产，节衣缩食，尽最大的努力，保证了抗战的需要。

剿匪锄奸。一九三七年八路军主力开赴前线后，边区境内外的四十多股土匪（四千多人），乘机在边区境内进行破坏活动。他们抢劫人民和合作社的财物，杀害抗属和伤残人员，破坏交通要道，掠夺军用车辆，甚至袭击基层党政机关，妄图破坏边区民主政权。边区军队在民兵配合下，采取以武力进剿为主，政治瓦解为辅的方针，彻底歼灭了股匪。同时，边区群众组织了九千多个锄奸小组，十万人参加，两年内破获敌特汉奸案一百多起、土匪案一百五十多起，消除了隐患。边区社会秩序安定，人民安居乐业。

制止反共磨擦。从抗战开始到武汉失守之前，国民党抗战比较积极，国共两党的合作关系也较正常。抗战进入相持阶段，国民党顽固派消极抗战，积极反共、反人民。他们散发反共文件，制造反共事件，破坏团结抗日。一九三九年五月以后，国民党在边区周围修筑了五道封锁线，包围边区的部队多达二十多万人。一九四〇年春，国民党军队袭击占领了边区的镇原等五座县城及一些区乡，先后在边区周围制造了一百二十四起反共磨擦事件，包括六十三次武装进攻。同时，国民党反动派还在边区境内大肆进行破坏活动。国民党政府委派“反共专家”何绍南为绥德行政区督察专员，并在绥德、米脂、葭县、吴堡、清涧等十三个县继续委派县长。这些地方大都是原来的苏区，在内战期间县城被国民党军队占领，但是农村大都仍属边区。为组织人民一致抗日，边区政府理所当然地在上述十三县内也建立了县、区、乡抗日民主政权。而何绍南等人却不顾团结抗日大局，公然进行反对边区政府的活动，诬蔑、攻击驻防的八路军，指使反动地主豪绅进行反攻倒算，有的国民党县长甚至绑架民主政权县长，枪杀民主政权的干部和伤残退伍军人。针对这种情况，一九三八年五月十五日，毛泽东亲自起草了《陕甘宁边区政府、第八路军后方留守处布告》，严正指出：“当此抗战紧张期间，凡在边区境内从事阴谋破坏，或肆意捣乱，或勾引煽惑，或暗探军情的分子，准许人民告发。证据确实者，准许就地逮捕。一经讯实，一律严惩不贷。”① 一九三九年七月七日，中共中央发表《为抗战两周年纪念对时局宣言》，提出“坚持抗战，反对投降；坚持团结，反对分裂；坚持进步，反对倒退”的口号。一九四〇年三月十一日，毛泽东在延安党的高级干部会议上作了《目前抗日统一战线中的策略问题》的报告，提出“发展进步势力，争取中间势力，孤立顽固势力”的策略方针，并提出同顽固派进行斗争的三条原则。第一，自卫原则，人不犯我，我不犯人，人若犯我，我必犯人；第二，胜利原则，不斗则已，斗则必胜；第三，休战原则，斗争到一定阶段，适可而止。这三条原则，总起来一句话，就是有理、有利、有节。边区的党、政、军、民坚持执行了这些原则，对敢于进犯破坏边区的顽固派，坚决予以还击。一九四〇年二月中旬，边区政府主席林伯渠、八路军后方留守处主任肖劲光联名致电国民党最高当局，要求惩办贪赃枉法、破坏团结、擅离职守、贻误河防的“犯官”何绍南，并报请委任王震为绥德行

---

① 原注：引自《毛泽东选集》第二卷 392 至 393 页。

政区督察专员；三月十九日，又致电国民党天水行营主任，要求撤走国民党在边区境内十三个县的县长。指出国共两党合作已三年之久，一县之内竟有“双县长”，政令不一，滋事扰民，古今中外，无此怪事。国民党政府在强大舆论的压力下，被迫将委任的县长先后撤走。边区政府立即在上述十三个县建立了普选的民主政权。至此，结束了边区境内双重政权并存的局面。边区得到统一和巩固。

一九四三年七月，国民党反动派撤退河防大军准备分九路闪击陕甘宁边区，夺取延安。朱德当即致电蒋介石、胡宗南呼吁团结抗日，避免内战。七月九日，延安召开了三万人参加的紧急动员大会，号召边区人民紧急动员起来，制止内战，保卫边区。各抗日根据地也纷纷集会，通电全国，反对内战，保卫边区。由于中共中央的坚强领导，边区人民的充分准备，各抗日根据地的有力声援和全国人民反对破坏团结抗日的强烈呼声，迫使蒋介石进攻边区的计划未能得逞。

从一九四五年七月十五日开始至八月八日，国民党军队向边区的关中分区爷台山地区多次发起进攻，并一度占领爷台山。边区军民奋起反击，于八月十一日将进犯的国民党军队全部赶出边区，取得爷台山保卫战的胜利。

六、陕甘宁边区的新民主主义建设

陕甘宁边区在坚持抗战的同时，大力进行了新民主主义建设。

一九四〇年一月，毛泽东发表了著名的《新民主主义论》，系统完整地阐明了新民主主义革命的基本理论和基本纲领及新民主主义的政治、经济、文化的基本内容。在这个理论的指引下，在中共中央的直接领导下，陕甘宁边区的新民主主义建设走上胜利发展的道路，取得了巨大的成就和有益的经验。

政权建设

毛泽东说：“判断一个地方的社会性质是不是新民主主义的，主要地是以那里的政权是否有人民大众的代表参加以及是否有共产党的领导为原则。因此，共产党领导的统一战线政权，便是新民主主义社会的主要标志。”[①] 陕甘宁边区的政权完全体现了这一原则。具体组织形式是“三三制”政权。即在人员分配上，规定共产党员占三分之一，非党的左派进步分子占三分之一，不左不右的中间派占三分之一。

陕甘宁边区的政权结构是：（一）参议会，实质上属人民代表大会性质，是最高权力机关。分边区、县、乡三级，参议员由人民直接选举。（二）政府机关，设边区、县、乡三级，主要领导人由同级参议会选举产生。专员公署和区公署，分别为边区政府和县政府的派出机关。（三）司法机关，边区设高等法院，专区设高等法院的分院，县设县法院。边区和县的法院院长，由边区和县参议会选举产生。陕甘宁边区在一九三七年、一九四一年、一九四五年进行了三次不分阶级、不分党派、不分宗教信仰、男女平等，民族平等的普遍、直接、自由的选举。

一九三九年一月，在延安召开了边区第一届参议会，到会参议员一百四十五名。林伯渠作了政府工作报告。大会通过了《陕甘宁边区抗战时期施政纲领》，作为“边区一切工作之准绳”。这个纲领是中国共产党为之奋斗的革命的民主主义即新民主主义在陕甘宁边

---

① 原注：引自毛泽东；《关于打退第二次反共高潮的总结》，《毛泽东选集》第二卷785页。

区的具体实施。会议选举高岗为边区参议会议长、张邦英为副议长，林伯渠为边区政府主席、高自立为副主席，雷经天为边区高等法院院长。这次参议会开得很成功，奠定了边区民主政治基础。这次参议会还没有实行“三三制”，边区政府聘请了十二名开明绅士为特邀参议员。

一九四一年十一月，在延安召开了边区第二届参议会第一次会议。这次会议的显著特点是实行了中共中央提出的抗日民主政权的“三三制”原则。毛泽东在会上发表了演说，指出：“国事是国家的公事，不是一党一派的私事。因此，共产党员只有对党外人士实行民主合作的义务，而无排斥别人、垄断一切的权利”①。林伯渠作了政府工作报告。大会接受并通过了中共边区中央局一九四一年五月一日公布、经过全边区人民广泛讨论的《陕甘宁边区施政纲领》，责成边区政府领导各级政府和全区人民群众切实执行。这个施政纲领更完整地规定了政治、经济、文化方面的二十一项内容，是新民主主义纲领在陕甘宁边区的进一步具体化。大会选举高岗为边区参议会议长，谢觉哉、安文钦（开明绅士）为副议长，林伯渠为边区政府主席、李鼎铭（开明绅士）为副主席，雷经天为边区高等法院院长。在选举的十八位政府委员中，共产党员七名，超过三分之一，徐特立即申请退出由非党人士白文焕递补。这次参议会审议通过了非党人士李鼎铭等提出的“精兵简政”的重要议案，大会决议“交政府速办”。一九四一年至一九四三年，边区政府连续进行三次精简，初步达到了精简、统一、效能、节约和反对官僚主义五项目的。这是政权建设中的一项重大改革。一九四四年十二月，边区第二届参议会举行了第二次会议。林伯渠作了题为《边区民主政治的新阶段》的政府工作报告。毛泽东发表了题为《一九四五年的任务》的演说，指出一九四五年的唯一任务是打倒日本侵略者。

一九四六年四月，在延安召开了边区第三届参议会，到会参议员一百七十名，共产党员六十一名，占三分之一稍强。这届参议会是在抗日战争胜利后，蒋介石在国民党六届二中全会上公开鼓吹破坏国共双方在一九四六年一月十日签署的“停战协定”，阴谋进攻解放区的时候召开的。会议的中心议题是揭露内战阴谋，争取国内和平、民主。林伯渠作了题为《边区建设的新阶段》的政府工作报告。朱德到会发表演说，指出“中国的反动派还是不愿意中国人民享受民主，他们正在寻找各种名义来推翻政治协商会议的决议，来继续保持独裁，来继续进攻已经得到民主权利的人民，因此我们必须继续提高警惕性”，“与全国人民一起来粉碎反动派的阴谋，推进全国的民主事业和建设事业”。大会选举高岗为参议会议长，谢觉哉、安文钦为副议长，林伯渠为边区政府主席，李鼎铭、刘景范为副主席，马锡五为边区高等法院院长。在十九位政府委员中，共产党员六名，占三分之一弱。

在新民主主义的政权建设中，最重要的是要让非共产党人士有职有权有责，不如此，就失去了“三三制”的意义。边区的各级党组织和政府在这方面做了卓有成效的工作，如召开民主人士座谈会广泛征求意见，要求共产党员领导干部和民主人士领导干部之间保持个人之间的联系，促膝谈心交换意见，要求共产党员和干部尊重民主人士的领导等。这样就充分发挥了李鼎铭等民主人士的积极作用。

陕甘宁边区在新民主主义政权建设中，一贯重视实行民族平等政策。在边区的三届参

① 原注：引自毛泽东：《在陕甘宁边区参议会的演说》，《毛泽东选集》第三卷811页。

议会参议员选举中，少数民族的参议员名额按人口的比例高于汉族。边区参议会的议员中，少数民族议员六名。中共中央设立中央西北工作委员会负责西北地区的少数民族工作，西北工委于一九四〇年拟定《关于回回民族问题的提纲》和《关于抗战中蒙古民族问题提纲》，并派出考察团到少数民族地区进行考察。西北工委与陕甘宁边区中央局合并成立西北中央局后，西北局成立了少数民族工作委员会，边区政府成立了民族事务委员会，负责回族和蒙族区域自治工作，帮助少数民族发展民族经济和文化，教育干部和群众尊重宗教信仰和少数民族的风俗习惯。边区政府还成立了民族学院，培养少数民族干部。

经济建设

陕甘宁边区是分散的农村环境，经济建设以农业第一，工业第二，商业第三。抗战以来，边区的经济建设经过三个阶段。一九三七年九月至一九三九年为休养民力阶段。在这个阶段由于有国民党政府发给军饷和外来援助，边区政府取之于民是很少的，一九三七年和一九三八年两年共征收公粮二万九千余石，一九三九年也只征收五万余石。大大休养了民力，农业生产迅速得到恢复和发展，人民生活得到初步改善。一九四〇年至一九四二年是边区战胜严重困难的阶段。一九四〇年十一月后，国民党政府不仅停发了军饷，而且对边区实行经济封锁，断绝了外援，一切军需民用都要自给自足。从一九四一年到一九四二年，人民负担大大加重了。边区经济处于极端困难的境地。毛泽东说："我们曾经弄到几乎没有衣穿，没有油吃，没有纸，没有菜，战士没有鞋袜，工作人员在冬天没有被盖。""我们的困难真是大极了。"① 面对这种情况，中共中央和毛泽东发出"自力更生"的伟大号召，要求全体军民"自己动手，克服困难，渡过难关，支持战争"，要求边区军队和机关、学校一律参加生产，并迅速建起自给性的公营经济。一九四〇年到一九四二年三年中，军队和机关、学校靠自己动手获得的收入占了经费支出的部分或大部分，有的还做到自给有余，上缴公粮。终于度过了最困难的时期。一九四二年十二月，毛泽东在边区高级干部会议上作了《经济问题与财政问题》的报告，总结了几年来生产运动的成就和经验，批判了那种离开发展经济而单纯在财政收支问题上打圈子的错误思想，和那种不注意动员人民帮助人民发展生产而只注意向人民要粮要钱的错误作风，提出"发展经济，保障供给"的财政经济工作总方针和一系列重大政策。一九四三年一月，中共中央和毛泽东又提出为争取"丰衣足食"而斗争的号召。在整风运动取得巨大成绩的思想基础上，边区经济建设进入以争取丰衣足食为目标的新阶段。全边区广大人民群众和部队、机关、学校一切男女劳动力，组成浩浩荡荡的劳动大军，展开轰轰烈烈的大生产运动，取得了巨大成绩。截止一九四四年底，农业方面，军民开垦荒地二百万亩，耕地面积增加到一千四百四十三万亩，粮食总产量较一九三七年增长百分之七十，棉花种植面积由一九三七年的三万九千亩，增加到三十一万亩，增长近七倍，总产量三百多万斤，自给率达到百分之五十以上。工业方面：由无到有，由少到多，先后建立起纺织、被服、陶瓷、玻璃、肥皂、火柴、造纸、印刷、煤矿、石油、化工、炼铸、盐业、机器制造和兵工等大小工厂一百二十多个，职工达一万二千人。私营工业也有很大发展，各种工厂、作坊多达一千四百多家，职工四千五百多人。棉布自给率达到百分之七十三，其他日用品工业也实现了自给或半自给。随

① 原注：引自毛泽东：《抗日时期的经济问题和财政问题》，《毛泽东选集》第三卷893至894页。

着工农业生产的发展，公私营商业也繁荣起来。延安市的私营商业，一九三七年只有一百二十多家，一九四三年增至四百七十三家，各类合作社也有很大发展。

边区的部队基本上实现了生产自给。创造了“当兵不脱产，经费靠自给”的中外奇迹。边区的机关、学校从一九四三年起，经费自给部分占全年财政总支出的百分之六十四，这也是历史上从来没有的。公粮也逐年减少，一九四一年征收公粮二十万石，一九四二年降至十六万石，一九四三年为十八万四千石，一九四四年为十六万石，一九四五年为十二万四千石。农村阶级关系也发生了重大变化。从前，贫农、雇农是农村主要群众，这时大多已上升为中农。手工业工人的实际工资比战前提高一至三倍，公营企业的工人工资提高百分之六十至八十，机关、部队、学校的供给标准也有了提高。一九四〇年、一九四一年那种极端困难的情况，已经一去不复返了，陕甘宁边区确实初步实现了丰衣足食，形成以农业为主体的私有经济（包括私营工商业）、公营经济、合作社经济三种经济成分共同发展的新民主主义经济体系。

陕甘宁边区的新民主主义经济建设所以能够取得如此巨大的成绩，主要是在中共中央直接领导下，边区各级党政机关和各级干部，贯彻执行了中共中央关于发展财政经济的总方针和西北局关于生产第一的建设方针以及一系列配套的政策措施，充分发动群众，依靠群众，组织群众，发扬群众的首创精神，团结一致，艰苦奋斗的结果。这个时期所采取和实施的主要措施是：

（一）加强对生产运动的组织领导。边区政府成立了财政经济处，各专区、县成立了生产委员会，实行了首长负责、自己动手，领导骨干和广大群众相结合，一般号召和个别指导相结合的领导方法。各级领导机关组织大批干部，深入基层，深入群众，进行广泛深入的动员工作。从中央到地方以至每个单位、每个工作人员，每个农户都制定和落实切实可行的生产计划，使生产运动成为广大人民和干部的自觉的行动。

（二）组织机关、学校、部队一切人员参加生产。毛泽东、朱德、周恩来等中共中央领导人都亲自种地、种菜、养猪、纺线，为全党树立了榜样。干部参加生产，不仅减轻了人民负担，而且提高了思想，锻炼了本领，带动了群众，密切了同人民群众的联系。意义是很大的。

（三）开垦荒田。陕甘宁边区除绥德分区各县和陇东分区庆阳等县人多地少以外，其余各县大都人少地多，有许多荒地可供开垦。边区政府除动员当地农民增开荒地外，一九四一年到一九四五年，边区还安置移民、难民十万余人，组成一支新的劳动大军。边区政府规定：移难民开公荒可取得所有权，开私荒三年不交租。无论公荒私荒，三年不缴纳公粮。同时认真帮助移、难民生产和生活上的困难，极大地调动了移民、难民的生产积极性。五年来，老户、新户共开垦荒地三百多万亩（不包括机关、部队开荒数），成为边区增产粮食的重要措施之一。

（四）军队屯田。一九四〇年五月，朱德提出军队屯田政策。一九四一年，三五九旅开进南泥湾垦区。他们是战斗队，也是生产队。他们提出的口号是：“一把镢头一支枪，努力生产，保卫党中央。”从旅长王震到每一个战士，都无一例外地投入紧张的生产运动中去。第一年开垦一万一千多亩，第二年开垦二万六千多亩，第三年开垦十万亩。不但做到粮食自给，还上缴公粮一万石。广大指战员以辛勤的劳动，把南泥湾创造成为“陕北江南”，“南泥湾，好地方，到处是庄稼、遍地是牛羊”的响亮歌声，传遍边区的各个角落，极大地鼓舞了人民群众的生产热情。边区部队基本上都实行了屯田政策，一九四三年边区部队生产的粮食达七万石（折细粮），占当年边区增产粮食的三分之一。

（五）组织起来。全边区共有农业劳动力六十三万多个，其中，全劳动力三十三万个。一九四二年，约有百分之二十五的男劳动力，组织到以个体经济为基础，以自愿为原则的各种形式的互助合作组织中来（如变工队、札工队、唐将班子等）。一九四三年，半数左右的劳动力参加了各种劳动互助组织。有效地调剂了劳力畜力，显著地提高了劳动生产率。一九四三年，全边区有十五万妇女参加了纺织组，纺纱一百六十多万斤；五万多妇女参加了织布组，织土布十一万四千五百多疋。有一部分妇女打破了“好女不下地”的旧习，参加了农业生产。米脂县的妇女农业劳动模范郭凤英，成为全边区妇女参加农业生产的标兵。

（六）奖励劳动模范，开展劳动竞赛。在农业战线上，开展了学习吴满有运动。吴满有是延安柳林二乡农民，他连年开荒，把六十垧（每垧三亩）荒地变成熟地，改良农作，增产粮食，他还带头多缴公粮，拥军优属，扶贫济困，成为农民劳动致富的榜样。一九四二年五月，边区政府号召农民向吴满有学习，向吴满有看齐。在工业战线上，开展学习赵占魁运动。赵占魁是农具厂翻砂工人。他积极工作，始终如一，爱护工厂，严守纪律，爱护工具，节约原料，吃苦在先，享受在后，努力学习，帮助别人。一九四二年十月，边区总工会号召工人向赵占魁学习。后来向吴满有看齐、向赵占魁学习，成为农业、工业战线上的群众性运动。全边区在农业、工业和其他战线上涌现出成千上万的劳动模范，他们在生产上和工作上起了很重要的带头作用、骨干作用和桥梁作用，成为推动大生产的核心力量。一九四三年，劳动英雄杨朝臣、吴满有提出劳动竞赛的倡议，朱德、贺龙立即指示在部队推广，西北中央局也发出通知要求各地认真推广。从而掀起了个人与个人，村与村以至乡与乡之间的竞赛热潮。一九四三年十一月二十六日至十二月十六日，在延安同时举行了劳动英雄大会和农业展览会，毛泽东在中共中央招待劳模会上作了《组织起来》的报告。一九四四年十二月二十二日至一九四五年一月十四日，延安又举行了劳动英雄和模范工作者大会和边区全面建设展览会，毛泽东在劳模大会上作了《必须学会做经济工作》的报告。通过这几次盛会，检阅了大生产运动的成果，交流了经验，奖励了劳模，有力地推动了全边区生产运动向纵深发展。

（七）改造二流子。所谓“二流子”，指的是那种抽大烟、赌博、游手好闲、不务正业的人。全边区有二流子六千五百多人。他们人数虽然不多，却是社会上和生产中的一个消极因素。在大生产运动中，各地通过教育和强制生产等办法，使绝大多数二流子成为自食其力的劳动者，有的还成长为劳动模范。改造二流子对于改良社会风气，安定社会秩序，提高群众的思想觉悟，促进生产的发展，都起了积极的作用。

（八）发展合作社经济。合作社是由群众集股金办起来的集体经济。它对沟通城乡物资交流、支援工农业生产、方便群众购销、活跃市场、稳定物价起了重要的作用。边区政府对发展合作社给予大力支援、帮助和指导。一九四三年全边区有各类合作社（消费、信用、运输、手工业、综合等）二百六十个，股金一亿五千万元（边区货币），一九四四年增加到六百三十四个，股金达七亿三千万元。延安南区刘建章办的综合性合作社办得最好，深受群众的欢迎，成为全边区合作社的旗帜。

（九）发展公有经济，主要是发展公营工业。一九三八年以前，边区日用工业品几乎统靠外间输入，一九三八年开始注重建设公营自给工业。一九四三年至一九四四年两年，公营企业有了突飞猛进的发展。一九四四年全边区公营工业发展到一百二十三个，成为边区经济建设的一个重要的组成部分，对于解决军需民用，推动和刺激边区国民经济的发展起了重要的作用。由于边区工业分散于农村环境中，工业生产基本上是手工业和半机器生产，分别由十一个系统管理，技术落后，管理混乱。针对这种情况，中共中央和西北中央局决定，实行集中领导、分散的经营政策，并号召一切工业、技术人员回到工业战线上去，努力改善管理，改进技术，提高产量和质量。边区公营工业有了进一步的发展和提高，并培养了大批工业干部和技术工人，对建国以后的经济建设，起了重要作用。

（十）加强财政贸易金融工作。边区财政贸易金融工作的主要任务是保证抗战需要，促进生产的发展，平衡财政收支，稳定市场。一九四一年边区政府授权财政厅发布了一系列条例和章程，保证边区货币的顺利流通。一九四一年三月，边区政府确定新民主主义的税收原则，即在照顾人民生活的前提下，适当增加税收，保证抗战需要。人民的纳税负担，既要普遍，又要合理。从一九四三年起，改征收公粮为征收农业税，并实行统一累进税制。由于人民生产收入增加，农业税的负担面达到总农户的百分之七十到八十。一九四三年前后，边区政府发放了农贷三千多万元，帮助缺乏资金的农户发展生产。同时对私营工业也予以资金帮助（或用贷款，或用投资），促其发展。边区的贸易工作以出口食盐、皮毛、药材为主，换回必需的物资，并将公营商业的商业网与民众的消费合作社密切联系起来，形成边区内外的流通网络。

（十一）彻底实行减租减息。边区半数人口以上的地区，在抗战以前，已经实行了土地改革。未经土地改革的地区则实行减租减息。一九四二年以前减租减息停留在一般宣传上面。一九四二年十月中共西北中央局发出《关于彻底实行减租的指示》。从一九四二年冬开始，未经土地改革的地区，广泛发动群众，实行了彻底的减租减息，减轻了封建剥削，提高了农民的政治觉悟，调动了农民的生产积极性。

在进行上述工作中，也曾出现过某些形式主义和命令主义的偏向。但一经发现，即坚决纠正，所以整个生产运动的发展是健康的。在大生产运动中，广大群众意气风发，斗志昂扬，涌现出不少新鲜事物，谱写出许多壮丽的篇章。在改造自然、增加物质财富的同时，还深刻地改变了人们的精神面貌。尤为重要的是，在毛泽东倡导下，形成了以“自力更生，艰苦奋斗”为主要内容的延安精神，对中国革命和建设产生了巨大而深远的影响。

文教建设

在国民党统治时期，陕甘宁边区的文化教育事业十分落后，文盲高达百分之九十以上。除城镇外，农村连小学都很少，农民子弟入学无门。文化设施和卫生条件很差，缺医少药，疫病流行，人民群众生活十分困苦。

陕甘宁边区政府非常重视文化教育事业，特别是在一九四二年的中共西北中央局召开的边区高干会议上，决定把生产与教育列为边区的两大任务后，边区的文化建设事业更加蓬勃地发展起来。

（一）大办干部学校。抗战以来，中共中央把创办干部学校当做教育工作的头等大事来抓。一九三九年六月十日，毛泽东在延安高级干部会议的讲话中谈到干部教育问题时说：两年来，在党中央直接领导下，建立了抗日军政大学、陕北公学、党校、马列学院、鲁迅艺术学院、青训班、女子大学、工人学校、卫生学校、通讯学校、组织干部训练班、行政人员训练班、鲁迅师范等十七所干部学校，这是一个很大的成绩，今后仍应继续这个方针。后来，延安又成立了医科大学、自然科学院、民族学院、行政学院等。一九四一年九月，陕北公学、女子大学、泽东青年干部学校合并成立延安大学，一九四三年四月，鲁迅文艺学院、自然科学院、新文字干部学校、民族学院并入延大，一九四四年四月，行政学院并入延大，直属边区政府领导。此外，中共陕甘宁边区委员会及后来的边区中央局、西北中央局均办有党校，分期分批培训边区的县、区干部。党校以马列主义和党的路线方针政策为主要内容，以学用一致、言行一致为教学方针，先后培训干部三千七百多名。大大提高了边区干部的文化政治素质。一九四二年以后，又在边区师范、三边师范、绥德师范附设行政人员训练班（地干班），培训行政干部四百多名。一九四三年开始，每年冬季各县举办区、乡干部训练班，主要是学习党的政策，总结交流工作经验，每年参加训练的约二千人，有效地提高了干部的素质和理论政策水平。

（二）加强在职干部教育。毛泽东在一九三九年五月二十日召开的干部教育大会上，号召在职干部在百忙中以“挤”的办法获得学习时间，以“钻”的方法求得对问题的了解和深入。一九四〇年一月三日，中共中央发出《关于干部学习的指示》，规定“全党干部都应当学习和研究马列主义的理论及其在中国的具体运用”。一九四二年二月二十八日，中共中央发出《关于在职干部教育的决定》，特别强调指出：“在目前条件下，干部教育工作，在全部教育工作中的比重，应该是第一位的，而在职干部教育工作在全部干部教育工作中的比重，又应该是第一位的。”

陕甘宁边区各级党组织和各级政府贯彻执行了中共中央的指示，在干部中进行了广泛的动员和具体的部署。边区一级机关，按干部文化程度，分甲、乙、丙三类组织学习组，分别规定学习的课程，包括文化、马列主义、党的建设等内容，并规定每天上午七时至九时半为学习时间。各分区、各县也按自己的实际情况，有领导有计划地组织在职干部学习，并且从上到下形成制度，坚持在职干部的学习制度对于提高干部文化、理论水平起了重要作用，并带动边区各项文化教育事业的发展。

（三）办好中学、小学校和冬学、夜校、识字班，提高群众的文化水平。毛泽东在《新民主主义论》中指出：“民族的科学的大众的文化，就是人民大众反帝反封建的文化，就是新民主主义的文化，就是中华民族的新文化。”① 边区党和政府，按照这个方针，进行了大量的工作。

小学教育。一九四〇年同一九三七年相比较，全边区初小增长七倍半，五年制小学增长三倍，在校学生增长六倍多达四万一千人。以后逐年增加，一九四四年以后还办起民办小学五百余所。中等学校从无到有，到一九四二年边区已有中等学校十所，其中普通中学二所、师范学校五所、中等专业学校三所，在校学生二千多人。冬校、夜校、读书班、读报组等的主要对象是成年农民，以扫盲为目的。一九四四年办起三千四百七十所冬学，人

① 原注：《毛泽东选集》第二卷 702 页。

学农民达五万人，各类读报组、识字班几乎村村都有，最高时达五六万人。不论中小学教育和成年教育，教学内容都与抗战、生产紧密结合，将提高文化和政治教育融为一体。

（四）新闻出版工作。抗战期间，延安和边区各地出版马列著作五十多种，报刊三十多种。《解放日报》《边区群众报》是中共中央和西北中央局的机关报，各分区也都出版发行报纸，有的县也办了报纸。边区级报刊的工农通讯员达一千一百多人。群众还自办大众黑板报，广泛宣传党的政策和新人新事。

（五）卫生工作。延安建立了四所医院，各分区、县也办有卫生院、卫生社、医药社等医疗机构。提倡中西医结合，中西药并用。宣传普及科学知识，培训接生员，推广新法接生，动员群众同封建迷信和不讲卫生的习惯作斗争，增强人民体质。

（六）文艺工作。抗战期间，边区集结了来自五湖四海的大批文化人，形成了一支相当大的文艺队伍。文艺社团和文艺期刊，像雨后春笋应运而生。影响较大的有抗战剧团、西北战地服务团、民众剧团、西北文工团、鲁艺实验剧团、延安电影团、青年艺术剧院、延安平剧研究院以及鲁艺、边艺、部艺出版的《文艺突击》《文艺战线》《文艺月报》《大众文艺》《部队文艺》《新诗歌》等刊物。一九四二年五月，毛泽东在延安文艺座谈会上的讲话，详细阐述了文艺为什么人服务和如何服务的问题，指明了文艺工作的方向。五月三十日，毛泽东在鲁迅艺术学院检查整风学习并作了重要讲话。他号召大家走出“小鲁艺”，到“大鲁艺”中去，长期地无条件地全心全意地到工农兵群众中去，到火热的群众斗争中去。此后，广大文艺工作者、文化工作者纷纷走向农村，走向工厂，奔赴前线部队，思想创作获得双丰收。他们向工农兵学习，为工农兵群众演唱，创造新文艺，改造旧文艺，教育和鼓舞广大人民更加积极地为抗战和建设事业的胜利而斗争，文艺工作者自身也得到了改造和提高。延安和边区其他各地的文艺工作者演出大量群众喜闻乐见的戏剧、诗歌、音乐，如《兄妹开荒》《十二把镰刀》《血泪仇》《白毛女》《小二黑结婚》《南泥湾》《三打祝家庄》《黄河大合唱》等风靡全边区，迅速传播到其他抗日根据地，有些歌曲、剧戏如《兄妹开荒》《黄河大合唱》等在全国也有很大的影响。尤其是新秧歌变成了群众性的文艺活动，对全国包括国民党统治区新文化运动的发展，也有所促进。

在边区的新民主主义文教建设中涌现出一大批先进教师、医生、通讯员、文艺工作者。为了表彰先进，总结经验，进一步推动工作，中共西北中央局和边区政府会同边区文联于一九四四年十月十一日至十一月十六日联合召开了陕甘宁边区文教大会。毛泽东作了《文化工作中的统一战线》的讲话，他说：“我们的任务是联合一切可用的旧知识分子、旧艺人、旧医生，而帮助、感化和改造他们。为了改造，先要团结。”① 这是边区群众文教运动的政策总结，为进一步建设民族的科学的大众的新民主主义文化，指出了前进的途径。

上述边区的新民主主义的政权建设、经济建设、文教建设综合起来，就构成了陕甘宁边区新民主主义建设的宏图，为新中国的建设安放了第一块基石。

七、迎接抗日战争的胜利，保卫人民的胜利果实

一九四五年四月二十三日至六月十一日，中国共产党第七次全国代表大会在延安举

---

① 原注：《毛泽东选集》第三卷 1010 页。

行。毛泽东向大会致开幕词和闭幕词，作了《论联合政府》的政治报告。他在闭幕词中指出，这次大会决定了党的路线，“这就是放手发动群众，壮大人民力量，在我党的领导下，打败日本侵略者，解放全国人民，建立一个新民主主义的中国”①。一九四五年八月十四日，日本正式宣布投降。中国人民的抗日战争取得了最后胜利。八月十四日、二十日、二十三日，蒋介石三次电邀毛泽东到重庆进行和平谈判。中共中央为了尽一切可能争取和平与民主，派毛泽东、周恩来、王若飞于八月二十八日到重庆和国民党进行谈判，经过四十三天的谈判，达成和平协议即《双十协议》。但蒋介石集团置国家民族利益于不顾，背信弃义，撕毁《双十协定》，悍然于一九四六年六月开始，发动全面的大规模的内战，从此，中国革命又进入一个新的历史转折时期——解放战争时期。一九四七年二月一日，毛泽东在为中共中央起草的《迎接中国革命的新高潮》党内指示中指出：“中国时局将要发展到一个新的阶段。这个新的阶段，即是全国范围的反帝反封建斗争发展到新的人民大革命的阶段。”② 一九四七年三月，国民党出动兵力达二十三万之多，向陕甘宁边区大举进攻。当时边区的西北野战兵团只有两万多人，在彭德怀等指挥下，同边区人民紧密团结，奋起抗击。中共中央和毛泽东决定采取机动灵活的战略战术方针，主动撤出延安以至放弃边区的所有县城，扩大敌人弱点，精心捕捉于我有利之战机，各个击破，歼灭敌之有生力量。毛泽东四月十五日在给西北野战兵团的《关于西北战场的作战方针》的电报中指出：“我之方针是继续过去办法”，“这种办法叫‘蘑菇’战术，将敌磨得精疲力竭，然后消灭之”③。转战一年，经青化砭、羊马河、蟠龙、榆林、沙家店、清涧、宜川、瓦子街等战役，歼灭敌军共计十余万；西北野战军由两万多人发展到十一万人（野战军七万人，地方兵团四万人）。一九四八年四月，敌全军败退，狼狈撤离延安，逃出边区。西北野战军胜利地转入进攻，肩负起解放大西北的光荣任务。在此期间，毛泽东和周恩来、任弼时等中共中央领导人和人民解放军总部一直留在陕甘宁边区，继续领导全国各个战场的解放战争，直接指挥西北战场的人民解放战争。这是对陕甘宁边区军民的极大鼓舞，也大大地增强了陕甘宁边区以及全国各解放区军民的战斗意志和胜利信心。中共中央和毛泽东等中央负责同志的正确领导和亲切关怀是陕甘宁边区解放战争取得胜利的根本保证，也是整个解放战争取得胜利和全国人民获得解放的根本保证。在一年多时间内，陕甘宁边区有两万多青壮年参加主力部队和地方兵团，一万多青壮年参加游击队，三万四千多人参加各分区地方武装，组成随军担架六千六多百付、临时担架一万五千五百多付，随军运输牲口五千五百头，供应前线部队粮食七千八百八十万斤、军草一亿多斤、军鞋十五万双，培训一千五百多名中学生担任野战医院和后方医院的护士。边区人民在人力和物力上对解放战争作出了巨大的贡献。

一九五〇年一月，西北军政委员会成立，陕甘宁边区政府撤销。从中共中央到达西北苏区至陕甘宁边区撤销，历时十四年三个月，胜利地完成了它的历史任务。陕甘宁边区的广大干部和人民群众在中共中央和毛泽东领导下，坚持和发扬了延安革命精神，上下一

---

① 原注：《毛泽东选集》第三卷 1101 页。

② 原注：《毛泽东选集》第四卷 1209 页。

③ 原注：《毛泽东选集》第四卷 1221 页。

心，团结一致，自力更生，艰苦奋斗，不怕困难，不怕牺牲，全力支援抗日战争和解放战争，为中国人民的解放事业，做出伟大的贡献，在中国革命史上谱写出光辉的篇章。毛泽东在一九四九年十月二十六日致延安和陕甘宁边区人民的复电中说：“延安和陕甘宁边区，从一九三六年到一九四八年，曾经是中共中央的所在地，曾经是中国人民解放斗争的总后方。延安和陕甘宁边区的人民对于全国人民是有伟大贡献的。我庆祝延安和陕甘宁边区的人民继续团结一致，迅速恢复战争的创伤，发展经济建设和文化建设。我并且希望，全国一切革命工作人员永远保持过去十余年间在延安和陕甘宁边区的工作人员中所具有的艰苦奋斗的作风。”① 我们将永远牢记毛泽东的勉励和教导，同全国人民一道，继承和发扬延安精神，在建设有中国特色的社会主义四化大业中，做出新的成绩，争取更大的胜利。

选自《陕甘宁边区抗日民主根据地》文献卷·上，中共党史资料出版社1990年版，第1～32页。

82. 吴良珂：回忆林伯渠、李维汉、谢觉哉在陕甘宁边区时的优良作风

1990年

一九四三年初，我由延安中央研究院调到陕甘宁边区政府，至一九四八年十二月随林老离开陕甘宁边区政府，前后近六年。在这一时期，我一直在边区政府任政策研究室研究员，秘书处主任等职，在林伯渠、李维汉、谢觉哉等领导同志的亲切关怀和直接领导下，参加一些政策研究和秘书行政工作。我所住的窑洞紧靠林老、李老的窑洞，和谢老所在边区参议会驻地也不远，同他们朝夕相处，接触很多。当时政府机关领导和被领导之间都不以职称相称，而以“同志”相称，同工作，同学习，同劳动，同生活，同娱乐，同甘共苦，没有上下隔阂，充满战斗情谊，所以关系是十分密切的。他们长征到达陕北后，先后参加陕甘宁边区政权工作，对陕甘宁边区的政权建设包括作风建设作出了重大贡献。我对他们的领导工作和领导作风，耳闻目睹，体会很深。他们是我的直接领导和启蒙老师，对我的言传身教，终生难忘。

下面我想用一些具体事实对他们的领导工作和领导作风作简要回顾。

林伯渠的领导作风

（一）全心全意为边区人民服务。林老德高望重，最受边区人民爱戴，他也最爱边区人民。他说：“边区政府各厅处院的工作以什么为对象？就是以边区一百五十万人民为对象，了解他们的生产和生活情况，为他们并依靠他们做好事。真理的标准是革命的实践，这个实践就是帮助人民把事情办好。”林老自己正是这样做的。

他年事已高，但始终坚持下农村调查。一九四二年冬西北局高干会提出改变作风后，他立即亲自率领工作团去甘泉、富县一带进行农村调查。过去各县区农村雇农多，都设置

① 原注：引自毛泽东：《永远保持艰苦奋斗的作风》，《毛泽东选集》第五卷12页。

专职工会干部。这次调查发现雇农已经不多，没有再普遍设置工会干部的必要，于是就请各有关部门研究，撤销了这一级工会干部，从而精简了基层脱产人员。一九四三年三月，为了贯彻边区政府委员会第三次会议关于集中力量发展农业生产的决定，他又到志丹、安塞两县农村进行调查，了解农民的生产和生活情况，听取他们对政府的意见和要求，并同他们讨论开荒、种植、制订家庭生产计划等问题，对群众的鼓舞很大。大家说："边区政府主席下来帮助我们订生产计划，我们还能不好好生产吗?"回来后他写了《农村十日》调查记，说："这次农村小住十日，内容丰富，需要虚心学习。"

在调查过程中，林老经常说："领导人如何了解情况，要用两个工具，一个是要用'望远镜'远望全局，同时要用'显微镜'观察问题，这样我们就有可能把情况了解得又广又深，解决问题就有把握了。"林老正是用这种方法进行调查，所以能深入掌握情况，准确解决问题。

为边区人民服务是林老领导工作的根本宗旨，平时如此，战时也如此。一九四七年陕北自卫战争中，边区政府机关临时转移至雷家沟暂住，适值该地正在土改，林老就经常同土改工作组同志座谈，听取他们的汇报，要求他们紧紧依靠贫下中农，团结中农，搞好工作。少数贫下中农分得地主浮财后曾经出现大吃大喝现象，林老知道了，立即要求工作组同志到群众中去做工作，把群众情绪引导到生产上来，全村很快掀起了积肥深耕的生产热潮。分到浮财的贫下中农还集资到外地买回十余头耕牛，为来年扩大生产打下了重要物质基础。

（二）亲如战友，水乳交融。林老说过："我们作事如同作战，每人都有一个岗位，职务不同，都是战友关系，要水乳交融，互不脱节。"林老在执行党的统战政策和干部政策、知识分子政策中充分贯彻了这种精神。

毛泽东曾经表扬延安的三三制搞得好，林老是有功的。他写过文章称颂三三制政权是"伟大的创造"，对当时参加边区政府和边区参议会工作的非党人士李鼎铭、安文钦等都十分尊重，经常亲自向他们讲解政策，征求意见。有一个时期李鼎铭有误解，认为自己在政府中只是一个"摆设"，积极性受到影响。他就和李维汉分别找李鼎铭谈心，沟通思想，并采取一些有效措施，解决和改进实际工作中存在的问题，使误会得以解除，积极性大为提高。边区参议会副议长安文钦是开明地主，他在土改中被分配了土地房产，"扫地出门"。这是违反土改政策也违反统战政策的过"左"行为，林老向毛泽东作了汇报，认为不妥，回来就亲自重作处理，退还了一部分房产，并向他赔礼道歉。这事不仅使安文钦十分感动，也使各阶层人士感到满意，认为共产党讲信义，重交情。维护了党的统一战线政策的一贯性，也坚持了党的土改政策的严肃性。

林老知人善任，尤其十分注意对知识分子的培养和任用。有关部门曾经准备调秘书处一个知识分子干部去任副县长，征求林老意见。林老说：根据这个干部的德才，可以任县长，不必经副职过渡。但机关工作需要他，暂以不调为宜。此事虽未办成，已经足以说明林老对干部了解最深，使用最当。

林老平易近人，平等待人，经常把党的温暖送给每个人。一九四三年审干中，边区政府有几个干部被送到党校三部学习审查，林老亲自写信给他们，还专门去看望他们，要他们丢掉思想包袱，实事求是，安心学习，有什么说什么，没有的不要乱说，以免使问题复杂化。这是对这些同志的高度信任和热情关怀，如春雨育苗，感人肺腑。

一九四六年下半年，西北局和边区政府为了准备进行土地公债试点工作，先派了一个工作组去陇东专区蹲点调查。我和研究室张建三等同志参加了这个工作组。以后张建三去镇原路过边境时不幸遇上国民党顽固军，惨遭杀害。当我们回来向林老汇报时，他十分难过，默默地流着眼泪说："这些在对敌斗争中光荣牺牲的同志，我们要按照毛主席指示的办法纪念他"。并当场要我们把张建三的模范事迹写成书面材料送《解放日报》发表，以便表达我们对死难者的悼念。他这种崇高的阶级感情，使我们在场的同志很受感动。

他每次从重庆同国民党谈判回来，总要拄着拐杖挨户看望大家，询问工作和学习情况。有时带回一些书籍和文具，也要分送一些给大家。还经常节约自己微薄的生活费购买一些生活用品，送给有困难的同志和有孩子的妈妈。情深意切，令人难忘。

（三）以身作则，严格遵守党的组织纪律。林老当时是中央政治局委员，但他在陕甘宁边区一贯以普通党员的身份出现，从不自视特殊。他不仅十分尊重西北局的领导，也十分尊重所在党支部的领导。

一九四二年底，西北局高干会讨论了统一党的领导问题。会后他立即主持召开边区政府党团会贯彻高干会精神，检查了党团与西北局的关系，认为党团某些成员在有些问题上有闹独立性的倾向，在有些政策执行上有自由主义的毛病等等，并认真进行了批评和自我批评。说明他对西北局的决定和指示，令行禁止，最为坚决，使到会全体党团成员和有关人员受到了一次深刻的纪律教育。

林老公务繁忙，但坚持参加党的小组会，和大家一起过组织生活。有事不能参加时，也必然向党小组长请假。在延安光复不久的一个晚上，秘书室党的小组会开会，林老不仅参加了会议，而且还给大家讲了毛主席在陕北自卫战争中号召大家学习《社会发展史》的道理。林老说："社会发展史说明人类社会历史的发展有它的客观规律。我们一定能打败蒋介石，解放全中国，这也是历史的必然。"当时内战正在激烈进行，林老从社会发展史的角度展望中国革命的前途，高瞻远瞩，给了同志们深刻的启示和教育。

（四）生产节约，涓滴归公。一九四三年一月十九日，西北局和边区政府联合召开机关生产动员大会，林老在讲话中要求各级领导带头参加机关生产。他自己首先带头参加了生产，制订了个人生产节约计划：要在农业生产上完成细粮二石任务交粮食局，收集废纸交建设厅，不吸外来纸烟，不要公家供给棉衣、衬衣、鞋袜、毛巾、肥皂等生活用品。并作诗自励："待客开水不装烟，领得衣被用三年，淡巴菰一亩公粮交，糖萝卜二分私费赡。施肥锄草自动手，整旧如新不花钱。"有一个时期军马缺草，动员干部每人割草一百斤作为生产任务。林老年过花甲，大家劝他不要参加，他还是拿着镰刀绳索同大家一起上了山。他的个人生产节约计划在实践中得到了完全的贯彻，衣食住用都很简朴，谢绝任何照顾。他住的是两孔旧土窑，总务部门曾经为他砌了三孔石窑，他坚决不住，只好改作办公室和会议室。

（五）事无巨细，亲自动手。林老经常把一般人心目中的"小事"也当大事办。他对以边区政府名义发出的公文都要认真审核修改。有一次秘书处同志送一份公文给他，他认真审阅修改后说：起草文件不仅要准确地说明任务和要求，而且用字造句也要准确，每一个字和词只能有一种解释，不然就会产生不同的理解，造成工作的失误。

林老床边放着一个旧的小皮箱，是装机要文件用的。干部给他送去的文件，如果当时没有时间看，或者看过一遍需要留下再看，他就随手锁进小皮箱里，从不随意放在桌上，草率从事。

（六）严于律己，虚怀若谷。林老说过：“我们应在作风上有个检讨：我们还有毛病。”他对自己十分严格，经常进行自我批评。一九四二年他在甘泉、富县调查时，曾经对富县县委书记谢怀德说过：“富县的工作有成绩，也有缺点，群众工作基础比甘泉差一些。”这本来算不得什么批评，但一九四七年谢怀德来雷家沟看望他时，他一见面就作自我批评，说：“一九四二年我对你们的批评错了。事实证明富县干部在这次战争初期百分之九十坚持下来了。我要向你们道歉，也请你代我向群众、干部和秦力生同志（当时任富县县长）讲清楚，就说我的批评不符合事实。”使谢怀德极为感动。

一九四五年一月，林老在西北局高干会上检查说：“我们有主观主义和官僚主义。必须丢掉一切不合乎实际、不合乎群众要求的东西，使我们的工作做得更好一些。”

一九四七年土改初期，为了研究和部署边区土改，曾经开过一次义合会议。在这次会议上，林老针对当时有些解放区提出的过“左”口号，正确地指出陕甘宁边区很多地方是经过土地革命的老区，不能把其他解放区的口号硬搬过来。这次会议有过一些“左”的偏向，他是毫无责任的。但他在一九四八年调往中央工作离开边区时，却检讨自己在义合会议上斗争性差，没有坚持党的原则。充分表现了他虚怀若谷、严于律己的高贵品质。

李维汉的领导作风

（一）实事求是，严格把关。一九四五年十月九日，李维汉同志在他的《关于一九四三年政府机关审干的检讨》中说：“我走了一段之字路，从比较谨慎到急躁，又回到比较谨慎。”在检讨中，他承担了逼供信错误的全部责任。他说：“我是边区政府总学委的一员，并在实际上负主要责任，所以边区政府各机关所发生的错误，首先是我的责任。我向所有受委屈的同志认错”。这是一个极其严格的自我批评。事实怎样呢？我在审干期间兼任边区政府总学委秘书，直接协助他工作，对他领导审干工作的情况，知之甚多。当时在康生的疯狂煽动下，李维汉领导机关审干还是比较稳的。他参加“抢救”，与其说是“加温”，不如说是“灭火”，而且时间很短，纠正也快。保安处主要领导人对此极为不满，曾经和他进行过激烈争论，甚至对他说出这样的话来：“老实说，我们对你也是怀疑的。”说着就在桌上画了一个大“？”号。可以想见，当时他的处境何等困难！但他还是当机立断，迅速纠正了“逼供信”，夺回了主动权。这一情况他很少向人说过。我们在他身边工作的人是看得很清楚的。下面举一些“案例”来加以说明。

在抢救运动前，有人揭发研究室一个女同志参加过国民党军训并加入三青团。李维汉根据她的日常表现，对这一揭发表示怀疑，要求有关部门彻查。查证结果，原来是揭发者把这个女同志的姐姐的同学的事移植到了她的头上。张冠李戴，误差有多大？也有人揭发参议会常驻会一个女同志是国民党的骨干分子。也是李维汉对这一揭发表示怀疑，要求彻查。查证结果，这个女同志只是集体参加过国民党的一个挂名党员，根本不是什么骨干分子。而骨干分子和挂名党员是有本质区别的。

在抢救运动中，有人揭发研究室一个同志是CC分子，研究室干部就连夜“抢救”。李维汉亲临“战场”，但只观“战”，不参“战”。大家提出一些问题，那个同志都答复了，宣布暂时休战。以后还要再“抢救”，被李维汉同志劝阻了，他说：“大家提出的问题都答复了，还抢救什么呢？放一放再说吧!”把这个同志保了下来。核查证实，这是一个好同志，又避免了一次逼供信。教育厅也有一个同志被揭发有CC嫌疑，李维汉作为这个单位审干工作的领导人，找他谈过话，我参加了这次谈话。他们平心静气地问，平心静气地答，不追不逼，合情合理，根本不是“抢救”，而是谈心。所有这些做法无疑都是正确的，但他在以后的检讨中就从来没有谈起过这些正确的做法。

与此同时，他还注意纠正了保育院的“车轮战”法，高等法院的特“左”的做法等。高等法院曾经认为，“外来知识分子干部百分之九十以上有问题”，是“左”得出奇的。

应该认为，边区政府在审干和抢救中，正是由于李维汉等的实事求是和严格把关，才查清了很多问题，避免了一些冤案。

（二）从严要求，亲切关怀。李维汉在工作上对干部的要求非常严格，他指导干部起草重要文件，事先都有原则意见。写成后他就自己动手修改。如果缺乏修改基础，就自己动手重写，口头上虽然未予批评，事实上重写就是批评，也是示范。也有口头批评的时候，比如有一次他要干部起草一个公文，这个干部把“屡次”写成“历次”，他把它改了过来，并批评说：“对待任何工作都不能粗枝大叶，不能有一字之差。有时一字之差也会误事的。”大家对这些批评心悦诚服，愉快接受。一九四四年冬天的一个中午，他拿了一个条例稿交文书科缮印，要他们中午不休息，蜡纸刻好一张就送给他一张，由他自己校对。全部刻好校对完毕，他又亲自送回文书科说：“这个文件刻得好，应该表扬。只是掉了两个字!”他的这种赏罚分明、一丝不苟的精神，不仅帮助干部提高业务，而且帮助干部改进作风，对干部是很大的教育。

在生活上，他最能同干部打成一片，逢年过节都要和大家共叙家常，进行文娱活动。在生产劳动中，他也经常和大家在一起，或上山割草，或下坡种菜，欢声笑语，亲密无间。他十分关心干部的饮食起居和身体健康。一九四三年二月有一天张健偶患感冒，发烧，不能起床。中午十二点钟，李维汉叫警卫员送来了一碗大米饭。当时一般都吃小米饭，大米饭是很珍贵的。但问题不在于送来一碗大米饭，而在于送来了领导的关怀和爱护。张健被感动得哭了。李维汉怎么知道他病了呢？原来是警卫员发现张健没有去食堂吃饭，就在窑洞外从窗户缝隙往里望，看到他躺在床上，便向李维汉作了汇报。这当然只是一件小事，但从这件小事中可以看出李维汉同志对干部的关心是无微不至的。

（三）团结党外人士，保护区乡干部。李维汉在一九四五年一月检查政府机关作风过程中，经常同党外人士座谈听取意见。一月二十四日晚，他和副秘书长常黎夫一起邀请柳湜、霍子乐、贺连城等党外人士座谈。霍、贺就简政、地主负担、土地政策、婚姻、税务、公安、干部分配、知识分子政策、党内外关系等问题，对我们有关组织提了很多意见。他们说，党内外有鸿沟，“我看这鸿沟之存在，共产党人应负主要责任”。李维汉和常黎夫虚心听取他们的意见，气氛很活跃。最后，李维汉说：“大家的事要大家负责才能办好。提意见，甚至有争论，不是坏现象，而是民主政治中的正常现象。希望以后有意见就提。今晚这样的座谈，一个月可以举行一次。”大家表示赞成。一月二十六日晚，他又和李鼎铭谈话。李对西北局在政府系统的用人行政上“没有事先商量”、保安处“特殊化”等方面表示不满，提了一些意见。以后李维汉把这几位党外人士的意见向西北局和党中央毛泽东、朱德、任弼时等领导同志作了汇报，西北局和党中央领导都很重视，毛泽东说："党外人士意见对的，我们都要切实解决。"

当时，有些党外人士说："下面歪嘴子和尚把经念歪了。"指责区乡干部作风不好，执行政策"走了样"。李维汉根据客观调查材料分析区乡干部的本质、问题和原因，认为区乡干部的本质多数是好的，作风确有一些缺点，问题在区乡，责任在上级，主要在边区政府。所以区乡干部的作风问题要解决，领导机关尤其边区政府的作风问题首先要解决。这样就为基层干部说了公道话，也改变了党外人士对区乡干部的认识。一九四五年元旦他说："对区乡干部估计的分歧，我们在边区政府内部同党外人士争论了三年，为绝大多数区乡干部的本质辩护，是正确的。"这件事说明，李维汉不是把党外人士看作客人，而是看作自己人，有团结，有争论，争论也是为了团结。

（四）深入基层，总结经验。李维汉说："首长应该下乡，挖根子，照镜子。挖根子可以减少盲目性，照镜子可以加深自我批评。"他自己就是这样做的。作为政府秘书长，他的政务和政策研究任务都很重，但他还是千方百计地挤出时间到基层去作调查研究。南区合作社是一个有组织群众生产、信贷、供销、运输等多种经验的完整典型，一九四四年他亲自下去也派人下去调查了这个合作社的经营经验，以后边区政府推广了这一经验。一九四五年边区进行第三次普选，他为了取得第一手材料，从八月六日至九月九日整整花了三十四天时间到延安市新市乡蹲点，参加选举试点工作。他每天早出晚归，从未间断。在蹲点中不断发现问题，总结经验，最后写出了一个总结材料《新市乡乡选经验及其他》。这个经验为边区选举委员会所接受，也把它推广到了全边区，对边区的乡选起了指导作用。

（五）高度负责，自己动手。李维汉说："别人写的东西不能代替我自己的思想，我自己的思想只有我自己才能表达。"这是他的工作特点之一。他的身边有秘书，他十分信任秘书，但从不依赖秘书，一切重大问题皆由自己处理，重要政策自己研究，重要公文也自己撰写。比如一九四三年的《陕甘宁边区简政实施纲要》，一九四四年的《陕甘宁边区建设简述》，一九四五年的《边区政府关于今年冬学的指示》，以及给党中央、西北局的许多重要报告，边区政府主席、副主席的重要演讲等，都是他亲自起草的。他拟稿后就在"拟稿"栏内签名，以示负责。这种首长负责、亲自动手的作风，贯串在他的全部工作中，对干部的影响是很大的。

（六）公开检查，从不自满。一九四五年一月二十九日，毛泽东曾经当面表扬李维汉，说："你在边区政府这几年的工作是有成绩的。"但他从不自满，相反，他始终严于责己，经常进行公开的自我批评。

一九四四年十二月，他系统地检查了自己从一九四二年九月十二日调到边区政府以来的全部工作，说："四二年九月到四三年一月，整理《简政实施纲要》，没有大错误，但有过分集中的倾向。""在'抢救'运动中，同样犯了'左'倾错误，后些日子已警惕到并予以极大注意。十二月（四三年）至一月（四四年）为林主席准备边区政府委员会上的报告，经过十多天的酝酿，现在看来，仍有缺点：'耕三余一，两年完成'等提法，是犯了急性病。""九月至十一月半，听取文教工作组汇报，组织召开文教大会，这时我深刻地感到对下面实际情况了解太少。强迫命令主义、形式主义在实际工作中的严重，上面负有很大责任。"等等。

一九四五年一月，他也在西北局高干会上作了自我批评。

同年一月二十五日，他参加研究室作风座谈会，检查说："我们领导上有一个重要的弱点，在这次作风检查中彻底暴露了出来，这就是对干部只交任务，缺乏具体指导，工作中又缺乏检查，这仍然是命令主义作风。对他们的教育少，政治上和生活上的关心都不够，这又是官僚主义作风。"

就在这个月内，他又专门检查了自己的"骄傲"思想，说："这几年经手的总结和大会，也有骄傲的因素在内。虽非表现个人，但个人在此起了作用。几年来边区建设的发展，是其重要客观原因之一。胜利冲昏头脑，不觉自满起来"。"必须打倒骄傲！"

一九四五年十二月十九日，他在领导学习《若干历史问题的决议》中，向有关单位的全体党员作了一个内容十分丰富的辅导报告，长达六个小时，详细讲解了我们党从成立时起至抗战爆发前的全部历史发展过程，及其关键时刻和关键问题。对自己在历史上有过的失误，做了一次全面深刻的检查。这次学习辅导报告，实际是一堂生动的党课，他不仅用党的斗争历史教育了大家，而且用一个老党员勇于解剖自己，对党的事业的赤胆忠心感染了大家。

谢觉哉的领导作风

（一）人民公仆本色。谢老一生勤奋，甘为人民公仆，这是大家一致的评价。一九四二年二月，他健康状况不好，中央决定他休息。六月二十一日他去枣园休养，此后二三年内就一直在半休息状态中。实际上他仍然带病工作，一天也没有真正休息过。他要参加很多例会，如政府党团会、政务会议、政府委员会、参议会常驻会等，还要参加很多临时会，如西北局高干会、杨家岭学习会、边区劳模会、延属县长联席会等，一个接一个，甚至一天几个，有请必到，从不缺席。许多会议还要他讲话，如枣园机关请他在"七一"纪念会上讲话，他就为党员讲了话，题目《此心光光地》，要求他们做到"心上没有毛"，即没有个人主义等不良思想倾向。他为中学教师讲《念书与教书》，为机关干部讲解时事，为延安大学生讲授宪法等。他还要写文件和文章。如写《县参议会怎样工作》《乡市参议会怎样工作》《关于参议会的经常工作》《边区、县参议会常驻会的工作》等，用以指导各级参议会工作。一九四二年为了配合整风运动，他在《解放日报》特辟《一得书》专栏，连续撰文宣传学习整风文件的意义和方法，尖锐批判王明的主观主义、教条主义、宗派主义。他还要参加司法工作，如出席司法小组会，与审判委员会一起审查死刑案件，检查审理民、刑事案件并整理民事案卷材料，参加高等法院推事、审判员联席会并讲话等。他还要研究问题，"献计献策"。如为了帮助克服经济困难，他曾经用很大精力研究食盐外运问题，写出了一篇长达数万言的专题报告送给毛主席、党中央作决策参考，受到党中央的重视。他还要参加接待外宾，如接待中外记者团等活动。这里只是记了一些流水账，并且很不完全，但已经可以看出，参加这样频繁的党内外活动，对一个因病休养的老人来说，需要多少时间，多少心血！这就是谢老的革命献身精神，人民公仆本色。

（二）团结非党，接受"托孤"。在建设三三制政权中，谢老广泛团结党外人士，和他们不仅公交甚密，而且私交也甚密。尤其和边区参议员李丹生朝夕相处，情同手足。一九四五年初，李丹生病危，把两个不满十岁的女儿叫到病榻前，紧紧握住谢老的手，说："她俩是我的女儿，也是您的女儿，我死后就交托给您了！"谢老含泪答道："您放心吧！

她们会长大成人的。”此后谢老及其夫人王定国把她们视同亲生，抚养成人，其中大女儿一直在他们身边，直到大学毕业，成家立业。这不是一件仅仅反映个人关系的“托孤”小事，而是代表着我们党和非党人士战斗友谊的政治大事，影响十分深远。

（三）以诚待人，平等相处。谢老民主作风好，对党和非党群众都一视同仁，平等相处。如一九四三年六月黄亚光父亲逝世，谢老即去信慰问，唁曰“为党珍重，移小孝作大孝”。一九四五年上半年解放区扩大，很多干部奉调南下，谢老一一赠诗留念。如诗赠康云、徐明、吴杰民南征：“云龙风虎战旗开，曾上昆仑学遭回，岭海荡平新政立，应容我啾荔枝来。”所有这些赠诗，情真义切，感人至深。他不仅对一般同志表示关心，甚至对当时被认为是“失足者”的青年也表示关心。一九四三年抢救运动中，他说过：“我对于某些失足青年怜过于恨。处在反动环境中，生死判诸俄顷，革命与反革命的界限又甚模糊，于是乎就失足了。应该把他们抢救过来!”抢救运动是一件历史错案，但在当时紧张气氛中谢老对所谓“失足”青年表示理解和同情，要求尽力挽救他们，这种治病救人期望青年走上正路的用心，也是十分感人的。

（四）实现生产节约，减少政府开支。一九四三年大生产运动中，谢老也订了个人生产节约计划：“1. 建议总务处设公马，我的两匹马加入，估计一年内有十个月可供公家生产用。2. 每月十盒待客烟不要。3. 衣服、鞋子、被单不领。4. 种地一分，种植西红柿二十株，茄子二十株，秋白菜一百颗。5. 晒腌小菜一百斤。”这个计划年终超额完成。他的夫人王定国一九四三年从种菜、养猪、鸡、鸭等副业生产收入中拿出十分之二交公、拥军，其余补助家用，扩大了自给比例，缩小了供给比例，节约了政府财政开支。

（五）文风端正，群众欢迎。谢老的群众观点强，他讲话，写文章，很注意对象特点，因人而异。这也是谢老群众路线的一种表现。如一九四三年九月他代政府起草一份节约备荒布告，针对边区群众文化低的弱点，写成了如下形式（摘要）：“边区地势高亢，丰收并不经常。各种胜利准备，粮食是第一桩。必须早为筹划，备战并且备荒。第一禁粮出境，违者没收其粮。第二禁止浪费，不准蒸酒熬糖。第三普遍储蓄，好好修理窖仓。责成各级政府，储粮禁粮有方。事关抗战大计，其各遵守勿忘!”这个布告写得多么生动活泼，通俗易懂。群众看到或听到这个布告，都是拍手叫好，认真执行的。

（六）《六十自讼》。谢老在整风期间说过：“通过这次大整风，我要来个‘总检讨’。”一九四三年五月一日，他终于写出了这个“总检讨”，这就是《六十自讼》。他回顾了自己“由一个自由民主派的人走到无产阶级革命”所经历的道路，对自己“没有出色的建树”作恳切的检讨，说：“革命要求我贡献一切，要求我尽一切可能，而我贡献的却太渺小。”“我之自愧，是说未尽到我的可能，因循、软弱、自足的暗影，摒除未尽。”也提出了今后的打算，说：“行年六十，应该设法弥补五十九年以前的缺点，能够对党有较多的贡献。这就是我今后的打算。”谢老有一个写诗明志的习惯，他为《六十自讼》也写了一首诗：“匆匆六十年，华发压双肩。未肯容颜老，猷争竞象鲜。外色形豹变，内蕴旨蝉联。沙与金俱下，荣兼愧未蠲。”自责不自馁，充分体现了一个老共产党员的精神风貌。

以上回顾了我亲身感受的林伯渠、李维汉、谢觉哉在陕甘宁边区政权建设中优良作风的点滴情况。一九四二年党中央发动著名的整风运动，一九四三年又发动大生产运动，从思想教育和劳动锻炼两个方面提高了人们的思想素质和政治觉悟，在延安逐渐培育和形成了一种以艰苦奋斗、自力更生、实事求是、联系群众、自我批评为基本内容的彻底革命精神——延安精神。林伯渠、李维汉、谢觉哉以身作则、完全彻底地贯彻的正是这种延安精神，并在整个机关中普及了这种精神。

陕甘宁边区政府机关作风的进步，是党中央和西北局正确领导的结果，也和林伯渠、李维汉、谢觉哉的身体力行、言教身教有直接关系。他们影响和教育机关干部在作风上发挥了四个特点，我身历其境、体会很深，这就是：一，调查成风。包括蹲点调查、驻会调查、专题调查、挂职下放调查等，方式很多，时间不限，深入了解情况，发现问题，总结经验，为边区政府的正确领导提供客观依据。二，真诚服务。工作没有上下班，无分昼和夜，什么时候有工作，就什么时候干，而且争先恐后抢着干，干劲十足，通宵达旦，习以为常。为什么？真诚为人民服务。三，团结友爱。机关职工行政职务有不同，政治地位都一样，是一个名副其实的革命大家庭。在战争时期，工作、学习、生产都紧张，生活也艰苦，但大家同甘共苦，融洽无间，团结友爱，体现了阶级情谊。四，永不自满。一九四二年以来，边区政府差不多每年都要检查和整顿作风：一九四二年整风整了主观主义、宗派主义、党八股。下半年检查工作，组织第三次简政，初步纠正了百废俱举、各自为政、旧型正规化、官僚主义等恶习，要求从老一套的动员工作作风转变到建设工作作风上来。一九四三年下半年和一九四四年七月参议会常驻会和政府委员会联席会都提过作风问题。一九四五年一月检查边区政府机关作风，六、七月又检查边区政府整个系统作风，十月区乡政府工作人员和人民群众共同检查工作，整顿作风，等等。说明边区政府的工作作风是一个永不自满，永远不断检查、整顿和完善的过程。这也正是林伯渠、李维汉、谢觉哉同志经常深刻检查自己所产生的社会效果。他们的优良作风，在边区政府已经深入人心，开花结果。

选自《陕甘宁边区抗日民主根据地》回忆录卷，中共党史资料出版社1990年版，第485～499页。

下

1. 中国解放区职工联合会纲领（草案）

1945 年 9 月

一、扩大与巩固解放区职工组织，促进全国职工运动团结与统一，共同争取国内和平团结与民主，力促民主联合政府的实现。

二、要求政府严惩汉奸卖国贼及一切战争罪犯，解散伪军，没收敌人及大汉奸一切财产。

三、动员职工恢复战后经济生活与生产事业，要求紧急救济失业职工，迅速办理复员，并改善职工生活待遇。

四、援助全国各地职工民主运动，争取集会、结社、言论、出版的自由权利，一切汉奸工贼必须严惩，一切汉奸御用工会应即解散，重新建立民主职工会。

五、动员解放区职工积极参加恢复和扩大解放区工业建设，并欢迎外地职工到解放区参加建设工作。

六、拥护解放区民主政府与军队，积极参加政权建设，实行拥政优抗。

七、提高解放区职工劳动热忱，组织劳动竞赛，奖励劳动英雄，提高生产效率和质量。

八、实行公私兼顾（在公营工业）、劳资兼顾（在私营工业）、调节劳资关系的政策，共谋达到发展工业生产的目的。

九、保护职工利益，实行八小时至十小时工作，实行多劳多得，同工同酬原则，规定职工最低工资额，发展职工合作事业，帮助职工建立家务。

十、保障女工生产前后一个半月的休假，工资照发。

十一、保护青工，改变陈旧的学徒制度，应根据学徒学习掌握技术的进度来提升工人，并在学徒期间保障其生活。

十二、发展职工政治、技术、文化教育，提高职工政治觉悟，帮助职工掌握和改善技术，消灭文盲，实行职工子弟免费教育。

十三、建立必要的职工社会保险，职工伤病实行免费治疗。

十四、与世界职工组织取得密切联系，共谋根绝法西斯残余，建立持久的世界和平。

选自《中国工会历史文献》(5)，工人出版社 1959 年版，第 4～5 页。

2. 中央关于各战略区货币流通问题的指示

1945 年 10 月 4 日

华中局并致山东分局并告各中央局与分局：

（一）最近各战略区部队有较大的调动，有甲地区部队须调到乙地区或须经过乙地区进到丙地区者，因各战略区域票币不统一，致发生货币流通上的许多困难，须加以适当处理。华中有些部队奉命开山东，为该部队到达山东后所使用之货币问题，华中局曾来电建议：准由华中另印一批北海票或准许华中票在山东通用。我们认为：由华中另印一批北海票则票版不一，且紊乱了北海票的发行计划，故不妥当，至于华中票在山东通用，我们认为不得不用时亦应有所限制，否则将使市场陷于混乱。

（二）我们提议：当甲地区部队到乙地区或经乙地区进到丙地区时，即由乙地区和丙地区的军区或行政财政机关事前准备粮食和必须的经费，当部队进入本地区时，即发给进入之部队备用，或者当甲地区部队到达乙地和丙地区时，由当地银行兑换所负责，根据部队的实际需要量，将甲地区票按一定的比值，兑换成本地区票，甲地区票不在乙或丙地区市面上流通。

（三）万一乙或丙地区票因流通区域扩大，筹码不足，不能完成此项兑换任务，可由双方事前商妥，甲地区票在乙或丙地区之最高流通量和两种票币的比价，然后由乙或丙地区政府通令，暂准按一定的比值通用，但在一定时期后，由乙或丙地区银行负责加以清理，以免敌伪国特奸商进行货币投机。

书　记　处

选自《中共中央文件选集》(13)，中共中央党校出版社 1985 年版，第 159～160 页。

3. 中央关于建立东北长期永久根据地给东北局的指示

1945 年 12 月 21 日

东北局：

亥齐亥删电悉。同意你们的部署。但请你们注意东北长期永久根据地之建立。即在通化、延吉、宁安，东宁、密山、穆棱、佳木斯、嫩江、黑河、洮南、开鲁等地区，必须派必要的老部队和干部去开辟工作，建立后方，建立工业，组织与训练军队，开办学校，以便能够源源供给前线，有如汉高祖之汉中。只有这一计划的成功，我在东北的斗争才能立于不败之地，并能迟早争取胜利。望即指定部队和负责干部并规定办法去进行这些地区的工作，作长期打算。目前你们部队和干部集中在南满长春路附近工作是对的，因为顽军未到，我尚可在这些地区抓一把，但必须同时加强长春路两边深远后方的工作，建立巩固的根据地，准备在平原情况严重时有巩固的后方可以进退回旋，否则是危险的。如我在锦州在第一线被击破后，即因无巩固后方而不得不陷于混乱。将来我之主力如不能在长春路附近消灭敌人，而必须诱敌深入来消灭敌人时，则我现在必须在深远后方去开展工作，准备战场。这点你们现在必须看到，并根据这点来部署你们现在的工作、干部和部队。你们部队和干部应该更高度地分散到内地去建立工作。看到现在，还要看到将来，看到顺利的情况，还要看到困难的情况。你们应抓住现在有利的时机以发展力量，同时建立巩固的后方根据地以准备将来。国民党军队大批到达东北后对于你们的困难，应充分估计到。

中　　央

亥马

附一：

东北局关于新作战部署向中央的报告

1945 年 12 月 8 日

林陈高吕李①并报中央：

我们独占东北目前已不可能，沿长春路各大城市等为国民党所接收，我在北宁线作战因主力初到已不可能阻止国民党军队沿北宁路之前进。因此，我们同顽军的斗争应有长期的准备。同时为了解决目前主力没有后方与扩大的阵地作依托之困难，以及加强新编兵团之作战指挥能力起见，为了使军区有力之基干部队，及县区武装，使我们既可迅速创造根据地，又有机动之野战兵团起见，我们必须迅速适当地配制力量，把主力与各新成立之兵团合并指挥单位，组成野战兵团，并成立军区基于兵团及县的武装，划分地区，统一建设施政，创造扩大的阵地，以造成我军与顽军战和之有利条件，已成为目前紧急措施。因此提出以下之部署：

（一）以黄克诚师与李运昌部合并指挥单位，担负山海关至锦州大凌河以西沿北宁线之作战，并由李、黄负责另组成一地方性之基干兵团，以共同创造辽热边根据地。

（二）暂以梁、罗、杨②三师组成一纵队，与李、黄均直接归林指挥，以吕、李组成之后方为后方，担负由大凌河以东至奉天沿北宁线之作战，并协助创造辽西根据地，此一部队将留作为作战重点转移之机动力量。

（三）邓克明旅，赵承金旅，与二十四旅直属于吕、李指挥，除参加沿北宁线作战外，首先集中力量解决新民、彰武、法库之土匪并担负掩护根据地工作之开展。

（四）最近登陆之罗舜初部（约一万四千人），将布置于沈阳以南，辽阳以西地区（包括辽阳、鞍山），与程、曾、唐③部合并指挥单位，担负沈阳东北铁岭、清源线以南，沈阳以南、辽河以东广大地区，形成三面包围沈阳之局面，创造以奉安线为基线控制大块山区及中小城市之根据地，保安三旅即作为该区域之地方基干兵团。

（五）万毅部与聂、张④部合并，三五九旅与周保中部合并，除留相当数量建立地方基干外，组成两个纵队（至少五个旅），统归高、陈指挥，并适当布置开展东北满之根据地（包括吉林）。

（六）肖华部（包括吴克华部）就现划定地区创造安东省大块山区根据地，并以适当的力量控制安东至普兰店之线确保各海口外，应加强海城至营口线之机动作战力量，准备向北及其东北之机动作战。

（七）北满、西满各军区之划分，地方部队之组成及作战重点之确立，请高、陈、吕、李合并具体部署并电告我。

---

① 原注：林陈高吕李，指林彪、陈云、高岗、吕正操、李富春。

② 原注：梁罗杨，指梁兴初、罗华生、杨国夫。

③ 原注：程曾唐，指程世才、曾克林、唐凯。

④ 原注：聂张，指聂鹤亭、张秀山。

（八）各军区必须以大力建设地方武装，并得从各野战兵团中抽出个别连队作骨干，在没有野战兵团之新开辟或偏僻地方，军区一级尤其必须设法培养出地方基干兵团，以肃清当地之成股的反动武装。

（九）以上之部署请中央指示，并望林、高、陈、吕、李提出意见，以便立即实施。

东北局

八日

附二：

东北局关于目前东北的形势与部署的指示*

1945年12月15日

林吕李（转陶铸）、高陈（转洛）、周张万周刘朱姜郭朱吴程唐曾舜初肖江吴彭克诚、运昌、陈光（转梁、杨、罗、邓）并报中央：

（一）由于微妙复杂的国际关系，由于苏联受有条约之限制，由于我们尚有许多缺点，目前我党已无独占东北之可能，当前任务，只是力求争取我在东北之一定地位，力争我在东北之优势，并准备明春的大规模作战。

（二）国民党已进入北宁线，将从苏联手中接受长春沿线之城市，首先是沈阳、长春，并在这些地区取得合法地位时，群众盲目的正统观念，必愈明显，散在各地之反动武装，必纷起响应，由于东北人民错觉幻想，所造成的国民党之声势，那时当可达其最高峰。但国民党之弱点与困难颇多，在外交上，苏联依据中苏条约之权力，断不允许东北成为美蒋反苏之根据地，顽军在旅顺、大连之活动（可能还有对长春路之使用）受条约之限制；兵力不足，接济不及；同时我军在长春路四侧，已获得先机之阵地，敌顽将相当陷于孤军深入之境地；加以国民党之反动本质，与东北人民利害矛盾，并将组合万恶宪警、汉奸、特务，大肆敲榨、勒索，大抓壮丁，如在锦州地区，群众的要求，必一个也不能解决，铁一般的事实，将迅速打破东北人民对国民党之幻想，国民党之政治影响，必从此日益下降。

（三）近三月中，我在东北之工作是有成绩的。发展了部队，发展了力量，取得了若干有利之阵地。但以干部及主力到达较迟，且不敷分配，各种工作，顾此失彼，山海关到锦州线之作战，我未能阻止顽军之前进；迄今老部队还多未补充休整，新部队或尚未整训出战力，甚至尚未整理，很不巩固；群众才在部分地区开始发动，根据地与战场才开始创造，军队纪律不好，与群众联系尚浅，派出干部尚未生根（多半于十一月下旬方到达工作岗位），而各地大批反动土匪，尚未肃清，以及东北人民盲目的浓厚的正统观念等，都成为我之缺点与困难。在山海关锦州一线，我们仅避免了被迫的作战，始终未能转入主动的有效的打击国民党之前进，以我现有之力量与阵地，纵然在苏军退走之际，仍不可能与国民党进入东北之部队进行决战。自然以国民党已到之力量，亦难与我决战。同时还必须顾计到，我新组成之部队，及老部队之新成分，不仅混有大批动摇投机分子，并混有不少的奸细（国民党有计划地采取红旗政策，他们称之为挖底政策），当国民党进入长春线时，一有机会，纷纷逃亡，或有组织地叛变，不但我之政治影响将因此遂受损失，已有之部队发生相当之减员与缩小。因为我在东北是暴发户，力量阵地并不巩固，这必须作充分估计（同时亦应估计经过此一度自然淘汰与考验后，我之力量将逐渐巩固发展并精干起来）。

（四）目前我们为了争取我在东北之一定地位，以至优势，主要力量应放在控制沿长春线两侧庞大地区（包括中小城市及次要交通联结点），建设根据地，加紧肃清土匪，放手发动群众，组织地方武装，并使主力求得休整与新军合编，以充实主力，巩固新军，准备于明春争取大规模的作战。目前对于沿长春路大城市城内的争夺作战，基本上应该放弃，但对个别大城市如哈尔滨或齐齐哈尔，如果国民党兵力不大，兵力不够分配，我军可能夺取的情况下，我们应不放过时机以适当兵力争取控制之。对沿长春路两侧及沈阳以南之次要城市，工业燃料产地，与总的动力供给地，我应争取控制之。

（五）西满、东南满（旅大蒋顽不能进兵），为我与国民党夺取东北之主要战略与依托，如为国民党所控制，我军退出，东满、北满亦将偏促一隅，处境将极端困难。北满、东满，乃我与国民党进行长期斗争所不可缺少之根据地，如被国民党控制，则西满特别是东南满将陷于孤立。另一方面，东北之交通已相当发展，经济人口已相当集中（不如欧美各国，但远较关内各省为高），如果主要铁道与大城市为国民党所有，次要铁道与中小城市为我所有，则双方优劣之势，尚待争夺。如果次要铁道与中等城市也为国民党所控制，则我将完全丧失优势，处境必甚困难。

（六）只有：

（甲）应以大部主力配置于西满、东南满外，还须抽调部分主力增强东满、北满，除现有之十八团、黄仁海部、三支队、万毅纵队及已开动之余旅外，应再由西满抽调二个或三个团兼程赶去。

（乙）一师、三师应留作策应西满或东南满作战之机动力〈量〉。

（丙）万毅部仍集中吉林附近，及时力争并控制吉林，并协同周保中造成对长春之威胁。

（丁）三师、程、曾、唐所部，仍在现地不动，控制辽阳抚顺两点，以分散性的小部队向沈阳进逼。

（戊）北满部队应集中相当力量，相机争夺哈尔滨或齐齐哈尔。

（己）西满部队应力争控制辽源、洮南，以便控制西满之广大地区。

（庚）散在各地之反动土匪，不仅为发动群众创造根据地之莫大障碍，且为顽敌之有力别动队，务须用尽一切方法迅速肃清之，以孤立顽军。

（辛）不稳之部队，应迅速作适当处置，应切实保证已有武器能完全掌握，而不至丧失资敌。

（壬）各主力兵团，除执行上述部署外，应接洽以一团或一旅为单位，参加做发动群众工作，并求得休整自己。

东北局

亥删

选自《中共中央文件选集》(15)，中共中央党校出版社1995年版，第504～511页。原注：“根据中央档案原件刊印”。

4. 中央关于内蒙工作方针给晋察冀中央局的指示

1945年10月23日

晋察冀中央局并晋绥分局：

九月二十九日电悉。

（一）在目前我党控制热、察，发展东北，取得华北优势的方针下，内蒙在战略上具有极重要的地位，适当地解决内蒙民族问题，不仅关系内蒙民族本身的解放，而且能够建立我党我军巩固的后方及和苏、蒙军取得直接联系的有利地位。

（二）对内蒙的基本方针，在目前是实行区域自治。首先从各旗开始，争取时间，放手发动与组织蒙人的地方自治运动，建立自治政府（在乌盟、锡盟等纯粹蒙古区域可以自治政府的形式出现，在绥东、察南等蒙汉杂居地带，则以蒙汉联合政府的形式出现），准备建立内蒙自治筹委会的组织，统一各盟旗自治运动的领导，党内亦应有统一领导与政策。

（三）我党对内蒙的各种政策，必须适时而慎重。应首先了解外蒙对内蒙的态度，过去日本及国党如何统治内蒙及其恶果，以及目前内蒙各阶层的动态，才能具体确定。现仅就一般情况提出以下意见，借供参考。

1. 在广大各阶层蒙人中揭发历史上国党及日本欺骗与统治内蒙的罪行，消除蒙人对国党的幻想。

2. 对德王、李守信一派，应采打击、分化与孤立政策。德王已去重庆，应迅速消灭其影响，防止将来国党利用其活动。对过去反德王及不与德王合作的上层分子，应积极争取他们参加自治政府，使我们打击的对象缩小到最少限度。对蒙古伪军，亦应与其他伪军不同处理，除最反动者，应武力解决外，一般的应采宽大政策，对其愿意转变者，即可改编，逐渐改造。

3. 各盟旗自治政府，目前可进行以下工作，如颁布简明纲领，建立地方武装，提拔与培养当地蒙古干部，检举蒙奸，举办有利蒙民的各种文化、经济及社会公益等建设事业。

4. 我军必须保持良好纪律，尊重蒙人风俗习惯，绝不随意夺取蒙人的财物、牛、羊和触犯蒙人的禁忌。应由乌兰夫同志负责拟定我军进入蒙区及对蒙人的纪律及必须注意的事项数则，以资遵守。扶植蒙人的进步力量，一切处置蒙奸、没收主要蒙奸财物等工作，须发动蒙人自己进行。

（四）统一西蒙领导，暂规定大的方针由中央决定，实际工作由晋察冀中央局及晋绥分局分别自行处理，而以乌兰夫同志和两个中局联系，以筹划共同的行动方针及统一步骤。至于蒙古干部应统一由乌兰夫分配，每一地区要有一个主要干部，并且绥蒙可派一批干部去察蒙工作。

（五）西蒙情况望随时电告中央。晋察冀、晋绥及冀热辽均应指定专人负责研究内蒙问题，提供具体意见。

书 记 处

选自《中共中央文件选集》(13)，中共中央党校出版社1985年版，第184～185页。

5. 和平建国纲领草案

1946 年 1 月 16 日中国共产党代表团在政治协商会议上提出

（一）总　则

中国国民政府鉴于抗日战争业已结束，和平建设新阶段应即开始，为此特邀集各抗日党派代表与社会贤达，举行政治协商会议，共商国是，兹经一致同意：

（甲）确认国内各民主党派，应实行长期合作，坚决避免内战，国内任何政治的、民族的纠纷，均应以政治方法寻求解决。

（乙）以和平民主团结统一为基础，在蒋主席领导下，迅速结束训政，实施宪政，彻底实行三民主义，建设独立自由和富强的新中国。

（丙）蒋主席所倡导之“政治民主化”“军队国家化”及党派平等合法，为达到和平建国必由之途径。

（二）人民权利

（甲）政府应保障国内人民享受一切民主国家在平时应享受之思想、信仰、言论、出版、集会、结社、通讯、居住、迁移、营业、罢工、游行、示威及免于贫苦、免于恐怖等自由。

（乙）承认男女平等及各党派的平等合法地位。

（丙）现行法令有与上述两项原则抵触者，应分别予以废止或修正。

（丁）严禁司法和警察以外的机关有拘捕并审讯和处罚人民之权。

（戊）所有侵害人民权利的一切特务机构，应即解散，并立即无条件释放汉奸以外之一切政治犯。

（己）立即无保留地废除一切新闻、出版、戏剧、电影及邮电等检查制度。

（庚）一切政府机关与军政人员，凡有侵犯上述人民自由之行为者，应予处罚。

（三）中央机构

在结束训政筹备宪政之过渡期：

（甲）必须立即扩大现有的国民政府的基础，改组为能够容纳全国各抗日民主党派及无党无派人士参加的、举国一致的、临时的、联合的国民政府。

（乙）各党派、无党派民主分子，应广泛参加组织政府的一切部门，多数党在政府主要职位中所占的名额不得超过三分之一。

（丙）改组后的政府，应脱离国民党的直接领导，任何一党经费不得由国库开支。

（丁）政府所发布的一切命令，应经由会议通过及主管机关签署。

（戊）改组后的政府施政方针，应以本纲领为根据。

（四）国民大会

（甲）改组后的国民政府，应负责协同政治协商会议，商定中国民主宪法草案及国民大会选举法、组织法，并立即根据新的选举法实行选举。

（乙）确定在本年内召开有各党派参加的、自由的、普选的国民大会，制定宪法，并依据宪法成立正式的、民主的、联合的国民政府。

（五）地方自治

（甲）积极推行地方自治，废除现行保甲制度，实行由下而上的普选，成立自省以下各级地方民选政府。

（乙）中央与地方之权限，采均权主义，省得自订省宪，各地得采取因地制宜的措施。

（丙）全国各地凡已实行普选的地方政府，应承认其为合法，并定期实行普选。

（丁）未能立刻完成普选的省区省政府，应由各党派及无党派民主人士协商，先成立地方性的、临时的民主政府。

（戊）收复区的各级地方政府，应与当地各抗日党派及无党派民主人士协商，先成立临时的、民主联合的省、市、县政府，再筹备经过自由普选产生正式的省、市、县政府，在少数民族区域，应承认各民族的平等地位及其自治权。

（六）军事改革

（甲）改组军事委员会及其一切附属机关，使之成为各抗日党派及无党派代表人士共同领导的机构。

（乙）承认一切抗日军队均为国军，公平合理地分期整编全国军队，缩减军额至最低限度，划定军区，厉行平等待遇，确定公正的人事、征补、供给与后勤制度。

（丙）根据军队属于人民之武力的原则，以民主精神教育军队，并以军民关系为军队奖惩之第一个标准，以彻底纠正军队属于任何个人或派系之现象。

（丁）裁兵后，地方治安主要的由地方保安队及不脱离生产之人民自卫队维持之。

（戊）确定今后国家军费预算不得超过预算总额百分之二十五。

（己）一切伪军无论已否加委，均应拟具妥慎办法定期解散。

（庚）在华日军尚未缴械者，应限期缴械，并限期遣送回日。

（七）复员善后

（甲）政府应迅速确定切实而有效之善后复员计划，保证退伍官兵得到职业，妥善照顾残废军人及抗战军人家属与遗族之生活。

（乙）对收复区难民之救济，疫疠之扑灭，币价、物价之稳定，敌产、逆产之合理处置，接收人员侵占、贪污之严格制裁，敌寇破坏公私财产损失之调查，附逆汉奸之检举与审判，善后救济总署运华物资之合理分配等，政府应定切实计划，迅谋实施，并依靠广大人民团体之帮助与监督，以促其成。

（丙）切实帮助义民、难民还乡，给予交通上之便利和优待。

（丁）在交通上应迅速修复铁路、公路及车辆、船只，全国交通事业通应脱离军事管理，完完全全为和平事业服务。

（戊）切实执行停止兵役差役、停免田赋一年之法令，一切变相之征兵征赋行为，均应严禁。

（八）财政经济改革

（甲）确定预算决算制度，并平衡收支，取消苛杂，改革税制，收缩通货，稳定币制，国家支出之最大部分，应保证用于经济建设、文化事业。

（乙）为促进中国工业化，定期召开全国经济会议，吸收对发展经建有关之各方面代表人士参加，决定经建方针，规定计划，废止现行统制政策，实行经济民主与企业自由，确立国营与民营之种类，取消国营工业之特殊待遇，扶助民间工业，给予大量贷款、轻税及购买原料与运销之便利。但中国经济应走上公营私营及合作经营共同发展的道路，以反对国内官僚资本，并防止外国独占资本之操纵国民生计，严禁官吏利用其权势地位，从事投机垄断，逃税走私，私用公款与非法使用交通工具的活动。

（丙）实行农业改革，扶助农民组织，推行全国减租，适当地保证佃权并保证交租，严禁高利盘剥，国家银行应扩大农贷数量，对贫苦农民给予低利贷款，供给农具、耕牛及种子，发展合作事业，开垦荒地，建设水利。

（丁）实行劳动法，改善工人生活，救济失业工人。

（九）文化教育改革

（甲）废除党化教育，保障教学自由。

（乙）大学采取教授治校制度，不受校外不合理之干涉。

（丙）普及城乡小学教育，扶助民办学校，推广社会教育，有计划地消灭文盲，提倡卫生，改造中等教育，加强职业训练，扩充师范教育，并根据民主与科学精神，改革各级教学内容。

（丁）在中央与地方预算中，充分增加文化教育经费，并由国家补助民办学校及一切文化教育团体，奖励科学研究、艺术活动及出版事业。

（戊）保障教职员及科学工作者生活，并救济贫苦学生与失学青年。

（己）改组国家宣传机关及一切国营之报纸、通讯社、广播及戏剧、电影事业，为全国人民服务，不为少数人所垄断统治。

（十）国际和平及保侨

（甲）为维持国际和平及安全，彻底肃清法西斯军国主义及其残余，并制止未来侵略起见，遵守大西洋宪章、莫斯科宣言、开罗宣言及联合国宪章及波茨坦四国宣言，努力国际合作，与美、苏、英、法及一切民主国家敦睦邦交，遵守条约信义，务使中国不成为产生或扩大国际冲突的因素。

（乙）在不妨碍民族独立条件下，极力发展中外经济与文化的合作，并保护外国人民在华合法利益、生命财产之安全。

（丙）通过对日管制机构，严惩一切日本战争罪犯，镇压日本帝国主义分子，并鼓励日本人民民主运动之发展，以防止日本法西斯军国主义之残余势力之再起。

（丁）外交部及驻外使节，应积极保护华侨利益，解除华侨痛苦，给华侨回国以往返之便利，华侨回国后，中央及地方政府应予以生活上之帮助。

周恩来　董必武　王若飞　叶剑英

吴玉章　陆定一　邓颖超

选自《中共中央文件选集》(13)，中共中央党校出版社1985年版，第288～294页。

互校版本：《中共党史教学参考资料》解放战争时期（上），中国人民大学中共党史系资料室1980年编印，第86～91页。

6. 附：和平建国纲领

1946 年 1 月 31 日政治协商会议第十次会议全体一致通过

国民政府鉴于抗日战争业已结束，和平建设应即开始，为邀集各党派代表与社会贤达举行政治协商会议、共商国是，以期迅速结束训政，开始宪政，特制定本纲领以为宪政实施前施政之准绳，并邀集各党派人士暨社会贤达参加政府，本于国家之需要与人民要求，协力一心，共图贯彻，纲领如左：

壹、总则

（一）遵奉三民主义为建国之最高指导原则。

（二）全国力量在蒋主席领导之下，团结一致，建设统一自由民主之新中国。

（三）确认蒋主席所倡导之“政治民主化”“军队国家化”及党派平等合法，为达到和平建国必由之途径。

（四）用政治方法解决政治纠纷，以保持国家之和平发展。

贰、人民权利

（一）确保人民享有身体、思想、宗教、信仰、言论、出版、集会、结社、居住、迁徙、通讯之自由，现行法令有与以上原则抵触者，应分别予以修正或废止之。

（二）严禁司法及警察以外任何机关或个人，有拘捕、审讯及处罚人民之行为，犯者应予惩处，政府已公布之提审法，应迅速明令施行。

（三）保证妇女在政治上、社会上、教育上、经济上地位之平等。

叁、政治

（一）当前国家设施，应顾及全国各地方、各阶层、各职业人民之正当利益，保持其平衡发展。

（二）增进行政效能，应整饬各级行政机构，统一并划清权责，取消一切骈枝机关，简化行政手续，实行分层负责。

（三）建设健全之文官制度，保障称职人员，用人不分派别，以能力、资历为标准，禁止兼职及私人援引。

（四）确保司法权之统一与独立，不受政治干涉，充实法院人员，提高其待遇与地位，简化诉讼程序，改良监狱。

（五）厉行监察制度，严惩贪污，便利人民自由告发。

（六）积极进行地方自治，实行由下而上之普选，迅速普遍成立省、县（市）参议会，并实行县长民选。边疆少数民族所在之省、县，应以各该民族人口之比例，确定其实行选举之省、县参议员名额。

（七）自治县政府，对于其辖区内之国家行政，应在中央监督指挥之下执行之。

（八）中央与地方之权限，采均权主义，各地得采取因地制宜之措施，但省、县所颁之法规，不得与中央法令相抵触。

肆、军事

（一）军队属于国家，军人责任在于卫国爱民，确保军队编制之统一与军令之统一。

（二）军队建制应适合国防需要，依民主政制与国情改革军制，实行军党分立，军民分治，改进军事教育，充实装备，健全人事、经理制度，以建设现代化之国军。

（三）改善征兵制度，公平普遍实施，并保留一部分募兵制度，加以改善，俾符合高度装备军队之需要。

（四）全国军队应按照整军计划切实缩编。

（五）筹备编余及退役官兵之复业与就业，保障残废官兵之生活，抚恤阵亡将士之遗族。

（六）限期遣送投降日军回国，对于伪军之解散，游杂部队之清理，应妥订办法，迅速实施。

伍、外交

（一）遵守大西洋宪章、开罗会议宣言、莫斯科四国宣言及联合国宪章，积极参加联合国组织，以确保世界和平。

（二）根据波茨坦宣言，肃清日本在中国之残余势力，并与同盟国共谋日本问题之解决，防止日本法西斯军国主义势力之再起，以保障东亚之安全。

（三）与美、苏、英、法及其他民主国敦睦邦交，遵守条约信义，并致力于经济文化之合作，以共策世界之繁荣与进步。

（四）本平等互惠之原则，迅速与有关各国订立通商条约，并改善侨胞之地位。

陆、经济及财政

（一）遵照国父实业计划，制定经济建设计划，欢迎国际资本与技术之合作。

（二）第一期经济建设原则，应予彻底实施，凡有独占性之企业及私人资力所不能举办者，划归国营。其他企业一概奖助人民经营之。本此原则，对于现行设施加以检讨与改进。

（三）为促进中国工业化，由政府定期召开全国经济会议，邀集对发展经济建设有关之各方面社会人士，吸收民间意见，以决定政府之措施。

（四）防止官僚资本之发展，并严禁官吏利用其权势地位，从事于投机、垄断、逃税、走私、挪用公款与非法使用交通工具。

（五）积极筹划增修铁路、公路，建设港湾，兴修水利及其他工程，并资助住宅、学校、医院及其他公共机关之建筑。

（六）实行减租减息，保护佃权，保证交租，扩大农贷，严禁高利盘剥，以改善农民生活，并实行土地法，以期达到“耕者有其田”之目的。

（七）厉行荒山造林植草，保持水土，发展畜牧，整顿并发展农村合作组织，加强农事试验研究工作，利用现代设备及方法，治蝗除虫以扶助人民之生产。

（八）实行劳动法，改善劳动条件，试行劳工分红制，举办失业工人及残废保险，切实保护童工女工，并广设工人学校，提高工人文化水准。

（九）迅速制订工业会法，使经营工业者得有单独之组织，并本劳资协调精神，将有关工厂管理法规，加以检讨与改进。

（十）财政公开，厉行预算决算制度，紧缩支出，平衡收支，划分中央与地方财政，收缩通货，稳定币制，并公布内外债之募集及用途，由民意机关监督之。

（十一）改革税制，根绝苛杂与非法摊派，归并征收机构，简化稽征手续，以资产及收入定累进税则，并厉行国家银行专业办法，扶助工农事业之发展。

（十二）征用逃避及冻结之资产，以平衡预算。

柒、教育及文化

（一）保障学术自由，不以宗教信仰政治思想干涉学校行政。

（二）积极奖进科学研究，鼓励艺术创作，以提高国家文化之水准。

（三）普及国民教育与社会教育，积极扫除文盲，扩充职业教育，以增进人民之职业能力，充实师范教育，以培养国民教育之师资，并根据民主与科学精神，改革各级教学内容。

（四）在国家预算中，增加教育及文化事业经费之比率，合理提高各级学校教师之待遇及其养老年金，资助贫苦青年就学与升学，设立科学研究文艺创作之奖金。

（五）奖励私立学校及民间文化事业，并补助其经费。

（六）奖励儿童保育事业，普及公共卫生设备，并积极提倡国民体育，以增进国民健康。

（七）废止战时实施之新闻、出版、电影、戏剧、邮电检查办法，扶助出版、报纸、通讯社、戏剧、电影事业之发展，一切国营新闻机关与文化事业，均确定为全国人民服务。

捌、善后救济

（一）迅速恢复收复区之社会秩序，彻底解除人民在沦陷时期所受之压迫与痛苦，制止收复区物价之高涨，严惩接收人员之贪污行为。

（二）迅速修复铁路、公路，恢复内河沿海航业，协助因抗战而迁徙之人民还乡，如有必要时，并为其安顿住所与职业。

（三）妥善运用联合国善后救济物资，以赈济战灾，分配医药，以防治疾疫，供给种子、肥料以恢复农耕，由民意机关与人民团体协同主管机关推进其工作。

（四）迅速整理收复区之工厂矿场，保障原有产权继续开工，使失业工人恢复工作，并谋敌产逆产之合理处置，使后方对抗战有贡献之厂家参与经营。

（五）迅速治理黄河，并修筑其他因战事而破坏及失修之水利。

（六）政府停止兵役及豁免田赋一年之法令，应由各级政府切实执行，严禁变相征发之行为。

玖、侨务

（一）对海外各地受敌人摧残而失业之侨胞，应协助其复业，并对其居留国内之眷属生活，予以救济。

（二）协助归侨返回原地，便利其复产复业。

（三）恢复并协助海外各地侨胞之教育、文化事业并奖助侨胞子女回国就学。

附　记

（一）凡收复区有争执之地方政府，暂维现状，俟国民政府改组后，依施政纲领政治一项第六、第七、第八三条之规定解决之。

（二）地方参议会、律师公会及人民团体代表，会同组织人民自由保障委员会，经费由政府补助之。

（三）关于公民宣誓及公职候选人之考试，应依民主国家之通例，即予改订。

（四）行政院所设之最高经济委员会，应参加民间经济专家及有经验之企业家为该会之委员，共策进行。

（五）建议政府撤销硝磺管制。

（六）查明在抗战期间由下游迁至后方之工厂，因战事结束停工失业之工人，其遣散费用由政府酌量补助。

（七）在战时于兵乱中有所贡献各工厂，政府应继续收购其成品，并尽量收购其器材。

（八）修正出版法，将非常时期报纸、杂志、通讯登记管制办法，管理收复区报纸、通讯社、杂志、电影、广播事业暂行办法，戏剧电影检查办法，邮电检查办法等，予以废止，并分别减轻电影、戏剧音乐之娱乐捐与印花税。

选自《中共中央文件选集》(13)，中共中央党校出版社 1985 年版，第 294～300 页。

互校版本：《中共党史教学参考资料》解放战争时期（上），中国人民大学中共党史系资料室 1980 年编印，第 107～113 页。

7. 中共中央关于土地问题的指示①

1946 年 5 月 4 日

根据各地区最近来延安的同志报告，在山西、河北、山东、华中各解放区，有极广大的群众运动。在反奸、清算、减租、减息斗争中，直接从地主手中取得土地，实现“耕者有其田”，群众热情极高。在群众运动深入的地方，基本上解决了或正在解决土地问题。有些地方，运动的结果，甚至实现了“平均土地”，所有的人（地主在内）都得了三亩土地。

另一方面，一部分汉奸、豪绅、恶霸、地主逃跑到城市中，则大骂解放区的群众运动。有些中间人士则发生怀疑。党内亦有少数人感觉群众运动过火。

在此种情况下，我党不能没有坚定的方针，不能不坚决拥护广大群众这种直接实行土地改革的行动，并加以有计划的领导，使各解放区的土地改革，依据群众运动发展的规模和程度，迅速求其实现。

各地党委在广大群众运动面前，不要害怕普遍地变更解放区的土地关系，不要害怕农民获得大量土地和地主丧失土地，不要害怕消灭农村中的封建剥削，不要害怕地主的叫骂

① 《刘少奇选集》注：抗日战争胜利后，从反奸清算，减租减息为内容的群众运动广泛深入地开展，农民群众迫切要求获得土地。中共中央决定把减租减息政策改为没收地主土地分配给农民的政策。本文系刘少奇为中央起草的党内文件，通常称“五四指示”。

和诬蔑，也不要害怕中间派暂时的不满和动摇。相反，要坚决拥护农民一切正当的主张和正义的行动，批准农民获得和正在获得土地。对于汉奸、豪绅、地主的叫骂应当给以驳斥，对于中间派的怀疑应当给以解释，对于党内的不正确的观点，应当给以教育。

各地党委必须明确认识，解决解放区的土地问题是我党目前最基本的历史任务，是目前一切工作的最基本的环节。必须以最大的决心和努力，放手发动与领导群众来完成这一历史任务，并依据下列各项原则，给当前的群众运动以正确的指导。

（一）在广大群众要求下，我党应坚决拥护群众在反奸、清算、减租、减息、退租、退息等斗争中，从地主手中获得土地，实现“耕者有其田”。

（二）坚决用一切方法吸收中农参加运动，并使其获得利益，决不可侵犯中农土地。凡中农土地被侵犯者，应设法退还或赔偿。整个运动必须取得全体中农的真正同情或满意，包括富裕中农在内。

（三）一般不变动富农的土地。如在清算、退租、土地改革时期，由于广大群众的要求，不能不有所侵犯时，亦不要打击得太重。应使富农和地主有所区别，对富农应着重减租而保存其自耕部分。如果打击富农太重，将影响中农发生动摇，并将影响解放区的生产。

（四）对于抗日军人及抗日干部的家属之属于豪绅地主成分者，对于在抗日期间，无论在解放区或在国民党区，与我们合作而不反共的开明绅士及其他人等，在运动中应谨慎处理，适当照顾，一般应采取调解仲裁方式。一方面，说服他们不应该拒绝群众的合理要求，自动采取开明态度；另方面，应教育农民念及这些人抗日有功，或是抗属，给他们多留下一些土地，及替他们保留面子。

（五）对于中小地主的生活应给以相当照顾，对待中小地主的态度应与对待大地主、豪绅、恶霸的态度有所区别，应多采取调解仲裁方式解决他们与农民的纠纷。

（六）集中注意于向汉奸、豪绅、恶霸作坚决的斗争，使他们完全孤立，并拿出土地来。但仍应给他们留下维持生活所必需的土地，即给他们饭吃。对于汉奸、豪绅、恶霸所利用的走狗之属于中农、贫农及其他贫苦出身者，应采取争取分化政策，促其坦白反悔，不要侵犯其土地。在其坦白反悔后，须给以应得利益。

（七）除罪大恶极的汉奸分子的矿山、工厂、商店应当没收外，凡富农及地主开设的商店、作坊、工厂、矿山，不要侵犯，应予以保全，以免影响工商业的发展。不可将农村中解决土地问题、反对封建地主阶级的办法，同样地用来反对工商业资产阶级。我们对待封建地主阶级与对待工商业资产阶级是有原则区别的。有些地方将农村中清算封建地主的办法，错误地运用到城市中来清算工厂商店，应立即停止，否则，即将引起重大恶果。

（八）除罪大恶极的汉奸分子及人民公敌为当地广大人民群众要求处死者，应当赞成群众要求，经过法庭审判，正式判处死刑外，一般应施行宽大政策，不要杀人或打死人，也不要多捉人，以减少反动派方面的借口，不使群众陷于孤立。反奸清算是必需的，但不要牵连太广，引起群众恐慌，给反动派以进攻的借口。

（九）对一切可能团结的知识分子，必须极力争取，给以学习与工作机会。对开明绅士及其他党外人士，或城市中的自由资产阶级分子，只要他们赞成我们的民主纲领，不管他们还有多少毛病，或对于目前的土地改革表示怀疑与不满，均应当继续和他们合作，一个也不要抛弃，以巩固反对封建独裁争取和平民主的统一战线。对于逃亡的地主及其他人等，应让其回家，并给以生活出路。即使其中有些人回家目的在于扰乱解放区，亦以让其回家置于群众监督之下为有利。如此，可以减少城市中反对群众的力量。

（十）群众尚未发动起来解决土地问题的地区，应迅速发动，务必在今年年底以前全部或大部获得解决，不要拖到明年。但在进行斗争时，必须完全执行群众路线，酝酿成熟，真正发动群众，由群众自己动手来解决土地问题，绝对禁止使用违反群众路线的命令主义、包办代替及恩赐等办法。

（十一）解决土地问题的方式，群众已创造了多种多样。例如：

（甲）没收和分配大汉奸土地。

（乙）减租之后，地主自愿出卖土地，佃农以优先权买得此种土地。

（丙）由于在减租后保障了农民的佃权，地主乃自愿给农民七成或八成土地，求得抽回三成或二成土地自耕。

（丁）在清算租息、清算霸占、清算负担及其他无理剥削中，地主出卖土地给农民来清偿负欠。

农民用以上各种方式取得土地，且大多数取得地主书写的土地契约。这样就基本上解决了农村土地问题，而和在内战时期解决土地问题所采取的方式大不相同。使用上述种种方式来解决土地问题，使农民站在合法和有理地位，各地可以根据不同对象，分别采用。

（十二）在运动中所获得的果实，必须公平合理地分配给贫苦的烈士遗族、抗日战士、抗日干部及其家属和无地及少地的农民。在农民已经公平合理得到土地之后，应巩固其所有权，发扬其生产热忱，使其勤勉节俭，兴家立业，发财致富，以便发展解放区生产。在解决土地问题后，凡由于自己勤勉节俭，善于经营，因而发财致富者，均应保障其财产不受侵犯。因此，不可无底止地清算和斗争，妨害农民的生产兴趣。对于一部分有游惰情绪的人及二流子，应加以教育，使他们从事生产，改良生活。

（十三）在运动中及土地问题解决后，应注意巩固与发展农会和民兵组织，发展党的组织，培养提拔干部，改造区乡政权，并教育群众为保卫已得的土地和民主政权而斗争，为国家民主化而斗争。

（十四）凡我之政权不巩固，容易受到摧残的边沿地区，一般不要发动群众起来要求土地，就是减租减息亦应谨慎办理，不能和中心区一样，以免造成红白对立及受到摧残。但在情况许可的地区，又当别论。

（十五）各地党委应当放手发动与领导解放区的群众运动，依照上述各项原则，坚决地去解决土地问题。只要能遵守上列各项原则，保持农村中百分之九十以上人口和我们党在一道（农村中雇农、贫农、中农、手工工人及其他贫民共计约占百分之九十二，地主、富农约占百分之八），保持反封建的广泛统一战线，我们就不会犯冒险主义的错误。如果我们能够在一万万数千万人口的解放区解决了土地问题，就会大大巩固解放区，并大大推动全国人民走向国家民主化；但是，如果我们不能遵守上述各项原则给运动以正确的指导，如果侵犯中农土地或打击富农太重，或不给应该照顾的人们以必要的照顾，那会使农村群众发生分裂，因而就不能保持百分之九十以上人口和我们党一道，就要使贫农、雇农和我们党陷于孤立，就要增加豪绅、地主和城市反动派的力量，就要使群众的土地改革运动受到极大的阻碍，这对于群众是很不利的。因此，必须说服群众和干部遵守上述各项原则，对于群众方为有利。

（十六）因此，各地必须召开干部会议，总结经验，讨论中央指示，向一切党的干部印发并解释中央指示，根据当地具体情况，确定实施中央指示的计划；调动大批干部，加以短期训练，派到新区去进行这一工作。同时向党外人士作必要与适当的解释，指出解决土地问题是百分之九十以上人民群众的正当要求，合乎孙中山主张与政协决议，而且对各色人等及地主富农有相当照顾，因此应当赞助农民的要求。同时各地应当教育干部，特别是区乡干部，发挥共产党员为人民服务的精神，不要利用自己的领导地位取得过多的利益，以免引起群众不满，转向同干部作斗争。如果此种斗争已经发生，则应劝告干部采取公平态度解决问题，以免脱离群众。

（十七）几年来，各地正确执行了一九四二年中央土地政策的决定，发动了广大群众运动，支持了抗日战争。由于目前清算减租运动的发展和深入，实际上不能不依照广大群众的要求，对土地政策作重要的改变，但不是全部改变，因为并没有全部废止减租政策。

（十八）党内在土地问题上发生的右的与左的偏向，各地应根据本指示，以充分的热情与善意进行教育，加以纠正，以便领导广大群众为完成土地改革、巩固解放区而奋斗。

选自《刘少奇选集》上卷，人民出版社 1981 年版，第 377～383 页。

互校版本：《中国新民主主义革命时期根据地法制文献选编》第四卷，中国社会科学出版社 1984 年版，第 417～422 页。

8. 中央关于召开华北财经会议的指示

1947 年 1 月 3 日

滕薄、刘邓、陈粟、张黎、张邓、贺李、聂刘①：

冀察晋中央局提议召集华北财经会议电转告各区。此提议甚好，召集这种会议甚为必要。由于空前自卫战争的巨大消耗，已使一切解放区的财经情况陷入困境，必须以极大决心和努力动员全体军民一致奋斗，并统一各区步调，利用各区一切财经条件和资源，及实行各区大公无私的互相调济，完全克服本位主义，才能长期支持战争。中央认为应立即召集此项会议，但地点应在邯郸，并由邯郸中央局负责筹备和召集，以邯郸中央局为中心在

① 原注：滕薄，指滕代远、薄一波。当时滕任晋冀鲁豫军区第一副司令员，薄任第一副政治委员。

刘邓，指刘伯承、邓小平。当时刘任晋冀鲁豫军区司令员兼晋冀鲁豫野战军司令员，邓任晋冀鲁豫军区政治委员兼晋冀鲁豫野战军政治委员。

陈粟，指陈毅、粟裕。当时陈任新四军军长兼山东军区司令员、山东野战军司令员兼政治委员，粟任华中军区副司令员兼华中野战军司令员。

张黎，指张云逸、黎玉。当时张任新四军第一副军长兼山东军区第一副司令员，黎任新四军兼山东军区副政治委员。

张邓，指张鼎丞、邓子恢。当时张任华中军区司令员，邓任政治委员。

贺李，指贺龙、李井泉。当时贺兼任晋绥军区司令员，李任政治委员。

聂刘，指聂荣臻、刘澜涛。当时聂任晋察冀军区司令员兼政治委员，刘任副政治委员。

会议中组织主席团统一领导会议。会议的议程，应为交换各区财经工作经验，讨论各区货物交流及货币、税收、资源互相帮助、对国民党进行统一的财经斗争等项，并可由各区派人成立永久的华北财经情报和指导机关。参加会议者，各中央局、各区党委、各军区的财经供给机关最好都有负责代表。会议日期由邯郸中央局根据筹备情况电商各中央局决定。

中　央

子江

选自《中共中央文件选集》(16)，中共中央党校出版社1992年版，第376～377页。原注："根据中央档案原件刊印"。

9. 中共中央关于陕甘宁边区若干地方试办土地公债经验的通报

1947年2月8日

各中央局、各区党委：

（甲）最近在陕甘宁边区若干地方试办土地公债结果，证明这是彻底解决土地问题——最后取消封建土地关系与更多满足无地少地农民土地要求的最好办法之一。初步的经验如下：

一、由政府颁布法令以公债征购地主土地的办法，如与群众的诉苦清算运动相结合，决不会减弱群众运动，相反，大大加强群众运动，使群众的清算更加站在合法地位，使群众感觉有政府法令的保证而更敢于斗争，使地主感觉更非拿出全部余额土地不可。公债征购本身是一个发动群众的口号，只有在把它变成简单买卖关系时，才不能发动群众。

二、公债征购可以使地主把余额土地完全拿出，交给农民。因仅用清算、献地等办法，常不能把地主余额土地算完、献完，或献出坏地保留好地等。还有些农民也感觉某些清算的理由不充足，除清算、献地等办法外，如再采用公债征购办法，则地主无法保留多余土地，且可使农民避免某些理由不充足的清算，使自己得到的土地更有合法的保证。在经验中证明许多地主宁愿献地，写献约，而不愿得公债卖地，写卖约。因地主感觉如写了卖约，以后再无借口收回土地。

三、有些抗日地主、开明士绅的土地不便清算者，可以公债征购。对于外国教堂、外国侨民的土地，及其他某些公地如用公债合法征购比用清算办法更可避免一些外交纠纷。

四、在必须取得某些个别富农的土地以分配给农民时，用公债购买的办法比用清算的办法使富农比较容易接受一些。

五、在土地改革时期，地价大跌，故以公债征购土地的市价很低，公债本息偿还时期又规定很长，故我们政府与群众完全能负担得起，很为群众所欢迎。我们最初认为无力负担偿还公债本息的想法，是不合实际的。

六、公债对于地主的生活亦有若干帮助，地主希望以公债缴纳逐年的公粮。

七、边区公债条例传到北平时，很得中外记者赞许，认为共产党的土地政策已经有所变更，故土地公债的办法可使我们的土地改革增加一般的合法地位，减少中间派资产阶级的反对。

（乙）根据以上各项，用公债征购土地分给农民的办法，很可在各解放区采用，只要与诉苦、清算配合起来，不把它看作一种单纯的买卖关系，是只有好处而无害处的。因为不是以公债征购的办法去代替清算、献地等办法，而是在采用清算、献地等办法之外，再增加一个征购的办法，多一个办法总比少一个办法要好。在陕甘宁边区也和各解放区一样，发动群众清算是解决土地问题的主要办法（这是由下而上的），但如果再加一个由上而下的由政府颁布法令以公债征购土地的办法来配合，就更能发动群众，更能使土地问题迅速彻底而完全地解决。

中　　央

选自《中共中央文件选集》(13)，中共中央党校出版社1985年版，第590～591页。

10. 中共关于内蒙古自治问题的指示

1947年3月23日

东北局转西满分局并转云泽①同志、热河分局、晋察冀中央局、晋绥分局、西北局：

关于内蒙自治诸问题，我们有以下意见：

（一）内蒙成立统一的民族自治政府问题，我们原主张先从各地区民族自治政府的成立入手，以影响尚未解放的西蒙人民，一时不忙成立联合的自治政府。惟内蒙人民代表大会既已召开，且东蒙及热察蒙民久已要求成立统一的自治政府，我们不应再加劝阻。故原则上，我们同意就在这次代表大会，产生内蒙统一的民族自治政府，但必须注意：一、在宣言上必须提到西蒙大部分盟旗因在蒋介石统治下尚未解放，故不光有人民选举的代表参加，大会希望和欢迎下次大会能有那些地区的民选代表参加；二、在纲领序言上要指出这是根据现有经验提出和通过的，等到各地区经验增加，新的盟旗加入，纲领仍要吸收新的意见加以增改的；三、在政府组织中，要为西蒙代表留出位置，以吸引之。为慎重计，这次选出的政府仍可称临时自治政府，以期待西蒙盟旗之加入。

（二）自治政府纲领问题，依目前经验只能通过一个较简要而带原则性的纲领，许多具体条文还是让各地区自治政府自己去规定，等到取得经验之后，再综合而成为新的条文，准备增加到下次大会的纲领中去。且各盟旗情形也不完全一致，在纲领中也要顾到。与中共关系不要在纲领中规定。纲领草案，我们尚未收到。

（三）内蒙自治区与各解放区关系问题，须根据两个原则解决：一个以地区划分，即是完全盟旗的地方成立各地区的民族自治政府；蒙汉杂居，汉人占少数的地方，即隶属民

① 原注：云泽，即乌兰夫。

族自治政府，但这些地方政府中须有汉人代表；蒙汉杂居，汉人居多数的地方，仍隶属解放区政府，但这些地方政府中须组织蒙民委员会，处理蒙民事务，举例如察哈尔，锡盟①及各旗地应属于察哈尔蒙民自治政府，察哈尔各县治应属于察省政府，惟中间蒙汉杂居地应依具体情况划分之。第二个原则以地区联系，即是各地区内蒙民族自治政府应与各解放区政府发生横的联系，以便进行战争。联系方法，在政权方面，应于解放区（或省）政府中设立内蒙民族委员会，内有其所关联的内蒙民族自治政府代表参加（如察哈尔内蒙民族自治政府即派代表参加察省政府内蒙民族委员会），以便一方面管理该区（或省）的蒙民事务，另方面即负责与上述民族自治政府发生联系。在军队方面，各自治政府下应建立独立的蒙民武装队伍，在军政上由内蒙民族自治政府统一编制管理，但在指挥作战上，应统一于各人民解放军的军区，军区司令部中应有内蒙人民武装部处理之。在党的方面，各中央局、分局、区党委中，应有同志一人（最好内蒙同志）负责领导上述工作。

（四）内蒙人民革命党及内蒙自治运动联合会问题，如果内蒙人民中积极分子主张解散内蒙自治运动联合会而组织内蒙人民革命党，我们应予以赞助，并以中共分子加入成为领导核心，如果时机尚未成熟，亦不妨暂时保存内蒙自运会，作为向西蒙活动的人民团体。

（五）内蒙共产党及内蒙分局问题，内蒙人民中进步分子，应多多吸收加入中共，并给以党的教育，准备到相当人数后，宣布成立内蒙共产党。目前内蒙党的领导机关，可成立内蒙工作委员会，即以云泽同志为书记，受东北局或西满分局领导（由东北局决定），云泽同时加入东北局或西满分局为委员。

（六）内蒙民族自治政府与中国的关系问题，在大会宣言中应确定内蒙自治政府非独立政府，它承认内蒙民族自治区仍属中国版图，并愿为中国真正民主联合政府之一部分，它所反对的为蒋介石国民党独裁政府及其所制定的取消民族自治权利的伪宪与其卖国内战反动的政策。

以上六点，你们有何意见，仍望电告。

中　央

寅漾

选自《中共中央文件选集》(16)，中共中央党校出版社 1992 年版，第 429～432 页。原注：“根据中央档案原件刊印”。

11. 中共对薄一波关于华北财经会议情况报告的批示

1947 年 5 月 4 日

一波同志并财经会议各同志，并告各首长：

卯有第十八号报告电已收到。

① 原注：锡盟，即锡林郭勒盟。

（一）同意你们产生一个正式决定，确定各区财经共同方针和各种政策，今后各区银行发行权，各区脱离生产人数比例、人民负担标准、各区贫富间的调剂等，可由中国解放区财经办事处在中央领导之下去统一计划和规定。

（二）由财经办事处直接管理几种统税和专卖收益来调剂贫富区域为好，还是只由财办处统一筹划指定富足区域来协助贫弱区域为便利，这两种方式尚望你们再加考虑提出意见。

（三）决议文字和调剂办法望电告。董老①不久可到你处，如来得及，最好待他到达后才作最后决定。各战略区应派办事处代表（副主任），人选尚未得各区电告，你们也可考虑应有哪些人参加才便于今后工作，并电告我们及各区，以便作最后决定交由你们通过。

中　央

五月四日

根据中央档案原件刊印

附：薄一波关于华北财经会议情况向中央的报告

1947年4月25日

中央：

一、财经会议已进入最后阶段，准备产生一个决定，已经起出草来。从保证长期战争供给及土地改革与解放区的生产建设方向出发，基本上要争取独立自主，完全不依靠，而且是与美蒋斗争的经济体系。根据十年来的经验，提出财政、经济各种不同政策，如财政、华北人民负担政策、整理村财政、财务行政、开源、节流、贸易、税收、金融、货币等均有详细规定，正在讨论中。

二、大家根据逐次长期战争供给的观点，拟建议将银行发行、各区脱离生产人数、人民负担标准及可以调剂贫富的几种统税、专卖收益归中央，以便中央斟酌各区财经情况适时给以指导，又能机动调剂贫富，如补助晋绥、陕北或其他临时开支。

三、各区相互关系亦进入解决阶段，办法：自行提出困难和要求，由大会研讨解决办法，如晋绥、陕北提出七十万匹布，一百五十万斤棉花，大家认为这小的很，由太行北岳完全负担起来，用货换或干脆帮助均可。

中央对此有何指示，请示。

薄一波

卯有

选自《中共中央文件选集》(16)，中共中央党校出版社1992年版，第444～446页。原注：“根据中央档案原件刊印”。

① 原注：董老，即董必武。当时任华北财经办事处主任。

12. 中央批准华北财经会议决议及对各地财经工作的指示

1947 年 10 月 24 日

晋冀鲁豫中央局，晋察冀中央局，华东局，晋绥分局二，西北局，刘、邓，中原局，陈、粟，陈、谢，彭①，并告中工委，中后委，东北局：

（一）中央审查《华北财政经济会议决议草案》和研究该次会议中各种报告材料之后，认为这次财经会议总结了华北各解放区财经工作经验，并正确地提出和解决了今后财经工作的方针与政策。中央批准华北财经会议决议，并且已经成立了华北财经办事处机构，统一领导华北各解放区的财经工作。

（二）中央在批准这一决议时，认为必须指出过去各解放区对于“发展经济，保障供给”的方针，还缺乏深刻的认识，重财政轻经济的现象尚相当普遍地存在（晋冀鲁豫的情形要好一些），因此，许多地方对于发展农业（包括副业）和手工业生产，组织劳动互助，发展合作事业，提倡解放区缺少但有可能自己出产和推广的各种生产（如植棉种蓝……）等，尚缺乏认真的坚持的贯彻到底的精神。财经机关在贸易、金融、财政等政策上，对于如何保护和扶助解放区内国民经济的发展也就缺少注意，或者是注意得不够，这就不可能使解放区达到经济上独立自主并进一步改善人民生活的目的。这种情形必须引起全党的注意并努力加以改进。在土地改革完成地区的党、政和农会、工会，除开支援前线工作之外（要注意节用民力），应全力去组织群众的生产运动，达到增产粮食、棉花、颜料、布匹、火柴、纸张、肥皂、纸烟及其他日用必需品，以满足人民的需要，并增强对外斗争的力量。这里要坚决反对认为生产缓不济急、利润太小、不能解决财政的观点，必须认清只有增加解放区内部的财富，才是积极开辟财源、保障长期战争需要的根本环节。财政金融贸易机关，在执行政策上，应当把扶助和保护国民经济的发展当作自己最基本的任务。

（三）财经会议对各种财经政策都作了具体的决定，这些决定应即坚决实行。各级党委和财经机关应当讨论、传达财经会议决议（参考该会议中的综合报告及各区报告中许多很好的经验），配合当地情形，具体检讨和布置今后的工作。明年的农业生产运动，今冬就当计划和着手进行。

中　央

酉敬

选自《中共中央文件选集》(16)，中共中央党校出版社 1992 年版，第 564～565 页。原注：“根据中央档案原件刊印”。

① 原注：刘邓，指刘伯承、邓小平，陈粟，指陈毅、粟裕。陈谢，指陈赓、谢富治。彭，即彭德怀。

13. 附：华北财政经济会议决议

1947年6月5日

中央指示我党目前的任务是：动员一切力量，全力准备反攻。这个反攻是长期的，中间还可能发生某些曲折，不论在军事和经济方面，都要长期打算。因此，目前财政经济工作的首要任务，就是保障长期战争的军需供给。抗战期间，我各解放区在财政工作上即存在有：必须大量养兵，必须保障部队生活的一定水准和必须照顾人民负担能力三个基本矛盾。自卫战争爆发后，又增加了分散的落后的小农业和小手工业生产、交通不便与比较近代化的大兵团作战间的矛盾。这一系列的矛盾，必须适当解决，始能支持长期战争。

人民负担能力在八年抗战、一年自卫战争后，究有多大，能支持多久？为了支持长期自卫战争，争取最后胜利，最低限度究需养兵多少，始能继续作战？一个士兵的生活标准，究应有多高始能维持？会议根据各解放区的材料研究结果，认为：人民负担能力，可能占其生产量的百分之十五至二十；养兵需要而且可能达到人口的百分之一到一点五；一个兵的生活水平，每年约需小米十六石左右；这个比率，一般不能变动。其次，应估计到在长期战争中，我解放区某些部分可能暂时沦陷，并受严重摧残，某些地区还可能遭遇灾荒以及黄河泛滥。反攻开始后，我必须支付更多的人力、物力。凡此种种，均会加重我之困难，必须有计划地努力克服这些困难。

过去我各解放区财经建设已有相当基础，人民生产发展，已积蓄了相当多的力量，可以支持长期战争。土地改革后几千万翻身农民，热烈发展生产，支援战争，这又是我财经工作的有利条件。只要军民团结，各解放区团结，共同斗争，一定能克服困难，赢得胜利。会议研究过去经验，目前情况，专作如下决定：

（一）经济建设必须奖励土货，抵制美蒋货，加强对敌经济斗争，实行保护政策。独立自主发展经济，争取自给自足。为着提高生产力，应当改造分散的、落后的、个体经济的生产方式，奖励互助合作，组织变工组和合作社，扶助群众生产，发展农村副业。土地改革后，更须帮助农民组织起来，生产发家，发放大量贷款，帮助贫苦农民解决缺乏生产资金的困难，调剂耕畜农具，保证生产品的销路。公营经济应当扶助私营经济和合作社经济，公私兼顾，照顾群众利益，照顾社会经济发展。私营资本主义经济应使之得到发展的机会，保障其营业和赢利的自由。

（二）目前财政工作的首要任务，是集中一切力量，保障战争供给。只要保证了部队的必要供给（衣服、粮食、菜金、弹药、医药、通讯器材及炮兵、工兵的建设费用）及必要的生产建设费用，就算是完成了财政任务。其他工作可不办的不办，可缓办的缓办，降低生活待遇，提倡艰苦奋斗。反对“仁政”观点，也反对铺张门面百废俱兴，以至无限度地加重人民负担。必须拿出已有积蓄，放手使用力量，又必须作长期打算，要从发展经济中去保障战争供给。财政工作不能仅从几百万脱离生产人员的生计出发，而必须从一万万九千万人民的生计出发，民富即国富，这是我们与国民党不同之点。

（三）实行精兵简政，首先精简地方机关人员，充实部队。在战争期间，部队可占脱离生产总人数的四分之三，地方占四分之一。军费开支可占财政开支总数的百分之八十五，地方费占百分之十五。部队要精简后方机关人员，充实前方，保证野战队要占部队总人数的二分之一到三分之二（能集中起来机动作战的）。地方机关和军队后方机关，实行精简，提高工作效率。

提倡科学的精确的合理计算，细心审核预算决算，核实人数，消灭虚报重领等浪费现象，严格财粮制度，反对漠视制度一切机动处理的有害观点。供给标准，部队高于地方，前方高于后方，野战军高于地方军。后方应特别提倡艰苦奋斗，一切为了前线，向农民生活看齐，切戒继承地主或蹈袭资产阶级的生活。

（四）开源。取之于民者：应改进公粮、税收工作，增加财政收入。必须改善粮食的征收、保管、运输、调剂工作，反对重财轻粮。负担政策，应扩大征收面，减少累进率，照顾农民生活，不要伤害农民生产情绪，税收工作与对敌经济斗争，管理贸易和奖励生产相结合，做到既保证财政收入，又刺激经济发展。

取之于己者：机关部队生产，应以农业、手工业和运输为主。反对投机贸易，取消机关部队的商店，归工商管理局统一经营。过去有些机关部队，积累了相当大的资产，应鼓励其捐输归公，支援前线，以减轻人民负担。

取之于敌者：战争缴获物资归公，除武器弹药由部队自己管理（多余部分仍应互相调剂）外，其他如粮食、布棉、金银、货币等，均应交公作为财政收入，严禁私自扣留和破坏行为。出击部队，就地取粮，实现“我们的后方是在前线”的口号。

（五）整理村财政。目前村财政无制度，浪费惊人，必须加以整理，整理村财政，节约开支，应成为村干部为人民立功内容之一。整理办法，最好由政府统一规定，收支标准，由村民民主评议，经区公所核准，自筹自支，并按期结算账目，送上级审查公布。村财政负担，要求做到每人每年不超过小米六斤。整理公产、公款投资合作生产，以其收益，补助村财政。

（六）调整战勤：由于几年来参军参战农村劳动力已感缺乏，自卫战争开始后，战勤更加频繁，且有严重浪费现象，如不能尽量节省民力，必致影响生产，因此，要求战斗部队精确计算，科学使用民力，做到平时不超过三兵一伕，战时不超过一兵一伕。支用民伕应有严格制度，除抬送伤病员和运输粮食、弹药等战争必须者外，其他当严厉禁止。战勤负担面，要力求扩大，做到公平合理。改善民兵、民伕的管理工作，建立战勤组织制度，使战勤与生产相结合，与劳动互助、优抗代耕、大变工，实行按期计工算账办法，要统筹计划，实行村区县大调剂，全区大调剂。

（七）贸易和金融货币工作，应为发展生产服务。贸易工作的主要任务是对外争取有利交换，对内调剂供求，扶助生产发展。为此，必须管理对外贸易，奖励土产输出，限制外货输入（奢侈品消耗品，及妨害我生产发展者应禁止输入），争取出入口平衡或出超。必须改善交通运输工作，组织群众运输。金融货币工作的主要任务，是要平稳物价，保护人民财富，促进生产发展。为此，必须建立独立自主的本币市场，排挤蒋币，摆脱蒋币涨落对我的影响，必须调节本币发行数量，掌握重要物资，防止物价波动。

为促进群众生产顺利发展，还应采用各种方法来便利土产运销，调剂农村信用。在合作社发展的地区，应即贷款发展运销和信用合作社，组织合作社的联合运销。银行和贸易公司，必须扶助这些合作事业，使之健全发展。

（八）由于交通运输困难，出击部队的粮食等供给，主要依靠战争缴获和就地筹措，不应单靠后方补给。新解放区人民（尤其地主富商），也须担负战争供给，反对“仁政”观点，反对抓一把的做法。蒋政府的公产和汉奸恶霸财产的接收没收，须有纪律有组织地进行，避免破坏及浪费。有步骤地发行本币，收兑和排挤蒋币。新解放区的奢侈品消耗品不得没收或补税，应当加以登记管理。逐渐改造市场，使为人民及生产服务。为着保证部队供给，管理、接收、没收资财，掌握金融货币，贸易工作，应当组织财经工作队随军行动，掌握政策指导工作，避免混乱现象。

（九）组织领导。鉴于各解放区多已连成一片，人民物资交流，军队机动作战，和贫富区适当调剂，均要求我华北财政经济做到适当的集中统一。同时又鉴于各区财经工作发展不平衡，交通不便等关系，在集中统一下，又应有很大的机动处理权。会议本此原则，一致要求在中央直接领导下，成立统一的财经机关，调整各地贸易关系，统一各区经济政策和对敌经济斗争，调剂贫富有无，平衡各地人民负担，统一规定各地供给标准，统一计划掌握各地货币发行，稳定各种货币兑换比率，并在这些基础上，逐渐达到各解放区财经工作的进一步的统一，其他具体工作则完全由各地机动处理。

各解放区间的货币贸易关系，应即进行适当调整，便利人民物资交流，使我对敌经济斗争力量加强，步调一致。会议决定，邻区物资交流，应与内地贸易采取同样政策（通过敌人封锁时，须有适当措施以免走私偷税），进口出口采用一道税制，邻区已征税的不再重征，各区货币应互相支持，便利兑换，帮助邻区采购必须外货，推销剩余土产，互相调剂，减少对蒋占区的依赖。

今后财政经济工作，必将更加繁重和困难，它将成为爱国自卫战争能否长久支持，赢得最后胜利的重要关键。建议各级党委亲自掌握财经工作，动员全党全军及群众力量，共同努力渡过目前严重困难，并把我们的财经工作提高一步。

选自《中共中央文件选集》(16)，中共中央党校出版社 1992 年版，第 564～571 页。原注：“根据中央档案原件刊印”。

14. 中共中央工委关于禁止毁坏古书、古迹的指示

1947 年 7 月 10 日

各中央局、分局并报中央：

据最近所得报告，有些地方在土地改革时，所清出的地主家庭书籍、字画、碑帖、古董受很大损失，当成废纸贱卖。五台的古庙古物，也破坏得很厉害。这是中国文化上的损失，请即通知各级党委及军队中各级首长对于现有书籍及古物，如已分散的，应当尽可能设法收集凑拢。还没有分散的，务必指定专人妥当管理，或暂就原地保存，或在必要与方便时，集中在一定适当地方保管，准备将来集中到或地方适当的图书馆，绝对不要任意破坏，或出卖。古庙古迹亦必须保存，禁止拆毁。已开始破坏的必须停止，将来统一处理。

各地方党对此事，应在各级组织，特别对于支部、民兵及农民群众的解释工作。

中央工委

选自《中共中央文件选集》(13)，中共中央党校出版社1985年版，第662页。

15. 中共中央关于彻底平分土地问题给中央工委的复示

1947年9月6日

中央工委：

九月五日电悉。平分土地利益极多，办法简单，群众拥护，外界亦很难找出理由反对此种公平办法，中农大多数获得利益，少数分出部分土地，但同时得了其他利益（政治及一般经济利益）可以补偿，因此土地会议应该采取彻底平分土地的方针，将农村中全部土地、山林、水利，平地以乡为单位，山地以村为单位，除少数重要反动分子本身外，不分男女老少，在数量上（抽多补少）、质量上（抽肥补瘦）平均分配。不但土地、山林、水利平均分配，而且要将地主富农两阶级多余的粮食、耕牛、农具、房屋及其他财富拿出来适当地分配给农民中缺乏这些东西的人们，地主富农所得的土地财产不超过也不低于农民所得。大规模的森林及水利工程不能分配者由政府管理。此外，同意即由土地会议通过土地法大纲，作为向各解放区政府的建议。同时，起草一个党内决议，由中央公布。

中　央

选自《中共中央文件选集》(13)，中共中央党校出版社1985年版，第705页。

16. 附：中央工委关于彻底平分土地的原则向中央的请示

1947年9月5日

中央：

土地会议已进入结束阶段，四五天内即可闭幕。讨论原集中在党内问题及农民组织与民主问题，因新华社论提出彻底平分土地，便又集中到土地政策问题上来。多数意见赞成彻底平分，认为办法简单，进行迅速，地主从党内、党外进行抵抗可能减少，坏干部钻空子、怠工、多占果实的可能亦减少。而缺点就是除一般要削弱富农外，还可能从约占人口百分之五的上中农那里抽出或换平一部土地。得利者在老区亦仍占百分之五十到六十，不动者占百分之二十到三十，仍可团结百分之八十以上的农民，因系彻底平分，中农的不安与动摇反而减少，故大家认为利多害少。因此，决定普遍实行彻底平分，由土地会议通过一个公开的土地法大纲，而各解放区政府提议，同时通过一个党内决议，以总结一年来土改经验，并提出执行政策的方法，及整党、组织农民与进行农村民主运动及生产运动的方法等。土地法大纲及决议草案，待通过整理后，即电中央批准并发出。上述各项，特别关于彻底平分土地的原则，是否妥当？望即复示。

中央工委

选自《中共中央文件选集》(13)，中共中央党校出版社1985年版，第706页。

17. 刘少奇：在全国土地会议上的结论①

1947年9月13日

全国土地会议开了将近两个月。在会议上，各解放区同志就土地改革情况作了报告，交流了经验，提出今后进行土地改革的意见，并进行了反复讨论。同志们发扬自我批评精神，实事求是，不夸张，不抹煞，有功不骄，有过不隐，好就是好，坏就是坏。这样的精神和态度是好的。因此就能平心静气。发现真理，发现错误，坚持真理，纠正错误。

土地会议有个发展过程。在开始的阶段，一些观点、论点、看法和政策有缺点，甚至有错误，后来修改了。可见大会是实事求是的，也看到我们这些人，包括我在内，是会有错误的。开始有错误，后来改了，这就对了。领导人不可能是十全十美的，要求领导人把一切问题都解决，是不可能的。占着领导地位的人（我们大家大小都是领导干部）自己应如此想：我说的话、决定的政策，应力求完满，缺点少，不犯错误。但事实却往往相反，运动发展过程证明总不是那样完满，原来的决定总会需要修改，甚至有根本的错误。下面工作的同志，要求上面的领导指示都是正确的，这当作一般要求是可以的，但世界上没有一个十全十美的领导者，古今中外都没有。领导者主观上要求不犯错误，结果也往往会有错误的。不怕有错误，只要能发现错误，寻找原因，迅速修正错误就好了。大会开得好，错误发现了，修正了，真理也发现了。我们准备坚持真理，随时修正错误，这是毛主席的口号。今后要继续去发现我们的错误。《土地法大纲》等文件还可能有错误，要准备去发现，准备由历史来证明、来作结论。现在我来作会议的结论，是否对，也要由历史来证明。

一

“五四指示”后，一年多来各解放区都进行了伟大的土地改革运动，发动了广大群众。一般讲，运动得到很大成绩，但大部分地区不彻底，即使比较彻底的地方也还有若干毛病。土地改革不彻底的原因有以下三个：（1）指导土地改革的政策不彻底；（2）党内不纯；（3）官僚主义的领导。

首先分析第一个原因，即指导土地改革的政策不彻底。我们党解决土地问题已有几十年的历史。经过十年内战，我们对土地革命有了经验。抗日战争开始后，将没收地主土地改为减租减息。这个改变，在领导机关讲是完全自觉的，是在一贯坚定的土地政策之下自觉地让步。到情况发生变化，让步的条件和原因发生变化时，又由减租减息转变为“耕者

① 原注：一九四七年三月中共中央决定，以刘少奇为书记，组织中央工作委员会，进入晋察冀解放区，主持中央委托的工作。一九四七年七月十七日至九月十三日，刘少奇在河北省平山县西柏坡村主持召开全国土地会议并作了报告。这是在会议上所作结论的节录。

有其田”。这就是去年的“五四指示”。“五四指示”是很大的一个转变，这个转变是正确的，但是转变得还不彻底。由减租减息到现在这次会议决定平分土地，中间经过一个“五四指示”。从“五四指示”以来，时间是一年零三个月。一年多的经验证明，一定要有像今天这样的彻底平分土地政策，才能彻底解决农民土地问题。

“五四指示”是由减租减息到彻底平分土地的过渡政策，有其历史的来龙去脉。从“五四指示”当时的情况和环境条件来看，要求中央制定一个彻底平分土地的政策是不可能的。因为当时全国要和平，你要平分土地，蒋介石打起来，老百姓就会说，打内战就是因为你共产党要彻底平分土地。当时广大群众还没有觉悟到和平不可能，还不了解与蒋介石、美国和不了。假如只根据我们共产党的了解，认为与蒋介石和不可能，与美国和不可能，因而就决定不和的政策，那就会脱离广大群众。为了既不脱离全国广大群众，又能满足解放区群众要求，二者都照顾，使和平与土地改革结合起来，结果就产生了“五四指示”。这不算错误，应当如此决定。今天情形不同了，全国人民认为与蒋介石和不可能了，我们党提出打倒蒋介石的口号，进行人民解放战争。现在党与群众的思想准备成熟了，形势也成熟了，提出彻底平分土地是适时的，不迟也不早。

第二，党内不纯。这是土地改革不彻底带基本性质的原因。党内不纯在一年土地改革中更加证明、更加暴露了。可以这样说，党内不纯的情况不改变，即便政策彻底也不行，不只是不能完成土地改革任务，也不能进行战争，还会使党走向灭亡。党内组织上、思想上不纯，上一次报告讲过。党内小资产阶级自发性的弥漫，自由主义，宗派主义，组织上混乱等，都是党内不纯。地主富农混进来，党内阶级路线、阶级观点模糊，就使得土地改革不能彻底。

第三，官僚主义。从现象上来讲，最严重、妨碍群众最大的，就是那种“雷厉风行”强迫命令的官僚主义。还有一种就是“饱食终日，无所用心”的官僚主义，连孔夫子都反对，我们还能不反对么？那种“雷厉风行”强迫命令的官僚主义，不发动群众，不启发群众，不等待群众觉悟，而站在群众头上，命令群众，这是不允许的。为“完成任务”而强迫命令是错误的，不能鼓励，不能批准，不能撑腰。愈奖励愈来强迫命令，愈是“完成任务”，那就不得了。官僚主义是地主阶级、剥削阶级的思想反映到无产阶级的政党里来，一些党员受了影响。还有，无产阶级、劳动群众的觉悟和文化程度不够，使那些官僚主义者能利用群众的弱点，钻空子来整群众。所以，领导机关要小心，不要看见形式上完成任务就奖励，那样可能上大当，奖励了官僚主义。奖励官僚主义的人，也是官僚主义。今后不仅要看是否完成任务，还必须考查是怎样完成任务的。官僚主义与党内不纯是相联系的，党内不纯则官僚主义更厉害。有些官僚主义者，是以国民党的方式来统治群众。工农分子搞官僚主义，是受了地主富农的影响，要教育批评，必要时要处分，处分也是为了教育。要发扬民主，订立一套民主制度，便利群众去监督，保证群众有很多机会、用各种形式来反对官僚主义。

二

会议上通过的《土地法大纲》，代表着今天土地政策的基本和主要部分。《土地法大纲》还要经中央修改、批准后再发给你们，可先根据此草案去准备。从草案来看，政策已彻底了。依靠贫雇农团结中农的路线，在实行彻底平分的方针下也不变，还是这个路线。

彻底平分土地一定要团结中农，不仅不可以少注意，而且更要注意。一部分中农虽然抽出土地，但大部分中农得到土地。就是对抽出土地的富裕中农也要设法团结他们，必要时可设法在别的方面予以补偿，比如在政治待遇方面或分些别的东西给他们。为了使他们不受地主富农影响来反对我们，群众所采用的抽地方式要好些。个别中农不愿意抽，就不要强迫去抽。如果有的中农坚决反对平分土地，甚至与地主富农搞在一起，那自然要进行必要的斗争，但斗争还是为了团结中农。

《土地法大纲》在政策上没有规定区别对待，但实行中可以有所区别。如对不同的地主、地主与富农、旧富农与新富农等，在实际执行中还是区别一下好。对大地主、恶霸可斗得凶一些，对于那些愿意投降的中、小地主就轻一些。不过，要在基本上不牺牲群众利益或保护群众利益之下，在执行平分土地政策之下来区别，不能因为区别和照顾而牺牲群众基本利益或不实行平分。区别，基本上是根据群众意见。利用矛盾，争取多数，反对少数，在满足贫雇农要求的方针下，分化敌人营垒。应该有此斗争策略。

关于打乱平分问题。一般讲，党与政府不要大宣传打乱平分，一定要照《土地法大纲》宣传，不许宣传其他东西。打乱平分，虽然有它的好处，但阻力太大，为了减少阻力，还是用抽多补少，抽肥补瘦的办法好。

对地主，一定要使他低头屈服，要监视管制起来。对不屈服的、顽固反抗的，可暂时不分给本人土地，但一经屈服就要分给。如地主坚持顽抗、反革命时，一定要严格镇压。有的富农反对彻底平分政策，甚至不比地主弱。中国富农有许多方面比地主本事还多一些，要知道，地主很难争取到中农反对革命，而富农接近中农，影响中农的可能性较地主为大。所以，对富农要特加注意。在做法上、政策上对富农与地主要有些区别，以便不使他们与地主一道反对革命；如果他们反对革命，就要镇压。

《土地法大纲》经中央批准后，要与群众直接见面。各地订的细则如有与《土地法大纲》抵触的，以《土地法大纲》为依据。平分土地要组织群众、发动群众自己去搞。最可怕的是群众还没有发动，还没有与地主撕破脸，仅仅由几个干部包办。苏维埃时期的经验，彻底平分土地一定要组织队伍，发动贫农、雇农组织农会，群众觉悟了才行。不去组织队伍，不提高群众觉悟，是不能分好的，就是分了也不巩固。

政策上有个问题要提一下，就是工商业问题。工商业肯定要保护。有的工商业者有土地可以分，其他不动；有些地主有工商业，工商业部分不动；有的地主把东西转移到铺子里，可以命令退出。特别是城市里，一切工厂商店，一律不动，让它去经营。

三

上面讲了一年来土地改革不彻底的原因有三个。今天，政策不彻底这一条解决了，今后只有两个问题，即党内不纯和官僚主义。有了彻底的政策，有了贯彻政策的纯洁的党组织，又有了好办法，不是官僚主义的而是群众路线的，土地改革就一定能进行到底。所以，整编队伍就成了首要关键。队伍有两个，一个是党的队伍，一个是群众队伍，而决定的一环首先是党的队伍，即群众的参谋部。党搞好了，其次是群众队伍，群众队伍的整编决定于发动群众。整编队伍的方法，上次报告中已详细讲了，还是“思想打通，组织整顿，纪律制裁”。对混进党内的地主、富农、阶级异己分子和蜕化分子要清洗；对小资产阶级思想和自由主义要进行思想斗争。党内思想斗争以反右为主，防止左倾。特别是在贯彻平分土地政策的情况下，左倾情绪在党内、群众中有很大的基础。这就是流氓小资产阶级的狂热性、投机性；有的地主富农出身的党员干部怕别人说右，故意搞“左”；党内还流传着一种“左”比右好的观点。有犯左倾错误的环境与条件，再加上土地分配方法简便，容易使我们犯左倾错误。必须搞好正面宣传：如何整党，如何斗争，如何分配，怎样搞就对，怎样搞就错。思想上必须提倡为人民做长工，要提得响亮。鲁迅先生说：“俯首甘为孺子牛”。我们的干部、共产党员要甘心给老百姓做牛马，凡不愿意给老百姓当长工、当牛马的可以退党。退党有自由，入党没有自由。如果有的党员站在人民头上胡作乱为而不受到打击，领导机关熟视无睹，不设法整顿，领导也有问题，要批评，要改正。同时，党内要表扬好的、为人民当长工的。要把表扬与批评结合起来。没有功而表扬，则是丑表功。我们是有功则表，无功则不表，有过则批评，无过不批评。有些地方单表扬是不对的。整党也要有批评有表扬。整党分为两步，一是由上而下思想打通，组织整顿，纪律制裁，目的是去掉障碍，去掉障碍才能彻底实现土地改革；土地改革之后，由下而上地整上来，这是巩固党，扩大战果，在毛泽东思想基础上，把党的经常制度、正确作风建立起来，使党的面貌焕然一新。

整党中，对犯错误的同志一方面要严格，不放任，不搞自由主义；另一方面对愿意改正错误、愿意学习的同志要热情帮助，要给他们以工作和学习的机会，还要照顾他们的生活。要把严格与热情结合起来，放任与冷酷都要不得。“不教而诛”是不对的，要教育才行。没有讲清楚，不处分；教育了，纪律说清楚了，再犯错误就要处分。处分第一次轻一些，二次三次重一些。该处分的必须处分，否则就失去了党的严肃性。要把讲清楚以前与讲清楚以后区别开来，这是领导机关的责任。

整党中要注意清查反革命分子。我们这样大的党，一定会有混进来的国民党特务，但为数不多。对特务案子处理要慎重，凡特务案子一律不准许在下面处理，要送到保卫机关审查清理。土地改革中对反革命案子的处理也要慎重。组织人民法庭，我们没有经验，大家可以去创造。

四

一般来讲，干部在执行群众路线上（考虑问题、解决问题、决定政策、执行政策）都进了一步，但是还没有彻底解决。

群众观点是革命观点、革命精神，它与无产阶级的立场、对人民的情感都有联系。没有这些，就不会有彻底的群众路线。要相信群众有创造力，能创造一切，群众是聪明的。不相信这些，就没有群众观点，就不会有群众路线。

有人以为要群众路线，就不要领导了，这种理解很简单、很庸俗。一切领导，包括军事、政治、经济、文化的领导都要有群众观点，走群众路线。所谓走群众路线，就是领导者走群众路线。问题是领导决定政策、考虑问题、决定办法时，要有群众观点，要走群众路线。人民群众的利益高于一切，把党的利益与群众利益对立起来是错误的。

我们的群众路线即马列主义的阶级路线。所以，只有坚持马列主义、无产阶级立场，才有彻底的群众路线。党性不纯的人不可能走群众路线。

群众路线是党的根本路线。离开群众路线，党的政治、组织，军事及其他一切就不可能有正确路线。决定政策要有群众观点、群众路线，执行政策也要有群众观点、群众路线。一切政策的决定、修改和执行，口号的提出与转变，都必须有群众观点，走群众路线。测量政策的正确与否，要以最大多数人民的最大利益为标准。比如，十年内战时期没收地主土地的政策，到抗日战争时期转变为减租减息政策，是从群众利益出发决定的。“五四指示”也是从群众利益出发决定的。今天彻底平分土地，对解放区群众有利，对自卫战争有利，即对全国人民有利。

决定政策的方法，是从群众中来，政策决定后，要拿到群众中去宣传解释，拿到群众中去执行。对的，就有群众拥护，错的，就没有群众拥护。群众反对的、不拥护的，就有问题。我们的政策，唯一目的是为了群众利益。政策要群众自己去执行，但我们先锋队要领导，不要包办代替。群众没起来，去代替群众，是不对的。群众发动起来了，必须有领导，对群众中的错误意见，要说服教育。不是说，不要包办代替就什么也不做了，尾巴主义、自发论也要不得。

五

方针政策应根据不同地区的情况贯彻执行。这次会议决定的政策，可以全部适用于比较巩固的解放区。在特殊地区、游击区、战区和新区，可以特殊一些，务使适合于当地的环境，不能机械执行。

青年团问题，由中央决定后就着手去办。头一步要选择和训练一批青年干部。在土改中把青年团下层组织形成起来，选择积极分子加以训练。中央局、区党委要选择一批有群众工作作风的、虚心的、能接近群众而没有官僚主义毛病的青年干部去做青年团工作。

妇女工作要重视。妇女工作是党的和群众工作的重要的一部分，必须注意去做。经验证明，单靠女同志把妇女工作做好是不可能的，应当由全党来做。土地改革中要进行妇女工作，根据妇女觉悟程度决定政策，采取办法。妇女婚姻自由的主张，我们共产党应该拥护，现在慢点讲可以，但不能不赞成。婚姻自由是妇女的基本权利之一。贫雇农一起来之后，不只是打倒地主的神权、财权、地权，还要打倒夫权，这是今天妇女解放的一个条件。

生产问题。董老讲了，我赞成。同志们在土改中，要调查土地情况，村财政要整理好，其他负担方面也要搞好，但主要是组织互助，把生产力从封建束缚下解放出来。

军队问题。土地改革后群众有了新气象，党有了新气象，军队也应有新气象。在部队中要给翻身农民撑腰，要反对军阀主义和官僚主义。军队必须参加土地改革，军队有很多人，有很大力量。军队里边有许多好作风，地方要学习。军民关系搞好就是增加了战胜蒋介石的力量，军队打了胜仗，也增加了地方力量。

最后讲几句。实行这样的彻底平分土地的政策，整顿党，整顿作风，直接的目的是为了广大农民的利益，为了把土地改革这一基本任务完成。解决土地问题是直接关系到几百万几千万人的问题，就全中国来说，是几万万人的问题。这直接是农民的利益，同时也是全民族的利益，是中国人民最大的最长远的利益，是中国革命的基本任务。只有发动群众，彻底进行土地改革，把党整纯洁，才能战胜蒋介石。我们解放区有一万万五千万人口，蒋管区有三万万多人口，比我们多，但蒋介石那里农民没有翻身，在反对他，在他的脚下安了“磙子”。我们这里农民翻了身，我们脚跟站得更稳了。这样，就将使我们与蒋介石在力量对比上发生根本的变化。他那里有三万万人，但没有人拥护他，还反对他；我们有一万万五千万人，群众自动参军参战，人力、财力、物力是无穷的。晋冀鲁豫那里，刘、邓带走五个纵队，又组织五个开走了，现在又在组织五个，几十万人参军。负担问题也是一样，农民翻了身，生产提高，从前出三斗公粮还嫌重，现在出六斗也愿意。只要一万万五千万人翻身，我们的力量就比蒋介石大，后备力量就比他大得多。晋冀鲁豫现在仅有七百万人彻底翻身，即有那么大的力量，我们今后搞他七千万或两个七千万，力量是不可限量的呀！中央苏区过去只有二百多万人口，几个县的土地改革搞彻底了，支持了多年战争，抵住了蒋介石，直到现在还在那里搞。土地改革搞彻底，群众发动好，力量是无穷尽的。几个县搞好就有那么大的力量，我们搞他三百个、成千个县，农民都起来革命，蒋介石有什么办法？天王老子也没有办法。解放区搞好了，蒋管区群众也要起来。解决力量对比关系，就要实行土地改革。蒋介石靠美国，我们是靠老百姓。但靠老百姓要有两个条件：第一个就是反对地主，平分土地；第二个就是民主，不准许站在人民头上屙屎撒尿。这两个条件我们可以做到，做不到就不像个共产党的样子。实行土地改革是争取爱国自卫战争胜利最基本的一环，有决定意义的一环，我们有信心能做好。大体上半年可以完成一个大概，以后再仔细搞。我们党内虽然有些不好的现象，要洗刷、批评，但多数同志是好的、忠实于人民的，因而一定能够胜利完成土地改革，一定能够战胜蒋介石。最后胜利是属于我们的！

选自《刘少奇选集》（上卷），人民出版社 1981 年版，第 384～395 页。

18. 中国共产党中央委员会关于公布中国土地法大纲的决议

1947 年 10 月 10 日

中国的土地制度极不合理。就一般情况来说，占乡村人口不到百分之十的地主富农，占有约百分之七十至八十的土地，残酷地剥削农民。而占乡村人口百分之九十以上的雇农、贫农、中农及其他人民，却总共只有约百分之二十至三十的土地，终年劳动，不得温饱。这种严重情况，是我们民族被侵略、被压迫、穷困及落后的根源，是我们国家民主化、工业化、独立、统一及富强的基本障碍。为了改变这种情况，必须根据农民的要求，消灭封建性及半封建性剥削的土地制度，实行耕者有其田的制度。二十年以来，特别是最近两年以来，中国农民在中国共产党领导之下，实行土地改革，已有巨大的成绩及丰富的经验。今年九月，中国共产党召集了全国土地会议，在这个会议上，详细地研究了中国土地制度的情况，土地改革的经验，制定了中国土地法大纲，作为向各地民主政府、各地农民大会、农民代表会及其委员会的建议。中国共产党中央委员会完全同意这个土地法大纲，并予以公布。希望各地民主政府、各地农民大会、农民代表会及其委员会，对于这个建议，加以讨论及采纳，并订出适合于当地情况的具体办法，展开及贯彻全国的土地改革运动，完成中国革命的基本任务。

选自《中共中央文件选集》(13)，中共中央党校出版社 1985 年版，第 722 页。

19. 中国土地法大纲

1947年9月13日中国共产党全国土地会议通过

第一条　废除封建性及半封建性剥削的土地制度，实行耕者有其田的土地制度。

第二条　废除一切地主的土地所有权。

第三条　废除一切祠堂、庙宇、寺院，学校、机关及团体的土地所有权。

第四条　废除一切乡村中在土地制度改革以前的债务。（中共中央注：本条所称应予废除之债务，系指土地改革前劳动人民所欠地主富农高利贷者的高利贷债务。）

第五条　乡村农民大会及其选出的委员会，乡村无地少地的农民所组织的贫农团大会及其选出的委员会，区、县、省等级农民代表大会及其选出的委员会为改革土地制度的合法执行机关。

第六条　除本法第九条乙项所规定者外，乡村中一切地主的土地及公地，由乡村农会接收，连同乡村中其他一切土地，按乡村全部人口，不分男女老幼，统一平均分配，在土地数量上抽多补少，质量上抽肥补瘦，使全乡村人民均获得同等的土地，并归各人所有。（中共中央注：在平分土地时应注意中农的意见，如果中农不同意，则应向中农让步，并容许中农保有比较一般贫农所得土地的平均水平为高的上地量。在老区半老区平分土地时，应按照一九四八年二月二十二日中央关于在老区半老区进行土地改革工作与整党工作的指示进行。）

第七条　土地分配，以乡或等于乡的行政村为单位，但区或县农会得在各乡或等于乡的各行政村之间作某些必要的调剂。在地广人稀地区，为便于耕种起见，得以乡以下的较小单位分配土地。

第八条　乡村农会接收地主的牲畜、农具、房屋、粮食及其他财产，并征收富农的上述财产的多余部分，分给缺乏这些财产的农民及其他贫民，并分给地主同样的一份。分给个人的财产归本人所有，使全乡村人民均获得适当的生产资料及生活资料。

第九条　若干特殊的土地及财产之处理办法，规定如下：

（甲）山林、水利、芦苇地、果园、池塘、荒地及其他可分土地，按普通土地的标准分配之。

（乙）大森林、大水利工程、大矿山、大牧场、大荒地及湖沼等，归政府管理。

（丙）名胜古迹，应妥为保护。被接收的有历史价值或学术价值的特殊的图书、古物、美术品等，应开具清单，呈交各地高级政府处理。

（丁）军火武器及满足农民需要后余下的大宗货币、资财、粮食等物，应开具清单，呈交各地高级政府处理。

第十条　土地分配中的若干特殊问题之处理办法，规定如下：

（甲）只有一口或两口人的贫苦农民，得由乡村农民大会酌量分给等于两口或三口人的土地。

（乙）一般的乡村工人、自由职业者及其家庭，分给与农民同样的土地，但其职业足以经常维持生活费用之全部或大部者，不分土地，或分给部分土地，由乡村农民大会及其委员会酌量处理。

（丙）家居乡村的一切人民解放军、民主政府及人民团体的人员，其本人及其家庭，分给与农民同样的土地及财产。

（丁）地主及其家庭，分给与农民同样的土地及财产。

（戊）家居乡村的国民党军队官兵、国民党政府官员、国民党党员及敌方其他人员，其家庭分给与农民同样的土地及财产。

（己）汉奸、卖国贼及内战罪犯，其本人不得分给土地及财产。其家庭在乡村、未参与犯罪行为，并愿自己耕种者，分给与农民同样的土地及财产。

第十一条　分配给人民的土地，由政府发给土地所有证，并承认其自由经营、买卖及在特定条件下出租的权利。土地制度改革以前的土地契约及债约，一律缴销。

第十二条　保护工商业者的财产及其合法的营业，不受侵犯。

第十三条　为贯彻土地改革的实施，对于一切违抗或破坏本法的罪犯，应组织人民法庭予以审判及处分。人民法庭由农民大会或农民代表会所选举及由政府所委派的人员组成之。

第十四条　在土地制度改革期间，为保持土地改革的秩序及保护人民的财富，应由乡村农民大会或其委员会指定人员，经过一定手续，采取必要措施，负责接收、登记、清理及保管一切转移的土地及财产，防止破坏、损失、浪费及舞弊。农会应禁止任何人为着妨碍公平分配之目的而任意宰杀牲畜，砍伐树木，破坏农具、水利、建筑物、农作物或其他物品，及进行偷窃、强占、私下赠送、隐瞒、埋藏、分散、贩卖这些物品的行为。违者应受人民法庭的审判及处分。

第十五条　为保证土地改革中一切措施符合于绝大多数人民的利益及意志，政府负责切实保障人民的民主权利，保障农民及其代表有全权得在各种会议上自由批评及弹劾各方各级的一切干部，有全权得在各种相当会议上自由撤换及选举政府及农民团体中的一切干部。侵犯上述人民民主权利者，应受人民法庭的审判及处分。

第十六条　在本法公布以前土地业已平均分配的地区，如农民不要求重分时，可不重分。

选自《中共中央文件选集》(13)，中共中央党校出版社 1985 年版，第 723～726 页。

互校版本：

1.《中国新民主主义革命时期根据地法制文献选编》第四卷，中国社会科学出版社 1984 年版，第 423～426 页。原注：“选自《东北行政导报》第一卷第六期”。

2.《中国新民主主义革命时期法制建设资料选编》第三册，西南政法学院函授部 1982 年编印，第 133～136 页。

20. 中国人民解放军口号

1947 年 10 月 10 日

中国人民解放军总部关于颁布解放军口号的训令

1947 年 10 月 10 日

中国人民解放军各级军政首长同志们：

现在我们发布中国人民解放军口号六十七条。你们接到后，应即发给全军指挥员、战斗员，逐条讲解牢记，认真实行。同时，在你们所到之处，你们应当将这些口号，向全国人民，向蒋党蒋军被欺骗被胁从的人们，普遍地书写、张贴、印发、宣讲，务使他们完全了解，万众一心，打倒蒋介石，建立新中国。

中国人民解放军总部

中国人民解放军口号

（一）打倒蒋介石，建立新中国！

（二）打倒背叛政协决议的蒋介石！

（三）打倒破坏停战协定的蒋介石！

（四）打倒内战祸首蒋介石！

（五）打倒独裁者蒋介石！

（六）打倒反革命蒋介石！

（七）打倒屠杀人民的蒋介石！

（八）打倒欺骗人民的蒋介石！

（九）打倒摧残人权的蒋介石！

（十）打倒横征暴敛的蒋介石！

（十一）打倒美帝国主义走狗蒋介石！

（十二）打倒蒋介石才有和平！

（十三）打倒蒋介石才有饭吃！

（十四）打倒蒋介石才有民主！

（十五）打倒蒋介石才有独立！

（十六）坚决彻底干净全部消灭蒋介石进犯军！

（十七）审判战争罪犯，赔偿人民损失！

（十八）解散特务机关，拿办杀人凶手！

（十九）打倒四大家族，没收官僚资本！

（二十）打倒贪官污吏！

（二十一）打倒土豪劣绅！

（二十二）工农兵学商联合起来，组织反蒋统一战线！

（二十三）各人民团体、各民主党派联合起来，成立民主联合政府！

（二十四）知识分子与人民结合起来，为人民服务！

（二十五）人民有言论、出版、集会、结社自由！
（二十六）取消苛捐杂税！
（二十七）保护民族工商业！
（二十八）改善职工生活！
（二十九）开仓济贫！
（三十）农民分土地，耕者有其田！
（三十一）平分土地，废除旧债！
（三十二）国民党士兵分田废债！
（三十三）人人有地种！（或：人人有田耕！）
（三十四）人人有饭吃！
（三十五）人人有衣穿！
（三十六）人人有屋住！
（三十七）人人有工作！
（三十八）人人有书读！
（三十九）男女平等！
（四十）民族平等！
（四十一）宗教自由！
（四十二）保护华侨！
（四十三）保护外侨！
（四十四）美军退出中国去！
（四十五）否认卖国外交，废除中美商约！
（四十六）不许日本侵略势力复活！
（四十七）中美人民联合起来，反对美帝国主义侵略中国！
（四十八）东方各民族联合起来，反抗帝国主义侵略！
（四十九）联合世界上以平等待我之民族，共同奋斗！
（五十）毛泽东是中国的救星！
（五十一）共产党代表全国人民，蒋介石代表贪污土劣！
（五十二）解放军是人民的军队！
（五十三）穷人要翻身，加入解放军！
（五十四）实行三大纪律八项注意！
（五十五）不拿人民一针一线！
（五十六）爱护解放军伤兵，优待解放军家属！
（五十七）解放区是全国人民的总后方！
（五十八）解放区贯彻土地改革，厉行生产节约，支援前线！
（五十九）蒋区人民武装起来，抗丁抗粮，分田废债！
（六十）国民党员们，脱离孙中山叛徒蒋介石！
（六十一）蒋军官兵们，不要替贪污土劣打仗！
（六十二）欢迎蒋军官兵加入解放军！

（六十三）坏人悔过自新，准许将功赎罪！

（六十四）蒋介石必亡，共产党必兴！

（六十五）打到南京去，活捉蒋介石！

（六十六）中国人民解放军万岁！

（六十七）中华民族解放万岁！

选自《中共中央文件选集》(13)，中共中央党校出版社 1985 年版，第 728～730 页。

△中国人民解放军宣言

1947 年 10 月 10 日

（见《毛泽东选集》第四卷，人民出版社 1991 年版，第 1235～1240 页。）

△中国人民解放军总部关于重行颁布三大纪律八项注意的训令

1947 年 10 月 10 日

（见《毛泽东选集》第四卷，人民出版社 1991 年版，第 1241 页。）

21. 中央批准华北财经会议决议及对各地财经工作的指示

1947 年 10 月 24 日

晋冀鲁豫中央局，晋察冀中央局，华东局，晋绥分局，西北局，刘、邓，中原局，陈、粟，陈、谢，彭①，并告中央工委，中央后委，东北局：

（一）中央审查《华北财政经济会议决议草案》和研究该次会议中各种报告材料之后，认为这次财经会议总结了华北各解放区财经工作经验，并正确地提出和解决了今后财经工作的方针与政策。中央批准华北财经会议决议，并且已经成立了华北财经办事处机构，统一领导华北各解放区的财经工作。

（二）中央在批准这一决议时，认为必须指出过去各解放区对于“发展经济，保障供给”的方针，还缺乏深刻的认识，重财政轻经济的现象尚相当普遍地存在（晋冀鲁豫的情形要好一些），因此，许多地方对于发展农业（包括副业）和手工业生产，组织劳动互助，发展合作事业，提倡解放区缺少但有可能自己出产和推广的各种生产（如植棉、种

① 原注：姓名全称是：刘伯承、邓小平、陈毅、粟裕、陈赓、谢富治、彭德怀。

蓝……）等，尚缺乏认真的坚持的贯彻到底的精神。财经机关在贸易、金融、财政等政策上，对于如何保护和扶助解放区内国民经济的发展也就缺少注意，或者是注意得不够，这就不可能使解放区达到经济上独立自主并进一步改善人民生活的目的。这种情形必须引起全党的注意并努力加以改进。在土地改革完成地区的党、政和农会、工会，除开支援前线工作之外（要注意节用民力），应全力去组织群众的生产运动，达到增产粮食、棉花、颜料、布匹、火柴、纸张、肥皂、纸烟及其他日用必需品，以满足人民的需要，并增强对外斗争的力量。这里要坚决反对认为生产缓不济急、利润太小、不能解决财政的观点，必须认清只有增加解放区内部的财富，才是积极开辟财源、保障长期战争需要的根本环节。财政金融贸易机关，在执行政策上，应当把扶助和保护国民经济的发展当作自己最基本的任务。

（三）财经会议对各种财经政策都作了具体的决定，这些决定应即坚决实行。各级党委和财经机关应当讨论、传达财经会议决议（参考该会议中的综合报告及各区报告中许多很好的经验），配合当地情形，具体检讨和布置今后的工作。明年的农业生产运动，今冬就当计划和着手进行。

中　　央

选自《中共中央文件选集》(13)，中共中央党校出版社 1985 年版，第 734～735 页。

22. 中央批转中央工委关于政权形式问题给冀东区党委的指示

1947 年 11 月 12 日

各中央局、分局，刘邓、陈粟、陈谢、彭张、邓张、许谭[①]、中后委，中工委：

在实行土地改革，彻底消灭封建剥削制度斗争中，[政权组织形式][②] 必须随着采取必须的改变。关于这些问题，中工委曾对冀东党委有一原则指示，特转告如后，各地可参照本地具体情况，采择试行，并随时将所得经验电告我们。

（一）目前解放区各级政权形式，应采取从下至上的代表会议制度，其名称或称农民代表会，或称人民代表会均可。（一般以称人民代表会议为妥。中央注）但在土改中，被打倒的地主富农及其他反动分子，均不应有选举及被选举权。（新式富农应除外。中央注）望在土地改革中，应将解放区政权，改组为人民代表会政权，在没有工业区及大城市的解放区，实际上主要是（在区村则完全是）农民代表政权，故各级农会成立后，应使农会委员会（或主席团）成为各级代表会的常驻机关，应将代表会的工作，当作自己的主要工作。为了加强工人、雇农及人民的先进分子，在各级代表会的领导下，规定工厂、机关、

---

① 原注：姓名全称是：刘伯承、邓小平、陈毅、粟裕、陈赓、谢富治、彭德怀、张宗逊、邓子恢、张鼎丞、许世友、谭震林。

② 本书编者注：怀疑此处漏掉“政权组织形式”等字。

军队、学校得派较多的代表数目，党应将最好的干部，经过人民出于自愿的委派到代表会去工作。应从思想上使这种代表会制度，与各种办事机关的委员制分别清楚。这种代表会制最便群众去直接掌握与监督政权，反对官僚主义，最不利于官僚主义者，站在人民头上作威作福，故我们应在积极发动起来的群众中，去放手建立创造与试验这种制度，注意收集经验，以便将来能正式规定解放区的政权制度。

（二）各级农民代表会，或人民代表会，为各级政府最高权力机关，一切权力应集中于代表会，而不应集中于委员会或群众大会。因为群众大会不能实行有系统的权力，而由委员会集中权力，则易成一般官僚机关。由各级代表会委派各级政府委员会及其他办事机关，在代表会的决议与指令之下进行工作，各级政府委员会所进行的一切工作，也均在代表会通过或批准。村长、区长、县长等名称可照旧，余改称主任委员，区村公所，改称区村政府。

（三）各级代表会代表，县以下由区、村人民直接选举（亦可说由人民直接委派），县以上由区、县代表会间接选举。各工厂各机关各部队，亦应派代表到相当的代表会，代表任期以一年为宜。各级代表会应经常集会，村（即乡）每十天或半月一次，区与县每月一次，省或边区每年二次三次或四次。每次会期，区村半天至一天，县省或边区会议十余天或一月、二月，有事时召集特别会议。各级代表会由各级农会主任当议长（或称主席），并由他召集开会。

（四）各级政府机关，应向代表会报告自己的一切工作，并请求审查和批准。代表会对于政府的行政、立法、司法、监察及武装等一切事项，均有权决议或否决之，各政府机关须完全遵守并执行代表会决议。

（五）代表会代表不称职者，得随时由选民撤回另派。各级政府委员会不称职者，得由代表会全部或个别撤换，审核。

中　央

选自《中共中央文件选集》(13)，中共中央党校出版社1985年版，第763～765页。

23. 中央工委关于政权制度及城市工作给东北局的指示

1947年11月28日

东北局：

（一）阅悉关于北满书记联席会议的通知，同意你们的各项办法。关于土地法大纲的补充，还须在平分过程中不断由各省加以修正和补充，不要规定过多的统一办法。

（二）关于东北的政权制度，请你们研究工委九月二十六日给冀东电（中央十一月十二日转各局），在一切群众业已充分发动的乡村和城市：由下而上建立各级人民代表会，并使之成为各级政府的最高权力机关。这种人民代表会的整个系统，应在反对地主、平分土地的过程中，充分发扬群众民主，禁止任何人侵犯人民民主权利及反对一切机关和新老干部的官僚化等等斗争中确实建立起来。首先成立县区人民代表会，然后召集省与全东北人民代表会，并须经常开会，由各级代表会的主席团自行召集，由各级政府向代表会作报告并提出各种议案，使代表会真正成为解决各种重要问题的权力机关（例如大革命时的省港罢工工人代表会），并实行少数服从多数、下级服从上级，上级政府委员会及代表会有权改变下级代表会的决议及解散下级代表会重新选举召集之。只有这种代表会系统确实建立起来，才能使各级政府充分反映群众意见，密切联系群众，并巩固各种纪律和制度。望在实际斗争中大胆试验这种制度。

（三）在城市工作中望加强工会工作及培养工人干部的工作。东北局及各地负责人应经常到工厂中及工人大会、工人代表会去作报告和讲演，使我们各种政策和工作能首先取得工人群众的拥护和帮助。

中央工委

选自《中共中央文件选集》(13)，中共中央党校出版社1985年版，第766～767页。

24. 中共中央关于宣发《怎样分析阶级》等两文件的指示

1947年11月29日

（一）一九三三年苏维埃中央政府颁发之《怎样分析阶级》及《关于土地斗争中一些问题的决定》两个文件，其中地主不分田，富农分坏田等项政策是过左的错误政策，但关于阶级成分的规定（即两项文件的主要部分）则是基本上正确的。现将该两文件之错误部分及与阶级分析无关部分删去，经新华总社电告，当作你们的参考文件。望你们根据各地具体情况，参考此项文件，提出关于阶级成分分析的明确意见电告，然后由中央制定统一的正式文件，公开发表。

（二）你们规定阶级成分时，应召集有经验与有正确观点的同志开会，经过正式讨论通过，并将有争论之点告知。

（三）为着征求下级意见，请你们将两项参考文件印发各级党委、政府、农会及土改工作团，引起他们讨论，并要求他们提出意见。

（四）此两项文件原是一九三三年为纠正在阶级分析问题上的过左观点而制定者，那时，凡在土地斗争尚未深入的地方，发生右倾观点，不敢放手发动群众深入土地斗争；凡在土地斗争已经深入的地方，则发生左倾观点，给许多中农甚至贫农胡乱带上地主富农等项帽子，损害群众利益。以上两类错误均须纠正，而这两个文件则主要是为纠正左倾错误而发。目前正当各解放区开展与深入土地斗争之时，土地会议之召集，土地法大纲之颁布，给了右倾观点以严重打击，这是完全必须的。但随着斗争之深入，左倾现象势将发生。此项文件发至各地，决不应成为妨碍群众斗争的借口，而应在放手发动农民群众彻底平分土地的坚决斗争中，适当地纠正业已发生与业已妨碍群众利益的过左行动，以利团结雇农、贫农，坚决保护中农，这是确定不移的政策，正确地执行土地法大纲，消灭封建、半封建制度。

选自中央档案馆编：《解放战争时期土地改革文件选编》，中共中央党校出版社1981年版，第90～91页。

25. 中央工委关于阶级分析问题的指示

1947 年 12 月 31 日

东北局，冀热辽分局，华东局，华东工委，阜平，晋绥分局，邯郸局，刘、邓，陈、粟，冀中，并报中央抄西北局：

一、根据晋绥与晋察冀最近土改材料，虽在许多地区群众尚未充分发动，但在若干群众业已发动地区，在划分阶级，首先在确定地主、富农斗争对象上，有下列左倾错误发生：

甲、划阶级的标准有好几条，政治态度和思想也列为标准之一，如曾是国民党员或对新政权态度不好，或是贪污干部，欺压群众，就被提升成分，订成地主、富农。

乙、追历史，查三代，其本人在新政权建立前数年，虽已从事主要劳动，并一直劳动到现在，但只要其老辈是地主或本人早先曾过地主生活，就抓住他的封建根子不放，仍订为地主（或称为破产地主、下坡地主）。

丙、把有劳动之家作为无劳动，主要劳动作为附带劳动，因而把富农订成地主。如将自己劳动并雇两个长工者订为地主，理由是自己劳动只占三分之一。也有的将富裕中农（如靠自己劳动只雇一放牛娃或放羊娃者）订成富农。

丁、确定谁是地主、富农，有的仅由贫农团通过，或少数人决定，而不由全体农民讨论通过。

二、我们领导土改的干部，对于上述错误，不去教育说服农民改正，反跟着农民走，拥护农民这种错误，而自诩为群众路线，其实这是放弃领导，是尾巴主义，与我们的群众路线毫无相同之点。

三、上述错误，如不及时防止和纠正，将妨碍土改之进行，并使将来难于纠正。望各地党委立即检查本地土改工作，如已发生上述错误，应立即纠正、补救，如尚未发生应早加防止，不要使这种错误发展。

四、划分阶级应只有一个标准，即占有生产手段（在农村中主要是土地）与否，占有多少及与占有关系相连带的生产关系（剥削关系）。如再提出其他标准都是错误的。追历史只能追到当地新政权建立以前三年、五年，而不要追到太远或追几代。例如，在当地新政权建立前三年中是地主，即订地主成分，是农民，即订农民成分。望根据新华总社广播的苏维埃政府《关于土地斗争中一些问题的决定》及《怎样分析阶级》两文件去办理，并将这两个文件立即印发给一切土改工作干部详加讨论，并根据中央指示，立即提出修改及补充这两个文件的意见速告中央，以便中央能迅速规定分析阶级的统一标准和办法。

五、确定谁是地主、富农，必须首先在贫农委员会及贫农团大会讨论通过，经工作团或上级审查同意，再由本村农民大会讨论通过，方可确定。而决不应由少数人决定或有任何强迫包办。

中央工委

选自《中共中央文件选集》(13)，中共中央党校出版社 1985 年版，第 773～774 页。

26. 任弼时：土地改革中的几个问题[①]

1948年1月12日

我想讲的是土地改革中的几个问题。这是几个重要问题，但不是土地改革的全般问题。各解放区的土地改革运动，都获得很大的成绩，在广大解放区内掀起了热烈的群众运动，已经或正在彻底消灭中国存在几千年的封建半封建剥削制度，使千千万万的中国农民翻了身。这是中国历史上最伟大的人民运动，也是我们今天战争能够胜利发展的基础，是帝国主义和中国国民党反动派所最为惧怕的。去年九月土地会议，全般地讨论了土地改革问题，并作出许多重要决定。中央根据土地会议的结果，颁发了《中国土地法大纲》，建议各解放区政府施行。土地法大纲的公布，清楚而明确地在全国人民面前指出我党土地政策的方向和办法。对于这个方向和办法，我们应该坚决拥护。任何对于土地改革的动摇、畏缩、旁观甚至妨碍，都是不能容许的。但是，土地改革工作是一项繁重复杂的工作，我们为了拥护土地改革，为了彻底实现土地改革的目的，除了提出土地法大纲之外，还必须对于农民实际运动中所发生的各种问题，给以正确的具体的解决。我现在根据中央最近的决定[②]，讲讲在这一伟大运动中所发生的、必须引起全党注意的下列几个问题。

一　根据什么标准来划分农村阶级

中央最近重新发出了一九三三年的两个文件，《怎样分析农村阶级》和《关于土地斗争中一些问题的决定》，给各地作为划分农村阶级的参考文件。这虽是一九三三年的文件，但今天一般还是适用的，其中关于地主、富农、中农、贫农、雇农等都有明确的规定。中央所以发出这两个文件，是因为有些地方在定阶级成分时发生了错误，没有掌握定阶级成分的正确标准，把许多人的成分定错了，弄得敌我界限没分清楚。毛主席告诉我们要画清界线，分清敌我，孤立敌人，分化敌人，不要孤立了自己。如果许多人定错了成分，那就搞乱了自己的阵营，这样做的危险性是很大的。我现在举一个晋绥的材料来说明这种危险性的严重。据晋绥分局上月讲到纠正兴县蔡家崖行政村定成分中的错误时说：全蔡家崖行政村（缺岔儿上自然村）共五百五十二户，评定为地主富农的有一百二十四户，占总户数百分之二十二点四六。据一般的估计，在旧政权下，农村中平均地主占总户数约为百分之三，富农约为百分之五，合计地主富农共约占百分之八的户数，百分之十的人数。老解放区内，很多地主及旧富农已经变化，变为其他成分，地主富农的户数应该少于百分之八，而蔡家崖地主富农的户数则比百分之八还要多出将近两倍。后来分局按照一九三三年《怎样分析农村阶级》及《关于土地斗争中一些问题的决定》两个文件的原则，经过农民代表委员会重新评定的结果，认为一百二十四户中，可将破产及下坡地主十一户，生产富农二

---

① 原注：这是任弼时在西北野战军前线委员会扩大会议上的讲话。

② 原注：1947年12月25日至28日，中共中央在山西米脂县杨家沟召集会议（通称十二月会议），讨论通过了毛泽东作的《目前形势和我们的任务》的报告，还详细讨论了当时党内的倾向问题以及土地改革和群众运动中的几个具体政策问题。任弼时根据这次会议的精神作了这个讲话。

十户，共三十一户改订为富裕中农或中农。这样则地主富农可减为九十三户，占全户数百分之十六点八四。后又把时间的标准从一九三七年缩短到一九四〇年来评定，则全蔡家崖（连岔儿上共五百七十九户）地主富农可降为七十一户，还占总户数百分之十二点二六。如果按地主劳动五年，富农停止剥削三年者均以农民成分计算，则地主富农的户数应当还要少些。

兴县蔡家崖算是当地地主富农比较集中的地方。该县多数乡村地主富农没有蔡家崖这样多。可是蔡家崖的经验，却给我们一个重要的教训，就是我们必须按照实际情形去划分阶级，进行土改，决不可将本来不是地主富农的人们人为地划成地主富农，错误地扩大打击面，打乱革命阵线，帮助敌人，孤立自己。这是一个极端重大的问题，必须引起全党同志的注意。

兴县蔡家崖从事土改工作的同志们怎样划错了成分呢？据称：三十一户下降的原因，可分为以下几种：

（一）因其祖父、父亲剥削过人，本人在一九三六年以前，即建立抗日民主政权的前一年，剥削已很少，或已不剥削者，错算了十五户。

（二）本人早年享受过地主富农生活，抗战以前（后半辈）自己劳动即未剥削人，或剥削很轻微者，错算了五户。

（三）本人勤苦劳动，只有轻微剥削，而“铺摊”大（财产多），这样算错者七户。

（四）本人早年很穷，过继或被卖给地主富农为儿子，自己劳动为主，剥削很少或不剥削人者，错算了三户。

（五）因孤儿寡妇无劳动力，中间一段雇过人，父亲是农民，本人长大也是农民，就是说因偶然丧失了劳动力而雇佣长工遂错算者一户。

（六）此外，过去定成分中对经济状况剥削关系很难确定者，往往以其政治态度决定其成分的升降。

总起来看，在蔡家崖和晋绥其他许多地方，过去是以剥削、历史、生活及政治态度等这样许多项目来作为定成分的标准的。除剥削一项以外，拿其他几项作为定阶级的标准都是错误的。这样只在一个蔡家崖行政村，就定错了五十多户，约有三百左右的人口，被我们算到敌人阵营里面去了，这不是孤立了敌人而是孤立了自己，把自己队伍里面的人，送到敌人方面去，是多么严重的错误！

农民对于这许多人定错成分表示什么态度呢？分局的同志说：农民代表委员会上讨论时，各委员均赞同一九三三年《怎样分析阶级》的划分成分法，但他们怕纠正。有的说，早有贫雇农觉得把阶级敌人搞多了，但不敢说，怕别人说是包庇地主富农。多数委员说，有些所谓生产富农本来是中农，勉强定成富农，他们不当兵了，对咱们不利。又说，剥削少的生产富农定成中农，可使中农大胆生产，对生产有好处。由此可见，农民对大批人错定成地主富农，是不满意的。认为这就树敌太多，自己力量减弱，妨碍生产发展。这是很正确的看法。

这里必须指出，我提出兴县蔡家崖划错阶级成分的问题，只是当作一个例子来说，在晋绥其他乡村，在华北、华东、华中、东北及西北的陕甘宁边区，如像蔡家崖那样定错阶级成分的，或者差不多那样的，肯定地说必定不少。一切解放区的领导同志们，及所有从事土地改革工作的同志们，均必须严肃地检查这个划成分的问题，公开地明确地更改自己所犯的错误。哪怕只是划错了一个人，也必须改正。

像蔡家崖那样定阶级成分的标准是错误的。那么，究竟什么才是定成分的正确标准呢？这是我们必须首先要弄清楚的。划分阶级成分的标准只有一个，就是依据人们对于生产资料的关系的不同，来确定各种不同的阶级。由于对生产资料占有与否，占有多少，占有什么，如何使用，而产生的各种不同的剥削被剥削关系，就是划分阶级的唯一标准。生产资料是什么？工业中的生产资料就是工厂、机器、原料和其他资本。农业中的生产资料，就是土地、耕畜、农具、家屋等。由于对土地、耕畜、农具、家屋等生产资料占有与否，占有多少，占有什么，如何使用（自耕、雇工或出租）而产生的各种不同的剥削被剥削关系，就是划分农村阶级的唯一标准。

根据上述这一标准，就很容易区别农村中的各种阶级成分。农村中的主要阶级成分一般可划分如下：

（一）占有多量土地，自己不劳动，专靠剥削农民地租，或兼放高利贷不劳而获的，就是地主。

（二）占有多量的土地、耕畜、农具，自己参加主要劳动，同时剥削农民的雇佣劳动的，就是富农。中国的旧式富农，带着浓厚的封建性，多兼放高利贷和出租一部分土地。他们一方面自己劳动，接近于农民；另方面又有封建的或半封建的剥削，接近于地主。

（三）占有土地、耕畜、农具，自己劳动，不剥削其他农民，或只有轻微剥削的，就是中农。

（四）占有少量土地、农具等，自己劳动，同时又出卖一部分劳动力的，就是贫农。

（五）不占有土地、耕畜、农具，出卖自己劳动力的，就是雇农。

农村主要阶级成分，一般就应当是这样划分的。但出租土地或雇用长工的人，是否一律按地主富农处理而无例外？例外也是有的。如孤、寡、残、疾，丧失了劳动力，这些人的小块土地，是可以允许出租的。还有如医生、小学教员、工人，他们家里有少量土地，因自己从事其他职业，而不能兼顾耕种，虽出租其土地或雇人耕种，仅够维持其生活者，也不能算为地主或富农。此外，还有一些复杂的情形，需要详细规定，这里说的只是一种最标本的情形。

富农与中农如何区别，是一个要十分慎重处理的问题。一般说，中农不剥削别人，但只有轻微的或偶然的剥削，仍应认为中农。在这个问题上，中央最近决定采取比一九三三年更宽大些的政策，即有轻微剥削（如雇人看牛或拦羊，请零工、月工，甚至雇个把长工，或有少数土地出租，或放少量的债），而这种剥削收入不超过其总收入百分之二十五（四分之一）者，仍算为中农，或富裕中农，这比一九三三年规定这种剥削收入不超过其总收入百分之十五的限度，是更宽一些了。剥削部分超过百分之二十五而且连续三年者，才算富农。

新区在建立民主政权以前一年，地主富农即已破产下降为中农或贫农者，即应承认其为中农或贫农的成分。一年就决定改变成分，是因为他们是受国民党统治压榨而逼着下降的。但是由农民上升为地主或富农者，即原来长年贫苦勤劳积累致富者，就须上升三年以后，才算为地主或富农。

老解放区的地主富农，在民主政权下因合理负担，减租减息，清算斗争，或其他原因而下降，凡地主自己从事农业劳动，不再剥削别人，连续有五年者，应改变其成分，评定为农民（按实际情况定为中农、贫农或雇农）。富农已连续三年取消其剥削者，亦应改为农民成分。但是这些地主富农仍保有许多封建财产者，则仍应交出其多余的财产，分给贫苦农民。地主富农改变了成分之后，是否可以加入农会、贫农团，则应由农会和贫农团加以审查，分别决定之。

在一九三三年的《关于土地斗争中一些问题的决定》中讲："红军战士中地主富农出身的分子，在他们坚决为工农利益作战的条件下，不论指挥员、战斗员，本人及家属，都有分配土地之权"，"但近来有些地方，只问社会出身，不问政治表现，把地主富农出身而坚决为工农利益作战的红军战士已经分得的土地，重新没收，这是错误的"。这是一九三三年对于红军中的地主富农出身的指战员的处理。现在，被允许参加人民解放军的少数地主和富农，他们脱离家庭，受过革命教育，经过战斗考验，如果在战斗中坚决勇敢，又并无包庇地主富农，破坏土地改革的行为者，也应改变其成分，享受一般革命军人的待遇。因为他们是参加流血的斗争，其年限应比在地方上缩短些。在军队中，合乎上述条件的地主富农及其他剥削者入伍满两年，地主富农及其他剥削者家庭出身的知识分子入伍满一年者，即可改为革命军人的成分。这些人本人及其家属分得的土地财产不能少于一般农民（也不要比农民多）。阵亡、残废或退役者，均应分别按革命军人烈士、荣誉战士或退役军人看待。但在战争中表现动摇或犯有其他罪行者，在土改中表现反对或破坏者，哪怕参军很久仍应坚决加以洗刷。

地主劳动五年，富农不剥削三年，即可改变成分，是否有危险呢？我看是没有危险的。因为他们的土地财产（富农的是征收其多余财产，不是全部财产）已经平分了，又有这许多年的劳动，是可以把人加以改造的。在改变成分以前，解放区的地主富农，在此深入土改斗争时期除个别被允许者外，一般以暂时停止其兵役权为妥。至于参加担架队与其他支援前线工作，则仍应分配给他们做。

二　应该坚固地团结全体中农

消灭封建阶级，是一个很残酷的斗争，我们必须依靠贫雇农为骨干，满足贫雇农要求，并坚固地团结全体中农，才能把事情做好。俄共（布）第八次代表大会（一九一九年）上特别强调团结中农的重要，指出对中农要"细心体贴"；并且说把富农与中农混淆起来，是"违反共产主义的一切基本原则"。把问题提到这样严重，是因为侵犯中农利益，必使中农动摇，甚至可以被地主富农利用，而使贫雇农陷于孤立。如果这样，革命就会要失败。

中农在旧政权下，约占人口百分之二十。在老解放区，一般占了百分之五十上下。在彻底平分土地以后，则农村中绝大多数人都成了中农，只有少数人不是中农了。在过去打日本时，中农出力出钱不少。他们打日本是有功劳的。在现在打蒋介石时，也靠他们出很大部分人力和粮食。现在我们的解放军中有百分之三十到四十是中农。如果我们破坏了中农的利益，甚至与他们对立起来，那就要使我们在战争中失败。在新民主主义经济建设中，由个体经济到集体合作经济的发展过程中，主要是依靠新老中农。他们有丰富的生产经验，是值得贫雇农学习的。他们的生产工具也比较完备，可以给贫雇农以帮助。在将来，中农还可以同我们一道走进社会主义。因此，中农是我们的永久同盟者。

但据我们知道，在许多土地改革运动发动起来的地方，在一切解放区，却发生了侵犯中农利益，排斥中农的“左”的倾向。这种倾向，表现在下列问题上：

首先就是定错了一些中农的成分。比如前面说的蔡家崖一个行政村内，就有五十多家中农和富裕中农（甚至还有一些贫农）被错定为所谓生产富农或破产地主。许多地方被错定了成分的，其财产也被没收了，有些连人也被打过。

其次表现为办事不要中农参加。中农怀疑还要不要他们了。除土地已经平分的老区以外，贫雇农团结起来，组织贫农团，作为领导土改运动的骨干，那是必要的，但有些地方走到贫雇农包办一切，那就错误了。例如在选举的农民代表会的代表或委员会的委员里面，只有贫雇农，没有中农参加。许多重要问题的决定，例如决定成分、分果实、分配负担等的会议，不让中农参加，那就使中农感觉自己的命运完全操纵在贫雇农手里，表示非常不安。

再则在负担上不照顾中农，特别加重中农负担。有些地方发现了分派公粮时只由贫雇农小组商量决定，因为土改后地主富农无力负担，就把应分派给地主富农的公粮负担都派在中农头上，甚至送公粮也多派在中农头上。这样做法，也是必然要引起中农反对的。

此外，在分配果实时，有完全不分给中农的。因此使中农感觉斗争时候要他们参加，误了很多工，而在分果实时就无中农的份。甚至连开分配果实的会，也不让中农参加。

上面这些侵犯中农利益、不照顾中农、排斥中农的倾向是非常危险的，是一种反马列主义的极端的“左”倾冒险主义倾向。应该引起全党来注意，必须坚决纠正这种错误倾向，不然就会使自己陷于孤立，使革命趋于失败。

贫雇农与中农之间存在一些分歧，但这是可以解决的。中农在旧社会中一般是受剥削和压迫的。他们在反对帝国主义、打倒蒋介石、消灭封建制度和要求政治民主等根本问题上，具备一切条件，与贫雇农一道在共产党领导下共同奋斗。他们之中的分歧，主要就在于贫雇农不满意中农在斗争地主富农时表示不够坚决，有时动摇犹豫。中农的这种软弱性确是存在的，但只要实行毛主席指示的领导原则，即坚决领导中农向封建阶级作斗争并取得胜利，同时不损害中农利益和给中农以政治教育，那就可以领导中农一致斗争的。其次在平分土地时，富裕中农可能不愿分出其一部分土地。平分土地是消灭封建制度的最彻底、最好的办法。在平分土地中，中农的绝大部分是不分进也不分出，只有少数富裕中农可能要拿出一点土地（其浮财则一点也不能动），下中农还可分进一些土地，但在实行平分土地时，必须和中农商量取得其同意，如果在动富裕中农的一部分土地，而他们自己表示反对时，那就应当向他们让步，不动他们的土地。在分配果实时，应向贫雇农说明：拿出一部分分给中农，以照顾团结。总之，要在各种问题上注意团结全体中农，要懂得团结农村中百分之九十的人口，是我们消灭封建和取得战争胜利的基本条件。无论如何，只应该把打击面放在真正的封建剥削阶级的范围以内，绝对不许可超出这个范围。在人民解放军所到的原先是国民党统治的地方，打击面还要缩小些。在那里，首先只打击大地主、豪绅、恶霸、地主武装、保甲制度和特务分子，依照战争胜利与根据地巩固的情况，依照群众的觉悟程度与组织程度，逐步地发展到消灭全部封建制度。

要团结全体中农，首先要做到不侵犯中农利益，不要定错中农的成分。已经定错的，必须重定。要向他们说明过去是因为没有学会分析阶级弄错了的。如果已经没收了东西的要尽可能退还；已经分用了的，则应在没收地主果实中抽一部分补偿他们。若中农有多余的粮食而贫雇农迫切需要者，可算做借粮。如果出于中农自愿捐出一些粮食救济灾荒，那自然是好的。

其次，办事一定要吸收中农参加。在农民代表会的代表中，农会委员中，要有中农参加，使中农确实享受政治上的权利。在贫雇农占多数的地方，在农民代表及农会委员会中，中农大约可占到三分之一的比例数，贫雇农占三分之二。在中农占绝大多数的老解放区（其中许多是由贫雇农上升的新中农），中农所占的比例就应该增高。大约贫雇农占三分之一，中农占三分之二。各级政权机构中均应有中农参加。各种问题，如定成分、分配负担、分配土地财物等，贫农团（或贫农小组）可以先加讨论，但最后必须在包括全体农民在内的农会上通过才能施行。而且开会时要很好地尊重中农意见，中农的好的意见应当采纳，如果中农有不正确的意见，应作耐心的说服，或给以适当批评，但批评甚至在某些特殊情况下必要的斗争，仍是为着团结全体中农这个根本方针的。

再次，负担必须做到公平合理。例如公粮负担、支援前线以及其他种种人力、财力的动员等，绝对不能因为地主富农不能负担就通通加在中农身上。这是中农最害怕的，也是不正确的。对贫雇农在负担上适当照顾是必要的，但也不能与中农相差太远，而且一切负担的分配，最后应在包括全体农民在内的农会上讨论通过。

只要成分不定错，不侵犯中农利益，吸收中农参加工作，负担又公平，平日对中农又能加以体贴，经常给以教育，那一定能把全体中农很好地团结起来。这样，就是合乎共产主义的原则。领导机关要经常注意，时时刻刻加以检查，如发现有侵犯中农利益，排斥中农的倾向，就必须坚决加以纠正。这种纠正必须是公开的纠正，必须使一切人都知道，应当在报纸上发表。

三　对地主富农斗争的方法

在经济上把地主当作一个阶级来消灭，这是一件不容易的事，是一场恶战。地主阶级在政治上被打倒以后，在经济上尽量设法保存力量，时时刻刻企图复辟。地主富农想尽办法钻到政府和党里面来，把自己女儿嫁给干部，收买狗腿子和坏干部、坏党员。你说要组织贫农团及农会进行土改，他们也可以组织一些假贫农团、假农会，实行假没收、假分配，也开大会“斗地主富农”，用这些办法，达到保存土地财产的目的。所以，贯彻土地改革，是需要很细致的很艺术的领导，要真正把群众发动起来才能把封建阶级消灭，绝不能用简单而性急的方法去进行。晋绥和陕甘宁两区，想在今年春耕前把全部老区、半老区的土改工作做好，这是不容易办到的。若能在两年至三年内把整个区域的土改工作做得彻底，而且把党和政府也改造好，建立起新的民主作风来，那就很好了。

消灭地主阶级，消灭封建制度，主要是没收地主阶级的土地、粮食、耕畜、农具等财产，及征收富农多余部分的财产分给农民，而其中最基本的是分配土地。不要在搞地财上耽误很多时间，不要将没收地主的浮财堆了很久不去分配，以致妨碍分配土地这一主要环节，如像现在有些地方做的那样。在交通发达工商业发展的地方，地主把现款投资于工商业比之埋在地下为有利。所以一九三三年时江西等地搞土地革命，并没有把搞地财看得很重要。在交通不便经济比较落后的地方，地财可能要多些，若能用适当办法不搞死人命能搞出地财来，那在帮助农民解决耕牛、农具、种子困难上有很大好处。但不要钻在搞地财里面，而延搁了浮财与土地的分配，以致妨碍群众的生产。地财可以慢慢地去搞，同时也不能单靠搞地财来解决农民的困难。政府应举行农贷，帮助农民解决分地后的困难。消灭封建剥削制度是为着解放对农村生产力的束缚，使农业经济有大发展的机会，所以土地平分后要号召农民勤劳生产，改良农业技术，发展互助合作运动，求得农民自己生活上的改善，求得民主政府与人民解放军有足够的公粮以利于战胜反动派，并求得日益增多的当作商品出卖的粮食及原料，使城市人民与工业获得足够的农业产品。

现在许多地方斗争地主富农的方法是不适当的。对富农和地主用一样的方法去斗，甚至要打死一些人，对地主甚至对富农一律用扫地出门的办法等。打下地主的威风是必要的，但并不要对每个地主富农用一样的方法去斗。首先对富农与对地主的斗争应有区别。《中国土地法大纲》上规定废除地主阶级的土地所有权，没收地主的牲畜、农具、房产及其他财产。对富农除土地一同平分外，只是征收上述财产的多余部分，即征收其多于一般中农的财产，并非全部没收。把富农如同地主一样去斗，不但是混淆了上述区别，更重要的是可能引起中农的恐惧与动摇。因为中农是介乎富农与贫农之间的阶层，在没有其他更好的发展道路的时候，他们总想发展到富农的地位。如果过火地打击了富农，是可以引起中农惧怕的。因此，我们必须把地主与富农分别开来。

以后对富农只能采取征收其多余财产的办法，不能没收其全部财产、房屋，更不应用扫地出门的办法去对付一般富农。搞富农地财也不能如搞地主地财一样，因富农自己是参加劳动的，他的积蓄的一部分是自己劳动的果实。

对地主斗争的方法也应分别地主的大、中、小，地主的恶霸与非恶霸。对大地主及恶霸斗得严厉些，借以警告其他地主，使其他地主懂得土改是大势所趋，不能抗拒而拿出他的土地财产，或是用谈判方式使他们将土地财产交出来。拿出土地财产来的就不一定拿到大会上去斗，只要他屈服，低了头，服从了政府和土地法就可以。

我们对地主的阶级剥削制度是采取消灭政策，但对地主个人则不是采取消灭政策。对一切地主除少数汉奸及内战罪犯经法庭审判定罪者外，均应按土地法大纲分给不比农民多也不比农民少的土地财产，强迫他们劳动，改造他们。因为地主在参加劳动后，是不小的一批生产力，我们不应当抛弃这批生产力。还因为如果我们不分给以必要的土地财产，他们就会去抢、去偷、去讨饭，弄得社会不安，农民反受损失。即使是犯罪分子，只要其犯罪程度未至经法庭判决枪毙者，亦必须分给一份必要的土地财产，社会秩序才能安定。我们共产党领导的革命所以优于一切历史上的革命，就是因为只有我们才能采取最为公平合理的政策，最大限度地发展社会的生产力，达到人人有衣穿，人人有饭吃，人人有屋住，人人有事做，人人有书读之目的，而不使任何一个人得不到生活的满足。我们这样做，首先是使劳动人民得到满足，其次也使地主分子得到生活出路。若地主保有工商业而足够维持生活者，自然可以不分地给他。若工商业太小不足维持生活者，还需分给一部分土地。

对新式富农和旧式富农的处理，又应有所区别。有些贫苦农民，在过去民主政权下劳动生产上升为新富农，在此平分土地时期，应照富裕中农待遇，其土地在平分时应取得本人同意，方能抽动其按照一般中农水平的多余部分，如果本人不同意，则不应抽动。因为这种新式富农的生产是在民主政府帮助下发展起来的，若现在又打击这种富农，就会引起中农动摇。这种富农的存在对我们并无害处，而且在将来一个时期内还会发展的。过去我们鼓励这种富农，例如吴满有，那样的人们，发展其生产，对于稳定中农，刺激中农的生产热情，起了很大的作用。我们今后的政策，还是应当如此。

四　对工商业政策

对工商业不要采取冒险政策。各地已发生有破坏工商业的现象。例如陕北神木地区的高家堡，当被我军收复时，连小商贩也没收了。这是一种自杀政策。《中国土地法大纲》上规定："保护工商业者的财产及其合法的营业，不受侵犯。"一般工商业是应当受到保护的，就是地主富农所经营的工商业，也不应当没收，同样是应当受到民主政府的保护。不要以为这些工商业是地主富农所投资而加以歧视，这是不对的，而应当看到这些工商业的存在，有益于今天的社会经济。党的政策是仅仅没收官僚资本与真正大恶霸、反革命分子的工商业归国家或人民所有，并且确定这些应当没收的工商业，凡是为国民经济所需要者，必须使之能够继续营业，不得停闭，更不得破坏和任意分散。这些政策不仅适用于原有解放区，也适用于将来解放的新区域。你们不久就要打出去，必须严格遵守这种政策，绝对不能重复如像高家堡一类的错误。那么地主在过去减租减息时期将土地变卖而投资工商业者，现在是否可以没收呢？不可以的。我们过去和现在都是保护和鼓励这些工商业，因为这样对于繁荣中国的经济是有利的，是需要的。在斗地主地财时，必须规定不许地主破坏已有的工商业，否则要受处罚。

毛主席说："由于中国经济的落后性，广大的上层小资产阶级和中等资产阶级所代表的资本主义经济，即使革命在全国胜利以后，在一个长时期内，还是必须允许它们存在；并且按照国民经济的分工，还需要它们中一切有益于国民经济的部分有一个发展；它们在整个国民经济中，还是不可缺少的一部分。"[①] 我们要把毛主席这篇道理，向工人、农民和士兵群众解释清楚，使他们懂得为何要有工商业，教育一切劳动人民懂得局部的暂时的利益要服从整个的长远的利益。譬如地主开座煤窑，农民从目前局部利益出发，是可以举手拥护没收分配的，因为将煤窑的工具和物资大家分到一份可以暂时解决自己的问题。如果我们批准这样做，形式上看来是走群众路线，实质上是犯了尾巴主义的错误。在这种情形下，我们要说服农民懂得煤窑完整存在的利益，分散了就会把煤窑弄垮，结果自己也会无煤烧，这就妨碍了解放区的经济发展。

我们说解放区经济要独立自主，我们不能做殖民地的殖民地。只有经济上不依靠别人，军事上政治上才会有力量。我们要经济上能独立自主，就要使公营的、私营的、人民合作经营的手工业、工业，以及农村的农业，都有一个发展，生产人民与军队大量的必需品和粮食，使我们对外贸易能保持平衡，以至出超，不去买蒋区的货物和美国货。

有了工业农业生产品，就需要有商业，例如公私商店、消费合作社等作为桥梁，使生产者能卖出他们所生产的商品，使消费者能够得到这些商品。经过这样的流转，才能使工农业进行再生产与扩大的再生产。现在解放区内政府的贸易公司还没有力量普设商店（现在许多机关部队所设的公营商店，往往为着解决本单位困难，没有负起应有的任务，甚至有违反政策的现象发生），合作社也发展得不普遍而且往往办得不好。因此，私商的存在

① 见毛泽东：《目前形势和我们的任务》，载《毛泽东选集》第四卷，人民出版社 1991 年版，第 1254～1255 页。

是需要的。商人当然有剥削，商人的商业行为本身不生产任何价值，他们或者是分享资本家一部分利润，或者是直接对生产者消费者实行剥削；有时囤积居奇，作投机事业，为害更大。但问题不是要去破坏商业，而是要去领导商业。要能掌握整个商业的发展，要商人为我们所用，而不要我们为商人所用。这种政策对于人民固然是有利的，对于正当商人也是有利的。至于小商小贩，大部分是贫苦的，他们的生活只相当于贫农、中农或富裕中农，更不应该去打击他们。如在陕北高家堡所发生的破坏商业的情形，是绝对错误的，那里的商业搞垮了，老百姓买卖东西就要到榆林、神木或镇川堡，那就很不方便。因此，我们对工商业，应采保护和领导的政策，绝对不能破坏，破坏是一种自杀政策。对工商业必须收税，但必须订出恰当的税率，不要收得太重。这种税率，以不致影响他们的经营与发展为原则。否则，就会犯错误。

五　知识分子和开明绅士问题

知识分子中，有许多是地主富农家庭出身的，我们应采取什么政策呢？

我们对于学生、教员、教授和一般知识分子，必须避免采取任何冒险政策。对于知识分子如何看法？教授、教员、科学家、工程师、艺术家等，他们大多是地主、富农、资本家家庭出身，可是他们自己干的事业，是一种脑力劳动。对于这些脑力劳动者，民主政权应采取保护他们的政策，并且应当尽量争取他们为人民共和国服务。

这些知识分子、自由职业者是有知识和专门技能的，一般都靠自己的知识和技能谋生活。在国民党统治之下，他们中的绝大多数是过着经济上很困难，政治上很不自由的生活，其中还有不少的失业者。至于在科学上创造发明的机会，更是少极了。他们中也有极小部分人，是坚决跟反动派跑的。但是极大部分人看到了蒋介石和美帝国主义的种种腐败反动，而对国民党统治和美帝国主义侵略表示不满，对于日益发展的革命运动抱着某种程度的同情，或持中立的态度，这些人是可能争取的。如果我们在政治上和思想上好好引导他们，给以适当的教育和改造，他们的知识和技能是可以为着新民主主义的中华人民共和国国家服务的。

至于学生，从国民党城市近几年的学生运动及我们整顿“三风”审查干部的经验来看，绝大部分学生是不满蒋介石反动独裁统治，要求民主的。去年一年的三次大的学生运动，是我们正在农村中实行土改的时期爆发的。许多倾向革命的学生，包括若干地主、富农家庭出身的学生，他们并不反对改革土地制度，积极地为民主而斗争，因为他们逐渐认识到土地改革是他们所要求的民主的一个基本部分。其他的许多学生，因为看到了革命发展，天下将是共产党领导的，中华人民共和国将在全国建立的这种大势，也可能接受进步思想，逐渐转到民主方面来，而反对美国帝国主义及蒋介石的统治。在广大的学生群众中，反革命特务分子是有的，但他们只是绝对的少数。学校中的三青团员，也并不是个个都坚决反革命。其中只有一部分，或者只是一个极小的部分，是不可救药的反动分子，专门反对革命，破坏学生运动。因此我们对学生和知识分子应帮助他们进步，吸引他们参加反帝争民主的斗争。

我们正在建立一个新民主主义国家，解放区内已有一万万六千万人口，还在继续发展。三五年内，革命就可能在全国胜利了。我们要建设一个新民主主义国家，就必须要有知识。例如建立一个医院，要设内科、外科、妇科、小儿科、牙科等，就要有许多医生、医助、护士。这些人才，要经多年学习和实际工作锻炼，才能培养出来。例如要修一条铁路，必须有工程师和其他的技术专门家，还要有大批段长、站长等。又如被战争破坏了的铁路，将来要迅速建设，还要建设新的铁路（现在解放区后方就已经在建设），靠我们军队的工兵连当然是修建不起来的。又如土地改革后要提高农业生产力，我们就需要许多农业专家，来改良种子、肥料、工具和水利。我们办兵工厂和其他工厂，就需要许多工程师、专门家。开商店、搞贸易，需要很多会计。办学校，要教员。这一大批技师、专门家、科学家、教员等等，都不是一天可以培养出来的，要有专门的学校来培养，多年才能毕业。我们目前还没有如此多的有知识的专家，我们必须放手争取和使用中国原有知识分子专家来替人民办事。我们一面使用这批知识分子，一面教育和改造他们，纠正他们中许多人轻视人民脱离群众的习气。他们的大多数是有建设热情的，在新民主主义的伟大建设事业中，其中大多数一定是会进步的。

现在农村中还有许多地主富农家庭出身的知识分子没事做，我们也要想办法来争取和改造他们。只要他们表示愿意服从民主政府法令，特别是土地法，不反对共产党的政策，愿为人民服务，不进行破坏活动，如有违法行为甘受政府法律制裁，我们就可以让他们出来工作。可办各种训练班，训练技术和政治，慢慢改造他们，然后分配他们以适当工作。但不要一下用在紧要的岗位上，而且要经常提高警惕性，防止他们中有些坏分子的破坏。经过长期考验过的，才可放在重要岗位上工作。

我们要防止因为消灭封建制度而排斥一切与封建制度有联系的知识分子。那对人民的事业是有害的。同时，更要注意培养工农出身的知识分子，要使翻身的工人农民得到知识，并将他们中的优秀分子或他们的子弟培养成知识分子，培养他们负担建设任务。如果只利用旧的，而不着重去注意培养工农知识分子，那就会要犯错误。

在抗日时期，减租减息，实行“三三制”，有一批开明士绅，例如李鼎铭等，参加了政府和参议会，这是完全正确与必要的，对全国起了很好的作用。怀疑这种成功是错误的。现在打倒蒋介石，实行土改，是否这些开明人士就不要了呢？不应该。他们过去同我们一道打日本，现在又和我们一道打蒋介石，他们和我们共过患难，对这些人要采取慎重态度。地是要分的，但不要去斗。他们有错误，可以给以批评，不要去打。只有那种错拉了进来，恶迹很多，真是为人民所痛恨的恶霸分子，才应交给人民法庭当作恶霸去处理。过去有功绩，现在又赞成土改、赞成打倒蒋介石的，还可以继续办事。李鼎铭死了，如果未死的话，还是可以继续工作。你们假如出到大关中，消灭了胡宗南，成立民主政府，就应当请类似杜斌丞这类人参加。杜斌丞是民主同盟的人，是一个民主分子，他被胡宗南杀死了，但是类如杜斌丞这样的人还是有的。有这样的人参加民主政府，使民主政府成为共产党领导的各革命阶级的代表人物联合组成的政府，而不是共产党一党包办的政府，这样对于团结中国百分之九十以上的老百姓一道奋斗是有利益的。

六　打人杀人问题

共产党是坚决反对乱打乱杀与对犯罪者采用肉刑的。乱打乱杀与使用肉刑，是封建社会的产物。封建主对待农奴，军阀对待士兵，才是乱打乱杀与使用肉刑的。一百多年以前，欧美资产阶级举行革命的时候，他们就提出保障人权、废除肉刑的口号。资产阶级尚且提出这种口号，我们是共产主义者，是新民主主义者，我们领导的革命比资产阶级领导的革命不知要高明多少倍，我们当然应当反对乱打乱杀，反对肉刑。为什么把打人杀人的问题当作严重的问题提出来呢？就是因为在土改运动中，发生有不少打人和逼死人的事实，更由于党内不纯，地主、富农、投机分子和流氓分子利用机会捣乱，就造成了乱打人、打死人、逼死人的现象。有些罪不该死的人，被打死杀死了。这值得引起我们的严重注意。

我们反对乱杀人，并不是说一个人也不能杀。那些真正罪大恶极的大反革命分子，大恶霸分子，国人皆曰可杀的这类分子，经过人民法庭判处死刑，并经过一定政府机关（县级或分区一级或更高的政府所组织的委员会）批准，执行枪决，并公布其罪状（杀人必须公布罪状，不得秘密杀人），那是完全必要的，不如此不能建立革命秩序。但是不能随便加人罪名而去处人以死罪。须知多杀人是不能解决任何问题的。我们的任务是解决问题，解决如何消灭帝国主义、封建主义和官僚资本主义的压迫和剥削，将中国建设成为独立的强盛的人民民主共和国这样的问题。除了在战争中在火线上必不可免地要杀死许多敌人以外，多杀了人，杀错了人，不但不能解决问题，而且可能推延问题的解决，甚至可能引导革命遭到暂时的失败。这是因为多杀人必然要失去人民群众的同情，遭受很多人反对。因此那种主张多杀人、乱杀人的意见是完全错误的，是直接违反马列主义的原则和中国共产党的路线的，必须给以毫不容情的反对。地主富农在中国农村中占人口约百分之十，全体人数约在三千万以上，他们在封建半封建的中国旧社会中，是完全依靠或大部分依靠封建剥削过生活。当着这种封建剥削制度彻底废除之后，分给他们以如同农民一样的土地和财产，使其依靠自己劳动来生活，那他们就可以逐渐被改造为替社会创造财富的、对社会有利益的力量。如果任意杀害许多并不是坚决破坏战争和土地改革的地主富农，这不仅会失去群众同情，孤立自己，而且还损失了国家的劳动力，使社会上要少生产一部分财富。如果被杀害者的家属因为缺乏劳动力不能生活时，还要增加社会上的负担。

打人，我们也是要反对的。在群众运动中，出于群众的真正义愤，而去打了一下压迫他们为他们所极端痛恨的人，共产党人不应当禁止和拦阻，而应当对于群众的义愤表示同情，否则我们就会脱离群众。但是共产党人，民主政府的工作人员，不应当组织打人。我们必须在适当时机向群众说明，应有远见地去改造已经缴械投降了的地主和旧式富农；我们是把地主当作一个阶级来消灭，并不是要消灭地主个人。对于缴出了土地财产的地主，应当要他们劳动，把地主和旧式富农当作国家的劳动力看待。同时，强迫他们在劳动中去改造自己。只有把他们都改造成为劳动者，那才算是把封建阶级的遗迹也消灭了，才是我们工作最大的成功。

农村中犯错误的干部和党员，由群众参加党的会议加以审查，是一个很好的方法。在审查时，有时也有挨打的事。我们的地方工作干部中很多是艰苦奋斗，为人民所忠诚拥护的，因此能够领导人民，坚持长期的抗日战争和自卫战争，进行各种经济的政治的民主改革。但其中也有不少人做了许多对不起群众的事。他们在做这些事时，有些是为急于完成上级给他的任务，但是方法不好而发生的。例如催粮草、派担架，时间很紧，又没有学会民主作风，他们就用强迫命令的方法，打骂了群众，得罪了群众。这样的事不能完全由下面地方工作干部负责，上面领导机关交给任务太多，时间规定太急，平时对民主作风的教育太少，也有责任。但有些事，例如多分果实、假公济私、贪污腐化、横行霸道等，那是完全违背领导机关历次指示的，那是要干部本人负责的。上级如果也有责任，就是没有立即发觉、制止、处分或根本撤销其工作。但这些区别群众常常并不容易分得清楚。在群众审查大会上，过去被打过被欺压过的群众，很容易走到用打的方法作为报复的情形。因此，我们要向群众解释清楚，或者在开审查大会之前，就先向积极分子说明白，对被审查的干部，准许群众放手批评指责，但不准动手打人。同时，也向被审查的干部说明，要向群众好好承认错误，并保证以后不许报复，违者由政府用法律制裁。在审查会上，要准许被审查者有充分说理之权，不准说理是不民主的。无论在农村中，在城市中，在军队中，在机关和学校中，在任何审查党员或干部的会议上，被审查者都有申述理由的权利，这种民主作风决不可少。

除此以外，还要允许群众对被审查干部有直接撤职或建议撤职之权。对其中最坏的有犯法行为的干部，群众有权向人民法庭控告。我们说服群众不能打人，但如不给群众这些权利，他们就不敢批评了。总之，在审查干部党员和斗争个别群众中的坏分子时，应采取尽量用口批评说理、不准动手打人的方针。这样规定，群众敢于批评，被审查者也有申诉的机会，就可以达到建立民主作风的目的。

选自《任弼时选集》，人民出版社 1987 年版，第 413～437 页。

互校版本：《政策汇编》（上编），中共中央政策研究室 1949 年 3 月编辑，第二野战军政治部 1949 年 9 月翻印，第 23～50 页。

27. 中央关于边区政权性质给邯郸局的指示

1948 年 1 月 16 日

邯郸局并告中工委，新华总社：

新华社晋冀鲁豫十三日电讯中，有在边区农代大会成立前政务会议应尊重农代筹委会的意见和依据贫农、雇农、工人的要求改进工作等语。其中不但没有小资产阶级、中等资产阶级，连中农、独立工商业者、自由职业者及脑力劳动的知识分子也没有提到。像晋冀鲁豫这样大范围的政权机关不应只是代表农民的，它是应当代表一切劳动群众（工人、农民、独立工商业者、自由职业者及脑力劳动的知识分子）及中产阶级（小资产阶级、中等资产阶级、开明绅士）的，而以劳动群众为主体。因此，边区最高政权机关是边区人民代表大会及其选出的政府，而不是农民代表大会及其选出的政府。尽管现在各解放区是农民占绝大多数，但是必须顾到工人及其他各阶层民众，在农民中则必须顾到中农。此项新闻不知你们是否事先看过或事后有所检讨。根据此项新闻，至少我们的新华社及报纸的工作人员，对于毛主席十二月二十五日报告并未研究，以至对于这些同志的过左的不正确的观点，并未纠正。望你们根据此电检查新华社的工作，并将结果电告。

中　央

选自《中共中央文件选集》(14)，中共中央党校出版社 1987 年版，第 6 页。

28. 毛泽东批转《朱德关于军事民主及职工待遇问题给中央的信》

1948 年 1 月 31 日

中工委，阜平局，杨、罗、杨，东北局，热河，南满，华东局（转许、谭，华中工委），华东工委，邯郸局，中原局，刘台（野后）陈、粟，陈、谢①：

朱总司令十二月十日信中提出了两个重要问题。第一个问题，是用民主讨论方式，发动士兵群众，在作战前，作战中，作战后讨论如何攻克敌阵，歼灭敌人，完成战斗任务。特别是在作战中，放手发动连队支部，班排小组，反复讨论，如何攻克敌阵，收效极大。陕北攻克蟠龙整一师一六七旅阵地的经验，也是如此。当时有一个团打了几天，上面认为无法打了，下令撤退。但连队认为可打，不肯撤。连队战士分组讨论，找出了办法，继续打，结果获得胜利。陕北将此种情形，叫做军事民主，而将诉苦运动，三查，三整，叫做政治民主与经济民主。这些军队中的民主生活，有益无害，一切部队均应实行。第二个问题，是工厂中商店中工人店员职员的生活条件，不可过高。我党工商业政策的任务，是发展生产，繁荣经济，公私兼顾，劳资两利。如果我党不善于领导工人阶级，执行这一任务，提出了过高的劳动条件，重复过去历史上犯过的错误，致使生产降低，经济衰落，公私不能兼顾，劳资不能两利，就是极大的失败。这件事，必须引起全党注意，决不可只看见眼前的片面的所谓劳动者福利，而忘记了工人阶级的远大利益。此事，中央早已发了指示。但在许多地方并未引起注意，许多中央局分局未能据此发出指示，未能向工会工作同志及工人群众进行正确的解释，迁就党内与工人群众中的孤立的片面的狭隘的思想，仍然执行历史上使我党遭受过严重挫折的错误方针。各地中央局以下各级党委，必须以严正态度对待此项问题，立即改正党内在此项问题上存在着的错误思想与错误政策。

毛泽东

选自《中共中央文件选集》(14)，中共中央党校出版社 1987 年版，第 12～13 页。

互校版本：《毛泽东文集》第五卷，人民出版社 1996 年版，第 46～47 页。标题是《转发朱德给中共中央信的批语》，原注："根据中央档案馆保存的原件刊印"。

29. 中共中央关于保护工商业问题的指示

1948 年 2 月

一、关于各地工商业政策上的错误，除朱德同志来信及中工委二月来电所反映者外，

① 原注：姓名全称是：杨得志、罗瑞卿、杨成武、许世友、谭震林、陈毅、粟裕，陈赓、谢富治。附注：朱德关于军事民主及职工待遇问题给中央的信（一九四七年十二月十日），见《朱德选集》《给党中央和毛泽东同志的一封信》。

又接康生同志自渤海来信称："此间对城市工作与工商业，过去均持毁灭政策。羊角沟的工商业，由于去年六、七月完全用农村斗争方法，全部没收分配，几已全部垮台，盐产大大缩小，羊角沟已成死城，很难恢复。现已下令禁止在一切城市及大镇进行土地改革，并不准没收和分配任何工商业，并派人到沧州、德州、羊角沟等城市调查，研究补救办法，以安定人心，发展生产"等语。我们估计，华北、东北各地类此事件必定不少。晋绥之严重破坏工商业的现象是从领导上发生的，现正在纠正中。各地发现此类事件，必须从领导方针和领导方法两方面去检讨。

二、在领导方针上，没有预先防止将农村中斗争地富、消灭封建的办法错误地应用于城市，未将消灭地富之封建剥削与保护地富经营之工商业严格区别，未将发展生产、繁荣经济、公私兼顾、劳资两利的正确方针与片面的、狭隘的、实际上破坏工商业的、妨碍工人与人民革命事业持久的、所谓拥护工人福利的救济方针严格区别，更未使这种区别成为党内公认的风气，也未引导工人与政府及私人资本家合作组织生产管理委员会，尽一切努力去节省成本，增加生产、便利推销，尽力以达公私兼顾、劳资两利、支持战争的目的。反而是引导工人追求片面的眼前利益，盲目地将工人及自己一同引入绝路。还有带有毁灭性的工商业税收政策。所有这些，都是由于全部、大部或一部没有掌握方针而犯了错误。应由中央局会议讨论，明确提出此问题加以分析检讨，然后发出正确方针与党内指示和政府法令。

三、在领导方法上，方针决定了，指示发出后，中央局、分局必须与区党委、地委或自己派出的工作团，以电报、电话、车骑通信、口头谈话等方法密切联系，并利用报纸作为自己组织与领导工作的极重要的工具。以便随时掌握运动进程，交流经验，纠正错误，以免等数月、半年以至一年后，才开总结会，算总账，总的纠正。这样损失太大。随时纠正，损失较少。当时羊角沟事件应由景晓村领导之渤海区党委负责（当时华东战争极紧张，华东局正全力应付战争），但在通常情况下，各中央局与下面的联系似不够密切，明确划清许做不许做之事情的界限，随时提醒下面使之少犯错误的工作做得不够。这都是领导方法问题。

四、对工商业左倾冒险的政策，已至极端危险与不能忍受的程度。在战争、整党、土地改革、工商业与杀人五个问题中，任何一个问题犯了原则的错误，不加改正，我们就会失败。必须全面掌握正确政策，并随时纠正下面的错误，勿等乱子闹大再算总账。中工委此次召集的邯郸、五台、华东各局的负责同志会议，除讨论组织问题外，必须讨论政策问题，尤其是工商业政策问题。

五、政策是革命政党一切实际行动的出发点，并表现于行动的过程及归宿。一个革命政党的任何行动都是实行政策，不是实行正确的政策，就是实行错误的政策，不是自觉地，就是盲目地实行某种政策。所谓经验，就是实行的过程和归宿。政策必须在人民实践中、也就是经验才能证明其正确与否及正确与错误的程度。但是人们的实践，特别是革命政党与革命群众的实践，没有不和这种或那种政策联系的。因此，在每一行动之前，必须向党员及群众讲明我们按情况规定的政策。否则，党员与群众就会脱离我们政策的领导而盲目行动，执行错误的政策。

附　朱总司令去年十二月给毛主席信的摘录

（上略）工人运动过去走错了路，张家口时代，工人发双薪：工人工资以养活四口人为准，余毒一直留到现在。工资过高，成品又坏，成本又高，工业品与农产品的剪刀差越来越远。河间有一新式面粉厂，工人工资每月六七百斤小米：工人吃小灶，生活富饶，我曾指出现处战时，大家勉强生活，拼命工作，工人是革命领导阶级，而只顾改良自己生活，不顾战争，不顾大家，以致公私工厂关门，工人失业。这简直是自杀政策。该地工会负责同志声称可以改正。工人也知道最高工资一般不得超过月薪二百斤，工业才能发展，工人才不致失业。石家庄发失业工人救济米，每天每人五斤，当即予以纠正。

（毛主席注：不是公私兼顾，不是劳资两利，而是提出过高的劳动条件，重复过去历史上犯过的错误，致使生产降低，经济衰落，就是极大的失败。决不可只看见目前片面的所谓劳动者的福利，而忘记了工人阶级的远大利益。关于此点，中央早有指示，但在许多地方并未引起注意，许多中央局、分局未能据此向工会同志及工人群众进行正确的解释，反而迁就党内与工人群众中的孤立片面狭隘的思想，仍然执行历史上使我党遭受严重挫折的错误方针。自中央局以下，各级党委，必须以严正态度对待此项问题，立即改正党内在这一方面的错误思想与错误政策。）

选自中央政策研究室编：《政策汇编》（下编），第二野战军政治部1949年9月翻印，第6～9页。

30. 中央关于修改经营地主与富农界限的规定给东北局的指示

1948年2月6日

东北局并中工委：

东北局划分阶级文件中，规定经营地主与富农界限为：全家主要人员（十八岁至五十岁男子）全部参加主要劳动，或全家收入百分之五十以上靠自己劳动者，为富农；全家主要人员一部参加主要劳动，全家收入百分之五十以上靠剥削者，为经营地主。又规定富农、小富农、富裕中农界限为：全家剥削收入等于雇用半个劳动（能耕种二垧地）到一个劳动（特殊情形下一个半劳动）者，为小富农；剥削更大者为富农；剥削更小者为富裕中农。在这两个规定下，据东北局一月二十七日电，北满地主富农约占农村人口百分之二十三至二十五。因此发生打击面过大的问题。我们认为东北经营地主与富农虽较其他地方多，但上述这两个规定都须重行考虑，并根据一九三三年规定原则与东北特殊情况，提议作如下修改，请研究答复：

（一）在全家是一个经济单位，并以农业为主要收入的条件下，在其占有土地等项生产资料超过普通中农水平，其剥削收入超过其总收入四分之一以上的条件下，凡普通家庭（二十口以下）有一个人参加主要劳动，每年满四个月者，即为富农，不满四个月者，即为经营地主。凡大家庭（二十口以上）主要人员四分之一以上参加主要劳动每年满四个月者，即为富农，不满主要人员四分之一者，即为经营地主。例如某家主要人员四十口，有十人参加主要劳动者，即为富农，不满十人者即为经营地主。

（二）如全家不是一个经济单位，则应以各人独立的生活方法分别订各人的成分，例如做教员的即认为自由职业者。如全家以工商业为主要收入，则应认为工商业者或工商业者兼地主。如占有土地等项生产资料不超过普通中农水平，则不认为地主或富农。其剥削收入不超过其总收入四分之一者，则认为富裕中农或普通中农。

（三）富农中农的界限定为剥削收入是否超过四分之一，这在计算上要增加一些麻烦（计算方法请你们实地研究并告我们，农民一般是可以估计的），但比较合理，因自己劳动收入如达百分之七十五以上，还要认为剥削阶级是太勉强了。例如二十口之家，全家劳动，只雇一两个长工，大概即只算中农。人口特别多的家庭这样要占些便宜，但亦无大害，还可用税收和其他方法去调剂。东北将地主富农及其大中小恶霸、非恶霸分别对待是正确的，富农一般应只分其多余之土地财产，至东北现称的小富农则似应根据占有条件与剥削条件改列富裕中农。

（四）照以上标准则地主富农人口可以减少，究竟减少多少，则望研究电告，并望将东北各地城乡人口比率亦电告。

（五）东北大家庭多，此事对发展生产的利弊各如何，亦请研究电告。小家庭对各人生产积极性虽可提高，但许多地方农民因逃避负担把家庭愈分愈细，减少可公用的财富，增加可节省的开支，使许多富农、中农迅速降为贫农，对生产发生不利影响，故望注意。

中　央

选自《中共中央文件选集》(14)，中共中央党校出版社 1987 年版，第 17～18 页。

31. 中央关于《哈尔滨市战时暂行劳动法》草案中的错误给东北局的指示

1948 年 2 月 6 日

东北局并中工委：

一、哈尔滨市战时暂行劳动法草案收到。此件仅对劳动者福利加以详细规定，其中有些是只顾片面利益并且是难于实行的，而对于和厂方合作、积极奋斗、发展生产、繁荣经济、公私兼顾、劳资两利的责任和劳动态度，则没有提到或提的很不够。从这点来看，文件的起草者，不但对于一九三八年六中全会以来中央历次指示没有领会或完全置之不理，而且对于一九四七年十二月二十五日毛主席时局任务报告中所强调指出的方针亦没有领会或完全置之不理。你们对此项草案不加可否，原样向中央提出亦有未合。

二、此件对公私企业未作原则区别，亦是原则性的错误。全党应认清解放区公营企业中工人与厂方的关系，解放区私营企业中劳资关系，蒋管区民营中小企业中劳资关系与官僚资本、帝国主义资本企业中的劳资关系，乃是四个性质上各有不同的关系。对于它们，工人阶级及其政党必须分别采取不同态度。解放区公营企业中，从厂长到工人都是同一阶级，其中没有剥削，共产党必须唤起工人觉悟到这是自己与人民的事业，应与厂方通力合作，在战时更应节衣缩食，加紧生产，牺牲目前与局部的某些次要利益以换取长远与全体的根本利益。解放区有益国民经济的私营企业（包括暂时允许存在的外资企业），在接受人民民主政府领导的条件下，即在不作非法操纵，过分剥削及其他破坏性活动的条件下，虽仍剥削劳动者的剩余劳动，但大体上亦是为人民与国家服务的，其一定的发展是于工人阶级、劳动人民及新民主国家有利的，故与不受人民领导的蒋管区私营企业不同，与完全反对人民的官僚资本更不同。

三、为了重行起草劳动法，东北局与哈市市委应召集公私企业中的工会代表、厂方代表开几次会，共同研究，根据实际可能，提出既照顾工人利益也照顾全体人民利益与资本家利益，既规定工人权利，也规定工人对生产的劳动态度，既为工人所接受，也为政府与资本家所接受的新草案，并提出与此相配合的工厂法（其中亦须区别公营私营两种），电告中央批准，然后在工人代表大会上通过，然后由市政府批准公布。总使在公布以前须得公、私、劳、资各方均认为切实可行，一经实行即可达到发展生产、繁荣经济、公私兼顾、劳资两利之目的。为了通力合作，提高效率，实现成本低、产量多、质量精、推销畅，公营企业应成立厂长负责制的厂方与工人的共同委员会。私营企业与资方了解并同意，亦可考虑成立此项组织。如各方均同意，则此项组织即可规定在劳动法工厂法中。此种合作方针是完全正当的，我们不但要向解放区工人与资本家公开宣传，而且要向全国工人与受蒋美压迫的资本家公开宣传。

四、东北公私工厂目前实情望简告。

中　央

选自《中共中央文件选集》(14)，中共中央党校出版社 1987 年版，第 19～20 页。

32. 中央关于对待在华外国人的政策的指示

1948 年 2 月 7 日

中工委、各中央局、分局、各前委：

在我军胜利进攻中，不仅新占领了广大农村和一批县城市镇，而且可能占领一些中等的甚至大的城市（如石家庄）。在原有的解放区，我们已经遇到一些外国侨民，和他们设立的教堂、学校、医院等。在新占领区和城市中，我们还会遇到更多的外国侨民和他们设立的教堂、学校、医院、育婴堂、养老院等，以至外资开办的工厂、矿山、商店等，甚至设有外国领事馆及外国银行者。我们目前对于这些外国侨民所办的经济、文化、宗教等机关，不论其是否属于帝国主义性质，一般地还不采取排除或没收的政策。对于外国侨民及其国家代表机关，一般地应采取保护政策。除非他们妨害我国家主权，破坏我民主政府和军事行动决不容许者外，只要他们承认遵守我民主政府及人民解放军的法令条例，即容许他们继续居留于我解放区，进行业务或其他正当活动，并受我民主政府之保护。具体政策暂定如下，望即遵照施行。

一、凡遇有外人设立的教堂，及所办之学校、医院、育婴堂、养老院等，我军到后，均不得加以没收和破坏。并允许他们在遵守我解放军及民主政府法令，不作敌探和破坏活动时，可以继续进行各自的业务。如外人或被外人委托的负责人逃走者，则由政府代管其财产。但可允许原举办人回来接办。如这些机关在农村中购置或霸占土地者，其土地应按土地法规定交给农会处理。但其机关范围内之不大的园地，仍应留给该机关所有，其机关所有之财产，非附属于土地者，不得没收。

二、凡遇有外人投资设立并主持之私营工厂、矿山或其他企业，我军到后，暂不加以没收，亦不许加以破坏，并可与之商定继续营业的临时合同，规定在服从民主政府法令与在一定的劳动条件之下继续营业。如原主逃走，则由政府接收经营之。但在接收时，不得加以分散或损坏，以便能继续开办。如原主回来时，视情况，得与之订立公私合办的合同，或仍按前述规定，交回其自办。凡外人开设之商店，不进行破坏活动，并服从民主政府法令者，均可允许其继续营业，并受民主政府保护，如店主逃走，并关闭其商店者，则由政府负责保存，限原主或其委托负责人，于一定期间内，回来恢复，逾期不回，即由政府接收经营。不论公营、私营工商业中之外人股份，一律承认其股权有效。

三、凡遇有外国银行，或其代办所，不管其是否由于两国条约有互惠规定和特许，一般地应先停止其营业，并审查其业务情况。如认为在某种范围的规定内，确有令其继续营业之需要，亦须经中央批准，并与之订立临时营业合同后，方得许其重行营业。至对其财产，不论重行开张与否，一律不得没收或破坏。

四、凡遇有外国领事馆之处，且其领事或馆员，在我军到后，仍留原地未动者，对其馆址及人员，应加以保护，对其财物文件，不得没收和损坏，也不得随便进去施行检查。但应向各该领事馆领事人员宣布，不得进行干涉中国内政与帮助国民党军部的任何破坏活动，如被我发现有破坏民主政府及人民解放军的证据时，得进行领事馆内及人身之检查。如其破坏行为已被证实时，得按情节轻重，分别处置。必要时，得驱逐其犯罪人员出境，直至封闭其全领事馆。领事馆在我国内战争期间，不得我军总部许可，不许设立无线电台。如有违犯，以破坏行为论罪。各该领事馆，不论其本国政府已否承认我民主政府及人民解放军，如为保护各该国侨民利益向我进行交涉时，我概以外交代表视之，并接受其所委托之代理人员或代表，如该领事馆人员须撤退回国，或转至国民党区域，并得我同意者，应使之安全撤走。如我军到达时，各该领事馆人员均已离去，或经我同意而离去者，各该领事馆之馆址，及其内部财物、文件等，均不得加以损坏或分散，并须负责保管。

五、我军到达之处，遇有外国侨民，经检查确有该国之护照，且有正当职业者，应允许其居留，或经过该处，但应加以登记。并向之声明，必须服从我民主政府之法律，有犯法行为时，应受我民主政府法庭之审判。平时对他们的行动自由和生命财产，应加保护，不得随便侵犯与逮捕。如发现他们从事间谍活动，或特务破坏行为时，即加以扣留，交由军区或前线高级司令部治罪。如其犯法属于普通性质应由我民主政府普通法庭依法办理。但不管属于哪种性质，如被判为死罪，必须得中央批准，方得执行，在前线作战中被俘之外国参战人员，不论国际［籍］职别，一律以俘虏待遇。如需释放，得经外交手续处理之。

六、我各级政府及人民解放军，须教育人民和战士，对于一般外侨应取友好态度，同时应提高警觉，从言论和行动上鉴别外侨中某些帝国主义分子，注意他们有无阴谋破坏行动，特别是公安保卫机关，应在这方面多负责任，当某些外国传教士进行特务破坏活动时，我们除将其扣留治罪外，应搜集充分证据，公布中外，以明其罪，但必须将其罪行与合法的宗教活动区别开，即犯罪的传教士，须治罪，或驱逐出境，教堂则不必封闭，并许可其另派人来主持，以免外国人民误会我解放区政府是排斥宗教。对其他职业的外国侨民，有犯法行为而并未牵连其整个职业机关时，亦应采此同样态度。惟各国外交人员，特别是领事及其领事馆机关，如主持或参加破坏我民主政府和人民解放军的活动时，则其职务机关，却须对其罪行负直接的连带责任。以上各项是军事时期民主中央政府尚未成立及尚未由民主中央政府颁布对待在华外国人的法令以前的临时办法。

各地应将执行情形和已有经验，以及将来遇到的问题，随时电告中央，以便将来能够规定完善的政策与办法。

选自《中共中央文件选集》(14)，中共中央党校出版社1987年版，第23～26页。

33. 附：坚持职工运动的正确路线反对“左”倾冒险主义——纪念“二七”二十五周年

1948年2月7日新华社社论

中国工人阶级第一次伟大的反对帝国主义走狗军阀的罢工运动——京汉铁路（即平汉铁路）大罢工，到现在已经整整的二十五年了。二十五年来，中国工人阶级与中国人民年年纪念二月七日这个意义重大的日子，因为京汉铁路大罢工，显示了中国工人阶级的政治觉悟和组织性，显示了工人阶级是中国人民的先进阶级、最革命的阶级。

二十五年过去了，“二七”烈士施洋、林祥谦等同志所遗下的事业将要完成，帝国主义与封建势力将要在全中国被扫除，工人阶级、农民、小资产阶级、中等资产阶级、知识分子与其他爱国分子的民主政权，已经在一万万六千万人口的解放区中建立起来，并将要在全国建立起来，“二七”烈士的光荣业迹是永垂不朽的。

京汉铁路大罢工，在我国革命的职工运动历史中，是光荣的一页。现在的情况是：我国的一部分大城市、铁路、矿山已经解放了，更多的大城市、铁路、矿山将被解放；另一方面，各解放区首先是东北解放区，工业和铁路的建设，已在积极进行，此种建设在今后必须更大规模地进行。因此，解放区职工运动将被提到更加重要的地位，职工运动的方针是否正确，对于革命战争的发展和新民主主义建设的发展，必然发生较之以往更加巨大的影响。我们愿趁着纪念“二七”二十五周年的机会，对于解放区职工运动的方针加以说明。

解放区的革命的职工运动与蒋管区的革命的职工运动，有同一的总目标；这个总目标就是争取工人阶级和一切被压迫人民的民主解放，建立新民主主义的中国。但是在同一的总目标之下，革命的职工运动在两个不同地区的具体方针则是不同的，在许多方面甚至是截然相反的。这是因为在这两个不同的地区里，工人在政治上、社会上的地位和在企业中的地位是不同的，在许多方面是截然相反的。

在蒋管区，工人在社会上是最低微的奴隶，他们的劳动是替帝国主义和官僚资本生产利润，他们的生命被帝国主义与国民党看得像蚂蚁一样不值钱，他们没有人权和自由。在这样悲惨的环境中，工人阶级必须为了活命而作救死求生的斗争，并且为了解放自己与解放一切被压迫的人民起见，必须为推翻帝国主义与大地主大资产阶级的国家政权而斗争，如像“二七”的罢工斗争一样。但是，在解放区，工人的政治社会地位是根本改变和截然不同了。工人，与农民、小资产阶级、中等资产阶级、知识分子和其他爱国分子一样，都做了国家和社会的主人翁，工人阶级被一切人民特别尊敬，因为它是先进的阶级，最革命的阶级。在这样的环境中，工人阶级必须拥护自己与人民的民主政府，为争取革命战争的胜利，为新民主主义社会的建设，起先锋带头的领导作用与模范作用。

工人在企业中的地位，也是不同的。在蒋管区，有官僚资本的企业和民族资本的企业。在官僚资本的企业中，工人的地位是官僚资本家的奴隶，他们救死求生的斗争，常常与反抗统治者的压迫联结起来。在民族资本的企业中，他们受到资本家的剥削，同时又与民族资本家一同受到官僚资本、蒋介石匪帮政府与帝国主义的压迫。他们一方面为了生活，须向资本家提出改善生活的要求；另一方面为了反抗官僚资本及统治者的压迫，又应与民族资本家联合起来，进行共同斗争。在解放区，情形就截然不同了。在解放区的公营企业与合作社经营的企业中，企业的主人是解放了的人民组织起来的政权与合作社，因而在这些企业中的工人，本身就是企业的主人，这里没有剥削者与被剥削者；没有压迫者与被压迫者，因而没有而且不可能有所谓“资方”与“劳方”的对立，所谓 “企业主”与“非企业主”的对立。在解放区的私营企业中，工人有两重地位：一是被剥削者的地位，“劳方”的地位；一是社会主人翁的地位，国家政权的领导者的地位。因为是被剥削者，工人在自己的日常利益上与私人资本家有矛盾，但因为又是社会的主人翁，国家政权的领导者，工人便应该为了自己的长远的利益，忍受一定限度的剥削，使这些私人企业能够进行生产，并适当的发展生产，以繁荣解放区的经济，支援前线的胜利，并使新民主主义的社会因生产力的大大提高，而逐步地有依据地发展到将来的社会主义社会的方向去。应当知道，新民主主义社会与社会主义社会不同之点，就是在新民主主义社会里，私人资本的企业在生产中还是不可缺少的成分，破坏这部分企业对于工人阶级和全体人民及其国家政权是非常不利的。正因为如此，工人应当坚决反对那些进行怠工、进行关厂、进行破坏的私人资本家，同时对于愿意继续生产下去的私人资本家，则应当与之共同工作，发展生产，繁荣解放区的经济，并在这个基础上一方面确实保证工人的适当生活；另一方面保证私人资本家的适当利润。这种劳资关系，与在蒋管区所应进行的劳资斗争，是截然不同的。

从以上的基本分析里就可以看到，在蒋管区与解放区，工人在社会上的地位和在企业中的地位是怎样的截然不同。从此就可以明白：解放区的革命的职工运动的方针，为什么要与蒋管区的革命的职工运动的方针截然不同。

在蒋管区职工运动的方针，是用一切方法来保障工人不至于饿死，和用一切方法来推翻反动政府。在解放区革命的职工运动就没有这些任务了，因为在解放区，工人没有饥饿的威胁，反动政府早已推翻。在解放区，革命的职工运动的方针，因此应当彻底改变；改变到耐心地说服工人来实行毛主席所说的“发展生产、繁荣经济、公私兼顾、劳资两利”的经济政策。

应当向工人说明：振兴工业，是争取战争胜利的最首要的任务，也是建设新民主主义社会的最首要的任务，而破坏或降低生产，是危害解放区的、危害战争胜利的、危害新民主主义社会的建设的，其可怕的程度与蒋介石匪帮的“三光政策”是一样的。

应当向工人说明：解放区的工业生产，不是由别人负责而是由工人阶级及其先锋队中国共产党负责的。解放区的农民，对农业生产，交大量的公粮，服繁重的战争勤务，是尽力负责的，工人应当把工业生产的责任，同样负担起来。公营企业与合作社经营的企业里，工人对于生产要担负完完全全的责任；而且在私营企业里，工人对生产也负了大部分责任。虽然私人资本家也要负责。

应当向工人说明：工人所以受到解放区人民的尊敬，不是为了别的原因，仅是为了工人阶级在人民中是先进的阶级，最革命的阶级。工人应该以自己对革命的无限忠诚与伟大贡献来做人民的榜样，领导人民前进。为了争取革命战争的胜利与新民主主义建设的成功，工人应该吃得苦，做得多，应该学习许多模范工人如赵占魁同志等的榜样，在战争的情况下，不是做八小时工作，而是做十小时工作，其他劳动条件亦不可定得太高，不可违背经济情况所许可的限度，不可违背“发展生产、繁荣经济、公私兼顾、劳资两利”的总原则。

应当领导工人去学习管理生产，在公营企业与合作社经营的企业中，在厂长的领导下，组织工厂管理委员会，吸收工人代表参加，讨论如何减低成本，提高生产的数量和质量，如何解决与改善由购进原料、制造成品到推销成品过程中的各种复杂问题。这种管理方法亦应在私人企业中说服私人资本家试办，在私人企业的管理委员会中，除了讨论上述问题外，并可规定私人资本家一定的利润和工人的一定的待遇，以实现劳资两利。

毛主席在《目前形势和我们的任务》中指出：“对于小资产阶级及中等资产阶级经济成分采取过左的错误的政策，如像我们党在一九三一至一九三四年期间所犯过的那样（过高的劳动条件，过高的所得税率，在土地改革中侵犯工商业者，不以发展生产、繁荣经济、公私兼顾、劳资两利为目标，而以近视的片面的所谓劳动者福利为目标），是绝对不许重复的。这些错误如果重犯，必然要损害劳动群众的利益及新民主主义国家的利益。”毛主席这个指示，对于解放区职工运动是非常重要的，职工运动的领导者们，绝对不许可以近视的片面的所谓劳动者福利为目标，提出过高的劳动条件。解放区职工运动的方针，应当严格地符合于新民主主义的经济政策，这就是发展生产、繁荣经济、公私兼顾、劳资两利。一切与此符合的应该发展，一切与此违背的应当改正过来。

必须指出：直到现在，中国共产党内还有不少的党员，不少的干部，不少的工会工作人员，甚至有不少的担负高级领导地位的领导人员，并不了解党的工业政策与职工运动的路线，他们只看见树木，不看见森林，他们只知道片面的狭隘的近视的所谓“工人利益”，而不能稍微看远一点，他们忘记了一九三一至一九三四年时期内实行过的那种“左”倾冒险主义的工业政策与职工运动路线，曾经给予工人阶级劳动人民与革命政府以何等重大的损害，他们完全不研究一九三七年以来十一年内中共中央历次发布的正确的工业政策与职工运动方针，他们固执地抵抗党的路线。许多党的地方领导机关，在长时期内甚至没有正式讨论与宣传解释过中央的路线，以至于使得工运工作同志，完全不了解中央的路线，他们竟达到如此麻木不仁的地步，这种情况再也不能继续下去了。党的一切地方领导机关，必须严肃地讨论中央的路线及全部工业政策与工运方针，坚决地纠正一切危害工人阶级劳动人民及革命政府的“左”倾冒险主义的思想、政策与办法，迅速地使工业建设与工人运动走入正轨。只有这样，我们才能聚积一切力量，打倒帝国主义与国民党反动统治，解放中华民族与中国人民，建立新民主主义的中国。

选自《中共中央文件选集》(14)，中共中央党校出版社1987年版，第29～34页。

互校版本：

1. 中共中央政策研究室编辑：《政策汇编》上编，第二野战军政治部1949年9月翻印，第51～57页。

2.《中共党史教学参考资料》解放战争时期（下），中国人民大学中共党史系资料室1980年编印，第90～101页。

34. 中共中央关于土地改革中各社会阶级的划分及其待遇的规定（草案）

1948年2月15日

（一九四八年二月十五日中共中央的草案，发给中工委，各中央局，中央分局，限收到四星期内召集会议，逐条讨论，向中央提出意见。此项草案不得下达。）

第一章　中国的社会经济形态

人们为着要生活，就要生产生活资料，例如粮食、衣服、房屋、燃料、器具等。人们为着要生产生活资料，就要有生产资料，例如土地、原料、牲畜、工具、工场等。生产者和生产资料结合起来，就是社会的生产力。

人们为着要进行生产，就必须在生产过程中彼此发生一定的相互关系，否则就无法进行生产。因为人们的生产从来就是社会的生产，不能孤立地进行生产。这种人们在社会生产过程中的相互关系，就是社会的生产关系，就是人们对于生产资料的所有关系（为着通俗起见，所有关系，在本文件中称为占有关系）。这种生产关系，在法律上表现为财产的所有权关系。

社会的生产力和社会的生产关系相结合，就是社会的生产方式。社会的生产方式是一切社会制度政治制度和精神生活的基础。

在社会生产力的历史发展的某一个阶段中，人们对于生产资料的占有关系，人们的生产关系，就开始由社会一切人们的共同占有关系，发展成为一部分人们的私人占有关系。少数人占有大量的生产资料，多数人丧失或只占有很少的生产资料。这样，后一种人的绝大部分就被迫为前一种人劳动，把自己劳动的结果交给前一种人，并向前一种人领取少量的报酬，作为自己的生活来源。这就是说，后一种人受前一种人的剥削，而前一种人则依靠大量地剥削后一种人作为自己的生活来源。后一种人中间的一部分，因为占有足以维持生活的生产资料，是以进行独立劳动作为自己的生活来源的，但是他们仍然不能逃脱前一种人在某种程度上的剥削。这样，人们就分裂成为不同的阶级，分裂成为剥削阶级和被剥削阶级。由于生产力的发展，首先是由于生产工具的发展，例如由石头工具发展到简单的金属手工工具，再发展到较精的金属手工工具，再发展到复杂的机器工具，人们对于生产资料的所有关系，人们的生产关系，就发生变化。由于生产力和生产关系发生变化，剥削阶级对于被剥削阶级施行剥削的方法也就发生变化。

社会分裂成为许多阶级，这样的社会，叫做阶级社会。这样的阶级社会，既区别于人类历史上分裂为阶级以前的原始的共产主义社会，又区别于阶级被消灭以后的新的共产主义社会。这后一种社会，现在已经在苏联存在和发展。全世界一切人类社会现在正向着苏联所走的道路前进，阶级社会的历史快要完结。人类历史上的阶级社会，大体上分为奴隶社会，封建社会和资本主义社会三个阶段。中国的社会发展的历史，也是如此。只是因为外部和内部的原因，中国没有也不可能发展到完全的资本主义的社会。

中国的社会经济形态，还在一百多年以前（一八四〇年中英鸦片战争时期），就开始由古代的独立的封建的社会经济形态，逐步地改变为半殖民地的半封建的社会经济形态，即是说，半独立的半资本主义的社会经济形态。在目前整个中国社会经济中，一方面，存在着外国帝国主义的经济，本国封建主义的经济，官僚资本主义的经济和自由资本主义的经济，这些就是旧中国的社会经济形态。另一方面，存在着新式的国家经济，被解放了的农民和小生产者的经济和在新民主国家指导下的私人资本主义经济，这些就是新中国的社会经济形态。就生产技术而论，中国存在着大规模的机器生产事业，中小规模的机器生产事业和以家族为单位的手执简单工具以从事生产的各种小生产事业。旧中国的半殖民地半封建的经济形态，在鸦片战争以来的长时期内，占据优势。这种优势，现在正在被新中国的新民主主义的经济形态所迅速地代替着。

马克思说："人们在自己生活的社会生产中，彼此发生一定的必然的不依赖他们本身意志为转移的关系，即生产关系。这些生产关系，是适合于他们的物质生产力的一定的发展阶段的。这些生产关系的总和，就组成社会的经济结构，即现实的基础，而法律的及政治的上层建筑物，就是在这个基础上树立起来的。同时，一定的社会意识形式，是和这个基础相适合的。物质生活的生产方式，决定着一般社会生活的、政治生活的、精神生活的过程。不是人们的意识决定人们的存在，而是相反，正是人们的社会存在决定人们的意识。社会的物质生产力发展到一定阶段时，就和现存的生产关系，或者说，就和所有权关系（所有权关系不过是现存生产关系的法律上的表现而已）发生矛盾。而生产力，在此以前，是在这些关系的内部发展了的。于是这些关系，就由生产力的发展形式，变成生产力的枷锁。那时，社会革命的时代就到来了。随着经济基础的变更，在整个庞大的上层建筑物中，也就或多或少地、迅速地发生大变革。"

中国现阶段的人民民主革命的任务，就是要改变旧的社会经济形态，旧的生产关系以及树立在其上面的一切社会的、政治的、精神的旧的建筑物，建立新的社会经济形态，新的生产关系以及树立在其上面的一切社会的、政治的、精神的新的建筑物。我们的基本任务，就是如此。

第二章　中国目前的阶级关系和人民民主革命

第一节　中国目前所有的主要阶级如下：（甲）无产阶级。例如新民主国家企业中的劳动者，资本家经营的机器工业、手工业、农业和商业中的雇佣劳动者，他们都不占有私有的生产资料。但是新民主国家企业中的劳动者，按其原来状况，是无产阶级，但是按其现在状况，他们却经过了他们和其他劳动人民所共同支配的新民主国家，已经集体地占有国家企业中的生产资料，就是说，已经与其原来状况发生了根本的变化。新民主国家企业中的劳动者已经是不被剥削的人们；他们所生产的用于扩大再生产和为全体人民谋利益的属于剩余价值的部分，不能认为被剥削。资本家的雇佣劳动者，则受资本家所剥削。（乙）农民。农民都占有少量的生产资料，或者耕种地主的土地，或者耕种自己的土地。在中国土地制度改革以前，大多数农民都耕种地主的土地；在中国土地制度改革彻底完成以后，所有农民都耕种自己的土地。农民中间占有的生产资料不足维持生活，因而必须出卖部分劳动力的，叫做贫农，贫农是农村中的半无产阶级。农民中间占有的生产资料足以维持生活，因而不必出卖劳动力的，叫做中农。在中国土地制度改革以前，贫农占农民的大多数；在中国土地制度改革彻底完成以后，中农占农民的大多数。在中国土地制度改革以前，农民都受地主和其他剥削阶级所直接地或间接地剥削；只有在新民主国家实现土地制度的改革以后方才免除这种剥削。（丙）农民以外的独立劳动者。例如手工业劳动者、自由职业者、小商贩，他们都占有少量的生产资料，以自己的独立劳动为生。他们受帝国主义者、地主、官僚资本家和其他剥削阶级所直接地或间接地剥削。（丁）自由资产阶级。这就是民族资本家和新式富农。他们占有较多的生产资料，以自由资本主义的方法剥削雇佣劳动者。在反动的国家政权下，他们受帝国主义者、地主和官僚资本家所压迫、损害或限制。（戊）地主阶级、官僚资产阶级和旧式富农。他们占有最多的生产资料，直接地或间接地与帝国主义相结合，以封建的、买办的、垄断的方法剥削劳动人民，并压迫、损害或限制自由资产阶级。

第二节　无产阶级、农民、独立劳动者，以及一切受人剥削的人们，共占全国人口约百分之九十，其中农民则占全国人口的百分之七十至八十。所有这些劳动人民，在反动的国家政权下，除受经济上的剥削外，还受政治上的压迫。他们是中华民族的主体，是中国人民民主革命的基本力量。其中，以无产阶级和半无产阶级（贫农）为人民民主革命和新民主国家政权的领导阶级，而无产阶级则是主要的领导阶级。无产阶级、农民及其他劳动人民的任务，是联合自由资产阶级，以人民民主革命的方法推翻帝国主义、封建主义和官僚资本主义的剥削和压迫，建立中华人民共和国。中国无产阶级、农民和其他劳动人民，有长期的革命斗争的经验。这种革命斗争经验的集中表现，就是中国共产党的革命和建设新国家的伟大的领导能力。

第三节　自由资产阶级是一个软弱的动摇的阶级。但是因为他们受帝国主义、封建主义和官僚资本主义所压迫、损害或限制（这种压迫、损害或限制远较劳动人民所受者为轻），所以在反对帝国主义、封建主义和官僚资本主义的人民民主革命时期内，他们可以参加这种革命，或者保守中立。在革命胜利以后的经济建设中，他们也可以参加这种建设。只要中国尚未进到社会主义社会，他们是可以与无产阶级和劳动人民一道前进的。因此，中华人民共和国的国家政权中，应当允许自由资产阶级及其政治团体派遣他们的代表参加工作。但是，他们中间有为数不多的一部分人，即自由资产阶级的右翼分子，是依附帝国主义、封建主义和官僚资本主义，反对人民民主革命的；中国人民对于这部分人的反动行为，必须予以警戒和揭露。但是这种政治上的警戒和揭露，应当与经济上的消灭严格地区别开来。中国人民民主革命所应当和必须消灭的是帝国主义、封建主义和官僚资本主义，而不是自由资本主义。

第四节　地主阶级、官僚资产阶级和旧式富农，人数很少，却占有全国生产资料的最大部分。其中，地主阶级和旧式富农，虽然各地有多有少，但是按照一般情况，大约只占乡村人数百分之十、户数百分之八左右，而他们占有的土地，则达全部可耕土地的百分之七十至八十之多。以蒋介石、宋子文、孔祥熙、陈立夫为首的官僚资产阶级，即中国的大资产阶级，人数更少，但是他们所占有的生产资料，极为巨大，以致垄断了全国的经济命脉。仅就蒋、宋、孔、陈四大家族占有的财富而论，其价值，即达一百万万至二百万万美元之多。所有这些封建的、买办的反动阶级，建立以蒋介石为首的反动的腐朽的国家，以及代表这个国家的反动的腐朽的政府。这个反动政府，对外出卖民族利益，和帝国主义首先是美国帝国主义订立各种不利于中国民族与中国人民的政治的和经济的反动条约，使帝国主义首先是美国帝国主义在中国取得政治的和经济的特权，因此这个政府就变成了帝国主义尤其是美国帝国主义的走狗。在对内方面，这个政府压迫人民，举行反革命战争，企图消灭人民民主势力。全国一切生产力，除了已经获得解放的地区以外，均被这些反动阶级所控制的反动的、退步的、落后的生产关系所束缚，日趋衰败，不能发展。而生产力本身的要求，则是用革命方法解除这种旧有生产关系的束缚，推翻这种旧有生产关系，建立新的生产关系，建立新民主主义的生产关系，因而使全国一切积极的生产力获得向上发展的可能，替未来的更进步的更能自由地发展生产力的社会主义社会准备条件。这个生产关系变革的内容，就是废除帝国主义者在中国所强占的特权，废除地主阶级及旧式富农的封建的土地所有权，废除官僚资产阶级的私人垄断的资本所有权。

但是，在阶级社会中，一切生产关系，都是被阶级的国家权力所保护的。什么样的生产关系，就被什么样的阶级的国家权力所保护，而所谓国家权力，首先就是军队的武力。人们如果要推翻旧的生产关系，建立新的生产关系，人们就或早或迟地要推翻旧的国家权力，建立新的国家权力。中国人民如果要消灭帝国主义的封建的和买办的生产关系，完成民族独立，实行土地改革，没收官僚资本，建立新民主主义的生产关系，借以发展中国的生产力，他们就必须推翻外国帝国主义、本国地主阶级、官僚资产阶级及旧式富农所结合在一起的反动的腐朽的国家权力，首先就必须消灭一切反动军队。中国人民，中国共产党和中国人民解放军现在所从事的伟大的、神圣的、正义的革命战争，正是为着这个目的。而这个革命战争，现在正是日益接近于全国的胜利。

第三章　划分阶级的标准

第一节　既然不同的社会阶级，是由于人们在生产资料的占有关系中，就是说在生产关系中的不同的状况所形成的，那么，当着我们观察和划分社会阶级的时候，就应当以人们对于生产资料的占有关系，以人们的生产关系为唯一的标准。

所谓人们对于生产资料的占有关系，所谓人们的生产关系，就是说人们对于生产资料的占有状况如何以及由此产生的人们对于所占有的生产资料的使用状况如何。所谓人们对于生产资料的占有状况如何，就是说人们对于生产资料的占有与否，占有多少和占有什么（例如地主占有土地，资本家占有资本，独立劳动者占有手工工具）。所谓人们对于所占有的生产资料的使用状况如何，就是说人们是以自己占有的生产资料，由自己亲身劳动以进行生产，或者是以自己占有的生产资料，利用那些丧失生产资料或者缺乏生产资料的人们的劳动力以进行生产，从而剥削那些人们的劳动的结果，以及用什么方法（例如封建主义的方法，资本主义的方法）剥削人们劳动的结果。

第二节　既然不同的社会阶级是由于人们在生产资料的占有关系中，在生产关系中的不同的状况所形成的，而所谓人们在生产资料的占有关系中，在生产关系中的不同的状况，就是人们对于生产资料的不同的占有状况以及由此产生的不同的使用状况，那么，当着我们观察和划分社会阶级的时候，就不应当忘记这些状况。对于那些虽然占有较多的生产资料，但是占有者自己直接使用这些生产资料，即以自己的劳动进行生产，以为自己生活的全部或主要来源，对于他人没有剥削或者只有轻微剥削的人们，例如中农或富裕中农，就应当将他们列入劳动阶级，而不应当将他们列入剥削阶级。同样，对于那些虽然自己不从事劳动，依靠他人劳动为生，但是占有生产资料很少的人们，例如因为丧失或缺乏劳动力而出租土地的贫民，也就应当将他们列入劳动阶级，或者照劳动阶级待遇，而不应当将他们列入剥削阶级。

第三节　人们在生产资料的占有关系中的各种不同的状况，是由于不同的数量决定的，例如人们占有生产资料的分量，在人们生活来源中劳动收入和剥削收入的相对分量，劳动生活的时间和剥削生活的时间等。这些数量的变化，到了一定的限度，就发展成为质量的变化，并常常继续发展到显著的、一眼就可以看清楚的状况，使我们容易据以作出关于各社会阶级或阶层的各项原则性（一般性）的规定。但是，在实际的社会阶级关系中，这种数量变为质量的限度，即各阶级之间的界限，尤其是在同一阶级的各阶层之间的界限，却常常是不甚显著和不甚固定的，因而使得我们的工作人员在其实际从事划分社会阶级并决定社会阶级成分时，容易作出错误的决定，或者将剥削者认为劳动者，或者将劳动者认为剥削者。因此，在本文件中，除了依据显著的、一眼就可以看清楚的关于各社会阶级和阶层在生产关系中的不同的状况，作出各项原则性（一般性）的规定以外，还在各阶级或各阶层之间，依据可能和需要，规定一般的数量的界限。在这些数量的界限中，劳动收入或剥削收入的相对分量的界限，劳动生活或剥削生活的时间的界限，都是可能并需要作出统一的数字的规定。至于各阶级和各阶层占有生产资料的分量的界限，则不可能也不需要作出统一的数字的规定。一般地说，在人们兼有两种性质相异的生活方法时，其阶级成分应当按照其主要生活来源即百分之五十以上的收入的性质来决定。

一般地说，连续剥削者生活满三年，应即成立剥削者成分。连续劳动者生活满一年，应即成立劳动者成分。但在当地民主政府成立后，被打击的封建剥削者转变为劳动者，则应当经过较长的时间，才能取得劳动者成分。

但是这里面还有其他的复杂的情形，因此在本文件的各有关项目下，还分别作出了各种具体的规定。

第四章　通过阶级成分的方法

第一节　为了在土地改革中正确地划分阶级，并决定各部分人们的阶级成分，区或区以上的共产党和民主政府的关于土地改革工作的领导人员，应当帮助乡村行政干部，乡村贫农团和农会的积极分子，根据划分阶级的标准，亲到几个村庄调查几种家庭的具体状况，判定他们的阶级成分，作为实例，进行普遍的宣传，使人们学会正确地划分阶级和决定阶级成分的方法，以利于开展改革土地制度的斗争。如果遇有疑难事项，应当向上级工作人员请示，并和上级工作人员一道，共同研究并判定当地的阶级成分。

第二节　共产党和民主政府的领导人员，农民团体的积极分子们所判定的阶级成分，还不能当做决定。阶级成分的决定，一般应采取自报公议、三榜定案的方法。其程序是先由村中一切家庭提出自己的阶级成分，经过本村贫农团全体会议逐一讨论，通过，并公布。没有贫农团的地方，则经过农会小组会议分组讨论，通过，并公布。然后，再经本村农会全体会议逐一讨论，通过，并公布。然后再经本村村民大会逐一讨论，通过，并公布。然后，报告乡政府或等于乡的村政府审查批准，作为定案。这就是所谓自报公议、三榜定案的方法。在各种会议的讨论中，应按完全民主的和毫无强迫的精神，允许任何人自由发表不同的意见，互相争论和提出证据。如有争论不能解决时，即应进行调查，再开会讨论，直至大多数通过为止。

第三节　经过上述程序决定阶级成分以后，本人或他人仍然认为决定错误表示不服时，应当允许他们向人民法庭提出控诉。在人民法庭经过调查断为确属错误时，即应改正错误的决定，重新作出正确的决定。对于因为错误地决定成分而受了损失的人们，应当尽可能退还或设法抵补其损失。

第五章　家庭成分和本人成分

第一节　一个家庭中的人员，无论男女老少，凡有独立收入作为本人全部或主要生活来源者，无论这种人员与其他人员是否分居，或是否有补助性的经济联系，这种人员的成分，应按本人的生活方法来决定。

一个家庭中，凡数人各有收入，但是互相没有独立性，而将这些收入作为该家庭共同的收入并进行共同的消费者，这种人员的成分，应按该家庭共同收入的主要部分（占全收入百分之五十以上）的性质如何来决定。

一个家庭中，凡没有收入，或只有少数收入，其生活全部依靠或主要地依靠其他人员供养者，这种人员的成分，一般应按其供养者或主要供养者的成分来决定。这种人如果有部分的收入，也应计入其供养者或主要供养者的收入项下。

第二节　剥削阶级（地主、富农、资本家）家庭中的某些人员，虽然没有独立收入，形式上也受家庭供养，但是因为各种缘故，处于显著地被剥削的地位满一年者，例如某些童养媳，某些提前招入的女婿，某些前妻或前夫所生的子女，某些孤儿或寡妇，关系极端恶劣的子、女、妻、妾、弟、妹、父、母和某些寄食的亲戚，被家庭中某个或某些主要人员在实际上把他们当作雇工、农奴或奴隶使用，使他们从事劳动，受到剥削和虐待满一年者，其成分应认为被剥削者。

第三节　无论男女，因为婚姻或其他缘故，例如过继、收养、被送、被卖、被弃、被逐、自动脱离以及在同一家庭的不同经济单位之间的人员转移等，其由劳动者家庭转入剥削者家庭、在十六岁以前者，其成分是劳动者。其在十六岁或十六岁以后，与剥削者享受同等生活满三年者，应成立剥削者成分。其在十六岁或十六岁以后仍过劳动生活者，其成分仍是劳动者。其由剥削者家庭转入劳动者家庭，在十六岁以前者，其成分定为劳动者。其在十六岁或十六岁以后，如果在当地民主政权成立以前，与劳动者过同等生活满一年者，应成立劳动者成分；如果在当地民主政权成立以后，与劳动者过同等生活满三年者，应成立劳动者成分。其仍过剥削生活者，其成分仍是剥削者。

第六章　地主

第一节　地主是占有较多、较好的土地，自己不从事农业劳动，以向农民（佃户）出租土地、收取地租作为其全部或主要生活来源的人们。凡合于上述条件，并连续这种生活满三年者，即成立地主成分。

第二节　不以出租农业土地，而以出租城市地产或房屋，作为其全部或主要生活来源者，不属于本文件所称地主范围以内。

第三节　如果人们的其他条件与地主相同，但是其家中有一人参加主要农业劳动（耕种、锄草、收割等）每年满三分之一时间（四个月）者，则一般不应认为地主，而应认为旧式富农。如果人们的家庭人口在二十人以上，有家中全劳动力（十八岁至五十岁的男子）三分之一以上参加主要农业劳动，每年满三分之一时间者，应认为旧式富农。否则，除参加主要农业劳动每年满三分之一时间的人员本人认为旧式富农以外，家中其余人员仍认为地主。

第四节　如果人们的其他条件与地主相同，但是其占有状况（土地和其他财产）不超过一般中农者，则不应认为地主。其参加主要农业劳动，合于上述规定者，应按其占有状况认为中农或其他农民成分。有其他职业者，按其职业决定成分。没有一定职业，或丧失劳动力者，认为贫民。能劳动而不从事劳动，或从事不正当职业者，认为游民。

第五节　如果人们的其他条件与地主相同，但是因为其家庭的主要人员死亡，或者因为受了其他不应有和不可抗的打击，以致其生产资料长期不能完全使用（实际上不能完全占有），因此生活困难，不及一般中农，并连续三年以上者，亦得适用上述原则，不应认为地主，而应按其情况认为其他成分。

第六节　本人在法律上并不占有大量土地（即没有法律上的大量的土地所有权），但是以帮助地主收租管家为生，其地位为地主的助手而非仆役者；或以转租大量公地或地主土地给农民，收取大量地租为生者；或以管理公地名义，大量剥削农民为生者；或在乡村中假借政治权力，以贪污、强占等项方法取得生活来源者；所有这些人们，在劳动状况和其他生活状况同于地主的条件下，均以地主论。

上述人员的情况与本章第三、第四、第五各节相合者，适用各该节的规定。

第七节　地主破产（即丧失全部或大部土地）以后，不从事正当职业，依靠其过去积蓄，亲友接济，或各种不正当方法为生，在其劳动状况和其他生活状况同于地主的条件下，以地主论。

上述人员的情况与本章第三、第四、第五各节相合者，适用各该节的规定。

第八节　地主的地租收入，既不是本人劳动的产物，也不是本人投资于生产的产物，完全是本人的封建的土地所有权的产物。这种地租不但包含农民（佃户）的全部剩余劳动，即维持农民起码生活以外的劳动，而且经常包含农民的一部分必要劳动，即维持农民起码生活所必需的劳动。地主是完全脱离生产过程的社会寄生虫，他们对于土地及其他生产资料的这种封建所有制，和由此而来的地主对于农民人身的不完全的所有制，即地主对于农民的封建特权（反映在政治上，即是国民党反动政府不承认全国人民有完全的人权），早已成为中国农业生产和工业生产的基本障碍。因此，为了发展中国的生产力，对于整个地主阶级（当作代表一种占有关系即一种生产关系的阶级来说，而不是当作地主各个个人来说），必须加以彻底的消灭。

第九节　地主的全部土地财产，除合于本章第十节、第十一节和第十四至第二十六各节所规定者按照各该节规定的办法处理以外，均应由农会没收分配，并分给地主以与农民平均所有的土地财产相等的一份，使其能以自己劳动为生，不使他们因无必要的生产资料流为盗贼或游民，反于社会秩序及国民经济发生不利的影响。

第十节　地主财产之在城市者，应由农会与县或市政府会同决定处理办法。地主财产之不属于本县者，应由有关政府会同决定处理办法。

第十一节　地主的一切重大的罪恶行为，应由农民予以充分的揭露。地主中的重要的汉奸和内战罪犯，应由民主政府逮捕判罪，其本人不得分给土地、财产。地主中犯有反革命行为的反革命分子，犯有破坏土地改革行为的破坏分子，犯有贪污行为的贪污分子和犯有恶霸行为的恶霸分子，应由人民法庭审判，依其情节轻重，决定如何处分和是否分给土地、财产。上述各项犯罪分子的家属，非因参与犯罪经有关法庭判决者，照普通地主待遇。

第十二节　地主大都兼放高利贷。人们之以高利贷为主要生活来源者，叫做高利贷者。乡村中的高利贷者，按地主待遇。

第十三节　地主也有兼雇工人（雇农）耕种一部分土地的。地主之以雇工经营土地为其全部或主要生活来源，而其雇工条件带着严重的封建奴役性质者，叫做旧式经营地主。旧式经营地主的收入不是地租，而是雇农的正副生产物在扣除雇农的工资、吃粮及雇农在生产中所消费的其他成本（种子、肥料、耕畜饲料、农具及其他设备的修补等）以后的剩余价值。在这一点上，旧式经营地主比普通地主带有某种进步性，即带有某种资本主义性。但是第一，旧式经营地主的土地所有权与普通地主同样是封建的，同样妨碍着中国生产力的自由发展；第二，因此，旧式经营地主对于雇工也与普通地主对于佃户享有同样的有时甚至更野蛮的封建特权，同样束缚着生产者（生产力的首要部分）的积极性；第三，又因此，旧式经营地主一般地与普通地主同样是一个反动的阶级，他们在政治上与普通地主同样代表着封建主义，在经济上也同样进行着土地以外的其他封建剥削，并与帝国主义相联系。因为这些，所以就整个说来，旧式经营地主基本上仍然是地主阶级的一部分，一般应当按地主待遇。但是，旧式经营地主家庭中某些参加主要农业劳动每年满三分之一时间的个别人员本人，则应当认为旧式富农。旧式经营地主与旧式富农的区别，依本章第三节的规定。

第十四节　如果人们的其他条件与旧式经营地主相同，而其所经营的土地之全部或四分之三以上，并非自有而系租入者，这样的经营者既不占有大量土地，又不以地租为主要生活来源，则经营者虽不参加主要农业劳动，亦不应认为旧式经营地主，而应按本文件第七章所述的旧式富农待遇。

第十五节　地主之以雇工经营土地为其全部或主要生活来源，而其雇工条件属于资本主义的自由劳动性质者，叫做新式经营地主。新式经营地主是资本主义化的地主，即是地主兼农业资本家。新式经营地主的土地所有权是封建性的，对于这种土地，仍然应当按照对于地主的土地那样，予以没收和分配。新式经营地主的财产则带着资本主义性质，应当予以保护，并允许新式经营地主用这种财产来租入和经营国家或农民的土地，即允许他们由地主兼农业资本家转变为完全的农业资本家。如果新式经营地主的财产为本人所不需要，而为农民所需要，则应由当地政府与农会会同决定适当办法，予以征购。

第十六节　如果人们的其他条件与新式经营地主相同，而其所经营的土地之全部或四分之三以上并非自有而系租入者，则不应认为经营地主，而应认为农业资本家，其待遇见本文件第八章。

第十七节　不论是新式经营地主或是旧式经营地主，如果是用机器耕作，或是用其他重要科学方法从事农业改良的重要试验者，他们的土地、财产都应由当地政府会同农会决定适当处理方法，不得由农会单独决定处理。

第十八节　地主也有兼工商业资本家的。地主的一切工商业及其与工商业相连的一切土地、财产，应受保护，不在没收分配之列。其不与工商业相连的一切土地、财产，则应全部没收分配。

第十九节　如果人们的其他条件与地主相同，而以资本家方法经营工商业，作为其主要生活来源者，应认为资本家。这种资本家的不与地主土地相连的土地、财产，不在没收分配之列。但其与地主土地相连的土地、财产，则应全部没收分配。

第二十节　地主兼官僚资本家者以及地主之犯有本章第十一节所列各项重要罪行，经有关法庭判决其工商业应予没收者，其全部土地、财产，包括工商业在内，均应没收。但其工商业不由农会处理，而由政府处理。其工商业规模甚小，并在乡村营业者，应由区政府处理。其工商业规模较大者，应依情况，分别由县、市、省或中央政府处理。这些工商业，凡属有益于国民经济者，无论决定交由政府接管，或人民接管，均须保持其继续营业，不得分散或破坏。

第二十一节　地主在城市中出租地产或房屋者，其城市中的地产或房屋，不由农会处理，而分别由县、市、省或中央政府决定处理办法。地主以在城市中出租地产或房屋为其主要生活来源者，其在乡村中的土地、财产应全部没收分配。

第二十二节　地主的工商业或其他被保存的财产足以维持其生活者，不得再分给土地、财产。

第二十三节　地主也有兼任手工业劳动，兼任小商贩，兼任自由职业，或兼任其他劳动业务的。地主的一切这些劳动及其一切不与地主土地相连的土地、财产，应受保护，不在没收分配之列。但其与地主土地相连的土地、财产，应全部接收分配。

第二十四节　如果人们的其他条件与地主相同，而以各种非农业劳动为其主要生活来源者，应认为各种劳动者。他们的土地、财产的处理办法，依本文件第十二章第五节的规定。

第二十五节　如果人们的其他条件与地主相同，而有专门重要智能，其劳动收入占其总收入四分之一以上者，即可不认为地主，而认为各种劳动者。他们的土地、财产的处理办法，依本文件第十二章第五节的规定。

第二十六节　地主中的若干个别分子，反对蒋介石反动统治和美国帝国主义侵略，赞成土地改革，并以积极行动赞助人民革命事业，例如在蒋介石统治下参加秘密革命活动，在民主政权下担任政府或人民革命团体的工作者，叫做开明绅士。开明绅士所有与地主土地相连的土地、财产，在取得本人同意之后予以征收分配。其不与地主土地相连的土地、财产，应受保护。其能力与品格适合于在民主政权下担任工作者，应给予适当的工作。

第二十七节　地主在当地民主政权成立以前已经转入劳动或其他成分满一年者，或在当地民主政权成立以后已经转入劳动或其他成分满五年者，应依其转变后的情况，改变其成分及待遇。

第七章　旧式富农

第一节　旧式富农是占有较多较好的土地、耕畜、农具及其他生产资料，自己参加主要农业劳动，但是经常依靠以半封建方法剥削雇工，或其他封建剥削的收入，作为其主要或重要生活来源，而其封建性剥削的收入，超过其纯收入的二分之一，在一般条件下，亦即超过其总收入的四分之一的人们。凡合于上述条件，并连续这种生活三年以上者，即成立旧式富农成分。

第二节　所谓剥削收入，在雇工（包括雇佣农业中的雇农和工业中的工人）关系上，是指雇工正副生产物在扣除雇工的工资、吃粮和雇工在生产过程中所消费的其他成本以后的剩余价值。在出租土地的关系上，是指地租。在债权关系上，是指利息。在商业关系上，是指商业收入在扣除成本之后的利润。如果剥削者同时是佃户或债户，则其剥削收入应扣除其缴付地主的地租或缴付债主的利息。在这些剥削收入中，地租、高利贷利息和封建式雇工所产生的剩余价值，算作封建剥削收入；工商业收入、普通利息和普通雇工所产生的剩余价值，算作资本主义剥削收入。凡不产生剩余价值的雇工劳动的生产物（例如农忙时某些以等价交换所雇短工的生产物），及合于本文件第十二、第十三、第十四、第十七、第二十三各章所说的手工业收入，小商贩收入，普通职员收入，极轻微的利息收入，都不得算作剥削收入。

第三节　所谓纯收入，对于独立劳动者，是指本人劳动的正副生产物在扣除各项必要消费以后的盈余，即本人剩余劳动的生产物，相当于雇工所生产的剩余价值；对于雇佣劳动者和职员，是指本人所得的工资和薪水（包括各种实物工资如吃粮等）；对于佃户是指佃户纯收入在扣除缴付地主的地租以后的剩余部分；对于债户是指债户纯收入在扣除缴付债主利息以后的剩余部分；对于剥削者是指本章第二节所说的各项剥削收入。富农是剥削者兼独立劳动者，其纯收入应为剥削收入加上本人劳动盈余的总和；佃富农是剥削者兼独立劳动者兼佃户，其纯收入应为剥削收入加上本人劳动盈余减去地租所得的结果。

第四节　所谓总收入，对于农、工、商业者是指农、工、商业在扣除成本以前的全部收入；对于纯粹的地主、债主和雇佣劳动者，其总收入即是其纯收入。富农在同时兼有上述某几种身份时，其总收入应为上述某几种总收入的总和。佃富农的总收入则应自此项总和中减去地租。

第五节　因为富农是剥削者兼独立劳动者，所以富农与其他不属于剥削阶级的独立劳动者首先是与中农（特别是富裕中农）之间，必须有明确的界限。这个界限即是：富农的纯收入的二分之一（百分之五十）以上为剥削收入，中农（包括富裕中农）及其他独立劳动者的纯收入的二分之一（百分之五十）以上或至少二分之一为劳动收入。

第六节　因为纯收入的计算比较复杂，所以为便利计，改用总收入计算。

中国的农业纯收入，大约相当于农业总收入的三分之一，即农业总收入为三份，其中二份属于成本，一份属于盈余。假定某一不雇工的农民除本人的农业总收入外尚有剥削收入，例如地租、债利或商业利润等，而此项剥削收入适与劳动纯收入相等，则这个农民的农业总收入为三份，剥削收入为一份，其剥削收入即为其全部总收入的四分之一。因为这个农民的剥削收入与其劳动纯收入相等，即不超过其全部纯收入的二分之一，所以这个农民的成分应认为劳动者（中农），而不应认为剥削者（富农）。

又假定这个农民的剥削收入不在农业总收入以外，而在农业总收入以内，即雇佣雇工而剥削其剩余劳动。假定农民的劳动力和雇工的劳动力各为相等的一份，两人的剩余劳动量亦各为相等的一份，即各为这个农民的农业总收入的六分之一。那么，这个雇工所产生的剩余价值即应为这个农民的农业总收入的六分之一。但通常为便利计，在计算此项剥削收入时，即由雇工生产物（总收入六分之三）中扣除农民成本（总收入六分之二）时，往往只扣除其工资、吃粮（可变资本部分），而并不扣除其所消费的种子、肥料、耕畜饲料、农具及其他设备的修补等（不变资本部分）。这两部分成本通常约为三与一之比，因此通常计算时所扣除的成本，就一变而为总收入的四分之一，因此所算出的剥削收入亦一变而为总收入的四分之一。这样的计算虽不精确，但却有一种便利，使一个农民的剥削收入是否超过其总收入四分之一成了富农与中农的一般界限。如果农民付给雇工的工资、吃粮足以维持雇工的生活，那么只要农民的劳动力与雇工的劳动力在数量和质量上相等，其剥削收入即为其纯收入的二分之一，在上述计算下亦即其总收入的四分之一。换句话说，如果这个农民另无其他剥削，则这个农民的成分应认为中农，不认为富农。反之，如果这个农民尚有其他剥削，或其雇工的劳动力在数量上和质量上超过自己的劳动力，或其所付给雇工的工资、吃粮不足维持雇工的生活，从而显然增加了剩余价值的分量，则应认为富农，不认为中农。

第七节　农民的剥削收入的计算，除上述两种情况外，还有两种比较复杂的情况，即第一，有些农民既剥削雇工又有其他剥削，而两项剥削收入均不超过其总收入四分之一，在计算时容易发生困难。第二，有些农民占有土地较一般农民平均所有者为多，因此在其总收入中实际含有封建土地所有权的收入，其性质等于地主的地租；占有土地愈多，则此种变相的地租收入亦愈多。这种收入在计算时容易发生困难。为便利计，这里作一般规定如下：

（甲）雇主的劳动力少于雇工的劳动力者，无论有无其他剥削均为富农。

（乙）雇主与雇工的劳动力为一比一者，如果没有其他剥削收入者为中农，否则为富农。

（丙）雇主的劳动力多于雇工的劳动力一倍或不足一倍者，如果其他剥削收入不超过其总收入八分之一者为中农，否则为富农。

（丁）雇主的劳动力多于雇工的劳动力一倍以上者，如果其他剥削收入不及其总收入四分之一者为中农，否则为富农。

（戊）农民的其他剥削收入等于其总收入四分之一者，不雇工者为中农，雇工者为富农。

（己）如果农民所占有的土地超过一般农民平均所有一倍或一倍以上二倍以下，则上述的剥削的限度应一律降低二分之一。

（庚）如果农民所占有的土地超过一般农民平均所有二倍或二倍以上，则其剥削的分量虽不及上述限度的二分之一，仍应认为富农，而不认为中农。但其确实毫无剥削者，则仍应认为中农，而不认为富农。

（辛）佃农的总收入和剥削收入因须扣除地租，而地租所占佃农全部总收入的地位则不能一般地确定，故本节的规定不适用于佃农。佃农的剥削收入（扣除地租）不超过其纯收入（扣除地租）二分之一或总收入（扣除地租）四分之一者为中农，否则为富农。

第八节　全部或四分之三以上的土地不是自有而是租入的佃农，在其剥削收入依第七节辛项规定合于富农条件时，除非其剥削是以转租土地或放高利贷为主，应认为旧式富农以外，否则均应认为新式富农。因为这种富农除上述特殊情形外，既然只占有资本，而没有封建的土地所有权，这就决定了其剥削的性质，基本上是资本主义性的，而不是封建性的。

第九节　如果人们的其他条件与旧式富农相同，但是其占有状况（土地和其他生产资料）不超过中农者，则不应认为旧式富农，而应根据本文件第六章第四节的规定，按其情况分别认为其他成分。

第十节　如果人们的其他条件与旧式富农相同，但是因为缺少劳动力，以致生产资料长期不能完全使用（实际上不能完全占有），因此生活困难，不及一般中农，并连续三年以上者，则不应认为旧式富农，而应按其情况认为中农或其他农民成分。

第十一节　旧式富农在自己参加农业劳动，和常常采用雇工方法经营农业生产这两点上，比地主有其进步性。在废除封建剥削以后，旧式富农可能转变为新式富农，其生产是有益于国民经济的。因此对于旧式富农的待遇，应与地主有所区别。但是一般旧式富农的土地所有权是封建性的，其对于雇工的剥削和束缚也有封建性，并且多兼营其他地主方法的剥削事业例如出租土地、放高利贷等，许多旧式富农甚至并不雇工，而只以出租土地、放高利贷等作为其主要生活来源。因此，旧式富农一般地在经济上和政治上与地主阶级相联系，并常常成为地主阶级统治乡村的重要助手。

第十二节　旧式富农所占有的超过一般中农平均所有的多余土地、财产，应由农会征收分配，但应保留其原有等于一般中农平均所有的土地、财产。在农民要求平分全部土地时，富农超过一般农民平均所有的土地应予平分，但应保留其原有等于一般农民平均所有的土地，并保留其原有等于一般中农平均所有的财产。

第十三节　旧式富农财产之在城市者，旧式富农之犯有各种重要罪行者，旧式富农之用机器或其他重要科学方法耕种者，旧式富农之兼营工商业者，旧式富农之兼在城市中出租地产、房屋者，旧式富农之兼营手工业劳动、小商贩业和自由职业者，旧式富农之有专门重要智能者，旧式富农之属于开明绅士者，按本文件第六章第十、第十一、第十七至第二十六各节规定的原则处理。但各该节规定中没收与地主土地相连的一切土地、财产，则均应改为征收与旧式富农土地相连的多余土地、财产。

第十四节　旧式富农在当地民主政权成立以前已经转变为其他成分满一年者，或在当地民主政权成立以后已经转变为其他成分满三年者，应依其转变后的情况，改变其成分及待遇。

第八章　新式富农

第一节　新式富农是租入或占有较多较好的土地，占有耕畜、农具及其他生产资料，自己参加农业劳动，但经常依靠以资本主义方法剥削雇工，或其他资本主义剥削的收入，作为其生活来源的主要或重要部分的人们。新式富农中其土地之全部或四分之三以上不是自有而是租入的，叫做佃富农。凡合于上述条件，并连续这种生活三年以上者，即成立新式富农成分。这里所说的其他资本主义剥削，是指用资本家方法兼营工商业或投资于他人所经营的工商业，或以通常的资本主义式的利息放债，以及本文件第十五章所说的普通资本家的其他各种剥削。

第二节　本文件第七章第五至第十各节的规定，适用于新式富农。

第三节　旧中国的新式富农因其生产方法带着进步的性质，其待遇应与旧式富农有所区别，在平分原则下，其所占有的超过一般中农平均所有的多余土地、财产（不是自有而是租入的多余土地包括在内）除合于本章第四、第六两节的规定，应按各该节的规定处理以外，其多余土地部分应由农会征收分配，但应保留其原有或原耕的等于一般中农平均所有的土地，其多余财产部分应予保护，并允许其租入和经营国家的或农民的土地。其多余财产为本人所不需要而为农民所需要者，在取得本人同意之后，由当地政府与农会会同决定适当办法，予以征购。

第四节　在当地民主政权成立以后，原属中农、贫农、雇农或其他贫苦成分的农民，因为民主政府所实行的减租、清算、分配土地及其他扶助农民的政策，得到土地及其他正当利益，勤俭致富，在一九四七年中国土地法大纲颁布以前即已成为新式富农者，在平分土地期间，应按富裕中农待遇，在一般情况下，其多余的土地不得本人同意，不应抽出分配，其多余的财产应予保护。

第五节　如果人们的其他条件与佃富农相同（其土地之全部或四分之三以上不是自有而是租入的），但是自己不参加农业劳动者，应认为农业资本家。农业资本家除属于官僚资本家者应按本文件第十五章的规定处理外，其待遇适用本章第三节的规定。

第六节　新式富农及农业资本家之用机器耕作，或用其他重要科学方法以从事农业改良者，按本文件第六章第十六节的规定处理。

第九章　中农

第一节　中农是占有较富农为少较贫农为多的土地（也有一部或全部土地不是自有而是租入的）、耕畜、农具及其他生产资料，自己从事农业劳动，或兼营其他独立劳动的副业，作为其全部或主要生活来源的人们。中农对他人一般没有剥削，或者只有偶然的或轻微的剥削。中农一般不出卖劳动力，或者只抽出多余的劳动力替他人作临时的短工，或者抽出多余的半劳动力替他人作非重要性质的长工，例如学徒、牧童等。凡合于上述条件，并连续这种生活满一年者，即成立中农成分。

第二节　中农与富农的界限，见本文件第七章第五、第六、第七各节的规定。生活富裕，而剥削收入不超过该项规定的中农，叫做富裕中农。富裕中农是中农的一部分，应受保护。富裕中农所有的超过一般农民平均所有的土地在一般情况下，不得本人同意，不应抽出分配。其多余财产，保留不动。

第三节　如果人们的其他条件与中农相同，其占有的（或租入的）土地虽然较少，但是因为占有其他非农业的生产资料借以经营副业，其副业收入可以补农业收入的不足，因而其收支大约可以相抵者，仍应认为中农，不应认为贫农。

第四节　如果人们的其他条件与中农相同，但是因为缺乏劳动力，或者受了不应有和不可抗的打击，以致其生产资料长期不能完全使用（实际上不能完全占有），因而其生活相等于贫农，并连续一年以上者，不应认为中农，而应认为贫农。

第五节　中农在土地改革以前是农民中仅次于贫农的重要阶层。在土地改革彻底完成以后，中农占农民的大多数，也即是占全国人口比较最多数的主要阶层。在土地改革中，中农的土地、财产不足者，应补至农民平均所有的水平。中农的土地有多余者，在一般情况下，只有在取得本人同意之后方可抽出分配。如果本人不同意，则应保留不动。中农的财产有多余者，一概保留不动。

第六节　中农在农会代表会和农会委员会中，在各级政权机关（各级人民代表会议及政府）中，应占相当的数量。民主政府对于中农的经济发展，应予保护和帮助，并领导他们和其他农民在自愿基础上实行劳动互助和其他各种合作事业。在税收和其他负担上，应取公平合理的原则，不使中农负担特别加重。

第七节　共产党应当经常注意提高中农的政治觉悟，以便使全体中农都能与无产阶级和其他劳动人民巩固地团结在一起。

在农民的内部关系中，一般地说，在贫农、雇农人口占多数并居于领导地位的时候，应该提醒贫农、雇农注意照顾中农的利益。而在中农人口占多数并居于领导地位的时候，则应该提醒中农注意照顾贫农、雇农的利益。

第十章　贫农

第一节　贫农是或者没有土地，或者只有很少的土地，有少数农具，但不一定有耕畜，而以租入的或自有而兼租入的或全部自有但是不足的土地从事农业劳动作为其主要生活来源的人们。贫农一般入不敷出，因此要被迫出卖一部分劳动力，或兼营其他艰苦的副业，并要负债。凡合于上述条件，并连续这种生活满一年者，即成立贫农成分。

第二节　乡村中不属于农民或其他阶层的贫民，其原为农民者，为便利计，认为是贫农。

第三节　在土地改革以前，贫农占农村人口的大多数，也即是占全国人口比较最多数的主要阶层。贫农的经济地位是半无产阶级。除无产阶级以外，在全民族中贫农是最受痛苦和最要求革命翻身的人们。土地改革的首要任务，就是为了满足贫农对于土地和其他生产资料的要求。

第四节　在土地改革时期，贫农应和雇农一道组成贫农团，在农会中和各级人民代表会议中担负积极领导的责任。贫农团一方面，应当善于坚决彻底消灭封建、半封建的剥削制度，解决广大贫农、雇农和其他无地少地农民的困难；另一方面，应当善于团结中农和新式富农，保护工商业者，并使地主和旧式富农转变为生产的劳动者，以便从各方面迅速发展生产。

第五节　民主政府应当负责帮助全体贫农的上升，必须领导贫农及其他农民在自愿基础上实行劳动互助和其他合作事业。共产党应当经常注意提高贫农和贫农出身的农民的政治觉悟，使他们能够经常成为乡村中的良好领导者。

第十一章　雇农

第一节　雇农是无产阶级的一部分。雇农完全没有土地、耕畜和农具，或者只有极小的一部分。雇农是以向富农、地主或其他乡村人们长期地（长工）或零碎地（短工）出卖劳动力，从事农业雇佣劳动，为其全部或主要生活来源的人们。凡合于上述条件，并连续这种生活满一年者，即成立雇农成分。

第二节　乡村中原为农民的贫民，以出卖劳动力为主要生活来源，但农业劳动只占其小部者，为便利计，应认为是雇农。

第三节　雇农是农村中最受痛苦而有革命翻身的强烈要求的人们。雇农在土地改革中，一般要求分得土地和其他农业生产资料，因此必须像满足贫农一样地满足雇农的要求。雇农许多是单人，生产中困难甚多，应当给予更多的照顾。

第四节　对于不要求土地而继续从事雇佣劳动的雇农和在土地改革以后新发生的雇农，共产党和民主政府必须注意帮助他们改善其生活。但是雇佣关系中的劳动条件，不应超过当地经济情况所许可的范围。如果超过这种范围，以致无人愿雇，反将使雇农失业，使农业衰落，则是错误的政策。

第五节　要求土地的雇农，应当参加农会，并在其中与贫农合作，组成贫农团，共同负起领导的责任。不要求土地的雇农和土地改革后的新雇农，也可以参加贫农团及农会。但如人数很多，则可组织单独的雇农工会。共产党应当注意经常教育雇农和雇农出身的农民，使他们积极参加乡村中政治生活与经济生活的领导工作。

第十二章　手工业劳动者

第一节　手工业劳动者（或称手工业者）是占有少量的工具，或者还占有少量的原料、小的作坊或店铺，以从事独立的手工业劳动，作为其全部或主要生活来源的人们。一部分手工业劳动者，例如纺纱织布的、榨油的、做豆腐的、开小饭铺的人们以及制造成品的木匠、铁匠、皮匠等，他们自己生产商品，直接卖给消费者或卖给商人。另一部分手工业劳动者，例如自有车、船、马的车夫，船夫，脚夫，理发匠，骟马匠，补锅匠，不制造成品的木匠、铁匠、皮匠等，因为他们劳动的对象属于消费者，故直接以自己的劳动满足消费者的需要。凡合于上述条件，并继续这种生活满一年者，即成立手工业劳动者成分。

第二节　手工业劳动者一般不雇佣工人。其有本人参加主要劳动，同时又招收少数学习性质或助手性质的学徒，或工人，或店员，但仍以本人的手工业劳动为主要生活来源者，仍应认为手工业劳动者。如果人们的其他条件与手工业劳动者相同，但是招收多数学徒、工人或店员，以这些学徒、工人或店员作为其生产业务中的主体，本人只有附带劳动，或只居于监督管理地位者，则应认为手工业资本家。

第三节　手工业劳动者一般不受雇于手工业资本家。如果自己不占有所需要的生产资料，而受雇于占有该项生产资料的手工业资本家、包工头或独立的手工业劳动者，例如手工纺织厂所雇的纺织工人，脚行所雇的脚夫，理发店所雇的理发工人，包工头所招的建筑工人，独立手工业劳动者所招的学徒等，被雇者向雇主领取工资，作为主要生活来源者，则应认为是工人。

第四节　手工业劳动者是劳动人民的一个重要部分，其利益，在土地改革中和新民主国家中，应受到坚决的保护。

第五节　乡村中的贫苦手工业劳动者，其手工业收入不足维持生活，需要一部分土地或其他财产者，应分给一部分土地或其他财产。其原有一部分土地，因无力耕种而出租，或雇工耕种，赖以维持生活者，仍应允许其在适当的地租或工资条件下继续保有，不予征收分配。手工业劳动者之因手工业收入，生活富裕者，其财产一概不得侵犯，但也不应再分给土地或其他财产。手工业劳动者兼地主、富农的成分，见第六章第二十三至第二十五节和第七章第十三节之规定。

第六节　手工业劳动者的劳动，凡属有益国民经济者，均应积极帮助其推广改进。其雇佣学徒、工人、店员，而待遇恶劣者，应予以必要和可能的改善。

第十三章　自由职业者

第一节　自由职业者，是独立的脑力劳动者，其性质一般地类似手工业劳动者。一部分自由职业者，自己生产商品，如著作家、艺术家等。另一部分自由职业者，因为其劳动对象是消费者，直接以自己的劳动满足消费者的需要，如医生、律师等。凡合于上述条件，并连续这种生活满一年者，即成立自由职业者成分。

第二节　自由职业者，因为执行业务的必要，而雇佣一两个助手或仆役时，不应认为剥削行为。

第三节　某些自由职业者，虽为资本家所雇佣，或为国家所任用，如报社的记者，书店的编辑，电影厂的演员和导演，私立和国立学校的教师，私营和国营企业中的工程师，国家研究机关中的学者等，因为其劳动条件比工人或普通职员较带独立性，故仍可认为自由职业者。但是新民主国家所任用的脑力劳动者，则不应认为自由职业者，而应认为革命职员。

第四节　自由职业者的利益，在土地改革中和新民主国家中，应受到坚决的保护。

第五节　自由职业者的家庭一般占有或多或少的土地和其他生产资料，但一般不作为本人的主要生活来源。少数自由职业者，则自己同时是地主、富农或资本家。自由职业者与土地的关系，适用第十二章第五节规定的原则。自由职业者兼地主、富农的成分，见第六章第二十三至第二十五节和第七章第十三节的规定。自由职业者兼资本家的成分，适用第六章第二十三至第二十五节所规定的原则。

第六节　中国的自由职业者，一般地与其他劳动人民一道受到帝国主义、封建势力和官僚资本的压迫。自由职业者的上层，在政治上，常常倾向于自由资产阶级。自由职业者的中下层，一般地能同情人民民主革命，或者在革命与反革命斗争时期保持中立地位。自由职业者的左翼，主要是其中从事于文化工作的一部分，在无产阶级的影响之下，在近三十年的中国发展了左翼文化运动，对于中国人民革命斗争和马克思主义思想的传布，是有贡献的。自由职业者由于其生活方法的影响，一般地带有重视自己个人，轻视劳动群众的缺点。自由职业者的极少数，即其右翼分子，则站在反革命方面。自由职业者的智能，是建设新中国所不可缺少的一部分力量，必须细心地团结他们的绝大多数为人民共和国服务。和这同时，必须针对他们的缺点和错误思想给以逐步的和适当的改造。

第十四章　小商贩

第一节　小商贩是或者占有小量资本，例如货币资本、运输工具、店铺等，或者不占有资本（以赊欠、挑担子、摆摊子等项方法进行营业），也不雇佣店员、运输人员、推销员等，向商业资本家或小生产者购入商品，向消费者出卖，自己从事商品流通过程中的劳动，例如采购、运输、售卖等，作为其主要生活来源的人们。小商贩有时取得小量利润，有时完全得不到利润，有时还要以其他方法补助才能维持生活，甚至要负债。连续小商贩生活满一年者，即成立小商贩成分。

第二节　只为商人担任运输，自己并不贩卖者，不应认为小商贩，而应按照其与商人的关系，分别认为手工业劳动者，或商人的雇员。

第三节　只对商品作简单的加工，其主要劳动属于商品流通范围，而其他条件同于小商贩者，例如卖花生、瓜子、卤肉、馄饨等简单食品的人们，不应认为手工业劳动者，而应认为小商贩。

第四节　小商贩因为资本很少，甚至没有，其能担任流通的商品数量和地域，都很小，而所受商业资本家和其他剥削阶级的剥削却是很多，其利润一般很少，甚至没有，所以，一般不需要也不可能雇佣店员、运输人员、推销员等。商业资本家，因为资本大，其能担任流通的商品的数量很多，流通的地域很广，其剥削条件多，因而其利润多，他们一般有需要也有可能雇佣多数店员、运输人员、推销员等。因此，在一般情况下，是否雇佣店员、运输人员、推销员等，可以作为区别小商贩和商业资本家的标志。

但是如果其他条件同于小商贩，因为人手不够，只雇一两个学徒或店员者，仍应认为小商贩。如果其他条件同于商业资本家，因为家庭人手多，不需要雇人，或者因为并不从事商品流通过程中的必要实际工作，仅从事于买办、转账、高利贷、囤积、投机等完全寄生性的剥削，也不需要雇人者，则仍应认为商业资本家。

第五节　对于运输商人，开过载行、骡马店及旅馆的商人，开堆栈的商人，开牙行的，开荐头行的人们，以及从事其他有关商业活动或类似商业活动的人们，在划分其成分，判断其属于小商贩一类或属于商业资本家一类时，一般都可以适用本章规定的原则。

第六节　小商贩的利益，在土地改革中和新民主国家中，应受到坚决的保护。

第七节　小商贩与土地的关系，适用第十二章第五节规定的原则。小商贩兼地主、富农的成分，见第六章第二十三至第二十五节和第七章第十三节的规定。

第八节　小商贩的主要地位，是独立劳动者和被剥削者。在多数情形下，类似于商业中的雇佣劳动者。其中许多人，还只是一种贫民。只有极少数，才能成为剥削者。他们的商业劳动，虽然不增加任何国民财富（如果不加以调节，有时还可能产生某些不利于国民经济的影响），但在一定范围内，在真正沟通同一区域或不同区域的生产者和消费者相互需要的范围内，他们的劳动，却是整个生产过程所需要的。在新民主国家的国营商店、国营运输业和人民消费合作事业没有充分发展以前，在民主政权指导下的小商贩，对于整个经济建设的发展，仍有一定重要性的贡献。

第十五章　资本家和官僚资本家

第一节　资本家是占有较多的或大量的生产资料，直接地或间接地利用商品生产，剥削劳动者的剩余劳动，取得各种形态的利润或利息的人们。因为对于生产过程的关系不同，主要地可分为工业资本家、商业资本家、银行资本家等类。因为资本的积累和使用方法不同，对于帝国主义、封建主义和整个国民经济的关系不同，从而资本的数量也不同，对于上述各类资本家又可分为官僚资本家和普通资本家两类。官僚资本家，在资本数量上是极大的资本家，对外是买办资本家，对内是垄断资本家。普通资本家，在资本数量上一般是中型和小型的资本家，也有少数大资本家，对外一般是民族资本家，对内一般是自由资本家。连续官僚资本家生活满一年者，即成立官僚资本家成分。连续普通资本家生活满三年者，即成立普通资本家成分。

第二节　工厂、商店、银行中不占有资本的普通职员，股份公司的小股东，银行的小存户，以及各种追随着资本家和资本家制度，进行各种附属活动，但不占有资本，或只占有少量资本，经常不能取得利润，或只能取得少量利润的人们，其主要地位，属于被剥削者，故均不应认为资本家，或官僚资本家。

第三节　普通工业资本家占有机器、工厂、原料、货币资本等，雇佣工人劳动，生产商品，剥削工人的剩余劳动。手工业资本家，农业资本家及新式富农，性质上是这种资本家的一部分。这种资本家，特别是机器工业资本家，乃是资本主义生产方式的基本构成者。

第四节　普通工业资本家的生产方式，虽然也是剥削劳动者的，但是这种生产方式的发展，依靠于商品生产和扩大再生产（不是自给自足经济），依靠于自由劳动力（不是附属于地主及其土地的农民），而商品的扩大再生产的迅速发展，和自由劳动力的迅速发展，又依靠于机器工业（不是手工业）。所以工业资本家的生产方式，在中国目前和将来的一定阶段上，有其进步的作用。他们与帝国主义、封建主义联系较少，并受到帝国主义、封建主义和官僚资本主义的压迫、损害或限制。因此，虽然这种资本家对于工人有许多应当减轻或废除的剥削和压迫，虽然他们在反帝、反封建、反官僚资本的斗争中有显著的应当警惕的软弱性和动摇性，他们的右翼还站在反革命方面，但是整个地说来，他们的多数却能够对人民民主革命运动保持中立，在某种条件下和在某种程度上，甚至还能够参加这种革命运动。因为这些，这种资本家的财产和营业，应当受到坚决的保护，而不允许加以侵犯和破坏。在新民主国家中，应当使这种资本家在新民主国家经济的领导下从事有益于国民经济的生产活动，根据公私兼顾、劳资两利的方针，达到发展生产、繁荣经济的目的。

第五节　普通商业资本家占有货币资本和商店，或者还占有堆栈和运输工具。他们雇佣店员、运输人员、推销员等，贩卖大量商品，从中剥削生产者和消费者。这种资本家因为自己不进行生产，所以不能构成任何生产方式，而以不同的地位存在于进行着不同程度的商品生产的阶级社会中。

第六节　中国的普通商业资本家，因为中国是处在几种不同的生产方式同时存在的过渡期间，所以他们既有其附属于自由资本主义的生产方式的一面，也有其附属于帝国主义、封建主义和官僚资本主义，因而妨碍着自由资本主义的生产方式的一面。参加于发展民族生产事业而对于帝国主义、封建主义和官僚资本主义有妨碍的商业资本家，其地位类似于普通工业资本家，新民主国家对待他们的政策，也和对待普通工业资本家的政策一样。其他的商业资本家，例如从事于买办，高利贷和投机事业的商业资本家，在帝国主义、封建主义和官僚资本主义的统治被推翻以后，其地位将必然地发生重大的变化。新民主国家应当禁止他们的非法活动，并且要求他们在新民主国家经济的领导下从事有益于国民经济的正当活动。一切从事正当活动的商业资本家的合法财产和合法营业，都应当受到坚决的保护，而不允许加以侵犯和破坏。

第七节　银行资本家占有货币资本和各种证券（包括债券、股票等），常常还占有作为资本的地产、企业、商品等，向工商业资本家和其他生产者或消费者进行资本的买卖，以利息的形式间接或直接剥削劳动者。银行资本家的资本，叫做借贷资本。虽然资本主义国家的银行资本，特别是银行资本与产业资本相结合而形成的金融资本（亦称财政资本），是在资本主义生产方法的基础上发展起来的，是一种特殊性质的借贷资本，但是借贷资本本身，与商业资本一样，也不能构成任何生产方式，也是以不同的地位存在于不同的阶级社会中。

第八节　中国的许多银行资本家或金融资本家，虽然也是与资本主义的生产方式同时发生的，但是其发展却不表示资本主义生产方式的发展，而恰恰表示了资本主义生产方式的不发展。许多银行资本家是与帝国主义、封建主义相结合的，而官僚资本主义的经济基础，正是建立在这种与帝国主义、封建主义相结合的银行资本上面。他们不但是完全寄生的资本家，而且还利用为帝国主义作买办，利用金融投机和其他各种投机，利用高利贷等方法，对于民族生产过程产生积极的破坏作用。他们与资本主义以前的借贷资本家即高利贷者，并无本质上的不同。因为这样，新民主国家对于一切在国民经济中起着破坏作用的银行资本，这主要的是属于官僚资产阶级的银行资本，必须没收，加以改造，使其为新民主主义的国民经济服务。对于其他的银行资本，则不在没收之列。新民主国家对于一切从事于发展民族生产事业，愿意在新民主国家经济的领导下，从事有益于国民经济的正当活动的银行资本家，应当予以保护。

第九节　官僚资本家是利用官僚特权，掠夺并积累大量资本，或者由官僚个人或某些官僚集团用私人的名义经营或控制，或者利用属于官僚的国家机关由某些官僚集团用国家的名义经营或控制，在经济上从而在政治上代表着帝国主义和封建主义的利益，并从而对于国民经济占有垄断地位的人们。官僚资本家的主体是金融资本家。他们的性质是帝国主义金融资本在中国的代办，是中国封建主义在其与帝国主义相结合以后的变种。因此，他们在剥削方法上虽然在封建主义的基础上加进了资本主义，但是在生产方法上，就整个来说，却是与旧式的地主阶级同样是资本主义发展的基本障碍，而且因为他们是帝国主义和封建主义统治中国的主要代表，即中国反革命的主要领袖，所以还是这个发展的主要障碍。

第十节　官僚资本家阶级，当作一个阶级，必须像地主阶级一样地予以消灭。官僚资本家的土地、财产，必须全部没收，其属于地主部分的土地、财产应当分配给农民，其属于工商业部分及其他部分的土地、财产应当由新民主国家接收。官僚资本家的领袖，就是汉奸、内战罪犯和反革命的领袖，必须追寻他们到天涯海角，务使其归案法办。但是对于官僚资本家中犯罪较轻、愿意悔过的分子，以及官僚资本家的没有参与犯罪的家属，则应当按照具体情况，分别对待。

第十六章　工人

第一节　工人是一般不占有土地、工具或其他生产资料，以向资本家或其他雇工生产者出卖劳动力，或在新民主国家企业中劳动，取得工资，作为其全部或主要生活来源的人们。凡合于上述条件，并连续这种生活满一年者，即成立工人成分。

第二节　生产中的各种工人，例如产业工人、手工业工人、雇农、店员等，是工人阶级的基本部分，而在大机器工业中从事集体劳动的产业工人，则是工人阶级中的最进步者。此外，国家机关、公共团体和个人为行政或消费的目的所雇佣或任用的集体劳动者或单独劳动者，也应当认为工人阶级的一部分。

第三节　工人阶级是中国最进步的和受痛苦最深的阶级，因此是中国人民革命的主要领导者。工人在土地改革中和新民主国家中，应当积极负起领导的责任。

第四节　工人一般没有土地，也不需要土地。其占有土地，或因特殊情形需要土地，并得农会同意者，适用第十二章第五节的规定。

第五节　新民主国家必须保证一切公私企业中的工人获得生活的改善，反对或忽视这种改善是错误的。但是这种生活的改善，不应当超出经济情况所许可的范围，不应当违背发展生产、繁荣经济、公私兼顾、劳资两利的总原则。

第六节　在新民主国家企业中，工人处于不受剥削的主人的地位，应当与企业中的领导者（同样是工人阶级的一分子）通力合作，为人民及其国家发展生产，为战争的胜利和国家的建设而奋斗。

第七节　在新民主国家的私营企业中，工人一方面还要受一定的剥削；另一方面，又已处于国家主人的地位。因此，工人应当与资本家根据发展生产、劳资两利的原则共同进行生产，以便一方面使工人生活获得相当的改善，另一方面使资本家获得相当的利润，并团结起来共同为战争的胜利和国家的建设而奋斗。

第八节　在反革命统治下的旧中国，对于民族的、自由的中小资本家，工人一方面，应当首先保护自己的利益，反对过度的剥削和压迫，适当地改善劳动条件。另一方面，应当唤起资本家与工人携手，以便共同反对帝国主义、封建主义和官僚资本的压迫。对于官僚资本家和帝国主义者，主要是美国帝国主义者，工人应当进行坚决的但不是冒险主义的斗争，以便有效地配合人民解放军的革命战争和农民的土地改革，获得最后的胜利。

第九节　共产党应该经常教育工人群众，使他们充分了解并积极参加国家的和地方的（首先是城市的）政治生活，并积极增进自己与其他劳动人民的联系。

第十七章　职员和革命职员

第一节　职员是在企业中，在国家政权系统中，在人民团体中，被雇佣或任用，从事脑力劳动，取得薪水，作为其全部或主要生活来源的人们。合于上述条件，并连续这种生活满一年者，即成立职员成分。

第二节　旧中国的职员，有各种不同的情况。他们一般是知识分子，其中许多人的家庭占有或多或少的生产资料，但是一般不作为本人的生活来源。所有下级职员和一部分中级职员，与工人的地位相近，在许多企业中，作为工人阶级的一部分而加入职工会。另一部分中级职员和一部分高级职员，与自由职业者的地位相近。另一部分高级职员和所有最高级的职员，则是地主、资本家、官僚资本家或官僚自己。在土地改革中和新民主国家中，应当按照他们的不同情况，给以不同的待遇，不可把一般职员（工人或劳动者的一部分）与地主、资本家、官僚资本家或官僚相混淆。

第三节　在蒋介石统治的国家机关中，特别是那些被特务组织所控制的机关，例如国民党党部等。有一部分职员，是站在反革命方面的。但是，罪恶最大和反动最坚决的人们则占少数。民主政权对待这些人员的基本原则，就是首恶者必办，胁从者不问，立功者受奖。

第四节　在新民主国家机关和人民革命团体中工作，并以这种工作为职业的全体人员，无论其分工如何，都叫做革命职员。革命职员一般都是工人阶级和劳动人民的一部分。属于无产与半无产阶级政党共产党的革命职员，是无产阶级和劳动人民的最觉悟的一部分。

第五节　劳动者出身的革命职员，在其担任工作以后即可取得革命职员成分。剥削者出身或剥削者家庭出身的革命职员，在其担任工作满二年以后，即可取得革命职员成分，但其本人出身或家庭出身则不因此改变。其在革命工作中建立殊勋者，或因公牺牲者，得由上级机关提前改变成分。凡革命职员因过失被撤销一切革命工作者，其革命职员成分，即同时取消。

第六节　凡不脱离家庭经济生活而担任革命工作者，其成分不变更。

第七节　革命职员，必须忠实服从所属国家机关或人民革命团体的一切纪律和决定，无条件地反对帝国主义和封建主义，拥护土地改革，积极参加消灭封建制度，没收官僚资本，建立新民主国家的人民革命斗争。

第八节　在土地改革和其他人民革命斗争中，革命职员之由地主、富农或其他剥削阶级出身，违犯革命纪律，包庇地主、富农、官僚资本家，反对和妨害土地改革或其他人民革命斗争，利用地位侵占人民利益者，应依据情况，分别予以批评、警告、降职、撤职、清洗、开除共产党员党籍，交付人民法庭审判，或其他必要和适当的处分。其曾经表示某些动摇，但是经过教育以后愿意服从土地改革法令和其他革命法令，服从革命纪律，继续革命工作者，则应当继续予以教育，并分配适当工作。其革命立场坚定，工作忠实积极者，则应受到鼓励，并使其继续工作，而不应因其家庭出身，予以打击或歧视。

第九节　革命职员的直系家属，即其父、母、妻、子、女，及十六岁以前的弟妹，在革命职员担任工作的时间内，无论其属何成分，都按照革命职员家属待遇。如果革命职员脱离了家庭经济生活，而其家庭在乡村以农业为生者，在分配土地时，一般应将本人计入家庭人口。但是如果在同一家庭中这种人员在二人以上，或其家属并不需要多分土地者，则应酌量处理。

第十节　革命职员家属生活极端困难，查明属实者，得由当地政府酌量采取对待革命军人家属办法，设法予以帮助。革命职员家属能够维持生活者，则不得要求这种帮助。革命职员家属因为没有或缺少劳动力而出租或雇工耕种土地者，不得认为剥削行为。

第十八章　军人和革命军人

第一节　军人是军队及其他武装组织的组成分子。军队的性质，因其所属国家政权的阶级性质而不同。

第二节　在中国反革命的军队、团队、警察、宪兵等武装组织中，其高级和中级指挥人员的阶级成分，一般地属于大中地主阶级，或地主兼官僚资产阶级，他们的任务，就是保卫地主阶级和官僚资产阶级的特权。这些武装组织的下级军官（连排长及某些军佐），许多是小地主和旧式富农出身的人们，一部分是劳动人民出身的人们。这些武装组织的士兵，则一般的是穿军服的农民。这些士兵和一部分下级军官、军佐，在被人民解放军俘虏并加以教育之后，一般能够加入人民解放军对于反革命军队作战。

第三节　对于中国反革命的军队、团队、警察、宪兵等一切武装组织，人民解放军必须用革命战争的方法将其彻底消灭。革命战争中，凡停止抵抗并放下武器者，按照正确的俘虏政策待遇，不得加以杀害或侮辱。凡举行起义加入人民解放军者，或从事秘密革命活动，有助于人民解放军者，应受到奖励，民主政府和人民解放军对待反革命武装组织的原则，亦是首恶者必办，胁从者不问，立功者受奖。

第四节　在人民解放军中的指挥员，战斗员和其他工作人员，无论其分工如何，一律叫做革命军人。所有革命军人，都是工人阶级和劳动人民的一部分。

第五节　人民解放军的成分，百分之九十以上必须是工人，农民、手工业劳动者、贫民及劳动人民家庭出身的知识分子。剥削者家庭出身的知识分子，在其真心拥护共产党领导的人民民主革命，经证明属实的条件下，可以允许其参加军队。剥削者本人在一九四七年中国土地法大纲颁布以前参加军队者，依其在战争中的表现如何决定留队或离队；在一九四七年中国土地法大纲颁布以后，原则上不许参加军队，只有其中个别觉悟分子，在其真心拥护共产党领导的人民民主革命，经证明属实的条件下，方可允许其参加军队。

第六节　劳动者出身的革命军人，入伍后即可取得革命军人成分。

第七节　剥削者家庭出身的知识分子被允许参加军队者，入伍满一年始可取得革命军人成分。剥削者本人被允许参加军队者，入伍满二年始可取得革命军人成分。其在作战中建立殊勋者，或牺牲者，得由其上级政治机关提前改变其成分。所有这些人们，在其取得革命军人成分以后，其家庭出身不因此改变。

第八节　任何革命军人，不论其家庭出身如何，其有因过失被开除军籍者，其革命军人的成分即同时取消。

第九节　革命军人必须忠实服从上级一切命令，无条件地反对帝国主义和封建主义，积极参加推翻帝国主义，消灭封建制度，没收官僚资本，建立中华人民共和国的人民革命斗争。

第十节　在土地改革及其他人民革命斗争中，由剥削者家庭出身而被允许参加军队的革命军人，其与第十七章第八节所说各种情况相合者，适用该章该节的规定。

第十一节　革命军人的直系家属，在革命军人入伍后，无论其属何成分，均按照革命军人家属待遇。革命军人家属在乡村以农业为生者，无论本人存亡，在分配土地时，应将本人计入家庭人口，分得和农民同样的土地财产。其家属生活极端困难，查明属实者，应由当地政府设法予以帮助。其因没有或缺少劳动力而出租或雇工耕种土地者，不得认为剥削行为。

第十二节　革命军人退伍时，如果不能回到其已留给土地财产的家庭，应当另行分给土地、财产，或助其获得其他生活方法。为适应这种需要，各地在平分土地时，得酌量保留一部分土地由政府保管。革命军人因受伤残废而退伍者，除依退伍后的生活情况确定其成分外，同时得终身保持革命军人的称号。

第十三节　原属反革命军队的军人加入人民解放军者，同样适用本章第四至第十二各节的规定。

第十四节　不脱离家庭经济生活的游击队员或民兵，在作战中建立殊勋者，或牺牲者，亦得给予革命军人的称号和荣誉。牺牲的游击队员或民兵的家属，亦可酌量适用本章第十一节的规定。

第十九章　学生

第一节　在学校中受教育的人们，叫做学生。旧中国的学生，尤其是中等以上学校的学生，多数是剥削阶级的子女，但是他们一般没有直接剥削过劳动者，他们在毕业后又多数从事脑力劳动的职业（自由职业者、职员等），因此，对于剥削者家庭出身的学生，一般不应按剥削者待遇。但是劳动者家庭出身的学生，则应认为劳动者。

第二节　在中国经济政治实际状况的教育下，在人民革命运动的影响下，学生愈来愈多地成为劳动人民的同情者和人民革命运动的参加者。其他的学生，一般地也能在革命与反革命斗争时期保持中立地位。学生中只有极少数是站在反革命方面。学生是人民民主革命队伍中的知识分子的主要来源。参加人民民主革命队伍的知识分子，叫做革命知识分子。而革命知识分子则是人民民主革命事业和人民共和国建设事业所不可缺少的力量。因此，必须细心地团结学生的绝大多数为人民共和国服务。

第三节　在民主政府下，学生的成分已有改变。民主政府必须注意教育劳动者及其子女，并在这种教育中有计划地培养劳动人民的知识分子，这些是首要的任务，忽视这种任务是错误的。但在同时，在情况许可下，对于现在正受教育的地主、富农、资本家的子女，则一般不应排斥，而应加紧对于他们的革命改造的教育，使他们经过这种教育以后，能够为人民共和国服务。他们在土地改革和其他人民斗争中，与第十七章第八节所说各种情况相合者，适用该章该节的规定。

第二十章　贫民

第一节　劳动者丧失职业，或没有固定职业，生活贫苦，连续三年以上者，叫做贫民。

第二节　失业不满三年的劳动者，以失业以前的成分论。

第三节　本人从来是劳动者，因为丧失或缺乏劳动力，或因受了其他不应有和不可抗的打击，被迫依靠他人的劳动作为全部或主要的生活来源，例如依靠亲友接济、社会救济、出租土地房屋、放债、雇工劳动、商业利润等，作为全部或主要的生活来源，连续三年以上，而其生活状况不超过乡村中一般中农的水平，或城市中一般中级职员的水平者，认为贫民。

第四节　本人从来不是劳动者，其他条件与第三节相同，而其生活状况不及乡村中一般中农的水平，或城市中一般中级职员的水平者，认为贫民。

第五节　如果人们的其他条件与第三节或第四节相同，而其生活状况超过各该节所说的水平者，依其剥削方法认为各种剥削者。

第六节　为便利计，对于一切生活贫苦而其阶级成分不易判断的人们，认为贫民。

第七节　为便利计，对于一切生活贫苦，其阶级成分虽易判断，但无须专列一类的人们，认为贫民。例如穷塾师、穷说书人、穷的旧戏剧职业者及其他艺人，按其生活方法应列为自由职业者，但在没有这种必要的时候，即可列为贫民。

第八节　贫民与游民的区别，见本文件第二十一章第一至第三各节的规定。

第九节　对于一切属于劳动者的贫民，如第一节和第三节所说的，应该认为劳动阶级的一部分。对于不属于劳动者的贫民，如第四节所说的，应该认为是阶级社会制度的产物，对他们予以适当的教育改造，而不应按照剥削阶级待遇。

第十节　对于乡村中一切能耕种而缺少土地的贫民，在土地改革中应一律分给土地，使其从事农业劳动。对于不能耕种，但能从事其他劳动的贫民，以及城市中一切能劳动的贫民，亦应采取各种办法，吸收他们到生产中来。其完全丧失劳动力，绝对不能劳动者，则应暂时允许其依靠各种不劳动的收入，或采取其他可能的办法，使其能维持生活。

第二十一章　游民

第一节　不占有，或只占有少量的生产资料，不从事劳动，或不以劳动作为主要生活来源，而以偷盗、抢劫、欺骗、敲诈、乞食、贩卖违禁品、赌博、卖淫、开设烟馆、赌场、妓院等不正当方法作为其主要生活来源，并连续三年以上者，叫做游民。

第二节　仅有不正当习惯者，例如懒惰、浪费、嫖过、赌过、吸过鸦片的人们，不应认为游民。仅以不正当方法为暂时（未连续三年）或附带（不满纯收入二分之一）的生活来源者，也不应认为游民，而应按其经常的和主要的生活来源，决定其成分。

第三节　原属劳动者，完全因为被迫而成为游民的人们，例如因逃难成为乞丐，因被拐卖成为娼妓，本人积极要求脱离游民生活、恢复劳动生活者，虽以不正当方法作为主要生活来源，并连续三年以上，亦不应认为游民，而应分别情况，认为劳动者或贫民。

第四节　对于一般游民，应取教育政策，并强迫其生产。

第五节　乡村中的游民，在分配土地时，应先给予在政府及农会监督之下的使用权，暂时不给予所有权，以防其出卖。

第六节　游民之有重大犯罪行为者，应由人民法庭审判，并决定处理办法。

第七节　对于成分不属于游民，但有游民行为的人们，亦应加强教育，改变其游民行为。

第八节　游民转入劳动，以劳动为全部或四分之三以上的生活来源，不犯重大罪行，普通分子满三年后，特殊分子（例如首领分子、犯过重大罪行者，属于剥削阶级者）满五年后，即可改变其成分。

第二十二章　宗教职业者

第一节　凡以宗教或迷信为职业，作为其全部或主要的生活来源，并连续这种生活满三年者，叫做宗教职业者，成立宗教职业者成分。宗教职业者在停止其宗教职业，而以劳动或其他生活方法为主要生活来源满二年者，即可改变其成分。

第二节　宗教职业者为人民群众所不积极支持，并有危害人民的行为，因而为民主政府所禁止者，民主政府应给以教育，并强迫其转入劳动。其在乡村需要土地者，应分给土地，同时禁止其继续欺骗及危害人民。

第三节　宗教职业者之为一部分群众（教徒或其他信仰者）所积极支持，并因此为民主政府所允许者，其合法的宗教活动应受到保护。对于外国传教士，亦适用此项规定。

第四节　乡村中合法的宗教职业者之生活极端困难，查明属实者，在当地群众同意下，得酌量分给一部分土地、财产。对于外国传教士，不适用此项规定。

第五节　无论何种宗教职业者，如果他们利用宗教作掩护而进行反革命活动者，按反革命罪处理。但与反革命罪犯无关的宗教职业者，不受牵涉。

第六节　祠堂、庙宇、寺观、教堂等所占有的耕地，应由农会接收分配。但附属于祠堂、庙宇、寺观、教堂等的不大的园地，不在接收分配之列。

第二十三章　各阶级的债务

第一节　在土地改革中，对于各种债务，应该区别其属于什么阶级和什么性质，分别处理。凡是属于封建阶级和属于封建性质的债权，以废除为原则；凡是不属于封建阶级或不属于封建性质的债权，以不废除为原则。

第二节　地主、旧式富农和高利贷者的债权，一律废除。但在属于地主、旧式富农及高利贷者的工商业中，一切不属于高利贷的债权，例如货账等，不在废除之列。

第三节　地主、旧式富农和高利贷者所欠劳动者的债务，例如所欠的工资等，应由接收地主、旧式富农和高利贷者的土地、财产的组织（农会或政府）决定偿还办法。地主、旧式富农和高利贷者所欠其他剥削者的债务，应由接收地主、旧式富农及高利贷者的土地、财产的组织决定偿还与否或偿还多少。

第四节　官僚资本家的一切债权债务，由民主政府决定处理办法。

第五节　犯罪分子的债权债务，由审判该犯罪分子的法庭决定处理办法。

第六节　除地主、旧式富农、高利贷者、官僚资本家的债权和由法庭判决废除的犯罪分子的债权，应予废除外，其他债权人的债权，叫做普通债权人的债权。凡普通债权人的债权，其利息超过当地生产事业中的通常利润，而属于当地民主政府所禁止的高利者，应认为封建性的剥削。其利息超过当地银行中的存款利息，但不超过当地生产事业中的通常利润，而为当地民主政府所允许者，应认为资本主义性的剥削。其利息不超过当地银行中的存款利息者，叫做低利贷款，为了鼓励此种低利贷款，为权宜计，不认为剥削。

第七节　普通债权人的封建性高利债权，凡在当地民主政府建立以前所成立者，无论债务人已付息多少，一律废除。

第八节　普通债权人的封建性高利债权，凡在当地民主政府建立以后所成立者，一律实行减息。

第九节　减息办法如下：债务人付息未及原本一倍者，今后付息，应以年利一分半为标准。债务人付息已及原本一倍至二倍以下者，今后应停止付息，只还原本。债务人付息已及原本二倍至二倍以上者，今后该项债权作废。

第十节　普通债权人的资本主义性利息的债权，凡在当地民主政府建立以前所成立者，其利息超过年利一分半，或债务人付息已及原本一倍至二倍以下，或付息已及原本二倍至二倍以上者，应依第九节各项规定分别处理。其利息不超过年利一分半，而债务人付息亦未及原本一倍者，其债权照旧生效。

第十一节　普通债权人的资本主义性利息的债权，凡在当地民主政府建立以后所成立者，其债权照旧生效。

第十二节　普通债权人的低利贷款和无利贷款，其债权一律照旧生效。

第十三节　民主政府应负责保护普通债权人的一切合法债权，即其不违反本章第七节至第十二节规定的一切债权，以免贷款者不敢依法贷款，反于借款人和整个社会生产事业不利。

第十四节　普通债权人的债权，在依本章第七节至第十二节规定处理时，如因债务人和债权人的任何一方生活极端困难，因而发生不能自行解决的争执者，无论债务人或债权人，均有权申请民主政府调解。民主政府对于任何一方的申请，必须接受，并必须根据本章原则和双方实际情况，进行公正的调解，不得拒绝调解或偏袒任何一方。

第十五节　本章所说的利率，在币值不稳定期间，以实物价格为计算标准，不以货币价格为计算标准。

第十六节　民主政府及其所属银行和企业的贷款，以及民主政权下的人民信用合作社的贷款，不在本章所说债权的范围以内。

第二十四章　关于犯罪分子的处理

第一节　凡称反革命分子，是指有重大反革命行为，例如积极地为外国侵略者和人民敌人担任残害人民的重要工作，积极地并严重地破坏民主政权，积极地并严重地破坏人民解放战争，查有实据者。

第二节　乡村中及城市中普通反革命分子，应由人民法庭审判处理。其情节重大者，应由民主政府的检察机关调查后送交高级司法机关处理。其属于特务性质者，应由检察机关调查后送交适当的高级司法机关处理。

第三节　反革命分子所造成的人民生命财产的损失，应尽可能由反革命分子予以赔偿。

第四节　反革命分子由劳动阶级出身者，一般地应较由剥削阶级出身者从轻处理。

第五节　凡反革命分子过去曾经作恶，以后悔过，长期停止作恶，查有实据者，叫做悔过分子。悔过分子无论其属何成分，均应从轻处理，但其过去作恶事实应向政府和人民坦白报告，不得隐瞒。

第六节　悔过分子悔过后积极为人民立功者，无论其属何成分，均准予将功折罪。

第七节　反革命分子所受的处罚已经完毕，或因其将功折罪而被有关政府宣告为无罪，以后未再犯反革命行为者，不再称为反革命分子。

第八节　只有轻微的偶然的反革命行为者，应予批评或惩戒，使其悔过或坦白，不称为反革命分子。

第九节　凡被反革命分子胁迫参加反革命工作者，例如反革命武装组织中的普通人员和被反革命组织所雇佣或征调的各种员工夫役，叫做胁从分子。胁从分子，无论其属何成分，不得认为反革命分子。

第十节　反革命分子的家属未参与反革命行为者，无论其属何成分，不得认为反革命分子。

第十一节　凡称土地改革中的破坏分子，是指积极地并严重地破坏土地改革，查有实据者。

第十二节　本章第二至第十各节所规定的原则，亦适用于土地改革中的破坏分子。这种破坏分子，非另有第一节所说的反革命行为，不称为反革命分子。

第十三节　凡称贪污分子，是指以贪污起家，或有重大贪污行为，或有经常的屡戒不改的贪污行为，查有实据者。

第十四节　本章第二至第十各节所规定的原则，亦适用于贪污分子。贪污分子非另有第一节所说的反革命行为，不称为反革命分子。

第十五节　凡称恶霸分子，是指经常利用权力、威势或暴力，造成人民生命、财产的损失，例如曾经逞凶杀人，或殴伤许多人，曾经奸占妇女，或强奸许多妇女，曾经强占大块土地，或强占许多财产，曾经徇私舞弊，以致逼死人命，或使许多人贫穷破产，查有实据者。

第十六节　本章第二至第十各节所规定的原则，亦适用于恶霸分子。恶霸分子非另有第一节所说的反革命行为，不称为反革命分子。

第十七节　凡从本村本区逃亡出外的逃亡分子，应分别他们犯罪与否和犯罪轻重，而决定不同的处理办法。逃亡分子中犯有第一节所说的反革命行为，查有实据者，称为反革命分子，按照第二至第十各节的规定处理。逃亡分子中未参与犯罪行为者，均不得认为反革命分子或其他犯罪分子。后一种逃亡分子应分得的土地财产，应予保留，并规定适当期间，令其归来领取。过期不归者，得另行分配。

第十八节　人民对于反革命分子、破坏土地改革分子、贪污分子和恶霸分子，均有检举、揭露、送交人民法庭和要求惩戒赔偿的权利。

第十九节　混入在民主政府，人民解放军、人民团体和中国共产党等组织内的破坏分子、贪污分子和恶霸分子，应由各该组织的负责人员，召集本组织的人员开会，并邀请有关群众参加，实行审查、批评、惩戒或清洗。参加这种会议的人员及群众，每人均有对于这些分子的检举、揭露、要求惩戒、赔偿和建议调职、降职、撤职、开除党籍或军籍的权利。这些分子中其有经过这种会议证明犯有重要罪行，合于本章第十一、第十三、第十五各节的规定者，应送交相当的法庭处理。

第二十节　民主政府，人民团体和中国共产党组织内，如果混入了反革命分子，应由检察机关调查后送适当的司法机关处理。混入人民解放军的反革命分子，送交相当的军事法庭处理。

第二十一节　人民除战斗和紧急情况（例如罪犯施行凶杀时）以外，不得直接处死任何罪犯，以防止滥杀。

第二十五章　人民法庭

第一节　人民法庭依照中国土地法大纲第十三、第十四和第十五条的规定及本文件各项有关的规定，成立其组织和执行其职责。人民法庭的基本任务，是用司法方法保障中国土地法大纲和本文件的各项有关规定的全部正确实施。

第二节　人民法庭以设于县或市以下的区一级为原则。人口多的区，每区设一个。人口少的区，联合几个区共设一个。为便于人民的运用，人民法庭得在区以下的各乡村，设置联络员若干人，并派出巡回法庭到乡村去工作。

第三节　人民法庭在乡村者，由一个或几个区的农会选出审判员若干人，在城市者，由工会及其他人民团体选出审判员若干人，由县或市政府委派审判员若干人，共同组织之。审判员互推一人为审判长，掌管人民法庭的日常工作。人民法庭的一切判决，采多数表决制。

第四节　人民法庭的直接上级机关为县或市政府。在人民法庭未成立前，人民法庭的职责，由县或市司法机关行使。

第五节　人民法庭在审讯和判决时，应邀请有关群众或其代表列席，并给予发言权。人民法庭在审讯工作中应尽量在有关群众中进行调查研究，其判断和判决应尽量取得有关群众的同意和了解。

第六节　人民法庭应允许被告有充分辩护之权。

第七节　人民法庭的审讯和判决，必须遵守下列条件：（甲）禁止肉刑；（乙）重证据不重口供；（丙）不得指名问供。

第八节　人民法庭有权判决被告死刑、徒刑、罚役、罚款，赔偿、当众悔过，或宣告被告无罪。

第九节　被告不服人民法庭的判决时，得向县或市政府司法机关提出控诉。又不服，得向上级司法机关提出控诉。

第十节　在革命战争和土地改革时期，凡死刑及二年以上徒刑之判决，应由人民法庭审判长呈报县或市政府司法机关，经县或市政府委员会会议审核，决定批准或否决，由县长或市长令行之。在反革命的武装组织已经消灭，土地改革任务已经大体完成，革命秩序已经大体建立，当地民主政权已经在连成一片的多数县内达到巩固地位之地区，死刑的核准权属于高于县或市一级或高于县或市两级的政府。

第十一节　人民法庭的判决书，应由人民法庭的审判长和审判员共同签名公布。

选自中央档案馆编：《解放战争时期土地改革文件选编》，中共中央党校出版社 1981 年版，第 172～227 页。

35. 中共中央关于讨论土地改革中各社会阶级的划分及其待遇的规定草案的通知

1948 年 2 月 16 日

中工委、邯郸局、华东局、华东工委、阜平局、东北局、西北局、晋绥分局、中后委、法委并告中原局及各野战局委：

本日起经新华社电台拍发中央关于土地改革中各社会阶级的划分及其待遇的规定的草案给你们（西北局、晋绥分局、中后委、法委四处用人送达），共二十五章二万余字，你们收到后请召集会议逐章或分为几部分加以讨论，提出内容及文字的修改意见，在三月十六日以前电告我们。我们将根据你们的意见加以必要的修改，然后公开发表。此项文件的目的，是在纠正党内广泛地存在着的关于在观察及划分阶级问题上的非马克思主义的思想及补足在土改中缺乏对各阶级、阶层人民的具体明确政策的缺点。我们认为单有土地法大纲及其他党的若干指示文件而无这样一个完备的文件，很难使我们的工作人员不犯或少犯错误。我们既要彻底消灭帝国主义、封建主义与官僚资本主义，又要在这个伟大斗争中不要因为划错与斗错阶级成分及采取错误政策，而打乱自己阵线，增加敌人力量，使自己陷于孤立。不要忘记，在一九二七年至一九三五年而特别是一九三一年至三五年时期，我党曾经因为政策过左，陷于孤立，处于极端危险的地位，而在我党与国民党破裂时期，党内主要的危险倾向，曾经是现在仍然可能是左倾冒险主义，如果我们现在不严重地注意到这一点，我们就将在政治上犯错误。你们讨论这个文件草案的会议，应当包括政府、军区及民众团体的若干负责同志，使你们对于这个文件草案的讨论，成为有中央局一级多数负责同志参加的讨论，大家负有责任，使这个文件成为一个尽可能正确与切实可行的文件，在中央发表之后，各地能够步骤一致地而不是参差不齐地见于实施，为着便于讨论，会议人数亦不可过多，大约以十至十五个负责同志到会为适宜，望斟酌办理。中原局及各野战前委，因其环境不可能讨论此项草案故未发给他们。

选自《中共中央文件选集》(14)，中共中央党校出版社 1987 年版，第 35～36 页。

互校版本：中央档案馆编：《解放战争时期土地改革文件选编》，中共中央党校出版社 1981 年版，第 228～229 页。

36. 中共中央关于借贷问题的指示

1948 年 2 月 29 日

二月十九日报告悉。

（一）你处高利贷如确已实际消灭，乃是一件大事，但不知你处及各解放区农村中城市中民间贷款现行利率如何？又银行贷款利率如何？均望各局、各分局报告。

（二）封建阶级的债权既已消灭，现在的任务就是鼓励和保护各种普通借贷，以达贷者敢贷，借者有借之目的。在这种地区，废债的宣传和行动均应在原则上停止。

（三）土地法大纲第四条废除乡村中一切旧债应解释为废除乡村中一切封建的旧债，其实施办法请考虑中央所发各阶级的划分及待遇草案第二十三章，并提出意见。其中减息以分半为标准及利率以实物计算等项，是否妥当，均待研究。

（四）凡不属封建高利贷的债权，原则上以承认为宜，故三年前老账在法律上亦不必宣布废除，如借者不肯还，贷者亦认为只好算了，则可听其自然废除。

附：邯郸局关于借贷问题的请示报告

（一九四八年二月十九日）

中央：

二月十一日指示收到后，与各区党委研究结果，证明自抗战以来，经过减租、减息、反奸清算与填平补齐等运动，我区封建性高利贷债务实际上早已废除，一般农民不是苦于高利贷，而是苦于借不到钱。现在解放区存在的债务，只有民主政府与合作社贷款（包括信用合作社、小型合作社与互助组贷款），工商业往来账、买卖账、工资账，我们认为这些债务，均不应废除，因这些债务并非封建性高利贷剥削，而是起流通金融与发展生产的作用，但如该工商业往来账与买卖欠账确系三年前（一九四八年元月一日起往上算三年）之老账，按实际情形应废除之。至于农民相互间友谊借贷，可由农民自行解决，不在废除之列。当否，请示。

邯郸局

选自中央档案馆编：《解放战争时期土地改革文件选编》，中共中央党校出版社 1981 年版，第 259～260 页。

37. 中央工委关于召开全国各解放区工人代表大会的指示

1948年3月5日

五台局、邯郸局、华东局、晋绥分局、中央转西北局：

一、六月十日全国各解放区工会代表大会将在哈尔滨举行，准备成立解放区统一的工会联合会，并选出派赴比利时参加世界二次工代大会之代表。将来之解放区工联，将进一步团结蒋管区之进步工会代表，走向成立全国统一的工会组织而形成以我党为领导的统一的工会运动，解放区工联代表刘宁一已回到哈尔滨。

二、此次工代大会，对全解放区工会运动之政策纲领及组织具有重大意义，即对蒋管区工人运动亦具有重大意义，在国际上亦有影响，因此各中央局、各地方党委应十分重视此次工代大会，在党内深刻讨论工运方针，将中央关于哈尔滨劳动法草案指示电，新华社克服“左”倾冒险主义（二七）社论，毛主席十二月二十五日报告中有关工运，发展生产，繁荣经济，公私兼顾，劳资两利总方针，联系各区工运之实际情况特点，确定各地区工作方针，工作部署，干部配备，并以此为起点开始重视职工运动。并责成各中央局今后定期向中央及工委提出工运报告。

三、本届工代会重要议程，据东北局来电，计有：目前时局与解放区职工会任务，劳动法草案，社会保险条例草案，工农团结问题，工会章程，告全国工人书，对国际工人宣言，选举工联执委与出席世界大会代表等，由李立三同志负责主持。各中央局须派遣具有工运经验，现时仍担负工会任务之得力干部五人到十人出席大会，代表中最好包括各解放区之军工、铁路、矿山、交通、邮政等重要企业与石家庄、长治、邢台、临清等中等城市工会代表，乡村工会最好亦有人出席。

四、陕北、晋绥、晋冀鲁豫代表团须于四月十日前集中石家庄总工会然后出发赴东北。华东、华中代表团如能经由渤海水路经大连入东北最佳，否则亦须于四月十日前集合石家庄总工会一同出发，旅费各区自备。

五、各代表团必须携带各区有关工运之工会刊物书报材料以及可资国际宣传之图片、书报、照片、统计等，材料应搜集如下各项：

（一）在重工业军工企业中提高工人战时生产积极性之组织经验。

（二）中小城市中工运（劳资两利、公私兼顾、繁荣生产）与工会参加人民代表会之经验。

（三）土改与生产中，乡村工人及手工业工人之工作经验。

（四）大城市，如石家庄、烟台、张家口等工会运动之经验与总结。

（五）各地区劳动纲领之初步意见。

中　工　委

选自《中共中央文件选集》(14)，中共中央党校出版社1987年版，第54～55页。

38. 中央关于解放区工人代表大会代表名额及议题的指示

1948 年 3 月 6 日

中工委，东北局，华东局，邯郸局，阜平局，西北局，晋绥分局：

一、中国解放区工人代表大会，决定于本年六月十日在哈尔滨举行。工联筹备会召开大会的宣言，即将经新华社广播发出。筹备会的政治组织工作，可由刘宁一以筹备会主任名义，邀请有关人员组织一个委员会负责进行，人选由东北局决定；在宁一赴欧期间，选一代理主任。筹备会技术工作即委托哈市总工会代办。

二、工大会代表人数，不超过二百人。关内各解放区定五十三人，内分华东十五人，太行十五人，五台八人，石家庄五人，晋绥陕甘宁十人。东北（热河、冀东含）一百人，由东北局分配。准备蒋管区二个人，中国劳协十人，但不宣布。工联筹备会原来委员约十人左右。

三、关内各地工人代表，在战争期间，不可能开全区工代会选举，只能分由各区工会执委会及主要工厂、矿山、铁路等职工中选出。石家庄如可能，即开全市工代会选举。东北如何产生，由东北局自定，但最好能有几个蒋占城市中工人代表。各区代表成分，必须包括各区工会负责人，公家主要企业中的职工代表（要有工人，厂长或政委，技师，但不必同一厂），乡村工会中私人企业中或手工业工人中工人代表及劳动英雄，女工、青工等；至如何分配与产生，由各局自定，经工会宣布。关内各区代表动身日期、路线、旅费及应准备的问题和材料，统照中工委三月五日电办理。

四、工大会议题，目前不忙作具体规定。时局任务（分解放区，蒋管区及国际三方面），内外宣言，选举执委及出席世界大会代表是必不可少的，而全国性的劳动法、社会保险条例及工会章程，在目前战争时期与全国工业中心多未解放的条件下，很难产生出既完备而又普遍适用的东西。因此，在总的方面，不如准备一个解放区战时劳动纲领或条例，包括新民主经济方针，工人劳动态度，战时生产责任，公私企业中工人地位，工人参加生产管理与厂务委员会，劳动条件，劳动合同，工会组织，工人福利，工人教育，社会保险，劳动竞赛，工人团结等较合适用，但每项亦只能是荦荦大端，有些且要带伸缩性，使这些原则能应用在各地，并根据当地情形使之具体化。地方上，如哈尔滨、石家庄等城市，便可根据这些原则，先产生地方性的劳动法与社会保险条例，取得经验，再谋推广。这项问题的较详细意见，待与李颉伯同志谈好，由他经中工委讨论后电告东北局及筹委会。但东北局不要等待，应依此方针，指导筹委会党组即从事准备工作。

五、各地进行情形，望告。

中　　央

选自《中共中央文件选集》(14)，中共中央党校出版社 1987 年版，第 56～57 页。

39. 毛泽东同志对山西崞县土地改革代表会议情况报告的批示

1948 年 3 月 12 日[①]

这是山西崞县的一篇通讯，在这个通讯中说明了那里的群众斗争业已展开，群众对于分配土地业已完全酝酿成熟，在一个农民的代表会议上完成了平分土地的一切准备，那里对于划分阶级成分，曾经划错了许多人，但是已经公开地明确地经过群众代表的讨论，决定改正。对于不给地主以必要的生活出路，不将地主富农加以区别，侵犯中农利益等项错误观点作了批判。总之，在这篇通讯中所描述的两个区的农民代表会议上所表现的路线，是完全正确的。在作者写这篇通讯时，崞县还没有实行分配土地，因此，这个经验还不完全。我们希望在当地实行改正划分阶级中的错误（这是一件大事），实行平分土地以及组织生产，改造政权等项工作完成以后，再有一篇描述整个过程的通讯。关于如何在农村中进行整党工作，我们有了晋察冀区平山县的典型经验（这是刘少奇同志总结的）。关于如何在老区调剂土地而不是平分土地（因为那里已经平分了）的工作，我们有了陕甘宁区绥德县黄家川的典型经验，现在又有了晋绥区崞县这样一个平分土地的经验（虽然不完全）。这三个经验，值得印成一个小册子，发给每个乡村的工作干部。这种叙述典型经验的小册子，比我们领导机关发出的决议案和指示文件，要生动丰富得多，能够使缺乏经验的同志们得到下手的方法，能够有力地击破在党内严重地存在着反马列主义的命令主义和尾巴主义。各中央局、中央分局及前委的领导同志们，在对自己领导的各项重要工作发出决议或指示之后，应当注意收集和传播经过选译的典型性经验，使自己领导的群众运动按照正确的路线向前发展。现在是成千万的人民群众依照党所指出的方向向着封建的买办的反动制度展开进攻的时候，领导者的责任，就是不但指出斗争的方向，规定斗争的任务，而且必须总结具体的经验，向群众迅速传播这些经验，使正确的获得推广，错误的不致重犯。

毛泽东

一九四八年三月十二日

40. 附：谭政文同志关于山西崞县召开土地改革工作代表会议情况的报告

1948 年 2 月 8 日

李政委并分局：

兹将崞县一区与城区最近召开的第二届联合区代表会议的情况，报告如下：

---

① 本文收入《毛泽东文集》第五卷时所作的注释是：“这是中共中央晋绥分局社会部部长谭政文一九四八年二月八日关于山西崞县召开土地改革代表会议情况给晋绥分局书记李井泉的报告。毛泽东在为这个报告写按语时，将标题改为《山西崞县是怎样进行土地改革的》。此文和按语一起发表在一九四八年三月二十四日《人民日报》。”

大会于一月二十七日开始，共五天，到两个区三十二个行政村，代表一百八十四名，其中中农成分四十九名。会议主要解决改正错订成分，平分土地，检查斗争与分配，健全与巩固组织等问题。

第一届会议，是在十一月下旬紧急备战声中召开的，会议本身轰轰烈烈，解决了土改与对敌斗争结合问题，及斗地主与分配其他一般果实等主要问题。会后，不仅三天至七天内成立了区游击队及整理了基干和民兵，加强了侦察、情报、岗哨、戒严、除奸等工作，并掀起了轰轰烈烈的群众运动，各村卷入了斗地主及进行其他一般果实的分配，迄今两个月。这两个月中，农村面貌一新，地主被打得灰溜溜，并且向农民交出了底财，贫雇农以主人翁姿态在农村中掌权，并且组织了贫农团，以此为骨干团结了中农，在斗争与分配中，继续审查了代表，并进一步锻炼坚强和纯洁了农民队伍。除少数几个落后村庄，如上申村、上大林、下连狄、任家沟（均自然村）等村外，其余大部分村庄贫雇农已在农村中初步形成核心力量，各村真正群众领袖已从斗争中涌现，一区的黄老二、城区的苏立根（均为雇农），已为两个区的群众所爱戴，均被选为区农代会主席兼代区政府主席。黄老二率领了区代会常驻委员四人到各村巡回检查工作已将一月，六十六岁的老雇工，今天比年轻人还愉快活泼，到处嚷着："砸碎酱罐子（意指蒋），捣烂盐钵子（意指阎），打倒蒋介石、阎锡山，穷人大翻身！"并且由于走到各处有他穷亲戚、穷朋友，便于了解情况、处理问题，他走到那里，便把领导机关带到那里，各村代表与群众远地走来找他解决问题。工作团干部也在此时抽走，两个区共留下七个人，作为巡视员，帮助农民解决问题及协助代表工作。

现在这一次代表会议，是在各村群众要求立即平分土地准备今年大生产的情况下召开，故时机极为适宜，兹将所解决的问题分述如下：

首先解决关于错订成分的问题。

一、自接到分局关于改正错订成分及团结中农等指示后，全县作了整个布置，并作坚决彻底改正。此次会议初步检查，一区与城区三十三个村子（自然村），富农错订地主者共四十三户，中农错订富农者一百零六户，中农错订地主者二十六户（下大林村），中农错订所谓"下降地主"者共五户（下大林村），其他错订为破产地主者五十一户（前报告未将下大林村统计在内，故数字不准，现更正如上）。根据十九个村的调查结果，斗争面一般在百分之十左右（以上是大会的初步检查，除个别特殊的村子外，我们估计与实际情况相差不会太远），改正办法：领导上首先强调提出，在改正成分中，不仅要在各村真正改正被错订的成分并团结中农，而且要通过改正成分提高代表与农民的思想觉悟，从改正成分中使农民（特别是中农）对我党的政策更好地了解。先在区代会上搞通代表思想，然后在土地分配中采用群众路线的领导方法配合进行；即采用搞通代表及贫雇农思想，再搞通全体农民思想，然后说服被错订者使其心悦诚服，最后才正式宣布改正。其步骤：大胆、公开，正确解释过去错了的原因，特别是改正以后对咱农民的好处，改正的原则，改正时应注意的事项等，使党的政策真正为群众领会贯通，并且群众自觉自愿地自己起来改正。我曾亲自在就近的一个错订成分最多最严重村庄作了试验，经过这种步骤与领导方法还较成功，虽然这村比一般村突出严重，但真正群众思想搞通之后，改正无大问题。

二、根据上述精神，此次代表会议关于改正成分问题的讨论是这样进行的：首先，为了与群众在一起学习改正错误，以便更好地了解代表对改正成分的各种思想、态度与看法，故代表集中以后，事先不提什么问题，即在各支点小组会上念《怎样分析阶级》小册子，代表的各种的思想、态度、看法，让他们尽情暴露以后（因为代表的思想、态度、看法，反映了农村中群众，特别是贫雇农的思想、态度、看法）再发动争论咯吵（开始酝酿的意思）领导上逐渐启发引导：主要精神与问题搞明确后，最后领导上解决。开始，对参加各支点小组的工作干部，只要把文件正确与代表讲，代表的各种反映，用原话毫不遗漏地记回来汇报，不强调要他们作更多解释。

三、会议具体发展过程是这样：在把《怎样分析阶级》小册子在各小组普遍念了以后，代表情绪极度紧张，有的睡不着，有的甚至说梦话，表现了各种复杂的思想、态度与看法。开始，在“错”与“改错”这问题上争论，如有的说：“订时咱贫雇农都在场，一家一家都讨论过，一点也没错，扣起的都是地主、富农，没有把咱中农扣起!”“戴的帽子正嵌（合适的意思），那一样也在格格里!”有的说有错，有的说没错，甚至同一个村的代表也有争论。一个代表说：“咱村就有错!”另一代表说：“咱村就没错!”争论很激烈。有的表现抗拒说：“这本本是南方的，咱这地方不能干，一个地方一个样，咱这地方就是由咱!”但，普遍一致的是对阶级敌人极为警惕，如说：“蒋介石阎锡山还没打倒，拿出这本本来，地主、富农钻空子，咱这工作不能干了!”有的说：“这本本是咱们的，他们就拿不去，看不到!”对这本本（指《怎样分析阶级》小册子）极重视，说：“回去可不敢弄了!”有的表现埋怨，如说：“前一次代表会叫从羊群里赶狼，这会儿又要叫改正；大闺女背斗子，没背住人家，把自己背上了!”“这本本早发两个月还用闹这?!”有的要推卸责任说：“这不能怪咱代表的错，也不能怪工作团，上面本本来的迟了”，“这是贫雇农眼红，见肥就咬，就订得多了!”有的怕，如说：“人家（指中农被错订的）知道咱们闹错了，把咱们的门也要打烂哩!”“这书不敢露，地主、富农可会说理，咱们这一伙说不过人家!”“叫订错的破产地主知道了，要和咱‘恼火’哩!”也有不同意的：“不怕他和咱‘恼火’，他要‘恼火’，咱一鞭把他吆喝回去，对他说：‘订你破产不亏情，你总吃过剥削饭!’”有的代表埋头考虑，想得很细，提出说“这本本还得添上几条条!”总的看，在念了文件以后，代表思想表现很混乱，有的说有错，有的说没错，有的埋怨，有的抗拒，有的推责任，有的怕报复，接着就反复咯吵，领导上并启发引导，从农民的切身利益出发，使农民真正体会改正成分对全体农民有利，初步搞通代表思想，大家认为总有订错的，并愿意改正，如说：“按实际说，是有订错了的”，“按政策，按公心，应该改过来，将心比心，把自己人订错了，不应该?”“把自己人不应该送到狼群里去。”但思想里仍有顾虑，不愿直截了当去改正，不愿说“软话”（公开承认错误），想用转弯抹角的办法逐渐改正。如说：“错就错了，咱也不要给他们说，成分也不马上给他们变，没吃了咱救济他，派差少派些，分地时照顾他，不知不觉就把他变了!”主要原因是：（一）不愿低头怕丢面子。如说：“咱办了几个月工作还落个错名!? 让人家说：‘看那些人，一定是下大林开会，训了一顿，训过来了，给咱改成分呀!’”或说：“咱回去，不要张罗这问题，一回就张罗，太不给代表张脸了!”（二）怕地富钻空子与错订者报复。如说：“一说改，这家也要改，那家也要改；你改了这家，不改那家，他还要说你包庇哩!”“说是错了，人家要发动咱呀!”（三）但最主要的是怕退东西，特别是东西已经分配的地方，说：“粮食吃了，衣服穿了，白洋交贸易局了，怎往回退?”“东西已经分了，吃进肚里去不能往回吐啦!”“咱们给他说服赔罪，说是穷人冻得不行；衣服还不往出拿?”或说：“成分给他一改正，不退东西也就欢喜不尽了。”“东西无论如何不能退，不然，穷人还能翻个什么身?”“在以后分配中照顾吧，这遍不要退了，反正他们到现在还是比咱强!”又经过相互争论咯吵，领导上经过参加各组的工作干部诱导启发，并支持了正确意见，进一步念了分局所发的关于阶级分析的补充草案，并引导代表具体研究分析各村到底订错几家，代表在念文件后，一下摸不清错到什么地步，经检查后发现问题并不像原来所想的严重，代表们的思想情绪，即有显著变化。如说：“前两天可发愁哩！作错以后，再学好，才能把工作办好，谁还能没错咧！怎好的人也有一点差错!”代表们特别重视中农问题，也觉得最难办。他们说：“富农错订地主的不怕，错订破产也不怕，为首是把中农错订富农，把自已赶到狼群里去，又拿了人家东西，这最难办!”“改正成分为首是中农问题，自己人闹了自己人，这得好好去作!”有的说“人家中农有说话权利，这最难办!”有的说：“如今有了本本，有了老师傅了，好办！可见毛主席最爱咱劳动人!”在读分局补充草案时，代表说：“这越念越好办了!”念到草案第二项第四个问题时（即关于地主转化其他成分，一如有底财，须向群众交出，经群众讨论通过，才能承认其转化的成分)。有的代表说：“我思谋的那几条也闹上去了”。研究到责任问题时，工作团向大家承认错误，说明过去订成分由于我们思想不明确，所以订错了一些。代表们说：“这也不能单怪工作团，咱代表们也有责任。贫雇农也有，大家都有责任。”代表们特别强调“错是大家的，错不是几个人的错；改，也要大家改，不能几个人去改”。更强调在改正中不能追究个人责任，说某某成分是谁提的，让坏人钻空子，“咱们都闹成一块”，大家便接着咯吵改正办法，意见是：代表回去后，配合平分土地，“复查成分”实际进行改正。先在代表讨论“机明”再在贫雇农小组、贫农团研究到底错了几家，大家意见，“闹到一块”时再在农会中讨论，通过后，个别提出大会宣布。大家又提出了在改正中，第一，要咱们农民更加团结，大家都要负责，不要个人买好，防止坏人钻空子。第二，要改正真正错订了的，不要“该下的不下，不该下的乱下，出了大糊糊!”要作到既不要冤枉人，把成分提高，乱戴帽子，把羊赶到狼群里去，把自已人当敌人打；又不要把真正的地富降下来，弄得将狼混进羊群里来，咬了我们的羊，使敌人占了便宜咱群众翻不了身。第三，咱们代表要铁面无私，认真负责，有的村庄订得不彻底，有包庇，遗漏了地富，这次改正中也要“改”出来，不要惜情顾面，反过来又闹不彻底。

代表们对各种被错订者又咯吵下了办法：

（一）富农错订为地主的，代表们说：“好好给他强调劳动，劳动是好东西，怎也不要离开劳动，”对他说：“因为你过去劳动，我们看你和地主不同，我们是消灭封建剥削；你有封建剥削，所以要消灭你的封建剥削，这是对的；不过把你定高了些，因为你劳动，我们才给你下成分；以后你要好好劳动，跟上农民走”。大家意见：已经分配了的房子，可另由其他地主住处，拨出较好的让他住，贫雇农不必再拨出来。其他，照顾他够吃就行了。多余的粮食已分配了，不必再退；因今年年景不好，可作为对贫雇农粮食的调剂。(注：应退给口粮种子，使其能够生产。）

（二）错订破产地主的，代表们说：“强调过去剥削过人，有的吃过剥削饭，有的踢弄了光景。”对他说：“现在我们农民念计你劳动，改你的成分，以后要好好劳动，和咱一条心，不要上了真正地主富农的当。”

（三）错订中农为富农的，代表们说：“这就要紧了！要好好向他赔不是。”对他说“咱们是一家人，这么一件翻天覆地的大事，免不了有错；一时疏忽，出了些岔子，自己人好办，大家原谅！”就吸收他参加农会，并退还东西。

以上各种问题，代表们在小组酝酿成熟后，即由领导上集中代表们的意见，把上述他们想出的正确的办法，经过系统化，并予以提高，在大会上向大家作了报告。因为是集中了大家的意见，并且主要问题已在小组里搞明确。故代表听了说：“都是按咱小组里的谱子说的。”

（四）错订成分的原因：主要是由于我们及干部思想不明确。第一，翻三代盘历史，将一些已真正转化为农民的订为地主或破产地主。第二，按铺摊摊，将一些富裕中农订为富农。第三，将一些有一商业关系的中农订富农。第四，个别地方将一些失去劳动力的鳏、寡、孤、独不得已而出租土地的错订成地主，个别村庄，由于干部思想不纯，“左比右好”，“宁左毋右”，怕说“包庇地主，立场不稳”等情绪，故问题较严重。在一区有两个这样的村子：一是罗夫作的下大林五百余户的村子定出地主富农一百来户。此次改正，发现中农错订富农的四十四户，中农错订地主者二十六户，中农错订“下降地主”者五户，贫农订破产地主者八户，富农订地主者十户，共错订九十三户。一是郭子秀作的定风庄，二百六十户的村庄，订地富六十四户（因罗为地主成分自己怕犯错误。郭为地方干部，在三查中受到批评），但这样的村庄，在一区仅这两个，是特别严重突出的。另外一种较普遍现象是工作干部把定成分标准四条平列起来去作，不去根据具体情况很好分析研究，并对群众意见也倾听不够，因而犯了错误，个别村如下大林代表检讨时说：“只记住一句话，‘不能包庇地主’！有些订的不对的也看出来些，按他个人劳动也没太剥削过人，光景也不太强，当时，一来是闹不机明，二来怕人说包庇地主、富农，所以就不敢吭气！”由此可以看出：一方面在左的情绪中，代表与群众没有勇气提出来；另一方面反映了该村工作干部在订成分中走群众路线与倾听群众意见是不够的。

第二，关于平分土地问题。

关于平分土地。由于春耕在即，平川节令早。故群众于斗地主后，急要求分地，以免误生产。原第一期发动的十二个村（七个行政村）于上月一先行召开了一个联合代表会议，问题吵出很多。此次会议，即将原十二个村的代表，划编到各支点小组中去。讨论前，先读：“土地法大纲”“告农民书”的平分土地的分配原则部分，后读报纸一月廿四日“关于最近分配土地中的几个问题”的社论，后各组自由咯吵，提出问题，大家解决。吵了两天两夜，事实证明：只要群众真正掌握了党的政策，自己就能够把问题解决得很好。最后领导上集中了各组所提出的所解决的问题，经过系统提高，向大家作了报告。

大家所提出及解决问题如下：

第一类：关于土地分配的计人口及其他等问题。

一、恶霸地主与恶霸富农的分地问题：大家提出，按“告农民书”规定其本人不能分给土地与财产，但又提出其家属是否应该分地？一般分一份还是分一份赖地？最后大家意见：其本人与其家属还是应该区别，如果家属并未犯罪作恶，可按一般地主富农待遇。至于确定其为“恶霸”须经全行政村农民大会讨论通过，至于一般地主富农的土地分配，大家意见是：要使“富农能生产，地主能生活”。

二、一般地主富农的分地问题：原群众普遍意见都是恩赐他小部分赖地，数量也不足维持生活。他们说：“让狗入的也受受咱农民的苦处，叫他们掏烂沙地去！”读了报纸社论后，给代表们思想上解决了问题。他们说：“对着哩，要够他吃的。不然，他们偷咱们，要的吃，还得剥削咱们。”“他要没活法，狗急跳墙，闹得村子里不安，对咱们还是个不利！”

三、二流子问题：大家说：“不要随便给人家戴二流子帽子！一戴上，人家败兴了，闹生产就会不起劲。”对真正二流子，一定要照“告农民书”上面说的不给地权。但大家说：“一定要好好改造，把他组织到劳动中去，强制他戒大烟，提高他成家立业的信心，慢慢使他走上正路。真正改造以后，再经群众讨论通过，才给地权。”

四、去年阎匪侵袭时，被敌强迫抓去的农民，其本人应该分地；自愿投敌的本人不分，其家属仍按一般农民分地。

五、代表们提出：农村中有少数人为了逃避兵役，本人躲藏不见，给不给分地问题，大家说：“这是因为脑筋不开，”要好好给他家里教育，限日期把他本人叫回，才给分地，如万一不回，把他应分的一份地，交农会暂为保管，本人回村后，再正式分给；如确已参加解放军或党、政、民机关，取得证明后，即给予分地。代表们并提出：有些人为躲避兵役，从这村躲藏到别村，应在平分土地中加以整顿，否则，既无生产，又减少抗勤力量。

六、解放军军人，家中已无亲属者，代表们认为，其本人实在部队，应分得一份地由农会代为经营管理，每年所得，除应交公粮外由农会交其本人或代为保管，其本人年老、残废或复员时，可作为成家立业的基础。代表们认为：这样作不仅可以提高其本人更坚决地为人民作战，而且可以直接巩固部队。

七、讨论“土地法大纲”第十条第五项关于国民党官兵分地问题时，代表们提出：“阎顽军队中的下级士兵，在平分土地时应动员他家属写信叫回，如在分地时回来，其本人也给一份地。”代表们说：“这是为了‘消化’阎锡山军队，比十万兵打他还厉害！”

八、日寇占领期间，因负担繁重，使不少中贫成分被迫逃往大同与绥远等处，其主要人或全家均已逃亡在外，大家一致意见，此种情况，应该分得土地，争取他们回家生产，壮大解放区力量（有的已捎信要求回家）。

九、计人口中，提到未娶妇媳，未嫁闺女，已怀孕未生的小孩如何分地等问题，大家意见：分地时媳妇尚未娶过者不分，未嫁的闺女应分，未生的小孩也不分，总之，按分地时实有人口计算。

十、讨论鳏、寡、孤、独问题时有的代表提出：“有的人家，有几个儿子，已分家，留下一个老汉或老婆单独生活，是否能按鳏寡待遇？”大家意见：这样情况，不能称作鳏寡，应按普通一口人分地。又有一种鳏寡情况本人年老，并无亲生女儿，但有本家“近门”。大家意见：在分地时，应与其本家“近门”说明，如他负责赡养老人，该老人就不按鳏寡待遇分地，老人死后，该一分地即归赡养人所有。如其本家“近门”不愿负责，即按鳏寡待遇分地，老人死后，地归农会。

第二类：土地分配中可能引起的纠纷。

十一、有几种情况可能引起纠纷，大家提出了以下的一些问题：

（一）地主富农在其他村买下的土地（如南阳店地主，在定风庄有三四顷土地，南阳店群众要求分配，定风庄群众有意见）。

（二）其他村买下本村的地或租种本村的地（如上阳武买了东野庄的地，东野庄租种了下默都的地）。

（三）主要是“外册地”问题。所谓“外册地”，是水地村的特殊情况，如东野庄买了后沙城的地，地属东野庄，但仍用后沙城的水；在旧社会一切摊派，纳粮仍属后沙城，故对东野庄说：这部分土地称为“外册地”、不属“本册地”（或称“外槽地、本槽地”）。

上述问题的解决办法，大家的意见是：

（一）隔村买地，地在哪村就归哪村（因两村距离远，探不上）。

（二）邻村的“外册地”关系，解决原则有三：一、地多地肥村，照顾地少地瘦村；二、地靠哪村就归哪村，但距离较近的村，如耕种便利时，也可以插花种；三、地的四边靠哪村就归哪村（如该地的四边均为不封村地，该地即属不封村）。但主要的是第二点，必须以天下农民一家人的精神，以富照顾穷，多照顾少，肥照顾瘦的原则解决。

（三）上述可能引起的纠纷，如属同一行政村，就由行政村委员会统一解决；如属不同行政村，可由当事行政村组织临时联合代表会共同解决，或经区代会常委会解决。

第三类：对中农土地的抽补问题。

十二、中农土地不够者补足，土地长余应抽出一部分的中农，大家认为不能抽好地过多，不然，“人家就不和咱们一条路线上站了！”并且应以说服自愿为主，劝他说：“多贪揽不如少作务，你有底垫，作务更细些，收成差不多，负担也减轻了。”有的农民主张抽富裕中农的麦子地，大家不同意。

第四类：联合分配问题。

十三、一定坚持以行政村为单位联合分配，大家说：“要拿起天下农民一家人的精神办事，瘦肥多少大家照顾；代表带头、大公无私，不要尽说自己本村地少、地赖、产量低。”

(1) 水旱地互相调剂，但水力暂不动，决定“水跟地走”的原则。按：崞县一区有阳武河，共灌溉十八村，旧日因争夺水利常出人命，相传曾由北京朝廷派大员调处规定，各村立有石碑，但极不公。如有些村地少，每月使水两日，有些地多仅只每月使水一日，此次平分土地，使水吃亏的村庄要求改变这种不合理情况，（有的村地少水有余，有的村地多水不足）。但因时间紧迫，对水利问题，一时无法仓促合理变动，故确定“水跟地”的办法，如贾陀与上大林为一个行政村，贾陀地多水少，上大林地少水多，两村距离仅三五里，贾陀愿意拨出多余土地，但要求上大林分水；上大林宁愿保持原有水量，不要贾陀的地。大家讨论结果，决定水暂不动，两村水旱平均分配。如贾陀农民分到上大林水地，水却跟被分的地去。

(2) 组织行政村丈地，评议、分配委员会，联合统一分配（水地村大多距离三五里相挨。如距离较远，没法调剂时，可移民）。

第五类：丈地与评等级（评产量）。

十四、水地土贵“寸土必争”，土地产量又悬殊极大，每亩有从一斗至石数之差，故对丈地与评等级极为重视，认为是平分土地能否公平合理的关键。现各村已开始丈地（有地已丈二遍）如大牛堡，连续丈了三次，先用“步弓”、后“天竿（竹竿）”，再用绳索，三次对比，最后规定准数。下默都用绳索丈地，每天检查绳子一次，因第一天是新绳，第二天就长三二寸。绳头挂红布作记号，防止偷换。并规定本人不能用绳子丈自己地，防止紧松作弊。事先并各自登记地亩，在地旁插木牌标明数字，以便参考。

评等级，因川地产量悬殊，大家意见按通产分等。有几种情况：少数村庄如阳武等，全为水地，等级易评；大部分村庄水旱夹杂，须分别评等；靠边坡村庄地分几类：水、平、坡、山，评等级时更为复杂。大家意见：平川水地按地亩分配，因地质悬殊感到困难，故主张按产量分地，不按地亩分配，领导上为使丈地确实，互不隐瞒，强调提出复查，责成各丈地小组长及代表对所丈量之一段地负责，规定盖章或按手印，以示负责，并以便复查时发现问题追究责任。

第六类：平分土地必须成为群众运动。

十五、大家讨论认为分地人人关心，要把所有群众发运起来。

（一）代表回去，先开代表会，再开贫农团会，再开农民大会，把所有的人都动员起来；组织起来；丈地的丈地、评等的评等、计口的计口；人人参加；分头下手；代表领导组长，组长领导组员，“一级赶一级、越赶越紧”。

（二）主要靠思想动员，把大家发动起来，春耕在即，抓紧分配土地，既要分得快、不误春耕；又要分得好，公平合理，“地是命根子”，“分得好坏，万年福害”，只有大家起来丈地，评等计口，大家讨论分配，才能丈好、评好、计好，最后分好。

（三）规定纪律，定好制度。纪律要大家自己定自己遵守。分配土地期间，为大家服务也即为自己服务。开会要到，有事要请假，各种工作要认真，开会不到，不负责任的人，要受到大家批评。

关于纪律问题，这次代表们极强调，他们说：“现在有少数贫雇农成了爷爷啦！一说开会，中农们倒欢迎来了，他们就不来。批评他，就在背后说：咱是贫雇农，看能把我怎!?”代表们说：“纪律原是为少数‘奸猾’人，但对贫雇农还是要多响雷少下雨。”领导上也指出应主要的加强教育，提高觉悟。

第七类：其他。

十六、已有村庄丈地时将渠、圪垯、地道等除丈，平川原有“一亩种八分”之说，应该统一，实事求是，按实际土地面积丈量。

十七、城区代表提出：城关附近之飞机场，去年已种上，是否可分？后又扯到铁路路基，火车站站基等。大家最后决定：凡飞机场，铁路，火车站等，将来我们还要建设，一律不分。飞机场可调剂耕种，但地权归公。

十八、各村土质极劣，产量极低之烂沙荒地，不在平分地之内。

十九、要求政府制发土地证。此问题，原十二村开代表会时，代表们提出：在平分土地后，应该废除旧“红契”，发给新土地证。但单是废除地富的旧“红契”拟或连同全体农民的一齐废除？引起争论，最后决定，回去与群众商量。下默都代表回村后，在农民大会上指出，中贫农一致主张全部废除，理由是：一、旧“红契”老顽固，不是咱们的东西，在旧社会里咱们农民为它受过千灾万难，应打倒。二、平分土地后，地与契已不相符合，“不投了”。三、即使地不动？实丈的地数与旧契也将不符，“不准了”。因此，大家同意，旧“红契”一律打倒，由政府制发咱们的新土地证。

二十、代表提出：有不少古坟古墓，有占土地十几亩到几十亩的。大家意见：这些古坟大多属于地主的，在平分土地时经群众讨论平坟分配。我们提出头年不纳公粮。

第三，整顿组织（改造政权）健全与巩固组织问题。

代表们用了一天一夜时间咯吵了组织问题。从发动群众，普遍选举代表以后，农村中旧的机构已被农民一脚踢开，村政权实际上已为代表会所代替，旧村干部，有的被撤职审查，有的被暂搁一边。一切权力归到了代表会。农民们说：“行政村成了空机关了！”村代表从天亮忙到深夜，代表会、农民团、农民大会等各种大会不断进行，除领导斗争与分配外，还需处理行政与群众的一些日常事务。自从打倒地主以来，农民中民主空气极高，但却发现一种小偏向：即代表们凡有事都要请示“掌柜”（即群众），有时为一小事开了一个农民大会，虽因平川集中，往往一个行政村即一村，但终究浪费群众精力。代表们说：“瞎汉办事可难哩！”要求整顿组织，讨论以下几个问题：

一、健全代表会进行分工：自斗争以来，各村代表会均采“一锅粥”办法，遇事大家商量大家作。好处是大家动手，大家负责，坏处是乱，“头绪不清”。这次大家意见是：由代表中产生代表委员会。处理日常事务，每村九人到十一人，正副主任一律改为正副主席，代表们说：“毛主席领导咱农民是最高主席，咱们是在毛主席领导下的小主席！”代表委员会兼行政村委员会，村公所名称一律取消，改为村政府，代表委员会正副主席兼村政府正副主席。

讨论到村主席问题，开始代表们感到“穷人当家”，困难很多：一、“通天瞎捧”，办不了事。二、上怕犯了政策，下怕得罪群众。三、最主要的是家里困难，没柴没水（不少代表一直忙了三四个月，连柴也顾不上打）。经过长期咯吵，搞通了思想，觉悟到咱穷人翻身，千年难遇！群众费了多少心事选举了咱，刚上了阵，就泄了气，这是不对的。最后说：“只要我们一不贪污，二不自私，公心为群众服务，也不怕犯政策，也不怕得罪人！”又说：“咱瞎汉管天下，眼瞎心不瞎！请上个书记，借用上两只眼。”可见摧毁旧机构，农民当权，有不少困难，但只要坚决撑腰，提高了思想觉悟后，他们会坚强地排除万难自己起来当权的。因为这是农民民主问题，农民要求民定，特别是低层贫雇农，他们在旧社会长期痛苦的经历中，很容易体会到当权的重要。他们说：“咱们闹了一场，初翻了身，现在不干了，这是为甚？”显然，农民觉悟以后，不仅要求获得经济果实，而且要求获得政治果实。

其次，关于米津贴问题。旧制：每行政村规定三人至五人脱离生产，每月津贴米四十五斤，这次讨论有种意见：一、正副主席、书记三人脱离或半脱离生产，领米津贴。二、正副主席、书记、民兵队长三人领米津贴。三、领三个人的津贴，根据具体情况，补助五六个人。但最后确定：因现正平分土地，代表和群众一样都参加运动，人人工作，目前不需领津贴，待土地分配完毕后再开始领。

二、更进一步整编队伍，纯洁贫雇农内部，建立及巩固农会，在平分土地中健全与巩固一切组织。各村贫农团已于斗争前后先后建立，并初步在农村中形成骨干力量。贫雇农与农民代表均经一再审查，一般说是纯洁的，个别村子尚不够纯洁（如前述上申村等村）。

大家讨论说：在平分土地中，谁好谁赖都要露出来。要巩固扩大贫农团，并要团结中农把农会搞好。有些村中农成分代表，在讨论到农会问题时说："这些就对了，以前你们干巴巴就两圪垯骨头，把农会成立起，有骨头也有肉了。"讨论时，北贾支点代表提出：要成立农会，先要作个"帽子"，即先要订出参加条件。咯吵结果，订出四条：一、拥护穷人翻身，拥护毛主席、共产党。二、要分出里外，不在外面乱"反映"，不能两条心。三、忠实可靠，和咱农民一条心。四、要好好劳动，真正二流子不要。又定出纪律四条：一、积极工作。二、开会到会。三、不能说坏话破坏农会。四、不准和地主勾搭。成立办法：先在代表会讨论，把条件、纪律研究后，将全体农民"滤一滤"，看谁能参加，打个底底，然后开贫农会，再开农民大会，把成立农会的道理向大家说"机明"，发动大家自动报名；再经贫农团与大会一个个审查，把纪律与条件同时宣布，看他能不能接受，然后才允许正式参加。

大家说："平分土地中，谁的骨头都能看清！"谁公正，谁自私，谁积极热心，谁各管自己，都会显露明白。因此，这又是教育群众，提高群众的关键。应该大大发扬大公无私，天下农民一家人的思想，克服自私，村本位等各种有害于平分土地的落后思想。这次会议，领导与代表均强调"公心"问题。代表们说："不管你丈地，评等闹得怎嵌（合适的意思），短个'公心'提甚球也不顶！""甚不甚公心为第一！"

在平分土地中，不仅要整顿组织，而且要提高农民思想，要使平分土地与斗地主一样，成为广大群众性的运动，在运动的每一个细节中，工作干部不仅要向农民学习（不学习无法领导农民，也无法使工作前进及胜利完成平分任务），而且要随时随地教育农民，提高农民的政治、思想、阶级觉悟。

第四，会议的领导方法与缺点。

这次会议，更明确地采取了群众路线的领导方法，自始至终坚持了"从群众中来到群众中去"的领导方针，即向群众学习同时又教育提高群众。因而，会议本身，也是一种很好的学习，更体会到只有坚决相信群众，相信群众的无限创造能力，坚决依靠群众自己起来解决自己的问题，才有真正的群众路线。总括地看，这次会议，工作干部的任务只要下面几个：一、忠实正确宣传党的政策。二、善于启发诱导发挥群众创造智慧。三、善于发现及支持群众的正确意见。四、必须善于与群众中部分人某些问题上所表现的落后意识作教育和作适当的斗争。为群众的正确意见撑腰，才能团结与提高群众。五、最后集中群众意见，经系统条理予以提高后，再回到群众中去。

这次会议，便是采用上述方法进行的。无论关于改正错订成分，平分土地，健全与巩固组织均如此。比如研究平分土地问题，先由工作干部正确讲解了三个文件，然后分支点咯吵。由各村代表提出问题，大家讨论解决。会议极为活泼自由，每夜支点会议就像一窝蜂房，吵成一屋。一个问题提出后，大家咯吵，直到问题明确，中间定有争论。如："外册地"问题，争论很多，各持一见，其中并引起联合分配问题，牵涉到水利问题。相持不下时，领导上提出"根据天下农民一家人的思想：是地瘦的照顾地肥的呢？还是地肥的照顾地瘦的呢？地多村照顾地少村呢？还是地少村照顾地多村呢？"提醒了大家，把问题解决了。有时便将各支点所提出与解决的各种问题集中，向大家作了报告，大家说："这下才算机明了！"

这次会议，现在看起来，主要问题解决较明确细致。缺点是内容过多。又讨论了公粮工作与支援前线等问题，农民记不住，临走时，都要求抄个单单。他们说："一起头，就记起头尾来了。"

以上是此次会议的主要情况。每个村的具体材料，因县大，干部少（现一区与城区只留七人），每个干部负责四五个行政村，在反映材料上确有情况。干部水准低，总结能力又差，这是个问题。以上做法是否对？希望给予指示。

此致

布礼！

谭政文　二月八日

选自《晋绥根据地资料选编》第四集，中共吕梁地委党史资料征集办公室 1984 年编印，第 271～292 页。

41. 中央关于应吸收技术人员参加企业管理委员会给华东局的指示

1948 年 4 月 26 日

华东局并告谭震林同志：

四月一日震林同志关于淄、博、周、张城市政策电甚好。请转发华东局所属各区党委、各市委、华中工委及陈、粟、韦、陈参考。但有一点请你们注意，即该电在说到企业的正式管理委员会时，只说由经理、工会代表组织管理委员会，没有提到工程师、技师及有经验的职员。须知单是经理及工人代表是不够的，必须有工程师、技师及职员参加管理委员会。这个委员会应当是厂长负责制下面的管理委员会。在任何企业中，除厂长和经理必须被重视外，还必须重视有知识有经验的工程师、技师及职员。必要时，不惜付出高薪。即使是国民党人，只要有可能也要利用。这一点，请同时转告各地。这一点，我们在过去亦没有说清楚，故在这里补充说明。

中　央

选自《中共中央文件选集》(14)，中共中央党校出版社 1987 年版，第 110 页。

42. 中共中央发布纪念"五一"节口号

1948 年 4 月 30 日[①]

中国共产党中央委员会发布一九四八年"五一"劳动节口号如下：

一、今年的"五一"劳动节，是中国人民走向全国胜利的日子。向中国人民的解放者

---

① "人大党史资料版"标题是："'五一'劳动节口号——中国共产党中央委员会一九四八年四月三十日发布"。

中国人民解放军全体将士致敬！庆祝各路人民解放军的伟大胜利！

二、今年的“五一”劳动节，是中国人民死敌蒋介石走向灭亡的日子，蒋介石做伪总统，就是他快要上断头台的预兆。打到南京去，活捉伪总统蒋介石！

三、今年的“五一”劳动节，是中国劳动人民和一切被压迫人民的觉悟空前成熟的日子。庆祝全解放区和全国工人阶级的团结！庆祝全解放区和全国农民的土地改革工作的胜利和开展！庆祝全国青年和全国知识分子争自由运动的前进！

四、全国劳动人民团结起来，联合全国知识分子、自由资产阶级、各民主党派、社会贤达和其他爱国分子，巩固与扩大反对帝国主义、反对封建主义、反对官僚资本主义的统一战线，为着打倒蒋介石建立新中国而共同奋斗。

五、各民主党派、各人民团体、各社会贤达迅速召开政治协商会议，讨论并实现召集人民代表大会，成立民主联合政府！

六、一切为着前线的胜利。解放区的职工，拿更多更好的枪炮弹药和其他军用品供给前线！解放区的后方工作人员，更好地组织支援前线的工作！

七、向解放区努力生产军火的职工致敬！向解放区努力恢复工矿交通的职工致敬！向解放区努力改进技术的工程师、技师致敬！向解放区一切努力后方勤务工作和后方机关工作的人员致敬！向解放区一切工业部门和后方勤务部门的劳动英雄、人民功臣、模范工作者致敬！

八、解放区的职工和经济工作者，坚定不移地贯彻发展生产、繁荣经济、公私兼顾、劳资两利的工运政策和工业政策！

九、解放区的职工，为增加工业品的产量、提高工业品的质量、减低工业品的成本而奋斗！拿更多更好的人民必需品供给市场！

十、解放区的职工，发扬新的劳动态度，爱护工具，节省原料，遵守劳动纪律，反对一切怠惰、浪费和破坏行为，学习技术，提高生产效率！

十一、解放区的职工，加强工人阶级的内部团结，加强工人与技术人员的团结，建立尊师爱徒的师徒关系！

十二、解放区私营企业中的职工，与资本家建立劳资两利的合理关系，为共同发展国民经济而努力！

十三、解放区的职工会与民主政府合作，保障职工适当的生活水平，举办职工福利事业，克服职工的生活困难。

十四、解放区和蒋管区的职工联合起来，建立全国工人的统一组织，为全国工人阶级的解放而奋斗。

十五、向蒋管区为生存和自由而英勇奋斗的职工致敬！欢迎蒋管区的职工到解放区来参加工业建设！

十六、蒋管区的职工，用行动来援助解放军，不要替蒋介石匪徒制造和运输军用品！在解放军占领城市的时候，自动维持城市秩序，保护公私企业，不许蒋介石匪徒破坏！

十七、蒋管区的职工，联合被压迫的民族工商业者，打倒官僚资本家的统治，反对美帝国主义者的侵略！

十八、全国工人阶级和全国人民团结起来，反对美帝国主义者干涉中国内政，侵犯中国主权，反对美帝国主义者扶植日本侵略势力的复活！

十九、中国工人阶级和各国工人阶级团结起来，反对美帝国主义者压迫亚洲、欧洲和美洲的民族解放运动、民主运动和职工运动！

二十、向援助中国人民解放战争和援助中国职工运动的世界各国工人阶级致敬！向拒运拒卸美帝国主义和其他帝国主义援蒋物资的各国工人阶级致敬！向并肩反抗美帝国主义侵略的各国工人阶级和各国人民致敬！

二十一、中国劳动人民和一切被压迫人民的团结万岁！

二十二、中国人民解放战争的胜利万岁！

二十三、中华民族解放万岁！

选自《中共中央文件选集》(14)，中共中央党校出版社1987年版，第111～113页。

互校版本：《中共党史教学参考资料》解放战争时期（下），中国人民大学中共党史系资料室1980年编印，第159～161页。原注："原载解放社编《目前形势和我们的任务》(标准本)"。简称"人大党史资料版"。

43. 中国共产党中央委员会关于一九三三年两个文件的决定

1948年5月25日

一九三三年的两个文件：(一)《怎样分析阶级》，(二)《关于土地斗争中一些问题的决定》，都是当时民主中央政府为着纠正在土地改革工作中所发生的偏向，并为正确地解决土地问题而发的文件。这两个文件，曾于一九四七年十二月以参考文件的方式发给各解放区的各级党委。现在我们决定将这两个文件作为正式文件，重新发给各级党委应用。这两个文件中，只有一小部分现时已不适用，现在将这一部分删去；其余全部是在现在的土地改革工作中基本上适用的。其中，有些部分现在作了一点修改，或者加上了"中共中央注"的字样。这两个文件中没有讲到的问题及关于富农和中农分界的问题，则应以中央发表的其他文件及任弼时同志在一九四八年一月十二日所作《土地改革中的几个问题》的讲演中所说者为准。

△附一：怎样分析阶级

1933年10月

(见《毛泽东选集》第一卷，人民出版社1991年版，第127～129页。)

44. 附二：关于土地斗争中一些问题的决定

1933 年

在分田与查田的斗争中，发生了许多实际问题。这些问题，或者是以前的文件没有规定，或者是规定不明悉，或者是政府工作人员解释不正确，以致执行上发生错误。人民委员会为了正确地发展土地斗争，纠正及防止这些问题上的错误起见，除了批准《怎样分析阶级》（关于分析地主、富农、中农、贫农、工人的各项原则）外，特作下面的决定：

（一）劳动与附带劳动

在普通情形下，全家有一人每年有三分之一时间从事主要劳动，叫做有劳动。全家有一人每年从事主要劳动的时间不满三分之一，或每年虽有三分之一时间从事劳动，但非主要的劳动，均叫做附带劳动。

（说明）这里应注意：（1）富农自己劳动；地主自己不劳动，或只有附带劳动。故劳动是区别富农与地主的主要标准。

（2）规定全家中劳动的标准人数为一人。如全家有数人，其中有一人劳动，这家即算有劳动。有些人以为要有二人甚至全家参加劳动，才算这家有劳动，这是不对的。

（3）规定劳动的标准时间为一年的三分之一，即四个月。以从事主要劳动满四个月与不满四个月作为劳动与附带劳动的分界（即富农与地主的分界）。有些人把有半年时间从事主要劳动的还算做附带劳动，这是不对的。

（4）所谓从事主要劳动，是指从事生产上主要工作部门的劳动，如犁地、莳田、割禾及其他生产上之重要劳动事项。但不限在农业生产方面，如砍柴、挑担、运输、纺织、行医、教书及做其他重要劳动工作，都是主要劳动。

（5）所谓非主要劳动，是指各种辅助劳动，在生产中仅占次要地位者，如帮助耘草，帮助种菜，照顾耕牛等。

（6）劳动既是区别富农与地主的主要标准，因此对于那种只雇长工耕种，没有其他地租债利等剥削，自己负指挥生产之责，但不亲身从事主要劳动者，仍照地主待遇。

（7）构成地主成分的时间标准，以革命政权建立时为起点，向上推算，连续过地主生活满三年者，即构成地主成分。

分田与查田运动中对于劳动与附带劳动的问题，发生许多错误，或以有劳动当做只有附带劳动，把他判为地主，或以只有附带劳动当做有劳动，把他判为富农，都是因为过去对地主与富农的分界没有明确标准的缘故。依照上述规定，可以免去这种错误。

但上面的规定，是指“普通情形”而言。在特别情形下，须有不同的处置。这里有两方面的情形：第一方面，是大地主而家中有人参加生产者。例如有人剥削地租债利的数量很大，如收租百担以上，或放债大洋千元以上，而家中人口不多，消费不大，则虽这家有人每年从事四个月以上的主要劳动，仍是地主，不是富农。但如人口甚多，消费甚大，则虽有百担租或千元债，只要有人从事主要劳动，仍不是地主，而是富农。第二方面，是拿剥削情形说是地主，但拿生活情形说则不能照地主待遇者。例如有人过去是富农或中农，但到革命前数年，因死亡或疾病等原因，突然丧失劳动力，不得不把土地全部出租或雇人耕种，因此全家过地主生活。如果把这种人当地主待遇，是不妥当的，应照本人原来成分待遇。又如有人名义上还是地主，但土地权实际已属别人，剥削收入极少，甚至生活比农民不如，而本人已有附带劳动者，此种人可照农民待遇。

上述这些特别情形，分田及查田运动中有些地方把它忽视了，这也是不对的。

（在有些大家庭中，人口超过十五口者，则全家有劳动力的人员中，应有三分之一的人员每年有三分之一时间从事主要的劳动，才算这家有劳动。——中共中央注）

（二）富裕中农

富裕中农是中农的一部分，生活状况在普通中农以上，一般对别人有轻微的剥削。其剥削收入的分量，以不超过其全家一年总收入的百分之十五为限度。

在某些情形下，剥削收入虽超过全家一年总收入百分之十五，但不超过百分之三十，而群众不加反对者，仍以富裕中农论。

在民主政权下，富裕中农的利益应与一般中农得到同等保护。

（说明）这里应注意：（1）富裕中农是中农的一部分。富裕中农与其他中农不同的地方，在于富裕中农的生活状况在普通中农以上，一般对于别人有轻微剥削，其他中农则一般无剥削。

（2）富裕中农与富农不同的地方，在于富裕中农一年剥削收入的分量，不超过其全家一年总收入百分之十五，富农则超过百分之十五。这种界限的设置是实际区分阶级成分时所需要的。

（3）所谓富裕中农的轻微剥削，是指雇牧童，或请短工，或请月工，或有少数钱放债，或收少数典租，或收少数学租，或有少数土地出租等。但所有这些剥削，在其全家生活来源上，不占着重要成分，即不超过其总收入的百分之十五。而其全家主要生活来源，是依靠自己的劳动。

（4）在接近革命政权建立的时期内，虽曾有过与富农在同等时间内的剥削分量相同的剥削，但不超过二年者，仍以富裕中农论。

（5）在某些情形下，剥削收入虽超过全家总收入百分之十五，但不超过百分之三十，群众不加反对者，仍为富裕中农。这里所谓“某些情形”，是指剥削分量虽超过百分之十五，但家庭人口多，劳力少，生活并不丰富，更有遭遇水旱灾荒，或逢疾病死丧，反而转向困难者。在这些情形下，剥削分量不超过百分之三十者，不能认为富农，而应认为中农。如没有这些情形，则剥削收入超过总收入百分之十五者即为富农，不应认为富裕中农。这些情形的正确判断，依靠于当地群众的公意。

富裕中农在农村中占着相当的数量。分田及查田运动中，许多地方把他们当做富农处置，这是不正确的。各地发生的侵犯中农事件，多半是侵犯了这种富裕中农，应该即刻改正。

（举例）（1）全家六人吃饭，二人劳动。有田五十担（收实谷三十五担），时价每担四元，共值百四十元，完全自耕。有房五间，牛一只。有塘一口，出息大洋十二元。杂粮生产及养猪年收约一百元。放生谷三担，利加五（年收一担半），值六元，收了四年。放债大洋一百元（合小洋一千八百毛），利加二五，年收二十五元，放了五年。判断：此家靠自己劳动为主要生活来源，自己生产占二百五十元以上。对别人有债利剥削，但年收利息只有三十一元，在总收入百分之十五以下，全家开销后有剩余，生活颇好，但因剥削分量不大，故算富裕中农，不是富农。

（2）全家五人吃饭，一个半人劳动。有田二十五担，收实谷十七担。借来田七十五担，收实谷四十二担，交租二十五担，交了十年。杂粮生产及养猪年收五十元，雇牧童一个，雇了三年。放债大洋六十元，利加三，年收十八元，放了四年，有房五间，牛一只。有木梓山一块，年摘木桃三十担。判断：此家生活主要靠自己劳动，每年剥削人家极少，不过二十余元（雇牧童与放债合计），而受人剥削地租二十五担之多，全家开销所余无几，只能算普通的中农，还不是富裕的中农。

（本条所说富裕中农与富农的分界，应依任弼时同志在《土地改革中的几个问题》中所宣布者，改为“有轻微剥削，而这种剥削收入不超过其总收入百分之二十五者，仍算为中农或富裕中农。”——中共中央注）

（三）富农的剥削时间与剥削分量

从新政权建立时间向上推算，在连续三年之内，除自己参加生产以外，还依靠剥削为其全家生活来源之一部或大部，其剥削分量超过其全家一年总收入的百分之十五者，叫做富农。在某些情形之下，剥削分量虽超过总收入百分之十五，但不超过百分之三十，而群众不加反对者，仍不是富农，而是富裕中农。

（说明）这里应该注意的是：（1）以革命政权建立时为计算剥削时间的起点，而不应把其他任何时间作为计算剥削时间的起点。有些人算陈账，拿了中间空隔了的很早年代的剥削作为决定阶级成分的根据，这是不对的。

（2）以连续三年的剥削作为构成富农成分的标准时间。如果剥削时间不满三年或虽有三年而是中间空隔了的（不相连续的），虽其剥削分量与富农在同等时间的剥削分量相同，仍以富裕中农论。

（3）剥削的分量必须是超过了全家一年总收入的百分之十五才能构成富农成分，如果剥削分量在总收入百分之十五以下，虽有三年或三年以上的连续性，也不能构成富农成分，而仍是富裕中农成分。

（4）所谓全家一年总收入，是指自己生产部分与剥削他人部分的合计，例如某家全家一年自己生产部分四百元，剥削他人部分二百元，合计五百元，即是总收入。因为剥削部分占总收入百分之二十，故是富农。

（5）“某些情形”是指家庭人口多、劳力少，因此生活并不丰富，或因天灾人祸反而转向困难者。在这种情形下，剥削分量虽超过百分之十五，但不超过百分之三十，群众不加反对者，仍以富裕中农论。这里群众的意见是十分重要的，这种情形的考量也是要十分仔细的。不应把富裕中农弄做富农，引起中农群众不满意。但同时也不应把富农当做富裕中农，引起贫农群众不满意。所以，应有仔细的考量，要取得群众的同意。分田及查田运动中，对于这个时间与分量的问题，闹出许多纠纷，这是因为过去对于富农与富裕中农的分别没有明确的标准，或把富裕中农当做富农处理，或把富农当做富裕中农处置，因而时常发生错误。现在规定两者的分界，可以免除这种弊病。

（举例）（1）全家十一人吃饭，二人劳动。自己有田百六十担，收实谷百二十担（值四百八十元）。有茶山二块，每年出息大洋三十元。有塘一口，每年出息大洋十五元。杂粮生产及养猪等每年约值百五十元。经常雇长工一个，雇了七年，到革命时止，每年剥削剩余劳动约值六十元。放债大洋二百五十元，利加三，年收七十五元，放了五年，到革命时止。判断：此家自己劳动，但雇长工，又放债不少，剥削收入超过全家总收入百分之十五，人口虽多，但开销后余钱不少，故是富农。

（2）全家三人吃饭，一人从事主要劳动四个月。有田六十担，自耕三十担，收实谷十八担。出租田三十担，收租谷十二担，收了五年。经常每年请短工二十天。有牛一只，每年可收牛税谷二担。放债大洋一百二十元，利加三，年收三十六元，放了三年。判断：此家剥削收入超过自己生产，但因有一人从事四个月主要劳动，故是富农。

（本条所说富农与富裕中农的分界，应依任弼时同志在《土地改革中的几个问题》中所宣布者，改为“有轻微剥削，而这种剥削收入不超过其总收入百分之二十五者，仍算为中农或富裕中农。”——中共中央注）

（四）反动富农

在革命前，尤其在革命后，有重大反革命行为的富农，叫做反动富农。对于反动富农，应该没收他本人及其家属中参加了这种反革命行为的人的土地财产。

对于反动资本家，适用上述的原则。

（说明）这里应该注意：（1）必须是“有重大反革命行为”的富农，才叫做反动富农。例如当革命时，领导民团屠杀工农，对革命政府顽强抵抗，特别是革命后还在领导别人组织反革命团体机关，或个别进行重大反革命活动，如暗杀，当敌人侦探，自动替白军带路，逃往白区帮助国民党，积极地坚决地破坏分田或查田运动与经济建设等。其他富农中，虽有反革命行为，但不是领导的或重要行为者，均不得没收其土地财产。

（2）反动富农家属之中，只没收参加了这种重大反革命行为的分子的土地财产，其他分子的土地财产则不没收。

（3）以找生活为目的而暂时跑去白区的，不是反动富农，不应按反动富农待遇。

（4）对于反动资本家之定义与处置，完全适用以上之规定。

过去许多地方，把没有重大反革命行为的富农分子的土地财产没收了，并且一家中把没有参加反革命行为的富农分子的土地财产，也没收了，这是错误的。这种错误的一个来源，是在江西没收分配土地条例的第三条：“凡加入反革命组织的富农，全家没收。”这里不分首领与附从，不分参加者与未参加者。关于家属问题，虽在这一条的后半指出了：“其家属未加入反革命组织，又无反革命行为，并与其家中反革命分子脱离关系，当地群众不反对者，得发还其土地”，但前既全家没收，后才发还一部，仍非正当办法。因此这一条应照现在规定改正。又过去有些地方扩大反动资本家的范围，没收了一些不应没收的商店，这也是不对的。

（举例）一家九人吃饭，一人劳动，又一人附带劳动。有田百六十担，自耕八十担，收实谷五十六担。出租田八十担，收租三十担，收了十年。有山五块，每年出息大洋七十元。经常雇长工一人。欠债大洋四百二十五元，利加二五，欠了三年。放债大洋三百八十元，利加三，放了五年。有一人当靖卫团连长，当了两年，与赤卫军作战五回。又有人加入AB团一年，但不是重要分子，无积极活动。家里其他各人无明显反动行为。判断：此家成分是富农。有一人做了重大反革命工作，此人是反动富农，应没收家产。其他各人不应没收。另一人虽加入AB团，不是重要分子，又无积极活动，也不应没收。

（本条的规定，同样适用于地主及其他人民成分中的犯罪分子。——中共中央注）

（五）富农应有的土地房屋耕牛农具

凡确定为富农应有的土地房屋耕牛农具等，在遵守政府法令下，富农自己有处置之权，他人不得妨碍。

（说明）（1）近来有些地方发生工农贫民拿自己的土地房屋耕牛农具，调换富农应有的土地房屋耕牛农具，甚至有调换衣服肥料事情，这是不对的。

（2）土地问题正确解决以后，富农分得之田，已经改良，变成好田，他人不得再去调换。富农添置之耕牛，农具，房屋，虽有多余，亦不得再行没收，或调换。

（本条的规定，同样适用于地主。——中共中央注）

（六）破产地主

在革命前，地主已经全部或最大部分失掉了他在土地财产上的剥削，但仍不从事劳动，依靠欺骗掠夺或亲友接济等为主要生活来源，而其生活状况超过普通中农者，叫做破产地主。破产地主仍然是地主阶级的一部分。

但地主破产后，依靠自己劳动为生活来源之一部，其部分达到其一年生活费用三分之一者，得照富农成分待遇。

（说明）（1）有些人把部分破产的地主叫做破产地主，这是不对的。因为这种地主，还有一部分产业，依以剥削，这不过剥削收入的分量有改变罢了。

（2）有些人把破产后已经从事主要劳动满一年的，叫做破产地主，这更是不对的。因为地主破产后，从事主要劳动已满一年（指革命前），他已经由地主变为工人或贫民或农民了。

（3）有些人把地主破产后，已经从事一部分劳动者，仍照地主待遇，这是不对的。因为若其劳动已达到维持全家一年生活三分之一者，这种人已经应该给予以富农待遇了。

（七）贫民

工人、农民外，一切依靠自己劳动为生活者，或大部分依靠自己劳动生活者，或依靠少数资本，自己经营，以取得生活费者，只要是生活贫苦的，均叫做贫民。乡村及小城镇贫民分子失业者，应分配土地。

（说明）（1）贫民在城市中占着相当的大数量；在乡村及小市镇上亦有一部分。贫民的职业，是很复杂的，有些贫民的职业，常依季候更换，而不能固定。贫民的生活是很困难的，其收入常不够支出。

（2）工人、农民外，如独立生产者、自由职业者、小贩、不雇用店员的小本经商者及其他一切劳动分子，只要是生活贫苦的，均属于贫民范围之内。所谓独立生产者，是指各种自做自卖的小工业生产者。这种小工业生产者，有时雇用辅助劳动力，但主要依靠于自己的劳动。所谓自由职业者，是指一切不剥削他人的医生、教员、律师、新闻记者、著作家、艺术家等。这种自由职业者，为了执行自己业务，有时雇用助手或雇工助理家务劳动，这种雇工行为，不算入剥削者范围之内。

（八）知识分子

知识分子不应该看做一种阶级成分。知识分子的阶级出身依其家庭成分决定，其本人的阶级成分依本人取得主要生活来源的方法决定。

一切地主资产阶级出身的知识分子，在服从民主政府法令的条件下，应该充分使用他们为民主政府服务，同时教育他们克服其地主的、资产阶级的和小资产阶级的错误思想。

知识分子在他们从事非剥削别人的工作，如当教员、当编辑员、当新闻记者、当事务员、当著作家、艺术家等的时候，是一种使用脑力的劳动者。此种脑力劳动者，应受到民主政府法律的保护。

（说明）（1）近来有些地方，排除知识分子，这是不对的。吸收地主资产阶级出身而愿为民主政府服务的知识分子参加工作，是有利于人民革命事业的政策。在他们为民主政府服务的期间，应设法解决他们的生活问题。

（2）知识分子的阶级出身，依其家庭成分决定，例如家庭属于地主的，是地主出身，家庭属于中农的是中农出身等。知识分子本人的阶级成分，依本人取得主要生活来源的方法决定，例如本人当地主的是地主，本人当资本家的是资本家，本人当自由职业者的是自由职业者，本人当职员的是职员，本人当军人的是军人等。知识分子依靠家庭供给主要生活来源者，其本人成分亦依其家庭成分决定。把知识分子看做一种单独的成分是不对的，把劳动人民子弟在学校读过书的分子（所谓“毕业生”）当做一种坏的成分更是不对的。

（3）把当教员当医生等工作看做不是劳动，这也是不对的。

（九）游民无产者

在紧靠革命政权建立前，工人、农民及其他民众，被地主资产阶级压迫剥削，因而失其职业和土地，连续依靠不正当方法为主要生活来源满三年者，叫做游民无产者（习惯上叫做流氓）。

民主政府对于游民无产者的政策，是争取其群众，反对其依附剥削阶级、积极参加反革命的分子。关于争取一般游民无产者群众的主要办法，是使他们回到生产上来，分配土地和工作；但分配土地，须在乡村居住，并须自己能耕种者。

（说明）（1）所谓依靠不正当方法为主要生活来源，是指从事偷盗、抢劫、欺骗、乞食、赌博、或卖淫等项不正当职业。有些人对于在职或半失业，而兼从事一部分不正当职业（非主要生活来源）的分子，概叫做流氓，这是不对的。甚至把工农贫民中过去染有不良习惯，如嫖、赌、吸鸦片的人，都叫做流氓，这更是不对的。

（2）有些地方，对于积极参加反革命的游民无产者领袖分子（所谓流氓头），不加惩办，反而分田给他，这是不对的。有些地方，对于一般游民无产者分子，又拒绝其分田的要求，这也是不对的。

（十）宗教职业者

凡在紧靠革命前，以牧师、神父、和尚、道士、斋公、看地、算命、占卦等宗教迷信的职业，为主要生活来源满三年者，叫做宗教职业者。

（十一）红军战士中地主富农出身的分子与土地

红军战士中地主富农出身的分子，在他们坚决为工农利益作战的条件下，不论指挥员、战斗员，本人及家属都有分配土地之权。

（说明）（1）优待红军条例第一条，“凡红军战士家在民主政府区域内的，本人及家属，均应与当地贫苦农民一般的平分土地、房屋、山林、水池”。这里本已包括一切红军战士在内。但近来有些地方，只问社会出身，不问政治表现，把地主富农出身而坚决为工农利益作战的红军战士，已经分得的土地，重新没收，这是错误的。

（2）所谓“红军战士家属”，是指父、母、妻、子、女及十六岁以下的弟妹，其他的人不得享此权利。

（十二）工人的家庭是富农或地主者

工人的家庭是富农或地主者，工人本人及其妻子，依工人成分不变更。家中其他的人，照地主或富农成分处理。

（说明）（1）地主或富农家中，在紧靠革命前，有人出卖劳动力已满一年者，应承认其为工人成分。本人及其妻子照工人成分待遇。家中其他人，照地主富农成分处理，不得享受工人权利。家中如尚有其他成分，依其成分处理。例如，一家有人在乡村，靠收租放债为主要生活来源已满三年，此人是地主；有人依靠出卖劳力为主要生活来源已满一年，此人是工人；又有人在城镇开自做自卖的小工业，依为主要生活来源已满一年，此人是独立生产者；各依其在一定时间内生活来源的性质，而决定其成分，又各依其成分，而决定其在民主政府法律下的待遇。

（2）农村工人、独立生产者、小学教员、医生等人中，兼有小块土地，因乡村不够维持生活，出外谋生，而将其小块土地出租，并非依为主要生活来源者，应照一般农民分配土地，不能当地主看待。

（十三）地主、富农、资本家与工人、农民、贫民相互结婚后的阶级成分

（1）地主、富农、资本家与工人、农民、贫民相互结婚后的阶级成分，依照结婚在革命前后的分别，依照原来阶级成分的分别，并依照结婚后生活情形的分别，而决定其成分。

（2）凡在革命前结婚的：地主、富农、资本家女子嫁与工农贫民，从事劳动依为主要生活来源满一年者，承认其为工人、农民或贫民成分。不从事劳动，及从事劳动不满一年者，依原来成分不变更。工、农、贫民女子嫁与地主或富农或资本家，过同等生活满五年者，才能承认其为地主或富农或资本家成分。如生活不与地主、富农、资本家同等，而与工农贫民同等（即靠自己劳动为主要生活来源），或过同等生活不满五年者，依原来成分不变更。

（3）凡在革命后结婚的：工农贫民女子嫁与地主、富农、资本家，其原来成分不变更。地主、富农、资本家女子，嫁与工人、农民、贫民，须从事劳动，依为主要生活来源满五年者，承认其为工人或农民或贫民成分。如不从事劳动，及从事劳动不满五年者，依原来成分不变更。

（4）无论何时，与何种成分结婚，所生子女的成分与父同。

（5）革命前，工农贫民以女子卖与地主、富农、资本家者，及工农贫民与地主、富农、资本家相互以女招郎者，其出卖子女，及招来郎婿的成分待遇，适用上述（1）至（4）条之规定。

（6）革命前，工农贫民与地主、富农、资本家，相互以子过继者，不问过继时之年龄如何，从满十岁起，工农贫民之子过继与地主、富农、资本家，与其过继父母过同等生活，满五年者，其成分同于过继父母。如生活不与过继父母同等，而与生身父母同等者，依原来成分不变更。地主、富农、资本家之子，过继于工农贫民，与过继父母过同等生活满三年者，其成分同于过继父母。如生活不与过继父母同等，而与生身父母同等者，依原来成分不变更。

（说明）这里所谓劳动，包括家务劳动在内。

（本条（3）项关于在革命后工农贫民女子嫁与地主、富农、资本家依原来成分不变更的规定，在现在适用时，对于嫁与地主、富农者，应将在革命后解释为在土地改革后；对于嫁与资本家者，则仍应按本条（2）项规定处理。——中共中央注）

（十四）地主、富农兼工商业者

（1）地主兼工商业者，其土地及其与土地相连的房屋、财产没收。其工商业及与工商业相连的，店铺、住房、财产等不没收。

（2）富农兼工商业者，其土地及与土地相连的房屋、财产，照富农成分处理。其工商业及与工商业相连的店铺、住房、财产，照工商业者处理。

（十五）管公堂

管公堂是一种剥削行为，但应分别地主、富农、资本家管公堂与工、农、贫民管公堂的不同。

（说明）管理各种祠、庙、会、社的土地财产，叫做管公堂。管公堂无疑是封建剥削的一种，特别是地主阶级及富农，借着公堂集中大量土地、财产，成为封建剥削的主要方式之一，凡属这种为少数人把持操纵，有大量封建剥削收入的公堂，管理公堂的行为，当然是构成管理者阶级成分的一个因素。但有些小公堂，为工农贫民群众轮流管理，剥削数量极小，则不能作为构成管理者阶级成分的一个因素。有些人以为只要管过公堂的，都是地主、富农或资本家，这是不对的。

（十六）一部分工作人员的生活问题

在民主政权机关及其他革命组织中的工作人员，未分配土地而生活特别困难者，本人及家属，可分给相当土地，或以其他方法解决其困难。

（说明）已分配土地的一般政府工作人员的生活，中央政府已有命令解决（即发动群众耕种其土地），这里只说未分土地的人员。所谓家属是指父、母、妻、子、女及十六岁以下的弟妹。

（十七）公共事业田

新区分配土地，及老区检查出来的土地重新分配时，应酌量留出为了桥梁的修理、渡船、茶亭等公共事业而使用的土地。

（说明）桥梁的修理，渡船的修理与船工的工资，茶亭的修理与茶水的设置，这些公共事业的费用，均经按照需要程度，由当地区乡政府决定，酌量留出一部分土地，发动群众耕种。

（十八）债务问题

（1）在革命前，凡地主、富农，以金钱或物品贷付与工农贫民者，除店铺货账外，本利一概取消。凡工农贫民，以金钱或物品，存放于地主、富农者，应予归还。

（2）依靠高利贷剥削，为全家主要生活来源，其生活状况超过普通中农者，叫做高利贷者。高利贷者，照地主成分处理。

（3）在革命后的债务，凡不违背中国民主中央政府颁布之暂行借贷条例者，均应归还。

（说明）（1）一切过去及现在的国民党统治区域，不论城市、乡村，债务中最大多数都是高利贷剥削。但不是依靠高利贷为其全家主要生活来源的，不能叫做高利贷者，应各以其成分处理。以为凡有高利贷剥削的都是“高利贷者”，这是不对的。

（2）一面放债，一面欠债的，应将其“欠人”，“人欠”互相抵消，看其剩余部分的性质与程度，再与本人其他剥削关系总合起来，决定其成分。

（3）店铺货账必须归还的理由，是为了不使商业受到损失，并且货账一般不在高利债务范围之内。

（4）工农贫民互相间的债务，应如何处理，由借贷双方自己决定。双方不能决定者，由当地民主政府决定。

选自《中共中央文件选集》（14），中共中央党校出版社1987年版，第136～153页。

互校版本：《中共党史教学参考资料》解放战争时期（下），中国人民大学中共党史系资料室1980年编印，第166～183页。原注：“原载解放社编《目前形势和我们的任务》（标准本）”。

45. 中共中央关于发布人权地权财权保障条例及号召地主回家布告等问题给东北局的指示

1948年5月26日

人权、地权、财权保障条例及号召地主回家布告均悉。你们为什么要发布这些文件，目的何在？你处情况如何，是否仍有普遍随意捕人、杀人及使用肉刑等事？又逃亡地主究有多少，逃往何处，他们不回家，是否严重妨害生产和秩序？又发出这些文件是否有伤群众情绪，相对助长反动分子气焰？是否可不一般地提言论、出版、集会、结社等自由及保障人权、地权、财权号召地主回家等口号，而只禁止随便捕人、随便处罚，规定捕人及审判的手续，保障一切人民（包括地主、富农在内）在土地改革中所分得的土地、财产及以后劳动经营所得的财产不受侵犯，并保障官僚资本以外的工商业及外侨的合法营业传教自由。除犯有严重罪行及罪大恶极的恶霸分子外，保障一切逃亡地主回家后不加追究，并分配其维持生活所需的土地、房屋、工具等，即可安定秩序、人心，使其从事生产。

选自中央档案馆编：《解放战争时期土地改革文件选编》，中共中央党校出版社1981年版，第345页。

46. 中央关于三三制仍应执行的指示

1948年5月31日

华北局，东北局，华东局，西北局，中原局，晋绥分局，冀察热辽分局并告各前委：

中央去年二月一日指示[1]三三制仍应执行，废除三三制的意见是错误的，但自去年“二·一”至今的一年多时间内很多解放区不得中央同意，擅自修改这一指示，从政治上及组织上打击三三制党外人士，其中除少数是有罪应得者外，大多数的打击是过左的错误行动。而各地对于此项重大问题，事前既不向中央请示，至今亦很少甚至没有向中央反映情况，兹特责成各局于电到后半月至一月内，将当地地委一级，区党委一级，中央局或分局一级，共三级的党外知名人士列一总名单，注明简历现状及我党对他的待遇意见，电告中央。和此项名单调查报告之同时，由各中央局，中央分局及工作委员会（如华中工委）负责将自己对统一战线三三制及党外人士问题对中央作一总结报告。是为至要。

中　央

辰世

选自《中共中央文件选集》(17)，中共中央党校出版社1992年版，第187～188页。原注：“根据中央档案原件刊印”。

47. 军委批转东北野战军入城纪律守则

1948年6月4日

各军区各野战兵团首长：

各地颁发的入城纪律守则，都大同小异，东北林、罗、谭辰有颁发八条入城守则，比较扼要，对内外注意事项都包括在内，各地可参考采用。兹将原件列后：

兹颁发入城纪律守则八条，望指挥员，政治工作人员，后勤工作人员，战斗员，及所有入城工作的人员，一体遵行。入城纪律守则：

（一）保护城市人民的生命财产

（二）保护工厂商店，禁止拆毁机件，搬取物资，或私自没收强购。

（三）保护学校、医院、科学文化机关及城市公共设备，名胜古迹和建筑物。

（四）看管敌人的仓库、物资及其他财产，实行缴获归公，不争夺、不破坏、不自由动用、不打埋伏、听候和服从上级分配。

（五）对守法的教堂、寺院及外国侨民，不得干涉和侵犯。

---

[1] 原注：中央去年二月一日指示，指1947年2月1日中央政治局通过的《中央关于目前形势与任务的指示》，见《毛泽东选集》第四卷《迎接中国革命的新高潮》。

（六）实行讲话和气，买卖公平，借物归还这，损坏赔偿。

（七）服从卫戍机关的纪律和规则，遵守公共秩序，不入妓院，不滋扰人民，不无故鸣枪。

（八）爱护人民解放军的名誉，人人守纪律，人人作宣传，言行一致。

军委

巳支

选自《中共中央文件选集》(17)，中共中央党校出版社 1992 年版，第 200～201 页。原注："根据中央档案原件刊印"。

48. 中央宣传部关于新收复城市大学教育方针的指示

1948 年 7 月 13 日

东北局宣传部并告各局、各分局宣传部：

二十一日电悉。

一、华北大学为北方大学与联合大学合并而成，其方针是吸收蒋管区大量大中学生经过短期训练为解放区培养各方面的建设干部，现准备分设三个部及一个研究部。第一部是四个月至六个月的政治训练速成班，一切学生（主要是平津及南方来的和一部分解放区内招收的初中毕业程度以上的知识分子）都须经过该部毕业后，最大部分分配工作以应急需，少数转入其他两部。第二部为教育学院，对已做过中学教员或在大学与师范读过数年者，加以补习使具有够用的师资，期间预定半年至一年。第三部为文艺学院，待现有一部分学生毕业后，拟专办短期训练班，训练现有之各剧队文工团等。研究部为储备研究人才并吸收学生中有研究能力者为研究员、学员，准备将来正规大学的师资。依可能与需要先办四个研究室，范文澜兼主持历史研究室；艾思奇主持哲学研究室；何思敬主持国际法研究室；沙可夫主持文艺研究室。其他专门学院均改归政府各部直辖，便于就近实习。原北方大学农学院办兽医制糖造林有成绩即划归政府农业部管；工学院训练炼焦、炼铁、机械、土木、通信等项人才亦有成绩即划归企业部管；财政系即划归财政部办财政专门学校；医学院则早已划归卫生部管。这样该大学主要任务就在于使原有的知识分子经过此种训练能为我用，我们的目的是要把全国几十万大、中学生争取其中多数能先后经过我们政治训练，再在工作中去锻炼。我们目前在各地所办的大学都应具备此旨。

二、收复城市后对于原有大学的方针应是维持原校加以必要与可能的改良。现在我们所到之处大学还很少，中学很多，据中原消息，该地原有中学都停办了，这是一个损失，其原因是由于我们没有明确方针，现在必须宣布我们对原有大学、中学的方针，就是维持原校加以改良。维持原校的好处是学校可以很快办起来，不致过久中断，高级知识分子可以安心，便于争取，这些高级知识分子是国家的重要财富之一。再则我们自己办教育的力量还不够，与其采用急进而冒险的政策，不如采取稳扎稳打的政策，先维持然后慢慢改进。改良的办法很多，但必须是必要的与可能的，这方面我们尚无实际经验。

三、依照二十一日电所述情形，我们认为东北大学亦可采用与华北大学同样方针，建议东北局应给东北大学以任务，多办短期政治训练班，大批训练东北已有的知识青年及旧知识分子，长白师范原有教职员凡仍在者应给予原薪原职，使之继续供职，凡逃走者应设法聘回供职，只有极反动的分子（与普通国民党党团员区别）与破坏分子（与仅有不满情绪者区别）除外，并依照具体情况给该校以可能与必要的改良，这对于争取沈阳、长春等地的高级知识分子是很重要的。以上意见请你们考虑后将你们的意见电告。

四、东北科学院创办后情形与经验如何，望详细电告。东北原有中等学校的情形如何？有多少继续开办，多少停办了？原因何在，经验如何？亦请电告。

中宣部

选自《中共中央文件选集》(14)，中共中央党校出版社1987年版，第214～215页。

49. 中共中央关于地主、富农选举权问题的指示

1948年7月19日

在选举条例中不必规定地主、旧富农有无选举权、被选举权的条文，只规定不及法定年龄者、有神经病者，经军法、法院或人民法庭判决剥夺公民权者及有反革命行为经政府缉办有案者，皆无选举权即可。对于农村中反动的地主、旧富农可经法庭判决剥夺公民权若干年（但也不必判得太多、太久），其他地富为数不多，即算他们参加选举也无多大危险（自然要注意党的领导）。公开在条例中规定剥夺地富选举权条文，对全国可能发生不好影响。

附：东北局关于地主、富农选举权问题的请示报告

（1948年7月17日）

中央：

东北将于八月间试验村选，关于地主、富农的选举权，应在条例中如何规定。去年中央曾通知地主、旧富农没有选举权与被选举权，不要公开宣布，但在选举条例中，如不规定，又不便实行。可否根据弼时同志的报告，地主劳动不满五年者，旧富农劳动不满三年者，没有选举权与被选权，但在地主、旧富农中分化出来的开明人士（具体条件另行规定）除外，请指示。

东北局

选自中央档案馆编：《解放战争时期土地改革文件选编》，中共中央党校出版社1981年版，第388～389页。

50. 附：关于农业社会主义的问答

1948 年 7 月 27 日新华社信箱

问：毛主席四月一日在晋绥干部会议的讲话中说："现在农村中流行的一种破坏工商业，在分配土地的问题上主张绝对平均主义的思想，是一种农业社会主义的思想。这种思想的性质是反动的，落后的，倒退的，我们应当批判这种思想。"农业社会主义思想是一种什么思想？它为什么是反动的？

答：毛主席在这里所说的农业社会主义思想，是指在小农经济基础上产生出来的一种平均主义思想。抱有这种思想的人们，企图用小农经济的标准，来认识和改造全世界，以为把整个社会经济都改造为划一的"平均的"小农经济，就是实行社会主义，而可以避免资本主义的发展。过去历史上代表小生产者的原始社会主义的空想家或实行家，例如帝俄时代的民粹派和中国的太平天国的人们，大都是抱有这一类思想的。

以小农经济为基础的平均主义思想，在一定的历史条件下，带有革命的与反动的两重性质。

从农民平分封建阶级的土地财产这方面来说，这是革命的方面，正确的方面。因为封建的土地财产关系，以封建主义的方法束缚农民，剥削农民，阻碍社会生产力的发展；农民平分了封建阶级的土地财产，就是把封建的土地财产变成农业直接生产者——农民的土地财产，使广大农民获得改善生产条件的基础，提高他们的生产积极性，并为工业的迅速发展创造了一定的条件。这是一种伟大的最彻底地扫除封建制度遗迹的革命运动。因为农民的反封建的平均主义有这种革命性，所以我们共产党赞成并帮助农民实行了平分地主及封建性富农的土地财产。但农民的平均主义，仅仅在乎分封建的土地财产上，有其革命性，我们也仅仅在这种时候才去赞成并帮助农民们实行这种平均主义。除开这种场合以外，农民的平均主义，我们都是不能赞成和实行的。而且农民这种平分封建土地财产的革命，其性质，也只是反对封建主义的资产阶级性质的民主革命，而并不是反对资本主义的社会主义性质的革命。如果把农民平分封建土地财产的革命，误解为是实行社会主义或共产主义，那也是完全错误的和极端有害的。

以小农经济为基础的平均主义的反动方面、错误方面，就是它在主观上梦想超越这个反封建主义的界限，不愿限制在平分封建与半封建的土地财产的范围以内，并且还要平分社会上其他一切阶级、农民一切阶层（例如中农和新式富农）和其他一切人等的土地财产，还要平分工商业，并把这种一切平分称为"共产"，或称为"社会主义"。这就是一种绝对平均主义，这就是反动的、落后的、倒退的。因为这样平均的结果，不独是要破坏封建的土地财产关系，而且要破坏非封建的即自由资本主义的财产关系，就是要平均主义地破坏工商业及一部分中农和新式富农的土地和财产，因而也要打击广大工业和农业生产者的向上积极性。这样，就不独不能提高社会生产力，而且必然要使社会生产力大大降低和后退。因为这种绝对平均主义主观地希望把那在工业上和农业上已发展了的、和正在发展（这种发展在目前阶段是资本主义性质的）的社会经济，还原为封建时代那种孤立的小农式的社会经济，把那已发展了的和正在发展的工业，以及建立在工业与农业的发展基础之上的商业，还原为自给自足的自然经济。这是违反社会历史的发展、违反社会生产力的发展，而使之后退的。所以这种想法和这种做法，乃是反动的、落后的、倒退的。

平分封建半封建的土地财产的土地改革，并不是实现社会主义，并不是“共产”。因为土地改革只是废除了封建阶级的私有财产，没有废除资本主义的私有财产，并在客观上还为资本主义的广大发展扫清道路。因为在土地改革之后，农村中的经济竞争，不可避免地会有新的发展，并使农民之间不可避免地会有新的阶级分化，而绝不能永远保持平均的小农经济。农民在分得土地后，是作为小的私有主而存在的，他们的生产条件不可能完全相等，尤其不可能保持不变。有些农民，因为生产条件比较有利，又努力生产，善于经营，他们的经济就可能发展，而逐渐地富裕起来，其中有小部分就有可能进行剥削，而成为新的富农。而另外有些农民，因为生产条件比较不利，或者不努力生产，或者不善于经营，或者遇到某些不可抗拒的打击，他们的经济就不能发展，而逐渐地穷困下来，其中有一部分就不能不受人剥削而变为新的贫农或雇农。这种竞争与新的阶级分化，即在新民主主义的社会里，也是不可避免的，而且是被允许的，不是可怕的。因为在一定的历史条件之下，只有允许这种竞争，才能发动广大农民的生产积极性，把农业经济广大地发展起来；所以这种私有经济基础上的竞争，有其一定的进步性。抱有农业社会主义思想的人们，看不见土地改革后这种可能的社会变化，看不见这种商品经济与资本主义发展的规律在新民主主义社会中仍将存在，而以为可以在反封建的土地改革中及土地改革后，就能够造成全体农民在经济上与生活上的平等或划一，否认或者反对这种竞争和分化，结果就是阻碍生产力的发展，而成为一种反动的空想。

上述那种竞争和分化，如果是在旧资本主义的社会环境中，那可以因为自由竞争与资本主义垄断的无限制的发展，而一直分化下去，以至大多数农民在土地改革中，所得的利益，化为乌有，例如很久以前法国与美国在土地改革后的农民那样。在那里，土地改革是由资产阶级及资产阶级政党领导的，不是由无产阶级及无产阶级政党领导的，所以，在土地改革后发展了资本主义的社会制度。其结果，农村和城市都有激烈的无限制的阶级分化，一方面造成了垄断全国财富的少数大富翁；另一方面，把大多数人民变成极端贫困，变成了大资本的奴隶。所以仅仅实行土地改革，如果不同时实行在无产阶级及其政党领导之下的一系列的新民主主义的经济政策，并在最后实行社会主义的制度，大多数农民的解放还是不可能的，大多数农民的贫困和破产，还是不可避免的。然而，在我们中国今天的土地改革，不会走到那种结果，因为中国今天的土地改革是在无产阶级及其领袖共产党领导之下实现的，并且已经实行以后还要系统地实行新民主主义的经济政策，所以大多数农民在土地改革中所得的一切，只要自己努力生产与善于经营，就有可能发展起来，就有可能不至重新丧失自己的土地财产而穷困下来。因为在新民主主义的国家内，自由竞争与阶级分化虽是仍然存在，但不是没有限制的，如资本主义各国所已有过的那样。毛泽东同志在其《新民主主义论》中早已指出，由于中国经济的落后性，我们的新民主主义经济还必须容许“不能操纵国民生计”的资本主义生产的存在和发展，在农村中则须容许新式富农的存在和发展；同时，决不能让少数资本家少数地主“操纵国民生计”，绝不能建立欧美式的资本主义社会，更不能恢复旧的半封建社会。我们经过毛泽东同志指出的这种道路，一方面，要在共产党与新民主主义政府的领导之下，根据农民自愿（不是强迫命令和矫揉造作）与等价（出劳动多的得多，出劳动少的得少）的两个原则，采取那种为农民群众认为有利与合理、能为群众自然而然地接受的一定步骤与各种可能形式，以发展农村中在个体经济基础上（私有财产基础上）的变工合作（在变工合作运动中，同样地要发展竞争与竞赛）；另方面，要经过我们新民主主义政府对于广大农民生产给以财政投资及经济和技术的援助，这样就使大多数努力生产的农民在从封建的压迫解放出来之后，可能保持中农的地位，避免因受垄断资本家的压迫而重新陷于破产，并且会使他们的生活步步向上。同时，我们的工业则可以利用农村因发展变工合作及提高技术而过剩出来的广大劳动力，获得广大的工业后备军。这种工业后备军，也就会和欧美资本主义国家那种因资本压迫、而破产出来或被排挤出来、并更成为资本自由掠夺的对象的工业后备军，有所区别。我们在土地改革后，一定要走上毛泽东同志所指出的这种新民主主义的道路，而决不能走资本主义国家的道路。无产阶级的领导，保证我们走这样道路。但是，必须知道：要达到这种新民主主义的合理结果，决不是没有困难，没有斗争的，而是一定会有困难，一定会要进行必要的斗争，因为还有不少的资本家和富农要走旧资本主义的道路；因此，一定要依靠共产党的正确而坚强的领导与广大人民群众的积极努力，才可能步步克服旧资本主义的抵抗及可能遇到的各种困难。

然而，即使如上所说，在新民主主义的国家内，土地改革后农民中一定程度的阶级分化，仍然是不可避免的，农业上绝对平均主义的发展，仍然是不可能的。

中国工人阶级领导农民与其他人民，进行土地改革，发展新民主主义经济，这是农民解放的第一步。中国工人阶级领导农民与其他人民，经过另一个阶段的历史斗争，实现社会主义，这是农民解放的第二步。社会主义不是依靠小生产可以建设起来的，而是必须依靠社会化的大生产，首先是工业的大生产来从事建设。只有社会主义才可能消灭一切的贫困，才可能最后来解放农民，才可能使阶级逐步归于消灭。但我们要达到社会主义，实现社会主义的工业和农业，必须经过新民主主义经济一个时期的发展，在新民主主义社会中大量地发展公私近代化工业，制造大批供给农民使用的农业机器，并因此将农民的个体经济逐步地转变为集体农场经济之后，才有可能。没有工业的大量发展，没有大量的成千成万的农业机器供给农民使用，并使农民有可能团结于集体农场之中，而要实行社会主义的农业，那只能是反动的幻想。带有农业社会主义思想的人们，想在孤立的单个小生产经济的基础上，采取绝对平均主义的办法，采企图实现社会主义，就正是这样一种反动的幻想。其结果，决不是什么社会主义的农业，而将是社会生产力的破坏与倒退。当然，即使在社会主义社会，也不能使所有的人在生活上的完全划一，也和农业社会主义者的反动观点完全不同。在社会主义社会（即共产主义的第一阶段）所能实现的原则，乃是“各尽所能，各取所值”。在劳动中生产得更多更好的工人与农民，他们取得的报酬就必定较多，而生产得较差的，所得的报酬就一定较少。社会主义社会决不容许不劳而食，也决不容许偷懒的人与积极劳动的人取得同样的报酬与享受同样的待遇。

只有经过长期的社会主义经济的高度的发展，并使共产主义的制度得以建立起来之后，就是在建立了“各尽所能，各取所需”的社会制度之后，社会上一切人们生活上的平等，才可能实现。

我们马克思主义者把历史看成是生产发展的历史，是生产人民的历史。重复地说，平分封建的土地财产是从发展生产力这一个基本点出发的，是为的把不事生产的、寄生的、腐朽的、反动的封建阶级所占的生产条件交给直接生产者，是为的彻底破坏封建的生产关系，建立新民主主义的生产关系，以利社会生产力的广大的发展，而绝不是为分配而分配。在土地改革中分得一定分量的土地财产的贫农与雇农，此后必须努力生产，改善生产，进行生产的竞赛，即依靠自己以及群众间变工互助的劳动，以提高自己的经济情况，决不能还等待什么分配又分配，或只寄托希望于民主政府的救济又救济。必须知道，如果不努力生产，广大的发展生产力，即使按照农业社会主义的反动空想，采取冒险办法，而把社会上一切阶级一切阶层的土地财产按绝对平均的方法分配了，那也是没有多少东西可以长期吃用的。所得的结果，一定仍然是大家的一场贫困。所以，一切共产党员必须巩固自己关于发展生产的观点，而在土地改革中的一定场合以及土地改革之后，必须特别对于贫农和雇农，认真地进行发展生产的教育，同时也对于中农及其他人们进行发展生产的教育，并继续实行对于提高生产的必要奖励。特别在土地改革之后，进行提高生产的教育，与进行生产互助组织，以保障大多数农民都能生产发家，都能过富裕生活，乃是共产党员在农村中的根本任务。必须用这些提高生产的教育和发展生产的活动，以扫除农业社会主义的空想，并由此得以顺利地完成其他为当前革命所必需的工作。

选自《中共中央文件选集》(14)，中共中央党校出版社1987年版，第236～242页。

互校版本：

1. 中共中央政策研究室编辑：《政策汇编》下编，第二野战军政治部1949年9月翻印，第80～88页。

2.《中共党史教学参考资料》解放战争时期（下），中国人民大学中共党史系资料室1980年编印，第229～235页。原注：“原载解放社《目前形势和我们的任务》(标准本)”。

51. 中央关于新解放城市中对脱党、自首、叛变分子的处理的指示

1948年7月27日

谭①并告各中央局、分局及各前委：

篠电悉。关于新解放城市中，对脱党分子、自首分子、叛变分子的处理，应按具体情况，分别解决。

（一）凡党员过去自由脱党，确未做任何反党活动，现在愿参加工作者，可分给以适当的工作，但不应马上接收其重新入党，更不能恢复其党籍，经过相当时期考察，而本人提出入党要求时，才可考虑重新入党问题。

（二）凡党员过去系个别向敌方自首，并未进一步有危害党及革命之行为者，现在来

① 谭，指谭震林。

找我们时，在原则上可允许其参加解放区的一般生产建设和群众工作，只有经过长期工作考验，证明其真正忠实于无产阶级事业，而且本人坚决要求重新入党时，才能考虑重新入党问题。

（三）凡党员曾经叛党但系普通叛变分子，即对党危害不大的分子，要他们在自己的社会职业上安分守己，努力参加生产支前工作，给以戴罪立功的机会。对个别罪大恶极的重要叛变分子，在必要时，由社会部或公安机关扣押分别处理之，但须经区党委或以上机关的批准。

（四）对分配工作的脱党分子，自首分子，最好先集中在军政学校或训练班学习，在学习中加以考察教育，使其在思想打通的基础，向党坦白，这更便利于党对他们的了解和使用。在使用这类分子时，要经常提高警惕，防止奸特分子混入，绝不可因使用自首叛变分子而有所麻痹。

中　　央

午感

选自《中共中央文件选集》(17)，中共中央党校出版社 1992 年版，第 267～268 页。原注："根据中央档案原件刊印"。

52. 中央批转华北《金融贸易会议综合报告》

1948 年 8 月 6 日

华北、华东、西北中央局，晋绥分局并转各政府党团和各财办，并告东北局，热河分局，中原局，豫皖苏分局：

中央批准今年五月华北金融贸易会议上所通过之《金融贸易会议综合报告》。望华北、华东、西北各地党、财办及一切财经机关即遵照该报告所提之金融贸易工作方针和各项具体政策努力实行。该综合报告，将由中财部印成密件发给有关各方。现中央将该报告摘要先经新华总社台以密电转发各局，作为党内文件传阅。

中　　央

八月六日

选自《中共中央文件选集》(17)，中共中央党校出版社 1992 年版，第 279 页。原注："根据中央档案原件刊印"。

53. 附：华北《金融贸易会议综合报告》

1948 年 5 月

第一部分　目前金融贸易工作的基本任务

去年邯郸会议以来，随着战争形势日益好转，和后方工作进步，我华北各解放区的金融贸易工作也有显著进步。这首先表现在对政策方针上有了较明确的认识；纠正了过去若干错误倾向。我们的经济阵地逐渐巩固，对敌经济斗争渐从被动转入主动。在发展生产上虽因战争紧张，灾荒和土地改革的某些错误而受了若干损失，但我们仍生产了军民生活和作战部分必需的物资，发挥本身固有的力量来支持空前大规模的人民解放战争。其次，我华北各解放区的金融贸易工作，已经渐从各自为政走向统一。我们已经建立了财经工作的统一领导机关，取消了各区间的关税壁垒，调整了各区间的货币关系，且在部分地区开始了军用器材采购和食盐运销的统一管理。这一切，都是邯郸会议以来所获得的显著成绩。但与一年来战争的胜利相比较，我们金融贸易工作的开展，还追不上客观形势对我们的要求。为着赶上客观形势，迎接新的胜利，我们的金融贸易工作也应提高一步，作出进一步的措施。

此次金融贸易会议检讨一年来的工作，研究今后努力方向，认为有几个问题是值得引起我们的特别注意的。

第一，由于人民解放军的胜利进攻，华北各解放区已经有比较稳定的区域。为着建设华北，支援前线，我们已有可能和必要，来进行更加有计划的生产建设。今后我们的中心工作，一个是发展生产，一个是支援战争；而有无力量支援战争，又基本上决定于生产的发展程度。所以华北各解放区除有部分地区仍在进行战争外，一般地区应以发展生产作为一切工作的中心；我们的各种政策（如土地改革中的满足雇贫农的要求，照顾中农和新式富农，及保护工商业等）都是为着发展生产。我们的金融贸易工作应为生产服务，并与生产工作密切结合起来。生产是一切经济活动的基础，从生产的发展中产生交换，更从交换的发展中产生货币。所以贸易和金融工作是在生产的一定发展阶段之上产生，是从属于生产并为生产服务的。贸易和金融工作如果脱离生产需要，就会变成投机冒险行为。反之，我们的生产建设如果没有与之相适应的贸易和金融工作，亦不能顺利发展。

今后我们的经济建设应当提高一步，不但要发展农业，而且要发展工业；不但要建设乡村，而且要建设城市。社会经济的进一步的发展，也要求着我们贸易和金融工作的进一步的发展。在广大的农村中，我们应当利用合作社等形式，来建立一套完整的农村供销机构和信用机构，促进我们分散的、落后的农业生产，逐渐向着集体化、科学化的方向发展。在城市中，由于商品经济集中发展，贸易和金融工作更占重要地位。我们同样必须建立一套完整的城市贸易工作（成为广大农村的供求调剂的枢纽）、城市金融工作，来发展轻重工业，扶助群众生产，把我们的工业生产提高一步。我们已经有了相当数量的煤铁生产和重要工业原料（如棉花等），且有若干机器和动力已能为我掌握；我们老解放区极大部分地区已经完成了土地改革，互助合作组织已开始发展，这一切，可以成为我们提高工业和农业生产的有利条件；贸易工作和金融工作的方针，应同样为此奋斗。

第二，石家庄解放后，华北各解放区大体上已连成一片。各区间的经济联系日益繁密，我们已有可能和必要从分散的地方经济，逐渐发展走向统一的国民经济。过去因被敌人分割封锁，使我们的经济建设不得不分成若干地区，独立自主争取地方性的自足自给。现在情况变化，各种分割状态已经成为经济发展中的严重障碍。狭隘的地方经济只适宜于分散的、落后的、自足自给的农业经济。商品经济逐渐发展，必然就要求着市场的扩大和统一，如撤销内地关税壁垒、统一货币制度等，都是经济发展中的迫切要求。过去由于敌我地区犬牙交错，为着加强对敌经济斗争，不得不实施严格的市场管理。现在情况变化，这一切束缚内地贸易自由和营业自由的措施，如不及时修改，要想促进生产是很困难的。我们必须适应新的情况，建立一套适合人民需要和经济发展需要的新的制度。同时，必须加强领导的统一性、集中性，反对各自为政和无组织、无纪律、无政府状态。

去年邯郸会议以后，我们经济上的统一工作已经得到了初步成功。但我们仅仅撤销了各区间的关税壁垒（互不统制，互不征税），而未做到各区物资的有计划的调剂。各区货币只做到了相互支持，而未做到自由流通，统一发行，这使各区间的物资交流仍然遇到严重困难。在对敌经济斗争上，我们也只有比较一致的政策方针，而无统一的组织领导，致使斗争步调不能完全一致，有些地区甚至互相抵触。我们的经济建设，如就地方范围的某些生产部门来讲，已有了初步的计划性，但就全国（或全华北）范围来讲，则仍然是无计划状态。这些现象，今天已无理由任其继续存在，必须迅速完成进一步的统一。在会议中，晋察冀和晋冀鲁豫两区已经开始合并，两区货币已按固定比价自由流通，两区的银行和贸易公司也已开始合并，彻底消灭过去的各自为政现象。山东和西北由于紧张战争，立即合并尚有困难，应当采取适合于目前情况和经济发展要求的过渡办法，并作完全统一的准备。

第三，要准备长期的、艰苦的战争，同时又要准备迎接胜利。一年来的胜利进攻，使蒋介石的反动统治日益临近崩溃，在其经济方面也有岌岌不可终日之势。但依靠美帝国主义的撑腰，这种摇摇欲坠的统治还有可能维持一个时期，胜利的到来还可能有一段困难的路程。如何保证战争供给，这不单纯是一个财政问题，我们的金融贸易工作也要负担这个重大责任。山东和西北应当迅速恢复生产，医治战争创伤，晋察冀和晋冀鲁豫更要加紧建设，提高生产，准备充分的力量去支援人民解放战争。我们不应盲目乐观，以为今后我们的财政经济工作不会有严重的困难，当然悲观失望，或对克服困难丧失信心，那就更错。我们认识财经工作中的困难，同时就要想法去克服它。过去许多困难我们都克服了，今后发展中的困难，只要我们努力，我们一定是能够克服的。

另一方面，我们又应准备迎接胜利。今后我们的人民解放战争将要获得更大的胜利。跟着解放区的不断扩大，广大乡村和许多城市的陆续解放，我们的金融贸易工作必须快步前进，来接管这许多新解放的乡村和城市，把新民主主义的、人民大众的金融贸易工作，在新解放区迅速建立起来。我们首先在思想上应作各种必要的准备，免得手忙脚乱。准备长期的艰苦的战争与准备迎接胜利，两者都应有充分的考虑。

此次金融贸易会议我们报告了各地区的工作经验，讨论并解决工作中的许多具体问题。现在把我们讨论结果中的较重要部分，特别是有关政策方针的部分整理出来，成为这个综合报告。还有若干决定，将陆续整理出来，经领导机关批准后发表。

第二部分　关于金融工作

一　货币政策

目前我们的货币制度，由于战争环境，还存在着两大缺点：一个是不稳定，一个是不统一。由于不稳定和不统一，使我们在生产过程中，特别是在物资交换和货币流转过程中，免不掉受种种损失，这样就妨碍了我们国民经济的发展。为着发展生产，繁荣经济，便利各地区的物资交流，避免交换中的不应有的损失，我们必须使我们的货币相当稳定，并把各地区的货币统一起来。

假使其他条件（如战争情况，本币流通范围，以及生产发展程度，货币流通速度等）不变，那末币值和物价的高低，便主要决定于货币发行数量。所以我们货币政策的中心关键之一，便是调节发行数量，使我们的物价保持相当的稳定。货币发行应当首先保证生产建设，其次保证战争供给。我们必须掌握着“发展经济保障供给”的基本方针。尽可能减少财政透支，使我们的发行主要用于生产建设。但在这样大规模的人民解放战争中，财政收支是很难做到完全平衡的，战争继续下去，这种情况只能希望稍稍改善，决不能根本改变，而且还有更加困难的可能。所以我们只能要求减少财政透支，而不应当不顾战争需要，要求完全避免财政透支。应当根据具体情况，来适当解决发展生产与保障战争供给间的矛盾，并尽量避免货币的膨胀。

这样看来，发行政策是个很复杂的问题。要照顾到战争，照顾到生产，还要照顾到物价的平稳。保障战争供给要求增加发行，投资生产建设要求增加发行，但发行过多，便会引起物价高涨，使战争供给和生产建设均遇到很大困难。（1）战争供给是必须保障的，但应尽可能多依靠人民的直接负担，少依靠货币发行（这是一种间接负担，同样落在人民身上）；但在今天这样紧张的战争情况下，亦不可能不发行若干货币来暂时解决困难。（2）生产建设也是必须保障的，我们可以增发若干货币来作生产投资。但生产投资同样要有一定限制，必须节约资金；并尽可能多吸收社会游资，少依靠货币发行。（3）调节发行数量，保持物价平稳，是我们发展生产和保障战争供给之一重要保证，必须尽可能朝这方向努力；但单纯紧缩通货而不想法发展生产，保障战争供给，同样也是不正确的。这就必须要有通盘考虑，才能使各方面有关的问题，不至在解决时发生偏差。

怎样保持币值和物价的稳定，在今天的情况下，是主要决定于战争，和由此引起的本币流通范围的变化，及财政收支状况的变化。我们金融贸易工作所应努力的是，在战争的胜利进展中，迅速扩大本币流通范围；并在一定范围以内调节本币发行数量，以保持物价的相当平稳。如因紧张战争不能阻止物价上升，那亦应当使它平稳上升，避免剧烈波动。战争是集中的、突击的，如果发行货币直接供给战争，那就必然会引起物价的剧烈波动。这就要求我们的发行工作，要有一定的计划性，选择适当的时机，和适当的地区，避免集中的突击的发行，掌握分散的经常的发行方针。发行工作要与贸易工作结合，要与财政的征收和开支结合。这就是说，我们要通过贸易来有计划地发行货币和回笼货币，调节市场上的货币流通数量；财政的征收和开支也要与贸易相结合，不要在征收中骤然紧缩货币，更不要在开支中把大量货币直接投入市场，用这些方法，便可以保持币值和物价的相对稳定。

其次，如何逐渐统一各地区的货币，这也是这次会议所必须解决的问题。货币的统一不单纯是一个技术问题，它与财政的统一有着密切关系。如果财政不统一而首先统一货币，那末某一地区在其财政困难时候，如果增发货币，则可能把一部分负担转嫁到其他地区人民的身上，引起邻区间的许多纠纷。如果取消其货币的发行权，在战时又不容易应付紧急需要。现在晋察冀和晋冀鲁豫财政上已完全统一，银行和贸易公司也准备合并，因而货币的统一发行和自由流通已无任何困难，此次会议决定两区货币即按十与一之比价（接近于统一流通前的自然比价）自由流通，逐渐整理。山东和西北因为财政尚未统一，货币的固定比价和统一流通尚有困难。但亦应使比价相当稳定，尽可能地避免波动，并争取早日实现华北各解放区货币的完全统一。

统一货币的方针已经确定了，我们现在需要研究的是统一的步骤。由于战争环境，交通困难，财政工作在领导上还没有完全统一，所以货币统一亦不应当操之过急。晋察冀和晋冀鲁豫的统一的步骤，是首先宣布两种货币的固定比价，自由流通，并使其中一种停止发行。接着将是在两种旧货币中收回一种，而使另一种在两个地区统一流通。山东和两北目前还是稳定比价，实行有计划的调剂。我们准备于东两两边境上，设立两区银行的联合办事处，来掌握货币比价，并用有计划的物资调拨及财政调拨，来平衡两地区间物资交换和货币兑换数量，以保持比价相当稳定。并准备于一年以内，完成华北各解放区货币的统一工作。

华北各解放区货币的统一，仍没有把我们的货币问题完全解决。货币问题的完全解决，还有待于人民解放战争的完全胜利。这时我们还应当作进一步的措施，使我们货币的币值完全稳定，并在全国范围以内统一发行，自由流通。至于具体办法，要等将来根据具体情况才能决定，现在应作思想上的准备，并作一些必要的准备工作。

二　货币斗争

货币斗争的主要任务，是跟着战争形势的发展而努力扩大本币的阵地（流通范围），压编蒋币的阵地，并适应对外贸易的需要而调剂蒋币外汇。掌握蒋币比价。用这些办法来巩固本币，打击蒋币，以保护人民财富，保证生产发展。所以货币斗争有阵地的斗争，和比价的斗争（外汇管理）。现在战争胜利开展，解放区日益扩大，蒋币显已濒于崩溃，这是我们货币斗争的很有利的条件。但如主观上不重视货币斗争，则我们的工作将远落于客观形势的后面。如某些新解放区不能及时驱逐蒋币建立本币市场，某些地区在蒋币狂跌时不能迅速提高本币比价，拥积大量外汇。这些松懈现象，使我们政府和人民受到巨大的损失。

关于阵地斗争，比价斗争和外汇管理的具体办法，邯郸会议已经作了简单明确的总结，此次会议各地又有较详细的报告，大体上已能掌握正确方针。这单需要特别指出的是，货币斗争必须与贸易斗争密切结合，才能取得胜利，而且才有重大意义。阵地斗争不但是为驱逐蒋币，而且是为争夺物资，即以无用的蒋币去换回有用的物资。因此不论采取收兑办法，或者采取排挤办法，都要通过贸易换回物资，便利群众推出蒋币换回物资，而不是使蒋币自解放区暗地里逃亡到敌区。在阵地斗争中，贸易工作应当支持货币斗争。必须供给群众日常生活所必需的粮煤布棉油盐等类物资（包括缴获的和从内地调剂的），来平抑本币物价，使群众乐于使用本币。即在蒋军局部进攻而作暂时的阵地转移时，抛售物资支持本币，对于巩固本币阵地亦证明有巨大效果。

在外汇管理（包括比价斗争）中，货币斗争更应当为贸易斗争服务，按照进口出口的需要来适当掌握比价，吞吐外汇，在贸易入超时应设法吸收外汇（例如采用结汇办法及限制外汇供给），保证军用器材的采购；在贸易出超时不应过多积存外汇，致受跌价损失，外汇牌价一般应按敌我区的物价比较，和外汇供求状况来决定；但应随时随地照顾到军用器材的采购，和山果土产的输出。反之，贸易斗争亦应支持货币斗争，在外汇供不应求时候，增加输出吸收蒋币；在外汇积存过多时候，帮助银行迅速推出蒋币，换回有用物资。

总之货币斗争与贸易斗争是应当互相支持的，而在基本上则要求货币斗争服从贸易斗争。

为着加强对敌经济斗争，外汇管理必须统一领导。这所谓统一领导，一方面是指要由高级的领导机关来统一掌握牌价（但应予地方以一定的机动权），计划外汇的统一调制。另一方面是指要有地方性的统一领导，如设立出入口委员会或出入口管理局来统一掌握货币斗争，贸易斗争，以至进出口税等。在战争的情况下，边沿地区变化频繁，地方性的统一领导比较更为重要。但必须服从上级领导机关所决定的政策方针，以及斗争计划。上级领导机关亦应密切注视边沿地区的对敌经济斗争，予以及时的必要的指示，助其解决困难。

三　信贷工作

信贷工作是银行的重要任务之一，也是促进群众生产发展工作之一重要构成部分。现在我们的信贷工作，还存在着几个很严重的问题，第一个是我们的农业贷款名义上是为着发展生产，但在实际执行中，往往变质作为救济贫苦人民的款项，更坏的是被挪用或为一部分经手人所中饱。过去农业贷款，是由政府拨付，如何分发，如何收回，也大多由地方党政机关来规定，银行仅负付款、收款和记账的责任。地方党政机关在分配贷款的时候，也往往把贷款作为救灾、优抗、发动群众（用贷款去鼓励群众）等的工具，而把发展生产放在次要地位。且因政府每年发放贷款，遂使农民和地方党政人员（包括银行工作人员在内）认为贷款等于救济款，可以不收回，或在收回时候可以不必保持原本。政府对于新解放的城市和某灾区，为着解决人民生活上的严重困难，发放一批救济粮款是应当的，但必须与生产贷款明确分开。救济粮款可以不收回，贷款则必须收回，还要保持原本，俾能继续周转。一切贷款必须遵守这个原则，才能避免像过去一样的贷款的损失。

为着避免上述缺点，今后银行必须有一定数量的资金用作生产贷款。在生产贷款资金中划分比例，一部分用作农业贷款，一部分用作工商业贷款。银行所发放的农业贷款应按生产需要和主观力量来有计划地重点发放，反对平均分配。首先选择农业生产急切需要帮助的地区贷放，渐向其他地区转移。反对主观主义的突击发放，应当按照群众生产需要，随借随还。这种贷款的借还办法应由银行征求群众意见自己规定，盈亏亦由银行自己负责。为使贷款保证用于生产，可以发放各种生产资具；如贷出农具或肥料，约定收回多少粮食；贷出棉花，约定收回多少土布；或者组织打井班子帮助群众打井，分期收回粮食。这类办法，目前可作典型试验，有把握时即迅速推广。银行的农业贷款通过信用合作社或生产推进社是可以的，但必须向银行负责。总的目标是使银行这项贷款，真能促进农业生产，银行自身能考核其贷款在农业中所起的作用多大，不像从前发放农贷只是账上记了一笔就算完事。政府发放农贷如专组一农贷机构，银行农业放款应和农贷机构适当地配合，进行提高农村生产工作。政府如将贷款交银行发放，要银行另组一农贷机构，银行就更便利处理其农业放款。

第二个是过去我们的生产贷款单纯依靠货币发行，而未想办法去吸收社会游资，组织民间的相互借贷。现在我们乡村中还缺乏一个完整的信用机构，来普遍地、经常地扶助分散的农业和手工业生产。单靠银行和银行所发贷款，是解决不了群众生产中一切困难的。我们银行工作同志应当多做艰苦的工作，指导群众怎样利用自己的游资，来解决群众缺乏生产资金的困难，而不完全仰赖政府。如想出各种办法来奖励群众间的相互借贷，发展银行存放业务，尤其是帮助群众组织信用合作和其他合作事业（一切办得好的生产供销合作，也同样能帮助群众解决缺乏生产资金的困难）。从某些地区农村合作事业的发展来看，吸收社会游资来扶助群众生产，不是没有可能，而是没有予以足够的注意。至于群众间的相互借贷以及银行存放业务，只要我们彻底改正减息政策执行中的错误，适当解决利息问题，也有逐渐恢复，逐渐发展的可能。

为着建立一个完整的乡村信贷机构，除银行多设贷款所，或者专设农贷机构，来掌握贷款工作外，还必须普遍发展生产、供销、信用合作，发展兼营这三种业务的、农副业结合的综合性合作社。银行贷款所或农贷机构不可能在乡村普遍建立起来，不可能与每一用款农户直接联系；只有通过群众的合作社，才能与分散的群众生产相结合，才能做到随借随还，才能使贷款与供销相结合，解决群众生产中的各种困难。晋冀鲁豫发展群众信用合作已有初步成绩，他们用“股存结合”（到期按股分红，不到期就提取则按存款付息）等类办法来吸收群众的存款；除货币外还奖励以实物或劳力（为合作社作生产劳动）变钱存入合作社，利用这些资金来作群众生产贷款，这些经验可供各地参考。晋察冀试办生产推进社来结合信贷工作和供销工作，扶助合作事业，这三位一体的领导方式，也有研究和试验的价值。

第三个是由于物价不断上涨，存放利息很难适当规定。因此如何计算贷款本息，便是一个困难问题。过去我们限制贷款利息，结果使群众借贷几乎完全停止，这对生产发展是非常不利的。应当认识今天老解放区一般群众所要求的，不是限制利息，而是奖励借贷。银行贷款也应适当提高利息，或者改用实物计算。过去我们的银行贷款在物价高涨中，即使全部收回，如按实物计算仍是亏损很大。我们的银行工作人员和地方工作人员在信贷工作中，相当普遍地存在着亏本主义思想，以为只要群众得利，银行应当亏本，把这当做“群众观点”！这样政府虽然年年增发大量货币用作生产贷款，但我们贷款的总额如按实物计算，不但不能年年增加，反而年年减少。显然这不是正确的群众观点，而是错误的恩赐观点，正确的群众观点应当帮助群众依靠自己的生产劳动来发家致富，决不是浪费了政府的资金（也就是全体人民的血汗），来保证少数人民的不劳而获。

我们的生产贷款同样必须掌握着“公私兼顾，劳资两利”的原则；否则银行年年亏累，不能发展信贷业务，群众间的相互借贷更不能活泼通融。在目前物价平稳上升的情况下，银行除适当提高利息外，还应当采用各种办法，来使我们的贷款在收回时候，按照实物计算，可以不致亏本，甚至还有可能获得若干利息。这里我们必须防止单纯盈利，不顾群众利益的观点随之发生。如果物价剧烈上涨，贷款很难完全保本，则可以暂时争取少亏本，逐渐争取不亏本，最后做到公私两利。为达上述目的，我们可以试验“实物借贷”（如贷粮还粮，或贷农具还粮食等），“贷款折实”（贷出货币折成实物计算）等类办法；合作社除“贷实”“折实”外，还可以采取“劳资分红”（如贷款经营运销或采购，所得利益资本劳力二八分红）等类办法。这些办法在开始实行时，估计是会受到地方工作人员，甚至部分群众的反对的；我们不应害怕，而应耐心解释，使他们真正懂得“公私兼顾，劳资两利”的正确原则，及在信贷工作中的具体实施。

四　城市金融工作

城市是商品经济集中发展的地区，这里金融工作对于工商业的发展有其更为重要的作用。现在新解放的城市日益增多，城市金融工作应当逐渐引起重视，成为我们银行的重要任务之一。为着开展城市金融工作，有几个政策上的问题是必须明确解决的。

第一个问题是银行在贷款扶助工商业和群众生产发展中，究应当以何者为主，何者为次，如何决定轻重先后？一般来讲，我们的银行贷款应以发展生产为其主要任务，要从发展生产中去保障广大城市人民的生活；不应单纯为着解决城市贫民生活困难而去发放贷款。因此在城市中，我们的银行应当：

1. 首先扶助各种工业生产，今后我们的生产建设，应把发展工业提高到与发展农业同等重要的地位。在各种工业中，除军工生产外，应当首先发展纺织、造纸、火柴等类争取生产自给的工业，和煤铁生产、工具农具制造等发展生产所必需的工业，且应研究有无发展前途。对于这些急需发展且可能发展的工业，不但应当贷款扶助，且应帮助它们解决采购原料和推销成品等类困难。

2. 商业本身不能生产财富，创造价值，所以商业贷款应当次于工业贷款。但商业的发展，对于农工业的发展也有重要作用；因此我们的银行也必须予以必要的扶助。凡有利于国民经济发展，及能帮助人民解决生产中和生活上的困难的商业，银行也应贷款扶助。但时期可以短一点，利息应当比工业贷款稍高，一般可以采用透支贴现等类方式。

3. 对私营银钱业一般的不贷款，它们应当依靠其自己的资金，并吸收社会游资来经营金融业务。机关闲散资金不应存入私营银号，而应存入国家银行。但真正调剂社会金融，确有利于国民经济发展的私营银号，亦应给以透支和贴现等方便。

4. 扶助群众生产也是城市金融工作中的一个重要任务。现在我们大多数的城市缺乏发展工业的必要条件，商业发展亦有一定限度，大多数的城市人民还必须依靠小手工业等来维持生活。在这样的城市中，银行力量首先是用来扶助手工业作坊和家庭手工业，从发展群众生产中来保障广大城市人民的生活。

5. 对于公私企业，银行可以而且应当给以不同程度的帮助。公营商店负担着调剂供求，平稳物价等重要任务，它与单纯为着营利的私营商店（它们为着追求利润结果有时也起着调剂供求，平稳物价的作用）是有重大区别，银行应当大力帮助。

第二个问题是如何掌握利息政策？这是调整和发展借贷关系中的一个中心问题。在物价高涨中，利息高低不应机械限制，一般应以不超过工商业的平均利润率为标准。如果全年物价上涨一倍，那末月息八分仅能勉强保本；这样的利息，是不应当当作高利贷看待的。目前为着发展银行的存放业务，可以适当提高存放利息；银号的存放利息可以暂时采取放任态度，不必过分干涉。到将来真正产生高利贷行为时，再来纠正并不困难。银行的工业贷款尤其是群众生产贷款可以酌量降低利息，但应保证实物保本，尽可能地争取公私两利；商业贷款一般应当争取公私两利，即在保本以外还应当有相当利息，但应低于一般工商业的平均利润，使债务人亦有利可图。在物价剧烈上涨时候，要求公私两利（实物计算）是会有困难的。这时应按公私兼顾原则，来适当解决利息问题。

第三个问题是对于私营的银钱业究应采取什么政策？过去我们对这问题没有明确方针，以致左右摇摆。有一时期曾经采取扶助和放任的态度，不但银行给以大量的贷款和透支，各机关生产亦以大量资金存入私营银行银号，使它们有可能利用这大量的公家资金去投机囤积，助长物价波动。在纠正这偏向时，有些地区又把私营银行银号当作高利事业来取缔，或者不保障它们的债权，这样又把私营银行银号一锤打垮。我们认为这两种态度，同样都是不正确的。应当承认私营银行银号的存放业务，能够调剂社会资金（吸收游资投入工商业中），对于私营工商的发展有其积极作用，在这方面应予保护。但如它们越出业务范围，利用存款来投机囤积，助长物价波动，则对经济发展有害无利。我们必须加强对私营银钱业的管理，扶助其有利于国民经济的一面，限制其不利于国民经济的一面，取缔私营银钱业的投机囤积行为。

第三部分　关于贸易工作

一 物价政策

去年蒋区物价剧烈上涨，今春上涨更猛。我区晋察冀和晋冀鲁豫去年物价比较平稳（全年上涨了二三倍），山东和西北由于敌人疯狂进攻，上涨较速，现亦逐渐平稳。整个来讲，我区的物价已显然比蒋区平稳；而且蒋区物价上涨愈来愈快，我区则愈来愈慢。这种有利形势，主要是战争胜利，和财政赤字减少所造成。而我金融贸易工作同志的调节货币发行，调剂物资供求，亦有重大贡献。今后物价的更加平稳，仍然主要决定于战争和财政收支状况，以及货币发行数量。在我金融贸易工作方面，亦应更加努力，用各种办法来保持物价的相当平稳。且应认识我们平稳物价是为发展生产，同时亦为保障战争供给；因此，在物价的掌握中，应注意下列各点：

1. 发展生产和保障战争供给都要求物价的相当平稳；但今天由于战争环境，我们还不能把物价完全稳定下来。我们贸易工作所应努力争取的是，在物价的缓缓上升中避免波动，并尽可能减少上升的程度。物价的平稳上升如不超过一定限度（全年一倍），则对生产无大损害。但如发生过大波动，则我生产将受重大打击。因此必须掌握相当数量的重要物资，有计划的吞吐调剂，调节货币流通数量，以保持物价的相当平稳。掌握物价应当根据货币发行计划，及物资供求状况，不要不管货币发行数量及物资供求强压货价。否则劳而无功，反将引起物价更剧烈的波动。如果增发货币仅系临时透支，可经财政征收迅速回笼，这可以采取适当的措施，来避免物价的不必要的波动。

2. 农业生产是有季节性的，各地区的产销状况亦不平衡。所以调剂供求，平稳物价之一重要关键，是掌握产销季节，和各地物资流动的规律，来实行有计划的调剂。季节性的物价涨落，可以依靠有计划的调剂（秋收以后发行货币吸收物资，春季抛售物资回笼货币），来使之尽量减小。地域性的物价差额，则应当照顾到运输的需要，而予以适当的调节。差额过大，对生产者与消费者均不利，差额过小则将妨碍产销地区的自然调剂，致使供求失去平衡，可能引起物价更剧烈的波动。

3. 为着保护生产者和消费者的双方利益，应当掌握各种商品价格间的适当比例，尤其要掌握粮价和棉价与布价间的比例，以保证一定的生产收益，及保持适当的生活水平。粮价涨落对人民生活（尤其工人店员）影响最大，对于农业生产亦有重大影响。棉价纱价布价的变化，会影响纺工织工的收益，及纺织手工业的发展，且亦影响人民生活。其他如盐价的掌握，应照顾到产盐、运盐、吃盐人民各方面的利益，不应只照顾某一方面。

4. 依照经济建设方针，来适当提高或降低某几种商品的价格，以指导生产发展的方向，使之合于我们经济建设的要求。凡我们奖励生产的物品，应适当提高价格，保证生产者能获得比较多的收益（亦不应当过分提高，否则生产者有可能依靠政府保护，而不努力减省成本，提高质量产量）。为着奖励某些不能自给的工业品的生产，可以限制输入，使其价格自然提高。

5. 依照对敌经济斗争的需要来掌握物价。输出应当争取高价，但不要因此妨碍剩余土产品的推销。输入应当争收低价，但不要因此妨碍军用必需品的采购。这样来达到有利于我的交换。

其次来讲如何掌握物价。根据各地经验，掌握物价主要依靠供求调剂，这就需要掌握几种重要物资（主要是粮食，其次是布棉，更次是油盐等），在有决定意义的若干中心市场上（往往某一市场对于某种物资的价格涨落具有决定意义），按照供求状况吞吐物资，保持物价平稳，或使有计划地涨落。调剂供求不能单纯依靠政府力量，尤应组织群众性的运输调剂。贸易机关掌握物价必须适应供求状况，利用市场自然规律。如果主观主义地强抑物价（如在缺粮季节过分压低粮价，缺棉地区过分压低棉价），则将妨碍物资的自然调剂，引起物价更剧烈的波动。但亦不应放任物价自然涨落，而放松了自己调剂供求，平稳物价的重要任务。领导机关必须了解全面情况，作出各种物资的统盘调剂计划，并估计物价涨落的一般趋势，予各地方贸易机关以具体的指导和帮助，不应当把掌握物价的责任完全交给地方贸易机关。

二　对外贸易

对外贸易的主要任务，是推销各种剩余土产；采购各种军用器材，重要生产资具和一部分民用的必需品，争取有利交换。所谓有利交换，不但要高价输出，低价输入；尤其要以我们所不需要（或不甚需要）的物资，去交换我们所很需要的物资。根据各地经验，对外贸易必须努力争取出超；出超才能争取贸易中的主动地位；有了主动地位才能获得有利交换。所以我们对外贸易必须奖励输出，限制输入。邯郸会议以来由于我们掌握“奖出限入”的方针，使若干地区从入超转为出超，从被动地位转为局部主动，因而能完成了巨大的军用器材采购任务。今后军用器材采购任务将更巨大，还要采购一部分普通工业器材，以便从事生产建设。如何推销剩余土产，也对生产发展和人民生活有着重大关系。我们必须更明确地掌握奖出限入方针，完成我们所负担的重大任务。

奖出限入必须根据敌我需要程度，而定出一定的尺度来。输出物资中间，粮食和棉花是敌我均需要的，必须严密掌握。粮食主要供给自己军民需要，如果有剩余首先调剂邻区；再有多余才能特许输出，换回军用器材。棉花在我冀南、冀中、渤海等地均有大量剩余，除调剂胶东、鲁中、晋西北等地外，可以掌握输出，换回军用器材。现在华北敌区棉花饥荒特别严重，棉花是我对外贸易最有力的斗争武器，一般山果土产皮毛药材等类需要奖励输出，轻税免税，取消各种不必要的限制（如结汇等），如果输出困难，必要时可设法贴补。贴补的办法是“热货带冷货”（以输出棉花粮食等的较高利润来贴补），“进口贴出口”（以输入有限度的茶叶红白糖等的较高利润来贴补），应当把推销山果土产等作为我们的重要任务之一，认识它是扶助农村副业生产，增加农民副业收入，和争取贸易出超之一重要工作。

输入物资亦应分别处理，首先保证战争所必需的军用器材的采购，其次采购发展生产所必需的工业器材，更次则可酌量输入一些人民的日用必需品。至于奢侈品和消耗品，则应当禁止输入，节衣缩食用于支持战争和生产建设。现在敌人对军用品的采购限制很严，而对非必需品则采取廉价倾销的政策，愈是非必需品利润愈高。如果我们稍稍放宽尺度，这些非必需品便像潮水一样涌入，浪费外汇妨碍军用必需品的采购。就是群众日常生活所必需的物资，如果可能自己生产，也应咬紧牙关严格限制。只有限制输入，才能更迅速地刺激生产发展。但在山果土产等输出困难时候，亦可特许换回少数茶叶红白糖等；目的是在奖励出口，而非放宽进口尺度。

为着加强对敌经济斗争，我们的对外贸易必须步调一致；即必须有统一的税则税率，共同的进口出口计划，并在一定范围内的统一领导。关于统一的税则税率和共同的进出口计划，此次会议已经提出具体意见，在征求中央局财办同意后即可执行。关于统一领导，此次会议亦已决定，在天津、济南等地外围，分别成立出入口管理委员会，在中财经部领导下吸收各地代表参加，其任务为掌握出入口的政策方针，商讨出入口的共同斗争计划，调解各地区间关于出入口的纠纷。各地区亦各自成立出入口管理委员会或出入口管理局，来统一领导各该地区的对敌经济斗争（包括对外贸易，外汇管理，及出入口税等）。为着统一军用器材的采购工作，除在天津外围已成立统一的采购公司外，并拟在胶东增设统一的采购委员会，受中财经部及华东财办的双重领导，商讨采购计划，分配采购物资，使今后巨大采购任务的完成，得到更有力的保证。

三　内地贸易

内地贸易的主要任务有三：一、为调剂供求，平稳物价；二、为组织各地区的物资交换，使各解放区结合而成一个整体；三、为保障供销，扶助生产发展。关于调剂供求，平稳物价，前面物价政策中已详谈了，现在只谈二、三两个任务。

首先来谈组织各地区的物资交换。晋察冀和晋冀鲁豫由于组织合并，货币统一，估计今后已无多大困难。但山东和西北的货币尚未统一，还有许多困难，需要设法解决。山东所产海盐可以供给邻区，西北所缺布棉要靠邻区供给；这是关系于军民生活的重大问题，必须保证。现在海盐已经专设盐业公司，组织产销，掌握盐价。西北所需布棉一部分靠财政调拨，一部分由贸易公司经营，此外则由人民自由调剂。这两项交易有一个共同的困难，就是缺乏回货。这种贸易上的差额，造成了货币比价的不正常的现象，即提高了北海币对边币和冀钞的比价，也提高了边币冀钞对西北农币的比价。比价的提高会阻碍海盐和布棉的运销，或提高销售地区的价格，致使消费者多受一重损失。贸易机关必须设法供给回货，减少贸易差额，并作统盘调拨（如此次所签订的三地区的物资交换协定），来调整各地区的货币比价。

各区物资交换的另一困难，是交通运输问题。西北运输困难更多。贸易机关应与交通机关配合，改善交通运输条件，但在今天主要还是依靠群众运输。所以如何掌握各地区的物价差额，保证运输者的应得利益，借以奖励群众运输，以及如何在交通要道上增设骡马店、草料站和组织群众性的运输合作，也是组织各区物资交换中的一件重要工作。

其次来谈保障供销，扶助生产发展；这也是我贸易机关之一重要任务，过去在这一方面注意还很不够。“调剂供求，平稳物价”固然也是为着扶助生产发展，但只掌握几个中心市场，掌握几种重要物资，还不能与群众生产密切结合。在农业生产中各种耕畜和农具的补充，在工业生产中各种工具和原料的供给，以及各种农产品和工业品的销售，是有许多困难的，贸易机关必须帮助他们解决。但这许多具体问题的解决，单纯依靠贸易公司亦有困难。贸易公司的设置太不普遍，不可能与各地群众直接联系，更不可能解决这样复杂的供销问题。解决这个困难的适当办法，也就是普遍发展群众性的生产合作及供销合作，通过合作社去满足群众生产中的各种复杂要求。

关于组织供销运输合作，各地均已积累了若干经验。贸易公司应与这些合作组织密切结合，用大力来扶助合作事业的发展。山东曾经在生产推进社的领导下，召开许多合作社的联合运销会议，商讨联合运销的各种具体办法，并共同组织“联合运销处”和“联合运销站”，便利各合作社推销各地区的土产和特产。这样的联合组织，对于群众性的供销运输事业的发展，证明是有相当效果的。我们应把发展信用合作，与发展供销运输合作，当作群众生产工作中的重要构成部分。我们的银行和贸易公司只有通过这些合作组织，才可能与分散的群众生产密切结合，帮助他们解决生产中的各种具体困难。

四　私营工商业

新民主主义经济的指导方针是“发展生产、繁荣经济、公私兼顾、劳资两利”。为着建设新民主主义经济，我们除发展国家经济和合作社经济外，同时还必须允许一切有利于国民经济的私营工商业的存在和发展。为此我们必须保护工商业者的财产所有权，经营自由权，及正当的营业利润；必须撤销各解放区之间的关税壁垒，统一各解放区货币，取消内地物资交流中的各种不必要的限制。这一切便商利民的措施，均有利于私营工商业的发展。但仅仅有了这些措施还是不够，根据各地经验，在这一方面我们还须注意下列几个问题：

第一个是要在土地改革中慎重处理有关工商业的问题，坚决保护工商业的财产使其不受侵犯。地主和旧式富农除没收其封建剥削的财产外，他们兼营的工商业及在工商业的投资，同样应受保护。他们所有的带技术性的生产工具应当保留，不能没收分配。工商业者之间的借贷，农民与工商业者之间的赊买赊卖均不废除。没收罪大恶极的恶霸和其他反革命分子的工商业财产，应由政府处理，其有益于国民经济者，无论决定交由政府接管，或人民接管，均须保持其继续营业，不得分散或破坏。

第二个是要改善新解放城市的接收工作。没收官僚资本应有明确界限，且应当由高级党政机关决定。所有蒋政府的财产及四大家族的财产，一律由我政府派员，责令原负责人妥为看管，登记交代。失业工人和城市贫民生活确实困难者，应由政府酌予救济，勿让他们自己动手分配公私资财，最好的办法是迅速恢复生产和组织生产，严禁破坏、偷盗、抢掠。应当教育部队和我接收干部，认识解放了的城市已归我们所有，一切财产均系革命资财，应当十分爱护。如有破坏损失，将使我们在建设中遇到巨大的困难。

第三个是慎重处理私营工商业中的劳资关系，这是发展私营工商业的一个中心关键。根据我们调查，除少数大工厂外，一般作坊和商店的工资制度非常复杂，分红制度相当普遍，而且各业有各业的工资和分红办法，学徒制度也是普遍存在。这些制度在未慎重研究以前，应当任其保留，酌量调整（如研究能否缩短学徒年限和酌量改善待遇等）。应按劳资两利原则来调整劳资关系，提高工人店员生产和工作的积极性，并用各种办法解决他们生活上的困难。新解放区也不应马上提出增加工资，应当是恢复生产，在恢复生产中来调整劳资关系。

第四个是适当规定工商业税及其征收办法，应使一般工商业者纳税以后仍然有利可图。在币值下落物价上涨的情况下，按货币来计算工商业的盈利数额，作为征收标准，是可能会使工商业者名赚实亏的，在我决定税款数额时，应注意这点。至于征收办法，各地经验可由政府规定税款总额，征求工商业者意见，然后通过各业民主讨论，自报公议，来决定各户应摊的税款。这系过渡办法，实行起来颇受工商业者欢迎。

第五个是组织能得工商业者信任的商会或工商联合会。商会应当是工商业资本家和独立工商业者的组织（但公营企业代表应参加进去以便争取党在商会中的领导地位）；同时又是政府与工商业者之间的桥梁。它向政府反映工商业者的意见，和各种要求，并把政府的政策法令传达下去，协助政府具体执行。店员应当另组店员工会，不应当把商会变成包括劳资两方面的统一战线组织。商会应以企业为单位，按行业组织起来；不应当使它变成以个人为单位的群众团体。

最后应当调整公营企业与私营企业间的关系。公营经济处于国民经济中的领导地位，它应扶助一切有益于国民经济的私营经济，扶助群众生产促其向前发展。一切有独占性质，及规模巨大为私人所无力经营的企业，可由国家经营，蒋政府和四大家族的官僚资本应由民主政府接收经营，其他企业则应容许私人自由经营。货币发行和各种专卖统销事业，是由政府授权国家银行和公营贸易机关来负责经营，除由政府授权者外，不应享受特殊权利。机关生产应与私营经济处于同等地位，不应要求任何特议。公营经济在扶助私营经济（包括群众生产）时，应当坚持公私两利的原则；但对损害群众利益的投机事业，则可给以经济上的压力，促其转向正当营业。

选自《中共中央文件选集》(17)，中共中央党校出版社 1992 年版，第 280～303 页。原注：“根据一九四八年八月中央财政经济部印的《金融贸易会议综合报告》刊印”。

54. 中共中央关于工资问题给东北局的指示

1948 年 8 月

战时工资应低于平时，同时职工应有的生活水平必须保证，技术管理能力的差别亦必须适当规定等级，予以待遇上的区分。不如此。则无法持续生产与鼓励生产。因此：

一、最低工资应保证维持连本人在内的两个人的生活。

二、实行交叉累进的等级工资制。

三、规定不同企业各种职工的一般工资的最高额。

在实施这三个原则时，应照顾到战时生活降低的要求和战时物价的波动，使战时工资制度和工资标准问题，能得到合理的解决。既可避免平均主义的错误，又不致违反战时要求，而职工最低生活也能得到保障。具体实施这三个原则的办法如下：

甲、所谓战时最低工资，保证维持连本人在内的两个人生活，是指职工本人应按当地当时一个劳动力的必要的生活费用（衣食住及必要消费），计算被养人，最低也不能少于维持一个人生活的最低水平。因此，一般两个人的生活可按职工一个半人或一又三分之二人的生活标准计算。学徒不包括在领最低工资者之内，否则是不合理的，因为初期的学徒只需管饭。职工工资必须与学徒待遇区别开，方不致犯平均主义错误，一般职工的最低生活水平也才有保障。

乙、交叉累进，虽然等级愈高跃进愈大，最低工资与最高工资的距离亦较长；但因照顾到战时各级距离应定得较战前为短，各种企业各种职工的一般最高工资，亦应定得较战前为低。故整个战时工资标准不会太高、等级距离也不会太长。以石门铁路为例，过去小工与高等技工之比，常为一比十八，今则为一比四左右，技工最高工资仅合六百斤粮。而且，就全部职工言，中等工资以上者，究属极少数，因其有特殊能力与技术而获得优越工资，不致影响一般工资跟着提高，相反的，还能鼓励职工在能力上和技术上的进步，以利发展生产；否则技术和管理能力不被重视，生产的浪费和损失，反而更大。

丙、我们实行战时的实物配给或生活补贴，首先须照顾职工的最低生活水平，而工资较高的职工，生活必需的开支在其工资中所占的比例，必然随其工资的增高而递减。因此在实行生活必需品的配给时，对工资较高的职工，其配给不可能依其工资的比例而递增。如果，对最低工资的职工，给以应得工资百分之七十的实物配给，那么，对最高工资的职工就只能给以少于应得工资百分之七十的实物配给。这种配给标准，在形式上高级职工虽是依工资比例递减，但所得实物总还是一级较一级为多，不过其实物增加的比例数远较其工资等级比例数为小。而其不享受配给部分的工资，因战时物价波动，币值是贬低了。因此。工资等级的实际距离也就较形式上的距离要短。这是战时必不可免的现象。还有福利救济，对工资较低的贫苦职工，也将首先救济，而工资较高的职工所需的救济定会少些。

丁、不同企业不应规定同一的工资标准。如果各种不同企业规定同一的工资标准，并将技工与非技工混在一起，就很难与各种企业生产及各种职工实际劳动的复杂状况相适应。

工资不应过分提高，亦不应该过分压低。这是重要的原则，处理的妥当与否，将极大影响工业的生产力，望经常注意研究，多与各种工人、技师、工程师商量，并向他们及私营企业的管理制度学习，采用其一切合理的对于发展生产力有益的东西，这是很重要的。

选自中共中央政策研究室编：《政策汇编》下编，第二野战军政治部1949年9月翻印，第119～121页。

55. 毛泽东关于召开新政协复各民主党派电

1948年8月1日

李济深、何香凝、沈钧儒、章伯钧、马叙伦、王绍鏊、陈其尤、彭泽民、李章达、蔡廷锴、谭平山、郭沫若诸先生，并转香港各民主党派、各人民团体及无党派民主人士公鉴：

五月五日电示，因交通阻隔，今始奉悉。诸先生赞同敝党五月一日关于召开新的政治协商会议、讨论并实现召集人民代表大会、建立民主联合政府一项主张，并热心促其实现，极为钦佩。现在革命形势日益开展，一切民主力量亟宜加强团结，共同奋斗，以期早日消灭中国反动势力，制止美帝国主义的侵略，建立独立、自由、富强和统一的中华人民民主共和国。为此目的，实有召集各民主党派、各人民团体及无党派民主人士的代表们共同协商的必要。关于召集此项会议的时机、地点、何人召集、参加会议者的范围以及会议应讨论的问题等项，希望诸先生及全国各界民主人士共同研讨，并以卓见见示，曷胜感荷。谨电奉复，即祈谅察。

中国共产党中央委员会主席　毛泽东

选自《中共中央文件选集》(14)，中共中央党校出版社 1987 年版，第 259 页。

互校版本：《中共党史教学参考资料》解放战争时期（下），中国人民大学中共党史系资料室 1980 年编印，第 261 页。原注："原载一九四八年八月五日《东北日报》"，标题为"给各民主党派和民主人士的复电"。

56. 关于中国职工运动当前任务的决议

1948 年 8 月中国第六次全国劳动大会通过

第一章　中国职工运动的总任务

第一节

在第二次世界大战结束以后，由于美国帝国主义代替日本帝国主义对中国实行横暴侵略，和国民党反动政府实行内战、独裁与卖国的政策，已经把全国人民陷入长期战争的痛苦之中；而中国的工人阶级，除开在解放区者业已得到民主解放以外，其所受的压迫和痛苦，则又最为严重。在这种情形下，全国人民，除开团结一致，坚决推翻国民党的反动统治，取消美国帝国主义在中国的特权，并从而建立各民主阶级联合的新民主主义的政权而外，就不能有任何其他的出路。而中国的工人阶级，如果不尽一切努力去完成现在反对美帝和国民党反动政府的新民主主义的革命，就不能使它自己目前所处的悲惨状况有所改善。因此，彻底推翻帝国主义及其走狗在中国的统治，建立新民主主义的人民共和国，乃是改善工人阶级及其他民主阶级人民目前状况的总前提，乃是工人阶级及其他民主阶级人民当前的最高利益与最高任务。在这个伟大斗争中，中国的工人阶级应该而且必须站在最前列，并使自己成为各民主阶级人民革命的领导者，只有中国的工人阶级在目前新民主主义革命的伟大斗争中极其紧张的年头，自己完全团结一致，并充分表现了自己的革命能力和自我牺牲的奋斗精神，因而对于这个革命给以决定的贡献，成为人民公认的毫无愧色的领袖时，工人阶级才能保持和巩固在这个革命中所取得的胜利，并在这种胜利的基础上，去希望和准备较远的社会主义的前途。而社会主义则是能够彻底解放工人阶级和一切劳动人民的。

第二节

由于中国共产党和毛泽东同志英明而正确的领导，由于中国人民解放军的英勇善战，由于解放区全体人民及国民党统治区广大人民群众不顾牺牲的努力和奋斗，已经使中国人民的革命战争取得了极其伟大的胜利。人民解放军在两年空前规模和空前激烈的战争中，已经消灭蒋介石的反动军队二百六十余万，连同在抗日时期被解放者在内共解放了一万万六千八百万人民。人民解放军不独是完全打退了美国援助的国民党反动政府向解放区的进攻，而且掌握了战争的主动权，向国民党统治区举行了强大的进攻，使敌人完全处于被动，使国民党反动政府的统治走到了摇摇欲坠和土崩瓦解的边缘。在这种形势下，为着保存美国帝国主义及其走狗国民党反动政府在中国的统治，为着保存现有的反动军队及地盘，获得喘息时间，休整补充，以利再战，并消灭人民解放军及中国一切民主力量之目的，美国帝国主义者正在准备策动和组织一个欺骗中国人民的“和平”阴谋，策动某些反动的军人、政客以及所谓中间派的右翼分子准备发动虚伪的和平运动，甚至不惜在表面上去掉蒋介石，以表示他们求“和平”的“诚意”。目前中国工人阶级的首要任务，就是要尽一切的努力，紧密地团结全国人民，在各方面坚决地支援人民解放军，尽可能迅速地在全国范围内战胜美国帝国主义及其走狗国民党反动政府，解放全中国的人民，统一全中国。当着美帝国主义者及其走狗们发动虚伪的和平阴谋时，必须向人民揭露其欺骗性，击破任何假和平运动，将其转变为争取真和平的运动。本届劳动大会完全相信：经过中国工人阶级与全国人民团结一致的努力和人民解放军的继续奋战，这一个伟大目标的实现，已经是不很远了。

第三节

大会在听了中共中央东北局代表报告之后，完全同意中共中央在目前革命中所采取的总路线和各种政策。这就是说：中国目前阶段的革命，是无产阶级领导的、人民大众的、反对帝国主义、封建主义和官僚资本主义的新民主主义的革命。这就是说：中国工人阶级必须首先团结自己，并团结农民、独立劳动者、自由职业者、知识分子、自由资产阶级及开明士绅，建立反对美国帝国主义及其走狗国民党反动政府的民族统一战线，建立所有各民主阶级联合专政的人民民主共和国。这就是说：中国各民主党派、各人民团体及无党派的民主人士，应在适当时机召开没有反动派参加的反对美国帝国主义及其走狗国民党反动政府的革命的政治协商会议，讨论并实现召集人民代表大会，组织民主联合政府，支援人民解放战争，揭破敌人和平阴谋，争取战争的最后胜利，争取全国人民的真正的永久的和平。这就是说：在农村中实行土地改革，平分地主阶级与封建性富农的土地，在城市中没收官僚资本，保护民族工商业，并实行发展生产、繁荣经济、公私兼顾、劳资两利的政策。大会号召全国一切职工及职工团体积极参加共产党所提议的这些革命活动、革命组织、革命政权和革命政策，并遵照上述路线和主张去进行工作。

第二章　关于国民党统治区职工运动的任务

第一节

为了实现上述目的，在国民党统治区的职工运动，应比以往任何时期都要更加善于联系群众，聚积力量，扩大队伍，以便迎接人民解放军的到来。同时，应尽一切可能，谨慎地支援和参加国民党统治区一切人民群众的革命运动，对蒋介石的军火制造与军事运输，给以可能的阻碍。

第二节

国民党统治区职工们的生活状况及其所受压迫，比以往任何时期都更加悲惨和黑暗，这就逼得职工们不能不经常进行救死求生的斗争。应该有更加坚固和更加广泛的团结，并在策略上有高度的灵活性，才能使这种斗争获得更多的效果，使自己的生活得到更多一点出路。这是国民党统治区一切革命职工组织所必须讲求的。国民党统治区职工们在进行这种斗争时，必须用不同的态度对待官僚资本家与民族资本家。因为国民党统治区的民族工商业，大多数也是处于帝国主义与官僚资本的压迫、损害或限制的情况之下，职工们首先应该主动地去联合这些受压迫、损害或限制的民族资本家，使他们和工人阶级一道共同反对帝国主义与官僚资本，保护这些民族工商业；然后，要求这些资本家适当地改善职工生活待遇，以达到劳资两利的目的。而在官僚资本及帝国主义特别是美帝国主义资本的企业中，则不应采取这种态度，因为官僚资本与美帝国主义资本，就是美帝及国民党赖以侵略中国和实行独裁内战政策的重要工具。职工们在这些企业中为改善自己生活的斗争常常和反抗统治者压迫的斗争联系起来。

第 三 节

由于解放区的工商业正在发展和扩大中，国民党统治区的职工们和革命的职工团体应该派遣适当的熟练人员到解放区来参加新式工商业的建设。同时，国民党统治区职工们和革命职工团体应该十分注意保护一切公私企业的机器和设备，反对破坏、迁移和分散这些机器与设备，因为在不久的将来，一切官僚资本的企业都要转入人民手中，而原属民族工商业家所有者，则将继续为他们所有。特别在人民解放军到来时，职工们应当尽力保护一切公私企业及其工厂、机器和物资不受破坏和损毁，并应联合各界人民，监视反革命分子，维持社会秩序，以待新的秩序之建立。

第 四 节

国民党统治区职工们在进行上述各种活动时，应十分注意方式和方法的适当，注意保护自己的团体和领袖，适当处理职工内部的关系，严防敌人的挑拨与离间。

第三章　关于解放区职工运动的任务

第 一 节

在解放区的职工运动，则是在一种完全新的条件之下进行。在这里，工人阶级已经在反对帝国主义、封建主义和官僚资本主义的斗争中，获得了解放，并已成为国家政权的领导阶级。在这里，已经没有官僚资本，但有新的国家企业与合作社企业的资本，这些企业是属于全体人民或部分人民所有，也是属于工人阶级所有；在这些企业中，没有劳资对抗，只有公私关系，职工们已经是企业的主人。在这里，工业和农业的发展，是直接加强人民革命战争与改善人民生活的物质基础，首先是改善职工生活的物质基础。在这里，私人企业中仍然有劳资对抗，职工们仍然处于被剥削地位，但职工们既是在政治上、社会上和国家政权中居于领导的主人的地位，就保障了职工们可以不致受到压迫和过分剥削，而一切有益于国民生计的私人资本生产事业的存在和发展，就加强了整个解放区的经济，因而也就有益于工人阶级。由于解放区这一切新的条件，所以解放区的职工运动，就应该在完全新的方针和政策之下来进行。

第 二 节

首先，解放区的职工们必须很好地组织起来，并很好地进行学习，提高自己的觉悟，完全理解中国目前的形势及解放区上述一切新的条件，以便很有组织地很自觉地去积极参加新民主主义的国家政权、军队、经济、文化各方面的建设工作，并选派自己优秀的代表到国家的各种领导机关去，在这些机关中和各民主阶级的代表联合一致进行作工，并坚持无产阶级的、代表全体人民长远利益的方针和政策，反对各种自私自利的错误的方针和政策。

第三节

发展解放区工业生产的任务，已被提到空前重要的地位，这是解放区职工们特别重要的任务。必须发展解放区的工业，才能保证革命战争的最后胜利；才能满足土地改革后农民的要求，特别是农业技术改进的要求；才能逐渐改善职工及其他劳动人民的生活。解放区工业，亦即新民主主义的工业，它的发展前途是无限的。因为这里有被解放了的广大的劳动力，有通力合作的人民大众，有解放了的商品市场，有丰富的资源，而人民解放军又将要解放更多的城市、工厂和机器，并逐步地将各解放区连成一片。这些发展工业的重要条件，都在逐日增多和增强。尤其重要的，是毛泽东同志提出了“发展生产、繁荣经济、公私兼顾、劳资两利”的经济建设的总方针，这个方针正指引着我们的工业日益走上健全和广大发展的道路。由于解放区的工人阶级不但在政治上社会上居于主人地位，而且在国家政权中，首先在国家企业中，是居于领导地位，因此，解放区职工们就应当以领导阶级地位担负起发展工业的责任，就应当以主人翁的新的劳动态度对待自己所参加的劳动。在国营和公营企业中，职工既有权利参加工厂的管理，便有责任积极劳动，完成以至超过国家所要求于他们的生产任务。合作社企业中的职工地位和责任，也大体与这相同。在私人企业中的职工亦有责任完成资方的生产计划，遵守劳资双方所订立的契约，遵守政府保护私人工商业的政策，但同时有权利要求资方履行劳资两利原则，督促资方执行政府法令。这就是解放区的职工们在发展工业中所应采取的基本方针和基本态度。

第四节

为使解放区的工业能够健全地发展，以下各项问题必须系统地加以解决：

第一项：关于工业的计划性，这是今天需要提出并且可能解决的问题。首先从基本解放区做起，从国营、公营企业做起，经过调查研究，通盘筹划。使军火工业、重工业、轻工业之间的比重，机器调剂、厂址选择、动力分配、技术提高之间的关系，原料来源、成品推销、资金周转之间的结合，工业、农业、金融、贸易、交通各部门之间的合作，各工厂、企业之间的配合，都应有适当的计划，同时照顾到对合营、私营企业的调剂作用与领导作用。这种地方性和局部性的计划经济，在今天，能够发展社会生产力，特别是工业生产力，适应战争需要；对将来，则能够为逐步实现的全国性和全面性的计划经济取得经验和创造若干前提条件。必须肃清公营企业中某些缺乏计划、缺乏领导的无政府状态，使一切公营企业都能在统一领导统一计划之下进行生产，然后才能对私营与合营的企业实行有计划的领导与调剂。

第二项：国营、公营企业必须切实改善经营和管理工作，才能达到原料足、成本低、质量好、数量多、销路广的目的。这个任务的解决，主要在于贯彻企业化原则和实行管理民主化。为了贯彻企业化原则，就要制定周密的生产计划，实行从原料、生产到推销的全过程中的经济核算制度；就要以经营能力、劳动技术及尽忠职责为用人标准，推行考工制度，保证合理的劳动条件，做到机构合理，职工精干，各称其职；就要实行严格的个人负责制度，劳动纪律与赏罚制度，实行劳动检查与成品检验，做到人尽其责，功过分明，赏罚适当。为了实行管理民主化，需要在各企业各工厂中建立统一领导的工厂或企业管理委员会，由经理或厂长、工程师及生产中其他负责人和工会在工人职员大会上所选出的代表（相当于其他委员的数量）组成之。工厂或企业管理委员会在上级国家企业机关领导之下为工厂或企业中的统一领导机关，由经理或厂长任主席，讨论并决定有关工厂或企业管理和生产中的各种问题。在工厂或企业管理委员会多数通过的决议，如经理或厂长认为与该厂或该企业利益抵触或与上级指示不合时，经理或厂长有停止执行之权，并报告上级，请求指示；如工厂管理委员会多数委员认为：经理或厂长的这种措施不适合或对其报告有异议时，亦可将自己的意见同时报告上级，一并请求指示，但在未得上级指示前，应执行经理或厂长的决定；如工厂管理委员会少数委员对多数通过的决议有不同意见时，亦可将自己的意见报告上级。在有紧急问题不及等待管理委员会开会时，经理或厂长有权处理之，但事后须将经过报告管理委员会，请求追认。此外，在五百人以上的大工厂还可由各部门职工（包括学徒）代表组成工厂代表会议，在工厂管理委员会领导之下，传达和讨论工厂决定、生产计划与经验的总结，以便更多地吸收群众建议与批评。现在业已在许多工厂中通行的生产小组会议，亦应发挥其应有作用。只有经过这些集中领导下的民主形式和民主方法，才能培养职工管理能力，发挥厂内批评与自我批评，克服官僚主义作风，提高职工的责任感、劳动积极性与纪律自觉性，并发展正确的劳动竞赛和劳动英雄运动。

在私人企业和工厂中，实行管理的民主化，实行工厂或企业管理委员会制与工厂职工代表会议制，对于保证劳资协力提高生产，保证劳资两利、公私兼顾及保证国家工商业政策和法令的执行，都有极大好处，应说服资本家并在资本家同意之下采用这种制度。私人企业和工厂中如组织工厂或企业管理委员会，厂长或经理有最后决定权。如职工代表认为该厂厂长或经理的决定与国民生计或劳资两利的方针有抵触时，职工代表得将不同的意见提交政府机关与劳动局请求仲裁。

第三项：目前在工业中的技术干部很不够，管理干部更感缺乏，对于这个工业骨干问题必须有切实的解决办法。应从现任干部中提拔优秀分子逐步升级，帮助一切现任干部提高其智能。在工厂较多的地方，则开办职工学校。在工业以外的许多工作岗位上，有不少职工出身、或受过工业专门教育、或有过工业管理经历的干部，应征调一批来参加工业管理工作。对新解放企业中愿意继续服务的旧管理人员和技术人员，除查有证据的破坏分子外，必须尽量任用，必须很好地团结他们并帮助他们改变旧的劳动态度和管理方法，尤其是对待工人的态度。对自动来解放区服务的工业人才，应一律欢迎，使他们参加适当工作。此外，还须征调有相当文化水平的普通知识分子到工厂中学习管理工作。在学生、师资和设备等条件相当具备的地方，开办工业专门学校，以训练新的工业干部，也是很必要的。

第四项：由于目前空前规模的战争环境，解放区农民们大量地出兵、出粮、出战勤，公教人员则坚持辛勤不懈的工作，解放区职工们更应当吃得苦，做得多。对于工时、工资、劳动保护和福利事业等，应当自觉地避免超过战时经济条件所许可的过高的要求。关于劳动时间，我们主张工厂工人一般实行八小时至十小时制度。对特殊企业或特殊情况，经当地政府批准，得延长或缩短之。但除战争紧急需要外，每日劳动时间连加工在内，最高不得超过十二小时。加工连续不得超过四天，全月不得超过四十八小时。农业工人、手艺工人及店员的劳动时间，可以按照习惯行之。

第五项：关于工资的规定，必须保障任何普通职工的最低生活水准，即职工最低工资，连本人在内要够维持两个人的生活；同时，又必须保障职工的劳动热忱及技术的进步，而采取等级工资制及计时、计件工资制。但战时物价不可避免地会有波动，为保障职工最低生活水准，最低工资不能不因物价高涨而增加，而等级工资则因战时经济条件所限制却不能照此比例增加；因此，在规定战时工资时，不能不照顾这两者间的关联，并相当缩小等级工资各级间的距离。本此原则，我们主张依下列规定来调整职工的工资：

第一点：工厂工人的工资，应采取交叉累进的等级制度。在此制度内，依据职工在生产过程中的分工与技术程度，规定等级，等数不限于三等，级数宜多，同级工资仍保留若干差别。评议工资时，对管理人员和技术人员，依其职责能力及学识经验；对工匠，依其技术；对熟练工人，依其熟练程度；对单纯体力劳动者，依其劳动程度；同时，照顾他们的工龄。应由各解放区地方政府，在工会同意之下与同种企业规定相对统一的工资标准，但不可对不同企业规定同一工资标准。再由各工厂根据政府颁布的工资标准，评议每个职工的具体工资（可在工厂或企业管理委员会之下组织工资评议委员会）。学徒待遇，不应列入工资系统，学徒亦不应参加工资评议。合理工资制度实行之后，个别有特殊技能的职工，需要给予特别优待者，须经高级管理机关批准。现时工资制度中存在着的过高或过低的偏向，本质上是一种平均主义。平均主义的发生，是受了供给制度及其他错误思想的影响。平均主义的实质，则在于不了解上述工资原则和等级制度的必要性和重要性，而或多或少地将被养人口，生活好坏，家庭出身，政治积极性，工人高于职员，学徒当作普通工人，不熟练工人当了学徒等等，作为评定工资的根据，并将各种工资等级排成非交叉、非累进、等级少、最高最低相距甚近的单一梯形，甚至对各种不同企业规定同一工资标准。这种平均主义，严重地妨害了职工的生产积极性，尤其是努力提高技术的积极性，必须迅速纠正之。

第二点：工资形式，计时或计件及其运用，应依劳动具体情况决定。计件制有刺激生产作用，应当推行；但在成品标准和成品检验方面还没有确切把握时，不可冒昧采用，同时还要防止原料浪费，工具损坏及损坏健康的过度劳动。

第三点：在物价波动太大而工资调整发生困难的地方，还可采用职工生活补贴的办法，来调剂这种困难。生活补贴虽也应分为若干等级，但其差额不宜太大。

第四点：工资计算应以几种必需品实物为工资计算基础（例如华北之“饻”，华北之“分”）。采用货币和实物混合的支付形式。为了进一步保证职工的实际工资，应采用新的实物配给制度。这可在国营、公营工厂中试行，取得经验后，再加以推广。

第五点：农业工人、手艺工人及店员的工资制度，得从其习惯，但要以必需品实物为计算基础，并在支付时保证实际工资与名义工资一致。

第六点：国营、公营工厂，除工资外，还可采用定时奖金办法，由政府规定或批准之。作坊、商店、私人企业中的分红、馈赠及其他奖赏习惯，凡对提高职工劳动积极性及技术进步有益者，均须予以保存，并须普及于全体职工。

第六项：关于女工、青工、童工、学徒，应实行下列各点规定：

第一点：男、女、青、童工，同工同酬。

第二点：女工产前产后共休息四十五天；小产在三个月以内，共休息十五天；三个月以外，共休息三十天，均照给工资。

第三点：禁用童工、女工的产业，及禁止女工、童工作夜工的劳动，由各解放区地方政府以法律定之。妨害身体发育的劳动，不得使用未满十四岁的童工。

第四点：学徒最高学习期限，不得超过三年。学徒待遇，依其进度，逐步增加，最低够吃，最高除够吃够穿外给予相当津贴。师徒关系，应严守尊师爱徒原则；学徒必须尽心学习、努力生产，师傅不得虐待徒弟，尤须尽心传授技术。

第七项：关于劳动保护和职工福利事业，因在中国从无基础，又处在战争时期，我们要来办理全国有系统的社会保险，还有困难，暂时依下列各点办理：

第一点：尽可能改善工厂健康设备和安全设备，政府定期派人检查。

第二点：伤害、疾病、老残等等的医疗、津贴、抚恤，暂由工厂负责办理，或由工厂和工会共同负责办理，其办法由政府规定或批准，并监督实行。在工厂集中的城市或条件具备的地方，可以创办劳动的社会保险。

第三点：职工福利事业（文教、合作及贫困的救济等），由工厂和工会共同负责或分别负责办理。

第四点：以上办法适用于工厂职工，其他非工厂职工劳动保护和福利事业，由工会参照固有习惯与业主协定之。

第五点：失业救济，主要为帮助就业，组织生产，由政府负责办理。

第八项：国营、公营企业中的劳动竞赛和劳动英雄运动，对发展生产起了积极作用，今后仍要提倡这种运动，并给以正确领导，使之成为以减低成本、提高生产质量、增加生产数量为目标的功利主义，成为互相学习、帮助少数、带动多数的集体英雄主义；而对那种粗制滥造的形式主义和脱离群众的个人锦标主义的倾向，则须加以坚决地纠正。在采用了工厂或企业管理委员会和职工代表会议制度的私人工厂和工业中，劳动竞赛劳动英雄运动，也可以推行。

第九项：劳动契约与劳动争议，应依下列各点办理：

第一点：劳动须有契约，并尽可能采用集体契约形式，以便双方履行。集体契约包括劳动条件、职工之任用、解雇与奖罚、劳动保护与职工福利、厂规要点等内容。

第二点：劳动争议的处理方法，为协商、调解及仲裁，仲裁为最后程序，仲裁不服得向法院上诉。

第三点：各解放区地方政府，须颁布集体契约条例及劳动争议处理办法，并须设立掌管有关劳动问题的部门。

第五节

在解放区工会工作的任务，是在发展生产、繁荣经济、公私兼顾、劳资两利的总方针下，团结全体职工，积极劳动，遵守纪律，保护职工的日常利益，教育职工提高他们的文化水平，尤其是提高他们的技术能力和业务水平。在国营、公营、合营企业中，发挥管理能力；在私营企业中，实现监督作用；在个体劳动中，促进技术改良和生产合作。高级的工会机关，有责任协助政府的劳动立法，并采取具体办法，以保证前节各项规定的合理实施。一切依法取得职工成分的男女职工，均有加入工会的权利；但会员征收，必须本自愿原则。工会不仅为会员服务，而且同样要为非会员服务，吸收他们参加活动，方能实际上代表全体职工，争取所有职工加入工会。工会内部须有充分的真正能集中群众意见的民主生活，须有切实的真正能够解决群众需要的经常工作，并须彻底整顿现在工会工作中的官僚主义作风和形式主义作风，做到工会名副其实地成为职工自己的组织。

第四章　关于恢复全国总工会

为了保障这个决议的实行，保障中国工人阶级在目前大革命中能够到处充分发挥其应有的先锋队的作用，必须成立中国工人阶级的统一的全国组织，以便在迅速发展的革命运动中能够经常指导各地职工群众的行动。为此，大会决定恢复第一次大革命时期的中华全国总工会，并训令全国总工会新的执行委员会：继续第一次大革命时期全国总工会的革命传统，在当前新的时期和新的条件之下，迅速组织全国的职工群众，并和全国各民主党派、各人民团体、各少数民族联合一致，为迅速推翻美帝国主义及其走狗国民党反动政府在中国的统治，为建立统一的新民主主义的人民民主共和国而奋斗到底。

选自《中共中央文件选集》(14)，中共中央党校出版社1987年版，第296～309页。

互校版本：

1. 中华全国总工会中国职工运动史研究室编：《中国历次全国劳动大会文献》，工人出版社1957年版，第402～413页。

2. 中共中央政策研究室1949年3月编辑：《政策汇编》上编，第二野战军政治部1949年9月翻印，第133～149页。

57. 中华全国总工会章程

1948年8月中国第六次全国劳动大会通过

第一章　总　纲

第一条　本会定名为中华全国总工会。

第二条　本会宗旨为团结全国职工，保护职工利益，争取中国工人阶级的解放，联合全国一切被压迫人民争取中国人民的解放，联合叠世界工人为保卫世界和平与民主而奋斗。

第二章　会　员

第三条　本会以团体会员为基础，中国境内之职工团体，凡赞成本会章程者，不分产业工会，职业工会，地方工会均得加入本会为会员；凡同一产业职业之职工已有全国性之组织者，或在一特别市，一省与一边区之各种职工，已联合组成为地方性之组织者，均由该组织直接加入本会为会员，如无总组织之各单独工人团体，要求直接参加入本会为会员者，须经本会之特许。

第四条　凡在各种企业及机关学校中工作以劳动收入为主要生活来源并依法取得职工成分之体力劳动者与脑力劳动者，不分民族、性别、宗教信仰，赞成本会章程自愿入会者，均得加入本会所属之各种工会为会员。

第五条　本会团体会员及本会所属各种工会之个人会员，其入会与退会，均依自愿原则，既入会后，必须遵守本会章程。

第六条　本会会员之权利如下：

甲、对于本会一切主张及设施有权据本会宗旨进行讨论，建议和批评之权。

乙、有在会内选举与被选举之权。

丙、有享受本会所举办之各种文化教育及两利事业之优先权。

第七条　本会会员之义务如下：

甲、有遵守本会宗旨章程，及执行本会一切决议之义务。

乙、有向本会经常报告团体会务及个人工作之义务。

丙、有向本会按期缴纳会费之义务。

第三章　组　织

第八条　本会之组织原则为民主集中制，即少数服从多数，下级服从上级，本会所属各工会服从本会一切决议和指导。

第九条　全国职工代表大会为本会最高权力机关，共职权与召集方法如下：

甲、全国职工代表大会之职权，为决定和修改章程，决定职工运动之方针，审资本会执行委员会之报告，选举执行委员会。

乙、全国职工代表大会每二年举行一次，由执行委员会召集之，过有特殊情况或有代表本会所属工会会员总数三分之一以上的工会之要求时，执行委员会得决定提前或延期召集之。

丙、出席全国职工代表大会之代表额数及选举方法，由执行委员会规定之。

丁、全国职工代表大会，必须有代表本会所属备工会会员总数二分之一以上的代表出席时，方为有效。

第十条　由全国职工代表大会选举执行委员及候补执行委员若干人，组织本会执行委员会，在代表大会闭幕期间为本会最高权力机关，执行委员会全体会议每半年举行一次，由常务委员会召集之，但须有半数以上执行委员之出席方为有效；如有特殊情况，或有三分之一以上之执行委员请求时，得提前或延期召集之。

第十一条　由执行委员会选举主席一人副主席若干人领导会务。

第十二条　由正副主席及执行委员会选举之常务委员若干人组织常务委员会对执行委员会负责驻会办理一切会务。

第十三条　本会设秘书长一人，经常务委员会选任在正副主席领导下处理本会日常行政。

第十四条　本会得分设下列各部处会：

甲、组织部：管理本会所属各工会之组织事项，并帮助各地无工会组织之职工群众组织工会。

乙、文教部：管理宣传文化教育工作，并指导各工会之文教方针。

丙、生产部：指导解放区职工会，参加工厂企业管理，实行劳动竞赛与劳动英雄运动，研究工资问题，生产计划，技术经验及其他有关生产之工作。

丁、劳动保护部：管理并指导劳动保险事宜，审查劳动契约及各工会之福利工作，并协助政府进行工厂内卫生及安全设备之检查。

戊、青工部：管理并指导各级工会之有关青工、童工工作。

己、女工部：管理并指导各级工会之有关女工工作。

庚、国际联络部：管理本会对外宣传，及与国际职工组织和各国职工组织之联络工作。

辛、秘书处：管理总务、文书、会计等工作。

壬、私营企业委员会：管理私营企业中之职工运动工作。

癸、国民党统治区工作委员会：研究和指导有关国民党统治区职工运动之工作。

第十五条　各部设部长一人，秘书处设处长一人，各委员会设主任一人，必要时均得设副职由常务委员兼任，或由常务委员会另行选任之。各部处会得设干事若干人，由常务委员会委任之。

第十六条　本会为工作便利起见，得于相当地点设立办事处，各办事处设主任一人，办事员若干人由常务委员会决定之。

第十七条　执行委员会认为必要时，得设立各种特别委员会。

第四章　经　费

第十八条　本会所属各工会应按其所收会费百分之三十，缴纳本会为经常费，每三个月缴纳一次，如有特别困难时，得经常务委员会批准减免。

第十九条　本会所属各工会之会员须按月缴纳所得工资百分之一为会费。

第五章　附　则

第二十条　本章程经全国职工代表大会通过并公布之。

第二一条　本章程如有不适合时，由全国职工代表大会通过修改之。

第二二条　本章程之解释权属于本会执行委员会。

选自中华全国总工会中国职工运动史研究室编：《中国历次全国劳动大会文献》，工人出版社 1957 年版，第 421～424 页。

互校版本：中共中央政策研究室编辑：《政策汇编》下编，第二野战军政治部 1949 年 9 月翻印，第 113～118 页。

58. 关于职工运动当前任务决议案中几个问题的说明

1948 年 9 月中华全国总工会执行委员会

（一）劳　动　时　间

1. 劳动时间，为职工进入工作场所之后，到离开工作场所以前之实际工作时间。凡职工之学习（上课）、上下班走路、在厂外吃饭休息的时间，均不应作劳动时间计算。何种会议得在工作时间以内召开照发工资，应遵照当地政府之规定实行。

2. 决议规定有特殊需要可将劳动时间延长，但最多不得超过十二小时，并不得在十二小时以外加工。延长劳动时间的企业，以下列两项为限：

子，小企业一时无法将劳动时间缩短为十小时者；

丑，昼夜不停劳动的企业，原已实行两班制者，因所需要的劳动强度不高，而暂无必要改变或因一时困难无法改为三班制者。

3. 劳动时间因特殊需要而缩短者，系指有些工业特别影响健康，如产生有毒气体的工作及过于紧张的劳动等。

4. 关于全年应有的实际工作日，新决议未做具体规定，因为各地各企业的情况不同，在战争时期一时难做统一规定。现在解放区的情况是：全年放假过多，实际工作日过少，因此暂做下列原则的规定：

子，全年工作日数不应过少，但职工必须有一定的休息日期，故在一般企业，均应争取全年工作日须在三百天以上。全年五十二个星期，由各企业自行调剂，规定实行大礼拜制者，全年可以规定若干事假，不扣工资；实行小礼拜制者，不扣工资的事假则不应规定过多，或规定事假必须扣除工资。至于新区大企业（如铁路）中的休假习惯，一时难以做到三百天以上者，可暂维持原状，待研究后再决定。

丑，关于年节及纪念假期，亦应尽量减少，不应每逢纪念即放假，而职工中的旧习惯又必须照顾。全年应有假期可由各地区职工总会根据这一原则，提出意见，请各解放区政府具体规定；俟全国胜利后，再作统一规定。

（二）工　　资

1. 普通工人的最低工资，连本人在内应养活两个人，本人生活，按当时当地维持一个劳动力的必要生活费用（包括衣、食、住及必要消费）计算；被养人生活，一般应低于本人生活，但最低不得少于维持一个人生活的最低水平。在不满二十人的私人企业中，职工学徒的最低工资，一般应以本人全年的实际收入（如分红、年节馈赠及其他实物待遇等）计算。

2. 交叉累进的等级工资制，就是说等级排列是交叉的，等级间的差额是累进的。

子，为什么等级排列是交叉的？因为各种企业（如棉织业、机器业、制造业……等）之中，各种职工（如技术工人、熟练工人、技术人员、管理人员等）的劳动性质不同，所以规定工资等级的标准因之而异，或按技术高低、或按责任轻重、或按熟练程度、或按强度大小……既然按照各种不同标准分别规定等级，那么各种企业各种职工的工资等级，必然排列成为上下交叉的形式，而不可能混在一起排列成一个单一的等级序列。假如：某种企业的普通工人最低工资是一〇〇，最高工资是一八〇；熟练工人最低工资是一二〇，最高工资是二五〇，技术工最低工资是一五〇，最高工资是三五〇，这样就彼此成为交叉。同时每种职工（如普通工、熟练工、技术工等）又根据技能、职责、资历等等条件，在本身中分成几等几级，等与等、级与级之间，也是采取这种交叉式的排列，即是一等一级工人的最低工资可以低于一等二级的最高工资，一等三级的最高工资可以高于一等二级的最低工资。因此如将所有各种企业各种职工工资等级，合并列成图表，必然形成极错综的上下交叉的形式，这种等级排列的办法即为交叉等级制；反之，如果一等三级工人的工资是一五〇至二一〇，一等二级是二一〇至二八〇，一等一级是二八〇至三五〇，或者普通工人工资是一〇〇至一五〇，熟练工人工资是一五〇至二二〇，技术工人工资是二二〇至三五〇，这就都成为单一梯形的等级制，而不是交叉的等级制了。

丑，为什么等级的差额是累进的？因为不论何种职工，他的技能学识已达到一定的程度以后，如再求提高，就必须付出更大的努力。因此，比较合理的工资制度，应是等级愈低，等级间的距离愈短（差额小）；等级愈高，则等级间的距离随之补长（差额大），这才能鼓励职工力求进步。譬如：某种工人的工资可分为十三级，假设其第十三级为一〇〇分，以上每进一级增加五分，至第八级以上，改为每级增加八分；自第四级以上，就为每级增加十二分，直到最高一级为二〇〇分，这就是累进的等级制。反之，如果每级距离相等，按级累进，即是等差的等级制，而不是累进的等级制了。

这种交叉的累进的工资等级制，是根据多劳多得的原则，适合各种企业各种职工实际的劳动情况，一般的具有特殊技能的职工，均可列入合理的等级解决。如果再有个别具有极特殊技能的职工无法进级者，经过上级政府批准，可以往最高等级之外享受特殊优待，但是此种情形极少，并非每一企业都有。这种工资制度的实行，将使具有各种技术与生产管理经验能力之职工得到合理之待遇，可避免过去工资中的平均主义现象，并大大鼓励职工的学习。除了生产经营规模甚小，生产过程十分简单、职工种类不多的小企业，还不具有施行的条件以外，一般较大规模的企业工厂，都应实行这种工资制度，对于发展生产是有利的。

3. 决议中所谓“等数不限于三等，级数宜多”，系指过去有些工厂企业只简单采用三等九级而订。对新企业规模巨大、职工种类较多的企业，等级之分，宜多宜细。如过去平汉铁路工人，一共分为二十八级；技术工人中分甲、乙、丙三等，每等中又分八至十三级，职员中的管理人员与医务人员计分四等三十八级，在技术人员中则分为五等二十级；在各类、各等、各级的职工之间，又采用前述交叉累进的等级办法，值得参考。

4. 职员包括技术人员、管理人员、医务人员，均为企业中的脑力劳动者。旧社会普通职员的工资等级，一般是合理的；只有一部分高级职员享受官僚待遇，其中有的本人就是官僚，则是不合理的，需要加以改革。我们对职员工资，既不能如旧社会所提倡“劳心者治人”，对职员待遇一般皆较工人优厚，亦不应随便压低至一般工人工资标准之下。企业行政管理的技能，与某些专门业务的技能（如会计、检验等等），也应视为技术，不可列为一般待遇。职员的最低薪资，一般应稍高于一个简单体力劳力的最低工资，因为职员在就业以前必须具有相当的文化能力，与一个简单体力劳动者显然不得相比。因为工作需要提升工人为职员者，原则上应按所负职务应有的工资等级待遇，但若低于其原来的工资待遇时，应按原来工资待遇发给，若非本人自愿，不得降低。在新解放区国营企业中，对一切职工原有的工资等级，原则上应该承认，暂时不得打乱。如职工工资系按战前工资等级加生活补贴并依生活指数随时调整者，原则上亦应照旧不变，只将法币依比价折成本币支付。其中不合理处，只有在研究清楚后，经过群众民主评议，由工厂管理委员会及企业管理机关慎重决定，再逐步调整改进。

5. 现在解放区各地所实行的以实物为计算基础的工资形式，对于保障工人的实际工资有其效果。但缺点是每发一次工资，必有大量通货在同一时间侵入市场，刺激物价猛涨。故工资虽以实物为计算基础，亦难充分保证职工应有之实际收入，造成商人渔利，职工及国家均受损失。因此，决议提出新的配给制度。一般的所谓配给制度，就是由于商品缺乏国家管理商品，限制消费，保证供给的一种办法，以免职工从商人手中高价地去购买商品。我们解放区已行之多年的供给制，也带有这种配给制的性质，但不等于配给制。决议提出在国营工厂中实行新的配给制度，不是我们所实行的供给制，这种新的配给制度，现在尚无经验，有的意见由国家办供给商店，或由国家供给合作社以职工所需要的各种物资，如米、面、煤、布及其他工业品等，职工可以按国家规定的低廉的价格去购买其所需要的各种物品，以免受市场物价波动的影响，为此，即可将工资与物价同时冻结。在一定时期，供给商店及合作社的物价上涨一次，工资也以同样比例上涨一次。由此，可以避免商人对职工消费的剥削，保证职工的工资可以廉价地购买到社会上所缺少的或高价的物品。同时又便于国家在发工资时将通货回笼，避免每次发工资时对市场的刺激。此种办法，可先试验后再推行。

（三）劳 动 保 护

1. 决议所指劳动保护，包含三方面的问题：（1）劳动保障；（2）职工福利；（3）工厂安全卫生。关于新解放区城市之失业问题及在业职工因战争所受生活上之困难，在一定时期内，由政府按一般社会问题处理，不在决议所谓劳动保护范围之列。

2. 关于国营、公营企业的劳动保护问题，有三种意见：其一，将劳动保险与职工福利事业合而为一处理，即凡属职工之伤亡、残废、疾病、老弱及贫寒家属的救济等项，均由工厂每月按工资的总额拨出若干份作为劳动保险基金，交由工厂与工会等各方面共同组织的职工福利委员会统筹解决（正在这种意见中，另有主张职工应出本人工资的百分之零点五者）。其二，将劳动保险与职工福利分开，关于劳动保险问题，战时很难作为社会上的统一专门设施，即凡职工伤亡、残废、疾病、老弱等问题，由国家立法，由各企业单位在厂规及集体合同中解决，另由工厂拨出工资总额的百分之二点五，职工缴纳本人工资的百分之零点五，作为职工福利基金，解决职工生活中凡厂规与集体合同中所不能解决的问题（诸如职工生育补助、家属疾病、死亡、灾害的救济，及家庭人口过多者的部分津贴等项）。其三，是将劳动保险分为两部分：职工伤亡、疾病时的工资和医药费由工厂直接支付，而职工伤亡、老残、疾病、生育的抚恤、救济、补助金等，则由工厂每月按工资总数支出百分之三，职工缴纳本人工资千分之五，作为保险基金，由工会与工厂共同组织委员会，按照政府颁布之劳动条例办理，并由政府监督实行；此外，再由工厂每月按工资总数拨出百分之一点五，交工会办理职工文化教育事业。上述三种办法，各地可择其适合当地条件者试办之，而在工业比较集中的城市，则可按第一种办法逐步试行，并可将保险基金交政府劳动局统筹办理。

3. 对私营企业的劳动保护问题，决议未做具体规定。兹提下列办法，以供参考。雇用二十人以上之企业，一般可参照公营企业原则办理，但在政府有专门保险机关的地区，雇用二十人以上之私人企业主及其职工，亦须按规定缴纳保险金。其与公营企业之比例，可以一样，不必另有区别。雇用二十人以下之企业，原则上从其习惯。私营企业中的劳动保护问题，不论企业规模大小，其中具体问题均由劳资协议规定，除政府法合规定者外，不可强与公营企业的办法一样。

4. 学徒：（1）经过一定年限，学习技术，而成为技术工人者为学徒。现在华北有些军火工厂将许多操作简单机械、从事一种专门劳动的熟练工人也当作学徒（此种“学徒”占到职工人数的百分之七十至百分之八十以上），因此经常感到学徒待遇过低，结果造成学徒待遇高，而一般普通工人、熟练工人（均被称为“学徒”者）的待遇过低之平均主义现象，应该纠正。各种单纯劳动的熟练工人，虽然也需经一定时期的学习和训练，但这种时期一般很短，此种学习的工人可以称为养成工，而不要称为学徒。

(2) 学徒待遇不宜过高，因为学徒的主要目的在学习技术，而不在取得报酬。学徒初期因刚从家庭出来，且带有随身被服，故只管本人吃饭，中期可以补充被服，后期则必须足够维持本人生活。并可按学习程度给予相当津贴。学徒待遇过高，企业主将不愿招收学徒，而我们现在又无力量开办大批职业学校，结果技术工人难以培养，对发展工业是不利的。

(3) 学徒年限，根据中国社会习惯，一般不得超过三年。年限长短，应以所学技术的繁简难易而定。在公营企业中，进步特快的学徒，经过一定形式的考验，学习年限可以缩短，提前升为工人。

(4) 对学徒的虐待、体罚，必须取消。在小规模的私营企业中，工作与生活的分工不严密，学徒对师傅在生活上一般惯有的勤务，不应强调反对。在新解放区，更不应提“学徒翻身”的口号，以免师徒对立，影响技术的学习。

中华全国总工会执行委员会

1948 年 9 月

选自中华全国总工会中国职工运动史研究室编：《中国历次全国劳动大会文献》，工人出版社 1957 年版，第 413～419 页。

59. 中共中央社会部关于东北城市公安工作经验通报

1948 年 8 月 4 日

兹将在我军进驻哈尔滨市后对公安保卫，清除敌特，肃清盗匪，建立革命秩序的经验，介绍如下，供参考：

(一) 因为城市人口集中，社会阶层复杂，必须健全公安行政管理，通过市政设施，及有组织的群众，切实掌握户口、旅馆、交通、邮电、公共娱乐场所、社会文化事业、宗教封建迷信团体，使社会秩序有条不紊，这是治安工作的基础。有了健全的公安行政管理，就可缩小敌特活动的范围，减少盗匪蠢动的机会，便于集中力量消灭敌特奸细，清除盗匪，安定革命秩序。

(二) 镇压敌特奸细，应加强专门侦察工作，善于以毒攻毒，利用敌人去消灭敌人。大城市人口集中，情况复杂，便于敌特潜伏活动，但亦便于我们伸入敌内进行内线侦察，我们应尽力培植内线，渗入敌人核心组织，掌握敌人心脏，控制敌人活动。在建立内线时，最初可采取多头并进，一经成功，即须采用精干政策，控制其全部。如多头管理反而容易暴露。对内线掌握，除政治的和经济的以外，技术上也要掌握，以电台控制敌之电台(但须得当地最高机关批准，且我技术上必须确有把握控制)，是最好的办法。及时破获对我最有危害的敌人，但破案时，又须注意留根，以便继续发现敌人，扩大侦察线索，以达一网打尽、彻底消灭敌人之目的。

(三) 城市锄奸的群众路线，不能盲目地依靠群众行动，乱开斗争会及用散漫的群众行动管理公安和进行锄奸，不能过高估计城市群众觉悟程度，和在公安锄奸方面所起的作用，必须以专门机关为主，取得群众的配合与协助，在工会、街政权、公民小组及各种群众组织中，以党的力量为核心，联系积极分子，建立工作，教育群众自觉遵守秩序，从日常生活工作中发现坏人，防止坏人，并使锄奸与党的每个时期的中心任务结合起来，有效地限制敌特活动。利用可以利用的力量，建立公安锄奸的广大阵地。

（四）不能用农村的观点来管理城市，农村是个体的，分散的，生活方式上简单朴素。城市是集中的，复杂的，生活方式是多样性的。因此，对城市管理必须要有国家政权的思想，掌握城市特点，重视革命法治。单纯地依靠群众，不要革命法治，是错误的。单纯的警察行政，与锄奸工作分开，以及抄袭旧警察的管理办法，也是错误的。脱离公开合法，脱离群众的神秘锄奸观点，更是错误的。坚决克服这些错误观点，才能正确地建立城市公安工作。

（五）大城市中公安机关的组织形式，必须采取按行政区划街道、人口，系统地建立由上而下的总局、分局、分驻所，以至实行民警制的管理，并按城市的复杂分工，如侦察、执法、公安、行政、司法、外侨、消防等等。在城市党委、政府统一领导下，实行高度的集中，垂直的指挥。一方面，要反对在城市以群众团体代替公安执法机关。另一方面，要纠正分散紊乱多头的指挥领导。

（六）认真实行革命法治，城市公安工作是保护人民居住、生活、职业、营业的自由及生命财产的安全，限制和清除反革命分子及坏人的破坏活动。必须以革命法治教育人民及我们机关部队人员，养成守法精神。凡逮捕、没收、罚款等等，必须由公安司法机关负责，并有正式手续。严禁一般机关部队团体随便捕人、没收罚款、包庇走私、投机倒把、及任何违法行为，以免混乱秩序，破坏工商业，给坏人可乘之机，引起广大群众的不满，破坏党的政策和政权的威信。

（七）进城之初，各机关部队往往乘混乱时期，乱抓物资，投机走私，嫖娼、聚赌，破坏政策，败坏军纪，这种现象非一般卫戍部队所能限制，必须选拔得力干部和精干部队，组织专门的执法机关，建立执法工作，统一于公安机关领导，施以专门教育，专司执法勤务。根据哈市经验，执法部队起了很大作用，工作收到显著效果，是城市治安不可缺少的组成部分。

（八）户口问题是管理城市的重要环节之一，因城市集中而又复杂，良莠难分，坏人到处活动，毫无限制，无有户口、门牌，搬来搬去，不但在治安方面有很大困难，就是邮政、电话、电灯、自来水等管理，亦无法进行。同时建立户口管理制度，弄清人数户数，阶级成分，掌握户口动向，不但利于公安，而且对于战勤负担，国民教育，发展生产，配给粮食，组织群众，都有帮助。

（九）哈市经验证明，改造游民、流氓、小偷以及赌博和吸吗啡大烟分子，加以强制教育，给以改造，组织他们参加生产，是巩固治安、安定社会秩序的重要条件之一。哈市设立之游民教养院，收效很大。

（十）整顿市容，管理交通，不仅对城市观瞻，而且有关人民生命及财产的安全。交通秩序紊乱，必然发生交通肇事、破坏、撞伤人、轧死人等事情。哈市交通屡次肇事，大部是因我机关部队的汽车不遵守交通规则所致，给群众影响很坏。因此在城市要有交通规则，要设立足够数量的交通警察，来维持交通秩序。

选自中共中央政策研究室编辑：《政策汇编》下编，第二野战军政治部1949年9月翻印，第122～125页。

60. 中共中央对中原局减租减息纲领草案的修改意见

1948年8月16日

减租减息纲领草案已收阅，我们有如下的意见：

一、第一条中“准备土地改革”字样，可以删去。第一条可改为：“为适应新解放区农民目前的需要，改善农民生活，发展农业生产，争取人民解放战争迅速胜利，特制定减租减息纲领。”

二、不必另提“三一减租”，仍以沿用“二五减租”为好。因为“二五减租”已有其历史的习惯性，至于对削弱封建而言，证之于抗日时期的经验，无论“三一”也好，“二五”也好，单靠减租，收效并不很大，特别是对较大之地主，还必须与合理负担和群众发动以后的退租清债运动相结合，才能严重地打击以至于发展到大体消灭封建剥削的土地制度。因此，将“二五减租”改为“三一减租”，意义不大。

三、边缘区游击区中，只有我占优势的部分，才可实行系统的减租，并可较“二五”还少减一点。至于敌我争夺极不稳定的或敌占优势的边缘区、游击区，则不应急于实行系统的社会改革（这点并不要在纲领上规定，而是在执行时应加注意）。

四、第二条乙项所规定之可酌情少减租或不减租之“少量出租土地”，应有明白的限制，即以“不超过当地中农占有土地的平均数为限”。并在“自由职业者”和“革命军人家属”前各加“贫苦的”三字。

五、第二条戊项，可改为：“地租一律于产物收获后交纳，禁止预收地租，并不得索取其他一切劳力或财物的额外报酬。”“多年欠租，一概免交”可另列一条。“取消押金”亦另列一条，并应规定“凡已收之押金应一律退还农民并应按缴押金时之物价折算”。

六、第二条庚项应改为：“减租后，须确实保障佃权，契约上、习惯上有永佃权者，继续有效，无永佃权者应奖励业、佃双方订立较长期（例如五年以上）的契约，俾农民得安心发展生产。在契约有效期间，地主不得收回土地自耕、转租、出典或出卖；契约期满后，地主招人承租及出典出卖时，原佃有承租承典承买之优先权；如系收回自耕或雇人耕种，亦应照顾原佃生活，延长佃期，或只退佃一部。”

七、应增加一条，规定：“农民协会是办理减租减息事宜的合法机关，农村中一切地租、高利贷债息问题，均由政府会同农民协会办理之，而最后决定权属于政府。”

八、此外，有些文字不清之处，如第二条已项，强买典当农民之土地与豪强霸占之土地，最好分两项写。因为对前者的处理办法，一般应是原价赎回，而后者则应无代价归还农民。写在一起，执行起来容易混淆不清；而且不仅地主的自种土地应如此处理，旧式富农如此得来之土地，亦应如此处理。第三条甲项“收回押地”，应明白写明“其抵押债务之土地应即归还农民”。第四条甲丙两项，应明白写出“地主、旧式富农被分配之土地”和“地主、旧式富农被分配之浮财”，而不要写“凡已分配之土地”和“凡已分配之浮财”；甲项中“地主不得倒退”亦应改为“地主、旧式富农不得倒退”。同条戊项“凡没收地主之工商业”，亦应改为“凡没收地主、旧式富农之工商业”。第五条乙项从“并代交公粮负担”起以下应改为：“由政府扣除其应纳之公粮负担，其余部分由政府代为保管，俟地主归来后，连同其土地之地权一并发还之。”另有些错字，如第二条丁项中“副业产物”应改为“副产物”；同条巳项“强买、额买、典当农民之土地”，“额买”二字不知何意，是否有错字、掉字？

九、减租减息运动中策略方面应注意之点，可参酌四二年中央关于执行土地政策决定的策略的指示，并根据你处当前实际情况及中央最近关于新区策略的指示，加以补充，做出决定施行。你处如无该指示，盼告，以便再发给你们。

十、此纲领草案修改好后，望再经新华社发来。

61. 附：中原局减租减息纲领[①]

1948 年 10 月 8 日

（一）为适应新解放区农民目前的需要，改善农民生活，发展农业生产，争取人民解放战争迅速胜利，特制定减租减息纲领。

（二）减租：

甲、所有地主、旧式富农及一切公田、学田、祠堂、庙宇、教会所租之土地，不论任何租佃形式，一律实行“二五减租”，即按原租额减去二成半。各地政府得根据此原则及当地具体情形规定实行办法。

乙、城市工人、贫苦的自由职业者及贫苦的革命军人家属与鳏、寡、孤、独等，因缺乏劳动力而出租之少量土地（不超过当地中农占有土地的平均数），可由政府及农会协议酌情少减或不减。

丙、租地之一切副产物，原全归农民者，一律照旧。原业、佃分益者，按原成“二五”减。原全归业主者，随粮按成分配。

丁、地租一律于产物收获后交纳，禁止预收地租，尤不得索取其他一切劳力或财物的额外剥削。

戊、陈年欠租一概免交。

己、所有押租、押金，一律取消。凡已收之押租、押金，应一律退还农民。退还时，应按交纳时之物价折算。

庚、农民与农民间（指贫农、中农间，包括富裕中农在内）之租佃关系，本团结互助

① 原注：此件是根据中央批示修改过的正式文件。

原则，由双方协议，经过农会处理之。

辛、减租后应确实保障佃权。契约上、习惯上有永佃权者，继续有效。无永佃权者，应奖励业佃双方订立较长期（例如五年以上）的契约，使佃农得安心发展生产。在契约有效期间，地主不得收回土地自耕、转租、出典或出卖。契约期满后，地主招人承租及出典、出卖时，原佃有承租、承典、承买之优先权。如地主及旧式富农为生活计，须收回土地自耕或雇人耕种者，亦应照顾原佃生活，延长佃期或只退佃一部。

壬、减租后，政府与农会可根据自愿原则，适当地调剂佃权，使耕地太少之贫苦农民，增加一部分佃耕地，借以维生。

癸、减租后应抽旧约，双方另立新约，地主按约减租，佃户按约交租。如因不可抗拒之灾害（战争、水灾、风灾、旱灾、虫灾等）而致歉收者，应酌情减免。

（三）清债减息：

甲、过去农民向地主、旧式富农所借旧债，一律按月利分半计算清偿。其多年债款，应照下列原则清理之：利倍本（即借本百元已还息达一百元者）停息还本；利二倍于本（即借本百元已还利息达二百元者）本息停付。旧债清偿后，其抵押债务之土地应即交还农民。但在民主政府成立前，已成立买卖关系者不动。

乙、农民与农民间（指贫农、中农间，包括富裕中农在内）债务，由农民自行处理之。

丙、凡以农产物先行定价之买卖贷款（即放青苗、实质是高利贷），其先定之价无效，应照交货时市价扣算，另行分半补息。

丁、凡货物买卖及工商业往来账项，由人民自行处理，一概不在清理之列。

戊、今后借贷利息，由双方自由约定，政府不限定利率，使农民能自由借贷济急。

（四）已分配土地、浮财之处理：

甲、地主、旧式富农已被分配之土地，一律不得倒算，违者应受处罚。但应保证地主、旧式富农分得与农民同等之土地，不足者设法补足之。

乙、农民已分得土地后，如农民与原业地主或旧式富农双方确系自愿改为租佃关系者，经双方向政府登记后得改变之。

丙、地主或旧式富农已被分配之浮财，一律不得倒算，违犯应受处罚。

丁、凡农民（包括富裕中农在内）土地、财物被错分者，应劝分得户自动退还。无法偿还时，另外设法弥补之。

戊、凡没收地主、旧式富农及工商业者之工商业，应设法退还或另行设法弥补之。

（五）若干特殊土地问题之处理：

甲、凡地主及旧式富农，利用农民危急之际，贱价强买典当农民之土地，得由农民请求政府查明后，按原价收回。

乙、凡豪绅、恶霸恃强霸占农民之土地，经农民告发。农会证明，政府调查属实者，得由农民无代价收回。

丙、凡确系反革命罪犯，由专员公署以上政府机关依法判处，其本人之土地应依法没收者，得没收分配给无地、少地农民所有。其家属未参加罪恶活动者，应保留各人应得之部分。

丁、凡逃亡地主或旧式富农之土地，得由其亲朋代管。无人承管者，由政府代管。原佃户依法减租后，向政府交租。政府扣除其应交负担外，代管其所余部分。俟地主归来后，连其土地一并发还之。

戊、族地、社地、公地、学田，应由本族、本社、本村、本地区人员组织管理委员会管理之，其收入除依法缴负担外，应经公议充作公益事业之用。

己、宗教团体所属土地，均不变动。如无人经营时，可按逃亡地主土地处理办法处理之。

（六）农民协会为办理减租减息事宜的合法机关。农村中一切地租、高利贷债息及调整土地等问题，均由政府会同农民协会处理之。最后决定权属于政府。

（七）本纲领适用于农村，不适用于城市。

选自中央档案馆编：《解放战争时期土地改革文件选编》，中共中央党校出版社 1981 年版，第 410～415 页。

62. 中共中央关于各中央局、分局、军区、军委分会及前委会向中央请示报告制度的决议

中共中央政治局 1948 年 9 月会议通过

为适应目前革命形势发展的需要，保证全党全军所执行的各种政策的完全统一及军事计划的完满实施，克服目前党内军内存在着的某些严重的无纪律状态或无政府状态起见，关于各项工作中何者决定权属于中央，何者必须事前请示中央并得到中央批准后才能付诸实行，何者必须事后报告中央备审，特作如下之规定：

（子）总的方面：

（一）决定并公布（在党内或党外）党的总路线与总的政策方针，及在党的总路线与总的政策方针下决定并公布（在党内或党外）全国性的各种具体政策和方针。例如：军队建设、作战及其与外界关系的各项军事政策；减租减息或分配土地的土地政策；发展生产、繁荣经济、公私兼顾、劳资两利的解放区的经济政策与工运政策；由中国共产党领导的以工农联盟为基础的人民民主专政的国家和政权的建设政策；为人民服务的文化教育政策；首恶者必办，胁从者不问，立功者受奖，严禁多捕滥捕、乱打乱杀及肉刑逼供的司法政策；宽待释放与争取改造俘虏官兵的处俘政策；对国民党政府机关、经济机关、官办企业的处理方针；对国民党就治区学校与文化机关的处理方针；对国民党三青团及其他反动党派和特务机关之处理方针等。

（二）决定并公布（在党内或党外）全国各解放区（老区或新区）党政军及民运工作的基本方针和任务，国民党统治区党与群众工作的基本方针和任务，少数民族与海外华侨工作及国际活动的基本方针和任务。

（三）各解放区党政军的组织系统的建立事项。

（四）在党政军中有关统一施行的各种重要条例法规的决定，例如各级人民代表会议

及各级政府的组织法规、劳动法规、刑事民事法规、土地法规、征税法规、婚姻条例、政治工作条例、军队的等级制度、士兵委员会条例、党委会工作条例等。

（五）涉及两区或两区以上的事项。

（六）各解放区全年的工作任务、方针和计划，及各项重要工作的单独计划。

（七）召开全区全军的党的代表大会、代表会议，或重要的干部会议，及全区人民代表大会所应取的方针。

（八）十万以上人口的城市中的重要设施和全盘工作计划。

以上一至五项的决定权，完全属于中央。但各地得向中央提出建议。六至八项的决定权仍归地方，但必须事先请示中央，经中央批准后，才能公布和执行。

本条各项规定，对于政治、军事，经济、文化、党务各方面工作，一般都是适用的。下面再就各方面的特殊问题，分别规定。

（丑）关于政治方面的：

（一）对于时局及对于全国性问题公布党的态度方针的发言和文告。

（二）我党与全国性的民主党派、人民团体及无党派民主人士建立合作，及向他们提出有关全国性的政治活动的意见及其他交涉事项。

（三）全国性的战争罪犯及反革命罪犯的处理。

（四）对外国的外交通商关系的建立，关于外侨、外商与外人经营的学校、教堂、医院、慈善和救济机关及其他涉外事项的处理方针（具体执行可委托地方办理，但必须事先请示中央）和外事工作人员之派遣。

（五）国际活动事项的处理及其人员的派遣。

（六）省级以上的人民代表会议及政府组成中我党与他党及非党候选名单的配备。

（七）对具有犯罪行为的少数民族首领、社会名流、大中工商业家及省级以上民主政府中的党外人士的处理。

（八）对国民党省市（中央直属市，下同）政府、省市党部及其他反动党派的省市级以上主要负责人之处理。对国民党军统站长以上，中统省市室主任以上的重要特务分子及重大特务案件的处理。

以上一至五项的决定权，完全属于中央，但各地得提出建议。六至八项的决定权，仍归地方，但必须事先请示中央，得到中央批准后，各地始得执行。

（寅）关于军事方面的：

（一）战略方针及战略计划。

（二）野战军或兵团的作战计划。

（三）军区及野战军或兵团的整训计划。

（四）师以上军队的编组，野战军和兵团的组成及一、二级军区的划分。

（五）军制的建立军事教育方针的决定。

（六）地方动员、扩兵、补俘的计划，及后备兵制度的建立。

（七）机要通信制度的统一规定，特种情报机构的建立及调度。

（八）后勤系统的建立，兵工生产计划的确定，重要兵工原料及技术人员的调剂，弹药基数的规定，军械收集和保管制度的确立，各种重要军工器材和弹药的统一分配，整个供给计划的审核、批准和调剂，运输兵站线的建设及各大军区之间的配合、调节和指挥。

（九）一、二级军区的工作计划。

（十）扩兵数目、及后备兵补充计划的批准。

（十一）师（旅）及师（旅）级以上干部的任免。

（十二）作战中对我技术上不能修复的重要桥梁及其交通设备的破坏，重要矿山、工厂的破坏，及重要大工厂的迁移。

（十三）部队在新区作战中筹粮筹款的原则及办法，部队攻占大中城市后军事管制时期的各种设施。

（十四）处俘工作中对敌军将级军官、敌方专员以上官员及其他特殊人物的处理与释放。

（十五）我军归俘的审查、训练及处理。

（十六）全般的与特殊的政治工作计划。

以上一至八项，决定权属于中央军委，但各地各军区野战军或兵团得向中央军委提出建议。九至十六项，由各军区、野战军或兵团提建议，请示中央军委批准执行。

（卯）关于经济方面：

（一）全国各解放区适用的经济、财政、金融、贸易政策的制定。

（二）各大解放区之间的财政调剂，货币贸易关系的调整，纸币的发行，白银、白洋等硬币的用途和分配。

（三）对外贸易（包括对外国和对国民党统治区在内）的方针及统一管理。

（四）全国性工矿企业的兴办。

（五）全区脱离生产人员的数量与人口数量的比例，全年财政预算及供给标准的提高或降低。

（六）货币发行计划（包括发行数量，用途分配和准备情形）。

（七）税收政策，农业税、工业税、商业税、盐税（包括食盐管理办法）及进口税的征收条例，对其他解放区货物来往的限制和管理办法。

（八）工资政策，公营企业的，民营企业的和合作社的工资制度和标准，乡村工资制度和标准。

（九）区内铁路及重要工矿的恢复及建设计划，重要公路及河道的修筑疏浚的计划。

以上，一至四项的决定权完全属于中央，但各地仍得提出建议。五至九项，由各地事先请示中央批准后，决定执行，或由中央征询各地意见后做出决定。

（辰）关于文教宣传方面的：

（一）在党内或党外发表带有全党性质的文章、讲演和谈话。

（二）对民主党派的全国性的报纸杂志之处理。

（三）对国民党和其他反动党派的全国性的报纸、杂志、广播台及其他一切全国性的文化机关事业之处理。

（四）全区文教事业出版计划，对专科以上学校以及著名的文化学术机关和历史文物之处理。

（五）编印中央负责同志的著作（即使是曾经发表过的）及有关党史与红军历史的

书籍。

（六）各区直属的党校、大学的教育方针和计划。

（七）各区办理党报的方针和计划。

（八）各区办理干部教育和国民教育的方针和计划。

（九）关于电影戏剧及其他艺术事业的管理方针。

以上，除第一项决定权完全属于中央外；其余各项，由各地事先请示中央批准后，决定执行。

各地党报必须无条件地宣传中央的路线和政策，并不得在宣传中将中央和受中央委托执行中央的路线、政策和任务的机关（即各中央局、分局、军委分会和前委会）处于平列的地位。相反的，必须公开向党内外声明：各受中央委托的机关，是执行中央的路线政策和任务的。各中央局、分局、军委分会及前委会，在发出自己的决议、指示、命令和训令时，亦必须注意到此点，不得将自己和中央处于平列的地位，甚或向党内军内将自己造成高出中央的影响。至于在对外及对内的宣传中，将任何党员个人与党及党的中央处于平列的地位，造成个人高出于党及党的中央的影响，则更是不允许的。

（巳）关于党务方面的：

（一）中央局、分局、军委分会和前委会的组成，与委员的任免，决定权完全属于中央。

（二）区党委或省委委员、地委书记、行署正副主任及其以上的干部之任免和涉及党籍的处分。

（三）区党委或省委委员以上干部，对有关政策和策略性质的原则性的不同意见和争论，以及对于这些不同意见和争论的处理（地委级以下干部之重要不同意见包括在内）。

（四）整顿地方党组织所采取的一般方针和办法。

（五）有关建党原则制度机构等问题，凡党章上没有原则规定者，或虽有原则规定，但因情况特殊，必须变通办理者。

（六）全区的职工、农民、青年、妇女等群众运动的方针和计划。

（七）建立青年团的工作计划和步骤。

以上二至七项，必须事先向中央请示，经中央批准后，始得决定执行。

（午）以上各条中，凡属决定权完全属于中央的事项，中央已有决定指示者，各地必须严格遵守，正确执行。在执行中遇有困难及特殊情形，或有不同意见时，均可向中央说明理由，提出意见，等候中央批示，但不允许擅自修改。中央尚未作出决定指示者，各地有权向中央建议，并得根据本区情况和经验，向中央提出处理的方案，拟出决议或条例的草案，请求中央决定公布，或由中央批准，用地方名义发表。除以上各条所规定应由中央决定及须经过中央批准后方能实行之各事项外，其他各事项，各中央局、分局及军委分会、前委会有自己决定实行之权。如将来在工作中发现其中仍有若干事项须经中央决定或批准者，中央以后再行决定，通告执行。各级党委对中央发布之决定、指示及条例等，得定出在本地执行的具体计划及实施细则等，这些具体计划和实施细则，以及各地决定举办之事项，重要者应将全文或其中要点报告中央备审。

（未）上述各条所列举之各种事项，其已在执行中者，除业已呈报中央者外，一律须将决议指示或条例命令等、补行呈报中央备审。

（申）除中央业已规定由各中央局分局书记及军区野战军兵团首长，每两月份向中央主席和军委主席作一次政策性的综合报告及军委和其他部委所规定之各种报告制度外，子、丑、寅、卯、辰、巳各条所列各种事项的实施情况、结果及经验，亦必须随时报告中央。关于各地重要工业生产和消耗的情形。应有月终报告。农业生产及消费的情形，应有一年一度或二度的报告。各部委及各大解放区的政府党组书记，人民团体党组书记对工作的专门报告，除别有规定者，照原规定实行外，半年亦不得少于一次。至于解放区内五万人口以上的城市中各种较重要的设施；县委书记，地委委员，团级干部配备；省（区党委及中央局直辖市）级和大军区级的报纸；党内刊物及有关政策性原则性的决议、指示、命令、条例和重要的党外刊物、宣传品文章和答问等，均应在事后以书面或材料的形式送达中央阅看。地委以下的材料，亦应有系统地有连续性地选摘若干典型材料，一并送来。下级向各中央局分局及军委分会前委会所做的政策及策略性的报告，重要者亦应电报中央（文长者可摘要），以便中央能及时研究这些材料。

此外，各中央局分局军委分会及前委会，现已实行向中央随时报告请示者，仍照过去一样不变动。但有若干纯粹技术性的不重要的事项可酌量减少，以便更能集中精力于政策性原则性的问题。

（酉）以上各条规定，在巩固区是完全可以执行而必须严格遵守的；遇有特种原因或一时困难，可申明理由，经中央批准后可暂时变通某几项规定，或减免推迟某几种报告。至于在战区，尚未巩固的地区以及在军事行动中，客观上确有困难，或遇有紧急情况，不得不权宜处理者，可变通办理，但事后必须请求中央追认；某些问题中央已有原则决定者，可照中央决定的原则办理，事后呈报中央备审；但如中央对该问题尚无原则决定，而又非迫不及待必须立即解决者，仍必须事先请示中央，得中央批准后，始得执行，总之，应在客观许可的范围内，力求贯彻上述各条的规定。

（戌）上述各条规定之各种请示报告事项以及需送中央备审之文件材料等，时间紧迫者，由电报拍来，机密性者用内台（文长者可摘告要点和疑难之点），一般可用新华社电台，字数在五六千以上，时间性不很紧迫者，关内各地应尽量用书面送达，为此各地与中央的交通应力求改进，而保证这一制度之顺畅施行。凡用书面送达请求中央批准或答复处理之文件及报告，必须具备正规手续，并送交中央秘书长亲收，以便处理，而不要混在其他一般材料内。

（亥）如何写报告？如何请示？除两月一次的综合性报告，遵照中央及军委子虞（一月七日）电继续执行外，还须注意以下几点：

（一）无论是各种工作报告，或专门问题的报告，在写法上，均须遵照子虞（一月七日）电所指示的要点，即着重于说明政策之执行及经验之总结，而不是平铺直叙地叙述过程；要能说明工作动态，发现工作中所产生的问题和倾向，及其症结之所在与解决之方法；报告中述及的具体材料，必须是经过证实及分析整理者，而不是把下面繁琐冗长的原料，甚至不确实的数字，简单地加在一起；写报告的态度，必须是实事求是，知之为知之，不知为不知的老实态度，切忌敷衍塞责，使报告流为形式；报告的文字，务求简明扼要，切忌长篇大论而又不能说明问题。各项工作的报告，各种专门问题的报告，必须是各部委员的负责人亲自起草，并经书记审阅。

（二）提出问题、拟议或决定、计划、条例等草案，向中央请示时，必须说明情况，及发布这种文件的目的（如果有争论或疑难之点尤须说明），以供中央考虑时之依据。关于干部配备，提请中央批准或呈报备审时，必须将该员简历包括年龄、籍贯、性别、家庭出身、工作简历、本人成分，简明扼要的鉴定等项一并报告。过去已经呈报者，不必再报。

最后，各中央局、分局、军区、军委分会及前委会应根据上述的精神和原则，具体规定区党委省委和军党委以至县委和师（旅）团向上级请示与报告的制度，以便在全党全军克服某些严重地存在着的无纪律无政府状态，达到全党全军在方针上、政策上、行动上的完全一致，团结全国人民，迅速驱逐美帝国主义侵略势力出中国，打倒国民党的反动统治，建立统一的民主的人民共和国。

选自中共中央政策研究室编：《政策汇编》下编，第二野战军政治部1949年9月翻印，第128～139页。

互校版本：《中共中央文件选集》(14)，中共中央党校出版社1987年版，第344～353页。

63. 附：正确执行劳资两利方针

1948年9月21日新华社短评

今天本社所广播的关于哈尔滨市劳资关系的消息中，反映解放区各地在普遍推行“发展生产，繁荣经济，公私兼顾，劳资两利”的正确政策并获得显著成效的生产建设运动当中，尚有部分私营工商业主曲解政府政策，任意侵犯工人学徒正当权利和侵犯人民政府利益的违法行为。这个情况在其他解放区也有发现，值得提起注意。

“劳资两利”，是新民主主义的人民政府处理劳资关系的基本方针。所谓“两利”就是说，为达到“发展生产，繁荣经济”的目的，必须同时兼顾劳资双方的利益，而不能只顾劳资任何一方面不顾对方的利益。过去许多地方，会经错误地过分强调了工人一方面的暂时利益，忽视了资方利益，致使资方无利可图，甚至错误地搬用农村反封建斗争的方法来对付普通资本家，这些错误行动的间接或直接结果，不但损害了普通资本家，而且更严重地损害了工人本身。这种“左”的错误的偏向，近来各地都已纠正或正在纠正中，只要它继续存在，也还要继续纠正。但是，同样重要的，就是必须反对与防止另一种偏向，即是片面地强调资方利益，纵容资方违法犯纪，侵犯工人的法定权利而不加干涉，以至牺牲工人方面的基本利益。这也是违背了劳资两利的基本方针。

解放区新民主政府，在过去、现在乃至将来革命在全国胜利以后的一个长时期内，与坚决执行消灭官僚资本主义政策同时，是允许一般资本主义经济的存在，是保护一切有益于国民经济的私营工商业的。但必须指出，新民主政府所允许和保护的，只是一切有益于国民经济的资本主义工商业，只是其合法的营业。如果其中有破坏国民经济的成分，有违反法令的行为，自然不在被允许与保护之列，而应受到禁止与法律上适当的制裁。承认自由资产阶级在新民主主义的经济和政治组织中占一定的位置，并不等于取消或放松国家企业的经济领导和无产阶级的政治领导，或者把资本家的地位不适当地抬高到工人，农民之上，压迫工人农民。保护工商业主合法的正当的利益，并不是说因此就应该去无原则地帮助其不利于国民经济的经营，就可以不注意保障工人应享有的各种权利。

因此，在处理劳资关系问题上，各地党政领导机关，必须正确执行“劳资两利”的方针，反对“左”的和右的两种偏向。既要保障工人利益，又要适当地照顾资方利益；既要在经济上政治上适当地保护自由资产阶级，但当他们有违反人民及其政府利益的错误行为时，又必须进行适当的斗争，才能保证国家和社会的政治与经济循着有利于全体人民的正确方向顺利发展。凡是存在着“左”倾错误的地方，应说服工人照顾长远的利益纠正这种错误，在发生资本家违反政策法令情事的地方，则应劝导或命令资方遵守政策法令。对于少数不服劝导明知故犯或阳奉阴违的分子，则应由政府及有关方面分别轻重依法予以有效的处置。但是同时又须注意，不要由此而又重复左的错误，对于一切有益国民经济的中小资本家的合法营业，不采取坚决保护的方针而采取打击破坏的方针。一切有关的领导机关，应随时随地注意防止上述任何一种偏向的发生，保证“发展生产，繁荣经济，公私兼顾，劳资两利”的政策的正确执行。但是，如果在社会上不进行这样两方面的斗争，如果在党政机关中不进行这样反左与反右的两条战线斗争，那就不能保证这个政策的正确执行，就不能发展新民主主义的经济，就或者要犯农业社会主义的错误，或者要犯资本主义路线的错误。这是一切共产党员和革命干部必须了解的。

选自中共中央政策研究室编：《政策汇编》下编，第二野战军政治部 1949 年 9 月翻印，第 149～151 页。

64. 中央关于由新华社答复划阶级成分中诸问题的通知

1948 年 9 月 29 日

东北局、热河分局、西北局、晋绥分局、并告华北局、华东局、中原局、豫皖苏分局、华中工委（华东转）：

东北九月十八日、热河九月七日、西北九月二十五日、晋绥九月二十一日电均悉。所询关于划阶级中的诸问题，除剥削分量、剥削时间、富农与富裕中农的界限等，已详新华社八月三十一日广播外，其余问题亦将于最近期间由新华社广播答复。

中　央

附一：新华社信箱：确定地主富农成分时计算剥削年限与剥削分量的标准

1948 年 8 月 31 日

问：我们在审订成分中，遇到两个问题不能解决，一个是地主、富农的剥削年限问题，一个是富农的剥削分量问题。关于前一问题，一九三三年文件中规定以革命政权建立时为起点，向上推算，凡连续过地主、富农生活满三年者即构成地主、富农成分，而任弼时同志报告中则规定在老解放区内，民主政权建立后，地主劳动连续满五年、富农不剥削连续满三年者即可改变成分。关于后一问题，一九三三年文件中规定“其剥削分量超过其全家一年总收入的百分之十五者，叫做富农”。而任弼时同志报告中，则规定其剥削收入要超过其总收入百分之二十五者才算富农。以上两个问题，在老解放区究应依从哪个文件？又富农的剥削分量，怎样具体计算？是否应从其总收入中扣除雇工的伙食、工资？

答：关于“究应依从哪个文件”的问题，今年中央重新公布一九三三年两个文件时，并发表了《关于一九三三年的两个文件的决定》，印在两个文件前面，其中即曾明白指出：“这两个文件中没有讲到的问题及关于富农和中农分界的问题，则应以中央发表的其他文件及任弼时同志在一九四八年一月十二日所作《土地改革中的几个问题》的讲演中所说者为准。”加上这样补充以后的一九三三年文件，就是划分阶级的正确标准。

关于剥削年限问题。一九三三年的决定，规定以革命政权成立时为起点，向上推算，连续三年做为划分阶级的时间标准，这是确定某人在革命政权成立时是否地主或富农成分的时间标准；弼时同志报告中说，在民主政权下地主劳动五年、富农取消剥削三年者改变其成分，这是根据三三年决定，当革命政权建立时，原是地主富农，但在民主政权下，由于我党历年来合理负担、减租减息等政策之执行或其他原因而下降为农民，地主满五年，富农满三年者，即应改变其成分。这两个规定并无矛盾，三三年决定规定的为构成成分的年限，弼时同志报告中规定的是改变成分的年限，后者正是前者的补充。假定革命政权成立于一九三八年初，某人在一九三五、三六、三七三年，连续过地主生活或每年的剥削收入均超过其总收入百分之二十五（三三年规定的百分之十五，照弼时同志报告改为二十五），则此人已构成地主或富农成分；但如此人自一九三八年以后，无论从何年起自己从事劳动，不再剥削别人已满五年者，即应由地主改为农民；或此人原为旧式富农，如取消其剥削已满三年者，即应由富农改为农民。

关于剥削分量问题。应一律依照弼时同志的报告，以百分之二十五为富农与富裕中农的界限。至于对雇用雇农的农民主剥削分量的计算方法，则是从雇农的生产物中扣除工资和食粮（其余不扣）看其盈余是否超过此雇主的总收入的百分之二十五，如超过则为富农，不超过或刚好等于则为富裕中农。假定某农民自己劳动，也雇人劳动，全年总收入是一百石，假定雇农的生产物是六十石，雇农的工资、伙食合三十石，从六十石中减少三十石，尚余三十石，超过其总收入一百石的百分之二十五，此农民应定为富农。如上例，总收入为一百石，若雇农生产物为五十石，雇农的工资、伙食合二十五石或比二十五石还多，从五十石中减去二十五石或二十五石多，尚余二十五石或不到二十五石，仅占其总收入一百石的百分之二十五或不足二十五，此农民应定为富裕中农。

附二：新华社信箱：在什么条件下允许出租土地？

1948 年 10 月 15 日

问：土地法大纲第十一条允许分得土地的人“在特定条件下出租”。这里所说的“特定条件”是指什么条件?

答：这里所说的特定条件是指出租者和租额两方面的条件。第一，对于一般分得土地的人应当不允许其出租，但是例如分得土地的人是孤寡废疾，或者是革命军人、革命职员的缺乏劳动力的家属等，那么就应当允许其出租。第二，对于这种出租者的土地应当由当地政府规定适当的租额，使出租者或承租者双方的利益都得到保障。

选自《中共中央文件选集》(14)，中共中央党校出版社 1987 年版，第 330～333 页。

65. 中共中央关于地主旧富农选举权与被选举权问题的指示

1948 年 10 月 16 日

关于地主旧富农分子的选举权与被选举权问题，应作如下的认识和处理：

（一）新民主主义革命的基本任务，是实行土地改革，彻底消灭封建。而土地改革的直接斗争对象，就是地主与旧式富农。因此，在土地改革过程中，实际上暂时剥夺地主旧富农的政治权利，是完全应该和必要的。

（二）但是在土地改革业已完成，封建制度业已彻底消灭的地区，就应该在无产阶级领导的以工农联盟为基础的人民民主专政的前提下，对那些封建经济基础已被消灭，而又遵守政府法令的一般地主及旧富农分子，原则上确定恢复其公民权（包括选举权与被选举权）。至于其中确有积极破坏土地改革，或通敌或有其他反革命罪行者，应一律由人民法庭或其他适当之司法机关依法判决，有期限地褫夺其公民权。

（三）恢复一般守法地主及旧富农分子公民权的目的，是为了团结多数，发展生产。支持战争，孤立敌人，以加速战争胜利的到来；并不是说我们可以根本放弃或停止对封建残余的一切斗争与警惕，把刚被消灭了封建剥削的地主、旧富农分子与劳动人民不加分别地一样看待；更不是说，无产阶级政党在乡村中依靠贫雇农做为领导土地改革的骨干也不应该，土地改革的成果也可动摇，地主富农思想在党内也可容许其存在或复辟了。决不如此。相反地，恢复守法的地主及旧富农分子的公民权后，更需要克服党内的不纯，提高党内的纯洁性，加强贫雇农、新中农在乡村中的骨干作用，以巩固土地改革之果实，并在土地改革后的新条件下团结各阶层人民积极生产；把原来的地主富农分子改造为劳动人民，而对其中少数分子的破坏与反攻，则更应该提高警惕，要严防他们在取得公民权后，利用农民思想中的弱点，利用他们与农民之间的族姓友邻等关系，利用我们工作中的某些缺点错误，挑拨农民间的关系，篡夺乡村的下层政权，窃取农民的斗争果实，继续压迫农民。这种危险性在恢复地主及旧富农分子的公民权后是一般存在的，越是土地改革中群众发动不充分，支部不纯未彻底克服，贫雇农、新中农骨干未充分形成的地方，这种危险性就越严重。但是，只要我们党能够很好地整顿自己并能在群众中进行很好的工作，这种危险性是能避免或能克服的。因此，还是应该恢复一般守法地主及旧富农分子的公民权，并在恢复他们的公民权之前，应进行一定的准备工作，在恢复他们的公民权之后，仍应对他们的复辟企图提高警惕性。特别在选举运动中，我们党应该在群众中进行很好的工作，使群众团结在党的周围，选举党所提出的正当的候选人，而不选举地主旧富农分子到政府机关中去。

（四）在实行恢复一般守法地主及旧富农分子的公民权时，必须是有准备有步骤地，根据各区各村的具体情况，逐渐实施，切不要无准备无计划地普遍宣布。同时，因为过去在土地改革过程中，暂时剥夺地富的公民权时，并未公开宣布，现在也用不着统一公开宣布。至于实施的条件，应当是：当地土地改革已经完成，土地改革所遗留下的问题已经基本上解决，雇贫中农的团结基本上已无问题，党已经过整顿，新老干部关系基本上已经团结。有了这些条件，人民代表会议选举时，就可恢复守法地主及旧富农分子的选举权与被选举权，否则，应先完成这些工作，而后再恢复之。

（五）其次在实施的具体步骤上，首先必须在党内、在农民内部进行充分教育，使之了解这种措施，主要地是为了人民群众自己，而不是为了地主富农分子，是为了有利于革命，而不是为了有利于反革命。现在所改变的是斗争形式，并不是斗争实质。使雇贫农与中农自觉地团结起来，采用又斗争又团结的策略，把地主及旧富农分子领导到发展生产的轨道上来。切不要对农民和党员采用命令主义的方法，采用简单行政的手段，不管党员与农民群众的意见如何，而简单地贸然恢复地富分子的公民权；切不要用一种右的观点，束缚农民的手足，使农民丧失对地主旧富农分子斗争的思想武器，致长地富分子之威风，堕农民之志气。给予守法的地主及旧富农分子以选举权及被选举权，并不是说党与群众团体都应接收地主及旧富农分子为党员或会员。党与群众团体仍应拒绝接收他们为党员或会员。

（六）在恢复守法地主及旧富农分子的公民权后。我们党与劳动人民将与他们进行和平的合法斗争。这种斗争，不仅在选举中有，在政府的日常工作中也有；不仅在基层政权组织中有，在县以上的政府中也有；不仅今天有，在今后的一定年代内还会有；特别是在选举中和在人民代表会议及政府中，与资产阶级的斗争，还会更加增多而激烈起来。自然，这一种斗争与土地改革中对地富的斗争在形式上有所不同，与一般所谓的“国会斗争”在力量对比上也完全不同，但我们党和劳动人民必须学会并善于使用这种斗争方式，战胜他们。

选自中共中央政策研究室编：《政策汇编》下编，第二野战军政治部 1949 年 9 月翻印，第 163～166 页。

66. 中共中央关于不拟设立区人民代表会及不取消农会组织给东北局的指示

1948 年 10 月 18 日

东北局：

西冬电①悉。

（一）关于区级人民代表会问题，经验证明，在土地改革过程中，区代表会的作用很

① 指 10 月 2 日来电。

大，成功的经验也不少，因此是必要的。但在土改结束后的民主建政中，为求得政权的层次减少，使政府更接近人民，拟不设区代表会，以区政府为县政府派出的代理机关。你处县区村人民代表会选举条例，已收到。华北局也已拟出村县市人民代表会议的选举条例，目前正由华北局召集各区党委派来的干部，组成一专门委员会审议中，约一星期后可将审议后的草案送来中央。中央拟参酌他们的草案后再答复你们。

（二）土改完成，村人民代表会议成立之后，农会的作用自然减少，农会优秀干部应到政府及合作社去工作，但也不应马上取消农会，而且在今后工作中需要通过农会者仍应通过农会；特别在民主建政人民代表会选举中，对一般的守法的地主旧富农分子，原则上应恢复其公民权，农会更有其重要作用，且人民代表会议政权一时还不能组织好或不巩固，乡村中的各种工作和经常制度尚未确实建立起来，故农会暂时还不应取消。至将来是否应该取消，待研究将来乡村中的情况后再来决定。

中　央

选自《中共中央移驻西柏坡前后》，中共党史出版社 1998 年版，第 427～428 页。原注："按中央档案电报打字稿刊印"。

附：东北局关于人民代表会议建立后区村农会组织可否取消的请示

1948 年 10 月 2 日

中央：

今年冬季，在东北将普遍地进行县、区、村三级的建政选举。人民代表会议建立之后，农村工作将主要的经过政权实现，那时区村农会的工作，亦大都转移到政权。因此经过民主运动的建政后，区村农会的工作与作用，即可由政权代替（生产方面尚有合作社互助小组），是否在基本区可以不再存在农会这一组织。这样一方面可以加强政权干部的质量，增强政权的作用；一方面也可使农村中的组织比较简单，更适合农村情况。不知这一意见是否对，以及华北的经验如何，请指示。

东北局
冬

选自《中共中央移驻西柏坡前后》，中共党史出版社 1998 年版，第 428 页。原注："按中央档案电报原稿刊印"。

67. 中共中央对私营银钱业的政策决定

1948 年 10 月 30 日

目前对私营银钱业暂准存在，但应严格管理。私营银钱业，无发行货币权，不准买卖金银外汇，不准经营投机贸易，只准经营存款、放款、贴现、内地汇兑等正当业务。

规定银行及银号之最低资金，即准备金，并以一部贮存国家银行。国家对私营银钱业一般不贷款。规定机关部队以其资金存入国家银行，不准存入私人银钱号。规定国家检查私营银钱业的会计账目，并严格收税。各地可据此拟定具体办法，送中央审查批准施行。

选自中共中央政策研究室编：《政策汇编》下编，第二野战军政治部 1949 年 9 月翻印，第 169 页。

68. 中共中央对东北局在高干会上关于政权建设发言提纲的修改意见

1948 年 10 月 30 日

发来《政权建设发言提纲》我们同意。下列各点应加修改：

（一）原稿第二段第三小节："自由资产阶级是人民大众的一部分，但不是主体，也不是决定革命性质的"，"性质的"三字后，应加"力量"二字。

（二）同段第五小节："在基本群众与资产阶级之间，自然还有矛盾与斗争"一句后，应加"在新民主主义的革命彻底胜利以后，在土地改革完成以后，无产阶级与资产阶级的矛盾，即成为中国社会的主要矛盾。这种矛盾，在今后社会发展中，将逐渐明显和激烈起来"一句。

（三）同段第六小节："乡村里的村区政权，基本上是农民政权"一句中，"农民政权"四字前应加"在无产阶级领导下的"九字。

（四）同段第九小节："三三制政策基本不变"一句，应删去。同小节内"不是勉强凑数"一句，应改为"但不要勉强凑数"。

（五）同段第十小节："总之这个政权必须是以劳动群众为主体"一句，下加"即以工农联盟为基础"一句，下接"在无产阶级及其领袖共产党领导下……"。

（六）第三段第二小节："这种政权最好的组织形式是人民代表会议"一句中，"人民代表会议"前加"各级"二字。"人民代表会议"后加"这是"二字，下接"完全新的……"。

（七）同段第三小节开始"人民代表会议"六字前加"各级"二字。同小节末尾"各级人民代表会议及村政府之下的各种委员会与公民小组是政府密切联系群众的组织形式"一句，应删去。

（八）同段第四小节开始"人民代表会议"六字前，应加"各级"二字。

（九）同段第五小节："各级人民代表会议为各级政权的最高权力机关"一句，应改为"各级人民代表会议及其所选出的各级政府委员会为各级政权的权力机关"。同小节内"各级人民代表会议及各级政府委员会的组织原则为民主集中制，一切重要问题取决于代表会"一句，应改为："各级人民代表会议及其所选出的各级政府委员会的组织原则为民主集中制，一切重要问题取决于代表会议"。"各级人民代表会议主席即兼各级政府委员会主席”一句应删去。

（十）同段第六小节开始：“人民代表会议便于群众的直接掌握与监督政权”一句，应改为“人民代表会议的政权形式便于人民群众去直接掌握与监督政权”。

（十一）第三段“关于开展民主运动中的一些问题”，其中第二个问题内“宣传代表会是群众自己管理自己生活的政府”一句中“代表会”三字应改为“人民代表会议政府”八字。同段第三个问题末尾一句“逐渐富裕起来”，应改为“使他们逐渐富裕起来”。同段第五个问题开始“各级代表会议应该讨论生产问题”一句中“各级”二字后，“代表会议”四字前，应加“人民”二字。同段第六个问题中括弧内“在他们参加劳动满三年与五年”一句中之“与”字应改为“或”字。

（十二）第四段“关于组织机构与干部问题”，其中第一个问题内，讲到党政民的供给要统一时，应在该小节末尾“交通站、警卫队等”七字后，加“但同时党的机关的经济开支，应准备逐渐独立，以便将来完全分开”一句。又“各级政府应积极进行农业生产与厉行节约，以减轻国家负担”一句中，在“各级政府”四字后“应积极”三字前，加“机关为了自己工作人员的消费”十三字，“农业生产”后之“与”字可删去。

（十三）同段第二个问题应改为“党与政府的关系，在实行民主以后，必须加强党对政府的领导。党是工人阶级的阶级组织的最高形式。在政府中及一切群众组织中工作的共产党员，均须一律服从党的领导，不得违抗，必须实行党的领导一元化；但是党的领导一元化不是个人包办，个人解决重要问题，而是重要问题的解决应由党委会议民主决定。政府及群众团体工作中的重大问题，应由政府的及群众团体的党组提交党委会讨论，民主决定。政府的及群众团体的党组则应保证党委决定在政府及群众团体中实现。但党委不得直接命令政府及群众团体，不得在行政上干涉政府及群众团体的工作，只能指挥自己在政府及群众团体中的党组去实现自己的领导。同时，党还要在组织上保证政府政策法令的执行，下级党委对上级政府的决定指示，应该号召自己的党员、干部和群众加以支持，不得反对或对之消极怠工，并应使党员成为遵守政府政策法令的模范。”

（十四）同段第五个问题“干部问题”中“县长应为仅次于县委书记的干部”一句，应改为“县长应为该县最好的干部，或与县委书记有同等能力的干部”。

（十五）原稿第二段末尾，讲到“在明年春耕以前在基本地区完成县、区、村三级人民代表会议和政府委员会的选举”，关于这一问题，我们在十月十八日对你们十月二日报告的答复中曾告你们“拟不设区代表会”，但此并非定论，可按你们在本发言提纲中的计划试行。

（十六）此外，原稿末尾“就必须依靠党的领导”一句中，在“领导”之前应加“正确”二字。

附：东北局关于政权建设发言提纲（略）

选自中央档案馆编：《解放战争时期土地改革文件选编》，中共中央党校出版社 1981 年版，第 442～445 页。

69. 中国人民解放军总部关于惩处战争罪犯的命令

1948年11月1日

我人民解放军自转入进攻以来，所向无敌，全国胜利，屈指可期，国民党反动派懔于覆没的命运，近更绝灭人性，施放毒气，屠杀人民，破坏建筑，毁灭物资，作垂死的兽性的破坏。我全军上下，除应更加努力，采取一切有效办法，保护国家与人民之生命财产，使之免遭国民党军队溃败被歼时之破坏与损失外，应对此种战争罪犯彻底追究，严予惩处。为此，特根据我军一九四七年双十节宣言之精神，宣布如下命令：

一、凡国民党军官及其党部、政府各级官吏，命令其部属，实行下列各项罪恶行为之一，而证据确凿者，均应加以逮捕，并以战犯论罪：

（一）屠杀人民，抢掠人民财物或拆毁焚烧人民房屋者；

（二）施放毒气者；

（三）杀害俘虏者；

（四）破坏武器弹药者；

（五）破坏通讯器材，烧毁一切文电案卷者；

（六）毁坏粮食、被服、仓库及其他军用器材者；

（七）毁坏市政水电设备、工厂建筑及各种机器者；

（八）毁坏海陆空交通工具及其设备者；

（九）毁坏银行金库者；

（十）毁坏文化古迹者；

（十一）毁坏一切公共资材及建筑物者；

（十二）空袭轰炸已解放之人民城市者。

二、凡带头执行以上各项罪恶行为之一者，亦应依法惩办。

三、凡采取有效办法，因而使人民的生命财产，及一切属于本军的战利品及城市建设获得安全或免于破坏者，均给予应得之奖励。

我各地人民解放军应切实执行此项命令。

我军对待国民党反动派党政军人员的政策是："首恶者必办，胁从者不问，立功者受奖"。上述战争罪犯应属于首恶者一类，必须追寻他们至天涯海角，务使归案法办，不容漏网，切切此令。

中国人民解放军总司令　朱　德

副总司令　彭德怀

选自《中共中央文件选集》(14)，中共中央党校出版社1987年版，第380～381页。

互校版本：《中国新民主主义革命时期法制建设资料选编》第二册，西南政法学院函授部1982年编印，第297～298页。

70. 中共中央关于军事管制问题的指示

1948年11月15日

（一）我们认为在新收复的大城市中进行军事管制，时间不能太短，不要以为军事管制的时间愈短愈好，取消得愈早愈好，而必须看我们进行军事管制的各项目的和任务是否达到，来决定军事管制的时期。

（二）我们认为在军事管制期间，应达到以下几项目的：甲、完全肃清一切残余的敌人和散兵游勇以及任何进行武装抵抗的分子。乙、接收一切公共机关。产业和物资，并加以管制和监督。丙、恢复并维持经常的秩序，消灭一切混乱现象。丁、收缴一切隐藏在民间的反动分子的武装及其他违禁物品。戊、解散国民党、三青团、民社党、青年党及南京政府系统下的一切反动党派和团体，并收缴其各种反动证件，登记其各级负责人员，对登记后的少数反动分子实行管制（每日或每星期须向指定的机关报告其行动）。己、逮捕那些应该逮捕的战犯及罪大恶极的反动分子，没收那些应该没收的官僚资本。庚、建立系统的革命政权机关，建立革命的警察、法庭、监狱，建立物资及生产的管制机关与监督机关，建立临时的各界代表会。辛、在各种工人职员中，在青年学生中，进行切实的宣传组织工作，在可靠的基础上（注意不要被暗藏的特务分子及流氓投机分子所操纵）建立工会，学生会及青年团等，作为城市革命政权可靠的群众基础。壬、整理共产党在城市中的秘密组织，并建立党的组织。

（三）必须在上述各项工作以及其他若干工作做好以后，才能依靠城市中的党和人民政府及群众团体进行统治，取消军事管制委员会，其时间，在大城市中约须三个月至六个月，甚至更长，在小城市中约须几个星期或二三个月。时期太短，是不能做好这些事的。

（四）在军事管制时期，一般应实行戒严，但戒严的目的是限制一切反动分子及破坏分子的行动自由，保障一切革命分子及革命群众的行动自由，绝不要因为戒严而妨害一切革命工作的进行。戒严也只在必要时临时断绝交通，或临时在夜间断绝交通，而不要经常断绝交通或进行封锁。

（五）十万以上人口的大城市取消军事管制须先得中央批准。

选自《中共中央文件选集》(14)，中共中央党校出版社1987年版，第425～426页。

互校版本：

1. 中共中央政策研究室编：《政策汇编》上编，第二野战军政治部1949年9月翻印，第172～173页。

2.《中国新民主主义革命时期法制建设资料选编》第一册，西南政法学院函授部1982年编印，第219～220页。原注：“中国人民解放军政治学院《中共党史参考资料》第十一册”。

71. 中共中央关于新解放城市中组织各界代表会的指示

1948 年 11 月 30 日

据石家庄、洛阳、济南等城市解放后的经验，我在这些城市的工作中的中心弱点，是与广大群众联系不够，虽然我已掌握了政权，但还没找到与广大群众联系的最适当的组织形式和工作方法。我派往这些城市的工作干部愈多，就使城市工作机关堆积的干部愈多，也就愈加阻塞我在城市的领导机关与广大群众的联系和接触，各领导机关每日所接触的所传达的都是在外面派来的这些干部中打圈子，他们所反映的情况，又常常主观得很，与人民生活中的实际和群众中的真正舆论相距甚远. 有些城市，如石家庄，领导机关一去，也想先将群众组织起来，成为人民政权的支柱和党的耳目，但执行的时候，却毫无准备而冒失地召开工厂的职工大会，城市贫民大会，马上成立各厂工会和街道的贫民组织。结果被国民党特务钻进来。另一种组织形式，就是在城市刚解放后，我们为建立革命秩序，维持人民治安，需要召开各界或各业座谈会，报告我们的政策并征询大家的意见，但这是临时性质，不能解决经常与群众联系的问题。有的城市，已成立临时参议会，但这一组织形式，容易给人以国民党统治时代召开过的参议会的不良印象，而在成分上，因是聘请作参议，很容易偏重旧社会的上层分子，在职权上，因为是咨议机关，对群众的联系也就不会密切。因此，为纠正上述这些缺点，便于联系群众，特规定成立各界代表会的办法如下：

一、在城市解放后实行军管制的初期，应以各界代表会为党和政权的领导机关联系群众的最好组织形式。当城市初解放后，即使党在该城市原来有党的组织和群众工作，但究因是地下党的关系，不可能有广大群众的联系，故不仅正式的人民代表会议一时不易召开，即成立人民团体，例如工会、学生会、青年团、妇女联合会等，也须根据我们原来工作的有无、好坏，分别先后进行，不能一下组织好。而各界代表会，则可根据我们在该城市原有的或可能动员的力量，由军事管制委员会及临时市政府出面首先邀请若干人为各界代表，组成各界代表会，成为军管会和临时市人民政府在军管初期传达政策，联系群众的协议机关。

二、各界代表会的人数不拘，但每个代表应具有团体的代表性，如各工厂、各学校、各机关、各卫戍部队，大者各出一二人，小者共出一二人，各革命团体，如秘密的工会、学生会和妇女、青年组织，各民主党派（如在未解放前受反动压迫的各党派），均可出代表一二人，旧有的商会或其他有代表性的团体如非反动者，亦可容许其出一二人，这些代表，均为聘请，并须在我军入境前后，经过调查研究，方能确定人选，其中应以劳动人民及革命知识分子占多数，但必须尽可能地多请原与群众有密切联系的代表，切忌尽请一些从外边派去工作的干部。如查明某人系属反动分子，即使有某一为我承认之合法团体推荐，亦可拒绝，如已聘请亦得撤销。在某些团体或商店，作坊和贫民的街道组织尚未组成或尚未健全的时候，可以暂缓聘请其中的人为代表。在各人民团体，首先是工会、学生会的组织，已经健全起来的时候，他们的代表可以经过各工厂、各学校、各机关的群众大会推选，然后加以聘请，以增强其代表性。

三、各界代表会的职权，是由军管会和临时市人民政府赋予的。军管会和市人民政府的各项政策及一切市政设施，均可向各界代表会征询意见，并经过其讨论和建议，再由军管会和市政府作出最后决定，付诸实施。各界代表会并可向军管会及市人民政府提出各项市政建议。在实施过程中，各界代表须负责向其所代表的机关、团体、学校、工厂、部队、街道组织的群众报告和解释这些政策和实施的内容，并向各界代表会反映群众的意见。在必要时，军管会和市人民政府亦得派代表直接向上述各单位的群众大会做报告。在各界代表会开会时，得军管会和市人民政府的允许，可邀请有代表出席的团体单位派人旁听，以观察其代表是否尽职。

四、各界代表会的开会日期，在城市初解放时，应根据需要酌量多开，在开会时，军管会和市政府须有负责人出席参加领导。

五、各界代表会可选出主席副主席，并组织秘书处以执行日常事务。各界代表会为市人民代表会议召开以前的临时政府的协议机关，故无对政府约束之权。但我们如能运用得好，则我党的一切决议和主张，均可经过他们的协助，吸收广大人民的意见，取得广大人民拥护，并保持军管会和市临时人民政府与群众的密切联系，使我们能够听到群众的呼声，探知群众的要求，并取得群众的协助来解决各项困难问题，例如解决煤粮缺乏问题及煤粮配给办法等，均可经各界代表会讨论来获得解决。因此，我在各单位的党的组织和工作人员应力争取得群众信用，使党能经过军管会和市人民政府聘请我们同志为代表，并从而培养将来当选为人民代表会议代表的条件，使党在群众中能树立起坚强的领导作用。

六、各城市解放后：人民代表会议何时召开，须视军管期间，我党各项政策实施效果及人民群众组织情况而定，但最主要地还要看我们运用各界代表会这一组织形式的成效如何。考验我们能否管理好城市的决定力量是党的政策掌握了群众，也就是说群众拥护了党的政策。要使这一决定力量形成，党所领导的人民代表会议是我们的组织武器，而各界代表会则可看做是人民代表会议的雏形。自然配合这一组织形式联系群众、传达党的政策、反映群众意见的，尚有党所领导的工会、青年团、学生会等人民团体与党的报纸和广播及其在群众中的通讯员等等，但最直接而又最广泛的，还是这一人民代表会议及其前身——各界代表会的政权和半政权的组织形式，望各地根据这一规定善为运用，并创造出新的经验，随时电告中央。

选自《中国新民主主义革命时期法制建设资料选编》第一册，西南政法学院函授部1982年2月编印，第220～224页。

选自《中共中央文件选集》(14)，中共中央党校出版社1987年版，第431～434页。

互校版本：

1. 中共中央政策研究室编：《政策汇编》上编，第二野战军政治部1949年9月翻印，第190～194页。

2.《中国新民主主义革命时期法制建设资料选编》第一册，西南政法学院函授部1982年2月编印，第220～224页。原注："中国人民解放军政治学院《中共党史参考资料》第十一册"。

72. 中共中央关于新区农村政权问题给中原局电

1948年12月2日

新区在减租减息阶段，一方面，由于群众尚未充分发动，如果在县、区、乡即吸收开明士绅参加成立人民代表会议，就会模糊农民的阶级意识，妨碍农民反封建斗争的发展；另一方面，群众斗争又尚未进入彻底消灭封建的阶段，如果剥夺地主与旧富农之选举与被选举权，则又不安。因此，在新区暂不成立县、区、乡三级人民代表会议。应先自上而下地委派县、区、乡三级行政人员，先组织农民协会，并由农民协会及其所召集之农民代表会议实际上起人民代表会议的作用，作为政权的群众基础。及至群众业已发动起来，农民协会已真正成为农民群众的组织，工人、学生、青年、妇女等群众团体业已相继组织起来，即可成立临时人民代表会议。在城市中，则首先成立各界代表会，作为市政府的群众基础。待工会、近郊农会及青年、学生、妇女等团体组织好后，再成立市临时人民代表会议。

选自中共中央政策研究室编：《政策汇编》上编，第二野战军政治部1949年9月翻印，第198页。

73. 中央关于处理矿产与城市地房产的政策问题给中原局的指示

1948年12月11日

中原局：

二十六日电悉。

一、我们对于矿业及城市房产地产的处理，应视这些企业原属何人所有而定，如矿产原属国营或真是官僚资本所有，则应接收或没收为人民政府所有；如属私人资本所经营，或其中包含有私人股份者，则应留给私人经营和承认私人股份，并督促他们继续营业，适当的改善工人待遇，其中规模较大，将来应收为国有者，待以后再行处理。

二、关于城市中的地产，中央尚未决定处理办法，暂时亦不忙决定，目前除公地及官僚资本与被法庭判决之战犯的地产房产应予接收及没收，由市政府管理外，其他私人地产房产均不应没收，应承认其所有权，由市政府征收一定之地产税及房产税。

三、中央决定不要将很多国有财产划为党产，将来党的经费另想办法解决。

中　央

选自《中共中央文件选集》(14)，中共中央党校出版社1987年版，第439页。

74. 中央关于中央法律委员会任务与组织的决定

1948年12月12日中央书记处会议通过

各中央局、中央分局，各前委、工委：

一、中央法律委员会为在中央书记处领导之下，协助中央研究与处理有关全国立法和司法问题之工作机关。

二、中央法律委员会在立法问题方面之任务为：遵照中央指示，草拟有关全国性之法律大纲或条文；遵照中央指示或依其他机关提议，协助其他机关草拟或审查专门性之法律或法令；协助中央书记处审查各地送来之法律草案。在司法方面之任务为：厘定司法制度与法院组织纲要；拟定司法人员训练计划；编译法律书籍材料；以及总结司法工作经验。

三、中央法律委员会由委员九人组织之，以王明、谢觉哉、张曙时、李木庵、陈瑾昆、何思敬、郭任之、杨绍萱、孟庆树九同志为委员，并以王明同志为中央法律委员会主任。

四、为进行经常工作，在中央法律委员会下设立研究室与编译室。

选自《中共中央文件选集》(14)，中共中央党校出版社1987年版，第440页。

75. 中央对东北局关于县区村人民代表会议组织条例与选举条例的修改意见

1948年12月18日

东北局：

东北行政委员会亥佳电[①]已阅悉。关于办理县、区、村正式人民代表会议与人民政府委员会之选举问题，中央已另电通知，延迟至明年秋后举行，根据你处的条件，我们认为，亦以推迟一年办理为好，而不必忙于明年一月赶办普选。至于你们所拟订之县、区、村人民代表会议组织条例与选举条例，其中以下几点加以修改后，即可作为草案选择若干县试办。

一、县区村政府一律称为人民政府，县区村人民代表会议及人民政府都不要称“最高权力机关”而称为“权力机关”，并须将“议决执行上级交办之重要事项”列为县区村人民代表会议及人民政府的职权之一。

二、有许多旧民主制度的规定，如组织条例第三章第十六条关于“提请复议权”之规定，第十七、十八两条关于“代表人身保障”的规定等，均可删去。

三、县区人民代表会议议长不要兼县区政府主席，村可兼任，但一般也以不兼为好。

① 指12月9日来电。

县、区、村政府主席应分别由县区村人民政府委员会委员互推之。而不要由人民代表会议直接选举，这样，一方面符合民主集中制的原则，另一方面主席如有调动时，由该级人民政府委员会另行互选，手续方便得多。

四、县、区、村政府各部门的组织机构不必订在条例中，因为县、区、村政府之组织机构变动可能很大，列入条例，反多束缚。

五、选举条例第八条，限制地方部队、工厂、矿山、学校及机关的代表名额不得超过代表总名额八分之一的规定，是不妥当的，相反，应规定工厂、矿山、学校、机关的选举，须给以优待，如区域选举每三百人选一代表，工厂、矿山、学校、机关特种选举每一百五十人即可选一代表。

六、选举条例第四章关于竞选之规定，可以删去，尤其不要在选举中搞竞选运动。

七、第十九条第三项剥夺公权的规定，应改由县司法机关判决施行。

以上意见，望加考虑修改后试行，再根据试行经验加以修改，以便明年秋后进行普选时颁发实行。至于华北起草的两条例，因其中尚有几点未做最后决定，待审定后再转发你们参考。

中　央

亥　巧①

选自《中共中央移驻西柏坡前后》，中共党史出版社1998年版，第431～432页。原注："按中央档案电报打字稿刊印"。

76. 附一：东北解放区县区村各级政府组织条例（草案）

1948年9月23日

第一章　总　则

第一条：依据建立新民主主义政权之精神，及东北实际情况制定本条例。

第二条：县、区、村皆为政权之一级，村政权为基层组织。各级政权均依民主集中制原则组织之。

第二章　行政区划

第三条：县根据人口、面积、政治、经济、交通等情况分为四等，每县可领导五个至十五个区。

特等县四十万人口以上；

甲等县二十万人口以上；

乙等县十万人口以上；

丙等县十万人口以下。

第四条：区按照不同情形分为两种：

① 指12月18日。

一、农村区：下分若干村，每区可领导十村至二十个村，各村距区政府所在地一般以不超过三十里为宜。

二、城市：县政府所在之城市设城区，区下分若干街，每街以四百户左右为宜。

第五条：村为便于深入工作，充分发扬民主，按照下列条件划分之：

（一）交通联系方便，可以若干自然屯合组为一行政村。

（二）各屯距村政府所在地一般在五里左右为宜。

（三）每村以二百户至五百户为宜。五百户以上之大屯，或距他村太远不足二百户之屯，均可单划为一行政村。

第六条：镇分两种：交通便利，工商业较多，人口在两万以上者为特等市镇（人口在四万以上者为县或市，其组织另定），其组织与城区同，直接受县府领导，区政府所在地则由区领导；其他普通镇，其组织与村同，直接受区政府领导。

第七条：工人区、产业工人集中居住区域（包括工人家属在内），超过其他各业居民半数以上者得成立工人村（街）、工人区，或单独成立工人村（街）、工人区，其领导关系与其他区、村（街）同。

第八条：民族自治区，各少数民族集中居住，超过该村、该区、该县人口半数以上者，得成立民族自治村，民族自治区，民族自治县。

第三章　人民代表会议

第九条：县、区、村各级人员代表会议，为各级政权之最高权力机关，由选民用普遍平等直接无记名投票法选举之代表组织之。

第十条：县代表任期二年，区村代表均任期一年，连选得连任。

第十一条：各级人民代表会议职权如下：

（一）选举与罢免同级政府之行政委员。

（二）制定县地方法规，及区村公约。

（三）审查财政收支及预决算。

（四）检查同级政府工作，及对代表会议决议之执行。

（五）决定其他行政应兴应革事项。

第十二条：各级代表会议设正副主席各一人，由代表用无记名投票法选举之。

第十三条：县代表会议每半年开会一次，区代表会议三个月开会一次。村代表会议每月开会一次。有下列情形之一者得召开临时会：

（一）县代表五分之一提议，区代表四分之一提议，村代表三分之一提议者。

（二）县人民十分之一提议，区人民五分之一提议，村人民三分之一提议者。

（三）经同级行政委员会决议者。

（四）经上级政府指示者。

第十四条：各级代表会非有过半数之代表出席不得开会；非有出席代表过半数之通过不得成立决议。

第十五条：各级代表会不得作与上级政府法令抵触之决议；抵触时服从上级政府之法令。

第十六条：代表会之决议案政府认为不便执行时，政府得详具理由送请代表会议复议，复议后仍持原议时，政府应即执行。

第十七条：代表在开会期间，在会议上所发之言论，对外不负责任。

第十八条：各级代表除现行犯外，非经代表会许可，不得逮捕或拘禁。

第十九条：各级代表违法失职时，得由其选民或代表会议罢免之，有候补者依次递补，无候补者另选之。

第四章　县政府

第二十条：县设县政府，由人民代表会议选举县政府行政委员九人至十三人组成县政府行政委员会（简称县府委员会）。该委员会对上级政府及县人民代表会议负责，在代表会闭会期间，为全县行政最高权力机关。县人民代表会议正副主席为行政委员会当然正副主席，并呈请省政府转呈东北行政委员会批准，其余委员可兼任县府各科长、局长。

第二十一条：县行政委员会对上级政府、县人民代表会议负责，领导县政，县主席对外代表县政府，一切政令公文均以主席名义行之；有副职者连署之。

第二十二条：县府委员任期二年，必要时得延长，连选得连任，主席调动时，得补选，不能补选时得由省委任代理，并呈请东北行政委员会批准。

第二十三条：县行政委员会之职权如左：

（一）执行上级政府之政令、决议、指示及交办事项；

（二）执行县人民代表会议之决议；

（三）颁布县地方法规各项细则；

（四）监督所属机关执行任务，依权任免、调动、奖惩所属行政人员；

（五）其他县政应兴应革事宜。

第二十四条：县府可设下列部门推行工作，但应本精简原则及实际工作需要，并减少或合并部门。

（一）秘书室：掌管报告、会议记录、撰拟文件、典守印信、会计、总务、文书、收发、通讯、联络及其他不属于各科事项。

（二）民政科：掌管政权组织建设，行政区划、选举、人事、行政、劳动福利、卫生保健、婚姻、抚恤、优属、荣军、救济、民族、宗教、风俗、社团调查登记指导及其他有关民政事项。

（三）财政科：掌管财务行政，审计预决算、税收、公产整理保管及其他有关财政事项。

（四）粮政科：掌握粮食征收，运转保管及其他有关粮食事项。

（五）教育科：掌管学校教育社会教育、宣传工作及其他有关文化教育事项。

（六）农业科：掌管农业生产、地政、水利、水产、畜产、林政及其他有关农业事项。

（七）工商科：掌管工商登记、管理贸易合作事业及其他有关工商业事项。

（八）人民武装科：掌管民兵、自卫队、防匪自卫、战争动员，战争勤务及公路等项。

（九）人民法院：掌管民刑案件、犯人管理教育、生产等事项。

（十）公安局：掌管维持社会秩序、缉捕盗匪、锄奸、检举反革命分子、执法、禁赌、禁毒、管理户口户籍及其他有关公安事项。

第二十五条：秘书室设秘书一人，科员办事员若干人；各科局各设科长、局长一人

（必要时可设副职）、科员、办事员若干人。

第二十六条：秘书、科长、局长由县主席遴选，呈请省政府核准委任之，其余人员由县主席委任之，呈报省府。

第二十七条：县行政委员会由县府委员组织之，非行政委员之科长、局长得列席会议。处理日常政务可召开县政务会议，由主席、秘书及各科长、局长组织之。

第二十八条：县政府为加强某种工作，可组织专门工作委员会，由有关科长、局长及邀请当地军政首长及群众团体负责人参加。

第二十九条：县政府为布置检查工作，得召集区村干部会议。

第三十条：县政府对设在该县之上级政府所属该县范围内的事业专管机关及各种事业部门，有监督指导之权。

第三十一条：县政府经费应造具预决算，经省政府核准支销。

第三十二条：县政府之印信由东北行政委员会颁发之。

第五章　区政府

第三十三条：区设区政府，由区人民代表会议选举区政府行政委员七人至十一人组织区政府委员会。该委员会对上级政府及区人民代表会负责，在区代表会议闭会期间为全区行政最高权力机关。区人民代表会正副主席为区行政委员会当然正副主席，呈请县府转呈省政府批准，其余委员可兼任助理员。

第三十四条：主席对外代表区政府，一切公文均以主席名义行之。

第三十五条：区行政委员任期一年，必要时得延长，连选得连任。区主席调动，另行补选；不能补选时得由县府委任代理，并呈请省政府备案。

第三十六条：区行政委员会之职权如左：

一、执行上级政府交办事项；

二、执行区人民代表会议之决议；

三、公布区公约；

四、监督所属行政人员执行任务；

五、其他应兴应革事项。

第三十七条：区政府设秘书、民政助理、教育助理、财粮助理、生产助理、工商助理、人民武装助理、公安助理，其任务均与县各科局同，民政助理并负责调解群众纠纷。

第三十八条：非区委员兼任之区助理，可由区主席遴选呈请县府核准加委。

第三十九条：区行政会议由区行政委员组织之，非区行政委员之助理员可列席会议，必要时可邀请其他有关团体机关之负责人参加。

第四十条：区政府为布置检查工作，得召集村干部会议。

第四十一条：区政府之经费应造具预决算经县府核准支销。

第四十二条：区政府之印信由东北行政委员会制定样式，由省府制发之。

第六章　村政府（镇、街政府）

第四十三条：村设村政府，由村人民代表会议选举村行政委员七人至十一人组成村政委员会①，在村代表会议闭会期间，为村行政最高权力机关。村代表会正副主席为村政府委员会之当然正副主席，由区政府转请县政府批准。

第四十四条：村政委员任期一年，连选得连任。

第四十五条：村正副主席对外代表本村；对村人民代表会议与村行政委员会负责领导村政。

第四十六条：村政府之任务：

（一）执行上级政府交办事项。

（二）执行村人民代表会议决议事项。

（三）公布村公约。

（四）其他村政应兴应革事项。

第四十七条：村政委员分工掌管事项如左：

（一）民政委员：掌管选举、拥军、荣军、优属、抚恤、救济、义仓、婚姻、劳动福利、卫生、保健等事项。并可根据需要在民政委员之下设义仓委员会。

（二）文教委员：掌管学校社会教育及村民文化娱乐事项。

（三）财粮委员：掌管财粮收支、保管事项。

（四）生产委员：掌管土地、生产合作事项。

（五）人民武装委员：掌管民兵、自卫队、防匪自卫、战争动员、战争勤务、护路、护林及保护一切公产等事项。

（六）调解委员：掌管调解民间纠纷等事项。

（七）公安委员：掌管锄奸、户口户籍、维持治安、禁赌禁毒等事项。

（八）设文书一人，由村主席聘任，经区政府审查批准，保管表册及缮写等事项开会时当记录。

第四十八条：村政府为便于行政领导，在村下可划分为若干屯民组，每组二十户至五十户，组设组长一人，由组内人民代表互选之，二组以上的自然屯，由屯内人民代表互选代表主任一人。

第四十九条：村政府每半月召开村政会议一次，全体村政委员出席，必要时可邀请各团体负责人参加，并得召开临时会议。

第五十条：主席应向上级政府及村人民代表会议定期报告工作。

第五十一条：村政府脱离生产人员定为二人，城区内街政府脱离生产人员定为一人，其他村街干部均为义务职。

第五十二条：村经费应按月造报预决算、经区政府审核，县政府报销，并向群众公布。

第五十三条：村政府之印信，由东北行政委员会规定样式，由县政府制发之。

第七章　附　则

第五十四条：本条例如有未尽事宜，得由东北行政委员会修改之。

第五十五条：本条例解释权属于东北行政委员会。

---

① 原注：“村政委员会”似为“村行政委员会”或“村政府委员会”之误。

第五十六条：本条例自公布之日施行。

77. 附二：东北解放区县、区、村人民代表选举条例（草案）

1948 年 9 月 20 日

第一章　总　则

第一条：本条例根据东北解放区县、区、村政权组织条例制定之。

第二条：县、区、村人民代表会议之代表，均由选民按普选平等直接无记名投票法选举之。

第二章　选举权与被选举权

第三条：凡年满十八岁以上之中国公民，不分性别、民族、宗教、信仰、教育程度、居住年限、社会职业及财产状况，经选举委员会登记依法审查合格后，均有选举权与被选举权。

第四条：有下列情形之一者，无选举权与被选权。

一、不及法定年龄者。

二、患精神病者。

三、经军事法庭司法机关和人民法庭判决剥夺公民权者。

四、有反革命行为及民主政府缉办在案者。

第五条：凡外国人在东北解放区境内已入中国国籍者，其公民资格均适用于第三条、第四条之规定。

第三章　选举区及选举名额

第六条：县、区、村选举区之划分：

一、县人民代表以区为单位选举之。

二、区人民代表以村为单位选举之。

三、村人民代表以村公民小组为单位选举之，每小组以十五人至四十人组合之。

第七条：县、区、村人民代表名额之规定：

一、特等县：一百六十名。

二、甲等县：一百四十名。

三、乙等县：一百二十名。

四、丙等县：一百名。

五、区：四十名至六十名。

六、村：每一公民小组选代表一人。

前项县、区人民代表以各选举单位公民比例分选之，少数民族之代表名额，可依公民比例酌情增加。

第八条：地方部队、群众团体、工厂、矿山、学校及其他机关，依单位大小得单独或归并划为选举单位，其代表名额最多不超过总代表八分之一。

第四章　候选人与竞选

第九条：县、区、村人民代表之选举，地方部队、群众团体、工厂、矿山、学校及其他机关或一般公民自由联合，均得提出候选人经选举委员会依法审查合格后，得自由参加竞选。

第十条：公民自由联合县、区选举须有公民四十人以上始得联合提出候选人。村可由公民小组提出候选人。

第五章　当选、候补及改选

第十一条：县、区、村人民代表均以票多者为当选，次多者为候补，村不设候补人，在每一选举单位内，候补人不得超过当选人十分之一。

第十二条：县、区、村代表因死亡或其他原因去职时，由候补人依次递补，村可另补选之。

第十三条：县人民代表每二年改选一次，区、村人民代表每一年改选一次，连选得连任。

第十四条：县、区、村人民代表选举中，如有贿选舞弊胁迫破坏等情，经举发证实者，其选举结果宣布无效，违法者并交政府依法处理。

第六章　选举委员会

第十五条：县、区、村人民代表之选举事务，由各级选举委员会办理之，其组织如左：

一、县人民代表选举委员会，由县级机关、地方部队、民主党派及群众团体、学校及民主人士之代表九人至十三人组织之。

二、区人民代表选举委员会，由区级机关、民主党派、群众团体之代表五人至七人组织之。

三、村人民代表选举委员会由村级机关及群众团体的代表或村民大会选举之代表五人至七人组织之。

第十六条：各选举委员会，设主任、秘书各一人，下设总务、宣传、选举三股。

第十七条：地方部队、群众团体、工厂、矿山、学校及其他机关按选举委员会制定之选举单位成立选举委员会。

第十八条：各级人民代表选举委员会之职权与任务如左：

一、进行各级选举之宣传动员。

二、办理公民登记。

三、依法审查公民资格。

四、召开选举会议。

五、监督选举。

六、检查选举违法事项。

七、其他有关选举事项。

第十九条：确定公民资格之手续，应以下列程序进行之：

一、村选举委员会应根据本条例第三条、第四条之规定，负责审查全村公民资格之同时，提出有公民权者与无公民权者之名单。

二、由村（街）选举委员会召开村（街）民大会，审查讨论通过前项名单，并呈交区政府批准，向全村（街）公布之。

三、经群众检举须剥夺公民权者，由区政府审查，呈请县政府批准后实行之。

四、人民对于公民资格之审查有检举权与申诉权。

第二十条：各级选举与经费，由县选举委员会造具预决算，呈请省政府批准支销。

第七章　附　则

第二十一条：本条例修改解释权，属于东北行政委员会。

第二十二条：本条例由东北行政委员会公布实行之。

选自《中共中央移驻西柏坡前后》，中共党史出版社 1998 年版，第 432～441 页。原注："按中央档案电报原稿刊印"。

78. 中共中央关于县、村人民代表会议的指示

1948 年 12 月 20 日

在一九四七年冬的土地改革中，各地已有许多县、区、村建立了临时性的人民代表会议或农民代表会议，并获得许多宝贵的成绩和经验，如晋绥之崞县和华北之平山。这些临时性的人民代表会议之代表，大多是由各村群众大会直接选派出来，大村每村一人，小村数村合选一人，随时可以撤换。这种代表确实具有充分的群众性，会议也开得很活泼，讨论和解决了许多重要的问题，在土地改革中确实起了不少的作用，如崞县一区代表会议对那样复杂的政策问题也解决得很好。因此，凡在土地改革中已建立了这种临时性的人民代表会议或农民代表会议并获有成绩的地方，不要以为土地改革结束而把它搁置起来，必须继续保持并加以改进和发展，必须把扩军、战勤、负担、生产等重要工作都拿到代表会议去讨论和决定，而不要只由几个人去决定，仍旧回到过去那种包办代替的方式，以便经常联系人民，吸取更多的经验，使人民代表会议不仅善于解决土地斗争中的各种问题，而且在扩军、战勤、负担、生产等经常工作中也同样有其积极的作用。至今尚未建立起这种临时性的人民代表会议的地方，亦应按照上述的经验，把它建立起来。经验证明，人民代表会议的政权，乃是新民主主义政权的最好形式。各地党的领导机关必须予以最大的注意，研究其中的经验，以便能在经常工作中把它确实地建立起来，在报纸上亦须经常总结和报导其经验。但正规地选举县、村两级的（或县、区、村三级的）人民代表会议，在一九四八年冬和一九四九年春还不宜普遍办理，让临时性的人民代表会议再继续工作一年，是有好处的。而各解放区在一九四八年冬和一九四九年春可选择若干县试办这种正规的选举，以便取得经验，在一九四九年秋后普遍实行。

选自《中共中央文件选集》(14)，中共中央党校出版社 1987 年版，第 450～451 页。

互校版本：中共中央政策研究室编：《政策汇编》上编，第二野战军政治部 1949 年 9 月翻印，第 199～200 页。

79. 中央关于城市公共房产问题的决定

1948年12月20日

在解放的城市中，由于对公共房产的管理与分配尚未规定出详细的办法，曾发生了许多不应有的问题。例如，许多机关、团体和部队，在城市中占领与争夺公共房屋和家具，或一个小机关占据极大极多的房屋，任意糟蹋毁坏，不负任何责任；许多干部擅自在城市的公共房屋中设立私人的公馆，取用家具，或以家具赠人，搬入乡村；另有许多公共房屋在机关搬走后，不将房屋交代适当机关接收或看守，或随便移走家具和水电设备，让许多公共房产被游民破坏，无人负责看管。这些现象的发生，不独严重地损害国家和人民的财产，且在人民中种下极不好的印象，严重地妨害了工作的进行，妨害了党内的团结，并引起了若干干部的生活腐化。为了切实防止并消灭这些现象，中央特作处理城市公共房产的各项规定如下：

一、在一切有许多公共房产的城市中，由驻在该城市中的最高党委拟定名单，经过军事管制委员会，或当地政府及军事机关，任命该城市的公共房产管理委员会，并在此委员会之下，设立公共房产管理处，统一管理与分配该城市中的一切公共房屋，不许有任何例外。一切公共房屋，连同房屋中的家具、设备、衣被、草木等在内，不论有无机关或个人居住或已否分配，一律由房产管理委员会接收和保管，并进行登记，造具清册，成为国家财产，不许有任何例外。这种接收工作，并须尽速完成。任何机关、团体或个人，均不得私自占用民房，非经特许并不得私自租借民房。

二、公共房产管理委员会接收所有公共房产后，即拟定房产分配计划，按照驻在该城的所有公共机关、团体、工厂、学校的实际需要，将所有房产包括家具、衣被及其他设备在内，一律重新作一次统一的合理的分配，以免多少好坏不均、浪费房屋及其他不合理观象。这种分配计划，由该城最高党委批准，并召集有关各部门的工作人员大会说明后，由军事管制委员会或政府及军事机关首长以命令执行之，各机关团体不得擅自霸占或争夺。但在重新分配公共房产时，一般地应使原有机关、学校、工厂仍分配以原有房产，使其在原处工作，以利人民来往和工作进行。

三、一切在巩固城市中办公的机关，必须设立集中的办公室，实行集中办公制度，建立办公规则，按时上班下班，非经准许，不许迟到早退（外出办公，属于办公时间内）。某些机关因业务需要，应建立夜间值班制度，设立值班员。除申明理由，经当地最高机关批准者外，不准任何人在自己家中办公。这种办公室应依党的、政府的、军队的、群众团体的、财经部门的各种系统，分别建立。

四、所有在城市中工作的党、政、军、民各系统的工作人员，在房屋具备的条件下，须分别设立寄宿舍，集中居住。除其家庭原在本城市并有充足理由经本机关负责首长批准者外，不得离开寄宿舍居住。任何负责的党员，除其家庭原在本城有其自己的房屋居住外，不得在城市的公共房屋中设立私人的公馆。如有个别党员及非党干部须在城市的公共房屋中设立个人公馆者，须经中央及中央代表机关特许。各机关的办公处和寄宿舍，在有敌机威胁的城市中，须注意防空设备。

五、依照上述各项，将城市公共房产统一调整分配后所空出的许多公共房屋，由管理委员会计划分别作为公共场所、文教机关、工农群众的招待所等，并可酌量出租一部分房屋给市民。对原有的公共场所、学校、古迹名胜应予保护，不得破坏。除非有十分的或暂时的必要，不要无代价地分配房屋给贫民居住。但在某些已有工人免费寄宿舍的城市中，仍应允许其免费居住。

六、所有公共机关和个人被允许居住公共房屋及以公共房屋办公者，均须向房产管理处付出必要的房租，作为修理房屋与水电设备，添制家具及管理人员的经费与建造新房之用。否则，公共房屋将永远无人负责管理和修理，而迅速毁坏。房租应分为几等，公共机关公共场所所需用的房屋及工人贫民租住的房屋，租金应该从轻。增加房租时，须经市政府之批准。如有公共机关在过去因修理公共房屋和水电设备及添置家具所用之经费，允许作为租金折算。

七、制定公共机关和个人租住公共房屋必须遵守之章程，以及破坏这些章程之处罚办法，在章程内应规定承租、退租之手续，房租缴纳之办法，损失与破坏之赔偿，管理人员的职责与职权等。这种章程由政府颁布，并须由承租人签字保障实行，不实行者，房产管理处得向人民法院控诉。

八、公共房产管理委员会，一般应属市政府管辖（在实行上述各项时，可暂时直接归军事管制委员会或驻在该城之最高政府管辖）。管理委员会所收得之房租，除作为经过其所属之上级机关所批准的自己开销及修理、添制等项经费外，应解交市政府。在规模较大的公共房屋中，应设立管理室，由住于该房屋中的机关负责组成，受房产管理处管辖。在一个胡同或弄堂内，应设看守人，由房产管理处指派，经常负责检查及看守公共房产。

九、上述各项应由各中央局，分局转令各城市党委办理，并由市政府制订法令公布施行之。在解放已久的城市，市政府应即设立公共房产管理委员会及管理处，将所有公共房产，不论已否分配，统应进行一次全面调查，并依据上述规定，实行接管和重新分配。在新解放的城市中，由军管会制订临时办法施行，并设立各机关和团体临时的办公处和寄宿舍，迅速建立公共房产管理机关去接收和管理一切公共房产。不论解放已久或新解放的城市，均严格地禁止一切霸占、争夺、移走、拆毁公共房产、家具、设备的行为。上述各项办法的实行，不独可以保护城市中大量的国家财产，最大的好处，还在维持我党和党外工作人员在城市中的秩序，及防止城市工作人员的腐化与官僚主义化。

十、除公共房产问题外，对所有准备长期在城市中工作的人员，应适当地改变原来在乡村工作中的若干待遇，按照城市的条件，重新规定城市工作人员的待遇。例如：私人的马匹与马夫应该取消；私人勤务员亦可取消，在办公室与寄宿舍改用公共勤务员。除部队外现行的警卫员制度，应一律取消。除对办公室与寄宿舍应组织适当的警卫外，对于高级负责干部的保卫，应采用适合于城市环境的办法。设立公共的交通工具，及发给某些工作人员以必要的交通费，并须发给工作人员若干必要的津贴。所有汽车必须统一地合理地分配，禁止任何私人霸占汽车。工作人员的伙食、制服、娱乐、洗澡、理发等，均应统一地加以规定和组织，并酌量组织托儿所。必须适当地统一地规定与组织一切工作人员的生活，才能免除城市工作人员各种散漫的现象，及不适合城市工作的各种生活样式，保持工作人员饱满的工作情绪。一切城市工作人员中，不能容许有不守纪律及贪污和腐化的现象，如有不守纪律及贪污和腐化的行为，必须立即加以处理，令其离开城市工作。但在节俭的水准上适当地规定城市工作人员的生活是完全必要的。

中　央

选自《中共中央文件选集》(14)，中共中央党校出版社 1987 年版，第 461～465 页。

互校版本：中共中央政策研究室编：《政策汇编》上编，第二野战军政治部 1949 年 9 月翻印，第 211～215 页。

80. 中央为平津前线司令部起草的入城布告

1948 年 12 月 21 日

林罗刘，肖陈，程彭黄，彭聂叶，黄①（华北转）并告华北局：

兹发去平津入城布告底稿，望即如拟付印，并即开始在平津市郊张贴。杨罗耿、杨李两兵团付印时，可将平津前线司令部改为平张前线司令部，解放平津两市，改为解放张家口，其他凡有平津字样，均改为平张或张家口，余均可通用，下面署名亦用林罗。

中　央

布告底稿全文如下：

中国人民解放军平津前线司令部布告：约法八章

本军奉命歼灭国民党匪军，解放北平、天津、唐山、张家口诸城市。兹特宣布约法八章，愿与我全体人民共同遵守。

（一）保护各城市全体人民的生命财产。望我全体人民严守秩序，各安生业。如有反革命分子或其他破坏分子乘机捣乱、抢劫、破坏者，一经查出，定予严办。

（二）保护民族工商业。凡属私人经营之工厂、商店、银行、仓库等，一律保护，不受侵犯，望各业员工照常生产，各行商店照常营业。

（三）没收官僚资本。凡属国民党反动政府经营的工厂、商店、银行、仓库、铁路、邮政、电报、电灯、电话、自来水等，均由民主政府接管，如有一部分私人资本经调查属实者，当承认其所有权。所有在官僚资本企业中供职之人员，在民主政府接管前，均需照旧供职，并负责保护资财、机器、图表、账册、档案等，听候清点和接管。保护有功者奖，怠工破坏者罚，其愿继续服务者，在民主政府接管后，准予量才录用。

（四）保护学校、医院、文化教育机关、体育场所，及其他一切公共建筑，凡原在学校、医院、文化教育卫生机关，及其他社会公益机关供职的人员，均望照常供职，本军一律保护，不受侵犯。

---

① 原注：姓名全称是：林彪、罗荣桓、刘亚楼、肖劲光、陈伯钧、程子华、彭明治、黄志勇、彭真、聂荣臻、叶剑英、黄敬。

（五）除首要的战争罪犯及罪大恶极的反革命分子外，凡属国民党省、市、县各级政府机关的官员、警察人员、区镇乡保甲人员，凡不持枪抵抗、不阴谋破坏者，本军一律不加俘虏或逮捕，并责成上述人员各安职守，服从本军及民主政府的命令，负责保护各机关资财、档案等，听候接收处理。这些人员中，凡有一技之长，而无反动行为或严重劣迹者，民主政府准予分别录用，如有乘机破坏、偷盗、舞弊、携带公款、公物、档案潜逃，或拒不交代者，定予依法惩办。

（六）为确保城市治安，安定社会秩序，一切散兵游勇均应向当地本军部队及警备司令部公安局投诚报到。凡自动投诚报到，并将所有武器交出者，概不追究；其迟不报到及隐藏武器者，即予逮捕查究，决不姑宽；窝藏不报者，亦须受应得的处分。

（七）保护外国侨民生命财产的安全。一切外国侨民，必须遵守本军及民主政府的法令，不得进行间谍活动，不得有反对中国革命事业的行为，不得隐匿战争罪犯、反革命分子及其他罪犯；否则，当受本军及民主政府的法律制裁。

（八）无论在本军进城以前和进城以后，城内一切市民及各界人士，均须共同负责，维持全城秩序，免遭破坏。凡保护有功者奖，阴谋破坏者罚。

本军纪律严明，公买公卖，不取民间一针一线，望我全体人民一律安居乐业，切勿轻信谣言，自相惊扰。切切此布！

中国人民解放军平津前线司令部

司令员　林彪

政治委员　罗荣桓

选自《中共中央文件选集》(14)，中共中央党校出版社1987年版，第468～470页。

互校版本：中共中央政策研究室编：《政策汇编》上编，第二野战军政治部1949年9月翻印，第218～220页。（无中央电文）

说明：1949年4月25日发布的《中国人民解放军布告——宣布约法八章》与此略有修改。参见《毛泽东选集》第四卷，人民出版社1991年版，第1457～1459页：《中国人民解放军宣言》。

81. 陕北权威人士论战犯名单问题

1948年12月25日

〔新华社陕北二十五日电〕此间各界人士谈论战争罪犯的名单问题。某权威人士称：全部战争罪犯名单有待于全国各界根据实际情形提出。但全国闻名的头等战争罪犯，例如蒋介石、李宗仁、陈诚、白崇禧、何应钦、顾祝同、陈果夫、陈立夫、孔祥熙、宋子文、张群、翁文灏、孙科、吴铁城、王云五、戴传贤、吴鼎昌、熊式辉、张厉生、朱家骅、王世杰、顾维钧、宋美龄、吴国桢、刘峙、程潜、薛岳、卫立煌、余汉谋、胡宗南、傅作义、阎锡山、周至柔、王叔铭、桂永清、杜聿明、汤恩伯、孙立人、马鸿逵、马步芳、陶希圣、曾琦、张君劢等人，则是罪大恶极，国人皆曰可杀者。应当列入头等战犯名单的人，自然不止次数，这应由各地身受战祸的人民酌情提出。人民解放军为首先有权利提出此项名单者。例如国民党第十二兵团司令黄维在作战中施放毒气，即已充分地构成了战犯资格。全国各民主党派，各人民团体皆有权讨论和提出战犯名单。

选自《中共中央文件选集》(14)，中共中央党校出版社1987年版，第475页。

82. 附：十四条军管会入城纪律

1948年12月28日

一、入城机关、部队人员必须佩带符号，或持有证件，并遵守政策、纪律与规则。

二、入城军人须注意军风纪律，服装整齐，注意礼节。

三、通行时靠右边走，不准在市内乘车驱驰，汽车速度每小时不得超过40里，慎勿发生意外。

四、不准在街上吃东西，不准随意大小便，维持公共卫生。

五、不准私入民宅，不拿人民一针一线，必须公平交易，遵守群众纪律。

六、战斗结束后不准无故鸣枪。

七、无事不得擅自出游，外出时必须请假，不准外宿。

八、乘坐火车、公共汽车或电车时，必须遵守乘车规则，听从指挥，不准扒车跳车，免出危险。

九、服从纠察队、警察及路警等之正当指挥，不得违犯其规章。

十、居住房舍内的陈设家具等，不得私自搬动。

十一、注意组织防控，严格遵守防控规则与纪律。

十二、保护自来水、电灯、电话、民教馆、图书馆、文物古迹等公共财产与社会公益机关，不得损坏或搬运其设备，或妨害其工作。

十三、任何人员均有协助警备部队和公安机关举发破坏分子、特务分子的责任，在非紧急情况下（如抢劫、放火、杀人等），不得直接逮捕。

十四、人人要宣传共产党及人民政府的政策法令。

选自《北京晚报》2011年7月29日“江山·迹”特刊，第11页。

83. 中央关于新解放城市对旧保甲人员的处理办法的通知

1949年1月3日

林罗，聂彭叶，黄①，并告各中央局，分局，前委：

---

① 林罗，指林彪、罗荣桓。聂彭叶，指聂荣臻、彭真、叶剑英。黄，指黄敬。

根据过去晋冀鲁豫在新解放区对伪保甲人员处理的经验及此次济南的经验，我们建议：平津及其他大城市解放后，对保甲人员可采取如下办法：

（一）少数有重大罪恶行为，人人痛恨的保甲人员，应予逮捕法办。但对一般保甲长在短时期内，仍须暂行利用，使之有助于社会治安之维持。

（二）由我们委派的市区政府工作人员，分区召集原有的全区保长除罪大恶极者外到区听训，首先指出保甲制度是国民党反动统治的基层机构，必须废除，保长是国民党反动政府指派的，是国民党反动派统治人民压榨人民的工具和帮凶，应该受人民的审查，有罪者应受惩处。现在人民解放军及民主政府宽大为怀，给他们一个自新的机会，责令他们在下列几件事上立功自赎：

（甲）检举潜藏该保的散兵游勇、特务分子；

（乙）呈报散落该保的武器弹药及其他军用品，以及该保居民私有的枪支弹药（无论在国民党统治时曾否领有枪照，均包括在内）；

（丙）报告并看管设在该保的一切公共房产、机关、学校、工厂及其他一切公共财产，使之不受破坏。如有破坏及抢劫偷盗情事，应即尽力设法制止，并报告市区政府；

（丁）注意各户特别是旅馆、客店的来往人员，如发现可疑分子，应立即报告区政府。

并严正告诉他们：对上列各项，如有知情不报，甚至身为窝主者，当严予惩处。但栽赃诬告，陷害好人者，亦应受反坐之处分。此外，还须指出他们今后必须低首下心，为人民服务，以求取得人民之宽赦，绝不准许借人民解放军及民主政府招牌，招摇撞骗，作威作福，否则，一经查觉，再不宽贷。最后，饬令他们依据上述内容联名具结，保证切实遵行。如有狡猾的保长，不愿接受上述命令，借辞推诿脱身者，一概不准。

（三）经过上述手续后，再分区召开群众大会，务求家家户户有人到会，着令保甲人员全体到场站立一旁，去掉他们昔日的威风，当场将第二项全部内容详细复述，将他们所具之联名切结，当场公布，使群众完全了解我们的意图，并号召群众监督他们。如发现他们继续欺压人民，或有其他不法行为，准予随时公开或密函向军管会、警备司令部、市和区的民主政府控告举发，查明属实，定予严惩。

（四）这种做法，是为了暂时利用保甲人员，而且是在民主政府的严密控制与广大群众的监督之下，暂行利用他们，这绝不是承认他们在民主政权系统中的合法地位。如济南五区派工作人员下去工作，还要给保长写介绍信，经过保长进行工作，那是错误的。

（五）以上办法，望你们试行，以便取得经验，便于推广。

中　　央
子江

选自《中共中央文件选集》(18)，中共中央党校出版社 1992 年版，第 8～10 页。原注：“根据中央档案原件刊印”。

84. 中共中央关于新解放城市职工薪资问题的指示

1949年1月10日

（一）新解放城市中关于职工与留用的公教人员的工资薪水问题，是一个非常复杂的问题，也是全国性的问题，不能草率地制定新的工资标准。而且，目前的形势又不允许我们召开带全国性的会议来通盘解决这一问题。我们过去在农村环境中因袭供给制而草率规定的那一套工厂工人工资制度和标准，又不能搬用于城市，因为城市生活水平较高，房租水电等等都要出钱，不能按乡村生活水平来订城市工人的工资。因此，凡留任原职的职工和公教人员，只有暂时一律照旧支薪，即按解放前最近三个月内每月所得实际工资的平均数领薪。只有在个别地方，三个月的平均数仍嫌太高或太低，才可稍为削减或增高。只有职工绝大多数公认的个别不合理者，例如某些人本无技术，也无管理经验，仅因人事关系而工资特高者，才需按实际情况加以改变。至于工资以外的旧有的各项待遇，则应首先加以区别。在国民党统治时，对于因战时物价波动而临时采取的补贴办法，非正常制度所有的规定，而在我规定工资、计算工人实际所得时，又已计算在内者，则不应再额外发给，而应向工人详细解释，把账算给工人听，使工人放弃这种额外要求；但对于某些在企业中实行多年的劳动保险制度与奖励制度，例如年关花红、例假、抚恤金等，则不应取消，并应按往年一样发给。如确有财政困难，不能发给时，则应向职工说明实际情况，取得工人真正自觉地同意之后，可以暂时部分欠发。

（二）照前条办法实行后，可能发生甲地与乙地之同一行业、同等技术的工人，而工资不同，其悬殊过大者，可在实行中逐渐加以调整。至于铁路工人，因其本身具有超区域性，如各段工资不同，碍难实行。据华东财办称：中原铁路工人工资较之济南铁路工人工资高达二倍半，两路工人在徐州会面，就不好办。这种问题应由华东、中原并加上华北三方面各派专人及铁路工人的代表协商调整之。此会议由华北财办负责召集，并参照东北铁路职工的工资待遇情况，提出具体方案，经中央批准实行。

（三）设在老解放区农村中的工厂，其工资待遇制度与新解放城市中职工的工资待遇制度不同，而且一般是前者较后者为低，如必须加以调整时，则应更多地改变我们过去老解放区的规定，而不要改变城市工人的工资待遇，不要使之与设在乡村中的工厂工人的工资看齐。

（四）原来是供给制待遇的一些干部，到新解放的城市工作，也不必急于改行薪水制。凡是供给制待遇的干部，可以集中居住于若干公共宿舍，与薪水制的职员一样按时到机关办公。但其一切生活供给则以公共宿舍为单位，照旧实行供给制，否则，不是使机关和住宅分不开，就是弄得到处是“小公馆”，对干部教育管理也是不利的。

选自中共中央政策研究室编辑：《政策汇编》上编，第二野战军政治部1949年9月翻印，第246～248页。

85. 毛主席关于时局的声明

1949 年 1 月 14 日

自一九四六年七月，南京国民党反动政府在美国帝国主义者的帮助之下，违背人民意志，撕毁停战协议和政治协商会议的决议，发动全国规模的反革命的国内战争以来，已经两年半了。在这两年半的战争中，南京国民党反动政府违背民意，召集了伪国民大会，颁布了伪宪法，选举了伪总统，颁布了所谓“动员戡乱”的伪令，出卖了大批的国家权利给美国政府，从美国政府获得了数十亿美元的外债，勾引了美国政府的海军和空军占据中国的领土、领海、领空，和美国政府订立了大批的卖国条约，接受美国军事顾问团参加中国的内战，从美国政府获得了大批的飞机、坦克、重炮、轻炮、机关枪、步枪、炮弹、子弹及其他军用物资，以为屠杀中国人民的武器。南京国民党反动政府在上述各项反动的卖国的内政外交基本政策的基础上，指挥它的数百万军队，向着中国人民解放区和中国人民解放军举行了残酷的进攻。所有华东、中原、华北、西北、东北各人民解放区无一不受到国民党军队的蹂躏。解放区的中心城市延安、张家口、淮阴、菏泽、大名、临沂、烟台，承德、四平、长春，吉林、安东等地，均曾被匪军占领。匪军所至，杀戮人民、奸淫妇女、焚毁村庄、掠夺财物，无所不用其极。南京国民党反动政府的统治区域，则压迫工农兵学商各界广大人民群众出粮、出税、出力，敲骨吸髓，以供其所谓“戡乱剿匪”之用。南京国民党反动政府取消人民的一切自由权利，压迫一切民主党派及人民团体使其丧失合法地位；压迫青年学生们的反内战、反饥饿、反迫害、反美国干涉中国内政及扶植日本侵略势力等项正义的运动；滥发伪法币及伪金圆券破坏人民的经济生活，使广大人民陷于破产的地位；用各种搜刮的方法，使国家最大的财富集中于蒋宋孔陈四大家族为首的官僚资本系统。总之，南京国民党反动政府，在其反动的卖国的内政外交基本政策的基础之上所举行的国内战争，业已陷全国人民于水深火热之中，南京国民党反动政府决不能逃脱自己应负的全部责任。同国民党相反，中国共产党自从日本投降以后，即尽一切努力向国民党政府要求防止及停止国内战争，实行国内和平。中国共产党根据此种方针，坚持地奋斗，在全国人民的赞助之下，首先获得了一九四五年十月国共两党会谈纪要的签订。在一九四六年一月，又签订了国共两党的停战协议，并与各民主党派协作，在政治协商会议上迫使国民党签订了共同的决议。自此以后，中国共产党即和各民主党派各人民团体一道为维护这些协定和决议而奋斗。但是可惜，所有这些维护国内和平及人民民主权利的行为，均不被国民党反动政府所尊重。相反地，被认为是软弱的表现，不值一顾。国民党反动政府认为人民可欺，认为停战协议和政治协商会议的决议可以随意撕毁，认为人民解放军不值一击，认为他们的数百万军队可以横行全国，认为美国政府对于他们的援助是力大无穷的。以此种种，国民党反动政府就敢于违背全国人民的意志，发动了反革命战争。在此种情况下，中国共产党不得不坚决地起来反对国民党政府的反动政策，为着保卫国家的独立和人民的民主权利而奋斗。自一九四六年七月起，中国共产党领导了英勇的人民解放军抵抗了国民党反动政府的四百三十万军队的进攻，然后又使自己转入了反攻，从而收复了解放区的一切失地，并解放了石家庄、洛阳、济南、郑州、开封、沈阳、徐州、唐山诸大城市。中国人民解放军克服了无比的困难，壮大了自己，以美国政府送给国民党政府的大批武器装备了自己。在两年半的过程中，歼灭了国民党反动政府的主要军事力量及一切精锐师团。现在，人民解放军无论在数量上、士气上和装备上均优于国民党反动政府的残余军事力量。至此，中国人民才开始吐了一口气。现在，情况已非常明显，只要人民解放军向着残余的国民党军再作若干次重大的攻击，全部国民党反动统治机构即将土崩瓦解，归于消灭。现在，国民党反动政府发动内战的政策，业已自食其果：众叛亲离，已至不能维持的境地。在此种形势下，为着保持国民党政府的残余力量，取得喘息时间，然后卷土重来，扑灭革命力量之目的，中国第一名战争罪犯国民党匪帮首领南京政府伪大总统蒋介石，于今年一月一日，提出了愿意与中国共产党进行和平谈判的建议。中国共产党认为这个建议是虚伪的。这是因为蒋介石在他的建议中提出了保存伪宪法、伪法统及反动军队等项为全国人民所不能同意的条件，以为和平谈判的基础。这是继续战争的条件，不是和平的条件。旬日以来，全国人民业已显示了自己的意志。人民渴望早日获得和平，但是不赞成战争罪犯们的所谓和平，不赞成他们的反动条件。在此种民意基础之上，中国共产党声明：虽然中国人民解放军具有充足力量和充足理由，确有把握在不要很久的时间之内，全部消灭国民党反动政府的残余军事力量，但是为了迅速结束战争，实现真正的和平，减少人民的痛苦，中国共产党愿意与南京国民党反动政府及其他任何国民党地方政府与军事集团，在下列条件的基础之上进行和平谈判。这些条件是：（一）惩办战争罪犯；（二）废除伪宪法；（三）废除伪法统；（四）依据民主原则改编一切反动军队；（五）没收官僚资本；（六）改革土地制度；（七）废除卖国条约；（八）召开没有反动分子参加的政治协商会议，成立民主联合政府，接收南京国民党反动政府及其所属各级政府的一切权力。中国共产党认为，上述各项条件反映了全国人民的公意，只有在上述各项条件之下所建立的和平，才是真正的民主的和平。如果南京国民党反动政府中的人们，愿意实现真正的民主的和平，而不是虚伪的反动的和平，那么，他们就应当放弃其反动的条件，承认中国共产党提出的八个条件，以为双方从事和平谈判的基础。否则，就证明他们的所谓和平，不过是一个骗局。我们希望全国人民，各民主党派，各人民团体，大家起来争取真正的民主的和平，反对虚伪的反动的和平。南京国民党政府系统中的爱国人士，亦应当赞成这样的和平建议。中国人民解放军全体指挥员战斗员同志注意：在南京国民党反动政府接受并实现真正的民主的和平以前，你们丝毫也不应当松懈你们的战斗努力。对于任何敢于反抗的反动派，必须坚决彻底干净全部地歼灭之。

中国共产党中央委员会　主席　毛泽东

1949 年 1 月 14 日

选自中共中央政策研究室编辑：《政策汇编》上编，第二野战军政治部 1949 年 9 月翻印，第 249～253 页。

互校版本：《毛泽东选集》第四卷，人民出版社 1991 年版，第 1386～1390 页。标题为：“中共中央毛泽东主席关于时局的声明”。

86. 中共中央关于接收官僚资本企业的指示

1949 年 1 月 15 日

天津市委并告北平市委并各中央局、分局、前委：

一、天津解放后，你们派人去接收官僚资本企业，必须严格地注意到不要打乱企业组织的原来的机构。对于接收来的工厂、矿山、铁路、邮政、电报及银行等，如果原来的厂长、矿长、局长及工程师和其他职员中没有逃跑并愿意继续服务者，只要不是破坏分子，应令其担负原来职务，继续工作，军管会只派军事代表去监督其工作，而不应派人去代替他们当厂长、局长、监工等。如果某个企业的主要负责人逃跑，即从本企业职工中提拔适当的人员代理。除非是无法提拔或我们派去的人完全是该企业的内行，能够无困难地管理该企业，才任命他们直接负责该企业的管理。对于企业中的各种组织及制度，亦应照旧保持，不应任意改革及宣布废除，旧的实际工资标准和等级及实行多年的奖励制度、劳动保险制度等，亦应照旧，不得取消或任意改订。旧制度中有一部分须要加以改良者，亦须等到详细研究后，才能提出更合理的改订办法，绝不是草率拟定办法或用老解放区企业中的制度去硬套所能改善的。只有如此，我们的接收人员才能保持主动，否则，他们将立即陷于被动。

二、我们派到各企业中的军事代表（即接收人员），对于大企业除派一个负责的总代表外，并可在各工作部门（十分必要时可在各车间）、各站、各段派遣代表，受总代表之指挥，并可设立监督部或政治部。这种军事代表的任务应是：

甲、保障上级命令的实行；

乙、保障生产的进行或恢复；

丙、防止破坏或怠工，清查反动分子；

丁、防止偷盗、贪污及浪费；

戊、对职工进行政治教育与宣传，从职工中挑选干部；

己、协助职工组织工会及消费合作社等；

庚、了解企业中的情况，学习管理生产。

军事代表为了完成上述各项任务，应有权力监督企业中的一切活动，了解企业中的一切情形，要适当的人员向自己作报告，并在一切命令及指示上签字。生产的进行如有不好或发生破坏怠工等事，即应查明实情，追究责任，将进行破坏或怠工有据的分子，送交人民法庭。企业中共产党的支部及党员，应受军事代表领导，协助军事代表完善地完成上述各项任务。这就是说：军事代表不直接去管理生产，只监督原来的人员去管理生产，保障生产能照旧进行。这是比较轻而易举的。

三、对于国民党反动统治的政治机构，如国民党的军队、警察、法庭、监狱及其各级政府机构，是应该彻底加以破坏的，而不能加以利用。我们必须重新建立新的政治机构来进行统治，在旧的政治机关服务的人员亦只能在经过改造后分别地加以任用，而不能不经改造地全套地加以任用。否则，就要犯原则的错误。但是对于旧的统治阶级所组织的企业机构、生产机构，在打倒旧的主人换成新的主人之后，则不应加以破坏，而应加以保持，然后依照革命阶级科学准备的水准逐渐地加以改良即可。这是马克思列宁多次说过了的，是完全正确的，我们应照这样来做。有些地方的接收人员彻底打乱了原来的企业机构，是错误的，妨害了生产的，不应再犯这种错误。

选自《中共中央文件选集》(14)，中共中央党校出版社 1987 年版，第 497～499 页。

87. 军委关于各野战军番号改按序数排列的指示

1949 年 1 月 15 日

各军区、各野战军：

估计今年战争的发展，去年戌东电规定各野战军冠以军区地名已不适合，兹决定改为按番号顺序排列如下：西北野战军改为第一野战军，中原野战军改为第二野战军，华东野战军改为第三野战军，东北野战军改为第四野战军。请各区各军即照此电在整训期间公布施行。

军委

子删

选自《中共中央文件选集》(18)，中共中央党校出版社 1992 年版，第 34 页。原注："根据中央档案原件刊印"。

88. 中央关于解释八项和平条件的指示

1949 年 1 月 15 日

东北局并告各局，各前委：

我方提出之八个和平条件是针对蒋方五个条件的。蒋方有宪法法统军队三条，我方亦有此三条。蒋提保持国家独立，我提废除卖国条约。蒋提保持自由生活方式及维持最低生活为一条，我则分提没收官僚资本、改革土地制度两条。此外，我方的第一条（惩办战犯）及第八条（政协、联府、接收）是严正战争责任与不承认南京政权继续存在，双方的条件都是对方不能接受的，战争必须打到底。故与新年献词毫无矛盾，而给人民解放军及国民党区域被压迫人民一个打击国民党的武器，揭露国民党所提和平建议的虚伪性及反动性，望向党内干部及民主人士妥为解释。

中　　央

子删

选自《中共中央文件选集》(18)，中共中央党校出版社 1992 年版，第 30 页。原注："根据中央档案原件刊印"。

89. 军委关于准备攻占北平力求避免破坏故宫等文化古迹的指示

1949年1月16日

林罗聂[①]：

（一）删日及铣晨各电谅达。关于应付傅方谈判，再补充两点意见：

（甲）傅方要求军队出城，不要开得太远及各部驻地不要过于分散，这是惧怕缴械的表示。我们意见第一步你们可以答应他们这样做，使他们放心出城。地点似可指定通县、香河、三河区域。第二步再照你们所拟办法将彼军分散插驻我军各纵之间，实行整编。第二步办法现在不要过早提出。

（乙）关于补给，第一期由傅方负责，我方协助。第二期由我方负责，傅方协助。第三期全由我方负责。以上甲乙两项及删日铣晨所提各项意见，如果你们认为有不妥当之处，望电告。

（二）积极准备攻城。此次攻城，必须做出精密计划，力求避免破坏故宫、大学及其他著名而有重大价值的文化古迹。你们务必使各纵首长明了，并确守这一点。让敌人去占据这些文化机关，但是我们不要攻击它，我们将其他广大城区占领之后，对于占据这些文化机关的敌人再用谈判及瓦解的方法使其缴械。即使占领北平延长许多时间，也要耐心地这样做，为此你们对于城区各部分要有精密的调查，要使每一部队的首长完全明了，哪些地方可以攻击，哪些地方不能攻击，绘图立说，人手一份，当做一项纪律去执行。为此，你们必须召集各攻城部队的首长开会，给以精确的指示。为此，你们指挥所要和每一个攻城部队均有准确的电话联系。战斗中每一个进展均须放在你们的指挥和监督之下。

（三）望将天津工业及文化机关受损失的情况查明电告。

军委

十六日十八时

选自《中共中央文件选集》(18)，中共中央党校出版社1992年版，第35～36页。原注："根据中央档案原件刊印"。

90. 中共中央关于外交工作的指示

1949年1月19日

一、目前我们与任何外国尚无正式的国家的外交关系。许多帝国主义国家的政府，尤其是美帝国主义政府，是帮助国民党反动政府反对中国人民解放事业的，因此，我们不能

---

① 原注：林罗聂，指林彪、罗荣桓、聂荣臻。

承认这些国家现在派在中国的代表为正式的外交人员，实为理所当然。我们采取这种态度，可使我们在外交上立于主动地位，不受过去任何屈辱的外交传统所束缚。在原则上，帝国主义在华的特权必须取消，中华民族的独立解放必须实现，这种立场是坚定不移的。但是，在执行的步骤上，则应按问题的性质及情况，分别处理。凡问题对于中国人民有利而又可能解决者，应提出解决，其尚不可能解决者，则应暂缓解决。凡问题对于中国人民无害或无大害者，即使易于解决，也不必忙于去解决。凡问题尚未研究清楚或解决的时机尚未成熟者，更不可急于去解决。总之，在外交工作方面，我们对于原则性与灵活性应掌握得很恰当，方能站稳立场，灵活机动。

二、具体政策，目前暂行规定下列各项：

1. 外交关系。凡属被国民党政府所承认的资本主义国家的大使馆、公使馆、领事馆及其所属的外交机关和外交人员，在人民共和国和这些国家建立正式外交关系以前，我们一概不予承认，只把他们当作外国侨民待遇，但应予以切实保护。对于这些国家的武官，应与外交人员同样看待。但对美国武官，因其直接援助国民党打内战，则应派兵监视，不得给以自由。对于苏联及新民主国家的领使馆及其所属的外交机关和人员，因为他们的外交政策是与资本主义国家的外交政策在根本上不同的，故我们对待他们的态度亦应根本上不同于资本主义国家。但因人民国家，现在和它们尚和其他外国一样没有建立正式外交关系，故我们现在和它们的在华外交机关之间，亦只作非正式的外交来往，其所属武官同。

2. 外资关系。我们对于一切资本主义国家政府的和私人的在华经济特权、工商企业和投资，均不给以正式的法律的承认，但在目前也不要忙于去作有关禁止、收回或没收的表示，只对其于人民经济生活危害最大者，例如金融投机以及于国家主权侵害最大者，例如内河航行等，发出立即禁止的命令。其他如外国银行，不要忙于令其停业，而应先令其报告资本、账目和业务，以凭核办。保险公司尤其是海运保险公司，更不要忙于去处理。

3. 对外贸易关系。对于资本主义国家不要忙于去建立和恢复一般的贸易关系，尤其不要忙于去订立一般的贸易合同，只在对我有利而又急需者，可与这些国家进行临时的个别的地方性的出入口贸易。天津一向出口的盐、硷、煤及其他土产，均可准此原则办理。

4. 海关税收。在我未重订海关税则以前，凡为我所允许的出入口贸易，除特许者外，应照旧章征收关税。海关机构亦应全部接收，派人管理，其中职员除反动破坏分子外，均可留用。外资在华应纳之税，在未改订税则以前，亦应照旧缴纳，不得停止。塘沽及其他港口，应实施船舶检查，未经许可，不得出入。

5. 外国传教士。已在我解放地区者，容许其继续居住，执行业务，新来者暂不批准。

6. 外国人办的学校。已办之私立外国学校，暂许其维持现状。但其校长必须为中国人，其学校经费必须报告其来源，其课程必须照其他学校的规章同一办理。新请成立者，不予批准。其专为在华外国儿童主办的外国小学校，许其存在，但亦须报告备案。

7. 外国人办的医院。已办者许其继续，但须受我监督、检查。新办者未得批准，不许开设。

8. 外国人办的报纸、刊物、通信社及外国记者。已出版之外国报纸、刊物，暂置不理，但须令其送全年报刊呈请登记，经过一个时期调查并得中央批准后，一般地不予登记，停止出版。特殊的，或暂不干涉，或转为华人出面主办。外国通信社一律不准发稿，更不得私设收发电台，塔斯社、电通社，应另订合同，由新华社代收代发。外国记者凡未经许可入境或留在被解放城市者，概不承认其为新闻记者，不给以任何采访和发报之权，只予以外国侨民待遇。

9. 外国人办的文化机关。已办者经一个时期调查后，视情况并得中央批准，或派员监督或实行改组，或派人接收。新来接洽者暂置不理。

10. 外国人办的救济机关。其属于帝国主义政府者，如经济合作总署等应不予承认，拒绝接收其援助和救济。其属于国际合作团体者，须视其有无损害我国家主权及我人民团体的独立自主之处，方能决定接收其援助和救济与否。尤其是对于美英等国的团体或个人救济，更须识别其背景，有反动阴谋者拒绝之，有进步作用者欢迎之。对外国救济事务一律表示欢迎的态度，是错误的。

11. 外国雇员。对一切非政权机构的外国雇员，从顾问到一般技术人员，原则上我们不承认其原有机关的合同，但在需要与并无危险性的职位上，可以容留某些外国雇员继续其工作。其需解雇者，可酌给若干遣散费。

12. 外国人入境。在战争尚在进行期间，外国人入境要求，除特许者外，概行停止批准。

13. 上述各项外国侨民，在我解放区内，必须服从我人民政府法令，不得进行任何阴谋破坏和间谍活动，一经发觉，定予严惩，或即驱逐出境。上述各项外国侨民，非经特许，不得携带武器，装制收发电台，原有武器或电台者，应即呈缴当地公安机关（即公安局）封存，待其本人出境时领回。各国外交人员的随身武器，可容许携带，其电台则应交出封存。

14. 所有外国侨民均应遵照当地公安机关的限期，携带本人像片亲往指定机关（即公安局外国侨民管理科）登记，并呈验护照，如属合法，概予保护。

15. 最后也是最重要的一项，不允许任何外国及联合国干涉中国内政。因为中国是独立国家，中国境内之事，应由中国人民及人民的政府自己解决。如有外国人提到外国政府调解中国内战等事，应完全拒绝之。

三、外事组织，目前可暂行规定如下机构：

1. 各城市，凡有外国侨民居住的地方，其公安局内应设外国侨民管理科，专管外国侨民的居住、来往和职业的登记、询问和检查及护照之签发；如发现外国侨民中有护照不符，身份不合及违法破坏等行为者，该外国侨民管理科即有权呈准公安局按法惩办，或将其驱逐出境。

2. 在规定的城市市政府内，应设外国侨民事务处，专管外国侨民所经营的业务（如工厂、企业、银行、公司、商店、学校、医院、教会、团体、报纸、刊物、通信社等）的登记、审查和批复。如其问题性质属于一般的批准立案、核准请求或给予批驳者，小则经市政府行文，大则须经解放区政府行文；如其问题、性质属于工厂生产订货、出入口贸易乃至银行借贷或其他专门业务者，则应介绍给各主管机关接洽，而在内部则均应报告中央或中央局核准。

3. 在规定的城市军事管制委员会内设一外交问题研究组，由市委负责同志一人参加领导，吸收市政府外国侨民事务处及公安局外国侨民管理科负责同志参加，共同研讨有关外国侨民及外交问题的各种情况，并搜集各项材料，负责向中央及中央局作定期报告，并提出应请示的问题和意见。

4. 东北、华北两大解放区应于政府内设外国侨民管理事务处，并兼一个市的外国侨民事务处（如东北兼沈阳，华北兼北平，华东、西北、中原可暂不设），以取得经验，指导各地。

5. 在目前，哈尔滨、沈阳、北平、天津、济南五个市的市政府内应成立外国侨民事务处及公安局内的外国侨民管理科，其负责人选，须报告中央批准。其他各市，如有外国侨民在百人以上者，应由中央局经调查清楚后报告中央核准成立上述机构并决定人选，其在百人以下者，只在公安局内设外国侨民管理科，并代管侨民业务。

选自《中共中央文件选集》(14)，中共中央党校出版社1987年版，第514～518页。

91. 中共中央书记处关于接管平津国民党司法机关的建议

1949年1月21日

国民党司法机关为其镇压人民的反革命的国家机构的直接组成部分之一。当人民解放城市时，须立即将国民党司法机关全部接管，并建立新民主主义国家的司法机关，以执行镇压反革命活动和保护人民利益的任务。

（一）接管对象

北平：河北高等法院及检察处，北平地方法院及检察处，北平特种刑事法庭，北平地方法院看守所，第一、第二模范监狱，反省院，其他。

天津：河北高等法院天津分院及检察处，天津地方法院及检察处、监狱、看守所，天津特种刑事法庭，其他。

（二）接管组织

在北平、天津两军管会下各设一司法机关接管小组，由华北人民政府司法部和人民法院商派得力干部任组长（现已派王斐然同志为北平负责人），其他则于派往平、津接收人员中选择一部分人员充任之（有法律知识或司法经验与否并不重要），受平、津军管会之领导。军管会应拨相当数量的武装，交给司法机关接管小组，以为保护接收工作之用。

（三）接管方法

军管会命令各司法机关原有人员负责保持原状，对于房屋、器具、财产、档案、书籍等项，不得毁坏、搬走、隐藏；一切人犯不得私自发落，听候军管会派人前来接管。军管会司法机关接管小组即派员到各司法机关照下列办法实行接管：

一、人员之接管和处理

各司法机关负责人员，如为首要反革命分子或劣迹昭著、为人民痛恨者，应即予看管，听候审理。无反革命行为或严重劣迹者，不加逮捕。其余检验吏、录事、书记官、法医等技术人员，均可于接管后，听候甄别录用。

二、档案之接管和处理

一切档案文书，由原保管人照单检交。接管人照单接管后，即令原管人负责保管，不得损坏遗失。

三、人犯之接管和处理

甲、拘押在特种刑事法庭、监狱、反省院及其他处所之革命分子，立即欢迎其出狱，并请其推举若干人参加清理案犯及接管工作。

乙、国民党包庇未办之汉奸犯和国民党内部倾轧被押之特务犯，不得释放，听候依法审理。

丙、被国民党勒丁、勒粮、勒款被押的，触犯国民党禁令被押的，犯普通轻微刑事案的，以及为民事而被押的，均应立即查明释放。

丁、重大刑事案犯（如杀人案、强盗案……等）仍宜拘禁，听候审查处理。

四、房屋、器材、图书、财物等之接管。

甲、房屋：接收后即派人守卫，禁止闲杂人出入。

乙、器具图书：由原管人造册逐件点交，有搬迁、隐藏、破坏的，应即查究。

丙、财物：

1. 属于诉讼人所有之保证金、拍卖金等。

2. 属于法院收入之罚金、讼费等。

3. 法院或检察官扣押之赃物或证物等。

4. 其他财产。

以上都要法院书记官长分别造册点交，不得隐匿少报。

（四）接管后之必要处置

一、立即委任各司法机关负责人（即法院院长、审判员、检察员、书记官长等）。此项人员可于出狱之共产党员或其他革命分子中选用，只要政治坚强有工作能力即可，是否学过法律，无大关系。

二、原推事、检察官、书记官长等一律停止原来职务，因这些人在思想上充满了反革命、反人民的法律观念，即封建阶级和官僚垄断资产阶级以武力强制执行的关于经济制度、社会生活和国家秩序观念形态，在行为上专门充当镇压革命运动和惩处敲诈劳动人民的直接工具。在打碎旧的反动的国家机构时，这部分人必须去掉（其中非反革命分子和非劣迹昭著分子，如欲参加人民民主国家之司法工作，必须经过思想改造和作风改造方可甄别录用）。同时，执达吏、法警等专门以压迫和敲诈人民为生者，须立即收缴其武装，加以遣散。

三、宣布国民党政府一切法律无效，禁止在任何刑事民事案件中，援引任何国民党法律。法院一切审判，均依据军管会公布之法令及人民政府之政策处理。

四、对留职录用之司法机关技术人员，应即进行宣传解释，告以无产阶级为领导的、工农联盟为主体的人民民主专政国家之司法政策和保护帝国主义、封建地主、买办、军阀、官僚特权的国民党专政之司法政策的根本区别，并定出和宣布新民主主义司法工作人员的简明守则，以肃清旧司法机关危害劳动人民之积弊，树立新司法机关为人民服务之作风。

（注：北平、天津两市委对于此项建议的执行情形，望于实施后一个月内做出第一次报告，以便取得经验，推广各地。）

选自《中共中央文件选集》(14)，中共中央党校出版社1987年版，第525～528页。

互校版本：中共中央政策研究室编辑：《政策汇编》下编，第二野战军政治部1949年9月翻印，第291～294页。

92. 中共中央关于国民党、三青团及特务机关的处理办法的决定

1949年1月27日

（一）我军占领的城市，在其秩序安定以前，不要忙于宣布对于国民党、三青团及特务机关的处理办法。这种急忙宣布处理，是盲目的、没有效力的，易使敌人隐藏，和使自己陷于被动。在社会秩序已经安定，我们对城市情况已经大体明了，那就必须着手有准备地有系统地处理这些反动组织。

（二）一般的处理办法，首先应由军事管制委员会或市政府出布告，明白宣布：中国国民党，三民主义青年团（当地如有中国青年党、民主社会党或其他反共、反人民、反民主的党派团体的组织与活动应一并列入）均为反动组织。宣布中国国民党党员通讯局（原名国民党中央党部调查统计局）及其所属的一切组织，伪中央政府国防部保密局（原名军事委员会调查统计局）及其所属的一切组织，伪中央政府国防部第二厅及其所属的一切组织（当地如有其他与“中统”“军统”性质相同的一切残害人民的特务组织亦一并列入），均为反动特务组织。所有这些反动党派、团体及特务机关的组织和机关，应一律解散封闭，并没收其所有的公产、档案，严禁其继续进行任何活动。

（三）饬令上述一切反动党派团体的各级委员会（从最下层的区分部起）的每一个委员及特务组织的每一个特务工作人员，向市政府或军事管制委员会所指定之专管机关（或公安局）进行登记。办理登记时，对于特务工作人员及在反动党派团体的各级委员会组织中的人员，均应加以审查，详细登记，并由专管机关或县市一级的公安局掌握之。

（四）对于反动党派团体的普通党员和团员，则均免予履行登记手续。如果我们一定要一切国民党三青团的普通党员团员一律登记，则纷扰太大，易于引起恐慌，故以不登记为有利。但是必须规定各反动党派团体的最下一层委员会之负责人员，在办理登记时，将所属组织内的每个党员团员或会员的全部名单交出，不得有意隐瞒，如发现故意隐瞒者，得处分之。交出之名单，必须将每人姓名、年龄、籍贯、性别、现在职业及住址载明。受委托之专管机关，对于名单中认为情节可疑或有犯罪嫌疑须特别考察的分子，必须分别加以侦察，并按其犯罪行为轻重分别加以处理。我们有了党员团员的名单，对其组织情况已全部明了，对其中的坏分子可以随时处分，故免予登记并无危险。

（五）一切反动党派团体的各级委员会的委员和特务组织中的每一个特务工作人员的登记表，须包括下列各项内容：

甲、姓名、性别、年龄、籍贯、住址、职业、学历、社会经历、以后通讯处；

乙、家庭经济状况和家属的情形；

丙、加入反动组织的经过（包括时间、地点、介绍人、所属组织、所负职务等）；

丁、他所知道的反动组织的情况和关系人；

戊、申明退出各该反动组织，并在以后永远不进行反对人民政府及人民解放军的活动，如再发现有反革命活动，甘受民主政府的任何处分。此件应由本人签名盖章。

（六）上述人员履行登记手续时，必须将其所有之下列各项物件及其所了解的反动组织的关系，一一呈缴并报告明白：

甲、党证、团证、会证、特务证件、徽章、符号及其他一切反动证件；

乙、秘密文件、宣传品等；

丙、机关清册、档案和资材；

丁、武器弹药，无线电通讯器材、密码及其他违禁品等；

戊、他所知道的反动组织的关系人；

己、由他掌管的反动组织的财产、器具及物资。

（七）在登记中，对于反动党派团体中负有重要职务的人员以及重要特务工作者，除要他们依法履行登记手续外，仍须在一定时期内停止其公民权，并对他们加以管制，责令其依登记机关所规定的日期（每日、每三日或每星期，可视不同的对象分别规定之）向一定的机关报告其本人的行动，以便进行考察。

（八）应该宣布，凡属上述应该依法登记的反动党派团体的人员及特务工作人员，如有拒绝登记，或有破坏登记行为，或藏匿与毁坏武器、电台及重要证件、文件、档案，或履行登记手续后继续进行反革命活动者，均将受到法律的制裁。对于继续进行反动活动者应一律予以处罚或逮捕外，对于逾期不登记的分子，如果太多，自不要一律逮捕，然而他们既已违反了人民政府与军管会登记的命令，就已使自己处于非法地位，政府认为有必要时，可随时将其逮捕法办。并且必须逮捕少数拒绝登记的顽固分子，轻者拘留十二日，令其登记后释放，重者科罚金若干或罚苦工若干天释放，如此即可使其他反动组织内应登记的人员来登记。对拒绝登记的顽固分子，完全不加逮捕或处罚，是不对的。

（九）凡属上述反动党派团体的人员及特务工作人员，如迅速自动投案者，自动缴出武器、电台或重要文件、档案者，真实报告其所知之反动秘密组织及潜伏分子因而破获者，以及对登记清查工作有特殊贡献者，得酌情减免其应得之罪刑或给以奖励。

（十）上列各条，望各地根据当地的具体情况，拟定当地适用的条例和实施细则，公布实行。

选自《中共中央文件选集》(14)，中共中央党校出版社 1987 年版，第 540～543 页。

互校版本：中共中央政策研究室编辑：《政策汇编》上编，第二野战军政治部 1949 年 9 月翻印，第 259～263 页。

93. 中央关于南北通船、通航、通邮等政策的指示

1949 年 2 月 15 日

彭叶①，并告总前委，天津市委，华北局，并发各局，各前委：

丑文电悉。为了（一）恢复南北商业联系，发展生产；（二）使南方各大城市资产阶级了解我党政策措施，便利我们在占领南方各大城市时孤立国民党，顺利地接收管理和发展各大城市的生产；（三）使轮船、飞机、邮政、电报从国民党手中转入我们手中等项目的，我们对于不论何种轮船业，民航公司（中航央航），都应当允许其先在平津秦皇岛恢复通航。北平电讯局未停，天津电讯局亦应准备恢复通电。平津与南方邮务交通，亦应恢复。银行、钱庄、邮局及商家的汇兑，亦应恢复。在通船、通航、通邮、通电、通汇之后，我们的检查，不可过严。对付特务，主要应从群众工作和内线工作方面去取得成绩，而不要从限制交通通讯方面去求成绩。京沪汉等地的国民党必然会利用我们恢复交通通讯派遣一些特务来平津，并互相联络。但平津方面增加了一些特务，京沪汉方面即减少了一些特务，特务总数并不因此增加。而京沪汉诸地几个月之后即是属于我们的。因此，你们对于南北通船、通航、通邮、通电、通汇诸事，应当看作一件大事去做，而不应当采取消极态度。此次南京代表团回去，对我影响极好。现在上海代表团又来了。将来武汉长沙亦可能派代表团来。这些代表团都是资产阶级及绅士们的代表，其中有些是国民党人。他们处在国民党灭亡在即我军即将占领全国的形势下，不得不向我们找出路。这是有利于我们发展的现象。故应好好地应付这些代表团。并由总前委及董薄彭叶②共同负责研讨并提出对于南北通船、通航、通邮、通电、通汇诸事的具体办法报告我们批准，以便与上海代表及魏文瀚金山等解决问题。

中　央

删亥

选自《中共中央文件选集》(18)，中共中央党校出版社 1992 年版，第 131～132 页。原注：“根据中央档案原件刊印”。

94. 中共中央关于对外贸易的决定

1949 年 2 月 16 日

华北局，天津、北平市委，林罗③并告各中央局、分局：

天津市委二月四日电悉。

---

① 原注：彭叶，指彭真、叶剑英。

② 原注：董薄彭叶，指董必武、薄一波、彭真、叶剑英。

③ 原注：姓名全称是：林彪、罗荣桓。

由于天津及其他重要海口的解放，许多外国的商业机关和国民党地区的商业机关要求和我们进行贸易，而我们为了迅速恢复与发展新中国的国民经济，亦需要进行这种贸易，因此，我们应该立即开始进行新中国的对外贸易。目前我们与世界上任何外国尚未建立正式的外交关系，在未建立这种外交关系以前的对外贸易，自然只是一种临时性质的贸易关系。但这种临时性质的贸易关系，在对我有利及严格保持我国家主权独立并由政府严格管制等原则的条件下，是可以而且应该允许的。为此，中央特作如下各项决定：

（一）向华北人民政府提议：立即在天津设立对外贸易局，统一管理华北一切对外贸易事宜。在山东及其他地区是否需要设立对外贸易局，应根据情况在中央批准后设立。

（二）对外贸易应由国家经营和管制。在目前国家尚不能经营的某些贸易，以及由私人经营无害或害处不大的某些贸易，应该在国家管制之下允许私人经营。所有私人经营出口及进口贸易者，除开照章报关纳税外，须事先将出口或进口货物的种类数量等报告对外贸易局，并经对外贸易局审查批准发给许可证，方得进口或出口。在本条以法律形式公布后，所有未经对外贸易局许可之货物，均不得进口或出口，私自出口或进口者，以走私论处。

（三）为了进行对外贸易，应该允许那些愿意和新中国进行贸易并愿意遵守人民政府法令的外国的商业机关派遣代表或指定其代理人来和我方接洽，并允许这些代表在指定的地点设立办事处。至于外国政府派来之商务代表，暂时还不应接待。国民党目前统治地区的商业机关向我派遣之代表，亦应加以接洽。

（四）所有由外国商业机关派来之代表，暂时经由地方政府外侨事务处证明介绍，归对外贸易局接洽。在审查这些代表的可靠性之后，对外贸易局即可与这些代表分别讨论双方的货物交换及有关贸易的各项事宜，并了解各国和我进行贸易的范围、种类、数量和条件等，然后根据我们自己的可能和需要，在比较有利的条件下，分别地订立货物交换的合同。这种合同在签字之前，一律须经中央批准。所有在新中国境内的公共机关及私人机关须从外国购买货物或向外国出卖货物者，均须报告对外贸易局，或由对外贸易局代为接洽，或由对外贸易局介绍他们与外国代表接洽。但一切公私机关与外国商业机关订立之贸易合同，均须经过对外贸易局之批准，方能认为有效。

（五）在可能与必要的条件下，对外贸易局得向外国派遣商务代表并在外国设立商务机关。新中国的公私商业机关须向外国派遣代表者，须经对外贸易局之允许和推荐，由地方政府签发出国护照。

（六）对外贸易局在了解对外贸易有关的各方面的情况以后，须制定适当的对外贸易的政策和计划，送交中央审查批准。在这种政策和计划上，应该确定：1. 允许进口，高税进口及禁止进口之货物的项目；2. 允许出口，高税出口及禁止出口之货物的项目；3. 出口和进口货物之临时税率表；4. 根据出口与进口之可能和需要，向国内生产机关和贸易机关提出要求和建议；5. 根据出口进口和外汇的情况及国内经济上的需要，提出出口和进口的计划，并决定和那些国家的商业机关进行那些贸易的计划。

（七）为了进行对外贸易，必须宣布中外船只进口，沿海沿江中外船只停泊及其卸货装货的办法，码头租借使用的办法，海关报关纳税及检查的办法，管理外汇及结汇的办法，以及违反这些办法和走私漏税的处罚办法等。对外贸易局必须立即研究过去的这些办法并准备加以修改或改订，由人民政府宣布。并须立即研究过去出口和进口货物的税率表，准备加以改订后宣布。在人民政府尚未宣布这些办法前，过去的办法可以暂时沿用。

（八）为了进行对外贸易，应和某些通商的外国口岸，建立邮电关系。华北局应即研究过去与外国通邮通电的办法，在可能条件下建立这种邮电关系。对于外国商务人员的入境和出境及在新中国境内有关地区进行业务活动的临时办法，华北人民政府外国侨民事务管理处亦须从速制订和宣布。

（九）为了进行对外贸易所需之外汇，规定汇率及进行结汇、押汇和买卖外汇等业务，应由国家银行经理。其他银行不得经营外汇及买卖外汇。对外贸易局应即研究过去管理外汇的办法加以修改，由人民政府宣布新的外汇管理办法。

（十）进口货物在国内市场上推销时，须遵守人民政府之法令。私人进口之货物，对外贸易局有优先购买之权。对外贸易局对出口，商人及任何公私机关在国内市场上收买出口货物时，应加以密切注意，以便在适当的时机予以可能的和必要的指导和限制，以便保护与发展国内的生产。

（十一）为了争取出口，发展经济，各地政府必须立即注意提高某些重要物资的生产。例如棉花、大豆、煤、盐、花生、烟叶、蚕丝、猪鬃、皮毛及某些可以出口的手工业品和工业品。各地对外贸易局及内地贸易局、银行、合作社等，必须在春季发放贷款时，用足以刺激这些物资生产的适当的比价，和向农民及生产者预购这些物资，以便能够提高这些物资的生产，并便利在收获时的收集，作为自己工业的原料，或争取出口。

（十二）在目前经天津及秦皇岛等海口对国民党目前统治地区的贸易，亦得依照上述各项规定在对外贸易局管理之下进行。

（十三）华北局及天津、北平两市委对于这个指示的意见及执行办法，望即电告。平津两市外事机关应集中注意研究对外贸易有关的各种问题。

中　央

选自《中共中央文件选集》(14)，中共中央党校出版社 1987 年版，第 560～563 页。

95. 中共中央关于废除国民党六法全书和确定解放区司法原则的指示①（档案电报原件）②

1949 年 2 月 22 日③

各中央局、分局、前委并转政府党组④：

---

① 说明：中共中央的这一指示，现有两种版本，一种是中共中央党校出版社出版的《中共中央文件选集》，是根据中央档案电报原件刊印，简称“中共中央文件版”；另一种是选自《人民司法建设学习文件》，简称“司法学习文件版”。两者内容基本相同，后者作为通用本，在文字上有些修饰。现将两种版本分别刊出，并将其不同点，在脚注中加以说明。

② “司法学习文件版”标题为《中共中央关于废除国民党的六法全书与确定解放区的司法原则的指示》（加两个“的”字，将“和”改为“与”）。

③ “中共中央文件版”的时间为“1949 年 2 月 22 日”，与最后的电报代码“丑养”相呼应；“司法学习文件版”改为“1949 年 2 月”。

④ “司法学习文件版”删掉收文单位。

（一）对国民党六法全书的认识，在我们好些司法干部中是错误的，或是①模糊的。不仅有些学过旧法律的人把它奉为神圣，强调它在解放区也能适用②，甚至在较负责的政权干部中，也有人认为六法全书有些是合乎广大人民利益的，只有一部分而不是基本上是不合乎广大人民利益的。东北印行的“怎样建设司法工作”中所提到的对六法全书的各种观点不过是一部分明显的例证。

（二）法律是统治阶级公开以武装强制执行的所谓国家意识形态。法律和国家一样，只是保护一定统治阶级利益的工具。国民党的六法全书和一般资产阶级法律一样，以掩盖阶级本质的形式出现，但是在③实际上既然没有超阶级的国家，当然也不能有超阶级的法律。六法全书同一般的资产阶级法律一样，以所谓人人在法律方面一律平等的面貌出现，但是实际上在统治阶级与被统治阶级之间、剥削阶级与被剥削阶级之间、有产者与无产者之间、债权人与债务人之间没有真正共同的利害，因而也不能有真正平等的法权。因此国民党全部法律只能是保护地主与买办官僚资产阶级反动统治的工具，是镇压与束缚广大人民群众的武器。正因为如此，所以蒋介石在元旦救死求和的哀鸣中，还要求保留伪宪法、伪法统，也就是要求保留国民党的六法全书依然④继续有效。因此，六法全书绝不能是蒋管区与解放区均能适用的法律。

（三）任何反动法律——国民党六法全书也是一样——不能不多少包括某些所谓保护全体人民利益的条款，这正和国家本身一样恰是阶级斗争不可调和的产物和⑤表现，即反动统治阶级为保障其基本的阶级利益（财产与政权）的安全起见，不能不在法律的某些条文中一方面照顾一下它的同盟者或它试图争取的同盟者的某些部分利益，企图以此来巩固其阶级统治；另一方面不能不敷衍一下它的根本敌人——劳动人民，企图以此来缓和反对它的阶级斗争。因此不能因国民党的六法全书有某些似是而非的所谓保护全体人民利益的条款，便把它看作只是一部分而不是在基本上不合乎广大人民利益的法律，而应把它看作是基本上不合乎人民利益的法律。

（四）我们在抗日时期，在各根据地曾经个别地利用过国民党法律中有利于人民的条款⑥来保护或实现人民的利益。在反动统治下，我们也常常利用反动法律中个别有利于群众的条款⑦来保护与争取群众的利益，并向群众揭露反动法律的本质上的反动性。无疑的，这样做是正确的。但不能把我们这种一时的策略上的行动解释为我们在基本上承认国民党的反动法律，或者认为在新民主主义政权下能够在基本上采用国民党的反动的旧的法律。

（五）在无产阶级领导的工农联盟为主体的人民民主专政的政权下，国民党的六法全书应该废除，人民的司法工作不能再以国民党的六法全书为依据，而应该以人民的新的法

① “司法学习文件版”删掉“或是”2字。
② “司法学习文件版”将“适用”改为“运用”。
③ “司法学习文件版”删掉“在”字。
④ “司法学习文件版”删掉“依然”2字。
⑤ “司法学习文件版”将“和”改为“的”。
⑥ “司法学习文件版”将“条款”改作“条文”。
⑦ “司法学习文件版”将“条款”改作“条文”。

律作依据。在人民新的法律还没有系统地发布以前，应该以共产党政策以及人民政府与人民解放军所已发布的各种纲领、法律、条例、决议作依据。在目前①人民的法律还不完备的情况下，司法机关的办事原则应该是：有纲领、法律、命令、条例、决议规定者，从纲领、法律、命令、条例、决议之规定；无纲领、法律、命令、条例、决议规定者，从新民主主义的政策。同时司法机关应该经常以蔑视和批判国民党六法全书及②其他一切反动的法律、法令的精神，以蔑视和批判欧美日本资本主义国家一切反人民法律、法令的精神，以学习和掌握马列主义——毛泽东思想的国家观、法律观及新民主主义的政策、纲领、法律、命令、条例、决议的办法来教育和改造司法干部。只有这样做，才能使我们的司法工作真正成为人民民主政权工作的有机构成部分；只有这样做，才能提高我们司法干部的理论知识、政策知识与法律知识的水平和工作能力；只有这样做，才能彻底粉碎那些学过旧法律而食古不化的人的错误的和有害的思想，使他们丢下旧包袱，放下臭架子，甘当小学生，重新从马列主义——毛泽东思想及我们的政策、纲领、命令、条例、决议学起，把自己改造成为新民主主义政权下的人民的司法干部；只有这样做他们才能够为人民服务，才能够和我们的新的③革命司法干部和衷共济，消除所谓新旧司法干部不团结和旧司法人员炫耀国民党的六法全书和自高自大的恶劣现象。

（六）请你们和司法干部及政府干部讨论④我们这些意见，并将讨论结果电告。⑤

中　　央

丑养⑥

选自中央档案馆编：《中共中央文件选集》(14)，中共中央党校出版社 1987 年版，第 572～574 页。最后未署名，也未注明史料来源。简称“中央文件第一版”。

互校版本：中央档案馆编：《中共中央文件选集》(18)，中共中央党校出版社 1992 年 10 月修订出版，第 150～153 页。原注：“根据中央档案原件刊印”，并署名“中央　丑养”。简称：“中央文件修订版”。

96. 中共中央关于废除国民党的六法全书与确定解放区的司法原则的指示（公布通用版）

1949 年 2 月

（一）对国民党六法全书的认识，在我们好些司法干部中是错误的、模糊的。不仅有

① “中共中央文件版”为“在目前”，“司法学习文件版”为“目前在”。

② “中共中央文件版”为“批判国民党六法全书及”，“司法学习文件版”为“批判六法全书及国民党”。

③ “中共中央文件版”为“才能够和我们的新的革命司法干部”，“司法学习文件版”改为“才能与我们的革命司法干部”。

④ “中共中央文件版”为“请你们和司法干部及政府干部讨论”，“司法学习文件版”改为“请你们与政府及司法干部讨论”。

⑤ “中共中央文件版”为“将讨论结果电告”，“司法学习文件版”改为“把讨论结果报告我们”。

⑥ “中共中央文件版”落款为“中央　丑养”，“司法学习文件版”则无。

些学过旧法律的人把它奉为神圣，强调它在解放区也能运用，甚至在较负责的政权干部中，也有人认为六法全书有些是合乎广大人民利益的，只有一部分而不是基本上是不合乎广大人民利益的。东北印行的“怎样建设司法工作”中所提到的对六法全书的各种观点不过是一部分明显的例证。

（二）法律是统治阶级公开[①]以武装强制执行的所谓国家意识形态。法律和国家一样，只是保护一定统治阶级利益的工具。国民党的六法全书和一般资产阶级法律一样，以掩盖阶级本质的形式出现，但是实际上既然没有超阶级的国家，当然也不能有超阶级的法律。六法全书同一般的资产阶级法律一样，以所谓人人在法律方面一律平等的面貌出现，但是实际上在统治阶级与被统治阶级之间、剥削阶级与被剥削阶级之间、有产者与无产者之间、债权人与债务人之间没有真正共同的利害，因而也不能有真正平等的法权。因此国民党全部法律只能是保护地主与买办官僚资产阶级反动统治的工具，是镇压与束缚广大人民群众的武器。正因为如此，所以蒋介石在元旦救死求和的哀鸣中，还要求保留伪宪法、伪法统，也就是要求保留国民党的六法全书继续有效。因此，六法全书绝不能是蒋管区与解放区均能适用的法律。

（三）任何反动法律——国民党六法全书也是一样——不能不多少包括某些所谓保护全体人民利益的条款，这正和国家本身一样恰是阶级斗争不可调和的产物的表现，即反动统治阶级为保障其基本的阶级利益（财产与政权）的安全起见，不能不在法律的某些条文中一方面照顾一下它的同盟者或它试图争取的同盟者的某些部分利益，企图以此来巩固其阶级统治；另一方面不能不敷衍一下它的根本敌人——劳动人民，企图以此来缓和反对它的阶级斗争。因此不能因国民党的六法全书有某些似是而非的所谓保护全体人民利益的条款，便把它看作只是一部分而不是在基本上不合乎广大人民利益的法律，而应把它看作是基本上不合乎人民利益的法律。

（四）我们在抗日时期，在各根据地曾经个别地利用过国民党法律中有利于人民的条文来保护或实现人民的利益。在反动统治下，我们也常常利用反动法律中个别有利于群众的条文来保护与争取群众的利益，并向群众揭露反动法律的本质上的反动性。无疑的，这样做是正确的。但不能把我们这种一时的策略上的行动解释为我们在基本上承认国民党的反动法律，或者认为在新民主主义政权下能够在基本上采用国民党的反动的旧的法律。

（五）在无产阶级领导的工农联盟为主体的人民民主专政的政权下，国民党的六法全书应该废除，人民的司法工作不能再以国民党的六法全书为依据，而应该以人民的新的法律作依据。在人民新的法律还没有系统地发布以前，应该以共产党政策以及人民政府与人民解放军所已发布的各种纲领、法律、条例、决议作依据。目前在人民的法律还不完备的情况下，司法机关的办事原则应该是：有纲领、法律、命令、条例、决议规定者，从纲领、法律、命令、条例、决议之规定；无纲领、法律、命令、条例、决议规定者，从新民主主义的政策。同时司法机关应该经常以蔑视和批判六法全书及国民党其他一切反动的法律、法令的精神，以蔑视和批判欧美日本资本主义国家一切反人民法律、法令的精神，以

① “司法学习文件版”增加“公开”2字。

学习和掌握马列主义——毛泽东思想的国家观、法律观及新民主主义的政策、纲领、法律、命令、条例、决议的办法来教育和改造司法干部。只有这样做才能使我们的司法工作真正成为人民民主政权工作的有机构成部分；只有这样做才能提高我们司法干部的理论知识、政策知识与法律知识的水平和工作能力；只有这样做才能彻底粉碎那些学过旧法律而食古不化的人的错误的和有害的思想，使他们丢下旧包袱，放下臭架子，甘当小学生，重新从马列主义——毛泽东思想及我们的政策、纲领、命令、条例，决议学起，把自己改造成为新民主主义政权下的人民的司法干部；只有这样做他们才能够为人民服务，才能与我们的革命司法干部和衷共济，消除所谓新旧司法干部不团结和旧司法人员炫耀国民党的六法全书和自高自大的恶劣现象。

（六）请你们与政府及司法干部讨论我们这些意见，并把讨论结果报告我们。

选自中共中央政策研究室编辑：《政策汇编》下编，第二野战军政治部1949年9月翻印，第299～302页。未注明文件出处。

互校版本：

1. 中共中央政策研究室编辑：《政策汇编》下编，中共中央山东分局印，未注明文件出处及编印年月。

2.《中华人民共和国法院组织诉讼程序参考资料》第一辑，中国人民大学刑法民法教研室1953年编印，第1～5页。原注："选自《人民司法建设学习文件》"。

3.《中国新民主主义革命时期根据地法制文献选编》第一卷，中国社会科学出版社1981年版，第85～87页。原注："选自《人民司法建设学习文件》"。

4.《中国新民主主义革命时期法制建设资料选编》第一册，西南政法学院函授部1982年编印，第68～71页。原注："《人民司法建设学习文件》"。

5.《国家与法的理论学习资料》，中国人民大学法律系国家与法权理论教研室理论小组、资料室1982年编印，第1～3页。未注明文件出处。

以上未注明出处者，与《人民司法建设学习文件》相同。

97. 附：关于废除伪法统

1949年新华社陕北3月14日电《新华社答读者问》

问：国民党政府所说的"法统"是甚么意思？中国共产党毛泽东主席在一月十四日的对时局声明中为甚么提出"废除伪法统"作为实现和平的条件之一？

答：国民党政府的所谓"法统"，是指国民党统治权力在法律上的来源而言。国民党反动派欺骗人民说：他们的反人民的统治是"合法"的"正统"。他们欺骗人民说：国民党的统治权力，是根据一九四七年元旦国民党政府颁布的"宪法"，这个"宪法"，是根据一九四六年十一月国民党政府召开的"国民大会"，这个"国民大会"，是根据一九三一年六月国民党政府公布施行的"训政时期约法"；如是等等，并向上追溯而一直至于国民党的成立。国民党匪帮首领、第一号战犯蒋介石在今年元旦的求和文告中，提出了"只要法统不致中断”作为“和平”的条件之一，其意思就是要求人民承认国民党的反革命统治为正统，要求人民承认国民党政府的“合法”地位，因而不去破坏这个反革命统治，借此保存国民党的反革命的势力和反革命的统治制度。国民党匪帮及其匪首蒋介石的这种荒谬要求是人民所绝对不能允许的，旧统治阶级及其辩护者常常散布一种欺骗，似乎先有一定的法统，一定的宪法和法律的传统，然后才根据这种传统的宪法和法律而产生某种国家政权。这种欺骗是与历史的真相完全不符的。历史的真相是：任何法统，任何宪法和法律，在阶级社会中只能由一定的阶级在阶级斗争中来创造，在取得国家政权以后来创造，借以有系统地表现这种国家政权的性质，表现一定历史时期中阶级与阶级的关系，这种关系的基础乃是生产关系即对于生产资料的占有关系。任何国家政权都是一定的占有主要生产资料的阶级，或阶级的联盟用暴力来对于其他阶级施行有系统的专政，借以保护这一个或几个阶级的利益，并镇压被统治阶级的反抗的机关。有了什么样性质的国家政权，才有什么样的宪法和法律系统，才有什么样的法统。被统治阶级必须用暴力推翻旧的统治阶级的暴力，才能夺取国家政权。因此，革命的阶级必须废除反革命统治阶级的反革命法统，从新建立自己的革命法统。国民党政府的所谓法统的真实内容是什么呢？它自称其法统上承辛亥革命后的南京临时政府和一九二五年至一九二七年的广州和武汉政府。事实上，辛亥革命后的南京临时政府是一部分资产阶级和一部分地主阶级联合的带有旧民主主义色彩的专政；但是这个政权只存在了一个多月，就被封建军阀袁世凯所夺取。一九二五年至一九二七年广州和武汉的政府是无产阶级在不同程度上参加了的，小资产阶级，资产阶级以及一部分地主阶级联合的，带有不同程度的新民主主义色彩的专政；但是这个政权由于一九二七年四月至七月以蒋介石、汪精卫为首的国民党举行了血腥的政变以后，就被推翻了。国民党反动派背叛了革命，背叛了孙中山和他在一九二四年中国国民党第一次全国代表大会时订定的革命的三民主义，屠杀了人民，投靠了帝国主义，而建立了大地主大资产阶级对于全国人民的恐怖的反革命专政。这个反革命专政是如此孤立以至蒋介石的所谓“法统”继承的每个关节，都不得不用阴谋的政变、恐怖、贿买、伪造等方法来实行，因此，不但人民大众从来不承认他的所谓法统，就连自由资产阶级和国民党内的某些人也不愿意加以承认。蒋介石集团所继承的，实质上是曾国藩、袁世凯等封建买办阶级对外出卖祖国对内残害人民的反革命传统。而自太平天国以来，经过辛亥革命以至一九二五年至一九二七年大革命的不完全的革命传统，则已由在一九二七年以后继续坚持革命的中国共产党所继承和发扬光大。中国人民在中国共产党的领导之下，不但继承了过去的不完全的革命传统，而且正在用完全新式的革命斗争建立着自己的完全革命的新传统，也就是革命的法统。蒋介石集团因为要坚持的保存其反革命的权力而反抗革命的权力，所以不承认革命的法统而坚持其反革命的法统。毛主席一月十四日对时局的声明，提出了“废除伪法统”作为八项和平条件的第三条件，这就直截了当地粉碎了国民党匪帮和匪首蒋介石企图保存反革命势力的阴谋。毛主席代表全国人民公意所宣布的这个条件的实质，就是要求彻底地推翻了国民党的卖国独裁的反革命统治。这就是说，在国民党反动政府统治下制订和建立的一切法律、典章、政治制度、政治机构、政治权力等均归无效，人民完全不能承认它们。中国人民在彻底推翻国民党反革命统治的基础上，即将建立独立、统一、民主、富强的人民民主的新中国，即中华人民民主共和国。这个人民民主政权代表全国绝大多数人民，包括工人、农民、独立劳动者、手工业者、知识分子、自由资产阶级和开明士绅。什么是这个人民民主政权的权力来源呢？它不是根据任何先前存在的宪法和法律系统，不是根据任何先前存在的法统，它是无产阶级领导的、人民大众的（以工农联盟为基础的）、反帝反封建反官僚资本的大革命胜利的结果。

（新华社陕北三月十四日电）

选自《中国新民主主义革命时期法制建设资料选编》第一册，西南政法学院函授部1982年2月编印，第71～74页。原注："选自1949年中国政法大学《司法业务参考材料》"。

98. 中国共产党第七届中央委员会第二次全体会议决议

1949年3月13日

中国共产党第七届中央委员会第二次全体会议根据毛泽东同志的报告，认为自党的第七次全国代表大会以来，中央的领导是正确的；并通过如下的决议：

（一）辽沈、淮海、平津三战役以后，国民党军的主力已被消灭。国民党军的作战部队仅仅剩下一百多万人，分布在新疆到台湾的广大的地区内和漫长的战线上。今后解决这一百多万国民党军的方式，不外天津、北平、绥远三种。用战斗去解决敌人，例如解决天津的敌人那样，仍然是我们首先必须注意和必须准备的。人民解放军的全体指挥员、战斗员绝对不可以稍微松懈自己的战斗意志，任何松懈战斗意志的思想和轻敌的思想，都是错误的。按照北平方式解决问题的可能性是增加了，这就是迫使敌军用和平方法迅速地彻底地按照人民解放军的制度改编为人民解放军。这是一种斗争方式，是一种不流血的斗争方式，并不是不用斗争可以解决问题的。绥远方式，是有意地保存一部分国民党反动军队，让其原封不动，或者大体上不动，就是说向这一部分军队作暂时的让步，以利于争取这部分军队在政治上站在我们方面，或者保守中立，以便我们集中力量首先解决国民党残余力量中的主要部分，在一个相当的时间之后（例如在几个月，半年，或者一年之后），再去按照人民解放军制度将这部分军队改编为吴化文、曾泽生式的人民解放军。

（二）人民解放军永远是一个战斗队。就是在全国胜利以后，在国内没有消灭阶级和世界上存在着帝国主义制度的历史时期内，我们的军队还是一个战斗队。对于这一点不能有任何的误解和动摇。人民解放军又是一个工作队，特别是在南方各地用北平方式或绥远方式解决问题的时候是这样。随着战斗的逐步地减少，工作队的作用就增加了。有一种可能的情况，即在不要很久的时间之内，将要使人民解放军全部地转化为工作队，这种情况我们必须估计到。现在准备随军南下的五万三千个干部，对于不久将要被我们占领的极其广大的新地区来说，是很不够用的，我们必须准备把二百一十万野战军全部地化为工作队。这样，干部就够用了，广大地区的工作就可以展开了。我们必须把二百一十万野战军看成一个巨大的干部学校。

（三）从一九二七年到现在，我们的工作重点是在乡村，在乡村聚集力量，用乡村包围城市，然后取得城市。采取这样一种工作方式的时期现在已经完结。从现在起，开始了由城市到乡村并由城市领导乡村的时期。党的工作重心由乡村移到了城市。在南方各地，人民解放军将是先占城市，后占乡村。城乡必须兼顾，必须使城市工作和乡村工作、使工人和农民、使工业和农业紧密地联系起来。决不可以丢掉乡村，仅顾城市，如果这样想，那是完全错误的。但是党的工作重心必须放在城市。必须用极大的努力去学会管理城市和建设城市。必须学会在城市中和帝国主义者、国民党、资产阶级作政治斗争、经济斗争、文化斗争和外交斗争。既要学会和他们做公开的斗争，又要学会和他们做隐蔽的斗争。如果我们不去注意这些问题，不去学会和这些人们做这些斗争，并在斗争中取得胜利，我们就不能维持政权，我们就会站不住脚，我们就会失败。在拿枪的敌人被消灭以后，不拿枪的敌人依然存在，他们必然地要和我们作拼死的斗争，我们决不可以轻视这些敌人。如果我们现在不去这样地提出问题和认识问题，我们就要犯极大的错误。

（四）在城市斗争中，我们依靠谁呢？有些糊涂的同志认为不是依靠工人阶级，而是依靠贫民群众。有些更糊涂的同志认为是依靠资产阶级。在发展工业的方向上，有些糊涂的同志认为主要地不是帮助国营企业的发展，而是帮助私营企业的发展；或者反过来，认为只要注意国营企业就够了，私营企业是无足轻重的了。我们必须批判这些糊涂思想。我们必须全心全意地依靠工人阶级，团结其他劳动群众，争取知识分子，争取尽可能多的能够和我们合作的自由资产阶级及其代表人物站在我们方面，或者使他们保守中立，以便和帝国主义者、国民党、官僚资产阶级作坚决的斗争，一步一步地去战胜这些敌人；同时即开始着手建设我们的事业，一步一步地学会管理城市，恢复和发展城市中的生产事业。关于恢复和发展生产的问题，必须确定：第一是国营企业的生产，第二是私营企业的生产，第三是手工业生产。从我们接管城市的第一天起，我们的眼睛就要向着这个城市的生产事业的恢复和发展。务须避免盲目地乱抓乱碰，把中心任务忘记了，以至于占领一个城市好几个月，生产建设的工作还没有上轨道，甚至许多工业陷于停顿状态，引起工人失业，工人生活降低，不满意共产党；这种状态是完全不能容许的。为了这一点，我们的同志必须用全力去学习生产的技术和管理生产的方法，必须去学习和生产有密切联系的商业工作、银行工作及其他工作。只有将城市的生产工作恢复起来和发展起来了，将消费的城市变成生产的城市了，人民政权才能巩固起来。城市中其他的工作，例如党的组织工作、政权机关的建设工作、工会的工作、各种民众团体的工作、文化教育方面的工作、肃反工作、通讯社报纸广播电台的工作，都是围绕着生产建设这一个中心工作并为这个中心工作而服务的。如果我们在生产工作上无知，不能很快地学会生产工作，不能使生产事业尽可能迅速地恢复和发展，获得确实的成绩，首先使工人生活有所改善，并使一般人民的生活有所改善，那就必然地会使我们不能维持政权，我们就会站不住脚，我们就会要失败。

（五）南方和北方的情况是不同的，党的工作任务也就必须有所区别。南方现时还是被国民党统治的区域。在这里，党和人民解放军的任务是在城市和乡村中消灭国民党的反动武装力量，建立党的组织，建立政权，建立工会、农会及其他民众团体，建立人民武装力量，发动民众，肃清国民党残余势力，恢复和发展生产事业。在乡村中，则是首先有步骤地展开反对土匪和反对恶霸即反对地主阶级当权派的斗争，完成减租的准备工作，以便在人民解放军到达那个地区大约一年或者两年以后，就能实现减租的任务，造成分配土地的先决条件；同时必须注意尽可能地维持农业生产的现有水平不使降低。北方则除个别地区外，是完全另外一种情况。在这里，已经推翻了国民党的统治，建立了人民的统治，并且根本上解决了土地问题。党在这里的中心任务是动员一切力量恢复和发展生产事业，将这看作是一切工作的重点所在；同时必须恢复和发展文化教育事业，肃清残余的反动力量，巩固整个北方，支援人民解放军。

（六）我们已经进行了广大的经济建设工作，党的经济政策已经在实际工作中实施，并且收到了显著的成效。但是在为什么应当采取这样的经济政策而不应当采取别样的经济政策这个问题上，在理论和原则性的问题上，党内是存在着许多糊涂思想的。这个问题应当怎样来回答呢？我们认为应当这样地来回答。中国的工业和农业在国民经济中的比重，就全国范围来说，大约是工业占百分之十左右，农业占百分之九十左右。这是帝国主义制度和封建制度压迫中国的结果，这是旧中国表现为半殖民地和半封建社会的经济形态，这是在中国革命的时期内及在革命胜利以后一个相当长的时期内一切问题的基本出发点。从这一点出发，产生了我党一系列的战略上、策略上和政策上的问题。对于这些问题的进一步的明确的认识和解决，是我党当前的重要任务。这就是说，第一，中国已经有大约百分之十左右的现代性的工业经济，这是进步的，这是和古代不同的。由于这一点，中国已经有了新的阶级和新的政党——无产阶级和资产阶级，无产阶级政党和资产阶级政党。中国无产阶级及其政党——中国共产党，因为它们受到几重敌人的压迫，锻炼了它们，使它们具有了领导中国人民革命的资格。谁要是忽视或轻视这一点，谁就要犯右倾机会主义的错误。第二，中国尚有大约百分之九十左右的分散的个体的农业经济和手工业经济，这是落后的，这是和古代没有多大区别的，我们尚有百分之九十左右的经济生活停留在古代。古代有封建的土地所有制，现在被我们废除了，或者即将被废除，在这点上，我们已经或者即将区别于古代，取得了或者即将取得使我们的农业和手工业逐步地向着现代化发展的可能性；但是，在今天，在今后一个相当长的时期内，我们的农业和手工业，就其基本形态说来，还是和还将是分散的和个体的，即是说，和古代近似的。谁要是忽视或轻视这一点，谁就要犯“左”倾机会主义的错误。第三，中国的现代性工业虽然还只占国民经济总生产量的百分之十左右，但是它却极为集中，最大量的和最主要的资本是集中在帝国主义者及其走狗中国官僚资产阶级的手里。没收这些资本归无产阶级领导的人民共和国所有，就使人民共和国握有国家的经济命脉，成为整个国民经济的领导成分。这一部分经济，是社会主义性质的经济，不是资本主义性质的经济。谁要是忽视或轻视了这一点，谁就要犯右倾机会主义的错误。第四，中国的私人资本主义经济，占了现代性工业经济中的第二位，它是一个不可忽视的力量。中国的自由资产阶级及其代表人物，由于他们受了帝国主义、封建主义和官僚资本主义的压迫或限制，在人民民主革命斗争中常常采取参加或者保守中立的立场。由于这些，并由于中国经济现在还处于落后状态，在革命胜利以后一个相当长的时期内还需要尽可能地利用城乡私人资本主义的积极性，以利于国民经济的向前发展。一切不是于国民经济有害而是于国民经济有利的城乡资本主义成分，都应容许其存在及发展。国内的自由竞争和自由贸易，不但是不可避免的，而且是经济上必要的。但是中国资本主义的存在及发展，自由竞争和自由贸易的存在及发展，不是如同资本主义国家那样不受限制、任其泛滥的，也不是如同东欧各新民主主义国家那样被限制和缩小得非常大，而是中国型的。它将从几个方面被限制——在活动范围方面，在税收政策方面，在市场价格方面，在劳动条件方面，都是要依各地、各业及各个时期的具体情况而采取恰如其分的有伸缩性的限制政策的，孙中山的节制资本的口号，我们依然必须用和用得着。但是为了整个国民经济的利益，为了无产阶级和劳动人民现在和将来的利益，决不可以对私人资本主义经济限制得太大太死，必须容许它们在人民共和国的经济政策和经济计划的轨道内有存在和发展的余地。对于私人资本主义采取限制政策，是必然要受到资产阶级在各种程度和各种方式上的反抗的，特别是私人企业中的大企业主，即大资本家。限制和反限制，将是新民主主义国家内部阶级斗争的主要形式。如果认为我们现在不要限制资本主义，认为可以抛弃“节制资本”的口号，这是完全错误的，这就是右倾机会主义的观点。但是反过来，如果认为应当对私人资本限制得太大太死，或者认为简直可以很快地消灭私人资本，很快地进入无产阶级专政的社会主义社会，这也是完全错误的，这就是“左”倾机会主义或冒险主义的观点。第五，占国民经济总量百分之九十的分散的个体的农业经济和手工业经济，是可能和必须谨慎地、逐步地而又积极地引导它们向着现代化和集体化的方向发展的，任其自流的观点是错误的。必须组织中央、省、县、区、乡的生产的、消费的和信用的合作社和合作社的领导机关。这种合作社是以私有制为基础的在无产阶级领导的国家政权管理之下的劳动人民群众的集体经济组织。中国人民的文化落后和没有合作社传统，使得我们的合作社运动的推广和发展大感困难；但是可以组织，必须组织，必须推广和发展。单有国营经济而没有合作社经济，我们就不可能领导劳动人民的个体经济逐步地走向集体化，就不可能由新民主主义国家发展到将来的社会主义国家，就不可能巩固无产阶级在国家政权中的领导权。谁要是忽视或轻视这一点，谁也就要犯绝大的错误。国营经济是社会主义性质的，合作社经济是半社会主义性质的，加上私人资本主义经济，加上个体经济，加上国家和私人合作的国家资本主义经济，这就是人民共和国的几种主要的经济形态，这就是新民主主义的经济形态。第六，人民共和国的国民经济的恢复和发展，没有对外贸易的统制政策是不可能的。从中国境内肃清了帝国主义、封建主义、官僚资本主义和国民党的统治（这是帝国主义、封建主义和官僚资本主义三者的集中表现），还没有完全地解决中国独立自主的问题，只有待经济上获得了广大的发展，由落后的农业国变成了先进的工业国，经济上完全不依赖外国了，经济上完全独立了，才算最后地解决了这个问题。而欲达此目的，没有对外贸易的统制是不可能的。中国革命在全国胜利以后，中国尚存在着两种基本的矛盾。第一种是国内的，即无产阶级与资产阶级的矛盾。第二种是国外的，即中国与帝国主义国家的矛盾。因为这样，无产阶级领导的人民共和国的国家制度，在人民民主革命胜利以后，不是可以削弱，而是必须强化。对内的节制资本和对外的统制贸易，是这个国家在经济斗争中的两个基本政策。谁要是忽视或轻视这一点，谁就将要犯绝大的错误。第七，中国的经济遗产是落后的，但是中国人民是勇敢而勤劳的，中国人民革命的胜利和人民共和国的建立，中国共产党的领导权，加上世界各国无产阶级的援助，其中主要的是苏联的援助，中国经济建设的速度将不是很慢而可能是相当地快的，中国的兴盛是可以计日程功的。对于，中国经济复兴的悲观论点，没有任何的根据。

（七）旧中国是一个被帝国主义制度所控制的半殖民地国家。中国人民民主革命的彻底的反帝国主义的性质，使得帝国主义者极为仇视这个革命，竭尽全力地帮助国民党，因而激起了中国人民对于帝国主义者的深刻的愤怒，并使帝国主义者丧失了自己在中国人民中的最后一点威信。同时，整个帝国主义制度在第二次世界大战以后是大大地削弱了，以苏联为首的世界反帝国主义战线的力量是空前地增长了。所有这些情形，使得我们可以采取和应当采取有步骤地彻底地摧毁帝国主义在中国的控制权的方针。帝国主义者的这种控制权，表现在政治、经济和文化等方面。在国民党军队被消灭，国民党政府被打倒的每一个城市和每一个地方，帝国主义者的政治上的控制权即随之被打倒，其经济上和文化上的控制权也被大大地削弱。但是帝国主义者直接经营的经济事业和文化事业依然存在，被国民党承认的外交人员和新闻记者依然存在。对于这些，我们必须分别先后缓急，给以正当的解决。

（八）召集政治协商会议和成立民主联合政府的一切条件，均已成熟。一切民主党派、人民团体和无党派民主人士均站在我们方面。上海及长江流域的资产阶级，正在和我们拉关系。南北通航通邮业已开始。陷于四分五裂的国民党，业已脱离了一切群众。我们正在准备和南京反动政府及其他反动的地方政府和军事集团进行谈判。我们既然允许谈判，就要准备在谈判成功以后许多麻烦事情的到来，就要准备一副清醒的头脑去对付对方采用孙行者钻进铁扇公主肚子里兴妖作怪的政策。只要我们精神上有了充分的准备，我们就可以战胜任何兴妖作怪的孙行者。不论是全面的和平谈判，或者局部的和平谈判，我们都应当这样去准备。我们不应当怕麻烦、图清静而不去接受这些谈判，我们也不应当糊里糊涂地去接受这些谈判。我们的原则性必须是坚定的，我们也要有为了实现原则性的一切许可的和必需的灵活性。

（九）无产阶级领导的以工农联盟为基础的人民民主专政，要求我们党去认真地团结全体工人阶级、全体农民阶级和广大的革命知识分子，这些是这个专政的领导力量和基础力量，没有这种团结，这个专政就不能巩固。同时也要求我们党去团结尽可能多的能够和我们合作的小资产阶级和自由资产阶级的代表人物，它们的知识分子和政治派别，以便在革命时期使反革命势力陷于孤立，彻底地打倒国内的反革命势力和帝国主义势力；在革命胜利以后，迅速地恢复和发展生产，对付国外的帝国主义，使中国稳步地由农业国转变为工业国，由新民主主义国家转变为社会主义国家。因为这样，我党和党外民主人士长期合作的政策，必须在全党思想上和工作上确定下来。我们必须把党外大多数民主人士看成自己的干部一样，和他们诚恳地坦白地商量和解决那些必须商量和解决的问题，给他们工作做，使他们在工作岗位上有职有权，使他们在工作上做出成绩来。从团结他们出发，对他们的错误和缺点给以认真的和适当的批评或斗争，达到团结他们之目的。对他们的错误或缺点采取迁就态度，是不对的。对他们采取关门态度或敷衍态度，也是不对的。每一个大城市和每一个中等城市，每一个战略性区域和每一个省，均应培养一批能够和我们合作的有威信的党外民主人士。我们党内，从土地革命战争时期的关门主义作风所养成的对待党外民主人士的不正确态度，在抗日时期并没有完全克服，在一九四七年各根据地土地改革高潮时期又曾爆发过。这种态度只会使我党陷于孤立，使人民民主专政不能巩固，使敌人获得同盟者。现在中国第一次在我党领导之下的政治协商会议即将召开，民主联合政府即将成立，革命即将在全国胜利，全党对于这个问题必须有认真的检讨和正确的认识，必须反对右的迁就主义和“左”的关门主义或敷衍主义两种倾向，而采取完全正确的态度。

（十）我们很快就要在全国胜利了。这个胜利将冲破帝国主义的东方战线，具有伟大的国际意义。夺取这个胜利，已经是不要很久的时间和不要花费很大的气力了；巩固这个胜利，则是需要很久的时间和要花费很大的气力的事情。资产阶级怀疑我们的建设能力。帝国主义者估计我们终究会要向他们讨乞才能活下去。因为胜利，党内的骄傲情绪，以功臣自居的情绪，停顿起来不求进步的情绪，贪图享乐不愿再过艰苦生活的情绪，可能生长。因为胜利，人民感谢我们，资产阶级也会出来捧场。敌人是不能征服我们的，这点已经得到证明了。资产阶级的捧场则可能征服我们队伍中的意志薄弱者。可能有这样一些共产党人，他们是不曾被拿枪的敌人征服过的，他们在这些敌人面前不愧英雄的称号；但是经不起人们用糖衣裹着的炮弹的攻击，他们在糖弹面前要打败仗。我们必须预防这种情况。夺取全国胜利，这只是万里长征走完了第一步。如果这一步也值得骄傲，那是比较渺小的，更值得骄傲的还在后头。中国的革命是伟大的，但是革命以后的路程更长，工作更伟大，更艰苦。这一点现在就必须向党内讲明白，务必使同志们继续地保持谦虚、谨慎、不骄、不躁的作风，务必使同志们继续地保持艰苦奋斗的作风。我们有批评和自我批评这个马列主义的武器。我们能够去掉不良作风，保持优良作风。我们能够学会我们原来不懂的东西。我们不但善于破坏一个旧世界，我们还将善于建设一个新世界。中国人民不但可以不要向帝国主义者讨乞也能活下去，而且还将活得比帝国主义国家要好些。

选自《中共中央文件选集》(14)，中共中央党校出版社 1987 年版，第 587～597 页。

99. 中国共产党第七届中央委员会第二次全体会议关于军旗的决议

1949 年 3 月 13 日

中国人民解放军的军旗应为红地，加五角星，加“八一”二字。

选自《中共中央文件选集》(18)，中共中央党校出版社 1992 年版，第 171 页。原注：“根据中央档案原件刊印”。

100. 中共中央关于财政经济工作及后方勤务工作中若干问题的决定

1949 年 3 月 20 日

各中央局、各中央分局、各前委、平、津两市委、华中工委：

一、在走向全国胜利的过渡期中，由于中国地方广大，经济落后，农业与手工业生产尚占百分之九十左右，近代工业生产仅占百分之十左右，又由于革命发展的不平衡，战区与非战区，新区与老区，解放区与国民党统治区有很大的区别，而中心环节是人民解放军不久即会将战争引向长江以南，但尚须有两年至三年时间，才能占领全中国。因此，在中央领导之下的区域制，在相当一个长时期内仍然成为必要。关于财政经济工作及后方勤务工作的统一问题，应该是在分区经营的基础之上，在可能与必须的条件下，有重点地、有步骤地走向统一。对于新区的领导机关，应该给予较大的机动权。

二、我二百一十万野战军前进，其供给负担大致区分为：东北、中原合力供给东北野战军；西北全力及华北的主要部分供给西北野战军及华北各兵团；华东全力供给华东、中原两野战军，不足时，经过中央从华北、东北调剂。在各区分担发生困难或需要协助时，报告中央，由中央设法调剂，或协助其解决困难。

三、中央掌握除东北以外的人民银行货币发行权。东北的货币发行计划须经中央批准。东北以外各解放区得发行小额的人民银行票，或发行地方货币，作为人民银行票的辅币，其发行计划亦须经中央批准。

四、中央暂以华北人民银行为中国人民银行的总行，各地方银行兼为中国人民银行的分行，但各地方银行仍归各解放区自己领导，进行原来业务。

五、国民党反动政府的央、中、交、农四行和合作金库及其一切产业，经各地军事管制委员会接收后，原则上应交由中国人民银行负责接管，暂时得委托我各地军管会代管。其他国民党统治区的地方政府银行及官僚资本银行，均归我各地方银行接管。

六、各解放区的财政收支概算，均须送交中央审核，但对新区初期不作严格要求，老区则应逐步走上正规制度。老区财政制度完全建立后，县以下的地方收支，应由各解放区根据中央财政政策自行审核。

七、各老区的关税、盐税、统税，应有步骤地分别由中央统一管理。各老区应划分中央税与省税，并从华北开始试办。各老区的农业税则及其他税目、税率，应报告中央，以便于必要时进行调整。新区税收，应由各解放区根据中央规定方针，自行实施，待秩序安定后，再送中央审核。

八、对外贸易应由中央有重点地先在华北实施统一管理。目前对国民党统治区的贸易，亦属此类性质。各解放区尚在管理对外贸易时，应将其对外贸易计划及较大的合同报告中央，并须使制度与税率等逐渐走向一致。

九、解放区内各区间的贸易，一般地暂由各区自行协商解决。但重要的或大批的贸易协定，必须呈报中央备案。各解放区如向邻区采购大批物资，必须通过当地贸易机关。若干重要物资如粮食、煤炭、棉花、盐、木材及重要金属矿物等，中央有权实行调剂。

十、工业方面，中央准备先从华北接管几宗大的国营企业开始；一般的国营企业，仍暂归各解放区地方经营，其生产计划，应报告中央。

十一、交通事业方面，各解放区首先必须保证中央批准的铁路修复计划的全部实施。各区铁路总局或铁路管理局，除在行政业务上受军委铁道部直接管辖及在经费上实行统筹分担外，在政治上，及在铁道部已划定在本区范围内的业务计划上，仍应受各有关的解放区党委会的领导及政府的指导，保证铁道的畅通。

十二、邮政、电信、航空、海运在原则上应由中央统一管理，但在实施过程中，应根据当前具体情况分别逐步解决。某些机构，特别在新区，可以在一定时期内暂交地方管理。公路不论国道省道，目前均应归地方管理，并须保证畅通。

十三、兵工、通信、卫生器材的生产计划，一般地应由各老区领导机关提出，军委核准，再归各老区负责实施。在目前形势下，去年十二月军工、后勤、卫生会议所规定的各项生产计划，从今年第二季起应予削减若干，由各中央局军区审核后报告军委批准。各种生产成品，应由军委划定范围，或规定种类数目，责成各区依照计划或命令，供给前线或地方需要。

十四、新区的兵工、军需及交通卫生器材的生产机关，经各地军管会接收后，应交由各有关军区后勤部门接管，报告军委，并提出生产计划。

十五、汽油、机油以分区自行供应和交换为原则，但东北除供给东北野战军外，如有余量，应交中央调剂。华东除交换外，西北除生产外，如尚不足，可由中央设法补助。

十六、各野战军在新区及城市缴获的军用物资，于接收后，除必须补充其本身者外，应将其重要部分报告军委，以便调剂。

十七、为保证实施上述各项业务，中央及地方必须迅速解决下述各项组织问题：

1. 中央应即成立财政经济委员会，首先与华北财政经济委员会应合并，并加入东北、华东、西北、华中各区财政经济工作负责人为委员，依靠华北政府各部及其直辖的各省市，进行业务。

2. 各解放区财政经济委员会或办事处，除华北外，均仍照旧执行其原来业务，并依上述各项规定与中央实行分权分工。中央一切命令，必须经过各区财委会。

3. 军委后方勤务部应成为后方勤务的司令机关，一切业务除少数外，均经过各大军区的后勤机关及兵工生产部门负责实施。

4. 各解放区与全局有关的财政经济及后方勤务的工作计划，统应依照上述各项规定，或送中央军委批准，或向中央军委报告备案。中央军委的一切计划，亦应于最后决定前，先行征求各区中央局、军区、各野战军，或各区政府财经部门的同意，然后公布实施。

5. 各解放区政府的财经部门，及各军区各野战军的后勤部门，有责任向中央财政经济委员会及其所属各部与军委后勤机关、卫生机关，供给各项报告和材料。中央财政经济委员会及其所属各部，与军委后勤机关、卫生机关，亦得向各区有关部门发给在中央批准的计划范围内的各项指示。如遇有争执，或指示行不通时，得经过各区中央局、军区或野战军直接报告中央军委，请求解决。

选自《中共中央文件选集》(14)，中共中央党校出版社 1987 年版，第 609～612 页。

101. 中共中央关于对北平各机关旧职员处理原则的指示

1949 年 3 月 22 日

北平市委并华北局、天津市委：

三月三日关于处理旧职员电悉。你们对于这一问题的处理，必须首先区别国民党的企业机关与政治机关的不同性质，而采取不同的办法。

（一）对于企业机关的旧职员，在原封不动地接收以后，一俟生产恢复，秩序安定，就要着手进行一些必要的改革。在人事上的改革就是要设法清除那些坚决的反动分子，劣迹昭著为大多数群众所反对的分子及没有能力、依仗亲朋势力在企业中领取干薪的分子。另有一些人技术不高，工作能力不大，但因接近国民党负责人而占驻高级位置，领取高薪，则应降低其位置和薪水。再有一些人技术较高，能力较好，但因与国民党负责人不合而位置和薪水显明地降低，则应适当地提高其位置和薪水。又，这种情形在工人中亦有不少存在，亦应如此处理。只有如此处理后，才能使企业内部安定和团结，进行生产。因此，在企业中实行原职原薪，不是绝对的，一有可能，群众条件一经成熟，就必须进行这种改革。此外，一般职员亦有许多旧思想和旧作风须要改造。但在进行上述改革之前，必须准备好充分的群众条件，必须先在群众中宣传，提高群众觉悟，组织群众的审查和评议，取得绝大多数职工群众的赞成和拥护，但又要避免群众中的报复和私人挟嫌等，不使这种改革走入歧途或过分。这是你们现在就必须立即准备和着手来作的，在做法中又应有适当的步骤，不可冒昧从事。企业中的旧职员一般都应受训（政治训练），训练班可由本企业开办，亦可由企业高级机关或由市政府开办，把那些应该洗刷的人员首先调离本企业，到训练班受训，然后根据训练后的情形或者开除或者分派另外工作。其余一般受训职员则仍回本企业工作。以上是初步改造企业中旧职员必须进行的若干步骤。

（二）对于国民党行政、司法、军事、警察等机关的旧职员，则须要采取另外的改造办法，也可以采取更急进的办法。因为除掉少数市政上公用机关、卫生机关等等外，我们一般地不依靠他们来进行工作，更不依靠他们原来的机构，而要加以打乱，不打乱是错误的。因此，你们对于这些旧职员除少数必须留用者外，原则上应一般地集中训练，有些年老或资格太高，不能进普通训练班者，则组织特别训练班。一部分可送人民革命大学或华大军大，但对这些人的训练班须由华北政府或市政府特别创办，不宜进华大军大或人民大学。训练后除必要者可回本机关工作外，一般可用人员亦不应回到原来机关工作，而应根据我们工作的需要分派其他机关或其他地方工作；或平、津、唐、张几个城市对调任用或派到江南去；或派到各县去工作，以便分散他们；暂时用不了的人员，则令他们候差，等候任用，在候差期间发给必须的生活费。对反动分子、劣迹昭著者及其他无能的不可用的人员，则开除之。在我们的企业中是实行薪水制，但在我们的行政、司法、军事、警察等机关除警察须特定待遇标准外，则还不能实行薪水制，还必须实行供给制若干时。故对旧职员加入我们行政、司法、军事、警察机关工作者，原则上只能和我们工作人员同等待遇，即实行供给制。对他们的待遇，超过我们的工作人员的标准，是不妥的。但在实行供给制后，对他们的家属确实困难者，原则上按我们家属标准待遇，给以津贴，家有积蓄，不要津贴者，则可不给或少给津贴。但有特殊技术人员，原有高薪，又为我们必须任用者，则须给以高薪，继续任用。你们决不可向这些旧职员提出原职原薪的口号，过去和现在照原薪发给一月或二月薪水，是可以作的，但向他们提出原职原薪的口号，则在过去、现在和将来都是错误的。对于旧政府机关的职员的处理，须要与企业机关的职员从原则上区别开来，你们三月三日来电所提办法没有这种区别，是不妥的。估计依照上述办法来处理旧政府机关的职员是会有反抗和不满的，你们应该预有准备，并须使自己所采取的步骤力求适当，但对这种反抗和不满，不应害怕，而必须坚持这样去作。又估计依照上述作法，会有一大批旧职员不愿在我们政府机关工作，但除开十分不愿工作不愿受训者外，我们应采取留用一切有用人员的态度，决不可轻率地把他们开除赶走了事，而应细心地和他们讨论如何改造思想作风为人民服务及解决他们家庭困难的办法，以便能争取大批旧职员为我们政府工作。上述两类办法，望你们加以考虑。如有困难或新的意见，望即电告。如认为可行，望即根据以上原则拟定具体办法，由华北政府及市政府实施。并同意由徐冰、刘仁、戎子和组织专门委员会来处理。

中　央

选自《中共中央文件选集》(14)，中共中央党校出版社 1987 年版，第 615～617 页。

102. 中国人民革命军事委员会铁路军运暂行条例

1949 年 4 月 10 日实施

第一章　总　则

第一条　铁路为国家企业，又为人民解放战争机构的组成部分。本条例之目的在于既保证铁路军事运输之顺畅，又保证合理使用铁路运输而不浪费铁路运输力。

第二条　军事运输为铁路的第一等任务。在军运计划上，铁道部无条件地执行中国人民革命军事委员会（以下简称军委会）之命令，保证军运之安全，迅速与便利。

第三条　军事运输必须强调统一性与纪律性。各级部队必须严格遵守军委会铁道部奉命制定的军运计划与铁路的既定规章和制度。各级部队必须保证在车辆使用上满员满装，快装快卸。除军委会批准的适应前方作战之军运及经各一级军区各野战军及其后勤部首长亲自审定的特殊紧急军运外，不得要求紧急军运或专车运送。

第四条　人民铁路逐渐步入正轨。过去免费优待等办法即予废除。今后一切运输，包括军事运输在内一律收费。

第二章　军运定义

第五条　军委会直属各机关，各野战军，各兵团司令部，各军，各军区，各军分区，各独立团以上之武装部队，以调防，补给，作战，军工，军需，军械，军医为目的之运输方为军运。至于部队以工农业生产或交换物资为目的所需之运输，地方党政机关所需之运输，县以下地方武装，市镇公安人员之调动及其物资供给品所需之运输，均不属军运范围。

第三章　军运办理上之区分

第六条　依军委会及其野战军司令部之紧急调防作战计划所需大批（一次一列车以上）军事运输，由野战军或一级军区司令部向军委会铁道部直接提出，共同筹划。此项运输计划，由司令部与铁道部分别按系统通知有关行政单位。各该行政单位收到通知书或电报后，即照计划向指定之铁路总局，管理局，分局，车站接洽办理，未收到共同通知书，或共同电报之前，不得迳自交涉车辆，以免配车重复，贻误运输，或使运输计划不能实现。

（注）车站接到铁路军运共同通知书或电报时，必须慎密保管之，待持军运证人（请求运送部队及军用品者）到达后，即按章办理一切手续。

第七条　凡属根据军委会各野战军各一级军区司令部之紧急调防作战计划直接大量补充前线之民工与物资供给品，如武器，弹药，粮秣，柴草，被服，装具，交通，通讯，军医所用之器材及日用品，均由司令部与铁道部依第六条办法办理之。

第八条　由前方向后方运送之伤员，民工，俘虏，以及缴获品，统由司令部驻在机关，或办事处，或指定之代理机关，向铁路总局，管理局，分局，车站交涉车辆，此项车辆应优先配给，优先挂运。

第九条　后方维持治安部队，前方作战部队之调动与物质供给品之运输，伤员之输送转院，及一切送往前方之慰劳品之运输，由一级军区及野战军后勤部与其各地办事处，向当地铁路总局，管理局，分局，车站交涉配车，此项运输应优先配车优先运送。

第十条　军工，军械，军需，卫生部门之后方运输，制定每月运输计划，各部门均须严格按计划执行。以上部门指定之办事处或代办机关，可按计划向当地铁路总局，管理局，分局，车站交涉配车。除武器，弹药可要求优先配车，优先运送外，其他物品，原料，机器均按军运托运顺序号码配车运送。

第十一条　除第六，七，八，九，十各条以外之临时之零星整车军运，虽不在正常计划运输之内，路局仍可接受办理运输。但各军事机关应尽可能争取有计划的军运，减少零星运输。

第十二条　第六，七，八，九，十，十一各条之运输其运费杂费均以军运支票支付。军运支票由军委会后勤部统一印制发交各区财政经济办事处具领，各区财政经济办事处依照预定的军事运输费按期拨交军区及野战军后勤部，以便于在军运拨车前交付路局，运费及杂费，铁道部于每月月终将军运支票汇交军委会后勤部查问后，送请中央财政经济委员会照数拨款，中央财政经济委员会转向各区清算归垫。

第十三条　铁路对于一切军运，应与一般商运有所区别，单独建立托运顺序号码，优先配车，优先挂运，不收快运加价。

第四章　托运承运手续

第十四条　前章第六、十两条所指之军运，统由军委会铁道部发给共同通知书（或以电报指示各总局，管理局办理）：前章第八、九两条之军运，托运机关部队应用正式公函，加盖关防，及负责人员之私章，交付铁路总局，管理局或分局，即由各该局或分局发给军运证，托运部队即凭证交付运费杂费（军运支票）向车站要车，唯装车搭乘之前另有车站换发军用货票。军用货票共分四联：甲联由托运部队盖章后，连同军运证由路局系统，寄交管理局审计科，作为月终向军委会后勤部清理运费时之副据，乙联交由使用部队，按军队系统寄交运费负担部门，作为报销单据，丙联作为车站及列车办理运送手续之货票通知书、最后由到达站寄交所管局财务处审计科存查，丁联由发站连同托运单寄交所管局运输处军运科存查。为了保持军运秘密，办理军运证车站，不保留任何货票存根及军运证。

第十五条　前章第十、十一两条之军运，托运单位应填为军运托运单，径向各站站长托运，各站站长收到此项军运托运单后，除按第十三条之规定接收托运及收缴运费杂费（军用支票）外，并向总局，管理局或分局要求配车，其他一切手续及使用之货票，与普通货运相同，包括检查货物，及鉴定货物等级在内。

第五章　军运运费计算机使用办法

第十六条　客车每辆以一百二十人为定员，棚车改修之客车以八十人为定员，棚车以六十人为定员，不论实际乘车人数，是否超过或不及车辆定员数目，统按车辆定员数目以半价计算运费，即为核定之运费。

卫生车亦按上记所定各该定员数目计算运费。

第十七条　以军运证或军用货票运送之军货，不论货物等级，不论实重（但最重不能超过货车标记载重量百分之十）每用货车一辆即按货车标记载重量，运价如十级分等时则按七级品运价计算运费（参看第六，七，八，九等条）运价如五级分等时，则按四级品运价计算运费，对运价杂费尾数按客货运规则所定分别处理之。

第十八条　以普通货票运送之军货，统按一般现行货运规程之规定，分等，计重，计费（参看第十，十一条）。

第十九条　除径送前方或径由前方送回，或供给部队之武器弹药外，不得与其他军货混装一车，如必须混装时，不适用军运证或军运货票统按普通货物计算，不得按武器弹药计算。

第二十条　军运发生之杂费，如调车费，延期费，装卸费，囤存费，变更费等统按一般货运规程普通费率计算，并须以军运支票现付，杂费率尾数之处理及起码额数等，概按一般货物规定核收之。

第六章　伤员运送

第二十一条　同一发站，同一到达站，铁路一次承运伤员达十个货车，或五个客车，且当时适无适当列车挂运时，应特开专车专送之，但此项专车不应拒绝铁路加挂其他车辆，如少于上开辆数时，铁路需利用最捷便之列车，优先挂送之。

第二十二条　加挂伤员车列车或专车，除旅客列车或混合列车外，均须改为现时刻运转，列为最上级列车，以减少伤员之痛苦，俾得提早到后方治疗。

第二十三条　任何伤员车，均应由军队卫生机关派人负责护送，不得诿责铁路。所有不派护送人员，或护送人员不向车站办理报到手续者，铁路得拒绝拨车。

第二十四条　伤员车之装置及备品，由铁道部与军委会后勤部设计及筹备之，其费用由后勤部负担，平时由铁路负责保管，使用时由车长点交伤员车卫生机关护送负责人，到达到站再由该护送负责人点交车长。双方授受均以书面签章为凭，如有遗失损失损坏，按授受情形，分别负赔偿之责。

第二十五条　使用货车代用之伤员车，在冬季输送伤员时，采暖燃料每百公里（停站时分在内）暂定为木炭二·五公斤煤三十公斤，不足百公里之尾数，按比例折算，十公里以下零数，四舍五入之。

燃料发站准备，由卫生机关护送负责人向车站请领，负责装车，并由该领收者，签证交给车站，每月月底汇总清算，由各一级军区后勤部偿还铁道部。

第七章　军人及民工乘运办法

第二十六条　除另定外，军装整齐并持有部队正式护照之指战员，得凭护照向车站购买军人半价票，乘坐军用车，车上，车站上铁路人员验票时，应将护照及半价票同时交验。

列车上挂有军用车，（此等军人半票车应是一般客车不能以货车代替）持半价票之军人不得与旅客混坐。如与旅客混坐于旅客车上时，应与旅客同样补购全票，以维整齐严肃之纪律。

如军用车满员时，应遵守铁路负责人员的指定，一部集中乘坐于其他客车。在旅客拥挤时，如军用车有空席时，须按车长的请求，准许旅客在军用车内乘坐。军人如乘坐旅客快车亦按半价收费。

为减少军政机关团县级以上干部长途夜间乘车疲劳，特在旅客列车上（混合列车无）增挂卧车一辆，团县级以上干部可买卧铺票对号入铺。省主席及军长以上的负责干部使用包车时一律按半价付现款。

第二十七条　便装军人，军人家属，以及非军队系统而着军服之党政工作人员，不得购买半价票。如冒用时，一经查出，照章补票。

第二十八条　新兵有带队人员，及持有县以上之正式护照，证明确系入伍者，得持一级军区公函向铁路总局，管理局，分局按照团体半价交纳车费（军运支票）取得乘车证，方准乘车。

第二十九条　随部队活动或直接参战之民工，零星由前方遣回者，须持野战军以上机关之护照，并持有签发护照机关之正式介绍信（介绍信上须记明人数及发站到站）得凭护照及介绍信购得半价乘车券，方准乘车。

第八章　特别指定事项

第三十条　军运货物之装卸，以部队自理为原则，但依第三十二条所定而办理的零担军运货物，或部队要求铁路代为装或卸之货物，应在军运证或军运托运单上记明后，铁路得代为装或卸。

前项所定铁路代为装或卸车时，须按货物运送规则所定核收现款的货物证或卸费。军运货物之装或卸时间，规定为四小时，如超过所定装或卸时间时，按货物运送规则所定，核收现款的货车延期费。（按：各种货物装卸时间更具体的规定及累进地征收延期费的规定，另行公布。）

第三十一条　一切军运，必须由托运部队押运，对弹药类，武器类，贵重品，危险品的押运人，每车不得超过五名，其他军货，每车不得超过三名，零担军货每批为一名。

超过前项所定的押运人数时，须按货规所定核收押运人费。押运应乘坐所押之货车中。对零担办理的军货及弹药类装载适当的车辆中时，押运人员亦不得离开所押物品。

第三十二条　军运以整车为原则，不办理零担军运，但如遇军运需要载运物品不足一个车辆时，得经军以上的后勤司令部负责人函请路局运输，路局接到上项函件后，仍应接受办理运输，在不妨碍军品的警卫及其安全时双方可共同商讨配载其他物品以免浪费运输力。

第三十三条　各使用军运车辆机关，须按月作运费预算，向其直属上级请领支票簿及有限额之运拨款额，各单位各部队如发行空头支票，或以支票作不正当之使用者，除由该单位经常费中扣除之外，并以违法论罪。

第三十四条　军委会后勤部发行军运支票时，应与军委会铁道部约定使用办法，如发现支票不正当使用时，为使用者方面内部问题，不得因任何理由，拒绝向军委会铁道部依期兑现，如系使用者与路局串通舞弊时则由军委会后勤部与铁道部共同负责处理之。

第三十五条　军队各级机关及铁路各级机关应严格执行铁路规章及本条例，此后在军运上双方发生争执，不得以不熟悉铁路规章或本条例为借口，要求推卸责任。

第三十六条　军运货物装卸车时，除军械，弹药及部队外，其余军运路局可派员抽查，抽查人员应有本部发给之证明书，凭此证明书，可进行检查，各托运部队不得违抗。抽查结果，如发现品名，性质，数量等与原货票记载不符时，须按货物运送规则所定处理，并对于不能作一批运送之货物而作一批时，得分批依章办理之。

第三十七条　对弹药类之装卸，部队必须依军委会铁道部所定火药类运送规则第九条装卸规定的事项办理之。（在此规则尚未发到各局火药类运送规则尚未统一前，暂按各局规则办理之）

第九章　纪　律

第三十八条　铁路人员应守之纪律：

一、铁路人员，必需热心办理军运，认清军运工作为其本身之神圣职责，对于托运部队应详细解释铁路规章，及本条例之手续。恳切帮助解决部队运输上之困难，不得迟延刁难，凡其本身应该或有权解决之问题，不得向其他部门或上级推脱，致造成贻误，如发生意外事件时铁路人员应尽力帮助押运人员保护与营救。

二、对已有合法手续之军运托运人，铁路人员不得使其作格外之烦琐连络，尤不得以铁路本身应办之手续，委托托运人代办。

三、必须保守军运秘密，任何铁路员工，不得泄露军运秘密，宣布军运方向，或军运内容。

四、伤员车，武器弹药车，危险品车，不得溜放，及重挂。

凡违反以上之规定者，一经查实，统由军委会铁道部视情节之轻重，从严处分，直至送交司法机关依法判处。

第三十九条　军队方面应守之纪律：

一、不得强迫开车停车，强迫挂车，拒绝挂车，强迫调车，拒绝调车。

二、不准擅自占用车辆，或拒绝卸车。

三、不准强迫改变行车时间，行车次序。

四、不准强行占用铁路专用电话或擅自挂线妨碍铁路通信。

五、不准操纵机车，动转客货车上之制动器，连络器，车站信号及道岔。

六、不准违反铁路规章及本条例，拒绝运费及杂费，不准以军运支票向路局兑现及不正当的使用军运支票。

七、不得擅自扣留、污辱、打骂铁路员工。

凡违反以上各条，主管部队，应严格裁判，直至扣押，逮捕，送交军法机关依军法判处。

第十章　附　则

第四十条　本条例之解释及修改权，属于中国人民革命军事委员会。

第四十一条　本条例自民国三十八年四月十日起，本委员会管区之铁路及部队一体执行，所有各军区各级司令部颁布之。

选自《南京市政策法令汇编》，西南服务团办公室1949年9月编印，第193～203页。

103. 军委会铁道部颁布军运条例补充办法

1949年4月10日实施

一、一切军运除按军运暂行条例（以下简称军例）办法外，按本补充办法办理之。

二、依军例第五条规定军委会直属各机关，系指中国人民解放军系统之部队机关而言，至于党政机关及地方武装部队，均不属军运范围。

三、依军例第八、九条规定如因特殊情况不能到军运证填发处所请领军运证明，可由托运部队向车站提出公函，经管理局长（军运科）承认，事后补发军运证。

四、按军例第十二、十四条规定发生之运杂费，托运部队须在发送前交付车站。

五、依军例第十四条所规定中联由发站连同托运单寄交所管局军运科一项，系包括共同通知书在内，军运托运单省略之。

六、依军例第十六条规定中所指客车，系包括各等客车均以所定定员按三等票价半价计算运费，附挂于旅客快车车上时，亦按半价核收快车费。

七、依军例第十九条末尾不得按武器弹药计算一句，系指不得按武器弹药优先配车优先挂运。

八、依军例第二十条规定加停留客车时，须按铁路客运规则核收停留费。

九、依军例六、七、八、九各条运送所发生之杂费，应填用杂费收据，并与一般使用者分别使用另册，凡因第六、七、八、九条填发之杂费收据其存根页与报告页一并寄交所管局检查科（审计科）。

十、军运运价杂费如发生补收或退还时，则在有关票据上注明补收或退还额，由铁道部处理之。

十一、各次旅客及混合列车由总局长或管理局长在组成中指定军用车供军人乘坐。

十二、依军例第二十六条所定各项按左列办理：

（一）客运车长或列车长发现军人持半价票与旅客混乘于普通旅客车上时，应令其移坐于军用车内，军人如不同意时，即将原半价票收回，补收全价客票的票价差额，发行特种补充票；如为快车时要补收快车费的差额。

（二）军人购半价时，可发售普通单程客票，不用更改票价，在斜线处剪断，将“军”字留在甲页上。补充客票时，填写实收票价，在甲乙两页上加盖或记入“军”字，由剪断线剪断，将甲页交付之。

（三）军人乘坐快车购买车票时，原印快车费不用涂改，在斜线处剪断，将“军”费留在甲页上交付之。

在列车上发售车内快车费时，可在特种补充票上号码下部空白处填写“军”字。

（四）省主席及军长以上负责干部使用包车时，须根据介绍信呈请管理局长（军运科）承认，发行包车客票，填写承认号码及实收票价，加盖“军”字介绍信。连同包车客票报告页寄交所管检查科（审计科）。

十三、依军例第二十七条规定须照章补票时，应将原客票收回，补收全价客票的票价差额及补票手续费（不收罚款发行特种补充票）。

十四、依军例第二十八条规定管理局分局接到公函时，经审核承认后，介绍至车站办理乘车手续，乘车站接到路局指示后，即填发团体客票，按团体票价半价收费，并将承认函件连同团体票报告页寄交检查科（审计科）。非管理局分局所在站接到此项公函时，应请求管理局分局承认后办理之。

十五、对军例第二十九条规定之民工，应发行特种补充票，加盖“军”字介绍信随同报告页寄交检查科（审计科）。

十六、依前各项购得之客票，如托运行李时，与一般旅客同样办理之。

十七、依军例第三十条规定之装卸费，必须以现款缴纳之，延期费部队无现款缴纳时，可按二十条规定以军运支票办理之。

十八、依军例第三十七条所定须依军委铁道部火药类运送规则第九条所规定办理一项，在该规则尚未发到前，暂按各局现行规则办理。

十九、依军例第十、十一条之军运所使用之货票与一般使用者分别使用另册。

二十、运价杂费收纳支票时，须与有关单据记入“军支”略称及号码，其支票随同报告页送交所管局检查科（审计科）。

二十一、军运支票之使用范围限于按军例第六、七、八、九、十、十一、十六、二十八、三十二条运送之军运运杂费（装卸费除外）可使用军运支票，其他一律须缴纳现款。

二十二、本办法未规定事项，按客货运规则及补则办理之。

选自《南京市政策法令汇编》，西南服务团办公室1949年9月编印，第204～207页。

104. 国内和平协定最后修正案

1949年4月15日

（新华社北平电）经过半个月谈判，四月十五日由中共代表团提交南京政府代表团，四月二十一日被南京政府所拒绝的国内和平协定最后修正案，全文如下：

中华民国三十五年，南京国民政府在美国政府帮助之下，违背人民意志，破坏停战协定及政治协商会议的决议，在反对中国共产党的名义之下，向中国人民及中国人民解放军发动全国规模的国内战争。此项战争，至今已达两年又九个半月之久。全国人民，因此蒙受了极大的灾难，国家财力、物力遭受了极大的损失，国家主权亦遭受了新的损害。全国人民，对于南京国民政府违背孙中山先生的革命三民主义的立场，违背孙中山先生的联俄、联共及扶助农工等项正确的政策，以及违背孙中山先生的革命的临终遗嘱，历来表示不满。全国人民对于南京国民政府发动此次空前规模的国内战争以及由此而采取的政治、军事、财政、经济、文化、外交等项错误的政策及措施，尤其表示反对。南京国民政府在全国人民中业已完全丧失信任。而在此次国内战争中，南京国民政府的军队，业已为中国共产党所领导、为中国人民革命军事委员会所指挥的人民解放军所战败。基于上述情况，南京国民政府曾于中华民国三十八年一月一日向中国共产党提议举行停止国内战争恢复和平状态的谈判。中国共产党曾于同年一月十四日发表声明，同意南京国民政府上项提议，并提议以惩办战争罪犯，废除伪宪法，废除伪法统，依据民主原则改编一切反动军队，没收官僚资本，实行土地改革，废除卖国条约，召集没有反动分子参加的新的政治协商会议成立民主联合政府接收南京国民党反动政府及其所属各级政府的一切权力等八项条件为双方举行和平谈判的基础，此八项基础条件已为南京国民政府所同意。因此，中国共产党方面和南京国民政府方面派遣自己的代表团，授以举行谈判和签订协定的全权。双方代表于北平集会，首先确认南京国民政府应对于此次国内战争及其各项错误政策担负全部责任，并同意成立本协定。

第一条

第一款　为着分清是非，判明责任，中国共产党代表团与南京国民政府代表团双方（以下简称双方）确认，对于发动及执行此次国内战争应负责任的南京国民政府方面的战争罪犯，原则上必须予以惩办，但得依照下列情形分别处理：

第一项　一切战犯，不问何人，如能认清是非，翻然悔悟，出于真心实意，确有事实表现，因而有利于中国人民解放事业之推进，有利于用和平方法解决国内问题者，准予取消战犯罪名，给以宽大待遇。

第二项　一切战犯，不问何人，凡属怙恶不悛，阻碍人民解放事业之推进，不利于用和平方法解决国内问题，或竟策动叛乱者，应予从严惩办。其率队叛乱者，应由中国人民革命军事委员会负责予以讨平。

第二款　双方确认，南京国民政府于中华民国三十八年一月二十六日将日本侵华战争罪犯冈村宁次大将宣告无罪释放，复于同年一月三十一日允许其他日本战犯二百六十名送还日本等项处置，是错误的。此项日本战犯，一俟中国民主联合政府即代表全中国人民的新的中央政府成立，即应从新处理。

第二条

第三款　双方确认，南京国民政府于中华民国三十五年十一月召开的“国民代表大会”所通过的《中华民国宪法》，应予废除。

第四款　《中华民国宪法》废除后，中国国家及人民所当遵循的根本法，应依新的政治协商会议及民主联合政府的决议处理之。

第三条

第五款　双方确认，南京国民政府的一切法统，应予废除。

第六款　在人民解放军到达和接收的地区及在民主联合政府成立以后，应即建立人民的民主的法统，并废止一切反动法令。

第四条

第七款　双方确认，南京国民政府所属的一切武装力量（一切陆军、海军、空军、宪兵部队、交通警察部队、地方部队，一切军事机关、学校、工厂及后方勤务机构等），均应依照民主原则实行改编为人民解放军。在国内和平协定签字之后，应立即成立一个全国性的整编委员会，负责此项改编工作。整编委员会委员为七人至九人，由人民革命军事委员会派出四人至五人，南京国民政府派出三人至四人，以人民革命军事委员会派出之委员一人为主任，南京国民政府派出之委员一人为副主任。在人民解放军到达和接收的地区，得依需要，设立区域性的整编委员会分会。此项分会双方人数的比例及主任副主任的分担，同于全国性的整编委员会。海军及空军的改编，应各设一个整编委员会。人民解放军向南京国民政府现时所辖地区开进和接收的一切事宜，由中国人民革命军事委员会以命令规定之。人民解放军开进时，南京国民政府所属武装部队不得抵抗。

第八款　双方同意每一区域的改编计划，分为两个阶段进行。

第一项　第一阶段，为集中整理阶段。

第一点：凡南京国民政府所属的一切武装部队（陆军、海军、空军、宪兵、交通警察总队及地方部队等）均应集中整理。整理原则，应由整编委员会根据各区实况，在人民解放军到达和接收的地区，按照其原番号，原编制，原人数，命令其分区，分期，开赴指定地点，集中整理。

第二点：南京国民政府所属一切武装部队，在其驻在的大小城市，交通要道，河流海港及乡村，当人民解放军尚未到达和接收前，应负责维持当地秩序，防止任何破坏事件发生。

第三点：在上述地区，当人民解放军到达和接收时，南京国民政府所属武装部队，应根据整编委员会及其分会的命令，实行和平移交，开赴指定地点。在开赴指定地点的行进中及到达后，南京国民政府所属武装部队应严格遵守纪律，不得破坏地方秩序。

第四点：在南京国民政府所属武装部队遵照整编委员会及其分会的命令离开原驻地时，原在当地驻守的地方警察或保安部队不得撤走，并应负责维持地方治安，接受人民解放军的指挥和命令。

第五点：南京国民政府所属一切武装部队，在开动与集中期间，其粮秣被服及其他军需供给，统由整编委员会及其分会和地方政府负责解决。

第六点：南京国民政府所属一切军事机关（从国防部直到联合后方勤务总司令部所属的机关、学校、工厂仓库等），一切军事设备（军港、要塞、空军基地等）及一切军用物资，应由整编委员会及其分会根据各区实况，命令其分区分期移交给人民解放军及其各地军事管制委员会接收。

第二项　第二阶段，为分区改编阶段。

第一点：南京国民政府所属陆军部队（步兵部队、骑兵部队、特种兵部队、宪兵部队、交通警察部队及地方部队），在分区分期开赴指定地点集中整理后，整编委员会应根据各区实况，制出分区改编计划，定期实施。改编原则，应依照人民解放军的民主制度和正规编制，将经过集中整理的上述全部陆军部队编成人民解放军的正规部队。其士兵中老弱残废，经查验属实，确须退伍，并自愿退伍者，其官佐中自愿退役或转业者，均由整编委员会及其分会负责处理，给以回家的便利和生活的安置，务使各得其所，不至生活无着，发生不良行为。

第二点：南京国民政府所属海军、空军，在分区分期开赴指定地点集中整理后，即按原番号，原编制，原人数，由海军、空军整编委员会依照人民解放军的民主制度，加以改编。

第三点：南京国民政府所属一切武装部队，在改编为人民解放军后，应严格遵守人民解放军的三大纪律，八项注意，忠实执行人民解放军的军事政治制度，不得违犯。

第四点：在改编后，退伍官兵应尊重当地人民政府，遵守人民政府法令。地方人民政府及当地人民，亦应对退伍官兵给以照顾，不得歧视。

第九款　南京国民政府所属一切武装力量，于国内和平协定签字之后，不得再行征募兵员。对其所有武器、弹药及一切装备，一切军事机关设备及一切军用物资，均须负责保护，不得有任何破坏、藏匿、转移或出卖的行为。

第十款　在国内和平协定签字之后，南京国民政府所属任何武装力量，如有对改编计划抗不执行者，南京国民政府应协助人民解放军强制执行，以保证改编计划的彻底实施。

第五条

第十一款　双方同意，凡属南京国民政府统治时期依仗政治特权及豪门势力而获得或侵占的官僚资本企业（包括银行、工厂、矿山、船舶、公司、商店等）及财产，应没收为国家所有。

第十二款　在人民解放军尚未到达和接收的地区，南京国民政府应负责监督第十一款所述官僚资本的企业和财产不许逃匿，或破坏，或转移户头，暗中出卖。其已经迁移者，应命其就地冻结，不许继续迁移，或逃往国外，或加以破坏。官僚资本的企业及财产在国外者，应宣布为国家所有。

第十三款　在人民解放军已经到达和接收的地区，第十一款所指的官僚资本企业和财产，即应由当地的军事管制委员会或民主联合政府委任的机构实行没收。其中，如有私人股份，应加清理，经证实确为私人股份并非由官僚资本暗中转移者，应予承认，并许其有留股或退股之自由。

第十四款　凡官僚资本属于南京国民政府统治时期以前及属于南京国民政府统治时期而为不大的企业且与国计民生无害者，不予没收。但其中若干人物，由于犯罪行为，例如罪大恶极的反动分子而为人民告发并审查属实者，仍应没收其企业及财产。

第十五款　在人民解放军尚未到达和接收的城市，南京国民政府所属的省、市、县政府应负责保护当地的人民民主力量及其活动，不得压抑或破坏。

第六条

第十六款　双方确认，全中国农村中的封建的土地所有权制度，应有步骤地实行改革。在人民解放军到达后，一般地先行减租减息，后行分配土地。

第十七款　在人民解放军尚未到达和接收的地区，南京国民政府所属的地方政府应负责保护农民群众的组织及其活动，不得压抑或破坏。

第七条

第十八款　双方同意，在南京国民政府统治时期所订立的一切外交条约、协定及其他公开的或秘密的外交文件及档案，均应由南京国民政府交给民主联合政府，并由民主联合政府予以审查。其中，凡对于中国人民及国家不利，尤其是有出卖国家权利的性质者，应分别情形，予以废除，或修改，或重订。

第八条

第十九款　双方同意，在国内和平协定签字之后，民主联合政府成立之前，南京国民政府及其院、部、会等项机构，应暂行使职权，但必须与中国人民革命军事委员会协商处理，并协助人民解放军办理各地的接收和移交事项。待民主联合政府成立之后，南京国民政府即向民主联合政府移交，并宣告自己的结束。

第二十款　南京国民政府及其各级地方政府与其所属一切机构举行移交时，人民解放军、各地人民政府及中国民主联合政府必须注意吸收其工作人员中一切爱国分子及有用人才，给以民主教育，并任用于适当的工作岗位，不使流离失所。

第二十一款　南京国民政府及其所属各省、市、县地方政府，在人民解放军尚未到达和接收以前，应负责维持当地治安，保管及保护一切政府机关、国家企业（包括银行、工厂、矿山、铁路、邮电、飞机、船舶、公司、仓库及一切交通设备等）及各种属于国家的动产不动产，不许有任何破坏、损失、迁移、藏匿或出卖。其已经迁移或藏匿的图书档案，古物珍宝，金银外钞及一切产业资财，均应立即冻结，听候接收。其已经送往外国或原在外国者，应由南京国民政府负责收回或保管，准备交代。

第二十二款　在人民解放军已经到达和接收的地区，即应经由当地的军事管制委员会及地方人民政府或联合政府委任的机构，接收地方的一切权力及国家产业财富。

第二十三款　在南京国民政府代表团签字于国内和平协定并由南京国民政府付诸实施后，中国共产党代表团愿意负责向新的政治协商会议的筹备委员会提议南京国民政府得派遣爱国分子若干人为代表，出席新的政治协商会议；在取得新的政治协商会议筹备委员会批准后，南京国民政府的代表即可出席新的政治协商会议。

第二十四款　在南京国民政府业已派遣代表出席新的政治协商会议以后，中国共产党方面愿意负责向新的政治协商会议提议：在民主联合政府中应包括南京国民政府方面的若干爱国分子，以利合作。

双方代表团声明：为着中国人民的解放和中华民族的独立自由，为着早日结束战争，恢复和平，以利在全国范围内开始生产建设的伟大工作，使国家和人民稳步地进入富强康乐之境，我们特负责签订本协定，希望全国人民团结一致，为完满地实现本协定而奋斗。本协定于签字后立即生效。

选自《毛泽东选集》第四卷，人民出版社 1991 年版，第 1451～1456 页之注释（1）全文刊载“国内和平协定（最后修正案）”。

互校版本：《中共中央文件选集》(14)，中共中央党校出版社 1987 年版，第 623～632 页。

105. 中国人民解放军布告——宣布约法八章

1949 年 4 月 25 日

中国人民解放军布告：国民党反动派业已拒绝接受和平条件，坚持其反民族反人民的罪恶的战争立场。全国人民希望人民解放军迅速消灭国民党反动派。我们已命令人民解放军奋勇前进，消灭一切敢于抵抗的国民党反动军队，逮捕一切怙恶不悛的战争罪犯，解放全国人民，保卫中国领土主权的独立与完整，实现全国人民所渴望的真正的和平与民主的统一。人民解放军所到之处，深望各界人民予以协助。兹特宣布约法八章。愿与我全体人民共同遵守之。

（一）保护全体人民的生命财产。各界人民，不分阶级信仰和职业，均望保持秩序，采取和人民解放军合作的态度，人民解放军则采取和各界人民合作的态度。如有反革命分子或其他破坏分子乘机捣乱，抢劫或破坏者，定予严办。

（二）保护民族工商农牧业。凡属私人经营的工厂、商店、银行、仓库、船舶、码头、农场、牧场等，一律保护，不受侵犯。希望各业员工照常生产，各行商店照常营业。

（三）没收官僚资本。凡属国民党反动政府及大官僚分子所经营的工厂、商店、银行、仓库、船舶、码头、铁路、邮政、电报、电灯、电话、自来水及农场、牧场等均由人民政府接管，其中如有民族工商农牧业家私人股份经调查属实者，均承认其所有权。所有在官僚资本企业中供职的人员，在人民政府接管以前，均须照旧供职，并负责保护资财、机器、图表、账册、档案等，听候清点和接管。保护有功者奖，怠工破坏者罚。凡愿继续服务者，在人民政府接管后，准予量才录用，不使流离失所。

（四）保护一切公私学校、医院、文化教育机关、体育场所，及其他一切公益事业。凡在这些机关供职的人员，均望照常供职，人民解放军一律保护，不受侵犯。

（五）除怙恶不悛的战争罪犯及罪大恶极的反革命分子外，凡属国民党中央、省、市、县各级政府的大小官员，国大代表，立法监察委员，参议员，警察人员，区镇乡保甲人员，凡不持枪抵抗、不阴谋破坏者，人民解放军及人民政府一律不加俘虏，不加逮捕，不加侮辱。责成上述人员各安职守，服从人民解放军及人民政府的命令，负责保护各机关资财、档案等，听候接收处理。这些人员中，凡有一技之长而无严重的反动行为或严重的劣迹者，人民政府准予分别录用。如有乘机破坏、偷盗、舞弊、携带公款、公物、档案潜逃，或拒不交代者，则须予以惩办。

（六）为着确保城乡治安、安定社会秩序之目的，一切散兵游勇均应向当地人民解放军或人民政府投诚报到。凡自动投诚报到，并将所有武器交出者，概不追究。其有抗不报到或隐藏武器者，即予逮捕查究。窝藏不报者，亦须受相当的处分。

（七）农民中的封建的土地所有权制度是不合理的，应当废除。但是废除这种制度必须是有准备和有步骤的。一般地说来，应当先行减租减息，后行分配土地，并且需要人民解放军到达和工作一个相当长的时期之后，方才谈得到认真的解决土地问题。农民群众应当组织起来，协助人民解放军进行各项初步的改革工作；同时努力耕种，使现有的农业生产水平不致降低，然后逐步加以提高，借以改善农民生活，并供给城市人民以商品粮食。城市的土地房屋不能和农村土地问题一样处理。

（八）保护外国侨民生命财产的安全。希望一切外国侨民各安生业，保持秩序。一切外国侨民，必须遵守人民解放军及人民政府的法令，不得进行间谍活动，不得有反对中国民族独立事业及人民解放事业的行为，不得包庇中国战争罪犯、反革命分子及其他罪犯；否则，当受人民解放军及人民政府的法律制裁。

人民解放军纪律严明，公买公卖，不许妄取民间一针一线。希望我全体人民，一律安居乐业，切勿轻信谣言，自相惊扰。切切此布。

中国人民革命军事委员会主席　毛泽东

中国人民解放军总司令　朱　德

选自中国人民大学国家和法权历史教研室编辑：《中国国家和法权历史参考资料》（第三次国内革命战争时期解放区的政策法令选集），中国人民大学出版社 1958 年版，第 1～3 页。原注："选自《中国人民解放战争军事文集》第四集，第 69～71 页"。

106. 中央对华东局关于接管江南城市指示草案的批示

1949 年 4 月 25 日

华东局并告各局：

（一）卯江关于接管江南城市指示草案，中央同意，望即发布。

（二）根据平、津经验，军管会能很好地接收城市及工厂和资财，但军管会不能经营企业和工厂。故军管会在接收后，应迅速将企业、工厂和物资，分别交给各适当的负责的机关管理和经营。例如将市政工业及其他若干工商业交市政府管理经营，其他工商业则组织若干公司来负责经营，否则很难开工营业，即使勉强开工，亦难长期维持。

（三）根据平、津经验，新解放的城市照旧收税是完全可能和必要的。但旧的收税人员，因在群众中种下很大的恶感，群众不信任。故由旧人员去收税，普遍遭到群众的反对和抵制，后来委任我军人员任税收局长，并由我军人员带领旧人员去收税，发给我人民政府税收局的收条，人民才踊跃交税。这一经验，望记取。

（四）城市解放后，许多房客不交房租，房东亦不敢收房租，因此人心长期不安。军管会与人民政府，对此不应缄默，长期不表示态度，应正式宣布除官僚资本之房屋应予没收外，一切私人房屋的所有权应予保障，房客应继续交纳房租，租金多少应由房客与房东议定。有纠纷者应由政府或人民法庭调解仲裁解决之。

（五）城市解放后，常有许多自发的工人斗争。有些工人、店员，在老板恐慌情绪下，分了店铺和作坊。我们有些区委和支部，亦任意处理劳资纠纷。因此，在城市中常造成若干劳资斗争中的无政府状态，破坏我们的政策。故在城市解放后，应重新发表新华社的"二七"社论①及其他若干关于工人运动的文章，并须规定每个城市的劳资问题及公营工厂中工人与管理机关的争执问题，均须一律经过市总工会及市政府劳动局审查和处理。军管会及党的市委则须派得力人去指导总工会及劳动局的工作，使其能有效率地解决一切劳资问题及公营工厂中工人要求问题。同时并须告诫各支部和区委及其他机关，不要不经请示任意处理劳资问题。

---

① "二七"社论，指 1948 年 2 月 7 日新华社社论：《坚持职工运动的正确路线　反对"左"倾冒险主义——纪念"二七"二十五周年》。

（六）国民党的官僚资本企业中，大多有大批冗员及官僚制度，例如工厂中的警卫科、厂警等，工人、职员十分不满，要求迅速改革。而这些人员和机构，也可以迅速改革。故在确定工厂管理关系后，应即发动工人迅速改革这些制度，以利生产。

中　央

卯有

选自《中共中央文件选集》(18)，中共中央党校出版社 1992 年版，第 235～237 页。

107. 附：华东局关于接管江南城市指示草案的请示报告

1949 年 4 月 1 日

中央：

下列指示草案请审查修改，以便下达。

华东局

卯江

华东局关于接管江南城市的指示（草案）

1949 年 4 月 1 日

我军渡江南进，江南各城市即将解放，特根据中央各种指示的原则，与各地接管城市的经验，拟定下列接管江南城市的指示。

一、对新收复的人口在五万以上的城市或工业区，均应实行一个时期的军事管理制度。在占领城市初期，应指定攻城部队直接最高指挥机关军政负责同志，与地方党政若干负责人，组织该城市的军事管制委员会。军管会为该城市最高权力机关，凡入城部队及党政军民机关，与各接管工作人员，均须接受军管会的统一指挥。军管会的基本任务为：镇压反革命分子之活动，肃清反动武装的残余势力，恢复并建立革命秩序，保护人民生命财产及一切正当的权利，建立革命政权，保证城市政策的正确的执行，与有秩序地进行各种接管工作，协助工人职员，青年学生，及其他劳动群众组织起来，作为城市革命政权可靠的群众基础。在上述基本任务大体完成，城市秩序安定，一切市政机关建立并经过上级之批准以后，始得取消军管制。

二、在军管会领导下，可委任市长，并成立市政府。凡我党我军既定之各项政策，应以市政府名义公布；凡带紧急性、临时性或试验性的处置，则可以军管会的命令行之。在进入城市，实行接管之前，应多方收集该城有关材料（事先应特别注意收集该城地图及电话簿），调查该城一切机关、工厂、仓库的具体情况及位置，并针对该城的实际情况，来建立接收组织和配备干部，以便入城后，有计划地有步骤地实行各按系统整套接收。在军管会下要有足够的经过专门训练的，纪律良好的，有相当城市知识的专门警备部队和公安武装，以便看守工厂、仓库、机关、公共建筑物和巡逻街道，防止特务破坏，与市民偷窃（同时各接收系统亦应各自配备看管工厂、仓库之专门部队）。各部接收工作人员应随同部队迅速入城，并事先准备好工作需要的运输工具与食粮之供给。对城市人民的粮食与煤炭的供给，亦须预作必要的准备。军管会入城后，应首先注意恢复电力供给（使一切市政工业能够继续工作），迅速解决金融物价问题（使商人敢于开市做生意），迅速恢复交通秩序（可利用旧有警察徒手站岗、维持交通），迅速接管各公营企业，与公共机关，注意防火消防工作与城市卫生工作。对一切接管之工厂，应按原职原薪立即复工，这是保护工厂，安定人心，解决工人生活的基本环节。我们对一切新收复的城市，必须做到接收得好和管理得好，并必须“从我们接管城市的第一天起，我们的眼睛就要向着这个城市的生产事业的恢复和发展。”（二中全会决议）

三、城市秩序的好坏，首先决定于入城部队的纪律好坏，特别决定于部队干部与接收干部能否忠实执行城市政策与能否严格遵守入城纪律。因此一切部队从军、政、后勤干部直到战士，一切接管机关从党、政、军、民、财经、文教干部直到勤杂人员，在入城前，必须普遍地、反复地、深入地进行党的城市政策的教育，及入城纪律的教育与接管城市的经验教育。一切部队干部及接收人员必须坚决遵守下列入城守则：

第一，一切机关、部队、公营企业人员、采购人员、民兵、民工，凡未持有军管会所发之通行证或佩带军管会特许之证章者，一律禁止出入市区及工厂区。严厉处罚一切破坏秩序，损坏公物及盗窃国家财产的分子。

第二，一切接收人员与入城工作人员，必须严格遵守“三大纪律八项注意”，坚决执行人民解放军总部及华东军区所颁布的一切命令法规，严禁无纪律无政府现象。

第三，入城部队只有保护城市工商业之责，无没收处理之权。除易于爆炸和燃烧的物资，如炸药、弹药、汽油等，应迅速疏散出城，并呈报军管会统一处理外，严禁搬运机器、物资和器材，严禁擅拆车轮〔辆〕及零件。

第四，除敌方武装散匪及其他持枪抵抗的人员应加俘虏，及重要特务、间谍与破坏分子和重要战犯应加逮捕外，严禁乱打人乱抓人的现象。

第五，任何部队有收集散在战场上的弹药、武器，其他军用品及军用物资之责，但无单独处理之权，必须开列清单呈报军管会转报华东军区统一处理。严禁各部队后勤供给人员离开本身职务，投机取巧，乱抓物资或抢购物资。

第六，一切入城的机关及部队，必须遵照军管会所指定的房屋居住，服从公共房屋管理处的管理与分配，并教育一切人员爱护公物及使用室内外一切新式设备与卫生设备的办法。严禁擅移器具设备及盗窃破坏国家财产，所有部队、机关一律不准驻在工厂、医院、学校和教堂。

第七，在战斗结束后，除需要维持城市秩序一定数量的部队外，其他部队一律撤出城外，并在撤出前必须将任务移交清楚。一切驻在城市部队应制定适合城市生活的制度和规则。一切机关及部队人员不许在市内无故鸣枪，如需军事演习和练习射击，必须得到军管会的批准，并须到军管会所指定的郊外地点演习。

第八，一切机关及部队人员应实行公平交易，不得强买强卖。所有部队人员及公务人员乘坐公共汽车或进入公共游戏场所，必须照规买票。所有汽车及其他车辆入城，必须遵守交通规则并服从交通警察之指挥。

第九，一切机关及部队人员应保持艰苦朴素作风，不准私受馈赠、私取公物，反对贪污腐化堕落行为。

第十，厉行奖罚制度，对遵守纪律、遵守城市政策有功者，应给予精神的和物质的奖励，对违反纪律、违反城市政策者，必须彻底追究，并依情节轻重依法处理。

四、我军进入城市，“必须全心全意地依靠工人阶级，团结其他劳动群众，争取知识分子，争取尽可能多的能够同我们合作的民族资产阶级分子及其代表人物站在我们方面，或者使他们保守中立，以便向帝国主义者、国民党、官僚资产阶级作坚决的斗争，一步一步地去战胜这些敌人”①。同时当我军进入江南初期，必须集中力量消灭敌人及对各城市进行系统的接管工作，而尚不能有系统的全面的社会改革。因此我们在接管江南各城市时，应采取按照系统整套接收，调查研究逐渐改造的方针，以便力求主动，避免被动，并必须实行以下各项政策：

第一，对一切官僚资本的企业及其他各种公共企业，如工厂、矿山、铁路、邮电、轮船、银行、电灯、电话、自来水、商店、仓库等等，必须一律接管。我们在接管官僚资本企业与公共企业时，应采取自上而下、按照系统、原封不动、整套接收的办法。同时必须严格的注意到不要打乱企业组织的原来机构。在接收阶段，三〔一〕方面应责成该企业各原有机关的主要负责人负责办理移交手续；另一方面可以分别召集该企业各部工人会议或工人代表会议，宣传政策，发动工人群众配合。如果仅有自上而下按照系统的接收，而无自下而上工人、职员的审查和检举相配合，是接收不好的。对于接管来的企业的原有人员（包括厂长、局长、监工、工程师及其他职员），除个别破坏分子必须逮捕处分外，应一律留用，并令其继续担任原来职务。军管会只派军事代表去监督其生产，而不应干涉或代替其职务。如某个企业的主要负责人逃跑或原有负责人劣迹昭著，非撤换不可者，亦应从本企业中提拔适当的人员代理（如第一级负责人不在，可委第二或第三级负责人代理）。对企业中的各种组织及制度应照旧保持，不应任意改变或废除。对旧的实际工资标准或等级及其实行多年的奖励制度亦应暂时照旧，不得取消或任意改订。旧制度中有须要加以改良者，旧人员中有须要加以调整者，均需在情况了解后再作必要与适当的处理。

第二，对私人经营的企业（如工厂、公司、商店、仓库、货栈等等）及一切民族工商业的财产，应一律保护不受侵犯。私人工商业中如有股东不明或部分股东确为重要战犯或为官僚资本者，应一律暂缓处理，但先行登记加以监督，防止转移资金货物。对私营企业应坚持“公私兼顾，劳资两利”的方针；一方面要教育说服工人不要提出过高的劳动条件，致使生产降低，经济衰落，工人失业，另一方面要严重警惕资本家故意消极怠工或借故降低工人的实际工资及其他待遇。如劳资间有纠纷时，可由军管会召集双方调解或仲裁之。必须防止对〔将〕农村中斗争地富消灭封建的办法错误的应用到城市，同时对故意消极怠工的资本家应给以必要的适当的处罚。

第三，对国民党、三青团、青年党、民社党，及特务机关等反动组织，应由军管会或

① 此处引文，按《在中国共产党第七届中央委员会第二次全体会议上的报告》（见《毛泽东选集》第四卷）校订。

市政府出布告，宣布解散，并没收其所有的公产、档案，严禁其继续进行任何活动。具体办法应遵照中央关于国民党、三青团及特务机关的处理办法处理之。对国民党政权机关人员及军事后方机关人员，除首要战犯及罪大恶极的反革命分子必须逮捕法办外，凡不持枪抵抗，不阴谋破坏者，一律不加俘虏或逮捕，并责成其负责保护各机关资材、档案等，听候接收处理。这些人员中，凡有一技之长而无显著反动行为或严重劣迹者，须经过集中训练审查改造后，可以分别录用。江南各大［大］城市解放后，对保甲人员可暂时利用，使之有助于社会治安的维持。其办法可按照中央关于暂时利用旧保甲长的通知具体处理。

第四，对学校与文化教育机关（如大学，中学、小学、图书馆、博物馆、科学试验室、体育场所等等），应采取严格的保护政策。要迅速派人到各学校宣布方针，并与他们开会具体商定维持的办法。对原有学校（除国民党党校、军事学校外）一概采取维持原状，逐渐改良的方针。例如：开始在课程方面，应取消其反动的。政治课程、公民读本，其余暂时照旧。例如：在教职员方面，除去掉极少数的反动分子外，其余应一概采取继续工作。

第五，应建立各界代表会，作为军管会和市政府，在军管时期传达政策、联系群众的会议机关。各界代表会的组织和职责，应遵照中央关于成立各界代表会的指示原则进行。

第六，我军进入江南应确定人民银行所发行的人民票为本币。对伪币金圆券应采取排挤方针，辅之以限额收兑。人民票与金圆券的比值及限额收兑的具体办法，应视当时情况规定之。

第七，我军进入上海南京等大城市，应迅速出报纸及开始播音，以广泛宣传我党政策及政府法令、布告等。但一般标语口号必须事先请示中央批准，始可张贴。对国民党、三青团及其他反动派的报纸、刊物和〈通〉讯社，应一律没收接管。对个人私人名义经营而有确实反动政治背景的反共反人民的报纸、刊物、通讯社等，也可以没收接管。其反动政治背景一时无法弄清者，则应经过调查及法庭判决加以处理。对进步的和中间性的民营报纸、刊物、通讯社，可依法登记，在民主政府指导下进行营业。对敌方政府、军队及党部管理之电台，应全部接收。对大城市广播电台及广播人员的政策，应遵照中央指示的原则办理。

第八，对国民党监狱在押人犯，须经过审查分别处理。对革命分子应立即欢迎其出狱。对重大刑事案犯，如盗匪犯、杀人犯等仍宜拘禁，听候处理。对国民党的司法机关的接管，应照中央关于接管平津司法机关指示原则办理。

第九，对新收复城市的旧有各种税收，原则上应该一律暂时照旧征收。除少数苛捐杂税（如防共捐、戡乱税等）应即停止征收外，对一般旧有税收税率及税则，应待调查研究后再行改革。在我税收干部缺乏条件下，除对个别为人民所痛恨的旧税务人员应加处分外，对一般旧税务人员亦可暂时利用，以便逐渐训练改造或待将来再行调换。

第十，必须组织公共房产管理委员会，并在此委员会下设立公共房产管理处，统一管理与分配城市中一切公共房屋，不许任何例外。一切公共房屋连同房屋中的家具、设备、衣被、草木等在内，不论有无机关或个人居住和已否分配，一律归房产管理委员会接收和保管，并进行登记，造具清册，成为国家财产。对各城市公共房屋的具体处理办法，应遵照中央关于城市中公共房产问题决定的规定。对私人房屋暂采一律照旧缴纳房租的办法，以后房租亦应暂由房客与房东协议规定之。

第十一，凡属被国民党政府所承认的资本主义国家的大使馆、公使馆、领事馆及其所属的外交机关和外交人员，在人民共和国家和这些国家建立正式外交关系以前，我们一般不予承认，只把他们当作外国侨民待遇，但应予以切实保护。对教堂及一般外侨亦应采取保护方针，如外侨有犯罪行为，应依法处理，但除现行犯外，必须先报华东军区，重要者则必须转呈中央批准，始得逮捕与执行。对外人所办文化教〈育〉机关及其他事业的处理，均须遵照中央外交工作指示原则执行，且必须严格遵守请示报告制度。

四月一日

选自《中共中央文件选集》(18)，中共中央党校出版社 1992 年版，第 237～245 页。原注："根据中央档案原件刊印"。

108. 中共中央关于入城部队遵守城市纪律的指示

1949 年 5 月 16 日

进入江南各省诸城市时，一切入城部队和接管城市的人员，须仿照我军进入平、津的榜样，切实遵守人民解放军三大纪律、八项注意、约法八章与入城守则，严格保护一切原封不动，以等候接受。力戒进入锦、沈时的不守纪律、乱抓物资等不良现象；兹根据中央军委有关城市政策各项指示，规定下列各项，作为我军进入城市必须遵守的纪律，盼各部在所属指战员中事先进行教育，入城后须切实执行。

一、凡市内卫戍机关军风纪、交通规则、娱乐场所规则及公众卫生等，军队人员必须共同遵守，并服从当地军事管制委员会、警备司令部及公安局之指挥，不得借口隶属关系不同，而有丝毫违抗。

二、保护城市人民生命、财产不许侵犯，除现行犯外（例如抢劫、放火、行凶等），各机关不得擅自捕人。

三、保护外侨（包括领事馆）不加侮辱，凡遵守人民政府法令与安分守己之外国侨民，一律予以保护并尊重其人格，以礼貌待之；其有违法或破坏行为者，报告上级及军事管制委员会处理，不得自行处理，一切有关外侨事务不论大小，均由最高机关办理，各部无权处理。没有命令，不得进入外侨住宅，不准住外侨的房屋或教堂、学校，对外侨与外侨住宅无命令时，不得施行室内检查与人身检查。

四、我军各部人员，不得接见中外新闻记者，对新闻记者发表谈话。

五、军人进入戏院、电影院、理发店、澡堂看戏、看电影、理发、洗澡及进入公共娱乐场所游览，及乘坐电车、公共汽车者，均须照章买票，照章付钱，不得要求免票或半票付钱。

六、不经上级许可，不得接收人民的慰劳，对各阶层人士给军队个别人员送礼和被邀请吃饭赴宴者，尤需除绝。

七、军队在城市特别在大城市、中等城市驻扎时不得借住或租住民房，免引起城市居民的不便和不利，而应驻扎在兵营、公共机关、庙宇、祠堂、公所、会馆等公共房屋建筑，其家具设备（电灯、自来水、玻璃窗、抽水马桶等）必须爱护，不得移走、拆毁与破坏。

八、军队之骡马大车不得入城，必须入城者，可在将所运物资、弹药、粮食等装卸后，即应出城，在城郊外择地关喂，禁止在市区内关喂，禁止在市内树上拴牲口，以保护树木不让牲口啃树，必须驻城市的应以师或团为单位，在市外组织马厂喂养。

九、不准乱放枪，如需举行军事演习或试枪者，须经警备司令部批准，事先通知在城郊空旷地举行。

十、组织营房的文娱活动，不准上街乱跑，严格执行请假制度。

十一、整顿军容，提倡礼节。

十二、部队担任警戒，对职务须认真执行，但对群众态度须好，不可横蛮无礼貌。

选自《中共中央移驻西柏坡前后》，中共党史出版社1998年版，第442～443页。

109. 中共中央军委对进入我内河、港口的外国军舰、中外轮船处理原则的指示

1949年5月20日

粟裕、张震，并告总前委、刘伯承、张际春、李达：

十九日、二十日两电均悉。

一、黄浦江是中国内河，任何外国军舰不许进入。有敢进入并自由行动者，均得攻击之；有向我发炮者必须还击，直至击沉击伤或驱逐出境为止。

二、但如有外国军舰在上海停泊未动，并未向我军开炮者，则不要射击。

三、中国及外国轮船为敌军装载军队及物资出入黄浦江者，亦应攻击之。

四、中国及外国轮船在上海停泊未动者，或得我方同意开行者，准其停泊或开行，并予以保护。

五、为了对付外国军舰的干涉，你们应有充分的精神准备与实力准备，即要将外国干涉者的武装力量歼灭或驱逐之。如感兵力或炮火不足，应速从他处抽调补足。

六、二十日电说有二舰挂外国旗，请查明系挂何国旗，以便公布。嗣后凡关外舰事件，应将详情查明具报。

军　委

选自《中共中央文件选集》(14)，中共中央党校出版社1987年版，第653页。

110. 中共中央关于妇女的土地所有权问题的指示

1949年6月6日

关于妇女土地所有权的问题，必须首先在法律上与实际上承认男女农民有同等权利，

并保障其所有权。这是全国土地会议和土地法大纲上所肯定的原则和政策。任何人，任何地区不能对此有所修改或动摇其执行。但在具体处理方法上，应根据当地情况，采取双方协议和多种多样的，即根据原则性与灵活性相结合的办法具体处理之。“带地”仅是解决问题的方法之一，而不是唯一的办法。

报告中有“农民极不安心，不知何时会失掉妻子、土地、财产”等字样，“失掉”二字意味着土地、财产均属男人所有，因而也即否定了妇女同样有土地、财产所有权的原则。这须引起你们注意，并希你们在农民和干部中进行教育与说服的工作。

选自中央档案馆编：《解放战争时期土地改革文件选编》，中共中央党校出版社 1981 年版，第 531 页。

△毛泽东：《论人民民主专政》

1949 年 6 月 30 日

（见《毛泽东选集》第四卷，人民出版社 1991 年版，第 1468～1482 页。）

111. 中共中央关于私营企业中劳资纠纷问题的指示

1949 年 7 月 5 日

各中央局、分局并转各市委，省委，区党委：

现在各地解决私营企业中劳资争议的办法，非常混乱。没有设立专管机关，没有规定一定的手续。甚至城市中的每个区委，街区政府，每个工作组，每个下层工会组织，都可以自由解决劳资纠纷；或者完全放任自流，让每个工厂作坊商店的职工，与每个企业主直接解决。以至互相影响，此落彼起，纠纷日益增多。这种处理劳资纠纷中的无政府状态，是造成解决这个在目前具有头等政治意义的重大问题中发生各种偏向，特别是“左”倾冒险主义偏向的主要原因之一。结果，不仅使资本家害怕、消极，而且在工人群众中也发生不满，形成目前恢复发展生产中的重大障碍。因此，各地党委，特别是各大城市市委，必须迅速采取办法，纠正这一危险的现象。中央有下列提议：

一、一切有关劳资纠纷问题，均须集中到市一级机关，即市劳动局、市总工会、市工商局来统一解决。禁止区委、区街政府、下级工会组织，处理任何劳资纠纷。宣布解决劳资纠纷的口头的与书面的契约，必须经市劳动局批准备案后，方为有效。为此，必须将各区的得力干部，集中到市总工会与市劳动局，来进行工作。必须由市委书记，副书记或常委，来担任总工会主席与劳动局长。

二、有许多城市，至今尚未建立劳动局，一切劳资纠纷，都由工会来调解处理，这是严重的错误。工会是工人阶级的群众组织，只能代表工人说话，决不能站在劳资之间或劳资之上来调解、仲裁劳资纠纷。否则，必然使工会脱离群众，模糊群众对工会的认识。现在有些地方（如济南）的工人说："哪里有工会，哪里的工人就倒霉"。这就是由于工会不是站在工人组织地位代表工人说话，而是站在政府地位去处理劳资纠纷，并强制工人减低他们的要求所造成的结果。如果工人提出过高要求时，工会是应当说服工人减低这些要求的。但是应当站在工人阶级的立场，说明这些过高要求对于工人群众，实际上有害无利。在与工人群众商妥了这些要求之后，即应当代表工人，向资本家交涉和协商。无法达到协议时，即提请劳动局，以调解仲裁的办法来解决。工会代表，无论在协商时，或调解仲裁会议上，均应代表工人说话，而不应站在中间立场或政府立场说话。因此，各大城市，必须迅速设立有得力干部主持的劳动局，作为调解仲裁劳资争议的唯一机关。并正式规定解决劳资争议的手续为：

甲、劳资双方直接协商（即工会代表工人和资本家或和资本家组织的同业公会协商）；

乙、市劳动局调解仲裁；

丙、仲裁不服时得向法庭起诉。法庭判决，为最后程序，双方必须服从。

三、解决劳资纠纷的方式，应以订立集体合同为主。在现代化的企业中，可以由每个工厂企业的工会组织，直接与本企业的资本家谈判订立（如在同一城市中，有几个同一性质的工厂企业，而资本家又有联合组织者，最好还是由产业工会与资本家的组织订立而不个别订立，以免高低不齐互相影响）。在旧式的小企业商店作坊中，必须由同一行业工人店员组成的工会与本行业资本家组成的同业公会订立。因为在同一城市中，同一行业，都有大致相同的习惯或行规，因而工人的劳动条件，也就有基本相同的共同点。这种办法，可以做到使同一行业包括的许多企业、作坊或店铺所发生的问题，在一个集体合同当中得到基本解决。这样，才能使零碎分散的作坊、店铺中的劳资纠纷，做到有条理、有组织地解决，而且比较容易做到合理恰当，防止过左过右的偏差。如果不这样办，而让每个小企业作坊店铺的劳资纠纷都单独解决，必然造成混乱现象，难于掌握。以至互相影响，此落彼起，愈解决纠纷愈多，而不可避免地要发生各种偏向。

以上几点，望各地根据具体情况，斟酌试办。并将试办之经验，随时报告我们。

选自《中共中央文件选集》(14)，中共中央党校出版社 1987 年版，第 671～673 页。

中华全国总工会关于处理劳资关系问题的三个文件

1949 年 7 月全国工会工作会议上通过

112. 一、关于劳资关系暂行处理办法

第一条　为了贯彻"发展生产，繁荣经济，公私兼顾，劳资两利"的经济政策与劳动政策，特制定本办法。

第二条　本办法适用一切私营工商企业。

第三条　私营企业主（以下简称资方）与被雇用之工人、职员、店员、学徒及杂务人员（以下简称劳方）之间的关系，凡属本办法未规定者，得由劳资双方协议，签订集体合同或劳动契约规定之。但集体合同或劳动契约不得与本办法之内容相抵触。

附注：集体合同系为规定劳资双方之权利义务的一定时间的书面合同，在同一行业之劳资双方，可订立同一行业或产业之总的集体合同，在一个工厂企业中的劳资双方亦可订立单独的集体合同。劳动契约为规定某一工厂企业中之一部分劳动者或某一个劳动者与资方之具体劳动条件的契约。

第四条　劳方有参加工会及一切政治及社会活动之自由与权利，资方不得限制。劳方有受雇解约之自由，资方不得强迫劳方受雇。劳方如中途辞职，在集体合同与劳动契约上有规定者，依规定办理；无规定者，须于辞职前五天通知资方。

第五条　各工商企业之管理规则及工作场所之工作规则，由资方拟定经工会同意送请人民政府劳动局备案后，劳方须切实遵行。如有违反上述规则者，资方有按规则中之规定给以处分或解雇之权。各工商企业之管理规则及工作场所之工作规则，不得与人民政府颁布之法令及劳资双方签订之集体合同相抵触。

第六条　资方为了生产或工作上的需要，有雇用与解雇工人及职员之权。资方解雇工人及职员，在集体合同及劳动契约上有规定者，按规定办理；无规定者，须于解雇前十日通知劳方并酌给劳方若干遣散费。遣散费之数额应按工厂企业之营业情况与职工在本企业工作时间之长短而定，最低不得少于半个月的实际工资，最高不得超过三个月的实际工资。但季节工人、临时工人及因工人、职员的过失而解雇者，不在此例。

第七条　工会认为资方对工人、职员之处分与解雇不合理，有向资方提出抗议之权。如资方不接受抗议，得依本办法第二十七条解决劳资争议手续处理之。

第八条　所有工厂、商店已开工复业者，须努力经营，未开工复业或未完全开工复业者，须力求开工复业；如因不可克服的困难而不能开工复业或须歇业转业者，须向人民政府申请批准。

第九条　在解放后，资方复业招雇职工时，曾因参加革命政治活动而被解雇之职工应首先复工，其他在解放前六个月内被辞退之原有职工，应尽先录用或逐渐补用，但因过失被解雇者不在此例。

第十条　资方招用原有职工时，须采用书面通知和登报通告的办法。原有职工须于接到书面通知十日内（未接到书面通知者，自登报之日起半个月内）报到并按期到厂工作，否则作弃权论。资方在原有职工不足复工之需要时，得另招新职工。但在资方并未添用新职工时，原有职工一般不得提出强行复工的要求。

第十一条　资方已得政府批准而停工歇业时，如无力偿还所欠职工之工资与解雇费或其他债务者，须报告劳动局，由劳动局召集劳资双方协商合理办法处理之。资方所有之房屋、机器、原料、家具等，均不得径交劳方或工会处理，劳方及工会亦不得自行接收和分配上述财产。

第十二条　职工每日劳动时间以八小时至十小时为原则。如因生产需要或有害职工身体健康之生产部门，得由劳资双方协议增加或缩短。但职工工作时间之延长，每日最高不得超过十二小时。手艺工人、店员、学徒及一般杂务人员的劳动时间及休假，原则上均照旧例。但工作时间过长，影响职工身体健康者，应酌予缩短。

第十三条　年节及纪念日假期，人民政府已有规定者依规定，无规定者依习惯。休息日及事假，暂时均照各个企业的旧例办理。如有不合理者，在劳资双方订立集体合同时，由双方协议在合同中规定之。

第十四条　劳方参加工会开会及其他娱乐教育活动，均不得占用生产时间。工厂中的工会组织负责干部如有必要占用生产时间，须取得资方同意，但平均每月不得超过两个工作日，工资照发。如职工根据市政府，军管会、市总工会之指示，被选为人民代表或团体代表参加会议者，在参加会议期间之工资，由召集会议之机关或团体发给。

第十五条　在新解放的城市，资方须保持职工在解放前三个月之实际工资平均水平，不得降低。同时在目前凡属生产或营业不发达及利润低微之企业，一般亦不应增加实际工资。如解放前工资过低或过高者，得由劳资双方在订立集体合同时协商酌量增加或减少之，但须经当地人民政府劳动局之批准，方为有效。

附注：本办法所称之实际工资，系包括资方所给予之伙食补贴及其他待遇在内，用实物计算出来之职工总收入。

第十六条　工资发给以每月两次为宜。

第十七条　为保障职工实际工资免受物价变动影响起见，须由当地人民政府统一公布以物价指数，或以数种实物价格为计算工资的标准。

第十八条　在规定之工作时间以外的加工工资，应高于平时每小时之工资额。

第十九条　凡男女职工有同等技术、做同等工作、效力相同者，应得同等之报酬。

第二十条　各企业原有供给职工膳宿及分配馈送与其他奖励等习惯者，均得维持旧例。如有不合理者，由劳资双方协商在集体合同中修改之。

第二十一条　学徒与养成工之津贴及其他待遇，一般按旧有规定，其过于恶劣者，应有适当之改善，由劳资双方在集体合同中规定之。

第二十二条　学徒与养成工与技术业务知识传授人（即师傅）间，应严守尊师爱徒原则，学艺者须尽心学习，努力生产，传授者须尽心传授，禁止打骂虐待。

第二十三条　女工及女职员生育前后休息时期及对乳儿的哺乳时间，旧有规定者，照原规定办理。如尚无规定或规定过少者，应规定生育前后休息共四十五天。小产：怀孕在三个月以内者，休息十五天，怀孕在三个月以上者，休息三十天，工资照给。乳儿哺乳每四小时哺乳一次，每次十五分钟至二十五分钟。

第二十四条　各企业已有之职工福利设施，一般照旧，未举办者得由资方斟酌经济力量逐渐举办。凡职工因进行工作而致受伤或死亡者，在医疗期间，应由资方照发工资并担负其医药费，凡职工因工受伤而致残废或死亡者，资方应给以一定之恤金，其数额由劳资双方协议在集体合同中规定之。职工病假期中的待遇及职工因病死亡之抚恤费，照各企业旧有之规定办理，如原来没有此项规定或规定过低者，得由劳资双方协议在集体合同中规定之。

第二十五条　劳资双方订立集体合同时，应由各行各业订立总的集体合同，各个企业工厂可根据总集体合同订立单独之集体合同。总集体合同由各业劳方之工会代表（在工会未成立时由该业职工代表会议选出之代表）与由资方之同业公会会员所选出之代表，在自愿平等之基础上协议签定之。此项总集体合同须经人民政府劳动局批准。所有该业参加签订集体合同之劳资双方，均应遵照执行。在总合同签订之后，该行业之各个企业劳资之间可根据总合同订立单独的集体合同，如有特殊问题在总集体合同中未包括者，可在该企业中之单独集体合同中作补充之规定，但此项补充规定不得与总集体合同之内容相抵触，并须经该行业的工会组织及同业公会之同意。订立集体合同之详细办法由劳动局另行规定之。

第二十六条　各企业职工如未订立集体合同或在集体合同之外向资方提出要求者，应事先经由该业工会与市总工会审查。并由该业工会与市总工会派人会同该业之职工代表向资方或资方之同业公会交涉，以平等协商方法订立协定，由劳资双方共同遵守之。

第二十七条　在某一企业之劳资双方发生争议无法取得一致意见时，应由劳资双方请求该业工会与同业公会派出之代表会同双方当事人共同协商解决之。如仍无法取得一致意见时，任何一方得请求当地人民政府劳动局调解之。调解无效得由劳动局组织仲裁委员会仲裁之。在协商调解仲裁未成立前，双方均?应维持生产原状，—资方不得有关厂，停资，停伙及其他减低待遇之处置，劳方也应照常生产与遵守劳动纪律。劳资双方之任何一方对劳动局仲裁不服时，得依司法程序向法院提出控诉，由法院判处之。在法院未判决之前，双方均应遵照劳动局仲裁之决定办理。

第二十八条　劳资争议均应按上条规定之手续解决，任何一方均不得向对方采取人身侮辱等之强迫行为。

第二十九条　本办法之解释权与修改权，在军管时期属军事管制委员会；军管时期结束，属人民政府。

第三十条　本办法自公布之日起施行。

113. 二、关于私营工商企业劳资双方订立集体合同的暂行办法

第一条　为了正确处理劳资关系，解决劳资争议，应由各行各业，劳资双方所组织之团体，根据平等自愿协商原则，签订集体合同，明确规定劳资双方之权利义务及劳动条件，以发挥职，工劳动热忱与资方对生产经营之积极性，实现“发展生产，劳资两利”之目的。

第二条　各行各业之劳资集体合同，系以规定劳资关系为目的之一定时间的书面合同，其主要内容包括下列各项：

（一）雇用与解雇手续。

（二）规定厂规、铺规的手续及内容。

（三）工资。

（四）工作时间及假期。

（五）女工、童工问题。

（六）有关劳动保护与职工福利问题等。

第三条　订立劳资集体合同，应依下列原则及手续进行之。

一、劳资双方讨论签订集体合同应采取如下步骤：

甲、由各行各业劳资双方所组织之团体，各自召开全体会议或代表会议，选举委员会拟定各自之集体合同草案。

乙、由劳资双方各自推选能代表全体利益的同等数量之代表，根据双方自行拟定之合同方案，在平等自愿的基础上采取民主协商方法，逐条研究，取得协议。在协商时应邀请当地人民政府之劳动局派员参加。

丙、获得初步协议后，由劳资双方各自召集全体会议或代表会议讨论修改，再将修改意见提交双方代表讨论协商，再次取得协议。

丁、双方代表为向各自所代表之全体负责起见，复将二次协议交由劳资双方各自召开之全体会议或代表会议讨论通过，然后由双方代表签字申请劳动局批准施行。

二、集体合同公布时，须载明签订地点，时间，双方团体名称、代表姓名，有效期限（即自某年某月某日起至某年某月某日止）。

第四条　集体合同签订并经当地人民政府之劳动局批准后，在有效期间内适用于订立该合同之各产业行业，双方全体人员均须一律遵守执行。

第五条　合同有效期满后，如双方仍愿继续执行者，得由双方推举代表签订合同延期协定，申请劳动局备案后延长有效期限。在合同有效期内，劳资双方之任何一方，因特殊理由提出修改或废止意见时，得由双方推举代表协商解决之。如不能达到一致意见，得申请劳动局调解或仲裁解决之。

第六条　在某一行业或产业之总的集体合同订立后，各该行业或产业之工厂、商店，可签订本企业单独的集体合同。但此项集体合同之内容不得与该行业总的集体合同相抵触，并须取得各该工会与同业公会之同意。

第七条　各工厂，商店劳资双方单独订立之集体合同，有下列情一况之一者，得宣告废止：

甲、合同有效期满者。

乙、工厂、商店因遭受不可抗拒之灾害而停办者。

丙、经政府批准转业或缩小生产者。

第八条　本办法自公布之日起施行。

第九条　本办法解释及修改之权，军管时期属当地之军管会，军管时期结束，属当地之人民政府劳动局。

114. 三、劳动争议解决程序的暂行规定

第一条　为明确规定解决劳动争议手续，以贯彻公私兼顾，劳资两利，发展生产，繁荣经济之方针，特制定本规定。

第二条　一切公营、私营企业及合作社经营的企业中之劳动争议，均按照本规定之程序处理之。

第三条　本规定所指劳动争议之范围如下：

甲、关于职工劳动条件事项（如工资，工时，生活待遇等）。

乙、关于职工之任用、解雇及奖罚事项。

丙、关于劳动保险事项。

丁、关于企业内部工作规则事项。

戊、关于集体合同、劳动契约及其他一切涉及劳动争议事项。

第四条　确定人民政府劳动局为调解、仲裁一切劳动争议之机关。

第五条　一切企业中之职工及其工会，公营企业主管人，私营企业主及所组织之同业公会，如有争议不决之事项，或任何一方认为对方有违反集体合同、劳动契约及其他不合理行为，而不能由双方协商解决时，均有按照本规定向劳动局进行申诉之权。

第六条　劳动争议解决之第一步骤为双方协商，第二步骤为劳动局之调解，第三步骤为劳动局组织的仲裁委员会之仲裁。

甲、公营企业与合作社经营的企业内之劳动争议，如不能在本企业内协商解决，由各该企业之上级工会与上级企业主管机关协商解决之。再不能解决时，得提请与该上级工会及上级企业主管机关相当之人民政府劳动局调解或仲裁之。

乙、私营企业内之劳资争议，首先由该企业之工会组织与业主双方自行协商解决之。如不能解决时，得由该行业之工会组织及同业公会派出代表参加协商解决之。如协商仍不能成立，可申请劳动局调解或仲裁解决之。

第七条　一切企业内劳动争议协商之成立，须由双方代表签订协定，并须申请所在地之劳动局备案。

第八条　一切企业内之劳动争议提请劳动局解决时，须填写申请书。劳动局可组织争议之调查调解委员会进行调查与调解，调解如成立，由双方代表签具调解书备案；调解不能成立，由劳动局组织仲裁委员会仲裁之。仲裁委员会之决定，由担任该委员会主席之劳动局代表签署，经劳动局长批准后，通知争议双方执行。

第九条　协商、调解、仲裁既已成立，双方均须遵守，不得违反。如有一方违反者，对方可直接向劳动局申诉。

第十条　无论公营、私营及合作社经营企业中之劳动争议，经劳动局仲裁后，如当事人之一方仍不服时，须于五日内通知劳动局并向人民法院提出控诉，请求判决，否则仲裁决定则具有法律效力。

第十一条　劳动争议发生后，在协商、调解、仲裁过程中，双方均应维持生产原状，厂方不得有关厂、停资、停伙及其他减低待遇之处置，劳方亦应照常生产与遵守劳动纪律。经劳动局仲裁后，即使有一方表示不服，要求提请法院处理，在法院未判决前，双方仍应遵照仲裁决定办理。

第十二条　劳动局在处理一切争议时，有对争议双方及其代表机关传讯之权力。当事人凡接到劳动局之传讯通知后，须按时到达指定地点听候询讯，不得违反。如当事人确不能出席时，可指定代理人，但须经劳动局之承认，方准出席。

第十三条　劳动局在调解、仲裁争议过程中，发现争议双方之任何一方有违法行为时，得移送人民法院处理。

第十四条　本规定自公布之日起有效，其解释权与修改权属人民政府。

选自《中国新民主主义革命时期根据地法制文献选编》第四卷，中国社会科学出版社1984年版，第775～786页。原注：“选自《苏南法令汇编》第一辑”。

115. 附［报刊评论］：解决劳资纠纷的正确途径——论北平国药业劳资集体合同

1949年8月2日《人民日报》社论

经过两个半月的酝酿、讨论、起草、协议和最后修正，北平市国药业劳资集体合同已由劳动局批准公布了。这是北平市解放后第一个劳资集体合同，是北平市工人和资本家，在人民民主政权之下，根据新民主主义的经济政策，建立正确的劳资关系的一个良好的开始。

解放前，北平市国药业很多工人，曾经长期被迫忍受资方种种超经济的剥削和封建性管理的压迫。国药业工资除食宿由资方供给外，一般按照买卖流水提成，解放前有的低至百分之十，而有些资方还千方百计地从这样低的提成数里克扣工资，连资方一家人的开销，甚至柜上买佛供的耗费，都从工资提成数里扣除，使有些工人辛劳一个月还挣不到二十斤小米。同时，有很多工人的人权竟遭受无理的摧残，一进药铺就被迫改名或换姓，打骂交加，偶或提出任何合理要求，则横遭高压，在国民党反动统治时期，有的工人因为酝酿成立工会，被资方说成“通八路”而抓到伪警察局去。由于上述原因，北平解放后，国药业工人反抗情绪非常高涨，提出了许多要求，其中有许多是合理的，应该的；但也有些是不合理的，不应该的，而有的资本家自己心虚，又不了解政策，对于工人要求，不管合理不合理，通通接受。结果工资提成有的从百分之十突然增至百分之四十以上，以致无利可图，甚至亏本，而工资低的工人则仍要求向高的看齐，劳资纠纷此落彼起；同时在业务范围内，有些资方指挥不了工人，有的工人过分干涉行政。因此资本家不愿积极生产，使国药业的生产与营业遭受很大影响，对于劳资双方，都极为不利。

我们认为，工人和资本家，虽有根本矛盾，但在今天的条件下，却也有团结合作的基础。这个基础就是“发展生产，劳资两利”，只有本着这个精神，劳资间在现阶段的正确关系才有可能建立。国药业劳资集体合同，就是掌握了这个精神的。统观全部合同，较之解放前，工资提成从百分之十至二十增至百分之二十到三十，工人的休假制度从不确定到确定为每月四天，每天工作时间也稍为短了一些，而固定为十一小时至十三小时（解放前有多至十五小时的），这都是对工人有利的，也是提高工人的劳动情绪所必需的；同时对于资方合理利润和业务管理的指挥权，一样地也给予了承认和保障。这就是劳资两利，也就是发展生产所必须的前提。

合同中关于工资的规定，除由资方供给起码的食宿外，全部按流水提成，使工人生活和资方营业的好坏发生非常密切的关联，容易麻痹工人的阶级觉悟，并使工人生活动荡不安。这种办法将使同等技术或技术相差不多的工人出卖同等劳力的，结果所得工资会相差到三倍乃至四倍之多，这是不会合理的；有些规模较小，营业较差的药铺工人，因此要求采取固定工资是有理由的。但因顾及国药业的习惯，又因现在有利国计民生的工商业还很不发展，为了使资方有一定的利润可图，以便大力发展生产，所以暂时只好这样做。但在将来工商业获得一定程度的发展时，就应该废除这种提成的工资制度，而采取固定工资制度。

有些解放后工资提成提高到百分之三十以上的工人，可能会对现在的合同不满，因为按合同规定的收入比例是减少。我们认为工资过高，对工人暂时虽有好处，但却可能使资方无利可图乃至亏本，生产不能发展，店铺可以倒闭，因而也使工人生活不可能进一步改善，甚至可能遭受失业的威胁。但如资方自愿给予高于百分之三十以上的工资，自愿少赚钱或不赚钱，我们也不反对。

经验证明：在合同协商过程中，放手让工人和资本家都能充分提出自己的要求和意见，是正确的，必须的。应该承认：在国药业劳资集体合同开始订拟时，有些工会同志对这一点的认识是不够的，他们担心资方会像过去一样顽固地追求着单利政策，更担心工人会提出太高的要求，结果工人的要求不能很好地反映出来，引起工人不满，走了一些弯路。由于这一缺点得到及时的纠正，使工人和资本家都能进行充分的酝酿和讨论，而且都能通过职工代表会议和资本家的同业公会充分提出自己的要求和意见，并在平等基础上，反复辩驳协商：有些地方工人让了步，有些地方资本家让了步，终于使合同获得双方都能满意的结果。我们欢迎用这种平等自愿协商的方式来解决劳资纠纷；我们赞成工人向资本家提出要求，资本家也可向工人提出要求，工人可向资本家进行合法斗争，资本家也可向工人进行合法斗争。但其目的都应该为了发展生产。如果资本家不这样做，而采取消极抵抗，如光卖不买，暗抽资本等等办法，则是违法的，是要受到制裁的。

今天合同既经公布施行，我们希望劳资双方都能严格遵守，任何一方面不得片面违背而使对方蒙受损失。但这并不是说任何补充和修改都是不许可的，由于这是全体国药业劳资的集体合同，各药铺必须有更具体的规定，才好执行。不过这些具体规定不能违背总的精神。如果有个别地方需要修改的话，只要劳资双方同意并经劳动局批准，也是可以的。

资本家希望把劳动纪律具体地在合同中规定出来，对工人限制太多，工人不赞成，我们也认为不必要，因为这是属于业务管理范围的，现在，改由资方在合同之外另行拟定铺规，经工会同意和劳动局批准，作为合同的附件公布施行，应该是双方都能接受的一个办法。

今天国药业劳资关系，已因集体合同的公布而获得初步的正确的解决，并因此为国药业的顺利发展提供了一个有利的条件。今后的主要问题就是如何扩大生产，打开销路，以进一步发展业务，改善劳资地位。我们期待着国药业的劳资双方都能勇敢的朝着这一目标前进。

北平市其他私营行业，有的正在酝酿和草拟集体合同，有的则尚无此准备，我们希望都能像国药业一样，迅速地拟定集体合同，解决劳资纠纷，以便集中全力，为恢复与发展北平市的生产而奋斗。

选自《中国工会历史文献》(5)，工人出版社1959年版，第275～278页。原注：“录自1949年8月2日《人民日报》”。

116. 毛泽东对华北人民革命大学第一期教育经验总结的批语

1949年8月5日

各中央局，中央分局，各野战军前委的同志们：

现在将华北人民革命大学负责人刘澜涛、胡锡奎二同志写的该校对于一万二千新学生短期班的教育经验的总结转发给你们，请你们注意这种经验。假如你们同意的话，请将这个文件转发给你们所属学校的负责同志，并在党内刊物上发表，以资传播和仿效。我认为这个总结里所说的方针和方法是正确的。文件本身也是写得好的。

毛泽东

一九四九年八月五日

117. 附：华北人民革命大学第一期教育情况及其主要的经验教训

1949年7月26日

（一）平津解放后，遵照中央与华北局指示，采取大量招收（只要有一定的文化水平，差不多是来者不拒）与严肃改造知识分子的方针，先后入学者达一万二千余人。成分很复杂，根据九千学生的统计，学生占百分之四十三，公教人员占百分之三十四，军宪警占百分之十二，工人占百分之四，农民占百分之一，商人占百分之四，其他占百分之二。全校学生的文化程度，大学生及高小生均占百分之十左右，中学生占百分之八十左右。青年（廿五岁以下的）占百分之六十五左右，妇女占百分之二十左右。

经过入学注册，主要是深入学习后的自动坦白，以及同学检举、市内党政保卫机关的通知，先后发现全校学生中参加过国民党、三青团及曾任职警察、宪兵、专业特务破坏分子、叛徒、杀人凶犯及国民党党政军高级干部等合计约达两千五百人，其中绝大多数系一般党团分子，特务系统工作者是少数（约百人左右）。自动缴出手枪三十二支（已收到二十三支），因之，革大虽然最基本的是无产阶级与非无产阶级思想斗争的场合，但同时革命与反革命的斗争，亦是很复杂剧烈的。

一般学生与公教人员入学时的政治态度，多为保守的中间分子状态，极少数是进步的（四部两千四百学生中只有十一个党员、六个团员），一部分是落后与反动的。入学动机很不纯，一部八个班的统计，要求进步的占百分之十三点八，追求个人目的的占百分之六十一点五，糊里糊涂的占百分之十七，别有企图的占百分之七，其他各部情况大体相同。以上就是本校学生的基本情况。

（二）经过三个月的思想教育（一部分入学较早的将近四个月，一部分入学较晚的不到两个月），成效很大，思想动态已起了基本变化，极大部分已经根本上确定了革命的人生观，改变了过去中间大两头小的情况。现在靠拢我们的进步分子约占百分之八十到百分之八十五左右，落后的与反动的约占百分之十五左右（反动的是极少数的），学生已经是一边倒，不是进步就是落后或坚持反动，中间状态基本上已不存在，而落后分子甚至反动分子，现在亦还在不断分化中，其结果，大多数学生的政治面貌，大体上是弄清楚了（但仍有小部分死角未突开，也有伪装进步、假造历史隐藏着的）。青年团员的发展已超过四千人，共产党员发展了二百人。学校宣布提前毕业后，百分之八十五以上的学生表示服从组织分配工作，到工作岗位上去学习与锻炼，始终保持着饱满的革命热情。

（三）基于学生情况的特点与上级的启示，我们采取了以历史唯物主义为中心，结合学生的思想实际，为本校基本教育方针，把学校作为“思想战场”或“政治工场”来办事。故应以系统地进行马列主义最基本的理论与思想教育为中心。既反对脱离思想实际的空洞的教条主义的教育，也反对零碎的片断的忽视理论学习的经验主义的教育；把理论学习作为改造思想的武器，把改造思想作为理论教育的直接目的，两者要密切结合，有步骤、有计划、有重点的实施。课程以少而精为原则，总的以历史唯物主义为中心，其中又以三个问题为主题，即劳动创造世界、阶级斗争和国家学说，配合中国革命基本问题及政治形势、国际主义、党史党纲党章等学习。在系统地进行了以上教育之后，绝大多数学生陈旧的脑筋即已基本打开，改变了看问题的立场观点和方法，一步一步地靠拢了我们。经验证明：在如此短促的时间内要改造成分与思想都极为复杂的旧知识分子，必须把一切教育力量集中起来，环绕改造思想的中心任务。而改造思想的基本关键，就在于确立革命的人生观。不要分散力量，不要忙于去讲政策（政策教育最好放在工作部门中去讲），或平列许多政治课程，以免面面俱到、先后倒置、失去中心、多走弯路。

为了更有效地进行思想改造，除以理论教育与思想实际相结合来启发学生内在的思想斗争，从根本上摧毁地主资产阶级的人生观和世界观外，我们还着重了劳动的实际的锻炼与教育，由干部带头，全体学生一律参加劳动，种菜、掏井、挖水沟、打扫楼院及厕所，并参加帮厨、修桥等劳动。利用“五一”劳动节，进行了尊重劳动人民的教育。从此掀起了普遍的劳动热潮，改变了知识分子轻视劳动与对劳动人民的自高自大的错误观点，转而积极从事劳动，并开始了解劳动人民的可贵。大多数学生实际体念到劳动创造世界是科学的真理，无论对青年学生或公教人员，印象均极深刻，而工人更受到极大的感动。每上一次劳动课，就引起了他们的诉苦，进一步提高了阶级觉悟。经验证明；实际的劳动教育，在一切改造知识分子的学校、训练班中，都有设立的必要。这一点在教育方针上必须加以明确的规定。

（四）讲授是重要的教学方式。在讲授方法上，我校差不多完全是采用上大课形式，经常是七八千甚至一万多人听讲，分班讲授几乎没有过。在革命大学这样性质——以政治与思想教育为唯一中心的学校，共有一万二千多学生这校〔样〕大的学校，而训练时间又只是三个月的情况，讲大课可以说是唯一适宜的形式。因为第一，全校共有五十多班，要同时请很多在理论上、政治上均有修养的负责同志和教员逐班讲授，事实上是办不到的；第二，由某些在理论上、政治上修养较好的少数负责同志或教员逐班轮授，在他们的时间上也是不允许的；第三，在上述两种办法行不通时，如不采取上大课办法，就只好由一些普通同志分班讲授，这在教学效果上说，显然是相差很多的。上大课，就可以解决这个好教员少而学生太多的矛盾。但是上大课也有它的缺陷，由于听讲人数太多，时间较长，特别是学生的程度的参差不齐，必然会产生接受程度的差异。为了补救这种缺陷，我们又普遍运用了助教与班联课即数班联合讲授的办法。这些助教就是马列学院的学生及本校各部门的工作人员和教员。这些助教的任务，就是根据上大课时所讲的内容，在班联课中向学生做进一步的解释、说明，帮助学生领会讲授内容。大课讲授和班联课助教的讲授相结合，就是我校讲授的基本办法。

但只靠教员由上而下的讲授显然是不够的，还必须依靠学生自己的学习组织，组织与推动学习。也就是说，必须与群众路线相结合。讲好是重要的，但还须着重地注意组织大多数同学，启发其积极性，提高其觉悟。只注意讲授，忽视学生群众的自觉活动是不对的，但在组织学生的学习活动时，也不要把眼光注视到几个少数人，更不要只啃硬骨头，这样做也是不对的。经验证明：只要大多数同学觉悟、进步、团结起来了，就能带起落后，孤立反动分子。不要只看到几个少数反动分子，就把全班全组看成漆黑一团，不相信群众，不敢放手发动群众进行思想斗争，甚至害怕群众斗争，认为越斗争，少数人的问题越不好搞。就是因为这种不相信群众力量的错误观点，造成了个别死角长期不能突破。在群众初步发动的基础上，应适时的组织学习代表会和代表小组，这是使领导与广大群众相结合的、经常联系群众的最好的方式。凡是学代会组织起来的地方，同学们的情况反映就很及时，帮助领导上分析处理问题，可以防止小组长的独断专行，可以不断地发现与培养骨干。这种学习代表会可由班到部以至全校统统组织起来，效果甚好。广大的年青妇女，都应当适时的组织起来（学校成立了女生指导委员会）。这些先进青年和妇女，一旦觉悟与组织起来，他们在学习与工作中就能起很大作用。这次理论测验与思想总结中，充分地发挥了青年团与妇女的积极推动作用。

学习一个段落即举行一次测验，采取民主评卷办法，由教务处统一出题，发统一的标准答案，以小组为单位，挑选中等典型试卷，作为评定的标准；实行自报公议、分析批评，然后再打分数（但反对争分数），同学们都认为公平满意。这是最生动最活泼的群众自己教育自己的一种办法，也是群众路线最集中的一种表现。这次搞思想总结，也是采取这种群众路线的办法来进行的。

（五）提倡忠诚老实、实事求是、言行一致、表里一致。从每周生活检讨会开始，进行批评与自我批评。同学们逐渐善于使用这个武器，由日常生活的检讨提高到思想原则水平。过去同学们隐瞒历史成分和罪恶行为，在自我检讨过程中，逐渐自动坦白了，放下包袱。这次我们举行了半个月的理论测验与思想总结。实际上是整风的一个新形式。我们的经验是：在学完马列主义的基本理论后，需要来一次思想的清算运动，对于反动的落后的思想，作一番更深刻更切实的批评、揭发与清除，以便进一步地巩固已得成绩。思想的清算，必须遵守下列原则：一、理论测验与思想检查的实际相结合，二、自觉自愿，不追不逼；三、友爱互助，实事求是，分析批评；四、提高多数，带动少数。基本上以小组为单位，进行民主评定。结果大多数人放下了包袱（主要的是思想问题、党派问题，只有少数是特务与严重的政治问题）。相当普遍的得到了改造与提高，剩下少数的垃圾堆，也就便于清理了。这一个经验，也证明过去整风审干的方针是正确的。只要采取严肃的方针，实事求是的态度与自觉自愿的方法，辅之以互助友爱、分析批评，在运动中及时提出防"左"，就不致犯错误。在这次运动中，也曾有过个别"左"的倾向，已随时加以纠正了；也有极个别的同学，在群众思想运动的高潮中胆战心惊，开小差，装病，吃不下饭睡不着觉的。这些情况，有的是很难避免的。还有假装要跳水寻死的，这些现象是个别的，也值得我们加以检讨。

（六）此次一万二千多学生，其中绝大部分能够在短期内得到改造与提高，是由于中央与华北局有明确的教育方针，我们有过去整风审干整党的经验，与许多负责同志（如薄一波、董必武，彭真、安子文、黄敬、冯文彬、艾思奇、杨献珍诸同志）亲自上课及全校党员、干部刻苦的努力所造成，而全国胜利的发展，也是一个重要原因。但正确的教育方针与主观的努力仍是收效最大最快的决定的条件。我校干部理论水平不高，也缺少教育经验，但其中多数是长期作党的工作的，经过整风审干整党，有一定的思想基础和纯正朴素的工作作风，与群众生活能打成一片，能贯彻党的思想领导，因而在学生中威信很高，这在改造旧的知识分子中也是重要的经验。

（七）开始我们曾计划选择一批专门人才、大学教授、中学教员等加以比较长期的培养，成立一个高级班（一百六十余人）。这些人文化水平高是其长处，但社会经验复杂，思想比较落后，接受马列主义的理论与思想比较困难。且其中绝大部分是失业分子，有许多伪造历史，要两面派手腕，个别搞特务活动，故在学习中不易展开思想斗争，进步很慢。在这次思想总结与鉴定后，班里还不断地发现了他们的政治问题。这证明单纯的按文化技术观点分班的办法是有毛病的。正确的方针，应当把文化水平较高的知识分子（他们思想多不纯洁，有复杂的社会经验）分别编入文化较低、思想纯正的青年学生知识分子占优势班内，进行改造，这样的效果是会比较好一些。或者是将这一批有专门技术的与文化水平较高的学生，给以较长期的教育，其结果也会更好一些。这也是我们所得到的一点教训。

刘澜涛　胡锡奎

一九四九年七月二十六日

选自《中共中央文件选集》(18)，中共中央党校出版社 1992 年版，第 406～413 页。原注："根据中央档案原件刊印"。

118. 附［报刊评论］：肃清特务土匪，巩固革命秩序

1949 年 8 月 6 日新华社社论

外国帝国主义及其走狗国民党反动派反对中国人民的重要阴谋之一，是繁殖土匪武装，进行反革命骚动，扰乱社会秩序，阻塞城乡交通，牵制人民解放军的胜利南进，并破

坏人民民主新中国的建设事业。阎匪锡山的所谓“战时施政方针”，提出要“实行军政配合，加强省县职权，发展民众武装，进行敌后游击，贯彻总体战”。这里所谓“民众武装”，便是政治土匪；所谓“敌后游击”，便是对人民祖国进行骚扰破坏；所谓“军政配合”“贯彻总体战”，便是要使这种特务性的土匪武装与残留的地方反动政权、反动势力勾结起来，以政治欺骗和武装捣乱相结合的办法，来进行祸国殃民的罪谋。在这种阴谋策划下，国民党匪帮对于已解放的地区，便派遣和预置特务匪徒，勾结当地反革命的恶霸地主，收罗被击溃的散兵残匪，利用封建迷信团体，胁迫落后群众，举行武装暴动；而在尚未解放的地区，则正在动员一切卖国奸贼、军阀官僚和其他社会渣滓，并依仗政治权力，组织所谓“反共自卫救国军”之类的土匪武装，准备待机反抗人民解放军。美国帝国主义者对于这种特务土匪武装寄予极大的希望，给予金钱和军火的接济。中外反动派妄图凭借这种土匪武装，进行垂死挣扎，并准备使之与外国干涉者武装互相勾结，图谋复辟。中外反动派的这个如意算盘无疑的是要破产的。中国人民和人民解放军既然能够歼灭美帝国主义全力支助下的五百七十万国民党匪军，推翻二十二年的国民党反动统治，当然不难彻底肃清中外反动派的残余势力——特务土匪武装，巩固人民祖国的革命秩序。然而，由于这种政治土匪与地方反动势力相结合，而且有着外国干涉者的援助，所以他们便特别猖獗，特别凶残，已经并将继续给予祖国人民以极其重大的危害。如果我们因为主力前线的胜利，而骄傲自大，麻木不仁，轻视这一重要的武装敌人，对于它们的破坏性和危害性认识不足，认为这辈小丑不值介意，听其自由发展和活动，那末我们将会犯重大的错误！许多地方的领导机关和工作人员因为抱着一种盲目的太平观念，丧失阶级警觉，没有注意及时扑灭土匪，以致使党和人民遭受许多不应有的损失，难道还不足以教育我们吗？

现在，许多新解放区的广大人民，在饱受日本帝国主义和国民党匪帮十二年的残酷剥削和兵燹之灾以后，迫切地要求社会秩序的安定，城乡贸易的畅通，经济生活的恢复正常，以便迅速治好战争破坏的创伤，重整自己的家业。但美帝国主义和国民党反动派有计划地制造的特务土匪的骚扰作乱，烧杀淫掠，却使人民的要求无法实现。在人民解放军消灭或击溃国民党匪军，解放广大的城市和乡村以后，如果许多地方实际上仍为特务土匪和反动势力所控制，则人民政府的政策法令无法推行，旧的反动政权不能改造，人民的负担很难减轻和公平，救灾治水等急要之举也受到阻碍，一切革命工作无法展开，城乡关系不能沟通，人民币不能占领广大的市场，经济生活无法恢复，城市将被孤立，农村将被窒息。因此，在解脱国民党暴政的压迫之后，特务土匪便是人民当前最主要的和最可恶的敌人；而肃清土匪，安定民生，则成为各阶层人民共同的迫切要求。因此，发动大批干部和革命的工人、学生下乡，配合人民解放军的武装力量，动员广大农民，肃清土匪特务，推翻反革命恶霸分子的统治，安定秩序，发展生产，并进而有系统地有步骤地进行各种社会改革，便必然应该成为一个时期的中心任务。许多地方的经验都告诉我们：凡是新解放地区，起初必须有一个相当长的时期，集中全力进行剿匪反恶霸斗争，摧毁国民党反动统治势力，才能打开局面，站稳脚跟。这几乎已经成为斗争发展必经的过程，谁要是不及时地抓紧这二环节，便难免要走弯路，而且终究要回过头来重新做起。

要求剿匪收到功效，第一，必须抓紧时机，建立统一领导，有计划地配备力量，确实掌握情况，展开全面的而又有重点的清剿，不怕疲劳，不畏艰苦，长途奔袭，连续追歼，务期一网打尽，斩草除根。在刚才新解放的地区，我解放大军锋势所向，国民党匪帮望风溃逃，往往有许多匪军散兵游勇、地方反动团队、敌伪政权人员、反革命特务分子流窜四方，如果不加扑灭，很快便会散而复聚，与地方反动封建势力结合，盘踞作乱。因此，应该乘敌昏迷混乱、立足未定的时候，及早进行清剿，彻底消灭残匪势力，以免养痈遗患。在一切实行剿匪的地区，必须做到肃清潜匪，收尽匪枪，捕尽匪首，瓦解匪众，摧毁匪特指挥机关，解散土匪特务所利用的会门，打倒通匪窝匪的反动恶霸。剿匪不要打击溃战，而要打歼灭战。如果因情况关系已经打了击溃战，就应继续追歼兜捕，把它消灭干净。剿匪不能仅仅以收缴土匪的人枪数字为考核成绩的唯一或主要标准；而应该做到彻底肃清匪患，摧毁国民党反动统治势力——在乡村里是反动的恶霸地主，在政治上初步地发动群众。因此，剿匪斗争不只是军事行动，而且应该又是政治斗争和群众运动。剿匪必须城乡结合，全面展开，而又有重点地进行，以免土匪特务利用空隙，流窜城市与乡村之间，这县与那县之间，潜形匿迹，此起彼伏，而我们则可首先彻底肃清一块地区作为依托，稳步前进，而又能四处张网捕捉。

第二，必须发动群众，争取一切社会力量，组织剿匪反恶霸的统一战线，使这个斗争成为轰轰烈烈的群众运动。担任剿匪任务的武装部队，必须进行短期的政治和政策教育，确立为民除害、为民服务的决心，学会党的基本政策，成为顽强的战斗队而又是能干的工作队。而与武装部队一同下乡工作的党政干部和群众团体工作人员及革命的工人、学生，则除了学习政治和政策以外，还必须了解一些普通的军事知识，人各武装，人皆为兵。这两支力量汇合起来，就能组织强大的武装工作队，一面展开猛烈的军事活动，坚决地主动地清剿土匪，掩护群众工作；一面发动群众，进行反匪反恶霸斗争，摧毁反革命统治势力，建立人民民主政权，动员群众力量支援剿匪的军事行动。在组织剿匪反恶霸斗争中，又必须与当时当地群众其他迫切要求结合，注意为群众兴利除弊。例如，目前许多新解放区，都必须注意救灾治水，整顿战争勤务，反对旧乡保长摊派不公，减轻人民负担，帮助群众秋收生产，和厉行节约，反对贪污浪费等等。必须切实关心和解决关系群众切身生活利益的问题，并在进行这些工作之中，教育和引导群众认识只有肃清土匪，打倒反动势力，他们在政治上和经济上的地位才能得到进一步的改善。这样，广大的人民群众都参加剿匪反恶霸斗争，报告匪情，检举特务，瓦解匪众，这一斗争便容易收到成效。

第三，必须军政结合，剿抚兼施，确实掌握“首恶必办，胁从不问，立功受奖”的原则，打击和瓦解土匪，最后达到消灭土匪的目的。对付武装的土匪特务，一定要采取主动的军事行动，予以沉重打击，显示出我们的力量，才能迫使敌人瓦解和投降。但与军事行动同时，必须展开政治攻势。首先，在广大人民群众中宣传目前人民解放战争的形势，指出土匪对于国家和人民的祸害，充当土匪毫无出路，若不及早回头，必致身败名裂，说明人民政府处理土匪问题的政策。同时，通过各种社会关系，特别是自新土匪和土匪家属，利用各种形式，对土匪进行瓦解争取工作。对于土匪分子，必须区分首从，采取宽大与镇压结合的办法。对于作恶多端、死不改悔分子，予以坚决镇压；但对那些作恶不多的胁从分子，应予自新机会，而对那些立功自赎的分子，则可予以宽大待遇。决不可实行片面的无原则的宽大，致使敌人误认我们软弱可欺，助长土匪凶焰。也决不可实行片面的无原则的镇压，以致不但不能瓦解匪众、孤立首恶，甚至反而促成敌人内部团结，与人民坚决对抗。所谓镇压，也决不是一律格杀勿论。凡是条件具备的地方，都应建立法庭、监狱，以便按照罪恶大小，分别判处徒刑、苦役，惟罪大恶极者才予处决。无论宽大或镇压，都应尽可能地召开群众大会。至少也要布告示众，用以教育群众，瓦解敌人。

选自《中共中央文件选集》(14)，中共中央党校出版社 1987 年版，第 685～689 页。

119. 中央转发江西省委关于禁止乱打人乱捕人的指示

1949 年 8 月 10 日

华东局，西南局，华南分局，西北局，一二三野：

兹将华中局转发江西省委关于禁止乱打人乱捕人的指示转发给你们，望转饬所属注意为要。

中　　央
未灰

附：华中局转发江西省委关于禁止乱打人乱捕人的指示

1949 年 8 月 6 日

各省委并报中央：

江西关于打人捕人问题给各地补充指示甚好，特转去供参考。乱打乱捕系无政府状态，会割断党与群众初步联系，各地皆应注意纠正和防止，应将禁止乱打乱捕定为新区工作干部必须遵守的纪律之一，务须与其他纪律一并进行反复教育，使人人知晓，一体遵行。

华中局
未鱼

原电如下：

华中局午艳电转发你们，望重视此一经验，各方贯彻执行。南昌分区在最近以前借粮工作中也曾发生打人，吊人，随便捕人，甚至用太阳晒人，手枪威胁人等方法，有用刑的行为，并且发现某县委宣传部长亲自打人，引起群众说：“不怕解放军，只怕某胖子”的害怕情绪，这值得严重注意的偏向。这种乱打人，乱捕人，用刑等错误行为，虽然是个别现象，但在刚解放的新区发生尤其危险，必然会造成群众的疑惧，失掉群众同情，给反革命以得机造谣破坏的机会，对我是很不利的，必然要增加发动群众的困难。望各地要严密注意检查，如发现此种现象与偏向，务须及时切实纠正，并教育全体干部。在已经发生此类错误的地方，除教育干部坚决改正外，还须在群众中适当地进行自我批评，指出共产党是主张根据群众意见惩办首恶的反动分子，并号召人民坚决服从与执行人民民主政府的法令。但我们是坚决反对乱打人，乱捕人，乱用刑，审讯犯人也是坚决反对乱打人的，这是违犯了共产党的政策的。过去发生上述某些现象，只是个别同志由于教育不够所产生的，对被错打者，错捕者应适当道歉。同时也必须注意与防止、揭露反革命恶霸匪特的乘机造谣破坏。以后必须严禁我任何工作人员打人，用刑，乱捕人，并以此作为每一个同志必须遵守的纪律。如有违反命令，应当根据情况予以处分。以后捕人除敌人侦探与杀人犯外，须有县委以上机关批准（重大的特务案件破获，须经省委批准），或可以代表县委的工作团批准（即县委指定有权逮犯人的工作团）。捕人机关应限于公安、司法与部队分区以上政治机关，其余一律不得乱逮捕人。处决人犯必须是罪大恶极之反动首要分子，并须经地委最后批准，并报省委备案，望各地坚决贯彻此一规定。

江西省委

七月

选自《中共中央文件选集》(18)，中共中央党校出版社 1992 年版，第 417～419 页。原注：“根据中央档案原件刊印”。

120. 中共中央关于新区农村土地改革工作给华中局的指示

1949 年 8 月 10 日

华中局并告各局各野：

八月六日电及转来河南省委八月一日电均悉。

我们同意以中间不动两头平的政策，作为解决河南土地问题的基点，对中农土地完全不动，而不要照土地法大纲上关于中农土地的规定。在中央人民政府成立后，土地法大纲须要有所修改。除上述一点外，在南方及其他新区实行改革土地制度时，必须在某些政策上（例如不要使地富扫地出门等）及工作方法上（例如要开区乡农民代表会议等）改正过去在北方土改中做得不好的地方。而且各级党的领导机关必须完全掌握全部农村运动的领导，绝不许再有过去那样无政府无纪律的状态出现。除河南等若干地方外，最广大的新区今年及明年的全年都不是实行分配土地的时期，而是准备分配土地的时期。但就在此准备期间各中央局、中央分局及省委、区党委，必须完全掌握农村工作的领导职务，千万不要放松此种职务，一切重大决定，均须事先报告中央，获得批准然后实行。

选自《中共中央文件选集》(14)，中共中央党校出版社 1987 年版，第 691 页。

121. 毛主席在北平各界代表会议上的讲话

1949年8月13日

在八月十三日下午的北平各界代表会议上，中国共产党毛泽东主席发表了简短的讲演。毛主席在讲话中庆祝各界代表会议的成功，希望全国各城市都能迅速召集同样的会议，加强政府与人民的联系，协助政府进行各项建设工作，克服困难，并从而为召集普选的人民代表大会作准备条件。毛主席说，一俟条件成熟，现在方式的各界人民代表会议即可执行人民代表大会的职权，成为全市的最高权力机关，选举市政府。以北平的情况来说，大约几个月后就可以这样做了。这样做的利益很多，希望代表们加紧准备。毛主席号召全北平的人民，除了国民党反动派的残余及其潜伏的特务分子以外，一致团结起来，为克服困难，建设人民的首都而奋斗。

选自中国人民大学国家和法权历史教研室编辑：《中国国家和法权历史参考资料》（第三次国内革命战争时期解放区的政策法令选集），中国人民大学出版社1958年版，第19页。原注："选自1949年8月14日《人民日报》"。

122. 中共中央关于三万以上人口的城市及各县一律召开各界人民代表会议的指示

1949年8月26日

华东局并告各中央局、各野战军前委：

八月二十四日电悉。（一）你们过去对城市召开各界人民代表会议一项重大问题，没有发出指示，自己亦未在上海执行，故对此事处于被动地位，并因此使城市工作受了相当大的损失。现在你们已在上海开了一次各界代表会议，收到了良好效果，并已于八月二十四日给所属发了指示，你们因此就在此项问题上恢复了主动权。中央看了，极为高兴。除将你们电报转知各局各野外，现在请你们严催所属三万人口以上的城市，务于九月份一律开一次各界人民代表会议，并一律将开会情形在报纸上公开发表，在广播台上公开广播。不许可有不开的，不许可不公开发表和不做口语广播。借此以使所属三万人口以上城市的党的组织和各界人民代表亲密结合，经过他们去团结各界人民，克服困难，恢复和发展生产，并克服党的领导机关中的许多人只相信少数人的党内干部会议不相信人民代表会议的官僚主义作风。以后一切三万人以上的城市至少每月开各界人民代表会议一次，每次一天至多二天就够，每次讨论和决定的问题有一个或二个就够。

（二）各县要开全县各界人民代表会议，其办法照中央最近致华中局并告各中央局的电报办理，要各省委、区党委、地委负责领导办理，一改过去长期不开各界人民代表会议的不良作风。此项全县各界人民会议，不论新区老区一律举行。新区在占领两三星期后即可举行，无须待乡村农会建立然后举行。举行此项会议的一个重要目的即是经过此种会议去发动农民群众。

（三）上述两项，请东北局、华北局、山东分局、西北局、华中局、华南分局，一律遵照办理。各野前委注意研究和协助。

选自《中共中央文件选集》(14)，中共中央党校出版社 1987 年版，第 700～701 页。

123. 中共中央关于全国工会工作会议后各地工会工作问题的指示

1949 年 8 月 26 日

各中央局、分局并转各省、市委，并告各野战军前委：

全国工会工作会议，已于本月十六日闭幕，参加会议的代表，均已动身回返各地。此次会议，估计一年来工会工作是有成绩的；但还有不少的缺点。根据一年来各地摸索出来的经验，规定了如何实现第六次劳动大会所决定的工人运动方针和任务之具体方法。规定了工人阶级在自己领导的政权下，进行工会工作的各种策略，以纠正以前在敌人统治下秘密工会工作方式，和农村工作方式，与农村斗争方式的残余。规定了全国各级工会的组织系统，和一些制度规章，以纠正目前工会组织问题上各搞一套，无所适从的混乱状态。规定了在公营企业中建立工厂管理委员会的具体方法和组织条例，作为解决纠缠不清的党、政、工关系的主要办法。规定了在私营企业中以劳资双方订立集体合同为解决劳资纠纷，实现劳资两利的基本环节，以工会代表工人与资本家交涉谈判，及劳动局调解仲裁，为解决劳资争议的唯一合理方式和步骤，以纠正现在劳资关系中提出实际损害工人阶级利益的过高要求，与损害人民政权威信的不正确的斗争方式。为适应全国解放的胜利形势与今后政权建设和经济建设的艰巨工作，会议提出了在今后一年左右，把全国工人阶级，首先是产业工人，在基本上组织起来的任务。各地应首先注意组织各省重要城市中的工人，然后推广到次要的市镇。至于农村分散的手工业工人和雇农，在目前，暂不进行组织，以免分散力量。为此，就必须：各地城市党委，认清建立工会，把广大工人群众组织起来，是搞好政权建设，和经济建设的基本环节，而用自己的主要注意力和主要干部去加强工会工作。会议号召全国工人提高自己的阶级觉悟，以国家主人的责任心，发扬新的劳动态度，努力发展生产，以吃苦在先，享乐在后的精神，为全国人民的模范，抛弃片面福利观点，厉行节约运动，以克服目前由全国胜利过渡到建设时期，与帝国主义作进一步的斗争，争取中国经济上的独立自主所遇到的各种经济上的困难。会议通过的各种文件，俟中央审查批准后，即可发出。各地代表回转本地后，各级党委，可先召集当地工会工作会议（须有各重要城市党委负责同志参加），传达此次会议精神及各项决定的原则。并根据这些原则，检查和总结过去工会工作的经验教训，重新布置工作，使今后工会工作能适应着新的形势之需要，而迅速的开展起来。

选自《中共中央文件选集》(14)，中共中央党校出版社 1987 年版，第 702～703 页。

124. 中央关于改革律师制度的指示

1949 年 9 月 2 日

上海市委并告华东局，各中央局及分局：

市委关于处理旧律师问题电收到。我们对律师问题有下列意见：

（一）旧律师不能继续执行业务的原因是：

（甲）他们所学所用的反动的六法全书已经明令废除；

（乙）随着整个国民党国家制度及司法制度的腐化堕落，中国旧律师制度已形成为欧美资本主义的敲诈习气加上中国封建时代的讼棍作风之混合体，因而旧律师中贪污腐化者多，廉洁奉公者少；

（丙）人民法院实行为人民服务的诉讼程序及审判方法，使绝大多数当事人感觉到无出资雇用私律师的必要。

（二）资本主义国家及国民党统治时代均采用私律师为主公设辩护人为辅的制度，私律师主要的是为帝国主义、地主阶级及其他有产阶级服务的工具；他们的所谓公设辩护人名义上是为请不起私律师的穷苦当事人或找不到私律师的政治犯、刑事犯而设，实际上他们不仅是骗人的幌子，而且很多时候是害人的媒介。在人民民主专政的新中国，我们拟采取公律师为主私律师为辅的律师制度；即在司法行政机关的领导和组织下，在各级人民法院——首先是大中城市的人民法院及高级的人民法院中设置适当数量的公律师，为广大人民的诉讼与非讼事件服务；同时，允许某些经过司法行政机关审查合格发给营业执照的律师去执行私律师的业务，以供某些愿意和能够出资的人雇用。但这些律师的业务活动及收费数目等均须遵守司法行政机关之规定。

（三）除作恶多端、贪污腐化、声名狼藉或反革命分子须加以处分或着令改业外，所有旧律师愿在人民民主国家继续执行律师业务者，须一律重新进人民政府所办之政法学校或司法训练班或新法学研究机关受训，以便学习马列主义、毛泽东思想的新的社会观、国家观与法律观，学习人民民主专政为人民服务的政策法令及司法制度与司法作风；同时，对国民党的和一切欧美日本的反动的旧的社会观、国家观与法律观，进行彻底的批判；对旧的反人民的司法制度与司法作风，进行系统的清算。受训期满经司法行政机关审查合格者，发给允许执行律师业务的执照。任何不愿受训以改造自己思想与作风的旧律师，均不得执行公律师或私律师的业务。

（四）为培养新法学干部及改造旧司法人员，中央已在北平设立政法大学及新法学研究院；惟因物质条件限制，每期不能招收很多人员。请考虑可否在南京、上海等地设立改造旧［旧］司法人员及培养新法学干部的司法训练班或政法学校等？你们对此问题有何意见？请即电告。

中　央
申冬

选自《中共中央文件选集》(18)，中共中央党校出版社 1992 年版，第 438～440 页。原注：“根据中央档案原件刊印”。

125. 中共中央关于人民代表大会同各界人民代表会议的区别给东北局的指示

1949年9月23日

九月十五日电悉。

（一）你们来电所提问题，有些提得不妥。在方解放的城市，可用指定和邀请的办法召开各界代表会，等到城市人民团体已经组织起来或原来就有组织的地方，各界人民代表会议的代表就主要是由各人民团体直接或间接选举的，与有无名义上的军管会无关。各界人民代表会议与人民代表会议之间，也不应再行划分什么区别。但人民代表会议与人民代表大会之间，在职权上与代表选举方法上则应有区别；人民代表大会是全权的，其代表主要应由人民直接选举或由下级人民代表大会间接选举，而不是由各人民团体选举。因在东北还没有经验，目前还不宜普遍召开全权的人民代表大会，还是暂时召开几次人民代表会议，逐渐扩大代表会议的权力，待有了经验之后，再召开普选的全权的人民代表大会。

（二）上级人民政府对下级人民代表会议或人民代表大会的决议，有废除、修改或令其停止执行的权力。而不要规定一律须经上级政府批准。下级人民代表会议或人民代表大会选举之人民政府，须由上级人民政府加委。

选自《中共中央文件选集》(14)，中共中央党校出版社1987年版，第714页。

中国人民政治协商会议第一届全体会议通过的重要文献

126. 中华人民共和国中央人民政府组织法

1949年9月27日中国人民政治协商会议第一届全体会议通过

第一章　总纲

第一条　中华人民共和国是工人阶级领导的，以工农联盟为基础的，团结各民主阶级和国内各民族的人民民主专政的国家。

第二条　中华人民共和国政府是基于民主集中原则的人民代表大会制的政府。

第三条　在普选的全国人民代表大会召开前，由中国人民政治协商会议的全体会议执行全国人民代表大会的职权，制定中华人民共和国中央人民政府组织法，选举中华人民共和国中央人民政府委员会，并付之以行使国家权力的职权。

第四条　中央人民政府委员会对外代表中华人民共和国，对内领导国家政权。

第五条　中央人民政府委员会组织政务院，以为国家政务的最高执行机关；组织人民革命军事委员会，以为国家军事的最高统辖机关；组织最高人民法院及最高人民检察署，以为国家的最高审判机关及检察机关。

第二章　中央人民政府委员会

第六条　中央人民政府委员会，由中国人民政治协商会议的全体会议选举中央人民政府主席一人，副主席六人，委员五十六人，并由中央人民政府委员会互选秘书长一人组成之。

第七条　中央人民政府委员会，依据中国人民政治协商会议全体会议制定的共同纲领，行使下列的职权：

一、制定并解释国家的法律，颁布法令，并监督其执行。

二、规定国家的施政方针。

三、废除或修改政务院与国家的法律、法令相抵触的决议和命令。

四、批准或废除或修改中华人民共和国与外国订立的条约和协定。

五、处理战争及和平问题。

六、批准或修改国家的预算和决算。

七、颁布国家的大赦令和特赦令。

八、制定并颁发国家的勋章、奖章，制定并授予国家的荣誉称号。

九、任免下列各项政府人员：

甲、任免政务院的总理、副总理，政务委员和秘书长、副秘书长，各委员会的主任委员、副主任委员、委员，各部的部长、副部长，科学院的院长、副院长，各署的署长、副署长及银行的行长、副行长。

乙、依据政务院的提议，任免或批准任免各大行政区和各省市人民政府的主席、副主席和主要的行政人员。

丙、任免驻外国的大使、公使和全权代表。

丁、任免人民革命军事委员会的主席、副主席、委员，人民解放军的总司令、副总司令，总参谋长、副参谋长，总政治部主任和副主任。

戊、任免最高人民法院的院长、副院长和委员，最高人民检察署的检察长、副检察长和委员。

十、筹备并召开全国人民代表大会。

第八条　中央人民政府主席，主持中央人民政府委员会的会议，并领导中央人民政府委员会的工作。

第九条　中央人民政府副主席和秘书长，协助主席执行职务。

第十条　中央人民政府委员会的会议，两个月举行一次，由主席负责召集。主席根据需要，或有三分之一以上的中央人民政府委员的请求，或政务院的请求，得提前或延期召开会议。中央人民政府委员会的会议，须有委员过半数的出席始得开会，须有出席委员过半数的同意始得通过决议。

第十一条　中央人民政府委员会设办公厅，并根据需要，得设其他附属工作机构。

第十二条　中央人民政府委员会的组织条例，由中央人民政府委员会制定之。

第三章　政务院

第十三条　政务院由中央人民政府委员会任命总理一人，副总理若干人，秘书长一人，政务委员若干人组成之。政务委员得兼任各委员会的主任委员和各部的部长。

第十四条　政务院对中央人民政府委员会负责，并报告工作。在中央人民政府委员会休会期间，对中央人民政府的主席负责，并报告工作。

第十五条　政务院根据并为执行中国人民政治协商会议共同纲领、国家的法律、法令和中央人民政府委员会规定的施政方针，行使下列职权：

一、颁发决议和命令，并审查其执行。

二、废除或修改各委、部、会、院、署、行和各级政府与国家的法律、法令和政务院的决议、命令相抵触的决议和命令。

三、向中央人民政府委员会提出议案。

四、联系、统一并指导各委、部、会、院、署、行及所属其他机关的相互关系，内部组织和一般工作。

五、领导全国各地方人民政府的工作。

六、任免或批准任免第七条第九款乙项规定以外的各县市以上的主要行政人员。

第十六条　政务院总理主持政务院全院事宜。政务院副总理和秘书长协助总理执行职务。

第十七条　政务院的政务会议，每周举行一次，由总理负责召集。总理根据需要，或有三分之一以上的政务委员的请求，得提前或延期召开会议。政务院的会议，须有政务委员过半数的出席始得开会，须有出席政务委员过半数的同意始得通过决议。政务院的决议和命令，以总理单独签署行之，或由总理签署外并由有关各委、部、会、院、署、行的首长副署行之。

第十八条　政务院设政治法律委员会、财政经济委员会、文化教育委员会、人民监察委员会和下列各部、会、院、署、行，主持各该部门的国家行政事宜：

内务部；

外交部；

情报总署；

公安部；

财政部；

人民银行；

贸易部；

海关总署；

重工业部；

燃料工业部；

纺织工业部；

食品工业部；

轻工业部（不属上述四部门之工业）；

铁道部；

邮电部；

交通部；

农业部；

林垦部；

水利部；

劳动部；

文化部；

教育部；

科学院；

新闻总署；

出版总署；

卫生部；

司法部；

法制委员会；

民族事务委员会；

华侨事务委员会。

政治法律委员会指导内务部、公安部、司法部、法制委员会和民族事务委员会的工作。

财政经济委员会指导财政部、贸易部、重工业部、燃料工业部、纺织工业部、食品工业部、轻工业部、铁道部、邮电部、交通部、农业部、林垦部、水利部、劳动部、人民银行和海关总署的工作。

文化教育委员会指导文化部、教育部、卫生部、科学院、新闻总署和出版总署的工作。

为进行工作，各负指导责任的委员会得对其所属各部、会、院、署、行和下级机关，颁发决议和命令，并审查其执行。

人民监察委员会负责监察政府机关和公务人员是否履行其职责。

第十九条　各部、会、院、署、行，在自己的权限内，得颁发决议和命令，并审查其执行。

第二十条　政务院设秘书厅，办理日常事务，并管理文书档案和印铸等事宜。

第二十一条　政务院及各委、部、会、院、署、行、厅的组织条例，由中央人民政府委员会制定或批准之。

第二十二条　各委、部、会、院、署、行、厅，于必要时，得由中央人民政府委员会决议增加、减少，或合并之。

第四章　人民革命军事委员会

第二十三条　人民革命军事委员会统一管辖并指挥全国人民解放军和其他人民武装力量。

第二十四条　人民革命军事委员会设主席一人，副主席若干人，委员若干人。

第二十五条　人民革命军事委员会的组织及其管理和指挥系统，由中央人民政府委员会制定之。

第五章　最高人民法院及最高人民检察署

第二十六条　最高人民法院为全国最高审判机关，并负责领导和监督全国各级审判机关的审判工作。

第二十七条　最高人民法院设院长一人，副院长若干人，委员若干人。

第二十八条　最高人民检察署对政府机关、公务人员和全国国民之严格遵守法律，负最高的检察责任。

第二十九条　最高人民检察署设检察长一人，副检察长若干人，委员若干人。

第三十条　最高人民法院及最高人民检察署的组织条例，由中央人民政府委员会制定之。

第六章　本组织法的修改权及解释权

第三十一条　本组织法的修改权，属于中国人民政治协商会议的全体会议；在全体会议闭会期间属于中央人民政府委员会。本组织法的解释权，属于中央人民政府委员会。

选自《中共中央文件选集》(14)，中共中央党校出版社 1987 年版，第 717～724 页。

127. 中国人民政治协商会议组织法

1949 年 9 月 27 日中国人民政治协商会议第一届全体会议通过

第一章　总则

第一条　中国人民政治协商会议（以下简称中国人民政协）为全中国人民民主统一战线的组织，旨在经过各民主党派及人民团体的团结，去团结全中国各民主阶级、各民族，共同努力，实行新民主主义，反对帝国主义、封建主义及官僚资本主义，推翻国民党的反动统治，肃清公开的及暗藏的反革命残余力量，医治战争创伤，恢复并发展人民的经济事业及文化教育事业，巩固国防，并联合世界上以平等待我之民族及国家，以建立及巩固由工人阶级领导的以工农联盟为基础的人民民主专政的独立、民主、和平、统一及富强的中华人民共和国。

第二章　参加单位及代表

第二条　凡赞成本组织法第一条之规定的民主党派及人民团体，经中国人民政协全国委员会协商同意，得参加中国人民政协；个人经中国人民政协全国委员会协议邀请者，亦得参加中国人民政协的全体会议，并得被选为全国委员会委员。

第三条　每届中国人民政协全体会议的参加单位、名额及代表人选，由上届中国人民政协全国委员会协商定之，但第一届由中国人民政协筹备会议商定之。

第四条　凡经中国人民政协全体会议及全国委员会通过的决议，各参加单位及代表均有信守及实行的义务。凡参加中国人民政协的民主党派或人民团体，对全体会议及全国委员会所通过的决议如有不同意时，除根据少数服从多数的民主原则负责遵行不得违反外，其有不同意见得保留之，以待下届会议提出讨论；如对重要决议根本不同意时，有声请退出中国人民政协的自由。

第五条　中国人民政协的参加单位或代表或全国委员会委员，如有违反中国人民政协的组织法、共同纲领或重要决议而情节严重者，得由中国人民政协全体会议或全国委员会视其情节严重的程度，分别予以警告，撤换代表，撤销委员资格或撤销参加单位等处分。由全国委员会所给予的处分，如被处分者不服，得向下届全体会议提出申诉。

第三章　全体会议

第六条　中国人民政协全体会议，每三年开会一次，由全国委员会召集之。全国委员会认为有必要时，得提前或延期召集之。但第一届由中国人民政协筹备会召集之。

第七条　中国人民政协全体会议的职权如左：

一、制定或修改中国人民政治协商会议组织法；

二、制定或修改由参加中国人民政协的各民主党派及人民团体共同遵守的新民主主义的纲领即中国人民政治协商会议共同纲领；

三、在普选的全国人民代表大会召开以前，执行全国人民代表大会的职权：

甲、制定或修改中华人民共和国中央人民政府组织法；

乙、选举中华人民共和国中央人民政府委员会，并付之以行使国家权力的职权；

丙、就有关全国人民民主革命事业或国家建设事业的根本大计或重要措施，向中华人民共和国中央人民政府委员会提出决议案；

四、在普选的全国人民代表大会召开以后，就有关国家建设事业的根本大计或重要措施，向全国人民代表大会或中央人民政府委员会提出建议案；

五、选举中国人民政协全国委员会。

第八条　中国人民政协全体会议，须有参加代表过半数的出席，始得开会；须有出席代表过半数的同意，始得通过决议。

第九条　中国人民政协全体会议设主席团，由全体会议选举之。主席团名额，由每届全体会议临时规定之。

第十条　中国人民政协全体会议设秘书长一人，由全体会议选举之。设副秘书长若干人，由主席团选任之。在秘书长及副秘书长之下，设秘书处。

第十一条　中国人民政协全体会议得设各种委员会，其组织办法另定之。

第十二条　中国人民政协全体会议议事规则，由主席团制定之。

第四章　全国委员会

第十三条　在中国人民政协全体会议闭幕后，设立全国委员会。其职权如左：

一、保证实行中国人民政协全体会议及全国委员会的决议；

二、协商并提出对中华人民共和国中央人民政府的建议案；

三、协助政府动员人民参加人民民主革命及国家建设的工作；

四、协商并提出参加中国人民政协的各单位在全国人民代表大会代表选举中的联合候选名单；

五、协商并决定下届中国人民政协全体会议的参加单位、名额及代表人选，并召集之；

六、指导地方民主统一战线的工作；

七、协商并处理其他有关中国人民政协内部合作的事宜。

第十四条　中国人民政协全国委员会的委员及候补委员，由中国人民政协全体会议选举之；其名额由每届全体会议临时规定之。

中国人民政协全国委员会每半年开会一次，由全国委员会常务委员会召集之。常务委员会认为有必要时，得提前或延期召集之。

第十五条　中国人民政协全国委员会互选常务委员若干人，主席一人，副主席若干人，组织常务委员会主持会务。

第十六条　中国人民政协全国委员会设秘书长一人，由全国委员会选举之。设副秘书长若干人，由全国委员会常务委员会选任之。在秘书长及副秘书长之下，设秘书处。

第十七条　中国人民政协全国委员会的工作条例，由全国委员会常务委员会制定之。

第五章　地方委员会

第十八条　在中心城市、重要地区及省会，经中国人民政协全国委员会决议，得设立中国人民政协地方委员会，为该地方各民主党派及人民团体的协商并保证实行决议的机关。

第十九条　中国人民政协地方委员会的组织条例，由中国人民政协全国委员会制定或批准之。

第六章　附则

第二十条　本组织法经中国人民政协全体会议通过后施行。

选自《中共中央文件选集》(14)，中共中央党校出版社 1987 年版，第 725～729 页。

128. 关于中华人民共和国国都、纪年、国歌、国旗的决议

1949 年 9 月 27 日中国人民政治协商会议第一届全体会议通过

一、全体一致通过：中华人民共和国的国都定于北平。自即日起，改名北平为北京。

二、全体一致通过：中华人民共和国的纪年采用公元。今年为一九四九年。

三、全体一致通过：在中华人民共和国的国歌未正式制定前，以义勇军进行曲为国歌。

四、全体一致通过：中华人民共和国的国旗为红地五星旗，象征中国革命人民大团结。

选自《中共中央文件选集》(14)，中共中央党校出版社 1987 年版，第 730 页。

129. 中国人民政治协商会议共同纲领

1949 年 9 月 29 日中国人民政治协商会议第一届全体会议通过

序　言

中国人民解放战争和人民革命的伟大胜利，已使帝国主义、封建主义和官僚资本主义

在中国的统治时代宣告结束。中国人民由被压迫的地位变成为新社会新国家的主人，而以人民民主专政的共和国代替那封建买办法西斯专政的国民党反动统治。中国人民民主专政是中国工人阶级、农民阶级、小资产阶级、民族资产阶级及其他爱国民主分子的人民民主统一战线的政权，而以工农联盟为基础，以工人阶级为领导。由中国共产党、各民主党派、各人民团体、各地区、人民解放军、各少数民族、国外华侨及其他爱国民主分子的代表们所组成的中国人民政治协商会议，就是人民民主统一战线的组织形式。中国人民政治协商会议代表全国人民的意志，宣告中华人民共和国的成立，组织人民自己的中央政府。中国人民政治协商会议一致同意以新民主主义即人民民主主义为中华人民共和国建国的政治基础，并制定以下的共同纲领，凡参加人民政治协商会议的各单位、各级人民政府和全国人民均应共同遵守。

第一章　总纲

第一条　中华人民共和国为新民主主义即人民民主主义的国家，实行工人阶级领导的、以工农联盟为基础的、团结各民主阶级和国内各民族的人民民主专政，反对帝国主义、封建主义和官僚资本主义，为中国的独立、民主、和平、统一和富强而奋斗。

第二条　中华人民共和国中央人民政府必须负责将人民解放战争进行到底，解放中国全部领土，完成统一中国的事业。

第三条　中华人民共和国必须取消帝国主义国家在中国的一切特权，没收官僚资本归人民的国家所有，有步骤地将封建半封建的土地所有制改变为农民的土地所有制，保护国家的公共财产和合作社的财产，保护工人、农民、小资产阶级和民族资产阶级的经济利益及其私有财产，发展新民主主义的人民经济，稳步地变农业国为工业国。

第四条　中华人民共和国人民依法有选举权和被选举权。

第五条　中华人民共和国人民有思想、言论、出版、集会、结社、通讯、人身、居住、迁徙、宗教信仰及示威游行的自由权。

第六条　中华人民共和国废除束缚妇女的封建制度。妇女在政治的、经济的、文化教育的、社会的生活各方面，均有与男子平等的权利。实行男女婚姻自由。

第七条　中华人民共和国必须镇压一切反革命活动，严厉惩罚一切勾结帝国主义、背叛祖国、反对人民民主事业的国民党反革命战争罪犯和其他怙恶不悛的反革命首要分子。对于一般的反动分子、封建地主、官僚资本家，在解除其武装、消灭其特殊势力后，仍须依法在必要时期内剥夺他们的政治权利，但同时给以生活出路，并强迫他们在劳动中改造自己，成为新人。假如他们继续进行反革命活动，必须予以严厉的制裁。

第八条　中华人民共和国国民均有保卫祖国、遵守法律、遵守劳动纪律、爱护公共财产、应征公役兵役和缴纳赋税的义务。

第九条　中华人民共和国境内各民族，均有平等的权利和义务。

第十条　中华人民共和国的武装力量，即人民解放军、人民公安部队和人民警察，是属于人民的武力。其任务为保卫中国的独立和领土主权的完整，保卫中国人民的革命成果和一切合法权益。中华人民共和国中央人民政府应努力巩固和加强人民武装力量，使其能够有效地执行自己的任务。

第十一条　中华人民共和国联合世界上一切爱好和平、自由的国家和人民，首先是联合苏联、各人民民主国家和各被压迫民族，站在国际和平民主阵营方面，共同反对帝国主义侵略，以保障世界的持久和平。

第二章　政权机关

第十二条　中华人民共和国的国家政权属于人民。人民行使国家政权的机关为各级人民代表大会和各级人民政府。各级人民代表大会由人民用普选方法产生之。

各级人民代表大会选举各级人民政府。各级人民代表大会闭会期间，各级人民政府为行使各级政权的机关。

国家最高政权机关为全国人民代表大会。全国人民代表大会闭会期间，中央人民政府为行使国家政权的最高机关。

第十三条　中国人民政治协商会议为人民民主统一战线的组织形式。其组织成分，应包含有工人阶级、农民阶级、革命军人、知识分子、小资产阶级、民族资产阶级、少数民族、国外华侨及其他爱国民主分子的代表。

在普选的全国人民代表大会召开以前，由中国人民政治协商会议的全体会议执行全国人民代表大会的职权，制定中华人民共和国中央人民政府组织法，选举中华人民共和国中央人民政府委员会，并付之以行使国家权力的职权。

在普选的全国人民代表大会召开以后，中国人民政治协商会议得就有关国家建设事业的根本大计及其他重要措施，向全国人民代表大会或中央人民政府提出建议案。

第十四条　凡人民解放军初解放的地方，应一律实施军事管制，取消国民党反动政权机关，由中央人民政府或前线军政机关委任人员组织军事管制委员会和地方人民政府，领导人民建立革命秩序，镇压反革命活动，并在条件许可时召集各界人民代表会议。

在普选的地方人民代表大会召开以前，由地方各界人民代表会议逐步地代行人民代表大会的职权。

军事管制时间的长短，由中央人民政府依据各地的军事政治情况决定之。

凡在军事行动已经完全结束、土地改革已经彻底实现、各界人民已有充分组织的地方，即应实行普选，召开地方的人民代表大会。

第十五条　各级政权机关一律实行民主集中制。其主要原则为：人民代表大会向人民负责并报告工作。人民政府委员会向人民代表大会负责并报告工作。在人民代表大会和人民政府委员会内，实行少数服从多数的制度。各下级人民政府均由上级人民政府加委并服从上级人民政府。全国各地方人民政府均服从中央人民政府。

第十六条　中央人民政府与地方人民政府间职权的划分，应按照各项事务的性质，由中央人民政府委员会以法令加以规定，使之既利于国家统一，又利于因地制宜。

第十七条　废除国民党反动政府一切压迫人民的法律、法令和司法制度，制定保护人民的法律、法令，建立人民司法制度。

第十八条　中华人民共和国的一切国家机关，必须厉行廉洁的、朴素的、为人民服务的革命工作作风，严惩贪污，禁止浪费，反对脱离人民群众的官僚主义作风。

第十九条　在县市以上的各级人民政府内，设人民监察机关，以监督各级国家机关和各种公务人员是否履行其职责，并纠举其中之违法失职的机关和人员。

人民和人民团体有权向人民监察机关或人民司法机关控告任何国家机关和任何公务人

员的违法失职行为。

第三章　军事制度

第二十条　中华人民共和国建立统一的军队，即人民解放军和人民公安部队，受中央人民政府人民革命军事委员会统率，实行统一的指挥，统一的制度，统一的编制，统一的纪律。

第二十一条　人民解放军和人民公安部队根据官兵一致、军民一致的原则，建立政治工作制度，以革命精神和爱国精神教育部队的指挥员和战斗员。

第二十二条　中华人民共和国应加强现代化的陆军，并建设空军和海军，以巩固国防。

第二十三条　中华人民共和国实行民兵制度，保卫地方秩序，建立国家动员基础，并准备在适当时机实行义务兵役制。

第二十四条　中华人民共和国的军队在和平时期，在不妨碍军事任务的条件下，应有计划地参加农业和工业的生产，帮助国家的建设工作。

第二十五条　革命烈士和革命军人的家属，其生活困难者应受国家和社会的优待。参加革命战争的残废军人和退伍军人，应由人民政府给以适当安置，使能谋生立业。

第四章　经济政策

第二十六条　中华人民共和国经济建设的根本方针，是以公私兼顾、劳资两利、城乡互助、内外交流的政策，达到发展生产、繁荣经济之目的。国家应在经营范围、原料供给、销售市场、劳动条件、技术设备、财政政策、金融政策等方面，调剂国营经济、合作社经济、农民和手工业者的个体经济、私人资本主义经济和国家资本主义经济，使各种社会经济成分在国营经济领导之下，分工合作，各得其所，以促进整个社会经济的发展。

第二十七条　土地改革为发展生产力和国家工业化的必要条件。凡已实行土地改革的地区，必须保护农民已得土地的所有权。凡尚未实行土地改革的地区，必须发动农民群众，建立农民团体，经过清除土匪恶霸、减租减息和分配土地等项步骤，实现耕者有其田。

第二十八条　国营经济为社会主义性质的经济。凡属有关国家经济命脉和足以操纵国民生计的事业，均应由国家统一经营。凡属国有的资源和企业，均为全体人民的公共财产，为人民共和国发展生产、繁荣经济的主要物质基础和整个社会经济的领导力量。

第二十九条　合作社经济为半社会主义性质的经济，为整个人民经济的一个重要组成部分。人民政府应扶助其发展，并给以优待。

第三十条　凡有利于国计民生的私营经济事业，人民政府应鼓励其经营的积极性，并扶助其发展。

第三十一条　国家资本与私人资本合作的经济为国家资本主义性质的经济。在必要和可能的条件下，应鼓励私人资本向国家资本主义方向发展，例如为国家企业加工，或与国家合营，或用租借形式经营国家的企业，开发国家的富源等。

第三十二条　在国家经营的企业中，目前时期应实行工人参加生产管理的制度，即建立在厂长领导之下的工厂管理委员会。私人经营的企业，为实现劳资两利的原则，应由工会代表工人职员与资方订立集体合同。公私企业目前一般应实行八小时至十小时的工作制，特殊情况得斟酌办理。人民政府应按照各地各业情况规定最低工资。逐步实行劳动保险制度。保护青工女工的特殊利益。实行工矿检查制度，以改进工矿的安全和卫生设备。

第三十三条　中央人民政府应争取早日制定恢复和发展全国公私经济各主要部门的总计划，规定中央和地方在经济建设上分工合作的范围，统一调剂中央各经济部门和地方各经济部门的相互联系。中央各经济部门和地方各经济部门在中央人民政府统一领导之下各自发挥其创造性和积极性。

第三十四条　关于农林渔牧业：在一切已彻底实现土地改革的地区，人民政府应组织农民及一切可以从事农业的劳动力以发展农业生产及其副业为中心任务，并应引导农民逐步地按照自愿和互利的原则，组织各种形式的劳动互助和生产合作。在新解放区，土地改革工作的每一步骤均应与恢复和发展农业生产相结合。人民政府应根据国家计划和人民生活的需要，争取于短时期内恢复并超过战前粮食、工业原料和外销物资的生产水平，应注意兴修水利，防洪防旱，恢复和发展畜力，增加肥料，改良农具和种子，防止病虫害，救济灾荒，并有计划地移民开垦。

保护森林，并有计划地发展林业。

保护沿海渔场，发展水产业。

保护和发展畜牧业，防止兽疫。

第三十五条　关于工业：应以有计划有步骤地恢复和发展重工业为重点，例如矿业、钢铁业、动力工业、机器制造业、电器工业和主要化学工业等，以创立国家工业化的基础。同时，应恢复和增加纺织业及其他有利于国计民生的轻工业的生产，以供应人民日常消费的需要。

第三十六条　关于交通：必须迅速恢复并逐步增建铁路和公路，疏浚河流，推广水运，改善并发展邮政和电信事业，有计划有步骤地建造各种交通工具和创办民用航空。

第三十七条　关于商业：保护一切合法的公私贸易。实行对外贸易的管制，并采用保护贸易政策。在国家统一的经济计划内实行国内贸易的自由，但对于扰乱市场的投机商业必须严格取缔。国营贸易机关应负调剂供求、稳定物价和扶助人民合作事业的责任。人民政府应采取必要的办法，鼓励人民储蓄，便利侨汇，引导社会游资及无益于国计民生的商业资本投入工业及其他生产事业。

第三十八条　关于合作社：鼓励和扶助广大劳动人民根据自愿原则，发展合作事业。在城镇中和乡村中组织供销合作社、消费合作社、信用合作社、生产合作社和运输合作社，在工厂、机关和学校中应尽先组织消费合作社。

第三十九条　关于金融：金融事业应受国家严格管理。货币发行权属于国家。禁止外币在国内流通。外汇、外币和金银的买卖，应由国家银行经理。依法营业的私人金融事业，应受国家的监督和指导。凡进行金融投机飞破坏国家金融事业者，应受严厉制裁。

第四十条　关于财政：建立国家预算决算制度，划分中央和地方的财政范围，厉行精简节约，逐步平衡财政收支，积累国家生产资金。

国家的税收政策，应以保障革命战争的供给、照顾生产的恢复和发展及国家建设的需要为原则，简化税制，实行合理负担。

第五章　文化教育政策

第四十一条　中华人民共和国的文化教育为新民主主义的，即民族的、科学的、大众的文化教育。人民政府的文化教育工作，应以提高人民文化水平、培养国家建设人才、肃清封建的、买办的、法西斯主义的思想、发展为人民服务的思想为主要任务。

第四十二条　提倡爱祖国、爱人民、爱劳动、爱科学、爱护公共财物为中华人民共和国全体国民的公德。

第四十三条　努力发展自然科学，以服务于工业农业和国防的建设。奖励科学的发现和发明，普及科学知识。

第四十四条　提倡用科学的历史观点，研究和解释历史、经济、政治、文化及国际事务。奖励优秀的社会科学著作。

第四十五条　提倡文学艺术为人民服务，启发人民的政治觉悟，鼓励人民的劳动热情。奖励优秀的文学艺术作品。发展人民的戏剧电影事业。

第四十六条　中华人民共和国的教育方法为理论与实际一致。人民政府应有计划有步骤地改革旧的教育制度、教育内容和教学法。

第四十七条　有计划有步骤地实行普及教育，加强中等教育和高等教育，注重技术教育，加强劳动者的业余教育和在职干部教育，给青年知识分子和旧知识分子以革命的政治教育，以应革命工作和国家建设工作的广泛需要。

第四十八条　提倡国民体育。推广卫生医药事业，并注意保护母亲、婴儿和儿童的健康。

第四十九条　保护报道真实新闻的自由。禁止利用新闻以进行诽谤，破坏国家人民的利益和煽动世界战争。发展人民广播事业。发展人民出版事业，并注重出版有益于人民的通俗书报。

第六章　民族政策

第五十条　中华人民共和国境内各民族一律平等，实行团结互助，反对帝国主义和各民族内部的人民公敌，使中华人民共和国成为各民族友爱合作的大家庭。反对大民族主义和狭隘民族主义，禁止民族间的歧视、压迫和分裂各民族团结的行为。

第五十一条　各少数民族聚居的地区，应实行民族的区域自治，按照民族聚居的人口多少和区域大小，分别建立各种民族自治机关。凡各民族杂居的地方及民族自治区内，各民族在当地政权机关中均应有相当名额的代表。

第五十二条　中华人民共和国境内各少数民族，均有按照统一的国家军事制度，参加人民解放军及组织地方人民公安部队的权利。

第五十三条　各少数民族均有发展其语言文字、保持或改革其风俗习惯及宗教信仰的自由。人民政府应帮助各少数民族的人民大众发展其政治、经济、文化、教育的建设事业。

第七章　外交政策

第五十四条　中华人民共和国外交政策的原则，为保障本国独立、自由和领土主权的完整，拥护国际的持久和平和各国人民间的友好合作，反对帝国主义的侵略政策和战争政策。

第五十五条　对于国民党政府与外国政府所订立的各项条约和协定，中华人民共和国中央人民政府应加以审查，按其内容，分别予以承认，或废除，或修改、或重订。

第五十六条　凡与国民党反动派断绝关系、并对中华人民共和国采取友好态度的外国政府，中华人民共和国中央人民政府可在平等、互利及互相尊重领土主权的基础上，与之谈判，建立外交关系。

第五十七条　中华人民共和国可在平等和互利的基础上，与各外国的政府和人民恢复并发展通商贸易关系。

第五十八条　中华人民共和国中央人民政府应尽力保护国外华侨的正当权益。

第五十九条　中华人民共和国人民政府保护守法的外国侨民。

第六十条　中华人民共和国对于外国人民因拥护人民利益参加和平民主斗争受其本国政府压迫而避难于中国境内者，应予以居留权。

选自《中共中央文件选集》(14)，中共中央党校出版社1987年版，第731～743页。

参考书目

1.《毛泽东选集》第三卷、第四卷，人民出版社 1991 年版

2.《毛泽东文集》第二卷、第五卷，人民出版社 1983 年版

3.《周恩来选集》上卷，人民出版社 1980 年版

4.《刘少奇选集》上卷，人民出版社 1981 年版

5.《任弼时选集》，人民出版社 1987 年版

6.《中共中央文件选集》(10) ～ (14)，中共中央党校出版社 1985～1987 年版

7.《中共党史教学参考资料》(二)(三)，人民出版社 1979 版

8.《中共党史教学参考资料》抗日战争时期（上）（中）（下），中国人民大学中共党史系资料室 1980 年编印

9.《中共党史教学参考资料》解放战争时期（上）（下），中国人民大学中共党史系资料室 1981 年编印

10.《陕甘宁革命根据地史料选辑》第一辑、第二辑、第三辑，甘肃人民出版社 1981～1983 年出版

11.《中国新民主主义革命时期根据地法制文献选编》第一卷至第四卷，中国社会科学出版社 1981～1984 年版

12. 中华全国总工会中国职工运动史研究室编:《中国历次全国劳动大会文献》，工人出版社 1957 年版

13.《中共中央移驻西柏坡前后》，中共党史出版社 1998 年版

14.《中国新民主主义革命时期法制资料选编》第一册、第二册，西南政法学院函授部 1982 年编印

15. 中国人民大学国家与法权历史教研室编:《中国国家和法权历史参考资料》(第三次国内革命战争时期解放区的政策法令选集)，中国人民大学出版社 1958 年版

国家社会科学基金特别委托项目，项目编号：10@zh027，
项目名称："革命根据地法律文献整理与研究"

本书得到中国人民大学科学研究基金项目"革命根据地法律文献整理与研究"
（批准号：15XNQ063）支持

革命根据地法律文献选辑

（第三辑）

抗日战争—解放战争时期老解放区的法律文献
（1937—1949）

第三卷
晋绥边区

张希坡 编著

中国人民大学出版社
·北 京·

本卷说明

晋绥边区，地处山西西北部绥［远］察［哈尔］边界，与陕甘宁边区隔［黄］河相望，是保卫陕甘宁边区的前卫阵地，也是党中央与华北、华中、华南各敌后根据地相联系的唯一通道。

1937年抗日战争全面爆发，由贺龙、关向应率领的八路军一二〇师于1937年9月奉命东渡，挺进晋西北抗日前线，开展游击战争，逐步开辟了晋西北抗日根据地。1940年1月24日至2月2日，晋西北召开第一次行政会议，宣布成立“山西第二游击区行政公署”；同年9月11日召开第二次行政会议。1941年7月25日决定将“山西第二游击区行政公署”改称“晋西北行政公署”，同年8月22日召开第三次行政会议。在这些行政会议上制定了晋西北初期的施政纲领与法律法规。

与此同时，李井泉根据中央的命令，于1938年9月挺进大青山地区开展游击战争。到1941年3月成立绥察办事处，1941年4月15日正式成立绥察行政公署，先后制定了若干地区性的法令、条例。

1942年6月，中共中央政治局决定成立陕甘宁、晋绥联防司令部，贺龙任司令员，统一负责两边区的军事指挥与军事建设。同年8月，根据中共中央决定，正式成立中共中央晋绥分局，关向应为书记，林枫为副书记（代书记），统一领导晋西北及绥远地区的党政军民工作。

1942年10月召开晋西北临时参议会，选出晋西北行政委员会委员和参议会常驻议员。续范亭为晋绥行政委员会主任，武新宇为副主任；林枫为参议会议长。会议通过了由中共中央晋绥分局提出的《对于巩固与建设晋西北的施政纲领》及《保障人权条例》等重要法律法规，使晋西北的法制建设进入一个新的发展阶段。1943年11月，晋西北行政公署正式改称“晋绥边区行政公署”，统辖晋西北与绥察两边区。

解放战争时期，基本上适用抗战时期制定的法律法规。到解放战争后期，根据中央的

决定，1949 年 2 月陕甘宁、晋绥联防军区被改为西北军区，晋绥行政公署被撤销，分别划为晋西北、晋南两个行署，受陕甘宁边区政府领导。华北人民政府成立后，于 1949 年 8 月决定成立山西省、绥远省和察哈尔省，将晋西北、晋南两行署分别划归山西、察哈尔两省管辖。

目　录

一、施政纲领

1. 晋西北抗日拥阎[1]讨逆行政实施大纲

1940年2月山西省政府第二游击区行署布告第二号

值此抗日讨逆之际，本行署特本三民主义“抗战建国纲领”及“民族革命十大纲领”之原则，适应我晋西北当前之需要，规定抗日拥阎讨逆行政实施大纲六项，作为今后我各级政府施政之方针。仰我全体民众，共同努力，以期实现。

此布

主　任　续范亭

副主任　牛荫冠

附：　　晋西北抗日拥阎讨逆行政实施大纲

一、实行紧急政治动员

坚持抗战、团结、进步方针，团结抗日党派抗日武装及一切团体，贯彻抗日拥阎讨逆运动，肃清投降派顽固分子，扩大反投降、妥协，反汉奸汪派运动。

二、建立抗日民主政权

肃清贪污腐化，区村政权实行民选，积极拥护各县参政会，实行选举、罢免、创制、

---

① 根据党的抗日民族统线的方针，当时联合阎锡山共同抗日。开始时抗日民主政权称作“山西省政府第二游击区行署”，1941年7月改为“晋西北行政公署”。

复决等革命民权。人民有抗日的言论、出版、集会、结社等深入宣传与促进参政运动的完全自由。

三、彻底改善人民生活

实行累进的合理负担，废除摊派制度，没收汉奸叛逆财产，救济灾民，优待抗战军人家属，实行八小时工作制，保障工人利益。

四、实行抗日经济政策

发展地方手工业，建立合作社，实行对外统制、对内自由的贸易政策，稳定金融，繁荣商业，增进农业生产。

五、扩大民众抗日运动

保障各救亡团体，扩大民众运动，普遍建立民众武装，巩固村自卫队，组织基干游击队，发展抗日游击战争。

六、普及社会文化教育

扩大义务教育，健全民族革命小学。普及成人教育，举办成人补习学校。进行各种社会文化教育事业。

选自《晋绥根据地资料选编》，第3集，中共吕梁地委党史资料征集办公室1984年编印，第20～21页。原注：“原载1940年2月5日《五日时事》。”

2. 晋西北保障人民权利暂行条例

1941年4月颁布

第一章　总　则

第一条　本署为巩固抗日根据地，保障人民权利，特颁布本条例。

第二章　保障人民身体自由及生命安全

第二条　人民之身体，非依法律，不得逮捕、拘禁、审讯或处罚。

第三条　人民之住所，非依法律，不得侵入搜索或封锢。

第四条　军队、群众团体，均无逮捕拘禁审问或处罚人民之权。军队逮捕与军事案件有关之人犯时，须通过当地政府。

第五条　区公所或村公所，非有县政府之命令或委托，无逮捕人民之权，县政府以上各级政府〔包括公安局〕逮捕人犯时，须有正式拘票或证明文件。

第六条　部队、区公所、村公所、群众团体及人民，遇有下列情形之一者，得实行逮捕权，唯须将逮捕之人犯立即交县政府审问，不得擅自处理。

（一）确有证据之汉奸敌探，不即行逮捕恐其逃脱者。

（二）持枪行凶者，及盗窃枪支者。

（三）逃逸之罪犯。

（四）带有违禁物品者。

（五）渎职潜逃或开小差者。

第七条　因犯罪嫌疑被捕者，至迟须于二十四小时内送解该管审判机关。该受理机关，须依法于二十四小时内进行审讯。

第八条　审问犯人时禁止肉刑。

第九条　死刑须经行署复准后执行之，在战争时期内紧急情况下，得由专署决定，惟（唯）须将犯罪事实证据及论处罪刑法呈报行署备案。

第十条　执行死刑，概用枪决，不得滥用其他方法。执行时须由实行机关公布罪状及判决理由。

第三章　保障人民财产权利

第十一条　人民之财产，由政府法律保障之。

第十二条　人民之财产，遵照政府法令规定，有自由处理权。

第十三条　在遵照法令实行减租减息后，租息须依法缴纳，政府、军队及群众团体耕种人民土地时，亦须依法出租。

第四章　保障人民营业贸易自由权

第十四条　人民有营业自由，其特别有利于抗日建设及有助于改善人民生活者，政府当予以资助与奖励。

第十五条　商贩运货，非稽征机关或受稽征机关之委托者，不得实行征税扣留或没收。

第五章　保障人民政治自由权

第十六条　人民有参加抗日党派及集会、结社、言论、出版之自由权。

第六章　附则

第十七条　本条例自公布之日施行。

选自《晋绥根据地资料选编》，第5集，中共吕梁地委党史资料征集办公室1984年编印，第326～328页。

3. 绥察行政公署关于动员各党派、各民族、各阶级爱国人士组成抗日民族统一战线的布告

1941年7月

为布告事：当此纪念抗战四周年之际，敌寇死伤已达二百余万。胜利成绩鼓舞全国人民皆有胜利信心，“中国必胜、日本必败”已［成］广大人民之定［论］。然处于敌后之绥察人民，由于日寇之消息封锁，加之麻醉欺骗宣传，致使绥察敌后人民对于抗战前途不明了，即迷离马虎。某些地区形成落后现象。今绥察抗日民主政权已普遍建立，而我绥察人民，亦应继抗战先烈之后，在抗日政府领导之下，集中一切人力、物力、财力，贡献政府，多方设计，打击敌伪，以使绥察无辜人民早日脱离敌人魔难之手。至本政府，乃为各个抗日的阶级对日寇汉奸的联合政权，绝非某一党派所专有。故凡各党、各派、各民族、各阶级抗日而又赞成民主者，均欢迎参加政府工作。本政府且必与各党、各派、各民族、

各阶级暨绥察人民始终合作，共度甘苦，领导绥察人民坚决执行抗日民族统一战线，以与日寇抗战到底。希我人民本此纯心与精神，努力奋进，胜利之期，必将到来。

此布

主　任　杨植霖

副主任　苏谦益

选自中共内蒙古自治区委员会党史资料征集研究委员会等合编：《大青山抗日游击根据地资料选编》（历史档案部分），呼和浩特，内蒙古人民出版社1986年版，第245页。

4. 绥察行政公署施政纲领

1941年10月1日

为巩固与扩大绥察游击根据地，坚持敌后抗战，增强国防力量，达成救国建国之目的，根据三民主义与抗战建国纲领，及绥察地区实际情形，提出绥察目前施政纲领，原（愿）我绥察人民共同努力实行之。

一、亲密团结绥察境内抗日的各党、各派、各民族、各社会阶层，消除民族隔阂，集中一切人力、物力、财力、智力，为保卫绥察、保卫西北、保卫中国、驱逐日寇、建立新民主主义共和国而战。

二、摧毁敌伪政权，建立抗日民主政权，没收日寇汉奸财产充作抗日经费，坚决反对投降妥协、分裂倒退等行为。

三、保证绥察境内各民族一律平等，并与汉族有同等参加政府之权。

1. 在民族杂居地区，抗日政府可设立蒙、回、满民族行政部门，专门处理民族自身问题。

2. 在统一民族居住地区，帮助建立抗日政权。该政权之政治、经济、军事、文化诸设施，不随意加以干预。

3. 不推翻王公制度，而是扶助王公抗日。凡蒙人地区不经蒙人同意不得垦放土地，亦不设县区乡等行政组织。蒙人负担保证用于蒙人事业〔如蒙古建设、成立武装等〕。回、满民族负担亦同。

四、普遍发展绥察抗日子弟兵，扩大地方武装，开展群众游击战争。

1. 建立蒙、回、满民族抗日武装，保证其给养、人员之经常补充。

2. 凡绥察境内之抗日武装均一律待遇。

3. 大量争取伪军反正，改造土匪部队，争取联庄会、保甲团、自卫团。对勾敌、无法争取与改造之土匪，在广大群众之要求与支持之下，加以消灭，以靖地方。

五、瓦解敌伪军，优待俘虏。凡反正之伪军，不编散，不缴械，坚决抗战者帮助其壮大，愿回家者给以路费。在战斗中俘获之伪军，不论情况如何、被俘次数多寡，绝不加以杀害或强迫其自首悔过，一律释放。对伪军家属得依社会救济法救济之。

六、实行合理负担，征收无附加的单一税，严格执行预决算制度。努力各种经济建

设，经常和日寇作经济斗争，以自力更生、达到自给自足为目的。

1. 维护法币，破坏伪币，制定绥察本位币，禁止原料出境，防止入超。

2. 奖励工业生产，欢迎投资兴办建设事业，尤欢迎毛织皮革从事者。

3. 提倡正当自由贸易，反对居奇垄断，保护小商人，对小商人不课税。

4. 鼓励农业生产，调剂籽种农具，兴办水利，救济灾荒，人民无偿可向政府领取公有荒地从事耕种，三年内免去一切负担。

5. 发展人民合作社，杜绝日货。反对日寇毒化政策，定期禁烟，打击土药贩卖。抵制日寇统制皮毛牲畜。阻止日寇开发资源，开采石棉、云母、煤炭等矿产。

七、实行减租减息，整理劳资关系。

1. 地租，一般实行二五减租，再不得超过四六制或五五分。取缔高利贷，利息不得超过一分五厘，负债无力偿还，债主不得强索；付利为原本一倍以上者，本利停付，以完债案。

2. 实际十小时工作制，采取半价工资制。雇主不得违约解雇，地主不得不经佃户将土地转租他人，改善牧工生活，禁用童工、女工、青工从事妨害身体之劳动，女工生产前后例假五星期，工资照发。改良劳动条件及待遇，提高劳动热忱与积极性。

八、争取各种宗教、会门、帮派进行抗战工作，执行团结教育政策，对妨害抗日的暗藏的秘密会门、宗教帮派加以取缔。

九、确实优待抗属，抚恤抗日烈士遗孤及伤病残废，救济灾、难民，给游民分子以教育机会及职业介绍，纠正卑视游民分子的习惯。

十、保证一切抗日人民之人权、政权、财权及言论、出版、结社、集会、信仰、居住、迁移之自由权。改进司法制度，非经司法机关或法定手续不得任意捕讯或处罚人民。严禁私刑，重证据，不重口供。严厉镇压汉奸、汪派、托匪及一切危害民族国家利益、背叛祖国之分子的活动。对忠于日寇之汉奸的土地财产，经专署以上之机关批准依法没收之。至于汉奸家属之土地财产不得没收。对逃往敌区之汉奸嫌疑犯，其土地财产由政府暂管，低价租与（予）农民抗属或灾难民，待其从归后，发还之。除罪不容赦之汉奸外，一律采取宽大政策，予以政治上、生活上之种种出路。

十一、提倡牧畜事业，推广卫生行政，设立畜产事务机关，各盟旗设立兽医所，专事畜种改良、畜病治疗，繁殖牲畜，增加蒙人畜产收入。建立农村公疗所，优待医务人员，减少疾病，强健国民体格，提倡清洁运动。

十二、保障妇女在政治上、经济上、社会上、法律上及家庭地位之平等，妇女依法有承继权，禁止买卖婚姻，坚持自愿的一夫一妻制，反对童养媳及指腹为婚，禁止早婚，建立男女正确关系，严禁淫乱恶风，禁止妇女缠足、溺女、弃婴。

十三、提高国民文化水平与民族自尊心，反对奴化教育与复古思想。健全各种学制，实施普遍的免费的义务教育。优待小学教师及一切文化人才。努力发展农村教育，开展识字运动与社会教育，奖励成绩优良之教育人员。设立各民族之学校，采取各民族的语言文字，讲授各民族需要之课程，设备、生活务求适合各民族之风俗习惯。

十四、严行廉洁政治，严惩贪污浪费分子，裁判假公济私、借端勒索之公务人员。非法之公务人员，任何人均可控诉其罪状。

十五、凡尊重中国主权与政府法令之外籍人士，前来绥察游历或传教者，政府一概

加以保护。

主　任　杨植霖
副主任　苏谦益

选自中共内蒙古自治区委员会党史资料征集研究委员会等合编：《大青山抗日游击根据地资料选编》（历史档案部分），呼和浩特，内蒙古人民出版社1986年版，第265～268页。

5. 绥察行政公署关于动员伪军反正抗日的布告

1941年10月10日

为布告事：查日寇侵华，有加无已，凡我国人，莫不痛恨。近［日寇］为早日完成其整个灭亡中国，以使黄帝子孙永为牛马，以遂其任意宰割之计划，更变本加厉，用尽方法，压迫我无辜同胞，破坏我抗战工作，遂利用各地伪政权的武装，向我万世一系骨肉相连之血性同胞，施更惨酷无情之搏斗与搜刮。此本为敌寇“以华制华、以战养战”之阴谋政策，凡我明眼国人均该彻底了解，以免上敌勾当。现伪军弟兄皆生于中国、长于中国，祖宗坟墓亦在中国，父母妻子亦均同样受敌压迫。在此情况之下，稍有感触者，莫不义愤填膺，奋起急呼，而为挽救国家民族共同奋斗。何忍丧心病狂受敌人利用，同类相残，相煎何急乎？想此亦为环境所迫，未必尽成汉奸之流，故本署对服务敌方之同胞，一向关怀。因此，前有争取营救沦陷区伪方服务人员之规定。然自此项办法公布后，各地伪军陆续响应来归者固属有之；其执迷不悟，顽固成性，或因无门而尚未反正者，亦复不少。故本署兹为挽救敌方同胞，以免长久受敌压迫起见，特将此项办法重申布告。如有不甘久侍敌伪者，应即迅速反正，或派员联络，订立友好关系，本署不惟（唯）不咎既往，且极端欢迎参加抗战，并如下之保证：第一，对反正伪军，绝不编散，原有将士一仍其旧；第二，所有枪支，概不缴收，如愿抗战者绝对帮助其发展，至于番号可自行决定；第三，对伪军俘虏，绝予优容安置，不使受任何损失，愿回家者发资护送。

今抗战形势，颇有利于我。英美苏强大国家皆援助中国。在日寇四年余之战争死伤达二百余万之今日，中国共产党犹提出号召，加紧前线反攻。日寇今被英美苏之反法西斯阵线四面包围，苦恼万分，敌友德义（意）正苦于对苏战争，无暇东顾。故以现势观之，中国必胜，日本必败已成定局，只时间问题耳。此时国人，亟应速起猛醒，前来本署接洽，以便共同抗战，使中日战争早日结束，全国同胞早登衽席，新中国及新社会早日实现。如是，不特国家民族之前途实深利赖，即反正各同胞之前途亦皆幸甚。时机已到，幸勿观望，合亟布告，仰尔各伪军政机关服务人员一体之凛遵，万勿坐失良机，自贻伊戚，勿违为要。

此布

主　任　杨植霖
副主任　苏谦益

选自中共内蒙古自治区委员会党史资料征集研究委员会等合编：《大青山抗日游击根据

地资料选编》(历史档案部分),呼和浩特,内蒙古人民出版社 1986 年版,第 272～273 页。

6. 绥察行政公署告日本士兵书

1941 年 10 月 15 日

亲爱的日本士兵诸君:

你们被军阀财阀的压迫欺骗,离开了可爱的故乡,离开了亲爱的父母妻子,四年的作战死亡了二百余万。在江南的湖泽,在华北的草原,在塞外的沙场,何处没有君国弟兄的弃尸?你们这样的牺牲流血,得到的是广大的中国人民的仇恨,君之父母妻子的痛哭,军阀财阀的作福作威。你们在月明夜静的时分,冷静地思想一下吧:让你们死骨异乡、家人肠断的战争,究竟对你们有何益处呢?

亲爱的日本士兵诸君,你们是日本的良善百姓,但你们的军阀财阀切(却)让你们来做罪恶的野蛮事情,杀人,放火,抢劫。这不是文明人应有的行为。你们试反想一回:假如有人去烧你们的房屋,杀你们的父母儿女,抢劫你们的财宝,你们痛心否?没问题,人类的正确观念是一样,一定会伤心痛楚吧!

你们的罪恶行为,我们深知是出于军阀财阀,因此我们宁向上帝祈求饶恕你们的罪孽也不怪怨你们。我们念及你们都有父母妻子,都是好人所生,故不论政府军队与人民,凡被俘的日本弟兄,绝不加一点污辱,均以兄弟之尊优待起来。愿回国者发给路费,愿休养者休养,等到战争终了之后资送回家以与君之父母妻子快乐团圆。至于在战场上负[伤]者加以治疗,战死者即隆重的(地)埋葬了,并在每个弟兄的坟墓上刻留碑铭,上书姓名,特书"愿君之魂早归故乡"。

亲爱的日本士兵诸君,日本的军阀财阀犹嫌你们死的(得)太少,如今又结仇于强大的苏联、英国、美国,企图拿你们的宝贵生命,再作一度大的牺牲。日本军阀财阀的残忍糊涂,你们应该认识清楚。日本财阀军阀企图依仗盟友德意取得胜利,但德意与苏联的战争未及三月,死人五百万左右,比上一次欧战任何一年的损失都大。故如此国际环境剧变之期,你们应有一切准备,首先反战回国,其次与中国弟兄亲密携手,反对我们共同的敌人日本军阀财阀,并建立适合日本人民需要的民主国家。

选自中共内蒙古自治区委员会党史资料征集研究委员会等合编:《大青山抗日游击根据地资料选编》(历史档案部分),呼和浩特,内蒙古人民出版社 1986 年版,第 273～274 页。

7. 绥察行政公署告伪军暨伪政权同胞书

1942 年 1 月 10 日

诸位伪军兄弟及伪政权同胞们:

中国抗战五年,最后胜利日见接近。今者,日寇欲遂其独霸太平洋及宰割全世界弱小

民族之野心，故于上年十二月八日不自量力又与英美开始宣战，截至现在已有二十二国对日宣战，日寇陷于反法西斯阵线之重重包围。此种战争前途，已决定日本法西斯军阀之最后死亡命运。推其原（缘）故，一方面因为法西斯国家违反民意，背道而驰，因此已成内外孤立无援之势；一方面因为我国各党各派及各阶级各民族五年来坚韧不拔团结抗战之结果。所以，战争未及五年，而在华死伤之敌几达三百余万。是以日本国民均苦于连年战争无力支持，举国形势早已成为声嘶力竭、民怨沸腾，反战空气弥漫全国。

今以形势观之，中国必胜、日本必败已成定局，不过仅时间问题耳。目前我国正准备大规模之战略反攻。当此时机，凡在伪军政机关服务人员，更应速起猛醒，早日脱离敌人羁绊，前来参加抗战，况诸君皆生于中国、长于中国，祖宗坟墓亦在中国，父母妻子亦均同样受敌欺侮。处此情势之下，凡属稍有感触者，莫不义愤填膺、奋起急呼，而为救国救民族共同奋斗，所谓："活是中国人，死是中国鬼"，誓死不与敌寇作（做）奴隶、当炮灰。故本署重申劝告，如有觉悟，不甘久侍敌人或被敌胁迫者，应即迅速反正，一致对外，如有因特殊困难不能即时反正者亦可派人向我抗日军政机关秘密联络，订立友好关系，暗通声气，帮助抗战，虚以对敌，诚以对我。如此，不惟不究（咎）既往，且极端欢迎参加抗战，并作如下之保证：（一）对反正者及暗里帮助抗日者之家属及个人之生命财产，绝（给）予负责保护。（二）凡参加抗战及反正之伪军，不但不予改编遣散，并且绝对帮助其发展。（三）对于反正伪军及参加抗战者之生活、工作、政治地位，绝（给）予优容安置。（四）如愿回家者，发资护送，绝不留难或使其受任何损失。

但如仍有不明大义、执迷不悟而长久甘心投敌者，不惟（唯）等于自绝于国人，即将来抗战胜利以后，亦永无立足之地，若不及早悔悟，斯时必悔之晚矣。

选自中共内蒙古自治区委员会党史资料征集研究委员会等合编：《大青山抗日游击根据地资料选编》（历史档案部分），呼和浩特，内蒙古人民出版社 1986 年版，第 281～282 页。

8. 绥察行政公署告蒙古同胞书

1942 年 10 月①

蒙古同胞们：

在日寇侵占我们绥察地区已经到了第五个年头的今天，我们大家来想一想，敌寇高唱的"蒙疆乐土"究竟在什么地方呢？事情是很明白的，日寇所赐与（予）蒙古人民的是适得其反。第一是日寇美其名曰，"帮助蒙古人民独立"，树立起"蒙古联合自治政府"，然而大权操自顾问，有什么"独立"苟（可）说的呢？到今天，［日］益变本加厉，宣布取消王公称号，这是对蒙古人民奴役的明朗化，这是打算变傀儡政府为日本帝国的真正组成部分的初步表现。第二是用苛捐杂税来加重剥削，甚至于要蒙古女人交首

① 原注：原文无月，此为编者考订。

饰税。大家都知道，蒙古人民是以畜牧为生活的，然而蒙古人民的牛、羊、马子是被日寇统治了，这样下去蒙古人还能活吗？第三是说话行动都没有了自由。喇嘛教是蒙古人民几百年来所信奉的宗教，而如今日寇硬要喇嘛受训当兵，他是要蒙古人民全去给他当炮灰。

亲爱的蒙古同胞们！在抗战的第五年，我们对日寇应得到更深刻的认识，它是制造战争的魔王，它是全人类的公敌。在疯狂战争中，在中国既已泥腿［难］拔，而又不自量力向南太平洋进犯，与英美宣战。但是，侵略者是会到处遭到抵抗的。现在对日本宣战的已不仅是中、英、美，连同荷、比、南美联邦等共已有二十二个国家。国际的抗日统一战线已开始结成，日本强盗已陷于包围之中。□□□□□□□□□□□□□□□□□□□□□世界侵略阵线与反侵略阵线斗争尖锐化的一年，是决定中华民族命运与决定全世界命运的一年。在英美两大强国具有丰富资源、强大兵力的情况之下，在日寇资源将形枯竭、民心动摇、士兵厌战〔在绥日兵屡次逃跑即其名例〕的情况下，在全中国积极准备战略反攻的情况之下，已预定了日寇的死亡与中国的最后胜利！

亲爱的蒙古同胞们！我们应该抓紧时机团结起来，反对敌人的挑拨离间，组织抗日武装，反对敌人训喇嘛抽壮丁，不给敌人当炮灰，组织真正蒙古人民独立自由的抗日政府，反对一切的蒙奸伪组织，配合全世界人民的反侵略的斗争，争取我们抗日的完全胜利，争取蒙古民族的解放！驱逐日本鬼子出中国去！

亲爱的蒙古同胞们！现在是时候了，是积极参加抗日斗争的时候了！你们要组织抗日武装、抗日政府时，我们帮助你们。你们要反正过来，我们格外欢迎和优待你们。在伪军政机关中的蒙古人，如暂时不能出来而向我们拉关系时，我们也不以蒙奸看待。

亲爱的蒙古同胞们！你们在日本人的卵翼之下，是始终得不到解放的。日寇伪造的“民族自决”——帮助蒙古人民独立，是日寇对蒙古人民最无耻的欺骗。铁的事实已经证明了，日寇伪造的“民族自决”恰是征服整个中华民族的最好工具，而日寇对蒙古民族的侵略野心并未消减。因此，蒙古民族想得到真正的解放；只有与整个中华民族友谊合作，共同驱逐日寇出境，才能得到真正的解放；只有抗日战争的胜利，蒙古民族的解放事业才会得到胜利。

选自中共内蒙古自治区委员会党史资料征集研究委员会等合编：《大青山抗日游击根据地资料选编》（历史档案部分），呼和浩特，内蒙古人民出版社 1986 年版，第 301～302 页。

9. 中共中央晋绥分局关于《对于巩固与建设晋西北的施政纲领》的决定

1942 年 10 月 19 日

在晋西北临时参议会行将召开之际，分局特制定了我党《对于巩固与建设晋西北的施政纲领》，已向晋西北三百万人民提出，并将向临参会提出。这个纲领，是根据我党

中央抗日民族统一战线政策，对于晋西北施政的全部主张，这是我党一贯的主张。我晋西北全体党员与党外人士一起，在晋西北各项工作中，过去已经做着，现在亦正在做着，今后更要加以贯彻。此后，凡我晋西北党员，如被选为政府或民意机关的负责人员时，固应不折不扣的（地）彻底执行。即全体党员，同样亦须不折不扣的（地）彻底执行。为此，分局特决定：

一、这个纲领，是我党在晋西北最具体的行动方针，每个党员都应深刻研究，融会贯通，熟记在心。将纲领的精神和实质，贯彻到每个具体工作中去。因此，特将《对于巩固与建设晋西北的施政纲领》规定为晋西北全体党员的学习文件之一。各级党委党团应立即负责领导进行学习。要精读，要深刻研究讨论；对文化水平低的党员，应编成通俗教材讲授。务使每个党员都能深刻了解，最好能够背诵得过；各级党委党团须规定一定的时期，进行测验。

二、晋西北全体党员对于这个“施政纲领”都有积极宣传的义务，应对党外人士和各阶层广大人民，以及敌占区人民和敌伪军、伪政权，作广泛的深入的宣传。应反对党员中对纲领宣传漠不关心的现象。

三、责成通俗文化机关，依据这个“施政纲领”编为通俗小册子或画刊散布各地；各级党委党团应设法翻印，广为流传。尤须大量运往游击区、敌占区散发。

四、各级党委党团应将学习、宣传、测验、检查，尤其是党外各方人士的反映，随时报告分局。

选自《晋绥根据地资料选编》，第1集，中共吕梁地委党史资料征集办公室1983年编印，第94～95页。

10. 林枫：《对于巩固与建设晋西北的施政纲领》的说明

1942年10月①

各位参议员、各位政府长官：

我代表中共中央晋绥分局，代表全体共产党参议员，来说明分局《对于巩固与建设晋西北的施政纲领》。这一方针，我们在晋西北大部分早就提出过，共产党员已经执行过，而且有些已经提交政府执行过。但是，把它变成一个成文的纲领，还是第一次。就临参会的召开，分局经过出席的共产党员，作为向大会正式的提案，希望它成为晋西北三百万人民的纲领，成为晋西北政府的施政方针，这是一个大问题，所以要求大会给一个时间，来向大会作详细的说明。

这个纲领主要的（地）是根据了中国国民党抗战建国纲领，中国共产党抗日民族统一战线政策，晋西北的实际情况与抗日战争的要求而提出的。这个纲领，不是空想的，不是主观的，我不想每一条文都详细的（地）来说明，而是把整个纲领的精神以及需要加以特

---

① 原件未注明年月。此件乃1942年10月向晋西北临时参议会所作的说明。

别解释的，择要加以说明。

这个纲领大体上分为三大部分：第一部分〔前两条〕是讲抗日战争的胜利；第二部分〔从第三条至［第］十二条〕是讲对根据地的建设；第三部分〔最后两条〕是［讲］对敌斗争。但是，三个部分不能机械地分开。抗日战争、根据地的建设和对敌斗争，不是三个不同的问题，而是一个问题。根据地的巩固与建设，也是为了抗日战争的胜利，为了打下将来民主共和国的基础，对敌斗争也是为了抗日，所以，全部纲领主要的意旨，就是为了抗日的胜利，为了新民主主义的建设。

纲领开头的几句话，包括了时间性和目前的主要工作。这个纲领是在相持阶段中提出的，这个阶段主要是积蓄力量准备反攻，这是值得注意的一点。至于目前的主要工作，就是反对敌人的进攻与蚕食，和贯彻精兵简政。反对蚕食就是把敌人挤出去，为了渡过难关，就必须贯彻精兵简政。这个任务不单是晋西北军队的、政府的，同时也是晋西北三百万人民所应该共同担负起来的主要任务。

纲领的第一条主要的精神是团结，用什么方法团结呢？就是抗日民族统一战线政策。所谓团结，是包含了所有抗日人士，不管任何阶层和任何党派、军队、民族，只要是抗日的，就都团结，这种团结，不是空洞的团结，而是拿具体政策来团结；这种团结，是根据了敌人的强大和中国的社会。因为今天的敌人，是一个强大的敌人，绝不是中国国内的少数党派、少数军队、少数人民所能打倒的。不管你是无产阶级也好，地主也好，也不管是国民党或其他党派也好，从我们主客观的力量来看，任何一个阶层，任何一个党派，任何一个军队，没有团结，是难于打败敌人的。所以，为了抗战胜利必须把中国的各党各派各部队以及广大的人民群众团结起来。

对于军队问题，有些在周参谋长的报告中已经说过了。这里只说明几点：第一是精兵简政。有些人以为精兵简政，会减弱战争的力量，我们的答复是相反的，实行精兵简政可以增强战争力量，因为这样，只是缩小部队里的机关，部队的战斗力则增强了。第二是民兵问题。晋西北的民兵还不够强大，去年以来，民兵的组织与工作，虽然有进步，但是还需要进一步的发展以打击敌人。加强民兵工作，应该是晋西北所有人士的责任，特别是这次会后，希望各位参议员要更多的（地）帮助，使晋西北的民兵获得更大的发展。第三是尊重与爱护抗日军人的问题。中国人的脑子里，对于军人是不重视的，过去曾有“好人不当兵，好铁不打钉”的话，在今天看来，这是不对的，若是压迫人民、剥削人民的军队，是不应该拥护的，如果是保卫人民、为人民流血的军队，是人民自己的武装，人人应该尊重。周参谋长说：军队的纪律不好，应由军队负责，但在我们人民说来，若有违反纪律的军队，人民要帮助纠正，而尊重抗日军人仍是必要的。

在这里，我要说明一下三三制的问题。

共产党为什么要实行三三制？在我们党内及党外人士间，还有了解不够或者了解不正确的。有些党内的人说，实行三三制是为了应付党外人士。也有些非党人士说：实行三三制是骗人的。还有人说实行三三制，是共产党没有办法了。这些想法都是不对的。共产党实行三三制，不是为了共产党自己而是为了中华民族，为了打败日本鬼子，为了新中华民主共和国的建立。如果不实行三三制，没有办法的不是共产党，而是中华民族。所以，我们的党员如果认为实行三三制是应付党外人士的话，是一种宗派主义的思想，党外人士认

为是骗人的话也是一种宗派主义的思想，这种宗派主义我们大家都应肃清它。

现在，不管共产党也好，非党人士也好，都应该认识中国的社会，在中国资产阶级不是多数，无产阶级也不是多数，毛主席说："中国是一个两头小中间大的社会"。在这样的社会里，在政权建设中实行三三制是最好的办法。

在三三制的具体执行当中，不是一个法律条文，在政府与议会里，不是机械的（地）共产党员要占三分之一，如果共产党不好，可以一个都不选，如果超过了就要退出去。

讲到厉行廉洁政治、肃清贪污浪费方面，这里我只讲一讲共产党员犯法的问题。

共产党员在政府中，应该是廉洁奉公的，大公无私的，在工作上应该做模范，在生活上应该做模范。如果共产党员有犯法的行为时，他应该受法律的制裁，还要受党纪的制裁。共产党对于他的党员，是采取严格的教育与必要的处分种种办法。共产党决不滥收一个党员，同时也不随便处分一个党员，我们的干部政策是有原则的，共产党是否每个人都是十全十美、毫无缺点的？不是的，如果有人这样想，那就错了。道理很简单，共产党不是从天上掉下来的，晋西北的共产党也是土生土长出来的。因此，他与非党人士一样，有他的种种缺点。如果把他看的（得）神秘，那就不合实际。我们只有教育教育再教育，才能使他把种种的坏习惯改过来。

共产党决不掩饰错误，要进行自我批评，并欢迎党外人士的批评，正确的批评，我们一定接受。晋西北的共产党员，也是晋西北的子弟，共产党对他的党员，负教育的责任，而晋西北的父老，也应该负教育自己子弟的责任。这就是毛主席所说的"内外夹攻"。以后希望各地人士，如果发现了共产党员的错误，可以向分局报告。总之，希望各阶层人士，不要对共产党员，另眼看待。要从思想上生活上多多接触，相互之间，增加了解，就可以减少隔阂，就可以促进团结。对于敌占区的同胞，我们是时刻关心的，尤其是关心他们的生命与生活。当然，他们希望很快地重见天日，但是今天的抗日战争还是相持阶段，我们还不能立即反攻。过早的（地）反攻，会使抗日力量受到损失，以致推迟了反攻，所以我们应该告诉敌占区的同胞们，要忍耐一时。敌占区的同胞和根据地的同胞都是一样的，我们的目标只有一个，就是抗战胜利，打走敌人。在目前，应互相帮助，为积蓄力量，准备反攻而努力。

至于反攻，要看国际局势的发展，自己力量的生长和敌人力量的削弱来决定。如果第二条战线能及时建立，则希特勒可以很快的（地）打倒，日本小鬼是不成问题的。因此，敌占区的同胞与根据地的同胞，都要咬紧牙关，渡过黎明前的黑暗，我们的反攻也就不远了。

最后，关于整个纲领的主要精神，可归纳为下列三点：

第一，这个纲领的主要精神，贯串着"团结抗战"四个字。从第一条到最后一条，没有一条不是为团结抗战的，都是根据了抗日民族统一战线的政策，特别表现在政权上的三三制。

第二，这个纲领的提出，是贯彻了"实事求是"的精神，它没有一点铺张，都是在今天能够实行的，都是根据了晋西北的实际情况。

第三，是对共产党员讲的：这个纲领没有在参议会通过之前，共产党员要认真彻底地去执行，经过临参会通过后，即成为晋西北三百万人民的纲领，更应该认真的（地）负责

实行，不许有一点虚伪苟且，要发挥“言必行，行必果”的精神。

末了，我希望这个纲领通过大会的讨论与通过，作为晋西北三百万人民和政府的纲领，使晋西北的团结，更加巩固，使晋西北的建设，更加发展！

选自《晋绥根据地资料选编》，第1集，中共吕梁地委党史资料征集办公室1983年编印，第96～101页。原注：“摘自晋西北临参会议会刊。”

11. 对于巩固与建设晋西北的施政纲领

中国共产党中央晋绥分局提出，1942年10月19日晋西北临时参议会通过

为反对日本帝国主义的进攻与蚕食，为巩固建设晋西北抗日民主根据地，为贯彻精兵简政，渡过困难，准备反攻，中共中央晋绥分局于晋西北临时参议会召开之际，特向晋西北三百万人民提出如下的施政纲领：

（一）坚持抗日民族统一战线政策，团结晋西北内部及各友区的各社会阶层、各抗日党派、各抗日军队与敌占区同胞，为保卫与建设晋西北抗日民主根据地，驱逐日本帝国主义而战。

（二）提高主力军的战斗力，缩并机关，充实战斗单位，保证其物质供给。组织相当数量的地方游击队与不脱离生产的民兵，以开展群众性的游击战争。尊重与爱护抗日军人，切实优待抗日军人家属，抚恤荣誉军人及阵亡将士遗族。

（三）民选各级民意机关及政府，贯彻三三制，在各级民意机关及政府中，共产党员只占三分之一，其他各抗日党派及无党无派的人士占三分之二，裁减骈枝机关，加强下层领导，增强行政效率，厉行廉洁政治，肃清贪污浪费，并保障干部与其家属最低限度之物质生活。

（四）保障一切抗日的人民之人权、地权、财权及言论、出版、信仰、居住之自由权，除司法机关得依法执行其职务外，任何机关、部队、团体及个人均无权逮捕、审讯、处罚及侵犯他人之一切权益。但在敌人扫荡时及游击区等特殊情形之下，经政府授权者，不在此例。

（五）改进司法机构，废除刑讯，重证据不重口供，实行陪审制度，简捷诉讼程序，改善监狱行政，实行感化教育。对汉奸、伪军、伪组织人员及叛徒等，除死心塌地、不愿悔改者，必须施行坚决镇压外，其愿意悔改自新者，一律实行宽大政策，不究（咎）既往，给以自新之路，不得杀害凌辱。

（六）坚持执行中共中央的土地政策，保证地主的土地所有权、债主的债权；彻底实行减租减息，保证交租交息，政府对人民的租佃关系、债务关系，应予合理的调整。

（七）提高农业生产，发展手工业，管理对外贸易，实行单一本位币，改良生产技术，奖励发明，扶助合作社的发展。工业部门工作时间以十小时为原则，农民工作时间则依照习惯。肃清伪钞在根据地内流通，并防敌吸取我物资。敌占区及根据地之士绅商贾可到根据地内自由经营投资，给以保护，如不愿居留时，可自由处理与携带其财物。

（八）实行合理的财政税收制度，统筹统支，确立预决算，非经参议会通过，政府不能任意增加人民负担。居民中百分之八十以上的人民，应按土地财产或所得之多寡负担抗日经费。切实整理村摊款，准备实行统一累进税。

（九）推行国民教育，改善小学教员生活。加强干部教育，实行在职人员的两小时学习制。尊重知识分子，保护与优待流亡学生与失业青年。

（十）依照男女平等原则，从政治经济文化上提高妇女之社会地位。奖励妇女参加生产，发挥妇女在经济建设上的积极性。实行一夫一妻婚姻制。妇女依法有财产继承权，实行孕妇及儿童之保健与教育。

（十一）本民族平等原则，根据地内各民族在政治、经济、文化、教育上一律享有自由权，并互相尊重其宗教信仰与生活习惯，在民主选举中，应予少数民族以优待。各民族亲密团结，共同抗日。

（十二）救济灾民难民，使其取得职业与受教育的机会。对各地会门组织，实行争取团结与教育的政策。

（十三）开展对敌斗争，坚决打击敌伪的蚕食政策。减轻或免除敌占区和接敌区人民的负担，设法保护其生命财产，体谅其困难；凡不堪敌伪蹂躏而来根据地者，政府应予以慰问与安置。

（十四）瓦解敌伪军，争取敌伪军反正。对俘虏之敌伪军官兵，绝不杀害或加以侮辱，应一律释放之；其愿加入抗日工作者，政府应给予适当工作，并保障其生活。对反正之伪军，绝不强迫改编，保证其物质供给，与其他抗日部队平等待遇，团结其共同抗日。

选自《中国新民主主义革命时期根据地法制文献选编》，第1卷，北京，中国社会科学出版社1981年版，第50～53页。简称“社科法制版”。原注：“选自《晋西北临时参议会汇刊》。”

互校版本：

(1)《晋绥根据地资料选编》，第1集，中共吕梁地委党史征集办公室1983年8月编印，第90～93页。

(2)《中国新民主主义革命时期法制建设资料选编》，第1册，西南政法学院函授部1982年编印，第17～19页。

12. 晋西北保障人权条例

1942年11月6日晋西北临时参议会修正通过，
同年11月晋西北行政公署公布

第一条　为保障人民权利，维护社会秩序，巩固抗日根据地，特根据中华民国约法第二章及晋西北施政纲领制定本条例。

第二条　人民之一切权利，悉以本条例保障之，如有违反者，依法制裁其本人。

第三条　人民之身体，非依法不得逮捕、拘禁、审讯或处罚。

第四条　人民有行动之自由，非依法不得搜查、留难。

第五条　人民有居住之自由，其住所非依法不得侵入、搜索或封锢。

第六条　人民之财产，非依法不得查封或没收。

第七条　商贩运货，非稽征机关或受稽征机关之委托持有稽查证者，不得实行稽查、征税、扣留或没收。

第八条　人民有集会、结社、言论、出版及思想、信仰之自由权。

第九条　军队、民众团体均无逮捕、拘禁、审讯或处罚人民之权，军队逮捕与军事秘密有关人犯时，须通过当地政府或有关机关。

第十条　区公所或村公所除违警案件外，非有县政府之命令，无逮捕人民之权；各级政府〔包括公安局〕逮捕人犯时，须有正式拘票或证明文件。

第十一条　军队、区公所、村公所、民众团体及人民，遇有下列情形之一者，得实行逮捕，惟（唯）须将逮捕之人犯立即交县政府审讯，不得擅自处理：

一、确有证据之汉奸敌探，有逃脱之虞者。

二、持械行凶及窃盗、抢劫者。①

三、逃逸之罪犯。

四、带有违禁物品者。

五、弃职潜逃或开小差者。

六、其他现行犯。

第十二条　审讯人犯时，禁用刑讯。

第十三条　死刑须经行署批准后执行之，但敌占区、游击区遇有必须立即处决者，得由专署决定，呈报行署备案。

第十四条　执行死刑，概用枪毙。执行时，须由执行机关公布罪状及判决理由。

第十五条　现役军人犯法，非军事机关不得逮捕，但现行犯由非军事机关逮捕后，须送军事审判机关审理。

第十六条　因犯罪嫌疑被捕者，至迟须于二十四小时内，送解该管审判机关，该受理机关须依法于二十四小时内，进行审讯，但有特殊情形者，不在此限。

第十七条　审判机关，处理民刑案件，自传到之日起，简易案件，不得逾十五日，复杂案件，不得逾三十日，必为判决之宣告，但有特殊情形者，不在此限。

第十八条　本条例解释权属于行署，修正权属于临时参议会。

第十九条　本条例经临时参议会通过，由晋西北行政公署公布施行之，所有以前之有关法令，一律废除。

选自《中国新民主主义革命时期根据地法制文献选编》，第1卷，北京，中国社会科学出版社1981年版，第98～100页。原注：“选自《晋西北临时参议会汇刊》。”

互校版本：

(1)《晋绥根据地资料选编》，第5集，中共吕梁地委党史资料征集办公室1984年编

① “社科法制版”与“民诉资料版”为“窃盗、抢劫者”，“晋绥资料版”则为“藕窃枪支者”。

印，第457～459页。未注明史料来源。

（2）中国社会科学院法学所民法研究室民诉组、北京政法学院诉讼法教研室民诉组合编：《民事诉讼法参考资料》，第1辑，北京，法律出版社1981年版，第33～34页。原注："据《晋西北临时参议会汇刊》"。

二、选举法规

1. 晋西北村选暂行条例

1940年10月公布

第一章　总　则

第一条　本条例根据晋西北村政权暂行组织条例第四条制定之。

第二条　主席〔即村长〕、副主席〔即副村长〕由村国民大会或村代表会选举之，村代表由自然村公民选举之。

第三条　主席〔即村长〕、副主席〔即副村长〕及村代表之选举，均以直接普选制，无记名投票法进行之。

第二章　选民资格

第四条　凡在晋西北境内之人民，不分性别、职业、民族、阶级、党派、文化程度、居住年限，年满十八岁，登记为村公民者，均有选举权与被选举权，但有下列情形之一者，得停止其选举权与被选举权：

（一）有汉奸行为经判决确定者；

（二）被褫夺公权尚未恢复者；

（三）有重大神精（经）病，经医证明者。

第三章　选举名额

第五条　村代表之选举以自然村公民为单位，应选代表之数目与应划分公民小组之数

目同。

第六条　汉族与少数民族杂居之村，少数民族之公民得单独进行选举，人数在二十人以上者，其选举名额按第五条之规定，不足二十人者，亦得选举村代表一人。

少数民族得不按地域，自由结合为公民小组，受其本民族代表之领导。

第四章　候选人与竞选

第七条　凡本村各抗日党派、群众团体及公民自由组合，均有提出村长与村代表候选名单，在不妨害选举秩序下自由竞选之权。

第八条　村选举委员会、村公所及其上级政府，在村选中，不得提出任何候选人名单。

第九条　公民投票，不限于候选名单中已提出之候选人。

第五章　当选及候补

第十条　主席〔即村长〕、副主席〔即副村长〕之选举，以得票数最多者为正，次多者为副。村代表之选举，以得票最多者当选，次多者为候补。村代表之候补至少须有一人，最多不得超过当选人三分之一。

第十一条　选举主席〔即村长〕、副主席〔即副村长〕时，如有二人或二人以上得票最多且票数相等者，当选人及其正副由县政府决定之；选举村代表时，如有得票最多二人或二人以上且票数相同者，当选人由区公所决定之。

第六章　改　选

第十二条　主席〔即村长〕、副主席〔即副村长〕与村代表每年改选一次，遇有特殊情形，得由村代表会呈准县政府提前或延长之。

第七章　村选委员会

第十三条　村选委员会为领导村选机关，由村长、民政委员会长、村自卫队长、农工青各救国会共推代表二人，小学教员代表一人，妇救代表一人组织之，互推委员长一人。

第八章　附　则

第十四条　选举细则另定之。

第十五条　本条例自公布之日施行。

选自《中国新民主主义革命时期根据地法制文献选编》，第1卷，北京，中国社会科学出版社1981年版，第329～332页。原注：“选自晋西北行政公署《法令辑要》。”

互校版本：《晋绥根据地资料选编》，第5集，中共吕梁地委党史资料征集办公室1984年版，第316～318页。

2. 晋西北行署第二次村选试选工作总结
——武新宇在晋西北行署第三次行政会议上报告提纲

1941年8月

这个总结报告，所提到的问题，一般的都是第二次村［选］试选中发现的比较新的问

题，村选中一般的问题和经验教训等。在第一次试选总结中，已经提过的，这里再不重提，看这个总结报告时，最好参考第一次村选试选总结〔载本刊一卷十一十二期合刊上〕较为完全。

第一部分　试选工作总结

（一）试选统计〔部分试选单位统计数字不齐全，这里只将数字齐全者作出平均百分数〕

（1）试选单位共二十二个行政村，其他普选村子未计算。

（2）试选日期最多者七十五天〔兴县杨家坡〕，最少者七天〔山阴县冻牛坡〕。

（3）公民大会参选百分比最高者百分之九十，最低者百分之五十五，十三县平均数为百分之七十一点七。

（4）国民大会参选人数百分比，最高者百分之八十点三，最低者百分之三十二点四，十六县平均数为百分之六十三点一。

（5）干部成份（分）统计〔主席、会长、委员以十个单位计，主任、代表以十二个单位计〕。

A. 主席：共十人，地主一，富农一，中农三，贫农五。

B. 书记：共十人，地主二，富农三，中农四，贫农一。

C. 会长：五十人，地主七，富农六，中农十二，贫农十七，雇农四，工人一，其他职业者三。

D. 委员：男一三六人，女八人，共一四四人。地主六，富农十七，中农四十七，贫农五十五，雇农八，工人五，其他职业六。

E. 主任代表：男一一一人，女一人，共一一二人。地主二，富农十，中农五十一，贫农三十八，雇农四，工人二，其他五。

F. 代表：男一七六，女四〇，共二一六人。地主十，富农十九，中农六十六，贫农八十七，雇农九，工人七，其他十八。

G. 总计：干部共五四二人，男四九三占百分之九十一，女四九占百分之五。地主二十八，富农五十六，中农一八三，雇农二十五，工人十五，其他三十二。

（二）了解环境

甲、大部县份没有在改造与健全村政权的观点上去了解环境。

（1）政权干部对村政权未作深刻的研究与了解。

（2）大部县份只单纯的（地）进行了调查工作，没有和村选工作有机的（地）联系起来，形成了了解环境与工作脱节。

（3）从历史发展的观点上来了解环境的变迁，一般的县份作的（做得）均不够，没有深刻的（地）、历史的（地）对各种情况的变化与各种势力的消长，加以具体的分析，得出正确的结论，应用这些结论，使之适应（用）于村选及改造村政权工作中去〔岚县虽有历年来村长成份（分）统计表，但未加以深刻的分析〕。

乙、怎样了解环境。

（1）给群众解决切身问题，是打破与群众隔阂，了解环境的关键。

（2）在工作进行中要继续不断的（地）了解环境，以考验工作计划的正确性。

（3）正确的（地）划分成份（分）与了解各阶层的政治面貌是了解具体环境的中心

环节。

（三）宣传动员

甲、大部县份忽视了选委会、指委会的组织作用与重要性〔只有个别县份是重视了，如方山县对指委会、选委会作用的发挥，如五寨县、选委会的改组〕。

(1) 没有从指委会、选委会的整个组织上，推动村选工作，造成村选热潮。

(2) 一般的工作团对选委会的工作，大部分是代替多于帮助。

乙、干部动员。

一个优点：在联席会后各团体依照其组织系统分别召开干部会议，进行关于配合工作的讨论与教育〔如兴县东坡〕。

一个缺点：不合理的（地）强制使用干部〔如方山县强制村干部脱离生产半个月，造成干部逃跑与不满现象。又如东坡村强制干部脱离生产十八个半天〕。

丙、对群众的宣传动员。

(1) 部分县份在群众宣传动员的方式方法上有些新的进改〔如方山的相互保证，河曲的连环保证，临南的街头诗、漫画，三专署的村选大鼓等〕，但大部分尚存在着如下的两种偏向：

A. 只在各救组织内部打圈子，忽略了广大群众的宣传动员——这一类的偏向多属于民运干部方面。

B. 只着眼于广大群众的宣传动员，而未进行深入的组织宣传动员——这一类的偏向多属于行政干部方面。

(2) 个别单位在宣传动员的内容上有进一步的发挥：

A. 在动员上：通过反封建反贪污、减租减息、优抗济贫、建立支差招待员制度等具体工作，动员群众，展开了参选参政的热潮〔如杨家坡、三专署谷练村、八专署双家庄等〕。

B. 在宣传教育上：村政权性质，政策法令，新的政权机构，进行了充分的教育〔如兴县东坡、三专署谷练村、杨家坡等〕。

（四）公民登记审查与出榜

甲、登记。

(1) 部分县份把公民登记神秘化，形式化——登记之前要进行深入的宣传教育，使群众了解公民登记与参加政治生活的关系，不应专靠临时的严格考试，反而放松了事先的宣传教育，使公民登记神秘化，形式化〔如方山公民登记时，分报到、口试、登记三处，口试不合格者不许登记〕。

(2) 几点新的经验。

A. 人口多的大自然村应分区登记。

B. 公民登记时〔在大自然村〕女公民须注明其家长是谁或丈夫是谁，以便区别〔如杨家坡登记时，对女公民只登记了名字、年龄、性别而未与户口册子对照审查记下是那（哪）家的，结果重名的非常多，便没法辨别了〕。

C. 以村干部来主持登记〔最好用村选委员会的干部，因为妇女是羞于对生人说出自己名字的〕。

D. 登记的时间以早饭前后、午间歇晌时间最适宜。

乙、审查公民资格。

(1) 重复上次试选错误的：离石取消了十六个吃大烟的与五个羊羔（角）疯的公民资格；交城取消了一个八十六岁“老糊涂”的老年人的公民资格；河曲取消了瞎子的公民资格。

(2) 此次试选中好的作（做）法：兴县东坡对报假名字、瞒年龄的人在群众大会上开展了批评斗争，克服了群众落后思想，提高了群众对公民资格的重视。

丙、出榜与发动看榜。

出榜方式上新的作（做）法。如把抗属写在榜的前面，先登先写，后登后写〔杨家坡〕，活动榜〔杨家坡〕能随便移动抬到人多的地方及会场的门口。榜上有各种装饰〔方山三专署〕。临县在发动看榜时准备有吹鼓手并放鞭炮，方山的变戏法等。

（五）候选人与竞选

候选人提出不够民主，竞选形式化，是各县的一般倾向。

甲、缺点与错误。

(1) 候选人的提出未经群众充分酝酿及各救组织由下而上的民主讨论。

(2) 对候选人之提出加以不合理的限制〔如交城每救只准提出一个候选人〕。

(3) 竞选的群众基础不够，因而形成竞选不大方，不敢正面竞选〔如临南竞选的讲演者说：“我不愿意说话，人家〔指干部〕非叫我说……”有的干部认为竞选是包办操纵选举等〕。

(4) 竞选形式化，只在大会上作一次竞选演说，没有形成广泛深入的竞选运动。

(5) 竞选纲领没有变成群众自己的主张〔许多地方都是大会上讲讲竞选纲领，事先没有广泛深入的宣传解释，有些纲领是非常空洞的，选完了竞选纲领也就扔掉了〕。

乙、新的发挥。

(1) 在反封建反贪污、改善民生的斗争中，发现积极分子，注意候选人的锻炼，经验与培养。

(2) 在具体工作的解决中〔如村款摊派定分数等〕，提高群众对民主权利的重视，造成群众参选参政的热潮，并进一步的（地）建立支差招待员制度，解除行政工作人员的负担，提高竞选热情。

(3) 候选人由下而上的（地）经过小组会讨论提出〔主席候选人经过行政村统一讨论决定后，再传到下级组织作进一步的讨论酝酿〕。

(4) 以组织力量推动竞选，并帮助竞选人作（做）各种竞选活动〔如在群众团体会议上，给候选人以说话的机会，开会当主席，在工作中提高其威信等〕。

（六）公民大会

甲、几种不民主的现象。

(1) 工作团的同志自己去当主席，不选大会主席团及记录等〔一般的如此〕。

(2) 取消候选人以外的被选资格〔临南、交城〕。

(3) 不是在公民大会上，而是在公民小组内选举代表。单记名投票〔河曲的一些村子〕。

(4) 在村边放哨强迫群众参选〔临县窑头村〕，有的则在会场放哨强制公民〔不分男女〕必须待至会终才准离开会场〔方山〕。

（5）发票时按名字登记所领的票号，开票时按票号对照名册宣布选举人的姓名——票可编号，但不应记人名，更不应宣布人名。

（6）有的地方没有产生候补代表。

乙、新的发挥——重视了自然村代表的选举，特别是主任代表的推举及积极分子的当选。

（七）划分公民小组

甲、划分公民小组的两种倾向。

（1）划分公民小组不民主。（A）干部事前划分然后征求公民意见。公民们说："你们既已制定，还征求我们意见干什么！"〔静乐谷练村〕（B）干部确定公民小组〔五寨、河曲〕对年龄成分文化程度的勉强调剂，[方山] 违反了自由组合的原则。

（2）迁就群众落后心理，按闾邻划分公民小组。（A）兴县的大坪头事前无领导，结果划分时以闾邻为单位。（B）五寨以闾邻按户口划分。

乙、怎样划分。

（1）群众团体对划分公民小组，事先进行充分的教育和讨论——（A）指出公民小组与闾邻制的不同。（B）群众团体的会员在划分时注意统一战线。

（2）划分后未参加划分的公民应由主任代表去征求意见然后划分。

（八）国民大会

甲、国民大会前应该怎样准备。

（1）各救组织开小组会讨论国大提案，保证会员在公民小组会上起作用，加强公民小组的观念。

（2）召开公民小组会，具体讨论参政参选事项，加强公民小组之作用——（A）国大提案除口头提出外，并用书面提交国大主席或主席团。（B）准备公民与儿童团负责放哨、放牛、看门。（C）发动男公民给女公民抱孩子，青年人搀扶老年人等。（D）进行开会规则的教育：（子）听大会指挥；（丑）不随意退席；（寅）不喧哗、吵闹。（E）村选干事于选民出发后，留在自然村内访问病人投票。

乙、国大会的进行。

（1）一般县份重视并隆重的（地）举行了国大会议，个别试选单位更创造了较好作（做）法——（A）大会席位以公民小组为单位，〔有队形〕提高代表与主任代表的威信，加强公民和公民小组的观念。（B）通过公民小组维持大会秩序。（C）青救、妇救在主席当选后，对之致献词。（D）在大会上讨论与决定村公约。（E）在大会上给新主席披红插花献礼物，并附庆祝勉励的信。

（2）缺乏与错误〔由于干部不民主及大会组织不严密所造成的〕——（A）幕后开票。（B）算票数时在桌子上划正字。（C）沿场收票。（D）给一个人竞选。（E）干部临时介绍竞选纲领，会场上的临时竞选。（F）干部自行作（做）主席。（G）失落选票〔河曲国民大会选举投票数比发票数差七十张〕。（H）强迫参选〔河曲砖窑沟动员民众参选，有一个老太太不出席，干部用绳捆赴会场，并发动了一个斗争，同时普遍宣传，不参加国民大会就要没收秋天打下来的粮食〕。（I）个别分子在大会上进行贿选，强替别人投票。（J）写票人不尊重选举人的意见，欺骗选举人写自己要选的人。

（九）建立与健全村政权的工作

甲、一般县份在村选后对于继续进行健全村政权的工作，没有给以应有的重视〔如一天内便开了许多会议，算是健全了村政权〕。

（1）没有注意在代表大会前召开公民小组会，发挥公民的民主权利。

（2）制度不明确，没有工作布置〔如岢岚贾家寨国大会后，便大功告成，没有建立村公所，工作布置都忘了〕。

（3）没有注意县区村对村政权与村政权本身的经常领导。

乙、个别试选单位对继续进行健全村政权工作的发挥。

（1）代表大会的召开

A. 代表大会准备工作：

1. 代表大会前召开公民小组会，其意义：（a）充实代表大会的内容并加强其与公民小组会的正常关系。（b）健全巩固代表制度，充分发挥公民权利〔征求公民的意见，由代表带到代表大会上去〕。

2. 大会领导上的准备——具体帮助教育主席，研究准备各个问题以及领导的方式方法给村主席以深刻的教育。

B. 代表大会的内容：

1. 建立村公所问题的讨论及新旧村公所的交接问题。如：（a）会长、委员、书记的推选问题。（b）村警的任用问题。（c）经费的筹集等问题。

2. 国大议案及新议案的讨论，具体执行办法与时期的决定。

C. 自然村政权工作的领导问题：

1. 主任代表的职权与关系：（a）主任代表是自然行政负责人秉承村公所的命令办理行政事务。（b）但在工作上必须通过自然村代表团讨论决议，分工执行。（c）各自然村户籍由自然村代表团领导主任代表负主要责任。（d）有关全自然村事宜必须通过公民小组会议或公民大会讨论执行。

2. 会议制度——（a）自然村代表团半月开会一次，必要时临时召集，主任代表负责召集责任。（b）自然村政民联席会〔主任代表及各救干事参加〕及政民扩干会议〔主任代表各救干事小组长及自卫队小队长参加〕会期不固定，按工作需要召开之。

（2）召开村务会议，确定集体领导分工负责及会议制度与工作制度的建立。

A. 准备工作。

1. 预先根据国民大会及代表大会的议案，并依照目前情形准备全盘工作布置。

2. 对工作制度及会议制度等预作计划草案。

B. 决议与工作布置。

1. 总的中心工作、各委员会的中心工作与一般工作。

2. 会议制度——（A）村务会议及各委员会议各每月两次。（B）为节省时间开村务会、扩干会，及各委员会会议，可于一日连续举行。（C）为节省人力计，政民扩干会可同日举行〔扩干联席会后各救仍可分别举行自己的扩干会议讨论其本身工作〕，由各救秘书及主席商讨决定之。

3. 工作制度——（A）各委员会工作通过村务会议讨论决定互相配合。（B）村长、各

会长分工下乡，每月两次，督促、检察全盘工作。村子不固定，轮流更替，避免本位主义的发生。各委员下乡须视该委员会的需要酌情决定之。(C) 汇报及总结工作——村长及会长等每次下乡回来到村公所接头汇报工作，对全部工作〔在村务会议上〕总结一次，各委员会工作，每月总结一次〔在各委员会会议上〕。(D) 建立村公所学习制度，成立学习小组〔村长书记与各委员长等〕。

(3) 召开各种委员会议讨论具体工作，建立内部经常工作制度。例如：

1. 民政委员会会议——(A) 制造各种表册与卷宗，如人口土地户口册、公民册、干部统计表以及其他各种图表等。(B) 会长委员分工下乡的问题。(C) 政民关系——各委员会的工作如须（需）与群众团体的工作配合进行者，在讨论时可请有关团负责人参加，如优抗济贫、减租减息、征收公粮等要请农救派人参加；婚姻问题要请妇女（救）派人参加讨论，以便统一步骤，加强工作效率。(D) 今后会议程序（如汇报检讨、讨论布置等）。

2. 财政委员会会议——(A) 检讨本村财政问题。(B) 确定新的财政制度。(子) 摊派开支必须有根据——上级命令与代表大会议定〔但需呈请县府批准〕。(丑) 开支手续——每月结帐（账）须呈报上级并向全村公布。(寅) 管理分工：财委会负责——审查村款摊派，田赋以及村开支等。书记负责——收村款、管理村公所本身开支。(卯) 村公所应有的各种帐（账）簿：财委会应有村款分数册子，田赋簿，书记应有收支流水帐（账），收支分类老帐（账）。(辰) 具体问题的讨论与决定。

3. 生产委员会会议——(A) 检讨过去生产部门的工作，如春耕、生产情绪等。(B) 生产委员会一般工作的讨论，如春耕秋收、合作社纺织等各种生产建设工作。

4. 教育委员会会议——(A) 检讨过去教育工作，如学校教育、社会教育等。(B) 具体工作布置与经常工作制度的建立。(C) 确定教委会与青救、妇救的关系。

5. 除奸委员会会议——(A) 除奸工作与除奸组织条例的讨论。(B) 建立与健全除奸小组，讨论加强领导与教育的办法。(C) 建立除奸委员会的制度。

第二部分　结论

(一) “干部对民主认识不够，群众对实现民主不敢大胆相信”仍然是此次试选中发现的基本问题。表现在：

(1) 干部方面。

A. 包办、操纵选举。如：临县甘泉村国大会幕后开票。河曲夏营村国大会沿场收票，不设票箱。三专署谷练村国大会桌上写正字。交城、临县、临南等被选举权只限于候选人。五寨杏岭子村选时群众说：“人家蒸莜面，叫咱们揭笼哩！”

B. 压制选举。如：交城东塔村选，限制群众提出候选人。临县认为群众自由竞选为贿选。大部县份提候选人不经过会员小组会的讨论，只是干部决定，大会上形成的通过。

C. 划分公民小组不民主。如：三专署谷练村试选由干部拟定小组名单，让群众通过，群众说：“你们已经划好啦！还问我们干什么！”临南县庙嫣反复划分公民小组五次，群众说：“老百姓是你们的玩具，由你们摆弄吧！”方山吴家沟强制性的（地）调剂公民成份（分）、文化程度、年龄、家长等。

(2) 群众方面。如临南庙嫣选举时群众反映：“民主啦，民主啦，人家提出咱选啦！”

一般的群众认为选举是上级干部工作团闹民主。

（二）干部对村选与改造并健全村政权意义了解不够。表现在：

（1）没有在反封建斗争中开展村选运动，改造与健全村政权。

（2）单纯的（地）进行了选举工作，未重视改造村政权：

（a）只注意国大会，未重视自然村代表选举。（b）未注意自然村政权保证积极分子领导。（c）没有很好的（地）注意公民小组会之召开与领导。（d）很多地方按闾邻划分公民小组。

（3）健全村政权工作的粗枝大叶：（a）大部分县份在一天内召开了代表大会及村务会议。（b）没有建立各种经常工作会议制度。（c）没有注意经常领导问题。

（三）政民配合比第一次试选时有大的进步，但仍不够密切。

（1）村选工作团的领导欠统一，工作上的配合不够密切：（a）行政干部偏重政权工作，如整理财政及村公所的各种问题。（b）民运干部偏重整理组织。（c）公安局偏重社会调查。

（2）政权干部对于在村选工作中整理群众组织，发挥群众组织力量，及其对村选的作用，了解不够深刻。

（3）民运干部对村选法令的研究与重视差。

（四）今后要求

（1）在政民密切配合下，通过实际工作与各种必要的斗争来完成村选改进并健全村政权。（a）彻底执行减租减息法令。活跃群众组织，团结广大群众，造成群众参选参政的热潮。（b）以整理村财政开展反贪污斗争，来锻炼群众运用民主权力，提高群众的民主信心。（c）在村选中建立并健全支差招待员制度，提高群众参选参政热情。

（2）健全村政权的各种制度，加强其领导。（a）及时建立村公所各种工作会议制度，使村政权走上正轨。（b）加强县区乡村政权的经常领导。

（3）彻底纠正一切不民主现象。（a）加强对干部的民主教育。（b）在实际工作中检查纠正不民主与反民主的一切倾向和行为。

（4）使村选工作成为今后经常的中心工作之一。（a）明年三月底全部完成村选工作，按期作出村选总结。（b）在公粮工作时期配合村选工作；已进行村选者在公粮工作中健全村政权；在一般的进行公粮工作而未进行村选之村，在公粮工作中，要做到村选工作中的宣传动员，了解情况与培养发现积极分子；根据村选工作进行的情况，拿出一部分力量在公粮工作时期中，继续进行并完成一部分村选工作。

附项　几个新问题的决定

1. 国民大会增设副主席一人兼任副村长，不脱离生产，取消候补主席。

2. 村选委员会，自然村设三人至五人之干事会，由群众大会推选之。

3. 大自然村应选代表在十六个以上者可分区选举，但被选人不限于本区，以使全部优秀分子当选。

4. 村选经费一个行政村以一刀麻纸〔尺八的〕为限，由村款开支。

5. 竞选纲领可在选后写在群众常集会的墙壁上，便于群众注意促其切实兑现，一般只认为临时竞选而提出纲领的偏向。

6. 准备公民可以经过自由选择后确定其列席之公民小组，有发言权无表决权。

7. 公民小组选后划分。

8. 主任代表在自然村代表会上互推之。

选自《晋绥根据地资料选编》，第3集，中共吕梁地委党史资料征集办公室1984年编印，第132～146页。原注："原载《行政导报》第二卷第四、五期合刊，一九四一年十月一日。"

3. 晋西北临时参议会参议员产生办法

1942年2月1日颁布①

第一章　总　则

第一条　本办法依据民国二十八年国民政府建立省参议会之明令暨抗日民族统一战线原则制定之。

第二条　凡在晋西北境内之人民，不分民族、阶级、党派、信仰、性别、职业、文化程度、居住年限，年在十八岁以上者，均有选举及被选举晋西北临时参议会参议员（以下简称参议员）之权，但有下列情事之一者，得停止此项权利：

（一）有汉奸嫌疑经司法机关或军法机关判决确定者；

（二）经抗日政府褫夺公权，尚未恢复者；

（三）患重大神经病，经医证明者。

第三条　晋西北参议员之选举，采取直接选举与间接选举两种。凡抗日军队，中等以上学校学生，中等以上学校教职员，文化团体，新闻界，行政区级以上机关团体内之公民，由于居住集中，得行直接选举，其他可行间接选举；选举时，概以无记名投票举行之。

第四条　本办法，无论为直接或间接选举，其被选举者，均不限于候选名单所列之人。

第二章　参议员名额之规定

第五条　参议员名额规定如下：

（一）各县选举名额：以全县人口计〔敌占区人口在内〕，三万人口以下之县份，选举一名；每增三万人增选一名，尾数超过一万五千人者，亦得增选一名。

（二）全晋西北区以上妇女团体共选举十名。

（三）全晋西北抗日军队〔包括八路军、新军、地方游击队〕共选举九名。

（四）全晋西北行政区级以上之工会及工厂工人共选举五名。

（五）全晋西北中等以上学校之学生共选举二名。

（六）全晋西北小学教员共选举二名。

---

① "选举条例原版"印作"1月1日颁布"，"晋绥资料版"印作"2月1日颁布"。

（七）全晋西北中等以上学校之教职员共选举二名。

（八）全晋西北新闻界共选举二名。

（九）全晋西北文化团体共选举二名。

（十）全晋西北商界共选举三名。

（十一）全晋西北行政区级以上机关团体人员及未参加其他机关团体选举之一切人员共选举五名。

（十二）晋西北行政公署得就本区名流学者及少数民族领袖中，聘请晋西北临时参议员，但其名额不得超过十名。

（十三）晋西北行政公署政务会议之出席人九人，均得为临时参议员。

第三章　筹备及选举机关

第六条　为办理晋西北临时参议会参议员选举事宜，设下列各机构：

（一）晋西北临时参议会总的筹备工作，由行署邀请各党、各派、各抗日军队，各救国团体及各界之代表组织晋西北临时参议会筹备委员会〔简称临参会筹委会〕办理之，其组织条例另定之。

（二）各行政区级选举事宜，由专署邀请各党、各派、各救国团体及各界代表组织行政区选举委员会〔简称行政区选委会〕办理之，其人数不得超过十一人。

（三）各县选举事宜，由县政府邀请各党、各派、各救国团体、各界代表组织县选举委员会〔简称县选委会〕办理之，其人数不得超过九人。

（四）抗日军队选举事宜，由军区司令部、政治部及一二〇师、新军总指挥部之代表组织军队选举委员会办理之。

（五）妇女团体选举事宜，由晋西妇联办理之。

（六）行政区级以上工会及工厂工人选举事宜，由晋西总工会办理之。

（七）文化界选举事宜，由晋西文联办理之。

（八）教育界选举事宜，由晋西教育协会办理之。

（九）中等以上学校学生选举事宜，由晋西学联筹备会办理之。

（十）新闻界选举事宜，由抗战日报社、中国青年记者学会晋西分会办理之。

（十一）商界选举事宜，由临参［会］筹委会直接办理之。

第四章　选举办法

第七条　各县参议员之产生，由各该县“临时参议员选举代表会”选举之。

（一）各县临时参议员选举代表会，由各该县每行政村之公民代表一人及县区级机关团体之代表二人组成之。

（二）各行政村公民代表，由各该村村代表会之代表互选之。

（三）各机关团体之代表，由县区级机关团体内之公民联合开会选举，或县区级分别选举汇总揭晓。

（四）敌占区、游击区及未经村选之行政村，其代表由村政民扩干联席会议推选之，其不能公开推选者，由县选委会聘请之。

（五）临时参议员之各级选举，有因环境特殊，不能召开全县代表会者，可划分地区，分别选举，汇总揭晓。

（六）各界选举办法另订之。

第五章 候选与竞选

第八条 各党、各派、各救国团体及个人均有提出候选人进行竞选之权。

第九条 参议员候选人之提出，须依下列办法：

（一）各政党党员或团体会员，均应通过其所属组织提出候选人。

（二）县代表会之代表，得于代表会中五人以上之自由组合提出候选人。

（三）不属于任何党派团体及代表会代表之名流绅士，得以个人资格提出候选人，但须有公民五十人以上之联署并造具名册〔注明联署人之姓名、年龄、籍贯、性别、职业、住址等〕送县选委会审查合格，始为有效。

（四）提出之候选人不限于代表会之代表及党派团体的党员或会员。

（五）提出候选人时，须将该候选人之姓名、年龄、籍贯、性别、学历、履历、住址及其对于抗战建国之政见填表〔表由临参［会］筹委会制发〕具报县选委会或各该直接办理选举机关审查、登记，并转报临参［会］筹委会备案。

第十条 候选人从事竞选，受法律保护，任何人不得加以干涉或限制。

第六章 附 则

第十一条 各县于选举完竣后，须将选举结果及当选人之姓名、年龄、籍贯、性别、学历、履历、住址向本选举区公布，并报告临参［会］筹委会备案。各界选举完竣后，其选举结果，由临参［会］筹委会向各方公布之。

第十二条 各县及各界选举工作，统限于民国三十一年五月三十日前办理完竣，临参会限于同年七月七日召开。

第十三条 所有当选之晋西北临时参议员，统限于六月三十日前向晋西北临参［会］筹委会报到。

第十四条 晋西北临时参议员之选举，除票数最多者当选为参议员外，其票数次多者，得依次当选为候补参议员，但其名额，不得超过该选举单位参议员之数。

第十五条 凡当选之晋西北临时参议员，如因死亡或受刑事处分或由原选举单位撤回而不能继续任职时，由原选举单位之候补参议员，依次补充之。如无候补参议员时，得补选之。

第十六条 选举人如果确认办理选举者有舞弊及其他违法情事时，可在当选人公布后五日以内向该管司法机关起诉，当地司法机关应立即受理。

第十七条 各行政区各县及各团体办理选举事宜之经费另定之。

第十八条 本办法经晋西北临时参议会筹备委员会通过，由晋西北行政公署公布施行之。

选自《晋西北临时参议会参议员选举条例汇集》，1942 年编印，第 8～12 页。简称“选举条例原版”。

互校版本：

（1）《中国新民主主义革命时期根据地法制文献选编》，第 1 卷，北京，中国社会科学出版社 1981 年版，第 332～338 页。原注：“选自《晋西北临时参议会参议员选举条例汇集》。”

(2)《晋绥根据地资料选编》，第5集，中共吕梁地委党史资料征集办公室1984年编印，第423～428页。简称“晋绥资料版”。

4. 晋西北临时参议会参议员选举通则

1942年1月[①]

第一条　本通则为各级办理选举机关及人员，分别适用而订定之。

第二条　在接到各种选举办法后，应即依法组成各级选举机关并须做准备工作如下：

一、制备选民调查登记表，此项表册，由各级选举机关依照颁发式样制备之〔此外各县选举，尚须统计各行政村之代表，其所代表之人口数及公民数〕。

二、依照颁发样式制备各选举单位之代表登记表。

三、审查选民或代表之资格是否合于参议员产生办法第三条及参议员各界选举办法之规定。

四、缮造审查合格之选民或代表名册，在选举前五日，按名榜示于各该选举场所。

五、依式制发参议员候选人登记表。

六、各选举机关将审查合格之各候选人，于选举十日前公布并将候选人名单印就，临时随同选票附发于各选举代表每人一张。

七、准备投票匦。[②]

八、选举票除选举参议员者，由晋西北临时参议会筹备委员会制发外，所有各级选举代表之票，均由各该选举机关制备之，并须加盖同级政府或机关之钤记及编定号数。

九、各选举机关制备选民或代表入场证，加盖各该选举机关戳记，编列号数。

十、制备选民或代表签到簿。

十一、依式制备选举票数计算表。

第三条　候选人之提出及竞选方式，除依照晋西北临时参议会参议员产生办法第八、九、十条所列各项规定外，得依下列通则进行之：

一、候选人提出时，可征求该候选人之同意，如该候选人不在当地时亦可提出。

二、凡经各级选委会审查合格之候选人，可公开竞选，发表言论主张于报纸或各种群众集会之场合，但其竞选传单或讲稿须送交选举机关。

三、候选人之提出者或赞成者，均得于选举大会上声明该候选人之事略及政治主张。

第四条　各级各界投票选举事宜，须依下列规则进行之：

一、凡开代表大会或选民大会时，须推定主席团或主席，主持大会程序，并选定发票员、投票管理员、开票管理员、监察员、唱票员、代写票员〔能自写者听〕、计算票员若干人。

---

① 原件无制定年月。此乃1942年1月颁布的《晋西北临时参议会参议员产生办法》的配套文件，故推定为1942年1月制定。以下12件同。

② “社科法制版”印作“票甄（瓿）”，应是“票匦”。“1942年版”此处字迹不清，似“甄”又似“轨”。

二、主席团或主席应检查代表或选民之到会人数，如不足原登记人数半数以上者，得延期选举，否则选举无效。

三、投票前须将选举规则张贴于会场，并选主席，宣布该选举单位应选出参议员或代表之人数，并当同管理员、监察员等开验票匦，即行加封，始得投票。

第五条　投票完毕后，当即于原选举场，依下列规则举行开票及计票：

一、投票管理员将原封之票匦，交开票管理员，当同监察员当场开票。

二、开票时由开票管理员将选票一一交与监察员检视，再由唱票员一一高唱，计票员一一填记。

三、开票完毕后，由开票管理员及监察员将票数与投票人数及签到人数校对有无错误，由主席团或主席宣布之。

第六条　开票完毕后依下列规定宣布当选人或补行选举：

一、被选举之参议员以得票最多者为当选，但票数不及选举人十分之三者应行补选。

二、被选人如有得票相同者，由本人当场抽签决定之，如本人不在当场时，得由主席代行之。

三、检出选票有下列情形之一者，由开票员、监察员当即报告主席团或主席查核，当场宣布该票全部或一部无效。

甲、不用制定选票者〔全部无效〕。

乙、选票上字迹模糊，不能判定其选举对象者〔一部或全部无效〕。

丙、票上联名超过规定被选人数者〔全部无效〕。

第七条　选举完毕后，办理选举机关应有下列两种：

一、依次榜示当选人所得票数及姓名、年龄、籍贯、性别、职务、住址。

二、依榜示各节通知同级政府，并报告临参［会］筹委会。

第八条　当选人公布后，由该选举机关填发各当选人以临参［会］筹委会制定之证明书一纸。

第九条　根据晋西北临时参议会参议员产生办法第七条第四款之规定，其聘请代表须依下列手续办理之。

一、聘请行政村代表，须由县选委会发给区公所以行政村代表调查表；复由区公所会同各该区群众团体，选择各行政村进步份（分）子三人至五人，填表报告县选委会审查通过，就中选定一人聘请之〔聘请书由县选委会办理〕。

二、各县聘请商界代表，应由各该县商联会提出三人至五人之代表填具商界代表待聘表，报告县选委会审查通过，就中选择一人至二人聘请之。其无商联会者，由县选委会聘请之〔聘书由商联或县选委会办理〕。

三、决定聘请之代表，须经县选委会或其他直接办理选举机关全体委员三分之二以上通过始为有效。

第十条　本通则根据晋西北临时参议会参议员新闻界及文化团体选举办法有通讯投票之规定，其投票方法如下：

一、选举人于接到选举机关所发之选票后，即依式将该选举单位应选之人数联名写票，另加包封，附于函内〔函上签名盖章〕，寄交该选举机关。

二、该选举机关接到选票后即原封保存，待大会投票时投入票匭。

第十一条　本通则经临参［会］筹委会通过，行政公署颁布施行。

选自《晋西北临时参议会参议员选举条例汇集》，1942 年编印，第 24～27 页。简称“1942 年版”。

互校版本：《中国新民主主义革命时期根据地法制文献选编》，第 1 卷，北京，中国社会科学出版社 1981 年版，第 338～342 页。简称“社科法制版”。原注：“选自《晋西北临时参议会参议员选举条例汇集》。”

5. 晋西北临时参议会参议员行政区级选举委员会组织条例

1942 年 1 月

第一条　本条例根据晋西北临时参议会参议员产生办法第六条第二款之规定制定之。

第二条　晋西北临时参议会参议员行政区级选委会〔以下简称本会〕之任务如下：

一、办理本区机关、团体及中等以上学校教职员之选举事宜；

二、督促指导本区所属各县之选举事宜；

三、协助各界办理各界之选举事宜。

第三条　本会委员之名额为九人：专署代表二人〔专员与民政科长〕，军分区代表一人，游击支队部代表一人，抗联中心区代表三人，本区教育界代表一人，武委会代表一人，由专署邀请各界代表组织之。

第四条　本会设常务委员五人，由委员会选出之，设主任委员一人，副主任委员一人，由常务委员中互推之。

第五条　本会为工作之需要，设下列各部、处，其工作人员由本会互推或聘请之。

一、秘书处：管理文牍、会计、印刷等事项。

二、选举事务部：办理机关团体之选民调查登记等事项，并督促指导各县及协助本区各界之选举事宜。

三、宣传事务部：办理各种宣传事宜。

第六条　各部处设部长或处长各一人，干事若干人。

第七条　本会之会议规定如下：选委会每半月开会一次，常委会每礼拜开会一次。

第八条　本会之职员均为无给职。

第九条　本会经费暂定一百五十元，宣传费四百五十元〔均以每月计〕，由专署暂时拨付，俟选举完竣后一并报销之。

第十条　本会于本区选举事务完竣后撤销之。

第十一条　本条例自公布之日施行之。

选自《晋西北临时参议会参议员选举条例汇集》，1942 年编印，第 6 页。

互校版本：《中国新民主主义革命时期根据地法制文献选编》，第 1 卷，北京，中国社会科学出版社 1981 年版，第 342～343 页。原注：“选自《晋西北临时参议会参议员选举

条例汇集》。”

6. 晋西北临时参议会参议员县级选举委员会组织条例

1942 年 1 月

一、本条例根据晋西北临时参议会参议员产生办法第六条第三款规定制定之。

二、晋西北临时参议会参议员县级选举委员会〔以下简称本会〕之任务如下：

（一）办理本县各行政村代表及机关团体代表之代表大会选举事宜；

（二）协助本县商联、教协办理本县商界及小学教员选举代表事宜；

（三）协助各界办理本县其他各界之选举事宜。

三、本会委员九人，由本县县长、民政科长、教育科长、抗联代表三人、武委会代表一人、教协代表一人、商联代表一人组织之，县政府负第一次会议召集之责。

四、本会设常务委员五人，由选委会选出之，设主任委员一人、副主任委员一人，由常务委员互推之。

五、本会为工作需要，设下列各部、处，其工作人员由本会委员互推或聘请之。

（一）秘书处总务股办理事务与会计等事宜，文书股办理文牍印刷事宜，招待股办理招待事宜。

（二）选举事务部办理选民或代表调查、登记、审查，候选人登记、审查，及当选参议员之登记报告以及其他选举事宜。

（三）宣传部办理各种宣传事宜。

六、各部处设部长或处长各一人，各股设股长一人、干事若干人。

七、本会会议规定：选委会每十日开会一次，常委会每三日开会一次。

八、本会职员普通为无给职，但必要时聘请干事得按机关干部之规定予以津贴。

九、本会经费每月暂定为一百元，宣传费三百元，由县政府暂时支付，俟选举完竣后一并报销之。

十、本会至本县参议员选举完竣后撤销之。

十一、本条例自公布之日施行之。

选自《晋西北临时参议会参议员选举条例汇集》，1942 年编印，第 7 页。

互校版本：《中国新民主主义革命时期根据地法制文献选编》，第 1 卷，北京，中国社会科学出版社 1981 年版，第 344～345 页。原注：“选自《晋西北临时参议会参议员选举条例汇集》。”

7. 晋西北临时参议会参议员抗日军选举办法

1942 年 1 月

一、本办法根据晋西北临时参议会参议员产生办法第七条第六款制定之。

二、凡驻晋西北抗日军现役军人〔不分官兵〕具有公民资格者，均有选举及被选举为晋西北临时参议会参议员之权。

三、抗日军参议员之选举采取直接无记名投票选举办法。

四、根据晋西北临时参议会参议员选举办法第五条第三款之规定，全晋西北抗日军队〔包括一二〇师、新军、各游击队〕共选举参议员九人。

五、为办理参议员选举事宜，驻晋西北之一二〇师各旅及师直属队〔后勤部及河东直属部队机关〕、新军各纵队及总指挥部直属队、军分区各游击支队，各自成立晋西北抗日军临时参议员选举委员分会〔由三人至五人组成之〕，负责办理各该部之选举事宜。

六、根据本办法第三条临时参议会参议员晋西北抗日军选举之具体办法如下：

（一）由晋西北抗日军临时参议会参议员选举委员会依据抗日军应选之参议员名额提出加倍候选人，连同候选人详细履历，于三月一日分别经各选举委员分会送至各连队、各伙食单位开始进行竞选，各连队、各单位于三月三十日前召开全体公民大会进行选举。

（二）各连队、各单位于四月三十日前，将选举票呈缴各该晋西北抗日军临时参议会参议员选举委员分会；各晋西北抗日军临时参议会参议员选举委员分会于五月三十日前，将全部选举票呈缴晋西北抗日军临时参议会参议员选举委员会。

（三）驻晋西北一二〇师及新军之各种工厂工人参加工会选举，其他人员参加各该部之选举。

七、驻晋西北一二〇师各旅及师直属队、新军各纵队及总指挥部直属队、各游击支队各选监票员一名，于五月三十日前到晋西北抗日军临时参议会参议员选举委员会，届时监督开票。

八、晋西北抗日军临时参议会参议员选举委员会，按照选举细则开票，于五月三十日公布选举结果，及当选之参议员。

九、本办法经晋西北临时参议会筹备委员会通过，由晋西北行政公署公布施行之。

选自《晋西北临时参议会参议员选举条例汇集》，1942 年编印，第 13 页。

互校版本：《中国新民主主义革命时期根据地法制文献选编》，第 1 卷，北京，中国社会科学出版社 1981 年版，第 345～346 页。原注："选自《晋西北临时参议会参议员选举条例汇集》。"

8. 晋西北临时参议会参议员行政区级以上机关团体选举办法

1942 年 1 月

一、根据晋西北临时参议会参议员产生办法第五条第十一款[①]之规定，全晋西北行政区级以上机关团体人员及未参加其他机关团体选举之一切人员，共选举临时参议员五名。

---

① "1942 年版"原文印作"第五条第五款"，后附"勘误表"改正为"第五条第十一款"。"社科法制版"印作"第十一条第十一款"。

二、凡晋西北行政区级以上机关团体内之人员具有公民资格者，不分职别性别，均有选举及被选举晋西北临时参议会参议员之权。

三、晋西北临时参议会参议员行政区级以上各机关团体之选举，采取直接无记名投票选举办法。

四、晋西北行政区级以上之机关团体分别如下：

（一）晋西北行政公署及其直属机关。

（二）中共晋西区党委。

（三）晋西抗联。

（四）晋西武委会。

（五）各专署及其直属机关。

（六）各中心区抗联。

（七）各中心区武委会。

五、前列各机关团体选举事宜，其一、二、三、四项由晋西北临参［会］筹委会直接办理之，五、六、七项由各行政区临参［会］选委会办理之。

六、前条一、二、三、四项得视其所在地之远近，由临参［会］筹委会分为数选举单位选举之，其五、六、七项则以每行政区为一选举单位，分别联合开会选举之。

七、晋西北行政区级以上各机关团体，得就其选举单位满三十人以上者提出参议员候选人一名，六十人以上者提出二名，不足三十人者与其他单位联合提出之。

八、前项候选人之提出，须于三月五日前将候选人之姓名、年龄、籍贯、性别、学历、履历、住址及其政治主张，填表送交晋西北临参［会］筹委会审查公布。

九、本办法经晋西北临时参议会筹备委员会通过，由晋西北行政公署公布施行之。

选自《晋西北临时参议会参议员选举条例汇集》，1942 年编印，第 22～23 页。简称“1942 年版”。

互校版本：《中国新民主主义革命时期根据地法制文献选编》，第 1 卷，北京，中国社会科学出版社 1981 年版，第 347～348 页。原注：“选自《晋西北临时参议会参议员选举条例汇集》。”简称“社科法制版”。

9. 晋西北临时参议会参议员行政区级以上工会及工厂工人选举办法

1942 年 1 月

一、根据晋西北临时参议会参议员产生办法第五条第四款之规定，晋西北行政区级以上工会及工厂工人共选举临时参议员五名。

二、凡晋西北行政区级以上工会会员及工厂工人具有公民资格者，均有选举及被选举晋西北临时参议会参议员之权。

三、晋西北临时参议会参议员行政区级以上工会及工厂工人之选举，采取无记名投票

选举办法。

四、晋西北行政区级以上工会及工厂工人临时参议会参议员，由晋西北行政区级以上工会及工厂工人代表大会选举之。

五、工厂工人五十人以下者，选代表一人；五十人以上者，每多一倍增选一人，尾数超过二十五人者，亦增选一人；晋西总工会选代表一人，各中心区工会联合选举代表一人。

六、晋西北临时参议会参议员行政区级以上工会及工厂工人选举事宜，由晋西［北］总工会办理之。

七、各选举单位均得提临时参议员候选人，但不得超过三人。

八、前项候选人之提出，须于四月五日前将候选人姓名、年龄、性别、籍贯、学历、履历、住址及其政治主张，填表具报晋西北总工会审查公布，转晋西北临参［会］筹委会备案。

九、凡各部队、机关、团体附设之工厂，除工人外，其他人员均参加各该部队、机关、团体选举，不参加工会或工厂工人选举。

十、本办法经晋西北临时参议会筹备委员会通过，由晋西北行政公署公布施行之。

选自《晋西北临时参议会参议员选举条例汇集》，1942 年编印，第 15 页。

互校版本：《中国新民主主义革命时期根据地法制文献选编》，第 1 卷，北京，中国社会科学出版社 1981 年版，第 348～349 页。原注：“选自《晋西北临时参议会参议员选举案例汇集》。”

10. 晋西北临时参议会参议员商界选举办法

1942 年 1 月

一、根据晋西北临时参议会参议员产生办法第五条第十款之规定，全晋西北商界共选举临时参议员三名。

二、凡在晋西北经营各种大小商业〔不论公私性质〕，具有公民资格并参加商联会者，均有选举及被选举晋西北临时参议会参议员之权。

三、晋西北临时参议会参议员商界之选举，采取间接无记名投票选举办法。

四、晋西北商界临时参议会参议员，由晋西北全体商界代表大会选举之。

五、晋西北全体商界代表大会，由各县商界代表组成之。

六、各县商界代表由各该县商联会会员选举之，其无商联会者，由该县选委会聘请之。

七、敌占区、游击区各县商户零散不易集中选举者，适用第六条之规定。

八、各县商界代表每县一人，但兴县、临县、临南、保德、河曲、静乐等县得各增选代表一人。

九、晋西北全体商界代表大会选举事宜：

（甲）由晋西北临参［会］筹委会直接办理之。

（乙）各县商界代表之选举事宜，由各该县选委会会同各该县商联会办理之，其无商联会者，由县选委会办理之。

十、各县商界代表每县得提出临时参议员候选人一人，但候选人不限于本县之内。

十一、前项候选人之提出，须于三月三十一日前将候选人姓名、年龄、籍贯、性别、学历、履历、住址及其政治主张，填表送交晋西北临参［会］筹委会审查公布。

十二、本办法经晋西北临时参议会筹备委员会通过，由晋西北行政公署公布施行之。

选自《晋西北临时参议会参议员选举条例汇集》，1942年编印，第21页。

互校版本：《中国新民主主义革命时期根据地法制文献选编》，第1卷，北京，中国社会科学出版社1981年版，第349～350页。原注："选自《晋西北临时参议会参议员选举条例汇集》。"

11. 晋西北临时参议会参议员妇女团体选举办法

1942年1月

一、根据晋西北临时参议会参议员产生办法第五条第二款之规定，晋西北妇女团体共选举参议员十名。

二、晋西北临时参议会参议员妇女团体之选举，采取间接无记名投票选举办法。

三、晋西北妇女临时参议会参议员，由晋西北区以上妇女团体代表大会选出之。

四、晋西北区以上妇女团体代表大会，由各县妇女代表、晋西妇联代表、各中心区妇联代表组成之。

五、晋西妇联出代表六人，各中心区妇联各出代表一人，由晋西妇联及各中心区妇联自行选举之。

六、根据地各县妇女代表，由各该县区以上全体妇女干部选举之，视各县妇女人数之多少得选一人至三人为各该县代表。

七、各县区以上全体妇女干部选举代表时，得视各该县环境情况，或开全体大会选举，或划分地区选举。

八、敌占区各县妇女代表，由各该县妇救会会同县选委会，聘请前进妇女领袖一人至三人为各该县代表。

九、各县妇女团体均得提出参议员候选人。

十、前项候选人之提出，须于三月十五日将候选人姓名、年龄、籍贯、性别、学历、履历、住址及其政治主张，填表送交晋西妇联审查公布，转请晋西北临参［会］筹委会备案。

十一、本办法经晋西北临时参议会筹备委员会通过，由晋西北行政公署公布施行之。

选自《晋西北临时参议会参议员选举条例汇集》，1942年编印，第14页。

互校版本：《中国新民主主义革命时期根据地法制文献选编》，第1卷，北京，中国社

会科学出版社1981年版，第350～351页。原注："选自《晋西北临时参议会参议员选举条例汇集》。"

12. 晋西北临时参议会参议员文化团体选举办法

1942年1月

一、根据晋西北临时参议会参议员产生办法第五条第九款之规定，晋西北文化团体共选举临时参议员二名。

二、晋西北文化团体，包括文联及文协、剧协、音协、美协等团体。

三、凡以上各团体会员，具有公民资格者，均有选举及被选举晋西北临时参议会参议员之权。

四、晋西北临时参议会参议员文化团体之选举，采取直接无记名联合投票选举办法，分集中选举与通讯选举两种。

五、晋西北临时参议会参议员文化团体之选举事宜，由晋西北文联办理之。

六、凡在各部队、机关、团体之文协、剧协、音协、美协等会员，均参加各该部队、机关、团体之选举，不参加文化团体选举。

七、晋西北文化团体得提出临时参议员候选人，文联、文协、音协、美协得各提出一人，剧协得提出二人。

八、前项候选人之提出，须于三月五日前将候选人之姓名、年龄、性别、籍贯、学历、履历、住址及其政治主张，填表送交晋西［北］文联审查公布，转请晋西北临参［会］筹委会备案。

九、本办法经晋西北临时参议会筹备委员会通过，由晋西北行政公署公布施行之。

选自《晋西北临时参议会参议员选举条例汇集》，1942年编印，第19页。

互校版本：《中国新民主主义革命时期根据地法制文献选编》，第1卷，北京，中国社会科学出版社1981年版，第352页。原注："选自《晋西北临时参议会参议员选举条例汇集》。"

13. 晋西北临时参议会参议员新闻界选举办法

1942年1月

一、根据晋西北临时参议会参议员产生办法第五条第八款之规定，晋西北新闻界共选举临时参议会参议员二名。

二、凡具有公民资格及下列资格之一者，均有选举及被选举晋西北临时参议会参议员之权。

1. 中国青年新闻记者学会晋西分会会员〔其已参加部队、机关、团体等选举者不在

此列〕。

2. 新闻机关之内外勤职员〔印刷工人参加工会选举，其他人员参加机关、团体选举〕。

三、晋西北临时参议会参议员新闻界之选举，采取直接无记名投票选举办法，分集中选举与通讯选举两种。

四、晋西北临时参议会参议员新闻界选举事宜，由抗战日报社、中国青年新闻记者学会晋西分会协同办理之。

五、新闻机关之内外勤职员及中国青年新闻记者学会晋西分会会员，均得以三人至五人之联署，提出晋西北临时参议会参议员候选人一人。

六、前项候选人之提出，须于三月五日前将候选人姓名、年龄、性别、籍贯、学历、履历、住址及其政治主张，填表送交抗战日报社审查公布，转晋西北临参［会］筹委会备案。

七、本办法经晋西北临时参议会筹备委员会通过，由晋西北行政公署公布施行之。

选自《晋西北临时参议会参议员选举条例汇集》，1942 年编印，第 20 页。

互校版本：《中国新民主主义革命时期根据地法制文献选编》，第 1 卷，北京，中国社会科学出版社 1981 年版，第 353 页。原注："选自《晋西北临时参议会参议员选举条例汇集》。"

14. 晋西北临时参议会参议员中等以上学校教职员选举办法

1942 年 1 月

一、根据晋西北临时参议会参议员产生办法第五条第七款之规定，晋西北中等以上学校教职员共选举参议员二名。

二、晋西北中等以上学校，包括抗大七分校，第一、二、三、四中学校，晋西北师范学校，晋西青干校，晋西民运干部学校，晋西北行政干部学校，财政经济干部学校等单位。

三、晋西北中等以上学校教职员，凡具有公民资格者，均有选举及被选举晋西北临时参议会参议员之权。

四、晋西北临时参议会参议员中等以上学校教职员之选举，采取直接无记名投票选举办法。

五、晋西北临时参议会参议员中等以上学校教职员之选举：

甲、在兴县境内者得召开联合选举大会，由晋西教育协会办理之。

乙、第一、二、三、四中学教职员，得在各该校所在地分别进行选举，由晋西教育协会委托各该校负责人，协同行政区选委会办理之。

六、晋西北中等以上学校教职员临时参议会参议员候选人，除抗大七分校得提三人

外，其他各校各提出一人。

七、前项候选人之提出，须于三月五日前将候选人姓名、年龄、性别、籍贯、学历、履历、住址及其政治主张，填表送交晋西教育协会审查公布，转请晋西北临参［会］筹委会备案。

八、晋西北中等以上学校，除教职员及学生另行选举外，其他人员均参加行政区级以上机关、团体之选举。

九、本办法经晋西北临时参议会筹备委员会通过，由晋西北行政公署公布施行之。

选自《晋西北临时参议会参议员选举条例汇集》，1942 年编印，第 16 页。

互校版本：《中国新民主主义革命时期根据地法制文献选编》，第 1 卷，北京，中国社会科学出版社 1981 年版，第 354～355 页。原注："选自《晋西北临时参议会参议员选举条例汇集》。"

15. 晋西北临时参议会参议员小学教员选举办法

1942 年 1 月

一、根据晋西北临时参议会参议员产生办法第五条第六款之规定，全晋西北小学教员共选举临时参议会参议员二名。

二、晋西北小学教员，凡具有公民资格者，均有选举及被选举晋西北临时参议会参议员之权。

三、晋西北小学教员临时参议会参议员之选举，采取间接无记名投票选举办法。

四、晋西北小学教员参议员，由晋西北全体小学教员代表大会选举之。

五、各县小学教员代表，由各该县全体小学教员大会选举之，敌占区、游击区不能召开全体大会者，得分区选举，汇总揭晓。

六、各县小学教员五十人以下者，选举代表一人；五十人以上者，每增一倍多选一人，其尾数超过二十五人者，亦得增选一人。

七、晋西北临时参议会参议员小学教员选举事宜，由晋西教育协会办理之。

八、各县小学教员代表选举事宜，由县教育协会办理之，其无县教育［协］会者，由县选委会办理之。

九、各县小学教员，凡有三十人之联署者，得提出参议员候选人一人；小学教员代表，凡有十人之联署者，得提出候选人一人。

十、前项候选人之提出，须于三月五日前将候选人姓名、年龄、籍贯、性别、学历、履历、住址及其政治主张，填表送交晋西教育协会审查公布，转请晋西北临参［会］筹委会备案。

十一、本办法经晋西北临时参议会筹备委员会通过，由晋西北行政公署公布施行之。

选自《晋西北临时参议会参议员选举条例汇集》，1942 年编印，第 17 页。

互校版本：《中国新民主主义革命时期根据地法制文献选编》，第 1 卷，北京，中国社

会科学出版社1981年版，第355～356页。原注："选自《晋西北临时参议会参议员选举条例汇集》。"

16. 晋西北临时参议会参议员中等以上学校学生选举办法

1942年1月

一、根据晋西北临时参议会参议员产生办法第五条第五款之规定，晋西北中等以上学校学生共选举临时参议会参议员二名。

二、晋西北中等以上学校，包括抗大七分校，第一、二、三、四中学校，晋西师范学校，晋西青干校，晋西民运干部学校，晋西北行政干部学校，财政经济干部学校等单位。

三、晋西北中等以上学校学生，凡具有公民资格者，均有选举及被选举晋西北临时参议会参议员之权。

四、晋西北临时参议会参议员中等以上学校学生之选举，采取直接无记名联合投票之选举办法。

五、晋西北中等以上学校学生参议员之选举，以学校为单位，分别召开选举大会，汇总揭晓。

六、晋西北中等以上学校学生之选举事宜，由晋西学联筹备会办理之。

七、各中等以上学校学生之选举事宜，由晋西学联筹备会委托各该校负责人，协同各该校学生会办理之。

八、各中等以上学校学生，均由各该校学生联合提出临时参议会参议员候选人，每三十人以上之学生，可联署提出候选人一人，多者依此类推。

九、前项候选人之提出，须于五月十日前将候选人姓名、年龄、籍贯、性别、学历、履历、住址及其政治主张，填表送交晋西学联筹备会审查公布，转请晋西北临参［会］筹委会备案。

十、本办法经晋西北临时参议会筹备委员会通过，由晋西北行政公署公布施行之。

选自《晋西北临时参议会参议员选举条例汇集》，1942年编印，第18页。

互校版本：《中国新民主主义革命时期根据地法制文献选编》，第1卷，北京，中国社会科学出版社1981年版，第356～357页。原注："选自《晋西北临时参议会参议员选举条例汇集》。"

17. 晋绥边区行政公署关于参选县选的决定

1945年4月1日通过

一、由于近年来群众性对敌斗争的胜利与生产运动的开展，边区人民的政治觉悟与参政要求大大提高，同时各地都涌现出大批的英雄模范。在这种基础之上，行政公署除指示

全边区普遍开展村选运动外，并决定本年实行县及边区级之大选举，改选晋西北临时参议会，成立晋绥边区参议会，并在各县成立县议会，使边区民主建设更形完备，把各种运动中产生的人民优秀代表吸收到各级政府与议会中来，进一步巩固抗日民主政权，贯彻“三三制”与民主作风，团结各阶层人民，更有力的（地）领导今后的对敌斗争、生产运动等各项工作。并以边区民主建设之具体成绩，推动全国人民一齐（起）努力，促成全国民主的联合政府之实现。

二、选举运动中必须贯彻“三三制”政策与重视英雄模范在建设边区中的作用，要向选民广泛深入的（地）宣传，发动并组织各阶层人民的竞选热潮，使在实际事业中产生的为人民衷心爱戴的各阶层优秀代表，与各种运动中的群众领袖当选，使参议会、县议会成为代表各阶层利益并与广大人民有密切联系的强有力的人民代表机关。在选举中，要关照妇女的政治地位，深入发动妇女公民，重视自己的民主权利，积极参加选举运动，并应有一定数量的与广大妇女有联系的妇女领袖当选。在边缘区县份更须将民主运动深入到沦陷区去，吸收沦陷区忠诚抗日的人士参加县议会与边区参议会，经过民主选举运动，使抗日民主政权与沦陷区同胞发生更密切的联系。

三、为使民主选举运动成为普遍深入的群众运动，各级领导机关首先应对干部进行关于人民代表会议的教育，重视参议会、县议会代表人民、为人民服务与建设边区之作用，继续扩大会上发扬民主团结群众的精神，以充分的民主作风及依靠人民之观点领导选举运动。在选举运动中，更须注意到如何使选举与人民的实际利益结合，更努力的（地）帮助人民发展生产，兴利除弊，解决群众最关切的问题，提高人民对参选参政的热情与积极性。

四、边区参议员、县议员一次选出。巩固县份实行普选，由人民直接选举。行政村分散投票开票，区县集中揭晓。边缘区、沦陷区县份，因敌情关系，暂行间接选举，由人民分区普选代表，集中县级选举机关选举。对完全不能进行选举之敌统治区域，得由选举机关遴选推荐，经政府批准聘请之。在选举工作中要爱惜人民生产时间，不妨碍生产并要推动生产，因此在选举工作的时间步骤与作（做）法上，都必须充分注意到利用生产空隙及生产组织，并使选举运动与生产运动相结合。如竞选、选举会可在生产季节的空隙中进行，宣传动员讨论候选人，可在变工组、纺织组或各种生产会议中进行，候选人以帮助群众的实际行动来实行竞选等等。

五、选举时期：村选运动中即开始宣传动员工作，春耕与夏锄间之空隙，继续宣传动员，并开始酝酿与提出候选人。竞选及选举大会在夏锄与秋收间之空隙进行，一般地区均须于秋收前全部选出。秋收后即召开县议会于十一月十日前全边区结束县议会，准备成立边区参议会。

主　任　续范亭
副主任　武新宇
民教处长　杜心源
副处长　阎秀峰

选自《晋绥根据地资料选编》，第1集，中共吕梁地委党史资料征集办公室1983年编印，第52～54页。

18. 晋绥边区县议会选举条例

1945年4月5日晋绥行政公署公布

第一章　总　则

第一条　本条例依据边区施政纲领第三条制定之。

第二条　县议员采取普遍、直接、平等、无记名投票法选举之，沦陷区、边缘区不能直接选举者得行间接选举。间接选举办法另定之。

第二章　选举资格

第三条　凡在边区境内之人民不分性别、职业、财产、阶级、党派、宗教、民族、文化程度、居住年限，年满十八岁经登记后均有选举权及被选举权。但有下列情形之一者，得停止其选举权与被选举权：

一、有汉奸行为经判决确定者；

二、被褫夺公权尚未恢复者；

三、患重大神经病经医证明者。

第三章　选举单位及名额

第四条　县议员以区、市为单位选举之，三万人口以下之县选举三十五名，三万人口以上之县每增加二千人增选一名，所增尾数超过一千人者，亦得增选一名，但最多不得超过八十五名。沦陷区不能进行选举者，其县议员由县政府聘请之。

第五条　县境驻军、文化团体、中等以上学校单独进行县议员之选举。其名额为军队一名至三名，文化团体及中等以上学校一名。

第六条　机关、团体等均在所在地参加选举，但分区以上者可自由参加。

第四章　竞　选

第七条　各抗日党派、民众团体及公民自由组合，均得提出候选名单，在不妨害选举秩序下自由竞选。

前项公民自由组合，须有五十人以上联署，报请县选举机关审查登记后始为有效。

第五章　当选及候补

第八条　各区、市当选之县议员不限于本区、市公民。

第九条　县议员以得票最多者为当选，次多者为候补，候补人在每一选举单位不得超过当选人三分之一，但当选人不足三人者得设候补一人。

第十条　县议员因死亡及其他原因去职时，由候补依次递补，无候补者，应即补选。

第六章　选举机关

第十一条　县议员之选举，由各级选举委员会办理之，各级选举委员会之组织另定之。

第七章　附　则

第十二条　本条例修正权属于边区参议会，解释权属于边区行政公署。

选自《中国新民主主义革命时期根据地法制文献选编》，第1卷，北京，中国社会科

学出版社 1981 年版，第 319～322 页。原注：“选自《晋绥边区参选县选法令》，一九四五年版。”

互校版本：《晋绥根据地资料选编》，第 2 集，中共吕梁地委党史资料征集办公室 1983 年编印，第 396～398 页。

19. 晋绥边区参议会选举条例

1945 年 4 月 5 日晋绥行政公署公布

第一章 总 则

第一条 本条例依据边区施政纲领第三条制定之。

〔注：第三条原文：“民选各级民意机关及政府，贯彻‘三三制’，在各级民意机关及政府中共产党员只占三分之一，其他各抗日党派及无党无派人士占三分之二。”〕

第二条 边区参议员采取普遍、直接、平等、无记名投票法选举之；沦陷区、边缘区不能直接选举者得行间接选举。间接选举办法另定之。

第二章 选举资格

第三条 凡在边区境内之人民不分性别、职业、财产、阶级、党派、宗教、民族、文化程度、居住年限，年满十八岁经登记后均有选举权与被选举权。但有下列情形之一者，得停止其选举权与被选举权：

一、有汉奸行为经判决确定者。

二、被褫夺公权尚未恢复者。

三、患重大神经病经医证明者。

第三章 选举单位及名额

第四条 边区参议员以县为单位选举之。其名额分配如下：

一、三万人口以下之县，选举五名，三万人口以上之县，每增加一万人增选一名，所增尾数超过五千人者亦得增选一名。

二、沦陷区之县，每县选举一名至五名；其不能选举者，由行政公署聘请之。

三、沦陷区之市，如太原、大同、归绥、包头等各选一名至三名；其不能选举者，由行政公署聘请之。

第五条 部队、文化团体、中等以上学校、分区以上机关部队所领导之工厂、各少数民族，皆单独进行选举，其名额如下：

一、军区部队共选参议员二十二名。

二、文化团体、中等以上学校共选参议员六名。

三、分区以上机关、部队所领导之工厂共选参议员七名。

四、蒙、回、满少数民族及日、韩民族每五百人以下者各选参议员一名，每增加五百人增选一名，其不能选举者，由行政公署聘请之。

第六条 机关、团体均在所在地参加选举。

第四章　竞　选

第七条　各抗日党派、民众团体及公民自由组合，均得提出候选人名单，在不妨害选举秩序下自由竞选。

前项公民自由组合，须有五十人以上之联署，报请县选举机关审查登记后始为有效。

第五章　当选及候补

第八条　各县当选之参议员不限于本县公民。

第九条　参议员以得票最多者为当选，次多者为候补。候补人在每一选举单位不得超过当选人三分之一，但当选人不足三人者，得设候补一人。

第十条　参议员因死亡及其他原因去职时，由候补依次递补，无候补者，应即补选。

第六章　选举机关

第十一条　参议员之选举由各级选举委员会办理之，各级选举委员会之组织另定之。

第七章　附　则

第十二条　本条例修正权属于边区参议会，解释权属于边区行政公署。

选自《中国新民主主义革命时期根据地法制文献选编》，第1卷，北京，中国社会科学出版社1981年版，第322～325页。原注："选自《晋绥边区参选县选法令》，一九四五年版。"

互校版本：《晋绥根据地资料选编》，第2集，中共吕梁地委党史资料征集办公室1983年编印，第393～395页。

20. 晋绥边区参议员、县参议员选举办法

1945年4月5日晋绥行政公署公布

一、公民之登记、审查、公布

（一）公民须经选举委员会登记审查后才能参加选举，如已经村选时，登记审查者不另进行。

（二）参加地方选举之机关团体，均在驻地进行公民登记审查。

（三）公民登记审查进行完毕后，须于选举场所贴榜公布，并向上级选举委员会报告公民数目。

二、确定当选人数目

（一）公民登记后，即根据全县及各区人口数目，确定全县应选举边区参议员与县议员数目，及各区市应选县议员数目。

（二）根据各区市公民数目分发选票，边区参议员选票由边区选举委员会印制，县议员选票由县选举委员会印制、盖章、编号。

三、候选人之提出、公布

（一）候选人由抗日党派、民众团体、公民自由组合〔五十人〕及选民大会提出〔按

到会人数四分之一附议〕，由区选举委员会登记。

（二）登记后，送呈上级选举委员会审查。县议员候选人由分区选举委员会审查，边区参议员［候选人］由分区审查，呈报边区选举委员会复核。

（三）审查合格后，即向选民公布，并通知候选人。

四、竞　选

候选人公布后，选举委员会即利用报纸及黑板报介绍候选人，候选人本人及候选人之提出者、赞成者，自由作（做）文字及口头之各种竞选活动。

五、选举及宣布选举结果

（一）参议员、县议员之选举，采取行政村〔或几个自然村联合〕分散投票开票，区、县集中宣布办法。

（二）村选举大会由大会主席〔或主席团〕主持之，并设检票员〔发票收票〕、写票员、监票员、唱票员、计票员等协助工作，以上人员均由选民推选之。

（三）选举前，选举委员会应作（做）以下四事：

甲、检查与报告应到公民数与实到公民数。

乙、宣布与介绍候选人〔开会前即将候选人名单贴在会场〕。

丙、宣布应选参议员人数。

丁、宣布及解释选举规则。

（四）投票用无记名联记名办法。

（五）投票完毕后，即当场向选民报告选举结果。选举结果应包括：应参选公民数，实参加公民数，发出票、收回票及废票数，被选人得票数等。

（六）选举完毕后，村选举委员会即将选举结果连同选票、废票送呈区选举委员会。

（七）县议员由区选举委员会于各村选票交齐后综合开票，宣布选举结果。开票时须有各村选举委员会代表、各村公民代表与驻地群众参加，各村公民代表在选举时由公民推选之。

参议员由县选举委员会于各区选票送齐后综合开票，宣布选举结果。开票时须由各区选举委员会代表，各区选民代表与驻地群众参加。各区选民代表由参加区选举会开票之各村选民代表推选之。

（八）当选人宣布后，即由选举委员会通知当选人，并将选举结果向选民宣布，及向上级选委员（会）报告，颁发证明书。参议员证明书由边区选举委员会颁发，县议员证明书由县选举委员会颁发。

六、选举规则

（一）到会公民数不及应到会公民数〔除去因病及其他原因不能到会者〕一半者不得开会，须延期举行。

（二）选票作废根据以下情形决定：

甲、不用制定选举票者全部无效。

乙、字迹模糊，不能判定选举对象者，一部或全部无效。

丙、票上联名超过规定被选人数者全部无效。

（三）被选人得票相同不能决定当选人时，由县区之选民代表表决之。

七、边缘区、沦陷区间接选举办法

（一）间接选举之代表，由公民大会、村代表会或村扩大会，就全村公民中选举之。

（二）间接选举之代表数目，相当于应选议员之二倍，各行政村应出席之代表人数，按公民或人口数目分配之。

（三）间接选举之候选人，除由各抗日党派、民众团体提出外，并可由代表会中十人联名提出，四分之一附议。

（四）候选人不限于到会代表。

八、沦陷区、边缘区参议员、县议员聘请办法

（一）聘请之县议员由县选举委员会提出，行署批准，县政府聘请之。

（二）边区参议员由县选委会提出，专员公署加注意见，转行政公署聘请之。

选自《中国新民主主义革命时期根据地法制文献选编》，第1卷，北京，中国社会科学出版社1981年版，第325～329页。原注："选自《晋绥边区参选县选法令》，一九四五年版。"

三、政权组织

1. 关于晋绥地区抗战以来建立的各县政权情况
——贺龙、关向应、甘泗淇、周士第致毛泽东、王稼祥、朱德、彭德怀电

1940 年 4 月

（一）兹将我师抗战来建立各县政权如下：

甲、被敌占领县城而我建有政权者有：汾阳、文水、交城、清源、太原、徐沟、阳曲、忻州、崞县、代县、朔县、平鲁、左云、右玉、大同、怀仁、萨县、武川、固阳、归绥、陶林、和林格尔、托县、凉城、包头、清水河、集宁、丰镇、阳源、阳高、山阴、应县、灵邱、广灵、浑源、蔚县、繁峙、宁武、神池、静乐、偏关、五寨。

乙、被敌摧毁后，我收复县城，重新建立政权者有：岚县、河曲、保德、方山、临县、岢岚。

丙、未被敌摧毁和未被占领者，只有兴县。

（二）以上共计四十九个县，肖纵队未列入。

选自中共内蒙古自治区委员会党史资料征集研究委员会等合编：《大青山抗日游击根据地资料选编》（历史档案部分），呼和浩特，内蒙古人民出版社 1986 年版，第 77 页。

2. 对晋西北政权工作的意见
——林枫在晋西北第二次行政会议开幕时的致词

1940 年 9 月

一

诸位同志：

今天举行晋西北第二次行政会议，我代表晋西共产党来参加，一方面庆祝大会的成功，一方面提出些意见以供参考。

二

首先（第一），把第一次行政会议到第二次行政会议这七个月中我们的工作作一个估计：到底做了些什么？还有什么缺点与错误？

晋西北的政权，是在抗日反汉奸反顽固投降分子的斗争中建立起来的新政权。从比较落后的政权把它改造了，在某种意义上讲是很大的变化。因此在晋西北这七个月中，重新改造了一个政权，全部是无中生有的。我们开辟了一个新的地区，不管做的（得）多么差，有多少缺点，但它的开辟总是有伟大意义的。从全国看，这样的根据地，这样的政权还不多，只有在八路军、新四军活动的地区，才有这样的政权。

晋西北的新政权建立后，配合军队共同的（地）粉碎过敌人的两次进攻。参加了这次对敌斗争的百团大战，至少是起了配合作用。特别是在“四项动员”工作中，能有很大的收获，主要功劳也在政权。虽然有错误和缺点，但“四项动员”工作却帮助我们支持建设了晋西北根据地。民众虽然还有很多痛苦没有解决，但一般的问题我们仍然能照顾到，行署颁布的很多法令，目的仍然是在于改善人民生活。

这半年中，我们的政权工作是有过些成绩，由于我们大家都是外行，这些成绩便不算少了。

同时，很多行政干部，在与敌人汉奸的残酷斗争中，艰苦的（地）工作，英勇的（地）牺牲。例如八区专员顾永田同志，十一区专署主任秘书李林同志和许多其他的牺牲同志，他们都是很好的政权工作干部，中华民族的好儿女，也是优秀的中国共产党党员。为了晋西北的巩固壮大，他们流了血，应当对他们表示敬意。

另一方面，我们也有很多缺点与错误，最大的缺点与错误是没有很好的（地）把握统一战线的原则，违犯（反）了统一战线，做了很多不好的事情，许多本来不是要反对我们的人，但由于我们过左的错误，引起他们的逃跑；很多人本来可以和我们一同抗日，但我们的错误做法使他们产生恐惧，以至（致）影响到统一战线的巩固，这是很大的缺点。

同时，有很多同志相当普遍的（地）表现了贪污、浪费、腐化的右的错误，这种情况愈往下级愈严重。违犯（反）群众利益，使群众甚至基本的工农群众，都不能积极坚决的（地）拥护我们。老实说，我们因之相当的（地）孤立。地主反对，中间阶层恐惧，工农也不十分赞成，使我们政权的基础，还不十分巩固。这点应当很严重的（地）检查出来。

第二，在工作作风上，没有多少民主气味，我们只看见强迫命令，只看见官僚主义的

现象。在各级领导作风上，政府对群众态度上，也很少民主的气味。我们口口声声讲自己是新的民主政权，但是实际的民主并不多见，即使有也很少，淡淡的。这样便发生群众不敢讲话，害怕我们干部的现象。但有时又很民主，这是在下级执行上级法令上却要求很大的民主，又好象（像）非民主不可。按正常的现象，上级应集中些，但这里却相反。本来民主与集中之间是没有矛盾的，但是领导的两方面，是辩证的，上级应当多给下级一些民主，下级多让上级集中些，便能合起来成为一个健全的制度。

第三，半年里边，政权和军队的关系，与群众关系，以及本身任务的完成，也有很多缺点。正如贺师长所讲的，政权与军队关系很不正确，甚至有个别政权乘军队之危而趁火打劫，这里可下［的］结论是：政权对不起军队，军队成天流血拼命，但是没有饭吃，没有冬天的衣服，伤兵饿的（得）要跳河，而下级做行政工作的，可以经常吃到小米白面，军队是黑豆也吃不着。这是不对的。

这一时期与群众的关系也是不正常，有些地方群众、地方团体代替包办行政工作。政权做了群众的尾巴，有些地方政权又包办代替群众的工作。如此，政权工作未做好，群众团体的事情也弄不好，从政府保护群众的利益看，特别因为没有完善方法，尤其因为没有很好解决军队的粮食等问题，因此作战时不分富人贫人，工作是两面对不起人，一面对不起军队，另一面对不起群众。

当然，半年工作中好的例子，好的干部，好的方法，要好好的（地）发挥发扬，但也要毫不客气的（地）检查缺点，能使今后前进一步。半年中成绩不大，缺点虽然严重，但我们有把握把工作做好。这样便要在大会中好好的（地）检查，因此我认为这次的会议，应当是建设会议，新政权的建设会议。我们已经在半年中获得很多经验，了解了很多具体情况，我们应当逐渐走上正规化，使这次会议成为建设晋西北新政权的重要关键。

三

我的第二个意见，这次行政会议应以以下的几个中心工作作为中心议题：

第一，健全村政权的问题。所谓新的政权的建设，在行政机构上各级都应健全，但是最基本的工作在村。我们的口号是“一切工作在于村”。如果村的工作弄不好，别的工作也做不好。村政府重要问题是村长、文书和几个委员会的建立，为建立村代表会议的制度等。过去虽然形式主义的改造了一下，改造后有些反而不如旧的好，或者更坏。发动群众把好的人选出当村长和村代表，仅由行署发表一个选举的办法，一级一级地推下去没有用，这是很艰苦的工作，需要彻底的（地）严肃的（地）工作。晋察冀边区给我们很好的教诲，自宣传动员到选出来有半年的时间，而我们村政改造是（时）只用了一个月，老百姓根本还不知道选举是什么东西，这种不彻底的办法，做一百次也不行，必须认真的（地）改造好。假如今后半年内能全改好，干部、经费、代表会议，都能有适当的改革，政府一切好的决定才能执行，这是必须踏实的工作，也是巩固晋西北新政权的基础。村政府改造好了，才能彻底的（地）改选区政府，晋冀察也搞区的选举，是在村选举后几个月才进行的。根据他们的经验，参加区选举的选民最少的是百分之九十。阜平、平山等有些区则百分之百的选民都参加了选举，这样才会把真能代表人民利益的人选出来。

第二，生产建设的问题，经济建设是一大套，我只想着重“生产”二字。半年中生产建设工作做了些，但做的（得）不多。我是共产党员，我们马克思主义者认为，只有经济

基础巩固了才有政治上的巩固，如果没有巩固的经济基础，便很难巩固晋西北抗日根据地。这方面我们是很有信心的。前次延安来的经济专家，在这里考察后说，这里太富了，有锰铁煤炭等矿产，有造纸厂，能制油，比陕甘宁边区条件好的（得）太多了，可是我们自己却估计的（得）太低，有些机关、团体根本不是在做生产、建设，只是在"消费建设"。各机关团体自力更生，只开了消费合作社，兴县八个区，便有八个消费合作社。实际上，这只是对敌人有利，我们把金钱送给敌区，而买来的都是用不用都可以的东西。交城山中的药材，过去每年抽税就能抽几十万，我们地区产棉花，如能先解决衣服问题，每年便可少给敌人四五百万。然而我们都没有做。晋冀察边区的经验，一个区的生产建设工作做好了，妇女生产合作社便能供给政府五百多匹布，这对军队对民众都是有利的，我们应当开展这项工作。领导群众与我们一起去开发各地的资源，使公家资本与群众资本联系起来，把公家建设与群众建设联系起来，这是我们生产建设的方向。唯有如此，才能更好的（地）建设晋西北。再有半年，获得的效果便不知有多少倍。第一要解决吃的粮食。第二要解决穿的衣服。有吃有穿，便可以工作，可以打日本。今年晋西北是丰收，行署决定了一套很好的征收公粮的办法。这种办法，参考了晋冀察边区和这里过去工作时的经验，希望能好好的（地）执行。为了建设巩固晋西北，使之成为中华民国的一个进步地区，大家必须努力，以自力更生来克服困难。这里应当讲到，不应是本位主义的自力更生，不应把自力更生的范围缩小到一个专署或一个县，而是整个晋西北。

第三，教育问题。对敌人的反动宣传，敌占区的奴化教育，对大后方的某些反动刊物的反动言论，都必须在群众中间揭发与之斗争。很多群众对我们表示冷淡，是由于他们文化低，无知。现在我们还没有资格提"扫除文盲"的口号，但要恢复战前的学校，加紧国民教育的正规化，同时利用农闲的时间进行社会教育。没有正规化的教育，干部困难便没办法解决，天上掉不下干部来，短期训练班又只是救急的办法，晋冀察边区、晋东南已经有很多宝贵的经验可供我们参考。

这是三个最重要的中心问题。

建设晋西北抗日根据地，千头万绪，但我们要抓中心，有计划有步骤的（地）先从最基本的工作做起。

四

第三个意见，关于晋西北以及所有敌后政权的性质问题，我是代表共产党来提出这意见。

我想先说敌后抗日政权的任务。

第一，抗日的。该政权在抗日战争中产生巩固，因之它是抗日反汉奸的政权，帮助军队是天经地义的，健全地方武装自卫队伍的工作也不容忽视。

第二，统一战线的。执行正确的统一战线政策，把握统一战线的原则，凡是赞成抗日又赞成民主的人民皆可参加政权。政权的任务是保护一切抗日人民的利益。

第三，民主的。担负实施民主的任务，只有民主才能发动一切人力物力，才能实现新中国的建设。应当作为我们建设的晋西北，是革命的三民主义即新民主主义新中国的雏形。不仅是在建立一个抗日根据地，而且是在建设新中国的一部分。应有长期打算，应看到永久的利益。

第四，群众的。保护群众利益，特别是工农群众的利益。没有群众做基础，我们便难使这个政权巩固。只有代表并保护群众的利益，才能把我们的政权巩固和扩大起来。

这就是我们敌后抗日政权的四个基本任务。只有担负起这四个基本任务，才能使我们的政权长期巩固，才能担负起建设新中国的任务。

敌后政权的任务是既是抗日的、统一战线的、民主的、群众的，所以它既不是资产阶级的专政，也不是工农专政或无产阶级的专政，而是抗日民主专政。

我们认为这四个伟大的任务决定了它的性质。

我们共产党中央已指示我们，敌后政权成份（分）上，共产党员只占三分之一，其他各党各派、无党无派的占三分之二。我代表共产党，对晋西北行政会议正式表示，也对晋西北三百万人民表示，我们一定认真执行我们党的指示。今天在座有共产党员，希望都能很好的（地）实行党的决定。我们共产党从来不闹阴谋，不违背任何诺言的。

五

最后，我要求诸位同志，特别要求在座的共产党员：要在反对贪污腐化、建立廉洁政治中做模范，要在反对官僚主义、建立民主政治上做模范，要在执行统一战线政策中做模范。统一战线是我们共产党发起的，是现阶段的政策，必如此才能打退日寇，使革命前进一步。因此，我要求诸位同志，特别是在座的共产党员，要在反对左、右倾的错误中做模范。我庆祝大会的成功，也庆祝建设正规化的晋西北政权工作的成功。〔台下鼓掌达数分钟〕

选自《晋绥根据地资料选编》，第 1 集，中共吕梁地委党史资料征集办公室 1983 年编印，第 16～23 页。原注：“原载 1940 年 9 月 21 日《抗战日报》。”

3. 绥察行政公署关于正式建署的通令

1941 年 4 月 15 日

兹据绥察行政委员会第一次会议之决定：“自旧政权畏惧日寇，相继逃跑以来，敌伪政权异常猖狂，致使无辜民众处于黑暗统治之下，广大群众咸感欲能早脱魔手，惟（唯）有组织强大之领导机关，方使人民抗战行止有所遵循。且据国民政府所颁之抗战建国纲领，于敌后建立抗日民主政权。过去行政由晋绥游击区行政公署驻绥远办事处领导，兹以客观环境需要，正式建立绥察行政公署，并以杨植霖为主任，苏谦益为副主任兼民政处长，赵全璧为财政处长，马南风为建设处长，至于晋绥游击区行署驻绥办事处之组织，合即宣布撤销。今后绥察行政事宜统由绥察行政公署领导。”以上等情，合即令仰各该专署以［及］县区政府知照。仰即遵照为要。

此令。

主　任　杨植霖
副主任　苏谦益

选自中共内蒙古自治区委员会党史资料征集研究委员会等合编：《大青山抗日游击根据地资料选编》（历史档案部分），呼和浩特，内蒙古人民出版社 1986 年版，第 239～240 页。

4. 绥察行政公署关于各级政府编制和职权的暂行规定的训令

1941年6月1日

查各级政府组织编制不统一，人员多少不同，内部分工不一致，各级职权不明确。因此，对于上下级的有机联系，政府法令的贯彻执行，工作的开展，大有影响。今后，为提高工作效能，贯彻政府法令计，特拟定专署以下各级政府暂行编制、职权规定、内部分工。仰各遵照执行，并将执行过程中之优缺点汇报本署，以便根据实际情况加以修正。

此令。

附表二纸，专署以下各级政府职权暂行规定一份。

主　　任　杨植霖
副主任兼民政处处长　苏谦益

专员公署编制表

专员 一			
民政科	科长	一	
	科员	一	
财建科	科长	一	
	科员	二	
蒙政科	科长	一	
	科员	一	
司法科	科长	一	
	书记员	一	
秘书		一	
文书收发		一	
管理员		一	
伙夫		每十五人设伙夫一人	
马夫		二	内有专员马兵一名
勤务		五	内有专员勤务一名
给养士			
通讯班			

县政府编制表

县长 一			
民政科	科长	一	
	科员	一	
财建科	科长	一	
	科员	三	
蒙政科	科长	一	
	科员	一	
司法科	科长	一	兼裁判官
	科员	一	兼书记员
秘书		一	
文书		一	
管理员		一	
伙夫		一	
马夫		一	
勤务		三	
给养士		一	
通讯班			以区之多少而定，每区一人

乡政府编制表

乡　长	一	
乡　副	一	
文　书	一	
乡　警	一至三	
伙　夫		
附记	应付敌之乡村，可设应付敌之名义乡长及联络员等职	

区政府编制表

区　长	一	
区　副	一	
助理员	三	
伙　夫	一	
马　夫	一至二	单独活动之区副可随马夫一名
通讯员		

附注：
一、各级工作人员视工作之需要逐渐增加。
二、县无民政科长者，其工作可由县长兼任。
三、蒙政科无科长时，其工作可由民政科长暂兼。
四、各科无科长时可先设科员。

附：

专署以下各级政府职权暂行规定

一、专署之职权

1. 根据行署之政策方针及所颁布之法令条例及本专区之具体情况，在行署领导之下，处理本专区之行政事项；

2. 指挥、调动掩护专署之地方武装；

3. 任免、调动、考查（察）、惩奖县政府科长、区长及其同级以下之干部，并得对专署科长、县长及其同级以上干部之任免、调动、考查（察）、惩奖，向行署提供意见；

4. 制度规定内各县预决算之批准及预算外每月一千元以下临时经费开支之批准；

5. 在行署整个建设、畜牧工作计划下，领导本专区一切建设事项；

6. 批准高级小学校之成立与取消；

7. 有权批准判决汉奸，但须事后，连同犯人罪状、口供、证据呈报行署备查；

8. 召集县、区长会议，讨论布置工作；

9. 一般民刑案件之判决处理。

二、县政府职权

1. 在专署领导下，处理县行政；

2. 指挥、调动掩护机关之地方武装；

3. 任免、调动、考查（察）、训练、惩奖县政府科员、区助理员、乡长，并得［对］县府科长级、区长一级干部之任免、调动、考查（察）、训练、惩奖向专署提供意见；

4. 制度规定内区、村预决算之批准；

5. 批准初级小学之成立与取消；

6. 在上级整个建设计划下，可以筹划进行整个建设工作；

7. 初审民刑案件之判决与军法案件之处理；

8. 召集区、村长会议，布置讨论工作。

三、区政府之职权

1. 在政府领导下，处理区行政工作；

2. 乡政府之书记及闾邻长之加委、考查、登记与训练。并得对区助理员之任免、调动、考查（察）、训练、惩奖，向县政府提供意见；

3. 十五元以下违警罚金之决定。

四、乡政府之职权

1. 乡政府为乡政之执行机关，在区政府领导下，处理乡行政；

2. 执行村行政委员会之决议。

选自中共内蒙古自治区委员会党史资料征集研究委员会等合编：《大青山抗日游击根据地资料选编》（历史档案部分），呼和浩特，内蒙古人民出版社 1986 年版，第 240～244 页。

5. 山西省政府第二游击区行署令
——本署改称晋西北行政公署①

1941 年 7 月 25 日

各专员、平川办事处主任、各县长、各县佐：

兹经本署政务会议决定：

（一）本署自本年八月一日起改称为晋西北行政公署，但简称仍为行署。

（二）第八行政区划为两个行政区。文水、交城〔交城嗣后划为两县〕、汾阳组成第八行政区，榆太〔榆次旧之一部与太谷之一部〕、太原、清徐、祁北组成第七行政区。

（三）第三行政区划为两个行政区。宁武、静宁、崞县、忻县、崞山县组成第六行政区。岚县、静乐、岚静〔岚县之一部与静乐之一部〕组成第三行政区。朔东县佐公署取消，其所辖区域并归崞县。

（四）朔县仍划为五行政区。

（五）所有联合县一律正式划为县；联合县政府之名称一律取消，改称县政府，并向各当地群众进行解释，使其理解改县划界之意义。

（六）各地区所有各级干部，在划分区域时，一律不准调动，仍令在原地工作，过去划分区域后抽调干部的恶劣作风应严加纠正。

（七）新建立之与改称之专署及县府由本署刻制关防，随即颁下，希即遵照为要。

此令。

主　　任：续范亭

民政处长：武新宇

选自《晋绥根据地资料选编》，第 3 集，中共吕梁地委党史资料征集办公室 1984 年编

① 副标题是编者所加。

印，第100～101页。原注："一九四一年七月二十五日《行政导报》第二卷第二、三期合刊。"

6. 怎样使政权工作真正正规化
——林枫在晋西北行署第三次行政会议上的讲话

1941年8月22日[①]

同志们：

今天开第三次行政会议，刚才贺师长讲的话很多很好，我再简单的（地）讲几点：

第一，晋西北自新政权建立后，可分为这样几个阶段：（一）去年二月第一次行政会议以前，是混乱时期，是进步势力与顽固势力做（作）政治的与军事的斗争时期，这时各地的政权是刚在建立，各种制度与名称以及工作作风还没有确定，形成了各自为政的混乱时期，但是这种混乱时期，很快的（地）就过去了。（二）从去年二月到九月，即第一次行政会议以后、[第]二次行政会议以前，是新政权的建立时期，也可说是克服混乱时期，在这时期中上下级的关系还不够密切，最严重的问题是政策问题，因为政策不明确，在工作上有"左"的现象，只是在建立专署、县、区、村配备干部，主要工作，为四项动员工作，这一工作是在"左"的错误下进行的，因之我们受了很大的损失，但这一工作的进行，对建立根据地的意义上，是有它的作用的，这是不可否认的。那时从上到下，大家都没有经验，在工作上可说是摸索时期，在组织上可说是建立时期。（三）第二次行政会议开始到现在这一年是一个新的阶段，是基本上克服了混乱现象，开始走上正规化的道路。在[第]二次行政会议中，克服与纠正了以前"左"的错误的现象，所以能克服这种现象的主要原因，是因为我们有端正的政策，在生产建设方面也有计划与决定。在制度方面，也有明确的规定与确立，这些都是帮助我们克服混乱现象而走向正规。今天的政权，已是初具规模的政权，这一时期最重要的工作，就是公粮制度的建立。这一制度的建立，对政权的影响上，是发生了很大的作用。如同志们试检查一下这一时期的工作，恐怕大部分时间都费到公粮问题上。所以此次会议上，以公粮工作为讨论之中心，是正确的。这就是把握住中心，这就是一年来很大的进步。（四）第三次行政会议到明年第四次行政会议，这个时期我们的目标是"真正的（地）走上正规化，打下巩固的基础"。这一要求是有分寸的。去年是开始走上正规的道路，今年是要真正走上去，打下巩固的基础，是因为我们的政权，今天还不敢说巩固，不敢自满。我们总的目标，是要巩固与扩大晋西北抗日根据地，打下巩固的基础的工作，是与去年的工作连接的。这是我对新政权建立后几个阶段的估计。

第二，什么是真正正规化？怎样打下巩固的基础呢？正规化可从下列三方面来看：

1. 政权的正规化——是权力统一与责任统一。权力统一，要强调集中，如果不能集中，政权就失掉作用了，特别是政策法令的集中与统一。这就是要求下级政权服从上级政权，把上下级政权贯串（穿）起来，在一个方向上努力。据我知道的，下级对上级的政策

---

① 原件未注明讲话日期。根据《晋绥根据地大事记》，乃1941年8月22日。

法令在研究上、执行上，都做得不够。有时下级对上级的法令可执行，也可不执行，可看，也可不看，这样的政策是不会发生力量的。尤其在战争的环境里，不能统一，就不会发生效力。所以，政策第一要有权力的统一，这是不是独裁呢？是不是不民主呢？完全不是的，下级有意见还是可以建议的。责任的统一，新政权建立之后，责任统一还不够。不过现在是进步些，如部队衣服的解决，政权机关，还没有完全负起责任来，而把这种责任分散给部队了。虽然这是一过渡办法，但是不好，因为分散政权的责任，就是分散了政权的权力。现在应该把过渡的办法停止了，建立起统一的制度。这首先要从责任的统一做起，如果责任集中统一了，权力也就集中统一了，如只求权力集中统一而不能负起责任是不行的。这次我们要从责任统一，做到权力统一。

2. 敢于执行科学的合理的制度，克服无政府的现象——如无科学的合理的制度，就不能保证责任统一与权力统一。有些同志，因为他们有历史的根源，所以现在就形成一种无政府状态。如：上级要下级报告工作，下级如不能做到，则会影响了上级对整个的工作计划。所以，下级对制度法令一定要遵守执行，要克服这种无政府的状态，只有敢于执行科学的制度。在旧的政权里边，不完全是很坏的，也有些东西是很合理、很科学的。我们要以批判的精神，接受旧政权中科学的东西，并补充与创立新的合理的科学的制度，洗刷不合理、不科学、穿靴戴帽、不加意见、一级转一级的官僚主义的办法。

3. 战斗与民主的精神——首先应表现在工作上，因为今天我们所处的是战斗环境，是中华民族历史上最紧张的一个时期，我们一定要拿出积极的突击的精神，有计划的（地）赶上去。晋察冀与晋东南是有相当长的历史，我们才是不满两岁的婴儿，需要更加努力的（地）以积极突击的精神赶上去，否则就要吃亏。在战斗的精神里，解决军事上的需要是第一任务，这是政权中的一个工作。因为军事斗争，第一（首先），没有军事战争就没有晋西北。其次民主的精神，对上对下，都应民主，不过，今天我认为是应对上民主些，本位主义与不遵守制度，就是不民主。上级规定的政策法令，是为了全盘打算，如下级部分的（地）不执行，就是不民主。至于对群众的民主，一年来我们做得还不够。据我知道，群众团体与政府的关系还不十分好。团体是政府领导下组织群众、代表群众意见的，是政府的助手。政府的政策法令要经过群众团体贯彻执行，它是群众的领导者。政府对它在经济上要加以帮助，关系更密切些。而在今天看来，政府与群众团体的联系还不够密切。今天的政权是群众的组织者与领导者，而不是群众的统治者，这是与过去的不同处。所以我们要把政府的法令很快的（地）贯彻到群众中间，就只有加强政府与群众团体的联系。政府要正规化，就要做到上述的几点，我们如能真正的（地）体会这几点，就能走上真正的正规化。

如何打下巩固的基础呢？主要的就是物质建设。具体来说，就是生产建设。根据地最主要的问题，第一就是武装斗争。要保障武装斗争的胜利，就得要生产建设。今天要解决财政、税收、金融、贸易、公粮等等问题，更需要加强生产建设。在晋西北来说，首先就是农业生产。今年的春耕做得非常不够，我希望这次会议上要做（作）出生产建设的具体计划。因为农业生产与工业生产，就是巩固晋西北的基础，如果我们明年自己能把冬衣及一般日用品的问题解决了，那就基础巩固了。此外，村选工作的继续完成，村政权的彻底改造，也是巩固的基础，这是经常的基本的工作。生产建设是突击的方向，只有这样才能

保证武装斗争的胜利，也才能发展国民经济。我们定计划要能实现，不讲空话，反对机会主义，也反对气馁。我希望在明年能有生产计划的实现，政府的威信是在能解决实际问题中，确实解决军队与人民的问题中，才能提高。

第三，我代表晋西共产党区党委提议：为了团结各阶层，为了团结所有抗日的力量，为了晋西北民主政权更加健全，民主运动更加扩大，有如下之提议：

由晋西北各抗日力量、各抗日阶层、各抗日武装部队于明年初以前成立代表各阶层的临时参议会。（一）这个会议的组织是三三制的，共产党参加竞选，并希望国民党及其他抗日党派也参加竞选。（二）这个会议是一个有权力的参议会，是晋西北的真正民意机关，它是决定晋西北一切政策法令并选举政府人员的机关。（三）这个提议，希望在这次会议上讨论决定，并组织筹备会，一直至参议会的成立。

我今天要讲的就是这些，希望这个会议是一个组织会议。把具体的计划有了组织，工作才有成功的保证。这次会议是晋西北政权工作走上巩固与胜利的会议。

选自《晋绥根据地资料选编》，第 3 集，中共吕梁地委党史资料征集办公室 1984 年编印，第 104～108 页。原注：“原载《行政导报》第二卷第四、五期合刊，一九四一年十月一日。”

7. 关于领导上的几个问题（实现政策法令与贯彻民主集中制等问题）——武新宇在晋西北行署第三次行政会议上的报告提纲[①]

1941 年 8 月 22 日

第一　实现政策法令问题

（甲）一年来的形势

一、自第二次行政会议端正政策以来法令的修改与颁布——修改了一些不适合于根据地建设的法令，主要的如减租减息暂行条例、工厂劳动暂行条例、优待抗战军人家属暂行条例、改善雇工生活暂行条例、村选暂行条例、村政权组织暂行条例等，并颁布了一些新的适合于根据地建设的法令，主要的如保障人权暂行条例、干部家属优待办法、公地户地社地庙地寺地学田使用条例、空舍清野暂行条例、婚姻暂行条例、矿厂条例、兴办水利暂行条例、春耕条例、贸易条例、抚恤抗日阵亡将士遗族暂行条例、抚恤抗日残废军人暂行条例、税收条例、教职员任用调动待遇优待及奖惩暂行条例等。但个别法令尚未及时纠正，如施政纲领，某些法令尚未经明文规定，如赎地办法等，某些办法尚欠妥善详尽，如干部家属优待办法、税收条例等。

二、政策法令的研究讨论与贯彻执行——一年来关于政策法令的研究讨论与贯彻执行上有相当进步，表现在：

---

① 副标题与报告日期为编者所加。

1. 各级干部开始了注意和研究政策法令〔上级和下级，此地和彼地程度不同〕，如二区各县都有了法令研究会，兴县、静乐、偏关等县都举行过法令测验，一般的都把研究讨论政策法令作为开会的内容之一。

2. 各级政权机关已开始努力于政策法令的贯彻实施，违反政策的现象之克服已有相当成效。在推行民主政治、团结各阶层人民、减轻人民负担、改善人民生活、保障人民权利上已有一些进步。例如在推行民主政治方面有村选之工作热烈开展。在团结公正士绅方面：根据四月份不完整的统计，地方士绅参加专署与县政府工作者有十三人，其他如公粮、冬学等临时工作组织亦多有地方士绅参加，四个专署和十六个县共召开士绅会议八十一次，参加人数八百八十六人；在减轻人民负担方面：减轻差务〔临县姚家崖村去年一月份差务多至每人一月中有二十天支差，而今则减至每人一月有三天支差；临县安业村去年一月间共支七百二十三个差，每人平均支十二天差，而今则减为每人每月支三天半差〕、减轻公款之决定：村款开支力行节省，动员募捐之严行禁止等等。在改善人民生活方面：减租减息，根据四月间二十县不很完整的统计共减租一万七千七百一十六石，平均每县减租八百八十五石半；又根据十七县统计平均每一个佃户减租八斗余；据十二县不完全统计共减息八千八百四十二元和银子二十五两；在救济灾难民上去年冬季反“扫荡”战役后行署拨赈款八千元、赈粮八百石、春耕贷粮一千石、贷款十万元。在保障人民权利方面：乱杀、乱打、乱罚、乱没收的现象在后方各县基本上已肃清，在敌战［区］亦正在逐渐肃清中。

但关于政策法令注意不够深切，研究不够普遍，而于贯彻执行则更差迟，这表现在：

1. 有组织的及时的研究、讨论和传达不够，大多数干部对政策法令了解太差〔如临南某村干部只知道有公粮条例和减租减息条例〕，一部分干部对政策法令报（抱）着不正确的观点，即：从消极方面来了解政策法令，不重视法令，认为政策法令仅只是为了纠正错误倾向或限制某些活动的；曲解误解政策法令〔如有的把永佃权曲解为佃户不得退租，在地主纷纷夺地时利用保障人权暂行条例，有的把婚姻条例上的“不能人道”误解为“打骂妻子”等〕；怀疑政策法令〔如对于退回没收财产法令之怀疑等〕。

2. 上级颁发政策法令时，缺乏必要的说明及实施办法，下级在执行政策法令时，存在着或“左”或“右”的偏向〔“左”的偏向如某县减租减息中把收成估计得过低。“右”的倾向，如在保障人权条例颁布后一些地方，对汉奸采取不捕不杀或和平共处的态度〕。

3. 通过群众来贯彻执行政策法令的工作作（做）得不够，没有采用各种方法使政策法令深入群众，而只限于一般的颁发与传达，或用单纯行政的方式来求其实现。

4. 各种脱离群众的现象仍然存在，主要的违反群众利益〔如订价购羊皮、柴草等〕、违反人民权利〔个别打骂群众的现象等〕、强迫命令〔如动员新战士的各种强迫方式〕、贪污浪费〔如一年来行政干部经司法处因贪污判处死刑的有八人，区长和会计分款潜逃的也有数人〕等现象仍或多或少的（地）存在。

（乙）今后怎样贯彻政策法令

一、加强干部的政策法令的教育。

1. 把研究与学习政策法令作为日常学习及会议内容之一，使一般的学习研究围绕着实际工作和服务于实际工作，使日常工作与政策原则的了解取得紧切的联系。

2. 在干部训练班中要把政策法令的教育作为主要课程之一。

3. 颁布政策法令时要有必要的说明，各级政府于法令颁发后及时研究讨论传达，必要时应定具体实施步骤。

4. 把政策法令的研究与实际工作密切联系起来。

5. 发动并奖励干部作法令的研究、阐明与撰述。

6. 在干部担任新工作时，要给以有关的法令教育，在职干部要定期举行政策法令测验。

二、加强对群众的政策法令的宣传教育。

1. 通过群众团体向群众进行关于政策法令的宣传教育〔自卫队训练和各级组织开会时报告或讨论〕。

2. 通过村政权系统向群众进行关于政策法令的宣传教育〔如村公所接到重要法令后，由村长在代表会上作报告，代表向公民小组报告讨论等〕。

3. 通过群众会议讨论有关法令〔如召集雇工会议，讨论改善雇工生活条例等〕，在执行政策法令上把行政方式和群众路线有机的（地）结合起来。

4. 通过社教工作、义教工作及民间文化娱乐〔冬学、识字班、剧团、春联等〕进行法令的宣传教育。

5. 重要法令应及时广为分布。

6. 通过报纸刊物，进行法令的宣传解释。

三、政策法令的执行。

1. 在执行工作中要切实依据法令。

2. 在制定法令时要照顾全面，关于在特殊情况下，如何具体实施，应尽可能加以明确的规定和说明，在执行法令时要及时反映，遇有困难或发现问题时要及时解决处理。反对借口环境特殊，对政策法令执行采取怠工态度。

四、克服脱离群众的现象。

1. 关心群众生活、严格遵守制度、肃清贪污浪费，切实纠正抓一把的现象，克服负担上的苦乐不均。

2. 培养干部的民主作风，揭破不尊重人民自由、不听取群众呼声、强迫命令等行为的思想根源，并着重指出脱离群众的严重的政治上的恶果。

3. 对群众进行民主教育：通过群众团体与村政权对群众进行艰苦耐心的教育，对非法分子进行必要的斗争，或向上级控告。

第二　实现民主集中制问题

（甲）一年来的情形

一、会议领导方面——建立了并部分地健全着各级〔县以上〕政务会议，使之成为实现民主集中制的领导制度。但政务会议的领导大部分尚不健全，表现在：

1. 有的联席会议代替了政务会议的领导。

2. 有的尚未起其应有的领导作用，大事不谈，小事偏谈。

3. 开会不认真，无定期〔内容了（潦）草，无准备、无议事程序，甚至无记录〕，民主精神发挥不够，决议不能坚决执行。

二、分工负责方面——有了较明显的规定和制度，在县级以上的各级政府机关，取消了过去职责不清、事权不一的现象。但缺点和偏向则在于：

1. 有的不遵守分工制度，乱拉干部。

2. 有的干部未认清自己职责，不能落实负责。

3. 有的分工不严密，有的分工后联系不够〔如某县司法科扣了村长十三天，而民政科不知道〕，有的领导关系不明确〔各局与县政府〕。

三、民主作风方面——不民主的现象尚严重地存在：

1. 包办代替，单纯命令的现象相当严重。

2. 内部工作交办的多，自动作的少。

3. 少数人决定一切、包揽一切，多数人在工作上未能拿出意见、献出力量。

（乙）今后怎样实现民主集中制的领导？

一、加强各级政务会议的领导。

1. 要使各级政务会议真正成为实现民主集中制领导的权力机关，参加会议的人有同等的发言权和表决权，议决案之通过取决于大多数，对议决案共同负责，凡关于：大政方针及重大事项之决定；政策法令之讨论及决定；职权内重要干部之任免，调动与奖惩；预算外的经费开支事项；重要人犯之处理；中心工作之布置与总结，必须通过政务会议。

2. 开会前要有准备，开会时要认真。提案要事先准备好成套的意见，要经过一定的审查，要建立接头会〔或谈话会〕做（作）为政务会议的辅助制度，要有对各部门工作的检查及上次会议决议事项执行程度的审查。

3. 政务会议与各部门的会议要密切联系。在时间上要与各部门的工作会议取得很好的配合，一般的可规定政务会议的前一日可开各部门的会议。

二、发扬民主作风，严明职责划分，密切上下联系。

1. 切实实行分工负责制，各工作部门负责人要独立负责。要凡事自己议定计划与办法，主要负责人要帮助指导，不要包办代替，同时各部门在职权以内的事也不得向上级推诿。公事要直接送交部门负责人，主管人不得先行批示办法。领导者要站在教育锻炼干部的观点，遇事同被领导者一起商量，多交换意见，被领导者要发扬对工作的积极自动性，克服劳逸不均的现象。

2. 上下级之间要密切联系，加强团结，除命令外，还要多用指示及动员等办法，除公文的联系外，还要多用其他方法如书信等互相联系。

3. 要确实划清各工作部门职权，明确各工作部门的隶属关系。各局与同级政府的关系重新说明如下：

（1）各局均属同级政府之一部分，由同级政府统一领导。

（2）政府同级各局之领导，以不违反其上级局之决定为原则。

（3）政府主管人直接领导同级各局，彼此间不用公文往来。

（4）公安局处决人犯，由同级政府主管人出名，但政府处理关于汉奸案件亦须交由公安局办理。

（5）公安局长参加政务会议，其他各局长必要时得列席政务会议。

第三　领导的组织性问题

（甲）布置工作方面

一、一年来的情形。

1. 关于掌握中心与照顾全面——经以上各级政府在掌握中心环节上都开始注意并有一些进步，表现在关于第二次行政会议所决定的三大中心工作〔健全村政权、财政经济建设和国民教育〕之相当普遍的执行上，和大致做到每个时期都有每个时期的中心工作，但这方面的缺点与偏向仍然严重的（地）存在，这就是：

（1）布置工作缺乏统一性与贯彻性：各部门强调各部门的工作，分散了力量，扰乱中心工作，形成混乱的补耙现象；各种工作上互相牵制、互相抵触，结果一无所成。中心工作不能上下贯彻，上级决定的是一套，下级实际执行的又是一套。

（2）掌握中心、照顾全面上有缺点。

（3）中心工作与配合工作准备上欠妥当。配合工作太多太繁重；布置中心工作时不同时布置配合工作，事后零碎下公事，使下级感到无法应付，结果或者为了零碎工作放松或放弃中心工作，或者为了中心工作而对零碎工作采取不理主义；不能在中心工作中建立与健全经常的基础工作，把经常的基础工作作为敲门砖。

2. 关于布置工作的客观性与具体性——在工作布置的客观性与具体性上有一些进步，表现在：一切法令的颁布与中心工作的决定是适合于客观的需要的；某些法令与工作布置较以前实际具体，照顾了实际具体情况；某些工作决定后能随着形势之发展，根据新的经验教训来加以充实与修正：部分的机关与工作部门已能根据上级指示参照当地实际情况来具体决定与计划工作。某些县份，已能按巩固区与游击区和敌占区的不同条件做不同的工作布置；在日常公文中也不像过去那样空洞两可、不着边际，一般的都注意到了具体情况的了解和具体数目字的统计。但严重的缺点在于：

（1）以主观愿望代替客观现实。对下级要求过高，给予任务时不问干部条件和工作情况，只顾主观要求，使下级感到负担太重、应付不来。

（2）以空洞词句代替具体计划。在上是“仰各遵照”全面推下去。在下是“等闲奉此”，原盘端下来。对敌占区和游击区领导不够；不论工作基础的各殊，不论干部质量的差别，一视同仁，全面推下去；执行命令不知具体化，把带有全面性与原则性的指示，不根据具体情况加以发挥或机变，加上一个“信奉”，再加上一个“等闲奉此”，原样传达下去，或机械呆板地执行，后果如何则不大关心。

（3）由于了解下级情况不够，工作指示不明确，含糊其词（辞），“酌情处理”，如某县只下令集中公粮，但未同时具体指示怎样办，有问题经请示而只答以“用群众斗争”。

3. 关于布置工作的科学性与精确性——在布置工作的科学性与精确性上的进步表现在：某些工作的布置有了较明确的步骤与期间的规定，并在方法上大致形成了一套；在工作力量的配备与使用上逐渐学会了一些较好办法，如师傅带徒弟，集中使用力量，强调干部的调剂等；在提高工作效率上，繁文缛节的文牍手续一般都在逐渐减少，收发文的速度也都有改进。但严重的缺点则在于：

（1）不善于合理地组织工作力量，表现在：政民往往不能很好的（地）配合，或则“一锅粥”或则各不相谋，步骤不一；各工作部门在工作上不能有机地配合、互相推动，

或则不配合，或则把各部门的干部都卷在一个工作中，或窝在一个地点，影响工作的全面开展，不善于把一切力量都动员在工作中，劳逸不均的现象仍然存在，活动的是个人，而不是组织。

（2）布置工作时，在办法上没有成为一套，有头无尾，事后零碎下公事，影响了工作效率〔如春耕已经完结时才发下春耕总结大纲〕。

（3）布置工作时对时间的估计不精确，缺乏远见性。要求下级或决定自己完成任务的期限一般的过程短促，求成太速，如某县原定十天完成村款摊派，结果三月亦未完成；不估计公事到达不同地区所需要的时间，指示到达已时过境迁；关于执行决定当中可能发生的变化与可能碰到的阻碍，考虑得不够，因之已布置之工作往往中途变动太多；时间的配备与工作的实际进程不合〔如某县布置减租工作决定一个月调查、一个月换契，某县布置减轻公粮工作决定十天调查、五天审查、十天减完，结果都行不通〕。

（4）布置工作时对可能发生的问题讨论不够，关于如何运用政策问题及如何防止在执行政策中可能发生的错误与偏向问题注意的（得）不够。

二、今后怎样布置工作

1. 提高工作计划性。从上到下要有统一的一年的及每个时期的工作计划，把过去突击的临时的工作变为经常的有规律性的工作。

2. 关照整个计划，掌握中心环节。各工作部门不能强调本部门工作，乱下命令、乱发指示，以紊乱步调、影响全局。主管人员在执行时，必须特殊照顾全盘计划，掌握中心环节，应行的行，不应行的应予缓发。同时在执行计划当中，必不可免的零碎工作，对下指示时亦应说明这些零碎工作与原定计划的关系，及如何取得两者间的密切配合。

3. 中心工作不要多，一般的以一个为原则，已开始［的］中心工作未做完时或基本上未做完时，不布置其他中心工作，配合工作亦不要多，一般的以不超过三种为原则，配合工作是要能和中心工作互相推动的，至少是不要与中心工作互相抵触的。

4. 布置工作要形成一套。中心工作及必须配合和可以配合的工作连同具体（做）作法、总结大纲、检查表格等一齐颁发下去。日常的临时命令及零碎的公事要尽量的（地）减少。

5. 布置工作要照顾各种具体情况。要照顾到巩固［区］与游击区的不同条件；要照顾到工作有基础和新开辟的地区的不同条件；要照顾到干部与机构上的不同条件。要根据这些不同的条件在完成任务的程度、进度和速度上提出不同的要求。写命令发指示要多费些思考和辞（词）句，不可不分彼此、一视同仁；必要时，特殊地区的工作布置，须完全另有一套。要有精确的时间估计，工作布置要早些，要使执行者在时间［上］有余裕。

6. 布置工作要扼要明确。中心的重要的要详尽些，非中心的次要的要简略些，要说明工作的责任属谁；尤其给予区村干部任务时要简明具体，开完会〔如果工作是在会议上布置的〕，要把决议中必须切记与实做的归纳成简明的几条，免得“开一气会，只记住几句话带回去”。

（乙）推动工作方面

一、一年来的情形——一年来推动工作方面的进步表现在：

1. 在深入下层、具体帮助下级工作上大部分有进步。

2. 在用实验的方法来推动工作上有成绩。

3. 在工作过程中关于工作之经验教训及方式方法之交换上有进步。

但缺点与偏向在于：

1. 不善于掌握中心推动全局，不善于处理日常工作。有的中心工作注意到了，遗（贻）误了日常一般工作。把全体干部集中在一个村子里，使全付（副）机构不健全，全局工作陷于停顿；有的，注意到了日常工作，忘了中心工作，顺水推舟，东一把、西一把，形成事务主义、兴趣主义。

2. 在深入推动方面有偏向，表现在：有时到下级专为搜集材料，不实际帮助下级解决问题、克服困难，甚至回避问题，有困难的地方即不去；有时帮助工作形成包办代替，使下级干部离开拐杖不能走路；深入不平衡，所谓"点一点，滴一点"，认为深入推动就等于把领导机关空出来，变成工作室，把主要负责人员变成工作人员；不能照顾内外、推动全盘，形成手工业的作风。

3. 文牍主义的现象仍严重存在：公事一出门认为事情已办；在公文中零碎命令多，指示推动、督促少；推动、督促用惯苛刻不堪的公文，不知另外多想办法。

4. 推动工作、执行决定不够彻底，不执行上级决定的现象仍个别存在。关于工作决定与布置的传达，有时挂一漏万，有时到不了村，有时止于村。

5. 处理工作不够迅速敏捷。

二、今后怎样推动工作。

1. 推动工作要照顾全面，不要过于强调本部门工作。

2. 推动工作要有计划性和经常性，把整个工作一步一步地实现出来。

3. 深入下层，作实际的推动与帮助。要帮助工作基础薄弱的地方和干部质量差的地方；要面向下级的实际困难，不回避现实问题，下乡不要只限于搜集材料，要耐心地解决现实问题，只有解决困难问题才能建立领导威信，方能把工作推向前进，才能更切实地搜集材料，更好的（地）研究问题。要注意在对下级的实际帮助中发挥其自动性，锻炼其独立工作能力，而不要包办代替，要有组织有计划的（地）推动。

4. 在执行决定、推动中要提高研究性，随时调查，随时探讨经验教训，随时充实与纠正已决定的布置。

5. 推动工作要有贯彻性与坚决性。对不能完成任务的要分别考查（察）其不能完成的原因，分别予以帮助、督促、批评，以（乃）至处分；反对自流放任，也不作不生实效的官僚式的苛责。推动、督促的办法应不限于公文，也要在公文以外想法子，写亲笔信、侧面的激发等都可利用。

6. 建立实验村，为了发现问题，及时指示，交换各地工作经验，深入推动工作，对每一重大工作深入具体地了解它的各方面，了解它的规律性，采取实验村的办法是非常必要的。因此，每个领导单位都应有它的实验村。问题是有其一致性与共同性的，真正了解了一个村的各方面的情况，就可作为一种依据去推动指导全盘。

7. 建立中心村，做（作）为一种推动工作的方式。

（丙）检查总结工作方面

一、一年来的情形——关于检查工作与总结工作已引起各级政府的深切注意，许多工

作，首先是各时期的中心工作均有检查与总结。在检查工作的办法上也个别的采取了一些灵活的方式。但缺点与偏向在于：

1. 检查工作无中心、无计划、不经常。要材料时才检查，未把检查做（作）为工作过程中不可缺少的一个步骤；工作已做过许久才检查，或工作尚未到一定阶段即检查；有些地方永无人去检查工作，有些地方，对于检查工作者应接不暇；检查尚未成为经常的工作制度。

2. 检查不深入，不够客观。道听途说，走马观花〔看看工作作（做）了就算检查了〕；曲解事实〔有的检查工作者彼此意见不统一，检查的结果被检查者不接受〕；对所得材料及数目字等不加精细的研究；不从各方面来检查——从旁面、从下级、从群众；只要单纯的数目字，不问其他；不从政策问题与方式方法问题上着眼，单看表面的成绩。

3. 不善于利用各种方式方法来检查工作、搜集材料。有的下级来人不多谈话；检查回来的有的不做汇报；不详细研究平时的报告、摘录材料、明瞭（了）情况；不注意驻地工作情况。

4. 有时只检查不总结，尤其不当地总结，因之不能藉（借）以教育下级干部。

5. 不随着工作之完成期间来总结，多是为开会而总结，因之，往往许多总结赶在同一时间，苍（仓）促之间，流于应付。

6. 不善于总结工作：平铺直叙，抓不住问题的中心〔某县总结村款摊派工作，缺点列举十六条，分不出主要与次要、原因和结果〕；空洞铺张，不根据实际材料，作出来的总结今天可用，明年也可用，甚至无材料也无总结（某县把春耕工作计划大纲略改一下就算春耕工作总结），不善于接受经验教训。

二、今后怎样检查总结工作。

1. 检查工作要有中心有计划。

2. 要把检查工作成为一个经常的工作制度，要和整个工作进程步调一致，不要在工作已经进行好久或已经完成很久才来检查，也不要想在什么地方检查就在什么地方检查。重要中心工作要分期间、分段落来检查。

3. 检查工作要有准备。首先要确立检查的目标与范围，作出详细的检查提纲，一般的（地）说，检查的目标不宜太多，范围不宜太广，要根据人力和时间来决定；最好是负责人或实际负责这一工作的人或熟悉这一工作的人来检查这一工作，如果别人检查，则必须使他对于这一工作先有某种程度的了解，完全门外汉是不行的；到某地检查工作之前要和熟悉该地情况的人谈一下，把别人已经得到的关于该地的材料首先搜集一下，在别人已了解的基础上进一步了解。

4. 检查工作要注意客观性。不要只听工作者自己的报告，还要从他的下级、从群众中找反映的材料，但不能道听途说，要正确地加以分析和估计；要注意统计数目字的正确性；要注意材料的全面性，防止片面的（地）看问题；要根据被检查地区的主观力量、客观情况、历史条件和完成工作所采用的方式方法及对政治政策所发生的作用和影响来考察问题、评断成绩，不要单凭表面的结果，不要单纯追求数目字。

5. 要在检查工作中教育干部，改善并推动工作，检查工作并不是单纯为搜集材料，而是实现决定推动工作所不可少的一着，是整个工作过程中的一个步骤，因此，不要满足

于搜集到一些材料，而应把材料在当地总结出来，用以教育干部，改善并推动工作。不要把检查的结果悄悄地带回来。

6. 要总结工作，并要很好地总结工作。有了材料不加整理总结，那材料是死的堆积，没有用处，总结不好，用处也少。要很好的（地）总结首先要有充足的材料之准备，这就必须一点一滴地搜集材料，在工作一开始就随时随地注意材料，除了有计划有系统地在检查工作中找材料外，还须利用其他各式各样的方法来了解情况、积蓄材料，要多研究下级的报告，尽可能地多和下级来的人谈话，进行访问，下乡回来的人必须回报；要有什么说什么的真实朴素的总结，不要公式主义的有骨骼无血肉的总结；要现实性的总结，不要今年可用、明年也可用的总结；要把问题提到原则上来看，把握政策法令。

7. 要健全报告制度。还是帮助了解下级情况、检查工作的办法之一种。报告要具体充实，不要空洞无内容的交代差事的报告。过去规定的一般的定期报告，可以改为各工作部门的表报，即每一工作部门按期将工作的简单内容、计划及完成的速度等填表报告，使上级对各部门工作之一般状况有概况的了解，其他中心工作的总结报告等仍旧。

综上所述，关于目前领导上的几个问题中的最中心的问题便是掌握中心、推动全面、贯彻到底的问题。掌握中心、照顾全面、贯彻到底——这就是在领导上我们所要努力实现的主要口号。

第四　教育使用及解除干部困难问题

（一）关于干部教育问题。

关于干部教育问题，从培养干部开展工作的观点上来讲，是一个重要问题。今后我们必须更加重视这一工作，并加强这一工作。

1. 干部训练工作——各级对干部训练工作，已经注意，我们试检讨一下过去，尚有下列部分的成绩，但还存在着一些缺点：

A. 行署专署各县都已注意干部训练，但还不经常、不普通。分工不明确，调动不统一，行署曾由抗院训练过行政干部一〇七人，会计班训练一六人，税务班训练一一人，经济局训练一百人左右，各县在公粮工作及村选工作中，曾训练过大批的区村级干部。但三、五两专区还没有设立经常的训练班。行署与专署在调训干部上，分工不明确〔原定行署训练区长以上的干部，后因各地派来的过少，改调训助理员，而专署也训练助理员〕。因之，互相牵制，影响训练工作的进行。此外行署内部调训不统一〔民、财、建、教各处，都同时调训干部〕，训练内容的不充实、不实际等，都说明了我们在训练干部上，还存在着一些缺点。

B. 今后在训练干部上，必须注意下列各点：

甲、应有远见，要有长期打算。拿出有发展前途的干部来受训。过去一般的县份，不注意这一点，个别的县份；往往送一些有问题的干部来，于是受训后的干部，大部份（分）仍只能做原来的工作，甚至有些降了级，这样，不仅减低了训练工作的效力，而且也模糊了一些干部对训练的观念，个别的干部，简直认为受训是一种处罚，而没有了解了训练的重要意义。

乙、课程应依据教学对象与主观要求〔训练计划〕，务求切合实际，在适当对象的经验的基础上，来提高他们，而且教课的人，也应有实际经验。过去的训练是多着重在一般

的理论课程，而没有注意到实际的工作课程，使学与使用接合起来。

丙、学员的主要任务，主要的就是学习，劳动服务应以不妨碍学习为原则，训练机关应在设备与供给各方面，都适合此目的，反之，劳动多于学习，就会影响学习的效果。

丁、分工要明确，调训要统一，执行计划要坚决贯彻。过去行署和专署分工不明确，行署内部调训不统一，因之各训练机关，都感觉到学员缺乏，而各县又感觉到上级要调训的人数太多，无法派送。今后，助理员以上干部均归行署训练；村长一级干部均归专署训练〔县政府也可进行短期的村长训练〕；村公所书记委员主任代表等均归县政府训练。行署内部在调训各级干部时要统一。〔详见干部训练办法〕

2. 在职干部学习。

A. 生产、工作、学习是每个干部的任务，每天二小时的学习时间，要绝对遵守。领导同志在这方面，要起模范作用。不但要注意干部的工作，而且要注意干部的学习。

B. 在组织上要造成群众的学习运动，学委会的领导成份（分），要下级干部〔科员〕以下，占多数，行政上有经验的同志，多从侧面加以推动督促与指导，否则，使多数干部视学习为一种负担，当公事办，学委会变成变相的机关，而不是群众的组织。

C. 研究政策法令，成立专门的研究会〔如教育、财政等〕，随时研究上级颁布的各种法令，使工作与理论联系起来，克服学习上好高骛远、不求甚解的态度和现象。

D. 充实图书设备，供给中下级干部以读物，翻印必要的读物，编辑通俗的读物。此外，如表册地图等，举凡学习上必要的，要尽可能搜集购买。

E. 机关中的领导人，要尽可能的（地）做些政治上的工作上的或专门问题的报告。

F. 要定期举行检查和测验，要把学习成绩作为考察干部的标准之一。

G. 敌占区干部应特别加强政治教育，否则会迷失方向。

3. 奖惩——过去奖惩不严格，消极的奖惩多于积极的奖励，也没有把应行公布的事实公布出去，因之没有收到奖惩制度应有的效果，而且引起了个别的不良的反映。一年来我们曾奖励过县长一级的干部二人，区长一级的干部八人，区长以下的干部十七人；但是惩罚过的有：专员一级的干部四人，县长一级的干部五人，区长一级的干部三七人，区长以下的干部五三人，这就证明了在积极性方面的奖励太不够。同时，奖惩标准又不一致，比如×县×区区长×××因随便抓人，并因警觉性不高，致汉奸四人逃跑，又不报告县府，只记大过一次〔县府办的〕，而×①县×区区长×××因处理汉奸手续不妥即行撤职，〔行署办〕，××一个助理员，因贪污已决定调换，但顾惜他走了没人办事就算了，××县的一个村长，因贪污盐五斤，经斗争撤职，×县×区工作员×××，因贪污手电筒一个，曾禁闭一月，于是，有人就以为有功而没有受奖，或以过小而受罚，便觉着不平。今后各级同志在奖惩干部方面，要注意下列各点：

A. 奖惩的主要意义，是在于教育一般干部。但奖惩本身要严明适当，我们要反对对干部放任自流的姑息办法，同时我们也反对随意斗争的惩罚方式。

B. 在领导方面，要兼视兼听，因为兼视兼听，则能照顾到全面，而不至［于］有偏向；对纪律的执行要严格分明。做到应奖励者奖励，应处分者处分，而在接受奖惩的人，

① 原文即作虚化处理，下同。——编辑注

则应反求严己，实事求是，不要因受了奖励，即自高自大；受了处分，则怨天尤人。

C. 把每件应行公布的奖惩事实，公布出去，在干部中展开讨论，进行教育。

4. 在实际工作中进行教育，发挥“师傅带徒弟”的作用——严格纠正对下级的帮助形成代替；或对下级工作，无条件的（地）放任，听其自流的各种偏向。

A. 各级都应帮助其下级布置检查总结工作，区村干部特别需要帮助。

B. 每一部门的领导人，要大胆的（地）分配工作给干部，而且要与干部研究工作，或教给干部如何做工作。

5. 加强“行政导报”及“工作通讯”的领导作用，发动干部多研究各种实际问题、多写工作通讯，多给干部解答问题。

（二）关于解除干部困难问题。

解除干部困难问题，可以安定与提高现有干部的工作情绪，能吸收更多的干部。

1. 干部亲属问题。

A. 过去的优待办法不普遍、欠实际〔原籍沦陷敌［占］区，又与家庭失去连（联）系，脱离生产，干部所携带之直系亲属及其配偶年在五十岁以上、十二岁以下者，始得享受小米二十二斤半〕。

B. 今后规定〔要点如下，详文另有办法〕：

甲、政民脱离生产干部，军队及地方武装排级以上干部，家境贫苦，无法维持生活者，其直系亲属及配偶，在原则上均为优待对象。〔具体条件还得适合〕

乙、无法维持生活之上项干属，保证其最低限度之生活。

①年在五十五岁以上十二岁以下者，发给十五斤至四十斤之小米。

②残废者发给够吃之食粮。

丙、敌［占］区携出之上项干属，除发给小米外，再发给衣服。

丁、生活不能全部解决者，予以补助。

戊、其他〔非乙项所指的〕干属，不论男女，均以参加生产或工作为原则，但政府有介绍与帮助之责。

2. 干部本人问题。

A. 健全供给制度，健全医药设备，颁布干部保健办法，成立干部保健委员会，设立干部修养所。保健办法要点如下：

甲、参加抗日脱离生产的抗日工作三年以上且有肺、脑、胃肠等慢性病症者，得享受长期保健待遇。

乙、大病初愈，或遇敌受伤已愈、健康未恢复者，得享受短期保健待遇。

丙、保健费按月发给，分七元、十元、十五元三等。

丁、不能继续工作者得往休养所〔最大期限三月〕。

B. 充实图书，设置文化娱乐及运动器械，活跃干部生活。

（三）关于使用干部团结干部问题。

1. 使用干部，从工作上说，要服从政治任务，要把干部集中到中心工作方面〔如目前的财政经济工作〕，就个人讲，要大胆地提拔来历清楚、积极而有能力的干部，给他以负责的工作，避免上忙下闲，或干部间劳逸不均的现象，如此，才能发挥干部的能力；锻

炼干部的能力，也才能把干部从工作上、政治上团结起来，否则便甘苦不均，甚至有怨言。

2. 要从发展的观点上，培植干部，使用干部。新提拔的干部，要多给以帮助，要有远见，放开手给他们工作做，耐心细心地帮助他们工作。不能耐心细心地帮助干部，怕干部不能完成任务而自己一把抓的办法，是不对的，应加以纠正。

3. 分配干部工作的时候，要估计到干部的力量，给他们能完成的任务，以坚定其工作信心。

4. 使用干部要爱护干部，干部不能存在的地方，就应坚决地调动工作，以免无味（谓）的损失。

5. 干部的工作不要调动太频繁，也不要放在那里老不管。

选自《晋绥根据地资料选编》，第3集，中共吕梁地委党史资料征集办公室1984年编印，第109～131页。原注："原载《行政导报》第二卷第四、五期合刊，一九四一年十月一日。"

8. 绥察区党委关于绥察地区行政工作的决定

1941年8月24日

（一）绥察是一个复杂落后的地区，蒙、汉、回、满杂居，敌人统治时间较长，又加以大汉族主义的影响，使蒙汉隔阂很深，日寇便利用空隙进行其欺骗与离间的活动，又加地区辽阔与高度的游击战争，因此决定了绥察是一个抗日游击区，不是一个巩固的根据地。而绥察地区的抗日民主政府，也是一个富有高度游击性的政府。由于这些特点，绥察地区的党与政府要具体正确地执行党的各种政策，就不能完全重复晋察冀、陕甘宁、晋西北及其他各抗日根据地的一套，必须以其他各抗日根据地的设施为参考，根据大青山的具体情况及三年来坚持游击战争的经验教训，以及一年余大青山行政工作的经验教训，将党的各种政策具体贯彻于政府的各种设施中。颁布各种的法令条例，实行三三制，充实蒙政科，吸收各种人才，加紧培养训练干部。摧毁敌伪政权，争取实现革命两面派，破坏敌人经济开发，反对敌人经济掠夺。减轻人民负担，改善人民生活，逐渐建立税收、公粮以及各种财政制度，提倡节约，开源节流，以增进财政收入，充实抗战经费。

各级政府机关应以口头及文字等方式，进行广泛的宣传工作。宣传政府的各种设施主张，揭穿敌伪的欺骗黑幕，打击敌伪反宣传，使广大群众了解抗日民主政府，从而拥护我政府。

（二）"三三制"是我党在抗日民族统一战线时代关于新民主主义政权所提出的具体组成形式。这就是说："在敌人后方消灭敌伪政权、建立抗日政权之时，应采取我党中央曾经决定［的］'三三制'，不论政府人员及民意机关中，共产党员只占三分之一，其他党派或无党派人士占三分之二，无论何人只要不投降不反共，均可参加政府工作。这就是以几个革命阶级联合起来对汉奸反动派的民主专政来代替任何党派的一党专政"。大青山对于

执行党中央这一决定做得非常差，甚至有的地方只当为口号，未能研究执行。有些同志对非党人士表示不相信，又加以敌伪反共宣传的影响，所以上级政府吸收友党以及其他非党进步人士很少，即一般群众观感认政府为“八路军政府”。在乡级政府中，则为大地主轮流当乡长，或雇流氓顶替。实际上乡政权掌握在地主、富农中手，而工农小资产阶级仍然处在没有政治权利的地位。因此，各级县级以上政府机关，应以聘请、选举等形式吸收一切抗战有功的士绅名流，以及其他友党人员参加政府工作。乡政府由各县认真负责改造，发动工农小资产阶级参政，罢免流氓土棍，吸收公正士绅参加政府。而政府中党员“应是政治上、工作能力上、同群众关系上，统一战线作风上的优秀党员，因为他们的责任必须以党的正确政策及自己工作的模范去影响和团结非党人士”。

（三）蒙民工作是绥察地区重要的一环。但是，过去对蒙民工作只是无计划的（地）进行了一些。因此今后各地区同志应详细研究蒙民问题，经常大量印发各种对蒙民的宣传品，以宣布我党我政府的主张，揭穿敌伪的欺骗。蒙汉杂居地方确实调解蒙汉纠纷，蒙汉土地问题尽可能平息纠纷，维持现状。在负担方面，蒙汉杂居地方蒙民可减轻为八成，以示优待。政府机关应切实充实蒙政科，吸收训练蒙古青年，打入伪蒙组织蒙社、蒙乡、蒙公署等，进行争取工作。一般蒙社、蒙乡等伪蒙组织可争取为革命两面派。这工作可由政府蒙政科之名义进行。

（四）为了今后政府在游击行动中更有保证，所以，地方游击队一律归政府直接指挥调动。

1. 行署设立军事部，专署、县府设立军事科，部长与科长归各级党的武装部长兼任，而县区游击队无队长时，县、区长可兼任队长。

2. 其枪支与人员的数目：

区	十支枪，	十五人；
县	十五支枪，	二十人；
专署	二十支枪，	三十人；
行署	三十支枪，	轻机枪一挺，五十人名为警卫队。

掩护行署武装可以扩大，作为补充正规军之源泉，但保持其编制之枪支与人员，不得把数编光。

3. 掩护政府之游击队，其人员枪支调动，应通过政府党团。而政府游击队工作，今后亦应经常关心，详加研究及掌握。

（五）财政经济工作是绥察地区最弱的一环，同时也是根据地的巩固最重要的一环。

1. 要取消一切乱起款、乱用款的现象。应该统筹统支，制造预决算。原则上一、二支队及地方游击队之开支应占三分之二，党政等开支占三分之一。在政府未能达到［的］区域，由军队征收物资，但应以政府名义出现，一般应以政府规定，给予政府收据。其征收之物资，若经支用，可作为正式开支，向政府报销结帐（账），以实现统筹统支之原则，杜绝乱起乱用的贪污浪费现象。

党政在这方面应起模范作用。政府应首先由本身做起实行预决算，清查帐（账）目，纠正贪污浪费、乱起乱用的现象。

2. 应逐渐实行各种税收制度，取消断圪堆要款子的现象。边山游击区征收过往税，

各运输要口设立税卡。逐渐取消不合理之地方摊款办法。今后村摊款应实行合理负担，目前可实行厘股摊款法。取消中小地主以及中农过重负担，大地户老财负担很轻的现象。在两面派乡中，应帮助群众清算乡帐（账），罢免贪污者，尽量减少一切燃费杂费的开支，减轻人民负担。

3. 要发动与领导群众向敌伪的经济掠夺作斗争，破坏其仓库，抵制与打击其挖窖与抡（抢）粮，加紧与保护秋收，进行切实的藏粮工作，在重要运输路口以游击队截敌人所抢群众粮食，充补口粮，减轻人民负担。

4. 今年公粮全绥察地区动员十万石左右，除部队机关食用外，其较远地区粮食不易运输者，可以公粮作价，作为财政收入之一部。

公粮之分配可划分等级分配，应制二联粮票并限制月份。部队机关应做预算领用粮票，应切实教育部队粮票之使用法。同时，政府及部队政治机关以及党委，应严格检查以粮票交换物品以及其他贪污浪费现象。

5. 政府应视各地区之具体情况，以秘密方式、公家经营、私人出面等办法，创办马鞍厂、毡房、铁匠炉等小作坊，以实现马装具的自给自足。同时应整理各地区现有合作社，同时普遍创办合作社，务予（于）明年六月前做到每乡一个，这是便利民生，而且也是组织群众的办法。

在山内地区，政府部队可办小型的机关合作社及公营小商店，调剂山内日用品，便利公用品的购买。

（六）绥察地区的乡政权，基本上掌握于地主、富农手中，因而依然存在了对群众在经济上严重的剥削，在政治上工农小资产阶级处于无权的地步，许多两面派乡政权是为敌人办事，对我表面应酬交际，而我区政府对于两面派乡政府只为统一战线之关系，同时，抗日民主政府一切进步法令却无法在乡中实行。今后各区县政府应具体掌握与执行革命两面派政策，应使革命两面派与反革命两面派区分开来。乡政府应利用习惯上乡长更换之机会，以委派、推选等灵活有效的方式改造乡政权，罢免忠实敌人的土棍流氓，遴选出敌占乡非党之积极分子及公正士绅参加乡政工作，抓紧其领导切实做到革命两面派，使其为抗日民主政府之统一的系统。因此，争取实现革命两面派为乡政工作中心，而开展敌占区乡政工作，与巩固山内乡村工作，三者要有关联，为整个乡政工作之不可缺少的部分。

（七）绥察地区辽阔，又加以高度的游击战争，所以一年余来培养与锻炼了一部分具［有］独立工作能力及游击战争经验的干部，同时亦在干部中产生了游击习气、骄傲自大、放任散漫以及严重的贪污腐化现象。而一般的行政干部，缺乏教育，影响理论与政治的进步，迟缓与落后。所以今后必须严格克服干部中贪污腐化以及小诸侯的习气。以办训练班、自习、师傅带徒弟等方式，教育与提高现有干部。而各级党委，对于政府中党员干部更应严格组织生活，加强党的政策教育以及党员如何在政府中团结非党人士、实现党的政策等。同时政府专署以上机关应大量吸收知识青年，甚至粗通文字者开办训练班，给以短期训练，担任区乡工作，同时应吸收各种技术与教育人材（才），给予优遇，使其安心工作。

（八）上级政府法令，下级政府每不能认真执行，因而使工作不能普遍推动。且政府

领导机关游击于何地即抓紧这一地区，放松其他地方，在领导上形成偏向。同时，政府机关没有严格的会议制度与个人分工负责的制度，没有真正实行了民主集中制的领导原则。一般的工作不深入，指示领导原则化，且未能抓紧各时期工作之中心一环以推动全局。因此，今后各级党委、党团应认真了解具体环境、敌伪活动、群众要求以及政府法令在群众中的反映及执行程度，而正确地适时地提出“切实能行通”的工作布置与计划。而政府各级领导机关，尤其是共产党员应以身作则，深入下层，以师傅带徒弟方式，具体做例子，帮助下级干部，一切工作布置，务求其实行贯彻到底，经常地检查与督促，克服坐在机关、高高在上、脱离现实、脱离群众的现象。各级政府机关要切实做到短小精干，机关中工作人员分散下面帮助工作，同时定期集合，检讨布置工作，以收集体领导之效。

（九）党在政府机关中发现了官僚主义、只管杂务、忽略政治、贪污腐化等脱离群众的现象，因此，今后应在政府机关中提倡新的工作作风。

1. 首先是民主主义的工作作风。抗日民主政府是统一战线的政府，各党各派各族各阶层的人士都参加的政府，因此，政府机关中的党员干部应以政府公务人员出现，通过会议的形式解决问题。我们的党员干部要作为奉公守法的模范，同时应倾听群众意见，尊重各阶层反映，对于一切只管命令指挥、不理群众反映的现象进行斗争。

2. 提倡深入工作的作风，反对高高在上、坐在机关只管发号施令。要经常深入到下层干部与群众中了解群众的生活与要求，在实际工作中教育群众，向群众学习。

3. 一切工作应有计划，计划要切实能行通，贯彻到底，反对散漫自流的现象。

4. 要有统一战线的工作作风，要善于团结非党人士。自己要以公务员面目出现，对非党人士不可要求其完全与我们的党员一样。政府中党员不可故意一切“八路化”，孤标立异，使非党人士不愿与我们接近。

5. 清廉的工作作风。党员应以身作则，遵守政府制度，不多用一件东西，不多花一文钱，实行节约，点滴归公，以清除政府中贪污浪费的现象。

（十）各级党委及党团应将这一决定，根据各地区环境与经验，切实布置执行，并将执行程度随时报告党。

选自中共内蒙古自治区委员会党史资料征集研究委员会等合编：《大青山抗日游击根据地资料选编》（历史档案部分），呼和浩特，内蒙古人民出版社 1986 年版，第 227～232 页。

9. 绥察行政公署关于绥西专署与行署合并办公的密令

1941 年 9 月 8 日

为密令事：本署兹为精干善战、便于应付目前形势，以利抗战建国，并加强行政速效起见，现已将绥西专署暂与本署合并办公。惟（唯）今后对外号召，仰应以该署名义行之。前专员李维中，调署另有任务。专员遗缺，由本署主任杨植霖兼任。所有绥西各县工作，则统由本署直接领导，以利工作，除分别通令外，合亟令仰该专署知照，并转

饬所属一体知照为要。

此令。

主　任　杨植霖
副主任　苏谦益

选自中共内蒙古自治区委员会党史资料征集研究委员会等合编：《大青山抗日游击根据地资料选编》（历史档案部分），呼和浩特，内蒙古人民出版社 1986 年版，第 248 页。

10. 绥察行政公署关于取消第一专署的训令

1941 年 9 月

为令遵事：兹以对该署领导方面诸感困难，故着将该署即日取消。所有原属之托和清、凉南、丰镇（丰南）三县，划入晋西北行署管辖。至于归凉县及直属之丰镇独立区，划归第三专署领导。但丰镇独立区从此应受归凉县领导，以利工作。至于该员应着即调任为第三专署专员。除由本署另行派员前往办理划分及接收该署事宜并分令外，合亟令仰该员遵照，限于令到之日速将任内经管之印信文件、人员枪马、账簿物资、案件等项分别移交清楚，并应将第三专署接交情形及该员到任日期，一并具报备查为要。

此令。

主　任　杨植霖
副主任　苏谦益

选自中共内蒙古自治区委员会党史资料征集研究委员会等合编：《大青山抗日游击根据地资料选编》（历史档案部分），呼和浩特，内蒙古人民出版社 1986 年版，第 264 页。

11. 晋西北行政公署令——纪念行署成立二周年宣传大纲及干部测验题目

1941 年 12 月 20 日

事由：电知专署县府举行行署二周年纪念大会，并测验干部与举行宣传由。

各专员、县长：

明年一月十五日为行署成立二周年纪念日，希按以下规定分别举行：

（一）各专署县府于是日召开纪念大会，并动员该地群众参加。

（二）于一月十二日至十八日举行宣传，是为宣传周，宣传内容根据附去之宣传大纲，并配合国内国际形势提高群众胜利信心与对新政权之拥护。

（三）举行干部测验：一、本年年底干部测验〔见民干字五三六号〕停止，移于明年一月十五日；二、正付（副）职都参加，每人择做三题，明年二月底交卷；三、其他各级干部，除时亦移于明年一月十五日外，举行办法仍以民干字第五三六号令办理。

续范亭、牛荫冠、张韶方皓印

附："宣传大纲""干部测验题目"各一件

纪念行署成立二周年宣传大纲

一、在反日寇反顽固斗争中建立起来

一月十五日是行署成立二周年纪念日，也是新政权成立二周年纪念日。

二年来，新政权从无数次的战斗中更加巩固，更加壮大了。

新政权的产生，是和反顽固斗争联系着的，当时顽固分子企图投降日寇，断送晋西北抗战局面，于是晋西北广大群众，就站在斗争前线上，赶走顽固分子，从顽固分子手中夺回了自己的政权。

新政权建立不久，日寇即连续进行春季、夏季、秋季、冬季四次大扫荡，企图将我彻底摧毁，但是敌人没有达到它的愿望，敌人的扫荡终被粉碎，新政权非但没有被摧毁，反而在斗争中更坚强，更巩固了。

二、抗日的民主的统一战线的政权

新政权是坚决抗日的，它的目的只有一个，就是打到鸭绿江边，求得中华民族的彻底解放。不达到此目的，它的责任就一天不完。

新政权代表着一切抗日人民的利益，也关照到一切抗日人民的利益，只要是抗日的人民，就可以得到保护，和得到它付给的权利。

新政权也是真正民主的，它是民众自己的政权，一切抗日的党派、阶层、团体、男女老少，都可以得到参加工作的机会与自由，受到平等的待遇；它的利益和人民大众的利益完全一致。

新政权又是统一战线的，它由一切抗日党派、阶层共同联合组成，同时照顾到一切抗日党派、阶层的利益，只有这样，它才是抗日的进步的民众的政权。

三、两年工作的成绩

1. 团结了全晋西北人民，保卫抗日根据地。

新政权成立伊始，即颁布施政纲领，以坚持抗战，团结晋西北民众，保卫抗日根据地为基本任务，在历次［反］"扫荡"中，曾领导与团结本区人民，配合军队作战，取得反扫荡战争的胜利；为了安定民生，巩固根据地，颁布保障人权条例，除奸条例，和自卫队组织条例，广泛组织除奸委员会，除奸小组，与各地的人民武装力量，配合正规军，打击敌人。

因为敌人残酷的扫荡，赈济灾民四次，用了很多的钱与粮食切实替民众解决困难，是以前政府所未见的。

2. 开始发扬了民主政治精神，奠定民主政治基础。

依据民主政治法制精神，颁布了村选条例，曾进行过两次普选，现在还在继续进行。

不仅这样，为了发挥民众力量，新政权又颁布了减租减息条例，减轻人民负担，并且帮助各个群众团体，组织群众，现在差不多各地的群众团体、政权积极帮助组织起来了，农村中大部分群众也都加入群众团体去了。为了更高度的（地）发挥民主精神，又颁布了参议会组织条例，并正在各地积极筹备参议会的正式成立，这都是新政权在民主政治上的具体实施。

3. 发展经济建设，逐渐改善了人民的生活。

两年来，新政权先后颁布垦荒条例，春耕条例，春耕贷款条例，奖励生产技术办法

等。由于这些条例的颁布，各种经济建设都得到很大发展，仅以农业来说，一九四一年耕地面积即较一九四〇年增加三〇四〇七三亩，而工业上如纺织工厂、化学工厂、纸厂、矿窑等也大量发展了，至于商业方面，除各地普遍设立合作社外，兴、临、河、保、碛口等地，又设有专门商店，周转自己生产的商品，免使我们的金钱流入敌手，这样，民众生活也逐渐改善了。

4. 实行战时财政经济政策。

新政权成立后，颁布征收救国公粮条例，统一的税收条例，及合理的村款摊配条例，免除过去一切不合理现象。由于这个工作的完成，保证了我们军政民干部可以饱食暖衣地在与敌寇战斗。为了保护法币，防止敌人对我市场的破坏，又成立了农民银行。为了我们货物可以继续流通，并与敌伪在经济上作斗争，成立了贸易局。

现在我们已经正式执行财政上的统筹统支制度了，这样使根据地的财政，逐渐走向正规化了。

5. 逐渐发展了文化教育事业。

根据新民主主义教育方针，新政权颁布了一套比较完备的地方教育法规，中等教育法规，小学教员待遇办法，文化人待遇办法，并号召建立与巩固文化教育统一战线，欢迎知识分子文化人参加根据地工作，于是两年来，根据地的文化教育事业，即逐渐发展起来，据统计：

一九四〇年根据地仅有小学一四二二所，学生六一九三八人，而到一九四一年则增加到学校一千七百所以上，学生也增到七万四千人以上了；中等学校教育，又成立了师范学校一个，抗大七分校一个，干部学校四个，中学四个，其他训练班，总计学生不下四千五百人。

社会教育方面，以前根本没有，两年来则创办了识字班、夜校及冬学运动、农村剧运(社)，并推行新文字，以扫除文盲。

其他如报纸、杂志、书籍等有十余种。

6. 建立了进步的司法制度。

新政权建立不久，即根据以感化教育为原则的司法精神，废止了肉刑、长期徒刑和无期徒刑，除不可教育的人，必须处以死刑外，一般处刑均在五年以下。并采用了最简捷的诉讼程序，免除了一切讼费，且建立写状员，帮助人民口头诉讼，且又按期的（地）到各地举行巡回审判，使人民诉讼上更加方便了。

晋西北县长以上干部测验题目

专员县长题目

（一）就目前情况试述工作任务与组织机构是否适应。

（二）试就该地各种税率〔活租死租等〕研究“三七点五”之规定是否适用。

（三）根据敌占区游击区具体情况及过去经验试述行署所颁布之法令何者适用何者应有修改？举例言之。

（四）如何团结在乡知识分子？

（五）晋西北——由行署至县的——司法机构及其职能。

（六）如何吸收农村游资发展生产事业？

（七）根据今年公粮工作经验说明公粮征收比例是否适合。

（八）试各述对调查研究工作的实际经验与具体意见。

专署民政科长题目

（一）就本机关干部的来源论各种干部作风〔工作、生活、学习〕的特点。

（二）按本行政区干部现状提出补充干部的具体计划。

（三）在公粮工作中选后的村政权与未选的村政权有什么不同的表现？举例以言之。

（四）根据行署颁布的会议报告检查等制度，检讨本行政区执行情形并提出改进意见。

（五）按各种租佃形式及其条件之不同研究各种租率轻重。

（六）在节省人力畜力原则下，研究偏僻地区与交通大道抗战勤务的调剂办法。

专署财政科长粮食科长稽征局长题目

（一）执行予（预）决算制度有何困难应如何克服？

（二）专署县府在具体工作上应如何领导金库工作？

（三）征收营业税有何困难？有什么克服办法？

（四）出入口货物税率应根据那（哪）些原则？根据当地生产贸易情形，你觉得现在出入口税率有无不适合处、是哪些货物并提出具体意见。

（五）公粮比例征收最高额为百分之三十，但原则上不能超过总产量百分之二十，其原因安在？有无矛盾之处？试分别说明。

（六）根据本区情况如何保证与增加财政收入及防止浪费？

专署建设科长题目

（一）如何发动群众种棉？并如何保证其胜利完成？

（二）如何发动与组织合作社？目前应注意些什么问题？

（三）如何开展群众棉毛纺织？

（四）如何繁殖羊、牛、猪、鸡？

专署教育科长题目（原件遗漏）

专属司法科长题目

（一）新民主主义的司法有何特点？

（二）何为证据主义？你对搜集证据有何经验？

（三）试答下列问题：

（A）现时民法以多少岁为成年人？

（B）典权和抵押权的分别何在？

（C）父母代子女订婚是否有效？

（D）离婚方式有几种？

（E）女子继承权自何实行？

（F）孀妇再嫁他人有无干涉之权？

（G）何为刑法上的重伤？

（H）何为正当防卫？

（I）未遂与既遂之分？

（J）何为缓刑？

（K）寡妇与人和奸翁婆有无控诉之权？

（L）侵占与诈财之分。

（M）窃盗与强盗之分。

（N）和奸罪何人有告诉权？

（O）犯罪事实依什么认定？

（P）证人如不到庭应如何处理？

（Q）婚姻条件（例）能否强制执行？

（R）赌博债务在法律上是否能追偿？

公安分局局长及县局长题目

（一）汉奸是什么人？种类多少？各种应如何对付？

（二）除奸工作的镇压政策与争取方针应如何适当的（地）运用？

（三）何谓保障人权，保障人权与除奸工作如何取得一致？

（四）何谓汉奸嫌疑分子？嫌疑分子是否就等于汉奸？如不等于应如何处理？

贸易分局长及支局长题目

（一）各该地区输入些什么外货？输入些什么土货？数量若干？试就抗战以前、抗战以后、新政权建立以后以及管理对外贸易办法实行以后等各时期之演变，分别述之，并对各时期出入货变动之主要原因具体说明。

（二）兴县、临县、静乐、文、交、忻、崞、朔县、河、保、平鲁等地之物价如何？试就下列各物说明，并标明其各地区物价变动之关系与原因。

①小米、②土布、③洋火、④旱烟、⑤黄油、⑥盐、⑦麦子、⑧高粱、⑨豆类〔黑豆等〕、⑩纸、⑪煤炭、⑫肥皂、⑬手巾、⑭洋布、⑮棉花、⑯羊毛。

（注：每人必须将各地区各物品之价格都说明）

（三）合作社在政治上经济上有何意义？应向什么方向发展？试就各该地区之合作社现状及贸易局合作社之关系等具体说明。

（四）商业联合会在市场上的作用、其内部关系、发展方向、与贸易局在商联会的地位与作用等各如何？试就各该地区之具体情形说明。

银行分行及支行经、协理题目

（一）巩固金融的基本力量有些什么？试就各该地区历来的重大具体实施说明。

（二）银行的主要业务有些什么？目前以什么为中心？各业务间发生什么联系？进行各业务时如何注意才能对稳定金融发生作用？试就各该地区之具体情形说明。

（三）试述下列各种货币在各该地区各货币间其比价之变动及变动原因：

①白洋、②普通法币、③天津法币、④上海法币、⑤农钞、⑥晋察冀钞票、⑦陕甘宁钞票、⑧伪币

〔注：如能说明各该地区各货币之流通量或其百分比更好〕

（四）银行贸易、税收、田赋、生产、运输等工作之关系如何配合？试就各地区之实际情况说明。

交通分局长及支局长题目

（一）试述敌后抗日根据地交通工作的重要性与特殊性。

（二）怎样才能做到寄递的迅速确实与秘密？

（三）总局所发的各种手续参考材料于实际运用时何者适当、何者不适当？不适当者如何修改？

（四）在反扫荡中怎样保证交通工作的进行？

选自《晋绥根据地资料选编》，第3集，中共吕梁地委党史资料征集办公室1984年编印，第150～159页。原注：“原载《工作通讯》第一卷第二期，一九四一年十二月二十日。”

12. 王默平：四年来的雁北政权工作

1941年12月

原注：这篇文章是左云县［县］长王默平同志在五专署开会时写的。开会后，他在敌人的围攻下，英勇的（地）牺牲了。他在抗战后曾任晋绥边区区委与右玉、左云等县县长，是一个坚强的干部。这篇文章的登载，一则作为雁北工作的介绍，一则作为纪念王同志之英勇牺牲。

——编者——

雁北的民主政权的建立，是在一个困难环境中与艰苦的斗争中建立起来的，到今天已经是四年了，中间也曾受过许多磨折，几乎流产，到今天说，它已经是日益壮大了。在广大的抗日人民拥护与爱戴之下，打下了初步巩固的基础，这是值得庆祝的一件事情。正因为他是一个刚刚壮健的婴孩，还有许多人想了解它的过去和现在，同时也想了解他壮健起来的原因。兹概括的（地）介绍如下，一方面可使社会人士与群众对雁北的新政权有个了解，另一方面也可作为自己工作的检查。

大家都知道，在一九三七年的九月，日寇残无人道的贼兵，进入了雁北，大同等地相继失守，这时，我们的军队退走了，在过去为着刮民财而肥自己的官吏们，便亦失去了与民共存亡的决心，闻风而逃了，使雁北的老百姓，失去依靠，残〔遭〕受着敌人的痛苦蹂躏，那时雁北已成了暗无天日的混乱局面了。到十月间，一方面有八路军的一个支队挺进到雁北，另一方面牺盟会的工作，也在雁北开展起来，在各方面的配合下，成立了平鲁、右玉两县的县战地动员委员会的半政权性的组织，开始动员人民组织游击队，发动人民中先进人士与积极分子，参加抗日工作，并救济了一部分被敌人抢劫的灾难民。在平鲁曾散发了二百余大石粮食，作为救济灾难民之用，这样才渐渐的（地）安定了人民恐惶的心理，镇压了地方性的汉奸。正当着雁北人民在这个半政权性的动委会组织的推动动员起来的时候，顽固分子看到了发财的机会，在一九三八年春，又相继的（地）回到了雁北，把持了雁北的政权，到处限制着人民的抗日运动及民主要求，解散群众组织，如在平鲁解散妇救会动委会，并不供给群众团体经费与给养。此外还限制着坚持雁北游击战争的八路军的发展，到处进行反动的实施，如扣捕大同牺盟［会］特派员，造谣污蔑大同动委会负责人，到处制造磨（摩）擦，反对抗日的八路军、新军与牺盟会。并实施卑鄙黑暗的阴谋，

暗杀了新军连长朱清远同志。这一次镇压人民抗日的反动举动，使已经多少有了些觉悟的人民，不会永久的（地）忍受着，相反的（地）镇压激起了他们的怒奋。

当一九三九年冬，在整个山西人民反顽固的斗争中，雁北人民也动员起来了，在抗日军与牺盟会的领导下，也开始了反顽固的斗争，胜利的（地）将顽固分子驱逐出了雁北。在人民的迫切要求与八路军新军的支持下，于一九四〇年的二月，在一个人民的代表会议中，产生了晋绥边区行政委员会，成立了第十一区专员公署，宣布了依据抗战建国纲领、民族革命十大纲领、晋西北行署六大施政纲领，制订（定）的行政委员会的八大纲领，使雁北人民，又重新走上了光明的抗日道路。

政府在人民的拥护中，积极的（地）进行着一切建设根据地的工作，曾经完成了不少的任务，使新政权初具规模。它首先完成了建立各级政府的组织，发动人民的春耕秋收任务。政府调剂和贷放了春耕种籽，在一九四一年曾经贷出六千五百余石春耕种籽，发动了人民的生产热情，部分的（地）实行了减租减息工作，改善了一些人民的生活。发动了人民的参战运动，如一九四〇年八、九两月政府群众团体，领导着成千成万的人民，配合军队，胜利的（地）完成了反修路的斗争，继续不断的（地）破坏电线与汽路。平鲁自卫队曾破坏井平电线，使敌自动把电话撤去。右南二区自卫队今年春季两月的时间，曾破坏电线四五次，收获电线六千余斤。提高人民参政的精神，发动人民反贪污的斗争。在人民的要求下，政府枪毙了贪污的村长刘玉朱等。最近开始实行了村选，发动人民举行公民登记，造成人民参加村选的热潮，彻底改造村政权的机构，并发动了妇女参政，镇压汉奸敌探对人民的危害。一九四一年春季枪毙群众最痛恨的汉奸破坏抗日根据地的分子，保障了人权，纠正了一切违反纪律的行为，宣布了新政权的各种正确的政策法令，团结了广大人民到抗日政权的周围。不可否认，根据以上事实，政府在数年工作中，收到了不少的成绩，但是因机构的不健全以及干部的缺乏与领导上的没有经验，所以还存在着下列的许多严重的缺点和错误，需要严格去纠正。

第一个缺点：在保障人权方面，尚有某些坏的现象存在着，不尊重人权，如平鲁某区长打老百姓，在动员扩兵工作中，尚有打人捕人的现象，因之有些群众感到人权没有保障，对政府的法令不敢相信。

第二个缺点：在改善人民生活方面，虽说作（做）了不少工作，救济了不少的贫苦群众，实行了减租减息等等工作，可是在进行着许多工作里，还有许多不民主、不顾全各个阶层利益的现象存在着。如救济粮食的事，干部先来救济自己及其亲属与有关系的人。减租减息中，发生过期赎地的现象。这些都是没有注意到照顾各阶层的利益。

第三个缺点：是不民主的作风，亦仍然存在在政府工作人员中，如某县某些村干部对逃亡地户的土地，不按时退还，及至人家回来以后还说要再种一年才退还，租籽也不交，说是被贼偷掉。

第四个缺点：在动员扩兵参加部队工作上努力的（得）不够，许多同志没有了解了武装的重要性，对协助巩固部队工作上，差的（得）很多，如优抗工作，没有注意执行，甚至山朔某区，收到部队开小差带去［的］枪，不送还部队，自己反而收容下来，扩大自己。

第五个缺点：即是在统一战线工作中，本来应照顾到各方面的利益，用各种方法团结

各阶层人士才对。可是我们的干部中，严重存在着“左”、右倾的现象。表现“左”的方面，即是讨厌坏分子，不愿接近他们、教育他们。有些是表现在右倾的方面，如见了顽固不化的人害怕，迁就他们的意见，不能够教育他们，纠正他们的错误，不敢与他们斗争，对法令不执行也不管，马虎了事。

根据以上所说的错误，都是因为检查与教育的工作不经常，与发动人民监政的精神差，因而形成了这些缺点与错误。现在要想纠正这些缺点与错误，就需要我们各级政权工作同志周密的（地）研究行署颁布的各种法令并严格执行，拿起勇于负责与慎重处事的精神，才能纠正了这些错误，也才能杜绝了以后错误的发生，也才能博得群众对新政权的拥护。

总之，四年来雁北的抗日民主政权，在不断的斗争中，在群众的拥护下壮健起来了。正是因为我们是向前发展的，也作（做）到不少的成绩，但也发生了不少的缺点。今后我们一方面要继续我们的成绩前进，另一方面我们也应该诚恳的（地）坦白的（地）去纠正我们的错误。在目前的村选工作中，积极的（地）发动人民参选参政，以团结各阶层人士在政府的周围，来巩固我抗日民主政权，是一个重要的任务。

选自《晋绥根据地资料选编》，第3集，中共吕梁地委党史资料征集办公室1984年编印，第160～164页。原注：“原载《行政导报》第二卷第六期，一九四一年十二月五日。”

13. 晋西北村①政权组织暂行条例

1942年4月修正公布

一、村国民大会及村代表会

第一条　为发扬民主，实行人民参政特有村国民大会及村国民代表会〔以下简称为代表会〕之组织。

第二条　村国民大会为村政权之最高权力机关，由全体村公民组织之，村代表会为村国民大会闭幕后之村政权最高权力机关，由各自然村公民选举之代表组织之，行使村国民大会全部职权。

第三条　村国民大会设主席、副主席各一人。主席、副主席兼任村代表会之主席、副主席。主席负召集、开会及处理日常事务之责。副主席协助主席处理一切工作，并于主席因故不能执行职务时，代行主席职权。

第四条　村国民大会主席与副主席由村国民大会或村代表会选举之，村国民代表〔以下简称村代表〕由各自然村公民选举之。主任代表由自然村代表中互推之。主席、副主席与村代表各任期一年，得连选连任。

第五条　村国民大会及村代表会之职权如下：

（一）选举及罢免主席、副主席及委员会会长与委员。

① “晋绥资料版”漏一“村”字。

（二）督促与检查村公所对村国民大会及村代表会决议案之执行。

（三）创制并复决村公约。

（四）批准村予（预）算，审查村决算。

（五）议决关于村有财产之经营管理与处理事项。

（六）议决关于村政兴革事项。

（七）审议村公所及其他方面交议事项。

第六条　村国民大会及村代表会之例会及临时会之决议交村公所执行，有与上级法令抵触者服从上级法令。

第七条　村国民大会每年开例会一次，村代表会每三个月开例会一次。临时村国民大会经村公民五分之一以上者要求或村代表会之决定即应召集之。临时村代表会经村公民十分之一以上或村代表五分之一以上或村公所之请求者，即应召集之。

第八条　村国民大会及村代表会之例会及临时会，均须有应到会人半数以上之出席方得开会。

第九条　村国民大会及村代表会之决议案，均须有过半数出席人之同意，方为通过有效。决议时赞成与反对票数相同时，取决于主席。

第十条　村公民以自由结合为原则，同时照顾人事地域关系，划分为公民小组。自然村有公民二十以上四十未满者，成立一小组，四十以上六十五未满者得成立二小组，六十五以上九十未满者成立三小组；以下每增二十五人增划一小组，依此类推。自然村有两个以上公民小组者，每组人数以平均为原则。如自然村公民不足二十人者须与其他自然村联合成为一小组，联合以后仍不足二十人者亦得成立一小组。公民小组由该自然村代表就近分别领导之。村代表违法失职时，由该自然村公民五分之一提议，或该小组公民三分之一提议，由主任代表或村主席召集自然村公民会议，议决罢免另选之。

第十一条　村代表在会议时所发表之言论及对议决所作之表决，对外不负责任。

第十二条　村代表除现行犯外，非经［村］代表会许可，在会议期中不得逮捕或拘禁。

二、村公所

第十三条　行政村设村公所。村公所为村政权执行机关，是村政权之一部分。

第十四条　村公所设村长、副村长各一人，书记一人。自然村有二村代表者设主任代表一人，以下每增代表三人，增设主任代表一人。

第十五条　村长由村国民大会主席兼任，副村长由村国民大会副主席兼任，书记由村代表会选任之，但不限于代表。

第十六条　村长领导村公所各委员会工作，综理全村政务，为全村行政负责人，副村长协助村长处理一切政务，并于村长因故不能执行职务时代行村长职权，书记协助村长办理文书帐（账）簿及款项出纳等事宜，各自然村之代表以主任代表〔有二主任代表以上者则轮流之〕为首组成代表团，代表团承村公所之指示，并遵照各公民小组之意旨，集体领导全自然村公民，处理一切行政工作。

第十七条　村公所设以下各委员会：

（一）民政委员会：管理关于地亩、户籍、减租减息、选举、优抗、救济、抚恤、卫

生、婚姻、禁烟、空室清野等事宜。

（二）财政委员会：管理关于予（预）算决算、村款摊派与开支、田赋等事宜。

（三）建设委员会：管理关于春耕、秋收、农田、水利、修桥、筑路、植树、护林、合作社、手工业及农村副业之发展等事宜。

（四）教育委员会：管理关于学校、社教、学田、宣传、文化娱乐等事宜。

（五）粮食委员会：管理关于公粮公草之征收，保管、支付等事宜。

（六）调解委员会：管理关于息讼调解等事宜。

（七）锄奸委员会：管理关于除奸、防匪、清查户口、维持治安等事宜。

第十八条　村公所各委员会设会长一人，除锄奸委员会设委员六人外，余皆设委员二至四人。各委员会之当然委员或会长〔小学教员在二人以上则互推一人参加教育委员会〕，村武装委员会主任为锄奸委员会当然委员或会长。

第十九条　为加强行政效率，村公所每半月召开村务会议一次，村务会议由村长书记、各委会会长、村自卫队队长组织之，由村长负召集之责。

第二十条　自然村之公民小组，每月由代表负责召开小组会一次。

三、附　则

第二十一条　本条例自公布之日施行。

选自《晋绥根据地资料选编》，第5集，中共吕梁地委党史资料征集办公室1984年编印，第438～441页。简称“晋绥资料版”。

互校版本：《中国新民主主义革命时期根据地法制文献选编》，第2卷，北京，中国社会科学出版社1981年版，第332～336页。原注：“选自晋西北行政公署《法令辑要》。”

14. 晋西北行署关于明确职责贯彻决议的决定

1942年6月1日

现在各级政府中，由于职权不明，责任不清，在工作上存在着依赖推诿的现象，致使任务不能切实完成，决议不能贯彻执行。为了补救纠正这些严重的缺点，先将县级以上政府机关的职责，作出如下的具体决定：

一、在加强政务会议发挥其民主集中的领导作用方面——（一）各级政府的政务会议，为该管辖地区实现民主集中制领导的权力机关，本地区一切重大行政事项，必须由政务会议讨论决定，凡属违反政府法令的事情，政府均须主动的（地）负责纠正，在特殊情况下，如须（需）委托军队或群众团体代作（做）某项政府工作时，其责任与名义均由政府担负，以示统一。同级军政民联席会议对政府工作的建议，与有关行政工作的决定，须经政务会议讨论决定后执行。（二）专员或县长、专署或县政府之民政科长、财政科长、粮秣科长、教育科长、建设科长、司法科长及秘书为专署或县政府政务会议之正式出席人。各局局长、武委会主任、各科副科长、各室主任等，于必要时可列席政务会议。〔关于敌占区、游击区专署县政府政务会议之出席人依照关于敌占区、游击区政权工作的决

定。〕政务会议之正式出席人有同等之发言权与表决权，对本地区内之全面行政工作及政务会议之决定，必须共同负责。（三）为了使政务会议之出席人切实做到对本部门工作从政策法令到具体做法负完全责任，特决定专署县政府之各科科长于上下行文中实行副署〔对外行文与布告不副署〕。（四）专署秘书主任、县政府秘书习惯上形成"一专员""二县长"，容易造成专员县长和各部门实际工作的隔离现象，因此决定专属不设秘书主任，县政府的秘书只领导秘书室，管理关于文书发放、交通事务、机关内部生活及其他不属于各部门之事项。不负帮助县长领导各科各局之责〔敌占区县政府秘书列（例）外〕。（五）专员县长因故暂时不能执行职务时，临时代理人或行政专署指定，或由专员县长委托，或由政务会议互推。

二、在各局、会、行之领导关系与司法除奸等职权方面——（一）各级公安局、武委会、贸易局、银行、交通局、县稽征局均受同级政府政务会议之完全领导〔不仅是主要领导〕，其重大上下行文，对外行文及布告，均以同级政府名义行之，有关局长、经理、或主任副署，但各局、各行、各会之上级对下级可单独颁发关于指导、检查、督促、帮助性质的指示，公安局之各警卫连改为同级政府之警卫连，由专员县长指挥调动。交通局由同级政府秘书室领导。武委会交通局以及游击区之贸易局银行、公安局稽征局均与同级政府合并为一个经济生活单位。（二）一、二、四专署得代行署受理第二审司法案件，但其代审之案件，必须经过行署之复核后始得执行。（三）三、五、六、八专署因环境关系，司法职权应更增大，除死刑须经行署核准始得执行外，其他司法案件均得代行署受理审判并执行。（四）三、五、六、八各专署有处决汉奸之权〔二、四专署对该管区境内敌占区、游击区汉奸之处理权同此〕，县政府区公所无权处决汉奸〔如有特殊重大情节事先呈准专署授权处理者例外〕，处决汉奸必须切实负责，错杀错办者各有关人员须受应得处分。（五）各专署对其所领导之县长一级干部有嘉奖、批评、警告、申诉之权，及呈请行署记功、记过、加委、撤换之权。

三、在统一步调有组织的（地）进行工作方面——（一）随着一年的四大中心工作如春耕、选举、公粮、冬学，把一年分为四个大段落，来组织各种行政工作之进行，并照顾其他系统在同一时期内之工作布置，务使其与行政工作之段落性取得一致，相辅而行。游击区和敌占区内环境关系，中心工作之完成时期一律以两个月为一周期的作（做）法应该改变。凡布置工作时，必须以中心工作为骨干，把每一个时期可能而且必须进行的重要工作和中心工作有机的（地）配合在一起，成为这一时期内各系统各部门共同努力完成的统一任务。（二）检查工作与报告工作也要以中心工作为主，统一步调进行各系统各部门的干部可共同拟定统一的检查大纲〔或于布置工作时就已制定了检查大纲〕，分别到下面做定期的检查〔检查日期应是布置工作时就已定好了〕，并帮助工作、解决问题。在每一大段落中须有两次报告，第一次是将已经布置的工作经过检查后所发现的问题报告上级，第二次是将中心工作总结报告上级，配合的各项工作也须总结报告，但不一定要求与中心工作一时做，应该按其性质，提前或移后总结〔布置工作时说明〕。（三）此外，根据地必须有战争的准备。平时布置工作，须顾到可能到来的战争之影响，要有必要的战争准备工作。战争一来，应该而且必须把工作中心转移到战争工作上去，但在可能条件下仍须利用战争的空隙时间执行原订计划。

根据以上的新决定，各级政府今后必须把政权应发挥的作用与应尽的责任担负起来，不能依赖推诿，对军队要作（做）到应有的帮助，对群众团体要作（做）到应有的关切，对人民必须倾听其意见，并负责切实解决其实际问题。每个干部必须确认自己的岗位与职责，把本部门的工作主动积极地做好，不能互推责任、贻误工作，对上级命令及决议必须严格执行，有意见及时反映，未经修改的命令必须坚决执行，不能采取漠视或玩忽的态度。

选自《晋绥根据地资料选编》，第3集，中共吕梁地委党史资料征集办公室1984年编印，第207～210页。原注："原载《行政导报》第二卷第八期，一九四二年六月一日。"

15. 晋西北行署关于加强调查研究深入检查的决定

1942年6月1日

目前工作中存在着严重的主观主义：

一、晋西北抗日民主政权，自成立以来，对客观环境的了解，对行政工作经验的积累上，都很贫乏，在领导上又不自觉的（地）沿袭了旧的政权与民运作风，因而在工作中发生了并存在着严重的主观主义。

二、在法令政策上，由于不了解实际情况，有些是以主观的愿望代替了政策的；有些是沿袭旧政权的，或搬运其他根据地的；有些是把一般与特殊不分的，有些是以片面的或局部的而代替了全面或全部的。此外在法令颁布后，一般的没有根据执行中的实际情形及时进行宣传检查研究与修正。

三、在领导上对晋西北整个环境了解不够，缺乏政治上的远见，主观上忽视了对敌斗争，布置工作一般化，又由于抗战的迫切需要，分配任务时很少估计到客观条件与困难，而要求过高、求成太速，在检查工作上是不经常与形式化，在总结工作是不及时与老一套。

四、在干部政策上，由于主观上的狭隘观点，没有大胆的（地）大量的（地）吸收与亲密的（地）团结干部，深入地了解干部、教育干部，加之工作繁重，因而形成部分干部不安心工作。

五、在作风上表现了粗枝大叶，缺乏科学的分析与综合的研究精神，使原则与实际分家。

了解情况深入检查：

主观主义在晋西北政权工作中，在每个工作同志［的］思想方法上、生活习惯与工作作风中，是有它的历史传统与存在的根源，我们承认主观主义的病症很重，要除掉这种重病，必须有调查研究的武器，切实了解情况，以自我批评的精神，深入检查工作。

1. 加强调查研究工作

（一）调查研究的目的，是为了了解情况，掌握政策，使原则与实际统一。

（二）为了加强调查研究工作，各级须增设调查研究机构，行署专署设调查研究室，县设调查研究员，应有科学分工以便分别进行工作。

（三）调查研究须有中心，目前在内地区应以土地问题为中心，[在] 游击区应以对敌斗争为中心。

（四）进行调查研究时，应与中心工作密切联系，专署县必须认真研究上级指示，得出具体结论，选典型对象通过实际工作，进行调查研究，在进行过程中，必须根据各种实际情况及工作，与新的问题，随时向上级反映，并帮助搜集研究资料。

（五）行署颁布法令前应先实验研究，专署县执行后，须切实搜集材料，向上级提供意见。

（六）调查研究的方法应该是科学的分析与辩证的综合，在分析时要把研究对象由浅到深、由外到内、从集体到个体，深刻地加以解剖与分析，在综合时亦必须从一般到具体、具体到一般，周密辩证的（地）综合起来。

（七）调查研究是长期的艰苦的工作，我们要有实事求是的精神，首先就应承认我们了解情况很少，还要承认天下没有不劳而获的便宜事，如果要想了解的（得）更多，必须下定决心，能吃苦，肯流汗，从实际工作中，从事调查研究。我们反对只听楼梯响不见人下来的空喊调查研究，及 [反] 对脱离实际工作为调查研究而调查研究，反对只注意远的大的概括的笼统的，而不注意切实的细小的部分的与具体的，同时也应反对无计划无组织急性病的、一口吞尽的调查研究的偏向。

2. 切实进行深入检查

（一）深入检查的目的是为了提高工作质量与效率，纠正错误与偏向。

（二）因此各级应严格执行检查制度，加强深入检查工作。

（三）深入检查要能从政策的观点上领导上与实际执行的情况中进行检查，更重要的是深入检查到群众的真实的反映（应），工作的实际效果，才能看出计划的（得）是否正确，干部的好坏与对群众的利益如何。

（四）检查要有中心，要定期，对中心工作必须及时进行深入检查，部门工作亦须经常加以专门检查。

（五）检查完毕，要同当地干部共同作出具体结论，以便教育干部提高工作质量。

（六）我们实行生动活泼的深入检查，反对老一套的形式主义的检查，如单从会议中，机关中或报告中与总结中进行检查工作，而忽视从群众中实际工作中检查工作。

选自《晋绥根据地资料选编》，第 3 集，中共吕梁地委党史资料征集办公室 1984 年编印，第 200～202 页。原注：“原载《行政导报》第二卷第八期，一九四二年六月一日。”

16. 绥察行政公署关于聘任参议员的指示信

1942 年 7 月 20 日

各专员、各县长同志：

我绥察地区基本上是敌占区。因此，我们工作总的方针就是采取“隐蔽精干”“长期埋伏”“蓄积力量”的办法。同时在这样环境复杂的敌后地区要想长期坚持游击战争，也

必须与抗日党派、阶级、民族、宗教团体一致，协同坚持合作。在敌后的绥远地区有广泛的统一战线的社会基础。因此进行广泛的统战工作，不但是必要的，而且也是可能的。

我绥远地区抗日民主政权，对坚持绥远游击战争成为不可缺少的力量，在群众间虽有其不可磨灭之影响，但是要成为一个具有广泛的社会基础，吸收各阶级人士参政，网罗地方人士作（做）政府工作这一点仍然是作（做）得不够，甚至对各级人士意见的咨询也是很差的。

行署为了吸收各阶层、民族、党派人士参政，为了吸收民意，为了使政府真正能够团结各阶层、各民族、各党派协同坚持大青山游击战争，因此，决定各级政府聘任参议员。

参议员聘任办法颁布后，已经从上至下的（地）进行了这一工作，并且在绥中专区已经给行署汇报了一些材料，收得一些成绩。但是，在其他区域尚未对这一工作认真进行，而在绥西曾有个别同志由于不了解这一问题或者根本没有准备研究进行这一工作，而以不负责任的态度，认为不能执行。行署为了使这一工作确实有效的（地）进行，并且能在工作中获得经验教训，更进一步在工作中、实际中、群众中充实与较（校）正我们的办法，因此提出以下意见，希各级同志研究执行之。

一、如何聘任参议员

1. 首先进行调查登记工作。

首先，专署或县府制定地方人士登记表〔地方士绅、名流、群众领袖等〕其内容包括姓名、年龄、籍贯、文化水平、家庭状况、党派、民族、宗教、工作简历等项，发给区长以上干部有系统的（地）登记起来。

2. 登记后，就各区县所在登记者，由县区长分别继续搜集材料并与之谈话，进一步了解之。

3. 县长应召集区长及了解所登记人物情形之干部，根据其过去履历、能力、对我帮助之大小、对抗战之功绩及群众中影响之大小，研究聘任区政府之参事（议）员及县政府之参议员。但在聘任前若可能时，须事先汇报专署请求批准，县府专署对专署行署应行聘任之参议员亦须建议行署聘任之。

4. 确定聘任于区政府之参事（议）员，专署批准，专署发聘任状及聘任函并附以参事员聘任办法。

聘任于县府之参议员专署亦可批准，但给予行署所颁之聘任状及聘任函，亦附以聘任办法并简历之登记。聘任行署、专署之参议员。县府、专署可以建议，但由行署批准聘任，[并] 颁发聘任状。绥东与绥西因交通敌情关系，交行署批准困难时，须由该专区党政军联席会议研讨聘任专署之参议员，但须颁发行署之聘任函状。

5. 政府在聘任参议员时，尽可能征询军队及地方工作同志意见，以便能够吸收一个人，多增加一份意见。

6. 聘任后即须报告上级政府以简历，各级政府自存一份，报告行署一份，由民政部门编号保存备查。

二、参议员聘任后应该进行些什么工作

1. 经常秘密地征求其意见。

对于政府的法令工作以及干部在工作中群众中的情形可以经常征求他们的意见，而群

众的困难，黑暗的不平的事情，群众反映，军民纪律，一般群众对政府的认识等，可以经常从他们那里得到反映。一些正确的意见我们可以采纳，而有些不适当不正确的意见，我们一面虚心予以听取，另方面应惋（婉）转予以解释。我们应采取从善如流的态度，接受人家的正确意见，同时也应以诲人不倦的精神改正人家的错误的看法、想法和作（做）法。

2. 应该经常的（地）将政府的政策法令以及中心工作与口头传达，或以文件送阅使其了解政府，从而帮助政府。

3. 传达抗战形势、新闻消息，把每个时期的形势，应根据上级的指示文件以最近的例子比拟说明，使每个参议员能了解，且能够经过他们使群众了解。能见面的口头传达，不能见面的可以信件传达。假如我们能认真的（地）做到这一点，对于教育广大群众是很有效果的。

4. 适当的（地）给予参议员具体任务。就参议员之地位，可能给予其一定之任务，使他不感觉烦恼，相反感到胜任愉快，比如根据目前的情形，由于食粮困难，贫富借粮纠纷成为普遍现象，一般的（地），政府最好将调解借粮纷争的任务给予参议员，并且能够将调解的办法、政府的指示告［诉］他，使他调解时有所遵循，能够做的（得）合适，政府绝不能给参议员不能完成的任务使其为难。

三、进行这一工作应注意的几个问题

1. 保守秘密，个别接头。由于我们所处的是敌占区，因此我们在一切工作上采取隐蔽的办法。我们不能召集参议会，因为不可能，所以才聘任参议员。同时我们聘任了参议员，也不能召集参议员来开会，因为目标大了，也怕敌人危害，但是我们也不能与参议员公开信件往还，这样是容易遭受敌人摧残的。因此对参议员必须保守秘密，个别接头。

a. 参议员姓名、住址必须编号代名保存以免遗失，遭敌摧残。

b. 信件往还也要代名符号。

c. 参议员与我们见面最好夜间秘密会谈。

d. 参议员姓名绝不让任何战士知晓，干部之间也尽量求得秘密。这对近敌据点及据点内居住之参议员关系更大，而在我经常活动区本乡本土参议员，平素即往还密切者，有时亦可［参加］会议。但对一般群众最好也要秘密。

2. 反对滥竽充数，以及要求过高的两种作（做）法。对胜［聘］任参议员时必须有很好的调查工作，集体的研究讨论，依据参议员之条件，并视其个人能力影响聘任之，不能良莠不分、不择对象乱发聘任状，这样容易使贤者避而远之，而流氓无赖乘隙混入，同时我们也不能刻板要求参议员具有同等条件，全部的条件，或者由于一时一事的失着，则否定其任参议员之资格。这样过高的要求，也是无法使之工作圆满进行的。

3. 要两情愿意，不要强求为之。参议员的聘任，不但要有一定条件，使能真正代表多数人意见，而且要事先求得对方同意。假如对方有许多顾虑及不了解处，我们则须耐心解释，务使其自愿接受聘任状，而不能强求而为之。因为强求为之不但与（于）事无补，相反对政府会起不良影响。

这一工作我们是开始做，但是，相信一定能得到成绩和效果，中间也不免有些困难，也可能发生些错误，尤其是以前没有做过的一件工作，因此就更希望同志们认真研究执

行，并将工作心得报告行署。

主　任　杨植霖
副主任　苏谦益

选自中共内蒙古自治区委员会党史资料征集研究委员会等合编：《大青山抗日游击根据地资料选编》（历史档案部分），呼和浩特，内蒙古人民出版社 1986 年版，第 290～294 页。

17. 绥察行政公署关于聘任参议员的办法

1942 年

一、聘任范围：

（一）不分民族、党派、阶级、男女。

（二）广罗各方人材（才），不论敌［占］区、游击区。

二、参议员条件：

（一）在下列条件内得聘任参议员：

1. 对抗战有功及积极帮助抗日者：

2. 公正人士；

3. 人民拥护。

（二）其有以下情形者无任参议员之权：

1. 有汉奸嫌疑，破坏抗日经判决确定者。

2. 抗日政府通辑（缉）有案者。

3. 患神经病者。

三、参议员职权：

1. 参加行政会议，听取政府各项工作报告，并可提出质问及批评。

2. 参加政府各项重要设施之讨论。

3. 对各种应兴应革事项得临时提出建议，供政府采纳。

4. 对政府工作人员违法失职之检举。

四、参议员守则：

1. 不得有违反政府法令及威信之言论行动。

2. 不得处理民刑司法案件。

3. 不得接受人民贿赂。

4. 不得假公济私。

五、参议员违法失职之原（处）理：

1. 违法失职确有证据时，首由聘任机关撤回聘任状。

2. 下级政府对于上级政府之违法失职可以随时检举。

3. 视其犯法之情况，依司法手续处理。

六、参议员之待遇：

1. 无供给制。

2. 津贴旅费〔或其他公费用〕。

选自中共内蒙古自治区委员会党史资料征集研究委员会等合编：《大青山抗日游击根据地资料选编》（历史档案部分），呼和浩特，内蒙古人民出版社1986年版，第294～295页。

18. 绥察行政公署关于1941年4月至1942年12月绥远政权建立及领导问题的总结提纲

1942年

一、绥远抗日游击政权是怎样建立的

一九三八年八月我军挺进至大青山时，敌人统治尚弱，即以绥中而论，据点只有七个，四一年四月则增至二十九个，但土匪甚多。傅作义领导之自围（卫）军①亦存在，绥中区武川陶林间活动的是十二团、十三团，绥南区归凉县是自围（卫）军五路、六路，绥西是三路、四路。

于一九三八年九月间，我军为了动员群众及解决物资供给等问题，组织动员会。绥中共组织武三区、武二区、武四区、陶武区、归武区及陶武归县动员会。绥南共组织南四区、北四区、凉一区、凉五区等动员会。绥西共组织萨县五区、武归七、九区、武归八区动员会。

于三九年的后半季，旧政权的组织渐为扩大，而自围（卫）军与我磨（摩）擦日甚一日。三九年冬季，于是各地动员会逐渐转变为政权。一九四〇年一月自卫军败溃，旧政权人员逃跑。三月间首先建立绥西专署，六月间建立归陶武专署，后改为绥中专署。一九四〇年八月西凉（梁）开会，建立办事处②〔即今行署之前身〕，领导绥西、绥中两个区域的工作。四一年四月正式宣布成立行署，划分四个工作地区，为绥西管辖三个县，武归县、萨县、四边区；绥中管辖三个县为武川、陶林、归武共九个区；绥南管辖三个县，[归] 凉、托和清、丰凉，并向绥东开辟工作。

大青山的抗日政权和大青山的抗日游击战争是分不开的。它的建立，是根据了动员群众、开展游击战争、解决部队物资供给等迫切要求而产生的，从动员会逐渐转变为政权，从与自卫军敌伪政权的斗争到抗日政权与敌伪政权的斗争，从区县政权的建立到专署和行署的建立〔四一年四月十五日行署正式宣布成立〕。

二、绥远政权的特点

1. 绥远的政府工作，是在敌占区中对敌进行公开的斗争的，也就是从群众性的游击

---

① 原注：自卫军，指绥远民众抗日自卫军，共辖十路，系国民党地方武装。

② 原注：指晋绥游击区行政公署驻绥办事处，主任姚喆，副主任杨植霖。

战争产生，因此它是在高度的游击活动下存在的。为了能够适应战斗环境，于是区级以上每个政府机关单位就是一个实际的游击单位。每个县区政府有二十人左右的游击队。在绥中政府的九个游击队都是骑兵，绥西武归县的游击队是骑兵参杂的，绥南归凉县及托和清游击队因为地形适宜所以都是步兵，丰凉县是一个骑兵游击队和一步兵游击队，绥西专署是骑支的一个排掩护活动，绥南专署是十九个人的骑兵游击队，绥中专署是二十九个县的骑兵游击队。行署是骑支支队的一个连掩护。干部每个县政府至多五人，县长一、财政科长一、秘书一、管理员一般都是二人至三人；区中，区长及工作员至多七人，至少二三人不等。专署，绥中七人，绥西六人，绥南五人，这是在一九四一年十一月间。人数最多的时候，行署十人。这些干部经常是分散在县区，帮助工作，行署专署的干部经常只留三二人随机关活动。

这就是行署干部经常分散［于］专署、县署及区，专署干部分散于县区，县府干部分散于区，对一个地区实行分工负责的办法，并且行署专署轮流和县区相随行动，县府轮流和各区行动，因之随时可以给以具体的帮助，解决困难问题，并在帮助工作中可以检查了解下级行政工作情形，便于及时纠正错误，发现工作中的经验教训，这样可以克服一些困难问题等待上级解决的毛病，这是政府主要的一种活动方式。此外便衣工作人员离队下平川工作，到乡中检查工作及便衣工作队等，这也是政府工作中采取的一种活动方式。

这种游击活动是在广大的地区上，任其分散的（地）活动着。但在一般的情况下，并非敌人大举扫荡时，区政府是在本区活动的，县专署也是各在各区活动的。各机关都是在夜间行军，一般的是在下午六点到十二点，采取白天办公的方法。各机关根据自己的区域工作情况活动，每日平均行军十至十五里，平时由工作决定行动方向，县专署一般的二十里左右，行署三十至五十里，在敌大举扫荡时则情况是决定行动的主要因素。不管是什么工作，都是在游击行动中解决的，布置工作，检查工作，传达命令，开会，都是一样的。比如区府有时为了到某村解决一［桩］比较大的人民纠分（纷），还得靠近某村，以便解决问题。所以没有群众性的游击战争，敌占区的对敌政权斗争建立抗日政府是不可想象的，而在广大的分散的地区若无高度的有计划的游击行动，也就无法工作，无法领导，这是一方面。但是这样一个分散，对于领导上是一个严重的困难，因不可能开会、商议和总结，不能深思熟虑，每日行军宿营，应付情况，在区级以上各单位的政府负责人中，即使在平常状态之下也是占了差不多一半的时间。

2. 第二特点就是区长以上的干部大部是共产党员和极少数的进步分子，区的助理员及工作［人］员是进步分子占了最大多数而有少数的中间分子、个别的共产党员。乡政权中，在革命两面派的乡政权中是地主富农掌权，特别是大地主作（做）后台的。例如在一九四一年一月各级政府干部最多时的情形是——行署十个干部中，共产党员六，国民党员二，进步人民二。绥中专署七个干部中，共产党员五，进步分子二。绥西专署六个干部中，共产党员五，进步分子一。绥南专署四个干部中，共产党员二，进步分子二。九个县长中九个共产党员。绥中武川县区长、副［区长］五人中共产党员四、进步分子一，十个工作［人］员、助理员中七个进步分子、三个中间分子。陶林县三个区长、副［区长］中共产党员三，十二个工作人员，共产党员五，非党人士六。绥南九个区长中，共产党员

九，绥南五个区长副中共产党员四，非党人士一。归凉、［托］和清两县中工作［人］员、助理员三十六人中差不多都是非党人士。这是在区级以上的干部中。政府中，共产党员占绝大多数，这是因为政权是直接在我党我军领导下建立的，助理员及工作人员则大部是进步分子。而乡政权一般的是明里应付敌人、暗中帮助我们的两面派。这种特点决定了我们在执行政策中的困难和缺点。因之在残酷的敌占区，对敌进行公开的政权斗争，是在共产党直接领导下和进步分子共同发动与领导群众的，特别是经过对乡政权的争取而对敌进行斗争。因之抗日斗争是主要的。但我们虽然主张民主，因为群众基本上未发动起来，因之，只是一个抗日游击政府，而不是抗日民主政府，是从群众性的游击战争中产生，依靠游击活动，同时依靠敌［占］区中广泛的统一战线工作、争取乡政权工作而存在的，行使其职权，并对敌斗争的。

3. 绥远政府在执行党的统一战线政策、三三制政策中，首先是以政府名义进行统战工作，与乡政人员、士绅拉关系，邀请士绅谈话请客、征询意见，向其解释宣传，使其了解我方主张和政策。

此外为了倾听吸收各阶层人民意见，四二年一月决定聘请参议员的办法，采取秘密的办法，不分阶层、党派、民族、男女、敌［占］区、游击区。接受我们聘任的在绥中成绩最好，只陶林一县，即有十六人。行署聘任了四人，两个国民党员〔过去担任过国民党县的工作〕，一个担任过自卫军十二团团长，一个蒙古人。绥中专署聘请了三个都是在旧日做过事的，有一个现在敌方做点小事。绥中各县进行了这一些工作，绥南、绥西只进行了调查工作，还未聘任。这些人一般的是在过去社会上做过事的，但不愿甘心为敌做事，隐藏在家里的。他们接受这些聘任状，对我们的影响关系就不同。这一工作推行下去，对进行统战工作及三三制政策，是有很大作用的。

三、政府工作中的领导问题

1. 一九四一年四月行署派人到各县检查工作，进行了解，经过三个月的检查，在八月间由绥察党委根据检查结果做（作）了一个对政府工作的决定，政府同时颁发了一些条例和办法。这些条例和办法，包括了好多行不通的、不切实际的东西，比如在组织条例中，规定了一大套处和科的组织，而在乡政权上，规定了乡公所的统一形式，企图对敌时是以敌人的形式，对我时，用我们的分工办法，规定了乡长、副［乡长］、民教、经济、情报等委员，虽然在实际工作中的指导中，指出是应该采取敌人的形式以应付敌人，暗中帮我们，而在县和专署中，因为没有人，也没有那样多的科。这是在领导的思想上是主观主义的，是标本的组织上的形式主义。

比如在财政工作的指示上，不但规定了田赋、车捐、营业税、出口税、鸦片罚款等诸多税收名目，并且试行累进的村摊款办法，并且想在山地按比例征收救国公粮、征收田赋，想各个区域统一。且在实行中征收田赋时，则各县各区皆不能统一，村款摊派都按地亩平均摊派，车捐一个也没收到，虽然田赋等办法，在实际工作中，对各区都依实情略有更改，但在领导上只凭主观要求出发，没有顾及实际情况、实际困难的。

在生产建设工作上，颁布了组织公营商店、合作社、进行春耕、秋收运动等指示，并且也提出了公私合办、隐蔽办法。而在实际工作中小铁匠、小商贩、毡房、熟皮房、马鞍作坊，基本上也完成了马掌、皮革、装具、毡鞋、毡套的自给自足，是有成绩的，

但在领导的思想上，是想和根据地一样，大干一场。这就是对敌占区形势认识不够，对将来形势向困难发展的估计不足，同时也是调查研究工作不够，真正的粗枝大叶的主观主义。

2. 不经常总结经验教训，满足了一些零碎的个别问题的处理，即使总结了又不认真地迅速地传达下去，使每个工作人员懂得实行。在工作中，比方在绥中绥西各县长联席会的工作总结，一二联区、陶北区工作垮台的布置和检讨，这里成功失败的经验，并未深入地研究传达，只开了会，布置了工作，派人帮助去做，只本地区的同志知道，其他区根本不知道。比如在一些个别的零碎的执行政策问题的纠正中，如武归枪决了脱离群众、破坏政策、严重贪污，并与敌人有勾结嫌疑的区长兰兆宏，未向下级政府真正地传达，有些还不知道。比如撤职了借口捕汉奸拉士绅的骡子、以汉奸帽子枪决伪军〔与我有关系的〕二名、丢失公物的区长，只是在领导机关开会检讨，但未认真地教育同志。处分了违犯（反）蒙古政策打死了三个蒙古逃兵的游击队长，但未对所有的游击队进行普遍的教育。有些工作人员因要款要枪，捆打老财，私自罚款，谁做了处分谁，[受] 教育，但未能就整个统一战线政策问题，总结一下，教育同志。

比如还有在工作中优良的出色的好例子，好的经验，也未能好好地总结让大家去学，这就是领导机关那（哪）里有问题，是那（哪）里处理，处理了认为任务就完成。这是在工作中执行政策中，进步缓 [慢] 的原因，下级同志闹错误的原因。这种解决零碎问题并满足于这些零碎事情的解决，这是行政工作领导上的一种事务主义倾向。

有时行署专署同志随县行动，随时口头解决问题布置工作，甚至口头决 [定]，不做（作）记录，不写文件，时间长了就无法检查。这是大青山政府领导上的游击作风，口头主义自流的现象。

3. 在领导的思想上着重了财政工作，忽视其他工作，多向群众要东西，给群众办的事少。在四一年四月到四二年四月整整一年行署所颁发命令中，财政的命令占了二十八件，占全部五十五件命令中为二分之一。绥中工作的布置，除二、三、四月春耕工作作为中心，其他几个月的中心工作是单衣、棉皮衣、公粮等征收物质的工作。虽然我们镇压特务汉奸流氓盗贼，可给群众解决些民刑事诉讼〔如陶林县二、三、四个月中解决民事纠纷五十五件，刑事 [纠纷] 三件。四二年春耕时，绥中共贷出散发籽种有一千四百余石，还有拌籽油等〕，但我们向群众要东西的时间太多，给群众办事是很少的，并且因为要东西，得罪了不少的地主老财，妨碍了统战工作的进行，这是我们在政府工作的领导上很大的偏向。

4. 在地区上只抓紧山地区，忽略了广大的平川区域、敌占区域。只在边山挤，只在山上挤，这就弄得敌人容易控制我们、对付我们，同时山上愈挤愈穷，边山愈挤愈红，容易遭受损失。放松平川区，是我们领导上的防御的错误。

选自中共内蒙古自治区委员会党史资料征集研究委员会等合编：《大青山抗日游击根据地资料选编》（历史档案部分），呼和浩特，内蒙古人民出版社 1986 年版，第 308～314 页。

19. 绥察行政公署关于1941年4月至1942年12月绥远乡政权工作的总结提纲

1942年

一、绥远敌占区乡政权特点

1. 绥远大部乡村是在武装的敌人强迫控制下。敌人是以战胜者的资格，在旧的政权的废墟上再强迫制（利）用地主流氓以掌握乡村政权。敌人有计划的（地）逐渐的（地）有步骤的（地）统治乡村，首先加强铁路及公路两旁的村庄，推行爱路村的办法，抓紧据点及心腹地带向外发展，首先是军事威胁，特务勒索，强迫要粮款，押乡长、扣地户，召集开会，要情报员，要壮丁，要工人。而后强令并乡并村，成立保甲。所以大部乡政权不但是封建残余组织的一套，而又是敌伪形式的政权〔敌改乡闾邻为保甲排，并小乡村公所为总乡，大乡公所为联乡会，设置情报员、密探、特务，委派大乡村长及助理员等，成立伪保甲团、青年团等〕。但由于敌人的殖民地政策掠夺，大部乡村政权，不是甘心为敌，乡村人员并非一律都是汉奸。

至于敌人并乡并村政策，虽然给我游击活动增加困难，但由于群众土地房屋的不便条件，群众和乡村不会被围墙包围起来的，广大农村的散步（布）状况，基本上是不会改变的。

2. 绥远敌占区乡政权，主要操于地主之手，而且是大地主作（做）后台的。我绥中武川县三区（基本区）十四个乡长副中有富农八、地主三、中农二、流氓一，而且有十个人在旧政权时代任区警乡长。在平川和我军不易活动的区域就更可想见了。除总乡大村村长地（由）敌人训练委派外，大部乡村按地亩多少轮流应事〔当乡闾邻长等〕，地多的多应事、多管事，地少的〔富农、中农〕少应事、少管事，假使应事亦是当闾邻长，做些催款要粮的跑腿事情，管不了大事。乡村之中的事多由大地主主持，有的地户轮到自己，怕事不敢当，因此由村中摊款或自己出钱雇人顶替，这些分子大多是流氓游民专门顶杠子的，村中叫做（作）“替死鬼”，实际的权柄操在地主手中。所以乡村中有“好人上吊、坏人上庙”的说法。因之乡村中就发生之严重的贪污、不公道和压迫群众的事情。我绥中武川三区万成〔基本乡〕乡长，当了一年就贪污了不少的东西，下面有个小表〔当乡长前后财产比较〕。

财产种类	地	牛	羊	马	骡
当乡长前	2顷	一大一小	2只	无	无
当乡长后	16顷	10头	98只	1	2

至于村中不法事情则有：

乡警催款常打骂老百姓，拉牛赶羊，甚至强迫勒索土地。乡警因与农民妇女打伙计，遭过人命两个。乡里的帐（账）二年未算清、未公布，群众不知把钱花到那［哪］里。我

基本乡尚有如此不法事情，他乡可知。在负担方面，大地主利用其权柄地位减轻自己的负担〔物资、人力〕，加重小地主、富农特别是中农的负担，甚至拿乡中的钱去交朋友、接洽汉奸特务办自己的事。比如武川二区一个乡副被敌扣去后化了两千余元的应酬费，让村中公摊。一个应付敌人的乡副到敌据点和警察打牌输了九十余元，也报帐（账）村中摊款。萨县平川一个村子，敌人下令拆房，乡中出洋千元贿伪军求缓拆，村长先生贪污了伍百（佰）元，给伪军伍百（佰）元。诸如此类的事情到处皆是。所以广大的群众不但受着敌伪的强迫勒索，同时受着地主的压迫剥削和特务流氓汉奸的勒索的结合体，农民是受着三种的压迫。虽然在对付敌人时，农民和地主是可以一致的，但地主加于农民的压迫是大大的（地）降低了农民的抗日情绪〔农民恨地主减少了对敌人的仇恨〕，在经济利益上，农民和地主是有矛盾的、有斗争的，这是在农村中阶级关系的主要方面。

农村知识分子〔教书先生，高小学生，在家务农的富、中农子弟〕及开明士绅，不但仇恨敌人，并且也不同意地主恶霸对群众的压迫鱼肉。

3. 受敌人胁迫建立之乡村保甲团、青年团、情报员、密探、坐探等，一般的群众并不愿意〔因为要买枪，出粮，花钱出人〕，个别大地主的赞助只是少数。武川一区塞远乡建立保甲团时，群众都不愿意，只有对我不满意和别的背景的分子主张。并且大地主反对我的分子主张以我［政］府积的公粮补助保甲团经费。这些保甲团等有的是村摊款雇用流氓〔过去当土匪区警当兵的占多数〕，有的是拨（拔）壮丁轮差。比如武川三元井的自卫团都是拨的村中的青年而经敌人训练的。这些保甲团等，一般的是与大地主有密切关系或受其指使的，虽接受敌人命令与敌人带路、听差、侦察、催粮、要粮、要款，但地方性很大，不能与一般伪军看待。

二、我们怎样进行乡政权的工作

1. 在我们之依托地带〔即基本区域〕一般为山地。在绥中武川二、三、四区，陶林之陶武、陶三、陶北区，绥南之蛮汗山〔绥［归］凉县〕，绥西之山地、武川八区等皆为山地，开辟工作时间较长，我军经常活动，群众关系熟悉，汉奸特务不敢常去。所以利用游击队、政府工作人员公开方式接近群众进行工作，抗日政府的政命（令）一般的（地）可以执行，敌人的命令则乡公所送我研究商议办法以应付敌人，乡长及其他乡公所工作人员经村中推出，皆得我政府同意或委任应付，敌人乡副亦经我政府同意，敌人所摊粮款皆须经区政府批准数目，敌人所派密探、情报员、坐探等，首先拖延不去，万一不去不行，即须经区政府训练交代任务方可，应付敌人情报员每日可将据点中细小变动随时报告我军、我政府，而对敌人则报告假情报、过时的及不关重要的情报，在情况紧张下，则由我军队政府书写报告条子，由情报员转给敌人。敌人的据点虽然很近〔三十里、五十里、十余里不等〕，就由于游击小组及我军的活动，特务汉奸只在据点跟前活动，不敢经常深入我活动区。我政府可以随时找乡政人员开会，找地主谈话。人民的一切诉讼纠纷，除个别坏分子秘密找敌人解决外，一般的是抗日政府解［决］。在这些区域虽然应付敌人，但比一般两面派区域乡村对敌负担是轻的（得）多，这些区域在粮食负担上对我负担的多。这些区域的乡政人员便于教育，督促乡公所的帐（账），区政府可以随时刻（核）算，在贪污浪费上是比较敌占区少的，在乡政人员中富农和较开明人士占多数，因之才能成为我们基本的依托地区。假如没有这些地区，则坚持敌占区的游击战争是很难想象的。

在我经常活动区域及据点及其周围乡村，经过当地乡政人员、士绅等关系可以进行联络、争取工作，所以这些村，依然供我们物资并送情报的。

2. 在边山靠川乡村，特务汉奸经常活动，部队活动不易，所以政府工作主要采取便衣工作队〔三人至五人〕的活动方式。有事时可依托，无事时目标较游击队尚小，可以活动。这样半公开的活动方式便于对付特务汉奸，便于隐藏。而短小精干的游击队〔骑步兵皆可〕可于黄昏下山夜间工作，若不易隐蔽时可于拂晓上山。同时便衣活动也很主要。这些村长是两头应付，不易督促教育，敌人的法令不能经常研究应付。但是这些乡长掩护我工作人员，对我供给物资，敌人扫荡亦向我报告情报。敌人汉奸也常来，我们的工作人员也常去。乡公所是包庇两头，以互不发现、求得无事为原则。这些村庄敌人特别注意，我们的工作人员经常被破获；这里群众负担受敌的骚扰，边乡格外厉害〔绥西远乡各区，绥中之铁道两旁村庄，绥南之旺二区、川丰凉之各区皆如此〕。

3. 平川敌占区中如土木（默）川、香火地等，虽交通便利、保甲清乡、据点林立，但大部乡村并未建立围墙，且人稠密，敌人比较边区注意尚差，有空隙可以进入工作。我们过去虽派游击队工作团、便衣工作人员，利用有熟悉地方情形的干部，进行过工作，建立了一些乡公所及保甲团的关系，但并未作长期打算，并未将工作人员长期埋伏在那里工作，只是要些东西、款子，就心满意足了。这就是我们来时村中应付，走后就不理。青纱帐起，游击队工作人员经常下去，但着重筹资，没有好好地进行统一战线等工作打基础。

4. 我军开始进入绥远活动的一些地区，对敌［方］威胁严重、工作突出、目标过红的村庄，如绥西大沟、鸡［井］儿沟、西梁一带村庄，归武县山地脑儿梁一带村庄，武川的银矿山所有村庄，敌人皆于四〇年五、六月间烧光，并将这些烧光的地区称为“无住地带”，对这些区域完全采取“烧光、杀光、抢光”的政策。因之一些人家多数都搬走了。尚有一些贫苦之家因为出外谋生不易，所以仍在山内分散在沟渠山凹中搭茅庵、挖窑洞居住，十分分散，茅庵很小。这些人家根本不应付敌人，敌人来了，全家打游击。这些群众和我们是一条心，休戚相关。对这些烧光地的负担，政府免除或减轻，保护帮助人民种地，牛犋籽种由政府解决的很多，并帮助群众挖洞。乡长由政府委派人民推出，帐（账）目要经常结算公布，同时亦与其他村庄联络交换情报。人民虽说吊心提胆（提心吊胆），敌人三番五次烧杀，但负担很轻，这些群众始［终］在那里居住。绥西归武县鸡［井］儿沟一带在敌人扫荡绥中的间隙里曾有大批群众搬回居住。这些乡群众虽少，但对敌仇恨深，对我关系最密切。

三、乡政权工作中的缺点和错误

在绥远乡政权工作上，行政干部在思想上是了解晋西北区党委所指［出］的“绥远乡政权基本上应该是革命两面派”这一精神，所以能够进行了乡上层统一战线工作，利用统战关系为桥梁，变敌占区的乡政权为两面派，甚至在敌人据点以内，亦对我供给物资情报，掩护我部队及工作人员的活动。利用乡政权对敌人进行合法斗争，应付敌人，削弱敌人统治，保护群众利益，并镇压了死心塌地为敌办事的坏分子，这是乡政权工作一些成绩。

其缺点错误有如下几点：

1. 有些政府人员大胆地下川走一趟，冒一回险得到一点东西，于是就说工作开辟了。

山上没吃的，这得下山抬一回粮、扣一回人，村中送些东西，也说开辟了。以筹资为开辟工作的第一炮，作为乡间［邻］长的见面礼。这样只能搞几回，再去人家就躲开了。这是不懂得长期打算，对敌占区殖民地观念的作祟。我们自己向敌占区一些统一战线对象闭起门来，这是主要的错误。

2. 有些在敌占区隐蔽的便衣工作人员，穿的军不军、民不民，离开游击队活动，但是要带上连枪、水笔等。住在村中，吃好饭、嫖女人，自己不象（像）老百姓，群众又很讨厌，每多被特务汉奸扣去，结果工作坍台，群众受害。下命令、写信随便传送，扣汉奸、催粮不秘密，敌人知道就来摧毁乡村，群众挨打被扣被杀，又加敌人挑拨，于是就不敢接近我们。边山区好多村庄工作破坏了乡公所公开合法地位，不懂得隐蔽政策，也不懂得群众受害就等于我们自己受害。这是敌占区工作中最有害的思想行为。

3. 在改革两面派乡政权［工作中］一些或“左”或右的错误：

（1）有的同志认为对敌占区乡政权基本上要进行统一战线工作，于是忽略了教育、影响、掌握。有些工作人员与乡政人员讲交情、讲应酬，于是只认识我们的某工作人员，不了解我们的政策。不抓紧乡政人员教育，以能要下东西就算好乡长，这是非常庸俗和麻木不仁的现象。

对于乡公所压迫欺侮群众的不法行为，虽个别处罚甚至枪毙，对于流氓无赖的镇压，以保护群众利益，同时以政府面目给以一些春耕贷粮贷款等，但一般的只单纯的（地）着重农村统一战线，而忽视基本群众的工作，忽视基本群众利益，使我们在乡村中没有奠下了真正的基础，这是我们普遍的错误。

（2）改造乡政权中过“左”的错误：

撤换旧乡长一味换新的。如武川四区五合乡，乡政［权］一向在大地主手中掌握，我无工作基础，敌统治较一般区强，结果我们未用争取的办法，而居然改换新乡长，结果给我们起不下款子，敌人威胁新乡长，而新乡长害怕，不敢当，敌人方面要抓新乡长。这样的改选有害无益。

强为（力）划分游击区［为］根据地等（的）乡。类（例）如归凉二区，有一个三、五家的小村，共有社地二顷，名为小老虎沟，划为根据［地］乡，结果敌人常去扰乱。这是多么幼稚的事。这除了一个根据地的名堂外，就是给敌人遭害百姓的机会，这样凭主［观］的改造是有害无益的。

强推没有经验的农民当乡长。武川一区敌人统治较强，各乡应付敌人的事情很多，结果在一个乡里选了个老实农民当乡长，不善应付敌人，引起敌人常扰乱，在群众中没有威信，起不起款子，敌人特务常要抓他，自己害怕，给我们办不了事。虽然改选这样的忠实农民对工作也是无益的。

还有陶北区坏乡长只作（做）敌伪工作，以工作［人］员代替乡长。结果旧乡长离开了我们，我们工作［人］员成为一个忙于应付人起款的人员。对于真正的（地）改选乡政［权］无实利的。诸如此类的改选办法都是不合实际的。凭主观要求、急躁办法，都是没有以实际的抗战利益为前提出发的。因此改选乡政［权］应采取可能切合实际的办法。

选自中共内蒙古自治区委员会党史资料征集研究委员会等合编：《大青山抗日游击根

据地资料选编》（历史档案部分），呼和浩特，内蒙古人民出版社1986年版，第314～321页。

20. 晋西北临时参议会筹备委员会组织条例

1942年

第一条　本条例根据临时参议会参议员产生办法第六条第一款之规定制定之。

第二条　晋西北临时参议会筹备委员会〔以下简称本会〕之任务如下：

一、筹备本区全体参议员之选举事宜。

二、筹备本区临时参议会成立大会事宜。

第三条　本会委员名额定为十五人，由晋西北行政公署邀请本区各党各派各军队各机关团体推选代表及聘请士绅名流组成之。

一、中国国民党一人；二、中国共产党一人；三、行署三人；四、军区代表二人；五、晋西北各界抗日救国联合会一人；六、晋西妇女联合会一人；七、晋西文联一人；八、晋西总工会一人；九、晋西北新闻界代表一人；十、晋西教协一人；十一、士绅一人；十二、晋西学联一人。

第四条　本会设主任委员一人、副主任委员一人、秘书长一人，由委员中选出之。

第五条　本会设常务委员五人，由委员互推之，主任委员、副主任委员、秘书长为当然常务委员。

第六条　本会为工作之需要，设下列各部处，其工作人员由本会委员互推或聘请之。

一、秘书处：

（甲）总务股：办理伙食、采购与会计事宜。

（乙）文书股：办理文牍、印刷事宜。

（丙）招待股：办理招待事宜。

二、选举事务部：办理选民或代表之登记调查，候选人及当选参议员之登记备案公布以及其他选举事宜。

三、宣传部：办理各种宣传事宜。

第七条　各部、处设部长或处长各一人，必要时得设副部长或副处长，股设股长一人、干事若干人。

第八条　本会职员均为无给职。

第九条　本会之会议规定如下：

一、筹委会每月举行一次。

二、常务委员会每半月举行一次，必要时得由正副主任临时召集之。

第十条　本会经费由晋西北行政公署拨付之。

第十一条　本会会址设于晋西北行政公署所在地。

第十二条　本会至晋西北临时参议会成立之日撤销之。

第十三条　本条例自晋西北行政公署公布施行之。

选自《晋西北临时参议会参议员选举条例汇集》，1942年10月编印，第4～5页。

互校版本：《中国新民主主义革命时期根据地法制文献选编》，第2卷，北京，中国社会科学出版社1981年版，第312～314页。原注："选自《晋西北临时参议会参议员选举条例汇集》。"

21. 武新宇：晋西北临时参议会筹备委员会工作报告

1942年10月

我代表临参会筹委会向大会报告这次临参会的筹备经过如下：

召开临参会的提议，是去年〔一九四一年八月〕林枫同志代表共产党在第三次行政会议上提出的，目的是：(1) 为了巩固建设晋西北抗日民主根据地，坚持敌后抗日；(2) 更进一步的（地）实行民主政治，贯彻中共中央的三三制政策，团结各阶层的人民共同抗日。这个庄严的提议，当时受到全体到会人员的一致赞同，并对这个提议表示慎重的接受，全体人员起立通过。后来在行署的政务会议上，又通过组织临时参议会筹委会，以续范亭〔国民党元老〕、林枫〔共产党代表〕、刘少白〔地方士绅代表〕、牛荫冠、甘泗淇、罗贵波、武新宇、阎秀峰、廖井丹、亚马、罗毅、杜若牧、姜宝珍、张绍芳为筹备委员〔这里包括了各党派、各地方名流、政府、军队、民运、工人、妇女、文化界、教育界、新闻界的代表〕。接着就进行大会的筹备工作。

筹委会将近一年来的工作，就其要者可分为下列四部分：

（一）制定了晋西北临参会的组织条例、参议员的产生办法等，一共有十六种，这些条例的原则及依据，主要的是：(1) 依据国民政府所已颁布的抗日建国纲领及省市参议会组织条例及办法。(2) 根据中共中央的抗日民族统一战线政策及三三制政策。(3) 适应晋西北的具体情况及要求。

（二）宣传活动：临参会的各级各界筹委会内，一般的都分成宣传、选举事务和秘书处三个部门，筹委会本身全吸收了文化界、新闻界、民众团体的各宣教人士组织有宣委会，专门担任参选的宣传工作。将近一年的宣传工作，总结起来，可以分成以下几项：

1. 文字的宣传：筹委会在一年之内总共印制了"告同胞书""召开临参会的宣传纲领""为什么召开临参会"等二十六种宣传品，以小册子、传单、漫画、木刻等形式为最多。同时晋西北的各种报纸，如抗战日报、大众报和军区的战斗报等，都陆续地刊载了关于临参会的文章、辩论、问题、解说及消息通讯等。抗日军、妇女界、新闻界、学校以及工会、农会、各分区的机关团体也都编制了很多教材宣传文件，如青联会印发了十多种小型宣传品，行署和妇联等都出了参选报，在兴、离等十个县份中都翻印了筹委会的宣传品，其中以对宣传大纲及选举条例翻印的为最多。同时在这十几个县中，自己也编写了很多传单、小调。总计在文字宣传方面，我们统计过筹委会发了的宣传品，有十万多份，抗日军制发的有五万多份，其他各界的也有三万多份。

2. 口头宣传：各种宣传的方式很多〔如秧歌、讲演、戏剧等〕，各地各界所采用的也

不一致，主要的是以当时各地的情况来决定，在根据地情况许可的地方，多半是用召开各种不同的座谈会，以及运用庙会、集会、元宵时的灯会等进行，还有不少的地方工作人员冒着艰险深入敌区，做参选的宣传，这种例子到处都可看见。这时各地的剧团都编制了关于参选宣传的戏剧、歌曲、活报，深入了广大农村中。筹委会也印发了关于临参会的歌曲〔如民主之花〕、快板等。此外，有的县份利用学生集训、教员集训等方式，首先进行向他们讲解，然后再推动他们向各地去宣传。

在宣传效果上来讲，因为召开临参会是晋西北的一件空前大事，所以在宣传工作上也动员了相当大的人力，更由于大家完全深刻的（地）认识了民主与抗日的不可分，大家对抗战和民主都怀抱了无上的热情和信心，所以当召开临参会的口号提出后，各机关的工作人员、各界的人士们，都先后自动卷入到这一热潮中来，刷写标语、编制歌曲、小调、街谈巷诵。在晋西北的各处以及靠近敌人的游击区、敌占区中，也都能普遍地听到关于召开临参会的情况，这次的宣传是收到了相当普遍深入的效果。另一方面，这次宣传所以能够深入和普遍掀起了大家参选的热潮，主要的还是由于晋西北三百万人民一致的对民主政治的渴望，由于这是大家迫切的要求，是旧政权的统治下所绝不可设想的。因此对于这个口号的接受如获至宝，在群众中间，不加以任何的外力，他们便很自然的（地）传诵起来。关于临参会的职权，选什么人当参议员，为什么要召开临参会，老百姓是懂得非常透彻的，而也是无口不传说的。这是一次很大的民主教育工作，这个工作在宣传的岗位上来讲，做的（得）还不错。

（三）选举事务工作约可分为：审查各地选民登记，指导各地选举工作的进行，制发选票，并帮助商界、工会、妇女界……晋西一级各单位进行召开代表会，完成选举事宜。这里关于选举又分：甲、直接的选举〔在机关、部队、工厂、学校、选民集中的地方进行者〕，是在提出候选人名单后，即进行竞选活动〔如出参选特刊，提出政治主张，发表竞选演说，介绍候选人履历，发动签名等〕，然后再进行选举。各机关、工厂、学校的公民们，在竞选中表现的（得）都很热烈，并没有一个放弃过选举权，如部队的干部、战士在背粮回来后，不顾疲劳马上参加选举，选举时战士们自己还组织乐队。有的村民因为不识字，怕公民登记时忘下自己，常找识字的人替他记着检查名字。游击区在召开代表会及进行选举时，民兵站岗放哨，这里发生了许多民兵为捍卫选举工作的完成而英勇战斗以及牺牲的故事。敌占区的人民，冒着生死的艰险，化装爬过封锁线，也不愿放弃自己公民的投票权。误选的还提出声明要求补票。乙、间接选举，是在各自然村召开全体选民大会，选出代表，到行政村再选出代表到县里举行代表大会，由代表们提出候选人，然后再进行选举参议员。所以间接选举的方式，基本上也是民主的。另外在靠近敌人的游击区，则是召开政民扩干会选举，在敌占区不能进行选举的地方，则是由地方政权机关尽可能的（地）聘请各村代表集中到县里进行选举，实在不能开会的情况下，才进行聘请。在所有当选的参议员中，共产党员所占的比例，正如林枫同志在开幕词中说的没有超过三分之一。我们是忠实坚决的（地）执行了中共中央的三三制政策，在不少地方共产党还努力于保证党外人士的当选。而共产党员当选多的地方，即自行隐退，让给党外人士，同时在整个选举活动中，因为对敌斗争，因为敌人的阻挠、破坏、惨杀，所以有些地方的参选工作是遇到了很多困难，如游击区的候选人曾有几位被敌人所捕杀。可是有赖于大家的努力，各位参议

员先生的不畏艰苦，我们终于还是很好地在这里开会了。

（四）大会的事务工作，千头万绪，单就我们今天坐在这里开会的大礼堂来说，它是今年春天贺师长、续主任、林枫同志由延安来电提议建筑的，这一提议，经过筹委会的讨论一致通过后，就组织了大礼堂建筑委员会，找寻到现在这个地址。经过半年多的努力，尤其是工人同志们的艰苦工作〔日以继夜（夜以继日）、风雨不停的工作精神〕，各界的协助，大礼堂及其他窑洞的修造，家具的制造，终于胜利的（地）完成了。此外，大礼堂的美术装饰和布置是经过美术工厂等诸位同志的努力，才有今天这样庄严隆重而又堂煌〔皇〕富丽的景象。

总的说来，经过了将近一年的筹备过程，我们是实现了林枫同志在［第］三次政务会议上提出的精神，贯彻了中共中央三三制的民主政策，团结了各阶层的人民。

我代表筹委会庆祝大会的成功，并且热望全体参议员先生不客气的批评与指示。

（一九四二年十月）

选自《晋绥根据地资料选编》，第 3 集，中共吕梁地委党史资料征集办公室 1984 年编印，第 213～217 页。

22. 牛荫冠：晋西北行政公署工作报告

1942 年 10 月

第一部分

晋西北抗日根据地的重要特点

晋西北抗日民主根据地，共辖三十六个县，第二、三、四、五、六、八等六个专区。二专区有神池、朔县、偏关、岢岚、五寨、保德、河曲。三专区有静乐、阳曲。四专区有临县、临南、离石、方山、离东。五专区有右玉、右南、左云、平鲁、山朔、怀仁、大同。六专区有静宁、宁武、忻县、崞县。八专区有交城、交西、汾阳、文水、清徐、太原、祁北、榆太。直属县是兴县、岚县。受委托代管直属县是神府。其特点：

第一，晋西北抗日民主根据地，是华北各抗日地区的枢纽，是战略上的重要地带，是抗战重要堡垒之一。西面经过模范的抗日民主根据地陕甘宁边区，通到大后方，东面是抗日民主的模范根据地晋察冀边区，东南是晋冀鲁豫边区，南面是晋西南，北面是绥察边区。除西面与陕甘宁边区隔着一条黄河外，其他方面都是隔着敌人的封锁线，三面受敌包围，完全处于战争状态。

第二，物产不丰富，只有静乐、岚县、岢岚一带是产粮区，临南是纺织与煤铁区，其他各地虽有各种矿产，但战前不能发展，战后又被敌人破坏。社会经济生活低落，人民文化水平不高，在山西全省比较起来，是较偏僻的地区。内地除几条窄小的河川外，绝大部分地方都是山地。

第三，晋西北根据地是建立于抗战的相持阶段，比其他根据地建立的（得）都晚。它是在不断反对敌寇疯狂的进攻中，并不断克服困难之下建立和壮大起来的。

第二部分

二年半以来本区抗日民主政权的
奋斗方向及各个时期的工作中心

一、第一时期——建立时期〔一九四〇年一月到一九四〇年八月［第］二次行政会议〕

1. 新政权是在抗日战争当中建立起来的

远在新政权建立以前，晋西北地区的动委会、八路军、牺盟会、新军，及农、工、青、妇各抗日群众团体，实际上起着坚持抗日战争的决定作用。特别是共产党领导的一百二十师，进行过许多英勇的战斗，如一九三八年一连克服过七个县城等，奠定了晋西北的抗日基础。

到一九三九年底、一九四〇年初，晋西北不幸有少数人扰乱抗日、破坏团结，许多抗日人民被残杀，抗日团体被解散，抗日军队被摧毁，反对抗日的破坏行为、暗杀事件、欺骗谣言，不断发生，而人民的抗日情绪，十分高涨，纷纷自动起来，制裁捣乱抗日分子，为争取团结抗战而斗争。

在这种情况下，晋西北的抗日人民、军队、党派，及农、工、青、妇各团体为了继续坚持抗战，乃共同建立新政权，公推老国民党员新军领袖续范亭为行署主任，肩负起抗日民主统一战线的政权任务，坚持抗日战争，进行抗日战争所需要的一切设施，并建设晋西北为抗日民主根据地与革命的三民主义的新社会。

新政权建立之初，接着是敌人空前未有过的疯狂扫荡，一九四〇年当中，就有夏秋冬三次大“扫荡”和残无人道的“三光政策”，使晋西北人民与新政权遭遇到严重的困难。这些困难，都赖着八路军一百二十师及新军的努力，胜利的（地）克服了。我们可以明显的（地）看到，如果晋西北没有一百二十师这支共产党领导的国军及新军，那么今天的晋西北也绝不会有，它会早已陷于敌手，被敌蹂躏不堪了。

2. 一九四〇年二月一日召开第一次行政会议，这一会议上本着三民主义、国民政府的抗战建国纲领、民族革命十大纲领，制定并颁布了晋西北的六大施政纲领，并布置了以后工作，其中心为：（一）“促进宪政运动，彻底改造并加强各级政治机构，实施民主政治，区村长民选，给抗日人民以言论、集会、结社，出版的自由，准备参议会，建立各级行政会议。”（二）“扩大革命武装，加强自卫团训练，开展群众运动。”（三）确定“救济灾民难民，累进的合理负担，减租减息，优待抗属，囤集（积）公粮”等具体办法。

3. 这一时期的政权工作，基本上是迎接战争、克服混乱、贯彻政策、初步建立政权的工作。

在战争与混乱的情形之下，政府颁发并贯彻了保障人民权利暂行条例，召开各地士绅座谈会，倾听人民意见，一面组织军政民的下乡慰问团，慰问战争当中受害的群众。

贯彻政策工作，在军队英勇粉碎敌人扫荡及进行百团大战的情况当中，赖于各级政权坚决努力执行，收到了很大成绩，社会秩序很快恢复，人民对于战争有了初步的切身经验，各地新政权先后建立起来了，各种重要法令陆续颁布了，第一次行政会议上决议的各项具体工作，逐渐实现了。

二、第二时期——开始走上正规化的时期〔从［第］二次行政会议到一九四一年九月

[第] 三次行政会议〕

1. 在一面进行反扫荡战争、扩大根据地，一面初步建立了各级政权机构的基础之上，召开了第二次行政会议。这一会上检讨了过去［的］工作，决定了以后的工作方向及中心工作：

（一）工作的精神是：

发挥长期的正规的建设的工作精神；

行政走上正规化。

（二）三个工作中心是：

健全农村政权；

开发生产建设；

加强教育工作。

（三）围绕着三个工作中心，具体指出八项重要实施是：

切实建立廉洁的民主政治；

改造各级政权机构；

改善民主，解决民众的日常问题与困难；

推进财政经济建设；

开展国民教育，提高人民文化水平；

扩大群众武装；

开展敌占区政权的工作；

健全各种工作制度。

2. 这一时期，在政策上是比较贯彻了，表现于各阶层踊跃参加政权，社会秩序的安定，人民生产情绪的提高，工商业的发达等。在生产建设上也有成绩，制度方面也有明确的规定，特别是一年一次的公粮制度；敌占区工作比较开展。当时的政权是粗具规模，开始走上正规化。

三、第三时期——［第］三次行政会议到现在

1. 在第三次行政会议上，检讨了过去一年来的工作，提出了以后政权的奋斗目标是进一步走上政权正规化，打下巩固的基础。正规化的内容是：

（一）权力统一，责任统一。

（二）严格执行科学的合理的制度。

（三）战斗与民主的精神。

2.［第］三次行政会议上，根据当时政权工作的基础及晋西北人民与军队的需要，确定以财政经济建设为当时政权工作的突击方向。因此对于财政制度、税收制度、金融政策、公粮制度、经济政策〔包括农、工、商合作社及自力更生〕，有新的较具体的决定与计划。同时对于武装建设、对敌斗争及政权建设〔以贯彻村选、筹备参议会及领导制度等为主〕，亦指出为经常的重要工作，并作出重要的决定。

3. 经过半年多的努力，［第］三次行政会议的精神与决定，得到基本上的执行，财政经济的建设上，有显著的收获，比较正规化了。村选上各阶层人民纷纷参加了政权。在这种工作基础上，行政公署又于今年夏季召开了专员会议，检讨了过去政权工作及政权领导

问题，并确定了对敌斗争、武装建设、游击战争为当前政权的主要努力方向。半年以来，反蚕食斗争的努力，给敌人很大打击。

4. 这一个时期，可以说是政权工作的进一步正规化，打下了巩固的基础。

从新政权三个时期的发展当中，可以看出我们一向是本着三民主义、抗战建国纲领、订定的六大施政纲领而努力，而且逐渐走向具体与彻底。

第三部分

二年半以来本区抗日民主政权

执行各种重要政策的概况

一、组织人民参战，进行对敌斗争

晋西北处于敌人三面包围中，二年半，经过了很多大小反扫荡，如一九四〇年的反对夏秋冬三次大“扫荡”与给敌人重大打击的百团大战，一九四一年的反对秋季大“扫荡”，一九四二年的反对春季大“扫荡”，以及各专区各边境地区的无数次出击袭击等。加以敌人采用强化治安的办法、“蚕食”政策，使我整个根据地的一切，都要适应战争的变化与对敌斗争的要求而发生变化。政权方面也是为了保卫晋西北，坚持抗战而配合军队，发动人民在军政民一致团结之下，与敌人进行斗争，现在只就几个显著的问题报告出来：

首先正规军的补充。正规军是坚持根据地的主力军。壮大正规军是我们的首要任务，在补充正规军的工作上，我们已经改变过去直接动员的办法，采用游击队升级的办法。具体执行当中，照顾两个原则。第一个是启发人民的抗日积极性，以自愿为原则。第二个是照顾到人民生活的实况，动员劳动力较多之家户参军。今年扩兵工作中，又确定了扩兵人数与居民的比例是二百分之一，以村民的集体评议为主要方式，这就使我兵役政策的正确执行，得到了较有力的保证。对于归队工作，于一九四一年曾宣布一九四〇年以前之逃兵，一律不归队，使人民安心生产。经过二年多的努力，对壮大正规军及游击队，都有显著的成绩。在军民关系上，新政权初建立时，天年收成不好，靠河边一带粮食困难，军队曾受饿或吃黑豆。到一九四〇年秋冬以后，军队团结、互相帮助、互相支援的精神即有很大进步，人民慰劳军队，军队为了减轻人民负担实行“自力更生”。这都是值得我们赞扬的。

其次民兵与自卫队的活动。在敌人不断蹂躏之下，激发起广大人民的抗日情绪，各地的游击小组、青抗先与民兵纷纷发展起来了，在每次反“扫荡”中，游击区的反“蚕食”斗争中，都配合正规军游击队积极活动，起过相当大的作用，现就已有的概略的统计，全晋西北共有民兵×××××人，武装××××件，作战六百七十二次，缴获胜利品很多。民兵，在每个村子里，实际成为打击敌人、团结人民、保护政权的中心。关于人民抗日武装自卫队，新政权成立以来，一再整理，去冬改为武委会领导，在反对敌人每次扫荡、武装保卫春耕秋收运动上，都起过很大作用。敌人来时，各村自卫队根据政府命令〔如一九四一年四月份颁发的空室清野暂行条例〕进行空室清野、站岗放哨、清查户口、捉拿汉奸、探消息、送情报。至于抗战勤务，内地县份，每月平均八千七百八十个工，比去年减少了半数。游击区每月平均六千三百三十八个工，其中包括抬伤兵、背粮、送东西、做军鞋等。最近这一工作走向正规，于一九四一年十一月正式颁布抗战勤务暂行条例，建立交通线、交通站，调剂人力、畜力、大路村与偏僻村的劳动力。

此外，政权组织人民参加反扫荡战争，也做过一些。每次“扫荡”时，由行署颁布戒严令，各级政府督促执行；并规定各级政府在战斗中，必须领导人民打击敌人，避免损失，不得离开所管境界，县不离县、区不离区、村不离村的原则，起了很大作用。在每次反“扫荡”中，民众自动打击敌人，以赤手空拳砖瓦石片打死敌伪军人员及敌探汉奸的事实很多，这使敌人大兵陷入我广大人民的纷纷袭扰当中，迷失方向，精力疲惫，遭受很大的困难。

此外，关于除奸工作，是由公安局负责进行的。它不同于过去的公安局，它是专门进行除奸与保卫工作的。这一工作是依据统一战线方针、民主政治、法治精神与保障人权法令，以打击少数坚决敌探汉奸与形同敌探汉奸的破坏分子、感化教育与争取胁从分子为基本原则，依照惩治汉奸暂行条例执行。我们既反对乱捕乱杀，也反对不捕不杀。在这二年半中，据不完全统计，破获案件四千零二十六人。在争取工作方面，设工训队，给犯人上政治课，看书报，起了相当作用，如离石程月德的参加抗日工作等。广大群众的除奸工作，在公安局领导之下，也有收获，如神池除奸小组发现了十三个小汉奸、一个大汉奸等等。

在敌占区、游击区的工作。新政权建立以前，敌人已放弃正面进攻，回师敌后，进入敌我的相持阶段。到一九四一年春敌人更施行其“强化治安”与“蚕食政策”，实行军事、政治、经济、文化的总力战，我们的工作方针是团结各阶层及广大群众，广泛开展游击战争，粉碎敌人各种政策与阴谋。对敌占区加强工作，尽量坚持抗日政权，瓦解敌伪。对游击区摧毁敌伪政权及特务，粉碎敌人的进攻，坚持抗日政权。根据这种方针，二年半当中，我们的工作收到了很大的成绩，如粉碎了敌人的政治进攻、欺骗宣传，团结了敌后广大群众，动摇了敌伪内部，以及在开展游击战争中我们曾经一度在敌占区摧毁了二十多个区、一百多［个］村子的敌伪政权，争取了敌伪工作人员，打垮了二百四十多所维持会，适当地保持了敌占区人民的人力物力财力，挽救了敌占区的青年等。在这种尖锐斗争中，我英勇牺牲的干部非常之多，我们在敌占区与游击队的干部，自上至下都冒着出生入死的危险，以钻山沟、睡大坡、吃生饭、喝冷水的精神，完成工作，是很值得我们称赞的。但是由于过去我们对敌人的力量与阴谋，曾经估计不足，对敌占区游击区的政策有些还不够明确，宽大政策执行的（得）不够彻底，没有很大量的（地）减轻敌占区游击区人民的负担，以及游击战争开展的（得）还不够好等等原因，使我们在敌占区游击区的工作都受到一些损失。今年专员会议上，确定反“蚕食”斗争的方针，这半年当中，我们有很显著的成绩，特别是四专区与三专区，给敌人“蚕食”政策很大打击。如半年以来除八专区未统计在内外，共摧毁敌伪村政权维持会三百六十八所。仅四专区经过争取自首或停止维持者，即二百多人。在敌占区游击区的游击活动也大力开展，如崞县游击队八人攻克据点〔五东堡〕，各地游击小组，纷纷参加战斗等。我们估计游击区的斗争可能更尖锐，因此我们必须重新明确我们的对敌斗争政策，是：（一）在敌占区，对敌人反对强化治安，一切为了孤立敌人、破坏敌人，争取与瓦解伪军伪政权及伪组织。（二）在游击区，开展群众性的游击战争，团结群众，反对“维持”。根据这种新的方针，我们应该在实际行动上特别努力孤立敌人，争取伪军伪组织，及更加减轻敌占区游击区人民的负担，使敌人的阴谋破产，渡过困难，取得最后胜利。这里特别希望敌占区游击区的人民及父老一致团结，配

合政府与军队为这一伟大的前途努力。

二、民主政策

新政权是抗日民主统一战线的政权。建立之初，即本民权主义精神，确立民主政治的具体方针，如六大施政纲领及第一次行政会议决议当中，都有明确的宣布。在二年半的过程中，不但执行了上述决定，而且在选举制度、团结各阶层、保障人权、司法制度、“三三制”、廉洁政治等各方面，都有更进一步的发扬。

选举政策方面。[第]一次行政会议上决定区村长民选的原则，[第]二次行政会议上通过村选暂行条例与村政权组织暂行条例，确定农村政权的民意机关〔公民大会或代表会〕与执行机关〔村公所〕的统一体，村主席和代表〔村长与各会长〕都要经过直接的、平等的、无记名的投票选举。废除了封建残余的闾邻制，实行代表制。这经过一九四一年与一九四二年的努力，大部分地区收到很大的成绩。今年的试办区选，使人民在民主生活上，得到空前未有的享受。此外，接受了共产党代表筹备临时参议会的提议，帮助各地人民选举参议员，更是广大人民进一步参政的具体表现。

保障人权方面。六大施政纲领上正式宣布保障抗日人民均有言论、出版、集会、结社、信仰、居住之自由。一九四〇年初，政府又先后颁发了释放嫌疑犯、禁止非法逮捕人民、禁止向人民任意募捐、保障付（副）业牲畜、保护商业自由等法令与布告，贯彻执行，并号召战争中的逃亡户回来，召开士绅会议，倾听意见，尊重并吸收在乡知识分子。一九四一年四月又正式颁布保障人民权利暂行条例，以保障人民的身体自由生命安全、财产土地权利、营业贸易自由权及政治自由权。在司法制度上，建立陪审，巡迴审判和程序简便，以便于人民控告，吸收人民意见；并规定了法定手续之逮捕审问、处分、尊重犯人人格，重实据不重口供、废止肉刑及无期徒刑等。在死刑上，只行署有权，或受[授]权专署执行。在行署执行死刑时，亦十分慎重，较大者均经政务会议通过，以示对人权保障之极度重视。这一工作的进行，基本上做到了社会秩序的安定，人民安居乐业，如农、工业生产的增加、土地价值的提高、商业繁荣的恢复、逃亡户的返回、各阶层的踊跃参政等。

“三三制”政策的实际执行。中国共产党提出的“三三制”政策，被各阶层热烈拥护，我们实际上是执行了这一政策的。如村选当中十一个县五十五个行政村的统计，主任代表中有百分之十六是地主富农，有百分之四十是中农，有百分之三十八是贫农雇农工人。村长中有百分之十四是地主富农，百分之三十二是中农，百分之五十三是贫农等。在村以上政权中，也尽量吸收了各阶层人士参加，如临南离石等县的县政府及二四专署里都有地方士绅参政，行署的领导人是老国民党员续主任，各处长里有动委会牺盟会及其他来自各党各派无党无派的人。

廉洁政治的实施。在新政权建立之初，即宣布廉洁政治。二年半以来的公务人员，实际养成一种吃苦耐劳的艰苦作风。废除薪饷制，实行供给制，每人每天一斤四两小米。又如行署科长秘书一级干部下乡，自背行李走路数十里；有些游击县长在山顶上山沟里睡觉，还有些区村干部害了病没药吃，回家养好病再来；有的干部一年四季无被子，受冻；有时吃不上盐及菜蔬，特别是区村干部有时日以继夜的（地）工作，不辞劳苦，可以说是一种忍耐着饥寒而埋头苦干的生活，甚至大部分干部是冒着性命危险不顾一切的（地）做

工作。二年半以来被敌人惨杀、为国牺牲的干部很多，如八专区专员顾永田、五区秘书主任李林、太原县长周洪涛、左云县长王默平、五寨县长梁学岸、山朔县长时芒、二区贸易分局副局长詹永祥，以及许多县级区村级干部。去年三月到今年三月牺牲区助理员以上干部达一百二十五人，村干部更多，仅汾阳一县即达三百余人。这都充分说明新政权是廉洁奉公的，公务人员是艰苦备尝、牺牲一切的。即或有些干部畏惧于饥寒、动摇于利禄，走上贪污腐化，我们除严加教育外，也采取严历（厉）制裁的态度〔于一九四一年九月，颁发惩治贪污暂行条例〕，如方山经济局长张自普判徒刑三年，交通总局长常云山判徒刑四年，保德公安局长康琳、文水区长林英处以枪决，行署科员阎子明被枪决，以及许多区村干部因贪污而被处分，这也说明我们是体念民艰，和旧政权的到处贪污腐化而不见破获一案有本质上的差异。这种廉洁政治的认真实施，正说明民主政治的实质，是根本上与独裁政治、官僚政治不同的。

但是战争的不断扰乱和不民主的历史传统，使我们的民主政策不易贯彻、不易熟练，民主的选举运动还不够普遍，村政权的民主生活还不够充实，人民权利的保证、各阶层利益的调济（剂）还不够完善，许多区村干部受着封建社会的影响，民主作风还差。这些都需要我们努力改进。

三、财政经济政策

（甲）财政政策

二年半以来，我们根据实际工作的基础，确定财政公粮政策是，统筹统支，量入为出，适当量出为入。分别收入与支出两方面来看：

（一）收入方面是；（子）统一的累进的原则。（丑）负担户扩大到百分之八十以上的原则。（寅）公粮负担，个人最高不超过其全年收入百分之三十，总负担不超过百分之二十的原则。（二）支出方面是：（子）军政费的比例为七比三的原则。（丑）在保证生活必需前提下，尽量节约的原则。

二年半以来共收公粮××××××××石，公草××××××××斤，公粮公草实际都开支了。共收款农币××××××××××元，共实支××××××××××元，应支款是××××××××××元。

实支款数，不足实际应支款数一半以上，其中大部分是由军队机关自力更生解决的，大大减轻了人民的负担。如一九四一年的自力更生估计，即达××××万元之谱，军队为了自力更生，把休息的时间，大部占去。如三五八旅开油房解决吃油；每一伙食单位种菜地十亩上下解决吃菜；每一战士每一礼拜砍柴三百斤到五百斤，解决烧柴；从岚县岢岚一带到兴县城一带背粮、背炭、背山药旦（蛋），做些贩卖生意，以解决吃盐。军医处的医生，也背炭贩卖，以解决纸张与毛笔，因为到山里砍柴背粮背炭背山药蛋，把衣服很快的（地）磨破了，露着肉受着冻。一旦遇着战争，自力更生停顿一个时期，就会没菜吃，没油盐吃。如三五八旅×团今年五六七月因为在外打游击，没油盐吃，×团在田家会战斗前，因战争误了自力更生，使之四五月份没有油盐菜吃，只好到山下挖苦菜。又如去年新年前后整个部队没菜吃，有些到老百姓收获后的地里拾残剩的山药蛋。直到现在有些司令部与政治部的科长还没有被子，其他人就可想而知了。××团也是从岚县到兴县背炭贩卖解决伙食，八区部队背粮，必须打仗牺牲人。其他部队都是尽各种办法，费上很大力气进

行自力更生。在这种情况下一面打仗一面生产，使部队的生活，必然遭受到难以想象的困难。

除自力更生，解决一大部份（分）问题之外，各部门的节约也是克服财政困难的重要办法。如一九四〇年行署号召政民粮食减为斤六两，今年又决定军队减为斤六两，政民减为斤四两，此外有时菜钱发一半，津贴不发，经费少发，衣服费少发〔略〕以及其他节约的实施，都是我军政民机关以吃苦耐劳精神减轻人民负担的显著表现。最近我们更接受并执行了共产党提出的精兵简政，更是体念民艰、克服困难的有效措施。

由于各军队机关自力更生与节约的努力，减轻了晋西北人民的负担。根据调查与比较，我晋西北人民的负担，比敌占区人民的负担轻九倍，比×××人民的负担轻八倍，如临县后月镜村与敌占区山朔县的新磨村，以及××××县后庄子上村，这三村子人民负担的调查来比较：后月镜一九四一年每人平均负担小米零点一七五石，其负担种类是公粮、田赋、村摊款。新磨村一九四一年每人平均负担小米一点五八石，其负担种类是地亩捐、门户捐、特别工作费、大村公所消耗费、伪书报费、本村消耗费、学校费、人力车税、牲畜税、集谷、交科支差费、大烟税、交烟税、油粱捐、照像（相）与身份证明书费等。后庄子上村一九四一年每人平均负担四〇六点八元法币：以三〇〇元折小米一点四石，其负担种类是田赋、麦子、借粮草、帮差费、派款、支差、自卫队训练，送粮草、生产兵费等。不过我们现在的负担比之抗战以前也重些，这是为了坚持抗日战争，我们中华民国的每个人民，对国家民族应有的贡献。这种为国牺牲为抗日贡献的精神，和军队的流血流汗一样，应该好好发扬起来。

（乙）生产建设政策

新政权初建立，即本民生主义的精神，确定生产建设政策，以繁荣社会经济，改善人民生活；

1. 发展农业生产。每年有春耕条例的颁布与执行，春耕中停止差务的严格规定，今年又有春耕贷款贷粮办法的颁发。这一工作必须：（一）扩大耕地面积。利用生熟荒地及河滩地增加生产，依据一九四一年八月颁发［的］修正垦荒条例执行。（二）提高产量。从改良技术、兴办水利、讲求施肥、改善土地经营上，增加每亩地的产量，依据今年一月颁发的修正兴办水利条例执行。（三）奖励特产。依据一九四一年一月颁布［的］奖励特产暂行办法，对种棉种蓝特别奖励，以解决穿衣问题。

2. 发展农村副业。从提倡植树、造林、繁殖家禽家畜上增加人民收入，增加畜力肥料，利用妇女儿童的劳动力，参加生产。

3. 发展工矿生产。根据地生产落后，在敌人经济封锁下，工业必需品，特别是在穿衣上遇到严重困难，因此争取必需品自给自足，必须：（一）普遍发展群众手工业，特别是棉毛纺织。（二）恢复旧有作坊，并提高其产量。（三）发展公营事业，扩大纺织厂、工具厂，举办民力所能办的必需品工业，帮助与指导群众生产。

4. 发展合作事业。以社员互助方法调济（剂）根据地经济，改善人民生活，并组织小农经济力量，对敌进行经济斗争。依据一九四〇年公布［的］合作社暂行条例执行。

5. 改良技术。开展农事试验及推广工作，改良农业技术，开展工具的化学及其他生产技术的研究实验，奖励技术改良，优待专门生产技术干部，以提高生产量。依据奖励生

产技术暂行办法执行。

生产建设工作，依据上述各项政策，经过几次行政会议及经济会议的贯彻，由最初社会秩序不安定、人民生产情绪低落、各种生产事业衰落的时期，进入［第］二次行政会议以后的经济建设工作突飞猛进的时期，当时决定生产建设工作，为三大中心工作之一。到［第］三次行政会议以后，以生产建设为突击方向，这一工作到现在可以说是从现在基础上求发展的时期。在这二年半当中，政府在农业生产上的贷款达九九一九七七元，贷粮达六三八八石。在群众工业上的贷款达一二四八六〇〇九三七元。在工厂投资上共达法币九〇四五〇二元。生产的成绩，在一九四一年有显著的发展，一九四二年是在既有基础上求得进一步发展，计开荒十二县一八九七五亩，水利九个县二六六六四点三亩，都超过了全晋西北原计划的总数，种棉六个县五七六九九点九亩，超过一九四一年数。牛十三县增加六三一〇头，驴九县增加一八七〇头，猪十三县增加一七二三九口，羊十二县增加六一〇五六只，除驴外都超过原计划。织布一九四〇年开工者四区三八〇〇架，去冬又增加一〇〇架，造纸由一九四〇年的十八五家增到一九四一年的二一二家，公营工厂每月产布能力达六五一〇匹。这些生产成绩，基本上解决了晋西北人民与军队的全部食粮。一九四一年大部冬衣〔是改变过去依赖洋布的现象；为使用本地土布〕，今年冬衣也估计用土布解决十分之八，此外日用品如肥皂油墨等，也都是已经以土货代替了洋货，这是我广大人民及军政机关共同努力的光荣成绩。

但是，我们在生产建设上，还有不少缺点，如政策的执行，还不很彻底，资本很少，干部不足用，领导上力量不集中，经验不丰富等。加以敌人的破坏，更使我们的困难增加。

（丙）金融贸易政策

新政权初建立时，商业萧条冷落，金融庞杂紊乱，当时草创的金融贸易政策是：贸易上的内地贸易自由，统制对外贸易：金融上的从以法币为标准币，进行发行农币。到一九四一年三月召开的财政经济建设会议，使贸易金融政策逐渐正规，贸易上对内贯彻自由贸易政策，对外实行保护政策管理对外贸易。当时并正式颁布贸易暂行条例。金融上宣布农币为本区唯一合法之本位币，根绝伪钞，严禁白洋法币之流入敌占区，因而也禁止其在市面行使以防被敌吸收。一九四一年四月并正式颁布扰乱金融惩治暂行条例。进到一九四一年十一月［第］三次行政会议后，贸易上除贯彻执行过去政策外，加强扶植合作社，对外实行管理贸易（颁布管理对外贸易办法）。金融上，改定暂准法币流通，严禁资敌，加强管理对外汇兑政策，修正了金融条例，颁布管理外汇办法。

根据上述政策，在金融贸易上都有成绩，在今年春天分局分行负责人会议上，经过检查后，对金融工作的意见是：对于平衡本币价格有成绩，银行开始和金融市场发生关系，但是对于管理对外汇兑工作，没有进行。今后的中心任务是：（一）切实进行外汇管理，以开展对敌货币斗争。（二）配合各项工作，有计划地提高与稳定本币。对贸易工作的意见是：在帮助小手工业、中小商人上有些成绩，对合作社的发展也开始注意，但是中心工作仍未抓紧。今后的中心任务是：（一）巩固与发展各种合作社，团结中小商人，以增大贸易局的群众基础。（二）切实管理对外贸易，以发展根据地经济（颁布了管理外汇与修正金融条例的补充办法）。这半年当中，在扶植合作社管理对外贸易与汇兑等工作上，都

有成绩。

但是，在金融贸易工作上，某些政策还不够具体明确，违反政策的行为还有些，资力不足，经验缺乏，贯彻执行政策也差等缺点，都还是我们当前急需努力克服的。

四、民生改善的各项重要政策

新政权一向本着民生主义的精神，与抗日民主统一战线的原则，确定并贯彻执行各种有关改善民生的法令政策。

减租减息与交租交息的政策，第一次行政会议上，确定减租减息的原则与办法，［第］二次行政会议上重行修正，今年经过二年多的经验，又作进一步修正，正式颁布减租交租减息交息条例。其基本精神是：（一）便利资本及富农经济，发展生产，也就是发展三民主义，即新民主主义的社会经济。（二）保证减租减息与交租交息，也就是保证地主债主的地权、财权，也保障农民的地权、财权。其具体规定，与过去的条例大不相同，如地主雇人耕地时可以收回土地；伙种地投资部分不减租，稳定与延长租佃关系。土地转移所有权时，原佃户有耕种优先权。负担公粮时，自耕及富农经营较轻、牛租不减；新的借贷利息，依习惯不按分半减息，负担公粮时，利息收入只计一半等等，都是为了促进生产的发展。又如规定地主必须依法减租，转租土地时，原佃户有优先权，荒年可酌情更减租，民国二十年以前旧债一律停付，二十一年后旧债分别减轻、清理，并抽回原约等，都是为了保障人民的佃权财权。此外，如不准欠租，保证依法收租，地主有出卖出典自耕或雇工耕种之自由，旧债必须照办法限期清理，新债必须依约付本付利等，都是为了保障地主债主的地权财权。

二年多当中，大部分地方是执行了这一政策，一般的多减过租，过去不交租或过分少交租现象基本上纠正了。但是减租工作还不彻底，交租工作也不够普遍，特别是减息与交息不活泼，急应努力打开这种局面，导入进一步的正确与活跃的状态。

关于赎地的办法，一九四一年十一月份颁布过回赎不动产暂行办法；现在我们已不采取清理旧债计息还地的办法，也不采取农票抵白洋赎地的办法，又不采取依原典价赎地的办法，我们的办法是依照地价的变化〔即赎地时地价与典地时地价的比例〕确定赎价〔与原典价作比〕的多少，照顾双方利益，也照顾生产的发展。这一工作，过去虽解决了不少问题，但是借赎的畸重畸轻的情形也有过一些。

关于劳资双方利益的问题，于一九四一年四月颁布工厂劳动暂行条例，一九四一年八月又颁布矿厂劳动暂行条例；一九四一年四月颁布改善雇工生活暂行条例，以及改善劳资双方生活。但是这二年多当中，除少数地方执行过外，大部分地方未认真执行。另一方面因为我们对实际情况了解不够切实，条例的规定也不够妥当，应该设法补救。

对于抗战军人家属的优待，认真执行。不论人民参加任何抗日部队〔八路军、新军与任何友军〕，一律由地方政府组织当地人民优待其家属，或发优待粮或给代耕地，或赠与荣誉品，使战士安心作战，其家属生活得以维持。依照一九四一年三月颁布［的］优待抗战军人家属暂行条例执行，对残废军人阵亡将士及伤亡政民干部，都予以适当的抚恤。不论抗战军人将士是否本区人民，一律依照一九四一年五月颁布的抚恤残废军人暂行条例与抚恤阵亡将士遗族暂行条例，切实执行，政民伤亡干部依照一九四二年一月颁布的政民干部伤亡褒恤暂行条例执行，使残废者得到光荣的报答，阵亡者之遗族得到光荣的待遇，为

国牺牲之优秀人员，得到其应有地位。这些工作，基本上都已执行，优待粮、代耕队、抚恤等等的数目历年增加，抗战军人干部及其家属的光荣地位与实际享受，已逐渐显著起来，但是在实际执行的普遍性上还差的（得）很，应该加强这一工作的领导，使成为广大的群众运动。

社会灾难的救济与卫生工作的进行，我们格外注意。在战争当中人民遭受伤亡损失特多，社会疾病最易发生，加以敌人制造传染毒菌，危害人民生活甚大，政府以最大力量尽量补救这些天灾与人祸所给予社会人民的损失，如救济兵灾、火灾、水灾、雹灾，曾经拨过粮食数千石，款项很多。传染病的救治，瘟疫的防止，也配合军队卫生机关做过不少。另外又在内地县里设立医院，免费治病。这些都是尽量补救各种灾难的毒害，实际上也起过很大作用，但是我们人力资力不足与科学条件的限制，没有能够普遍的（地）救济，这是一个很大的憾事。

此外，新政权对于改善各阶层生活、稳定社会秩序的各种较大问题，都有较明确的政策，如一九四一年四月一日颁布的婚姻暂行条例，即以和睦家庭、推进社会、改善人民生活为原则制定的，一九四一年十一月颁布的晋西北禁烟治罪暂行条例，也是以加强人民劳动能力、改善人民生活为原则制定的，这些政策在实际执行中都有成绩，解决过不少问题。如最近一年来，只行署就办婚姻案件十二起、禁烟案五十五起，各县办过的很多，特别是婚姻案件。此外，对于公地、户地、社地、庙地、学田等的使用，都有明文规定。还有些是沿用国民政府颁布的法令，如惩治盗匪办法、禁毒条例等，但是在这些政策的规定上与实际执行上，都有不够周密的地方，执行的（得）也不彻底，应该设法改进。

五、文化教育政策

晋西北的文化教育政策是“以革命的三民主义、抗战建国纲领、六大施政纲领为准则”，并根据晋西北的社会条件决定的。经过［第］二次行政会议的专门讨论，到一九四一年五月教育科长会议上正式颁布了晋西北教育宗旨及实施方针，又制定中学法、小学法、师范规程，使教育政策走上正规的道路。具体的（地）说来，我们文化教育政策［的］主要特点是：（一）民族的——从各方面提高民族的自信心自尊心，培养民族意识与民族气节，在敌占区、接敌区以及游击区，还必须与敌伪的奴化教育作斗争，并执行文化教育上的隐蔽政策。在农村里必须和抗战的对敌斗争的反扫荡的许多具体工作密切联系起来，培养大量的抗战建国人材（才）。（二）民主的——首先诱导学生与人民走向民主的道路，和晋西北历史传统的不民主遗毒作斗争，如学习自由、研究自由、思想自由、在学校里生活指导的自由。进一步扶助并改进私塾，帮助各种不同性质的私立学校，如宗教学校，发展各种文化团体、文化事业。更具体的民主教育，是配合农村里民主运动，如村选运动及一切民主设施，而进行各种生动具体的文化教育工作。（三）大众的——主要的是提高人民文化水平，如配合群众团体开展社会教育，推广冬学运动及乡村文化娱乐活动。健全并发展读报组、识字班、民众剧团、大众补习学校、民革室、民教馆、试办新文字等。这些依照一九四一年五月颁布的社会教育组织条例及教育宗旨执行。此外，一九四一年五月颁布免费公费生条例，确定初小为国民义务教育，政府发课本不收书籍费，使各阶层不受资产、地位及出身的限制，都有平等受教育的实际机会，也是大众教育的实质之一。（四）科学的——提倡科学知识，发扬卫生教育，进行反对落后的封建的教育与反对

迷信、反对复古的思想教育。（五）文化教育上的统一战线政策与尊重知识分子——教育宗旨上规定，“晋西北的一切抗日人民，不分民族、阶层、党派、信仰与性别，受教育的机会一律平等”，“建立与发展文化统一战线，广泛吸收各地区各部门的知识分子”，于一九四二年十月颁布文化工作者待遇办法和小学教员检定任用待遇优待奖惩条例、中等教职员优待条例，都是这一政策的具体实施办法。

我们的文化教育工作，是在战争的残酷摧毁、教育行政机构的变动不定、教育干部的缺乏与流动以及旧政权遗留下的文化落后和教育脱节的废墟之上，开辟建设发展起来的。［第］二次行政会议以前，是偏重政治教育，创办训练班，恢复学校教育，推广群众文化娱乐的歌咏戏剧，各专区都有新闻报纸的出版。［第］二次行政会议后，纠正过去那种缺乏长期打算、统一计划的偏向，使学校教育在数量上有飞跃的进步。识字教育普遍开展起来，廿四县系统统计高小三十四所、初小二一〇二所，小学教员二三二五人、小学学生达八七九八〇人，女生占三分之一。中等学校和师范学校学生是八七九人。先后训练过干部一〇三一人。冬学一九四一年十四县统计一六六七所，印发三万册识字课本，不脱生产剧团有八十三个。十八县统计争取敌伪小学教员二十九人，知识分子八十六人，新民小学二十七所。一九四一年五月教育科长会议上确定各种正规的具体政策，使文化教育工作，走到今年这样统一的、有计划的、正规的，根据整顿三风的精神转向质量提高的新民主主义教育的途程上。今年一月又颁布了管理教育基金暂行办法，切实整理教育基金，使文化教育工作的开展更得到物质保证。

但是，不可否认的，学校质量离需要还很远，小学教员数量少、质量低，教材缺乏，对敌伪的斗争注意不够，社会教育不够深入，都是当前的重大缺点，需要努力克服。

第四部分

精兵简政与整顿政风

〔略〕

选自《晋绥根据地资料选编》，第1集，中共吕梁地委党史资料征集办公室1983年编印，第59～82页。原注：“原载晋西北临参会议会刊。”

23. 刘少白同志在晋西北临时参议会上的讲话

1942年11月10日

各位参议员，各位来宾，各位政府长官：我刚才誓也宣了，职也就了，人民所献的花也戴了，就只丢下自己所负的责任问题了。

方才林议长的讲话，是很好的，不但有条有理，而且有中心，从团结和民主的精神讲到目前的主要工作，将如何贯彻。我想大家是很明白了，我几乎无话可讲，只好补充些片面的和些自勉的话。

我想，林议长他是一个共产党员，他今天所讲的话，不仅是代表共产党也代表了各阶层各党派及老百姓的话，而我是一个非党员，但在今天，也不能只代表非党员说话，也有

些代表共产党的成份（分）。这是什么意思呢？因为民主是整体，不能显出党派的，不管是任何一个党派，一个阶层，都是为了国家，为了民族，今天民主政治，就是要一致团结的。

我再就议会本身与各位参议员的关系来讲讲，过去议员的地位，名义上是代表人民，实际上还是个人地位，今天新民主主义下的议员就不同了，他们是由老百姓民主选出来的，分开来说是代表各党派各阶层的，合起来讲是代表国家与民族的，这就是现在的议员和过去的议员很大的不同之点。

此外，还有些不同的地方，就是，过去的议员，虽有代表人民的名义，而同时却与政府没有什么关系，甚至居于对立的地位。今天的参议员就不是那样了。比如，这次临参会出席的参议员有一百几十人，常驻会议员和行政委（员）共三十人，都是由这一百几十个参议员互选出来的。这真正是政府与议会“一元化”，过去就没有这样的制度。

什么是“一元化”呢？就是政府人员是从议会中产生出来的，政府所行的一切政策法令，也是从议会中决定出来的，所以说“议行要合一”。就是说政府对议会所通过的施政纲领及法令条例，固然要负责执行，可是参议员除了共负监督责任之外，自己还应该起模范作用，不然，就是“自打嘴巴”，因为这些政策法令，都是我们自己决定的。

过去的议员，他们在议会中发言，固然是不负责任的，可是他们的决议，政府执行与否，和执行的（得）好坏，他们也概不过问，更谈不到负责。今天的参议员就不同了，要负起监督责任，并且要“以身作则”，就如孙中山先生所说的“权”与“能”的关系，我们参议会是立法机关，就是有“权”者，政府是有“能”者，所以交它们去执行，比如开一部汽车，司机总是要熟练的人去当，而决定汽车行走的方向，还是造车的人。

再谈到议员的认识问题：在这个会未开以前，有些人想不到会议进行中，会有些什么表现，什么问题，或者以为和旧议员差不多；还有些人以为政府是共产党领导的，讨论些什么，也还摸不清。经过了十七天的会议后，大家都了解了，并且对抗日政策的认识，也增进了不少。刚才林议长说过“这次会上表现非常好的，是团结与民主的精神”的热切。这次大会上与小组会上，没有一个人为自己的利益设想，都是为了国家民族，从有争论，也都是为了团结抗战的一个目标。十几天的会议始终不懈的（地）讨论问题，这都表现了精诚团结，表现了各党派各阶层的亲密合作，即在秩序上也很整齐，这是在未开会前想不到的表现。

在政治认识方面来看，各地代表带来的意见，不管是片面或全面的，总之，都是反映群众的意见，都是很可贵的。因此，都毫无避忌的（地）提出来了。可是到会以后，更听到各方面的意见，知道了政治的总体与全面的利益，尤其是共产党提出来的施政纲领，大家都在小组会上研究讨论过，所以一致的（地）签名，提出大会通过。这不是盲从附和通过，而是感到共同的一致的要求。这个纲领虽然是共产党提出来的，但它不是为了共产党的利益，而是为了全晋西北以至于全国人民的利益，在今天抗日的要求上，是非常正确的。这个纲领既经临参会通过，作为晋西北的施政纲领，这是此次大会上最主要的决议。所以其余一切法令条例的决定，都是根据了这个纲领的精神迎刃而解。可见这次大会对于政治上的认识，不是未到会以前的那一种想法，而是集合了大家的想法与认识创造出来的。希望大家对本会一切决定，都要负责执行。

再看大家对国际的认识，也有了进步，不只议员有了相当认识，而是影响到一般老百姓也有了进一步的了解，比如说：打败希特勒与打败日本二者的联（连）带关系，过去老百姓是不懂得的，现在老百姓也懂得了，残害中国的敌人，直接的虽是日本，但非先打倒法西斯的头子希特勒，则世界战争是不能解决，因为今天的世界大战乃是反法西斯与法西斯的总决战，所以对于德日法西斯是有缓急之不同，俗语说“擒贼先擒王”，就是这个道理。

再说到议员应持的态度：议员在议会上的地位，是神圣不可侵犯的，他们的权利，以及特殊的待遇，不是普通人所能享受，但这不是重视参议员个人，而是尊重民主制度。所以参议员的态度，自高自大，是不对的，过分谦虚，也是不对的，应该是对上不卑，对下不亢，只知有正义，不知有地位，一切为了国家民族，为了抗战，只是为公，不是为私。总而言之，要以大公无私的精神，代表群众，反映群众的意见与要求，把群众的意见拿到参议会来讨论后，还要与群众一个回答，这个回答，若不兑现，群众就会“罢免”你的，我们应把参议会的讨论与决议的情形，给群众一个详细的报告与解释。不只是空口的解释，而且还要“以身作则”作为群众的模范。若遇公私利害上的矛盾与冲突时，那只有先公而后私，这才是我们议员应有的态度。

此外，还有一点，就是议员的义务与权利：说到义务，大抵和刚才所说的那些道理一样，议员既在政治上有了认识，那么，自己的任务，也就很清楚了，这里不再多说，至于权利意义，也与过去不同，过去的权利，是讲升官发财，还是个人的权利。第一，今天参议员的权利，是在要求大众共同的利益，尤其是要求不久的将来，要实现一个民族独立的，民权自由的，民生幸福的新中国。这是全中华民国的权利，也就是我们子子孙孙万代的权利。这个权利较个人权利大过万万倍，而且是永久的，参议员当然也有此权利。我的讲话完了。

选自《晋绥根据地资料选编》，第3集，中共吕梁地委党史资料征集办公室1984年编印，第218～221页。

24. 林枫：晋西北临时参议会闭幕词

1942年11月10日

各位参议员、各位政府长官、各位来宾：

今天的会，是临参会的闭幕，也是临参会常驻委员和政府正副主任及行政委员就职的大会。临参会从开幕到今天，已经是第十九天了。除了当中的两天休息，整整进行了十七天。在这十七天当中，所有参议员、政府长官以及大会的工作人员，都是很紧张的（地）为了国家民族，为了抗日，不辞劳苦地工作着。从这十七天的过程中，我们做了很多的工作，很顺利地完成了这次大会的任务。这次大会是胜利地闭幕了。

在大会闭幕时，在常驻委员和政府正副主任及行政委员就职时，我有以下的几点意见来讲：

第一，这次大会的精神。

这次大会，在精神上，我们看到两种很好的表现，就是团结的精神和民主的精神，这是很可宝贵的，这是争取抗日胜利所极其需要的。

我先来讲团结的表现，团结的精神，表现在那（哪）些地方呢？

首先是表现在政治问题上，政治上的一致。从大会施政纲领的通过，各种条例法令的通过，各种提案的通过看到，这些纲领条例提案，就是政治要求，它包含了各个方面各个阶层的要求，它经过大会的讨论，得到了一致的决定，即是说，这次大会照顾了各个方面各个阶层，同时得到了一致的决定，这种表现是很伟大的。任何一个参议员，都能根据他所代表的阶层和人民，提出了他的主张，同时也进行了争论，没有一个参议员为了他个人的利益，而意气用事，而心怀成见。足见大家都是为公的，不是为私的。这种大公无私的精神，这种为了全体利益而牺牲个人利益的精神，就是团结的精神。今天我们正需要这种精神，只有这种精神，才能巩固抗日根据地，打倒敌人。总之，我们在政治上照顾了各个方面各个阶层，取得了政治上的一致，表现了伟大的团结精神，晋西北三百万人民的团结，在这次临参会上得到了证明。

其次，从这次大会组织的成份（分）上看，也充分表现了团结的精神。这次大会组织的成份（分），从党派上看，有国民党员，有共产党员，以及无党无派的人士。从阶层上看，有地主，有农民，有工人，以及两者之间的中间阶层，同时也包括了各界，有抗日军人，有妇女，有医生，有自由职业者，有学生和商人。从地区上看，照顾了晋西北的各个地区，不但有根据地各个地区的参议员，而且还有从敌人封锁和压迫下而来的参议员。因此，在临参会上也充分的（地）表现了敌占区同胞的要求。再从民族上看，有朝鲜的，还有满洲的少数民族的代表。所以，不管各个党派，各个阶层，各个地区以及少数民族都参加了大会，都为了一个目标——抗日，提出了许多意见，经过讨论并且通过了一致的决定。不论是谁，都在抗日的大目标下，决定如何把日本帝国主义赶走，把国民党、共产党、地主、农民、工人等等所有一切力量和主张，都团结为一个力量和一个主张。这种团结的精神，也是伟大的。大家都不是为了那（哪）个党派和那（哪）个阶层的利益，而是为了全民族的利益。这也正是今天抗日所需要的。

再其次，在大会工作的热忱上，情绪上也表现了团结的精神。在十七天的过程中，大家毫不松懈，毫不抱怨，一直紧张地工作。这种情绪是很少见的，很宝贵的。特别要提到的，是为公而死的杨参议员濂甫先生，他以届七十岁的高龄，并且患着重病，还坐上担架来参加会议。这种精神，表示了什么呢？表示了为抗日出力，为团结出力。可惜我们没有听到杨老先生的宝贵的意见。但是这种以死奉公，以死求团结的精神，是晋西北人民的光荣，是后死者应该效法的。此外，还有许多年纪很大，体力很弱，眼睛看不见，走路不方便的老先生，他们从几百里以外还来参加会议，在会上尽量发表自己的意见，例如我们的蔡厚先生，我们的张阑女老太太都是。这种为国为民的热烈情绪，除了说他们是为国家民族的利益而外，再找不出其他的解释。我们从临参会的过程中，还可以看到很多这样的例子，这里不能一一都讲了。

从这种团结的精神，可以使我们相信所有的中国人民，所有的中国各个阶层，各个党派，除了丧心病狂的分子以外，都是抗日的。在五年多抗日的过程中，特别是这次大会上，也证明了这是正确的。只有互相信任，才能继续巩固和扩大我们的团结。我们认为中

国所有的各党派各阶层，只有在抗日的大目标下，为了民族国家的利益，牺牲他个别的利益。这种牺牲精神，就是团结的保证；这种团结，就是抗日胜利的保证。现在，我来讲民主精神的表现。

这次大会，民主精神的表现，首先是三三制的切实执行。不管是主席团的选举，常驻会委员的选举，政府委员的选举，都是贯彻了三三制，实行了三三制。共产党员特别是在这方面努力的，没有依靠了共产党的组织力量，在各种选举中超过三三制。这是事实，用不着说明。

在大会的过程里面，所有的参议员，都尽量提出自己的意见和提案，先经过了小组的讨论，然后经过大会讨论以至于通过，因为先经过小组讨论，因此，所有各种条例各种提案，都能有充分的时间发表意见和交换意见。这是一个特点，也就是新民主主义的精神。在各种意见的取得一致上，在某些组织问题的解决上，我们是实行了新民主主义，这种民主的精神，表现在求得团结，求得一致。所有的问题都是先在小组会讨论的（得）意见差不多了，才到大会讨论通过，而是大多数取得一致。这里不但没有任何威胁和压迫，也没有收买和贿赂。从这些地方来看，不管会议的方法也好，参议员的来历也好，都是真正民主的。

另外，在几个组织问题的解决上，也表现了民主精神。

我们从选举的贯彻三三制上，从会议的过程上，从组织问题的解决上可以看到这次会议，是充分的（地）表现了民主精神，也只有这样的民主精神，我们才能更加一致，更加团结。

第二，这次大会的成就。

第一个成就：做到了团结，实行了民主。这是大会最大的收获。

第二个成就：这次大会总结了政府的工作，听取了军事报告，同时大会给政府两年多的工作做（作）了一个适当的估价。就是说，我们政府的政策方针是正确的，但是在有些地方的贯彻还不够。这样，使政权干部在工作上得到了应有的结论，今后能够更好的（地）贯彻政府的政策和方针。同时也使某些不了解全面情况的先生们，清楚地了解政府的全面工作。有了这一个成就，便使各阶级人士对政府的了解更进一步，使晋西北三百万人民更加拥护和帮助政府和军队。

第三个成就：决定了以后的大政方针。首先通过了“晋西北施政纲领”。这一纲领是三百万人民的行动纲领，而不是宣传品，应该确实执行。是不是要宣传解释呢？是要的，但宣传解释主要的是为了实行。其次，还通过了一些很好的法令条例，如保障人权条例、减租交租和减息交息条例、公粮条例，以及晋西北行政公署组织大纲、县区村组织大纲等等。这些法令、条例，也正是今后政府和三百万人民所应共同执行的。还有各种提案的通过，要执行的有一百多件。这些提案充分的（地）表现了各阶层的要求，也照顾到各阶层的利益。所有这些纲领条例提案得以一致通过，也是这次大会的一个成就，但还不是通过了就算完事，而是要把它变成行动。

第四个成就：民主选举了常驻会委员及政府正副主任、行政委员。这里被选出的人，都是晋西北的优秀人士，他们包括了各个阶层，各个党派，各个地区，代表着各个方面的意志。这一个选举的结果，使今后各种政策的执行，得到了物质的保证。

第三，几点希望。

一、对各级干部的希望：在这次大会的过程里，对于各方面干部的批评，我们听到很多，今天我想把这个问题提出来说一说。所有晋西北的干部，不管是那（哪）方面的，我们承认都是中华民族的优秀儿女，特别是晋西北三百万人民的优秀儿女。除了极少数存心不善的分子外，所有干部，都是为了国家民族的利益出来奋斗的。同时也应该承认，这次大会上有些人士对干部的批评，也是善意的。这就是说，晋西北各阶层人民的代表，对我们的干部希望很大，所以，对这些批评，我们的干部应该很好的（地）接受与反省，改正错误，把工作做得更好。同时，我们希望晋西北的父老，人民的代表，要继续以教育家的态度，来帮助我们的干部进步，这是对抗战有利的。特别是共产党员干部，对于党外人士的批评，更要很好的（地）反省，党外人士对于党员干部的希望也是很大的。在干部问题上，我认为我们的干部都是好的，对干部的批评是善意的。不管共产党员也好，非共产党员也好，都应该诚恳接受，反省自己。

二、对常驻会委员和参议员的希望：希望常驻委员会，在大会结束后，很好的（地）监督和帮助政府，实现大会的决议，并能经常接受人民的意见，反映给政府，使政府的工作做得更好。希望所有的参议员，也要在大会结束后，能把大会的精神和决议，报告给三百万父老兄弟姊妹。特别希望各位参议员，能够成为执行大会决议的模范。具体的执行是政府的责任，而参议员本身在执行各种条例上也应该成为身体力行，奉公守法的模范。因为这些法令条例，都是我们自己决定的。我们是人民的代表，不是人民的统治者，不是特殊阶层，首先我们自己的决定要自己执行，并要设法使我们所代表的人民执行。对于政治的威信，应特别注意，参议员一定要体念政府的困难，提高和巩固政府的威信，因为，政府是我们自己选举出来的，是人民代表所选举出来的。各地参议员回去之后，要经常和常驻委会（员）发生关系，经常反映人民的意见，使常驻委员能够很好的（地）帮助政府工作。总之一句话，我们参议员对大会一致通过的决议，要负责任，要去执行。

三、对政府的希望：首先希望政府能够贯彻执行并实现大会的一切决议，尤其要根据这次所通过的施政纲领来领导晋西北的工作。特别要提到的问题，就是这次所选举的政府和大会的决议，不是代表一个阶层，一个党派，而是代表所有人民，各抗日党派各抗日阶层的。因此，要照顾到各个方面，各个阶层的利益。而共产党员，要负更多的责任，要和其他党派阶层，更好的（地）团结，把工作做得更好。其次，政府今后的工作，应以保障战争的胜利为主要工作任务。保证了战争的胜利，也就是保证了人民的利益。一切要为了战争的胜利，没有这一点，就没有人民，没有人民，也就没有根据地。

四、对共产党员的希望：首先希望共产党员要和人民在一起，共产党员不是在人民之上，而是在人民之内的。我们党的领袖毛主席指示我们，没有群众，就没有共产党。共产党没有特别的利益，中国人民的利益，就是共产党的利益，共产党最终的目的是无产阶级的解放，但是没有中华民族的解放，就没有无产阶级的解放。因此，中国人民的利益和共产党的利益是一致的。中国共产党的事业，就是中国人民的事业，我们的气魄要大。在抗日的艰难困苦过程中，共产党员要站在最困难最危险的岗位上去工作，共产党员是不怕困难的，不悲观失望的。同时在生活的享受上，共产党员应是艰苦的模范，特别是在政府工作的共产党员，要执行毛主席的指示，要成为廉洁奉公，大公无私的模范，要成为完成任

务，艰苦奋斗的模范。尤其要成为团结所有人民，共同打倒日本帝国主义的模范。

第四，当前的几个主要工作。

一、对敌斗争——在以后应该是政府的主要工作，我们相信，政府一定能很周密的计划，把这一工作做好，各地参议员回去之后，也要很好的（地）动员人民，更加积极有力地进行对敌斗争，以达到把敌人挤出去的目的。这一目标，是我们的共同目标，这首先就要提高抗战胜利的信心，把三百万人民鼓励起来。根据国际国内的具体条件看来，我们胜利是有保证的，我们的胜利已经不远。其次就要发扬民族气节，每一个中国人民，都要有民族气节，不当汉奸，不帮助敌人。再其次，就是发展与健全民兵组织，是对敌斗争最有力最有效的办法，并应尽量的（地）解决民兵的武器，旧式武器也好。只有这样，一方面在政治上提高人民的抗战胜利信心，发扬民族气节；一方面在物质上帮助民兵武器，我们就可以到处打击敌人，战胜敌人。

二、保证今年公粮的完成与提高农钞——完成今年十六万石公粮，保证军粮的充足，这对于军事的胜利，是一个很大的保证。希望各地参议员回到各地之后，对于公粮条例要向人民解释。对于公粮工作帮助政府进行，很快的（地）完成。农钞的提高，对晋西北三百万人民财富的增加与根据地的巩固建设，有密切的关系。

三、贯彻精兵简政——过去已经讲过，今后是执行的问题了。

最后：如何贯彻大会的决议？我想应有如下三点：（一）具体的（地）了解这次大会通过的“施政纲领”、条例提案和决议；（二）要认真的（地）执行这些纲领、条例和决议；（三）要根据各地区不同的环境，将纲领条例和决议，负责加以研究，并使之具体实现。

希望各地参议员将大会的决议和精神，能够传达给每一个人民，传达到每一个角落，每一个村庄，使晋西北三百万人民都能够了解和接受大会的决议，能够以大会的团结精神，共同为战胜日寇而奋斗，那么我们的抗日战争，就一定会胜利。

一九四二年十一月十日

选自《晋绥根据地资料选编》，第 3 集，中共吕梁地委党史资料征集办公室 1984 年编印，第 222～230 页。

25. 晋西北临时参议会闭幕宣言

1942 年 11 月 11 日

全国同胞们！全晋西北父老兄弟姊妹们！

我们晋西北临时参议会的召开，正是世界民主阵线反对法西斯阵线的战争，有决定意义的时候。中苏美英二十六个民主国家团结更强大了。苏联英勇红军单独抵抗了希特勒及其欧洲伙伴，并粉碎了希特勒的第二个夏季攻势，此后，就是世界反法西斯阵线发动对法西斯阵线的进攻，最后地打败希特勒。在我们中国内部，也更加团结了，日本自从发动太平洋战争以来，它的战线愈延长了，兵力愈单薄了。打败了希特勒之后，世界民主国家就

更能配合中国，合力打败日本法西斯帝国主义。现在日益接近胜利的时候，日寇愈要更疯狂地挣扎，愈要用极残酷的“扫荡”“蚕食”“强化治安”来企图毁灭我敌后抗日根据地，企图消灭挺立在它心脏的坚强堡垒。我们晋西北三百万军民的团结是巩固的，但是客观的困难是严重的。为了渡过黎明前的黑暗，为了迎接将来胜利的反攻阶段，在今天，我们的中心任务，就是如何加强对敌斗争，开展游击战争，加强政治攻势，反对敌人的“扫荡”“蚕食”“强化治安”，把敌人挤出去，同时用最大的努力熬过一切困难，更有效地准备我们的反攻力量。我们这次临时参议会，就是为了彻底实现这些任务而召开的。

我们这次临时参议会，表现了空前的更进一步的团结。在参议员中，包括了共产党员、国民党员，以及无党无派的人士，有抗日军人，有地主士绅，有农工商学，有文化界，妇女界，有满族和国际友人朝鲜民族的代表，有年逾花甲和年近花甲的长者，也有年满十八岁的青年，内地区、游击区、敌占区，均各有其参议员，真正是不分党派、阶级、民族、职业、性别、年龄、区域，均表现了为国为民的空前一致。尤令人值得最大感奋者，这次大会，真正是用民主方法，一切经过无记名投票选举，完全实现了中国共产党所提出的三三制，在一百四十五个参议员中，共产党员只有四十七个，在主持大会的主席团中，在临时参议会常驻委员会中，在晋西北行政委员会中，共产党员都只有三分之一。因为三三制的始终贯彻，而参议会本身又是真正代表人民的权力机关，就更加深刻的（地）激发了民主热忱，更加增强了全体参议员的精诚团结，更加发挥了大会的高度效果，真正做到了知无不言、言无不尽，而目的都是一个，就是为了加强对敌斗争，巩固和建设晋西北。这就是大会的第一个伟大成就。

第二个伟大的成就，就是大会详细听取了晋西北行政公署两年半以来的工作报告和军区五年多以来的军事报告，并深刻检讨以后，一致认为行署和军区在过去一切政策的实施都是正确的。我坚持抗战的八路军、新军、地方武装的全体指战员，我各级政府工作人员，在弹药缺乏、物质供给极端困难的条件下，英勇牺牲，艰苦奋斗，打击了敌人，保卫了根据地，吸住了敌人一部分强大兵力，实际配合了全国的抗战，保卫了中国。而在政治、经济、文化、教育上的各项建设，都有了很大成绩：根据地全体人民的政治地位提高了，团结巩固了，生活相对改善了，对敌斗争的认识和决心加强了，参加民兵踊跃了。这些都是继续生长有生力量，把敌人挤出去，并准备反攻力量的强力基础。大会给予了正确的估价，并指出今后应当继续努力的方向。

第三个伟大的成就，就是大会全体一致热烈通过了中国共产党中央晋绥分局提出的《对于巩固和建设晋西北的施政纲领》，作为晋西北行政公署今后的施政方针。这是贯彻了抗日民族统一战线精神，切合晋西北具体情况，真正能够更坚强团结全晋西北三百万人民，反对敌人“蚕食”，渡过困难，准备反攻力量的政治纲领。大会号召我晋西北全体军民，一致加紧努力，为彻底贯彻纲领的每一条而奋斗。

第四个伟大的成就，就是大会根据“施政纲领”通过了《晋西北保障人权条例》《晋西北减租交租条例》《晋西北减息交息条例》《晋西北临时参议会组织条例》《晋西北行政公署组织大纲》等条例和《扩大民兵，加强地方武装，以增强对敌斗争案》等提案共一百一十二件。这所有的条例和议（提）案，都是切实照顾了各阶层利益，团结根据地全体军民以加强对敌斗争的宝贵文件。这里须着重指出的，如《拥护抗日军队的决议》，就是更

加尊重抗日军队，以加强抗日军队的斗争情绪和力量；《晋西北缴收公粮条例》和《晋西北三十二年度概算的决议》，就是确实保证军粮和军政民的财政开支，使对敌斗争的物质供给不缺；《提高和巩固农币的决议》，就是稳定金融，发展根据地建设，以巩固坚持抗战和争取胜利的经济命脉。大会坚决相信，这一切具体有效的措施，就是真正熬过今后困难，迎接胜利反攻的最大保证。

现在，大会胜利的（地）闭幕了，但这并不是临时参议会任务的终了，而是刚作了开头的一段。以上的这一切成就，我们将继续努力发展它，扩大它，所有“施政纲领”和一切决议，我们将帮助监督政府加以贯彻。大会特号召我根据地和敌占区的全体同胞们，坚强地团结在行政公署的周围，更加步伐一致，反对敌人的奴役，粉碎敌人的进攻与“蚕食”，加强对敌斗争，把敌人挤出去！

我们这次开会期间，恰逢第三届国民参议会的开幕和闭幕。我们谨代表晋西北三百万人民庆祝大会的胜利成功，拥护蒋委员长领导抗战建国，拥护阎司令长官领导山西抗战。我们热烈希望国民政府领导全国人民加紧准备反攻力量，为争取反攻阶段的早日到来，打倒日本法西斯帝国主义，以求得中华民族的彻底解放而共同奋斗！

一九四二年十一月十一日

选自《晋绥根据地资料选编》，第1集，中共吕梁地委党史资料征集办公室1983年编印，第83～86页。原注：“摘自晋西北临参会议会刊。”

26. 晋西北临时参议会常驻委员会组织条例

1942年10月31日晋西北临时参议会通过，
同年11月晋西北行政公署公布

第一条　本条例根据国民政府所颁布省参议会组织条例之基本原则及晋西北临时参议会暂行组织条例之具体规定而制定之。

第二条　常驻委员会除议长一人、副议长二人为当然驻会议员外，更依晋西北临时参议会暂行组织条例之规定，于议员中推选五人至九人，共驻会参议员九人至十三人组成之。

第三条　晋西北临时参议会常驻委员会之职权如下：

（一）于临时参议会休会期间，处理会内日常事务。

（二）监督晋西北行政公署对参议会决议之执行。

（三）听取晋西北行政公署按期工作报告。

（四）必要时对晋西北行政公署提出建议与询问。

（五）必要时可派代表出席晋西北行政公署政务会议。

（六）必要时召集临时会议。

第四条　常驻委员会视工作需要得设秘书处及各种委员会、工作团等。

第五条　常驻委员会非经半数委员之出席不得开会，议案之表决以出席委员过半数之

同意行之，可否相同时，取决于主席。

第六条　常驻委员会开会时，由议长为当然主席，议长缺席，由副议长代理。

第七条　常驻委员会之会期，规定为每月开会一次，但遇以下情形之一者，得召集临时会议：

（一）议长、副议长认为必要时；

（二）经晋西北行政公署之请求者；

（三）有本委员会三人以上之请求者。

第八条　常驻委员会委员之改选，于每届大会开会时为之，连选得连任之。

第九条　常驻委员会之委员，如在任期内，因故出缺去职或罢免时，由候补常驻议员递补。如因故暂时缺席时，亦可委托候补常驻议员代理。候补常驻议员名额，最多不得超过常驻议员名额三分之二。

第十条　本条例修改权与解释权属于晋西北临时参议会。

第十一条　本条例经过晋西北临时参议会通过后，由晋西北行政公署公布施行之。

选自《晋绥根据地资料选编》，第 5 集，中共吕梁地委党史资料征集办公室 1984 年编印，第 455～456 页。

27. 晋西北临时参议会暂行组织条例（草案）①

×年×月

第一条　本条例依据国民政府建国大纲及省参议会组织法之原则，并适应本区具体环境制定之。

第二条　晋西北临时参议会为本区最高人民代表机关。

第三条　晋西北临时参议会之参议员，根据晋西北临时参议会参议员产生办法产生之，其产生办法另定之。

第四条　晋西北临时参议会之职权如下：

（一）促进晋西北及晋西北各级参议会之建立；

（二）创制并复决本区单行法规；

（三）选举及罢免本区行政公署之正副主任及各处处长、各局长；

（四）监察弹劾本区各级行政人员及司法人员；

（五）决定本区各种政策及通过各项计划方案；

（六）审查并通过本区预算决算；

（七）决定本区地方税及公粮公草之征收与废除；

（八）决定本区地方公债之发行；

（九）决定关于人民生活之改善及救济事项；

（十）决定本区重要兴革事项；

① 此件为草案，与下一件修正通过的条例，都是 19 条，后者有删改，故一并刊出，供研究参考。

（十一）审议本区行政机关及各方请议事项；

（十二）督促及检查本区各级政府对于晋西北临时参议会决议案之执行事项。

第五条 晋西北临时参议会参议员之任期，至晋西北参议会成立之日为止，至多不得超过二年。

第六条 晋西北临时参议会参议员为无给职，但得酌发公旅费，驻会参议员并酌发生活费。

第七条 晋西北临时参议会设议长一人、副议长二人、秘书长一人，由参议员用无记名投票法互选之。

第八条 晋西北临时参议会每年开常会一次，有下列情事之一者，得召开临时会：

（一）经驻会参议员之决议者；

（二）经参议员五分之一以上之请求者；

（三）经本区公民二十分之一以上之请求者；

（四）晋西北行政公署提请，经驻会参议员可决者。

第九条 晋西北临时参议会非过半数参议员之出席不得开议，议案之表决，以出席参议员过半数之同意行之，可否同数时，取决于主席。

第十条 晋西北临时参议会决议案送交晋西北行政公署执行之，如晋西北行政公署对决议案认为不当时，应于接到决议案两日内详具理由，送回晋西北临时参议会复决。前项复议以两次为限，如第二次复议仍照原案时，不再复议。

第十一条 晋西北临时参议会设驻会参议员五人至九人，于大会闭会期间处理日常事务，监督执行决议，负责召集临时会议。议长、副议长、秘书长为当然驻会参议员，主持会务。驻会委员会之组织条例另定之。

第十二条 晋西北临时参议会开会时，得组织主席团协助议长、副议长主持开会事宜。晋西北临时参议会开会时，设秘书处、参议员资格审查委员会、提案审查委员会，其组织法另定之。

第十三条 晋西北临时参议会得视工作之需要，聘请专家成立各种专门委员会，其组织法另定之。

第十四条 晋西北临时参议会参议员，遇有失职或因其他事故不能继续任职时，由候补参议员依次补充。如无候补参议员时，由原选举单位补选之，其为政府聘请者，由政府补聘之。

第十五条 下级民意机关议决之案件，如晋西北临时参议会认为不当时，得通知晋西北行政公署下令停止执行。

第十六条 晋西北临时参议会参议员，在会议时所发之言论及所为之表决，对外不负责任，其因此遭（招）致违（危）害或侮辱者，当受法律保障。

第十七条 参议员除现行犯外，在会期中非经参议会之许可，不得逮捕或拘禁。

第十八条 本条例之修正权，属于晋西北临时参议会。

第十九条 本条例经晋西北临时参议会筹备委员会通过，由晋西北行政公署公布施行之。

选自《晋西北临时参议会参议员选举条例汇集》，1942 年 10 月编印，第 1～3 页。

互校版本：《中国新民主主义革命时期根据地法制文献选编》，第 2 卷，北京，中国社会科学出版社 1981 年版，第 315～318 页。原注："选自《晋西北临时参议会参议员选举条例汇集》。"

28. 晋西北临时参议会组织条例

1942 年 11 月[1] 6 日晋西北临时参议会修正通过

第一条 本条例依据国民政府建国大纲及省参议会组织法之原则，并适应本区具体环境制定之。

第二条 晋西北临时参议会为本区最高人民权力机关。

第三条 晋西北临时参议会之参议员，依据晋西北临时参议会参议员产生办法产生之，其产生办法另定之。

第四条 晋西北临时参议会之职权如下：

一、创制并复决本区单行法规。

二、选举及罢免本区行政公署之正副主任、行政委员。

三、监察、弹劾本区各级行政人员及司法人员。

四、决定本区各种政策及通过各项计划方案。

五、审查并通过本区预算、决算。

六、决定本区地方税及公粮公草之征收。

七、决定本区地方公债之发行。

八、决定本区重要兴革事项。

九、决定本区行政公署提交审议事项及各方请议事项。

十、督促并检查本区各级政府对于晋西北临时参议会决议案之执行事项。

十一、追认闭会期间晋西北临时参议会常驻委员会及行政公署关于紧急措置之重要事项。

第五条 晋西北临时参议会设议长一人、副议长二人主持全会工作，议长、副议长由参议员用无记名投票法选举之。

第六条 晋西北临时参议会得视工作之需要，聘请专家成立各种专门委员会。

第七条 晋西北临时参议会每年开例会一次，有下列情事之一者得延期，或召开临时会议：

一、经常驻委员会之决议者。

二、经参议员五分之一以上之请求者。

三、经本区公民二十分之一以上之请求者。

四、晋西北行政公署提请，经常驻委员会同意者。

---

① "晋绥资料版"将"11 月"误作"10 月"。

第八条　晋西北临时参议会非过半数参议员之出席不得开议，议案之表决，以出席参议员过半数之同意行之，可否同数时，取决于主席。

第九条　晋西北临时参议会开会时，得组织主席团协助议长、副议长主持开会事宜。开会时并设秘书处、参议员资格审查委员会、提案审查委员会，其组织法另定之。

第十条　晋西北临时参议会之决议案，送交晋西北行政公署执行之，如在执行中发生困难时，由晋西北行政公署提交常驻委员会修改，俟下次临时参议会开会时提请追认。

第十一条　晋西北临时参议会设驻会参议员九人，组成常驻委员会，于大会闭会期间处理会内日常事务，监督执行决议，负责召集临时会议，议长、副议长为当然驻会参议员，主持驻会工作。驻会委员会之组织条例另定之。

第十二条　晋西北临时参议会参议员之任期为三年，连选得连任之。参议员遇有失职或因其他事故不能继续任职时，由候补参议员依次递补，如无候补参议员时，由原选举单位补选之，其为政府聘请者，由政府补聘之。

第十三条　晋西北临时参议会参议员，在会议时所发之言论及所为之表决，对外不负责任，其因此遭受违（危）害或侮辱者，当受法律保障。参议员在任期内除有汉奸行为及现行犯外，非经临时参议会或常驻委员会之许可，不得逮捕或羁押。

第十四条　晋西北临时参议会参议员，在闭会期间须与常驻委员会取得密切联系，吸收人民意见，随时向常驻委员会报告，且须以区域或机关团体为单位，组织参议员小组，完成其应负任务，惟（唯）参议员个人对外不负干预行政之责任。

第十五条　晋西北临时参议会参议员系无给职，但得酌发公［旅］费，其有特殊困难者〔如疾病、贫寒、家在敌占区无法回去等〕，得由当地县政府呈准行政公署依照优待行政干部办法酌情从优办理，驻会委员之待遇，与同级政府之行政委员同。

第十六条　下级民意机关决议之案件，如晋西北临时参议会认为不当时，得通知晋西北行政公署下令停止执行。

第十七条　本条例之修正权属于晋西北临时参议会。

第十八条　本条例经晋西北临时参议会通过，由晋西北行政公署公布施行之。

选自《中国新民主主义革命时期根据地法制文献选编》，第2卷，北京，中国社会科学出版社1981年版，第318～321页。原注：“选自一九四二年十一月晋西北临时参议会常驻委员会编印的《条例》。”

互校版本：《晋绥根据地资料选编》，第5集，中共吕梁地委党史资料征集办公室1984年编印，第452～454页。简称“晋绥资料版”。

29. 晋西北行政公署组织大纲

1942年11月6日晋西北临时参议会通过，
同年11月晋西北行政公署公布

一、晋西北行政公署为晋西北最高行政机关。

二、晋西北行政公署设行政委员会，由正副主任委员各一人，行政委员十九人组成之，于每届晋西北临时参议会选举之。

三、行政委员会负责执行晋西北临时参议会之决议，并决定有关行政工作之重大事宜。

四、在行政委员会休会期间，由正副主任委员、秘书长、各处处长、高等法院院长组织政务会议，处理日常行政工作，由主任委员为当然主席，如主任委员因故缺席时，由副主任委员代行之。

五、晋西北行政公署设秘书室、民教处、财政处、建设处、高等法院、公安总局等部门，除执行行政委员会及政务会议之决议外，承正副主任委员之命分掌各项工作。

（一）设秘书长一人，协助正副主任委员联系各处局，并领导秘书室工作。秘书室设秘书主任一人，处理不属各处局之事宜。

（二）民教处、财政处、建设处，各设处长一人，高等法院设院长一人，公安总局设局长一人，分别掌理民教、财政、粮秣、建设、司法、除奸等事宜。

（三）各处、院、局得各设副职，协助各该处、院、局主管人处理该管部门有关事宜。

六、秘书长、各处处长、高等法院院长、公安总局局长，由正副主任委员遴选，提交行政委员会通过任免之，但各处处长、高等法院院长须由行政委员担任。

七、各专员、副专员、县长，由正副主任委员提交政务会议通过任免之。

八、行政委员会每三月开会一次，必要时得延期或召集临时会议。在休会期间，除担任经常行政工作之委员外，其余委员可在本人所在地进行原有工作，但须经常向行署提供意见，在行政委员会闭会期间，对外不负行政上之责任。

九、各行政委员得斟酌实际情形，按照行署供给制度供给之。

十、行署一切公文，概以正副主任委员之名义行之，其有关各处、院、局之公文，得由各该主管机关之负责人副署。

十一、本大纲经晋西北临时参议会通过，由晋西北行政公署公布施行之。

选自《中国新民主主义革命时期根据地法制文献选编》，第 2 卷，北京，中国社会科学出版社 1981 年版，第 321～323 页。原注：“选自一九四二年十一月晋西北临时参议会常驻委员会编印的《条例》。”

互校版本：《晋绥根据地资料选编》，第 5 集，中共吕梁地委党史资料征集办公室 1984 年编印，第 442～443 页。

30. 晋西北行政督察专员公署组织条例

1942 年 11 月 6 日晋西北临时参议会通过，
同年 11 月晋西北行政公署公布

第一条 晋西北行政公署〔以下简称行署〕为适应战争环境，视行政上之需要，得于

各地区设置行政督察专员公署〔以下简称专署〕。

第二条　专署设专员一人，辖区较大，工作繁重者，得增设副专员一人，下设各科，局等部门：

一、秘书一人，文书干事若干人，掌管印信及不属于其他各科局之事项。

二、第一科，科长一人，科员若干人，办理民政、教育事项。

三、第二科，科长一人，科员若干人，办理财政、粮秣及建设事项。

四、第三科，科长一人〔兼任推事〕，科员若干人，办理司法事项。

五、公安局，局长一人，科员若干人，办理除奸及社会治安事项。

六、警卫连，连长、指导员各一人，队员若干人，负保卫专署之责。

第三条　专署之秘书、科长、局长等，均由行署任免之。

第四条　专署之职权如下：

一、根据行署总的计划与决定，督察与领导所辖区内各县行政工作。

二、关于所辖区内各县地方预决算之审核及批准，行政经费之初步核审事项。

三、关于所辖区内各县地方自治之巡视指导事项。

四、关于所辖区内各县政府之科长、秘书之荐举，与区长、专署科员及同级干部之任免调动事项。但行署有特别规定者，不在此限。

五、关于所辖区内行政干部之考核及奖惩事项。

六、关于所辖区内各县人民武装之建设及指挥调动事项。

七、关于所辖区内各县之区界划分事项。

八、代理行署审理所辖区内各县之第二审民刑案件，及汉奸案件之审判事项，但行署有特殊规定者，不在此限。

九、在不抵触行署法令范围内，得制定单行办法，呈报行署备案，但关于人民自由、增加人民负担及变更组织或预算者，非经行署核准，不得执行。

十、因战争情况，与行署失却联系时，得代行行署职权；但于战争结束后，须将各项处置办法，补报行署备案。

第五条　专署政务会议，由专员〔及副专员〕、秘书、各科科长组成之，处理日常行政工作事宜，公安局长、各科副科长，于必要时得列席。

第六条　游击区、敌占区专署之科、局等，为适应当地环境得兼并之。

第七条　本条例经晋西北临时参议会通过，由行署公布施行之。

选自《中国新民主主义革命时期根据地法制文献选编》，第 2 卷，北京，中国社会科学出版社 1981 年版，第 323～325 页。原注："选自一九四二年十一月晋西北临时参议会常驻委员会编印的《条例》。"

互校版本：《晋绥根据地资料选编》，第 5 集，中共吕梁地委党史资料征集办公室 1984 年编印，第 444～445 页。

31. 晋西北县、区、村各级政府组织条例

1942 年 11 月 6 日晋西北临时参议会修正通过，
同年 11 月晋西北行政公署公布

第一章　总则

第一条　本条例根据民主政治原则，适应晋西北抗战之具体环境制定之。

第二章　县政府

第二条　县政府设县行政委员会，由委员三人至九人组成之，均由县临时参议员选举之，呈请行署加委，县长为当然主席委员。在县临时参议会未成立之前，县长及行政委员，由行署委任之。

第三条　县行政委员在休会期间，对区、村行政工作有意见时，须提交县行政委员会或县政府讨论决定之，个人无直接处理权。

第四条　县行政委员会，每三月开会一次，必要时得召开临时会议，开会时以县长为主席。

第五条　县行政委员之任期，与参议员同，连选得连任。在本届期满而调升或失职时，由县临时参议会改选之，在县临时参议会休会期间，由行署委人代理之。

第六条　在战争或紧急情况下，县长得全权机动处理一切事宜，事后由县行政委员会追认并报主管机关备案。

第七条　县政府之职权如下：

一、根据上级政府总的计划与决定，领导全县行政工作，并制定（订）各部门工作计划。

二、执行行署及主管机关令行各事项。

三、执行县临时参议会之决定。

四、在不抵触上级法令下，公布县单行办法。

五、任免县科员以下干部，遴选区长呈报主管机关加委。

六、指挥调动县人民武装。

七、划分村界。

八、审核村粮村款之予（预）决算。

九、管理民刑案件。

十、全县应兴应革之重要事项。

第八条　县政府设县长一人及下列各室、科等部门：

一、秘书室：秘书一人，科员若干人，掌管印信及不属于各科局之事项。

二、第一科：科长一人，科员若干人，办理民政、教育事项。

三、第二科：科长一人，科员若干人，办理财政、粮秣及建设事项。

四、第三科：科长一人〔兼任裁判员〕，科员若干人，办理司法事宜。

五、公安局：局长一人，科员若干人，办理除奸及社会治安事项。

六、警卫连：连长、指导员各一人，队员若干人，负保卫县政府及看管人犯之责。

各科局，视工作之需要，得增设副职。

第九条　县政府之秘书、科长等，均由行署委任之，余由县政府任用之。

第十条　县政府设县政务会议，由县长、秘书、各科科长组成之，处理日常行政工作，局长、各科副科长必要时，得列席。

第十一条　敌占区、游击区县政府之室、科、局等，为适应当地环境，得兼并之。

第三章　区公所

第十二条　区公所设区长一人、助理员若干人、书记一人，处理全区行政工作。

第十三条　区公所设区务会议，由区长、助理员、书记组成之，必要时得请各民众团体负责人列席。

第四章　村政权

一、村国民大会及村国民代表会

第十四条　村国民大会为村政权之最高权力机关，由全体村公民组成之，村国民代表大会〔以下简称代表会〕为村国民大会休会期间之村政权最高权力机关，由全体村国民代表〔以下简称村代表〕组成之，行使村国民大会全部职权。

第十五条　村国民大会设主席、副主席各一人，并兼任村代表会之主席、副主席，主席负召集开会之责，副主席负协助之责，并于主席因故不能执行职务时，代行主席职权。

第十六条　村国民大会主席、副主席，由村国民大会或村代表会选举并罢免之。村代表由各自然村公民小组选举并罢免之，主席、副主席、村代表各任期一年，得连选连任之。

第十七条　村国民大会及村代表会之职权如下：

（一）选举及罢免主席副主席。

（二）督促与检查村公所对村国民会及村代表会决议案之执行。

（三）创制并复决村公约。

（四）审查村决算。

（五）议决关于村有财产之经营管理与处理事项。

（六）议决关于村政兴革事项。

（七）审议村公所及其他方面交议事项。

第十八条　村国民大会及村代表会之例会，及临时会之决议，交村公所执行，有与上级政府法令抵触者，服从上级政府法令。

第十九条　村代表会每三个月开例会一次，村国民大会，经村公民五分之一以上之要求，或代表会之决定，即应召集之，临时村代表会经村公民十分之一以上或村代表五分之一以上或村公所之请求者，均应召集之。

第二十条　村代表会之例会、临时会，及村国民大会均须有应到会人半数以上之出席，方得开会。

第二十一条　村代表会之决议案，须有过半数出席人之同意，方为通过有效，可否同数，取决于主席。

第二十二条　村公民以自由结合为原则，同时照顾人事地域关系，以二十五人为标准，划分为公民小组。

第二十三条　村代表在会议时所发表之言论，及对议案所作之表决，对外不负责任。

第二十四条　村代表除现行犯外，非经代表会之许可，在会议期中，不得逮捕或拘禁。

二、村公所

第二十五条　村公所设村行政委员会，由村长、副村长、自卫队中队长、书记、各村主任组成之，秉承上级政府之命令、指示、村代表会之决议，决定具体执行办法，会期每月一次。

第二十六条　村公所设下列各项人员：

（一）村长、副村长各一人，由村国民大会主席、副主席兼之，村长为全村行政负责人，综理全村政务，副村长负协助之责，并于村长因故不能执行职务时，代行村长职务。

（二）自卫队中队长管理关于民兵自卫队及抗战勤务动员事宜。

（三）书记一人，由村长提出，得经村行政委员会通过聘任之，协助村长、副村长办理文书会计事宜。

以上四人组成村务会议，办理日常政务事宜。

（四）有学校之村政权得设学董一人参加村委会。

第二七条　自然村设主任一人，由村代表互推之，较小之自然村，设代表一人，得联合二村至五村互推村主任一人，较大之自然村得设副主任，并由村主任及村代表、自卫队分队长组成代表团，主任代表负召集之责，秉承村公所之命，处理本自然村行政工作。

第二十八条　各自然村于工作上必要时，得由村主任或代表召开自然村之公民大会，在不抵触村国民大会代表会及村公所之决定时，议决有关本自然村之事项。

第二十九条　各自然村视工作需要，得设临时委员会，协助代表团。

第五章　附则

第三十条　游击区、敌占区之县区，村公所组织，另以命令行之。

第三十一条　本条例经晋西北临时参议会通过，由晋西北行政公署公布施行之。

选自《晋绥根据地资料选编》，第5集，中共吕梁地委党史资料征集办公室1984年编印，第446～451页。

互校版本：《中国新民主主义革命时期根据地法制文献选编》，第2卷，北京，中国社会科学出版社1981年版，第325～331页。原注："选自一九四五年八月晋察冀边区行政委员会《政权建设参考文件》第二集。"

32. 晋西北行政公署令
——关于参议员在闭会期间之工作与义务①

1942 年 12 月 7 日

事由：关于参议员在闭会期间之工作与义务。

各专员、各县长、各民教科长：

关于参议员在闭会期间之义务与经常工作，常驻委员会第一次会议有如下之决定：

经常工作

（一）参议员有随时吸收人民意见反映给常驻［委员］会之责，在避免直接干预情况下进行。

（二）为切实接受人民意见，正确处理问题，参议员向常驻委员会报告时，望实事求是，认真负责，所举事实，务望切实具体。

（三）参议员为执行政府法令的模范，积极执行政府法令，以身作则，为人民表率。

（四）帮助政府正确的（地）贯彻法令，对临参会及政府法令与决定，有随时向人民说明解释与宣传的义务，但须避免与既定政策法令精神抵触。

（五）参议员对大会有关秘密部分，应保守秘密。

希知照并颁所属知照为要。

此令。

主　　任　续范亭
副 主 任　武新宇
民教处长　杜心源

选自《晋绥根据地资料选编》，第 3 集，中共吕梁地委党史资料征集办公室 1984 年编印，第 231 页。

33. 绥察行政公署关于绥远工作的总结

1942 年

一、八路军进入绥远是在一九三八年的八月底，正是事变后的一周年。经过敌人突然的抢掠、溃兵的抢劫与土匪蜂起骚扰、自卫军的勒索，使着人民的情绪低落万丈。非伪军来毒打奸淫与勒索，即土匪来拉票拷打，否则，亦系友军来蛮横敲诈，促着地主阶层的人士，开始走向亲敌方向，逃入城市，寄生于敌人之下。所有的经济食粮，大量的（地）流入敌据点，广大的土地顿成荒芜，生产热忱降低，农村经济十分衰落。

由于旧政权的逃跑，土匪与伪军和骑二军、自卫军，随时随地不分公私，尽情索要物

① 副标题为编者所加。

资，不分贫富，碰到谁谁倒霉。食粮的浪费和糟蹋更不堪言了。当时大户大部都逃之夭夭。而这一些罪过，完全加重在中小地主以下的身上。又加以往反共宣传的影响，人民认为八路军是洪水猛兽，杀人如割草，已见的尚提心吊胆，未见的则闻风畏惧亦属不少。所以我军财政困难亦可想而知。但是经过了二、三月的活动，政治宣传与纪律严明的影响，尤其是打垮了大部土匪并解决了几个据点后，在伪军方面拉了不少关系，才逐渐取得了人民信任，得到物资的帮助。

二、财政工作各时期的检阅

（1）动委会时代①：

动委会的基干是由晋西北配合着部队去的。它的组织形式也和晋西北的一套相同；它的意义也和其他地区一样。在新旧政权都未有的过渡期间，并且在战争战地无政府状态中，它的工作任务，除了动员组织与武装民众而外，动员财力、物力而供给抗日部队，成了主要任务之一。

当时除配备基干分头在各地建立县、区、村动委会的组织，首一项工作就是动员马匹、款子、鞋子、皮衣、粮食等。数目是根据了当时的需要；方法是根据有马［的］出马、有粮［的］出粮、有钱的出钱；方式是有村动委会的经过村动委会去进行，没有村动委会的是采取了个别的（地）直接的（地）进行。

由于当时的迫切需要与时间的短促，如十月天气在大青山已经要下雪，然而战士的单衣还未变成棉衣；环境地形不宜步兵活动，可是马子尚未补足，食粮的消耗因变骑兵而日渐扩大，结果是毫无保证，同时因为这些问题，都是刻不容缓的事情。说到好处，虽然把部队的问题算逐渐解［决］，可是在工作中引起了：

1. 因工作未有展开，活动地区小，负担在少数［地方］身上；

2. 无限制无次数的（地）动员。比如马子，你动员了而我又动员或则用借的名义。食粮、款子差不多都有同样的现象，使着富户们起了怀疑恐惧；

3. 工作方法方式与宣传解释说服的（得）不够，民众们不能了解，进而不谅解。

嗣后，我们的工作地区日渐开展，政治影响扩大，同时采用了旧有的乡间组织机构与按需派征的方式〔当时敌人也在进行乡政的领导〕，使着我们一部分旧有的乡政人员，大都是地主阶层或者是替身，为了维护它原先的利益与地位，挺身出头露面，从事工作者有之。一部分地痞流氓，认为这是英雄用武之时，作为了抗日的积极分子，表现了激昂慷慨无比，这可说给了“……”②。

1. 顺利地收获了一部物资，解决了部队的困难。

2. 熟识了地方情形，团结了一部分地方人士，并吸收了一部分地方青年干部。

但是另一方面相反的：

1. 对我们的基本群众的利益照顾的（得）不够。由于乡政仍然把持在地主手中，对负担方面，大部分放到了广大的基本群众身上。

---

① 原注：动委会，指第二战区民族革命战争战地总动员委员会晋绥工作委员会，一九三八年八月奉令随李井泉支队挺进大青山行使地方抗日民主政权时期［职权］，当时主任为武新宇。

② 原注：原文至此脱落。

2. 给了地痞流氓贪污敲诈发财的机会。

3. 形成了更加浪费、滥支浩大的状态。

4. 幼稚的干部工作人员走入了贪污腐化浪费的途径，断送了自己的革命前途。

赶到一九三九年的九月间，才开始转变了动委会的工作中心任务：纯为动员、组织、武装民众，停止动员物资工作，兼用政府的名义开始建立行政领导的正轨（规）方向，调整军民关系，与帮助督促军需的供给，并维护统战关系，将财政工作的组织领导，完全直接由部队负责。

（2）筹资委员会的过渡：

根据了部队活动的情形，一部以归凉为中心，一部以武川、陶林为中心，一部以绥西的萨县固阳为中心。所以，筹委会的组成，也是分为三个组织单位，本着原则各自进行工作。由于领导上的不具体与地区的环境有异，所以在检查上甚难备至，只能择其主要者而叙之。

筹委会的组成，主要原因不外为了执行财政政策，走向统筹统支的方向，既可以防止贪污浪费现象，又可以纠正不合理的负担情形，并可关顾基本群众的利益，而完成长期坚持抗战的目的。所以，当时抽调了一批比较坚强的干部，专门担负了这一工作任务。

原初的计划是鞋袜、皮衣、粮草由筹委会拟定计划，用政权名义向各乡派征，意在减轻一般人民的负担。只有经费和马匹二项，用募捐抗日救国款名义，直接由筹委会干部负责调查富户，实行合理负担，实行有钱［的］出钱。

筹委会成立的时候，是处在了抗战的二周年后。骑二军已走开，土匪大部消灭，只留着自卫军和我军，可说是减轻一部分负担。虽然敌伪的组织加强与扩大，而由于绥远人民对抗战的认识与觉悟程度的提高，当初的恐惧日渐平息，加以城市据点内的生活拮据与敌人的加强欺压与统治，感觉着生命财产毫无保障；尤其是我军政治影响的扩大，使着由乡村而逃入城市中的人，不得不离城市而又返回他的家乡，从（重）新整理并经营他的产业，好象（像）农村经济又有起色。

〔在整整一年的过程中，虽然牺牲了不少的干部，值得我们怀念，但换取来的，尤其在打顽固后的一个时期。〕①

这一期间收获的物资，保证了部队的供给。当时部队已在扩大，还显着富裕的光景。

已取得了一部分不捐款的人民的赞成，可是更增加了我们的困难。如：

1. 违反统战政策。由于抓一把的作风，不管三七二十一，只要能收到物资，认为就是成功。所以，调查工作不深入，就不会确实，捐募如何能公平？尤有一些干部完全遗忘了基本群众，尽皆走了上层路线，听信大户、大地主的包围，结果捐到了中小地主甚至中农的身上。当时顽固军队给我们宣传，说我们是化缘的，沿门逐户的（地）进行捐款，确乎是有这样的倾向，还有的是，认为流氓地痞帮助积极，是进步分子，多则倾听他们的意见或信托他们去直接帮助工作。结果一方面给予了他［们］乘机敲诈发财的机会，破坏我政治威信，另方面可以假公报私，往往以十报百，或则以百报十，捐募既不得公平，必然要引起一部分人的不满。

---

① 原文如此，疑有遗漏。

2. 收支不统一。在收的一方面，往往是按需要屡征屡派。不论私人用品，或公用品，谁也可以收，比如筹委会进行募捐；另方面，绥西政府又进行征收地亩税，绥中的县政府感到了支款不便，即向各乡进行指定借款，还有美其名曰代买，实际就是乱要，使着各乡的混乱状态、滥支现象与开支之浩大，养成了各自为政与严重的浪费现象，打埋伏不报帐（账），绥西是严重的标本例子。

（3）政府时期：

这所谓政府时期，系自一九四〇年的九月西梁会议以后，开始正式建立了行政领导机关〔办事处〕，把动委会和筹委会的组织取消，财政工作成为政府工作中的主要一项，想着把已（以）往的错误缺点完全纠正，从（重）新将政策贯彻到法令当中，施行并推广政策的正确的执行。迄今二年有余，也经过了相当的苦斗与捉摸，也曾发生过不少的起伏波动的调整。今天来作一番回顾，如果根据历史性的去看，它还是或多或少总有点进步，设若和其他地区来相较，则是不堪比拟的了。

第一时期

在开源方面首先废除过去的捐募方式，完全规定为：

1. 五项税收：田赋、营业、盐税、煤窑、羊税。规定了一套办法，虽然办法有不合实际是不能否认的，结果办法只是达到区一级的干部。结果仍旧用派款方式收了一部分款子，也究竟分不开收的是什么款、交的什么款，人民更属模糊，只能知道政府要款。可是一般人好象（像）比前安定了一些，尤［其］是地主大户们，认为这总是正常的办法。同时，我们感到了调查实地样子等工作，是税收工作中的主要一项。想实行合理，必须调查工作深入，才有办法。［故］经过了一个时期的强调调查工作。

2. 公粮、公草、皮衣、军鞋等也用了一套合理的征收办法。在需用的数量方面，较有具体的规定，一次就配齐，比以前屡征屡派，各地感到好应付一些。如公粮不便集中，常活动地区，往往早已超过，甚难再派。故于敌［占］区之公粮实行变款而来调剂，做的（得）虽然很苦，但有些地区是调剂了一些，有些地区仍然是超出。

3. 人民走粮走的（得）很凶，当时只感到不加限制，对敌利而对我不利。皮毛等同样。经下令限制，如必须输出时，应经政府之许可。结果效力甚少，原因是游击区容易走私，而我们的想法是在根据地的办法。嗣后感到既然禁不住输出，不若规定出口税，还可增加财政收入。由于大家认为是一项赋税性质，注意的（得）不够，所以收数甚小。

在节流方面：

1. 经费开支规定了制度，必须作（做）预决算。虽然没有克服了各自为政浪费现象，可是经过了一个时期，检查预决算，清理区以上的各级收支帐（账）簿，大家都注意了这一问题，并确实是有些顾虑，所以在开支方面，较前要有节制的（得）多了。

2. 公粮为防止浪费，想着进行预决算制度，建立一种食粮使用办法。人吃马喂都有一定数量，细、粗粮折合法，交面折粮规定，总比较一致一些，并印制统一的食粮证。因为印制以后经过了相当时间的［整］理、兑换白纸条子，结果一度的（地）发生老乡拿上食粮证到据点中买卖，或抵押借款现象，原因是只用而不收。而各部对食粮证也只当作省开条子。因为无法预决算，反正没有食粮证也是同样的（地）要吃东西。

在统筹统支方面：虽然也制定了一些手续，［但］大家遵守的（得）不够。当然因为

政府力量单薄、人少，对部队的供给是供不应求。而部队方面就随时随地的（地）收。在支的方面，大家还是依所需而支取。所以乡政方面的紊乱，当然难以减少。

第二时期

自一九四一年的四月间，正式改办事处为绥察行署。关于财政中也多偏重于整理方面。

1. 整理税收上，在原有项目中减少了一项羊税〔原因是羊户负担过重，每年征羊毛、羊皮，又征羊税〕，增加了一项大车捐，改出口税为过往税，并着重的（地）指出这一税收的重要性与收入大，结果是收到一部成绩。虽然在手续上较乱，可是在经费补助上，起了大的作用。一九四二年的夏衣、冬衣费，尤其在绥西差不多占着十分之四。至于其他的税收办法上也加以修正。当时认为在我游击区的负担轻。如武归县井儿沟，在过去逃户六十多家自去年九月间未有回来的只有三家，据说也准备回来经营他们的产业。但在整个负担上说，还是以富农及中小地主最重。

2. 整理财政制度上，在区级以上的财政手续和收支，已经得到大部的明了，确乎使干部们苟且的倾向要减少。预算虽然作（做）的甚少，然而执行决算的已属大部，就未能按期，但在支出上说是节省的。所以打埋伏、本位、各自为政的现象也减少不少。

在乡一级的帐（账）簿清算，虽说未能普遍进行，可是确实认真的（地）做了一个时期，结果：

（1）把敌我的负担分别出来作一比较（附表）。

（2）将以往各部不论公私的支据清出了不少，有些已送交各部转帐（账）。现在还有一部存在政府手中未能转帐（账）的也不少，使各部对乱取开始警惕。而人民感到政府还是认真的（地）办事。

（3）不但把各乡负担的旧欠清算出来，同时还可限制了乡政中的贪污浪费。武三区万成乡长历任数年，贪污几万，公布执法，大快民心！

唯对公粮的整理甚差。以前的食粮证作废，又规定了按月的粮票制度，结果有些是印行了一个时期，有些根本就［未］印制，以后形成自流状态，其紊乱仍不减少，仍然恢复了白纸条子了。所以各乡的清理上，亦难精确，影响最坏。

3. 财政干部的培养。一九四一年十月开始，分别在各地开办流动会计训练班，共四次。县的财政科长均参加。干部来源系由工作员、助理员中挑选的共训二十二名。各区各县均增加会计员一名后，对会计制度比较有统一的初步基础。

三、如何供给问题

环境是游击区，政府工作又薄弱，当然不能完全由政府统一收支，只将其不同的供给情形略述如后：

1. 如公粮、公草、军鞋、皮衣统由政府统筹，而军政各自向村间支取，然后由政府负责督促清算。款子也是统筹，大部由部队直接向各县政府支付。有时集中支领，每年的二季服装费用款最大。大都军政双方事先决定划分数目筹支。政府的服装除自筹自给外，并尽先保证部队的齐备，这是绥中和绥南的情形。如一九四二年的夏衣，部队已经发齐两套，尚有存余，而政府则一套尚未发齐。绥西一向是统筹统做统发的时候多。每年的□□在政府力量达到的地区由政府收集，政府达不到或力量薄弱的地方，由部队或配合部

队收。

2. 感到过去皮衣、军鞋的收集秩序太乱，大家都想到好收的地方去收集。以后决定划分，以区为单位，不准乱收。这是在一九四二年绥中的情形。结果未到收的时候就扫荡开始，我军退出。

绥西因为一九四〇年以后环境较困难，收支意见较多。结果自去年二月间决定，经费开支完全按比例，军队百分之七十，党政百分之三十，执行了四个月当中，很觉严明。因为部队收的不愿列入比例数，政府方面也就开始不认真执行，虽经多次的军政联席会议，结果争执就是这一点，双方均不放弃，比例决定无形破产。因为收支的不能统一，结果浪费现象又成严重问题，违反政策的事实难免：

(1) 征收过往税，往往不按税率收，多则以需要收取。如食品之类不作报销，收到就吃了，结果是菜也吃了，公家还欠着部队菜金。收到了牛羊也不归财政收入，自行食用〔绥西特殊现象〕；

(2) 在平川进行收款，因环境恶化，收款不易，则历（厉）行赶羊掠牛。去年由平川赶回两三次羊共数几百只，结果都杀的吃了。因之民众的损失不少，而我们的财政收入则很微。

附表（略）

选自中共内蒙古自治区委员会党史资料征集研究委员会等合编：《大青山抗日游击根据地资料选编》（历史档案部分），呼和浩特，内蒙古人民出版社 1986 年版，第 321～329 页。

34. 续范亭：晋西北行政公署成立三周年

1943 年 1 月

晋西北行政公署从诞生到现在，已经整整三年了。三年来我们一面战斗，一面建设，工作上已经有了不少的成绩，这是值得我们纪念的。但目前，我们正是处在黎明前的黑暗时期，这些成绩，远赶不上客观的需要，需要更向前发展，需要我们继续努力，才能争取最后胜利。

三年来，我们的工作成绩，概括而言，有如下述：

一、坚持抗战

一九四〇年春夏冬三次反“扫荡”，给敌人以重大打击的百团大战，一九四二年春季反“扫荡”以及各专区各边境的无数次的反“扫荡”与出击中，政权工作同志都密切配合着军队，领导着民众，执行了行署所颁布的各种战时法令，组织人民抬运伤兵与粮食等，帮助军队胜利地粉碎了敌人的进攻。

三年当中，曾以正确的兵役政策，补充了正规军，组织训练了自卫队、青抗先与民兵，在各个角落里打击着敌人，武装保卫了春耕与秋收，保卫了人民的生命财产。

三年当中，进行了优待抗日军人家属、抚恤荣誉军人及阵亡将士遗族的工作，优抗以

兴县为例，一九四一年至一九四二年，二年来代抗属耕地共一万五千零六十三亩，救济抗属食粮共一千三百九十九石，其他各县都有相当成绩。

三年当中，我政权工作同志，在与敌人战斗中，英勇牺牲的，为数甚多，县级以上干部即有：八专署专员顾永田、五专署秘书主任李林、太原县长周洪涛、左云县长王默平、五寨县长梁学岸、山朔县长时芷、二专署贸易分局付（副）局长詹永祥、右玉公安局长李明等同志，根据前年三月至去年三月不完全统计，区助理员以上干部共牺牲一百廿五人，村干部仅汾阳一县即牺牲三百余人，其余出生入死、受伤带花的不知凡几。由此可知，在坚持抗战，保卫根据地上，我们曾付出了如何宝贵的代价！

二、实现了民主政治

行政公署成立以来，就本着抗日民族统一战线政策，团结了晋西北各党各派，无党无派各个阶层的人士，参加了政权，实行了民主政治。一九四〇年，行署曾指示各级政府召开了士绅座谈会，据四个专署十六个县统计，共召开士绅座谈会八十一次，出席人数八百八十六人。当时参加政府工作者已有五百一十三人。一九四一年开始了村选运动，直至翌年五月，除敌占区外，绝大部分的村政权，是经过选举而产生的，是直接由人民中间产生出来的，人民可随时撤换其中不称职的干部，执行其罢免权，村政权是民意机关和执行机关的统一体〔建立了国民大会、村代表会、各委员会、公民小组会等〕。废除了旧的邻闾制，村政权是各阶层联合参加的，就是县政府、专员公署、行政公署，也都是包含着各党派各阶层的抗日人士，真正的（地）符合了“三三制”的精神。

去年十月开过了临时参议会，它包含着各党各派、无党无派的各个阶层、各界各地的人士，这一百四十五个参议员都是由人民选举出来的优秀代表，大家齐集一堂，商定晋西北抗日建设大计，并以民主的方式选出了晋西北最高行政委员会与临时参议会常驻会议员，而在这些委员与议员当中，共产党员只占三分之一，真正执行了“三三制”政策。临参会还通过了晋西北施政纲领、各项决议、各项条例，共一百一十二件。这些辉煌的成就，是我晋西北民主政治最鲜明的标志。

三、改善人民生活

行政公署成立后，为了维持并安定抗日的社会秩序，先后颁布了严厉命令，禁止非法逮捕、非法募捐，以安定民生。一九四一年三月，并正式颁布了保障人权条例。

为保障地主与农民、债权人与债务人双方利益，曾颁布与修正了减租交租、减息交息条例。根据一九四一年十个县的统计，一年内共减租一百万另（零）二千一百四十九大石〔一石等于三百斤〕，减租佃户一万七千八百一十二户，平均每户减租五十七大斗。减租交租工作，不仅改善了农民的生活，而且也保护了地主的利益。减息交息同样也调整了债权人与债务人的关系，使社会借贷关系，活跃起来。

在救济各地灾民难民上，根据八个县的统计，从行署成立到一九四一年四月共发出救济费一万二千三百零八元，粮九万一千五百七十八大石。此外，尚有减免公粮、低利借贷，设职业介绍所、难民工厂等办法，以救济被日寇所洗劫的人民与遭灾的难民。

行署成立以来，即注意减轻人民负担，由于我八路军、新军以及各机关工作人员的节衣缩食、自力更生，使民众负担大大减轻了。现在晋西北人民负担比敌占区人民负担轻九倍，如临县后月镜村与山西朔县敌占区的新磨村，这两村人民的负担做（作）比较，一九

四一年后月镜村每人平均负担小米一斗七升五合，新磨村每人平均负担小米一石五斗八升。

在抗日勤务的动员上，除抬运伤兵等以外，任何人都知道我们部队机关人员背粮背炭等艰苦作风。

去年以来，为了加强对敌斗争，积蓄力量，准备反攻，严格执行精兵减（简）政政策，亦收到很大成绩。

四、发展农业生产，加强财政经济建设

农业生产方面，根据去年的统计，十二个县的人民，在政府奖励之下，共开荒十八万九千七百五十五亩，九个县共开水地二万六千六百六十四亩，六个县共种棉五万七千六百九十九亩；畜力与副业也增加了，十三个县的统计共增加牛六千三百一十头，九个县共增加驴一千八百七十头，十三个县的统计共增加猪一万七千二百三十口，十二个县共增加羊六万一千另（零）五十六只，十三个县共增加鸡十万另（零）三千一百七十六只。

纺织业近年亦大量发展起来，单就最发达区一九四二年生产计划，生产土布三十五万匹，照八个月的产量来看，可完成十分之八。

此外，造纸厂、油坊、皮坊、烟店等都在突飞猛进着。

三年以来，我们本着财政公粮统筹统支、量入为出、适当的量出为入政策，以及节约、自力更生的辅助办法，解决了根据地部队机关团体学校的吃穿问题与日常费用。

设立了西北农民银行与各地的分行支行，确定了农币为根据地的唯一本位币，采取保护白洋法币、打击伪钞的政策，进行管理外汇、存款、放款投资等业务工作。

设立了贸易总局与各地分局支局，实行管理对外贸易，努力争取出入口的平衡。

以上这些成绩，都是我们心血的结晶，不但衣食用品，可以自给自足，人民的生活亦大大改善了。

五、提高了广大人民的文化、政治水平

社会教育方面，以扫除文盲，破除迷信，讲求卫生，为主要内容。一九四一年与四二年，进行过两次大规模的冬学运动，十九个县的统计，一九四一年共设冬学三千一百一十六所，学员共十七万八千一百八十二。

小学教育上，虽然因为战争环境，影响极大，但据一九四一年冬统计二十八个县共有完全小学三十四所、初小二千百所，高小生一千一百七十四人，初小生八万六千八百另（零）六人。

中等教育亦有相当成绩，从行署成立至一九四二年的两年半中间，中等学校共培养了一千另（零）四十一个学员。

六、提高干部的质量

干部教育方面，先后成立了抗战学院、政治经济训练班、会计税务训练班、行政干部学校、财政经济干部学校，至于各专署各县之短期训练班，尚不在内。此外，又实行了在职人员的二小时学习制，以及在业务上的奖惩办法，从各方面提高了并继续提高着干部的质量。

其余司法、公安、交通等工作，都是有相当成绩的，这是三年来同志们流血、流汗、牺牲奋斗换来的。

七、今后努力的方向

一九四三年是胜利前最困难的一年，为了渡过难关、积蓄力量、准备反攻，现在仍有极艰巨的任务摆在我们面前：

一、开展对敌斗争，从军事、政治、经济、文化上全面开展对敌攻势，把敌人挤出去。

二、加强财政经济建设，实行统筹统支及予（预）决算制度，厉行节约，巩固与提高农币价格，奖励纺织业，发展农业生产。

三、贯彻精兵减（简）政，提高工作效率，积蓄力量，准备反攻。

四、在行政委员会领导之下，进一步团结晋西北党政军民以及三百万人民，为击败日本帝国主义而奋斗！

选自《晋绥根据地资料选编》，第1集，中共吕梁地委党史资料征集办公室1983年编印，第40～45页。原注："原载1943年1月21日《抗战日报》。"

35. 塞北工委关于对敌占区乡政权工作指示

1943年2月26日

一、绥远和雁北大部是敌占区和游击区。所以对敌占区乡政权进行工作是对敌斗争的重要一环，是我们向敌占区挤进去积极斗争，不是为了建立抗日民主政权，而是为了争取和团结敌占区群众对敌斗争，特别是利用乡政权对敌进行公开合法的斗争，因而抗日是主要的，对敌是主要的。

在敌占区由于敌强我弱形势，乡政权在敌人压迫下，不得已应付敌人，而甘心与敌作（做）事，为敌屈服之乡村与大地户只是少数，而广大农民群众是对敌仇恨的，形式［上］虽然属敌，实际上是应付敌人，乡政权形式上是伪政权但不能把乡政人员一律当汉奸看待。敌占区乡政权主要的（地）操于地主富农之手，而且是由大地主作（做）后台的。有的乡村按地亩多少轮流任乡闾邻长，有的轮到自己怕事，于是雇人顶替，自己在后台作（做）主，雇的人大半是流氓，所以乡村中有"好人上吊，坏人上庙"的说法。这是敌占区乡政的重要特点。因之乡村公所中，就发生了严重的贪污、不公道、鱼肉和压迫的事情，广大农民群众不但处于无权的地位，受着敌人压迫勒索，同时也受着一些大地主的压迫剥削。比如在负担方面〔人力资财〕，大地主可以利用其权柄地位减少自己的负担，加重小地主富农特别是中农的负担。因此在对付敌人汉奸特务时，地主和农民利益是一致的、统一的。在一些经济利益上，农民和大地主是有矛盾的，有斗争的，同时这种地主加于农民的压迫剥削，有时要降低农民对敌斗争的积极性的，这是在乡村中阶级关系的主要方面。

受敌人胁迫建立之乡村保甲团、青年团、情报员、密探、坐探等，群众不甘心愿意〔因为要花钱出人〕，而个别村庄大地主的赞助只是少数。这些组成分子有的是雇佣的，流氓居多；有的是轮流派差的，都是被迫而来。因之这些保甲团等虽然接受敌人命令，但只

是应付敌人，不是甘心愿意。但是一般的是与地主老财有密切联系或受其掌握，这一点不能忽视。

至敌人设立总乡、联乡会以及并村等办法，都是敌人为了加强其统治，企图掌握乡政权所为。但由于农民土地、房屋等各种困难和不便，敌人这些设施是根本不能改变乡村中的分散状况的。群众和乡村是不能全部被据点或围墙包围起来的。

二、这些特点决定，在敌占区经过农村统一战线工作，可以争取乡政权，争取团结群众进行公开合法斗争，采取两面派的斗争手段，以应付敌人，反对敌人的抢掠政策，使敌占区完全沦陷为殖民的企图［破产］，以便埋伏积蓄力量准备将来。因之对敌占区乡政权进行工作是敌占区工作的一部分，应使这些乡政权积极的（地）变为革命的两面派。这是通过政府进行对敌占区乡政权争取工作的重要方面，这是敌占区、游击区政府工作的重要形式，这是军队政治机关及工作团都有责协助进行的。

三、对敌占区乡政权进行工作，主要是进行农村统一战线工作。乡村中的地主、士绅、乡政人员、保甲团、农村知识分子、流氓等都是开始进行工作的主要对象。这里首要的不是如何摧毁敌占区乡政权的问题，而是如何接近争取为主。当然摧毁敌伪政权是我们斗争的总目标，但不是完全采取简单的打击扣捕办法，而是争取其变为两面派，破坏和削弱敌人统治，并且通过统一战线为桥梁进行工作。这就要具体研究确定工作对象，要先选举接近我区、敌人统治软弱、离敌据点较远、我军政可去活动、有一定关系的区域进行工作，逐渐的（地）自内向外发展，而后选择有社会关系、熟悉民情的工作人员，经过政策教育及秘密工作教育，以一定的社会身份利用这些条件，深入农村进行工作。

而且可以利用我军政工作团公开活动的机会，将工作人员交给乡村中保护、隐藏进行工作，但是要取得乡村中的担保〔乡长、村长、地主、士绅的保证〕，取得乡政权中的工作地位是更有利的。这种工作人员的办法，在我军易去活动的区域，可以大胆采用〔但我军不易活动或未经一定争取过程是不应盲目冒险的〕各乡公所乡长、副乡长、保甲团长等，经过争取工作，愿接受我方委任状者，可由政府或军队密与委任，有时这是有一定效果的。

一般的各个乡皆互有联络，互相有事相商，各乡皆有较有威望的人。我们要争取到一乡一人，可以再推及其他，争取其他的乡和人。

利用我游击区中士绅地主群众的关系可向外乡、外村派出工作人员，或通过他们争取乡村公所建立关系。

经过了统一战线工作，这些乡村政权与我接近时，即可订约掩护我工作人员等，逐渐使之变为革命两面派。所谓革命两面派，是由于在敌占区中为长期埋伏积蓄力量，长期坚持游击战争起见，利用合法形式，所以凡形式为敌，内容属我，明里应付敌人，暗中帮助我方的乡村政权，皆为革命的两面派。并提出以下条件，作为进行工作努力的方向。这些条件有客观实现的可能性，并非所有革命两面派必须完全具备这些条件。

1. 敌人政令情报向抗日军政报告；

2. 掩护抗日军政工作人员；

3. 应付敌人，与敌办事要与抗日政府商讨；

4. 帮助抗日政府物质资财；

5. 抗日政府召乡政人员时，要秘密见面。

这些条件，每因工作地区敌情、工作进行情况的不同，有不同的程度。

总之，对这些两面派的乡政权，要经常出主意、想办法应付敌人、对敌斗争。对我已争取之乡长、保甲团长、士绅乡政人员要经常教育、团结，从政治上提高，使他们明白我们的主张和政策，从而拥护我们。同时要教育秘密工作同志要提高警惕觉悟，防止敌人特务、顽固分子的引诱陷害和招降活动。

在我军尚能活动或我游击区的乡村公所，我军来时就应付，走后就不理或报告和陷害我工作人员，或压迫和鱼肉群众，群众恨之入骨的乡村公所，应调查清楚主谋坏分子，由我军队或政府予以扣捕打击，经过我政府处理，这也是斗争手段之一。打击也是为了争取惩一儆百，真正做好，是有效果的。

此外，要帮助群众解决群众问题，减轻群众的压迫和剥削，应该以合法的办法，习惯上二月二换乡长算帐（账）的办法来去掉流氓、地痞、贪污不法分子，推戴开明公正的人当乡长。地主对群众的不法压迫和剥削，可以说服地主通情达理，或群众请愿等办法，求得减轻群众的负担。必须了解，只争取乡上层，没有群众拥护我们，我们的工作是没有真正基础的。

此外，当敌人建立了总乡或把乡公所搬入据点的时候，这些工作就增加了困难，就需积极去争取闾邻长〔当然平常也应抓紧闾邻长的〕。

争取雇佣顶替之乡村长工作无效时，主要的（地）要争取其后台老板〔如坐社的大地主等〕进行工作。

敌人所成立的大乡、总乡或联乡会有时是敌人所派，有时是各乡推出。我们应主动的设法让好人去，让接近我们的人去。

对于靠近敌据点的我游击区的乡村公所，惧怕敌人而应付敌人时，我政府不应专门禁止或处罚，应该估计不应付敌人群众就吃大亏时，可以指定人应付敌人，不要弄得群众对敌暗中应付，对我公开瞒哄，这是对我不利的。

各乡村各大户由于社事和积怨，互相不睦，甚至结仇告状者，应由政府所派工作人员，召集双方晓以大义，忘私怨，报公仇，团结一致，不要为敌利用。

对伪政权中隐藏的国民党分子，要争取团结，共同应付敌人。

四、在敌占区进行乡政［权］工作应作长期打算，不能以筹资为开辟工作的第一炮。这种抓一把的作（做）法，是殖民地观念作祟。有的没有了解乡政权，把乡政权的具体特点认为不可争取，不敢大胆的（地）去进行工作，于是提出只有摧毁的结论，而忽略了许多可以争取的人和乡政权。有些凭主观出发，企图以一纸命令，禁止乡村政权不要资敌，结果群众怕敌，不敢不应付敌人，我们的命令又未发生效果。这不但是没有认识了敌占区乡政权的地位，而且是不懂得敌占区的乡村政权与我们不是简单的上下级关系，而统一战线关系是主要的。

还有的同志不能认识群众化隐蔽活动，结果被敌发现，自己不能存在，害得乡村中遭受敌人压迫勒索，甚至群众受敌人的屠杀，又加敌人挑拨离间，于是乡村政府就怕我们，不敢与我们接近。这些缺点必须克服，才能展开工作。

要大胆的（地）挤入敌占区工作，决心群众化，保护群众，依靠群众，保护关系，依靠关系，作长期打算。必须认识在整个抗战形势未转变前，敌占区的形势，不会基本上转变的，一切暴露突出，对埋伏积蓄力量都有害，要注意纠正。

选自中共内蒙古自治区委员会党史资料征集研究委员会等合编：《大青山抗日游击根据地资料选编》（历史档案部分），呼和浩特，内蒙古人民出版社 1986 年版，第 385～389 页。

36. 苏谦益：关于绥察行政公署政权工作的报告

1943 年 6 月 10 日

在今后党政军一元化的领导下，军队同样要领导政府，所以有讲的必要。

（一）我们对政权的认识

这是一个革命的问题。为什么要革命，因为阶级间的矛盾。资产阶级在生产上占有，而在政治上更设有国家机器，订（定）有法律，编有军队，设有监狱，所以国家是压迫无产阶级的工具。革命者的目的，是要推翻这种阶级压迫的国家形式。为了消灭阶级，无产阶级本身也要经过自己的专政才有可能。十月革命后，苏联曾组织苏维埃政府，作为达到消灭这种国家形式。今天中国抗战中，我们反对一党专政，主张各阶级的联合专政。新民主主义的共和国，它不同于资产阶级的民主，亦不同于社会主义。新民主主义的政权下，在经济上照顾各阶层的利益，政治上平等。这种政权的雏形，已在敌后各个抗日根据地切实执行，进行“三三制”。然而我们今天努力的目标，却是要使全中国都成为这样的政权。所以，革命是为了夺取政权，这也就是每个革命者的基本责任，不应轻视。

（二）绥远政权工作的检讨

1. 产生的特点与环境

（1）绥远基本上是一个敌占区，敌人力量占着压倒的优势，进行掠夺我绥远人民血汗，所以我们在隐蔽政策之下来建立公开政权，号召人民进行对敌斗争。

（2）绥远政权的建立，是经过党、军以及群众游击战争的开展结合起来。游击战争保证了政权的存在〔政府活动不脱离游击队〕，临时政权又保持了游击战争的坚持。

（3）绥远政府主要是在我党领导之下的。区级以上都是共产党员，区级以下主要是开明的进步势力——两面派的人员。这说明了党领导政权，同时党又没有包办政权，这也就说明了抗日［政权是］民主〔当然民主上有限度的〕的。关心群众的意见，这就是民主实行的精神。虽然在组织形式上看，好象（像）全是共产党员，能引起党外人士的不满。

2. 政府工作过去的缺点

（1）在现象方面，组织形式上表面上要在［正］规化，主观上要求各级政府各部门都能健全，完全想与根据地一样，事实上这是不可能的。1）敌占区不可能有这样庞大的组织；2）干部是没有这样多的；3）税收上研究大量的累进税；4）经济建设上组织工厂，大闹春耕、秋收运动；5）扩大组织自卫军；6）改选乡政权，把开明士绅改换为忠厚农民，

如一二联区，办不了事，陶北区以我们的同志去当乡长，对敌负担没办法；7）政府人员一般的采用公开活动，生活特殊化。以上这些等等都是不符合敌占区隐蔽政策的任务的，同时也就使我们政府工作造成不应有的损失。过去我们同志还有单纯了解敌占区，而不把行动结合起来，活动方式上主要的是偏向公开的活动。

（2）脱离群众的。绥南政权主要负责人说："做政权工作就是脱离群众的，因为我们向群众要东西，群众必然反对。"1）顾虑两面困难，但在没办法的时候，只有用抓一把的方式，把生存与政策对立起来。抓一把的方式，主要是强迫地主老财，破坏统一战线的工作；2）做政权工作同志容易发生贪污腐化，有些同志说的，"象（像）这样贪污干部还是不多的、少数的，治他可以，［但］收不到款"，这种认识完全错误的；3）政权工作者是非常忙的，但这种忙都是主要向群众要东西，而对真正群众利益却不管，这是官僚主义的态度。

（3）政府工作是不全面的。实际上是群众工作，而我们却着重于征收物资的工作。一切的法令、指示都着重这方面，领导干部也认为下面干部能搞回钱与东西回来，就是好干部，而对其他工作却忽视了。这种产生的原因是［与］历史筹资区政有关的。

（4）有党政军队在某些地区不分的。这就引起党外人士认为只是八路政府，实际上是一种关门的倾向。这在我们主观上对统一战线认识不够，不知道政权是统一战线的具体表现形式。［只有］保障人民的政权、人权、财权的利益，才能开展政权工作。

因此克服上述缺点，1）只有根据整风精神来思想上改造，2）只有到群众中［去］。

3. 政府工作要作（做）些什么？

政府的任务、总方针是隐蔽政策，基本任务是依靠群众，积蓄力量，长期准备。所以政府的一切工作都要从此出发，如活动上等。以上主要的（地）确定：

（1）群众工作，通过乡政府来团结群众，上层要出主意，对敌斗争，解决群众的切身利益，解决纠纷，如绥西两家死仇的，说清抗日第一而解决；又如政府领导群众的游击战争，游击队这样群众化，首先在思想上加强群众观念。群众是根本的，没有群众就不能隐蔽。

（2）统战敌伪工作。乡政权两面派，可说是统战工作，通过政府去执行党的统战，同时又可说是敌伪工作，这只是指地方统战敌伪工作。

（3）保证抗日经费与食粮供给。这是保证游击战争的重要条件。有人说："解决了供给，这就解决了二分之一。"这有某些真理的，因为没有物质就一切工作都不能进行。当然我们在方式上不能是脱离群众的，不能抓一把，这是"左"的。同时还要反对"右"的，为了群众困难而不征收，这也是不对的，只是消极的群众态度。而主要是在政治上保护群众利益，克服贪污腐化的现象。

以上三个任务主要的是群众工作，而三者之间是互相联系的，不能孤立起来看，不能片面地看。

在这样的任务下，我们的组织形式与活动方式，在隐蔽政策之下，我们必须反对上述的铺张现象。

（一）专员以下的工作人员都须穿老乡便衣活动，区以下的干部以群众面目出现，有些区县可以随游击队活动，而没有武装的区、县人员完全到乡政权村中去。根据精兵简政

的原则，政府与武装结合，专署随团，县府随连，单一伙食。

（二）政府机关各科完全取消。可以设置秘书，秘书可以分工。在某些不经常活动区域，可以不必成立政府，只是确定有一定的工作就是了。当然如果为了统战工作而要名义也可以。政府财政部门，可以与部队供给部门合并，求得政策上一致，克服分歧现象，也节省了人力。关于划分地区，指定负责人，是以本人熟悉当地、受群众拥护为原则。可以不经常来联络政府，可以秘密接头，穿便衣要真正切实群众化。在脱离武装活动下，只有深入群众才有可能。

（三）工作人员应该利用合法形式。分配干部要切合当地情况，特别是乡、村政府，这不一定要乡、村长知道。经过他去进行各方面的关系，取得两面派，慢慢的（地）取得供给情报和物质，当然这一工作是要非常谨慎。

（四）吸收党外人士，看具体对象，可以秘密委任他，利用他的关系去开展工作。如过去大塔内利用统战关系可以收营业税，又如传达政令扣案等，都可以利用过去秘密。黑夜的经验，不要公开记帐（账）、写信等，多用口头，少开会，可以接头。如武归县温守信的胡乱开会等。

附带还有两个问题：

（1）所谓党政军一元化，只是政策原则上的一致，但仍然有其领导的关系。1）县长兼连长时，一方面军事上对团部负责，一方面政府上对专署负责；2）政府工作仍然有其工作计划与步骤方法，具体的布置，按期的检查与总结。现在雁北×县长提出只是附带的，说党要这样就这样吧！把自己的工作责任忽视了，党是不能完全包办政府工作的。如绥南马处长调动干部，党干涉等。党只能是原则上的领导，不要干预小事，而政府亦应有自己的具体任务。

（2）各级政府人员的业务分工，根据地区、活动复杂等等不同情况，来划不同的职权。

行署——是最高领导机关，任务是了解情况，掌握政策，颁布法令指示，配备干部，［制订］奖惩办法，检查工作。不能是忙于事务。

专署——是按地区内行署的代表机关，它可以领导各县。它的任务是研究行署法令的执行，布置检查、熟悉各县的情况，根据地方应办的事可以提出。

县府——1）帮助区政府布置群众工作，并进行检查工作；2）帮助区政府进行敌伪工作。

区府——是执行政策的基本关键，1）了解各乡的情况，具体进行统战工作；2）争取和掌握两面派乡、村长。

乡公所——掩护我工作人员，物质动员，反映敌情。这种任务可以根据掌握不同而有所要求不同。根据地是以乡为基本点，而大青山却是区。政府工作中基本上是掌握两面派的问题。

高政委[①]说明：（1）讨论绥远问题是接触绥远实际问题的第一步，也就是整风精神的实际运用。我们的具体问题，各人都可能做的不一定是原来的工作，各方面不注意是不对

① 高政委，指高克林。

的。(2) 党政军工作一元化，正是照顾全面的。作（做）报告是代表党的意见，不能忽视；如现任参议员的问题，是有我们隐蔽的条件的，又如昨天的宣教工作的报告，也是绞尽脑汁的。我们所不能注意的是过去没有系统的习惯，这是汇集同志们意见时来工委可以作决定。(3) 整风精神是从实际出发的，这种实际问题如果不［感］兴趣，这是完全不对的。认为微小事情不是革命者做的，这种认识同样是不对的。革命是在平凡的实际中去出发的，这是整风的态度问题。(4) 讨论时感到没有什么可以讨论，但这就可以从报告中提出的意见去分析与研究，因为我们快要去做了。我们认为领导者不参加就是不重要，这种认识完全错误。不知道我们忙，同时又是实际问题，如乡政权两面派工作，如果做好，则一切问题都可以得到解决。

苏主任继续报告：

乡政权是一切政权基本组织，如旧政府阎锡山是极端注意的。经过乡去进行一切的工作，如乡政计划，按劳分配。因为中国是农业国家，国民党提出保甲制度等，而我们抗日在乡村，所以更显得重要。

今天绥远是敌占区，因此乡政权就成为我们对敌斗争的主要方面，所以也就是党政军工作的重要部门。

1. 我们对敌占区乡政权的分析：

(1) 敌占区形式上是敌伪的，它处在敌强我弱，它需要应付敌人，乡政人员都是中国人办事，是受敌压迫，所以就可以争取他，与一般的伪政权不同。

(2) 乡政中主要的［是］乡村中的地主富农掌握。地主们基本上按财产来轮流负责，“有地权掌政权”这就可以产生贪污，加重人民身上的负担。虽然在表面上是有些以利用流氓地痞的，所以这种特点是对敌斗争中同农民是一致的，但是负担利益上却存在着矛盾。这就是团结各阶级抗日的基础，这也就是两面性的具体表现。

(3) 农村中的自卫组织等地方武装，一般的老乡是不愿意的，老乡在应付敌人中不是甘心愿意的，所以都可以争取的。

(4) 敌人在设总乡并村等设施，这就一方面加强了我们的困难，但另一方面却不可能把群众都固禁起来。

2. 如何进行乡政两面派的工作：

(1) 通过农村中的统战工作来进行。如农村中的士绅、知识分子、乡政人员、武装首领、流氓等不同对象的争取，不能一下就去摧毁它。这就要：1）选择离敌据点远、敌人统治弱的乡公所，由内而向外；2）选择适当的干部下去，不要开始就要求很高；3）经过军队的明派叫当地士绅做（作）保护，这是公开面目出现的，过去雁北用过；4）利用各乡的士绅联系，通知这一乡为中心而向外扩展；5）在可能范围内也可以下委任状以争取。这样就可以慢慢争取转变两面派的办法。所以这种两面派工作是长期的隐蔽，积蓄力量，下令要求都要估计人家的困难。

(2) 我们［的］条件：1）报告敌伪的政令法令；2）掩护我方人员；3）对付敌人时与我们商量；4）供给抗日经费等；5）□□□□□□□□

当然，我们不一定要五个条件都具备才争取。

(3) 正确的（地）掌握两面派：1）经常在对敌斗争上给以出主意；2）经常供给政治

教育，不然只就造成个人关系，如过去郭宝山的利用，这样是不能巩固的；3）本身提高警惕性，防止特务的陷毒；4）帮助群众解决问题，如撤换流氓分子，发动群众，说服方式，减轻人民负担；5）在我军常活动时，对非法分子在必要时可以采取打击之，但这必须争取大多数群众的同情，并向有关系的人解释之；6）有计划地找出乡公所内的坏分子，拥进好人去；7）同时还要争取村和闾；8）群众应付敌人是必要的，不能制止他［们］，过去强迫不准应付是不对的；9）对乡政中国民党员同样采取团结的［政策］。

（4）反对几种不良倾向：1）不要光抓来一把，只求眼前的解决；2）只是军事打击或摧毁，不去争取；3）只是以一纸的命令方式，“上级态度”是完全不对的。

乡政权是一切对敌斗争的基本关键，这也是敌人统治最弱的一环，目前非常注意，如施政跃进运动。同时乡政权的负责是每个同志的责任。

3. “三三制”是统一战线政策具体表现形式：我党占三分之一，其他各党派占三分之二。它的基础是各阶级联合抗日，也是团结各阶层惟（唯）一的途径。抗日是人民大众的事情，那末（么）人民都有讲话办事的权利，这是物质基础，而政治基础却是真正革命的三民主义与我党的施政纲领。“三三制”是符合全国人民要求的，它反对抗战中的一党专政，具体实现各阶层的选举联盟，达到民主合作。这是一个过程与办法。拿正确的主张来团结广大群众，影响各阶层人员，实现我党的政策。

今天我们大青山，不可能象（像）根据地那样搞，只能是：

（1）聘请在群众中有声望的人为参议员，但不一定要出来办事，散布我们的影响，以长期打算。

（2）在精神上进行扩大宣传，倾听群众的意见，不要单纯的（地）拒绝，不要无故的（地）去给人家戴帽子。

（3）在我们粮食税收政策上实行〔以后再讲〕……高政委：在研究政府工作中可以研究敌人的“保甲制度”“特务化”“抢粮斗争”等。

选自中共内蒙古自治区委员会党史资料征集研究委员会等合编：《大青山抗日游击根据地资料选编》（历史档案部分），呼和浩特，内蒙古人民出版社 1986 年版，第 338～345 页。

37. 武新宇：晋西北半年来的政权工作

1943 年 7 月

半年来，在我对敌斗争全面开展下，由于对敌政治攻势的加强，提高与坚定了敌占区人民抗战信心，使民心向内，有一万以上的敌占区同胞进入我根据地，伪军自动反正者，不下几十起。军事上，积极活动打击敌人，从一月到五月，共作战五三七次，俘敌伪四三九名，毙伤敌伪二一六九名。各地民兵亦普遍积极活动，配合正规军，打击敌人，在今年前三个月内，据各分区民兵活动不完全的统计即达二二二次。在反维持斗争中，共摧毁伪军政权八八一个，建设我村政权五五九个，使敌据点活动范围，由三四十里，缩小到五里

以内。经济上，亦获有不少成绩。

半年来的生产建设。行署在领导上实事求是地解决了群众生产的实际困难，发放农贷一千二百三十七万元、纺织贷款及建设费一百四十五万元。停止抗战勤务，调整劳动力，颁布生产奖励办法，动员机关部队帮助群众春耕，解决了土地问题。实行技术领导，如派专人指导，写文章，纠正生产上自发论的思想，使各种生产计划顺利完成。在春耕方面，群众生产情绪提高，耕地面积扩大，超过增加农产量十分之一的计划。如兴、临、保等地在春耕前，群众积极准备生产，修渠、挖井、打坝、堵堰等工作形成热潮，劳动英雄李俊德等领导发动生产竞赛。兴县××坡十六岁的儿童组织开荒队，神府把许多巫官神婆多年依靠跳神吃饭的人，都动员加入了生产。兴县有三十余人组织一互助组，开荒三万余亩。各地耕牛，十分之八九参加了变工。各县并利用贷款，购买耕牛，如兴县用贷款买耕牛二七三头、驴二头，估计可增地一万零九百二十亩。兴县原计划开荒一万八千亩，完成三万亩。三专区许多荒地、坡地都耕种了。现在各地材料虽然还没有报齐，但就上述情况看来，计划是可以超额完成的。

纺织事业。各地群众纺织的热潮，普遍掀起，如临南某村，去年下半年就比上半年增加纺织人数四一九名、纺车一七二架、织布机十六架，一个姓高的妇女织布一年即赚了一万八千余元；保德城关婆婆男人，都愿教自己女儿媳妇学习织布；临兴神保各县，用纺贷购置纺车、织机二百余架，借给群众使用，并开办以县或村为单位的纺织训练班；兴县用纺贷扶助了十二个小型纺织工厂的发展。各地土布产量计划，兴县两月内，即完成了其计划的四分之一；神府估计可超过原计划的三倍。如原料不困难，今年予（预）计民间出产土布增加百分之四六的计划可期完成。

农村副业的发展，已有进步。如兴县三区牛比去年增加百分之二十七，驴增加了百分之一百二十五，其他羊鸡都有增加，各地兴修水利，空前热烈，成绩将数倍于去年的一万六千余亩。如兴县超过四分之一的水利的计划，宁武二区即新增水地千余亩。种棉事业，七万一千亩的计划，各地已如数完成。

精兵简政工作。依据兼并合适的原则，紧缩机构。行署〔专署、县〕一级民、教两处合并为民教处；交通总局改为总站〔各地为分站〕，归民教处领导；粮食处合并于财政处〔县财粮建合为财政科〕；秘书处改为秘书室。调查研究室、视察团取消〔县视察员亦取消〕；银行、贸易局、稽征局合并。区政府组织，由十四五人减为七八人，村政权由八九人减为四五人。敌占区政权更加一元化，县长下设秘书，使领导更加集中。节约方面：合并伙食单位，如县、区政民合并一伙食单位，区以上干部裁减了百分之二十五，村干部裁减了百分之二十七，总计全年可节省粮食××××万斤、经费×××××万元。大部分人员，都参加了生产。工作效能方面：领导上有中心，纠正了百废俱举的毛病，注意了解情况与调查研究，如青贷、农贷，工作布置时，都进行了典型村的调查研究。上下级联系密切，解决问题迅速，如行署用电报当日可以和二三专署联系。工作制度上简便，不必要的表格取消，多用函件指示，公文手续由十道减为五道。区村干部经过调整改选后，工作能力加强，去年公粮完全靠村干部完成，他们也能适当的（地）掌握政策。

财政工作。本年度的公粮征收全部完成，有的地区还超过，平均负担占总人口的百分之八十二以上，负担额平均占国民总收入的百分之一七点四。征收方式，完全由民主评

议，人民反映很好，如说："前年公粮是拳头上打，去年公粮是盘子上打，今年公粮［是］地里面打。"公债因数目字不大，与各界人士的热烈认购，亦全部完成，兴临偏河等地超过五分之一，兴县岢岚自愿认购户占购买户数的百分之九三。各地预决算制度，执行已有成绩，调剂运输统一供给工作，均按期完成了任务。

金融贸易工作。半年来，坚决执行了单一本位币政策，使农币价格稳固，流通面积逐渐向敌占区扩大，使农币与生产事业联系起来。对敌占区贸易实行统一管理，由入超变为出超，严禁敌货倾销，使仇货绝迹，给土货开辟了市场，如岢岚市场上土布占百分之八十以上。内地贸易市场的组织与调剂上，修改了税务条例，使外货价格提高，土布得以畅销，将临县布二万余匹，运往兴保、神岢等地调剂。在二三专区、神府成立盐站，统一供给民食。

教育工作。干部的整风学习；学风已结束，学习的收效，大都能根据文件精神，诚恳坦白地彻底反省自己，揭露了不正确的思想方法，许多人都能在工作态度上认真负责。学校教育：经整顿后，中等学校在教学制度上，已有改进。如各校教导合一制度的确立，教育方针明确，开始向培养根据地建设人才转变，动员了百余学生参加工作，注重实际教育，如重视法令政策的教育等。在领导上亦加强了，如师范二中加派副校长。小学教育：内地区十个县小学减去百分之二十六，完小减去百分之二十，教员减去百分之二十五，全年可省经费二九万余元，粮一万五千斤。教员质量：兴岢等六县，中学程度以上者增加百分之四十六，高小程度者减少百分之二十七。建立了中心小学辅导制、学董制、教员奖励等办法。教学效能提高：如岢岚过去平均每一教员管理学生十一名，现在则管理二十八名。在群众宣传上，如施政纲领、苏联红军反攻胜利、庆祝废约、拥军等宣传工作的进行，七月剧社、大众剧社在农村春耕时巡回公演，各地戏剧工作的发展等已收效不小。

司法工作。过去司法干部少，经调剂后，二三专署各县都有了司法科长，并开司法训练班，抽调各县司法干部，进行教育。规定专署代理一审，便利人民诉讼，实行合议制、证据主义，使案件处理慎重，限各县在三月内将积压案件，处理完毕。规定了监所人犯最低限度的待遇，肃清打骂现象，加强犯人生产教育，实行公审陪审。

另方面由于少数干部对各种法令政策的精神了解与掌握不够，在执行中，仍不免发生一些缺点。今后为使工作更进一步，在对敌斗争方面，主要的［是］在加强对敌的经济斗争，反对敌人的倾销掠夺，从经济上打击削弱敌人。生产建设方面，应该继续贯彻春耕已有的成绩，到秋收全部完成；大量的（地）发展民间纺织业、榨油业，准备进一步的（地）开展明年生产建设。财政方面，实行统一征收公粮条例，确实执行与改进各种财政制度。精简方面，严格的（地）执行编制，研究建立工作制度，提高工作效率，贯彻节约，改进作风，确立群众观念，加强与精简人员的联系。金融方面，应贯彻巩固农币，管理对外贸易方针，调剂、组织内地市场，加强缉私工作。教育方面，着重干部教育，整理中等学校，加强小学教育，开展社会教育。司法方面，加强司法干部的教育，贯彻执行各种司法制度，在民众中加强对新司法的宣传教育等。

选自《晋绥根据地资料选编》，第3集，中共吕梁地委党史资料征集办公室1984年编印，第235～239页。

38. 林枫：坚持敌后抗战的晋西北根据地

1943年7月

晋西北三百万军民，坚持敌后抗战已经六年了。这是和敌人短兵相接、艰苦战斗的六年。这是内部建设事业不断进行，克服困难、生长力量的六年。抗战六年的今天，回顾一下我们所走过的艰难路程，对于今后的坚持抗战与更有效的（地）准备反攻力量，是有重大意义的。

晋西北抗日民主根据地，有计划的（地）进行建设是从一九四〇年开始的。在那以前的几年，则是从无数次险恶的残酷战火中抢救这块土地的几年。抗战爆发刚刚三个月，敌人就突破了长城线，在友军南撤、危急万分的情况下，我一二〇师在贺龙同志的率领下，赶来晋西北，坚持了阵地，阻击了敌人，并且派一个支队深入敌后，开辟在雁北的游击战争，接着配合守忻口的中央军、晋绥军，在敌后积极打击敌人，无数次的（地）截断了敌人的交通，并曾攻占天险的雁门关。太原失守后，又在太原附近开展了游击战争。这时候的一二〇师，不但每天都要和敌人作战，而且还帮助友军收容散兵，并设法将人枪送还原部。

当时战地动委会、牺盟会等，在晋西北各地积极动员民众，使驻在晋西北的晋绥军新军暂一师得到补充。一九三八年二月，各军奉命反攻太原，一二〇师担任切断同蒲路北段敌交通的任务，在十几天的激烈战斗中，占领车站、破坏铁路，使敌人一个多月不能通车。三月，敌以万余兵力接连占领宁武、神池、五寨、岢岚、偏关、河曲、保德等七县。那时，一二〇师主力正在忻州附近作战，闻讯后星夜赶回，协同友军经过廿多天的恶战，把进犯的敌人全部击溃，光复了已失的七个县城，使晋西北危急形势为之一变。五六月间，三十五军进攻绥远，一二〇师派兵配合作战，三十五军顺利的（地）打到归绥附近，敌人又集中兵力反攻，三十五军被迫撤退。当时一二〇师又复派兵协同三十五军作战，光复了偏关城。当时敌人大吹其牛说“中国军队不能再到绥远”，可是我一二〇师就在九月间派遣一个支队配合动委会深入大青山敌后，开辟了绥东、绥中、绥南，以及察哈尔的游击战争，并坚持到现在。

武汉失守后，敌寇回师“扫荡”华北，我一二〇师奉朱总司令命令，以一部挺进河北，协同晋察冀部队坚持平原游击战争，保卫河北腹地，以一部留在晋西北与山西新军骑一军等共同保卫晋西北。

一九三九年，山西新旧军事件起，我们坚决执行了我党中央的和平调解方针，不久事件平复，公推国民党元老、新军领袖续范亭先生兼任晋西北行政公署主任，贺龙同志为晋西北军区司令员，领导晋西北三百万军民坚持抗战，厉行各种建设工作，晋西北原是地瘠民贫的山岳地带，在敌人连年烧杀抢掠破坏之下，废墟满目，人民流离。为了保卫晋西北，坚持长期的战争，必须更加紧的（地）依靠民众发展生产，以恢复元气，并从这基础上生长力量，以备将来的反攻。于是党政军民全体动员，着手于晋西北社会秩序的恢复，并积极建设这块抗日民主根据地。三民主义抗战建国纲领和抗日救国十大纲领，便是我们

的依据。但工作刚开始，敌人立即来了春夏连续两次的大“扫荡”。春季经过三十八天的战斗，夏季经过五十八天的战斗，都将敌人的“扫荡”全部粉碎。接着就参加百团大战，把敌人打得落花流水，摧毁其“囚笼政策”，从八月二十号开始一直到十一月十号，才结束了这个战役。紧接着敌人出动了两万多兵力，又来一次冬季大“扫荡”，对晋西北施行其空前残酷的“三光政策”，经过了三十五天二百多次的战斗，终于又将敌人的“扫荡”粉碎。这就是一九四〇年一年中的四个大战役。其间还有三个小的战役。整军中部队都在行军作战，党政和全体人民都为了协同部队作战，亦未能有休息的机会。一九四一年，敌人对我进行了十七次的局部“扫荡”，但我们不仅逐一给以粉碎，并不断的（地）向敌进攻。统计全年共打了一千多次的仗，就在这一年，我们开始了以农业生产为经济建设中心的方针，在政府领导和群众团体的努力发动下，开展了春耕运动。工商业亦在政府的倡导下恢复了市面，并趋于繁荣。国民教育也加强起来。并在一九四一年的下半年普遍进行了村选动员。各阶层在民主作风上改革了腐朽的旧村制，使整个政权工作走向正规。

一九四二年，敌人又以大军进行春季“扫荡”，采用所谓“铁壁合围、篦形队形”等战术，我一二〇师、新军、地方游击队、民兵用灵活的战术经过二百多次的大小战斗，终于粉碎了敌人的恶毒阴谋。五月间敌人又来奔袭兴县，我在田家会战斗中，又获得了大胜利。人民已有力地组织起来，并已积累了丰富的战争经验，在政府和群众团体的领导下，协同军队进行反“扫荡”。敌人多次惨败不逞，遂又采用了“蚕食”政策，企图以“蚕食”的方法来摧毁抗日根据地。我们在朱彭总副司令的指示下，动员党政军民开展了广泛的反蚕食斗争，给敌人的“蚕食”阴谋以严重打击。这时期，在政权建设上，由于各项政策、法令、制度、办法的继续订正与贯彻执行，各方面的建设工作亦大大开展，人民的生活亦大大改善，我们不但能够解决本根据地的食粮问题，并且还能够经常帮助友区解决粮食问题。特别是去年十一月临参会的召开，使全晋西北各阶层人民的团结更加巩固，提高了坚持抗战到底的信念和决心。

为了加紧反对敌人的进攻与“蚕食”，把敌人挤出去，为了巩固建设晋西北抗日民主根据地，我们在去年底规定了以对敌斗争、经济建设、精兵简政、整顿三风为一九四三年的四大工作，并实行了领导一元化，使主力精干，使民兵发展，使下层加强，使机构灵活，使脱离生产人员减少，使人民负担减轻，使根据地的生产力更加提高，以渡过难关，准备反攻力量。因此，今年半年来的反“蚕食”斗争，更加剧烈开展了。我们已经从几百个村庄将敌人挤了出去。由于反“蚕食”斗争的开展，遂使根据地的建设无论农、工、商业，都得到了更顺利的发展，做到了自给自足。这就是我晋西北六年来坚持敌后抗战日益向上发展的粗略轮廓。但这些成就，我们是曾经支付了怎样高贵的代价啊？在残酷的战争中我们有两万多指战员负了光荣的创伤，一万多指战员作了壮烈的牺牲，单团级以上干部死伤者达一百名以上。政权干部，特别是在敌占区、游击区工作的干部，从上到下都冒着出生入死的危险，钻山沟，睡山坡，吃生饭，喝冷水，不屈不挠地组织、领导民众同敌人作斗争。四年来，专员县长牺牲者七人，县级以下干部仅就三个专区的一年统计为例，因作战而当场牺牲者达三十八人，被俘不屈而慨然就义者达八十七人之多，至于党和群众团体干部的牺牲，现在尚无精确统计，估计当数倍于前者。而人民所支付的血债，那就更是无法统计了。我们今天这样的根据地，是用了多少党政军民优秀干部的热血和三百万人民

的伟大力量建筑起来的！它巍然屹立在敌后，不断消耗、牵制与打击了敌人，配合了全国抗战，成为全国抗战中的一个重要的组成部分。几年来，我们在饷弹完全断绝了外援的情况下，凭着赤手空拳和满腔热血，创造并坚持了这样成为敌人心腹之患的晋西北根据地。然而仍有些丧心病狂的宣传家，竟认为我们“游而不击”“封建割据”。不知道这些人究竟是怎样居心？我们所以能够坚持六年的抗战，并使这个地区成为繁荣自足的抗日民主根据地，主要是因为我们坚决执行了我党中央抗日民族统一战线的各种具体政策，团结并照顾了各阶层抗日人民的利益，真正实行了三民主义。六年来我们各种具体的抗战建国工作中值得加以举述者，首先是八路军、新军的坚决抗战，其次是人民武装的普遍发展，第三（再次）是生产建设，第四（最后）是民主建设，前二者为属于唤起民众、武力与民众结合、一致对外的民族主义的具体工作，后二者则更是属于民生主义、民权主义的具体措施。事实胜于雄辩，三民主义在我们这里已不是什么高唱入云的空头支票，而是活生生的事实。兹将晋西北民兵、生产建设、民主建设三者的实况分别的（地）简要举述于此。

一、关于民兵

根据我党领袖毛泽东同志的号召，在坚持抗战具体实践中，我们始终没有忘记“一切依靠群众开展群众性的游击战争”。晋西北的民兵，在一九四〇年即已开始，最初是在普遍训练村自卫队长，建立不脱离生产的基干自卫队、游击小组、青抗先，经过许多逐渐改造的过程，始发展成为今天这样普遍的而又是统一领导的民兵，自从反“蚕食”斗争开展以来，民兵就更加发展起来。一九四二年中就发展了三万余人，在党政军民的认真协助之下，他们都已用步枪、手榴弹、火枪、手枪，甚至地枪、榆木炮、独角牛等等新旧武器，把自己武装起来。今年的民兵，在对敌斗争的胜利开展之下，是更加发展了。我们在贯彻精兵简政中，曾派了许多干部战士转入生产，并以此加强民兵，因此民兵的战斗力也就更加加强了。他们到处扰乱、打击敌人，随时配合主力军游击队作战。关于一年来民兵的实际活动情形，可以举出下列几点：

1. 在接近敌区的民兵，昼夜自动放哨，他们创造了许多新的方法，能够及时地发觉敌人，掩护民兵撤退。并经常为军队担任警戒任务，如五寨的部队反敌抢粮斗争时，民兵即在各个山头放哨，监视敌人行动。

2. 清查户口，盘查行人，捉拿奸细。现已普遍建立了户口制及来人登记报告制，没有路条就不能通行。岚县一个区的民兵，在三个月内就捉获奸细十一人，而静乐等县的民兵，还时常能到敌人据点附近捉拿汉奸。

3. 侦察、送情报。民兵地形熟悉，善于爬山，送信异常迅速。如某次敌三路合击我某部时，我们三面情报均及时收到，又如神池敌人出来抢粮，我部队一天就能接得四次同样的情报，因此我们就能够更有效的（地）经常给予敌人以严重打击。

4. 配合部队作战，某次敌数百人，合击我八分区部队，当其失败退回，经过某村时，当地四个民兵即行袭击，我某部某班战士也于同时袭敌。民兵趁敌人出村时，抢占了有利地形，掩护该班退却，当场击毙敌指挥官一名，伤敌二名。敌又仓惶（皇）退回村内，我某部援军赶到，向敌攻击，民兵又机动打死哨兵，打退敌之警戒部队，一拥入村，用手榴弹投敌，敌狼狈退走，他们直追到敌据点附近。这一战役，单是死伤在我民兵手里的敌人达三十二名之多，他们获得了民兵英雄的尊号，得到专署的传令嘉奖。从这一个例子中，

可以看出民兵配合作战的效力，是如何惊人。至于配合军队破路、破电线更是常事，如三分区有三个游击小组十五人，一夜破了敌人二十余里的电线。

5. 民兵单独作战。某次宁武敌调动一百九十余人分两路合击我某村部队，当其黎明到达时，当地民兵即拦路伏击，火枪成了他们的有力武器，使敌不致前进。不久，邻村民兵亦相继赶来，占据九个山头，四面射击，敌人狼狈逃窜。当敌溃逃之际，恰巧与另一股敌人遭遇，因情况不明，敌人就互击，两个山头自己打了起来，在敌疲惫撤回据点时，又复遭我另一部队和民兵的伏击。这可以看出我民兵已在战斗中锻炼得如何坚强！特别是在今年反对敌人抢粮和保卫春耕中，更加发挥了他们的积极性，四处掀起了民兵活动的热潮，打下敌人抢去的粮食、牛、羊、驴、马不可胜数。

6. 在反对敌人“扫荡”时，民兵即帮助群众进行空室清野。今年有好几个地区的人民，曾经集体的创造了神出鬼没的密洞战法。

7. 民兵率领民众进行对敌斗争。例如敌人对宁武木材曾千方百计企图抢夺去做铁路枕木，强迫群众砍伐。今年春耕之际，敌又准备砍伐某村木材，群众异常愤恨，都提出“不留一棵树给鬼子”的口号，不几天就传遍大小六十余村，当日风雨交加、道路泥泞，群众不顾一切入山砍树，参加者达一千余人。大家分工合作，民兵火枪队担任侦察警戒，儿童负责交通联络，老年看管牛、羊，青年壮年一律砍树。三小时内，就砍了大树千余棵，原计划五天完成，但结果不到五天就把一个大森林彻底毁灭，锯断运走，使敌抢夺阴谋失败。这里表现了在民兵的参加下，广大民众集体斗争的伟力。

8. 民兵在没有敌情时，即负责缉私与运棉生产、维持秩序的任务。接敌区的民兵，在抵制仇货与检查禁运品出口上，起了极大的作用，在春耕中，既要完成斗争任务，又要不误生产，将保卫春耕与参加生产密切结合起来。如宁武各村，已普遍建立了民兵和民兵间、民兵和自卫队间的互助配合。自动和牛变工，民兵扛着火枪赶着牛驴耕地送粪，一有情况立即进行战斗。

晋西北民兵的发展，现已初具规模，但还未赶上今天对敌斗争形势的要求，还需要继续从巩固中求发展，特别是要加强教育，以便更加提高质量。

二、生产建设

从抗战爆发到一九四〇年的四大战役，是晋西北遭受敌人大破坏的时期，农工商业濒于破产。在农业方面，人的劳动力比战前减少三分之一，牛减少十分之六，骡驴减少十分之八九，羊减少十分之六，猪减少十分之八以上。土地荒芜了，耕地面积仅当战前百分之八十四，山地产量降低三分之一以上，棉花总产量只有战前的百分之三。在工业方面，民间纺织业临县原有改良机二百多架、土机两千多架，完全停顿。洋布占入口货总值百分之六十。这样要能够在敌后支持长期的抗战是不可想象的事。我们于是用了大部分力量来开始恢复的工作，把生产建设提到议事日程上来，并决定以农业生产为中心一环。

为了有计划地推行以农业生产为主的生产建设方针，我们以最大力量进行了若干必要的有关生产奖励的措施，而这些办法在今天确已收到了其应有的效果，已经初步的（地）提高了各阶层人民的生产热忱，发展了农业与手工业的生产，一般的（地）提高与改善了人民的生活。

第一，我们坚决实行了减租减息，同时又保证交租交息的政策。在这一政策的认真执

行下，不仅中贫农的生产积极性是大大的（地）提高了，就是地主富农的生产情绪也大大提高了，兴县某区九个士绅，统计在一九四〇年种地三百四十二垧，到一九四一年就种地七百七十五垧；而在过去逃亡的地主富农，也纷纷返回到根据地来，如河曲某地主一九四一年回来种地一百八十垧、栽树一千余株、打坝五座；又如临南某地主是素不参加生产的，也于一九四一年坝河滩地十五亩。至于有些地主富农出资让佃户打井和自己勤苦背粪上地的例子，更是不胜枚举。

第二，公粮制度的逐年改进。在公粮的累进征收率中，包含了各种奖励特种生产的规定，彻底做到百分之八十以上的人口负担，而每户最高负担不超过百分之三十。因此，各阶层人士的生产情绪都大为提高。因为每年负担一次，且有一定数量，而又公平合理，因此民众不怕多开荒、多打粮食，真正保证了人民生活的改善和提高。

第三，有关奖励生产的各项法令政策，发生了相当大的作用。奖励开荒，奖励兴修水利，奖励植棉，奖励繁殖牲口，奖励劳动英雄，以及奖励技术发明创造等等，政府均有具体法令颁布。去年和今年，都开了盛大的生产展览会及劳动英雄大会。劳动在今天已成为我根据地人民的崇高荣誉。

第四，节约与调剂劳动力。抗战勤务逐年有了很大改进，每年在春耕时期，一律停止抗战勤务，免误农时。兵役动员，在过去已逐年正规化，人民能够安心生产。自从精兵简政以来，且抽出了不少的战士转入生产，使农村里增加了大批劳动力。经过群众团体的动员，推动了老汉、妇女、儿童参加了生产，提出“懒汉懒婆姨最可耻”的口号，动员了地痞流氓参加生产。党政军民人员则尽量帮助群众生产。宁武王县长亲自替群众担粪上地，起了极大的模范作用。今年更规定军政机关人力畜力要平均帮助民众耕作三至五个工，组织代耕队帮助抗属代耕土地，组织劳动互助。采用民间形式，发展互相变工，效力大大发挥。在对敌斗争极紧张的区域，还发展了一种新的变工形式，即民兵在保卫春耕方面帮助农民，农民在生产上帮助民兵，一个民兵要领导两三个劳动互助组，创造模范民兵和劳动英雄。这些都是使得劳动力更大发挥的有效办法。

第五，解决春耕中的困难问题。部队武装保卫春耕、夏耘、秋收，不使生产受到损失。政府今年的春耕及青苗贷款，共发一千五百万元之多，并将前两年的贷粮三千余石移作今年的农贷之用。在春耕时，由农救会发动群众互借、互济，以解决抗属及贫苦者的困难。为调剂农业生产上的需要，两年来各县镇都开了盛大的骡马大会，调剂了畜力及农具的改进、农具的制造，解决小麦用酒、购运种籽等问题。

第六，加强农业生产的领导。成立各级春耕委员会，以群众团体为主，吸收机关部队和各阶层人士参加，进行动员检查。在技术上，给帮助指导，并负责解决各种困难。兹将晋西北现在农工业生产发展的实况，根据现有材料之所可能举述者分别列举如此：

甲、农业方面。

一、扩大了耕地面积。一九四一年二十五个县的统计，开荒三十万五千亩。一九四二年十三个县的统计，开荒二十万亩。今年仅据兴县一个十四户的小自然村的调查，去年开荒五十四垧，今年开荒一百五十垧。这说明了群众的生产热忱的更加高涨。

二、发展水利。一九四一年十二个县的统计，增加了水地一万三千余亩。一九四二年八个县的统计，增加的水地一万六千余亩。十四个县共有水地七万两千余亩，超过了战前

的数量。今年有更大的发展了，在入春以来，各县大川都充满了开渠声，吊杆打井也大量增加。

三、植棉事业的迅速发展。一九四一年发展到三万二千亩，一九四二年推广到五万六千亩，今年又推广到七万一千亩。在向来未种过棉花的地方也开辟了新的产棉区。

四、牛驴骡马等耕畜的大量增加。单以牛来看，在一九四一年九个县的统计，增加了三千六百余头。一九四二年十五个县统计，增加了七千头。今年政府又发放了三百九十万元的耕牛贷款，仅以兴县的一个区为例，即发耕牛贷款六万一千元，并吸收了民间游资一万九千余元，共添买耕牛四十六头。估计今年全晋西北耕牛的增加，将超过去年增加的数目是无疑的。

五、农村副业的生产。三年来羊的增加已达到原有数一倍以上，猪鸡的增加都在三倍以上。

以上说明了晋西北人民生活的逐年改善，并且保证了军队的供给。但这还只是人民方面的生产情形，还没有把机关部队的生产计算在内。

因为饷源的断绝，我们的部队不得不寻求自力更生道路。为了自给，为了减轻人民的负担，我们的部队除了经常作战外，还要利用每个战斗间隙来进行农业生产：种菜、养猪，以解决自己的菜蔬。党政民机关，亦是如此。例如三分区某旅除了进行织布、造纸、粉坊、豆腐坊、油房等手工业生产外，在今年又开荒二千二百亩，每八个人养猪一口，每伙食单位喂羊廿只，蔬菜做到了自给。在全晋西北机关部队，总的生产上是一个很大的数目，仅我一二〇师去年生产即达二千余万元。

乙、工业方面。

第一，有计划地发展纺织事业。奖励私人投资，负担不计母金，妇女纺织不征税，私人小型纺织工厂免支抗战勤务。因此，纺织业也飞快发展起来。一九四一年全四专区开了工的织布机有九百架，到一九四二年就共有开工的三千八百架，比前增到四倍以上。不仅旧有的纺织区域有了大的发展，新的地区［也］掀起了纺织热潮，到处可以听见纺织机的声音。在岢岚、河曲、静乐等产毛区，毛线织成的手套、毛衣、袜子等大量的（地）代替了布匹。到现在，连同公营工厂所出产的〔连布在内〕，已经能达到全晋西北军民的自给。

第二，造纸业。在一九四一年的总生产量已赶上战前的十分之九。去年即已超过了战前的产量，质量亦有很大提高。现时纸业产品中已能制造报纸、印钞票纸、卡片纸、书皮纸、漂白纸等等。各机关部队的办公纸，大部分都已采用了土产的麻纸。

第三，其他手工业作坊、矿业、油坊、粉坊等，亦都有很大的发展。

第四，公营工业占工业中的重要部分。一九四〇年以来，先后建立了修械、制铁、纺织、化学、火柴、纸烟、工具、制药、制鞋、被服、油墨、印刷等工厂，这些工厂出品主要供给机关、部队，一部分供给人民的需要。在技术的研究上，试验是有成绩的，如化学厂［研］制成功的［有］铅印油墨、红蓝颜料、卫生药物；工具厂试验成功的有木密床、铁轮织布机、手摇纺纱机；洪涛印刷厂试验成功的有油墨滚子、压薪沙（砂）纸、桃胶和胶刷、压墨大青石等等。这些都是我们工厂里的干部和工人的创造。

这是晋西北的工业发展的轮廓。为了更加发扬工人的生产热忱，在今年五一开展了劳

动英雄张秋凤运动，大多数工厂工人都纷纷提出生产竞赛，这将大大提高工业产量和质量，推动根据地当前所有的工业继续前进。

三、民主建设

自从根据地新的民主政权建立以来，即着手筹备村选工作，确定了村政权的民意机关〔公民大会或代表会〕与执行机关〔村公所〕为统一体。村主席和代表〔村长与各会长〕都要经过直接的平等的不记名的投票选举，废除了封建残余的闾邻制，实行代表制。经过一九四一年和一九四二年的努力，全晋西北都进行了村选，打下了“三三制”的民主政权的基础。就在这个基础上，接着在各地进行了临参会参议员的选举，当选者包括了共产党员、国民党员以及无党无派的人士，其中有抗日军人，有地主绅士，有农工商学的代表，有文化界、妇女界的代表，也有满族和国际友人朝鲜民族的代表。内地区、游击区、敌占区均各有其参议员。真正做到了不分党派、阶级、民族、职业、性别、年龄、区域。一百四十五个参议员中，共产党只有四十七个，未及三分之一，认真实行了“三三制”。当去年十月临参会正式开会时，各个敌占区和游击区的参议员，都在武装保护下通过重重封锁线赶来赴会。各阶级各党派表现了空前的更进一步的团结。大会通过了“巩固和建设晋西北的施政纲领”、“保障人权条例”、“减租交息条例”和“扩大民兵加强地方武装以增强对敌斗争”等提案计一百一十二件，确定了此后根据地抗战建设的方针，并改选了行政委员会和选举了常驻委员会。续范亭先生仍然当选为行政公署主任。这次大会许多敌占区同胞，都制了旗帜，秘密寄到参议会上，写着“我们身在敌伪的压迫下，我们的心向着临参会”。许多敌占区参议员，看到根据地人民生活改善，都异常感动，在行升旗礼的时候，有的竞（竟）不禁落下泪来。刚开幕典礼时，参议员赵贵庵先生登台说：“自己来自敌占区，目睹敌人烧杀抢掠，今日见到民主选出的政府，人民亲手献花，内心悲喜交加，不禁泪洒胸前！”绅士樊沚如先生说：“我们的会开的（得）很隆重，富有民主精神，大会的选举非常郑重，没有任何包办的地方。”选举的结果，共产党员也没有超过三分之一。大会闭幕之后，行署就立即将所有通过的议案坚决付诸执行，各参议员回到各地进行热烈宣传，并经常注意一切政令贯彻。因此，我们今年的反“蚕食”斗争，就更加开展了，生产建设也就能更加成为热烈的运动。这都是由于民主的充分发扬和三百万人民坚强团结所发生的伟大力量。

综合六年来我们所经历的道路，晋西北抗日民主根据地是从战争的烽火中抢救出来，而又在继续不断的战斗中建设和巩固起来的。这条艰巨的道路，可以证明以下几点：

第一，证明了中华民族是不可战胜的力量，日本法西斯强盗最后必被赶出中国。我们一切力量的源泉，便是伟大的民众，必须坚决的（地）依靠民众，提高民众的经济、文化，发动民众的斗争性积极性，并把他们组织和武装起来。只要我们党政军民密切结合起来，永远和群众在一起，则中华民族的彻底解放和新中国的建立是一定不移的。

第二，证明了民主与团结是我们争取胜利的法宝。真正的团结必须建立在新民主主义的基础之上。一党包办，独裁专制，即不能有真正的团结，也就难取得反法西斯主义的彻底胜利，且将阻碍新中国的建立。

第三，证明了中国共产党是真正为中国人民的解放而英勇奋斗的革命政党，我党的领袖毛泽东同志是中华民族历史上空前的杰出人物，他是真正代表了广大的中国人民的意

志。正是因为我们贯彻了我党所指出的抗日民族统一战线政策和毛泽东同志所指示的方向，所以才获得了今天的成绩。

抗战已到第七个年头了。全世界反法西斯主义的战争形势正在有利的（地）发展，胜利的曙光也正在日益接近。但是我们的胜利越是接近了，我们的困难就还要更大更多，今后的斗争还要更残酷，工作还要更艰巨。我们坚持六年的敌后抗战，和敌人冲锋肉搏，建设和巩固了这块抗日民主根据地，已经使我们锻炼的（得）比以前更坚强了，但我们绝不以此自满，同时也决不在任何困难面前低头。我们今天是要遵循着我党中央和毛泽东同志“团结抗战，团结建国”的方针，加倍努力的（地）战斗与工作下去，坚决的（地）依靠群众，彻底的（地）整顿三风，发展经济建设，贯彻民主精神，则一切困难一定可以克服，并一定可以完成抗战建国的大业。

选自《晋绥根据地资料选编》，第1集，中共吕梁地委党史资料征集办公室1983年编印，第24～39页。原注：“原载1943年7月8日解放日报。”

39. 杨植霖、苏谦益：关于绥察地区四三年概况及任务给武新宇的报告

1943年8月9日

武新宇副主任：

这里的情形简要报告如下，绥南等地详细工作状况由马南风同志面陈。

一、分区级军政机关皆合并办公、合作预决算，政府不设事务通讯等人员。政府方面除杨主任①在延［安］学习，马秘书②专兼任禁烟督察处长及贸易局长，原财政处赵处长③实际担任供给部工作。这里按编制应有两个秘书，但目前皆为缺额，实际分区级政府工作人员只我一人。半年来我除去五分区一个月外，其余时间皆留分区机关，除参加各种必要会议及处理日常政务外，对于各地政府工作，未能深入检查研究。绥南、绥西、雁北地区的政府机关皆与团部或支队部合并机关，除专员及秘书二至三人外，取消各科。但秘书及专员对群众、统战、敌伪、财政等工作具体分工负责，并划分地区，分散指导各地工作，定期集中开会。为使军权集中，权责分明，节省人力，工作效率亦提高，县级以下政府工作，皆与游击小组活动相结合，便衣活动。设县长及秘书二人，地区工作皆具体分工负责，其任务为根据上级政府指示，帮助区府具体布置，进行群众、统战、敌伪、财政等工作特别是统战工作，为政府之中心工作，并随时检查、汇报。区府亦与游击活动结合，区府工作人员三至五人，一律便衣单独活动，依靠统战关系及群众关系存在，其中心任务为深入敌区，开辟、掌握两面派的乡政权工作。因为这一工作是敌占区、游击区政府工作的中心一环，也就是统战工作的重要内容。尤其是对于进行其他工作时，这是首要的一

① 原注：杨主任，指杨植霖，绥察行署主任。
② 原注：马秘书，指马南风，绥察行署秘书处处长。
③ 原注：赵处长，指赵全璧，绥察行署财政处处长。

着。县区有游击队者，县区长皆兼游击队长，其他县区长的空架子、无实际工作内容者皆取消。划分一定地区，确定领导关系，避免空名堂，求得实效，便于隐蔽。此外，区政府选择有一定条件关系的人员，脱离生产、隐蔽工作，这是这里精简的概况。现在全分区行政工作人员，总共百三十余名。精简要达到便于隐蔽活动。取消空架子，决心依靠群众的目的。但一般同志习于旧日的武装公开活动办法。虽然是开始转变也收到成效，但彻底转变老一套的办法，还须（需）一个过程，须在实践中去校正的。

二、对于行署的政策法令的执行，绥西、绥南由于敌占区的特点，一些具体办法，只能根据其精神规定办法。五分区朔县、平鲁以南之少部内地区村庄则公粮等条例皆尽量依照行署规定执行，至于一般财政制度、干部奖惩、优待抗属等工作，则完全根据行署条例执行。至于五分区、敌占区、游击区、对敌斗争、革命两面派乡政权等工作，则根据实际情况，随时给予一些工作的指示，至于这里政府的一些法令以后呈上。

三、本分区四三年度收支估计收入：

五分区：

公粮：朔县四千五百石〔内有公粮变款千石〕，平鲁三千石〔内有变款三百石〕，右玉二千石。

税款：〔朔县地区及出入口税〕估计可收之千元，共计可收公粮八千石。

款计：

每石粮食以三十元计，一千五百石合洋四万五千元，税款三千元，

总计十三万三千元；

绥西区：

估计收公粮莜麦二千石〔只求最低自给〕。

绥南区：

公粮三千五百石〔内变款五百石〕。

公粮变款五百石，每石以三十元计合一万五千元。

总计公粮可收莜麦五千石，小米八千石。

各项款〔烟罚、税收、变款〕，估计三十万银洋。

支出：款约需三十七万元。

粮食约需小米八千石、莜麦六千石。

收入不足支出：款七万元，粮食千石。

以上收入估计，最近雁北、绥南，皆于五、六、七三个月内进行了三至五次的较大扫荡，并新设了据点，环境恶化，估计任务不能完成。完成程度如何以后报上。以上收支不符数〔粮、款〕除款项以自力更生办法尽力经营解决外，粮食问题请能予偏关境内之部队拨予全年六百人马的食粮草料〔另有呈〕。

四、最近在敌大扫荡中……计被俘专署财政科长陆 ××同志，平鲁县长× ×同志，右五区长李文桂同志，支政印刷员张× ×同志，通讯员及游击队员十名。

牺牲者：支政教育干事张章，游击队员八名。

其他绥西、绥南尚无报告。可见这一工作是一惨（残）酷的对敌斗争，这是我们不可补救的损失。这些血的经验教训，总结后当报上。

平鲁县长及专署财政科长，此间实无此项干部，请能快点选派。① 财政科长刘西云同志因体弱，且不愿在敌区工作，已调这里贸易局工作。

敬礼。

杨植霖

苏谦益

选自中共内蒙古自治区委员会党史资料征集研究委员会等合编：《大青山抗日游击根据地资料选编》（历史档案部分），呼和浩特，内蒙古人民出版社 1986 年版，第 349～351 页。

40. 晋绥边区概况

1944 年 9 月晋绥分局出版

晋绥根据地的一般形势

（一）根据地的范围

晋绥边区东起同蒲、平绥〔大同至集宁段〕与我晋察冀边区相接；西至黄河，与我陕甘宁边区相接；南迄汾离公路，与山西阎锡山区相接；东南面至同蒲路，与我晋冀豫边区相接；北达绥远之包头、百灵庙、武川、陶林之线。该根据地纵长千里，横贯三百里，包括了山西西北部及绥远东南部共辖四十六县，两个省会〔即太原、归绥〕，在我控制下的县城计有河曲、保德、偏关、岢岚、临县、兴县等六城，余均为敌伪暂时盘踞。全区面积为三十三万一千平方华里，人口三百二十二万余。

（二）地理概况与战略形势

全区为高原地带，均是绵亘不断的山脉。其中有管涔山、洪涛山、云中山、吕梁山、大青山等。在北部的蒙古草原利于骑兵活动；中部和南部均系崇山峻岭，我军得以依此有利地形而建立了巩固的根据地。敌人的机械化部队及重武器均不便运动；而我军则可利用此有利地势条件，不时给敌伪以歼灭打击，故在历年同敌艰苦斗争中，我们能保持六个完整的城市。从整个形势来看，晋绥根据地虽处于华北的翼侧面，又是处于半敌后形势，但它仍是和其他战略区具有同样的重要性。特别是自三九年十二月晋西事变〔即国民党第一次反共高潮〕后，晋绥根据地即成为华北华中敌后我军与陕甘宁边区联系的唯一通道。同时它又是阻敌西进的屏障，保卫陕甘宁的前卫阵地。不仅如此，它并严重地威胁着敌之同蒲、平绥两大交通线，以及大同、太原、归绥、包头等战略要地。

（三）根据地的物产

本区物产以小米、莜麦、山药旦（蛋）、黑豆为大宗，小麦次之。这些出产，足够全区军民之用。但由于连年敌寇摧残与天灾，曾在食粮上发生过困难。不过这个困难，在我区军民努力发展生产运动下，都完全克服了。晋绥区煤铁蕴藏量很大，现大部为敌控制。

① 原注：原文此后模糊难辨。

晋绥根据地的创立及七年来的敌我斗争概述

抗战爆发不到三个月，敌寇就突破了长城线，晋北守军和官吏蜂拥南退，敌寇长驱直入，情况万分紧急。八路军一二〇师在贺师长、关政委的领导下，赶来晋西北坚持了阵地，拖住了敌人的牛尾巴。在神池、宁武、朔县一带阻敌，配合正面友军防守忻口。十月十八日一二〇师曾在雁门关以南伏击敌人汽车五百余辆，占领雁门关，占领崞县附近南北大常、王董堡，切断了敌人的后方交通，使得敌人用飞机运送弹药给养。敌人吃不到大米、白面，只好用豆子充饥，给防守忻口的友军以很大的帮助。太原失守后，我军坚持在太原附近展开了游击战争。这时候的一二〇师不但每天要和敌人作战，而且还帮助友军收容散兵，设法将人枪送回原部，连友军军长傅作义等也因我军的奋勇配合，而安全撤退至后方。

当时战地总动员委员会及“牺盟会”在晋西北各地积极动员群众，参加抗战。民众也因为一二〇师、新军的英勇作战，自动大批参军。一九三八年二月各军奉令反攻太原时，一二〇师担任截断同蒲路北段敌交通的任务，在十九天的激战中，占领平社、高村、原平等车站，破坏铁路五六十里、桥梁十九座，使敌人一个多月不能通车。三月，大同敌后宫师团以团以万余兵力，进占宁武、神池、五寨、岢岚、偏关、河曲、保德等七县。那时一二〇师主力正在同蒲路上作战，闻讯星夜赶回，两天强行军走了三百余里。经过二十多天的血战，把敌人打退，收复宁武等七个县城，使晋西北局势转危为安。五、六月间，三十五军反攻绥远，一二〇师派兵配合作战，后三十五军败退。当时敌人大肆吹牛，说什么“中国军队不能再到绥远”，“谁到绥远就消灭谁”，而我一二〇师就在九月间派遣了李支队配合“动委会”深入大青山地区，创造了绥中、绥西、绥南以及察哈尔的游击战争，一直坚持到现在。

民国二十七年秋，武汉失守，因为华北游击战争的开展，给敌威胁很大，敌乃回师华北实行“扫荡”。一二〇师奉朱彭总副司令命令，主力东进，协同吕正操同志领导之三纵队，保卫冀中大平原。经过一年多的时间，来回经过了十几道敌人封锁线，与晋察冀部队配合，粉碎了敌人五次大“扫荡”，进行了二百多次的战斗，其中较大的如齐会三天三夜的战斗，消灭了敌人一千多；陈庄六天五夜的战斗，消灭了敌人千余；黄土岭三天二夜的战斗，打死敌阿部中将。

一二〇师留在晋西北的三五八旅、警六团、雁北支队，则协同友军保卫晋西北。民国二十八年三月，粉碎了敌寇“扫荡”，收复岚县。其中较大战斗，有交城邢家庄、岚县明家庄等战斗。

民国二十八年夏，国内第一次反共逆流高涨，留在晋西北的反动分子就提出了“饿死八路军、拖死八路军、赶走八路军”的口号。敌寇汉奸此时拼命进行诱降与挑拨，晋绥军副师长蔡雄飞也适于此时率部投敌，形势十分严重。我军仍力持团结抗战方针，继续坚持保卫晋西北。新旧军事变后，敌调兵遣将准备乘机占领晋西北，一二〇师主力亦于是时返回。接着，经过三十八天的战斗，击溃敌春季“扫荡”，收复方山、岚县、临县三县城。

在这种情况下，晋西北抗日人民、军队、党派及群众团体，为了保卫晋西北，继续坚持抗日，乃共同建立新政权，公推国民党元老、新军领袖续范亭为行署主任。

民国二十九年二月一日召开了第一次行政会议，在这个会议上，制定并颁布了晋西北六大施政纲领，并布置了以后工作。其中心为：（一）促进宪政运动，彻底改造加强各级政治机构，实施民主政治。区、村长民选，给抗日人民以言论、集会、结社、出版自由。筹备参议会，建立各级行政会议。（二）扩大抗日革命武装，加强自卫军，开展群众运动。（三）确定救济灾民难民、累进合理负担、减租减息、优待抗属、囤集（积）公粮等办法。

敌寇为破坏晋西北新政权的建立，一九四〇年实行了空前未有的春夏冬三次大“扫荡”。在春季“扫荡”中，敌出动五千余，占领了方山、临县、岚县。我军经过三十八天的战斗，才把敌人打退，收复了这三个县。六月七日，敌二万余进行夏季大“扫荡”，我军经过四十五天的苦战，进行了大小二百五十一次战斗，才将敌人“扫荡”粉碎。其中最大的战斗有二十里铺战斗、米峪镇战斗。八月间百团大战开始，晋西北的一二〇师、新军及地方武装都参加了这个战役。经过五十天，我军一直打到太原、汾阳、忻州、崞县、朔县、大同附近。共进行了三百余次战斗，毙伤敌伪军六千余人，俘敌军四十七名，俘伪军三百五十名，缴获长短枪八百八十五支、炮六门、掷弹筒十四个，破坏铁路一百七十五里、公路九百四十里、桥梁七十四座，给敌伪以严重打击。敌伪报复，紧接着就发动了两万多人的冬季“扫荡”，对晋西北实行了残酷的“三光政策”，经过三十五天二百多次战斗，终又将敌人“扫荡”粉碎。这就是一九四〇年一年中一二〇师进行的四个大战役。

民国二十九年，整年中，部队都在行军作战，党、政、民众团体和全体人民也都围绕着坚持对敌作战而努力。政权工作，基本上是迎接战争，克服混乱，颁发并贯彻了保障人民权利暂行条例，召开各地士绅座谈会，倾听人民意见。村政权进行了初步改选，人民生活得到了初步的改善，并组织了军政民慰问团，慰问了战争当中受害的同胞。

这时期，反“扫荡”战争胜利了，根据地扩大了，根据地军民经过了严重的考验，为各级政权建设打下了初步的基础。

一九四二年是敌人“扫荡”“蚕食”晋西北最残酷的时期。一九四二年二月敌又以一万兵力，进行春季“扫荡”，采用所谓“铁壁合围”“梳篦队形”等战术。我一二〇师、新军、地方游击队以灵活的战术，经过八十四天大小二百余次的战斗，把敌“扫荡”粉碎了。四二年五月十四日敌十六旅团五十九大队村川大队，窜入兴县城。我军从大蛇头打起，一直打到白家墕、田家会。敌村川大佐、横尾中队长被我击毙，多田中队长受伤。敌军一千四百余人，除三、四十人得以逃脱外，其余全部被我歼灭。

敌寇对晋西北的四次大“扫荡”及无数次小“扫荡”被我军粉碎了，便积极采用“蚕食政策”及总力战的斗争方式。敌人的“蚕食政策”大体上分为三个阶段。第一个阶段是汉奸活动，建立秘密的特务情报组织，进而建立秘密的维持会。第二阶段是建立据点。第三阶段是据点建立后，加强压迫，加强掠夺，以残酷的“三光政策”与阴谋欺骗，实行所谓“强化治安”。

敌人用这一套缓慢的、零星的、隐蔽的、由秘密到公开、由点到线、由线到面、由敌占区而游击区、内地区逐步“蚕食”的办法，曾收到了一些效果。一九四二年敌人打通了岚临公路、静宁公路，安设了蒲阁寨、芝兰、岔口等数十个据点，分割与缩小我根据地。并以岚县、东村、普明、寨子等据点为中心，向我内地区“蚕食”推进。

同时，敌寇也进行第四次、第五次的“治安强化运动”，设立“和平团”“新民工作先锋队”等，进行特务活动。一九四二年十一月敌更将五次“治安强化运动”改为“新国民运动”。由于过去我们对敌人力量与阴谋估计不足，对敌占区、游击区的政策有些还不够明确，没有大量（地）的减轻敌占区、游击区人民的负担，以及群众性的游击战争开展还不够好等等原因，使我在敌占区、游击区的工作及反“蚕食”工作上遭到一些损失。

为了加紧反对敌人的进攻与“蚕食”，执行毛主席“把敌人挤出去”的方针，在一九四二年底晋西北行署规定了以对敌斗争、经济建设、精兵简政、整顿三风为一九四三年的四大工作，并实行领导一元化、使主力精干、民兵发展的方针。一九四二年五月，反“蚕食”斗争即开始了，并已有了初步的成绩。特别是六分区、三分区，我军给敌人“蚕食政策”打击很大。除八专区未统计在内外，半年来共摧毁伪村政权“维持会”三百六十八所。仅四专区经过争取自首或停止维持的即有二百多人。在游击区、敌占区的游击活动也大加开展。

我们对敌斗争的方法：一个是加强武装工作队，把过去几重的对敌伪军工作及敌占区工作，统一起来，使我军对敌政治、军事、经济、文化斗争，成为一个统一体，深入敌占区活动。对敌寇“蚕食”则进行了细密的调查研究工作，从发展上了解敌人“蚕食”的各种手段和方法，具体分析了敌伪“维持会”的产生及参加“维持”的人物、动机及其过去和现在的态度，决定予以打击或争取。使用这种种办法的结果，我军将敌“蚕食政策”打退了。一九四三年春季，我军区部队展开反“蚕食”反维持斗争，共进行了大小战斗三百八十七次，收复了八百多个村庄，解放人口八万一千二百五十三人，毙伤敌伪一千三百余人，俘敌伪二百四十五人，缴获重机枪一挺、轻机枪六挺、长短枪二百七十八支、子弹一万零五百余发。

我军民反“蚕食”斗争的不断胜利，使敌伪的统治区日益缩小，我根据地日益扩大。从去年最初三个月中，各地民兵活动不完全统计，即达二百二十二次之多。在反维持斗争中，共摧毁伪村政权八百八十一个，建立我村政权五百五十五个，使敌据点活动范围，由三四十里缩小到五里以内。

去年九月十五日，敌第三第五十九两个旅团集敌三千多人，对我兴县保德地区反复“扫荡”。经过二十余天奋战，在甄家庄一带七天七夜战斗中，我军消灭敌人八百八十多人，把敌人八十五大队主力全部歼灭，创造模范的运动战。后来，我军更积极主动的（地）围困与攻击敌据点。特别是今年春，我军民对同蒲铁路，神［池］五［寨］、五［寨］三［岔］、岚［县］离［石］、汾［阳］离［石］、汾［阳］太［谷］、忻［州］静［乐］、岚［县］静［乐］、武［宁武］化［宁化堡］八条公路，展开数次全面破袭，共收割电线四万零九百一十四斤。

迄至四、五、六三个月内，六、八分区对敌斗争成效特著。我军共收复了六分区的石家庄、咀子上、细腰、蒲阁寨、湾子里、黄牛、王董堡，八分区的上双井、土地堂、静游、孝子渠、庄化、义安、宁固埠等，三分区的津良庄，二分区的倪家山等三十余据点。连以前收复的芝兰、岔口等，已把敌人插在我根据地内的大据点，拔除的（得）差不多了。

晋绥根据地民主政治的建设

自从新政权建立以来，即遵照实行民主政治的方针，积极筹备村选。第一次行政会议上确定了村、区长民选的原则；第二次行政会议上通过了村选暂行条例与村政权组织暂行条例。经过一九四一、四二年的努力，大部分地区，村选都收到了很大的成绩。一九四二年又试办区选。后来在这种基础上筹备了晋西北临参会的选举。

经过了一年的筹备，一九四二年十月晋西北临参会召开了。大会参议员一百四十五人，其中有共产党员、国民党员、各党各派、无党无派以及抗日军人、工、农、商、学、文化界等人士，也有满、回、国际友人、朝鲜民族的代表。一百四十五位参议员中共产党员只有四十七人，未及三分之一。

在临参会召开的时候，敌人曾发动了对边缘区的“扫荡”，企图破坏大会的开幕及阻止各地参议员赴会，可是各地参议员仍冒着一切的危险赶来。如朔县参议员红邦领袖蔡原老先生，已经是七十高龄，还日夜跋涉，走了七百里路，冲出平鲁、朔县敌两重包围，到会出席。岢岚六十一岁女参议员张兰芝，虽已老态龙钟，还骑着毛驴，爬山越岭，走了七八天路程赶到。

经过十八天的讨论，大会通过了“巩固和建设晋西北的施政纲领”“保障人权条例”“减租交租条例”“减息交息条例”“扩大民兵：加强地方武装以增强对敌斗争”等一百一十二件，选举了续范亭、武新宇为行署正副主任，贺龙、刘佑卿、张文昂、白如冰，杜心源、王达成、张韶芳、张隽轩、刘菊初、樊沚如、刘保德、孙良臣、王缮、常耀五、武进卿、王法文、汤平、郭顺道、梁选众等十九人为政府委员，林枫、刘少白、牛荫冠为正副议长。大会选举后，士绅参议员樊沚如说：“我们的参议会很隆重，富有民主精神，大会的选举，非常郑重，没有任何包办的地方。选举的结果，共产党员也没有超过三分之一。”大同参议员张登荣说：“开了这次大会，听了林枫先生的报告，我相信共产党是真诚坦白的。我对中国共产党的怀疑没有了。”

敌占区的民众听说临参会开幕，更欣喜若狂。某县代表林子茂在来会途中被敌人发觉了。敌人几次追踪包围了他，可是他还是冲出了敌人几次包围，绕道前来，沿途转折了半月。敌占区参议员赵贵庵登台说：“我来自敌占区，目睹敌人烧杀劫掠，今日看到民主选出的政府，人民亲献鲜花，心中悲喜交集，不禁落泪。”阳曲沦陷区民众在给临参会送的布幛上写着：“我们身在敌伪压迫下，我们的心向着临参会！”

中国共产党提出的“三三制”政策，在晋西北是彻底实行了，并受到了各阶层的热烈拥护。如一九四一年村选当中，据十一个县五十五个行政村的统计：主任代表中有百分之四十四是中农，百分之三十八是贫农、雇农和农村工人，百分之十六是地主富农。村长中百分之三十二是中农，百分之五十三是贫农，百分之十四是地主富农。晋西北行署也确定公粮征收制度，划一税收，规定除烟酒牌照税、营业税、卷烟印花税、出入口及过境税四项以外，将过去旧社会的苛捐杂税一概取消。

在民主设施与人民生活改善后，人民抗战的积极性更进一步的（地）提高了。一九四一年敌寇对晋西北进行了十七次局部“扫荡”，全区军民不但粉碎了敌寇“扫荡”，并主动出击，打了一千多次仗。各地的游击小组、青抗先、民兵都纷纷发动起来了，在每次反

“扫荡”的斗争中，都能配合正规军作战。民兵的数目，一九四一年中就发展了三万人，对敌战斗六百七十二次。他们用的武器有步枪、手枪、手榴弹、火枪，而旧式武器如地枪、榆木炮、独角牛等也发挥了不小的威力。每次反“扫荡”时，行署规定各级政府在战争中，必须领导人民打击敌人，保护人民生命财产。实行乡不离乡、区不离区、县不离县的方针。在民兵对敌斗争上，也有很多的创造。如：宁武出色的劳动英雄与民兵英雄张初元，他适应着敌后根据地游击地区的环境需要，在民兵和群众运动的基础上，创造了劳力与武力结合的方式。这样，不仅节省了人工、牛工，也粉碎了敌人抢掠扰乱的企图。一九四二年敌人抢去了他们村中五十八石粮食，一九四三年他们组织起来后，只被抢走了两石粮。一九四三年全村喂了三十五口猪，全部自己吃了，敌人没抢去一口。他们是怎样组织起来的呢？一九四二年秋天，敌人在他们村子附近安下了据点，经常来骚扰。一九四三年正月，为了保卫春耕，张初元〔那时他是农会秘书兼民兵分队长〕就把原来的民兵组织整顿和恢复起来。最初是×个民兵，以后发展到××个。旧历二月初，敌人刚摸到村边就被民兵打回去了。从此，民兵的威信逐渐建立起来了。但，民兵经常出去活动，谁给他种地呢？后来便在民兵中想法互助。以后，在锄草秋收到来时，就实行全面互助，把民兵和庄户编成一个组。民兵提出不让敌人抢去一条牛的口号，变工组则报以不荒一垧地的行动。早晨天一明，民兵和变工组都吃饭。饭后，民兵爬山警戒，变工组便下地闹庄户去了。

五寨民兵更建立联防哨制度，一遇敌情，各村民兵即相互支援。如去年十二月三十日，小河头敌伪二十余名，企图到某村抢劫。刚走到村东土山上，被我联防民兵发觉，当即发出信号。路玉小民兵小组在副队长指挥下，分成三组，一面迎击敌人，一面掩护群众转移。敌见势不佳，正想掉头逃窜，我模范民兵中队长杨二润已率领民兵赶到，各路民兵会合夹击，把敌人一直追到小河头据点附近。

去年，交西民兵神枪手崔三娃在保卫秋收和反“扫荡”战斗中，他那个民兵中队毙伤敌伪十六名。他在写给各村民兵的战斗号召信上说：“乡亲们，民兵英雄们：现在是保卫咱们庄稼的时候了。为了食粮不被敌人糟踏（蹋）抢走，明年春季不饿肚子，啃苦菜，咱们来一个‘一枪打死一个鬼子’的运动吧！”

过去，民兵们对旧武器是不太重视的，自从交城、离石民兵用旧武器作战，发挥了可观的威力后，一般民兵除了向敌人夺取新式武器武装自己外，每人都准备了长矛、榆木炮、火枪、独角牛等武器。老乡们捐出了废铁、土枪。经过了他们的创造和发明，交城民兵英雄徐力强已能制造掷弹筒，许多地方的民兵自己搜集破铜烂铁，自己制造起手榴弹来了。

在民主政权的领导下，晋绥根据地的生产运动得到了很大的发展。缘自抗战暴（爆）发到一九四〇年期间，晋西北遭受了敌人的大破坏。在农业方面，那时人的劳动力比战前减少三分之一，牛减少十分之六，驴骡减少十分之八九，羊减少十分之六。土地荒芜，耕地面积仅达战前百分之八十四，山地产量降低三分之一以上，棉花总产量只有战前百分之三。在工业方面，民间纺织业，临县原有改良机二百多台、土机两千多台，完全停顿。

新政权创立之初，即注意了根据地建设工作。在奖励农业生产中，政府调剂了土地，使耕者有其田，所有耕地不荒芜；实行了减租减息、交租交息，减轻了农村中高额的封建剥削，刺激了生产者的热情；政府减轻了公粮征额，奖励生产、创造和发明，帮助贷粮贷款。这一切都促成了根据地生产运动的发展。一九四二年和一九四三年还开了生产展览会

及空前未有的劳动英雄大会。在会上研究了“组织起来”、变工互助及劳力与武力相结合等办法。

据统计，一九四一年二十五个县开荒三十五万五千亩，一九四二年十三个县开荒二十五万亩，三年来全边区已开荒六十万亩，兴修水地六万九千余亩。特别是今年的生产运动更是热烈，仅春耕中，各地群众已开春荒四十二万亩，机关部队开荒十八万亩。加上劳动力的大批组织起来〔神府、兴县劳动力组织了百分之五十以上〕，精耕细作，今年可增收细粮十二万石以上。

农业生产中产生了张初元、温象拴、刘文锦、刘补焕等劳动英雄。他们不仅自己生产的（得）好，还领导了各村生产，推动了全区、全乡。他们不仅劳动得好，而且还是各地民兵领袖。张初元在开完了劳动英雄大会以后，即积极在本村附近组织生产与加强民兵工作，细腰、石家庄两据点被我收复后，他曾亲往慰问。温象拴回家后，即积极布置、动员全自然村组织生产，不顾大雪纷飞、道路泥泞，连续数日中走遍了十三个自然村，会同干部开会研究全行政村今年生产的初步计划。他们对贫苦农民都特别关心照顾，无论平时或锄草中，只要穷人没办法，他有的话都能帮助。温象拴说：“咱是从穷人里来的，咱知道穷人的苦。咱现在好了，就得帮助穷人，也和咱现在一样。”

工业生产也有很大的发展。民间纺织业经过几年来政府的帮助，如奖励私人投资，负担不计母金，妇女纺织不征税，私人小型纺织工厂免支抗战勤务等办法，因此，纺织业也飞快地发展起来。目前，全边区已有纺车五万架、纺妇六万人、土机九千多台、快机一千三百多台、工人四万二千七百余人，每年可产布五十万六千余匹，加上出产的毛布，能达到全晋西北军民的衣服自给。

其他工业。造纸业一九四一年的产量，达到了战前十分之九，一九四二年已超过了战前的产量。其他手工业作坊、矿业、油房、粉房等亦有大发展。公营工业占工业中的重要部分，一九四〇年以来，建立了修械、制铁、纺织、化学、火柴、造纸、工具、被服、印刷、制药等工厂，这些工厂产品的质和量都在不断的提高当中。

一九四三年五月展开的张秋凤运动，更发扬了工人生产的热忱。军区炸弹厂铸炸弹壳每天平均产量增加百分之二十，一般学徒亦能增产百分之十七。张秋凤领导的小组，发明了试制炮弹新法。西北化学厂，四月份生产量比过去提高百分之二十五，五月份又比四月份增加生产百分之十三。

人的创造性也大大的（地）发挥了，如油墨、颜料、木锭床、铁轮织布机、手摇纺纱机、油墨滚子等都一一试制成功。

部队生产方面。一九四一年军区部队开荒六万亩。三分区某旅自己开油房、豆腐房、粉房；进行造纸、织布、挖炭等生产；前年该旅已作（做）到每八个人喂猪一口、每一伙食单位喂羊二十只，蔬菜作（做）到全部自给。据统计，一九四二年一二〇师部队生产总数达二千万元。

素称贫瘠的晋绥边区，人民逐渐走向丰衣足食的境地。

选自《晋绥根据地资料选编》，第1集，中共吕梁地委党史资料征集办公室1983年编印，第1～15页。原注：“原载1944年9月晋绥分局出版的根据地概况。”

41. 晋绥边区县议会组织条例

1945 年 4 月 5 日行政公署公布

第一章　总　则

第一条　县议会为全县人民最高权力机关。

第二条　县议会由全县公民选举之县议员组成，其选举条例另定之。

第三条　县议员名额不得少于三十五名，多于八十五名，依全县人口多寡决定之。

第四条　沦陷区不能选举时，县议员由县政府聘请之。

第二章　组　织

第五条　县议会设议长、副议长各一人，由县议员于第一次开会期间用无记名投票法选举之。正副议长去职时，应即补选。

第六条　县议会开会时，得选举若干人组织主席团，主持会务。主席团下设秘书处、议员资格审查委员会、提案审查委员会等，分别办理大会各项工作。

第七条　在县议会开会期间，议长或副议长得参加县行政委员会〔必要时得兼任其他工作〕。

第八条　正副议长为有给职，其他议员均为无给职，但于开会时须酌发旅费。

第三章　职　权

第九条　县议会之职权如下：

一、选举并罢免县长及县政府委员；

二、监察并弹劾县政府及其以下之行政工作人员；

三、制定并复决本县单行法规；

四、决定全县各种建设及应兴应革事项；

五、审核本县粮款预决算；

六、审议县政府交议事项及人民与各方请议事项；

七、督促并检查县政府执行县议会决议事项。

第四章　会　议

第十条　县议会例会半年一次。有下列情事之一者，得召开临时会议：

一、经县议员五分之一以上提议者；

二、经全县五分之一以上村民代表会之提议者；

三、经县政府之提议者；

四、经县民众团体之联名提议者。

第十一条　县议会之例会及临时会由议长或副议长召集之。

第十二条　县议会非有三分之二以上县议员出席不得开议，非有出席议员过半数之通过，不得成立决议，可否同数时，取决于主席。

第十三条　县议会开会时，县政府须向县议会报告工作，解答质问。

第十四条　县议会开会时，区级以上政民机关及当地驻军之负责人均得列席，有发言

权，无表决权。

第十五条　县议会之决议，不得与边区参议会及上级政府之决议与法令抵触，抵触时，服从上级之决议与法令。

第十六条　县议会之决议送交县政府执行，如县政府有异议时，得详具理由送交复议，县政府提议复议案，因县议会已经闭会或因其他特殊原因不能及时复议时，得请示上级政府决定之。

第十七条　县议员在开会中之言论及表决，对外不负责任。

第十八条　县议员在任期内，除现行犯外，非经县议会议长、副议长之许可，不得逮捕或拘禁。

第五章　任期与改选

第十九条　县议员任期二年，但得连选连任，在任期内因故去职时，由候补县议员递补之，无候补县议员时，由原选举单位补选之。前项递补或补选之县议员以补足本届任期为限。

第二十条　县议员违法失职时，由其选举单位罢免之；聘请之县议员违法失职时，由县政府解聘之。

第六章　附　则

第二十一条　县议会经费列入县地方款预算内，由县政府拨付之。

第二十二条　本条例修改权属于边区参议会，解释权属于边区行政公署。

选自《中国新民主主义革命时期根据地法制文献选编》，第2卷，北京，中国社会科学出版社1981年版，第309～312页。原注："选自一九四五年五月晋绥边区选举委员会《晋绥边区参选县选法令》。"

42. 一九四八年的晋绥解放区

1949年2月14日《新华周报》

晋绥解放区于一九四七年实行中国共产党中央颁布的《中国土地法大纲》，彻底废除了地主阶级的土地财产所有权，消灭了封建半封建剥削的土地制度，真正解决了土地问题，使老区半老区共二百一十万人口中一百零五万无地缺地的农民，从地主阶级和旧式富农手里收回了二百七十万亩土地、十万余大石粮食和一万八千余头牲口。到一九四八年，晋绥广大农村的面貌便为之焕然一新。

在这个具有历史意义的伟大的土地改革运动中，大大发挥了农民及其他劳动人民的政治觉悟，建立了真正代表工农及其他劳动人民利益的区村人民代表会议及由人民代表会议所选出的区村政府委员会。人民代表会议，这是新民主的政权形式。在这个伟大的运动中，广大农民，特别是贫苦农民的阶级觉悟提高了，许多地方的贫农团或贫农小组，成为运动的骨干。贫雇农是党在农村中的阶级基础，是民主政权在农村中的柱石。广大妇女也分得土地，并逐渐参加了农业生产，为妇女解放、男女平等奠定了社会经济基础，束缚与

凌辱妇女的旧婚姻制度开始改革。农村社会意识形态，进一步地起着根本变化。

与土地改革同时，晋绥解放区过去一年中也进行了克服党内不纯的整党工作，清洗了若干混入政府机关和党的组织中的阶级异己分子和流氓分子，撤换了若干贪污腐化分子，初步纯洁了党的组织，进行了反对官僚主义的斗争，改进了党与群众的关系，绝大部分的区村干部在整党中受到教育和锻炼，因而涌现和培养出了成千成万的积极分子和工作干部。在十五个县内即有积极分子和新老骨干二万九千余人。如毛主席所说，“他们是联系群众的，是中华人民共和国极可宝贵的财富”。所有这些成绩，是晋绥党坚决执行了中共中央关于土地改革工作的总方针，并坚决地及时地纠正了错误和偏向而获得的。在一九四七年，晋绥党在执行中央的总方针中，在几个问题上，如划分阶级成分、对中农政策、工商业政策等问题上，曾犯过若干“左”倾错误。但是，当中共中央指出错误后，中共晋绥分局接连发出五个指示，以后，很快就完全停止了那些编向，并迅速而坚决地改正了错误，使全党一致团结在党中央的正确路线的周围，使工作走上健全发展的轨道。党的政策，因此更加深入人心，更得到了广大人民群众空前热烈的拥护。他们说：“共产党永远是为咱们打算的”。

过去一年，晋绥人民在土地改革胜利的基础上，在生产救灾方面，也获得了巨大的胜利。

一九四七年，边区有一百九十万人口的地区内普遍歉收，另外在约有四十六万人口的地区又遭受了四十年来未有的灾荒，造成一九四八年春耕的最大困难。必须使农民播种，否则全区军民会遭到更大困难。晋绥解放区党政领导机关，为此发动农民生产自救，互相帮助，辅之以政府的救济，订出了适应土地改革中发展生产的政策，纠正了各级干部对灾荒的麻痹和官僚主义，这样，造成了一个全区军民的救灾救死运动，终于战胜了灾荒。一九四七年因灾荒减少了的耕地，一九四八年除个别地区尚未恢复外，绝大部分地区耕地不仅恢复，而且有扩大。全边区耕地面积共达一九二六八三〇〇亩，已接近于一九四六年的一九三一二四〇〇亩的水平。夏田耕种面积比往年增加了百分之四十，部分地区增加了一倍以上。夏田的良好收成，对渡（度）荒起了很大作用。秋田收成一般在八九成间。去年的秋耕地区种冬麦的耕地面积亦大大超过了往年，加上各地大雪，这就为一九四九年农业生产丰收打下了良好的基础。由于利用和发挥了土地改革后农树的大量剩余劳动力，一九四八年工矿业、运输业和手工业的恢复与发展也有成绩。晋绥最大矿产煤业相继恢复，在土地改革中没收了的煤窑，已先后交还原主，窑权确定，生产正在发展，是去年最重要的军火材料，它的增产大大有助于革命战争。

过去一年，经过土地改革、整党工作、民主运动和生产救灾的胜利，各级干部为人民服务的观点与作风大大提高了。广大人民群众，也进一步亲身体验到毛主席和共产党是他们的救星，自然而然地把自己的利益和共产党所领导的人民解放战争的利益结合起来。因之，过去一年，晋绥人民胜利地完成了巨大的战勤任务，支援了三方面的人民解放战争，这就是西北前线、晋中前线和绥蒙前线。在临汾解放前，还支援了晋南前线。一九四八年九月，支援绥远前线时，曾出动了民兵约三千人、民工万人、大车千余辆，合计用人工〔按日算〕近二百万个、牲畜工一百万个。

晋绥解放区的工人阶级，一年来也作了伟大的贡献。为了支援前线，他们自动停领工

资和津贴，掀起了生产竞赛的热潮，为前线生产巨量的军火及其他军需物资。在极端困难的条件下，他们也出现了不少发明和创造。妇女在支援前线中也发挥了极大的力量。当男人出发参军或支援前线后，她们在家里代替男人参加了农业生产，使一九四八年的秋收在广大农民出征支援前线的情况下仍然胜利完成。妇女还缝衣服、做军鞋。单是临县妇女为西北前线解放军做了军鞋八万双。

一九四八年，晋绥解放区普遍掀起了参军运动。一万多翻身农民光荣地参加了人民解放军。各县、区、村干部参军者达三百八十余人。参军工作的胜利完成，是和土地改革后广大农民阶级觉悟的提高，以及贯彻了干部党员带头、群众自报、民主评议的动员方针分不开的。

曾经因灾荒及其他原因而于一九四七年大部停顿了学校教育工作，一九四八年后半年开始恢复。一九四八年下半年，据二十二个县的统计，已有三十一座完小、一千二百一十四座普小，男女学生五万余人。另有冬学、民办小学共千余处，学生一万六千四百人。在各种干部学校和训练班受训练的亦有几千人。

所有这些，便是晋绥解放区一九四八年的主要收获。

现在一九四九年开始了，晋绥解放区人民将以极大努力完成今年春耕生产的各种准备工作，以便更进一步发展生产、改善生活，更好地完成一九四九年支援战争的任务，这是今年晋绥解放区人民首要的任务。其次的任务是继续解决土地改革中的遗留问题，例如修正土地分配，填发土地证，按照实际情况适当补偿被错斗中农的损失，以便团结全体农民及其他劳动人民，共同发展生产，并组织地主富农也参加劳动。

为着大量培养和提拔干部，晋绥还准备加强在职干部的政策理论学习和文化学习，办好于（干）部学校和训练班，用大力来克服干部党员的经验主义和无政府无纪律状态。毛主席的英明指示："军队向前进，生产长一寸，加强纪律性"，是晋绥解放区一九四九年的总任务和总方针。

选自《晋绥根据地资料选编》，第 3 集，中共吕梁地委党史资料征集办公室 1984 年编印，第 271～275 页。原注："摘自《新华周报》第一卷第四期，一九四九年二月十四日。"

43. 晋绥解放区概述 1937—1949 年（署名：温抗战）

一

晋绥边区是我国最早的抗日根据地之一。如果说陕甘宁边区是中国解放区的首脑，那么，晋绥边区则是中国解放区的咽喉。它包括山西省同蒲铁路以西的大部，绥远省（今属内蒙古自治区）黄河以东及平绥铁路（京包线）以北的广大地区。西凭黄河，屏障陕甘宁，拱卫延安，是党中央的前卫阵地；东襟汾河，虎视同蒲，隔同蒲路与晋察冀、晋冀鲁豫两边区相接；北越平绥铁路，迄包头、百灵庙、陶林、武川一线，控制平绥铁路和长城要塞；南越汾［阳］离［石］公路是晋西南地区〔"晋西事变"后，该区划为阎锡山军队活动区域，我党继续领导了该地区党的工作和对敌斗争〕。抗战八年，晋绥边区屏障着陕

甘宁和大西北，控制了平绥、同蒲两条敌伪在晋绥的大动脉，使包头、大同、归绥（今呼和浩特市）、太原等战略要地置于我威胁之下。“晋西事变”以后，晋绥边区成为中国各解放区与陕甘宁边区和党中央联系的惟（唯）一通道。全区丘陵起伏，土梁盘结，沟壑蜿蜒，道路四通八达；境内有吕梁山、大青山、管涔山、洪涛山、云中山、蛮汉山，黑茶山等山脉，山峦魏峨；黄河、汾河、大黑河等河流奔泻于山壑。河山交错，易攻易守，又便于迂回歼敌，战略地位十分重要。

抗日战争和解放战争时期，中共中央晋绥分局、晋绥边区政府、晋绥军区司令部所在地——蔡家崖，位于兴县城西八公里、蔚汾河北岸。它是晋绥边区政治、军事、经济、文化的精神中枢。

在艰苦的革命战争年代，晋绥边区军民经受了严峻的考验和锻炼。一面与敌人进行殊死的战斗，一面开展自己动手、自力更生的伟大群众运动——轰轰烈烈的大生产运动，进行边区的经济建设，克服了空前困难，支援了长期斗争，巩固和发展了解放区，改善了军民生活，夺取了革命战争的最后胜利，在中国人民革命史上写下了光辉的一页。

二

晋绥边区的创建是历尽艰辛的。一九三七年七月七日，抗日战争爆发，蒋介石消极抗战，敌寇长驱直入，广大国土沦入敌手。平津失陷后，敌寇向平绥路、平汉路、津浦路疾进，并从平汉路西取正太路，会攻太原。夺取山西是当时日军在华北作战的主要目标。八月下旬，南口、张家口失陷；九月中旬，大同失陷。晋北门户洞开，敌人相续占领雁北各县，并进占雁门关、阳方口。敌人如入无人之境，气焰十分嚣张。华北危急！山西危急！八路军一二〇师在贺龙、关向应同志率领下，于九月挺进晋西北抗日前线，坚持了阵地，开展了广泛的游击战争，积极袭击敌人，连克宁武、神池等县城，占领阳方口、井坪等战略要地，切断了敌人的后方交通。十月十八日，贺龙同志亲自指挥了雁门关伏击战，伏击敌人汽车一百余辆，歼敌五百余人。二十日，在阳明堡附近伏击敌汽车二十五辆。二十四日，在忻口以西歼敌一个骑兵中队。同时，派遣了宋时轮支队挺进雁北敌后，收复了平鲁、右玉，开展了雁北地区的游击战争。十月十日，雁北支队在大同以南伏击敌汽车一百余辆，歼敌二百余人。在一个多月中，拖住了敌人的牛尾巴，狠狠打击了敌寇的锐气，大大削弱了敌人的进攻力量，迟滞了敌寇的南侵。

在积极打击敌人的同时，一二〇师抽调大批干部，组成了地方工作团，分赴晋西北各县，在“牺盟会”和“战地动委会”的配合下，开展了宣传、组组动员工作，发动群众，组织群众，武装群众，使地方政权工作和人民武装工作迅速展开。至一九三七年底，晋西北十四县，游击队和脱产民兵发展到一万一千余人。一二〇师部队由东渡时八千余人发展到二万五千余人。

一九三七年十月，阎锡山军队在日寇进攻面前大溃退。十一月八日，太原失陷后，贺龙同志率一二〇师主力坚持独立自主地开展游击战争，保持已得阵地，发展新阵地，壮大抗日力量。在太原北同蒲路展开了游击战，攻占车站、城镇，破坏铁路、公路和桥梁，切断了同蒲北段敌之交通，进而袭击太原敌飞机场。一九三八年春，大同敌寇二十六师团纠集一万余人，进攻晋西北，太原敌人也配合向西进攻，企图占领晋西北，并打通大同至太原的运输线。贺龙同志遂率师主力日夜兼程，回师晋西北抗击。经二十多天激战收复了七

县城，击溃了敌寇对晋西北发动的第一次大规模进攻，奠定了晋西北抗日根据地的基础。

一九三八年九月，李井泉支队挺进到大青山地区，开展了绥中、绥南、绥西以及绥东的游击战争，建立了大青山地区抗日游击根据地，与晋西北联结成辽阔的晋绥抗日根据地。

一九三八年十一月至一九四〇年一月，师主力转战冀中，进行了大小战斗一百多次，粉碎了敌寇对冀中发动的三次大“扫荡”，并参加了保卫晋察冀边区的战争，完成了提高三纵队、巩固冀中根据地和扩大自己〔由六千三百人，扩大到一万九千余人〕的三项任务。留在晋西北的彭三五八旅、新军、“动委会”，在晋西北军政委员会统一领导下，克服了反动派饥寒相逼的极度困难，坚持了晋西北的斗争。一九三九年三月，粉碎了日寇的“扫荡”，进行了交城邢家庄、岚县明家庄等战斗，收复了岚县。十二月，阎锡山充当了第一次反共高潮的急先锋，勾结日寇，制造了“晋西事变”〔亦称“十二月事变”〕，向新军和八路军发动了全面进攻。我党在有理、有利、有节的原则下，采取了坚决斗争的方针，予以反击。晋西支队和决死二纵队经自卫反击，转战到晋西北。晋西北我军在反击中，一举将反动军队赵承绶、郭载阳部全部赶出了晋西北。同期大青山地区我军在自卫反击中，赶走了傅作义部之“自卫军”。至此，晋西北和大青山地区结束了抗战以来两种政权、两种军队并存的局面，完全成为我党领导的抗日根据地。新军成为我党直接指挥的抗日武装部队。

一九四〇年二月一日，晋绥边区抗日民主政权——晋西北行政公署〔后改为晋绥边区行政公署〕在兴县蔡家崖正式成立，以续范亭为主任，牛荫冠为副主任。新政权成立后，立即着手进行财政经济的恢复工作，确定了“开源节流、自力更生”的财经工作方针，颁发了发展生产、改善民生、公粮政策等一系列进步法令，并实行了钱、粮、鞋、兵的四大动员。

一九四〇年八月，大青山地区抗日民主政权——晋绥边区行政公署绥察办事处在武川县西梁村成立，以姚哲为主任，杨植霖为副主任。办事处后改为绥察行署，以杨植霖为主任，苏谦益为副主任兼党组书记。

当时，统一领导晋绥根据地党、政、军各项工作的是晋西北军政委员会，以贺龙为书记，关向应为副书记，委员有贺龙、关向应、肖克、甘泗淇、周士第、王震、林枫、赵林、张宗逊、李井泉、陈士渠、彭绍辉、罗贵波等十三人。统一领导晋西北、晋西南和绥远地区党的工作的是晋西区党委〔“十二月事变”后，由晋西南、晋西北两个区党委合并组成〕，以林枫为书记，赵林为副书记。同时，建立了新军总指挥部〔司令员续范亭，政委罗贵波〕和军政民联合委员会〔以贺龙为主任，由贺龙、关向应、甘泗淇、林枫、续范亭、牛荫冠、罗贵波七人组成常务委员会〕。

一九四〇年十月，晋西北军区〔后改为晋绥军区〕在兴县李家湾成立，加强了边区武装建设和对敌斗争的统一领导，以贺龙为司令员，关向应为政委，续范亭为副司令员，周士第为参谋长，甘泗淇为政治部主任。

一九四〇年，晋绥边区军民粉碎了敌寇发动的春、复、冬三次大“扫荡”，秋季参加了“百团大战”的战役行动。全年作战一千一百五十八次，歼敌一万九千三百八十余人。敌寇从冬季起，对根据地实行野蛮残酷的烧光、杀光、抢光的“三光政策”，在根据地四

周增加兵力，频繁“扫荡”，妄图彻底摧毁根据地。从一九四一年开始，敌寇在占领区实施“治安强化运动”〔在大青山地区称之为“施政跃进”〕；在游击区加强“蚕食”，逐步分割、推进，设立据点，建立“维持会”，使我根据地日趋缩小。

一九四一年至一九四二年，敌寇对根据地的“扫荡”达三十三次，历时四百余天。军民在极端困难的情况下，与敌人苦战三千余次。一九四一年歼敌伪一万余人，一九四二年五月粉碎敌人奔袭我领导机关的战斗中，在兴县田家会歼敌精锐部队村上大队；冬季反“扫荡”中，收复了岢岚、偏关。经两年的战斗，军事上的不利形势有所改变。但是，由于一九四〇年以来，国民党政府全部停发军饷，日、伪、顽严密包围和封锁、破坏、疯狂进攻，根据地人力、物力、财力受到极大损失，边区军民处于严重困难的关头，根据地被敌人分割缩小的形势仍然没有根本改变。

一九四二年十月，中共中央晋绥分局在兴县蔡家崖成立〔关向应为书记、林枫为副书记。晋西北军政委员会和晋西区党委撤销〕，统一领导边区党政军民工作。晋西北军区改为晋绥军区，统一领导边区的军事工作。至此，边区实现了党的一元化领导。为扭转严重局面，巩固和扩大根据地，建设根据地，晋绥分局围绕对敌斗争，正确执行了抗日民族统一战线政策；进一步深入开展整风运动，加强党的一元化领导；进行了精兵简政；开展了拥政爱民和拥军优抗运动；展开了全体军民的大生产运动；加强了人民武装建设，开展了大练兵；坚决实行了减租减息政策，群众生产和对敌斗争的积极性得到了充分发挥。

一九四二年十一月，晋绥分局在蔡家崖召开了分局、行署、军区、抗联以及各地委、专署、军分区负责人参加的高干会议，贯彻了毛泽东同志关于开展反“蚕食”斗争、“把敌人挤出去”的指示，以及刘少奇同志关于群众工作的全面指示，制定了“挤敌人”的方案，军区制定（订）了对敌斗争的统一计划，决定在党的一元化领导下，主力军、游击队、民兵三结合，党、政、军、民总动员，政治、军事、经济、文化各项斗争相配合，全面开展“挤敌人”的斗争。派出了强有力的武装工作队深入到敌占区、游击区，从岚［县］离［石］公路东西两侧、忻［县］静［乐］公路南北两侧、五［寨］三［岔］公路两侧的广大地区，以及八分区、六分区、三分区境内敌伪重要据点周围，全面展开主动进攻。

至一九四三年五月，我军民收复了广大地区，基本扭转了被动局面。敌人遭到沉重打击，遂以奔袭、合击战术，疯狂“扫荡”根据地，矛头对准我边区党、政、军领导机关所在地，企图消灭我领导机关，并达到调我主力返回内地，以便其扩大占领区。晋绥分局于七月和九月，分别召开了对敌斗争会议和群众工作会议，“挤敌人”斗争更进一步展开。秋季反“扫荡”中，我军在兴县甄家庄歼灭战中，歼敌精锐大队，又进行了兴县阳会崖伏击战。敌人的“反挤扫荡”一次又一次地以失败而告终。一九四三年，军民粉碎敌人十三次“扫荡”，反“蚕食”斗争中收复村庄一千多个。根据地出现了恢复和再发展的局面，敌人被压缩到交通沿线和大据点。

一九四四年，军民连续发动攻势战役，秋季攻势规模最大，毙伤敌伪九百余人，俘敌伪一千零三十四人，攻克和挤掉据点四十八处。全年作战一千四百二十次，毙伤敌伪四千六百一十七名。前半年就拔掉据点七十多个。这一年较大的战斗有汾阳战斗、官庄垣战斗、离石战斗、圪洞战斗和赵庄战斗。这年十月，敌冠以七千余兵力发动了行将灭亡前的最后一次残酷的“扫荡”，边区军民给予四百余次打击，毙伤敌伪一千五百七十七人，粉

碎了敌人的“扫荡”。

这一年中，结合对敌斗争，军民进行了群众性的春、夏、冬三次练兵运动，为大反攻在军事上作（做）了充分准备。

一九四五年，解放区军民响应毛泽东同志“扩大解放区，缩小沦陷区”的号召，对敌伪发动了春季攻势，作战五百三十七次，消灭敌伪二千三百九十余人，攻克据点四十五处，其中有岚县、方山、五寨三县城，扩大解放区面积三千八百四十余平方公里，解放村庄七百二十四个，解放人口九万四千余人。紧接着发动了夏季攻势，同时，对阎锡山等部的进攻进行了坚决的反击。八月，晋绥我军在贺龙、李井泉统一指挥下，从南北两线向敌伪发起大反攻。广大民兵组成了参战队，开赴前线，随军作战。反攻作战中，根据党中央和毛泽东同志的指示，夺取了中小城镇和广大乡村，北迄凉城，南至晋中，我军解放七座县城和三十多处敌伪据点，歼敌伪五千余人。残余敌伪被压缩于交通要道及大城市，置于我军民包围之中。

九月二日，日本政府正式签字，无条件投降，标志着中国人民的抗日战争取得最后胜利。蒋介石反动集团抢夺胜利果实，坚持卖国、内战、独裁方针，不断向解放区进攻。阎锡山一面调集军队进犯解放区，一面收编日伪军，令其“协助剿共”。蒋、日、伪合流〔山西则阎、日、伪合流〕共同反共方针下，晋绥我军解放之六县被抢占。阎锡山等部继续向解放区进攻。晋绥野战军遂于九月上旬集中主力于北线，进行绥远战役，而以部分兵力控制晋中平川，配合太岳、晋察冀部队造成包围太原的形势。

八年抗日战争中，边区部队作战一万零一百一十四次，消灭敌伪军十二万零一百三十人；边区民兵配合主力军和单独作战一万八千七百余次，消灭敌伪军九千六百余人。我军不少指战员为民族解军事业献出了自己的宝贵生命。党、政、民干部在残酷的斗争中，不避牺牲，坚持工作，八专署专员顾永田和十一专署秘书主任、抗日女英雄李林等同志在反“扫荡”中英勇牺牲。

三

在长期的战争中，根据地党组织和政府一直把发展生产、进行经济建设，作为建设根据地的基础一环来抓，保证了战争的胜利。一九四一年以来，边区每年召开群英大会，总结生产和对敌斗争的经验，表彰各条战线上的英雄模范。一九四一年经过了区、村政权的选举，完成了基层政权改造，建立了廉洁政治。一九四二年召开了边区临参会议，按三三制原则选举产生了参议会和边区行署机构，党的各项政策进一步贯彻，根据地建设突飞猛进地发展。一九四三年，确定了四大中心工作，即对敌斗争、生产建设、精兵简政、整顿三风；认真实行了党的一元化领导、主力精干、民兵发展的方针；开展了空前规模的减租减息运动，使边区十万户农民减了租息，地主、富农大部分加入了生产行列；进一步发展了劳武结合的群众运动，开展了全民爆炸运动，以生产支援战争，以战斗保卫了生产。至一九四五年七月，民兵发展到八万人，自卫队六十万人，人民武装在对敌斗争中发挥了巨大作用。抗战第八周年统计，民兵单独作战三千四百四十二次，爆炸地雷六百八十一颗，消灭敌伪二千八百余人。劳武结合中，民兵创造了变工爆炸、联防作战、麻雀战、推磨战、转山头、地雷战、生产战斗统一指挥部、军民大变工、游击生产、破击分红、抢种抢收等多种斗争形式，并大力发展了变工合作事业。一九四四年，边区发展小型合作社七百

七十七个；一九四五年，边区拥有大型合作社二百八十五个。四四年参加互助合作的劳力达百分之三十七。

边区生产的发展是惊人的。一九四四年，开荒七十五万亩，与一九四三年相比，粮食增产十一万石〔每石三百斤〕，工业产值增长百分之四十三，军工生产增长百分之六十五，制药生产增长百分之一百五十；全年产棉十三万斤，土布年产量达到六十万匹。党、政、军、民机关的生产收入，占到财政支出总额的百分之三十五。一九四〇年至一九四六年六月，边区军民开荒共计一百九十五万六千六百八十五亩。

边区出现了欣欣向荣的新气象，人民摆脱了贫困，生活得到改善，文化教育事业亦蓬勃发展。新文化运动与群众相结合，政府确定了民族的、科学的、大众的教育方针。一九四三年边区中等教育会议后，把学校与战争、生产、社会、家庭结合起来，教育事业迅速发展。一九四四年十二月，仅晋西北地区小学校发展到九百六十九所，一九四五年七月增至一千零九十六处。其组织形式有日校、夜校、半日校、间日校。在游击区则是流动学校、巡回学校。各阶层享有平等的受教育权利。边区先后创办中等以上的学校有：抗战学院、晋绥边区新民主主义教育实验学校、民运干部学校、青年干部学校、一中、二中、三中、四中、五中、九中、抗大七分校、成［人］学院、贺龙中学、范亭中学、贺昌中学、鲁艺分院、西北艺校等，培养了大批干部。在农村，则从一九四〇年就开始办冬学，对成年人进行文化教育。

一九四〇年五月四日，边区文化救国联合会在兴县成立，所属团体有文协、美协、音协、剧协、中国青年新闻记者学会晋西北分会。贺龙、关向应、续范亭、张稼夫等边区党政军领导同志曾出席大会，作了指示。一九四一年十月成立了晋西北体育协会。边区文联成为边区新文化运动的中枢。边区出版有《人民时代》半月刊、《人民画报》、《战斗画报》、《通讯研究》、《行政报导》、《西北文艺》等期刊。一九四四年，边区举办“七七七”文艺奖金征文，参加评奖的一百三十二件文艺作品，从内容和形式为广大群众所喜闻乐见。边区职业剧团有：七月剧社、战斗剧社、晋绥人民服务团、晋绥文联文工团、晋绥平剧院、吕梁剧社、雁门剧社、大众剧社、湫水剧社等，各军分区、专署均有宣传队，广大农村有业余剧团。一九四三年九月，晋绥图书馆成立。

边区的新闻事业在废墟上开创，发展成为坚强的阵线。中共中央晋绥分局机关报——《抗战日报》〔创刊于一九四〇年九月十八日，终刊于一九四九年五月一日〕，是边区唯一的日报，一九四六年七月一日改为《晋绥日报》；晋绥边区的通俗报纸——《晋绥大众报》，是五日报〔创刊于一九四〇年十月二十六日，终刊于一九四九年〕，是广大农民和战士所喜欢的报纸；晋绥军区机关报——《战斗报》，远创于一九三五年，原为红二方面军的报纸，一九四三年暂行停刊，移入《抗战日报》第四版，设“战斗周刊”专栏。此外，各分区和县计有四十七种油印报，群众自办的黑板报遍及广大农村。新闻机构有新华社晋绥分社及各地支社。

四

一九四六年六月，蒋介石撕毁停战协定和政协决议，发动了全面内战。晋绥解放军进行了晋北、晋中战役，解放县城十四座，晋绥边区和晋察冀边区连成一片。

一九四六年，晋绥边区全境南北纵长二千余里，东西横广五百余里。边区政府下辖十

四个行政公署，分辖五十七个县、人口五百二十二万三千六百三十四人。绥蒙政府直辖于边区政府，直接领导绥远的三个行政区。晋绥军区之下，辖绥蒙、雁门、吕梁三个二级军区，分辖十四个军分区。

一九四七年七月，解放战争进入了战略反攻阶段，晋绥主力兵团开赴西北战场作战。晋绥边区开展了整党运动和土地改革运动，大力发展生产，支援了解放战争。十一月晋西南全境解放，边区进一步扩大。

一九四八年春，人民解放战争进入决战阶段，蒋家王朝行将灭亡，全国胜利即将到来。党中央决定迁住（往）华北。三月二十三日，毛泽东同志、周恩来同志、任弼时同志东渡黄河，于二十五日，到达晋绥边区首府——兴县察（蔡）家崖。毛泽东同志在察（蔡）家崖居住十天时间，召集了五次座谈会。四月一日，在晋绥边区高级干部会议上作了《在晋绥干部会议上的讲话》，肯定了晋绥边区各项工作的成绩，盛赞“晋绥解放区现在比过去任何时候更加巩固了”，明确地提出了党在新民主主义革命时期和土地改革工作中的总路线和总政策。四月二日，接见了《晋绥日报》编辑人员，作了《对晋绥日报编辑人员的谈话》，就党的新闻、宣传工作作了极其重要的指示。四月四日，毛泽东同志、周恩来同志和任弼时同志离开察（蔡）家崖前往河北平山县西柏坡。

晋绥解放区军民遵照毛泽东同志的指示，迅速纠正了土地改革中“左”的偏向，完成了“土改”、整党工作，掀起了发展生产、支援前线、参军、参战的热潮。从一九四八年到一九四九年，晋绥解放区人民以巨大的人力、物力、财力支援了解放大西北的战争，支援了解放晋南、太原和大同等战役。边区组织了大批干部南下，开展了新解放区的工作。

一九四九年九月，山西省人民政府成立，西北解放区〔一九四九年二月，由陕甘宁、晋绥合并组成〕撤销。

解放区人民经十一个年头的奋战，战胜了日本帝国主义，推翻了国民党的反动统治，获得了彻底解放，在党的领导下，踏上了社会主义革命和建设的征途。

选自《晋绥根据地大事记》，中共吕梁地委党史资料征集办公室1984年编印，第1～13页。原注：“原载《山西文物》1983年第一期。”

四、民政法规

1. 晋西北优待抗日军人家属暂行条例

1941年3月1日公布

第一章　总　则

第一条　凡在晋西北区域内之抗日军人家属，均得依照本条例之规定享受优待。

第二条　本条例所称抗日军人以直接参加抗日之正规军、游击队及本游击区各级公安局之警卫队、各县区脱离生产之游击队为限，所称抗日军人家属〔以下简称抗属〕，以抗日军人之配偶及其直系亲属为限。

第三条　抗日军人之属于军队系统者，须经其所在部队团级以上军事机关证明；属于政府系统者，须经其所在县政府以上政府机关证明；参加本游击区以外部队之抗日军人，不能由其部队证明者，须经其所在村村公所及群众团体之证明。既经证明之抗属，得向当地县政府领取优抗证书，以凭之享受优待。

第四条　行政村优待抗属之事务，须组织优抗委员会协助村公所办理之。

第二章　优待办法

第五条　抗属均得享受下列各款之优待：

（一）有土地无劳力之抗属，如土地原属自耕者，须由代耕队为其经营耕作或协助其经营耕作。但代耕之土地以维持其配偶及直系亲属之生活为限。

（二）无资产无劳力或尽其资产、劳力所获犹不足维持其最低限度生活之抗属，须补

助其食粮，补助之食粮由村摊派、县统筹。

（三）公有及没收日寇汉奸之动产、不动产当分给、租借、拍卖于私人时，抗属有优先权。

（四）逃亡户土地出租时抗属有优先权。

（五）灾情救济低利贷款抗属有优先权。

（六）差务之动员抗属得酌量减轻。

（七）公费学校或自费学校之设免费生者抗属子弟均有优先权。

（八）公立卫生机关抗属得免费治疗。

（九）其他一切改善民生之实施，抗属有优先权。

第六条　前条优抗之规定，仅先优待贫苦之抗属。

第七条　抗日军人因作战阵亡或残废者，其家属仍得继续享受优待。

第三章　停止优待

第八条　有下列情况之一者，停止优待：

（一）抗日军人之脱离部队者。

（二）抗属之褫夺公民权尚未恢复者，但只限于被褫夺公民权之本人。

（三）抗属转让优抗证书于他人者。

第四章　附　则

第九条　本办法自公布之日施行。

附：　　优抗委员会及代耕队组织办法

第一条　每行政村设优抗委员会，受村公所之领导，由民政委员会会长、农救会秘书及士绅代表一人、优抗代表二人组织之，优抗委员会须协助村公所调查计划及办理一切优抗事宜。

第二条　每自然村须组织代耕队，受优抗委员会之领导，凡村中能劳动之男子，除抗属外皆须编入〔耕牛及能耕作之畜力，可以代替人力〕，每队设队长、副队长各一人，由村主任代表〔无村主任代表者以闾长代之〕，农会秘书干事兼任，负组织分配及督促检查代耕队之责。代耕队以自然村为单位，如有困难时，优抗委员会应调剂之。

第三条　代耕队得分为若干小组，每小组应有固定之代耕户数。

第四条　代耕之土地从春耕到秋收，代耕队应负完全责任。

如无故致使土地荒芜或歉收者，优抗委员会负赔偿歉收之数目。

选自《晋绥根据地资料选编》，第5集，中共吕梁地委党史资料征集办公室1984年编印，第319～321页。

2. 晋西北抚恤残废军人暂行条例

1941年5月10日公布

第一条　本区域残废军人之抚恤，概以（依）本条例办理之。

第二条　残废军人，得依残废情况，分为下列三等：

一、有以下残废情形之一而全无工作能力者，均为一等残废：

（一）两目失明或两耳失听。

（二）两臂两手两足或两腿断折。

（三）一臂一手一腿或一足断折。

（四）脊骨或胸骨断折。

二、有以下残废情形而半有工作能力者，为二等残废：一臂一手或一足断折。

三、有以下残废情形之一，不能服劳、兵役而可任普通工作者，均为三等残废：

（一）一耳失听或一目失明。

（二）脊、头、胸或腹受伤。

（三）手指或足趾不全。

第三条　残废军人不退伍者：一等残废每年发给抚血（恤）金五十元，二等残废每年发给抚血（恤）金三十元，三等残废每年发给抚血（恤）金二十元，伙食服装津贴等仍由所在部队供给。

第四条　残废军人之退伍归家者：一等残废每年发给小米五百四十斤，二等残废每年发给小米四百五十斤，三等残废每年发给小米四百斤，服装与地方干部同。以上物品，可以按当地市价折合钱币或粮食。

第五条　残废军人之退伍者如无家可归或不愿归家时，得由行署协同军区司令部另觅工作或休养场所安置之，其抚血（恤）办法与不退伍者同，其充当民政干部者则与其同级之民政干部待遇相同。

第六条　享受第三条抚血（恤）之残废军人，须经其军分区以上政治部填具通知书，送交行署换取残废证，按年向行署或专署照领恤金，但为便于支付计，得由部队统领统发。

第七条　享受第四条抚血（恤）之残废军人，须经其分区以上政治部填具通知书，送交行署换取残废证，一年两次向行署所指定之县政府领取。

第八条　残废军人每经三年由卫生机关及军分区以上政治部或县政府〔退伍归家者〕检查一次，得视其残废状况的变化情形酌变其原有等级。

第九条　残废证如有遗失须向军分区以上政治部〔留队者〕或县政府〔退伍归家者〕声明作废，转请行署补发新证。

第十条　残废军人死亡时，本条例所规定之抚血（恤）即行停止。

第十一条　残废军人所有抚血（恤）费用，均由行署统筹。

第十二条　凡残废军人，属于本游击区以外抗日之正规部队，而家在本区，持有残废证明之件者，亦依照本条例办理之。

第十三条　残废军人家在本游击区以外，愿归家者由行署备函通知其他地区之政府，依照本条例或该地区之抚恤残废军人法令办理之。

第十四条　本游击区各级公安局之警卫队，各县区脱离生产之游击队，亦适用本条例〔公安局警卫队由公安分局或总局具报行署〕。

第十五条　第五行政区〔即十一区〕因距行署较远，在抚恤残废军人方面该专员公署

可代行署职权。

第十六条　本条条例自公布之日施行，在新政权成立以后之残废军人之抚血（恤）亦可补用本条例。

附　则

一、年满五十岁之抗日军人入伍在三年以上者，如因年老不能服兵役而退伍时亦可享受抚恤，其抚血（恤）办法与三等残废同。

二、请求抚恤残废军人之通知书内，必须说明残废军人姓名、年龄、籍贯、队别、残废日期、残废情形、残废等级、留队或退伍等项。

三、退伍归队之残废军人，向县政府领取抚恤物品，或由其本人直接前往或委托他人代替，惟（唯）委托他人代替时，必须有当地村公所之证明。

选自《晋绥根据地资料选编》，第5集，中共吕梁地委党史资料征集办公室1984年编印，第345～347页。

3. 晋西北抚恤阵亡将士遗族暂行条例

1941年5月10日公布

第一条　本区域阵亡将士遗族之抚恤，概依本条例办理之。

第二条　阵亡将士一人其遗族除继续享受抗属优待外，须依下列各款抚恤之：

一、班长及战士阵亡者，其遗族得领抚恤金一百元，每年二十元，五年领完。

二、连排级干部阵亡者，其遗族得领抚恤金一百五十元，每年三十元，五年领完。

三、团营级干部阵亡者，其遗族得领抚恤金二百元，每年四十元，五年领完。

四、旅以上干部阵亡者，其遗族得领抚恤金二百五十元，每年领五十元，五年领完。

第三条　阵亡将士所在之部队应呈报其军分区以上之政治部，填具通知书，送交行署换取抚恤证，转交其遗族，按年特向行署所指定之县政府，领取抚恤金。

第四条　抚恤证如有遗失，须向第三条所指定之县政府声明作废，转请行署补发新证。

第五条　本游击区各级公安局之警卫队，各县区脱产之游击队，亦适用本条例。

第六条　第五行政区专员公署在执行本条例时，可代行行署职权。

第七条　本条例自公布之日施行。

附　则

一、本条例所称遗族系指其配偶及直系亲属而言。

二、请求抚血（恤）阵亡将士遗族之通知书内必须说明阵亡军人之队别、阶级、阵亡日期、其遗族之姓名、籍贯及与军人关系等。

选自《晋绥根据地资料选编》，第5集，中共吕梁地委党史资料征集办公室1984年编印，第351～352页。

4. 晋西北行政干部奖惩条例

1941年5月公布

第一条　为健全行政工作，发扬各级干部之优点及克服各级干部之缺点起见，特制定本条例。

第二条　凡行政干部，在工作中有下列优点之一者，得依本条例之规定，酌情予以名誉嘉奖、记功、提升等不同程度之奖励。

第一款　凡在险恶或困难环境中，能坚持工作、克服困难且能使工作开展者。

第二款　凡能保持民族气节，在任何压迫诱惑下，不泄漏（露）机密不屈服不投降者。

第三款　凡能深切了解政府之政策法令，并能根据具体环境正确运用且有优良成绩者。

第四款　对政府各种制度法令能确实遵守服从并能完成任务者。

第五款　凡能关心群众利益致受群众拥护爱戴而提高政府威信者。

第六款　凡能确实正常的（地）帮助军队与群众团体者。

第七款　生活健全、作风优良、善于团结干部推动工作者。

第八款　努力学习政治文化，各方面均能迅速进步者。

第九款　能吃苦耐劳，特别在生产劳动中表现积极而成绩卓著者。

第三条　凡行政干部在工作中，有下列缺点之一者，除刑事犯依法处理外，得酌情予以警告、申斥、记过、撤职查办等不同程度之惩处。

第一款　凡违背政府政策法令者。

第二款　违抗或忽视上级命令，致不能如期完成任务，而又无特殊原因者。

第三款　违犯群众利益，有损政府威信者。

第四款　政治麻痹警惕性过低，致受严重损失者。

第五款　在可能坚持工作之条件下，退却逃跑，擅离工作岗位者。

第六款　纵容下级，致使犯严重错误，或在下级错误发生后，又不及时纠正或加以庇护者。

第七款　悲观失望、消极怠工，或苟且偷安、畏缩不前，因而逾（贻）误工作者。

第八款　遗失政府颁发之关防图记及重要法令文件者。

第九款　有缺点错误及不良倾向经上级指示仍不改正者。

第十款　生活腐化、浪费公物者。

第四条　执行惩奖之权限：

第一款　行署任免范围内之干部，由行署执行之。

第二款　专署任免范围内之干部，由专署执行呈请行署备案。

第三款　县政府任免范围内之干部，由县政府执行呈请专署备案。

第四款　区公所任免范围内之干部，由区公所执行呈请县政府备案。

第五款　凡在下级惩奖内之干部，上级于必要时，亦得予以惩奖，但须通过具有该权

限之下级。

第六款　凡在上级惩奖范围内之干部，该管下级有向具有该权限之上级提供意见之权。

第五条　各级政府，除对应行惩奖之干部予以惩奖外，并应根据案情于必要时在全体干部中，以各种方式〔如指示信，批评会等〕，广泛的（地）进行教育。

第六条　本条例自公布之日施行。

选自《晋绥根据地资料选编》，第5集，中共吕梁地委党史资料征集办公室1984年编印，第348～350页。

5. 晋西北抗战勤务动员条例

1941年11月1日公布

第一章　总　则

第一条　为调动抗战勤务，平衡人力物力负担，坚持抗日根据地，特制定本条例。

第二条　服抗战勤务，为人民神圣之义务，年龄在十八岁以上五十岁以下之男女及有运输力之牲畜车辆，均须依照本条例服务。

第三条　凡合于下列各项规定之人员及牲畜车辆，一律免服抗战勤务：

一、脱离生产之党政军民工作人员，及党政军民机关之牲畜车辆。

二、公营事业之职工及其牲畜车辆〔公私合办之事业同样服务〕。

三、脱离生产之教职员及高级小学以上学校之在校学生。

四、村长、书记、村警及交通站长、村公所各委员会会长、村主任代表、村秘书及村武委会主任。

五、冬学期间之冬学教员。

六、矿业工人不兼任其他职业者。

七、常年流动作（做）工，并无定居者〔如肩挑小贩、铁木匠等〕。

八、残废及长年患病者。

九、法令另有规定者。

第四条　抗战勤务以有力出力为原则，除法令有规定者外，一律不予报酬。

第五条　抗战勤务，分运输、担架、缝纫三种。运输担架勤务，由男子及牲畜车辆负担，缝纫勤务，由女子负担。

第二章　抗战勤务之计算

第六条　抗战勤务之计算单位为“工”，运输、担架、缝纫一律按工计算。

第七条　运输勤务，以行二十里至三十里计工，人力背挑四十斤至五十斤计一个工，驴牛骡等牲畜驮八十斤至一百斤计两个工，每加五十斤加一个工，单套车拉四百斤至五百斤计十个工，单套双套三套四套每加五十斤加一个工。

第八条　担架勤务，以行二十里至三十里计工，四人抬者计四个工，驴代替者计二

个工。

第九条　缝纫勤务，每做军鞋一双计六个工，半成品鞋计三个工，军服一套计三个工。

第十条　服务运输担架返回时仍做抗战勤务者，另依规定计工。

第十一条　每人每月以服抗战勤务五个工为限。驴牛骆驼每月服四个工为限，骡马每月服五个工为限。单套车每月服十五个工为限，双套车每月服二十七个工为限，三套车每月服四十个工为限，四套车每月服五十二个工为限。运输担架勤务中之驴骡车马，每驮每辆所跟之人，均计一个工。

第十二条　经年流动有时在外有时在家〔如流动工作之铁木匠、肩挑小贩等〕，及短工为生者，按其在家日而计算派工，一月以上之雇工，按雇主家人口计算，在雇佣期间支差减半。

第十三条　民兵打游击、破路割电线等及在战争情况下之通信运输加倍计工。

第三章　抗战勤务之组织

第十四条　凡应服抗战勤务之人畜车舟，均以行政村为单位，分别调查登记，依次轮流派服勤务。

第十五条　全晋西北根据地各交通线路，一律设交通站，负责办理调度运输担架勤务，其周围各村人畜车辆，按具体情况隶属情形编入各站。

第十六条　交通站按其工作之繁简，分为甲乙丙三等。运输繁忙之交通线，设甲乙等交通站，站与站距离以二十里至三十里为标准，其辖区域以周围三十里内之村庄为原则。偏僻村庄，以行政村为单位，设丙等交通站，其管辖区域为行政村。交通站尽可能的（地）在村公所所在村设立。

第十七条　各交通站设站长一人，中等站站长每月津贴小米四十五斤。乙等站、丙等站由武委会主任兼，各交通站设在村公所所在村者，交通站与村公所经费合并。甲等站每月津贴办公费八元，乙等站五元，丙等站三元。交通站各种经费均由村摊款、县统筹。

第十八条　交通站得按照工作之繁简，设通讯员一人至三人，通讯员尽可能的（地）由交通站所在村人民轮流担任，服务一日计一个工。

第十九条　交通站之设置、分等等事宜，由县政府决定，呈报专署批准。

第二十条　交通站可直接指挥管辖之村武委会派服抗战勤务。

第四章　抗战勤务之调剂

第二十一条　运输担架勤务稀少之偏僻地区，其应服勤务不能调度他处者，得以缝纫勤务代替之。

第二十二条　运输担架繁忙之地区，男子应服之勤务超过五个工者，每超过一个工，可折合缝纫勤务两个工，以代其家中妇女。

第二十三条　本月抗战勤务每人超过五个工者，可移至下月计算。

第二十四条　运输担架特别繁忙之地区，除使用以上调剂办法仍不足用时，县政府得向其他交通站调剂之。

第二十五条　由民夫住地到交通站往返在二十里以内不计工，在二十里以上不满四十里者折半计工，在四十里以上不满六十里者计全工。

第二十六条　调剂人畜车辆服勤务超过一站者，其饭食草料由动员机关供给，每日人小米一斤半，牲畜骡马牛等草十斤料四斤，驴草七斤料二斤。

第二十七条　应服勤务时而不服勤务致使上站民夫不得不过站者，耽误抗战勤务之人畜车辆，予以加倍服务处分。

第五章　抗战勤务动员之限制

第二十八条　下列各种勤务，本机关无力办理者可以动员人畜。

一、军械弹药及其原料之运输。

二、重要之军需品，如卫生用品、军用器材、兵工厂机器、印刷器材之运输。

三、伤病员所需粮食煤炭之运输。

四、战争情况下军队粮食之运输。

五、在敌据点附近粮食之运输。

六、由行署专署布置之特殊搬运工作〔如公粮等之运输〕而有明令者。

七、伤病员及其死者之抬送。

八、战争时期短距离之带路送信。

九、军装、军鞋之缝纫。

第六章　抗战勤务之动员手续

第二十九条　凡属第二十八条一、二、三、四、五、九各项之勤务，均须有团级及支队以上证明文件〔必须加盖关防及长官名章〕，并须通过县政府或专署办理。

第三十条　凡属于第二十八条七、八各项之运输，必须通过交通站或村公所办理〔必要时得通过自然村行政负责人〕。不得向民众直接动员勤务，运送伤病员超过十五付担架者，动员机关须于前一日通知起差勤务之交通站，各交通站，并须照例依次通知。

第七章　附则

第三十一条　本条例在一般情况下使（适）用之，在战争情况下之特殊抗战勤务，不在此限。

第三十二条　本条例自颁布之日施行，所有以前颁布之有关法令一概作废。

选自《晋绥根据地资料选编》，第5集，中共吕梁地委党史资料征集办公室1984年编印，第369～374页。

6. 晋西北政民干部伤亡褒恤暂行条例

1942年1月15日公布

第一条　凡本抗日根据地内各级现任脱离生产政民干部〔武委会在内〕，因公伤亡者，得依本条例褒恤之。

第二条　具有下列情形之一者，始得予以褒恤：

一、配合军队作战，或率众杀敌致负伤阵亡或残废者。

二、坚持工作，致遭敌奸伤害而殉难或残废者。

三、因公遇害，以致殉难或残废者。

四、在职日久，确有成绩，积劳成疾，以致殉职者。

第三条　褒恤办法：

一、阵亡者、殉难者或殉职者，一律由政府发给棺葬费，其最大数额，不得超过三百元。

二、干部牺牲后，由政府一次发给其遗族抚恤金一百元至一百五十元。但如其家境优越不需抚恤或自愿不受抚恤时，只予以精神上之慰问。

三、因［第］二条各款之情由而残废者，得按本署抚恤残废军人暂行条例所规定之残废等级，一等残废年发抚养金五十元，二等残废年发抚养金三十元，三等残废年发抚养金二十元。

四、干部因残废后不能工作返籍休养而生活确系困难时，其抚养金得按残废等级之不同，改发食粮，一等残废年发小米五百四十斤，二等残废年发小米四百五十斤，三等残废年发小米四百斤，至其服装费一律与区级干部同，但如该干部之原籍不在本根据地内时，得由政府专函介绍其他地区之政府，按其抚恤残废军人条例或相等之办法予以抚养。

五、干部残废后，仍能继续工作者，除按章领取抚养金外，其他待遇与一般干部同。

六、凡合［第］二条所列各款，光荣殉国之政民干部，其直系亲属与配偶，如系享受干属优待办法所规定之优待者，仍得继续优待。

七、牺牲干部之子女姐妹，如无力求学时，得按本署所颁布之免费公费生条例之规定，予以优待。

八、牺牲干部所携带之眷属，如欲归里时，由政府发给其川资。

九、干部牺牲后，其所在机关，除召集军政民各界及干部遗族，进行追悼大会外，并得将死者之英烈事迹，报上级予以褒扬。可能时，编纂纪念文字，以资垂昭。

十、干部之光荣负伤者，一律得予以名誉褒扬。

第四条　褒扬手续：

一、棺葬费：县级及县级以下者，由县政府直接发给，呈报专署转呈行署备查。专署一级者，由专署直接发给，呈报行署备查。行署及直属县者由行署或直属县府，直接发给，其直属县发给者，呈报行署备查。

二、抚恤金及抚养金或抚养粮。

1. 行署及其直属机关与直属之县各级行政干部者，一律呈转行署批准，由行署直接发给。专署级及专署级以下之各级行政干部者，一律呈准专署由专署直接发给，领取抚养金或抚养粮时，须由批准机关发给抚养证，然后凭证向指定机关领取。

2. 晋西抗联及直属县各级民运干部者，一律呈请晋西抗联转报行署批准，由行署直接发给。中心区及中心区以下各级民运干部者，一律呈请中心区转报专署批准，由专署直接发给。领取抚养金或抚养粮时，须由批准机关发给抚养证，然后凭证向指定机关领取。

三、名誉褒扬：呈请具有任免干部权限之机关批准执行〔参看干部任免范围规定〕。

第五条　呈报褒恤时，均须附有死者或伤者之姓名、年龄、籍贯、职别、履历、家庭状况及伤亡经过之详细表格〔表样略〕并须有县级以上之机关证明。

第六条　残废军人及新政权建立前之政民残废干部，现在转入政民机关工作者，亦以新的残废干部论，但其等级，得视其残废现状根据抚恤残废军人暂行条例［第］二条各款之规定决定之。不及三等者不给抚养。

第七条　本条例自公布之日施行，所有以前颁布之行政干部抚恤条例，即行作废。

选自《晋绥根据地资料选编》，第5集，中共吕梁地委党史资料征集办公室1984年编印，第435～437页。

7．晋西北行署关于提高干部质量的决定

1942年6月1日

甲、根据此次专员会议，对各区干部状况的检查，在干部问题中存在着下列两个严重的缺点，即不民主的现象与在职干部教育的无计划性。

（一）干部问题中的不民主现象，首先是表现在会议制度上，一般的（地）说，区县以上的各级政务会议，还未成为真正民主集中领导的组织，各参加人深感难于发言，意见很少，会议空洞，民主陷于形式。

在日常工作中，负责人对干部的意见，不够重视，切实研究，主观的裁决多于民主的商讨。

任用与团结干部上，则具体的（地）表现在有些负责人，自己主观的（地）认为相信的人，虽能力不足，或非其职责，亦常分配以重责，而对自己认为不能相信的人，虽能胜任，则顾虑多端，不敢大胆使用，这样便造成一部分干部显得有职有权，任务繁重，陷于事务的泥坑；另一部分干部，则感到有职无权，不能充分发挥自己的才能，形成不求有功、但求无过的心理，如某县调民政科长去实验春耕，不愿建设科长下乡去做，便是标准的例证。

在日常关系上，有形无形中划成小圈子，生活不相接近，意见如有分歧，可能认为是有意作梗，疑神疑鬼，影响了干部的互相砥砺、一致团结。

对干部的吸收与提拔上，由于这样不民主的狭隘性所限，对在野的知识分子，未能大量吸收、认真提拔。某县六个村中即有知识分子和半知识分子七八十人，但并不吸收任用，原因是觉的（得）政治条件不够。各级都喊叫干部缺乏，但不知吸收提拔新的干部，抱残守缺，自造囚笼，形成干部中严重的问题。

（二）在职干部的教育，各级进行的（得）都很差，收效也很微弱。各级负责人对干部教育工作，尚未足够重视，在学习上既未能以身作则，而组织推动的（得）也异常不够，学习内容除业务教育根本未注意外，政治上的学习也还是无计划之组织，进行的（得）也不经常，故收效不大。二小时学习时间，亦未切实保证实行，对干部任务要求的（得）多，关心干部的发展前途与提高干部的工作效率上，尚未提到应有的地位。

由于不民主的现象形成了一部分干部觉得自己的意见能力不能充分发挥、责任又难于认真负起，积极性与责任心便逐渐降低；另一部分干部则异常忙碌，终日陷在事务的泥坑

中，没有时间总结工作经验、加强学习。由于在职干部教育未能有计划的（地）进行，一般参加工作的政权干部，大部分感到自己进步较慢，工作情绪当然不会提高，对工作不安心的现象，相当普遍与严重。结果干部质量不能提高，成为领导上一个重大问题。

乙、根据上列实际情形，对提高干部质量特作如下的决定：

（一）为提高干部工作情绪与效率、积极负责的精神，充分发挥各级干部的无限力量，必须首先肃清干部问题中的不民主现象，发扬民主作风；对干部应是民主的领导、民主的团结，反对包办把持、自以为是的官僚习气。这就必须加强各级政务会议，使之真正符合民主的实质，参加者均有同等之发言权与表决权，使每一参加者都成为有职有权的人员，其他各部门会议亦必须建立民主的集体领导。

在日常的工作中，各负责干部应经常听取下级反映，并认真考虑其意见；对问题的处理，应采取民主的商讨，少用“训示”“手谕”。重要问题一定要通过政务会议，否则民主就会是形式，干部的能力、积极性也就不会真正发挥出来。

在任用干部上要真正选贤任能、用人唯才，不管他是来自哪阶级、哪一区域和何种职业，不称职者调整其工作。在使用干部上要职权相称，充分发挥干部自动的负责精神，企图代替、限制都是有害的、错误的。

在吸收提拔干部上，坚决打破狭隘的小圈子，接受大批新的干部力量到政权建设中来。

在团结干部上要表里如一，大公无私。

要了解发扬民主作风，改善对干部的领导，发挥干部的积极性、责任心，鼓舞其情绪，是提高干部质量最有效的途径。

（二）为了在政治上和工作上，不断提高干部的能力，干部教育应成为提高干部质量的中心问题。

在职干部的教育学习中心，应是政治教育与业务教育，政治教育规定以持久战新阶段、新民主主义论，二书为一九四二年六月至一九四二年底必修目外，民主问题应成为政治教育的重要课题，各级干部应彻底了解，并坚决实行。

业务教育与各种重要工作总结，检查总结，社会情况，调查材料，民主的方式方法以及本部门的各种法令及其他部门的重要指令为业务教育的重要科目，业务教育的教材由行署统一编发，专署县亦应临时编印或翻译。

政治教育与业务教育之比重，规定为各占二分之一，具体划分由县级以上之机关决定之。

为了保证两小时学习制度之彻底实现，各机关负责人〔专员、县长、区长〕须亲自领导与参加学习，以身作则，推动学习。在学习制度未严格建立之机关，可采用集体读书，集体讨论的办法，必要时可上干部课作为辅助。

干部训练班和干部学校应设法加强，各级政府对上级所办学校应送好干部受训，反对抱残守缺，只管使用不顾培养的观点。

为保证以上决定之实现，除各级负责人切实负责外，为了加强对干部之了解管理等工作，各级民政科设管理干部之人员，加强干部工作。

为更加有效的（地）克服干部工作的严重缺点，我们号召各级在讨论本决定前，应对

干部问题，进行一次严格检查。

选自《晋绥根据地资料选编》，第 3 集，中共吕梁地委党史资料征集办公室 1984 年编印，第 203～206 页。原注："原载《行政导报》第二卷第八期，一九四二年六月一日。"

8. 绥察行政公署关于优待抗日军人家属的暂行条例

1942 年 7 月 15 日

一、凡本区抗日军人家属均得依照本条例优待之。

二、本条例所称抗日军人以抗日正规军、各级政府游击队、脱离生产之便衣队、游击小组为限。抗日军人家属系指其配偶及其直系亲属。

三、抗日军人家属，其在军队系统者，由团以上之军事或政治机关证明交县政府执行；属于政府系统者，经县以上之政治机关证明；参加本区此外之抗日军人，须经乡公所证明，区政府查明后，方得优待。

四、优待办法：

1. 凡抗属按政府规定须负担者〔物资〕皆减成八成负担〔例如应负担一石公粮者，八成则为八斗。应负担一元款项者，八成即为八角〕。

2. 灾情救济、低利借贷〔例如春耕贷粮贷款〕与别人相同之情况下，抗属有优先权利。

3. 抗日军人家属，除其本人参加队伍再无成年男子时，则免除差役〔例如其家属只有老弱妇女者〕。

4. 无资产、无劳力、无法维持其最低限度生活之抗属，须补助其食粮。补助食粮由县政府依据具体情形，由乡摊派处理之。若因环境困难，乡中无法摊派时，则由团级以上之军政机关批准一定数目，由各该部积存之公粮项下优待。政府游击队则由县级以上之政府机关批准优待。

五、优待时尽先优待贫苦抗属。

六、本条例内所称之抗属优待务求统一，以免此轻彼重。若有不公现象，负责进行优待之各该机关必须负责进行检查纠正。

七、抗日军人因作战阵亡或残废者，其家属仍得继续享受优待。

八、抗日军人脱离部队者，停止优待。

九、抗属之优待必须隐蔽进行，并责成其所在地乡闾邻长保守秘密，以免抗属受敌人特务之威胁摧残。

十、本条例自公布之日施行。

选自中共内蒙古自治区委员会党史资料征集研究委员会等合编：《大青山抗日游击根据地资料选编》（历史档案部分），呼和浩特，内蒙古人民出版社 1986 年版，第 289～290 页。

9. 绥察行政公署关于1940年1月至1942年8月民政工作的报告

1942年10月至11月

概 述

我们新政权工作分成三个阶段；一九四〇年一月新政权成立至同年八月第二次行政会议，这是第一个阶段。这一时期里政权工作开始建立，一切工作在摸索进行。第二次行政会议以后到一九四一年六月第三次行政会议为第二阶段。这一段政府用全部精力贯彻政策，工作向正规化方面发展，政权工作粗具规模。这一时期进行了全面的村改选运动，彻底地改造了村政权，奠定了新政权的基础。在这基础上大踏步地向前发展，整顿政风，检查工作，进行调查研究，开始了整风学习，彻底实行精兵简政，与各种主要法令的修正颁布，都是这一时期的重大工作。参议会的将近一年的筹备，则是准备了新政权更高阶段的发展。

干部工作

干部政策为抗战第一，用人惟（唯）才。用人原则为用人惟（唯）才，优待技术人员，男女平等。行署自成立伊时（始），即本（着）抗日民主统一战线的精神吸收了各阶层的抗日人士参加了新政权的建设工作。二年半来，不仅群众从政府的政策法令中体验到政府是人民的政府，而且在政府的工作人员中也深深地感到政权是在自己掌握之中。政权干部就其家庭成份（分）讲，有地主也有农民，就其个人出身来讲，有工人，有农民，有军人，有学生，有商人等。他们多数是晋西北的，他们熟悉晋西北的情况，并与人民有着极密切的联系。提交（高）干部质量的办法：其一为训练干部，其二为加强在职干部学校教育，其三除上述积极引导干部向前进步外，又严纪律明赏罚，以保证政策法令的正确制（执）行。

今后民政工作的意见

一、继续贯彻“三三制”，建立各政之政务委员会，进一步成立县参议会，并逐步完成区选县选，以推进民主建设。

二、发扬民主作风，倾听人民的意见，解决人民困难，认真贯彻法令，确实照顾各阶层利益以求人民与政府更加密切起来。

三、修正保障人民权利条例，妥善周密地保障各阶层人民之权利。

四、贯彻减租交租、减息交息条例，发挥条例应有之作用，事前广为宣传解释，制［执］行时对抗不实行之任何一方均依法制裁。

五、确实优待抗属，规定更具体更严格之优抗代耕办法，严令人民认真制［执］行，以励士气，并保障抗属最低限度之生活。

六、加强业务教育，认真整顿三风，以提高干部质量。

选自中共内蒙古自治区委员会党史资料征集研究委员会等合编：《大青山抗日游击根据地资料选编》（历史档案部分），呼和浩特，内蒙古人民出版社1986年版，第303～304页。

10. 绥察行政公署关于绥远行政干部问题总结提纲

1943年1月[①]

一、绥远是处在一个敌占区环境下工作的，我们活动的武川、凉城、萨县等山地，哥老会、天主教等封建迷信团体在群众中有相当力量，群众文化水平很低，农村中三十岁以上吸鸦片的占三分之二的人数。

一九三八年我军挺进大青山后，当时一部青年慕我军而来者还不少，那时的动委会就吸收了一批干部。一九四〇年打顽固后政府建立，而当时政府干部大部是由动委会及部队筹资人员转入政府的。

同时我各游击队机关干部，经常是在高度的游击活动、频繁的战斗并在极分散的农村环境下。这些客观的条件，给我们对干部的吸收教育、培养训练上，增加许多困难。同时这些条件也给我们的干部以很大影响。

二、由于形势日渐恶化，干部不断损失。一九四一年四月十五日，行署正式宣布成立后，地区又有新的划分。于是，为了工作的要求，了解干部成为一个迫切的任务。

1. 怎样进行了解干部工作

在各类区域，行署派专人检查工作，了解干部，并在总结工作的会议上，提出干部问题的总结。发扬干部勇敢牺牲的精神，特别强调干部的教育培养和吸收，并着重指出反对不良倾向〔(1) 贪污腐化，脱离群众；(2) 游击作风、本位主义；(3) 不学习、事务主义现象；(4) 个人冒险等〕，并且把了解干部、教育干部当成每个领导同志的重要责任，经常工作。没有民政科长，则干部问题的处理、材料登记、保存，责成主要同志负责。在这个检查中，引起领导同志们对干部问题的重视，完成全部干部的登记、干部损失的统计，区级以上主要干部写简单自传。一九四一年五月到四二年五月，整整的一年中，提拔了一些优秀干部担任区长、科长、县长、副专员的计有：

绥中区由助理员、工作员、科员升区长及科长者七人，绥西区六人，绥南区九人。共提拔区长、区副、科长二十二人。由行署秘书、专署科长、视察员提升县长者，绥中二人，绥西一人，绥南二人，共五人。提升专署科长者，绥中二人。由行署民政科长靳崇智同志提任绥西副专员〔由延安晋西北派来增加干部数未计入〕。

2. 干部的培养训练工作

四二年六月，从游击队中、区政府工作员中调了二十个干部，由行署开了一个训练班，时间两月，分配了区副、科员及游击队指导员等工作。

为了建立财政制度，克服经济上的收支混乱现象，由行署派人专门建立会计训练，每次一月至二十天〔在游击活动中训练〕。绥西一次九人，绥中两次共九人，绥南一次五人，共二十三人。这些干部都分配到区、县、专署担任财政会计工作。四二年六月间，调行政干部前后二十余名到绥西办的党政军训练队受训，在最后结束的一个月由行署派人讲行政

① 原注：原文为一九四二年，经编者考订应为一九四三年一月。

工作。绥中武川县府开短期〔半月〕游击训练班一次八人，绥南开训练班一次二十人。绥南区于一九四二年吸收农村知识分子四十人左右，其中丰凉县最多。在政府工作中丰凉县吸收干部成绩最好。

三、行政干部工作中存在的缺点错误

1. 把能打游击、能搞款子好象（像）就是干部的主要条件，忽视其他条件，甚至政策上犯了一些错误也能原谅，多花几个钱认为劳苦功高没有什么。我们的领导同志见了干部主要问款子收的（得）如何、敌情如何，就算［了］事，非常简单。因之，我们的工作同志只知道领导者与被领导者的简单关系，因之，我们的同志对群众的态度也很简单，就是要粮、要款。这种对干部片面的、偏向的看法，在领导干部中仍然是残存的。于是放松了教育批评，于是我们的干部因搞东西牺牲了，犯了错误，破坏政策，得罪了人，贪污、腐化随之而来。对于干部一些行险侥幸行为，如以小游击队打仗等等，没有严格纠正，有时甚至满足于小小所得。这是政府工作中对待干部的错误，这是从以筹资第一和武装打天下的思想而来的。

2. 对干部未从思想上抓紧教育、从工作中随时纠正教育、从政治上提高，而偏重于从感情上义气上去感化教育。有时用戴高帽子的办法去鼓励他改错。采取从侧面去说，不正面提出，怕干部情绪低，不敢去批评处分。“游击环境中同志们已经很苦了，不要去处罚和批评他吧”，“轻轻地说一下，不要去伤他的心吧”，这是在对待干部中普遍流行［的］有害思想。这样就使我们的干部滋长了庸俗的团结精神，滋长了一团和气的作风，防［妨］碍对干部的提高和进步，使同志的错误不能迅速改正。而在另一方面就产生了算总帐（账）的错误，一个同志错误积累、发展到妨害革命和工作的时候，不得已来算一次总帐（账）。比如在绥中有个区长，见过县长四次、见过专员两次也没有详细检查工作，而错误积累发展，结论就只有撤职。

曾经有过这样的官僚主义者，我们的干部〔一个县长〕在战斗牺牲后未适当掩埋……经检查发现后，而诿之于游击战争环境困难，就推卸了责任。

还有我们的同志牺牲了，每每不能迅速善后、安葬，甚至我们的领导同志还没有记一笔帐（账），问起这个干部的履历时，又不详细知道。经检查批评时，也是诿之于游击环境。商人折本还记一笔帐（账），我们损失了宝贵的革命资本，简直是很随便的（地）过去，这是我们领导干部中存在的或多或少的冷心肠的态度。虽然经过检查批评纠正，但是这种现象或多或少仍然是存在的。

3. 还有一种本地人不可靠的想法在我们一些领导干部中存在，于是，干部就只有向晋西北要，向延安要。这就妨害了我们提拔干部、吸收人材（才）的工作，放松了这一工作。而另一方面，因为没有人，就只好迁就坏人，有时指出某个干部不适合时，我们的领导同志就说：“我们早知道他不好呀，但是换了他谁来呢？”于是也要迁就了坏人。这个矛盾的事实，没有被我们的同志深刻领会，这是我们不能大量提拔干部的主观原因。

四、干部一般的优点和缺点

1. 优点：

a. 一般干部英勇牺牲，胆大，会打游击。如绥中一、二联区区长高鸿飞同志，在群

众的请求下以一个班的游击队、八个人六支枪，打死乌兰花特务队长、宪兵队长、其他三个有名的大特务，缴枪四支、马六匹。不幸高区长亦引（饮）弹牺牲，一、二联区人民，对高区长十分敬仰，每一谈及有下泪者。

陶林县游击队，四二年四月在灰腾梁东边西小井宿营，被出发的敌人约七百人团团包围，尚能不损一人一马、未费一枪一弹安然脱出。行署干事范明华同志，牺牲时向伪军宣传今年打败希特勒、明年打败日本鬼。日寇对其侮辱诱降时，则大骂日寇，枪决时高唱抗日歌、呼口号，慷慨赴死……

b. 有独立坚持工作的毅力，艰苦奋斗的精神。如归武县六区李芋菡同志，一个人便衣隐藏在乡中工作，敌人汉奸经常捉他，马团也悬赏捉他，但凭他小心谨慎和群众密切的联系，终于能完成上级分配与（予）他的艰难任务。四二年八月敌人大举扫荡绥中时，各机关由绥中撤出，只留他一人独立支撑归武局面。直至今年一月间，因积劳成病，被险恶的敌人捕去了，现在生死未明。

绥西萨县从四二年二月至九月只住过十八天房子〔自己搭的茅庵〕，七个半月过露营生活。四二年二月至五月，每天吃两顿高粱，八天吃野菜、饿肚子的事是不断的。

干部们都无被无褥，今年冬天每人缝一个羊皮褥子，冬天没发衣服时，我们的县长将棉花毯子缝成简单衣服穿起。但是学习很严格，学习情绪都很高，白天在山头上学习、写字、做笔记，晚间活动工作。这种艰苦奋斗的精神，独立坚持工作的毅力，是可以做（作）为模范的。

绥中一、二联区区长范建国同志，在我军由绥中撤出时，一直坚持工作到一月才调回学习。

c. 一般同志皆有一些敌占区对敌斗争、行政工作的一些经验。

2. 缺点：

a. 武装打天下的思想普遍的存在着。

把打仗当做开辟工作的唯一办法、提高群众情绪的唯一办法。有的区长为搞枪，捆打和我政府有关系的士绅、帮助政府的士绅；为了游击队，为了兵权常闹不和。在绥南，党政领导同志为游击队问题也闹过不团结。因之，就忽略政策，放松了学习。行政工作简单化、粗枝大叶，不爱深思熟虑，看不起好说的人，以为能打仗就好、勇敢就好，有些同志并以此自得。行险侥幸的心理也有，个人英雄、骄傲的行为也有。

b. 脱离群众、贪污腐化的现象是严重的。

…… ……

c. 游击作风在干部中也是很浓厚的。比如对上级法令不研究、不注意，布置工作口头说了就算。不按行署规定开支，乱开支，浪费，罚了款子自己就买枪买马、不报上级也是有的。这样大大阻碍了一些可能制度的建立，使工作向自流的方向发展。这是一种很有害的作风。

选自中共内蒙古自治区委员会党史资料征集研究委员会等合编：《大青山抗日游击根据地资料选编》（历史档案部分），呼和浩特，内蒙古人民出版社 1986 年版，第 332～336 页。

11. 晋绥边区抚恤优待荣誉军人暂行条例

1945年12月9日边区行政公署修正公布

第一章　总　则

第一条　凡直接参加抗战之正规军、地方兵团及本边区各级政府之保卫队，因作战残废及因公残废者，概以本条例抚恤优待之。

第二章　残废等级

第二条　荣誉军人残废等级标准，依下列规定：

一、有下列情况之一〔或类似情况〕，致失全部生产能力者为一等：

（一）双目失明；

（二）脑神经部分失去作用；

（三）脊椎神经失其作用，全身或半身瘫痪；

（四）两臂或两手折断或失［其］作用；

（五）一腿或两足折断已成残废；

（六）内脏损坏，他部不能代替；

（七）口腔咽部失去作用，不能嘴（咀）嚼。

二、有下列情况之一〔或类似情况〕，致失一部生产能力者为二等：

（一）两耳失听；

（二）声带损伤说话不清，或口腔不便饭食；

（三）侧面神经瘫痛或因伤而经常头痛；

（四）一手并一足不能同时自由伸屈，一手瘫痪，或一手折断全失［其］作用者；

（五）大便自遗小便失禁；

（六）下肢关节僵直行动不便；

（七）内脏损失一部，而他部尚能代替。

三、有下列情况之一〔或类似情况〕，致官能残缺不全，但可从事生产者为三等：

（一）一目失明或两目羞明；

（二）一臂关节僵直，筋肉不能伸缩；

（三）手指或足趾失去过半。

四、凡在伤愈神经麻痹，运动不便，一时不能恢复原状者定为临时残废，按三等抚恤一年〔不发荣誉证〕。

第三条　残废等级由团及县以上卫生机关严格检查后确定。

第四条　残废情况变化时，即变更残废等级；残废情形业已消灭者，取消等级。等级变更及取消，每三年由团以上政治部、县以上政府检查后决定。

第三章　抚恤及优待

第五条　在职荣誉军人，伙食服装等按规定供给，每年并发给相等于以下小米数目之抚恤金：一等四斗五升，二等三斗，三等二斗〔按春秋市价折合〕。

第六条　荣誉军人不能工作，送入荣誉院休养，抚恤金与前条同，伙食按小灶待遇。

第七条　荣誉军人复员者，每年发给抚恤米一等六百斤，二等四百斤，三等二百斤。一二等另发夏衣一套冬服半套。复员时并由原部队机关规定发给复员金及服装。

第八条　荣誉军人复员者，享受下列优待：

一、个人从事农工业生产及经商所得免缴公粮。

二、一二等完全免服抗战勤务，三等酌免一部。

三、患病时军队卫生机关或公立卫生机关免费治疗，免费住院修（休）养。

四、年老疾病无力生产、生活困难者，发动村民助耕。

五、从事农业生产缺少土地时，当地政府为之调剂土地，缺乏农工资本者享受政府贷粮贷款之优先权。

第九条　荣誉军人须持有本边区颁发之荣誉证，始能享受抚恤及优待。此项证书由边区行政公署颁发，属于军区系统者，委托军区政治部代发，属于地方系统者，委托专署代发，领取荣誉证须有团级以上政治部县级以上政府填具荣誉军人证明书。

第十条　荣誉军人因残废情况消灭取消等级后，停止抚恤，另发纪念证。

第十一条　在职荣誉军人之抚恤金每年由发证机关或由发证机关指定之机关发给，按规定报销。

第十二条　复员荣誉军人之抚恤粮及衣服均向所在地县政府领取。

第四章　其他

第十三条　荣誉军人家在其他解放区，愿回原籍者，发给路费，并通知其原籍政府抚恤之。

第十四条　其他解放区之荣誉军人来本边区持有证明文件者，亦依照本条例抚恤优待。

第十五条　荣誉证纪念证如有遗失或损毁时，须向主管机关声明原因及原证号数请求补发。

第十六条　荣誉军人死亡时，本条例所规定之抚恤即行停止。

第十七条　本条例自民国三十五年一月起施行，以前公布之有关法令作废。

选自《晋绥根据地资料选编》，第2集，中共吕梁地委党史资料征集办公室1983年编印，第399～402页。

12. 晋绥边区抗日军人及抗日工作人员复员条例

1946年5月4日行政公署公布

第一条　为适应和平建设新阶段之需要，并坚决执行政协会议及整军方案，顺利进行复员及帮助复员人员建立家务，在生产及其他战线上献身于和平建设事业，特根据和平建国纲领第四项第四第五两款之规定制定本条例。

第二条　为完成复员工作，分区以上各级均成立复员人员处理委员会，由政府部队机关有关部门负责人三人至五人组成之。并设专职干部办理复员事务。

第三条　各县政府须设专人负责安置工作，必要时得联合县级机关团体及驻地部队机关组织安置委员会，办理欢迎、招待、安置及组织生产等事宜。

第四条　复员人员家在本边区者，由处理委员会介绍在该管县政府转送返乡。家在其他边区者，妥送至原籍县政府或专署〔如必须通过国民党之封锁线及不安全地带，县政府及驻军各派人护送保障安全〕。暂时不能回原籍愿在本边区安家者，介绍到适当地方安置。路费由处理委员会发给〔由兵站转送者免费〕。

第五条　复员人复［员］均由边区行政公署发给复员证〔还乡纪念证〕以资纪念。

第六条　复员人员，均由原机关给以便衣、鞋子、手巾等必要的物质补充。政府应按其革命历史、斗争功绩、工作岗位、身体强弱及家庭经济状况等条件，发给胜利生产补助金。抗战前参加革命部队及革命工作者，从优发给，多加照顾。此项生产补助金，在边区安家者，由主管县政府发给；回其他边区者，由处理委员会发给〔物质补充及费用发给办法另定之〕。

第七条　复员人员如系光荣残废及年老抗战有功持有证明文件者〔荣誉证老年证〕，依据抚恤荣誉军人条例及优待老年军人办法，抚恤优待之。

第八条　机关部队对每个复员人员均应发动在职人员进行慰问、馈赠、欢送。

第九条　复员人员还乡后，应以村为单位热烈欢迎、慰问、招待，区村政府、群众团体合作社，对外籍复员人员及本村贫苦之复员人员，应即发动村民帮助调济（剂）住屋、土地、日常厨具、农具、种籽等，解决其目前生活及生产上之困难，使其迅速就业生产，各得其所，建立家务。

第十条　愿意并能作（做）工作之模范复员人员，当地政府应酌情分配适当工作，村公所应吸收复员人员参加生产、文教、民兵、自卫队等乡村工作，使继续为人民服务。

第十一条　复员人员须向所在村公所登记户籍，完全接受地方政府之管理领导，自觉的（地）遵守政府法令，享受公民权利，担负公民义务，以保持人民军队之光荣传统，拥政爱民，作（做）公民之模范。

第十二条　政府与人民对复员人员应尊重爱护，提高其社会地位，对积极生产、帮助工作、奉公守法、品行端正者，并加以奖励。

对不事生产、行为不正、损害群众利益、违反政府政策法令者，应从爱护观点出发，认真教育纠正，严重者依法处理。

第十三条　凡反攻以前参加军队及参加工作之复员人员，得享受下列之优待：

一、缺乏土地者，得享有分拨租用公有及没收敌伪汉奸土地之优先权。

二、从事农工业生产者，得享受贷粮贷款之优先权。

三、本人从事农工业生产及经商所得，自复员之日起，五年内免征公粮及营业税。

四、有病时，得享受公立卫生机关免费或减费治疗。

第十四条　其他解放区之复员人员持有正式证明文件来本边区者，亦按本条例安置之，并按本边区办法享受抚恤优待。

第十五条　凡逃离部队非经复员未持复员纪念证者，一律不能享受本条例之优待，但不得歧视。

第十六条　复员人员之复员费用，除应由原机关所发者外，余均由行署统筹。

第十七条　本条例如与前发有关法令抵触者，均依照本条例。

选自《晋绥根据地资料选编》，第2集，中共吕梁地委党史资料征集办公室1983年编印，第410～412页。

13. 晋绥边区[①]优待革命军人家属条例

1946年5月10日修正公布

第一章　总　则

第一条　凡以下军人之家属，家住本边区者，均照本条例享受优待。

一、主力兵团、地方保安部队的官兵及军事后勤机关取得军籍之员工。

二、抗战死难烈士。

三、政府之警卫队人员。

四、荣誉队及医院休养之残废军人。

第二条　本条例所称军属，以下列亲属为限：

一、配偶〔妻和丈夫〕。

二、直系亲属〔父母、祖父母、子女等〕。

三、抚养军人长大的其他亲属〔如军人自幼受其抚养的兄嫂或伯叔父母等〕。

四、须赖军人抚养才能生活的其他亲属〔如军人之幼小的弟妹或老弱残废、无所依靠的兄嫂伯叔父母等〕。

第三条　边区人民均有优待军属的义务，除动员组织军属本身劳动力参加生产外，并给以各种物质之优待，帮助其发展生产，建立家务，改进其经济生活，并应尊重爱护军属，提高其社会地位。

第四条　优待军属工作，在村中由村公所、村主任负责，必要时得设立优待军属委员会及代耕队长。

第二章　优待及优先权

第五条　军属得酌情享受下列各项之优待及优先权。

一、公有与没收敌伪汉奸之土地、房屋、器物及其他财产分给、借用、租贷之优先权。

二、政府或银行所发之农工商贷粮贷款及灾情救济之优先权。

三、军属子弟入学〔不论大、中、小学〕，须优先录取，并尽先享受公费免费之待遇。

四、贫苦军属如患疾病时，公立卫生机关减费或免费治疗。

五、贫苦军属得酌情减免人畜差务。

第三章　代　耕

第六条　军属从事农业生产，缺乏劳动力且无力雇用长工或短工者，政府应动员人［力］畜力为之代耕，办法如下：

一、无劳动力者，应从种到收，由专人固定代耕，做到即时耕作，多施肥料〔无肥料

---

① 原件误为“晋绥分局”。

时，在自愿原则下，由村民募集之〕，保证产量不低于当地一般水平。因耕作不力致荒芜或歉收时，代耕人须负责补偿。如代耕人自愿时，可实行包粮代耕办法。

二、人畜力不足时，按实际需要帮助人力畜力。

三、在农民自愿原则下，可推广变工代耕办法〔集体代耕、个人负责〕，并尽可能吸收家属劳动力参加变工，老弱劳动力不足之工，由代耕人补还。

四、代耕工数，只限于军属劳动力不足部分，最多者不得超过因参加军队所失去之劳动力。

五、不论个人代耕，或集体代耕，所服之人［力］畜力，皆以军运勤务计算。

第七条　凡十八岁以上四十五岁以下之男子，及能耕地之牛、马，骡、驴等均有代耕之义务，因故不能代耕者，得折算钱粮代替。唯现役军人家属、干部家属，得酌情减免人力代耕义务，特别贫苦及残病人民，得经村代表会议讨论通过，酌情减免其代耕义务。

第八条　代耕一般以自然村为单位，如自然村所需人［力］畜力过多时，由区村公所的酌情减免该村军运勤务。

第四章　群众互济及政府补助

第九条　军属建立家务之实际困难，政府及农会须发动村民互济互借，帮助解决。

一、从事农工商生产，缺乏土地种籽、工具、口粮等时，应实行互济互借。

二、对军属妇女，应帮助其参加纺织，并解决纺织中之困难。

三、老弱军属柴水困难时，应动员人畜帮助。

第十条　老弱孤寡贫苦无依之抗属及因敌伪摧残天然灾害尽其力不足以维持生活者，政府应拨粮补助，此项优抗补助粮，每年由县政府在县地方经费项下统筹。

第五章　附则

第十一条　已享受干属优待者，不另享受军属优待。

第十二条　军人因抗战牺牲或病故者，及还乡休养之一二等残废军人，其家属仍得继续享受优待。

第十三条　脱离部队失去军籍者，其家属即停止优待。

第十四条　代耕土地政府补助之实施办法，由县政府具体规定。

第十五条　本条例自颁布之日施行，前发有关法令作废。

选自《晋绥根据地资料选编》，第2集，中共吕梁地委党史资料征集办公室1983年编印，第405～408页。

14. 晋绥边区民兵伤亡抚恤办法

1946年8月1日晋绥边区行政公署、军区司令部联合公布

一、凡民兵于抗战中单独或配合作战伤亡残废或为敌俘虏后坚持民族气节光荣殉难者，均依本办法优待抚恤之。

二、负伤医疗：

1. 轻伤者由当地部队或卫生所医治，重者由部队负责介绍至后方医院。

2. 如当地无部队或卫生机关时，由当地县、区、村政府负责交民众医院或医药合作社医治。以上院社如无法医治时，可由县政府介绍至后方医院。

3. 民兵医疗免付医药费。粮食菜金由民兵所属县政府负责送交卫生机关。分区司令部应制定医治手续通知各县。

4. 不论部队卫生机关或地方医院，对民兵医治均须确实负责与部队一样，如因负伤过重不能履行规定手续时，卫生机关应先接受医治，然后补具手续。

三、残废抚恤：

民兵残废者，依照边区抚恤优待荣誉军人暂行办法予以抚恤与优待。

四、牺牲抚恤：

1. 民兵牺牲者，必须备棺装殓送回原籍安葬，棺葬费由本县政府按行署财政处供给标准发给。

2. 民兵牺牲后一次发给其遗族恤金小米三百斤。

3. 民兵牺牲后家境贫苦无力生产者，其家属得按军属享受代耕之优待。

五、本办法规定之一切经费，均在县地方经费项下开支。

六、附则：

1. 本办法自公布之日施行，在本办法颁布前牺牲或残废未经抚恤者，亦按本办法之精神酌情处理之。

2. 民间军火工人因公失事伤亡残废者，亦按本办法处理之。

选自《晋绥根据地资料选编》，第2集，中共吕梁地委党史资料征集办公室1983年编印，第413～414页。

15. 晋绥边区行政公署关于纪念抗战死难烈士与抚恤烈士遗族的决定

1946年8月1日

绥蒙政府主席、各专员、各县长：

抗战的胜利与和平的实现，是由于解放区党政军民英勇坚决的斗争和牺牲了无数的生命换来的。为使抗战死难烈士永垂不朽，与（使）烈士遗族得到政府与人民之爱护与帮助，使“生者有养，死者得安”，本署除颁布抚恤死难烈士遗族条例与民兵伤亡抚恤办法外，特再决定以下纪念抚恤办法，各县可根据各地区具体情况和群众习惯进行之。

一、关于纪念死难烈士方面：

（一）以县为单位建立烈士祠，将全县死难烈士分别制成名牌，供于祠中，或在公共场所建立烈士纪念碑纪念塔，将烈士英名载入碑文。其建筑费由县筹募。

（二）市、镇、村应发动群众给该市、镇、村烈士建立墓碑。

（三）每年清明节举行群众性的纪念追悼死难烈士大会，将烈士英勇的事迹进行宣传，并教育人民爱护帮助遗族建立家务。

（四）烈士遗族愿将烈士运回原籍安葬者，各县政府应负责介绍，并帮助路费及动员群众转运棂（灵）柩。烈士安葬时，发动村民开追悼会，并举行全村公祭。

（五）由县负责搜集烈士英勇斗争事迹，编印烈士小传或将来编入县志，以资表扬。

二、关于抚慰帮助烈士遗族方面：

（一）确实执行抚恤办法，烈士纪念证，须由区村干部亲自送到烈士遗族手中，并代表政府进行慰问，发动区村人民逢年过节给遗族进行拜年、送礼、慰问，以提高遗族的社会地位。

（二）遗族之生活困难者，应依照优待军属条例，给以各种优待〔特别是一些家境贫苦鳏寡孤独〕。政府之贷粮、贷款、群众之互借、互济，以及没收大汉奸之土地与反贪污反讹诈所获得之果实的分配，遗族与军属同样有优先权。缺乏劳动力者，帮助人力与畜力，确实帮助其兴家立业，改善生活。某些地区优待军属时曾有“对生者优待好，对死者优待差”之现象，这种“人在情在”的不正确的观点，必须克服。

（三）烈士子女无力入学者，须负责送之入学，享受免费公费生之待遇。

三、对抗战中单独或配合作战牺牲及为敌俘虏后坚持民族气节、光荣殉难之各阶层人民，亦应根据以上指示之精神，纪念抚恤之。

在进行这一工作中，要教育人民深刻认识：没有这些烈士的英勇牺牲，今天的胜利与和平是不可能的。因之，我们对于这些烈士的尊敬与对烈士家属的帮助是十分应该的，希研究实行为要。

选自《晋绥根据地资料选编》，第3集，中共吕梁地委党史资料征集办公室1984年编印，第262～263页。

16. 晋绥边区抚恤抗战死难烈士遗族暂行条例

1946年8月1日行政公署修正公布

第一条　凡为抗战牺牲殉难之军人与地方工作人员，其家属〔配偶、直系亲属及未成年之弟妹，或老弱残废无所依靠之兄嫂伯叔父母等〕均按本条例抚恤之。

第二条　抗战死难烈士遗族，由行署发给纪念证，并依照烈士生前所任之职务发给一次抚恤金〔抚恤金以米计算〕：

一、班长战士级及村干部级四百斤。

二、连排级及相当于区长及县政府科员级五百斤。

三、团营级及县长级六百斤。

四、旅级及专员级以上八百斤。

第三条　抗战死难烈士遗族，除仍应享受军属优待外，其缺乏劳动力、生活困难〔在公粮免征点以下而生活不足维持半年生活者〕无人抚养者，得加发前条所定恤金二分

之一。

第四条　死难烈士之子女弟妹如无力求学时，得按免费公费生条例予以优待。

第五条　纪念证及抚恤金由下列机关通知遗族所在县政府发给：

一、烈士属于军队系统者为军分区及旅以上政治部。

二、烈士属于地方系统者为县以上政府。

未得以上机关之通知而确知其已经牺牲者，由区公所呈报县政府。

第六条　其他边区之抗战死难烈士，其遗族在本边区者，如接到原部队旅级以上或专署级以上之正式证明书后，亦依本条例抚恤之。

第七条　本条例自公布之日施行。

附则：

一、烈士之棺葬费本当地实正需要与节约精神实支报销。

二、光荣牺牲之民兵其家属抚恤办法另定之。

附抗战死难烈士证明书一份。（略）

选自《晋绥根据地资料选编》，第2集，中共吕梁地委党史资料征集办公室1983年编印，第403～404页。

17. 晋绥边区行政公署军勤负担办法布告

1948年6月28日

为贯彻本署本年三月二十二日布告中宣布的军勤负担政策，特制定本办法如下：

一、凡年在十六岁以上五十五岁以下的男女劳动力，和人民所有能使用的畜力、车辆、船只等，都有服军勤之义务。并规定十八岁至四十五岁壮年应服较重军勤，其他在龄男子和妇女服较轻军勤，如送信、带路、代耕、做军鞋等。但合于下列规定者，应照下列办法处理之。

甲、经政府登记之公私工厂、群众合作社、公营商店、公营作坊之员工，所属之畜力及其他运输工具，免服军勤。

乙、城镇的商人、摊贩、作坊及常年经营之专业手艺工人，每一在龄男子固定每月出军勤工一个〔或出代工米〕，其畜力、车辆亦固定每月服军勤一日，或按工折出代工米。代工米由当地市、镇、村政府确定并按月收集，作为调济（剂）军勤过重村镇之费用。

丙、确实无力负担军勤之手艺工人、单身度日的苦力工人、生活特殊困难的农民、小摊贩、身有残病的人民以及缺乏劳动力而生活困难之军、烈、工属男子、三等荣誉复员军人等，经群众讨论，行政村代表会批准，可酌情减免。

丁、不脱离生产的村代表主任及委员会工作太忙之村干部，经行政村代表会批准，本人减免。

二、为使负担公平合理，规定记工及结算制度如下：

甲、各自然村代表须登记该村应服军勤之人力、畜力，并按下述标准记分：每一在龄

男子计一分，牛驴每头各记二分，骡马每头各记三分，骆驼每头计四分，大车计二分，小车记一分，船只免计。

乙、服务一日或来回六十里路的军勤，每人计一工，牲畜除脚夫按人计工外，牛驴各计二工，骡马各计三工，骆驼计四工，车辆除人畜工外，每辆大车计三工至四工，小车计两个工，船只及其他运输工具，由各县政府自定。民兵参战及代耕等，亦按日计工，顶军勤工〔民兵在农闲时参战计半工〕。

丙、各自然村每月必须结算一次。按照全村实出工数，按分摊派，逐户结算公布，缺工户何时还工或补工资由群众讨论自行商定。行政村〔市、镇〕至少三个月结算一次，以调整或补齐所属各自然村之间的军勤负担。各区、村军勤负担由县、区政府统一调整求得平衡。

丁、为提高运输效能，节省军勤动员，大规模搬运物资，应采取计重算工办法。兹规定必须载重量：民工为四十斤，牛驴各为一百计，骡马各为一百五十斤，骆驼二百斤，二套大车为八百斤，以后每增一套即增三百斤。小车的载重量由当地专署规定。除必须载重量外，每多载五十斤，每日即多计军勤工一个，如少于五十斤的可折合计工。

三、动员军勤工手续和民工、牲畜供给办法如下：

甲、使用军勤之部队机关，必须持有正式军勤支付证，才能由县、区转村政府交付军勤，不得向群众直接动员。民工服务完毕时，使用军勤机关，必须填写“完成任务证”交给民工，以便回村凭证计工。

乙、服军勤之人畜，当天能返家的，都自备粮草，服务时间在两天以上时，从家到服务地点仍自备粮草。从到达服务地点起至返回家中全部时间内之粮草，由使用军勤机关按运输队供给标准供给之。

四、人民服军勤中，应遵守军勤纪律。随军参战不逃跑，行军住宿不侵犯群众利益，运输军用物资，应不损坏、不乱拿，转送伤病员要照护周到，运送粮草要不抛撒、不掺假，缝制军勤军衣等要结实，不偷工减料，不偷新换旧。尚有故意违反上述规定行为者，按情节轻重予以处分。各行政村代表会可自订军勤纪律，切实检查，实行奖惩，以明功过。

自公布之日起，凡关军勤之动员，均依照三十六年十一月的联合布告及本办法执行。以前有关法令，凡与联合布告及本办法抵触者，应行作废，此布。

代主任　　武新宇

一九四八年六月二十八日

选自《晋绥根据地资料选编》，第2集，中共吕梁地委党史资料征集办公室1983年编印，第9～11页。

五、军事法规

1. 绥察行政公署关于增设军事部、军事科的通令

1941 年 9 月 1 日

为通令事：为加强各级政府地方武装工作，本署特增设军事部，并以二支队司令员于占彪兼任该部长。所有各专署各县政府亦均应同时增设军事科，惟（唯）该项人材（才）因关系重大，应由本署另行遴选派充。仰该专员知照，并转饬所属一体知照为要。

此令

主　任　杨植霖

副主任　苏谦益

选自中共内蒙古自治区委员会党史资料征集研究委员会等合编：《大青山抗日游击根据地资料选编》（历史档案部分），呼和浩特，内蒙古人民出版社 1986 年版，第 248 页。

2. 绥察行政公署关于加强各级政府基本武装办法的通令

1941 年 9 月

为通令事：本署兹为加强各级政府之基本武装以便充实警卫力量起见，特拟定加强办

法如下：

（一）各专署至少扩充战士三十名，步枪二十支。

（二）各县府战士二十名，步枪十五支。

（三）各区政府战士十五名，步枪十支，尽可能尽量扩充，作为补充正规军之源泉。惟（唯）此项武装均应统归本署节制调遣，其他任何部分不得任意调动、指挥或改编。

事关基本武装，甚为重要。除分令外，合亟令仰该专署遵照切实办理，并转饬所属一体遵照办理为要。

此令

主　任　杨植霖

副主任　苏谦益

选自中共内蒙古自治区委员会党史资料征集研究委员会等合编：《大青山抗日游击根据地资料选编》（历史档案部分），呼和浩特，内蒙古人民出版社 1986 年版，第 263 页。

3. 绥察行政公署关于 1941 年 4 月至 1942 年 12 月游击队工作的总结提纲

一、开展群众性的游击战争，这是在敌占区坚持武装斗争的重要一项。因为没有了群众性的游击战争，不但正规军形成了孤立，甚至［处于］聋哑的状态，而且敌占区抗日游［击］政权的建立也就不可能了。所以，假如［无］坚持的武装斗争，就不会有公开的游击抗日政权。所以在敌占区，区级以上抗日政权不但有发动群众性游击战争的任务，而且政府的行动工作必须与游击战争结合起来。晋西区党委四二年二月指出的“政权工作应建立在游击活动的基础上”，这是千真万确的。

二、在绥远由区政府到行署，每个行政机关就是［一］个游击单位、一个小游击队。这些游击队是受主力军的干部及枪支的帮助，是直接由政府组织和领导的。一九四二年四月以前政府游击队绥中共九个单位、二百一十八人，绥南二百人左右，绥西一百人左右，共计五百人，约占骑支三分之一强。现在，绥南二百四十余人，经过事变绥中共有百人左右了，绥西五十余人，共有四百人。这些游击队掩护政府人员进行工作，镇压特务汉奸流氓盗贼，与［为］正规军补充新兵，成为扩军的源泉，帮助政府催粮要款，所以有些区政府的工作人员多数是从游击队员中选出的，配合群众打击小股抢掠的敌人，必要时配合正规军行动，进行反扫荡的战斗等。所以区游击队是配合主力军坚持了游击战争。

三、游击队散布的广阔的地区上，跟群众密切的（地）结合着。他有土生土长的子弟兵，一般的都是本县本区人，他们的吸收是经过积极分子的拉引，受我军的影响，经过乡土关系，人发展人的办法吸收的。

大部分开始参加是为个人生活困难，受人欺侮、压迫，怕敌人、恨敌人等动机而来的，同时有少部分是土匪、自卫军、十大区〔武川有十大区的区兵〕来的，而且在绥远的农村［受］文化落后、抽大烟、土匪思想等影响，使这些游击队员带来了不良的习惯。他

们开始是认人不认话（理），讲交情重义气，不能过军队的严格生活，得些小病就想告假休息。他们狭隘地方观念和家庭观念很浓厚，于是不愿离开本地，这是补充正规军的困难。因为吸收不慎，兵痞流氓存在，于是游击队打骂群众，自己不做饭让群众做，吃了群众的菜不给钱，嫖女子等现象就很严重，随便回家，放哨睡觉，文化政治水平低。这里主观的原因就是政府干部对游击队的管理教育没经验，于是军事政治教育非常忽略，教材不统一，至于一般的军事动作、行军、宿营、侦察、警戒等也是没有经验的。没有从教育上提高，这是游击队工作主观方面的缺点。

一般的游击队中党的工作薄弱，少部分就没有，这是一个严重的错误。另一方面游击队人熟地方熟，行动隐蔽非常便利。类（例）如武川三区的游击队员都和区政府的工作人员有各种不同的亲朋邻友等关系，而活动在自己土生土长的村庄中，因之游击队与群众有种自然联系。绥西萨县的二连都是萨县人，和萨县政府的干部都是本乡人，所以萨县在恶劣的环境下，部队尚能在川中活动。这是游击队的特点，也是优点。

四、为了游击队的领导问题，曾使工作遭受损失，曾使党政军闹不团结。一九四一年五月以前游击队是属二支队领导的，这使政府与二支队因调一人一马一枪也吵嘴，为了几个通讯员也吵嘴，问题是经常纠缠不清的。二支队番号取消后，四一年绥察区党委又决定，由政府领导并由行署到区建立军事工作部门。这一决定以后，事实［上］一个时期部队对游击队的帮助，曾表示冷淡，政府对军队的补充也不积极。直至四二年二月晋西区党委决定“随政权活动的游击队建制上统一与（于）骑兵支队，供给制度应与支队相同，但各级政府有指挥教育之权利与义务”，这一决定解决了游击队的领导问题。事实［上］部队更有责任积极帮助游击队的建立，例如四二年前半季司令部对绥中游击队枪支补充，工作检查。归凉县在一九四一年内县区游击队遭受防共一师郝庚午严重打击，损失很大。四二年骑支一团对政府游击队的建立，在干部和枪支上帮助了二分之一，政府游击队既得到发展巩固，于是对部队也得到补充。四二年四、五、六三个月中绥南政府给骑支一团补充了新战士就有一百二十八人〔根据地委对绥南工作总结〕。同时由于建制统一，供给统一，在军政教育［上］，游击队也就更多地得到了主力军的帮助，而在菜钱津贴子弹等问题上，也就尽量减少了游击队早发占便宜的现象，主力军不满意的事也就减少了。这是在游击队领导上一个主要的改进。但另一方面，在执行中有些部队派去的游击队长，不了解政府工作的性质，政府要在游击队行动中工作办事，游击队长嫌罗索（啰唆）。有的在观念上以为自己是队长就不理区长。四二年四月间，武川四区曾有一个游击队长未受区长委托而自己收款、打税、办政府的事，并且审判案子，处罚群众。这是在派游击队长时值得注意的一个问题。类（例）如在陶北区四二年六月间，曾有游击队长不听区长的话，不依区长决定的方向行动，在战斗情况下，自己带游击队张慌（皇）逃退，不管政府工作人员，结果我们优秀的工作人员李乾纲同志被俘去屠杀。这是惨痛的教训。因之我们派去政府游击队中的军事干部，要选择政治上坚定并有涵养的同志，此等同志并要懂得政策。今年工委指示的县、区长兼中队长及分队长的办法，将更发挥四二年区党委指示的“各级政府有指挥教育之权利与义务”的指示了。

选自中共内蒙古自治区委员会党史资料征集研究委员会等合编：《大青山抗日游击根

据地资料选编》（历史档案部分），呼和浩特，内蒙古人民出版社 1986 年版，第 305～307 页。

4. 绥蒙军区关于在日寇投降条约签订之前作战部署的命令

1945 年 8 月 12 日下午二时

（一）苏联于九日参战并进兵三路攻入满洲，日寇已于十日宣布无条件投降，在投降条约签订之前可能继续抵抗，我们目前紧急任务是集中一切力量夺取大城市及交通要道。

（二）我区当前紧急任务是集中所有兵力坚决消灭顽军向我进攻之部队，并准备占领归绥、大同，争取占领包头及固阳。兵力布（部）署及任务区分如下：

1. 姚马①立即集中绥中、绥西一切部队，迅速消灭绥西顽军，进占包头、固阳，坚决堵阻傅②部东进并立即分兵一部配合游击队从北面接近归绥相机占领归绥城，发动群众彻底破坏归绥以西之铁路、公路。

2. 张③率三十七团一营二连、骑兵大队、教三队挺进托和，消灭郭长清④部顽军，从东南面夺取归绥城。

3. 二分区许司令员⑤率三十六团、三十二团沿黄河北上直抵萨托，主力从萨县东进会攻归绥，并留三十二团控制喇嘛湾至托县之河岸堵击顽军。

4. 绥中各游击队积极出击，相机占领陶林、武川、旗下营等城镇。

5. 安正福游击队即进占和林与凉城。归凉游击队集中起进占卓资山至白塔之铁路线，并动员民兵占领香火地。丰凉游击队即占领厂汗营，并相机进占左云。托和清游击队占领右王（玉）。教导营才营长⑥及冀主任⑦率游击队挺进丰镇，并相机占领丰镇。

6. 偏清支队以二个连占领榆树湾、喇嘛湾并固守之，以二个连兵力控制扎草堰、沙湾之河岸。另由二营抽一个连配合清河武工队进占清河城。以上均归偏支周支队长⑧指挥。

7. 步二营收复南丈子、败虎，进占平鲁县城。三大队主力占领朔县。一区武工队收复陶卜四、窝窝会后进占朔县。二区武工队收复泉子上、沙城后进占井坪。六区武工队进占杨方口。四区武工队进占利民。

8. 偏关警卫连及武工队集中关河口至土山子之线，开展爆炸，巩固河防。

---

① 原注：姚马，姚，指姚喆。马，指马仁兴，时任晋绥军区第一军分区司令员。
② 傅，指傅作义。
③ 张，指张达志。
④ 郭长清，国民党绥远挺进第二纵队纵队长。
⑤ 许司令员，指许光达同志。
⑥ 才营长，指才千。
⑦ 冀主任，指冀文广。
⑧ 周支队长，指周志高，偏清支队支队长。

9. 绥南雁北各部队统受塞北分区司令部指挥。

（三）铁路线外各小据点由该地游击队、民兵负责攻击并相机占领之。

（四）向日本宣布投降时，我方可向其提出投降优待条件，并对伪军限定时间使之反正，接受我方委任与改编，如过期即以叛逆对待。

（五）各部队在行动中一切粮秣物资就地解决，但必须手续清楚、纪律严明，进入城市应有组织地处理俘虏、资财及治安事宜，不得混乱及擅自没收。

（六）各部队〔民兵、游击队、武工队〕接到命令后立即出动，执行所指定之任务，如敌尚未投降，则依情况发展（动）猛烈的进攻方法使其投降。

司令员　姚　喆
政治委员　高克林
副司令员 副政治委员　张达志
副参谋长　邓家泰
政治主任　饶　兴

选自中共内蒙古自治区委员会党史资料征集研究委员会等合编：《大青山抗日游击根据地资料选编》（历史档案部分），呼和浩特，内蒙古人民出版社 1986 年版，第 491～493 页。

5. 晋绥军区直属队全体指战员给晋西北全体劳动人民党政民工作同志的告别信

1949 年 4 月 30 日

晋西北全体劳动人民及党政民工作同志：

我们将要离开你们到新的地区了，从抗日战争初期到现在的十多年，咱们在一起渡过了吃黑豆的年月，打退了日寇无数次的“扫荡”，战胜了日本帝国主义和蒋阎反动派进犯的匪军，战胜了封建势力，消灭了地主阶级，也战胜了数十年来未见的严重灾荒。在那些艰苦日子、危险关头当中，咱们没有气馁，而斗争着，前进着。晋西北已成了新民主主义中国的先进部分，人民已有了充分的自由，获得了自己耕种的土地，创造了人民代表大会的新政权，培养了张初元、温象栓，张秋林等各式代表英雄，涌现了成千成万真心诚意为人民服务的积极分子和党政民模范工作者，这是毛主席与贺、李首长的领导，象（像）灯塔的光辉在照耀着我们的前途。而你们曾给我们热情的爱护和帮助，使我们得有无穷力量的来源，由于咱们的共同斗争和共同生活，使咱们结下了深厚的情意和血肉相联（连）的关系，使我们深刻认识到依靠着人民，我们就能战胜任何困难，战胜一切敌人。在此离别之时，我们谨对你们致以衷心的感谢。

现在人民革命战争，很快就要取得全国的胜利，但蒋介石匪帮还没有完全被消灭，还有二万万以上的人民在反动派统治下过着痛苦的日子，他们急切盼望着获得解放。为了执行毛主席“军队向前进”的命令，我们将渡过黄河，到大西北去，坚决为解放反动派统治

下的被压迫同胞们而斗争，争取迅速解放大西北，解放全中国！我们希望你们在得到了翻身的基础上，实现毛主席“生产长一寸”的号召，把晋西北建设的（得）更好，并直接间接地继续支援前线。希望你们不仅做革命武装斗争时期爱护自己军队的模范，而且还要做生产建设上的先进模范。我们到了新解放区的时候，这些将成为宣传鼓动的实例，它将鼓舞起解放区的千万劳动人民，朝着你们这些生动的光荣例子，踏着你们走过的路而前进！

再见吧！亲爱的父老姑婶兄弟姐妹和同志们！咱们虽然离别了，但咱们的心，永远联结在一起，在毛主席、共产党领导下，共同把革命干到底，建设新中国！

我们在热切地等待着听到你们在工作上生产上胜利的消息！

祝你们健康愉快！

晋绥军区直属队全体指战员

一九四九年四月二十五日

选自《晋绥根据地资料选编》，第3集，中共吕梁地委党史资料征集办公室1984年编印，第276～277页。原注：“原载晋绥日报，1949年4月30日。”

六、财金税粮

1. 晋西北行政公署所属各级金库暂行章程

1941年10月21日

第一章　组织机构

第一条　行署设总金库，专署设分金库，县设金库〔原则上每县都须设立，但在环境特殊的县份，经专署决定，可以不设金库〕。

第二条　金库由主任、会计、出纳三人组成。

第三条　各级金库由行署责成西北农民银行办理之，各级银行经理及办事处主任兼代各级金库主任。

第四条　无银行的地方，另组金库，由同级政府财政科长兼代主任。

第二章　任　务

第五条　各级金库承行署之命，办理公款公物〔金库有价证券及其他贵重物品等〕之保管收支事项。

第三章　职权与领导

第六条　各级金库有督促各级财政机关之一切收入归入金库之权。

第七条　金库所有款物，非有行署签发之支付命令〔专署及县无签发支付命令之权〕，不能支付款物给任何机关团体及部队。

第八条　总金库在行署指示下领导分支金库工作之进行，专区分金库在总金库指示下领导县支金库工作之进行。

第九条　金库人员间之分工：

（一）主任对收支款物负责签名盖章及领导金库工作。

（二）会计员管理收支款物之帐（账）簿表报。

（三）出纳员点验收支及保管公款公物。

第十条　专员县长及各级财政科长，对本分支金库有指导监督检查之权，没有分配金库财政之权，其分配权属于行署。

第十一条　在战时同级行政机关负责人〔专员及县长〕应将金库款物运送安全地区，妥为保存，解缴款项时须派武装护送。

第四章　收款手续

第十二条　款物解送金库时，出纳员须详细辩（辨）别真伪、点验数目，核对所收款数，是否与解款书所列数目相符，年度月份是否明确，款项科目是否与规定相符。

第十三条　点收完毕后，即开具三联收据，由出纳员及金库主任盖章，其三联收据分配如下：

（一）存根——金库留存。

（二）正收据——给缴机关收执。

（三）报告——分支金库给同级政府财政科，总金库送行署财政处。

第十四条　会计员根据所收数目作现金收入传票，用收入款之性质作科目，缴款机关作户名，按科目户名币别或款物种类分别登总帐（账）分户帐（账）。

第十五条　出纳员根据收入传票登记现金出纳账及现金分类账。

第五章　付款手续

第十六条　支付命令分甲乙两种，由取款人持往指定金库取款。

（一）甲种——凭命令取款〔不要收据〕。

（二）乙种——除命令外还须具备领款机关之正式收据，才能取款。

第十七条　金库收到甲种支付命令或乙种支付命令及收据，会计员即审慎核对印鉴钤记及数目无讹，即作支付传票交主任盖印。

第十八条　出纳员凭主任盖印后之支付传票及甲种支付命令〔或乙种支付命令及其收据〕，按数支付款物，并加盖付讫戳记。

第十九条　支付命令注销后〔连同收据机关之正式收据〕递级转送总金库，由总金库汇送行署。

第二十条　会计员、出纳员凭支付传票登账。

第六章　转收转付手续

第二十一条　总金库及专区分金库，得根据支付命令签发支票，令所属各级金库照付。会计员作转帐（账）传票，收入以总分支往来为科目，付出以支出款之性质为科目，分别登账。

第二十二条　交款机关以甲种支付命令〔或乙种支付命令及收据〕向付款金库抵解款项时，会计员作转账传票，以收支款性质为科目分别转账。

第二十三条　出纳员账簿只记现收现付之数目，上述三种情形，如无现金收付，出纳员无须登记账簿。

第二十四条　专区分金库及县支金库接到上缴金库支票时，按上述支款手续办理，以总分支往来为科目，作支付传票登账。

第七章　解款手续

第二十五条　金库所存款物，除令准支付外，均须填具解款书，按月递级解缴上级金库。

第二十六条　缴款金库按支款手续办理，以总分支往来为科目，制支付传票登账。

第二十七条　收款金库按收款手续办理，以总分支往来为科目，制收入传票登账。

第八章　报告及表报

第二十八条　各级金库每五天〔逢五逢十〕须做收支报告表〔相等于旧的四柱清册〕连同附件递级转送上级金库，由总金库汇送行署。

第二十九条　每月底须做收支报告总表，每年底须做收支总结，递送上级金库，由总金库转送行署。

第九章　借款办法

第三十条　因战争关系与行署失去联络，各级政府须向各本分支金库借款时，各金库可以暂借，事后呈请行署追认，其借款数目，专署在一月内不得超过一千五百元，县不得超过四百元。

第十章　附　则

第三十一条　本章程如有未尽事宜，得呈请行署修改之。

第三十二条　本章程自公布之日施行。

选自《晋绥根据地资料选编》，第5集，中共吕梁地委党史资料征集办公室1984年编印，第362～366页。

2. 绥察行政公署一九四一年度田赋征收办法

1941年10月22日

一、地以上中下三等划分征收〔以中常年景计〕，产粮在三斗以上者为上地，三斗以下二斗以上者［为］中地，二斗以下者［为］下地。

二、征收数目：上地三角五，中地二角，下地一角五分。

三、地亩以实地计算征收。但在实地数未调查清楚时，采取以下办法登记实地。

1. 召集乡闾长开会登记，说明本年度征收田赋办法。

2. 以闾为单位，由花户自报实地，再经本闾长召集地户评定后造表登记。

3. 登记实地时，各乡有办理切实迅速者，报上级政府奖励。有乡闾长及花户以多报少者，查出应以（依）其情节轻重给予适当处罚。

四、完成时间：明年一月底前完成征收数三分之二。

选自中共内蒙古自治区委员会党史资料征集研究委员会等合编：《大青山抗日游击根据地资料选编》（历史档案部分），呼和浩特，内蒙古人民出版社1986年版，第275页。

3. 绥察行政公署第一督察专员公署一九四一年度公粮征收分配单行办法

1941年11月

第一，本办法定名为绥察第一专署一九四一年度公粮征收分配单行办法。为了保证抗战军粮，出粮是人民抗日应尽义务，也为一种正当国税，按本区工作环境，根据普遍合理负担之原理，由本专署议决，特定本办法，适用于本专署政权所及之地域内为限。

第二，本公粮征收办法，是以“量出为入”为原则，根据各县区域大小、富穷、环境好坏等等为分配标准，以划分“等级”“分数”制为负担方法。分配公粮，由上而下召开会议决定之，自然村为执行单位，花户为负担单位。负担出粮之户，应占执行单位之全自然村百分之七十至八十户，征收出粮以一年为一次，划分等级分数以一年为有效。以上规定为本办法之总则。

第三，公粮征收分配程序——各级一律根据上级给予所需公粮数字，本着分配标准，给予所属下级征收分配数字。由专署而各县，由县而各区，由区而各行政村，由行政村而各自然村，由自然村而到各花户为止，由上而下，以划分等级分数制而合理分配负担之。

第四，划分等级分数——由各级召集各下级负责人开会讨论决定负担等级分数，但县区开会应聘请当地开明士绅、热心帮助抗日工作之人民参加之，划分等级分数。在执行单位之自然村中，应就出粮户最多区别十等，最上等为绝对十分，最下等为绝对一分，其中，一等和次等按各个一切收入与各个开支，在剩余数上进行比较，讨论划分等级，决定分数。分数概不分厘零，凡不足一分者，归不分配户内。

第五，出粮计算——按执行单位之自然村，在较好村中，出粮户应占全村百分之八十左右，较差之村中应占全村七十户左右。所余百分之二十至三十之户，应用政治动员，让其自由献粮。而应出粮之户，便将全村出粮之各花户分数相加，得出总和数后，均分分配公粮数字，得出每分应负担之数字后，再与各户之分数相乘，即得各户应负担之数。其公式如下：全村公粮征收总数分配数字÷〔花户分数＋花户分数〕×A户分数＝A户之应负担公粮石数。

第六，公粮分配过程——各县应在得到专署给予公粮征收分配数字后五日内，与所辖之各区区长开会，分配各区应征数字，各区应在县会议后五日内，与所辖之各行政村村长〔一名乡长〕开会，分配各行政村所征数字，各行政村应在区会议后三日内，与所辖之自然村闾邻长及闾代表开会，分配各自然村所征数字；各自然村应在行政村会议五日内，召开所辖之花户大会，于一周内将各花户应［负］担数字分配妥善，并将各花户等级分数及负担数填表〔表册如后〕报区县，准备囤集（积）。总之公粮工作要在十二月五日前整个完成之。

第七，本办法自公布日起施行之。

表册

…… ……

选自中共内蒙古自治区委员会党史资料征集研究委员会等合编:《大青山抗日游击根据地资料选编》(历史档案部分),呼和浩特,内蒙古人民出版社 1986 年版,第 359～360 页。

4. 绥察行政公署第一督察专员公署关于各种粮食和粮票的折合、征收手续、保管支付的规定及使用粮票办法

1941 年 11 月

第一节　各种粮食和粮票折合公粮计算规定

第一,征收公粮时,一律以十六两为一斤,二十六斤〔容小米量〕之斗为标准斗。

第二,粮食一律以收莜麦为原则,如交纳其他粮者,应照下列规定折合。

1. 扁豆、小麦与莜麦同。
2. 豌豆、洋麦一担(石)折合莜麦九斗。
3. 花料一担(石)折合莜麦八斗。
4. 糜黍、谷子、大豆、黄豆、黑豆一担(石)折莜麦七斗。
5. 高粱一担(石)折合莜麦六斗。
6. 草麦、荞麦各折莜麦五斗。

第三,本区支用公粮,使用粮票,只用莜面与花料票二种,并规定一百八十斤莜面折合莜麦一担(石)计,花料票一担(石)折合莜麦八斗,征花料用花料票。如各交其他粮食与其他面者,一律折算莜面票,须按下列之规定:

1. 白面一斤、小米一斤与莜面一斤同。
2. 荞面、豆面斤半,折合莜面票一斤。
3. 小米一斗折合莜面票二十六斤。
4. 莜麦、小麦、扁豆一斗折合莜面票十八斤。
5. 豌豆、洋麦一斗折合莜面票十六斤。
6. 糜黍、谷子、大豆、黄豆、黑豆一斗折合莜面票十三斤。
7. 高粱一斗折合莜面票十一斤。
8. 草麦、荞麦一斗折合莜面票九斤。

第二节　征收手续

第四,在各户分配妥善后,勿论马上交纳或暂在各户保存,政府应给予一定法定收据〔收据附后〕,作为出粮根据。至于过斗过秤,应照公粮征收标准计算之。

第五,村区政府应将征收数字按自然村为单位造册〔册样附后〕报县,县报专署备案。

第三节　保管法

第六，较安全地域，可按自然村之花户分数保存，但存粮花户应向村公所开证明书〔书式附后〕。

第七，接近敌人或敌人容易到达地域，可以移地保存或花户分数保存，由村闾长或指定专户保管之。

第八，敌占区，原则上应暂归各村各户保存，但受环境限制，政府应将各村征到的数字送交部队，然后军政配合，由部队搬运［到］适宜地点保存。如系部队单独征运者，应把征收到的数字报县，便于出粮者清算和公粮的调剂。

第九，勿论何种储藏法，县区村均应指定专人负责了解整个公粮情形，以克服过去粗枝大叶的估计现象与无理由的损失。如果公粮遗失，应由负责人负完全责任。

第十，在储藏公粮中，我们应注意避免浪费，如鼠伤、霉烂到消耗，应在储存之前，对地方之选择，都应非常认真。为了避免虚报损耗，所以应该规定，一般粮仓每担（石）准报销损耗二升。

第四节　支用公粮，使用粮票法

第十一，以由外向内支用为总的支付原则：各县根据此原则，遇有支用时，必须根据规定，先支用不易保存之食粮。

第十二，部队应以票取粮，最好供给单位去县区村政府按粮票发粮，否则一律拒绝。此外，除部队和政民脱离生产干部或法定人员外，任何人不得随便拨作他用，违者严处。

第十三，不持县区政府命令或介绍信，各区村不得任意支付。但在战时紧急环境下或有特殊任务之部队，如无县区政府命令，亦需有团以上首长与独立营连首长的介绍信，并持有粮票，方可支付。

第十四，各级政府应建立经常的按级报告制度。每行政村、区政府、县政府，月终各向上级作一月的报销。报销时，一律填表〔表式附后〕外，应将粮票交来。各级政府没有粮食绝对不能报销，即使有任何负责人的收条，亦不能报销。村的报销不得超过下月五日，区级不得超过下月十日，县级不得超过下月二十日，至远不得过下月底。部队亦应每月作粮秣预算，这样才能使各级政府了解粮食支存数目。如部队没有隔前一月的预算，不应该领。

第十五，本办法自公布日施行之。

收据、书式、表式：……

选自中共内蒙古自治区委员会党史资料征集研究委员会等合编：《大青山抗日游击根据地资料选编》（历史档案部分），呼和浩特，内蒙古人民出版社 1986 年版，第 361～363 页。

5. 晋西北征收抗日救国公粮条例

1941 年 11 月 1 日起施行

第一条　为坚持敌后长期抗战，巩固晋西北抗日根据地，充实抗战之物资供给计，特

征收抗日救国公粮（以下简称公粮）。

第二条　本条例系根据晋西北人民收入状况产粮情形制定之。

第三条　交纳公粮为我抗日人民之义务，故凡晋西北人民无论从何职业，均须按规定交纳之。

第四条　此项公粮定为每年征收一次，夏收超过全年产量三分之一的地区〔以县计算〕亦按一次征收，如不能一次囤集（积）者，得按夏秋两季分两次囤集（积）之。

第五条　征收公粮按下列折合规定：

一、征收时一律以小米计算。

二、征收时一律以十六两为一斤，二十六斤之斗〔容小米量〕为标准量计。

三、征收公粮一律以小米为原则，如有交纳其他杂粮者，照如下规定：

1. 黄米、软米与小米同；

2. 小麦一石折米八斗；

3. 绿豆、豇豆一石折米七斗；

4. 莜麦、小豆一石折米六斗五升；

5. 豌豆、玉米一石折米六斗；

6. 糜黍谷、大豆一石折米四斗；

7. 黄豆、黑豆一石折米四斗五升；

8. 高粱、荞麦、草麦一石折米四斗；

9. 白面一斤折米一斤；

10. 莜面一斤一两折米一斤；

11. 荞面、豆面、杂面、炒面一斤四两折米一斤。

但杂粮析（折）合成米交纳时〔除米、小麦、莜面、绿豆、豇豆外〕不得超过百分之二十。

四、上项折合办法，各地有不同情形，须（需）要变更时得根据下列二款经专署批准变更之。

1. 根据各地市价；

2. 保证杂粮不超过百分之二十的原则。

五、工人以及其他职业〔如为放款得息、租地得租、养驴骡专事代人运输为业〕为主者，经过调查，将其收入折米计算，如有关种棉、种兰、水利开荒各项者，应依照本署颁布之垦荒条例、水利条例、春耕条例及鼓励生产合作社事业办法之规定计算之，棉花折半征收，牛骡马驴羊猪鸡均免征。

六、凡前项所指非谷物之收入，征收公粮时，均由各行政村依据各地市价，拟定折合价折合征收之。

七、上项折合征收一律以收谷物为原则，但商户有愿交款者，可由县政府按当地市价折款征收。

八、副产物超过正产物之百分之十者，只按其超过部分折合征收。

第六条　征收公粮须按下列计算办法：

一、全家全年全部收入按本条例第六条各项折合计算之；

二、抗战军人〔在三年内与其家属往来信件，及发生关系者〕及军政民各级干部、各级教职员，均作为其家庭人口计；

三、各户长年雇工，除其工资外不得列入雇主家之人口数内；

四、有固定职业、经年在外者，不计入其家庭人口数内；

五、五岁以内之男女儿童，一人以半人计算；

六、依上列各项规定，其全家人口，每人每年收入折合小米平均未满四斗〔二十六斤斗〕免征，每人每年收入平均已满四斗者须按下列比例征收之。

征收公粮比例如下：

四斗至四斗二升五合以下者征百分之一。

四斗二升五合至四斗五升以下者征百分［之］一点五。

四斗五升至四斗七升五合以下者征百分之二。

四斗七升五合至五斗以下者征百分之二点五。

五斗至五斗二升五合以下者征百分之三。

五斗二升五合至五斗五升以下者征百分之三点五。

五斗五升至五斗七升五合以下者征百分之四。

五斗七升五合至六斗以下者征百分之四点五。

六斗至六斗二升五合以下者征百分之五。

六斗二升五合至六斗五升以下者征百分之五点五。

六斗五升至六斗七升五合以下者征百分之六。

六斗七升五合至七斗以下者征百分之六点八。

七斗至七斗二升五合以下者征百分之七点六。

七斗二升五合至七斗五升以下者征百分之八点四。

七斗五升至七斗七升五合以下者征百分之九点二。

七斗七升五合至八斗以下者征百分之一〇。

八斗至八斗二升五合以下者征百分之一〇点八。

八斗二升五合至八斗五升以下者征百分之一一点六。

八斗五升至八斗七升五合以下者征百分之一二点四。

八斗七升五合至九斗以下者征百分之一三点二。

九斗至九斗二升五合以下者征百分之一四。

九斗二升五合至九斗五升以下者征百分之一五。

九斗五升至九斗七升五合以下者征百分之一六。

九斗七升五合至一石以下者征百分之一七。

一石至一石〇二升五合以下者征百分之一八。

一石〇二升五合至一石〇五升以下者征百分之一九。

一石〇五升至一石〇七升五合以下者征百分之二〇。

一石〇七升五合至一石一斗以下者征百分之二一。

一石一斗至一石一斗二升五合以下者征百分之二二。

一石一斗二升五合至一石一斗五升以下者征百分之二三。

一石一斗五升至一石一斗七升五合以下者征百分之二四。

一石一斗七升五合至一石二斗以下者征百分之二五。

一石二斗至一石三斗以下者征百分之二六。

一石三斗至一石四斗以下者征百分之二六点五。

一石四斗至一石五斗以下者征百分之二七。

一石五斗至一石六斗以下者征百分之二七点五。

一石六斗至一石七斗以下者征百分之二八。

一石七斗至一石八斗以下者征百分之二八点五。

一石八斗至一石九斗以下者征百分之二九。

一石九斗至两石以下者征百分之二九点五。

二石以上者征百分之三〇。

第七条　本条例解释权属于本署。

第八条　本条例自公布之日施行。

公粮条例补充（一）

一、关于工商业盈余、农村纺织业的计算法，以及人口计算法的说明及补充规定如下：

1. 商业盈余的计算，在条例第五条中即已包括了，其计算法在该条五、六、七三项中，即已说明，商人盈余，如为存货，则应依县政府所定的折合价〔如为款以此折合小米〕折米征收。至于商号人口计算法，则为其经常在商号内而有资本或股份者〔财股均在内〕，得算为其商号人口，其他店员雇工，凡属雇用（佣）劳动者无论赚钱多少均不得列入其商号人口数内。上述财东股东，当以营业为唯一职业，而其家属亦经常居商号之内者，亦得算为其商号人口数内。

2. 关于工业部门征粮问题，解答如下：各种私营工厂作坊，如煤窑磁（瓷）窑、铁矿、铧炉、纸坊等均不计资本，只计盈余。为了奖励私人营业，特规定以全部盈余百分之八十计征收。其人口计算与商业计算法同。

3. 民间纺织事业征粮时，则一律以其收入之百分之八十计算。人口计算法，如为家庭副业者，计算其家庭人口，如为正业而雇有职员及工人者，则与上项商号人口计算同。

二、关于公营事业及公私合办事业征粮问题规定如下：

1. 公营之工业，不征收公粮。

2. 军政民公营之商业，除贸易局外一律征收公粮，公私合办之商业（贸易局合办的在内）都要征收公粮。

3. 符合规定的合作社而已在政府备案者，不征收公粮。

三、征收公粮条例上第六条第四项：有固定职业经年在外者，不计入其家庭人口数内，那么此人的收入是否列入其家庭收入之内呢？关于这一问题，解释如下：如果在外地不从事工商业并不是任何事业股东，亦非从事任何自由职业，在彼地落户并登记成为该地居民者，其收入均列入其家庭收入之内。凡属从事自由职业，在外地落户并登记为该地居民者，该地政府，得依条例征收其公粮。

四、关于副业征收公粮问题，决定如下：

凡属副业之收入，在其正业百分之二十以下者，不计算不征收，如超过正业收入之百

分之二十者，即以其超过部分计算，并征收之。但以纺织为副业者，以其收入超过之部分百分之八十计算征收之。

五、关于寺地、社地、庙地、户地、所得之租交纳公粮之规定如下：

1. 寺地决定归政府教育经费者，不征公粮，经整理后拨归主村的部分按收入计算征收公粮。

2. 社地、户地、所得之租，是要征收公粮的，其办法以全数之收入以一人计算，按比例征收之。

3. 庙地如果是全县或数村公有而范围较大已归政府教育经费者则不征公粮。

4. 等于社地、庙地、户地而未归政府教育经费者，其所得之租与社地、户地同样征收公粮，计算征收办法同上。

六、农户所产的柴及草，均不列入副产物，草已征收公草柴不能列入收入计算，亦不征收公粮，但专以卖柴为唯一职业者，得按私营商业计算法征收之。

公粮条例补充（二）

一、一般工人雇工，在征收公粮计算收入时依下面二项办理。

1. 按其全部收入折半计算，折米征收。

2. 其本身亦列入其家庭人口数内〔注：按本年公粮条例第六条第四项规定：有固定职业经年在外者，不计入其家庭人口数内。这里规定工人雇工，专指煤窑工厂的工人及农村从事农业生产的雇工之长短工而言，其他手工业者不在此限〕。

二、贫苦农民，在征公粮计算收入时，须按下面规定：租牛的牛租、所借入的种子，特别贫苦在夏收以前所借入之口粮。此三项在计算其收入时，经查有证明属实者，可在其全部收入中减去此三项，然后折合征收。

三、肩挑小贩，在征收公粮计算其收入时，须按下面规定：

凡此项小贩，资本额在五百元以下者，以其全年盈余之半数计算，折合征收，其余商贩，均依此条办理。

选自《晋绥根据地资料选编》，第5集，中共吕梁地委党史资料征集办公室1984年编印，第377～383页。

6. 晋西北管理对外汇兑办法

1941年11月1日施行

一、为便利对外贸易，防止资金外流，调剂金融，特订定本办法。

二、凡到本根据地以外购买货物而需要外汇者，得按管理对外贸易办法先经贸易局许可，到西北农民银行之营业机关〔以下称银行〕请核外汇。

三、凡向本根据地以外汇款而非购运货物者，得直接向银行请核外汇，但款项不得超过农钞二百元。

四、申请外汇者如系汇往本行不能通汇之地区，得请核购买所需之生金银或兑换非本

位货币，或票据，如白洋、法币以及敌冠①汇票等，购买或兑换价格按银行挂牌价格商定之，惟（唯）按价格另收手续费百分之五。

五、凡因出外购买货而携带自行保存之法币或其他非本位货币出境者，须先经贸易局之许可向银行请发非本位货币出境证明文件。

六、凡因转移财产或其他关系携带自行保存之法币，或其他非本位之货币出境而非购运货物者，必须向银行申请核发非本位货币出境证明文件。

前列五、六两条携带非本位之货币出境者，如未持有银行发给之非本位货币出境证明文件，不论其是否持有其他机关部队之护照或证件，一律以私运非本位货币出境论处。

七、凡由境外汇来本根据地之款，如非本位货币，须按银行挂牌价格折算付给农钞。如系法币，在未以命令停止运使以前，得应取款人之要求登记后照数发给。

八、凡由境外自行带回生金银，或非本位货币，须先到银行按挂牌价格出卖或兑成农钞，或存入银行。如愿自行保存者〔伪币除外〕，先向第一次所遇银行取据妥保或交付五分之一之保证金，发给携入非本位货币之证明文件。俟到达目的地后，经区级以上政权机关之证明，如系自行保存，得向就近之银行申请退还原具保状或保证金，否则如有暗藏或暗中行使者一律以行使论罪。

上列带回之款，如系法币，在命令停止运使以前向银行登记后，予自行保存或行使。

九、出外购货而汇往外地之款，或带出非本位之货币，如因时局或物价关系，当时不愿或不能购到货物，以后重行汇回或带回本根据地内者，按七、八条之规定办理之。

前列汇出或带回之款，如在敌占区或其他根据地内存入可靠之商号中，必须取得正式收据。返回时经原批准之贸易局核兑无误后存入银行，否则以私运非本位之货币出境论。

十、凡因故将敌伪货币或票据带回本根据地内者，须一律按银行定价卖给或存入银行。如系出口商人带回者，尚须先经原批准之贸易局登记，然后卖给或存入银行。

十一、按八、九、十各条之规定之存入银行之非本位货币或票据时，得随时申请卖给银行或兑给银行。如欲提取出外购运货物时，须按管理对外贸易办法之规定取得贸易局之许可后，申请提取之。

前项款存如系法币在命令停止其运使前得随时直接向银行提出。

十二、在银行存有敌伪票据或伪币之商民，如欲售出该票据，或伪币时，须保证购票人从境外购回等值之必需品，经贸易局证明无误后始得向银行收回票据价格。

十三、依本办法请核外汇后，其汇兑手续依银行汇兑办法之规定办理之。

十四、所有违犯本办法之惩治悉依修正扰乱金融惩治暂行条例之规定处理之。

十五、本办法自本年十一月一日起施行。

选自《晋绥根据地资料选编》，第5集，中共吕梁地委党史资料征集办公室1984年编印，第390～392页。

---

① 参照第十条，“敌冠”可能是“敌伪”或“敌寇”之误排。

7. 绥察行政公署关于征收粮食出口税的办法

1941年11月17日

一、征收粮食出口税之说明

（一）近来日寇因粮食缺乏，在各据点、交通线、产粮区增设粮店，大量收买食粮。另一方面以伪政权、伪军力量进行搜刮抢粮统治。因之，目前食粮大量从我游击区流出，进入敌方，如不予以限制，将来我游击区之食粮大量出境，就会使内地发生恐慌。

（二）征收粮食税之意义是寓禁于征，以限制食粮出口。因此，对此种出口税之征收率应较其他税率加重，原则上以百分之五的税率征收。

二、设卡征收

（一）在运粮大道之重要关卡，可能设置时，由政府负责设置税卡。

（二）设置税卡必须经县以上政府机关批准。

（三）本税则系遵照行署颁布税率规定，非经批准，不得擅自修改税则及办法。

三、征收办法

（一）莜麦每石征收三元，麦子每石征收二元五角，菜籽每石征收二元五角。

（二）其他杂粮每石一元五角。

（三）征收食粮出口税之税卡，必须向上级政府领取正式税票始准征收，无正式税票或不填写税票收税者，以违法论。

（四）运粮之车，未出车捐者，税卡得令其出车捐。

选自中共内蒙古自治区委员会党史资料征集研究委员会等合编：《大青山抗日游击根据地资料选编》（历史档案部分），呼和浩特，内蒙古人民出版社1986年版，第279页。

8. 晋西北征收抗日救国公粮奖惩办法

1941年12月

第一条　为贯彻公粮制度之实施，保持公粮制度之实行，特制定本办法。

第二条　凡晋西北各部各级参加公粮工作人员，有下列情形之一者，由专署或县府斟酌情形自行或报请本署，给以传令记功、传令嘉奖、登报表扬等奖励。

（一）在全部工作中能正确的（地）掌握各种政策，更进一步的（地）掌握了统一战线，而能如期完成公粮任务者。

（二）有刻苦耐劳的精神、民主的作风，善能为民众解决切身问题，贯彻工作到底，深得民众信仰，而提高政府威信者。

（三）工作积极努力，并创造出新的方法方式，或起模范作用，有利［于］全部或局部公粮工作。

（四）对征收、囤集（积）、保管、支付全部工作清楚无误者。

第三条　前述人员有下列情形之一者，由专署或县府斟酌情形自行或报请本署给以查办、记过、申斥、批评等处分。

（一）在公粮工作中违反政策，修改条例，有损统一战线者。

（二）计划不周密，工作不深入，不能完成公粮任务，或施以强迫命令，欺压民众，不关心群众利益，只求完成数字，而损政府威信者。

（三）工作不努力，检查不周到，假公济私，徇情包庇影响全部或局部公粮工作者。

（四）贪污舞弊、浪费，经查属实者。

第四条　凡晋西北民众，无论从何职业，有下列情形之一者，得由专署或县府自行或报请本署赠予（与）奖章、奖状、登报表扬等奖励。

（一）实报先报，先交，交好粮，影响民众，有利［于］村县公粮工作者。

（二）积极帮助政府，或揭露包庇隐报等弊端者。

（三）报告贪污经查属实者。

第五条　前述民众有下列情形者，由专署或县府斟酌情形，依本条之规定，处罚之：

（一）违抗公粮制度或借故违抗不交公粮，经说服而仍不改悔者，依违抗法令治罪。

（二）伪报或互相隐瞒，经查属实，再三说服仍不实行者，以增加其伪报或隐瞒数二倍计算征收之。

（三）掺土、掺沙、掺水、企图取巧，经查属实者，须受加征掺土、掺沙水等粮数一倍之处分。

（四）保管公粮借故贪污者，除赔偿外依法办理之。

第六条　凡各部各级虚报人数，浪费贪污，或伪造票据、拨粮证，经查属实者由军事司法机关依法处理。

第七条　无论专署或县府凡依本办法奖惩之案件，奖惩后均需立即报告本署。

第八条　凡依本办法所罚之粮食，均需列入公粮数内，充作公粮。

第九条　本办法有未尽事宜得呈请本署随时修正之。

第十条　本办法自公布之日施行。

选自《晋绥根据地资料选编》，第5集，中共吕梁地委党史资料征集办公室1984年编印，第401～403页。原注：“原载《行政导报》第二卷第六期一九四一年十二月五日。”

9. 晋西北行政公署所属各级政府机关收支予（预）决算暂行章则

1941年12月16日公布

第一章　总　则

第一条　本署所属各级政府机关，除法令另外规定者外，悉依本章则规定，编制收入支出予（预）决算。

第二条　各机关依照会计年度，按年月顺次办理。会计年度每年十一月一日开始直至下年十月三十一日终了，其年度以下年次为名称。

第三条　每一会计年度之一切收入支出，均须编入收支予（预）决算〔村摊款村开支不在此限〕。

第四条　收支予（预）决算之编制，依照规定表式办理。

第二章　予（预）决算种类及科目

第五条　予（预）决算各分为经常临时两部门及收入支出两大类，均可按年月同时编送。

第六条　各机关逐年逐月常有之各项收支，均应列入经常部门，其非逐年常有之各项收支，均应列入临时部门。

第七条　收入予（预）算分为：

1. 全年收入支出予（预）算——每年造送一次。

2. 季收入支出予（预）算——一次造送三个月的，分月填写。

3. 追加予（预）算及临时予（预）算。

第八条　收支决算分为：

1. 全年收入支出决算。

2. 每月收入支出决算。

3. 临时决算。

第九条　予（预）决算之收入和支出按来源用途、［政事机关基金］分别列入下列各项目：

1. 收入方面〔行署专署县政府等主管财政机关适用之〕：

甲、经常收入——田赋、税收、公产收入、公营事业收入、上年度结存及其他。

乙、临时收入——借款、罚款、没收款、逆产及其他。

2. 支出方面〔行署专署县政府等主管财政机关适用之〕：

甲、经常支出——军事费、行政费、教育费、民运费、建设费、公安费、交通费、财务费、保健费、上年度亏空及其他。

乙、临时支出——救济费、抚恤费、训练费、补助费及其他。

3. 上列各项支出，又分为下列各系目〔各级政府附属机关适用之〕

甲、经常支出——伙食、公杂费、拭枪费、津贴费〔包括卫生费〕、医药费、服装费、鞋袜费及其他。

乙、临时支出——购买费、生产抚养费、会议费、烤火费及其他。

第十条　各机关除上述应有之科目外，可以按照具体情况另立适宜之科目。

第三章　编造原则及依据

第十一条　总的收支原则是统筹统支、量入为出，适当的量入为出（量出为入）。①

第十二条　编造收支予（预）算的依据。

（一）收入予（预）算方面：

甲、当时的财政经济状况——国民经济及人民负担力量。

乙、保证抗战经费供给。

① 原文为："量入为出"。"晋绥资料版"第89页规定："总的收支原则是统筹统支，量入为出，适当的量出为入。"

丙、根据统一战线的原则，照顾各阶层的利益。

丁、田赋、税收等，各项法令——税收条例、税率表、田房税契章程、整理田赋办法等。

戊、依据上年〔或上季〕收入予（预）算数及实收数。

（二）支出予（预）算方面：

甲、根据军政费的比例——军费占全部支出百分之七十，政费占全部支出百分之三十。

乙、编制经费之规定——编制见民政法令汇编，经费规定见每年度经费规定之训令。

丙、实有人数及实际工作之需要。

丁、严格遵守节约之原则。

戊、依据上年度支出予（预）算及实支数。

第十三条　编造收支决算的依据：

甲、本期收支决算表及收支予（预）算通知书所列之数目。

乙、收支单据凭证及存根。

丙、总帐（账）财政科目之结算数。

丁、分户帐（账）政府科目之实收实支数。

戊、临时批准之收支数。

第四章　造送程序及审核权之规定

第十四条　区公所及区级机关不做收支予（预）决算，但须造送收支清单一份〔附送单据及收据存根无须造送单据粘存簿〕，收入清单之式样按旧式四柱清册的形式，其内容必须包含一切收入支出，由区公所汇送县政府由县审核批准后存查。

第十五条　县政府造送全县全年收入支出予（预）决算、季收入支出予（预）算、每月收入支出决算〔包含区级机关及县级其他机关〕，送专署审核批准后存查〔兴县、神府县不在此限〕。

第十六条　县级其他机关造送全年支出予（预）决算、季支出予（预）算、每月支出决算，送县政府审核批准后存查。

第十七条　专署造送全专区全年收入支出予（预）决算、季收入支出予（预）算、每月收入支出决算〔包括县区级机关及专区级其他机关〕，送行署审核批准后存查。

第十八条　专区及其他机关造送全年支出予（预）决算、季支出予（预）算、每月支出决算，送专署审核批准后存查。

第十九条　行署一级机关及其他直属各机关造送全年收入支出予（预）决算、季收入支出予（预）算、每月收入支出决算，送行署审核批准后存查〔兴县、神府县按此项规定办理〕。

第二十条　本署得随时抽查各机关收支予（预）决算之一部或全部。

第二十一条　予（预）决算核定后，本署如因情况变更，须变更某项核定之一部或全部时，各级机关必须按照命令执行之。

第五章　造出日期及保管日期

第二十二条　予（预）算造出日期，专署及兴县、神府县季予（预）算于上季第三个

月二十日到达行署，全年予（预）算与每年第一季之予（预）算同时造送。

第二十三条　决算造送日期：

（一）兴县、神府县于下月十日发出〔以交通局戳记之月日为凭〕。

（二）二、三、四、六、八专署于下月底发出。

（三）五专署第三个月十五日发出。

第二十四条　专区级其他各机关及各县政府予（预）决算造送日期，由专署分别规定。

第二十五条　县级其他各机关予（预）决算及区级机关收支清单造送日期，由县分别规定。

第二十六条　予（预）决算保管日期：

（一）收支予（预）算表保存一年。

（二）决算表〔区级机关收支清单同〕保存三年。

（三）单据粘存簿〔区级机关随清单附送之单据及收据存根同〕自接到上级批准该月决算后，保存三个月，即可焚毁。

第六章　予（预）决算表式

第二十七条　予（预）决算表式除自己留存一份备查外，一份呈送该管上级，其种类如下：

（一）予（预）算：

甲、全年收入（或支出）予（预）算表。

乙、每月收入予（预）算表。

丙、每月支付予（预）算表。

丁、予（预）算通知书。

戊、临时费通知书。

己、借款收据。

（二）决算：

甲、全年收入〔或支付〕决算表。

乙、每月收入决算表。

附表①收入表②各单位收入总数统计表（表略）

（三）每月支付决算表：

附表①单据粘存簿〔附莱金津贴表〕②开支表③各单位支出总数统计表④收支对照表⑤报领经费证〔表略〕

（四）决算通知书。

第二十八条　对予（预）决算表应注意各点如后：

（一）计算均以农钞为本位，小数至分位止。

（二）予（预）决算表之纵格，可依科目之多少增减之。

（三）予（预）决算表之横格可依实有单位之数目增减之，如仅有一个单位，只须（需）一格另加备考即可。

（四）底线下面署名签盖之规定：

①各级机关负责人〔如专员、县长、局长等〕。

②各级财政科长及其他主管财政之负责人员。

③附署人员——会计员。

（五）关防钤记加盖于表上面中间。

（六）第一横格填写中华民国某某年度第某季或第某月份〔即国历某月至某月〕收入〔或支出〕予（预）（决）算表等字样。

（七）填写数字以阿拉伯数字为标准，如有错误，用异色笔更正，不得挖补涂抹。

第二十九条　对单据粘存簿，应注意各点如后：

（一）除敌占区另有规定外，凡造送全年收入决算时，须附收据存根，造送每月支出决算时，须附单据粘存簿，否则无效。

（二）菜金表如有客饭及医院伤病员之加菜，须附粘姓名日期之条子外，其他购买油盐菜柴之原始条据，一律取消。

（三）津贴表须加盖领款人印章或指模。

（四）医药费报销除粘买药原始条据外，须有人马诊病处方笺，及病人姓名、病马号数。

（五）公杂费及其他科目买物在一元以上者，均须原始单据，不得伪造，一元以下者，有则附入，无则缺如。

（六）原始条据应有原售物之商号戳记，无戳时得由村代表主任或村长证明亦可。

（七）编制予（预）决算机关内部之人员，除津贴、生产、抚养、服装、鞋袜、等个人应得之费用，由本人签盖外，一律不准经手人具名开条作证。

第三十条　对收入表、开支表、收支对照表应注意如后：

（一）收入表按总帐（账）收入各科目之数字，逐笔抄写，开支表按总帐（账）支出各科目之数字，逐笔抄写，以便于检查，而省往返帐（账）目之不便。

（二）收支对照表其性质等于旧式四柱清册，按总帐（账）收支数目，分别逐笔抄写，并写明上月结余〔归管〕，本月收付〔新收、开除〕及本月结余〔实在〕，以资清结。

第七章　予（预）算之成立及执行

第三十一条　收支予（预）算呈送上级，经审查批准，即开始有效。

第三十二条　收入予（预）算核准后，如因特殊事故，或政策法令之变更致收入短少，须及时呈报，并附具补救意见，经上级批准后实行之。

第三十三条　支出予（预）算核准后，各级机关应负责执行，核实支用，不得超过予（预）算范围，且各科目不能互相流用〔如以甲科目之有余，遗补乙科目之不足〕。

第三十四条　支出予（预）算核准后，原则上不得提出追加，但因发生特殊事故，或法令政策之变更，所必不可免之支出，遇有不足时，须造送追加予（预）算，或临时费予（预）算，经上级批准后实行之。

第三十五条　凡特别建设或购置需用巨额经费之物产者，应于编送支付予（预）算时，说明理由，并附具实施计划、图样，及估价单，经呈报批准后，方可开办，同时应在批准范围内实报实销，不得超过。

第三十六条　各级机关如有新设、裁撤或改组情事者，照下列规定办理：

（一）各机关因故裁撤者，其予（预）决算由主管机关代为编制。

（二）各机关改组者，由改组后之机关合并编制。

（三）各机关之名义变更者，应由变更后之机关，按名义变更之前后，分别编制。

（四）数机关合并为一者，在未合并以前之各机关之决算，应由并存之机关代为编制。

（五）一机关分编数机关者，在合并期内由原机关编制，分立后由分立机关自行编制。

（六）新设或裁并机关其开始或终了之日数，不足全月者得截日编制。

第三十七条　负责人员更调时，后任应照前任原定予（预）算执行，不得更改，决算仍须全月编造，不得截日编制，如前任不及编造决算时，须将所有单据凭证簿籍移交后任，后任应负责代编。

第三十八条　不做予（预）算，即不发款，不做决算，停发第三个月的〔或第四个月〕经费，如有特殊情形者例外。

第三十九条　凡不按规定及办法编送收支予（预）决算者，其超支与减收数虽经事先请求，亦不予批准。

第四十条　如因战争关系，致使不能按时编送予（预）决算者，须于战争结束后半月内补送到署，不得藉（借）故拖延。

第八章　敌占区专署及县份造送予（预）决算办法

第四十一条　敌占区系指敌占地区超过所辖面积二分之一及专署或县府无较为固定住址者言。

第四十二条　敌占区县份造送决算时，可以取消单据粘存簿，但开支表、收支对照表、决算表、津贴菜金表，仍须造送〔哪些县份是敌占区，由专署决定〕。

第四十三条　五专区可以做半年予（预）算、决算，仍按月照规定日期，汇造发出。

第四十四条　八专区办事处暨所属各县编造支出予（预）决算时，可在规定范围内，做物质预算。

第九章　附　则

第四十五条　本章则如有未尽事宜，得呈请行署修改之。

第四十六条　本章则自公布之日施行。

选自《晋绥根据地资料选编》，第5集，中共吕梁地委党史资料征集办公室1984年编印，第404～413页。简称“晋绥资料版”。

10. 晋西北民国三十一年春耕贷款贷粮办法

1942年1月1日公布施行

第一条　为解决春耕困难，拨用一部分公粮公款，借给贫民灾民、难民进行生产，特规定本办法〔具体分配数字另行通知〕。

第二条　贷粮纯系无利之信用贷款，限于贫苦农民及抗属解决春耕困难之用〔如补充食粮、种子、农具、耕畜、肥料等用〕，特别加强对种棉的帮助，不得任意贷给充作其他用途之农民或好吃懒作（做）之农民。

第三条　春耕贷款为低利信贷借款，由西北农行各地分支行及代办所负责承办，出贷对象，依各当地春耕委员会之意见，贷款手续则由人民直接向银行办理，春耕委员会可担任介绍之责。

第四条　各县春耕贷粮贷款由县政府根据灾情轻重和实力不同分配给需要贷之各区或各行政村，各村应经过确实调查研究，由春耕委员会拟定分配，各户数目，经过村民民主的讨论通过，以保证公平合理，不得由少数人任意分配，假公济私。水利贷粮由专署在规定数内审查批准拨用。

第五条　凡使用贷粮贷款之人民，应经村公所开具正式收据，并由公民小组长、村长代表主任或各救会担保，秋收后如数归还〔限一月上半月归还完毕，各县县政府于十一月下半月，作出贷粮贷款总结即行汇报专署及行署〕。

第六条　政府贷给人民之款，可比较集中使用，但每户不得超过三百元，贷粮每户不得超过五斗。

第七条　过去贷款贷粮的清理：

1. 二十九年贷粮贷款，依三十年颁布清理二十九年春耕贷粮贷款办法，迅速清理结束。

2. 三十年春耕贷款贷粮原则上一律收回，移作今年贷款贷粮之用，无力偿还者可允续借一年，更换借条由村代表主任或各救会担保，秋收后归还〔特殊受灾人民需要救济者可另呈请政府救济，但不得豁免春耕贷粮贷款〕。

3. 二十九年及三十年春耕贷款贷粮之清理，各县政府负责于今年四月下旬清理完毕，四月底总结汇报行署。

第八条　本办法有未尽事宜由行署修改之。

第九条　本办法自公布之日施行。

选自《晋绥根据地资料选编》，第5集，中共吕梁地委党史资料征集办公室1984年编印，第418～419页。

11. 晋西北《管理对外汇兑办法》《修正扰乱金融惩治暂行条例》补充办法

1942年2月15日起施行

（一）为发展根据地经济，稳定金融，巩固本币，确实管理外汇，制止资金外溢，特依据《管理对外汇兑办法》及《修正扰乱金融惩治暂行条例》之原则，制定本补充办法。

（二）《管理对外汇兑办法》补充办法。

1. 凡因出境购货拟以本币向银行申请外汇者，必须先经贸易局依照管理对外贸易办法核准，再经银行允许后给予外汇，其手续费减为百分之三。

2. 凡因故拟以本币申请外汇，而非出境购货者，得经向银行申请之，惟（唯）金额不得超过本币二百元，经核准后，给予外汇，其手续费减为百分之三。

3. 凡民商机关部队团体等，自行保存之非本币出境者，一律以购回等价之必需品为

原则，先经贸易局依照管理对外贸易办法核准后，再向各地银行之营业机关请领非本币出境证明文件，经核准后，征收手续费百分之五。

4. 凡因特殊情况，拟将自己保存之非本位币，输出境外，而非购货者，除法币在拾元以内不究外，得经向银行营业机关请领本币出境证明文件〔其金额之价格在本币二百元以上者，必须取得当地县级以上政府或其他相当机关之证明文件〕，经核准后，一律征收手续费百分之五。

5. 凡携带非本币入境者，应优先卖给银行，否则如经允许入境，自行保存或运使者，一律征收手续费百分之五，惟（唯）商民机关部队团体，以食粮输出而换回之非本币〔除贸易局外〕，必须全部卖给银行。

（三）《修正扰乱金融惩治暂行条例》补充办法。

1. 凡法币以外之其他非本币〔无论任何地方银行纸币〕，在本根据地内，一律禁止运使。凡商民机关部队团体，如有旧存者，限公布后十五日内，向银行按照牌价，兑换本币，逾期如仍有运使者，其在一千元以下者，予以没收，一千元以上者，依照《修正扰乱金融惩治暂行条例》第八条规定之处罚处办之。

2. 凡未经银行按照对外汇兑办法允许，亦未取得证明文件，而私行将非本币输出输入本根据地者，经查获后，依照下列规定处理。

甲、法币除在十元以内者不究外，在十元以上一千元以下者一律没收。

乙、法币在一千元以上、五千元以下者，除没收外，得并科以三倍以下之罚金。

丙、法币在五千元以上、一万元以下者，除没收外，得并科以七倍以下之罚金，并得处二年以下之徒刑。

丁、法币在一万元以上、二万元以下者除没收外，得并科以二倍以上十倍以下之罚金，并处二年以上五年以下之有期徒刑。

戊、法币在二万元以上者，除设（没）收外，并处以死刑。

己、所有生金银及银洋以外之其他非本币，均依照法币论处。

庚、所有汇票汇信，均视同现款处理之。

3. 凡民商机关部队团体人员，一切交易，必须完全以本币为计算标准，如有法币之交易与债权债务等关系而发生纠葛者，得一律按银行挂牌价格折付本币，违者以扰乱金融论罪。

4. 在征收田赋村款期间如有奸商乘机以本币在乡村收买银洋者，以贩卖银洋论罪，严予处罚，如有行政干部与征收人员，私自接收银洋，代为兑换本币者，不论其理由如何，一律以贪污论罪。

（四）本办法如有与《管理对外汇兑办法》及《修正扰乱金融惩治暂行条例》抵触之处，悉依本办法所规定执行之，凡在本办法内未规定者，悉依《管理对外汇兑办法》《修正扰乱金融惩治暂行条例》之规定处理之。

（五）本办法自三十一年二月十五日起施行。

选自《晋绥根据地资料选编》，第5集，中共吕梁地委党史资料征集办公室1984年编印，第393～395页。

12. 关于绥察地区货币使用问题的意见
——贺龙、关向应、林枫致姚喆、白成铭电

1942年6月2日

关于绥察的货币使用问题，我们提出以下意见，望你们考虑执行：

（一）法币虽是主要的国币，但自上海、香港等大都市陷落以后，大部法币被敌劫有，现已公开禁用，敌人企图以法币流入我各个根据地来捣乱我金融、购买我土产，因而法币不仅在敌区不能购买必须用品，而且因价值，过于保存亦有危险，你们尽可能不要法币，以免吃亏。

（二）蒙伪钞是建筑在敌伪力量之上，它随敌伪力量之弱而失信用，但在绥察目前之实际环境来看，离开它便无法生存。你们用各种方法打击伪钞，使它失掉信用，但并不是绝对不用。因而你处主要的还是流通伪钞，使用伪钞。如此，才能解决了你们的困难。

（三）根据以上决定，法币尽可能不用。伪币虽是合法的大批使用，但还要打击。故你们收各种税款时，应以白洋为计算标准，没有白洋者交伪钞，若有法币者，应把法币价值贬到很底（低），缴白洋者更不能拒绝。至于白洋对伪钞与法币之折合若干，由你们根据实际情形决定。

选自中共内蒙古自治区委员会党史资料征集研究委员会等合编：《大青山抗日游击根据地资料选编》（历史档案部分），呼和浩特，内蒙古人民出版社1986年版，第91页。

13. 绥察行政公署关于金融问题的训令

1942年7月

根据我绥察游击区敌强我弱形势，蒙疆伪币流通市场，因之关于金融问题特作如下决定，务仰各级政府遵照执行，并转告人民一体周知为要。此令。

（一）停止征收使用法币，其原因：

1. 敌人占领上海、香港等各大城市后，抢获我巨大数目之法币，并企图以之吸收我方之原料品，因而向我游击区大量投入法币。

2. 由于法币在后方之跌价，因而顽固分子及投机商人乘我征收流通法币之隙，实行对我区域或明或暗大量流入法币。

3. 在此情形下，敌人又采取提高伪币、禁用法币的政策，因而我活动区域形成法币充斥现象，我之一切收入，法币占有很大之数目字。

4. 我军政持有法币无法购买军需办公用品，我活动区内外商贩拒用法币，裹足不来，必需品缺乏，群众大感不便。

（二）停止征收和使用日期：

自令到之日起开始执行。各级政府所保存之少数法币应悉数交行署，而战士工作人员所发之法币津贴有保存者，先行登记，可逐渐与之兑换伪币。在停止征收使用法币之初，由于我缺乏伪币，可能在经常开支上〔如菜金、津贴、办公用具等〕暂感困难，必须对战士及工作人员等进行教育解释工作，在各级政府之开支上应力求节省，顾到全局，军政应有计划地分配使用。

（三）吸收银洋：

1. 政府一切征税标准，皆折为银洋计算。

2. 银洋暂定每元可兑伪币三元，政府收款皆以此为标准征收。

3. 如伪票继续跌价，或者其他变化时，可随时由行署规定另行通知。

4. 敌人禁用、掠夺银洋，我必须向群众解释银洋应向政府抵交田赋税款，以免敌人掠夺。

（四）打击破坏伪币：

1. 伪票（币）乃敌人发行之无价值纸票，强制人民流通使用，以之吸收我方物资，剥削我人民，因之伪票（币）会随敌人力量之减弱，逐渐变为不值一文之废纸。必须向民众揭破其真相，破坏其信用，勿为保存储蓄。

2. 但目前由于敌强我弱形势，绥察区基本为敌占区，蒙疆伪票（币）占主要地位，因之我为购买一切军用必需品计，目前应交替使用，以免困难。

主　　任　杨植霖
副 主 任　苏谦益
财政处长　赵全璧

选自中共内蒙古自治区委员会党史资料征集研究委员会等合编：《大青山抗日游击根据地资料选编》（历史档案部分），呼和浩特，内蒙古人民出版社 1986 年版，第 299～300 页。

14. 绥察地区一九四二年度绥中征收救国公粮办法

1942 年 10 月 8 日

一、一九四一年度征收公粮的经验教训

甲、原来计划的数量很大，结果实际消费数量没有那样多，因之，在分配数量时使群众感到太大。最后群众实际的体验是可以用拖延推诿的办法减少，因之，人民认为无须实行政府的征收命令与办法。

乙、政府颁布征收办法是以实种地〔俗称□地〕按累进及地质优劣征收，结果各乡间仍按社地平均分配，未执行政府法令，实地亩数未统计。敌人的统治强，乡政仍操于少数人之手，因之我们为迅速完成，无法彻底纠正。

丙、征收办法既未实行，军队和机关所到之处只派出粮秣给养人员任意征收，有的向

地户直接征发，有的催逼乡闾邻长胡乱筹集，苦于以应急需而不究其办法，仍成乱筹乱支状态。

丁、我军屡到之处征发数量过多，屡到屡征，人民痛苦。部队不到之处讨了便宜，模糊过去。即以某一村论，肯出粮之户，常要常出；狡猾之家抗顽不出，亦无追究。出粮的也不说够，不出的就便讨了便宜。一般群众得此种经验，都采取尽量推诿的态度，公粮筹集便成困难。

戊、食粮证的流行结果，弊端丛生，竟将食粮证私相交易买卖，不但发生弊端，而且障碍了征收，混淆了办法。

二、一九四二年度的征收办法

甲、预算数量：遵照行署指示绥中预算全年征收四万石。具体分配数量：武川一万七千石，陶林一万七千石，归武六千石。

乙、按户征收：地分上中下三等，每亩产粮三斗以上者为上地，三斗以下二斗以上为中地，二斗以下为下地。户分五等，五十亩以下为五等，五十亩以上二百亩以下为四等，二百亩以上三百亩以下为三等，三百亩以上五百亩以下为二等。五百亩以上为一等。五等户每亩二、三、四合，四等户每亩四、五、六合，三等户每亩一、二、三升，二等三、四、五升，一等五、六、七升。

丙、公粮分配布置。县按区之大小、灾情、富庶、收成情形，按专署分配数量分配各区，区按具体情形分配各乡，乡按地户分等级、地质优劣、分定等级征收。召集闾邻会议展开等级讨论，然后具体确定。[如] 某姓有实种地二百五十亩，列为三等：依地质分，有上等地八十亩，中地五十亩，下地一百二十亩，根据全乡规定公粮数量，具体计算某姓本年应出公粮若干石，令该户到公所登记。

丁、公粮保藏征收。分配既定，按县区乡 [由] 下至上逐级造册，并报备案，遵照行署办法保藏备用。某户出粮已至其应征数时，即持此粮证到乡公所下帐（账），给以正式收据，以后即以收据为凭，任何人不准征发。其乡应集公粮已满其派定数即呈报区政府注销。

戊、粮食证之专用，遵照行署颁发办法〔另附〕。

三、动员为征集公粮之宣传解释工作

甲、一般宣传内容根据行署指示信。

乙、此外应根据一九四一 [年] 度经验教训，向群众指出过去乱集乱征之弊端、执行新法令有计划执行征集之利益。

丙、区工作人员、乡闾邻长必须负责召集群众，将征收公粮之办法详细讲解，使人人明白。对此项公粮征集之讲解，使每闾至少进行三次，由区长负责。

四、公粮消耗之规定〔遵照行署规定〕

甲、人员，不论工作人员或部队，每人每日麦面以二斤计，米以一升计。

乙、马料，每马每日花料三升。

丙、麦子、莜麦每斗以十八斤 [计]。

五、其他事项均遵照行署指示信执行。

选自中共内蒙古自治区委员会党史资料征集研究委员会等合编：《大青山抗日游击根

据地资料选编》（历史档案部分），呼和浩特，内蒙古人民出版社 1986 年版，第 364～366 页。

15. 晋西北征收救国公粮条例

1942 年 11 月 6 日晋西北临时参议会通过，
同年 11 月晋西北行政公署公布

第一章　总　则

第一条　为确保抗战食粮之供给，人民负担之合理公平，并求征收手续之简单明确，特制定本条例。

第二条　救国公粮〔以下简称公粮〕定为每年一次，由晋西北行政公署统一征收，各级政府应按规定执行，不得任意变更。

第三条　救国公粮之征收以人民收入为主，但在收入计算中参照参加生产之情形及财产之有无多寡按累进办法分别征收，以求人民负担之真正公平合理。

第四条　征收公粮应按人民收入适应比例计算，经征人员不得虚计产量及收入，人民也不得隐瞒及少报。

第五条　凡晋西北人民无论从事何种事业之收入，除法令规定减免者外，均须遵照本条例完纳公粮。

第二章　户及人口

第六条　征收公粮以全户人口计算，五周岁以内之婴儿作为半口。全户只有一口者以二口计。

第七条　有固定职业经常在外者，不计入其户口数内，惟（唯）其收入归于其户内之部分仍作为该户之收入。

第八条　现役抗战军人、军政民脱离生产之工作人员、各级学校教职员、邮务人员，以及厂矿工人及雇农，得作为其户内人口计算。

第九条　长工半工得作为雇主户内之人员，惟（唯）工商事业、职工店员无股份者，不得列入当该事业之人口。

第十条　一户资产散布于二个县境以上地区者，由其资产所在地县政府分别征收。有资产及收入而家不在本地者，以一人计算征之。

第三章　征收折合

第十一条　征收民粮不论农产收入及其他收益，均须折成小米计算征收之。

第十二条　各种收入，因其所具性质及担税力不同，为人民负担真正合理公平计，计算时给以不同折合。

第十三条　农业产品之折合，即于各种杂粮粗粮折米时行之，不论其所产或收入之谷物类别如何，一律以下列规定计算：

一、自种地产粮按六成折米；

二、租出地收租与伙出地收益，均按七成折米，惟（唯）由佃户所偿还之借粮借种部

分应先予扣除，不算收入，收租或分益在一石以下者同自种。

三、租入地与伙入地产粮除缴租〔地租、牛租〕外按五成折米。

第十四条　非农业收益依下列规定折算后再依当地市价折米征收。

一、工资及薪俸以四成折算；

二、除纺织业不计收入外，其他工矿事业之纯收益以八折算；

三、经营商业〔公私合办的也在内〕之纯收益以九成折算，摊挑小贩资本额，以本币在三千元以下者，其纯收益以四成折算；

四、出贷现金现粮所得之利息以半数折算；

五、畜租房租不计收入；

六、经行署审定备案之公营商业不征收公粮，其他部队机关之工商业与一般工商业同。

第十五条　一户有两种以上收入者，仍按本章规定分别折合后合并计算。

第四章　比例及分数

第十六条　收入经过折合后，以分计算，每斗计一分作为全户之收入分数。

第十七条　征收比例以每口全年平均所得为计算标准，每人收入未满五斗者免征，五斗为起征额，征收百分之五，五斗以上每增一斗即加征百分之一，递增至三石征百分之三十。三石以上不再累进。〔征收爱国公粮累计比率表附后〕

第十八条　每户应征分数以应征比例乘全户收入分数得出之。〔如全户五口，收入四石，其收入分数为四十分，每口平均八斗，比例百分之八，应征分数为四十分的百分之八，即三分二厘。〕

第十九条　每分应征公粮，按全行政村应征总数平均摊之。

第五章　调查与评议

第二十条　各县区政府于接到上级所派应征数字后，应召集民意机关下级行政人员、民众团体代表和了解实况之地方人士，民主讨论，将应征总数适当分配给所属各区村。

第二十一条　为使负担公平合理，各级政府应对人民之经济实况进行调查登记，调查登记工作以自然村为单位，由村公所会同自然村干部主持之，县区以上政府，应派员从旁推动监督。

第二十二条　凡居户之家长或厂号之经理，须遵照规定进行登记，对于登记不实者，得采用清丈土地查帐（账）契等办法，人民不得拒绝。

第二十三条　根据调查材料，先由自然村代表团评议，评定后之各户收入及应征分数，应向民众公布，限期征询意见，民众及民众团体有充分根据认为评定不合理者，得申请重行调查与评议。

第二十四条　各自然村评定之材料及其应征分数，须经村公民大会正式通过，再由村公所汇齐送经村代表会审定后，呈请区公所转呈县政府批准，开始征收，县区政府认为调查或评议不确时，得予驳回，令其重新调查评议与决定。

第二十五条　业经调查评定之材料，除抄报区公所外，村公所必需留存一份，妥为保管，新旧接替时，应视为重要公物一并交代，不得遗失。

第六章　征收之囤集（积）

第二十六条　公粮征收每年一次，在当年秋收后行之。但夏收占全年农产三分之一以上地区，于夏收后预征一部分，其余秋收后征收。

第二十七条　征分确定后，可按当地情形分批向每户收集若干〔如每户一斗，一斗以下者完全收集〕，由自然村干部负责保管，以备临时支用，出粮者不论定数多寡，不得推诿，其余未囤集（积）部份（分）由出粮户开具欠据代为保存，以备大批拨用。

第二十八条　公粮征收以小米为单位，缴纳其他粮食，须按价折交，其折交比率由各县按实际情形规定，并呈报专署核准转呈行署备案，征收折合与支代折合应一致。

第二十九条　定纳公粮之粮食以正粮为主，交纳杂粮至多不得超过十分之二。

〔前项所称正粮者，指小米、黄米、小麦、莜面、豇豆、绿豆而言〕

第三十条　征收公粮时一律以斗〔容米二十六斤〕计算，以斤征收，如缴纳其他杂粮时亦以斤折合。

第七章　奖惩办法

第三十一条　对于公粮征收合乎下列标准之人民，得由该管县政府斟酌情形颁予奖状与登报赞扬：

一、评议收入公正无私、协助政府完成征粮工作者；

二、踊跃完纳而所缴之粮又属纯净者。

第三十二条　对于有下列情节之人民，分别予以惩罚：

一、隐瞒或少报资产收入在四分之一以上，经查悉或评议指出仍坚不承认已取得证据者，除追征隐瞒或少报部分外，处以全部负担数之百分之十至二十之加征；

二、民户所交粮食中故意夹杂砂石、糠皮、水浸致无法食用者，除勒令换交好粮外，得处以类杂粮数之百分之十至三十加征；

三、公开或秘密纠集村民共同隐瞒收入或抗不缴纳经查有实据者，除得处以百分之二十至三十之加征外，并得以妨害公务论罪；

四、已通知囤集（积），无故拖延不交至一月以上者，除勒令速交外，得处以迟交粮数之百分之五至十五之加征。

第三十三条　经征人员工作积极无私者、有成绩者，由行署分别给奖。其有徇私舞弊、收受贿赂，致人民负担不公平，或领导人民集体隐瞒，或知情而不举发致形成隐瞒，因而有碍征收之进行，经查有实据者，均照刑法渎职、贪污各罪处罚。

第三十四条　本章各条有关司法部分送当地司法机关办理之。

第八章　附　则

第三十五条　本条例适用于一般较巩固地区，接敌区之游击区情形特殊，必须有特殊规定者，另以命令补充之。

第三十六条　如有关各种特殊作物，棉、烟、蓝等各种特殊收入，如开荒、水利、牧殖等项已有特别规定者，从特别规定。

第三十七条　公粮支付办法另定之，征收公草仍适用三十年度《公草征收保管支付办法》，惟（唯）每石公粮随征公草数减为一百斤。

第三十八条　本条例修改及解释之权属于行署，所有各单位之规定，有不适合各地情

形，必须加以变更者，须呈请行署批准。

第三十九条　本条例由晋西北临时参议会通过，晋西北行政公署公布之。

第四十条　本条例自公布之日施行，以前所有关于公粮之条例奖惩办法及细则规定一律作废。

征收救国公粮累进比率表

每人平均米数	征收比例	每人平均米数	征收比例
五斗	5%	一石八斗	18%
六斗	6%	一石九斗	19%
七斗	7%	二石	20%
八斗	8%	二石一斗	21%
九斗	9%	二石二斗	22%
一石	10%	二石三斗	23%
一石一斗	11%	二石四斗	24%
一石二斗	12%	二石五斗	25%
一石三斗	13%	二石六斗	26%
一石四斗	14%	二石七斗	27%
一石五斗	15%	二石八斗	28%
一石六斗	16%	二石九斗	29%
一石七斗	17%	三石至三石以上	30%

附件一　　救国公粮支付办法

一、本办法依《晋西北征收救国公粮条例》第三十七条制定之。

二、“由外向内”为总的支付原则，各级政府必须坚决执行。

三、区公所以上各级政府，均应按级严格实行“拨粮证”，特殊开支由行署命令行之，否则，任何一级绝无动用公粮之权。

四、支付公粮一律以米为标准，以斤计算，如有以杂粮折交小米时，应按各县所规定之折合办法折合之，但杂粮不得超过十分之二。

五、各行政村支付公粮时必须依下列之规定：

（一）奉令支付大批公粮时，应即时解决，若无该管上级政府之“拨粮证”，其村长应取得该部队机关负责人之证明文件与法定之“公粮收据”，由村公所分别注帐（账）以作实数，如有亏短或损失之数，由村公所负责追究其亏短或损失之原因，并即时解决，若无法解决则可报请该上级政府核办；

（二）军政民部队机关在特殊情形下，如无该管上级政府之“拨粮证”，其村长应取得该部队机关负责人之证明文件与法定之“公粮收据”或正式的公章收据，则可支付公粮，凡私章便条可拒绝不付，惟（唯）此项支付粮数不得超过三天〔按当时实有人马数〕，在支付后五日内将收据逐级送上，以便由专署或行署在该支粮部队机关拔（拨）粮数内扣除；

（三）为解决班以下之部队及工作人员旅途食粮，凡持有“晋西北行政公署旅途公用粮票”者，可到村公所或自然村凭票支粮，但每次最多不得超过三十斤为原则〔按人马数以一天的口粮计算〕。

六、前条支付公粮为避免部队机关向民户直接要粮发生不应有之纠纷，各村长及主任代表或代表，应负责督促民户按时送到，对个别民户拖延不交或所交之粮有意夹杂砂石、糠皮、水浸等情事，各级政府依公粮条例第三十二条第二、三、四各款认真处罚，其支粮人员只有建议报告之责，绝无直接处罚之权。

七、各级政府应依期将支付公粮数目列表〔不求表格〕与收的“公粮收据”及“旅途公用粮票”一并汇齐向该上级报销，其报销日期列下：

（一）自然村每十日报销一次，至迟不得超过半月；

（二）行政村每月报销一次，至迟不得超过下月五日；

（三）区公所每月报销一次，至迟不得超过下月十五日；

（四）县政府每月报销一次，至迟不得超过下月月底；

（五）专署每季报销一次，至迟不得超过第二季初月月底。

八、各村收支公粮结束时，莜麦每百斤准报销蚀耗二斤半，其他一般粮食每百斤只准报销蚀耗一斤半，凡出粮民户直接送交支粮机关所收入之数，内有蚀耗即不准报销。

九、本办法自三十一年度新公粮开始支用之日施行，所有三十年度抗日救国公粮支付办法即日作废。

附件二　　　　　　征收公粮中奖励生产的各种法令修正摘要

一、开荒：

（一）生荒开垦后免征公粮三年。

（二）熟荒开垦后免征公粮一年。

（三）河滩地开垦后免征公粮三年。如发现有意图逃避或减少负担将自己耕地荒芜，而开垦他人之荒地者，经村公所查明属实不予减免公粮〔详见修正垦荒条例〕。

二、特产：

（一）根据地内种棉、种蓝在征收公粮时，棉蓝收入只计算一半，棉花可以代交公粮，折合办法由当地县政府按市价公平规定之。

（二）试种区棉蓝收入全不计算公粮，试种之家经村公所登记者，如试种失败，所受损失由政府补偿其半数〔如种植当地普通谷物，产量总值比较计算损失，由村公所汇报县政府核发〕。棉蓝试种区之划分，以自然村为单位，向未种过者，即为试种。

（三）种绿豆、山药蛋之地〔卖菜园子及副业不在此例〕，征收公粮不论收入多少，均按同年同地种粮食可能之收入计算公粮。

（四）种麻子收入按当地当时市价打七折计算公粮，枣的收入按当地当时枣的市价打七折计算公粮。

（五）种旱烟按当地最低价格计算收入。

三、凡在根据地内以饲养各种孳生畜，并大批牧养牛驴骡马者〔不做驮脚生意〕，得呈请县政府备案，在征收公粮时其资本及收入一律不计算。

四、水利：

（一）凡抗战以来从未灌溉之地，新近兴办水利者，其上水后第一年之收入，在征收公粮时按本年一般旱地的产量计算以为奖。

（二）新修吊杆打水浇地，最初两年仍按一般旱地之收获量计算公粮。〔以上均见春耕条

例或建六四号指示〕

五、组织：不论工厂或家庭副业纺纱织布之收入，全部免征公粮。〔建二二九号令〕

六、符合规定的合作社而已在政府备案者不征公粮。

〔以上见三十年公粮补充条例〕

选自《晋绥根据地资料选编》，第 5 集，中共吕梁地委党史资料征集办公室 1984 年编印，第 460～470 页。

16. 西北农民银行关于发放春耕贷款的指示信

1943 年 1 月 19 日

各分支行经理：

农业贷款是本年度银行的重要业务之一，春耕贷款在农贷工作中，更居于首要地位。总行决定在临、兴、河、保、岚、神府等县举办农贷，各分支银行应抓紧进行这一工作。不但要借此扩大农币的流通范围，达到巩固与提高农币的目的，而且要真正解决一部分农村资金问题，以完成提高农业生产的任务。

关于贷款经验，我们还不很多，主要的还须各地同志在工作实际中来吸取。现提出以下几个问题，供参考与执行。

（一）选定地区调查、宣传、布置

今年贷款不是和往年一样的平均分配，而是要在最急需款的地区贷出，因之就需先选定地区，使贷出的款子能发挥更大的作用。地区的选定，应根据本根据地的迫切需要及各地区实际情形，如×县×区种棉、××纺织、××种蓝、神府、××、沿河种棉等。这些地区就是我们的主要贷款区，其余地区可以少贷，甚至不贷。

选定地区时，要与政府建设部门、抗联共同设法讨论。在地区选定后，便进行调查，要调查出选定地区内，那（哪）些村需款最殷，那（哪）些农民需款最急，他们要解决一些什么问题，大约要多少款子才能解决问题，尤其着重调查耕牛、农具、粮食的实际需要情形。

如何调查呢？主要依靠区村政权及区村群众团体，大抵开几个区村干部调查会，即可解决问题。他们对村里一般情形是很了解的。公粮的材料也可以利用，那些不出公粮或出得很少的人们，大都需要借款。

在调查过程中，并应配合政府及群众团体进行深入解释，务使农民了解到春贷的精神目的及办法，使款子真正落到贫苦及需款农民的手里，并使款子真正用于农业生产。宣传解释时，应按当地实际情形，发出口号标语及其他东西，决不要流于空泛。

了解情况以后，各分支行即应根据贷款额，与抗联同志具体分配各区及各行政村的款子。款子的分配不要太分散，致使数目字好看，实际不解决问题。也不要太集中，以大体上解决借户的问题为限，以五百元为个体农民的借款最高额。

今年春耕贷款，以解决耕牛、农具、特种农作物及粮食为主，分配款额时应注意。

对于解决耕牛问题，各地贸易局，应配合春耕贷款，有计划的（地）召开骡马大会，以调剂内地区的耕牛，并由友区输入一些，以补不足。对入境耕畜，予以便利，对向境外购买牲畜的人，予以奖励，并解决其困难问题。这个工作，应立即开始所决定的款子，并应尽先作为耕牛贷款，以便农民得到款子以后，很快得到耕牛，不误春耕。

了解农具的缺乏情形之后，应与工具厂及其他方面研究，并从事购置，使农民不仅借到款子，而且买到农具。其他如食粮种籽等等亦然。

只有这样，才能使农贷有用，才能使农币的流通范围扩大，单靠贷给农币是不行的，同时，若农民所借之农币一时买不到东西的话，对农币反而有坏作用。

（二）贷款的方式、方法、手续

贷款手续按章程办理，须力求简便。使放款的人和借款的人均不致浪费很多时间，但绝不应马虎从事，以致款子浪费，甚至收不回来。因此，调查登记、审核，应精密正确。而款子的分发，则应迅速，使农民很快取得款子，解决问题。银行亦可移其人力从事其他工作。

在决定贷款地区，由区村抗联负责登记审核各该地区借户主借款额〔在定额以内，抗联可自由处理〕。

区或村抗联审核后，即向银行负责介绍，介绍时要求申请书齐全，并附借户登记表，以便审核及将来的检查与收款。银行根据介绍书与申请书审核〔特别注意村抗联不健全地区的审核〕，认可后，即行发款。

可能的话，把款子带到区或村，核准以后，随及（即）发放，则更为便利。

登记、审核及发款的工作，主要的是靠区村抗联，单是（靠）银行是不行的。而他们也乐于从事，因为这是发动群众的好机会。只要与他们讨论清楚，这个工作一定够做得很好的，应尽量与他们合作，将来并要通过他们检查工作及收回放款。

区村政权，对这个工作，应力加督促与协助。

（三）几点注意

一、款子的贷出要与政府收款配合以不影响农币的稳定为原则。

二、防止款子流入他种用途——这次春贷的款子，应使之全部用于农业生产，严格防止其流入吸大烟交田赋及其他无谓浪费者之手。这样用了的款子，不但对农业生产毫无用处，而且政治影响不好，这是应该特别注意的。另外，区村公所用以自力更生的现象，必须杜绝。合作社用以经营商业的作（做）法，必须禁止。区村干部要私情，把款子借给其亲戚朋友的事情，尤应严厉纠正。于宣传解释后，若仍有此类事件发生，必要时得呈请政府，予以适当之处罚。只有堵塞了这几个偏流，春贷的作用才能发挥，否则，老百姓将得不到预期的益处。要做到这一点，固然要靠对此次春贷作深入的宣传，而更重要的却在各分支行抓得紧一些，事先设法防止。

三、折价贷出的办法，不得已时再用之。此次春贷，以借农币还农币为主，不得已时才用折合实物贷出。不要怕吃农币低落的亏，农币的提高与巩固，我们是有信心的。对老百姓亦应以农币会稳定的话对之说明，使之借农币还农币。在非折合不可时，始用折合办法。小米、棉、蓝等均可为折价标准，在契约上应注明成色及斗或称的标准，以便还时两不吃亏。当然折价的技术问题极多，应与（于）下面详细研究，并报告总行。

四、款子贷完以后的工作。款子贷完工作并未完成，应经常与区村抗联甚至借户保持联系，使他们报道贷款的使用实况及各借户的新问题，直到款子收完，工作总结以后为止。只有这样，才能了解贷款对于农民及农业生产的作用，今后的农贷才能扩大与改进。反对款子发完工作完结的作（做）法与想法，各分支行对这个工作应有专人负责，要通过农贷来研究农村经济金融问题，以开展今后银行在农村中的工作。

五、可能的话，配合这次贷款，多多宣传解释存款的作用与意义，让有钱的人到银行存款，更应将银行存款与贷款的关系，详细说明。有机会时，即行举办，以减少社会上的游资，并可将其中的一部分，转贷与（于）该地，以示鼓励。

（四）研究贷款章程

对于总行发下的农业贷款暂行章程，各分支行应详加研究、讨论，并遵照施行。如有疑问意见或发现其不切实际之处，希即来信讨论，以便说明补充与修正。无论在讨论时还是在调查与布置时，均应随时反映工作同志及群众的意见，使总行对这个工作的实况，保持密切联系与深切了解，以适时的（地）解释与解决问题。

春耕贷款的时间性是极短的，各分支行应抓紧时间进行，务期能于二月十日以前完成调查与布置，上（二）月底以前耕牛贷款全部贷出，三月半以前结束全部贷款工作，四月初把这个工作总结出来，并报告总行，以便进一步研究其中的问题。

致敬礼！

经理：张韶方　　协理：狄民襄　　王磊

一九四三年一月十九日

选自《晋绥根据地资料选编》，第 2 集，中共吕梁地委党史资料征集办公室 1983 年编印，第 194～198 页。

17. 绥察行政公署、塞北军分区司令部关于严格供给制度开展节约运动的训令

1943 年 7 月 30 日

我分区处境困难，敌寇对我经济封锁及摧毁破坏，影响我之财政收入实甚。由于政府收入恐不能保证全部供给，所以自力更生已成为我军供给工作之重要部分。如认为自力更生就可以不遵守财供制度，随便开支，任意滥用，闹独立性，打埋伏，不报上级，这对统一并严格财供制度上是有妨害的。虽然这是个别现象，但应引起我们更大的注意。统一并严格财供制度，开展节约运动，消除自力更生中的混乱现象，使自力更生收更大成绩，起更大作用，这是财供工作目前重大任务。因此特有以下规定。

统一供给制度

1. 建立财政收支报告制。以专区为单位，不论军政收支，均应统一列入收支报告项内。不论税收、罚款、公营商店之盈余，皆为正式收入，统一调用，各部不得随便支用不报，做到点清归公。一切打埋伏、占便宜本位现象，都是妨碍统一的，必须彻底清除。

2. 建立经费粮秣预算。根据部队实际情形，拟定准确预算，经各级军政首长盖章。三团每半年造送，一团按季造送，□□、二团和司直按月造送。如有临时开支，应追加预算，经批准始得开支。

3. 建立经费粮秣收支决算制。各单位应予［于］下月或下季十日前，汇集所属各单位报销单据，粘成单据簿，填造计算表及收支对照表各二份，经直属首长审查盖章后向分供①报销。各级供给人员如发现报销费用有超过、浪费、舞弊等情，或未经批准之用款，得拒绝其报销，并报告直属首长追究之。如果打埋伏、以多报少、滥行开支等，是破坏统筹统支的，是贪污浪费行为，一经查出严行处分。

4. 粮秣收支，各单位应尽量填造粮秣预决算。遇有特殊情况必须购粮时，经上级批准由团供给机关由公粮变款项下统一购买，团以下各单位不得自行购买。粮食如因储藏不慎，致受潮湿腐烂或其他损失时，该供给人员要受处罚。禁止无组织的（地）向群众借粮。战争所迫必要借粮时，须经当地政府协商解决。

5. 统一服装缝制。

(1) 规定今年发单衣二套、单帽一顶、绑带一付（副）。排或连级以上干部尽可能发衬衣一套。子弹袋、炸弹袋、机枪衣、弹筒衣袋、挂包以补充为原则。冬季发棉衣一套、帽子一顶，皮棉大衣以补充到人各一件为原则。

(2) 规定全年发给骑兵布鞋五双、毛鞋一双、毡袜一双，前方步兵布鞋六双、棉鞋一双、毡袜子一双，运输员、通讯员、侦察员每年多发布鞋二双，后方步兵每年布鞋五双、棉鞋一双、毡袜一双。

6. 建立月终服装登记表。人员调动须带服装登记表，无服装登记表者，一律不予补充。

冬夏二季服装完成后，须填服装成品价格等报销表。

如何开展节约运动

反对贪污腐化，提倡遵守制度、廉洁奉公、节约俭朴的作风。一切无计划的征收浪费粮食，不爱惜被服、枪支、弹药，遗失公物，大吃大喝，随便接受乡公所礼物，不按供给制度取用衣物等浪费现象，必须严格清除。严格遵守制度，掌握制度。粮食应有计划的（地）食用。游击区寄有公物公款，要规定负责制，若有遗失必须追究。计口授粮，管理伙食人员，必须每日清点人数，来往行人要粮票菜金，不报客饭；按人数下米，不做剩饭；不得以粮作生产基金。服装实行交旧领新，勤缝勤洗，破衣破布搜集送供给部以资利用。停止不必要的请客宴会，禁止以公物送人情，作私人交际。停止不必要的修补，一般日用品，尽量借用，不要购置。尤其是干部要起模范作用，要作出样子。反对上宽下严，反对特殊化。一切贪污公款、勒索群众分子，各军政机关必须注意教育批评处罚。必须教育同志了解生活上的贪污腐化、享乐主义不但是脱离群众的，并且是走上政治上腐化坠［堕］落的道路。要与群众战士同甘苦，发扬我党优良的艰苦奋斗的作风。

供给工作、财政贸易工作人员，要格外小心谨慎，负责执行制度，作为执行制度的模范。一切偏向、自作打算、对己宽对人严（的）不正确作（做）法必须纠正。

---

① 原注：分供，指塞北军分区供给部。

财经工作是要解决吃穿用的问题，是保证我军政治任务的，是整个抗日工作的重要一项。轻视财经供给工作，轻视财经供给制度，轻视财经供给干部是错误的。财供工作干部本身对自己工作不研究、不计划、不检查的自流工作现象都是有害的。必须把这一具体繁重的工作当作军事作战任务、对敌斗争的任务一样看待。教育财经工作同志，重视自己的工作，研究业务，定期计划检查总结经验，以耐心的谨慎的科学的精神对待自己的工作。

此训令务希各部严格遵照执行为要。

选自中共内蒙古自治区委员会党史资料征集研究委员会等合编：《大青山抗日游击根据地资料选编》（历史档案部分），呼和浩特，内蒙古人民出版社 1986 年版，第 346～348 页。

18. 绥察行政公署一九四三年度征收抗日救国公粮办法

1943 年

一、抗日救国公粮，是抗日政府的正式税收，是人民应尽的义务，尽量达到普遍的负担，要做到人人乐于征纳，一面照顾群众食粮，同时保证抗战粮食最低供给。手续要简单、征纳要秘密，防止敌破坏。

二、公粮为政府唯一税收，除烟亩罚款外，其他税目，一律取消。

三、负担公粮皆以地亩为标准，每户负担公粮以人口计地数，每耕种水地够二亩、旱地够五亩者负担。二亩水地、五亩旱地以下，无其他副业之贫户免征〔以实地计算〕。

每亩水地上等征公粮二升，下等升半。

每亩旱地上等征公粮一升，下等八合。

骑兵活动地区，每亩负担公草五斤。

无骑兵活动区，公草免征。

四、伴种、伙种或租种之地，应依照各地惯例，地主佃户双方订约时条件协议负担之。但地主应顾及农民之生活及生产热忱，公粮应由地主多负担或全负担；为了提高贫苦农民抗战积极性应该少负担，或免除负担。但应根据实际情况，双方以团结抗战、互相照顾的精神协商解决之。

五、负担时按实地计算，但实地调查困难，应根据各乡社地〔粮食地或区地亦可〕折实地之多少折合实地负担。但各地社地折实地数并不一致，或估计实地标准，以社地负担亦较为公平。

例如以陶林县计，一般社地认为实地三亩，武川一般社地为实地五亩，依此标准若以社地折实地负担，如果甲在陶林有上等旱地社地三亩，等于实地九亩，每亩上等旱地社地三亩，等于实地九亩，每亩上等旱地征粮一升，则共缴九升；如乙在武川有上等旱地社地三亩，折合实地为十五亩，每亩上等旱地负担公粮一升，则共征一斗五升。若估计实地标准，依社地负担，则陶林甲每亩社地应负担三升，武川乙每亩社地则应负担五升。

六、公粮十亩以上为累进数，每增十亩收五合，累进至百亩〔指上等旱地以上，下等旱地不累进〕。如上等旱地每人够二十亩者，则依累进每亩数一升半。三十亩者则每亩征二升。四十亩者每亩征二升半。五十亩者征二升。六十亩者每亩征三升半。七十亩者每亩征四升。八十亩者每亩征四升半。九十亩者每亩征五升。百亩者则征五升五合。

七、粮食平川以小米为标准，山地以莜麦为标准，缴其他杂粮，依习惯或市价折合之。

八、应根据各地具体情况之可能性及我之需要，估计无法征粮时可折收款子。但必须依照市价增加一成，并根据我需要皮衣羊毛之数目，在公粮变款中派皮衣羊毛，按市价计算项变款，其他变款则作为在我经常活动区域调剂购买粮食之用。

九、公粮一年征收一次，已征足应负担数之村庄再不重征，再不乱借，因战争关系借用粮食时保证偿还，或依市价购买。

十、各专区将应该征收的总数，分配于县，县分配于区，区则分配于乡闾地户。乡分配地户负担的数字时，应尽可能召集地方公正人士、区县干部，个别或具体征求意见，调查情况。一般具有地区大，地亩多，地亩肥，敌人统治较弱，开辟工作较久，群众对我方了解，今年丰收，我方较易活动等条件之地区，比较负担数字应按实际情形多一些。地区小，地亩少，地亩坏，敌伪统治较强，新开辟工作之区群众对我不了解，天时歉收，我方不易活动之区，数目字应按情形少一些。

分配公粮数目字时，对于这些情况和条件，应考虑周到，则负担公平所派之数目字亦有保证，若分配不当，畸轻畸重，则负担不能公平普遍，数字就可能落空。要免除过去派多收少的不切实际的办法，配数力求公平普遍实际。

十一、过去积欠公粮村庄，实无法清缴时，则明令免除旧欠，重征新粮。过分超用公粮之村庄，应根据超用数字的多少，酌量减轻负担，并向群众说明政府关心人民疾苦之意，以示公平。

十二、集中使用收粮干部，统一领导收粮工作。政府事先应将征粮办法注意各点，充分教育干部，使人人知道，然后划分一定地区、数目，具体分工负责，避免各自为政的现象，可收集中力量的效果。

征粮方式采用说服动员，禁止捆绑强迫、拉牛赶羊。应事先召集或通知与我有关系之乡政人员、地方士绅，说明征收意义数目，利用其关系地位，秘密征收以免被敌发觉，害及群众。近敌据点处，通过公正士绅关系，用包收办法亦可。

便衣工作人员或游击小组，以隐蔽的方式征收。过去派队伍到据点周围征粮，目标大，时间短，无暇说服调查，采取强迫开窖要粮的办法，部队疲劳，破坏政策，脱离群众，应该纠正改善。

十三、积粮时由外向里积，由敌统治较强区域，积到容易活动的区域，吃粮时尽量向外吃，由外向里吃，以免我军活动地区愈吃愈穷，而广大敌战［占］区积欠公粮的弊病。

食粮保存，应选择可靠群众，指定关系保存，将甲户的粮食移至乙户保存。取用时应有政府正式函件。各部并可依据自己活动状况自行保存食用，但其保存数字，应报知政府，以免打埋伏、乱吃乱用，浪费公粮。

十四、埋藏粮食，是保障抗战食粮和民粮防敌抢掠的重要办法，征求公粮中应教育群

众藏粮办法，藏在村外，分散开藏，村中订约反对告密，敌人抢粮捆打时，一人挨打一人当，教育群众不要胡咬乱供。由于反抗敌人抢粮，受伤受害的，应由村中公议安慰救济，严征（惩）告密分子，及防害食粮埋藏之流氓盗贼。

埋藏公粮不负责任以致掉失者，干部应受批评处罚。藏粮之户若因告密自己丢失假冒公粮以补私人损失，和在藏粮内挽（掺）杂土砂及其他什物借以谋利，不合情理者，应予以赔偿损失全部或一部之处罚。埋藏公粮负责无损之户，家境富足则给以精神〔政府负责人书面或口头之嘉奖〕的奖励，贫苦者提取存粮五十分之一为奖励。

十五、收粮收款皆用政府所制立二联收据，严禁白纸条。敌占区中防敌发觉，乡中可不记帐（账），依（以）收据为凭，帐（账）目不与日伪混同。

十六、纯蒙古人居住区域，公粮免收。蒙汉杂居区域以五成减轻负担，但蒙民之户口地及喇嘛庙地应全部免收。

十七、踊跃缴纳公粮，并积极帮助政府催收公粮者，应予以精神上之奖励〔见前注〕。抗粮不缴或妨害公粮工作查有实据者，除勒令其缴纳外，并罚以百分之二十至三十的加征。

征粮人员积极负责，完成任务，注意政策，纪律良好者，由专署给予精神或物质之奖励。其有畏缩怠工、破坏政策、非法捆绑群众，以致任务不能完成者，应予批评处分。

收受贿赂，贪污勒索，经人民告发并查有实据者，应依据惩治贪污条例，视其情节轻重处罚之。

十八、公粮工作自一九四三年九月十五日开始，至一九四四年一月总结。

选自中共内蒙古自治区委员会党史资料征集研究委员会等合编：《大青山抗日游击根据地资料选编》（历史档案部分），呼和浩特，内蒙古人民出版社 1986 年版，第 352～355 页。

19. 晋绥边区税务总局工作报告材料

1946 年 5 月 20 日

（一）关于条例的几次修改：

日本投降后，边区的税收情况一直是变化与发展着。为适应形势的要求，关于货物税收条例曾经修改三次，但很多地方仍赶不上环境的需要，比如目前施行的条例和绥蒙区还不够统一，与陕甘宁边区还存在着若干问题〔土产的互相运输等〕，没有适当解决。

第一次修改是在去年八月二十七日，主要是根据西北财经办事处关于陕甘宁边区与晋绥边区贸易税收决定的精神执行，除很少几种货物外，在税率与进出口货物上两边区是一样的，但执行的结果，因陕［甘宁］边区那时与我区情况不同〔如洋布入口曾使我区土布遭受损失〕，所以重新修改。

第二次修改是在去年十一月三十日，主要是根据我区情况而定。但为与陕［甘宁］边

区税收适当配合，使两边区之财政经济逐渐走向统一，曾颁布《晋绥边区行政公署与陕甘宁税收问题的决定》，但两边区都未很好地执行。

第三次修改是在今年三月十七日〔即现在实行的〕，为进一步发展生产，繁荣贸易与巩固金融，修正点主要是增多允许进口货物与降低税率，如入口税率由最高30%改为15%，出口税由最高15%改为5%。许多过去禁止的重要货物，亦改为允许入口，如洋布、花布等。此次修改后，一般的反映很好，在和平时期能够刺激大量的货物过境，增加收入。

（二）关于组织机构与配备情况：

去年十月以前，边区的税务组织机构，是非常不健全的。好多地方根本没有设立税务局卡，如五分区、八分区等地，1945年的税收就全未向总局报。有些地方如岚县、方山等地，税收工作是由财政科兼办的，有名无实，税收收入微少。自日寇投降后，边区情况变化了，地区扩大了，税收工作显得特别重要。要增加财政收入，首先应建立健全税务组织，将已设立的地方充实加强，如一、二、三分区。对未设立局卡的地方，迅速立税局设税卡。从去年十一月起，新成立的税局有：一分区的岚县，二分区的宁武、静乐，八分区的文水、交城、阳曲、清太徐，五分区的左云、右玉、平鲁、朔县、怀仁、大同，三分区的中阳，七分区的汾阳、平介，绥蒙区的丰镇、集宁、龙胜、凉城。总计，现有税局32个、税卡69个。

干部配备情况，去年十月份以前，全边区只有税干140人，现有干部436人（绥蒙不详），增加三点一倍。分配情形如下：

一分区69人〔兴县26，神府32，岚县11〕；

二分区72人〔河曲14，保德12，岢岚11，偏关11，神池11，五寨13〕；

三分区88人〔临县35，离石30，方山11，中阳12〕；

五分区75人〔左云、右玉、平鲁、朔县、怀仁、大同〕；

六分区46人〔宁武11，静乐11，忻州11，崞县13〕；

七分区44人〔汾阳23，平介21〕；

八分区39人〔文水13，交城9，阳曲11，清太徐6〕。

（三）目前各种税收进行情况：

1946年的税收工作，由于组织机构的加强，干部数量的配备，一般有很大开展，但也存在着严重问题。三月份我们派了两个小组分赴二、三、五、六分区各县，研究了各地的税收情况，根据各地现有的材料，认为1946年度各地税收任务基本上可以完成，阻碍工作的是有些干部思想和作风上还存在若干问题，即对税收工作，缺乏应有的认识。现将各税进行情况分述如下

1. 货物税：由于形势的发展，此税总的任务可以完成，有的地方甚至要超过，如兴县、离石、神府等地。但目前漏税现象仍很严重，二分区漏税的占40%，尤其是神池、偏关。漏税原因，税干尚未把全部精力投入工作，业务不熟练，缉私查验尚未在群众中组织进行，干部坐等来上税，不积极四出查验，工作很被动。最近由于和平关系，加之我们税率减低，允许大批货物入口与过境，特别在边缘地区，收入逐渐增加，如汾阳冀村、静乐杜家村、临县的咀头，以及神府等地，每月都可收到三四百万元，丰镇、集宁等地，三月

份半个月即收入五千余万元。以后再提高干部业务，加强缉私、防止漏税，此项收入是很大的。

2. 斗佣与畜税：这两项税是去年十一月十五日开始的新税收。开始时，好多干部说是苛捐杂税，如河曲、偏关曾提议说："还不如把公粮加重一些。"六分区说："三分斗佣重了"，他们执行时就随便减为2%。好多地方不能积极开展，敷衍的（地）布置一下，也不进行检查，采取"报也可以，不报也罢"的消极态度，所以成绩不大。如六分区有的县一个月的畜税只收到四千五百元，有的根本没收，他们瞧不起这个收入，嫌数目小。兴、临等县作的（做得）较好，在兴县斗佣、畜税成为主要的税收，三月份收畜税四百多万元，临县收六百八十多万元。斗佣在好多地方，因集市逐渐恢复，收入也不小，是有发展的。

3. 营业税：这种税是工商业者向政府应交的合理负担。但这个工作过去一般干部重视不够，主要表现［在］两点：(1) 税干平时不向商家进行调查，征收时没材料，认为难作（做），没信心。(2) 政府干部多不参加领导推动，单纯的（地）认为是税局的工作，如五寨在征收时，财政科长只参加了两点钟会，以后再不管了。神池［的］征收工作已结束，但县长还不知道，发生了问题，县长还怪税局干部，结果根本没按条例执行，那家商号究竟纯收益多少，如何按比率征收？完全不知道。今后征收必须政府负主要责任，并与贸易机关很好的（地）配合。

1945 年度营业税的征收工作，各地多已结束，但目前报来的不多。兴县、临县都超额完成了任务〔兴县奋斗目标两千五百万元，已完成三千一百万元，临县奋斗目标五千万元，已完成七千万元〕，其他如神府等地，也都完成了任务。

选自《晋绥根据地资料选编》，第 5 集，中共吕梁地委党史资料征集办公室 1984 年编印，第 177～180 页。

20. 绥蒙区党委财经委员会关于绥蒙游击区财政工作的指示

1946 年 11 月

游击区的财政工作，不是单独的供给工作，而是一阶极复杂极尖锐的对敌经济斗争过程。因此，必须有自想办法、独立自给、向敌人打闹的斗争思想，用向敌人打闹、自力更生的精神，来保护人民的财物，打击敌人的掠夺，帮助生产，保证我游击区的财政收入。后方距离甚远，且很穷困，因此不可有依靠上级、指望后方帮助的依赖思想。在制度上，必须遵守制度，执行法令，过去的开支不按标准、任意挥霍、巧立名目、随意征收、使群众负担繁重而又没有定时的现象，必须纠正。在对群众关系上，要手续清楚，公平来往，过去的收了东西不给收据，吃了东西不给钱，定官价等行为，应严格制止。有打击敌人的掠夺，开展我之财政工作，才能取得群众的拥护。为此，对于游击区财政工作，特提供如下意见。

甲、财政收入

1. 总的原则：由于敌人的抢劫、掳掠、横征暴敛，游击区人民的负担特别加重了，我们应该积极打击敌人的抢掠，设法排除敌人加予（于）人民的负担，从保卫人民的利益的前提下，动员人民自愿地给我们负担，保证人民军队的供给。在原则上应从轻征收，确实照顾人民的负担能力，特别要照顾基本群众。

2. 征收手续：力求简便，以适应游击区工作环境为原则，但必要的手续必须建立〔如收群众的东西必须开给正式收据等〕。

3. 收入种类：名目要力避繁多，大略提出下面几种：

（1）公粮变款。在我们吃不到而政权力量可以达到的地区，可大量进行公粮变款〔农币、药品、法币、银币抵变〕，绥北以五千石为目标，绥南［以］二千石为目标，清水河［以］二百石为目标。

（2）没收与截留敌人资财。没收反动派的财产，截留正在运输或图集起的敌人资财，但处理务必适当，防止混乱现象发生。

（3）税收。在游击区往来之货物，应设流动税卡，打过境税；凡来我区而与（于）我有利者，得以轻税或免税。反之则得以重税或禁止输入。凡从我区输出而与（于）敌有利者，须得重税或根本禁出，反之得以轻税或免税输出，须看具体情况灵活处理。

（4）吸收游击区牲口，到后方贩卖。政府保证大收买，一则解决自己的财政困难，一则还可解决种地的生产困难和增加运输力。

（5）罚款。对情节较轻之通敌地主老财，酌量罚款。

乙、财政开支

1. 开支必须按照供给标准，反对浪费，厉行节约。

2. 实行公买公卖，严格禁止定官价或吃了不给钱的行为。

3. 实行预决算制度。最低决算制度必须执行，大单位如绥北、绥南等每三月向财经处做决算一次，小单位如集宁每三月向大单位也做决算一次。

4. 特别费用。须自己规定在若干元以下者须经何级何人批准，没有负责同志的批准，一概不准开支。

5. 注意群众的困难。如部队经常过往的村子，要注意调剂粮食，克服过去住哪吃哪的现象。

丙、寄存物资

1. 游击区在原则上不准寄存贵重资财〔金、银、药品等〕，应交到后方代为保存，以防敌人抢去。

2. 凡在游击区寄存物资者，必须有可靠的二同志负责，物资数量、寄存地点，必须报告上级。

3. 如有可靠地方自己寄放，则不必寄存于群众，如必须群众寄存时，一定开寄存户的存条。

4. 开展对敌经济斗争。积极开展保卫护粮运动，打击敌人的抢掠，保护群众的资财、人力，积极破坏敌人的财政设施，即是直接的对敌经济斗争。

5. 发动群众到内地区贩运必需品，解决群众需要。

6. 随时调查与反映敌人的财政经济设施，以及群众负担的状况，以便决定对策。

7. 设法建立家务，确定专门人员负责，并组织生活委员会监督之。

选自《晋绥根据地资料选编》，第5集，中共吕梁地委党史资料征集办公室1984年编印，第181～183页。

21. 晋绥边区各级税务机关处理没收违禁物品与给奖修正办法

1947年8月29日公布

第一条　本办法依据晋绥边区行政公署三十五年十月八日颁布之《晋绥边区各级税务机关处理没收违禁物品与给奖办法》修正之。

第二条　凡晋绥边区货物税条例规定禁止出入口之货物或行政公署以命令禁止在边区境内产销之物品，均得依法没收，但没收时须给原物主或运货人以税务总局制定之正式收据，否则原物主或运货人有权拒绝或上诉。

第三条　各部队机关团体仅有协助稽查之权，采悉违法案件时须送交税务机关处理，不得私自没收。

第四条　凡有合法手续之商贩均应迅速放行，不得借故留难致影响商业运输。

第五条　各级税务机关没收违禁物品，开给收据后，私货即以下列办法处理：

（一）除指定上解者外，均应交当地贸易公司作价并即时将没收品名、数量、单价、合价等项列清，报来行署。

（二）各县税务局之没收品，交各县贸易公司或均交分公司，由各专署决定。

（三）无论政府税务局或贸易公司人员均不得在贸易公司售出私货前，利用不正当关系，私买没收品，售出与购入者均以贪污论。

（四）没收鸦片毒品之类，须将人犯送交当地司法机关处办，毒品送交贸易公司代收。

第六条　凡缉获违禁物品〔包括毒品、金银、非本位币及粮食货物等〕及偷漏税款之罚金其给奖率如下：

（一）料面之类毒品按价提奖百分之二十，其他各种没收罚金〔鸦片在内〕均按价提百分之十充作奖金。

（二）提奖时没收品之估价规定如下；毒品由税务局会同贸易公司估价，物品按市价，非本位币按银行牌价，按此规定折价后均发本币。

第七条　奖金分配之标准如下：

（一）如有事前知悉，向税务机关或缉私人员密报，因而缉获者，报告人得本案奖金三分之二，查获人得三分之一。如直接查获者，得本案奖金之全部。

（二）当场协助办案者，则按其协助作用之大小，税务机关可由奖金中提出一部分为报酬。

（三）税务机关缉私队及其他机关、部队〔民兵、农会、自然村干部均不在此限〕人

员不论密报，或直接查获与当场协助办案者，一概不予金钱或物质提奖，只给精神奖励。

第八条　应受奖者，不愿领奖金，可给予荣誉奖。

第九条　因协助缉私而受伤、致疾或者死亡者，可报请总局转请行政公署酌给恤金。

第十条　事前，事后如发现报告人挟嫌栽赃假借税局名义私收税款及受贿赂，或擅自没收货物有碍商运及个人行为致受损失者，税局得将缉查人员、报告人员或办案人员送司机关惩办。

第十一条　本办法公布后民国卅五年十月八日颁布之《晋绥区各级税务机关处理没收违禁物品与给奖办法》即行作废。

第十二条　本办法自公布之日施行。

选自陕甘宁革命根据地工商税史编写组、陕西省档案馆编：《陕甘宁革命根据地工商税收史料选编》，第 6 册（1946—1947 年），西安，陕西人民出版社 1987 年版，第 413～415 页。

22. 晋绥边区公粮征收条例

1948 年 11 月 6 日

第一条　为适应土地改革后农村经济情况，发展生产，保证供给，求得农民负担之合理与固定，特制定本条例。

第二条　凡土地所有人，不论自种、雇工耕种及出租出伙，均有依本条例完纳公粮之义务。土地及农业以外之收入、工资薪给及属于家庭副业者，本年以内免税。属于专业性质者，适用营业税条例之规定，不在本条例征收范围以内。

第三条　公粮负担以土地之通常产量，按户直接比例征收之。

第四条　通常产量之计算，依下列规定：

一、各种耕地不论种植何种作物，均以当地一般谷物〔粗粮〕通常产量计算。

二、土地收获因技术、用工、施肥等差别而超出或不及通常产量者，仍以通常产量计算，不予增减。

三、租伙地负担，由业佃双方自由约定，但政府向土地所有人征收之。

第五条　通常产量之订定，由村政府组织评议委员会调查评议之。评议委员会经村民民主讨论，根据自样条件，分段评定，列榜公布，征求人民意见，然后将评议结果，提请村代表会审核通过，送呈区代表会核请县政府批准后开征。前项通产经专署审查，认为已合实际无偏轻倚（畸）重或压产压垧情形时，即予批准确定。今后一定年限内，按此通产负担，不再变动。专署批准后，应即呈报行署备案。

第六条　通产评定后，由村政府按户填造土地产量清册三份，两份送区县备查，一份留村作为以后征粮之底册，不得遗失。土地发生买卖转让时，当事双方须随时向村政府申请登记。

第七条　产量订定后，每年之征收比例，由边区行署以命令行之〔本年度比例为每通

产粗粮一石，征收小米七升五合即百分之十五〕。前项比例，各地因调剂负担能力及收成之丰歉，必须有所改变时，得呈请行署批准改订之。

第八条　有下列情形之一者，从应征数目内，酌予免征，或减征其一部：

（一）因天灾疠疫等不可抗力，致使土地荒芜，收获减少者。

（二）因老弱孤寡残疾，缺乏劳动力，致使收获减少者。

（三）个别土改后得地农民，因生产条件困难，致使收获特低而本人确系勤劳者。

（四）经政府审查领有正式证件之退伍军人，依规定未满免征期限者〔自退伍之年起算，免征三年〕。

（五）经政府审查安置之移难民，自安置之年起，二年免征公粮，其限期未满者。

（六）现役革命军人、脱离生产工作人员、半脱离生产工作人员，其家属贫苦、生活困难者。

（七）烈士家属贫苦，生活困难者。

本条例各项减免，不变动各该户通常产量额数，次年情况改变，仍按原通常产量负担。

第九条　本条例所定减免及复征之办理，由村政府于每年征收入仓前适当时期，依据调查及村民讨论，汇交村代表会审查，呈请县政府批准行之。

第十条　应征户在接到入仓通知后，应按期送交政府指定之仓库或保管人，开取缴粮执照。不得拖延或掺沙拌水。

第十一条　公粮以小米为计算标准，缴纳其他粮食，须依政府所定折合率折算。

第十二条　每石公粮随征公草一百五十斤。

第十三条　农户隐匿土地，低报产量逃避负担者，除依条例补缴或追缴外，得科以小米一斗以上一石以下之罚金。政府工作人员、村干部或评议委员会委员，有包庇隐匿低报行为者，应受连带处分。

前项处罚权，属于县级以上政府。

第十四条　本条例适用于土改完成地区，新区及晋南产麦地区征粮办法另定之。

第十五条　本条例施行细则另定之。

第十六条　本条例解释与修改权，属于边区行署。

第十七条　本条例自公布之日起施行。

选自《晋绥根据地资料选编》，第2集，中共吕梁地委党史资料征集办公室1983年编印，第415～417页。

23. 晋绥边区修正营业税暂行条例

1948年11月15日

第一条　为保护边区工商业之发展与支援战争需要，订定本条例。

第二条　（一）凡在本区境内经营工商业者，均须依规定交纳营业税。

（二）城镇工商业兼营农业者，其农业部分计征公粮，工商业部分负担营业税。

（三）乡村专营之各种作坊，与专业之小商、运输、手工业等收入，均计征营业税，不征公粮，本年副业收入免征。

第三条　凡边区境内之煤窑、瓷窑、熬盐碱、制烟及特许之酿酒业，不征营业税和公粮，均依制产税条例之规定征收制产税。

第四条　为使工商业者负担公平合理，切实保护工商业之发展，由过去的累进比例征收改为“评等定分”固定负担办法，分配任务按分平均分摊。

第五条　定分以工商业者之资本额多寡，本比例加分原则，资本以一百万元为计分单位，一千万元资本以内者，每百万为一分五厘，资本一千万元以上未满一万万元者，每百万为二分，一万万元资本以上者，每百万为二分五厘，再不加分。

第六条　以资本额之多寡，民主评定分数后，由于各行业之利润不同，户与户间人力多寡，经营技术强弱，以及所占市场位置之不同，得根据每户具体情况，民主对比减分，但减分至多不得超过应减户原定分的百分之四十。如此讨论对比确定后，方能成为正式负担分数。

第七条　（一）营业税根据已定之分数，每年分两期分配征收〔阳历八月及下年二月〕，但个别工商业者如因灾害、特殊意外损失而无力交纳营业税者，可暂时减分或免征，俟其恢复原状仍按原定分负担。但须经当地政府协同税局调查，并经工商代表会讨论属实者，方得减免之。

（二）为减少工商业者一时交款困难，须分配数字，可于五月及十月各预收一部分。

第八条　各行业者之分数得与农民负担公粮之通产同样每年复查一次，上年度第二期征收完毕，得经过各行代表会商民大会民主讨论审查，有特殊变化者，须修正原定分数，作为下年度负担分数。

第九条　农村专营之各种作坊〔油、粉、磨、毡坊〕与专营之小商贩、运输、手工业者之营业税，在征收公粮同时由区政府负责征收，但不评等定分，以其纯利不超百分之十五比例计征，属于专门贩卖业者，以其纯利最高不超百分之二十五比例计征。

第十条　熬硝、熬硫磺（黄）、炼铁各种军火制造事业均免征营业税。

第十一条　退伍荣誉军人本人之抚恤金、退职金、所经营工商事业之收入，自退伍之年起，三年内免征营业税。

第十二条　各种真正群众性的产销合作社，经备案者免征。

第十三条　凡有益于边区群众生产事业发展之手工业作坊，按其性质与规模大小，得予以分别减分奖励，其条件如下：

（一）棉、毛纺织业以其原定分数五成计征。

（二）铁、木、铜、锡匠铺、纸坊、皮坊、毡坊、麻绳铺，以其原定分数六成折合计征，贩卖业者例外。

（三）各种作坊〔如油、粉、磨、染坊、豆腐坊〕，以其原定分数七成计征。

（四）为减低成本奖励土产之发展，抵制敌货倾销，凡土产卷烟业、熬肥皂业之负担，以其原定分数八成计征。

第十四条　凡经奖励之事业中，又兼营其他业者，其兼营部分，不在减征与免征之

例（列）。

第十五条　小手工业者、小摊贩，在人尽其力、财尽其用的积极生产经营下，一年之收入仅能以维持其生活，无力负担者，经征收委员会讨论，商人大会通过减免之，如因不积极经营自己之事业，且大肆浪费，致使生活困难者，不予减征或免征。

第十六条　允许工商业者自由转变行业，如由商业转为有益于边区生产发展之工业作坊生产事业者，得照例享受减分折合奖励。

第十七条　地主富农经营之工商业，应同样受到保护，同样按条例征收，不得歧视。

第十八条　营业税之征收应由地方政府、税务机关、工商局及工商业之各行代表，组成征收委员会，负责进行征收。

第十九条　分数之评定在征收委员会领导下，先按行业评等定分，再按行政区域分组对比，并经商民大会讨论通过，最后由征收委员会审查批准摊配之。

第二十条　评定分数，即行摊配，自公布之日起于半月内由纳税人向主管税务机关直接交纳完毕，并须取得税务总局制发之税票为凭。

第廿一条　凡无故拖延不交税款，反藉（借）词推诿，屡催无效者，得处以应纳税款一倍以下之罚金。

第廿二条　凡在边区境内经营工商业者，不论新设旧营，均须于年初或开始营业时，向当地税务机关申请登记领取营业许可证，始得营业。

第廿三条　征收人员违法失职时，依法惩处。

第廿四条　本条例施行细则另定之。

第廿五条　本条例解释权属于行署。

第廿六条　本条例公布后，前颁布之营业税暂行条例即行作废。

第廿七条　本条例自公布之日施行。

选自《晋绥根据地资料选编》，第2集，中共吕梁地委党史资料征集办公室1983年编印，第418～421页。

24.　绥蒙区税收工作情况

1949年4月

绥蒙区于1949年4月1日由晋绥边区划归华北区，税务工作由华北税务总局领导。现就绥蒙区一般税收情况介绍如下：

一、绥蒙区的概况

绥蒙区包括绥远省及内蒙古西部，除汉人外尚有一部分蒙古人，故称绥蒙区。全区共县市二十四个，人口约二百二十万。目前，我们控制的有十个县市，即：集宁、丰镇、凉城、卓资、清水河、归绥、武东、兴和、陶林、和林。我有组织机构的地区，有包头市、包头县、萨拉齐、托克托、固阳、武川、归绥市。完全由国民党控制的，计有五原、临河、安北、狼山、米仓、晏江、东胜、陕坝。按人口计算，我们控制了八十余万人口［的

地区〕，国民党尚控制有一百余万人口的地区。另外，还有双方控制不到的一部分蒙旗地方，人口约三四十万。我们控制的铁路，火车可由丰镇通旗下营、白塔。

二、绥蒙政府组织机构

绥蒙政府下设五处，即：秘书、民政、财政、教育、建设；此外有绥蒙公安总局、工商总局、银行、交通总局，目前还准备成立高级法院。政府机关人员共有四百四十余人。在绥东还成立了蒙旗办事处，下有正黄、正红、镶红、镶蓝四旗，专掌蒙旗事务。政府主席杨植霖，副主席阎秀峰，财政处长由副主席兼任，副处长为马南风、靳崇智。马副处长兼粮食局长，靳副处长兼税务局长。虽有税务局之名，但一直未成立，仅于财政处内设税务科，执行税务工作。财政处共分六个科，即：财政、审核、税务、行政、粮食、会计，后三科属粮食局。张定安任税务科长，科内共有七八人。

三、税务机构

现有九个县局：丰镇县局设有税卡六，税务所四，共有干部五十余人〔内有老干部七人〕。集宁县局设有税卡二，税务所一，共有干部四十七人〔内有老干部十人〕。武东县局设有税卡二，共干部二十余人〔内有老干部四人〕。卓资县局干部二十余人。凉城县局设有税务所三，共干部十余人〔原有之盐务局已与税局合并〕。兴和县局干部约三十余人。陶林县局只有两个老干部。和林县尚未设局，现由财政科兼办。清水河县与和林县同。包头与萨拉齐县虽未解放，但两局机构都仍存在。根据目前形势之发展，绥蒙区实有单独建立税务机构之必要。

四、税收情况

绥蒙政府对税收工作，一向抓的（得）很紧，因此解决了财政上很多困难，除公粮外，绝大部分财政开支是依靠了税收。

目前税收的种类有：营业税、牲畜交易税、屠宰税、货物出入境税、制产税、斗佣、盐税等七种税，此外还有罚没收入。税收条例办法，大部是依照晋绥边区条例稍加修改，少数是自己制定的。根据税收比重，出入境税收占第一位，其次为营业税。从地区上看，集宁税收收入最多，其次为丰镇，兴和第三，卓资第四，估计将来税收可能以包头为最多。

最近准备征收营业牌照、车辆使用牌照、房捐〔有铺面的征，没有铺面的不征〕。在税目上我们不主张多，尽力的（地）统一税目。目前税务会计不独立，附属于财政科。

五、物产问题

绥远系产粮区，酒坊多，此与晋绥边区不准烧酒之情形相反，如集宁一地就有十个私人酒坊。我们计划准备先在集宁试办专营，专营以后可以解决财政上很大问题。目前酒价每斤银币二角〔合人民币约六十元〕，税率为百分之三十。

物产除大宗出产粮食外，皮毛、药材、盐〔年产约八九百万斤〕，均属大宗。将来在包头计划成立盐务机构，以便大量生产与销售。

由于税收抓的（得）紧，在解决财政困难及稳定金融方面，起了很大的作用。因此市场上货币多时即收货币，少时则收实物代税，以此种办法稳定了市场物价的波动。

六、对今后工作的意见

（一）在税收组织机构上，下面工作同志缺乏，有时收了税，数钱也数不过来。因此，

我们感觉到今后配备干部，上层机构人员可以少些，以免在工作上形成头重脚轻。

（二）缉私队应放在下层，放在县局和税务所。

（三）缉私奖金问题。税收人员奖金，在绥远一九四六年曾取消，我们主张恢复，但不应归个人，应补助办公费开支。

（四）毒品问题严重。由于敌人统治的原因，吸毒贩毒者甚多，如砂子、料面、醋酸，贩卖走私者屡有查获，必须加强禁毒与缉私工作。如醋酸在绥远卖到二百元银币一磅，丰镇只卖五十元银币一磅，利润很大。现在税局缉获已有九百磅。因此，如何禁毒亦是今后绥蒙地区工作任务之一。

选自《晋绥根据地资料选编》，第5集，中共吕梁地委党史资料征集办公室1984年编印，第211～214页。

七、经济管理

1. 晋西北合作社暂行条例

1940年9月6日公布

第一章 总 则

第一条 本条例为励行经济建设，粉碎敌伪经济进攻，在平等原则、互助组织之基础上，抵制中间剥削，改善人民生活，以适应抗战需要为目的。

第二条 合作社之业务，得分为生产、消费、运销、信用等业务。

第三条 合作社之责任分下列三种：

（一）有限责任——社员以其所认股额为限，不负其他责任。

（二）保证责任——社员除股额外，对社内债务担负股金额几倍之保证责任。

（三）无限责任——社员对合［作］社财产不足清偿债务时，由社员连带负责。

第四条 合作社之业务及责任，应于名称上表明之。

第五条 合作社得免征营业税。

第二章 社 员

第六条 凡在七人以上，均得按本条例之规定，发起组织合作社。

第七条 具有下列资格者，始得为合作社社员：

（一）年满十六岁者〔不分性别〕。

（二）无恶劣嗜好者。

（三）有正当职业者。

第八条　合作社发起人，应召开成立会通过章程，选举理事、监事，组织社务会，于一个月内，向所在地主管机关为成立之登记，应登记之事项为：

（一）名称；

（二）业务；

（三）责任；

（四）社址；

（五）理事、监事之姓名、性别、年龄、籍贯、职业、住址；

（六）社股金额；

（七）保证责任合作社之社员其保证金额；

（八）关于盈余处分之规定；

（九）关于公积金、公益金之规定。

第九条　合作社成立后，社员入社时应由社员二人以上之介绍，或直接向本社请求，经理事会之同意缴纳社股并报告社员代表大会。

第十条　社员如有破坏本社行为时，由社务会出席理、监事四分之三以上决议除名。

第十一条　社员如要求出社时，须向理事会请求许可，领取已交股金须在本社决算后六个月以后，始得领出股金。

第三章　社　股

第十二条　社员认购社股，每人至少一股，至多不得超过股金总数十分之二。社股金额，每股至少一元，至多不得超过十元。

第十三条　股金以一次交足为原则，缴齐则填发股票。

第十四条　社股非商得理事会之同意，不准抵押及转让。

第十五条　社员得于年度终了时退社，但应于一个月以前提出请求书，前项时间得延长至六个月。

第十六条　无限责任合作社或保证责任合作社，出社社员对于出社前合作社债务之责任，自出社决定日起经过二年始解除。

第四章　组　织

第十七条　社员全体大会为合作社最高权力机关，由全体社员组织之，大会闭幕时由社务会代表之。社务会，由理事、监事共同组织之。

第十八条　社员全体大会，每个社员无论其股数之多寡，只限一个选举权与被选举权。

第十九条　合作社设理事五人组织理事会，执行本社社务、业务，设候补理事二人，理事由社员大会中选任之。

第二十条　理事会由理事中互推或聘任经理一人，并得按事实需要，设会计及事务员若干人。

第二十一条　理事会设主席一人，由理事互推之，总理社务，对外代表本社。经理专掌业务之执行规划。会计管理帐（账）簿及缮写保存款项。

第二十二条　合作社设监事三人组织监事会，设候补监事二人，监事由社员大会中选

任之。

第二十三条　监事会设主席一人，由监事互推之，监事专负监督本社财产及业务执行状况，当合作社与理事私人订立契约或诉讼上之行为时，代表本社监事为执行职务，遇必要时得召开临时社员大会或代表大会，监事不得兼任本社其他职务。

第二十四条　理、监事与职员通同作弊时，得由全体社员代表五分之一提议召集临时社员大会或代表大会，改造和撤职，并向法庭起诉。

第二十五条　出席社联之代表，由理事会提出由社员代表大会推选之。

第二十六条　理、监事、社联代表之任期均为一年，但连选得连任之。

第五章　会　议

第二十七条　合作社各种会议规定如后：

（一）社员全体大会每半年一次由理事会主席召集之，以理事会主席为主席。但社员全体大会不能召开时，可召开社员代表大会。

（二）社务会每三月一次，由理事主席召集之，主席由理、监事互推之。

（三）理事会每月一次，由理事会主席召集之。

（四）监事会每月一次，由监事会主席召集之。

以上各种会议遇必要时均得召集临时会议。

第二十八条　合作社各种会议须有过半数以上之出席始得开会，出席过半数以上之同意始得决议。

第二十九条　社员不能出席社员大会时，得以书面委托他社员代理之，同一代理人不得代理二人以上之社员。

第六章　业　务

第三十条　合作社出售物品应低于当地市价，以现金交易为原则，放款利息最高不得超过月息一分五厘，手续费最高不得超过十分之一以上。

第三十一条　合作社以国历一月一日至六月三十日及七月一日至十二月三十一日各为业务决算期，每月底应结帐（账）一次，每半年终了应决算一次，由理事会编制财务目录、资产负债表、盈亏处置表及业务报告书，再由监事会审查后报告社员全体大会或社员代表大会。

第三十二条　合作社每期决算后有盈余时，除依次弥补累结损失及付股息至多年利一分外，其余按下列比例分配之：

（一）以十分之二以上提作公积金，除弥补损失外不得动用。

（二）以十分之一作职员奖励金，其分配办法由理事会另订之。

（三）以十分之一以上提作公益金，以发展合作教育，优待抗属干部疾病及干部家属困难及其他公益之用。

（四）余额作社员分配金。

甲、生产合作社，以社员生产劳动额为标准。

乙、消费合作社，以社员消费额为标准。

丙、信用合作社，以社员所出资金为标准。

丁、运销合作社，以社员所交销之货物额为标准。

决算后，如有亏损时，应以公积金、社股金依次弥补之。

第七章　合作社联合社

第三十三条　两个以上之合作社或合作社联合社因区域上或业务上之关系及因粉碎敌伪经济进攻，提倡生产，得设立合作社联合社，同一区域或同一区域内同一业务之合作事业，不得同时有两个联社。

第三十四条　合作社联合社为法人。

第三十五条　合作社之入社退社，经各该合作社社员大会之决议，合作社联合社之入社或退社，应经得各该联合社代表大会之议决。

第三十六条　合作社联合社之代表大会，以合作社或合作社之联合社之代表组织之。

第三十七条　合作社联合社之责任限于下列两种：

（一）有限责任。

（二）保证责任。

保证责任合作社联合社，所属各合作社或合作社联合社之保证责任，应依各社或各联合社加入之股金总额定之。

第三十八条　合作社联合社之理事、监事，由联合社大会就所属合作社联合社代表中选任之。

第八章　附　则

第三十九条　合作社业务之执行除依本条例规定外，于必要时得另订之。

第四十条　本条例自公布之日施行。

选自《晋绥根据地资料选编》，第5集，中共吕梁地委党史资料征集办公室1984年编印，第310～315页。

2. 晋西北行政公署修正垦荒条例

1941年8月修正，同年10月10日起施行

第一条　为达到消灭荒地，扩大耕地面积，增加农业产量，并便于实行，特修正本条例。

第二条　凡在本区内开垦荒地，悉依本条例之规定办理。

第三条　荒地种类如下：

一、生荒——尚未开垦之荒地及林地〔林地开荒只限林间之地，不得砍伐树木〕。

二、熟荒——去年曾经开垦耕种，而今荒废一年以上之地〔凡原条例所指新旧熟荒及新荒均属之〕。

三、河滩地——被河漂没之地。各地习惯上压青地〔即轮息地〕，不在荒地之列。

第四条　开垦荒地办法如下：

甲、对地主因种种原因致使荒芜之地：

一、生荒——开垦后免征公粮三年，免缴地租五年，五年后由当地政府评议，向地主

缴纳公平之地租。如系本人自行开垦者，免征公粮二年。

对此项荒地，开垦人有永佃权，在未取得开垦人同意之前，地主不得随意夺回〔即许还不许夺〕。

二、熟荒——开垦后免征公粮一年，免缴地租二年，二年后由当地政府评议，向地主缴纳公平之地租。如系本人开垦者，在第十年内免征公粮一半。

对此项荒地，在五年以内，地主在未取得开垦人同意之前，不得随意夺回。

三、开河滩地——开辟后免征公粮三年，并按当地习惯免缴地租五年至二十年，期满后归还原地主耕种。本人开辟者，免征公粮二年。

乙、对地主离开本区，亦没托人代管致使荒芜之地，其开垦办法，均适用甲项之规定。惟（唯）当地政府应负责暂为保管，代其租出，并设法招致原主返区，以便交还。

前项土地应出之公粮田赋，由当地政府代收缴纳，在地租内扣除。

丙、对无主之荒地〔即绝户地〕，其垦荒办法均适用甲项之规定。惟（唯）在免征期满后，其应出之地租应按期向当地政府缴纳。

第五条　开垦第四条甲、乙、丙各项所规定之荒地，如有原地主者，尽先由原地主开垦，如原地主不开垦或不能出租或离开本区亦未托人管理或根本无地主者，由当地村公所按：（一）抗属，（二）部队机关团体，（三）合作社，（四）贫苦农民，（五）一般农民之次序，按照规定代为招人开垦。

第六条　开垦人无论个人或团体，应于春耕前，将自己原耕种之土地亩数、剩余劳动力、情愿承垦地段，详报当地村公所，以便统筹决定开垦人。如准其开垦后，并应受村公所之指导与督促，不得贪多，以免荒芜。

第七条　如发现有意图逃避或减少负担，将自己耕地荒芜或转租他人而开垦他人之荒地者，经村公所查明属实后，不予减免公粮地租。

第八条　本条例如有未尽事宜，得由本署随时修改之。

第九条　本条例自［民国］三十年十月十日起实行。

选自《中国新民主主义革命时期根据地法制文献选编》，第4卷，北京，中国社会科学出版社1984年版，第323～327页。原注："选自晋西北行政公署《法令辑要》。"

互校版本：《晋绥根据地资料选编》，第5集，中共吕梁地委党史资料征集办公室1984年编印，第359～361页。

3. 绥察行政公署关于颁发粉碎敌人封锁政策办法的布告

1941年9月1日

为布告事：查日寇为限制我抗日军民之活动，进一步压迫我同胞，与剥削我同胞。故近来对于破坏我抗日军政工作及侵害人民更变本加厉，用尽方法，如所谓：（一）封锁十八道沟口交通。禁止我军通行；（二）在各地组织招抚工作，进行诱降活动，暗中煽动我军政人员叛变投降；（三）散发良民证，以限制人民之自由行动。凡此种种，揆其用意，

完全系出于最后孤注一掷之举。似此穷凶极恶残民以逞之诡计，若不及早揭破，不惟（唯）对我军政工作影响重大，即于各地人民亦必受其更重大残酷无情之蹂躏与压榨。本署兹以粉碎敌人之封锁政策及其诱降活动，反对敌人统治压迫，便利抗战军民起见，援特规定对策办法数项，除分令外，合将该项办法分列布告于后，仰我全境军民人等一体凛遵，万勿观望，是为至要。

切切此布！

计开

一、封锁敌寇交通办法：查敌寇宣布许可通行之四处路线〔蜈蚣坝、面铺窑子、那只亥沟、大塔至大仙庙等四道沟口〕办法原为将各沟口并少，而易于防止我抗日军民之活动，并便于统治，利于税款。故本署现已将上列四道沟口宣布禁止人民通行，如有奸商自行运货或与人驮脚经过该处时，应即酌量情形分别予以扣货、扣人或罚金治罪之处分。但敌寇之西北通商委员会或与敌运输经过该处时，除将货物完全没收充公外，并应以通敌论罪。

二、许可通行之路线办法，查敌寇宣布禁止通行之十八道沟口办法，原为封锁我抗日军政人民等自由行动之阴谋政策。本署兹为开放人民之交通起见，即日宣布许可通行。所有大小万家沟、奎素沟……等十八道沟口为公开交通路线，并对来往商民人等一律加以保护。

三、严禁敌伪招抚办法：查敌伪近来利用各地之顽固分子叛徒败类，在各村公开组织招抚工作，用以煽动我军政人员叛变投降及瓦解抗日力量，兹决定严禁办法如下：1. 以后如发觉有此项败类时，决予严拿枪决，以杜奸风。2. 各村如有深明大义之乡闾邻长等立将前项败类绑送本署，或就近送交抗日军政机关时，决予从重奖励。3. 凡被迫叛变或与敌作（做）招抚工作者，或作（做）招抚工作而半途觉悟者，来向我军政机关坦白自首，决予宽宥，保证优容安置。

四、限期缴收良民证办法：查敌伪散发良民证，原为便于统治人民一切行动自由之阴谋政策。本署兹为解除人民束缚起见，特规定缴收办法如下：1. 各乡村闾邻长等均应于布告之日起，迅将该管人民之良民证完全收缴当地抗日政府。2. 如有深明大义之人民于布告后迅将个人或其亲友邻居之良民证自动送缴当地抗日政府时，酌予奖励。3. 如有隐匿不缴或托故推诿者，从严惩办。

主　任　杨植霖

副主任　苏谦益

选自中共内蒙古自治区委员会党史资料征集研究委员会等合编：《大青山抗日游击根据地资料选编》（历史档案部分），呼和浩特，内蒙古人民出版社 1986 年版，第 246～247 页。

4. 绥察行政公署关于颁发开荒条例的训令

1941 年 9 月 14 日

为令遵事，本署兹为增加农产物收获量，以利抗战军民起见，特制定开荒条例十二

条。除分令并布告外，合将该条例照抄于后，令仰该专署，遵照实行，并转饬所属一体遵照，切实奉行，勿延为要。

此令

计开：

第一条　凡公共之荒地及逃亡地户之荒地，政府可无条件地发动群众去开荒。

第二条　私人之荒地，如土地所有人在本年内不准备开垦者，其他人民可经过政府许可开垦之。

第三条　凡新开之荒地有七年之永租权，期满后公地归公，私地归土地所有者。

第四条　凡新开之荒地，三年内土地所有者不得索租。

第五条　凡新开之荒地所征之公粮，第一年免征，第二年征半数。第三年全征。

第六条　凡开荒之人民如无籽种、农具、牛犋者，政府应负责设法补助之。

第七条　凡荒地内之建筑物、盖植物在第四条规定之年限内属于开荒者。

第八条　凡积极开荒者，政府斟酌予以名誉和物质之奖励。

第九条　凡公田及放弃土地之逃亡地户，在第三条规定之年限内所得之地租完全作为优抗及其他公益事业之用，由区政府负责保存。

第十条　蒙民之荒地不论公私，如欲依据此条例执行者，必须得到蒙民之同意。

第十一条　本条例有未尽事得临时修正之，其修改权属于行署。

第十二条　本条例自公布之日起施行。

主　任　杨植霖
副主任　苏谦益

选自中共内蒙古自治区委员会党史资料征集研究委员会等合编：《大青山抗日游击根据地资料选编》（历史档案部分），呼和浩特，内蒙古人民出版社 1986 年版，第 249～250 页。

5. 晋西北管理对外贸易办法

1941 年 11 月 1 日起施行

第一章　总　则

一、本办法为调剂内部供需平衡，对外贸易，突破敌伪经济封锁，抵制仇货倾销，促进内地生产事业，保障军民物资供给，粉碎敌人以战养战阴谋，发展根据地之经济建设，特依据本根据地贸易暂行条例第二章对外贸易之规定订之。

二、凡向本根据地以外之地区或本晋西北内敌人占领或统治地区经营贸易者，不论其是否为本根据地之机关团体部队或民商，均以本办法之规定处理之。

三、本根据地管理对外贸易事宜，由各级贸易局，及代办所办理，其未设局所地区委托税务稽征局办理之，未设税务局地区由县政府办理之。

四、为争取对外贸易平衡，奖励土产输出，对出境贸易采取以下原则：

1. 自给有余之货物或有利于本区土货生产之发展者奖励其出境。

2. 货物之输出优先向非敌占区输出。

3. 自给不足者酌情限制出境，起资敌作用之货物经明文规定者不许输往敌占区，但该项货物如能换回我方迫切需要之必需品，经贸易局之特许者不在此限。

五、为调剂内部供需，发展土货生产，抵制仇货倾销，防止资金外流对入境贸易采以下原则：

1. 有助于本根据地生产建设之工具原料以及我根据地无有或自给不足而无代用品之必需品奖励输入。

2. 货物之输入，优先输入其他根据地或敌占区民间之产制之货物。

3. 可能自给或已有代用品之物品限制或不许输入，奢侈品非必需品严禁输入。但该项货物如有特殊需要，经贸易局之特许不在此限。

第二章　出境贸易

六、凡以本根据地所产制之货物向本根据地以外之地区或敌占区输出，应争取换回等价之必需品或货币，如非本币，按管理外汇办法处理之。

七、敌占区与根据地之划分，依实际情况规定，如有携带禁止出境货物者，贸易机关认为系输往敌占区而携带者报称内地贸易时，由携带人具保或交付一定比例之保证金〔其数额不能超过该商品之出境税额〕，候卖货归来时持有销货地点区村之证明确保未输往敌占区者，经审核无误退还原保证书或保证金。

八、凡运销土产货物出境时，于起运前应该详列出口货物品名、数量，具书申请当地贸易局审核，经核准后，发给贸易局颁发之货物出境许可证及往返护照。

九、已履行前项手续之输出货物，于运输途中应各级贸易局之要求应出示证件以凭查验，归来后仍至原批准局所交回货物出境许可证。

十、出口商品如因物价关系，当时不愿购货者，或未购到货物归来时，应将所得非本区货币或票据等送交入境第一次所遇贸易局登记，依管理外汇办法卖给或存入银行，如系存入，银行可应出口商之要请随时支付原存货币或票据。

十一、持有货物出境许可证之运货人，如因特殊情事，致在有效期间不能达目的地者，得在未失时效前，持证向就近贸易机关申请理由，经查验货证相符准予延长。

如有有效期间不及到达附近之贸易机关请求者，得在未失时效前取具当地区村公所或其他机关之证明，持往就近局所，申明理由请求延长，如因特殊情事中途需要分运出境时，得向就近之局所申明理由，请求换发分运许可证。

第三章　入境贸易

十二、凡本根据地出购货者，应于申请前三日内负责运出本根据地土货〔本根据地以外之土货不以本根据地土货计〕，其数量至少不能低于申请购运货物总值三分之一。

但过境贸易不在此限，履行出入境登记纳税手续即可通过。

十三、凡本根据地出境外购运货物者，在未出境前应详列购运货物品名数量，并呈验运出土货证件，申请当地贸易局审核，经查明确已运出三分之一本根据地土货，核准境外购外货后，寻觅妥保填具保证书。

十四、因特殊情由采购货物经贸易局特许者，准予在输入货物以后补行输出规定数量

之土货。

十五、凡本根据地出境购运我根据地急切需要之必需品者，如必要携带本根据地所流通之货币时，除履行前条所列规定外，并须持所领境外购货证到银行申请发给许可证，准予携带非本币出境，如需外汇或购买非本币时，得持证依照管理外汇办法办理之。

十六、本根据地购货人归来，须持证及贩货清单向入境第一次所遇之贸易局所撤回原具证明书。

十七、非本根据地内之贩货入境者，应将入境货物详列清单向入境第一次所遇之局所具书申请入境，经核准后，发给货物入境许可证及单程护照。到达销地时，须呈报当地贸易局，经登记后寻觅妥保填具证书准于销售。

货物出售后，限三月内应负责运出本根据地之土货，其数量至少不能低于输入总值五分之一，经查验无误后退还原具证书。

十八、本根据地贩货入境人，其货物如超过原境外购货证所允准之数量时，其超过部分以新入境论。依前条办法补行运出土货，惟（唯）其数额部分不得多于原境外购货证允准之数量。

十九、本根据地之境外购货人与非本根据地之贩货入境人，其所运出土货之出口方向，不限于货物入境之方向。

二十、入境货物如中途分发各地出售，应于分发前，向就近局所申明理由，领取分运许可证。

第四章　查验及违法贸易之处理

二一、出入境货物之查验，由各级贸易局所执行之。其出外查验人员及受委托查验人员，必须携有贸易局制发之查验证。

二二、货物之出入境，须先经过贸易局核准后，始予履行纳税手续。

二三、违法贸易货物之没收，由区级以上政府依下列规定处理之：

1. 未经贸易局核准，而私自输出或输入货物者，没收货物之全部，如私运之货物系军火和毒品，除全部没收外，并将人犯送地方政府按情节轻重依法处办，但军火之向本根据地输入者不在此限。

2. 持有运往非敌占区之许可证而私将货物输往敌占区，并未重新履行手续者，没收货物六分之一，其余补予履行手续。如所运货物系军火或违禁物品除全部没收外，并将人犯送地方政府处办之。

3. 拒绝贸易局所与持有查验证人员之查验者，如其原已取得许可证时仅没收其货物之二分之一，如货证不符时，其超额货物全部没收之。如事先并未取得许可证依一款处罚之并科以罚金，其金额最多不超过其货价之二倍。

4. 凡运销明文禁止运出入之货物而未经贸易局之特许者，没收全部货物，所值在农钞三千元以上者，并将人犯送地方政府处办。其出入境之地区为非敌占区时，处一年以上三年以下之有期徒刑。为敌占区时，处二年以上十五年以下之有期徒刑。

依照上列各款，由县政府没收之货物统须呈交专署委托贸易分局拍卖之。

二四、凡通风报讯（信），因而查获违法贸易者，以货物变价所得酌给奖金报告人。如系民商奖给百分之二十四，如系工作人员奖给百分之十二，查获人奖给百分之八。

如无报告人时，查获人奖给百分之十五，执行人奖给百分之八。如所获［系］违法贸易，因而没收之货物无法变价时，得由各局所呈准贸易总局另行给奖。

二五、违法贸易之查获人员及执行人员，不依法定手续办理或对没收货物私自吞没，循（徇）情受贿者，以工作人员贪污舞弊论。

第五章　附　则

二六、本办法自本年十一月一日起施行。

二七、在明年一月三十一日以前深恐一时难于大量购集土货影响对外贸易，在此期间所有境外购货人运出本根据地土货之数量，暂时按十三条规定减半执行。

选自《晋绥根据地资料选编》，第5集，中共吕梁地委党史资料征集办公室1984年编印，第395～400页。

6. 晋西北奖励生产技术暂行办法

1941年11月公布

第一条　为提高生产技术，发展本区经济建设，争取经济上之自给自足，支持长期抗战，特根据鼓励生产事业及合作事业条例第八条制定本办法。

第二条　凡本区人民及在职干部人员，对农林牧畜水利工矿等生产事业，有下列成就之一者，依本办法奖励之：

一、对各种生产工具有所发明改进或仿造者。

二、对各种外货代用品有所仿造或发明者。

三、对各种矿石有所发现或研究化验成功者。

四、凡热心传导推广现有技术而堪称一般模范者。

五、对各种技术有所建议因而试验成功者。

第三条　本办法奖励分荣誉奖与金钱奖两种。

一、荣誉奖分列如下：

甲、荣誉表扬；

乙、奖旗；

丙、奖状；

丁、奖章；

戊、建立纪念发明人之研究所或学校等。

二、金钱奖分七等，详列如下：

甲、一等奖金四千元至五千元；

乙、二等奖金三千元至四千元；

丙、三等奖金二千元至三千元；

丁、四等奖金一千元至二千元；

戊、五等奖金五百元至一千元；

己、六等奖金一百元至五百元；

庚、七等奖金三十元至一百元。

特殊者由行署临时决定。

第四条　前条两种奖得同时进行之。

第五条　凡合乎第二条各款之一者，得将发明、改进、仿造之经过及制品图样并附具说明书送呈专署以上政府〔或送村区公所依级转呈专署以上政府〕，或口头呈述请求奖励。

第六条　凡有志在于特殊之发明而无力试验者，得将其试验计划呈报专署以上政府请求试验费，或到行署研究室进行试验，在研究试验期间，一切费用由行署供给之。

第七条　凡因研究试验而受有损失者，得直接请求专署以上政府〔或由区村公所依级转请专署以上政府〕救济与帮助。

第八条　如不同地区一人以上有同一发明者，得由政府按其研究成功之先后分别予以奖励。

第九条　凡集体研究发明之技术，政府得按照第三条之规定予以格外之奖励。

第十条　如有合第二条各款之一而本人未知请奖办法者，机关团体或第三者均可征得本人之同意代为请求奖励。

第十一条　奖励手续：

一、技术审查与奖品评定由专署以上政府执行之。

二、凡奖金在二十元以上五百元以下者，由专署执行之，执行后呈报行署备案。

三、凡奖金在五百元以上者，由行署执行之。

第十二条　本办法奖章奖状由行署制发之。

第十三条　本办法如有未尽事宜，得由行署修改之。

第十四条　本办法自公布之日施行。

选自《中国新民主主义革命时期根据地文献选编》，第 4 卷，北京，中国社会科学出版社 1984 年版，第 686～688 页。原注：“选自晋西北行政公署《法令辑要》。”

互校版本：《晋绥根据地资料选编》，第 5 集，中共吕梁地委党史资料征集办公室 1984 年编印，第 384～385 页。

7. 晋西北民国三十一年春耕条例

1942 年 1 月 1 日起施行

第一条　兹为加强春耕，扩大农业产量，增益民众收入，以保证根据地之巩固起见，特制定本条例。

第二条　为开展春耕运动，健全领导机关，由各级政府机关民政建设二部门〔行署粮食局亦参加〕，民运方面，农青妇三团体晋西文联，武装方面，政治部派负责干部分别参加各级春耕委员会，共同领导春耕运动。春耕委员会由各级政府主要负责人担任主席。区级春耕委员会的成立与否，由各县按干部条件与工作需要决定之。

第三条　对各种土地的使用，依照下列各原则处理：

1. 公地社地户地寺地庙地等，依照本署所颁公地户地社地寺地庙地学田使用条例办理。

2. 荒地依修正垦荒条例办理。

3. 典地押地依照回赎不动产条例办理。

4. 对暂无人耕种之地应由春耕委员会调查明确，分别代为租出，不使荒芜，所收租子由政府代为保存，于地主归家后如数交还。

5. 地主土地应由其自耕或出租，但如本身无力耕种，直到惊蛰时，还未雇人耕种又未租出者，应由春耕委员会负责代为租出，租子仍归原主。

第四条　关于人力畜力的组织依照下列办法进行：

1. 代耕队为优待贫苦抗属的义务组织，以自然村为单位，除抗属外，所有劳动力一律参加，但要经过政治动员。

2. 互助组织依“自愿原则”、“等价交换”与“适合日常生活关系”的原则组成之，各地大小人力畜力均可发动参加。

3. 对无业游民尽可能发动自行种地，违者得实行强迫劳动，对难民须设法收容参加春耕生产。

第五条　对春耕种籽及农具之缺乏应由春耕委员会进行调查，在有无之间实行调剂，但须由当事人出名借贷并须担保归还，必要时得呈请政府拨给贷粮及贷款〔另订详细办法〕。

第六条　对发展特产依照奖励特产办法办理，其要点如下：

1. 对种棉种兰（蓝）实行奖励，一般种棉种兰（蓝）的收入征收公粮时只计算半数，试种县份〔如保德、河曲、静乐〕种棉种兰（蓝）者免收公粮，试种失败者，政府补助其损失的二分之一〔试种户须经村公所登记，损失数系与种植当地普通谷物的收获价值比较计算出来〕。

2. 对人力担水种棉者，每担水一天工经村公所登记查实准免抗战勤务一个。

3. 奖励种植胡麻黄芥，征收公粮时上项收入以八扣计算。

4. 奖励农村种植瓜菜山药蛋作为补助食粮，奖励大量种麻旱烟以增加出境货物，征收公粮时由县政府按当地最低价格计算其收入〔城镇附近卖菜的园子应按城镇菜价计算，与农村不同〕。

第七条　对发展畜力依照奖励发展牲畜办法办理，要点如下：

1. 本区以内耕牛一律禁止出境，禁止私宰，违者严加究办。

2. 内地耕牛贸易自由，惟（唯）向边境地区移动耕牛者，须持有当地县政府及区公所之证明文件，保证其不向根据地外贩运。如持有证明文件而有人借故阻止者，其所受损失由阻止人负责补偿。

3. 对发展牲畜者政府给以金钱奖励，凡新生牛驴骡马一头者奖本币拾元，凡自根据地外购入能劳动之牛驴或骡马一头者奖本币二拾元，凡以配种畜孳生牲口为业者，其资本及收入均不计算征收公粮。

第八条　为保护农村副业特规定下列各点：

1. 母猪母羊禁止宰杀。

2. 民间公羊种公猪种一概不计入任何负担，专门以繁殖猪羊鸡为业者，如饲养猪羊公种开设孵鸡厂等，其资本及收入均不计算征收公粮。

3. 禁止任何机关部队人员强用低价收买猪羊鸡。

第九条　保护森林树木，非得树主允许不准任意砍伐伤损，违者受处罚。树主如大批砍伐时，须先通知政府机关〔由当地村公所呈报县政府〕备案〔详见保护树木暂行办法〕。

第十条　奖励新开水利，第一年灌溉之地仍按旱地收入计算征收公粮（详见修正兴办水利条例）。

第十一条　各机关团体部队之农业生产，部队以解决其一半菜金一半津贴为目标，机关团体以解决一半津贴全年菜钱为目标，其土地以耕荒地或人民过剩土地为原则，如有少数土地须向人民租种者，必须通过各该县春耕委员会，依照双方自愿订立租约确定交付租子，其种籽耕具肥料均由所耕种之机关团体部队自行设法解决，决不妨害人民生产〔详见处理部队机关团体耕田应注意事项〕。

第十二条　本条例有未尽事宜得由行署修正之。

第十三条　本条例自公布之日施行，三十年春耕条例于本条例公布后即行作废。

选自《晋绥根据地资料选编》，第5集，中共吕梁地委党史资料征集办公室1984年编印，第414～417页。

8. 晋西北优待专门技术干部办法

1942年1月10日修正公布

第一条　为发扬科学，提倡技术，以发展根据地之各种建设，特制定本办法。

第二条　凡下列各项专门技术人员在本区内担任工作者，均依本办法优待之。

1. 关于农林牧畜水利及农村副业等之专门技术干部。

2. 关于纺织、造纸、制药、冶金、采矿、电气、化学制造及其他各种工业部门之专门技术干部。

3. 会计师、医生、电务员及对工厂管理有专门研究与经验者。

第三条　合于下列条件之一者，月给津贴四十元至五十元。

1. 大学毕业有丰富学识，并曾任技术指导工作者。

2. 抗战前曾任工程师及曾有所发明者。

3. 有前两项同等能力者。

第四条　合于下列条件之一者，月给津贴三十元至四十元。

1. 大学专门毕业或大学肄业二年以上，有实际经验及技术指导能力者。

2. 曾在工程、农业、制药等界服务多年，有实际工作经验者。

3. 有前两项同等能力者。

第五条　合于下列条件之一者，月给津贴二十元至三十元。

1. 曾在高中程度之专修科毕业，并曾任所学专科之技术职务者。

2. 大学专门肄业二年以下无实际经验，而有前项同等能力者。

3. 未曾受学校教育，而有前项同等能力者。

第六条　合于下列条件之一者，月给津贴十元至二十元。

1. 曾在初中程度之农业学校、职业学校毕业，并有实际工作经验者。

2. 高中职业学校肄业，成绩优良，有前项同等能力者。

3. 未曾受学校教育，有前项同等能力者。

第七条　合于［第］二条三款之各项专门技术干部，依其技术程度月给津贴十元至五十元，不受［第］三条至［第］六条之限制。

第八条　除第三条至第七条津贴外，制服、粮食、菜金、鞋袜、旅费等均与其他干部同。

第九条　为尊重技术研究，对技术干部作各种专门技术研究时，予以必要之便利与帮助。

第十条　凡有特殊专门技术，对根据地有重大贡献者，得呈请行署批准特殊优待之。

第十一条　凡专门技术干部在生产上及技术上有所改良与发明者，从优奖励，其办法另定之。

第十二条　凡属聘请技术上之专门委员，均依本办法之规定办理之。名誉专门委员，视其工作日期及成绩，比照本办法送以报酬。

第十三条　专门技术干部之待遇，均须详细开具学历履历，呈请行署批准始得实行。

第十四条　技术干部自愿不受优待者，听其自便。

第十五条　供给技术干部之直系亲属及配偶之生活〔给养服装〕。

第十六条　前此行署颁布之优待技术干部暂行办法，自本办法实行之日起即行作废。

第十七条　本办法自公布之日施行。

选自《中国新民主主义革命时期根据地文献选编》，第4卷，北京，中国社会科学出版社1984年版，第688～691页。原注："选自晋西北行政公署《法令辑要》。"

互校版本：《晋绥根据地资料选编》，第5集，中共吕梁地委党史资料征集办公室1984年编印，第432～434页。

9. 晋西北修正兴办水利条例

1942年1月施行

第一章　总　则

第一条　为扩大水田面积，适当解决水利中的纠纷，增进农业生产，特修正本条例。

第二章　奖　励

第二条　本区域如有河流泉水及地下水旺盛之地区可资利用者，人民均得尽量开

凿之。

第三条　如兴办水利工程利益甚大，但需工料较多不能兴办时，得呈请当地政府设法协助与推动。

第四条　凡抗战以来从未灌溉之地，新近兴办水利者，其上水后第一年之收入，在征收公粮时仍按前一年旱地时期的产量计算，以为奖励。

第五条　本区域旧有水利事业无论公营私营，须由当地政府督饬其负责人积极整理，以增进灌溉数量。

第六条　水利合作社的股本及利润，均不计算负担。

第三章　水利组织法

第七条　以自由契约结合为原则，按地摊工或自由集股合资办法，由各地依实际情况自行选定之。

第四章　土地关系

第八条　兴办水利占用之地，无论公有私有须经当地县政府查明批准。

第九条　因开渠、凿井、凿泉及淤地被占田地之地主，有要求地价或租金之权利，买价或租金由当地县政府根据当地时价规定之。

第十条　新修水地佃户之永佃权，须严加保证，以提高兴办水利的积极性。但经区公所核准得酌量增加地租，依减租减息条例不超过产量百分之三十七点五，如系伴种，仍可按原规定分粮。

第五章　水利营业

第十一条　人民或团体如欲兴办水利，以资营业者，须于事前将工程计划、灌溉面积、资本数目、收费办法等，详具图说，呈请当地县政府转报本署核准。

第六章　附　则

第十二条　本条例如有未尽事宜由本署修正之。

第十三条　本条例自民国三十一年一月施行。

选自《中国新民主主义革命时期根据地法制文献选编》，第 4 卷，北京，中国社会科学出版社 1984 年版，第 328～330 页。原注：“选自晋西北行政公署《法令辑要》”。

互校版本：《晋绥根据地资料选编》，第 5 集，中共吕梁地委党史资料征集办公室 1984 年编印，第 421～422 页。

10. 晋西北奖励特产暂行办法

1942 年 1 月公布

一、为发展根据地农业特产，特制定本办法。

二、根据地内奖励种棉种兰（蓝），在征收公粮时，棉兰（蓝）收入只计算一半，棉花可以代交公粮，折合办法，由当地县政府按市价公平规定之。

三、向来大量种棉之地区，如河曲、静乐、保德等县奖励试种，其所有种棉收入均不

计算公粮，试种之家经村公所登记者，如试种失败，其所受损失由政府补偿其半数（与种植当地普通谷物产量或按总价比较计算损失，由村公所汇报县政府核发之）。

四、春旱时期奖励人工饮水种棉，凡用人工担水饮种者，经过村公所登记查明，每担水一天工得免去抗战勤务一个。

五、奖励种植胡麻、黄芥，征收公粮时，上项收入以八扣计算。

六、奖励种瓜类、菜豆、山药蛋，征收公粮时，除城镇附近菜园之产物，按市价折成粮食计算公粮外，在一般农村以供自家食用为主之瓜菜山药，其收入按当地最低价格折合计算以为奖励，不得一概按城镇菜价计算。

七、奖励种麻及旱烟，征收公粮时，按当地最低价格计算其收入。

八、本办法有未尽事宜由本署修改之。

九、本办法自公布之日施行。

选自《晋绥根据地资料选编》，第5集，中共吕梁地委党史资料征集办公室1984年编印，第420页。

11. 绥察行政公署关于春耕工作的指示信

1942年

第一部分　春耕运动的意义

绥远人民目前正处在最困难最可怜的境地。由于日寇、土匪的骚扰、绑架、抢劫，因而藏避日寇、土匪，遗［贻］误春耕者不知凡几，逃亡他乡者其数更多。这样，使绥远人民生活既不安全，生命又朝不保夕，其悲惨状况，真难以言语形容。又加去年冻灾、雹灾，好多地区收量大减，人民受饥受冻的日见增加，离开土地，无力继续耕种的亦复不少。更因日寇的烧杀政策，把许多地方的房子烧完了，牲畜拉走了，粮食也驮走了，无辜惨杀同胞很多。但我政府为了坚持绥远的游击战争，蓄积革命的力量，方使人民必须成为革命的两面派，以应付敌人。而敌人还乘此机会大肆以惨酷手段向人民剥削，其苛捐杂税有：飞机款、车子款、地亩款、自治款、国防献金、军衣款、煤油款、太军回国费、屠宰款、灯款、青草款、学校款，他如人民代雇青年团员、少年团员、秘侦队联络员、学生，又如伪蒙古军保甲事务所、伪乡公所、汉奸敌探等向人民不断的（地）要款，要大烟，要粮食、公款之余，继之送袖筒私钞，诸如此类，不可胜举。使绥远人民对敌负担每亩款子多至十几元，少甚六七元，较给我军我政府之负担超出八倍以上。敌人最近又严格采取经济封锁政策，使人民需要无法调剂。更以物价提高，每匹老布十几元之多，人民出产品反而降低价格，每斗粮约二三元，最近有个别地方敌人定出官价每斗一元，强迫人民卖粮。由于土匪骚扰，冻灾、雹灾的流行，敌人的烧杀剥削经济封锁，其结果，人民叫苦连天，背乡离井。我政府为了挽救人民于水火之中，尽可能地改善人民生活，采取有较力的办法外，特提出春耕运动的号召，以增加生产。［这是］春耕运动的最大意义。

特别是因为八路军坚持着绥远的游击战争，使绥远的广大人民没有再遭受敌人的剥削烧杀、过着亡国奴的惨痛生活。八路军是人民的子弟兵，与人民有血肉相关的联系。这就是说，没有八路军，就不能坚持绥远的游击战争。没有绥远的人民，八路军亦无法立足。所以，增加生产，供给军队的吃饭、穿衣，是万分必要的，也就是不愿做亡国奴的人民应尽的义务。因此我政府提出春耕运动，是有伟大意义的。

过去绥远人民的养生资源即为牧业，而今以农业为主。但在一贯的习惯上没有组织，往往费力多而收效少，没有动员办法，遂使偷懒分子不事生产，没有竞争，不能提高生产情绪；没有调剂，穷者就没有办法生产。因此，在政府总动员之下，人民与政府完全走入春耕运动，并解决春耕的困难，一致进行春耕，使工作更有把握地完成。这是春耕运动的绝大意义。

我政府是最民主的政权，是关心人民的政权，与过去只向人民要钱、不给人民办事的旧政权不同。提出春耕运动的口号，也充分地说明了抗日政府对人民的关心，也提高了抗日民主政权的威信，使人民与政权的关系更进一步的（地）团结，使人民对政权的认识更进一步的清楚。因此春耕运动的提出，是有着重大意义的。

第二部分　春耕的组织

A. 春耕委员会，以乡为单位成立之，直属于乡政府之下。可设主任一人，总管全乡春耕事宜，其余设委员四人，一为优抚委员，专管抗属之春耕事宜；一为宣传委员，专管春耕之宣传事宜；一为调剂委员，专管春耕之耕作、籽种、农具等调剂事宜；一为开荒水利委员，专管春耕之开荒、开渠事宜。该委员二人必须是努力生产、肯负责之农民参加之。在春耕运动时间，主任可参加乡政委员会，或乡政委员会之委员兼春耕委员会主任，区政府派督导员去领导。

B. 义务耕田队，全乡四十五岁以下、十五岁以上之居民，不管职业如何，凡男性皆得参加之，以人数之多少，编成班队。春耕委员会之优抚委员兼义务耕田队队长。其任务就是代本乡无劳动力抗属耕种田地。

C. 劳动互助小组，以小村为单位组织之。设小组长一人。在人民自愿之下互相帮助，互相换工，以期提高集体生产之情绪，与加强生产之速度。

D. 妇女生产小组，以小村为单位组成之，设小组长一人。由妇女互相督促、互相勉励，参加春耕，如送饭、种菜、喂牛、喂马等。

E. 春耕调剂社，以乡为单位组成之，春耕委员会之调剂委员兼社长，其他委员各间参加之。凡是小康之家与急需补助之家，皆为社员。调剂籽种、耕牛、农具、劳力。

F. 宣传检查队，以乡为单位组织之。设队长一人，由春耕委员会之宣传委员兼任之，其余委员一闾一人参加之。用文字、口头等方式进行宣传工作，用公开秘密等方式进行检查工作。

第三部分　春耕运动的宣传

A. 宣传材料：

1. 宣传春耕的意义〔第一部分可参考〕。

2. 在春耕运动中揭破敌人的欺骗宣传，揭破敌人的阴谋诡计，举出具体的事实加以说明。

3. 春耕运动中揭破顽固分子与亲日派反共行为、准备投敌的卖国罪恶。

4. 根据春耕中之具体例子，好的加以表扬，坏的加以批评，提高群众的生产情绪。

B. 宣传方式：

1. 文字的，各县区写成具体短小的传单、标语、画报、小册子，在农村发散。

2. 口头的，召集群众大会、座谈会、院子会、家庭座谈会、军民联欢会、野外座谈会各种会议去进行宣传。凡我政权、军队、群众团体每一个工作人员都要负责进行宣传工作。

第四部分　春耕运动的动员

A. 各级政府接到这一指示信，立即召集干部会议，根据各地不同的情况，详细具体地讨论，把春耕工作首先在干部中动员起来，提高干部对春耕工作的重视。

B. 各部队、各机关应根据政府的春耕指示信，召开全体大会，动员工作人员、干部去帮助抗属开荒种地，以扩大政治影响，在可能环境内自己种瓜种菜。

C. 把春耕工作，县区乡做（作）出详细计划，各种数目字如开荒、籽种、牛犋使用，具体决定。

D. 在各乡级，应把春耕工作成为当前的中心工作。首先由乡政委员会讨论各项工作，然后召集居民大会建立各种春耕组织，讨论各项春耕工作，使每个老汉娃娃妇女，都懂得春耕的意义与办法。

E. 居民大会开毕后，各种春耕组织具体讨论自己的工作，按期去完成任务，由区乡长出席指导。

F. 报告、检查、会议制度：

1. 会议。春耕委员会一星期开会一次，其他春耕组织同。但遇有必要时，得临时召集之。乡委员会一星期一次。

2. 检查。区政府半月派人检查各乡春耕工作一次，乡政府十日检查春耕委员会工作一次，春耕委员会一星期检查其他春耕组织工作一次，小村群众自己的春耕工作，七日检查一次。

3. 报告。各春耕组织一星期向春耕委员会口头报告一次，春耕委员会一星期向乡政府口头报告一次，乡政府十日向区政府书面报告一次，区政府向县政府半月书面报告一次，县政府向办事处二十日书面报告一次。

4. 春耕运动工作。县政府应直接领导与布置一个乡的春耕工作，求出经验，以领导各乡区的春耕工作。

5. 建立竞赛制度，居民与居民竞赛，户与户、邻与邻、闾与闾、乡与乡、区与区、县与县自己写出挑战书，自己定立竞赛条件。

6. 春耕奖罚。如春耕工作努力的干部奖励之，消极与轻视春耕工作的干部处罚之。奖励努力生产的优秀农民，处罚不愿生产、抽大烟、说怪话、破坏春耕的坏分子。奖罚条件另定之。

第五部分　春耕运动的其他事项

A. 责成县区乡政府成立农具合作社。此项组织直属于乡政府或区政府，每社至少集五千股金，［每股］五毛，专门雇用铁匠制造农具，或由□购买，发动每个居民都加入此

种合作社。

B. 籽种借贷成为春耕时的严重问题。灾区籽种，由政府将救国公粮之一部，在春耕时罚款折合粮食之一部，没收私自运往敌区供给敌人军粮者抽出之一部，此三者作为籽种，借给灾区人民，其他区域发动人民向富有者借籽种。其借粮手续，不须经过政府，但乡级调剂社要从中保证富者乐于输将，贫者在秋后一定归还，利息每斗至多一升。抗属没有劳动力，家庭贫穷，无法维持生活者，其籽种由公粮内抽出。另外发动群众自行调剂，如你有草麦，我有莜麦，互相调剂。

C. 抗属的代耕。凡组成之义务队、耕田队，必须代替没有劳动力之抗属耕种。如某户抗属，大人三十垧，小孩二十垧，根据人口多少决定种地多少，根据种地多少，拨给劳动力多少。但拨给抗属之某班某队，对该抗属之收获量要负完全责任。如抗属地内之收获量不及耕田队员地内之收获量时，耕田队员应补其不足。耕田队代替抗属耕种时，其耕牛、农具、吃饭由耕田队负责，春耕、锄草、秋收必先于耕田队。

D. 逃亡分子应发动其亲属朋友说服回来。如伊自愿放弃土地，该项土地由春耕委员会招人去种，但不付租。该地对公家之负担，由种地户负责一半，地主负责一半。

E. 灾民难民到达我区者，政府应负责安置，无论向富者伴种，无论自己去种，政府应保证其利益，减轻其负担，与负责（有）介绍职业之责。

F. 在春耕运动时提高警惕性，严防汉奸造谣破坏。

G. 春耕运动时，发动群众，严防好人往敌区运粮，特别是反对敌人的拉粮、抢粮、定官价买粮。

H. 给群众解释多种食粮，少种□□，多喂鸡猪。

I. 春耕运动时。各种统计：

（1）所种实地；（2）籽种借贷〔私人、公家〕；（3）给抗属种的土地；（4）开荒数目；（5）修水地数目；（6）逃亡地户的土地；（7）灾区；（8）春耕组织登记；（9）□□亩数；（10）农具合作社的数目、社员股数、股本登记；（11）耕具登记。

在春耕运动时，发动群众种树造林。

第六部分　春耕运动时口号

1. 多种旱粮，少种□□。

2. 多修水利，多开荒地。

3. 动员男女老少一齐参加春耕，不让闲一个人，不让荒一亩地。

4. 动员逃亡地户回家种自己的地，吃自己的饭，不在外边受别人的气。

5. 号召敌区老百姓到我们这里种地。

6. 反对向敌区送粮，留下粮食好作（做）籽种。

7. 反对过去乡公所不管人民春耕的现象。

8. 反对不努力生产的流氓分子。

9. 反对借种子不还的现象。

选自中共内蒙古自治区委员会党史资料征集研究委员会等合编：《大青山抗日游击根据地资料选编》（历史档案部分），呼和浩特，内蒙古人民出版社1986年版，第282～288页。

12. 绥察行政公署关于解决军民食粮困难问题的指示信

1942 年 7 月 20 日

各专员、各县长同志：

去年秋收后，敌人一方设置官场面、公粮仓，没收统治群众食粮，并靠积谷名义勒索。十月后，则敌伪三五十人，以至三二百人不等到处活动，一边进行扫荡，一边则公然掠夺粮食，每区掠夺数百石至数千石不等。最近敌伪更采取一边扫荡搜索，一边游吃的办法，企图搜光粮食，困走我军民。而今年春耕以来，天时荒旱，人心恐慌，尤以我去年公粮无计划的（地）积存、食用以及损失，所以在青黄不接时期，我活动区军民特别感觉困难，因而粮食问题有时在个别地方形成军民争食及贫富对立的严重现象。七月四日在××曾有饥民六十余家，每户出一人，集结起来持锹镢斧头到存粮老财家强借，经县府调解方作罢。××××有饥民七十余口在本村强开老财粮窖，老财报告敌人，又将穷人所借粮食抢去一半。××教堂运粮到归化，被群众发觉拦阻，分了一部。老财运粮出境，群众监视老财到处皆有，而以口头及书面请求政府解决食粮困难者则比比皆是，至于我军政民给养司催要粮食，致使群众害怕恐慌，甚至有见我给养司而逃逸山顶者。这些现象说明了在此青黄不接时期军民食粮已成严重困难问题。我们要认识这个问题，并且须找出解决困难问题的办法，不能让这一现象继续发展。饥民自发的强借粮食纠纷，政府固不能发动指使，亦不能无条件的（地）压制，而应适当地解决平息，否则不顾及饥民困难，可能使饥民铤而走险。比如有的同志因饥民盗过有粮户少数粮食，听了有粮户一面之词即将盗粮者枪决。有的饥民因为强借大户粮，有的同志则把主谋者〔无其他政治背景〕交于县府戴以捣乱帽子，请求枪决。这是错误的作（做）法。不但不能正确解决纠纷，平息事态，并且更加深穷富仇恨，并可迫使饥民铤而走险。

在某县则有某工作员曾与群众说："现在的粮食，抗日者都有份，饥民都有份"。这也是不对的。这样能引起阶级斗争的危险，甚至被一些具有政治背景的反动分子及敌伪挑拨利用，迫使富有者离开我活动区域。以上的错误认识及作（做）法都是有害的，不利于民族团结，不合于统一战线照顾贫富利益的原则的。为了正确解决食粮纠纷及军民粮食困难，行署提出以下办法，希各级同志根据实际情况，正确解决之。

一、群众借粮纠纷的处理

1. 饥民自发之借粮风潮〔例如集众持锹挖窖等〕，政府应立刻停止这一行动，召集贫富双方设法解决，并向双方解释大敌当前不应兄弟阋于墙，应该民族友爱，贫富相济。至于未通过我政府解决而报告敌人者，则应立予制止。

2. 基本上对这一问题应顾及双方，协议解决。对饥民颗粒无有者，应借予少部，可以地约房屋等作抵约（押）定以利息，借一斗秋收后还一斗三升，并由政府保证秋收后偿还一斗三升。但对存粮户，不应采取强制办法而应说服，而其余粮必须是足其食用方可。

3. 因借粮纠纷，顽固老财迫害群众，具有反动政治背景，报告敌方镇压而未经过我

政府解决者，则应依其情节轻重，予以惩处。而有流氓无赖受敌指使煽惑群众，故意挑拨阶级斗争以利敌人者，则应查明主谋者，扣捕严惩。

二、一般饥民食粮困难的解决

1. 一般饥民食粮的解决，由政府在群众间提倡民族友爱，有无互济，并由政府指定敦请公正长者、士绅在本村专门调处借粮问题，最好能本村本社自行救济，因为本村本社不是亲友，便是故旧，知根知底，互相信赖，更易解决。

2. 借粮时最好由双方同意确定利息，或以土地牲畜作抵，或由饥民自行找保，保证秋收有偿还。

3. 发动群众监视敌人抢粮，若敌人抢掠粮食路过村庄时，急须（需）就近报告我军，相机打击抢粮敌人，截取粮食，解决军民粮食困难。

三、监视粮食出境，防止偷盗粮食

有些老财怕群众借粮，即将粮食运往平川出卖，有的则驮于敌据点周围，这样更增加我军民困难。须平常将有粮者调查清楚，发动群众注意监视。不得让其出境。但是也有些有粮户恐小偷盗窃而转移者，政府必须严辑（缉）大盗惩处，平息盗风，保护粮食。

四、军政食粮问题

1. 催收积欠公粮。近敌据点周围，有些乡村大部积欠应负担公粮者很多，政府应将数目调查清楚，各县自行与军队方面分配地区，派少部武装催要。不可乱挖他人粮窖。若因敌情关系急须（需）粮食而挖掘粮窖时，须找到乡间邻长，不可自行乱挖，并须取以少部，留以大部，而被挖户公粮超出者，则指明由积欠公粮户补还，或事后由全村派摊，不能苦乐不均。若我部队因战争关系，挖窖后不及指明由乡村中适当处理者，群众陈明后，政府应适当善后处理之。

2. 取消给养司开粮食便条的办法，代以二联收粮据。去年公粮积存、食用皆无计划，形成给养司临时催要，随便开白纸条的现象。由于该现象的存在，因而产生了一些流氓无赖汉奸，冒充我军开便条勒索群众食粮，破坏我军影响，增加群众困难。甚至有毛笔、铅笔、水笔书写者，字迹麻胡（模糊），数目不明，时期长了不易核算，引起乡政人员、给养人员浪费贪污的现象。为节省粮食，限制贪污，防止冒充，因此须立刻废止给养司开便条的办法。政府游击队各级单位则由政府印制二联收粮据，加盖机关及负责人名章，一联给出粮者，一联作为存根。政府机关接到指示，须立即实行，军队则自行印制。今后政府方面应首先严禁开白纸便条的现象。军民食粮虽成严重问题，但若努力解决，困难定能克服。最近落雨，若不继续旱荒，收成可保一半。希望同志们接此指示后研究执行。

主　任　杨植霖

副主任　苏谦益

选自中共内蒙古自治区委员会党史资料征集研究委员会等合编：《大青山抗日游击根据地资料选编》（历史档案部分），呼和浩特，内蒙古人民出版社 1986 年版，第 295～298 页。

13. 绥察行政公署关于敌占区贸易的管理办法

1943年2月25日

一、为加强对敌斗争，粉碎敌伪盗取物资阴谋，防止敌探活动，本管理对外贸易之原则，特定本办法如下。

二、凡对敌占区出口贸易之经营均由贸易局直接办理之，任何民商、机关、部队之采购人员及所属之商店，均一律禁止经营，否则以违法贸［易］论。

三、本办法之执行权属于各贸易机关，如无贸易机关地区，由贸易局指定机关代为负责办理，当地政府驻军应协助之。

四、根据地商民与机关部队采购人员及所属之商店想向敌占区购进或售出货物时〔明令未禁止出入口货物〕，须申请当地贸易机关代为办理之，其契约依当时实地情况约定。

五、敌占区民商想来根据地内购货或出口货时〔明令未禁止入口之货物〕，须申请当地贸易局代为办理之，其契约以当时实地情况约定之。

六、凡根据地以外之民商想经过本根据地，向敌占区购进或售出货物时，其办法与内地商人同。

七、根据地内机关部队如因特殊需要，须由敌占区购买，而贸易局不能代为办理，得申请贸易机关特许径自采购。贸易机关接到此类申请时可酌量发给特许证，但被许可者必须于限定时间内将采购回之货物送交原［特］许机关查验，并将特许证缴回，逾期不缴或货物不送交查验者，均以违法贸易论。

八、如前条件［所］许之采购人员因特殊原因于限期未能购足所需之货物者，续请许可，继续许可后，重新发给特许证，如准继续采购，否则以违法贸易论。

九、特许采购入境之货物均须照章纳税。

十、本办法自颁布之日施行。

选自中共内蒙古自治区委员会党史资料征集研究委员会等合编：《大青山抗日游击根据地资料选编》（历史档案部分），呼和浩特，内蒙古人民出版社1986年版，第337～338页。

14. 西北财经办事处关于陕甘宁晋绥两边区贸易税收之决定

1945年7月10日

陕甘宁边区与晋绥边区财政经济须要逐渐走向统一，在贸易与税收方面，步调应取得协调，密切的（地）互助，使敌顽无机可乘，而两区经济确保巩固。为此特暂行规定两区之贸易与税收原则如下：

（一）两区之允许与禁止出入、过境之物资，应尽可能求得统一，如因特殊情况，而

一区须进行单独规定者，此单独规定应［以］不妨碍另一区财政贸易为原则。

（二）两区不同规定之物资，如一区为允许出口，而另一区为禁止出口，当允出区运往禁出区时，禁出区如不能收买［应］准许允出区持证明文件通过禁出区出境，如一区绝对禁止运出本区之货物（如粮食），而另一区有必要之需要时，须经禁出区之最高政府批准，并由需用区最高贸易机构购运。

如一区允许进口，一区禁止进口之物资则不得由允进区转入禁进区，否则禁进区得按物资管理规章及办法处理。

如允进区需用之物资，又必须经过禁进区时，允进区得经禁进区之贸易公司代为购运，但须得保证不在禁进区销售。

（三）两区之土产品互相运输，在两区内各地销售，与本区之土产同等看待。两区之土产互运时，全凭产区证明，有产销税者凭税证，无证者即作外货论。

如一区无产销税，而另一区有产销税之物资，当由无税区运入有税区时，有税区得按本区产品征收产销税，相反运输者，则不退税。

（四）两区入境税率不同之物资，从税低区运至税高区时，税高区得照章补税，相反者不退。出境税率不同之物资，如已在税低区交纳出境税，而经税高区出境者应照补，相反者不退。

（五）凡经过两区之过境物资，其过境税在行经第一区第一税务机关交纳，至第二区时，如税率比第一区高则应补税，相反者不退，相同者不再重征。

禁止入境而要过境之物资，或入境税高于过境税之物资，均须向第一区第一税务机关具保，保证不在两区内销售，而运往外区。

（六）今后两区之贸易公司、税务机关人员，应经常研究两区之条例规章办法，并取得联系，尤其河岸两区之接壤地带，应洽商解决问题。

选自《晋绥根据地资料选编》，第5集，中共吕梁地委党史资料征集办公室1984年编印，第170～171页。

15. 晋绥边区行政公署、晋绥边区农会临时委员会春耕动员令

1948年2月18日

一、为了适应土地改革后农民生产翻身的要求，为了渡过傅阎匪掠夺所造成边缘区的匪灾和去年三分之二的内地区严重的天灾〔四分之一的农民缺一至三个月的口粮〕，为了支援西北人民解放战争的胜利，依据晋绥分局的方针，确定生产建设为晋绥当前的中心任务，这不仅共产党员，凡共产党领导的一切组织都要坚决执行。必须动员起来，全力开展各项生产建设，而目前则是集中一切力量，全力进行春耕，为争取渡过灾荒、多种地多打粮食而斗争。

凡是实行土改分配了土地的地区，应立即通过农代会研究如何组织全体农民生产，合

理地使用斗争果实，把斗争果实应用到解决翻身农民的种籽、耕畜、口粮等生产困难上去。在尚未实行土改或尚未能把土地分配下去的地区，应即采用过去调剂土地的办法，使无地少地农民，都能有适当的土地耕种，并以互借互济方式，解决贫苦农民的种籽口粮等生产困难问题，而各地贸易局则应认真负责购买运进农民的生产必需口粮种籽及牲畜，帮助解决春耕中的许多困难。所有机关部队学校，都要立即着手计划自己的生产，并帮助驻地群众生产。要求各该机关部队学校的农业生产做到蔬菜自给。一切部队机关公务人员，应该在春耕期间除战争所必需的担架与军需品运输及运粮救灾的运输几项军勤外，其他一律不许动员军勤，使农民不因军勤耽误生产。为了救灾救死，争取不饿死人，应提倡大量播种春麦、豌豆、春菜等早熟作物，以减少度荒口粮供给上的困难。部队机关亦应多种春菜、多割马草，准备春荒期间再减少粮食及草料。今年政府所增发的农贷款和救济粮，主要的将发放给灾情比较严重地区，所有没有灾荒和灾荒不大严重的地区，应立即设法有计划的（地）用战争果实换取农民生产上所必需的物资回来，并允许将可以收回的去年的农贷款转贷出去，力求自力更生解决问题。总之，已经成立了农代会的地方，当地党委和政府，应即通过农代会研究计划组织领导该地区的春耕工作，尚未成立农代会的地方，即由当地党委和政府负责，立即组织该地区领导春耕的机构进行春耕工作。应尽量把农村中的人力〔包括地富的劳动力在内〕、畜力、物力〔包括斗争果实、贷款、互借粮在内〕，都组织运用到生产上去。为达到消灭一九四七年度的熟荒，争取扩大耕地面积的目的而斗争。边缘区应即必须加强对敌斗争，坚决打击抢粮之敌，为保卫粮食、保卫春耕而斗争。

二、各级政府各级农会和土改工作团，必须立即着手转入全力动员组织领导春耕生产。某些地区过去在土改中没有充分注意到结合生产，因而耽误冬季生产和影响春耕是错误的，因为土改的目的就是为了消灭封建，发展生产。发动群众消灭封建，分配土地，仅仅是打下生产的基础，必须使得地农民在土地上生产出粮食来，打下劳动致富的基础，才算最后完成了土改任务。动员组织农民春耕，首先要消除农民中的偏向和错误，因而产生对于政策的不了解和疑虑，各地应根据毛主席《目前形势和我们的任务》和边区行署与边区农会临时委员会二月十日联合命令，进行深入广泛的宣传解释，说明过去土改中错订［定］成份（分）和侵犯中农利益等等，是我们执行政策上的偏向错误，共产党的政策是消灭封建性和半封建性的剥削，是提倡发展生产劳动致富的，对中农和新富农是坚决保护的。这是一切共产党员和党所领导的组织要坚决执行的，并以坚决改正错误的实际行动来消除中农对政策的误解和疑虑。此次平分后，只要大多数农民没有意见，经农代会通过，经政府批准，即可以向政府领取土地证，各人所分到的土地财物，即归各人所有。对分地后，由于人口多劳动力少，或老弱孤寡无力自己耕种者，允许出租出典或与别人伴种等办法，以解决缺乏劳动力的困难。分地后，各人对自己的土地财产有自由处理之权利，并允许雇工经营。对于某些军属和干属，确保因缺乏劳动力而无法耕种者，得由各该村农代会讨论批准代耕，并拟定具体的代耕办法，但应反对过去那种不问家庭情况和是否缺少劳动力，凡是军属干属即一律代耕的办法。总之，务必利用各种机会反复深入宣传我党政策，消除农民对生产上的各种顾虑，使所有分到土地的农民，都敢于大胆的（地）发展生产，相信凡是用自己的劳动力得来的土地财物，均归自己私人所有，受民主政府法

律保护。

三、除了根据各地土地分配与否、灾荒与战争等情况，确实具体的（地）解决春耕中种籽口粮耕畜等等困难和消除群众生产上各种顾虑之外，必须具体解决群众生产另一个困难问题，即按自觉自愿的原则，把群众组织起来，高度发挥翻身农民的生产热情，提高生产强度，为争取不荒废土地和多种地多打粮而斗争。在农代会之下，应成立各种具体指导农业生产的组织〔抗日时期的领导生产的组织，有的叫生产委员会，有的叫生产指挥部或战斗生产指挥部〕，要吸收过去领导过生产而为群众所拥护的干部、劳动英雄和对农业生产有经验的老年人参加，在老区因中农一般的占多数，更应吸收中农参加领导和组织生产，成为具体研究计划组织农民生产的执行机关。但必须从今年土改后的情况出发，研究如何以耕牛等生产工具为中心，以及土地的毗连和农民间的互相信赖等情况，在自觉自愿的原则下，把农民组织起来，互助合作进行生产。应研究总结抗日时期的变工经验，否定其形式主义、强迫命令的一面，发挥其确对生产有利的一面。变工合作生产，必须是出于自觉自愿，对于人工牛工草料工资的折算，必须是公平合理的和方法简便的，应防止按阶级成份（分）不同而规定的片面的折合，必须是在双方有利的原则下，变工合作才能坚持到底。同时，变工合作是一种自由结合的经济性质的组织，凡参加的农民都有其自由加入和自由退出的权利。所有这些办法和规程，都应首先经过农代会或农民大会的反复讨论，执行中如有行不通之处，得经农代会和农民大会随时讨论修正之。变工合作的组织形式和内容，由于自然和社会条件的不同，必然是多种多样的，其具体的形式和内容，须在群众中去摸索创造，反对知识分子干部的闭门造车和乱搬别处经验。在平分土地后，必须同时注意强制地主生产和鼓励富农〔包括土改后的旧式富农在内〕生产的问题，我们对地主阶级绝不能有肉体上消灭，也不能放任自流，这两种偏向都是错误的。因此惟（唯）一的正确办法是组织地主阶级参加生产，在劳动中改造他们，因此就必须具体解决其必要的生产资料〔口粮种籽及农具等〕和生产技术上的困难，要做到地主阶级分得的土地不荒废。

总之，今年的生产任务，是一件极其艰难而复杂的工作，这对于各地政府、农会和土改工作团的工作，是一项实际的考验，生产的好坏是判断土地改革工作好坏的基本标准。因此各地领导上要以对人民负责的态度，说服同志们继续深入农村，艰苦工作，领导生产，不要因为分地完毕就放松生产领导。要虚心研究过去生产经验，发扬过去生产中的成绩，鼓励干部劳英领导生产。要坚决改正错误，使中农新富农敢于大胆生产，同时也要组织地主阶级参加劳动，为完成今年的生产任务而奋斗，为救灾救死支援胜利的战争而奋斗。

此动员令下达后，各地干部、各地工作团具体执行。全体动员起来！

边区行政公署代主任　武新宇

边区农会临时委员会主任委员　赵　林

选自《晋绥根据地资料选编》，第5集，中共吕梁地委党史资料征集办公室1984年编印，第199～203页。原注：“原载《晋绥日报》1948年2月18日第一版。”

16. 晋绥边区行政公署恢复与发展煤业生产办法

1948年5月

为了恢复与发展煤业生产，供应广大人民及解放战争的需要，适当地改善工人生活，特根据保护工商业政策，及发展生产、繁荣经济、公私兼顾、劳资两利之原则，并按本边区各地实际情况，确定办法如下：

一 关于窑权者

第一条 经县以上法庭判决的汉奸、敌伪首要分子、反动地主、恶霸地主之煤窑一律没收，其规模较大者由县级以上政府经营，小者分给工人。其中如有属于霸占性质者，在没收之后经查明属实，应分别情形退还原主。

第二条 除前条应没收者外，凡遵守政府法令经营之煤窑，不论属于任何阶层，政府均一律保护其权益，任何个人或团体不得加以干涉或侵犯。

第三条 在土地改革中，因违反土地法大纲第十二条保护工商业政策的规定，以致对窑权处理不当者，当作如下处理：

（一）中、贫、雇农、工人或专营煤窑的窑主之煤窑，过去错被接收或因不了解政策自动献出者，一律退还原主经营。原主不在时，可暂由工会协同农会或代表会代管，并委托热心而有经营能力之人负责经营，其办法如下：

甲、经营者需缴纳租金，租额多少，应在两不吃亏原则下，与工会商定。

乙、不论原主回来迟早，必须待年度结帐（账）〔按当地习惯〕时，始能交代。

丙、经营者从经营之日起，对窑内一切设备须加爱护，不得破坏。

丁、经营者在经营期间，对煤窑如有新建设，交接时，其花费应由原主归还，或作成股份投资于窑内，花费之计算，由工会会同双方协商处理，务使公平合理，两不吃亏。

（二）一般地主、富农兼营之煤窑，如因已被清算而停业时，原主在者可以经过群众讨论，退回原主经营，但已分给群众且经营良好者，则应保持其继续经营的权利。

（三）逃亡地主、富农兼营之煤窑，无法退还时，暂由政府代管。如超过一年，原主尚未返回时，其规模大者由县级以上政府经营，小者分给工人。

第四条 凡由政府确定分配之煤窑，依下列原则分配之：

（一）打破村界，以各该窑所有之工人为基础，经民主讨论，分给工人或热心而有经营能力之人。分配户数以适当集中为原则。

（二）为适当照顾工农生活的平衡，煤窑应与土地统一分配。具体办法，依煤窑之资本产量、销路、工耗〔即为保持或发展煤窑生产之工程费，如修巷、通风、排水、防火等〕及可能获利诸条件，与当地土地产量对比，经民主讨论分配之。但煤窑生产难以长期保证，故分配时应将煤窑收益低于土地收益计算。

（三）因煤窑生产有季节性，工人生活尚不能全部保证，对分得煤窑之工人，在与土地统一分配原则下，应搭以部分土地。

（四）分得煤窑之工人，应推选一定负责人，总揽经营、管理等事宜。其组织及经营

办法等重要事项，应由民主讨论定之。

（五）合乎本条原则分得煤窑者，其所有权受法律之保护，任何人不得借故侵犯，如已分配给农民或一般无经营能力之人民，或分给全村公有等，因而引起煤窑停业，影响生产者，得经工会及农代会讨论重新分配之。

二　关于保护煤窑者

第五条　开采煤窑，应作长期打算，不得乱砍柱脚或有其他破坏行为。

第六条　开采煤窑，不得侵害他窑及地面建筑物，如有侵害，须予赔偿。

三　关于矿权与奖励开采者

第七条　矿藏〔或称“山权”〕国有，废除凭借地下矿藏收租的封建性“山主”制度。

第八条　“场租”〔即煤窑占用场所的租赁费〕与“路权炭”〔即以运输煤炭为主的道路，由地权人收炭租〕，凡不占用耕地者，无代价的（地）取消；占用耕地者，可于分地时经民主讨论，调剂给窑权人或由窑权人收买；如在土改已完成地区，可用兑换出卖等办法让予窑权人，以利生产。

第九条　为了奖励生产，凡煤窑扩大资本或吸收股份者，二年内仍按原产量征税。

第十条　凡新开之煤窑，一律免税三年，恢复停工二年以上之煤窑，一律免税二年。

第十一条　停工三年以上之煤窑，如原主不开采，他人有权恢复开采，其窑权完全归恢复者所有。

四　关于劳资关系者

第十二条　工人工资应在劳资两利原则下，根据各窑营业及淡旺月不同情况，并参照当地生活程度，由劳资双方商定之。如因工资问题发生纠纷不能解决时，得请当地政府、工会及有关方面参加仲裁，以既不使煤窑因工资过高而停止经营，又能给工人最低限度的生活保证为原则。

第十三条　工人应自觉地遵守劳动纪律，积极生产，提高技术，保护煤窑，爱护工具，并反对一切破坏纪律的行为。

第十四条　窑方在有关工人的安全实施上，应力求周到、妥善，工会有建议权。窑方对工会建议有异议时，由当地政府会同双方，实地勘查判定。政府认为有严重危险时，得勒令停止开采。

第十五条　窑头〔或称“把总”〕负窑内安全之责。工人在窑内，必须服从窑头之指挥，但窑头不能滥用职权，进行欺压、敲诈。

第十六条　窑内发生意外事故时〔如水火等灾〕，窑方须尽力抢救，负责保证工人生命安全。“要死都死”的旧习惯，是犯罪行为，应严格禁止，否则，依法惩处。

第十七条　工人因在窑内生产而死伤时，应依煤窑营业状况，对死伤者本人及其家属付给适当之埋葬抚恤等费。其数额由工会与窑方共同商定之。

第十八条　为了对工人福利作长期打算，工会可发动工人于规定挖炭数目之外，捎带多挖若干交工会积存，作为工人保险基金，以备补助救济之用。

第十九条　工人烧炭数，一般依照过去习惯。

第二十条　废除窑主对工人之一切额外剥削，窑主以粮食、食盐、布匹、灯油等实物卖给工人时，应按当地一般市价计算，不得抬高。

五 其 他

第二十一条 凡规模较大的煤窑，可由厂方工会协同组织煤窑管理委员会，吸收工程师、技师及有经验的职员参加，经常讨论有关生产及劳资关系等问题。

第二十二条 本办法得由当地工人代表会协同有关农民代表会讨论，具体施行之。

第二十三条 本办法修改与解释之权属于本署。

第二十四条 本办法自颁布之日起施行，以前法令与此相抵触者作废。

选自《晋绥根据地资料选编》，第2集，中共吕梁地委党史资料征集办公室1983年编印，第189～193页，原注："原载1948年5月1日《晋绥日报》。"

八、文化教育

1. 晋西北教育宗旨及实施方针

1941年5月1日公布

（甲）宗旨：

晋西北抗日根据地之教育，以革命的三民主义、抗战建国纲领、行署施政纲领为准则，实行民族的民主的科学的大众的新民主主义教育，以提高晋西北人民的文化政治水平与生活技能，使教育为抗战建国而服务。

（乙）实施方针：

（一）晋西北的一切抗日人民，不分民族、阶级、党派、信仰与性别，受教育的机会一律平等。

（二）建立与发展文化教育的统一战线，广泛吸收各地区各部门的知识分子共同开展文化教育工作，并予以适当待遇。

（三）实行免费的义务教育并确定初级小学为国民义务教育，一切学校对于抗属及优秀的贫寒子女，在物质上酌予优待。

（四）积极开展游击区与敌占区国民教育工作，并欢迎敌占区青年儿童来根据地学习，以与敌伪的奴化教育作斗争。

（五）健全恢复并增设乡村各级小学以发展儿童的身心，培养其民族意识、民族气节及抗战建国的基本知识及技能。

（六）发展中等以上教育，以培养长期抗战建国的人才。

（七）健全并发展师范教育以培养新民主主义教育师资及教育行政干部。

（八）发展职业教育以培养经济建设人材（才）。

（九）发展各级干部教育以培养大批的各部门工作干部，做到干部的自给自足。

（十）以现有的各级学校为基础，逐渐走上正规化的道路。

（十一）奖励人民私立学校，其成绩优良者，政府得酌量予以帮助，对教会学校允许其信教自由，但应以新民主主义为教育内容，私塾应逐渐改进其教育内容与方法。

（十二）以小学校为中心与群众团体密切配合开展社会教育，健全并发展读报组、识字班、民众剧团、大众补习学校、冬学、民革室与民教馆，推广新文字运动，定期扫除文盲，提高大众的文化政治水平，并推广乡村文化娱乐活动，调剂生活，启发大众的抗战热忱和生产热忱。

（十三）奖励自由研究，提倡科学知识与文艺运动，有计划的（地）加强与发展各种文化团体及文化事业。

（十四）优待文化教育干部，有计划（地）的提高干部质量。

选自《晋绥根据地资料选编》，第5集，中共吕梁地委党史资料征集办公室1984年编印，第230～231页。

2. 晋西北社会教育组织暂行条例

1941年5月1日颁布

第一条　为对人民大众经常有组织的（地）进行政治文化教育，逐渐分期扫除文盲，提高广大群众文化程度、政治水平、生产知识、及民族自尊心、自信心，动员群众积极参加抗战建国的伟大事业，特订定本条例。

第二条　社会教育之组织形式暂定为：识字班、大众补习学校、冬学、民众教育馆、民革室、剧团、读报组等七种。

第三条　识字班依如下规定办理：

一、凡青壮年男女文盲较多之村庄、城镇，均可有计划的（地）组织识字班。为进行教育方便计，识字班得依教育对象的年龄、性别、职业等不同分别组织〔如青年识字班、妇女识字班、工人识字班……〕。

二、识字班人数在七人以上者可分为若干小组，每组以五人至七人为宜，分组原则依住地、程度等条件灵活办理，每班和每组由识字班学员民主选举班长组长各一，负责督促召集上课和帮助学习。

三、识字班教员由政府或村民聘请义务担任之，当地驻军政民干部与小学教员得兼任识字班教员。

四、识字班上课时间依学员生活时间［以］每日一次或隔日一次为原则，每次至多不超过一小时。上课内容以识字为主，并得依实际情形酌添讲法令、讲时事、唱歌等。较好

之识字班冬学期间应依冬学规定办理。

五、游击区得依具体环境，灵活采取适宜办法建立识字组织，开展识字运动。

第四条　大众补习学校依下列规定办理：

一、凡人口较集中、半文盲较多之城镇、村庄，得有计划建立大众补习学校。补习学校得依教育对象的年龄、性别、职业之不同，分别设立〔如青年、妇女、农民、商人、工人等〕。

二、大众补习学校须聘请教员专门办理，教员待遇依小学教员待遇之规定办理，但完全小学教员得义务兼办完小所在地之大众补习学校。

三、大众补习学校得依学员的年龄、性别、程度之不同分别编班，每班民主选举班长组长，负责督促帮助学习，维持学习纪律。

四、大众补习学校以国语、算术〔包括珠算〕常识为基本课程，学习时间每班每日上课一时至二时为原则，其学习以获得初小毕业之知识为目的。

五、大众补习学校须逐渐建立考试、毕业等学习制度。

第五条　冬学依下列规定办理：

一、为普及识字教育，特定每年十一月至翌年二月办理冬学时间。

二、每年由教育行政部门邀同青救、妇救、武委会、教协……等有关单位共同推进筹设之。

三、冬学教员以聘请合格在乡知识分子专门负责为原则。

四、冬学教学内容以文化政治并重为原则，具体项目依环境与工作之发展情况另定之。

五、冬学教育对象以青壮年男女文盲及半文盲为主，其学习目标以识字一千为标准。

第六条　民众教育馆为开展社会教育之实验机关。其组织规模另订之。

第七条　剧团之建立与组织依下列原则办理：

一、剧团之建立分脱离生产与不脱离生产两种，各行政区各直属县脱离生产之剧团应经行署批准始得建立。各地不脱离生产的民族剧团、儿童剧团政府应帮助建立。

二、各行政机关直属之脱离生产剧团，以开展农村文化运动为主要任务，其成立与撤销、编制经费，须呈请行署批准后施行，其工作应受上级政府之领导。

三、不脱离生产之民众剧团，须经县政府登记，其工作应受政府之指导，其经费政府得酌予补助。

第八条　读报组依下列规定办理：

一、为帮助初小以上程度人民进行学习，得大量建立读报组，大量邀集相当初小毕业与初小以上程度之人士参加。

二、读报组以读者程度分成甲、乙两种，能读懂抗战日报者为甲种，能读懂晋西大众报者为乙种。

三、小学教员、冬学教员、区村非文盲干部，得为读报组之基本组员。

四、各地教育工作者协会，得协助政府推进读报组织工作。

第九条　各级政府有直接领导社教工作之职责。但为集中力量、齐一步调、扩大效果计，区以上各级政府得邀同群众团体〔各级妇联、青联〕、武委会、文联与教协、地方驻

军政治机关、地方热心教育人士组织社会教育委员会，协助同级政府通过本部门力量推动社教工作的开展。

第十条　各社教组织建立之后，各级政府须经常研究工作开展情况，下级须按期报告，上级须经常派员巡视检查辅导，以改进工作质量，提高效能。

第十一条　各种社教工作之成绩优异者，得呈报主管上级政府奖励之。

第十二条　凡私人或社团集资兴办各种社会教育及文化出版事业，经县级以上审查确有利根据地建设者，得由行署核准，分别给以适当奖励或补助。

第十三条　本条例有未尽事宜，由行署政务会议修正之。

第十四条　本条例自公布之日施行。

选自《晋绥根据地资料选编》，第5集，中共吕梁地委党史资料征集办公室1984年编印，第341～344页。

3. 晋西北文化工作者待遇办法

1941年10月27日颁布

一、为发展晋西北抗日根据地文化建设，团结文化工作者，发扬其工作热忱，特订定本办法。

二、欢迎大后方敌占区内及根据地内愿意为抗战建国服务之一切文化人士参加本区文化工作。

三、对一切文化工作者尊重其工作地位，尊重其思想自由、信仰自由、研究自由、创作自由，并尊重生活上与工作上之习惯。

四、适当增加各文化团体之书报费，在各方面便利并帮助文化工作者之工作研究与写作。

五、脱离生产专门从事文学、科学、美术、音乐、戏剧等文化工作，经常有著作发表或有研究及著作计划且在进行者，其生活依下列原则待遇之：

（一）按本区之供给制度供给并在质量上优待。

（二）每月发津贴十五元至五十元，特殊者另订。

（三）其发表之稿件一律给予稿费。

（四）不参加生产劳动。

（五）住房用具等尽量适合其工作上之需要。

六、参加各部门工作之文化人在工余从事著作或研究而需要或申请帮助者，得经由文联总会斟酌实际需要予以优待。

七、适当帮助文化机关团体出版刊物及书籍，以便利文化工作者发表作品。

八、家境贫寒或与家乡断绝关系之文化工作者，其不能参加工作之配偶及直系亲属，按一般干部亲属优待办法优待之。

九、文化工作者因积劳过度，身体衰弱时，经医生证明得享受保健待遇。

十、对因公牺牲残废之文化工作者，由政府予以褒扬抚恤。

十一、一切文化人及文化机关之各种研究专著、译著、创作等有优异成绩者，得临时颁发奖金奖状奖品等。

十二、本办法执行时各种经费与实物须规定具体数目，由行政公署批准执行。

十三、本办法自公布之日施行。

选自《晋绥根据地资料选编》，第5集，中共吕梁地委党史资料征集办公室1984年编印，第367～368页。

4. 晋西北行署关于战时各级学校工作的指示信

1941年12月5日

各专员县长各中学校长及各级教育工作同志们：

（一）敌人对华北抗日根据地空前的残酷“扫荡”，正严重的（地）威胁着晋西北抗日根据地，我们必须立刻警觉起来，明确的（地）认识下列问题：

甲、从晋察冀的战争已经证明，敌人在军事上实行了持久“扫荡”的方针，采取所谓“铁壁合围”的战术，企图彻底歼灭我抗日武装，摧毁我根据地的经济建设，而在政治上则扩张特务活动，加强威胁利诱，破坏民族团结，摧残民族意识，建立奴化统治。所有这些，都说明敌人在其所谓军事、政治、经济与文化总力战，及三分军事七分政治的方针下所产生的“扫荡”战争的特点，在这种情况下，我们必须估计到将要到来的一切困难，而彻底的纠正此种麻痹轻视的错误观念。

乙、但我们在敌人残酷“扫荡”面前，必须坚定胜利信心，彻底认识我们争取反扫荡胜利的充分有利条件，反对一切惊慌失措、悲观失望的现象，因为我们有过去的反“扫荡”的宝贵经验教训，我们有坚强的抗日武装，一年来我们根据地内各项建设有了更大的基础，群众武装有了新的发展，群众对敌人野蛮暴行有了更多的认识与仇恨，这些都是坚持与开展游击战争的有利条件，而各个根据地有力的战斗配合更是对反“扫荡”战争有重大作用的组成部分，因此，我们一面百倍警惕，一面要毫不气馁。

丙、在敌人新的“扫荡”面前，我们根据地一切工作，必须协同一致，为着坚持与开展游击战争，保存一切有生力量，在长期的、残酷的反“扫荡”中争取彻底的胜利，我们必须了解教育工作是其重要的部分，切实纠正把教育与战争脱节的坏现象，必须认为教育能够配合战争，克服过去战争一来工作即行瓦解，以及盲目行动而遭无谓损失的表现。现在，教育工作同志必须立即警觉，深刻注意了。

（二）当前我们立即加紧战争动员准备已是刻不容缓的工作，希各级同志各学校即依下列原则进行：

甲、沿河的一、四中和师范学校战争到来时过河西，二、三中实行游击教学〔大的学生可以挑出，帮助地方群众工作〕，如环境十分困难，可于战争来时放寒假，沿河岸之干部学校或临时配合政民下乡工作，或过河，可与主办机关商定，小学战时停课，学生令其

回家，教员配合当地干部或群众团体，坚持战时工作。冬学教员在本地配合政民进行战时工作。

乙、战前的动员与准备：

1. 动员：

（甲）中等学校的教职员和学生会，均须召开关于战时动员大会，详细的（地）研究讨论敌人“扫荡”华北各抗日根据地的新形势与特点，和我们争取胜利的条件以及我们的对策和办法，在思想上、政治上加以深入的动员。

（乙）小学教员应向小学生做（作）简明的报告，说明我们的有利条件和办法，县、区应召集教员开动员会议，热烈的（地）讨论研究敌人的暴行与在战时坚持工作的必要和办法，指明教员坚持战时工作是帮助群众，提高自己在群众中的威信的重要关键。

（丙）配合战时动员工作组织学生对群众进行广泛的宣传，解释动员中学生尽可能分散下乡宣传，小学生要深入对群众宣传，向亲属邻居说明战争的危机以及空室清野、参战参军、侦察敌情等工作，并应组织和运用各种民间娱乐，以进行宣传。

2. 准备：

（甲）中等学校与干校：

（1）过河的中学：A、校具设备，必要的可以移过河，不必要的务须埋藏〔秘密〕。B、事先要运存两个月以上的食粮，以便继续进行教学。C、进行军事演习教育〔例如轻装、伪装、防空、防毒、防伞兵〕。

（2）游击的学校分散与远避敌寇，隐蔽的方式或分散作战时动员工作，战时学习准备，分组教学，或分队都可以。此外学生对那（哪）种功课较差，必须携带此门功课，以便在经常行动转移中进行自习。

（3）干部学校：A、校具设备完全埋藏。B、配合各方面分散下乡进行组织群众武装和除奸工作。C、各有关机关团体的密切联络和缜密的侦察。

（乙）普小、完小、模小的校具、教具一切设备，都要秘密的（地）埋藏好，不准受到无谓损失。

（1）小学教员：县三校或区教助应事先根据教育文化程度、工作能力、觉悟程度，具体的（地）适当地分配其战时工作〔坚强的可以帮助群众武装工作，其他可分配学校所在地村配合村干部进行战时工作〕，县区教育行政机关分配工作时必须郑重，以免影响战时工作之进行。

（2）模小、高小校长教员，配合县区干部做战时工作，亦应事先具体分工。

（3）学生在战争到来时暂时休假，有些特殊的，如敌占区的学生或外县住宿学生不能归家者，暂住同学家中，食粮暂借，事后补还。学生回家后，可留些作业，并进行战时宣传防空、防毒、防伞兵常识，反敌伪谣言、破坏、欺骗，坚定民众胜利信心。

（丙）战争开始后

（1）过河的学校，速过河，依计划继续进行。

（2）干部学校，应分散下乡，依计划进行工作或迅速过河。

（3）游击的学校，依计划分散进行教学与配合工作〔大学生可参加做战时工作〕。

（4）小学进行隆重的停课典礼，进行严肃的公约，如誓死打鬼子，帮助军队，不漏消

息，战后即来上课等。教员依计划进行战时工作，但对小学教员的要求不要过高，而是尽可能参加战时工作，普通如战时宣传工作，揭破敌伪的谣言、欺骗、破坏等，克服群众惊惶（慌）失措现象，及时进行防空、防毒、防伞兵的常识与教育，宣传方式以分组座谈或通过冬学、地方武装组织及其他战时组织或个别谈话等。

（5）县区教育行政干部，或地方上战时工作负责同志，应与教员随时联系，提高小学教员的工作情绪，指示办法以巩固并坚定其信心。

（丁）战争结束后：

（1）中等学校：A、速返原来校址，继续上课〔特殊情形如校址离据点太近或被敌人焚毁破坏了，可暂另找校址，须［向］行署备案〕。B、学校在反“扫荡”战中的经验情形，工作学习所受到的损失及战后恢复状况，迅速呈报行署〔事前开会检讨总结〕。C、各校应组织工作团，协助各机关就近办理善后工作，并帮助群众进行善后工作，广泛召开群众大会，进行反敌寇、汉奸的宣传教育与拥护政府军队的宣传。

（2）小学校：A、各校及时整修校舍，恢复上课〔以敌离去本县区为准〕，万勿迟延。B、开学方式：(a) 首先县区的教育行政干部和青联代表到小学所在村偕同村教委会和教员召开恳亲会，在会议上一方面提高教员在群众中的威信，另一方面揭破敌伪的欺骗、屠杀、奴化政策，再一方面克服家长的悲观失望情绪，动员继续让其儿童入学念书。(b) 儿童团召开团员大会，展开反敌伪谣言、欺骗、屠杀宣传运动，热烈的（地）动员学生入学。C、所有冬学一律号召恢复学习。D、各县即速总结反“扫荡”战争中的工作及小学校恢复情形，详报行署。

同志们，时机紧迫了，这些工作应及时准备了，望大家即时动员起来，但是，我们一定也要反对手足无措的盲目性急，不能因此反而影响到工作的进行，这是应当予以注意的。

主　　任　续范亭
副 主 任　牛荫冠
教育处长　杜心源

选自《晋绥根据地资料选编》，第5集，中共吕梁地委党史资料征集办公室1984年编印，第235～239页。原注：“原载《行政导报》第二卷第六期，一九四一年十二月五日。”

5. 晋西北行署民国三十年度冬学工作计划

1941年12月5日

（一）冬学的意义性质与任务：

1. 冬学的意义与性质：根据地建设是全面的，文化教育建设，是根据地建设的重要组成部分之一，为了提高群众政治文化水平，提高群众觉悟程度，广泛地开展群众运动，使广大群众积极地拥护政府，爱护抗日军队，积极地从事于根据地的各种建设事业，从思想上、政治上，战胜日寇，文化教育建设，是不可缺少的，而开展冬学运动，又正是文化

教育建设中最有力的武器。冬学的性质是：（甲）冬学是利用冬季农闲时间，组织群众教育的最好形式，是社会教育的正规制度，教育对象主要的是青壮年。（乙）冬学是开展社会教育的基础。（丙）冬学是扫除文盲，提高群众政治文化水平，增进生活技能的有力武器。

2. 冬学的任务：（甲）扫除文盲，开展群众文化运动。（乙）破除迷信，讲究卫生。（丙）提高生活必需的知识，加强社会活动与生活能力。（丁）加强抗战的（特别是根据地建设的）教育。

3. 一九四一年度冬学任务重心是：（甲）普及识字教育，以识字教育为主，通过识字教育，进行卫生教育和破除迷信教育。（乙）了解本区重要法令的意义（主要的由政民干部报告去进行）。

（二）一九四一年度冬学工作具体要求：

1. 数量：（甲）内地县份，工作基础较好的县份，平均每个行政村办二至二个半冬学。（乙）近敌占区县份，工作基础较差者，平均每个行政村办一至一个半冬学。（丙）各地模范冬学占全数百分之五。

2. 学生：（甲）大量动员群众入冬学，保证动员冬学所在村十五至三十五岁的男女青壮年，经常有百分之六十到校上课。（乙）尽量动员冬学附近村庄的人入冬学。〔女儿童不愿入小学或冬季小学，可与成年及青年妇女一齐入冬学。〕（丙）有女冬学教员的地方，尽量开办女冬学。

3. 上课的时间：冬学期间为三个月，十一月中旬起到二月中旬止，每个冬学保证上课七十天，每天上课两小时〔旧年放假十五天〕，遇敌扫荡，除本村发生战事外，应坚持下去。战事过后，立即恢复，并进行补课，一般的不能因扫荡而停顿，或不完成七十天要求。

4. 学习内容：（甲）识字：文盲要识一百字〔会写会念会讲〕，识二百字以上的要再识二百字。（乙）了解问题：(1) 爱清洁。(2) 防伤寒。(3) 雷。(4) 雨。(5) 村政权。(6) 合作社。(7) 保卫家乡（群众武装）。(8) 打日本最后一定胜利的道理。(9) 保障人权。（丙）有适当教员的地方学珠算，学会加减法、小九九。（丁）程度较高的学写信、开路条、联句记帐（账）。

5. 开展农村文化运动，配合其他工作。模范冬学及成绩较好的冬学，建立民革室、农村剧团，配合宣传运动工作，及村选、公粮、群众武装等经常工作。

（三）领导问题：

1. 领导方针：（甲）有组织有计划经常的（地）领导，要有布置计划检查总结，避免自流现象。（乙）扩大文化教育统一战线，广泛吸收各界人士，共同开展冬学工作，发扬民主作风，纠正过去关门主义、强迫命令，以及一切强调军事管理、罚钱、体罚等不良作风与工作方式，（丙）与各群众团体取得密切配合，深入普遍地发动群众，造成群众入冬学的热潮，使冬学运动成为普遍广泛的群众运动。（丁）在普遍广泛的开展中注意质量的提高，奠定今后社教工作的基础。（戊）坚持贯彻到底，事先在精神上、具体工作上，作（做）战争动员与准备，保证不因战争及其他原因的影响，致使冬学工作，半途而废，有头无尾。

2. 领导组织——冬学委员会：（甲）性质与任务：冬学委员会，是在政权领导下执行工作的一个组织，主要的是政府群众团体在冬学工作中为取得步调一致，更有效地开展工作，集中人力而组成的临时性的组织。可以吸收政民以外的群众参加委员会，上级与下级不发生直接关系，但在同级参加委员会的个别单位的代表，应代表本单位提出工作意见，并服从与执行委员会的决议，因此各单位参加冬学委员会的干部要固定，要负责，在冬学期间应以冬学工作为其中心工作，同时政府以外参加冬学委员会的委员〔主要是各群众团体〕，可以受政府教育部门之委托到下级去检查、指示、领导与进行工作。（乙）组织：各级冬学委员会，由政府各级部门、抗联、青联、武委会较固定之驻军及热心教育事业、素孚重（众）望之人士组成之，行署一级有军区政治部及文联参加，县、区更多注意吸收热心教育人士参加。（丙）分工：设主任、副主任，下分组织〔考训、教育、调查统计等〕、宣传、动员、教育等委员。主任一般的由政府担任，但遇特殊情形〔如群众团体干部负责更好些时〕也可变动。青联在冬学委员会分工中，应更多负责以求工作更有开展。（丁）村冬学委员会：村冬学委员会一般的要建立，但应根据当地条件去酌量办理，避免空架子，同时也不能借故不去建立，经过村选的村子，冬学委员会，由村政权中教育委员会任之，不另建立，如教育委员会中未包括村级各群众团体干部时，可临时聘请各群众团体干部参加。

3. 工作制度：（甲）冬学委员会会议制度：按政府及群众团体新的工作周期，区级半月，县级一月，专署以上一个半月。（乙）报告制度：按会议时期进行。（丙）检查制度：冬学是中心工作经常工作之一，除参加冬委会干部经常检查外，其他干部下乡时〔不论进行何种工作〕对冬学工作应进行检查，并向教育部门作负责的汇报，（丁）总结制度：冬学教员训练完毕，各县作总结一次，冬学进行一月以后，各县进行初步总结一次〔宣传动员工作及冬学开办情形〕，冬学结束，进行总的总结，每次总结分报专署行署。

（四）经费及教材问题；

1. 教员经费：冬学教员一般是义务职，如到外村教学时每人每日发粮一斤六两〔以小米计〕、菜金一毛二分，在本村教育，家境特殊困难，经县批准后，按到外村教学津贴之半数津贴，津贴教员伙食，一律按实际上课天数计算。

2. 冬学经费〔以实物计〕：（甲）办公费：每校每月麻纸十五张、毛笔一支、墨一块、粉笔十五支。（乙）灯油费：每校每月麻油二斤〔以四十人计〕，增加三十人加一倍，原则上尽量白日上课，尽量不开支灯油费。（丙）炭费：每校每月二百一十斤〔每天七斤〕。

以上经费由县统筹，依当地物价定额予（预）算决算呈报专署批准，在村款摊派中开支，教员训练经费〔详［见］教员训练办法〕，课本费由县教育开支。

3. 教材：由教育处印发，各县翻印。

（五）工作步骤：

1. 准备期〔接到指示到开办冬学止〕：（甲）接到工作指示计划后，教育部门干部，首先在同级及下级干部中进行深入的动员工作，首先干部了解冬学工作之重要性。了解冬学工作，是开展其他工作必不可少的工作，克服轻视忽视现象。（乙）进一步建立冬学委员会，把工作指示、计划、办法等，逐条作一彻底讨论研究，并具体的（地）根据当地情况，布置工作。克服过去对上级指示布置不讨论，布置工作不具体的把上边一套原样搬家

的不深入的作（做）法，下边的布置更要具体明了，解决一切困难问题。布置工作分开步骤，不要一齐下去。（丙）开展当地识字运动、农民戏剧运动，有计划地布置这一工作。（丁）通过各级冬学委员会，通过其他工作〔如村选〕进行调查登记，冬学教员的对象估计与登记能开办冬学的村子，并进行一般的宣传。（戊）集中县中负责干部，集中精力，训练教员。（己）配合教员实习后教员向村进行深入的宣传动员，并开始学生报名。（庚）揭破一切破坏阴谋造谣，并进行战争的精神、物质上的准备。

2. 开办时间〔开始到结束〕：（甲）一切工作通过冬委会去研究讨论，然后分头解决充实冬委会工作。（乙）继续的（地）宣传动员，扩大冬学。（丙）解决一切临时发生的问题。（丁）严格执行会议、汇报、报告、检查、总结等工作制度，把这成（作）为经常工作。（戊）考核成绩，对全县全区冬学工作经常的（地）了解。

3. 结束与转变：（甲）做（作）一般的全面的总结与转变。（乙）择特别好的、坏的，可以吸取经验教训的地方上进行总结与转变。（丙）总结转变是经过三个月的冬学工作的经常工作而来的，克服突击的形式、表面的作风。

选自《晋绥根据地资料选编》，第5集，中共吕梁地委党史资料征集办公室1984年编印，第240～245页。原注："原载《行政导报》第二卷第六期，一九四一年十二月五日。"

6. 晋西北管理教育基金暂行办法

1942年1月10日公布

第一章　总　则

第一条　为确实管理教育基金，以充实各级教育经费起见，特制定本办法。

第二条　凡经政府指拨为教育经费来源之款产物或私人捐助之兴学资产，统谓之教育基金，应依本办法管理之。

第三条　教育基金中之款产物，其内容如下：

甲、现金：

（一）土地之货币，地租或租米之变价。（二）房屋院落之房赁。（三）森林果木之收益。（四）矿山产物之收益。（五）收归公有而指定为教育基金之现金及其收益。（六）私人之捐款。

乙、教产——根据公地使用条例第二、四、五、六条之规定，包括下列各项：

（一）公地。（二）寺地。（三）庙地之一部。（四）学田。（五）房屋院落。（六）森林果木。（七）矿山。（八）私人之捐款。

丙、谷租与物品：

（一）土地之谷物地租。（二）社地地租之一部。（三）收归公有而指拨为教育基金之牲畜。（四）收归公有而指拨为教育基金之器具什物。

第四条　教育基金依其效益用途之不同，分作地方教育基金与中等教育基金两大

部门。

甲、凡经行署明令指拨之寺产、公地、公林、矿山、特殊大庙产，原有之省教育基金及原有之中等教育基金等，统谓之中等教育基金。

乙、凡原属地方教育基金之款产物，及遵照行署颁布之公地使用条例，系人民同意后归之社、庙、户地款物等，统谓之地方教育基金。

第五条　基金支配权之决定。属于中等教育基金者，由行署统筹统支，属于地方教育基金者由各县统筹统支，但须事先呈报专署审核备案。直属县者报行署。

第六条　基金管理权之决定。中等教育基金由行署统一管理之，其在各行政区者，得委托专署〔三科〕增设干部管理之，但此项基金所在地之县区村各级政府应负责协助管理工作。地方教育基金由各县府〔三科〕增设一人管理之。

第七条　基金监督权之决定。中等教育基金得由各专署组织中等教育基金监督委员会监督之。地方教育基金应由各县府组织地方教育基金监督委员会监督之。

第八条　教育基金一概不许动用，至基金之收益用途规定如下：

甲、中等教育基金，供给中等以上学校之经费。

乙、地方教育基金：

（一）供给地方各级小学校经费。（二）开展地方社会教育事业。（三）开展地方文化事业。

第九条　教育基金及其收益，必须用于前条所述之教育事业，无论任何部队、机关、团体或私人等，均不得挪借或移作别用。

第十条　不论私人或法人，若侵占教育基金时，除由政府责令其赔偿外，并得依法惩办。

第十一条　各级政府及教育行政部门，对于教育基金，倘任意玩忽致有损失时，应受相当之惩戒。

第十二条　凡私人捐出之教育资产，主权当为公家所有，私人不得因自己之需要，随意收回，并不得随意转移抵押于他人。

第十三条　基金之收益，除使用外，若有盈余时，得累积为基金，收用其利息。

第十四条　教育经费分作中等教育经费及地方教育经费两大部门，其来源规定如下：

甲、中等教育经费限于下列三项：

（一）中等教育基金之全部收益。（二）政府明令指拨之补助费。（三）学校自行生产之收益。

乙、地方教育经费限于下列三项：

（一）地方教育基金之全部收益。（二）村摊派之部〔由县统筹统支〕。（三）学校自行生产之收益。

〔以下各章因篇幅限制均略，但并非废止〕

选自《晋绥根据地资料选编》，第5集，中共吕梁地委党史资料征集办公室1984年编印，第429～431页。

7. 晋绥边区国民教育概况

1944年[①]

甲：小学教育

（一）发展概况

晋西北山岳地区的国民教育，过去就很落后，抗战开始后，又遭敌人的摧残，许多小学陷于停顿，国民教育无人过问。

民国二十九年〔四〇年〕新政权建立的开始，即特别注意和敌人在文化教育上的思想战与宣传战，颁布了民族的民主的科学的大众的教育政策，从速编印教材，实行优待小学教师，努力恢复并创建小学，至九月底十九个县统计，已有完小二十六处，初小一千三百九十三处，共有学生六万一千九百三十八人，每县平均有学校七十四所，学生三千二百五十九人。当年敌人曾进行了春季、夏季、秋季、冬季四次大“扫荡”，又实行了残酷的“三光”政策，在此一年中，只汾阳、文水等十八县英勇牺牲的教员就有一百零一人，被烧毁的校舍有一百零六处。在这样艰苦的环境下，我们不仅坚持了原有的教育阵地，还开辟创办了许多新的小学。据民国卅年〔四一年〕五月廿一个县的统计，有完小二十八处，初小一千七百六十一处，有学生七万四千九百五十九人，平均每县学校增加到八十五所，学生增加到三千五百六十九人。这时小学与小学生已超过了新政权建立以前的数字。据河曲、静乐、文水三县统计比旧政权时期共增加小学八十七处，增加学生一万二千九百七十七人。民国卅年〔四一年〕冬季根据地小学教育开始从普及转向提高，首先从提高教员着手，进行检定工作，次年冬小学经过一次精简，简后根据二十四县统计共有完小二十六所，初小一千五百二十所，高级生一千零四十四人，初级生六万二千三百六十二人。经过检定和精简后，小学教员在文化程度上提高了，据兴县、偏关等六县统计，中学以上程度教员简前为七十二个，简后为一百二十一个，增加百分之六十八〔强〕。高小以下程度教员简前为三百三十五个，简后为二百零三个，减少百分之四十〔弱〕。

小学精简主要是从积极方面提高学校质量，充实学校内容，加强学校效率，撙节不必要的开支，兹就岢岚小学精简前后情形举例如下：

简前六十二个教员，教九百七十四个学生，平均每个教员教学生十五个〔强〕，简后五十二个教员，教学生一千四百七十四个，平均教二十八个；简前每个学生每月消耗公费十五点二元、小米〔指教员米津〕七点五斤，简后公费缩减为六点一元，小米缩减为三点六二五斤，总之教员减少了十个，学生增加了五百个，全年可节省公费十六万零九百六十点八元，节省小米七万八千四百九十点五斤，一方面增强了工作效率，一方面减少了物资消耗，这是小学精简的实际效果。

民国三十一年〔四二年〕少五月毛主席文艺座谈会讲话和延安剧运方针宣布以后，晋绥边区的小学即逐渐向着为群众服务的、与战争生产社会相结合的方向转化着，去冬毛主

---

① 原件未注明年代，编者根据内容判断为1944年。

席号召组织起来，实行变工互助，今春各县小学〔如保德、临南、五寨、朔县等〕等开始在民办公助的方针下，建设了变工互助的民办小学，使小学和战争、生产、社会、群众进一步相结合起来，得到了各地农民的拥护，自动送子女入学，学校和学生数量增加，这是适合边区人民需要的国民教育发展的新方向。

（二）教育方针和制度

边区小学教育是实行民族的、民主的、科学的、大众的、统一战线的免费义务教育政策，教育和战争、生产、社会、家庭相结合，为当前的抗日战争群众需要和民主政治服务，培养准备参加根据地各项抗战建设事业的未来干部，为提高文化、政治思想水平和工作生产智能打下初步的基础，以便将来参加工作、生产或继续升入中等学校之用。

目前小学仍沿用过去的四二制，每年放秋假年假各一次〔时期共为两个月左右〕。在编制上有单独的高级小学和初级小学，另外还有高初两级合编的完全小学，个别地区中心小学内也附设高级班，实际上也是完全小学的性质，单级高小多在游击区，两级完小多在内地区，中心小学制度则在全边区普遍的（地）实行着，它负有协助行政辅导其他小学的任务。

（三）小学领导和经费问题

小学领导系统，行署、专署，县设民教科。除行政领导系统，另设中心学区，各学区建立中心小学，中心小学负责对本学区内各小学之辅导任务，指导各校工作，交换经验，组织观摩，经常向行政上反映意见。中心小学辅导制度，是教育行政上的一个助手，在完成各校教导工作上起着一定的作用。

小学经费为县统筹。除教育经费的财政开支外，各县均有地方教育基金收益作辅助。在今年的生产运动中，有些学校〔尤其是完小〕从变工互助或自行生产下，可作（做）到经费上的部分自给，进一步为建立学校家务打下初步基础。这将对减轻民众负担和推广民办公助方针起很大的作用。

（四）教育内容、方法与指导工作

1. 教学内容和方法

高级班课程以公民、国语、历史、算术〔包括珠算〕为主科，地理、劳作〔生产〕、音乐为副科。

初级班课程有公民、国语、算术〔包括珠算〕、劳作〔生产〕、音乐等课。

教材问题在民国二十九年〔四〇年〕行署曾编印初小国语、常识课本等四种。民国三十年〔四一年〕以来一般以陕甘宁边区小学课本为蓝本，加以部分修改，使适合于边区具体情况。此外还编印了一些参考材料。从民国二十九年—三十三年五月底行署翻印小学课本三十八种，供给通俗读物参考书三十七种，编印教员参考材料二十八种，共计十四万六千八百三十六册，分发各专署县翻印。目前已根据陕甘宁边区新编教材，部分修改，部分已在付印中。

当前各地小学教材，除采用翻印或编印的课本外，另从抗战日报、大众报上选择采用，如各校公民课是采用报纸上关于边区建设工作和对敌斗争、生产拥军各方面的材料，通过这些实际材料进行思想教育。今春小学生产运动开始以来，各地小学师生均亲身参加了生产劳作、种地纺线等，配合了生产技术的讲授，进行了实际教学，具体的生产过程成

为活的课程内容，在生产中学习自然常识，以启发锻炼学生的劳动观念。国语课增加了应用文，教写路条、通知、契约、信、记帐（账）等实用知识。算术课增加珠算，教以简单的加减法。

在教学方法上，各地小学均废除了注入式，采用了由浅入深的启发式和即教即做的实验方式。如临县完小农作课聘请了有经验的老裴（农）当教员进行实验教学。临南刘文锦村小学，纺织课由妇女纺织合作社指导员担任，农作课由劳动英雄刘文锦担任，每天除学文化课外，以一半时间实习纺织和农作。兴县、保德、河曲、临县等小学配合防奸教育，建立了儿童岗哨，配合拥军教育，进行了打柴优抚，把教、学、做三者结合起来了。

2. 指导工作

小学指导方法主要是通过学生的自治组织去进行，完小有学生会，初小有儿童团，他们在教员的指导协助下，一般都能进行自治活动，并能很好的（地）完成任务，发挥了学生的积极性创造性。教员对学生自治是采取了扶植的态度。小学学生会儿童团的任务是组织校内学习生活，加强教学效果，组织校外各种社会服务，以配合教员完成教导工作的任务。其具体情形如下：

（1）与战争的结合：各地小学平时在教学内容上着重进行民族教育、军事常识学习，实行站岗放哨、防奸劳军、优抗、帮助残废退伍军人等。到战时进行战时宣传，组织空室清野，协同民兵防奸查路条、转送情报，大的儿童帮助战时运输、护送伤兵，并向民众揭露敌人的残暴行为以及协助战后安抚救济工作等。交城、五寨、离石、宁武等县的完小在反“扫荡”过程中，实行分散教学方法，他们建立了通讯网和联络岗哨，随时注意敌人的行动，使学校得以安心的（地）有计划的（地）教学。在敌人未出动情况下，学校进行集体教学，敌人出动时即行分散，实行小先生制，由小组长进行小组教学，一面念书，一面做战时工作。

各地小学为了适应战争环境，一般能在敌人来到前坚决执行空室清野，敌人出境后，立即恢复上课，做到了“恢复容易摧毁难”，不耽误更多的教学工作。

（2）与生产的结合：兴县各小学师生共同种地二、三亩，其收益部分用以补充学校经费，部分作为分红奖励。除农业生产外，还纺织，收获归儿童所有。有的学校〔如高家村〕学生还开荒植树实行变工。临县完小一百四十个学生中，有一百二十个参加生产〔女同学纺织〕，每人可收粮食三斗多，三个月内砍柴五万二千斤，够烧一年。在夏收期间，学校与民众变工，学生帮助民众挽麦子三百五十八亩，民众帮学校锄地二百五十亩，经过变工互助，民众与学校的关系更加亲密了。岢岚全县小学种水旱地二百八十四亩。五寨〔游击区〕高小，全校开荒八十亩以上，吃菜完全自种，每天下午劳动一小时，其他初小每校都种地二垧。在生产中，进行生产教育，启发劳动观念，提倡“做什么，学什么；学什么，做什么”。国语课教种植方法和农植物的生长，算术课实际计算地亩和生产数目。五寨民众说：“教育的学生勤劳了，回来家里叫做什么就做什么。”很多学校的生产解决了学生的文具用品，有的地方，学生在纺线中还给家庭赚下了钱和小米。民众反映说：“学校真是给人民办事，对咱们子弟真正负责。”

（3）与社会的结合：临县完小师生合作社，实行与民众合办，扩大为全村合作社，为民众服务，学校并帮助变工队记帐（账）、算帐（账）、写通知。离石小学组织儿童优抗

队，帮助抗属生产、送饭、抬水，过节慰问，组织儿童宣传队，宣传生产、时事、拥军、巩固金融等，组织儿童纠察队，每天轮流担任放哨。静乐〔游击区〕高小组织春耕秧歌队，从驻地开始，沿村宣传毛主席组织起来和边区三大任务及劳力与武力结合的办法，并沿村写春耕标语。

保德、兴县、临南、离石等县个别村子的小学还帮助民众订生产计划，改造二流子，有的建立了识字班、读报组、识字牌、大众黑板报，宣传讲究卫生、破除迷信等科学知识。五寨两个村子的小学改造了三个巫神。

由于边区处在敌后战争的环境下，受敌人封锁，各地小学物质建设颇感困难，教学设备尤觉贫乏。这是今后急需努力设法补救与克服的。

（五）小学教员与学生

1. 小学教员

边区小学教员不分性别、阶层、党派与信仰，在政治上与思想上，都有充分的民主自由。他们有自己的组织——教育工作者协会，进行各种抗日的和文化的活动。他们是所在村文化教育会当然委员之一。民国三十一年〔四二年〕边区临时参议会，有三个小学教员参议员出席，他们在边区是备受尊敬和优待的。小学教员的学习，由行政上规定，并保证了每天两小时的学习制度，中心小学校长协助行政组织指导，假期可以自愿到各中等学校补习或参观，村政权重大工作，教员可以自愿参加实习，如冬季的冬学工作，春节的文化娱乐活动等。总之，政府从各方面通过各种具体工作，加强教员的学习，提高教员的质量。

在教员的物质待遇上，每月津贴小米六十—八十五斤，免除个人公粮负担与抗战勤务，并在公私兼顾的原则下，发展其变工生产与课余劳动，保证各教员安心教学与生产，进一步改善提高其物质生活。家在敌占区或边区以外的教员，政府更予以特殊的关照与待遇，他们在工作上都很安心，自觉的（地）努力工作，积极的（地）响应了行署争取模范教员的号召。如临南教员薛春圃热爱儿童，工作积极，吸收了全村百分之八十六的儿童入学，特别注意对贫寒子弟的帮助，拿出了自己剩余的钱和粮食给他们解决困难。他领导学生生产，又和学生参加了村里的变工互助组，具体帮助民众，在变工组中给民众读报、教识字，宣传政府政策法令，组织学生下乡宣传、演剧、写标语，参加村政权的中心工作，帮助村干部总结工作、填写表册、训练民兵等，他又教育学生帮助家庭扫院、担水、洗锅、缝纫，并且领导学生改造了两个二流子。教师节他已被选为全县的模范教员。像薛春圃这样新型的教员，在边区各地正在不断涌现着。

边区在初期大量发展小学的情况下，大批吸收了农村知识分子和半知识分子担任小学教师，他们虽然积极热忱，力求上进，但无论在文化程度上、教学经验上都需要进一步的提高和努力。

2. 小学学生

边区初小学生，一律实行免费教育，课本亦由公家发给。高小学生之贫寒者，实行公费或半公费。这样给了各阶层子女以受教育的平等机会，吸收了贫苦农民的子女入学。各校学生激增情形为过去所未有，单以兴县赵家川口小学为例，过去到校学生为三十个左右，占六十四个学龄儿童的百分之四十六，今年到校五十个，占百分之七十八，比过去增

加了百分之三十二，此外还有入半日班、夜习班的青年二十二个。

今年大规模的（地）开展生产运动，学生都参加了农业、手工业等各种生产，根据公私两利的原则，他们可得到一定的红利来解决文具困难，以补助其学习费用，这样将进一步减轻家庭负担。各地小学为儿童入学便利有如下的革新：

（1）建立变工互助的民办小学。如保德柳树沟为了解决子弟念书的困难，成立了一座小学，从变工队中抽出一个文化程度较高的人，担任教员，大家负责给他种地，教员负责教育变工队员自己的二十多个儿童，共同生产的收益教员也以一个劳动力分红。继之而起的有杨家沟等二十一村都设立了同样的民办小学。劳动英雄吴保大，为了保证民办小学的供给，并帮助贫寒儿童，领导村民开了九十垧学田。其他各村亦纷纷仿效，其中有四个行政村已开了二百六十多垧。民众对民办小学很拥护，他们高兴地说："变工起来好处实在多哩！不但能节省劳动力，深耕细作，还能使孩儿们读书，睁开眼睛。"

（2）建立夜校半日班、间日班。如离石小学吸收了贫寒儿童入学，进行半日、间日上课和随到随教的方法，解决了儿童入学和参加生产的矛盾问题。

（3）在吸收儿童入学上，根据各个家庭的具体情况实行了解决困难、个别说服的办法，废除了过去强迫命令的方式。如离石管庄垣中心小学，在动员贫寒儿童刘三鸣上学时，首先启发了他对学习的兴趣，在未入学前即教他识字，并帮助他送粪，解决了他家劳动力缺乏的困难，结果不但吸引他上了学，他又动员了他的弟弟上了学。这个办法效果很大，仅一月功夫，学校即增加了十六个学生。岢岚小学对某些家庭困难、参加生产的儿童，在春耕期间，组织了儿童识字班，或让参加成人读报组，辅导其学习。对入学儿童在农忙时学校准他们回家帮助劳作，这办法是适合农民要求的。

由于小学教育与生产结合，在吸收儿童入学上又采取了解决困难和民主动员的方式，对儿童的教学管理上废除了体罚，实行了民主的启发诱导。因此推动了家长对子女上学的积极性，启发了儿童自愿自动的（地）上学，很多超过学龄的儿童，均纷纷参加半日班、夜校学习〔当然其中还有一个重要的原因是边区几年来生活改善了，家长对儿童的入学开始重视了〕。民众对学校的认识有了基本的转变，如临县的一个老百姓说："如今什么也不同了，学校里的娃娃又会念书又会种庄稼，长大了一定能过个好光景。"

乙、社会教育

新政权建立后，针对着历史遗留给民众的文化落后的情况，提出了逐渐消灭文盲、讲究卫生、破除迷信、提高民众文化水平与政治认识的社教工作，五年以来，这个工作的发展过程如下：

首先是发展冬学运动，以民国二十九年和卅年发展最多。卅一年〔四二年〕以后，着重于质量的提高。在教学内容上以政治教育为主〔包括政策法令、时事防奸、减租生产、拥军等教育〕，文化教育为付（辅）〔包括识字、读报破除迷信、卫生教育〕。此外还有实用教育，包括珠算、开路条、写契约、写信等。

冬学是利用冬闲时间进行社教的重要方式，由于政府一贯注意了发展人民生产，民众生活逐渐改善了，对政治文化的要求日趋迫切，所以入学情绪很高。民国三十年〔四一年〕神池等十九县开办冬学三千一百一十六处，学员十七万八千一百八十二人。冬学吸收了妇女入学，临南等十二县九万九千五百五十二个冬学学生中有妇女三万四千四百二十八

人，占百分之二十四。

民国三十一年〔四二年〕以来，边区教育工作进一步与民众生产结合，民众学习情绪更为高涨。临县妇女王汝则在十八天中写会生字三十六个，学会了打算盘，在她的推动下全家人除了五岁的一个小孩都参加了冬学。兴县张家圪埚一个妇女起初受她婆婆和丈夫的阻止，不叫上冬学，她很耐心的（地）给丈夫婆婆解释，不但争取到自己上冬学的自由，而且推动了他（她）丈夫的学习。冬学教学效果根据岚县的测验，有三分之一的男生和三分之二的女生了解了“三三制”政权、二五减租、奖励生产、抗战勤务、防奸等五个政治问题，认识了六十个以上的字，会唱四个抗战歌曲。

历年来的冬学运动，特别注意了民办公助的方针，各地民众纷纷自动聘请教员，成立冬书房。民国三十一年〔四二年〕，兴县岔儿上、贺家沟、安坪等村民众自办冬学，临南、离石的冬学有许多也是民众自办的。这方针将普遍实施于今后的冬学中。

其次为一般的社教组织——民教馆、半日班、夜校、补习学校、秧歌队剧团等，进行一般的政治文化识字卫生教育和民众娱乐活动，把社教工作当成经常的活动。在开始，因为与民众的生产结合不够，有些地区的组织还不健全，活动内容不充实，到民国三十一年〔四二年〕，经过了整顿，提高了质量。兹举兴县、临县民教馆的活动如下：建立了大众黑板报，主要为反映农民生产状况、卫生运动与纺织运动和宣传政府法令，设置了看书读报室，供民众阅览，组织领导民众剧团进行娱乐活动，组织领导读报组，定期给民众读报，建立民众代笔处，无代价的（地）给民众写信、写契约、呈文等。它已成为一种综合性的社教活动形式。这种新型的社教组织，在保德、河曲等县也在开展着。

在剧团方面，现边区与专区一级有七月剧社、战斗剧社，二、三、八专区剧社，各中等学校业余剧团，此外还有各县完小的学生剧团和化装宣传队，他（它）们是进行民众宣传的主力军，每逢大的政治运动和政府的中心工作，都进行了大规模的宣传，活动范围从内地区推广到游击区。民国二十九年〔四〇年〕的百团大战，三十年〔四一年〕的村选运动，卅一年〔四二年〕的反“蚕食”斗争，临参会选举运动，卅二年〔四三年〕的拥军拥政爱民运动，卅三年〔四四年〕的对敌斗争、减租生产、防奸自卫运动，都进行了有计划的演出工作。如二专区剧团在卅二年〔四三年〕春季下乡公演三十天，演出一百三十余场，观众最多达五千余人。七月剧社经常在边区一级各机关、直属县和三专区巡回公演，今年五月曾到六专区慰问收复区民众。各剧团经常下乡演出，在质量上也提高了。七月剧社旧形式新内容剧和民间形式剧，民众看了非常感动，鼓舞了人民抗战生产的热情，启示农村的新方向，在艺术上亦博得了观众的赞扬，各村民众争相邀请出演。战斗剧社在兴县黑峪口演出后，一个老太婆说：“他们的戏是给老百姓指路子的戏。”刘家梁一个六十岁的老太婆说：“咱刘家梁大概没有来过剧团唱戏，往时就是拿上钱，请都请不到，如今咱战斗剧社一言语就来啦。”当演出《大家好》时，老百姓喜的（得）叫了出来：“这就是咱村里的事。”

各个剧团都先后根据中共中央文委发表之剧运方针与毛主席在延安文艺座谈会上的讲话，检查了工作和思想，除改进了本身工作外并帮助了民间旧戏班的改造〔如三专区剧团经常供给民间剧团以新剧本〕，推动了民众、机关学校的业余剧团及宣传队，活跃了边区军政民的生活。

读报小组是根据边区具体情况而产生发展起来的，它解决了偏僻农村文盲不能读报的困难。在战时节约、供不应求的条件下，一张报纸要起几张报纸的作用，开始在部队、工厂、小学发展，逐渐在民众、变工队、纺织组中也开展了起来。而且培养了一些工农通讯员，不断的（地）给报纸写简短的通讯或报道生产情形。读报组在配合今年大规模的生产运动下更加发展和活跃了。这些读报组，是以劳动英雄和生产积极分子为骨干组织起来的，是与变工、纺织组互相结合的。民众从读报中识了字，懂得了政治，提高了生产技术，推动了生产运动，加强巩固了变工组织。如临县五区圐圙村①，一个老乡称《抗战日报》为“大众报”“劳动英雄报”，兴县劳动英雄白改玉说：“报纸对于推动我们的生产作用实在大咧!”

在文化出版事业上，普遍发行了《抗战日报》《晋绥大众报》，另外还印发了很多属于各方面的小丛书、通俗读物、秧歌剧本、木刻年画、生产画，以及到处刷写标语，画关于生产、拥军、防奸杀敌各方面的巨幅彩色墙画，给了民众以深刻的形象教育。尤其在今年“组织起来”“开展生产运动”的宣传下，普遍推动了各地民众的和机关部队学校的生产变工互助组织〔如变工队、合作社等〕的建立，并影响改造了二流子。

“正义报”和“祖国呼声”是对敌占区人民的宣传教育工具，它在敌占区人民中间扩大了抗日民主政权的影响，团结了敌占区的民众在我们的周围。

五年以来，边区的社会教育工作和政府政治任务中心工作及边区人民生活密切联系着，在团结自己、打击敌人、推动生产、提高人民政治文化上是有其一定的作用的。经过了曲折的摸索与创造过程，新的与民众相结合的组织形式与活动方式，如冬学夜校、半日班、读报组、秧歌、宣传队、大众墙画等，已逐渐推广出去，这些组织与活动仍是今后开展根据地社教运动的主要方向。

选自《晋绥根据地资料选编》，第2集，中共吕梁地委党史资料征集办公室1983年编印，第208～221页。

8. 论晋西北的文化运动——节录林枫同志在文联纪念鲁迅逝世五周年座谈会上报告之一部

1944年2月

（一）抗日根据地文化运动的任务

第一，在文化运动上展开最广泛的统一战线。反对不民主，反对妥协投降，反对黑暗压迫，使一切文化人，都为抗日而服务，这是我们抗日根据地当前最重要的任务。我们号召一切抗日知识分子、文化人，不管是属于任何阶级阶层，都能广泛的（地）团结起来。这样的具体工作在晋西北已经进行了一些，也有了一些成绩，现在应该更广泛的（地）开

① “圐圙”（kulun），蒙语村名，又称“库伦”。

展起来。

第二，发展进步的文化力量。发展进步文化力量主要的内容，就是发展民主思想，发展科学思想，主张思想自由，研究社会主义。这和我们发展进步势力是一致的，今天反对黑暗压迫，那就要提倡民主自由，发展民主自由。这不但有它政治上的意义，而且有它社会的意义，特别是在晋西北这个在文化上落后、愚昧、不科学的地区。在这样落后的地区，需要我们从文化上来改变这种落后。也正因为晋西北是文化落后的，它才是我们做工作的好地方。这里有两个条件，第一个条件是因为它落后，在文化方面它是一个荒地，到处是我们工作的地盘，到处需要工作。第二个条件，在政治上是自由的，晋西北不但是文化人的荒园，也是文化人自由的园地，你在这里可以自由去发展，没有任何限制，只要你所提倡的文化工作是正当的。我们希望在这个荒地和自由园地上发展进步的文化力量，发展民主思想。

第三，团结文化干部，培养文化干部，爱护文化干部，吸收知识分子。这对于我们在文化质量的提高上有很大作用。团结干部，团结有历史的文化团体，大家要互相尊重，要珍重自己，也不要看轻别人。要使文联能够真正成为这个地区文化界团结的中心，吸收各方面的文化人切实参加。培养文化干部，除了一般的学校以外，我赞称（成）在晋西北成立专门性质的学校，像鲁艺这样的学校。不过我们办这样的学校，最好要作长期的打算，要以根据地的文化建设作打算。对于爱护干部，政府就要颁布优待文化人的条例，我们要把这个条例具体切实的（地）执行起来。

第四，要参加国民教育、社会教育，这是我们文化教育的基本问题。所谓参加国民教育参加社会教育，就是要我们去普遍提高人民的文化教育，向普及和提高的方向作（做）去，我们的文化运动不是少数人的文化运动，所以国民教育是我们的基本工作。

（二）关于文化工作人员的希望

第一，要忠诚于文化事业，真正为文化事业而努力。尽心竭力，想尽一切方法为文化工作而努力。这是文化人基本的一个条件，向着这样一个方向在文化领域里选择一个基地，当作你的生命，不管在那（哪）一个部门里边，写文章也好，作（做）一个演员也好，要真正爱护自己的事业，忠实自己的事业。这样工作的作风，正是鲁迅的精神。

第二，要有远大的政治眼光。作（做）文化工作的人，若没有远大的政治眼光，是不会成功的，文化人要超脱政治以外而能成功，我看还没有。但是我们也不赞成拿一切政治口号在文化艺术上机械的（地）运用，如把政治口号写成戏等等作（做）法，主要的是在内容里反对黑暗、暴露黑暗。总而言之要有进步的内容，必须有远大的政治眼光，这对文化人员是非常重要的。

第三，要有学习的精神，从学习里提高自己的质量。有不断的学习，才有不断的进步，才能为人民大众作（做）教师，否则你没有办法进步。

第四，塑造研究。在文化工作上有塑造性，是很大的一个要求。我们要从学习研究中产生自己的塑造性，虽然在晋西北的落后地方，我们也希望有高度的文化。普遍大众文化，也并不是要把文化降落到低的地方去，它也是一样要提高。因此我们有这样的建议，“两极的要求”，一方面深入普遍，另一方面要高度的（地）发展。毛泽东同志有这样的意见，“高度的和深入的互相联系起来”。两极，不是让它脱节，而是从深入普遍而提高，从提高而普遍发展，互相发展，互相为用。如果要提高，蔑视落后，那是不对的，那是丢掉

了你的基本。今天基本上还是普遍发展，在普遍基础上提高。

第五，要熟悉晋西北群众的语言。不懂群众的话，在工作上要发生很大的隔膜，有很多人谈话能感动人，受群众欢迎，这就是因为对群众语言有研究。

第六，密切联系群众，了解群众的生活和心理。一切文化运动基本上是普遍深入，因此必须和群众发生联系，文化和群众脱离关系，那是没有发展前途的。和群众没有联系，不了解群众的生活，开口新民主主义文化、大众文化，都是空谈，有些人既没和群众发生联系，一定要写大众小说，结果是非驴非马的东西，是不合现实的。

（三）文化运动的组织工作

向来文化人是散慢（漫）的，好象（像）有这样的一个概念，组织工作好象（像）和文化人不发生联系，这是不对的。我们文化人和社会不能分离，他必须有阵地，阵地又必须巩固，若想文化阵地巩固，便须进行组织工作。当然我们不能要求一切文化人都去作（做）组织工作。但是在整个文化工作上必须有组织工作，任何人都必须有这样的认识。在组织工作上，我提出以下几个问题：

第一，建立晋西文化俱乐部。现在在政府领导帮助之下，俱乐部正在建立。文化俱乐部要成为晋西北文化人活动的中心，成为文化工作向上发展、普遍发展的坚强阵地。

〔以下略〕

一九四四年二月

选自《晋绥根据地资料选编》，第2集，中共吕梁地委党史资料征集办公室1983年编印，第229～232页。

9. 晋绥边区行政公署关于恢复学校教育问题的通令

1948年8月

我边区连续两年的严重灾荒，今年可望减轻，兹决定停办学校地区，于今年秋后，有步骤、有重点的（地）恢复学校教育。除中学完小由各专署各县政府有计划进行恢复外，初小则应本民办公助的方针逐渐恢复〔但民办公助，不应理解为公家完全不管，不出钱，而应是在统一方针、制度之下，有领导的（地）对民办给以各方面的帮助〕。现将学校工作中有关问题之规定及恢复工作中应进行准备和注意事项，通令如下：

（一）今后中小学教育应以文化教育、业务教育为主。为此，学校的一切设施、教学进程，学校内部的工作及组织，必须有与此相适应的制度与计划。

（甲）学制——必须认真按照过去规定的初小四年、高小二年、初中三年的制度办理。关于入学、毕业的标准及考试、升级、留级制度，均应有严格规定，并须认真执行，不得敷衍草率。

（乙）班次——各级学校除普通班外，初小、完小均应试办半日班、夜班、冬学，每县一个完小内，试办一个干部班〔主要为干部、积极分子学习文化之用，修业期限，暂定为一年至一年半〕，中学内则另开设师范班，必要时还可设其他班次。

（丙）课程——初小为国语〔包括写作练习〕、珠算、算术、常识〔后二年学〕、写仿等。高小为国语〔包括作文练习〕、公民、算术、珠算、历史、地理、自然、卫生、写仿等。初、高小均另配一些唱歌、游戏、美术手工等。以上各课用的教科书，本署正编印中。完小干部班为国语、珠算、公民、常识〔第二学期用〕等，教材本署正计划中。中学以后另定。

（丁）教学方法应与战争、生产、社会实际相结合，但学生课外活动不宜过多，同时应围绕着教学任务的要求，避免浪费时间、延误学习。学生组织形式也不宜过多，一般的规定，初小可组织儿童团，完小中学可组织学生会〔学生群众性的自治组织〕及毛泽东青年团〔学生积极分子骨干性的组织〕。

（二）初、高小学教员应即刻在一般知识分子中，在干部中，搜罗调迁，将必须训练者〔可任完小教员及初小的重要教员〕，送各分区的干部学校，专门编班轮训一个月〔每个分区的干部学校，于秋收前应最少办一期一百人左右的教员班〕，无须训练者，即在秋收前，以县为单位开会半个月。以上训练和开会讨论的简略内容，随令发下。训练期间，一切供给由公报销。以分区干部学校的标准和各县干部的标准，分别供给伙食和灯油纸张文具，由分区干部学校和各县分别呈请报销。

在训练完毕，配备教员中，必须注意在每一个完小和大的初小内，配备一个或一个以上思想上、政治上胜任的骨干。

初、高小教员米津，暂定为每月小米六十斤至八十斤，女教员每月另发卫生纸三十张，均由村款内开支。如由各机关介绍出带孩子的女同志担任教员者，小孩抚养费应由原机关供给。如以教员为职业的女教员而带有孩子者，其抚养费由县单独呈请专署补助四分之一至三分之一。中学教员待遇另定。

（三）公费生问题：[民国] 三十五年五月修正公布之《晋绥边区免费公费生条例》，在目前执行时，应作如下的补充、改定及解释。

（甲）小学高级班及公费生待遇标准，因边区军民遭受灾荒，每名公费生的膳费供给，改定为每月小米三十斤。同时在百分之二十公费名额的经费以内，除全公费生以外，还可实行分等调剂，享受部分公费，但不可平均使用与太形分散。规定每名享受部分公费学生的每月膳费补助，最少不得低于小米拾斤。

（乙）各级学校公费名额中，须注意尽量包括一部分女生，但其水平不可过低，其他条件也不应太多迁就。

（丙）欲享受公费待遇之高小学生，应由本村代表会负责介绍到区，区政府负责审核后，介绍于所在学校。学校于每学期开始，应在很好的领导下，召开全体学生及教职员大会，对原有公费生及新请求公费之学生，根据条例及规定，进行民主审查、评等，将其结果呈请县府批准〔必要时，须派专人调查该生家庭状况及变化〕。对原有公费生审查时须注意其家庭经济状况之变化，是否仍需要公费待遇。如此可以力求公费制度施行合理。

（丁）第三条第六款应解释为：原有各部、机关供给之干部子女家属，入高级小学时，应由原机关供给，而不在公费生名额内，以免影响当地群众子女之公费名额。但已经不享受部队、机关之供给而家境贫苦，又已在当地定居之干部子女，可以根据本条例请求

公费。

（戊）每个县的一个完小内，设立之干部班，在百分之二十的公费生名额以外，享受全公费待遇，标准同小学高级生。此种干部班的名额，定为特等县八十名，甲等县六十名，乙等县四十名，丙等县三十名。

（己）关于中等以上学生公费待遇，除师范班全公费外，中学班的公费名额，根据各地物质、文化条件的不同，改定为学生总数〔师范班在外〕的百分之三十至五十。各中等学校各应当占之百分数，另由命令规定。中等学生，亦根据甲项原则及丙项办法，在公费经费总数内，实行全公费与部分公费之分等调剂。

（四）各级教育行政机构，应即时恢复。专署文教科设科长一人，科员一人；特、甲等县设科长一人，科员一人至二人；乙、丙等县设科长一人。区及等于区的市设文教委员一人，村级则由代表委员会中，推定一人任该村初小校长，一个初小如有教员二人以上时，由村民在其中推定一名为副校长〔正、副校长均须经县、区批准〕。各校教员，都必须尊重正、副校长的领导。完小、中学的校长及内部组织仍照前定。

（五）校舍应即筹划修补，教具应从各方面搜集，无法搜集的，可本俭约精神，酌情添置。规定村的初小修补添置，应由该村群众设法解决；完小、中学的修补添置，应由县及中学造具临时预算，送请专署及行署审核，分别由村款及统筹开支。其余暂未恢复学校的校舍教具，各地务必确实保护。

（六）关于中等学校的恢复，各专署应即积极筹划，提出有关各方面的意见〔学生来源、教职员、课程、教材、经费预算、何时开办、规模等〕，送本署审核批准开办。或先和各分区的干部学校在一起办，先在该校内另成立中学班、师范班等，以后逐渐发展。

此令

代主任　武新宇

选自《晋绥根据地资料选编》，第2集，中共吕梁地委党史资料征集办公室1983年编印，第233～237页，原注：“原载1948年8月16日《晋绥日报》。”

10. 晋西北行署教育会议确定教育工作的方针

1949年4月

对恢复学校以来的成绩缺点作了检查，并拟出今明两年继续恢复学校计划，解决培养师资等问题

晋西北行署召开的教育会议，于三月二十一日开幕，历时十二日，现已圆满结束。到会的有各中等学校、各专署教育科长及兴、临等七县教育科长。会议开幕时，晋绥分区宣传部副部长周文同志出席指导。会议总结了去年八月恢复学校以来的工作后，根据当前形势、新民主主义教育总方针及晋西北实际情况，确定了今后教育工作的方针任务，并初步拟订了今明两年继续恢复学校的计划，同时确定解决了培养师资、学制、课程、教材、制

度、经费、教职员待遇、公费生待遇、组织领导等若干教育工作上重大的具体问题及办法。会议认为：这次教育会议的召开是有重大意义的。由于战争形势的胜利发展，新民主主义的经济建设将在全国开始，而晋西北已处于安定环境，恢复与发展生产的建设工作业已开始，需要教育培养具有革命思想和一定文化、科学水平的各种建设人材（才）。我区绝大部分区村干部缺乏文化，影响工作效率的提高，急需提高文化。群众虽然经过土改在经济上翻了身，提高了觉悟，但过去在长期封建统治下造成的封建迷信的落后思想还普遍的（地）浓厚存在，迫切需要提高文化以便更进一步提高觉悟，巩固和发展政治经济上已获得的伟大成果。因此，在生产支前的总任务下加强教育工作已成为当前一项重要的政治任务，必须引起足够的重视，把教育工作提到适当地位。任何轻视教育工作，不作长期打算，认为教育工作不重要的观点都是不对的。

会议检讨总结了去年八月恢复学校以来的工作，认为这次学校的恢复是迅速的，得到了很大成绩。由于过去在长期战争环境中，遭受了敌人严重的破坏和各种困难的限制，与主观上存在若干缺点，教育基础差，加之四七年六月停办学校后，教员转业，学生脱节，校址、校舍、学校设备等损失不少，曾使恢复学校遭遇到很大困难。但自去年八月分局、行署分别发出恢复学校的指示后，不及半年工夫，全区即恢复三座中学〔贺中、范中、二中〕，有学生四百一十九人，占三校停办前学生六百六十二人的百分之六十七点三七。恢复完小三十三座，学生五千一百四十二人。普小一千二百七十九座，学生五万二千四百五十三人。群众自动办起的学校有民小五百四十九座，学生一万二千一百三十九人；冬书房四百九十九座，学生五千八百四十六人；私塾六十八座，学生一千一百零六人。一般说，学校数目已恢复到停办前百分之六十左右〔群众自办的在外〕，据兴、岚县和雁南、五寨、离石三个分区材料〔缺雁北分区〕，完小恢复到停办前百分之五十五点三一，普小恢复到停办前百分之六十八点九二，个别县如崞县、神池并已超过了停办前数目。这次恢复学校由于是在土改之后，以及注意了扶植劳动人民子女，劳动人民子女入学的比例已比停办前增加，如临县一完小高级生，停办前贫农成份（分）学生占百分之二十一，现在占百分之三十；停办前中农成份（分）学生占百分之三十九，现在占百分之六十二；其他成份（分）的占百分之八。同时执行了以文化为主、联系实际的教学方针，克服了过去轻视文化，社会活动、生产劳动过多的偏向，已开始改变了群众认为上学念不下书、学校不顶事的看法。会议认为：能迅速获得这些成绩，首先是由于执行了分局、行署关于恢复学校的指示，各地比较重视了这一工作，与土改后群众经济上政治上翻了身，迫切要求文化是分不开的。如离石分区群众自办的冬书房超过公立小学一倍还多。再就是大批的（地）动员训练教员，解决了师资，全区共有教员二千五百一十六人，训练过的教员达一千二百六十六人〔训练数缺雁北分区〕。会议指出：恢复学校以来虽已获得如上成绩，但目前教育工作中仍然存在不少缺点，远赶不上客观形势的需要。全区估计有学龄儿童二十六万四千人，现在入学的儿童只有六万八千七百八十九人，占百分之二十六，差不多有四分之三的儿童还在失学。学级严重脱节，三、四年级以上的学生很少，贺昌中学有三分之二学生不够完小毕业的程度。小学师资数量少，一般质量也差，各个学校学制、课程、班次都很混乱，各成一套，教材也很缺乏。在执行以文化为主、联系实际的教学方针上，主要是不联系实际，也有盲目联系实际的偏向。在教学方法上存在着主观注入、缺乏课外指导的现

象。在生活指导上严重存在着体罚与变相体罚的现象，但有的学校又放任自流，形成教员不指导学生的无秩序的现象。对群众自办的学校缺乏领导与检查，教材与经费上亦未给以必要的帮助，有的学校竟读着“约翰福音”“治家格言”“四书”“五经”以及敌伪时期反动的书籍。教育行政机构不健全，且本身业务不熟悉，教育干部及教员调动频繁，不少教育干部很长时期做了其他工作。根据这些情况，会议经详细讨论，确定了今后教育工作的方针任务为：总的方向应是从长期打算，打好基础，使得教育工作有阵地的（地）发展，巩固的（地）前进，同时又应适当照顾到当前的迫切需要。为此，首先应大力加强小学教育，有计划有步骤的（地）恢复小学，以奠定全部教育工作的基础。在今年应该是以巩固提高现有小学为主，并积极训练师资，有步骤的（地）逐渐增设学校。首先每县至少应办好完小和中心小学，以创造经验，普及推广。为了照顾群众迫切需要，应在群众自愿与加强领导的条件下，积极发展群众自办的各种形式的学校，并使之逐渐提高，转入正规。今后加强与办好小学的中心关键是培养足够数量与质量的师资，因而确定在目前情况下，中等教育的主要任务为培养师资。各个中学应设立二年制师范班，培养一批教员骨干。并吸收在乡知识分子加以办短期训练班，同时应举办在职教员轮训班，以解决当前需要，有条件者亦可设中学班，又为了解决当前干部的急需，有的中学并可设立一年制中学班。再由于我区干部文化水平低下，加强区村干部文化补习教育，成为教育工作在目前的重要任务之一，各中学和每县选一完小举办干部文化补习班，对象是区村干部，目前各地补习班学员不符合这一目的与条件的，应予适当调整。中学完小与大村学生多、经济条件较好的初小应逐步实现新型正规化，建立一定的学制、入学、转学、毕业、考试等正规制度，调整班次，统一课程，有一定的教学要求与计划，改进教学与课外指导，减少学生流动，做到相对固定，以克服目前混乱现象，加强教学效果。对社教工作，会议提出今后应有重点的（地）开展，办好黑板报、读报组，建立与健全民教馆工作，今冬办好冬学，提高群众政治文化思想水平。会议认为必须明确认识与继续贯彻新民主主义教育方针，这即是无产阶级领导的、人民大众的、反对帝国主义、封建主义、官僚资本主义的教育，也即是民族的、科学的、大众的教育，是以毛泽东思想为指导原则的。这一方针应体现在教育对象、教学内容、教学指导各个方面。会议号召教育工作者必须很好学习与贯彻这一方针，不断改进我们的工作。

选自《晋绥根据地资料选编》，第2集，中共吕梁地委党史资料征集办公室1983年编印，第238～242页，原注：“原载1949年4月15日《晋绥日报》。”

九、土地租债

1. 山西省第二游击区减租减息暂行条例①

1941年4月1日修正公布

第一条　本条例之制定以适应抗战建国需要，改善人民生活，照顾各阶层利益为原则。

第二条　地租照原租额减收百分之二十五〔以下称二五减租〕。

第一款　地租不得超过耕地正产物收获总额百分之三十七点五；二五减租后，超过百分之三十七点五者，应减为百分之三十七点五，不及三十七点五者，依其约定。

第二款　活租及新成立租地关系之租额，亦以耕地正产［物］收获总额百分之三十七点五为最高额。

第三款　地租以现金缴纳者应按缴纳时之市价折算之。

第四款　地租原定为甲类谷物，而所收获者为乙类谷物时，即以当时两类谷物之市价折合缴纳之。

---

① “社科法制版”第323～327页另一件《晋西北减租减息条例》也是“1941年4月1日公布”，内容与此件完全相同，并注明“选自晋西北行政公署《法令辑要》”。据查“山西第二游击区行政公署”于1941年7月改称“晋西北行政公署”，本条例原名为《山西省第二游击区减租减息暂行条例》，在收入《法令辑要》时，改为《晋西北减租减息暂行条例》。

第五款　出租人不得收取押租。

第六款　耕地之土地税，由承租人代付者，应于地租内扣除之，耕地之村款摊派，以村款摊派法行之。

第七款　因敌伪破坏及水旱虫灾而歉收者，适用本条第一款之规定，其正产物尚不足种籽或仅等于种籽者，地租全部停付。

第八款　耕地副产物一律归承租人所有。

第三条　三条腿、二八分、三七分、四六分、对半分等伙种形式，地主之土地收入，原则上亦依照原分配法减少百分之二十五，惟（唯）应根据伙种之具体条件酌定之。

第四条　关于收回租地及伙种地之限制。

第一款　具有如下情形之一者，始可收回租地及伙种地：

甲、地主不能维持生活，收回自耕而不用雇工时。

乙、耕地履行法定手续出卖时。

丙、依照政府命令变更其使用时。

丁、承租人、伙种人死亡而无继承人时。

戊、承租人、伙种人将耕地转租、转伙种于他人时。

己、依本减租法减租后，承租人力能缴租而故意不缴时。

庚、承租人、伙种人非因不可抗力量继续一年不为耕作时。

第二款　地主将耕地出卖时，原承租人、伙种人有继续承租及伙种权，如承买者买回自耕时，则不得要求继续承租及伙种。

第三款　收回自耕之耕地，如再出租或伙种时，原承租人或伙种人有继续承租及伙种之优先权。

第五条　转租、送工及其他不合理办法一律禁止。

第一款　承租人虽经出租人同意亦不得将耕地全部或一部转租他人。

第二款　将坏地出租而又承租好地，因而妨害他人利益者，严加禁止。

第三款　出租人不得向承租人要求送工、送礼、代替支差及其他额外要求，但伙种地应履行双方所约定之条件。

第四款　斗以通用斗为准，租斗一律禁用。

第六条　钱息粮息无论年利月利均不得超过百分之十五〔分半行息〕，超过百分之十五者，应减为百分之十五，不及百分之十五者，依其约定。

第七条　债权人不得因减息关系解除契约。

第八条　现扣利、利滚利等高利贷及赌博债一律禁止。

第九条　依本条例缔结之租借契约一律有效。

第十条　本条例自公布之日施行。

附　则

第一条　畜租房租亦适用本条例。

第二条　抗战后减租已减足百分之二十五者，不得再减。

第三条　贫苦抗属鳏寡孤独无力自耕，将耕地出租者，可酌量免减或少减，并不受第四条关于收回自耕之限制。

见，特制定本条例。

第二条 所有租种、伙种、认粮租种之公地、私地，不论其为死租、活租、粮租、钱租，均须依照本条例实行减租交租。

第二章 减 租

第三条 山地依战前原租额先以七成五折算〔因战后产量约及战前之七成〕，再减百分之二十五，但个别地区产量超过七成者，其产量折算，另以命令行之。水地平地，只减百分之二十五。战前原租额如为活租者，以其实交租额为原额。

第四条 认粮租种地，如依照第三条减租后，其租额尚不足或等于田赋时，须于原租额内除去田赋，再行减租。

第五条 伙种地之伙出人所得，照战前原分配法减少百分之二十五，如伙出人投资〔畜力、肥料、种子、水利等〕时，其投资部分不减租。具体方法为：先于总产量中除去伙出人投资部分，然后照战前原分配法在伙出人分得内减百分之二十五。但有下列情形者依照下列规定：

一、约定或习惯投资不除去者，应先按战前原分配法分粮后，在伙出人所得内，除去投资部分，再减以百分之二十五。

二、约定或习惯投资由伙入人所得内偿还者，其偿还部分小减租。伙种地柴草之分配依其约定或习惯。

第六条 战后新租出伙出之土地，其原租额原分配法不论高于或低于战前，减租时仍照战前一般标准计算之。

第七条 出租人、伙出人如不依照本条例减租时，一经查出或被告发，除退还多收之地租外，并将多收之部分按月利分半行息。

第八条 贫苦之鳏寡孤独抗属无力自耕，将土地租出或伙出者，得由双方自行协商不减或少减，以照顾其生活。

第九条 游击区及敌占区附近地区之减租，不受第三条之限制，得由县政府依照当地情况酌情减少百分之十、十五或二十。

第十条 为繁殖牲畜，发展生产，畜租不减。

第三章 交 租

第十一条 依照本条例减租后，承租人必须如数交租，不得拖欠。如力能交租而抗不交付时，出租人得无条件收回租地，并得追收欠租。

第十二条 如承租人非因产量减少而确系无力交租时，须于第二年全数补足；第二年仍未补足时，须订立借约，以年利分半行息。

第十三条 地租之谷物种类有约定者从约定，无约定者从习惯。

第十四条 地租于产物收获后交付，不得预收，如承租人自愿预交且经村公所批准者，不在此限。

第十五条 出租人、伙出人不得向承租人、伙入人要求无代价之送工、送礼、播种等任何额外负担。

第四章 减租后租额

第十六条 依照本条例减租后，应以减后租额订立新租约，双方遵守，不再实行减

租，亦不得自行加租。伙种地同此，但伙种条件变更时，得依减租原则另行约定。

第十七条　租地因出租人改良土地，或因天然关系土壤改善提高产量时，得经评议酌情加租。

第十八条　个别地区因天灾及战争关系，收成大减时，得由县政府呈报行署根据收成另定减租标准。

第十九条　个别农户因天灾人祸、疾病死亡，其收成大部或全部被损时，得经评议由村公所呈请区级以上政府酌情减免。

第五章　土地所有权与佃权

第二十条　租期由双方自愿约定。出租人〔包括伙出人，以下同此〕除依照第十一条、第二十三条收回租地外，在下列情形下亦得收回租地〔包括伙种地，以下同此〕：

一、自耕或雇工耕种时，得于契约期满后收回。

二、出卖或出典时，无论期满与否皆得收回。

惟（唯）在抗战期间出租人收回租地自耕或雇工耕种地，须照顾承租人〔包括伙入人，以下同此〕之生活，贫苦之承租人因收回租地无法生活者，得经评议并由政府决定收回一部分。收回租地，须依当地习惯行之。

第二十一条　承租人改良土地，或经出租人同意在租地上建筑房屋、栽植树木，出租人于收回租地时，须经评议在现存之上利益限度内，酌情补偿；

第二十二条　出租人于契约期满后仍行出租〔包括伙出，以下同此〕，或出卖出典后新主仍将该地出租时，原承租人均依原条件有继续承租〔包括伙入，以下同此〕之优先权。

第二十三条　承租人非因天灾人祸、疾病死亡，耕作不努力荒地〔荒种或荒收〕在三分之一以上时，出租人得无条件收回租地，承租人仍须照数交租，但轮歇地不在此限。

第二十四条　禁止转租，但不以从中取利之分租不在此限。

第六章　旧租之清理

第二十五条　为清理欠租，保证今后交租，改善租佃关系起见，本条例颁布以前之欠租一律免交，抽回欠约，欠约确系遗失时，出租人须出具证明〔即写拦约〕。

第二十六条　本条例颁布前，出租人未依法减租者，亦不追究。

第七章　租佃调解委员会

第二十七条　为推动本条例之执行，行政村及租佃关系复杂之大自然村，根据需要得设立租佃调解委员会。行政村之租佃调解委员会由村长一人、出租人代表一人、承租人代表二人、村中公正人士三人共七人组成之，村长为主席。大自然村之租佃调解委员会由村主任代表一人、出租人代表一人、承租人代表一人、村中公正人士二人共五人组成之，村主任代表为主席。租佃双方代表各由双方选举之，公正人士由村民代表会或代表团推荐之。

第二十八条　租佃调解委员会任务如下：

（一）调解本条例内所评议事项。

（二）调解村中一切租佃及债务纠纷。调解时政府有最后决定权。

第八章　附　则

第二十九条　出租人或承租人不执行本条例时，由政府强制执行之。

第三十条　本条例经临参会通过，由行署公布施行之。所有以前之有关法令，一律废除。

选自《中国新民主主义革命时期根据地法制文献选编》，第4卷，北京，中国社会科学出版社1984年版，第332～337页。原注：“选自一九四二年十一月晋西北临时参议会常驻委员会出版印行的《条例》。”

互校版本：《晋绥根据地资料选编》，第5集，中共吕梁地委党史资料征集办公室1984年编印，第471～475页。

5. 晋西北减息交息条例

1942年11月6日晋西北临时参议会修正通过，
同年11月晋西北行政公署公布

第一条　为确保减息交息，流通借贷，活跃金融，以利民生起见，特制定本条例。

第二条　商业上之欠账不属于本条例之范围。

第三条　民国二十年以前之债务因十九年晋钞破产，借贷关系混乱，事隔多年无法清理，不论积欠若干，本利一律停付。

第四条　民国二十一年以后本条例颁布前之债务，不论钱债粮债均依照下列条款清理之：

已付利息不满原本一倍者，原本照还，欠息以年利分半计算，折半偿还。

已付利息在原本一倍以上不满一倍半者，免息还本。已付利息在原本二倍以上者，本利均停。

第五条　旧债须于本条例颁布后一年内，依据前条所列各款清理并偿还之，如系无力全部偿还者，得先偿还一部，余数以年利半分行息，五年内分期偿还。

第六条　非本位币之债务〔白洋法币、晋钞等〕偿还时依照市价折成本位币计算。

第七条　债务清理后本利均停者，债权人须将原约交出，尚未结清者，须退还原约，另订新约，原约确系遗失时，债权人须出具证明〔即写拦约〕。

第八条　本条例颁布后之借钱，依照当地社会习惯，由债权人债务人自行约定利息，不再实行减息。

第九条　本条例颁布后之借货（贷），有抵押品者，如到期不依约付利还本时，债权人有依约处理抵押品之权，同一抵押品而担保数债权者，按各债权之次序处理之。

第十条　大加一、印子钱等特殊形式之借贷一律禁止。

第十一条　为奖励借贷，活跃金融，征收公粮时，利息折半计算收入。

第十二条　清理及偿还旧债时，如有争议，得经村中租佃调解委员会调解之，但政府有最后决定权。

第十三条　债权人或债务人如不执行本条例时，由政府强制执行之。

第十四条　本条例经临参会通过，由行署公布施行之。所有以前颁布之有关法令，一

律废除。

选自《晋绥根据地资料选编》，第 5 集，中共吕梁地委党史资料征集办公室 1984 年编印，第 476～477 页。

6. 晋绥边区行政公署为彻底实行土地改革给各级政府的命令

1947 年 3 月 19 日

1. 土地没有彻底改革以前，封建剥削阶级的土地、房屋、牲畜、农具等财产，一律禁止买进卖出，违者以破坏土地改革论处。

2. 封建剥削阶级为了躲逃负担，保存土地，继续剥削，实行假典假卖推出去的土地房屋以及隐瞒了的土地，必须彻底清查，一律清算收回，重新分配给没地少地的农民。

3. 历年来封建剥削阶级为逃避负担、兵役、群众斗争，住到了外村去偷拿到的群众斗争果实〔土地、房屋、粮食等〕，和冒名借的义仓贷粮贷款，应全部收回，并清算其历年来所得利益，全部偿还农民，交当地农民分配。

4. 凡去年五月实行土改以来，封建剥削阶级非法典赎卖出去的土地房屋，拿到的钱，一律连本带利进行清算，偿还农民。

5. 凡去年五月以后，封建剥削阶级违法卖地，农民受骗出钱买的土地房屋，已经向政府税契的契约，一律无效。这份土地房屋暂归承买的农民保管，买价按第四条规定偿还农民。等土地改革做完，再确定地权或房权。

6. 过去土地改革不彻底，政府税契过早。因此规定在去年五月以后，已经向政府税契的土地房屋等，需要重新分配的可以重分，不受税契的限制。

7. 自此命令公布开始，一律暂时停止税契，发动农民追出地主的全部老契，另立新契，使农民安心生产，一个村或一个区彻底完成土地改革时，可以先由县政府发给临时证据，等土地改革完毕，经过复查，统一发给正式的土地证据，并税契。

一九四七年三月十九日

选自《晋绥根据地资料选编》，第 4 集，中共吕梁地委党史资料征集办公室 1984 年编印，第 261～262 页。

7. 晋绥边区行政公署晋绥边区农会临时委员会布告

1948 年 8 月 20 日

边区土地改革业已完成之地区，封建土地制度，业已消灭，为及早确定地权，特明白宣布：

一、凡土地改革业已完成之地区，今后任务为全力恢复与发展生产，不再进行土地改革。

二、责成各县县政府及农会，加紧办理土地证填发事宜，以期早日确定地权。凡大多数群众对已分土地无意见的村庄，即认为分好，不再变动。

三、今后各阶层人民所有之土地及财物，不论原有或分得，一律受法律保护，任何人不得侵犯。

望我全体人民，高度发挥劳动热忱，努力生产，发家致富，以充分发扬土改伟大成果。

选自《中国新民主主义革命时期根据地法制文献选编》，第 4 卷，北京，中国社会科学出版社 1984 年版，第 442～443 页。原注：“选自《生产法令经验汇集》，上编。”

十、劳动法规

1. 晋西总工会八项抗日斗争纲领

1940 年

晋西工人代表大会，在目前晋西新形势下，为了发动与组织全晋西工人，并坚决领导他们完成保卫与建设新的晋西抗日根据地而达到抗战最后胜利之目的，通过以下八项抗日斗争纲领。

一、发动工人参加抗日武装斗争，造成工人自动参加军队的热潮，并推动农民群众来参战，为保卫晋西抗日根据地而斗争。

二、组织晋西全体工人，联合并领导一切抗日人民，开展深入的群众运动，坚持抗日，团结进步，肃清汉奸投降派、顽固分子。

三、发动晋西工人参加宪政运动，争取派遣真正的工人代表出席国民大会。要求政府保证工人有言论、出版、集会、结社、抗日、罢工之绝对自由权，实现民主政治。

四、要求政府绝对改善工人生活，规定最低工资、最高工作时间，改进工作条件和抚恤、疾病、残废的待遇，救济失业工人。领导工人进行必要的改善生活的斗争。

五、在抗日利益与工人利益一致的目标下，推动政府或由工人自己组合，开办工厂、手工业及生产消费合作社，积极进行经济建设。在生产运动中，工人要起模范作用，培养劳动英雄。

六、开展工人文化教育工作，发动工人识字运动，加紧干部学习竞赛，加强工人的阶

第二十三条　厂方所召开之有关工人直接利害之会议，工人可派代表参加。

第二十四条　厂方如解雇工人时，须在十天前通知工会，以便提出意见〔工人自动辞职时，亦须在十天前通知厂方〕，如工会同意解雇时，应由厂方发给一个月之工资，作为解雇金。如违犯法令而被解雇与自动辞退者，不在此例。

第六章　奖励和处罚

第二十五条　工人具有下列优点之一者，厂方应给予增加工资、发给奖金、荣誉奖励及提升为干部等各种不同之奖励：

（一）在厂工作二年以上且工作积极成绩优良者。

（二）节省原料、爱护机器堪称模范者。

（三）技术、政治、文化各方面均有迅速进步者。

（四）创造发明新的生产方法，提高生产数量及质量者。

（五）其他对工厂生产或营业有特殊辅助者。

第二十六条　工人犯有下列过错之一者，厂方应给予警告、申斥、罚工及开除等各种不同之处分：

（一）偷窃原料公物者。

（二）故意损坏机器或原料者。

（三）消极怠工、迟到早退、无故停工或不遵照通知复工者。

（四）违犯劳资双方契约及劳动纪律者。

（五）其他对工厂生产或营业有损害之行为者。

第二十七条　处罚工人须事先通知其所参加之工会。

第七章　救济和抚恤

第二十八条　工人因重病暂时不能工作时，医药费由厂方负责〔惟（唯）自请医生自购药品者不在此限〕，病假在一个月以内者，工资照发，病假在三个月以内者，仅发伙食，三个月以上者，伙食亦停发，病愈时须保存其工作地位。

以上所称救济，工作满一年者始得享受之，不满一年者，应酌情决定。

第二十九条　工人因病死亡，其家属无力埋葬时，应由厂方负责埋葬之。

第三十条　工人因工作受伤而不能工作时，厂方除负责医药费外，应发给其原有之工资，至伤愈时为止，但至多不得超过三个月。

第三十一条　工人因公受伤而致残废者，由厂方发给工资半年。

第三十二条　私人经营之工厂，资本不厚或盈余不多时，本章所规定之救济抚恤等费应酌量减少。

第八章　女工童工

第三十三条　在十二岁以上十六岁以下者为童工，不满十二岁者不准雇用。

第三十四条　女工与男工生产量相同时，应以同工同酬为原则。

第三十五条　女工于生产前后，应给假二个月，工资照发，但工作不满半年者只发工资一半。因分娩致病或小产者，以病假论。

第三十六条　童工每日工作时间不得超过八小时。

第三十七条　童工每日应受补习教育二小时。

第三十八条　女工、童工不得从事夜工、笨重工及有危险性之工作。

第三十九条　女工、童工除享受本章所规定之特殊权利外，其他皆与成年人同样待遇。

第九章　学　徒

第四十条　在学习期内之工人称为学徒，厂方应在技术文化方面负教育之责。

第四十一条　学徒学习期限最多不得超过二年。

第四十二条　厂方除供给学徒生活费用外，每月至少须发给津贴一元，在其有相当工作能力时，即应酌给工资。

第四十三条　学徒除本章所规定之特殊权利外，其他皆与成年工人同样待遇。

第十章　附　则

第四十四条　本条例自公布之日施行，所有以前政府及工会所颁布之有关法令及办法一律作废。

第四十五条　在敌占区，本条例之执行程度，应以不妨害敌占区工作为前提。

选自《中国新民主主义革命时期根据地文献选编》，第 4 卷，北京，中国社会科学出版社 1984 年版，第 675～681 页。原注："选自晋西北行政公署《法令辑要》。"

互校版本：《晋绥根据地资料选编》，第 5 集，中共吕梁地委党史资料征集办公室 1984 年编印，第 335～340 页。

4. 晋西北改善雇工生活暂行条例

1941 年 4 月 1 日公布

第一条　为改善雇工生活，照顾雇主雇工双方利益，特制定本条例。

第二条　本条例所称雇工，包括为雇主所雇用之长工〔工作在八个月以上者〕、月工〔工作在一月以上者〕。

第三条　成年雇工之工资除本人饭食外，应以维持一个半人之最低生活为原则，童工工资最低应等于成年工人工资二分之一。

第四条　工资以约定期限发给，不准无故拖欠。如雇工及其家属有婚丧疾病及其他意外情事急需工资时，得预支一部分。

第五条　禁止打骂及虐待雇工。

第六条　雇工因劳致疾时，雇主应补助其医药费，工资照发，但不得超过一月。

第七条　雇工因劳致疾死亡时，雇主应酌量抚恤其配偶或直系亲属。

第八条　雇工在工余时间或工作任务完成后，有受教育及参加当地工会或农会活动之自由，雇主不得借故阻止。

第九条　雇工依照区级以上工会、农会或政府之正式通知，参加群众集会或其他会议时，雇主不得借故阻止或扣除工资，但参加会议之时间，每季不得超过七天。

第十条　雇工参加抗日部队时，雇主不得阻止，但预支工资不得超过一月。

第十一条　依照旧例或依照原来之约定，雇主对雇工之优待〔如借粮、预支工资等〕，不得因本条例之实行而停止。

第十二条　雇工不得有无故怠工、停工及故意减少生产之行为。

第十三条　雇工履行本条例之规定及双方缔结之工作约定时，雇主不得无故解雇。雇主履行本条例之规定及工作约定时，雇工不得无故退工。

第十四条　童工除工资按前规定执行外，其余与雇工相同。

第十五条　本条例自公布之日施行，所有以前政府及工会所颁布之同类法令及办法，一律废止。

附　则

第一条　本条例之原则亦可适用于牧工、短工、农村工匠等。

第二条　敌占区实施本条例时，应以不妨害敌占区工作为前提。

选自《中国新民主主义革命时期根据地文献选编》，第4卷，北京，中国社会科学出版社1984年版，第681～683页。原注："选自晋西北行政公署《法令辑要》。"

5. 晋西北矿厂劳动暂行条例

1941年8月1日公布

第一条　为改善矿工生活及照顾劳资双方利益，增加生产，适应抗战需要，特制定本条例。

第二条　本条例所称矿工，系指开采地下之原料，或以地下之原料炼制成品之工人而言。

第三条　矿工工作时间，每日以十小时为原则，必要时可增加至十一小时。

第四条　一般矿工之实际工资，除本人饭食外，应以维持一个半人最低限度之生活为原则。

按件工资者，每件工资之多寡，应依以上标准计算之。

矿工租窑及按比例分益者，应按劳资双方约定条件，减租百分之二十至二十五，但民国二十六年后已减租者，不得再减。

以上工资之规定，须由县级工会与政府协同劳资双方共同协议之。

第五条　矿方不得无故拖欠或扣押工资。

第六条　矿方售卖于矿工之日常必需用品，应以不赔本为原则，不得借以取利。

第七条　矿方不得打骂虐待矿工。

第八条　矿工除以当地习惯休假外，得依照区级以上工会或政府之正式通知，参加各种纪念大会或群众集会，矿方不得借故阻止或扣除工资。但参加会议之时间，每季不得超过七日。

第九条　生产工具及灯油应由矿方供给，如习惯上为由矿工自带时，可酌加工资。

第十条　矿方应注意保障矿工生命之安全，如发生水火及崩毁情事时，应立即停止工

作，从速修理。

第十一条 矿方在年终结账时，所得盈余应以百分之十分给矿工，但劳资双方在订立合同时，另有规定者不在此限。

第十二条 矿工因劳致病时，矿方应补助其医药费及生活费。因工作受伤时，矿方应负责医治，并照发工资，但以三个月为限，伤愈能工作时，应即复工。

第十三条 矿工因工作受伤残废，致不能工作时，矿方应依残废轻重，给予其一月至两月之生活费，作为抚恤金。因工作死亡时，矿方应负担其棺木费，并继发一月至三月之工资，抚恤其直系亲属及配偶。前条与本条规定之补助与抚恤，仅限于工作已满半年之矿工，未满半年者得减半。

第十四条 矿工不得无故怠工或辞退，各级工会应负责提高工人生产热忱。矿方不得无故解雇矿工，无论辞退与解雇，均须通知工会。

第十五条 本条例自公布之日施行，所有以前各级政府颁布之有关法令与工会制定之有关办法，一概作废。

附　则

第一条 公营及军队、群众团体经营之矿厂，亦须执行本条例。

第二条 敌占区施行本条例时，应以不妨碍敌占区工作原则为前提。

选自《中国新民主主义革命时期根据地文献选编》，第 4 卷，北京，中国社会科学出版社 1984 年版，第 683～686 页。原注。“选自晋西北行政公署《法令辑要》。”

互校版本：《晋绥根据地资料选编》，第 5 集，中共吕梁地委党史资料征集办公室 1984 年编印，第 353～355 页。

6. 晋西北工矿生产工会工作会议确定目前职工运动的方针与任务

1949 年 5 月 16 日《晋绥大众报》

晋绥总工会与晋西北行署，在上月二十六日联合召开工矿生产与工会工作会议，共开六天，已于五月一日结束。会议根据第六次全国劳动大会决议精神与晋西北实际情况，决议晋西北目前职工运动的方针与任务是：继续发动与组织工人，健全工会组织，进一步提高工人群众的阶级觉悟，配合农业生产，恢复和发展工矿业生产，支援解放战争。在这个总的任务下，贯彻毛主席所指出的“发展生产，繁荣经济，公私兼顾，劳资两利”的政策，并决定按以下办法贯彻执行。

第一，深刻教育工人群众，明确认识自己是处于国家主人翁的地位，是中国革命的领导阶级，用十年前与现在工人阶级的生活对比的方法，提高他们的阶级觉悟，使他们认识解放区的公营、合作经营等各种工矿企业，都是人民和工人阶级自己的东西，所以要保护工厂、矿窑，爱惜生产工具，提高生产数量和质量，减低产品的成本，遵守劳动纪律。

第二，必须保护工人利益，保障工人一定的生活水平与安全设备。在私营工矿企业中，资方应遵守政府法令，照顾工人利益，不能有任何封建性的剥削，更不能打骂工人与克扣工资及限制工人参加工会；不能只图赚钱，不修理矿窑和不注意工人安全。

第三，在劳资两利的原则下规定适当的工资比例，工人之间的工资，应按技术高低和劳动强弱合理规定。对工人工资的支付，一般情况下不应拖欠，就是资方实在困难时，也不能超过一定的期限。为保护工人的健康，规定在矿底做工的工人的工作时间一般按八点钟为原则，最高不能超过十点钟，地上工作的工人按习惯，但不能超过十二点钟。实行按时计件工作制，就是在一定时间内完成一定的生产任务。提倡和发动劳资双方订合同，互相遵守所定条款，克服无组织无纪律的状态。

第四，不论公营和私营及合作经营的各种工矿企业中，均须由资方（或经理）、工会干部、生产指导员、工人代表组成生产管理委员会，比较大的工矿业管理委员会，还可下设生产小组，私人企业也应说服它自愿成立。管委会要定期开会，讨论计划生产，研究改进技术，修理矿窑，评定工资，确定生产品价格等。

第五，由下而上的（地）健全工会组织，发现工人中的积极分子，培养为干部。今年每个分区应动员二十到三十人去地干班学习。必须向工人群众说明，只有自己起来干，才能解放自己。在工会组织形式上，当前主要是组织各种职业工人，首先把煤、铁、磁、矿、纸工人，黄河水手，城市集镇中的铁、木工人，较多的主要依靠做工维持生活的手工业工人，根据不同职业，建立工人小组、分工会、联合工会。

选自《晋绥根据地资料选编》，第5集，中共吕梁地委党史资料征集办公室1984年编印，第215～216页。原注：“原载《晋绥大众报》(1949.5.16第一版)。”

十一、婚姻继承

1. 晋西北婚姻暂行条例

1941 年 4 月 1 日公布

第一章　总　则

第一条　为使婚姻适合于民权主义之根本精神，特根据民法关于婚姻之规定并参酌本区域之实际情形制定本条例。

第二条　婚姻以基于男女当事人之自由意志为原则。

第三条　实行一夫一妻制，禁止纳妾蓄婢。①

第四条　禁止童养媳。

第五条　禁止早婚。

第六条　禁止包办强迫及买卖婚姻。

第二章　订　婚

第七条　婚约以由男女当事人自行订定为原则。

第八条　男未满十七岁，女未满十五岁，不得订定婚约。

第九条　婚约不得强迫履行。

① “社科法制版”为“纳妾蓄婢”，“晋绥资料版”为“纳妾婢”。

第十条　婚约当事人之一方，有下列情形之一者，他方得提出解除之要求：

一、婚约订定后再与他人订婚或结婚者。

二、故违结婚期约者。

三、生死不明已满二[①]年者。

四、患花柳病或其他恶疾者。

五、婚约订定后成为残废，其残废情形严重者。

六、受二年以上徒刑之宣告者。

七、有汉奸行为经讯证属实者。

八、有其他重大事由者。

第十一条　依前条规定解除婚约者之一方，如事实上不能向他方为解除之意思表示时，得向当地县、区政府为解除之请求。

第十二条　依第十条第一款、第二款之规定，婚约解除时，无过失之一方得向有过失之他方请求赔偿其因此所受之损失。

第十三条　婚约当事人之一方无第十条之理由，而故违婚约者，对于他方因此所受之损失，应负赔偿之责。

第三章　结　婚

第十四条　结婚以男女当事人之自愿为原则。

第十五条　男未满十八岁，女未满十六岁者，不得结婚。

第十六条　结婚之双方，须向所在地之村公所请求登记，领取结婚证，即为合法。

第十七条　有下列情形之一者，禁止结婚：

一、有直接血统关系者。

二、患花柳病及其他重大不治之恶疾经医［生］[②] 证明者。

三、有重大不治之精神病者。

第十八条　有配偶者未经离婚不得重新结婚。

第四章　离　婚

第十九条　男女双方自愿离婚时，应向当地区公所申请，转请县政府领取离婚证，即为合法。

第二十条　夫妻之一方有下列情形之一者，他方得向县政府请求离婚：

一、有重婚之行为者。

二、双方感情意志根本不合，无法继续同居者。

三、与他人通奸者。

四、以恶意遗弃他方在继续状态中者。

五、意图陷害他方者。

六、不能人道者。

七、有重大不治之精神病者。

---

① “社科法制版”为“二年”，“晋绥资料版”为“一年”。

② “社科法制版”“晋绥资料版”皆漏一“生”字。

八、有花柳病及其他重大不治之恶疾者。

九、有不良嗜好致使生活不能维持者。

十、受他方亲属虐待无法生活在继续中者。

十一、生死不明已逾三年者，出征军人不在此限。

十二、被处三年以上之徒刑，或因犯不名誉之罪被处徒刑者。

十三、有汉奸行为经讯证属实者。

十四、有其他重大事由者。

第二十一条　对于前条第三款之情事，有请求权之一方事前同意或事后宥恕，或知悉后已逾六个月，或自其情事发生后已逾二年者，不得请求离婚。

第二十二条　对于第二十条第五款、第十二款之情事，有请求权之一方，自知悉后已逾一年，或自其情事发生后已逾五年者，不得请求离婚。

第二十三条　男女之一方离婚三次者，不得再行请求离婚。

第五章　婚姻与子女及财产之关系

第二十四条　离婚前所生子女之抚养有约定者从约定，无约定者由母方抚养至十三岁为止，十三岁后从父从母，由子女决定。

第二十五条　女方未再结婚无力维持生活时，归女方抚养之子女其生活费由男方继续负担至满十三岁为止。

第二十六条　女方再婚带去之子女由新夫负责抚养教育，如约定子女长大仍归生父者，其抚养教育费之负责人依其约定。

第二十七条　如县政府认为子女抚养有问题时，得指定抚养人。

第二十八条　非结婚所生之子女，由生母提出证实其生父者，得强制其生父认领，与结婚所生之子女同。

第二十九条　非结婚所生之子女得享受本条例所规定之一切权利，不得抛弃。

第三十条　离婚时男女各取其结婚前原有之财产，并各分取其原有财产于结婚后所得增益。如女方原有财产之减少非因生活必须时，其减少之部分经证属实后，应由男方补偿；但减少之原因非可归责于男方者，不在此限。

第三十一条　依第二十条之规定，离婚时无过失之一方，得向有过失之一方请求赔偿其因此所受之损失。

第三十二条　前条无过失之女方并得向男方要求相当之抚养费。

第六章　附　则

第三十三条　本条例解释之权属于行署。

第三十四条　本条例自公布之日施行。

选编《中国新民主主义革命时期根据地法制文献选编》，第 4 卷，北京，中国社会科学出版社 1984 年版，第 852～857 页。原注：“选自晋西北行政公署《法令辑要》。”简称“社科法制版”。

互校版本：《晋绥根据地资料选编》，第 5 集，中共吕梁地委党史资料征集办公室 1984 年编印，第 329～333 页。简称“晋绥资料版”。

2. 绥察行政公署关于颁布暂行婚姻条例的布告（附婚姻条例23条）

1941年10月1日

为布告事：兹制定暂行婚姻条例二十三条。除分令外，合将该条例布于后，仰我全境人民一体凛遵，勿违为要。

此布。

计开：

甲　总则

第一条　妇女在政治上、经济上、社会上、法律上与男子有同等之权利、义务与自由，如承继产业、参加抗日活动与受教育等。

第二条　禁止买卖婚姻及父母包办婚姻。

第三条　提倡婚姻自由，坚持一夫一妻制度。

乙　离婚

第四条　离婚或解除婚约，有下列条件之一者可提出之：

一、经常受公婆打骂或丈夫虐待者；

二、双方之一方患神经病者；

三、双方之一方因违犯国法而被判决无期徒刑者；

四、双方之一方因当汉奸而被褫夺公权者；

五、双方之一方久出不归在五年以外，杳无音信者；

六、不能生养经医生证明生理缺陷者；

七、结婚后被限制参加抗日工作，或迫令对方投敌者；

八、男子强迫女子卖淫者；

九、男子嫖娼、女子卖淫，双方感情不合（和）者；

十、虐待幼童及弃婴溺女者；

第五条　抗工夫妇不经双方同意不得自由离婚，但不得互相虐待。

第六条　寡妇有再嫁之权，别人不得干涉。

第七条　离婚后之子女养教费应由双方之一方有收入者负担，如双方皆有收入应分担之。

第八条　双方之一方因犯重婚而离婚时，应赔偿对方之损失。

第九条　本人患病不省人事时，不得乘机离婚。

第十条　离婚时不论结婚之年月长短，双方聘礼互不偿还。

第十一条　已订婚者解除婚约，应退还聘礼，但女方赤贫者不退还聘礼。

第十二条　几经离婚再嫁者，不得再使聘礼。

第十三条　如有违犯第十、第十一、第十二条之规定，经查明属实者，聘礼归公并加倍处罚。

第十四条　离婚者须向政府登记，并须领取离婚证书。

丙　结婚

第十五条　男女有自由选择婚姻之权，父母不得过分干涉。

第十六条　禁止重婚、养婢。

第十七条　一切强迫定（订）婚而未结婚者〔如指腹为婚等〕不算婚。

第十八条　未经离婚，女子私奔或男子卖妻者，对方应赔偿他方损失。

第十九条　寡妇与人结婚，不得将先夫之子女财产带走。

第二十条　男子以二十岁以上，女子以十八岁以上为结婚上年龄。

第二十一条　结婚时应向政府登记并领取结婚证书。

丁　其他

第二十二条　私生子应保存，但由私生子有关系之男方负责其生养教育等费一直到成年。

第二十三条　本条例自公布之日起施行。

主　任　杨植霖

副主任　苏谦益

选自中共内蒙古自治区委员会党史资料征集研究委员会等合编：《大青山抗日游击根据地资料选编》（历史档案部分），呼和浩特，内蒙古人民出版社 1986 年版，第 270～271 页。

3. 晋绥边区婚姻暂行条例

1943 年①

第一章　总　则

第一条　为使婚姻适合于民权主义之根本精神，特根据民法关于婚姻之规定并参酌本游击区之实际情形制定本条例。

第二条　婚姻以基于男女当事人之自由意志为原则。

第三条　实行一夫一妻制，禁止纳妾蓄婢。

第四条　禁止童养媳。

第五条　禁止早婚。

第六条　禁止包办强迫及买卖婚姻。

第二章　婚　约

第七条　婚约以由男女当事人自行订定为原则。

第八条　男未满十七岁，女未满十五岁不得订定婚约。

第九条　婚约不得强迫履行。

① 原件未注明制定年代。推断为 1943 年 11 月晋西北与绥察两边区合并为晋绥边区后制定，与 1941 年 4 月 1 日公布的《晋西北婚姻条例》基本相同，但却将第二十条规定的离婚条件之第三、五项的顺序作了变动，结果与第二十一、二十二条的规定发生矛盾（详见下文注释）。

第十条　婚约当事人之一方有下列情形之一者，他方得提出解除之要求：

一、婚约订定后再与其他人订婚或结婚者。

二、故违结婚期约者。

三、生死不明已满二年者。

四、患花柳病或其他恶疾者。

五、婚约订定后成为残废，其残废情形严重者。

六、受二年以上徒刑之宣告者。

七、有汉奸行为经讯证属实者。

八、有其他重大事由者。

第十一条　依前条规定，解除婚约者之一方如事实上不能向他方为解除之意思表示时，得向当地县区政府为解除之请求。

第十二条　依第十条第一款、第二款之规定，婚约解除时，无过失之一方得向有过失之他方请求赔偿其因此所受之损失。

第十三条　婚约当事人之一方无第十条之理由而故违婚约者，对于他方因此所受之损失应负赔偿之责。

第三章　结　婚

第十四条　结婚以男女当事人之自愿为原则。

第十五条　男未满十八岁，女未满十六岁者，不得结婚。

第十六条　结婚之双方须向所在地之村公所请求登记，领取结婚证即为合法。

第十七条　有下列情形之一者禁止结婚：

一、有直接血统关系者。

二、患花柳病或其他重大不治之恶疾经医生证明者。

三、有重大不治之精神病者。

第十八条　有配偶者未经离婚不得重新结婚。

第四章　离　婚

第十九条　男女双方自愿离婚时，应向当地区公所申请，转请县政府领取离婚证即为合法。

第二十条　夫妻之一方有下列情形之一者，他方得向县政府请求离婚：

一、有重婚之行为者。

二、双方感情意志根本不合，无法继续同居者。

三、意图陷害他方者。①

四、以恶意遗弃他方在继续状态中者。

五、与他人通奸者。②

六、不能人道者。

---

①② 《晋西北婚姻暂行条例》第二十条第三项乃“与他人通奸者”，与第二十一条相呼应；第五项“意图陷害他方者”，与第二十二条相呼应。《晋绥边区婚姻暂行条例》将第三项、第五项的顺序加以改动，却与下文不相协调。因此，应以1941年《晋西北婚姻暂行条例》为准。

七、有重大不治之精神病者。

八、有花柳病及其他重大不治之恶疾者。

九、有不良嗜好致使生活不能维持者。

十、受他方亲属虐待无法生活在继续中者。

十一、生死不明已逾三年者，出征军人不在此限。

十二、被处三年以上之徒刑或因犯不名誉之罪被判刑者。

十三、有汉奸行为经讯证属实者。

十四、有其他重大事由者。

第二十一条　对于前条第三款之情事有请求权之一方，事前同意或事后宽恕或知悉后已逾六个月，或其情事发生后已逾二年者，不得请求离婚。

第二十二条　对于第二十条第五款、第十二款之情事有请求权之一方，自知悉后已有一年或自其情事发生后已逾五年者，不得请求离婚。

第二十三条　男女之一方①已离婚三次者，不得再行提出离婚。

第五章　婚姻与子女及财产之关系

第二十四条　离婚前所生子女之抚养有约定者从约定，无约定者由母方抚养至十三岁为止，十三岁后从父从母由子女决定。

第二十五条　女方未再结婚无力生活时，归女方抚养之子女其生活费由男方继续负担至满十三岁为止。

第二十六条　女方再婚带去之子女由新夫负责抚养教育，如约定子女长大仍归生父者，其抚养教育费之负责人依其约定。

第二十七条　如县政府认为子女抚养有问题时，得指定抚养人。

第二十八条　非结婚所生之子女经生母提出证实其生父者，得强制其生父认领，与结婚所生之子女同。

第二十九条　非结婚所生之子女得享受本条例所规定之一切权利，不得抛弃。

第三十条　离婚时，男女各取其结婚前原有之财产，及分取其原有财产于结婚后所得增益。如女方原有财产之减少，不因生活必须时，其减少之部分经证属实后，应由男方补偿，但减少之原因非归责于男方者不在此限。

第三十一条　依第二十条之规定，离婚时无过失之一方得向有过失一方请求赔偿其因此所受之损失。

第三十二条　前条无过失之女方，并得向男方要求相当之抚养费。

第六章　附　则

第三十三条　本条例解释之权属于行署。

第三十四条　本条例自公布之日施行。

结婚证、离婚证、结婚登记表、离婚登记表填发之说明。

一、结婚证、离婚证、结婚登记表、离婚登记表由县政府统印，酌向男方收取纸张印刷费。

---

① “社科法制版”漏“之一方”3字。

二、离婚证由县政府颁发，结婚证由村公所颁发。

三、结婚证、离婚证男女各纸一张。

选自《中国新民主主义革命时期根据地法制文献选编》，第4卷，北京，中国社会科学出版社1984年版，第847～852页。原注："选自一九四一年七月晋绥边区第四专员公署中心区抗联区《新法令辑要》"。简称"社科法制版"。

（可与前文1941年4月1日公布的《晋西北婚姻暂行条例》相互对照研究）

4. 晋绥边区关于保障革命军人婚姻问题的命令

1946年4月23日

关于我军抗属离婚问题，应慎重处理，一般的不准离婚。过去有些政府人员遇到抗属离婚问题，漠不关心，未加制止，或机械的（地）执行婚姻条例或误解条例〔如把战争环境根本不能通音信者，也以不通音信处理〕，轻易准予离婚，甚至有个别政府干部与抗属结婚及与抗属作（做）媒者，知法犯法，殊属不当。今后对抗属离婚问题应特别慎重，不能漠不关心、推卸责任。平日加强优抗工作，教育抗属，勉励她们安心生产，认真解决其困难，帮助她们与丈夫通信联系。各级行政村与司法科遇到抗属请求离婚时，应耐心说服，非经丈夫本人同意，不准离婚。凡未经对方同意或未经政府批准违法与他人结婚者，如对方愿要追回，即准予追回，聘礼一般的不退还。敌伪人员霸占抗属者，除退还外，并予以法律处分。干部与抗属结婚或从中作（做）媒者亦予以处罚或严格批评。凡挑拨抗属离婚，或污辱抗属者，应加制止并受批评处分。

选自《中国新民主主义革命时期根据地法制文献选编》，第4卷，北京，中国社会科学出版社1984年版，第881页。原注："选自一九四六年九月晋绥边区行政公署《晋绥边区拥军优抗法令》。"

互校版本：《晋绥根据地资料选编》，第2集，中共吕梁地委党史资料征集办公室1983年编印，第409页。原注："节录自一九四六年四月二十三日优抗工作指示。"

十二、刑事法规

1. 晋西北没收汉奸财产单行条例

1940年3月13日公布

第一条　凡对于汉奸财产之没收处理，悉依本条例之规定。

第二条　凡适合民国二十七年八月十五日国民政府公布之修正惩治汉奸条例第二条各款及［第］三、四两条规定之一者，其财产得由政府没收其全部或一部。

第三条　没收汉奸之财产，应限其本人所有，不及其亲属。如系同居，得酌留若干为其家属生活费。

第四条　凡属汉奸财产，不论动产不动产，政府均得没收，惟（唯）随身日用品，不在没收之列。

第五条　被没收之财产属于动产者，一律集中本署，拨充抗日经费。其有笨重什物，未便集中者，得由所在县县政府呈准本署拍卖，以现款集中。

第六条　被没收之财产，属于不动产者，一律为公有，归所在县县政府管理，租给或分给贫苦人民耕种或居住。其办法如下：

（一）被没收之土地房屋，经政府分配注册后，其耕种及居住权属于受领者及租种者，但不得将分配之土地房屋，典卖于他人或作为抵押品。

（二）被没收之土地房屋，抗战军人家属之贫苦者，有租种、领种及分住之优先权。

（三）被没收之土地房屋，其租种、领种及分住，以人为单位计算，由所在地县政府

缴纳之价额时，得酌留其直系家属最低之生活必需费。

第八条　诬陷或诬告他人犯本条例之罪者，依刑法之规定从重处。

第九条　犯本条例之罪者，由司法机关依法审理。

第十条　本条例所未规定者，得依其他法令之规定执行之。

第十一条　本条例自公布之日施行。

选自《中国新民主主义革命时期根据地法制文献选编》，第3卷，北京，中国社会科学出版社1981年版，第137～139页。原注："选自晋西北行政公署《法令辑要》。"

4. 晋西北禁烟治罪暂行条例

1941年11月1日公布

第一条　为肃清烟毒，抵制敌人毒化政策，保卫民众健康，特制定本条例。

第二条　本条例称烟毒者系指鸦片、罂粟及罂粟种子，但供医药及科学使用之鸦片，经专署以上政府证明者，不在此限。

第三条　意图制造鸦片而栽种罂粟者，处死刑，但在敌占区种植者，得酌情处以罚金。

第四条　运输贩卖或意图运输贩卖而持有鸦片者，处二年以上十年以下有期徒刑，得并科五千元以下之罚金；其数量在二百两以上者，处死刑。但持有专署以上政府发给之解运执照者，不在此限。

第五条　运输贩卖或意图运输贩卖而持有罂粟种子者，处三年以上十年以下有期徒刑，得并科五千元以下之罚金。

第六条　意图营利设所，以鸦片及烟具供人吸食者，处二年以上十年以下有期徒刑，得并科三千元以下之罚金。

第七条　吸食鸦片者，准予在本条例颁布后一年内服食戒烟药丸戒绝之，在戒烟期内仍吸食鸦片，或逾期仍未戒绝者，处三年以下有期徒刑。但年在二十五岁以上之吸食鸦片者，其戒烟期限得延长至二年，五十岁以上者，得延长至三年。

第八条　帮助他人犯本条例第三条、第四条、第五条、第六条、第七条之罪者，处五年以下有期徒刑。

第九条　犯本条例第三条、第四条、第五条、第六条之未遂犯罚之。

第十条　军政民工作人员办理公营事业及学校教职员犯本条例第四条、第五条、第六条第八条之罪者，加倍处罚。

第十一条　犯本条例各条之罪，其鸦片、罂粟种子或吸食鸦片之器具均没收之，并解交行署处理。

第十二条　犯本条例各条之罪受六月以上有期徒刑之宣告者，褫夺公权一年以上十年以下，宣告死刑者，褫夺公权终身。

第十三条　本条例所未规定者，依其他法令之规定。

第十四条　本条例自公布之日施行。

附则

第一条　查获烟犯依章处罚之罚金分配办法如下：

第一款　报告人为民众者，以百分之二十奖励之，如为部队、机关、团体之人员，则以百分之十二奖励之。

第二款　查获人以百分之八奖励之，如无报告人自行查获者，则以百分之三十五奖励之。

第三款　执行人以百分之八奖励之。

第四款　以上案件无罚金者，得依照上列各款之罚金分配比例，以十元至五百元奖励之。

第二条　烟民领服戒烟药丸办法，另订之。

选自《中国新民主主义革命时期根据地法制文献选编》，第3卷，中国社会科学出版社1981年版，第140～142页。原注："选自晋西北行政公署《法令辑要》。"

5. 晋西北修正扰乱金融惩治暂行条例

1941年11月1日施行

第一条　为了巩固根据地，稳定金融，增加本区人民利益，特制定本条例。

第二条　凡在本区域而犯本条例之罪者，不论机关、部队、团体、民商，一律依本条例处理。

第三条　西北农民银行所发行之纸币，为本区〔根据地内及游击区〕唯一合法之本位币。其他货币①〔包括银洋、现金银及其他非本位货币〕除准储蓄保存外，一律禁止在市面行使。

第四条　为便于对外贸易，防止敌伪夺取外汇，对法币采取保护办法。在一定时期以前，暂准周使，但不得贩卖之。停止周使之时期，以命令行之。

第五条　携带银洋、法币出境，须依本区管理对外贸易办法及管理外汇办法之规定履行手续，取得银行之证明文件。

第六条　原有之银洋及其他非本位货币，在准备使用前，必须持向就近之银行〔无银行之处委托贸易局，无贸易局之处委托县级以上政权机关负责〕，依该行挂牌价格兑换为农币使用之。

第七条　凡贩运或意图贩运而持有银洋〔银锭、金银条在内〕者，依下列规定处理：

（一）五十元未满，处一年以下有期徒刑，或科二倍以下之罚金。

（二）五十元以上三百元未满，处二年以下有期徒刑，得并科五倍以下之罚金。

（三）三百元以上五百元未满，处三年以下有期徒刑，得并科七倍以下之罚金。

① "晋绥资料版"漏"其他货币"4字。

（四）五百元以上千元未满，处五年以下有期徒刑，得并科十倍以下之罚金。

（五）千元以上者处死刑。

第八条　大量贩运法币〔或与西北农民银行通汇之各行钞票，如晋察冀边钞、陕甘宁边钞、冀南银行及渤海银行钞票〕者，依下列规定处理：

（一）五百元以上千元未满者，科以二倍以上五倍以下之罚金。

（二）千元以上三千元未满者，科以三倍以上七倍以下之罚金。

（三）三千元以上者，处二年以下有期徒刑，得并科五倍以上十倍以下之罚金〔法币等数目应依照其黑市变化，重行酌定，约计原法币一千元者，今应为五万元〕。[①]

第九条　贩运或意图贩运银洋、法币往敌占区，或携带银洋、法币到敌占区购货，不履行贸易局及银行之手续者，依前两条之规定加重其刑罚一倍。但法币在五百元以下者，科以四倍以上十倍以下之罚金，银洋在五百元以上、法币在八千元以上者，处死刑。

第十条　在根据地内行使银洋或意图行使而持有银洋者，除在五十元以内全数没收外，依下列规定处理：

（一）五十元以上百元未满，处一年以下有期徒刑，或科以二倍以下之罚金。

（二）一百元以上五百元未满，处一年以上二年以下有期徒刑，得并科二倍以上五倍以下之罚金。

（三）五百元以上一千元未满，处二年以上三年以下有期徒刑，得并科三倍以上七倍以下之罚金。

（四）一千元以上，处三年以上五年以下有期徒刑，得并科五倍以上十倍以下之罚金。

（五）二千元以上者，处死刑。

第十一条　前列［第］七、八、九、十条之未遂犯，依同条之规定处理之。

第十二条　在根据地内为保存或到银行兑换而移动银洋者，在五元以下取具村公所证明，十五元以下区公所证明，十五元以上县政府证明，百元以上专署或行署银行分行或总行证明，无证明者以行使论。干部如有为袒护行使而书具转运证者，以贪污论罪。在游击区内移动者，暂可不取具证明。

第十三条　在根据地内，绝对禁止敌伪货币及其票据之行使与私藏，违者除在五十元以下处二年以下有期徒刑、四倍以下之罚金外，均依第十条之规定加重二倍处罚，其数额在五百元以上者处死刑，如系贩运，依第七条加重二倍处罚，其数额在三百元以上者处死刑。在游击区禁止敌伪货币及其票据行使与贩运，惟（唯）在二月一日以前准其向银行要求出卖或存入，其愿往敌占区购货者，得准予取得贸易局之许可，向银行请发证明文件携带出境，二月一日以后，依前项办法处理之。

第十四条　犯本条例之规定治罪者，其所贩运、行使或私藏〔系伪币〕之货币，全数没收之。

第十五条　因报告而查获时，除为报告人保守秘密外，并依下列规定奖励之；

（一）报告人如系民商，奖没收款百分之二十四，如系工作人员时，奖百分之十二。

---

① “晋绥资料版”删掉了〔〕内文字。

（二）查获人奖百分之八，如无报告人时，查获人奖百分之十五。

（三）执行人奖百分之八。[①]

第十六条　本条例所指罚金及奖金，均系按当时银行挂牌价格折算。

第十七条　故意抬高市价，造谣惑众，扰乱金融者，得按情节轻重予以处罚。

第十八条　本条例之执行限于行署、专署、县政府，其出外查验人员必须携带政府制发之查验证，其他机关、部队与团体有建议协助之义务，无执行权。

第十九条　凡查验人员徇情受贿或私自吞没者，以贪污论罪，其他军政民无查验证而私行查验甚至受贿吞没者，依诈财论。

第二十条　本条例所未规定者，依其他法令之规定。

第二十一条　本条例公布施行后，前颁发之扰乱金融惩治暂行条例即行失效。

第二十二条　本条例自本年十一月一日施行。

选自《中国新民主主义革命时期根据地法制文献选编》，第 3 卷，北京，中国社会科学出版社 1981 年版，第 142～146 页，原注："选自晋绥边区行政公署《法令辑要》。"

互校版本：《晋绥根据地资料选编》，第 5 集，中共吕梁地委党史资料征集办公室 1984 年编印，第 386～389 页。简称"晋绥资料版"。

6. 绥察行政公署惩治贪污暂行条例

1941 年 11 月 2 日

第一，凡本区之各机关、部队、群众团体、办理公营企业及社会公益事务人员，犯本条例之罪者，依本条例处断。

第二，凡有下列行为之一者，即以贪污论罪：

1. 伪造公章，勒索群众者。
2. 接受群众贿赂者。
3. 虚报帐（账）目，随便支出，捏名报销者。
4. 假公济私，贷粮贷款以自肥者。
5. 偷换或擅用公有财产者。
6. 克扣或截留应行发给或交纳之财物者。
7. 买卖公物、建筑工程经收款项及征用土地民夫财物，从中舞弊者。
8. 盗卖公物，侵占或窃取公有财物者。
9. 擅自没收他人财物者。
10. 藉（借）端勒索勒征，强占强募群众财物自肥者。
11. 假借公家名义驮运自己或包庇商人之违禁物品者。
12. 伪造捏造收支帐（账）簿款项者。

---

① "晋绥资料版"删掉了第三项。

13. 图私人便利而浪费公有财物者。

14. 对于主管或监督之事务，直接或简［间］接图谋私利者。

15. 借口战争关系，以遗失公款、遗失帐（账）簿而进行贪污者。

第三，犯第二条所举罪状中之任何一项或一项以上者，以其数目之多少及其所发生影响之大小，依下列规定惩治之：

1. 贪污数目〔或物品价格之相当数目〕千元以上者，处死刑。

2. 千元以下五百元以上者，处三年以上五年以下徒刑。

3. 百元以上五百元以下者，处二年以下之有期徒刑。

4. 百元以下者，处一年以下之徒刑。

5. 因游击区环境关系，徒刑可折工役。

第四，第二条之未遂犯〔预谋犯〕，处一年以下之有期徒刑。

第五，发觉前自首者，得斟酌情形减轻或免除其处罚。

第六，检查发觉贪污情事，随即自行承认并归还赃物者，可以减轻。

第七，经人告发，自愿退还赃物并认罪者，可予减轻处分。

第八，犯本条例之罪状者，其所得之赃款赃物，均应予以追交。于交出后发还该物款之原主或应有者；原赃物无法追交时，可以犯罪者本人之家产部分补还之。

第九，犯本条例之罪者，由军法职权之机关或县政府审判，经专署批准执行。其犯处决罪者，报告本署核准执行。

第十，本条例所未规定者，得依其他法令执行之。

第十一，本条例自公布之日施行。

选自中共内蒙古自治区委员会党史资料征集研究委员会等合编：《大青山抗日游击根据地资料选编》（历史档案部分），呼和浩特，内蒙古人民出版社 1986 年版，第 276～277 页。

7. 晋绥边区修正扰乱金融惩治暂行条例补充办法

1942 年 2 月 15 日施行

一、凡法币以外之其他非本币〔无论任何地方银行纸币〕，在本根据地内，一律禁止周使。凡商民、机关、部队、团体，如有旧存者，限公布后十五日内，向银行按照挂牌价，兑换本币，逾期如仍有周使者，其在一千元以下者，予以没收，一千元以上者，依照《修正扰乱金融惩治暂行条例》第八条规定之处罚处办之。

二、凡未经银行按照管理对外汇兑办法允准，亦未取得证明文件，而私行将非本币输出或输入本根据地者，经查获后，依照下列规定处理：

甲、法币除在十元以内者不究外，五十元以上一千元以下者，一律没收。

乙、法币在一千元以上五千元以下者，除没收外，得并科以三倍以下之罚金。

丙、法币在五千元以上一万元以下者，除没收外，得并科以七倍以下之罚金，并得处

以二年以下之徒刑。

丁、法币在一万元以上二万元以下者，除没收外，得并科以二倍以上十倍以下之罚金，并处以二年以上五年以下之有期徒刑。

戊、法币在二万元以上者，除没收外，并处以死刑。

己、所有生金银及银洋以外之其他非本币，均依照法币论处。

庚、所有汇票汇信，均视同现款处理之。

〔法币等，均应依黑市变化，重行酌定其数目，约计一千元者，现在应为五万元。〕①

三、凡民商、机关、团体、部队人员，一切交易，必须完全以本币为计算标准，如有法币之交易与债权债务等关系而发生纠葛者，得一律按银行挂牌价格折付本币，违者以扰乱金融论罪。

四、在征收田赋村款期间，如有奸商乘机以本币在乡村收买银洋者，以贩卖银洋论罪，严予处罚。如有行政干部与征收人员私自接收银洋，代为兑换本币者，不论其理由如何，一律以贪污论罪。

选自《中国新民主主义革命时期根据地法制文献选编》，第3卷，北京，中国社会科学出版社1981年版，第134～135页。原注："选自晋绥边区行政公署《法令辑要》（一）。"

互校版本：《晋绥根据地资料选编》，第5集，中共吕梁地委党史资料征集办公室1984年8月编印，第394～395页。

① "晋绥资料版"删掉了〔〕内文字。

十三、司法审判与狱政

1. 绥察行政公署关于处决叛徒马天明的布告

1941 年

为布告事：查叛徒马天明，前在我武归县政府充任游击队长时，因贪污腐化撤职，并决定令其受训，以期深造。不意该犯不知自爱，非但违反上级提拔善意，屡次潜逃，反而于叛变投敌后，竟敢公然向我南平川工作人员，屡次进行诱惑，鼓动叛变，招抚投敌，以图瓦解我抗敌力量。兹将其最显著之罪状，略举如下：（一）该犯曾在游击队长任内侵吞公款一千余元，本应处以极刑，惟（唯）念该犯曾经参加抗日工作，予以宽宥。当决定令其自行前往绥西专署受训，以期提拔深造，不料中途逃跑回家；（二）该犯于逃跑后，应因悔悟前非，二次又来参加我政权工作，此后正拟令其入班，继续受训后重新分配相当工作，讵意该犯因利禄熏心，迷于色欲所迷①，又复潜逃，决心投敌，担任特务，并专以破坏我抗日政权工作及逮捕招抚我南平川工作人员为能事。如第三区区长孔□瑁、副区长王玺等之叛变投敌，暨武归县政府科长何奋千之被敌逮捕，均系该犯一人之鼓动所为；（三）该犯恬不知耻，与敌屡建勋功，敌自鸣得意，疯狂无比。最近受敌唆使，协同南平川顽固村长数人，又向我和林游击大队队长杨振华公开进行招抚工作，甘言利诱，多方鼓动，鬼（魑）魅魍魉，极尽能事。岂意我杨大队长意志坚定，决不屈服，结果不但严词拒绝，未

① 原文如此。

上该犯勾当，反而除将到场进行说服招抚之死心塌地的汉奸刘财、郭明河两人就地枪决外，并将该马天明绑送来此。似此行为（指马天明所为——原编者注），实属悍不畏法，破坏抗战，胆大妄为，罪恶滔天，法理难容，故于本月五日提经军民大会，依法公审，旋经一致议决，执行枪决。当即于同日下午三时验明正身，绑赴刑场，执行枪决，以昭炯戒，合亟布告，仰尔全境军民人等，一体周知。

此布

主　任　杨植霖

副主任　苏谦益

选自中共内蒙古自治区委员会党史资料征集研究委员会等合编：《大青山抗日游击根据地资料选编》（历史档案部分），呼和浩特，内蒙古人民出版社 1986 年版，第 280～281 页。

2. 晋西北巡回审判办法

1942 年 3 月 1 日公布

第一条　行署司法处审判庭及各专署县政府，为了民众诉讼之便利，得定期派推事或裁判员深入下层，巡回审判其管辖之民刑诉讼案件。

第二条　行署推事每次出巡应按实际情形，在其所巡回各地先期广贴布告。县裁判员巡回，到村应向村调解委员会考查有无应行检举之刑事或调解不成立情愿起诉之民事案件。

第三条　行署巡回审判管辖事件如下：

（一）不服第一审判决而上诉的民事、刑事诉讼案件。

（二）不服第一审裁定而抗告的民刑案件。

第四条　裁判员巡回审判管辖事件如下：

（一）民事、刑事第一审诉讼案件。

（二）代行检举刑事案件。

第五条　行署推事巡回审判，应就县政府或其他适当处所开庭，裁判员就区公所开庭。

第六条　关于第二审民刑诉讼案件审理日期，应由行署巡回推事预先嘱托县政府逐案排列，并传集诉讼关系人及一切应传人证。

第七条　关于书记员、文书、验检员、司法通讯员之事务，由当地县政府派人担任，但巡回推事于必要时，得酌带行署人员办理。

第八条　裁判员到村巡回审判，得带书记员一人，通讯员或勤务员一人。

第九条　应送复判之案件，得由原审机关送行署巡回推事复判。复判案件，经更审判决后，应送巡回推事查核，如认为有疑义者，应进行第二审审判。无疑义者，发回执行。

第十条　行署巡回推事，判决最高本刑为死刑，或徒刑在三年以上，或民事诉讼标的

在二千元上者，应拟判送行署决定后，再为宣示送达。

第十一条　行署巡回推事对处刑不满三年，或民事诉讼标的在二千元未满之案件，得自己决定，以行署名义，借用县印制判送达。

第十二条　裁判员巡回审判，对处刑为六月以上有期徒刑之刑事案件，或民事诉讼标的在五百元以上者，讯问终结后，带回县府，依通常手续，拟判宣示送达。

第十三条　裁判员巡回审判，对处刑六月未满之刑事案件，或标的在五百元未满之民事案件，得自己决定，以县府名义，借盖区公所图记，制判送达。

第十四条　巡回推事或裁判员未到达当地前，县区村各级政府，对于重要的证据或程序，得实施紧急处分，送巡回推事或裁判员办理。

第十五条　行署或专署巡回推事所经办有关案件之其他文件，也得借用县印。

第十六条　专署巡回推事到所管各县巡回审判，适用裁判员之规定，所制判决，亦得借用县印，以专署名义行之。

第十七条　本办法自公布之日施行。

选自《中国新民主主义革命时期根据地法制文献选编》，第3卷，北京，中国社会科学出版社1981年版，第439～442页。原注：“选自晋西北行政公署《法令辑要》。”

3. 晋西北村调解暂行办法

1942年3月1日公布

第一条　为杜息争端，减少诉讼，增强团结，特依据村政权暂行组织条例第十八条制定本办法。

第二条　村民如有民事纠葛，得向行政村调解委员会〔如没有调解委员会之村，暂由民政委员会管理调解事宜〕声请调解。但声请人与被声请人隶属不同行政村管辖者，应向被声请人之行政村调解委员会声请调解。

第三条　调解委员与本调解事件，有最近宗属、配偶或历史关系，足认其执行职务有不公之可能者，应行回避。

第四条　调委因回避或他故不能出席时，由民政委员会代行之。

第五条　声请调解时，以书面或言词均可向调解委员会提出之。

第六条　调委会接收人民声请后，认为不能即时调解者，应另定调解日期通知当事人，但自声请之日起不得逾五日。

第七条　调解期限，自两造当事人到场调解之日起，不得逾三日。两造同意者，不在此限。

第八条　调委会如对争议之事实有疑义时，须派员实施勘验或调查。

第九条　调解应由村书记或其他识字人，登载下列事项于会议笔录：

（一）当事人姓名、年岁、住址、成份（分）、职业。

（二）调解之原因、事实。

（三）调解之结果。

（四）调解委员之姓名。

（五）调解处所及年月日。

第十条　调解会议笔录，应作成笔录正本，送达当事人，取具回证。

第十一条　调解成立与确定判决，有同等效力。

第十二条　调委会不得强令当事人同意调解。

第十三条　调解委员会不得收受报酬。

第十四条　本办法自公布之日施行。

选自《中国新民主主义革命时期根据地法制文献选编》，第 3 卷，北京，中国社会科学出版社 1981 年版，第 653～655 页。原注：“选自晋西北行政公署《法令辑要》。”

4. 晋西北陪审暂行办法

1942 年 4 月 15 日公布

第一条　为了确实了解具体案情，使群众参加审判意见，特制定本办法。

第二条　普通民刑及特别刑事案件无秘密必要者，得通知有关群众团体陪审，并聘请公正人士列席陪审。

第三条　下列团体各选出陪审员及候补陪审员各一人，并由司法机关临时聘请公正人士一人为陪审员，但陪审列席人数以三人为限：

（一）工人抗日救国会。

（二）农人抗日救国会。

（三）青年抗日救国会。

（四）妇女抗日救国会。

（五）其他群众团体。

第四条　各群众团体应将选定之陪审员及候补陪审员［的］姓名、性别、年龄、住址、职业列表汇送司法机关。

第五条　陪审员于审判案件时，有与当事人有亲戚关系者，应自行回避。不回避者，当事人得声请回避，推事、裁判员或军法官亦应依职权令其回避。

第六条　遇有应付陪审之案件，审判长、裁判员或军法官应于开审前三日，以通知书填列当事人、刑事被告人姓名、籍贯及日期时间，通知应出席的陪审员届期陪审。陪审员如无正当理由不出席或出席非全数者，应径行审判，或以已出席者陪审。

经通知后，陪审员因疾病或其他事故不能执行职务者，应以其候补陪审员补足之。

第七条　陪审员收到通知书后，应出具回证。

第八条　陪审员到齐后，审判长、裁判员或军法官，应将陪审员姓名及被告姓名、年［龄］、籍［贯］当庭宣示，问陪审员与被告有无第五条情形，应否回避。

声请或自请回避者，应说明理由，由审判长、裁判员或军法官裁定之。陪审员因回避

不足定额时，应通知有关候补陪审员补足到庭，或指定审判日期，当庭通知在场人员届时偕同应补之候补陪审员到场。

第九条　陪审员不能适用于刑事侦查庭及民事调查庭。

第十条　陪审自开庭后退庭前，除第六条第一项末两段情形外，均须有定额之陪审员出席。

第十一条　陪审员对案件不明了之事实，得声请讯问明白。

第十二条　陪审员在审判时发问，得经审判长、裁判员或军法官之许可。

第十三条　陪审员对所陪审之案件，在事实上及法律上得陈述意见，审判人员如对陪审员之意见不能采纳者，应释明之。

第十四条　陪审案件于辩论终结后，审判人员应谕令民事当事人、刑事被告［人］、被害人、证人、庭役人等退庭，向陪审员指明下列各点，命其参加评议：

（一）有关之事实及证据。

（二）关于本案之法律上论点。

（三）刑事被告之有罪无罪及罪名所犯法条。

（四）民事诉讼之有无理由。

第十五条　案件复杂，当日不能评议完毕者，应当庭于三日内指定时期，命再到场继续评议。

第十六条　案件经评议后，裁判人员认为评议正确应采纳之；不采纳者，应释明之。

第十七条　案件经评议决定后，审判庭、县政府或军法官，应本其评议之结果，依通常程序而为判决。

第十八条　陪审员对陪审案件，经裁判人员决定后，不能再提出异议，并应保守秘密。

第十九条　陪审员对审判笔录内关于所提出之意见与评议部份（分）应签名盖章，如必经复判复核案件，应附卷内，以备审查。

第二十条　本办法适用于第一审。

第二十一条　本办法自公布之日施行。

选自《中国新民主主义革命时期根据地法制文献选编》，第 3 卷，北京，中国社会科学出版社 1981 年版，第 442～445 页。原注：“选自晋西北行政公署《法令辑要》。”

5. 晋绥高等法院对陪审办法的指示

1943 年

临参会所通过之施政纲领中指出要实行陪审制度，是十分需要的，也是今后司法工作实行民主的中心任务。这一制度是在去年就颁布的，但各区县遵照执行的很少。我们为了健全这一制度，使之彻底贯彻执行，特作如下指示：

陪审制度的颁布，是为了使案件的审理能得到更多的材料，使案情更易于明瞭（了），

使案情更能迅速而公允的（地）得到判决。这样作（做）是适合于抗日民主的原则，是可以提高司法工作的效率的。同时在这一工作执行过程中，还可以提高民众对于法律的认识与注意激发民众对于法律及司法工作上提供更多的意见。一方面是教育了民众，另一方面民众也推进着司法工作。因此我们说这一制度是非常正确的，如有个别因执行不妥善，而发生了某些问题，那是由于制度执行的（得）不够，我们是应该仔细研讨，力求改进使其日臻健全的。

为了保证今后陪审制度的彻底而胜利执行，对于以往的缺点，仍有指出的必要。

一、对于这一制度，政民双方都未予以应有的注意，在执行过程中很少对之加以研讨，一般的是听其自然的（地）往下作（做），发生了任何困难与障碍，在克服它的方法上用的功夫太少。

二、不少的司法干部，囿于故习，墨守成规，在执行这一制度时，主观上先就有些成见，偶然遇到参加陪审的同志，说了一半句外行话，或提出了欠妥善的意见，便认为这是侵犯了他的职权。不但不虚心诚意的（地）对陪审人下解释说明的功夫，反而强调夸大其不懂法律，甚至牵连到不满于这一制度的建立。

三、参加陪审的个别同志，有时也会因为对于陪审的职责理解的（地）不够，不免偏重于对当事者之一加以援助或打击，因而去参加陪审的时候，就仿佛先有了一个“我要这案官司这样断的”主意。于是对于陪审的任务，便不能不惮烦劳的（地）去完成，而着重于准备着在判决时提意见，于是司法工作的负责者，便感到“主意你出，责任我负，我不能只听你的”，以致形成这样的现象：司法工作者与陪审者，变成了案件的两造的辩护者，而在某些案件上对立起来。

四、事前没有准备，裁判员与陪审员双方对这一制度，事先都没有依据办法很好的作（做）过准备，如搜集材料、了解案情等，都是到了开庭时才根据原、被告两造的辩论，来下判决、提意见，这是最大的缺点。

根据以上各点，我们今后应当注意于：

1. 对这一制度加以应有研究与注意，从执行过程中去［不］断的（地）研究总结经验，以改进它，以求其日臻健全。

2. 司法干部应很虚心诚意的（地）去提高陪审人和全体民众的法律常识及对法律运用的能力，把法律从专家手里解放出来，而成为广大民众的法律，要绝对采取民众的正确意见，而对之加以考虑研究，以为改进自己工作的借助，同时在主观上要承认现在各部门工作，都是迫切需要以创造精神去求进步的，要纠正静止不变的观念，否则便只会钻牛角，认死理，工作是不会开展的。

3. 参加陪审的同志，在事先不只要对案件处理的意见，作（做）详慎考虑的准备，更要对案件的材料，多事搜罗，供给司法同志，有任何意见，当然全可尽量提出，但要把握住这些意见，是供参考、供采纳的，并非强令司法同志去执行的。

由于陪审人员与裁判员对于陪审制度的具体办法，如陪审者的职权与任务，陪审者与裁判者的关系，都没有确切的（地）研究明白，对办法不熟练，因而在工作进行上也会引起不必要的争执，兹将陪审的具体办法分述如下：

一、陪审员的任务及职责——陪审办法中曾有如下的精神，陪审不仅是个人的陪审，

而且是法团的陪审，由团体推派代表参加陪审。陪审暂行办法第三条中规定："下列团体各选出陪审员并由司法机关聘请公正人士一人为陪审员"，所谓下列团体就是现在我们所有的工农青妇……及其他抗日团体和聘请之公正人士。团体的代表及公正人士，都是人民的代表，而非［以］个人身份参加陪审。为了使陪审人员真正代表民意，不袒护任何一方，规定了那（哪）些人该回避、那（哪）些人该参加。如办法第五条中规定着"陪审员与当事人有亲戚关系者应自行回避，不回避者……亦应以职权令其回避。"这更保证了陪审员的身份是代表团体的，是代表人民的，是大公无私的。因此，他便负有要多方面搜集材料，提供意见，并有负责的义务。陪审员都具有对所陪审之案件，在事实上法律上陈述意见的权利。办法第十三条有"陪审案件于辩论终结后，裁判员应向陪审员指明下列各点，命其参加评议之规定"〔办法第十四条〕，"案件复杂，当日不能评议完毕者，应当庭于三日内指定时间，命再到场继续评议"〔办法第十五条〕，即陪审员对案件要有负责到底的任务。在办法第十九条中还有陪审员对审判笔录内关于所提出之意见与评议部分应签名盖章，即对自己所提意见要慎重与负责。

根据以上的办法，陪审员的任务职权便可以明确的（地）认识了。

二、陪审员与裁判员的关系——两方的关系能否正确建立与前项是有着直接关系的，就是说把陪审员的任务职责等确定之后，双方的关系便容易正确建立起来。根据陪审办法所规定，可分为三点加以说明：

1. 关于守则方面——陪审员应遵守法庭规定，问话应通过裁判员。办法第十二条中规定着"陪审员在审判时如有询问得经裁判员之许可"，这样看来是否只是一条守则，无关宏旨的事，但是它却能维持法庭上的秩序，使执行陪审制度更加顺利。

2. 关于意见方面——双方意见如不一致时，得由司法判决，陪审员对判决不同意时，请上级解决。这样说明了陪审员不干涉司法判决的精神，而裁判员要重视陪审员的意见，要采纳陪审员的意见，这在办法的第四条、第十三条、第十六条中已有了详细说明了。

3. 关于手续方面——办法第六条、第七条规定着"遇有应当陪审之案件，裁判员或军法官，应于审前三日，以通知书填列当事人、刑事被告姓名、籍贯及日期时间，通知应出席的陪审员届期陪审。陪审员如无正当理由不出席，或出席非全数者，应进径行审判，或以已出席者陪审"。"陪审员收到通知书后，应出具回证"。这些办法都是根据实际情形的。我们认为政府在审讯案件时，可以邀请陪审，同时群众团体也可向政府要求参加陪审。有了以上的种种规定，在进行陪审的过程中，自可免去许多无谓的纠纷。

同志们！陪审制度是民主的一个重要方面，我们要以最大的努力与耐心使其走向健全，不要怕在执行过程中发生某种麻烦，有了麻烦，正是大家集中力量去研究讨论的好机会。因此我们要坚决的（地）执行这一制度，耐心的（地）研究推进这一制度，把陪审制度健全起来。

选自《晋绥根据地资料选编》，第1集，中共吕梁地委党史资料征集办公室1983年编印，第187～191页。原注："原载1943年《行政导报》第5期。"

6. 晋绥边区第四专员公署通令
——规定各县送复核复判案件应注意遵守事项由

1943 年

查高院本年一月二十日法行字第一百六十八号命令关于执行核案新决定，业经径令各县照办在案。兹为认真执行上级正确规定送核案件，便于以后进行纠正已往草率从事起见，除各级司法干部应将上项命令与以前法行字第一百零四号命令〔上年五月二十一日边府高院命令〕合并深入讨论坚决执行外，嗣后关于呈送专署之复核复判案件应：

一、判死刑者，缮判决正本两份、会议纪（记）录一份〔无则声明〕、填死刑审核登记表一份〔填至来文号数栏，以下空文〕，连县卷一并送署备核；

二、判书内应指出援用法条或判决根据；

三、由公安机关送来之案件，司法机关亦须详加审讯纪（记）录，不得仅以公安机关原卷为根据加判送核；

四、纠正过去对判决死刑人犯有的仅从历史上叙述一堆恶迹，不指出判决死刑重要根据与其有处死罪迹，审判人员既不注意侦察（查）追问，亦不适用法条的忽略现象；

五、小偷破坏空［室］清［野］处死刑的权限，在此项命令中未明白指出，应由本署请示，在未得高院指示令与战争未到之前，此项案件之处死者暂送本署核示执行，除分□□。希分别照办。

选自《中国新民主主义革命时期根据地法制文献选编》，第 3 卷，北京，中国社会科学出版社 1981 年版，第 439 页。

7. 附“报刊报道”：晋绥边区高等法院假释改悔最好的犯人回去生产

1945 年 4 月 25 日《解放日报》

【新华社晋西北二十二日电】边区高等法院，在春耕以前，假释一部分犯人回家生产。处理办法是：先由犯人民主讨论，大家评议每人在生产学习生活各方面改正错误程度，按等级评定优劣，选出劳动英雄给奖分红，经法院审查后，最好的正式假释，较次的适当减刑。出狱者都订有生产计划，法院并将各项详细情形制表介绍给当地政府，以便继续教育。有困难的，分别予以适当解决。留狱犯人，则在全体工作人员领导下，努力生产；提出今年监狱全部自给，每人向六大石细粮目标奋斗。按各人所长分成农业、手工业、纺织业小组进行作业。

选自《中国新民主主义革命时期法制建设资料选编》，第 4 册，西南政法学院函授部 1982 年编印，第 339 页。原注：“《解放日报》1945 年 4 月 25 日。”

本卷参考文献

1.《晋西北临时参议会参议员选举条例汇集》，1942 年编印。

2.《晋绥根据地资料选编》，第一、二、三、四、五集，中共吕梁地委党史资料征集办公室 1983 年 8 月—1984 年 8 月编印。

3.《晋绥根据地大事记》，中共吕梁地委党史资料征集办公室 1984 年编印。

4. 中共内蒙古自治区委员会党史资料征集委员会等合编：《大青山抗日游击根据地资料选编》(历史档案部分)，呼和浩特，内蒙古人民出版社 1986 年版。

5.《中国新民主主义革命时期根据地法制文献选编》，第一、二、三、四卷，北京，中国社会科学出版社 1981—1984 年版。

6. 陕甘宁革命根据地工商税收史编写组、陕西省档案馆编：《陕甘宁革命根据地工商税收史料选编》，第六册（1946—1947 年），西安，陕西人民出版社 1987 年版。

国家社会科学基金特别委托项目，项目编号：10@zh027，
项目名称：“革命根据地法律文献整理与研究”

本书得到中国人民大学科学研究基金项目“革命根据地法律文献整理与研究”
（批准号：15XNQ063）支持

革命根据地法律文献选辑

（第三辑）

抗日战争—解放战争时期老解放区的法律文献
（1937—1949）

第二卷

陕甘宁边区（下）

张希坡 编著

中国人民大学出版社
·北 京·

陕甘宁边区（下）说明

1945年抗日战争胜利后，陕甘宁边区开展了普选建政运动。1946年4月2日召开了陕甘宁边区第三届参议会第一次大会，林伯渠主席向大会作了题为《边区建设的新阶段》的政府工作报告；大会通过了《陕甘宁边区宪法原则》《陕甘宁边区复员方案》《陕甘宁边区一九四六到一九四八年建设计划方案》及其他单行法规条例；大会选举19名边区政府委员，林伯渠连选为边区政府主席，李鼎铭、刘景范为副主席；选举马锡五为边区高等法院院长。

1946年，国民党反动派撕毁政治协商会议达成的协议，发动全面内战，大举向解放区进攻。1947年3月，陕甘宁边区政府机关撤出延安。同年10月在山西兴县由中共西北局主持召开陕甘宁、晋绥两边区财经工作会议，确定贺龙为西北财经办事处主任，统一领导两边区的财经工作。边区政府先后于山西兴县与陕北绥德等地办公。1948年4月，西北解放军收复延安，5月边区政府机关返回延安。1949年2月，边区参议会常驻议员、边区政府委员与晋绥行署代表举行联席会议，决定将晋绥行政公署划分为晋南、晋西北两个行署，统归陕甘宁边区政府领导，增补政府委员，扩大政府行政机构。

1949年5月20日，西安解放，6月14日，边区政府机关迁入西安市办公，以后随着解放战争向西北地区的迅速发展，先后成立了陕西、甘肃、宁夏、青海等省政府，至1950年1月19日，西北军政委员会在西安成立，陕甘宁边区政府因完成自身任务而胜利结束。

目　录

第二卷　陕甘宁边区（下）

第二卷

陕甘宁边区（下）

一、宪法
——施政纲领

1. 陕甘宁边区宪法原则

1946 年 4 月 23 日陕甘宁边区第三届参议会第一次大会通过

一、政权组织

（一）边区、县、乡人民代表会议（参议会）为人民管理政权机关。

（二）人民普遍直接平等无记名选举各级代表，各级代表会选举政府人员。

（三）各级政府对各级代表会负责，各级代表对选举人负责。

（四）乡代表会即直接执行政务机关。

（五）人民对各级政权有检查、告发及随时建议之权，每届选举时则为大检查。

（六）各级代表会每届大会应检查上届大会决议执行的情况。

（七）各级政府人员，违反人民的决议，或忽于职务者，应受到代表会议的斥责或罢免，乡村则由人民直接罢免之。

（八）各级人民代表会议（参议会）：乡一年改选一次，县二年改选一次，边区三年改选一次。

（九）边区各少数民族，在居住集中地区，得划成民族区，组织民族自治政权，在不与省宪抵触原则下，得订立自治法规。

二、人民权利

（一）人民为行使政治上各项自由权利，应受到政府的诱导与物质帮助。

（二）人民有免于经济上偏枯与贫困的权利。保证方法为减租减息与交租交息，改善工人生活与提高劳动效率，大量发展经济建设，救济灾荒，扶养老弱贫困……等。

（三）人民有免于愚昧及不健康的权利。保证方法为免费的国民教育，免费的高等教育，优等生受到优待，普施为人民服务的社会教育，发展卫生教育与医药设备。

（四）人民有武装自卫的权利。办法为自卫军，民兵等。

（五）边区人民不分民族，一律平等。

（六）妇女除有与男子平等权利外，还应照顾妇女之特殊利益。

三、司　法

（一）各级司法机关独立行使职权，除服从法律外，不受任何干涉。

（二）除司法机关、公安机关依法执行职务外，任何机关、团体不得有逮捕审讯的行为。

（三）人民有不论用任何方法控告失职的任何公务人员之权。

（四）对犯法人采用感化主义。

四、经　济

（一）应保障耕者有其田，劳动者有职业，企业者有发展的机会。

（二）用公营、合作、私营三种方式，组织所有的人力、资力①，为促进繁荣、消灭贫穷而斗争。

（三）欢迎外来投资，保障其合理利润。

（四）设立职业学校，创造技术人才。

（五）有计划地发展农工矿各种实业。

五、文　化

（一）普及并提高一般人民之文化水准，从速消灭文盲，减少疾病与死亡现象。

（二）保障学术自由，致力科学发展。②

以上规定，均不宜太烦琐。

选自《陕甘宁边区第三届参议会第一次大会汇刊》，第三届参议会常驻会 1946 年编印，第 76～79 页。简称“1946 年原版”。全文共 5 章 26 项。

互校版本：

1.《中国国家与法权历史参考资料》（第三次国内革命战争时期解放区的政策法令选集），中国人民大学国家与法权历史教研室编辑，中国人民大学 1958 年版，第 3～5 页。简称“人大法权史版”。

2.《中国新民主主义革命时期根据地法制文献选编》第一卷，中国社会科学出版社 1981 年版，第 59～61 页。原注：“选自《陕甘宁边区第三届参议会第一次大会汇刊》，一九四六年版”。简称“社科法制版”。

3.《陕甘宁革命根据地史料选辑》第三辑，甘肃人民出版社 1983 年版，第 130～132

① “甘肃史料版”将“资力”印作“物力”。

② “人大法权史版”“西南函授版”“西南法制史版”“北大宪法版”与“人大宪法版”皆漏掉第五章“文化”中的第二项。全文只有 25 项。

页。简称“甘肃史料版”。

4.《宪法资料选编》第二辑，北京大学出版社 1982 年版，第 192～194 页。原注：“转自《陕甘宁边区法令汇编》”。简称“北大宪法版”。

5.《中国宪法参考资料选编》，中国人民大学出版社 1990 年版，第 248～250 页。原注：“转自《陕甘宁边区法令汇编》”。简称“人大宪法版”。

6.《中国新民主主义革命时期法制建设资料选编》第一册，西南政法学院函授部 1982 年编印，第 29～31 页。简称“西南函授版”。

7.《中国法制史参考资料汇编》第三辑，西南政法学院法制史教研室 1982 年 12 月编印，第 361～363 页，简称“西南法制史版”。

8.《陕甘宁边区法律法规汇编》，三秦出版社 2010 年版，第 18～19 页。

9.《陕甘宁边区政府文件选编》第十辑，档案出版社 1991 年版，第 42～44 页，原注：“《解放日报》1946 年 4 月 29 日”。

2. 中华民国陕甘宁边区自治宪法草案（修正稿）

1946 年 10 月 28 日①

第一章　总　纲

第一条　陕甘宁边区为中华民国地方自治最高单位之一。

第二条　陕甘宁边区政府为地方自治之民主联合政府。

第三条　陕甘宁边区政府设于延安。

第二章　人民之权利义务

第四条　陕甘宁边区人民，不分民族、阶级、党派、宗教及团体，在政治上，法律上一律平等。

第五条　陕甘宁边区人民，有身体、思想、信仰、居住、迁徙、言论、出版、集会、结社、通讯、示威、游行等之自由。

第六条　陕甘宁边区人民，有获得土地之权利。其保证为已实行土地改革区域，分得土地之人民，保有其分得土地之所有权，未实行土地改革区域，实行减租保佃及依法征购地主超额之土地，分配于无地或地少之人民。

凡分得土地后，若将土地所有权转让他人者，不得再向政府作获得土地之要求。

第七条　陕甘宁边区人民，有获得工作之权利。其保证为继续发展生产，使已经有之乞丐与失业现象不再发生。

第八条　在陕甘宁边区内，人民享有一切正当营业之自由。

第九条　陕甘宁边区人民，有服公职之权利。不因民族、阶级、党派或性别等关系有所歧视。

---

① 本宪法草案系根据《陕甘宁边区宪法原则》拟制的属于地方自治的宪法草案，后因全国局势急剧变化，未能完成立法程序。“1946 年 10 月 28 日”是完成草案定稿的时间。该草案讨论情况，详见《谢觉哉日记》相关记载。

保护公职人员之物质生活及文化生活，其因年老、疾病或家庭负担重者，加给津贴，服务年久退休者，给退休年金。

服军职之人员，适用上项规定。

廉洁、奉公、守法，负责完成任务，适时检查与改进业务，全心全意为人民服务，为一切文武公职人员应尽之义务与责任。

第十条　陕甘宁边区人民，因天灾人祸，老幼残废及其他无法维持生活者，有获得救济之权利。其保证为社会救济事业与政府救济事业之发展。

革命将士之遗族，有受生活保障与优待之权利。

外来之难民、移民，乞丐等，一律帮助其获得生业。

第十一条　陕甘宁边区人民，有受教育之权利。其保证为普设各种学校，免收学费，并给贫寒学生以生活费用，并在不妨碍生产或职务之条件下，实施广泛的文化教育与业务教育。

第十二条　陕甘宁边区人民，为保护民主自由，有组织自卫武装之权利。

第十三条　妇女在政治、法律、文化及社会生活各方面，均与男子平等。婚姻自由，实行一夫一妻制，养育子女多者，有获得政府津贴之权利。

第十四条　一切为伸张正义与争取自由，而遭受迫害之本国或外国人民，来边区者，均有受庇护之权利。

第十五条　中华民国将来之民主宪法所规定之人民权利义务，陕甘宁边区均充分实现之。

第十六条　本宪法所列举及未列举之人民自由权利，均受宪法之保障，不得以法律或命令侵犯之。

凡侵犯人民自由与权利者，受法律之制裁。

第三章　陕甘宁边区政府

第十七条　陕甘宁边区政府，由边区议会、边区行政委员会及边区司法机关构成之。

第一节　边区议会

第十八条　陕甘宁边区议会，为陕甘宁边区之立法机关及监察机关，对陕甘宁边区人民负责。其职权如下：

一、议决边区各项基本政策及法规，并监督其执行；

二、选举罢免边区行政委员会之委员、主席、副主席及边区高等法院之正副院长；

三、议决对行政委员会提出之各厅、处、部主管人员及高等检察长之名单同意案；

四、检查边区行政委员会、高等法院及边区公营企业之工作，议决对行政委员会，正副主席，各厅、处、部主管人员，高等法院正副院长，高等检察长及公营企业主管人员之弹劾案；

五、议决对边区行政委员会委员，正副主席，各厅、处、部主管人员之不信任案；

六、议决边区人民武装及公安事项；

七、议决边区经济建设计划；

八、议决边区财政预算、审核决算；

九、议决边区税收及其他收入；

十、议决发行地方公债及发放贷款；

十一、议决边区文化教育及卫生计划；

十二、议决人民请愿事项；

十三、议决有关边区地方自治之其他重要事项。

第十九条　议会选举议长一人，副议长若干人。

从议员中按每县一人及少数民族二人选举常务委员，在议会休会期间组织常务委员会。正副议长为当然委员。

议长、副议长，常务委员失职时，由大会议处之。

第二十条　议会得设各种专门委员会。各种专门委员会得对有关之任何机关或个人提出调查及检查之事项。该机关及个人必须负责提供该委员会所要求之一切文件及材料，或应召出席该委员会会议，接受调查及征询。

第二十一条　议会常务委员会在议会休会期间之职责如下：

一、处理议会委办有关法案及监察之事项；

二、接受人民之诉愿；

三、派代表列席行政委员会会议；

四、向行政委员会及其所属各部门提出建议与质询；

五、督导各种专门委员会之工作；

六、依法召集边区议会。

第二十二条　议会对于边区行政委员会委员，正副主席，各厅、处、部主管人员之弹劾案或不信任案，及对高等法院正副院长及高等检察长之弹劾案，均须有议员十人以上之联署，始得提出，经出席议员三分之二之同意，始得决议。

弹劾案成立后，依法追究被弹劾者之责任。被决议不信任之人员，即须辞职。

第二十三条　议会决议案移送行政委员会，如行政委员会有异议，得提交议会复议，议会复议如仍维持原案时，行政委员会即须执行，否则辞职。

第二十四条　议会每三年改选一次，每年开会一次，但经常务委员会之决议、行政委员会之提议或全体议员五分之一之请求，得召开临时会。

议会每次开会会期，由当时具体情况决定之。

第二十五条　每届议会任期已满时，应于期满前之二月以内改选，如因特殊情况不能按期改选时，得由议会常务委员会议决延长之。

议会任期已满，新届议会未选出常务委员会时，前届常务委员会继续行使其职权。

第二十六条　议员在议会内之言论，对外不负责任。

议员除现行犯外，非经议会或常务委员会许可，不得逮捕，议员为现行犯被捕时，行政委员会即须将理由报告议会。

第二十七条　议会之组织，以法律定之。

第二节　边区行政委员会

第二十八条　陕甘宁边区行政委员会，为陕甘宁边区之行政领导执行机关，对陕甘宁边区议会负责，由主席一人，副主席若干人，委员若干人组织之。

陕甘宁边区行政委员会之委员中，任何政党之党员，不得超过三分之一。

第二十九条　行政委员会，下设民政厅、财政厅、建设厅、教育厅、公安处、保安司令部、审计处、民族事务处等，分别掌管该部门之工作。

第三十条　下列各项须依行政委员会决议行之：

一、关于执行中央政府委办及陕甘宁边区议会决议之事项；

二、关于批准所属各厅、处、部之工作计划事项；

三、关于经济建设计划事项；

四、关于文化教育卫生计划事项；

五、关于编制预算决算事项；

六、关于税收事项；

七、关于筹划公营事业事项；

八、关于选举事务事项；

九、关于组织与指挥地方武装及公安事项；

十、关于边区政府直属机关科长以上人员及公营事业主管人员之任免及奖惩事项；

十一、关于干部教育与考核事项；

十二、关于对议会之工作报告及提案事项；

十三、关于公产之保管及处理事项；

十四、关于其他应行讨论之事项。

第三十一条　行政委员会主席职权如下：

一、对内对外代表陕甘宁边区政府；

二、签发议会议决之法案，领导执行行政委员会之决议，颁发布告、命令，并检查其执行；

主席签发法案，颁发布告、命令时，由副主席及有关厅、处、部之主管人员副署之；

三、召集行政委员会会议，开会时为主席；

四、处理日常政务。

主席处理日常政务时，由副主席辅助之。

主席因公外出，或因故不能执行职务时，由副主席代理之。

第三十二条　行政委员会在执行政策或拟定政策时，得召集各种会议——如工厂代表会、劳动英雄会、模范工作者会、社会贤达座谈会及财经、文教、卫生、司法、人民武装等各种专门业务会议，邀请各有关人士参加，以听取人民之意见。

无论何人得用任何方式向政府各部门及其工作人员提出批评及意见。

第三十三条　陕甘宁边区得划分地区设立专员公署，代表行政委员会督察所属各县政府之工作。

第三十四条　行政委员会及所属各厅、处、部之组织，以法律定之。

第三节　边区司法机关

第三十五条　陕甘宁边区高等法院，由院长一人、副院长一人及法官若干人组织之。

第三十六条　法官独立审判，只服从法律，不受任何机关、部队、党派、团体或个人之干涉。其任免由法律保障之。

第三十七条　法院审判案件，依法公开，实行人民陪审制度。民事及轻微刑事，得由人民调解之。

人民诉讼，无论口头或书面均得为之，并免除诉讼费。

第三十八条　边区高等检察长，对边区所有各级公职人员以及边区公民是否遵守法律，实行检察权。

各级检察机关，仅属于边区高等检察长管辖，独立行使其职权，不受任何干涉。

第三十九条　监狱采取教育主义，并授犯人以生活技能。

第四十条　高等法院及高等检察机关之组织，以法律定之。

第四章　县乡民主自治

第四十一条　县政府由县议会、县行政委员会及县司法机关构成之。

县议会为县之立法机关及监察机关，对县人民负责。

县行政委员会为县之行政领导执行机关，由县议会选举县长一人（设副县长之县，副县长亦由议会选举）及行政委员若干人组织之，对县议会负责。

县行政委员会之委员中，任何政党之党员，不得超过三分之一。

县地方法院院长，由县议会选举之。本宪法第三章第三十六条、第三十七条之规定，县地方法院适用之。

第四十二条　县自治法由县议会制定之，但不得与边区宪法相抵触。县议会在不违反边区法令之下，得制定单行法规。

第四十三条　乡为地方自治之基础，得制定乡自治公约。

乡代表会即为乡政府，由乡长及乡代表组织之，乡长由乡民直接选举或由乡代表会选举之。

村（或行政小组）选出之乡代表会代表①，即为各村（或行政小组）之行政负责人。

第四十四条　县乡政府之预算决算，须提出于县议会或乡代表会通过与批准。自治经费不足之乡或县，请求上级政府补助之。

第四十五条　等于县之市（如延安市）及边区政府直辖区（如垦区）适用县之规定。等于区或乡之市（如绥德市、延市新市乡）适用乡之规定。

第四十六条　县得划分地区，设立区公署，辅助县政府推进所属各乡之自治事宜。

第五章　少数民族

第四十七条　聚居于边区境内一定区域之少数民族，设立民族自治区，其区域相当于县者，适用县自治之规定，相当于乡者，适用乡自治之规定。

第四十八条　少数民族有权使用其民族语言、文字，保持其信仰、风俗，及办理其民族文化教育与人民自卫事业。为促进少数民族经济与文化之发展，各级政府应予以必要之帮助。

第四十九条　少数民族得单独进行民族选举，并可减低其居民人数比额及扩大其选举单位，使其能选出参加各级议会之代表。少数民族应有代表参加边区行政委员会。

第六章　选举制度

第五十条　边区议会议员，县议会议员、乡代表会代表，均由人民依普遍、平等、直

① “档案文件版”“三秦法律法规版”将“代表”印作“代数”。

接、秘密、无记名投票之方法选举之。

凡被选举人如不称职，其选民得以多数之决定罢免之。

第五十一条　凡居住边区境内之人民，年满十八岁者，不分民族、阶级、性别、宗教、党派、职业、财产及文化程度之差别，均有选举权和被选举权，惟经法院判决褫夺公权及神经病者除外。

第五十二条　每届选举时，各级行政机关应向人民作工作报告，听任人民检查其工作，接受人民之批评和建议。

各级议会或乡代表会开会前，各级议员及乡代表应向其选民征求对议会或乡代表会之提案与对行政及司法机关之意见，议会或乡代表会休会时，各级议员及乡代表应向其选民报告工作。

第五十三条　现有不识字公民之投票，得以当地人民公认为合于自由表达其选举意志之方法行之。凡因公认之事实不能赴投票场所者，以当地人民信任之方法，就其住所投票。

第五十四条　在各级选举中，各民主党派，民众团体及任何选民，均有单独或联合提出竞选纲领及其候选人名单实行竞选之自由。竞选及选举之自由，不受任何干涉。凡在竞选及选举中以威胁、利诱、舞弊等行为，取得选票或破坏选举者，除所得选票作废外，一切参与非法活动之人，均须依法治罪。

第五十五条　依据本章规定，由边区议会制定选举法。

第七章　经济与财政

第五十六条　边区经济与财政之方针在发展生产与保障供给。私人经济、合作经济、公营经济，皆为法律所保障。公营经济为供应政府与人民之部分需要，并协助私人经济与合作经济之发展。

公营经济实行民主管理，并受人民监督。

第五十七条　贯彻土地改革，组织农业（劳动与技术）合作，提高农业技术，发放低利农贷，推广植棉、造林、水利、发展畜牧、垦殖、以增加食品及原料之生产，保障人民丰衣足食之生活。

第五十八条　发展手工业及机器工业，提高工业技术，开发煤、铁、油、盐等资源，改进交通建设，达到普通用品自给，并使边区逐渐工业化。

第五十九条　实行自由贸易，取缔垄断投机，调节进出贸易，扶助人民经济之发展。

第六十条　发展信用合作，禁止高利盘剥，保障正当债权。

边区银行之主要职责，在扶助农工商业之发展。

第六十一条　实行劳动保护法。劳资协议订立生产计划，提高劳动生产率，适当的改善劳工生活，保障资方之合理利润。

保障外来投资之安全，奖励地主投资经营工、农、商业。

第六十二条　奖励劳动英雄及模范工作者，改造二流子使之参加生产，厉行节约，禁止浪费，奖励储蓄。

机关部队人员在公私兼顾原则下，进行合作生产，以培养劳动观念，减轻人民负担，改善本身生活。

第六十三条　财政公开，厉行预算决算制、会计制、金库制、审计制、严惩贪污，实行合理税则，贫苦人民免税。

第八章　文化教育与卫生

第六十四条　边区文化教育之一切设施，均依民族、民主、科学、大众之原则，以普及与提高边区人民之文化水准与职业技能，并培养各种建设人才。

第六十五条　普及初级教育，扩充中等教育，使基本国民教育逐渐提高至中学毕业程度。基本国民教育各级学校之教学内容，均与生产及社会相结合。推广职业教育，充实师范教育。

第六十六条　本学以致用之原则，改进并提高边区之高等教育。凡有相当学历或实际经验者，均予以受高等教育及研究之机会。

第六十七条　推广社会教育与补习教育，开展识字运动，组织各种文化活动，以扫除文盲与愚昧现象，使失学之青年、成年受到最低限度之国民教育。

第六十八条　改进环境卫生，预防疾病传染，推广医药设备，发展体育运动，以增进人民健康，增加人口繁殖。

第六十九条　尊重科学、技术、文学与艺术人才，奖励一切科学之发明与发见（现）及优秀之文艺创作，保护一切有关历史文化之古迹与古物。

第九章　宪法之施行修正及解释

第七十条　本宪法经过边区议会出席议员三分之二赞成通过，由边区行政委员会公布，即发生效力。

第七十一条　本宪法有边区议会议员六分之一，或三县以上县议会提议修正时，经过出席议员三分之二赞成，即得修正。

第七十二条　本宪法解释之权，属于边区议会，议会休会期间，属于议会所授权之议会常务委员会。

选自《陕甘宁边区政府文件选编》第十一辑，档案出版社 1991 年版，第 249～258 页。简称“档案文件版”，全文 9 章 72 条。

互校版本：

《陕甘宁边区法律法规汇编》，三秦出版社 2010 年版，第 20～25 页。简称“三秦法律法规版”，全文共 9 章 72 条。

编者注：本宪法草案，是依据 1946 年 4 月通过的《陕甘宁边区宪法原则》起草的。据《谢觉哉日记》1946 年 10 月 11 日记载：“边宪草经过六次修改，前天把草案送西北局。”并在日记中全文抄录宪草 9 章 74 条。①

现将谢觉哉日记中与本宪草有关的记载，摘录如下，供研究参考：1946 年 10 月 28 日记载：“西北局对宪法为最后修正。”② 即 9 章 72 条版。1947 年 10 月 24 日记载：“二十日偕王明同志来中央请求对宪法及法委会后工作的指示。”10 月 30 日记载：“二十八日偕王

① 《谢觉哉日记》下卷，北京，人民出版社 1984 年版，第 999～1009 页。

② 同上书，第 1022 页。

明同志往白云山谒毛泽东，夜谈颇久。毛主席要我们参加下月召集的会议。”①

1947年11月18日，毛泽东在《给陈瑾昆的信》中称：“兄及诸同志对于宪草惨淡经营，不胜佩慰。惟发表时机尚不成熟，内容亦宜从长斟酌，以工农民主专政为基本原则（即拙著《新民主主义论》及《论联合政府》中所指之基本原则），详由王谢二同志面达。”② 在同年12月，毛泽东《在杨家沟中共中央扩大会议上的讲话》中又说：“关于宪法，近期内不会颁布，过早颁布也是不利的，但目前应该着手研究。”③

3. 陕甘宁边区政府命令（不承认中美通商航海条约）④

1947年1月15日

各级政府、各旅团司令部、各机关学校：

蒋介石和美国政府于三十五年十一月四日在南京签订的中美通商航海条约，出卖了全中国的领土主权和中华民族的生存权利，其范围之广，条件之苛，远超过了过去袁世凯与日本侵略者所订的二十一条，如任其实行，则我国非至亡国灭种不可。为此，本府特决定：（一）接受一月十日延安各界声援全国学生爱国运动与政协周年纪念大会建议，规定十一月四日为国耻纪念日。各级政府、各旅团司令部，各机关学校，自本命令到达之日起，悬半旗三天，以后每年十一月四日均悬半旗一天，并举行集会，纪念国耻，直至该约废除为止。（二）组织宣传队，以通俗方式，继续向人民揭露蒋记政府所订卖国条约的内容及其罪恶，誓死不承认这一条约。（三）号召全边区人民与各解放区及全国同胞共同奋斗，为彻底废除这一卖国条约与洗雪新国耻而奋斗，不达目的，绝不罢休！望各一体遵行。

此令！

选自《陕甘宁革命根据地史料选辑》第三辑，甘肃人民出版社1983年版，第219页。

4. 陕甘宁边区政府紧急动员令

1947年3月23日

陕甘宁边区全体人民们、战士们、工作人员们！

敌蒋胡兽军于进犯关中、陇东之后，又孤注一掷于三月十三日全力向延安猛犯，我军坚决抗击，七日内杀伤敌人五千，达成掩护机关和人民安全转移之任务，撤出延安。

我军采取机智的战略方针，撤出延安，诱敌深入，拖疲分散其兵力，各个击破，彻底

① 《谢觉哉日记》下卷，北京，人民出版社1984年版，第1165～1166页。
② 《毛泽东文集》第四卷，北京，人民出版社1996年版，第320页。
③ 同上书，第335页。
④ 副标题是编者所加。

歼灭之。从此，我全体军民，要把全边区变为军营，同心协力，牺牲奋斗，争取最后胜利，以达保卫边区发展西北之目的。

事实证明，残暴的敌人，决心要破坏边区民主建设，攫取人民已得的土地，摧残民主自由的生活，在关中，在陇东，在富、甘等地，凡是兽军到过的地方，烧掠奸杀，比之日寇还要厉害，仅西华池一地市民被杀者二百余人，庆阳城内，老幼妇女，遭其蹂躏，无一幸免，兽军盘据（踞），牛羊鸡犬，宰杀一空，粮食财物，罗掘无余，兽军退时，焚毁门窗灶具，十室十空，拉走壮年男子，充当炮灰，残暴罪行，毫无人性。在那些遭灾的地方，会看到父老们揩着未干的血泪，会听到姊妹们喊出惨痛的悲号，一个个咬牙切齿，誓将报此血海深仇，不达消灭敌人的目的绝不罢休。

起来，全边区的人民，紧急动员起来，为我们的父老兄弟姊妹们复仇！为我们自己的土地、自由、生命、财产而奋斗！要热烈拥护人民解放军，勇敢的参加担架运输，供应粮草，挑水，送饭、洗补衣服、带路送信、救护伤兵，想尽办法帮助军队，歼灭敌人，敌军到前，要真正搞好坚壁清野，埋藏粮食，掩盖水井，赶走牲畜，使敌人到处扑空，无法生存。不论战区与非战区，都要组织一切劳动力，及时抢耕抢种，为保证长期自卫战争的物资供给而努力生产，随时提高警惕，严防并镇压坏人敌探及反革命分子的造谣与破坏行为。

英勇的民兵游击队员们，拿起刀枪、矛子、手榴弹、地雷，广泛开展游击战争，放哨盘查，捉拿敌探逃兵，消灭小股敌人，保护父母老人婆姨娃娃，保护粮食牛羊财产，用袭击、困扰、破路、牵制等办法配合主力作战，使敌人陷入游击战争的火海之中，寸步难行。

英勇的西北人民解放军全体指战员，以你们为人民忠挚坚贞的精神和熟练的战斗技巧，在英明的指挥下，诱敌深入，歼敌致胜，相信在不久的将来，必有不断的辉煌战绩，以至最后歼灭敌人。

各级工作人员们，在由和平建设转入严重战争的情况下，是考验和锻炼你们的最好机会，决勿悲观失望与惊慌失措，应更加坚定沉着，积极的动员起来，改变一切不适合于战争的生活习惯与工作作风，深入群众，组织与领导群众，进行武装斗争，战时生产，土地改革各项紧急重要工作，发扬艰苦奋斗，不屈不挠，英勇牺牲的精神，克服一切困难，坚持工作岗位，胜利完成任务。

同胞们！同志们！我们的自卫战争完全是正义的，而蒋介石的进攻边区是失掉人心完全孤立的，陕甘宁边区有极其有利的地形，有久经革命锻炼的人民，有百战百胜的人民解放军，又有各解放区军民和全国人民的支援与同情，因之胜利必然是我们的。但蒋系胡军，倾巢出犯，且有美帝国主义助虐帮凶。因此，战争必然是艰苦的长期的，我们必须下定决心，准备长期自力作战，消灭敌人，争取最后胜利。看吧！边区沟壑纵横的黄土层，将是蒋胡贼军的葬埋之地。

起来，英勇的起来为保卫边区发展西北而奋斗！

选自《陕甘宁革命根据地史料选辑》第三辑，甘肃人民出版社 1983 年版，第 227～229 页。

二、选举法规

1. 陕甘宁边区各级选举委员会组织规程

1945 年 8 月 27 日

第一章　总　则

第一条　本规程依据边区各级参议会选举条例第八条制定之。

第二条　各级选举委员会受同级政府之领导，为领导本届选举工作之机关。边区选举委员会领导边区各级选举事宜。县（或等于县的市）选举委员会领导该县（市）各级选举事宜。乡（等于乡或等于区的市）选举委员会领导该乡（市）选举事宜。

第二章　职　务

第三条　选举委员会职务如下：（一）规划执行选举工作计划。（二）掌理选举之宣传及疑难解答事宜。（三）登记、审查选民、公布选民名单，主持选举大会之进行，并办理选举工作中之一切组织事宜。（四）执行选举条例第十七条所规定事项。（五）检举以威胁、利诱妨害选举之行为。（六）选举办毕后，应向同级政府造具报告书，报告选举工作经过。

第三章　组　织

第四条　各级选举委员会的组织如下：（一）边区选举委员会委员九人至十三人，由边区政府聘请之，并互推一人为主任。（二）县（市）选举委员会委员七人至十一人，由县（市）政府呈请边区政府聘任之，并互推一人为主任。（三）乡（市）选举委员会委员五人至九人，由乡（市）政府呈请县（市）政府聘任之，并互推一人为主任。各级选举委员会于必要时可设副主任一人。

第五条　边区及县级选举委员会的委员由边区政府及各级政府聘请各群众团体，各抗日党派代表及当地公正人士组成之，乡（市）选举委员会的委员由乡参议会或乡政府委员会提出之，各级委员均以在该地工作或居住人民为适宜。

第六条　进行单独选举的边区保卫团、警卫团驻军及工厂、学校得依下列规定单独组织选举委员会，办理本部门的选举事宜：边区保卫团，警备区驻军，抗日军政大学之选举委员会，由边区后方留守兵团政治部提出委员人选七人至十一人，呈请边区政府聘请组织之。并互推一人为主任。延大、党校、医大等学校之选举委员会由各该校部联合提出委员人选七人至十一人，呈请边区政府聘任组织之，并互推一人为主任。五十人以上各产业工厂之选举委员会由各该主管机关联合提出委员人选七人至十一人，呈请边区政府聘任组织之，并互推一人为主任。

第七条　有少数民族参加选举的地区，选举委员会得有少数民族人员参加。少数民族进行单独选举之地区得设立少数民族选举委员会，由少数民族中提出委员人选五人至九人，依照第四条，呈请上级政府聘任组织之。

第八条　各级选举委员会，于必要时，得酌用秘书干事若干人，分别处理选举工作各项事宜。

第九条　边区及县级选举委员会的印信，由同级政府制发之，乡选委会之印信，由县政府制发之。

第四章　任期及经费

第十条　各级选举委员会于每次选举开始前成立，选举完毕 向同级政府或参议会报告工作后结束。并交还选举委员会之印信。

第十一条　乡、县级选举经费，由各该县选举委员会负责筹划审核开支。如地方经费供给不足时，由各该会造具预算，报请边区选举委员会审核并由财政厅酌予补助。

第五章　附　则

第十二条　本规程如有未尽事宜，由边区选举委员会提出，经边区政府修改之。

第十三条　本规程自边区政府公布日施行。

选自《陕甘宁革命根据地史料选辑》第三辑，甘肃人民出版社 1983 年版，第 5～7 页。

互校版本：《陕甘宁边区政府文件选编》第九辑，档案出版社 1990 年版，第 248～250 页。

2. 陕甘宁边区政府关于今年选举工作的训令

1945 年 9 月 6 日

各专员、县、市长、区长、乡长：

边区政府根据边区参议会二届二次大会的决议，决定于今年十月十五日至十二月底的时间举行乡、县、边区三级政权的改选。

自一九三七年抗日民族统一战线正式形成之后，边区即依据新民主主义亦即革命三民主义的政治原则，在普遍、平等，直接与不记名投票选举的基础之上，建立了各抗日民主阶级合作的地方联合政府，复于一九四一年改选时实行三三制政策，更加巩固了各阶层人民致力于战胜日寇与建设边区的民主团结。整个抗战时期，因有此民选的能够团结全边区抗日人民的联合政府，尽其力以为人民服务，使我们胜利的保卫了边区，建设了边区，并光荣的履行了作为解放区军民总后方与总根据地所应负的历史任务。特别近几年来，由于生产运动的积极发展，人民生活获得进一步的改善，人民的财富开始有了积余，而人民的觉悟性和组织性更表现出空前的高涨。劳动英雄和模范工作者成百的涌出，更为边区的政治、军事、经济、文化的各种建设提供了新的力量和新的人才。

现在抗日战争已经胜利的结束，新的历史时期已经到来，全国人民已经进入为和平、民主、团结奋斗的时期。在过去的历史时期中，如前所述，边区人民已经为抗日事业付与了应尽的力量，为民主联合政府建立了初步的楷模，在今后，在新的历史时期中，我们更要全心全力的继续提高边区的建设，在政治、经济、军事、文化的各方面建设上作出更好榜样，有力的参加和推动为全国的和平、民主、团结而奋斗的事业。

上述边区建设的新的成就，边区人民的新的任务，就是即将举行的选举运动的政治出发点。为使新的选举所产生的三三制联合政府能够更加密切的联系人民，服务于人民，以胜利的履行其历史任务，必须：

一、坚持不分阶级、党派、民族、性别、信仰的，不受财产与文化程度限制的，普遍、平等、直接、无记名投票的选举原则。

二、发动人民彻底检查政府工作，检查各种政策的正确性及其执行的程度，检查政务人员的工作作风，展开批评与自我批评，真正做到“知无不言，言无不尽，言者无罪，闻者足戒，有则改之，无则加勉”，一方面使人民能够更好的识别人材（才），选择为他们所能信任与需要选举的人物，以达加强各级政权的目的，另方面，使人民能够更多的熟悉政府工作（特别是当前紧要的生产与备荒的工作），提出问题，发表意见，以为今后改进工作的基础。“人民动手来彻底的检查政府工作，展开批评与自我批评，这是今年选举运动的主要步骤，亦即办好选举的关键”，必须认真进行，并必须在检查工作完毕之时方开始进行选举。

三、在选举中，任何公民，任何抗日党派与民众团体，有依选举条例提出候选人的权利，有为自己或他人实行竞选的权利，但任何操纵行为必须制止，以保证人民选举投票的完全自由。

四、各级政府须即依据“陕甘宁边区各级选举委员会组织规程”成立选举委员会，在各级政府领导之下进行各种准备工作：（1）关于选举条例及本训令的宣传解释；（2）研究选举经验、尤应研究已经进行的各地试选中关于检查工作的经验；（3）关于调查、登记选民等技术工作的准备。

选自《陕甘宁革命根据地史料选辑》第三辑，甘肃人民出版社1983年版，第8～10页。

互校版本：

1.《中国新民主主义革命时期根据地法制文献选编》第一卷，中国社会科学出版社1981年版，第399～401页。原注：“选自《陕甘宁边区重要政策法令汇编》一九四九年版”。

2.《陕甘宁边区政府文件选编》第九辑，档案出版社1990年版，第254～256页。

3. 陕甘宁边区政府选举委员会关于今年乡选工作致各专员县市长的信

1945年10月5日

各专员、县市长：

关于边区今年举行的乡、县、边区三级政权的改选工作，边区政府已于九月六日发有训令。现在根据几个乡的试选经验，就乡选工作向你们提出如下的意见。至县、边区两级选举的若干问题，将另行写信给你们。

一、选举方针

边区政府训令所指示的关于今年选举运动的基本方针，是在继续三三制政策的精神下，发扬民主，团结人民，放手发动群众，检查政府工作和人员；教育干部，整顿作风，改进工作，自由选举，选举好人；健全民主制度，加强地方自治，而放手发动群众，彻底检查政府工作和人员，尤是选举工作做好的主要关键。

这个方针，是从人民大众出发，为人民大众服务，又经过人民大众的群众路线。它的正确性已在这次几个乡的试选经验中获得充分的证明，在今年三级政权改选运动中，必须坚持和贯彻这个方针。

乡选是三级选举的基础，因为政府同人民的关系首先是在区、乡政权直接地表现出来。群众检查政府工作和人员首先是直接地检查区、乡政府的工作和人员，而发动群众首先依靠区、乡干部去发动。所以选举方针的贯彻，关键在于乡选，要在乡选中放手地和充分地发动群众检查政府工作和人员。检查工作做得好，选举就能办得好，而乡选办得好，上级选举也就能办得好。我们这个信，就是给你们着重地介绍乡选试选中一些成功的经验。

二、检查工作

“放手发动群众，检查政府工作和人员”，就是要大多数人民自己动手来检查政府的工作和人员。检查的目的是为要发现问题，给以适当的解决，并求得经验，使工作能更好地向前推进，又是为要识别人员，整顿作风，选举好人，使政府能够更好地联系群众。因此，彻底的检查工作和人员，既能奠定改进工作的基础，又能奠定选举好人的基础，是整个选举过程中的重要关键和中心步骤。

要能使群众大胆地自己动手检查政府的工作和人员，首先要干部能放手去启发群众，这就必须在干部中进行充分的思想准备，使干部认识到放手发动群众检查工作的重要性，打破“怕民主”“怕放手”的错误观点，敢于放手让人民批评政府的工作，敢于在人民面前承认自己的错误与缺点，不怕人民指责自己，一心一意做到人民对政府“知无不言，言无不尽”，干部对人民“言者无罪，闻者足戒”，把埋藏在工作和作风中一切错误和缺点，毫无隐瞒地暴露出来，并努力加以改正，才能使我们的工作更加推向前进。这是一方面。另一方面，群众还有许多不肯或不敢讲的话，其主要的心理是怕“不顶事”和“怕惹人”。这种心理，是旧时专制政治的结果，革命以后，由于民主政治的发扬，已大为减少，但又由于我们工作与作风上存有缺点，还未能完全消除，这是我们放手检查工作时在群众方面所存在的障碍，是必须打开的一关。因此，要使工作检查彻底，必须做到使群众能“有啥说啥”。这样（一）首先要乡村干部利用一切接触群众的机会（如开会、工作报告、漫谈、访问等），进行诚恳地自我检讨与批评，启发群众说出心里的意见，对群众所提意见，无论对与不对，都不能要态度，“红脸粗脖子”地反驳他，说得对的，应该诚恳地加以接受，不对的，则要诚恳又和气地根据事实加以解释。（二）其次要注意发现问题，并立刻设法解决问题。群众是现实主义者，他们不相信讲话，而是相信自己亲身体验到的事实的。因此，凡遇群众所提的问题，特别同他们切身利益有关的问题，只要当时能够解决的，不管问题之新旧、大小，都要即时地设法解决。解决的方法，最好由大家讨论，民主解决，解决不了的，则分别提交上级政府或有关机关，请求予以解决或答复。

展开批评与自我批评，发现问题与解决问题，两者都是检查工作的主要方法，应该尽量经过这些方法，以达到彻底深入检查工作之目的。

在开始发动群众检查工作时，不必限制于检查某一种或某几种工作，应该采取群众“有啥讲啥”的原则，讲出他们最关切的事物；这样容易发动起来。但在群众发动起来之后，则可看情形引导群众比较集中地注意于当地最主要的问题上去；这样，收效会更大。在今年选举期间，正遇秋征，两项工作应当如何划分和配合，各地领导机关应当事先加以研究和准备。

开会商量问题共同决定，是民主方式之一。但大会与开会太多，使群众误工很多，又变成群众的负担，“国民党税多，八路军会多”，引起群众的厌烦。加以会议如果准备的（得）不好，不能解决问题，将更使群众不满，会议召集困难。在今年选举工作中，应该采用“少、小、精”的原则，即会议要开得少开得小开得精，以个别访问、家庭会议、随便拉话、分村开会、轮批开会等方法，以代替大会与多开会。每次会议，又必须有充分的准备，在会议上要达到一定的目的，解决某些问题。

乡政府向乡民报告工作，其作用是使居民们明白政府为人民做了些什么事，有什么成绩、困难和缺点，以便求得人民对政府工作的批评和检查。但根据几个乡的试选经验，这种报告很不易做好。群众所关心的问题：不是全年全乡做了些什么事的一般报告，而是他们当前的切身事情是怎样做的，应该怎样做。因此，不必规定乡长一定要向居民做报告，如果报告，则应以行政村或自然村为单位，其内容则为该村居民当前与切身的一些问题，由乡长、村主任或村长报告均可，而以能引起群众热烈讨论为目的。

三、选举代表

“自由选举、选举好人”，就是要广大人民自动和自觉地选举能为自己服务的代表，替自己办事，这是贯彻选举方针的具体表现。边区经过几次选举教育和政治经济文化的发展，人民的觉悟程度和积极性已日益提高，加以经过我们放手发动群众彻底检查工作之后，他们会认真的选举自己的代表，由这次几个乡的试选经验，证明了大多数选民能够在自由选举情况下选出来好人。

为了适合分散的农村环境，并便于实行直接负责的代表制（下面详说），选举单位应以自然村为宜，太小的自然村可以数村联合选举。

乡代表的候选人，应由选民们自由提出，因为乡里邻居，彼此都很熟悉。正式候选人名额，应该预先规定，一般以不超过正式代表名额二倍为宜，多了时，选举票数会过分地分散。但在候选人提出之后，必须由各该单位选民加以酝酿讨论，然后表决选出正式的候选人。这样，经过自由提出，民主讨论，集中表决决定步骤，能使选民认真而周详地识别人材（才），对选举好人有更好的把握。讨论候选人是一个很重要的事情，必须重视并做好。正式候选人名单表决之后，仍须尽可能在选民中经过酝酿讨论，使选民对人选胸有成竹的时候再行投票选举。此外应采取轮流开会投票（照门照店等离不开人，可轮着去），挨户背箱子，送上门补票等办法，以达到百分之八十以上选民能够参加选举。

四、开代表会

代表会是检查工作、选举代表两个阶段的综合与提高，是将群众意见集中起来，开会讨论决议后再坚持下去。代表会上主要要做好讨论工作和选举乡长两件大事。这两件事要做得好，都要拿检查工作选举代表过程中所发现的问题和意见做基础，才能使代表会充分的反映人民的需要。因此，（一）乡政府的工作报告要有充分准备，报告的内容要少讲一般情况和干燥的数目字，应讲些当前切要的工作及与群众所提意见有关的问题，同时提出政府对这些问题处理的态度和办法，以供代表会讨论。（二）应将检查工作中决定提交代表会的意见及各代表提案，分类整理，并可与乡长报告合并讨论，将应兴应革的事件做出决定交由乡政府执行。（三）根据检查工作和人员的结果，由代表提出乡长候选人，讨论酝酿，选出能够领导全乡居民执行大会决定的乡长来。

五、宣传鼓动

今年选举运动，也就是提高人民教育干部的运动，全部选举过程都是宣传教育过程。因此，宣传鼓动工作应掌握选举方针并针对选举运动的进程，向干部和群众讲清楚道理，使他们能够正确了解并积极参加这个运动，不可把宣传鼓动工作只看做是准备阶段的工作。

其次，宣传鼓动工作必须是实事求是的工作，必须根据当时当地情况，群众了解程度，具体实际的例子，才能使群众懂得，易于接受。宣传鼓动的内容，要密切反映各个阶段的具体情况，每一宣传鼓动都要根据某一具体的目的，适合实际，才能收到一定的效果。

根据边区农村环境与干部情况，宣传鼓动方式应以口头为主。这种方式可以随时随地进行，并且容易为群众所接受。但文字的艺术的方式（黑板报、秧歌、画报等）在可能条件下，亦应尽量利用，不应忽视它们的作用。

六、改乡议会为乡人民代表会制

乡（市）政权是人民的直接政权，它的立法与行政合一，更能发挥乡村自治能力。一九四一年边区参议会决定乡（市）政权采取“议行合一制”，议员直接由人民选举，直接向人民负责，是完全适当的。但在行政制度上仍然另设行政村主任与自然村长，负其行政之实际责任。这样，乡参议员只管议事，不管执行，仍然是议行并立。现在边区参议会常驻会和边区政府已决定改乡议会制为乡人民代表会制，以纠正这个缺点。代表会制是乡人民直接选举能对他们直接负责的代表，组成代表会，为乡政权的最高权力机关。各代表即是由人民直接选举并对人民直接负责，因之，他们一方面代表一定的居民意见集中到代表会，另一方面又将代表会的决议在他们所代表的居民中执行。每个代表由一定范围的选民选出，又管理一定范围的居民。

边区政府正在依据此种改变修正乡政权组织条例草案，以为此次乡选之根据，将来发布之时，希作详细研究。

七、加强选举工作的领导

今年选举运动，实质上是政府人员同广大群众结合一起的自下而上的整顿政风的运动，是几年来政权工作中整风运动的继续和发展。这个运动的开展，对于改进工作和作风，对于提高边区各种建设将有决定的意义，各级政府必须加强对此运动的组织领导，特别要加强其思想领导。

在组织方面，要使各级选举委员会真正成为有能力的工作机关，要派出得力而有威信的干部参加领导。除此，还应抽出为群众所信仰的干部去到乡上帮助选举工作，特别是帮助发动群众的工作。县市长和区长必须把选举工作当作中心工作，负责地指导与检查，切不可把它交给选举委员会就不管。

在思想领导方面，各县市长必须在选举之前，召集区乡干部及所有参加选举工作的人员，开办一星期至十天的训练班，检查县、区、乡的作风，展开批评与自我批评，同时对选举工作的方针和方法作深刻的研究。在检讨作风时应找出区、乡或县府工作上的具体典型来启发干部的思想（如十月一日解放报上“从一个指示看到一些问题”一文中所揭露的不良作风，不止在某几个领导机关存在，在这次训练班上应注意发现这类问题），进行彻底检讨。使各级干部在思想上对选举方针与方法有很好的认识，而且对揭发自己的缺点亦有思想上的充分准备，这是贯彻方针最主要的关键。“干部决定一切”各县应特别注意。

关于乡选方面，要给你们写的话，就此完了，请你们根据当地具体情况加以研究。伟大的选举运动已经到来，希望你们能够顺利地实现边区政府的选举方针。

选自《陕甘宁革命根据地史料选辑》第三辑，甘肃人民出版社 1983 年版，第 12～18 页。

互校版本：

1.《陕甘宁边区政府文件选编》第九辑，档案出版社 1990 年版，第 258～264 页。

2.《中国新民主主义革命时期根据地法制文献选编》第一卷，中国社会科学出版社 1981 年版，第 401～409 页。原注：“选自《陕甘宁边区重要政策法令汇编》一九四九年版”。

4. 附［报刊评论］：要在全国人民面前做出更好的榜样——陕甘宁边区选举运动开始

1945年10月15日《解放日报》社论

陕甘宁边区的选举运动即将开始。在抗战胜利结束以后，全国进入和平建设的新时期之际，陕甘宁边区是第一个进行自下而上的普选的地区。边区这次普选，对于全国政治的民主化和地方自治的推行，将会提供许多宝贵的经验。因此，这次普选不仅是边区人民的一件大事，而且对于全国民主运动与和平建设，也有极重大的意义。

在抗战的过程中，边区人民彻底实行了三民主义，充分享受了言论、出版、集会、结社、信仰等各种民主自由，建立了民选的地方性的联合政府。在一九三八年和一九四一年，边区曾进行了两次选举运动，实行了普遍、直接、平等、不记名的投票，一切公民，不分阶级、党派、性别、民族和信仰，不受文化程度和财产的限制，都有选举和被选举权。一九四一年选举运动中，在中国共产党倡导之下，更彻底实现了三三制，使共产党员和其他党派、无党无派人士的合作更加亲密，各阶层人民的团结更加巩固，真正实现了孙中山先生的“天下为公”的理想。在选举运动中，边区老百姓流传着这样的民谣：“青青的天，白白的云，选举不分各阶层，男女穷苦齐平等，自己来管自己事，不许任何人来欺压我们”，“选举票，认清楚，认清好人与坏人”。这说明了在边区选举运动中，绝对找不出旧政权下面暴力压迫、金钱收买、包办操纵、圈定指派的现象。边区的新民主主义政权和人民有血肉不可分离的关系，它是经过人民毫无拘束的普选，推举了自己所爱戴的代表而组成的。这是它和旧政权根本不同的一个特点。

正因为边区的新民主主义政权是从人民中间生长出来的，所以它的各级领导人和干部能够艰苦奋斗、不辞劳瘁，甘当人民的勤务员，特别是区乡间的干部，栉风沐雨，终日奔走，以完成人民所给予的任务。他们所朝夕谋虑的，就是怎样使老百姓过更好的日子，怎样使老百姓的生产组织得更好，怎样使老百姓的财富更能增加，怎样使老百姓的文化更能普及提高，怎样使老百姓的自卫力量更能加强……。这样真心诚意为人民办事的政权，在中国历史上是从来没有见过的。在旧社会里面，政府高居于人民头上，只知道向人民横征暴敛，要粮要丁；旧社会的官吏，愈是贪赃枉法，愈是残害人民，他的官职也就愈大，这种悖谬的现象，在我们边区也是绝对找不到的。新民主主义政权的绝大多数干部时时刻刻为人民利益设想，为人民利益服务，这是新民主主义政权和旧政权根本不同的又一特点。

边区人民在新民主主义即革命的三民主义的事业上，已经有了辉煌的成就。但是，能不能说我们的新民主主义政权已经十全十美，毫无缺点呢？不能，我们决不能自满于已得的成绩，我们要看清楚我们还有不少缺点，需要长期努力，加以克服。由于旧社会还留下来的要私情、摆架子，强迫命令、官僚主义等传统陋习的影响和侵袭，我们部分干部或多或少地犯了脱离群众的毛病。我们还应当警惕，在我们的政权机构中，还可能混进了个别为非作恶，与人民敌对的坏人。因此在这次选举运动中，应当认真地进行批评和自我批评。新民主主义的政府，毫不害怕人民批评它的缺点，因为人民就是它的主人翁。不仅如此，新民主主义的政府衷心欢迎和虚心倾听人民的批评和建议，因为它坚信在人民伟大力量的监督和帮助之下，自己的缺点一定可以克服，部分干部作风上的毛病一定可以纠正，个别不可救药的坏分子，一定可以从政权机构中清洗出去，而代之以忠实于人民利益、能为人民服务的人物。只有倾听人民的意见，并按照人民的意见办事，才能使我们的政权机构更加健全，才能使我们的行政效率更加提高，才能使我们的政权和人民结合得更加密切。为了准备这次选举运动，边区政府及其选举委员会曾发布指示，郑重号召放手发动全边区人民彻底检查政府工作和人员，这样对人民忠心负责、坦白无私的作（做）法，是旧政权所万万做不到的。正因为旧政权的主宰者，不是人民而是少数压迫人民、剥削人民的特权者，所以它害怕人民的呼声，犹如鸱枭怕见太阳一样，所以它不得不千方百计压抑和摧残人民的言论自由，来掩盖自己的反人民的意图和行为。这又是新民主主义政权和旧政权根本不同的另一特点。

全边区的公民们，热烈响应政府的号召来参加选举运动吧！充分地运用自己的主人翁权利，更好地学会“自己来管自己事”的本领。认真检查政府的工作和人员，细心考虑我们今后的工作，真正做到知无不言，言无不尽，然后选举为人民所信仰、能为人民办事的代表，以便把边区建设事业更向前推进一步。过去两次普选，我们做得有成绩，这一次普选，我们一定要做得更好。要知道全中国同胞都非常欣羡我们的民主自由的生活，我们要在他们前面做出更好的榜样。对于有兴趣了解边区民主政治的其它地区各党派、各界人士，我们边区人民热忱欢迎他们惠然到来，考查我们的普选，并给我们以教益。

全边区各级干部，要坚决执行放手发扬民主的方针，更加坚定我们的群众观点，大胆地诚恳地鼓励人民检查我们的工作，向人民进行实事求是的自我批评，更加信赖人民的无限创造力和丰富智慧，把这次选举运动当作自己向群众学习的最好机会，更虚心地倾听人民的批评，把人民的意见当做自己的镜子，努力洗掉脸上的灰尘，改进自己的作风。我们为人民做了许多工作，这是我们人民公仆分内的事情。但是当群众对我们提出批评的时候，我们有责任严格地检查自己的工作，认真地改正自己的缺点或错误。我们不应当把群众的批评看成一种“委屈”、或者“丢人的事”，而应当看作群众对自己的宝贵帮助。我们应当深刻地认识，群众能够毫无保留地说出他们心里的话，正是我们新民主主义政权的光荣。最近几个乡的试选经验证明了群众对自己的干部是爱护的，不管我们有多少缺点，只要勇敢地接受群众的正确批评，群众就会更加爱护我们。最后我们号召边区所有共产党员，在这次选举运动中，要更好地和一切民主分子进行合作，并在倾听群众意见和自我批评上做大家的模范。

选自《陕甘宁革命根据地史料选辑》第三辑，甘肃人民出版社1983年版，第32～33页。原注：“民国三十四年十月十五日《解放日报》社论”。

5. 陕甘宁边区政府选举委员会关于边县两级政权改选的指示

1945年10月27日

各专员、县市长：

关于今年改选问题，前信已有说明，该信所提出的基本方针与主要的方式方法，同样适用于边、县两级参议员的选举，望基于做好乡选的基础上，更进一步把边、县两级选举做好。兹再谈几个有关边、县选举的问题。

一、各县应选出的县参议员数目，由各县按照选举条例分配各乡，至边区参议员的数目，按照选举条例各县比额如下：

县别	正式参议员	候补参议员	备考
延安市	三	一	
延安县	四	一	
延长县	三	一	
延川县	四	一	
固临县	二	一	
子长县	四	一	
甘泉县	二	一	
富　县	三	一	
安塞县	三	一	
志丹县	三	一	
延属分区垦区	一		
绥德县	八	二	
清涧县	四	一	
吴保县	三	一	
米脂县	五	二	
葭　县	六	二	
子洲县	七	二	
曲子县	四	一	
庆阳县	四	一	
合水县	三	一	
镇原县	三	一	包括一名回民议员在内
环　县	三	一	
华池县	二	一	
赤水县	三	一	
淳耀县	三	一	

新正县	二	一	
新宁县	三	一	包括一名回民议员在内
关中分区中心区	一		
定边县	三	一	
吴旗县	三	一	
盐池县	二	一	
靖边县	四	一	
定边县回民议员	一		
三边分区蒙民议员	二		

以上共正式边区参议员一百二十一人，候补三十四人。

二、边、县两级改选时间，在本年十二月底前与乡选同时完成，至提出讨论与表决候选名单进行投票选举等工作，在选好三级参议员与代表之目的下，可按当地具体情形，分别进行。

今年三级政权同时改选，工作是复杂而细密的工作，具体的领导是具有决定意义的，望对于边、县、乡三级选举周密规划，很好配合，具体布置进行。

三、为了更加发扬民主进行自由选举，边、县两级候选名单，规定除由各政党群众团体提出外，边区参议员有选民廿人联署，县市参议员有选民十人联署即可提出一人。这种提法，会能提出更多优秀人材（才），但可能提出的候选人比规定的候选人超过很多，不便选举。如发生此种情形时，必须按照选举单位（县或乡）将所提名单集中后，发给选民，经过介绍酝酿，用表决方式选出正式候选名单。正式候选名单，应以选举单位初选的结果得票最多者（正式议员的两倍）当选。如此再将正式候选名单发给选民，经过介绍酝酿，使选民心目中有了把握时，再进行投票选举，选出正式参议员。这样经过初选复选，结果会更好的。

选举边区参议员以县为单位，县市参议员以乡为单位，即候选比额与计算选票按上述单位进行，但开会投票等仍以自然村进行为宜。

有关选举各较大问题，望按照已经公布过的文件进行，在进行中，应由边区实际情况与人民利益出发，大胆的创造更适合于放手发动群众的方式方法，求得选举方针之完全贯彻。

此致

敬礼！

边区政府选举委员会主任刘景范

选自《陕甘宁革命根据地史料选辑》第三辑，甘肃人民出版社 1983 年版，第 40～43 页。

互校版本：《陕甘宁边区政府文件选编》第九辑，陕西省档案馆、陕西省社会科学院合编，档案出版社 1990 年版，第 278～281 页。

6. 附［报刊评论］：把边区选举运动再推进一步

1945 年 12 月 5 日《解放日报》社论

陕甘宁边区的普选运动已开始一个多月了。这次选举运动充分表现边区人民真正认识自己主人翁的地位。经过几年来新民主主义的生活锻炼，边区人民的政治觉悟是更加提高了。他们踊跃参加选举：许多地方选民到会都在百分之八十以上，有些地方竟超出了百分之九十，不少六七十岁的老翁和老太婆，翻山越岭，不避风雨，赶去投票。他们认真的检查政府的工作，并在检查工作的过程中，识别了人材（才），经过群众的鉴别，个别贪污腐化，欺压群众的分子遭到了群众的揭发而落选，一部分工作作风有缺点的干部受到群众认真的和善意的批评，许多工作努力、作风优良的干部受到群众的衷心赞扬，大批的在群众中生长起来的有威信的新人物被选进政权中工作。从已经揭晓的某些乡的选举结果看来，经过这次选举，乡政权和人民的联系更加密切了，新选出来的人民代表，多已在实际工作中表现他们是真正为群众办事的人。

这次选举运动获得了显著的初步的成绩，证明了边区政府所指示的放手发动群众、检查政府工作和人员、教育干部、整顿作风、改进工作的方针，是完全正确的。许多地方真正实行了这个方针，干部诚恳地向群众进行自我批评，耐心启发群众批评和检查政府工作，虚心听取群众意见，并对群众所提出的正确意见，尽可能地给以适当的解决，因而消除了部分群众中存在的“怕报复”或“批评不顶事”的顾忌，因而大大发扬了群众的主人翁的感觉和参选的积极性。但是，从各地选举报道中，我们也可以看出部分地方的选举运动还存在不少弱点，其中最主要的，就是对于上述基本方针还没有很好的贯彻。

有个别地方的干部，还没有很好掌握这次选举运动的基本方针，甚至认为群众不会提出什么好意见；认为群众“说不出个条条”，有的认为受群众的批评是丢人的事，认为批评是“败信”、反省是“倒灶”，因而这些地方的选举工作，不是先在群众中进行充分的宣传和酝酿，从而发动群众检查和批评政府工作，在检查工作的基础上使群众识别人材（才）进行选举，而是只用简单的方式，进行改选人员，事先既没有对群众进行很好的宣传解释，没有发动群众检查政府工作，选举时对每个候选人也没发动群众慎重地加以讨论，因而群众的参选热情不高，甚至一部分选民放弃了投票权，因而使此次选举工作流于形式。

有个别地方的干部，把发动群众批评和检查工作，只当作简单的“任务”来完成，或者认为只是一种“风气”。因而他们不敢大胆的放手发动群众，甚至当群众刚开始起来检查和批评政府工作的时候，他们便认为这种批评已经“过火”，因此阻碍了选举运动更深入的开展。

有些地方，虽然他们执行了放手发动群众检查政府工作的方针，他们能够大胆的发动群众起来讲话，但因为干部们以为群众讲了话，一切问题就都解决了，而没有注意如何把群众意见很好地集中起来，以致检查工作进行的（得）不深刻，往往只限于一些表面的零碎问题的讨论，而没有进一步引导群众对当地群众中最主要、最迫切的问题进行讨论；只限于对过去工作的“算账”，而没有进一步引导群众根据自己的切身利益，对今后当地应兴应革的事情加以研究。因此，虽然费了很大的力气发动群众批评，但对今后工作的改进帮助不多。

还有些地方，因为今冬工作较多，干部们没有把选举工作当做一切工作的一个重要环节。他们甚至认为选举工作妨碍其他工作的进行，因而便想采取“突击”的办法把选举工作很快的“完成”，然后好进行其它工作。

我们建议各级领导机关，特别是县级领导机关，认真的检查过去一个时期的选举工作，以便吸取经验，发扬优点，克服缺点，把我们的选举运动再推进一步。

要使选举运动再推进一步，其中心关键在于认真贯彻边府所指示的选举运动的基本方针，要多用选举中的具体例子教育干部，使其充分认识发动群众检查工作的重要，使他们懂得只有通过群众的检查和讨论，才能使我们的工作改进，而在检查工作中群众对干部所提出的批评，不是干部的“败信”，相反地，干部如能虚心接受群众的批评和意见，他们和群众的关系就会更加密切，他们在群众中的威信就会更加提高（许多试选中的例子可以充分证明）；而且应该特别指出，目前选举运动表现的某些弱点，是发动群众批评和检查政府工作做的不够，是有些群众还没有把他们的意见讲出来，而不是什么群众的批评已经“过火”。还有，领导上不仅要号召下级干部向群众进行自我批评，而且应当以身作则，检查自己的领导作风。

要使选举运动再推进一步，必须更加加强对选举工作的领导。在选举运动中，用各种方法发动群众检查和批评政府工作，提倡群众“知无不言，言无不尽”，提倡群众“有啥说啥”，这是对的。但当群众已经发动起来之后，领导上还应当更好地分析群众的意见，引导大家把注意力集中在当地大多数群众最主要，最迫切需要解决的问题上层开讨论。同时要把群众从清算过去工作，引导到研讨今后当地应兴应革的事宜。

要使选举运动再推进一步，各级领导机关和全体干部还必须把主要的力量用来领导选举工作。固然今冬工作很多，干部很忙，但只要把选举工作当成目前各项工作的一个重要环节，在选举运动中检查工作，在选举运动中发扬群众的积极性和自觉性，在选举运动中更加亲密政府和人民的关系，那末（么）其它各项重要工作，如冬季生产工作、训练自卫军工作等，也就好推动了。选举工作不仅不会妨碍其它工作，相反地，为了使今后各种工作更好开展，更应该加强选举工作。

最后希望各县根据选举开始前举办训练班的经验及本县具体情况，着手准备选举结束后干部冬训班的工作，以使这次冬训班真正达到西北局“关于区乡干部冬训指示”中所指出的“把本届选举工作经验、模范的例子、区乡工作中的主要缺点及如何改正的办法作为教育大家的材料，发动研究讨论，并根据各县实际情形具体讨论和布置一九四六年区乡的主要工作与生产任务。”

选自《陕甘宁革命根据地史料选辑》第三辑，甘肃人民出版社 1983 年版，第 48～51 页。原注：“三十四年十二月五日《解放日报》社论”。

7. 边区人民的伟大胜利——李鼎铭副主席在第三届边区参议会第一次大会上的选举工作报告

1946年4月6日

各位参议员，各位来宾：

林主席的政府工作报告总结了抗战八年来，尤其二届边区参议会四年来的政府工作，把成绩缺点和经验教训讲得很详细，又进一步提出建设边区的方针和任务，并强调改进工作作风，请求大会讨论。我完全同意这个报告。我希望各位参议员多多检讨，多多批评，多多提意见。我们是各个地方的人民选举出来的，他们把他们的要求寄托在我们身上，我们就要满足他们的要求，就要看到什么说什么。

林主席的报告里提到了最近一次的选举，这次选举是边区人民的一个伟大行动，我现在就专门来谈谈这件事。

去年日本投降，正是我们布置选举的时候。我们的选举，关系是很大的。中国共产党领导下的解放区有十八、九个，我们陕甘宁边区是很小的一个，人口只有一百五十万，但却是最老的一个，又是中共中央所在地，其它各个解放区常常把陕甘宁边区当作榜样来看。大后方看共产党领导下的区域，最注意的是陕甘宁边区，民主人士看样子要看陕甘宁边区，反动分子造谣言最多的也是陕甘宁边区。所以我们的选举对全国的意义很大。所以大家都很慎重，开始先在各分区找二、三个乡试选，然后才普遍进行。结果大家是看到的，很有成效，人民发扬了民主，检查了政府工作，选出了他们要选的人，为我们陕甘宁边区今后的建设工作奠下了新的基础，又给全国民主运动以重大影响，所以我说这次选举运动，是陕甘宁边区人民的伟大胜利。

自从民国二十七年以来，边区人民进行过好几次选举运动，三级同时选举也经历了三次。说到民主选举，人们常把边区同英美老牌民主比较，我想比较一下也好，看看究竟有什么不同。的确，在民主和选举问题上，他们是我们的先生，他们有许多年历史。然而“青出于蓝而胜于蓝”，我们学下他们的，却超过了他们。他们不是完全搞直接选举，我们却是直接的，如乡、县、边区人民代表（参议员）都是由人民直接选举的。他们更不是完全、普遍的和平等的，英、美两国一向都有民族、人种的限制，对其它民族、人种总不能一视同仁。还有社会地位、财产状况的限制，甚至如英国，一个人有几处财产，就有几个选举权，就能投几票。每个竞选人还要给选举事务机关缴一百五十镑押金，在美国，则大半数的州规定选举和竞选资格，要以缴纳一定税款为标准，还有居住年限的限制，如在美国，它本来是块新大陆，全靠移民移来，但不是所有移民都有选举权与被选举权的，众议员要居住七年以上才有被选举权，参议员要居住九年以上才有被选举权。还有文化程度的限制，要能读能写的才能选举和被选。我们有什么限制呢？我们限制汉奸卖国贼，限制经过司法机关判了罪剥夺了公民权的，限制神经病患者，如疯、痴、癫、狂，此外，什么限制也没有了。凡是十八岁以上的汉人、回回、蒙人，不论男女，都有选举权和被选举权，毫无限制。

如此看来，我们是完全做到了普遍、直接、平等、自由等选举原则，他们只是部分做到，不普遍不直接不平等不自由的地方还很多。这是边区选举制度的第一个重要特点。

这次的选举和过去一样，把这种特点完全反映出来了。比如一百七十位边区参议员里头，有工人六，贫农十八，中农六十九，富农二十六，商人九，地主三十四，其它八，其中回回三个，蒙古人三个，妇女七个。这无疑地反映了边区内部的社会关系和民族关系，社会关系上各阶层是完全平等的，民族关系上汉族与少数民族是完全平等的。

再么各级议会里头农民代表占相对多数，有的占绝对多数。为什么呢？因为全国农民占百分之八十以上，我们这个地方更占到百分之九十以上，在这种情况中，农民代表自然就多了，这是极其合理的。但这种合理的结果，如果没有选举制度上的这一特点，是不可能产生的。

边区选举制度的第二个重要特点就是三三制。共产党方面限制自己的候选人，并且反转来替各党各派、无党无派提出候选人，替各阶层提出候选人，为他们竞选，外头那得有这种情形，人家是自己竞选还来不及呢。这一个特点，在民国三十年二届参议会时就完全实现了。在二届大会里，原决定政府委员选十八人，按三三制能选共产党员六人，因为是自由选举，结果多选出了一个，他们就定要退出一个，又补选了一个无党无派的人。各县常驻委员会和政府委员会选举中，也有共产党员超过三分之一的，呈报上来后，就叫他们超过的统统退出来，另外补选其它党派或无党派人士。这届选举结果，共产党在绝对多数的乡代表里头不够三分之一，在县和边区议会里三分之一，有的地方稍多于三分之一，因为是地方人民直接选举的，不可能退回去，但在县常驻会与县政府委员会里头，就一律只有三分之一。所有这些情形，都是我亲自见到的，也是大家亲自见到的，所以还有中外个别分子说边区政权是共产党把持包办，我想是很可笑的。我想要找把持包办，只能到中外独裁主义者那里去找。我们这个地方，却是建立了大家有职有权的民主联合政府。

还有第三个重要特点，就是在选举中检查政府工作。这次选举，我们比以前任何一次更强调检查工作是办好选举的关键。政府工作人员不仅向人民报告工作就完了，还要自我批评，自己说出自从被选举以来做过的种种事情中有什么缺点，人民不仅听取工作人员的报告，并且可以亲自动手检查政府工作，发现问题。开始，好多地方的老百姓不肯说话，第一怕得罪人，第二怕不顶事，我们政府工作人员就保证不会报复，一定生效，因此如延安、富县、延川、志丹、曲子、合水、镇原、新正、新宁、赤水、吴旗等县，经过这样的检查后，就发现了二万一千多个问题，并且随发现随解决。据我知道，现在已经解决的已过一万七千多个，大概在总数里占百分之八十以上。其余没有解决的，都是因为乡上不能解决，交到县上解决，有的在县上也不能解决，如负担、税收、婚姻、尤其牵涉到上级领导作风等，这些没有解决的问题，在这次大会上或大会后，都要迅速设法解决。

检查工作就发现了很多问题，就着手解决，在这里头我们取得了经验教训，知道人民对什么事情满意，对什么事情不满意，看出今后应该努力的方向是什么。所以这次选举为改进工作奠下了基础，许多乡代表会就是在这个基础上进行并获得良好结果的。

在检查过程中，不仅发现了问题，同时又识别了人员。对政府工作人员，某某好，某某不好，过去只是议论，经过检查后，人民就认清了谁真是好的，谁真是不好的，因为要选举好人，就要认识好人，检查工作就为认识好人打下了基础。老百姓都说：这次选举是头瓜里选头瓜，好人里挑好人。这样好人纷纷选出来了。如根据延安市、安塞、固临、延川等地的调查，全部二千七百六十三个乡代表中，绝大多数是在群众中有广泛信仰，威信很好的。县和边区的参议员也是如此，就已有的材料看，全是选的公正人和先进分子。我们在选举前提出放手检查工作是办好选举的关键，当时还没有实践证明，选举后，咋证明这个方针确实是正确的。

这些特点是从哪里来的呢？是从新民主主义来的。新民主主义是孙中山先生的革命三民主义，是照顾各阶层利益的，无论是地主、资本家，工人，农民都要照顾。孙先生的三民主义，我们都实行了，我们为了民族的生存，前仆后继，再接再厉，八路军、新四军在前方坚持抗战没有一天松懈过，我们在后方为他们照顾家属，安置伤残人员，培养干部，整训部队等。我们的人民自己管理政权，发挥着各种自由权利。还有，大家都是从民间来的，看看人民的生活怎样了，近年来我虽然在政府里，但是也见到些反映，农民从生产从减租减息中确实改善了生活。而且一天一天的改善，走向普遍的丰衣足食。

人民生活改善了，政治积极性就更加提高了，加上上述的选举制度，人民就把选举运动认定是自己的事，不是旁人的事。所以从检查工作到选举代表的三个月过程里头，就连许多还不到十八岁，还没有选举权的少年与儿童，也做了不少与选举有关的事情。至于选民就绝大部分卷入了浪潮，他们有什么说什么，自由酝酿着候选人，没有因亲戚朋友要私情的；在选举代表时，如志丹、子长、曲子、环县等地区，就有百分之八十七的选民投了票，就是百个选民中有八十七个投了票，这只是平均数，最高的是百分之九十六，就是百个选民中有九十六个投了票。他们从自己的经验中证明坏人可以去掉，不要怕；好人会有缺点的，但好人的缺点确实是在诚心诚意地改进。所以他们就大胆地批评坏人，不给他投豆子，善意的批评好人的短处和赞扬他的长处，仍然选举了他，又新选出许多新的好人。因此乡代表会也就活跃了，如延安县李家渠乡代表会在第一次开会时就通过了三个提案，一个是在一条要路上修座桥，一个是要立个市场，一个是要建立治安小组。这些提案在乡政府领导下很快就实现了。选举办法好的例子很多，要都举出来不胜其繁。再举一个米脂民丰区三乡的例子，那个乡这次选举非常之好，起初工作人员情绪有些不高，为什么？这就是在抗战中我们有照顾不到处，对区乡干部生活就有些照顾不到，他们要工作，也要生活，要当公家人，又要管家庭，有这些困难，他们的情绪就不高。三乡解决了些他们的困难，他们的情绪就提高了。在群众里头，群众有什么就说什么，人民酝酿候选人，也没有亲戚朋友要私情的，选举了公正的人，投票的占百分之九十二，其余少数因病或因事不得来。并且还贯彻三三制，在二十四个代表中，共产党员占八个——三分之一，在代表会上讨论，解决了许多问题，如变工队过去有很大的组织，不适合分散的农村，现在大小、时候都按需要；乡政府机构、制度也要改进，这些都适合一般人民的要求。这样的例子还很多。经过选举运动，人民的自治积极性大大提高了。

因为有这些特点，所有乡干部也更加提高了自己的上进心自信心和工作积极性。过去我们的乡村干部是有缺点的，有些事要做，他们拖着不做，或者硬做，要命令，随便捆绑人处罚人的事情也是有的。这次选举，他们也从自己的经验中证明群众的眼睛是公正的，群众合在一块，并没有偏三向四，营私舞弊，或存心报复，他们了解了只有他们自我批评是诚恳的，并且能接受群众正确的批评，群众才会拥护他们，而且一定拥护他们，而这样的人，是批评不倒的。这样他们就有进步了，我举一个例子，比如延安李家渠乡长卜清旺，这个人本质上是个好人，但是群众对他有些不满意，觉得他态度有些不好，而且懒于下乡。可是经过这次选举运动的教育，他改正了，确实改正了，有一天，李家渠集市，他解决了十多件案子，一概是平平和和解决的，没有发过一点脾气，这是他的态度改正了。并在选举后经常下乡，布置秋翻地，冬学等。还有个自卫军排长，他也是对群众态度不好，在李家渠吃了人家的东西不给钱，大概是浪里浪当的这号人，自从选举中大家批评他以后，也改正了，欠下人家的钱统统开销了。从这里可以看出，我们有些村乡干部在经过和接受了群众的批评后不再要人督促，自己能主动找工作做，把“拖”，“不顶事”没了，并且能和群众商量着做，把“硬”，“命令主义”也多半取消了。

世上有一些人，犯了很多错误，做了很多坏事，人家指出来了，还说人家不对，还要坚持坏下去。我因此想起过去的一些专制皇帝来了，他的错误，是没有人敢批评的。有些皇帝实在做得一塌糊涂，弄得人民起来了。有些大臣看开了，提出来要他下个罪己诏，征求直言，他就下了个罪己诏，说：“一切事都是我的过，大家看见我有什么不对处，尽管说出来。”但他说是这样说，改却一定不改的。但现在中国有某些人，不仅不改，连说也不许人家说了，在顽固性方面真是比专制皇帝胜了一筹。

从这些群众和干部的新情况中可以看到，我们这次选举运动是发扬了高度的民主，因此获得了很好的结果。

但是应该指出一点，还有个别地方的选举办得不大好，预先发动时就一般化，不按具体情况来，思想酝酿很不够。乡政府工作报告，县上发给他一个格式，他就照样填上点事实，了了草草报告几句完事，有的则是本“流水账”。也有这样的现象，就是忽视检查工作，他们说：“选举就是选举，检查工作干什么？”所以不发动群众，群众也就不积极，问题也就很少，不是存在的少，而是群众不肯说，选举工作就搞得冷冷清清。也有这样的现象，就是怕麻烦，在开会时，随便提出几个人，问大家同意不同意，民主没有发扬起来，谁会说不同意！于是马马虎虎进行了选举，有的还是丈夫代婆姨投的票。所以这些毛病，都是从一个原因里发生的，就是干部的思想没有搞通，群众没有发动起来，因此群众仍然是消极的，干部仍然是模模糊糊的，连自己工作中有些什么缺点也还找不到。曾经存在过这些毛病的地区，领导上应该想另外有效的办法把它补救过来。

还应该指出一点，我前面说群众的自治积极性提高了，干部的工作作风改进了，但这些都还不普遍、不巩固。所以林主席在报告中着重提出加强乡村自治，改进工作作风，他说的很明白。他的这些主张，我都是极端同意的。

这次选举不止是给区乡干部上了一课，并且给政府的上级机关上级工作人员也上了一课。你看各处的代表会都很清楚的指出上级领导有急性病，本来不是骤然能够办到的事，偏要赶着办；并且还有求之过高的毛病，本来人民的觉悟程度和地方上的人力物力还不可能，偏要勉强叫办；并且还有官僚主义，工作只是布置，只是发号施令，不顾这个工作布置下去是做好做坏，没有检查。因为领导上有这些毛病，所以下面发生很多偏向，领导上要自我批评，不能仅责备下面。

这次选举启示了我们，所有问题的根子绝大部分是在农村里头。大家想一想，我们政府工作人员做事为的是什么？为的是人民，在咱边区，尤其为的是农民。所以领导正确或不正确，好或坏，要照镜子在哪里照，就要在农村和农民中照，他们要兴的利兴了，要除的弊除了，这就是领导的（得）好，要不然，哪怕你表面说得怎么好，也是领导得不好。还有村乡干部是不是真正在替人民兴利除弊，或者他们里头还有乱没收老百姓的东西，乱罚人，要态度，要私情等情形，也都要从村乡才能发现出来。因此我想，政府上级机关的人员要有计划的下乡。坐在机关里，门儿闭着想，想不出来的。只有到乡上去照，才能照见那里还有些灰尘，赶快把它洗掉，也只有到乡上去挖，才能发现问题的关键在哪里，马上解决它。这样，下情了解了，领导的正确性了解了，工作检查了，问题就解决了，并且由此取得了经验，作为领导和推动全局的根据。这是医治今天我们政府领导人员的毛病的良方。

检查要和奖惩联系起来，没奖惩，检查不生效。三一年县长联席会议上我曾讲过，有个别贪污腐化，欺负人民的人没有受到处罚，有许多埋头苦干，爱护人民，尊重人权和财权的人员，没受到奖励。我们上级为了推进工作，处罚一个人，可使全体警惕，奖励一个人，可使全体兴奋。所以今后应把奖惩的事执行起来。

诸位参议员都是从人民中来的，这就是人民的镜子呀！各地各级政府的好坏，是瞒不过诸位的，因之，我希望诸位把意见多多的讲出来。民国三十年我进了政府，有一次回家，看出上下有点隔膜，下面的工作上面有不甚了解的地方，所以当时我想应该有什么办法使下情能够经常反映上来。我想最能反映民情和下情的是参议员，诸位受人民的委托，反映民情和下情是责无旁贷的，是最适当不过的了。诸位是人民的代表，也就是政府工作的监督人，希望经常监督政府改正各种缺点。我想，只要确实为人民兴利除弊，那一切工作的缺点是可以克服的。因为我们的缺点是同成绩分不开的，是成绩里头的缺点，是在真正为群众服务这个主义下的缺点，这样的缺点是一定会克服的。

现在我们大体上说来，环境是改变了。停战协定、政治协商会议决议和全国整军协定奠下了全国和平、民主的基础。但是有些反动分子正在继续挑衅，因为他们在八年抗战中混水摸鱼，发的国难财很多，所以他们还想继续混水摸鱼，所以他们就想推翻这个和平、民主的基础，想乱，想打内战，想挑起第三次世界大战。但我们中国人民是受不住了，我想全世界人民也受不住了。我希望全国爱好和平民主的人士大家团结起来，反对这种自私自利的，祸国殃民的大阴谋，为和平民主奋斗到底。我今年六十六岁了，本来没有什么力量奋斗了，但是诸位参议员为民主奋斗的热情鼓舞了我，我愿意追随在诸位之后，追随在全国社会贤达之后，为和平民主的新中国奋斗下去。

选自《陕甘宁边区第三届参议会第一次大会汇刊》，1946 年第三届参议会常驻会编印，第 46～59 页。

互校版本：

1.《陕甘宁革命根据地史料选辑》，第三辑，甘肃人民出版社 1983 年版，第 98～107 页。

2.《陕甘宁边区政府文件选编》第十辑，档案出版社 1990 年版，第 30～39 页。

8. 陕甘宁边区政府指示——关于进行县乡人民代表会及县乡两级政府选举

1948年10月31日

各专员、县（市）长：

边区政府根据十月十九日边区参议会常驻议员及边府委员联席会议的决议，于今冬在经过土地改革的地区进行县、乡人民代表及县、乡两级政府的选举，除颁布选举暂行办法外，特再指示如下：

一、选举的方针

两年来的解放战争及土改运动，对于边区的整个工作和全体工作人员是一个总考验。其中县、乡两级政权工作人员及县参议员的变迁最大。一方面，旧的人员，部分经不起考验，归于淘汰，部分在战争中表现了艰苦奋斗的优良品质，但因形势开展，调动工作的很多，致使县、乡两级人民代表机关的组织及民主制度极不健全；另一方面，在群众中涌现了大批新的忠于人民事业的积极分子，尚未分配在一定工作岗位上去，而今天人民解放战争正胜利迈进，我们肩负的战争任务正日益加重。为适应此种情况，必须调整干部，以加强领导，发展生产，支援前线，因之从（重）新选举县、乡人民代表会以代替县参议会及改组乡人民代表会，并由县、乡人民代表会选举县、乡政府，就成为目前的一项重要任务。这是具有重大政治意义的。选举本身就是而且应是充分发扬民主的群众运动，应从此进一步提高人民的政治认识，广泛发动鉴别与教育干部，检查与改进政府工作。因之只有采取正确领导下放手发动群众，发扬高度民主的方针才能使选举工作达到完满的成功。

经验证明，乡选是选举的基础。因此，在乡选中尤应启发群众，充分使用人民的权利，深刻认识人民的义务，而能自觉负责地选出政治坚定、工作积极、作风民主、办事公道、重视生产、生活朴素的人物来作为乡代表和乡政府委员。

二、选举的步骤

今冬至明春间；农村的工作是很繁重的，选举工作实须与其他各种工作有机联系，密切配合进行。凡进行土地登记、整党之地区干部力量较强，必须于明年春耕前同时完成选举工作。地区较小、人口集中、干部力量较强之地区，虽春耕前不能进行土地登记、整党，仍应进行选举，并尽可能于春耕前完成。地区太大、人口分散、干部不足之地区，选举工作（特别是县级选举）可推迟至春耕以后。边缘游击区条件困难者，暂不进行选举。根据当地情况，各县可选择一，二选举区试办，取得指导全县的经验。

三、组织与领导

为了专责办理选举工作，县、乡两级均须成立选举委员会。县选举委员会由县政府在当地群众团体及公正人士中，遴选七人至九人，经边府批准聘任组成之，并互推一人为主任（必要时可增设干事若干人。主任及委员须呈报边府）。乡选举委员会，由乡政府在当地农会及为群众所信仰的干部中遴选七人至九人，呈请县府聘任组成之，并互推一人为主任。县、乡选举委员会在同级政府领导下，为本届选举工作的领导机关，其工作职务如下：

（一）拟订执行选举工作的计划，县选举委员会须负责划定县选的选举区并规定各区应选之县人民代表的人数。

（二）掌理选举之宣传及疑难解答事项。

（三）登记、审查选民，公布选民名单，主持选举大会之进行。

（四）检举制止以威胁利诱妨害选举之行为。

（五）造具选举预决算并审核开支。

（六）执行暂行办法第十、第十一条规定之事项。

（七）选举完毕后，向同级政府造具报告书，报告选举工作的经过。

（八）借同级政府的印信并注明借用字样。

在有少数民族参加选举的地区，选举委员会得有少数民族人员参加，在少数民族单独进行选举的地区，成立少数民族选举委员会。

县、乡政府对于选举工作的领导，一方面指导与检查所属选举委员会的工作，另方面必须统盘规划，研究掌握选举方针和方法，派出得力干部参加选举领导。区级干部在当地选举区及乡选工作中尤应起积极领导作用。县、乡两级政府必须帮助县、乡人民代表会议的召开，负责准备政府工作报告，充分的进行自我检讨，倾听群众对政府工作的意见，正确的意见必须诚恳接受并在工作中实行。

四、关于选举暂行办法及有关选举问题的解释

（一）县人民代表的选举各县应按地域及人口分布情形，划分若干选举区进行选举。比如某县有人口五万按条例规定应选代表四十二人，如划分七个选举区时，每一选举区应选正式代表七人。①

（二）候补代表，应按县人民代表的总数的五分之一分配。各选举区应选代表数每足五人，得由选民选举候补代表一人，其应选代表不及五人之选区，可与邻区合并计算，但仍以票数较多者为候补代表，不另单行选举。

（三）为了更加发扬民主，县、乡两级候选名单，规定由群众团体提出外，县代表有选民二十人联署，乡代表有选民十人赞同即可提出一人。县、乡两级候选人以不超过应选人数的三倍为原则，若提出的人数超过三倍时，应先进行表决选出正式候选人后，再选举代表，以免票数分散影响一部分好的候选人不能当选。但正式候选人之表决，选举委员会应向选民详细介绍，进行充分酝酿，使选民对全部候选人有清楚了解，才能保障正式候选人选举得当。农村极端分散之地区，过去选举中的轮流投票背箱子送上门补票等办法仍须采用。

（四）选举暂行办法第十五条中的“法定人数”系指第八条第一款中的“五百人”及第九条第一款中的“二万人”而言。

（五）乡选后的乡政府委员会，由委员五人组成之，其分工为乡长、副乡长、民政、治安、文教建设等委员，副乡长可兼任某一委员。

各县选举工作，须有典型乡的报告，以反映实际情况、问题及经验，各阶层群众的反

---

① 原文如此。应是七个选举区，每个选举区应选正式代表六人，或者六个选举区每个选举区应选代表七人。

映等具体问题和定期的专门报告，以反映一县选举工作的全貌。此外，工作进行中发现问题亦应随时报告。兹将选民登记表式及统计表式发下，可即翻印使用、登记表保存乡政府备查，统计表于选举完毕后呈报边府为要。

主席　林伯渠

副主席　杨明轩　刘景范

选自《陕甘宁边区政府文件选编》政府文件选编第十二辑，档案出版社 1991 年版，第 252～255 页。

9. 陕甘宁边区县、乡人民代表会及县、乡政府委员会选举暂行办法①

1949 年 2 月 16 日

第一章　总　则

第一条　为发扬民主，加强县、乡政权，提高工作效率，进行选举县、乡人民代表会及县、乡政府而制定本办法。

第二条　凡经过土地改革的区域，均应依照本办法进行县、乡选举。

第三条　凡居住边区境内之人民，年满十八岁，不分阶级、民族、职业、性别、宗教，除有下列情形之一者外，皆有选举权及被选举权。

（一）有破坏边区行为，经政府缉办在案者；

（二）依法褫夺公权尚未复权者；

（三）有神经病者。

第四条　县、乡人民代表，由选民用平等、不记名投票方式、直接选举之。

第五条　县、乡人民代表之选举，由县、乡选举委员会办理，选举委员会之组织另定之。

第六条　县长、乡长及县、乡政府委员，由县、乡人民代表会选举之。

第二章　选举区域及代表人数比例

第七条　乡人民代表之选举，以行政村为选举区，县人民代表之选举，由县选举委员会划分若干选举区进行之。

第八条　乡人民代表选举名额如下：

（一）不满五百人之乡，选举代表十五人；

（二）五百人以上之乡，每增居民一百人，增选代表一人。

第九条　县人民代表选举名额如下：

（一）不满二万人之县，选举代表三十人；

① “档案文件版”第十二辑第 235～238 页，与第十三辑第 71～74 页所印“选举办法”内容雷同。前者注明 1948 年 10 月 19 日通过，10 月 26 日公布，后者为 1949 年 2 月 16 日公布。前者在文字上有几处错误，故选印后者。

（二）二万人以上之县，每增居民二千五百人，增选代表一人。

第十条　县、乡选举之居民人数，如超过第八、第九两条第二款所定比例二分之一者（即乡超过五十人，县超过一千二百五十人），得增选代表一人。如不足二分之一者，不得增选。

第十一条　县人民代表，得按各选举区之当选人数，选出五分之一的候补代表。如该选举区之代表不足五人时，亦得选出候补代表一人，均以得票次多者当选。候补代表得出席会议，有发言权，无表决权。乡不设候补代表。

第十二条　警察、学校、工厂、机关、分区、县警卫队、游击队，均参加所在地之区域选举，与一般同。但属于边区级的警卫部队、地方部队及野战部队等，均不参加所在地之县、乡选举。

第十三条　少数民族之选举：

（一）已达第八、第九两条法定人数者，得依第八、第九两条之规定比额，单独进行民族选举。

（二）不足前款规定，但已达县、乡选举法定人数五分之一（即乡满一百人，县满四千人）以上者，如参加县、乡区域选举未能选出该少数民族代表时，可单独进行民族选举，选出代表一人，参加县、乡代表会。

（三）不足（二）款规定居民人数者，参加区域选举，与一般居民同。

（四）（一）、（二）两款规定之少数民族之选举，得以县、乡代表会之区域为选举单位，不受第七条所定选举区限制。

第三章　任期、改选及会议

第十四条　县、乡人民代表、县长、乡长、县，乡政府委员之任期，县为三年，乡为一年，均得连选连任。

第十五条　县、乡人民代表，如在任期内，遇有不称职者，得由各该级选举法令人数十分之一以上的选民提议，经由该选举区投票罢免之。

第十六条　县长、乡长及县、乡政府委员，如在任期内，遇有不称职者，得由各该级人民代表会罢免，并另行补选，呈请上级政府加委。

如系因过撤职、或调动离职者，上级政府得随时委派适当代理人员，并须于该级人民代表会开会时提出追认或进行改选。

第十七条　县、乡人民代表会应按定期改选，如遇有特殊情形不能按期改选时，县须经边区政府批准，乡须经县政府批准，始得延长改选时期。

第十八条　县人民代表会之会期，为一年一次；乡为三个月一次。遇必要时，得由各该级政府委员会决定，代表会主席出通知召开临时会议。

第十九条　县政府由各委员组成委员会，正、副县长为当然委员及委员会主席，决定执行有关县政之重要事项。另设政务会议（秘书、科长及各委员会主任等组成），经常讨论推行政务，必要时得召集扩大的政府委员会或区长联席会议。

第二十条　乡政府由各委员组成委员会，正、副乡长为当然委员及委员会主席。各委员经县政府批准后，得兼任村长、自卫军连长、治安主任，文书等职务。任以上职务者如非乡政府委员，得列席乡政府委员会议。乡政府得根据工作需要，在乡政府委员会下，组织各种委员会，如遇重大动员工作时，可召开乡人民代表会议，或扩大的乡政府委员会。

第四章　选举经费

第二十一条　县、乡两级人民代表会选举经费，以县为单位，造具预算，呈报边区政府核准支付之。

第五章　附　则

第二十二条　本办法经边区参议会常驻会及边区政府委员会联席会议通过，由边区政府公布施行之。

第二十三条　本办法解释之权，属于边区政府。

选自《陕甘宁边区政府文件选编》第十三辑，档案出版社 1991 年版，第 71～74 页。简称“档案文件版”。

互校版本：《陕甘宁边区法律法规汇编》，三秦出版社 2010 年版，第 57～58 页。

三、政权组织

1. 陕甘宁边区参议会驻会委员会陕甘宁边区政府联合通知（对各级参议会组织条例选举条例的三项修正①）

1945年10月14日

各县参议会驻会委员会、各专员、县，市长：

兹决定对边区各级参议会组织条例及各级参议会选举条例，作如下三项修正，特先行通知，望即转知各级选委会在此次改选中执行：

一、为了更加发扬民主，加强乡村自治，改乡市参议会为乡（市）人民代表会。代表会各代表一方面代表居民意见商决本乡（市）应兴应革事项及选举与罢免乡（市）长等立法职权，另方面又代表乡（市）政府领导所属选举单位居民，推行各种建设等行政事宜。各自然村代表执行村长职务，各行政村代表可互推代表主任一人，协助乡长执行行政村主任职务，不另设自然村长及行政村主任。

二、为便于人民选举自己所熟悉的人为代表，并便于代表领导居民推行工作，乡市选举区域，一般改为以自然村为单位。人口过少村庄，得与附近村庄联合选举代表，人口多的村庄，可按规定比额，选举一个以上代表，代表与领导所属选举单位居民。

三、为贯彻自由选举方针，各级代表、议员候选名单，除得由各民主党派团体提出

① 副标题系编者所加。

外，乡（市）代表之候选人，选民均有提出之权力，取消十人联署的规定，县议员之候选人，有选民十人以上联合提出一人，边区议员之候选人有选民二十人以上联合选出一人，取消原选举条例第二十条规定“各级增选议员之法定人数十分之一以上选民联署”之限制。

边区参议会常驻委员会议长　高　岗
副议长　安文钦　谢觉哉
边区政府主席　林伯渠
副主席　李鼎铭

选自《陕甘宁革命根据地史料选辑》第三辑，甘肃人民出版社 1983 年版，第 30～31 页。

互校版本：《陕甘宁边区政府文件选编》第九辑，档案出版社 1990 年版，第 269～270 页。

2. 朱总司令在陕甘宁边区第三届参议会开幕会上的演说

1946 年 4 月 3 日

各位参议员先生：

陕甘宁边区第三届参议会大会今天开幕，我代表中国共产党中央，敬祝大会的成功。

边区参议会已经存在了八年，在全国由参议会选举政府，决定施政方针，边区是第一个。边区参议会已经有了三届的历史，一届比一届有进步。在过去两届参议会和参议会所选出的政府努力之下，边区进行了大规模的战争动员，尽了八路军新四军总后方的任务，贯彻了民主政治，首先实行了三三制，实行了减租减息和大规模的生产运动，得到了伟大的成绩。这一届的参议会，将在新的条件下发扬已有的成绩，提出新的任务，同时对现在工作中还存在的缺点进行检讨，使边区更向前大大的进一步。

这一届参议会开会的时候与过去有很大的不同。第一，中国打日本已经打赢了，抗战已经结束了。第二，中国内部已经成立了停战协定，产生了政治协商会议的各项决议，决定了整军方案。这两种新的情况使边区的工作要有许多新的布置，而第三届参议会大会的任务正是要研究和决定这些新的布置。陕甘宁边区现在是要进入一个更伟大的建设时期。虽然在抗战八年中，陕甘宁边区始终是处于后方的地位，但是建设工作不能不着重于战争动员的需要。现在抗战结束了，国内和平也实现了，边区目前首要的问题，就是彻底实行政治协商会议的一切决议，就是加紧完成复员，就是致力于和平建设。只要国内的和平不致被人破坏，我想边区政府边区人民是一定专心致志朝着这个方向前进的。我相信各位参议员先生对于这些问题，一定已经准备了很好的意见，经过这次大会，一定会订出许多很好的办法，使边区的复员工作迅速的顺利的完成，人民的负担可以减轻，农业和工业的生产以及教育卫生等文化事业可以得到更大更快的发展。

边区的建设事业主要当然依靠边区各阶层人民的团结奋斗，自力更生，这是毫无疑问的，并且是已经得到巨大成绩的。为了加速边区建设的发展，我们还需要更多吸收边区外面的人才和资本。过去因为国内政治情势的险恶，边区受到反动派严重的封锁和破坏，使得外面许多愿意来参加边区建设事业的人不能达到他们的愿望。现在停战协定规定恢复交通，平毁封锁线，取消一切交通的障碍，我们希望国民党方面迅速予以确切的执行，以便各方人士的来往。我们共产党人历来是主张各党各派无党无派的人士共同建设解放区的，各解放区实行三三制的意义也正在此，今后我们一定继续抱着十分的热忱来与一切民主党派民主人士合作。当然，如果假借名义到解放区来实行仇视民主危害民主的破坏活动，解放区的人民和政府是不会允许的，全国人民也是不会允许的。

陕甘宁边区在抗战八年中特别是近几年的努力，已经得到中外人士的一致赞美，政治协商会议的决议，政治协商会议通过的和平建国纲领，更证明了陕甘宁边区一贯的奋斗方向是正确的，是应该普及于全国的。在新的形势之下，边区的进步一定更大更快。但是也与过去一样，我们面前一定有严重的困难，内部的困难与外部的困难。中国的反动派还是不愿意中国人民享受民主，他们正在寻找各种名义来推翻政治协商会议的决议，来继续保持独裁，来继续进攻已经得到民主权利的人民，因此我们必须继续提高警惕性。但是中国人民是有信心的，陕甘宁边区的人民是有信心的，我们有信心一定能够克服任何困难。我们已经经历过各种艰苦的曲折的斗争，我们已经战胜了日本帝国主义及其中国走狗的八年联合进攻，而我们是愈来愈壮大了。陕甘宁边区的人民，在新的参议会的领导之下，一定能够团结一致，使边区的复员工作迅速完成，和平建设迅速发展，把边区建设成为和平民主新中国的更光明的灯塔，更坚强的堡垒，并且与全国人民一起来粉碎反动派的阴谋，推进全国的民主事业和建设事业。

选自《陕甘宁革命根据地史料选辑》第三辑，甘肃人民出版社 1983 年版，第 75～77 页。

3. 边区建设的新阶段——陕甘宁边区政府主席林伯渠在第三届边区参议会第一次大会上的政府工作报告

1946 年 4 月 4 日

各位参议员，边区人民的代表！边区第三届参议会第一次大会开幕于抗日战争已经胜利结束，边区开始进入新的建设阶段的时候，将要检讨前一阶段中抗战建设的情况，决定新阶段中进一步建设边区的任务。按照这个方向，我代表边区政府委员会向大会提出工作报告，请求代表们的检讨和指示。

（一）抗战建设的概况

抗战阶段中，边区处在相对和平的后方环境，是八路军、新四军的总后方，各解放区指导中心的所在地。但虽是后方，内外情况却十分严重，以言内部，人口稀少，仅百五十万，经济文化落后，又经过内战破坏；以言外部，敌人与我隔河对峙，屡次进攻，国民党数十万大军的包围、进攻、封锁，加以特务破坏，企图消灭我们。因此，虽不是战区，却肩负着十分重大的历史任务，曾必须进行严重的防卫，以保卫边区，保卫解放区的指导中心，曾必须有效地恢复和发展经济以至文化，以改善人民生活，以支持抗敌自卫事业，以帮助前方训练干部，整训部队，以及安置伤病员，曾必须保证一度多至总人口百分之八的军政人员的供给。

这也就是说，为人民公仆的政府机关，必须按照人民的需要与参议会的指示，在政治、军事、经济和文化的各个方面进行复杂而严重的工作，以克服内外环境的困难，完成边区人民的历史任务。现在我就来报告本届政府在边区二届参议会历次大会的方针和决议下做了些什么工作，有些什么成绩和缺点。为便利与明瞭（了）边区抗战建设的全部过程，我将联系到二届参议会以前的情况来说。

在军事建设方面，我们坚持着练兵、生产与巩固军民团结的三大任务。

关于部队的训练。民国二十六年八路军主力开赴华北前线后，边区只剩下数量很小的留守部队和保安部队，建制很不统一，并带有浓厚的游击主义倾向。经过补充、整理与训练，逐渐成为劲旅。二十七年剿灭了有外部反动派作为背景的四十八股土匪，整个抗战期间，击退日本敌人的多次进攻，使之不能越过河防一步，又击退反动派无数次的进攻，尤其二十八年与三十四年来自南线的两次大举进攻。但全军更有计划与更切实的训练，则在二届参议会期间。三二年开始了每年一次的大规模冬训，一次比一次进步。训练内容上，第一次以技术为主，获得成绩，例如步枪射击，人数命中从百分之七六・九提高到百分之九四・六，弹数命中从百分之七一・四提高到百分之八五・五，又如投弹，及格人数从百分之三二・六提高到百分之九四・八。第二次以后，技术与战术并进，战术上逐步提高了勇猛、机动、顽强、速决等近战战术的特性，技术上逐步提高了射击、刺杀、投弹等精确熟练的程度，而在制式教练上则逐步养成了迅速、一致、准确与雄壮气魄的军人姿态。训练质量的提高，与训练方法的改进有密切关系。三二年以后，采取了官教兵，兵教官，官教官，兵教兵的群众路线，因此兴起了全军上下一致的练兵热情与练兵创造性，涌出了许多练兵英雄与学习模范，成为练兵运动的骨干。

部队本身而外，又帮助十五万普通自卫军，尤其三万基干自卫军的训练。三二年起，每年冬季一次，着重于梭标刺杀，投手榴弹，安地雷，打枪，盘查放哨与侦察敌人的实际训练，同样获得许多成绩，帮助正规兵团维持治安，转运粮秣和伤员，以至有力地配合作战。

关于部队生产。二七年秋即已开始，当时因为给养不足，以种菜、开磨坊等办法补充物质生活。二八年鉴于国内反动逆流高涨，正式提出生产自给的任务，以农业为主，全年开荒二五，一三六亩。二九年经营打盐、挖甘草、工业、商业等，自给了一个半月的粮食，并解决部分的装备补充。三〇年专门抽调六个营扣盐，又开荒一四，七九四亩，自给了经常费、被服费和伙食费总数的百分之五十四。但更有计划的全军上下一致的大规模生产运动，则在二届参议会期间的三二年以后。以三三年为例：谷物种植八十三万亩，产粮九万余石，收草二千一百余万斤，其他副业如手工、畜牧等收获亦值粮不下二十余万石。这样就达到了两个目的，一是人民负担减轻，不但伙食办公和装备用费达到部分或大部自给，粮草也达到部分或大部自给。二是部队生活由此相当改善，如以二八年国民政府停发医药时期的生活水平为一〇〇，三〇年停发全部经费时期曾降至八四·二，三二年即复提高到一二五·五。以后还继续有提高。在部队生产中，我们采取的基本办法是首长负责，官兵齐动手。因此有非常高涨的劳动热情，有非常丰富的劳动创造性，因此涌出了许多的劳动英雄与突击手，成为生产运动中的骨干。

关于部队进行拥政爱民，政府和人民则进行拥军优抗。由于八路军是人民军队的基本特点，由于人民的高度觉悟性，边区军民一向是团结得很好的。但在三〇、三一年间，因为边区正处于最艰难的情况中，军民关系曾经发生了一些不正常的现象。二届参议会期间，三二年春，双方提出拥爱运动，并确定每年旧历年节为拥爱月。双方各自反省与批评自己，在思想上认识并在实际上改正自己的缺点与错误，在精神上和物质上实行互让互勉互助。抗战期间，人民除义务帮助军事勤务以及配合作战外，优待抗属近九万人，安置退伍残废亦万余人，三三年以后更开始帮助抗属与退伍残废军人建立家务。军队除生产自给与帮助训练民兵外，复深入帮助群众各方面生活，如三三年帮助免费治病三万四千余人，药费五千四百余万元，组织农村医疗队十二次，帮助建立卫生模范村十个，帮助打扫卫生费工二千二百余个，挖井费工六百余个；帮助办学校八所，夜校三所，演剧百余次，电影百余次，帮助锄草、收秋、推磨、修水利费人工七万四千六百余个，牛工二千二百余个，帮助开荒七千七百五十亩，赠送工具七百九十二件，粮七十石，柴炭三万九千余斤，菜万斤等等。这样就达到了一个目的，即军民关系空前巩固起来。

军事建设是有成绩的，因此胜利地完成了保卫边区的任务。但仍然有缺点，主要在军民关系方面，某些政府机关和人民对优待抗属和帮助退伍残废军人，有疏忽情形，甚至有不公平现象；某些军队人员对人民有不尊重现象，甚至有爬在人民头上的行为。

经济建设方面，坚持发展生产，以改善人民生活，支持长期抗战的方针。

抗战前，由于内战的破坏，生产下降，耕地面积缩小至八，四三一，〇〇六亩，副业如植棉、纺织等大部停顿；牧畜业只剩牛驴十余万头，羊四、五十万只；工商业衰落，食盐运销停顿，公营工业除不到百人的修械所、被服厂外，一无所有。民国二十六、七年，政府实行休养民力政策，二六年只征公粮万四千石，二七年万六千石。二八年正式号召军民发展生产，造成运动。至三一年，农业如耕地面积恢复至一二，四八六，九三七亩，植棉恢复至九四，四〇五亩，牛驴繁殖至三六四，七〇二头，羊一，八〇二，〇九七只。工业如民间手工业，已开始发达，绥德一地即有手拉织布机达六、七百架。公营工厂发展至六十二个，职工三，九九一人。公私合计已能年产土布十万大匹，造纸六千九百余令，并扩大范围至制药、肥皂、制革、石油等。食盐产销年达二十余万驮。二届参议会期间，三一年冬，强调了从发展经济解决财政的路线，并继续贯彻了大会通过的精兵简政政策，编余人员转入生产，政府方面则集中力量于发展经济的首要任务。三二年遂开展了军民齐动手的大生产运动，国民经济更全面转入发展阶段。农业上，截至去年，耕地面积扩大至一五，二〇五，五五三亩，较战前增长百分之七九·四，植棉扩大至三十五万亩，较三二年增长百分之二七〇·六，牛驴繁殖至四〇三、九二〇头，较战前增长百分之二、三百，羊一，九五四，七五六只，较战前增长百分之三百左右。工业上，截至去年日本投降前，重工业与化学工业能炼铁、炼油、修造机器、配制军需品、制造三酸、玻璃和陶瓷；轻工业能年产布十五万大匹以上，造纸一至二万令，并创立火柴厂。全部职工增至万余人。民间纺织业已有纺妇十五万人以上，织妇四，五万人，各种织布机二，三万架。与战前比较，大部是从无到有。合作社单位与社员数量比战前有两倍的发展，业务亦由战前仅属消费扩充至兼有生产、医药、运输等。金融、贸易方面，边区银行以极大力量支持财政周转与军民生产，贸易公司组织年达三十万驮以上的食盐运销以及大量土产如皮毛、清油、药材等的外销，因此，虽在极端严重的封锁下，仍然及时换进了必需品，保证了供给，内部则城镇市场繁荣，如延安市在三五年仅各种商店一二三家，至三二年即达四七三家，同时各地集市亦逐渐恢复与建立起来，如几年来仅关中分区即新增七处。机关、部队方面则实现了部分自给，如食粮在三一年还全部取之于民，三二年以后开始自给一部分，百分之十五，三十以至四十不等。

因此，人民收入逐年增加了，以产粮为例，三十年实收百六十三万余石，三一年百六十八万余石，三二年百八十四万余石，三三年约二百万石，三四年因天旱，有些地方歉收，产量当受影响。但人民的负担却逐年减轻了，以救国公粮为例，三十年征收二十万石，三一年十六万石，三二年十八万石，三三年十六万石，三四年为照顾部分歉收情况，减为十二万石。

因此，人民的物质生活不但没有降低，反而比以前普遍改善了，并且部分地达到了丰衣足食，从前贫农与雇农为主要角色的农村变成了中农与富裕中农为主要角色的农村。从前乞丐到处可见，现在早已绝迹了。

边区经济是怎样发展起来的？在促进发展上，我们做了些什么？我们的缺点在哪里？

一、实行减租政策，使农民有再生产以至扩大再生产的可能。二届参议会前开始进行，二届参议会期间，三一年冬更颁布租佃条例，已比较普遍地实行。因此使农民生产积极性提高，如绥德郝家桥，三二年即由此增产粮食六十九石七斗四升，使地主的合法利益亦获得保证，并促进他们转向从事经济事业的兴趣，如绥、米一带已有一些地主或投资办工厂，或加入合作社。缺点在于有些地方还没有贯彻，发生明减暗不减的现象，有些地方还没有订定新约，发生佃权缺乏合法保证的现象。

二、实行各种奖励政策，如：（1）优待移民，三年不交公粮外，并解决其实际困难，因此仅三十年至三三年四年内，即在多荒地区增加新户二万八千三百余户，八万五千八百余人。今年仅建厅本身即拟在南泥湾等地安置七百户。（2）推广植棉，棉地三年不交公粮外，并经常给以技术的指导，如如何打卡等。（3）鼓励兴修水利，如水漫地、水窖、水井等，由旱地变成水地的增产部分，三年免交公粮，因此使水地增加，如全边区二九年为二三，五五八亩，三三年达四一，一〇九亩，以后亦续有增加。（4）鼓励开荒，以自力开垦的公荒，给与地权，因此仅三十年至三三年，仅人民开荒即达二，六四五，〇二六亩，大大扩展了耕地面积。（5）鼓励二流子转变，帮助订生产计划与适当解决生产困难，因此如最有成绩的三二年，全边区原有二流子六千四百余人，转变者达三千三百余人。（6）用贷款和投资扶助公私农工业和合作事业的发展，仅三三、三四两年即由边区银行贷款和投资总数达二百七十五万万元，经由建设厅和边区银行发放农贷，三一年三百六十一万元，三二年二千七百八十万元，三三年一万万元，三四年五万九千九百万元，今年已经放出者二万六千四百万元。缺点主要有两个，一是执行政府优待法令的确切性不足，如有些移民区的老户与村乡干部“欢迎”三年未满的移民交公粮，又如有些区乡政府甚至县政府不及时发放或收回农贷，甚至有挪用情形等。二是工作的坚持性不足，如帮助二流子改造，三二、三三年用很大力量，有很大成绩，三四年即普遍放松，使部分顽固二流子逐渐恢复原态。

三、实行各种合作政策，即以私有财产为基础并按照自愿原则联合起来的农合、工合与消费合作等。农业合作是劳动互助性质的变工、扎工和唐将班子等，藉此组织了一部分劳动力和生产资料，劳动效力因此提高，劳动创造性因此有发挥，换言之，就是生产力因此发展了一步。各种形式的消费合作，在自由入股退股的原则下，集合了一部分余资，藉以供给必需品，推销土产，扶助农业、手工业生产。城镇上三几个人的手工合作，为数颇多，群众性的工业合作社则为数不多，但在工业战线上，在公营、私营、合营并进的方针下，还有政府同私人资本间的合作，公营同私营间的合作，厂方同工人间的合作，都发生了很好的效果。在群众合作运动中，曾有过违反自愿原则的很严重的命令主义与强迫行为，以致一部分变工队与合作社同群众脱节，或者垮了台，或者徒具形式。这种毛病至今没有完全纠正过来，值得严重注意！

四、奖励劳动英雄政策。在生产运动和合作运动中，出现了以吴满有、赵占魁、张治国等为代表的劳动英雄，他们表现了生产的积极性、组织性和创造性，在群众中起着带头、骨干和桥梁作用。但也有缺点，有些选择和奖励得不适当，以致降低了群众对劳动运动的信仰，又有些使用和要求得不适当，以致一部分英雄感到很为难。

这就是边区经济建设的概况。赖此，改善了人民生活，支持了抗战需要，并在一定限度上援助了前方。赖此，有可能克服因去年天灾歉收造成的部分春荒，有可能克服日寇投降后全国经济恐慌给予边区的影响。

文化建设方面，干部教育第一，逐渐开始了大规模的群众文化运动。

抗战前，由于游击战争的环境，文化的内容和形式都是比较粗糙的，但因为转入了人民手中，所以就能为人民服务，健壮蓬勃，富有朝气。抗战初期，外来知识分子大批参加，增加了新的力量，建立并充实了普通中学和师范学校各一所，发展小学校至一百二十所，但对边区人地生疏，发生了主观努力和客观要求脱节的现象。干部教育未被重视，而强调国民教育。国民教育在二八年提出普及教育口号，二九年更强调义务教育，结果命令主义和形式主义普遍发生。医药卫生方面，对群众中不卫生的习惯与可怕的死亡率，没有引起必要的注意。艺术方面，以知识分子为主要对象，忽视大众需要，虽有民众剧团等下乡，但未被重视。二届参议会期间，经过文教思想改造运动之后，领导人员中确定了干部教育第一的方针，确定了大众文化的观点。经过大规模生产运动之后，人民方面发生了提高文化生活的需要，要求除财旺外，人也旺，文化也旺。因此，一方面，干部教育的规模有了改变，中等学校七所均为干部教育服务，历年毕业学生三千余人，目前在籍学生亦达二千八百余人，延大与医校也逐渐成为吸收边区子弟与训练边区建设人员为主的高级学校。在职干部教育，坚持每日两小时学习制，三一年前亦曾发生从书本出发的毛病，三二年后转而联系实际了。又方面，三三年后开始了大规模群众文教运动，群众卫生开始引起注意，民间艺术开始趋于活跃，尤其以村学为主要形式的儿童教育，以冬学与读报识字组为主要形式的成年补习教育，开始大量出现并部分巩固起来，为群众信仰的文教英雄与文教模范，也曾相继出现，并获得部分的巩固。普小发展至二百九十五所，民小一千零三十八所，共学生二万九千五百余人；完小六十二所，学生三千余人。

在文化工作中，三二年前，我们的办法有错误，工作有缺点，已如前述。三二年尤其三三年后有进步，进步的原因在哪里？

一、实行公私合作，鼓励自由竞争，自由办教育事业，医药事业和其他文化事业，政府给以必要的帮助，如帮助教员以至帮助经费。前一时期主要是从上而下的贯注，后一时期就转到上下合作，大大发扬了人民的主动性。

二、实行新旧合作，鼓励新文化下乡，如医疗机关与部队内的西医下乡，秧歌队如鲁艺、西北文工团等下乡，文艺作家如丁玲，艾青、欧阳山、柯仲平、马健翎、张庚等下乡，大批知识分子下乡等，他们是人民的学生，也是人们的先生，又帮助与提高旧文化，如中医、旧知识分子、旧艺人，私学，旧秧歌与旧剧等，利用一切可能利用的力量。

文化工作中现在存在着的基本毛病或基本问题，就是重量不重质的倾向。如学校教育，学生国文程度太低，妨碍了就业学生的工作效率，尤其如群众教育，三三年大规模发展中，由于这种倾向作怪，有许多村学和读报识字组等，没有能够在群众中生根，经不起风吹雨打，就垮了下来。

这就是边区文化建设的概况。赖此，边区文化生活开始有了改善，赖此，提高了一部分工农干部的文化水平，培养了一部分边区的中等知识分子，为进一步建设边区打下了初步基础。值得提到的，在边区物力和人力支持之下，八年抗战期间，为其他解放区训练了四万个以上的政治、军事干部，及成千的文化和技术干部。

以上，抗战第一的军事建设，农业第一的经济建设，干部教育第一的文化建设。边区人民由此赢得了保卫边区的胜利，赢得了物质生活以至文化生活的改善，赢得了援助前方的光荣，不仅战胜了历史同难，而且完成了历史任务。

边区人民赢得胜利的根本原因是什么？我以为就是民主政治，就是由于边区人民在政治上获得了彻底解放，一方面创造了为自己服务的政权，又方面享有充分的自由权利。

民国二十七年，确立并实行了普遍、直接、平等、不记名投票的自由选举制度。次年一月即召开第一届边区参议会，通过了“陕甘宁边区抗战时期施政纲领”。三十年在这个制度的基础之上，进行了第二次普选，实行了共产党人不超过三分之一的三三制。同年十一月召开第二届边区参议会第一次大会，通过了有名的“陕甘宁边区施政纲领”。由此创造了自下而上的民主联合政府，在共同纲领之下，团结边区各阶层各民族人民以从事政治、军事、经济和文化的建设，为着一个目的，即为着打倒日本法西斯奋斗。去年日本投降后，我们迅速开始了第三次普选。在选举中，人民放手并彻底检查政府工作，发现了成万个有关兴利除弊的实际问题，并经大部解决或在继续解决，又自由选择并彻底讨论候选人，发现并选举了数千个为人民信任的各级代表。

边区人民创造了自己的民主政权，也就享受着充分的自由权利。自由召开村民会，市民会，以及用会议形式解决互相间的纠纷等；自由组织工会、农会、商会和学术团体等，自由出版黑板报、群众报，发表任何意见以至批评政府工作与人员等，自由信仰宗教、建立教堂、清真寺等，自由组织自卫军以维持家乡秩序，并免受外来的恐怖；自由发展经济以免贫困，并保障私有财产之不受侵犯；自由成立读报识字组、村学等以免愚昧，并享有平等的教育权；自由选举并依法律手续罢免其代表，检查政府工作，控告以至越级控告失职的政府人员。至如少数民族公民，除与一般男女公民同样享有上述一切自由权利外，更可以建立少数民族自治区，如三边、关中的回民乡与城川蒙民自治区等，设立本民族文化机关，如伊斯兰小学、蒙回民族学院等，保持本民族的宗教信仰、言语、风俗习惯等。所有这一切自由权利，在上述军事、经济、文化建设中都充分表现出来，成为军事民主、经济民主和文化民主。由此可以看到，政府不但从法律上保障了人民的自由权利，而且在实际生活上，在物力和人力上帮助了人民自由权力（利）的发挥与发展。

诚如朱总司令在大会开幕典礼时称赞的，边区是第一个实行民主政治的地区，是真正实行革命三民主义亦即新民主主义的地区，在抗战期间，如毛主席抗战前夜的期望，把边区建设成了抗日民主模范根据地。

这就说明了，为什么如某某先生在开幕典礼时指出的，在边区老百姓总是欢天喜地，在国民党区域，老百姓总是皱眼愁眉。

最后，在报告了边区抗战建设概况，而主要地报告了抗战建设中的收获以后，我必须着重地指出一部分政府工作与一部分政府人员中存在着的几个主要毛病。第一，就是为人民勤务员的民主作风不足，有些人员眼睛向上，不愿向下，熟悉自上而下，不会自下而上，习于命令群众，不善于启发群众，甚至爬在人民头上，官僚架子十足。第二，就是实事求是的科学态度不足。有的领导机关和领导人员不了解下层情况，以感想代替实际，好高骛远，不愿脚踏实地，有些人员追求数量，忽视质量，爱好表面，轻视内容，习于粗枝大叶，疏于精雕细刻等等。第三，就是遵守法令的精神不足。有些公务人员和军队人员从片面利益或错误观点出发，不尊重法律，甚至有破坏法纪的情形，如任意捆绑或处罚老百姓，乱没收老百姓的东西等。所有上述种种毛病，在不同程度上，是相当一部分人员身上的东西。或者由于以身作则的精神不够，或者由于批评与教育不足，纠正不力，赏罚不严，我都负有重大责任。我代表全体政府人员请求大会对政府工作和政府人员的缺点，给予严格的揭发与批评。

（二）今后三年的建设任务

边区政府委员会在过去工作的基础上，根据边区人民的需要，已经草拟并将即向大会提出从本届到下届边区参议会期间的三年工作计划，请求审查与批准。我现在只就这个计划的主要任务和主要办法，提供一些简单的说明。如果这个计划能获大会的通过，则在全国和平不被破坏，民主得到实现的条件下，我们就将坚持地执行下去，向着经济繁荣，文化普及，民主生活更加发展的目标前进。

经济为本

继续发展经济，是一切建设的根本。

全国经济建设中，农业第一。我们的目标：一、增产粮食，争取三年内达到普遍足食，并年年有备荒余粮；二、增产棉花，争取三年内达到棉田四十万亩，每亩平均产量十斤；三、发展畜牧业，尤应切实有计划地发展养羊业，使产大量皮毛；四、因地制宜地发展各种有利的副产，如油类、果树、蚕桑、蜂蜜、糖萝卜、烟叶、线麻、苜蓿、药材、山货等，以活跃农村经济，避免“谷贱伤农”现象。

发展农业的关键在于发展农业生产力，提高和巩固农民生产情绪，因此建议：一、继续推行各种自愿的农业合作运动，从具体需要出发，从小型着手，切实纠正强迫组织，以实例说服农民，使农业劳动力逐渐达到大部分组织起来；二、努力改进农作法与农业技术，加强试验农场，推广良种，研究和改良工具，着重多耕多锄、施粪积肥、防治病害虫、改进植棉打卡、兴修水利、植树护林等，以提高农业生产率；三、研究改良畜种，特别是羊种，改良牲畜尤其羊子的饲养管理，加强羊牛的防疫治病等，使牲畜尤其羊子得以繁殖；四、坚持移民政策，贯彻优待移民法令，改进移民方法，各地政府应有计划地组织与安置移民，建、厅应逐步利用机关部队遗留的土地窑洞等有计划地建设移民新村，以便扩大劳动力与耕地面积；五、坚持改造二流子政策，帮助组织并抓紧检查其生产情况，看恶习深浅决定给以更多的强制或给以更多的教育，切实纠正时紧时松的工作方法；六、实行复员，废止抗战义务动员，逐步减轻民负，节约民力；七、有步骤地推行农业累进税，并在实践中巩固长处，修改短处，以稳定农民生产情绪；八、彻查减租交租情形，贯彻减租交租法令，重订（没有重订过的）租佃契约，以稳定东佃合法关系；九、今年春荒在部分地区颇为严重，尤宜亟谋救济，使不妨碍生产。

其次发展工业，增加工业必需品生产，并使农业生产工具获得若干改良，我们的任务：一、继续发展家庭纺织业，经过广大农妇，把边产棉花变成边产布匹。二、巩固某些有利与有前途的主要公营企业，如石油厂，争取一、二年后年能产原油五万至十万桶；如毛纺织厂，争取二、三年后能年制二十五万斤毛的成品和五万张皮的成品；如火柴厂，争取超过现有四倍以上的产量；如肥皂厂，争取年产四十万条。三、一般公营企业的性质由供给性改为营业性，仍以手工业为主，但尽可能争取机器装备，并建设机器修理制造厂。四、继续支持有利可图的私营或合营企业，如纺织、丝织、陶瓷、漂染、造纸、制革、制葡萄糖等，以及制造日用品或便利出口的农业副产品。

发展工业的关键在于资本与技术。因此建议：一、在资本方面，继续帮助民间游资转入有利可图的私营或合营企业，尤应尽可能争取边区外面的资本到边区来从事有利可图的工业建设，他们可以单独经营或与政府合作经营，都给以法律的保障与可能的协助。二、在技术方面，继续发扬职工的创造性与技术人员的积极性，求得改进，同时尽可能争取边区外面的各种科学技术人员到边区来参加工业建设，他们来后，都给以必要的优待。

合作社的总方向是供给必需品，推销土产与扶助生产，但每个合作社的具体业务，则须根据群众需要与本身力量确定之，并继续克服单纯追逐红利的倾向。现有三类合作社，一种是经济和群众都有相当基础，应即确定中心业务，在继续巩固基础下逐步发展；二类是业务为客观所需要，但经营不好，因之群众基础不多，应首先调整干部，改进经营方法，确立信用，扩大群众基础，还有第三类合作社，经济濒于垮台，群众中已失信仰，应即号召社员彻底清理、决定存在或解散，并向他们承认错误。

金融贸易事业，将配合和协助整个经济建设的发展。贸易部门应扩大土产经营，以现有资金百分之六十为之；扶助公私工业的发展，以现有资金百分之四十为之；并在上述经营方针下扶助合作事业。金融方面力谋逐步稳定，使物价亦能渐趋平稳。

机关部队的自给生产，是解放区的创造，不仅有助于人民负担与财政负担的减轻，而且是消灭官僚架子的有效办法，必须继续坚持。目前抗日战争虽告结束，财政仍极支绌，此项生产尤宜加紧，不可放松。

关于发展经济的主要任务与办法，大概就是这些。

文化重要

其次，继续发展文化，是一切建设的重要条件。

全部文化建设中，由于边区本身知识分子的缺乏，以及日本投降后很多外来干部与本地干部的离去，干部教育仍应居于第一等的重要地位。我们的任务：一、在职干部教育，在职干部中文化过低者，继续以提高文化为主，已有相当文化者，以深造建设工作的理论与实际为主，并着重做什么学什么。二、在学干部教育：

（1）关于大学教育：确定延大负责培养本地较高级的知识分子与提高边区现任的中级干部；争取各班系在三年内培养各种建设干部三百人，高中毕业生二百人。（2）关于中学教育：确定各中等学校负责培养边区中级知识分子与提高现任区乡干部的文化，办好现有地干班，普通班和师范班，努力提高其质量，争取在三年内普通班与师范班毕业学生一千五百名，地干班毕业学生一千名。

关于普及国民文化，我们的任务：一、各完小及公立普小应从提高师资，按时供给课本，克服学生流动现象等方面着手，以提高其教育质量，争取三年内培养完小高级毕业生二千六百人。二、民办村学仍在需要与自愿原则下继续推广，但今年应以巩固为主，不求扩大。三、社教以消灭文盲与不卫生为中心。各地小学、民教馆、文工团以及读报识字组等应起据点与桥梁作用。每年冬季各县应认真地有计划地开办冬学与夜校，求实效不求形式。四、教育厅应在本年内完成小学教材的编印，并计划出版教员参考书与儿童读物等。

根据代表们的反映，各地死亡率仍极严重，国民卫生，尤其妇婴卫生，更须严重注意。因此，我们的任务：一、广泛地推行预防疾病瘟疫的卫生宣传教育，尤其是妇婴卫生教育，逐步普及医药常识，及时进行防疫运动。二、尽可能推广医药组织与加强治疗工作，加强边区及各分区医院的治疗设备，争取三年内在多数县份有一个卫生所或医疗队。三、责成西北医专训练能在边区长期服务的医生、助产与兽医人员。争取三年内培养初级医生二百四十名，助产人员与护士四百名，继续中医训练班，训练与提高中医一百名。四、在乡村自治和各级行政机构中开始建立经常工作，使群众活动与行政指导结合起来。五、今年春瘟严重，尤宜亟谋防治，派遣医疗队下乡。

逐渐破除迷信。在缠足盛行地区如关中、陇东等地，以禁令和教育停止幼女缠足，鼓励青年妇女放足。

发展文化的基础在于发展经济，但重要条件则是干部和经费。关于文化干部，拟在中等以上学校中培养相当数量的人才，并提高现任干部的质量，加强高小教育，解决部分村学教员，继续公私合作与新旧合作，使才尽其用；为中等以上学校争取外来干部；使师资充足；适当提高文教干部的地位与待遇，使久安其位，积累经验，充实和健全各级教育行政机构，使经常工作有坚强领导。关于文教经费，建议群众文化经费依靠群众自己的力量，清理原有学田学产及地方公共财产，作为当地国民教育基金；政府为中等以上学校保证确定经费，并在可能范围内拨给国民教育补助费。

关于发展文化的主要任务和办法，大概就是这些。

继续发扬政治民主

再次，在发展经济和文化的基础上，继续发扬人民的政治民主！

头一个重要任务，是加强乡村自治。由于几年来生产运动的发展与文教运动的开始，已在群众生活中为乡村自治培植了充分条件，如人民物质生活改善，由此引起了政治积极性新的高涨，经济、文化与公益事业中合作互助的推广，由此把散漫的农村社会开始组织起来了，农村劳动英雄与积极分子的出现，由此增加了新的骨干等。由于去年的选举运动，又在乡政权机构和人员成分中为乡村自治造成了有利条件，如以自然村为基础的代表制，几千个新的积极分子选进村乡政权等。今后亟宜巩固和发挥这些条件，以便逐步加强乡村中的生产活动，文教活动，卫生活动，公益活动，社会秩序，卫生和治安工作，改造二流子，以及调解纠纷，团结邻里等。主要注意：一、以自然村为基础，从村民最关切的事情着手，做出成绩，逐步推广，不要贪多，也不要强求各村一个样子。二、以自然村为基础，发现培养和巩固村的核心。三、改进乡政府的工作方式，具体帮助村主任、村代表进行工作，实际解决问题，去掉简单命令的习惯。四、从乡村公产及人民乐意的办法中，筹集一定的自治经费。五、上级领导必须符合加强乡村自治的精神。关键在于县，县政府必须与乡政府保持经常密切的联系。区公署只是县政府助理机关，协助县政府检查和帮助村乡工作，不宜当作一级政权使用。六、继续每年一次与乡选结合起来的乡村干部冬训。

第二个重要任务，是健全法律与制度，加强公务人员奉公守法的观点与习惯。一、边区人民已经到了应有自己的“省宪”以代替三十年通过的边区施政纲领的时候了。提议大会责成本届参议会常驻委员会限期完成起草工作，经人民讨论后，提交下届大会通过之。二、依据边区情况和已有的经验，制定或修正各种必要的单行法规；逐渐促进法律的完整性和固定性。三、健全司法机关和检察机关，司法机关对法律负责，进行独立审判，不受任何地方行政的干涉；检察机关执行检察人民和公务人员违法行为之职权。四、依民主集中制原则与新的建设环境，改进某些行政制度，如财务、税收、人事、奖惩、公安等，尤其财务、税收制度必须自上而下地统一起来。五、在公务人员中进行深切的奉公守法教育，做到以身作则，如有犯法行为，必须依法办理，不容有任何徇私偏袒。

关于继续发扬政治民主的主要任务和办法，大概就是这些。

为顺利地执行建设任务，当前急切的工作就是复员。最近二月内，即须完成第一步计划，即复员三分之一。为此，我请求大会讨论和批准复员计划，并号召复员人员响应之。政府将从物质上资助复员人员，使他们有起码的生活与生产条件。县以下各级政府应负责安置他们，经常密切地关照他们。我希望所有复员人员了解，复员是为了适应新的环境以便集中力量于建设，为了加强生产战线，使生产获得生力军，为了加强工作效率，使裁撤与缩减不必要的机构后，工作可以灵便，为了减轻人民负担，使人民获得新的休养机会。我希望所有复员人员愉快地接受复员命令，回到农村，积极生产，建立家务，参加乡村自治，成为模范，保持永久的光荣！

为胜利地实现建设任务，政府人员应该经常努力加强为人民勤务员的民主作风与实事求是的科学态度。我们所处为农村环境，我们的建设工作主要是在农村人民，其中主要是农民大众的建设工作，政府工作的上下左右关系归根到底是同农村人民主要同农民大众的关系，因此要求我们了解和掌握边区农村现时还在极端分散的落后的个体经济的这种根本特点，要求我们了解和掌握边区农民在政治上已获得解放，在经济上和文化上亦有飞跃进步，但要克服旧社会遗留下来的经济文化落后所反映的保守性，还需要长期的努力。又要求我们了解和掌握边区不同农村的不同特点，从当时当地的具体情况出发，从人民大众今天的需要和觉悟程度出发，因时因地制宜，逐步前进，痛切纠正官僚主义，命令主义以至爬在人民头上的恶劣习气。无论上级和下级，需要将战争动员工作的方式和方法改变过来，逐步地养成精雕细刻的习惯，需要力戒急燥（躁）骄傲情绪，力行谨慎谦虚精神。需要言行一致，不尚空谈，因此如去年普选中提出来的问题尚未解决者，以及我们大会提出来的问题，都须负责迅速确切解决之。我请求各级人民的代表经常密切地督促行政干部和其他公务人员，督促和帮助我们成为名实相符的人民勤务员。

为胜利地实现建设任务，还必须有一个重要条件，就是全国和平要有确切的保障，就是要有全国的政治民主化以保障全国的永久和平，但是我请求大会注意，到今天为止，反动派仍在公开地和秘密地进行推翻停战协定和整军协定，扩大内战，进行推翻政治协商会决议，坚持专制独裁。我建议大会向全国人民和一切民主人士表示，我们将同他们一起，共同反对这种反动勾当，为中国的和平民主奋斗到底。我更建议大会代表边区人民请求蒋主席立即撤消（销）对边区的包围与封锁，平毁碉堡线，取消特务机关，恢复贸易自由与人员来往的自由，并保证以后不再发生侵袭边区的事情，请求蒋主席实践政治协商会议的一切决议与和平建国纲领，实行政协会议关于宪法原则的决定，以实现国家民主化的诺言。

最后，我请求大会，请求全体代表们号召全边区军民与公务人员积极行动起来，为实现进一步建设边区的任务奋斗。

选自《陕甘宁边区第三届参议会第一次大会汇刊》，参议会常驻会 1946 年编印，第 18～45 页。

互校版本：《陕甘宁革命根据地史料选辑》第三辑，甘肃人民出版社 1983 年版，第 78～97 页。

4. 陕甘宁边区第三届参议会第一次大会关于政府工作报告的决议

1946 年 4 月 26 日

大会一致同意林伯渠主席关于政府工作的报告。大会十分欣慰政府忠实执行了上届参议会的重要决议，尤其是边区施政纲领。此一纲领体现了并发展了孙中山先生的三民主义，故能团结边区各阶级，各抗日党派，各民族，发挥一切力量，保卫边区配合各解放区与全国人民，最后击败日寇，并于经济落后困难重重的边区艰苦缔造，逐渐在政治、经济、文化各方面建设起来，创造了中国历史所未曾有的奇迹。如人民的广泛平等的民主权利，各阶层民主联合的三三制政权，政府为人民选举并受人民监督检查；减租减息与交租交息，组织起来，大家动手的大生产运动；日趋上升的人民经济生活，教育的改革与干部的学习热潮，文化下乡，为人民服务；部队机关生产自给，减轻人民负担；民拥军，军爱民，军民团结，共同抗击敌人；官教兵、兵教官，官兵一致，提高战斗技术等等，凡此都是为边区人民所衷心拥护，亦为全国人民所赞叹所响（想）往。虽然获得了上述伟大的成绩，但在执行中还有缺点，因此大会特再提出，边区仍当遵循此一方向继续前进，努力勿懈。

抗战时期边区是抗日民主的模范地区，抗战结束后应进一步加强建设，使边区成为经济繁荣、文化普及、民主生活更加发展的模范自治省区，以推进全国民主，巩固永久和平。大会完全同意林主席在报告中提出的今后三年的建设任务，并批准边区政府提出的三年经济文教建设方案及复员方案和财政预算案。特号召边区人民努力奋斗，求其实现。

大会更着重指明，继续发展经济为一切建设的根本，为边区今后的首要任务，而在发展经济中，目前最感切要者为：（一）如何把边区现在的生产技术提高一步。应一面推广民间已有的良好生产技术，一面研究与利用近代科学方法把现有生产技术逐渐提高，以达农工业生产计划中增产与发展的目的。（二）如何继续把劳动力组织起来，即按实际需要，从小型入手，继续推行边区已有的变工扎工组织和各种生产的、消费的、运输的、信用的合作。这是一件极其细密和困难的工作，但不经过这条道路，边区经济是无法进一步和普遍向前发展的。（三）如何把现有脱离生产人员减少到必需限度，以逐步减轻人民负担，并安置复员人员回家就业，以增强生产力量。政府与人民双方都要切实妥善帮助复员人员。同时，继续坚持部队机关的自给生产。从（重）新厘定合理的税收制度，并逐渐改战时救国公粮为农业累进税，提高人民生产的积极性。（四）如何培养各种建设人才为今后边区各项建设之用。目前边区各中等学校和延大的教育，即应注意及此，使其能适应今后边区建设的环境与需要。同时疾病与死亡仍是边区人民的严重问题，急应号召人民普遍注意卫生，并扩大医药组织，加强疗治工作，和疾病死亡作斗争。此外尤其重要的是如何使各级政府人员进一步学会掌握政策，联系群众，善于组织领导人民经济政治生活，继续发扬民主，发动广大人民随时检查政府工作与监督政府人员，并经常实行逐级检查制度，使政府领导与人民需要相结合，成为一切计划实现的关键。去年大选中，广泛发扬民主，由下而上检查政府工作，收效极大，但对人民所提问题，必须一一切实解决，同时还应有经常有系统的自上而下的具体检查，上级政府必须经常下到农村，具体指导下级干部，了解其困难，发现其问题，帮助其改正缺点，做出榜样。抗战时期中适合战争环境的简单动员作风，已不再适用，必须代之以调查研究缜密筹划逐步实行逐渐推广的细密的工作方法，才能适应新时期的建设。

本届大会对各参议员的提案与政府工作报告和计划，经过热烈讨论，获得一致决议，各参议员对政府工作尤多率直诚恳的批评，此足证明边区各阶层人民的团结在经过八年艰苦抗战与民主建设的路程后有了长足的进步，而这种团结曾经是我们赢得胜利的保证。大会号召全边区人民继续发扬团结精神，为赢得全国和平民主的完全实现而奋斗。目前国内反动派阴谋破坏停战、政协、整军三大协定，正在扩大内战，边区仍处在大军包围中，添修碉堡，封锁更严，边区人民的和平民主生活时时受到严重的威胁，因此大会特再号召边区人民提高警惕，加强军事保安工作和人民自卫力量，坚决保卫边区人民的和平与建设。

选自《陕甘宁边区第三届参议会第一次大会汇刊》，参议会常驻会 1946 年编印，第 60～63 页。

互校版本：《陕甘宁边区政府文件选编》第十辑，档案出版社 1991 年版，第 49～51 页。

5. 陕甘宁边区政府命令——令各级政府严禁妇女缠足及改革丧事礼俗提倡简素并改造阴阳

1946 年 5 月 17 日

各专员、各县（市）长；

边区三届参议会第一次大会通过之提案中有原提案政法组第十一案严禁妇女缠足案，第十九案为重申严禁志丹妇女缠足案及文教组第三案为改革丧事礼俗提倡简素并改造阴阳案，第二十八案为提高文化改良习俗礼节案等四件，查边区部分地区缠足恶习，仍很严重，对于妇女之健康及参加生产劳动妨害至巨。希于接令之后，依照提案十一案、十九案中提出之办法，根据各地具体情况确实办理，务期达到严格禁止缠足。至改革丧事礼俗，改造阴阳各节，各县除依当地具体情形拟定办法提倡执行外，并应特别注重宣传解释，使人民能够自觉的逐渐改革，不得求之过急，采用强迫命令方式。兹将参议会交来上述四项提案原文随令附发，务希查照认真执行为要！

此令！

主席　林伯渠

副主席　李鼎铭　刘景范

选自《陕甘宁边区政府文件选编》第十辑，档案出版社 1991 年版，第 54 页。

附：陕甘宁边区第三届参议会第一次大会通过的四项提案

1946 年 4 月

（一）政法组　第十一案　严禁妇女缠足案

理由：放足运动在边区推行获得成绩，但个别分区如延属、陇东、三边、关中一部分县份仍未彻底执行，近年来在农村缠足之现象还存在，这样继续下去，不仅妨碍妇女身体健康，而且障碍妇女生产，因此必须严禁妇女缠足。

办法：

1. 主要宣传教育使老百姓深刻了解缠足之害。

2. 政府重申禁令，布告缠足尚严重的地区不准缠足。凡十五岁以下的妇女一律不准缠足，已缠了的，也要放开。十五岁至二十五岁缠足妇女以宣传说服等方式促之放足。

3. 各级政府指令行政工作人员须切实执行禁令。

4. 各地在缠足现象严重地区成立放足委员会，吸收有关方面人员参加，推行放足运动，督促检查。

5. 各参议员和劳英、模范工作者和群众积极分子，首先响应执行，在缠足严重地区，应抓住中心，突破一点，推广全面。

6. 各级在职女干部配合行政，执行禁令。

提案人：唐洪澄　李合邦　刘生枝　马济川　马锡五　杨文明　白　茜　田绍锡　李景膺　高　峰　杜瑞兰　杨俊五　吴志澜　李发增　杨芝芳　李凤莲　吴生秀　白云亭

骆志亮　崔田夫　谢怀德　白宜彩　吴满有　张　翎　冯文江　康保民　折碧莲　李世发　刘孝信

（二）政法组　第十九案　为重申严禁志丹妇女缠足案理由：前几年政府宣传禁止妇女缠足，已有成绩，但近年来对放足工作注意较差，尚有部分妇女又给女孩子缠起足来，不但响了本人的身体健康和劳动，同时会影响到后代子孙的身体健康，此种恶习必须严禁。

办法：

1. 深入普遍的宣传缠足的害处和不缠的好处。

2. 政府明令禁止妇女缠足，凡十五岁以下的妇女，一律不许缠足，已缠者必须放开，十五岁至二十五岁之缠足妇女，以宣传说服斗争等方式，使他（她）放开。

提案人　薛本义　刘培基　曹力如

审查意见：通过，拟交政府办理。

大会以一〇二票大多数照审查意见通过。

（三）文教组　第三案　为改革丧事礼俗，提倡简素并改造阴阳案

理由：

1. 三边近几年来，群众深感丧事浪费财力和时间。人死了，丧埋阴阳推延日期，有的不敢丧埋，有明记暗记之说，或在家内放过几天，有关群众卫生，并且时间越长赚钱越多，有十万以上边洋，贫的丧埋不起，富的也受困难。

2. 修房窑洞，建筑一切，均请阴阳择日期，如在这期间内，家中人有疾病的，就说动土不对，或造谣神鬼的事。总之在三边的群众中间，一举一动，群众都要请示阴阳，有时候人有疾病，也要请阴阳禳送，所以有误人的生命，有误群众生产。

3. 巫神和阴阳合作，欺骗群众的钱。在四四年文教会前后，稍问过巫神阴阳欺骗群众的合作，很有成效，在四五年又不理，现在又活跃起来。

办法：

1. 先从青年阴阳着手改造，在区乡开座谈会，内容以教育为主，并将迷信的事实逐渐说明，使阴阳第一步不迷信，人死下争取越快丧埋越好。

2. 简素：孝布只是孝子孝孙家庭人，女婿女儿外甥同是半孝布（自备），其余同是纸花。纪念时争取时间短促。

3. 阴阳丧埋也要付工资（超不过工人工资两倍至三倍，以日子计算），各级政府将此事应列为工作之一。

提案人：李尔直　齐德庵　靳体元　杨正喜　蔺士耀　赵炳日　蔡　丰

（四）文教组　第二十八案　为提高文化改良习俗礼节案

理由：农村妇女缠足穿耳现象，尚属普遍，民间冠婚丧嫁礼节，备极奢侈，实由于乡村文化落后，人民知识不丰，应有改革之必要。

办法：

一、加强深入宣教工作；

二、具体规定婚丧礼节；

三、定出法令给以必要的限制和禁止。

提案人　白宜彩　康保民　高敦泉　李世发　刘孝信

审查意见：

（一）两案合并审查；

（二）同意提倡简素改革婚丧礼俗，由乡政府根据当地情况，商同当地进步分子妥当办理，在执行中干部应起带头作用，加强宣传解释，政府不予强迫；

（三）同意原案先从青年阴阳着手改造逐渐推行的意见，提倡不用阴阳；

（四）关于革除妇女缠足穿耳的恶习，同意原提案第二十八案一、三项之意见。

大会以八十九票通过原审查意见。

选自《陕甘宁边区政府文件选编》第十辑，档案出版社1991年版，第55～57页。

6. 陕甘宁边区政府关于改进工作报告制度的指示

1946年8月11日

各专员、各县、市长：

一、过去各地的工作报告，大概可分为以下几种形式：（一）一揽子性的，半年或一年的工作总结报告。这种报告虽较多，但内容多半很空洞，同时经过专署寄来，时间很迟，边府不易及时了解下情。（二）关于每一项重要工作或每一个运动的总结报告（如春耕减租卫生防旱备荒等），但过去各县的这种报告做得很少，更不普遍。（三）用信件或电报不拘形式的及时报告，每一阶段中心工作执行的具体情况和经验，这种报告各县做得更差。今后我们希望各县首先将本年的工作计划送来，然后着重在执行每项中心工作过程中，必须经常不拘形式地用便信或电报真实地及时反映实际工作情况及新的工作方法和经验。其次在每一项工作进行到一个阶段或结束时，要有总结报告，这是很重要的，应切实执行。

二、报告的内容必须真实地写出每项工作（尤其着重每一时期的中心工作）做的过程和结果，做的方法和得到的经验，存在的问题和解决的办法，最好是一般报告还要配合一些生动的典型材料，不许有丝毫的虚伪，过去各地关于灾情和收成方面的许多报告随便夸大或隐瞒，是一种非常不好的毛病，必须严格纠正。

三、写报告的态度必须是严肃的、认真的，每项报告负责同志必须参加研究，细密审阅，然后寄发，过去有许多寄到边府的报告，数目字先后不一致，有的甚至全部数目字空白着，足证其责任心是很不够的。至于报告中词句和缮写的潦草马虎，更是普遍的现象，往往使人对于报告的内容看不清楚，这种不好的态度，均须切实注意改正。

选自《陕甘宁革命根据地史料选辑》，第三辑，甘肃人民出版社1983年版，第154～155页。

互校版本：《陕甘宁边区政府文件选编》第十辑，档案出版社1991年版，第209～210页。标题为“为密切边区和县的工作关系并建立工作报告制度由”，1940年8月5日，内容大同小异。

7. 陕甘宁边区政府工作报告——边区政府主席林伯渠在第三届政府委员会第二次会议上的报告

1946 年 10 月 29 日

一、半年工作概况

第三届边区参议会第一次大会闭幕后，边区政府接受了大会的决议提案和三年建设计划方案，曾提出今年下半年五项中心工作，并责成各有关部门拟订了半年工作计划。曾因时局的不断演变，工作重点不能不时有转移。有些工作正在进行中，尚未作出全面的总结，所以我的报告只能就这几项工作的一般情况，作一初步的检讨。

（一）根据参议会通过的复员方案，为履行政协决议，整军原则是增加生产力量，今年的头一件大事就是实行复员。原计划第一期复员军政人员一万一千六百人。虽环境迅速变化，复员工作经常遭受外力的阻碍，如家在蒋管区人员的复员因遭受蒋军扣押无法进行，但正式复员者亦已五千六百余人，即完成原计划百分之四十八。

政府对复员人员，在复员之初，进行了政治的说服和经济的扶助，如给予他们的生产补助费、路费、服装费等，即达边币廿三万万元之巨，解决了他们安家的困难；在复员之后，进行了适当的安置，因之除老弱残废丧失劳动力者给予必要的救济外，大多已经就业，甘泉、富县、垦区、邮临张村驿等地八百五十五个复员人员中，从事农业的六百七十四人，商业的一百五十人，手工业的一人，半农半商的廿八人，尚未就业的仅二人，开辟了他们建家的道路。

他们散布各地，就不仅加强了生产战线，而且加强了一般工作，安塞魏仁义领导组织拓家坝子变工队，并帮助其改变村风，延安县刘振禄，时局吃紧后，立即自动担任基层自卫军教导员，这些范例是不胜枚举的。

因为复员了大批人员，也就精简了很多机构，如边府托儿所合并于第一保育院，干部休养所合并于学生疗养院，以及边府各厅部院和专署的调整和紧缩，并部分加强了下层的基础。

现在主要的缺点是有些地区的政府对复员人员的联系和教育不足，以致个别未起积极的作用，组织和领导不足，以致未能发挥集体力量等，必须尽可能在短期内纠正之。

（二）根据参议会通过的建设方案，为进一步发展边区的生产和巩固边区的经济，我们曾进行了如下工作：

农业方面，一般的农作法等有所改进，如过去不注意锄麦的关中、陇东等地，今年也已大部开始。改良土质方面，在绥德发现修梯田等以保持水土的办法，是今后边区提高产量的主要办法之一。在防灾害方面，今夏秋推广用土炮防雹和试用柴火防霜冻各地均有成绩，而今年农业生产最大成绩是春耕时解决由于去年歉收造成的普遍春荒，去冬我们已预见今年春荒的必不可免，因之曾提醒各分区及早注意和预防，果然，春耕开始时，仅子长、延长、延川、延安、志丹等五县即有六万一千余人无粮吃，仅安塞五个区即有五百多头牛无草吃。不解决这一问题，即不能顺利发动春耕运动。政府除及时发下救济粮四千石，并号召义仓和合作社和公营商店借出粮一万零五百余石外，主要组织了广大群众的自筹和互济。曾有少数群众怕存粮公开后加重负担与以往借出有不能要回来的情形，政府都给了切实的保证，干部、劳动英雄和积极分子并起着带头作用，因而开展了广泛的互济运动。据不完全统计，共互济粮一万二千余石，草一百三十余万斤，自挖野草二百二十余万斤。群众的生产情绪就空前的高涨起来。

其次，在春耕、夏耘、夏收等整个生产过程中，在劳动力的组织方面，较过去有显著进步，特别表现在：一、是劳动力的组织较为普遍和广泛，据不完全的统计，各县劳动力短期或长期参加过变扎工等劳动组织的，最高如延安县曾达全部劳动力百分之六十二，最低如固临亦达百分之二十三，即半劳动力的妇女小孩，亦大量的参加了变工。二、是一般的已克服了有名无实的大变工队的毛病，按照需要自愿的组织了各种小型的变工，做到了可大可小，可聚可散，象（像）绥德王家坪实行主要庄稼的按期变工，效率更大。这样就弥补了劳动力不足的缺陷，并保证了不违农时。

再其次，在今年的组织领导生产中，一般干部的工作方式有普遍的转变。他们大多已能深入农村，如解决春荒中，许多干部以身作则，首先将自已的余粮拿出来推动群众互相调剂。组织劳动力中亲自参加劳动组织，实行具体领导，从专员、县长以及区乡干部，很多是这样的：已能大量培养村核心分子，并通过他们进行工作，如定边县今年生产中的所谓二百卅一条根，即是在各乡村中培养了各项工作中的二百卅一个核心分子，绥德王家坷建立了九个人的核心组织，创造了自治模范村；已能利用报纸，从报上吸取经验推动生产，如志丹县。

结果是很明显的，因为有着上述的主观努力，更配合今年的雨水充足，全边区夏田已收细粮八十五万余石，秋田估计能收细粮九十万石以上，总计不下一百八十万石，和去年一百二十万石比较，增产六十万石，即增产去年的百分之五十，食的问题可望解决。全边区共植棉三十五万一千余亩，足苗二十六万五千余亩，估计收花二百万斤左右，穿的问题可望部分解决。

工业方面：公营工业在日本投降后，曾经受到很大波折，虽成立了工业局以统一领导，一般仍长期处在搬家、合并，恢复与修工房和职工调动等不正常状态中。为停止这一状态，我们首先确定了生产方向，讨论了具体计划，进行了资金、采购、运输等各方面的调整，以稳定大家对边区工业的认识和确定努力的目标。同时及时调整了人力，如内部调剂干部，向外聘请技师，难民工厂组织附近群众络纱，使工厂生产和群众副业结合，兵工厂组织大批家属从事轻便工作，使工厂生产和家属生产结合等，调整了物力，如采购油厂打井和抽油器材，火柴厂造氯酸钾器材，以及其他各厂的部分器材等。结果是很明显的，三月份即已开始恢复了秩序，一月至八月的生产计划就获得了胜利的完成以至超过。在数量上，如以全年计划为一〇〇，某兵工厂九月份已提前三月完成全年任务，石油厂已完成八六，难民纺织厂已完成九二·四，火柴厂已完成九五·九四，都超过了计划，振华总厂已完成七〇·七，振华全厂已完成六〇·三，都完成了计划。在质量上，肥皂和报纸，都维持着原有的标准，火柴已根根管用，汽油比过去好些，兵工生产保持原有程度。

民间纺织业在日寇投降后，也曾经受到很大波折，但现在不仅已经全部恢复，且大大往前发展了。如延川全县一万余妇女中，参加纺织者已达八千余人，占总数百分之八十。

已纺纱六万二千余斤，织布十万余丈，除足供全县用布外，尚能部分出售。绥德分区更有进展。边区银行一万万八千万元纺织贷款的发放，和贸易公司二十六万斤纺织棉花的供给，是起了相当促进作用的。

现在主要的缺点在农业方面，是各级主管机关尚未能真正主动的根据各地不同情况给以不同指导，根据各地不同需要给以不同帮助，在有些时候有些工作就陷于一般和被动，在工业方面，是没有把发展民营企业和推广民间纺织业及手工业等作为一个重要工作，对此有放松领导现象，值得今后严重注意的。

（三）根据参议会关于“实行调剂土地”和“贯彻土地租佃条例”等提案，七月间我们再次发出贯彻减租、进行查租的指示，并派出三个工作组分赴绥德、陇东、安边等地帮助工作，减租和查租就在各地初步展开了。

首先是未经分配土地区域。绥德分区过去减租比较彻底，但这次发现个别地区如葭县车会区某些村竟有七年来迄未减租的事实。保佃工作做得不够。土地虽经逐渐转移，但无地的佃农还不能完全得到土地。陇东减租最不彻底，以致象（像）合水唐子光等恶霸仍能欺压群众，横行不法。这就是说，过去我们在发动群众上是做得极其不够的。

八月间，合水减租训练班下乡试验减租，发动了当地群众，一百零九个受唐子光压榨的农民，才说出了他们的苦处，一致要求“赔偿我们的牛羊”或“还回我的地”。安边农民在政府协助下，七月间也收回了被三边天主教堂强占之长三百六十里，宽七十二里的大块土地，洗刷了四十六年前的国耻，估计一万三千农民即可分得每人三十五亩的耕地。为庆祝这件大事，九月间并召开了群众大会，大家说：“现在实行孙中山先生耕者有其田的时候终于到来了。”这就是说，农民对土地的要求是非常迫切的。

同时在此期间，绥德、三边等地的开明士绅和新十一旅军官，曾自动献地给政府并要求分配给无地或少地的农民。如绥德分区的安副议长、张哲卿先生、蔡幼轩先生、白联娥先生等，和新十一旅的李友竹团长、高昆山副团长、冯世光营长。共计绥德献地八千六百余垧，三边献地一万一千三百余垧，给了各该当地解决土地问题时极可称赞的帮助。

其次是已经分配土地地区，地权纠纷仍很严重，如延安县归地主张登云非法收回土地，经群众公决，把收回的土地及几年的租子全部退回农民。

这一问题上曾经存在的主要缺点，在前未分土地地区，是有些地区对减租工作进行的不彻底，保佃工作注意不够。在后已分土地地区，是农民迫切地要求确定部分发生纠纷土地的地权，但领导上未能及时的进行研究和分别的合理解决。最近召开一科长联席会议才开始了这一工作，并获得了解决办法。

（四）根据参议会批准的财政预算案显示①，我们的财政赤字曾是相当庞大的；由于七月以后边区环境的紧张，为了准备战争，开支更大，而我们又始终坚持不多加重人民负担，故赤字随之扩大，因此如何消灭赤字就成了财政工作的主要任务，除召开二科长会议，总结了三年来地方财政工作，积极整顿地方财政外，我们曾进行了如下工作：

首先一方面，加强和加重机关部队的自给生产和自给任务，如自给马草半年，停发三个月经费等，根据最近调查，蔬菜大部已能自给，伙食办公等费仅延安十六个机关的统

① “档案文件版”为“显示”，“甘肃史料版”印作“指示”。

计，已自给百分之四十七；另方面，降低工作人员的供给标准百分之三十一，每人每日减少粮食二两，这就是说，我们解决财政困难是由每个小公以至每一人员从生产节约中共同负责的。

其次，改进税收：边区和地方的税收已有明确划分，陕晋之间的税收，已经统一，缉私曾经整理，一方面杜绝走私，又方面严禁滥缉，重新制订了各种税收条例。农业累进税原拟普遍推行，因准备战争的影响，只能坚持延安、绥德等地的复查。征收公粮十六万三千石，与去年公粮征收额十二万石比较，增加百分之二十五，与去年公粮征收额和收获量的比例比较，去年公粮占收获量百分之十，今年占百分之九·〇五，减少百分之〇·九五，这就是说，我们解决财政困难，同时是照顾人民生计的。

现在主要的缺点是部分由于财政分散经营，发生铺张浪费的现象，制度上亦发生不一致，不完全的地方，甚至一县一制度，或者说是在某些方面无制度现象，这都是必须很快的解决，这次在二科长会上对此已研究出具体办法。

（五）根据参议会关于“加强军事保安工作和人民自卫力量”的决议，以及以后由于国民党反动派继续扩大内战，边区受到战争威胁，尤其从七月开始，被迫进入战备状态的情况，我们曾进行了如下工作：

为加强战斗部队的质量，曾进行了正规军的冬夏两季训练，大大提高了作战技术，并相当充实了地方武装力量。结果如十月间，榆林二十二军驻兴隆寺、旧寨、打火店、安崖底等部，曾先后分兵进犯葭县和米脂边境，我被迫自卫，有力量将其击溃。

另方面，我们又积极整理训练了民兵和自卫军。据最近统计，普通自卫军已达××万余人（缺陇东分区和安边）基于自卫军×万余人（缺安边），群众性的练武运动，已在各地展开。分区、县多已开办过爆炸训练班，如关中各县学员，大都学会装埋地雷，造黑色炸药，以及制造雷管拉火线等技术，子洲并发明用子弹头制造雷管，埋飞雷等技术。绥德分区的基干自卫军组织了轮战队，以便随时配合正规军作战，三边分区的基干自卫军正掀起献枪和献金购枪的热潮，他们不论在南线北线的自卫反击中，都曾很好地配合作战。尤其如关中民兵，他们热爱着正规军，他们炸毁碉堡、送饭到火线上、抬运伤兵、帮助放云梯到边界敌军封锁碉堡，甚至和战士抢着爬云梯；正规军也热爱着他们，如作战时战士为民兵挖好工事，有一次一颗手榴弹落在几个民兵的近旁，一战士立即推开民兵，用自己的脚踏住手榴弹，以炸伤自己的代价挽救了民兵的生命。这就是说，我边区主力兵曾是有高度战斗力，民兵自卫军是有高度积极性和英勇精神的，我军民互爱，军民合作的力量是无穷的。

但我们的力量不仅在于内部的增强，还在于外部的配合，这就是半年内边区周围高树勋运动的展开，如八月间，驻栒邑陕保六团三大队在董策丞队长率领之下，起义开入边区，零星一班一排的起义还有数起，最近先有葭县边境二十二军之梅连长率全连官兵起义，后有驻横山之陕北保安副指挥胡景铎将军率保九团全团及二十二军八六师与十一旅一部五千余人起义，并经解放横山、波罗、镇川堡、石湾镇、武家坡、响水堡等地。这就是说，蒋介石部队内一部分要求独立、民主、和平的官兵不为独夫卖命而毅然趋向人民的行动，是与日俱增的。

为配合正面的自卫斗争，我们还积极整理了治安工作。蒋介石特务机关这一时期，曾日益猖獗地进行了对边区的破坏。最近数月内，经我破获的特务便衣的活动，达一百三十四件之多，如蒋军一战区长官部派出的特务刘自鑫，计划利用反动豪绅地主组织反共武装，并企图拉拢旧土匪待机暴动；经我剿灭的政治土匪，达一百零九人之多，如临镇边境捕获七十四人，三边捕获张廷芝部三人。这些成绩除治安机关的努力外，主要依靠了群众的力量。退伍复员人员如垦区部分地区，张村驿和盐池等地的开始组织起来，在加强治安工作上也起了积极的作用。

现在主要的缺点是我们宣传教育不足，使部分干部和群众对新形势的严重性没有足够的认识，是民兵自卫军的劳武结合未臻完善，是部分领导机关在执行反奸政策时有过分宽容特务破坏分子的倾向等，必须用大力尽速纠正之。

（六）在其他一般工作上，也获得了相当的效果。如教育方面，为提高中、小学师资，我们曾向蒋管区聘请了三十来个中学教员、在各中学增设师范班，和召开小学教员暑期座谈会，为纪念中国人民教育家陶行知先生并集中研究其学说，将延安中学改为行知中学等。司法方面，为减免群众讼累，我们曾派遣法官下乡组织巡回法庭，就地审理，使三分之二的积案获得圆满的解决；为增加农村劳力，曾在春耕开始时，清查监所，提前释放二百多名已经改造而有良好表现的人犯等。公路修筑方面，为辅助经济建设，他们曾先后完成富延、延绥、延宋等路及延市马路，并保障补助各县修路等。在一般工作作风上，也获得了相当的改善，最明显的表现于各级干部到群众生产的领导上，已如前述。此外如边区领导方面，部分已开始注意本身业务的钻研，和正确的运用调查研究解决问题的方法，边区以下的领导，部分已开始注意村乡自治，大量培养乡村领导核心，并发现了象（像）绥德王家坪那样已有相当自治能力的模范乡村，使工作真正生根。所有这些收获都是极其宝贵，但应该承认，是极其不够的，尤其在工作作风好的作风还未普遍到所有区乡，另外却存在有部分脱离群众的现象，应引起非常的警惕，并加以及时的纠正。

半年工作的一般情况就是如此。

二、新形势和新任务

现在形势有了急剧的变化。

在第三届边区参议会第一次大会之后，我们鉴于全国停战，政协、整军等协议的订立，曾希望从此进入和平民主新阶段，但又鉴于国民党反动派已经在公开或秘密的进行推翻三项协定和正在扩大内战，因此亦曾指出和平民主仍受到严重的威胁。果然，继四月东北大内战后，蒋介石在美帝国主义分子的积极支持下，为继续其独裁统治，就公开撕毁和平谈判的假面具。以其全部兵力的百分之八十五，先后疯狂的发动了全国大内战。这样，所有和平民主的协议，是被蒋介石一手推翻了，我们和平民主的希望，是被蒋介石全部颠覆了。事实教育了边区人民，只有彻底粉碎了蒋介石的进攻，才能获得真正的和平民主。

在这一全面内战的情况下，在边区周围，七月中旬，蒋军胡宗南亦即召开营以上军官会议，积极进行进攻边区的布置，八月，蒋机轰炸延安，蒋介石代言人公然宣布将对延安采取“自由行动”。果然，九月开始，蒋军的进犯行为，就在各地广泛发动起来。在北线，二十二军中的亲蒋分子曾分路进犯。蒋胡又不断派机侵入我绥米一带滥施扫射；在西北线，傅作义曾下令东乌审攻夺西乌审，二十二军并派二五七团一个营赴东乌审助战。在南线，蒋军胡部亦已多次出扰，并大批收买流氓、惯匪，地痞、恶霸等组织所谓“反共游击队”“难民回乡团”等小股反动武装，不时骚扰，这样，我们陕甘宁边区同样被迫进入战时状态了。

这就是说，全边区军民紧急动员起来，全力全面保卫边区的时候到来了。

国民党反动派的全面军事进攻，激起了各解放区全体军民的全面抵抗。在过去将近四个月中，进犯蒋军虽然侵占了承德、淮阴、张家口等若干城市，但它却付出了极大代价，被歼已有三十几个团旅之众。同时，由于战线愈长，蒋军兵力亦愈分散，士气亦愈不振，而遭受歼灭打击的机会也必然愈多。再加上他在政治上经济上的矛盾无法克服和势如燎原的人民武装起义，而全世界亦正处在进步的时候，既（即）便有美国帝国主义的阴谋助虐，也是不能挽救其必败之命运的。过去的事实和今后的趋势，蒋败我胜是确定无疑的了。因此，目前边区虽然处于蒋军进攻的严重情况下，我们是有充分信心和决心，争取自卫战争的胜利，也一定能够胜利的。因为我们有毛主席的英明领导，有百六十万人民经过锻炼的伟大力量，有和人民血肉相联的正规部队、地方兵团和自卫军，有有利的地理条件，有其他解放区尤其邻近边区解放区的配合，有全国人民尤其邻近边区人民的声援；但我们要有充分的准备，不应有丝毫骄傲自大和盲目乐观的情绪，因为我们是从长期相对和平环境中骤然转入战时状态，这决不是容易的事，因此不论在思想方面、军事方面，经济财政方面、工作机构、制度和作风方面等，都要有准备。因此我们今后唯一中心任务，就是积极动员一切人力物力，准备粉碎蒋介石的进攻，为达此目的：

（一）就需要全边区军民加强和巩固自卫武装力量。为此，第一，就要更进一步的加紧训练正规部队，以便随时歼灭敌人，开展群众性的参军运动，动员广大青年随时源源不断的到军队里去，加紧训练地方兵团、民兵和自卫军，精通游击战和爆炸技术，开展群众性的爆炸运动和神枪手运动，同时整理和加强后方勤务组织，以便有效地配合正规军作战。第二，就要加强边境戒备力量，积极的改进和健全劳武结合，提高群众政治警觉性，严防暗藏奸细的破坏，打击武装特务的袭扰，整顿内部社会秩序，严密农村和市镇的治安制度，做好坚壁清野工作，以便有效地配合正面作战。第三，就要适当的改进拥民优军工作，克服过去优军工作中负担和享受上不公平合理的现象，继续保证贫苦军属普通水平的生活，并认真帮助其建立家务，以便巩固部队，稳定和提高战士的战斗情绪。

（二）就需要全边区军民加强和巩固自卫物质力量。为此，第一，就要更加努力生产，以增加自卫物资。农业方面，应按不同地区的实际需要，或以增产粮食为主，或以增产棉花为主，或二者并重，应吸取以往的经验，积极组织今冬的生产和准备明年的生产，应估计因战争发生引起劳力不足和耕地面积缩小的情况，更加紧组织起来，更广泛动员所有人力参加生产，更精密实行劳武结合的生产方法，更细致提高农业技术，特别是改良土质和事先预防各种灾害。工业方面，应加强军工生产，以供战时需要，坚持纺织、造纸、火柴等工厂。应发展以家庭为单位的自纺自织，大力开展自种自纺自织自穿运动，以解决穿衣的问题。合作社应彻底转向农村，保证农村在战争封锁下的交换并以发展纺织调剂春耕中的粮食困难等为主要业务，发展农村各种小型合作。第二，就要更加厉行节约，以积蓄自卫物资，机关方面，应坚持机关生产，消灭浪费，厉行节约，精简后方机构，从上而下和从下而上的检举铺张浪费和降低生活标准。群众方面，应同样消灭浪费、实行勤俭，改革婚丧习俗，开展节衣缩食运动。第三，就要更加严密财粮制度，调整金融贸易以稳定后方，供应前线，应确定在边区统一领导下，地方财政自治的方针，以加强战时易被分割的情况下地方财政的独立性、主动性和责任心，应建立各种适合战时的财粮制度，严密粮食的收获保管和分配，保证战时粮食供给，应调整税收，改进缉私，应即时制定战时动员法令，合理调整人力畜力物力的负担，应加强对敌经济斗争，继续设法输出边产并争取必要的物资进口，坚决维护边币市场，并禁止法币流通。

（三）就需要贯彻“耕者有其田”政策以增强内部团结，巩固人民自卫意志。因为解决土地问题不仅是为明年的生产奠定基础，而是团结内部发动群众保卫边区的中心关键，所以在土地已分地区，应迅速解决土地所有权中所存在的各种问题，如旧地主非法收回土地或霸占已分与农民的土地，并继续收租的行为，给移难民所开已经三年荒地的地权，过去登记时以多报少土地的处理，以及公荒的处理，以便巩固人民的既得利益，提高人民的生产情绪。在土地未分地区，为了迅速适当满足无地或少地农民的土地要求，应普遍进行查租和贯彻减租保佃，并试行土地公债，征购地主超额土地，在现耕基础上调剂给无地和少地农民，以达到耕者有其田。欢迎开明人士的自动献地，但绝不强迫。对实属罪大恶极确为群众痛恨的恶霸可以进行清算，但绝对不得乱找对象，进行清算。战争不仅不应作为延缓贯彻土地改革这一工作的藉口，相反，正因为战争必然到来，这一工作就更需要用大力立即进行。

战争是会很快到来的，所以我们的工作机构制度以至作风等，必须加以迅速的改造和转变，必须缩小和减少后方以及上层的机构和人员，加强前方，充实县、区、乡政权，提高村乡自治能力，使战争发生地区，可能被分割的情况下，各个地区各个部门都可以独立作战，必须取消一些不适合战时需要的制度，确立一些适合战时需要的制度，尤其必须大胆检讨并及时改变各级干部的作风，为适应战时情况，一切干部都应准备随时随地背起包袱跟上群众走，发扬民主精神，和群众真正的打成一片，发扬艰苦作风，坚决反对强迫命令的官僚架子，同时提倡服从命令，即时完成任务的雷厉风行的作风，消灭疲踏拖延等腐朽现象，应有调查研究的习惯，消灭不钻研问题不具体领导的敷衍行为，应将革命精神和实际精神更好地结合起来。

战争必然是残酷的和持久的，但只要我们有准备，就是说，有坚强的武装力量，充足的物质力量，严密的内部团结，就是说，兵精、粮足、人和，战争胜利必然是我们的。

选自《陕甘宁革命根据地史料选辑》第三辑，甘肃人民出版社 1983 年版，第 169～182 页。简称“甘肃史料版”。

互校版本：《陕甘宁边区政府文件选编》第十辑，档案出版社 1991 年版，第 269～280 页。简称“档案文件版”。原注：“一九四六年十一月十三、十四日《解放日报》”。

8. 陕甘宁边区第二次政府委员会决议（草案）

1946 年 12 月

本会一致同意林主席关于政府工作的报告。

自四月间边区三届一次参议会闭会之后，国内局势，急剧变化。蒋介石勾结美帝国主义，出卖国家民族利益，撕毁停战、政协、整军决议，坚持专制独裁，发动全面内战。目前陕甘宁边区正处于严重的内战威胁下。根据形势的变化，本会一致认为，动员一切力量准备粉碎蒋军对边区的进攻，为目前边区紧迫的战争任务。只有胜利的完成这一任务，才能保证第三届第一次会议通过的各项建设计划的实现，才能完成“坚决保卫边区人民的和平与建设”的任务。

本会对于敌我情况的估计，认为蒋军在美帝国主义积极援助下，虽有较好的武器，但因战线扩大，兵力不足，后方空虚，及军心厌战，民心反对，经济危急等致命的弱点，使其孤注一掷的进攻边区，是有很大的困难和冒险性的。我们边区有久经斗争锻炼的人民和人民军队八路军，有充分的粮食和物质基础，有有利的地理条件，有各解放区的支援和配合，有蒋管区广大人民的同情，特别有中共中央和毛主席的亲切指导，我们有充分的信心，战争胜利必然是我们的。但我们绝不骄傲，绝不轻敌，而且更要格外警惕，坚决克服干部和人民中的和平幻想，确实纠正工作中脱离群众的现象，边区的一百六十万人民要更加亲密的团结起来，共同担负保卫边区的责任。

本着一切为了自卫战争的原则，本会着重指出当前边区的几项中心工作为：

第一，加紧练兵，提高军事技术，与各种战术。加强军队的政治教育，并改善拥军优抗工作，使军队和人民完全打成一片。掀起热烈的参军参战运动，保证部队兵员与后勤供给能有不断补充。加紧民兵动员，实行劳武结合，并加强训练，熟悉爆炸技术，大量制造地雷，为民兵最主要的工作。根据各地具体情况，组织游击队、轮战队、神枪手、爆炸手，准备随时行动，打击敌人。防止暗藏奸细与特务的袭扰破坏。严密掌管粮草，保证战时供给，认真实行坚壁清野，围困敌人，绝不使边区粮草物资被敌利用和破坏。

第二，彻底改革土地，实现耕者有其田。这一工作是发动群众积极参军参战发展生产的中心一环，也是一切备战工作的枢纽。本会一致同意李副主席发言中提出在土地未改革区域以贯彻减租并采用土地公债征购地主超额土地的方法，以消灭封建剥削，实现耕者有其田。在经过土地改革的区域，亦应根据各地具体情况，进行土地整理登记，给予无地和少地农民以登记公地，调解农民相互间的纠纷，确定地权。并争取在今冬和明年春耕前完成这一工作。

第三，为了准备战争，加紧生产是有特别重大意义的，边区的生产方针，仍应以增产粮食和植棉为中心，并尽量提倡扶助农村家庭纺织业之发展，逐渐达到完全自纺自织的目的。为此，各级政府必须根据战争情况具体组织劳动力与深入农村领导生产。

号召边区人民节食缩衣，储蓄物资，支持长期自卫战争。

第四，为使各项工作迅速彻底执行，干部作风必须适应战争环境，厉行艰苦紧张的作风，反对疲踏拖延现象，干部要随时准备背着包袱到农村去，和群众一起工作，坚持游击战争，坚持农村工作，在任何情况下，使我们的政令在广大的农村畅行无阻。发扬民主精神，严格纠正官僚主义倾向，打破政府或干部和群众间存在的一切隔阂。提倡钻研精神，及深入具体的领导作风，纠正“风一阵雨一阵”的不经常不实际的冷热病。以上作风的改变，对于战争的胜败是有决定作用的，各级政府和每个干部，务须切实进行检讨，彻底纠正过来。

此处本会关于改善拥军优军工作，建立战时财政制度及教育、金融、贸易等方面的工作，皆应围绕战争的需要，根据民财教各厅提出之各项原则，拟定具体办法，切实执行。

选自《陕甘宁革命根据地史料选辑》第三辑，甘肃人民出版社 1983 年版，第 207～209 页。

9. 陕甘宁边区政府关于各县改组领导机构以适合战时需要的命令

1947 年 11 月 14 日

各县县长：

边区情况日益紧张，为适应战时工作需要，上级政府之组织机构，应即实行精简，加强区乡工作，务使领导机构精干机动，适于领导紧张的战时工作。命令到达之日，望即根据具体情况迅速配备。延安已成立边区总动员委员会，统一计划领导人力畜力粮草等动员工作。主任为边区政府刘景范副主席，嗣后该会一切通知务希切确遵照执行。

此令！

主席　林伯渠

副主席　李鼎铭　刘景范

选自《陕甘宁革命根据地史料选辑》第三辑，甘肃人民出版社 1983 年版，第 254 页。

10. 革命战争中一年来的政府工作——林伯渠主席在 1948 年 2 月 27 日边区常驻议员、政府委员扩大联席会议上的报告

1948 年 2 月 27 日

一、军民艰苦奋斗战胜敌人

在边区人民革命战争已经取得伟大胜利，我军由防御转入进攻、由内线作战转入外线作战的今天，来开这个会议，是有重大意义的。大家记得，日本投降之后，全国人民，渴望和平，我陕甘宁边区的人民，也深望从此进入新的和平建设，所以在三十五年四月的边区三届一次参议会上，曾通过了三年的经济、文化等建设方案。可是毫无信义的蒋介石，在美帝国主义的积极援助之下，全部推翻停战协定、政协决议、发动了全面内战，将深重的灾难压在喘息未定之中国人民的身上。当陕甘宁边区也受到内战的严重威胁之际，为着粉碎蒋胡匪帮的进攻，我们在三十五年十一月召开了第二次政府委员会议作出决议，着重指出：加强练兵、实行土改、加紧生产、改变作风为当时的中心工作。边府即本决议原则分别督促进行，各有成绩。但为时未久，边区人民就听到了敌人的炮声。胡匪主力于进犯

关中陇东后，又于去年三月十三日倾巢侵犯延安，宁青三马①和榆林邓左②，也相继驱使匪部窜入边区。从此，边区人民由十年的和平生活转入到全面战争，全体军民为消灭蒋胡匪军解放大西北一致英勇奋战，展开了西北革命史上可歌可泣的光辉一页。

一年来，在重大的转变和考验中，我勇敢善战的西北人民解放军，与久经革命锻炼的边区人民，亲密团结，在毛主席的正确领导下，在彭副总司令的英明指挥下，利用边区的物资基础和有利地形，配合各解放区的军事胜利和晋绥边区的有力支援，以机智英勇和艰苦卓绝的战斗，粉碎了蒋胡等匪帮的疯狂进犯，保卫了陕甘宁边区。其伟大胜利的辉煌战绩和光荣事业以及地方兵团、民兵，游击队的扩大与胜利，王副司令员将另作专门报告，我不再详细叙述。现在，我野战兵团，经过两个多月的政治军事训练后，已转入外线作战，利用蒋管区的人力物力，达到彻底消灭蒋胡等匪帮，解放大西北之目的。可以预言，在最近的将来，就可以听到伟大胜利的捷音到来。

军事上的胜利，不仅保卫了边区人民的民主政权，而且扩大了新区，使新区人民政权日益巩固和发展。当蒋胡等匪军猖狂的时候，兽蹄几乎踏遍边区各县，可是从沙家店一役之后，敌我形势即起了基本变化。现在蒋胡等匪军仅困守延安、甘泉、富县、庆阳、合水、镇原、盐池、定边等孤城和一些狭窄地带，面临着溃逃与被歼的命运。广大地区均在我手，并先后收复边区境内的县城二十三座。解放隶于晋绥的神木、府谷。新建立的黄龙分区，辖黄龙、宜川、中部、洛川、宜君、韩城、郃阳、澄城八个县的人民政权。在扩大的关中分区，新建立的有栒邑县政府和邠县、三原、中宜的民主县政委员会。

一年来，在一切为着前线胜利的意志下，我们号召边区全体人民，动员组织起来，积极支援前线，主要进行了以下工作：

一、就人力方面来说，去年，边区各地青年壮丁热烈参军入伍，新的力量大批涌入主力部队，使野战兵团更与当地群众密切联系，地武游击队发展到三倍以上。在参军动员中，由于边区人民有高度的政治觉悟和充分的仇敌心理，在干部带头、民主讨论、宣传教育、解决困难、慰劳欢送等群众路线的工作方法和群众热情的鼓舞下，使扩军任务胜利完成。其中父子参军、弟兄争先、母亲送儿、妻子送郎等生动事实不胜枚举。安塞县长贺兴旺、志丹县长赵玉文、三边专署政务秘书仇克嶷等同志的踊跃参军，对当地干部群众的鼓舞和新兵的教育训练都起了很大作用。而群众在优秀干部带领下，组织游击队奋勇杀敌的光辉例子亦不少。如受过边府奖励之石秀山、王瑞臣、高善祥、樊志杰和以勇敢善战出名的田启元、光荣牺牲的孙立生诸同志所领导的游击队，便是这样。吴满有、刘玉厚、杨步浩等的参军，更表现了边区劳动英雄的本色。

边区人民对于战时勤务同样尽了最大的努力。据不完全统计，自去年三月至今年一月，动员随军担架六千六百三十三付，临时担架一万五千五百八十二付，随军运输牲口五千四百四十头，在服务战勤中，很多担架队在火线上、转移中，在与战地群众接触的时候，表现了英勇勤劳、热爱伤病员、团结互助的精神。例如新宁二区胡兴周、米脂桃镇区十七岁的青年刘启仁，都是冒险抢救伤员的模范。子洲马蹄沟区刘福昌领导的担架队和志

① 原注：指马鸿逵、马步芳、马鸿宾。
② 原注：指邓宝珊、左协中。

丹参加蟠龙战役的担架队，不仅尽了最好的担架之责，而且尽了最好的护士之责。前者出发陇东时，利用休息间隙，给战地群众背柴割麦，深得战地群众称赞，真正体现了“民爱民”“边区人民是一家”的精神。

二、就物力方面来说，去年虽在遭受胡匪严重蹂躏，生产降低的情况下，我边区人民认识到军需供给对于战争取胜的重要，不惜缩食度日均踊跃缴纳公粮公草，保障了部队的给养。在绥米，为支援北线作战，许多群众将刚刚割下来的谷子、高粱、不分昼夜赶打、赶碾、赶送前线。在延长、延川为了我军收复该两县城及围歼清涧敌人的需要，群众送粮，也同样积极踊跃。如延川永胜区广大川的群众，粮食已被匪军抢光，就抢收高粱、玉米，在炕上烤干后送给军队。去年，经过人民缝制的军鞋五十八万四千余双，其中二十三万四千余双付以棉花半斤或小布四尺的代价，另十八万双付以棉花一斤或小布八尺的代价，其余十多万双都是纯粹义务性质的，这些军鞋的缝制，是边区妇女在战争中的重大贡献。

边区人民在支援前线中，救护伤员、运输物资、缴纳粮草、鞋、拥军、优军，真是不分男女老幼，不怕千辛万苦，与军队亲如家人，爱如兄弟。所以彭副总司令说：“边区的劳动人民，是我看到政治上最觉悟最有认识的人民！”同样，从人民群众中生长与巩固起来的军队，与人民亲密团结的生动事实，也是可歌可泣，罄竹难书，边区军民之伟大的革命友爱，这个雄伟力量的结合，就战胜了任何困难和任何敌人。

三、就其它战时工作来说，在由和平建设进入全面战争的情况下，首先要加强的是组织与壮大地〔方〕武〔装〕游击队和不脱离生产的民兵。这项工作各地都有成就，而关中分区的游击战争更为出色。因为它是广大群众积极参加和支援的游击战争，曾四次粉碎蒋胡匪军的大“清剿”，使关中的局势为之一新。其次，是战时生产，由于匪军破坏、动员频繁，劳力不足、交换几近停滞等原因，使去年生产受到严重影响。农业方面，耕地面积由前年的一千五百万亩减为一千一百万亩，粮食生产由前年的一百八十万石减为九十一万石。工业方面，只公营工厂的损失，就有百分之五十以上。但政府和人民努力不懈，如提倡抢种抢收，劳武结合，劳勤结合，扶助灾区生产以力求保护农业；如组织民间纺织，进行小规模生产，配合军事胜利重开某些工厂，以力求恢复工业。其次是战时教育，中等学校，为服务战争与适应战争，曾将年幼体弱的学生疏散回家，将行知中学与子长中学、绥德师范与米脂中学分别进行合并，将有工作能力的学生一千三百余人，分配调至战时工作岗位。去年十一月，又将五个中等学校，规定由各分区直接领导，成为各分区培养干部的学校。国民教育，暑期中于绥德分区各县曾举行小学教师座谈会，检查了战时教育和教员思想。冬季以后，因匪军窜扰，粮食困难，曾令各县小学提前放假，小学教员分送延大学习或参加战时其它工作，以保存与锻炼教育干部。在服务战争中，行知中学所组织的医院，深得伤病员的爱戴；子长第二完小校长杨鸿章参加了游击队，使教育与人民武装相结合；子洲峨卯蓉民小教员刘保堂敌来保卫家乡，敌去教娃娃识字，是战时教育的模范。社会教育，许多文工团、剧团，或则奔赴前线为战士服务，或则出演后方教育群众。而延安大学，于培养和提高各种人材（才）以适应解放大西北的任务需要下，联系战争土改，使教育与实际结合，均有成效。其次是与晋绥边区实行财经统一，将两个边区的贸易公司合并统称西北贸易公司，银行合并统称西北农民银行。这样，完成了金融贸易行政组织的统一，扩大了对外贸易的联系，加强了经济战线上的对敌斗争，更有力的支持了长期的革命战争。此外河东在人力物力的供献，军用被服的制造，伤病员的疗养等，均给前线作战以有力支援。最后，是整编和节约。关于整编，曾进行了两次人员的精简，以此来加强支前，减轻民负。又曾从边府系统各单位起进行工作检查，逐渐推行，以此来教育干部、转变作风、改进工作、提高效率。同时规定战勤动员办法以节民力，降低生活标准，以省开支，实行了战时节约。

战时工作，还有许多，如抚恤、邮政、保安、司法等，都是随着战争形势的进展，依据战争的需要进行与改进工作，不另一一详细提出。

战争中的工作还是有缺点的和有错误的。战争爆发前，我们虽曾提出：要十分警惕，随时准备进入战争，但因受十年相对和平环境的影响，人民和干部的教育与认识不足，以致战争初期曾一度发生过混乱现象。表现在：一、群众纪律的不好；二、转移中的物资损失；三、某些干部不负责任的渎职现象与脱离群众的严重倾向，但这些缺点和错误，随着前线的胜利，后方的整顿，已逐渐纠正克服了。

二、恢复经济　解放大西北的任务

回顾一年来，革命战争的胜利，为迎接发展大西北的光荣任务，特就今后最紧要的中心工作，提出下列意见：

（一）努力生产救灾恢复边区建设

目前边区，在经过蒋胡匪军蹂躏之后，遭受了空前的破坏，据不完全统计：边区人民被敌拉走和杀害的居民在四千人以上，粮食、牲畜、窖房、农具、家具及被服的损失甚巨。去年边区内损害青苗五十万亩，荒芜耕地三百六十余万亩。加上曾因匪军窜扰及旱、涝、雹、霜等天灾，使耕种失时，误锄误收，使粮食减低了产量和质量。以致边区目前有四十万以上的人民陷于饥饿之中。而大兵之后，必有凶年。葭县、子长的某些地区已发生瘟疫。胡祸必灭，人定胜天。因此努力救灾、防疫、发展生产，以恢复边区建设，就成为边区当前最重要最紧急的任务。

第一，关于生产救灾。边区党政，早已注意及此。去年冬，边府建设厅曾组织了生产救灾委员会，惠中权副厅长亲赴其他解放区运粮。各兄弟解放区都以极大的关怀帮助我们，晋冀鲁豫已慨助我陕甘宁晋绥边区细粮二十万石，晋察冀亦慨助棉花一百万斤及布八十万匹，不久即可运一批来。另从陇东、志丹及晋绥已运到一批粮食至灾区，实行调剂。生产救灾的方针办法，边府、西北局早有决定及指示（春耕指示见二月十四日本报一版，救灾决定见一月二十三日本报一版），边府当督促各级政府，切实实行。绥德专署现在召开会议，研讨解决此项问题。在葭县已发生瘟疫的地方，已派医疗队前往该地。生产、救灾、防疫，是当前的急务，边府另有方案提出，请大家讨论。

第二，关于保护与发展工商业的政策。发展生产、繁荣经济、公私兼顾、劳资两利，这个总目标，必须严格遵守，以提倡与扶植民间的工商业。如贷款投资、共同经营、帮助改进技术、推销产品、帮助组织起来等，在土改中坚决不侵犯工商业者的财产及其合法的营业。不能片面强调劳动者的福利，而应使资本家有利可图，使工人生活有所保障。不能规定过高的税率，边府已决定今年度免征营业税。保护和发展工商的政策是确定了的，并保证贯彻下去，以恢复和繁荣边区市场。此外，还应注意公营经济与合作经济。为此，

一、规定金融物价。二、进行为群众所拥护的合作社，开展农村贸易。三、逐渐恢复石油、农具、化学、火柴等公营工厂，使与民间工商业取得联系，便于解决原料，推销产品。四、开发交通运输，发展民间运输业，和发展民间纺织业。

第三，在恢复和发展生产基础上，恢复和提高边区教育。为此，必须依据可能条件恢复小学教育。吸收一切愿意为人民服务的知识分子，分别送入分区干部学校或延大学习，扩大培养人材（才）。

（二）结合土地改革提高农村民主运动

土地改革是取得战争胜利的基本因素，而乡村政权建设在我们边区须使它达到应有高度。所以贯彻土改政策，发扬农村民主，进而健全乡村政权，也是今后的重要工作。对此，西北局习书记将有重要讲话，我只把这个问题提出来。

（三）加强支前工作及地方武装

为配合我军大进攻的形势，必须：一、动员一切可能动员的人力物力支援前线。要健全战勤工作的组织领导，力求避免一切可能发生的浪费，反对一切脱离群众的强迫方式，细密的布置动员，负责督促检查，真正做到按时供给前线的需要。同时，改进后方医院、抚恤、优军等工作，使前方战士毫无家庭顾虑，全心全意奋勇杀敌。二、壮大与提高地方武装，加强游击队与民兵组织，积极开展对敌斗争。在今后大规模战争，已转入蒋管区内进行的情况下，各地方兵团、游击队民兵，更应提高纪律和作战技术，肃清敌人残留据点，严防边境敌人进袭，恢复老区，扩大新区，策应主力，使大军出击更为有利。

现在国内外的形势对我们是极其有利的，第二次世界大战以后，以苏联为首的人民的民主的革命力量已日益增大，雄厚无敌，以美帝国主义为首的反人民反民主的反革命力量，却日益衰落，危机严重。依靠美帝国主义的帮助，妄想消灭中国人民革命力量的蒋介石匪帮，在军事上已由进攻被迫转入防御，在政治上已完全丧失民心；在经济上面临着崩溃的危机。他们的反革命车轮，已走向了覆灭的道路；而中国共产党领导下的中国革命，依靠人民力量，团结各革命阶级，真正的扩大了民族统一战线，在军事、政治、经济各方面，都已取得空前伟大的胜利，并推进自己的革命车轮，走向全国胜利的道路。今后，不是蒋介石活下去中国人民活不下去了。在中国，没有“第三条道路”可走，有这种幻想的人们，应该到了梦醒的时候了。伟大的中国只有在人民领袖毛泽东同志的旗帜下走向最后胜利，只有走他所指示的新民主主义的道路。这条道路就是依靠人民大众反帝反封建的翻身运动与各革命阶级的团结。曙光已在前面，任何反动力量，都不能阻止我们前进。我号召政府工作人员，努力为人民服务，正确的执行政策，在已获胜利的基础上，克服困难、奋勇迈进、恢复边区、彻底消灭蒋胡匪帮、迎接解放大西北，解放全中国伟大胜利的早日到来。

选自《陕甘宁革命根据地史料选辑》第三辑，甘肃人民出版社1983年版，第266～274页。

互校版本：《陕甘宁边区政府文件选编》第十二辑，档案出版社1991年版，第49～56页。

11. 陕甘宁边区政府关于厉行工作报告制度的指示

1948 年 8 月 17 日

各专员、县（市）长；

（一）近来各专署、县在反映情况与报告工作方面，已有改进。七月份曾作情况反映或工作总结性报告者除各专署外，已有安塞、吴堡、新宁、黄龙，米脂、子长、志丹、绥德、葭、环、子洲、延川、华池、临镇、延市、宜川、洛川、白水等县府，尤以安塞、吴堡、新宁、黄龙、米脂等县反映较多较速。但一般说，报告未能及时，也不经常，有部分县迄未认识向上级反映情况与报告工作应是本身经常的义务与任务之一，仅仅偶然想到，偶一为之，或在问题一暴露，恶果已产生的情况下被迫为之，表现了严重的无纪律状态或无政府状态。

（二）现在的报告大部分存在如下缺点，一、情况不全面。或仅有孤立现象，看不出一般情况，或仅有模糊概况，看不到生动事实。效果究属好坏，无从判断。二、问题不明确。对发现的缺点、错误、问题，只有笼统的叙述，不追根究底，弄清是非责任，分析前因后果，提出确实办法，予以合理解决。三、计划不具体。有的与已做的工作缺乏联系。成了割断历史的孤立一套；有的问题很多，没有中心。看不到力量配备，也看不到实施方法。因之很多报告长篇大论，确（却）未能说明问题。希望各级政府根据以上各点，检讨你们已往的报告，求得改进。

（三）现西北革命形势日益开展，政权日益扩大，工作日益复杂，为及时掌握真实情况，正确指导政策执行，特就有关工作报告的事项，新规定如下办法：

甲、各专署、各县政府临时发生或发现新的重要问题，应随时立即电告或函告本府。

乙、专员、县长每两个月须亲自给主席写书面报告一次，着重于这一时期工作中的基本经验及政策的执行，指出所发生的问题和偏向，说明症结所在，领导上对此的认识及解决办法。而不是平铺直叙讲过程。每次报告应着重写当时当地的几个重要问题，及对边区工作的建议和对上级的意见。而不是不分主次，样样都写。其材料必须经过酝酿和分析，具体的说明问题。这一制度，一律于九月份开始实行。

丙、每件工作终了时，应作较全面的总结报告，此项报告须经详细讨论后写出。报告内容不仅有生动具体的真实情况，并且应将工作运动中所发生的问题和处理办法及主要经验教训写出，力求简明扼要，切忌空洞冗长。

丁、各专署、各县发给各下级政府带政策性及经验交流性的命令、指示等重要文件，应同时检送政府一份。

希接此指示，详加讨论，认真执行。有何意见，随时报告本府。

选自《陕甘宁革命根据地史料选辑》第三辑，甘肃人民出版社 1983 年版，第 293～294 页。

互校版本：《陕甘宁边区政府文件选编》第十二辑，档案出版社 1991 年版，第 161～162 页。

12. 刘景范代主席在边区参议会常驻议员、政府委员暨晋绥代表联席会议上关于一年来政府工作的报告①

1949 年 2 月 9 日

各位常驻议员、政府委员，晋绥代表、各位同志：

去年二月边区常驻议会，政府委员会联席会议后，至今已经一年了。一年来，全国形势和西北形势起了根本的变化。英勇无比的中国人民解放军，在两年半中，歼敌四百三十余万，消灭了国民党反动卖国政府的主要军事力量及一切精锐师团。整个东北已全部解放，华北、华东、中原除少数孤立据点外，亦已全部解放，全国胜利，为期不远。我西北战场虽然曾处于十分困难的环境，但我们在中共中央毛主席及西北局的正确领导下，由于西北人民解放军，在彭副总司令直接指挥下，全体将士英勇善战，与陕甘宁晋绥人民艰苦奋斗，热烈支援，以及全国各战场胜利配合和华北等兄弟解放区的帮助，得以打败敌人，克服灾荒，胜利前进。两年来歼敌三十余万，光复了延安，基本上恢复了陕甘宁边区，并解放了黄龙、晋南、绥东等广大新区。现在西北解放区，人口达七百五十余万，辖一百零三个县、市。我军已日益壮大坚强。胡马匪帮完全陷于孤立，在我军继续的胜利进攻下，敌人必将全部被歼。全西北解放亦已为期不远。现在，全国广大人民群众大批大批的脱离国民党统治的影响及控制，站到革命方面来，国民党反动派已面临土崩瓦解的绝境。但他们在美帝国主义的策动下，正进行虚伪的和平活动，企图取得喘息时间，再整旗鼓，卷土重来。有高度觉悟的中国人民，在中国共产党领导下已完全识破其阴谋诡计，一致热诚拥护毛主席一月十四日关于时局的声明，并为贯彻八项和平条件，彻底、干净消灭国民党残余反动军队及摧毁其一切反动统治组织，求得全国人民彻底解放，实现人民的真正和平而奋斗到底。这就是目前全国和西北的基本形势。

对此，贺司令员关于目前形势和任务的报告，已讲得很详细。我的报告即着重说明在此发展形势下，一年来政府所进行的各项工作及其完成的程度，并提出今后任务，请大家讨论。因为陕甘宁、晋绥两个边区，在支援西北解放战争的共同任务下，许多工作是不可分开的，事实上，两年来，在贺司令员领导下，已经统一起来，因此，报告亦将包括晋绥在内。

一、一年来政府工作的基本总结

过去一年的政府工作是有很大成绩的，基本上完成了去年联席会议所决定的支援前线，生产救灾，积极恢复边区，巩固新区等重大任务。

大家知道，一九四七年前陕甘宁边区，仅有一百五十万人口。十年内处于相对和平环境，在生产建设方面有很大成绩，但一旦转入战争环境，各种工作不能很快适应紧张繁重的战争需要。虽有晋绥二百五十万人民协力支援，但因他们经过八年抗日战争，人力物力亦很困难，而当时进犯我边区的胡马等匪军，数达我军十倍以上，且多年反共准备及优良

① 这一标题，参照了“甘肃史料版”与“档案文件版”，内容也互作补充，日期按“档案文件版”。

的美械装备，侵入边区后，曾经我军不断英勇抗击、阻歼，但因蒋匪进行其所谓“重点进攻”，而我则采取诱敌深入，在运动中歼敌有生力量、不重一城一地得失的战略方针，故一时匪焰猖狂，兽蹄遍及边区各县，所到之处，奸淫掳掠，毫无人性，杀人放火，罪恶滔天。据不完全统计，陕甘宁边区人民损失粮食、衣物等达细粮二百一十余万石，农具三十余万件，牛、马、驴、骡六万余头，猪、羊、鸡等数不胜计；被杀害群众四千余人；所有农村纺织、运输以及合作事业，几乎全部停顿；所有公营企业及各种经济、文化建设，多遭破坏；曾有三百六十多万亩土地，因敌扰害而荒芜，五十万亩青苗被毁；普遍田禾未能及时耕种，加以部分地区灾荒严重，农产减少共有二百余万市石（较一九四六年减少一半），致使数达四十余万人民，陷于饥饿疾病状态。晋绥人民，除遭阎、付等匪军扰害外，一九四七年亦有四十六万人口的地区，因遭天灾而收成极少或毫无收成，一百九十万人口的地区普遍歉收。凡此种种，曾使我们处于十分困难的境地。但经我全体军民艰苦奋斗，克服了种种困难，并在各方面获得了重大胜利和不少成绩。

在支援前线方面：我们曾经用最大力量，进行了全面动员。总计一年来动员与组织了×××名青壮年参加主力军与地方兵团，×××名逃亡战士归队，××××地方部队编为正规军者计有两个纵队部，六个步兵旅，一个骑兵旅，两个步兵团，各边沿区积极展开游击战争，牵制困扰敌人，并在战争中普遍得到了发展与巩固，据不完全统计，动员参战民工达三千五百余万个，畜工一千二百三十万个，车工五十万个（每一车工，有一车，二人，三畜），某些战区及沿大路地区，每个劳、畜力平均服务在两月以上，（给烈军属代耕、修路等，尚未计入）。动员广大妇女群众，参加缝制被服、军鞋看护伤病员等工作，仅做军鞋一项，即这一百二十万双。全年征收公粮米、麦二百四十万余市石，公草一亿二十余万斤。实行财政统筹统支，努力生产，厉行节约，在困难的条件下，保证了前方军费，被服、弹药等供给，总数约占陕甘宁、晋绥财政支出的百分之八十以上。注意了改进优待烈、军属工作，仅陕甘宁边区烈、军属七万五千七百余户，三十四万多人中，即有八万多人受到代耕或柴、粮帮助，部分已逐渐建立家务，走向生产自给。安置荣军七千多人。各后方医院不断注意改进治疗工作，大量制造医药，特别制造了破伤风血清，使后方医院接收的重伤员死亡率减少至百分之二点五。此外，随着战争的发展，曾抽派二千多名干部随军服务，以加强支前与新区工作。这些任务的完成，是保障军事胜利的基本条件之一。在完成上述任务中，曾获得了不少经验，创造了许多模范事迹，如在参军运动中，采取思想与政治动员，发动群众，民主讨论，并号召干部、共产党员带头等方法，比过去有很大改进。晋绥许多地区群众，在干部党员带头影响下，翻身农民纷纷自动报名，到处出现了母送子，妻送夫，兄弟争先入伍等生动事例。在战勤工作中，用发动群众，民主讨论，合理负担，计工算账，解决家庭困难，民主管理，干部带头，积极分子作核心，以及加强政治教育，注意照顾其生活，表扬立功等方法，大大提高了群众的认识和积极性。如子洲、洛川、兴县等地的担架运输人员，在火线上抢运伤员，物资，奋不顾身，光荣完成任务。在发展游击战争中，坚决执行了依靠群众，团结与组织群众的方针，如西府宁泰游击队，由于积极打击敌人，保护群众利益，注重群众工作，获得群众热烈拥护，曾突破敌人的不断“围剿”，并迅速壮大自己。多数地区注意生产与战勤结合，男子参战出征，组织妇女生产。广大人民在严重灾荒下，宁愿自己忍饥受饿，节衣缩食，供应前方。军民协力，终于赢得战争胜利前进。

与支援前线的同时，进行了巨大的生产救灾工作。去年一月中共中央西北局即明确指示："动员一切力量和灾荒作斗争，是当前最严重最紧急的任务，与支援战争，土地改革同等重要。在灾荒地区，则是救灾第一。"同时明确规定了生产救灾的方针，以组织与发挥群众力量，进行生产，团结互助，自救救人为主，辅之以政府协助救济。

在此方针下，普遍进行了思想与政治动员，号召并组织一切可能生产的力量到生产战线中来。春耕前即停止了土改，迅速纠正土改工作中的一些偏向，宣布了鼓励生产发家，劳动致富的政策。利用农闲，根据不同地区情况，责成各地贸易公司、银行，工合、合作社，协助各级政府，大力组织各种副业生产，如纺织、运输、熬硝、制磺等。号召群众合作互助，并发放贷款三百亿元，贷花一百余万斤，扶助各种副业生产之进行。仅据陕甘宁边区统计，由各种副业生产收入换进的粮食达二十三万余市石，部分解决了春耕中的口粮、种籽问题，使大量耕地面积得以恢复。普遍组织群众多种瓜菜早粮，广泛号召群众变工互助，发动妇女参加农业生产，切实解决生产中的各种困难。仅陕甘宁边区不完全统计，经政府调剂农具达三万余件，种籽七千多市石，约有百分之三十左右的劳畜力参加变工，近半数青壮年妇女上山生产，使大部土地及时下种，奠定了战胜灾荒的根本基础。为急救灾民食粮，普遍发动群众互济互助，并号召将土改中得到的粮食财物，用于救灾。计陕甘宁边区群众互济粮食达五万市石，土改财物用于救灾的二万五千余市石（已经分配的衣物、粮食、银钱共计），晋绥土改中获得粮食廿万市石，银洋二百廿万元，银子十二万七千两，金子五百余两，大部分用于救灾。同时号召机关部队厉行节约，缩减开支，减低生活标准，以减轻人民负担。后方机关部队共捐助灾民粮食一万市石，衣物九千余件，前方部队虽在繁重紧张的战争任务下，仍不辞劳苦，自己磨面，省粮救灾。许多伤病员亦无不节衣缩食，救济灾民，高度的表现了军民的友爱团结。各地贸易公司用平粜、贷放等方法，帮助解决粮食达十九万市石。东北曾捐助巨款，华东曾发起运动救济边区灾荒，特别是太岳兄弟解放区的政府和人民曾经尽了很大努力，冒寒风大雪，跋涉千里，为陕甘宁边区灾民运送粮食九万三千四百余石。对此，边区人民特深致感激。此外，曾组织四万三千多灾民，移到陇东、延属、晋绥等非灾区，多数已由当地政府、群众适当安置，从事生产。与救灾同时，进行扑灭疾病工作。当时，仅陕甘宁部分灾区即有十余万群众染患疾病，政府除动员各地中西医参加治疗外，并先后派十二个医疗队下乡抢治，遏止了疫病蔓延。

这些工作的结果，就基本上渡过了灾荒，使陕甘宁，晋绥八十六万灾民得庆更生，从而使支前工作得以顺利进行，各种建设亦获得了恢复与发展的条件，同时又进一步提高与加强了边区人民的政治认识与互相团结。

在恢复与发展生产方面：陕甘宁老区的农业，已恢复至四六年的百分之七十。耕畜在战争中减少百分之三十，刻已恢复至百分之八十。羊畜，战争中减少百分之五十七，刻约恢复到百分之六十。棉花恢复百分之五十左右。晋西北去年丰收，耕地面积和产量较四六年尚有增加。黄龙晋南新区的农业生产亦大部恢复。总计，陕甘宁、晋绥，现有耕地五千余万亩，去年产粮约达一千四百余万市石，产棉约二千五百万斤，公营企业中的军事工业有很大发展，总产量达四七年的百分之二百五十。其他工业，因遭敌人破坏甚大，尚未全部恢复。陕甘宁方面，煤油、火柴、肥皂、造纸、农具等厂，已初步恢复，产量逐渐达四六年水平。晋南、临汾解放后，在改进技术发扬工人积极性与创造性的方针下，迅速恢复电力、自来水、纺织、面粉等厂的生产，成绩良好。民间工业中，陕甘宁老区的纺织，约恢复至四六年的百分之六十左右。小盐、造纸，已基本恢复。煤、皮毛等，约达四六年的百分之五十上下。熬硝略有发展。晋绥老区的硝、硫磺、铁矿业，皆较四六年发展。山阴盐产，超过了抗日战争前的水平。煤产大部恢复至四六年水平。纺织，因华北布匹输入，有些缩小。商业与内部市场，经政府免除四八年营业税，及贸易公司，银行稳定金融、掌握物价、调剂供需、推销土产等方针下，亦在逐渐恢复中。交通运输大部恢复，主要的公路，均初步修建通车。合作社在数量上达四六年的一半以上，在生产救灾中，起了不少作用。战争以来并出现了如王贺有、稍园梁等适合分散农村经济，由群众自愿组合，为群众所欢迎的小型合作社，值得推广。

在文教方面：新老区教育均已部分恢复。计小学恢复六千九百卅余处，学生卅一万二千余人，中学、师范廿七处，学生八千余人；另有延安大学，军政大学，工业、财经、艺术、行政等专科学校，学生约三千余人。此外，各地设有干部学校十余处，学员约三千人，新区学校，在我争取、团结、改造知识分子的方针下，成绩很大，已有五千多知识分子，参加了学习及各项建设工作。社会教育主要是办冬学、黑板报、识字组，恢复民教馆等工作，并注意了旧剧团的改造和新戏团的培养与提高。

在公安方面：除在恢复区与解放区积极恢复与建立地方公安组织及必要的治安制度外，并慎重地根据“首恶者必办，胁从者不问，立功者受奖”的方针，进行了处理敌伪分子的工作，从而教育了广大群众及其本人。此外，协同地方部队，瓦解肃清歼灭土匪，争取逃亡分子，并查获若干暗藏的特务破坏分子，使社会秩序很快恢复安定。司法工作，主要是健全机构，和建立必要的制度，加强犯人管理，并采“法官下乡，就地审判”方法，处理民刑案件。

在少数民族工作方面，一年来亦有相当成绩。帮助建立与扩大了伊盟支队，回民游击队等武装，并帮助解放了伊盟准格尔旗十余万人口，建立了十个达庆（等于区）的蒙民自治政府。

特别应该提出的是，陕甘宁、晋绥老区半老区，基本上完成了土地改革的历史任务，封建剥削已被最后肃清，广大贫苦农民分得了土地，生产力的束缚已被解放，新的生产关系已经建立或正在建立，从而使支援前线，恢复与发展各种建设，有了巩固的基础。在土地改革运动中，充分发动了农村劳动群众，普遍建立农会，晋绥并普遍建立村区人民代表会及其一委员会，这是一种很好的民主政权形式。运动中绝大部分干部，受到教育和锻炼，并培养了大批干部和积极分子。去年秋冬以来，多数地区实行确定地权、登记土地的工作，并结合进行乡选，以发扬民主，加强团结，提高乡村政权的工作效率，进一步领导生产与支前工作获得很大成绩。一年来各地并比较认真地组织干部学习，注意干部的培养和提高，收效颇大。

与恢复老区的同时，初步发动了新区群众，摧毁了保甲机构，建立了民主政权，肃清了反动武装，安定了社会秩序。实行了合理负担政策，完成了重大支前任务；并使经济建设及文化教育事业得到部分恢复，目前正在普遍深入发动群众，进行减租减息，整顿政权等工作。

以上，就是一年来工作中的主要收获。

获得这些成绩的主要原因，是由于中共中央毛主席、西北局、晋绥分局的正确领导，西北人民解放军英勇歼敌，胜利前进，广大群众经过土改与战争锻炼及长期教育，提高了觉悟，在支援前线，生产救灾等工作中团结一致，艰苦奋斗，表现了高度的积极性和创造性，发挥了伟大的力量，以及陕甘宁、晋绥两边区的统一和各级干部积极努力执行任务的结果。此外，全国各战场的胜利配合，以及华北东北等兄弟解放区的帮助，对我们的战胜敌人与克服灾荒，亦有重大作用。

但必须指出：我们在进行各项工作中，还有许多缺点甚至错误。如在支前工作中，供应往往不能及时适应前方的需要，且有很大的浪费人力物力的现象；生产救灾工作中，某些地区有事前漠视灾情，待灾情发展至严重程度，就惊慌失措，有的则采取单纯救济，放松生产与救灾结合及组织群众互助互济的根本方面，甚至有积压或挪用赈粮，徇私舞弊等情况发生，对防疫工作，注意不够，致使一些人病饿而死，产生这些缺点甚至错误的主要原因是：

一、各级政府的领导工作中，还缺乏高度的统一和自觉的纪律性，组织上还有无政府无纪律倾向，没有完全把过去那种分散的单纯的游击主义习气去掉，因之还不能完全适应日益发展的形势和繁重的工作需要。

二、许多领导干部在思想上还未能完全克服经验主义的倾向，习惯于“老一套”，往往喜欢按狭隘的片面的经验办事，而不注意时间、地点、条件等情况的变化。不善于全盘分析总结工作，不善于发现新问题，接受新经验及时解决问题。工作往往陷于被动，缺乏朝气。因此不仅影响政令之贯彻，且十分有害于今后新情况下各种工作之开展。

三、各级干部中，尚有很多人存在着某种程度的官僚主义作风，不能深入群众，密切联系群众，不能按多数群众的意见解决问题，强迫命令，粗枝大叶等脱离群众的现象，仍相当严重。对上级的指示命令，还未能完全严肃认真的研究、执行；甚至疲踏懒散，敷衍了事，对于工作的进展，危害很大。

上述缺点、错误及其产生的根源，未能迅速纠正、克服，是由于多数干部理论水平很低，政策观点不足所致。而领导上，对他们的帮助和教育工作做的很不够，则应负主要责任。今后必须切实注意改进。

二、一九四九年的工作任务

根据毛主席“军队向前进，生产长一寸，加强纪律性”的指示，今后一年，我们的基本任务是全力支援前线，加紧领导生产，继续提高行政纪律，坚决消灭蒋、胡、阎、马匪军，争取大西北的早日解放。在此总任务下，根据目前胜利发展的形势，陕甘宁、晋西北和晋南绝大部分地区已获得巩固安定的环境，各解放区已完全连成一片，老区半老区已完成土改，新区群众已初步发动等条件，提出今后政权工作任务为；

第一，继续动员人力物力、财力，更有力的支援前线。为此，必须继续壮大和巩固部队，在可能扩兵的地区，争取今年完成扩兵××的任务，并认真进行归队工作。为完成这一重大任务，首先必须进行广泛的政治动员，讲清全国即将胜利的形势和任务，继续发扬解放区群众英勇奋斗的精神，积极参战，把革命进行到底。反对因胜利而松懈战斗努力的现象以及和平享乐、苟且偷安的思想。以此打通干部与群众思想，造成参军归队的热潮，并吸收过去的经验，如干部带头，民主讨论，具体解决烈、军属的困难等办法推进工作。严格纠正敷衍塞责，徇私包庇等对革命不负责任的态度。认真的发动群众，展开群众性的参军与反逃亡运动，以巩固部队，加强战斗力量。贯彻执行“保障战争需要，公平合理，照顾生产的战勤动员原则”。新区实行劳财共负，老区实行按劳负担同时须照顾贫苦的战勤负担政策，并用统一计算，劳勤结合的战勤动员办法，做到公平合理。后方大量军需品的经常转运，可开始试办并逐渐实行由兵站出资雇用，或组织合作运输，按站包运等办法，沿大路伤病员及物资的转运，实行由全县或全区群众合理负担，或采取组织公用牲口专运等办法求得妥善解决。认真推广模范担架队、运输队的经验，发动群众，确实解决随军民工家庭的生活与生产中的困难，使之安心服务。各地战勤动员中，必须十分爱护民力，避免浪费，做到战勤动员与生产很好的结合。贯彻执行优待烈、军属条例及抚恤条例，坚持加强政治教育，并帮助建立家务，生产自给的方针。对于贫苦烈、军属，应发动群众，逐户研究讨论，予以包耕，帮工或物资帮助，并于春耕前评定，保证施行。切实加强荣军的教养安置工作，增设荣军学校，及时组织出院之荣军参加工作或适当安置。统一规定抚恤待遇标准，并切实执行。

为了保证战时供给，必须进一步加强财政工作，大力开源节流，组织后方机关生产，贯彻统筹统支的原则，克服地方主义与本位主义的倾向，认真执行审计、会计及粮食支付保管等制度。注意培养财政干部，克服财政困难，以保障战争供给。各种公路交通，亦必须经常注意修复与保证，以利支前运输。

第二，为了进一步加强支前力量，适当的改善人民生活，奠定民主建设的物质基础，必须响应毛主席“生产长一寸”的号召。加紧恢复与发展生产，并注意救灾防荒；这是争取胜利最基本最重要的一项任务。应该根据目前的环境、条件，注意全部与局部，城市与农村，农业品与工业品之联系；使一切生产计划，能够切合实际需要，并适应发展前途。在领导上，应该把发展农业生产与发展工业，摆在同等重要的地位。但又应根据各地不同的具体情况，而有不同的重心，使各种生产从现有基础上提高一步。在农业生产方面，务须努力增产粮食，四九年求达每亩平均增产细粮二市升，全边区增产一百万市石。同时要注意工业原料，棉、麻等之发展。特别应注意扩大与提高棉花的产量。对于西北国民经济中重要组成部分之牧畜业，应尽量予以保护与发展。对国民经济有益之农村副业，如纺织、运输、家畜、养蜂、养蚕以及采药材等，亦应奖励发展。为达此目的，就要坚决贯彻有关发展生产的政策：（一）继续确定地权，保障土改后各阶级的财产私有权不受侵犯，并允许其土地自由买卖与典当。（二）贯彻执行土改后按通常产量比例征收农业税的负担政策。贯彻执行合理公平的战勤负担政策。（三）实行奖励生产发家，劳动致富的政策，制定奖励生产的办法，认真注意改造二流子，并奖励妇女参加农业生产。（四）发放生产货款，扶助贫苦农民发展生产。但贷款的方针，必须是放给劳动人民，为解决生产资料，创造生产条件，以达与国计民生有益之目的。同时注意有计划、有重点，有借有还。反对平均分配，及恩赐救济观点。（五）按照自愿结合，等价交换，计划领导民主监督的原则，认真组织农村人民的合作互助，这是把农村中个体经济引向集体经济的基本道路，是农业经济发展的方向。转向劳动的旧地主、富农，亦可参加农民的合作互助。在目前农村人力、畜力、生产资料缺乏的情况下，这种合作互助就更加需要。（六）提倡农民间非高利贷的自由借贷，利息由双方自行商定。允许雇佣劳动的继续存在，允许特定条件下的租佃关系。厉行节约，反对浪费。（七）有计划的，有条件的进行移民，贯彻执行优待移难民的条例。（八）保护牲畜，奖励繁殖，禁止宰杀能够生育的耕牛。

执行正确的政策，还必须有切合实际的具体办法。增产的主要办法是：（一）精耕细作，主要为改良农作法，多耕多锄，保持水土，改良土质，积肥沤粪，改良品种，防治害虫及其他灾害等。（二）大量恢复与兴修小块水地，并有计划的兴修大型水利。（三）适当的恢复与扩大耕地面积。发展畜牧的办法，主要依靠组织繁殖，并在可能条件下争取购入一部分。各地应注意奖励民间“拉公子”、成立配种站，扶助与提高兽医工作，并在可能的条件下适当的培养与改良牧场。各地贸易机关亦应切实帮助组织皮毛等出口。在封建束缚已经解除，农民生产情绪已经提高的条件下，只要干部努力，加强领导，是完全有足够条件完成上述任务的。

在工业方面：公营工业中的军事工业，由军事部门管理，继续加以发展，以保证战争的需要。其他工业应视环境、条件、供需等情况，有计划的发展，进一步实现企业化。加强培养与领导工业干部，并注意资源调查。对于民间工业，必须有计划、有远见的加以领导，使今天的需要与明天的发展结合起来，克服盲目与自流现象。一切有发展条件与前途为国计民生所必需的工业，都必须采取保护与奖励的方针。一般商品性的手工业生产，其有条件与发展前途者，应领导其不断改良技术，提高质量。其无发展条件者，应适当的领导改业或转为农村家庭副业，一切副业性的手工业生产，则应普遍领导与扶助其发展，以富裕国民经济。一般手工业作坊，应配合农业生产之发展和需要，加以领导、扶助。其他工矿业，如盐、煤、磺、碱等，应视资源与需要，加以发展。

合作事业，必须认真确实加以领导与发展。以建立国家经济对于小生产者的联系与领导，减少商人对于农民的中间剥削。尽可能的供给农民所需的各种生产资料和生活资料，公道的收买和推销农民生产品，以提高农业生产力和发展各种农村副业。这种合作社，必须是群众自愿组织的，适应于各地不同情况与不同需要。必须防止包办代替、强迫命令，并纠正自流放任的偏向。

目前各地必须立即动员干部和群众，展开生产运动，严格纠正某些干部，把领导生产当作“软任务”而放弃领导，或不重视领导的思想。各级政府负责领导工作的干部，必须至少拿出一半以上的时间，去组织与指导生产事业。广泛深入的在群众中进行动员，打破群众对于发展生产的一切顾虑，制定切实的生产计划，具体帮助群众解决生产中的困难，把一切可能生产的力量，组织到生产大军中来。展开生产竞赛，在讲求实际不务虚名的原则下，推广劳模运动。很好的总结与学习历年生产中的经验，好的加以推广，错误的不再重犯。在灾荒尚未解除地区，采取去年生产救灾的方针与办法，充分利用其经验，加紧生产，战胜灾荒。同时注意把生产工作与支前工作很好的配合。其它，乡选与土地登记，评定产量等工作，在不违农时的条件下，配合进行。

第三，在土地问题尚未解决的新区，应贯彻以反封建为主的发动群众的方针。必须普遍深入的进行减租减息、反恶霸、反特务、反不公等及社会改革的斗争。注意减租后的保佃，并适当的将公地、庙地调剂给无地少地的农民。在具备土地改革条件的地区，并可逐步进行土改。但必须防止急性冒险的毛病，把群众目前利益与长远利益结合起来。目前新区敌伪政权虽被摧毁，民主政权虽已建立，但政权中仍有不少坏分子混入，应在发动群众过程中，加以改造。在这些工作的基础上，整顿战勤，合理负担，不违农时，领导与组织群众恢复与发展生产。并筹划召开县临时人民代表会，成立临时县人民政府委员会，以造成更有力的支援战争与民主建设的基础。

第四，由于形势的胜利发展，必须积极准备进入新解放区，特别是新解放的大中城市的接管工作。为此，必须准备大批各种工作干部，切实办好各级干部学校，有计划的进行并做好在职干部的教育工作，提高其政治觉悟与政策观点，有组织的研究新区特别是各种城市政策，了解熟悉国民党统治区特别是西北各大城市的一切情形。使他们能熟悉情况，掌握政策，分配在各种工作岗位上做好工作。同时，应筹划各项接收工作的具体办法，以便进入新解放的城市后，顺利进行工作。

第五，努力恢复与发展文教事业，大量争取与培养知识分子，为人民的解放事业服务，以适应当前的革命形势和革命任务的需要。为此，就要进一步恢复与整顿老区学校，改造与发展新区学校。暂定学制：小学为四二制，初中为三年，高中以上专科学校，视干部需要情况，适当缩短年限。注意解决师资问题，改造师范教育，积极解决课本问题，纠正干部中忽视教育工作的思想。加强社会教育，以反对封建残余及防疫卫生为主要内容。必须教育群众，提高觉悟，消除旧社会遗留下来的一切重男轻女、缠足、早婚、买卖婚姻等封建习惯，破除迷信观点，广泛进行防疫卫生宣传，并配合生产运动，开展农村清洁卫生运动。一切农村工作者，都必须把反封建残余与防疫当作经常的重要任务。所有机关学校，均须注意领导群众卫生防疫工作，并尽量吸收民间中西医务人员，参加这一运动，以减少人民疾病死亡。

第六，加强保卫工作。坚决和一切暗藏的和公开的反革命分子进行斗争。特别防止敌人垂危时的一切暗害破坏行为。进一步改进司法工作，研究司法经验，加强培养司法干部，健全司法组织，提倡法官下乡，就地审判，并与民间调解结合起来，同时研究制定必要的地方性法律。

第七，民族问题在西北是一个很重要的问题，今后必须适应迅速发展的形势，注重加强这一工作的研究和领导。坚持各民族一律平等，承认各民族的自治自决权，从各方面帮助少数民族求得解放与发展。

第八，整顿与健全各级政权，今秋在老区半老区进行民主改选，成立各级人民代表会议及政府委员会。在改选中，必须认真发扬民主检查工作，罢免不称职的坏干部，选出一批密切联系群众的积极分子参加政府工作，提高工作效率。

为保证上述各项任务的完成，就必须进一步加强领导，加强统一性和纪律性，贯彻执行“从群众中来，到群众中去”的领导方法和工作方法，充分发扬民主精神，展开批评与自我批评，经常深入地检查各种工作执行的情形，随时加以具体切实的指导，并按期总结工作经验，建立严格的报告制度，坚决纠正干部中那些严重危害工作的经验主义的思想方法，官僚主义作风，以及无政府无纪律倾向。为达此目的，就必须认真组织县级以上的在职干部学习马列主义理论与毛泽东的思想方法，提高理论水平，克服经验主义，同时注意一般在职干部的政治教育与文化教育，以不断提高政治觉悟和政策观点与文化水平。各级领导者，必须把组织学习，加强干部教育，摆在领导工作的首要地位，一切干部必须把学习文化、理论、政策，以及业务知识等当作不可缺少的一项重要任务去执行。只有如此，我们才能有把握的完成日益加重的任务。

选自《陕甘宁革命根据地史料选辑》第三辑，甘肃人民出版社1983年版，第327～342页。简称"甘肃史料版"。

互校版本：《陕甘宁边区政府文件选编》第十三辑，档案出版社1991年版，第45～68页。简称"档案文件版"。

13. 陕甘宁边区政府通令——关于加强边区政府组织机构人事配备及统一领导陕甘宁晋绥边区

1949年2月21日

各行署主任、各专员、县（市）长：

兹将二月八日陕甘宁边区参议会常驻议员、陕甘宁边区政府委员暨晋绥边区代表联席会议关于接受晋绥行署暨临参会常驻会的请求，将晋绥划分为晋南、晋西北两个行署，归陕甘宁边区政府领导，并增补政府委员，扩大政府行政机构，加强人事配备案之决议通令如下；

一、主席林伯渠因事暂离边区，在离职期间，决［议］由副主席刘景范代行主席职务。

二、陕甘宁晋绥边区行政管理统一后，名称仍为陕甘宁边区政府。原晋绥边区行政公署撤销，分设晋西北、晋南两个行政公署，直接归陕甘宁边区政府领导。各行政公署组织机构，其属于行政性质者，统一设置：（一）秘书处，（二）民政处，（三）财政处，（四）教育处，（五）农业处（晋西北设建设处，不设公营企业处和交通处，在建设处下分别设科），（六）公营企业处，（七）交通处，（八）公安处，（九）卫生处，（十）工商处，（十一）人民法院（冠以地区名称）。并任命赵秉彝为晋西北行政公署主任，秦仲芳、乔钟灵为副主任；武新宇为晋南行署主任，霍维德为副主任。

三、边区政府委员原有林伯渠、刘景范、杨明轩、王世泰、王子宜、霍维德、贺连城、霍子乐、唐洪澄、马济川、霍祝三、阿拉并巴音（蒙族）、蔡登霄（回族）、李仲仁、魏民选、靳体元等十六人，大会一致决议补选王维舟、贾拓夫、武新宇、周兴、王达成、白如冰、赵秉彝、黄亚光、江隆基、惠中权、高士一、任谦，蒋崇璟、苏资琛、喻杰十五人为政府委员，共三十一人。

四、边府下设八厅、一处、一行、四个委员会。八厅为民政厅、财政厅、教育厅、农业厅（原建设厅改）、公安厅（原保安处改），新设工商厅、交通厅、公营企业厅、秘书处，中国人民银行西北区行（原西北农民银行改）；委员会为西北财经分会，少数民族事务委员会、抚恤委员会、人民监察委员会，并改边区高等法院为边区人民法院。各厅、处、院长、务会主任、秘书长、银行经理及委员人选业经大会通过，除分别任命或聘请到职视事外，兹附发各厅处院行会负责人名单一份。

五、前秘书长王子宜、财政厅副厅长范子文、黄静波、兼西北农民银行行长喻杰、副行长刘卓甫、监委史唯然均予免职。

六、晋西北行政公署、晋南行政公署及各厅、处、院之印信，统一由边区政府刻制另令颁发。

特此通令，希即查照，为要！

此令。

主席　林伯渠

代主席　刘景范

副主席　杨明轩

附：各厅、处、院、行、会负责人名单表

职　别	姓　名
主　席	林伯渠
代主席	刘景范
副主席	杨明轩
秘书长	王达成
副秘书长	常黎夫
民政厅厅长	王子宜
副厅长	章夷白
财政厅厅长	白如冰
副厅长	刘墉如
教育厅厅长	贺连城
第一副厅长	江隆基
第二副厅长	赵仲池
农业厅厅长	霍子乐
第一副厅长	惠中权
第二副厅长	丁仲文
公安厅厅长	周　兴
第一副厅长	赵苍壁
第二副厅长	李启明
工商厅厅长	喻　杰
第一副厅长	史唯然
第二副厅长	刘卓甫
公营企业厅厅长	蒋崇璟
第一副厅长	吴生秀
第二副厅长	陈志远
交通厅厅长	高士一

副厅长	高登榜
中国人民银行西北区行	
经理	黄亚光
第一副经理	王　磊
第二副经理	张定藩
陕甘宁边区人民法院	
院长	马锡五
副院长	乔松山
西北财经分会	
主　任	贺　龙
副主任	贾拓夫
委　员	习仲勋　刘景范　陈希云　白如冰
	喻　杰　黄亚光　蒋崇璟　惠中权
	高士一　范子文
人民监察委员会	
主　任	刘景范
委　员	马文瑞　王子宜　马锡五
	谭生彬　赵苍璧　房文礼
少数民族事务委员会	
主　任	杨明轩
委　员	旗海田（蒙族）
	赵　成（蒙族）
	杨静仁（回族）
	蔡登霄（回族）
	天　保（藏族）
抚恤委员会	
主　任	王子宜
副主任	刘耀三
委　员	张经武　谭生彬　贺彪

选自《陕甘宁边区政府文件选编》第十三辑，档案出版社 1991 年版，第 95～98 页。

14. 陕甘宁边区各级政府机关刊发印信暂行办法

1949 年 3 月 18 日

为了逐步统一印信并与华北解放区求得一致，特制定本边区各级政府机关印信之刊发与使用暂行办法如下：

一、种类：印信共分下列五种：

（一）印：县级以上之政权组织（包括人民代表会及政府）及带有永久性之行政机关用印。

（二）关防：县级以上之非永久性或不属于行政范围之机关用关防。

（三）钤记：县属各机关（包括区公署）用钤记。

（四）小章：县级以上政府机关首长用小章。

（五）图记：村（乡）街政府用图记。

二、使用：印、关防、钤记、图记皆于正式行文时用之，小章于对下行文、颁发奖状时用之，上行文及平行文须盖机关首长之名章，各机关之长戳、便戳等本规程不作规定，但一般只限于用介绍、请柬、查询、咨商等事项之笺函。

三、字体：所有印、关防、小章一律用阳文小篆。钤记、图记、名章一律用阳文楷字。

四、格式：印信之尺度、格式、文辞另定之。

五、为适应工作需要，经陕甘宁边区政府特殊核准之机关或部门，得仿照陕甘宁边区政府印信式样，刊制专用印信（如优抚证书专用之印、税票专用之印等），但需在印边用阴文楷字标明之。

六、颁发范围，县府以上政府机关之印、章，由陕甘宁边区政府铸发，并暂规定，陕甘宁边区政府各厅、处、院、行、会、各直属机关、各行署、直辖市及陕甘宁各专署，县印信由边府刊发。晋南、晋西北行署所辖专署、县（市）、（包括专署直辖市）政府及行署和边府直辖市各直属机关之印信，由行署或市府刊发，县属各机关钤记，均暂由各直辖专署刊发。村（乡）街政府图记，由县（市）政府刊发（长戳，便章，采用逐级颁发制）。其有垂直系统之专管机关（如税局、银行……）之印信，由其主管上级机关刊发。

七、印信采用逐级转发制。启用时，应将启用日期并拓具印模执［报］① 请上级机关，逐级转呈原刊发机关备案。

八、印信之颁发，悉以正式公文行之。特殊情况下例外。

九、缴销旧印，须截角呈送主管上级机关转缴原刊机关销毁。

十、其有特殊情形，经陕甘宁边区政府批准者，不受以上各条之限制。

十一、凡查有私刻机关印信者，不论送刻及承刻者，均应依法论处。

十二、本规程自公布之日起施行。

选自《陕甘宁边区政府文件选编》第十三辑，档案出版社 1991 年版，第 135～136 页。简称“档案文件版”。

互校版本：《陕甘宁边区法律法规汇编》，三秦出版社 2010 年版，第 147 页。简称“三秦法律法规版”。

① “三秦法律版”“档案文件版”皆印作“执”，应为“报”。

15. 陕甘宁边区政府暂行组织规程

1949年4月9日陕甘宁边区参议会常驻议员会
政府委员会联席会议通过，同年4月18日边区政府公布[①]

为适应迅速发展的革命形势，集中力量支援前线，争取大西北的早日解放，二月间陕甘宁边区参议会常驻议员、边区政府委员及晋绥边区代表联席会议，决议接受晋绥行署及临参会常驻会的请求，划晋绥为晋南、晋西北两个行署，归陕甘宁边区政府统一领导，业增补政府委员，扩大政府组织机构，基此决议兹制定本组织规程。

第一条　陕甘宁边区政府，为陕甘宁及晋南晋西北之最高行政机关。设主席一人副主席二人。

第二条　陕甘宁边区政府设政府委员会，由委员三十一人组成之。主席副主席均在内。

第三条　陕甘宁边区政府，对于全区行政得宣布施政方针，颁发命令、业制定实施条例及规程。

第四条　陕甘宁边区政府行使有关下列事项之职权，须由陕甘宁边区政府委员会决议行之：一、关于施政方针之决定实施，法令条例及规程之审定通过事项。二、关于全区生产建设、财政设施、金融贸易、文化教育、公安、司法之方针计划等事项。三、决定全区人力、物力、财力的负担政策及支前动员事项。四、全区各级人民代表大会之选举事项。五、行政区划及各级人民政府组织设施事项。六、陕甘宁边区政府秘书长、厅长、银行经理、行署主任、委员会主任及其副职之任免事项。七、全区预算决算事项。八、关于全区人民武装之组织事项。九、其他重大事项。

第五条　陕甘宁边区政府委员会决议案之发布，以主席副主席名义行之。

第六条　陕甘宁边区政府主席之职权如下：一、召集陕甘宁边区政府委员会并为主席。二、领导督促并检查各级人民政府执行边区政府委员会之决议。三、处理边区政府日常政务及紧急事项，但属于边区政府委员会决议之事项者须提请追认。四、任免边区政府科长以上，已设行署区专员以上及未设行署区县长以上之干部。五、对外代表陕甘宁边区政府。

第七条　陕甘宁边区政府副主席协助主席执行前条职务，主席因故不能执行前条职务时，由副主席代行其职务。

第八条　陕甘宁边区政府设下列厅、行、处、会在主席领导下分掌各该主管事项：一、民政厅　二、教育厅　三、财政厅　四、工商厅　五、农业厅　六、公营企业厅　七、交通厅　八、公安厅　九、西北农民银行　十、秘书处　十一、边区财政经济委员会　十二、边区人民监察委员会　十三、边区少数民族事务委员会。

第九条　边区政府设秘书长一人，各厅设厅长一人，西北农民银行设经理一人，各会设主任一人，综理各该厅、行、处、会主管之事项。各厅、行、处、会得因工作之需要设

① 此公布日期系根据“档案文件版”所刊边区政府“通字第25号”通令。

置副职，协助办理各该厅、行、处、会主管之事项。正副秘书长、正副厅长、银行正副经理、各会主任，由主席提交陕甘宁边区政府委员会通过任命之。

第十条　各厅、行、处、会得视工作繁简设置处、局、科、室、股分工办事，并得视工作需要，经边区政府委员会会议或政务会议通过设置各种专门委员会与直属的专管机关，主管一定事项。

第十一条　民政厅掌管下列事项：

一、关于地方政权组织建设事项。

二、关于行政区划事项。

三、关于市政建设事项。

四、关于选举事项。

五、关于户籍人口之调查登记事项。

六、关于干部之管理、培养、保健、考核、奖惩统一筹划及提请任免或任免事项。

七、关于动员参军归队事项。

八、关于战勤动员及调剂事项。

九、关于烈、军、工属、荣退军人之优待抚恤及拥军事项。

十、有关土地改革、减租减息及土地清丈登记、确定产权、调解土地、房屋、债务纠纷、租赁关系等事项。

十一、关于社会救济事项。

十二、关于卫生行政事宜医药及民众医药卫生之指导管理事项。

十三、关于婚姻制度及礼俗改革事项。

十四、关于儿童保育事项。

十五、关于实施禁政（禁烟、毒、赌）事项。

十六、关于人民团体之登记事项。

十七、关于宗教信仰事项。

十八、其他有关民政事项。

第十二条　教育厅掌管下列事项：

一、关于管理各级学校事项。

二、关于管理社会教育事项。

三、关于图书教材之编审事项。

四、关于文化教育及学术团体之指导与奖进事项。

五、关于出版物及电影戏剧等事业之指导、审查登记事项。

六、关于有历史文化价值之古物、纪念陵园、名胜古迹、图书馆、博物馆、人民体育事业之筹划管理与保护事项。

七、其他有关文化教育事项。

第十三条　财政厅掌管下列事项：

一、关于人民负担之研究调整事项。

二、关于各种税收之征收管理事项。

三、关于编制预算决算事项。

四、关于预算范围内之预算决算审核事项。

五、关于有关财政之军需代办事项。

六、关于财务制度之建立与执行检查事项。

七、关于金库粮库实物库之收支管理事项。

八、关于公产管理事项。

九、其他有关财政事项。

第十四条　工商厅掌管下列事项：

一、关于公营贸易事项。

二、关于扶助合作社之发展事项。

三、关于私营工矿商业之计划、管理、调查统计，检查督导及技术发明与优良出品之奖励事项。

四、关于公营、私营工矿商业及合作社营业登记管理及商标注册事项。

五、关于出口贸易管理及对敌经济斗争事项。

六、关于内地贸易，集市之管理及交易所之指导事项。

七、关于稳定物价事项。

八、关于劳资东伙关系及劳动保护具体设施事项。

九、关于度量衡之制造检定监察统一事项。

十、关于工商团体之指导事项。

十一、其他有关工商业事项。

第十五条　农业厅掌管下列事项：

一、关于农业之计划奖进及有关政策之研究事项。

二、关于开展人民生产运动之指导事项。

三、关于组织农村劳动互助农村合作事业之指导奖进事项。

四、关于改良耕地开垦荒地事项。

五、关于兴修农田水利保持水土及防止有关农田水害事项。

六、关于农具肥料种籽之改进推广事项。

七、关于防除农业病虫灾害事项。

八、关于牲畜繁殖保护之指导管理事项。

九、关于植树造林之指导管理事项。

十、关于农业展览及农业技术发明创造之奖进事项。

十一、关于奖进农村副业事项。

十二、关于农贷计划之提出及检查事项。

十三、关于农业经济之调查改进事项。

十四、关于农业团体之指导事项。

十五、其他有关农业事项。

第十六条　工营企业厅掌管下列事项：

一、关于公营工矿业之统一计划管理事项。

二、关于地方公营工矿业之指导管理事项。

三、关于公营工矿业职工之培养与教育事项。

四、关于全区工矿业资源调查开采事项。

五、关于公营工矿业产品之登记，试验、设备改进奖励事项。

六、关于硝磺管理事项。

七、关于公营工矿业职工福利与劳动保护具体设施事项。

八、其他有关公营企业之事项。

第十七条　交通厅掌管下列事项：

一、关于铁路、公路、邮电、航路之筹建与管理事项。

二、关于公营运输业之筹设与管理事项。

三、关于指导与扶助私营运输业事项。

四、关于道路、航路、车船制造之检查改进事项。

五、关于护路养路事项。

六、关于交通团体之指导事项。

七、关于交通部门职工福利及培养教育事项。

八、其他有关交通事项。

第十八条　公安厅掌管下列事项：

一、关于奸细特务盗匪及其他危害国家人民利益的破坏分子之防范，侦缉，及检察起诉事项。

二、关于人民除奸之组织教育事项。

三、关于清查户口安定社会秩序及机关保卫事项。

四、关于边沿区接敌区之通行管理与出入境检验等事项。

五、关于各级公安机关业务指导事项。

六、关于警卫部队之管理教育事项。

七、关于违警事件之管理事项。

八、其他有关公安事项。

第十九条　西北农民银行掌管下列事项：

一、兼理中国人民银行西北区行业务事项。

二、关于农工商矿业合作社及企业投资贷款事项。

三、关于金融之调剂稳定事项。

四、关于代理边区政府金库事项。

五、关于代理边区政府总会计事项。

六、关于私人银钱业及其他信用事业之管理事项。

七、关于外汇及生金银管理事项。

八、关于存款储蓄、放款、汇兑、金银买卖及其他银行业务事项。

九、其他有关金融行政事项。

第二十条　秘书长承主席之命处理交办事项业领导秘书处。具体掌管下列事项：

一、关于政府委员会议及政务会议之准备与记录事项。

二、关于调查研究及统计事项。

三、关于工作报告及政报编纂事项。

四、关于图书资料档案之保管事项。

五、关于文件之撰拟保管缮印校对及收发事项。

六、关于印信电报等机要之掌管事项。

七、关于边区政府对外宣传报道事项。

八、关于机关通讯联络事项。

九、关于交际联络及招待事项。

十、关于边区政府之会计庶务生产卫生警卫等事项。

十一、其他不属于各厅、行、会主管之事项。

第二十一条　财政经济委员会掌管下列事项：

一、关于本区财政经济方针政策之拟议事项。

二、关于本区财政经济设施之综合计划事项。

三、其他有关重大财政设施之研讨事项。

第二十二条　人民监察委员会掌管下列事项：

一、检查、检举并拟议处分各级行政人员、司法人员、公营企业人员之违法失职，贪污浪费，违反政策，侵犯群众利益等行为。

二、接受人民及公务人员对各级行政人员、司法人员，及公营企业人员之控诉及举发并拟议处置办法。

三、其他有关肃整政风事项。

第二十三条　少数民族事务委员会掌管下列事项：

一、关于西北少数民族问题之研究及方针政策之拟议事项。

二、关于边区境内蒙回各民族自治区之政治经济文化教育卫生等项建设之研究拟议计划事项。

三、关于边区蒙回各民族团体之指导事项。

四、其他有关少数民族事务之事项。

第二十四条　为执行边区政府委员会之决议，解决各部门有关问题，陕甘宁边区政府设政务会议，由主席、副主席、秘书长、各厅长、西北区行经理，及各会主任组织之，必要时各部门副职亦可出席。政务会议讨论事项主席有最后决定权。

第二十五条　各厅、行、处、会相互间如遇有争执之工作问题时，得提请主席交政务会议解决之。

第二十六条　各厅、行、处、会对其主管业务之具体执行事项，有监督指导下级政府执行之责，并得发布命令和指示。

第二十七条　各厅、行、处、会就各该主管事项对于下级政府之命令或处分认为有违背法令或逾越权限者，得呈请主席或提请政府委员会或政务会议议决，停止或撤销之。

第二十八条　陕甘宁边区人民法院对于重大案件之审理，如主席认为必要时，得提请政务会议决议设特别法庭审理之，边区人民法院判处之死刑案件须经主席核准批交法院执行之。

第二十九条　人民监察委员会为行使职权，得向有关机关进行调查，各该有关机关必须接受检查，提供必要之材料。

第三十条　人民监察委员会有关处分之决议须交法院审批者，得提请法院审理之。须交行政机关执行者，得提请主席批交各有关行政机关处理之。

第三十一条　人民监察委员会提请陕甘宁边区人民法院审理之案件，法院应予受理，法院关于此项案件之审理结果，应函告陕甘宁边区人民监察委员会，人民法院对于人民监察委员会提请审理之案件，如有不同意见，人民监察委员会应予说明，如遇疑难争执，会呈主席解决之。

第三十二条　边区政府办事通则，各部门组织规程工作细则均另定之。

第三十三条　本规程经边区参议会常驻议员会及边区政府委员会联席会议通过，由陕甘宁边区政府公布施行。

选自《陕甘宁革命根据地史料选辑》第三辑，甘肃人民出版社 1983 年版，第 351～360 页。

互校版本：

1.《陕甘宁边区政府文件选编》第十三辑，档案出版社 1991 年版，第 242～249 页。

2.《中国新民主主义革命时期根据地法制文献选编》第二卷，中国社会科学出版社 1981 年版，第 460～470 页。

3.《陕甘宁边区法律法规汇编》，三秦出版社 2010 年版，第 33～37 页。

16. 陕甘宁边区政府办事通则

1949 年 4 月 18 日公布

第一章　总则

第一条　为健全工作制度，提高工作效率，特依据本府组织规程第三十二条之规定制定本通则。

第二章　行文

第二条　凡属下列性质之文电，均以主席名义行之：

（一）关于政策方针的指示、通令及重要计划的决定与变更。

（二）关于本府各种政策、法令，条例、规章、布告的颁布。

（三）关于干部之任免奖惩（依干部任免奖惩条例处理之）。

（四）关于死刑之核定。

（五）关于各厅、处、院、行，会之间有关的重要具体工作执行事项。

（六）关于对外文告。

（七）其他代表本府之证明文件。

上属各项行文，由各主管部门撰稿后，连同有关原文附件，经各该部门负责人核签，或与有关部门负责人会签后，统经秘书长核呈主席审核签发。行文种类暂分：命令、通令、指示、决定、通报、状、批答、布告、函、电、通知等十一种。

第三条　凡属下列性质之文电，得以各主管部门名义行之：

（一）关于既定政策方针及重要计划的具体执行事项。

（二）关于业务问题指导事项。

（三）关于各部门日常政务对内之通知通报事务。

（四）关于所属一般干部之工作派遣。

（五）关于对内之证明文件。

上述各项行文，由各主管部门科室撰稿后，经各主管部门负责人审核签发。其属于会衔行文，由会衔部门负责人会签之。但有关政策方针及重要计划的决定和指示等，应先请示主席，并于行文时经主席核阅后行之。行文种类暂分：签呈、命令、指示信、通报、状、批答、函、电、通知九种。

第四条　各部门所有呈送主席核办审阅之一般公文、报告、材料等，须送交秘书处，（亲收函件例外），下级政府及其他机关寄送本府之公文、报告、材料，均由秘书处统一登记拆阅，凡属各主管机关业务范围内者，由秘书处径交各该主管机关核办，如须会同其他部门办理者，由该主管部门会商之。其不属于各厅、处、院、会者，由秘书处拟办。

第三章　会议

第五条　在边区政府委员会闭会期间发生的重大问题，及有关各部门的重要工作事项，得提交本府政务会议讨论。政务会议每月举行一次，（必要时得召集临时会议）由主席或副主席召集之。

第六条　各厅、处、行务会议，每两星期举行一次，由各厅、处、行负责人及科长或相当于科长以上之干部组织之。各科室得于一定时间举行科室会议，会议之决议，应由各该部门负责人负责核定并执行之。

第七条　各部门因工作需要，经主席批准，得召集各种联席会议，（如一科长联席会议）并可单独或联合组织有关部门召开讨论研究专门工作问题之会议。

第四章　报告制度

第八条　各厅、处、院、行、会每两月（逢单）向主席作书面综合报告一次。凡属当前主要工作或有关事务专门材料，由各主管部门适时进行总结，或作附件，随时呈送主席审阅，报告中如有必须答复或要求解决之问题，由主席即时批答或提交会议讨论处理。

第九条　各厅、处、行务或联席会议及专门工作问题研究讨论会的记录，应分别于会后五日至十日内，摘要整理送呈主席核阅。政府委员会及政务会讨论决定事项，由秘书处于会后五日内整理印发各厅、处、院及有关机关。有关各主管机关应办之决议事项决定，可径行办理，不另行文。

呈送之报告内容，力求充实，问题力求扼要，文字力求简明。

第五章　机要

第十条　各部门机要文电、报告、材料之收发、撰拟、缮写、摘记、保管，及印信掌握等事宜，由各部门机要秘书或指定专人掌管。凡属机要文件，发文机关必须在文件封面注明“亲收”或“密”字等字样，交由收文机关机要秘书办理，关于机要文电之处理办法由秘书处制订之。

第十一条　各部门工作人员对承办事宜及未经核准之会议决议，有保密之责，非经主席核准或政务会议决议，不得以单独部队或个人名义对外发表谈话及文告。其属于政策性的对外通讯报道事宜，统一交由秘书长呈主席核准后发布之。

第六章　档案

第十二条　凡由各主管机关承办，以主席名义行文之稿本附件，均由秘书处归档。凡以各主管部门名义行文之文稿材料。由各主管管部门归档。

第十三条　归档、调卷办法由秘书处制订之。

第七章　政报与统计

第十四条　为交流经验，改进工作，凡有关政策方针、条例法规以及经主席核准公布之报告文件、会议记录、工作总结、研究材料以及各种行文等，均得于边区政报及边政通讯或群众日报上发表之。各解放区有参考价值之文件，得转载之。凡经注明不另行文者，其效力与行文同。

第十五条　各厅、处、院、会及专门业务部门经主席或政务会批准，得举办与各该主管机关业务有关之通讯刊物。

第十六条　凡属一般基本情况数字统计，由秘书处召集有关部门研究统计，综合编制。其属于各主管部门业务材料统计，由各主管部门自行编制，随时检送秘书处一份，呈主席审阅。凡各部门一般情况的普遍调查统计表格，应统一经由秘书处审核印发。

第八章　办公制度

第十七条　本府各部门办公时间。规定每日八小时，（星期日休息）。在办公时间内，不得擅离职守。如负责人因公外出时，须指定专人负责处理接洽事宜。各部门可建立工作日记制度，以便检查督促。假日应采取值班或值日制。各部门工作人员，在规定办公时间以外，如遇有紧要公务或遇有群众来府接洽事宜，均应随时处理。

第十八条　各部门处理日常政务及承办公文电报，应随时检查办理，不得稽延积压，如有稽延，应分别向主席各主管部门负责人申明原因。

第十九条　为加强各部门之间工作联系，迅速处理相互有关之问题和事件，规定每礼拜举行集体办公一次，由主席主持，各部门正付厅、处、院长须有一人亲自参加。

第二十条　本府各部门均依边区政府组织规程规定之执掌事项建立主管制度，其他部门如遇有关事宜，须事先与主管部门会商处理之。

第二十一条　保护并坚持两小时学习制，遵守作息时间。

第二十二条　本府所有工作人员之请假，均须由各主管上级批准。工作调动时，必须办清接交手续，由各级主管负责人监交。同时作出工作鉴定。

第二十三条　本府工作人员每一年进行一次工作考核，由厅、处、院、会、负责分别进行，鉴定表应送民厅备查。

第二十四条　本通则经政务会议通过及主席核准施行。

选自《陕甘宁革命根据地史料选辑》第三辑，甘肃人民出版社 1983 年版，第 361～366 页。

互校版本：

1.《陕甘宁边区政府文件选编》第十三辑，档案出版社 1991 年版，第 250～254 页。

2.《陕甘宁边区法律法规汇编》，三秦出版社2010年版，第143～145页。

17. 陕甘宁边区政府关于健全报告和请示制度的指示

1949年4月

各行署主任、各专员、县（市）长：

一、去年十一月本府发出《关于九、十两月份报告制度的检查给各专员、县（市）长的指示》以来，各地对报告制度的执行，较前已有若干改进，除个别如韩城、甘泉等县，五月来未作一次综合报告外，一般已初步建立了报告制度，各级领导干部对此一制度的重要性，已有了比较明确的认识，部分如晋南、晋西北行署、陇东、延属专署，并联系此一制度的检查，进行了反无政府、无纪律状态的检讨，揭发了不少违反政策的严重现象，事前不请示，事后不报告的现象已逐渐减少，某些领导干部已认识或感觉到经验主义思想方法的危害，并逐渐注意改造。在此期间，我们收到各地比较重要的报告共计二百九十四件。根据这些报告内容，大体可分为下列几个类型：甲、少部分如陇东专署、华池、安塞，子长、绥德、米脂等县，报告较经常，且能较及时地写出当前一项或几项主要工作的进度、办法和结果，使上级看到他们寄来的若干次报告后，能够大体了解其各种重要工作的动态和全貌，这些地区是认真执行了报告制度，有计划地向上级经常反映了工作情况。其中极少数如陇东征收农业税总结，并能初步掌握分析、研究和总结问题的方法。另一少部分如延属专署、子洲、安边等县关于土地登记、评产、对敌斗争等的一些典型材料，写的较好，能及时总结出某项工作的症结问题和解决问题的办法及其工作经验。使上级能够及时了解一些真实情况或某些工作的主要问题及经验，对于指导推动工作有不少帮助。以上是比较好的类型，但只占全数报告中的一少部分。乙、多数报告的内容，仍是罗列现象。其中一些虽有实际材料，但普遍缺乏分析研究，缺乏对政策执行的检讨，有的一些抽象的结论，缺乏具体材料，有的企图以个别孤立的事例，说明全面情况；有些带政策性的请示，缺乏具体情况的说明和自己对问题的意见。这类报告，虽然数量不少，（如绥德专署、清涧、葭县、淳耀、新正、赤水、郃县、延川、横山等县）但仍不能使上级了解其工作的真实情况，予以指导和帮助；许多空洞冗长的报告，看后实在无法致答。这一类是我们目前报告中存在的较大量的现象，也是我们必须改进的主要对象。丙、少部分如关中、黄龙专署、富县、郃阳、宜君、宜川、洛川、白水等县政府的报告制度尚未建立起来，存在着偶一为之的应付现象。产生这些问题的原因，主要由于各级负责同志对报告缺乏认真研究，存在着怕麻烦的思想。此外领导方面，对下级报告的重视和具体指导检查及帮助不够，也是报告不能更好提高的一个重要原因。目前各级政府在报告制度方面已露出一种懈怠倾向，如不加以提高，就会有流于形式的危险，必须严格提出注意防止。

二、为此，目前报告制度，必须坚持与提高并重，避免松懈或流于形式，彻底肃清无政府无纪律状态，以保证政令贯彻，行动统一。上述甲类，报告经常，内容较好的地区，应力戒自满，不断努力提高，以求改进工作。乙类尚未跳出罗列现象的圈子的多数地区，更须努力学习，根据本府历次指示写报告的要点，在每次写报告时加以深刻细密的研究讨论，分析这个报告是否说明了所报告的某项或某几项工作的动态、问题、偏向及症结所在，并提出解决问题的意见和办法，是否说明了执行政策的情况及工作经验，反复研讨，再三修改，以求改进并逐渐提高。至于那些报告制度尚未建立的地区，必须切实改正漠视此一制度的无政府无纪律倾向，深刻加以检讨，作出具体改进的决议，切实执行并报告本府。

三、为适应日益发展的革命形势和工作需要，从（重）新规定报告与请示制度如下：

甲、报告必须遵守以下规定。

（一）晋南、晋西北与陕北行署主任及陕甘宁未设行署之各专员，每两月（逢单）须向主席作综合报告一次；今后陕甘宁各县长每两月之综合书面报告，直寄各该专署不径寄本府，但各行署及各直属专署应将各专员与各县长比较有内容的报告，随时检送本府一份。晋南、晋西北行署所属各专员、县（市）长之综合书面报告制度，由各该行署自行规定，如各专员、县（市）长报告中有较好的或有参考价值之材料，得随时检送本府一份。本府对各行署所属之各级政府及各直属专署所属各县之报告，一概不径作答复，如发现问题，必须指出时，经行署或专署转达之。

（二）综合报告应着重写各种政策执行的具体情况、问题及经验，每次着重说明两三个重要问题，全文至多不超过五千字，如问题过多，可分几次写或当附件同时寄来。凡工作具体问题如经费、干部及业务上发生的困难和问题，应随时备文商请解决，不要罗列在综合报告之内。

（三）凡有关本府各厅、处、院、行、会业务范围内之一般请示、报告材料、工作总结、文件等，可径寄各主管机关，如农业生产寄农业厅，战勤、干部等问题寄民政厅等。不属于各厅，处、院、行、会者，则直寄主席。

（四）除规定之综合报告外，凡行署及专署（陕甘宁）下行之重要指示、命令、文件及各种重要工作之总结材料等，得同时检送本府一份。各项工作进展情形及重大问题，可随时便函或电告本府。

乙、下列问题，必须事先请示本府批准，方可执行。

（一）有关政策方针及各项重大工作之计划和决定。

（二）本府颁发的条例，因不适于当地具体情况，需加修改者。（应提出具体情况、意见、呈报本府）

（三）各行署依本府条例精神，制定之单行条例。

（四）扩军事项。

（五）公粮负担数目与税率之增减事项。

（六）地方款之征收事项。

（七）贷粮贷款的增加与减少事项。

（八）属于本府任免之干部事项。

（九）与其他解放区之经济协定。

（十）重大工厂之建设与中等以上学校之开办。

四、各级领导机关对所属下级政府之报告，必须采取严肃负责态度，及时研究处理，好的予以鼓励，有价值的介绍各地参考，内容差的应指出缺点并告以改进的方法，耐心帮助提高，要求不可过高过急，并应每隔两三月将下级在这期间的所有报告加以综合研究，颁发指示，鼓励好的批评坏的，并指出努力改进的方向，帮助其进行检讨，藉以逐渐改进提高。

各地接到此一指示后，应即进行讨论，切实执行。报告制度尚未建立及做得差的地区，更应联系过去执行报告请示制度的检查，进行深刻的检讨，并将结果报告本府。

选自《陕甘宁革命根据地史料选辑》第三辑，甘肃人民出版社 1983 年版，第 367～370 页。

互校版本：《陕甘宁边区政府文件选编》第十三辑，档案出版社 1991 年版，第 299～302 页。其公布日期为“一九四九年五月五日”。

18. 陕甘宁边区新解放区城市召开各界代表会办法

1949 年 8 月 19 日

一、为了团结新解放区城市的各阶层人民，加强民主建设，发扬民主精神，全力支援解放战争，特制定本办法。

二、凡人口在三万以上，且已建立军事管理委员会（以下简称军管会）及人民政府之城市，均应依照本办法召集之。其名称定为“某某县（市）各界代表会”，由军管会和人民政府联合出面召集之。如无军管会之县市，由人民政府出面召集之。

三、各界代表会为军管会和人民政府领导下的协议机关。其职权为协助政府推行各项政策，反映群众意见，建议新城市的建设，但无约束政府之权力。

四、代表名额，各县市根据地区人口、机关团体等实际情况，自行决定。

五、代表产生方法，以聘请为原则，已有组织之团体，如工会、学生会、青年会、妇联等由各该团体民主选出名单，经军管会和人民政府审查聘请，其无组织之农民、革命知识分子、产业界人士、民主人士及少数民族等，由军管会和人民政府直接聘请之。代表总额中劳动人民及革命知识分子应占多数。

代表范围应力求广泛，各单位应出名额及比例，各县市须具体规定之。

六、凡代表中如出现反动分子，即应撤销其代表资格，另行聘请补足之。

七、凡已聘定之代表，在开代表会前，应发动其在本单位或本地区广泛征询群众意见，以增强其代表性。

八、各界代表开会时，选出七人至十五人组成主席团，主持会议，执行如下职务：

1. 讨论执行军管会和人民政府交办事项；

2. 听取讨论军管会和人民政府的工作报告及实施办法；

3. 向军管会和人民政府反映群众的意见和要求；

4. 建议本城市应兴应革事项。

九、各界代表会应选出正副主席三人至五人，正副秘书长二人，成立秘书处以执行日常事务。

十、各界代表会之会期，城市［每］月一次，必要时可召开临时会议。

十一、各界代表会召开前，应成立代表会筹备会，筹备委员七人至十五人，并推定主任一人，其任务为代表之审查与聘请，大会时间地点之规定，大会期间代表之招待与登记，经费的收支等。

十二、各界代表会经费由各主管机关编造预算，呈报边府审核批发。

十三、本办法自公布之日起施行，其解释权属于边区政府。

选自《陕甘宁边区政府文件选编》第十四辑，档案出版社1991年版，第24～25页。

互校版本：《陕甘宁边区法律法规汇编》，三秦出版社2010年版，第61页。

19. 迎接西北军政委员会成立边府决定加紧准备

1949年12月8日

本月二日中央人民政府正式宣布成立西北军政委员会，并任命委员名单后，陕甘宁边区政府为迎接西北军政委员会的成立及鉴于西北现已全部解放，今年春节应发动群众热烈拥军事宜，本月六日召开迁至西安后第十二次政务会议，作出决议如下：

（一）中央人民政府已正式宣布成立西北军政委员会，并公布了委员名单，这是西北历史上的一件大事。

为迎接西北军政委员会成立，决定各厅、处、院、会、行应立即开始进行各项准备工作，并作出总结报告，提出关于军政委员会内部及各省政府组织机构、人员编制、干部配备，初步方案以及其准备交待事项，统于本月十日前完成。

（二）西北已全部解放，本年拥军工作，应更好的（地）进行。为此，决定由各省、行署、专署及早准备这一工作，于今年旧历年前后，展开全区群众性的、比以往任何一年都热烈的劳军运动。除了对于军队慰劳外，同时对于烈、军属通过各种形式，给予精神上、物质上的慰劳。配合这一工作，必须做好优待工作，认真解决烈、军属的困难。老区应该彻底检查优待工作的执行情形，严格纠正优待工作中存在的各种偏向；新区在旧历年前要有计划的（地）解决烈军工属的困难，帮助其建立家务。其具体办法，边府另行指示。

（三）西北人民解放军进军西南时，遗留了不少荣誉军人，但因原边区荣誉军人教养院人数过多无法收容，因此，决定另成立荣誉军人教养院第二院，进行收容，任命白雪山任该院院长。不久即可正式开办。

选自《陕甘宁边区政府文件选编》第十四辑，档案出版社1991年版，第460～461页。

原注："原载1949年12月8日《群众日报》"。

20. 陕甘宁边区政府副主席杨明轩关于陕甘宁边区政府的工作报告[①]

1950年1月召开的西北军政委员会第一次委员会上所作

主席、副主席、各位委员、各位同志：

西北五省业已全部解放，为适应和平建设的新形势和新任务，西北军政委员会奉中央人民政府命令，宣告成立。现在我在此提出陕甘宁边区政府的工作报告，供诸位委员商榷今后施政方针和建设计划的参考，并请给予批评指正。

陕甘宁边区是全国历史最久的解放区，远在一九二七年大革命失败后，就由中共党员刘志丹、高岗、谢子长等同志为首，领导边区广大人民，发动游击战争，进行反帝反封建的斗争中创立起来。一九三五年，毛主席和中共中央率领主力红军，北上抗日，经二万五千里长征，落足于此。从此，这个地区就成为全国抗日战争领导中心的所在地，成为中国人民解放斗争的总后方。十数年来，边区军民在毛主席和中共中央领导下，艰难缔造革命根据地，建立了人民民主政权，并在支援与争取抗日战争以及解放西北战争事业中获有伟大成就，完成了它的历史任务。凡此，均已详载历来文献中，我们近已摘其重要者，整理汇编，印发各委员参考，故不再详述。我的报告，着重说明一九四九年的政府工作。

一九四九年是变化最大，发展最快的一年。陕甘宁边区政府为了适应新的发展形势并争取胜利迅速到来，在二月间曾举行边区参议会常驻议员会，边区政府委员会暨晋绥代表联席会议，接受晋绥行署及晋绥临时参议会的提议，将晋绥行政区划为晋西北、晋南两个行署，归边区政府直接领导，以便进一步集中力量支援前线，同时决议成立陕北行署，以加强老区工作的领导，使边府集中力量，把工作重点放在新区，积极准备大量干部随着军事发展进行支前接管工作。事实证明，这样部署，是完全必要和正确的。在继续动员人力物力，支援前线，消灭胡马匪军，争取最后完成解放大西北的总任务下，并根据新老区不同情况，确定不同的工作方针：老区以恢复与发展生产医治战争创伤为中心，新区以接管、剿匪、反霸为中心；半老区（黄龙分区）积极准备条件，争取在一九四九年内完成土地改革。西安解放后，我们又根据西北的实际情况，接受中共中央西北局的指示，提出在做好城市接管工作后，把工作重心应放在农村，发动群众进行剿匪反霸，及其他民主改革。同时兼顾城市，以逐渐由削弱到消灭封建剥削制度，建立进一步发展城市的基础。半年来的工作中证明这一方针是完全正确的。

现在我把一年来的几项主要工作简单报告如下：

关于支援前线消灭敌军

我西北战区的人民解放军在毛主席正确领导和朱、彭总副司令英明指挥下，英勇奋战，胜利前进。五月解放西安，七月与华北兵团会师，挥戈西向。迅即解放甘肃、宁夏、青海，新疆于九月间和平解决，十二月解放陕南，完成西北解放战争大业。总计一年来共

① 原注：这是在西北军政委员会第一次委员会（1950年1月19日至27日在西安举行）上所作的报告。

歼敌军十六万，连起义投诚军共二十五万余人，连前共歼五十五万余人。我西北广大人民在支援大军前进中，出了巨大力量，基本上完成了光荣伟大的支前任务。仅就关中、陕北、晋南及甘肃平凉、陇东两分区统计，本年动员民工即达四四、六一二、五四〇个，畜工达一千三百余万个，大车十二万辆。西北各省本年征收粮食达一千一百九十二万四千市石一合十二亿市斤（包括晋南晋西北在内。部分已供作军需食用，部分正入仓或征收中）。财政方面赖中共中央尽力调拨补助，及西北军民厉行节约，紧缩行政开支，加强税收等努力，克服了财政经济上的种种困难，并将财政收入主要用于支援战争，总计一年来供给部队军鞋三百六十三万余双，被服二百五十余万件（套），以及其他如弹药、经费等，共达财政总支出百分之八十左右，基本保证了各项军费供给。各地并积极组织群众帮助军属解决生产生活中的一些问题。普遍热烈的进行拥军运动，鼓舞与保证了战争的胜利前进。各项负担系按不同地区情况，分别采取不同政策。如战勤负担上，在已经土改地区实行按劳负担，照顾贫苦；新解放区实行劳财共负的政策。并为适应战争发展多确定在离战线较远的地方和各城市，采取收战勤费，雇用长脚服勤代替直接动员民工的办法，以节省民力，便利生产。征粮政策上，老区实行按通产扣除定额免征点后，以一定比例征收农业税；新区实行按实产累进征粮的政策。为保证部队供给，在新解放地区初期曾实行了按各阶层收入多寡，以不同比例预借粮秣，以后在征粮中长退短补的办法。在税收上，实行了废除反动性的苛捐杂税，其他暂时沿用国民党旧税法，逐步求得改革的方针。事实证明，这些政策基本上是正确的，但在执行中，新区某些地方初期曾发生过“抓大头”或“平均摊派”的错误，在工作过程中并发生过乱动员乱支用等不遵守制度及供应不能及时等浪费现象，经过多次指示，已逐渐纠正过来，但个别现象仍然存在。

西北人民不仅完成了支援解放西北的任务，并且协助解放西南。此次支援向西南进军部队的民工即达一万七千余名，担架八百四十付（副），驮骡四千六百余头，许多群众都自动报名参加，情绪十分热烈。

关于老区恢复生产与发展生产工作

据陕北行署报告，一九四九年耕地已恢复至战前水平，粮食产量因遭虫、旱、雹灾，只达战前百分之八十四，一般地完成了去年计划每亩增产细粮二市升的任务。为完成这一计划，他们特别注意了农民的互助组合运动与合作事业的组织与领导。据统计全区三十七万劳力中，约有百分之四十参加互助组合，夏收夏耘中，并达百分之六十，部分劳动互助组织如绥德王家坪等，走向农业与副业、供销、借贷相结合的互助组合，各种生产供销合作社亦渐恢复与发展，社数较一九四八年增加百分之三十五，小型合作社增加百分之八十八。同时注意扶助贫苦农民解决生产生活中的困难，有重点的发放农贷一千一百二十五万元，救灾粮食二万一千四百市石，兴修了织女、定惠两渠水利，一九五〇年可灌溉两万亩。耕畜较一九四八年增加百分之十四，羊子增加了百分之三十。手工业和副业亦大部恢复。蒋胡匪帮所造成老区人民的严重灾荒饥饿状态已基本上克服了，但战争创伤的恢复相差还远，今后必须继续努力，我们对这一与全国解放战争有重大贡献的地区，亦应在各方面多予帮助，以期迅速恢复战争创伤，并逐渐求得发展。

为了便于领导工作，晋西北行署于太原解放后，商得华北人民政府的同意，划归山西省人民政府管辖，晋南行政区亦于年前正式划归山西省管辖，因此，我对这两区的工作即不详作报告。

关于新区接管工作

西北各省除新疆系用和平方式解决，汉中解放不久，接管工作进行较迟外，其他各城市的接管工作基本上已经完成。大中城市组织军管会实行军事管制，负责进行接管工作；一般小城市均有县人民政府负责接管。接管工作系按照不同对象和性质采取不同方针分别进行的。

对于国民党反动政府所属的企业，官僚资本企业及一切公用事业，采取一般不打乱原来机构自上而下整套接管的方针进行接管，同时恢复生产和业务。所有接管的企业虽在生产资料资金不足等困难条件下，赖全体工人和职员积极努力与人民政府的大力扶助指导，均于解放后不久很快复工，西安等地解放较早，各厂矿的生产一般已达解放前水平，部分并有超过（人民电厂超过百分之二四三），各种公用事业如铁路、电厂、电讯、邮政、水利等亦皆能迅速修复开工复业，特别是交通方面，由于广大员工和群众的积极努力，克服了重重困难，在短期内即修复了被敌人严重破坏的陇海、西潼、西宝、咸同铁路，并配合铁道兵团，完成修复陇海路潼关至大营一段，组织各地群众积极修复各公路干线，迅速通车。对于支援战争，建立城市秩序和恢复生产，均有很大作用。目前普遍存在的问题，是如何进一步做好下列工作，以提高生产和工作效能：甲、有计划有重点的进行生产，从工业生产发展的整个过程（原料、制造、销售）详作研究制定计划。乙、实行民主管理，工厂和生产的一切情形应当告诉工人，生产计划经工厂管理委员会讨论通过后由大家负责组织全厂员工团结一致，为实现这个计划而斗争，并适当地运用批评与自我批评，发扬民主精神。丙、加强职工教育，提高政治觉悟，发挥职工积极性和创造性。丁、根据生产状况，适当调整与解决工人工薪问题，并举办供应社以期保障工人实际工资。戊、建立制度改进业务。这些问题在西安十月间召开的工联会上曾讨论过并有决议，但现在还做得很不够，必须继续努力贯彻执行。对于中小私营企业我们采取保护政策，本劳资两利方针处理了一些劳资纠纷事件，颁布了“处理劳资纠纷暂行办法”，制定“订立集体合同办法”，但实际工作做得很不够，一般的了解帮助和领导也差，今后须注意改进。

对于文教部门采取保护政策，各公立学校，在接管后除少数按具体情况加以调整合并外，其余一律开学复课，明令取消某些反动的课程和制度，一般课程暂时照旧，逐渐进行改革。各私立学校实行审查登记，除个别平日反动有据予以停闭或接管外，一般准予登记复课，并加强领导帮助改进。统计各省接管了公立专科以上学校九处（原十二处，接管后将西安省立医专、商专、师专并入西大）学生近五千余名，中学校共约二百八十余处，学生七〇，〇〇〇余名，小学校共约二万余所，学生约五〇〇，〇〇〇余名，均已先后开课。在政府领导下，逐步进行改造，学生的思想亦经过短期的政治学习，参加社会宣传活动及数月之教育，已有显著进步，解放较早的地区，如西安、兰州等地均注意了教师思想的改造及新的教学内容和方法的研究。关中各地在暑期分别召开中小学教师座谈会，参加者五千余人（占关中中小学教师五分之一），收效很大。秋季开学以来，各校都有一些新的改变，教员们“混日子”的思想减少了，过去长期存在“师生对立”的情况改变了，逐渐领会与树立了为人民服务的思想。冬季以来，并指示各地兴办冬学，开展社教工作。目前各级教育方面迫切需要深刻研究，逐渐改进解决的主要问题是：甲、健全各级教育行政机构，加强教育工作领导。乙、继续改造师生思想。丙、根据需要明确规定各种学校的教育方针、教程、学则及课程标准和组织机构制度等。丁、适当调整解决教育经费及教员薪资问题。

对于其他文化机关如报社、通讯社、书店、印刷所等，其属于国民党反动派公营的，一律接收，属于私营的，除反动劣迹昭著者外，其余皆准登记复业。

对于国民党反动政府和军警司法行政机构，实行彻底打破而代之以人民的民主政治机构和制度，本实行人民民主专政的方针，首先自上而下迅速建立县以上各级人民民主政权，并根据毛主席的指示：在三万以上人口的城市和各县都先后召开各界人民代表会议，广泛联系各民族、各阶层，协助政府扩大政策法令之宣传与贯彻执行。这是人民代表大会未成立前人民政权的基本形式，也是推行政府当前重要工作极其重要的组织形式。陕西新区各县市在十月、十一月间都已召开了一次到两三次这样的会议，甘、宁、青等省各县市有的已开过，有的正在陆续召开或准备召开。各地代表会一般存在的缺点是：甲、领导方面准备不充分，不能明确提出问题，充分发扬民主，认真讨论。乙、不善于在每次会中抓紧解决群众目前迫切关心和要求的问题，存在着长篇大论的工作报告，及包罗万象、空洞冗长的计划和提案等形式主义。丙、代表会后代表们向群众传达和推行决议的工作做得不够。政府和代表们的联系也不够。也有少数地区的干部对代表会的重要意义认识不够，如认为是完成上级任务，是“旧议会的形式组织”，是临时性的协商机关等。因而有盲目开会或奉命例行开会现象，收效很少。乡村政权由于解放初期干部不足，群众尚未发动起来，因之在宣布废除保甲制度后，曾暂时利用保甲人员中无重大恶迹者，在人民政府领导与群众监督下，执行一定的任务，逐渐在群众运动中进行改造。现在解放较久的地区，如关中等地的乡村政权基本上已经掌握到人民手里，但其中仍有少数不纯正的分子混入，他们保持着国民党保甲人员的恶劣作风。包庇徇私，贪污腐化，随便打人、捆人、罚人的现象仍然发生。这在新区是很难避免的，必须要在今后不断的群众运动中，经过考验、教育、改造或清洗淘汰。至于有些人看见能写会道的旧保甲人员垮台了，没文化、不认识字的农民当政了，就觉得奇怪，甚至不满意，说长道短，轻视乡村的工农干部。我们必须告诉这些人说：他们的观点和立场弄错了，这些劳动人民出身的干部有劳动观点多有代表广大劳苦群众利益和为他们服务的本质和立场。有了这些基本条件，只要是广大劳动人民所拥护的，他们就会当家替人民办事。他们和那些压迫苛诈剥削人民的保甲人员是有本质上区别的。当然这些刚从群众中生长起来的新干部也有许多缺点：如文化低、经验少、办事方法少等，有些甚至有狭隘、报复、徇私、骄傲、急躁等毛病。这些就要领导方面多加教育具体指导，不断地提高他们。必要时举办训练班，轮流训练乡村干部，以逐渐改进他们的思想作风，提高工作能力。

进入新区后，迅即废除了伪法律伪组织清理旧案，建立了人民法院与人民的司法制度，安定社会，实行了便利人民的审判方式，注意加强调解人民纠纷，简便手续，解决问题，人民满意。对于旧司法人员除作恶多端声名狼藉者或反革命特务分子外，一般采取争取与改造方针，按不同的对象经开座谈会、训练班、新法学研究会等方式，予以马列主义与毛泽东思想的国家观、法律观，新民主主义政策法令及为人民服务的司法制度的教育，并分别予以适当工作，并在实际工作中注意培养新的司法工作人员。

对于旧有人员的处理安置是接管工作中的一个重要的问题。西北各省对这一问题曾采取了比较谨慎负责的态度，除少数劣迹昭著，为大多数群众反对者，予以裁撤，对自愿退休转业的予以帮助遣散外，其余凡有一技之长者都吸收在西北军政大学和西北人民大学学习，或经短期学习留用下来。西安解放后，胡马匪帮曾一度妄想反扑，致当时一部分旧公务人员抱观望态度未向人民政府报到闲散在家，同时在西安解放初期某些部门也发生强劝转业遣散的偏向，造成有三千多旧人员失业。经发现后，很快即遵照毛主席“三人的饭五人匀着吃”的原则重新登记，分批集训后分别给予工作。目前还须注意的问题就是要认真加强教育和帮助这些留用人员，并放手大胆使用他们，这方面过去我们也是做的很不够的。

建立革命秩序，巩固社会治安是保证接管工作进行的基本条件。各省已接管之各大中城市，经过收容散兵游勇，登记清理敌伪党团特各种人员，逮捕首要特务分子，镇压匪首，收缴非法武装，并逐步发动与组织群众进行清匪肃特工作。一般在解放后两个月内，基本上安定了社会秩序，对于国民党之特务组织及反革命破坏分子已给予严重打击。解放较早的城市如西安、兰州等地的治安基本走上了轨道，重大的抢劫破坏事件已很少发生。这只说明我们过去这方面是有成绩的，但绝不是说敌特潜伏的力量和破坏活动已肃清了。事实证明，不仅隐蔽的特务尚未肃清，新的敌特分子还有偷混进来的，并有混入我政权内部进行阴谋破坏活动。这是敌人作垂死挣扎的必然和仅有的伎俩。因此必须纠正干部思想上的麻痹轻敌思想，认识和特务作斗争是我们今后的一个长期的斗争任务，绝不能丝毫忽视和松懈。

新解放城市的金融贸易工作，是保障进行接管恢复生产安定人民生活的首要条件。西北各大中城市于接管中，迅即建立了各级金融贸易机构。经过注意组织城乡物资交流，配合全国各地掌握物价，调整与配售物资，禁用银洋，取缔银洋贩子，举办生产贷款，畅通汇兑，折实存款，恢复税收，推广人民币流通等措施，基本上克服了困难，平服了几次金融物价大波动。但由于全国财政赤字增大，钞票发行较多，加之投机奸商破坏分子从中捣乱，以及财经主管部门和人员因为经验不足，工作中也有缺点，未能事先掌握得好，以致在物价剧烈波动中，使人民受到很大的损失。西北特别由于经济力量弱，交通不便，更增加了这一工作的困难，但人民认识了这是胜利发展中的困难，人民忍受了这种困难，并决心协助政府克服这种困难。今后我们必须进一步加强和改进这方面的工作。

西北的民族问题，是一个重要问题。由于过去在国民党反动派大民族主义统治下，曾造成各民族间很深的隔阂矛盾。因此，我们在进入新区后，就特别注意各民族的团结，注意兼顾各民族的利益，尽力调解消除互相间的纠纷，尊重各民族的风俗习惯，保护其宗教信仰的自由；通过各民族间的进步人士和知识分子多用教育方法，逐渐消除各民族间的狭隘民族主义，并纠正大民族主义思想。有些地方，如西宁，并召开各民族联谊会，确定了有关各民族共同利益的一些决议，收效良好。当然这仅是工作的开始，今后尚须继续努力，团结各民族在中华人民共和国的大家庭内，亲密友爱合作。

关于新区农村工作

新区农村工作总的方针是发动广大农民群众及一切乡村人民，进行民主改革消灭封建剥削制度，以发展农业生产，为进一步发展工业生产准备条件。这一点是肯［坚］定不移的，但要完成这一任务，必须经过一定的时间和工作过程，目前新区广大群众的觉悟程度、组织力量以及干部条件和领导力量都不足。因此，我们采取了谨慎态度稳步前进，确定所有新区农村的第一步工作，都以剿匪为中心，肃清反动残余武装，把社会秩序安定下来，联系有重点的发动群众进行反对恶霸，即反对地主阶级当权派的斗争。逐渐普遍展开并实行减租、保佃、清理农民旧日欠地主富农和高利贷者的债务。解放较早的地区，多依此方针进行多已获有很大成绩。在敌后艰苦斗争建立起来的陕南解放区，两年来消灭敌匪五万余人，建立并加强了地方武装。群众运动已相当普遍发展，并在四十万人口地区进行了土改，对支援大军解放全陕南有很大贡献。关中地区解放迄今消灭的股匪据不完全统计，已达四万五千余人，大股土匪已基本肃清，在剿匪中，并扩大地方武装至二万四千余人。现在正进行清剿潜伏散匪并有重点的进行反霸减租，已有近百个乡开展反霸运动，广大农民已开始抬起头来，地主恶霸的气焰，遭受重大打击，地方治安日益巩固。在解放略迟的甘肃、宁夏、青海多数地区，则正在进行剿灭股匪的斗争，迄今已消灭万余人。我们清剿土匪的基本方针是“军政结合、剿抚兼施”严厉镇压继续顽抗分子，争取教育改造胁从分子。依此方针进行的效果就大，违背这个方针的，就会走许多弯路，甚至出许多乱子（如甘肃临夏等地）。减租工作也只是在解放较早干部条件较好的地区开始实行，由县政府根据具体情况，拟定减租办法，一般按二五减租，并注意保佃，禁止额外剥削。在剿匪反霸工作中存在的缺点主要是：部分地区对于发动群众工作做得不够，对群众革命情绪估计不足，产生单纯军事清剿思想，或无分别地对待俘匪恶霸，放松教育改造安置工作。某些地方在剿匪和反霸运动中，领导上忽视群众纪律，发生打人捆人甚至逼死人命等现象，今后必须严加纠正。关于实行土地改革，消灭封建剥削的时间问题，还有一些人不明白，我们必须向他们解释清楚：土改一定要在剿匪、反霸、减租胜利的基础上，群众条件与干部力量成熟时才能实行。否则就会犯主观主义，搞不好甚至搞出乱子。其次农村中的一个重要问题就是组织农民的问题。解放较早关中地区多数农村已经组织起农会，据咸阳、三原、渭南不完全统计，参加农会的农民，已达数十万人，关中多数县、区、乡并召开过农民代表大会，这是广泛联系农民，推动农村群众运动的一个最好的组织形式，也是一种新工作方法。并为农村改革的一个合法执行机关，在人民代表大会未成立前，代行区乡人民代表大会职权。比如长安的农民代表会开会时，讨论了如何反霸、如何减租问题，并议定了减租清债办法。闭会后代表将决议传达下去，农民运动很快就蓬勃展开。其他各地都应很好接受这一经验，推动组织农民工作。

在新区农村还做了一件重大的工作就是生产救灾运动，本年雨灾很重，关中地区有六十万亩土地．被水淹没，粮食减产六百余万石，棉花减产四十余万市担，灾民达十万余人。各地政府曾以积极负责态度，本“生产自救”“互济互助”方针，发动节约募捐，移民垦殖及时进行救济安置。领导人民挖渠排水，抢种抢收，组织副业生产，并动员各级干部助民生产，开展救灾运动，使灾情未致扩大，大部灾民得获初步安置。由此提高了群众的政治认识，加强了群众的团结。目前亟应注意的是若干地区的灾荒尚未完全克服，有些地区的灾荒还很严重，各地必须注意加强冬季生产，并做好生产的准备工作。

总的来说：一年来我们的各项工作基本上是成功的。这是由于毛主席和中共中央以及西北局正确政策的领导，各地认真执行了他们的政策，全体指战员工作人员的英勇奋斗，后方支前工作的努力，战区和解放区人民的拥护，以及各解放区胜利的配合所获得的成果，特别是毛主席的正确领导，是取得迅速胜利的决定因素。但工作中的缺点仍然很多，尚须今后努力改进。陕甘宁边区各级政府和干部经过了长期斗争的锻炼，特别在中共中央和毛主席多年培养教育之下，他们具有丰富的斗争经验和艰苦朴素的工作作风，一般的政治觉悟和政策观点都相当清楚。因此，我们相信今后在中央人民政府毛主席和西北军政委员会领导下，西北的工作一定会做得更好，新西北的前途是光辉灿烂的。但是我们同时必须看到西北的困难条件：如经济落后，交通困难，老干部数量很少（不足十分之一），且因长期处在艰苦斗争情况和分散的农村工作环境中，一般理论文化水平较低，对于新的工作情况和业务还不熟悉，部分人还存在着经验主义的思想方法，不能适应新的工作需要。多数新干部虽具有革命热情，但缺乏实际工作的锻炼，缺乏马列主义的思想及新民主主义的政策和工作作风的教育。因此，我们对于干部学习就必须格外注意，老干部在文化理论政策上不断提高，新干部首先应加强思想教育，树立并坚定其为人民服务的思想和唯物主义的观点。只要我们虚心学习，只要我们团结一致，只要我们继续坚［艰］苦奋斗，我们一定能胜利的完成新的历史任务。

因为有些地区解放较晚，来的报告较少，因而我的报告很不完善，希望从各省来的委员补充。

谨祝军政委员会第一次全体委员会议的胜利成功！并祝各委员健康！

选自《陕甘宁边区政府文件选编》第十四辑，档案出版社 1991 年版，陕西省档案馆、陕西省社会科学院合编，第 466～477 页。原注：“原载《西北军政委员会第一次会议汇刊》”。

四、民政法规

1. 一九四六年移民计划及实施办法

1945 年

明年的移民除掉自己在南路有关系能自找去处的零星移民，仍旧依靠到达地方政府按照过去办法予以安置与优待外，拟由建设厅就部队走后所留下的土地窑洞划定移民区并派员协助当地政府直接予以安置。

一、安置移民的区域——据初步调查在甘泉计有清泉沟、傅村川、洛河川三处，有已开过的土地十六万余亩，窑洞千余孔，在延安有南泥湾金盆湾两处，有已开过的土地十万余亩，窑洞一千余孔，均适于安置移民，明年即拟在甘泉与延安分设两个移民区，专供移难民之安置。

二、初步安置的户数——依照现有土地数量，即安置五千户亦有条件，但明年拟先就靠近大川及老户近的村庄安置一千户，约四千人（一千个劳动力，三千个眷属），预计延安安置六百户，甘泉安置四百户，以后逐年扩大，使上列地区变为富足的农村。

三、移民的对象——移民的地区主要为绥区各县及子长，为了达到增加生产及调剂人口的真正目的，移住移民区的移民对象，以带有家眷的务实农民为主，懒汉及二流子概不安置，即单个的好劳动力亦只有在下列条件下才做（作）为移民安置：

（一）与有家眷的移民有亲戚近邻关系，朋伙从事生产者。

（二）三个劳力以上的结合朋伙一起从事生产者。

（三）在移民中有一户能担保其为务实农民者。

四、移民的发动——拟采用下列办法：

（一）主要由移民区（如绥区各县及子长）地方政府负责发动与组织移民南下。

（二）延属安置移民区所属政府须发动组织移民区原有的老移民回原籍发动招引。

（三）建设厅选派绥米等地干部回原籍发动招引。

（四）以边区政府名义发布布告，布告内容着重说明迁移及安置的办法。

五、移民的迁移：

（一）移民下来时的路费公家不发，由移民自己设法解决，万分困难者，由当地政府发动亲戚近邻予以互助。

（二）必要时建设厅择重要地点设立招待站，协助路过移民解决住宿及生活上的困难。

（三）移民可由区乡政府直接介绍至移民区，不必另发移民证。

（四）移民迁移时，除掉自带衣被外，并须自带农具和锅灶，以减少安置上的困难。

六、移民的安置与优待：

（一）移民在移民区域内可自行决定住处，亦可先期下来查看地方。

（二）土地窑洞由公家供给。

（三）在生产时期中所缺的粮食由公家借给，预计须供给六个月，大人每人供给粗粮（糜谷）一石，小孩每人供给粗粮五斗。

（四）为了解决生产中其他困难（种籽、农具以及生活上的部分补助），准备在移民区发放一部分移民贷款。

（五）移民之有家眷者，受下列优待：

1. 对于所分得使用之土地窑洞，当时即有所有权，五年后并可自行处理，进行典卖，在五年以内如愿离开移民区，或自己不使用时，则只能仍旧交公。

2. 所借吃粮可一次或两次领足。

3. 借粮分两年偿还，不计利息。

（六）无家眷的单个劳力的移民，只受下列优待：

1. 对于所分得使用的土地窑洞，最初只有使用权，无所有权，但如能继续住宿五年以上，则亦可取得所有权和典卖权。

2. 所吃借粮，按月分次领取。

3. 借粮秋后全部归还，利息一成，即吃一斗，秋后还一斗一升。

（七）为了保护移民健康，在移民区由公家设立医疗组织，专为移民治病。

七、移民区的领导

（一）移民的安置工作主要仍由移民区当地政府负责。

（二）建设厅派员长驻移民区协助当地区乡政府专办移民工作，受县政府领导，并与建设厅取得直接联系。

（三）粮食的借出，农贷的发放，由建设厅所派人员协同当地政府经管，并以四联收据分存乡、区、县政府及建设厅各一份。

八、人员与经费

（一）共需配备行政干部六人，一人主管，五人分别派赴五个移民区，医药干部四人，一西医，一中医，二助手。

（二）经费概算

1. 粗粮三千石，大人二千人，每人一石，小孩二千人，每人五斗。

2. 移民贷款四千万边币，内一千万做（作）为医药及办公等费。

选自《陕甘宁边区政府文件选编》第九辑，档案出版社1990年版，第335～337页。

互校版本：《陕甘宁边区法律法规汇编》，三秦出版社2010年版，第197～198页。

2. 陕甘宁边区政府关于认真处理人民控告干部案件的命令

1945年10月1日

各专员县长：

今年以来，各地人民直接向本府控告干部的案件增多，这表现出一部分政府人员同人民的关系上确实存在着一些问题，而人民敢于向政府控告，则是好的现象。本府接到此种控告书之后，随即分交各该级主管政府调查处理，并嘱将处理结果，呈报本府查核。半年来，有部分案件已经处理，但仍有不少案件积压在各级政府，虽经一再函催，终未解决，这种作风，实与发扬边区民主精神有妨碍。兹特向你们郑重申明，以后凡遇此种控告，不论是由本府交办的或人民直接呈诉的，你们必须认真负责的、实事求是的切实查明，公平处理，切不可敷衍了事，更不可有偏袒政务人员的行为，办理经过，必须详细报告我们。对于至今积压未办之案件，希即切实清理，勿再拖延为要。

此令！

主席　林伯渠

副主席　李鼎铭

选自《陕甘宁革命根据地史料选辑》第三辑，甘肃人民出版社1983年版，第11页。

互校版本：《陕甘宁边区政府文件选编》第九辑，档案出版社1990年版，第257～258页。

3. 西北局关于区乡干部冬训指示

1945年10月7日

去年区乡干部的冬训，由于与检讨区乡工作相结合，且实行了首长负责与切实的自我批评，故收效很大，但其缺点则是对某些已经暴露了的重要毛病，没有详细分析其产生的原因及提出以后如何改正的办法。今年各县区乡干部的冬训，均应发扬去冬的优点，避免其缺点，且与今冬的选举运动配合进行，就是要在发动群众检查政府工作及选举政府人员的实际过程中来教育与提高区乡干部，使他们在事前对本届选举的方针、任务有较明确的了解，在检查工作及选举当中又有充分的自我批评精神与群众观点，这就是今年区乡干部冬训的直接目的，为此，我们特有如下的提议：

（一）在选举运动开始时（十月份）各县均应以县为单位，召开区乡干部会议（区书、区长、支书、乡长尽可能全到，县级干部亦应尽量参加），会议应由县委书记或县长主持，时间以一个星期为限，会议主要内容，是传达与讨论边府及西北局关于本届选举的指示，特别着重说明放手发动群众检查政府工作及虚心接受群众批评的必要，县级主要负责同志，应以身作则的在他们面前检讨自己的缺点、错误，使他们懂得：虚心的接受群众批评，坦白的承认自己的缺点错误，并实际的改正这些缺点错误，乃是每个革命战士对党、对群众、对革命事业的负责态度，使他们相信：在群众面前承认缺点错误，不但不会降低干部的信仰，相反的会加强群众对干部的信任，同时，还要估计到在民主批评发动之后，群众中的批评可能有些是过火的或不正确的，甚至可能有个别的人企图乘机报复或打击区乡干部，但这些都不要害怕，而要教育区乡干部在群众面前善于忍受，事后又善于作冷静的分析，区别善意批评与恶意攻击来教育群众，认识真理。总之，只要区乡干部对本届选举的方针、任务有明确的了解，又能放手发动与组织群众的积极性，则选举运动中的一切工作就会进行得好。

（二）区乡干部会议结束后，县级主要干部就应分别到区乡去，并负责指导所属区乡干部参加选举工作，主要责任在于发动群众彻底检查政府工作及选举群众中最有信仰且能为群众办事的人到政府机关中来，党的领导机关，应在这些实际工作的过程中，收集群众意见，发现好坏例子，总结工作经验。

（三）在选举运动结束后至明年春耕开始前，再以县为单位召集短期的区乡干部会议，把本届选举工作经验、模范的例子，区乡工作中的主要缺点及如何改正的办法作为教育大家的材料，发动大家研究讨论，并根据各县实际情形具体讨论和布置一九四六年区乡的主要工作与生产任务。

上述提议的基本精神，就是要把区乡干部冬训与选举运动实际结合起来，望即依此精神讨论执行。

选自《陕甘宁革命根据地史料选辑》第三辑，甘肃人民出版社 1983 年版，第 28～29 页。

4. 陕甘宁边区救济分会组织暂行条例

1945 年 10 月 26 日

第一条　根据中国解放区临时救济委员会组织及工作暂行条例第四条第一款之规定成立陕甘宁边区救济分会。

第二条　本会任务规定如下：

一、调查报导边区被敌侵扰、杀害、抢劫、轰炸、破坏以及水、旱、虫、雹、霜等灾荒所造成的一切军民伤亡损失，和需求的各种情形，汇报总会。

二、协助政府筹划进行因上项造成的一切军民所受的灾害、伤亡、残废、失业、难民、儿童保育、医药卫生、抚恤、赔偿、建设等善后事宜。

三、募集接受保管分配运送审核各种救济的款项物品，并聘请接受分配各种救济工作的技术人员。

四、指导各分区救济支会工作的进行。

第三条　本会由边区党政军民各机关团体代表会议中选出委员十一至十三人组成之，并由委员中互推主任副主任各一人主持本会日常会务，会内设秘书主任一人，秘书若干人，分掌调查、报导、救济、联络、医药卫生、会计等事宜。

第四条　各分区设救济支会，各县（市）由各该县（市）政府第一科办理，必要时得设救济组，其暂行条例由各分区县（市）依照当地具体情形得另订之，呈请本会备案。

第五条　本会每月举行例会一次，必要时得由主任召集临时会议决定重要会务审查预决算并检查会务之进行。

第六条　本会及支会小组所需的公费，应请求各级政府筹助，不得支用救济款项，各项救济账目均按期公布。

第七条　本条例经本会通过呈请陕甘宁边区政府批准后实行，并报总会备查。如有未尽事宜，由本会会议修改之，并依上项手续分别办理。

选自《陕甘宁边区政府文件选编》第九辑，档案出版社 1990 年版，第 418～419 页。

互校版本：《陕甘宁边区法律法规汇编》，三秦出版社 2010 年版，第 131 页。

5. 陕甘宁边区查缉毒品暂行办法草案

1945 年

第一条　为禁止毒品流毒边区，特制定本办法。

第二条　在边区政府之下，成立边区毒品查缉委员会，各分区成立查缉分会，负责办理全边区毒品查缉事宜。上项委员会由边区政府遴派五人为委员，就中一人为主任委员，一人为副主任委员。

各级毒品查缉委员会下设办公室，办理日常事宜，设办事员一人至四人。

各级毒品查缉委员会下设毒品查缉队，在查缉委员会主任、副主任指挥下，负责所辖区域查缉工作。其人员武器、马匹之编制，得按情况酌定之。

第三条　晋绥与陕甘宁两区毒品之查缉，以黄河为界，互不超越，各分区查缉，原则上亦只限于本分区范围内，若贩运者被查缉队追踪逃入其他分区区域时，原查缉队可跟踪追迹，直至没收，但应将贩运人及毒品带至没收地区查缉委员会处理，所得奖金应归原查缉人，若在没收地区有当地查缉队协助时，其奖金应分得之。

第四条　凡查缉人员执行任务时，须以查缉证为凭：

（一）普通查缉证：由边区查缉委员会制定，编列号码，加盖印鉴发给各分会，加盖分会印鉴后，通用于各该分区。

（二）特别查缉证：由边区查缉委员会制定，编列号码，加盖边区政府及边区查缉委员会印鉴，通用于全边区。

第五条　陕甘宁边区所在地之机关、团体、部队及个人，在本法定范围内，均有协助查缉委员会之义务；凡一切公私商店及其他营业性之机关，如遇有偷运或贩卖毒品嫌疑者，得依第六条之规定，施行检查。上项商店及机关，不得拒绝检查，否则以违抗禁令论处。

第六条　查缉手续规定如下：

（一）凡查缉人员执行检查职务时，须出示边区查缉委员会印发之查缉证为凭。否则，被检查人有权拒绝检查。

（二）对商店或住户施行检查时，须事先取得所在地政府机关批准，并派员协助，特殊情况则可先行检查，事后立即报告。

（三）查缉队或查缉员查获毒品时，必须连人带货，一同扣留，于一定时间内交所属查缉委员会处理。

（四）一切查缉人员不得滥用权力，挟嫌诬陷及其他舞弊徇私，违者依法重处。

第七条　没收与处理：

（一）查缉委员会查获之毒品，一律执行没收，犯法人则送司法机关究办。

（二）各县查获之毒品，交分区查缉委员会没收；各分区汇集各县所交毒品，定期解送边区查缉委员会。

第八条　协助查缉：

（一）各机关、部队、团体及群众，对于毒品有密报之权。经密报而查获之毒品，得依情形酌予金钱上之奖励。未经查缉委员会委托者，只有密报权，不得擅自进行检查。

（二）各部队、机关，如认为有委托代查之必要时，可由查缉委员会发给检查证，允许其在某口岸或市镇范围内建立代查关系，但须遵照本办法第六、七条之规定。

第九条　关于查缉人员之查缉守则，及查缉人员与密报人员之奖励办法，另文规定。

选自《陕甘宁革命根据地工商税收史料选编》第五册（1944—1945 年），陕甘宁革命根据地工商税史编写组、陕西省档案馆编印，陕西人民出版社 1987 年版，第 564～566 页。

6. 陕甘宁边区查缉毒品办法

1946 年 2 月 22 日

第一条　日寇投降后，以前敌占区的鸦片、料面、吗啡等毒品潜入边区，遗［贻］害人民。为杜绝其潜入起见，特组织专门查缉机关，并制定本查缉办法。

第二条　在边区政府下设立查缉委员会，由边区政府委任之，各分区设立查缉分会，由边区查缉委员会呈请边区政府委任之。

在查缉委员会和查缉分会之下，得设必要的办事人员及查缉队。

第三条　前条查缉机关和查缉队之职务，限于查缉鸦片、料面、吗啡等毒品的贩运事件。关于这类毒品之禁吃事宜及其他违禁品之查缉，均不在其权限之内。

第四条　晋绥与陕甘宁两边区的查缉事宜，以黄河为界，互不超越。

各分区查缉，原则上以本分区为限；如遇毒贩被查缉队追踪逃入其他分区时，该查缉队得一面关照当地政府，一面跟踪追缉直至没收。但应将毒贩及毒品带至缉获地区查缉分会处理之。

第五条　凡查缉队和查缉员，须发给查缉证为凭。此项查缉证由边区查缉委员会制定，编列号码，加盖印钤后发给之。其发给各分区查缉队者，并加盖各该分区查缉分会之印钤。

第六条　无论公私商店及军民人等，如有贩卖毒品行为，得依本办法第七条之规定施行检查，被检查者不得借口拒绝，否则以违抗禁令论处。

第七条　查缉规则：

一、凡查缉队和查缉员执行职务时，须出示本办法第五条所规定的查缉证为据，否则被检查人得拒绝检查。

二、对商店或住户施行检查时，须事先取得当地政府同意并派员协助之。

三、查缉队和查缉员查获毒品贩卖时，必须连人带货一同扣留，迅即送交查缉分会或查缉委员会处理，不得任意逗留。

四、一切查缉人员不得滥用权力，挟嫌诬陷，不得任意侮辱被检查人，或其他舞弊徇私行为，违者依法重处。

第八条　没收与处理

一、查缉委员会或查缉分会对查获之毒品，一律没收，对毒贩则送司法机关法办。

二、各分区范围内查获之毒品，由各该分区查缉分会没收，各分会定期解送查缉委员会，查缉委员会则定期呈报边区政府派员监视销毁之。

第九条　除查缉队外，因特殊需要，查缉委员会得指定一定的公安机关或税务缉私机关兼理所在地之贩卖毒品查缉事宜，但此项指定之权仅属于查缉委员会，并须慎重选择，切实登记，发给本办法第五条所规定的查缉证。被指定之机关和人员，则限于在所在地执行职务，并须严格遵守本办法第七条之规定。

第十条　凡查缉队人员或被指定之查缉人员有违法行为时，被查缉者有依法律手续向当地司法机关控告之权，查缉分会或查缉委员会则须尊重司法机关之处理。

第十一条　除查缉队和被指定之查缉人员外，任何部队机关团体及军民人等，概无查缉权，如有擅自查缉者，以违法论。

第十二条　本办法自公布之日施行。如有未尽事宜，由查缉委员会呈请边区政府补充或修改之。

选自《陕甘宁边区政府文件选编》第十辑，档案出版社1991年版，第8～10页。

互校版本：《陕甘宁边区法律法规汇编》，三秦出版社2010年版，第517页。

7. 陕甘宁边区复员方案

1946年4月23日第三届参议会第一次大会全体通过

（一）为什么要复员

在已经过去的抗战时期，边区虽然处于相对的和平状态，但因为是八路军、新四军的总后方与各解放区指导中心的所在地，任务重大，与强敌隔河对峙，受数十万国民党反动派军队三面包围，环境复杂。为支持抗战，防卫国民党的进攻以保卫边区，必须有足够数量的工作人员和军队，必须有适应上述任务的机构和制度，必须进行广泛的人力物力的动员，正因为我们这样做了，所以发展了军事、政治、经济、文化，不仅保卫了边区，并且完成了抗日民主模范根据地的历史任务。

现在抗日战争已经胜利结束，政治协商会议已获初步成功，在全国和平民主不被破坏的条件下，我们边区即将进入一个建设的新时期。因此这个时期，我们的任务：在更进一步发展国民经济，发展国民文化，发展与巩固国民自治能力。根据这一环境与这些任务，同时根据全国整军方案所确定的原则，我们就必须适当地改变机构、制度等组织形式，必须重新部署人力物力，必须进行广泛的复员。这样做，一方面就可以增加农村劳动力，而这些劳动力是直接间接受过军事训练的，是经历过有组织的集体生活的，因之不但加强了生产战线，而且必然加强了群众文化战线，加强了人民自治基础，因之，也就有可能更合理的调整在职人员，加强下级，加强事业机关，加强工作效率，另方面，就可以减少脱离生产人员，从而就可以积蓄财力，减轻人民负担，以便人民获得休养生息的机会，发展经济与文化建设事业。因此这次复员必须保证复员人员百分之百的就业。

（二）如何进行复员

复员的第一步计划，是六月一日以前，裁减现有脱离生产人员总额的三分之一。边区政府系统与地方部队，现在脱离生产人员总额，共计三万五千人，拟复员一万一千六百人。

一、关于地方部队的复员

部队系统复员的原则，应是合并指挥单位，各地保安团与边区保卫团，按需要适当合并。专署警卫队合并于所在地之县警卫队。复员服役多年的老战士与家庭缺乏劳动力的战士，适当安置因战斗而残废的官兵，做到复员后，仍能担负保卫边区维持地方治安的任务。因此，边区各地的保安团与保卫团和各县专署警卫队共二万人中，即拟复员六千六百人，占原额百分之三十三（具体编制另定）。

二、关于政府系统的复员

政府系统应该尽先复员能马上直接参加生产和家庭急需劳动力的某些地方干部和事务人员。合并托儿所、保育院、招待所、休养所、卫生所、门诊部、税务机关等，紧缩边区政府、专署、区公署，加强县政府、乡政府，并改变专署组织机构，做到复员之后，使领导加强，机构精干，工作效能提高，足以完成各级政府的任务。

这样政府系统现有人员共计一万五千人，复员五千人，占原数百分之三十三强（学校系统不在内）。

这样地方部队与边区政府系统，总计现有三万五千人，编留二万三千四百人，复员一万一千六百人，复员人员占百分之三十三点一强。

（三）复员人员如何处理

应给以思想上的教育，精神上的鼓励，使他们了解，过去为了革命的需要，脱离生产，参加部队和机关服务，是光荣的行为，现在又是为了革命的需要，脱离部队或机关，回到生产岗位，加强边区民主建设，同样是光荣的行为。使他们了解，过去他们在机关或部队内埋头工作为人民服务，是光荣的行为，现在回到农村回到城镇，回到各个生产战线或文化战线，成为积极分子或不脱离生产的干部，成为团结群众，改进乡村工作的核心，同样是光荣的行为。因此，各机关部队均应首长负责，亲自动手，自行个别的调查研究，具体的酝酿、讨论，耐心的说服教育，并在各部队各级政府，应设立复员委员会，拟订复员的具体计划与执行的步骤方法等慎重从事，真正做到复员人员乐于就业，各得其所，发挥其应有的作用，在群众方面就必须认识他们创造边区、保卫边区、保卫国家民族，都是为了人民利益，现在参加各地的经济和文化建设，也是为了人民的利益，因此必须欢迎他们、慰问他们、尊重他们。

应该给以适当的安置与物质的照顾，各复员的领导机关应按各人的身体与技能条件，予以适当的安置，使复员人员各得其所，同时在物质上，政府应发给单衣一套，单鞋一双，按革命经历与功绩，身体强弱，家庭经济状况，复员地区之不同，发给七斗至十三斗小米的生产补助金，按路途远近发给足够的路费，妇女、病员与老弱、残废得酌情拨用牲口，如因公丧失劳动力的老弱残废，应给予适当时期或长时期的代耕（重残废全部丧失劳动力者，由政府供养，或送入军人荣誉学校）。如此等等，目的在于保证其起码的生产与生活条件，帮助其建立家务。复员后得享受如下的优待：家在边区或复员在边区务农无土地者，政府酌量拨给公地；无公地地区在不违背租佃条例的原则下，有租种土地之优先权，凡政府发放生产贷款时，有贷款之优先权，务农，三年免纳农业税，经商，三年免纳商业税，此外政府尤应发动群众具体的帮助他们解决各种困难（工具、籽种等）。如此等等，目的在于巩固其生产与生活条件，帮助其建立家务，对一般人员的处理办法，大概就是如此。

同时在复员者本身方面，也应该了解自己是一个革命者，并受过长期的革命锻炼，因此，更应联系群众，团结群众，遵守自己政府的法令政策，下定决心，自己努力生产，建立家务，成为模范的公民，决不可自高自大，胡作乱为，与事事依靠政府。

另外，还有在职人员的家属，家中有办法的，应动员其回家治理家务，实行工作人员一年一次的短期回家探亲制度，家中确实没有办法的，应组织其生产自给。视其具体情况，发给津贴和补助金，有工作能力的女干部成为家属者，应设法安置其小孩，使能继续工作。为此，同样须在干部与家属中进行细致的解释说服，以免影响工作人员情绪，因而妨碍工作。

（四）复员后如何提高工作效率

复员后，干部减少，如何提高工作效率？

首先，进一步的健全各级政府的行政制度，今后区公署，专署根据其督察与助理的性质应适当缩小组织，改变工作方式，因此，边区政府应注重加强各县工作，县府除带原则性的政策等问题，必须请示边府外，县有权处理本县一切应兴应革事宜，研究和执行边府的政策、法令、指示、具体领导与帮助各个乡村的各种建设事业，乡政权为自治的基层组织，尤应给以更多的帮助与加强。

这样做到：

边区政府确能深入了解各县情况，掌握与督促各种政策的执行，其各个工作部门与附属机关，能掌握业务政策与熟悉业务情况，并领导业务之发展。

专署则根据新的环境，能代表边府督察各所属县行政，帮助县政府掌握与执行边府的政策法令，并经常调查研究反映下情于边府，以加强边府之领导。

县政府能实际做到领导乡村自治和人民经济，文化建设的中心领导机关。

区公署，确能助理县政府，了解督促检查并帮助乡政府的工作。

尤其乡政权为边区政府的基层组织，人民经济、文化的发展，自治能力的提高，各种政策法令的实际贯彻，都决定于乡政权的领导效能。去年选举中建立了乡代表制，改善了乡村政权机构，今后更应加强乡长与乡文书，使他们确能具体帮助乡代表工作，以完成乡村自治的任务。为此必须在这次复员中，对各级政府机关中的干部进行调整，使边府与专署的干部少而精，县府的干部健全，区署与乡上的干部加强，各级政府应本此原则适当的配备。

其次，应改变、改善或从（重）新研究建立一套适合和平民主建设的各种制度，如用人制度、财政税收制度、经济教育制度、司法与社会制度、救济制度等。在用人制度方面，过去统一管理，获得很大成绩，但也有毛病，一方面是边府专管干部的机关，陷于日常事务，形成“包”与“拖”的现象，另方面是各机关放任不管，形成单纯“送”与“要”的现象。大规模的复员后，在职干部应确定“统一领导，分工管理”的方针。民政厅主要在于掌握整个的干部政策，制定统一的管理制度和干部工作计划，负责主要干部的配备、使用、培养，教育等，各机关各县在统一干部政策制度与计划下，负责进行所属干部的登记、审查、任免、培养、教育、待遇、保健等日常工作，并须首长负责，纠正过去首长不关心干部工作的现象。在财务税收制度方面，严格执行预决算制，建立合理的税收制度，停止一切募捐摊派，逐渐改供给制为薪金制，首先在部分人员中（如技术人员、学校教职员、杂务人员等）试行。在供给制下提倡公家按一定标准保证供给，私人在这个标准内可自由处理以便逐步过渡到薪金制度。大部分工厂改供给性为营业性，职工均实行薪金（工资）制，政府停止供给，机关、部队的生产自给制度，在不妨碍工作与学习的条件下，仍须继续坚持（边区军政人员复员处理办法另订）。总之，许多制度应该继续研究制订。

这样不致（至）于因复员而影响减弱我们的工作。反而由于复员的结果，更提高了各级政府的工作能力与行政效率，更加强了边区和平民主的各项建设，使之成为和平建设时期的模范。

选自《陕甘宁边区第三届参议会第一次大会汇刊》，1946 年第三届参议会常驻会编印，第 86～88 页。

互校版本：《陕甘宁革命根据地史料选辑》第三辑，甘肃人民出版社 1983 年版，第 124～129 页。

8. 陕甘宁边区政府家属待遇暂行办法

1946年8月2日

一、凡政府各部门编整内之工作人员的妻子，其本人不参加工作者，尽可能的动员回家，如有特殊情形不能回家者，一般方针是帮助其从事生产，建立家务，做到自给。

二、凡属下列情形之一者，完全自给之：

（一）家属在边区内有代耕或家庭富裕能自给者。

（二）家在边区外，有经济来源，力能自给者。

（三）无代耕，无接济，但有自给条件，与自给能力者。

三、不能回家的家属，力不能自给须要补贴者，在未达到自给的过渡期间，按其具体情况，决定补贴标准如下：

（一）家在边区，无代耕且贫困，因病或带小孩致不能生产自给者，未参加过工作或参加过但不到二年的，每月补贴小米五升。参加过工作在二年以上的，每月小米一斗。

（二）家在边区外，无接济来源，因病或带小孩致不能生产自给者，未参加过工作，或参加过但不到二年的，每月补贴小米一斗。参加过工作在二年以上者的，每月小米一斗，边洋二万元。如系长征来的家属，每年可发棉花二斤。

（三）各厅处首长家属，照大灶干部标准全部供给。

四、议长、常驻议员、主席、党外厅长的家属一切生活费用，行政处编造预算，由财厅供给之。

五、原未补贴者，及今后各单位在职干部家属未经秘书长批准搬住政府者，一切生活问题概不负责。

六、本办法从公布之日起实行之。

选自《陕甘宁边区政府文件选编》第十辑，档案出版社1991年版，第208～209页。

互校版本：《陕甘宁边区法律法规汇编》，三秦出版社2010年版，第451页。

9. 陕甘宁边区政府关于拥军月的工作指示

1947年1月6日

数年来，边区人民与政府，已把拥护军队当成了一项光荣的义务，每年度的拥军月也成了边区的一项优良传统。今年正当蒋胡反动派不断向边区进攻的时候，边区人民准备迎接快要到来的一九四七年的拥军月，必须使边区军民更加高度团结，同心协力，消灭敌人，争取自卫战争的胜利。为此，本府对四七年拥军月工作，有如下之指示：

一、造成群众性的热烈运动。向边区每个老百姓讲述一年来边区人民的军队屡次击退敌人进攻的英勇事迹与转战南北的艰苦作风，认清边区人民的安乐生活，是军队拿血肉换来的，没有军队就没有边区。每个边区的人民都应以无限的热忱感谢与爱护自己的军队。拥军月中，在接近驻军的地区，应采用拜年、慰问、闹秧歌，开军民联欢大会等各种方式，掀起热烈的拥军运动，距离军队远的地方，应依县或区推举代表组织慰劳团，有组织的分别去前线和伤兵医院劳军。为把工作作好，各专署可事前与当地军事领导机关商量，周密计划，按照部队分布情形，领导各县具体布置，进行慰劳，务必做到边区所有部队，均感受到慰劳的热情鼓舞。

二、深刻检讨军民关系。凡有驻军的地区，应普遍召开军政民座谈会，征求军队对政府和人民的意见，人民和政府应着重检讨自己是否关心照顾积极帮助军队解决了困难问题，战时动员工作（如担架运输、粮草供给等）是否积极主动按期完成。进行诚挚的批评与自我批评，即时纠正工作中存在的缺点，并订出以后帮助军队的具体办法。

三、深入检查拥军工作。为贯彻政府新的拥军办法，各级政府必须在各乡各村召开大小型的干部、群众、军属、退伍残废军人等的座谈会，展开对过去优待工作的检讨，发现问题随时解决。奖励积极生产建立家务的模范军属，教育个别不过光景的军属，并不断帮助其改变。广泛解释新的优待方针，使整个优待工作由消极的全面供给改变为积极的帮助军属参加生产，建立家务。

选自《陕甘宁革命根据地史料选辑》第三辑，甘肃人民出版社 1983 年版，第 213～214 页。

10. 陕甘宁边区政府命令——公布《陕甘宁边区优待革命军人家属及革命工作人员家属办法草案》

1947 年 2 月 3 日

各级政府、各旅团司令部、各机关学校：

兹制定《陕甘宁边区优待革命军人家属及革命工作人员家属办法草案》，随令公布施行。此令！

主席　林伯渠

副主席　李鼎铭　刘景范

《陕甘宁边区优待革命军人家属及革命工作人员家属办法草案》

第一章　优待范围

第一条　凡边区境内之革命军人家属（简称军属）及革命工作人员家属（简称工属），均得享受本办法之优待。

（说明）本条所称革命军人，以直接参加革命正规军、地方警备部队及脱离家庭生产之游击队为限。所称革命工作人员，以脱离家庭生产为限。

第二条　革命牺牲之烈士家属（简称烈属）及革命军人因作战残废或年老丧失劳动力而退伍者，除照章抚恤外，并得享受本办法之优待。

第三条　本办法所称军、工属，以革命军、工人员之配偶，并与革命军、工人员在一个家庭经济单位之直系亲属（父母、子女及依其为生之祖父母及未成年之弟妹）为限。

第二章 优待种类

第四条 凡军、工属，边区人民均应尊重与爱护。

第五条 贫苦军、工属，应帮助其进行生产，建立家务，达到自给自足。在家务未建立之前，必须依其具体情形，分别给以帮粮、代耕、帮工、雇工、帮柴等方法优待之。

第六条 贫苦军、工属，除享受帮粮、代耕等优待外，并得享受下列各项之优待：

（一）公有土地、房屋、器具、物品、分给、借用、租赁、售卖与私人时，军、工属得优先承领、承借、承租、承买、但以自种、自住、自用为限。

（二）军、工属子弟，得优先享受贫苦学生之救济金，并在小学内免费供给书籍文具。

（三）军、工属得享受政府各种贷款及社会救济之优先权。

第三章 优待粮、柴之范围与标准

第七条 下列军、工属应享受人民优待之粮、柴：

（一）失去主要劳动力（如仅有女人，小孩）又无土地或资财，无法维持普通生活者，给以最高优待。

如完全丧失劳动力者（如老弱残废完全不能动作）应予特别照顾。

（二）缺少劳动力、土地或资财，其收入不足以维持普通生活者，酌予部分之粮、柴优待。

第八条 下列军、工属，不得享受人民优待之粮、柴：

（一）已实行薪金制和工资制的邮政职工、工厂职工、学校教职员及机关杂务人员等。

（二）合作社及机关生产人员。

（三）有劳动力、土地或资财，其收入足以维持普通生活者。

（说明）本条第（二）项人员之家属，生活困难者，可由该生产部门帮助解决。但帮助之物资，不得高于各该地工属优待之标准。

第九条 优待粮、柴之标准：

（一）最高优待应以相当于当地一般普通人民生活所需之三分之二的数量为标准。其不足部分，由军、工属自行生产解决之。（边区各县最高优待标准，详表附后）

（二）部分优待，以其资产收入尚不足前项规定之最高优待标准者，补助其不足之部分。

（说明）凡地租、房租、牛租、放账、农业、商贩以及其他资财等应计算在其收入之内，但纺织等副业及妇女自种地之收入，不得计算在内。

（三）凡工属之优待粮，应一律低于军属之百分之十。

第四章 优待负担

第十条 优待负担，以财劳共负为原则。

第十一条 军、工属较多地区，优待粮、柴以县为单位筹收，粮按财富负担，柴按劳力负担。

（说明）在普通生活以上之军、工属亦得出优待负担。

第十二条 军、工属较少地区，以乡为单位采取代耕，帮工等方式优待之。

第十三条 优待负担较重地区，应自上而下在其他负担上予以照顾。

第五章　登记与审查

第十四条　由边区政府制发革命军人证明书（简称军证）及革命工作人员证明书（简称工证），分发各军政机关，负责登记，并寄给军、工人员家属，凭证向当地政府取得军、工属之身份。

（说明）革命军人证明书，在战争时期暂缓颁发，革命工作人员证明书，由边府民政厅分发，进行登记工作，必要时可分别委托各厅、处、院、会、行、专署、县府负责登记。

第十五条　由民政厅制订军、工属登记表式样，责成各县登记之（式样附后）。

第十六条　军、工属登记以乡为单位，乡政府应依下列规定进行登记：

（一）执有军、工证明书者（在军证未颁发之前，应调查确实，予以登记）。

（二）经调查确实在其他解放区服务之军、工人员家属。

（三）经调查确实之革命烈士家属。

（四）执有证明文件（退伍证或复员证）之退伍军人，如将证明文件遗失者，经调查确实后登记之。

第十七条　各乡登记完竣后，应交由乡代表会逐户进行审查，提出应否优待粮、柴与优待标准之意见，呈请县政府批准实行。

第十八条　每三年彻底审查登记一次，依其家庭经济状况，重新审订优待标准。

第六章　其　他

第十九条　优待粮之收发应依下列规定行之：

（一）实行收发三联单据，建立会计制度，并定期公布优［待］粮收发数字（拥军月或开县、乡参议会时）。

（二）优待粮应以一次发给，便于军、工属调剂使用，建立家务，但遇游惰不务正业者，则按季发给，余粮应寄存附近仓库或妥实农户保管之。

第二十条　优待转移与停止：

（一）军、工属之优待粮、柴，在本县之内不得转移，实行“优待不出乡”。

（二）军、工属由甲县转移乙县时，须先取得乙县之同意或上级政府之批准之证件，甲县方得发给转移之介绍信（写明是否受粮、柴等优待及其标准，已优待多少），乙县始予登记审定优待。

（三）有下列情形之一者，停止优待：

（甲）军、工人员已革除军籍和政籍者。

（乙）军、工人员无证明文件而脱离部队及机关者，及确实证明其逃亡者。

（丙）军、工属已转移他县者。

第二十一条　检查与奖惩：

（一）优待军、工属工作，必须定期进行检查总结（每年至少一次），并分别予以奖惩。

（二）军、工［属］能自尊、自重、自觉的帮助部队巩固与政府工作或积极生产建立家务者，及干部群众尊爱军属并具体帮助建立家务著有成绩者，均得分别给以精神或物质之奖励。

（三）干部中如有轻视优军工作，假公济私及贪污优待粮等情事者，须分别依法惩办，对优待工作不力之群众及游惰浪费优待粮之军、工属，得召开群众会批评，或个别教育纠正之。

第七章　附　则

第二十二条　本办法由边区政府公布施行。

第二十三条　本办法公布之后，民国三十二年一月公布之陕甘宁边区优待抗日军人家属条例即行作废。

附：军政机关干部家属待遇办法

第一条　军政机关干部家属不得带住机关，带住机关者，必须具备下列条件之一，并经本机关审查确实，呈请主管机关批准。

（一）无家可归者；

（二）结婚年久无子，且常年因工作不能回家者；

（三）有特殊情况者。

（说明）本条例所称之主管机关，边区一级，政府系统归民政厅，联防系统归联司政治部。分区一级，政府系统归专署，军事系统归分区政治部。县区级归县政府。

第二条　本县籍县区级干部，其家属一律不得带住机关。自行带出者，实行“优待不出乡”，其优待物质应由自行调剂或在本乡取用，群众和政府概不负运送之责。

第三条　外县籍县区级干部，其家属带住机关者，应依第一条之规定办理。如生活困难，以各该地工属之优待标准优待之。

第四条　分区级以上军政机关之干部家属，带住机关者，应依第一条之规定办理，其生活困难者可按下列规定待遇之：

（一）干部之父母，因年老丧失劳动力不能生产者，按一般干部生活标准待遇。

（二）干部之妻子，除自己进行生产外，每年补助小米三斗至六斗。遇特别困难时（如患重病不能生产或初学生产，收入过少，不能维持生活者），得酌情予以临时之补助。

（三）干部之小孩，按财政厅规定之标准待遇。

本条除临时补助由本机关生产解决外，其余一切待遇均由财政厅供给。

（附表略）

选自《陕甘宁边区政府文件选编》第十一辑，档案出版社 1991 年版，第 97～102 页。

互校版本：《陕甘宁边区法律法规汇编》，三秦出版社 2010 年版，第 452～455 页。

11. 陕甘宁边区政府关于发动群众对敌斗争及注意对干部教育奖惩的电令

1947 年 4 月 28 日

各专员，各县长：

（一）敌军所到之处，烧杀奸淫，残暴罪行，甚于日寇，我收复之区，已十室十空，民不聊生。各地政府应即注意收集敌之暴行事实，写成材料，广为宣传。收复区应立刻派员考察抚慰，并用调剂、借贷、救济等办法，解决粮食、牲口、籽种等困难，使人民即时进行生产，并在仇敌情绪之上普遍发动参加民众武装，坚决对敌斗争。

（二）此次战争，对所有干部是总的考验。各级领导机关，应随时注意对动摇、退怯、逃跑、失职及蜕化分子，予以严厉批评，分别教育惩办，以至撤换。在斗争中表现坚定勇敢的干部，应予以表扬奖励，适当提升。

上列两项，希确实进行，并将实际情况，随时报告。

选自《陕甘宁革命根据地史料选辑》第三辑，甘肃人民出版社 1983 年版，第 233 页。

互校版本：《陕甘宁边区政府文件选编》第十一辑，档案出版社 1991 年版，第 143～144 页。

12. 陕甘宁边区政府关于战勤工作的指示

1947 年 4 月 28 日

各级政府、各机关、部队、学校：

敌胡宗南打进边区后，到处扑空，疲于奔命。我人民解放军主动的进行战斗，英勇杀敌，青化砭歼敌三十一旅于前，羊马河歼敌一三五旅于后，两次战斗，给敌军以重大打击，奠定了彻底粉碎胡军的基础。但检讨一月以来，我各地配合战争的后勤动员，尚存在着严重的缺点，很多地方由于战勤动员工作不好，增加了我军歼敌的很多困难。追究原因，主要是：

（一）部分干部怯懦退缩，不能给群众撑腰出主意，敌来跑在前，敌去回在后，使群众失掉领导，于是谣言纷起，人心惶惶，造成某些地区严重的混乱状态。另一方面，我部分机关和部队人员，在转移运动中违犯群众纪律，非法强拉民夫牲畜，乱用民间食物，浪费人力和畜力和物资，个别人员甚至打骂群众，引起群众对我们不满和对立，以致有些地区敌人未到，群众即逃避一空，造成战争动员以及前后方工作空前未有之严重困难现象。（二）由于我们工作中存在着命令主义，对群众缺乏政治教育，群众中的困难问题不去了解，不能给以具体解决，担架运输人员，用强迫命令的方式去动员，家庭的困难和生产问题，不给以适当处理，队员的政治教育，生活管理又漠不关心。因此担架运输人员不能及时的供给前线，动员起来又不断发生逃跑等现象。为纠正上述严重缺点，争取自卫战争胜利，各级政府应立即深入进行检查各该地的动员工作，找出毛病根源，力求改进。

一、对于脱离群众，退怯逃跑的干部，应发动群众展开严重斗争，分别教育惩处以至撤换，改选勇敢积极分子接任工作，同时发现坚决勇敢、积极负责、在工作中表现特别好的干部，亦应即时予以表扬奖励。今后各地必须坚持区乡干部不脱离本区本乡的原则，敌来应和群众一起坚持工作、一起转移，我军到时要领导人民拥护军队，用尽一切办法组织群众、帮助军队带路、救护伤病员、筹备粮草、组织担架运输、挑水送饭、洗补衣服等工作，以减少军队疲劳，提高杀敌勇气，战胜敌人。

二、严格整饬群众纪律。战时民力畜力之义务动员，只限于有关战争必需之枪械、弹药、粮草、被服、胜利品及伤病员等事项，此外一概不准动员（机关如有特殊需要，须经边府、专署或县府之批准代雇），一切动员均须经过政府办理，无论任何机关部队均不得向人民直接进行动员。今后倘有不遵守此项法令，擅自动员或违犯群众纪律之行为者，群众有拒绝与控告之权，各级政府和机关部队及干部均有干涉与制止之责。如有携带武器实行威胁者，应予解除武装，解送当地政府或原部队严格惩办。绥德分区党政军组织纪律检查队到各地实行巡视检查的办法很好，必要时各地亦可采用，以期边区军民关系，更加亲密团结。

三、动员担架运输时应向群众解释清楚，讲明服务时间，由政府派人率领管理，随军行动；出发群众家庭柴水及春耕等问题，必须用互助变工代耕等办法妥为料理。担架交部队后，政治机关应指定专人领导进行政治工作，特别照顾其吃饭睡觉及安全掩护，逐渐提高其政治认识及服务战争的情绪和胆量。对于中途逃回之担架运输人员，应经过群众斗争，予以说服教育，随时归队服务，绝不可马虎过去，亦不可迁就落后分子，影响整个动员工作。

四、经常教育群众（特别是时事教育），提高其斗争情绪与胜利信心，并使群众了解我军集中优势兵力消灭敌人有生力量的战略意义和运动战的特点，纠正群众希望分兵驻防的错误想法。每乡每村组织警戒线，盘查放哨，实行村与村、区与区互相联防，互通情报，随时揭破谣言，稳定人心。讨论如何保护老小妇女避敌办法，估计敌人将有可能到来时，干部应主动领导进行疏散。驻防部队移动时，在不妨碍军事秘密范围内，应向乡上干部和群众说明，如系撤退，亦应通知地方，进行各种必要的准备工作。军队撤走后，民兵应经常监视与侦察附近敌人行动，若遇敌人进犯，应尽力阻击，掩护群众撤退。只要真正和群众密切结合，把群众组织起来，群众的恐慌乱跑及抱怨政府和干部的现象，自然可以消除。

以上各项务望切实执行。各分区各县并应将执行情形随时报告本府。

选自《陕甘宁革命根据地史料选辑》第三辑，甘肃人民出版社 1983 年版，第 234～236 页。

互校版本：《陕甘宁边区政府文件选编》第十一辑，档案出版社 1991 年版，第 144～146 页。

13. 陕甘宁边区政府参军动员令

1947 年 5 月 27 日

边区各级政府、全体干部和全体人民们：

自从卖国贼蒋介石命令胡宗南调大兵侵入边区以来，我边区人民即由和平民主的幸福生活沦于空前的灾难和痛苦之中。贼军所到之处，粮食财帛抢光，壮丁、牲口拉光，鸡犬牛羊杀光，门窗用具烧光，锅盆碗盏砸光，老妇幼女竟遭蹂躏，看家老头、襁褓婴孩，也遭虐杀，残暴凶狠，禽兽不如，害得我们妻离子散，家破人亡，田园荒芜，满目凄凉，血海似的冤仇，真是无底无边，人人切齿，敌忾同仇。蒋胡卖国贼妄想利用美帝国主义的帮助，拿洋枪洋炮消灭边区的军队，用法西斯强盗的血腥手段征服边区的人民，但是两个月来边区爱国自卫战争的胜利证明，蒋胡卖国贼的妄想是永世不能达到的，边区军队不仅未被消灭，反而愈战愈强，边区人民不仅未被征服，反而更加激起了申冤报仇的怒潮，在自卫战争中表现愈斗愈勇。两月之内，我西北人民解放军三战三捷，痛歼敌军主力三个旅，各地民兵均普遍组织起来踊跃斗争，保卫家乡，使狂妄的贼军凶焰顿挫，士气日衰，以致边区战局和全国战局迅速改观。现在我军已掌握主动，每战必胜；敌则陷于被动，进退维谷，活象（像）釜底游魂。我们最后胜利的基础，毫无疑问的已经奠定了，随着边区和各解放区的不断胜利，蒋管区各阶层各界人民反①饥饿、反独裁、反内战运动的高潮日益增长，加上蒋介石恶政府不可挽救的军事、政治、经济危机日益深刻，已经注定了蒋军必败，我军必胜。虽然敌人兵力还很强大，不可忽视，但只要边区军民更加团结，更加坚决的斗争起来，每一个人都为支援前线贡献出一切人力物力，抱着破釜沉舟的气概，发扬牺牲奋斗的精神，人人勇敢，个个英雄，依靠我边区一百六十万军民自己的力量，是完全有把握将进犯边区的蒋胡野兽军队彻底消灭的。

为了彻底消灭胡宗南，收复延安和一切失地，并进而解放大西北，当前最重要的任务就是立即扩大西北人民解放军的力量。为此本府决定：自今年六月至九月底四个月中，全边区动员二万六千人参军。同志们！同胞们！在今天这样紧要的关头，参军是我们每一个人的光荣任务，是我们为被难的父母、兄弟、姊妹、妻子们报仇雪恨的最好机会，也是保卫自己家庭、生命、牛羊，土地的首要办法。只有我们的游击队、地方兵团和野战兵团愈扩大，则胡宗南兽军被我们消灭的时间就会愈快，边区人民所受战争灾难和痛苦的时间就会愈加缩短，大西北的同胞也就会愈快的摆脱豺狼统治，获得解放。

同志们！同胞们！这一次的参军运动，一定要在咱们全边区造成普遍热潮，一定要造成广大群众自觉自愿的复仇自卫运动。不是强逼命令，畏缩不前，而是争先恐后，勇往直前。各级政府必须十分认真领导这一工作，各级干部中，凡属身体强壮，适合军队工作而又能离开地方工作者，均须以身作则踊跃参军。全边区的人民，无论男女老幼，都要高度发扬英雄气概，鼓起参军拥军的热情，将咱们边区最优秀、最坚强的青年、壮年（一般的以年龄在十七岁至三十岁，身体强壮者为标准，干部参军年龄不限）动员到游击队中去，到地方兵团中去，到野战兵团中去，但不应让一个地痞流氓土匪及反革命分子混进人民解放军的光荣行列。对于新战士的家庭困难和生活困难，一定要和自己家里事情一样亲切关心，并认真负责的去帮助具体解决，使他们毫无后顾之忧。对于上队的新战士们，应该举行热烈的慰劳欢送，鼓舞他们奋勇杀敌的热情。无论干部或群众，凡在这次参军工作中表现积极，成绩优良的，均应分别奖赏，如有徇私枉法或捣乱破坏行为，定予严格惩办。

同志们！同胞们！立即热烈紧张的动员起来，为胜利地完成扩大西北人民解放军二万六千人的光荣任务而奋斗，为加速彻底消灭胡宗南、收复延安及一切失地、解放大西北而奋斗！

---

① “甘肃史料版”漏一“反”字。

此令！

选自《陕甘宁革命根据地史料选辑》第三辑，甘肃人民出版社 1983 年版，第 241～243 页。简称“甘肃史料版”。

互校版本：《陕甘宁边区政府文件选编》第十一辑，档案出版社 1991 年版，第 162～164 页。

14. 陕甘宁边区政府关于粉碎敌军“清剿”的指示

1947 年 6 月 21 日

各级政府：

敌军此次向志丹等地“清剿”，不仅到处烧杀抢奸，并把搜寻到的老百姓，不论男妇老幼，掳往延安，企图彻底摧毁我根据地，使我军失去生存条件，我们如能及早揭破这种阴谋，组织群众进行反清剿，本可避免损失，但由于我各级政府对人民负责不够，未能及早认真总结敌军破坏暴行的教训，提出具体办法，组织领导群众进行反清剿斗争，以致此次敌到之处，人民遭受损失仍极严重。各级政府和干部，必须以严肃沉痛的态度，深刻检讨自己的缺点和错误，记取经验教训，领导群众，坚决打击并粉碎敌军“清剿”。

已遭受敌军“清剿”蹂躏的地区，各级政府应即分派干部深入农村，召集群众回家，殷切慰问，号召互助互救，进行调剂，解决每家迫切困难问题，立即恢复生产，调剂籽种，赶种糜子，乔（荞）麦，组织割麦藏麦。对敌军暴行进行调查登记与宣传解释，纠正群众中的悲观心理，激发复仇情绪，把悲痛变成力量，全体人民组织起来进行反清剿斗争。无论敌军已到或未到地区，均应立即普遍建立民兵组织，严密分工，加强侦察敌情，盘查敌探及村与村、乡与乡间的了（瞭）望哨和联络哨，大量发展游击队，经常袭击敌人并牵制敌军“清剿”时之行进，掩护群众转移。研究经验，根据敌情，在“清剿”时预先指定干部或群众信任爱戴的积极分子，领导组织老弱妇孺有计划的转移，壮年男子除随妇孺转移者外，其余最好随游击队行动，防止被敌捕获。坚壁工作均应重新检查，根据新的经验，另行慎密埋藏，不论公私物资，不得敷衍塞责。今后如因不负责任而造成之物资损失，当地政府及保管人员应受行政处分。敌军“清剿”撤退后的地区，并应即时检查坏分子，镇压反革命，进行审查干部，改造乡村政权，进一步提高群众认识，一心一意为战争服务，掀起参军热潮，坚决支援前线，以加速胜利的到来。

各级政府接此指示后，应即认真讨论，根据具体情况布置工作，并将工作情形随时报告本府。安塞、志丹、靖边等遭受敌军“清剿”地区，尤须将敌军暴行调查登记材料及经验教训之总结迅速整理寄来，以资介绍各地参考。

选自《陕甘宁革命根据地史料选辑》第三辑，甘肃人民出版社 1983 年版，第 244～245 页。

互校版本：《陕甘宁边区政府文件选编》第十一辑，档案出版社 1991 年版，第 170～171 页。

15. 陕甘宁边区政府命令
——公布《战时勤务动员暂行办法》

1947 年 7 月 10 日

各专员，县（市）长：

兹制定《陕甘宁边区战时勤务动员暂行办法》公布之。仰各地接到之后，慎密研讨，确实执行，并将执行中之疑难问题与好的经验随时迅速报告本府，俾资研究改进，以期保证支援自卫战争的供应。

此令！

主席　林伯渠

副主席　李鼎铭　刘景范

陕甘宁边区战时勤务动员暂行办法

第一章　总　则

第一条　为了保证爱国自卫战争的供应，有计划的动员组织和使用民力，合理负担，节省民力，尽量避免耽误生产，支持长期战争，争取最后胜利，特制定本办法。

第二条　凡直接参加前方随军的担架民夫和运输牲畜均称为前方勤务，又称定期随军担架队或运输队。凡在后方转运伤病员、荣誉军人、破砦［寨］、修路、转运弹药粮秣等均称后方勤务。站岗放哨、短途送信、带路及动员妇女炒干粮、做军鞋、拆洗伤兵衣服等均称为村内勤务。

第三条　凡边区人民年在十六岁以上，五十五岁以下身无残疾的男子，均有服战时前后方勤务的义务。凡能驮七十斤以上之牲畜及能载运之车辆船只，均按本办法服勤务。但随军运输牲口以能驮百斤以上的方为合格。

甲、十七岁至四十五岁的壮丁，不论前后方勤务或村内勤务，均须按班支应。

乙、十六岁及四十六岁至五十五岁者出后方勤务和村内勤务，不出前方勤务。

丙、凡能劳动的男女老少，皆有服村内勤务的义务。

第四条　战勤减免的条件：

甲、贫苦小贩、脚户及农村中的贫穷小户，可经村民大会决议酌量减免或免除其服勤务。

乙、脱离生产的工作人员，本人免服勤务，不脱离生产的乡村干部，一般的应照平常人服勤务，但在工作繁忙时得经村民大会决议酌量减轻或免除其本人应负担的勤务。

丙、脱离生产的游击队员，本人免服勤务（中心区可依具体情况决定），不脱离生产的游击小组，一律照平常人服勤务。

丁、高小以上学校的教职员、学生，在授课期间，本人免服勤务，必要时可组织帮助村内战勤工作或带领担架队随军工作。

戊、有供给任务的公营工厂的职员和工人，本人免服勤务，公营商店除原机关部队派去之干部本人免服勤务外，其他人员均须担任勤务。为照顾其业务，在其服务时间先后上酌情调整配备或准其雇人替工。

己、壮丁确实有病及家中有婚丧大事者，可依本村群众意见准予免除或以后补服勤务。

第二章　动员和组织

第五条　县、区、乡政府应派员深入农村，广泛进行思想动员，用群众自己酝酿讨论的方式，使每个人都懂得为自卫战争服务的道理，互相鼓励，踊跃参战。预先编组，随调随到，出发之前讲清任务，说明服务期间，准备鞋袜干粮，安置家事生产，干部带领勇往直前，争先立功，完成任务。

第六条　分区、县、区、乡、村皆须有专人负责管理人力的批拨、分配、调剂、统计，建立人畜力负担账簿。

第七条　县、区、乡、村要把十六岁以上五十五岁以下和十七岁以上四十五岁以下男子，及能驮七十斤以上和一百斤以上的牲畜统一登记，分别组织，以备调用。

第八条　各地应以行政村或自然村为单位，将合格的男子分别编组，每十人设一付担架。担架出动时以每付五人为一组，三个至五个组为一小队，三个至五个小队为一中队，五个中队为一大队。组设组长一人，小中大队各设队长，指导员各一人。组长及各级队长由队员选举，指导员由县，区，乡主要负责人或派得力干部担任之。

第九条　动员出发之运输队组织，以牲口十头为一班，三班为一小队，三小队为一中队，三中队为一大队，带队干部同前条担架配备。赶脚民夫一般规定一人赶牲口两头。每大队最好配备兽医一人，准备药材，随队服务。

第三章　调遣使用

第十条　凡大批人力畜力之动员，不论前后方勤务均由边区政府民政厅或前线动员委员会以命令行之。

第十一条　定期担架随军服务，从到达部队之日算起，以三个月为期，使用于前线转运伤兵到野战医院，一般不作后方转运之用。临时担架使用于野战医院到后方医院或后方医院之间伤兵的转运，规定之任务完成后即应复员，必要时可作随军之用，但时间以一次战役终了为限，不得留作长期随军之用。

第十二条　定期运输服务时间与定期担架同，用作随军或归兵站支配运输。临时运输用作短期转运，一次任务完成即应复员，不得连续扣留使用。

第十三条　调遣人畜力之手续规定：

甲、定期随军担架民夫和运输牲畜，由民政厅或前线动员委员会统筹计划，划分地区、分配数目，拨给一定的部队或一定运输线的兵站，直接与指定地区的政府（一般为县政府）接洽，协同调用，按期替换，并保证规定的人畜力经常满员，直至奉命截止时为止。

乙、临时担架民夫和运输牲畜，由民政厅或前线动委会按需要决定调用区域、人畜数目、服务时间后，介绍部队或兵站向指定地的政府接洽调用之。

丙、凡设有兵站的地区，一切有关军事方面的人畜力调用，统一由兵站向政府接洽办理。无兵站地区，部队方可直接向政府接洽调用。

丁、凡因特殊情况急需调用之人畜力，须有团或独立营（或单独行动之连）以上机关首长签名盖章的介绍信，经当地政府批准调用之。调用后须即逐级报告民政厅，以便统计，注意调剂。

第十四条　一般动员均须持有政府制印之“动员证”（民政厅或动委会专电布置者例外），向指定的地方政府接洽动员。民厅制发的动员证适用于边区各地，专署及县府制发之动员证只适用于该分区、该县之范围。

第十五条　临时调用民夫带路不用“动员证”。调用条件：

甲、一个团或单独行动之营、连每次调用带路人不得超过二人。

乙、后方机关及下乡工作人员不准调用民夫带路。

丙、带路范围只限于带路人之本乡或其熟悉之路程。

第十六条　凡下列情形，一律不准使用民夫牲畜：

甲、机关部队学校的一切生产事业，皆禁止使用民力，遇必要时可通过政府批准代雇。

乙、机关部队学校过往人员之代步、背行李、驮东西、接送眷属、机关搬家、挑水、拾柴、推磨、做饭等事，一律不准使用民力（正在战斗及不能行走的伤病员，荣誉军人例外）。

丙、后方机关部队需用之粮草一律自运，不准使用民力，但部队作战前后短期休整期间例外。

第十七条　凡不按动员手续私向县、区、乡动员或不应使用而强行动员者，政府与群众均有权拒绝之。倘强迫索要，得报告上级机关按情节轻重依纪律惩处之。

第十八条　部队机关应对民夫多加爱护。对随军服务民夫的食宿、患病、安全等方面尤须注意照顾，并随时给以教育，讲解时事，提高其政治认识。

第四章　民夫和牲畜的供给

第十九条　凡调用服务之担架民夫和运输牲畜，不论定期或临时，一律自带三天或到达使用部队期间所需之粮食草料。到达使用部队后，即由部队按下列标准统一供给：

甲、民夫生活标准与战士同。完成任务回家途中，只给粮食，不发菜金。

乙、牲口草料标准与机关牲口供给标准同。

第二十条　定期随军民夫须自备鞋子和衣服。十分贫苦者由村乡设法调剂解决之。

第五章　计工算帐（账）

第二十一条　为战争服务是边区每个人民应尽的义务。必须以乡或行政村为单位，按照财劳共负与劳勤结合的原则，全乡或全村合理负担，实行全村算账，全村变工。

（注）财劳共负、劳勤结合的原则，另有专例说明。

第二十二条　随军定期担架民夫出发后，家中农活应由村中及时变工代耕代锄，不得有误农时，荒芜庄稼。

第二十三条　计工标准规定：

甲、战勤工、代耕工（系指为服务战勤的民夫家庭代耕而言）统一计算。

乙、随军服务之定期担架民夫，由到达使用部队时起至完成任务时止，每人每天均按一个半工计算，往返途中每人每天仍按一个工计算。后方勤务每人每天均按一个工计算。村内勤务不计工。

丙、不脱离生产的民兵游击小组，其因公出差误工在一天以上的，每人每天按一个工计算。

丁、参加运输之畜力，在服务期间，一律每头每天按一个工计算。大车运输一天按几个工计算，由各地自定之。跟牲畜的人应按其出差性质同样计工。随军运输人员每人每天按一个半工计算。

第二十四条　随军定期服务的民夫，必须携带由政府制发的“人民战勤服务证”（表式附后），服务期满时由使用部队填写应填各栏，签盖公章后带回，凭证记账。短期和临时服务时，由乡或行政村统一制发工票，服勤务一天发一工票，月终凭票记工算账。欠工以还工为原则，必要时以工折价，工价由各县规定之。

第二十五条　各级政府须按月将动员情形及实有服勤务的民夫牲畜数目逐级报告民政厅，以便统计，给予调剂。

第二十六条　出差次序实行按组按班轮流，以出差最少的先出。后方勤务不顶前方勤务（随军定期勤务）。

第六章　奖惩与抚恤

第二十七条　民夫每次服勤务终了，必须实行检查，由群众评功过，论奖惩，以提高其为自卫战争服务的自觉性和积极性。

第二十八条　奖励办法：

甲、大会表扬、登报表扬、记功劳簿。

乙、颁给奖章奖旗。

丙、选举模范（其政治地位与劳模同）。

丁、物质奖励。

第二十九条　惩罚办法：

甲、开会批评、斗争、记过。

乙、罚工。

丙、造谣惑众，组织与鼓动逃跑者，送政府法办。

第三十条　民夫在服勤务中因公伤亡，经使用部队证明者，应与战士伤亡同等抚恤。

第七章　附　则

第三十一条　本办法自边区政府公布之日起有效。

第三十二条　本办法公布施行后，凡边区过去颁布有关民力动员条例与本办法相抵触者，概依本办法执行之。

第三十三条　本办法如有未尽事宜，由边区政府命令修改之。

选自《陕甘宁边区政府文件选编》第十一辑，档案出版社 1991 年版，第 181～188 页。

互校版本：《陕甘宁边区法律法规汇编》，三秦出版社 2010 年版，第 158～161 页。

16. 陕甘宁边区政府关于收容遭受蒋胡匪灾难童的通知

1948年3月12日

各专员、县（市）长：

根据边区参议会常驻议员、边区政府委员扩大联席会议关于筹设难童收容机关使遭受蒋胡匪灾的难童得以教养成人的决议案，本府民政厅已着手筹设收容机关。现将收容机关名称，收容名额及收容办法等规定于后，希各灾区立即依据进行审查收容，有组织的护送前往，以资统一教养，培植成人，将来为人民服务。

一、名称：收容机关定名为“陕甘宁边区难童教养院”。

二、收容儿童的名额：难童院暂定收容三百名儿童，将来须要增加时再行规定。兹依各分区灾区范围之大小，规定各分区接收的数目于下，至各县的具体数目，由各专署研究分配。（一）绥德分区暂定不超过一百五十名，（二）延属分区暂定不超过一百名，（三）靖边县暂定不超过五十名，（四）其他分区灾情较轻，对于孤儿难童可采取就地发动群众收容安置的办法解决。

三、收容儿童的条件：边区难童教养院因系初创，人员不足，设备简陋，目前只能收容六岁以上至十二岁的儿童，并须具备下列条件之一（六岁以下的孤儿难童应采取就地发动群众收容安置的办法解决之）：（一）父母亡故致无人抚养之孤儿，（二）父母逃荒出走致被遗弃之难童，（三）烈士之子女及军工属之子女确因无人抚养无法生活者，（四）蒋管区流离失所之孤儿难童逃入边区者。

四、集中接收时间：自三月二十日至四月二十日为集中接收时间，各县收容之孤儿难童，一般的都送临时收容所接转，逾期者须直送难童院接收（地点另行通知）。

五、收容的方法及手续：（一）绥德专署应在绥德、延属专署应在延川设立临时收容所，专门负责审查接收该分区各县送去之孤儿难童，每集中到十个至十五个即可编为一个小组，派人护送至难童院接收。临时收容所于集中接收时间过后，即行撤销。（二）各县政府负责在所辖灾区调查登记符合难童收容条件之儿童，详造表册，妥送各分区临时收容所接收转送。

六、临时收容转送难童的经费：（一）临时收容所的经费开支（限于收转儿童所需的伙食路费），统由专署向财厅造具预算请领，决算报销。（二）各县政府收转儿童时所开支的费用（伙食路费）直送难童院者由难童院偿付，决算报销，送临时收容所者，由临时收容所偿付，专署统一报销。

特此通知。

选自《陕甘宁革命根据地史料选辑》第三辑，甘肃人民出版社1983年版，第280～281页。

互校版本：《陕甘宁边区政府文件选编》第十二辑，档案出版社1991年版，第64～66页。

17. 陕甘宁边区优待革命军人、烈士家属条例（草案）

1948年10月27日

第一章 总 则

第一条 凡在边区境内居住之革命军人家属（简称军属），均依本条例优待之。

第二条 凡因革命牺牲之烈士家属（简称烈属），及因革命致成残废，或对革命有功因年老丧失劳动力而退休之人员，除照章抚恤外，并得享受本条例之优待。

说明：本条例所称革命军人，以直接参加人民解放军（主力军、地方军）、警卫队、游击队、警察以及军事勤务部门脱离生产之人员（支取薪金者例外）而言；所称烈士，以因作战牺牲，或因公捐躯者言；所称家属，以革命军人或烈士之配偶，及与本人在同一家庭经济单位之直系亲属（父、母、子、女，及依其为主之祖父母，及未成年之弟妹）而言。

第三条 优待军烈属，应以加强军烈属的政治教育，提高其政治觉悟和社会地位，并组织与扶助其进行生产达到自给为主。部分情形特殊者，分别予以物质帮助。

第二章 优待办法

第四条 军烈属得享受下列之优待：

一、享受人民之尊重、爱护、鼓励、安慰。如庆功、贺喜、送光荣匾、年节慰问、疾病照顾、丧葬吊唁、以及群众娱乐集会时坐前排等。

二、其子女得依边府干部子弟入学规定，优先入学，并得优先享受国民小学内贫苦学生之各种补助。

三、在土地改革中，有分得土地及财物之优先权。

四、公有土地、房屋、器具、物品等之分给、出借、出租、出售时，得优先承领、承借、承租，承买，但以自种、自住、自用为限。

五、在公营贸易部门低价出售物品时，有优先购买权，但以自用为限。

六、政府低利贷款时，合于贷款规定者，有优先借贷权。

七、患病时得享受公共卫生机关之免费治疗。

第五条 对于贫苦军烈属，首先应解决其生产中的具体困难，帮助其进行生产，建立家务，达到自给自足。

第六条 在贫苦军烈属家务尚未建立或无法建立家务者，应按其具体情况分别给予下列之物质帮助，以维持其相当于当地一般普通人民生活之标准。

一、有劳力无土地牲畜，或只有部分劳力畜力而无土地者，可适当调剂给土地或介绍其承租、承伙他人土地、并帮助其进行生产。

二、有土地而劳力畜力不足者，应组织群众分别帮助其不足之人工或畜工。

三、有土地而无劳力畜力无其他营业收入者，应组织群众包耕其一定数量之土地，由包耕人按照该土地评定之常年产量，定期交粮、交柴，该土地之实产量如有长余概归包耕人所有，不足时由包耕人补足。

四、采用上述各项办法，其收入仍不足维持普通生活者，应帮助部分粮食。

五、土地、劳力、畜力全无，又不能进行其他营业者（老弱残病等特殊情形），应按当地一般普通人民生活所需标准帮助其粮食或柴炭。

第七条　凡对军烈属之劳力帮助，应与战勤负担统一计算分配，期达公平合理。帮粮应以县为单位，随农业税及商业税征收之，但须事先呈请边区政府批准。

第八条　对于军烈属之物质帮助，应每年定期检查评议一次，由军烈属自报，群众评定，区乡政府审查，呈报县政府批准后施行。

第九条　革命军人家中如有土地财产，无人经营时，乡政府应负责经营代管，俟其本人或其家属归来后全部交还。

第三章　登记审查

第十条　军烈属须有军人所在部队团以上政治机关或县以上政府之证明，并向所在乡政府登记后，始得享受优待。但因战争关系或地理条件限制，一时无法取得部队证明书，经当地政府调查属实者，亦得享受优待。

第十一条　军烈属移居时，如移住本县境内者：须取得县政府之批准介绍，移居在本分区内其他各县者，须取得专署之批准介绍；移居其他分区者，须取得边区政府之批准介绍，方可在移入地区凭证取得优待，并即通知其原住区停止物质帮助。

第十二条　有下列情事者，得分别停止优待：

一、军人被开除军籍或叛变投敌者，停止优待其家属。

二、军烈属因犯罪被褫夺公权者，停止其本人应享受之优待。

第四章　附　则

第十三条　军烈属有下列情事者，应分别予以奖励或处分：

一、军烈属应受物质帮助，而自动谢绝，积极生产，建立家务，达到自给者，应予精神或物质奖励。

二、军烈属中如有游惰、浪费、不事生产，或染有不良嗜好者，应严加管教。

第十四条　有下列情事者，应分别予以奖励或处罚：

一、干部或群众执行优待工作积极负责及有显著成绩者，应予以精神或物质奖励。

二、干部轻视优待工作，或假公济私从中贪污者，及群众对优军任务执行不力或有抗拒行为者，应酌情分别予以处分。

第十五条　确定每年旧历十二月初一日起至次年正月十五日止为拥军月。在此期间，政府应发动群众进行下列工作：

一、慰问当地或附近医院之伤病员、部队及军烈属，并给前方战士写慰问信。

二、县、区、乡政府须具体检查一年中的优待工作，并分别奖励军烈属模范和优军模范。

三、计划改进优待工作。

第十六条　本条例自公布之日施行。

选自《陕甘宁革命根据地史料选辑》第三辑，甘肃人民出版社1983年版，第300～304页。

互校版本：

1.《陕甘宁边区政府文件选编》第十二辑，档案出版社 1991 年版，第 240～243 页。

2.《陕甘宁边区法律法规汇编》，三秦出版社 2010 年版，第 456～457 页。

18. 陕甘宁边区革命工作人员家属生活困难处理暂行办法

1948 年 10 月 27 日

第一条　革命工作人员家属（简称工属）。以直接参加革命工作、脱离生产之工作人员的父、母、妻、子及依其为生的祖父母、未成年之弟妹为限，应努力生产自给，维持生活。一般不予物质帮助。

第二条　工属生活确实无法维持者。得适用“陕甘宁边区优待革命军人烈士家属条例”第六条之规定，酌予物质帮助。但物质帮助之程度，应低于同样军烈属之帮助标准。

第三条　贫苦工属取得物质帮助时，必须经过下列手续：

一、取得工作人员本机关之正式证明，及同级政府介绍，并向当地乡政府进行登记。

二、物质帮助之程度，由当地群众民主评议，呈上级政府批准（如工作人员在外县工作者呈区公署，在本县境内工作者呈县政府）。

三、移居他处时，如移在本县境内者，须经县政府之批准介绍，移在本分区其他各县者，须经专署之批准介绍，移居其他分区者，须经边区政府之批准介绍，方可凭证在移入区取得帮助，并即通知其原住区停止物质帮助。

第四条　随机关之干部家属，凡家在边区，且有生产条件者，须回家生产；如家在敌区或其他解放区无法归家，生活确实无法维持者，依下列规定处理：

一、能参加工作者，尽量吸收其参加工作。

二、不能参加工作，随干部在县级机关者，一律安置农村；随干部在分区级以上机关者，尽可能安置农村；其确实不能安置农村者，小孩之生活费由公家供给，大人之粮食，由本机关依其生产自给能力，呈请大公酌予补助一部或全部。

三、机关干部参军或远调后，其原随机关之家属，可集中组织家属队，进行学习与生产。家属小孩及大人之待遇与第二项同。

第五条　领取薪金或工资之工作人员，其家属不得取得本办法之物质帮助。

第六条　本办法自公布之日施行。

选自《陕甘宁边区政府文件选编》第十二辑，档案出版社 1991 年版，第 243～244 页。

互校版本：《陕甘宁边区法律法规汇编》，三秦出版社 2010 年版，第 458 页。

19. 陕甘宁边区抚恤革命烈士、荣誉军人及优待革命年老人员条例

1948 年 11 月 11 日

各专员、县（市）长：

兹经本府第十七次政务会议通过《陕甘宁边区抚恤革命烈士、荣誉军人及优待革命年老人员条例》，随令颁发，仰即转饬所属一体遵照执行。

此令。

主　席　林伯渠

副主席　杨明轩　刘景范

陕甘宁边区抚恤革命烈士、荣誉军人及优待革命年老人员条例

第一条　凡革命烈士、荣誉军人（简称荣军）及年老之革命军工人员（简称革命年老人员），悉依本条例抚恤、表扬、优待之。

说明：本条例所称之烈士，系指作战牺牲或因公捐躯者言；所称荣军，系指作战负伤，或因公致成残废者言；所称革命年老人员，系指年满五十岁之军工人员，积极工作十年以上者言。

第二条　对于烈士之表扬，得依其革命历史、职务、功绩分别采取下列办法：

一、每年清明节，组织群众慰问烈属，并由县政府或区公署筹划举行追悼死难烈士纪念会，宣传烈士生前英勇事迹，教育群众。

二、由边区抚恤委员会规定或制发烈士纪念匾额或纪念证，由当地政府带领群众送给烈士家属。

三、经边区政府批准建立集体或个人纪念塔、碑、坊、馆、陵墓或编纂纪念册、传记等，以表彰其勋绩。由边府决定以烈士姓名为学校或地方名称，以资纪念。

第三条　烈士遗体搬运回籍者，除发给运送人员路费外，沿途各地政府应负责动员牲口转运，并妥予照料。安葬时当地村乡政府应组织群众致祭。

烈士家境贫寒者，得由原籍县政府按照规定发给埋葬补助费。

第四条　烈属均得经过如下手续，由政府发给一次抚恤金。

一、烈士属于军事系统者，由军分区及旅以上之政治部介绍其姓名、职务、生平事迹，报告边区政府转令原籍县（市）政府照章抚恤之。

二、烈士属于地方系统者，由专署呈请边区政府审查，通知原籍县（市）政府照章抚恤之。

三、未得以上机关之通知，而确知其已经牺牲者，由区公署呈报县政府查明属实后，按照本条二项手续办理。

第五条　荣军须经军事医院或部队团以上、地方县以上之卫生机关按残废等级标准，检查确定残废等级，并向边区抚恤委员会取得“革命荣誉军人证”后，得按年分别

享受抚恤。

第六条　设立荣誉军人教养院，接收因残废而暂时不能重回部队或参加其他工作之荣军，给以一定时期的休养和学习，其因残废过重，永久不能工作或生产者得养老之。

第七条　荣军之残废等级，每年均须检查一次。残疾改变者，应改变其等级，残疾消失者，应收回其残废证，换发“革命荣誉军人纪念证”。革命荣誉军人纪念证由边区政府制发。

第八条　年老人员由团以上之部队或县以上之机关正式申请，经边府核准发给“革命年老人员优待证”后，得按年享受革命年老人员优待。

第九条　荣军及年老人员退休者，得另发给生产安家补助费。

名称	烈士抚恤金（一次发给）	烈士埋葬补助费（一次发给）	搬灵人员路费（每人每日）	荣军抚恤金（每年）				革命年老人员优待金（每年）	荣军及老年退休生产补助金（一次发给）			
				特等	一等	二等	三等		参加革命一年至二年者	每增加一年增发	最高限度	对革命有特殊贡献或参加命已满十五年以上之老年人员
标准（米）	三百斤	一百八十斤	二斤	一百八十斤	一百二十斤	六十斤	三十斤	六十斤	九十斤	三十斤	三百斤	除以上列标准发给外可再酌情加发

第十条　退休荣军及革命年老人员，应免除其本人之战勤负担。

第十一条　边区之抚恤工作，统由陕甘宁边区抚恤委员会办理之。抚恤委员会之组织章程、办事细则以及残废等级标准另定之。

第十二条　本条例所列之抚恤金、埋葬补助费、生产安家补助费等标准，均按陕甘宁边区政府之规定施行。

第十三条　凡因参战牺牲或负伤之民兵、担架运输人员，悉依本条例抚恤或表扬之。

第十四条　本条例自陕甘宁边区政府公布之日施行。

选自《陕甘宁边区政府文件选编》第十二辑，档案出版社 1991 年版，第 274～277 页。
互校版本：《陕甘宁边区法律法规汇编》，三秦出版社 2010 年版，第 459～460 页。

20. 陕甘宁边区政府关于救济春荒的指示

1949 年 3 月 19 日

各行署主任、各专员、县（市）长：

一、去年，陕甘宁晋绥边区因遭匪祸天灾所造成的严重灾荒，一般地区业已基本渡过，并打下了进一步恢复与发展生产的基础。但部分地区，灾荒尚未解除，榆、横、神、府，及绥、延某些地区灾情尤重，总计有二十万人口处于相当严重的灾荒威胁中，目前生活已难维持，进行生产困难更多，接近敌区的若干村乡还在经常遭受敌人的破坏抢劫中。因此，各地对于救济灾荒工作，应予十分重视，在一般地区均应切实注意扶助贫苦群众解决生产中的困难问题，在灾重地区，更应把生产救灾工作作为当前紧急的重要任务。

二、过去一年各地救灾工作的经验证明，只有发动与组织群众进行各种生产，依靠群众力量，团结互助自救救人为主，辅之以政府有重点的适时进行救济，是唯一正确的方针。一切离开这个方针，忽视或不重视领导生产，不认真组织与发挥群众力量，采取依靠政府的单纯救济观点以及麻痹等待态度，就必然发生严重错误，招致不该有的损失。我们必须严正接受去年某些地区的沉痛教训与充分吸取救灾工作的经验，坚持生产救灾方针，提倡节约防荒，广泛深入的发动与组织群众，根据不同地区的情况，进行各种农业手工业副业生产与运输事业多方面地组织农村合作互助，提倡私人借贷，保证有借有还，加强政策宣传，打破群众顾虑，以活跃农村中的互助借贷的关系，切实解决生产中各种困难问题，如靖边县用发动干部带头、群众互助，及政府贷款的办法，组织三千五百户群众运盐，一月半中得利一千五百四十余石小米，葭县城关二乡利用农村公产及接受地主财物，组织河运、纺织、运输及其他手工业生产，得利米四十四石，解决百分之六十三灾民春耕生产中的吃粮问题，许多地区组织变工互助，妇女上山，及时抢种土地，并大量采集野菜，种植各种早粮及瓜菜，奠定了救灾的根本基础。各地一切农村组织，农村工作者，各合作社，及贸易公司应成为这些工作的具体的领导者与组织者。在绥德、榆林分区的重灾区，各级政府尤应有计划地组织一些有劳力而缺乏其他生产条件并确愿出外生产的群众，迁住延安、延长、志丹、安塞、富、甘等地广人稀地区进行生产。上述地区的各级政府，应认真发动当地群众安置移民，并帮助与解决其生产中各种困难，严格纠正某些干部和群众对移民采取冷淡的态度，与排挤的狭隘思想。政府并应有计划的给移民筹拨部分粮食以辅助群众互助之不足。晋西北重灾区如需移民时应由行署及专署指定适当地点，安置生产，必须争取做到不饿死人，并打下灾区进一步恢复与发展生产的基础。

三、为辅助解决灾民的生产与生活资料，政府特决定拨粮一万石，分配下列各地：

晋西北：四千石。榆林分区：三千石（内榆林一千二百石，神木一千石，府谷八百石）。绥德分区：（包括横山、镇川在内）二千石。延属分区：九百石（内安置移民五百石，永坪、羊马河、蟠龙灾区四百石）。

此项救济粮，应以部分用于救济缺乏生产条件之老幼残疾者，大部应用于组织生产上面，有重点的结合生产适时发放，或以工代赈，切实防止平均分配或积压挪用等现象发生，并须注意主要发给确实困难勤劳生产的贫苦人民，对于懒惰的人必须加以严格管教，使之从事生产。发放赈粮时，必须经群众民主讨论，具体决定办法，坚决克服干部中恩赐观点及包办代替，徇私舞弊等情事。

四、为保证这个工作的顺利完成，各地政府应立即根据本指示的精神及当地具体情况深刻讨论，切实进行，严格纠正那些对人民生命不负责任的官僚主义思想作风，以及经验主义的工作方法。今年我们在各方面的条件都比去年好的多，只要真正把干部思想搞通，很好的把群众发动与组织到一切生产战线上去，战胜灾荒是完全有把握的。

各地工作进行情形，希随时报告本府。

选自《陕甘宁革命根据地史料选辑》第三辑，甘肃人民出版社 1983 年版，第 345～347 页。

互校版本：《陕甘宁边区政府文件选编》第十三辑，档案出版社 1990 年版，第 142～144 页。

21. 陕甘宁边区革命烈士荣誉军工人员及年老之革命军工人员抚恤优待条例

1949 年 5 月 20 日

第一条　凡革命烈士、荣誉军人（简称荣军）、荣誉工作人员（简称荣工）及年老之革命军工人员（简称年老人员），悉依本条例褒扬、抚恤、优待之。

（说明）本条例所称之烈士，系指作战牺牲或因公牺牲、或被敌残害者言；所称荣军、荣工，系指作战负伤或因公致成残废者言；所称革命年老人员，系指年满五十岁之军工人员连续工作达十年者言。

第二条　对于烈士得以其革命历史、职务与功绩，分别采取下列办法褒扬之。

一、每年清明节定为烈士纪念节，由县政府或区乡政府筹划举行追悼死难烈士纪念会，并宣传烈士生前英勇事迹，教育群众，届时并应发动组织群众慰问烈属。

二、由边区政府制颁烈士纪念证。

三、经边区政府批准，得举行公葬或建立集体、个人纪念塔、碑、坊、馆、陵或编纂纪念册、传记等，以表彰其勋绩。

第三条　烈属经下列部队或机关之证明，得由原籍县政府或就近之抚恤机关一次发给其抚恤金。

一、属于军事系统之烈士，须取得军分区或师以上政治部之证明文件。

二、属于地方系统之烈士，须取得县以上政府之证明文件。

三、未取得以一、二两款之证明文件，而确知其已经牺牲者，由区公署呈报县政府审核，给予抚恤。

第四条　根据荣军、荣工之残废等级，由边区政府分别颁发“革命荣誉军人证”或“革命荣誉工作人员证”，并按年发给荣誉金或抚恤金。

（说明）参加工作或在校学习者，得享受荣誉金，退休者得享受其抚恤金。

第五条　对于因残废而暂时不能重回部队或参加其他工作之荣军或荣工，得设立荣誉军人教养院（简称荣院）或荣誉军人教养队（简称荣誉队），给以一定时间的休养和学习。如残废过重，永久不能恢复参加工作或生产者，得养老终身。

第六条　荣军、荣工之残废状况，每年检查一次，如残废有所改变，则改变其等级。如消失者应换发由边区政府制定之“革命荣誉纪念证”。

第七条　年老人员由团以上之政治部或县以上之机关正式申请，经边区政府核准颁发“革命年老人员优待证”后，得享受年老人员之优待。

第八条　荣军、荣工及年老人员退休者，发给一次生产安家补助费。

第九条　退休之年老人员及荣军或荣工，得按战勤条例享受减免战勤负担之待遇。

第十条　凡民兵民工因参战牺牲，或负伤致成残废者，由边区政府分别颁发“民兵民工光荣牺牲纪念证”或“民兵民工荣誉证”，并分别享受抚恤。

第十一条　抚恤工作，由边区各级抚恤委员会办理之，其组织规程另订之。

第十二条　本条例所列之荣誉金、抚恤金、优待金、生产安家补助费、埋葬补助费等及残废等级之标准均另订之。

第十三条　本条例自陕甘宁边区政府公布之日施行。前颁《陕甘宁边区抚恤革命烈士、荣誉军人及优待革命年老人员条例》即行作废。

选自《陕甘宁边区政府文件选编》第十三辑，档案出版社 1991 年版，第 359～401 页。

互校版本：《陕甘宁边区法律法规汇编》，三秦出版社 2010 年版，第 461 页。

22. 陕甘宁边区政府通知——关于节约救灾生产、加强支前工作

1948 年 6 月 7 日

各专员、县（市）长：
各机关、部队、学校：

边区经蒋胡马匪军一年余的侵扰和普遍的灾荒，人民生活十分困难。绥德分区各县饿肿者已达万人，因饿而病死者五百余人，同时爱国自卫战争日益扩展，边区人民支援前线的任务愈加重大。因之在最近一月多内，即在夏收前一月多内，如何集中一切力量抢救灾民以恢复和发展生产，如何在恢复和发展生产基础上巩固和加强支前，是目前紧急战斗①任务。延安的光复，并不标志这一切任务的减轻，而是标志我们责任的加重。必须使全体人员在思想上认识清楚，自觉的保持和发扬艰苦作风，积极发动生产，厉行节约。严格批评和纠正脱离群众和平享乐思想及铺张浪费行为。为此决定：

一、号召各机关、后方留守部队、学校立即广泛动员和组织节约救灾运动，停止一切不急需的修建和购置（急需修建的，亦宜组织本机关人员自力解决），节约各种开支，尤应有计划地节约粮食（最好做到在本月内每人每日节约小米一两），救济灾民，本月内停止一切娱乐晚会（包括演戏、跳舞），同心协力渡此难关。

二、各机关、后方留守部队、学校应加强农、工、作坊、运输等生产事业，保证机关人员生活供给。停止经营一切商业。曾经或仍在经营的一切商店及其资财，应自觉移交大

① “甘肃史料版”将“战斗”误作“战争”。

公统一管理。此项管理工作在延安暂有财政厅负责，在各分区暂由贸易分公司负责。

上述决定，务希在所有工作人员中展开讨论，并确实具体执行。

选自《陕甘宁革命根据地史料选辑》第三辑，甘肃人民出版社1983年版，第285～286页。简称“甘肃史料版”。

互校版本：

1.《陕甘宁边区政府文件选编》第十二辑，档案出版社1991年版，第114～115页。副标题为“关于节约救灾，发展生产，加强支前工作”。

2.《陕甘宁革命根据地史料选辑》第三辑，甘肃人民出版社1983年版，第385～386页。

23. 陕甘宁边区人民战时服勤暂行办法

1949年7月22日颁发①

第一章 总 则

第一条 为保证革命战争之供应，本公平合理使用民力，及照顾发展生产之原则制定本办法。

第二条 凡边区可服战勤之人力畜力、车辆、船只，皆有服战勤之义务。

第三条 战时服勤范围以下列五类为限。

一、随军参战勤务，凡常备及临时随军担架、运输、押俘、配合作战、打扫战场、战地修破道路、工事等属之。

二、战地临时勤务，凡在紧急战争情况下，战地临时征用之担架、运输及其他勤务属之。

三、后方转运勤务，凡接战区及后方转运军火武器、兵工、卫生、通讯器材、粮秣、被服、医院、兵站、转运站之粮草柴炭等属之。

四、村内勤务，凡给烈、军、工属之包耕、帮工，及为部队磨面、碾米，过往军政人员之招待、站岗、送信、带路、修路、架桥等属之。

五、妇女勤务，缝制军鞋、军被、军衣及为军队或伤病员拆洗缝补被服等属之。

第二章 负担办法

第四条 农村战勤负担，依人力畜力、财富评定每户之服勤能力（简称勤力），采取统一计算以勤工或勤米负担之。其负担原则按照不同地区规定如下：

一、凡土地改革已完成地区，按劳（人、畜力）负担，照顾贫苦。

二、凡未完成土改地区，按劳财共负。

第五条 人力、畜力、财富，分别以下列标准，由村民会民主评定勤力。

一、人力评勤：男子年在十八岁以上四十五岁以下者，定为一个勤力，十六岁、十七

① “法律法规版”标明“1949年7月22日颁发”。

岁及四十六岁以上至五十岁以下者，定为半个勤力。

二、畜力评勤：四岁以上之驴子，定一个勤力，三岁以上之骡子定二个勤力，四岁以上之骆驼定二个勤力，驮马与骡子同，非驮马与驴同，驮牛、拉车牛及耕牛之评勤标准，由各专署依据实际情况规定，呈报行署或边区政府批准。

船只、车辆不计勤力，驾船拉车之人，依（一）（二）两款规定标准分别评定勤力。

三、财富评勤：未经土改地区之地主、富农家庭，其人畜力除依前（一）（二）两款评定勤力外，并依其经济情况，经民主评定财富勤力，其财富评勤标准，由各专署研究规定，呈报行署或边区政府批准后施行。

第六条　城市工、商业者及其他居民以下列规定以勤工或勤米负担战勤（新解放城市人民服勤办法另订）：

一、凡经营工业者（包括工人在内），自由职业者，其本人每月出勤米四市斤。

二、凡经营商业者，其本人每月出勤米八市斤。

前（一）（二）两款工、商人中，如系工厂或商店招用之工、徒，其有薪金收入者，由本人负担，无薪金收入者，由厂主或店主负担。

三、其他城市居民，男子依第五条（一）款评定勤力，每个勤力每月出勤工一个，或出勤米四市斤。

第七条　兼营工商农业者，如以农业为主，依第四，五条之规定负担，如以工商业为主，则依第六条之规定负担，一户分住两地（非在本区或本乡）者，以两户论，如出外经营工商业无固定地址者在原住地负担。

第八条　妇女除符合第六条（一）（二）两款者按规定减半出勤米外，一般妇女单独评定勤力，按勤力负担妇女勤务，怀孕期经民主评议，酌情照顾。

第九条　凡具有下列情形之一者，得减免其战勤负担：

一、农村及城市劳动人民，生活确实特别贫苦者，经民主评议得酌情减免其家庭战勤负担。

二、三等残废及一般军政退休人员，在初退休之一年内，免除战勤负担。

三、不脱离生产之乡村干部，如沿大道之村长、村主任、农会主任等，工作繁忙误工很多者，经民主评议得减免其本人战勤负担一部或全部。

四、烈、军、工属家庭，每负责赡养革命烈士、军人、工作人员本人之直系亲属二人者，减免其家庭半个勤力。赡养四人者减免一个勤力，余类推。

五、农村乡镇之医生（中、西、兽医），其本人免负担战勤，但有随服勤民工担任医疗工作之义务，如服务时间较长，政府得适当补助其家庭生活。

六、应服战勤之人或畜力临时患病在十五天以上者，本月免除负担战勤。

七、母畜产前产后两个月内，免除负担战勤。产后第二月至第四个月内不负长勤。

第十条　有下列情形之一者，免除其本身之战勤负担：

一、脱离生产之党政军民工作人员，退休之一、二等残废及年老人员。

二、各级学校教职员，学生及高小以上学校编制内之工作人员。

三、身体残废，无力服勤之人、畜。

四、军需工厂及直接供给军需原料厂、坊之职工人员。

五、国营企业及经政府批准之合作社中非雇用之人员。

六、女工及十五岁以下之童工。

七、政府供给之职业剧团人员。

八、经县级以上政府审查凡有利社会建设之手工业，机器工业，医生所带之学徒，年龄在十八岁以下者。

九、经县级以上政府登记合格之专门配种之公畜及其经营者本人。

第三章　服勤计工算账

第十一条　各种战勤记工标准如下：

一、常备随军服勤之人、畜记工标准：

甲、民工：自拨交部队之日起至离部队之日止，每日计工一个半，途中往返每日计工一个。

乙、牲畜：自拨交部队之日起至离开部队之日止，毛驴和牛每日计工一个半，骡子每日计两个半，骆驼每日计工三个半，拉车之驾辕牲口，每日另外各加半个工，途中往返毛驴和牛每日计工一个，骡子每日计工两个，骆驼每日计工三个。大车每辆除按牲口计工外，每三日多计工一个。

二、战地临时服勤及后方转运勤务之人、畜计工标准：

甲、民工：战地临时服勤一日，或后方转运伤员，往返路程够六十里，均计人工一个。

乙、牲畜，战地临时服勤一日，或转运伤病员一人往返路程够六十里均计畜工一个，转运能计重量之物资时，凡载重十斤往返路程够六十里即计工一分，十分合畜工一个，但驮炮弹因弹箱固定不能按重量计分时，以每头牲口每日行程计工，驴牛行程六十里计工一个，骡子行程六十里计工两个，骆驼行程六十里计工三个，大车计工与（一）款（二）项同。

三、村内勤务之人畜，按完成任务之程度计工，其折合办法由村民民主评定之（如推二斗麦为一工，耕一垧地为二工等）。

第十二条　服勤之人工、畜工，依第十一条规定计工，以乡（或相等于乡的街、村政府）以下的行政单位为计账单位，定期结算统计。

一、勤工一律登记于政府制定之“拨派民力分户账”内，按各户勤力计算负担，如实服勤工超过勤力应负担数者，由短工者还工，或以评定之工价补偿之。随军常备担架运输勤工，每期结算一次。一般勤工，每月结算一次。

二、妇女勤务，可以（一）款计账单位单独计工算账，每月或每季结算一次。

三、各村每月须将本村实有勤力，实出勤工及结算情况于次月五日前填于“战勤月报表”内，报告乡政府，乡、区于同月初十日前逐级汇报县府，县府于同月十五日前，汇报专署或行署，专署或行署每三个月向边府民政厅报告一次。

第四章　调遣使用

第十三条　所有边区境内之战勤动员，由边区政府民政厅统一办理，各行署，专署、县、区、乡政府分别接受各上级政府规定之任务进行动员。

第十四条　为使调用民畜力之合理，边区政府民政厅，行署民政处，各专署、县府及区乡政府，应经常掌握各该辖区内之人力畜力等负担能力之统计，以便合理分配任务，适当调剂负担。

第十五条　随军常备担架、运输以六个月为限（往返时间除外），在后方地区动员。临时随军担架、运输以完成一个战役任务为限，在接近战区动员。均由野战军后勤司令部拟定计划呈请边区政府以命令动员之。以上担架、运输队之民工以年龄在二十岁以上四十岁以下之壮年男子为合格，牲口以能驮运百斤以上且能连续驮运者为合格。

第十六条　战地临时紧急动员，以完成指定任务为限。在战区就地动员，由野战军政治部或军、师政治机关审查批准，出具证明文件，通知所在地专署或县府协同动员之。在政权尚未建立之新解放区，由军以上政治部派员携带证明文件直接动员，但事后须逐级报告野政转知边府民政厅。

第十七条　后方转运勤务以完成指定任务为限，由军运部按月或季拟制动用民力计划，提请边府民政厅批准统一动员之，如遇紧急情况必须就地动员者，由各地军运办事处或其他使用机关，填具"用勤证"，直接向当地专署或县府动员之，事后报告民厅。各军区或军分区军事机关，如需要动员转运勤务，得由政治部审查填具"用勤证"经同级政府批准动员之。沿运输线之零星转运，可由兵站或招待转运站，在指定范围内，向乡以上政府就地动员或雇用，并按月逐级转报民厅。邻接之同级政府及招待转运站可凭"转运证"，互相转勤，不得推诿或拒绝。

第十八条　凡不按规定手续向县、区、乡动员或不应动员而强行动员或任务完成无故扣留不放者，政府与人民均有权拒绝，倘有强迫索要或抓夫拉差行为，得报告上级机关按情节轻重，依纪律惩处之。

第十九条　征用勤工之机关部队，应经常注意对民工之爱护、教育、加强政治工作，提高其政治觉悟及工作积极性，并适当照顾其食宿病患和安全。

第二十条　妇女缝制军服军鞋之勤务，由政府规定任务，动员担负之。

第二十一条　城市勤米依第六条之规定，由市（边府或行署之直属市，以下同此）、县政府征收。农村为调剂负担，经专署提出计划报请行署或边府批准亦得征收勤米。

第二十二条　勤米征收后，由各该市、县政府之粮食仓库代为保存。勤米之开支以市政府、行署以命令行之。收支预算于每季初，决算于每季终，呈报边府民政厅审核。

第五章　组织领导

第二十三条　各级政府在进行战勤动员时，必须充分进行思想政治动员，讲清任务，说明期限，及应带装备，并须依照第二章至第三章之规定经民主评议，做到负担公平合理，确实解决出征民工的家庭生活困难。

第二十四条　常备随军参战民工在县集中后，应分别进行下列工作：

一、严重检验质量，不合格者限期换补，合格者发给"服勤证"。

二、进行三天至五天的短期训练，发扬民主，竞赛立功，订定纪律，以启发提高其政治觉悟。

三、按地区编制为大，中、分队及班，并派县长级干部担任大队长，区长级任中队长，乡长级任队长。班长由民工自选，并选择积极分子，组织领导骨干。

四、发动群众慰劳欢送并通知沿途招待鼓励。

第二十五条　常备随军民工出发后，应发动群众和民工家属写信慰问鼓励，民工在前方立功者，应组织庆功贺喜，发现民工有逃回者，立即运员其归队。

第二十六条　民工每次服勤终了，必须开群众会评定功过，选举模范，好的分别予以大会表扬，登报表扬、记功、颁发奖章、物质奖励等办法奖励之，坏的分别予以批评斗争、记过，甚至送司法机关法办。

第二十七条　常备随军担架、运输之供给，由家到县集中期间，由各户自备，集中后至部队接收期，由县按野战军标准供给，向财厅报销，部队接收后，由部队供给，任务完成回家路费，亦由部队发给。后方转运人畜供给，集中前由各户自备，服务期间按财厅规定标准，由使用机关发给。

第二十八条　服勤民工在服勤期间之伤病治疗由各使用部队机关负责，因公残废或牺牲者，按边区抚恤条例抚恤之。

第二十九条　服勤之牲口，车辆，在服勤期间，确由不可抗拒之 原因而损坏或死亡，并有部队证明手续者，得经村民评定，赔偿价值，呈经县府审查批准，在战勤米中开支之，如无勤米时，可由地方费中开支报销。

第三十条　过往军人、伤病员、荣军之招待，除设有转运站、招待站地区外，凡军人过往较多地区之村乡，可实行招待员制，城市托客饭店代办，酌量免除其战勤负担，招待所收之粮，草粟（票），各级仓库须随时予以兑换，不足数由区乡政府审查属实，可于战勤米内补助或以区乡为单位合理负担之。

第六章　附　则

第三十一条　各行署可根据本办法原则，按照当地实际情形，制定具体执行办法，但须呈经边区政府批准之。

第三十二条　本办法自公布之日施行。

第三十三条　本办法如有未尽事宜，由边区政府修改之。

第三十四条　本办法施行后，前颁《边区战时勤务动员暂行办法》，即行作废，各行署、专署、县过去颁发单行办法与本办法抵触者，一概作废。

选自《陕甘宁革命根据地史料选辑》第三辑，甘肃人民出版社1983年版，第527～536页。

互校版本：《陕甘宁边区法律法规汇编》，三秦出版社2010年版，第162～165页。简称“法律法规版”。

24. 陕甘宁边区人民团体登记办法

1949年10月31日公布

第一条　为保障人民集会结社自由，取缔反革命分子的集会结社自由，特制定本办法。

第二条　凡已成立或拟成立各种人民团体，均须依照本办法申请登记，经审查合格，发给登记证后，方为合法存在之人民团体，并享受法律之保障。

第三条　各种人民团体之登记机关规定如下：

（一）属于全区性之人民团体，向边区政府民政厅申请登记。

（二）属于省（市）性之人民团体，向省（市）人民政府民政厅（处、局）申请登记。

（三）属于县（市）及县（市）以下性质之人民团体，向县（市）人民政府申请登记。

第四条　凡已成立之人民团体申请登记时，须填写申请书，并呈附其组织章程及会员名单，申请书内容主要包括下列各项：

（一）团体名称、宗旨、地址、事业概况及历史。

（二）主要负责人的姓名、所住、过去和现在的职业、政治主张、政治经历及其与各党派团体之关系。

（三）各级负责人姓名、简历及会员人数。

（四）经济来源与经济状况。

第五条　拟成立之人民团体，须于筹备期间，填写申请书，经审查合格发给登记证后，始得正式成立。申请书内须填写所筹备团体之名称、宗旨、经济来源及主要发起人的姓名、住址、过去和现在的职业、政治主张、政治经历及其与各党派团体之关系，成立后，须即填写前条规定之申请书，并呈报其组织章程及会员名单。以上四、五两条所指申请登记之人民团体，凡有总团体者，其分团体申请登记时，应书明其与总团体之关系，并呈验其总团体已经人民政府合法登记之证明文件。

第六条　本办法四、五两条所规定之申请书内容，须详实填写。在领到登记证后，如有重要变动，亦须随时呈报主管登记机关备查；如有隐瞒虚报或不报者，一经察觉，得撤销其登记证，并得视其情节轻重，依法予以查办。

第七条　凡取得登记证之人民团体，均须遵守人民政府法令，受所属人民政府之指导，并不得有违反人民民主事业之活动，违者撤销其登记证，并依法予以惩处。

第八条　在敌伪统治时期已成立之社会团体，未向人民政府办理合法登记，经批准发给登记证前，一律停止活动，已经人民政府发给登记证后，敌伪政府发给之一切证件及戳记一律作废。

第九条　人民政府发给之登记证，不得出让或转借，若某团体自行解散时，须向主管登记机关注销。

第十条　本办法自公布之日起施行，解释权属于陕甘宁边区政府。

选自《陕甘宁革命根据地史料选辑》第三辑，甘肃人民出版社 1983 年版，第 491～493 页。

互校版本：

1.《陕甘宁边区政府文件选编》第十四辑，档案出版社 1991 年版，第 233～234 页。

2.《陕甘宁边区法律法规汇编》，三秦出版社 2010 年版，第 62 页。

25. 陕甘宁边区政府命令——为清理战勤工作

1949 年 11 月 26 日

事由：为命令清理战勤工作由。

各省政府主席、行署主任、直辖市长、专员、县（市）长：

我第一野战军在解放甘、宁、青、新之后，即将南进，配合兄弟部队解放汉中和四川，因之动员广大人民继续支援前线，仍然是各级政府今冬明春的重要任务，绝不许有丝毫松懈，必须继续努力，保证做好战勤动员工作，支援我军迅速完成解放汉中，解放四川的任务，以资集中全力转入生产和文化建设事业。为此，同时必须很好的清理并总结以往战勤动员工作，适当调整战勤负担中某些不合理不公平现象，安抚救济伤亡民工，对支前有功者，分别予以嘉奖，有过者，予以教育批评，并酌情补偿群众战勤中的损失，以促进与提高群众生产热情。兹特规定如下办法，希即遵照执行。

一、关于调整负担

甲、凡新解放地区，自解放以来之战勤负担，应在发动群众基础上，一律以乡为单位，依《陕甘宁边区人民战时服勤条例》之规定，按户登记过去实服勤工，计算出应服勤工后，以长还短补，进行清理。其中关于地主富农之财富勤力，已规定标准并公认合理者，即依所评勤力负担战勤，其未规定标准或标准不恰当者，暂按本年负担公粮额附加征工，可否按每负担公粮一市石，地主附加一个半至三个勤工，富农附加一个至两个勤工，各地应依公粮负担轻重及全乡战勤负担之实际情形民主评定之。

乙、还工分“折价还工”与“以工还工”两种，家境较好户之欠工，以折价还工为主，工价以不低于当地当时最低工价为原则，家境贫苦户之欠工，可采以工还工办法，由村民民主评定之。

丙、在调整负担时，对于隐瞒年龄、牲畜、雇工及虚报勤工者，须教育其自知错误，并经村民会议重新正确评定，加以调整。其系落后干部及旧保甲人员故意舞弊者，则经群众进行教育清洗之。

丁、老解放区因经过多次调整，故不必进行一般调整，个别地区未经调整，负担悬殊很大者，得依战勤条例，进行个别调整。（如新收复地区及黄龙部分地区，已经土改者，依按劳负担，照顾贫苦原则清理，未经土改者依劳财共负原则清理。）

二、关于安抚伤亡

甲、民工在服勤中牺牲者，应依边区抚恤条例发给遗属恤金，其家属要求搬运遗体回籍者，应发给路费、葬埋费并介绍当地及沿途政府帮助寻找和动员民力搬运，运回安葬时，应派干部组织当地群众举行追悼。遗属确属贫苦无依为生者，得适用烈军属优待办法，给以具体帮助。

乙、民工在服勤中残废者，应依抚恤条例发给抚恤金，其因重残废不能劳动生产且家中确实贫苦无法为生者，亦得适用烈军属优待办法，分别给以具体帮助；其在服勤中伤病尚未痊愈者，经过县以上政府之批准介绍，得送公立医院医疗，或发给部分医疗费，使其在家疗养。

对于民兵伤亡之安抚，得参照上两项之规定办理之。

三、关于奖评民工

甲、各县对历次复员回来的民工，应有计划有领导有准备的召开村民大会，进行奖评，分明赏罚，其有功绩者，除给予口头表扬外，并依功绩大小，由县政府审核，分别给予登报表扬、传令嘉奖或物质奖励，其有特殊功绩者，并报请上级适当奖励，其有中途逃亡或犯过失者，依照情节大小，分别予以口头批评、当众教育或适当处罚。

乙、民工在服勤期间，如因当地照顾不周，生产受损失，影响其生活者，在调整负担时，应予适当照顾，对照顾民工家庭生产尽职者，分别奖评。

四、关于赔偿损失

甲、人民在服勤中，损失的牲畜车辆，其未经清偿者，得进行清理补赔工作。

乙、凡具有使用部队或损失地点区以上政府之确实证明文件或服勤民工三人以上之证明，确系因服勤损失牲畜、车辆者，得根据损失户家庭经济情况，分别办理；其损失致严重影响家庭生产与生活者，赔偿全部；其损失对家庭生产与生活有相当影响者酌赔一部或大部；其损失影响不大者，可酌量赔偿或在负担方面酌情照顾，并应恳切解释。

丙、所需赔偿或补偿数量，须经由村民会根据原牲口体质、口齿、车辆器材之质料，依战勤条例之规定，民主评定，连同损失地点，损失情况（包括损失程度，原因）证明文件，呈报县政府切实审核转呈专署批准。

丁、赔偿物资，应先尽部队送给民工队之牲口或当地原属公有尚未处理之牲口车辆，及拆除工事中原主认领后之剩余器材折价拨付。其不足之数，如系历次战役之零星损失，可在各县地方粮款内开支，呈经专署报销，如系某一个战役的大宗损失，应由专署汇总决算连同详细清册，呈报边府民政厅审查后再行处理。

戊、我军修筑工事（不包括敌人修筑的工事）借用之民间器材，于任务完成后，首应拆除工事，交群众认领，原物归还，其材料损毁程度仍可改作他用者，酌量赔偿其损失之一部，其损毁程度已至不堪应用及原物遗失无法归还者，参照（二）项所订赔偿牲口车辆的原则酌情处理之。

己、损失之牲口车辆，如有下列情形之一者，一般不予赔偿，个别的酌量补偿。

1. 被雇用服勤者，一般不赔，如严重影响其家庭生产与生活者，酌补偿三分之一至二分之一。

2. 非在服勤期间病毙被俘者不赔。

3. 民工逃跑抛弃牲口、车辆而致损失，其属于本主者不赔，其属于别人者，由逃跑民工负责寻获或赔偿一部，但逃跑民工无力赔偿或失主因之严重影响家庭与生活者，由公家酌予补偿一部。

4. 在服勤中，牲口及车辆之损失，如系民工自己过失所致者，不予赔偿，如因之严重影响家庭生产与生活者，酌予救济一部。

以上各项，望于令到之日，立即召开适当会议详加研讨，根据各地具体情况，订定不同的工作重点及实施细则，利用冬闲季节结合中心工作办理，务于本年内将调整负担及初步清理总结战勤工作情形报告民政厅。明年三月前，写成全面总结，寄报本府为要！

此令。

选自《陕甘宁革命根据地史料选辑》第三辑，甘肃人民出版社 1983 年版，第 513～517 页。

互校版本：《陕甘宁边区政府文件选编》第十四辑，档案出版社 1991 年版，第 310～313 页。

五、军事法规

1. 陕甘宁边区政府指示信
（为增加自卫力量拥军节约的指示）

1946 年 9 月 19 日

事由：为增加自卫力量，实行补充地方部队，保卫秋收及拥军节约的指示。

各专员，各县（市）长：

自从国民党反动派决心大打内战以来，边区即处在严重的战争威胁情况之下，七月中旬，反共军进攻边区的计划，虽因我五师入陕暂时停止，但边区遭受侵犯的危险，不但未曾减轻，而且随着其他解放区战事的扩大和战争的长期性，日益严重起来。因此，加强自卫力量，粉碎反动派的进攻，更有力的保卫边区，已是全边区军民当前的首要任务。兹特指出以下各项工作，务希即时讨论布置，切实执行，并将执行情况随时报告边府。

一、教育干部及群众，认清当前局势，提高警惕。今后对各种建设工作，虽然仍是应当努力进行，但必须使它与战争的准备，有很好的配合，要一切服从战争，作全面的长期的打算，要克服某些干部中间存在的骄傲、麻痹、松懈和脱离群众的倾向，要深入的动员群众，加紧民兵和自卫军的训练，以增强自卫的力量和必胜的信心。

二、为了充实边区地方部队的力量，特决定补充战士六千二百人。计绥德分区二千人，延属分区一千五百人，陇东分区一千五百人，三边分区一千二百人，关中分区数目自定。补充办法，对复员在乡和应该归队的战士，除老弱残废外，一律动员上队。同时在各地基干自卫军及民兵中抽组地方部队。这项工作，务须于十一月底以前完成。但动员时，又须慎重从事，力避强迫。各地可依具体情况，研究具体办法，深入宣传解释激发群众武装起来保卫家乡的热情，打破他们的恐慌心理，防止不安的现象，并对这些新战士，应加紧训练。至于新战士的粮食、装备及经费，由各分区司令部造具预算，送联防后勤部核发。

三、目前秋收已到，为了保证人民辛勤劳苦的生产成果，防止反动派抢掠破坏，必须组织所有劳动力，实行劳武结合，武装保卫秋收。各地自卫军应当学习富县自卫军在今年夏耘夏收时，荷锄持镰，也带枪带手榴弹，进行锄草和收割庄稼的办法，实行快收快运，快打快藏。在与生产结合的条件下，学埋地雷，练习武艺，配合驻军，随时准备给进犯者以打击。

四、为了帮助军队解决物质困难，还应进行拥军劳军。因此又决定全边区慰劳军鞋八万双。计绥德分区二万五千双，延属分区二万五千五百双，陇东分区一万零五百双，三边分区八千五百双，关中分区八千双，延安市二千五百双，布置这项工作时，须向群众说明：给战士做好鞋，是慰劳军队的一件重要工作，是边区妇女的一项光荣任务，鞋子做起，要一双结在一起，纠正过去因为乱致使战士不能穿的毛病。军鞋须要于十二月底以前完成，由县府收集送交分区司令部，延属延市可直接送交联司，各机关学校亦应重视这次做鞋拥军的意义，格外重大，要踊跃响应号召，自动进行。

至于各村对于补充战士和军鞋任务的分配，可由分区按不同条件和过去的经验具体研究规定，并使其合理，按时完成。

五、为了能够长期的支持战争，克服物质困难，还须力行节约。因此，各级政府和他（它）所属的机关学校，应首先提倡节俭朴素和廉洁作风，严厉反对贪污腐化和铺张浪费。根据过去的经验，作战部队的蔬菜供给，也是一件重要的事情。因此，凡是种菜较多的机关学校，均须适时的把蔬菜晒好藏好，以备将来需要，如当地驻军现在就缺菜吃，则应送菜慰劳。其次还须将节约推广到群众中去，使老百姓也注意一针一线、一米一菜的节省，注意改革嫁娶殡丧等事的浪费之风。此外边府已决定今年各机关学校的木炭、马草一律不发，棉衣补给也只限于去冬真正未领的人员，希各严格遵守。

选自《陕甘宁革命根据地史料选辑》第三辑，甘肃人民出版社1983年版，第160～162页。

2. 陕甘宁边区联防军政治部关于拥政爱民月的指示

1947年1月15日

几年来，边区部队由于有计划的进行了拥爱工作，因而，在部队生产，减轻人民负担，帮助群众提高文化，实施卫生医疗，帮助生产以及训练民兵等方面，都有了很大成绩，而在驻防与行军中间，违犯群众纪律的事也大大减少了。这都说明了拥爱运动对加强群众观点，转变作风，是起了重大作用的。

但在自卫战争环境与部队供给困难的情况下，以及某些干部存在着本位与宗派观点，因而造成破坏政府法令，违犯群众纪律的情形，甚至打骂群众等严重现象，而在动员群众中亦曾发生不爱惜民力的事情。这种脱离群众的现象，虽然不是普遍存在，但却是一个严重的问题。

际此陕甘宁边区处于自卫战争状态中，全边区党政军民团结一致，是保卫边区粉碎蒋胡进攻，争取自卫战争的胜利的关键，因此今年拥爱运动要比任何一年做得更好，各级干部要下最大决心做到三大纪律、八项注意与拥爱十项公约，确实做到困难情况下，不侵犯群众利益，遵守政府各种法令。并把群众工作成为每个连队的制度。为达此目的，今年拥爱月应进行如下工作：

（一）加强思想教育。首先应深入动员，造成拥爱热潮，由首长负责，做有关拥爱工作的报告，带头反省检讨，配合报纸戏剧等以拥爱运动为中心内容，收集南北线战斗中群众及政府热烈配合军队作战，及各地年关劳军运动等具体事实广泛宣传，改变某些指战员对边区政府及群众的错误观点，年关后应抽出一定时间，进行军政民关系检讨，开展自我批评，选举并表扬拥爱模范。进行这些教育时，应特别重视打通干部思想及营业人员，事务人员的思想。

（二）应将有关军政民一些旧案纠纷问题，包括解决未彻底与悬而未决的，认真加以解决，各部应与驻地有关之党政群众开座谈会，虚心征求他们对军队意见。对党政群众的缺点，要以原谅态度，对自己缺点要以严肃的精神，来处理军民关系，消除一切隔阂。

（三）协助政府推行当前备战动员的各种法令政策，解决土地问题，各部队耕余的土地应响应政府号召，无代价的交当地政府分配给群众。

（四）在旧历年节时应与附近政府及群众进行联欢，向政府及群众拜年，开座谈会以加强团结。

各旅接到此指示后，应具体布置进行，并将执行情形报告本部。

选自《陕甘宁革命根据地史料选辑》第三辑，甘肃人民出版社 1983 年版，第 220～221 页。

3. 陕甘宁边区政府关于嘉奖各地民兵英雄的命令

1947 年 2 月 11 日

各专员、各县市长、各地民兵和全体指战员同志们：

在近几个月来保卫家乡的自卫战争中，我陕甘宁边区涌现出许多杰出的民兵英雄：有模范指挥者，有神枪手，有投弹能手，有救护模范，有锄奸英雄。他们都表现了超人的才能和高度的积极性。

如关中分区新宁一区四乡以指挥三十人的少数力量突破了蒋军二百余人重重包围而坚决保卫了王郎坡的民兵模范连长赵思泰与排长巩守信，指挥一区三乡民兵击退顽军卅五次进犯，毙敌四名，伤敌五名，平毁堡垒一座而坚决保卫了贾义川的民兵队长李生金与杨富珍；十枪命中八敌及单枪攻敌堡垒而两枪命中两敌的神枪手刘治全与路进礼；在敌人密集火力下连上战场抢救伤兵数名的胡振德与刘永成；绥德分区子洲县抢上云梯缴敌步枪六支的张玉文；机智捉拿敌探一名、缴枪一支的邢大道；在枪林弹雨中两度冲上近敌阵地挖筑战壕二十七个、而助军击退敌人的李树林等五人；以六刀砍死敌兵一名，活捉一名，缴枪两支，而使我方战士四名解围脱险的张占义与杜世宽，首创地雷二十余种而推动全分区民兵制造地雷四万余枚，从而开展了群众爆炸运动的米脂银城市民兵营长杜修成；米脂龙镇连夺敌堡两座缴枪七支的艾克让、高守贵，艾高儿等；富县交道区抗击顽军三百余人，连投手榴弹八个、把敌人投来的三个手榴弹反投出去击伤敌十数名、及击毙反共队长郭玉堂而英勇保卫了督河村的罗锦廷等十二民兵，一枪各命中敌人一名的罗传治与任喜招，以单枪抗敌一排达四小时，阻止了敌人的进攻，并在一月内冒险战敌五次的杨秃子；亲自修枪十二支，捉敌逃兵一名、特务三人的民兵排长刘进财，皆功绩卓著。为了标志（表彰）无数次的英勇自卫战斗中各民兵英雄的功绩，除通令嘉奖外，并须分别授予奖章和枪弹。为了卓越的自卫战斗行动，我们特向所有的民兵英雄们致敬。在坚决保卫家乡的自卫战争中光荣牺牲了的民兵英雄们永垂不朽！全边区的人民团结起来，坚决消灭蒋胡进犯军！

选自《陕甘宁革命根据地史料选辑》第三辑，甘肃人民出版社 1983 年版，第 222～223 页。

4. 陕甘宁边区潜逃战士归队条例

1949 年 9 月 27 日

第一条　为充实人民武装力量，巩固革命部队，特制定本条例。

第二条　西北军区政治部统一掌管全军区归队工作，二级军区政治部或军分区政治部、各县政府递受西北军区政治部之指挥，督导所属区乡政府负责各该区内归队事宜。

县武装科承县长之命直接管理归队事宜，区、乡、村各级在区、乡、村长领导下，由优军委员会与优军小组兼办，不专设归队组织。

第三条　凡曾参加人民解放军、保安警卫部队、游击队、警察及军事勤务部门之人员，不论属何职位，于一九四七年一月一日以后潜逃回家者，均依本条例动员其归队。

上项人员请假回家而无原部队证明手续者，以潜逃论。

第四条　各级政府或其他地方机关团体，对潜逃或逾假不归人员，不得擅自分配工作或包庇隐藏，违者以渎职论处。

已经分配工作或有包庇隐藏情事者，除查明责任酌情予以处分外，对于潜逃人员仍须严加教育，立即遣送归队。

第五条　动员归队以潜逃或逾假未归本人为限，严禁强拉他人代替。

第六条　有下列情形之一者，不得令其归队。

一、因残废、患慢性病或年老，部队准予退休并有书面证明者；

二、经部队洗刷或开除军籍并有证明者；

三、因年老或体格不合，经部队检查遣送回籍并有证明者；

四、一九四六年十二月三十一日以前潜逃或逾假未归者。

第七条　有下列情形之一者，免予归队，但须由村民会民主讨论通过，呈经县政府批准，给予免役证，方为合法。

一、确系独子者；

二、年令（龄）未及十八岁或已逾四十五岁，不合服军役年龄者。

三、在家负责赡养直系亲属四口人以上再无劳力，生活特别困难者；

四、身体残废或患慢性病，经医生检验证明，确系不能在部队服务者。

上项人员如系连级以上干部，须经县政府转呈军分区政治部或西北军区政治部批准。

第八条　有下列情形之一者，应暂缓归队，但情形消失后，须保证立即归队。

一、本人患病未愈者；

二、家有婚丧大事者。

第九条　各部队如发现本部有潜逃或逾假未归人员，应即详细开列姓名、年龄、职别、籍贯、住址，直接通知该管军分区政治部转饬当地县政府，负责动员归队。

各级地方政府如发现所辖区内有潜逃或逾假未归人员，应不待通知，立即负责动员归队。如潜逃或逾假未归人员又转逃他处时，并应详细开具姓名、年龄、部别、籍贯、逃亡地址及其社会关系，通知逃往所在地县政府，所在地县政府即应负责动员归队，不得推诿。

第十条　各级政府对潜逃或逾假未归人员，应采用各种办法，适当解决家庭困难，并进行深入的政治思想动员，造成群众性的反逃跑运动，使其自愿归队，严禁捕捉、欺骗、捆绑、威胁等恶劣行为。

第十一条　各县集中归队人员，在十人以上者，设归队战士收容所收容之，不足十人者，在警卫队内临时收容，并于五日内造具名册送交军分区政治部，由军分区政治部专设补训营收容、管理、训练之。

第十二条　在接送归队战士中，各地政府应组织群众欢迎、欢送、慰劳。并由首长访问讲话，鼓励其归队热情，在临时收容及定期训练期间，并应贯彻思想教育，继续启发或提高其政治觉悟，巩固其归队情绪。

第十三条　各县、各军分区政治部于接到归队人员后，应首先依本条例第五、六、七、八各条逐一审查，如有不符上述规定者，立即分别处理。并检查归队战士家庭困难，已否妥当解决，如未解决，应负责保证，令所属区乡切实解决。

第十四条　各县对军分区政治部，军分区政治部对二级军区政治部或西北军区政治部，须定期报告归队工作情况，由二级军区政治部或西北军区政治部通知各部队定期到各军分区政治部接收，或通知军分区政治部送交各部队。如归队战士原部驻扎本分区或本县境内者，可由军分区政治部或县政府造册径交原部接收。但须呈报上级军区政治部备案。

送交归队战士时，应将归队战士姓名、年龄、籍贯、原部队番号、任职、离队原因、日期及表现情况，一并造册送交接收部队，以便衔接教育。

第十五条　地方军政机关及其工作人员，对归队工作奉行得力并获得显著成绩，或奉行不力、纵容包庇、从中舞弊者，得分别呈报边区政府及西北军区政治部给予表扬奖励或处分。

第十六条　归队战士之伙食，按地方军标准供给，各县归队所需经费得于送交战士时造具决算，向军分区政治部请领，军分区政治部统一决算，向二级军区或西北军区后勤部报销。

第十七条　本条例自陕甘宁边区政府及西北军区司令部公布之日施行。

选自《陕甘宁边区政府文件选编》第十四辑，档案出版社 1991 年版，第 122～125 页。

互校版本：《陕甘宁边区法律法规汇编》，三秦出版社 2010 年版，第 166～167 页。

六、财金税法

1. 陕甘宁晋绥边区修改货物税条例的说明

1946年4月7日

（一）修改的理由：

（1）日寇投降，和平逐渐实现，为使货物畅流，藉以繁荣市场，便利经济建设起见，现行之货物税税率及货物税条例，多不适合今天边区的需要，如继续下去，则有碍边区的繁荣和建设。

（2）陕甘宁边区与晋绥边区之税务，向为两个税收系统独自为政，互不联系。两边区之间的货物来往，均各收出入境税，因同一货物而上数次出入境税者常有之，致碍货物交流，影响经济甚巨。为此，特将两边区税务统一，按一个条例，一个税率表征收，以消除两边区间之关税壁垒现象，以利两区的经济建设。此点，已与晋绥区商得同意。

（二）修改要点：

（1）根据以上理由，把两边区在税务上看成一个整体，两边区之间（黄河岸上）不收任何出入境税，撤销两岸税务机关。凡外区入境应税货物，在一方已纳入境税者，他方不再收入境税，即可自由运销。

（2）两边区产品运往友区销售之有税货物，只要在任何一区照章纳出境税一次后，即可自由经过两边区出境销售，不再纳税。其他如两区产品，在两区内销售或货物转运之税务手续，亦照此原则办理。

(3) 现行之过境税，不仅收不到税，而且对外影响不好。本条例修改时即统一于入境税，不管入境或过境销售，只纳一次入境税，即可自由运销或出境，不再征任何税费。

(4) 为使货物畅流，并消除各地乱没收之扰民现象，特将过去禁止入境之货物，准予开禁征税入境（毒品仍禁进）。

(5) 降低各种货物税率，现行税率有高至50%，一般的为30%－20%，40%。新税率除入境迷信品为40%，纸烟为30%外。其他税率为百分之25、20、10、5，布匹类税率降为10%。

附：货物税条例草案

货物税率表

货物税条例施行细则

选自《陕甘宁革命根据地工商税收史料选编》第六册（1946—1947年），陕甘宁革命根据地工商税史编写组、陕西省档案馆编印，陕西人民出版社1987年版，第91～92页。

2. 陕甘宁与晋绥边区货物税暂行条例草案

1946年9月7日

第一章　总　则

第一条　本条例为加强两边区财政经济之联系以发展经济及繁荣贸易，特依据和平建国纲领财政经济类第十一条之规定，及两边区之实际情况制定之。

第二条　本条例以货物为征收对象，凡陕甘宁边区与晋绥边区应税货物，均由两边区税务机关，按照本条例一次征收之（应税货物表附后）。

第三条　凡应税货物除经边区政府或行署批准减免者外，不论公私商贩，均须照章征纳货物税。

第四条　凡进出口货物及过境物资之一切管理事宜，统由各级税务机关办理。其管理办法，两边区得根据需要，统一制定或分别制定之。如应税货物，在一个边区有暂时停止出入境之必要时，经决定后得通知对方。

第五条　凡有关税务及违禁物资之查缉事宜，统归各地税务机关办理，其他任何部队、机关，团体或个人，均不得随便检查或没收。

第六条　本条例自施行之日起，黄河沿岸两边区之税务机关，即行撤消（销），必要时两边区税务机关，得分派人员进行河岸之检验工作。

第七条　本条例中之“出境”“入境”，系对两边区以外之地区而言，两边区之间不得有“出境”“入境”之别。条例所载“境内”等字样，系指两边区境内。

第二章　税　则

第八条　应纳税货物，悉依下列规定办理：

(一) 凡运进或邮寄边区之应税货物，不论在境内销售，或运往边区以外销售者，均须依照甲种货物税税率表征收之。税率表见附表（一）。

（二）凡边产之应税货物，运出边区销售者，悉依乙种货物税税率表征收之。税率表见附表（二）。

（三）凡边区之应税货物，在边区境内销售者，悉依丙种货物税税率表征收之。税率表见附表（三）。

第九条　凡进出边区（指两边区）之应税货物，在此方或彼方已纳出入境税，并有税票及查验手续者，即可自由运销，彼方或此方不得再征税费。

第十条　凡两边区出境之有税货物，均须于起运地报验纳税，如在中途销售者，概不退税。

第十一条　凡两边区之边产应税货物，在两区境内运销时，如具有一方之纳税手续时，他方不得再征税费。

第十二条　凡两区产品在境内销售之无税货物，或免税运销之货物，如出境有税时，在中途改运出境者，任何一方均可按乙种应税货物办理。

第十三条　除本条例所列应税货物外，边区政府或行署，认为有征税之必要时，得会同商定后，双方公布行之。

第十四条　凡应税货物，系活动税率者，两区最高税务机关，得根据需要，在其最高与最低税率之间自由升降，税率有差额，亦不得补退。

第十五条　凡本条例附表所列应税货物，征收时均依从价征收，必要时得从量征收之。

第十六条　应从价征税之货物，由各分区估价委员会，根据该区当时商情估定纳税价格，通知该区税务机关遵照执行。

第十七条　凡经边区政府或行署批准免税或减税货物，运销时须领取该区最高税务机关之正式证明文件，并具备查验手续后，方得通行。

第十八条　因误多征税款，经报告查明属实者，货主得凭票向原收款机关照章退还误征或多征之税款。

第三章　报税与查验手续

第十九条　（一）边产应税货物，运销边区境内外者，均须在起运时，向当地或附近之税务机关，报请查验及办理纳税手续。

（二）入境之应税货物，必须在入境之第一税务机关报验纳税，如超越第一税务机关，经查获后，以偷税论处。

（三）已税货物不论在中途或到达落货地点销售时，须先向当地或附近税务机关请开包查验、贴花、盖章后，方可出售。

（四）改装转运之货物，均须报请当地或附近之税务机关查验、贴证、盖章，并割取转分运证后，始得起运。

（五）晋绥区边产边销之应税货物，如备有晋绥区税务机关之边产边销证及查验手续者，即可自由运销。

第二十条　邮寄之应税货物，不论入境、出境，收件人或投寄人，须报请税务机关查验纳税后，方得领取货物或投邮寄递。

第二十一条　凡贩运应税货物，因故延误，不能依税票限期，到达落货地时，运货人须于税票未过期前，报请沿途税务机关批明运行，或到达落货地，票已过期者，须先行具保售货，经声明属实者，方得销保。

第二十二条　两边区之税票、花证、章记及使用办法，可分别制用，并得通行于两边区。

第四章　奖　惩

第二十三条　（一）凡商贩有违犯左列各项者，得依其应税货物之性质，分别处罚之。

（甲）违犯本条例第二章第三章之各项规定之一者。

（乙）涂改税票花证或有重用情事者。

（丙）货票不符无正当理由与证明者。

（丁）有票无花证或查验戳记手续者。

（戊）用其他方法偷税者。

（二）运销货物，如系必需品，有违犯第一项各款规定之一者，除照章补税外，并按应税额处以半倍之罚金，但货数在起征点一倍以下者免罚。

（三）运销货物如系半必需品时，有违犯第一项各款之一者，除照章补税外，得按应税额处以一倍以下之罚金，货数未超起征点时免罚。

第二十四条　如有伪造税票、花证、戳记，除将该案货物没收外，人送司法机关究办。暴力抗税，拒绝检查，涉及刑事范围者，送交司法机关惩办之。

第二十五条　凡经报告因而查获之偷税货物及违禁物资，均得酌情给以奖金，其办法另定。

第二十六条　凡税务人员有违章收税或勒索，以贪污沦罪，人人有权自由控诉。

第五章　附　则

第二十七条　本条例施行细则另订。

第二十八条　本条例由边区政府、晋绥行署公布施行之日起，陕甘宁与晋绥边区前颁行之单行货物税条例及施行细则，即行作废。

选自《陕甘宁革命根据地工商税收史料选编》第六册（1946—1947年），陕甘宁革命根据地工商税史编写组、陕西省档案馆编印，陕西人民出版社1987年版，第147～151页。

互校版本：《解放战争时期陕甘宁边区财政经济史资料选编》下册，陕甘宁边区财政经济史编写组、陕西省财政厅科学研究所、陕西省档案馆合编，三秦出版社1989年版，第340～344页。

3. 陕甘宁与晋绥边区货物税暂行条例施行细则草案

1946年9月7日

第一条　本细则依据陕甘宁与晋绥边区货物税暂行条例第二十七条规定制定之。

第二条　凡有关货物税征收事宜，陕甘宁与晋绥两边区之税务机关，均须按照陕晋两边区货物税条例及施行细则办理。

第三条　凡应税货物，不论入境、出境、边产边销、成［或］境内转运，有一方之纳税凭证及查验手续者，即可通行两区，他方不得再征税费。

第四条　凡从两边区经过之应税货物，如已按甲种货物税率征税者，不论在两边区内外销售，均不得再征税费。

禁止内销之物资，经过两边区的地区时，得按物资管理办法之规定办理之。

第五条　凡进入两边区之应税货物，如已纳税入境，再欲运往两边区以外之地区销售时，任何一方不得再征出境税。

第六条　两边区产品，在境内运销无税，或税率低于该产品出境税者，如运往边区外销售时，均须依照出境税税率纳税或补税后，方得运行，税率相等者不再补税。

第七条　凡应税货物在两边区流通时，如有发生偷税情事者，任何一区之税务机关，均可按偷漏私货办理。

第八条　凡需要请求减税或免税者，须先将货物名称、数量、用途及经过路线，备文呈请边府或行署批准，并领到税务总局之减税或免税文件，经路经之第一税务机关查验，货数相符者，妥帖验证后，始得运行。

第九条　凡物资管理统归税务机关办理：

（一）物资管理办法，两边区得根据需要，统一制定或分别制定。

（二）如物资管理之范围方法，两区有差别者，凡此方物资欲运销他方时，此方税务机关应按照他方物资管理办法执行。

（三）财政厅或财政处，必要时得根据需要，指令某种应税货物，暂时停止其出入境，但此类措施经一方决定后，即需电告他方，按第二项规定执行。

第十条　除货物税条例，及附表列应税货物外，如有新设之必要时，得经双方商决公布后，始得执行。

第十一条　活动税率之制用程序：

（一）应税货物如系活动税率者，其最高与最低税率之间的税率升降，由该区最高税务机关掌理之。

（二）第一项规定，税率需要升降者，必要时得由最高税务机关召集税务、金融、贸易、工业等机关之联席会议讨论，提具意见，经财政厅或财政处批准后，由税局命令行之，并通知对方。

（三）两边区制用之活动税率，如同类货物之税率有差别者，来往两区时，亦得自由运销，应不补退。

第十二条　估价：

（一）凡应税从价征税之物资，由估价委员会，根据当地商情，估定纳税价格，通知所属地区之税务机关遵照执行。

（二）估价委员会之组织：估价委员会分设于分区税务局所在地，由当地最高执政机关、贸易机关、商会、公营商店联合会、手工业工会、合作联社、税务机关等单位代表组织之。

（三）估价委员会，须按照该区中心市场，当时市价估定纳税价格，但以纳税价格加应纳税额，不超过货物现行市价为原则。其计算公式如下：

1＋税率÷市价＝纳税价格

纳税价格×税率＝应纳税额

（四）估价时间，至迟不得超过两个月。

（五）估价期内，应税货物，如当市价涨落差额过大时，各税务局得商同当地有关机关重新估价，但须于事后向直属上级机关备案，并在票据上注明新估价使用日月。

第十三条　报税及查税手续：

（一）凡报验纳税登记之客商，须报明货主姓名、货物名称、数量、种类、起运地及运销地等项目。

（二）凡入境、出境、边产边销、境内转（分）运之应税货物，在货物经过第一税务机关已纳税，并在货包件查验证上，加盖双骑缝验戳者，沿途税务机关如没发现特殊可疑之处，应即放行，不得再行查检。

（三）凡在第一税务机关纳税割票之货物，如不在当地销售者，概不贴粘印花，仅按其大件（如箱包捆）封口处贴查验证，加盖骑缝验戳。

（四）税务机关与运货人，于办完登记纳税手续后，应详细检查登记证，及税票上所载货名、数量、税额及骑缝数字是否相符，税证是否按件贴妥，如事后发生错误，由运货人员负责。

（五）货物运到销货地时，由运货人将登记证、税票交税务机关照票点件、拆包查验，如系应税货物须贴花、盖章并在原货票上加盖（货已贴花、盖章，此票作废）之戳记后，始得入店栈或销售。

（六）税务机关进行检查时，均应拆包点验，如难以卸包者，可用计量与探验等方法进行之。

第十四条　货物转运及改装手续：

（一）已税运销之货物，在中途或销售地，拟转（分）运他处时，须报请当地税务机关查明，如货票相符，应即封包贴证、加盖戳记，割给转（分）运证，并在原税票上注明（某月日准转运若干数量赴某地）等字样后，方得运行。

（二）凡有转（分）运证之货物，如再次转（分）运，如持原转（分）运证，报请税务机关查验，割得转（分）运证，贴证盖章后起运，未经报验先行起运者，不给办理。

（三）已税货物如半途改装（以大改小、小改大，或另换包皮），应于未拆包前，报请税务机关验明，当场改装后，在新件上补贴验证、加盖戳记、换给转证运行。

（四）已贴花之货物，如再装成大件，运往他处时，亦得按照上项规定，办理转运手续。

第十五条　退税范围与手续：

（一）已税货物如有下列情事之一者均得照本章退税。

甲、凡估价表未列之应税货而征税者。

乙、因纳税人错报货数，或错算多收，事后查明属实者。

丙、凡先有减税或免税证，因押运人迟误，税款已交，经申请查明属实者。

（二）按照上列规定，应退之税款，须由货主将原税票持向原纳税税务机关凭票退税。

第十六条　税务票照、印花、验证、戳记，其种类样式、内容及使用方法、管理手续，均由两边区自行规定，分别制用。

第十七条　凡有关税务缉私奖金事宜，两边区得根据各该区情况及习惯分别办理。

第十八条　本细则在执行中如有遇到困难时，两边区最高税务机关得随时协商解决，以命令行之。

第十九条　本细则自公布之日施行。

选自《陕甘宁革命根据地工商税收史料选编》第六册（1946—1947年），陕甘宁革命根据地工商税史编写组、陕西省档案馆编印，陕西人民出版社1987年版，第156～160页。

4. 陕甘宁边区营业税暂行条例

1946年4月24日第三届参议会第一次大会通过，1946年12月11日公布

陕甘宁边区政府关于执行营业税暂行条例的命令

各专员、县（市）长：

兹将陕甘宁边区第三届参议会第一次大会通过之陕甘宁边区营业税暂行条例随令公布，希即遵照执行为要！

此令！

主席　林伯渠

副主席　李鼎铭　刘景范

1946年12月11日

陕甘宁边区营业税暂行条例

第一章　总则

第一条　本条例依据和平建国纲领经济财政类第十一条及陕甘宁边区施政纲领第十三条之规定制定之。

第二条　营业税由边区政府依条例统一征收，各级政府不得重征或附加。

第三条　营业税就商民之纯收益以货币形式征收之。

第四条　营业税的征收由边区政府以命令行之。

第二章　征收范围

第五条　凡在边区境内没有固定地址经营工商业者，不论公营或私营，均须交纳营业税。

第六条　凡在边区境内从事临时营业者，不论公私，均须交纳临时营业税。

第七条　凡商人在边区内外均经营有工商业者，征收营业税仅征其在边区内之部分，在边区外之部分，不得计算征收之。

第八条　凡商人在边区内两处以上地区均经营有工商者，征收营业税采取属地分别征

收之。

第九条　凡从事农业兼营工商业者，除农业部分依照农业税条例征收农业税外，其兼营工商业部分，须依照营业税条例征收营业税。

第三章　征收标准

第十条　营业按其纯收益多寡，本累进原则，每半年（6个月）征收一次，不满半年者，按月计算征收之。

第十一条　营业税以每户半年所得纯收益多寡计算征收之。

第十二条　营业税起征率为2%，最高率为30%。起征额暂为券洋2万元，最高累进额暂为券洋250万元，250万元以上不再累进。其累进额必要修改时，由边区政府命令行之。

第十三条　临时营业税每批交易额以千分比计算征收之。起征率为5‰，最高率为30‰，起征额暂为券洋2万元，最高累进额暂为券洋125万元，125万元以上不再累进。其累进额必要修改时，由边区政府命令行之。

第十四条　不论公私营业，须于满半年后最初之10日内将该号本半年度营业总额现纯收益报告税务机关，不得隐瞒。

第四章　减征免征

第十五条　甲、下列之营业得予免税：

（一）凡纯系供给性质之公营工厂及政府奖励发展之公私纺织、造纸、开矿、冶金、弹花、弹毛、制砂糖等企业者。如兼其他经营时，则所兼之其他经营，不在免税之列。

（二）鳏寡孤独、老幼残废无所依靠、及贫苦之小商仅能维持其生活者。

乙、下列之各类性质经营，得分别依应征额减征。

（一）属于机关部队学校之各种经营者，一律按8折减征。

（二）凡经政府登记之生产合作社，一律按5折减征。

（三）属于合股性之小本经营者，按8折减征。

（四）有益边区生产之发展，同时靠自己直接劳力经营之各种小手工业，得予分别减征，其种类如下：

铁匠4折减征；铜锡匠、各种机械修理、毡匠、毛毛匠、打麻绳、制毛巾袜子、油坊、丝织业、成衣匠、大车厂、木工、熟皮①业、理发馆、马掌匠等，一律按6折减征。

以上第（四）项之各种减征，如兼其他经营者，则所兼之其他经营不在优待之列。

第十六条　因遭灾害而损失者，得酌量减征或免征。

第十七条　退伍残废军人经营，得酌量减征或免征。

第五章　惩罚

第十八条　商人如有下列违法行为者，得分别处罚之。

（一）私自营业，不向政府登记，领取营业许可证，及伪造账册或用其他方法偷税者，送交司法机关办理之。

---

① “三秦财经史版”漏一“皮”字。

（二）凡无故延期藉词推诿不交税款额过限期 10 天者，得酌情处以应征税额 5%到 15%之罚金。

（三）抗不缴纳者，送交司法机关办理之。

第十九条　税务人员执行任务著有成绩或违法失职时，悉依政务人员规约处理之。

第二十条　税务人员如有不法行为，人民有向政府告发之权。

第六章　附则

第二十一条　本条例实施细则另定之。

第二十二条　本条例自边区政府公布之日施行。

第二十三条　本条例公布后，民国 33 年营业税暂行条例即行作废。

选自《解放战争时期陕甘宁边区财政经济史资料选编》下册，陕甘宁边区财政经济史编写组、陕西省财政厅财政科学研究所、陕西省档案馆合编，三秦出版社 1989 年版，第 345～348 页。简称“三秦财经史版”。

互校版本：

1.《陕甘宁边区第三届参议会第一次大会汇刊》，1946 年第三届参议会常驻会编印，第 118～123 页。

2.《陕甘宁革命根据地史料选辑》第三辑，甘肃人民出版社 1983 年版，第 136～139 页。

3.《陕甘宁边区法律法规汇编》，三秦出版社 2010 年版，第 392～393 页。

5. 陕甘宁边区政府、联防军司令部战时严禁“法币”行使办法

1946 年 12 月 22 日①

为贯彻边区境内以边币为本位币，藉以巩固边区金融，支持自卫战争到最后胜利，特制定本办法。

（一）边币（流通券）确定为边区之合法货币，凡边区境内一切公私款项之收支，交易、讲价、记账、票据、债务之清理等，均须以边币（流通券）为本位币。

（二）严格禁止“法币”在边区境内行使。

（三）凡藏有“法币”，而一时不出边区境外购货者，须将所藏“法币”，持向边区银行或货币交换所兑换边币（流通券）。

（四）凡私藏“法币”因正当用途欲携带出外者，须至各地交换所申请领取“法币”出口证，在边境尚未成立交换所地区，须取得当地政府之证明文件，始准携带出口。

（五）凡因正当用途需用“法币”者，得照章向各地交换所兑换，并取得“法币”交换证，始准携带出口。

---

① “陕西工商版”“三秦法律法规版”标作“1946 年 12 月 31 日”，“甘肃史料版”标为“1947 年 1 月 8 日”。

（六）进口客商所携带之“法币”，由住宿店、栈负责通知客商到交换所兑换边币（流通券）行使，否则一经查出，各该店、栈须分担客商行使“法币”之处罚。

（七）过境客商所携带之“法币”，限于入境地交换所兑换边币（流通券）。出境时在出境交换所兑换“法币”，违者依法论处。

（八）凡有下列行为之一者得分别给予处罚。

甲、自由行使“法币”等，买卖双方钱货一律没收。

乙、违法携带之“法币”，除强制兑换边币外，得科百分之五十的罚金。

丙、凡携带之“法币”与交换证不符时，均以违法携带论。

（九）凡群众报告查获之罚金及被没收之“法币”于兑换后，钱货百分之五十交公，百分之三十归报告人（或扭送人），百分之二十归查获人。

（十）被没收之钱货，均以各级政府正式收据为凭，任何人不得借故私出凭据，混淆手续，否则以破坏金融论罪。

（十一）税局检查站及政府公安机关始有检查权，其他军民人等不得自由搜查，但发现使用或私带法币时有密报与当场扭送之权。

（十二）检查机关人员，只限于市场上，税卡上与政府指定之检查站口，进行检查职务。检查时必须携带证件出示，不得进家翻箱倒柜，随便拦路搜腰，否则被检查人有权拒绝检查，并可向政府控告。

（十三）如发现假公济私，诬陷敲诈，乱行没收等行为者，被没收人得依法控告，各级政府须依法受理，彻查严办。并保证由没收人赔偿被没收者损失之财物。

（十四）本办法自公布之日施行。

选自《陕甘宁革命根据地工商税收史料选编》第六册（1946—1947年），陕甘宁革命根据地工商税史编写组、陕西省档案馆编印，陕西人民出版社1987年版，第224～225页。简称“陕西工商版”。

互校版本：

1.《陕甘宁革命根据地史料选辑》第三辑，甘肃人民出版社1983年版，第215～216页。简称“甘肃史料版”。

2.《陕甘宁边区法律法规汇编》，三秦出版社2010年版，第252页。简称“三秦法律法规版”。

6. 陕甘宁边区政府联防军司令部战时管理白洋行使办法

1946年12月22日[①]

（各分区可本此精神依不同情况，另拟办法，经边区政府批准后施行之。）

① “甘肃史料版”标明公布时间为“1947年1月8日”。

为确立边区境内以边币（流通券）为本位币，藉以稳定金融，支持自卫战争到最后胜利，特制定本办法。

（一）陕甘宁边区银行之边币（贸易公司商业流通券）定为边区本位币，禁止白洋在边区境内行使。

（二）白洋准许民间储藏。

（三）凡以白洋作价，讲价记账，填写票据，清理债务，交易买卖，均为不合法行为，于涉及诉讼时政府概不受理。

（四）政府授权边区银行为买卖白洋机关，其他任何机关团体个人，不得藉故自由买卖。

（五）凡有特殊用途欲携带白洋出境过境者，须持有银行之白洋通行证，没有银行之边境地区，须取得当地政府之证明文件，始准通行。

（六）凡有下列行为之一者，除将所有白洋强制兑换外，得以情节轻重，科以百分之十到百分之三十的罚金。

甲、市场行使白洋者。

乙、自由携带白洋出境者。

丙、所携带之白洋与通行证不符者，其多带之数，以违法携带论。

（七）凡群众报告查获之罚金，以百分之五十归政府，百分之三十归报告人（或扭送人），百分之二十归查获人。

（八）税局检查站及政府公安局始有检查权，其他军民人等不得随便检查，但发现使用或私贩白洋时，有当场扭送或密报之权。

（九）检查机关人员只限于市场上税卡上与政府指定之检查站口，进行检查职务。检查时必须携带证件出示，不得进家翻箱倒柜，随便拦路搜腰。否则，被检查人有权拒绝检查，并可向政府控诉。

（十）被罚之罚金，均以各级政府正式收据为凭，任何人不得藉故私出条据。如发现检查人员有假公济私，中饱贪污或诬陷敲诈等情事，被检查人得依法控告，各级政府须依法受理，彻底检查严办，并保证没收人员赔偿被没收者损失之财物。

（十一）本办法自公布之日施行。

选自《陕甘宁革命根据地工商税收史料选编》第六册（1944—1945年），陕甘宁革命根据地工商税史编写组、陕西省档案馆编印，陕西人民出版社1987年版，第222～223页。

互校版本：

1.《陕甘宁革命根据地史料选辑》第三辑，甘肃人民出版社1983年版，第217～218页。

2.《陕甘宁边区法律法规汇编》，三秦出版社2010年版，第251页。

7. 陕甘宁边区税务缉私规章

1946年12月30日修正[①]

第一条　本规章根据陕甘宁边区货物税条例第五条与第二十五条之规定制定之。

第二条　凡应税货物之查验与违禁物资之查缉由税务机关统一办理，必要时税务局得临时委托妥适之个人或团体人协助查缉工作，但受委托之团体或个人，均须遵守本规章之规定。

第三条　凡公私客商贩运之出入境或过境货物，税务机关均有权检查，运货人不得拒绝。

第四条　税务机关之稽查人员，如查出偷税货物或违禁物资时，应将人货送交所属税务局（所）照章处理，稽查人员不得自行处理。

第五条　凡已纳税货物或经财政厅批准免税之货物，如税票证件与货物相符，即可自由运销。

第六条　税务稽查人员进行检查职务时，必须带有税务总局制发之缉私证（必要时税务机关可写证明文件），否则被检查人有权拒绝检查，并可向政府控诉。

第七条　缉私奖金分配办法如下[②]：

（一）因报告而查获之漏税货物，以该货之估价总值百分之三十奖给报告人，因报告而查获之违禁物资，以该货之估价总值百分之二十五奖给报告人。

（二）缉私奖金由执行罚款之税务机关发给，领款人须填写收据备查。

（三）因报告而查获之漏税货物，只补税未罚款者，税务机关对于报告人得酌情给予奖励（最高不超过应税额百分之五）。

（四）凡事先向税务局（所）或税务人员报告（书面、口头均可）并协助办案缉获者，得给本案奖金三分之二，其余三分之一归办案局（所），作为公积金。

（五）协助缉私人员办案，有功绩者，发给本案奖金额之一半，其余之一半归办案局（所），作为公积金。

（六）将走私人货一起送交税务局（所）者，得本案奖金之全部。

（七）税务人员查获走私案件之罚款，全部解交金库。

第八条　各税务局（所）每月月终应将本月查缉案件、没收品类和数量、罚款及奖金数目列表呈报税务总局。

第九条　本规章由边区政府公布施行。

（注）税务机关查获之货币、毒品一律送当地缉私委员会处理，其群众密报应得之奖

---

① “三秦财经史版”标作“12月16日”，“陕西工商税收版”载有“12月30日胜字第15号”公布本规章的命令。两者基本相同，后者对第七条奖金分配办法有所修正。

② 两种版本奖励分配办法，不尽相同，此处采用“陕西工商税收版”。

金亦由缉私委员会酌情发给。①

选自《解放战争时期陕甘宁边区财政经济史资料选编》下册，陕甘宁边区财政经济史编写组、陕西省财政厅财政科学研究所、陕西省档案馆合编，三秦出版社1989年版，第344～345页。简称“三秦财经史版”。

互校版本：

1.《陕甘宁革命根据地工商税收史料选编》第六册（1946—1947年），陕甘宁革命根据地工商税史编写组、陕西省档案馆合编，陕西人民出版社1987年版，第231～232页。简称“陕西工商税收版”。

2.《陕甘宁边区法律法规汇编》，三秦出版社2010年版，第412页。标明制定时间为“1946年12月30日”。

8. 陕甘宁边区审计暂行规程（草案）

1946年

第一条　边区各级预决算审计悉依照本规程执行之。

第二条　审计机构如左：

（一）审计机构分为边县两级，边区审计最高权力机关为边区审计委员会。县级审计机关为各县（市）审计委员会。

（二）各第一级机关，直属机关预决算由该级机关自设审计人员进行初步审核。

（三）稽查各机关收支上之违法行为，审计之程序依据预决算暂行规程程序执行之。

第三条　各级审计职权如左：

（一）审核各机关之预决算。

（二）调查研究各种有关供需上之实际情况。

第四条　审计机关对于各级机关预决算之审核，应根据法定人员、马匹，供给标准及政府核定之事业计划。

第五条　各机关须按期编造年度、月份或季度预决算。决算应付原始单据送交审核机关核审。

第六条　审计机关对各机关之预决算，如发现疑问时，得行文查询并限期答复。

第七条　审计机关审核各机关之决算及原始单据时，认为有不正当者，得行文向该机关首长提出处理意见。

第八条　审计机关因审计必要时，有权询查各机关之人员马匹，及各种有关之证件。

第九条　审核机关对审核完事项如发现有差错重复、遗漏、伪造等情形者，得再行重核更正。

---

① “陕西工商税收版”无此“注”。

第十条　审计机关对各机关收支事项之审核，必要时得派人员，就地审查或委托专人办理之。

第十一条　边区审计委员为进行上述事务得设审计室，为办事机关。县（市）之日常审计事务，得委托县（市）财政科办理之。

第十二条　本规程自公布之日施行之。

原注：本规程颁布时间为分析时间。

选自《中国革命根据地审计史料汇编》，中国审计学会审计署审计科研所编，北京工业大学出版社1990年版，第27～28页。

9. 附［政策研究］：刘景范同志关于建立边区审计制度的意见

1947年1月12日

贾拓夫同志：

为建立边区的审计制度，经西北局与边府正式决定成立了审计处，究竟审计处之职权范围如何？制度如何建立？工作如何进行？均未决定，尤其在今天的财政情况下，在该项制度与工作之建立上，我以为有些有关的原则问题，如得不到解决，则审计工作很难进行，故提出以下意见，请考虑决定。

一、有关的几个问题

几年来边区在发展生产保证供给的方针下，获得解决财政问题的很大成绩，但由于机关部队的自给生产，统一领导与分散经营的方针未能贯彻，财政筹支的方针不明确，与财政制度未建立，故在财政上发生了许多严重的紊乱现象：如在筹款时不顾政策，不择手段，开支时无限制的启用，铺张浪费，苦乐不均等。

这样实际上已形成在财政上无法掌握的各自为政与极端分裂的现象。这种情况，已证明在平时不能长久支持（不仅阻碍了财政制度之建立，而且也在破坏着政治、经济、军事、文化等制度），一旦到了战时，必因战争的关系（开支扩大、收入大减、大公垮台、小公倒闭），造成财政上严重危机的局面，这点，我们要有足够的认识，并要立刻设法纠正，力争减少这种危机，但已经习久成风，纠正固然是一件不容易的事，然而如果我们有决心有办法，虽不能刻日见效，而逐渐好转是可能的。

纠正方面很多，不过基本问题有三：其一是贯彻生产节约，其二是建立财政制度，其三是领导与组织之保证，三者缺一不可。其方针与办法如下：

第一生产方面：生产方针，基本上仍应该是以生产解决财政的方针，贯彻统一领导，分散经营的原则。

所谓统一领导，就是机关部队的生产，均应在党的财政经济政策与政府的法令和边区财经主管机关总筹划的意志之下，进行生产。所谓分散经营，就是各机关部队，按照所在地的具体情况与条件进行生产。此两条以前者为主，现在许多机关部队，不照顾统一领导，因而只强调分散经营，不顾财政政策与政府法令，专以投机走私为能事，破坏了边区财经政策与财经机关的筹划，也就是破坏了统一领导与分散经营的原则，这种错误，如不彻底纠正，则以生产保证供给的方针是无法实现的，要纠正，必须按各机关部队的具体情况与生产条件，明确规定其生产任务，同时这种任务既经规定后，必须完成，若因情况与条件变更而更改生产任务时，亦须经过财经主管机关之批准，否则应按所担负之生产任务扣发经费，但规定生产任务时，必须依照下列原则：

（1）需要、可能与合算（该生产机关本身生活上的需要及该生产机关在人力物力上可能，大公、小公经济上合算）。

（2）生产对象应以农业和手工业为主，正当商业为付，在此原则下按各机关部队的具体情况，进行种菜、种麻（榨油），养猪羊，驼盐、砍柴、烧炭、做鞋袜及开店铺等。除作战部队和无力生产的机关外，一般机关部队，以上述生产方法担任其全部或部份（分）菜、肉、油、盐、柴、炭、鞋袜及该机关部队人员的日常用品，和办公什（杂）支的生产任务是可能的（如边府警卫连的经验），具体任务由财政厅会同联防后勤规定。

这样做，不仅是能够解决财政上很大的困难，而且实际上增加了边区的物质力量（因有近万人参加了生产），对于政治、经济、文化都有极大的好处。

第二财政方面：

1. 我们没有贯彻以生产解决财政的方针，因而收不敷支，赤字日增的困难无法解决。四六年大公所支出的经费×××万万元流通券，因部队机关四六年自给任务减少了，赤字×××万万元流通券，小公也支出了很大的数目（虽具体数目不详，估计与大公支出数目差不了多少），大小公支出如此之大，其原因除应该支出的外，一部分确因无制度而铺张浪费了，大部分因物价上涨之关系，实际上就是吃了没生产实物（自己需要的东西）之亏。

去年十月后物价的猛涨，虽有其他原因，但主要原因是实物的供不应求（由七万人猛增到十万人）随物价猛涨的财政支出扩大也是十月后最多，照此长期下去，问题更加严重，因此必须坚决实行以生产解决财政的方针。

2. 财政筹支的方针过去欠明确的规定，照现在筹支情况看来，可以说是统筹统支与分筹分支兼用的方针，在这样的方针下，所产生的问题：（一）大小公的筹支任务不明，筹款时互相争利、支付时互相推掩（脱）。（二）互不信任，互相隐瞒。（三）下面凭良心报账，上面看情况付钱，这样既无法建立预决算制度，更无法进行审查，只有靠党性，凭良心办事的人治财政，只能暂时的维持，不能长久下去，为此，我提议在财政收支上应明确的规定为量入为出与量出为人兼顾，筹款时以量出为入，开支时以量入为出，重要的事业费是以量出为入，次要的事业费是量入为出，在此方针下实行分筹统支，其办法：（一）大公与小公的筹款方向与任务明确的划清，大公筹款的方向：①各种正税。②公营企业盈利没收品（包括战争胜利资财）。小公筹款方向：①生产，②节约。（二）大公小公开支的任务，按筹款任务明确划清，大公负担的小公不负担，小公负担的大公不负担，（具体照生产任务规定）。（三）实行小公筹款的包工制与超额奖励的制度，因生产不能完成任务，生活困难，责在自己，生产超过，得到奖励，而改善了生活是合法的，这样分筹统支，对小公生产可能发生消极作用，但有可包工的任务和奖励的刺激，不致影响其筹款的情绪。

3. 建立预决算制度与审计制度。预决算制度与审计制度，现在可以说是完全未建立，(虽然各处向大公领款领粮时，非先拿出预算来不可，但此种预算是一张讨价还价的交易单，实际意义不大）因而财政收支上毛病易出的原因亦在于此，要真正做到收支合理，建立预决算制度与审计制度是必要的。但如何能够建立，在现在的情况下首先要做到：（一）切实了解各机关部队的资财，生产能力及生活情况。（二）具体的规定各机关部队的生产任务。（三）统一制定机关部队的生活办公等费用的标准。（四）按需要与先后缓急规定军事、政治、经济、文化等建设费的比例。在上述四点做好的基础上，所建立起来的预决算制度和审计制度，才能得确实与合理，至于预决算与审计制度之本身现存的许多问题，如会计人才，账簿表格，精确的统计，严密的手续等，都需要主管机关很好的研究解决，才能顺利的建立这个制度。

第三领导与组织问题，此问题实际上今天是最大的问题，就是有许多领导机关和领导同志还未感觉到财政问题是长期战争中最困难的问题，也是一个最艰巨的任务，完不成这个任务，战争胜利没有基础，同时这个同题的解决不完全决定于一个机关或某几个同志的努力，而是各个领导同志和全党的努力，正因为许多领导同志对此问题认识不深刻，所以产生以下的问题：（一）一般领导多、具体领导少。（二）强调搞通思想，忽视制度建立与松懈了纪律的配合，这样一来，尽管有很好的政策方针，仍落个纸上谈兵。现在我们在财政筹支上许多毛病。绝大部分不是关于方针上的错误，而是出于领导同志和领导工作与制度纪律不能贯彻的原故，因此特别在今天财政的工作十分紊乱的情况下要贯彻财政方针与制度，更需要强调以组织领导作保证，至于如何使组织领导能起应有的作用，必须：（一）使各级领导同志认识目前财政困难之严重与治理财政之重要性，以身作则，领导此项工作。（二）划清任务，分工负责（如属于大公筹款支付与建立制度等任务，由边区领导机关负责，属于各分区各县或各部队机关的筹支及建立制度等任务，由各分区各县或部队机关领导机关负责）。（三）各领导机关依其任务进行具体领导，调查研究，精密计算，订出完成任务的计划，进行细密的组织工作等，以完成其任务。（四）实行严格的奖惩制度，凡能依照边区筹款支付的方针和遵守政府法令，完成生产任务，建立财政制度者奖，凡破坏了政策之法令与制度或贪污浪费者罚，并颁布奖惩条例施行。只要上述方针与制度能够建立，全部的审计制度方能建立。

二、建立审计制度本身的问题

（一）审计机关的权限范围：

许多负责同志均感觉在今天的财政情况下，需要成立审计机关，建立审计制度。但对于审计机关之职权，各有不同见解。有主张财经办事处和财政厅均为筹款机关，审计处为支配机关。有主张为了不妨害财政统一，审计处只能是帮助财政厅进行各机关部队预决算之审计，以建立财政制度的技术机关。前者是把办事处的麻烦推给审计处，权虽大而不能解决问题，后者似乎太消极，作用亦小。因此，我以为边府审计处，应该成为审查边区财政收入与支出之主管机关，在边府的财政方针与制度之下，进行边区一切财政收入（包括机关部队之生产收入）和支出（包括小公的支出），均应经过审计机关按期审查，审查后提出意见，呈边府批准后交财政厅执行。但此项审查，只限于各级的府和部队系统，至党民系统，应由各该组织成立审查委员会审查之。这样，边区审计处之任务：

第一，按季审查政府各项税收的数额与各机关部队生产的收入数额及是否合乎政府政策法令。

第二，按季审查各公营企业之生产方针及盈亏等，是否合乎政府之政策与计划。

第三，审查政府税收机关与检查机关的没收物资及部队的战利物资是否合乎政府的政策法令，与数量之统计。

第四，审查政府与军队的经常预决算（掌握人员马匹）与临时预决算（预算是否合乎规定，开支有无弊端）。

第五，上三项审查结果，向政府呈报，向财政机关提出意见。

第六，稽查各机关部队在筹款（包括生产）、开支中的违法行为，并向司法机关提出检举（包括团体与个人）。

第七，了解各机关部队的生产（包括家务）及收支情况。

第八，建立各种必要的制度，如审计、会计、预决算等制度；制定各种条例规程；统一账簿表式。

（二）建立审计机构：

（1）政府系统，边府设审计处，县设审计室，乡设审计委员会，专署设审计员，专管分区一级审计，区级之审计工作，归县审计室直接办理。

（2）军队系统的审计工作，应在各级政委政治机关内设立进行检查监督之。联政设审计部，旅政设审计科，团政设审计股，营设审计员，连队选举审计委员成立审计委员会，主任委员由指导员或支部书记兼理。

（3）边府审计处应成为边区了解情况与审查财政收支（包括生产）的最高权力机关。

（4）联政之审计部要在边府的财政政策与制度之下进行工作，应接受边府审计处交给审查部队经费收支的任务，并将审计情形按期报告边府审计处，以便核定。

（三）开展审计工作的步骤与方法：审计制度在今天的财政情况下，要彻底建立起来是不可能的，尤其是战争环境更加困难。因此，目前的希望，只能是根据条件与力量，从几项重要的工作做起，逐渐进行，由没基础到有基础，由局部到全局。因此，今年上半年的任务只能是：（一）起草颁发审计的条例规章；（二）建立起军政的审计机构；（三）分别召集审计人员会议研究业务、布置工作；（四）审查了解各机关部队之家产；（五）审查四七年的预算。这五项工作中，必须抓紧，以了解各机关部队家务为主。但上述任务是不容易进行的，尤其是了解家务与审查开支、建立制度等，非有机关部队的首长负责亲自动手，则行不通。因此，我希望由西北局，边府、联政各方面召集会议，先行动员或发出指示。严令执行，同时集中力量先在某一单位试行，取得经验推广之。

我对财政与审计工作尚无经验，所提出的以上意见，亦不成熟是否有当，请考虑指示。

刘景范

一月十二日

选自《中国革命根据地审计史料汇编》，中国审计学会审计署审计科研所编，北京工业大学出版社1990年版，第368～371页。

10. 西北财经办事处关于统一陕甘宁和晋绥边区金融货币的通知

1947年11月12日

为统一陕甘宁晋绥边区的金融货币，西北局已确定以西北农民银行发行之农币为西北解放区之本位币，而以陕甘宁贸易公司发行之流通券作为辅币，兹规定：

一、河西流通之贸易公司商业流通券与河东流通之西北农民银行的农币其比价定为券币壹元换农币壹元，准其互相流通，不得拒用。

二、贸易公司、银行及一切公私营业机关商店，凡一切记帐（账）讲价清理债务等今后均应以农币为本位，逐渐推行到群众中去。

选自《解放战争时期陕甘宁边区财政经济史资料选编》下册，陕甘宁边区财政经济史编写组、陕西省财政厅财政科学研究所、陕西省档案馆合编，三秦出版社1989年版，第45页。

11. 陕甘宁晋绥贸易公司西北农民银行关于畅通贸易稳定金融的方案

1947年11月18日

一、推销肥皂，输出黄金、白洋、白银，换进军民必需物资。河西在西面南面主要推销肥皂，争取物资与黄金。

首先肥皂采取半倾销，以打开销路，扩展肥皂市场，同时从宜川与陇东一线吸收麦子、小米与杂粮，在宜陇主要以食盐换粮，并组织人民的食盐与粮的对流。河东在东面输出黄金，争取棉花进口，其次换布匹等日用必需物资。

今冬与明春应输出黄金2万两到2.5万两，棉花要收入400万斤（全由河东收买），在东路汾河沿岸要吸收粮食进来，解决军民需要。

二、组织公私运输，恢复商运。

首先调剂物资，使之对流。

河西的食盐、碱、驴、骡、羊、牛、皮毛、药材运向河东，粮食运至警区。河东的铣、铧、棉花、布匹、洋火运向河西。

其次恢复骡马店与运输站。

第三，在河西恢复集市，建立贸易网，便利人民交换。

第四，从速公布农币为本位币，券币为辅币，券币与农币合流其比价定为券币一元换农币一元，以沟通河东与河西物资互相对流。

三、加强肥皂缉私，严格禁止白洋敌币的行使。

严格管理外汇及出入口物资。

这应规定为党政军全体人员的当前任务之一，党政军机关人员应起模范作用。

小公家务从速登记，由财厅接收商店，再不准其囤积物资，进行投机。改造后，恢复营业。

公司的商业部门在物资缺乏时，不准囤积大批物资，对于农民群众及脚户应尽量调剂供求，以回笼本币，同时要□……（此处脱落23字）

四、在目前首先应稳定陕边的金融。

因为运输困难，物资一时接济不上，而大军云集，开支浩大。为保证军队供给及活跃国民经济，尚须在警区随行市出售极少部分黄金，但只准两以下为限。各分公司、分行所在地可设银楼，以收集的元宝制成装饰品，用具配备饰金零售，以协助稳定金融。

在三分区、九分区黄河沿线，要筹集棉花、布匹，粮食及日用必需品，随市价出售，回笼本币，拒收黄金白洋，在短期内需提高本币20～30％，最低也要做到相对的稳定，以便河西提高物价，便利物资对流。

五、由粮食局在主要市镇可用粮店形式，设立粮食调剂处，兼收斗佣，掌握粮价，推行本币（本月31日提出，11月18日公布）。

本方案经西北局批准，特将原件公布之，发至地委专署与分公司一级，望各依据具体情况分别讨论执行。

选自《解放战争时期陕甘宁边区财政经济史资料选编》下册，陕甘宁边区财政经济史编写组、陕西省财政厅财政科学研究所、陕西省档案馆合编，三秦出版社1989年版，第46～47页。

12. 新解放区财政税收政策实施暂行办法草案

1947年陕甘宁边区政府制定

第一条　为了彻底废除官僚地主剥削，发展大众经济，支援自卫战争，特制订本办法。

甲　关于财政：

第二条　接收与没收敌伪战犯、官僚反动地主之一切金银财宝、军用被服、粮食仓库、动产与不动产，均应交由政府作为财政收入，以供军需，其接收办法另定之。

第三条　凡调往新区之部队、机关、学校的粮食经费与被服，应尽量就地筹措解决，如遇有特殊困难者，可由边区酌情给予补助。

第四条　厉行决算与公库制度。凡财政一切收入，统一交给公库，任何部队、机关、学校均无擅自支用之权。凡需领取之部队、机关与学校，必须根据实有人数，依规定标准按月或按季编造预决算，送交供给机关审核批付。

乙　关于税收：

第五条　为减轻人民负担，凡新解放区的一切税收，依下列办法处理之：

一、所有一切旧税、苛杂与募捐，应一律通令宣布废除。

二、如有旧税现正进行而未终了者，应设法求得合理解决。

三、因当地特殊情形，某类税收一时难于取消者，须经工作委员会之批准，并转呈边府备案，始为合法。

第六条　力行合理的税制。商人负担营业税、农民负担农业税，除减免者外，一切货物征收货物税。各级政府机关、部队凡未经工作委员会或边府之批准，均无权擅自修改税制，增减税额，以及自行捐募摊派。

第七条　厉行出入口物资管理，凡奢侈品的入口，一律加以禁止，消费品一律重税，必需品进口予以奖励。惟一切货物出入，必须查验登记，严防走私偷漏。

第八条　保护内地市场正当商业的发展，对于已入境之奢侈品与消耗品，应采取以下办法处理之：

一、限期登记拍卖；

二、向外推销换入必需品；

三、逾期未出售者一律没收。

选自《陕甘宁革命根据地工商税收史料选编》第六册（1946—1947 年），陕甘宁革命根据地工商税史编写组、陕西省档案馆编印，陕西人民出版社 1987 年版，第 465～466 页。

13. 陕甘宁边区与晋绥边区通汇及兑换暂行办法

1948 年

一、双方均施行单一货币制，晋绥边区禁用流通券，陕甘宁边区禁用农币，一切交易往还尤其不以银洋为媒介。

二、为沟通两个边区的经济关系，双方银行总分行间均行通汇及兑换，沿河两岸交界处所有金融机构，以边区螅镇办事处晋绥离石支行均须以流通券与农币随时兑换，在正常状态下尽可能做到不加限制。

三、通汇与兑换比价，一律以流通券与银洋及农币与银洋的主要市价为计算标准。（一）具体汇价各行收汇时依照当地及付汇地点市价自行决定；（二）兑换比价在常态下交界处，由双方最接近的支行办事处或交换所随时商定，报告其上级分行，遇金融波动或发生争议时，须一律取得分行同意后方可改变比价。

四、汇费由收汇行自行决定。

五、为确定适当汇价及比价，双方总行及临县与绥德分行间，必须电告银洋市价，平时五日或十日一次，如遇波动则随时通告。

六、延安、兴县、临县、绥德收汇付汇每次以流通券或农币（百万元为最高额，其他各地以三十万元为最高额，在此限度一半以下者见票或凭票即付一半以上者见票三日即付）。

七、双方汇款不限差额，而算利息每宗汇款自付汇之日起按月计息。

八、遇到金融波动或付款行无力支付时，可以暂时停止汇兑。

九、双方汇款均集中总行记账，每月必抄寄对账清单，以便彼此核对账目。

十、清理汇差及兑换差额不定期限，需要时可以随时办理。

(一) 清理采用按照市价兑换办法所剩余额以实物偿付。

(二) 总清理集中于双方总行，每年至少进行一次。

(三) 沿河两岸贸易如不相抵，可采用借款或由绥德与临县分行兑换办法取得出超区货币以供人民兑换。

十一、双方总行必须各自转其总分行主要负责人签字盖章之印鉴片汇集成册，分发双方各行以凭核。对汇票上之印章签署如各行负责人员有个别调动时必须彼此通知并补发新印鉴片。

十二、本办法业经双方同意采用，日后如有修改之处，仍须双方商得同意。

附：法币兑换批核临时办法

一、遵西北局决定，各机关、学校、部队凡以法币来行兑换边币者（土产盐业公司亦同此），除按牌价兑付外，并以牌价与黑市之差价的百分之七十作为贴水支付。

二、法币兑出，在延安暂以物资局或其代理部门购买必需品酌所需之边法币及售出该项必需品之外商返回时之路费为限，但必须取得物资局及其代理部门之证明凭证始可。

三、各机关、部队、学校之法币兑换暂以书报费，工作人员必需的寄往友区之养家费为限。但需另收牌价同黑市差价之百分之七十的贴水介绍邮政汇兑者，除汇金汇水按牌价在邮局交付外，银行亦照收此项贴水并须取得各机关、部队、学校首长之证明文件。

四、小手工艺工人，难民兑回家之养家费及回家之路费等须经政府或商会转政府介绍始可酌量兑给之，办法同前。

五、三、四两条所规定之汇兑金额，每人每次不得超过五千元，超过者须由行长批准。

六、中华邮局出售邮票收入之边币，经查核后，可按牌价兑给法币。

七、电报局每日所收之边币报费，可按牌价兑给法币，但需将原报费收据送来查核无误后始可。

八、经行长特别准许兑换及免收贴水者不在此限。

九、黑市价格应以物资局物价作标准（即边币物价同法币物价之比例）。

选自《陕甘宁边区政府文件选编》第十二辑，档案出版社 1991 年版，第 349～350 页。
互校版本：《陕甘宁边区法律法规汇编》，三秦出版社 2010 年版，第 423～424 页。

14. 陕甘宁晋绥边区货物税暂行条例

1948 年 2 月 10 日

陕甘宁边区政府颁发“陕甘宁晋绥边区货物税暂行条例”命令

各专员、各县长、各级税务局长：

兹制定“陕甘宁晋绥边区货物税暂行条例”随令颁发仰即遵照执行为要！

此令！

主席　林伯渠

副主席　杨明轩　刘景范

1948年2月10日

陕甘宁晋绥边区货物税暂行条例

第一章　总则

第一条　本条例为加强对敌斗争与保障人民经济发展及依据独立自主自力更生之精神制定之。

第二条　本条例以货物为征收对象，凡应税货物均须依照本条例一次征收之（应税货物表附后）。

第三条　凡出入境货物及过境货物之一切管理事宜统由各地税务机关办理。

第四条　凡有关税务及违禁物品之查缉事项，统由各地税务机关及委托之缉私机关办理。其他任何部队机关团体或个人均不得随意检查或没收。

第五条　凡应税货物除经边府批准减免者外，不论公私商贩均须照章纳税。

第六条　凡美国制造之一切货物，除经边府特许入境者外，一律禁止入境。

第二章　税则

第七条　应税货物悉依下列规定办理。

〈一〉凡运销边区之应税货物，不论在境内销售或运往边区以外销售者，均须依照入境货物税税率表征收之，税率表见附表（一）。

〈二〉凡边产货物应征税出境者，悉依出境货物税税率表征收之，税率表见附表（二）。

〈三〉凡边区土产在本区销售之应税货物，悉依边区产品货物税税率表征收之，税率表见附表（三）。

第八条　凡出境之有税货物，均须于起运地报验纳税，如在中途销售者，概不退税。

第九条　本边区与各解放区间之货物税规定如下：

〈一〉允许入境之应税外货，经邻区运往本区者，如在邻区已纳入境税者，其税率不论低于本区或高于本区入境税率均不得补退税额或再征税费。

〈二〉如邻区允许入境、我区禁止入境之外货，须经边府批准方得特许运入或过境，但严禁在本区出售。

〈三〉本区土产品经邻区运往敌区时，应在起运地缴纳出境税或邻区土产品运入本区后再运敌区时亦应在起运地（再转运地）缴纳出境税，如在产地已纳出境税者，本区不得再征出境税或补税。

〈四〉凡同类土产品在邻区无税，本区应税者运销本区时得按本区土产品税率征税。

〈五〉邻区已税之土产品，除烟酒迷信品外，得在本区自由运销本区不得再征税费。

第十条　凡在境内免税或无税运销之货物，如在中途改运出境者，应在当地或就近税务机关报请查验，并按出境税率表办理手续后，方可出境。

第十一条　本条例附表所列应税货物征税时均依从价征收，必要时得从量征收之。

第十二条　应从价征收税之货物，由分区估价委员会根据该区中心市场现行市价，按

30%折算，估定纳税价格通知该区各税务机关遵照执行。

第十三条　凡经边区政府批准免税或减税之货物，运销时须领取边区最高税务机关之证明文件，并具备查验手续后方得运行。

第三章　报税与查验

第十四条

〈一〉边产应税货物运销边区境内外者，均须在起运时向当地或附近之税务机关报请查验及办理纳税手续。

〈二〉入境之应税货物，必须在入境之第一税务机关报验纳税，如超越第一税务机关，经查获后，以偷税论处。

〈三〉已税货物不论在中途或到达落货地点销售时须先向当地或附近税务机关报请开包、查验、贴花、盖章后方出售。

〈四〉改装转运货物均须报请当地或附近之税务机关查验盖章并割取转分运证后始得起运。

第十五条　凡贩运应税货物、因故延误，不能依税票限期到达落货地时，运货人须于税票未过期前报请沿途税务机关批明运行或到落货地票已过期者须先具保售货、经查明属实者，方得销保。

第四章　奖惩

第十六条

〈一〉凡商贩有违犯下列各项者，须依其应税货物之性质，分别处罚之。

(甲）违犯本条例第二章、第三章各项规定之一者。(乙）涂改税票、花证或税票花证有重用情事者。(丙）货票不符无正当理由与证明者。(丁）有税票无花证或无检查戳记手续者。(戊）用其他方法偷税者。

〈二〉运销货物如系必需品，有违犯第一项各款规定之一者，除照章补税外得按应纳税额处以半倍至一倍之罚金，但货数在起征点一倍以下者免罚。

〈三〉运销货物如系半必需品时，有违犯第一项各款规定之一者，除照章补税外得按应纳税额处以一倍至一倍半之罚金，货数恰够起征点者免征。

第十七条　如有伪造税票、花证、戳记，除将该案货物没收外，人送司法机关究办，暴力抗税或拒绝检查涉及刑事范围者，送司法机关惩办之。

第十八条　凡因报告而查获之偷税货物，及违禁品，均得酌情给以奖励，其奖励办法另定之。

第十九条　凡税务人员有违章收税或勒索，得按情节轻重依法惩办，被勒索人有权自由控诉。

第五章　附则

第二十条　本条例施行细则另定之。

第二十一条　本条例自边区政府公布施行之日起陕甘宁晋绥前颁布之草行货物税条例及施行细则即行作废。

陕甘宁晋绥边区货物税税率表（略）

选自《解放战争时期陕甘宁边区财政经济史资料选编》下册，陕甘宁边区财政经济史编写组、陕西省财政厅财政科学研究所、陕西省档案馆合编，三秦出版社 1989 年版，第 423～426 页。

互校版本：《陕甘宁边区政府文件选编》第十二辑，档案出版社 1991 年版，第 30～34 页。

15. 陕甘宁边区政府关于巩固边区金融的布告

1948 年 3 月

查严禁敌币（即法币）白洋在边区境内流通事，早经一再明令在案。但蒋胡付阎等匪帮为挽救其垂死命运，以暂时缓①和其财经枯竭的严重危机，竟将大量敌币，倾入我边区，捣乱市场金融，损害人民经济利益。同时有些地区，对于禁止白洋流通的政令，未能认真执行，以致对边区金融，也大为有害。兹为巩固边区金融，维护边区人民利益计，特再重申前令：凡我党政军民人等存有敌币者，不论使用与否，均应立即到各地西北农民银行分支行或西北贸易公司分支公司，依照牌价，全部兑换农币，其存白洋者，于使用时，也应先行兑换后方可，但不需使用时，则准许保存。至各地在土改中的斗争果实。如有敌币、白洋需向敌区采购必需物资时，也得经由农会向银行交涉，开给通行证，方准出口，否则一概不准流通。倘②有明知故犯，一经查出，概予没收，并将其人送交政府议处，决不宽贷。望我边区人民及各机关各部队各团体各学校人员一体切实遵行为要。

此布！

选自《陕甘宁革命根据地史料选辑》第三辑，甘肃人民出版社 1983 年版，第 282 页。简称“甘肃史料版”。

互校版本：《陕甘宁边区政府文件选编》第十二辑，档案出版社 1991 年版，第 80～81 页。加副标题为：“严禁敌币、白洋在边区境内流通”。

16. 陕甘宁边区牲畜、粮食买卖手续费征收办法

1948 年 3 月 23 日颁发

第一条　本办法为适应战时财政需要，并便于管理牲畜，粮食交易市场而制定之。

第二条　凡边区境内之骡、马、牛、驴、骆驼、猪、羊等牲畜买卖及市镇之粮食买卖，不论公私均须依照本办法之规定缴纳牲畜买卖手续费及粮食买卖手续费。

第三条　一、牲畜买卖手续费税率规定为牲畜价额百分之三，由买主缴纳。

二、粮食买卖手续费税率规定为承购粮数百分之二，由卖主缴纳。

---

① “甘肃史料版”将“缓和”误为“绥和”。

② “甘肃史料版”将“倘”误作“尚”。

第四条　牲畜、粮食买卖手续费归边区财政收入，由各地税务机关直接筹划专收或委托一定机关代收，代征机关得提取税款百分之十五作为办公补助费，但不得采用包征办法，以防流弊。

第五条　牲畜买卖手续费之征收依下列规定办理：

一、凡牲畜买卖商定后，均须向征收机关照章纳费。

二、凡交换牲畜，经人证明者，由找价人依找价金额照章纳费。

三、凡成群牲畜已经纳费，再拟分运时，须持原纳费证，向征收机关割取分运证后，方得运行。

四、纳费人完费后须向收款机关领得财政厅制印之牲畜买卖手续费证后方为有效，否则纳费人有权拒绝纳费。

第六条　牲畜与粮食买卖有下列情事之一，经查明属实者，免征手续费。

一、买卖猪娃不满三只者。

二、买卖羊子不满二只者。

三、买卖粮食不满一斗者。

四、为救济灾、难民买粮进行平粜者。

第七条　粮食买卖手续费之征收与解交之规定：

一、凡有粮食买卖之市集，均由该县税务机关派人征收之。

二、凡市镇之粮食交易，均须一律使用政府规定公斗公升过量，不得自制升斗。

三、征收粮食买卖手续费之人员，须遵照本办法第三条第二项之规定征收，禁止借故多收。

四、征收之粮食一律按市价百分之八十五计价交附近贸易公司作调剂市场之用，当地或附近如无贸易公司者，交当地政府按月汇集并派专人代管，由县税局定期拍卖，款解金库。

五、征收人员须于每集当日登记结账，并将账册送交当地税务机关或政府负责审核盖章，防止流弊。所收粮食绝对不许私自挪用。

第八条　罚则

一、买卖牲畜有下列情事之一者，得酌情加征一成至四成之罚金。

（一）隐瞒价格，以多报少者。

（二）农村牲畜买卖成交后，十日内无故不向征收机关报清纳费者。

（三）互相包庇，逃避纳税者。

（四）顶用旧票或涂改票证者。

（五）制造假票者，除加征罚金外，人送司法机关办理。

二、如有私收佣金，经查获后，除将佣金没收外，并将人送司法机关办理。

三、征收人员如有违章征费及贪污浪费等情事者，受害人及任何人均有控诉与揭发之权

第九条　本办法自公布之日起施行。

选自《陕甘宁边区政府文件选编》第十二辑，档案出版社1991年版，第69～70页。

互校版本：《陕甘宁边区法律法规汇编》，三秦出版社2010年版，第435～436页。

17. 西北农民银行定期实物存款暂行办法

1948年3月25日印发

（一）为了吸收游资，发展生产，繁荣市场并保证存款户之实物利益计，特制定本办法。

（二）存款种类，分土布、小米两种。

（三）存款人可以票币按当时当地公司门市价格折成实物（土布、小米，以下同）或直接存入实物。存款期满后，银行即照原存实物按当时当地公司门市价格折付本币本息。

（四）存款时间，分三个月、半年、一年三种。不到期者，不得支取存款。

（五）利率：三个月者，按月息五厘计；半年者，按月息七厘计；全年者，按月息九厘计。

（六）凡到期不支取者，即将本利转期，继续存满三月、半年或全年者，利息照规定利率计算。

（七）支取存款本利，均以存款单为凭，如存单遗失时，必须向银行报失，并登报声明，三月后如无纠葛，银行始可补发存单，但于报失前被人冒领者，银行概不负责。

（八）存单支取存款本息，仅限于存款所在地银行。

（九）本办法如有未完事宜，须由总行随时修改之。

（十）本办法自即日起施行。

选自《解放战争时期陕甘宁边区财政经济史资料选编》下册，陕甘宁边区财政经济史编写组、陕西省财政厅财政科学研究所、陕西省档案馆合编，三秦出版社1989年版，第119～120页。

18. 陕甘宁边区政府紧急指示
——为揭破敌“币制改革”实质彻底肃清敌币

1948年8月27日

事由：为揭破敌“币制改革”实质彻底肃清敌币由。

各专员、县（市）长：

蒋匪政府在其严重的军事失败，政治破产，通货恶性膨胀，财政经济濒于崩溃的绝望形势下，宣传实行所谓“币制改革”。自八月二十日起，发行金元券，并以金元券为敌区本币，限期十一月廿日前收兑敌法币，逾期敌法币即成废纸，又限期九月三十日前收兑黄金、白银、银元及外国券币，逾期继续持有即为非法。查敌金元券名义上为虚金本位，实质上以纸易纸，仍为无保证的纸币。且规定旧法币三百万元兑换金元券一元，预定发行二十亿即合旧法币六千万亿，比旧法币的流通量增发达五倍（旧法币发行估计约一千万亿至一千二百万亿）。这是敌在其财政（伪财政部长公开承认全年财政赤字十一亿多金元券）、经济崩溃中的绝望挣扎，企图借此暂时延缓其崩溃的速度，并再一次实行对中国人民的更普遍的残酷的掠夺。这种新阴谋和新花样在我军事、政治继续胜利，即敌之军事、政治继续失败无法挽救的情况下，必然遭遇可耻的破产，所谓金元券，也必然更剧烈地膨胀和更迅速地贬值。为使我边区人民及早防备，免受损失起见，必须立即彻底干净肃清敌币，维护本币。为此特紧急指示进行如下措施：

一、抓紧敌法币破产的机会，实行驱逐敌币的总动员。各级政府协同各地银行和贸易公司，广泛宣传敌“币制改革”的企图，是实行更剧烈的通货膨胀和更残酷的掠夺人民，敌“币制改革”的必然前途，是敌区物价仍将剧烈上涨，金元券仍将大量膨胀，迅速贬值，号召与组织群众将残存的敌法币立即输出换回必需的或半必需的日用品，绝对禁止吸收金元券。群众输出敌法币时，各地银行应批给出口证，并予以各方面的帮助。

二、各口岸地方政府，得依需要组织临时专门的缉私队，查缉敌法币或“金元券”的流入。号召人民协助政府拒绝敌法币或“金元券”流入边区，以免我区物资外流。在我内部市场一律绝对禁止敌法币或“金元券”流通，违者坚决没收。并应注意严禁边区黄金、白银、银元流入敌区。

三、宣传与组织工商业者及全体人民，坚决拥护本币。所有一切出口物资尽量实行物物交换或吸收本币，禁止吸收敌法币或金元券。

上述各项，希即布置执行，并将情况随时报告边府。

选自《陕甘宁革命根据地史料选辑》第三辑，甘肃人民出版社 1983 年版，第 295～296 页。

互校版本：《陕甘宁边区政府文件选编》第十二辑，档案出版社 1991 年版，第 172～173 页。

19. 陕甘宁边区政府、陕甘宁晋绥联防军区司令部、中国共产党西北中央局联合命令——公布《陕甘宁晋绥边区暂行审计条例》

1948 年 10 月 1 日

为更合理地审计财政收支，严格实行预决算制度，消灭财经工作中一切无纪律或无政府状态，以贯澈［彻］统筹统支，集中财力，支援解放战争的目的，特制定《陕甘宁晋绥边区暂行审计条例》公布之。

各级党委、政府机关、部队、学校、团体必须一律遵守，切实执行。

此令。

陕甘宁边区政府主席　林伯渠
陕甘宁晋绥联防军区司令员　贺　龙
中国共产党西北中央局书记　习仲勋

陕甘宁晋绥边区暂行审计条例

第一章　总　则

第一条　本条例为更合理的审计财政收支，严格执行预决算制度，统一陕甘宁晋绥边区（以下简称边区）审计机构和联［职］权，贯澈（彻）统筹收支，发展国民经济，加强支援解放战争的目的而制定之。

第二条　本边区各级党政军所属单位之财粮、被服、生产自给等收支审计，均依照本条例执行之。

第三条　自本条例颁行之后，所有经费、粮秣、被服等，除战争紧急情况外，非经审计机关之核准，任何机关不得擅自批发支付。

第二章　审计机构

第四条　西北财政经济委员会（以下简称西北财委会）在审计方面为边区决审权力机关，下设审计处，为其日常办事机关。

第五条　各级审计机构以边区党政军及晋绥行署各系统分别建立之，规定如下：

（一）晋绥行署设一审计分处，陕甘宁边区政府秘书处、联防军后勤部、西北局秘书处各设立一审计科。晋绥行署之审计分处受晋绥财政经济委员会领导，边区政府秘书处及西北局秘书处之审计料各受其秘书长领导，联防军后勤部之审计科受后勤部长领导。

（二）陕甘宁边区及晋绥行署所属各分区，各设立一审计室，受分区财政经济委员会领导。

（三）各分区所属各县，各设审计员，受县委统一领导。

第六条　西北财委会授给晋绥财政经济委员会以决审特权，但各项收支及财政情况，必须分别汇编，送交西北财委会。

第七条　西北财委会授给西北野战军前委之财政经济委员会以决审特权，但各项收支必须分别汇编，经由联防军后勤部送交西北财委会。

联防军之各级审计机构，可依其具体情况自行规定，但不得与本条例之原则抵触。

第八条　为实行经济民主，各级政府、机关、部队、学校等应按伙食单位，以民主选举，组织经济委员会，为审计机构之基层组织。

第三章　审计职权

第九条　各级审计机构之一般职权：

（一）关于边区各级政府、机关、学校、部队之经费、粮秣、被服、生产自给等收支预算之审定与决算之核销。

（二）关于财经情况，特别是供给力量之了解与掌握。

（三）关于贪污浪费及收支不合理等行为之清算与检举，以及对于严格遵守制度与生产节约等模范之奖励。

（四）关于各级政府、机关、学校、部队等之账簿、表册、单据及其他证明文件，随时调阅或派员审查。

（五）检查与督促各级政府、机关、学校、部队财务制度之建立。

（六）在财政经济委员会授权下关于下列各项，有检查与督导之权：

1. 各级银行、贸易公司及公营工厂业务方针之执行情况。

2. 征收制度及各种税收率之执行情况。

3. 关于公营企业之财产变动情况及盈亏之审查。

4. 所有一切收入（包括粮食、税收、罚款、没收款及物资等）之归公情况。

第十条 西北财委会在审计方面之职权如下：

（一）关于财政厅编造年度、季度概算之审定及年度、季度决算之核销。

（二）供给标准之规定。

（三）关于各级政府机关、学校、部队及公营企业人员马匹增减之审查核实与有关财政开支之应兴应革事宜之审核。

（四）关于各单位一切临时收支预算之批审与核销，以及边区一级事业费之核销。

凡规定给以决审特权之机构，得有以上三、四各项之权力。

第十一条 边区、分区、县各级审计机构之职权如下：

（一）边区一级之审计科对预算规定之预备费、生活费及分区县级之事业费有批准与核销之权，对一切临时预算有审核与签注意见之权。

（二）分区一级之审计室及各县之审计员，对预算规定之生活费及各单位生产自给收入，有按供给标准批准与核销之权，对一切临时预算有审核与签注意见之权。

第四章 审计之实施及程序

第十二条 各级政府、机关、学校、部队应严格执行会计章程及预决算制度（关于会计章程及预决算制度另定之）。

第十三条 各级政府、机关、学校、部队之生活费及生产节约收支情况均应由经济委员进行审查。经过审查后，编造人员马匹增减表、收支预决算书各三份，人员花名册二份（如党政共一伙食单位者，应分别造报，即党的三份政的三份，花名册各一份），连同单据等，由经济委员会与主管首长签名盖章后，呈交主管机关汇编送交审计机关。事业费造报程序与生活费同。

第十四条 县级审计机关收到各区及县直各单位生活费预决算书表后，应按本条例第十一条（二）项所规定之职权范围内加以批准和核销，将单据花名册封存备查。原书表三份中之一份留存、一份退回原机关外，另一份作为附件，连同汇编成之党政两系统预决算书表各三份，送交区一级审计机关。事业费（包括经常与临时）审计程序与生活费同，惟须将单据送分区审计机关。

第十五条 分区审计机关收到各县生活费预决算书表及直属单位之生活费预决算书表后，应按本条例第十一条（二）项所规定之职权范围内加以批准和核销。将直属单位之单据、花名册封存备查。原书表三份中之一份留存、一份退回原机关外，另一份作为附件，连同汇编成之党政两系统预决算书表各三份分别送边区一级党政两系统之审计机关。事业费审计程序与生活费同，唯须将单据（包括各县与分区之专业费单据）分别送边区一级党政两系统的审计机关。

第十六条 边区一级审计机关收到各分区汇编之预决算书表及直属单位之预决算书表后，应按本条例第十一条（一）项所规定之职权范围内加以批准和核销。将直属单位之生活费单据、花名册及分区县之事业费单据封存备查。原书表三份中之一份留存、一份退还原机关外，另一份作为附件连同汇编之预决算书表三份及边区一级与直属单位之事业费单据送交西北财委会审计处。

第十七条　西北财委会为最后之决审机关，按本条例第十条规定之职权范围，于决审后将原书表三份中之一份留存，一份退还原机关外，另一份交财政厅存查。并将边区一级及直属单位之事业费单据封存备查。关于一切临时预决算之审计程序与经常预决算之审计程序同。

第十八条　审计机关对于日常之事务处理如下：

(1) 凡计算错误、数字涂改辨别不清者，则退回更正或代为更正之。

(2) 凡未批准之人员、马匹数以及违背供给制度者，则剔除之。

(3) 凡不合理之收支与贪污舞弊之情事，则进行清算与检举。

第五章　附　则

第十九条　本条例有未尽事宜得临时修改之。

第二十条　本条例自公布之日执行之。

选自《陕甘宁边区政府文件选编》第十二辑，档案出版社 1991 年版，第 214～218 页。

互校版本：《中国革命根据地审计史料汇编》，北京工业大学出版社 1990 年版，第 45～47 页。

20. 华北财经委员会关于西北财政、金融、贸易工作统一问题的决定

1948 年 10 月 5 日

中央决定西北的财政、金融、贸易、交通、军事工业等财经工作中一切可能的与必需的均与华北统一。据这一决定，经西北财办贺龙、陈希云诸同志讨论后，做出如下决定：

(一) 财政问题

今后两区财政完全统一，分两个步骤进行：在今年 12 月前为准备阶段，明年 1 月 1 日起实行统收统支。全年收支概算、人民负担、各级党政军民学编制、脱离生产的总人数（区政府以上）供给标准、财务行政、审计、会计、金库、仓库、预决算制度、各种税收法令的集中统一，在今年 10、11、12 月三个月，须作好以下准备工作：

一、华北财委会在 12 月 1 日以前，须将各级党政军民编制、供给标准、财务行政、审计、会计、金库、仓库、预决算制度、各种重要的税收、法令拟好，经中央批准后，于 12 月 10 日前公布。

二、西北除将今年下半年（7 月至 12 月）收支概算、各级党政军民学编制、人数、供给标准、财务行政、审计、会计、金库、仓库、预决算等制度于 11 月底前，向华北财经委员会做一次报告，于 12 月 15 日以前，将西北的行政区划、负担人口，以及明年度（1 月至 12 月）的收支概算（包括党政军民编制、人数、供给规定）亦向华北财委会作一次

报告。

三、西北财经委员会，须于明年1月底，将西北家务（包括军队地方存余短欠现金实物税款等等）做一清理，报告华北财委会。

四、今年后半年的收支，仍按西北所提出的收支概算尽可能核减执行，其不足的部分，除中央已批准发行3 000亿农币，另由华北补助20万市石粮食外，余再批准发行1 600亿，另由华北再补助20亿冀钞。

五、决定运城盐务管理处从今年11月1日起，归西北领导，其税收在本年度的（即12月31日以前的）仍按1/3交西北，2/3上解华北。

六、所有今年后半年（7月1日以后）在晋中绥南战役的经费吃粮（包括军队民工）其报销清理原则，凡华北区用的归华北担负，西北区用的由西北担负。

（二）金融贸易问题

一、机构设置

1. 银行——西北设中国人民银行西北区银行（在旧币仍流通前，对外仍称西北农民银行），区行下根据行署区设分行，目前西北区行与陕甘宁分行可合在一起，河东部分应依据行署区划设置一至两个分行，各专区设办事处，各县设支行（详细办法参看华北银行之规定）。

2. 贸易——西北设西北贸易总公司，其下根据行署区设区公司，各专区县按需要设商店之总分支店。

3. 银行贸易各级机构争取于1948年底建立起来。

二、领导关系

1. 银行：区行受西北财经委员会与总行双重领导，其方针、计划、资金、调度、重要干部任免由总行统一。日常工作应由西北财经委员会根据华北财委与总行决定领导监督。

2. 贸易与银行同。

三、工商行政银行贸易部门分开问题

1. 银行与贸易部门分开各自建立单独的机构与工作。

2. 工商行政管理与贸易经营部门原则上应分开，在目前情况下不能分开时负责人可以兼职，但内部工作及与群众关系上要分开。

四、机构分设时干部分配原则

1. 分配比例：河东部分银行贸易现有干部照银行1/4至1/3，工商贸易2/3至3/4比例分配之。

2. 河西部分，银行以陕甘宁边区银行原有干部为骨干先行恢复工作并逐渐求得充实，原陕甘宁贸易系统干部仍归贸易公司。

五、原有资金分配及清理问题

1. 金银货款归银行（如金银系占财政上之款项者可由银行偿还）。

2. 商品物资归贸易（如欠财政款可出售偿付之）。

3. 银行与贸易在年底与财政上结算清楚，今后财政上与贸易上是业务关系，一切以契约行之。银行只是代理金库，所有透支皆由总行根据批准发行计划支付，财政上不得占用银行及贸易之资金。

4. 在年底前所有贸易银行之财产均应按市价估计（以市价中等价 9 折计）详列表册呈报华北财经委员会，所有呆账及应出损益之事项必须彻底结清（如货款不能收回者）从明年 1 月 1 日起照总行总公司之会计制度及保本规定进行。

六、两区干部交流问题，为了解情况贯彻政策，华北与西北银行贸易方面各交换两个负责干部（西北河西银行贸易各一人，河东各一人），干部条件，至少相当于各该区分行公司之副经理或科长。

七、通讯联系问题华北暂确定与延安、临汾、兴县三个经济电台联系（此三地皆已有经济专用台）。

八、关于两区货币统一前的准备工作

华北与西北两区货币于 10 月 5 日起固定冀农比价 1∶20，边农比价 1∶2相互流通，在统一之前，须进行下列准备工作。

1. 目前两区接壤地区物价，晋南、晋中均与法价大体相吻合，晋北自然比价 18 元，较法价差 10%左右，为了稳定法价，便利统一流通，从现在起即加强兑换工作，在晋北除两行所设立联办已有基金外，华北增拨 5 亿冀钞，西北增拨 50 亿农钞，无限给群众兑换。在晋中华北拨 3 亿冀钞，西北拨 20 亿农钞，以支持兑换。

2. 晋南现已开始的农冀混合流通，应坚持贯彻所有税收与公私款项，无论冀、农钞一律通用。

3. 为了稳定法价，便于物资交流，在晋北由华北贸易总公司准备 10 万匹土布、10 万斤棉花去支持，在物价措施上，华北区应求稳定，晋绥区则适当提高布棉价格，以利布棉西流。在晋中、华北和西北贸易公司按原定调剂计划，继续向晋中输运物资。

4. 金银价格由华北银行统一规定，关于银元收购任务，价格标准等待确定后再行通知。

九、今后贸易中几个问题

1. 为了解决西北的布棉和特产收购问题，华北贸易总公司于今冬陆续拨总值冀钞 100 亿的物资货币（计 60 至 80 万匹土布，50 至 60 万斤棉花和一部分货币）到西北，其中 50 亿物资用作收购特货，50 亿收购粮食，稳定明春物价。特货收购后即转交财政，另 50 亿（即收购粮食）拨作西北贸易总公司资金，此冀钞 100 亿资金须华北财委会批准，由总会计于 12 月上旬增拨给华北贸总。详细收购办法与质量等，由华北贸总与晋绥商定。

2. 晋南地区除用公粮征收棉花 150 万斤外，由西北贸易公司统一收购棉花 200 万斤，收购后由华北贸易总公司统一分配调剂，太岳区即应停止自晋南区吸收棉花，收棉资本由总会计增拨华北贸总资金 50 亿，于 12 月上旬拨付。

十、今后发行印刷问题

1. 西北所有印刷厂在年底前仍继续印刷农币，估计除完成已批准之 3 000 亿外，还可多印出 3 000 亿，须经批准后以作财政透支及收回破币与小额币之用。

2. 在新币发行后，截止（至）年底止西北印刷厂工作即应停止，将所有详细发行数字及一切手续连同银行贸易财产报来华北财经委员会，以资清理。

3. 中国人民银行票发行则尽先将河东部份（分）农币市场逐渐接替，在新币未发行前在晋南收购物资也尽可能以冀钞去接替市场，使农币能充分用于河西地区。

选自《解放战争时期陕甘宁边区财政经济史资料选编》下册，陕甘宁边区财政经济史编写组、陕西省财政厅财政科学研究所、陕西省档案馆合编，三秦出版社1989年版，第203～207页。

21. 陕甘宁边区临时营业税暂行征收办法

1948年10月14日

第一条　本办法根据陕甘宁边区营业税条例第六条及十一条规定制定之。

第二条　凡无固定号址流动经营商业之公私商贩，均须依据本办法交纳临时营业税。

第三条　临时营业税之征收，按每次交易额以千分之十五计算征收之。

第四条　临时营业税之征收，各税务局所可根据当地贸易情况斟酌采取下列征收办法之一征收之。

（一）凡货物运到店栈时，该店栈主应将货主或运货人姓名、货物名称、数量及时报告税务机关（如有验货场须先经验货场登记）并保证该货主或运货人与货售出后到税务机关纳税割票，否则该栈主应负补纳税款之责，如该货无货主随行者，应由售货人或店栈代替纳税割票。

（二）凡往来之货物，在进行登记或验货时，应将运货人或货主姓名、货名、数量、运销地、住宿店栈等项详细登记，当日到店查验由店主负责督促货主于成交后到当地税务机关直接纳税。

第五条　凡要求免征临时营业税者，应提出免征理由，呈请财政厅批准后方得免征。

第六条　有下列情事之一者，得酌情减征或免征其应纳之税款。

（一）遭受灾难或损失重大者。

（二）退伍军人（只限三年以内）。

（三）新到之移难民（须经当地政府之证明）。

（四）经财政厅批准减者或免征者。

第七条　罚则：

（一）隐瞒或用其他方法偷税者，除补税外得处以应税额半倍至一倍之罚金。

（二）不论公私店栈，凡店栈主有受贿包庇等情事者，除负补税之责外得处以应税额一倍至一倍半之罚金。

（三）凡店栈主如有敲榨（诈）商民、吞食税款等情事者，经查获后，除纳税外得处以应税额一倍至三倍之罚金，情节重大者送司法机关究办。

第八条　本办法自公布之日施行。

选自《解放战争时期陕甘宁边区财政经济史资料选编》下册，陕甘宁边区财政经济史编写组、陕西省财政厅财政科学研究所、陕西省档案馆合编，三秦出版社1989年版，第495～496页。

互校版本：《陕甘宁边区政府文件选编》第十二辑，档案出版社1991年版，第229～231页。

22. 陕甘宁边区制酒业管理及征税暂行办法

1948年10月14日

一、凡经边区政府特许酿酒地区之公营或私营酿酒厂，悉依本办法进行管理征税。

二、不论团体或个人，凡计划酿酒时均须于开工前一月向当地税务机关申请登记填具申请书一份呈送县局转请分局审查批准，并取得营业执照后方准营业，已开办者，亦须遵照上项规定补办登记手续，申请书及营业执照由边区税务总局统一制发。

三、经批准之酿酒者，在酿酒之前一日应报告当地或附近税机关派人查验后即为正式营业开始。如因故暂停或歇业者，须报当地税局备查或交销营业执照，否则以继续酿酒规定论处。

四、凡公营酿酒厂或私营酒坊均须缴纳制产税，其征税规定如下：

（一）按每一酒厂酒窖每月产酒量计算征收百分之三十制产税，税款由业主负责于每月二十五日前，向当地或附近税务机关自动缴纳，必要时税务机关亦可采取定期征收，月终算账办法征收之。

（二）凡酿酒厂缴纳制产税时，须取得财政厅印制之制产税票后，方为有效。

（三）经批准之酿酒厂，凡售酒十斤以上者，得由厂坊割给税务总局印制之烧酒运销证，中途分运时由货主持原酒证，在就近税务机关换取新酒证后，方可运行。

（四）酒厂兼制酒精时，按其制酒精部分八折减征制产税。

五、罚则：

（一）未经申请登记，而私自酿酒者，当地政府或税务机关得令其停止制造或办理登记手续，倘故意违抗私行酿酒者，得没收其制酒工具及所制之酒。

（二）凡经登记批准之酒厂如事先发觉有呈报不实，或在开业后，又增添新酒窖而隐瞒不报者，经查获后由县政府或税务机关以私酒论处。

（三）运销酒如无运销证者经查获后，除照章补税外，得处以应税额一倍至二倍之罚金。

（四）凡不按规定期限纳税，无故逾期一月者，处应征税额三分之二的罚金，逾期一月半者，处应征税额二分之一的罚金。

六、凡一个地区有三家酿酒者，可组织“制酒同业公会”，选主任一人，研究酿酒技术，提高产量，筹划销路议定价格等事项。酒房多者可按具体情况，增设一、二委员，协助办理上述事务。

七、各地税务机关，每月应将当地各酿酒厂之产量，出售数量，价格及销售地区等事项列表呈报税务总局备查。

八、凡酿酒厂除缴纳制产税外，在征收营业税时，仍须照章缴纳营业税。

九、边府得视各地粮食状况有随命令停止酿造之权。

十、本办法自公布之日施行。

选自《陕甘宁边区政府文件选编》第十二辑，档案出版社1988年版，第228～229页。
互校版本：《陕甘宁边区法律法规汇编》，三秦出版社2010年版，第420页。

23. 陕甘宁边区政府布告——关于华北与陕甘宁晋绥两区货币固定比价规定办法

1948年10月

兹为便利华北与陕甘宁晋绥两解放区货物交易，特与华北人民政府商［定］，华北与陕甘宁晋绥两区所发行的货币固定比价，互相通用。并规定办法如下：

（一）从本年十月十五日开始，冀南银行、晋察冀边区银行所发行的钞票与西北农民银行所发行的钞票，在华北及陕甘宁晋绥两区准许互相流通。

（二）冀南钞与西北农钞比价固定为一比二十，就是冀南钞一元，与西北农［钞］二十元等价；晋察冀边钞与西北农钞比价固定为一比二，就是晋察冀边钞一，与西北农钞二元等价。以后不再变动。两区任何地方所有纳税交易及一［切］公私款项往末［来］，一律按此比价流通收付。任何人不得变更。

（三）不论军、民、商等，如有私定比价，投机取巧，意图扰乱金融，垄［断］物资者，一经查获，决给以严厉处分。

主席　林伯渠
副主席　杨明轩　刘景范

选自《陕甘宁边区政府文件选编》第十二辑，档案出版社1991年版，第261页。

24. 陕甘宁边区银行总行、贸易总公司联合指示

1948年11月18日

为适应爱国自卫战争的需要，统一陕甘宁晋绥两边区，陕甘宁晋绥联防军司令部商得边区政府与晋绥行政公署之同意，将两边区银行合并，定名为西北农民银行。同时与贸易公司合并，又名为西北贸易公司。现在陕甘宁边区银行总行已按照上级指示，合并于贸易总公司，各分行亦须于指定期内从速合并于各分公司，以利工作之进行。于合并中并须严加注意发生乘机贪污及生财用具吃喝上之浪费等行为。并特规定合并办法于下：

一、物资移交办法

1. 分行（准备库在内）、办事处、交换所之一切资产负债，统由分行负责清理作一结束。

2. 分行资产内务种物品、金银、牲畜、器具、武器，生财等均按当地公司定价折算交分公司，取得分公司收据向总公司总行转账。

3. 分行已经疏散之物资，不必完全集中于分公司所在地，可先造成表册由分公司经理根据需要指定移交地点，但必须取得接收机关之收条，以便向分公司转账。

4. 凡是移交之物资均要编制“物资移交清册”6份（总公司、总行、地委、财办处、分公司、分行各一份）。

5. 分行会计上之账簿单据及业务上之材料文件均交分公司接收。

二、人员处理

分行干部除已经决定调动者外，下余人员编制清册全部移交分公司，分行行长任分公司付经理（另有命令）。

三、分行合到分公司后，分公司增设“金融管理科”，工作任务为：掌握外汇统计、物价市场情况调查、生产贷款、代理金库，兑换等。但该科会计不独立，可根据业务需要在会计科账上增设适当科目以处理之。分公司以下据点内不增设金融管理组织，口岸上由支公司按外汇管理原则办理兑换，内地支公司亦按外汇管理原则只能收入金银敌币（不兑出）。

四、移交时由党政派人监交。

五、于12月20日移交合并完毕，将清册及折算收据寄到总公司总行。

喻　杰　余建新　黄亚光

张定凡　史唯然

11月18日

选自《解放战争时期陕甘宁边区财政经济史资料选编》下册，陕甘宁边区财政经济史编写组、陕西省财政厅财政科学研究所、陕西省档案馆合编，三秦出版社1989年版，第207～208页。

25. 陕甘宁晋绥外汇管理办法

1948年①

（一）为维护解放区国民经济、稳定金融、巩固本币，促进国民经济之发展，特授权西北农民银行及西北贸易公司集中使用外汇，进行对外贸易。

（二）禁止蒋币、白洋、条金及其他非本位币在境内买卖、行使与携带，银洋只准储藏，饰金在两以下者，只准银行及其指定之门市部或商店出售。

（三）境内公司、商贩经营对外贸易，凡在本解放区货物税条例允许下，应以输出土产充抵外汇，但购入公司指定的货物银行得给外汇。

（四）在境内留存的敌币、银洋，公司银行按牌价兑进不兑出，但持有军区以上负责人之批准与证明文件，向外采购军用品经核准后，得由银行兑给外汇，介绍出境采购，持有党政机关介绍信出外工作需要路费与工作费者，得由边境口岸上之银行兑给外汇。

① 原注：本件未署时间。编者据内容推断当在1948年上半年颁布。

（五）外商输入税务条例所规定允许入口之必需品，贸易公司或经税局查验有期限者，得供给外汇或土产。

（六）不论公私商贩及过境人员，由境外携入蒋币银洋赤金及其他非本位币过境者，必须将所带非本位币交入口处之银行查验，由银行发给出口证件、限定出口路线、时间和地点出口，不得私行自由携过境，违者没收。

（七）不在边境口岸之银行，不办理供给外汇业务。

（八）本办法自公布之日施行，前颁办法与条例与此相抵触者，即日起宣布作废。

选自《解放战争时期陕甘宁边区财政经济史资料选编》下册，陕甘宁边区财政经济史编写组、陕西省财政厅财政科学研究所、陕西省档案馆合编，三秦出版社1989年版，第233～234页。

26. 陕甘宁晋绥边区进出口货物税条例（草案）

1949年2月23日

第一章　总　则

第一条　本条例依据独立自主恢复生产并保护边区经济发展之精神制定之。

第二条　凡进出口货物除本条例附表所列禁止进出口货物与免税进出口货物外，不论公私均须照章纳税。禁止与免税进出口货物及准许纳税进出口货物附后。

第三条　本条例附表所列征税进口及禁止进口货物以外，其它一切货物均禁止进口，附表所列征税出口及禁止出口货物外，其它出口货物均免税出口。

第四条　凡进出口货物之一切管理事宜除另有规定外统按本条例办理。

第五条　凡美国制造之一切货物除经边府特许入口者一律禁止入口。

第六条　凡纳税免税或特许进出口货物，均须向当地或就近税务机关申请查验登记方准运行（进口货物登记统计办法另定）。

第七条　凡应税免税及禁止进出口货物，必要时财政所［厅］得命令某种货物开禁及某种应税货物暂时免税减税或停止其进口。

第八条　凡有税务及违禁品之查缉事宜统归税务机关及委托之缉私机关办理，其他机关部队或个人不得随便检查或没收（缉私规章另定）。

第二章　税则

第九条　进口税货物均须在进口之第一税务机关报验纳税，如已税后再运销出境者不得重征亦不退税。

第十条　出口有税货物须在起运地报验纳税，中途改销内地者概不退税。

第十一条　已纳产销税之土产品如运销出口时得免纳出口税（禁止出口者例外）

第十二条　本区与各解放区间之货物税规定如下：

一、邻区已税货物运销本区者不论其为外产或土产均得自由运销不再征税费，应税未税者照本章规定纳税。

二、邻区新解放城市之旧存美顽货物如为禁止进口者由邻区运销本区时，如在邻区未税者一律按 20～30%征税，已税并有税务手续者免征。

三、凡在邻区无税，运销本区或经本区出境时，得按本区规定办理纳税手续。

四、邻区禁止进口货物，不得放运至邻区销售。

第十三条　凡在境内免税或无税运销之货物，如改运出境者，应在当地或附近税务机关报请查验，并按出境税率表办理纳税手续后方准出境。

第十四条　凡邮寄货物按下列规定：

一、收货人向邮局提货时，应报告当地税务机关，派员查验，并照章纳税后，方准提货。

二、邮递货物均在投邮前向当地税务机关报请查验办理纳税手续后，邮局方可接收，否则邮局得拒绝寄递。

第十五条　本条例附表所列应税货物，依从价征税必要时得从量征收之。

第十六条　从价征税货物由分区估价委员会根据该分区中心市场现行市价 8 折计算，估定纳税价格，通知该分区各税务机关遵照执行（估委会组织及估价办法另定）。

第十七条　凡经边府批准减免税之货物，运销时须取得分区以上税务机关之证明文件，并具备查验手续后方得运行。

第三章　查验与转运

第十八条　已税货物不论在中途或到达落货地点销售时，须先向当地或附近税务机关报请开包、查验并举办查验手续后方可出售。改装、转运货物均须报请当地或附近税务机关查验，并割取转分运证后始得起运。

第十九条　凡运输应税货物，因故延误不能依税票限期到达落货地时，运货人须于税票未过期前报请沿途税务机关批明运行或到达落货地票已过期须先具保售货，经查明属实者方得销保。

第四章　奖惩

第二十条　凡商贩有违犯下列各项规定之一者，除责令补缴应纳税额外，得按应税额重处以 20～100%之罚金。

一、违犯本条例十一条至二十条各条规定之一者。

二、涂改税票凭证，或税票凭证有重用情节者。

三、货票不符，无正当理由与证明者。

四、有税票无凭证戳记手续者。

五、用其他方法偷税者。

第二十一条　凡大量偷运禁止进出口货物经查获后，得视情节轻重没收其货物全部或处以该货总值半倍至 2 倍之罚金。

第二十二条　如有伪造税票凭证戳记，暴力抗税，或拒绝检查除将该案货物全部没收外，人送司法机关惩办。

第二十三条　凡因报告而查获之偷税及违禁品均得按缉私规章规定给予奖励。

第二十四条　凡税务人员有违章收税或有勒索行者，得按税务人员奖惩办法规定处理之，被勒索人有权自由控诉。

第五章　附则

第二十五条　本条例施行细则另定之。

第二十六条　本条例自边区政府公布施行之日起陕甘宁晋绥边区1937年①公布之货物税条例即行作废。

陕甘宁边区进出口货物税率表（略）

选自《解放战争时期陕甘宁边区财政经济史资料选编》下册，陕甘宁边区财政经济史编写组、陕西省财政厅财政科学研究所、陕西省档案馆合编，三秦出版社1989年版，第534～537页。

27. 陕甘宁边区贷款暂行条例（草案）

1949年3月4日

第一条　为推行生产，繁荣经济，特制定本条例。

第二条　边区一切贷款统归中国人民银行西北区行（以下简称银行）主持办理。

第三条　银行须依扶助发展生产之任务并本“公私兼顾”原则办理贷款事宜，以保证贷款做到有借有还。

第四条　贷款种类，依据其性质区分为：

一、农业（包括水利）及农村副业贷款；

二、工矿业及手工业贷款；

三、合作事业贷款；

四、畜牧事业贷款；

五、供销及运输业贷款。

第五条　对各种生产事业贷款之多少与先后，应依边区政府生产计划及当地实际情况决定之。

第六条　贷款利息须依“发展生产公私兼顾”的政策，并注意奖励民间互相借贷，由银行根据各种生产与行业之利润情况及金融物价变动情形，分别规定，挂牌公布。一般利息应不超过民间借贷之普通利息标准，带有倡办或试验性之生产事业应免除或减低利息。

第七条　贷款信用，依据下列各条予以保证：

一、银行有权检查各贷款单位之贷款用途及其生产业务经营状况，如发现贷款用途不当或有违法投机活动者，得收回其贷款。

二、银行一切贷款，依据法定手续收不回时，得依法请求政府追究，各级政府应对银行之本息债权，确实负责追究清偿。

三、所有借贷保证人，须对所借贷款负保证用途与本息清偿之完全责任。但工作人员不得担任保证人。

---

①　原件如此，应是民国37年或1948年。（按：1948年2月10日曾颁布过《陕甘宁晋绥边区货物税暂行条例》）

第八条　贷款办法手续与办事细则由银行另订之。

第九条　本办法自公布之日施行。

选自《陕甘宁边区政府文件选编》第十三辑，档案出版社 1991 年版，第 121～122 页。原注："原载 1949 年 3 月 10 日《边区政报》第一卷第二期"。

互校版本：《陕甘宁边区法律法规汇编》，三秦出版社 2010 年版，第 259 页。

28. 陕甘宁边区政府农业厅、西北农民银行关于目前发放农贷的指示

1949 年 4 月 7 日

各行署主任、各专员、县（市）长：

各财委分会主任、各银行经理：

发放农贷的方针与各项基本原则，西北财委会已有电示，又经过三月财经会议之讨论，对"农贷"更有明确规定。各地均应在实际发放中力求贯彻，唯目前发放农贷，如何与组织领导农业生产更密切的结合起来，是值得特别指出的问题。

各地生产报告经我们研究分析的结果，认为在最近两个月内，动员起来按时下种，是目前组织领导农业生产的中心环节。而农贷就是解决群众生产困难的重要方法之一。

目前群众生产中存在的困难问题首先是劳力畜力的缺乏，其次是工具的缺乏，再次是籽种及部分地区吃粮的缺乏，而我们今年的农贷工作亦存在着两大矛盾，即：（1）发放时间太迟。（2）现在各地仍无足够掌握与发放农贷的干部。因此各级政府财委分会银行必须注意下列几点并正确的运用农业贷款。

（一）播种时间只有两个月了（有些地区两个月以上），而各地的农业贷款仍未完全放到群众手里。事实上解决耕畜，对于播种已经为时太晚，因此，各地目前的农贷，主要的已不是解决耕畜问题，而是帮助发挥生产力的问题。

（二）在用途上主要的应该是：（1）添补生产工具。（2）添补部分地区部分群众的籽种。（3）解决某些地区（如榆林、绥德分区）为数不多的务实农民，确因没有口粮而不能进行生产的口粮。但这必须与救济粮严格分开，其唯一的目的是为了生产，而不能是别的。

（三）在对象上首先照顾互助社、变工队等已组织起来的群众以示鼓励。

（四）在地区上首先照顾交通要道的群众，因为这些地区群众的负担较重，需要草料较多，对于运输供销关系甚大。但也并非其他地区不管。

（五）吸收私资，带动私资，对于农村生产关系甚大，因而在发放农贷中，必须重视这一点。必须有意识的组织私人资力，用各种政策和通过具体事实，打破群众今天依然存在着的顾虑。必须做到群众间敢于拿出自己的私资，和敢于互相借贷，这就必须改变过去的那种调剂即"救济"的做法。调剂必须是借贷，利息可以由借贷双方自定。今天的主要困难，不是物价高涨中票币的利息高低，而是群众告贷无门。其次则须使各级干部了解高利贷封建剥削与正常借贷有原则性的区别，不仅要宣传政府保护正当债权，而同时必须在

处理这些纠纷中，用事实证明这一点。政府过去负责救济的粮款，在这些群众有可能归还时，就应该负责督促归还。必须了解事实的解决，对于农民群众的作用就是具体宣传的作用。

（六）在这些原则之下，农贷应尽早的放到群众手里，尽可能的多解决群众的问题。为此，各级政府、财委分会、银行应尽可能的抽调干部，并领导好的合作社，进行这一工作。但同时必须防止单纯任务观点，坚决反对由于时间仓促就潦草从事，平均分配，恩赐救济，不负责任的作风。在依据上述原则精神争取在春耕期间及早发放，确如因时间过迟，放下去与生产已无多大帮助时，就不必勉强为完成任务而发放。待到锄草时，再放青苗贷款，以解决群众雇人锄草的工资及其他问题。总之我们发放农贷的目的，是为了发展生产，并成为发展生产之组织领导的工具之一，而绝不是为放农贷而放农贷。

以上各点，望即连同农贷问题，一并深刻研究，立即传达下去，务使正确的农贷政策得以贯彻。农贷发放情形，并希随时报告本厅、行为要！

此　致

敬　礼！

选自《陕甘宁革命根据地史料选辑》第三辑，甘肃人民出版社 1983 年版，第 348～350 页。

29. 陕甘宁边区各县（市）商会组织章程

1949 年 4 月 14 日

第一条　商会为各县（市）商民之组织，其名称得按地名定名为××县（市）商会。

第二条　商会以团结商民发展当地工商、繁荣边区经济为宗旨。

第三条　凡在当地经营商业者均须参加商会为该会会员。

第四条　商会会员之权利与义务如下：

一、会员权利：

（一）对该会一切工作、设施有进行讨论、建议与批评之权。

（二）有在会内参加选举与被选举之权。

（三）有享受该会举办之文化教育与福利事业之优先权。

二、会员义务：

（一）有遵守该会章程及一切决议之义务。

（二）有向该会经常报告工作及营业状况之义务。

（三）有向该会按期缴纳会费之义务。

第五条　商会为全县（市）商业经营者最高之群众组织，其下得按区域、行业设立分会，商业公会及小组推行会务。

第六条　商会受当地县（市）政府、税局之领导及所在地方政府之指导，商会之组织原则为民主集中制，该会所属各分会、同业分会、小组均须服从该会之领导。

第七条　商会委员、组长每年改选一次，连选得连任，委员名额依当地商业情况确定之，但委员人选须保证各阶层工商者均有公正代表当选机会。

第八条　商会设会长一人，副会长一人至二人，指导员一人领导会务，正副会长由全体委员互选之，但指导员须由县（市）政府指派之。

第九条　商会委员之分工事宜得依当地具体情况确定之，但会务较繁地区得根据精简原则酌情雇佣秘书办事员工友若干人，在会长、指导员领导下进行会内日常事务。

第十条　商会委员会每月召开一次（遇特殊事故者得随时召开之），除例会外，凡讨论有关负担及工商业重大问题时，均须事先通知政府税局派员出席指导。商会每半年须召开会员大会或会员代表大会一次，并向大会报告会务进行情形。

第十一条　商会之职责如下：

一、关于协助筹划发展工商业及其登记管理事项。

二、关于协助筹办工商业者之战勤动员，募捐慰劳与营业税负担征收事项。

三、关于当地工商业状况之调查了解事项。

四、关于工商业纠纷之调查调解及贫苦工商者之互助救济事项。

五、关于工商者之文化教育及福利事业之举办事项。

第十二条　商会之经费由会员缴纳之会费内开支，但会费之缴纳应按商民各阶层之负担能力本公平合理原则分配之。

商会会费经费之收支情形须按季列单公布之。

第十三条　各行业同业公会之组织章程另订之。

第十四条　本章程自公布之日施行。

选自《陕甘宁边区政府文件选编》第十三辑，档案出版社1991年版，第218～219页。

互校版本：《陕甘宁边区法律法规汇编》，三秦出版社2010年版，第132页。

30. 陕甘宁边区货物税估价委员会组织章程（草案）

1949年4月14日

第一条　本章程依据货物税暂行条例第十六条之规定制定。

第二条　各地估价委员会（以下简称估委会）悉依本章程组织之。

第三条　估委会为评定货物税纳税价格以达公允征税之民主组织。

第四条　估价实行后，发觉有估过高或过低情事者，税务总局或区局有指令重估之权。

第五条　估委会在分局所在地设置，由分区最高行政机关、工商管理机关、银行、贸易公司、工商会、合作社及税务机关等单位代表组成之，税务机关代表为估委会之当然主席，并负召集会议之责。

第六条　估价：

一、货物税纳税价格，由估委会以分区为单位统一估价。

二、情况特殊不能以分区为单位统一估价时，由分局指定地区，按本章程规定分别估价，但须禁止以县为单位估价。重要进口口岸，必要时得另行估价。

三、纳税货物之估价，须服从该分区贸易公司之物价政策。

四、估价之标准，以当地贸易公司门市价格及市场一般价格由民主评定适当的统一价格，但税务机关须事先进行调查。

五、确定市价后，统一按打八折计算即为纳税价格。

六、估价原则规定一月一次，但可依据实际物价变动情况，得提前或延长之。

七、在执行原估价表中，如个别物价有特殊变动时，税务分局得作临时修改通知各地执行，并向税务总局或区局呈报备查。

八、货物计算标准，一律依规定度量衡标准计算。

第七条　估价表印制后，除分发所管县各局、所及区局、总局与当地党政军等机关各一份外，并酌情发给工商会若干及张贴要道站口，俾众知晓。

第八条　本章程如有未尽事宜，得由税务总局随时修改之。

第九条　本章程自公布日施行。

选自《陕甘宁边区政府文件选编》第十三辑，档案出版社 1991 年版，第 216～217 页。

互校版本：《陕甘宁边区法律法规汇编》，三秦出版社 2010 年版，第 106 页。

31. 陕甘宁边区营业税评议委员会组织规程（草案）

1949 年 4 月 14 日

第一条　本规程依据营业税暂行条例第十二条之规定制定之。

第二条　营业税评议委员会（以下简称评委会）为贯彻民主评议，协助政府对工商业营业税负担做到各阶层公平合理之民主组织。

第三条　在各商业城镇地区征收工商业营业税时，均必须组织评委［会］。评委会依下列规定组织之。

一、工商业少的地区，由各阶层中选出评议委员若干人组成之。

二、工商业繁盛地区，除以全市组织总评议委员会外，可依行业和街道分别组织行业和街道评委会，其①行业和街道评委会并受总评委会之领导。

三、评议委员会由评议委员选出主席若干人，并由税局、工商局、工商会参加组成主席团。

第四条　评议委员之产生由民主选出，并经多数人同意方得成为正式评议委员。在选

① “档案文件版”为“其”，“三秦法律版”印作“共”。

举中应照顾到各阶层及其经营行业和其他情况。评议委员之条件须为人公平正直不持偏见。

第五条　必要时得由工商会同税务机关聘请若干评议委员，并参加评议委员会工作。

第六条　评议委员会之职责如下：

一、调查了解各工商户经营状况。

二、评等定分并分配各户应负担额，其等级分数，每年三月间评议一次，每年九月复查一次，作个别调整。

三、对新开张工商户等级分数之临时评议。

四、具体领导发挥广泛民主讨论事宜。

第七条　评委会之评议工作进行程序如下：

一、首在商民小组中酝酿并提出初步等级意见。

二、评委会进行初评，并以小组意见作参考。

三、初评结果交小组认真领导讨论。

四、评委会进行复评和主席团审查。

五、公布最后评定结果，交工商会依限期执行。

第八条　评议委员为义务职，评委会不得向工商户征收任何费用，评委会所需经费统一由工商会支付。

第九条　评议委员任期为一年，得连选连任。

第十条　评委会受当地政府税务机关之领导指挥。税务机关或商民认为评议员或评委会不能完成任务或有包庇不公行为时，令其改组或撤销补选。

第十一条　本规程如有未尽事宜，得随时修改之。

第十二条　本规程自公布日施行。

选自《陕甘宁边区政府文件选编》第十三辑，档案出版社 1991 年版，第 215～216 页。简称“档案文件版”。

互校版本：《陕甘宁边区法律法规汇编》，三秦出版社 2010 年版，第 107 页。简称“三秦法律版”。

32. 陕甘宁边区营业牌照税征收办法

1949 年 4 月 14 日

第一条　本办法根据陕甘宁边区营业税条例第三条制定之。

第二条　凡营业牌照税之征收（以下简称牌照税）悉依本办法之规定办理。

第三条　牌照税得按其资本多寡本累进原则征收之，其税率为千分之二十至千分之五十（税率表附后）。

第四条　牌照税征收范围如下：

一、凡在大中城市无固定商号之摊贩与从事临时贸易及流动营业者。

二、以农业为主兼营临时贸易及流动营业（包括摊贩）者。其兼营部分征收牌照税，农业部分计征公粮。

三、凡散布在农村之摊贩及流动营业者不论其专营或兼营均须按营业牌照税率之规定计算税额统一于农业税征收。

第五条　凡第四条一、二项规定之营业须在每季营业初五日内或始业时向所在地或附近之税务机关申请登记，照章缴纳牌照税，并取得营业牌照后方为合法营业。其申请登记事项如下：

一、业主姓名年龄；二、籍贯住址；三、经营性质；四、营业种类；五、流动资本（包括现金，存货折款，外欠款）；六、开业时间；七、纳税等级。

第六条　凡第三条一、二项规定之摊贩营业在一地有三户以上者，得组织成小组归当地商会或政府管理之。

第七条　计算与征收：

一、牌照税以资本为计算税额之标准，其资本应根据现金、存货折款或就其进行交易之现金货价，外欠款等项合并计算之。

二、牌照税须依靠商人自报，并配合民主评议征收之。评议委员会可由当地商会，政府税务机关，摊贩及临时流动营业者之代表若干临时组成之。

三、纳税人如呈报不实时，评议委员会有权清算帐（账）目，盘查存货，被清查者不得拒绝。

四、如执行上列一、二、三项规定发生争执，或有帐（账）簿亦不足为凭时，得由评议委员会民主评议决定其资金及应纳税额。

五、纳税人对民主评议之纳税额如不服时，可于三日内提请评议委员会复议之，经复议后之纳税额即为最后确定之负担额。

第八条　牌照之使用规定：

一、牌照有效期为三个月，期满后，须遵照第四条之规定换领新牌照缴销旧牌照始准继续营业。

二、请领牌照之营业者，须随身携带其营业牌照，以便税务人员随时检验之。

三、牌照不得转让顶用，如牌照在有效期内遗损时，可向当地或附近税务机关声明，经查明属实者，除原牌照分令作废外，得免税补发新牌照。

第九条　凡属下列情形之一者免征牌照税：

一、营业资本不足三百万元者；二、营业时间距新领照不满一月者；三、退伍荣誉军人，依其退伍补助金经营之摊贩及流动买卖，自退伍之日起未满三年者；四、专营政府奖励之工业、器材、军工原料者；五、粮食买卖及瓜果蔬菜之贩卖者。

第十条　罚则：

一、凡有下列情事之一者，经查获后，除补税领照外，得处应纳税额一倍至三倍之罚金。

（一）未领牌照私自营业者。

（二）牌照有效期已过半月以上不换领新牌照者。

（三）隐瞒资本虚报不实者。

（四）抗不领照者。

二、涂改、顶用、转让牌照者，经查获后处应税额一倍至五倍之罚金。

三、违法走私破坏金融，经查获后除私货没收外，人按情节轻重惩处之。

四、伪造牌照者除停止其营业外，人送司法机关惩办。

第十一条　上列处罚，得移请当地司法机关判定限期行之，如限期已满得强制执行。

第十二条　本办法自公布之日施行。

选自《陕甘宁边区政府文件选编》第十三辑，档案出版社1991年版，第207～209页。

互校版本：《陕甘宁边区法律法规汇编》，三秦出版社2010年版，第394～395页。

33. 陕甘宁边区产销税暂行条例（草案）

1949年4月14日

第一条　本条例为保护边区正当工矿业之发展而制定之。

第二条　凡边区境内公私经营之工业、矿业产品及其他特产品，其课税与管理悉依本条例之规定办理。

第三条　注册：

一、一切工业、矿业须于年初或始业时向当地政府或委托之税务机关申请登记，并领取营业执照后方得营业。

二、申请登记事项如下：

（一）厂（矿）名称；（二）经理姓名；（三）经营性质；（四）厂（矿）设备；（五）工人数量；（六）现有资金；（七）每月产量；（八）货品优劣、销售地区；（九）每月平均利润；（十）开设年代变迁情形。

三、经登记领照之工业矿业，如中途歇业、暂停、改业、转项均须向原发照机关申请注销或改发营业执照，否则以继续生产课税。

第四条　境内应税之工矿业产品及应征税率按下列规定：

一、矿产品：煤炭、石油、硫磺、黑白矾、硼碱2%～5%；

二、棉毛制品：纱线、布匹、毛巾、袜子、毡毯及其他大量产制之棉毛制品5%～8%；

三、丝麻织品：5%～10%；

四、饮料食品类：汽水、蜂糖、机制丽粉、榨油5%～10%；

五、皮制品：皮制鞋帽、皮带、皮夹、皮箱6%；

六、化学制品：各种肥皂、香皂、火柴、玻璃器材、造纸5%～15%；

七、陶器产品5%；

八、各种迷信品类30%；

九、盐类征税办法另订。

第五条　凡本区之特产品按下列规定征税：

一、漆油、桐油、五倍子、茶叶、木耳、药材、花椒5%；

二、兽皮、猪鬃4%；

第六条　有下列情况之一者免税：

一、本条例未列举之工矿产品、特产品、附产品。

二、在评定每月产量后在该月增加生产之工矿货品。

三、全系供给公用之非卖品。

四、其产量仅能维持其家庭生活者。

第七条　凡第四条规定应税之工矿业产品，均须根据其生产情况，按月评定产量，从价计税，统一在厂或在场征收并割给制产税票。

第八条　凡第五条规定征税之特产品，均在批售行庄从价征收，由行庄主负责报验纳税并割给边产税证。

第九条　凡在厂、场、行、庄纳税割票后之工矿产品及特产品贴花盖章后，即可自由运销不再割票，如转运其他解放区销售时，须割取转分运证。如货品特殊不能贴花盖章者，须在货品托销时。由原纳税主负责向税务机关报请查验，凭原税票给买货人割取边产品转分运证后，始得运销。

第十条　罚则

一、不按第三、四、五条规定执行者处以应税额20%～50%之罚金。

二、不遵照第七、八、九条规定，举办纳税查验手续者处以应税额50%～100%之罚金。

三、用其他方法偷税者应处以应税额一倍至二倍之罚金。

四、抗不纳税者送司法机关惩办。

第十一条　本条例施行办法另订。

第十二条　本条例自边府公布之日施行。

选自《陕甘宁边区政府文件选编》第十三辑，档案出版社1991年版，第195～197页。

互校版本：《陕甘宁边区法律法规汇编》，三秦出版社2010年版，第415～416页。

34. 陕甘宁边区烟酒税暂行条例（草案）

1949年4月14日

第一章　通　则

第一条　凡同类烟酒之征税及管理悉依本条例之规定。

第二条　本条例所称之烟酒系指境内及其他解放区制产之各种烟酒而言，其应征税之烟酒如下：

一、卷烟：凡用卷烟卷成之纸卷烟（即纸烟）与用烟叶制成之雪茄烟卷烟及其他洋式烟类均属之。

二、丝烟：凡各种丝烟、包烟、水烟均属之。

三、凡境内及其他解放区制造之各种瓶酒、粮食酒、露酒、酒精与洋式酒类均属之。

第三条　凡美国及敌区制产之烟渣，一律禁止入境，违者没收。

第四条　凡境内新设、旧营之各类烟酒业，不论公私均须向工商管理机关请领营业执照后方得营业。

第五条　境内酿酒地区须经边府批准。业经批准酿造区域，必要时得视粮食情况随时命令停止酿造。

第二章　登　记

第六条　税务登记

一、凡制造各种烟类，均须于开业前向当地税务机关呈送牌号若干份（纸烟并呈送烟样），申请注册登记并转呈税务总局经化验批准后方许营造（烟业申请登记书另订）。

二、凡制造各种瓶酒及其他酒类，均须将厂址字号及所拟制之酒类商标特性等项，于开业前一月向工商管理机关及税务机关申请登记，并经边府批准后方准营业（酒业申请注册书另订）。

三、新解放区或在本条例颁发前已创办之各类烟酒业亦须依上述规定补办登记手续。

四、经注册批准之各类烟酒业，在制烟酒前之一日，应报告当地或附近税务机关派入查验，如因故暂停或歇业转顶者，须呈报税务机关备案，否则按继续制造计算征税。

第三章　征税与查验

第七条　凡边区境内产制之各类烟酒应按下列规定征税：

一、各种纸卷烟从价征收10％～30％；

二、各类丝烟（包括水烟包烟）从价征收10％～20％；

三、各种酒类从价征收20％～40％；

四、各类酒精从价征收5％～10％。

第八条　本区产制者，在出厂前征收其制产税或出厂税。

第九条　其他解放区产制之烟酒贩运本区或从他区转贩本区者，如有该解放区之纳税凭证，即可自由运销，不再征任何税费。应税未税者，一律按本条例规定照章纳税。

第十条　凡境内制产烟酒，均按每月产量从价计税，按销量纳税，由业主统一向税务机关缴纳。

第十一条　边产烟酒计税与报运手续如下：

一、烟类：

（一）手工业制造者将根据生产情况按业评定各月产量征收之。机器制造者须派人驻厂依据每月实际产量计算征收之。

（二）评定产量者倘中途因故停业或改业时须随时报告当地税务机关经查明属实者，得按其实际制造时间计算征收之。

（三）凡已纳税之烟类均须报请查验，并粘贴税务印花或加盖验章后方得运销（应盖章贴花之烟类另订）。

二、酒类：

（一）经批准之土酒厂坊凡售酒容器不定者，得由厂坊割给税务总局印制之土酒运销证，中途转运时，由货主持原酒证向税务机关换取额酒证后方可运行。

（二）酒厂兼制酒精时，统按酒精部分征税，但酒精业厂严禁售饮酒。

（三）境内产制之瓶酒，均须加盖橡皮验章或在瓶封口处粘贴印花后始得运销。

第十二条　凡制造各类烟酒之厂坊除纳制产税或出厂税外，在征收营业税时，仍须照章缴纳营业税。

第四章　罚　则

第十三条　一、凡有下列情事之一者，除照章补办手续外，得处以应纳税额三倍以下之罚金。

（一）未经申请注册批准烟酒厂坊而私自制造者；

（二）凡经注册批准之烟酒厂坊，如事后发觉有呈报不实或在开业后又扩大其经营而隐瞒不报报者；

（三）不遵照第三章规定执行或运销烟酒无税务查验手续者；

（四）抗不遵章纳税或用其他方法企图偷税者；

（五）滞纳税款逾期一月至一月半者。

二、有下列情事之一者，除没收其工具成品外，得予停业处分。

（一）未经批准酿酒之地区而私自酿造者；

（二）制造烟酒经化验证明掺有其他毒品者；

（三）私自冒牌仿制而侵犯他人合法经营者；

（四）有将头酒掺水充作酒类贩卖的。

第十四条　有涉及司法范围者，送司法机关依法处理之。

第五章　附　则

第十五条　本条例施行细则另订。

第十六条　本条例自公布之日施行。

选自《陕甘宁边区政府文件选编》第十三辑，档案出版社 1991 年版，第 197～200 页。

互校版本：《陕甘宁边区法律法规汇编》，三秦出版社 2010 年版，第 421～422 页。

35. 陕甘宁边区交易税暂行征收办法（草案）

1949 年 4 月 14 日

第一条　凡在境内一切城镇市集或在行、店、栈、合作社进行土布、棉花、粮食、牲畜交易者，均依本办法征收交易税。

第二条　除前条规定商品外，各地区之大批宗交易商品，有征交易税之必要时，须经边区政府批准后始得征收。

第三条　税率起征点纳税人依下列规定：

品名	税率	起征点	纳税人	备注
牲畜	从价5%	一头	买主	
粮食	从量3%	一斗	卖主	
土布	从价3%	二匹	卖主	
棉花	从价2%	籽/熟花五十/二十斤	卖主	

第四条　交易税属边区财政收入，由各地税务机关直接筹划征收或委托代征，代征机关得按月提取税额10%～25%作为办公补助费，但不得采取包征办法，以防流弊。

第五条　凡经交易员成交者，由征收机关当日结帐（账）后，按收入额统一提奖，交易员不得向买卖双方索取佣金或受贿勒索。提奖规定如下：

一、土布、棉花、牲畜提奖20%；

二、粮食提奖30%。

第六条　征收：

一、凡牲畜、粮食、土布、棉花于成交后均须向征收机关报验纳税，如在店栈、行栈成交者，其店栈、行栈主有督促交易人纳税之责。

二、已纳税盖章之土布不再征税。

三、以货换货者，由找价人依找价金额纳税。

四、已纳交易税之牲畜、土布、棉花，如再转分运时，须持原税票向征收机关割取转分运证后方得运行。

第七条

一、有下列情事之一者，除追缴纳税额外，并按税额处以一倍至三倍之罚金。

（一）隐瞒价格以多报少或不执行本办法之规定者。

（二）农村牲畜买卖成交后十日内无故不向征收机关报请纳税者。

（三）偷税或互相包庇逃避纳税者。

（四）顶用旧票或涂改票证者。

二、交易员或行、庄、栈、社私吞税款或不按第五条及第六条一项规定执行者，处以应税额四倍以下之罚金，必要时得取消其从业资格。

第八条　本办法自公布之日起施行。

选自《陕甘宁边区政府文件选编》第十三辑，档案出版社1991年版，第200～201页。

互校版本：《陕甘宁边区法律法规汇编》，三秦出版社2010年版，第425页。

36. 陕甘宁边区屠宰税暂行征收办法

1949年4月14日

第一条　本办法为适应财政需要及便于管理屠宰市场而制定之。

第二条　凡市镇开设屠宰场宰杀之猪羊及因老弱不能使用之牛，悉依本办法规定征收屠宰税。

第三条　凡能使用之耕牛、运输牲畜及不能食用之病畜，一律禁止屠杀。

第四条　屠宰税之税率为百分之五，按从价定额征收，税额由屠宰主负责缴纳。

第五条　凡从事屠宰业者，均须于开设前向当地工商机关申请登记，领取营业执照，并向就近税务机关申请后方得营业；已开设者亦须补办手续。

第六条　征收与查验：

一、屠宰税纳税价格，须由县（市）税务机关于每月初，根据当地现行各肉类市价估定之。

二、已纳屠宰税之牲畜，须发给边府财政厅印制屠宰税票为凭，并在肉上加盖税务戳记后方得运销。

三、屠宰税票限当日作废。

第七条　凡乡村屠宰之牲畜肉类，如运往城市销售者，仍须依照本办法之规定征收屠宰税。

第八条　凡当地从事屠宰业者及组织屠宰小组或同业工会，归商会领导，其任务为筹划销路、议定价格、调解同业纠纷、评议负担。

第九条　凡有下列情形之一者免征：

一、用作慰劳品或专供机关、部队、学校食用非买卖者。

二、凡屠宰猪羊系自养自食者。

三、凡乡村屠杀之猪羊未上城镇交易者。

第十条　罚则：

一、凡未经登记私自开设屠宰场者，须处以一百元以上一千元以下之罚金。

二、凡属下列之一者，处应纳税额三倍以下之罚金。

（一）凡未纳屠宰税而私自宰杀者。

（二）牲畜肉上未盖税务戳记私自偷销者。

（三）涂改转让并重用屠宰税票者。

（四）伪造税票戳记者。

三、凡无故屠宰耕牛、运输牲畜及不能食用之牲畜者，除没收该牲畜全部肉外，人送司法机关法办。

第十一条　凡屠宰业在征营业税时，仍须依营业税，条例缴纳营业税。

第十二条　本办法自公布之日起施行。

选自《陕甘宁边区政府文件选编》第十三辑，档案出版社 1991 年版，第 202～203 页。

互校版本：《陕甘宁边区法律法规汇编》，三秦出版社 2010 年版，第 426 页。

37. 陕甘宁边区临时贸易税暂行办法（草案）

1949 年 4 月 14 日

第一条　本办法依据营业税暂行条例第四条第二项之规定制定之。

第二条　凡在本区进行之临时流动营业者，不论公私，均依本办法征收临时贸易税。

第三条　临时贸易税之征税标准。依每次交易额之多寡，本累进精神计算征收，由卖货人负担。

第四条　临时贸易税之税率自百分之二起至百分之六止，并规定起征额为人民币伍仟元，最高额为陆拾万元，陆拾万元以上不再累进，其累进额必要时由税务总局修改之。

第五条　临时贸易税之征收，遇必要时，得另规定特种征收办法。

第六条　下列各种免征临时贸易税：

一、已缴纳营业税之座商及领牌照之小商摊贩。

二、农村集市之临时交易者。

三、经分局以上税务机关批准之某些城镇地区。

第七条　凡退伍军人以退休金经营之临时营业减半征收之。但与私商合股经营者不予优待。

第八条　临时贸易税之征收办法采取下列各种：

一、凡外商运货至本区境内出售者，在完纳货物税后，同时缴纳临时贸易税。

二、无设立验货场之地区，一切货物运入行栈客店或商行，须先经税务机关检验方得卸货，店栈行主并须将货主姓名、货物名称，货物数量如实具列呈报税务机关。

三、认为必要时得设立验货场，验货场管理办法另订。

四、在货物成交之一日内，由店栈行主负责缴纳临时贸易税。

第九条　税务机关必要时得派员驻行栈、客店负责征收，被驻之店栈行户不得拒绝。

第十条　缴纳临时贸易税者，须取得税务机关之正式税票方为有效，否则纳税人有权拒绝。

第十一条　违犯下列情事之一者，除补交税款外，得分别予以处罚之。

一、来货不具报或以多报少者，处应纳税额百分之五十罚金。

二、成交不报或以多报少者，处应纳税额一倍以下之罚金。

三、互相包庇隐瞒偷税者，处罚双方应纳税额两倍以下之罚金。

四、顶用或涂改税票者，处罚应纳税额两倍以下之罚金。

五、店行私吞税款或纳税人抗不缴纳者，送司法机关依法惩办之。

第十二条　税务人员如有违章征税及贪污等情事者，商民有自由告发之权。

第十三条　本办法颁行之日起，各地区临时贸易税之单行征收规定均予废止。

第十四条　本办法自公布之日施行。

临时贸易税税率表

级　距	税　率
五千元以下免征	
五千元以上未满五万元者	百分之二
五万元以上未满十万元者	百分之二点五
十万元以上未满十五万元者	百分之三
十五万元以上未满二十万元者	百分之三点五
二十万元以上未满三十万元者	百分之四
三十万元以上未满四十万元者	百分之四点五
四十万元以上未满五十万元者	百分之五
五十万元以上未满六十万元者	百分之五点五
六十万元以上者	百分之六

选自《陕甘宁边区政府文件选编》第十三辑，档案出版社 1991 年版，第 204～206 页。

互校版本：《陕甘宁边区法律法规汇编》，三秦出版社 2010 年版，第 430～431 页。

38. 陕甘宁边区森林砍伐税征收办法

1949 年 4 月 14 日

第一条　砍伐森林均须依本办法之规定纳税。

第二条　砍伐人必须经过区乡政府介绍就近税务机关审查并取得砍伐证后始得进行砍伐。

第三条　砍伐森林得按下列规定：

一、砍伐人得按指定地区进行砍伐。

二、量材砍用。

三、检砍大者遗小者。

四、烧木炭不得砍成材木料。

五、砍材时须砍稠留稀不得一扫而光。

第四条　砍伐税得从价征收，必要时可从量征收。其税率如下：

一、公林百分之十五。

二、私林百分之五征收。由砍伐人按时向税务机关报请纳税，必要时得委托区乡政府或个人代征。

第五条　代征之机关或个人得在月终结帐（账）后按税款额百分之十至二十提成作为办公补助。

第六条　凡有木材运销时不论自运或贩运，均须向征税机关割持木材运销证后始可自由运销，否则照章纳税，情节严重者即以逃税论处。

第七条　税务机关得专派人员或委托机关随时戡验检查森林区之情况以防止乱砍乱伐。

第八条　如有未经第二第三条之规定而私自进行砍伐或有重用木材运销证者，经查明后处以应纳税额一倍至一倍半之罚金，如有破坏森林而情节严重者，人送司法机关处理之。

第九条　凡因报告而进行查获之偷税者，得按缉私规章给以奖金。

第十条　凡税务人员有违章收税或有勒索情事者，得按情节轻重依政务人员奖惩办法办理之，被勒索人有权自由控诉之。

第十一条　本办法自呈请批准之日施行。

选自《陕甘宁边区政府文件选编》第十三辑，档案出版社1991年版，第203～204页。

互校版本：《陕甘宁边区法律法规汇编》，三秦出版社2010年版，第432页。

39. 陕甘宁边区税务总局督察人员办事程序（草案）

1949年4月14日

第一条　本程序依据边区各级税务机关组织章程第八条之规定制定之，所有税务督察人员均须遵照本程序执行职务。

第二条　督察主任承总局长之命领导派遣督察人员分驻各局、所、卡执行下列各项任务：

一、关于检查工作：

（一）检查各级税工干部对各项税收条例、章则、命令、指示之了解程度及实际执行情况。

（二）检查各级局、所收入实况及其对月报、解款、估价、缉私、查验、没收罚款、会计制度、经费开支及票照花证之使用保管等工作情形，是否按章执行。

（三）检查各级局、所全盘税收工作推进实况，工作检查制度与工作报告制度执行情形。

（四）检查各级税务机构、干部配备、工作作风与领导作风，干部工作成绩与缺点（包括能力、品德、生活、学习等）。

（五）检查对国民党时代各种旧税收的清理及旧税收人员使用情形。

（六）检查税警队及各地缉私网之设置、纪律、教育及其工作。

二、关于调查研究工作：

（一）关于各地工业、矿业、特产、土产之调查以及开辟税源工作之研究。

（二）关于各地出入口物资流通情形、金融、物价以及商业、市场、交通诸情况的调查研究。

（三）关于改进各种税目、税率、税制、征收办法、技术制度之调查研究及经验之总结交流。

（四）检查搜集群众，地方人士对税务工作，税工人员所反映的意见以及当地驻军、机关、团体对税局、所之关系等材料。

（五）调查有无需要新设或裁撤局、所之具体材料。

（六）调查有关税务工作之其他一切材料。

三、关于协助工作：

（一）协助所驻局、所，利用各种方式向当地人民进行税收政策之宣传解释。

（二）协助所驻局、所，整理布置各项重要工作及帮助处理临时发生之重大事件。

（三）协助当地局、所，组织明暗缉私网，并帮助加强改进其工作。

（四）协助估价委员会、营业税调查评议委员会及其他有关税务会议之工作，并参加上述会议。

（五）协助驻地局、所，进行干部之政策业务与政治文化的教育工作。

第三条　督察人员奉命出发后，须按旬向分局报告工作，对急需由分局统一办理之工作或偶然发生事件，除详报总局外，仍须建议分局研究处理。

第四条　督察员对所驻局、所认为有应加纠正或改革事项，须向主管局、所长提出建议，不得直接干涉或代为决定。

第五条　督察员在进行上述工作或某种重要事件与主管局有原则分歧的意见时，得将各事件发生经过及其处理意见与理由，联名呈报总局审查决定后执行。

第六条　督察员对驻在局、所因其他原故，突然不能执行职务时，督察员得商同当地政府暂行代替职务。

第七条　督察员对驻在局、所人员因成绩卓越应加奖励提升者，或因恶绩昭著，应行惩办者，可随时附具事实和妥善处理意见，密报总局核办，但不得自行处理。

第八条　督察员如奉命办理某种特殊重大事件时，得商请当地党政协助进行之。

第九条　督察人员应在工作中以身作则、奉行职务，倘有违法失职行为，一经暴发察觉，得按税工人员奖惩办法惩办。

第十条　督察人员出勤、调驻及回总局均须依照总局命令行之，不得自由行动。

第十一条　督察人员派往工作地区后应赴所属地区局、所，轮流巡视检查工作。

第十二条　本程序自边区政府备案之日施行。

选自《陕甘宁边区政府文件选编》第十三辑，档案出版社 1991 年版，第 220～222 页。

互校版本：《陕甘宁边区法律法规汇编》，三秦出版社 2010 年版，第 224～225 页。

40. 陕甘宁边区税务人员奖惩规则

1949 年 4 月 14 日

第一条　本规则依据各级税务机关组织规程第八条制定之。

第二条　凡各级税务机关对所属一切税务工作人员之奖励、惩罚均依本规则之规定办理之。

第三条　奖励办法如下：

一、口头奖励传令嘉奖登报表扬；二、记功（三次记一大功）；三、记大功；四、升级；五、越级提升。

上述奖励办法得与物［质］奖励并用之。

第四条　惩戒办法如下：

一、批评劝告、警告；二、记过（三次记一大过）；三、记大过；四、降级；五、撤职留任、撤职、撤职查办；六、并除税籍。

凡涉及司法范围者除行政处分外，其违法部分移送司法机关依法查办。

第五条　凡具下列各款之一者得给予奖励。

一、能依法令之规定如期完成上级特给之某项重大任务者。

二、对边区税政税制及业务技术建设有特别创造或成绩者。

三、对建设边区各项税务工作有正确建议经采纳实行著（卓）有成效者。

四、能坚决遵守并研究执行各种税收政策、法令、命令、指示、制度而著有显著成绩者。

五、一贯注意调查研究，且有成绩者。

六、安心工作，一贯细心、认真、积极、负责及工作思想显著进步者。

七、发现同事有贪污情事能及时向上报告，并经查明确有实据者。

八、一贯服从组织，艰苦朴素廉洁奉公，不徇情受贿，不敲诈勒索，不打骂群众并能联系群众，经常向群众深入宣传解释政策者。

九、一贯经济帐（账）目清楚、表报精确、按时者（包括登记统计）。

十、对缉私工作有显著成绩者。

第六条　凡违犯下列各款之一者得给予惩戒：

一、不能按期完成任务且无特殊事故者。

二、不能按期报解税款或擅自借欠挪用者。

三、工作一贯消极玩忽职守者。

四、一再不执行政策法令及上级命令指示，致工作受到损失者。

五、有严重官僚主义作风者。

六、一贯不安心工作，对工作粗枝大叶潦草敷衍，致工作受损失者。

七、经济帐（账）目不清，各种表报不精确、按时，且有一贯表现者。

八、染有不良嗜好经劝诫不能戒除者。

九、有意哄骗及无故失掉公款者。

十、遗失或盗用印信票照者。

十一、敲诈勒索、贪污受贿、打骂群众、留难商旅及串通舞弊者。

十二、铺张浪费、浮报滥支私做生意者。

十三、违背税则、税率或任意摊派滥收者。

第七条　凡受本规则之奖励及惩戒者，功过得分别抵消之（涉及司法范围者除外）。

第八条　各级税务局、所长得随时向直属上级提出关于所属人员有关奖惩之事实证件及适用条款之意见转呈总局核办之。

第九条　各级税务人员之奖惩得依据本办法采取民主评议方法评定之，其奖惩时间规定如下：

一、全体工作人员之工作奖惩每半年进行一次。

二、偶发之应行奖惩事件得依据其功过随时进行之。

第十条　凡县级以上负责干部之奖惩事件，均由税务总局决定以命令行之并呈报财厅备案。

县级以下干部之奖惩事宜统由该管分局决定以命令行之并呈报总局备案。

第十一条　本规则自西北财经委员会批准之日施行。

选自《陕甘宁边区政府文件选编》第十三辑，档案出版社1991年版，第229～231页。

互校版本：《陕甘宁边区法律法规汇编》，三秦出版社2010年版，第226～227页。

41. 陕甘宁边区税务人员待遇及抚恤办法

1949年4月14日

第一条　本办法依据各级税务机关组织规程第八条制定之。

第二条　各级税务人员之生活政治待遇依本办法办理。

第三条　等级：

一、各级税务机关为各级政权机关的一个部分。

二、区局正副局长等于行署处长或副处长。

三、分局正副局长等于专员公署的科长或副科长；县局正副局长等于县政府的科长或副科长；一等税务所所长等于区政府的区长或助理员；二等税务所所长等于乡政府的乡长或文书。

第四条　待遇：

一、政治待遇。同级职位之局所长应享有同级政权干部之政治待遇，如听报告、看书报文件、参加会议、住党政学校受临时的训练等。

二、生产待遇。各级税收人员均依照脱离生产之政权干部统筹供给标准，发给同等的伙食菜金、被服、鞋子等物，不得进行商业生产。

稽查及流动稽征人员依地方部队之标准发给同等的伙食菜金、被服、鞋子等物。

第五条　一、税工人员因公致残不能工作者，得给予治疗或住院休养，如在职时有薪金津贴者并得照原规定发给。

二、因公死亡者酌情发给埋葬费外，并按政府抚恤条例办理之。

第六条　本办法自核准之日施行。

选自《陕甘宁边区政府文件选编》第十三辑，档案出版社1991年版，第232页。

互校版本：《陕甘宁边区法律法规汇编》，三秦出版社2010年版，第228页。

42. 陕甘宁边区各级税务人员移交规则（草案）

1949 年 4 月 14 日

第一条　各级税务人员工作调动时，除副职可以酌简移交手续外，其余人员不分负责人或一般人员。均须依照本规则之规定，办理移交事项之移交手续。

第二条　各级税务人员之移交均由上级机关以命令行之，并按下列规定，派出监交人监交。

一、总局局长移交时由财政厅派定。

二、区、市、县、分局局长移交时由同级政府派定。

三、税所所长移交时由县局或市局派定。

四、各局、所其他人员移交时，由局、所长或本部门负责派定。

第三条　卸任人员须于新任人员到职之日起停止工作，并按下列规定办理移交手续，移交不清或不全者，不得离开另就新职。

一、人员花名清册。

二、重要文件、图表、资料清册。

三、本年度票照花证收付结存清册。

四、两年以来税款没收品收解对照表。

五、现金实物清册。

六、公章戳记。

七、本年度经临费、公积金收支对照表。

八、历年以来帐（账）表、凭证清册。

九、武器、马匹、车辆及公物用品清册。

十、未了悬案及待办事件说明。

十一、各种重要工作经验。

十二、其他应移交事项。

第四条　办理移交期限规定如下：

一、总局局长不得超过半月。

二、区、市、分局局长不得超过十天。

三、县局局长不得超过七天。

四、税所所长不得超过三天。

五、局、所其他人员由局、所长或本部门负责人依手续繁简具体规定，但至多不得超过十天。

第五条　移交书册须各造两份，并经移接监交三方人员共同签名盖章后，一份存本机关备查，一份报请上级机关审核备案。审核机关规定如下：

一、总局局长之移交由财政厅审核。

二、区、市、分、县局局长及所长之移交，由上级税局审核。

三、局、所其他人员之移交，由局、所长或本部门负责审核。

第六条 新任人员对前任移交手续须随时审核、询明情由。否则，倘事后发生短缺不符情事，概由接交人负责。

第七条 移交中如遇不易解决之重大问题，得由新、旧任人员会同监交人呈请上级机关处理之。

第八条 卸任人员在取得新任人员印结书，并经审核机关备案后，移交手续始告完毕。

第九条 移交手续交妥后，不论时间长短，倘事后发生有舞弊情事者，接交人有随时向上级机关告发请求查究之权。

第十条 本规则经财政厅核准之日施行。

附：印结书格式

兹 收 到

前任局长（所）长×××同志移交来

××税局（所）钤记一枚

税款×币×××元

××税票×××张

新任局（所）长　　签名盖章

中华民国　年　月

选自《陕甘宁边区政府文件选编》第十三辑，档案出版社 1991 年版，第 233～235 页。

互校版本：《陕甘宁边区法律法规汇编》，三秦出版社 2010 年版，第 229～230 页。

43. 陕甘宁边区各级税务机关暂行会计规程（草案）

1949 年 4 月 14 日

第一章 总 则

第一条 本规程适用于西北各级税务机关，凡有关税收会计事务之处理，悉依本规程之规定办理。

第二条 税收会计暂分总局、区（市）局、分局、县局及税所等五级，但收入较少之税所不得另设一级。

第三条 税收会计均以每年之一月一日起，至同年之十二月三十一日止，为一会计年度。

第四条 税款收付均以“人民币”为本位币，记帐（账）单位以元计，元以下一律五舍六入。

第五条 各种帐（账）、表、凭证、税票报查存根之保存期限依下列规定：

一、帐（账）表凭证：税所保存三周年；分、县局及区（市）局保存五周年；总局保存七周年。

二、报查存根：保存一周年。

第六条　税款票证印花、没收品及帐（账）表凭证均须妥慎保存，如有长短损毁，悉依长短票款物品处理办法处理。

第七条　各级会计人员调动工作时，须依各级税务人员移交规则办理移交手续。移交手续不清或不全者不得离职。

第二章　税　款

第八条　各种税款、斗佣粮食、没收品均归边区财政收入。除征收中应支之提成、提奖、退款外，均须按时入库或上解，不得动用挪借。

第九条　税款解库期限依下列规定：

一、当地有金库，收入多者，每天解库一次，少者五天一次。

二、当地无金库，路程在一天以内者十天一次，一天以上者由上级税局提款，次数依收入情况规定。

三、个别局、所不适用上述规定者，由上级税局另定之。

第十条　斗佣粮食及没收品之处理依下列规定：

一、斗佣粮食均由征收局、所就地变卖解库，但变卖期限由县市局规定之。

二、各种没收品须按月解交市局或分局，并由市、分局上报依总局之指示处理之。

第十一条　各项税款均征现款，无现款纳税者，必须（需）时得按市价六折扣货，限期交款。扣货时在限期内应准纳税人交款取货，但逾限期半月者，扣货局有报请上级税局卖货抵款之权。

第十二条　因误征多收税款，其多收部分得由征税局、所凭票退给，但已纳税后要求减免者，非经总局批准不得退给。

第十三条　提成、提奖、退款、没收品须依下列规定定期报销。

一、提成、提奖、退款由县、市以上税局，按月造决算，经总局或区局向财政厅或行署财政处报销，并换取正式税款收据。

二、各种没收品处理情形须由分局或市局按季造决算，向总局或区局报销。

第十四条　分区或市以上税局须依下列规定，向上级税局编造全年税收预决算。

一、税收预算：分、市局须于每年一月十五日前寄出，区局于一月底前寄出。

二、税收决算：分、市局须于次年一月十五日前寄出，区局于一月底前寄出。

第十五条　各区、市、分局每月所收税款，按分区的平均粮价折合小米，在区、市分局税收月报表旁边或说明栏内，注明每斗单价和全月折合的总粮数，不得待至半年或全年底总结折算。

第三章　票　照

第十六条　各种税票、证照印花均由总局统一规定，除印花及直属市、分局之税票证照由总局印发外，其余地区概由区局印发。

第十七条　各级税局须于每年之一、七月以前向上级税局编造领用票证印花概算，以凭筹发。

第十八条　票证印花概由用票局，所定期向上级税局领取，领票时间暂定半年一次。

第十九条　各级局、所对所发票证均须指定专人随时稽核。各级税局稽核工作规定如下：

一、县市局为初核；

二、分局为复核；

三、区局抽核。

第四章　经　费

第二十条　各级经、临费均按财厅规定标准开支，县局以下均向分局或市局负责，分、市局或区局则向专署、市府或行署负责。

第二十一条　经、临费预决算依下列规定编造：

一、经常费：县局、税所只造月份决算，不造预算，但区、市、分局应造季度预算与月份决算，分别向行署财政处或专署审核报销。

二、临时事业费：各级局、所均须先造预算，经批准后方可造决算，分别向总局、区局寄报审核报销。

第五章　科目与帐（账）表

第二十二条　会计科目均由总局统一规定，因实际需要增减或修改时，须经总局批准。会计科目规定如下：

一、收入类：出境税、入境税、产销税、盐税、酒税、营业税、牌照税、临时营业税、牲畜交易税、屠宰税、没收品、变卖款罚金、粮食交易税、棉花交易税、土布交易税、手续费、杂项收入等。

二、支出类：解库款、提成、提奖、退款、损失款。

第二十三条　各种帐（账）表均由总局规定，区局或直属市、分局印制。但帐（账）簿之使用须依下列规定：

一、帐（账）簿首页须标明机关名称、帐（账）名、册次、启用日期；并由局、所长及主办会计人员签名盖章。

二、帐（账）簿末页应附经管人员一览表，列明主办会计人员及记帐（账）、复核等关系人之姓名、职务、经管人交管日期，并由各人签名盖章。

三、帐（账）簿之装订以五十页或一百页为限，帐（账）页须顺序编号，不得撕毁。

第二十四条　各级局、所之帐（账）簿表报依下列规定：

一、税务所（收入小的税务所可由县、市局酌情减少）

（一）税所帐（账）簿分：现金日记帐（账）、科目分户帐（账）、斗佣帐（账）、票照帐（账）、经费帐（账）等五种。

（二）税所之结算与表报：

1. 税所帐（账）款须逐日核对，每旬（逢五、十五、二十五）小结一次，每月二十五日合计三个旬结，作出月结。

2. 税所上报之表报名称列下：

①旬报：税收旬报表（于每旬结束后一日内寄出）。

②月报：税收月报表（并附提成、提奖、退款、损失款等凭证）。斗佣月报表、货物统计表、票照花证月报表、税票报查、缉私案件表、经、临费单据或决算等（各种月报于每月终后二日内寄出）。

二、县、市局及按县局编制之重要税所：

（一）县、市局帐（账）簿分现金日记帐（账）、科目分户账、现金往来账、斗佣账、没收品账、票照总账、票照分户帐（账）、经费帐（账）、公积金帐（账）等九种。

（二）县、市局之结算与表报：

1. 县、市局亦按旬（逢十、二十、三十）小结，月终月结（但重要税所之旬结、月结时间应与一般税所同）。

2. 县、市局之上报之表报名称列下：

①旬报：税收旬报表（于每旬终了后二日内寄出，但市税局应用电告）。

②月报：税收月报表、斗佣月报表、提成、提奖、退款、损失款决算（并附凭证）、缉私案件表、票照花证月报表、税票报查、票照稽核表、货物统计表、金库收据（市局不寄）和经、临费预决算（各种月报于月终后三天内寄出）。

三、区分局：

（一）区分局帐（账）簿分：税款总帐（账）、税款分户帐（账）、税款解库帐（账）、税款往来帐（账）、斗佣帐（账）、没收品帐（账）、票照总账、票照分户帐（账）、经费帐（账）、临时费帐（账）、公积金帐（账）等十一种。

（二）区分局之结算与表报：

1. 区分局每月结帐（账）一次。

2. 区分局上报之表报名称列下：

①旬报：税收旬报表（区分局均用电告，分局于每旬终了后六日内寄出，区局于八日内寄出）。

②月报：税收月报表、斗佣月报表、提成、提奖、退款、损失款决算（并附凭证，但区局报行署）、缉私案件表、票照花证月报表、税票报查（区局不寄）、票照稽核表、货物统计表、经、临费预决算（经常费、区分局报政府，临时事业费报总、区局）、入库税款对帐（账）单（各种月报分局须于月终后八天内寄出，区局于月终后二十日内寄出）。

第二十五条　各级局、所须按半年、全年总结工作。总结表报规定如下：

一、各月税收总结表；

二、各类税收总结表；

三、票照花证领用结存总结表；

四、斗佣总结表；

五、经、临费开支总结表；

六、提成、提奖、退款、没收品总结表；

七、票照稽核总结表；

八、公积金收支总结表；

九、货物统计表；

十、入库税款对帐（账）单。

第六章　附　则

第二十六条　长短票款物品处理办法另订之。

第二十七条　本规程如有未尽事宜，得由税务总局随时修改之。

第二十八条　本规程自公布之日施行。

选自《陕甘宁边区政府文件选编》第十三辑，档案出版社1991年版，第222～228页。
互校版本：《陕甘宁边区法律法规汇编》，三秦出版社2010年版，第231～233页。

44. 陕甘宁边区各级税务机关长短票、款、物品处理办法（草案）

1949年4月14日

第一条　本办法依据陕甘宁边区各级税务机关暂行会计规程第二十六条之规定制定之。

第二条　各种票证、印花、税款以及其他与税款有关之没收品、斗佣粮、帐（账）表凭证等（以下简称票款物品），均须妥加保管不得长短遗损，倘有长短遗损，主管局、所须查明实况呈报总局或区局，依据本办法之规定处理之。

第三条　凡长出票款物品者，依下列规定处理：

一、因领发疏忽致长出票证印花者，长出部分应按新[①]领数处理，由领票机关补足领据报请发票机关转账。

二、因收付疏忽致长出税款而又无法退还者，除应呈报总局或区局备案外，其长出部分须全部解库不得挪作他用。

三、因舞弊长出票款物品或因疏忽长出，但事后故意不报意图贪污者，经查出后，除勒令退还外，得依情节轻重酌予行政处分或送司法机关办理。

第四条　凡短失票款物品者，依下列规定处理：

一、因天灾匪祸遭受损失经当地政府证明，并无失职情事者，其损失部分得报请总局或区局核销。

二、因保管疏忽以致短失经当地政府证明尚无舞弊情事者，除呈报总局或区局核销外，应按情节轻重，予当事人以行政处分。

三、无故短失票款物品而又无法查明原因者，除当事人应负全部责任或负责赔偿外，并应酌受行政处分。

四、蓄意贪污舞弊或乘机虚报损失者，经查出后除勒令退还外，当事人应送司法机关依法裁判。

五、因借欠税款遭受损失或因屡次发生短失票款物品情事经上级纠正无效者，除当事人应受处分外，主管局、所长亦应得受行政处分。

第五条　本办法规定之“行政处分”，系指批评、记过、降级、撤职等而言。

第六条　凡有关长短票款物品事项之处理，均由总局以命令行之，并呈报财政厅备案。

第七条　本办法如有未尽事宜得由税务总局呈请财政厅随时修改之。

---

① “三秦法律法规版”将“新”误作“聊”。

第八条　本办法自[①]财政厅核准之日施行。

选自《陕甘宁边区政府文件选编》第十三辑，档案出版社1991年版，第228～229页。

互校版本：《陕甘宁边区法律法规汇编》，三秦出版社2010年版，第234页。简称“三秦法律法规版”。

45. 陕甘宁边区审计处（第二科）审计施行细则（草案）

1949年4月18日

A. 审核原则

第一条　本细则依陕甘宁边区暂行审计条例的原则具体订定之。

第二条　为掌握财政政策了解各机关财政收支状况及避免浪费，本处得随时派员赴各机关切实了解各种情况以便批审。

一、协同有关主管机关共同前去了解。

二、随时单独由本处派员前往。

第三条　为严格执行预决算制度，本处应通知各机关按照规定在一定时期内编竣预决算送本处审核。必要时并得催告经催告后仍不遵守者，本处得停拨该机关各种款项。

第四条　各机关对各项开支均须先行编造预算，由本处批准拨款支用并须于规定时期内依法编造决算报销，否则本处得拒绝审核次一预算，未造预算径送决算者不予报销。

第五条　本处对各机关所送预算因特殊情况原批数字不敷者过多时原则上准予编造追加预算，但须说明理由如稍有不足准在决算内报销（仅限原批准各项，原预算不准者不得引用本条规定）。

第六条　各机关编送之预决算须由首长盖章，各系统行政处等汇送者须加盖秘书长章，否则本处概不承认。附件不全（连同有关证件）或数字错误者本处得命其补送或更正发回，另行编造。

第七条　本处对各机关之临时发生或特殊事项有左列情况之一者得按实际情况准予借款若干，先行开支惟须补造预算送本处核批。

一、军事上紧急需要。

二、重大灾变。

三、政治上重要新设施。

四、其它临时突发之较大事项。

五、地区遥远情况特殊预算确实不能按时编造者本处得准其按上月或上季决算数预借三分之一。

除以上各项外，本处对各机关开支均须贯彻预决算制度不得给予借款。

---

① “三秦法律法规版”将“自”误作“启”。

第八条　本处对遥远地区机关因往来不便者准其借支预备金若干将来在决算内报销，惟本月末用之预备金得移至下月不得另借。

第九条　本处对各级机关之业务关系如后：

审计处
- 边区政府系统各厅、院、会（及所属单位）——大经常事业费
- 边政府（审计科）——政府系统各厅、处局及直属单位
  - 一般经常事业费
  - 生活费
  - 临时费
- 西北局行政处（审计科）——党民系统各机关、团体、学校等单位
  - 大经常事业费
  - 一般经常事业费
  - 生活费
  - 临时费
- 军区后勤部（审计处）——各军事机关单位
  - 大经常事业费
  - 一般经常事业费
  - 生活费
  - 临时费
- 直辖市政府（审计科）——直属各机关单位——各项费用——（同前列开）
- 各直属专署——直属各机关单位——各项费用——（同前列开）
- 各分区政府——直属各机关单位——各项费用——（同前列开）

B. 审核种类各附件

第十条　本处审核各机关左列各项费类：

甲、经常事业费：

（一）大经常事业费（凡大宗专门事业开支等）。

（二）一般经常事业费（包括公什费、马什费、宣教费、特支费、修车费、电灯电话费、擦枪费、车油费、通费等）。

乙、生活费（包括伙食费、津贴费、过节费、路费、夜餐、烤火、生育费、卫生纸、医药费、病员补助费、临时薪金雇工工资）。

丙、临时费（包括修建费、购置费，以及其它临时需要开支之费类）。

第十一条　各机关对本处编送预算须包括左列条件：

甲、经常费用
- 大经常事业费
  - A. 各单位详细预算表（经本机关初审后编造者）
  - B. 被审机关（主管机关）复审后之汇总预算表
  - C. 复审之说明及意见书（必要时得当面详细说明）
- 一般经常事业费——除上述各件外，还须加送下件：
  - D. 人员、马匹、车辆、统计表（经编委会决定者）小孩统计表及物价统计表

乙、生活费：除须送与大事业费相同各件外，尚须加送人员花名册。

丙、临时费；除须送与大事业费相同各件外，尚须加送两家以上之详细估价单及其修建说明书（修建时用）。

第十二条　各机关对本处编送决算时须附送有关各项原始凭证（单据及证件）。前项原始凭证本处认为免送时得由复审机关负责保存，以备必要时调阅或查核。

C. 审核程序及方法

甲、关于预算之审核：

第十三条　凡各机关送来预算后，首须详阅深思并斟酌处理办法，在组织决定原则下审慎处理。无法处理或自认处理不尽圆满者，可提出具体意见请上级指示办法再行处理。

第十四条　对预算之审核首须注意下列各点：

一、原则上是否可以开支？……

二、实际是否需要，需要程度如何？　大经常事业费

三、各项数字是否精确，不浪费？……

四、是否合乎标准？……

五、人员、马匹、车辆，及小孩等数目是否合规定？　一般经常事业费

六、人员花名册人数及标准是否适合规定？——生活费

七、修建估价之营造厂是否可靠？估价之高低。并比较各家之估价。

八、购置估价之高低……　临时费

九、估价有疑问可随时实地调查市价后再批审……

十、需要程度如何？是否浪费？

十一、随时掌握市面物价。

第十五条　对预算初步审定后即可开始批审，批审时须注意下列各点：

一、毫无疑问即可处理，然后将结果报告上级。

二、稍有疑问可先和上级商议再行处理。

三、批预算时可批在复审机关所汇编之总表上，对各分表核减或不批者须在总表上注明理由，不得批于初审机关所编之预算表上使复审机关可以灵活通用。

四、各直接送审机关可直接批在预算表上。

五、批预算须一式三份，同样批审数字务须准确。

六、大经常事业费为了保证事业完成须按批定日市价折合为小麦小米（市石）或其它折实单位。

七、批定面粉者一律按贸易公司当日价折合人民币，小麦小米按报载中小麦小米市价折合。

八、批定后审核员须签名盖章，并注明批审日期再交科长核阅并盖章。如经复核者复核人亦须盖章。

九、在批定数字上加盖本处圆章。

十、将原表一份连同附件退回原机关，一份送交统计人员，一份由审核员保存。

第十六条　预算审定后可按批定数字开支付通知书，通知会计科付款。开支付通知书

时须注意下列各点：

一、详细写明机关科目用途预算核准数字等一式两份。

二、领款人须按规定签名盖章（两份相同）。

三、审核人亦须签名盖章。

四、经常事业费须在备考栏内注明按当日市价折合实物（小米、市石）数。

五、粮变款须在备考栏内写明以核准金额折付粮食若干市石数目以便拨粮。

六、最后核对无误时在通知书上加盖本处圆章以一份交领款人或转送会计科付款，一份为存根。

乙、关于决算之审核

第十七条　凡各机关对本处编送之决算须附全部有关原始凭证，（各种单据及函件证明书等）否则不予核销。

第十八条　本处收到各机关所送之决算后首须对所送原始凭证详加核算如与表上数字不符须当面询问（远地机关可函问）错误之原因必要时退回更正或重造。

一、表上数字不得涂改如有涂改情事须会计人员盖章证明否则不予核销。

二、原始凭证（单据等）有问题者（如涂改数字不清等）应当面要求说明，必要时该条据不予核销。

第十九条　凡与预算用途相符且核算无误之决算本处得予以报销。

第二十条　准销之决算表上应列明原预算批准数然后按预批数之多寡决定决算应补数或应退数批于表上。

第二十一条　在决算核定后亦须开支付通知书按决算应补数通知会计科付款。如决算应退则须按应退数开退款通知书，直接通知会计科，收回预算多付之款，不得交付来人。开上述通知书手续大部与预算相同，仅需在备考栏内注明决算准销数字。

D. 审核要点

第二十二条　本处对各机关汇送之预算如无问题原则上不得积压超过三天即须批审竣事，以免影响预算之时效。

第二十三条　各审核员对当日物价应相当了解，在不可能时，先一日物价应当了解，使批审结果与事实相符或相近而不致浪费。

第二十四条　各审核员对批审后之预决算须自行详细登记，每十日应将批审实际数字统计于报告表上，并按月统计总数送交负责同志汇总备查。

第二十五条　本处对遥远地区之机关审计程序得简化之，或在不违反制度原则下权宜处理。

第二十六条　各审核员对预决算之批审须尽量了解实况并随时作必要之调查询问检查等，俾切合实际并良好完成审计工作。

第二十七条　审计工作处理之优良每一审核员须遵守下列四点：

一、办事尽量迅速。

二、工作绝对精确。

三、态度力求公正。

四、立场务必坚定。

E. 其他：

第二十八条　本细则如有未尽事宜仍由本处随时修改之。

第二十九条　本细则经通过自公布日起施行。

陕甘宁边区审计处第二科

选自《中国革命根据地审计史料汇编》，中国审计学会审计署审计科研所编，北京工业大学出版社1990年版，第53～57页。

46. 陕甘宁边区财政干部暂行移交条例

1949年5月1日边区政府财政厅修正公布

第一条　各级财政负责干部，及负有财物保管责任人员，前后任办理移交时，必须依照本条例规定。

第二条　各级财政干部，如有未按照本条例办理移交，或移交手续未办清时，均不得随意离开原有职务，另行就任新职。

第三条　移交人员，依照职务的不同，分别办理移交手续，计分下列四种。

一、机关首长移交事宜。

二、主管人员移交事宜。

三、助理人员移交事宜。

四、其他人员移交事宜。

第四条　移交时，应办的事项如下：

一、各种公用图章、印戳。

二、各种文件宗卷、图书及仪器。

三、公有财物与现款。

四、各种收支四柱清册。

五、各种账簿、表册、书据，及收支原始凭证。

六、人员、马匹、武器，及各种登记表册。

七、应办未办的事件。

八、未用的收入证件，如印花，税票，粮票等。

九、其他应移交的事项。

第五条　前后任交代时，应由其主管机关及审计机关，共同派员监交。

第六条　移交期限，规定如下：

一、机关首长及主管人员的移交，不得超过一至一个半月。

二、助理员及其他人员，不得超过二十天。

“注”，如有特殊原因，需延长移交期限时，应经主管机关批准。

第七条　凡账目的移交，以收支对照表，资产负债表，以及各种有关的收支凭证为凭，财产及其他物品的移交，以财产目录及财产增损表为凭。

第八条　移交人员所造表册，其开始日期，应与前任人员造表截止日期相衔接。

第九条　后任接到移交清册时，应即会同监交人，于十天内逐项盘点清楚，交清后，由接交人开给“移交证明书”，并由三方会同呈报主管机关查核，最后呈送边区政府财政厅备案，其移交手续方告完毕。

“注”：移交清册，应编造三份，一份送财政厅，一份送主管机关，一份留本机关备查。

第十条　如机关被裁撤时，其移交手续，与第五条规定同，所移交的钱物，须听候财政厅处理。任何机关或个人，均不得随意分配或使用，如有违犯时，应依法惩处。

第十一条　凡移交不清，应根据情节的轻重，分别惩处。

一、逾期移交不清时，暂停止其工作，并限期截追。

二、因移交不清而逃匿时，应呈请法办。

三、如有亏欠或侵吞公款公物时，除责成其赔偿外，并呈请法办。

四、后任人员对于移交，故意留难，或延不接交时，以记过或免职处分。

五、如有通同捏报漏报及舞弊时，前后任及监交人，都应负连带的责任。

第十二条　各机关不得将未进行移交，或移交不清的干部，另行分配工作或随意任用，如有违犯，必予以应有的惩处。

第十三条　本条例施行细则，由各主管机关，根据工作需要，另行指订，并经边府财政厅核后颁行。

第十四条　本条例有未尽事宜，其修改之权属于边府财政厅。

第十五条　本条例自公布日起实行。

选自《陕甘宁革命根据地史料选辑》第三辑，甘肃人民出版社1983年版，第378～380页。

47. 陕甘宁边区营业税暂行条例

1949年7月12日颁行

第一章　总　则

第一条　为保护边区有利国计民生的工商业之正常发展，公平合理负担营业税，特制订本条例。

第二条　营业税依各业户营业性质（如工业、商业）经营状况、利润多寡、采取民主评议计分累进原则，合理征收之。其税率最低为纯收益百分之五，最高为百分之二十五。

第三条　凡经营工商业者，除向当地工商管理机关或代理机关请领营业执照外，并应向当地税务机关或代理机关办理填报税务申报书手续（申报书格式由税务总局制发）。

第四条　营业税由陕甘宁边区税务总局及所属税务机关征收之。

第二章　征收与减免

第五条　营业税得依下列规定范围进行征收：

一、凡在本区有固定地址之工商业。不论公营、私营，或合作经营，均须交纳营业税。

二、凡从事临时流动营业者，均须交纳临时营业税（临时营业税征收办法另订之）。

三、工商业者兼营农业者，其工商业部分依本条例计征营业税，农业部分，依农业税条例计征农 业税，两者不得混合征收。

第六条　为奖励有利国计民生的工矿手工业以及军工、交通、国营企业、合作等事业之发展，营业税得依下列规定范围，分别减免：

一、以六折减征者：

甲、煤窑、铁矿、石油、硫磺、黑白矾、盐碱及其他矿业。

乙、通讯、印刷，及生产、交通工具之制造业。

丙、造纸及水泥事业。

丁、机械修理业。

二、以七折减征者：

甲、棉、毛、丝、麻等纺织业。

乙、火柴、肥皂之制造业。

丙、榨油业。

丁、陶瓷业。

戊、铁、木、铜、锡、麻绳、口袋、毛毡等手工业、皮革、文具、药品制造业、编制染色、油漆、钉马掌、弹花、扎花等业。

三、以八折减征者：

钟表、自行车修理铺、理发馆、裁缝业。

四、免征者：

甲、机器制造业。

乙、军事工业，政府经营之银行，交通运输事业。

丙、凡以为社员服务为目的，不以营业分红为目的之合作社，经县级以上政府批准者。

丁、非为营利之事业，经边府批准者。

戊、经专署级以上政府批准试验性之必须工业在创办二年以内者。

己、凡有利于生产建设事业之特别发明，经边区政府批准设厂制造在二年以内者。

庚、退休革命人员以其退休金、残废金单独经营之工商作坊，自退伍之年月起，在三年以内者。

辛、生活贫苦之军、工、烈属及鳏寡孤独经营之工商业，其营业税得经民主评议酌情减免之。

因天灾人祸而遭致损失之工商业者，经查明属实，得由县税务局经民主讨论酌情减征或免征。

第七条　受上列减征或免征之工矿业，如兼营其他行业时，其兼营部分，不在优待减免之列。

第八条　凡应纳营业税之工矿业，得由边区政府视其性质与需要，随时以命令减征或免征。

第三章　征　收

第九条　营业税分四季征收，每季开始之二十日内交纳上季税款，不满一季者，按月计算征收。

第十条　凡应纳税之工商业，有分红制度者，不论其已分未分，均应作为纯收益计征。

第十一条　公营工商业，得依其营业纯收益，由税务总局另行征收，其办法另定。公私合营者，得依本条例征收之。

第十二条　税务机关得于必要时调阅帐（账）册，及其有关往来单据，被调阅者不得拒绝。

第十三条　营业税就该业所在地征收，经营两处以上者，分别征收。

第十四条　营业税经确定后，由纳税人在规定期内，向当地税务机关委托代收机关直接交纳，并须取得财政厅制发之税票为凭。

第十五条　营业税征收时，得组织评议委员会，进行评议，各户应征数确定后，得由商会督促缴纳之。

第十六条　纳税人如对评议委员会评议之结果有意见时，得向税务机关申请复议，复议结果即作为确定。如仍不服，应先行交纳税款，再向上级政府提请申诉。

第四章　奖　惩

第十七条　踊跃交纳税款，推动他人交纳，或积极帮助征收工作者，酌情予以物质或名誉奖励。

第十八条　违犯第十四条之规定者，除照章补税外，并处以应纳税额一倍以下之罚金。

第十九条　用其他方法企图偷税者，处以应纳税额两倍以下之罚金。

第二十条　抗不交纳或伪造税票章记者，得依法送司法机关惩办。

第二十一条　税务人员如有不法行为，人民可自由向政府控告。

第五章　附　则

第二十二条　本条例施行细则另订之。

第二十三条　本条例如对较大城市不适用时，得另行制订单行征收办法。

第二十四条　本条例施行后，各地以前颁布之工商业税单行办法，均予废止。

第二十五条　本条例于公布之日起施行，其修正解释权属于陕甘宁边区政府。

选自《陕甘宁革命根据地史料选辑》第三辑，甘肃人民出版社 1983 年版，第 403～407 页。

互校版本：《陕甘宁边区政府文件选编》第十三辑，档案出版社 1991 年版，第 397～401 页。

48. 陕甘宁边区进出口货物税暂行条例

1949 年 7 月 12 日边区政府修正公布

第一章 总 则

第一条 本条例依保护边区经济发展生产之原则制定之。

第二条 凡准许纳税进出口之货物税率，最低为百分之五，最高为百分之四十。进口必需品税率为百分之五至十，半必需品为百分之十五至二十五，非必需品为百分之三十至四十，出口必需品税率为百分之三十至四十，半必需品为百分之十五至二十五，非必需品为百分之五至十，必要时得由边区政府修正增减之。

第三条 凡进出边区货物之课税管理事宜除另有规定外，不论公私商业，均须遵照本条例办理。

第四条 凡有关税务及违禁品之查缉事宜，统归税务机关及委托之缉私机关办理之，其他任何机关或个人，不得检查或没收（缉私章程另定）。

第二章 管理与课税

第五条 凡非本边区与友邻解放区所必需之货物，一律禁止进口，准许纳税或免税进出口之货物，从价征收，必要时得从量征收（进出口货物税率表附后）。

第六条 附表中未列名之一切货物进口时，均须征税，出口时均以免税。统由税务总局依照本条例第二条课税原则统一掌握办理。凡帝国主义国家货物除经边区政府特许征税或免税进口者外，一律禁止进口。

第七条 本区与各解放区间之货物税依下规定：

一、邻区已税货物运销本区者，不再征税。

二、邻区应税未税之货物运销本区时得照本区章程纳税。

三、邻区无税货物，运销本区或经本区出境时得按本区之规定照章补税（烟酒另定）。

四、邻区新解放城市之旧存蒋美货，如为禁止进口者，由邻区运销本区时一律按百分之二十至百分之三十征税。

第八条 凡邮寄货物依下规定：

一、邮递货物均须在投邮前向当地税务机关报请查验办理纳税手续后邮局方可接收，否则邮局得拒绝寄递。

二、凡向邮局提取邮寄货物时，应报告当地税务机关派员查验，并照章纳税后方准提货。

第九条 凡运行之纳税免税或特许进出口货物，均须向当地或就近税务机关申请查验登记，方准运行（进出口货物登记统计办法另定）。

第十条 进口应税货物均须在进口之第一税务机关报验纳税，如已经纳税准许运销出境者，不得重征。

第十一条 出口有税货物须在起运地报验纳税，中途改销内地者，概不退还。

第十二条 凡在境内免税或无税运销之货物，如改运出境者，应在当地或就近税务机关报请查验并按出境货物规定，办理手续。

第十三条　已税货物不论在中途或到达落货地点，销售时须先向当地或就近税务机关报请查验并举办查验手续后方可出售。改装转运货物均须报请当地税务机关查验，并割取转分运证后始得起运，已税贴花盖章之货物不再割转运证。

第十四条　凡运输应税货物因故延误，不能依税票限期到达落货地时，运货人须于税票未过期前报请沿途税务机关批明，运行或到达落货地时，票已过期者，须先具保售货经查明属实后方得销保。

第十五条　从价征税货物由分区估价委员会，根据该分区中心市场现行市价八折计算估定纳税价格通知该分区各税务机关遵照执行（估委会组织及估价办法另定）。

第十六条　凡经边府批准减税免税之货物运销时须取得税务总局之证明文件，并具备查验手续后方得运行。

第三章　奖　惩

第十七条　凡商贩有违犯下列规定之一者，除责令补交应纳税额外，得按应税额处以二倍以下之罚金。

一、违犯本条例第二章各条规定之一者。

二、拒绝检查涂改税票花证或税票花证有重用情事者。

三、货票不符无正当理由及证明者。

四、有税票无花证戳记手续者。

五、用其他方法偷税者。

第十八条　凡偷运禁止进口之货物，经查获后，所有之私货全部没收。

第十九条　暴力抗税者得送司法机关惩办。

第二十条　如有伪造税票花证戳记者，除没收其货物外，人送司法机关惩办。

第二十一条　凡群众发现偷税及运销违禁品情事，报告税局因而查获者，得按缉私规章规定给予奖励。

第二十二条　凡税务人员有违章收税或敲诈勒索行为者依法办理。

第四章　附　则

第二十三条　本条例施行细则另订定。

第二十四条　本条例自边府公布之日起施行，陕甘宁晋绥边区三十七年度公布之货物税条例即行作废。

附：陕甘宁边区进出口货物税率表（略）

免税入口货物名目表（略）

禁止入口货物名目表（略）

选自《陕甘宁革命根据地史料选辑》第三辑，甘肃人民出版社 1983 年版，第 408～411 页。

互校版本：

1.《陕甘宁边区政府文件选编》第十三辑，档案出版社 1991 年版，第 401～408 页。

2.《陕甘宁边区法律法规汇编》，三秦出版社 2010 年版，第 371～376 页。

49. 陕甘宁边区政府管理银洋暂行办法

1949 年 8 月 25 日布告

为维护人民利益，稳定金融物价，政府曾迭次布告：以中国人民银行所发行之人民币为解放区之法定本位币，严禁银洋流通。近仍有少数不法之徒，忽视法令，暗中行使倒贩银洋，破坏金融，扰乱市场，危害人民利益至大。兹为贯彻禁止银洋流通法令，特颁发《管理银洋办法》，仰我全体军民，切实遵行，倘有故违，一经查获，定予严惩！

此布。

陕甘宁边区政府管理银洋暂行办法

1949 年 8 月 25 日颁布

第一条　为贯彻禁止银洋流通法令，以维护人民币，稳定金融、物价，保护人民利益，特制定本办法。

第二条　凡本区境内，不论军、政、商、民人等，凡储有银洋，需使用者，皆得向人民银行或其代办所（以下简称行所）兑换人民币使用。

第三条　凡储有银洋，愿自行保存者，得依下列规定，申请登记：

（甲）申请登记者，皆得于本办法公布之日起一个半月内，向当地行所办理登记手续（无人民银行或其代办所者，由区级以上政府代办之）。逾期不登记者，经查觉后，以私藏论处。

（乙）申请登记时，须说明其银洋数目、储存目的、地址，经发给储存证后，方准合法保管。

上述银洋登记，暂在各重要城镇实行，各该城镇由专署以上政府据实研究提出，报本府批准。

第四条　已准登记保存之银洋，其查验、兑换、转移储藏地址，均以下列规定办理之：

（甲）查验：政府或银行于必要时，得根据储存证进行查验，如数目超过储存证开列部分，以私藏论处，减少部分，以行使倒贩论处。

（乙）兑换：储存人如愿兑换时，得持储存证向当地行所兑换人民币。一次兑完者，储存证随即缴销，兑换一部者，其保存部分，另换新证。

（丙）转移储存地址：储存人如欲移地储存时，得持储存证，向当地行所请领转移证后，方准携往指定地址，并于到达该地后，凭证向该地行所将转移数目报告，经查验后，另换储存证保存。不报者，以行使论处，私行转移者，以倒贩论处。

第五条　凡拟由待解放区转运银洋入本境者，必须事先向人民银行请领转运证后，方准运入，并于运到指定地址后，凭证向该地行所报查。不报者以行使论处，私行转运者，以倒贩论处。

第六条　凡私藏或行使银洋者，经查获后，依下列规定处理：

（甲）不足十元者，强制其按银行牌价兑换人民币；并扣除其百分之十五，作查缉人之奖金。

（乙）十元以上，一律没收。其情节重大者，并得送交司法机关依法科以罚金或判处徒刑。

第七条　凡倒贩银洋者，不论多寡，一律没收。其情节重大者，并得送司法机关依法科以罚金或判处徒刑。

第八条　未经指定办理银行登记之城镇，乡村储有银洋者，暂不进行登记，但严禁行使倒贩，违者分别依第六条、第七条之规定办理。其欲兑换、转移者，分别依第四条乙、丙两款办理。

第九条　为求本办法贯彻执行，各分区皆得组织缉私委员会及缉私队，在边区缉私委员会领导下，统一办理查缉事宜；并得授权公安机关，税务机关，工商行政机关及银行进行查缉。凡未授权查缉之机关或个人，只有报告与扭送之权，不得进行搜查与没收。

第十条　不论缉私队员或受委托缉私之机关人员，于执行检查职务时，须先出示所持分区以上缉私委员会发给之缉私证，以杜假冒。其检查手续，由边区缉私①委员会另行拟订，呈经本府核准后施行之。

第十一条　凡缉私案件，均由缉获机关送当地缉私机关处理之，事后并须报告上级缉私委员会备查。情节重大者须移交司法机关判处。

第十二条　凡缉获之银洋，其为强制兑换者，得提取百分之十五作为奖金，其为没收者，得提取百分之二十五作为奖金，奖给缉获机关，再由之酌量奖给缉获人。经报告人因而缉获者，报告人应得全部奖金百分之六十，缉获机关应得百分之四十，上述奖金，皆得兑为人民币付给。

第十三条　缉获之银洋，除提奖者外，悉数送交人民银行，收入国库项内。

第十四条　本办法如与陕甘宁晋绥边区暂行缉私规章有抵触者，悉依本办法之规定处理之。

第十五条　本办法自颁布之日起施行，如有未尽事宜，随时修正之。

选自《陕甘宁革命根据地史料选辑》第三辑，甘肃人民出版社 1983 年版，第 435～438 页。简称“甘肃史料版”。

互校版本：

1. 《陕甘宁边区政府文件选编》第十四辑，档案出版社 1991 年版，第 40～42 页。
2. 《陕甘宁边区法律法规汇编》，三秦出版社 2010 年版，第 253～254 页。

50. 陕甘宁边区政府命令
——关于煤类税率等四项规定

1949 年 8 月 31 日

事由：令示煤类税率改为百分之五等四项仰遵照由。

---

① “甘肃史料版”漏一“私”字。

各行署主任、专员、县（市）长：

各级税务局长：

据本府财政厅呈：“（一）查敌伪统治时期，矿产品煤类税率原为百分之三，铜川、白水等地解放之后，各该县地方政府为兼顾事实需要，铜川矿区改按百分之十征收，白水矿区改按百分之四征收。同一解放区同类货品，税率高低不一，现滋人民怀疑，殊不合适。兹为兼顾法令事实，拟将煤类税率，一律改为百分之五通令实施，以期划一，而免分歧。（二）查棉花在敌伪统治时期，有以棉花捐名义征收者，有以棉花税名义征收者，各地税率高低不一，名称互异，极应划一。兹拟将原征之棉花税，或棉花捐，一律改为棉花产销税，税率定为百分之三从价征收。（三）查新区解放之后，原征之地方税捐有归各地税务机关直接接收领导，有归各地政府自行接收领导，事权分歧，影响业务推行，与我党原定之地方税收有归各地税务机关统一领导之规定不合。此后所有各地税收，无论直接税、货物产销税、地方税、进出口货物税等，拟均归税务总局领导之。各地税务机关统一办理，以一事权。（四）各地商业税附加须经边府批准。”

经核所拟四项办法，尚属可行，应准实施。除棉类税率变更以后，应征之税额与棉花改征产销税后征收办法应征税额，另由本边区税务总局拟定通知各级税务局遵照办理并分行外，合行令，仰知照！

此令。

选自《陕甘宁革命根据地史料选辑》第三辑，甘肃人民出版社 1983 年版，第 446～447 页。

互校版本：《陕甘宁边区政府文件选编》第十四辑，档案出版社 1991 年版，第 65～66 页。

51. 陕甘宁边区政府通令——为征收营利事业所得税

1949 年 9 月 13 日

事由：为营利事业所得税改为按季征收并规定各地本年秋季应征收之营利事业所得税额由。

各行署主任、直辖市长、专员、税局局长：

查本区新解放地区照国民党旧税章征收之营利事业所得税，与老解放区征收之营业税，两者性质相同，都是根据工商业盈余征税。现为了统一税收名目，决定将老区之营业税通称为营利事业所得税。以上两税过去都是半年征收一次，现为灵活适应财政需要，按时保障供给及便于工商业者缴纳起见，决定从本年度秋季起，改为按季征收。兹将本年第三度（秋季）各地应征收之营利事业所得税额，列表附下，望接令后，即行调查、研究布置，限于十月底完成。分配各地之数目中，不包括公营企业在内，公营企业营利事业所得税，依其纯收利益根据前颁税率，按季暂征，年终再行总结核算，长退短补。本年上半年未行征收者与第三季度合并征收之。

此令。

附：本年度第三季各地应征之营利事业所得税额表。（略）

选自《陕甘宁革命根据地史料选辑》第三辑，甘肃人民出版社1983年版，第457～458页。

互校版本：《陕甘宁边区政府文件选编》第十四辑，档案出版社1991年版，第106页。

52. 陕甘宁边区政府命令——为边产货物出境只收一次产销税

1949年9月13日

事由：为规定边产货物出境只收一次产销税由。

各行署主任、西安市长、专员、县（市）长：

各税务局局长：

西北形势迅速发展，广大地区已经解放或将待解放。因此，边区所产之货物逐渐增多，在一般货物能够自给的情况下，应大量奖励边产货物出境，以利刺激生产。根据新解放区所产之各类货物，均暂沿国民党时期统税规定，征收货物产销税，其征收范围约十余类，税率亦不低，出境时若再按《出境货物税条例》征税，其结果会限制边产货物出境，影响经济发展，与我奖励边产货物大量出境政策相违背。因此决定：凡已征收过产销税的货物出境时，一律免征出境税。如无产销税之边产货物出境时，只按进出口货物税条例征收出境税。望各级政府、税局切实遵照。

此令。

选自《陕甘宁革命根据地史料选辑》第三辑，甘肃人民出版社1983年版，第456页。

互校版本：《陕甘宁边区政府文件选编》第十四辑，档案出版社1991年版，第105页。

53. 陕甘宁边区金银管理暂行办法

1949年10月22日公布

第一条　为稳定金融，安定人民生活，保护人民财富，防止金银倒贩资敌，特制定本办法。

第二条　本办法所称金银，除银洋业经另订管理办法，应不列计外，凡金块、金条、金叶、金砂、银块、银条、银锭、元宝、金、银质首饰及其他杂质金银均属之。

第三条　本区境内，不论军、政、商、民人等，凡储有金银者，均准其自行储存，但不得行使、流通与买卖。如需转化使用时，应向人民银行或其代办所按照牌价兑换人民币使用之。金银饰品及其他金银制品并准向业经政府批准营业之金银饰物业者买卖。

第四条　本区人民持有金银，除因正当用途，经本府核准特许出境外，一概禁止携带出境，如在本区境内携带者，亦须申请当地人民银行或区级以上政府发给许可证，填明携带人姓名、住址、金银数量、携带理由、起讫地点、时间等，以资证明。

第五条　自其他区域携带金银入境者，依下列办法办理：

（一）自已解放区域携带金银入境，并持有原地人民银行或区级以上政府之证明文件者，经查验机关查验后放行；如无证明文件，应由携带人于入境时，向当地人民政府自行申报，并由人民银行验明，依第四条之规定办理之。

（二）自待解放区域携带金银入境者，携带人应于入境时，向当地人民银行或区级以上政府及对外贸易管理机关登记，申请发给许可证后，始得入境。

第六条　凡人民自行佩带（戴）之金银首饰，其不超过下列重量者，应不受第四条及第五条（一）项之限制。

（一）金质首饰在一市两以内者。

（二）银质首饰在四市两以内者。

第七条　凡工业、医学或其他因业务上之需要，必须购用金银原料者，得向当地人民银行陈明理由及所需数量，由人民银行酌情售给，不得自行采购。

第八条　凡在本区境内经营金银饰物业者，须呈请当地政府核准，发给营业执照后，始得开业。其日常业务，除收售金银饰物制品外，不得收售他种金银，其每日收售饰物数量，交易情形，以及所存材料，并应分别按旬表报当地人民银行查核。

第九条　凡违反本办法第三、四、五、六、七、八各条规定者，依下列各项处理之：

（一）凡行使买卖或投机倒贩金银，经查获证实者，得按其情节之轻重，分别予以兑换或没收其一部或全部之处分，如系屡犯或情节特重者，除全部没收外，并得处一倍以下之罚金。

（二）在本区境内携带金银，不依第四、五两条之规定，取有证明文件，或以金银计价行使者，一经查获，得由人民银行按照牌价贬低百分之十五至二十五收兑之。但经证明确系不明本办法者，得从宽按照牌价收兑。

（三）凡携带金银，经查获证明确系走私资敌者，除全部没收外，并得送由司法机关依法惩办。

（四）他区人民，初入本区，对本办法尚未明瞭者，除系走私资敌，情节重大，仍应适用以上（一）（二）两项规定办理外，其违反第三条或第五条（一）项之规定，经查明并非明知故犯者，得从宽由人民银行按照牌价收兑之。

执行上列各项处罚，在外县为县以上各级人民政府，在市区为市政府。

第十条　凡本区军、政、商、民人等，对违反本办法之规定者，均有检举与告发之权。必要时并得扭送政府机关处理，其处理机关对于报告人应酌予奖励。

第十一条　凡违反本办法之规定，经政府将其金银予以贬价收兑或没收之处分者，均给予正式凭据。如有假借名义，勒索敲诈者，准由人民控告。

第十二条　本办法自公布之日施行，如有未尽事宜，得随时修正之。

选自《陕甘宁革命根据地史料选辑》第三辑，甘肃人民出版社1983年版，第469～471页。

互校版本：

1.《陕甘宁边区政府文件选编》第十四辑，档案出版社1991年版，第162～164页。

2.《陕甘宁边区法律法规汇编》，三秦出版社2010年版，第255～256页。

54. 陕甘宁边区货物税暂行条例

1949年10月22日①

陕甘宁边区政府布告（努字第一七〇号）

事由：为公布本区货物税暂行条例并规定注意事项仰遵照由。

全国统一货物税税目税率，业经全国财经会议制定，兹依据此项税目税率，制定陕甘宁边区货物税暂行条例，公布施行。所有新区以前实行之货物税、国产烟酒税、矿产税，及老区边产税等项条例，自应一律予以废止。

新订货物税暂行条例公布施行之后，本区商民，应即遵照执行，关于各公司，行栈、商号旧存及现存之应税货物，应依下列规定办理：

一、各公司、行栈、商号旧存货物，在过去为无税，而按照新颁货物税暂行条例应行征税者，应自布告之日起十五日内，书明种类、牌名、包装、数量，向各该地税务机关申报、登记、查验，加盖验戳，准其就地免税行销，如运销外埠，仍应照章完税。倘逾期不报，一经查获，即按新颁条例补税。

二、各公司、厂、号现存自制过去无税，现在应行课税之货物，不论为过去销售而未出厂，抑系现时销售，均应于出厂时照章完税。

除详细办法，由本区税务总局规定，分行各级税务局遵照办理并布告外，合行令仰遵照，并转知所属一体遵照为要。

此令。

陕甘宁边区货物税暂行条例

1949年10月22日

第一章　总　则

第一条　为畅通货运，发展生产，繁荣经济，增加财政收入，特制定本条例。

第二条　在中央人民政府未另制定全国统一货物税条例前，本区各地课征货物税（以下简称本税）暂依本条例规定办理。

第三条　本条例在本区辖境内适用之。

---

① “甘肃史料版”标作“努字第一七一号”“一九四九年十月二十三日”。“档案文件版”标作“努字第一七〇号”“十月二十二日”。并注明：同年十月二十二日公布的“金银管理办法”为“第一六九号”，“印花税条例”为“第一七一号”。

本区辖境包括陕西、甘肃、宁夏、青海、新疆等五省全部。

第四条　本条例所列载之货物，不论在本区产制，抑[①]自他区或国外输入，除法令另有规定外，悉依本条例规定征收本税。

第五条　本税税率，最低为百分之二点五，最高为百分之百，并按货物性质，分别厘定其标准如下；

（一）必需品　　二·五％——一五％

（二）半必需品　二〇％—三〇％

（三）奢侈品　　五五％——〇〇％

第六条　本税以一货一税为原则，凡已完纳本税之货品，运销本区境内各地，不得再征他种税捐。

第七条　凡制造应行课征本税货物之公司、厂、号，须持具工商管理机关所发给之营业执照与商标注册之证明文件，向税务机关申报备查。

第二章　税　则

第八条　征收本税货品，规定如下：

（一）烟类：

1. 机制卷烟：凡用机器制成之卷烟，不论其动力为电力、油力或手摇均属之。

2. 手工卷烟：凡用卷烟斗以手工卷成之纸烟均属之。

3. 雪茄烟：凡用烟叶卷成之雪茄烟均属之。

4. 斗烟丝与板烟。

5. 土烟丝：凡用烟叶切成之土烟丝均属之。

（二）酒类：

1. 洋酒、啤酒：凡用洋式制法制成之各种洋酒啤酒均属之。

2. 土酒：凡国内产制之各种土酒，如本区出产之大曲酒、小曲酒、黄酒、南酒、水酒、稠酒等均属之。

3. 酒精：凡国内产制之各种酒精均属之。

4. 改制酒：凡用酒改制而成之各种色酒、药酒等均属之。

（三）纤维类：

1. 棉纱：凡机制之各种棉纱均属之。2. 麻纱：凡机制之各种麻纱均属之。3. 毛纱毛线：凡机制之各种毛纱毛线，不论为纯毛或掺有其他纤维质者均属之。

（四）皮毛类：1. 皮统：凡已制成之各种皮统、皮褥、皮领均属之。2. 皮张：凡供制革用之各种生皮、熟皮均属之。3. 毛皮：凡供制御寒衣物所用之各种生毛皮与熟毛皮均属之。4. 生毛：凡羊毛、驼毛、猪鬃均属之。

（五）化装品类：1. 第一类：凡各种雪花膏、面蜜、发蜡、头油、爽身粉、花露水均属之。2. 第二类：凡各种香粉、香水、指甲油、胭脂、口红、剃须皂、画眉笔均属之。3. 第三类：凡各种牙膏、香皂均属之。

（六）调味品类：凡各种味精、酱油精均属之。

---

① “甘肃史料版”将“抑”误作“仰”。

（七）饮料品类：凡各种汽水、果子露水、果子露汁均属之。

（八）糖类：凡红糖、白糖、冰糖、桔糖、糖精均属之。

（九）麦粉类：凡机制麦粉、半机制麦粉均属之。

（十）火柴类：凡硫化磷火柴、黄磷火柴、安全火柴均属之。

（十一）水泥类：凡机制水泥、半机制水灰（代水泥）均属之。

（十二）玻璃类：凡板装玻璃、玻璃砖均属之。

（十三）染料类：

1. 颜料，凡经化学炼制之各种颜料均属之。

2. 染料：凡属植物类之各种染料，如五倍子、蓝靛等均属之。

3. 化学漆：凡经化学炼制之各种漆，如洋磁漆、喷漆均属之。

4. 化学碱：凡经化学炼制之各种碱，如火碱、碱精等均属之。

（十四）迷信品类：凡专供迷信用之锡箔、黄表、冥钞、烧纸均属之。

（十五）矿产品类：

1. 第一类：凡煤、铁、焦煤均属之。

2. 第二类：凡石膏、滑石、明矾、磁土、天然碱、芒硝、铜、锡、火粘土均属之。

3. 第三类：凡硫化铁、黑铅粉、雄黄、锑、铅、淘沙、浆沙均属之。

（十六）水产品类：凡海产之海参、海带、鱿鱼、鱼翅、海虾及其他海产鱼类均属之。

（十七）农林产品：

1. 竹木：凡有竹竿及整根或条板之木材均属之。

2. 茶叶：凡红茶、绿茶、花薰茶、砖茶、茶梗、茶末等均属之。

上列各类货品，征收本税，其税率及税目另行列表附后。

第九条　本税从价征收，由货物制造商、收购商或运销商依照规定税率缴纳。

第十条　凡由敌区输入本区之应征本税货物，除按照本区规定完纳进口税外，不再征收本税。

第十一条　凡本区产制之应征本税货物，依照本条例之规定，完纳本税后，于出口时，不再征收本区规定之出门税。

第三章　稽　征

第十二条　凡本区出产应征本税货物，其稽征办法，依照下列各项规定办理。

（一）产量较丰之生产机构，由税务主管机关派员驻厂、驻场，或驻矿征收之。

（二）产量较寡之产商，由税务主管机关会同当地有关机关及同业代表以民主方式评定产量，按月或按季征收之。但必须保证按时完纳，不得拖欠。

（三）产量低微之零星产商，不便依照以上两项办法办理者，则由商人自行报请当地或附近税务主管机关依法征收之。

以上各项征收方式，系以产量为标准，其详细实施办法另定之。

第十三条　货物完纳本税后，税务主管机关应即依照规定填发证照，监视粘贴，方准运销。

第十四条　征收本税货物，其完税价格，以产地附近市场每月平均批发价格为计算依据，必要时得由负责评定税额之税务机关，根据市场物价变动情形，按照实际需要，以每半月或每旬之平均批发价格，为计算之依据。

第十五条　前条例称平均批发价格，包括下列各项：

（一）该货完税价格；

（二）应纳税款（即该货完税价格应纳税率之数）；

（三）商人利润（一律定为完税价格百分之十）；

完税价格及应纳税额之计算公式如下：

$$\frac{\text{产地附近市场平均批发价格}\times 100}{100+\text{该项货物应纳税率}+\text{商人利润}}=\text{完税价格}$$

$$\text{完税价格}\times\text{该项货物应纳税率}=\text{应纳税额。}$$

如以原产制厂、场、矿商之批发价格为平均批发价格，计算完税价格，应将商人利润删除。

第十六条　平均批发价格之查报，由各县市税务局、分区税务局或经其指定之主要课税货物产地税务机关依法办理之。

第十七条　征收本税货物之完税价格，由本区税务总局按照实际情况，划分评价区，指定各评价区之税务机关组织评价委员会依法评定，分行实施，并呈报税务总局查核。

第十八条　征收本税货物之完税价格及应纳税额，每月评定一次。如遇物价剧烈变动，超过或低于上次评定税额所依据之平均批发价格百分之三十时，得随时调整。

第十九条　凡公司、厂、号、行、栈及货物持有人，销售或购运应征本税货物，必须于销售或购运之前，向当地税务主管机关依法完税。

第二十条　完纳本税货物，如改运或分运他埠，应向当地税务主管机关办理改运或分运手续。

第二十一条　凡本区铁路、航务、邮政、汽车、行栈等，运输应纳本税货物时，得先查明其已否纳税，如未完纳，应于拒运，并属其纳税取具凭证后，始得装运。

第二十二条　凡公司、行、栈、仓库及商号，遇税务机关稽查存货已否纳税时，应妥为协助，不得拒绝。

第二十三条　各级税务主管机关，认为有逃漏本税，或其他违反本条例之嫌疑时，得将其制造人运销人持有人或其他有关人等传询，惟不得泄露其业务上之秘密。

第四章　罚　则

第二十四条　凡产制、运储、销售或代客买卖应征本税货物之公司、厂、号、行、栈、商人或货物持有人，有下列行为之一者，没收其货物：

（一）私制应纳本税货物，不依规定办理登记及申报手续，意图逃避纳税者。

（二）制造合法厂商请准商标牌名注册之货物，经查明确系有心伪制者。

（三）将完税凭证旧花等私自改篡重用，意图逃税者。

（四）使用伪造完税凭证者。

前项没收货物，如已出售，不能没收时，应按当时当地市场批价，追纳价款。

第二十五条　凡产制、运储、销售、或代客买卖应征本税货物之公司、厂、号、行、栈、商人或货物持有人，有下列行为之一者除照章补税外，并科以所漏税额三倍以下之罚金：

（一）私运或私售未税货物者。

（二）购买未税货物，加工改造，使其形状变更，意图漏税者。

（三）运销应纳本税货物者，并无证照，或证照不符，查系漏税者。

（四）以高价货物，冒充低价货物漏税者。

（五）以高价货物，掺夹在低价或其他货物内漏税者。

（六）超过包装容器之标准数量或重量漏税者。

（七）厂存货物与账表不符，查系漏税者。

（八）以多报少，查系漏税者。

第二十六条　凡产制、运储、销售、或代客买卖应征本税货物之公司、厂、号、行、栈、商人或货物持有人，有下列行为之一者，得将其货物暂行扣留，待其手续办理完毕后，再予放行：

（一）不遵照规定申报者。

（二）不将完税凭证，按照规定，实贴于包件或容器上者。

（三）货物起运或到达目的地后，未报请当地或附近税务主管机关查验，或报告不实者。

（四）完税货物分运或改运他处，未经换领证照者。

（五）完税起运货物，中途销售，未经报明当地或附近税务主管机关者。

（六）拒绝查验者。

第二十七条　凡伪造纳税凭证及税务主管机关之戳记者，除追偿税务上之损失外，并移送司法机关法办。

第二十八条　凡包庇走私，抗不纳税者，除照章科罚外，并得按其情节轻重，移送司法机关处理。

第二十九条　凡漏税货物之补税、罚金与没收货物之处理，由县（市）以上各级税务主管机关依照规定办理，并报级税务机关查核，其涉及司法范围者，送司法机关处理。

第三十条　凡直接稽征人员，或其他机关人员，如有擅行处罚没收货款，勒索敲诈情事者，任何人均有告发之权，一经查实，即行依法惩办。

第三十一条　商人完纳本税，不论为正税或罚金，均应依限清交，如有逾限不交税款者，得处以滞纳罚金，不交罚金者，得移送司法机关法办，其详细办法另订之。

商人依法宣告破产时，前项欠税罚金，应优先清偿。

第五章　附　则

第三十二条　本税稽征规则另订之。

第三十三条　本条例修改之权属于本区最高政府。

第三十四条　本条例自公布日施行。

陕甘宁边区货物税税类税目税率表（略）

选自《陕甘宁革命根据地史料选辑》第三辑，甘肃人民出版社 1983 年版，第 474～482 页。

互校版本：

1.《陕甘宁边区政府文件选编》第十四辑，档案出版社1991年版，第166～174页。

2.《陕甘宁边区法律法规汇编》，三秦出版社2010年版，第377～381页。注明公布年月为“1949年10月22日”。

55. 陕甘宁边区印花税暂行条例

1949年10月22日公布

第一章　总　则

第一条　为使社会公私各方、商事，产权以及各项许可证件，更有合法之凭证，并增加财政的收入，特制定本条例。

第二条　凡各种商事、产权及许可凭证，不论公私，除法令另有规定外，均应依照本条例之规定，完纳印花税。

第三条　各种凭证贴花税率，分比例税与定额税率两种：一般有价额记载之凭证，以比例税率课征。其起征点分一百元、一千元、五千元及一万元四种。税率分千分之三、千分之二、千分之一及百分之五四种。少数有价额记载及无价额记载之凭证，以定额税率课征，其起征点及税率，视其有价与无价分别规定之。（税率表附后）

第四条　本条例规定应行纳税之凭证，其行为发生时，必须开立凭证。

第五条　印花税由本区税务总局发行印花税票征收之。

第六条　印花税票由本区税务总局规定式样监制，并得指定机关发售，通用全区。

第七条　下列各种凭证，免纳印花税：

一、政府机关自用之簿据及凭证。

二、政府机关征收税捐所发之凭证，及根据征收税捐凭证所发之证照。

三、各级政府处理公库金或公款所发之凭证。

四、政府所发之公债证券。

五、个人或家庭所用之账本。

六、教育文化或慈善机关所用之账簿。

七、各种凭证之正本已贴用印花税票者，其副本或抄本。

八、凡机关团体其内部所用不发生对外权利义务关系之单据。

九、催索欠款或核对数目所用之账单。

十、车、船、航空客票及行李票。

十一、其他解放区，依该区法令规定，已完纳印花税之凭证。

十二、依其他法令规定，应予免纳印花税者。

十三、本条例税率表内列明，免纳印花税者。

第二章　纳　税

第八条　应纳印花税之凭证，应于书立后贴足印花税票。商事凭证印花税，必要时得采用简化贴花办法，其办法另定之。

第九条　商人购运货物，必须索存发货票。

第十条　同一凭证，必须备具二份以上，由双方或各方关系人各执一份者，应每份各别贴用印花税票。

第十一条　经关系人约定，将已失时效之凭证继续使用，或以副本或抄本视同正本使用者，仍应另贴印花税票。

第十二条　同一凭证，具有两种以上性质，其税率相同者，按一种贴用印花税票，其税率不同者，按较高之税率贴用。

应使用高税率之凭证，而以低税率之凭证代替者，须按高税率之凭证贴用印花税票。

第十三条　已贴印花税票之凭证，因事实变更，而修改原凭证继续使用，其变更部分如须加贴印花税票时，仍应补足之。

第十四条　其他解放区未贴印花税票之凭证，或国外订立之凭证，其在本区使用者，于使用时依本条例贴用印花税票。

第十五条　贴用印花税票，应于每枚税票与原件纸面骑缝处，加盖图章，但个人得以画押代替图章。

第十六条　已贴用之印花税票，不得揭下重用。

第十七条　政府机关发给应纳印花税之凭证时，应令领受者贴足印花税票，并由该政府机关加盖图章。

第十八条　应贴印花税票之凭证，以金额计算应纳之税率者，如所载金额系外国货币，应于交付或使用时，按法价折合人民币计算贴用印花税票，如未载明金额，应按原列品名数量，依法价估计应贴印花税票。

第三章　检　查

第十九条　应纳印花税之凭证，由本区各级税务机关执行检查，所有执行检查人员，应备具检查证照，如有执行检查职务必要时，应凭检查证照请军警或当地政府协助之。

第二十条　执行检查应在被检查者之营业处所及营业时间内，或在税务机关指定之检查处所行之，不得侵入私人住宅。

第二十一条　凡应开立凭证而不开立，或开立凭证而未依照规定贴用印花税证者，任何人得举发之。

第四章　罚　则

第二十二条　违反本条例第四条之规定者，除责令补办外，并按应贴印花税票金额处六十倍之罚金。

第二十三条　违反本条例第八条及第十条至第十四条与税率表之规定，不贴印花税票或贴用不足税额者，应按漏税金额处三十倍之罚金。

第二十四条　违反本条例第十五条之规定者，应按贴用印花税票未销金额处十五倍之罚金。

违反本条例第十六条之规定者，应按作废印花税票金额处五十倍之罚金。

第二十五条　违反本条例所定情事在两种以上者，依各条规定罚金，按件分别处罚。

第二十六条　拒绝或妨害执行检查者，得移送司法机关审理。

第二十七条　违反本条例第三条之规定，除照第二十二条规定办理外，如纳税义务人所在不明时，应由应使用或持有凭证人，代立凭证，补贴印花税票。

第二十八条　违反本条例之凭证，除照章处罚外，仍令纳税义务人，按应纳税率，补贴印花税票；如纳税义务人所在不明时，应由凭证使用人或持有人补贴。

第二十九条　本条例所定之处罚，由县（市）以上税务机关执行之。税务机关如认为情节重大，得移送司法机关依法审理之。

第五章　附　则

第三十条　本条例施行细则另订之。

第三十一条　本条例如有未尽事宜得随时修正公布之。

第三十二条　本条例自公布之日起施行。

选自《陕甘宁革命根据地史料选辑》第三辑，甘肃人民出版社1983年版，第464～468页。

互校版本：

1.《陕甘宁边区政府文件选编》第十四辑，档案出版社1991年版，第174～186页。（所附税率表省略）

2.《陕甘宁边区法律法规汇编》，三秦出版社2010年版，第427～429页。

56. 陕甘宁边区贷款暂行条例

1949年

第一条　为推进生产，繁荣经济，特制定本条例。

第二条　边区一切贷款统归中国人民银行西北区行（以下简称银行）主持办理。

第三条　银行须依扶助发展生产之任务并本“公私兼顾”原则办理贷款事宜，以保证贷款做到有借有还。

第四条　贷款种类，依据其性质区分为：

（一）农业（包括水利）及农村副业贷款；

（二）工矿业及手工业贷款；

（三）合作事业贷款；

（四）畜牧事业贷款；

（五）供销及运输业贷款。

第五条　对各种生产事业贷款之多少与先后，应依边区政府生产计划及当地实际情况决定之。

第六条　贷款利息须依“发展生产公私兼顾”的政策，并注意奖励民间互相借贷，由银行根据各种生产与行业之利润情况及金融物价变动情形，分别规定，挂牌公布，一般利息应不超过民间借贷之普通利息标准，带有倡办或试验性之生产事业应免除或减低利息。

第七条　贷款信用，依据下列各条予以保证：

（一）银行有权检查各贷款单位之贷款用途及其生产业务经营状况，如发现贷款用途不当或有违法投机活动者，得收回其贷款。

（二）银行一切贷款，依据法定手续收不回时，得依法请求政府追究，各级政府应对银行之本息债权，确实负责追究清偿。

（三）所有借贷保证人，须对所借贷款负保证用途与本息清偿之完全责任。但工作人员不得担任保证人。

第八条　贷款办法手续与办事细则由银行另定之。

第九条　本办法自公布之日施行。

选自《陕甘宁革命根据地史料选辑》第三辑，甘肃人民出版社 1983 年版，第 525～526 页。

57. 陕甘宁边区政府指示——各地接收敌伪物资应由物资处理委员会统一分配处理

1949 年 12 月 9 日

事由：为各地接收的敌伪物资应由物资处理委员会统一分配处理希办理由。

各行署主任、专员、县长：

西安市长：

西北各省市县解放以来，接管工作，已大体告一段落，其缴获接收之敌伪物资，是今年财政上一笔大的收入，为使各种物资能够适当处理，不致浪费，使之运用到财政与生产建设方面，曾把西安市物资处理办法，分发各地，作为参考。兹为各地更好的掌握适当的处理，特再提出下列意见：

一、凡各地接收的敌伪物资，应由各地军管会（无军管会者为市县政府）组设物资处理委员会，专负物资分配处理之责。

二、凡接收的敌伪物资，均须列表详报当地处委会统筹分配，严禁隐匿，或任意处理。

三、各地物资处理委员会，对物资之处理分配，要注意下列各点：

甲、把各机关接收的物资，催促表报，汇集登记，再按物资性质，分为下列几类：

1. 军用品类：各种枪炮子弹、兵工器材，兵工原料，军用汽车飞机等。

2. 企业交通器材类：各企业部门之原动机类、电动机类、工具机类、农具机类、棉纺织机类、机油缝纫印刷机类等及各种仪器，交通部门之铁路、机车、铁路列车、汽油汽车、电讯器材，生产原料和企业交通一切设备等。

3. 财政物资：白洋、金子、本币及各种布匹、棉花、米、麦、杂粮、面粉、食盐、煤炭、军衣、衬衣、棉衣、大衣、毛巾、背心、棉被、袜子、军鞋、军毯、医药用品材料、牲畜，大车、人力车、自行车等。

4. 房屋家具机关公用车辆类：公产、官僚房产（包括内外设备桌椅等）机关公用大小汽车。

乙、接收的物资，为使物尽其用不致浪费损耗，应依照下列的原则，妥为分配处理：

1. 属于军用品类的物资，一律移交军区后勤部，作为缴获收入。

2. 属于企业交通方面的生产工具、器材及一切设备等，仍归该企业交通部门继续生产使用，另由处委会折价向财政上转账。

3. 属于财政物资类的，应一律作为财政收入，如各接收机关经处委会批准已动用该项物资时，应分别在经费、粮秣、被服预算中扣除及转账，其他未动用物资一律由各该级财政机关统一掌管，待令支拨。

4. 银行贸易接收的敌伪银行贸易系统的金银等物资及一切设备，仍归该单位所有，但须报告上级主管机关备案，如系原银行投资于工矿业者应由企业部门与银行转账。

5. 属于房屋家具机关公用车辆者，一律报由处委会交房产管理机关主管，如各接收机关有所需要，或已占用者必须报由处委会准许，向主管机关办理占用手续。

各地应根据上项原则，由处委会斟酌具体情况，订定物资处理详细办法，各接收单位，务必切实执行，以免匿漏，各市县解放，逾时已久，所有接收的各种物资名称数量以及处理情形，赶速详细具报本府财政厅，以便汇集全面总结，希即办理。

选自《陕甘宁革命根据地史料选辑》第三辑，甘肃人民出版社 1983 年版，第 522～524 页。

互校版本：《陕甘宁边区政府文件选编》第十四辑，档案出版社 1991 年版，第 330～332 页。

七、粮食法规

1. 陕甘宁边区公粮公草征收条例（草案）

1945年11月

第一章 总 则

第一条 本条例为征收公粮公草保证粮草供给，但本年公粮公草比三十三年度减少四分之一，同时照顾个别地区不同灾情，达到负担公平合理，修正三十三年度公粮公草征收条例制定之。

第二条 除依照边区政府决定试行农累税之县区外，其他县区悉以本条例征收公粮公草。

第二章 征收范围

第三条 下列各种收入为公粮公草征收范围：

一、耕种土地所得之农产品。

凡租佃土地或耕牛务农者，只能征收其除去地租或牛租所收入的一部分。

二、农村副业：

小手工业——只能征收其除去原料成本及生产消耗以外净利的一部分。

畜牧业——只征收其繁殖及皮毛收入的一部分（以市价六折计算），羊繁殖十只以下者免征，十只以上者就其超过数计征。

三、地租房租及畜租于减租后实际所得的部分。

第四条　下列各种收入免征：

一、移难民三年以内各种农产品及其副业之收入。

二、长脚短脚运盐部分之收入。

三、新种棉花三年以内之收入。

四、纺织业之收入。

五、严重受灾乡村户公粮公草少征或免征。

六、现役军人退伍残废军人及其直系亲属，每人平均过起征点二斗以内的收入。

七、鳏、寡、孤、独或失却劳动力者，其本人超过起征点二斗以内的收入。

八、农户养猪之收入（粉房、槽房等养猪收入应计入作坊内征收）。

第三章　征收办法

第五条　征收公粮。凡在征收范围以内的收入，不论农业收获与副业收入均应折成细粮计算。

第六条　本年征收公粮之起征点，规定如下：

一、绥德分区以五斗起征，起征率为百分之三。

二、直属分区、三边分区及陇东、关中一部分征米地区均以六斗起征，起征率为百分之四。

三、陇东、关中两分区的征麦地区，均以八斗起征，起征率为百分之六。

第七条　为照顾灾情与需要，各分区可按各地具体情况自行拟定起征点，呈请边府核准施行。

第八条　征收公粮按户为单位，以每户人口平均收入细粮为计征标准，征收累进率依下列规定：

一、每人平均收入五斗细粮（以下简称×斗）征收百分之三。

二、平均六斗征百分之四。

三、平均七斗征百分之五。

四、平均八斗征百分之六。

五、平均九斗征百分之七。

六、平均十斗征百分之九。

七、平均十一斗征百分之十。

八、平均十二斗征百分之十二。

九、平均十三斗征百分之十三。

十、平均十四斗征百分之十四。

十一、平均十五斗征百分之十六。

十二、平均十六斗征百分之十七。

十三、平均十七斗征百分之十八。

十四、平均十八斗征百分之十九。

十五、平均十九斗征百分之二十。

十六、平均二十斗征百分之二十二。

十七、平均二十一斗征百分之二十三。

十八、平均二十二斗征百分之二十四。

十九、平均二十三斗征百分之二十五。

二十、平均二十四斗征百分之二十六。

二十一、平均二十五斗征百分之二十七。

二十二、平均二十六斗征百分之二十九。

二十三、平均二十七斗征百分之三十。

二十四、平均二十八斗征百分之三十一。

二十五、平均二十九斗征百分之三十二。

二十六、平均三十斗至三十五斗征百分之三十三。

二十七、平均三十六斗至四十五斗征百分之三十四。

二十八、平均四十六斗以上者征百分之三十五。

第九条　公粮累进税最高率至百分之三十五即停止累进。

第十条　征粮计算每户人口依下列规定：

一、一般农户不分男女老幼，均以一家实有人口计算。

二、现役军人在本家人口内计算一口。

三、雇工计算在本家人口之内，同时计算在雇主家口之内。

四、收入在本县，人在外县者，按一口人计算。

五、收入在边区，人在边区以外者按一口人计算。

第十一条　征收公粮公草采属人属地办法依下列规定进行：

一、凡一家收入散布在一县以内者，采属人办法，就其居住之乡合并计算，统一征收之。

二、凡收入散布外县者采取属地办法，就其所在县份分别计算征收，两县交界未出二十里以外仍按属人征收。

三、凡一户分居两地（吊庄子等）者按两户分别立户征收。

四、凡收入在边区，人在边区境外者，采取属地办法征收。

第十二条　为便利各分区公粮之调剂，及避免公草之损耗、浪费起见，得在指定地区征收一部分公粮贷金，在不便供给地区，征收公草代金，或公草代粮，即将公粮按价折收现金，公草按价折收现金或粮食，征收代金代粮数目，及折算标准由粮局与各分区专署商定之。

第十三条　为使公粮公草之征收公平合理，乡政府应负责切实深入调查，按累进计征，同时辅以民主评议，及村民民主讨论，乡或行政村的评议会，应由人民选举公正无私熟悉情形之人士组织之，其职权如下：

一、协助政府进行调查。

二、审查各村户调查材料。

三、协助政府计算征收事宜。

四、协助政府执行征粮条例之规定，照顾农户具体情况，评议调整个别农户之间的应征数目。

第十四条　各户公粮负担经计征评议之后，须即公布，以供村民研究，广采群众意见，然后提出［交］村民大会或乡人民代表会通过。

在征收数字决定后五天内纳粮户如有充分根据认为负担不公者，得请求评议会重行调查评定总结，但经最后评定，明文公布，即须遵照执行。

第四章　奖　惩

第十五条　征粮工作中调查确实，认真执行条例之规定征收公平，入仓迅速，有足为模范之工作人员及评议员，各级政府，应依其成绩之大小，分别给以奖励，成绩特著，可呈请边区政府奖励表扬。

第十六条　对征粮调查，有隐瞒土地、收入，虚报人口，意图减轻或逃避负担者，除追交其应纳公粮外，得科以五升以上，一石以下之处罚，但以不超过其应征数额为限。

第十七条　不按期纳粮者，除限期追交外，得以下列规定处罚之。

一、借故欠交公粮之全部或一部，逾期一月者得处以所欠数百分之一至百分之五的加征。

二、逾期二月者得处以所欠数百分之六至百分之十的加征。

三、逾期三个月者，得处以所欠数百分之十一至二十的加征。

第五章　附　则

第十八条　公粮以小米为本位，各分区应征杂粮比额与折合率由粮局与各分区专署商定之。

除陇东、关中产麦地区外，本年公草一律征收谷草、不收杂草。

第十九条　各县公粮公草限一九四六年一月二十五以前全部入仓入站，并将实收数目呈报财厅备查。

第二十条　本条例由边区政府公布施行，一九四四年公布之公粮公草征收条例，即行作废。

选自《陕甘宁边区政府文件选编》第九辑，档案出版社1990年版，第293～298页。

互校版本：《陕甘宁边区法律法规汇编》，三秦出版社2010年版，第336～338页。

2. 陕甘宁边区政府为增产粮食给各专员县（市）长信

1945年12月17日

各专员、县（市）长：

今年边区普遍歉收，因此明年的全部生产运动，应以增产粮食为中心。次为植棉，再次为牧畜植树等。除植棉、牧畜、植树等，建设厅另有指示外，这里专就增产粮食各项问题指示你们，望即根据当地情况详加研究执行之：

（一）近几年来，边区在农业生产上，是获得了许多重大的成绩，粮食与棉花的产量，曾有显著增加，尤其粮食方面，保证了抗战期间的充分供给，农民生产更有进一步的改善。值得特别指出的，是在几年生产运动中，改变了干部对生产领导的认识，从“老百姓自己会搞，不用我们去管”的放任思想，走向深入农村，了解群众的情绪与需要，用拉家常、算细账、开家庭会、访问农民等办法，来组织和领导群众的生产，并解决其具体困难。有了这种领导，才使得我们不但获得了物质的成绩，而且摸到了一些经验，学会了一些方法，建立了进一步发展的基础，这是好的一方面。在几年来的生产运动中，我们也曾发生一些偏向和错误，主要是思想上的急性病，以及由此产生的命令主义和形式主义，如变扎工队的编队式方法，追求大量，甚至强求庞大集中，如农户计划的记帐（账）式现象，追求形式，甚至强求挨户普及，使得许多的良法美意，变成了费力不讨好，引起群众的不满和责难。去年冬批评了急性病、命令主义与形式主义，虽亦获得了不少成绩，但因思想没搞通，今年又发生了相当普遍的自流偏向，放弃了组织群众与指导群众的责任。命令主义要不得，犯了急性病，自流主义也要不得，犯了慢性病。今后的工作中，必须同时克服和改正这两种偏向，使群众生产运动获得必要的和正确的指导。

（二）为了贯彻增产粮食的基本方针，今冬即应从事充分的准备，如砍柴、拾粪、准备耕牛、农具、籽种，解决安庄稼、调份子、伙种地等劳力的配备。到明年春耕时，更普遍深入的进行春耕动员，发动多种早粮（如豌豆、扁豆、春麦、大麦、洋芋等）和瓜菜，并在有水利条件的地方兴修小型水地，以抢种早粮，准备接济青黄不接的困难，在增产粮食中，一般的应多种人畜食用的吃粮，如糜谷、玉米、高粱以及豆类等为主。但由于各地情况的不同，亦必自行斟酌，予以调整；绥德、延属两分区，除增产粮食外，还应多种棉花，关中、陇东两分区，食粮原不困难，但穿的成问题，除继续多种粮食外，种植部分棉花，逐渐走向棉花自给，三边粮食有余，但不便植棉，除继续增产粮食，以其多余部分向绥德换取棉花布匹外，并可多种麻子等价值较高的作物，以调剂农民的经济，增加人民的财富。

（三）在增产粮食的方法上，明年普遍应该以精耕细作，改良农作法为主。改良农作法是非常精致细密的工作，必须从耕作上的播种、培苗、直到收获的全部劳作过程上，予以各个时间不同方法的具体指导。因此我们就需要细致的研究各地区不同的农作方法和农民的经验，好的给以发扬光大，不好的加以改良。除深耕、选种、拍崖、溜畔、挖水窖等方法，各地区应按当地需要，分别先后缓急进行外，这里着重指出下列几种农作法的推行：

（1）施肥积粪——边区不少地方农民有这一习惯，现在的任务是要在全边区造成群众的施肥积粪运动。在方法上因各地农民的经验与需要程度不同，亦应略有区别，例如在绥德分区，群众已有施肥习惯，我们就应该以积肥造粪为主，延属、陇东、关中、三边等分区，施肥习惯较差，就应该指导多施肥，不使成熟肥料抛散掉，当然亦不放弃可能的积肥造粪。其他如绥德的设置驴毛厕，延川前年的安厕所运动，各地群众有的利用烂柴烂草尘土沤粪等，均利于施肥造粪，应该加以表扬和提倡。

（2）除害虫——年来各种害虫，对农业生产上的威胁很大，尤以蛀谷虫、油汗、班蝥、路虎、蝗虫五种为害最大。今年天气过于温暖，明年虫害有严重发生的可能，我们应即时提高群众警惕。在绥德分区及靠近绥德分区各县，曾严重发生过蛀谷虫的地区，应继续进行掏谷楂工作，彻底实行“掏光、拾光、烧光”的三光政策，明年如发生小蛀，也应立即拔掉烧毁。对油汗，除用烟秆水泡洗及撒黄土粉等办法外，还可继续发现研究群众中的新办法。对路虎、班蝥、蝗虫等，在发生的地区，应立即发动群众捉打。最重要的问题，是抓紧时机，各级政府应就发生虫害的地方，立即发动群众扑灭之。

（3）修水利——今年在防旱备荒中修水利起了显著的作用，为能够顺利的达到增产粮食的目的和有计划的进行防旱备荒工作，兴修小块水地仍是重要工作。在绥德、米脂、子洲、子长、延川、富县、靖边、合水等地，有修水利条件的地方，应把修水利当作重要工作之一，三边等地群众和干部有修水漫地的经验与习惯，应适当的继续这一工作；关中一带，应继续兴修埝地。至于挑修水窖，打坝堰等保持水分的办法，均可发挥，使土壤多藏水份（分），宜于种植。

（4）锄草——这是农作法上最重要步骤之一，必须引起普遍的注意，并根据各地土地劳力多寡之不同，土壤之差别，农民经验之不同，在方法上应给以分别的指导。例如：绥德及延属东地各县人多地少，农民对锄草习惯好的地区，应普遍的发动农民早锄、多锄、细锄，给庄稼根底埋上土堆为主。其他分区地广人稀的地区，应发动组织细锄、锄净，不使荒芜庄稼为主。总之，锄草是农作法上的重要部分，必须注意，抓紧进行。

（四）“组织起来”是边区今天条件下发展劳动生产力最重要和主要的方法，这也是几年来的生产运动所已经充分证明了的。问题在于要纠正前面说过的急性病及由此发生的命令主义和形式主义的偏向，而且必须纠正之。

为了提高劳动热忱，和培养组织起来的骨干，我们继续推行劳模运动，但要坚持“宁缺毋滥”的原则，慎重选择，并须给以具体帮助，使他们在原有的特点上逐渐地有所发展和提高，不可对他们要求过高，尤不可把他们当作脱离生产的干部使用，为了发扬劳动互助以提高劳动效率，要按启发群众自愿的原则，推行变工，扎工和唐将班子的组织，对已经组织起来的，要加整理和巩固，其他条件成熟的地方，可以新加以组织。形式可大可小，时期可长可短，应根据农作的需要群众的自愿，而注意实效，不重形式。对于老汉、妇女和儿童等，可以在自愿的原则下，动员他们担负一些辅助劳动，如栏羊栏牛，砍柴打草，种瓜种菜，打卡棉花，防虫秋收等。对于好吃懒做不事生产的二流子，应继续加以改造，使他们参加生产。但二流子的改造，将是一个长期的过程，要有经常的督促，时冷，时热，将会前功尽弃的。农户计划是组织起来的一个方法或一个方面，应该继续推行，但要改变过去一般化和形式化的偏向，而着重以事业为中心，如植棉，修水利，防害虫等计划，大家商量一起订制。个别的农户，如二流子，不会打算的人，生产上有困难的人，亦可选择的去订。劳动英雄，如有适当的生产计划，并很好的实现计划，就更能起带头作用和骨干作用。总之，农户计划必须按自愿原则，要注意实效，不求形式。并须随时检查，随时修正，见之于行动，不致落空。

（五）关于移民也是农业生产方面组织劳动力的重要方法之一，明年拟用下列办法实行之：

（1）建设厅从机关部队剩余的土地窑洞，划定移民区，有计划的安置移民（另文指示）。

（2）利用延属分区西地各县，（如甘泉、富县、延安、志丹、安塞）及陇东、关中部分地方原老户和新户之有移民关系者，动员他们向原籍招收移民，移民到达之后，除招收人尽量设法安置外，当地政府须给以适当的必要帮助，对积极招收移民的移农户，应给以奖励。

(3) 关中中心区与槐树庄一带和陇东大风川、小风川原有土地窑洞亦不少，食粮亦有剩余，可资借贷，应责成两专署，在上述地区负责招收与安置移民，详细办法另文指示。

总之，组织移民，调剂劳力是项重要工作，并且明年又存有许多便利条件，必须抓紧时机充分利用之。如有关地方政府，除积极组织移民外，并须检查移民优待条例的执行程度，如有缺点，切实改正之。

（六）上述各项工作的贯彻，必须以明年增产粮食的重要性及本指示信，在我们各级干部中进行广泛深入的讨论和研究。必须认识明年增产粮食，是在四五年全边区普遍歉收以后，而且直至现在，我们还看不到丝毫来年丰收的象征，相反的，目前天气过于暖和，麦苗生长太旺，倒是明年收获不佳的象征。总之，灾荒的威胁并没有过去，防旱备荒，仍是严重任务，为增产粮食而斗争，是我们当前的战斗口号。要求各级政府切实负责，要求区乡干部深入群众。干部群众结合一起，来完成此战斗任务，凡是深入群众，给群众生产以经常不断的指导和帮助的模范干部，应该受到表扬与奖励，反之，凡是采取消极态度或脱离群众的，应受到批评与纠正。

选自《陕甘宁革命根据地史料选辑》第三辑，甘肃人民出版社 1983 年版，第 52～57 页。

互校版本：《陕甘宁边区政府文件选编》第九辑，档案出版社 1990 年版，第 312～316 页。

3. 陕甘宁边区政府关于粮草保管的指示信

1946 年 12 月 16 日

各专员、县（市）长：

边区今天已经处在战争状态，各地粮草必须适应战争环境，并注意供给上之便利，妥为保管，防止敌人袭击与特务破坏，现提出以下几项原则，希各地根据具体情况确实办理，尤其对今秋征收的粮草，应预先研究，有计划的分别保管。并将计划及保管情形报告粮食局。

一　山岳地区、巩固后方，采取大部集中，少部分散的办法保管。

二　边缘地区采取大部分散，小部集中的办法保管之（即在中心地设仓库，周围设许多小仓库）。

三　沿大道市镇存放之粮草，转移于偏辟（僻）安全地带保管。

在粮草分散保管的地区，各区应指定一人专门负保管之责，各乡成立粮食管理委员会，担负粮食保管之责（不脱离生产），同时各县政府应经常派员巡视检查工作。

此致

敬礼

主席　林伯渠

副主席　李鼎铭　刘景范

财政厅代厅长　范子文

副厅长　黄静波

选自《解放战争时期陕甘宁边区财政经济史资料选编》下册，陕甘宁边区财政经济史编写组、陕西省财政厅财政科学研究所、陕西省档案馆合编，三秦出版社1989年版，第348～349页。

互校版本：《陕甘宁边区政府文件选编》第十一辑，档案出版社1991年版，第54页。

4. 陕甘宁边区颁布定额粮、草、料证及粮、草、料票使用办法

1946年12月16日

一、定额粮、草、料证使用办法

1. 为使战时粮草供给与支付手续简便起见，特制定定额支粮、支草、支料证发行使用，在平时不定额支粮、支草证仍适用于后方机关。

2. 定额支粮证面额分为二斗半、五斗、二石；支料证面额分为一斗、五斗、一石；支草证面额分为五十斤、一百斤、一千斤各三种。

3. 定额支粮、草、料证使用办法与注意事项如下：

（一）定额支粮、草、料证，由边区粮食局统一设计制印。

（二）各旅团在各地区需要粮草，按季预算，按月开具收据，向粮食局领取定额支粮、草、料证。

（三）各旅团领到定额支粮、草、料证后，应向需粮所在地之政府接洽，支取粮草。

（四）各级政府接到粮食局制印之战时定额支粮草证后，应照票面数目发给粮草。但所收之票，区乡政府应于十天内缴送县政府，县政府应于半月内送交专署，专署应于一月内汇送或电告粮食局，以资转账并了解支付情况。

（五）在军队调动紧急，如因路途遥远不能到粮局办理支粮手续时，各旅团可开具正式借据，向各专署或县政府预支粮草，同时应即派员向粮局领取定额支证，换回借据。

（六）定额支粮证均以米计算。如调剂麦食时应以各地区规定之折合标准折合之。

（七）定额支粮、草、料证，在支付时如有斗以下之零数，用粮、草、料票弥补。

二、粮、草、料票使用办法

1. 粮、草、料票由边区粮食局统一按分区制印。

2. 粮、草、料票票额分为：米一斤半、半斤两种，料六合、一升、二升三种，草十斤、六斤二种。

3. 粮、草、料票使用办法与注意事项如下：

（一）粮、草、料票抵现公粮公草。

（二）粮、草、料票只限于零星部队与机关出发人员使用，但该部队、机关如因零星出发人员需要粮、草、料票时，持定额支粮证在边区粮食局或各分区、各县粮食主管机关兑换之。

（三）凡部队与机关出发人员持有粮、草、料票，区、乡、村政府仓库、兵站，应按粮、草、料票额兑给粮草。

（四）群众收到之粮、草、料票，一律送交乡政府统一抵交公粮、公草，或交当地仓库兑换粮草。

（五）粮、草票只限于本分区有效。

（六）粮、草票一律不准挖补涂改，违者作废。如周转破烂，可换取新票。

（七）各区、乡、村政府所收到之粮、草票，十天汇集送交县政府一次，县政府半月解送专署一次，兑换粮、草或转账。

（八）部队、机关人员由甲分区因事赴乙分区时，应由各旅团及机关负责人写信向专署或县政府换取粮、草、料票。

本办法经边区政府批准公布施行。

选自《陕甘宁边区政府文件选编》第十一辑，档案出版社1991年版，第55～57页。

互校版本：《陕甘宁边区法律法规汇编》，三秦出版社2010年版，第241页。

5. 陕甘宁边区政府关于粮食问题的指示

1947年4月26日

各级政府，各旅团供给部，各机关学校：

本府去年曾提出分散保管公粮，但实际上仍系粮食大部为集中管理，未彻底的进行普遍疏散，以致在此次敌人进犯关中、陇东、延属、清涧等地中，公粮遭受很大损失，民间的粮食因坚壁工作做得不确实，损失亦巨。加之各地机关部队在转移运粮中，不按供给标准，不守支付手续，乱用粮草，浪费现象，十分严重。如不立即制止，边区军民食粮势将发生严重恐慌。因此，对于粮食的保护，现已成为敌我斗争中有关胜负的一个重要问题。特根据战争情况，对于边区粮食之保管与支付指示如下：

一、教育全体干部和边区人民爱护粮食。使每个干部和人民认识没有粮食就不能坚持保卫人民土地和生命的长期战争，更不可能最后战胜敌人。因此，无论公私粮食，均须爱护，严密保管，绝不抛弃浪费，防止霉烂损失，做到颗粒不落敌手，使敌人到处无粮可吃，行止困难，以便我军进行歼灭它。教育边区人民对于公粮与私粮同样重视爱护。现在有些地方对公粮认识不够，在保管上只是一种公事公办的形式，不认真负责严密埋藏，甚至有少数二流子和个别坏人将公粮冒名领去，私自出售。这些现象各级政府必须发动群众确实检查，没藏好的应即重新埋藏，对于二流子和坏分子的破坏行为，应严格处置。同时对于群众坚壁情形，亦应进行普遍深入检查，务必做到不被敌人发觉，方为成功。

二、公粮全部采取分散保管。各地仓库所存公粮，均应立即发动当地群众一律转运，并疏散到偏僻乡村及可靠群众家中，并把全部保管的责任交给群众。除酌情保留一部分容易取用的粮食外，其余应即选择比较干燥、一般人不注意的地方，秘密埋藏。藏时应依各地具体情形或铺板或垫草，防止水推腐烂，必要时并应进行翻晒或转移。某些仓库粮食已经分批疏散到敌不易到的偏僻乡村，可暂由当地政府并指定可靠干部直接保管。但如敌继续进犯该地时，应即迅速分散到群众家中保存。仓库疏散公粮时，须将每户群众保管公粮数目，详确登记，并留下收据，妥为保存，不得遗失。过去疏散公粮手续没搞清的，应指派专人用各种办法，务必追查清楚。

三、加强粮秣管理组织。自然村及行政村之粮秣由村长和行政村主任负责，乡设粮秣委员会，乡长为主任（委员均不脱离生产）。区设粮秣助理员，由区长兼任，原仓库干部为副。县由二科负责，县长兼科长，二科长为副科长。逐级负责管理粮食的疏散保管及分发工作。同时发动群众，形成群众性的保管，大家负责，监督护粮，严禁对粮食的随便焚毁、抛弃、浪费。订立村民公约，保守秘密，保证无一人向敌告密。团结全村人民，镇压个别坏分子和二流子的破坏行为。对粮食保管好的群众，应给予表扬和奖励。

四、严密实行粮票制度。粮食局统一制印粮票，分发各机关部队使用。自粮票正式发行之后。无论任何机关部队，均须凭粮票支粮。凡不带粮票之机关和人员，一概不许向政府或民间支借粮食（作战部队情况特殊未领得粮票的应商量向当地政府筹借）。过去乱写条子，不按标准吃粮及不属供给范围内的人员也滥支粮草等现象，必须立刻停止。关于粮票使用办法，由粮食局另行制定。

五、支援前线保证军队供给。每个干部和人民，均须有坚定的战争必然胜利的信心，节吃俭用，努力生产，支援前线。坚决反对大吃大喝，对生产消极的倾向。部队所到的地方，各级政府必须主动的以全力帮助部队供给机关，负责筹划解决粮草供给。公粮不足或因其它缘故一时供给不上时，应即就地向群众借用，务期保证供给。以往某些地方畏惧困难，不负责任的可耻现象，必须严加纠正，贻误军队粮秣的干部，须严于处罚。同时也要防止用强迫命令的简单方式乱借粮草，引起群众的不满和恐慌。

以上各项，务希切实遵照执行，各分区各县应将执行情形及该地粮食疏散、保管与开支、实存状况电告本府。

选自《陕甘宁革命根据地史料选辑》第三辑，甘肃人民出版社 1983 年版，第 230～232 页。

互校版本：《陕甘宁边区政府文件选编》第十一辑，档案出版社 1991 年版，第 141～143 页。

6. 陕甘宁边区政府关于运粮工作的信

1948 年 1 月 11 日

书记、专员：

书记、县长：

为消灭灾荒，中共中央已令太岳接济边区粮食十万石，西北局通过了运粮工作大纲，并已派同志赴吕梁、太岳接洽指挥运粮事宜，兹寄来运粮工作大纲一份，希即研究，并对初步分配的动员数字（人）提出意见，立即以之作布置准备，以便接到吕梁电报即迅速出动。蒋胡匪帮对边区人民的烧杀破坏，加深了灾荒的严重性，造成了现在就有四十万人没饭吃的大饥馑，边区人民一定要战胜这个灾荒，也能够而且必须战胜灾荒。因之，就必须认真进行这一工作，采用严密的军事组织，抽调县区乡各级主要负责干部率领，才能很好完成运粮救灾这一重大任务。对于这一工作的进行，有何实际困难，如何解决，及与战勤、春耕如何配合等，务必多加研究，于接信后五日内报告我们。

致

敬礼!

选自《陕甘宁革命根据地史料选辑》第三辑，甘肃人民出版社 1983 年版，第 257 页。

7. 陕甘宁边区农业税条例

1948 年 11 月颁布

第一章　总　则

第一条　为适应土地改革后之农村经济情况，激励农民生产情绪，改善农民生活，并使农业负担合理固定，以保证解放战争之供给，特制定本条例。

第二条　农业税就土地常年产量及主要副业收入，按比例税收制计征。废止累进税则。为适应战争需要，得以粮食、马草或现款等形式征收之。

第二章　征税与免税

第三条　下列各种收入征税：

一、土地常年产量之收入。

二、地租、房租、畜租、贷款利息等实际收入。

三、羊子繁殖部分（即羊羔）扣除免征点十五只后之收入。

四、长脚户运输业纯收益，减半计征。

五、果园及药材扣除五斗免征税后之实际收入。

说明：租息收入以实收额计征，付出租息者，应于总收入中扣除后计征。牧畜业指大批牧养牲畜者言，农家饲养之耕畜，不计在内。长脚户指以经常从事运输业者言，临时运输不计在内。

以上规定之各项副业收入，皆与农业合并计算，并依本条例第三章之规定计征。

第四条　下列各种情况之收入免征：

一、凡努力劳动或改良作务［物］，其土地收入超过常年产量部分。

二、试验性之农作物如种兰、有色棉花、糖萝等在试验期之收入。

三、农村中长、短工、调分子等工资收入。

四、贫苦烈军工属、丧失劳力之退伍人员、鳏、寡、孤、独、老、弱、残废等仅能维持普通生活之收入。

五、移难民在三年免征期内之各种农业收入。

说明：凡边区人民因原在地土地缺乏，或天灾影响而移入垦区从事开荒，或敌占区人民因不堪敌人压迫而移入边区者，为移难民。免征期之计算，以移来时期赶及种地时间算起，如秋冬移来，赶不及种地者，即以移来之次年算起，三年期满后，按章计征。

六、机关、部队、学校及群众团体自给生产之农业收入。

七、除第三条规定以外之各种副业收入，如纺织、养蚕、熬硝等。

八、其他经边区政府特许免税之收入。

第五条　新分得土地农民，因缺乏生产工具，或生活资料，尚未完全翻身者，得依不同情况，于其应税收入中减免百分之十五以下的计征额，以扶植其再生产。

第六条　凡遭特殊事故，如疾病、死亡及其他意外灾害，致收入减少，生活确实困难者，得由县政府酌情减免。

第三章　免征点与税率

第七条　农业税之免征点，依下列规定：

一、绥德、延属，三边分区之免征点为每人三斗。

二、关中、陇东分区之免征点为每人四斗。

第八条　农业税于各户总收入中，扣除免征点后，一律按百分之二十三至二十五的税率比例征收。各县之税率由各该县根据具体情况与征税任务，在百分之二十三至二十五税率范围内，适当确定，呈专署及边府批准。

第四章　计算与征收

第九条　农业税暂以小米计算，以三十斤公斗为单位。

说明：

一、三十斤公斗指粮食局统一制定之现行公斗言。

二、各种收入之折合小米标准，由各县统一规定，呈专署及粮食局。

三、产麦区可以麦子计算，斗半麦子，折合小米一斗。

四、收入及税额，均算至合止，合以下四舍五入。

第十条　农业税之征收，以户为单位。以家庭实有人数，扣除免税点后计征。但一户一人者，以二人扣除免征点，一户二人者，以三人扣除免征点。

说明：

一、已与子女分居之老人，本人有收入者，按收入计征，如本人无收入，受子女轮养者，其人口计算及免征点之扣除，由其子女商定。

二、凡寄居亲友家中，且与亲友共同生活者，于寄居之家计算人口，并扣除免征点。否则，立户另计。

第十一条　雇工本人，计入雇主家中扣除免征点。两户合雇一人者，雇主各扣除半人之免征点，两户以上合雇一人者，以短工论，不扣除免征点。

第十二条　农业税之计算征收中属人属地依下列规定：

一、凡土地所有人之土地、收入均在本县者，就所在乡合并征收。

二、凡土地所有人之土地收入，散布边区境内各县者，均在各县分别立户征收。但在两县交界，未出二十里者，仍就所在县、乡征收。

三、凡土地、收入均在边区，而人在边区以外者，属地征收，并以一人计算。

第五章　组织领导

第十三条　各县（市）应以乡为单位，组织七人至九人之审查委员会，同时进行土地登记之乡可与土地登记委员会合并组织，乡长为主任委员，其他人选由农会及群众中推选或聘请公正农民充任。经区政府审查批准后成立，执行如下职务：

一、主持领导本乡各村、各户之人口、土地数量质量常年产量及其他收入等之登记评议、审查等事项；

二、关于本乡各村各户农业税之计算审查等事项；

三、负责向人民公布，向上级政府呈报土地常年产量评定及农业税征收情形，接受人民意见或上级政府指示复查或复议土地产量与税额等事项。

第十四条　各乡进行评定各户土地常年产量及其他收入时，须充分发扬民主，首先发动群众按实自报，村民公议后经审查委员会审查提出意见公布，由各村民会进行讨论。再由审查委员会根据群众意见进行调查研究，提出复审意见，二次交由群众大会讨论，最后审查委员会集中群众意见，整理材料呈报上级政府批准后，方为定案，进行征收。

第六章　附　则

第十五条　本条例经边区政府公布施行之，解释之权属边区政府。

第十六条　本条例公布后，民国三十五年颁布之农业统一累进税条例及施行细则，即行作废。

选自《陕甘宁边区政府文件选编》第十二辑，档案出版社 1991 年版，第 301～305 页。

8. 陕甘宁边区粮食市场管理规则

1949 年 4 月 14 日

第一条　凡在市镇买卖粮食均须在粮食市场进行交易。

第二条　买卖粮食概用公升公斗计量，不得私用其他升斗。

第三条　过量粮食均须摸（抹）平，不得任意高低亦不得随意抛撒粮食。

第四条　买卖除照章征收交易税百分之三外，不得少收多收或额外索取佣费。

第五条　粮价须照实际行市定价，粮店、斗行不得操纵粮价，亦不得利用其他方法乘机渔利。

第六条　粮店代征税项须于每日集收市之后，将当日实征粮食（或货币金额）具报征收机关备查，并按规定期限解交粮食，不得发生迟延不报或少报事情。

第七条　新开粮店或新雇斗行人员须向征收机关登记备案后方得开业。

第八条　买卖粮食如有违章者，悉依交易税征收办法办理，但粮店斗行如违犯上述规定之一者，轻者停业、重者除追回舞弊粮款外，人送司法机关惩办。

第九条　本规则自核准之日施行。

选自《陕甘宁边区政府文件选编》第十三辑，档案出版社 1991 年版，第 212～213 页。

互校版本：《陕甘宁边区法律法规汇编》，三秦出版社 2010 年版，第 242 页。

9. 陕甘宁边区地方粮款收支暂行办法

1949 年 5 月 1 日边区政府公布

第一章 总 则

第一条 为统一地方财政，与加强其管理，保证地方开支，以促进地方事业之发展，并防止任意摊派与滥支，及适当减轻人民负担特制定本办法。

第二条 凡划归地方之收支，悉依本办法之规定，以县为单位，统筹统支，如各县之间，收支悬殊较大者得由专署调度，分区之间收支悬殊较大者，得由行署调度。

第三条 为使财政开支与地方事业之互不影响，将边区财政与地方财政依下列规定划分之：

（一）凡公粮、公草、税收（包括畜税斗佣），公营盈利，公产收益，行政司法罚款，缴获敌伪物资，缉私没收品等，均为边区财政收入。

（二）凡附加粮款、学田、庙地，均为地方财政收入。

（三）区以上党、政、军、群众团体及分区以上举办的公立学校之供给等一切开支。由边区统筹统支。乡（村）以下脱离生产干部之生活费公杂费及属于县之各种地方事业开支，均由地方财政解决。

第二章 征收标准与办法

第四条 地方粮款，随农业税（公粮）与营业税附加征收，由各县依地方事业情况拟定数目，经县人民代表大会通过，呈送专署，经专署审核修正后汇报行署批准，转呈边府（未成立行署之专署直接呈边府批准）备案。

第五条 附征地方粮款之标准，最高不得超过农业税与营业税总额百分之二十五。

第六条 凡某村镇在群众自动要求举办某项为地方财力所不及之公益事业并呈经县府审查确实必需者，可造临时预算，送县审查，转呈专署或行署批准后由该村镇单独向群众筹募之。

第三章 开支标准与范围

第七条 地方开支标准，规定脱离生产之乡（村）干部生活费（包括吃粮伙食服装用品）每人每月陕北老区小米九十斤（包括黄龙），晋北七十二斤，晋南及其他新区六十斤（均以市秤），教职员薪米按边府规定标准，乡（村）政府及县立中小学校之公杂费，由专署根据当地具体情况规定，呈请行署批准。

第八条 地方财政开支范围依下列规定：

（一）行政费：凡乡村街镇政府之办公和杂支，与脱离生产干部之生活费及临时帮忙不脱离生产人员之开支（如征粮时聘请的帮助人员等）均属之。（二）文教费：凡完小、县立中学；简师、村小学等教职员之薪米办公、杂支、修建设备及冬学、夜校、识字班、黑板报，民教馆等社会教育经费均属之。（三）社会事业费：凡公共卫生，革命烈军工属的救济及社会救济战勤赔偿（如支差牲口之损失）等均属之。（四）生产建设费：如奖励生产，奖励劳英，修桥补路，奖励打狼除害及小型水利与名胜古迹之补修等均属之。（五）武装费：如民兵集训，必需装备的补充，以及参战民夫之残废抚恤、埋葬等费均属之。（六）会议费：如乡（村）代表会议，乡（村）干部会议，各种群众代表会议，及教师与各种座谈会等用费均属之。（七）财务费：凡属地方粮款所用之账簿、单据，与管理地方粮款之人员生活费等均属之。（八）其他：凡不属于上述开支之临时费，或补助上述开支之不足等均属之。

第四章　预决算手续

第九条　各乡（村）开支时须由各该主管区公署向县报请审核批准，各乡（村）不得自行开支，其开支手续依下列规定：

（一）乡（村）按月向区公署具领。

（二）区公署代乡（村）向县按月造报预决算转领。

（三）县每半年向专署报告收支情形一次，全年向行署报告收支情况一次。

（四）各村有临时费用时，须事先向县造报预算，经审核后始得开支，但临时费不得超过经常费百分之五。

第十条　地方粮款除照上述规定办理手续外，必须编造年度收支概算，与年终决算，以及开支实况，按级呈报行署查核，行署于年初向边府报告一次，年终总结报告一次。

第五章　管理与职权

第十一条　地方粮款由县经管，地方粮与公粮必须分仓保管。

第十二条　由各县组织地方财政管理委员会，掌管地方粮款之开支，凡规定有标准者，由委员会批发，标准以外者，得呈请专署核批。

第十三条　凡属地方开支，不得挪用公粮，但边区财政亦不得挪用地方粮款。

第六章　附　则

第十四条　本办法修改与解释之权，属于边区政府，如有未尽事宜，以命令行之。

第十五条　本办法公布后，各地方所称之附加粮或村粮，均一律改称地方粮。

第十六条　本办法自公布之日施行。

选自《陕甘宁革命根据地史料选辑》第三辑，甘肃人民出版社 1983 年版，第 373～377 页。

互校版本：

1.《陕甘宁边区政府文件选编》第十三辑，档案出版社 1991 年版，第 280～283 页。原注：“原载《陕甘宁边区财政法令汇编》”。

2.《陕甘宁边区法律法规汇编》，三秦出版社 2010 年版，第 339～340 页。

10. 陕甘宁边区政府关于复查评产工作指示

1949年5月5日

各行署主任、专员、县（市）长：

一、去年，在边区已完成土地改革的地区，大部分开始实行了按通产比例征收农业税的负担政策，获得大多数农民的拥护，并因之激励了生产发家的情绪，造成推动生产运动的良好条件之一，这是一个很大的成绩。但各地对农业税政策的认识和执行程度是很不一致的，陕甘宁比较做得好的地区只是少数，多数地区工作很差，发生了地亩不实，评产不确，税率悬殊，减免不一等问题，以致农业税政策未能贯彻执行，造成负担不公的现象。其中，最主要的问题是多数地区的土地通产和土地数量评的较低，较少部分甚至集体压地，或按公粮任务按家庭成分评产。少数地区的产量也有评的略高现象。各地对此问题未加及时注意纠正，以致许多地区为了完成任务，就随意变更税率，最低者仅百分之八，高者有达百分之五十，少数甚至按各户成分订税率，或不要税率，按地摊粮，完全违背了农业税条例的精神。产生这些问题的原因，除干部弱，时间短，去冬任务较多，以及对这一工作缺乏经验等客观原因外，主要是：甲、干部思想还没有搞通，对政策的认识不清楚，有的觉得政策变得太快，多年来“抓大头”“打快牛”的思想和方法一下改不过来，很多村乡干部，还有浓厚的狭隘的地方主义和个人主义思想，怕自己村乡评实吃亏，想当“青天”，落好名声，因而互相包庇有意地压低土地产量、数量；乙、工作作风上，强迫命令，包办代替的“老一套”依然存在，广大群众还未普遍发动起来，因而讲价还价，冒估冒评，或硬套上级规定的一般产量标准等情形，程度不同地在多数地区曾普遍发生；丙、各级领导上对这一重要政策的贯彻缺乏深刻研究及具体检查、指导，及时解决问题，纠正偏向，工作中的盲目性，被动性很大，致工作走了很多弯路，影响了政策的贯彻执行与任务的顺利完成。

二、为了贯彻执行这个政策，克服并解决去年农业税工作中的偏向及存在的问题，就必须首先纠正上述干部思想中的各种错误认识，并使所有干部切实懂得农业税政策的基本精神及其重要性。一切土改已经完成的地区在相当时期内，必须实行这个负担政策，才能进一步激励农民生产发家情绪，在土改后的有利条件与基础上提高生产力，恢复与发展经济，更有力的支援前线。正确评定土地数量和常年产量是贯彻这个政策的基本关键，去年的经验已完全证明：凡是能抓住这环节，采取发动群众，自报公议，互比互评的方针，各县领导上事先研究分析了各个地区土地与产量的情况，提出初步通产标准，并及时加以巡回检查、督导，使评产工作做好的地区，负担也大体达到了合理公平，为广大群众所拥护，反之，则问题很多，效果很差。因之我们必须很好的总结这些经验，好的加以发挥，错误不再重犯，在去年评产的基础上，加上干部与群众已有了初步评产工作的经验，这个条件我们有可能在今年秋征前完成评产工作，并且必须争取完成，以给秋征工作打好基础，使今年的公粮负担进一步做到公平合理。

三、为求达到这个目的，除晋西北晋南由各该行署拟定具体计划执行外，陕甘宁区本府于二月间曾召集各专员商讨，计划采取如下步骤：

甲、春耕期间，评产工作必须暂时停止，但各专署、各县政府仍应指定专人，将全部评产材料加以初步研究整理，一面注意取得工作中的经验教训，一面大体分清各县、区，乡评产工作做的程度，个别搞不清楚的地区，应有计划地交给下乡指导春耕工作的同志顺便了解，各县务要掌握所属区乡的真实情况，以便春耕完了，具体布置工作。

乙、春耕结束后，各分区召开县长会议，总结春耕时，同时应根据各地初步研究材料，具体分析各县评产的程度，并提出全分区各县各类土地的亩数及常年产量等初步标准，推算或估计收入不足或仅是免征点的户数比例（每人以五市斗小米计——每市斗称十六斤）和他们占有的土地数量，以及需要减征的户数及粮数的大致比例等材料，送呈行署或边府审核同意后，作为各地评产的初步标准。

丙、春耕后至夏收以前，依据干部力量及其他条件在产麦地区及评产较确地区进行复查复评工作，秋收后至秋征前，各地普遍进行复查、复评，重点须放在未经评产不实地区。评产结束，必须逐级负责审查，经行署核准后，方为定案，填发土地登记证。

四、为努力争取完成这一任务，春耕后或夏收后必须动员一切可能参加这一工作的干部，全力进行，下乡前并分别集中，加以短期训练，充分讲明政策条例，介绍去年经验，使每个干部都切实领会政策精神及工作方法。工作开始后，各分区，各县必须随派得力干部进行巡回督导、检查，随时交流经验，纠正错误，发扬成绩，并随时给上级作报告，以便予以切合时宜的指示。

五、各地应在评产工作中，切实注意建立正确的数字统计工作。乡、区，县必须分别填好统一印制的表格（表格式样由边府统一印发）分别存查及统计确实转报上级政府，以后如有变化，随时逐级报告变更。这样就可避免以往各地数字统计不一致及区乡政府无存根，经常进行调查之杂乱繁复现象。因此各级政府必须认真做好这一工作，以便掌握基本情况的确切统计，对于今后工作是有很大的好处的。

选自《陕甘宁革命根据地史料选辑》第三辑，甘肃人民出版社 1983 年版，第 381～384 页。

互校版本：《陕甘宁边区政府文件选编》第十三辑，档案出版社 1991 年版，第 295～297 页。

11. 陕甘宁边区粮秣支付暂行办法

1949 年 5 月 20 日边区政府修正公布

一、粮秣支付手续

（一）粮秣支付以边区粮食局及各行署粮食局制印之支粮证支草证（简称支粮草证），及粮票，料票，草票（简称粮料草票），为法定手续。

（二）所有机关部队领取粮草时，必须造具预算，经西北财经委员会审计处核准后，向边区粮食局领支粮手续，至指定地点，凭证领取粮草。

（三）行署粮食局及各专署二科（指未成立行署的专署），如无边区粮食局支付手续，不得擅自支取粮草。各县二科如无边区或行署粮食局及专署二科支付手续，不得擅自支取粮草。各仓库、草站如无直属县二科或边区及行署粮食局及专署二科之正式手续，不得支付粮草，但遇有特殊情况，各行署粮食局，专署、县二科可依下列规定处理。

甲、各单位预算未按时批下以前，可给其预借应预算额二分之一的粮草，预算批回后，即行扣还。

乙、遇有军事行动，大批人马过往，因路远时短不及办理合法支付手续时，可按实有人马及规定标准借支，并取得各该单位之正式借据即转边区粮食局转账。

二、支粮草证之使用

（一）支粮草证为后方机关部队，学校领取粮草之主要手续，由各单位按季月根据核准预算向边区粮食局领取。

（二）支粮草证由边区粮食局统一支拨各行署粮食局及专署二科，行署粮食局与专署二科分别支拨所属各县二科，县二科直接拨到各仓库，草站支取。但在必要情况下边区及行署粮食局，专署二科亦可向各县仓库草站支取粮草，逐级报账。

（三）支粮草证必须经领取机关及经领人盖章，遵照指定仓库限期领取粮草，凡漏章，涂改以及过期者，一律作废。

（四）支粮草证绝对不准买卖，违者严加惩处。但经边区及行署粮食局批准者，不在此限。

三、粮料草票之使用

（一）军用粮料草票专供野战兵团，地方部队（执行一定军事任务期间），游击队，边缘区武工人员使用，旅途粮票供后方机关，部队，学校人员旅途使用，由边区及行署粮食局根据各单位预算及工作需要情形，酌情发给。

（二）粮料草票只准就地兑换粮草吃用，除经粮食局野勤供给部特许者外，绝对不准兑粮带走或出卖。

（三）粮料草票每年更换一次，新票发出后，旧票即一律限期交回，停止使用，过期未缴者作废。

（四）粮料草票绝对不准买卖、伪造或作货币流通，亦不得作补助救济之用，违者依法惩处，凡经涂改批写，挖补及票额辨认不清者，一律作废。

（五）陕甘宁边区粮食局及晋西北晋南行署粮食局分制之旅途小额粮料草票，准予互相通用，大额者不准通用（因军事需要者不在此限）。

四、报账制度

（一）各行署粮食局按季向边区粮食局报告粮草收支一次，各专署二科，县二科，各仓库，草站应按月清结粮秣收支账项，分别向其直属上级报告。

（二）各级政府所收集之粮料草票须分别整理，逐级按时解交，兹规定村十天，乡半月，区二十天，县一月，专署一季分别向其直属上级粮食管理部门解交一次，各仓库，草站，兵站，每月向直属上级解交一次。

（三）各村收集农户确系供给过往人马食用所得之粮料草票，必须登记花户帐（账），在夏征或秋征时扣抵公粮，并须逐级呈报审核，但农户确实贫苦无法等到夏秋征时，由乡（村）政府介绍，经区署审核，仓库兑给现粮。

选自《陕甘宁革命根据地史料选辑》第三辑，甘肃人民出版社1983年版，第385～387页。

互校版本：

1.《陕甘宁边区政府文件选编》第十三辑，档案出版社1991年版，第368～370页。

2.《陕甘宁边区法律法规汇编》，三秦出版社2010年版，第243～244页。

12. 陕甘宁边区仓库管理暂行办法

1949年5月20日边区政府修正公布

第一章 总 则

第一条 为掌握粮草保证供给，减少损耗，克服浪费，特制定本办法。

第二条 所有仓库统归边区粮食局管理，为加强领导，得责成各行署财政处粮食局和专署二科及县政府二科直接领导管理该区内之仓库工作。

第三条 仓库之设立或裁撤，须由边区粮食局呈请边区政府批准后实行。

第四条 凡边区每年征收之公粮公草，除因战争环境分散民间保存者外，悉交仓库保管。

第五条 各级政府对所属境内之仓库工作及公粮公草须负监督保护之责，但无动用挪借之权。

第二章 管理程序

第六条 凡粮草入仓时，乡政府应发给纳粮草户“交公粮草证”，将实交粮草数填入证内，持证送交仓库换取农业税（公粮草证）收据，农业税收据，须经仓库主任核对盖章，始为有效，如发生涂改或无仓库印记者，一概无效。

第七条 群众送交仓库之粮草须经检查，凡粮食颗粒饱满干净，草干纯净者，分别过斗过秤归仓入站，如粮食粗糙拌水，掺沙，陈腐，颗秕，虫蛀，草潮湿带土，腐坏者，拒绝接收，解释更换重送。顽抗不听者，报告当地政府处理。

第八条 公粮公草统由仓库收存（边沿区，游击区例外），机关、部队未经边区粮食局批准者，不得拦挡接收。

第九条 为节省群众运输及调剂供给，征收粮草时，由边区粮食局呈请经边区政府批准，得在指定地区折收部分代金或代征实物（如棉，布等）。

第十条 仓库收支粮草，统一使用市斗市秤。

第十一条 仓库人员须谨守仓库，不得擅离职守，有要事请假时，须呈请直属上级批准，并有人代替方得离开。

第十二条 仓库人员须经常检查所存粮草，防止偷盗，潮湿，发热，霉沤，生虫，雀食，鼠盗，漏水，抛撒和风雨侵蚀等情事，业已发生者，除自行设法补救外，并应立即报告直属上级处理。

第十三条　仓库较大之修补，应根据收粮数量于征粮前编造预算，经县府审核汇编送专署二科转呈行署财政处审核批准后雇工修理，但各行署财政处应汇编决算向财政厅报销（行署未成立地区，由专署二科汇编各县仓库预决算直送边区粮食局核发），平时之塞鼠洞，补泥墙，挖水沟为业务之一。须自己动手修补，不得雇用人工。

第十四条　凡过斗过秤抛撒之粮草，不得遗弃或送人，须打扫归仓入站。

第十五条　仓库人员支付粮草，必须凭有边区粮食局，行署财政处粮食局专署二科及县政府二科之支粮草证或边区粮食局与行署制印之小型旅途粮料草票（支粮草证与粮草票使用办法另行规定），方予支付粮草，如无以上手续，不论任何机关部队，一概拒绝支付。

第十六条　各仓库粮草收支，在收粮期间，应五天向直属上级报告一次，平时每十天报告一次，一月结账一次。临时发生的问题随时报告。

第三章　沿边区游击区粮食管理制度

第十七条　非巩固区征收之公粮公草，以行政村或自然村为单位，选择适当地点集中保管，遇情况紧张时，立即组织群众疏散或埋藏，每地集中数量不宜太多。

第十八条　粮草疏散对象，须由乡村长负责选择忠实可靠正派农民保管，并取得收据详细记账。各种单据账簿须谨慎保存，不得遗失，情况恶劣时，须协商地方政府派武装掩护疏散。

第十九条　粮草交由群众保存期间，各级组织应加强教育群众妥为保管，并经常检查，防止久埋霉坏或被敌人抢劫，环境好转仍应集中保管，以便供给。

第二十条　小型仓库或群众分散保管之粮食，统由分区二科或县二科统一掌握，分拨转运，调度，任何机关，部队，团体无合法手续，不得动用。

第二十一条　在粮食小型集中或由群众分散保管地区，应以行政村为单位建立花户账，记清粮草收支账项，各村长或招待员收集过住人员之粮票，应即时送交行政村立户登账，取得收据，以抵交群众保管之疏散粮或集中保管之公粮。

第二十二条　不论集中仓库保管或由群众代管之粮草，其粮损耗均不得超过千分之五，其草损耗均不得超过百分之二。

第四章　附　则

第二十三条　本办法由边区政府公布施行。

第二十四条　本办法公布后，所有以前公布之仓库与草站管理办法作废。

选自《陕甘宁革命根据地史料选辑》第三辑，甘肃人民出版社 1983 年版，第 388～391 页。

互校版本：

1.《陕甘宁边区政府文件选编》第十三辑，档案出版社 1991 年版，第 365～367 页。

2.《陕甘宁边区法律法规汇编》，三秦出版社 2010 年版，第 245～246 页。

13. 陕甘宁边区新区征收公粮暂行办法

1949 年 6 月 24 日①

第一章　总　则

第一条　本办法依保证革命粮秣供给，并使人民负担合理公平及照顾发展生产之原则制定之。

第二条　凡土地之收入（包括地租收入及土地各种产物）一律征收收益税，地主富农之土地，并征收土地税，统称公粮，二者分别计算，合并累进征收，由土地收入所得人及土地所有人缴纳之。

第三条　公粮征收额在一般地区以不超过该地区农业总收入百分之十五为原则，土地产量特丰地区（每亩通产在两市石以上者）以不超过百分之二十为原则。

第四条　凡经政府特许免税者免纳公粮。

第二章　计算与征收标准

第五条　土地收益税以土地实收益计算，地主富农出租土地之土地税，以其租额二分之一计算，自耕或雇人耕种之土地税，以其实产量十分之一计算。

说明：收益税与土地税按本条规定办法计算后，依第九条规定征收比例征收之。

第六条　计算与征收之属人属地依下列规定：

一、凡土地所有人及其收入均在本县者，以所在乡（村）合并统一征收。

二、凡家在本县而土地分散在外县者，分别在土地所在乡（村）按一人计算征收。

三、凡一户居住两地者，均按两户计算征收。

第七条　公粮以人计算，以户征收，人口计算以下列规定：

一、全家人口不论男女老幼，皆以实有人数计。

二、一户一人者以二人计。

三、革命烈士、军人、及家庭贫苦之工作人员，本人均计算在其家庭人口内。

四、雇工除于本人家庭人口中计算外，并得在雇主家庭人口中计算之，两户合雇一人者，各计一半，两户以上合雇一人者，以短工论，不计人口。

第八条　公粮之计算与征收，一律按市斗市秤计，产米为主地区以米计，产麦为主地区以麦计。

第九条　凡产麦区每人平均不足十四市斗麦子，产米区不足八市斗大米（或小米）者免征，每人平均十四市斗麦子（八市斗大米或小米）以上者，按下列累进征收比例征收之，凡收入超过一百四十市斗以上者，统以百分之四十征收。

本条举例说明如下：

某甲为地主，五口人，土地二百亩，自种一百亩，收麦一百石，出租一百亩，收租三十石，其土地税按出租部分租额二分之一（即十五石）与自耕土地实产量十分之一（即十

① “甘肃史料版”标作“6 月 30 日”，“档案文件版”附有 1949 年 6 月 24 日颁发的命令。

石）计算，共二十五石。收益税按土地实收入（即自耕收入一百石，地租收入三十石），计算共一百三十石，二者合并共为一百五十五石，平均每人收三十一石按征收比例规定，应以最高税率百分之四十计征，应出公粮六十二石。

某乙为中农，五口人，耕种土地三十亩，收麦三十石，平均每人收六石，按征收比例规定，应以百分之十一征收益税计三石三斗。

（征收比例表附后）

第三章　征收办法

第十条　公粮每年征收一次，夏收为主地区，以夏征为主，秋收为主地区，以秋征为主。

第十一条　各地于征公粮时，得由行署（或专署）在最高不超过公粮五分之一的范围，附征地方粮，但须先呈边区政府批准。

第十二条　各地征收公粮时，并得附征公草，公草数额由边区政府以命令行之。

第十三条　各县征粮时，应以乡（或村）为单位，在雇、贫、中农中推选若干公正农民组织评议会或征粮委员会，主持进行征粮，经深入发动群众，充分发扬民主，由村民反复讨论，评定每户收成及应征粮数。各村并得派选代表参加乡评议会或征粮委员会，共同研究分配，并审定各村公粮负担，以达全乡负担公平。

第十四条　各县政府应依据当地情况，拟定粮草集中与保管计划，督促群众缴纳，限期完成。交纳公粮户，应由政府或仓库开给正式收据，收据由行署（或专署）统一印发。

第四章　附　则

第十五条　征粮中有下列显著成绩者，应分别予以口头、登报、或政府传令嘉奖等办法奖励之：

一、实报土地，交纳好粮，且迅速踊跃者。

二、评议人员积极负责，办事认真，使负担达公平合理者。

三、干部对征粮积极负责、办事认真及遵守粮秣制度而有显著成绩者。

第十六条　凡违反本办法，有以下错误情事者，得分别予以批评或其他适当处分：

一、隐瞒土地及收入，抗拒交粮，或故意缴纳坏粮者。

二、评议人员或干部对征粮工作敷衍塞责，营私舞弊及手续不清者。

三、收粮人员对粮食保管不负责任，致使损坏或浪费者。

第十七条　本办法所规定之起征点，在产数较低地区，影响征粮任务完成者，得呈经边区政府批准，适当降低。

第十八条　本办法自公布日起施行。

附：征收比例表

每人平均麦（市斗）	（征收比例%）	每人平均米（市斗）
14 市斗以上	3	8 市斗以上
20 市斗以上	4	12 市斗以上
26 市斗以上	5	16 市斗以上
32 市斗以上	6	20 市斗以上

续前表

每人平均麦（市斗）	（征收比例%）	每人平均米（市斗）
38市斗以上	7	24市斗以上
44市斗以上	8	28市斗以上
50市斗以上	9	32市斗以上
56市斗以上	10	36市斗以上
60市斗以上	11	39市斗以上
64市斗以上	12	42市斗以上
68市斗以上	13	45市斗以上
72市斗以上	14	48市斗以上
76市斗以上	15	51市斗以上
80市斗以上	16	54市斗以上
84市斗以上	17	57市斗以上
88市斗以上	18	60市斗以上
92市斗以上	19	62市斗以上
96市斗以上	20	64市斗以上
99市斗以上	21	66市斗以上
102市斗以上	22	68市斗以上
105市斗以上	23	70市斗以上
108市斗以上	24	72市斗以上
111市斗以上	25	74市斗以上
114市斗以上	26	76市斗以上
117市斗以上	27	77市斗以上
120市斗以上	28	78市斗以上
123市斗以上	29	79市斗以上
126市斗以上	30	80市斗以上
128市斗以上	31	81市斗以上
130市斗以上	32	82市斗以上
132市斗以上	33	83市斗以上
134市斗以上	34	84市斗以上
135市斗以上	35	85市斗以上
136市斗以上	36	86市斗以上
137市斗以上	37	87市斗以上
138市斗以上	38	88市斗以上
139市斗以上	39	89市斗以上
140市斗以上	40	90市斗以上

选自《陕甘宁革命根据地史料选辑》第三辑，甘肃人民出版社1983年版，第392～397页。

互校版本：

1.《陕甘宁边区政府文件选编》第十三辑，档案出版社1991年版，第376～381页。

2.《陕甘宁边区法律法规汇编》，三秦出版社2010年版，第341～342页。

14. 陕甘宁边区新区预借粮秣暂行办法

1949年6月30日一野政治部公布

第一章　总　　则

第一条　为保证人民解放军进入新区之粮秣供给，依合理负担，照顾生产之原则制定本办法。

第二条　人民解放军进入新区后，当地人民政府尚未建立或开始建立，公粮制度尚难实行，部队所需粮秣，除缴获敌方者外，悉依本办法分别进行预借，统一调度使用。

第二章　预借标准

第三条　凡地主、富农、佃富农，中农之全年粮食实产量，得按下列比例预借之：

地主　预借粮不超过百分之四十。

富农　预借粮不超过百分之二十五。

佃富农　预借粮不超过百分之十五。

中农　预借粮不超过百分之十。

第四条　地主、富农历年积存之粮食，在必要时酌情预借一部。

第五条　马草得以需要，随粮预借，预借比额在行军作战时期，由军统一规定，并报野供备查，休整期间，由野供统一规定。

第三章　预借办法

第六条　预借粮地区，在行军或作战期间，由各兵团或军划分就地预借，在休整期间由野供或兵团统一划分地区。

第七条　预借工作由各兵团、军、师、团组织之工作队及随军前进之地方党、政工作人员在各级政治部、供给部（处）统一领导下进行之。团以下不得预借，如干部不足时，得组织当地群众中积极分子及拥护我军之开明人士协助进行，必要时并得责令原有伪保甲人员，按我规定办法，进行预借。

第八条　进行预借粮、草时，经调查研究，初步确定预借户后，召开预借户会议，说明政策，提出预借任务，由各预借户自报，经民主公议确定预借额，限期送交指定地点。

第九条　凡征纳粮草各户，均得由部队割给正式收据，收据由野供统一规定，并由各兵团印制编号盖章，发各工作队使用。

第十条　各地粮秣预借及使用情形，得由工作队随时逐级呈报野勤，所借粮秣除供给本单位使用外，其余于移防时，得详尽移交接防部队或地方政府。野勤并应按月将上述各项情形呈报联勤并转边府备查。

第十一条　人民政府建立后，即按边府公布之新区征收公粮暂行办法，进行征收公粮，所有预借粮秣，皆得抵交公粮，其超过应征公粮数额者，得清理偿还之。

第四章　附　则

第十二条　在进行预借工作中之干部、群众，其积极负责，使负担合理，任务完成良好者，得分别予以奖励，其敷衍塞责或抗拒不交或有贪污浪费行为者，得依情节轻重，分别予以惩处。

第十三条　本办法自公布之日施行，以前所颁发新区征借粮办法即行作废。

选自《陕甘宁革命根据地史料选辑》第三辑，甘肃人民出版社 1983 年版，第 398～400 页。

15. 陕甘宁边区政府布告
——关于征粮折收百分之十代金的规定[①]

1949 年 7 月

为调整财收，稳定金融，支援革命战争，并迅速恢复与发展生产，安定人民生活，特决定本年征收公粮额内，折收百分之十的代金。其具体办法，规定如下：

一、所有应纳公粮各户，皆得以其应纳粮额百分之十，折价缴纳人民币，其他任何非法货币，皆不准抵交。

二、是项代金，为便于人民准备，凡产麦为主地区，于夏征开始一月内，缴纳百分之五，第二月内，全部缴清。产小米为主地区，于秋征开始一月内，缴纳百分之五，第二月内，全部缴清。

三、粮食代金折价，由各专署依所辖各县征粮时粮价（征麦地区以麦价计，征米地区以米价计），分期统一规定。在缴纳代金期内，无论粮价涨落与否，不再变动。

四、粮食代金，统由应纳公粮各户，向指定区乡政府或仓库在限定期内缴纳，不得无故推诿、迟误。

上述各项，仰即早作准备，切实遵守。如有乘机取巧，从中渔利或破坏捣乱，造谣惑众者，一经查获，定予严惩！

此布。

选自《陕甘宁革命根据地史料选辑》第三辑，甘肃人民出版社 1983 年版，第 429 页。

16. 陕甘宁边区农业税暂行条例

1949 年 7 月 22 日颁行

第一章　总　　则

第一条　本条例根据土地改革后之农村经济状况，依发展生产，保证革命战争供给，并使农民负担合理固定之原则制定之。

第二条　凡有农业收入之土地，不论公私经营均于扣除一定数量之免征点后，以一定

① 副标题是编者所加。

比例征收农业税。非农业收入之土地（包括房院、地基、林牧地、荒地、道路、坟地等）及农家副业收入，不征农业税。

第三条　农业税由土地所有人缴纳，但典当土地之农业税，由承典承当人缴纳，租佃土地之农业税，由主佃双方负担（负担办法由双方自行商定）并由土地所有人负缴纳之责。

第四条　凡经政府特许免税或减免之土地，得免征或减征农业税。

第二章　计算标准

第五条　农业税之计算与征收，一律使用市斗市秤，产米地区以米计，产麦地区以麦计。

第六条　农业税一律依土地常年产量为征收标准。凡因改良土质及作物方法收获量超过常年产量者，其超过部分不计征，因怠于耕作，收获量低于评定之常年产量者，仍依常年产量计征。

所称土地常年产量，系指各种耕地，以当地主要谷作物平常年成之产量言。产米为主地区，一律折米计算，产麦为主地区，一律折麦计算。

第七条　藕池、竹地、苇地等有一定收入之土地，按其常年出产量，折粮计征；果木园，按土地谷作物常年产量计征。

第三章　免征点

第八条　凡依靠农业收入为生活来源者，其家庭人口，不分男女老幼，均依下列规定，扣除免征点：

一、产米地区，每人扣除六市斗小米。

二、产麦地区，每人扣除九市斗麦子。

第九条　下列人员免征点之扣除，依下列规定：

一、革命烈士、革命军人、及革命工作人员，均在其本人家庭中扣除之。

二、受子女轮养生活者，由轮养者商定扣除之。

三、常年寄居亲友家中者，在寄居家庭中扣除之。

四、雇工（长工）除在本人家中扣除外，并在雇主家中扣除之。两户合雇一人者，各扣除半个免征点，两户以上合雇一人者，以短工论，不扣除免征点。

第十条　机关、部队、学校、工厂及群众团体所经营之土地，按当地农民平均占有土地量，计算扣除免征点之人口（如某机关耕地三十亩，当地农民每人平均种地五亩，则该机关应扣除六人之免征点），依第七条规定扣除免征点。

第十一条　有下列情形之一者，不扣除免征点：

一、常年在外，其生活不由家庭供给者。

二、土地分散数处，免征点已在他处扣除者。

第十二条　兼营工商业或其他事业者，征收农业税时，其家庭靠工商业或其他事业为生之人口，不扣除免征点，靠农业为生之人口，扣除其免征点，均由群众根据农业工商业及其他事业之收入状况评定之。

第十三条　凡贫苦之烈军工属及丧失或缺乏劳动力之退伍人员，鳏、寡、孤、独与新分得土地之贫苦农民，生活困难者，经群众评定，乡政府审核，呈县政府批准后，得酌情提高其免征点，但免征点一般最高不得超过小米八市斗或麦子十二市斗。

第四章　征收与减征

第十四条　农业税之征收，于扣除免征点后，按百分之二十至二十三的税率征收（即每市斗征收细粮二升至二升三合），各县税率，由行署或专署依据当地具体情况（人口、土地、产量等）在不低于百分之二十与不超过百分之二十三的范围内规定，呈请边区政府批准。

第十五条　地方粮得由各县政府在不超过农业税额五分之一的范围内，呈经行署批准，并转报边区政府备案后附征之（未成立行署之地区，由专署直接呈边区政府批准）。

第十六条　农业税每年征收一次，分夏秋两季缴纳。无夏收或秋收之地区，得于夏季或秋季一次缴纳。

第十七条　农业税除征粮食外，并依需要折征现款、布匹、棉花等实物，由边区政府以命令行之。

第十八条　征收农业税时，并得附征公草，其数额由边区政府以命令行之。

第十九条　凡因遭受水、旱、虫、冻等天灾，或其他灾害，致收成特别减少地区，得分别予以减征或免征；其属全县范围者，得由该县政府详具灾情及减免意见呈行署（或专署）转呈边府核准；其属区以下范围者，呈行署（或专署）核准，并呈报边府备案。

第五章　组织领导

第二十条　各县（市）应以乡（村）为单位，组织七至九人之农业税征收委员会，乡（村）长为主任委员，其他人选由农会及群众中推选或聘请公正农民充任，经区政府审查批准，执行如下任务：

一、主持领导本乡（村）各户之人口、土地数量及常年产量之登记、评议、审查等事项。

二、关于本乡（村）各村各户农业税之计算、审查等事项。

三、负责向人民公布，向上级呈报人口，土地数量，常年数量及农业税征收情况。

四、接受人民意见，或上级政府指示，复查复议土地数量、产量与征收额等事项。

第二十一条　各乡进行评定各户土地数量及常年产量时，须充分发扬民主，首先发动群众按实自报，村民公议，经征收委员会审查后，提出意见公布，由村民进行讨论，再由征收委员会根据群众意见，调查研究，提出复查意见，二次由群众大会讨论，再经征收委员会集中多数群众意见作最后决定，列榜公布。

第二十二条　全乡（村）各户人口、土地、产量经调查评议后，乡（村）政府应会同征收委员会缮写农业税登记清册两份，一份存乡（村）政府，一份呈县政府审核。

第二十三条　县政府对所属各乡（村）呈报农业税清册所列各项，经审查后，如认为有不确实处，得指示重新评议，如认为已经确实，应缮写该县农业税清册呈行署（或专署）审核，转呈边区政府核准后，该县常年产量即行固定。

第六章　附　则

第二十四条　本条例适用于土改完成地区，该地区前此所颁布之农业税条例及其他农业负担办法一律作废。

第二十五条　本条例经边区政府公布施行，解释之权属边区政府。

选自《陕甘宁革命根据地史料选辑》第三辑，甘肃人民出版社 1983 年版，第 416～420 页。

互校版本：《陕甘宁边区政府文件选编》第十三辑，档案出版社 1991 年版，第 426～430 页。

17. 陕甘宁边区政府命令——关于新区征粮办法①

1949 年 7 月 30 日

各行署主任、各专员、县（市）长、西安市市长：

一、为保证革命战争之粮秣供给，晋南、黄龙、咸阳、三原、大荔、渭南、宝鸡、邠县等分区及西安市郊各区，应即开始征收本年度公粮，按照战争需要及各地人口、土地、产量等状况，依一般地区征收额不超过农业总收入百分之十五，产量特丰地区不超过百分之二十之原则，并照顾今年麦产歉收及某些地区遭胡马匪军破坏等情况，决定各地应征粮额如后（见附表）。各专员应即按此任务，根据所辖各县具体情况，经周密研究，适当分配，迅即布置征收。

二、此项粮食征收，于九月中旬以前完成百分之七十，秋收后完成百分三十。凡已经过土改地区，悉依边府颁发之农业税条例征收，未经土改地区，悉依新区征收公粮暂行办法征收。负担面一般应达农村户口百分之八十左右，严防撇开条例，冒摊冒派，无原则的缩小负担面，或不论收入，平均摊派等违背政策的思想作风。对于因天灾或被胡马匪军严重破坏之农户，得按实际情况，酌情减免。

各地具体进行征粮工作时，必须贯彻群众路线，充分发扬民主，用自报公议方法，正确评定各户土地产量，按照条例规定办法征收，确实做到负担公平合理，防止包办代替，强迫命令的作风。在征粮过程中，并应注意发动群众，进行反特务、反不公、反恶霸斗争，打击与镇压破坏分子。同时在征粮运动中，注意选拔群众中积极分子参加乡村政权工作；以建立人民政权之下层基础。新解放地区，区乡干部不够用时，可选择保甲人员中无重大恶迹者，参加征粮工作，但必须严防其强迫命令，平均摊派，以及徇私舞弊等情事发生。各专署、县政府应派得力干部随时下乡巡回督导检查，使征粮工作按时顺利完成。

三、为稳定金融，提高本币信用，各地皆得依本府解字第一三号布告在应征粮额中，折收百分之十的代金，粮价由各县按征粮时麦价规定，呈专署批准，于征粮时间向群众公布。所收代金，非经批准，不得动用。

四、为鼓励植棉，决定产棉地区折收部分棉花，黄龙、宝鸡、邠县各收公粮总额的百分之五，大荔收百分之十，晋南收百分之十五，渭南收百分之二十，三原、咸阳各收百分之二十五，棉田产量以麦田通产计，棉麦比价，以征粮时当地市价计，一般地区于秋季征收，群众如有愿在夏季缴纳者，亦可折收部分。所收棉花，必须经打包后，妥为保存。

五、征粮前所借群众之粮食，一律清理归还，其借中贫农者，本年一次归还，其借地

① 副标题为编者所加，原件无副标题，“档案文件版”标作“关于征收本年度公粮”。

富粮食较多者，分今明两年归还（大荔、三原去年敌我均未征粮地区，本年三月前之借粮，一律抵作去年公粮，不再归还，其有负担不公者，适当调整之）。

六、出租土地之收入，在未进行减租地区，以原租额计算，个别经减租地区，以减租后租额计算。农村中不论地富或农民之放债收入及农家副业收入，不征公粮，将来如有必要时，征收所得税，办法另定之。

七、庙田、祠堂田、教会田均按其经理人口计算征粮。以服务社会，改进农业为目的之农场免征公粮，以营利为目的者，按条例征收，其对农业有某些改进作用者，得酌予减征。学田暂不征粮。

八、公粮征收在产麦地区者，皆以麦计算，在产谷地区者，皆以米计算（各种粮食折合率财厅另行通知），征麦每斗附征麦草八斤，征米每斗附征谷草十斤，公粮公草一律以市斗市秤计。

以上各项希即遵照执行，并将执行情形，随时报告本府是要！

选自《陕甘宁革命根据地史料选辑》第三辑，甘肃人民出版社 1983 年版，第 421～423 页。

互校版本：《陕甘宁边区政府文件选编》第十三辑，档案出版社 1991 年版，第 450～451 页。

18. 陕甘宁边区政府指示——征粮工作应注意的问题①

1949 年 8 月 30 日

各行署主任、各专员、县（市）长、西安市市长：

关于本年度征粮工作，本府曾先后颁布新区征收公粮暂行办法及征粮命令，责成各地认真执行，按期完成任务。近据反映，各地因土质产量不一，很难按统一比例进行征收，多数请求改变累进率，少数并要求减少任务，为确保战争粮秣供给，并使群众负担公平合理，迅速恢复与发展生产，兹特将征粮工作应注意问题，补充指示如下；

一、征粮任务能否在公平合理的负担政策下，顺利完成任务，基本关键在于认真发动群众，充分发扬民主，正确评定土地数量及产量。各地对此问题虽引起注意，但迄未普遍贯彻，表现各部分地区强调客观困难，喊叫任务太重，但缺乏深入群众，放手发动群众，认真搞实土地产量，并加周密研究，反映真实情况，部分地区长时期停在干部会议上，没有及时到达农村，作实地调查研究，典型示范，推动一般，凭估计办事。此种现象应即迅加纠正，切实面向乡村，抓住发动群众为做好评议的环节，使征粮工作，迅速广泛地健全开展。

二、在土地、产量调查评议确实的情况下，按边府颁布缴粮办法所规定的征收比例，不能完成任务时，各地得根据征粮办法第三条规定的征收原则，并在贫农阶层负担额平均

① 副标题为编者所加。

不超过总收入百分之八，一般在百分之三至百分之十间，中农阶层平均不超过百分之二十（一般中农在百分之十一至二十间，富裕中农在百分之二十至三十间），地富阶层之土地税外，不超过百分之四十的负担原则下，适当变更税率。变更的范围是：（甲）缩小累进额（如原累进率六斗累进者，可改为五斗、四斗累进等）。（乙）提高起征率（如原起征率为百分之三，可提高为百分之四、五等，但最高不超过百分之五）。（丙）产量过低地区，可适当降低起征点。此项税率之变更，必须根据切实可靠之调查材料，经周密研究，由各县提出，呈专署批准后，方可实行。并须向全体干部与群众说明变更的目的在使结合实际情况，贯彻负担政策，而不是变更负担政策，严防乱改条例，或乱征冒收的倾向。

三、家庭人口很少之贫苦农民及家庭贫困靠土地收入补助生活之自由职业者、小商贩、手工业者，其土地收入，按人口平均计算，可能负担过重者，得经群众民主评议，酌情照顾。

各地接此指示后，希即认真讨论执行，并将执行情况，随时报告本府是要！

此致

敬礼！

选自《陕甘宁革命根据地史料选辑》第三辑，甘肃人民出版社1983年版，第444～445页。

互校版本：《陕甘宁边区政府文件选编》第十四辑，档案出版社1991年版，第63～64页。副标题为“关于征粮工作应注意问题的补充指示”。

八、经济管理

1. 陕甘宁边区修正物资管理暂行规章

1945 年 10 月 10 日

第一条　本规章修正三十四年四月公布之物资管理暂行规章制定之。

第二条　依据边区目前情况之需要，将边产及外来物资分为准许出、入与禁止出、入境两种。准许出入境者，依税务章程办理登记纳税手续，禁止出入境者，依本规章办理之。

第三条　凡禁止出入境物资，如无专署或贸易公司之证明文件，或未经税务局批准者，一概不得运出或运入，禁止出入物资见附表。

第四条　凡违反第三条之规定者，由主管机关分别情形处理，处理办法另订之。

第五条　不论公私行栈，有包庇偷运或销售禁止出入境物资情事者，一律处以货价百分之五至百分之十的罚金。

第六条　物资之没收权属边区政府及专署，必要时各专署得指定县（市）政府或县（市）税务局代为处理没收事宜，非指定者不得进行没收。

第七条　县以下各级政府及其他机关、团体，军队，除受税务局委托者外，一概不得擅自检查货物；既受委托之检查机关团体、军队，如查获违禁物资时，一律送交税务机关处理（如属于没收者，则由税务机关送专署，或专署指定之税局与县府决定，如涉及司法范围者，人送司法机关办理）。

第八条　凡专署指定之代理没收机关没收之物品，统送该分区税务分局保管，由该分局按季商请专署处理。如没收品中有可以出境销售者，则按市价五折售与贸易公司运出销售，不能运出销售者，则委托贸易公司限期拍卖，卖得之款，除扣去用费奖金外，其余以半数归地方作为补助经费，半数交税务分局解交金库。

第九条　本规章如有修改之必要时，由财政厅与贸易公司，随时呈报边区政府批准修正之。

第十条　本规章自财政厅公布之日施行。

选自《陕甘宁革命根据地工商税收史料选编》第五册（1944—1945 年），陕甘宁革命根据地工商税史编写组、陕西省档案馆编印，陕西人民出版社 1987 年版，第 534～535 页。

2. 陕甘宁边区修正物资管理暂行规章执行办法

1945 年 10 月 10 日

第一条　本办法系根据陕甘宁边区修正物资管理暂行规章第四条之规定制定之。

第二条　凡报运禁入物资过境或报请过境税率低于入境税率之物资过境时，均须取保，保证过境。其办法如下：

一、在入境第一税务机关填具保证过境之保结，并缴纳过境税，取得过境证票后，方可运行。

二、在到达指定之出境税务机关报验，货票相符者，由出境局所在保单上加盖戳记，注明“货票无讹”字样，交商寄回原发票局所销保。

第三条　凡运输禁止出入境之物资合于下列情况者，一律责令退回（责令退回之禁入物资尽可能盖以“责令退回”之章记）。

（一）报请运输禁出物资出境者；

（二）报请禁入物资入境，而不愿转为过境，或不能具保过境者。

第四条　凡运输保证过境物资合于下列情况者，一律处以该货市价半倍至一倍之罚金。

（一）中途私售保证过境物资者；

（二）保证过境之物资，过期一个半月（最高限额），回单尚未寄回者，罚金按全部保证之货物计算由保人负担；

（三）保证过境物资，在出境时货票不符者（按所少之货处罚）；

（四）此罚款中得依税务规程所规定提取百分之十至三十作为奖金，其分配办法按各单行命令执行。

第五条　凡运输禁止出入之货物，合于下列情况者，一律没收。

（一）屡运禁出物资出境有据者；

（二）私运棉花粮食出境者；

（三）私运禁入物资入境者。

第六条　没收品之处理如下：

（一）凡受委托没收权之县（市）政府及税局，将没收之没收品均须按月送交该管税务分局保管，由分局按季商请专署处理。

（二）凡受有委托没收权之县（市）政府及税局，将该案判明并宣布没收后，均须填写财政厅印发之正式收据，给予货主。

如没收违禁物品，未给正式收据时，原货主或运货人有权拒绝没收，或向其上级机关控诉。

（三）没收之违禁物品，得按其总值提出百分之二十（粮食、棉花、外来纸烟、迷信品，提百分之三十），作为奖金，由政府发给缉私出力人员，税务人员缉获者，其应得奖金领回后，全部解交金库。

（四）没收之违禁物品，非经专署批准，不得退还，凡有私自放走或随便退还应没收之物品者，概以贪污论处。

（五）被没收之物主或运货人，对货物没收之处理不服对，自没收之日起，可于半月内提起上诉。

第七条　没收奖金分配如下：

（一）密报人得奖金百分之五十。

（二）办案人得奖金百分之五十。

（三）如有协助人，则协助人与办案人，均分百分之五十。

（四）如无密报人，则密报应得之数统归办案人。

第八条　凡运输禁止入境物资，在未越过边境第一税务机关前，不得认为企图偷漏，而作走私之处理。

第九条　本办法得根据物资管理暂行规章，由贸易公司协同税务总局，呈准财政厅随时修改之。

第十条　本办法自公布日施行。

选自《陕甘宁革命根据地工商税收史料选编》第五册（1944—1945年），陕甘宁革命根据地工商税史编写组、陕西省档案馆编印，陕西人民出版社1987年版，第536～538页。

3. 陕甘宁边区盐务局食盐缉私暂行办法草案

1945年

第一条　本办法定名为食盐缉私暂行办法。

第二条　本办法依据边区政府指示及三边分区专员公署署务会议决定的原则制定之。

第三条　凡有下列行为之一者，概以违法论罪。

一、进出盐池不持税票或通行证者。

二、盐驮数量超过票面数额者，及以驼、骡、马、牛运盐而仅备驴税票者。

三、伪造税票及通行证者，涂改或挖补盐票者。

四、使用过期废票者（如因雨雪等特殊原因误期者例外）。

五、私自背盐超过二十五斤者。

六、窃取盐根及硝板者。

七、包庇脚户走私者。

八、收买私盐者。

九、公务人员及缉私人员放私舞弊，或借故敲诈脚户者。

第四条　凡有前条违法行为之一者，按以下办法处罚之。

一、偷税一次者，除补税外，处以一倍的罚金。

二、偷税二次者，除补税外，处以两倍的罚金。

三、偷税三次至五次者除补税外，处以三倍的罚金。

四、偷税六次以上者没收其盐及私牲口（如有部分驮牲照章纳税，则只没收其走私部分），九次以上者除没收私盐牲口外，并将犯人送司法机关惩办。

五、伪造税票者没收其私盐及牲口，犯人送司法机关惩办。

六、涂改或挖补税票者，使用过期废票者，分别轻重处以一倍至三倍的罚金。

七、私自背盐超过二十五斤者，所背食盐全部没收。

八、窃取盐根及硝板者，以破坏盐业生产论，没收其窃物，犯人送政府惩办。

九、包庇脚户走私者，处以等于脚户罚金三分之一至二分之一的罚金。

十、公务人员及缉私人员，纳贿舞弊、勒索、敲诈者送司法机关惩办。

十一、收买私盐者，没收全部私盐，人送政府惩办。

第五条　缉私奖励办法：

一、不论机关、部队、群众，凡查获走私食盐者，应连同人证物证送交本局或税务局或附近缉私机关（如检查站等）处理，而以罚款的百分之五十作为缉私奖金。

二、凡群众查获私盐，直接报告执行机关处理者奖金全部归报告人。

三、凡群众报告其他机关、部队缉获私盐，转交执行机关处理者，报告人得奖金百分之六十，缉获者得奖金百分之四十。

四、凡一般机关、部队人员查获私盐，所获奖金全部交所属单位处理，不得归私。

五、凡缉私人员查获私盐所得奖金，全部交本单位处理，不得归私，而该单位于年终时，视其服务成绩，酌量给以奖励。

六、税务局人员查获私盐所获奖金，按照该局现行规定处理。

七、各缉私机关，应将所收补票税款及罚金（奖金除外）按三月为期，送交本局，转解财政厅金库。

八、凡发觉公务人员、缉私人员受贿舞弊或勒索敲诈报告本局，而确实有据者，概予报告人以一定数额之奖励。

第六条　缉私工作责任：

一、本局缉私队对各地食盐走私，应负绝对的缉私责任，经常有计划的进行工作。

二、组织动员各地盐民和自卫军协同缉私，其成绩优良者奖励。

三、三边分区各缉私机关与部队，应在定边城周围各要道经常巡查。

四、各分区各县税务局，应于所属区域内各运输要道设检查站，负责检验与缉私，其工作可指定区乡政府、合作社、税务分卡等代办，不必另设专人，唯须发动当地自卫军配合缉私。

五、盐业公司负责在各口岸，查验盐票，如有偷税者则按本办法第四条规定，分别处罚后，再发给转运证或出口证。

第七条　缉私手续：

一、凡经本局处理之偷漏案，除补发税票外，并给罚款证。

二、凡本局缉私队在外查获者，应经当地区乡政府或检查站署名盖章，说明发给罚款证，正税额附列罚款证内，不另发税票。

三、各检查站验票后应加盖本站“验讫章”，处理偷漏案时，须发给罚款证，附列正税款，不另发税票。

第八条　本办法如有未尽事宜，得向本局提出转呈上级批准修改之。

选自《陕甘宁革命根据地工商税收史料选编》第五册（1944—1945 年），陕甘宁革命根据地工商税史编写组、陕西省档案馆编印，陕西人民出版社 1987 年版，第 567～570 页。

4. 陕甘宁边区建设厅一九四六年移民计划及实施办法

1945 年 12 月 25 日

为使边区劳动力得到适当调剂，使人口稠密的绥德分区与子长等县人民不致因歉收遭受饥饿，又使人口稀少的延属西地区及关中、陇东多余土地能够利用，特别是充分的利用机关部队多余的熟地窑洞，因此，采用下列办法实行移民。

（甲）建设厅以机关部队多余的土地、窑洞划定移民区，有计划的安置移民，其办法如下：

（一）计划明年安置七百户移民，在南泥湾金盆湾安置四百户，甘泉安置三百户，分配以绥德分区号召五百户，子长号召二百户。

（二）移民对象以带有家眷的务实农民为主，懒汉及二流子概不安置，即单个的好劳动力亦只在下列条件才下作为移民安置。一、有家眷的移民，深知其根底，并负责务实者。二、原籍区乡政府有介绍信证明其为务实农民者。

（三）移民的发动拟采用下列办法：一、主要由警区各县及子长等地地方政府负责发动与组织移民来安置区。二、延属安置移民所属政府，可发动组织安置移民区原有的老户移民用其关系号召新移民来。三、建厅遣派绥米等地干部或聘请群众中有威望的人士回原籍发动招引。

（四）移民迁移：一、移民下来持路费，公家不发，由移民设法自己解决。特殊困难者，由当地政府设法调剂补助之。二、移民可由区乡政府直接介绍至安置移民区，不必发移民证。三、移民迁移时，除自带衣被外，并须自带农具和锅灶，以减少安置上的困难。

（五）移民的安置与优待：一、移民在安置移民区域内，可自行决定住处，亦可先期下来查看地方。二、土地窑洞由公家供给，对于所分得使用之土地窑洞有所有权，五年后并可自行处理，进行典卖。在五年之内如愿离移民区或自己不使用时，则只能仍旧交公。三、在生产时期中所缺的粮食，由公家借给，预计须供给六个月，大人每人借给粗粮（糜谷）一石，小孩斟酌情形借给。四、为了解决生产中其他困难（种籽、农具，以及生活上的部分补助），准备在移民区发放一部分移民贷款，以月利二分贷出。五、移民之有家眷者，受下列优待：1. 所借吃粮可一次或两次领足。2. 借粮明年偿还，年利一成（即借一斗当年连本带利还六升，第二年连本带利还五升半）。六、无家眷的单个劳动力的移民，只受下列优待：1. 所借吃粮，按月分次领取。2. 借粮秋后全部归还，利息一成，即吃一斗，秋后还一斗一升。七、为了保护移民健康，在移民区由政府设立医疗组织专供移民治病。

（六）安置移民区的领导：一、移民的安置工作，主要仍由安置区当地政府负责。二、建厅派员长驻安置移民区协助当地区乡政府专办移民工作，受县政府领导，并与建厅取得直接联系。三，粮食的借出，农贷的发放，由建厅所派人员协同当地政府经管并以四联收据分存乡、区、县政府及建厅各一页。

（乙）利用延属分区四地各县（如甘泉、富县、延安、志丹、安塞）及陇东、关中部分地方原老户和新户之有移民关系者，动员他们向原籍招收移民，移民到达后，当地政府须给以适当的必要帮助，对积极招收移民的移农户应给以奖励。此项办法，上述各地政府必须深入民间，发现与动员有移民关系的老户与新户充分进行之。

（丙）关中、中心区与槐树庄一带和陇东大风川、小凤川原有土地、窑洞亦不少，粮食亦有剩余，可资借贷，由两专署在上述地区负责招收与安置移民。详细办法，建厅与两专署协商进行之。

边区政府建设厅

选自《陕甘宁革命根据地史料选辑》第三辑，甘肃人民出版社 1983 年版，第 59～60 页。

5. 陕甘宁边区一九四六年到一九四八年建设计划方案

1946 年 4 月 1 日边区政府提出，4 月 23 日边区三届参议会一次大会通过

经济部分

抗战期间，边区支持前线，保卫后方，财政负担，特别增大，同时被敌顽封锁，外援断绝，国计民生，非常困难。我边区政府本自立（力）更生之精神，实行发展经济保障供给之方针，数年以来，成绩卓著，粮食生产足以自给，植棉纺织，逐年推广，食盐运销，大量增加，合作事业，普遍发展，机关部队，生产自给，各种自给工业如军工、石油、火

柴、纺织、被服、制革、肥皂、造纸、纸烟等均有发展，其中有些部分且有输出，于是八年抗战中之种种困难，始克渡过，人民生活水准，不因战争负担而降低，且获相当改善。唯因战争与封锁关系，皮毛滞销，影响农家养羊，若干土产衰落，影响农家收入减少，而水利之兴修，公路之改善，畜牧之防疫，石油厂之扩大，均因战时财政困难及技术器材缺乏，未克大量举办，不为无憾。今抗战已获胜利，和平民主阶段亦已开始，如全国和平不被破坏，则经济建设就成为首要和基本任务，故根据边区现在经济条件，人民需要及战时经验，拟定三年经济建设计划如后。

甲　农业（包括林牧）

农业为边区经济之基础，今后三年，应本下列数项目标求得进一步发展与提高，以达民间普遍的丰衣足食之目的。

一、增产粮食

增产粮食之目标，应于三年内达到家家足食，且年年有余粮备荒，其方法以改进农作法提高现有耕地产量为主，移民垦植，扩大耕地面积为辅，兹分述如下。

改进农作法应着重提倡与推广如下数项：

（一）多耕多锄，此在人多地少之绥德分区及延属东地区，尤属重要，应普遍发动农民秋翻地，多翻多耙，早锄多锄，细锄培土等，并逐步研究设法改良农具。

（二）施粪积肥，绥德分区应以增加积肥造粪为主，其他分区首先指导人民尽量用毛粪牲口粪作肥料，以后再求利用其他方法造粪积肥，对民间采用有效的代肥，亦应加以研究与推广。

（三）防治病虫害，目前继续推行民间已有成效的除虫办法，消灭蛀虫、油汗、斑矛虫、路虎、蝗虫等虫害，明后年应进一步研究防治害虫的更有效办法，研究与试用土产药物及某些新式器械及药品，并于发生害虫地区就地切实试验研究。

（四）推广良种，今年计划以光华农场的良种数量，在各地区选择据点试种推广，如有成效，明后年则逐渐扩大。同时组织民间良种，就地推广，光华农场对本地种籽及外来种籽应收集试验与研究；麦子研究工作应于明年或后年于关中进行。

移民垦殖应按下列计划进行：

（一）各地政府应本边府移民政策及条例有计划的组织与安置移民，其数量与办法，由各地政府根据实际情形自定之。

（二）建厅以机关部队剩余的土地窑洞，划定移民区，进行安置移民，今年计划在延安之南泥湾、金盆湾、甘泉之清泉沟、付川村一带安置七百户，明年逐步扩大，后年增加槐树庄及大小凤川两个移民据点，并有计划的建设这些移民的新村。

二、增产棉花

棉花在边区之重要不下于粮食，边区如不推广植棉田，自纺自织，则难以解决广大人民之被服问题，历史经验证明在边区东部地区可大量植棉，而西部地区亦可择地植棉，故应进一步提倡与推广之，今后三年，应以提高产量为主，有条件的推广植棉面积为辅。

（一）提高产量；今后三年争取每亩产量平均能收十斤花为目标，其方法除一般作法如耕地上粪等加以改进之外，应特别加强下种打卡除虫等技术上的指导，并提倡水地植棉，对棉花品质注意研究与改进，首先从东三县试验与研究。

（二）植棉亩数今后三年在提高产量之下，基本上维持三十五万亩之数，但在可能条件下，应于延属、陇东、关中逐渐推广，争取在三年内达到四十万亩之数。

三、发展经济价值较高之农作物

边区粮食出口有限，内部调剂亦有困难，故为增加农家收入，在不影响粮食生产条件之下，依据各地有利条件发展一些经济价值较高的农作物，实属必要，计划如下：

（一）油类：三边分区可增产麻子、推广榨油，绥德分区之黑豆、黄豆及各地麻子芝麻花生和油籽均可利用，发展榨油事业，争取大量出口，为此目的应提倡民间榨油合作及开设油房，并注意油渣的利用。

（二）糖萝卜，在边区普遍提倡种糖萝卜，在子长子洲延安等地燃料丰富的地区，更应大量推广，注意制糖技术的指导与糖品的推销，并于三年内试办小规模糖厂。

（三）烟叶：在陇东可试行推广美国烟，注意组织合作烤烟，明后年可在合水研究烟叶。

（四）线麻：在富县一带可发展线麻，并改进其作法与组织其推销。

（五）苜蓿：在延属等缺乏苜蓿地区及沿大路两旁，应大量种植苜蓿，以解决牲畜饲料之困难与发展运输事业。

四、开发山货，提倡副业

为增加农家收入，还应开发山货提倡副业，今后三年应注意下列几项：

（一）在出产山货各色药材的地区，应发动当地群众，利用农闲进行采集并合作推销。

（二）在绥德分区及子长等地发展养蚕事业，今年推广已有的优良蚕种逐步改进养蚕方法，增植桑树，并适当解决丝品的组织与销售问题，以后视有利情况渐渐扩大。

（三）在延属、关中、陇东等地发展养蜂，组织民间蜂种推广，并试行采用新方法养蜂制蜜，供给新式蜂具与组织蜂蜜的推广。

五、兴修水利，改良土质

兴修水利，改良土质为防旱备荒并增加农作物产量的主要办法，今后应有计划的推广之。

（一）发动民间自己动手，恢复旧水地，兴修新的小型水利及推行适合当地条件的改良土质办法（如三边水漫地，关中的修堰地及各地的排水沟挖水窖，打坝堰、溜崖、拍畔等），政府应以奖励、补助、贷款等形式在经济上协助之。

（二）在今后三年内，应视能力所及筹划周家埝、胡芦河畔等地水利。

（三）今后建厅经常注意研究各地改良土质的工作并及时予以切实指导。

六、植树护林，发展果木

植树护林为边区经济建设中重要事项，今后必须重视，三年内应达到下列目的。

（一）关于护林方面：在边区有树地区，应饬令各地政府切实领导群众，严格遵守护林法令，订立护林公约，并严格惩奖。

（二）建厅今年计划直接领导万花山与南泥湾两据点的护林工作，明年扩大直接领导范围至劳山槐树庄，大小凤川等点，后年则扩大为几个林管区。

（三）关于植树方面：在缺乏树林地区，今后应积极提倡民间植树造林，凡在可植树之区，争取在三年内每户植活五株，各地政府应帮助解决树秧子树权地权及保护奖惩等问题。

（四）建厅今年就延市河滩地植树造林，选择在公山试办荒山播林，扩大光华农场苗圃，在定边建立苗圃，并试办沙林，明年扩大并增设盐池、子长苗圃。

（五）在发展果木上，首应供给民间果苗，今年在光华农场扩大葡萄及其他果苗的繁殖，并于绥德订购果苗推广，后年在延安绥德设立模范果苗圃，并进行除病虫害，果品制造，品种改良等试验研究工作。

七、发展畜牧

边区畜牧主要是羊子，今后皮毛出口有望，养羊事业，必更发展，应切实计划，促进其发展。

（一）加强羊子防疫治病，今年推行烟叶水治羊癣的办法，调查研究其他治羊子疫病的中西方法，组织防疫工作，明年在三边设防疫站，后年增设陇东防疫站，并于各地提倡组织家畜保健合作。

（二）改善羊子饲养管理，今年或明年在三边进行养羊方法的调查，并就地研究饲料牧地及管理技术，奖励与宣传养羊模范。

（三）改良羊种，今明两年在延属推广滩羊，改换本地羊种，如有成效，明后年则继续扩大之，并于三边设畜种场，研究与繁殖本地与外来优良种畜。

（四）对其他牲畜如耕牛、驴子等，应奖励其繁殖与出口，加强其防疫治病工作，今年继续制造牛瘟疫苗血清，研究其他疫病防治方法，推行驴驹耕牛拉稀的治疗法，设中西兽医诊疗所，组织防治疫病团，保健合作社等，明后年逐步扩大这些工作，此外对猪瘟、鸡瘟及其他猪鸡疫病的防治亦应注意。

八、组织劳动力

为了按照上述计划推进各种农牧林事业之发展，必须在各地继续推广各种劳动互助组织，并逐渐提高其作用，在人民自愿原则下继续组织变工、扎工、唐将班子。制订农户计划，改造二流子，安置移难民，吸收妇女儿童参加生产，并继续开展劳模运动，以便提高广大农民生产热忱与劳动积极性，并把一切劳动力量逐渐组织起来。

乙 工业

为开发边区资源刺激农牧业发展与增高边区工业必需品的自给程度，除推进农业建设外，还必须有计划有步骤的发展工业，以与农业发展相配合。盖仅靠农业，不足以解决人民全面生活之需要，且粮食太多，还有“谷贱伤农”之危险，但在目前边区内外经济条件之下，发展工业应以民间手工业及家庭副业为主，公营工业为辅，并互相配合，以利发展，今后三年应按如下计划逐步实施。

一、公营工业

第一，石油：今后应按现有器材及条件多加开采，今年除已打成之新井外，准备再打新井五至六口，清理旧井两口，预计产原油二万四千桶（五加仑），如能完成此项计划，则明年预计可打新井六至八口，争取产原油五万桶到十万桶，为完成此项计划，除自力积极勘察外，尚须竭力争取探矿器，使开采更有把握。

第二，毛纺织厂及制革厂：皮毛为边区富产之一，如能制为成品外销，不惟公私经济收入增加，且可进一步刺激畜牧业之发展，因此除帮助发展小型作坊外，拟争取外资合作购置机器，改进技术，提高质量，争取制作后出口，其进行程序：今年购置机器，明年设备安装，后年开工试制，正式生产，达到年制二十五万斤毛的成品和五万张皮的成品。

第三，火柴：边区火柴工厂，继续发展的条件是存在的，但必须提高质量减低成本始可与他处火柴竞争，为此应增加设备与改进技术，期于明年增加产量超过现有四倍。

第四，肥皂：边区牛羊油颇多，目前专制肥皂之新华工厂年产四十万条，但肥皂销路主要依靠城市，没有质量之改进成本之减低，则不能竞争于市场，因此需要有机器设备以提高生产质量，并加香料，根据边区产油量，仍以年产四十万条计划为宜。

第五，难民工厂及振华纸厂，目前可继续生产，调剂公私使用，及解决过渡时期中的供给困难。

第六，机器修理制造：由于边区交通不便，笨重机器转运困难，且机器修理亦应解决，故本年拟设机器修理制造工厂，除精细机器向外购置，其笨重部分，则可自造解决，同时兼营修理，便于各厂修配，使不得阻碍生产。

二、民间手工业及家庭副业

经民主政府倡导，边区民间手工业已有部分发展，且种类颇多，原有的计划：纺织、毛毡、毛袋、栽绒毡、硝皮制革、造纸、榨油、丝织、草帽、瓷器等，尚待提倡和发展的，计有熬硝、制磺、烧骨灰、烤烟叶、制烟叶、榨豆油、榨蓖麻油、铸制铁用具，精炼糖、提蜂蜜等，政府对这些民间手工业应有计划的协助其发展，兹计划如下；

第一，今年建设厅应派专人到绥德分区及延属分区实地调查研究，查明实际情况后，明年订出扶助其发展的计划，对有基础并有前途的某些作坊或小工厂，帮助其改造技术，并于必要时在资力上加以扶助。

第二，大量发展民间纺织，此为民间手工业之主体，银行应发放纺织贷款，促进自纺自织，贸易公司在贸易上助其周转，工业局应在技术上加以指导，提高其生产效率，合作社应与之配合，协助发展，首先在绥德分区及延属东地区达到民间穿衣自给，并逐渐向延属以西地区推广之。

第三，纸业，按税局材料，过去三年，仅东昌纸每年即有四万令以上的进口，大部销于延市，因此除与私人合作重新开办罗家坪纸厂，制造民用纸张外，并扶助各地民间造纸业之发展。

第四，毛织业：边工局与法院合办新华毛织厂，米脂存有万合交回之毛织机器仍拟与私人合办小型毛织厂，三边毛纺织拟加扶助，并为提高毛的质量，拟在定边设办打毛庄。

第五，制革：为了培养将来之制革人材（才）与解放社合办西北制革厂，更为适合边区农村制革业发展（家庭副业）的学习，拟在延市（其他地区如条件适合亦可）投资或贷款与私人合办民间制革作坊，专制面革底革供给鞋业之用。

第六，草帽：在绥德分区应计划恢复并发展原有的草帽业。

第七，豆油：绥德分区豆子产量大，价值甚低，拟在分区提倡榨油作坊，如今年收成丰登时，即于年底进行，否则缓办。

第八，铁：瓦市之铁厂不举办时，拟在山西招贤或河南已来边区之铸铁熟练人员到瓦市附近，将已有矿石，进行试铸工作，作农村副业之倡导。

丙　合作事业

为了发展边区农工业生产，必须发动与组织广大人民的力量，大量推广合作事业，今后计划：

一、合作事业应切实面向农村，以生产为主并与农村各种家庭副业相结合，在农业生产中大量推广变工队扎工队等劳力合作，在家庭纺织生产中，提倡与推广纺纱与织布的变工合作，在运输中推行各种朋帮式合作，并在农村中提倡各种手工业作坊的生产合作，低利借贷的信用合作，医药卫生合作，与水利建设合作，为了便利与发展农村交换，根据当地具体条件，可组织各种形式的大小消费合作社以减少中间人的剥削。

二、整顿合作社，边区各地现有的合作社应于今年内切实整顿，重新登记，对有历史有基础有发展前途而为人民所拥护的合作社，政府应继续帮助其发展，对当地人民需要并有发展前途，但经营不当或干部有毛病的合作社，应由政府召集其社员代表大会，公开讨论，改善业务重选干部，以求能继续存在与发展。但对于一切无存在必要并脱离人民的合作社，应令其停业退股，并向社员解释。

三、政府今后对各种有成绩的合作社及农村城市中各种生产公益合作事业，应在经济上随时予以扶助与奖励，以促进其发展。

丁　贸易

欲发展经济繁荣边区，使农业工业取得配合输出输入，达到协调，必须加强贸易工作，除一般商业及民间合作事业外，贸易公司应努力实现下列计划：

一、扩大土产经营，应以现有资金之半数，经营皮毛、绒、食盐、药材、麻油、粮食、羊肠、猪鬃及其他生产之收购与输出，以发展边区内外贸易，繁荣国民经济。

二、扶助工业发展，应以现有资金三分之一由贸易周转上扶助边区工业之发展，在绥德分区及延属东三县继续用各种适当方式协助民间纺织业之发展，对各公营工厂继续供给原料，收买成品，协助公营企业之发展。

三、调剂内外市场，争取大量输出土产及剩余物品，换进边区所无及生产不足之百货必需品，互通有无，调剂供给，稳定金融，调剂物价，减少商品市场的投机剥削。

四、扶助合作事业，对有基础并有信用之合作社及对发展边区经济有重要意义的各种民间合作事业，贸易公司应与之取得密切联系，并扶助其发展。

五、支持财政，贸易公司在各种经营中除过上述各种作用外，还应争取一定额的利润，以补财政之不足。

戊　金融

在发展经济中金融工作极为重要，今后为使金融能配合与协助农工商业之发展，必须努力做到：

一、稳定金融，银行应扩充准备金，用以稳定金融，避免物价暴涨暴跌，以致影响农工商业之生产，同时应推广边币，扩大流通，制止金融投机。

二、发展经济，银行应继续有计划的发放各种农工运输业之贷款，特别是民间纺织及农业畜牧贷款更应扩大与加强，以辅助各种生产之发展，同时应逐渐扩大存款业务，协助民间信用合作之发展，以便吸收游资转入生产，加强汇兑，灵活商业周转。

三、扶持财政，在和平复员期间，财政尚有困难，银行应于财政周转不灵时，协助其周转解决其困难，使供给有保障，经济发展不受财政之影响。

己 道路工程

一、修路：富米路因汽车不便多行驶，连年未加补修，绥宋路则根本不行驶汽车，和平之后，此两路极关重要，本年内须全部修复，现富延路段已动工多日，延米段及绥宋路亦应次第兴修。

二、养护：以后交通频繁，养路极关重要，今年须筹设养护组织，分段负责，随时修补，以期畅通无阻。

庚 机关部队生产

今后三年财政尚有困难，而人民负担也须逐渐减轻，故机关部队生产自给之任务，不能放松，且须改进与加强，一切机关部队均须视其劳动力之程度，与工作业务之繁简，以及当时当地环境与条件确定其生产计划与自给任务，并努力完成之，以减少财政开支，减轻民负和改善机关部队人员生活。

辛 技术与经费

要发展边区各种经济事业，必须有各种专门技术人材（才）进行指导，这种专门技术人材（才）在边区是缺乏的，今后工业除尽量设法培养本地技术人材（才）外，还必须争取边区以外的各种技术人才到边区来，参加边区建设。对现有在边区服务的外来技术干部，必须酌量提高其待遇，并尊重他们，使其长期的安心的在边区服务。此外在发展经济中，经费也是极重要的事情，对各种必需经费，除由政府尽量自筹外，还必须尽量争取外援，欢迎中外资本家到边区投资，要求救济总署给边区以帮助，特别对工业合作协会，要有更进一步的合作计划，希望工合对发展边区工业生产能给我们更大的帮助。这是能否圆满的完成以上各项计划的重要条件之一。

文教建设部分

边区文教建设在民主政治条件下已于抗战期间克服了各种困难，获得巨大成绩，前年冬季边区文教大会后，群众文化运动更有进一步的开展。在今后和平建设新时期随着人民经济的发展，边区文教建设必须更有计划的进行，为此，特就下列各方面提出初步方案：

甲 关于大学教育

（一）现在的延安大学负有两种任务，一为培养本地较高级的知识分子，一为提高边区中级的现任干部，以适应新时期边区各项建设工作的需要。在此方针下目前除设一高中部及各种专门性质（如农业、司法等）的班次外，拟另成立一文艺研究室，培养边区各文艺团体的干部与中学艺术教员。上述各班、部、室的教育计划均以适应边区需要与可能订定之。并计划于最近三年内务班系毕业干部三〇〇人，高中毕业生二〇〇人。

（二）为保证延大教育质量的提高除由边府责成各政府主管部门对学校内有关的班次（如政府司法部门对学校司法班）负实际帮助责任外，应从边区各工作部门中，征调若干有教育经验的干部及由边区外边聘请名教授到延大任职，并在全边区教育经费内规定延大必需经费，按时由财厅发给。

（三）大学教职员的待遇应设法改善与提高，详细办法由延大规定提交政府批准执行。

乙 关于中等教育

（一）边区各中等学校的任务为有计划的培养边区中级知识分子（主要吸收完小毕业生）与提高现任区乡干部的文化（通过现有之地干班）。

（二）各中等学校的文化教育，必须提高，除地干班课程主要为学习文化外，各普通班亦应着重国文课并适当配备其他科学课目，实行严格的入学考试与毕业考试。关于中学学制，教材及课程时间的分配等，另由教厅根据本年中等教育会议的提案具体规定提请政府批准执行。计划于三年内各中等学校普通班（师范班在内）毕业学生一五〇〇人，各地干班毕业学生一〇〇〇人，共二五〇〇人。

（三）各校经费均由政府按时发给，逐渐改变教职员的供给制待遇为薪金制，其规定标准应包括照顾教职员家属生活的需要。目前仍受供给制待遇的教职员应酌发津贴费。学校图书仪器的设备，必须增置。现各校所缺教职员数目甚大（共约百二十名），由政府设法调遣或向外聘请。

丙　关于国民教育

（一）各完小及公立普小的教育应从提高师资，按时供给课本及克服学生流动现象等方面来提高其质量，计划于三年内培养完小（干小在内）高级毕业生二六〇〇人。民办村学仍应在需要与自愿原则下继续推广，但今年应以巩固为主不求扩大。

（二）边区社会教育的中心内容为识字运动与卫生教育，各地小学，民教馆，文工团及读报识字组等应起据点或桥梁作用。

每年冬季各县应认真的有计划的开办冬学、夜校，以期逐渐消灭边区大量文盲存在的现象。

（三）关于提高小学师资及改善教员待遇方面，教育厅最近已总结了各方面的许多意见和经验，如：各中学设师范班，各分区开办短期师资训练班，假期举行教员座谈会，供给教职员各种必需书报的规定，改变目前的供给制为薪金制及年工加俸制等均应研究执行。

（四）各县三科应经常参加对该县教育干部与教育经费的管理，负责清理该县的教产。

（五）教厅应于一年内完成小学教材的编印并计划出版教员参考书及儿童读物等。

丁　关于国民卫生

（一）动员全边区人民同疾病死亡作斗争，广泛的进行预防疾病瘟疫的卫生宣传教育（特别是妇婴卫生教育），尽可能的加强全边区的医药设备与治疗工作是边区各级政府、各医药卫生机关，各文化团体及一切宣传教育工作者当前第一等重要的任务。

（二）加强边区医院的治疗设备，增设小儿，产妇，五官三科，各分区酌设小型的分院，与边区卫生署取得联系，向它作工作报告，各分院在各专署的直接领导与帮助下推进所属各县的医药卫生工作（如整理与发展医药合作社和保健药社等），做到在两年内边区各县均有一个卫生所或医疗队。

（三）西北医专应负责训练能在边区长期服务的医生（包括兽医）及助产人员，计划三年内培养初级医生二四〇名，助产人员护士等四〇〇名，通过中西医药研究会训练中医，各县保健药社采取带徒弟的办法，培养中医司药。

（四）边区卫生署应协同各文化团体出版机关从速编印各种卫生常识，宣传卫生的挂图连环画等，各报纸及各文艺团体应经常宣传预防疾病瘟疫的具体办法，利用各地庙会组织卫生宣传与展览。

戊　关于群众文艺

（一）边区群众文艺在为人民大众服务的方向下，应团结一切文艺工作者，发扬群众文艺的成绩，利用戏剧、音乐、秧歌、美术、文学及其他群众所喜见乐闻的各种形式，逐渐提高边区人民文化生活，反映并推进边区各种建设事业之发展。

（二）加强边区文协与各地方剧团，各文艺工作团体的联系，帮助他们总结经验，改进业务，提高技术，介绍并供给他们以新的剧本，各地方剧团与文艺工作团体，应成为推动地方群众文艺活动的桥梁，成为培养地方文艺干部、团结改造地方旧艺人的场所。

（三）在发展群众文艺方面，须采取供给剧本、唱词，及奖励群众创作等具体办法去帮助与改进民间秧歌队、自乐班，皮影戏、家戏、道情班子等群众文艺组织的活动及瞎子说书的内容。

（四）注意供给边区广大工农干部以通俗文艺读物，更多出版为群众所欢迎的唱本、歌曲、木刻、年画等。

（五）为使边区各种革命历史纪念物品及各革命领袖之史迹永留于边区，以便教育干部及群众起见，建议在延安建立陕甘宁边区革命历史博物馆。

（六）为便利各文艺团体之活动，建议在延安旧城建筑一新式剧院，附设露天剧场、舞厅、儿童游戏所等。

（七）边区文协准备于年内召开文协代表大会剧团联系会议，说书人会议，总结边区文教大会以来之文艺工作经验，其经费由政府补助。

（八）加强文艺干部的学习，改善并提高文艺干部之生活待遇。

己　关于大众报纸及出版发行

（一）边区群众报及各分区报纸在帮助区乡工作及提高群众文化方面已起了显著作用，今后应继续发扬其特别受读者欢迎的优点，加强报社与各地通讯员及读报组的联系，以便经常反映广大读者和群众的意见，并注意培养本地新闻工作干部，黑板报在人口较多的市镇仍应继续倡办，并使之真正成为该市镇人民的喉舌。

（二）发展普及文化的出版事业，加强边区书店与边区出版机关及全国各地书店的联系，供应边区各学校目前所急需的教科书，参考书及其他文具等，更多出版中级干部读物与大众读物。

（三）各发行机关应协同有关部门重新合理调整各种书报的赠送分配，并酌量增加各种书报的订购份数，邮政管理局目前急须设法加速各地报纸的输送。

选自《陕甘宁边区第三届参议会第一次大会汇刊》（边区参议会常驻会编印），第89～112页。

校正版本：《陕甘宁革命根据地史料选辑》第三辑，甘肃人民出版社1983年版，第108～123页。

6. 陕甘宁边区政府关于夏收夏耘的指示

1946年6月13日

各专员、各县（市）长：

春耕结束，夏耘业已开始，夏收即将到来，兹据部分地区春耕工作报告所反映的情况，以及提出的比较重要的问题，特作如下有关夏耘夏收工作的指示，请参照各地具体情况迅速确切执行，并将执行情形随时报告。

勤锄快收细打保证丰收

提高掌握棉花打卡技术

一、应抓住勤锄、快收、细打三大任务，今年春雨充足，杂草丛生，因此深入领导锄草工作，真正做到早锄、快锄、多锄、细锄，是比往年有更重大的意义。其次，今年麦、豆等夏田虽曾部分的受灾，但大部可望相当的丰收，因此深入领导夏收工作，真正做到快收、快打、快入仓，同样是重要任务。再次今年全边区植棉三十多万亩，确以着苗，今后的关键在于老植棉区提高和在新植棉区教会打卡技术，增加产量，因此深入领导打卡工作，召集老户座谈交换经验，研究提高打卡技术，干部首先精通打卡技术，团结老棉户分别带同新棉户实地传授，使新户掌握打卡技术，真正做到细打勤打，同样是重要任务。

广泛组织劳力夏耘夏收

继续发动群众调剂缺粮

二、为完成上述任务，就必须解决两个困难：第一，劳动力。根据已往经验，在夏耘夏收期间，劳动力最感不足，因此必须更广泛的加以发动，使男女老少，皆参加夏耘夏收，更有计划的加以组织，巩固和推广变扎工队，加强劳动效率，更周密地根据各地甚至各户的不同情况，确定任务的主、次、缓、急，逐步进行，以免劳动力的浪费。第二，由于去年的歉收，部分地区在青黄不接时期，可能发生吃粮的困难和工具的困难，因此必须说服群众互相调剂，在特殊情况下，政府亦应在前拨救济粮内酌量补给或借贷之。

准备土枪土炮防止雹灾

动员捕打烧杀减轻虫害

三、为配合上述任务的完成，并使已经完成的任务，不被或少被摧残，就必须注意二种灾害：第一，雹灾：去年受灾地区极广，粮产大受影响，今年部分地区已受雹灾，故在现有条件下，应即发动群众切实准备土枪、土炮，及时击散有雹的云层，以缩小受灾地区。第二，虫害：今年根据现有材料，虫害威胁已较往年严重，故在现有条件下，应发动群众及时地与耐心地实行打、捉、烧、杀，以减轻受灾程度。总之，各地必须根据具体情况与群众一起进行研究防雹除虫，如有创造，应即报告前来，以便整理推广。

领导干部亲自督促检查

机关人员助民锄草收夏

四、夏耘工作是保证丰收的重要关键，因此各级领导机关的领导干部，必须亲自动手，组织督促，和随时检查这一工作，并学习志丹县的办法，组织机关工作人员下乡，为群众锄地或收夏，这些工作，强制群众是不行的，但认为：“春耕已有基础，不必强调夏耘领导”的观点，亦应给以及时的揭发和纠正。

主席：林伯渠

副主席：李鼎铭　刘景范

建设厅长：霍子乐　惠中权

选自《陕甘宁革命根据地史料选辑》，第三辑，甘肃人民出版社1983年版，第142～144页。

互校版本：《陕甘宁边区政府文件选编》第十辑，档案出版社1991年版，第166～167页。标题为《陕甘宁边区政府关于夏耘工作的指示》，日期为“一九四六年六月十一日”。内容基本相同，6月13日发文增加“夏收”的内容。

7. 陕甘宁边区邮政管理局员工待遇办法

1946年6月25日

一、总则

（一）本局为了建立一定制度及将边区邮政工作逐步正规化起见，对邮政员工的待遇规定办法如下：

（二）根据各内地局员工及长途邮工生活上的需要，及求得今后工作上的便利，经济上的节约，并建立一定制度起见，应将过去的供给制改为薪金制。

（三）按长期打算的工作原则，各级邮政员工分别等级并实行年加月俸，以资鼓励员工的进步。

（四）为了提高长途邮工的质量，除了加强政治教育之外，对其生活待遇应比其他邮政员工为高（因边区人民生活丰足，不易找到好工人）。

（五）邮政员工的薪金以米为计算标准，但为了防止米价波动而影响薪金的实行，特照1946年7月份财厅规定的米、布价格，将每个员工月薪米40%折算成布，其余60%为米，此后即照后列的米、布标准照市价折发现款。

（六）员工薪金标准，根据员工等级，不根据其职务的高低。

（七）员工的等级，按其本人的工作年代及业务能力、工作情况等决定。

二、员工等级

（一）邮务长：即邮管局的正、副局长。

（二）邮务员：相当于科长一级的干部，即年多资深而干练的人员，可以充当一、二等局长。

（三）乙等邮务员：相当于股长一级干部，即在邮务工作上有相当把握，可以充当三等局长。

（四）邮务佐：相当于科员一级干部，初作邮务工作者，即以前的收发员。

（五）长途邮工：即邮差。

（六）本市邮工：分听差、信差二等，听差是在邮局内服务者，信差是在本市送递邮件者。

三、薪金

（一）长途邮工，每月基本薪金小米，1.4石至1.6石，计分三级：

第一级：月薪1.6石。第二级：月薪1.5石。第三级：月薪1.4石。

（二）听差每月基本薪金小米6斗至6.5斗。计分二级：

第一级：月薪6.5斗。第二级：月薪6斗。

（三）本市邮工每月基本薪金小米6.5斗至7.5斗。计分三级：

第一级：月薪7.5斗。第二级：月薪7斗。第三级：月薪6.5斗。

（四）邮务佐：每月基本薪金小米7斗至8斗。计分三级：

第一级：月薪8斗。第二级：月薪7.5斗。第三级：月薪7斗。

（五）邮务员：每月基本薪金小米8.5斗至9.5斗。计分三级：

第一级；月薪9.5斗。第二级：月薪9斗。第三级：月薪8.5斗。

（六）邮务长：每月基本薪金小米1石至1.2石。邮务长：月薪1.2石。副邮务长：月薪1.1石。

四、年加月俸及其考绩

（一）每个邮政员工每至工作1周年时，每月加俸小米3.5升。

（二）每年按考绩时期加其周年月俸，每年考绩期2次。6月底及12月底，考绩劣者迟延其月俸6个月。

五、其他

（一）一切办公用具统归公家筹备，不包括在薪金以内。

（二）私人的生活费用：如鞋、袜、肥皂、手巾等包括在薪金以内，公家不另供给。

（三）薪金制实行之后，家属代耕优待、政府补助一律取消。

六、附则

（一）本办法由边区政府批准公布施行。

（二）本办法自1946年7月1日起施行。

选自《解放战争时期陕甘宁边区财政经济史资料选编》上册，陕甘宁边区财政经济史编写组、陕西省财政厅财政科学研究所、陕西省档案馆合编，三秦出版社1989年版，第368～370页。

8. 西北局转发华北财经办事处关于反贪污浪费的指示通知

1947年2月1日

（一）华北财办处"关于反贪污浪费的指示"，深刻指出贪污浪费的严重性，分析了错误的性质和产生根源，提出了反贪污浪费的正确方向。责成各级党深刻研究、结合实际、检讨工作、教育干部、健全制度，并将情况及改进工作办法，报告西北局。

（二）此指示，边区级机关发到各单位支部，地方党发到县，军队党发到团，编号发出，不得遗失，待后收回。

西北局

附：

关于反贪污浪费的指示

日本投降以来，我财政经济工作迅速发展，工作任务超过抗战时期数倍至数十倍。由于我们未严格掌握制度，缺乏科学管理方法，由于财经干部成（分）复杂，又无严格管理教育，因此，贪污浪费现象，日益严重。土地改革运动中，各地检查出来已有许多重大的贪污案件，贪污的数字是以亿万计的，至于战争中资财的浪费和损失更属骇人听闻（如山东损失大部分的救济物资，各地战争缴获，大多未能成为财政收入）。这种现象如不迅速纠正，则将大大加重我财政困难，使我战争难于长久支持，且将腐蚀干部、腐蚀全党，损害党的政治影响（国民党因不能制止贪污而日益腐化，受国内外舆论的普遍攻击，必须引起我们严重警惕）与革命的胜利。各级党委，在整编队伍、审查干部思想时，尤其在检查财经工作时，必须动员干部，对各种贪污浪费现象，进行斗争批评和自我批评，揭发各部门的贪污浪费现象，引起全党警惕。必须采取惩前毖后，治病救人态度。对诚恳反省，自我坦白，痛改前非的，宽大处理，对隐瞒和屡教不改的，予以应得处分。教育与纪律不能偏废。教育无效，或其犯罪行为超过一定程度，就必须执行纪律，不应姑息。今后除从上而下的检讨外，还必须有从下而上的检查。全党当家，鼓励群众揭发和告发大大小小的贪污分子。只有运用群众力量，反对贪污浪费，才能收到切实效果。对各种贪污案件必须按其性质及情节轻重，认真处理。认识贪污是自私自利，而且有意识的（明知故犯）犯罪行为与因幼稚或疏忽而犯的工作上的错误性质不同。此种行为，完全（或者主要）应由犯罪的人自己负责，但同时又应认识贪污是私有社会的必然产物，地主资产阶级又常利用贪污来腐蚀我们同志，我们处于私有社会，如立场不稳，很容易被贪污这种尘垢污染。只有天天拂拭，经常检查自己，才能保持党的纯洁。各种贪污性质不同，应当分别处理：有些干部贪污革命资财为其个人资财，准备脱离革命，考虑找个人出路。这些干部，本质上已背叛革命，不应采取姑息态度，有些干部贪污革命资财供其个人挥霍，但对别种革命工作仍然负责，则应令其痛改前非，否则予以应得处分，有些干部利用自己职位，破坏制度，窃取不应得的享受，亦应进行批评教育，促其迅速纠正。机关首长，必须以身作则，拒绝一切不应得的享受，否则，便不能与贪污现象进行严肃斗争。对各种资财的损失和浪费现象，也应认真检查。它与贪污虽有区别，但同样也是削弱革命力量，损害人民利益（加重人民负担）的一种罪恶行为。财经供给干部不负责任的工作态度，往往造成革命资财的重大浪费和损失，如许多粮食和衣服在保管中霉烂，有许多重要资财在战争中不应有的损失，对战争缴获的浪费和破坏。这些现象必须查明责任，予以必须的批评或处罚。其因为本位主义或官僚主义领导而使革命资财受重大损失者，亦应深刻检讨，使其迅速纠正。有些机关部队虚报人数，多支重领，造成巨大浪费，更须坚决反对。反之，一切不避艰险，保护革命资财的任劳任怨，反对贪污浪费的干部，则应受到奖励。为着迅速开展纠正贪污浪费现象，财经供给负责机关应当：

1. 严格掌握制度（研究制度本身是否合理），经常检查，使制度真正贯彻下去。尤须建立审计制度，检查收支状况。

2. 审查财经供给干部，清洗不可救药的贪污腐化份（分）子，进行经常的管理教育。为此，可以加强政治机关，加强干部管理教育工作。而动员全体同志和广大人民增加生产，节约开支，与贪污浪费现象进行严肃斗争，是支持长期战争不可缺少的条件。

3. 检查并纠正乡村中的贪污浪费现象，如村财政的贪污浪费，合作社的贪污，以及对生产贷款和斗争果实的贪污，都要及时防止与纠正。

以上希各级党委研究执行，并将结果报告。

华北财经办事处

选自《陕甘宁革命根据地工商税收史料选编》第六册（1946—1947年），陕甘宁革命根据地工商税史编写组、陕西省档案馆编印，陕西人民出版社1987年版，第351～354页。

9. 陕甘宁边区政府关于开展春耕运动的紧急指示

1947年4月29日

各级政府：

边区今年春耕，正当全面抗击蒋胡贼军的自卫战争当中。贼军破坏，人心动荡，动员频繁，劳力不足，交换停滞，牛犊缺乏，政府对战勤领导多，对生产领导少，因而谷雨已过，很多农田尚未送粪下种，而春耕只有最后一个月到两个月的时间了，如不急起直追，抢耕抢种，则许多地方，农事荒废，将不可免。荒废一亩农田，减少一分自卫战争的力量，而抢种一亩农田，就是增加一分胜利把握！故我全边区人民必须紧急动员起来，用全部力量，用突击精神，在适应战争条件之下，争取一个月到两个月内完成全部农田耕作。为达到此项目的，必须：

一、向人民宣传时事，讲解敌我斗争形势，说明敌军困难与我军消灭敌人的方法及敌军必败我军必胜的道理，以安定人民情绪，增强胜利信心，纠正群众中认为“没世事了，还生产什么?”因而打滥账，不过光景，不务生产的思想。同时应在各个乡村建立哨站，进行盘查，组织民兵游击队，经常侦察敌情，讨论劳武结合的具体办法，使人心安定，开展春耕运动。

二、确实负责解决群众生产中的困难问题，被敌占领的县份，敌军只能控制市镇及少数据点，广大农村仍为我民主政府和人民游击队的势力范围，各该地的政府应即领导游击队掩护群众进行耕种，并用一切办法帮助群众解决吃粮、籽种、耕牛、农具等困难。被敌侵占我又收复的地区，群众的门窗锅灶被敌焚毁，牛、驴宰杀一空，粮食罗掘无余，大部群众马上没饭吃，更谈不到进行生产，因之该县政府应即派干部下乡进行调查，安抚群众回家，号召互助，解决困难，必要时政府应酌情救济，发放农货，帮助他们立即进行抢耕抢种。敌人未到地区，民间粮食牲畜困难不大，但因市场被敌人封锁破坏，交易停滞，农具发生困难。例如安塞、志丹等县农民缺铧，志丹县采用接铧头及群众间调剂伙用等办法给群众解决困难，进行耕种。总之，各县均应根据当地人民的具体情形，克服一切困难，推动生产。

三、今年生产中特别感到困难的一个问题是劳动力不足。为补救克服这一困难，各村各乡的干部必须善于组织劳动力，利用战争空隙抢耕抢种。例如志丹县提出“耕地换牛不换人"，"实行劳力互助，组织小型变工"等办法推动生产。又如新宁县干部善于利用战争空隙，组织群众生产。在华池战争结束至敌七十五旅进犯该县的六天中间，各乡村召开了群众大会，一面总结战勤工作，一面动员生产，在短促时间内大部完成了送粪工作。各地政府和干部都应学习他们的精神，按照当地具体情况，普遍组织小型变工，组织老汉、小孩、妇女一起参加耕种。靠近前线的地区并可组织生产与战勤工作的大变工，例如新宁木莲洼"去秋组织全村全、半劳动力，老汉、娃娃、及畜力实行变工，该村共十五户，十六个全劳动力，七个半劳动力，六个驴，除派出一付担架，一个民兵，四个驴子支援前线外，村长组织在家的人实行变工，两个不力程的驴供给全村驮水磨面，两个老汉放全村的牛羊并给全村牲口割草，七个全劳动力（村长未计入）种了全村二百五十亩麦，并由女人（全村十三个全劳动女人）收了全村三十多亩蔓豆，做了若干干粮。种麦收豆是先给外出的担架队员及运输队员的家庭作。全村生产由生产组长统一领导负责计工，战勤工作则由村长负责。"这种好的范例值得各地参考采用。接近敌人据点的地区，可仿照子长郭家坪（距瓦市十里）李生彬白天到距敌较远的村子里或山上避敌休息，晚上回家种地的办法进行生产。为保护生产，各地在春耕期间进行战勤动员时，二者必须兼顾，尽量使各地负担公允，每村都留一部分人在家进行生产，绝对不准机关部队擅自动员民力畜力。同时每乡每村（尤其是接近前线及交通路线的村庄）应即建立招待员制度，支应伤病兵食宿转运的工作，以专职责，避免影响大家生产。

四、各级机关学校人员有很大数量转移到了农村，无形中增加了群众很多负担，应号召每个工作人员和学生，除工作学习及机关生产外，并须帮助本地群众进行春耕。机关的牲畜应尽量抽出帮助群众送粪。这项工作一定要各机关首长负责，有计划有组织的确实去作（做），决不是沽名钓誉、敷衍了事。后方机关学校的柴炭全部都由自给，不许取之于民。严格遵守战时人力畜力动员的规定，做到决不浪费一个人力畜力，以保证战时生产任务之完成。

五、边区植棉纺织事业遭受敌人很大破坏，部分地区的穿衣问题已感到困难，各地全部完成建设厅原订之植棉计划恐不可能，但仍须想尽一切办法尽可能多种，后方地区更应努力增加棉产。纺织事业更不可松懈，转移到农村的女同志对此项工作应格外注意，帮助发展家庭纺织。各地贸易公司，合作社应负责帮助其解决棉花问题。

六、各级领导机关必须严格纠正干部中借口战争忙忽视对生产组织领导的错误思想，反对工作中的命令主义与官僚主义作风。动员每个乡村干部深入群众克服困难组织群众，以身作则，为完成春耕任务及战胜敌人而奋斗。

各分区各县应将春耕进行情形随时报告本府。

选自《陕甘宁革命根据地史料选辑》第三辑，甘肃人民出版社 1983 年版，第 237～240 页。

互校版本：《陕甘宁边区政府文件选编》第十一辑，档案出版社 1991 年版，第 147～149 页。

10. 陕甘宁边区政府命令（加强战时邮政工作）

1947 年 6 月 28 日

事由：为加强各级政府对战时邮政工作之领导以保证邮路畅通。

各专员县（市）长：各邮政局局长：

自本府关于加强改进战时邮政工作之命令颁布后，各级政府对该项工作之领导，确已开始注意转变。但有部分地方政府，对此项工作之重视，仍极不够，未能确实负责，同时邮政管理局亦没有根据战况的变化，及时想出办法，领导帮助各地工作，致使邮路因一时敌情紧张，遭受阻隔破坏，即不能迅速恢复接通，影响战争工作甚巨，今后必须更加改进，以保证邮路之畅通。为此，特有以下之规定：

（一）各邮政分局对于所属之各县邮局，应切实负责领导，特别是在敌人进攻与“清剿”中，及时了解敌情变化，具体研究指导邮路交通，以保证各级之联系，不为敌人切断。

（二）为了加强各级政府对邮政工作之领导，各邮政分局由各专署的民政秘书负责领导，过去无邮局县份，应将代办所一律改为县邮局，各县邮局由各县一科长负责领导，在边区邮政管理局总的方针指示之下，进行具体的领导，经常督促检查各级邮局工作，并按期向民政厅作报告。

（三）为求邮路之便于衔接，县与县之间，如路程相距过远的地方，应予设立邮站，除归直隶县局之领导外，并须接受所在地之区乡政府领导与协助。敌人进犯和“清剿”时，邮站可随地方政府行动，而地方政府必须以游击队民兵掩护其通邮。因此各县与县之间或县与站之间在此种情况下可以互相发生联系，任何县局及邮站，均不得拒绝转送邮件公文。

（四）完成上述任务所需之干部及必须增加的邮工，由各县就地选派熟悉当地情况及政治上可靠之人员充任，邮工亦可在民兵或游击队中抽调。其具体人数及应设站地点，由邮管局统一计划，另行通知。

（五）邮用经费仍照前令规定，邮政工作人员由各专署及各县政府负责，与其他工作人员同。邮政工人由各分区之财政分处照民财两厅规定之标准发给之。

以上各项希各级政府根据各地具体情形详加讨论，迅即布置执行。

此令！

选自《陕甘宁革命根据地史料选辑》第三辑，甘肃人民出版社 1983 年版，第 246～247 页。

互校版本：《陕甘宁边区政府文件选编》第十一辑，档案出版社 1991 年版，第 174～176 页。

11. 陕甘宁边区政府对夏收夏耘紧急指示

1947 年 7 月 1 日

麦子黄熟，秋田草长，正当夏收夏耘的紧要关头，敌军阴谋破坏，积极布置抢收新麦。因之，动员组织群众进行抢收抢锄，乃是目前反清剿中紧要任务之一，掩护群众抢收并坚壁于安全地点，成为我地方政府游击队的中心工作。为此：

一、配合反清剿斗争，武装保卫秋收夏锄。离敌较远地区应学习志丹，新宁等地办法，加强盘查放哨和侦察警戒，建立战勤与支应过往军队的战时制度，使群众了解敌情，全力镇静收锄。敌人可能窜扰区域，更应随时准备应付敌人的“清剿”，学习子长南区、绥德杨道峪及合水五区经验，实行民兵警戒，游击队积极牵制与扰乱敌人，掩护群众抢收抢锄，快打快藏，敌情紧张时应事前坚壁粮食，疏散牲口，转移老弱妇女，组织壮年劳动力，利用战争空隙，不分昼夜抢收抢锄，直至敌人到村子附近才安全转移，敌人一去，马上回村继续生产。乡村干部尤须转移在后，回来在前，为领导群众坚持生产的表率。

二、组织劳动力合理使用，据半年来的统计，全边区支前劳力约占全部劳力的十分之一，而因敌人骚扰荒废的劳动力则大大超过此数。因之在劳力使用上主要应避免劳力的荒废，尽量减少不必要的动员，预先组成流动收锄班子，如敌人侵入本村时，可即转移至别村进行变工收锄，如敌人退走，应即回村，并邀别村老乡还工突击收锄。在劳动组织方面，除一般发动老汉妇女上山及大量组织变扎工外，尤应组织妇女支应零星差事，和在条件具备时实行全村各种劳力分工，统一使用的变工办法，发动所有人力，一齐动手，使战勤与抢收抢锄，两不相误。

三、“锄头下有三分雨”。目前天气亢旱，锄草是保持地里水分的最好办法。群众中等待天雨，不积极锄草现象，应即宣传解释，加以克服。尽一切可能多锄、细锄及挑水按种夏菜，预防旱灾。

四、机关、学校、部队应组织扎工队帮助驻地群众收锄。机关转移时应事前派人在沿途配合当地政府布置食、宿、草料及运输问题，严格约束本部队和机关人员遵守群众纪律，禁止随便拉差，以免耽误生产。

各级政府应将收锄工作的情形随时报告本府。

选自《陕甘宁革命根据地史料选辑》第三辑，甘肃人民出版社 1983 年版，第 248～249 页。

互校版本：《陕甘宁边区政府文件选编》第十一辑，档案出版社 1991 年版，第 177～178 页。

12. 陕甘宁边区政府为加强生产备荒的指示

1947 年 9 月 7 日

各专员、县（市）长：

敌军劫掠，旧粮损失，春夏天旱，新粮薄收，明春饥荒，将不可免。为克服困难并支援我军反攻取胜，必须动员边区人民：

（1）扩大麦田，消灭熟荒，争取在这一个月内种完原有麦地，并将今年丢荒的向阳地，全部翻种冬麦。在绥德分区，首先应发动群众，互相解决畜力和麦种困难，立即翻种被敌人糟踏（蹋）了秋苗的向阳地。在延属西地区及关、陇山地，更应利用战争空隙，大量发动劳动组织，突击抢种，号召集粪拾粪和割秋草沤粪，争取种麦及明春耕种时多施肥料，增加粮产。各县政府对遭灾过重的地区可酌予贷款或贷给麦籽，后方机关应尽量抽出牲口，组织工作人员，帮助群众种麦。

（2）防止霜冻。今年秋禾下种较晚，又因夏季亢旱，入秋多雨，成熟时间定会延长。因之应广泛发动群众，在地畔堆集干柴野草，一遇白天刮西北风，夜间无风无云，即于黎明前一齐点火发烟，驱逐霜冻。这一工作对粮食收成有决定作用，但须普遍才有效果，特别在降霜较早地区，更应深入宣传，切实进行。

（3）组织群众副业生产，主要是扶助纺织。所有合作社，均应由一般业务转入扶助民间纺织业的供销，凡对人民生产与纺织事业没有联系的合作社，一律解散改造，或由政府暂管经营，解决纺车、织机、棉花等困难。在地少人稠粮食困难地区，应组织群众合伙运盐、运炭、贩粮等小型合作，调剂资金与剩余劳力，向外挣钱，换回粮食。

（4）节约备荒。发动妇女、小孩采集野菜、野果，储藏洋芋、瓜、菜、干枣、糠，并号召每家订出具体节约度荒计划，切实执行。

各级政府和干部，必须切实纠正战争以来放弃生产领导的思想，反对照抄上级指示，不具体布置检查工作的官僚作风，发扬劳武结合，劳勤结合，干部下乡具体领导的优良作风。务望切实执行，并将工作情形报告本府。

选自《陕甘宁革命根据地史料选辑》第三辑，甘肃人民出版社1983年版，第250～251页。

互校版本：《陕甘宁边区政府文件选编》第十一辑，档案出版社1991年版，第210～211页。

13. 陕甘宁边区政府关于接收各机关、学校、部队商店与家务暂行办法（修正草案）

1947年9月10日

第一章　总则

第一条　为了统一边区大小公经济力量，实行统筹与合理供给，避免苦乐不均，以支援长期自卫战争，特制定本办法。

第二条　凡边区机关、学校、部队所经营的商店一律取消，所有商店资产人员，均移交政府指定机关分别接收，农场作坊及家务均须清查登记报告接收委员会。其交公与登记办法，统依本办法处理。

第三条　为督促各机关尽速彻底报告与交公，并避免交接时之紊乱，边府得设立接收委员会（下简称接委会），由西北局、边府、联司按各系统指派专人组成。负责督促所属及其他系统进行家务的清理登记与交接等事项。下设若干工作组，专门负责接收、清点处理各系统所交之家务。

第四条　各机关、学校、部队之家务交出后，其经费开支由边府财政厅制订生产、供给标准统一供给，生产供给标准另定。

第二章　接收交公与清理登记范围

第五条　凡所有机关、学校、部队经营之商业部分，须统交公接收，其范围包括；

甲、凡所有机关、学校、部队经营商店的一切动产与不动产（如现金、股票、证券、白洋、黄金、特货、存货、器具、粮食、房屋等）、带经营性的运输队以及经营各该项之生产人员。

乙、凡机关之对外投资及与人合伙经营部分之人股、钱股及其利润等。

第六条　凡各机关、学校、部队所积存之家务与农场作坊均须清查登记，其范围包括：

甲、凡各机关积存之金银、货币、布匹、特货及日常用品等。

乙、凡各机关、学校、部队经营的农场、作坊的资金、存货、粮食、牲畜、工具、土地、房屋以及生产人员等。

第三章　处理办法

第七条　各机关接到本办法后，务须尽速将所有家务确实清理，分别部门、种类、数量，造册登记，并须将一地［切］帐（账）项结清，作出资产负债表，连同物资清册，一并经原机关首长签名后，送该主管机关。

第八条　各主管机关于接得所属单位之资产负债表及物资清册后，须负责审查，并连同本机关资产负债及物资，统一汇编成该主管机关之资产负债表及物资清册，经本机关首长签名，连所属单位材料一并送各该系统负责同志，各系统于接到审查并汇编成本系统之资产负债表及物资清册后，连同所属机关之各种原始材料送交接管会，由接管会派人审查清点，并指定一定人员作监交人。

第九条　在商店清理、造册移交期间，不论一切贸易活动及款项出入，均须一律停止。

第十条　各机关所交出之金银货币，一律交银行接收，粮食交粮食局；违禁品、实物、商品、房屋、股票，一律交贸易公司接收，牲口交财政厅按接收编余牲口办法接收。各指定之接收机关，须制定三联收据，一联由交出机关收执，一联交接委会备案，一联由收存物资机关存查。

第十一条　各机关、学校、部队所经营的商店生产人员统由各系统（按联司、西北局、边府三大系统）负责审查，工作积极、廉洁奉公者由各系统介绍财经办事处分配工作，其思想意识有毛病及经济手续不清或有贪污腐化行为者，由各系统负责审查后，分别送入学校训练。

第十二条　各机关、学校、部队经营之工厂作坊及积存的家务，据实报告，经接收委员会审查登记后，可指定一部或全部由原机关管理或经营，并担负一定生产任务。

第四章　登记与接收纪律

第十三条　在清理移交时期，严禁乱吃、乱用、转移埋伏、舞弊等情事，如经发现，当事人与该机关负责同志均须以党纪、政纪制裁。

第十四条　接受人员不得擅自窃取、动用、窜改或从中舞弊，各机关所交出之物资及帐（账）项，如经发现，一律严格论处。

第十五条　如发现机关有舞弊打埋伏、移交不清等事情，除惩处追查外，在清理期中，得停止其一切经费供给。

第五章　接收清查与分工

第十六条　接收与清查各机关、学校、部队、商店、农场、作坊及家务分为三个步骤：第一步接收与清查边区一级党政军商店与家务；第二步接收与清查分区县商店与家务；第三步接收与清查野战部队商店与家务。

第十七条　边区一级商店与家务分为联司、西北局、边府三大系统接收清查，守备部队与军事机关由联司负责，学校与边府附属机关由边府负责。

第十八条　分区县商店及家务之接收清查，由地委、专署分区司令部分别负责。

第十九条　野战部队商店及家务之接收清查由前总与联司负责。

第二十条　各分区县之商店、农场、作坊、家务的接收清查一律仿本办法进行。

选自《解放战争时期陕甘宁边区财政经济史资料选编》下册，陕甘宁边区财政经济史编写组、陕西省财政厅财政科学研究所、陕西省档案馆合编，三秦出版社1989年版，第38～41页。

互校版本：《陕甘宁边区政府文件选编》第十一辑，档案出版社1991年版，第211～214页。

14. 陕甘宁边区政府、陕甘宁晋绥联防司令部秋收动员令

1947年10月1日

各级政府、各部队、各机关、全边区的人民们：

庄稼快成熟了，武装保护秋收是当前边区军民的紧急任务。战争以来，我边区人民在过去几年大生产中积蓄下的粮食，由于敌人的抢掠滋扰，损失很大，今年耕地面积相当缩小，加上两万青壮年参军杀敌和更多群众的服役战勤，使农村劳力亦大为减少。且目前敌人在我边区仍有不少据点，还会继续窜扰，抢掠我们的粮食和破坏秋收。因此，我边区全体人民，各级干部，全体战斗员，民兵游击队员们，必须清楚认识敌人的残暴罪行，已经给我们在粮食方面造成严重困难，任何忽视这件事情，不及早设法弥补的放任自流态度，都将使那一地方的人民受到饥饿、影响战时供给。但是我们的困难是能够克服的，特别是我军已开始反攻，敌人将继续溃败的情况下，我们克服困难的条件是更多了，只要我们全体动员，紧张细致地进行秋收，把每一棵庄稼，每一根草，每一可吃用的瓜菜都收割干

净，打好晒好，放进保险的干燥的处所，厉行节约，多种冬麦，加紧明年生产准备工作，就一定能够克服困难，渡过春荒，支援反攻，直到全部消灭蒋胡匪军，解放大西北。为此，必须：

一、武装保卫秋收。一切地方兵团，民兵，游击队，坚决打击抢粮敌人，严密监视匪军行动，发动群众抢收，快打快藏。

二、动员男女老幼，一齐上地参加秋收，随熟随收，随打随晒随藏，不可因我军反攻，存有麻痹心理，调剂劳力，切实保证帮助军属及服役战勤人员家庭之收割。

三、各级政府、部队、机关、学校，在秋收期间，切实节省民力，减少动员。并利用战争空隙和工作余暇，认真的帮助群众秋收。

四、投敌反动地主和反革命分子的庄稼，组织群众收割，将所得粮食，依当地情况和群众意见，或救济受害群众，或分给贫苦农民，或入义仓。

五、切实执行西北局多种冬麦，边府加强生产节约备荒指示，务使种麦秋收结合进行，两不耽误，并防止秋收后的粮食浪费，保存谷衣秕糠、举办小型粮食合作社，积粮备荒。

全边区人民，各级干部，全体战斗员们，民兵游击队员们，努力工作吧！我们在粮食战线上胜利了，军事上的胜利就有了保证。敌人已陷入我南北夹击的困境，必将继续溃败。我军已不断壮大，士气旺盛，战斗力提高，再有足够的粮食，我们的胜利就更没有疑义了。

选自《陕甘宁革命根据地史料选辑》第三辑，甘肃人民出版社 1983 年版，第 252～253 页。

互校版本：《陕甘宁边区政府文件选编》第十一辑，档案出版社 1991 年版，第 218～219 页。

15. 新区初期贸易工作办法草案

1947 年陕甘宁边区政府制定

（一）立即动员商人摊贩及手工业者恢复营业与集市，其无力复业者，应扶助其复业，其愿意出售存货者，可酌情收购之。贸易公司应组织民生日用品的出售，以求迅速安定人心，解决市场必需品的困难。

（二）配合税局进行商店盘存奢侈品非必需品之登记（必需品不登记，以免引起恐慌）限期销售或组织其向外输出。并禁止其再输入，这一步骤，应作为管理与改造市场的初步。

（三）发展交通运输事业，以使新区与老区农村与城市产地与消费地结合。在此出入口贸易中，税收、外汇、物价等政策应与之配合。从而使市场得到自然调剂稳定物价，刺激生产。

（四）一切买卖，其议价支付账项，应坚决使用券币，禁用白洋蒋币，并动员存有蒋币之商人迅速兑换或向外买货。

（五）严禁奸商囤积操纵，搞违法生意，并配合土地改革，发动群众，清算官僚资本、大地主兼奸商的盘剥，并使受害群众分配其应得之果实。

（六）迅速组织工商联合委员会，改造旧工会、商会，使新商会、工会在我党领导下，成为教育团结工人、中小商人及手工业者的群众团体。

选自《陕甘宁革命根据地工商税收史料选编》第六册（1946—1947年），陕甘宁革命根据地工商税史编写组、陕西省档案馆编印，陕西人民出版社1987年版，第467页。

16. 陕甘宁边区政府、中共中央西北局关于搜集旱粮春菜籽种的通知

1948年1月10日

各地委、专署、县委、县府，各工作团同志：

去年由于蒋胡匪军的烧杀抢掠，又逢荒旱歉收，给边区人民造成了普遍的灾荒，这对我们边区的党政军民，又是一次严重的考验。每个工作人员都有责任随时随地领导群众做好救灾工作。我们有充分信心，在全体党员干部发扬艰苦创造作风与全边区军民的共同努力下，必定能够战胜灾荒，恢复生产，消灭敌人，解放西北。为此，除发动群众调剂和进行救济外，应积极组织群众准备广种旱粮春菜，是渡过春季青黄不接的最有效办法。特令各地即早搜集旱粮春菜籽种，同时应注意积极进行春耕准备工作，如牲畜、粮食、农具、肥料等之即早筹划。

一、各地在土改中接收地主储藏粮食及征收富农长余粮食中，凡有豌豆、春麦、大麦、南瓜、葫芦、菠菜、白菜、水萝卜、扁豆等籽种，应经过群众用公粮兑换，由农会及当地政府保管，以备春耕前统一调剂使用。

二、绥德、米脂、葭县、清涧、子洲、镇川、横山、子长、延长等九县，除发动群众互相调剂籽种外，按上述以公粮兑换方式，搜集旱粮籽种达到如下数目：

	豌豆籽（石）	春麦籽（石）	大麦籽（石）
绥德	80～120	30	20
子洲	80～120	30	20
米脂	50～80	15	10
葭县	50～80	25	5
镇川	50	15	15
横山	50	20	10
子长	50～80	20	10
清涧	50～80	10	6
延川（长）	50～80		
共计	510～740	165	95

这一工作，应以实事求是的负责态度去做。在缺少此项籽种的区乡，不强求凑数，而籽种充裕区乡，可酌量增加。搜集起后以区或乡为单位集中保管，报告边区生产救灾委员会，以便统一筹划，解决本区或其它灾情严重地区的籽种困难。

此外，各地土改中分配斗争果实解决灾荒的经验，发动群众调剂吃粮、组织冬季副业生产解决灾荒的经验，及准备春耕运动还存在的困难问题（如牲畜、食粮、农具等），解决办法和对上级政府的要求，皆应随时报告边区生产救灾委员会，以便研究经验，改进工作。

选自《陕甘宁革命根据地史料选辑》第三辑，甘肃人民出版社1983年版，第255～256页。

17. 陕甘宁边区政府、西北局关于开展一九四八年春耕运动的指示

1948年

陕甘宁边区人民经过八年生产运动，辛勤经营，耕地面积由八一八万余亩增至一五〇〇万亩，粮食产量由一〇〇万石增至一八〇万石，棉花由五万斤增至二〇〇万斤，积余粮食六〇余万石，这一巨大收获有力的支持了边区一年来爱国自卫战争，胜利地粉碎了蒋胡匪帮的疯狂进犯，战争已由防御转入进攻，由内线作战转入外线作战。但经一年来蒋胡匪军残暴凶狠的烧杀和抢劫，全边区损失公私粮食二十五万石，牛驴六万余头，农具二十三万件，减少耕地三百六十余万亩，青苗被践踏摧毁者五十余万亩；敌人对人民生产基础的大量破坏，更加深了目前灾荒的严重性，造成了灾民达四十万以上的大年馑。在这种情况下，开展今年的生产运动，是有许多困难的，但是伟大的边区人民久经锻炼，绝不会被困难吓倒，必然以更大的仇恨心回击蒋胡匪帮，并努力生产，重建家务，恢复经济。

我们特再号召边区党政军民，立即紧急动员，战胜一切困难，开展春耕运动，消灭熟荒，保持原有一五〇〇万亩耕地面积，格外勤苦精细耕种，恢复生产，保证战时粮食自给，为渡过灾荒，恢复经济，更有力地支援前线，争取早日消灭蒋胡等匪帮，解放大西北而奋斗。为此，必须：

第一，加强生产领导，春耕工作是目前边区各级党政的中心工作，各级党委和政府的主要负责人中，必须指定一二人专门负责，具体布置经常检查并向上级报告情况，俗语说："立春不论地"，为了集中全力进行生产，土改工作必须于春耕前半月一律结束，估计做不完的地区可留待春耕后或秋后进行。各土改工作团在春耕期间就是春耕工作团，首先应注意土改中引起部分农民生产情绪低落的现象，耐心的加以宣传解释，团结所有农民努力生产，提倡发家致富，奖励劳动，督促地主份（分）子及二流子参加生产，使其彻底转变。乡村支部、贫农团、农会及每个党员必须成为春耕中各种生产组织的领导核心，在灾情严重地区，首应解决吃粮问题，多种春麦、大麦、豌豆等早熟庄稼和春菜，缩短灾荒时间，有计划的组织灾民，一部分在家变工生产，一部分贩运粮食，扶助春耕，一部分即早

向陇东延属或河东等地迁移，另行生产，在粮多地广的地区，须确实负责安置移民，扶助组织生产，尽量扩大耕地面积，多产粮食，靠近敌人据点及边缘地区，必须加强民兵及地方武装工作，打击敌人，保护生产。春耕期间凡一切不必要和可以暂缓的动员一律停止，一切动员必须经过正式手续，与县级以上政府之批准，对出外担负战勤人员，应普遍实行帮工还工制度，使战勤与生产密切结合。

第二，组织起来，进行生产竞赛：一年来边区劳力减少约计百分之廿（加上战勤达百分之三十），耕畜减少约计百分之卅至五十，因此更须大量组织边区原有的变工、搭工、拉吊庄等劳动组织，和发动妇女、老汉、娃娃，积极参加农业生产；缺乏牛犋地区，应提倡人工变牛（驴）工，并用人力掏种、按种，不使土地荒废。立即严禁宰杀耕牛，提倡帮助合伙买牛（驴），实行草料调剂和耕畜调剂，解决有牛无草无料或有草无牛的困难。各种生产互助组织必须坚持自愿原则，使战勤与春耕结合，并实行民主评议、记工算账等办法，使变工真正做到公平合理，坚决反对强迫命令和形式主义的劳动组织。

第三，具体解决春耕中的各项问题，坚决反对只作一般号召，照抄上级指示的官僚主义的作风，必须深入农村逐村逐户具体讨论春耕计划，并即时解决各种困难：（一）关于吃粮问题：必须依据西北局一月廿日救灾决定的精神发挥群众力量，用各种办法解决之，除分配没收和征收地主富农的粮食外，并可提倡农民间互相借贷调剂，同时组织纺织、运输、熬硝等副业生产换取粮食。延属各地应号召非灾区实行节约募捐，求得在本县本分区内自力调剂，解决粮食问题。（二）关于籽种问题：各县应切实按一月十日西北局边府联合通知，完成分配收集籽种任务，凡土改中所得的各种能用的籽种，应迅速统一调剂。各县应于春耕前将收集籽种情形呈报边府，以便调剂分配。今年的籽种都经过长期的坚壁窖藏，必须加以选择并作发芽试验，防止种上不出苗的损失。（三）关于农具：除铧已由贸易公司购回五千页并继续购进及由建厅铁厂预计制造七千页供应农村外，其它农具必须发动农民收集废铁，经合作社或集体组织铁匠制造。（四）防止庄稼荒芜：农民说："隔年草籽等一垧"，去年丢的熟荒地最易长草荒芜，必须多翻两次，或种玉麦等苗大好锄的庄稼。（五）加紧准备肥料柴火，发动老汉娃娃积极打柴拾粪，以弥补去冬因战勤及土改耽误了打柴拾粪的工作，节省主要劳力从事耕作。

在历年边区生产运动中，各级党政干部和人民都有很丰富的经验，必须很好的接受过来，联系本指示详加研讨，具体解决困难，提高劳动效率，艰苦奋斗，胜利的完成一九四八年伟大的春耕任务。

选自《陕甘宁革命根据地史料选辑》第三辑，甘肃人民出版社 1983 年版，第 310～312 页。

18. 一九四八年恢复与发展边区农工商业合作社及运输业计划

1948 年 3 月 1 日边区常驻议员、政府委员扩大联席会上通过

一九四六年第三届参议会通过了边区一九四六年至一九四八年三年建设计划方案，边

区政府和边区人民以充分的信心来实现这一计划。经过一九四六年的努力，耕地面积即达一千五百万亩，产粮一百八十万石，棉花二百万斤，石油（原油）近××桶①，火柴一千八百箱，民间织成土布十二万大匹，胜利地完成了第一年的建设任务。一九四七年三月，蒋胡匪帮向我边区进犯，不仅破坏了边区人民的建设计划，并且摧毁了边区人民历年辛勤经营建立的生产基础，造成了四十余万人民严重的饥荒。现在我西北人民解放军已彻底粉碎了蒋胡匪军的疯狂进犯，胜利地转入进攻，边区人民必须立即计划生产，紧急动员恢复经济，为此边区参议会常驻会、边区政府委员联席会于三月一日通过一九四八年恢复与发展边区农工商业、合作社及运输业计划如下：

一、农业

一、消灭熟荒，增产粮食。去年边区因胡匪侵扰减少耕地面积三百六十余万亩，今年必须争取消灭熟荒，使耕地面积达到一千四百万亩，并格外勤苦耕作，多产粮食，达到边区粮食自给，家家户户都有饭吃。延属三边等地，应善于组织劳动力辛勤耕种，不使熟地荒芜；陇东应利用增加的移民扩大生产；绥德分区应尽力精耕细作，增加粮食产量。

二、生产救灾。依据西北局关于救灾问题的决定确实进行外，并计划：(1) 组织三万灾民移往陇东、志丹、晋绥就食并从事农业生产。(2) 在灾重地区多种豌豆、春麦、大麦等早熟庄稼，并发动妇女老弱利用零星地段、沟洼、地畔按种瓜菜，争取每户都种葫芦几十株，接济度荒。各种籽种，除政府在各地公粮及用救济粮换集或收买等办法完成一千五百石调剂给各灾区外，各级政府均须认真在当地农民中调剂或向外购买，即时解决籽种问题。(3) 发放赈济粮一万五千石，解决春耕中食粮问题；贷款农币三十五亿元，解决农具籽种及移民等问题。同时，在进行土地改革地区，更公平合理的分配斗争果实，解决缺乏粮食及生产资料的农民的困难。

三、保护发展畜牧事业：一年来边区牧畜损失甚大，今后必须切实注意保护，严禁宰杀役用孕畜，严禁母畜出口，奖励伙喂牲口，注意改善饲养管理卫生防疫及医疗工作，减少牲畜死亡，打通口岸，推销皮毛，提高牧畜利益，促进牲畜繁殖。

四、植棉与制糖：保持部分地区（延属东三县等地）的棉产，并在陇东等地推广植棉，继续推广试种糖萝卜及制糖技术。

五、加强领导与组织劳动力。恢复生产是边区党政和全体人民当前中心工作，各级政府必须加强领导，开展大生产运动，奖励劳模，提高生产情绪，随时克服解决生产中所发生的困难和问题，注意生产过程中的技术指导，广泛的组织与调剂农村劳力畜力，参加农业生产，实行劳勤结合，劳武结合。健全制度，避免浪费人力畜力。接受历年边区生产运动中的丰富经验，完成上述任务。

二、工业

一、恢复与发展民间工业。(1) 本年计划组织二十万人参加家庭纺织业的生产，年产小布六十万匹。在西地区继续传授纺织技术，东地区组织供销，除群众自种及购买的棉花外，建设厅、工合及各合作社，用发花收标准布及卖花买布，帮助推销等方式扶助开展家

---

① “档案文件版”注：据考证此数字为“五万桶（五加仑）”。

庭纺织业。(2) 扶助民营手工业，如米脂民生纸厂等，坚持公私兼顾、劳资两利原则，帮助其解决困难，定购产品，保证其获得正常的生产利润。(3) 扶助发展熬硝、榨油、养蚕、毛织业等生产，恢复子洲、镇川小盐及米脂石炭等出产。

二、逐渐恢复主要公营工业。(1) 恢复石油厂。目前开工暂时提炼现存原油，进一步和其他解放区合力恢复与扩大油厂生产，首先补充设备，一面掏井，一面打井，争取每日出原油××桶①，以后逐步扩大改进。(2) 建立小型铁厂供给农具，子长燃料便宜，矿砂炼铁，亦已试验成功，同时搜集废铁制铧、铸锅，供应生产力所需农具，并逐渐由公营推广为公私合作与民间手工业。(3) 纺织厂与军工需要配合，恢复扩大丝织厂，上半年就现存原料进行生产，下半年根据原料及需要逐步扩大。(4) 恢复小型化学厂，小规模制造甘油及肥皂，上半年每月产肥皂××条②，下半年按情况和需要扩大。(5) 火柴厂和造纸，下半年如情况与条件许可，逐渐恢复。

三、交通运输业

一、恢复民间运输业：(1) 改进战勤制度，尽可能减少不必要的动员。后方机关物资运输一律付给运费。加强兵站、粮站等工作，多组织短距离的转运，实行劳财共负及组织农村战勤运输合作，求得牲畜动员的公平合理，以增加民间运输畜力。(2) 组织边区食盐、烧碱、皮毛、清油、甘草等土产与各解放区物资的交换，保证运输的适当赢利，刺激民间运输的发展。(3) 组织农村合伙、朋伙捎赶牲口等运输合作，政府筹发部分运输贷款，解决运输资金困难；奖励和扶助公私开设草料店，克服各交通大道草料困难，达到逐步恢复边区运输业。

二、适应形势的发展和需要，整修绥（德）宋（家川）公路，富米路，进而兴修绥定路（先修绥德至马蹄沟一段）。上半年进行勘察，下半年动工兴修。

四、合作事业

一、在土改、生产、救灾中组织切合实际情况与人民需要的小型合作，使群众中的资金和劳力相结合，真正达到合作社以扶助群众生产为其主要任务的目的。

二、各地旧有合作社目前应扶助人民生产、救灾，发展纺织、运输，恢复集市，收买农村副业产品，供给民间的必需品，以资有利于边区经济之恢复。

三、银行和贸易公司对各合作社应经常给予帮助，视合作社为本身组织的下层基础，在业务上取得密切联系，以期达到发展国民经济之目的。

五、商业与内部市场

一、贯彻保护商业的政策，在土地改革中坚决不侵犯私营商业的利益。宣传解释。消除商人疑虑，首先繁荣城市，以诱发农村市场的活跃。

二、适当规定营业税率，一九四八年免征营业税，以促进商业的恢复与发展。

三、恢复遭受匪军破坏的集市，首先尽力恢复公营商店及合作社的营业，以影响私营商店并扶助其恢复营业。

四、稳定金融，调整物价，贸易公司准备供给群众生产原料与日用必需物品，加强工

---

① “档案文件版”注：据考证此数字为“二百”。
② “档案文件版”注：据考证此数字为“一万”。

农业产品以及土产与必需品的交换，发展内地市场。

选自《陕甘宁革命根据地史料选辑》第三辑，甘肃人民出版社 1983 年版，第 275～279 页。

互校版本：《陕甘宁边区政府文件选编》第十二辑，档案出版社 1991 年版，第 56～60 页。

19. 陕甘宁边区政府关于保护工商业的布告

1948 年 3 月 31 日

陕甘宁边区的工商业，十余年来，在中国共产党的正确政策与方针指导之下，经我民主政府的具体实施，虽受蒋胡匪帮严密封锁，依然获得繁荣与发展。惟自去年蒋胡匪军疯狂进犯以来，致遭严重破坏，加之去冬土地改革中某些地区曾发生侵犯工商业利益的“左”倾错误，致一时妨碍了工商业的恢复与发展。当兹努力恢复边区建设之际，为了促进工商业的发展与边区经济的繁荣，特郑重宣布：

一、坚决贯彻保护工商业政策。凡遭受蒋胡匪军重大破坏的工商业，无论属公属私，均应本政府保护工商业的方针，鼓励与扶助其恢复营业。在土改中，切实实行土地法大纲第十二条关于“保护工商业者的财产及其合法的营业不受侵犯”的规定。地主、富农所经营的工商业，同样应受到保护。曾因订错成份（分）受到侵犯尚未纠正者，应一律迅速改正，退偿损失。对某些尚存顾虑，窖藏货物不敢营业者，应宣传解释鼓励其恢复营业。凡属工商业的借贷和来往账债，应予保护。在经营上，凡依“发展生产，繁荣经济，公私兼顾，劳资两利”方针，不论合伙经营或个人经营的工厂、作坊，政府均应保护和奖励。

二、本年度（民国三十七年）免征商业税与临时营业税（不论固定经营或流动经营）。以农业为主兼营工商业者，在征收公粮时，只计算其农业收入，其工商业部分，不得计为副业征收公粮。

三、工商业者的财产及其合法的经营，得受边区法律的保障。如被侵犯，工商业主可依法向政府司法机关提出控告。

选自《陕甘宁革命根据地史料选辑》第三辑，甘肃人民出版社 1983 年版，第 283～284 页。

20. 陕甘宁边区银行总行、贸易总公司联合指示

1948 年 11 月 18 日

为适应爱国自卫战争的需要，统一陕甘宁晋绥两边区，陕甘宁晋绥联防军司令部商得边区政府与晋绥行政公署之同意，将两边区银行合并，定名为西北农民银行。同时与贸易公司合并，又名为西北贸易公司。现在陕甘宁边区银行总行已按照上级指示，合并于贸易

总公司，各分行亦须于指定期内从速合并于各分公司，以利工作之进行。于合并中并须严加注意发生乘机贪污及生财用具吃喝上之浪费等行为。并特规定合并办法于下：

一、物资移交办法

1. 分行（准备库在内）、办事处、交换所之一切资产负债，统由分行负责清理作一结束。

2. 分行资产内务种物品、金银、牲畜、器具、武器、生财等均按当地公司定价折算交分公司，取得分公司收据向总公司总行转账。

3. 分行已经疏散之物资，不必完全集中于分公司所在地，可先造成表册由分公司经理根据需要指定移交地点，但必须取得接收机关之收条，以便向分公司转账。

4. 凡是移交之物资均要编制“物资移交清册”6 份（总公司、总行、地委、财办处、分公司、分行各一份）。

5. 分行会计上之账簿单据及业务上之材料文件均交分公司接收。

二、人员处理

分行干部除已经决定调动者外，下余人员编制清册全部移交分公司，分行行长任分公司付经理（另有命令）。

三、分行合到分公司后，分公司增设“金融管理科”，工作任务为：掌握外汇统计、物价市场情况调查、生产贷款、代理金库、兑换等。但该科会计不独立，可根据业务需要在会计科账上增设适当科目以处理之。分公司以下据点内不增设金融管理组织，口岸上由支公司按外汇管理原则办理兑换，内地支公司亦按外汇管理原则只能收入金银敌币（不兑出）。

四、移交时由党政派人监交。

五、于 12 月 20 日移交合并完毕，将清册及折算收据寄到总公司总行。

喻杰　余建新　黄亚光
张定凡　史唯然
11 月 18 日

选自《解放战争时期陕甘宁边区财政经济史资料选编》下册，陕甘宁边区财政经济史编写组、陕西省财政厅财政科学研究所、陕西省档案馆合编，三秦出版社 1989 年版，第 207～208 页。

21. 陕甘宁晋绥边区政府、西北军区司令部关于缉私工作的指示

1949 年 1 月 10 日

各专员、县（市）长，分区司令员，并各级缉私委员会：

边区缉私工作在过去一年中，由于加强领导与成立缉私组织，在贯彻禁令，阻遏走私气焰以及查获违禁品等方面获得了若干成绩。但缉私工作本身，尚有不少缺点，主要表现

在有不少缉私分会，放弃领导，有名无实，有的甚至发生乱收乱用不解不报等无政府无纪律状态。造成这种现象的主因，是各级政府及领导机关对这一工作仍不够重视，放松了对缉私工作的领导所致。

为保证禁令彻底执行，除修正陕甘宁晋绥边区暂行缉私规章随文颁发外，对于今后缉私工作特指示如下：

（一）各地政府及领导机关应认识加强缉私工作是贯彻禁令有力支援战争胜利的重要工作之一，必须有足够的认识，作为本身日常工作的一个部分，经常注意领导检查缉私工作并对所属干部及缉私人员进行教育。

（二）各机关的负责同志，对于本部的生产人员应经常抓紧教育。绝对禁止违法走私。为贯彻此项决定，特授权缉私队，如发现情况有权随时检查公营商店，倘经查获，除将违禁品没收，商店封闭，经手人送政府依法惩办外，该部门主管人亦应受到处分。

（三）为加强各地缉私工作凡未成立缉私的分区须迅速依据当地情况成立一定数量的缉私队，并由专署和分区司令部负责发给枪弹武器，缉私队成立后可按绥德分区的办法由缉私分会委托税务分局领导，缉私人员待遇按地方部队标准发给，由税务分局统一向财政厅造决算报销，已成立缉私队者，必须加强缉私人员的教育管理工作，使其执法守法，领导方面对于缉私人员的赏罚必须严明，违法失职者须受处分，著有成绩者应予奖励。缉私人员在原则上不给缉私奖金，但成绩优良者可由缉私分会提出意见呈请缉私总会审核批发工作奖金。

（四）查缉物品除一般的依条例处理外，对于贫苦群众及军工烈属如因没收以致不能回家者，可由当地县（市）政府证明，酌发路费，（此项须按月转分区财委会向财厅报销）但屡犯者不应照顾。

（五）为了纠正以往缉私工作上存在的无政府无纪律状态，各缉私分会必须严格执行下列工作报告制度与没收品的报解制度。

第一，分区缉私委员会，须按月汇制缉私情况简报及报告表一次（两份），按季作综合性的工作报告一次，呈报边区缉私总会，1948 年度的缉私总结，应于 2 月底前作出报告，呈缉私总会，以便呈报西北局和政府。

第二，各县没收品（指毒品、敌币、银洋、赤金）必须按月解交缉私分会，除延属、三边、绥德分区按期（多者每月一次，少者二月一次）直接解送延安总会外，其余分区一律解交分区贸易分公司，但解交公司后须按月将贸易公司收据寄来总会，以凭换取正式收据。

（六）凡群众协助缉私者，一律依照缉私提奖规定发奖，颁发办法规定为：奖金一律由税务机关在税收中先行垫支，发给前须先经县的贸易支公司（或分公司）评定成色价格，并取得公司的证明信后方可发给，奖金的报销办法，则由各地的税务机关按月造出决算（附领据及证明信）向财政厅报销。

以上各项希各地缉私分会，及军政税务贸易机关切实研究执行为要！

边区政府主席　林伯渠

副主席　杨明轩　刘景范

军区司令员　贺　龙

政治委员　习仲勋

副司令员　王维舟

附：陕甘宁晋绥边区暂行缉私规章

第一条　为加强违禁品（包括毒品、敌币、银洋、赤金与货物税条例规定禁止进出口之货物）及漏税货物之缉私工作并统一缉私职权，贯彻政令而制定本规章。

第二条　陕甘宁晋绥边区（以下简称边区）缉私事宜，悉依本规章之规定办理之。

第三条　凡边区缉私事宜，由边区缉私委员会（以下简称缉委会）所属之缉私队，税务稽查人员统一办理，各地贸易公司、银行均有协助查缉之责，除经缉委会委托之机关外，不论任何机关或个人一概不得缉私。

第四条　边区缉委会授命各分区缉委会统一组织各该分区之缉私队，办理各该分区缉私事宜，其组织与领导关系规定如下：

（一）缉私队由分区缉委会按照整编规定名额编制并选派队长及政治指导员，呈请边区缉委会备案。

（二）缉私队在分区缉委会领导下执行任务，其日常业务指导，工作布置及生活管理得由缉委会委托税务局统一办理之，生活管理应依军事原则管理之。

第五条　缉私职权划分如下：

（一）缉私队以查缉毒品、敌币、银洋、赤金为主；税务机关稽查人员以查缉禁止进出口物资及漏税货物为主。但同时应兼顾双方协同进行。

（二）受缉委会、税局委托之缉私机关及缉私队，或个人只有缉私权，而无处理权。

第六条　缉私范围及没收品处理按下列规定：

（一）凡查获之毒品及敌币一律没收。

（二）银洋赤金及元宝准许民间保存，金银质首饰准许佩带（戴），如变卖者，须到银行按牌价售出，凡因转移而携带者须取得区级以上政府或银行之证明文件后始得通行，否则一律没收。

（三）凡查获禁止进出口货物及应税货物之走私案件，悉依货物税条例规定办理之。

（四）凡私贩枪弹及其他军火者，除将该项货品没收外，人送司法机关依法究办。

（五）凡缉之毒品、敌币、银洋、赤金，应交由缉委会或委托之机关按本规章处理之，缉获禁止进出口物资及漏税货物，人货须送当地税务机关处理之。

（六）凡缉私机关宣布没收毒品、敌币、银洋、赤金时，须随时割给边区缉委会制发之没收证，属禁止进出口货物者须割给财政厅制发之没收证。

第七条　缉私人员行使职务时应注意下列事项：

（一）缉私人员进行检查时，须携带边区缉委会制发之缉私证，缉私时应出示缉私证，无缉私证者无权缉私，违者法办。

（二）对走私人员不得任意捆绑、打骂（使用暴力抗拒者例外），否则，受害人有权告发。

（三）缉私人员只能在道路、河口、关卡等地进行检查，对于民房、商店必须进行检查时，须商请当地政府协同进行。

第八条　缉私队与政府之关系规定如下：

（一）缉私队所到地区行使职务时，须通知当地政府，遇有重大案件当地政府得协同办理，当地如突然发生敌探奸细破坏事件，地方政府须缉私队检举缉拿时，缉私队须尽力协助办理之。

（二）分区缉私队如因特殊情况须往其他分区进行职务时，须通知该分区政府，方可进行。

第九条　缉私提奖及奖金分配办法如下：

（甲）提奖：

（一）因报告而查获之毒品、敌币、银洋、赤金以该案总值10%作为奖金。

（二）因报告而查获之违禁货物，以该案总值25%作为奖金。

（三）因报告而查获之漏税货物，以该案罚款总额30%作为奖金。

（四）因报告而查获之漏税货物，如只补税未罚款者，税务机关对于报告人可酌情给予奖励，但最高不超过应纳税款5%，奖金由此项补税款内拨给。

（乙）奖金分配：

（一）协助缉私人员归案者，奖给该案奖金额一半，其余半数归公。

（二）报告缉私人员并协助归案者可得该案奖金2/3，余1/3归公。

（三）凡将走私人员及物资一齐送交缉私队或税务机关者，奖本案奖金全部。

（四）缉私队查获之案件无奖金。

第十条　缉私人员之工作奖，依边区税务人员奖惩办法办理之。

第十一条　本规章在晋绥区如尚有未尽事宜时，晋绥行署及军区司令部可在不与本规章抵触之原则下另制定单行办法。

第十二条　本规章自颁布之日起施行，民国三十七年二月十九日边府颁发之缉私办法及民国三十六年颁行之税务规章即行作废。

选自《解放战争时期陕甘宁边区财政经济史资料选编》下册，陕甘宁边区财政经济史编写组、陕西省财政厅财政科学研究所、陕西省档案馆合编，三秦出版社1989年版，第529～534页。

互校版本：《陕甘宁边区法律法规汇编》，三秦出版社2010年版，第413～414页。

22. 中共中央西北局关于今年农业生产的指示

1949年2月26日

（一）去年陕甘宁晋绥基本地区的农业生产，是在完成了土地改革，进行了纠正偏向的基础上及我军胜利进攻，大部分地区获得较安定的环境下进行的，这是使我们能够恢复生产的基本条件；但由于匪祸天灾，使边区人民生产基础遭受严重破坏，广大农村普遍的食粮不足，劳力减少，畜力缺乏，陕甘宁有近四十万人民陷于饥饿状态，晋绥有四十六万人口的地区遭受严重灾荒，加之某些地区土改“左”偏所造成去春农民生产情绪的动荡不安等，曾给我们进行恢复生产以极大困难，但在我党中央正确政策领导下，经全体军民艰苦奋斗及各级党政工作干部的努力，依靠群众，并由于：（甲）各地正确执行了有关发展农业生产的各种政策，激励与提高了群众生产情绪；（乙）坚持生产救灾方针，依靠生产克服了灾荒，同时用大力筹运粮食及利用土改中所得的果实，接济灾区食粮、种籽；（丙）发动广大妇女群众参加生产，补助劳动力不足；（丁）采取发动群众借贷互助为主政府贷款为辅的方针，解决农民生产中的具体困难。经过一年的努力，战胜了灾荒，克服了困难，基本上完成了一九四八年的农业生产任务。陕甘宁增种熟荒二百四十万亩，耕地面积恢复达一千五百余万亩，产细粮三百余万市石（黄龙新区耕地四百四十余万亩，产细粮近一千七十万市石，未计算在内）耕地面积和产量均达四六年百分之七十，晋绥已超过了四六年的农业生产水平，耕地达三千一百八十余万亩，产细粮近一千万市石（包括晋南在内）。打下了今后进一步恢复与发展生产的巩固基础，但我们绝不能骄傲，必须认识生产尚未全部恢复，距战前的水准还差很远，仍应切实努力，积极响应毛主席"生产长一寸"的号召，把我们的农业生产在现有的基础上提高一步，以便更有力地支援西北人民解放战争，继续恢复战争与灾荒所遗留下来的若干地区的创伤，并适当的改善人民生活。

（二）除上述基础外，今年的农业生产还有更好的条件：（甲）由于军事胜利的向前发展，西北解放区绝大部分地区已完全处于安定的适宜生产的环境。（乙）西北解放区的基本区均已完成土改，生产力的束缚已被解除，纠正了"左"的偏向，使广大农民的生产积极性逐渐提高。（丙）由于各解放区连成一片，使西北解放区的生产从此脱离了小范围孤立的自给环境而能与其他解放区配合的发展。（丁）由于解放区的统一，特别由于西北解放区今年将有更大的发展，就使长期脱离城市和工业的西北农业生产环境，将开始进入与城市工业互相配合发展的环境。（戊）去冬与今春几次的雪雨，也是农业生产很好的自然条件，这些都是今年进行农业生产新的有利条件。但我们必须注意到另一方面，若干地区匪祸天灾的创伤，尚未完全恢复，有些地区灾荒尚未完全解除，食粮、籽种还有困难，有些地区由于土改"左"偏的残余影响未能完全消除及合理负担政策尚未贯彻执行，以至农民的生产积极性和勤俭朴素的风气尚不很高，此外我们过去对于农业生产的计划性和具体领导是不够的，特别对于组织指导农村生产合作互助工作，做的很差，这都说明我们过去工作中尚有缺点，今后也还有困难，必须十分重视，认真求得改进与克服。

（三）根据上述情况和条件，提出今年农业生产的任务，以增产粮食为主，一九四九年争取做到全边区增产细粮一百万市石（每亩约增产细粮二市升），同时要注意工业原料棉麻等之发展，特别注意扩大棉田，提高棉花产量。其次对于西北国民经济上占重要地位的畜牧事业及其他与人民有益的农村副业，应尽量保护与发展。增产粮食的基本方针，一般以精耕细作，提高产量为主，以恢复与扩大耕地面积及大量兴修水利为辅，各地区各级党政应根据当地生产能力的条件，拟定适合实际情况的具体增产计划，并继续研究，改良生产技术，特别注意集粪施肥，选择品种，多耕多锄，保持水土，改良农具，防除害虫等重要方面。在改良农作法方面，一切好的范例，必须随时向农民宣传并与当地实际条件结合推广之。

（四）为实现上述任务，凡土改后基本区的各级党和政府，必须经过各级组织和一切群众团体在所有的农村普遍的发动一个以提高农业生产、比赛劳动致富的群众性的生产运动，所有农村党和政府及党员和干部必须把领导人民发展农业与副业生产为自己最中心和最基本的任务。农村支部、人民代表会、农会都必须成为生产运动的骨干和领导者，广泛深入的进行宣传组织推进这一运动，并注意随时帮助农民解决生产中所遇到的某些困难，使农村的党和政府及群众团体在领导生产这个中心环节上和广大群众进一步联系起来，每一个乡村每一个人都要为实现自己的生产计划，进一步充实支前的物质力量与适当改善生活而斗争。在土地问题尚未解决的新区应在贯彻以反封建为主的发动群众的方针与工作基础上，不违农时领导与组织群众恢复与发展生产。

（五）为更加确立与巩固基本区广大群众生产发家劳动致富的思想和勤俭持家的风气，并发动与提高其生产积极性，必须贯彻党的有关发展农业生产的各种政策：（甲）确立与巩固土改后农村各阶层的土地财产所有权，允许个人自由处置，如买卖典押转让遗赠，雇工经营，或在特定条件下出租等，并继续完成颁发土地窑房证。提倡并保护私人借贷，利息由双方自由议定。（乙）坚决实行公平合理公私兼顾的负担政策，在土改完成的地区，结合生产，利用农闲，逐级审查，评定当年产量，贯彻按通产比例征收农业税，不论新区老区均应切实改进战勤负担制度和办法，尽量使之公平合理，以刺激农民生产情绪。（丙）继续实行生产奖励政策，对于一切有益于生产的事项如：牲畜之繁殖、水利之兴修、工具之发明、耕作之改良、特种作物之栽植、互助合作事业之发展、移难民之垦殖以及劳动英雄之功绩范例等，均应加以精神和物质的奖励，并在总结以往经验的基础上开展劳英运动。（丁）发放可能的与必要的农业贷款，以促进农业生产，但这种贷款必须由银行主持发放，并建立严格的信用制度，使之真正成为达成生产公私两利有借有还，坚决克服过去把贷款变为恩赐救济的慈善事业的观点和作（做）法，各级党在领导今年农业生产中，必须使所有干部明了并向一切群众宣传上述各项政策，并切实遵照执行，以打破农民对生产的某些顾虑。

（六）由于土改后土地、牲畜、农具的分散及匪祸天灾所造成的农村劳力减少和普遍缺乏耕畜等困难，组织农村的生产合作变工就成为保证完成农业生产任务最迫切最重要的问题，但这正是我们过去领导生产工作中最薄弱的一环，对今后“由个体逐步的向着集体方向发展的农业经济”应有明确认识，必须加强领导，使广大农民在生产劳动方面发展变工互助，同时在供给工具、种籽、原料和运销农产品的方面有条件有步骤的建立供销合作社，真正协助社员生产，以比较廉价的工具和工商品供给农民，又以公道的价格收买和运销农民多余的粮食和原料及副业生产品，好的供销合作社必然对于组织农村生产与消费以及农村经济周转，会起很大作用的。因此一切经济机关，特别是工商厅与各地贸易公司应把指导与扶助合作社的正当发展，当作自己的重要任务之一。应以适当价格，供给合作社以农民的生产资料和生活资料，并销售合作社从农民中收买来的生产品。如果把农村合作事业真正做好，实质上就可以把农村广大群众真正组织起来。尤其在西北形势迅速发展，某些大中城市即将解放，老区公营贸易等机关在一般农村中的据点，可能有某种程度的收缩，转移到若干较大的城镇上来，这种情形之下，农村供销合作事业更属迫切需要。为此必须坚决反对对于组织农村劳动互助与供销合作事业的放任自流不负责任的态度，同时也要注意不再重犯过去组织劳动合作互助中曾经犯过的强迫命令，形式主义，脱离群众等毛病，而是实事求是的，加强现有合作社及农村合作事业的指导，根据自愿结合和等价交换、民主监督等原则，一般以小型的按季节性的分散的形式，组织一切劳力、畜力、合作互助、生产变工，然后在此基础上有条件有步骤的去逐渐提高，特别要注意发动鼓励广大妇女群众参加到生产战线上来。

（七）春耕季节已经到来了，各地党应把去冬以来进行的颁发土地证、整党、评产等工作与今年春耕工作密切结合起来，并使这些工作围绕着春耕生产的动员组织工作去进行。如果发土地证、整党、评产工作与春耕生产工作在时间上和力量上发生矛盾时，则应前者服从后者。各级党必须根据本指示所提出的基本精神和方针，详加讨论，进一步搞通干部思想，彻底纠正有些干部把生产工作当作“软任务”或认为“生产群众会搞，用不着我们管”等错误思想。遵照毛主席“一切基本解放区当前最基本的任务就是要把生产提高一步”的指示，各级党必须拿出充分的时间和力量组织与指导生产事业，很好的吸取过去领导农业生产的经验深入农村有计划的去进行一切必要的宣传与组织工作，在全西北解放区展开一九四九年的农业增产运动，以配合今年军事政治的发展形势，为基本上解放大西北与促进人民解放战争在全国胜利的伟大目标而斗争。

选自《陕甘宁革命根据地史料选辑》第三辑，甘肃人民出版社1983年版，第321～326页。

23. 陕甘宁边区政府关于保护公路的指示

1949年3月4日

各行署主任、专员、县（市）长：

为适应迅速胜利发展的形势，加强支前运输，整修与保护公路，成为我们当前的一项重要工作。务希各级政府立即认真负责检查所属区域内的公路，利用春耕前的空隙，发动群众加以补修。在河西应特别注意修好咸榆公路主干线及黄龙分区内原有的各支线，在河东应特别注意修好赵城至禹门口至风陵渡线（经临汾）及汾离公路至军渡之主干线，保证汽车畅通无阻。今后修路护路应当成为各级政府经常工作之一。为了保证主、干线公路之及时修理，准予每二百华里左右设一公路检查员（各段人员配备见附图），归县政府领导。乡（河东为行政村）政府下设一交通委员会，吸收有关自然村干部三五人参加，负责动员群众修补公路，并分段负责组织养路队（关于养路技术问题，可参看一九四八年十一月十五日指字第一号边府建设厅指示）。检查员应与乡村交通委员建立经常工作关系，负责经常巡查所管段内之公路，如有破坏，立即督促乡交通委员动员群众补修。凡群众修路担负人工，均应计入战勤工内，由各县政府统一调整。今后凡修路护路成绩优良者应予以奖励，不负责任的应予以处分。

各行署、专署及县（市）政府接令后，务须立即具体布置进行补修，凡补修公路桥梁之木工石工费用，在十石以下者，由行署审核批准在建设费项下报销，工程巨大者，应拟具修理计划及预算呈报边府交通厅核准施行。公路检查员应于指示到后一星期内配备就绪，进行工作，并将简历报告交通厅。

兹提出补修公路应遵照的几项标准如下：

（一）过河之处（河两边）均须铺垫石子。

（二）石土砭垮下之碎石块，须立即铲除干净。

（三）路基被水冲刷之缺口，须迅即补起，并留水路出口。

（四）路面坎坷不平之处，须用石子或土铺平或挖平。

（五）水沟水管淤塞者，必须挖开，积雪溶化及暗泉等处，应挖送水沟，并将泥泞之处垫干。

各行署各专署应将工作布置及修补公路情形随时报告本府。

选自《陕甘宁革命根据地史料选辑》第三辑，甘肃人民出版社 1983 年版，第 363～364 页。

互校版本：《陕甘宁边区政府文件选编》第十三辑，档案出版社 1991 年版，第 104～105 页。

24. 陕甘宁边区发展牲畜暂行办法

1949 年 4 月 12 日公布

第一条　为提高农业增强运输，繁荣边区经济，特制定本办法。

第二条　本办法所称牲畜系指役用之牛、驴、骡、马、骆驼，肉用之羊、猪等。

第三条　凡从事繁殖饲养牲畜之人民，均可享受下列之奖励：

甲、役用怀胎母畜，产前一个月，产后一个月，免除战勤，产后第二个月，第三个月，只服短途战勤，不服长途战勤，不超过一站路程者为短途。

乙、不及三岁之役畜，免除战勤，三岁至四岁之役畜，只服短途战勤，不支长途战勤。

丙、专门配种子役用种畜，经县府批准者，免除战勤，并免除配种季节经营户一人之战勤，其配种之收入，亦免除负担。

丁、配种技术优良，每年每头役用种畜配准一百头以上者，奖励给黑豆一石，配准五十头以上者，奖给黑豆五斗。

戊、有配种技术而无资本购买种畜者，经当地政府介绍，银行可酌情给予贷款。

第四条　在纯畜牧区内之牧地，非经当地政府许可不得开垦。

第五条　为群众公认，对畜病防治有经验之兽医，由县政府发给行医执照，并免除其战勤。

第六条　防治牲畜疾病有显著成绩之兽医，得由县以上政府发给以名誉或物资奖励。

第七条　牲畜发生瘟疫时，县政府应组织兽医巡回医疗，如兽医在工作中或生活中发生困难时，政府应给以帮助。

第八条　牲畜发生传染病，必须切实隔离消毒，疫病死亡牲畜，必须深埋，严禁食用买卖。

第九条　为克服医药困难，各地政府应注意奖励群众开办药社与兽医兼营药社。

第十条　政府应有重点地试办牲畜配种站与委托合作社兼营配种工作，（以公私两利原则进行之）并奖励农民及合作社贩卖种畜。

第十一条　为发展畜牧，银行应酌情适时发放畜牧贷款。

第十二条　严禁宰杀耕牛，凡齿老残废，不能役用者，须经当地政府批准，方得宰杀，故意违犯者，严加惩罚。

第十三条　凡积极执行本办法有显著成绩者，各县政府得酌情奖励，违犯本办法者，得酌情惩处。

第十四条　本办法如有未尽事宜得由边区政府修改之。

第十五条　本办法自公布之日起实行。

选自《陕甘宁革命根据地史料选辑》第三辑，甘肃人民出版社1983年版，第371～372页。

互校版本：

1.《陕甘宁边区政府文件选编》第十三辑，档案出版社1991年版，第188～190页。附有1949年4月12日颁发的通字第23号通令。

2.《陕甘宁边区法律法规汇编》，三秦出版社2010年版，第437页。

25. 陕甘宁边区工矿商业营业执照领发办法

1949年4月14日

第一条　本办法根据营业税条例第一章第三条之规定制定之。

第二条　凡在边区境内经营工矿企业及在市镇经营商业并设有固定地址者，不论公私均须按期请领营业执照方许营业。

第三条　营业执照之领发事宜，统归各地税务机关受责办理。

第四条　营业执照发给办法如下：

一、营业执照每年颁发一次，并以每年之第一月为颁发期间。

二、凡请领营业执照者于颁发期内填具申请登记书一份，送交当地工商联合会经登记并转呈该县税务局审查批准后颁发之，凡新营之工矿、商业亦须于开业前一月，依上述规定请领执照。

三、凡二次请领营业执照者，须将旧执照缴销作废。

四、营业执照每张按资本额收手续费百分之二（以后币值变动时，由税务总局另行规定之）。

第五条　凡领取营业执照者，如中途因故停业时，须于停业前五日内填具停业申请书一份，送交当地工商联合会，经审查登记呈请税务机关批准后方准许停业，并注销其执照。

第六条　罚则：

一、无故不领执照逾期一月者处五十万元以下罚金，逾期两个月者处以五十至三百万元以下之罚金，逾期三个月者除处以三百万至五百万元以下之罚金外，得以抗领执照论处。

二、凡顶用执照意图蒙混取巧者，除令照章补领外，并处以二十万元以上二百万元以下之罚金。

三、凡不遵守本办法第五条之规定而私自停业者，在停业期间该业主仍有完纳工商业负担之义务。

四、凡应受停业处分之工矿、商业均由税务机关呈请当地县（市）政府以布告公布行之。

五、凡有涉及司法范围者，送当地司法机关处理之。

第七条　工矿、商业营业执照由边区税务总局统一印制之。

第八条　本办法自公布之日施行。

选自《陕甘宁边区政府文件选编》第十三辑，档案出版社 1991 年版，第 209～210 页。

互校版本：《陕甘宁边区法律法规汇编》，三秦出版社 2010 年版，第 273 页。

26. 陕甘宁边区牲畜市场管理规则

1949 年 4 月 14 日

第一条　凡在集市买卖牲畜均须在规定之牲畜市场进行交易。

第二条　凡买卖牲畜不论有无交易员（即经纪牙子）说合均须于成交之后，向征收机关照章完纳牲畜交易税。

第三条　牲畜交易税为百分之五，由买主负担。

第四条　凡市集牲畜买卖经交易员说合成交者，统由征收机关当日照章提成，交易员概不准私向买卖主索取佣金。

第五条　农村牲畜交易税除代征机关规定提成者外，一律不得提成。

第六条　市镇牲畜交易价格应由交易员会同买卖双方当面议定，交易员不得故意高抬低压从中取利。

第七条　凡经交易员说合成交之牲畜，交易员须于成交后，协同买卖双方同到征收机关纳税，不得串通偷税瞒价。

第八条　交易员须佩带税务机关制发之牙行证方得执行职务，无牙行证或顶用牙行证者均以私牙论处。

第九条　凡经税务机关考核批准并领有牙行证之交易员均须受当地税务机关领导。

第十条　买卖牲畜如违章者悉依交易税征收办法之规定办理之。但经纪人如违犯上述规定之一者，轻者取消其交易员资格，重者除追回舞弊赃款外，人送司法机关惩办。

第十一条　本规则自核准之日施行。

选自《陕甘宁边区政府文件选编》第十三辑，档案出版社 1991 年版，第 212～214 页。

互校版本：《陕甘宁边区法律法规汇编》，三秦出版社 2010 年版，第 287 页。

27. 陕甘宁边区政府关于接管敌邮问题的意见

1949 年 5 月 4 日

（一）由于人民解放战争的胜利，西北广大地区即将获得解放，我们在那里应同接管敌人的其他一切企业一样，迅速地接管敌人的邮政，建立人民邮政，以利革命工作的进行和供给人民生活的需要，这是一个很重要的问题。国民党反动派统治时期所设立之邮政，虽早已成为被反动政府利用来进行反人民和摧残人民自由的一个统治机构，但是由于它的根本性质是一种社会企业机构（和反动的政治机构不同），它与社会人民的生活有着密切联系，它的内部技术组织制度方面又是比较合理科学有效的。接管时一般地可以根据固有的一些技术制度来办事，以便争取迅速接管，迅速复业。至于敌邮人员，除少数官僚分子和特务分子外，一般员工多是贫苦知识分子与贫民，绝大部分是可以教育转变来为人民服务的。但一部分较进步的员工，由于目睹敌人政治的腐败，借投身邮政事业企图“超脱于政治之外”；另一部分则为家庭生活所迫，只为永保“铁饭碗”而负担繁重的工作，对进步的东西缺乏认识。如当黄龙、西府、延安解放和收复之时，当地敌邮员工曾有逃跑和隐藏物资等现象。不过这也由于以往我们一部分接收人员缺乏正确执行政策及没有接管经验，对之争取不够有关。如错误地打击及不区别官僚资本和私人邮件一概没收等，使接管工作受到不应有的损失。这个教训应很好记取。目前由于全国胜利即将到来，党的城市政策已在许多大中小城市成功地实现。如郑州、沈阳、北平、天津等地，接管敌邮时，原来的邮政人员，都热切地参加工作，成为我们接管敌邮的依靠，一般敌邮的职员也绝大部分作（做）到了保存物资等待接收，受到人民政府的鼓励和安慰。同时由于国民党反动派的最后崩溃已非常明显等原因，也会影响到一切尚未解放的地区的敌邮人员，使他们认识到只有迎接解放军，保护物资，静待接收，照旧供职，积极复业，才是自己应走的道路，对国民党存在任何幻想都是毫无意义的。这种顺利接管情况，在我们大西北即将解放的许多地方是会出现的。当然困难仍是有的。例如个别分子的破坏接管和为恶不改的捣乱等，只要我们正确地执行党的政策，并严肃地接受过去的教训，慎重接管全部敌邮，变敌邮的人员与物资为人民邮政的人员和物资，并迅速组织复业，要做到不但不差于敌邮的业务，而且比原来的更好，使邮局在新区真正成为传达政策和反映群众意见，便利人民通邮的很好的工具。

（二）当我们派代表接管和监督邮局时，应鼓励邮工尽力保护物资，积极恢复通邮，并责成原有一切职员保护所有财产、文书、图表，不能有所损坏，进行有秩序的移交。凡立功者奖励，破坏者处罚，明确宣布开除少数证据确凿的反革命分子、破坏分子和劣迹昭著者。凡愿意照旧供职者一律照旧供职，领取原薪，并可享受旧的一切劳动保险、福利待遇（如养老金、退休金、抚恤金、年终奖励金等）。如万一发生财政困难，可暂时欠发，借给不低于原来生活水平的维持费。在战争中逃亡及不能照旧供职的负责职员，其职位可由原来的副手顶替，或者从原来职员中挑选充当。没有十分必要，不撤换原来职工。尚有因不了解我方政策畏惧逃跑者，令在局人员设法找回，说明我们的政策和态度，绝不乱翻乱斗。万一找不回来时，可自己动手迅速清点物资，先行复业。

根据上述情况和方针，我们对旧邮政人员和物资的基本态度和处理办法分别如下：

（1）人员：根据现在的了解可分三类：第一类是体力和部分脑力劳动者，包括邮工、信差、襄办等，这是邮局的基本力量。第二类是邮务管理人员，包括股长、内地局长、视察员、组长等，这是邮局不可缺少的技术人员。第三类是特务、反动分子、官僚和作恶分子等，这是邮局内部少数的寄生阶层。对以上三类人员采取分别对待方针。对第一类劳动者（邮工等），应设法启发他们的自觉性，使他们清楚认识到在人民邮政工作是为了人民，自己处于主人翁的地位，同过去在旧邮局工作为国民党反动政权服务而受压迫有根本的区别，应该转变旧邮的雇佣观点和劳动态度，建立新的为人民服务的观点和态度。这种工作还可以通过新建立的职工会组织去教育，团结他们成为接管和恢复的主要力量。对第二类管理人（局长、股长也是脑力劳动者）可利用其技术开展工作。他们之中所存在的一些旧观点和不良作风，应用座谈讨论、短期训练等方式逐渐改造之。这些人一方面兼劳动接近于邮工，另方面处在管理者的地位，和邮工之间存在一些矛盾，他们中个别人同官僚、特务、反动分子可能保持某种程度的联系，但只要他本人未曾作恶，不是特务，我们应当适当解决他们与邮工间的矛盾，使之也能很好地为人民邮政工作。对第三类人的态度要特别慎重，因他们之中情况较复杂，应注意多方了解，恰当处理。一般地说，凡首恶特务分子及破坏接收、为恶不改者，应揭露其罪恶，加以清洗。对非首恶的胁从分子，须警告他不准再作（做）坏事，令其立功赎罪。如再作（做）坏事，一经查出，定予严惩不贷。对敌邮电检查员，应交保安机关处理。党团分子，令其停止活动，自动登记。未曾作恶或作恶甚小者，只要悔改前非，愿为人民立功，改造后可以酌情使用。党团负责人以是否是特务决定其去留。至于寄生的官僚分子，因妨碍邮局业务，可以淘汰出去。

（2）物资可分邮用物资和邮寄物资两类。邮寄物资又分官僚资本和私人资本两种，接收时要仔细区别。凡邮用公物应责令管理人员填写清单，如数交清，然后妥为保存，不准浪费。邮寄物资确实属于官僚资本者一律接收，属于私人资本者，应妥为搬动，不准接收。

（3）不论人员物资，正式接管之后，均应登记清楚，制表两份，一份送当地主持接管的领导机关，一份送上级邮局备查。事后关于人员的处理、物资的使用等一些原则问题，均应得主持接收的领导机关或上级邮局的批准，方为有效。建立有请示，有报告的必要制度。

（三）于接管旧邮同时，应争取迅速复业，以利社会需要，除包裹汇兑、储金币制变更及其他原因待清理公布招领办理外，平信挂号等函件，应即照常收寄，一般技术手续可用原来的办法。在没有经过研究制造出更高级的手续之前，不得随便乱改致妨害业务。但我派去之代表应注意监督，保障邮务工作之完成，防止盗窃、贪污、浪费、怠工等现象。并学习管理企业中的技术组织和计算制度等问题。邮票和邮费从开办之日起，应按边区规定执行，如边区无规定者，可暂按原邮费资例加运。如平信就加平信之1倍。对旧存邮件，应分别迅速投递或转寄（包裹、汇兑、储金清理后再投递或转寄，以免损失）。唯敌方官署公文、新闻纸、印刷品等，应由公安机关派人检查，如发现反动的宣传品应予扣留，有关党政军的重要材料，应妥交有关机关处理。

（四）各级政府对新区接管邮政工作应极为重视，具体解决接管中的一切困难。每接收一城市，必须配备专门负责接管这一工作的干部，并加强其领导。对接管前之准备，政策教育，复业中的困难（如运力缺乏，员工生活等）以及与其他公安、交通机关的联系等问题，均责成各级政府、邮局和派去新区做接管邮政工作之干部密切配合，很好地调查研究，讨论布置，适应处理，使工作收到应有的成效。

选自《解放战争时期陕甘宁边区财政经济史资料选编》，上册，陕甘宁边区财政经济史编写组、陕西省财政厅财政科学研究所、陕西省档案馆合编，三秦出版社1989年版，第573～577页。

28. 陕甘宁边区商标注册暂行办法

1949年7月18日颁行①

第一条　为保障商标牌号专用权，发展生产，提高产品质量，特制定本办法。

第二条　凡本区公私各厂店之产品，申请商标注册者，悉依本办法之规定办理之。

第三条　商标注册由本府工商厅办理，为便利商民起见，凡申请商标注册者，得向行署工商处或相当行署之市工商局呈递申请书，经其审查合格并转呈本府工商厅核准后，准予注册。

第四条　申请商标注册时，须呈送商标图样、货样及填具载明下列事项之申请书。

1. 厂名　2. 经理人　3. 企业性质　4. 类别　5. 资本额　6. 主要机器设备　7. 每月产量　8. 所需主要原料及来源　9. 行销范围　10. 商标牌号名称及其所代表之商品特点。

前项商标图样货样及申请书经批准后，分存工商厅、行署（或市政府）及申请人各一份。

货样以最小之封装为限，其因搬运笨重，不便呈缴者，可以模型、照片或图样代替，如认为必要时并得令申请人将制造过程详细说明。

第五条　凡经审查合格准予注册者，应将其商标图样先行刊载于商标公报或指定之报纸满两月后，别无利害关系之异议时，始行注册，发给注册证。

第六条　商标专用权，以呈准注册之图样及其所指定之产品为限。

第七条　商标专用期限，自呈准注册之日起有效期为五年，期满后，得呈请续展，每次亦以五年为限。

第八条　商标所用文字，以本国文字为限，不得使用外国文字。已经使用外国文字之

---

① “甘肃史料版”标作“8月颁行”，本书根据“法律法规汇编版”所载政府颁布令的年月日。

商标牌号，得限期更换之。

第九条　商标所代表之产品，其品质提高，特点发生变化时，得向原注册机关呈递说明书，经审查属实后，以商标公报公布之。

第十条　未经注册之商标，如与已注册之商标重牌，以已注册之商标为合法，并责令未注册商标重新更换，办理注册手续。

第十一条　凡商标牌号及其营业一并转让他人时，应由双方于事前申请本府工商厅批准，并缴销旧注册证，另换新证。

第十二条　在商标专用期内歇业者，其商标专用权即同时废止，并缴销注册证。

第十三条　医药制品，须先经行署卫生行政机关化验许可，并取得证明后，始得申请商标注册。

第十四条　商标专用人，发觉有伪造其商标时，得向司法机关起诉，依法处理之。

第十五条　有下列情事之一者，不得申请商标注册：

一、属于迷信品与违禁品之产品。

二、未取得营业证照者。

三、相同或类似之商标牌号。

第十六条　商标注册后，有下列情事之一者，由原注册机关撤销之：

一、商标专用人，将其商标自行变换或加附记者。

二、商标专用人，未能保持其商标所代表之产品特点，品质日益下降，经通知其改进，而不遵办者。

三、请准注册之商标，在一年内未经使用，或停用满一年而无正当理由者。

四、商标权移转已满半年，未经从（重）新申请注册者（因承继移转者不在此限）。

第十七条　本办法未颁布前，各厂店原已注册之商标，须于本办法颁布后一月内申请注册，换领新证。

第十八条　依十七条之规定，所换领注册之商标，与已注册之商标重牌时，由工商机关按其出品先后，质量优劣，产量多寡，裁定之，未获核准者，予以撤销，并令其改换商标，另请注册。

第十九条　办理商标注册，应由申请人依下列规定，缴纳注册费。

一、申请注册及换领注册证，缴纳人民币一万元。

二、申请转移商标权，缴纳人民币五千元。

两种以上货物使用一种商标者，仍按一种缴纳注册费；同一申请人申请使用数种商标者，则按商标种类分别缴纳注册费。

第二十条　凡经注册之商标，应在封装上，或产品上，注明“陕甘宁边区工商厅商标注册证×字第××号”字样。

第二十一条　商标申请书及商标注册证，由本府工商厅统一印制，申请书由申请人向行署工商处（或市政府工商局）自行领填。

第二十二条　本办法自颁布之日起施行。

选自《陕甘宁革命根据地史料选辑》第三辑，甘肃人民出版社 1983 年版，第 448～

451页。简称“甘肃史料版”。

互校版本：《陕甘宁边区法律法规汇编》，三秦出版社2010年版，第274～275页。简称“法律法规汇编版”。

29. 陕甘宁边区工矿商业登记暂行办法

1949年8月8日颁行

第一条　为促进生产，保护边区工矿商业之正当发展，特制定本办法。

第二条　凡本区公营私营或合作经营之工矿商业，均须遵照本办法之规定办理登记后，始得营业，并受合法保护。

第三条　凡工矿商业者，开业、歇业、改组、转业时，必须按照下列规定，向当地县（市）人民政府办理申请登记。

一、申请开业，须于开业前，填具申请书（经营商业者并须觅取铺保两家），经核准后，发给营业证，方准营业。

二、申请书须载明下列事项：

甲、名称；乙、类别（独资、合伙、合作、公司——有限、无限、两合、股份两合）；丙、资本额；丁、地址；戊、经理人；己、股东与董监事姓名；庚，营业或制造项目；辛，创设年月。

三、开业后，前款各项中之一项（辛项除外）如有变更时，须于变更时，申请变更登记，并缴销旧证换取新证。

四、因故歇业者，须于歇业前一月向原登记机关申请核准后，始得歇业，并缴销其原证。

第四条　凡经营矿业者，于开采前须拟具开采计划，矿区图表，呈请当地县（市）人民政府转呈行署核准采矿权，并转报边区政府工商厅备案后始得开采，并依照本办法申请营业登记。

第五条　凡新设立之公司企业，申请登记时，须经当地县（市）人民政府，呈请行署核准，并转报边区政府工商厅备案。

第六条　在同一市区，设有总分厂（店）者，由总厂（店）向当地县（市）人民政府统一申请登记，经核准后，分别发给营业证。如总分厂（店）不在同一市区者，得由各厂（店）分别向当地县（市）人民政府申请登记。

第七条　工矿商业者，于领得营业证后并未开业或因故停业满六个月者，得注销其登记，并追缴其营业证。

第八条　凡因违法罪犯经政府或法院判处停业者，应追缴其营业证。

第九条　未经申请登记，擅自开业者，得停止其营业，并酌情予以处分。

第十条　营业证不得转让、借用或涂改，违者科以等于三个月至五个月营业税之罚金。

第十一条　营业证每年换发一次，以每年第一月为换发期；换发新证时，须缴回旧证，不再进行申请手续。在工商业发达之市区，行商与摊贩之营业证，每三月换发一次。

第十二条　经营工矿商业者，于领换新证时，须经税局核对完税手续，并于旧营业证旁加注说明，方准换领。

第十三条　营业证与申请书之格式，由边区政府工商厅统一制定后交由各行署（或直辖专署）直辖市政府印发。请领人并得缴纳工料费。

第十四条　本办法颁布后，以前各地施行之营业登记办法一律作废，并依本办法规定，重新登记。

第十五条　营业证遗失时，须向原登记机关申请作废，补领新证。

第十六条　工商业不发达之地区，进行申请登记时，得由行署（或直辖专署）工商机关规定以简便手续办理之。

第十七条　本办法自颁布之日起施行，如有未尽事宜，得由边区政府随时修改之。

选自《陕甘宁革命根据地史料选辑》第三辑，甘肃人民出版社 1983 年版，第 431～433 页。

互校版本：

1.《陕甘宁边区政府文件选编》第三辑，档案出版社 1991 年版，第 7～8 页。

2.《陕甘宁边区法律法规汇编》，三秦出版社 2010 年版，第 276 页。

30. 陕甘宁边区政府财政厅关于食盐运销暂行管理规则

1949 年 8 月 24 日

第一条　本规则依据陕甘宁边区盐政暂行条例第四章订定之。

第二条　西北食盐之运销悉依本规则之规定。

第三条　盐之运输由运销商依照规定直接赴场、赴仓或就店购盐运至其申请地点销售。

第四条　盐之运输须向各地盐务机关缴足全税，申请领取陕甘宁边区盐务总局之护运单照，随盐获运，盐照不得相离。

第五条　运输盐斤应受沿途各地及到达地点盐务机关之查验。

第六条　商人办运盐斤，须持工商管理部门登记核准之文件，向当地盐务机关依式申请登记为运销商。

第七条　运销商登记时如有用他人已登记之名称或化名登记者不予登记，其已登记而经查实者，即予撤销。

第八条　运盐包装，为便于管理有利运销计，规定包装分 50 斤、100 斤、150 斤、200 斤 4 种，不得随意增减。

第九条　盐斤称放得减去皮重，概不给耗。

第十条　运销者，于登记后三个月内未办运者，撤销其登记。

第十一条　制盐户不得经营业务，但另立牌号以运商身份申请办运者，不在此限。

第十二条　商人运盐，如因特殊情况中途或起运前必须变更销售地点者，当进呈经盐务机关核准之。

第十三条　商运盐斤于运抵目的地后，应开列单照号数，盐量及到达日期，向当地盐务机关报告后，始准在当地自由行销。

第十四条　运销盐斤中倘有夹带私盐或掺入过量水分及其他杂质者，除没收其盐斤外，并取消其运销商资格。

第十五条　本规则之执行，如当地未建立盐务机关者，得由盐务总局委托之机关办理之。

第十六条　本规则为管理商盐运销而制，但为统一管理食盐运销起见，所有公营运销盐斤，亦得按此规则执行。

第十七条　本规则自公布之日施行。

选自《解放战争时期陕甘宁边区财政经济史资料选编》上册，陕甘宁边区财政经济史编写组、陕西省财政厅财政科学研究所、陕西省档案馆合编，三秦出版社 1989 年版，第 584～585 页。

31. 陕甘宁边区政府命令（为养护西兰公路事）

1949 年 9 月 2 日

事由：为养护西兰公路禁止铁轮大车通行由。

西安市、兰州市市长：

长安、咸阳、醴泉、乾县、永寿、邠县、长武、泾川、平凉、隆德、静宁、定西、榆中、皋兰县县长：

查西兰公路为西北交通要道，原不准铁轮大车通行，近因支援前线，军运迫切，为迅速完成任务，遂未能予以限制，而民用铁轮车，亦相循通行，以致将路面大部轧坏，影响交通，至为重大。本府现已饬由公路局分段抢修，负责养护。嗣后沿线各县市应切实注意，所有铁轮大车，无论是否军运，均着其一律改走大车道，如公路附近无大车道者，暂准在公路边上靠右行走，另由各县市府在自己所辖地区，设法开辟新大车道，严格将公路与大车道分开，以期贯彻养护公路之目的。除分令沿线各县市府并布告外，希即遵照为要！

此令。

选自《陕甘宁革命根据地史料选辑》第三辑，甘肃人民出版社 1983 年版，第 452 页。

互校版本：《陕甘宁边区政府文件选编》第十四辑，档案出版社 1991 年版，第 63 页。

32. 陕甘宁边区政府关于关中新区种麦收棉指示

1949 年 9 月 5 日

各专员、县（市）长：

一、关中地区解放以来，由于广大人民革命情绪的空前高涨，我们各项政策的正确执行，迅速地和比较有秩序地进行了接管工作，积极努力地支援战争胜利前进，逐渐肃清了地方反动团队和土匪，初步建立了各级人民民主政权，使关中地区获得了巩固安定的环境，逐渐提高了人民的认识与觉悟，因而就有可能进一步开展反霸、肃特、剿匪等反对地主当权派的斗争，结合进行恢复与发展生产，继续努力支援前线等工作。这些工作，应根据各地实际情况，有计划、有步骤地进行，在目前正值种麦收棉的农忙季节，则应首先积极领导群众，抢种冬麦，收摘棉花，完成征粮及必要的支前任务。关中地区的农村农民，在敌人长期欺骗压榨和地主恶霸的掠夺剥削下，农业生产处于衰落萧条状态，并由于解放之初，农民对我们的生产政策还不充分了解，加之特务匪徒的造谣惑众，以及战争环境下的繁重支前任务，生产力量的相对减少，若干地区在执行合理负担政策上，发生某些偏向，因而就产生了部分农民生产情绪不稳，表现如出卖与宰杀役畜，解雇长工，分家等现象，部分农民因受胡马匪军抢劫，生产资料和生产工具和籽种、耕畜、吃粮等亦发生若干困难。因此，我们在当前农业生产方面的主要任务，就是安定农民生产情绪，具体解决生产中的各种困难，使全部冬麦得以及时下种，并使原有作物水平不致降低，在可能条件下，并求得适当的发展与提高，同时，做好棉花的采收工作，以奠定进一步恢复与发展生产支援前线的基础。

二、为此，各地必须首先在干部与群众中进行广泛的政治动员与思想动员，必须使全体干部了解，做好种麦、收花工作是当前的一项重大政治任务。由于关中地区百分之六十以上的土地种麦，百分之十左右的土地种棉，因此，秋季生产，就成为关中农民特别重要的生产季节。这一任务的顺利完成，将为进一步恢复与发展农业生产奠定可靠的基础，同时，使进一步支援前线有了物资保证。必须切实防止并纠正忽视新区生产工作的倾向，教育老区来的干部认识关中地区一年之计在于秋而不在于春，教育那些新提拔的干部和暂时留用的敌伪保甲人员，建立并巩固领导人民生产的观点（他们之中多数只懂得向群众要东西，不懂得给群众东西）。各地必须普遍深入宣传我们生产政策，消除群众顾虑，如误认为土改为乱斗乱分，害怕多生产多负担等，应明确向群众说明：土改是在一定条件下进行的，适应群众要求的民主革命，目的为了消灭封建剥削，达到耕者有其田，解除农民生产力的束缚，进一步发展生产，不是乱斗乱分。负担是有一定限度的，负担政策是公平合理的政策，同样是为了保证供给，发展生产。对于个别有坐待分地思想的农民，则必须说服教育，使他们积极生产，对于地主富农之懈怠生产者，则应加监督，不使土地荒芜。

三、其次，必须进行一些可能与必要的具体组织工作，这些工作是：第一，努力提倡并组织农民间的合作互助，提倡并推广农村中原有的变工、换工、捎庄稼等劳动互助组合，以解决农村中某些劳畜力不足的困难，并提高生产的效率；第二，发动群众互助互借，具体解决部分贫苦农户的吃粮、籽种等问题，鼓励农民自由借贷，活泼农村借贷关系，解决农民困难，严防强制调剂，引起社会不安；第三，尽可能地鼓励农民改良作物方法，有计划地推广良种，各地农场、水利局须与政府配合，适时放水，组织浇灌。并注意改进收花、分花的方法，以努力提高原棉质量，使行政领导与技术领导相结合，使进步的科学技术逐渐普及到广大农民中去。进行这些工作的主要方法，是一般号召与典型示范相结合，目前我们对新区情况了解还很不足，对组织新区群众的生产还缺乏经验，因而必须随时注意调查研究，及时总结与介绍经验，严防经验主义的思想方法和形式主义的工作作风，力求做到实际的效果。

四、结合种麦、收花工作，必须努力完成征粮任务，及必要的支前任务，贯彻合理负担的政策，注意战勤动员劳畜力的调整，并注意发动群众，反霸、剿匪、肃特、解决一切必须解决的问题，特别是战勤动员损失的赔偿，以及若干不公现象的调整，若干纠纷问题的处理等，这些工作的正确进行，直接影响生产工作的进行，必须认为是生产工作的一个方面，不能分割孤立对待，这些工作做不好，生产工作就会受重大的影响。

希各地接此指示后，迅即布置，并将执行情况，报告本府为要！

选自《陕甘宁革命根据地史料选辑》第三辑，甘肃人民出版社 1983 年版，第 453～455 页。

互校版本：《陕甘宁边区政府文件选编》第十四辑，档案出版社 1991 年版，第 92～94 页。

33. 陕甘宁边区政府煤矿煤质检查暂行办法

1949 年 10 月 13 日公布

第一条　为促进各煤矿增加生产，改进质量，并节省运输力，保证各公私营企业及机关军民用煤，特订定本办法。

第二条　各煤矿产煤，应分为大炭（十吋以上之块煤），碎炭（四吋以上之块煤），混煤（四吋以下之块煤及煤末）三种。在未经本府工商厅核准前，不得另立其他名称。

第三条　为保持煤质纯净，各矿场必须建立并加强选煤工作，将产煤中石块、夹矸、土渣等分别检出。

第四条　各煤矿区应加强煤业工会组织，（未成立者应即成立）在公私兼顾、劳资两利的总原则下，执行政府“增加生产、改进质量、减低成本、推广销路”的政策，并即共同订定选矿公约，督促并领导各矿进行选煤工作。

第五条　各煤矿区成立煤质检查委员会，由矿区所在地县政府之主管科与当地税局贸易公司组织之，设委员五人至七人，内正副主任各一人，由县政府主管科长税局局长分任之。

第六条　煤质检查委员会，得就有关机关酌聘检查员若干人，负责进行检查煤质改进工作。

第七条　在进行煤质检查工作时，应先由各煤矿将产煤标本送煤质检查委员会，并以书面写明成品、质量，及选煤经过。以作查验审定之根据。

第八条　经营运销煤炭之公私煤商，必须保持原来纯煤，始得出销，不得故意有抽换、加土、加水、掺杂等情事。

第九条　各矿厂违反第三条之规定者，得按情节轻重，予以劝告、警告、罚金、停业等处分。凡劝告三次无效者，予以警告处分，警告三次无效者，处以当日产煤百分之十以下折价罚金。罚金三次以上者，予以停业三天处分。其有情节过分严重者，须报请本府工商厅处理。

第十条　经营运销煤炭之公私煤商，如违反第八条规定者，得按情节轻重，处以当时所运销煤炭百分之十至二十之折价罚金。其有情节过分严重者，予以永久停业处分。

第十一条　第九第十两条处分之执行为县（市）政府，并按月将执行处分情形及罚金数目，报告本府工商厅。

第十二条　任何人均得向煤质检查委员会检举告发，各煤矿违反本办法之行为，如经查明属实，除依第九条给予被告以处分外，并得酌情予检举告发人以名誉或物质奖励。

第十三条　凡经煤质检查委员会审定为劣质煤炭时，各公私购户及铁路，均不得购用或运输。

第十四条　检查煤质人员，在执行工作中，如有贪污受贿等行为而经查明属实者，按其情节轻重予以惩处。

第十五条　本办法自公布日起施行。

选自《陕甘宁革命根据地史料选辑》第三辑，甘肃人民出版社 1983 年版，第 461～463 页。

互校版本：《陕甘宁边区政府文件选编》第十四辑，档案出版社 1991 年版，第 145～146 页。（缺第十五条）

34. 国营公营工厂企业中建立工厂管理委员会与工厂职工代表会议的组织规程

1949 年 10 月 25 日陕甘宁边区政府颁行

第一章　总　则

第一条　为了办好人民的企业，根据人民政协共同纲领第三十二条之规定及第六次全国劳动大会决议精神，建立工厂管理委员会（以下简称管委会）与职工代表会议。实行民主管理，树立职工群众的企业主人翁思想，自觉地遵守劳动纪律，发扬生产积极性和创造性，加强团结与学习，培养与提高管理企业能力以改进业务，提高生产。

第二章　工厂管理委员会的组织

第二条　凡属国营公营工厂企业，均应组织管委会。由厂长（或经理）、副厂长（或副经理）、总工程师（或主要工程师），及其他生产负责人和相当于以上数量之职工代表组织之，厂长、副厂长（或经理、副经理）、总工程师及工会主任为当然委员。其他生产负责人（如主管成本会计人员）须参加管委会者，由厂长（或经理）报请上级机关决定之。职工代表由工会召集全体职工大会或职工代表会议选举之。管委会委员之名额，视工厂大小而定，一般以五人至十七人为宜。

第三条　凡大工厂大企业设有分厂（所、部等）者，其分厂（所、部等）亦应建立管委会，其组织与总厂管委会同。

第四条　管委会中由职工选出之委员，每半年或一年改选一次。连选得连任，如有不称职者，得随时改选之。

第五条　管委会，会期小厂与分厂（所、部等）每周开会一次，大厂与总厂每两周开会一次，必要时得随时召开。

第三章　管委会与厂长的职权

第六条　管委会为工厂企业中统一领导的行政组织，受上级工厂企业管理机关的领导。其任务，是根据上级企业领导机关规定之生产计划及各种指示结合本厂实际情况，讨论与决定一切有关生产及管理的重大问题，如生产计划、业务经营、管理制度、生产组织、人事任免、工资福利问题等。并定期检查与总结工作。

第七条　管委会以厂长（或经理）为主席，管委会的决议，以厂长（或经理）的命令颁布实施之。上级管委会对下级（分厂、所、部等）管委会之领导均由厂长（或经理）以指示行之。

第八条　管委会通过之决议，如厂长（或经理）认为与该厂利益抵触或与上级指示不合时，厂长（或经理）有停止执行之权，但须立即报请上级指示。

第九条　如管委会多数委员，认为厂长（或经理）的前条处理不当或对其报告有异议时，亦可将其意见，同时报请上级指示，但在未经上级指示前应执行厂长（或经理）的决定。

第十条　遇有紧急问题，不及等待管委会开会决定时，厂长（或经理）有紧急处理权，但须事后报请管委会追认。

第四章　管委会的常务委员会

第十一条　在大工厂大企业中为便于执行管委会的决议及时督促检查工作起见，可由厂长、工会主任及由管委会推选之委员各一人，组成管委会的常务委员会（以下简称常委会），厂长（或经理）为当然主席，在管委会决议的精神下，协商处理一切较重大的有关生产、管理、人事、工资、福利等日常工作。

第十二条　常委会必须经常商讨问题，使全厂所发生的一切问题和处理办法，常委会都互相明了并依处理办法互相配合进行工作。

第十三条　在新解放区，实行军事管制时期的工厂企业中，驻厂军事代表，应为管委会及常委会之当然委员。

第五章　工厂职工代表会议的组织

第十四条　凡有职工两百人以上之国营公营工厂，须组织职工代表会议；在两百人以下的工厂中，不建立职工代表会议，但须每月召集全厂职工会议一次或两次，由工会主任召集之。

第十五条　工厂职工代表会议之代表，应以各生产部门之基层组织（生产小组或生产班等）为单位选出之。每个代表直接向其所代表之职工负责。

第十六条　工厂职工代表会议的代表，每年改选一次，连选得连任，但其所代表之职工认为代表不称职时，经职工会议决定，得随时改选之。

第十七条　工厂职工代表会议，每月召开一次或两次，一般应在休工日或工余时间举行，每次至多不得超过半天时间。

第十八条　职工人数甚多之大工厂、大企业在总厂下设有分厂（所、部等）者，代表会议可分为两级，总厂代表会议之代表，由分厂代表会议选出之，但亦得由职工群众直接选举之。

第六章　工厂职工代表会议之职权

第十九条　工厂职工代表会议，有权听取与讨论管委会的报告，检查管委会对于工厂的经营管理及领导，对管委会进行批评与建议。

第二十条　工厂职工代表会议关于工厂及企业行政上的一切决议，须经管委会批准，由厂长以命令颁布，方为有效。

第二十一条　工厂职工代表会议，即为该厂工会组织的代表会议，该厂工会委员会，对代表会议关于工会事务的一切决议，有全部执行之义务，没有上级工会的决定，工会委员会不得改变代表会议的决议。

选自《陕甘宁革命根据地史料选辑》第三辑，甘肃人民出版社 1983 年版，第 485～488 页。

互校版本：《陕甘宁边区政府文件选编》第十四辑，档案出版社 1991 年版，第 195～198 页。

35. 陕甘宁边区矿业开采管理暂行条例

1949 年 11 月 1 日公布

第一条　为有计划的开采矿藏，进行长期建设，特制定本条例。

第二条　一切矿藏，均为国家所有，非依本条例取得矿业经营权并领取矿业经营执照者不得开采。

第三条　本条例所称之矿，包括：煤、石油、金、银、铜、铁、锡、锰、铅、盐、碱、笔铅、硫磺、火粘土、石棉等及其他地内蕴藏各矿均属之。

第四条　探矿权与采矿权均为矿业经营权，依法取得后，受政府监督保护。

第五条　矿区面积，无论地下或地面矿产，均以地面水平面积为准，其地下矿产境界，以直线定之，由地面境界线直下地下。两矿相邻接处时，视矿产种类，须有三十至五十公尺之距离。

第六条　矿业分大小两种，凡煤矿面积在十五公顷以上，其他各矿面积在二公顷以上，砂矿以河身计在一公里以上者，统称大矿业；不及以上限度者均称小矿业。由申请矿业经营权者，依其生产条件及实际需要呈经政府审查属实并按所申矿区当地情况核定之。

第七条　凡矿权业之请领、展限、变更、移转、撤销等，其属大矿业者均须呈由所在地专署转呈省人民政府或行署核转本府工商厅作最后之核准。其属小矿业者须呈经专署转呈省人民政府或行署核准，并报本府工商厅备案。未设省政府或行署地区，无论大小矿业权一律呈由直属专署转呈本府工商厅核准。

第八条　探矿权以二年为限。采矿权大矿以二十年为限，小矿以十年为限。期满后呈请政府核准展限。

第九条　申请矿业经营权者，应备具申请书二份，矿区图四份，如系采矿，并应补具矿床说明书二份，按第七条之规定呈请政府核准之。

第十条　二人以上共同呈请设定矿业经营权时，应推定一人为代表。其用公司组织呈请矿业经营权时，须将拟定公司章程并推定代表人由全体连署具呈，于取得矿业经营权后，三个月内依公司法办理公司登记。合伙经营者，须拟定合办契约，推定代表人，由全体连署具呈。嗣后如遇矿业权变更，及其他重要事项之呈请，须附呈全体议决书。

第十一条　凡距商埠市场及公共建筑物、铁路、公路、水利、著名古迹等地二公里以内，不得呈请设定矿业经营权，其有特殊情形必须设定者，应呈请本府核准。

第十二条　呈请领取同种矿质之矿业经营权者，发生矿区重复时，在同等技术条件下，以先呈请者有优先权，条件不同时，以机器探采者有优先权。

第十三条　矿业经营权申请人所具申请书、矿区图、矿床说明书，不完备时，应依政府指示限期更正或补呈，逾限未遵行者，该申请案，视为无效。

第十四条　探矿于期满后六十日内，对于该矿区域内同种矿质之开采经营，有优先权，如逾期不经规定手续取得矿业经营权者，视为无效。

第十五条　小矿业经营权以采矿为限，不得妨碍大矿业经营权之呈请设矿；但呈请矿区如与小矿区重复时，应准小矿权在核准期内继续开采，期满后得由政府视两矿发展情形核定小矿应否展期。在开采期间如因条件优劣不同影响一方经营引起纠纷时，得由政府本发展生产与照顾双方权益原则，指导双方采取合股经营或让售等办法适当解决之。

第十六条　有下列情事之一时，得撤销其矿业权：

一、登记领照后三个月内无故不开工，或开工后中途停工满三个月未经呈请核准者。

二、矿业经营权发生变更时，不呈报备案者。

第十七条　矿业经营权被撤销或自行废弃后，原矿业经营权者，须于一年内将其矿场财产处理完毕，呈报当地县政府备查。

第十八条　国营矿业，由工商企业两厅会同划定矿区，设定国营矿业权，填发执照开采之，同时将矿区图件，发交当地县政府一份存查。

第十九条　国营矿场用地，应按当地地价向农民征购或租用，如农民失去土地无法生活者，得适当调剂之。私经矿场用地，由用地人与土地所有人双方协商自由买卖或租赁，必要时得由当地政府协助解决。

第二十条　已取得矿业经营权者，每年应按期交纳矿区税与矿产税，其税额另定之。

第二十一条　矿业经营权者，呈请派员赴矿区查勘时，其费用由呈请人负担。

第二十二条　取得矿业经营权者，应于每年七月及十二月将工程报告书，坑内实测图，呈报政府审核备查。新兴工程于施工前须将施工计划书呈报核准，年终造具全年矿业明细表呈报政府备查。其表式另定之。

第二十三条　以欺诈取得矿业经营权或私自采矿者，其当事人应由当地人民法院依法审处，其所开采矿业，由政府暂为代管继续开采，俟案结后依法院判决发还或没收之。

第二十四条　严禁越界采矿，或任意在他人矿区内开矿，违者除由肇事人赔偿损失外，并得由当地县政府酌处以所采产品全部十分之一至十分之三折价罚金。

第二十五条　纵火、放水，或以其他方法蓄意破坏矿区生产者，由当地人民法院依法审处之。

第二十六条　矿业间如发生纠纷时，由双方自行协商或由矿区公会协商解决，并呈报政府备案，其争持不下者，由政府调解或仲裁之。

第二十七条　矿业经营权经核准后，由政府填发矿业执照，执照费由呈请人缴纳之。

第二十八条　矿业执照与申请表式，由本府工商厅统一制定，发交各专署行署省人民政府依式制印之。

第二十九条　凡在本条例施行前，领有矿业执照者，应一律缴回，换领新照，并呈交原矿区图四份，以备分别存查。

第三十条　本条例自公布之日起施行。如有未尽事宜，得随时修改之。

呈请书应载明下列各款：

一、呈请之目的。

二、矿业呈请地或矿区所在地详细地名，矿名矿区面积，及交通情形。

三、呈请有案者其呈请之经过。

四、有利害关系第三者时，其相关之事实。

五、具呈人姓名、籍贯、住址、通讯处，如有连署人时，其连署人之姓名、籍贯、住址、通讯处，并叙明推定代表人之情形。

六、具呈人为法人时，其名称及所在地。

七、附件：矿区图四份，测量簿记四份，矿床说明书二份，公司章程（或合办契约）二份，推定代表人连署呈文二份，矿质分析表二份，矿样二公斤，执照费　　元。

八、如系呈请变更矿区时（包括增、减、合并、分割、移转、订正等）应将原领矿区所在地详细地名，矿区面积，及变更后之矿区所在地详细地名，矿区面积，与新旧各呈请人、连署人变更情形，分别载明，并应添具新旧关系图二份，呈缴原矿区图及原矿业执照。

九、具呈之年月日。

合办契约应具要点

合办契约之订定，应将下列各项分别纳入。

一、宗旨（叙明合办矿业之旨趣或缘因）

二、资本（叙明资本总额及个别分担之金额）

三、权利义务（具体叙明应享受之权利及应尽之义务）

四、盈余之分配（具体叙明盈余分配之方法）

五、亏损之负担（具体叙明亏损负担方法）

六、契约之修改或解除（叙明具体之规定）

七、本契约一式　　份，每人各执一份为凭。

立合办契约人　姓　名　盖　章　原籍　现住

姓　名　盖　章　原籍　现住

姓　名　盖　章　原籍　现住

见证人　姓　名　盖　章　原籍　现住

姓　名　盖　章　原籍　现住

一九　　年　　月　　日

某地某矿矿床说明书

一、属于矿床构造者：

甲、矿床存在之岩石种类（如母岩种类，或上盘下盘或顶棚底板之岩种类等）。

乙、矿床之成因及其生成时期。

丙、断层之有无及对于矿床之影响。

丁、矿床附近地质构造。

二、属于矿床形状者：

甲、原有露头形状或探矿后所得地腹矿床形状（如为脉状层状、块状、囊状或碎屑状，以及液状、或气体状矿等）

乙、厚度及宽度。

丙、走向倾斜及延长。

丁、约计蕴藏矿量。

三、主要矿质（例如铁矿）

甲、种类：（赤铁矿、磁铁矿、褐铁矿之类）

乙、成分：（分别记入化验成分）

四、副矿质（例如铁矿中副产锰矿）

甲、种类：（软锰矿、硬锰矿之类）

乙、成分：（分别记入化验成分）

（“报单”与“采矿执照”样式略）

选自《陕甘宁革命根据地史料选辑》第三辑，甘肃人民出版社 1983 年版，第 494～500 页。

互校版本：

1.《陕甘宁边区政府文件选编》第十四辑，档案出版社 1991 年版，第 242～249 页。（采矿执照样式省略）

2.《陕甘宁边区法律法规汇编》，三秦出版社 2010 年版，第 277～281 页。

36. 陕甘宁边区政府关于旧职员暨技术人员使用暂行办法

1949 年 11 月 10 日

一、为争取教育和改造大批旧职员与技术人员为新民主主义事业服务，特制定本办法。

二、凡录用者须具备下列条件：

（一）赞成中国人民政协共同纲领，愿为新中国建设事业服务者。

（二）无重大恶迹与贪污行为者。

（三）具有一定工作能力或技术者。

（四）无不良嗜好者。

三、凡有下列情节之一者，不得录用；

（一）恶迹昭著的反动分子及思想顽固经教育尚未改悔者。

（二）曾有欺压群众或严重的贪污行为，为多数群众所反对者。

（三）年老力衰，无一定工作能力者。

（四）经人民政府司法机关判决有（在）案，尚未恢复公民权者。

四、使用原则与范围：

（一）经过短期训练后，除必要者可回原机关工作外，一般应根据需要分配其他机关或其他地区工作。

（二）分配工作依其过去和现在之政治思想表现和工作能力，及工作需要情况决定之。

（三）分区以上之机要部门，不得使用旧职员。

五、批准使用权限与手续：

（一）分配于边区政府之各厅、处、院、行、会及各该直属机关工作者，由民政厅批准。

（二）分配于各省或行署及直辖市之各厅、处、局、院、行、会及各该直属机关工作者，由该级政府民政部门批准，并报边府民政厅备案。

（三）分配于各专署、县、区政府工作者，由专署批准，并报省或行署民政厅（处）备案（分配于直属分区者，经专署批准后，报边府民政厅备案），分配于直辖市各区者，由市人民政府民政局批准，向边府民政厅备案。

（四）各级政府接收之企业部门人员之使用，均由各该级主管上级机关审核批准，并报同级民政部门备案。

（五）以上各级政府报请审核使用旧职员时，均须缮附本人自传、登记表册及书面初审结论，经主管部门审核批准后，方可正式宣布录用。

六、待遇：

（一）旧职员一律按照规定标准实行薪金制。

（二）家产特别困难者，应以不同情况，采取下列办法分别处理之。

1. 能从事生产或参加工作者，帮助其进行生产或参加工作。

2. 能回家者暂先回去参加家庭劳动，或由地方政府帮助其进行生产。

3. 无法进行生产，亦无家可归，以致生活特殊困难者，由其所在机关酌情予以补助。

选自《陕甘宁边区政府文件选编》第十四辑，档案出版社1991年版，第273～274页。

互校版本：《陕甘宁边区法律法规汇编》，三秦出版社2010年版，第218页。

37. 陕甘宁边区政府西北军区司令部布告——规定保护森林办法①

1949年11月11日

查森林对调和气候，保持水土作用至大，西北地处高原，水、旱、风、沙灾害甚烈，极赖植树造林以防范，对原有森林，更应加以保护，敌伪时期，林业废弛，致不少森林，滥遭砍伐破坏，为害农业生产至大。本府、部有鉴于此，特根据人民政协共同纲领，规定下列保护森林办法，仰各机关、部队、公私团体全体人民一体遵照为要！

一、凡防风、防沙、护堤、护路、涵养水源等保安林及风景、古迹胜地林木，不论军政机关，公私团体军民人等，一律不准砍伐损毁，违者从严处罚。

二、不论军政机关，公私团体军民人等，如需在上列林地外伐木、烧炭、采薪、刈竹、掘土、放牧、打枝、扫叶、刮皮等者须向附近林业机关申请登记，经核准并派员指导后，始得从事作业（未设立林业机关之地区，由当地政府代办），并须保证森林之更新，违者必须追查责任，予以惩处。

三、各军政机关申请使用之林产物，以实际需要为限，不得出卖或转让。

上列各项，凡机关、部队、团体、人民除应自行遵守外，并应随时注意检举违犯本办法之破坏行为。

此布。

选自《陕甘宁革命根据地史料选辑》第三辑，甘肃人民出版社1983年版，第506～507页。

互校版本：

1.《陕甘宁边区政府文件选编》第十四辑，档案出版社1991年版，第290～291页。

2.《陕甘宁边区法律法规汇编》，三秦出版社2010年版，第214页。

38. 陕甘宁边区政府西北军区司令部布告——关于维护公路、电线及行道树木办法

1949年11月12日

查我军西进以来，曾动员部分民间铁轮大车，进行支前运输工作；由于军运紧急，秋

① 副标题为编者所加。

雨过多，致使许多公路路面被轧毁，影响交通，妨碍支前工作甚大。为维护公路，保证支前及民运车辆畅通起见，边区政府曾布告禁止铁轮大车在公路上行驶。乃近有少数军用民用之铁轮大车，借口军运，不顾法令，仍行驶于公路之上；沿途不少电杆、电线、树木亦遭破坏毁损，此种损害人民公众利益之行为，应即严加取缔。兹特规定维护公路、电线及行道树木办法如下：

（一）凡铁轮大车，无论军民因公因私从事运输，除具有本办法第（二）项规定之特殊情形外，一律在大车道上行驶，不得行走公路。

（二）行进中的铁轮大车，于中途大车道中断，必须由公路上通过时，须在靠右的路边行驶，不准在公路当中行驶。

（三）公路两侧建筑之休息场所或站房以及大小公共建筑物，应加保护，不得损坏。

（四）沿途及各县已架设之电杆、电线及各项通讯设备，无论军民人等，均应注意保护，严禁破坏和窃用。

（五）公路行道树，无论军民人等，不准砍伐。

凡违反（一）至（五）项之规定者，当依情节轻重，予以惩处。

（六）公路局工务段及电信管理局各线段线佐，应在当地政府协助之下，分别负责随时维护与修补公路、站房、休息场所以及电话线路。

（七）公路沿线所有站房、休息场所等，以及电话线路，如遭意外或敌特之破坏时，当地政府应立即报告上级主管机关，并组织当地居民协助公路交通和通讯机关，进行抢修工作，以期迅速恢复交通。

上列各项，除令饬各公路沿线驻军及当地各级政府外，合行布告我全体军民一体遵行。

此布。

主席　林伯渠
代主席　刘景范
副主席　杨明轩
司令员　贺　龙
政委　习仲勋
副司令员　王维舟
参谋长　张经武

选自《陕甘宁边区法律法规汇编》，三秦出版社2010年版，第216页。

39. 陕甘宁边区政府棉花检验暂行办法

1949年11月19日颁布

一、总　则

第一条　为取缔掺水掺杂，提高原棉品质，便利运销，保证棉农、工、商及消费者之利益，特制定本办法。

第二条　本府农业厅所属农业改进所棉检室，及其所属之各棉花检验站与各分站，和本府工商厅派出之驻厂站（办理棉花检验机构），均为遵照本办法执行棉花检验之机关（以下简称棉检机关）。

二、检　验

第三条　凡经登记之棉商，其所有成包之棉花，均须填具棉花检验申请书向当地棉检机关报验。经检验合格，方准过秤交货及运销。未设立有棉检机关之地点，得由棉花检验站或分站随时派员检验。棉商登记办法及驻厂站检验办法另订之。

第四条　棉检机关于接到申请书后，应依照下列规定检采样棉：

（1）报验棉花，在五包以内者，检样两筒，六包以上十包以下者，加检二筒，十一包以上每加十包，加检二筒；不足十包者以十包论。

每筒以一市斤为限。

（2）样棉由检样人随意检取，报验人不得指定或阻止。

（3）样棉入筒后，应即会同报验人加封，由棉检机关负责保存之。

（4）凡已经检验之棉包，由检样人加盖“待验”及“检讫”印戳，以资识别。

第五条　样棉检定后，棉检机关应即进行检验，其次序以申请书送到先后为准，不得错乱。

第六条　凡棉花经检验合格者，棉检机关应填发棉花检验合格证书，交报验人收执，同时并监督按包在印有合格证所载牌号或棉商名称及公订号码一端之合缝处刷印合格印。棉商于手续办理完毕后，得持凭申请书第三联与检样之次日领回原检之棉样，棉检机关不得藉故留存，违者以贪污论。

第七条　凡棉花未经检验合格者，棉检机关，对于报验人得按照原棉质量之规定，令其馀去杂质、水份（分），重新申请检验。

第八条　凡经再次检验仍不合格之棉花，报验人如有异议时，得向原检验机关之上级机关申请复验。但以农业改进所棉检室检验之结果，为最后之决定。

第九条　棉花检验合格证书之有效期间，以六个月为限。

第十条　棉花检验合格证书如有遗失，应登报声明作废，并填具声请书，检同原报纸，请求原发给机关查核补发，但以一次为限。

第十一条　凡已发给检验合格证书之棉花，须分证或合证时，得请求所在地棉检机关重发新证，如该机关非原发证书之机关，并应在棉包上重盖合格印，但以一次为限。

第十二条　凡盖有合格印之旧包头布，不准再做包头布，违者不予检验。

第十三条　棉包上所盖合格印，变至模糊不明时，棉商应即请求所在地棉检机关重新盖印，如该机关非原盖印之机关，并应在原合格证书上注明年月日重新加盖印信。其不请求而经查（察）觉者，仍须依照规定办理检验。

第十四条　凡从未设有棉检机关地点运出之棉花，于经过设有棉检机关地点时，运销人应即依照规定手续报验，经检验合格发给证书后，方准转运。

第十五条　凡持有起运地点棉检机关所发合格证书，而货证不符或包上无合格印者，仍须办理复验手续。

三、改　包

第十六条　凡经检验合格之棉花，须改铁机包出境时，应填具改包请求书，向棉检机关请求准予改包。如货证不符或包上无合格印者，须办理复验手续。

第十七条　棉花改包，应依照下列程序办理：

（1）棉检机关根据请求书核准改包，并经检验剔除不能混合打包之棉包后，应填发配花许可单，连同已经加盖准予转移整理印记之原合格证书交请求人收执。

（2）请求人领得以上单证，即可配花过筛。

（3）配花过筛毕，再行申请验堆，每批检样棉六筒，每筒以一市斤为限。

（4）经检验合格者，填发打包凭单，由申请人持单打包，并加刷包腰合格印，不合格者，仍须依照（2）（3）两款之规定办理。

（5）打包完毕后，请求人可持打包凭单请求加刷包头合格印，并领取合格证书。

第十八条　凡棉花级别相差一全级，长度相差八分之一吋者，不准混合打包。其分级检验办法另订之。

四、罚　则

第十九条　凡棉花除黄花、红花、脚花及废花原含杂较多不合整理者外，经检验不合格者，分别依照下列规定处罚之：

（1）含有棉籽、籽棉、碎叶、铃片、棉枝、泥土等六种杂质超过百分之二者，每市担处以二市斤以下之罚棉。

（2）含水分超过百分之十者，每市担处以五市斤以下之罚棉。

（3）掺有黄棉或废棉或长短绒相掺者，每市担处以五市斤以下之罚棉。

（4）掺有（1）款所列六种杂质以外之杂质，如砂砾、硝盐、砖石、面粉、石膏和其他一切杂物者，或次花用药品熏白和用条子打松以及有其他蒙混情事者，每市担处以二十市斤以下之罚棉。

第二十条　凡收买第十九条所列应受处罚之棉花者，除停止其使用或转卖外，亦依照该条之规定处罚之。

第二十一条　凡棉包未加盖牌号或棉商名称及公订号码者，除停止其运销外，并处以一百市斤以下之罚棉。

第二十二条　棉商未经登记者，除停止其营业外，并处以一百市斤以下之罚棉。

第二十三条　机器打包厂，接受未经检验合格给有证单之棉花，为之配花打包或出厂者，厂商双方按情节轻重每市担各处以一市斤以上至二市斤以下之罚棉。

第二十四条　凡从设有棉检机关之地点，擅自运销未经检验合格之棉花者，每市担处卖出者七市斤以下之罚棉，处买入者三市斤以下之罚棉。

第二十五条　凡处罚之罚棉，由棉检机关确定罚额后，通知就近税务局代收。

第二十六条　税务局代收之罚棉，应按期报解本府财政厅。

五、附　则

第二十七条　检验棉花，一律不收取费用。

第二十八条　本办法自公布之日起施行。

选自《陕甘宁革命根据地史料选辑》第三辑，甘肃人民出版社1983年版，第508～512页。

互校版本：

1.《陕甘宁边区政府文件选编》第十四辑，档案出版社1991年版，第302～306页。

2.《陕甘宁边区法律法规汇编》，三秦出版社2010年版，第285～286页。

40. 陕甘宁边区政府指示——认真领导灾区群众进行冬季生产

1949年11月27日

事由：为指示认真领导灾区群众进行冬季生产防止明年春荒由。

各省政府主席、行署主任、直辖市长、专员、县（市）长：

一、今年九月以来，西北各地多遭雨灾，近河平原地带受灾尤甚，部分如关中，平、朝、二华、长安、三原、高陵等地低洼处被水淹没土地六十万亩，各地农田作物因霪雨迟熟、霉烂、倒枝、生芽者甚多，致秋田产量大减（仅关中地区减产棉花估计约通产百分之五十，秋粮达通产百分之三十左右）。各地房屋坍毁者甚多，人畜亦有伤亡，约有十数万灾民，尚须安置救济。各地政府在灾情发生后，曾进行了一系列的紧急措施，在发动组织群众筑堤排水，抢收秋禾，赶种冬麦，互济互助，及部分拨粮急赈等努力下获得了重大成绩，使农田损失减少，灾区未再扩大，多数灾民并已得到初步安置。但目前在重灾区之灾民，仍须进一步适当安置，组织其生产就业，一般地区亦应积极进行冬季生产，以从根本上解决灾荒问题，并打好明年生产的基础。

二、根据上述情况，必须把发动与组织群众进行冬季生产，并准备明年生产，作为今冬各级人民政府的一项重要任务，结合当前中心工作（如在新区正在进行的剿匪反霸等运动），认真进行，在灾重地区，更应以生产救灾为中心工作。从历来的经验证明发动与组织群众，生产自救，互济互助，乃是唯一正确的方针，一切离开此一方针，采取单纯救济，头痛医头、脚痛医脚的办法，都是无济于事的。

三、本此任务方针，各地应首先教育干部认识只有领导群众做好冬季生产工作，才能解除明年春荒的威胁，并为明年生产准备良好条件，及时防止与纠正某些干部忽视组织生产的偏向，在群众中广泛宣传政府的各种社会政策，打破一切反动分子的造谣，消除部分群众的疑虑，鼓励生产劳动，管教与帮助二流子参加劳动，以巩固与提高农民的生产情绪。同时根据当地的实际情况，拟定有效具体计划和办法，切实执行，主要的办法是：甲、大力组织各种手工业副业生产。在一般平原地区，着重扶助运输事业，把群众中的人、畜、车辆，在自愿原则下，组织起来，搭帮运输，适当调节城乡物资，同时尽可能组织群众从事榨油、纺织、作（做）豆腐、粉条、揽短工等生产，在可能与必要条件下，政府可发放部分粮食，或贷款给予帮助。在靠山地区，则注重组织群众上山砍伐木材，采集山货，锯板、烧木炭、扯构条（造纸用）、打猎等。总之，要根据不同时间、地点与条件，组织适当的生产，要靠山吃山，靠河吃河，发挥群众的生产积极性。乙、发动群众，认真准备明年的春耕工作，要向群众说明战争很快就要结束，政府将领导人民全面转入生产建设，号召农民多积肥，挖井修渠，积极准备食粮籽种、农具、耕畜，并注意防治水患及其他灾害工作。对于无地的农民，应有计划的在可能范围内从公田学田中调剂，租给一部分耕种，无法安置之难民，应组织移民垦荒，原有的各种合作社应加整顿改造，为组织与帮助群众进行生产而服务。对各地已有的义仓，亦应加以整理，可能条件下，再加发展，以义仓粮适当贷给贫苦农民，以帮助解决其明年生产问题。丙、普遍展开节约运动，提倡省吃俭用，纠正部分人婚丧喜事，铺张浪费，及浪吃浪喝的现象。并应有步骤地对当地医药人员，切实进行登记审查，与组织工作，以便开展群众的防疫卫生运动，防止在战争和灾荒之后，可能发生的疫病灾害。

四、在领导方法上，各地应充分发挥各界人民代表会和农民代表会的作用，通过他们集中群众意见，作成切实可行的决议，再通过他们和干部去发动群众的积极性，同时必须继续坚持干部带头，亲自动手的领导方法，及时进行深入检查，推广经验，纠正缺点，对工作中的模范干部和群众，及时表扬，使冬季生产造成普遍的群众性的运动。

各地接此指示后，希即认真讨论布置，并将执行情况随时报告本府为要！

选自《陕甘宁革命根据地史料选辑》第三辑，甘肃人民出版社 1983 年版，第 518～520 页。

互校版本：《陕甘宁边区政府文件选编》第十四辑，档案出版社 1991 年版，第 314～316 页。

九、文教卫生

1. 陕甘宁边区政府关于冬学的指示

1945年10月23日

各分区专员、各县（市）长：

去年冬学教育的规模比往年扩大好几倍，数量上和质量上都有相当收获。有些识字成绩较好的冬学，例如靖边县的三十七处，共有学生五七一名，平均每人识字四九五个，其中九四人能写简单的句子，一四六人能写简短的便条，七一人会珠算的加减乘除法，九九人能记账，四〇人能读群众报。全部冬学中有一〇二处转变为民办小学，这证明冬学还可在群众自愿的条件下成为推广小学的桥梁。

特别可贵的收获，是一部分冬学接受了需要与自愿的原则，并在此原则的实践中发挥了高度的创造性，使冬学的发起、组织与教学的方法，都能适合于极端分散的农村环境，适合于农民群众的生活情况及其具体需要。在发起的方法上，不是贸然的号召和简单的动员，而是先在积极分子和有威望的人士中进行酝酿，形成冬学的骨干和核心，经过他们去了解群众对冬学的态度、需要、困难和顾虑，进行宣传、解释和说服的工作，启发群众自愿入学；在开始的时候，不拘求学生数量，而是有多少教多少，力求在教学上作出榜样，以影响和推动其他的群众入学。在组织上，力求照顾不误工、不误活、不误时以及上学地方的方便，而采取了分散经营与分时教学的方式。例如分散经营：按距离远近分成小组，或轮校、轮先生或家庭识字、捎条子、小先生等形式。集体上学之外，又辅以个别教学。

又如分时教学：全日、半日、夜校、午校等方式。按时上学外，又辅以随到随教。在教学内容上，虽主要是识字，但不拘于识字；虽有通用课本，但不拘于课本；而是从具体群众的具体需要出发，群众要学哪类字就从哪类字教起，要学啥就教啥。例如某地村主任要学数字和计算法，就从算术教起，某地妇女要学认票票，就从认票票教起；又如妇女有病娃娃养不活，心闷识不下字，一经发觉之后，就改教妇婴卫生，附带识字。一般除教学外，也依群众需要讲讲时事，甚至说古朝等等。

所有这些方式和方法，都是发扬了实事求是的老实作风，实践了需要与自愿的群众路线，足为今后冬学的楷模。

由于群众对识字的需要很难在短时期内达到自觉，又由于过去教育工作中命令主义的影响，去年冬学的大部分还不是民办，而是公办。但在需要与自愿原则执行得较好的地方，有些冬学就从公办逐渐过渡到民办，并有百多个冬学转变成民办小学，经过需要与自愿的经验，一部分群众觉悟到识字教育和冬学是他们需要的事情，是他们自己也能办理的事情，于是政府动手为主，就可能过渡到人民自己动手为主。从贯彻需要与自愿的原则，去推广群众教育方面的民办公助政策，这是去年冬学的宝贵经验，应当广为传播。

但去年冬学中，有相当多的一部分不是执行需要与自愿的群众路线，而是重复了过去的命令主义，他们强迫动员学生，摊派和指定学生，或分据点强迫编组，甚至采用捆绑或借人代替的办法。他们不顾地域远近，不顾时间忙闲，一味的集中办学，拒绝采用分散经营与分散教学的方法。他们死守课本，不顾具体群众的具体需要，因此，不但教育效果极小，而且在群众中造成了很坏的影响，这是今后冬学教育中应该深深引以为戒的。

今年边区各地应该继续办冬学，依据去年冬学经验及当前的情况，向你们提出如下的指示：

一、鉴于今年有些地方歉收情况的严重，加以不能从延安派出冬学干部，今年冬学应该是量力而行，并看当地具体情况行事，灾情严重的地方无须办。此外则可集中力量于有完小的地方，普小有基础的地方，去年冬学生了根的地方，居民比较集中而又有识字需要的地方。并且注意鼓励识了些字的人和比较容易识下字的青年入学，为识字教育打下比较可靠的根基。

二、公办为主，或民办为主，或两者并行，看当地群众的情况决定。但有了去年的经验，今年应进一步提高群众的自动性，更多地注意启发，鼓励和帮助人民自己动手来办冬学。在有条件办冬学的地方，事先邀集当地群众中有威望的人士，关心识字教育的积极分子，小学教员（或派出的冬学教员）和地方知识分子，共同商量，形成冬学的核心，由他们出面办冬学，政府给以指导和帮助。

无论公办或民办，今年必须坚持需要与自愿的群众路线，严格纠正命令主义。自然，依据群众的需要和自愿办冬学，不是说我们就此可以采取放任主义态度，相反的，要使群众对识字发生需要和自愿，就要我们善于启发他们这种需要和自愿，而在他们有了需要和自愿之后，又要我们善于组织和领导他们。但如果采取命令主义，就只能使群众发生反感与消极，决不能发生需要与自愿，更不能产生民办。所以，必须严格地纠正命令主义，同时在纠正命令主义倾向之时，又要防止走到放任主义。

三、在冬学的组织形式上，应该接受去年分散经营与分散教学的经验，依当地具体情况运用之。在教学的内容和方法上，应该接受去年从具体群众的具体需要出发的经验，以通用教材为蓝本，但不要拘泥于现成教材。

四、在文盲占大多数的农村社会中，旧知识分子多有相当的地位，而对于识字教育，他们可能有很多的贡献。因此，在冬学教育中也同在一般识字教育中一样，应该尊重他们，极力争取同他们的合作，争取他们实际地参加冬学工作，至少应该避免造成他们同冬学对立的情况。

五、去年冬学教育中曾出现几处以妇婴卫生为主的妇女冬学，深得群众欢迎。今年各分区和县（市）在有妇婴卫生常识教育的条件下，应创办这种冬学。

六、各县政府依照上述一、二两项原则，指示区乡政府进行冬学的发起工作，县三科应召集冬学主持人和教员开会，介绍去年冬学的经验，讨论清楚冬学的方针和办法，并给冬学以经常的具体指导（如巡视、检查，用通讯方法传播经验，以及帮助解决困难等等）。

七、冬学结束时，对于办得好的冬学及其得力的人员，应该由县政府给以奖励。

选自《陕甘宁革命根据地史料选辑》第三辑，甘肃人民出版社 1983 年版，第 36～39 页。

互校版本：《陕甘宁边区政府文件选编》第九辑，档案出版社 1990 年版，第 275～278 页。

2. 陕甘宁边区政府关于冬学工作的指示

1946 年 1 月 19 日

各专员、各县（市）长、各中等学校校长：

（一）当此内战烈火烧遍全国，边区亦处在战争威胁之下，动员全体人民加紧备战，成为一切工作的中心。因此今年的冬学就要与自卫军的冬训密切结合，在教学内容上时事教育应与识字教育并重，配合若干自卫防奸的训练。各级负责同志，应有计划地到冬学去讲时事，尽量吸收当地群众来听，以提高群众对战争胜利的信心，并可邀请当地驻军或民兵干部去讲一些必要的军事常识，或请懂得国术的教授武术，以加强保卫边区的实力。

（二）按照各县的具体情况和可能条件，计划出应该办冬学的地区，分配干部深入农村抓住群众中的积极分子推动一般群众，说服消极分子，经过民主酝酿和讨论，大家动手办好冬学。领导上（特别是区乡政府）要经常注意检查和经过群众帮助解决冬学的困难。

（三）根据去年冬学经验，一揽子的冬学形式，最为群众所欢迎，如吴旗县去年有几处冬学，除编为早班、午班、晚班、半日班按时实行分班教学外，还辅以随到随教方式，既不耽误生产，又能进行教育。又如志丹吴旗两县去冬还创立了巡回冬学，分地编组，教员轮教。便利于群众，值得取法和大大推广。

（四）其次还有几个具体问题：一、冬学教员的来源：延聘地方知识分子和开明人士；专署就近与师范中学商量抽调一部分学生任教；各县市完小中小民教馆附设冬学班；各县机关部队的干部可在驻地附近办冬学。各县于冬学开学前，以县或区为单位开三几天冬学教员座谈会，把方针和具体办法研究清楚。二、学生对象以成年青年为主，尽量争取他们入学，并争取去年上过冬学的学生继续入学，各县应根据实际情况给各区确定出具体任务，以免过去的自流现象。三、学习时间自十一月一日（旧历十月初八日）起至明年一月十五日（腊月二十三日）止，至少要保证两个月的学习。

（五）文化教材以教厅审定的日用杂字、识字课本、农村应用文为主，读古书的现象应加以说服，时事教材可采取边区群众报及分区的地方报。各县需负责供给报纸。

各县于接到这一指示后，立即动员起来参照去冬所发冬学手册，研究出具体办法，指示各区乡按时开学，其已发过冬学工作计划各县，应根据本文再作补充指示，务望各县三科长于来延开会前把冬学工作布置好，并责成专人分期督促检查。

选自《陕甘宁革命根据地史料选辑》第三辑，甘肃人民出版社 1983 年版，第 61～62 页。

陕甘宁边区一九四六年到一九四八年建设计划方案（文教建设部分）

1946 年 4 月 1 日边区政府提出，4 月 23 日边区第三届参议会一次大会通过

（此处节略，本选辑“经济管理”载有全文）

3. 陕甘宁边区政府命令——令发《陕甘宁边区战时教育方案》

1946 年 12 月 10 日

各专员、各县（市）长、各中学校长：

兹根据边区第五届三科长联席会议的讨论，制定战时教育方案随令发下，仰各专员、各县、市长及各中学校长依照各该处的具体情况，订出详细计划，逐步实施为要！此令！

主席　林伯渠

副主席　李鼎铭　刘景范

教育厅长　贺连城

副厅长　江隆基

陕甘宁边区战时教育方案

一、任务与方针

国民党反动派依靠美帝国主义的支持和援助，发动全面内战，企图以其封建买办性的法西斯黑暗统治，加在我解放区人民的头上，我解放区军民奋起自卫，已给予反动派无数

次的严重打击，现在蒋介石又调兵遣将，准备大规模进攻延安，这是他在政治上和军事上没有出路的冒险行为，是孤注一掷自取灭亡的表现。为着保卫边区，保卫延安，彻底粉碎蒋介石的军事进攻，我们必须普遍发动群众，动员一切力量，为人民自卫战争的胜利而奋斗！

各级学校及一切社教组织亦应立即动员起来，发挥教育上的有生力量，直接或间接地为自卫战争服务。一切教育工作者都应成为保卫边区的宣传员与组织者。目前教育工作的中心任务是配合军事、政治、经济、群运等工作，争取人民自卫战争的胜利。为了达到这个目的，我们必须根据以下的方针去进行工作。

1. 向广大群众解释战争的性质及其目的。使每个人都懂得蒋介石所发动的进攻解放区的内战，是想维持个人独裁，继续出卖祖国，进一步压榨人民的非正义的反动战争，而我们所进行的武装抵抗，则是为了保卫独立、和平、民主与维护全中国人民利益的正义的自卫战争。

2. 揭露蒋管区贪污腐化、特务横行、横征暴敛、民不聊生的惨状。宣传我边区丰衣足食、民主自由、工人有工做、耕者有其田、商人有钱赚、学生有书读的幸福生活，以激发广大群众热爱边区，同仇敌忾，为争取中国独立民主奋斗到底的决心。

3. 向广大群众宣传国民党反动派军民对立、官兵对立、军心厌战、民心反战的情形。说明我边区军民一家、官兵一致、士气旺盛、愈战愈强的实况，以提高与巩固群众对蒋军必败、我军必胜的信心。

4. 暴露蒋家军奸淫掳掠、无恶不作的残暴行为。宣扬八路军为民除害、奋不顾身的英勇牺牲精神，使广大群众深切认识自卫战争与人民利益的血肉相联的关系。因而更加爱护军队，积极参战，用一切力量与一切方式来支援前线，争取人民自卫战争的最后胜利。

二、实施原则

1. 社会教育与学校教育相联系。学校教育以儿童与青年为主要对象，社会教育以成年为主要对象，但两者是有密切联系的。把学校作为据点来推动社会教育，以儿童作小先生去教育一般群众，不仅帮助了社教，而且充实了学校教育的内容。平时教育工作曾以学校为重心，但在战时就必须提高社教的作用，以便发动广大的成、青年直接或间接的参加战争。

2. 时事教育与文化教育相配合，在平时多注意文化教育是应该的，但在战时，群众最关心的是时事问题。因此无论社教学教，都要把时事教育大大加强，应该有计划有系统的宣传时事，以提高群众的政治积极性。时事教育与文化教育应互相联系起来，在学习文化的过程中注意时事政治，在宣传时事时兼学文化。

3. 教育内容与战争生活相结合。以战时各种生动的范例作活的教材去教育广大群众，加强课外活动与社会活动，以充实课堂教学。必要时教员可率领学生一面参加战时工作，一面进行宣传教育活动。

4. 根据不同地区采取不同的工作方式。在巩固区和广大农村，以就现状加以改革，充实新的内容，加强社教活动为原则，在边缘区，交通线或敌人主攻方面，以转移分散和参加战时工作为原则，在敌占区以隐蔽埋伏或撤退为原则，在新解放区以争取原有教育干部、利用原有教育组织，逐渐加以改造为原则。

三、教育内容与组织形式

1. 学校教育方面，应将某些课程加以适当补充，增加一些新的内容，使适合战争的需要。

①国语、政治及公民课应着重培养革命观点，群众观点，坚决、勇敢及拥军尚武的精神，并应向学生解释美帝国主义对华侵略政策及蒋介石封建买办性的法西斯专政的实质。

②史地课应发扬民族气节与反抗强暴的历史传统，及民族英雄与革命烈士英勇奋斗的史绩，并联系战争形势，说明各解放区的概况，以提高其保卫边区的高度热情。

③理化或自然、卫生课应添授防空、防毒、急救、看护、熬硝炼磺、制造火药和地雷等实用知识。

④体育课应加简单的军事训练，学习侦察、通讯、站岗、放哨、坚壁清野、埋地雷、掷炸弹等实际技能，并培养迅速敏捷、灵活机动的生活习惯，使教员及年令（龄）较大的学生具备最低限度的自卫能力。

⑤根据时局发展和学校的具体情况，把课程及授课时间酌予变动，如增加时事、军事及社会活动时间，并减少一些不急需的课程。

⑥加强学生会或儿童团的组织及工作，发挥学生的积极性和创造性，使他们充分开展壁报、黑板报、歌咏、秧歌、戏剧、讲演、访问、慰劳、拥军优抗、动员参战等课外活动和社会活动.

2. 社会教育方面以时事政治教育为主要内容，利用报纸战讯及战时实际生活为教材，授以生产节约、拥军优抗、争取俘虏、自卫防奸、空舍清野、救护防毒、担架运输等实际知识与技能，在各种社教组织中应特别加强下列各种组织的作用。

①尽量在各城镇及较大的村庄办黑板报，登载胜利新闻，表扬八路军及民兵的英勇故事，以及各地群众参军参战等生动材料。

②利用识字组进行读报，把时事教育与文化教育联系起来，在了解时事过程中配合识字。

③加强民教馆的工作。除民教馆本身工作外，还可流动到各处作宣传、讲演、展览等活动。

④组织秧歌队、歌咏队、演剧队等，与各地的文艺团体取得联系配合进行工作。

⑤组织民间艺人，创作通俗短小的文艺作品，发挥瞎子说书的作用，号召一切说书的瞎子走韩起祥的道路。

⑥今年冬季，区乡级干部忙于战争动员工作，不便实行集中训练，各县区政府可于检查或总结某一动员工作时，来配合检查每个干部的思想作风，帮助干部建立“一切服从战争”“一切为着胜利”的思想。

⑦今年冬学指示前已发下，当此战争动员时期，各处冬学应与民兵游击队的训练相结合，派员到这些战斗组织中去读报和宣传时事，附带进行文化教育，同时指导一切冬学生帮助战争动员工作。

3. 如果战争到来，原有的学校与社教组织，不能适应战争环境时，可采取下列步骤进行工作：

①把年令（龄）太小不能离家的学生加以疏散，按村编为小组，使之参加儿童团的工作，教员尽可能采取轮教的方式，坚持教育，继续宣传时事及对实际工作之指导。假若沦于敌后，在情况许可下，可教小学生进行隐蔽的宣传及情报通讯等活动。

②率领大学生撤退或转移，参加兵站、通讯站、俘虏营、野战医院等工作，教员亦随同参加指导，并进行可能的教育，保持学校行政联系，以便随时调动和集中。

③根据当时当地情况，派一部分教员和学生到民兵游击队、担架队、运输队等组织中去进行宣传教育活动。

④如有干部，还可组织流动宣传队、战地服务团或战时教育辅导团，进行各种助战工作，并协助各种战争动员，以提高群众的参战热情。

四、领　导

1. 战时教育不能与平时教育割裂，而是在平时教育的基础上加以改造和发展。战时教育不是孤立的，应和其他各种工作密切的联系起来，携手并进。领导者应权衡轻重，照顾全局，不能孤立的片面的强调教育，也不能因战争环境而放弃可能进行和必须进行的教育工作。

2. 为了加强领导，建议由县委宣传部、县府三科、民兵大队部及群众团体组成宣教委员会，作为县动委会的一个组成部分，在动委会统一领导下订出一定时期的宣教计划，分工负责，按时检查。

3. 战时教育工作仍应照顾到群众的“自愿与需要”，一般群众所感到的常是局部的或眼前的需要，而忽视全体的或长远的需要，这就要靠我们在工作中来启发群众的自觉与自愿，反对藉口忙碌而放任自流，同时也反对藉口战争而实行强迫命令。

4. 对一切教育干部应进行深入的全面的了解，并作适应的配备与调整。如在边缘区应配备较强的本地干部，尽可能在群众掩护下坚持教育工作。万一不能坚持时，便参加区乡政府的动员工作，配合社会教育来进行宣传与组织群众．使较弱的干部参加后方工作，在战争威胁较大的地区，学校转移疏散或停办，多余的干部可参加其他部门的工作。但教育领导机关须切实登记，并保持必要的联系，以便情况恢复常态时立即调回，继续开展教育工作。爱护干部，保证干部的安全，是领导机关不可忽视的责任。

5. 领导上应有远见，要随时注意战争发展的形势，灵活的去布置工作。如遇情况紧急时，可将学校组织变为社教形式，或将固定集中的学校转为流动分散的轮学。战时化整为零，战后即集零为整。在敌人可能侵入时要准备如何隐蔽或撤退，当我军进攻时要配合开展新区的工作，在战争情况下，上下级的联系可能要迟缓些，因此，应主动的加强与当地最高领导机关的联系，以便及时处理问题。

选自《陕甘宁边区政府文件选编》第十一辑，档案出版社 1991 年版，第 29～35 页。

互校版本：《陕甘宁革命根据地史料选辑》第三辑，甘肃人民出版社 1983 年版，第 191～196 页。

4. 陕甘宁边区政府指示信（防治疫病）

1948年2月7日

各专员、县长：

边区在胡匪骚扰厉害和灾情严重的地方，目前已发现了流行性病疫，这是因为作战区域尸体没有掩埋得好和到处遗弃脏物所引起的，加以群众生活条件很差，抵抗力薄弱，入春以后可能扩大蔓延。安置在非灾区的移（灾）民也同样最易受到传染。根据西北局关于救灾问题的决定，必须“十分重视防止疫病”，切实组织防疫治疗工作。为此特作如下指示：

（一）各专署县府必须把防治工作认真作为救灾工作中的重要一项，切实组织各级卫生机关（如边区的卫生署、联卫，分区的卫生部、县的卫生所等）参加各地的救济（灾）委员会，配合生产救济，专负领导各地的防治工作。防治工作的重点，应放在灾区与移民区，如延属之番龙、永坪、永胜、禹居等灾区及志（丹）延（长）移民区，绥属之米（脂）葭（县）子（洲）横（山）等县的灾区，三边属之靖边灾区，陇东属之华池移民区等，以此重点逐渐推广到其他一般区域。因此，分区、县应把该分区、县内之医务人员组织为防治工作组，直接到农村去参加救济工作，以便有效地进行防治工作。边区卫生署及联司卫生部和各分区卫生部，也应组织防治工作组，分赴几个重要地区和临时发生疫病的地方，帮助进行防治工作。

（二）各级政府和各救灾工作组，土改工作组的同志，要善于利用一切机会配合现行工作在群众中进行防治的宣传和组织工作。在预防工作方面最低限度要作（做）到以下各项：（1）冰解后，在经过战争与敌人糟蹋厉害的地区，组织掩埋队，将暴露或过去没有掩埋好之尸体脏物，重新掩埋在水源下流二里以外，并埋在三尺深以下，以防这些东西传染疫病。（2）春泽开始，发动群众清理饮水上流及周围，最好能挖深水井，垫高井口，不使污水流到井内，尽可能不吃河水，如非吃河水不可时，也必须滤过才吃（最简便的滤法，在水缸内放一些白矾）。（3）发动各村群众，举行一次大扫除，并尽可能继续下去保持经常清洁。（4）宣传群众不吃冷饭，不喝冷水，不吃死牲口肉，饭后锅碗要洗净盖好。（5）在衣服被垫条件较好的地区应发动拆洗被服，用开水烫灭虱子。

在已发生疫病的地区：（1）注意隔离，先使病人不和无病人在一炕上住，除招呼的人以外，无病人应避免到病人跟前去，更当注意娃娃不使接近病人，如一村病人多时，可暂时和其他村断绝往来，以免到处传染。（2）随时收集防治疫病有效的土方单方，发动群众广为采用。（3）对那些医药缺乏的区域，政府应组织各合作社配备药品，以供急需。（4）尽量组织民间医生，参加防治工作。奖励防治有成绩的医务人员及一般干部或群众。民间医生为防治努力，得群众之同意，可减免其战勤的劳役负担。

总之，要同志们很好的把群众组织起来，同灾荒瘟疫作斗争，不仅要不饿死人，也要防止病死人。并希随时将执行情形，报告本府。

此致

敬礼！

选自《陕甘宁革命根据地史料选辑》第三辑，甘肃人民出版社1983年版，第258～260页。

互校版本：《陕甘宁边区政府文件选编》第十二辑，档案出版社1991年版，第28～30页。标题为“切实组织好各地防疫治疗工作”。

5. 陕甘宁边区政府指示——关于恢复老区国民教育工作

1948年7月8日

事由：关于恢复老区国民教育工作由。

各专员、县（市）长：

（一）边区国民教育，历年以来，在各级政府的倡导与广大人民的支持下，曾不断发展。完小毕业学生百分之四十以上参加了边区工作，成为区乡干部的重要来源之一，在解放战争中完小学生参军参战者，为数亦复不少，对保卫边区和支援前线，均有不少贡献。但自蒋胡马匪军大举进犯边区以后，各级学校的设备几被破坏无遗，加以普遍灾荒，群众无力送子弟入学，边区国民教育遂大部陷于停顿状态。目前解放战争已移至蒋管区进行，老区绝大多数县份已不受战争的直接影响，且夏收以后，灾荒亦将逐渐消除，恢复文教建设的条件已渐次具备。为了加紧教育革命的后一代，培养地方初级干部或预备干部，今年暑期以后各县必须根据需要和可能条件，有计划的逐渐恢复学校及必要的社教组织。

（二）恢复国民教育的重心应放在完小。老区各县应集中力量办好一个或几个完小。初级小学应依据民办公助方针，在可能条件下，逐渐的恢复或创办，原有公办的普小，如因财政困难与干部缺乏，一时无法恢复者，可视学校基础和群众力量逐渐转为民办，以期做到初小一律交由民办。民办小学仍应根据群众的自愿与需要，以重质不重量为原则，要防止贪图数量而采取强迫命令的方式，也要反对借口困难而采取自流放任的态度。各级政府应利用一切可能劝导群众自动起来办学，既经开办之后，又要注意领导，经常巡视检查，帮助改进业务，解决具体困难。区署应有重点的选择一个地点适中、基础较好、学生较多的初小加强领导，多予帮助，使它成为本区初小的中心，起核心示范的作用。

社会教育以学校和民教馆为据点去开展，原有各城镇之民教馆，应尽可能地设法恢复。民教馆及学校均应根据群众的需要附设半日学校或夜校，识字组或读报组，黑板报或墙报，以群众现实生活中的生动材料，去提高群众的政治认识与文化水平。

（三）无论学校教育或社会教育都应与战争生产及群众运动相结合。通过校内外的各种活动去帮助发动群众，提高群众的支前热忱与生产情绪，并以此教育学生。任何使学校与群众脱节，教育与现实脱节的恶劣作风，必须坚决纠正。

（四）各级教育行政机构（即三科组织），应根据工作的需要，分别予以恢复。除本府已明令恢复者外，其他各县在学校发展至十五处以上时，亦宜即行恢复，以便加强领导。

专署及县三科是具体执行文教政策，推动文教工作的枢纽，须经常巡视、检查，指导业务，反映情况，总结经验。嗣后各县三科长的调动必须通知教育厅，完小校长的调动必须通知专署。

（五）原任教员，由于战争的需要，多被调作其他工作，目前教育干部极感缺乏，教育厅虽积极设法筹调，但只能照顾帮助新区，老区原则上应自行解决。应将战争中疏散回家的小学教员，休学的中学生，年龄较大程度较好的完小高年级生集中加以短期训练后使用。边境地区还可吸收外来进步的知识分子。各级领导应加强对教育干部的关怀与教育，经常在工作上帮助他们，在政治上提高他们，多给阅读有关的文件和参加有关的会议。各级负责同志，应将教育工作当作自己的重要业务之一，定期讨论研究，加强领导，纠正对教育工作忽视或领导不正常的现象。

（六）教职员待遇决定普遍实行薪金制。但因目前边区仍处在战争和灾荒的环境，尚难恢复到战前的标准。各地小学教员的薪米临时规定如下：

绥德分区每人每月小米三斗，延属、三边、陇东小米三斗五升，关中老区麦子四斗五升，校长、主任可酌量增加三、五升，以重职责。民教馆、图书馆职员与小学教员同等待遇。以上标准只是一般规定，各分区还可根据各县不同情况在以上原则下加以伸缩。凡工作有成绩家庭十分困难者，可斟酌情形予以救济。

（七）目前边区一切财力、物力仍以支援前线为主。为了不加重人民的负担，各项行政经费应力求紧缩。学校设备暂维现状，停止一切修建。完小和民教馆的经费，各县应按可能恢复的数量及开支标准提出精确预算呈报边府，经核准后在征粮时附加征收。初小经费一律以群众自筹为原则，政府只能在十分必要时酌予补助。

（八）教育厅过去编印的教材，战争中已全部损失，现正重编赶印中。因纸张印刷等条件的困难，下半年仍难全部供给，估计开学前可以印出的有初级国语六册，补充教材一册，高级国语四册，补充教材一册，史地一、二、三册。算术、自然可选教育厅以前所编之旧课本，高小公民，初小常识等，可从群众日报及各分区报纸上自行取材编选，但须经县府审查。

以上指示各点，希即研究执行，并将执行情形报告本府。

选自《陕甘宁革命根据地史料选辑》第三辑，甘肃人民出版社 1983 年版，第 287～289 页。

互校版本：《陕甘宁边区政府文件选编》第十二辑，档案出版社 1991 年版，第 138～140 页。

6. 陕甘宁边区政府指示——关于老区中等教育工作

1948 年 7 月 13 日

事由：关于老区中等教育工作由。

各专员、各中学校长：

历年来边区中等教育，坚持了为人民服务的方针，并初步实现了提高现任干部，培养未来干部的任务，迄今至少有五千中学生参加边区各种建设工作和直接为前线服务。现在西北革命形势，日益发展，各个地区各种事业的干部需要，日益迫切，因之培养更多青年知识分子为新民主主义建设人才的任务，就日益繁重。为此特就几个主要问题指示如下：

一、恢复行知中学和米脂中学，各招收青年学生三百名。关中师范和新接收的栒邑中学合并办理，学生暂定二百五十名。三边、陇东暂在分区党校内附设中学班和师范班，学生各暂定八十名。各中学的方针、课程、编制及主要干部的配备，概由本府教育厅统一决定，其它工作责成各专署负责领导。

二、在目前形势下，由于工作需要，经常抽调学生势难避免。但领导上应尽可能做到有计划的抽调，减少教学中的困难。同时各种设施应适应这一特点，学习期限暂可缩短为一年至二年，并缩减寒、暑假期，保证每年最低限度学习十个半月。

三、在学以致用，以文化教育为主，与政治教育密切配合的原则下，改进教育内容和方法，使与学生实际情况，边区实际需要及当前主要斗争任务结合，为此：甲、确定国文、政治（包括时事）、算术、历史、地理、自然为必修课程，另外酌授艺术（主要是音乐）、军事及酌量进行生产劳动。国文学习时间应保证相当于全部学习时间的三分之一。各课课本教育厅拟在年内新编一部分，未有新课本前，各校根据情况自行研究决定。乙、确定学生社会活动为教育计划的组成部分，领导上应有重点有组织地率领学生参加各个时期的各种主要社会运动，由此总结经验，充实实际知识并培养工作能力。丙、确定学生日常生活教育，即从学生日常政治、文化等生活中及工作作风、思想动态中发现、研究、解决问题进行教育，为教育计划的组成部分，使有限的课堂讲授和更丰富的实际生活结合起来。丁、为适应频繁的调动，今后制订教育计划时最好以半年为一小单元，并按照实际情况规定大单元，使学生不致因中途离校，所学太少。

四、老区中学生多属劳动群众子弟，各中学不应因其文化程度较低拒绝其进入中学，但又必须有步骤地提高收入学生的质量。为此应经常有计划地主动与地方党、政领导机关及各地完小取得联系，应将帮助改进当地的国民教育工作，当作自己当然业务之一。

五、在目前情况下，抽调老区中学的部分干部去新区工作，势所难免。干部缺额应由各分区自行解决。各专署及各中学应经常及时研究缺额时仍能恢复、坚持和提高中教工作的办法。一方面，应更加强干部的政治及业务学习，提高干部的工作责任性和教育能力；另方面，应更加强对学生会等学生自治组织的领导，提高学生互教互学的自治能力。使教育干部或有减少，教育计划不致受挫。

以上各点希认真研究，切实执行。并将执行情况随时报告本府。

选自《陕甘宁革命根据地史料选辑》第三辑，甘肃人民出版社 1983 年版，第 287～289 页。

互校版本：《陕甘宁边区政府文件选编》第十二辑，档案出版社 1991 年版，第 148～149 页。

7. 陕甘宁边区政府关于开展黄龙分区国民教育的指示

1948年11月2日

黑、王专员并转各县长：

一、黄龙分区的国民教育，赖我党政军的协力领导和当地教育界人士的竭诚帮助，解放不久，即已渐次恢复。暑假期间各县又举办教师座谈会，研讨了新民主主义教育的方针任务及实施方法，启发了与会教员的思想。现学校均经初步整理，并已全部或大部开学。但由于分区国民教育在国民党长期反动统治下曾被用作奴化青年和儿童的工具，思想毒素，播植已深。因开展分区国民教育，除在可能条件下尽量恢复原有学校数量外，尤应大力改进原有学校质量。目前前者已见成效，后者尚待努力。

二、提高教职员，是改进国民教育的关键，因之对分区小学教职员必须加紧团结，帮助其建立经常的个人和集体的进修制度，使他们在日常学习和工作中逐渐进步提高。为此专署及各县三科应即计划进行如下工作：甲、督促各区以区为单位，以完小为中心，由区长或区教育助理员（有十处以上学校之区设立此职）和完小校长协同领导，拟定本区教员分期进修计划，进行学习，并定期集会讨论。其政治学习，应以时事、政策为主，其业务学习，应从工作中存在的实际问题出发，着重研究各科教材、教法及对学生生活、思想问题的指导等。乙、计划利用今年寒假继续举办教师座谈会，检讨工作，总结经验。丙、继续争取在乡尚未就业的知识分子，通过各区各完小直接与他们取得经常联系，吸收他们参加各种座谈会，并根据不同情况分别吸收参加工作或介绍学习。曾参加今年暑期座谈会者，必须妥为安置。

三、完小由县政府直接领导，专署应经常派员巡视、检查、督导，初小由乡政府直接领导，区署应经常派员巡视、检查、督导（未设立教育助理员之区，应指定干部兼管教育工作）。各县应集中力量办好一个或几个完小，以便取得经验。推动办好其他学校。为此特将学制、课程、教材、组织等问题从（重）新研究确定如下：甲、学制暂时维持四二制原状，但明年起应添设春季始业班，以便适应群众需要和儿童入学。乙、课程确定高年级为公民、国语、算术、史地、自然、音乐、美术、体育，初年级为国语、算术、常识、美术、音乐、体育（初级一、二年级的音乐、体育合为唱游）。各种课程统须联系实际，学用一致。丙、教材：国语、史地必须采用本府教育厅编印的课本及选用高级国语补充教材，算术、自然可选择较好的旧课本加以必要的删改暂时应用，公民、常识在未有新课本前，可暂从群众日报选材，讲解时事和政治常识，并联系学校和学生实际，进行新的纪律、思想、生活教育。旧公民课本一律禁用。课本不足者暂以油印或抄写办法解决。自编者统须由县政府负责审查。丁、组织：应将教务处与训育处合并为教导处，加强教员职责。从各种课程的教授和儿童的日常生活中，随时随地启发儿童重视科学、劳动，敬爱劳动人民，培植为劳动人民服务的思想。为提倡自动自治，互助友爱，实践民主生活，高、中年级可成立学生会，低年级可成立儿童团，有领导的参加校内外各种活动，以补课堂教育的不足。生活思想教育以劝导说服为主，绝对废止体罚。戊、女子教育，急需加以提倡，可能并必要时，可试办女子小学或在完小设女子班。对于贫苦的男女学生，应给以适当的照顾。

四、社会教育在黄龙分区，极为重要。学校和民教馆，是进行社会教育的重要据点。充分利用完小学生的课外时间和回家机会，实行小先生制，普及群众教育，特别是女子教育；应充分发挥教员、学生、民教工作人员等的积极性，根据群众需要和本身条件，组织各种读报组、识字组、黑板报、墙报、半日班、夜校等文化组织，联系群众生活，提高群众觉悟。如有条件还可组织秧歌队（儿童的和群众的），准备春节期间的娱乐宣传，发挥其教育作用。

五、学校经费除完小、民教馆外，初小一律由群众自筹解决。已有基金者可由地方有威望人士组织校董会负责管理；没有基金者可组织地方有威望人士适当筹募并组成校董会负责管理。此项工作应由各级政府领导进行，免生弊端。各县为适当调剂国民教育经费，以求普遍发展，应即派人清理全县及各校原有教育款产，成立保管委员会，以资专责。

六、为了解分区教育情况，加强领导，专署及各县应遵照边府八月十七日的指示，定期作成教育工作报告，寄来本府。

选自《陕甘宁革命根据地史料选辑》第三辑，甘肃人民出版社1983年版，第305～307页。

互校版本：《陕甘宁边区政府文件选编》第十二辑，档案出版社1991年版，第262～264页。

8. 中共中央西北局关于黄龙新区学校教育的指示

1948年

一、黄龙九县解放前，共有中学十三、完小七十余处，这些学校虽然过去都为国民党所主办，进行反共反人民的教育，灌输封建奴化思想。但大多数学生均为农民子弟，他们入学多为逃避兵役，其家庭或多或少地遭受国民党反动派的压迫、损害或限制。对我党我军坚决保卫人民利益的政策和行动，表示同情。因此，争取改造其为人民服务是完全可能的。但自我军进入黄龙后，除韩、部等县中学已开学外，其他中学多陷停顿，一般小学校校数、人数，亦均缩减。其原因固然是蒋匪军败退时的摧残破坏，社会秩序尚未纳入正轨，目前群众运动亦未很好发动，政策宣传未能普遍深入，加以蒋匪长期奴化教育的影响，及特务的造谣破坏，致有不少教员学生怀疑观望，但更主要的原因还是我们未能及时采取有效办法，更积极的去进行工作。

二、因之，办好新区学校教育，争取教育改造广大青年学生，就成为目前新区建设工作中刻不容缓的一项重要任务。凡我军所到地区，对于当地学校，应采取严格保护政策。在该地区已稳定时，则应根据可能条件设法使之开学。并有重点的派遣得力干部，主持领导（首先是中学），用办好数学校（分区集中办好一个或几个中学，县集中办好一个或几个完小）的办法，去推动办好其余学校。各县临时性的短期训练班，应与学校教育适当分工，以便有计划地、不断地培养青年知识分子，参加新民主主义的建设事业。

三、为实现在新区培养大量新知识分子的方针，必须正确地团结当地的教育工作者来进行。对于他们，除了少数确系极反动分子或破坏分子外，均应争取他们合作，一律排斥或不去帮助改造的态度，都是错误的。应在实际合作过程中，帮助他们认识真理，逐渐改变其错误的反动的思想观点。但帮助进步与争取他们安心工作的必要条件，是政治上的提高与生活上的照顾。对新区教职员的物质待遇，一般应不低于国民党统治时的薪金。对于青年学生，一律采取教育改造方针，欢迎他们入学，对于广大劳动群众子弟，尤应给予入学的便利条件。

由于国民党施行党化教育的结果，教职学员中，党团分子占有相当数量，其中且有少数特务分子、破坏分子。我们对于国民党、三青团残害青年的思想毒害，必须彻底清除，对其反动组织，必须坚决解散。但应认识到国民党、三青团反动派的罪恶活动，一般党团分子并不能负主要责任，特别是被蒙蔽一时的青年学生，对于他们，应予以同情，加以热情的对待，积极的进行教育改造，采用民主座谈方式，公开揭发国民党在青年中的欺骗宣传，控诉其罪恶毒害，只要他们思想觉悟，愿意站在人民方面，我们都应争取、教育团结之。只有个别顽固不改，争取无效者，才予开除。此种分别处理，应视为极其艰巨细致的教育改造工作，要放在启发思想觉悟的基础上去进行。不应过急地简单地采取普遍登记办法。

四、学校教育必须依据新民主主义教育（即无产阶级领导的，人民大众的反对帝国主义、封建主义和官僚资本主义的教育）方针进行，学校中一切教育实施，均应本着实事求是的科学态度，及对人民大众的无限忠诚来教育、培养青年学生，使他们具有为人民服务的思想与一定的科学文化知识，成为人民革命战争及新民主主义建设事业的新生力量。贯彻上述方针的首要步骤，除了领导上注意加强和改进学校教员的质量外，就是适当的调整课程，凡包含法西斯毒素，反共反人民的，应立即停授（如公民）或改变其内容（如国文、史地），其与目前人民实际需要不太密切者，则可酌量减少（如数理课程中部分不切合实际需要的）或改为选修（如外国语）。教材除国文史地由教厅陆续供给外，政治常识在教材未正式印发前，可根据群众日报进行时事政治教育；数学、理化则暂依旧本，或加以必要的删改后讲授。领导学校的中心环节，应放在思想领导上，发扬自我批评，与虚心学习的精神，研讨业务，组织教学研究组及寒暑期教员座谈会，并由思想上政治上坚强的干部负责领导，借以提高教员，充实教学内容，改善教学方法，增强教学效率。

五、新的教育，必须和广大人民群众的生活相联系，和人民革命斗争的脉搏相适应，否则就会脱离实际，枯燥无味，毫无生气。

因此，我们的教学方式，决不能停留在课堂教育，教育内容不能满足于书本知识，应根据当前允许的情况，适当的进行生产教育，参加劳动和群众运动，以丰富其学习生活，增进其实际知识，改造其思想，达到学与用的一致。但这一切活动的目的，主要均是为使学习得更完善，学与用更密切的结合。因此必须要有计划、有组织、有指导的进行，才不致浪费时间、精力，减弱学习效果。

六、思想改造过程是进步思想与落后反动思想斗争的过程。

教育的主要任务在于根据对方思想水平，启发其觉悟，逐渐培养与提高其革命观点，认识客观真理，认清是非真伪，克服错误思想，建设正确思想。因此，必须避免生硬灌注的方法，养成认真研究、自由争辩、切实刻苦、自我批评的学习风气，发展学生在学习中的自觉性与创造性，采取民主讨论方式，以求得服从真理的一致认识。

上述各项指示原则，各级学校均应研究执行。其他关于新区中小学的学制、课程、学校组织等具体实施办法，教厅当另行颁布。

选自《陕甘宁革命根据地史料选辑》第三辑，甘肃人民出版社1983年版，第313～316页。

9. 陕甘宁边区政府关于黄龙分区中等学校工作的指示

1948年

一、中共中央西北局关于黄龙新区学校教育的指示颁发后，获得了新区广大青年学生与教育工作者的拥护和赞许。在此基础上，黄龙分区的中等学校多数已在政府领导及地方教育界人士的协助下，分别予以整理、恢复或合并开办。某些学校在短期内，已达到甚至超过原有人数，这个成绩是不小的，今后应进一步贯彻西北局指示的精神，有计划、有步骤地办好业已恢复的学校，加紧团结和帮助当地教职员，加强学习领导，改进教育内容和方法，在现有基础上，提高学生的觉悟程度，并继续恢复条件具备的学校，动员原有学生大部以至全部复学。

二、为适应日益发展的西北情形，黄龙分区中等学校的主要任务是培养大批具有为人民服务思想的青年知识分子，以补充军事、政治、经济、文化等各方面的干部需要。在新学制未确定以前，学习期限暂时维持原状。各中学招生时，在学历及年龄上不必限制过严，使各完小毕业生及自学有成绩的穷苦青年，只要程度合格，即能得到充分的求学机会。各中学并可设立贫寒生补助金，以鼓励贫寒学生入学。各校明春均可增设春季始业班。为便于提高现任区乡干部与培养当前急需的各种干部，各校与当地政府可依据可能条件设立各种短期训练班。

三、课程方面，凡含有反动内容的科目，应坚决取消（如公民）或改编（如国文、史、地），另设政治课。各种课程应以切合实际达到学用一致为目的。在启发多数学生及教职员觉悟的基础上，逐渐改进，避免单纯以行政命令办事的方式。初中必修课程确定为：国文、政治、数学、历史、地理、动植物、生理卫生、理化、音乐、美术。高中必修课程为：国文、政治、数学、历史、地理、生物、理化。初中新生不授英语，旧生及高中生可根据需要设英语选修课，此外，还应在课外进行适当的军事体育及生产劳动教育。为使课程学习能正常进行，学生的社会活动及生产劳动，每周不得超过六小时。除自习及选修课外，必修课每周上课时数初中以二十四至二十八小时，高中以二十至二十二小时为宜。每年上课时数不得少于三十八周。师范学校的课程除二、三学年增设切合实际需要的业务课外，基本上与中学同。各科教员在正式授课外，还应切实的负责指导学生预习、复习、作业及必要的讨论，并深入地研究学生的学习状况与思想状况，以便不断地改进教学内容与教学方法。学生应着重个人学习，辅以集体研究、互相帮助，讨论会应限于有关思想教育的课程，每周以一次为限。

四、在学校组织上，应改变教务处与训育处分立现象，统一设立教育与事务两处。校务会议为校长直接领导的学校最高行政会议，由校长、主任、教职员代表组成，并吸收学生会代表参加。另设干部学习委员会，以组织和领导教职员的政治业务学习（学委会正副主任由正副校长或教育主任兼任，其他委员均由民主选举）。组织经费稽核委员会，以实现经济民主，改进学校生活；各校均应组织学生会，团结全校学生，实行民主自治，组织与推动各班学习，协助行政上把学校办好。学生会之成立要有足够的思想准备，经民主选举，领导上则应经常给予帮助和指导。

五、黄龙分区一般青年学生，对于国民党统治的贪污腐化、丧权辱国、欺压人民与残害青年等罪行，是深为痛恨的。解放以前，他们经常受到失学和失业的威胁，迫切要求进步。且其中大部分是劳动人民的子弟，作风朴素，有劳动习惯。但另一方面，由于长期受敌人的欺骗宣传与奴化教育，及封建落后的社会与家庭影响，因而存在着许多错误观点与落后意识。学校领导者必须针对他们的特点，加强思想教育，逐渐地纠正其错误认识，建立为人民服务的革命观点、群众观点、及劳动观点，养成实事求是、艰苦朴素、虚心学习、自动自治、自我批评及遵守纪律的学风。进行思想教育时，必须通过学生的学习及生活实践，根据其觉悟程度，运用自由争辩、民主讨论、耐心说服等方式，逐渐提高。注意防止急性病及自流偏向。

六、黄龙分区各校主要依靠当地教职员开展工作的方针是必要和正确的。大多数教职员对于国民党的黑暗统治与奴化教育不满，愿在民主政府领导下，参加为人民服务的教育事业。因此领导上对他们应加紧团结、放手使用，在工作中诚恳耐心地予以帮助，使他们理解并掌握新民主主义教育的立场、观点和方法，以便逐渐地成为健全的新教育工作者。今后并应继续吸收那些可以参加而尚未参加工作的当地知识分子共同建设学校，设法争取那些因不明情况或其它顾虑而跑到敌区去的教员回来任教。

七、中等学校的方针、学制、课程、编制及主要干部的配备，由本府决定。其他日常工作，责成专署负责领导，离开专署较远的学校可委托所在地的县政府指导。专署应定期召开会议，检查和研究中等学校工作，并注意着重办好一两个学校，取得经验，推动、改进其他学校。

以上指示，务望切实研究执行，并将执行情形，随时报告教育厅。

选自《陕甘宁革命根据地史料选辑》第三辑，甘肃人民出版社 1983 年版，第 317～320 页。

10. 陕甘宁边区政府关于开展一九四九年防疫卫生工作的指示

1948 年 12 月 28 日

各分区专员、各县（市）长：

（一）边区今年疫病流行，夏季蔓延二十余县，病者十万余人，当经紧急动员，发动群众自救救人，组织公私医生下乡治疗，制造中药丸散，推广有效单方，广施救济。八月病势缓和，九月停止传染，但病死者已达两万余人，对于群众生产影响极大，这种严重的损害，固是胡祸天灾所造成，但各地防疫工作不够认真，也有很大关系。我们必须严正的记取这个教训，接受防疫和急救工作中的经验，预防疫病发生，以利明年的大生产运动。

（二）边区大部地区的群众缺乏清洁卫生习惯，向来疫病很多，婴儿和妇女死亡率很大，加之现在农村的疫病尚未根绝，明春极易发作，各级政府和全体干部必须号召全体人民重视这个问题。并按照不同情况进行：甲、在一般地区，应切实提倡清洁卫生及改造“老娘婆”，提倡新的接生与保育儿童的方法。乙、在有严重地方病（柳拐子、吐黄水、瘿瓜瓜等）的地区，应切实调查研究该病产生的根源及防治的有效办法，实施治疗与预防。丙、在今年疫病严重地区，应于今冬明春普遍发动群众性的防疫卫生运动，创造防疫卫生的模范村乡和积极分子，以深入开展与坚持防疫卫生工作，防止疫病发生与传染。

（三）为此各级政府必须认真总结今年防治工作的经验，纠正干部中平时忽视群众防疫工作及发现疫病时不积极组织民间医生救急，只是等待上级派医生等错误的观点与对人民不负责任的态度。教育所有干部注意随时利用机会，如冬学、夜校、识字组、报纸向群众进行卫生教育，灌输科学知识，利用各种群众集会进行卫生宣传，以提高群众的认识，自觉改变其落后习惯，相信科学，反对迷信，禁止神官巫神的活动。

（四）为此，必须健全各级卫生工作的组织机构及医疗工作：甲、决定专署一科增设副科长一人，科员一人。县政府一科增设卫生干事一人，专管卫生事宜。区由行政助理员兼管卫生工作。乡设文教卫生委员会（以每个行政村选一个委员组成之），自然村设卫生小组长（由村民选举一至二人）。在各该级政府领导下进行防疫卫生的具体工作。乙、依据可能的条件，逐渐设立各县人民卫生所（医生一至二人，司药及护士二至三人），在县政府的领导下进行群众的治疗工作。丙、恢复与发展整顿各地人民，保健药社，纠正单纯营利观点，贯彻为人民服务的方针。丁、广泛的利用与发挥中医的效能，成立各分区、县的医药研究会或医药研究组，在自愿和照顾医生生活及药铺营业利益的原则下，将民间的医生及药铺组织起来，给予适当教育，培养其为人民服务的观点，并经常进行研究各种疫病发生的根源，治疗与预防方法及利用当地药材炮制药品，互相交换经验，提高技术。当疫病发生时，进行积极治疗。各地中西医生及药铺均须向县政府登记，经考核合格者统一发给行医证或营业执照，不合格者加以取缔。

各专署、县府接到指示后，应即详加讨论，拟定计划，切实具体执行，并将所得经验及群众的生、死统计随时报告本府。

选自《陕甘宁革命根据地史料选辑》第三辑，甘肃人民出版社1983年版，第308～309页。

11. 陕甘宁边区中等学校贫寒生补助暂行办法

1949年4月15日

一、为扶植贫寒子女入学，使教育为广大群众服务，特制定本办法。

二、陕北、晋西北地区已实行公费制的中学、师范学校（包括分区干校附设之中学班、师范班）学生之待遇，一律按边区政府或晋西北行署原规定执行。

三、晋南、黄龙及今后新解放地区师范学校包括中学附设之师范班之学生，每人每月一律补助麦子（产麦区）五十斤或小米（产米区）三十五斤。

四、晋南、黄龙及今后新解放地区之中学学生一般的均实行自费，但具有下列条件之一者，得享受贫寒生补助费。

（一）家境贫寒之烈、军、工属子女。

（二）家境贫寒且成绩优良之劳动群众子女。

（三）家境贫寒之少数民族子女。

五、中学生贫寒生补助费之标准规定为：产麦区每人每月麦子五十斤，产米区每人每月小米三十五斤。此项补助，以学生实际在校时间为限，在学期中途因私事离校逾一周以上者，或寒暑假返家者均自离校之日起按日照扣。

六、中学贫寒生补助名额以不超过该校中学生总数百分之十五至二十为限。

七、无依靠之烈士子女按第九条第二项所规定之手续，审查合格者，得按后方机关人员供给标准全部供给之。此项学生不得计入第七条所规定各校学生百分之十五至二十的补助名额内。

八、家境贫寒之烈、军、工属子女，有优先取得贫寒生补助费之权，在女子入学人数甚少之地区，若贫寒程度相同，女子有优先取得贫寒生补助费之权。

九、中学生取得贫寒生补助费之手续：

（一）须先取得该生原籍县政府之证明信，由学校初步审查后，送呈专署批准，呈报行署或边区政府备查。

（二）无依靠之烈士子女需要供给者，由其父母工作机关或其他有关机关证明，由专署审查，行署或边府批准。

（三）受补助之贫寒生，应每年审查一次，其有家庭经济情况改善供给能力提高者，应向该生妥为说明理由，停止补助。

十、本办法自一九四九年四月份起施行。

附注：

1. 关于干部子弟入学待遇办法及新解放的较大城市之公费生待遇办法另行规定。

2. 本办法暂以十六两旧秤为计算单位。

选自《陕甘宁边区政府文件选编》第十三辑，档案出版社1991年版，第239～240页。
互校版本：《陕甘宁边区法律法规汇编》，三秦出版社2010年版，第210页。

12. 陕甘宁边区中学、师范、完小教职员及杂务人员待遇暂行办法

1949年4月15日

一、为适当改善中学、师范、完小教职人员生活并试行薪金制，特制定本办法。

二、为保证教职员及杂务人员生活不受物价波动影响，特规定薪金以日常生活必需品的油、盐、炭等五种实物，依各级政府财政处、科每月二十日所规定之统一物价标准计算之，原则上保证所得货币在当时当地能买到其薪金所规定的实物数量。

三、为了计算方便，实物薪金计算单位为“分”，每分之值等于小米一斤二两（产麦地区以小麦一斤十二两计）及土布三寸、油、盐各半两，石炭二斤半（不产炭地区，以每斤炭折三斤柴计），未经边区政府或行署命令，每分之值，不得改变。

四、中学、师范学校教员及主任以上职员，每月薪金之值为七十分至九十分；高中、高师教员与主任以上职员，每月薪金之值为八十分至一百分，一般职员每月薪金之值为五十五分至七十分。

五、完小教员及主任以上职员，每月薪金之值为五十五分至七十五分，其他职员与公立初小教员每月薪金之值为五十至六十五分。

六、什务人员每月薪金之值为四十五分至六十分。

七、每人每月具体分数，在规定的最低与最高的分数限度内，由各该校于每年年初根据工作成绩、文化程度、工作简繁、工作态度、为人民教育服务年限等条件，提出意见，完小由县府审核转呈专署批准，中学、师范由专署审核后呈行署或边府批准。

八、全年按十二个月发薪，学期终了离职者，假期薪金，具领二分之一，在学期中途新任及离职者，均按到校与离校之日起止。

九、女教职员及女杂务人员分娩期间，休假六十天，薪金照发。

十、享受薪金待遇之教职员及杂务人员，停止其家庭优待，但子女众多、家无积蓄、专靠薪金无法维持生活之教职员，可由所在学校呈请直接领导该校的上级政府，根据实际情况，酌予补助。

十一、大学及各分区干校中之中学班或师范班的教职员，暂行维持供给制，每月酌量发给津贴。

十二、今后新解放的较大城市之教员待遇另行规定。

十三、本办法自一九四九年四月份起实行。

附注：本办法暂以十六两旧秤及营造尺为计算单位。

选自《陕甘宁边区政府文件选编》第十三辑，档案出版社 1991 年版，第 237～238 页。

互校版本：《陕甘宁边区法律法规汇编》，三秦出版社 2010 年版，第 211 页。

13. 陕甘宁边区政府布告
——保护名胜古迹公共场所[①]

1949 年 7 月

查各地农场，苗圃，以及名胜古迹，公共场所，均为有利于人民之建设，自应切实保

① 副标题是编者所加。

护。近有少数人，不明利害，任意破坏，毁损上述建设之林木、建筑等物。此种行为，应即严加制止。除通令各级人民政府切实防护外，仰我全体军民，共同负责保护，如再发现上述破坏行为者，立即送交当地人民政府，依法严惩！

此布。

选自《陕甘宁革命根据地史料选辑》第三辑，甘肃人民出版社1983年版，第430页。

互校版本：《陕甘宁边区政府文件选编》第三辑，档案出版社1991年版，第455～456页。

14. 陕甘宁边区政府关于目前新区国民教育改革的指示

1949年7月31日

各行署主任、专员、县（市）长：

各直属市长：

在我解放的城市和乡村，国民教育已渐次恢复，各级政府亟须根据新民主主义教育方针进行研究与改革的工作。国民教育过去在国民党长期反动统治下曾被用作奴化儿童、青年和群众的工具，为少数反动的统治阶级服务，现在要逐步改革其制度、内容使其真正成为人民大众自己的教育。关于目前改革的办法指示如下：

甲、小学教育

（一）实行四二制（初四高二）。

（二）小学为人民的基础教育，其任务是为新中国培养新公民，为我们的民族培养新后代。课程以文化为主。对敌伪国民党时期的课程，含有反动内容的加以取缔（公民、童训、户政）。繁复的予以合并。改革后的课程，高年级（五、六年级）为政治常识、国语、算术、史地、自然、音乐、美术、体育八门；中年级（三、四年级）为国语、算术、常识、美术，音乐、体育六门；低年级（一、二年级）为国语、算术、美术、唱游四门。教学时间，另行规定。各种课程统须联系实际，达到学用一致。各主要课程教材须采用人民政府审定的课本，在课本未完全印就前，自然、算术，可采用较好的旧课本，但须删改其不切合实际的内容，政治与常识（有关思想教育的部分）可暂从群众日报或解放区出版的其他书报上选材（由教育厅统一选定），联系实际进行生活、思想、纪律及简单的政治知识的教育。旧公民课本一律禁用。在教学上注入、填鸭的方法必须改变，应使用启发方式，根据儿童程度进行教学。课外指导必须与课堂教育密切结合，先从主要的课程做起。时事、劳动、纪律等教育主要在课外进行。儿童课外活动应予重视，但须有实际教育意义与有计划地进行，且须适度，不得太多，以免妨碍学生的文化学习。

（三）彻底废除抑制儿童思想的训导制度，重视儿童的思想教育。敌伪时期所灌注给儿童一切思想上的毒素须予清除。同时，从各科教学与儿童的日常生活和行动中，随时随地启发与培植儿童重视科学、重视劳动、敬爱劳动人民、为劳动人民服务的思想，养成儿童勤学好问、勤劳朴实、勇敢活泼，互助友爱、集体生活的新作风。进行思想教育应根据儿童的特点与认识程度，运用循循善诱、耐心说服、民主检讨等方式，逐渐提高，反对机械的搬用教育成年人的方法教育儿童。体罚或变相的体罚，应绝对废除。

（四）为了实现民主的集体领导，完小以校长为首与主任、教职员代表（一、二人）组织校务委员会，统一领导学校一切工作，并对政府负责。由教职员代表二、三人与学生代表一、二人组织经费稽核委员会，检查经费开支是否合理及有无贪污浪费现象，以实现经济公开与经济民主。废除训教分立，实行教导合一，在校长与校务委员会下设教育主任，统一管理教导工作。废除级任导师制，班设主任教员。完小的民教部取消，但应兼做社教工作。幼稚班在可能条件下设办。学校在民主集中制原则下建立各种必要的工作制度（会议、报告、工作的计划、检查，总结等）。考核制度予以改变，课业考核实行百分制的记分办法，操行记分制取消，中年级用文字考核，高年级用民主检讨，文字鉴定。学校人事任免办法应行改革，规定校长由县、市政府委任，主任由县、市政府聘任，教员由学校提名，政府批准后聘请。解聘教员须事先呈报政府批准。初小教员由校董会与群众商酌聘请，但须经区署同意。

（五）完小高级学生或高小学生如有组织要求，应帮助建立学生会，其任务是组织同学的学习，管理同学的课外活动与文娱生活，增进师生的团结等，教师应经常给以亲切的指导。小学监护制度改变为辅导办法，以培养儿童的民主自治能力。取消繁琐的不切实用的规则，根据学习、生活和工作的需要订出必要的公约、规则，启发与教育儿童自觉的遵守。

（六）对私立小学除具有反动的政治背景者外，一律采取保护赞助与逐渐改革的方针。凡已开办之私立小学（个人或团体）向人民政府登记，经审查合格者，可继续办理，但必须执行新民主主义教育方针与人民政府的法令。今后拟成立之私小，必须先经人民政府审查许可后，始得举办。教会团体主办之小学，不得在课内向学生宣传宗教，不得强迫学生参加宗教仪式。少数民族小学或具有适当数量的少数民族学生的小学，根据自愿与需要，可以增授本民族的语文，但其内容不得与新教育方针违反。私塾亦须本前述方针进行改革。凡私小确实办理有成绩者，政府予以适当奖励。

（七）市立县立之完小，由市府县府直接领导，乡村小学由乡村政府领导。专署、县府与区署须经常派员检查所属区域的国民教育工作。各级政府在整顿与发展小学教育中，要注意给予工人子弟与贫寒子弟以入学的便利条件。小学经费除完小外，初小一般由群众自筹，不足者政府酌予补助。有基金的初小可由群众的代表与地方上有威望的公正人士组织校董会负责管理。各市县教育款产基金，市县政府应进行整理，统一管理。

（八）小学教育的改革是长期的艰巨的工作，必须有步骤地进行。全部改革工作的中心环节是教职员的思想改造问题，因之，专署、县府、区署必须加紧领导，组织其个人与集体的学习，建立每日两小时学习制度。在马列主义理论与中国革命实践统一的思想——毛泽东思想的指导下，进行政治的与业务的学习。政治学习以时事、中国革命基本问题、政策教育为主，业务学习，应从工作中存在着的实际问题出发，着重研究各科教材、教法及学生生活、思想问题的指导等等，以逐渐达到使教职员建立为劳动人民服务、为新民主主义教育事业服务的思想、观点与作风，并在学习中逐渐提高其业务能力。为此，完小应以校长为首组织学习委员会，领导全校教职员学习，各区应建立初小教师的学习组织，由区署及完小负责领导。学习方式以个人学习为主，集体讨论为辅，联系自己的工作和思想进行检讨。此外，各级政府应在可能条件下，利用寒暑假举办教师座谈会，进行学习，检讨工作，总结经验。

乙、社会教育

（一）社会教育的实施方针，以积极支前，肃清反动残余，鼓励与表扬劳动生产，反对封建剥削，批评迷信落后为基本内容，开展新民主主义的启蒙运动。

（二）社会教育，目前应有重点地进行。重点放在城市，大乡镇及工人区域，在重点地区可设立民教馆、文化俱乐部。根据群众需要和本身条件可组织阅览室、夜校、识字组、读报组等等，推广群众的文化与政治教育。根据群众接受程度，有步骤的提倡和开展妇女教育。在乡村以小学为据点，逐步推广社教。教育对象，城市以工人、贫民、店员、学徒为主，农村以农村工人、农民及农村青年为主。

（三）社教机关要配合党与政府的当前工作任务，广泛地向群众做宣传动员工作，联系群众实际生活，提高群众的政治觉悟。宣传方式可利用黑板报、画报、戏剧、讲演、说书、收音机、幻灯片、秧歌队……特别注意采用为群众喜闻乐见的形式进行宣传。

（四）社教工作必须与工会、农会、青、妇群众团体密切配合。社教机关有计划的组织学生、教员与群众团体有关人员参加这个工作，特别组织中小学生，充分利用他们课外与回家机会推广社教。

各级政府接到此指示后，须认真研究执行，并将执行情况随时报告本府。

选自《陕甘宁革命根据地史料选辑》第三辑，甘肃人民出版社1983年版，第424～428页。

15. 陕甘宁边区各县教育经费筹措暂行办法

1939年8月15日边区政府公布

一、各县筹措之教育经费来源，仅限于以下四种：

（一）该县原已确定为教产（包括土地、房屋、林、营业、牲畜在内）及教育基金（指现金）之常年花利收益。

（二）买卖婚姻、赌博、缠足之没收款及罚款。

（三）学校自行生产之收益。

（四）在自愿原则下，向人民劝募之学款。

二、各该县原已确定为教产及原已确定为教育基金之现金。均作为教育基金，不得动用。以该项基金之常年花利作为常年教育经费。

三、各该县原无教产者，得以下列办法建立之：

（一）原由各该县县政府所管有之公田，拨归教产。

（二）尚未分配之荒地或熟地，全部或部分拨归教产。

（三）原属神庙产，人民自愿拨归教产。

（四）一姓或数姓所有之社坟地，在一姓或数姓同意下，归为学田。

四、根据边区政府一九三八年六月七日决定所没收之买卖婚姻款或经县政府判决没收之赌博款或罚金，以及经县政府判决之缠足罚金，均全部作为教育经费之收入。

五、各学校自行生产之收益，均作为教育经费之收入。

六、各该县教育经费，由第一项之（一）（二）（三）三种常年收入尚不敷常年支出者，得向各该县人民在自愿原则下劝募之。其劝募办法如下：

（一）各县应劝募总数，以不超过常年支出所短之数为限。

（二）每年以劝募一次为限。

（三）应劝募款数由各县教育经费管理委员会提出，经由县政府审查，呈请教育厅批准后募集之。

（四）凡抗属贫苦之户、受灾户，均应免募（自愿者听之）。

七、各县筹措之教育经费，如开始时因特殊情形，一时不能筹措齐全，不足该县开支者，得由该县教育经费管理委员会提出，经由县政府审查，呈请教育厅批准后酌量补发。

八、本办法自公布之日起施行。

九、本办法如有未尽事宜，得由三县以上之提议，经边区政府议决通过后修改之。

选自《陕甘宁边区政府文件选编》第一辑，档案出版社 1986 年版，第 317～319 页。

互校版本：《陕甘宁边区法律法规汇编》，三秦出版社 2010 年版，第 202 页。

16. 陕甘宁边区政府关于中等学校改革的指示

1949 年 8 月 25 日

（一）国民党反动统治时期的教育，从其根本性质上讲，是反人民的教育，是为少数统治阶级服务的教育，这不仅是因为它以其封建买办法西斯的思想统治学校，使进步思想受着极大的压抑，而且是因为它采用特务化的管理方法，使教职学员的民主活动经常受着迫害（但是，这些反动目的和实施，因为种种原因，在不同的地方受到不同程度的反抗和阻碍）。现在，国民党的罪恶统治被打倒了，人民当了主人，这个新的人民时代的教育，是为人民所有，并为人民大众服务的教育。依据这个原则，根据可能的条件，有步骤有计划的改造旧教育，使之适应人民的利益和新民主主义国家建设的需要，是教育工作者当前的首要任务。

（二）旧的课程教材是为实现旧的教育方针而设施的，应逐步进行改革。依据目前条件，必须首先停授或改变含有反共反人民毒素的科目与教材，各校须立即停授的科目是公民、伦理、童训、军训，须改用人民政府审定的教材有国文、历史、地理。在审定教材未到达之前，应停授其中反共反人民的内容。实际需要不大的英文，初中停授，高中改为选修。公民停授之后，另设政治常识，以使学生正确的认识社会发展和中国革命的基本规律，培养其为人民服务的思想。其他科目暂仍延用旧本。改革后，初中、简师的必修科目为国文、数学、政治常识、中外历史、中外地理、动植物、理化、生理卫生、音乐、美术、体育。高中及后期师范的必修科目为国文、数学、政治常识、生物、理化、中外历史、中外地理、体育、艺术，师范学校加授教育课，高中加授英文选修。职业学校的必修科目另订之。

除自修及选修课外，必修课每周上课时数，初中、简师以二七至三〇小时为宜，高中、师范以二四至二八小时为宜。各科教员在授课时应注意与人民大众的生活、生产相联系，并注意学生的接受能力。除正式授课外，应切实负责指导学生的自习、作业及各种活动，使学生不仅能领会教学内容，且能在行动中贯彻。

课外活动与社会活动应予重视，必须有计划的去组织领导，如组织课余劳动生产，社会宣传，民主活动和各种课外学习，以补助课内学习之不足，和培养锻炼学生的劳动观点和群众观点，只对学生书本学习负责，不对学生实践活动负责的观点是错误的。但是，课外活动太多了，又必然妨碍学生的学习，课外活动要适度，限制在一定时间之内，一般的不得占用课程表上规定的时间，不得妨碍既定教育计划的执行。

（三）取消以毒化和奴化学生为目的的训导方针，培养学生为人民大众服务的思想，改变其轻视劳动与劳动人民的旧思想旧观点，培养实事求是、艰苦朴素、虚心学习、自我批评、自动自治、遵守纪律的新作风。取消以管制学生为目的的训导制度。反对思想统治与消极处罚，提倡自由思想、民主争论、耐心说服等新的教导方式。取消繁琐的徒具形式的规则，提倡根据工作、学习、生活的需要，经过民主讨论、上级批准所建立的必要的制度、规则或公约，这些制度规则或公约，既经规定之后，就要号召和组织全校人员自觉的严格遵守，坚决实施。

（四）废除国民党统治时期的不民主的领导方式，建立在校长领导下的有主要职员二人（教育、总务主任），教员代表二人及学生代表一人参加的校务委员会，统一领导学校的一切工作，并对政府负责。凡属全校性质的重要事项，均须经过校务委员会充分讨论，共同执行。此外由教职员代表及学生代表组织经济稽核委员会，检查经费开支是否合理及有无贪污浪费情况，以实现经济公开及经济民主。废除训教分立，实行教导合一，在校长及校务委员会下设教育处，负责课内教育及课外学习生活指导。废除导师制，每班设班主任一人，在班主任领导下由本班主要教员及学生代表一至二人，组织班务委员会，负责组织领导本班学习和其他活动，并对教育处负责。

各校应在适当时机（多数人有此要求时）组织教职员会及学生会，并在充分酝酿讨论后，以民主选举方式产生。这个组织的主要任务是团结和教育全体教职学员，以主人翁的态度来工作和学习，发挥工作，学习的自动性与积极性，组织各种课余活动，举办教职员的各种福利事项，号召大家遵守纪律，建立同学间、师生间、同学与学校间的正确关系。

（五）宗教团体所主办的私立学校，不得将宗教科目列为必修课，不得在课内时间进行宗教宣传，不得强迫学生信教，亦不得强迫学生参加宗教仪式。少数民族举办的学校可根据其民族特点，设立民族课程，但不能违犯人民政府的法令。

对于已经立案的私立学校，一律采取保护政策，并鼓励其发展。私立学校可以向学生征收定额的学费，不缴学费者，学校有权停止其学籍（但确属无力缴纳学费的贫寒学生，可介绍公立学校学习）。

（六）学校的改造与提高，是目前教育工作者的首要任务，但学校改造与提高的一个基本问题是教育工作者自己的改造与提高。

学习马列主义与毛泽东思想是改造与提高教育工作者的基本方向。因此，在今后一年内，各校教员及有中等以上文化程度的职员，除学习时事外，应普遍学习政治经济学、社会发展史、大众哲学、中国革命与中国共产党、新民主主义论、文艺座谈会讲话及其他与当前工作有关系的文件。学习方法应以自学为主，讨论为辅，联系自己的工作和思想进行检讨。为了有组织有计划的进行学习，各校须以校长为首组织三人至五人的学习委员会，负责计划、组织、领导教职员学习，行政上应保证每天给予两小时的学习时间。但能否学习好的基本关键决定于全体人员对学习有没有充分的认识，因此，应进行充分的酝酿和认真的思想动员。

（七）中等学校暂时仍维持原有学制，原有的学生应争取返回原校学习，招收新生须经文教委员会或市人民政府教育局的批准。教职员薪金将另有规定（私立学校不在此限）。一般中等学校学生以自费为原则，师范生及贫苦学生的奖学办法另有规定。私立学校经费均应自筹为原则，成绩优良者将给予奖励。

（八）为了及时了解情况，交流经验，提倡工作，解决问题，各校应按照隶属关系，每月做书面报告一次，第一次应做全面报告，其他报告只限于本月内新发现的问题。报告要有内容，有分析，有重点，有改进工作的意见，文字以不超过三千字为宜。写报告前应经过有关人员酝酿讨论，写成报告后应对全体人员传达和组织讨论。各校应认识写报告不是对上级敷衍应付，照例行文，而是总结经验，改进工作，教育干部的重要工作方法，因此，要实事求是，有多少写多少，不夸张成绩，不掩饰缺点错误。

（九）本指示适用于公私立中等学校，望各校认真研究执行，并将执行的情形，按领导关系随时用书面报告军管会文教委员会（西安市区）和陕甘宁边区政府教育厅（西安市以外地区）。

选自《陕甘宁革命根据地史料选辑》第三辑，甘肃人民出版社 1983 年版，第 439～443 页。

互校版本：《陕甘宁边区政府文件选编》第十四辑，档案出版社 1991 年版，第 36～39 页。

17. 陕甘宁边区政府指示
——关于一九五〇年的冬学工作

1949 年 11 月 3 日

事由：关于一九四九—五〇年冬学工作的指示。

各省主席、行署主任、直辖市长、专员、县（市）长：

（一）西北广大地区，除汉中一隅外，均已获得解放。为提高新区群众的政治觉悟与适应老区人民学习文化的要求，利用一切机会，广泛地开展社会教育，是我们目前很重要的一个工作任务。根据已往经验，利用冬季农闲期间，有组织、有计划的举办农村冬学，进行政治思想与文化教育，是适合农村群众要求，为广大群众所拥护的一种很好的农村教育方式。通过这一形式，不仅可以提高农民的政治文化水平，而且可以配合当时当地的中心工作，推动群众运动的开展。西北各地的解放，虽有先后的不同，但大部分新区农村秩序已逐渐恢复，群众生活已日趋安定，因之，适当的配合新区当前的群众运动，有重点地开办冬学，是十分必要和可能的。至于老区各种条件较好，且有多年办冬学的经验和工作基础，更应注意加强这一工作。

（二）根据上述情况，提出今年冬学工作的方针和必须注意事项为：

第一，冬学工作必须根据不同地区的情况，与当地当时的中心工作密切配合。如在新区应围绕着剿匪、肃特、反霸或减租等斗争，在老区应围绕着冬季生产、评产、选举等工作去进行。必须防止把冬学与中心工作对立起来的思想，以为搞中心工作就不能办冬学，或办冬学就要妨碍中心工作的认识是不对的。如果把开展冬学工作和冬季中心工作很好配合起来，通过冬学就可以进行各项中心工作的思想动员与政策教育，甚至商讨解决工作中所遇到的一些思想和政策上的问题，把冬学就可以作为协助与推动中心工作的一种有利的组织形式。同时也要防止与纠正脱离实际的孤立的办冬学的思想，必须认识一切教育都是为政治与生产建设服务的，离开当时当地的群众运动去办冬学，一定是办不好的。

第二，冬学工作必须根据群众的需要与志愿去进行，这就是说要体会群众的要求，启发群众的觉悟，联系群众的实际生活，帮助群众解决具体困难去做工作，绝不可强迫命令，包办代替，把冬学变成群众的一项负担，造成脱离群众的现象，当然对于冬学工作采取自流放任态度，更是错误的，必须严加防止和纠正。

第三，今年的冬学应是普遍号召重点推行。由于战争尚未结束，冬季任务繁重，再加人力财力的困难与课本教材的缺乏，普遍大量开办冬学，一时尚难办到，因之，各地必须根据主观和客观的条件，有重点的进行。每区或每乡选择几个条件较好的村庄作为据点筹办冬学，并对其加强领导，取得经验，以推动附近村庄仿照举办。

（三）今年冬学的教学内容，新区应以政治思想教育为主，文化教育为辅，老解放区应以文化教育为主，政治思想教育为辅，政治思想教育除配合中心工作解释某些政策问题及解决某些思想问题外，还要用通俗的语言，系统地讲解中华人民共和国的成立，它的性质（人民民主专政），它的阶级构成（以工人阶级为领导，工农联盟为基础，联合小资产阶级，民族资产阶级），它的任务（反对帝国主义、封建主义、官僚资本主义，建立独立、民主、和平、统一、富强的新中国）。此外，在新区应讲解阶级和剥削及劳动创造世界，劳动者自求解放的道理，以提高劳动人民的阶级觉悟，在老区要继续进行反封建（如缠足、早婚，买卖婚姻、不卫生等），反迷信（如巫神、阴阳，一贯道）的教育，以贯彻社会改革。文化教育以识字、读报与珠算为主，配合教些自然常识和简短的革命歌曲（特别要学义勇军进行曲）。

文化课教材可按学生程度，采购边府教育厅编印的冬学文化课本、新三字经、日用杂字、识字课本、农村应用文及解放区出版的其他通俗读本，政治教材教育厅正在编写中，如赶不及需用，各地可从群众日报上选择有关的通俗材料进行讲授。

（四）冬学能否办好的主要关键在于领导。首先各专署、县府必须迅速讨论拟定计划，具体布置，区乡政府和干部必须认真切实执行，各县三科及区教育助理员必须经常督促检查，各群众团体必须尽力协助。为了加强领导，统一步调，县、区、乡必要时可成立冬学委员会，由党政宣传教育部门及农民、青年、妇女等团体的代表组成，共同负责领导这一工作。各机关、部队、学校对于所在地的冬学工作，尤应多方予以帮助。冬学教员，除由区乡干部及小学教员兼任外，可吸收当地的知识分子或识字较多的农民中思想较进步的担任。开学之前，应将冬学教员集中起来进行三、五日训练，将政治教育内容及开办冬学的方法加以研讨，然后分赴各村，举办冬学。学生对象应以工农群众中的青年男女为主。进行教学时，应照顾社会习惯，实行男女分班。

冬学教员，如系在职干部兼任，不另给酬，如系专任教员，可由群众讨论，酌量补助其生活费用，或减免其战勤负担。此项补助费及冬学必需之灯油煤炭等费用，由各该村群众自行解决。教员集中训练期间所需之伙食、文具等费，由地方经费开支。

（五）冬学开办时间，应尽量争取早日开学，一般以办至旧历年底为止。旧历年节应在冬学的基础上开展有教育意义的群众性的文化娱乐活动，并为经常的成人补习学校或夜校打下基础。

各县三科应组织冬学通讯，将各地冬学活动经常利用报纸报道，以便交流经验。冬学结束后，应在半月内做出总结，按级递送至上级政府，关中各县并须直接送呈本府教育厅一份。

选自《陕甘宁革命根据地史料选辑》第三辑，甘肃人民出版社 1983 年版，第 502～505 页。

互校版本：《陕甘宁边区政府文件选编》，档案出版社 1991 年版，第 258～261 页。

18. 陕甘宁边区政府通令——为收集革命文献实物

1949 年 12 月 2 日

事由：为收集革命文献、实物由。

各省主席、行署主任、直辖市长、专员、县（市）长：

为收集革命文献和实物送缴革命博物馆，作为重要的永久性的宣传教育资料，特决定即时（迟则不易收集）广泛收集革命史料，其范围是以“五四”以来，共产党领导的新民主主义革命为中心，上溯鸦片战争、太平天国等革命运动及其他革命党派、团体之革命事迹。应收集具体内容分列如下：

一、文献：凡秘密或公开发行之报纸、杂志、图书、表册、宣言、标语、日记、手稿、传记、墓表、信札、墨迹、影片、年画、木刻以及一切有关革命之史料（反革命之文献有关革命者亦在征集之列）。

二、实物：烈士遗物、雕像、秘密和公开时期的兵器、旗帜、标志、证章、印信、货币、邮票、印花、土地证以及一切有关革命的历史实物（反动政府压迫革命之刑具等实物，亦在收集之列）。

希接令后，迅速进行调查、布置，认真收集，并将收集之文献、实物随时逐级送本府秘书处。

此令。

选自《陕甘宁革命根据地史料选辑》第三辑，甘肃人民出版社 1983 年版，第 521 页。

互校版本：《陕甘宁边区政府文件选编》第十四辑，档案出版社 1991 年版，第 218 页。

十、土地租债

1. 陕甘宁边区政府关于处理探买探卖（青苗）问题的原则

1945 年 8 月 24 日

探买青苗原是一种高利贷的剥削方式。旧社会时，这种现象很普遍。抗战后部分地区仍存在这种现象，并且由于纸币贬值，物价高涨，探卖结果使卖主的损失更加严重，甚至引起个别卖主倾家破产。现时探买探卖存在的原因：有的地区如三边，是由于内地集市缺乏，交换不便，农民习惯于急需，经过比较公平的探卖，以便出售剩余农产品，换取货币或日用品；有的则由于农民有不得不出卖青苗。因此，就发生有若干投机商人和生产人员乘机大批探买，借图高利，致使卖主遭受严重损失。为纠正这种现象，于三边或类似三边的地区，应组织和扶助农民发展家庭纺织，以逐渐实现自纺自织自穿的目的；应逐渐兴建内地集市，以减除交换的困难。在目前，尤须地方政府协同贸易金融机关，经过和扶助当地合作社，去组织农民剩余生产品（如三边之皮、毛等）的推销与日用品，特别是棉花、布匹之输入，以及帮助有紧急需要的农民获得信用借款，以减少投机商贩，乘机操纵和高利探买的机会。除以上各项已责成有关专员与贸易机关妥订具体办法执行外，对于探卖行为则须给以如下的限制。

（一）绝对禁止做投机探买借达高利剥削的行为（特别是滚利转探），如有故意违犯者，其探买做（作）为无效，并酌予处罚。但属于公平探买，并有助于农村交换者，不在此例。

（二）不论公私商贩，凡公平探买之青苗，在收回实物时，如因天旱、或其它变化而使农户有破产的损失者，应减轻其收回的实物至农民不致破产的程度。如有强迫催收者，卖主得随时报告当地政府，当地政府应根据以上原则酌量情形处理。对买主之强要行为，得以干涉制止之。

（三）在农户虽不致破产，但因金融物价变动过大，而遭受过重损失时，各地政府应按上列原则酌情调处。或按现时物价由买主补足价后取回实物，或酌给利息归还用款（最高利息不得超过当地信用贷款的利率）。

（四）凡探买探卖方面发生的事件，其成交在本办法宣布实行之前者，得依（二）（三）两项原则处理之，其成交在本办法宣布实行之后者，得适用本办法之全部。

选自《陕甘宁革命根据地史料选辑》第三辑，甘肃人民出版社 1983 年版，第 3～4 页。

互校版本：《陕甘宁边区政府文件选编》第九辑，档案出版社 1990 年版，第 246～247 页。原注："载于《陕甘宁革命根据地史料选辑》第三辑"。

2. 附［政策研究］：陕甘宁边区赤水土地登记中关于地权的几个问题（署名：赵艺文）

1945 年 10 月 6 日《解放日报》

"婚姻田地不让人"，土地问题在农村中经常发生着纠纷。赤水土地丈量中，我们调解纠纷千余件，现就其可以代表一般现象的几个问题，写出来以供其他各县进行土地登记时参考，如有不当之处，尚希指正。

一、地畔（地界）问题

赤水土地平坦，排列得相当整齐，川坡地占全县面积百分之七十以上，大部分为软畔子地，同时当土地转移时，双方议定后，即按上年耕种的习惯为界，如果犁头"尖"的人，往往会揭了别人的地，所以地畔问题经常发生争执，甚至宁可把土地荒芜，拼着双方都不能种，经年累月，打起官司来。该县三区七乡刘家堡刘积法与刘公堂的下斜畛地畔纠纷，即是一个典型例子。民国十八年他们即在淳化县告状，经过三次审判，未得结果，以至土地一直荒到此次丈量，双方还是没有耕种。

发生了地畔纠纷怎样办呢？乡俗是："地寻九邻"，但寻找时必须辨别：（一）是否为一份业。因为"千年黄土转百主"，在分化或买卖过程里，常有抢买土地或以地抵债，虚报亩数的情形，因此发生契约亩数与实际亩数不相符合。如四区六乡新庄子韩正财与韩子才地畔纠纷：韩子才民二年以自己腊家坟地七亩兑了范天喜韩家坟七亩坟地，韩子才父亲死后埋在这里，栽树四株；张学贵与（于）民十五年娶妻韩刘氏，因无财礼，以自己韩家坟十八亩一段廿亩作价给韩正财为业。如以韩子才坟畔为标准，韩正财揭了韩子才地，但从韩正财耕种地畔看来，韩子才坟却埋在韩正财地里，过去曾几次争执，没有解决，此次丈地时，经评议会调解；韩子才兑地在先，韩正财经业在后，原不是一份产，同时韩正财廿亩内有二亩虚亩，现丈为十六亩六分，以十八亩计，每亩为九分二，韩子才七亩丈为六亩七分，每亩为九分五，并不多地，因此各依旧界，不能寻地。（二）塄下不能在塄上寻。因为在耕种当中，只有地伤塄，而没有塄占地，如果遇到高塄或卧塄之处发生争执，应以上七分、下三分处理之。（三）靠大路的地不能寻地。路边的地过去买卖时，四至在路心，而丈地时仅量实际耕种面积，故靠路地一般的丈量亩，都比原有的亩少的多。因此丈量时如不注意上列条件，便会发生不合理的现象。

我们此次丈量时，群众就担着石头，提上灰筐，拿了马兰草树立了地界，说："政府真是想着给咱们办事哩！如今地畔清楚了，以后免得大家争吵！"

二、领地问题

赤水山地多为古代马场子，没有私人土地，凡领种者古时规定：只准推不准卖。后因回汉斗争，人多逃走，无法经营，官府乃准私人占荒，因之官场小吏及当地恶霸乘机取巧，独占荒山，或私自转卖给他人。近几年来，由于边区政府生产运动与移难民政策的实施，许多荒山，变成良田，于是地权纠纷随之而起，在领地方面大体分为：

（一）共同领荒，不同年代开垦，彼此耕种亩数多寡不一的纠纷。例如张得功、张建邦、张忠兴原住土桥南乡，民十四年七月由张得功出名，张建邦作保，出了廿五元手续费，并每亩承担一百四十文钱粮，领到四区大乡沟儿梁荒地八十亩，实际亩数超过的很多，后来张忠兴又出八元五角搭了一份，当时三人只把近地各分了三十亩，远荒约定谁有劳力谁多开。这年九月张建邦，张得功两家就搬到沟儿梁开荒种地，张忠兴没有来。到了廿年二月张忠兴才搬到沟儿梁开荒十多亩，廿二年三月忽又病死，其妻招李某为夫，廿三年夏带着幼子张吉儿搬到山下李家去；后半年张得功，张建邦也因山里土匪骚扰，搬回了土桥。

二十八年张建邦又同张得功的伙子戚清连等回到沟儿梁继续开荒，几年的经营，张建邦又种地九十八亩，张得功种九十亩，三十年张忠兴之弟张忠金也到沟儿梁种地，经人说合，张建邦让出所种张忠兴之二荒地十五亩二给张忠金，并另外开荒十四亩共廿九亩二分。今年张吉儿由李家搬回，张忠金又分给他十亩熟地，开荒四亩七分共十四亩七分，丈地时张吉儿以共同领地自已种的少，张得功、张建邦种的多，要求平均分地。经村农大会讨论：张得功、张建邦到沟儿梁比张吉儿早，故开的地多，如以领地亩数来说，三家都已超过卅亩以上，不应平均分地，但张吉儿今年初搬到这里，有些困难，张得功、张建邦应给以人工牛力帮助，使其家务很快建立起来。

（二）没有约据，又不自行经营之领地。如四区六乡前湾七家移难民，开荒七十多亩，为时数年，从无人过问，土地丈量时，忽有土桥鱼鳞桥张积顺出面说是他祖先在同治年间的领地，但领了多少，过去纳多少钱粮，都不知道。象（像）这种领地，在土地登记时，应该谁开的地权归谁，因为政府曾宣布来历不明之荒山，一律归公，荒山上开垦之熟地，归开垦者所有。

（三）领后之拉荒地。如四区五乡镇头村姚玉财于民十二年四月以一石五斗麦，五斗谷，并八斗二升六合钱粮，领了沟儿梁一百廿十亩地，搬到那里开垦，到民十九年共开了七十六亩，后因其妻病故，以及地方不宁，又搬回镇头住，所开之地，当时除自已种了十六亩和租给焦齐德廿亩外，余又荒芜。廿八年姚又以包山租形式，全部租给张治昌等五家移来难民耕种，张等承租后，开了老荒地七亩二分，二荒地四十亩。此次登记时，其地权经姚同意：熟地归地主，老荒地归开垦人，二荒地各登记一半。至租子问题谁种熟地谁给地主按政府法令直接交租。

过去安置移难民，开垦了不少的荒地。据三区四乡统计，共一七七六亩六分，占全乡面积百分之十一点六，这些荒地内有公私荒地之分，如果说以前移难民工作是组织动员的话，那末（么）现在如何使移难民作长期打算，即是首要的问题了。故我们土地登记时，凡移难民所种公荒，即随时登记，发给其所有权证，如遇私荒则应按不同情况，适当的斟酌登记一部或全部，难民对此是很满意的，曾说道："哪里黄土不埋人，边区政府帮助俺粮食，免除负担，还发给了土地，到哪里找这样好政府去?"

三、租佃关系问题

租佃关系中的地权纠纷：（一）废除地问题。土地改革时期，曾宣布"借钱搭地作废"，"废除旧债，收回土地"，因之经过土地改革地域，而未分配之土地，凡在"双十二"事变前三年未交租者，即为废除地。此废除地绝大部分，都是"子田滚债"，最后滚为"猪娃不离圈"的租佃关系。如一区六乡北村冯祥恩民国十八年借刘桂起糜子一石六斗，同中言明，加五行息，到期无法归还，将自己七十亩地当给刘桂起，由刘添了六十元作为当价，仍租给冯祥恩耕种，后冯欠租八石，又换成卖地文约，仍由冯租种着，现确定其地权归还冯祥恩所有。

过去个别地域，在执行中没有与减租配合起来进行，只凭一面之辞，无论其是否合乎条件，即宣布废除。但暗中却形成应交租的没有交纳，不应交的仍旧照付。此次登记时，我们通知边友区地主廿多家，请其携带约账，连同证明人召开主佃座谈会，结果合乎条件的四四六四亩三分归佃户，不够条件的四三三六亩三分仍归原地主，除去旧欠，换写新约。这样打破了过去"佃户怕地主，地主怕政府"的心理。淳化县地主王××曾说："政府对待咱们好象（像）一家人一样"。

（二）土地改革时期，凡佃户隐瞒租种的亩数，其未分配之部分，决定不再分配，地权仍归原地主。如一区四乡田北堡村李正管伙种地主王树德二百九十一亩，过去分地时，李正管报告仅租王树德二百四十三亩，包庇了四十八亩地没有分，并每年给地主装租子，此次登记，确定其地权仍归王树德所有。

四、典当与借贷问题

"地当千年活"。近数年来，人民生活改善了，过去之当出地，纷纷要求赎回，但有些内情曲折，纠葛亦属复杂。如二区三乡西咀彭克勤与张金城典地借贷的纠纷：彭克勤原名王保元，是王金科、王金柱之弟，光绪廿六年，他的父亲病死，母亲王陈氏因寡妇幼子，又遭荒年，无法生活，招彭承泰为夫，靠彭照管家务，渡过了荒年，生活好了起来。彭死后，王陈氏无以为报，乃将王保元给彭顶门立户，改名彭克勤。

张金城是张有财之子，民十八年二月，关中大旱，他的父亲和赵应花等六人发动灾民吃大户，带人到王金科家强借粮食几十石，其弟金柱一时着急，跳崖殒命，金科到县去告，经村人说合，由大伙出葬埋费，张家当时将自己前当给王家的六十亩地，除留六亩为活业外，其余土地和三孔窑，水窑场面等完全卖给王家。后来王家三兄弟分家，分归彭克勤管业，但三孔窑洞始终仍由张家住，没有让出，后彭克勤又借给张家一石七斗麦未还。

张家曾屡次要求赎回六亩当地，彭则要张搬让窑洞并索借麦子，双方争执不能解决，今年丈地时，旧案又重行提起，经评议会调解：（一）三孔窑按理应归彭克勤，但张家没有窑住也是问题，难民来到边区，老户还给帮助，何况张是老户，因此确定由张家出些地给彭家兑窑。恰巧彭家有地一段，三面靠张家的地，一面靠埝，出入都走张家的地，为了免除以后纠纷，就在这块地上拨了四亩给彭家，而彭家也有出路，张家也有窑住，两全其美；（二）张家当给彭的六亩活地，当时当价七十串，折银洋十元，现合法币一千，由张家照价赎回；（三）张家借的一石七斗麦子，有借约为据，理应归还。如是此案才告了结。

再在典当纠纷中，首先应当注意年限问题，因为该县过去卖地不推旧约，并且一般的不过银项，如果因年代久远，考查不明，即以六十年为限，但如确有实据，则其地权仍归原业主，这样即可避免纠纷发生，又使调解有一准绳；其次是货币日益跌价，按原当价折合，亦应予以规定，不然，便会发生一方吃亏，一方占便宜的不合理现象。

五、继承问题

习惯上继承问题，是按宗族远近来确定的，但该县继承有承祧，招婿送终，招夫养子，以及“随母下堂”之分，因而有所谓“三姓不真”的凑合家，关于这一类的财产继承，仍须按照过去规定的条件与实际情况，通过族长会议来解决。如四区六乡沟儿梁袁得怀，于民十八年娶妻项焦氏，其子项益学八岁随母下堂到袁家，廿三年焦氏又生一子，名袁丑娃，廿八年袁得怀死，丑娃亦亡，二十九年焦又招张学诗为夫，生了一子，名张狗娃，卅二年焦氏死，狗娃又亡。现袁家仅留项益学、张学诗二人，此次登记土地，有袁得怀的近门本家袁时兴，出面与项益学争袁家的九十亩地，后经袁姓族长会议认为：项益学虽非袁家骨肉，但袁得怀及焦氏十年倖老，实际由项承担，理应分地一半，其余一半由袁时兴的二子蛮子继承，祧门顶户，祭祀祖先，张学诗有土地廿亩，仍登张之名下，以作养老送终费用。

六、土地改革后地权纠纷问题

在土地分配的地域，为了保证农民已得利益，原规定“……已没收了的土地，不应还原，分配了的房屋，不得翻案……”但如果分得该土地者，因故未从事耕种，原地主按年自行经营，则应分别酌情处理。例如：（一）五区五乡甘草坪吕新峰山地卅亩，民廿四年分给吕红兴后，吕没经业，而由地主吕新峰自己耕种，廿九年吕新峰又将此地出租给吕红兴，到了卅一年变成租当各半，此次登记，确定其地权仍归地主所有；（二）另外五乡荆家山吕新峰有地卅亩，分给贾积庭耕种四年，廿九年因故迁至土桥，吕又把贾之分得土地要回自种，卅年吕又转租给程定娃，现确定其地权归贾积庭所有；（三）五区五乡潭沟程进林，光绪廿六年将自己将军台山地二百零二亩作价二百元，当给焦家河焦某，后焦又转当程东九，民十八年又以原价转当土桥永兴和，仍由程租种，廿四年分地时即分给程东九等三家，除程东九种了七十二亩外，余皆搬走，卅年又有程国藩程学兴吕红娃等移到将军台开种，程进林不明情况，卅二年去友区土桥找永兴和想以原当价赎回此地，永兴和乘机敲诈，向陈索取旧欠租麦秋茴香共一百五十石，程不得已，央人说合，折洋一万七千四百元，并出酬客费用七千六百元赎回此地。

后来程才知道此地已经分配，上了大当，曾报告乡区政府，丈地时，经村民大会讨论，认为：分地应归分地户所有，种地人所开之地，地权属于开垦户，程进林投机取巧不法行为，应受政府指责，但念其老实无知，被人敲诈，家庭遭此损失，由程东九补助粮食一石，程国藩等三户共补助一石，以资救济。

七、结语

土地纠纷，在赤水表现着非常复杂的形态，但按其基本性质不过：（一）由土地所有关系与转移或分析过程所产生的土地所有权的纠纷；（二）由土地典当与抽赎关系所产生的典权纠纷；（三）由土地租佃关系所产生的租佃纠纷。这些纠纷，实际发生后，往往交错在一起，如果只凭法令（条例）来判决，还不能全部解决问题，必须依靠评议会，族长会议或村民大会去调解，同时于会前详细调查纠纷之根源；在会议上尽量启发引导大家出来解决问题，务使“大事化小，小事化无”为目的，最后双方无异议时，当场立写合同，树立界石，再发给所有权证，因此群众说“外边（友区）丈地为了钱，边区丈地是给老百姓平和事情，这下有了执根（指土地证），儿孙都不会起事啦”!

选自《陕甘宁革命根据地史料选辑》第三辑，甘肃人民出版社 1983 年版，第 19～27 页。原注：“民国三十四年十月六日《解放日报》，署名赵艺文”。

3. 陕甘宁边区债之处理办法草案

1945 年 11 月 10 日

第一章　总　　则

第一条　本办法所称之债，指一般最通常所发生之债权债务关系而言。

第二条　凡债之契约，均不得违反法令禁止之规定。

第三条　债权人不得以非法手段强迫债务人履行债务，其因此而使债务人受有损害者，债权人负赔偿之责。

第四条　债务人故意不履行债务，致债权人受损害者，应对债权人负因不履行债务所受之损害。

第五条　前一条之情形并不影响于债务人对债务之履行。

第六条　债权人或债务人负损害赔偿，致生活受有重大影响时，司法机关得减轻其赔偿金额，或免除之。

第七条　债务人如因贫穷而不能履行债务时，得减少其履行额或分期偿还之。但因债务人浪费而至于不能履行者，得依破产办法之规定处理。

第八条　有担保人之债权，债务人不履行其债务时，担保人应负清偿之责。但其不履行非可归责于债务人之事由者，担保人得减轻或免除其责任。

第九条　凡因特殊情形而致物价波动时，得根据债权人、债务人双方经济情况而定其偿还之额。

第十条　凡债之请求，因五年间不行使而消灭。

第十一条　本办法未规定者，除法律另有规定外，得依当地之优良习惯处理之。

第二章 买 卖

第十二条 买卖约定后，于未交付价金及转移财产权前，当事人之一方因物价波动或其他不可抗力致不能履行约定，或履行而受重大损失时，得减少给付或解除契约。

第十三条 已付价金而财产权尚未移转，出卖人因不可抗力致不能为一部或全部给付时，得减少其给付额或返还买受人之价金，并得照付利息。

第十四条 买受人受领标的物时，应以物之种类、品质、数量，当面检查清楚，除契约上有订定，该标的物交付后，出卖人不负担保责任，但□抗之性质不能为切实之□□者，出卖人仍负毁疵之担保责任。

第十五条 买受人发现标的物有应由出卖人负担保责任之瑕疵时，应即通知出卖人变更或解除契约；如怠于为此通知，视为承认其所受领之物。

第十六条 商号之使用人所为之买卖行为，视其所为属商号名义，但纯属使用人之私人行为者不在此例。

第十七条 买卖成立后，发现他方有诈欺行为者致他方受损害者，应负赔偿之责。

第十八条 当事人双方约定移转金钱以外之财产权者，准用本章之规定。

第三章 借 贷

第十九条 民国二十六年七月七日以后之债以本章各条规定处理之。

第二十条 凡公私借贷其利率均定为月利一分五厘，最高者不得超过月息三分。

债权人对于超过之利息为请求权。

第二十一条 利息不得滚入原本再生利息，利率亦不得按日计算。

第二十二条 债务人得随时提出清偿债务，债权人不得拒绝受领，但债务人为是项之清尝（偿）时，须于清偿之五日前通知债权人。

第二十三条 第十八条所定之期间以后，本办法公布以前，债务人付息超过原本一倍者，停利还本，超过原本二倍者，本利均停，其付息未及原本一倍者，依本办法规定之利率处理。

债权人确系贫苦而债务人经济较为富裕者，不适用前项之规定。

第四章 租 赁

第二十四条 市房（包括房屋、窑洞、院落及其他居住之处昕）之租赁，以该房之现时价格，本办法规定之利率标准计算租金。

民房（包括房屋、窑洞、院落及其他居住之处所）之租赁，其租金窑一孔或房一间、或与此相等之处所，每月不得超过小米四升（市升）。

第二十五条 在他人土地上建筑房屋（窑洞、院落及其他住所者）自房屋修竣之日起，十年以内不出租金，土地所有人亦不得收回该建筑物，至期间届满后，建筑物之所有权归土地所有人。

第二十六条 前条建筑物之附连土地，期间届满前，土地所有人如要出卖出典，与期间届满后相同，建筑人有优先承买承典之权。

附连土地之出卖出典，非由建筑人承买承典者，不得妨害该建筑物之使用收益。

土地所有人出租建筑物时，以期间届满后取得其所有权者为限，但建筑人有优先承租之权。

第二十七条　定期之租赁，承租人须于期满后继续租用者，应于租期届满之一个月前通知出租人。

第二十八条　出租人将租赁物让与他人时，其租赁契约对于受让人仍继续存在。

第二十九条　承租人转租，须经出租人之许可，转租后其与出租人之租赁关系仍继续存在。

第三十条　承租人不交租金过两期以上者，出租人得终止契约。

第三十一条　承租人因重大过失改［致］租赁物毁损灭失者，应赔偿出租人之损失，如其毁损灭失出于不可抗力者，承租人不负赔偿责任。

第五章　承　揽

第三十二条　承揽人完成工作，应照约定条件为之。

第三十三条　定作人于工程未完毕时，提出变更约定或另行拆修。如非故意为难，承揽人不得反对，其契约另订之。

第三十四条　承揽人因不可抗力误工或有归责于定作人之事由，工人无利可图者，应商同当地工会，酌量增加工资。

第三十五条　定作物完成后，承揽人须于一年内负担保责任。

第三十六条　因建筑致工人发生死亡或重伤时，定作人得给以抚恤或经济之援助。

第三十七条　承揽人因监工不力或偷工减料，或克扣工资，致定作人或工人受损失者，应负赔偿之责，工人工资仍应照给。但承揽人如实无资力得商同定作人垫付工人之工资。

前项情形得酌科承揽人二年以下之徒刑。

第六章　运　送

第三十八条　运送人运送他人之货物，应即检查运送物之种类、品质、数量及其包皮之种类、个数及记号。

第三十九条　运送物依其性质对于人或财产有致损害之虞者，应事先告知运送人，怠于告知者，对于因此所致之损害，应负赔偿责任。

第四十条　运送人对于运送物之灭失毁损或迟到，应负责赔偿托运人之损失。但运送人能证明其灭失毁损或迟到系因不可抗力或因运送物性质或因托运人受货人之过失而致者，不在此项。

第四十一条　运送物于运送途中，因不可抗力而灭失或毁损者，运送人得向托运人请求运费之一部。如运送人因之损失过大者，得酌情令托运人给以经济之帮助。

第四十二条　运送物到达后，因受贷人或托运人之事由不能及时交货，致运送人损失者，托运人或受货人应赔偿运送人因此所受之损失。

第七章　附　则

第四十三条　本办法如有未尽事宜，得呈请边区政府随时修改之。

第四十四条　本办法自边区政府批准之日实行。

一九四五年十一月十日

选自《陕甘宁边区政府文件选编》第九辑，档案出版社 1990 年版，第 421～425 页。

互校版本：《陕甘宁边区法律法规汇编》，三秦出版社 2010 年版，第 527～529 页。

4. 陕甘宁边区破产处理办法

1945 年[①]

第一条　债务人现有之总财产，不能清偿债务全部，具有下列各款情形者，得依本办法规定声请破产：

一、债务人之财产不足清偿数很大者；

二、双方或一方受损害在继续状态中者。

前项规定以债务人无隐匿财产、欺诈行为或其他不法之行为者为限。

第二条　在破产宣告前，得进行调解。

第三条　债务人依第一条声请破产后，应提出财产状况说明书，及债权人债务人清册。

第四条　债务人在破产中，不得为赠与或自由清偿债务，亦不得以较市价过低之价格处分其财产。

第五条　宣告破产得选任破产管理人。司法机关并应决定申报债权期间，债权人会议日期，宣告破产年月日及破产管理人之姓名住址。

第六条　破产宣告后，应在破产人之财产账簿上注明“截止账目”字样。如有对破产人之财产及业务状况不明了时，得传唤破产人及破产人之亲属或其他关系人讯问之。

破产人经传唤不到者，得予以拘提。

第七条　破产人受破产宣告后，其财产除本办法第八条所规定者外，丧失其管理权与处分权，同时不得收受债务人之清偿。

第八条　在破产宣告前三个月内，债务人如有本办法第三条之情事，对债权人之权利显有损害时，破产管理人应向司法机关报告，司法机关得撤销之。

第九条　下列财产不属于破产之范围：

一、债务人及其家属一个月以上、六个月以下之生活必需品。

二、生产上必要的工具。

三、债务人所受他人供给的生活费或救济费。

四、因亲属关系而所得的扶养费。

第十条　破产管理人对破产人之财产，应负善良保管责任；必要时对该财产并应提供担保。有不称职之情事发生，亦得撤换之。

第十一条　破产管理人如需要报酬，由司法机关定之。其报酬费有优先清偿权。

第十二条　破产管理人对于财产及业务上如有询问时，破产人应负答复之义务。

第十三条　破产管理人应编造债权表与破产人之资财表，任利害关系人自由阅览。

第十四条　未到期附有利息之债权，在破产宣告时，视为已到期，其利息不论是否付出，或付出多少，一律截止之。未到期之债权，名义上虽无利息，而实际上已预先附加于

---

① “档案文件版”标作“一九四五年”，从内容分析应是抗战胜利后的 1945 年年底（所附统计表至 1945 年 11 月）。

物价内者，得扣除自破产宣告时起至到期时止之法定利息。

第十五条　破产债权已得利息足够原本者，本利一并消灭，其利息不足原本之半数者，除利算本。

第十六条　以劳力而取得债权者，有不受折扣之优先清偿权。

第十七条　破产宣告前，债务人对债权人有以其动产不动产作担保者，债权人得就其担保物优先受清偿，但有乘人危急而取得担保物者不得优先受清偿。

前项担保物之价格，得按时价定之。

第十八条　破产宣告时，债权人对债务人负有债务者得抵销之。

第十九条　破产之财产，如债权会议无处理之决定时，得拍卖之。破产财产之分配，得视债权人之经济状况与债权性质按等合理分配之。

第二十条　破产宣告前一年内，债务人之欺诈行为专以损害债权人为目的者，处以三年以下有期徒刑，如有浪费、赌博或投机行为，致负过重之债务者，处以一年以下有期徒刑。

第二十一条　破产宣告后一年内，发现债务人有隐匿财产者，经证实后，得再分配于债权人，其不分配者，没收之，并按其情节轻重予以处罚。

第二十二条　破产之财产，应以判决确定其财产分配额。分配完结后，破产管理人应向司法机关提出报告。

前项判决不得提起上诉。

第二十三条　本办法如有未尽事宜，得随时修改之。

（一九四五年）

选自《陕甘宁边区政府文件选编》第九辑，档案出版社 1990 年版，第 449～451 页。简称“档案文件版”。

互校版本：《陕甘宁边区法律法规汇编》，三秦出版社 2010 年版，第 271～272 页。

5. 为什么要制定破产处理办法

1945 年

一、从延市地方法院受理的债务案件来看边区社会经济一般情况，日本投降后，物价狂跌，负有债务的商人和商号，都好像风前灯烛闪忽不定。这不仅延市一地为然，富县亦以经济变动，逃债赖债情事增多，向边府高等法院请示办法，不过各地请示尚未报来，仅就延市地方法院受理案件的统计也可看出一些问题。

延市地方法院民事案件统计表

类别＼件数＼月份	五月	六月	七月	八月	九月	十月	十一月	总计
破产	4	4	1	1			1	11
债务	8	20	25	20	27	37	40	177

续前表

类别＼件数＼月份	五月	六月	七月	八月	九月	十月	十一月	总计
婚姻	5	9	2	4	8	3	3	34
互易	2							2
继承	1	1						2
析产	1				1			2
物权			1					1
其他			1	1	6	3	3	14
合计	21	34	30	26	42	43	47	243

从上表看来，破产和债务的案件，不但数量占多数，而且是一月比一月多的。其原因不外是日本投降前，物价飞涨，只要抓到货，就可以赚钱，商人们正互相争购中。忽然日本投降，物价狂跌，负了债的人眼看自己所存的货物抵不过所欠的债。再加以人欠的要不回来，欠人的又不容暂缓，人人如是，家家如是，周转不灵，危机迫切，于是向法院申请破产的相继而来。

二、破产处理办法，在目前是不得已的办法，但又是不可少的办法。债务人一经破产，其生活和生产都须另起灶烟，更加以社会对于破产的传统看法（破产就是信用破产），使破产人破产后很难翻起身来。因此我们在破产之前尽量采取调解，不使之破产。但债务人员负债太多的，[假] 设不宣告破产，不但债务人这一辈子翻不起身来，债权人也将受重大影响。而且现在债务人之破产实不可归责于债务人；另外社会也得发生紊乱，所以为了公私利益起见，破产处理办法，正是现在一种不可少的办法。

三、破产处理办法的基本精神。本办法的基本精神是要安定社会秩序，防止狡诈之徒随便破产，所以第一条对破产有严格之限制。其次是照顾各阶层利益，其具体的表现，就是保护了债权人与债务人。而保护债务人方面，如对于债务人破产后的生活与生产，必须尽量照顾及某些特殊财产不属于破产之范围等是（第九条）。还要注意保护劳工阶级，如以劳力而取得的债权，有不受折扣之优先清偿权是（第十六条）。又破产财产之分配，不是以债权额多少为标准，而是以债权人经济状况与债权性质按等合理分配之（第十九条）。这同样的是照顾贫苦群众与友谊的贷款。

四、为什么破产要附以罚则。破产是一种特殊情形，不适宜于在普通刑法内规定，所以另设专条（第二十条、第二十一条）。同样是为了制裁狡猾的债务人。

（一九四五年）

选自《陕甘宁边区政府文件选编》第九辑，档案出版社 1990 年版，第 452～453 页。

6. 附［报刊评论］：减租与生产

1945 年 11 月 16 日《解放日报》社论

在抗战时期，我们解放区认真地实行了减租减息和发展生产的民生政策，因而发动了广大农民的抗战热忱，增强了各阶层人民的团结，提高了农村的生产力，使解放区能在极端艰难的环境下，胜利地坚持了敌后的抗战。现在抗日战争胜利结束之后，解放区军民为了争取和平建设的新时期的到来，应当用更大的努力推行民生政策，发展国民经济，使解放区广大农民普遍取得减租减息的利益，使工人及其他劳动人民取得适当增资和改善待遇的利益，同时保证地主的生活，保证工商业资本家有利可图，并使各阶层人民积极发展生产，增加粮食和日用必需品的生产，改善人民生活，救济饥民难民，供给广大军民的需要。显而易见的，只有把减租和生产这两件重要工作做好，才能迅速恢复解放区人民的战争创痕，才能保证解放区人民繁荣幸福的生活，才能更加壮大解放区人民的力量，才能负担起作为“全国民主建设的模范与和平团结的中坚”的重大任务。

我们记得在三个月以前，当苏联刚刚参加远东战争，日寇快要投降的时候，毛主席就对我们指示过；“今冬明春，应在现有一万万人民及一切新解放区的人民中普遍地实行减租减息，发展生产。”毛主席这一英明和远见的指示，在今天仍然是切合时宜的。现在秋收已经结束，各解放区的政府和党的领导机关正宜抓紧时机，布置减租和生产两大工作，使整个解放区，特别是广大的新解放区，在最近两三个月内（冬春两季）发动广泛的减租运动，普遍实行减租，借以提高广大农民的积极性，同时要在一九四六年开展一个比以前规模更大的生产运动，使全解放区的农业与工业有进一步的发展。我们不应当因为国民党当局发动了对解放区的大规模进攻而疏忽我们的减租和生产工作。相反的，我们应当更加加紧减租和生产工作，因为这两件工作，将不仅增强解放区人民团结自卫的力量，而且将奠定解放区和平建设的基础，向全国同胞指出全中国和平建设的道路。

怎样进行减租工作？近年来各解放区的经验证明：减租必须是群众斗争的结果，而不能是政府的恩赐，这是减租工作成败的关键。凡是经过群众斗争而得到减租的地方，农民群众的团结力量增强了，觉悟程度提高了，他们就能够贯彻减租，保持自己的斗争成果。而在那些误解减租为政府对农民恩赐的地方，群众的自动性和积极性就无法发动起来，减租也就无法贯彻。因此，要贯彻减租，必须依靠农民群众的自觉的斗争力量。政府站在执行减租法令与调节租佃关系的立场上，自应给群众以必要的帮助，但这种帮助决不能代替群众的斗争。要知道广大农民群众虽有减租的要求，但是由于某些顽固地主的威胁和打击，由于几千年来传统封建思想的束缚，使农民对于减租抱有各种顾虑，不敢轻易起来实行减租。因此，必须经过群众的积极分子，在群众中间进行思想酝酿，引导群众商讨减租办法，解除各种顾虑，并在要求减租的实际斗争中，发扬群众的力量和自信心。减租是使农民群众翻身的一件大事。要完成这件大事，只有放手发动群众的减租运动：对那些违抗政府法令的顽固地主进行斗争。一切害怕群众斗争、畏首畏尾的倾向，应当坚决加以克服。可是在群众已经起来实行减租斗争以后，又要引导群众领悟这样一个真理，在农民按照减租法令取得应得的利益后，适当地照顾地主的利益，保证交租交息，这是团结解放区各阶层人民的必要措施，也是符合于广大农民群众的利益的。对于群众起来斗争以后可能发生的过火行动，既不应泼冷水，亦不应听其自流，而应当循循善诱，使群众能够了解政策，自然而然地纠正自己的过火行动。在减租中及减租后，必须帮助大多数农民组织农会，并须加以巩固，使其成为农村基本群众的有力组织。在所有解放区，都要普遍进行减租工作，但新解放区和旧解放区也还有些不同的地方。在旧解放区，主要的是发动群众深入地检查过去减租的情形，减租不彻底的地方，应当重新加以贯彻。在新解放区，则要用大力开展新的运动，把刚从敌伪统治下解放出来的千百万农民卷入减租的浪潮中来，群众的反汉奸反贪污讹诈的斗争，应当很好地引向减租斗争。

在实行减租减息、农民群众对生产兴趣增长的时候，就必须很快地转入开展生产运动。历年来解放区的经验证明：互相合作，是生产运动胜利的关键。在老解放区，应当发扬以往成绩，纠正缺点，改进已有的劳动互助组织，根据群众的需要和自愿，更有效地实行各种增产办法，如兴办水利、改良农作、减除害虫、储粮备荒、发展家庭手工业等，使生产运动更加普遍深入。在新解放区，则更应当以大力倡导互助合作，发动劳动竞赛，以掀起群众的生产热潮。在整个解放区，特别是在新解放区，政府应当发放农贷工贷，并依靠群众的组织，使贷款真正落入劳动人民之手，真正用在发展生产的用途上。不违农时，减少误工，是使农民致力生产的重要条件。在遭受国民党军队进攻的地区，我们为了保卫解放区，不得不作必要的民力动员，但同时必须尽可能的不违农时，并研究调节的办法。部队机关学校仍须根据具体情况，适当地参加生产，以改善生活和减轻人民负担。

关于发展生产的工作，我们还应当注意今天解放区的新情况。今天的解放区，不仅拥有大块的农业地区，而且拥有不少中等城市和工矿地区。因此，我们必须用极大努力，学会管理城市、学会管理工商业和金融业。对于社会上现有的专门人材（才），我们必须予以优待。共产党员必须很好地和他们合作，并向他们学习技术和管理的方法。过去敌伪统治下的城市曾被我解放区广大农村包围和封锁着，一旦被我解放，它就和广大农村联接起来，互相帮助，共同发展。这些城市对于解放区生产建设的重要性，是不容忽视的。

最后，我们号召解放区所有共产党员发扬与人民共甘苦的精神，关心人民的经济困难，而以实行减租与发展生产，为帮助人民解决困难的重要关节。我们要深刻了解中国人民解放事业的最后胜利，还要经过长期的艰苦的斗争，因此我们更要时时刻刻为人民利益着想，事事作长期打算，爱惜人力物力。只要我们一刻不离开人民，培养人民的力量，依靠人民的力量，我们一定能够克服一切困难，把解放区建设得更好，促成全中国的和平、民主、团结与统一。

选自《陕甘宁革命根据地史料选辑》第三辑，甘肃人民出版社 1983 年版，第 44～47 页。原注：“民国三十四年十一月十六日《解放日报》社论”。

7. 陕甘宁边区政府办公厅公函——处理日本投降后因物价猛跌所引起之债务纠纷的参考办法

1945 年 12 月 2 日

（一）

自日本投降后的两个多月中，到处物价猛跌，小匹土布由最高每尺二千一百元跌至最低五百元；小米由最高每斗二万八千元跌至最低五千元。各地受此影响所发生的债务纠纷甚多，据延安市地方法院最近统计，自八月十二日至十月二十八日止，该院接收债务纠纷案达八十二件，亏损大者，甚至危及家产生命，在市场方面，以延安市为例，据调查市商已破产者计有义盛魁等十家；有破产危险者，已知的计有井玉明等六、七家；逃跑者五、六家；估计这一时期延安市所发生纠纷的债务当在二十万万元以上。其他各地尚缺少具体材料，但据陇东等地报告，债务纠纷也很严重，在农村方面：一个原因由于粮价大跌，农民还债困难。比如志丹［县］粮价，日本投降前每大斗（等于市斗二斗七升）达四万元，以后跌至一万元，过去二三斗粮食能还清的账，现在须付出粮食一石。又如延市寨子沟等农产为扩大生产向银行贷款二百万元，买进耕牛十二条，种麦八十三垧，至今须将牛犋和所收麦子全部出卖才能如数付还贷款。而全年劳动力，吃粮完全白费。另一个原因在物价猛跌中，货物大量由市转向农村，店家将货物赊给小贩（及合作社），小贩（及合作社）又将货物向农民赊放，赊出货价有高于市价一倍以上者。因而农村中除了旧账之外，又增加了许多新账，根据现有材料，此种现象在纺织业不发达的安塞、志丹等地最为普遍，仅安塞西河口一地小贩及合作社赊给农民货账即达四千万元，志丹估计至少在二万万元以上。因之债务纠纷乃由市场发展到农村。据最近调查，农村中已发生因债务自杀事件两起，一在安塞招安，因替人担保货账五十万元，债务人逃避不见，债主逼着要钱，因而吊死；一在延川永坪四乡，因春初借人粮食折价四十万元，入夏麦子未收，又遇粮价大跌，来钱困难，债务无法了结，乃行自杀。此虽个别现象，但说明债务纠纷在农村如不注意，善为调处，其危害将更为严重。

（二）

从延安附近地区所发生之债务纠纷的性质去看，大概可分为三种类型：

第一类：商业来往及赊欠、暂借、暂欠等债务关系：以公私关系说，包括公与公、公与私、私与私三方面，以地区说，包括市场与农村，其形式有买卖、投资、短欠、承包、工资、损失等项。这种债务又可分为四部分：一、市面字号间的来往。除个别破产者外，一般欠债在两月来均已付还。二、店家欠客人或字号的货款。一般的款数较大，其中已有部分用退货等方式解决，但大部仍未了结。三、小贩欠店家的。四、农民欠小贩的。后三部分从市场到农村，由店家经过小贩到农民的债务很多成连锁关系，中间如有一个人滥账，即牵连到许多人不能还账。而尤以货物分散赊给农民，其中欠款大的，即难催收。

第二类：信用社存、放款：主要是在农村，经过合作社集中起来而又分散出去的债务关系：全边区信用合作社存放款估计约三十五万万元，其中存款约十五万万元，放款约二十万万元，以延安县为例，全县信用社存款二万万七千万元，放款二万万九千万元，其中发生问题的（即滥账），计有放款一万万五千万元。存款一万万七千万元（即消费部门拉用不能付还的）。存、放款合计当有百分之五十七不能维持信用。因而各地信用社发生相当严重的危机。而个别合作社（如安塞延河湾、延安鸟羊区）因存款无法支付，不但不敢压低利息，反仍按一月一毛复利吸收新的存款，以救一时之急，将更会增加其危险性。此类债务的特点有三：（一）信用合作社大部没有社员，存款的支付，只能依据放款收回的数目而定。（二）钱数比较集中，除个别放款谨慎的信用社外，放款数目，一般均在十万以上，而且凡成为滥账者，大都数目较大，不易收回。（三）利比本大，去年一般放款利为每月二毛复利，今年为一毛五复利，利息即增涨原本一倍。凡不能收回的滥账，大部是去年的旧账，按目前物价说，以过去的利息滚大的债务以物价大跌后的钱来支付，是不合理的。

第三类：政府给群众发放的贷款，建设厅和银行合共发放出去的农业、工业贷款约八万万元。其中农贷分散到农户的数目不大，较易收回。工资结清后许多工厂亏本结束，恐有很大部分不能收回。

上述债务关系，据调查其负债最广最多的是农民、小贩，合作社次之，大商人一般的债务较少，因之，他们对债务的态度各有不同：一般大商人，平时欠账不多，放账也有把握，故物价下跌后，积极要账还账。中等商人先还私人欠账，欠公家的债，抱等待拖延态度；企图少给。小商人，债务较多，持两种态度：一种怕吃官司，怕失掉信用，虽无力还债，仍不敢破产，勉强维持。一种就企图在物价下跌中骗账，将比较值钱的东西隐藏，宣布破产。至一般小贩和农民，在无法还账之下，有的怕失信用，勉强支持，拼凑还债，有的希望政府下令减免债务。

（三）

两月来，在延安市商人中及地方法院对于债务处理已有一些办法，现介绍如下：

一、市商自动采用的办法大致有五种：

（一）退货：其中有认赔和不认赔的两种：如高桥小贩王应旭九月中以一八〇〇元价在运合栈赊布四捆，共值八百余万元，后布价跌至一〇〇〇元左右，无法付款，运合栈乃将原货退回。又如小贩纪成章在大众栈以五十五元流通券价买布十捆，布价随即跌至三十三元，经调解除将布全部退回外，还多退布一捆，现洋二百元认作赔头。

（二）让利还本：自日本投降后，一般利息均已停止，大众信用社在八月十五日有放款一万万五千万元，自十月二十五日止已收回八千五百余万元，共让利一千八百万元。此外市场尚有让本十分之一、二，了清债务的情形。

（三）实物顶账：如大众社收回实物约一千万元。农村小贩则多以牲口支付债务。

（四）由几人垫付债务：如杜茂斋、杜仁贵、李文昌等四人合伙作生意亏本，欠账六百万元，由四人平均付还，但杜仁贵无力支付，经商会调解．由其他三人代为支付。

（五）出赁房产偿债：如庸心安于五月借款四百万元，赎回市场口楼房一座，现房价跌落，无法还账，经商会调解唐心安将楼房出赁两年，以赁钱了清债务。

二、法院对六十四件债务案的处理办法是：

（一）破产案十件，其中假破产一案，其处理原则是：经营事业亏损，确无窝藏财产行为及全部财产不能偿清债务者才许破产。对于破产的处理，是由法院和债权人清理债务人财产，然后将全部财产除保留其家庭半年的生活必需外，公平摊还债务。

（二）买卖引起的债务案九件：经判决退货者两件，按原价付钱者两件，将财产平均摊还债务者一件，未决者四件。

（三）因损失（如违禁物品被没收、被盗等）引起的债务案五件，经判决有：酌赔损失、双方负责赔偿损失等两种。

（四）因工资、承包、合伙、归债引起的纠纷八件，经判决主要为：照原来契约交货、交钱。

总观他们对债务问题的处理，基本上是采取维持原来信用的原则，并按其双方具体条件调处的。

（四）

根据以上情况，提出处理债务纠纷的几项参考办法：

一、关于破产的规定，非因事业遭受损失，确无隐藏财产，而全部财产不足抵偿债务者，不许破产，无故骗债和假破产，应受法律制裁。处理破产时，须按债务人的家庭情况，酌量保留其必要的生产工具和一定时间内的生活必需品（粮食、衣物等）。

凡公营商店及机关部队生产部门欠人之债务，一概不得引用此项规定。

二、关于一般买卖、投资、合伙、工资、承包、暂借等债务之处理，基本上应维持原有契约。如债务人确实无法如数付还时，得依双方具体情况，酌情调处。如采取退货、还货、让利、让本等办法处理之。

三、关于保人对债务的责任：保人对债务应负赔偿之责任，但须先尽债务人力量赔偿，不足部分酌情由保人补赔。债务在逃或根本无力赔偿债务时，得依据保人之经济力量，照顾其家庭生活条件，酌情赔偿欠债之一部或全部。

四、关于信用社存、放款的处理，其已付利息超过原本一倍以上者，停利付本。利息未超过一倍，但在阳历六月以后或日本投降后而物价尚未跌落时存放者，得依其经济条件，酌量减少。

五、关于政府放出之农业、工业贷款之处理，在不影响借款人之生活及生产的必须条件下，得如数归还。确实无力归还或因归还贷款妨害其生产者，得呈请政府并经发放贷款之主管机关核准酌予缓收、减收或免收，但须先得上列机关许可始能执行。

上述五项办法只供参考，因各地情况各不相同，处理时仍须按具体情况办理，不可简单抄袭。

选自《陕甘宁边区政府文件选编》第九辑，档案出版社1990年版，第299～304页。
互校版本：《陕甘宁边区法律法规汇编》，三秦出版社2010年版，第530～532页。

8. 陕甘宁边区政府关于减租和查租的指示

1946年7月21日

各专员、各县市长：

根据边区第二届参议会通过实行减租同时交租的政策，三十一年十二月边区政府委员会通过之边区土地租佃条例公布后，数年来，边区已经相当普遍的实行了减租，尤其经过三十二年比较彻底的减租运动后，农民生产情绪大大提高，随着生产运动的发展，农村经济面貌一新，农民翻身，不仅生活得到改善，并且逐渐买进土地。同时实行交租，照顾了地主的利益，使边区各阶层团结一致，坚持抗战，赢得胜利，这个成绩是十分伟大的。但因各地减租运动进展不平衡，及两年来一般地放松了查租工作，以致某些地方发生部分地主任意倒佃、撤佃、假典、假卖、改定租为活租，减了又加，变相的提高租额，骗取陈租，明减暗不减，以至吓诈农民等非法行为，也有少数乡村根本没有实行减租，既打击农民生产情绪，又妨碍农村经济的发展。爰特根据本年四月间边区三届参议会一次大会通过关于进行查租保佃，贯彻减租方针，给予以下有关减租和查租工作的指示，务希各地从实际情况出发，进行具体的讨论和布置，切实执行，并将工作情形随时报告我们。

（一）在减租已较彻底的绥德和关中一带，应以复查和保佃为主；在减租尚不彻底不普遍的陇东庆、合、镇一带，应以减租、退租、勾欠、换约、保佃为主；在安边除切实依照租佃条例进行退租、勾欠、换约、保佃，达到彻底减租外，同时应根据其具体情况，适当照顾各阶层利益，非法倒佃的土地，仍应退还农民耕种，假典假卖，抬高租额，骗取陈租等行为，应受到法律的制裁，并补偿农民的损失，消灭明减暗不减现象，揭露造谣撞骗、愚弄农民的手段。贯彻减租政策并研究妥善办法，逐渐达到“耕者有其田”。

（二）为此必须首先搞通各级干部思想，使他们了解农民是边区经济的基本动力和民主政治的基本支柱，深入查减，不仅是为了提高农民的物质生活，而且是为了发展边区的国民经济和巩固边区的民主政治。因此必须坚决克服部分干部笼统地认为“减租并非大问题”或“已无大问题”，不深入调查和具体了解的麻痹现象，必须把减租和查租工作当成今年夏收和秋收后的中心工作。

（三）为此，必须加强各级干部对于政策的掌握，深入研究边区土地租佃条例，并充分领会其扶助农民发展经济的基本精神，尤其对于下列两点应有明确的认识：一、关于减租：部分地区曾把定租减租率“不得低于二五”误认为只限于二五，机械的实行二五减租（没有了解不得低于二五，自然可以高于二五），以至把当地已成习惯法的对半减租压至二五减租，实际成了加租。对于活租“减租之后出租人所得不得超过收获量百分之三十”以及“应和当地定租的地租维持大致相同的额数”等规定，不确实执行，以致有很多的定租转变为活租。安边有些地区倒四六（租六佃四）分租，也机械按二五减租，更其不对。二、关于佃权：有些地区只片面的了解出租人在某种情况下得收回土地，而没有看到“出租人不得任意收回土地”，“出租人应顾及承租人生活”以及“禁止藉口自种收回土地，暗行出租或任其荒芜，以及假典假卖等行为”等等的规定，因此对坚决保佃发生动摇，使佃权无保障，影响农民对减租失掉信心，应即彻底纠正上述违反农民利益的错误认识和行为，使减租率的确定有利于农民的再生产和扩大再生产，并坚决执行保护佃权的法令。

（四）为此，尤须教育各级干部能够按照具体情况，发动群众，组织群众，依靠群众，进行减租和查租工作，具体深入领导农会和加强农会工作，将运动中的积极分子选举到农会中去，在自愿的原则下，及时地和大量地吸收农会会员，使农会成为实际进行查减工作的坚强核心。经验告诉了我们，有了真正农民做主的坚强农会组织，减租就会彻底，农民得到的利益也可巩固。因之，应将已有威信的农会提高一步，毫无威信的农会加以改造，通过农会引导群众到彻底查减，又引导到努力发展生产巩固边区的路上去。任何恩赐观点和包办行为都必须坚决纠正。

此外，边区尚有一半以上的地区在内战时期曾经分配了土地，农民的土地问题早已解决，但地权纠纷及少数重租剥削的现象还存在，应即进行土地登记，解决纠纷，确定地权，同时确实执行边区土地租佃条例中减租率的规定，防止和取缔重租剥削的现象，更加促进发展生产。

主席：林伯渠

副主席：李鼎铭　刘景范

选自《陕甘宁革命根据地史料选辑》，第三辑，甘肃人民出版社 1983 年版，第 145～147 页。

9. 附［政策研究］：陕甘宁边区地权问题（署名：唐洪澄）[①]

1946 年 10 月

边区有百分之五十以上的地区，经过土地革命，实现了“耕者有其田”，但因当时战争环境，红白拉锯，干部注意不够，有些地区未彻底分配土地等原因，致在地权上还相当普遍地存在着问题。现因政权更趋巩固，农民对地权问题日益关心和重视，故目前必须将地权问题作一彻底的整理，使分过土地的地权问题更加确定，保护农民革命时既得之利益，解决土地纠纷，以提高农民生产积极性，发展生产，俾能进一步的巩固边区。这次科长联席会议，曾专门讨论这个问题，提供了不少材料和意见，归纳起来，有以下几个问题：

（一）以多报少、隐瞒土地问题；

（二）地主收回土地问题；

（三）未彻底分配土地区的地权问题；

（四）警区的归地问题；

（五）公地问题；

（六）移难民土地问题；

（七）窑洞及定着物问题；

（八）坟地问题。

（一）以多报少、隐瞒土地问题

在土地分配之地区，以多报少、隐瞒地段、隐瞒垧数，是极普遍的现象，在延属分区、三边陇东、关中等地区均存在着，土地登记数与实有数相符者很少。大致可分为三种地区：一种是川面近大道人口稠密的地区，土地登记较确实，隐瞒程度不大，如延川、延长、子长、固临、延安（延河以北）等地属之。一般的是十垧地隐瞒二三垧或至半数左右。另种地区是土地较广之近荒山地区，土地隐瞒程度较大，如延安（延河以南）、安塞、甘泉、志丹、靖边、华池、吴旗等地属之。一般隐瞒数约有数倍之谱。例如延安县川口区三乡原登地一千九百一十四垧，丈量后实有六千六百六十四垧，隐瞒两倍半。靖边龙州区

① 原注：据《解放日报》一九四六年十二月二日报道，此文为民政厅唐洪澄副厅长在第三届政府委员会第二次会议上的报告。

一乡田、白二家在革命时只分到土地四十垧，而实有数则三百六十垧，大部出租，成为新地主。志丹二区一乡高自厚登记了三十五垧，实有数为三百垧，隐瞒七倍。甘泉下寺湾有一户登记了五十垧，实有三百垧，隐瞒五倍。吴旗三区二乡李景坤登记七十垧，实有三百垧，隐瞒三倍。第三种是荒山梢林，人烟稀少地区，隐瞒土地是大量的，如垦区和其他有梢林之地带属之，土地实有数与登记数相差十余倍之距。这三种地区的划分，仅是大体上的划分，在各县的分布情况并不是单纯一致，而是互相参差错综的。如延长二、三、四、五区人稠地缺，地段多不隐瞒，垧数隐瞒亦较少，其一区之四、五、六乡近荒山，隐瞒数则较多，有登记三十垧，实有二百垧，或登记十垧而实有百余垧者。其他延安、安塞等地亦有类似情形。

为什么会产生这样普遍的以多报少、隐瞒土地的现象呢？因群众怕担个富户之名，怕"照地出粮"多出负担，故有意识地隐瞒，或因地广人稀，有些地方以十垧山地折合一垧川地登记，有的土地未经开垦，不知确数，有的连地界亦无，仅凭约略估计数量，干部登记时也未经调查研究，或未经群众评认，凭群众一面之词即予登记；为避免多出手续费，故有的少报地段，隐瞒垧数，有的近边境的群众，疑虑政府可变动，也有隐瞒的。

处理意见：

1. 原则是应依照"陕甘宁边区地权条例"第六条来处理。原文是"土地登记时，凡业主实有土地，因当日未经真确丈量，致超过凭证上所载之数量，经证明确非侵占他人土地或公地而又为自行经营者，得照实呈报登记，不得追究。如超过数量部分故意搁置荒芜不予经营者，政府得收归公有。前项土地在登记之后，查明仍有隐匿不报之土地，其隐瞒不报部分充公"（租出经营之土地，亦列入自行经营范围之内）。这就是说：边区有些地区经过土地革命，旧式的地主和富农基本上已经消灭，农民得到土地，实现了耕者有其田，条例的精神即是承认已得之利益，并照顾其发展，对农民的地权应予合法的确定，故土地登记时应以不动到大多数人头上为准则。

2. 各地在执行地权条例时，应按各地（县、区、乡等）不同情况具体执行，例如在地窄人稠土地数超出不多之处，可按条例行事。土地较多之区，除自行经营部分还可留与适当数量的剥荒皮地（轮种部分），其余部分应收归公有。留剥荒皮地时应按下列办法：

（1）一般的按照当地土地多少、地质好坏及业主经营情况等条件，酌情留之，一般的以不超过现在所营土地数量之一倍为宜。

（2）地质特别坏，轮种时间短促的及家境贫寒、劳力缺，需要照顾其经济发展前途的，可予多留（即可超出一倍以上）。

（3）对出租土地较多者，应给少留。

3. 对于出租土地数量较多之户，其租出部分可酌情调剂一些给无地或少地农民。

4. 会上还有一种意见是：出租之土地不应列入自行经营范围内，特附此供参考研究。

（二）地主收回土地问题

政权一贯为我掌握之地区，旧日地主豪绅把土地革命分给农民的土地，用种种狡诈手段收回，致侵犯群众在土地革命时已得之利益，在各地曾屡有发生。如靖边县四三年清理土地时，发现先后为地主收回之土地竟有二千一百九十八垧，盐池县处理地主收回土地的案件有六十二件，定边、安塞、延安、延长、陇东等地，亦曾发现多件。

地主收回土地有下述多种方式：（1）用硬的威吓、强占、敲诈、赖地等手段夺取土地，如靖边贾家界地主鲁进兴的土地，革命时分予袁生贵等八户农民，三七年三月其弟（系在榆林国民党军任营长）回来便威吓群众说："给我哥让一点地，要不让我哥就另打主意"，袁生贵吓跑了，群众亦恐惧，遂收回地八百四十七亩，树二十三株。延长六区一乡有分地户，因家境不好，欲将地出卖，地主说他有买地优先权，便不出钱把地收回。延安县河庄区三乡劣绅张登云混入乡政权，利用其乡长的权势胁迫群众："寸土寸天，这块地原来是我的，你们白白的就拿走了，分了土地还我吧！"又私改土地证，收回山川地三十七垧，枣树三十株，偷树一棵，窑一孔。（2）利用土地未经登记或以多报少的空隙，以"合法"的形式收回土地。如靖边镇罗区刘大升分得孙长盛一百余垧地，土地证登记了六十垧，孙说："登记下多少算多少，余地是我的。"便收回了。延长高鸿彦亦以此法收回二十余垧地。延市任家窑子、杨家湾，地主利用分地未登记，群众无凭证之隙，收回土地并勒索重租。（3）阴软的拉拢、巧言、乞怜、巧借、低价收买、以坏换好等欺骗手段收回土地。如安塞地主唐海源向群众巧言欺骗说："我现在人死财散要问个媳妇无办法，你们给借一点钱吧。"又用赖公地的方式，遂收回地三百余垧。延安地主刘天信革命后回村对门客说："你们分了不少好地，我连点玉米地都没有，是否可给我抽一点地？"门客等系于情面关系，不便推辞，他便收回不少好川地。子长玉家湾地主鲁磊，其叔在群众中为之活动，使分地户联合献地三十余垧，为鲁娶一婆姨。

地主之收回土地，除其本身的缘由外，尚有下述之原因。在群众方面：存在着惧怕地主的心理。有些受了反宣传的影响和地主的威吓，便交出土地。更有怕"变天"的思想。个别的农民对分得之土地表示不放心怀疑的态度。如子长、延川有的群众，已分土地后，又向地主用钱再买一遍。延长三区二乡高志英在别村购置了土地后，便把本村所分之二十余垧地送回给地主。在干部方面：有些干部阶级观点模糊曾有迁就地主的倾向。如靖边邵学周同志，三八年任区长，几次处理地主与农民纠纷，主张给地主让地："让一点吧，要不是人家土地，你连分也分不到呢。"甚至有个别干部受地主拉拢，变成地主的尾巴，任其胡作非为。

处理意见：

1. 原则上应坚决保障土地革命时农民既得之利益，凡已宣布分配给农民的土地或公产，不论地主假任何手段非法收回一律无效，土地应退还给农民或政府（原来政府留给地主的或以后调剂给的，仍归该地主，不可退回），在地主占领期间，地主应向农民或政府退租。若退不起者，应写欠条或酌情处理。对个别坏的恶霸分子应予以处罚或加利退租。

2. 凡地主非法收回之土地，已转卖他人者，得按下列办法处理：

（1）原地归原分地户，由地主退钱或补地给买地户。

（2）买地户，如是不知内情的农户，若地主无办补偿土地时，由地主立欠条，但对买地户，应予以照顾，中以公地另行补充，或在原地内酌情补充一部分。

（3）买地户如是明知"故买"且曾进行挑拨捣动土地者，在地主无力偿还时，仅由地主立欠条，不给其调剂土地。如买地户虽为明知"故买"，但系由于一时不慎，且家境贫寒者，可按上项办法，给予补充或调剂一些土地。

3. 此外，对于分配土地时已没收但未分配完之土地（还有窑洞房屋），后来地主又收回去的，仍应收回归公。

(三) 未彻底分配土地地区的地权问题

未彻底分配土地的地区，在关中淳耀有十八个乡和三个行政村，赤水有九个半乡，在一九三四年到一九三六年内战期间，该地是游击区，每年二三月间被敌人占领，到七八月间又被我收复，双方斗争甚剧烈。其时我们在乡里建立了苏维埃政权，选举了县、区、乡苏维埃主席，设有贫民团长。赤卫军的组织，有时是秘密的，有的地方在干部会或乡代表会上曾宣布过："土地谁种归谁"，一般农民也知道分配土地，但因当时敌来我去，战斗频繁，致使土地未得彻底分配，只是"宣布"了一下，并未具体地分配和登记。另方面在这内战三年中地主因畏惧多不敢来装租子。一九三九年关中专署宣布："内战三年未装租子的地区地权归农民"。实际上未能贯彻执行，嗣后地主有些地方多少装过一些租子。施政纲领颁布后，地主更有借口，用租种办法收租，如淳耀六区一乡朱玉贵租种小桥地主之地，内战时期三年未装租，三九年地主向朱说："家里小孩要吃核桃"，朱想自己的地曾是"人家"的，但让他到地里打去；第二年地主又说："老人没有棺材"，朱又让他把地里的树伐了；第三年就手拿施政纲领来收租，朱不允，地主说："地不是我的你为甚叫我在地里打核桃伐树呢？"朱无奈乃让其装租。也有干部家里收回土地的，如张仲平等。亦有些佃农觉得光说没有"执把"，故有个别佃户赔地给地主出钱，如淳耀五区宋治山，曾给地主出了二十万法币，把依法取得地权之五亩河滩地再买一遍。四三年专署正式决定制止地主装租，并进行归地。淳耀在四四年归地二万五千一百亩，今年春季又归了千余亩。

现存的问题是：有些土地尚未归给农民，土地没登记，地权尚未最后确定，农民对地权还不放心。其次，当时分配土地时，未打烂平均分配，仅宣布"谁种是谁"的。又次，地主收回土地后，有已转卖或典出者。据关中的同志谈，地主偷收租子的是有，但地主收回或原种户变动的不多，现在大部还在原佃户手中掌握着。

此外，尚有与此情况相仿佛的延安县刘万家沟、十里铺和延市的桥儿沟等地，内战时亦是游击区，三五年建立苏维埃政权，选举了区乡政权，并曾在农会上宣布"分配土地，谁种归谁"，但未得彻底分配敌人就来了，处于敌我拉锯状态，直至双十二事变后政权才归我们，现地主仍然收租，地权还未确定。

处理意见：

对于这种地区的具体情况，现尚缺乏具体材料，不能很好地提出有把握的意见，只根据这次会上所谈结果，提出下面几个原则作为参考，至于更好的办法，还有赖于边区政府及关中分区县级机关进一步的调查情况，详细研究。

(1) 原则上确定这些地区应视为土地已经分配的地区，内战时农民租种的地"谁种的归谁"，地权应归于农民，在原来谁种归谁的原则下，为照顾现在种地户应以经济情况可进行适当的调剂。

(2) 鳏寡孤独和贫苦的抗属，当时系因无劳力而出租少量土地者，地权原属原业主。

(3) 地主如将土地收回后，已转买或典出者，土地仍应归分业主。由地主抽另地或出钱补偿买地户，如其无力补偿时，由地主给买地户立欠条，如地主在友区时，可由"地媒"作保。买地户如系贫苦农民，则可由公地中或原地中给予调剂一部分土地。

(4) 当时种土地的佃户，现无下落者，该地暂归公家管理。

（四）警区的归地问题

土地革命时绥德分区的吴堡、清涧等县土地大部曾彻底打烂均分过；绥德、佳县、子洲等县因处于边境地带或为白军占领，只分了一部分土地。

一九三六年何绍南任绥德分区专员，地主即依势将所分之土地全部收回，中贫农亦将划分之土地收回，因怕地权不保险，故出卖转典者甚多。三七年我警备司令部与何绍南曾出联合布告："土地维持现状，不再变动"。奈因政权属国民党掌握，地主收回土地之现象仍甚严重，如佳、清、绥等县。有部分地区因群众斗争情绪高涨和党的领导，顽抗不予交地，故土地仍掌握在农民手里。四〇年何绍南被逐出境，有些地方农民便趁机归回土地，后政府宣告归地停止，即维（持）原状。

今年六七月，清涧、佳县等地纷纷归地，其原因由于受了各解放区献地和清算运动的影响，农民本向因关联其切身利益，对地主有深切的仇恨，过去地主收回土地时，连地里的庄稼也收割了，有的农民还曾遭受反动军队的毒打，兼之干部的认识上是把群众利益与政策联系起来看，认为归地于群众有利，不应约束，遂采取自流放任的态度，群众即认为政府默许了，于是自动组织农会来领导，归地运动展开了。如清涧城折石店等区之部分地区在四〇年归地时动得较迟，未归成，深感遗憾，故在这次归地中，情绪十分急切，恨不得一下就把地归回来，店子沟区五乡惠家园子，在一晚上的时间就把地归完了。总计：清涧归回五千三百零五垧（十三个乡五十个村），佳县归回十余村（地数不详），子长归回一部分（子长是在去年春天归的）。

其时旧地主富农情绪甚恐慌，或故意回避不参加会议，或故意砍树以求报复，有的向政府要求应照顾他们的生活，有个别的则伪装分产以图抗拒归地。农民方面：有多报人口，以图多归地的；为表示管产，有的与地主抢摘果子，果子还是绿蛋蛋的就被糟蹋完；有的挡住要地，而不让他人上山劳动等现象。关于归地曾作如下的处理：（1）麦地归谁家翻种？有的系两家各翻一半，有的系双方等待均不翻种，有的给地主留一部分，余地分给农民耕种。如清涧石嘴驿三乡柳沟村的杨新春，革命前有地一百二十六垧，余悉分给农民。（2）地主给分地户写契约，因分地户秋后始能得到土地，恐生意外变动，便叫地主写一契约为凭，保证秋后归地，如石嘴区五乡分地户要曹元利（旧富农被划分土地）写契约，曹问其弟曹元让（县议员），他说：政府没命令就不给写契约，而群众不让，堵着门硬要曹姓给各分地户写了契约。（3）政府填了表，因分地户怕秋后翻案，乡政府须将地名、人名（分地户与地主）、垧数都登记在表上，乡政府与村长各执一张，分地户与地主均当面看过。关于归地中影响土地关系波动的有三种情况：一是只归出了地，而没归回地约，一是归回了地而未有归出者，再一种是一方面归出地，另一方面又归回了土地，一般旧地主富农的地，归出的较多，土地交流，有归出又有归回的情况亦多，真正侵犯中贫农的是个别现象（根据清涧的材料，唯数字不详）。

其后，专署鉴于农忙时期，搞归地运动，对生产运动妨碍甚大，土地被地主收回后典当出卖关系很复杂，归地中有侵犯中贫农利益等问题，乃下令停止归地，已归者未动。

归地中曾发生许多问题，至今尚悬而未决。（1）有侵犯中贫农利益者。因革命时所有土地皆打烂（乱）均分，所以中贫农有余之土地者亦被划分，何绍南来时他们趁机将地收回，这次归地中又将此地归给分地户，则是重犯土地革命时侵犯中贫农利益的错误，若不归时该分地户则无地可耕。(2) 地主将土地收回后，转卖出典者甚多，有的已经转卖三四个手，买地户多系勤劳耕种新发展起来的农民，归地后地主大部无力补偿买地户的损失，致触犯了买地户的利益。(3) 中贫农之间的典当关系，土地革命时按典地为死的原则，何绍南政权复辟时，这些地又全被赎回，这次归地中又如数为农民归回，致发生典当的债务问题。

处理意见：

1. 从地主手里归回来的土地不再退回原主，因其已确实转到农民手里，有的已登记备案，有的写了契约，如果一旦翻案，将土地仍归还原地主，结果势必发生抢种事件，地主要地，农民不退，双方争执不下，并且这是给群众泼冷水，会影响群众斗争情绪低落，与政府隔离，或有不信任的态度。

至今尚未归回的土地则不再继续归，待后用其他办法妥善处理。

2. 地主收回后，转卖出典的土地原地归分地户，由地主负责赎回或补偿买地户的损失，若地主无力补偿时，可按原地户和分地户的家庭经济情况，酌予调剂。

3. 中贫农原有的土地已归回者应在照顾中贫农利益的原则下根据双方家庭经济情况酌予调剂，如有公地可抽出一些调剂之。

4. 典当关系的货币问题，应以银币为基础折算，以免按实物计利过高，按货币计太吃亏之弊。

5. 地主收回之土地，现在归给农民的不应再行加租。

（五）公地问题

原政府所有的革命时留下的公地、红军公地、学田、庙产、绝门产等公地和公荒，为数不少，例如：盐池有十四万垧（土质瘦瘠，皆系沙碱地，每隔三几年就要掉种，虽上粪仅能种一年，内有半数是牧地，不能耕种），靖边曾有二万一千七百垧，吴旗有二万八千四百垧，定边有一万一千四百八十七亩，延安除荒山外有三千余垧，其丰富区一乡康家坪四百四十八垧地中，有公地一百一十五垧，公地占四分之一，其他各县亦普遍地拥有或多或少的公地，唯尚无精确的统计。

这些公地散置各地，有以下几种情况：(1) 有的如机关、部队、学校自给生产而耕种。(2) 有的调剂给退伍军人和缺地的抗工属及移难民等耕种。(3) 有的为学田和义仓地，除少数外，一般因经营管理不善，致收获量不高，甚至有的是微乎其微，如志丹有学田一百垧租出，每年仅收租子一石，关中有的义仓地百余亩，仅收获一石多粮。(4) 由政府租给群众耕地，作为财政收入的一项，其数不少，如靖边新城区一年曾收租二百石，其他县亦有年收租数百石之多者。(5) 有些为群众赖种偷登。由于政府无完整而精确的公地登记册，各级人事常有变动，影响对公地不够熟谙及公地管理欠严密等原因，致为一些群众赖种或为地主等用混水摸鱼的办法暗里收为已有，在各地曾是普遍现象。如延川禹君六乡大张村原有公地二百余垧，后群众占只剩百垧。靖边镇靖区二乡三八年登记公地时只有二百垧，经清查后，始发现有二千零八垧，平素均为群众所种。吴旗四区三乡铁边村有公地百垧，因村居民争种，时起纠纷。盐池四区三乡土豪喻本义有地万架（一架合五亩），革命时曾宣布归公，但他却私自出租多年，以后经揭发始处理。新正三区三乡张进林更垄断公路石窑，伪造契约，以欺骗别人，在普选时始被揭破。(6) 有些公荒无人垦种被荒芜着，如靖边二万余垧公地中，内有六千垧草山梁公地，因路远与吃水困难（山上不能凿井）无人垦种，有四千垧狄青原公地，因地质瘠贫，垦种者亦极少。盐池、甘泉、垦区、志丹等地之公荒亦不少。

由此看出有这样的问题：一方面政府拥有大批公地或出租或任其荒芜；另方面无地或缺地户亦不少，如固临无地户占12%（全县三千二百三十三户，无地者三百八十四户，地少者八百二十八户），志丹无地户占13%（全县四千七百八十七户，无地者八百九十一户），未完全作地尽其利，人尽其力。其次大批公地出租给群众不能提高其生产热忱，致妨碍生产的发展。有些公地或为群众赖种和侵占，而未能适当地分配给无地和缺地户。所以如何使用公地，处置得适当，是亟需解决的问题。

曾有好的范例：靖边县于四三年整顿土地时，曾将大批公地分给群众，如镇靖区二乡清查出公地二千垧后，即将九百七十五垧分给三十九家无地户，每户平均分得二十五垧，将五百一十六垧补登给十八户缺地者；龙州区三乡有公地二百六十八垧，除留给区乡政府十八垧自给生产外余悉分给无地户二十二家，平均每户得十一垧。分得公地的群众，莫不喜形溢色："这次土地可闹好了"，生产情绪大为提高，如王善分得十七垧公地后即计划修九垧水漫地，原拟在坝墙栽树三十株，后超过二十株，还栽了二百株沙柳，他说："公家这样扶植我，我一定好好生产。"齐春旺过去租地种不上粪，不锄草，自给他分了七垧地后，第二天他就扛上铁锨修坝墙，成（为）修水漫地最积极的农民。

今后处理的意见：

1. 原则上各地应将公地彻底加以清查整顿，除留各机关、部队、学校自种部分和群众赠给的学田及原有的学田外，其余大部分应补登记给无地的移难民和缺地的抗工属及农民，并应给予确定的地权，俾能刺激其生产热忱，以提高生产。

2. 机关、部队、学校为生产自给，可酌留一部分公地予以耕种，但不宜留置大批公地出租取利，因出租获利不大，妨碍发展生产。

3. 对于公荒地加以清理，对面积、树木、矿产等均应登记清楚。

（六）移难民土地问题

边区的移难民分布在延安、甘泉、垦区、安塞、志丹、固临、富县和关中分区各县，其次分布在陇东、三边等地，大部分从事农业生产，对边区经济建设曾起着很大作用。其来源有三：一部分系由边区内部移来的，如警区南下移民，又一部分系由国民党区如河南、大关中、汉中、宜川、宁夏、甘肃、横山、榆林等地移来，再一部分则曾由敌占区山西、河北等地移来的。

现在的问题是：移难民流动性很大，迁移者甚多。如延安县马士川，过去有移难民二千多户，现仅有九百余户，迁走一半多；垦区今年亦曾移走三百三十五户，新正县亦移走二百余户。

为什么各处均曾发生移难民迁走的现象呢？（1）因乡土观念深，来边区有的是为暂求生路，并无长久之计，年景一好即想回家。（2）居于梢林地带易得病疾，尤以妇孺死亡率大，如甘泉有移难民二千五百八十一人，二年内死亡七百九十一人；有的喝了梢林水后，易得柳拐子，故多迁移。（3）有些地方尚未彻底执行优待移难民政策，未满三年即欢迎其出负担，或要收租，甚至有勒索重租的。（4）地权方面，移难民所种的公地有的至今尚未确定，使他们不安心。例如：延安川口区三乡为移难民乡，全乡九千三百七十垧地中移难民开垦的有七千三百七十八垧，占总地数75%强，可是移难民开垦的地自（至）经（今）地权尚未确定，致影响彼等生产情绪。

为稳定移难民的情绪，争取其久住边区，其他办法暂不述及，兹将地权方面的处理意见述之如下：

1. 凡移难民所开垦之公荒，一般年满三年者，应予以登记确定地权（及规定五年，现改为三年）。

2. 凡带家眷拟长住的移难民，其开垦的公荒，虽未满年限，亦可提早予以登记，确定地权。

3. 移难民土地不足时，可在公地中予以适当调剂。

4. 凡移难民开垦私人荒地，地权仍属原业之［主］所有，未满三年的，地主不准收回或索租并保障其佃权。为使移难民有熟地耕种，容易生根起见，在登记土地时，移难民得声请政府拨出相等数量之公地给地主，以换取移难民已开垦之熟地，登记给移难民。

（七）窑洞及定着物问题

在土地革命时，所有土地均打烂（乱）平分，而窑洞则未打烂（乱）划分，反宣布过“谁住归谁”。按此原则，凡住地主豪绅的窑洞无问题，但住了贫农窑洞的，就发生很多问题。如绥德一抗属婆姨，家有四面窑，典给其兄两面，邻家住一面，自住一面。革命后窑洞归住户所有，三面窑属于邻家和其兄，自己只登记了一面窑。后其夫回家，向政府交涉：“你们先说不侵犯中贫农的利益，为啥就把我当兵的几面窑给划分了？”政府劝说其邻家将窑退还原主，他执拗不退，说：“你们都给发了登记证，为什么要我退回呢？”其时又曾宣布过“典窑为死”。在分配土地，革命前的典当关系一律作废，一般地主典窑亦不成问题，但有些中贫农典窑的，就经常发生问题。如清涧高生在革命前将窑典给贺青春，后高姓要赎窑，而贺姓则依据“典窑为死”的原则力争不给，现上诉至政府，迄今仍未解决。据各县反映，在过去所发生此类问题，都依“典窑为死”的原则处理的。

因土地所有权的转移和变动，致土地上的定着物也曾屡生纠葛。

处理的意见：

1. 凡中贫农革命时住了地主富农之窑洞，即按“谁住归谁”的原则处理，不再变动。若系中贫农住中贫农的窑洞，发生问题时原则上执行谁住归谁，但可按具体情况，适当予以调剂，使得双方都有窑住为宜。

2. 凡革命前的典窑问题，皆以“典窑为死”的原则处理，若出典者系中贫农时，可按双方家庭具体情况，进行适当的调剂。

3. 凡分配过土地之地区，定着物随土地转移归新业主。平时定着物随土地买卖而转移。如系正当买卖关系，订有契约，载明定着物之处理办法者，应按契约处理。

（八）坟地问题

土地分配以后，分地户为扩张耕地，遂有开坟地耕种的，坟主由于迷信等关系不允开种，极易起纠纷。此外，由于坟地内的树木等之所有权问题，原业主与分地户也常有争执。如子长北一区薛家一座灵地，已多年未烧纸，内有一株大树，其地分于徐姓地内，徐姓欲砍大树，薛家不允乃起纠纷，迄今未决。

今后处理的意见：

1. 凡有主的灵地，应依原划定之界段归灵主所有，并允许其灵主继续埋人，他人不得随便开垦，本人同意者例外。

2. 灵地内之水、石、树木等定着物，凡有灵主者，应悉归灵主所有，他人不得侵犯。

3. 凡已无主的古坟，如系小块土地，可由分地户自行开垦，如系大块的坟地，应一律归公，其所有的水、石、树木等定着物的处理亦然。

选自《陕甘宁边区法律汇编》，陕西人民出版社2006年版，第196～205页。

10. 陕甘宁边区征购地主土地条例草案

1946年12月13日①

陕甘宁边区政府命令——公布《陕甘宁边区征购地主土地条例草案》

1946年12月13日

各专员、县（市）长：

边区未经分配土地地区，经过历年减租运动及部分开明地主自动献地义举，使部分土地逐渐转入农民手中。但在地主阶级手中现仍占有相当数量的土地，农民中无地耕种或耕地不足者亦不在少数。为实现耕者有其田起见，特依据本府第二次委员会之决议，制定《陕甘宁边区征购地主土地条例草案》随令公布。凡已彻底减租地区应即遵照本条例草案实行，务须于今冬至明年春耕以前全部完成。在查租尚不彻底的地区亟须继续发动群众普遍进行查租减租，在贯彻减租工作的基础之上，依据本条例草案进行征购地主土地，以期在明年春耕以前，达成彻底解决土地问题的目的。

此令。

主席　林伯渠

副主席　李鼎铭　刘景范

陕甘宁边区征购地主土地条例草案

第一章　总　则

第一条　本条例，依据陕甘宁边区第三届第二次政府委员会之决议，在未经土地改革区域，发行土地公债，征购地主超过应留数量之土地，分配给无地或地少之农民，以达到耕者有其田之目的而制定之。

第二章　征购范围

第二条　凡地主之土地超过下列应留数量者，其超过部分，均得征购之。

一、一般地主，留给其家中每人平均地数，应多于当地中农每人平均地数之百分之五

① “甘肃史料版”标作“12月20日”，“档案文件版”“陕西法律法规汇编版”公布的命令皆是“十二月十三日”，“社科法制版”也是“十二月十三日”。

十（假如中农每人六亩，地主每人应是九亩）。

二、在抗日战争及自卫战争中，著有功绩之地主，留给其家中每人平均地数，应多于当地中农每人平均地数之一倍（假如中农每人六亩，地主每人应是十二亩）。

三、地主自力耕种之土地，不得征购。

第三条　地主家在边区外者，应按第二条之规定留给土地。

其留给部分，在地主未回边区居住之前，由当地政府代为经管。地主回来后，即交还其自行经管。

第四条　地主如经献地后，所留土地超过第二条规定应留地数者，其超过部分仍应征购之。不足应留地数者，由县政府呈请边区政府，酌予补发部分公债。

第五条　富农土地不得征购。

一切非地主成份（分），因无劳动力而出租之土地，亦不得征购。

第三章　地价之评定

第六条　地价由当地乡政府协同乡农会及地主具体评定之。

其评定标准，应按各地地价与土地质量之不同，最高不得超过该地平年两年收获量之总合，最低不得低于该地平年一年收获量。

地广人稀之区域，或新开荒地之地价评定标准，不受前项规定之限制。

第七条　地价以细粮与公斗计算。

第八条　被征购土地之地价，采用超额递减办法。地主每人平均所得地价在五石以下者给全价。超过五石以上至十石者，将超过五石之数目，减给百分之八十。超过十石以上至十五石者，将超过十石之数目，减给百分之六十。超过十五石以上至二十石者，将超过十五石之数目，减给百分之四十。超过二十石以上至二十五石者，将超过二十石以上之数目，减给百分之二十。超过二十五石以上至三十石者，将超过二十五石以上之数目，减给百分之十。超过三十石以上者，其超过部分不再给价。

（说明）按以上规定，例如：甲地主每人平均所得地价为五石五斗，按第六条规定之递减办法，应是：五石以下的不减，超过五石之五斗应给百分之八十，为四斗。其实得地价为五石四斗。乙地主每人平均所得地价为二十四石，其递减计算法应是：五石（开始五石给全价，加四石（因五石以上至十石应给百分之八十，所得是四石），再加三石（因十石以上至十五石应给百分之六十，所得是三石），再加二石（因十五石以上至二十石应给百分之四十，所得是二石），再加八斗（因二十石以上至二十五石应给百分之二十，故四石所得是八斗）。以上共计其实得地价，为十四石八斗。

第九条　各户地主土地之数量，应按其在边区境内所有之土地总合计算。

第四章　土地之承购

第十条　政府征购之土地，按征购原价之半数，分配给无地或地少之农民承购。地价分为十年付清。家境贫苦无力缴付者，经县政府呈请边区政府批准后，可予免付。

第十一条　土地之承购，应以现耕为基础，进行合理之调剂。使每人所有土地之数量与质量达到大体的平均。

第十二条　下列人员有承购土地之优先权。

一、原耕地之贫苦佃农及雇农。

二、家境贫苦之革命死难者之遗族，现役军人之直系家属，及复员退伍军人。

以上人员每口承购之土地数，连他自己原有土地，一共不得超过当地中农每人平均地数。

第十三条　移难民应和当地居民有同等承购土地之权利。

工人、小手工业者、小商人等，须按当地土地情形和家庭生活需要由乡政府和农会斟酌规定其承购土地之数量。

二流子承购土地后，须由当地政府管教其勤劳生产，不得任其荒芜。

第十四条　土地之承购，以乡为单位，但在可能与必要时，县政府可在邻近乡进行调剂之。

第五章　土地公债之清偿

第十五条　边区政府委托边区银行为土地公债清偿之经理机关。

第十六条　土地公债基金，为边区农业税，及承购者之缴价。

第十七条　土地公债之票面，以细粮计算。

第十八条　土地公债分十年还清，年息千分之五，清偿期为每年秋末。

第十九条　每年到期土地公债之本息，可以抵交农业税，但只限于本县范围。土地公债，可以转让抵押，但不得在市面流通。

第廿条　关于土地公债之章程，另定之。

第六章　其他

第廿一条　地主典给农民之土地，应在征购之列。其原典价超出于征购地价者，地主不退出多收之典价，其原典价低于征购地价者，应将不足之部分补给公债。

第廿二条　地主居住本院以外多余之房屋窑洞（包括碾磨在内），及地基崖势，皆得以土地公债征购之。并按征购原价之半数，分配给无住处，或少住处之人民承购。征购价值，不得超过当地现价三分之二。佃户居住地主之房屋窑洞，如系佃户亲自建筑者，即归佃户所有，不再给价。

第廿三条　宗教团体及庙院所占有之土地，以当地人民公意决定征购或不征购。族田（或称社地、祠堂地、坟会地）由乡政府与农会商同族人公意决定征购或不征购。

第廿四条　地主荒山，或“拉荒地”，如其地权无确实凭据者，除给地主留足够耕种之土地外，其余收归公有。如有确实凭据者，除按第二条规定留给地主土地外，其每人平均土地在百亩以内者，应根据土地质量及地主实际生活需要，由县政府酌发公债征购之。超过百亩以外之部分，无代价收归公有。

第廿五条　土地上之树木及果园，属于佃户栽种者，归佃户。属于地主栽种者归地主。荒山自生之森林，随地处理。

第七章　附　则

第廿六条　地主对土地隐瞒不报，或实行假佃、假卖等舞弊行为，应没收其隐瞒与舞弊部分。

第廿七条　本条例自公布之日施行。

第廿八条　本条例解释之权，属于边区政府。

地价递减对数表[①]（略）

选自《陕甘宁边区政府文件选编》第十一辑，档案出版社1991年版，第40～47页，简称“档案文件版”。

互校版本：

1.《陕甘宁革命根据地史料选辑》第三辑，甘肃人民出版社1983年版，第197～202页，简称“甘肃史料版”。

2.《中国新民主主义革命时期根据地法制文献选编》第四卷，中国社会科学出版社1984年版，第426～431页，简称“社科法制版”。

3.《陕甘宁边区法律法规汇编》，三秦出版社2010年版，第141～142页。简称“三秦法律法规版”。

11. 陕甘宁边区政府指示信
（关于贯彻土地改革准备明年生产的指示）

1946年12月28日

事由：关于贯彻土地改革，准备明年生产，加强民兵整训以支持战争胜利的指示。
各专员、县（市）长：

根据边府第二次政府委员会的决议，边区各地在进行土地改革、民兵整训及战争动员工作方面已获得相当成绩，尤以民兵在自卫战斗中表现的英勇事迹值得嘉许。两月来蒋胡反动派因各方面的困难，不得不拖延向延安的进攻，最近侵犯关中，亦被我击退。但狼心未死，进攻边区决不可免。为深入战争动员奠定胜利的坚实基础，本府对目前边区的几项中心工作，给予以下指示，务希各地政府按照具体情况掌握中心，并配合其它工作抓紧时机，全力进行，并将执行情况随时报告本府。

一、迅速彻底完成土地改革。根据二次政府委员会的决定，在土地未分配地区，以贯彻减租并采用土地公债征购地主超额土地，完成土地改革的方针，本府已公布征购地主土地条例草案，现在凡已普遍完成彻底减租的地区如绥德分区各县，首应普遍征购分配；陇东分区之庆、合、镇三县，安边、富县及关中分区各县未分配土地地区，应在继续发动群众深入查检的基础上进行征购分配，务须于明年春耕之前彻底完成土地改革。征购所得之土地及地主献出之土地，应保证全部分配给无地和地少的农民。分配时各地应按照当地具体情况，根据条例的基本原则适当运用，尽可能做到无地和少地的农民普遍获得土地，并使每人所有土地之数量和质量达到大体的平均。各级干部应以身作则，大公无私，决不多得土地。各机关团体亦不得借口生产，占取土地。土地分配后，对于分得土地而缺少耕牛、农具、籽种、吃粮的贫苦农民，应发动群众互助，及时解决其困难问题，必要时政府尚可酌予贷款，务使获得土地之农民得以顺利进行生产。榆横等地区目前应普遍实行减租、减息、勾欠、保佃，对于群众痛恨的个别特务恶霸应进行清算。在发动群众起来的基

① “档案文件版”前有命令，后有对数表。

础上组织明年的生产运动。在土地已经分配的地区，对于旧日地主非法夺去农民分得土地的事实，应迅速分别解决，将地退还农民。在移难民较多的县份，应集中力量分配公地，使每个移难民都获得土地所有权，更加积极生产，坚决自卫。至农民间的土地纠纷，应按照具体情况逐渐分别调处。

二、准备明年大生产，以充实自卫物资力量。根据战争环境，边区的农业生产主要应在现耕地基础上精耕细作，同时尽可能组织开荒，扩大耕地面积，加强组织劳动，发扬各种小型变工队的互助和积极性，以保证增产粮食的计划，不因战时劳动力减少而破坏。为此，各级政府应即按照实际情况，具体计划布置生产，并组织群众，抓紧时间，准备春耕。临近战区的地方尤须实行劳武结合，一面防守自卫，一面准备春耕，决不可偏废。今年边区植棉卅五万亩，其中十万亩没着苗，明年的植棉任务要求三十五万亩都着苗，并提高产量。为此，必须预先选好籽种，适时下种，各村乡召开植棉户座谈会交换经验，使家家都能掌握植棉技术。关于发展民间纺织业，在绥德和延属分区之东地区各县，已有基础，今后应注意随时帮助他们解决原料及销布等问题，并防止外货及物价波动影响其生产。在陇东和延属分区之西地区各县，应选择据点，帮助其解决技术、工具、原料等一切问题，使参加纺织的妇女真正得到利益，拿事实教育群众，用典型示范，逐渐推广家庭纺织。三边及陇东分区之环县、曲子、华池等畜牧较广的地区，应切实研究提倡发展家庭手织业。只有各地按照具体情况，确实钻研推行，才能逐渐达到边区完全自纺自织的目的。

三、加强民兵整训，深入战争动员。近几月来，富县、新宁、子洲等县民兵，在打击敌人的进攻袭扰中，表现了英勇的战绩，安塞等县的战争动员也作的较好。但在中心区有些县份，民兵整训产生偏重形式，妨碍群众生产的现象。在边缘地区民兵活动互相配合不够密切，与顽敌战斗时表现勇敢有余机动不足，未能根据敌我力量，灵活进退，在有利的条件下打击与消灭敌人。在群众备战动员中，担架运输的准备，有的只是突击数目，缺少周密的组织与检查。坚壁清野，边境地区有的做得很差，某些中心地区又一般的不分步骤，喊叫坚壁清野，引起群众不安。凡此均应深入检讨，纠正形式主义，力求实际，依地区的不同情况，切合实际的广泛开展民兵英雄运动，立功运动，并加紧整训，使个个民兵精通投弹、射击、埋地雷三大技术，同时深入发动群众继续坚持参军参战、劳军、防奸、担架、运输、救护、后勤、坚壁清野等战时动员工作，以一切为着前线的精神充分发挥全体军民战斗力量。

四、彻底克服干部和群众中的惊慌和苟安心理，并防止产生骄傲和侥幸胜利的情绪，纠正各级政府和各级干部中的命令主义与脱离群众，不从实际情况出发，一般化的领导作风，反对“战争来了不要民主，只是强迫命令”的错误思想。在战时应更加发扬民主，贯彻群众路线，随时改正工作中存在的缺点，加强工作效能，以争取自卫战争的胜利。

选自《陕甘宁革命根据地史料选辑》第三辑，甘肃人民出版社 1983 年版，第 203～206 页。

互校版本：《陕甘宁边区政府文件选编》第十一辑，档案出版社 1991 年版，第 71～74 页。

12. 关于陇东专署在征购地主土地中处理土地之青苗及地主典入土地办法的介绍

1947 年 1 月 13 日

（原者按）此办法系陇东专署提出，特为介绍，以供各地参考，展开广泛的讨论，并提出意见给我们。

（一）处理购得土地之青苗问题办法：

1. 土地所有权转移后，其青苗一般可按各户经济情况，以随地转移为原则。

2. 地主之地原由贫农佃户租种，经这次购买后，其地内之青苗可由得地者锄耘收割，然后以对半或四六分的原则斟酌调解之。

3. 地主之原佃户系中农者可以斟酌偿还籽种的原则调解之。

4. 原系富农租种者，可以酌情偿还少部分种籽办法调解之。

（二）处理地主之典入土地问题办法：

1. 凡地主典入富中贫农之土地，均可以 50％的原典价用公债赎回，然后根据富中贫农之不同情况处理之。

2. 如出典人是贫农者，可将赎回之地无代价地退回。

3. 如出典人是中农者，则将赎回之地退给中农后，由中农偿还政府所出过之公债。

4. 如出典人是富农者，可按原典价以现市价折合退给富农部分土地，其余可分给无地之农民。

选自《解放战争时期陕甘宁边区财政经济史资料选编》上册，陕甘宁边区财政经济史编写组、陕西省财政厅财政科学研究所、陕西省档案馆合编，三秦出版社 1989 年版，第 86 页。原注：“选自《土地工作通讯》第 2 期，1947 年 1 月 13 日”。

13. 陕甘宁边区政府征购地主土地修正条例草案

1946 年 12 月 13 日公布，1947 年 2 月 8 日修正

第一章　总则

第一条　本条例依据陕甘宁边区第三届第二次政府委员会议之决议，在未经土地改革区域，发行土地公债，征购地主超过应留数量之土地，分配给无地或地少之农民，以达到耕者有其田之目的而制定的。

第二章　征购范围

第二条　凡地主之土地超过下列应留数量者，其超过部分，均得征购之。

一、一般地主留给其家中每人平均地数，应多于当地中农每人平均地数之 50％（假如中农每人 6 亩，地主每人应是 9 亩）。

二、在抗日战争及自卫战争中，著有功绩之地主家中每人平均地数，应多于当地中农每人平均地数之留给其家一倍（假如中农每人 6 亩，地主每人应是 12 亩）。

第三条　地主家在边区外者，应按第二条规定留给土地。其留给部分，在地主未回边区居住之前，由当地政府代为经营；地主回来后即交还其自行经营。

第四条　地主如经营献地后，所留土地超过第二条规定应留地数者，其超过部分仍应征购之；不足应留地数者，由县政府呈请边区政府酌予补发部分公债。

第五条　富农土地不得征购。

一切非地主成份（分）因无劳动力而出租之土地，亦不得征购。

第三章　地价之评定

第六条　地价由当地乡政府协同乡农会及地主具体评定之。其评定标准，应按各地地价与土地质量之不同，但最高不得超过该地平年两年收获量之总和，最低不得低于该地平年一年收获量。

地广人稀之区域或新开荒地之地价评定标准不受前项规定之限制。

第七条　地价以细粮与公斗计算。

第八条　被征购土地之地价，采用超额递减办法。地主每人平均所得地价在 5 石以下者给全价，超过 5 石以上至 10 石者，将超过 5 石之数目减给 80%；超过 10 石以上至 15 石者，将超过 10 石以上之数目减给 60%；超过 15 石以上至 20 石者，将其超过 15 石之数目减给 40%；超过 20 石以上至 25 石者，将超过 20 石以上之数目减给 20%[①]；超过 25 石以上至 30 石者，将超过 25 石以上之数目，减给 10%；超过 30 石以上者，其超过部分不再给价。

（说明）按以上规定，例如：甲地主每人平均所得地价为 5 石 5 斗，按本条规定之递减办法，应是：5 石以下的不减，超过 5 石之 5 斗应给 80%为 4 斗，其实得地价为 5 石 4 斗。乙地主每人平均所得地价为 24 石，其递减计算办法是：5 石（开始 5 石给全价）加 4 石（因 5 石以上至 10 石应给 80%，所得是 4 石）再加 3 石（因 10 石以上至 15 石应给 60%，所得是 3 石）再加 2 石（因 15 石以上至 20 石应给 40%，所得是 2 石）再加 8 斗（此 20 以上至 25 石应给 20%，所得是 8 斗），以上共计其实得地价为 14 石 8 斗。

第九条　各户地主土地之数量，应从其在地区境内所有之土地总合计算。

第四章　土地之承购

第十条　政府征购之土地，按征购原则之半数分配给无地或地少的农民承购。地价分为 10 年付清。家境贫苦无力缴付者，经县政府呈请边区政府批准后，可予免付。

第十一条　征购土地之分配，应按人口分配给无地及少地之贫苦人民，使每人所有之土地数量与质量，达到大体的平均。

第十二条　下列人员有承购土地之优先权：

一、原耕地之贫苦佃农或雇农。

二、家境贫苦之革命死难者之遗族，现役军人之直系家属及复员退伍军人。

以上人员每口承购之土地数，不得超过当地中农每人平均地数。

第十三条　移难民和当地居民有同等承购土地之权利。

---

① “三秦财经史版”此处漏掉“20%”（误排到下两行）。

工人、小手工业者、小商人等，须按当地情形和家庭生活需要，由乡政府和农会斟酌规定其承购土地之数量。

二流子承购土地后，须由当地政府管教其劳动生产，不得任其荒芜。

第十四条　土地之承购，以乡为单位。但在可能与必要时，县政府可在邻近乡调剂之。

第五章　土地公债之清偿

第十五条　边区政府委托边区银行为土地公债清偿之经理机关。

第十六条　土地公债基金为边区农业税及承购者之缴价。

第十七条　土地公债之票面以细粮计算。

第十八条　土地公债分 10 年还清，年息 5/1 000，清偿期为每年秋末。

第十九条　每年到期之土地公债本息，可以抵交农业税，但只限于本县范围。

土地公债可以转让抵押，但不得在市面流通。

第二十条　关于土地公债之章程另定之。

第六章　其　他

第二十一条　地主典给农民之土地，应在征购之列。其原典价超出于征购地价者，地主不退出多收之典价；其原佃价低于征购地价者，应将不足之部分补给公债。

第二十二条　地主居住本院以外多余之房屋窑洞（包括碾磨在内）及地基崖势，皆得以土地公债征购之。并按征购原价之半数，分配给无住处或少住处之人民承购，征购价值不得超过当地现价 2/3。

佃户居住地主之房屋窑洞，如系佃户亲自建筑者，即归佃户所有，不再给价。

第二十三条　宗教团体及庙院所占有之土地，以当地人民公意决定征购或不征购。族田（或称社地、祠堂地、坟会地）由乡政府与农会商同族人公意决定征购或不征购。

第二十四条　地主荒山或“拉荒地”如其地权无确实凭据者，除给地主留足够耕种之土地外，其余收归公有；如有确实凭据者，除按第二条规定留给地主土地外，每人平均土地在百亩以内者，应根据土地质量及地主实际生活需要，由县政府酌发公债征购之。超过百亩以外之部分，无代价收归公有。

第二十五条　土地上之树木及果园，属于佃户栽种者归佃户，属于地主栽种者归地主。其他自生之森林随地处理。①

第七章　附　则

第二十六条　地主对土地隐瞒不报或实行假典假卖等舞弊行为，应没收其隐瞒与舞弊部分。

第二十七条　本条例自公布之日施行。

第二十八条　本条例解释之权，属于边区政府。

选自《解放战争时期陕甘宁边区财政经济史资料选编》上册，陕甘宁边区财政经济史编写组、陕西省财政厅财政科学研究所、陕西省档案馆合编，三秦出版社 1989 年版，第 81～85 页。简称“三秦财经史版”。全文 27 条。

互校版本：《陕甘宁边区法律法规汇编》，三秦出版社 2010 年版，第 299～302 页。全文 28

---

① “三秦财经史版”漏掉第二十五条。

条。在第28条之后附有“地价递减对数表”和“地价递减的简便算法”及多项说明，皆省略。

14. 陕甘宁边区政府命令
（严禁破坏土地改革不法行为）①

1947年11月18日

各专员、县（市）长：

依照中国土地法大纲的方针，今冬边区将进一步发动群众彻底完成土地改革。但据查近来各地一部分顽固的地主富农和不明大义的自私自利分子，企图逃避土地改革，发生种种不法行为，为了保障革命社会秩序和保护翻身农民的正当利益，兹特通令：

（一）严禁一切土地房屋等不动产的买卖、抵押、典当和转让。

（二）严禁任何人为逃避土地改革任意宰杀和偷卖牲畜，砍伐树木，破坏农具、农作物及其他物品。同时严禁私下赠送、埋藏、变卖这些物品的不法行为。

（三）严禁一切对于群众斗争果实的贪污、浪费、破坏和营私舞弊行为，凡过去土改中尚未分配的斗争果实，一齐暂行保管，留待此次土改中成立的合法执行机关（即乡村农民大会及其选出的委员会，贫农团大会及其选出的委员会）统一分配。

（四）严禁地主本人携带财物或勾引他人帮同携带财物任意迁移外地，逃避土改。

各级政府对于以上各项，务须通告各界人民，并发动贫苦群众严格督促实行为要。

此令！

主席　林伯渠

副主席　李鼎铭　刘景范②

选自《解放战争时期陕甘宁边区财政经济史资料选编》上册，陕甘宁边区财政经济史编写组、陕西省财政厅财政科学研究所、陕西省档案馆合编，三秦出版社1989年版，第117～118页。简称“三秦财经史料版”。

互校版本：

《陕甘宁边区政府文件选编》第十一辑，档案出版社1991年版，第229页。简称“档案文件版”。

15. 陕甘宁边区颁发土地房窑证办法

1948年2月③

第一条　为确定土地改革后，各阶层人民之土地、房窑所有权，保障其不受侵犯，以

① 副标题系按“档案文件版”所加。

② “财经史料版”漏“刘景范”3字。

③ “社科法制版”“甘肃史料版”皆标为“1948年2月”，“三秦法律法规汇编版”标作“1949年2月16日”。

促进与发展生产，特制定本办法。

第二条　凡土地问题已解决的地区，不论原有或分得的土地、房窑均应依照本办法进行登记，发给土地、房窑证。

说明：

一、按照中共中央关于一九四八年土改与整党工作指示的规定，“凡属封建制度已经根本消灭，贫雇农已经得到大体上相当于平均数的土地，他们与中农所有土地虽有差别（这种差别是允许的），但是相差不多者，即应认为土地问题已经解决，不要再提土地改革问题”。

二、边区经过减租征购与土地改革（土改过程中曾经发生尚未纠正的偏向，必须认真地、适当地加以纠正）之老区、半老区，其封建性、半封建性剥削的土地制度已经消灭，并已实行合理分配者，应进行登记土地、房窑，颁发土地、房窑证。

三、边区经过土地革命之老区，如系地广人稀，有大量移难民的地区，经过合理调剂土地后，应进行登记土地，颁发土地证。地狭人稠地区，亦应重新登记土地，同时进行必要的个别调剂，并颁发土地证。

第三条　若干特殊土地、房窑之处理：

一、凡未分配及各机关、学校、部队、团体耕种之公地及公营企业使用之公共房窑，均由各县（市）政府登记管理。

二、大森林、大水利工程、大矿厂、大荒地、大牧场等，均归县级以上政府登记管理。

三、土改中分给二流子的土地、房窑，如一时难望改好者，其土地、房窑证可由乡政府或乡农会代替保存，待其转入劳动后，再行发给。

四、业主因特殊原因，一时外走（逃荒或逃亡），亦须填发土地、房窑证，由乡政府或乡农会代为保管，待其返回后，交给本人。

第四条　各县（市）进行登记土地时，应以乡为单位，由乡政府指派代表二人，乡农会选派代表三人，及乡政府与乡农会商聘当地公正群众二人，经区政府审查批准后，组织土地登记委员会，在乡政府指导之下，进行登记土地、房窑工作。土地登记委员会之职责如下：

一、接受本乡人民土地、房窑登记之申报，并主持进行土地数量、产量及房窑等级之审查评议登记事项；

二、负责向人民公布，向上级政府呈报登记土地、房窑情形，接受人民意见或上级政府指示，复查或复议土地数量与产量等事项；

三、承上级政府之委托，颁发本乡人民之土地、房窑证，代收领证手续费等事项；

四、调解本乡登记土地、房窑中所发生的纠纷事件。

第五条　土地登记一律以亩计算。并按下列规定缴纳领取土地证手续费：

一、耕地一律按评定之常年产量每斗（细粮）缴纳二合（细粮）；

二、可耕荒地每亩缴纳细粮三勺；

三、荒地及牧地免费登记。

以上手续费一般应按当地粮价折成农币缴纳，确实无法缴纳农币者，得缴纳细粮。

第六条　房窑之登记，应按户以其院落，房窑之多寡好坏评定等级，各级房窑划分及手续费规定如下：

一、每口人平均有窑一孔，或房子二间以上，且其质量较好者为一级，每户应缴纳领取房窑证手续费一万五千元；

二、每两口人平均有质量较好之窑一孔或房子两间以上者为二级，每户应缴纳领取房窑证手续费一万元；

三、每两口人平均不足普通窑一孔或房子两间以下，或虽有窑一孔房子两间，但质量不好者，为三级，每户应缴纳领取房窑证手续费五千元。

说明：房窑指可以居住的。

第七条　城市房窑及地基之登记办法另订之。

第八条　贫苦之军、工、烈属、鳏、寡、孤、独确实无力缴纳者，经县政府审查批准后，可酌情减缴土地、房窑领证手续费。

第九条　各乡进行土地登记时，应尽可能与整党、建政工作相结合，充分发扬民主。首先发动群众按实自报土地、房窑数量及土地常年产量，经登记委员会审查，提出初审意见公布，由各村民会进行讨论。再由登记委员会根据群众意见，进行调查研究，提出复审意见，二次公布，交由群众大会讨论。最后登记委员会集中群众意见，整理材料，呈报上级政府批准，三榜公布，方为定案，按户颁发土地、房窑证。

第十条　人民申请登记土地、房窑时，须呈验其土地、房窑原有之凭证及约据，如无证据时，须经乡农会或乡政府之证明，方准进行登记。应申请登记事项见土地及房窑证。

第十一条　土地及房窑证，由边区政府统一制印，交由各县（市）政府填发，或由县（市）政府委托之区、乡政府及土地登记委员会填发。存根由县（市）政府保存。

第十二条　土地、房窑登记证发后，如遇有转移、买卖、变迁、分家、嫁娶等情形时，准予向当地县（市）政府申请分领或换取土地、房窑证。

土地、房窑证如有遗失、差误时，应随时呈明理由，经四邻及乡农会或乡政府证明，申请县（市）政府核准后补发。

第十三条　各户领到新发之土地、房窑证后，原有之约据证件，一律交出，当众焚毁。

第十四条　土地、房窑领证手续费，一律由发证机关收交县政府转解边区政府财政厅。

第十五条　本办法自公布之日起施行之，其解释之权属于边区政府。本办法颁布后民国三十二年九月公布之《陕甘宁边区土地登记试行办法》应即作废。

陕甘宁边区常驻议员、陕甘宁边区政府委员会暨晋绥代表联席会关于本办法之决议：本办法基本原则通过，关于手续费数额，交由财政厅根据各地不同情况提交财经会议研究后确定修正公布之。

选自《陕甘宁革命根据地史料选辑》第三辑，甘肃人民出版社 1983 年版，第 261～265 页。简称“甘肃史料版”。

互校版本：

1.《中国新民主主义革命时期根据地法制文献选编》第四卷，中国社会科学出版社 1984 年版，第 436～440 页，原注：“选自《陕甘宁边区重要政策法令汇编》一九四九年版”。简称“社科法制版”。

2.《陕甘宁边区法律法规汇编》，三秦出版社2010年版，第303～304页。简称“三秦法律法规汇编版”。

16. 陕甘宁边区政府关于调剂土地确定地权的布告

1948年9月

边区军民经过一年半的英勇艰苦奋斗，已把解放战争推向国民党统治区，边区人民获得了相对安定的环境，除新区及接敌区应集中力量加强对敌斗争外，基本区最中心的工作任务，就是努力生产，提高生产，恢复与发展边区经济。以资改善人民的生活，加强人民间的团结，更长期地有力地支援前线，取得革命战争的胜利。为保证顺利完成上述任务，特就有关农业生产的几项重要政策和工作宣告如下：

（一）边区的基本区，经过土地革命的地区，封建早经消灭，经过减租、征购，去春及今春土地改革的地区，封建也基本上消灭了。因此，在基本区已不是再提平分土地问题，而是普遍发土地证，确定地权，并保障其不受侵犯，使人人安心生产，发家致富。

（二）基本区确定地权工作务须依据不同情况采取不同步骤进行之：

甲、在经过减租的老区中，有大部分地区经过减租，及历次土改，土地问题已彻底解决，但今春工作中错误处理的问题，尚未全部改正的，必须认真地适当地加以改正后，再发土地证，确定地权；一小部分地区，未经过今春的调剂土地，应先根据情况需要，进行抽补调剂工作，然后再发土地证，确定地权。抽补土地的来源主要是：（一）抽取地主、旧富农多于全人口平均数以上的土地，（二）纠正去春分配不公现象，（三）公地及绝门产遗弃地等。将土地全部抽好后，合理的分配给地少、地坏、地远的农民。

乙、经过土地革命的老区，有一部分地狭人稠地区，过去土地分的较彻底，现在无地户也很少，应在重新发土地证，确定地权过程中，将现有的少量公地，查出的黑地遗弃地及纠正个别旧地主富农非法夺占的土地，进行个别调剂，尽先使当地贫苦务正的农民及久居的移难民获得适量土地，过去分地后又把土地卖了的二流子及不打算久居的移难民，可少补或不补；一部分地广人稀地区，公地荒地很多，移难民也很多，应先调剂土地，使移难民及无地少地户得到足够的土地，然后发土地证，确定地权。

（三）在基本地区宣布：

甲、允许特定条件下继续存在租佃关系，即因孤寡废疾，因参加革命军队及其他脱离生产的革命工作，因进入工厂作（做）工及改营工商业等，致缺乏劳动力或劳动力不足，不能或部分不能耕种本身土地者，均得出租其土地，租额暂由主佃双方自行约定。

乙、允许继续存在雇长工、揽短工、包月工、安庄稼、调份子等雇佣关系，提倡缺乏劳动力或劳动力不足者雇工种地，以免荒芜土地。雇佣条件由主雇双方，根据双方互惠原则自由约定。

丙、保护在废止高利贷以后的私人借贷，提倡农民间在生产中的互助借贷，利息由债主和债户自由议定。

（四）各县、各乡、各村，应在现有的基础上，具体的研究提高农业生产技术，订立计划，增加产量。在自愿结合、平等互惠、等价交换的原则下，提倡组织合作互助变工，鼓励妇女参加农业生产，帮助旧地主旧富农转向劳动，从事生产，教导监督二流子学习劳动，转向生产。市镇及地狭人稠地区，应即注意恢复建立集市，扶助恢复与发展工商业，尤须加强对广大手工业者及农村与城市的家庭副业生产之具体帮助指导和组织。掀起全边区普遍深入的生产热潮，积极准备为展开明年的大生产运动而努力。

此布。

选自《陕甘宁革命根据地史料选辑》第三辑，甘肃人民出版社 1983 年版，第 297～299 页。

互校版本：

1.《陕甘宁边区政府文件选编》第十二辑，档案出版社 1991 年版，第 208～210 页。原标题为："关于发展农业的几项重要政策和工作的布告"。原注："选自《陕甘宁革命根据地史料选辑》第三辑，甘肃人民出版社"。

2.《中国新民主主义革命时期根据地法制文献选编》第四卷，中国社会科学出版社 1984 年版，第 440～412 页。原注："选自《陕甘宁边区重要政策法令汇编》一九四九年版"。

17. 陕甘宁边区处理债权债务纠纷办法

1949 年 7 月 27 日

西北解放区辖地辽阔，交通及工商业亦不甚发展，而在政治方面，则有的地区经过土地革命及土改运动，如陕北晋南各县阶级根本起了变化，封建剥削基本上被打垮。有的地区解放还不久如大荔、三原、渭南等分区及西安市，压榨剥削经济萎缩等不安定现象依然存在，亟待逐步消除与改变，很快走向生产发展社会繁荣之坦途。因之在老区（陕北）债权债务关系很简单，所发生的纠纷不外因物价波动货币折合，给付不能或迟延责任，请求损害赔偿，合伙关系等一般的封建剥削不存在了。在新解放区农村中则地富仍有相当势力，城市工商业亦较发达，就我们接管伪陕西高等法院民庭三百五十五件未结案中，债务案件即占百分之四十二，大多属于积年典当旧债及因敌币贬值，物价猛涨，负债人无力偿还，高利贷者借机盘剥，承揽运送损害赔偿，雇佣工资，违约行为，还有城市房赁纠纷亦属相当普遍的问题。

根据这些情形特提出以下处理意见，以供全国立法时之参考。

一、老解放区的债权债务处理原则

（一）凡经过土地革命及土地改革地区曾宣布废除的地富旧债，一律不准追索，居住于其他地区的债权人亦不得向上述地区的债务人索取已经宣布废除的旧债。但工农贫民存放地主富农家中之金钱物品未被分配者，得由原主取回。

（二）工农贫民互相间所有土改以前之旧债，得根据借贷双方具体情况协商处理。

（三）关于工商业货账来往不作一般债务论，必须一律归还，如系积年陈欠利息者，其清债办法可酌情减免之。

（四）今后私人间互相借贷不论城市、乡村或阶级成分，凡经双方自愿以金钱或实物发生借贷关系，订有书面或口头契约者，在不违反政府法令政策条件下概受法律保障，并依双方约定得规定一定数额之利息，但超过当地一般借贷利息之高利贷剥削，应绝对禁止。

（五）农村中换工搭具及借粮借草等项，得按私人借贷关系处理，依双方约定办法如期折价偿还。

（六）探买青苗系一种投机高利贷剥削行为，应予禁止。

二、新解放区及城市债权债务关系处理原则

（一）凡非投机压榨高利剥削而有助于发展生产繁荣社会经济的一切债权债务关系，法律均予以保障。其有因天灾人祸，或负债人确实因贫困无力偿还者得根据具体情形酌予减免或分期偿还之。

（二）凡在解放前三年以银元敌币及各种实物所成立之正当债权债务关系或内因敌币贬值物价波动，辗转折合致负债人的债务加重得根据双方具体经济情况以原日实物标准或依当地银行牌价，折以人民币偿还之。

（三）多年旧债偿还办法：

1. 民国二十六年七月（抗日战争）以前地富及一般工商业资本家贷出的债款应分别性质及负债人现在经济状况停利还本或全部减免。

2. 民国二十六年七月（抗日战争以后）起至三十四年[①]八月，日本投降以前的地富及一般工商资本家贷出的债款，计息标准不得超过月息百分之三或百分之五，付息已经超过原本一倍者，停利还本，付息已超过原本二倍者，本利一概免付。

3. 工农劳动人民互相间的借贷关系及工商业来往的账款，得依双方具体情况协商解决之。

（四）几种特殊债权债务处理办法：

1. 乘人急迫指押动产或不动产以高利驴打滚探买等方式所立的债权债务关系，应视立约双方之成分及目前经济状况酌予减免本息及给付物或分期清偿之。

2. 与四大家族官僚资本有关之机关、合作社，以及乡村地富分子利用特权非法成立之债权债务关系，应分别对象确定偿还责任，如确属贫困无力偿付者得废除之。

3. 对请求破产的工商业，应尽量设法使其继续生产与营业，如必须破产拍卖财产偿还其多数债权人的债务时首先应照顾雇佣人之工资，其次以债务契约订立之先后及债权人经济状况依次比例清偿之。

4. 违法债务，如贩卖烟毒，赌博，出卖寡妇及女子的婚礼，包揽壮丁费，及本年六月七日后所发生的银元铜元借款等，法律不予保障。

5. 今后新订立之债权债务契约，必须用人民币或实物计算，计息年利不得超过百分之三十。如使用黄金银圆铜圆等所订立的契约关系，均属违法。

三、城市中的租赁关系处理原则

（一）去逸节礼或欺压房客等一切不合理的赁规和坏现象。

---

① “陕西法律法规版”误作“三十五年”。

（二）房东出赁房屋时，应与房客依不同等的房屋订立公平合理的租金契约，契约成立后，不得任意增加租金而房客应保证按期交付租金。

（三）过去欠租或现房租过高者，得依照双方具体经济状况协议减少或分期偿还。

（四）房东为收回自己营业或为同一经济生活之亲属居住，或房客无故拖欠房租在连续三期以上者，得请求房客迁让，但须有三个月的准备期间。

（五）房客对房屋不用时，除另有约定外，应恢复原状交还房东，不得未经房东同意径行转兑转租转借，如有此类行为，出兑出租出借与承兑承租承借双方均属违法，在法律上一律无效。

（六）双方协议成立之契约，任何一方不得单独变更或解除之，契约期满后，一方对契约不愿继续时，一般居住房客应于期满前六个月，工商业房客应于期满前一年向对方通知，如在规定期间未先行通知者，则按原租期延长之。

（七）房东出卖出典房屋时，房客有以同一价格承受之优先权，房屋转让后，新房东如无正当理由，不得撵房客，房客得与新房东另订新约。

（八）房屋修理（指外部修理）除另有约定外，概由房主负责，如有需修理而房东不为或怠于修理时，房客得自行修理，所费得请房东偿还或由应付房租内扣除之。

选自《陕甘宁边区法律法规汇编》，陕西人民出版社 2006 年版，第 214～216 页。简称“陕西法律法规版”。

十一、劳动法规

1. 西北公营工厂工资制度提纲（草案）

1948年11月7日陕甘宁边区制定

一、总 则

（一）目前情况下工资待遇，应服从发展生产、繁荣经济、节衣缩食、支援战争的需要，并在照顾职工持续劳动、生产安定、适应西北战时国民生活水平及生产力的原则下，确定其工资待遇。

（二）为了提高技术，鼓励生产热忱，达到成本低、质量高、产量多、销路广的目的，职工待遇应实行按劳计价、同劳同酬、多劳多得、合理待遇的原则，为此，军工、重工与轻工之间，熟练与非熟练之间，复杂与简单之间，责任轻与重之间，效果大与小之间，应有区别，对于目前各厂所实行平均主义的供给制度，应有所彻底的改革。

（三）公营工厂应根据需要与可能，尽力兴办一定的职工福利事业，使职工有文化教育及劳动保险之待遇。

（四）公营作坊性的手工业，其工资不适用本草案。

二、工资制度

（一）供给制度混同了劳动性质的差别，难以刺激职工生产情绪和改进技术的兴趣，同时此制度不适合日益扩大中的新区情况，难以解决职工生活中的实际问题，因此各厂应实行全面的工资制的原则。为了照顾目前所处的农村环境及财政困难，也可以实行过渡性质的半工资制，但此过渡制度，应设法使之尽可能地缩短，争取早日实现全面工资制。

（二）工资的支付形式，在目前各行各业生产力极不平衡的情况下，可不勉强求其统一，各厂可根据自己厂内的情况，采行计件制、计时制、包干制等，但应尽可能地并有计划地向交叉累进制方向努力，因为交叉累进制是目前公私两利的最进步的工资支付制度。

（三）虽然工资支付制度目前暂不能作（做）到完全统一，但其工资标准则应求其统一。这些标准的确定，原则上重工、军工应稍高于轻工，工人与战士大致相同，新解放城市可照原来新工资标准，不提增资口号。

（四）军工、重工包括：弹药制造、冶金、采矿、炼钢、发电、石油、水泥制造、铁路以及轻工的修配、机电等均属之。轻工包括：肥皂、皮革、火柴、纸张、玻璃、农具、面粉、自来水、纺织、毛织、丝织、印刷、制药、被服、制鞋、卷烟、造酒、甘油、榨油、陶瓷等物制作均属。

杂役短工，不论军工与轻工，悉依社会习惯商议工资。

交通工人、汽车司机、邮工、水手、驮脚等工资办法另订。

三、工资支付与计算

（一）为安定职工生活，保持一定生活水平不受战时物价上涨及不同地区物价差额影响，工资的计算与支付一律改为下列六项实物单饻①，并折成货币发给：

一个饻包括：

土布 7.7 寸，小米 1.8 斤，麦子 0.8 斤。

青油 5 钱，盐 5 钱，煤炭 1.8 斤。

（二）支付工资时间，实行半工作制者，每月支付一次；实行全面工资制者，可以半月或 10 天支付一次。

（三）支付时以货币发给，照工厂附近市场中等价格计算。此价格应由各厂主管机关审核，或通知厂方，支付时尽可能缩短核算时间，使职工能够在当时买到每一个饻的实物。

（四）实行半工资者，伙食部分由厂方负责，根据工人最低生活水平，酌给工资，但不得超过本办法所规定的工资标准。

四、等级评议

（一）工人与技术人员等级评议，应根据技术与效能为标准，而不是根据工龄、养活人口等为标准。

（二）职员等级评议，应根据管理生产，组织生产，团结与教育工人及其所得之效果为主要标准，厂长及政治工作人员技术水平应该是次要的，目前规定厂长、科长不超过工人最高工资的 60%至 80%。

（三）工人被提拔为职员、干部，其原薪高于新职时，可按原薪发给。

（四）各行业间可统一规定标准如下：

甲、工匠待遇，军工、重工及轻工的机电修理等最低 40 个饻，最高 100 个饻，轻工

① 原注：饻（xī）：老解放区曾用过的一种计算货币的单位，一饻等于若干种实物价格的总和。

最低 35 个饻，最高 84 个饻。

乙、高级技术人员或外来高级技术人员，其对工厂贡献极大者，可给以 110 至 120 个饻的特等待遇，其具有高等技术的工程师、技师，对生产建设贡献极大者，无最高工资的限制。兹将轻重工等级排列如下：

军工、重工及轻工的机电修理工人，共分三等九级，各个饻如下：

	一级	二级	三级
一等	100	90	80
二等	70	65	60
三等	50	45	40

轻工共分三等九级，各个饻如下：

	一级	二级	三级
一等	80～78	75～73	70～67
二等	63～61	58～56	54～51
三等	48～46	44～42	40～35

丙、学徒及见习待遇不分轻工与重工，学徒最低工资为 25 个饻，最高为 30 个饻，见习的为 32～36 个饻。

（五）实行计件工资或交叉累进工资的工厂，一定有严格的检验制和考勤制，凡不及所定的标准的产品，应退货或扣工资。若因技术工具改进而产量质量提高时，除奖励其创造发明的一方面外，另一方面即适当提高原先质量产量的标准。

（六）等级评议：学徒半年评议一次，工人可一年评议一次，这种评议是民主的，同时是有领导的，评议结果可升可降，反对只升不降现象。

（七）学徒学习时间，以 1 至 2 年为限，见习以半年至 1 年为限，其有限者，进步者，可酌情缩短。

（八）从事简单体力劳动的杂役、看厂、包装短工等，各厂可依自己现有情况，在上述工资评定原则下，视其技术熟练、劳动强弱、事多繁简、责任轻重等程度，加以合理调整，其工资不应受上述等级待遇的限制。

五、工作日

（一）工作时间以实行 10 小时制为原则，凡超过或不足者，应予调整。实行三班制者，采用 8 小时工作制，军工的气体、化学工人依工作性质最多工作 8 小时，最少 6 小时，由工厂自行规定。

（二）因工作需要而加工者，夜班以 6 小时为一天，日班以 8 大时为一工，但此 6 小时或 8 小时，不得解释为持续工作。军工中的气体、化学工人，如无特殊紧急任务，不再加工。

（三）女工在怀孕期间，禁止加工。哺乳期间每日给 4 次哺乳时间，每次以 1 小时为限。生产期休假 6 周，月经期 1 天，以上均照发工资。

（四）休假日：西北目前情况下，除军工实行小礼拜制，即每周休息 1 日外，其他轻工应一律改行大礼拜制，即两周休息1日，或10日休息1日，或每周休息半日制。

实行8小时工作制者，无礼拜制度，每年例假规定为旧历年5天，二七、五一、七一、十月革命节各1天，共9天。端阳、中秋放假者，应扣除。全年工作日重工应保证不得少于303天，轻工不得少于319天或331天。

所有假日，工资照发，但遇上星期日不另补假、补工资。

（五）职工无重要事故，不得请假离厂，遇有事假，不发工资，旷工亦不发工资。

六、劳动保护

（一）工厂按固定工资总数，每月另出百分之三十作为全体职工文教费用及国家保险金，此百分之三十的数，文教保险各分配包干，由各厂自行规定，原则上，保险金比例应多于文教比例。

（二）因公伤亡，公家应从保险金内提取抚恤费，军工各厂应改善其设备，并教育工人，减少无谓伤亡。

（三）工厂应根据可能与需要设置医生，工人患病，厂方应酌情予以治疗；病假在5天或7天以内不发工资，5天至7天以上两个月以内工资照发，两个月以上者，留职停薪，由劳动保险金内抚恤救济。

（四）气体、化学工人，根据其工作性质，给予不同的保健待遇。这些保健费应由主管机关领导批准，以便步调办法统一。

（五）各厂可根据具体情况实行日奖制，凡工徒在本月内没有请假，又不犯劳动纪律者，应以本月平均工资多拿1天作为奖金，以此减少工人的请假及流动性。

（六）职工在技术、工具、效率等上，能超额完成任务，克服困难解决自制原料，以及能使生产量高，质量好，成本低者，经过民主评议，可予以物质的或精神的奖励。但奖励必须慎重，不应无目的地乱奖，同时，奖与罚必须严明。

（七）由于不同工作关系，工厂应按工作需要及经济条件，分别设置便于工作的工衣、围裙、雨衣等，但这些设置只限工作时间内使用。

（八）凡自己没有开办学校的工厂，职工子弟入学办法由主管机关呈请政府批准免费入学。

（九）工厂提供宿舍、厨具、灯、炕席等生活必需品，其余概由职工自备。

（十）各厂必须尽一切可能在工厂自办原则下，发动职工组织自己的合作社，开展消费供应、伙食管理、家属生产、储蓄、节约、互助贷借等业务，值此，一方面可减少厂方总务管理人员，减少成本；一方面又可解决职工实际困难，帮助职工建立家务。这些合作社在开始时期，尤应得到厂方人士、物力上的帮助。

七、附　则

（一）各厂根据具体情况订定实施本提纲的具体步骤与办法，但对本提纲所订标准，不得任意修改。

（二）各厂竞赛中的各种奖金的规定，必须经上级领导机关批准。

（三）各工厂在执行本提纲时，应将各厂执行经过详细呈报，而主管领导机关，须组织强有力的检查组，下去切实检查，对于可能发生的阳奉阴违，如采取变相增加工资的办法以笼络工人、不严格等级标准和制定工时请假制度等现象，应坚决予以纠正。

（四）本办法由边区政府批准后，颁布实行。

选自《解放战争时期陕甘宁边区财政经济史资料选编》上册，陕甘宁边区财政经济史编写组、陕西省财政厅财政科学研究所、陕西省档案馆合编，三秦出版社 1989 年版，第 528～534 页。

2. 陕甘宁边区政府命令
——规定废除煤矿生产大班制办法

1949 年 10 月 26 日

事由：规定废除煤矿生产大班制办法，仰转令遵办由。

各行署主任、各专员：

查各地煤矿，过去在国民党统治时期，由于无计划的开采，并漠视矿工健康，曾长期实行煤矿生产大班制，摧残工人身体，妨碍煤产发展，极不合理，亟应将此种大班制的生产办法，彻底予以废除，其废除具体办法，规定如下：

一、各公私煤矿区，一律废除二十四小时以上的大班制。

二、为防止影响煤产产量，各煤矿区于废除大班制时，应采取下列步骤。

甲、有高车设备的煤矿，立即废除大班制，实行十小时至十二小时的工作制。

乙、有畜力及人力升降的煤矿，其井下工作工人，暂准采用二十四小时工作制，并应尽先逐步做好废除大班制的准备工作，如改善提煤设备，增置工具，建修房屋浴室等，至迟明年一月一日起，必须一律废除大班制，实行二十四小时工作制，一俟该矿设备条件改善成熟时，立即实行十小时至十一二小时的工作制。

三、煤矿所在地政府的主管机关，应督导各煤矿及时完成上列规定，并经常执行检查，如发现不依限令废除大班制者，其系私营煤矿，得按情节轻重，分别予以劝告、警告、罚金、停止开采等处分；罚金、停止开采处分的执行，须报经上级机关核准。如系公营煤矿，报请其公营煤矿的主管机关酌情处分。

四、矿区内私设的大烟馆、赌博场、妓院等，由当地政府严行取缔，并指导矿区筹设正当娱乐场所，以备工人工余活动。

五、为杜绝各矿互相争取工人，妨害生产，工会与各矿区同业公会，应共同协议统一的或不大悬殊的工资标准，报经当地政府审核转呈行署或直属专署批准执行。

以上各项，除分行各行署、专署外，仰即转令辖区有关采煤矿的县份分别遵照，并督促切实办理。

此　令。

选自《陕甘宁革命根据地史料选辑》第三辑，甘肃人民出版社 1983 年版，第 489～490 页。

互校版本：《陕甘宁边区政府文件选编》第十四辑，档案出版社 1991 年版，第 200～201 页。

3. 陕甘宁边区私营企业劳资争议调处暂行办法

1949年11月3日

第一条　为合理调处劳资争议，本发展生产、劳资两利原则，特制定本办法。

第二条　劳资争议调处机关在市为劳动局，未设立劳动局之省府、行署、直辖专署或私营企业较发展之县为工商处（局）及县政府。

第三条　劳资争议调处机关，应设立劳资争议仲裁委员会，以调处机关所派之类代表为主席，并由调处机关聘请当地人民法院、公安机关、工商机关市（县）工会，及工商业者所组成合法团体之代表各一人组成之，其组织细则由调处机关另定之。

第四条　劳资争议调处程序如下：

一、各业各厂劳资双方如发生日常争议时，先由劳资双方直接协商，以求合理解决，其方法由工会代表其所属之工人及职员（以下简称职工）与资方或资方所组织之合法团体直接协商解决之。

二、如劳资双方直接协商无效时，双方或任何一方均得申请当地调处机关进行调解，如调解无效，得依法仲裁之。

三、如劳资双方或任何一方对于调处机关之仲裁仍有不服时，得按司法程序向当地人民法院起诉，由法院判决之。

第五条　各业、各厂职工所提出之要求须向资方交涉者，均应事先经由该业、该厂工会或全体职工之代表提交市（县）工会审查，必要时得由市（县）工会派员会同职工代表向资方或资方所组织之合法团体交涉，成立协议后，双方须共同遵守之。

第六条　关于劳资争议，直接协商之方法，应由劳资双方视争议之性质与范围，具体协商之。其争议属于一厂范围之日常纠纷，得以厂为单位，由劳资双方互派代表进行协商；其争议性质属于某一产业或行业范围者，应以产业或行业为单位由劳资双方所组织之合法团体分别召集会议，各推选代表三人至五人协商解决之。经劳资双方详细协商所达成之协议，应呈报调处机关备案，劳资双方之任何一方对于对方采取强迫手段所达成之协议均为无效。

第七条　劳资争议调处手续如下：

一、劳资双方申请调处争议时，应具备申请书，其中所载明业别、厂名、厂址、争议关系人数、争议要点、协商经过、代表姓名、通讯处等事项。调处机关于审查申请后，应即通知劳资双方推派代表于指定地点及日期进行调解。

二、调处机关于调解无效后，得依法仲裁之，仲裁决定，由仲裁委员会主席签署仲裁决定书，经劳动局局长（或工商处局科长、县长）批准后，通知双方执行；如双方之任何一方，对仲裁表示不服，须于接到仲裁决定书五日内通知调处机关，并呈法院处理，否则，仲裁决定具有法律效力。

第八条　凡经劳资双方直接协商达成之协议或经调处机关调解与仲裁成立之议案，均须注明有效期限。

第九条　劳资双方发生争议后，在协商调解仲裁未成立之前，双方均应维持生产原状，资方不得有停厂、停资、停伙及其他减低待遇之处置，劳方不得有怠工或其他妨碍生产及破坏劳动纪律之举动。其经仲裁决定后，即使有一方表示不服须提请法院处理，在法院未判决前双方仍应遵照仲裁决定办理。

第十条　本办法自公布之日起施行。

选自《陕甘宁边区法律法规汇编》，陕西人民出版社 2006 年版，第 299～300 页。

十二、婚姻继承

1. 陕甘宁边区婚姻条例

1946年4月23日第三届参议会第一次大会通过

第一条　男女婚姻以自愿为原则，实行一夫一妻制。

第二条　禁止强迫，包办及买卖婚姻。

第三条　少数民族婚姻，在不违反本条例之规定下，得尊重其习惯。

第四条　男女结婚，应向当地政府（乡、市）申请登记，领取结婚证。

第五条　结婚年龄须男至二十岁，女至十八岁。

第六条　有下列情形之一者禁止结婚：

（一）患花柳病及其他不治之恶疾者。

（二）以诈术或强暴使他方无意志之自由者。

（三）略[①]诱行为者。

（四）直系血亲，直系姻亲或八亲等内之旁系血亲或三亲等内之旁系姻亲。

第七条　男女预定婚约者，在未结婚前，如有一方要求解除婚约，得向政府提出解除之。

第八条　男女双方自愿离婚者，须向当地乡（市）政府领取离婚证。

① “甘肃史料版”“人大婚姻资料版”“西南函授版”将“略诱”误作“赂诱”，“三秦法律法规版”印作“掠诱”。

第九条　男女之一方因他方有下列情形之一者，得向县政府请求离婚：

（一）感情意志根本不合，无法继续同居者。

（二）重婚者。

（三）与他人通奸者。

（四）图谋陷害他方者。

（五）患不治之恶疾者。

（六）不能人道者。

（七）以恶意遗弃他方在继续状态中者。

（八）虐待他方者。

（九）男女之一方，不务正业，屡经劝改无效，影响他方生活者。

（十）生死不明已过三年者。

（十一）有其他重大事由者。

第十条　女方怀孕期间，男方不得提出离婚，具有离婚条件者，亦须于女方产后一年，始得提出，但经双方同意者，不在此限。

第十一条　男女离婚前所生之子女，哺乳期间，由女方抚养，哺乳期满，随父随母，从其约定，无约定者归男方抚养，子女仍得承认父母关系。

第十二条　男方提出离婚，而女方未再结婚前，确系无法维持生活者，由男方负担必需之生活费。

第十三条　非结婚所生之子女与结婚所生之子女，享受同等权利，不得歧视。

第十四条　离婚时，男女双方各自取回其所有之财产，但离婚前双方有共同经营所得之财产者，得依据情况处理之。

第十五条　凡结婚、离婚违反本条例者，得由当事人诉经当地司法机关依法处理，如涉及刑事范围者，应以刑事处理之。

第十六条　本条例由边区参议会通过，边区政府公布施行，其解释之权，属于边区政府。

选自《陕甘宁边区第三届参议会第一次大会汇刊》（1946年第三届参议会常驻会编印），第114～117页。

互校版本：

1.《陕甘宁革命根据地史料选辑》第三辑，甘肃人民出版社1983年版，第133～135页。简称“甘肃史料版。”

2.《中国新民主主义革命时期根据地法制文献选编》第四卷，中国社会科学出版社1984年版，第878～880页。原注：“选自《陕甘宁边区第三届参议会第一次大会汇刊》1946年版。”

3.《婚姻法学参考资料》，中国人民大学出版社1989年版，第30～32页，简称“人大婚姻资料版”。

4.《中国新民主主义革命时期法制建设资料选编》第三册，西南政法大学函授部1982年编印，第51～53页，简称“西南函授版”。原注：“选自《陕甘宁边区参议会文献汇辑》”。

5.《陕甘宁边区法律法规汇编》，三秦出版社2010年版，第539页。

2. 陕甘宁边区继承处理办法

年　月

第一条　陕甘宁边区所辖境内遗产继承适用本办法规定。

第二条　有遗产继承权者，除配偶相互间外，为下列直系亲属及旁系亲属：

一、直系亲属有继承权者为子、女、孙及父母祖父母。

二、旁系亲属有继承权者为胞兄弟姊妹及胞兄弟之子女。

第三条　养子女有继承权，其应继分与婚生子女同。

第四条　女子继承权，在女子自由意思表示下，得抛弃之。

第五条　已出嫁之女子，其生活穷苦而未继承遗产者，有回复继承请求权，但不得超过原继遗产之应继分。

原遗产之总额因耗费而致减少时，就现有财产之总额而定其应继分。

第六条　无以上第二条第三条所列举之继承人继承遗产时，其遗产归当地政府收管。

第七条　继承人以不正当之手段取得继承权者无效，其触犯刑法者，依刑法处断之。

第八条　继承权被侵害时，被害人或代理人得请求回复之。

第九条　回复继承请求权，自知悉被侵害时起，以一年为限，不知者以五年为限。

第十条　继承权在被继承人死亡时，或继承人实际上就得应给财产管理权与处分权时而开始。

第十一条　继承人继承被继承人之财产，包括权利义务在内，但专属于被继承人本身之权利义务者不在此限。

第十二条　继承人因继承财产负有偿还债务义务时，得以继承财产为限；但在继承开始后三个月内应造册具报主管司法机关。

第十三条　被继承人生前扶养之人，在继承人继承遗产开始后，有请求酌给遗产之权利，但以受扶养人无生活劳力者为限。

第十四条　在继承开始前，遗嘱上所定的继承人死亡或不愿继承者，遗嘱人得由第二条第三条合法继承人中选择继承人。

第十五条　继承人有数人时，对遗产全部为公同共有，得随时请求分割之。在未分割前，对被继承人之债务负连带责任。

第十六条　数继承人继承遗产，胎儿同为继承人时，分割遗产应保留其应继分。

第十七条　前遗嘱中所列各项，在后遗嘱中未规定者取消之，照后遗嘱执行。

第十八条　遗嘱执行人，在执行职务中，继承人不得处分遗产或妨碍执行人之职务。

第十九条　遗嘱应由遗嘱人签名，其不能签名者，由第三人代之。

第二十条　无行为能力人，不得为遗嘱。

第二十一条　不属于遗产之遗产赠财，除遗嘱另有意思表示外，其遗赠无效。

第二十二条　受遗赠人于遗嘱发生效力前死亡时，其遗赠无效。

第二十三条　本办法如有未尽事宜，得随时修改之。

选自《陕甘宁边区法律法规汇编》，陕西人民出版社2006年版，第305～306页。

3. 陕甘宁边区继承处理暂行办法

年　月[①]

第一条　陕甘宁边区所辖境内遗产继承适用本办法。

第二条　遗产除配偶互相继承外，其他继承人之继承顺序依下列规定：

一、直系血亲卑亲属（子女孙子女曾孙子女）。

二、父母。

三、亲兄弟姊妹。

四、亲兄弟之子女。

五、祖父母。

前项第一顺序，无子女者，孙子女为继承人，无孙子女者，曾孙子女为继承人，亲等相同，有数人时，共同继承之。

第三条　养子女之继承顺序及应继分与婚生子女同。

第四条　被继承人无亲生子女而有遗嘱处分其遗产，或指定亲兄弟子女一人或一人以上为继承人者，从其遗嘱。无遗嘱者由亲族会议照下列规定处理：

一、就被继承人亲兄弟生子较多之一房推定一人继承。

二、各房生子相等者，由较贫之一房推定一人继承。

三、贫富相等者，由年少之一房推定一人继承。

第五条　配偶与他继承人同时继承遗产时，其应继分与他继承人平均。

第六条　非经遗嘱而由亲族会议推定之继承人，其应继分为遗产三分之二，他房继承三分之一（有数房者，共同继承三分之一），他房不愿继承者，由推定之继承人继承其遗产之全部。

第七条　无亲兄弟姊妹或亲兄弟之子女为继承人者，由亲族会议就五亲等内按照第六条规定办法继承之。

五亲等内无继承人者，其遗产收归地方公有。

第八条　女子自愿抛弃其应继分者，从其自愿。

第九条　继承遗产，自被继承人死亡之日开始。

第十条　继承权被侵害时，被害人或其代理人，得请求复回之，其回复请求权之时效自知悉侵害时起为一年，不知者自被侵害时起为五年。

选自《陕甘宁边区法律法规汇编》，陕西人民出版社2006年版，第304～305页。

---

① 原件无制定年月。

十三、刑事法规

为巩固政权，镇压反革命 维护生产，提请增高刑期至二十年由[①]

1949 年 7 月 27 日

当阶级未消灭，封建残余仍存在，旧礼教未破除尽净之时，须（需）要与反革命势力，作长期斗争，制裁反革命分子之刑期，应有足够之伸缩性，以便保卫政权，顺利地发展生产，繁荣经济。因此，过去最高刑期十年，不易量刑科处，恰当平允。故提请增高刑期至二十年，其理由分述如下：

（一）量刑科处，不可悬殊过大：社会事态不一，犯罪类型很多，虽犯罪者之成分不同，恶性不同，危害程度不同，可以分别科处。然同案数犯，其罪情轻重，颇相近似者亦不少。边区最高刑期为十年，十年以上为死刑，其间距离很大。如有同一案件之数犯罪者，其罪情差别不大，只能稍有轻重之分，而不能距离很远。但首恶者处以死刑，其次要者，如处以死刑，则失之于重，如科以十年刑期，则失之于轻。两相比较，罪刑很易失平。故提请将最高刑期十年，增高至二十年，伸缩范围放大，以便长期教育改造。锻炼其劳动观点，养成劳动，增加劳力，以维护生产。同时，使各该犯罪者应受之刑，相差不大，罪刑适当。

（二）巩固政权，镇压反革命：在阶级未消灭时期，反革命势力，在各种不同情况环

① 原件未注明提请的机构，推断为陕甘宁边区高等法院向边区政府、参议会的呈请报告。

境中仍然存在。为了巩固政权，对反革命分子之措施，教育镇压，同等重要。过去处于农村环境，事简案少，十年最高刑期，虽有时科处失轻，尚可运用。今处于复杂的城市环境中，敌特分子，潜伏敌人，明暗破坏，危害民主政权。其首恶或罪情重大者，处死刑。其次者，不处以死刑，只给以强制教育，强制其劳动，改造转变其本质，则十年刑期，感觉不够。事实上制裁反革命分子，刑期加长，于革命有利，要彻底改造，须有足够改造之时间。故提请增高刑期至二十年。

（三）最高刑期十年，群众普遍认为低：刑期之高低及适当与否，在群众认识方面，最易以实际事例之比较，变为很有力很正确之反映。譬如同案抢劫杀人的数个犯罪者，其情节重大之首要罪犯，处以死刑，其次者科刑十年，再其次者科刑九年，更其次者八年或七年。就这一案言，轻重适当，科刑固有别矣。而试与伤害罪犯、盗窃罪犯，及其他罪犯之被判刑期比较，则被科七八年刑期之抢劫杀人犯，很显然地有些轻。因伤害罪盗窃罪等犯，其情节较重者，亦有科刑三年上下的，几等于上述七年刑期之半。这在群众认识、比较轻重之下，则普遍认为刑事政策过于宽大，杀人罪刑太轻，很易引起玩法犯法，水弱易溺之弊。故提请增高刑期至二十年。

选自《陕甘宁边区法律法规汇编》，陕西人民出版社2006年版，第134～135页。

十四、公安检察

1. 陕甘宁边区政府关于治安工作的指示信

1946 年 9 月 23 日

各专员、各县长：

国民党反动派在美帝国主义的援助下，发动全面内战，疯狂的进攻各个解放区，在这种情况下，边区周围的反动派又重新部署进攻边区，为了配合反动派的军事行动，国民党特务机关这一时期，曾积极地进行了破坏边区的阴谋活动。首先在边区内外大量散播谣言，煽惑民心。“国民党军队三个钟头就可打到延安”，“美国给蒋介石送了三颗原子弹，准备轰炸边区，一下子就把延安炸光”，“共产党将要离开边区，国民党快来接收了”等等。企图以此鼓励顽军士气，并动摇我方人民武装保卫边区的信念，特务机关接着便在边区周围收买流氓、惯匪、地痞、恶霸，胁迫少数无知份（分）子，组织各种特务武装，骚扰我边境，计宜川、洛川、中部、宜君、耀县、淳化、栒邑、合水、镇原、西峰、正宁、宁县、榆林、横山、石湾、威武、正川各地，皆已发现有所谓“游击队”“难民还乡队”“自卫光复队”“秘密行动队”“暗杀队”等等小股武装组织，劫掠我区居民，杀害我方人员，袭击我边境政府和部队。同时不断派遣干练特务及便衣侦探，化装商人、脚户潜入我内地，刺探军情，建立据点，图谋暴动，响应外部进攻。此类案件近来各个分区皆有破获。许多特务破坏的事实，说明国民党反动派军事进攻的前哨已在边区各地相继出现。反观我各级公务人员及各地群众中，仍然存在着相当浓厚的和平观念与麻木思想。某些地方对特务活动视同无睹，任其逍遥法外，自由来往。个别公营商店人员有对可疑份（分）子采取包庇态度，拒绝公安机关进行检查。一般市镇及农村群众中，吸烟、赌博及偷窃不断发生。这些违法行为不仅严重地影响了社会秩序，尤其便利了特务破坏份（分）子的隐蔽活动。因此，各级政府对此务须提起最大警惕，认真打破一切麻痹松懈情绪，动员全体人民积极配合保安机关及边防部队进行反特自卫。目前尤须注意下列紧要工作：

（一）在各级工作人员及广大群众中，进行思想教育与组织上的动员。指出陕甘宁边区正处在顽军进攻面前。在反动派军事上尚未受到重大打击以前，进攻边区的意图是不会放弃的。特务的阴谋破坏也将随着战争的进展而更加严重。边区每一个公民都有守卫乡土，保护民主之职责，防奸备战实为当前紧急任务，必须以高度的警惕和积极的行动来打击特务破坏，粉碎反动派的军事进攻。

（二）加强边境戒备力量，积极实行劳武结合，密切民兵、哨站与警卫武装的配合联系，严密的进行巡逻查缉。对于顽军便衣侦探，及小股特务武装应给予严厉镇压，打击其头子，争取其胁从，决不可采取姑息宽容的态度，招致意外的损失与危害。

（三）整顿内部社会秩序。建全市镇与农村的治安制度，对于烟、赌、盗窃应严申禁令，并积极改造二流子，安置移难民。组织复员人员及退伍军人协助当地政府，维持治安。各地所发现的谣言，必须深加追究，即时揭穿。各地公营商店无论属何部门，均须维护当地政府法令，遵守公安制度，不得强调特殊。此外关于公务人员及群众中的自卫武器应根据条例彻底进行检查登记，防止随便转移，落入坏人之手。

（四）发动群众中的积极分子及社会公正人士，协助保安机关清查嫌疑案件，检举当地暗藏的奸细特务，并分别轻重，审慎处理，对于一时受骗，未作破坏活动者，应教育争取，给予宽大。对于做过破坏事又无彻底悔悟之表现者，应在群众中揭露其罪恶，并送法院惩办。各地政府应将国特破坏边区事件及我们破案材料及时报告本府，并在报端公布。

（五）加强对公安部门的领导，具体帮助解决干部、武装以及经济上的困难，并须经常注意教育公安人员，发扬一切模范的，纠正一切不正确的作风，使能更好的团结群众，提高工作效率，更有力的打击敌人，巩固内部。

选自《陕甘宁革命根据地史料选辑》第三辑，甘肃人民出版社 1983 年版，第 163～165 页。

互校版本：《陕甘宁边区政府文件选编》第十辑，档案出版社 1991 年版，第 253～255 页。

2. 陕甘宁边区政府命令
——健全检察制度的有关决定

1946 年 10 月 19 日

各厅、处、院、各专署：

各县（市）政府暨各县司法处：

前经陕甘宁边区第三届参议会第一次大会通过健全检察制度一案，自应查照设置各级检察机构，以利进行，所有关于组织、职权，以及领导关系等，特有以下决定：

（一）各级检察机关之职务：

一、关于一切破坏民主政权，侵犯人民权利的违法行为的检举。

二、关于各级公务人员触犯行政法规的检举。

三、关于违反政策之事项（如违犯租佃条例）的检举。

以上三项的检察结果，是属于违反法律的，即向各同级法庭提起公诉。是属于行政处分的，即呈送边区政府核办。

（二）各级检察机关之组织：

一、边区高等检察处，设检察长一人，检察员二人，主任书记员一人，书记员二人。

二、各分区设高等检察分处，设检察员一人，书记员一人。

三、各县市设检察处，检察员一人，书记员一人。小县则仅设检察员一人。

（三）领导关系：

一、高等检察处受边区政府之领导，独立行使职权。

二、各高等检察分处及县（市）检察处均直接受高等检察长之领导。

以上各项希即遵照执行为要。

此令！

主席　林伯渠

副主席　李鼎铭　刘景范①

选自《陕甘宁边区政府文件选编》第十辑，档案出版社1991年版，第263～264页。简称“档案文件版”。

3. 陕甘宁边区违警条例（草案）

1946年11月16日公布

陕甘宁边区政府命令——公布陕甘宁边区违警条例（草案）

（民字第74号　一九四六年十一月十六日）

各专员、县（市）长、各区乡政府：

各机关、各部队、各旅团司令部：

兹将本府第二次政府委员会通过之陕甘宁边区违警条例（草案）随令公布，希即查照执行。

此令！

主席　林伯渠

副主席　李鼎铭　刘景范

① “档案文件版”漏“刘景范”3字。

公布陕甘宁边区违警条例（草案）

1946 年 11 月 16 日公布

第一章　总　　则

第一条　本条例为维护陕甘宁边区社会秩序人民安宁而制订之。

第二条　公安机关处理违警行为依本条例办理。

第三条　违警行为有下列情形之一者免罚：

一、凡年令（龄）不满十三岁者；

二、神经不健全者；

三、凡为人力或天然力所迫无力抗拒者；

四、违警未遂者。

第一款第二款之犯违警行为者应告其父兄或监护人责令自行管束之。

第四条　违警行为涉及本条例所列二款以上者分别处罚，但拘留不得超过三十日，罚金不得超过三十个工资。

条例内称以上以下者，均连本数计算。

第五条　二人以上共同实施违警行为者，皆为正犯，各科其罚。

帮助正犯者为从犯，减正犯之罚三分之一。

第六条　教唆他人犯违警行为者为造意犯，准正犯论。教唆造意犯者，准造意犯论。

第七条　教唆或帮助从犯者，准从犯论。

第八条　违警之罚，分为主罚及从罚。

主罚如下列：

一、拘役　十五日以下一日以上。

二、罚金　十五个以下一个以上之工资。

三、批评。

从罚如下列：

一、没收　凡供违警所用之物，或因违警所得之物，与违警者以外之人无有权利者，始能没收之。

二、停止营业十日以下。

三、勒令歇业。

第九条　判决之罚金无力缴纳者，得按当地工资易以拘役，以一日工资抵拘役一日。抵拘役后如欲完纳罚金者，应将已拘留之日数扣除计算之。

第十条　因违警行为致人损失财物，除依法处罚外，得依据被害人之声请，酌令赔偿。

第十一条　违警未被发觉，自动向公安机关报告或向被害者道谦［歉］或赔偿损失者，得免除其罚。

第十二条　违警行为下列情节之一者，依各该条规定处罚范围内从低度科罚或易以批评或免罚。

一、初犯。

二、平日品行尚佳者。

三、动机有可恕者。

第十三条　违警行为有下列情节之一者，依各该条规定处罚范围内从高度处罚。

一、累犯。

二、平日品行不良者。

第十四条　受拘役处分之违警人，于拘留期间过半后确有悔悟者，得予释放。

第十五条　现行之违警人，警察得不持传票径行传案；但违警人身有要事，确知其姓名住址无逃跑之虞者，不在此限。

第十六条　经传唤之违警人，应自传票到达之日起，三日内到案，如逾期不到，得径行判定，依法处罚。

第十七条　违警之起诉、告诉、告发期间，自违警行为完毕之日起，以三个月为限。

第十八条　判定处罚者自判定之日起，满三个月尚未执行者，免除执行。

第十九条　时期以二十四小时为一日，以三十日为一月。

时期之第一日不计时期，以一日论。期满之次日午前为释放期。

第二章　违警行为之类别及其处罚

第二十条　有下列各款情形之一者，为妨害安宁之违警行为，应处以十五日以下之拘役或十五个工资以下之罚金。

一、未经政府或卫戍机关允许制造或贩卖火药者，除处罚外，火药没收。

二、在人烟稠密之处或会场、机关、团体、学校、军营近旁施放烟火，经禁止不听者。

三、发现火药及一切爆炸物品不报告公安机关者。

四、当水火及一切灾变之际，经公安机关令其救助，抗不遵行者。

第二十一条　有下列各款情形之一者，为妨害秩序之违警行为。自第一款至第五款各处以十五日以下之拘役或十五个工资以下之罚金；自第六款至第八款各处以十日以下之拘役或十个工资以下之罚金；自第九款至第十二款，各处以五日以下之拘役或五个工资以下之罚金。

一、发现来历不明之尸体不报告公安机关而私自移至他处或掩埋者。

二、旅栈客舍确知投宿人将有或已有刑法上重大犯罪行为不秘密报告公安机关者。

三、违反政府法令章程经营工商业者。

四、凡一切建筑物势将倾颓经公安机关令其限期修缮或拆毁而延岩［宕］不遵者。

五、建筑物之建筑不依政府法令章程或图样者，除受处罚外，得勒令停止建筑或拆除。

六、除去或损毁机关张贴之文告或其设置之物品者。

七、凡户口异动，不依法令章程报告公安机关者。

八、凡在学校、陈列馆、图书馆、展览会场聚众喧哗、口角纷争，不听劝阻者。

九、不遵守会场规则，在会场内喧哗扰乱，不听禁止者。

十、于禁止出入处所擅自出入者。

十一、凡藉端滋扰铺户及其他营业者。

十二、毁损街道两旁之树木者。

第二十二条　凡有下列各款情形之一者，为妨害交通之违警行为。自第一款至第四款各处十日以下之拘役或十个工资以下之罚金；自第五款至第十款各处五日以下之拘役或五个工资以下之罚金。

一、妨害邮件或电报之递送，情节轻微者。

二、损坏邮务专用物件，情节轻微者。

三、妨害电报电话之交通，情节轻微者。

四、损坏路灯或损坏路旁通行指引牌、警告牌者。

五、各种车辆不依规章登记领照而行驶者。

六、车辆驮兽不依规定之道路通行，不听警察指挥者。

七、于公共聚集处所或弯曲小道任意驰骋车马，争道竞行，不听劝阻者。

八、于私有地界内当通行之处掘井挖坑不为掩盖防护者。

九、未经政府允许于路旁设置摊棚者。

十、于交通要道横列车马或堆积木石砖瓦水［冰］雪及其他物品阻碍通行者。

第二十三条　凡有下列各款情形之一者为妨害卫生之违警行为。自第一款至第四款各处十五日以下之拘役或十五个工资以下之罚金；自第五款至第九款各处五日以下之拘役或五个工资以下之罚金。

一、投掷污秽垃圾于供人饮用之水池泉水及水井者。

二、混卖不真药剂或遇人发生危急疾病拒绝卖药或藉故居奇者。

三、售卖病死之牲兽肉类者。

四、不遵公安机关指定之卫生设备而陈售食品者。

五、以巫神邪术治疗疾病者。

六、于人烟稠密之处曝晒或煎熬一切发生恶臭之物品不听禁止者。

七、随便抛掷死鼠、死猫、死鸡及其他死亡之牲畜或倾倒垃圾于通衢要道公共场所者。

八、经市政督促不洒扫街道者。

九、损坏明暗沟渠或经市政督促不行修浚者。

三个月内犯第二款至第四款二次以上者，得令停业；犯三次以上者，得令歇业。

第二十四条　凡有下列各款情形之一者，为妨害风俗之违警行为。自第一款至第三款，各处十日以下之拘役或十个工资以下之罚金，第四款处五日以下之拘役或五个工资以下之罚金。

一、游荡无赖、行迹不检者。

二、僧道恶化及江湖流丐强索钱物者。

三、聚集道旁或公共场所为类似之赌博行为者。

四、于道路叫骂不听禁止者。

第二十五条　有下列各款情形之一者，为妨害他人身体财产之违警行为。第一款、第二款各处十五日以下之拘役或十五个工资以下之罚金；第三款、第四款各处十日以下之拘役或十个工资以下之罚金；第五款至第七款，各处以五日以下之拘役或五个工资以下之罚金。

一、加暴行于人或以秽亵物污人身体未致伤害者。

二、以不正当之目的施行催眠术者。

三、强卖强买物品行同要挟者。

四、解脱或驱散他人之牛马猪羊及其他一切牲畜者。

五、损毁住宅、标题或店铺招牌及其他合理告白者。

六、践踏他人田园或驱入牲畜，致伤农产物品者。

七、折采他人之树木花卉菜果者。

第一款、第五款、第七款经被害人告诉乃论。

第三章　诬告伪证毁灭证据之违警［处］罚

第二十六条　诬人违警或伪为见证企图陷人受罚者，处以十日以下之拘役或十个工资以下之罚金。如在未判决前向公安机关自首者，免除其罚。

第二十七条　因庇护违警之人而有下列各款情形之一者，处十日以下之拘役或十个工资以下之罚金。

一、故意毁灭其违警证据或捏造证据者。

二、藏匿违警之人或使其脱逃者。

违犯前两款之人，与违警人如是亲属关系免除其罚。

第四章　附　则

第二十八条　本条例自公布之日施行。

选自《陕甘宁边区政府文件选编》第十一辑，档案出版社1991年版，第19～24页。

互校版本：《陕甘宁边区法律法规汇编》，三秦出版社2010年版，第187～190页。

4. 陕甘宁边区自卫武器登记给照暂行条例

1943年4月25日公布，1946年11月第二次政府委员会修正通过

第一条　凡陕甘宁边区人民及公务人员为自卫之用，置备自卫武器者，均须依本条例办理登记，领取执照。

第二条　本条例所称自卫武器，系指步枪、马枪、驳壳枪、手枪、手提机关枪、炸弹、土枪、猎枪而言。

第三条　自卫武器分为公用私用两种。

一、凡政府机关警察、警卫队、税警、法警及警卫员为警卫而持用之武器，为公用自卫武器，长枪由各该主管机关造具清册呈报上级机关备案，并报具治安机关存查，短枪应以本条例办理登记领照手续。

二、凡部队及军事机关之短枪（手枪、驳壳枪）亦为公用自卫武器，应由联司统一登记发照，其步枪、马枪、炸弹、机关枪可由各该部队及机关自行登记规定烙印办法。

三、凡边区人民、公务员、自卫军为自卫而持用之武器，为私用自卫武器。私用自卫武器又分公有私用与私有两种。凡以私资购置者为私有，否则为公有，其登记烙印领照手

继，以本条例办理之。

第四条　私用自卫武器之登记烙印领照手续如下：

一、由武器持用人觅具妥保二人，填具保证书连同登记申请书，由乡政府介绍送呈区政府，经区审查属实转报县（或市）治安机关办理。持用人如系公务人员，则由所属机关主管人员负责介绍，将申请书、保证书，径送县（或市）治安机关，办理登记领照手续。

二、县（或市）治安机关于接到申请书及保证书后，经复查无讹，即将申请书、保证书所列各项分别详细记入登记册内，并呈报分区治安机关备查。

三、县（或市）治安机关于申请登记期满后，定期派员前往适中地点进行检验烙印、给照手续，并将检验情形呈报分区治安机关备查。

四、枪支护照由陕甘宁边区保安处统一制定转发各县，加盖县印，填发持用人。

五、土枪、土炮、炸弹，须登记不给照。

第五条　有破坏边区之行为，或被褫夺公权尚未期满者，不准置备自卫武器。业已登记给照者，得随时缴销之。

第六条　已登记烙印给照之武器，其使用与保管，须依下列各款办理：

一、武器及弹药不得随意转借他人。

二、不得使用是项武器进行勒索、抢劫及其他违法行为。

三、遇军政和治安机关查问时，须随时将武器及执照一并呈验，不得藉故推拖。

四、如遇有意外武器遗失时，须立即将执照缴销。

五、枪支子弹或炸弹数目，遇有消耗或补充时，须随时报告治安机关登记。

六、凡公枪私用者，须经当地县级以上党政机关主要负责人之批准。持枪人在调动或离职时，应将自卫武器交原机关保存，不得带走。

七、武器须出卖或转移时，须由新旧持用人联名会呈治安机关，报告转移情形缴销旧照，请发新照。倘有甲县转移乙县时，须由新旧持用人联名会呈甲县治安机关销案，并由甲县治安机关将武器转移情形函知乙县治安机关，新持用人再依照本条例第四条各款向乙县治安机关请领新照。

第七条　凡持用自卫武器有违法情事者，依下列各款办理：

一、以武器接济反革命者，除没收其武器外，并与反革命同罪，保证人应负连坐责任。

二、有武器无执照或抗拒检查者，没收其武器，并以私藏军火论罪。

三、武器与执照不符者，一并没收之。

第八条　自卫武器已经治安机关核准登记并给执照者，即受政府法令之保护，无论何人及军队不得藉故没收之。

第九条　武器执照限用一年，不得涂改和转借，期满时呈请换发新照或延期。如有遗失，亦须将详情随时呈报治安机关宣告作废，并补发新照。

第十条　自卫武器得临时征作军用，其持用人并须依法受当地卫戍治安机关之管理指挥。

第十一条　除经治安机关特许者外，禁止私自制造、埋藏、贩运、购买自卫武器。

第十二条　从边防外购运武器入境者，必须事先报告当地公安机关及边区部队长官，经取得许可，并在入境时经过公安机关检验登记。

第十三条　凡携带武器过境持有军政护照并与护照所载武器弹药数目枪支种类号码相符者不受本条例之限制。

第十四条　本条例自公布之日施行。

选自《陕甘宁宁边区政府文件选编》第十一辑，档案出版社1991年版，陕西省档案馆、陕西省社会科学院合编，第10～12页。

5. 陕甘宁边区警察工作规则

1941年2月颁布，1946年11月第二次政府委员会修正通过

第一条　陕甘宁边区警察人员，担任保护地方民主秩序，维持社会治安之职责，在日常工作中务须遵照本规则办理之。

第二条　警察人员在执行任务中之一般守则：

一、言语行动应遵守纪律，要有严肃的革命精神。

二、待人接物应谦恭和蔼，要有模范的民主作风。

三、处理问题应机敏慎重，要有高度的政治警惕。

四、检讨工作应客观深刻，要有严格的自我批评。

第三条　守卫警察在执行职务时应遵守之事项：

一、在守卫时间应严肃紧张，不得靠墙依坐，或擅离岗位。

二、遇有紧急事故，不能离开岗位时，应鸣哨通知，取得援助。

三、换班应遵守规定时间，但在接替人尚未到达前，不得迳（径）自离去。

四、守卫时不得吃零食，做手活或与他人闲谈。

五、凡遇行人询问道路或地址时，如无保守秘密之必要者，应以实告。

六、会场守卫，应遵照会场规则执行之。

第四条　巡逻警察在执行任务时，应遵守之事项：

一、在巡逻时间应周详观察，不得敷衍了事。

二、没有命令和传票，不得擅入民房进行搜捕，但追捉现行犯及紧急救护者例外。

三、遇有暴徒、盗贼及其他现行犯，应即加以逮捕，如力量不足应付时，得鸣哨求助。

四、遇有可疑的人物或事物，应加详细盘问，不得随便放过，但态度必须和蔼。

五、遇有遗失之牲畜物品，应妥为保护招领，其无法招领者，报交政府核办。

六、遇有遗弃尸体时，不问何因应即检视形状，同时不要变更位置，报告负责人“核办”，通知地方法院检察处派员相验。

七、遇有疯人醉汉及危急患病者应即加监视或救护，并通知其亲属或主管人领回。

八、在巡逻时间不得超出巡逻范围，往他处闲游或休息。

九、发现道路桥梁房屋墙壁已经或行将崩坏壅塞者，应即报告当地主管机关或令所有人进行修理。

十、凡遇有妨害交通卫生之事物，应即（径）行除去，或嘱当事者赶速处置。

十一、凡指挥行人车马或调解行人争吵殴打，均应以和平劝导之方式，不得稍涉胁迫。

十二、第三条所列之四、五两项，本条适用之。

第五条　户籍警察在执行职务时，应遵守之事项：

一、调查登记户口的确数及门牌的号数。

二、调查了解居民的成份（分）职业和行动的表现。

三、对可疑住户和不良住户，应注意考查了解之。

四、对客栈及其他复杂场所应注意考查之。

五、对新迁移之住户或新开张之商店应注意考查之。

六、调查户口时态度要和蔼，并须注意当地人民风俗，防止引起反感。

七、发现可疑及不法情事，应即彻底追究，不得徇私卸责。

第六条　警察人员捉获人犯时，应先收缴其所带之凶器，然后送交主管负责人核办。

第七条　警察人员如闻他处发出警报哨音时，应即识别方向，迅速驰援，不得藉故延误。

第八条　警察人员遇有当场不能解决之事件，应请示主管负责人办理之。

第九条　警察人员非在戒严时期，不得使用刀枪。

第十条　警察人员应将当日工作的情形和意见报告主管之负责人，以备核办。

第十一条　警察人员在执行职务中确能遵守本规则著有成绩者，应酌量奖赏之。

第十二条　警察人员在执行职务中如违反本规则之精神，而影响治安机关之威信者，应分别处罚之。

第十三条　本规则自公布之日起施行。

选自《陕甘宁边区政府文件选编》第十一辑，档案出版社1991年版，第12～15页。

互校版本：《陕甘宁边区法律法规汇编》，三秦出版社2010年版，第174～175页。

6. 陕甘宁边区政府、陕甘宁晋绥联防军司令部联合布告——关于治安问题的几点规定

1948年5月21日

一、查延安、洛川蒋胡匪军南逃时，曾有很多军用物资遗弃埋藏情事。私自发掘者有之，随便收拾者有之。为确保治安收集军用物品，支援革命战争，特决定凡各种武器弹药、子弹壳、炮弹壳、通讯器材、药品、汽油、各种机械零件、军用工作器具、铁丝、油桶、军火原料等物，无论私人或团体收集，均须送交或报告当地政府转解边区政府或直送联防军区后勤部收存，并准由接收机关按物品种类数量多寡分别给予奖金。所有收藏上列

物资之军民人等统限六月十日以前悉数呈交或自行报告。如过期不报自行隐匿，一经查出除军用物资没收外，并按情节轻重予以相当之处分。至于报告检举私藏军火武器人员确实不虚者，定予适当奖励。

二、为迅速恢复交通治安起见，特作如下规定：

甲、城郊一切军事建筑、碉堡、工事、电线、电线杆，不经卫戍机关许可，不得破坏，如敢故违，决予查办。

乙、不许随便打枪、投弹，即使试枪、试炮，必须呈报卫戍机关查核公告，始准试放。

丙、自本月二十五日起，夜十时至次晨五时为延市戒严时间，在戒严时间之内，除因公持有通行证口令人员外，禁止一般自由通行。

丁、凡属军民人等，一闻防空警报，应听警戒人员指挥，按划分之防空区域迅速隐蔽，行人则就地找防空蔽体或适当地点隐蔽，不得任意乱逃暴露目标，以及扰乱秩序，妨碍救护。

为此联衔布告，仰我全体军民一体遵照！

此布。

主席　林伯渠

司令员　贺　龙

选自《陕甘宁边区政府文件选编》第十二辑，档案出版社1990年版，第100～101页。

十五、司法审判与狱政

1. 陕甘宁边区推事审判员联席会议总结

1945 年 12 月 29 日王院长[①]报告

各位推事，各位审判员，各位同志：

七十多天的会议，的确使大家辛苦了，可是依靠大家的努力，把司法工作中存在着一些亟待解决而尚未解决的问题，大体上作出了一个初步答案。

一、关于司法政策问题

先讲审判与调解。

民国三十二年 6 月，边区政府提出调解政策，并公布调解条例，这是正确的，因为民间纠纷有很多是可以调解的，并且应该按照自愿的原则加以调解，以减少人民中不必要的诉讼。但对调解有些过分强调，如条例上规定民事“均应实行调解”，一部分刑事“均须调解”。如后来笼统的提出“调解为主、审判为辅”。而高等法院在自己的指示信中规定“调解是诉讼必经程序”，“调解数字，作干部考绩标准”，更是不适当的。

这一时期内，法庭怎样处理案件呢？大家所反映的是：先调解后判决，调解不通然后判决；双方服从的都调解，一方不服的再判决；判决不通的再调解。从乡到区，从区到县，从县又到区，三番五次的调解。为了达到调解的成立，有的司法人员强迫调解，硬调

① 王院长指王子宜代院长。

解，或者向当事人央告乞怜地说："看到我的面上，算了吧，好你哩!"或者向当牙子一样，向双方当事人讨价还价，拦腰一贯。总之，合理不合理不管，但求调解的成立。在同一时期，农村有些什么情形呢？有把不应调解的杀人案件也调解，如庆阳14件命案，到法庭的只3件；赌博案件也调解，如志丹有些赌犯说："不要紧，浪赌吧，犯了法可以调解。"有的是烧香纸、披麻带孝、抱灵牌、阴阳看坟、和尚念经等一套旧办法都出现了，使当事人之一方破家荡产（子长一过失杀人案）。还有因打了砂锅，硬要给人当儿子，几年纠缠不清；还有租佃纠纷，佃户失去了法律上应有的权利。还发生调解人想骗着吃，大事小事，叫人家先杀羊。个别区乡政府押人绑人，罚柴罚炭，甚至罚睡椅子，也算是调解。

由于发生了这些现象，老百姓误会我们司法人员不解决问题，吃了贿赂，不然，为什么从这个门儿进，那个门儿出（指县一科到司法处），或同是一个人一个地方，仅早晚时间不同，条件马上变了呢？"一棵树能开两样花吗？"他们说："或长或短，圪里麻差"，"不怕硬赃官，单怕软青天"，"你们不打不骂是好，就是把事情窝住了"（指因调解而拖延了时间）。有的批评我们说："乡到区、区到县、县到分区、高等法院、边区政府，是六级六审六调呀!"

更重要的是我们一部分司法工作人员在观念上模糊了，分不清调解与审判的区别。或者说"它们的区别是形式上的"，"是解决问题的两方面"，或者说"调解可以解释，审判可以不作解释"，"调解是合乎政策，违背法律"。

上面就是我们两年来调解政策上所发生的偏向，及由此偏向所发生的一些不良结果，从而向我们提示了以下几个问题。如调解与审判究竟区别在哪里？什么是民间调解？区乡政府处理民间纠纷算不算调解？调解为主是不是对？或者审判为主吗？审判与调解结合吗？法庭要不要调解？什么是马锡五审判方式？审判与调解的原则应该是什么？

首先应说司法机关与司法人员应有的立场和态度。边区是新民主主义社会，人民有自己的政权和法律。司法机关和司法人员的职责，就是本诸人民意志，民主法律与政府政策，去保护人民政权，保护人民权益，维持社会秩序，调解民间纠纷。对于破坏人民政权、损害人民权益与扰乱社会秩序的犯罪行为，司法机关和司法人员应负责任履行自己的职权，在这方面，"不告不理"的放任态度是不对的。对于民间纠纷，其性质可以调解的，应该推行和指导依据自愿原则的调解政策，在这方面，不需采取"干涉主义"，但如调解不成则应依法审判，把调解当作诉讼的必经程序，也是不对的。

其次，审判与调解有无区别呢？是有区别的，一是"法庭了"，一是"私下了"，一带强制，一本自愿。老百姓本来也有这样的看法。正如同志们说，在某种意义上看，调解是含有妥协性的，判决则不然。

第三，什么是民间调解？区乡政府的处理算不算调解？在这个问题上，有几种说法：

第一说是：除法庭调解及县府一科调解之外，通可叫做民间调解。按统计数字看民间纠纷多半经由区乡政府了结的，如延安县一年中，经区乡政府了结的约1 900件，富县一年中，经区公署了结的约1 100件。真正由人民自己调解的，一般很少。如果区乡处理不包括在内，则所谓调解的范围就狭小得很了。

第二说是：老百姓把区乡政府调解叫做解决，因为事实上既非调解，又非审判，便要把它和民间调解拉在一起，就扯不清。调解是不许强制的，但区乡政府对处理纠纷，就多半带强制性。在边区分散的农村中，区到县有百把里，乡到区也有数十里到百把里，经过区乡政府处理，对于老百姓是方便的，他们宁愿要求区乡政府解决，而不愿到县司法处。对于县司法处来说，假如没有区乡政府的处理，则会忙不过来。所以区乡政府处理，公私便利，应该承认它。为了同民间调解有区别，不妨把它叫做区乡处理。至于方式上有失当处，今后注意改善就是了。

第三说是：区乡处理既不属于纯粹调解，应酌予五天或十天罚苦役等之职权。

把以上所说研究之后，我们认为区乡政府对民间纠纷的处理，基本上仍是调解性质，因为区乡政府不能强迫当事人服从，处理得适当，双方自愿遵照时，纠纷就算了结，处理不适当时，人家还可以起诉，区乡政府不得加以阻止。这方面过去发生过强制服从的行为，那是不对的。至于依法律规定而随便押人罚人的现象，更是不对的，应该彻底纠正。为使区乡政府调解工作做得更好，并克服其发生过的不良现象，还需有一些具体的规定和指示，这里不说及了。

至于县司法处今后如何加强自己对区乡政府调解的指导，却是一个很重要的实际问题。怎样加强指导呢？我觉得不是一个单纯的组织形式，或建立一般报告制度所能解决的。主要应着重多和他们取得密切联系，了解他们的实际情况，帮助他们解决困难，同时注意培养和发扬在这方面有经验有成绩的区乡干部。这样，就会使他们调解得更好，并把过去某些地方存在的混乱现象，慢慢的改变过来。

第四，调解为主是不是对？或者审判为主吗？审判与调解结合吗？我们认为，如果指的民间纠纷，实际上大量的可以经过调解了结，因此说是“调解为主”那是可以的。但如果指的司法机关，尤其是狭义的司法政策说也是“调解为主”就不妥当。因为法庭不是“调解为主”，也不应该以调解为主，这是很明白的。过去法庭内先调解再审判显然是一种偏向。但有人提议改为审判为主，我以为法庭本身的职责在审判，“审判为主”，对法庭来说，没有实际意义，并可发生误会。因之，在司法政策上说来，无论“调解为主”或“审判为主”均不妥当。至于审判与调解是否可以结合呢？我们认为新的审判方式之所以不同于旧式审判，其具体意义之一就是新的审判应该包含调解因素在内。我们的法庭对当事人有教育责任。无论审讯或宣判，都须要经过一番说服解释的工夫，使人家心悦诚服。这是很自然而又很明白的道理。有人说我们的法庭，是教育家的施教的场所，是不无理由的，照这样说，也就无所谓“审判与调解结合”了。

第五，法庭要不要调解呢？根据大家发言，过去法庭的调解，实际多是判决，或者全是判决。法庭本身还是不进行调解为好。法庭本身不进行调解是否就是说法庭不需要调解呢？不是的。某些可以调解的纠纷，虽然官司打到了法庭，在可能时法庭尽可指定公正人员或群众团体进行调解，或让其在群众间自行调解，对方当事人要求和解时，更可允许其和解。

这里附带提到一个问题，就是今后县政府一科也可以不再担负调解责任。过去一科在调解方面是有成绩的，但是一科的调解常常与司法业务发生重复现象，同时问案笔录、讲道理，所不同者无判决书而已。尚且一科工作很忙，对调解纠纷不可避免的发生拖延，如像一个老百姓对人说，“县政府把他的案子放了几个月不处理，司法处尚未收案”。现在高等法院和民政厅都同意县一科不再负调解责任。

第六，什么是马锡五的审判方式，我们认为它有三个特点：一、深入农村调查研究；二、就地审判不拘形式；三、群众参加解决问题。三个特点的总结精神就是联系群众，调查审讯都有群众参加，竭力求得全面正确，是非曲直摆在明处，然后把调查研究过的情形在群众中进行酝酿，使多数人认识上一致，觉得公平合理，再行宣判。既合原则，又尽人情，不仅双方当事人服判，其他事外人也表示满意，此即“马青天”之所由来。我们提倡马锡五审判方式，是要求学习他的群众观点和联系群众的精神，这是一切司法人员都应该学得的，而不是要求机械的搬运它的就地审判的形式。因为任何形式是以具体情形和具体需要来选择的。对有些同志认为马锡五审判方式只能是用于“落后地区”，“只能负责人使用”，“只能使用于很少案子上，尤其是在法庭内就不合宜”，“苏维埃时期已经有过的”等等。这些说法都是或多或少的拘泥在马锡五方式的形式方面，而不是在它的群众观点和联系群众的精神。至于群众观点和联系群众的精神，那么，不管是农村或城市，不论是上级人员或下级人员，都完全可以而且应该充分的运用之。如果说这种观点和精神是苏维埃时代有过的，那就更应该加以发扬才对。

最后还有一个更重要的问题要讲，这就是审判和调解的原则是什么？经过慎重考虑了边区的实际情况，人民的需要，边区司法工作所走过的道路和大家的实际经验之后提出如下的数项：

审判原则：

一、全面调查，虚心研究，重视证据；

二、保证被告人有充分辩论之机会；

三、迅速处理，照顾生产；

四、实行陪审制度，发扬马锡五方式的群众观点。

调解原则：

一、双方自愿，不许强迫；

二、适合善良习惯，照顾政策法令；

三、调解不是诉讼的必经程序。

所谓“全面调查”即反对不调查或只是片面调查。过去我们有一条惯用的调查路线，就是高等法院问分庭，分庭问县，县问区，区问乡。这条路线自然是重要的，但是否完全正确，却不敢保证。因为这是一条线的单线调查，同深入群众的全面调查，往往是有距离的。过去有些材料对了，但又有些材料错了，就是只凭单线调查的缘故。如要举例，那就很有一些，大家回忆一下，就够了。今后对于调查，要注意收集各方面的意见，互相对照，互相参考，以求完全确实。

所谓“虚心研究”，就是说对于调查来的材料，还要有一番分析研究的工夫，而且要虚心的去研究。盲目的相信材料，不加研究，不辨真伪，会发生错误，粗心大意的研究，不是虚心的研究，也会发生错误的。

所谓“重视证据”，不是说不要重视口供，而是说证据比口供更重要。我们司法人员判断案情，要有检举证据，鉴定证据，保存证据的习惯。同时，对于侦讯口供，也不可忽视。

所谓“保证被告人有充分辩论之机会”，就是说，对原被告应是平等待遇，不能只听原告一面之辞，而对被告怀有任何成见，甚至不许人家讲话。这点对保障人权有重要关系，不管原告讲得头头是道，但一定要允许被告有公开的充分的辩论机会。比如发生过的“鬼告状”的案子，就是逼、供、信的结果：第一无证据，第二不许被告申辩，直至本年，经过高等法院派专人调查，才搞清楚。

所谓“迅速处理，照顾生产”，就是说，过去对有些案子拖的时间过长，老百姓批评司法机关办案迟缓。我们不收讼费，老百姓固然欢迎。但办案迟缓，使当事人盘费花多了，家内生产耽误了，比起讼费的数目还大，他们怎么能不批评！今后对民事案件，一般可于半月之内结案，至迟不得超过一个月。

所谓“实行陪审制度”，就是说，处理某些案件时，应邀请有关机关、团体派员来陪审。例如：婚姻案，请妇联会参加；有关军民诉讼，请军事机关参加；有关干部，请县一科参加，但也不是每个案件都要有陪审，而是斟酌案情是否重大，和当时当地情形有无必要来决定。此外，法庭审判还可以多多吸收人民来旁听，这样一面可以听取人民对案件处理的意见，一面借以教育人民。但旁听者提意见，应有一定时间，如在审判员退庭休息时，或以口头申诉，或以书面述说。当审判员正审讯时，不得提意见。这样，方不至于妨害法庭秩序。

所谓“双方自愿，不许强迫”，这是调解的首要原则。无论民间调解，区乡政府调解，群众团体调解，都要一定遵守这个原则。

所谓“适合善良习惯，照顾政策法令”，就是说，调解案件时适合善良习惯是可以的；但对落后习惯，就不得作为根据。如像济贫恤幼，土地永佃权，开荒三年不问主等，就是善良习惯；户族买卖优先权，为儿打砂锅[①]等，就是落后习惯。至于调解条件，对政策法令不能有所违背。小的出入可以不可以？可以的，所以说要“照顾”。

所谓“调解不是诉讼的必经程序”，就是说，诉讼必须经过的是审级，既先经第一审，不服，再上诉至第二审。至于调解则不是必经的程序，群众发生纠纷，可以经过调解，也可以不经过调解，而直诉县司法处，任何人不得干涉阻止。过去有些县司法处一定要人家持区乡介绍信才收案，否则不受理，是不对的。

以上就是关于审判和调解的政策。下面再说刑事政策。

刑事政策方面的问题较少，意见也不多。过去执行“教育改造主义”的政策以来，是收到了效果的。例如 1944 年至 1945 年上半年窃盗罪 259 件，累犯仅 16 件；赌博罪 136 件，累犯仅 2 件；贪污罪 66 件，累犯仅 2 件；渎职罪 7 件，累犯无。又如三十里铺的新民村，就是犯罪者经过改造教育后组织起来的。今后我们的刑事政策，仍继续贯彻“教育改造主义”的正确方针。

二、关于制度问题

制度问题内关于审判独立及检察制度等，虽然意见很多，但因其带有法制上的根本性，这里不详提及，只把些材料整理起来，留待下届参议会决定。

---

① “为儿”，陕北土语，意思是给他人作养子。“打砂锅”，陕北一种风俗，即父母死后，在举行安葬仪式时，儿子头顶砂锅摔在地下打碎，表示给死去的父母送去了锅等器具。

目前我们可以订定的问题如下：

1. 边区地域辽阔，交通不便，为人民诉讼便利起见，各分区设高等分庭。高等分庭为高等法院之审判代理机关，但不兼理司法行政。“审判代理机关”，不同于一级审判，如当事人不服分庭判决，再来高等法院告状，高等法院对于分庭的判决，且是审核而不是第三审（延属分区不设高等分庭）。

2. 对于高等分庭，县司法处的领导，应该着重于政策上的领导，而不是事事过问。过去由于职权划分不清，有些地方闹得推事审判员在工作上完全处于被动，大事小事，都要请示，都要经过批准，结果上面忙不过来，下面办事不便，上下都苦。因之，今后推事审判员对于处理民事案件时，标的物在小米 5 石以下并与政策无重大关系及刑事案件徒刑期在 1 年以下者，审判员得直接处理。

3. 高等分庭、县司法处对民刑案件之处理，不必经过专署署务会议、县政府政务会讨论，如认为有商讨之必要时，由司法机关召集各有关方面研究，但决定权属于司法机关。

4. 命案及徒刑期 3 年以上案件，须于事先呈报高等法院核准后始得宣判。过去高等法院已有明令，但近来个别县份尚有不照做的，应纠正。对死刑案件之审定，并须经由高等法院呈报边区政府批准。

5. 过去高等分庭兼管各县司法行政，诸多不便。今后各县对于法律问题等有质疑者，得直接呈请高等法院核示，不经分庭。

6. 对判决书格式，有人提说应该改革。改革意见是：旧有之“主文”项不需要，只依“一事实，二理由，三判决”三项顺序写出就行。现因尚未制定定型格式，两种均应运用且作试行，但判决书的文字，必须通俗些，字体一定要正楷，发出时必须经过校对手续，以免错误。

7. 各级法庭应建立批示牌。一面批给当事人，一面教育其他人。批示不应采取旧式简单几个字的“八股”，如“碍难照准”“着即驳回”等等，应该是和我们审判情形一样，带有说服解释性质，把道理向人家说清楚。有的判决书，也应该在批示牌上公布。另外关于对判处死刑之犯罪，一定要有布告，布告内容，亦应着重于对人民的教育，此项亦须于事先连同该罪犯案卷一起呈送高等法院审查。

8. 别人干涉问题。我以为应该从两方面看，首先我们自己应该检查自己处理的案子有无毛病，别人向我们提意见，我们不仅不应拒绝，而且应该表示欢迎，作为判案的参考，事情究竟怎样办，应依法办事，不受影响；但另一方面，为了不使审判制度受到干扰，其他非司法机关人员对于法庭判案，应该是只建议不干涉。

9. 高等法院本身组织，某些地方形成一种重叠，法庭人员少，死刑案件归秘书室审核，月报归行政处审核，结果是办案者不审核，审核者不办案，互相脱节，不妥当；监狱领导须经典狱科，手续上又感麻烦，因之现行组织应该是典狱科取消，加强监狱。秘书室、行政处合并为书记室，民刑法庭分设，这样就是：1. 书记室设干部、文书、总务三科，分设正副书记长 2 人，科长 4 人，科员 17 人。2. 法庭民刑分设（巡回法庭，临时组织），刑事法庭设庭长 1 人，推事 2 人，书记员 3 人。民事法庭设庭长 1 人，推事 3 人，书记员 4 人。3. 监狱设典狱长 1 人，典狱员 3 人，看守员 4 人。

10. 各县平均每月收案不下数十起，事多人少，从早到晚忙。缓德分庭应增设推事一人，大县增设书记员一人。

11. 报告与检查制度应建立。大家反映，过去的月报要把处理过的案件全报告，闹得各县书记员差不多每月须拿出三分之一的时间写月报。忙不过来是一回事，另外有的县造来的月报和处理过的案情不相同，又是一回事。这样的月报是吃力不讨好的。另外大家批评，高等法院几年来很少到下面检查工作，也不多开会，领导机关和被领导机关联系不够。这些都是事实，今后要做到：

①月报改为每月简报（填3张表），只求对情况作真实反映；

②分庭、县司法处对高等法院应有半年总结报告，内容着重经验的总结；

③应作不定期的好坏典型例子的报告，待汇作判例；

④高等法院每年至少得察（检查）各分区工作1次。

三、关于干部问题

1. 司法工作既不同于其他工作，司法干部也应该有它的特殊的标准。依据讨论的意见，提出如下的数项，作为努力工作之方向：

①学习与掌握法律，熟悉社会风俗习惯；

②弄清是非轻重，不冤屈人；

③执法公正无私，做事勤劳慎重，勇于改正错误；

④切实为人民解除纠纷，对犯错误的采取治病救人态度，切实教育改造。

这些标准的意义在哪里呢？

第一，司法人员，不能把法律和风俗习惯——尤其是善良风俗习惯，看成绝对对立的东西，二者均得兼顾。要做到这样，首先要深刻了解法律的真实精神和人民的实际利益。这就是说，司法人员要在工作中不断的学习。

第二，对于审理一个案件，要全盘分析当地及当事人的处境。例如是真是假，属于主犯或从犯，犯罪者的动机如何等，都得做到很细密的研究审查，予以很公允的评判。这同样关乎司法人员的修养问题，不是容易做到的。

第三，公正无私，勤劳慎重，也是司法干部的起码标准。但说起来容易，实际做事过程内，我们还应该经常检讨自己。因为外界影响，往往会使你不自觉的多少有一点偏袒，或抱有成见，或者对工作间有未尽责之处。这是一个品质问题，希望大家警惕！另外，关于“勇于改正错误”的意思，是指反对旧刑审判所谓“官无悔判”的胡说。我们司法人员，应该是一发现错误，就勇于改正。自己发现的，自己改正，别人发现了并加以改正以后（例如二审撤销一审判决）自己应该向别人学习。抱成见，好面子，或托辞执行困难等现象，根本要不得，应坚决扫除净尽。

第四，对于人民负责解除纠纷，同时负责对犯错误者的改正，也是很重要的。这里指出我们司法人员的观点是和旧型司法人员观点有根本上的区别。我们是替人民服务的，不是当“官”作“老爷”的，对人民要有足够的切实的负责态度。

2. 有同志说司法干部提拔慢，过去有一块工作的，有的几级提拔，而自己审判员当了多年还是审判员。或者说，司法工作没有出息，要进步只有改行。我想提拔慢倒是一个事实，但我们各人自己不应该有这样的看法，只要工作成绩好，地位低有什么关系；工作差，地位高又有什么好处？司法干部标准，上面讲过了，同志中有合乎以上标准而且确实有较长的历史，丰富的经验，工作成绩优良者，是不是可以提拔呢？我想，可以提拔的。这是领导机关应该注意的事情。我们正在注意这件事情，对应该提升的同志将陆续予以提升。

3. 司法干部缺乏，也是影响司法工作开展的一个原因。今后，应把培养干部当作我们的经常重要工作之一。现拟在延大设司法班，调区委书记、区长或有同等资格的干部30人，及各县书记员30人受训。

4. 对在职干部的业务学习，除日常工作中应有的学习外，我们准备创办一司法通讯，以便同志们互相交换经验，研究问题，和灌输司法专门知识。暂为月刊，将来准备发展为半月刊，这在你们回去不久之后，就可以看到的。这个司法通讯，虽由高等法院主办，实际上属于我们大家共有的。希望把它看作我们业务学习和改进工作的一个很好的园地。

5. 干部待遇，大家也提出很多意见。个别地方把推事审判员当科员一级看，专署署务会议和县政府的政务会议不邀参加，这不是一般的毛病，而只是个别地方忽略了的原故。根据高等分庭和县司法处的组织条例，推事应等于专署科长一级，审判员应等于县政府科长一级。为使司法工作同其他行政工作不脱节，司法人员能够了解全面情况，对判案有帮助，推事仍得列席专署署务会，审判员仍得列席县政府政务会（副庭长及副处长同）。至于司法干部生活上有困难，各分庭和司法处应予以适当解决。

6. 司法工作既属专门技术工作，司法干部就不能轻于调动。过去好些地方审判员被工作调动了，给高等法院连打个招呼都没有，隔过好多日子，才知道这个干部已经调动。这种现象是不妥当的。今后司法干部有必要调动时，须先征得高等法院之同意。

7. 还有一项是干部奖惩制度，过去同样执行得不够。今后要把这一制度严格建立起来。除边府已颁有正式条例外，高等法院准备另颁发一司法干部奖惩条例。

四、关于监所问题

1. 对犯人的观点问题。什么叫做犯人？就是普通的人犯了法，但“犯”字下面还是个“人”字，因此说，犯人也是人。我们司法工作者不能把犯人不当人看待。假如不当人看待，这个观点就是错误的。甚至如唯心论者说，犯罪的人是生理上的原因，它的头盖骨与一般人不同，那才是荒谬至极。我们要懂得，犯罪者有两种原因，一是内在原因，一是社会原因。俗话说“饥饿难忍，石头难啃”，“饥寒生盗贼”，这就是说，为什么社会上会有小偷？因为这个社会制度还有毛病，一部分贫穷的人迫于饥寒，偷拿人东西。所有这些社会原因的根源，一是旧社会遗留下来的，一是受国民党统治区黑暗社会制度所影响的。当然也不是说，把犯罪责任尽推在社会原因上，犯罪者本身就没有责任了么？不是的，相反，犯罪者本身应该负重要责任的。问题是：一、犯人是人，二、犯罪不是先天带来的。因之我们司法工作者，是要以治病救人的态度，把人家头上带（戴）的个“犯”字帽子脱掉。经过教育改造以后，能继续在社会上做一个有用的人，我们的责任就算尽到了。回溯我们的刑事政策是“教育改造主义”，那么，执行这个政策的，法庭上仅有一半，其他一半留在监所执行。两面配合，两面夹攻，才能把政策贯彻得好。这是不能轻视的。我们还要查一查，今天犯罪者的成分，什么人最多？工人农民最多，这就表示了我们对他们的教育不够，没有使他们懂得今天的政权是自己的。应如何使其出监以后，等于从学校内毕了业，受过了教育，不再有犯罪行为，我们的目的就算达到了。为此，司法工作者本身首先应该把自己的观点搞清楚。

我讲至这里，要宣布一件事情，就是过去地方法院看守所所长杨××同志是我们监所工作者，一个最坏的典型。他给犯人罚站，举石头，担尿盆，画花脸等等怪名目，拿犯人财物（水笔、手表，皮衣）。这是教育改造吗？不是的。这是违背了我们的政策，是错误的。高等法院已给予撤职等处分。我把这件事情讲给大家，作一个反面对照，借作前车之鉴。

2. 少押人，尽管我们监所内是教育改造和我们对犯人的观点态度都很正确，但押人仍要十分谨慎。限制了人的自由，再设教育改造，总算是不得已的事情，不要以为我们的监所好，就可以门户敞开，让人家到你这儿受教育来。一般说，我们的监所内，应该是少押人。这个问题，本来要在审判问题和刑事政策内讲，在这里作补充的提到。

3. 生产教育要适当配合。对犯人的教育，是监所工作的中心，而教育是以实际改造其思想为目的。强制生产以养成犯人的劳动习惯，是好的，但如过于强调，如像有些县把些判过刑期的犯人投入生产部门不管了，就不对。前面说过，对于犯人不经过思想上的改造，是不巩固的，刑期满，一放出去，会继续犯罪。今后要具体规定适当的劳动时间和教育时间。一般应是：

二流子犯，生产75%，教育25%。

其他犯，生产60%，教育40%。

除此，应实行犯人分红制。按监所生产的目的，生产所得按劳分红，借以刺激犯人对生产的正确态度。所得红利，部分移作改善犯人生活。

4. 发扬犯人自治。犯人在监所内的学习生产及日常生活，在守法范围内，多采取犯人自治的办法，是有好处的：（1）辅助监所内的管教工作；（2）培养犯人自治能力及民主习惯；（3）活跃犯人的生活；（4）启发犯人对监所工作的改进意见；（5）发扬犯人自我改造的积极性。从我们过去对监所管教方针的事实看来，在这方面是收到了效果。今后仍应把犯人组织为小组或班，订立学习、生活、清洁卫生等公约，建立值日制度，每星期召开一次检讨会，互相批评勉励等。

5. 取消分监。边区只设高等法院领导下的一个监狱，其他各分监取消。因为事实上一个分监仅几个犯人，无分设之必要。另外，为便于集中教育及研究各种类型的犯人改造工作，分监也应该取消。在各分监取消之后，各高等分庭同所在地之县司法处合设看守所，统一归分庭领导。对2年以上之徒刑犯，统应于半年解送1次，解交高等法院监狱，路费归各高等分庭筹销。

6. 各县看守所应即分设，管教、调动均便利。具体办法另行规定。

7. 实行假释外役。假释和外役可以奖励犯人转变错误和辅助长期徒刑依法处理之不足，是很好的，但有的地方，在执行中犯过毛病，如把杀人犯也假释或外役，分配到机关内当保姆，穿公家衣服，看戏坐前排，影响太不好，失掉了对社会的教育意义。应该认识假释外役是和赦免不同。今后必须严格的执行此次所讨论的假释及保外服役条例，不能轻易释放或调出。凡须要假释和外役的，必须先呈报高等法院批准后，方得执行，特别是较重大之罪犯。对已假释或外役之犯人，要指定机关团体或个人代为管教，不改正错误者司法机关有随时撤销假释或外役之权。

五、关于作风问题

作风问题的重要和它的一般性的问题，我不想多讲，这里只针对着我们司法工作者目前所存在的一些特殊现象，提出几点意见和大家商量。如果认为正确，愿共相勉之。

第一，要有负责态度。首先我提出这样一个问题，司法工作为谁负责？我想大家会一致地说为人民负责。可是，在我们会议的不久之前，曾经有人提出过“到底为上级负责”，“还是为人民负责?”应该了解，上级是什么？这无非为人民服务，只要我们所有同志能够忠实于人民的事业，能够切实的为人民解除纠纷，上级所要求的亦即如此而已。我们工作中曾存在过的一种现象，是既不为人民负责，也不为上级负责，或则推上推下，推左推右，或则“只要事情了，什么都好”。这种“推事主义”“了事主义”的倾向，是不负责任的态度。如果要我举例，可以讲一点：有的同志遇着案件中有了困难，就向当事人诉：“去找院长去，我管不下。”有的同志当工作一来，尽推在书记员身上。这不叫“推事主义”又叫什么？现在要把问题翻转来，“推事”、“了事”的马虎态度要不得。为人民负责，不是抽象名词。要老老实实脚踏实地做一件事，就把一件事做好，那就是为人民负了责，亦即就是为上级负了责。

第二，要有民主作风。“知无不言，言无不尽”、“言者无罪，闻者足戒”，这是毛主席屡次告诫我们的名言。我们有些同志不愿听人家讲自己一个“不”字，事先把门关起来，或者满觉得审判是独立的，人家一张嘴，心里就想你又在干涉我呀，这样就很不好，处理一个问题，应该倾听各方面意见，和各方面商量研究，所得结论才会比较全面、正确。另外，对机关内部和自己一块工作的同志，在工作方式上也应该多采取民主，少采取命令。例如审判员对书记员，遇事要商量，不要人家还未表示意见，就把结论放在前头。把人家变成写字匠，拉差性质的，那人家怎么能很好的工作呢？今后，我们要把自己所领导的机关变成一个大家庭，大家负责，大家动手，才能把工作做好。

第三，要虚心学习。同志中有工作历史长的，有工作历史短的，有工作经验多的，也有工作经验少的，但都要注意虚心学习。千万不要以为自己什么都懂得，人家讲了一通话，在听不在听的说：“讲的还不是那一套，我早已晓得了。”这种自命不凡，摆老资格，一旦变成了包袱，背在自己身上，就会看不远，没有前途，古人有言“满招损，谦受益”，一个人认为自己已经满了，那就很危险，到处会碰钉子的。直到碰得头破血流，还不晓得哪里来的毛病。老实说，无本领就应该老实点，还装老大，不摔跤，哪里去！这次会议开的好，解决了些问题，是因大家贡献了好多宝贵意见、好多办法的结果。我今天的发言也是综合了大家的意见，假如说这次会议有成绩的话，这个成绩不是我的，是大家的，实际上这次会议对我的教育很大，过去未入门，今天入了点门，今后愿我们大家彼此在人民间，在实际工作中，继续学习，继续进步。

六、其他问题

不属于司法工作范围内的，是有比较特殊的几个问题，在这里也需要说明。这就是法律问题，人民诉讼问题，宣传教育问题，区乡政府调解领导问题，县政府一科调解问题，违警罚问题，关系问题，高等分庭、县司法处组织条例修改问题等。

1. 法律问题。这次会议花时间最多的（近50天）就是讨论了边区已有和尚在草拟中的一些法令条例。这对立法方面提供了意见，有好处，我们司法人员检讨了自己工作，也有好处，讨论过的约有刑罚总分则、民刑事诉讼法、地权条例、土地租佃条例、婚姻条例、债务处理办法、继承处理办法等。现除最后两种（债务处理办法，继承处理办法），已将意见呈送边区政府审查颁布外，其他拟经由边府提交将要召开的下届边区人民代表大会审查决定。在未正式提交人民代表大会之前，希望各推事、审判员在各分区、县邀请各方有关人士召开座谈会，把这次讨论了的刑罚总分则及婚姻条例，在座谈会上研究，然后把座谈会上的各种意见写成材料，赶 2 月 20 日以前会交高等法院。在此期间，高等法院同样准备在延召开研究这些材料的座谈会。

在处理案件时，不必机械的引用法律条文。凡已公布了的，酌量可以引用，借作对人民的教育，未公布的，仅供参考，不得引用。

对于旧法律的态度，应该是不盲目地采用，但也不是否定一切。它还有多年的经验，特别是技术方面，在和我们的政策条例无抵触时，可以批判的接受。

2. 军民诉讼问题。依陕甘宁边区调整军政民关系，维护革命秩序暂行办法（见陕甘宁边区政策条例汇集续编）执行。

3. 宣传教育问题。法庭审判不能孤军作战，首先要和宣传教育机关取得密切联系。过去我们在这方面做得太少，未能以更多的活的事实，向人民宣传我们的政策条例，进行教育。今后应该利用登报（包括黑板报），编剧本，演秧歌，闹社火，说古书等形式，把些经过研究的（注意要慎重研究，并经负责人审查批准）好坏典型例子，普遍的传播在人民中间。

4. 区乡政府调解领导问题及各县政府一科调解问题。前面已将理由叙述过了，现拟呈请边府指示各县政府遵照。

5. 违警罚问题。依《陕甘宁边区违警罚暂行条例》执行。

6. 关系问题。司法审判应该是独立的，但同志们不要以为一切就可采取独断独行，这样就成了闹独立性，就搞不好。我们这次回去，仍要像过去一样，和各方面关系取得融洽，假如和其他方面关系上发生毛病时，司法机关首先应该检讨自己，责备自己。这是一个方面。另外，我们也同样要求地方党政军各机关对于司法机关和司法人员，今后应加重视之和协助之。当着司法机关和司法人员有缺点或错误时，应迳（径）行告诉或向高等法院告诉，以便改正。

7. 原《陕甘宁边区高等法院组织条例草案》及《陕甘宁边区县司法处组织条例草案》，拟呈请边区政府修改之。

七、结束语

总结以上问题，我们的目的是什么呢？只有一个，就是要把司法工作做好。替什么人做好？替老百姓做好。这个大前提，始终不能忘记的。在此大前提之下，就目前说，是否有了这些办法就可以把一切问题都解决了呢？从此再不犯错了呢？那也不见得。历史在前进，一切都在前进，在前进的过程中，必然会有更多的更新的问题，尚未为我们所发现，也可能在某一时期会否定我们今天所提出的一些办法和意见，但无论如何，在今天说来，我们是前进了一步。希望大家把这点认清楚：我们不怕错，真理是可从错中碰来的。正因为如此，我们并不须满足于目前现状，前面的路径还远，须要大家本着这次会议的精神，打开脑筋，积极的主动的，不断从实际过程中，发现新问题，创造新办法；再发现新问题，再创造新办法。

最后还有一件事情，高等法院把会开了，下面怎么办？高等法院对各分庭庭长，各县司法处处长发布了个命令，要他们召开各县区长联席会议，讨论这次会议的一切决定。怎样讨论法？是不是把我们的一套一开始都拿出来，套在人家的头上呢？我以为那个方法不妙，还是让他们先反映情况，提出问题，然后再对症下药，是比较好些。我的讲话就此结束了。

选自《陕甘宁边区审判史》，陕西人民出版社2007年版，第271～282页。

2. 附［工作经验研究］：王子宜：调解与审判

1946年1月17日《解放日报》

自从四三年提出调解方针和马锡五审判方式以后，边区的司法工作，曾经有了一番新气象。在这个方针下，司法工作者调查研究依靠群众的观点逐渐加强了，广大农村中，出现了不少公平正直的调解模范，和解了许多纠纷，减少了许多诉讼。但是，在执行调解方针中，我们是有缺点有偏向的，特别在提出“调解为主，审判为辅”以后，我们工作中的缺点和偏向就更为增多了。

什么是这些缺点和偏向的主要方面呢？就是强调调解是诉讼的必经程序，模糊了调解与审判的区别，认为人民凡未经过调解而到司法机关上诉，是手续不完备。因此形成乡到区、区到县、县到分区的层层调解，及调解不成再审判，审判不成再调解的反复调解。同时，单纯的把调解工作的好坏，作为司法干部考绩的标准，这样，就容易促使干部产生“强迫调解”和“调解了事”的思想。如个别司法人员甚至向发生纠纷的当事人央告乞怜，说：“看我的面上，这事情算了吧！”至于遵守政策，合理与否，则可以不管。

由于上述偏向，在同一时期内，有些地方把某些不应调解的人命案和赌博案也列入了调解范围，因此有些赌犯说：“不要紧，浪赌吧！犯了法也不过调解调解。”

由于这种无原则的调解，也迁就了和助长了农村中某些落后的习惯，如披麻带孝、烧香纸唸（念）经阴阳看坟等，有时使发生纠纷的当事人一方倾家荡产，损害了生产的发展。

也由于上述的缺点，个别地方发生只讲调解不顾政策的事情，如佃户和地主发生纠纷，佃户失去了土地，也只调解了事。子洲一个雇工向地主索取所欠工资，地主竟将该雇工吊打成残废，对于这种蛮横无理违背政策的事件，也仅仅采取了调解方式。

也由于层层调解反复调解的结果，一个案件往往无期拖延，道途往反，人力财力都有浪费，这是群众最不满意的地方。他们说：“你们是六级六审六调！”（边区司法原是县司法处及高等法院两级审判）“不怕硬贼官，只怕软青天”。他们还说：“你们官是好官，就是窝住人不放！”这些话，都值得我们重视。上面所述，就是边区这两年多实行“调解为主”这个方针的主要偏向，也正由这个偏向，使一部分司法人员模糊了调解与审判的区别，从而产生了“不告不理”的态度。

为了克服这个偏向，去年冬天召开的边区司法会议上，曾对目前边区司法政策中这个重大问题，作了再三的研究，并得出了初步的意见：

第一，调解与审判的区别究竟在哪里？有些同志说："它的区别只是形式的，是解决问题的两方面"，或者说："调解是合乎政策违背法律"。这些看法都有其片面，应该说：审判与调解不只是形式而且有其实质上区别。审判是法庭依法理判决，有强制性的；而调解则是第三者依据当事人的自愿，是"私下了"，带有妥协性。又如刑事案件，一般的不许调解，民事纠纷一般的提倡调解，也是一个重要区别。因此审判与调解应确立几点原则：审判的原则是：1. 全面调查，虚心研究，重视证据；2. 保证被告人有充分辩论机会，3. 迅速处理，照顾生产；4. 实行陪审制度，发扬马锡五的群众观点。调解的原则：1. 双方自愿，不许强迫；2. 适合民间善良习惯，照顾政策法令；3. 调解不是诉讼的必经程序。

第二，区乡政府解决民间纠纷算不算调解？在这个问题上，有几种说法，一种是：除法庭及县政府一科调解外，都可以叫民间调解。根据统计，群众间发生纠纷，多半由区乡政府解决（如延县一年中，由区乡了结的案子有×千九百件），真正群众自己调解的案件非常少，如果区乡不包括在内，则所谓调解范围就很小了。一种是：区乡解决纠纷既非调解（调解不许强制，但区乡处理案件，常带强制性），又非审判，（也不是完全依照法律手续办事）而是一种特殊形式。但由于边区是分散的农村环境，人民愿意到区乡政府解决纠纷，在这种情形下，为了同民间调解有区别，不妨叫做区乡处理。一种是：区乡政府既不属纯粹调解，应酌于罚五天或十天的苦役之职权。

对于上项数说，我们认为区乡政府处理民间纠纷仍属于调解范围，应遵守双方自愿原则，不能加以强制，也不应有罚五天或十天苦役之权，过去因民事随便押人罚人的现象，应彻底纠正，否则区乡政府将变为一级合法的审判机关。但根据过去经验，县司法处应加强对区乡调解的直接领导，着重同他们取得密切联系，了解实际情况，帮助他们解决困难，同时注意培养和发扬这方面有经验有成绩的干部。

第三，调解为主抑是审判为主？或者调解与审查结合吗？我们认为"调解为主"，如果仅就政府方面，对于处理民间纠纷的方针来说是可以的，但把这方针用到司法机关就不妥当，因为法庭主要的是依据法律手续判决案件，而不是实行调解，更不应以调解为主(县政府一科也不需调解)。至于提出以"审判为主"，则又忽视了处理广大民间纠纷的调解作用。因此对整个司法政策来说，无论提出调解或审判为主，都有些片面，它的缺点，而应分别具体情况办理，至于调解与审判是否可以结合，我们认为新的审判方式，本身就包含着调解的因素在内，虽然它主要的是依据法律判决。我们的法庭，对于当事人有教育责任，无论审判或宣判，都须经过解释说服，使人心悦接受，也不必强调调解与审判结合了。

第四，什么是马锡五审判？我们认为有三项原则：1. 深入农村，调查研究；2. 就地审判，不拘形式；3. 经过群众就地解决问题。这个原则贯穿着一个基本精神，就是民主。调查审讯都有群众参加，案情从群众中来，竭力求得正确全面，是非屈（曲）直摆在明处。然后把研究分析过的情况，经过群众酝酿，使多数人觉得公平合理既合原则又近人情，双方当事人服判，其他事外人也表示满意。这种审判方式，是最民主的方式。应该在我们的各种形式的审判中大大的发扬这种联系群众的民主作风，但不是机械的从形式去模仿。

法是属于人民的，人民授权于我们保护他们的基本利益，历年来，边区司法工作者就是遵循着这样一个方针而努力工作。经过了一段曲折的路程，我们在调解与审判这种基本问题上，得到了一个清晰的认识，但上面这些意见是否完整无缺，尚需在实践中考验修正，并依靠全体司法工作者来改进它。

选自《中国新民主主义革命时期法制建设资料选编》第三册，西南政法学院函授部1982年编印，第385～389页。原注：“《解放日报》1946年1月17日”。

3. 陕甘宁边区高等法院指示信
——目前司法工作中应注意的几个问题

1946年3月1日

各分庭庭长、各县司法处处长、地方法院院长：

推事审判员联席会议开过后够两月了。这次边区政府对于司法制度方面及监所工作方面的决定，是贯彻推事审判员联席会议精神的最大保证。高等法院号召各级司法机关对于边区政府这一决定，应该坚决地遵照执行。

现时还有几个问题，须要各级司法机关注意的，且把它写在下面。这就是：

一、上诉权是人民权利之一部，死刑案件应准许被告有上诉权，这是于法于理都应如此的。今后各初审机关对于宣判死刑时，应同时征询该犯罪者是否服判，不服时可以上诉。但在宣判死刑之后，看守所的戒备工作和对犯人的解释工作，应该切实注意。

二、民事收管不同于刑事管押（待遇上有差别），民事案件不得关押人，一般亦不得转于收管人，遇有必要收管时，除非有以下之条件：（1）有逃跑之虞者（但债务案其财产可以抵还本案额数者例外）；（2）有刑事嫌疑者；（3）具有前二款之一无保或其保人退保者。

对收管票高等法庭、高等分庭、地方法院由推事负责盖章，各县司法处由处长负责盖章。

三、审限制度如何实行，各地应当作业务学习而加以研究，如办案迟缓究由于案情复杂呢，还是干部才能不行呢，或由交通不便传案不到呢，对这些等等原因，如何克服，应研究出具体办法，汇交高等法院。

四、公文用纸应划一，什么纸，多大，如何保管，调卷手续应如何，依照高等法院统一制定之格式。

五、为了办案迅速，减少拖延，今后传案（重要案子和上诉案件）均须县司法处直接派法警传唤。如三次传唤不到者，或者给他方赔偿损失，或者实行缺席判决。

六、清理监所。

（一）对已判决的：1. 非累犯之二流子犯（烟、赌、盗窃）刑期满三分之一以上，守法中表现好的，应予假释，假释后交由该所属区乡政府管教。2. 贩卖毒品犯，应斟酌情形，可易科罚金者，易科罚金，不能易科罚金刑期在二分之一以上者，应予具保释放。3. 通奸案无大影响者，一般可予具保释放。4. 轻微伤害案，刑期在二分之一以上者，可予释放。5. 其他刑期较长之罪犯，如仅留残余刑期，守法中表现好，释放后无大影响者，可以假释。

（二）对未判决的：1. 仅有嫌疑而无证据，罪行未成立者，交保释放继续侦查。2. 罪刑确定，应即交由法庭审理。3. 罪刑确定，但案情轻微，羁押日期已超过应处罚之刑期者，应即判决释放。4. 对因误会而错押的，除应宣布无罪立即释放外，并按其生活确实困难，交由政府予以物质上的补助。

七、加强监所内管教工作。

（一）对犯人的教育，生产时间，应有适当配合，经常检查监所内的卫生和犯人的生活，实行犯人自治，鼓励犯人自我改造。

（二）各县看守所归司法处单独管理，设看守所长一人。

八、对犯人的戒具分手铐、脚镣、捕绳三种。手铐脚镣在犯人有逃跑暴行自杀之虞者，方得使用，而且也不是长久使用，在此种可能没有时，即应解除。捕绳是在逮捕、解送犯人时使用之，但绳头紧度以不使发生逃跑为准则，不能伤损其身体。

九、犯人违反监所规则的处分分四种：（一）批评；（二）开斗争会；（三）减付部分工资或停付全部工资（即减付奖金之一部或全部）；（四）慎独。除上四类外，不得使用肉刑或变相的肉刑。

犯人在守法中表现好的，应予奖励。奖励形式有三：（一）名誉奖励；（二）物质奖励；（三）缩短刑期。名誉奖励包括大会上或墙报上表扬。缩短刑期，系由监所负责人将详实材料呈送本司法机关负责人转呈高等法院批准后方得履行。

十、调拨的县警卫队，数目一定要足够，县司法机关对于他们的使用，应只限于业务上的指派，避免做拉杂事，司法机关的负责人对于他们的日常生活，应十分关注。并且抽时间利用讲课等形式给他们灌输一些必要的司法警察常识。

除上项问题外，相信在实践中，困难还是会有的，希望同志们依据各地实际情况，多多研究具体办法，随时遇到困难，随时商同各个方面设法解决之。

此致

敬礼

代院长王子宜

选自《陕甘宁边区法律法规汇编》，陕西人民出版社 2006 年版，第 79～80 页。

4. 附［报刊报道］：陕甘宁边区高等法院监狱犯人学会纺线分红解决日用品

1946 年 3 月 25 日《解放日报》

【本报讯】边区高等法院监狱去年成立下一个纺织工厂，经过半年的过程，参加生产的犯人都学会了，大家情绪很高，每人每月平均纺头等纱三十余斤（七七纺纱机）。李万德一个月纺了五十余斤。张永秀说："我过去当土匪抢劫老百姓，民主政府捉住我，不但没杀，还耐心教育。我现在学会了纺线，将来回家一定要好好劳动过光景。"

由于建立分红制度，每人每月平均能分七八千元。象（像）郭开文在今年一二两月分（份），就分到四万二千元。这样就解决了他们毛巾、肥皂、鞋袜、纸烟等的供给。还有些人把分得的钱，捎回家中。在三月份，他们自动提出生产竞赛，议定月份生产，以二月为标准，保证增加产量百分之十。保证完成一千三百斤纺棉计划，并且要提高质量，中等纱不能超过百分之十。他们还办了一个生产报，反映每日生产情况，推动生产竞赛。

选自《中国新民主主义革命时期法制建设资料选编》第四册，西南政法学院函授部1982年编印，第338～339页。原注："《解放日报》1946年3月25日"。

5. 陕甘宁边区高等法院通令
——处理命案应收集案内有关之证物与证人之证言由

1946年9月26日

各高等分庭兼庭长、各县司法处兼处长：

查处理命案，案内有关之证物与证言，对案情真伪、量刑轻重，均极重要。对案件发生之原因，及其影响与教育意义，亦有关系。以上各点均与审核定案有关。因此在处理命案过程，凡与该案有关之材料不论物证、人证，均须收集，并须讯证确实，汇集具报，以便核定。否则公文往还，徒费时间。如新宁县闫占海以酒醉花药暗给被害人张新兴服后，乘其昏迷之际，劫财杀害一案。该县于本年三月十八日具报时，仅附抄口供一份，请核定闫占海犯以死刑。经调材料后，五月八日寄来判决书、布告、审讯笔录各一件；经再批调查或讯证具报后，七月十七日寄来该案经过情形之报告一件。凡经本院审核及边府复核之批驳，而历次呈覆，对案内有关之人证、物证，在收集或调查讯问方面，均仍不够。最近边府批字第六〇九号批答，批令调查该案之事项人证，尚有四宗，且关重要。除分令该县详切查明或讯证确实具覆外，合亟通令所属对于处理命案，务须注意收集案内有关事项之证物或讯取证人之证言为要。

此令！

院长　马锡五

副院长　乔松山

选自《陕甘宁边区法律法规汇编》，陕西人民出版社2006年版，第80～81页。

6. 陕甘宁边区高等法院指示信
——司法工作与土改运动的配合问题①

1947年10月28日②

各高等分庭庭长、各县司法处处长、地方法院院长：

兹根据新形势新任务提出如下指示，希研究执行。

一、司法工作与土改运动的配合问题，我们先回忆一下：建立革命民主政权已十几年

① 副标题乃编者所加。

② 本文与该"汇编"第359～361页重复，但后者却标作"1947年11月28日"。

了，我们不能否认司法工作是有成绩的，有创造的，如废止肉刑和无期徒刑，免除讼费，手续简便，就地审判，巡回法庭，重教育不重惩罚用生产改造犯人的劳动规点等，在社会上都起了一定影响和一定作用，但是我们再严格地检讨一下，还非常不够。在这次爱国自卫战争与土改运动中，更暴露了我们司法工作中许多严重缺点甚至错误，特别是司法政策上阶级路线强调不够，重视不够。换言之，即是我们的法是对谁设的，保护谁的利益的，没有明确的与足够的认识。如高院监狱里管（关）押了三百四十六名（今年三月间）犯人内成分统计地主只有十一人，富农只有十二人，绝对多数是贫苦农民。在案情方面：盗窃案件占绝大多数，杀人案件次之，再次就是破坏边区，政治土匪了（当然还有其他案件）。真正压迫剥削农民的地主恶霸，盗取群众斗争果实为非作恶的坏分子在监狱里管（关）押的还是极少数。地主收回土地，重利盘剥农民，并未强调地予以法律制裁，甚至有些干部包庇地主从中取利，也未予以适当的处罚，这就是我们司法工作阶级观点与群众路线不够明确之所致。

土改运动即将开始，有的地方已经开始了，这是翻天覆地的土地革命运动。我们司法工作者要积极参加，坚决地站在贫雇农立场上，提高他们的政治觉悟，发动他们坚决地向地主阶级作无情的斗争。我们要知道，我们的人民解放军拿起枪炮消灭蒋介石是消灭武装的反革命，而我们发动贫雇农彻底平分地主阶级的土地及其财产，是挖掘地主阶级与封建势力的根子，不将根子挖掉，敌人则还未被彻底消灭。因此，我们司法工作者要在当地党政领导下积极参加土改，为贫雇农翻身而斗争，处理日常案件，也以此为基础，予以适当而迅速的处理。

二、组织人民法庭问题：中共中央公布的土地法大纲第十三条规定："对于一切违抗或破坏本法的罪犯应组织人民法庭予以审判及处分"。关于这个问题我们的经验还不多，但它的任务是推动土改运动向前发展，而不是有了这个组织使土改运动、群众情绪受到限制，是可以确定的。人民法庭可使镇压反革命的地主恶霸及制裁坏分子的工作更有系统，更有力量，而不是分散的，不是没系统的，也是可以确定的。

我们领导与组织人民法庭时，主要的还是根据大多数贫雇农意见。要采取什么形式就采取什么形式；要选几个法官，就选几个贫雇农成分的法官（公家人不能超过三分之一，主审也应由当选的法官中推选），大多数贫雇农要给被告什么处罚，就给他什么处罚，我们只能帮助他们调查材料，预先酝酿，把群众中的正确意见发扬起来，则会在人民法庭开庭时意见集中，处理得适当。包办代替，形成官僚机关，或以为群众不懂法律，会办错事情等观点，必须彻底克服。

人民法庭既然是为贫雇农做主撑腰，以打垮地主阶级及恶霸坏分子的威风，使贫雇农彻底翻身的一种工具，我们则要求你们在运动中收集具体材料，总结农民意见，并将这些材料和意见加以分析整理，按时寄到本院来，作为制定真正符合于劳动群众的新法律的根据，再在执行中来考验它还有些什么不适宜处，再根据广大群众意见予以修改，就这样三番两次地收集意见集中起来，才能制定出比较适合于广大群众的法律。屁股坐在敌人的六法全书上，来想为劳动群众服务的观点是绝对错误的，必须彻底纠正。

三、查阶级、查成分、查思想问题。司法工作所以发生错误，其原因除了上面所指出的外，司法工作者的阶级不纯、思想不纯也是最主要的原因，必须予以彻底清查。我们要求各分庭庭长、各县司法处处长、地方法院院长亲自领导有计划的由上而下由下而上检讨司法工作政策、司法工作者的思想和作风，认真检查司法工作者的阶级成分。队伍整编不好，即使有了正确的政策也不能贯彻到底。整编队伍最主要的是搞通思想，我们党与政府是给工人与贫雇农阶级办事，我们是他们的长工，一切站在地主富农立场的思想与行动，必须彻底清算，在清算思想时，应掌握思想要严，结论要宽的原则。过去为非作恶损害了贫雇农利益，贪污腐化，窃取群众斗争果实的分子，除予思想纠正外，并分别轻重，予以纪律制裁。凡阶级异己分子、投机分子及经教育坚决不改的坏分子，必须坚决地清洗出去，如群众要求交他们斗争处理时，经调查实属故意搞坏事情的坏分子，则应无条件地交群众去处理。只有搞通思想、纪律制裁、整顿组织三者配合起来，才能整编好我们的队伍，这是转变今后工作的基本问题，希严格地执行，并将情形从速报告给我们。

除提示上列各项外，为全面了解，另有下列四项，亦希从速具报：

1. 过去因环境关系，未能将死刑案件报告本院转呈边府核批，经过群众公审处决，这是对的。但有的地方秘密处决，事后不向人民公布也不报告备查则是不好的。因此，我们要求你们不但要具体地按每个被处决的犯人的案情成分深刻检讨，总结经验，且给我们来一详细的补充报告。

2. 战争开始时，监内犯人多少，如何处理的，多少死刑，多少徒刑，成分如何，案情如何，经过了什么手续，有些什么经验，群众影响如何？现在还管（关）押多少犯人？什么犯人？现在存有多少案件？什么案件？请报告给我们。

3. 司法工作怎样配合土改运动与自卫战争的？得到了什么经验，组织过人民法庭没有，怎样组织的，怎样才合于群众的要求？最好用实例报告给我们。

4. 将现在司法在职干部详细列表，即行报告给我们。

最后再重复一句，我们司法工作者一定要将队伍整编好，站在贫雇农立场上，为他们翻身而斗争，严格纠正旧法律观点、旧人道主义，在实际斗争中锻炼我们的立场和思想作风。彻底消灭敌人，已为期不远，我们预祝新任务带给你们的新胜利。

此致

敬礼

院长　马锡五

副院长　乔松山

选自《陕甘宁边区法律法规汇编》，陕西人民出版社 2006 年版，第 205～207 页（与第 359～361 页重复）。

7. 陕甘宁边区人民法庭组织条例（初稿）

1948 年[①]

第一条　本条例依据中国土地法大纲第十三条之规定及边区实际情况以及群众运动中

① “三秦法律法规版”未注明年月，“西安法律法规版”标作“1948 年”。

的要求与开展而制定之。

第二条　人民法庭为不固定的第一审临时司法组织，必要时，得就事之发生地点组织之。

第三条　凡破坏或违抗土地改革，或侵犯人民民主权利或敌伪分子危害人民生命财产破坏生产有碍战争者，无论民事或刑事均得依本条例组织人民法庭处理之。

第四条　人民法庭之产生，在土改时由乡农民大会或农民代表大会选举三人或五人，在非土改时，由乡民大会或其代表会选举三人或五人及其县或市（等于县的市）委派二人组织之。并由当选及委派的人员互推主审一人，陪审员、书记员若干人。

第五条　人民法庭受其选举的团体的监督及其所属县或市（等于县的市）政府的领导。

第六条　为便于人民向人民法庭起诉，得由乡农民大会或其代表会，或乡民大会选举三人或五人成立检查小组，担任案件的侦查及向人民法庭起诉事宜。

第七条　在土改及反奸运动中经群众检举之罪犯应交检查小组继续调查，搜集材料，如认为有刑事责任者，应向人民法庭起诉。

第八条　人民法庭有权判决死刑、徒刑、劳役、罚金、没收、褫夺公权、赔偿、当众悔过，及其他民事案件。但如判处死刑时，须事先经边区政府的批准，判处三年以上徒刑时，须事先经高等法院的批准。

第九条　人民法庭判决之案件，应作成判决书送达于当事人，任何一方对判决不服时，得于判决后五日内，向该管第二审司法机关上诉（高等法院及其分庭）。

第十条　判处劳役之人犯交乡政府执行（乡执行办法另定），判处六月以上徒刑之人犯交县司法处执行，判处三年以上徒刑之人犯交高等法院执行，判处死刑之人犯在当地执行，执行死刑一律用枪决。

第十一条　人民法庭应重视证据，绝对禁止肉刑。

第十二条　机关部队人员因违法须交人民法庭处理者，应通知其主管机关将该违法人员送交于人民法庭并派员列席，或指定代表或提供意见。

第十三条　人民法庭之职员应具备政治清白、公正不私、忠实可靠之条件，如有徇私舞弊违法失职者，得罢免另行改选，情节重大者，交人民法庭审判。

第十四条　本条例自公布之日施行，如有未尽事宜，由陕甘宁边区政府修改之。

关于本条例的几点说明

一、关于本条例第一条的说明：

人民法庭是保护人民权益及保障土地改革彻底完成的重要的有力的斗争工具，同时又是镇压一切破坏生产战争，违抗土地改革及侵犯人民民主权利罪犯的重要的有力工具，以边区的情况，不仅在土改时需要，即在群众运动中或平时也需要，如今春我军光复延安等地，对处理敌伪分子中，在新区群众运动中，群众曾有组织人民法庭之要求，在平时处理案件中，为了发扬司法上的民主，教育广大群众，有时也有组织人民法庭的必要。

二、关于本条例第二条的说明：

人民法庭不是普遍建立，不一定每一人民法庭都有案件，以没有案件的地方建立人民法庭，实同虚设，有案件的地方需要建立时则建立，工作完成后就结束，如再有案件，再临时组织，其所以在事之发生地组织，因为在事之发生地点，群众熟悉案件内容，易于调查，及更便于以之教育广大群众。

三、关于第三条的说明：

人民法庭受理案件的范围，不仅能受理有关破坏或违抗土改的案件及侵犯人民民主权利的案件，而且能受理敌伪分子的案件以及破坏生产有碍战争的案件。

四、关于本条例第八条的说明：

要批准制度是由于法律不完备，干部掌握政策不够，为着统一的执行政策法令而设此。

选自《陕甘宁边区法律法规汇编》，三秦出版社2010年版，第75～76页。简称“三秦法律法规版”。

互校版本：《陕甘宁边区法律法规汇编》，西安人民出版社2006年版，第56～57页。简称“西安法律法规版”。

8. 陕甘宁边区人民法庭办事规则（初稿）

年　月

一、人民法庭办理案件应依本规则之规定进行工作。

二、主审人员负审判全责，陪审人员负责审讯口供，调查材料，了解案情及研究群众意见，共同确定判决。书记员负责缮写记录，整理卷宗，保管证据物件。

三、人民法庭执行拘捕、搜索、押解人犯或维持法庭秩序时，得通知各该乡政府派自卫军协助。

四、检查组的人员发现犯罪后或经人民告诉告发者，应到犯罪地点搜索犯罪事实及有关人证物证，必要时召开群众控诉会，然后加以调查，对证研究、整理提出起诉的意见，经征得群众同意后，以书面向人民法庭提起诉讼。并于开庭时当庭口头起诉说明犯罪事实及起诉理由。

五、属于特务性质的案件，先由当地保安机关审查被告犯罪事实，侦讯明白后，应向人民法庭提起公诉。

六、人民法庭接到起诉书后，应即审查全案材料，预先审讯周到，再选定开庭日期、地点，并发出通知，以便人民参加旁听，旁听人员经主审人许可有发言权。

七、开庭审时应根据起诉书，一一讯问，应允许被告有充分辩论的机会，如发现新的证据或事实，一次不能终结者，可再行开庭，唯于开庭前应就发现之新事实或证据再向群众调查，务须于事实完全明了后，才能拟定判决。宣判时，须群众大会宣判之。判决前应征求群众意见，意见统一后再行宣判。

八、判决书内应包括当事人姓名、性别、年龄、籍贯、住址、成分、职业及主要事实理由，最后法庭人员署名及时间。

九、开庭时正面设审判席，作为主审及审判员的位置。公诉人员及书记员列于两旁。

十、上诉时间，自判决之日起，计算方法并应除去在路途的时间。

十一、人民法庭的卷宗及不需要发还本人的证据物件，应交县司法处存档。

选自《陕甘宁边区法律法规汇编》，陕西人民出版社 2006 年版，第 50 页。

9. 陕甘宁边区人民法庭公审规则

年　月

一、凡参加公审人员（指审判检察人员、群众代表及当事人等）均须遵守本规定。

二、参加公审人员应依照指定的位置就座或站立。

三、主审人员对审判程序的开始、进行、秩序、闭庭有一切指挥之权。

四、审讯中当事人之进退发言申辩，须听从主审人员的指挥。

五、参加公审之机关团体代表及群众均有用口头或书面发表对被告处理意见的权利，但用口头发表时须事先报名经主审人员之允许，依声请先后次序发表意见。

前项发表的意见，应力求简单扼要，时间每人发表不得超过十分钟，必要时得经主审人员允许延长之。

六、法庭应保持静肃。参加公审人员不得随便说话喧嚷或鼓掌扰乱场内秩序。

七、参加公审人员自觉遵守法庭纪律，违反者警戒人员提出劝告并制止之。

八、参加公审人员在本案宣判后有向他人宣传与解释判决之义务。

选自《陕甘宁边区法律法规汇编》，陕西人民出版社 2006 年版，第 50～51 页。

10. 陕甘宁边区政府批答——同意处雷双全犯以死刑

1948 年 7 月 18 日

马院长、乔副院长：

复字第七号来呈悉。关于富县雷双全枪杀和活埋退伍军人，刨挖坚壁物资，奸淫民妇，破坏土改一案，同意你处审核意见，处雷双全犯以死刑。

此批。

主席　林伯渠

副主席　杨明轩　刘景范

附：　陕甘宁边区高等法院审核死刑意见书

1948 年 7 月 15 日

被告雷双全，男性，年二十四岁，原籍河南人，现住富县黑水寺，家有人三口，地五百多亩，每年收租十多石，窑两孔，房十六间，地主成份（分）。

被告人雷双全枪杀退伍军人二名，活埋退伍军人三名，刨挖坚壁物品，奸淫民妇，破坏土改等罪，经富县司法处判处死刑，由延属分区专署送核到院，兹拟具审核意见如下：

（一）本案事实：雷双全之父雷震东为著名之反共份（分）子，雷双全反革命行为，更甚于其父。去年三月，该犯在县越狱逃跑。敌人清剿时，曾枪杀我退伍军人李书巷、田凤超二名，活埋贺树章、朱志义、刘义芳三名。抢我马匹枪支、刨挖重要物品多件，收回租子六石、水地二亩、旱地二十亩（两次）。毒杀雷仁义，强霸其妻。因此，群众对于该犯，至为愤恨。要求交给群众处决。富县拟判该犯死刑，呈至延属分区后李专员批注，应处死刑，送交本院审核。

（二）审核理由：经核本案未将卷宗材料笔录等件寄院。判决书内称：枪杀及活埋退伍军人五名。俘马五匹、驴一头、人五名、枪四支、并刨挖我方许多坚壁物品。就判决书所称事实内容论，似该犯勾引敌人共同所为。至违反土改，收地收租，奸淫雷仁义之妻及雷仁义死的不明，又该犯平常用枪威胁群众等情，根据富县判决书，四百多名群众要求枪决雷双全犯，×可看出该犯作恶多端，群情愤恨已极。因此本群众观点，顺从群众情绪，未便拘泥司法程序，故除函知该县补具卷宗材料，说明雷仁义之妻媳二字是否错写寄院存查外。仅就判决书本文拟具审核意见，同意原判及专署意见，处雷双全犯以死刑。是否适当祇请鉴核示遵，以便转饬遵照，原判决书附呈。

此呈

林主席、杨副主席、刘副主席

院长　马锡五

副院长　乔松山

选自《陕甘宁边区政府文件选编》第十二辑，档案出版社 1991 年版，第 152～153 页。

11. 陕甘宁边区高等法院指示信——为指示加强调解，劳役交乡执行，法官下乡就地审判，以发展生产由

1948 年 9 月 1 日

高等分庭庭长、各县司法处处长、地方法院院长：

目前西北革命形势，是解放战争不断胜利，绝大部分老区和半老区，已获得相对安定的环境，有可能而且有必要迅速恢复并积极发展各种生产事业，以便更有力地巩固内部，支援前线。胡匪进攻边区后，所到之处，奸淫掳掠，无恶不作，有些落后群众受威胁欺骗，做了些损害人民利益的事情，引起群众愤恨而至起诉是应当的，司法干部应向群众解释清楚：这些罪恶是胡匪造成的，我们边区群众应互相了解，分别轻重，划清敌友，团结一致，对敌斗争。在此形势下，我们司法工作在群众中的全部实践，就应是：（一）减少纠纷和增进团结。对发生的纠纷，进行耐心的说理和实事求是的调解，使农村劳动力不作无谓浪费，求达集中全力提高生产的目的。（二）判处苦役的轻微罪犯交乡执行，由群众监督其从事生产，改正错误，而不作形式的羁押，同样求达集中全力提高生产的目的，为

此特作如下指示：

一、各级政府和司法机关关于民事案件应坚持调解方针及一九四五年冬边区司法会议决定的调解原则。不论群众、群众团体或区乡政府，进行调解时应注意：（一）双方自愿，不许有任何强迫；（二）要遵守政府政策法令，照顾民间善良习惯，就是说：既合人情又合法理。违反政府政策法令，或迁就民间落后习惯都是错误的，必须予以耐心的说服和纠正。（三）任何人不愿调解或不服调解有权径向县司法处或地方法院起诉。调解不是诉讼的必经程序，不得加以任何阻止或留难。（四）发动群众，主要是当地积极公正的群众，进行周密调查和详细研究，使是非轻重完全符合实际。又适当照顾经济情况，贫苦程度，合理解决。（五）调解是指民事案件。刑事案件，如反革命、土匪、杀人、抢劫、窃盗、拐骗、赌博、吸大烟、贩毒等的危害社会行为须送司法机关审理，一律不准调解；刑事案件，如属因一时气愤或过失引起的轻微伤害，群众不反对调解者，亦得调解解决。（六）要做好上述调解工作，各级司法机关都应当将领导此一工作当做（作）本身主要业务之一，首先利用一切机会教育区乡政府及群众团体工作人员，使他们了解这是为人民服务的具体工作，任劳任怨，负责进行；同时讲清调解原则和办法，帮助解决疑难，通过他们，再领导与帮助群众自己进行调解。为此在组织上：甲、应在可能范围内逐渐建立自下而上的报告统计制度。区乡政府应经常主动搜集调解材料（不论是经过本身调解的或群众自行调解的）汇报县司法处（市的区乡向地方法院），各分庭各县司法处和地方法院在工作报告中应将调解工作列为一项。乙、可考虑和试办在区乡政府中指定一工作人员兼管调解工作，在乡政府及乡农会中各设一不脱离生产的调解委员。丙、可考虑和试办将每一调解案件（尤其是土地案件）写成调解书，以作凭证。形式可以不拘。

二、各级政府和司法机关，关于刑事案件应坚持教育改造方针，判处劳役的轻微罪犯并可交乡执行。交乡执行时应注意：（一）慎选对象：凡初次犯罪，被判处六个月以下劳役（六个月以上者为徒刑）交乡执行无重大影响者，或原属好劳动，估计其回乡后确能改正错误，积极生产者，均可交乡执行。（二）虽同属判处劳役，但属窃盗、赌博、贩毒、吸大烟的屡犯，尤其不务正业的二流子屡犯，不得交乡执行。（三）交乡执行的人犯，由区乡政府负责调剂分配给贫苦无劳力的军烈属生产，其次给贫苦无劳力的工属生产，同时若本人家境贫困者，还可给自己生产一些，饭食由使用者供给，衣物等由该犯自备。区乡政府本身不得使用此种人犯。（四）对交乡执行的人犯，交乡前，应将交乡执行的道理向他解释清楚；交乡后，一方面同样应将交乡执行的道理向群众解释清楚，责成大家切实监督。另方面，继续直接了解表现好的予以奖励或提前免除刑罚，不积极生产或又犯错误的，组织群众予以说理斗争，不听者送回原司法机关看押教育。

三、为做好上述工作，各级司法工作人员应坚持法官下乡，就地帮助调解和进行审判的工作制度或工作方法，实质上就是群众观点和群众路线的方法，因为只有如此，才能实事求是地进行调查研究，不拘形式地进行群众审判和确实解决问题，根据不同的案情，或以调解解决，或以审判解决，或组织人民法庭审理，或邀请群众参加法官自己审理，这种工作方式，不仅足以减少群众时间的浪费，而且足以教育群众，又教育司法工作人员本身。

以上各项，有些已有经验，有些只是开始。已有的经验在新情况下须进一步考证，以求提高。只是开始者，更须慎重实践，以求确切。望各司法机关及司法工作人员加以深入研究，组织试办，总结经验，及时地报告我们。

此致

敬礼

院长　马锡五

副院长　乔松山

选自《延安地区审判志》，延安市中级人民法院审判志编纂委员会，陕西人民出版社2002年版，第364～366页。

12. 陕甘宁边区高等法院通知——为各分庭及县司法处解送人犯来监执行时，希将判决书罪刑通知书，犯人在下边思想表现，填表鉴定等一并带来由

1948年12月3日

各高等分庭庭长、各县司法处处长、地方法院院长：

近来很多县份有不少的送监执行之人犯，在送来时的手续制度上还很不完善，有带判决书或罪刑通知书者，还有不带判决书或罪刑通知书者，还有只带一份人犯名册或只带一个解送信者，致使监狱不能了解送来人犯的刑期起止时日，犯罪案情，在县（庭院）守法表现及对错误认识等，为使今后不发生上述各事，便于掌握人犯思想教育起见，以后凡各分庭县司法处及地方法院送来人犯必须每人带判决书一份，罪刑通知书一份，在你县（庭、院）守法表现鉴定表一份，希遵照执行为盼。

此致

敬礼

院长　马锡五

副院长　乔松山

选自《陕甘宁边区法律法规汇编》，陕西人民出版社2006年版，第81页。

13. 陕甘宁边区政府关于司法方面的指示意见给边区人民法院的函

1949年3月4日

马、乔院长：

兹将刘代主席指示及各委员关于司法方面在边区常驻议员、政府委员及晋绥、晋南代表联席会议上的意见，整理如后，请研究办理为荷。

此致

敬礼！

主席　林伯渠
代主席　刘景范
副主席　杨明轩

（一）刘代主席指示

1. 刑事应以教育为主，非罪大恶极者，应尽量少杀。

2. 切实保障人民上诉自由。

3. 婚姻条例由民厅会同法院，根据中央关于妇女工作决定精神，进行研究修改。

（二）各委员代表的意见

1. 许多司法干部不熟悉司法工作，应认真注意培养教育。（房文礼议员提）

2. 保障婚姻自由，严禁包办、买卖及早婚等现象，尤应加强社会教育，提高群众认识，逐渐禁绝，并须通令严禁缠足。（多数代表提）

选自《陕甘宁边区政府文件选编》第十三辑，档案出版社1991年版，第123页。

14. 陕甘宁边区政府通令——关于各级监委会之组织机构及司法、公安机关之名称等事项规定

1949年3月8日

各行署主任、专员、县（市）长：

兹将二月十五日陕甘宁边区参议会常驻议员、陕甘宁边区政府委员暨晋绥边区代表联席会议关于各级人民监察委员会之组织机构，各级法院名称，审级制度及权限，各级公安机关之组织机构及各级干部任免手续等事项之决定通令如下：

（一）边区政府设人民监察委员会，行署及分区专署设分会，县设县人民监察委员会。边区监委会、行署分会，可设委员五人至七人，专署分会，县监委会可设委员三人至五人，人选应由政府民政、司法、公安机关、同级党委组织部门、军队政治机关与群众团体等部门中之负责人参加。边区、行署监委会设秘书，干事五至六人，分区设三人，县设一人。专司人民监察事项，并着重检察公务人员中违法渎职行为。其具体任务与组织规程，另行通知，望将成立情形，呈报备案。

（二）陕甘宁边区高等法院，改称为陕甘宁边区人民法院（以下简称边区法院），领导陕甘宁及晋南、晋西北行政区司法行政与审判事项。各行政区法院，定名为某某（区）人民法院（如：晋南人民法院），并在各行政区下设之分区设立分庭（如晋南人民法院隰县分庭），行政区人民法院所在地之分区，可不设分庭，其所属各县之上诉案件，由该行政区人民法院直接受理，原陕甘宁边区高等法院各分区分庭，改称为陕甘宁边区人民法院某某分庭（如陕甘宁边区人民法院绥德分庭）；县司法处或市地方法院，改称为某某县（市）人民法院，如延安县（市）人民法院。关于审级规定，县（市）人民法院为初审机关，边区法院为终审机关，陕甘宁边区各分庭，暂为边区法院的代审机关，判决如有不服，可向

边区法院声请再审；行政区人民法院为边区法院终审代理机关，其所属各分庭，现定为该行政区人民法院代审机关，判决如有不服，可逐级向各主管行政区人民法院或边区法院声请再审。

死刑批准权属于陕甘宁边区政府。（甲）晋南、晋西北两行政区关于死刑案件由陕甘宁边区政府暂授权行政区人民法院转各该行署批准，执行后，必须呈报边区法院转呈边区政府备案。如遇：被告对判决不服而声明上诉者，或各该行署政务会议对该案有争执者，必须呈报边区法院转呈边区政府审核确定后执行之。

（乙）陕甘宁边区原属各分庭、各县人民法院之死刑审核程序，仍照原规定执行。

徒刑判决：（甲）晋南、晋西北两人民法院所属各分庭及各县（市）人民法院，凡三年以上徒刑判决，规定由边区法院暂授权各该行政区人民法院审核，一年以上至三年徒刑由各分庭审核，一年以下者，县（市）人民法院得径行判决，不送审核。

（乙）陕甘宁边区各分庭仍照原规定执行。

（三）边府保安处改为公安厅，行署设公安处，专署设公安分处，县（市）设公安局，区、等于区的市设分驻所。

（四）确定行政干部任免手续为：1. 晋南、晋西北行署主任、处长及专员以上干部，一律由边府主席名义任免；县长及行署专署科长级干部由行署主任任免，呈报边府备案；行署各处及专署各科科员，县科长级干部由行署民政处任免；区级干部由县任免。2. 陕甘宁边区行政区仍依现行制度。

（五）晋南、晋西北行政区村（等于陕甘宁行政区之乡）公所，一律改称为村政府。

特此通令，仰各查照执行为要。

主席　林伯渠
代主席　刘景范
副主席　杨明轩

选自《陕甘宁边区政府文件选编》第十三辑，档案出版社1991年版，第126～128页。

15. 陕甘宁边区人民法院组织规程（初稿）

1949年3月①

第一条　本规程根据陕甘宁边区参议会常驻议员边区政府委员及晋绥边区代表联席会议之决议制定之。

第二条　陕甘宁边区人民法院受边区参议会之监督及边区政府主席之领导，独立行使其职权。

第三条　陕甘宁边区人民法院为边区之终审机关，领导陕甘宁及晋南、晋西北行政区司法行政与审判事宜，具体管辖下列事项：

① 原件未注明制定年月，根据前文1949年3月8日改称“人民法院”的通令，推断为该年3月制定。

一、各级司法人员之管理教育事项。

二、民事刑事行政事项。

三、法院监所之设置与变更事项。

四、人犯之教育生产管理及减刑释放事项。

五、不服各行政区人民法院重大之第一审刑事案件之判决，及不服边区政府直辖市人民法院第一审民事刑事案件之判决或裁定而上诉或抗告之案件。

六、不服各行政区人民法院第二审判决或裁定而声请再审或抗告之案件。

七、死刑判决未经上诉之审核案件。

八、公安厅移送处理之案件。

九、边区人民监察委员会提请处理之案件。

十、边区政府主席交付处理或交付复审之案件。

十一、特别重大案件之审理。

十二、对未成立行政区人民法院之区域三年以上徒刑之审核事项。

十三、关于民间调解事项。

十四、其他关于司法行政及审判事项。

第四条　陕甘宁边区人民法院设院长副院长各一人。院长之职权如下：

一、领导并检查各级司法行政与审判事宜。

二、召集院务会议司法人员会议。

三、领导本院日常行政与审判之进行。

四、重要公文之判行。

五、领导本院人员之学习。

六、司法干部之配备、使用、奖惩、保健等确定。

第五条　陕甘宁边区人民法院副院长协助院长执行职务，院长因故不能执行职务时由副院长代行其职务。

第六条　陕甘宁边区人民法院下设四部：

一、民事法庭；

二、刑事法庭；

三、行政处；

四、监狱。

第七条　民事法庭刑事法庭各设庭长一人，在院长领导下，领导各该庭行政及审判事项。行政处设处长，监狱设典狱长各一人，在院长领导下各领导各该部门之日常行政工作。

第八条　民事法庭受理民事案件之审判审核及有关民事之抗告案件。

第九条　刑事法庭受理刑事案件审判审核及有关刑事之抗告案件，

第十条　民事法庭刑事法庭受理之案件有牵连者得商同处理之。

第十一条　组织巡回法庭就地审判，由民事法庭、刑事法庭抽派人员参加。

第十二条　行政处下设研究室、一科、二科、三科、四科。

第十三条　各行政区人民法院设院长、副院长各一人，下设行政处、民事法庭、刑事法庭分监等部门。行政处设处长、副处长各一人。分设文牍、总务二科。民事法庭设庭长副庭长各一人，审判员书记员各若干人。刑事法庭设庭长副庭长各一人，审判员书记员各若干人。分监设典狱长副典狱长各一人，典狱员若干人，医生一人，警卫队若干人。

第十四条　各行政区下之分区，除行政区人民法院所在地不设置分庭外，其他各分区均设分庭，分庭设庭长（由专员或副专员兼）副庭长各一人。审判员一人，书记员二人。

第十五条　各县（市）人民法院，甲等县与乙等县均设院长（院长可由县长兼）副院长各一人，书记员一人，看守员一人。丙等县设院长一人，书记员二人，看守员一人。

第十六条　各行政区人民法院为陕甘宁边区人民法院终审代理机关，由陕甘宁边区人民法院暂授权审核所属各分庭各县市人民法院三年以上徒刑之判决，及管理所属各分庭各县（市）人民法院之一切司法行政工作。

行政区人民法院除再审不服所属各分庭二审判决而声请再审之案件，并直接受理重大之第一审刑事案件与受理不设分庭之分区的二审案件。

第十七条　在各分区所设之分庭，为各该行政区人民法院的代审机关，除审核所属各县（市）一年以上三年以下之徒刑判决，及管理所属各县的一般行政工作外，并受理不服所属各县（市）人民法院判决或裁定而上诉或抗告的民刑事案件。

第十八条　各县（市）人民法院受理各该县（市）第一审民刑事案件，对一年以下徒刑案件得径行判决，不送审核。并加强对区、乡政府、群众团体及群众调解工作的领导，进行对一年以下徒刑人犯及处劳役之人犯的教育工作。

第十九条　死刑批准权属于边区政府。晋南、晋西北行政区死刑案件，由陕甘宁边区政府暂授权行政区人民法院转各该行署批准，执行后必须呈报陕甘宁边区人民法院转呈边区政府备案。

陕甘宁边区原属各分庭各县人民法院或司法处之死刑判决仍由陕甘宁边区人民法院审核呈陕甘宁边区政府批准执行后，须呈报陕甘宁边区人民法院转呈陕甘宁边区政府备案。

第二十条　本规程由陕甘宁边区政府联席会议通过施行。

选自《陕甘宁边区法律法规汇编》，陕西人民出版社 2006 年版，第 51～53 页。

16. 陕甘宁边区人民法院工作细则

1949 年 3 月①

第一章　通　则

第一条　为建立工作制度，提高工作效能，贯彻政策、法令，特制定本细则。

第二条　本院业务，在院长、副院长领导下进行之。

第三条　本院办公时间，每日规定为八小时（星期日休息），在办公时间内，不得擅

① 原件未注明制定年月，根据前文 1949 年 3 月 8 日改称“人民法院”的通令，推断为该年 3 月制定。

离职守，假日采用值日制，值日规则另订之。

第二章　公文

第四条　本院之正式公文，以院长、副院长名义行之，法庭之传票、提票、拘票、搜索票、判决书、裁定书等，得分别以庭长、审判员、书记员名义行之。

第五条　往来公文，统一由收发员收发，各部门各应制订本部门的收发文件登记簿以便稽查。

第六条　一般公文，最迟应于收到五日内办理完毕，情况复杂者，亦应迅速办理。民刑各庭的案件处理，亦应在照顾生产原则下迅速为之。

第七条　公文之校对、监印、封发、归档等，统归行政处分工办理，办理规则另订之。各部门应于每月初五日前，将上月之已结文、卷整理装订后，移交归档，工作必需时，得经各部门主要负责人及主办审判员签名、盖章，遵守档案室规则调阅之。档案室规则另订之。

第八条　行政公文之起草，判例之草拟，报告之批答，有关材料之收集与统计，编印刊物以及公文之传阅等工作，统由行政处办理之。

判决书及审件之审核，由法庭办理之。

在监人犯之释放、假释、减刑、外役等文件，由监狱办理之。

第三章　会议及报告制度

第九条　院务会议及庭、处、监狱会议，每两周一次；科务会议，每周一次；全院工作人员会议，每月一次。

上列会议，遇有必要时，均得召开临时会议。

院务会议之记录、整理、传阅与保管等，统归行政处办理。

第十条　民、刑庭、行政处及监狱等部门，每月终向院长、副院长书面报告工作一次，报告内容，应扼要简明。各科向各部门主管负责人，每周口头报告工作一次（临时汇报例外）。院长、副院长每两月向边区政府主席书面报告工作一次。

第四章　案件接收及处理

第十一条　凡用公文、呈状上诉者，由行政处长接收；当事人亲来上诉者，由收发员接收后，依据案情性质，属于民事者归民事庭办理，属于刑事者归刑事庭办理。

法庭收案后，由庭长分发各审判员办理之。

第十二条　审判员接办案件后，应协同配置之书记员，于三日内决定进行处理之办法，进行中需用之传、拘、提、押等票，由主管审判员签名盖章行之，但属于调卷及非决定性的文稿等，可由庭长执行之。

第十三条　一般案件之讨论，各庭长主持处理之。如遇重大复杂且涉及重要政策、法令之案件，得提经院务会议决定之。

案件之处理，得先宣判，后拟判决书，但对和解、认诺、舍弃、撤销等案件，可由庭长、主办审判员酌情处理，事后补发。

第十四条　上诉当事人到庭时，如无特别事故，应随时接见，三日内开庭审讯，但有特殊原因者例外。

第十五条　法庭开庭时，除在侦讯中禁止旁听外，其余审判，得公开准许旁听，旁听人须遵守法庭秩序，及服从维持法庭秩序之指挥。

主办审判员退庭后，得征询旁听人之意见。

第十六条　法庭设法警若干人，在主办审判员指导下专事对诉讼当事人之接待、调查、传、拘、搜索、查封、扣押、找保、提送人犯，以及送达文件等工作，其服务细则另订之。

第五章　人犯之管理及教育

第十七条　凡延属各县一年以上，陕甘宁各分区二年以上之徒刑犯，一律集中边区监狱管理教育之；晋西北及晋南行署所属各县一年以上，各分区二年以上的徒刑犯，解送行政区监狱管理教育之。未决人犯，一律归看守所管押，看守所规则另订之。

第十八条　人犯之管理，采用自管自教，人犯得按住地或工作性质编为若干队，队设队长；下按窑洞分为若干组，组设组长。队组长统由人犯民主选举，典狱长批准。在不违背监狱规则条件下，准许一定范围之自由活动，监狱规则另订之。

人犯所带之非日常必需品财物，交监狱一科保存，出狱时交还，如有少欠，保存人员负责赔偿。

第十九条　教育人犯以生产及思想教育并重，生产实行分红与奖金制（办法另订之），生产卫生及娱乐等工作，经过俱乐部推动之。

第二十条　已决犯如有不服第一审所为判决，经典狱长审核认为理由充足时，得商同法庭准其上诉。

第二十一条　人犯之接收、登记、提押、检查、调做零工等，一律依照监狱规则进行之。

第二十二条　人犯之释放、假释、外役、提前释放等，首先由在监人犯酝酿讨论，再提交监狱一科研究后，以书面呈请院长、副院长核准为之，假释、外役、提前释放之详细办法另订之。

第二十三条　撤销外役、加刑、减刑、撤销假释等，由监狱提出意见，经院长、副院长批准后为之。

第六章　生产及供给

第二十四条　监狱内的生产由本院进行农、工业、运输业及作坊业生产，统归行政处管理领导之。

第二十五条　本院之供给标准及供给制度，在生产节约原则下，遵照财政厅规定，由行政处负责执行之。

第七章　其他

第二十六条　本院之干部坚持每日二小时学习制，每半年实行民主奖评一次。

第二十七条　来往客人之接见，一律经过收发室。

第二十八条　各工作人员之请假，均须由各主管上级负责人批准。

第二十九条　行政处、民、刑庭及监狱等部门，得各指定一人兼理本部门关于办公用具之领取与干部生活之照顾等日常事务工作。

第三十条　本院及监狱、看守所的警卫规则另定之。

第三十一条　本细则经院务会议通过，呈请边区政府主席批准后施行之。

选自《陕甘宁边区法律法规汇编》，陕西人民出版社2006年版，第53～55页。

17. 陕甘宁边区政府命令
——关于规定司法收入统归财政

1949 年 4 月 16 日

各行署主任、专员、县（市）长各分庭庭长、地方法院院长：

历年来各地对于司法罚款之处理极不统一，有的作为地方开支，有的自收自用，很少交归大公与报告上级司法机关，影响统一财政收入。兹决定一九四九年之司法罚款，包括各级公安机关各级政府及各级司法机关之一切没收及罚款收入，一律作为边区财政收入，各级政府及司法机关无权动支或挪用。所有罚款一律须按月解交各该级财政处、科，索取正式收据并造具报告表，逐级分别呈报上级机关。各财政处、科收到款须按期寄交财政厅审核转帐（账）。希即遵照执行为要！

此令。

主席　林伯渠
代主席　刘景范
副主席　杨明轩

选自《陕甘宁边区政府文件选编》第十三辑，档案出版社 1991 年版，第 240～241 页。

18. 陕甘宁边区人民法院批答——为批答绥德分庭及子洲、佳县、吴堡三县之三月份月报表由

1949 年 4 月 25 日

绥德分庭并转各县司法处处长：

绥德分区各县之三月份月报表至今才收到分庭及子洲、佳县、吴堡三县的。未寄来的有清涧、米脂、绥德三县，仰即转饬速寄本院。米脂县从今年一月起即未填造过月报，应严格纠正这种不重视报告制度的无政府无纪律现象，尊望速将一、二、三月份之月报表补寄来院。

为了简便手续，即时了解下情，在上月的综合批答中已规定，月报于每下月初五日前填就发出。一份寄分庭，一份直寄本院，望遵照执行。

现收到的四份月报表，在填造上一般的尚无不妥处，其中以分庭及吴堡县为好，填的确实，字迹整洁，现只将从该月报表中看出的婚姻问题提示如下：

一、吴堡县处理婚姻案件，一般地说是正确的，掌握了婚姻自由与反对封建的买卖婚姻的原则。将二次买卖婚姻，以妨害婚姻罪论处是对的，所以在一个案件判决离婚之后，司法机关应主动地负责地责成区乡政府监视其今后的婚姻不准再行买卖，更重要的是发动

群众监督、检举。二次买卖之财礼应坚决没收，严重者应予刑事处分，并应召集群众会处理，以教育提高群众，吴堡县对李玉成诉宋永泰的二次卖女案就是这样处理的，这是消灭买卖婚姻应有的严肃态度与步骤，值得推行。

二、如女方是个二流子，不正派或以不正当的方法请求离婚（如诬告其翁翁强奸），我们的干部往往是把这些事情与婚姻问题混同起来看，或以一个问题处理，这是不对的。女方不正派是一个问题，男女之间情感不合又是另一个问题，不能以女人不正派等为借口，而不去看其双方之基本条件，即是否情感根本不合，如情感根本不合应准予离婚，女人不正派有各种原因，应进行教育或予适当处分。有的女人不正派的原因或许正因为其夫妇感情不和。如女人诬告其翁翁强奸应以诬告另行处理。如分庭处理米脂县宫正英上诉李永厚等二人请求离婚案，事实是米脂宫正英与夫关系不睦并以男方殴打虐待为理由提出离婚，并诬称其翁翁有强奸伊之情事，借以造成离婚理由，经初审判决不准离，女方因来上诉，如何处理中写“以女方所称理由欠充分，尤以污乃翁强奸为不妥，因此仍维持原判不准离婚”。如果宫李二人情感确是根本不合，男方并有殴打虐待行为应准予离婚，如感情并非根本不合，仍可继续同居，又无殴打等行为时，可不予离婚解劝回去。但在如何处理栏中的：“尤以诬称乃翁强奸为不妥，因此仍维持原判不准离婚”来看，是将诬告与婚姻问题混为一谈，这样处理是不妥当的。至于该案实际情况如何与处理是否正确，纠属另一问题。

三、子洲县三月份即收了十个婚姻案，并均予解决。处理得尚无大的缺陷。该十案有六个案件是由于灾荒关系，或因男方出走不归，生活无着而另行嫁人，或因女方出门乞食而与他人结婚，在处理这类案件时应尽力用说服解劝办法使女方仍与前夫同居为好。如情感确已破裂应本婚姻自由原则来处理，不应居然均判归前夫为妻，特提出希注意。

四、与买卖婚姻制度斗争的一个关键，首先应搞通干部思想，从干部做起，违者，应坚决执行法令，绝不能迁就。佳县某区组织科长吕世珠干涉其姐吕伟伟的婚姻自由（吕与常明显离婚后自愿与常文才结婚），并将吕伟伟及其夫常文才二人擅自捆打、这种封建思想（包办）与国民党作风（捆打人）是我们不能容忍的，佳县对吕世珠等非法捆打，包办婚姻予以严格训诫并准吕伟伟与常文才婚姻有效的处理是对的。并应以此教育其他干部。

以上所提望多加研究并贯彻到我们具体的办案中。各县对本院所作批答如有意见及有出入的地方均望即时函告本院，以便更加改进工作。

再，此批答写好后，米脂县一、二、三月份及绥德县三月份之月报表已寄来，待后单独批答给该县。

此批

院长　马锡五

副院长　乔松山

选自《陕甘宁边区法律法规汇编》，陕西人民出版社 2006 年版，第 233～234 页。

19. 附［工作经验介绍］：马锡五院长在延（安）大（学）做《关于司法工作中几个问题的报告》

1949年5月陕甘宁边区人民法院印发

一、什么叫做法律？新法与旧法有什么不同？

二、边区法律的特点

（一）阶级性（二）民主性（三）革命性（四）强制性（五）科学性（六）灵活性（七）主动性

三、边区司法工作的检讨

四、司法任务与干部修养

附：延大学生提出的问题，分类归纳答复

一、什么叫做法律？新法与旧法有什么不同？

法律是统治阶级压迫被统治阶级的一种斗争武器，即统治阶级以武装力量强制他人执行其法律。法律也可以说是国家的意识形态。国家的意识形态，就是国家的形式表现出统治阶级之思想意识来的意思，因为法律与国家一样，是保护一定统治阶级利益的工具。资产阶级的法学家把法律解释为“法平如水，除恶报善”，这完全是欺骗人民的说法，是掩盖阶级本质的说法。人类社会中，自从有了私有制度，即有了法律，法律是一定社会组织结构中的上层建筑物、因为法律又是跟随着人类社会组织结构的变迁与人类经济生活样式的改变而变更着。社会上没有超阶级的国家，当然就不能有超阶级的法律，因为斯大林说：“在奴隶制度下，‘法律’容许奴隶主打死奴隶，在农奴制下‘法律’‘只’容许农奴主出卖奴隶。在资本主义制度下，‘法律’‘只’容许劳动者临于失业和贫困，临于破产与饿死”。

国民党的六法全书，和一般资产阶级法律一样，以所谓“人人在法律方面一律平等”的面貌出现——就是说以掩盖阶级本质的形式出现。但在实行上，在统治阶级与被统治阶级之间、剥削阶级与被剥削阶级之间、有产者与无产者之间、债权人与债务人之间，没有真正共同的利益，因而也不能有真正平等的法权。六法全书是在民初聘请的日本人草拟的，再加上国民党卖国政权和各帝国主义国家所签订的许多卖国条约，其法律是浓厚的学（带）着殖民地的封建的色彩，因而它只能是保护地主与买办官僚资产阶级反动统治的工具，是镇压与束缚广大人民群众的武器。

新民主主义的法律是保护以工农为主体及各阶层民主人民大众的利益为己任，而反对与镇压地主买办官僚资产阶级的武器，根本没有一点与国民党六法全书相同的地方。如国民党六法全书对于封建的与半封建土地所有权、和以四大家族为首的官僚资本的所有权都加以周密的保护，而新民主主义的法律对于那些既不加保护，而于土地改革后，把封建的半封建土地所有权变为农民的所有权时，对于农民的所有权才加以保护。于蒋管区解放后，把以四大家族为首的官僚资本所有权变为人民公共的所有权时，对于人民公共的所有权即新民主主义的国营企业才加以保护。因之，我们的司法工作者，对此必须有明确的认识与理解，才能在工作中运用自若。然而对新旧法律本质的认识与理解，仅凭抽象的学理方面转圈，会是十分不够的，必须还在另一方面——即是说要从实践施行中，给予社会的直接作用与反映方向去求得补充才可。也就是说，要请事实来做证人。陕甘宁边区的选举条例中，明文规定：不分民族、阶级、性别、宗教信仰、文化程度等，除反革命及依法褫夺公权者外，凡年在十八岁以上居住边区境内者，都有选举权及被选举权。而国民党选举法中，对于被选人则有文化程度上的限制，没钱人念不起书的人，就得不到文化程度，所以文化程度的限制，实质上就是限制没钱人参政的。三十年七月陕甘宁边区政府颁布的施政纲领第七条规定要“改进司法制度，坚决废止肉刑，重证据，不重口供。对敌伪分子，除坚决不愿改悔者外，不问其过去行为如何，一律实行宽大政策，争取感化转变，给以政治上、生活上的出路。不得加以杀害、侮辱、强迫自首、或写悔过书。”在三十六年战争开始后，对叛变或投敌分子等又规定：“首恶者必办，胁从者不问，立功者授奖”的处理原则，这些规定与原则，与国民党“宁叫害死一百，不叫放走一个”的做法，是有原则区别的。

此外，在边区的土地法、地权条例、租佃条例、债务处理办法、破坏金融法令、陕甘宁边区各级政府干部奖惩暂行条例、保障人权财权条例、婚姻条例等，都是依据革命斗争实际的要求而制定和逐渐修改提炼成的法条。因之，这些法条的基本精神，与广大群众的实际利害是密切结连的。同时也为群众所了解和自觉遵守的。譬如农村中的口角，劝解不听时，便说“不要吵”，开会讨论，谁的态度不好，便说“同志，边区不准人压迫人”，谁的话上带了些不干净，便说“边区不准骂人”，不服判决上诉，都是常见的事情。

这种例子举不胜举，总之新法与旧六法全书是从头（产生）至尾（效果）有本质上的区别，完全没有相同的地方，这样便证明了法律是阶级的产物，不是象（像）资产阶级（中国国民党在内）所谓：“神圣不可侵犯”的超阶级的东西。政权掌握在地主官僚资本家手里，便用法律来镇压与束缚广大的劳苦人民，政权掌握在无产阶级领导的以工农为主体地各民主阶层联盟专政者的手里，便用法律来镇压少数地主买办等反人民分子，因为法律又是为阶级利益服务的工具。

二、边区法律的特点

（一）阶级性：我们边区的政权是新民主主义政权，无产阶级领导的以工农联盟为主体的人民民主专政，所以她的法律，也是保护各民主阶级，首先是工人阶级和劳苦农民阶级利益的法律。同时为了各民主阶级的利益，确实得到保护，对于以四大家族为首的，历来以压迫剥削为主的，封建的地主阶级及官僚买办资产阶级不得不消灭之。但在一时尚未具备消灭地主阶级条件的地方，也有暂时采取削弱地主阶级的政策，即减租的政策，这是边区的阶级性也叫原则性。

（二）民主性：按封建的地富阶级，其人口在全国总人口里仅占百分之七，八，而我们现在所要消灭的，只是以四大家族为首的封建地主阶级和官僚买办资产阶级，则其人口在全国总人口中所占的比例更要小，就是说我们所要压迫的人是极少数，所要保护的是绝大多数。在全国范围内即占其总人口百分之九十以上，所以边区的政权，现在在世界上，除苏联以外是最民主的政权，这就是法律的民主性。

（三）革命性：我们所要压迫以四大家族为首的封建的地主阶级和官僚买办资产阶级，其目的即在消灭极不合理的，半殖民地半封建的剥削制度，因为那种不合理的制度，在现阶段妨碍着群众生产的发展。请看山东沂县张庄张太天的遭遇，就知道那种不合理的制度，对于群众生产的发展，妨碍到什么程度。张太天的父亲领着娘儿四个，住在张庄，自己五、六亩地、又种着太平庄前楼院四臭肉（地主的外号）的十来亩地，喂着一个小牛，好年好月的还能过得去，收庄稼时，从打到场上的堆儿看还不少，怪喜人，可是每当何掌柜（地主四臭肉的狗腿）拿着账本来分场时，心里总冷了半截，每年分场时，张太天的父亲怕何掌柜在四臭肉跟前说坏话，夺了地，所以在分场之前照例先从自己的粮堆里，量出一斗来，“孝敬”何三爷，再从公堆里量出一斗给何三爷□着，对天盟誓，不管谁都不准讲，掌柜才来分粮，扬过场的粮食不准搅和，下风头的孬粮食秕子都给自己留下，上风头的好粮食分给东家，场上剩下来的一碗糠，一小堆乱酿也得平半分，最怕人的是分完了场之后，何掌柜的又掏出账本子来要“分子粮”，分子粮是吃一斗还四斗，每年春天不吃不行，要是吃了三斗，收庄稼时，就得还一石二斗，年成稍微一孬，粮食在场上就光了。有一年张太天的父亲分完场之后，还剩下一升麦子，张太天的母亲一直冷到心，直象（像）刀绞一样的难过，她拼命不让眼泪流下来，横着心把粮食拨弄拨弄，对何掌柜说：“这一升粮食也算是咱孝敬四老爷、四奶奶的吧！”何掌柜不客气地把场收拾得干干净净，老两口亲眼看着，自己一滴血一滴汗辛苦一年的粮食，自己一粒也没剩下，在这样的制度下，不要说改良生产，发展生产了，就连原来的生产力也不能继续下去了，由于这种不合理的制度，使广大群众生活不下去了，起而反对他（它），我们即根据这种意见把群众组织起来，并加以领导，把这种不合理制度，一定要打破，一定要消灭。把封建地主阶级的土地所有权，分派给农民，重新建立一个新民主主义的制度，即无产阶级领导的以工农联盟为主体的人民民主专政的制度，在这种制度下，时常用农贷组织变工、调剂种子、奖励开荒、改良农作法等等政策，以改良生产方法，发展生产，所有这些都规定在发法律上政策上，这就是边区法律的革命性。

（四）强制性：我们对于以四大家族为首的封建地主阶级，要坚决消灭。这是已经确立了的政策，我们消灭地主和官僚买办资产阶级虽然是只消灭其阶级，不是消灭地主和官僚买办资本家的肉体，除罪大恶极者外，在分配土地时，还分给他们以相等于贫雇农的一份土地，但他们自来是不参加生产的，所以在没有把他们改造成劳动者之前，他们对于他们自己的前途是非常悲观的，拼命反对我们，反对我们的政策，我们对于这种反革命行为，是要予以严厉的制裁的。再则，所有战争罪犯，假如能按毛主席所提出的八项条件解决时，当然可以征求群众的意见，不加处罚，假如他们不顾八项和平条件，对于建筑物、工厂等滥加破坏甚至放毒气者，我们的法律是不能允许的，一定要严办的。

（五）科学性：我们的法令政策，是群众斗争的总结，边区政府只是用立法或决定的方法承认群众斗争的合法性。并对于其斗争的经验，付之以法律的总结。所以，边区的法令政策，是从群众中来的。为扩大群众的拥护所要求的。至群众那些斗争经验，变成了法律之后，为了确保群众的利益又用它（指法）来指导群众的斗争，同时在用它指导群众斗争时，对于其正确性，又能得到证明或修正。这就是边区法律的科学性。

（六）灵活性：灵活性即策略性。同时偷人有的是为了生活所迫，不得已而偷人的，有的是为了不满意我们的政策，要破坏我们的社会秩序而偷人的。纵然他们所犯的罪一样，所偷的东西也不差甚，可是他们犯罪的性质是有原则的分别的。所以我们对于这两种人的犯罪，态度是不一样的，对于前者就处罚的轻，或不处罚而予以安置；对于后者就处罚的重，而且必然要处罚。同时，为了不满意我们的政策而偷人，而且偷的东西也不差甚。有的被我们捉起来，经过我们教育之后，就转变的快，有的就死不转变。始终和我们对抗，我们对于这两种人的态度也不一样。对于前者处罚的轻，对于后者，就处罚的重。就是判决了，判了一样的刑期，对于前者就可提前释放，对于后者就不能提前释放，就是他的刑期已满，假若还没有改造过来，应当提出交乡政府监督改变。对法律的灵活性更提高一步，也叫做具体妥当性。就是按具体情形而处理妥当的意思。

（七）主动性：我们边区有些法令不仅是公布一下就算了事，还要主动的向群众宣传，启发群众，教育群众，至群众之觉悟已经提高而且掌握了法令政策的实质时，即组织并领导群众向反动制度作斗争。而且用那些法令来指导斗争，这就是边区法令的主动性或积极性，也可叫做斗争性。

所有这些阶级性、民主性、革命性、强制性、科学性、灵活性、主动性就是边区法律所具有的特点，总括起来说，就是原则性和教育性。假如我们能掌握了这些特点，并把它贯彻到实际中去就是我们的司法政策，可是掌握这些特点，却不是一个很容易的事情，因为旧社会那种不合理的制度给社会造下一种不良现象，即不说真话的现象。一般人把这种现象叫做“人情世故”。假如有人只会说真话，而不会见什么人说什么话，那必然要被人骂你不懂世故人情，再加以经济的压迫常常使某些问题由一种假象表现出来，更使你把握不住事情的本质，如本讲义以后所举镇川六乡白四娶小老婆的问题，其本质明明是霸占民妻，而其表现形式却是自愿婚姻，所以我们办理案件调查事实，搜集证据，固然是重要的，可是通过事实的现象，并以阶级观点分析事情的本质是更加重要的。

三、边区司法工作的检讨

边区高等法院，在1942年高干会以前，曾指示过各县于判决时，要批判的引用六法全书条文，六法全书也曾用做司法人员训练班的教材，虽然当时说是批判的引用，批判的讲授，但考试测验中，根据把六法全书背诵默写的熟即可多得分的结果，是鼓励了六法全书的采用，于是各县司法处都买到一本六法全书，视为奇货。虽然运用时，大多数是先确定案情，然后套引条文，但“依法办事”的思想与六法全书有它“进步的一面”的认识方法，即占着支配中的相当作用，虽然时间只从42年下半年起至44年春就得到党的纠正，但纠正并未彻底。

纠正为什么不能彻底呢？因为有的同志把法律与武器做比，武器拿来可用之打敌人，那么引用六法全书的某些条文，作为向阶级敌人斗争的合法武器为什么不可以呢？另外有些同志，认为六法全书有它的“进步性”（?）起码在技术上值得参考，譬如1945年高等法院起草民、刑法时，曾抄写六法全书的不少条文，当时没有懂得国民党六法全书，它和其它反动的法律一样，不能不多少包括某些所谓保护全体人民利益的条款，他（它）们包括这些条款的用意，并不意味着保护人民利益的真实性，而是为了保障其基本的阶级利益（财产与政权）安全起见，不得不在某些条文中，一方面照顾一下它的同盟者或它的试图争取的同盟者的某些部份（分）利益，以期巩固其统治；另一方面不能不敷衍一下他的根本敌人，劳动人民，企图以此来缓和反对它的阶级斗争。因而不能因为六法全书上有某些似是而非的所谓保护全体人民利益的条款。便把它看作反动的只是一部份（分），而不是基本上不合乎广大人民利益的法律，应该认识到法律正和国家本质一样，恰是阶级斗争不可调和的产物和表现，它本身是一套系统的成文，正如俗语所谓“一株树上不能开两种花”的道理是一样的，因之六法全书是在基本上不合乎广大人民利益的法律。必须果断地给予废除。

从策略意义上说，不能因为我们在引用中犯了毛病，便肯定的说在抗日时期，利用国民党法律中有利于人民的某些条款，来保护或实现人民利益要求的做法是不正确的，因在反动统治下，利用反动法律中个别有利于群众的条件，来保护与争取群众的利益要求，并向群众揭露反动法律本质上的反动性，是常常需要的做法，因之无疑的是正确的，可是不能把一时策略上的行动，解释为我们在基本上承认国民党的反动法律，或是认为在新民主主义政权下，能够基本上采用国民党的反动的旧法律。今天一切条件都起了质的变化，今天的政权性质，是无产阶级领导的，以工农联盟为主体的人民民主专政的政权，这一政权的性能是为人民大众谋利益的组织，因之人民的司法工作，不能以六法全书作依据，而应以人民的新法律作依据。

那（哪）些是我们的新法律呢？陕甘宁边区已有成文的土地法、债务法、婚姻条例、保障人权财权条例、减租减息条例、惩治贪污条例、破坏金融惩罚条例等50多种，都是处理案件的法律依据。他（它）们今天的缺陷是没有系统性——这是过去解放区分割斗争的必然结果，因之在人民的新法律还没有系统颁布之前，则应该以共产党的政策以及人民政府与人民解放军所部颁布的各种纲领、法律、命令、条例、决议作为法律依据，谁要是违反纲领，法律、命令、条例、决议上的规定，谁就是犯法，应该受到制裁。可是我们今天司法干部，并不能把纲领、法律、命令、决议的精神，掌握与运用的那么合嵌，相反常常不左即为右，譬如各县呈来审核敌伪死刑的共57件，但得到边府主席批准的只有18件，占呈报数的不足三分之一，即是说有三分之二的犯罪者尚不应该处死，这表现了过左的一方面；另一方面太右了，如在调解问题上，把赌博、拐骗等刑事案件，也用调解了结，而宜川去年共处理婚姻案30多件，没有判决一件离了婚或解除婚约。他们的作（做）法是“以前是怎样定下的，都是合法”“以人情（按即指落后的买卖婚姻等）为第一，照顾政策法令”，他们把这没当作错误，相反的还自誉为“这些作（做）法，都是群众所欢迎的”。因为如何正确的把政策决议等的精神，运用到案件的处理上，是需要努力的问题。

司法工作中的第二种偏差，便是司法机关把自己的工作，局限于应付诉讼——审理民刑案件，不能离开案件，只怕乱司，于是不告不理，而没有懂得司法任务是广义的，多方面的，主动的，而不是不告不理的被动。苏联制度中把不完成工作计划，也列入犯罪行为中，因之为了提高业务，今后在司法行政方面，必须做下列事情：

（1）干部的教育培养与提高。

（2）任务的布置、检查与总结。

（3）新法制的宣传与教育。

（4）刑罚的执行。

在审理方面，必须做下列事情：

（1）案件之受理。

（2）案件之了解。

（3）研究准备处理意见。

（4）案件终结等。

四、司法任务与干部修养

司法任务是把政策的执行具体化。因之我们的司法干部，必须一方面：应该经常以蔑视和批判国民党六法全书及其它一切反动法律法令的精神；以蔑视和批判一切资本主义国家反人民法律法令的精神；以学习和掌握马列主义毛泽东思想的国家观法律观及新民主主义的政策、纲领、法律、法令、条例、决议、办法等，以提高自己的理论知识、政策知识、法律知识与工作知识水平。另一方面：必须懂得工人、农民、小资产阶级等各联盟阶层的个性、特质、情绪、要求、生活、习惯等，才能为人民服务的好，因之我们的司法干部，必须注意如下各方面的修养：

1. 对案件处理要客观：把案情的是非曲直、真伪虚实，必须进行客观的分析与判断。不能凭主观的推测与“想当然”，必须站稳为人民办事的立场，但不能机械地死搬与硬套条文；必须实事求是，不能冤屈一方。譬如对婚姻问题的处理，一方面要认识千百年的封建压迫力量，一方面又要执行现行法令。同时每一案件中间的变化性是很大而很复杂的，谁要简单或粗糙从事，谁就会犯了错误，因为必须学习唯物辩证的方法，才能把案件办理成公平合理，冤抑分明。

2. 要有群众观点：群众观点是阶级观点，就是用阶级观点来分析问题、处理问题。革命的司法者，如果不拿阶级观点来分析问题，必然会成为群众运动中的绊脚石或顺风草。因为在阶级社会里，剥削阶级常用人工的方法（即压迫的方法）使某些问题，不能表现其本质。镇川六乡有个地主姓白，因为他是第四，所以人们叫他白四。他现在已经50来岁，他小婆1945年和他结婚时才19岁，这小婆本来有丈夫的，她原来的丈夫比她大两岁，自她和白四通奸后，每天就和她丈夫打架、生气、闹离婚，继经伪国民党政府判决离婚后，她就嫁了白四，作了小婆。从这个现象看，谁能说这个婚姻不是自由自愿的？至镇川在土改时，白四早逃跑榆林，群众就斗争其大婆和小婆，斗争当时，有人曾质问其小婆为什么不要年青的丈夫，硬要50来岁的老汉（她原来的丈夫，不是六乡人所以没参加大会）？她说，她原来拿了白四些钱，不跟人家，人家就要钱呢，土改过后，据说白四的小婆，将其亲生的小孩交给大婆，她又和原来的丈夫团圆了。从这个事实来看，她原先和她丈夫打架、生气、闹离婚，那只是出于被迫无奈，绝不是自愿嫁老汉，甘心作小婆。现在我们的政权固然是无产阶级领导的以工农联盟为主体的人民民主专政，但现阶段还允许有阶级的存在（按现阶段的客观条件也不能不允许其存在），有阶级的存在就不可避免要有阶级的压迫，如三月五日人民日报所载郑州私营豫中打包厂非法尅扣工人工资，即其一例。因此革命的司法者，如果不拿阶级的观点，分析出问题的本质，而只从表面现象（即假象）来处理问题，那么你在群众运动当时，不成为群众运动的绊脚石，你就不在群众运动当时，也只能是追随着表面现象打转转的顺风草罢了。

3. 办案要走群众路线：如果离开群众，任何所谓的“天才家”也不可能把工作做好，因之革命的司法工作者，必须面向群众，随时征询群众的意见，倾听群众的呼声，设身处地的体会群众的感情与要求。

真正的群众观点与群众路线，不是形式的，下乡去走几趟；或尾巴主义的放任，就能够做到的。而是要认真的关心群众，提示群众，与群众打成一片。如发现群众或个别干部的行动，违背了政策法令时——譬如打人、乱罚、捆人、买卖婚姻等，应该是苦口婆心的说服他们改正，说服他们遵守政策法令行事，而不是放任不管，熟视无睹，也不是顺风旋转，盲目的服从，只有对于严重说服不改正者，方用法律制裁。

4. 要学习时事与政治：法律服务于政治，而政治又在变化中发展着，如不关心时事，如不能了解政治动向与发展规律，便不可能有效而灵活的掌握与运用法条，发挥法制精神的革命作用，便会成为一推一转，不推不转的近视眼。因而司法工作者，必须学习理论，学习党报以及党的各种指示等，用理论知识党的政策知识等，把自己武装起来，才能懂得事情的规律。按事情规律来处理，才能使工作不犯错误或少犯错误。

5. 要艰苦与冷静：要把案情的始末与因果，得到透彻的了解，并不是轻而易举的事情，必须多方调查，周密思考、研究、判断，有时走弯路、白费力气的情况，常常免不了。个别的犯罪行为与个别当事人狡赖、欺诈、不老实、不正派、甚至缠讼等，常常会使你不入眠、冲动、生了气，但冲动与生气只能表现自己的缺乏涵养与无能为力，于事情处理本身毫无裨益。相反常常由之会产生成见或偏见。把事情弄成不合适，因之司法干部，必须要有宽大的胸怀、冷静的头脑、艰苦的作风。

6. 要奉公守法：奉公守法是每个革命者应有的高尚品质。国民党的以及一切反动阶级的法官，可以吃钱卖法、可以和律师狼狈为奸、歪曲是非的作（做）法，当然我们是反对与摒弃的。那么我们司法工作者的一言一动，就必须是清廉正直、奉公守法。那么绥德分区的一个裁判员打了人、自然是不对的。富县把虐待迫使儿媳投了井的一个婆婆，只受押了一个月而释放了，也是不对的（应判刑）。吴堡县不制止张乔氏埋张宏恩的浪费（杀几口猪，大请客）迷信（请和尚诵经）的封建式的遭人命埋法（张宏恩系土改左偏下被人报复而死的，主犯已判了徒刑）。也是不对的。我们要做公证的评判员，我们要用自己的奉公守法，来惩治别人的不奉公守法，教育与改造别人奉公守法，古语所谓“己不正焉能正人”也是这个意思。

必须做到这些方面的修养，才能成一个好的司法工作者。

延大学生提出的问题，分类归纳答复如下：

（一）属于司法组织方面者

1. 在专属所在地，设立高等法院分院，院长由专员兼任；县之地方法院院长由县长兼任。其行政负责人兼任司法，是否会妨害司法的独立性？将来是不是此种制度有变动？

答：专员兼分庭庭长，县长兼司法处长，并不妨碍审判的独立。因为专员与县长没有个人打算，不是国民党式的“一切从个人出发”的官僚；同时有广大人民的民主监督，共产党的坚强领导，因之不会有妨害之虞。而且认为在现在情况下，专员与县长，对所辖分区或县的全面情况，较司法干部了解的更全面清楚些，同时他们的理论修养也比较高，把握政策也比较稳，那么处理的问题，自然会周到而合适些，因而兼任比不兼任的好处比缺点更多。自然这种兼任制，是暂时过渡状态，适合于现在情况下的措置。将来情况起了变化后，自然随之也要改变成适合新情况下的组织形式哩。

2. 法院机关的组织及民主立法机关的关系如何？

答：法院院长由议会选举，受议会监督。

3. 检察处与司法是否各自独立？

答：是在密切地配合下，各尽其职。

4. 新区的旧法院，如何处理？

答：接收。接收后名称改为人民法院。旧职员经审查，分别录用或发落。有犯罪行为者依法处理。

（二）属于法例方面者

5. 全国解放解放后成立联合政府，是否即在成立联合政府期间规定新民主主义的法典？

答：联合政府成立后，召开全国人民代表会议，制定宪法及法律，至于那（哪）一天制定颁发出来，不得而知。

6. 在新法典未制定前是否需要制定一种比较完整的，合于新民主主义各种政策的法？

答：已有单行案例，不足或需要修改者，自然应继续制定或修改，但在全国新宪法未颁发前，要制定一整套的法不可能，自也不合程序。

7. 目前各解放区所适用的各种审判条例，是否统一？由何机关制定？抑各区各自由边区政府制定，彼此不相关？

答：现在各解放区施行的法例，是根据各地的工作进度，斗争情况的要求，以及经济、地理、民情等条件出发制定的。因之都带有相当的地方性，这是由于各解放区不同发展下的必然产物，并没有什么奇怪。但必须肯定地说：这些地方性的法例，其基本原则与基本精神是一致的。这是由于共产党的统一纲领与政策所决定的必然性。

8. 边区既有单行法规，关于法条的解释是否属于高等法院？

答：为了保证各法规，不被灵活运用而影响到原则，因之解释之权属于边区政府。

9. 对土改前的继承权，如何处理？

答：这类事实不多，处理的办法，得依据具体家庭经济状况（包括成分在内）来决定。

10. 关中有地主典当下农民的土地约50多年，依据伪法律，农民不能回赎，我们去时，农民的契约已失，管事人已死，群众不敢来给农民证明，而农民将问题提出，我们怎么办？

答：国民党伪法上的一切规定，对我们都没有效力。“时效”自然也在没有效力之内。我们认为“典地千年活”的原则是适合广大人民利益要求的。至于没有契约，可用深入地调查研究方法，与教育启发群众的方法，自然可以找到人证或物证来的。

11. 伪政府所颁布的民法，在边区是否能适用，或部分适用？

答：一律不能用。

12. 边区的成立［文］法，有无法定之立法程序？

答：由议会及其代表会，都可立法。

13. 关于城市的商业纠纷问题，是否还要依据蒋区的商法？假若商法不能用，又怎么办？

答：蒋党的商法无效，应依据我们工商业政策处理。

（三）属于审判方式者

14. 边区高等法院审判条件，是否采用合议制？

答：采民主集中制。

15. 边区有人民法庭，其犯人由群众审判，是否有使用感情用事的危险？

答：在群众的愤怒下，个别的冲动或粗鲁是很难免的，但有党、政的正确领导，多数群众的民主，以及司法人员们在场等条件，即有个别冲动，也不可能形成作用。

16. 我们审讯犯人，是否也用肉刑？用什么方法使犯人不得不承认他犯了法？

答：禁用肉刑，着重调查研究，搜集材料与说服被审者坦白等方法。

17. 司法程序，是否亦系先由检察院侦查后，由公审审理？有无辩护律师及旁听等？

答：依据案情来决定。对重大破坏人民利益的案件，可由公安机关侦查起诉，边区没有律师；即到新解放区后，也不拟准律师辩护，但边区群众团体可代做辩护。

案件侦查时，不得旁听，审判时当然准许旁听。

18. 马锡五审判的方式其内容如何？

答：就地审判，不拘形式，深入调查研究，联系群众解决问题。

19. 陪审制度在中国是否合适？

答：据经验还合适，且为群众欢迎。

20. 审判时由法官单审呢、还是会同与该犯有关的大众共审呢？

答：采用什么形式，依案情而决定。

（四）属于刑诉方面者

21. 投敌犯是否算政治犯？有无斗争情形，采取那些方式？

答：我们没有政治犯，只有刑事犯。刑事犯的科刑，按事实论罪。

22. 对反革命及特务的处理态度如何？

答：首恶者必办，胁从者不问，立功者受奖。

23. 对土匪盗贼之类人、如何处理？

答：根据犯罪情节而确定。

24. 成分不同的人，犯了同等之罪，是否同样处理？

答：除战争罪犯外，一般犯同等罪过的人，应受同等的处理。但与犯罪者本人对所犯错误的认识程度与改进能力等具体情形，可有不同的变动。

25. 到新区对通奸与强奸的事件，怎样处理？

答：通奸与强奸都有罪，但具体地处理，应依具体的案情决定。

26. 对奸夫［妇］害本夫的事件，如何处理？

答：奸夫［妇］害本夫自然有罪，治罪轻重，决定于案件的具体情况。

27. 关中农民因看水浇地，互相争水，被打伤残、打死人命的事件，怎样处理？

答：边区没有这类事件发生。新区如遇到时，自然要根据案情，决定处理方法，有罪者当然应治罪。

28. 贼娃子偷人时，被主人看到，因顾及名誉及利益，杀死主人，怎么办？

答：科刑轻重，要根据具体情节而定，但确因饥寒交迫，出于不得已者，不一定判处极刑。

29. 区乡干部贪污事件、是否要交出赃物，并押起来，给以刑罚？

答：赃物应当退出，干部贪污，应加重治罪。

30. 对贩卖大烟及赌博，应采用何种办法办理？

答：大烟及赌具没收，人应受处罚。吸烟者应戒绝烟瘾。至于具体处治，应依据具体情节而定。

31. 苏联十月革命时、提出“废除死刑”口号，以后也将死刑废除了，我们为什么不提出这口号，以后新中国的法律，是否要有死刑存在？

答：苏联提出废除死刑，是在1947年，不是在十月革命时，我们今天不能废除死刑，将来当然可以废除。

（五）属于科刑方面者

32. 刑罚减轻是非常之对的，可是能否制止使人民少犯法律呢？

答：刑罚本身，即带有宽大与镇压两个方面，对首恶与顽固者严、对胁从与盲从者或为生活所迫而犯罪者宽。制止人民少犯法律的办法，即要从解放人民、教育与提高人民方面着手。

33. 罪犯在判决后，若接受教育很快，由学习证明已真实改悔者，原定徒刑，是否可以减轻？或斟酌情形让其出狱、分发工作？

答：已决犯接受教育，证明悔改者，服役后特别好或有功者，可减刑或提前释放。

34. 边区以犯何种罪者为多，原因何在？

答：现以敌伪分子最多、其次是盗匪。原因都是由于蒋胡匪军侵扰边区的结果而产生的。

再次是奸杀等案，这与封建残余的婚姻关系的存在，有密切联系。

35. 对国民党内的囚犯，解放后如何处理？其罪行是否减轻或有加重者？

答：一般地说对贪污、杀害人民的分子，不应该立即释放。对那些青年学生、贫苦工农，以及所谓政治犯等，应审查后释放，必要时还应给以救济。

（六）属于婚姻方面者

36. 离婚需要些什么条件？应该向民众宣传。

答：一般地说：离婚没有什么条件。如因父母包办买卖婚姻等造成的感情不和，经劝说无效者，即可准许离婚（但军属另有规定）向群众当然应当宣传。

37. 在诉讼法上看到法院受理案件，以婚姻不满形式诉讼者为最多，其社会原因，在于买卖婚姻仍然存在，其具体情况如何？如何消灭此种现象？

答：婚姻案件之多是由于买卖婚姻存在，法令未贯彻，甚至有些干部也没有深刻的了解，因之消灭的办法，只有教育群众。教育干部发动干部带头等方法，以逐渐实现之。

38. 边区犯重婚罪的是否有？如何处理？

答：群众中有重婚罪者，如一夫几妻者是，但经教育后，已做到一夫一妻制，干部绝不许有重婚者。

39. 农村中夫妻过不在一起，及抗工属家庭妇女和老人搞不在一起，应如何处理？

答：军工属与老人搞不在一起者，可以分居。

（七）属于监狱方面者

40. 普通参观人员，何以不准与犯人接谈？

答：不是不准接谈（对未结案犯不能谈，以保证侦讯工作的完成）而是不准乱谈，但不准秘密谈。允许有组织的公开的谈。

（八）其他问题

41. 对婆婆虐待儿媳，当你解说无效时怎么办？

答：主要地用说服、劝解，重者又劝解无效时，得给以处罚。

42. 城市的律师制度，解放后是否让其存在、理由如何？

答：不准用律师，因为他不能代表人民的利益。不能为人民谋利益，相反，他们是替有钱有势力阶层谋利益，而“助纣为虐”的欺压人民。

43. 法院现有工作人员的成分，以那（哪）种人为最多？

答：以工农及知识分子为最多，——其中也有学过法律的大学生。

44. 要求旁听审判情形。

答：旁听是允许的，因为我们的审判是公开的。

按西北政法学院抄件转抄打印。原注：1979 年 11 月 20 日抄自陕西省档案局 全 15 号宗卷 0150 号。

20. 陕甘宁边区政府批答
——准将私立法专学生及西大法律系部分学生动员至西北人民革命大学司法班学习

1949 年 7 月 22 日

马、乔院长：

同意将私立法专学生及西大法律系部分学生连同旧司法人员，送至西北人民革命大学学习，并由你处派干部前去协助领导。

此批。

主席　林伯渠
代主席　刘景范
副主席　杨明轩

附：

陕甘宁边区人民法院呈

林主席、刘代主席、杨副主席：

在延安时延大司法班之学员三十余人，现已分配工作，为适应革命形势迅速发展的要求，司法班须继续开办，以培养大批的司法干部。旧司法人员经审核，准许学习者二百三十余人。大荔分区调来初中程度的学生三十人（现正帮助支前工作），以上二百六十余人，私立西北法政专科学校原有学生一百八十余人，现报到者九十余人，要求参加司法班学习，情绪极高。因此，我们意见：可通过其学生会号召学生自动报名到西北大学司法班学习。除这部分学生外，再在西大动员法律系学生（据调查今年暑期毕业者五十余人，尚有未毕业者一百二十余人）五十人，将这两部分青年知识分子合为一个班，连旧司法人员准许学习的二百三十余人，大荔分区送来的初中学生三十人，共约四百人，经过审查予以长期学习，培养为新民主主义司法干部。又西安解放现已二月，对旧司法人员的处理已于上月底宣布，凡准许学习者每日上午来本院集体学习半日，情绪很高。关于旧公务员的训练虽原则上已有决定，均集中西北革命大学，但至今校址问题尚未作最后决定，不能很快的开学，对时间上是一大损失。如再这样拖下去，便会影响学习情绪，特提以上各节，敬请示遵。

此致

敬礼！

院长　马锡五

副院长　乔松山

一九四九年七月

选自《陕甘宁边区政府文件选编》第十三辑，档案出版社 1991 年版，第 430～432 页。

21. 陕甘宁边区人民法院司法工作报告

1949 年 10 月

8 月间接到中央法委会未冬电示后，即收集了 17 种材料，并按电示各节写了报告，对老区的一般情况虽可看出端倪，但因时间仓促，未经边府党组研究，以致写的很散乱，有些问题欠全面或有不妥之处，现根据边府党组研究精神重新整理，将边区十几年来司法建设中几个主要问题及新区案件情况陈述于后：

一、组织机构与诉讼方面

陕甘宁边区是党中央与毛主席直接领导的区域，在全国说又是一个最老的解放区，经过了土地革命、抗日战争，又经过边区自卫战争，发展到现在，已基本上解放了大西北的变化多端的地区，司法工作虽于某些时期在组织形式上为了统一战线有所改变，但在司法政策与制度上，则是具体实施新民主主义的政策与制度，废除了国民党封建的保护大地主大官僚买办阶级利益的旧法律。

1. 司法组织机构，苏维埃时期是三级两审制，轻微案件以区裁判部为初审，县裁判部为终审。重大案件以县裁判部为初审，省裁判部为终审，中华苏维埃西北办事处设有司法部。领导陕北、陕甘、陕甘宁 3 省的司法工作，但不受理案件。

双十二事变后，统一战线形成，中华苏维埃西北办事处撤销，各省县区裁判部亦同时取消，成立陕甘宁边区高等法院，为边区终审机构。县设审（裁）判员，受理初审案件，是为两级两审制。1942 年边区政府成立审判委员会，受理不服高等院判决案件。1944 年宣布撤销。该时期为三级三审制。1943 年为了便利群众诉讼，县设司法处。除延属分区外各分区设高等法院分庭，为高院的代审机关。分庭庭长由专员兼。县司法处长由县长兼，今年2月各县（市）改司法处（地方法院）为县（市）人民法院，为初审机关，各行政区成立人民法院，为终审机关，并领导所辖各县人民法院。如晋南人民法院、陕北人民法院（院长刘耀三、副院长赵建国），及后来增设之甘肃人民法院（院长史文秀、副院长焦胜桐），宁夏人民法院（院长刘汉鼎），青海人民法院（拟派周玉洁担任现正准备启程），（新疆虽获解放，尚未派去司法干部），又同受陕甘宁边区人民法院领导。西安市设市人民法院（院长任扶中），由陕甘宁边区人民法院（院长马锡五、副院长乔松山）直接领导，故陕甘宁边区人民法院为西北司法最高领导机关，最高审判机关。边区没有司法部，所有司法行政与审判皆由边区法院负责领导与审理。司法干部均由民政厅与边区高等法院协商配备。分庭审判员、边院审判员及科长以上干部，呈经边府主席任免，县审判员由民政厅任免，边院院长由参议会选举。为了慎重处理死刑，边府成立司法委员会，由主席、副主席、民政厅长王子宜、教育厅长贺连城、秘书长常黎夫组成之，主持死刑案件之复核。凡拟判处死刑的案件，先由司法机关将材料呈分庭转边院审核，边院提出意见，转呈主席，在主席复核前由司法委员会拟具意见送请复核。

陕甘宁边区在过去只有1个监狱，直属县1年以上的徒刑犯，非直属县2年以上的徒刑犯，均送边区监狱集中教育。边区监狱（典狱长赵生英），现移西安。晋南行政区两个监狱（一设运城、一设临汾）。陕北行政区1个监狱，设延安（典狱长党鸿奎），对人犯集中教育改造，成绩均著。兰州监狱、宁夏监狱、青海监狱，因初获解放，尚未接到报告，典狱长及工作情况不详。

边院设秘书处，下分4科1室：一科管理干部，二科管理批答、报告、月报、统计、收发、档案、监印、校对、善写等文牍工作，三科管理行政区监狱及各县看守所人犯管教工作，四科管理生产总务工作，研究室管理各种政策法令，材料的收集与研究判例的整理等工作。审判方面设民事刑事两庭。监狱下分3个科1个医务所，一个警卫队，一科为文牍科，二科为管教科，三科为生产总务科。

边区的检察制度：1937年在高院设有检查［察］员，1941年春正式设立检察处，1942年精简时撤销。1946年夏又成立高等检察处，是年冬自卫战争开始，干部他调，检察处无形中撤销，至今尚未恢复。

西安市及各行政区法院组织大致与边院相同，但秘书处只设两个科：一科为文牍科，二科为生产总务科，不另设干部科典狱科，亦不设研究室，其工作均分别由一科管理。

各分庭庭长由专员兼，另置副庭长1人，审判员2人，书记员3人。各县法院院长由县长兼，另置副院长1人，审判员1人（丙等县）至3人（甲等县），书记员2人至4人，看守长1人，看守员1人，但特等县（如长安县有50余万人口）除院长副院长外，则须有审判员6人，书记员7人，看守长1人，看守员2人。

2. 诉讼方面：陕甘宁边区虽无明文的诉讼法，但完全废除了国民党反动法律的烦琐限制，我们不收讼费与状纸费，口头诉与书状诉有同等效力，贫苦不识字的人民要求司法人员代写书状，即可代为书写，手续简便，人民不因讼争而倾家荡产，实为群众所拥护。

我党又早有明文规定：废止肉刑，对人犯不加侮辱，重证据不重口供，各级审判机关均能正确掌握，坚决执行。我们的审判方式是不拘形式的，因此，我们用事实又打垮了国民党黑暗的压迫人民的反动法庭，我们的法庭是用说服教育讲道理，使当事人心悦诚服，自觉的讲出事实，求得合理的判决。凡重大有教育意义案件，即采取召集群众公开审判，或就地审判，或组织人民法庭，或由群众、群众团体、有关机关选举代表参加陪审。如汽车工人压伤人，则请工会选代表参加陪审。妇女离婚、继承或受虐待，则请妇联参加陪审。商人违法走私，则请商会选代表参加陪审。由农民之间的重大案件，如土改清算恶霸等，则请农会选代表参加陪审。光复延安后，审判反革命分子张永泰、毕光斗时，即由群众选员陪审，召开公审大会方式审判。西安解放后，抢案迭出，公审陈元喜时是群众选出代表参加公审会，并选代表参加陪审。群众可以作证，可以提出处理意见，这种民主的审判方式，大家有意见都搬到桌子上来，法官要采纳群众的正确意见，是一种极成功的审判方式，既可提高干部政策观点，又能教育群众懂得政策法令，一步步的做到群众自觉遵守法令减少案件。同时也可提高法院及群众团体在群众中的信仰。法官在审判时是本阶级利益的代表者，判决以后他又是代表政府政策法令的执行者，这样的民主审判，既合政策法令又能照顾人民进步习惯，方能合情合理的贯彻政策法令的执行，也才能保护人民的利益。

其次是调解与审判结合，调解工作在老区是收到很大成果的，减少了民间诉讼，增进了团结，对发展生产支援前线，起了相当作用。但也走过弯路，1945 年前笼统的规定“调解是诉讼的必经程序”，发生了三番五次的调解，强制调解。又提出“调解为主，审判为辅”，将不应调解的窃盗、赌博、虐待致死的案件用调解去解决，反而引起这类案件的增多。以上偏向均在 1945 年冬推事审判员联席会上予以纠正。制订了调解原则，明确规定“调解不是诉讼的必经程序”，调解必须双方自愿，不许强迫，但又规定“适合民间善良习惯，照顾政策法令”则有欠妥之处。1948 年光复延安后在给各县的指示，改为“遵守政府政策法令，照顾民间善良习惯”。同时又指出：凡不是地主霸占农民土地，高利盘剥的民事案件，均可调解，刑事除因一时气愤的轻微伤害外，凡赌博窃盗虐待儿媳等重大案件，不得调解。解放西安后，3 个月来，西安市人民法院民事案件 180 件，调解的占 52%，上诉至边院的民事案件也调解了×件，过去在伪法院里打了 10 年官司未解决，三区南四府街饭铺经理范文章与面店王书奎因代购面粉案，经宣传司法政策的同志用 3 个钟头即调解了解（结），双方很满意，群众认为这才是人民的法院。西安市七区区长对调解工作认真负责，每月调解的案件在百件以上，起诉到法院的只有 1 件还是由该区提出意见，由市院同意，后仍由该区调解解决。这说明审判与调解结合是正确的。但有些案件经过调解如不能成立，即用审判方式结案，以免拖延时间。有些案件经过审讯，原则可以确定，但只为了一口气，当事人不服或有小的争执，再配合以调解，或指定专人去劝解将理摆在明处，案件也就可以顺利解决了，群众也深为感动，有一群众说：“过去打官司花钱还得受气，又误工夫，状子到衙门，不知哪年才能解决，我今年到市法院去告状，没花一个钱，法官叫我坐下还喝了两碗开水，问清楚后，给我写信要到区政府解决，2 个钟头就解决了，人民政府真会办事。”

刑事方面贯彻了宽大政策，实行教育改造，废除了国民党的以杀止杀，刑期无期的报复主义，除罪大恶极坚决不改悔的首恶分子必须处以极刑外，一般的均不处极刑。边区最高徒刑为 10 年，废除了无期徒刑，但革命基本上已在全国胜利，更要少杀人，最高徒刑可改为 20 年。在判刑上我们是非常慎重的，死刑须经边院审核后转呈主席批准，一年以上徒刑须经分庭批准，3年以上徒刑，须经行政区法院或边院批准，同时在科刑时，不是单纯的就事论事的法律观点，必须研究人犯的犯罪因果关系及犯罪动机与社会根源，同时照顾到双方经济情况，不能掌握阶级观点，科刑也会失当的。

二、案件情况

陕甘宁边区的民刑案件，关于老区的与过去无大变化，已详本年7月工作总结报告中。现将新区民刑案件情况分述于后：新区司法机关成立不久，人员缺乏，工作不够熟练，制度尚不够健全，所得材料颇不全面，只根据片断的统计材料，作为初步研究：

1. 民事方面：根据大荔分区7县及“三原耀县本年6、7两月份案件统计，民事共有287件，内婚姻有115件，占总数40%；债之纠纷86件，占总数30%；土地案件37件，占总数12%；其余继承、房屋、物权等都是少数”。西安市解放后，随着社会秩序的日益安定，案件逐渐增多，该院6、7、8月份，民事案件统计共419件，婚姻140件，占总数32%；债之纠纷117件，占总数28%；租赁62件，占总数14%；其他案件是少数。现将主要案件分述于后：

甲，婚姻案件发生的原因及处理原则：发生的原因有的是从小父母包办，买卖订婚，或童养到男家，年长后，因不满意而提出解除婚约；有的为了重婚娶妾，感情意志不合，或虐待遗弃而提出离婚；也有的为了寡妇再嫁，他人出为（面）干涉，以及敌军属离婚等。而实则还是封建的强迫包办及买卖婚姻，与男女政治、经济、文化不平等所生的结果。

城市婚姻案件，除与乡村有共同的封建关系原因外，就是官僚资本主义经济的发展，有些达官巨商重婚纳妾，较乡村为多。其次群众文化较高人口集中，易于接受新思想，因之在解放后敢于提出离婚，反抗封建的婚姻制度。

与婚姻有密切关系的另一种现象，就是因奸杀人、拐骗等案件发生的很多，新区没有详细的统计，以陕北作例：陕北各县6、7、8月份杀人案共36件，内因通奸及婚姻杀人案18件，因霸占虐待杀人案4件，共22件，占总数61%强。新区拐骗案是相当多的，追其原因仍为婚姻不自由而不满意婚姻所致。

我们在老区处理婚姻案件应放手大胆，凡感情意志基本不合，无法继续同居者，即应判准离婚，不应再有所迁就，或照顾贫雇农而不准离婚，这样会更易发生不幸事件，不过在处理方式方法上应当灵活耐心，可多召开群众座谈会，激发群众认识，应当离的就离，对群众是有好处的。同时应发动干部起带头作用，首先干部家庭不准买卖婚姻，在新区——尤其是大关中一带，文化较高，只要讲通道理，应当离的就判准离婚，群众也是易于接受的。而贯彻进步的婚姻法令，保障婚姻自由，从简单的处理案件中着手总是消极的，积极的方面还在从政治上、经济上、文化上，提高女子权利，男女平等，封建的买卖包办婚姻才易于根除。

乙，债权债务纠纷发生原因及处理原则：债之纠纷比较复杂，其原因亦很多，如在敌人统治时期有一种是以银元实物行息放账，或无利借贷及买卖等所积欠的商业债务；有一种是民间典当土地、房屋及押租金等，积欠的特殊形态借贷关系；还有一种是烟土账、赌博、婚礼等非法债务。前一二种因币制改革物价波动很大，债权人请求偿还，有的因缺乏适当标准折合，有的债务人过穷无力偿还，也有人狡赖不还，我们处理原则：对第一二种性质的债务，是依债的性质和以往所得利润，社会经济变更情形，及双方当事人经济状况决定。总的精神是反封建剥削照顾贫苦，保护工商业发展生产，繁荣社会经济，不轻易按破产处理。烟土、赌博、婚礼等非法债务，一般的法律上不予保障。不过有的（如解放区人民在我贸易公司买烟土，去蒋管区出售的烟土账）须根据具体情形允其私下调解。

丙，土地纠纷：经过土地革命与调剂土地的地区，这类案件是很少了，在新区里是所有权、租佃、地界及典价折合问题。对这些案件的处理原则从耕者有其田出发，依照总的土地政策，具体按照双方土地经济情况，有地的让给无地的，地多的让地少的，不是先让庄内与四邻，而是“种地3年亲如母”，处理的方法尽力实行调解，按照具体情况适当解决典价折合，是按照人民银行牌价，参照具体经济情况解决之。时效问题，给贫苦人民以很大限制，我们拟废止时效，因一般的说，出典房屋、土地的人，绝对多数是穷人。

丁，房赁纠纷是城市普遍存在的问题，不仅是租赁、扣押（指房借钱典当等性质），而出租的剥削关系上也有封建与资本主义性质的两种。据调查西安房屋的占有人和出租人有以下几种：(1) 资产阶级大商人有许多房屋出租，并买大块地皮招市民盖房，约定过几年后，将房归地皮主，专门以此为业。(2) 官僚资本家、土绅恶霸、地富分子看到房赁高，货币贬值，专造房屋出租。(3) 公有房屋出租。(4) 破落的地主和商人专依靠出租房屋维持生活。(5) 自己房屋用不完或因经济困难挤出部分房屋出租。前三种有的是有权有势（过去）勾结官府高额收租欺压群众，这也是半封建社会的必然产物。后二种可说是资本主义性质剥削，现在解放了，又产生两种不同情况，一种是承租人，对有权有势的人，过去受过欺压，现在请求减租或抗不交租，一种是较贫房主过去受过房客的欺压，或积欠旧租不给，现在告房客清偿租金，或交了的押金，因现在币制改变引起了纠纷的有很多。也有一种在敌统制时期市民有的典当房屋，有的指房借钱，现在出典人或出当人请求回赎典当物，因货币改变，物价波动，典权人与当权人不放赎而涉讼的也很多，对这些问题的处理，我们是本着发展生产繁荣城市原则下，一方面保护私人房产正当收益，令房客交纳房租，另方面反对高额的收租和无正当原因解除租债关系。对押金的处理，仍是照顾主客的合法利益下，折实价还，及指押金折抵房租，延长住房时日。

2. 刑事方面：

老区和新区各县的司法干部虽大部健全起来，而差不多都是新提拔的没做过司法工作的同志，因此，报告制度与统计工作做的都很不够，故未能统计出全面的数字来。现只根据陕北三个月统计，西安市三个月统计及新区部分县一个月统计，将几种主要案件作初步的分析，借资参考：

①几个刑事案件情况

甲，陕北各县7月份刑事案件统计（缺延长、靖边、安边、榆林、神木、神府、横山等县）：

案别	破坏民主政权	杀人	土匪	窃盗	烟毒	诈欺	贪污渎职	妨害风化	伪造文印
件数	49	57	13	57	34	13	15	9	7
百分比	12.04%	14%	3.19%	14%	8.3%	3.19%	3.4%	2.2%	1.7%
备考									

妨害公务	妨害自由	破坏法令	赌博	伤害	妨害家庭婚姻	诬告	其他	合计
5	5	17	11	26	42	5	45	407
1.23%	1.23%	4.17%	2.73%	6.38%	10.32%	1.23%	11.1%	100%
						走私犯法逃避公差		

注：原件排列有误，数字不符。

乙，西安市人民法院六、七、八月份刑事案件统计：

案由	杀人	抢劫	诈欺	窃盗	烟毒	贪污	妨害家庭婚姻	侵占	伤害	合计
件数	20	61	23	40	27	7	22	7	36	
百分比	6.17%	18.8%	7.09%	12.3%	8.33%	2.16%	7.08%	2.16%	11.11%	
备考										

案由	拐骗妇女	强奸	妨害自由	破坏金融	伪造文书	妨害秩序	其他	合计
件数	25	2	1	15	2	1	33	324
百分比	7.71%	0.61%	0.3%	4.62%	0.6%	10.30%	10.18%	100%
备　考	其他，为虐待、触电自杀、无名尸体							

注：原件数字不符。

丙，监狱

犯人经三个月的短期教育，就派到山上烧木炭、截木板。当时没派警卫队去监督他们，他们自动完成了10万斤木炭的任务，并截了几百丈木板。这些都是我们正确的执行了争取改造政策，才获得的。到了今年才恢复了三十里铺红寺农场及南泥湾的稻田，重新建立了纺织厂。据陕北法院报告生产成绩很好，现已达到菜蔬完全自给，粮食部分自给。

自西安解放后，边区监狱移至西安，从7月22日起迄9月16日止，共接收已判决人犯277人，根据我们的统计材料看来，这批人犯有如下几个特点：第一，以犯罪类别看抢劫犯最多，占53%，其次是窃盗犯占13.3%，烟毒犯占9%，诈欺犯占6.9%，再其次是破坏金融占5%强。有这些都是受了剥削阶级意识的影响所形成的犯罪，其他一般刑事犯罪占的比例很少（详附表乙）。第二，以犯罪人职业看，散兵游勇最多占23%强，其次是商人占20%，手艺工人占19%强，再其次是小贩苦工、无业游民、农民及旧公职人员。

根据我们了解的材料看，这批人犯内有过去犯罪经伪监狱执行期满释放者，如范九如等人。在解放前陕西第一监狱经胡宗南批准释放的犯人已查明的有柴志忠（以参加青年军不愿出国被处无期徒刑）、张金标（以贪污处徒刑13年）、张文治（以政治嫌疑犯处刑15年）、黄江海（以窃盗犯处刑5年）等4人。解放前在伪西安地方法院看守所羁押过的人犯，被伪西安地方法院释放者有李文森（盗匪）、高餐若（盗匪）、周保森（盗匪）等3人。这批人犯内有和国民党反动政府警察局勾结，专作犯法勾当者，如窃盗犯李殿臣、黄

有才等人。另外我们曾找一个监巷 84 个人犯谈话，了解他们犯罪的原因，固然他们对我们尚□□□□□①

丁，新解放区——临潼、咸阳、耀县、凤翔、朝邑、户县、蓝田、三原、礼泉、大荔、澄县、合阳等 13 个县 8 月份主要刑事案件统计：

案别	杀人	抢劫	妨害家庭婚姻	伤害	欺诈	合计
件数	57	27	75	60	20	239
百分比	24	11.4	31.4	25.1	8.4	100%
备考						

②几种主要案件的发生原因：

甲，杀人案件的发生原因：杀人案主要类型有三种：一是因奸杀人，奸夫奸妇先发生通奸关系，因情热而谋杀本夫；一是私仇报复，不采取正当的法律手续解决，而找机会杀害对方；一是抢劫杀人。在老区杀人案里，因奸杀人的占半数以上，陕北地广人稀，文化比较落后，父母包办买卖婚姻相当普遍，极易发生对丈夫不满，故而与人通奸，建立相当情感后，即谋杀本夫，或因其妻与人通奸，被丈夫知道，经劝不改即引起原夫杀害奸夫或奸妇案件，但这是少数。这就是男女婚姻不能自由自主的后果。因报私仇而杀人的案件，以新区——尤其是渭南分区为最多，敌人统制（治）多年，地主当权派与恶霸们杀了人，被害人告到法院也不能予以适当解决（这也就是国民党反动法律的本质），但这里民性强悍，打死人不打官司，一般的将尸体放在庙内，待报了仇以后，再行埋葬。甲杀了乙，乙家再杀甲，越杀仇越深，如临潼县灵口区雷天荣因久积私仇，于解放后数天就持枪杀死雷耀武家大小八口人，仅留雷耀武一人，因他在游击队当战士，他于请假回家埋葬时，因悲痛至极持枪杀死雷天荣家四人，并于互打时击伤亲戚及揽工的三人。这种现象在新解放的大关中，过去是很多的。因抢劫而杀人的案件，在老区于敌人进入延安后，敌人有意识的组织匪特，进行抢劫，另方面敌人到处烧杀，破坏生产，造成了灾荒，使一部分人民生活困难，因而铤而走险。在新区除上述原因外，还有敌人于败退后，很多散兵游勇地痞流氓乘社会秩序尚未完全安定之际，进行抢劫，甚至杀人。发生这些案件的另方面原因，是司法的政策法令没有贯彻到群众中去，群众的法治观点没有提到应有的高度，群众的生产资料亦须很快的解决，这类案件始能减少。

乙，土匪窃盗案件发生原因：在胡马匪进攻边区前，老区的土匪窃盗是很少的，因经过土地革命与调剂土地，生产发展了，又经过改造二流子运动，只有极少一部分人——二流子不事生产，有嗜好，集中于城市（如延安、定边、绥德），惯于窃盗。自卫战争开始后，胡马匪到处抢劫烧杀，加之天灾，造成许多群众生活困难，因而铤而走险流为盗匪，这是基本原因。而光复后，经过清伪反特，发展生产运动，很快的使这类案件减少了。在新解放区里，发生盗匪案件基本原因仍在于部分人民（包括很多河南山东逃来的难民）；生活无着或者不能得到职业，加之国民党反动派与盗匪的勾结，为司法机关更不能实行对人犯教育改造，使这类案件增多。同时于城市解放后即刻着手就业工作，恢复与发展生

① 文件破损。

产，使人人有工作，也是重要问题之一。

丙，破坏民主政权（包括特务、敌伪分子、叛变、政治土匪）案件发生原因：这是从三个主要方面来的，一方面是敌人强迫许多不坚定的区乡干部（以甘泉、富县、定边、盐池为最多）或群众组织为保甲“自卫队”等，从事反革命活动。他们确实做了很多坏事，抓壮丁、派粮派款、贪污腐化、吊打群众，甚至抢劫杀人，从宣传上破坏我党政军政治影响。光复或解放后，群众纷起告发。另方面是敌人带至老区或有意识的留在新解放区的匪特分子，专门造谣破坏，数量虽不如前者多，但其残害群众程度则非常凶暴。再方面是地富当权派与团匪乘机活动，图谋阶级报复。这类案件的发生是必然的，也是暂时的，如将群众发动起来，人民政权建立后，即可迅速予以肃清。

③审理刑事案件的政策方针：

刑事政策的总精神是掌握宽大政策的实质，即镇压与宽大的两方面，也就在于镇压与改造反革命分子、盗匪、杀人及其他罪犯的扰乱社会秩序，破坏生产的反动行为。只有这样，才能保护革命和各个革命阶级利益。西安解放后，曾将杀人抢劫的首恶匪特分子贾子光等四犯公审枪决，其他协［胁］从犯，分别判处徒刑，在安定社会秩序上起了相当作用。在审讯时我们反对威吓，毁损人格，痛苦身体诸封建手段，这是边区司法工作一贯的政策方针，曾收到了相当效果，得到了广大群众的拥护，今后必须坚持。但现在革命已基本上打垮了敌人，将在全国取得胜利，中国人民政府已经成立，革命越是发展，宽大政策就越须宽大。为了减少死刑至最低限制，最高徒刑十年的规定，已不能适应今天的形势，故我们提议最高徒刑可改为 20 年。

在科刑的时候，不能仅就案件轻重作为唯一的根据，还必须参考罪犯的生活习惯是否一贯的为非作歹，犯罪的动机，犯罪的社会原因与因果关系，以及其本人对犯罪的认识，给社会影响的大小，照顾到这些方面，掌握破坏公益者重，破坏私益者轻的原则，科刑自会适当。

三、监狱工作

我们的监狱工作，在自卫战争前，自卫战争中，与解放西安后三个时期，因条件的不同，我们教育犯人的方法也不同，但我们对犯人争取改造的总方针是始终不变的（当然其中也有镇压的，但镇压还是为了争取和改造）。在自卫战争前，边院监狱有 360 名人犯，在监狱领导下，设有毛织厂，纺纱厂，三十里铺的农场，监内还有 50 把手摇纺车，这是物质方面的设备。另外我们为了提高犯人的认识并在自管自教的方针下保证犯人真正从劳动中得到改造，除每天早晨按照生活小组保证 2 小时集体学习，在生产方面建立计工分红制外，监内尚有犯人自已办的俱乐部，在俱乐部领导下进行出版墙报、黑板报、音乐、讨论会等文化娱乐活动，并配合行政进行评等记功，特别好的予以减刑、外役、提前释放等。优待有病的，除生活上照顾外，并设有卫生所，必要时尚可介绍住医院。因此监内绝大多数的犯人都卷入了生产竞赛的热潮中而获得了犯人自给的成绩。释放犯人时即发动犯人对被释放者进行讨论作出鉴定，并互相订立公约，保证作一个好公民努力生产。出监时举行会餐，典狱长给出监人看酒，有的犯人感动的向大家说：“我回去一定要好好生产，决不犯法，再犯了法，就没脸见典狱长。”总而言之，犯人是旧社会不良制度所造成的，他们也是人，因此我们尊重他们的人格，毫不歧视，处处对犯人关心爱护，在政治上文化上提高他，经济上帮助他，改造他的思想，锻炼他的劳动观念与技能，使逐渐成为习惯。所以人们都称赞我们的监狱是工厂，是改造思想的学校。监狱和犯人由此建立起亲密的关系，而没有像国民党监狱那样黑暗，那样和犯人对立的现象。胡匪侵占延安后破坏了我们的工厂，烧毁了我们的机器、工具、粮食。由此走进了战争状态。那时监狱不但无法进行生产，而且还要在游击战争中支援战争。我们根据以上情况，当即决定从战争中改造犯人的方针，而提出“立功赎罪”的口号。除少数不可教育的惯匪和特务分子执行镇压外，其他年轻力壮、品质好的使参加本院警卫队，较差的参加后勤部随军医院工作，年龄较大身体不好者回家生产。延安光复后，据统计，所得在战争中除 2 人投敌外，所有我们外役和释放的犯人，大多数是好的，有的在随军医院里立了功，并加入党，有的在支援前线的工作里受了奖，也有参加游击队牺牲了的。这说明了他们对于残暴的敌人是仇恨的对敌斗争是坚决的，同时也说明了我们从战争中改造犯人的决定是正确的，宽大教育是成功的。

延安光复后，原来在监犯人才留十几人，又经减刑外役释放，最后只几个人。但由于胡匪侵占延安后，所执行的抢劫烧杀欺骗利诱等政策，又造成了许多犯人：（一）敌人之暗探和过去土豪地主结合起来组织伪保甲、还乡队仗势欺人。（二）落后区乡干部，在敌人威胁、地富欺骗拉拢下，向敌人屈报（服）后，配合敌人和土豪做了些坏事，胡匪外跑后，群众起来检举送到法庭办罪。（三）由于敌人所执行的七光政策，在陕北造成了灾荒，使广大群众没有饭吃，因而犯窃盗罪。所以至去年 8 月，送到监狱的犯人，已至 200 人。因监狱里不但没有生产工具连门窗围墙也是新修的，在这种条件下仅有戒备，不肯完全说出真心实话来，但就这批犯人谈话的材料归纳起来，也可看出犯罪人以散兵游勇无业或失业者，占最大多数（详见附表二）。

根据上述情况，我们认为他们犯罪的原因最主要者有如下数点：

第一，由于敌伪反动派于撤退时有计划、有组织的布置潜伏的匪特进行破坏人民政权、群众利益及捣乱社会治安，这点在监人犯中虽没有足够的材料，但已经枪决的贾子光等犯，已足证明这一点。

第二，由于国民党反动派的抽丁派款等反动政策，造成大批失业和无业的游民、散兵游勇是犯罪的主要原因。依附表 1 中看，在 277 人中，就有散兵游勇 23%，连公职员、特务便衣及无职业者合在一起共占全数的百分之 32.5%，就可以说明这点。

第三，由于国民党统治下造成一批以犯罪为职业的习惯犯，表中所列之窃盗抢劫诈欺等罪行中，这一类很多，他们的共同特点是无劳动习惯，生活腐化，这种习惯很难改造，而其中之窃盗过去多和伪官厅伪公安机关勾结，如在监之黄有才供称：西安市的窃盗头子是孙老九（帮会总头子），其次是李殿英（流氓头子），下有田才枝（开妓女院为生）、杜焕章、黄有才等小偷，偷得东西后给孙老九分十分之二，其他小偷分其余的十分之四，本人得十分之六。据称小偷不参加组织，不能偷盗，又如孙金钟、林军昌与伪警察局有联系。又如黄以海与伪便衣第四队有勾结，进行偷窃。据云参加组织的小偷，不进行偷窃时还要受到处罚。这类犯人科刑短时，很难改变，因其没有劳动的习惯。本监于 8 月间释放二小偷，据本日（9 月 20 日）去西北人民医院看病之战士说：该犯人又在西北人民医院进行偷盗，被发现后逃走。对于这种习惯犯必先用强制劳动的方法改变其习惯后，再给以生活上的出路，方可收改造之效。

第四，由于生活所迫在附表一中所列小贩、手艺工人、苦力共占39%。他们多系河南籍，在反动政权下，仅有的手艺苦力不能维持生活，旧时代的军阀战争影响，在我们入城后，社会未完全安定之时实施犯罪。有些人乘机抢劫后图谋些财物作路费回家，也是犯罪原因之一。

第五，由于我们入城之后，社会秩序尚未安定，群众尚未发动起来时，实施抢劫贩毒等犯罪行为。在附表1中所列之农民、产业工人、商人所犯抢劫、破坏金融及贩毒等罪就是这个原因。

第六，以年龄较轻或其他原因，个别受人引诱犯罪的，也有，但为数不多。

根据以上情形，这与老区人犯是有很多不同处的，老区人犯以农民最多，是解放了十几年老区群众政治觉悟比较高，虽然犯罪，一经解释教育，即可认识和改正错误。而新区人犯的成分复杂，散兵游勇习惯恶劣，无家无业的很多，加之对我们的政策法令了解有限，不经一定时期的教育，尤以阶级教育未收到一定效果前，不能轻易外役或假释，以免其重犯。但有一定生产技术（织布、做鞋、铜铁匠等）的人犯很多，且接受伪陕西第一监狱里尚有织布厂、印刷厂等简单设备，发展手工业生产具备了条件，现将织布、做鞋、石印、铜铁匠等生产开始建立起来，拟大量发展。这不但可以自给经费，且在实行分红制中给人犯建立家务，使其出狱后，有一定资金发展个人生产。至少，不会出狱即无饭吃而又重犯窃盗罪。同时有了一定劳动观念与生产技能，出狱后可找到职业，这也是改造人犯的基本问题。至于教育内容根据过去经验及犯人情况，应以我们的刑事政策，边区政策法令，蒋介石反革命史为主，配合报纸上的时事与具体的犯罪原因进行教育。

四、结束语

边区的司法工作，已有10余年的历史，在我们党中央和毛主席教育下，在西北局和边区政府直接领导下，工作是有成绩有创造的。但也有不少缺点，最主要的在于主动性不够，没有尽一切力量宣传司法政策，普遍的采用公审、就地审判，邀群众陪审，发扬司法民主，用相当力量培养司法干部也是不够的。在目前已深深感到司法干部的缺乏，给贯彻司法政策，开展司法工作以很大困难。处决人犯必须经过批准，这是多年来所实行的成功之处。但在边区自卫战开始时，没有贯彻，曾发生乱杀现象。边区自建政以来，就颁布且实行了进步的自由的婚姻法令，但后来一时期因过多照顾贫苦者，迁就落后习惯，不敢大胆放手处理婚姻案件，影响到现在男女婚姻仍未完全自由。即一般干部本身与干部家庭也较普遍的存在着对男女婚姻自由的不正确认识，是必须克服的。现在中央人民政府已成立，从政治上军事上打垮了敌人，但是暗藏的阶级敌人，必然尽力从各方面从事破坏，封建的反动思想也必然的反映到新社会上来，即政权机关的组织成分必然更为复杂，必须加强司法工作，提高司法干部的阶级觉悟，政策观点，社会知识，业务知识，加强领导与学习，提高政治理论水平，有意识有计划的培养司法干部，加强司法组织机构，才能完成新的任务。

同时对于已获得成功的政策法令，必须坚持，必须广泛的深入的不断的向群众宣传司法政策与法令。只要提高了群众的法治观点，阶级警惕性，案件方会减少，也才能保卫我们的党和人民政权，保卫经济文化建设，安定社会秩序，维护群众个人权益，这也就是我们今后努力的方向。

在中央人民政府领导下，为完成新任务而奋斗。

选自《陕甘宁边区审判史》，陕西人民出版社2007年出版，第283～293页。

22. 附［法史研究］：马锡五：新民主主义革命阶段中陕甘宁边区的人民司法工作

1954年12月1日

《政法研究》编者同志要我写一篇关于新民主主义革命阶段中陕甘宁边区人民司法工作的文章。这个题目很大，同时，因战争关系，材料多已散失；因此，我感到很难满足编者的要求和希望。现仅就还能找到的一点材料和自己的记忆，将新民主主义革命阶段中陕甘宁边区人民司法工作的建立与发展情况，分期地加以概述。

一

政权问题是革命的根本问题；而法律则是政权的重要工具之一。不同的阶级掌握了政权，就把本阶级的意志制定为法律，来保护本阶级的利益。"任何国家政权都是一定的占有主要生产资料的阶级，或阶级的联盟用暴力来对于其他阶级施行有系统的专政，借以保护这一个或几个阶级的利益，并镇压被统治阶级的反抗的机关。有了什么样性质的国家政权，才有什么样的宪法和法律系统，才有什么样的法统。被统治的阶级必须用暴力推翻旧的统治阶级的暴力，才能夺取国家政权。因此，革命的阶级必须废除反革命统治阶级的反革命法统，从（重）新建立自己的革命法统。"① 陕甘两省人民因不堪地主军阀的压迫和剥削，在中国共产党的领导下，于一九三四年成立了陕甘边区革命委员会，创立了自己的武装与政权。从这个时候起，工农政权就废除了反革命阶级的反革命法统，根据马克思列宁主义的法学原理，确立了革命的司法原则。

工农政权在初创时期，虽然还没有专门的司法机关，但是，是有司法工作的。当时的司法工作是由工农政府统一执掌的。它的任务，是根据党关于组织与扩大工农武装、开展游击战争、发展与巩固革命根据地、摧毁封建势力、打倒土豪、分配土地这一总任务，严厉镇压反革命，镇压地主富农的反抗；保护农民分得的土地和其他生产资料；保障男女平等、婚姻自由。

一九三五年党中央到达陕北后，成立了陕北省及陕甘省工农政府，一九三六年中央红军"东渡西征"时，又成立了陕甘宁省工农政府；中央工农政府成立了西北办事处。这时工农政府建立了司法机构。中央工农政府西北办事处之下设司法部，领导陕北、陕甘、陕甘宁三个省及所属县的司法行政事宜。各省、县、区工农政府设立裁判部，实行两级两审制，同时，在法律依据方面，除了党中央所颁布的一些决议外，还有中央工农政府在中央苏区所制定的一些单行条例，如中华苏维埃共和国土地法、劳动法、婚姻法、违反劳动法令惩罚条例、惩治反革命条例及司法程序等。至此，革命的司法工作才进一步地开展起

① 引自一九四九年新华社陕北3月14日电"新华社答读者问"：《关于废除伪法统》。

来了。

二

一九三七年七月七日日本帝国主义发动吞并中国的侵略战争后，为了实现国共合作，建立抗日民族统一战线，一致抗日，遵照我党中央的决定，中央工农政府西北办事处撤销，成立了陕甘宁边区政府。在抗日战争中，陕甘宁边区的人民司法工作有了进一步的发展和创造，现仅就法院工作概述于下：

甲、组织制度

（1）法院的设置与演变：中央工农政府西北办事处撤销后，原设的司法部也随着撤销，成立陕甘宁边区高等法院，统一管理边区的审判工作和司法行政工作。同时，撤销省、县、区裁判部，县设裁判处，延安市建立地方法院。为了便利群众诉讼和加强对县级司法机关的领导，一九四三年春在各分区设立了边区高等法院分庭；同年，又在各县设立了司法处。除陕甘宁边区高等法院外，全边区共有三个分庭，二十九个县司法处和一个地方法院。

（2）根据当时的具体情况，为了更好地发挥司法工作为政治服务的效能，关于司法机关与同级人民政府的关系问题，明确规定为：各级司法机关是同级政府的组成部分，在同级政府统一领导下进行工作；同时，并实行了专员兼分庭庭长和县长兼司法处处长制度。关于司法机关人员的产生问题，自一九三八年起即实行了边区高等法院院长由边区参议会选举的制度；后来，重点县的司法处的裁判员，也实行了由县参议会选举的制度。经由民选产生的司法机关的人员，各对其原选举单位负责并报告工作。

（3）边区各级司法机关的内部组织是实行民主集中制原则的，就是集体领导，个人负责。边区高等法院院长、各分庭庭长和各县司法处处长负责领导本单位的审判与行政工作。从一九四〇年起，各县就设立了裁判委员会，由县长、县委书记和裁判员等人组成，讨论与确定重大案件。这样就能够集思广益，从组织上保证达到判案正确、量刑适当和贯彻党的政策的目的。

（4）为了健全各级司法组织，在陕甘宁边区政府时期，对于司法干部的挑选与培养工作，一直也是非常重视的。挑选干部的对象，着重于工农积极分子。根据一九四一年五月十日陕甘宁边区高等法院对各县司法工作的指示，其条件是：（一）要能够忠实于革命的事业；（二）要能够奉公守法；（三）要能够分析问题，判别是非；（四）要能够刻苦耐劳，积极负责；（五）要能够看得懂条文及工作报告。这就是说：作为一个司法干部，不仅要具有忠于革命事业的品质，而且还要具备一定理解能力和文化水平。这些条件，当时一般是作（做）到了的。至于干部培养工作，则着重于举办短期训练班的方式，自一九三九年至一九四〇年，曾先后办过三次司法训练班，训练了近百名工农出身的司法干部。随后在一九四二年至一九四六年间，又曾在延安大学设立了法学院、司法系、司法班，训练和培养司法工作干部。但因工作需要或战争关系，在这里学习的干部，大半未毕业即调做其他工作了。延安光复后，又在延安大学设立司法班。不久西安解放，司法班全体学员由陕甘宁边区高等法院率领去西安参加接收工作。

乙、法院的任务，民、刑政策和法律依据

陕甘宁边区法院的任务，是和国民党反动法院的任务根本不同的。国民党反动法院是血腥统治的恐怖工具，它的任务是镇压劳动人民及其先进代表的活动，保护地主、官僚买办和资产阶级的政权和财权的。而陕甘宁边区各级法院的任务，在抗日战争中，根据“应以反对日本帝国主义，保护抗日的人民，调节各抗日阶层的利益，改良工农的生活和镇压汉奸、反动派为基本出发点”① 这一施政方针，则是保护抗战利益，保护边区民主政权与各抗日阶级的合法利益，把裁判汉奸、反革命当作中心，把保护人民群众当作天职。另外，边区各级法院还负有通过审判工作，进行法纪宣传，教育人民爱护边区人民政权，遵守革命秩序，积极参加抗日救国事业，借以减少和预防犯罪的任务。根据陕甘宁边区高等法院一九三八年至一九四三年的统计，三十个初审单位共处理了一万零一百一十二件刑、民案件，其中属于汉奸和破坏边区犯罪的，占刑事案件的百分之二十六强；属于土地与婚姻纠纷的，占民事案件的百分之六十一点九。这正说明陕甘宁边区政府在抗日战争时期的司法工作和在完成上述任务中，曾经起了应有的作用，并获得了巨大的成就。

当时，各级司法机关处理刑民案件的依据，就是中国共产党中央，中共中央西北局及陕甘宁边区政府根据国内外形势的发展的实际工作的需要，而颁布的带有法律性质的纲领、决议、决定、布告和法令，同时根据这些文件还陆续制定了不少重要的单行条例和法规。而所有这些纲领、决议、决定、布告、法令、条例和法规，则又都是根据中国共产党在各个时期的总路线和总政策而制定出来的。

（1）对于反革命分子，我们向来就是采取镇压与宽大相结合的政策的。为了镇压与瓦解敌人，发展和壮大自己的力量，“争取多数，反对少数”，在抗日战争时期，陕甘宁边区施政纲领第七条规定：“对于汉奸分子，除绝对坚决不愿改悔者外，不问其过去行为如何，一律实行宽大政策。争取感化转变，给以政治上与生活上之出路，不得加以杀害、侮辱、强迫自首或强迫其写悔过书。对于一切阴谋破坏边区分子，例如叛徒分子、反共分子等，其处置办法仿此。”在解放战争时期，中共中央所提出的“首恶者必办，胁从者不问，立功者受奖”的原则，也是上述政策的体现。这些都是当时司法机关处理反革命案件及其他阴谋破坏案件的依据。

（2）对于人民内部的一般刑事罪犯的惩罚，根据当时社会上的犯罪情况，着重采取了教育改造政策。关于刑期的规定，原来最高刑期为五年，后因事实上的需要，一九四三年经陕甘宁边区政府委员会会议决议，复经边区参议会常驻会议通过，确定最高刑期为十年。

（3）对于土地案件，是遵照消灭封建剥削制度的总前提，根据各个时期的具体情况，采取了不同的步骤。在抗日战争时期，陕甘宁边区施政纲领第十条规定，在已经分配土地的区域内，采取保证一切已取得土地的农民之土地权的政策；在土地尚未分配区域内，则实行地主减租减息，农民按定额交租交息的政策。一九三八年五月十五日陕甘宁边区政府和八路军后方留守处发布的联合布告，一九四四年陕甘宁边区政府委员会第四次会议通过的陕甘宁边区地权条例草案，一九四二年十二月二十九日公布的陕甘宁边区土地租佃条例草案，一九四三年九月十四日公布的陕甘宁边区土地典当纠纷处理原则及旧债纠纷处理原则等，关于这一点都有了明确的原则规定。在这一整个时期内，各级司法机关受理的土地

① 《抗日根据地的政权问题》，载《毛泽东选集》第二卷，人民出版社 1991 年版，第 743 页。

案件，都是依据这些条例来处理的。

(4) 对于劳资纠纷，一九三三年颁布的中华苏维埃共和国劳动法以及违反劳动法令惩罚条例即明确规定了处理这类案件的原则。陕甘宁边区政府对于劳资纠纷是根据适当改善工人生活和允许资本主义经济正当发展的政策原则来处理的。陕甘宁边区施政纲领第十二条规定：调节劳资关系，实行十小时工作制，增强劳动生产率，适当地改善工人生活。

(5) 陕甘宁边区的婚姻政策，是实行婚姻自由，男女平等的一夫一妻制，禁止包办买卖，禁止童养媳。一九三三年颁布的中华苏维埃婚姻法，即规定了这个原则。陕甘宁边区政府成立后，颁布了陕甘宁边区婚姻暂行条例，一九四四年三月二十日又根据执行的经验，作了一次修改。

(6) 关于一般债务案件，根据禁止高利贷和保护正当债务关系的政策，视双方具体情况，予以具体处理。

此外，在财政方面，曾有农业税暂行条例、征收公粮暂行办法、货物税暂行条例；在保障生产建设方面，曾有发展畜牧暂行办法、矿业开采管理暂行条例、煤矿煤质检查暂行办法、国营公营工厂企业中建立工厂与工厂职工代表会议的组织规程等；在保障边区金融方面，曾有破坏金融法令惩罚条例等；在保障人民自由权利方面，曾有保障人权财产条例等；在司法工作方面，一九三三年中央工农政府曾颁布了司法程序，陕甘宁边区政府时期制定了民刑案件调解条例、监所保外服役办法及其他重要指示等。这些条例和法规的特点是：(1) 有鲜明的阶级性——体现劳动人民的意志，巩固与保护劳动人民的利益；(2) 有强烈的革命性——摧毁旧基础和封建秩序，树立革命秩序；(3) 是群众斗争经验的总结——它们是根据群众的经验制定的，又拿到群众中去，指导群众斗争，考验与证实其正确性。

陕甘宁边区的各级人民司法机关，当时就是依据这些政策法令，审判案件，并进行法纪宣传的。这对于巩固人民民主政权，对于改造社会，发展生产，改善人民生活，保障社会治安，树立新的生活道德，都起了很大的作用。

丙、审判工作的制度

(1) 审判权由司法机关行使，逮捕人犯只能由司法机关和公安机关行使，陕甘宁边区施政纲领第六条规定：“除司法系统及公安机关依法执行其职务外，任何机关部队团体不得对任何人加以逮捕审问或处罚”。同时，对于司法机关与公安机关逮捕人犯，又从法律上加以严厉控制，即：“逮捕人犯应有充分的证据，依法定手续执行”（一九四二年陕甘宁边区保护人权财产条例第八条）；“司法机关受理民事案件，非抗传或不执行判决及有特殊情形时，不得扣押”（同上条例第十二条）；“非司法或公安职权的机关、军队、团体或个人拘获现行犯时，须于二十四小时内连同证据送交有检察职权或公安机关依法处理，接受犯人的检察或公安机关应于二十四小时内侦讯”（同上条例之八、九两条）。这些规定充分地说明了陕甘宁边区政府时期的审判权，是统一由司法机关行使的。

(2) 审讯案件，反对野蛮的刑讯逼供办法，采取重证据不轻信口供的原则。这个原则，在陕甘宁边区施政纲领内也有明文规定，又是区别人民司法机关与一切反动的司法机关的一个重要标志。认真实行这个原则，不仅是社会主义的人道主义的表现，而且将审判工作置于注重调查研究的科学基础之上，是防止错判或造成冤狱的必要保证。

（3）审理案件，除法律另有规定外，一律采取公开的方式进行，准许群众旁听和发言。这种公开审理案件的原则，体现了人民司法工作的民主性，它不仅使法院可以对群众进行法纪宣传教育，提高群众的法治认识，培养群众遵守法律的习惯，而且使审判工作置于群众监督之下，有利于审判质量的提高。

（4）边区司法机关对于保护诉讼当事人的民主权利也是重视的。当时，由于条件限制，虽未设律师，但法院准许诉讼当事人请其亲属或有法律知识的人，出庭充任辩护人或代理人；人民团体对于所属成员的诉讼，也可以派人出庭帮助辩护或代理进行诉讼。

（5）对少数民族，根据陕甘宁边区施政纲领第十七条的规定，实行民族平等的原则，建立少数民族自治区，尊重少数民族宗教信仰与风俗习惯的精神，住在边区的少数民族，在进行诉讼时有使用本民族语言文字的权利。这是在司法工作上贯彻民族平等原则的具体体现。

（6）审判程序的改革。国民党反动法院的审判程序是从控制、压迫与欺骗人民出发的，因而形式机械，手续繁琐，只便利于有钱有势的人。单就诉讼手续方面来讲，据伪民事诉讼法明文规定的项目，就有诉费、状纸费、抄录费等十多种，如果加上其他不公开的或变相的敲诈、勒索、送礼、讲情，如监狱接见费、卸镣费等，那就难以胜计了。所以，旧社会劳动人民描写伪法院说："衙门朝南开，有理无钱莫进来。"陕甘宁边区各级司法机关诉讼手续完全是以便利人民诉讼为原则，甚为简便。无论一审或二审机关，受理人民群众的民、刑诉讼，口头申请或书面起诉都有同等效力；当事人要求法院代书呈状或口诉者，即无条件代为缮写；当时各级司法机关免收一切讼费。

审判程序中的审级设置，也是从便利群众诉讼出发，采取实事求是、为人民服务的两级两审制，即县司法处进行初审，高等法院及其分庭履行终审。这种两级两审的好处，不仅保障了当事人能行使其上诉权，而且，使法院能及时惩治汉奸、反革命分子及其他破坏分子，同时，又可避免少数当事人，因缠讼不休，以致造成当事人及社会人力、财力与生产上的损失。

在审判监督方面，上级法院除了通过审理上诉案件对下级审判机关进行审判监督外，当时还创立了再审与复核制度。判决死刑的案件，均事先由初审机关将原卷、材料等件呈报高等法院审核。认为不当或有疑点与遗漏之处，即发下去再审或补报材料；认为事实证据确凿，高等法院经过审判委员会讨论，提出处刑意见后，转呈边区政府主席核批。在当时的条件下，这种再审与复核制度的建立，是很必要的，这样，在量刑上可以避免畸轻畸重的现象，同时也可以免除或减少错判。此外，通过派人下去检查工作和召开司法会议的方式进行监督。

（7）审判方法和作风。陕甘宁边区政府时期，审判制度建设成就之一，就是树立了群众路线的审判方法和作风。这是人民司法机关区别于旧社会的法院的一个显著标志。国民党反动法院是刑讯逼供、主观臆断、徇私舞弊、不加调查研究的衙门作风。陕甘宁边区司法机关曾采取实事求是、为人民服务的审判方法和作风，也就是依靠人民、联系人民、便利人民的群众路线的审判作风。群众路线是党的根本的政治路线和组织路线，也是党的一切工作的基本方法，因为"人民群众是真正伟大的，群众的创造力，是无穷无尽的，我们只有依靠了人民群众，才是不可战胜的”[1]。所以，当审判工作依靠与联系人民群众来进行时，也就得到无穷无尽的力量，不论如何错综复杂的案件或纠纷，也就易于弄清案情和解决。正因为这样，我们不但反对刑讯逼供的审讯方法，同时，还树立了为人民服务、认真负责和民主的审判作风。

（8）审判方式。陕甘宁边区政府时期，司法机关所采取的审判方式也与国民党反动法院的审判方式有原则的不同。国民党反动法院所经常采用的审判方式是高高在上的“坐大堂问案”的方式；而我们所采用的审判方式，除了一些简易或不必就审的案件实行法庭审判外，经常根据不同的案件，采取群众路线的审判方式。必须指出，我们的法庭审判也不同于国民党反动法院的法庭审判，举行时不象（像）国民党法庭布置十分森严，使人一见生畏，在保持法庭严肃的原则下，由裁判员采取谈话的方式进行审讯。当时所采用的群众路线的审判方式有下列几种：

（一）就地审讯：这是初审机关走出法庭，携卷下乡，联系群众，处理案件，并通过具体案件的处理，进行政策法令宣传，教育群众，借以减少纠纷，增强群众团结和促进生产的一种好方式。就地审判案件并不是案案就审，而是有计划地选择有教育意义的案件，或是比较复杂的案件，或是一般案件而当事人思想阻力较大者，或是带有普遍性并有发展局势的案件，才实行就地审判的。未出发前，必须研究案情和案件发生的社会原因以及对国家和人民利益的危害或影响程度，做到心中有数。这种审判方式的基本特点是深入农村，调查研究，不拘形式就地审判，在群众参加之下，解决问题。从调查到审讯都是密切联系群众进行的。因此，结案迅速正确。凡属调解范围的案件，就在裁判员掌握下或交由群众调解结案；凡不能调解或调解不成的案件，就把调查研究的情况放在群众中进行酝酿，是非曲直摆在明处，取得多数人思想认识一致后，再行判决。这样，既合原则，又易于为群众所接受。同时，由于从调查到审讯和宣判整个过程都是联系群众进行的，所以，这种就地审判对于提高群众的法律认识和守法精神曾起了很大的作用。在当时这种审判方式很为群众欢迎，也是初审机关常采取的一种方式。

（二）巡回审判：这是陕甘宁边区政府时期高等法院及其分庭为了便利人民诉讼或因案情复杂，将案件带到当地，深入对证，进行处理的一种审判方式。这种审判方式不仅使案件（特别是少数缠讼不休的案件）可以得到迅速正确的处理，而且通过处理案件，可以检查下级司法机关的工作，帮助建立制度，总结经验，提高思想，改进工作。我在陇东任专员兼分庭庭长时期，每年都有计划地带上案件深入农村，就地处理。在处理过程中，结合中心工作，帮助农民生产，深入调查，给下级司法机关解决疑难问题，在群众中进行法纪宣传。如华池县张柏和封胖[2]的婚姻纠纷，起先县司法处以抢亲判决张柏和封胖解除婚姻关系，引起群众不满。经我们深入访问，把案情弄清楚，最后在群众大会上公开进行改判，对封彦贵将一女数卖的违法行为给以处分，对张金才半夜抢人，给以法律制裁；对封胖和张柏基于恋爱而自愿结婚，予以保护。这样判处，惩罚了违法行为，打击了封建包办

---

① 刘少奇：《论党》，人民出版社 1951 年版，第 58 页。

② 《刘巧儿》原型人物封芝琴于 1980 年 4 月 12 日给编者来信称：她不叫“封胖”，也不叫“封棒”，小名叫“封捧儿”，解放后起的大名叫封芝琴。据查原判决书上也叫“封捧儿”。

买卖婚姻，保护了正确的婚姻关系，从而提高了干部，教育了群众，获得了群众的拥护与好评（张柏和封胖案就是刘巧儿告状一剧中男女主角的真姓名）。又如苏发云兄弟三人因曲子县司法处的错误认定谋财杀人一案，将人押了一年之久，没有解决。原来该县司法处发现苏发云家中炕上、地下及斧头上都有血迹，便认为苏等杀人是事实。经我们多次深入当地调查后，证明苏发云家离杀人现场有二十多里远，如果是在苏家杀死的，以时间计算不可能移送到现场这样远；其次苏发云与被害人孙某同行及以后分路都有人证明；此外，并查明苏家炕上的血是产妇生孩的血，地下的血是苏家有人害伤寒时流出的鼻血，斧头上的血是杀羊时糊的血；而孙某的被害，查明是一拐骗犯杜老五所进行的。事实弄清楚后，在群众大会上宣布苏发云兄弟三人无罪释放。群众说；“这个案子如放在旧社会的官僚衙门，高高在上，原先有那么多的证据，早已枪毙了。只有人民的司法机关负责人，才深入调查，不冤枉好人，判的非常正确。”再如一九四六年秋天，我和延安县司法处审判员赵志清同志到盘龙区处理杨兆云缠讼数年不休的案子。此案经当地政府和有关机关处理，一直未解决，区乡干部提起杨兆云都有愤懑之言，县上干部一提他也是摇头没办法。我们到延安县司法处由赵志清同志介绍了案情，经过分析，认定：杨本人缠讼胡闹固然属实，但当时区乡干部处理杨的问题也有错误的地方。如不首先纠正区乡干部的错误，而只强调杨的不对，杨是不会悦服的。杨所告的内容有三：一是别人侵占了他的土地；二是贼偷了他的东西；三是区乡干部偷打了他的麦子，强追他多交了公粮。根据所告，我们先到区政府召集了干部会，了解了杨抗粮不交的经过。那年杨欠公粮一石多未交，有麦垛一个，乡干部催交数次，杨既不打麦，也不交粮，引起乡干部不满，报告区上说杨抗交公粮，影响公粮入仓，请批准强令杨打麦交粮，如杨不打，就叫民兵去打，打了先交公粮。因区上对杨也有成见，认为他是顽固分子，便同意了乡上的意见。但杨见乡上态度不好，怕出问题，就叫他儿子背了二斗麦送到仓库，打了收粮证。而乡上干部得到区上批准后，也未再调查，即贸然派民兵将杨麦垛拆开，打了一石多交了公粮，尚欠几升；但是加上杨的儿子所交二斗麦，又长交了一斗多。杨以此控告，理由是：头一天他还交了二斗麦，为什么说他抗粮不交？欠粮少，为什么还多拿他的麦？民兵强打民粮，是否违法？根据这些情况，我们又到青花砭区政府召集干部会，批评了区乡干部不深入调查的官僚主义作风，批准强打杨的麦是违犯政策的行为，应主动向杨道歉；多交公粮应如数退还；杨的生活有困难可以给以适当照顾（杨系军属）。这个问题处理后，再到当地处理杨兆云所告的侵占土地的问题。首先，我们用帮助农民生产的方法进行了调查，并亲到争执的地界处与农民共同研究了历年来土地纠纷的情况。这样，很快地掌握了案情，证明别人未侵占他的土地，相反，他倒有霸占别人土地的行为。于是，我们就利用晚间召开群众会议，叫杨本人到场，进行处理。会上，群众揭露与批评了杨兆云屡次侵占别人土地的事实，至于别人偷他的东西，毫无事实根据，全系捏造。这时，杨再无法抵赖，只得低头认错，接受了政府和群众的批评。这样，一个缠讼数年的案件，在依靠群众力量下获得彻底的处理；区乡干部也从本案处理过程中提高了政策思想，改进了工作作风；广大群众也受到了一次生动的法纪教育。同时也教育了几年缠讼不休的杨兆云，他满意地说：“大家心平气和，尊敬我，又批评了区乡干部，指出了我的错误，我再没啥说，只有服从”。

（三）公审制：公审这一审判方式远在土地革命时期就已创用。它是镇压反革命活动，对敌对阶级的反抗行为作斗争和提高群众阶级觉悟的有效方式。凡是富有社会教育意义的重大案件，都是采用这一方式进行审判的。当时采用的方式有三种：一是群众公审会；二是宣判大会；三是代表公审会。不管那（哪）一种，都是有领导的进行的，经过组织与准备工作才召开的。如光复延安后，延安市地方法院审判罪大恶极的投敌分子毕光斗、张永泰等罪犯，就是采取群众公审会的形式进行的。首先，调查收集罪证，召开群众代表的小型座谈会，进一步对证事实，并提出科刑意见，再交群众讨论，最后由审判委员会确定处刑，召开群众公审大会判决。这样，上下意见一致，因而秩序很好，效果也大。再如西安解放后，西安市人民法院审判贾子光、陈元喜等土匪案件，就是采取代表公审会的方式进行的。当时因西安初解放，社会秩序尚未安定。在此种情况下，采取代表公审会的方式，便于法院组织领导，也起了镇压匪特，安定社会秩序和扩大宣传政策法令的作用。总之，公审方式对于推动运动和教育群众都曾收到很大效果。所以，解放后，在土地改革，镇压反革命等运动中，各地仍然广泛地加以采用。（本节所说的公审是当时所采用一种审判方式，与“公开审判”一语含义不同。——原编者注）

（四）人民陪审制度：人民陪审制度是审判工作民主化的一个重要标志。实行人民陪审，不仅可以吸引群众参加国家管理，提高人民群众的主人翁思想和政治责任感，而且，可以使审判工作置于人民群众监督之下，不断提高质量，以防止错判。因此，人民陪审制度，在人民民主法制建设初期，就受到重视。当时人民陪审制的形式有三种：一是由审判机关邀请；二是由团体选举陪审员；三是由机关、部队、团体选派代表出席陪审。在抗日战争时期，主要是采用了机关、部队、团体选派代表出席陪审的办法。如处理工人违反劳动纪律案件，即请工会选派代表和工人出席陪审；处理婚姻案件，即请妇联选派代表出席陪审；处理农民间的案件，则请农会选派代表出席陪审等。通过陪审员参加审理案件，能够协助搜集证据，搞清案情，事实摆在明处，进行说理说法，使当事人无法狡辩，心悦诚服。因而，对于法院迅速正确结案以及扩大政策法令的宣传都曾起了很大作用。

（五）调解工作：陕甘宁边区政府时期，曾经大力地组织和发展了调解工作。但我们的调解工作是和国民党反动统治时期的所谓调解工作有着根本的不同。在地主大资产阶级统治时代，他们虽然也调解案件，但这正是土豪劣绅包揽词讼、吃钱卖法的机会和欺压劳动人民的圈套。他们对杀人的案件可以调解；对虐待和杀伤妇女、儿童的案件，也可以调解。有钱的人犯了罪，只要花上些钱，就可以逍遥法外。而我们的调解工作，是增强人民内部互相团结、便利生产、教育人民爱国守法、减少讼争的有效方法，也是实现司法群众化的重要标志。并且它只限于一般民事纠纷和轻微刑事案件，而对社会危害性较大的刑事案件，是不能调解的。

我们远在工农政权时期，就开始了调解工作；在抗日战争时期，更加重视。一九四三年陕甘宁边区政府发布了关于普及调解工作的指示；同年，边区高等法院也发布了实行调解办法、改进司法工作作风、减少人民诉讼的指示。从此，调解工作普遍展开，收到巨大效果。当时调解工作的形式有两种：一种是审判机关用调解方式进行处理案件；一种是民间调解。从一九四二年至一九四四年全边区审判机关所处理的民刑案件中，因调解而结案的百分比的逐年上升，就可以看出调解工作的发展情形。一九四二年民事案件中，调解结案的占百分之十八弱，一九四三年上升到百分之四十，一九四四年达到百分之四十八；在轻微刑事案件方面，一九四二年调解结案的是百分之零点四；一九四三年上升到百分之五点六；一九四四年达到百分之十二。另外，在民间调解工作方面，还出现了调解模范村、乡和模范人物。如子洲县的杜良依、绥德县的郭维德、淳化的房殿有、富县的吴殿富、定边的白玉堂等。这些调解模范的共同特点是与群众有密切联系，熟悉群众生活；在群众中有很高的威信；公正无私，热爱群众。由于调解工作的开展，农村和睦了，生产加强了。但当时调解工作中也曾发生过“民事均得进行调解”、“调解为主、审判为辅”、“调解是诉讼的必经程序”以及由此产生的强迫调解等错误。但这些错误，很快就得到了纠正。根据这种经验，以后确定了调解工作的三项原则：即1. 调解必须双方自愿，不能有任何强迫；2. 调解必须遵守政府政策法令，照顾进步风俗习惯；3. 调解不是诉讼的必经程序。这样，才使调解工作走上了健康发展的道路。

三

抗日战争结束以后，全国人民因经历了多年战争，要求和平，恢复战争创伤；要求实现民族的独立和政治的民主；农民要求得到土地。但是，代表大地主大资产阶级利益的国民党反动派不顾全国人民的和平民主团结的要求，又发动了反人民的内战。为了实现和平、民主、独立，陕甘宁边区人民和全国人民在一起，在党中央的领导下，从一九四七年起至一九四九年进行了人民解放战争。在这一时期内，人民司法工作的主要任务是从司法方面以全副力量保障革命战争的胜利，其具体活动是：(1) 部分敌占区的司法机关干部参加战勤或直接参加军队工作；(2) 自一九四七年党的土地政策转向彻底废除封建性及半封建性剥削的土地制度，实行耕者有其田的土地制度以后，司法机关即根据一九四七年九月十三日全国土地会议所通过的中国土地法大纲，一九四八年二月二十二日中共中央关于在老区半老区进行土地改革工作与整党工作的指示，以及同年五月二十五日中共中央关于一九三三年两个文件的决定（怎样分析阶级、关于土地斗争中一些问题的决定）组织人民法庭，审判破坏土地改革的罪犯；(3) 在恢复区和新解放区，配合公安机关，根据“首恶者必办，胁从者不问，立功者受奖”的方针，处理敌伪分子、暗藏的特务破坏分子及土匪流氓等；(4) 恢复与建立健全机构及必要制度，加强对犯人的管理，实行“法官下乡，就地审判”，处理民刑案件；(5) 随着西北全区的解放，打碎国民党反动法院，向西北各省输送大批的人民司法干部，迅速普遍地建立西北各级司法机构。

通过以上活动，人民司法工作在保障革命战争的胜利，推动与促进土地改革的顺利完成，保护生产建设和安定社会秩序等方面，都起了重大的作用。

四

人民解放战争，在中国共产党的领导下，终于在一九四九年取得了全国范围的胜利，推翻了帝国主义、封建主义、官僚资本主义的集中表现者——国民党的反革命统治，建立了中华人民共和国。中央人民政府对于过去陕甘宁边区和其他各解放区的人民司法工作的一些成就和创造，进一步加以总结提高，逐步以法律形式固定下来，成为我国人民民主法制建设的重要内容之一。同时，建国以来，在中央和西北各级党政的领导下，依靠广大人民群众的积极支持，西北人民司法工作也得到了进一步的发展，除了在自己日常审判工作中，对于盗窃国有、公有财产和破坏工农业生产的罪犯进行坚决斗争、促进工农业生产的恢复外，它并集中主要力量，以人民法庭的形式，配合为扫除帝国主义、封建主义和官僚资本主义残余势力而进行的各项民主改革运动，及时处理了案件，保障与推动了各项民主改革任务的完成。并且，在完成这些任务中建立与健全了各级司法机构和各项制度。

陕甘宁边区人民司法工作的建立与发展过程表明，我国人民的司法工作，一开始就是根据马克思列宁主义的原则建立的；并且陕甘宁边区的人民司法工作是在党中央和毛主席的直接领导下建立与发展起来的；中共中央西北局和陕甘宁边区政府对于司法工作的各项原则问题也都曾经及时地做出了明确具体的指示。例如一九四四年一月六日林伯渠主席在边区政府委员会关于边区政府一年工作总结报告中，就曾提出了改善司法工作的方针，批判了某些人的旧法残余影响。林主席当时指出："一方面要彻底纠正被侵入的坏作风，又一方面要发扬新的创造，使司法工作完全符合于保卫抗战利益，保卫边区民主政权与人民权益的需要。司法机关的法律根据，必须是边区施政纲领及边区政府颁布的各种现行政策法令。司法机关审判案件时，须切实照顾边区人民的实际生活，切实调查研究案情的具体情况，分别其是非轻重。审判人员须具备充分的群众观点与对敌观点，把制裁汉奸、反革命当作中心，把保护群众当作天职。"这个指示，是边区司法工作长期遵循的方针。

虽然陕甘宁边区的司法工作是根据党的正确路线建设起来的，但旧法思想也曾侵蚀了某些人的思想。这些人崇拜国民党的伪六法，曾经使边区司法建设工作受到了一定程度的影响。为了纠正这种错误思想，党中央于一九四九年二月发布了"关于废除国民党的六法全书与确定解放区的司法原则的指示"，严肃地批判了上述错误观点，又一次指示了人民司法工作的阶级任务。指示第五项指出："在无产阶级领导的工农联盟为主体的人民民主专政政权下，国民党的六法全书应该废除。人民的司法工作，不能再以国民党的六法全书为依据，而应该以人民的新的法律作依据。……在人民的法律还不完备的情况下，司法机关的办事原则，应该是：有纲领、法律、命令、条例、决议规定者，从纲领、法律、命令、条例、决议之规定；无纲领、法律、命令、条例、决议规定者，从新民主主义的政策。同时，司法机关应该经常以蔑视和批判六法全书及国民党其他一切反动的法律法令的精神，以蔑视和批判欧美日本资本主义国家一切反人民法律、法令的精神，以学习和掌握马列主义——毛泽东思想的国家观、法律观及新民主主义的政策、纲领、法律、命令、条例、决议的办法，来教育和改造司法干部。只有这样做……才能彻底粉碎那些学过旧法律而食古不化的人底（的）错误的和有害的思想，使他们丢下旧包袱，放下臭架子，甘当小学生，重新从马列主义——毛泽东思想及我们的政策、纲领、命令、条例、决议学起，把自己改造成为新民主主义政权下的人民的司法干部。只有这样，他们才能够为人民服务，才能与我们的革命司法干部和衷共济，消除所谓新旧司法干部不团结和旧司法人员炫耀国民党的六法全书和自高自大的恶劣现象。"这些，本是党中央早已肯定了的方针，但在当时的情况下，更加明确具体地提出来，对司法建设有其更重大的作用。这一指示已成为人民司法建设的重要文献。

现在，中华人民共和国宪法和人民法院组织法都已公布，我们人民司法工作者应该根据宪法和法院组织法的规定，进一步健全和运用人民民主法制，继续坚决地和一切反革命分子及其他违法犯罪分子作斗争，为更加巩固我国的人民民主专政，保障宪法和一切法律的顺利实施，保障国家社会主义经济建设和社会主义改造事业的顺利进行而斗争。

录自《政法研究》，1955 年第 1 期。

附　　录

一、刑法总分则草案说明[①]

1942 年

一、世界新的刑法，以教育感化为主，使受刑人能在受刑期内，得到适当教育，转恶习化为社会上善良分子，本草案采此立法例，并将刑法目的，及教育方法，明定于总则内，以示方针。

二、中国自来刑法上所用徒刑名称，沿用旧名，带有旧时代刑法重在威吓痛苦的作用，不能代表新刑法重在教育感化的新意义，故本草案将刑名之徒刑一项，改为拘束自由的强制教育，藉正观念。

三、公私利益，在法律上固然均在保护之列，但公益应较私益为重，公私观念，未可混而为一。资产阶级统治的旧刑法，将妨害公家财物，与妨害私人财物，同一规定，致有“假公保私”的诟病。本草案是采公私利益分别规定的立法例，对于纠正“轻公重私”的流弊诚有必要。

四、新时代的社会组织，至为重要，对于社会组织部门的保护，法律自应予以明定，因此本草案将社会组织的公共团体，如工农组织，以及政治、经济、文化、卫生、生产劳力各组合，与国家机关企业，同列于公的性质范围内，为同一之保护，以期社会的繁荣。

五、现阶段的社会生活，既有贫富阶级的不同，因此财物如遇到侵害，在痛苦上也当然有轻重的不同，富者财物被害，痛苦程度当不甚大，贫者损失财物，即有危及必要生活基础之虞，又贫者因迫于生计而犯的罪，亦不可不予以悯恤的同情，方为合理，世界进步的刑法，均有此分别规定，故本草案采之。

六、旧刑法对于刑的加减事例，有“先加后减”“递加递减”诸程序，在实际应用上，殊感繁杂，新的立法例，则以刑的范围，明定于分则各条，在事态上，何者应轻，何者应重，由裁判人员依照法定的标准，在法定刑的范围内，自由酌定，情节重者就法定刑的高度拟刑，情节轻者，就法定刑的低度拟刑，可损却加减形式和手续的繁难，于应用上较为

---

① 两种翻印本皆未注明史料来源。从内容分析，是抗日战争时期在解放区传抄的刑法草拟稿。刊印于此，仅供研究参考。

简捷，本草案亦采之。

七、旧刑法有身份加重之特殊规定，此为旧时代的遗留，现在新立法例，将各项罪刑范围规定较广，已具有较大的伸缩性，情节较重者，自可从法定刑范围内的高度拟刑，则此项身份加重的特殊规定，可以毋庸赘设，故本草案从之。

八、旧刑法有亵渎祀典罪之规定，亦为旧社会所遗传，迹近迷信，无继承此项规定之要，故本草案不予采用。

九、其他说明从略。

二、刑法总分则草案[①]

1942 年

第一编　总　则

第一章　刑事政策及刑罚目的

第一条　刑事政策以教育感化为主，不采威吓报复与毁损人格及痛苦身体诸手段。

第二条　刑法目的如下：

一、巩固民主政权及维持法律秩序；

二、教育人犯转变恶习，不至（致）再犯罪，训化为社会共同生活关系的善良分子；

三、教育大众，使社会上意识薄弱之人，有所观感与警觉，从而减少社会上犯罪事件。

第三条　对犯人的教育方法如下：

一、政治教育（民主政治常识社会生活知识）；

二、生活教育（增进其生活技能，养成其劳作习惯）；

三、文化教育（分识字、阅书及写作）；

四、治疗教育……（分医治及安置适当处所）。

第二章　刑法效力

第四条　必须行为时之法律。有处罚明文者方为罪犯行为，行为后法律有变更，重于行为时之法律者，适用行为时之法律，如相等或较轻者，适用裁判时之法律。裁判确定后未执行或执行未完毕，而法律有变更，不处罚者，免其刑执行。

第三章　刑法施行范围

第五条　本法在民主政权区域内适用之，区域外之犯罪行为，而其结果在本区域内者，以本区域内犯罪论，行为在本区域内，而其结果在本区域外者，亦同。

本区域外之人民，在本区域外犯罪，藏匿在本区域内者，适用本法。

第四章　刑事责任

第六条　刑法上应负责任之行为如下：

一、故意行为，即自己明知其行为足以构成犯罪，而并希望其发生者；为故意行为。

---

① 原文印作“刑法总则草案”，漏一“分”字，与前文标题不一致。

行为人对于构成犯罪之事实，预见其发生，而其发生之结果合于其所预见之本意者，以故意论。

二、过失行为，即虽非故意，但得预料自己之行为将发生危险之结果，而未为预料者为过失（即应注意而不注意之行为）。

行为人对于构成过失之行为，虽预料其能发生，而确信其不发生者，以过失论。过失行为，以分则各条有明文规定者为限。

第七条　下列之行为不予处罚：

一、未满十四岁人之行为；

二、心神丧失人之行为；

三、依法令之行为；

四、依所属上级公务员命令之职务上行为（但明知其命令之违法者，不在此限）；

五、业务上之正当行为；

六、因自己或他人权利现有不法侵害，而出于防卫之行为（但此项防卫行为不得超过必要范围）；

七、因自己或他人生命身体有紧急危难，在当时状态下，无其他手段可施，而出于不得已之避难行为（但避难行为不得过当，其结果以较可以预料之损害为小者为限），在公务上或业务上有特别义务者，不适用避难行为之规定；

八、因预防破坏民主政权之必要行为；

九、非出于故意或过失之行为。

第八条　下列之行为，得按其情节减轻或免除其刑：

一、十四岁以上未满十八岁之行为；

二、满八十岁人之行为；

三、精神耗弱人之行为；

四、聋哑人之行为；

五、防卫过当之行为；

六、避难过当之行为；

七、激于义愤之行为；

八、以己意中止犯罪或阻止其危险结果使不发生者；

九、将自己尚未发觉之罪犯行为而自首者。

第五章　共犯

第九条　二人以上，共同与谋实施犯罪之行为，或分担犯罪行为之部分任务者，皆为正犯。事前劝告指示供给手段或临时援助他人犯罪之实行者，为从犯，事后隐匿犯人或湮灭犯罪证据者，以帮助犯论（亦为从犯）。

从犯得按正犯之刑减轻之。

第十条　诱导他人犯罪者为教唆犯，处罚其所教唆之罪，被教唆人虽未依其教唆实行犯罪仍应处罚教唆人未遂之罪。

第六章　数罪并发（罚）

第十一条　在判决前发觉犯数罪或一行为犯数罪或犯一罪，其结果触犯他罪者，就其各罪中最重之一罪处罚之。

判决后发觉其犯数罪，未判决之罪，较已判决之罪为重者，更为判决。执行后判决之刑，如较轻或相等者，执行前判决之刑。

数罪并发（罚），有二裁判以上者，按照前后判决中较重一罪之刑执行之。

第七章　未遂犯

第十二条　具犯罪之目的已着手实行其结果未达其目的者为未遂犯。

第十三条　未遂罪之处罚按照既遂犯之法定刑范围内从低度处刑。

第十四条　未遂罪之处罚以分则各条有明文规定者为限。

第八章　累犯

第十五条　犯六月以上强制教育执行完毕，五年内再犯六月以上强制教育之罪者，为累犯。就其所犯罪名之法定刑范围内从高度科刑。

第十六条　裁判确定后发觉为累犯者，依前条规定更定其刑，如前判刑已执行完毕或赦免后发觉者免论。

第十七条　前犯之罪如是依军法或于外国法院判决者，不适用累犯罪之规定。

第九章　刑之种类

第十八条　刑分主刑从刑。

一、主刑之种类如下：

（一）死刑；

（二）拘束自由之强制教育，六月以上，十年以下；

（三）不拘束自由之指定劳役，一日以上，六月以下；

（四）罚金一元以上，由裁判员就本法分则各条规定罚金范围内依受刑人之资产状况定之；

（五）训诫，在法庭公开训诫之。

二、从刑之种类如下：

（一）褫夺公权一年以上，五年以下；

（二）没收，没收其犯罪所用之物及其所得不法之利益。

第十九条　从刑与主刑并宣告之。

第二十条　宣告一年以上强制教育之刑者，得宣告褫夺公权。

第二十一条　褫夺公权之种类如下：

（一）选举权被选举权；

（二）褫夺为公务员之权；

（三）褫夺公职候选人之权。

第二十二条　褫夺公权于刑期执行完毕后行之。

第二十三条　宣告没收之物以供犯罪所用之已有物，及其所得不法之利益为限。但违禁物得单独宣告没收之。

第十章　刑之易科

第二十四条　宣告刑在一年以下之强制教育、劳役，因特殊关系执行困难时，得易科罚金。宣告罚金无力缴纳者得易科不拘束自由之劳役。

第二十五条　受劳役罚金之宣告而犯罪动机有可悯恕者得易以训诫。

第十一章　科刑轻重之标准

第二十六条　裁判人员据案定刑时应依据事态之大小，实害之轻重，犯人之身份，慎重出之。

第二十七条　下列情形酌重拟刑：

一、以破坏民主政权为目的之犯罪行为；

二、以利益及其他卑鄙心术之犯罪行为；

三、以特别残酷暴虐阴险手段之犯罪行为；

四、残酷虐待（或遗弃）手下及在自己扶养下，尤其对于幼弱及其他处于孤立无援境遇中者之犯罪行为；

五、累犯行为。

第二十八条　下列情形酌轻拟刑：

一、为防卫破坏民主政权或防卫自己或他人权利身体超过正当防卫或紧急避难必要范围之行为；

二、自动中止犯罪或阻止其结果不发生者；

三、犯罪心术非基于利益卑鄙之行为；

四、因威胁强迫或因物质上职务上立于从属地位所犯之罪；

五、因精神过于刺激所犯之罪；

六、因出于义愤所犯之罪；

七、因自己或家族饥饿贫穷所迫而犯之罪；

八、因无知识或偶发生事态之犯罪；

九、未成年人及妊娠中妇女之犯罪；

十、恶性不深之初犯；

十一、其他犯罪情节显可悯恕者。

第二十九条　未成年人之犯罪科刑与成年人之比重如下列：

一、十四岁以上十六岁未满者，减轻二分之一；

二、十六岁以上十八岁未满者，减轻三分之一；

三、未成年人之判决不得超过本法则各条所定刑期范围二分之一。

第三十条　裁判人员对于中止犯之科刑，应依其准备计划行为大小及中止动机如何定之。

第三十一条　裁判人员对于预备犯之科刑，应考虑犯人品质、危险范围、准备程度或有不至实行犯罪之可能象征等情形定之。

预备犯之处罚以分则条文有明文规定者为限。

第三十二条　本刑法分则各条规定刑期称以上者，裁判人员得在以下科刑，称以下者，不得在以上科刑。

第三十三条　本法分则各条所列之罪无规定死刑者，不得加重至死，无规定劳役、罚金、训诫者，不得减至劳役、罚金、训诫。

第三十四条　刑期以裁判确定日起算，未判决前之羁押日数以一日抵强制教育刑期一日或罚金元数按当地每日工价折算之。

未羁禁之日数不算入刑期内。

第十二章　缓刑及假释

第三十五条　裁判人员对受刑人之品质与环境认为无拘束自由之必要者，得宣告暂不执行之缓刑。

第三十六条　如在缓刑期内更犯强制教育之罪或发现其累犯者，撤销其缓刑。

过失犯罪者不适用前项之规定。

第三十七条　缓刑期满而缓刑之宣告未撤销者，其宣告之刑失其效力。

第三十八条　受刑人在强制教育执行中对于工作、学习、品行、表现进步，有悔改前失之实据者，得许可假释出狱。

第三十九条　在假释中更犯强制教育以上之罪者，撤销其假释，但过失犯罪者，不在此限，撤销假释其出狱之日期不得算抵刑期。

第四十条　假释期满未经撤销假释者，视为刑之执行已完毕。

第十三章　治疗教育

第四十一条　受刑人有传染病及鸦片烟瘾者依下列规定强制治疗：

一、传染病者送医务所治疗；

二、有烟疾者送戒烟处所治疗。

第四十二条　受刑人有神经病或是未成年人依下列规定为适当处置：

一、神经病者送特殊疗养院；

二、未成年人交付其父母或亲族或其他个人及社会予以监护教育。

第四十三条　受刑人如是游荡成性不务正业之惰民非短期教育所能守效者，得送入劳动生产场所。

第十四章　时　效

第四十四条　犯罪事件经过下列所规定之时效期间未经诉追者不再诉追：

一、应处死刑之犯罪经过二十年者；

二、应处十年强制教育之犯罪经过十五年者；

三、应处五年以上十年以下强制教育之犯罪经过十年者；

四、应处五年以下三年以上强制教育之犯罪经过七年者；

五、应处三年以下一年以上强制教育之犯罪经过五年者；

六、应处不满一年强制教育之犯罪经过三年者；

七、应处劳役罚金之犯罪经过二年者。

前项所定期间自犯罪成立之日起算，有继续性之行为，以最后行为日起算，数罪之行为，以主刑最高者起算。

在时效期间内如依法进行侦查审判者，时效停止在此种情形时，自停止原因消灭之日起，于停止前已经过之期间，通计时效。停止原因继续存在之期间，如得第一项各款所定期间四分之一者，视为停止原因消灭。

第四十五条　在追诉时效期间内，更犯罪或于侦查审判中逃亡者，时效中断由第二次犯罪日算起。

第四十六条　行刑权消灭之时效期间，适用诉追权时效期间。

第四十七条　行刑权时效期间，自判决确定之日起算。

行刑权时效之停止与回复，适用追诉权之规定。

第十五章　视为未犯罪

第四十八条　下列之人视为未犯罪：

一、受缓刑之人在缓刑期内未再犯较前更重之罪者；

二、受处六个月以下劳役及罚金之刑于执行完毕后三年内未犯较前更重之罪者；

三、受六月以上三年以下之强制教育在执行完毕后六年间再未犯较前更重之罪者。

第十六章　释　义

第四十九条　称公务员者，谓依国家机关、企业机关暨所属机关及法律所委任服务于有一定权限义务之机关团体组合之人。

第五十条　称公共团体者，凡政治、经济、文化、学术、体育、卫生、青年诸团体，农工生产运输之组合均属之。

第五十一条　称以上以下者俱连本数本刑计算。

第五十二条　称公文书者，谓公务员职务上制作之文书。

第五十三条　称重伤者如下：

一、毁损一目或二目之视能；

二、毁损一耳或二耳之听能；

三、毁损语能或项能①；

四、毁损一肢以上之机能；

五、毁损生殖器之机能；

六、其他于身体或健康有重大不治或难治之伤害。

第五十四条　本法分则第二章关于妨害私人利益之罪，除强抢杀人各条规定之罪外其他各罪如得被害人之同意得许调解。

第二编　分　则

第一章　妨害国家利益之罪

第一节　破坏民主政权罪

第五十五条　凡企图颠覆破坏衰弱人民所建设之联合民主政府，或企图破坏衰弱民主建设的经济、政治与民族利益，以及对外安全信用之一切行动均为破坏民主政权之罪。

第五十六条　以不利于民主政权之目的，用强暴武力，或政治阴谋，分离各民族各阶层人民团结，夺取联合民主政权者，处五年以上强制教育，情节重者得处死刑。

第五十七条　以不利于民主政权之目的，而有下列行为之一者，处五年以上强制教育，情节较重者得处死刑：

一、组织武装侵入民主政权区域内肆行骚扰或占据土地者；

二、潜入民主政权区域内，组织机关煽惑民众或勾引军队或运藏军火企图叛乱者；

三、杀害或毒害或绑架民主政权工作人员或民主政权区域内之人民者；

---

① 两种版本原文如此。

四、个人或结伙携带武器抢劫民主政权区域内之公私财物者；

五、放火或决水损害民主政权内之公私建筑物者；

六、破坏颠覆水陆空交通工具及一切建筑设备者。

第五十八条　犯前两条之罪而自首者，处三年以下之强制教育，情节较轻者得免除其刑。

第五十九条　以不利民主政权之目的，与外国政府或反动集团或其他派遣之人通谋意图使该国或该集团对于民主政府开战端者，处五年以上强制教育，情节重者得处以死刑。

第六十条　以不利民主政权之目的，对于交战之敌军予以任何便利者处五年以上强制教育。

第六十一条　以不利于民主政权之目的，犯通谋或帮助外国或反动集团之罪者，处五年以上强制教育，情节重者得处死刑。

第六十二条　民主政权区域内之人民，甘为敌军服役或与敌军协同攻击民主政府或其同盟国者，处五年以上强制教育，情节重者得处死刑。

第六十三条　在与敌军开战或将开战期内不利于民主政权之目的，而将军队或将要塞军械弹药粮秣或其他军用品军用交通器具以及关于军事之建筑物，交付敌人或毁坏致不堪使用者，处五年以上强制教育，情节重者处死刑。

第六十四条　以不利民主政权之目的，刺探收集或漏泄或交付应守秘密之情报文书图画物品与敌或其派遣人者处五年以上强制教育。

第六十五条　以不利于民主政权之目的，利用政府机关企业机关或妨害此等机关进行之方法破坏公家工业运输金融信用制度者，处五年以上强制教育，情节重者得处死刑。

第六十六条　以不利于民主政权之目的，对于铁路公路及交通机关、通信机关、水利、公用仓库并其他建设或政府及公共团体之财产加以危害或破坏者，处五年以上强制教育，情节重者处死刑。

第六十七条　以不利于民主政权之目的，实行怠工不履行应负之任务或即履行而出于恶意怠慢者，处一年以上五年以下之强制教育。

第六十八条　以诱导犯以上十一条所列不利于民主政权之行为为目的，而为宣传或作成此宣传印刷品者，处六月以上三年以下强制教育。

第六十九条　预备犯本章各条所定之罪，而实行采取有组织行为或预备实行而参加所组织之团体，以本章各条所定之刑处罚之。

第七十条　本章各罪之未遂犯罚之。

第二节　违反施政秩序罪

第一目　妨害公务罪

第七十一条　个人或聚众以强暴胁迫之行为或在场助势妨害公务员依法执行职务或迫使不执行一定职务或使其辞职或将公务员拘禁者，处三年以下强制教育；因而致公务员于死者，处七年以上强制教育，情节重者得处死刑；因而致重伤者，处三年以上强制教育。

第七十二条　以诈术或其他非法之方法，使公务员职务上之行为发生不正确之结果者，处一年以下强制教育拘役或三百元以下罚金。

第七十三条　对于执行职务之官吏当场公然加以侮辱者，处六月以下劳役或一百元以下罚金。

第七十四条　意图侮辱公务员或公署而毁损除去或污秽实贴公共场所之文告，处六月以下劳役或二百元以下之罚金。

以前项之行为施之于公务员所施之封印榜示或为违背其效力之行为者，处一年以下强制教育、劳役或三百元以下罚金。

第二目　妨害社会秩序罪

第七十五条　以暴乱破坏社会秩序，经该管公务员之警告，仍顽强继续其行为者，处二年以下强制教育、劳役或三百元以下罚金。

第七十六条　以强暴胁迫阻止或扰乱公众之集会者，处二年以下强制教育，劳役或三百元以下罚金。

第三目　冒充公务员罪

第七十七条　冒充公务员之名称与职权而发生危害社会之行为者，处三年以下强制教育或五百元以下罚金。

公然冒用公务员服饰徽章或官衔为欺骗之行为者，处五百元以下罚金。

第七十八条　对争执未定之权利轻视公署决定，任意行使专横行为者，处六月以下劳役或三百元以下罚金，如停止专横行为回复原来秩序者，免除其刑。

第四目　妨害公文书印章罪

第七十九条　使公众或他人受损害而伪造变造公文书、护照、特许证及关于品行能力服务或其他相类之证书者，处五年以下强制教育、劳役或三百元以下罚金。

第八十条　公务员对于职务上所奉管之公文书而致为不实之记载，足以损害于公众或他人者，处一年以上五年以下之强制教育，使公务员为前项之行为，处三年以下强制教育劳役或五百元以下罚金。

第八十一条　知情行使前两条伪造变造之公文书证书及不实之记载者，依该两条所规定之刑处断。

第八十二条　伪造盗用公印公章或公印章文或署押足以生损害于公众或他人者，处五年以下强制教育并没收其伪造之印章印文署押。

第八十三条　盗窃或毁损公文书者，处三年以下强制教育，无权开拆或隐匿封缄之公文书者，处六月以下劳役或三百元以下罚金。

第八十四条　在纸上或物品上之文字符号依习惯或特约足以为公家表示其用意之证明者，概以公文书论。

第五目　脱逃藏匿人犯及湮灭证据罪

第八十五条　依法拘捕或羁押之人犯自行脱逃者，处一年以下强制教育。损毁拘禁处所、械具或加强暴胁迫于监视人者处三年以下强制教育。

聚众为第一项行为者。首谋及实施下手处三年以下强制教育，其余处二年以下强制教育。

聚众为第二项行为者，首谋及实施下手，处五年以下强制教育，其余处三年以下强制教育。

本条之未遂犯罚之。

第八十六条　纵放或帮助或便利被捕被禁人犯，犯前条第一项罪名者，处二年以下强制教育，犯第二项罪名者，处三年以下强制教育。

聚众犯前条第一项罪名者，首谋及实施下手，处五年以下强制教育。余处三年以下强制教育。犯第二项罪名者，首谋及实施下手，处七年以下强制教育，余处五年以下强制教育。

本条之未遂犯罚之。

配偶三亲等内之血亲，三亲等内之姻亲，犯第一项之罪者，得减轻其刑。

第八十七条　藏匿犯人或对不法脱逃人犯使之隐避者，处一年以下强制教育，劳役或五百元以下罚金。

意图犯前项之罪，而顶替者亦同。

配偶五亲等内之血亲，三亲等内之姻亲，犯本条之罪者，得减轻或免除其刑。

第八十八条　伪造变造湮没或隐匿关系他人刑事被告案件之证据或能用伪造变造之证据者，处二年以下强制教育、劳役或五百元以下罚金。

犯前项之罪与该项刑事被告案件裁判确定前自白者，减轻或免除其刑。配偶五亲等内之血亲或三亲等内之姻亲犯前项之罪者，减轻或免除其刑。

第六目　妨害选举投票罪

第八十九条　以强暴胁迫或其他不法之方法，妨害他人行使政治上自由选举或其他投票权者，处三年以下强制教育。

本条之未遂犯罚之。

第九十条　有投票权之人要求期约或收受贿赂或其他不法利益而履行对方之意旨者，处三年以下强制教育得并科三千元以下罚金。

以犯前项之罪行求期约或交付贿赂或不法利益者，处三年以下强制教育，得并科一千元以下罚金。

第一项之贿赂没收之或缴其价额。

本条之未遂犯罚之。

第九十一条　妨害投票或扰乱投票者，处一年以下强制教育、劳役或五百元以下罚金。

第七目　伪造度量衡罪

第九十二条　意图借行使之用制造或贩卖违背定程之度量衡者，处一年以下强制教育、劳役或三百元以下罚金。

第九十三条　行使违背定程之度量衡者，处三年以下劳役或三百元以下罚金。

从事业务之人关于其业务犯前项之罪者，处一年以下强制教育或一千元以下罚金。

第三节　违反国民义务罪

第一目　违反兵役义务罪

第九十四条　拒绝或逃脱服兵役之义务者，处六月以下劳役。期满入伍。情节轻微者，予以训诫即令入伍。

以毁伤身体伪造证书贿赂役政人员等方法，避免服兵役之义务者，处三年以下强制教育，验其身体能入伍者，送军事当局在服役中执行刑期。

第二目　违反粮税义务罪

第九十五条　拒绝、逃脱战时应缴纳粮税之义务者，处六月以上强制教育。

第九十六条　拒绝、逃脱，或隐避战时征用之军马、劳动牲口、船舶运输工具等之义务者，处六月以上强制教育。

第九十七条　拒绝、脱逃、隐避或作弊推卸平时应缴纳粮税之义务者，处六月以下强制教育劳役或三百元以下罚金。情节轻者，令其缴纳免去科刑。

第三目　拒绝作证义务及伪证罪

第九十八条　无正当理由拒绝、逃避关于侦查审判上应作证人或监定人之义务者，处三月以下劳役或三百元以下罚金。

第九十九条　在侦查审判时之证人及鉴定人关于案情内之重要事项为虚伪之陈述者，处五年以下强制教育或劳役。

关于案情之通译人员亦适用前项之规定。

犯本条之罪于该案件判决确定前自白者，减轻或免除其刑。

第四目　违反其他义务罪

第一百条　拒绝担任具有国家意义之生产劳役者，处六月以下劳役或三百元以下罚金。

第一百零一条　在法律上有负防止之义务而不防止致生一定危害之结果者，就其所生危害事实，按照分则各条所定之罪刑处罚之。

第一百零二条　遗弃依法令或契约或身份、地位应扶助养育或保护无自救力之人，或不为其生存所必要之扶助养育保护者，处六月以下强制教育，因而致人于死者，处五年以上强制教育。致重伤者，处三年以上强制教育。

第一百零三条　医师知病人陷入危险状态拒绝其治疗者，处一年以下强制教育、劳役或五百元以下罚金。

第一百零四条　无正当理由拒绝陪审员义务者处一百元以下罚金。

第一百零五条　承揽工程人或监工人营造或拆卸建筑物违反技术规则与义务，发生危险结果者，处三年以下强制教育或三千元以下罚金。

第一百零六条　与公务员或慈善团体为救济灾害缔结粮食或其他必需品之契约而不履行或不照契约履行义务者，处五年以下强制教育或并科五千元以下罚金。

第四节　违反公共纪律罪

第一目　重利罪

第一百零七条　以金钱或其他物品贷人、收取与原本显不相当之重利者，处三年以下强制教育、劳役或科或并科一千元以下罚金。

以犯前项之罪为常业者，处五年以下强制教育，得并科三千元以下罚金。

第二目　诬告罪

第一百零八条　意图他人受刑事或惩戒处分，有权能之机关或公务员为虚伪之告诉或使用伪造变造之证据者，处一年以下强制教育或劳役。

第一百零九条　为前条虚伪之告诉，有下列情形之一者，处五年以下一年以上之强制教育。

一、诬告为重罪事件者。

二、诬告是出于利欲之目的者。

第一百一十条　犯前条之罪而能于该案判决确定前自白者，减轻或免除其刑。

第三目　奸亵罪

第一百一十一条　以强暴胁迫药剂催眠术或其他方法使妇女不能抗拒而奸淫之罪者，处五年以下强制教育。乘妇女心神丧失不能抗拒而奸淫之者，亦同。

以诈术使妇女一时错觉误信为配偶听其奸淫者，处三年以下强制教育。本条之未遂犯罚之。

第一百一十二条　因强奸使被奸人自杀或强奸发育不全之幼女或发育已全而二人以上共同轮奸之者，处八年以下强制教育。

第一百一十三条　犯强奸罪而故意杀害被奸人者，处十年强制教育或死刑。

第一百一十四条　对于因亲属监护教养救济公务或业务立于从属地位之妇女而奸淫或为变态性欲之猥亵行为者，处五年以下强制教育。

第一百一十五条　使妇女卖淫或设立娼寮或诱导妇女使为娼妓者处三年以上强制教育。

第一百一十六条　意图营利引诱或容留良家妇女与他人奸淫者，处三年以下强制教育。

第一百一十七条　对于男女以强暴胁迫药剂催眠术及其他方法致使不能抗拒而为猥亵之行为者，处五年以下强制教育。

第一百一十八条　对于男女乘其心神丧失或其他相类似之情形不能抗拒而为猥亵之行为者，处五年以下强制教育。

第四目　妨害婚姻罪

第一百一十九条　有配偶而重行与人结婚或同时与二人以上结婚者，处三年以下强制教育，知情相婚者亦同。

第一百二十条　隐蔽可以为婚姻障碍之事项或对掌营户籍机关为虚伪之申请与登记者，处一年以下强制教育劳役或五百元以下罚金。

第五目　赌博罪

第一百二十一条　影响大众持侥幸心理以财物为孤注作输赢之互约者，为赌博罪。

犯前项之罪者，处六月以下劳役或一千元以下罚金或训诫。

第一百二十二条　以赌博为常业者，处二年以下强制教育得并科一千元以下罚金。

第一百二十三条　意图营利供给赌博场所或聚众赌博者，处三年以下强制教育，并科三千元以下罚金。

第一百二十四条　意图营利办理有赌博性之标会或未经政府允许发行彩票者，处二年以下强制教育得并科三千元以下罚金。

营利代收前项赌博性之标会或为买卖前项彩票之媒介者，处六月以下强制教育，并科一千元以下罚金。

第五节　破坏经济金融罪

第一目　破坏经济罪

第一百二十五条　以自私自利之目的或私怨私恨及其他不正当之意气，利用政府机关企业机关或以妨害此等机关进行之方法，破坏公家工业、运输、金融信用制度、公共团体者，处五年以下强制教育。

第一百二十六条　对政府机关企业机关公共团体之管理人或其代表人所委办之事业因无诚意，或不注意为不经济之行为，致使发生滥费及不能补偿之损失者，处二年以下之强制教育。损害小者，依行政处分办理之。

第一百二十七条　政府企业机关公共团体之主营者与人通谋订立不利益之交易契约，窃取国有或公有财产者，处一年以上强制教育。

第一百二十八条　与政府企业机关公共团体所订立之契约以恶意不履行契约上之义务者，处六月以上之强制教育。

第二目　妨害农工商罪

第一百二十九条　意图损害于他人妨害其农事上之水利者，处五年以下强制教育、劳役或三百元以下罚金。

第一百三十条　以恶意妨害他人土地上之农作物者，处一年以下强制教育劳役或二百元以下罚金。

第一百三十一条　以恶意破坏生产合作事业者，处二年以下强制教育、劳役或一千元以下罚金。

第一百三十二条　贩卖已失效之种子，妨害他人生产者，处六月以下强制教育、劳役或三百元以下罚金。

第一百三十三条　囤积粮食及其他公众所需之饮食物品操纵物价者，处五年以下强制教育并科二千元以下罚金。

第一百三十四条　妨害、贩运工厂所需之原料致工业生产受到不利影响者，处五年以下强制教育并科二千元以下罚金。

第一百三十五条　官吏或商贾利用地位或金钱势力垄断工商业，致中小工商业不能自由生存者，处五年以下强制教育并科五千元以下罚金。

第一百三十六条　伪造或仿造他人已登记之商标商号，妨害他人商业信用者，处二年以下强制教育、劳役或科三千元以下罚金。

第一百三十七条　明知为伪造或仿造之商标商号之货物，而陈列或秘密贩卖者，处二千元以下罚金。

第一百三十八条　违犯保护森林规定不法砍伐木材者，其影响森林经济之损害额超过二百元者，处一年以下劳役或一百元以上罚金。其损害额至百元以下者，处六月以下劳役或一百元以下罚金。

第三目　妨害金融罪

第一百三十九条　伪造变造通用货币纸币银行券国家发行之有价证券，意图供行使之用者，处五年以下强制教育得并科五千元以下罚金。

前项之未遂犯罚之。

第一百四十条　知为前条伪造变造之货币纸币券①证而仍行使或意图供行使之用而收集或交付于人者，处三年以下强制教育得并科一千元以下罚金。

第一百四十一条　伪造变造邮票、印花票、国营火车票、轮船票、乘坐券及其他国营运送货物证书，意图行使之者，处三年以下强制教育或拘役。

涂抹票券或减损能用货币之分量者以变造论。

第一百四十二条　前三条伪造变造之币票券证及其所供犯罪用之器械原料不问属于何人没收之。

第六节　损害公家财物罪

第一目　侵占公物罪

第一百四十三条　对于自己职务上或业务上所执营之国家政府机关金融机关企业机关或公共团体之财物，意图为自己或第三人不法所有而侵占之者，处一年以上七年以下强制教育得并科五千元以下罚金。

第一百四十四条　对于自己所执营国家政府机关企业机关或公共团体之土地，意图为自己或第三人不法所有而侵占之者，处六月以上五年以下强制教育。停止侵占恢复原状者，得免除其刑。

第一百四十五条　侵占公家遗失物漂流物或其他离保管人所持管之物而为自己或第三人不法之所有者，处五百元以下罚金。

第二目　毁损公物罪

第一百四十六条　无政治目的放火②决水，或其他方法毁损公家房屋、矿坑、农场、工厂、电厂、交通设备、安全设备，及其他公共建筑物者，处三年以上强制教育。

前项未遂犯罚之。

预备犯第一项之罪者，处一年以下强制教育劳役或五百元以下罚金。

第一百四十七条　失火、因过失决水毁损前条第一项所列之物者，处一年以下强制教育、劳役或五百元以下罚金。

第一百四十八条　毁损公家动产物者，处三年以下强制教育劳役五百元以下罚金。

以过失犯前项之罪者，处二百元以下罚金或训诫。

第三目　强抢公物罪

第一百四十九条　无政治目的公然以强力抢夺政府机关企业及公共团体财物者，处一年以上强制教育。

第一百五十条　犯前条之罪而有下列情形者，处五年以上强制教育。情节重者，得处死刑：

一、结伙三人以上并持有武器者；

二、因强抢而杀人或致重伤者。

第一百五十一条　无政治目的以强暴手段绑架公务员而勒赎者，处三年以上强制

① 两种版本皆印作“卷证”。

② 两种版本皆误作“放大”。

教育。

因而致人于死者，处十年强制教育或死刑。

因而至重伤者，处六年以上强制教育。

第一百五十二条　前三条之未遂犯罚之。

第一百五十三条　以强暴胁迫所抢得之赃物或脱免逮捕或湮灭证据者，同强抢之罪。

第一百五十四条　预备犯强抢或绑架勒赎罪者，处二年以下强制教育。

第四目　窃盗公物罪

第一百五十五条　窃取国家机关公共团体及所属之仓库货车船舶及其他贮藏所或大车轮船车站公共使用场所之动产者，处二年以下强制教育或劳役。

盗用公营电力者，除赔偿损害外，处二月以下之劳役或二千元以下之罚金。

前条未遂犯罚之。

第一百五十六条　前条所列机关公共团体之职员及特许出入之人，犯前条第一项之罪者，处五年以下强制教育。

第一百五十七条　受雇之劳动人或勤务员窃取自己操作场所内之财物者，处六月以下劳役或训诫。

第一百五十八条　以犯本目第一条之罪具有下列情形之一者处四年以下强制教育：

一、毁越门窗墙垣或其他安全设备而犯之者；

二、携带凶器者；

三、结伙三人以上者；

四、累犯窃盗罪者；

五、乘水灾火灾或其他灾变时而犯之者。

前条未遂犯罚之。

第一百五十九条　以犯本目第一条之罪而具备下列情形者，处六月以下劳役：

一、初犯者；

二、无结伙共谋者；

三、未用任何技术者；

四、实是因穷困失业不能维持自己或家族之必要生活者。

第一百六十条　意图为自己或第三人不法之所有，窃占国家机关公共团体之不动产者，处二年以下强制教育，停止窃占恢复原状者得免除其刑。

第一百六十一条　情知收受收买寄藏公家所失之赃物者，处三年以下强制教育或劳役。以此为常业者，处五年以下强制教育并科三千元以下罚金。

第七节　违背职务罪

第一百六十二条　从事于国家机关或企业机关公共团体及法律所委任之公务员，违背职务上应为或不应为而致公家或私人或社会秩序发生损害恶果者，为违背职务罪。

第一百六十三条　公务员因利欲或其他个人目的，实行贪污，要求期约或收受贿赂或其他不当利益而为违背职务之行为者，处二年以上强制教育并没收所收之贿赂或追缴其价额。

第一百六十四条　对于公务员行术贿赂或居间介绍者，处三年以下强制教育劳役或百元以上罚金。但行贿后即行自首者，免除其刑。

第一百六十五条　有诉追审判职权之公务员，滥用职权，使人身体自由、财产受到损害者，处五年以下的强制教育，因而致人于死者，处五年以上强制教育，因而致重伤者，处三年以上强制教育。

第一百六十六条　未为公务员时预为要约者，处二年以上强制教育。

第一百六十七条　前三条未遂罪罚之。

第一百六十八条　无诉追审判职权之公务员而滥行处罚人者，以前条之规定处罚之。

第一百六十九条　有执行刑罚职权之公务员，违法执行或不执行刑罚者，处五年以下强制教育。

第一百七十条　公务员对于赋税或其他收入，明知不应征收而征收者，处五年以下强制教育。

公务员对于职务上发给之款项物品，明知应发给而抑留不发或克扣者，同前项之处罚。

第一百七十一条　公务员对于主管或监督之事舞弊营私直接或间接图利者，处五年以下强制教育。

第一百七十二条　公务员对于职务无诚意或非善意使事务延宕停滞，或因怠于职务，致公家或个人或社会秩序发生损害恶果者，处三年以下强制教育。

第一百七十三条　公务员或曾任公务员，漏泄应守秘密之文书图画消息或物品者，处三年以下强制教育，因过失而犯之者，处一年以下强制教育、劳役或三百元罚金。

第一百七十四条　公务员假借职务上之权力、机会或方法，犯本章以外之罪者，照本分则各条所定刑之范围内酌量从重科罚。

第八节　妨害公共卫生罪

第一百七十五条　以无政治目的在供公众饮料水内施放毒药或传染秽物者，处一年以上强制教育。因而致人于病或死亡者，处五年以上强制教育。

以过失犯前之罪者处一年以下强制教育、劳役或三百元以下罚金。

第一项之未遂犯罚之。

第一百七十六条　任意散布传染秽物致有妨害公共卫生之虞者，处六月以下强制教育、劳役或三百元以下罚金。

第一百七十七条　破坏公共卫生设备者，处一年以下强制教育。

第一百七十八条　违反以预防传染病为目的所特别公布之公共卫生法规者，处六月以下强制教育、劳役或三百元以下罚金。

第一百七十九条　以过失犯前二条之罪者处三月以下劳役或二百元以下罚金。情节轻者，得予以训诫。

第一百八十条　以伪质变造冒充公众消费物品，结果损害他人之健康或有损害可能者，处一年以下强制教育或一千元以下罚金，并没收其变造冒充之物品。

第一百八十一条　制造贩卖妨害卫生之饮食物品者，处一年以下强制教育、劳役或一千元以下罚金。

第一百八十二条　意在图利或供自己吸食栽种鸦片烟者，处五年以下强制教育得并科五千元以下罚金。

第一百八十三条　制造运输贩卖鸦片烟高根海洛因或其他化合品者，处五年以下强制教育，并科五千元以下罚金。

第一百八十四条　开设烟馆供人吸食或与人施打吗啡意在图利者，处三年以下一年以上强制教育，并科三千元以下罚金。

第一百八十五条　吸食鸦片烟或施打吗啡或使用高根海洛因或其他化合料质者，处二年以下强制教育劳役或一千元以下罚金。

第一百八十六条　制造贩卖或运输专供吸食鸦片烟之器具者，处三年以下强制教育得并科一千元以下罚金。

第一百八十七条　意图营利或自吸用持有鸦片烟吗啡高根海洛因或其他化合物质料或供吸食鸦片烟器具者，处一年以下强制教育、劳役或五百元以下罚金。

第一百八十八条　犯以上六条之罪者，其鸦片烟吗啡高根海洛因或其他经化合质料或种子吸烟器具无论属于何人没收之。

第二章　妨害私人利益之罪

第一节　妨害个人生命罪

第一百八十九条　以图褫夺被害人生命之决心而杀之者，为杀人罪。

凡前项之罪而为下列情形之一者，处十年以下强制教育。情节重者得处死刑：

一、因利欲嫉妒及其他卑鄙心术；

二、出于特别残酷之手段；

三、用不顾多数人生命之危险方法；

四、出于隐蔽或减轻其他重罪之企图；

五、对于被害人有保养责任者；

六、利用被害人之穷困者；

七、前曾犯杀人伤害罪被处罚狱者。

第一百九十条　非因前条各款事态而杀人者，处十年以下强制教育。

第一百九十一条　以杀人之目的着手实行其结果成伤未死者，处七年以下强制教育。伤医未愈而致死者，依前两条规定情形分别处罚。

第一百九十二条　前两条之未遂犯罚之。

第一百九十三条　因受压迫侮辱其激于义愤而发作之精神激奋状态中杀死人者，处五年以下强制教育。

第一百九十四条　母于生产后杀其婴孩者，处六月以上五年以下强制教育。

第一百九十五条　妇女服药或以其他方法堕胎者，处六月以下劳役。但疾病或防止生命上之必要堕胎者免除其刑。受嘱托或承诺而与人堕胎者，处二年以下强制教育，因而致人于死者，处五年以上强制教育，致伤重者，处三年以上强制教育。

第一百九十六条　虐待物质上立于从属地位之人，使之自杀或自杀未遂者，处以五年以下强制教育。

第一百九十七条　前三条之未遂罪罚之。

第一百九十八条　因为过失或因超过自卫所必要范围之行为，而致人于死者，处三年以下强制教育、劳役或一千元以下罚金。

第一百九十九条　从事业务之人，因业务犯前条之罪者，处五年以下强制教育劳役或三千元以下罚金。

第二百条　教唆或帮助他人使之自杀或受其嘱托或得其承诺而杀之者，处一年以上五年以下强制教育。

第二节　妨害私人身体罪

第二百零一条　以暴行殴人之结果致伤毁人之身体及健康者为伤害罪。

犯前项之罪使人受重伤减低劳动能力者，处八年以下强制教育。因伤致死者处十年以下强制教育。

使人受轻伤害及健康需相当时日始能复原者，处三年以下强制教育、劳役或一千元以下罚金。

第二百零二条　以暴行殴人未成伤者，处六个月以下劳役或三百元以下罚金或训诫。

第二百零三条　因受压迫侮辱或其他激于义愤在精神刺激中犯前二条之伤害罪者，处三年以下强制教育。

第二百零四条　教唆或帮助他人使之自伤或受其嘱托或得其承诺而伤害之成重伤者，处三年以下强制教育。

第二百零五条　明知自己有花柳病或麻疯病隐瞒而与人奸淫或为猥亵之行为者，处一年以下强制教育、劳役或五百元以下罚金。

第二百零六条　对于发育未全之幼年男女施以凌害或以他法致妨害其身体之自然发育者，处五年以下强制教育。意图营利而犯前项之罪者，处五年以上强制教育。

第三节　妨害私人自由罪

第二百零七条　使人为不自由之奴隶者，处一年以下强制教育。

以图营利犯前项之罪者，处二年以上强制教育。

前二项之未遂罪罚之。

第二百零八条　略诱妇女至不自由之环境或与自己或他人结婚或奸淫或为猥亵之行为者，处五年以下强制教育。

意图营利犯前项之罪者，处一年以上七年以下强制教育。

前二项之未遂罪罚之。

第二百零九条　意图营利而收受藏匿前条被略诱人或使之隐避者，处六月以上五年以下强制教育。

第二百一十条　意图营利以诈术诱人或利用穷窘境遇至不自由之环境作奴隶役者①，处三年以上强制教育。

以犯前项之罪为常业者，处五年以上强制教育。

第二百一十一条　犯前四条之罪于裁判宣告前，送回被诱人或指明所在地，因而寻获者，得减轻其刑。

第二百一十二条　以强力或其他方法，私行拘禁剥夺人之行动自由者，处三年以下强

① “作奴隶役者”疑为“作奴役者”。

制教育、劳役或三百元以下罚金。

因而致人于死者，处十年以下五年以上强制教育。致重伤者，处三年以上七年以下强制教育。

第一项之未遂罪罚之。

第二百一十三条　以强力胁迫使人行无义务之事或妨害人行使权利者，处一年以下强制教育劳役或三百元以下罚金。

前项之未遂罪罚之。

第四节　妨害家庭安宁罪

第二百一十四条　有配偶而与人通奸者，处一年以下强制教育。相奸者亦同。

第二百一十五条　略诱未满十六岁之男女脱离家庭，或其他有监督权之人而为猥亵或奸淫之者，处一年以上七年以下之强制教育。

第二百一十六条　意图营利或意图使前条被略诱人为猥亵或奸淫而收受之藏匿，或使之沈避者，同前条之处罚。

第二百一十七条　犯前两条之罪在裁判宣告前送回被略诱人或指明所在地，因而寻获者，减轻其刑。

第二百一十八条　无故侵入他人住宅、建筑物、船舰或其他有围护设备之土地，经受退去之要求而仍滞留者，处一年以下强制教育、劳役或三百元以下罚金或训诫。

第二百一十九条　不依法令搜索他人身体、住宅、建筑物、船舰者，处二年以下强制教育、劳役或三百元以下罚金。

第二百二十条　以加害生命、身体、名誉、财产之事，恐吓他人，致生命危害于安全者，处一年以下强制教育或三百元以下罚金。

第五节　妨害私人名誉罪

第二百二十一条　以言语或文书公然侮辱他人者，处三百元以下罚金或训诫。

以强暴动作侮辱他人者，处劳役或五百元以下罚金。

第二百二十二条　用指责或传述或用文字图书足以损害他人名誉之事，散布于众者，为诽谤罪，处一年以下强制教育劳役或五百元以下罚金。

以新闻杂志或其他方法虚构事实而为诽谤者同，但对于所诽谤之事，能证明其为真实者不罚。

因自卫自辩保护民主权利者或其他合法利益者不罚。

第二百二十三条　对于已死之人公然诬蔑侮辱或诽谤者，适用前二条之规定。

第六节　妨害私人信用罪

第二百二十四条　散布流言或以诈术损害他人之信用者，处一年以下强制教育劳役或科一千元以下罚金。

第二百二十五条　使公中（众）或他人受损害而伪造变造私人契约、票据、证明书、介绍书，以及其他私文书者，处五年以下强制教育或劳役。

第二百二十六条　将使公中（众）或他人受损害而将明知不实之事实登载于业务上作成之文书者，处三年以下强制教育、劳役或五百元以下罚金。

第二百二十七条　依习惯或持约在纸上或物品上之文字符号足以表示其用意证明者以

文书论。

第二百二十八条　行使前三条之私文书者，适用各该条规定之处罚。

第二百二十九条　伪造或盗用私人印章印文或署押，使生损害于公中（众）① 或他人者，处三年以下强制教育。

第七节　妨害秘密罪

第二百三十条　无故开拆或隐匿他人之封缄信函②或其他封缄之私文书者，处劳役或三百元以下罚金或训诫。

第二百三十一条　因法令契约或业务责任知悉或持有他人秘密而无故泄漏（露）之者，处一年以下强制教育劳役或一千元以下罚金。

第八节　妨害私人财物罪

第一目　强抢私人财物罪

第二百三十二条　以暴力或药剂催眠术使人不能抗拒强夺他人财物者，处五年以下强制教育。

前项之未遂犯罚之。

第二百三十三条　犯前条之罪具有下列情形之一者，处五年以上强制教育：

一、结伙三人以上携有武器者；

二、以强抢为常业者；

三、伤害事主者；

四、强奸者；

五、放火者。

第二百三十四条　犯强抢罪具有下列情形之一者，处十年强制教育或死刑：

一、杀人者；

二、强奸因而致人于死者；

三、被强奸人愤而自杀者。

第二百三十五条　预备犯强抢罪者，处一年以下强制教育。

第二百三十六条　在海上犯强抢罪者，适用前四条之规定。

第二百三十七条　强抢因防护赃物脱免逮捕，或湮没证据当场实施强暴胁迫以强盗论。

第二百三十八条　以强力掳人勒赎者，处七年以下强制教育。

因而致人受重伤者处七年以上强制教育。

因而致人于死者，处十年强制教育。情节重者处死刑。

预备犯第一项之罪者，处一年以下强制教育。

犯第一项之罪未经取赎而释放被害人者，减轻其刑。

第二目　窃盗私人财产罪

第二百三十九条　秘密窃取他人动产者，为窃盗罪。处一年以下强制教育、劳役。

---

① 两种版本皆印作“公中”。

② “陕西法律法规版”误作“信甬”。

犯窃盗罪而具备下列情形者，处三月以下劳役：

一、初犯者；

二、无结伙共谋者；

三、未用任何技术者；

四、实是因穷困失业不能维持自己或家族之生活者。

第一项之未遂犯罚之。

第二百四十条　窃取他人动产具有下列情形者，处六月以上强制教育：

一、毁越门窗墙垣或其他安全设备而犯之者；

二、携带凶器者；

三、结伙三人以上者；

四、累犯窃盗罪者；

五、乘水灾火灾或其他灾变时而犯之者；

六、致被窃人生活上陷于极端困难者；

七、窃取勤劳人之主要生产工具、运输工具以及大型牲口者。

第二百四十一条　受雇人窃取雇主财物者，处一年以下强制教育、劳役或二百元以下罚金。

第二百四十二条　意图为自己或第三人不法之利益而窃占他人之不动产者，处一年以下强制教育、劳役，停止侵占回复原状者，免除其刑。

第二百四十三条　窃盗私营电力者除赔偿外，处一月以下劳役或百元以下罚金。

第二百四十四条　知情收受收买寄藏私人所失之赃物者，处二年以下强制教育或劳役。以犯前项之罪为常业者，处五年以下强制教育，得并科三千元以下罚金。

第二百四十五条　窃盗因防护赃物脱免逮捕或湮没证据当场实施强暴胁迫者，适同强抢罪。

第三目　损坏私人财产罪

第二百四十六条　毁坏私人建筑物、矿坑、船舶、工厂致不堪用者，处六月以上五年以下强制教育。

因而致人重伤者，处三年以上强制教育。致人于死者，处五年以上强制教育。

第一项未遂犯罚之。

第二百四十七条　毁弃或损坏私人文书或致不堪用，足以生损害于公中（众）或他人者，处三年以下强制教育劳役或五百元以下罚金。

第二百四十八条　毁损前二条以外他人之财物或致令不堪用足以生损害于公中（众）或他人者，处二年以下强制教育劳役或五百元以下罚金。

第二百四十九条　以诈术使人为财产上之处分而生损害者，处二年以下强制教育、劳役或五百以下罚金。

第二百五十条　乘未成年人之知识浅薄或乘人之精神耗弱使之将本人或第三者之物交付者，处五年以下强制教育、劳役或科三千元以下罚金。

第二百五十一条　为他人处理事物违背任务与信义，损害其本人之财产或其他利益者，处五年以下强制教育、劳役或科三千元以下罚金。

第二百五十二条　债务人于将受强制执行之际，意图损害债权人之债权，而毁坏或隐匿或处分其财产者，处二年以下强制教育、劳役或五百元以下罚金。

第二百五十三条　毁损坛庙、寺观、教堂、坟墓、古迹或公众纪念处者，适用毁损建筑物之规定。

第二百五十四条　发掘坟墓而损坏遗弃污辱或盗取尸体遗骨遗灰者，处二年以上五年以下强制教育。

第四目　侵占私人财物罪

第二百五十五条　侵占自己持有他人之物而为自己或第三人不法之所有者，处三年以下强制教育、劳役或科一千元以下罚金。

第二百五十六条　侵占因公益或因业务所持有之物而为自己或第三人不法之所有者，处五年以上强制教育、劳役或五千元以下罚金。

第二百五十七条　侵占私人遗失物漂流物或其他离本人所持有之物者，处五百元以下罚金。

选自《陕甘宁边区法律法规汇编》，三秦出版社 2010 年版，第 477～494 页。简称“三秦法律法规版”。

互校版本：《陕甘宁边区法律法规汇编》，陕西人民出版社 2006 年版，第 103～126 页。简称“陕西法律法规版”。

三、中华民国新民事诉讼法草稿纲领

1948 年 7 月 21 日陈瑾昆拟

民事诉讼法新旧法之关系，较诸民法新旧法之关系，尤为重要。即诉讼法为程序法，往往不能依法理创设，故自法制史言之，均系程序法发达先于实体法，而已有旧诉讼法者，更须有新诉讼法替代之。如方已发生之诉讼，因不能不承认其存在，此本系依旧法程序进行，如否认旧法，则须有新法，使其得继续进行。若已经终结之诉讼，则更不能不承认旧法之效力：即已经判决确定者，不能不许其得请求执行，亦不能许其再有争执，从（重）新起诉，且须依旧法，在撤回起诉后或和解后，亦不能许其再有争执，从（重）新起诉。此于保护人民、确定权利、平息争执，为当然之事。故在此次革命，固应否认旧政权下之诉讼法，然同时则须有新政权之诉讼法替代之。故在民事诉讼法，新旧法之关系——法律不溯既往之原则，甚为重要，将来于新法实行时，必须于施行法详慎规定，而在此过渡时期——新旧法交替时期，起草法律，自应就旧法加以修正，不可抹杀其存在，参考旧法，创造新法，乃为过渡时期应有之措置，并非继承旧法系统，无视革命立场，故起草新民事诉讼法，亦与起草新民法同一方针，合首予说明，再就修改中最重要之点，亦即起草新法最重要之纲领，择要摘述于后：

一、旧法共计六百三十六条，新法仅三百七十五条，此并非新法较旧法内容贫乏，只系将旧法不适用与不正当之条文删节归并，同时将于现时较有实用更较正确之实际与理论，增设条文，以利实行。

二、旧法只系为有产阶级之工具，尤为法官与律师，不善用此法律，且恶用此法律，以致拖讼缠讼，渎职倾人，流弊百出！新法系从另一立场与方针立法，即一方面使人人均可利用诉讼保护权利，一方面又防止不善讼者不能受到正当之保护，善讼者反受到不正当之保护，尤为严防积压拖累，力遵“诉讼经济”之原则——不许因诉讼浪费金钱、劳力、时间，此正是拯救时弊，从此一方面亦表现革命精神。

三、于总则编新增法例一章，此不但与民、刑法、刑事诉讼法一律，且将民事诉讼法基本原则与上开革命精神，均于此章总括规定，至为重要。

四、法例内第一条，系揭出利用民事诉讼之原则——标的、标准、限制，亦即严防滥诉滥讼。

五、法例内第二条，即严防拖讼缠讼者，尤为严防唆讼之律师，此原则规定，更于以后各程序设有多数应用规定，此于法理（侵权行为）实际，均为协合。

六、法院积案或舞弊，亦于各程序设有种种规定，使负侵权行为责任（法院与职员连带负责），此虽未便于法例规定，然与上述第五点为同一精神。

七、民事诉讼，一般均征讼费，此为资本主义之遗留物（尤为现时中国多端苛索），应予废除，所谓审判费、送达费、抄录费、状纸费等勒索民财者，一概不许征收，方显出法院为人民服务之精神，此为法例第三条之用意。

八、现时积弊，为法院办案迟延（故意者多，亦为舞弊之一端）与不公平，虽半由于人为，亦半由于法律程序烦重，此则于法例第四条第一项，特设此救济规定（原则），其应用则于各程序设有种种之规定。

九、高坐堂皇，完全不实地调查，听取群众意见，亦为现时积弊，故于法例第四条第二项设此救济规定（原则），并于各程序设应用规定。

十、一般立法均注重书状，只于简易程序或其他不较重要或应迅速之诉讼行为始许当事人使用言词，法例于此点完全将旧法推翻，使当事人得任意用言词或书面，用言词则得请求书记员作笔录，用书面亦可不用律师，得请求书记员或法院所设代书人代为制作，且不称书状，将状纸制度亦予废除（见后），此为法例第五条之规定。

十一、民事诉讼法上亦有久用之术语，不能再用更通俗者替代之，故法例第六条有此文例——立法解释之规定。

十二、旧法法院管辖，规定过于烦（繁）复，不合适用故予删改。第七条第三项，即可将旧第三条至第十九条概括，又旧法专属管辖，实用上并无必要，亦予废止，法院虽无管辖权，亦应移送，不许驳回，亦为便民一道。

十三、旧法法院回避，亦有不合实用处，应予改正。

十四、旧法当事人章内，当事人与诉讼能力节有不妥处，应修正。

十五、旧法共同诉讼内，主参加以为必要共同诉讼，理论实际均不正确，应予修正（旧五四条新二十条二项）。

十六、委任代理人，实际上颇多，旧法关于委任，于实际不便，应予修正。

十七、总则第四章，新法修改旧法中最重要者：按诉讼程序重要之次序排列，将旧法第一审内和解与简易程序内调解及证据，均移入总则规定。

十八、裁判节最重要修改：为增设第三十七条第二项、第三十八条第二项、第三十九条、第四十条第四项第五项（第五项旧法只于简单程序规定，新法不认简易程序见后）。

十九、言词辩论节最重要修改：为增设第五十五条第五项；为使当事人更为完全之辩论（五五条二至四项），及更使法院发挥阐明权（六〇条）亦有相当修正；尤为第六十条第九款，乃为对于法例第四条第二项应用之规定。旧法此节条文次序不妥，应予修正。

二十、和解，旧法将起诉前所为者称曰调解，与起诉后所为者分别规定，实则此均系民法上之和解于诉讼上成立，宜合并规定，且应于总则内规定，因此诉讼行为，至为重要，新法为使和解易于成立、并使审判员特别注重，设有种种规定，和解在诉讼上成立后不许轻易推翻，亦将旧法修改。

二十一、证据程序于第二编以下，均有适用，故移入总则，修改处亦不少，次序乃先物证，次人证，用语“自认”改“自白”。以与刑事诉讼法一致。嘱托团体调查，增农会、工会，对于用证据拖延诉讼者，处罚款，证人不可迭传以防拖累（一四〇条）均为较著者。

二十二、文书乃就旧法“当事人书状”修改，将法院与当事人书面程式均于此节内规定。旧法裁判书、笔录、卷宗分散规定，此则合并之，当事人用书面为自由，废除状纸收重费制度，均于此节内规定。

二十三、送达特定明注重邮局送达以省经费。

二十四、期日改日期，期间之回复原状，亦加以修改。

二十五、通称诉讼程序停止，不设中断、中止、休止之名目。当事人死亡有不仅停止者，亦于此规定。

二十六、旧法有通常诉讼程序与特别诉讼程序之别，应废止此区别；有关公益之事件，应多采职权主义，亦不只人事诉讼，可于各程序适当处所规定，简易程序，亦应废止，其中调解，应并入和解，其他简易程序，则只可用言词等，新法如前述，任何诉讼，均得用言词，且新法系规定任何诉讼均须迅速，亦均须慎重，亦均须酌采职权主义，故所谓特别诉讼程序，简易程序，均无特设之必要。

二十七、新一九八条三、四项，就一般诉讼特设此规定，乃为便民。

二十八、言词辩论之准备，亦为诉讼能迅速进行，设有改正规定。

二十九、二百十条二项亦为新设酌采职权主义之规定，甚为重要。

三十、旧法关于裁定，特设得为抗告之条甚多，且抗告期间特分别长短均不妥，应予修改。

以上仅为特举修改处所亦即起草原则之最重要者，一般言之，只最后非讼事件程序一编（旧法各列为编亦不妥）修改较少，其他则于内容、次序、文字等，修改甚多，略占旧法十分之八以上，均非故为立异，实为适用、明了、正确而为。

选自《民事诉讼法参考资料》第二辑第一分册，中国社会科学院法学研究所民法研究室民诉组、北京政法学院诉讼法教研室民诉组会编，法律出版社 1981 年版，第 114～118 页。

四、中华民国新民事诉讼法草稿[①]

1948 年 7 月 21 日陈瑾昆拟

目 录

① 此件系陈瑾昆起草的民诉法草案，曾提交中央法制委员会讨论过。据《谢觉哉日记》1948 年 7 月 21 日记载："瑾昆《民诉法》又脱稿，《民法》前已脱稿。"同年 12 月 14 日记载：法委会主要议程"二、总结法律争论问题。"现附录于此，供研究参考。

第二章　言词辩论之准备
第三章　判决
第三编　上诉审程序
第一章　第二审程序
第二章　第三审程序
第四编　抗告程序
第五编　再审程序
第六编　非讼事件程序
第一章　督促程序
第二章　保全程序
第三章　公示催告程序
第四章　禁治产事件程序
第五章　宣告死亡事件程序

第一编　总则

第一章　法例

第一条　民事法律关系，以受侵害或有受侵害之虞时为限，当事人得依本法所规定之诉讼程序或非讼事件程序，请求法院裁判或处分。

非民事法律关系，以本法或其他法律有规定者为限，亦得就之为前项之请求。

非讼事件，除本法规定有特别程序外，准用诉讼程序之规定。

第二条　当事人无前条第一项所规定之必要情形，而起诉，或为其他请求，或因可归责于己之事由，致诉讼程序迟延进行或终结者，应赔偿他方当事人因此所受之损害；其原因在于其代理人者，并应由该代理人与该当事人连带负赔偿责任。

前项情形，致他方当事人之代理人受损害者，亦应依前项，对该代理人负赔偿责任。

法院对于缠讼或拖讼之当事人或其代理人，得处以二千元以下之罚款。

第三条　法院施行诉讼程序或于当事人请求施行时，不得向当事人征取任何费用。

第四条　法院施行诉讼程序，为期其公平与迅速，得为必要之处置。

法院为审判或处分，为期其正确，应切实与群众联系，就地调查，听取意见。

第五条　当事人为请求或陈述，虽非于言词辩论程序，亦得用言词；并得请求法院书记员，制作笔录。

当事人用书面为请求或陈述时，得请求法院书记员或其所设代书人代为制作。

第六条　称当事人者：谓请求裁判或处分之人及其相对人。

称诉讼标的者：谓当事人请求裁判或处分之法律关系；称本案者：谓为该诉讼标的之法律关系。

称诉讼关系者：谓诉讼标的或其他得在诉讼上主张之一切法律关系。

称攻击方法者；谓原告或其他请求人为求就诉讼标的贯彻己方主张所提出为裁判或处分基础之一切材料；称防御方法者：谓被告或其他相对人为求就诉讼标的贯彻己方主张所提出为裁判或处分基础之一切材料。

第二章 法院

第一节 管辖

第七条 诉讼事件或非讼事件，由该事件相对人住所地或居所地之法院管辖。

关于胎儿之事件，以其母之住、居所地，视其住、居所地；关于公私法人、自治机关、外国法人、或非法人团体之事件，以其公务所、事务所或营业所所在地，视为其住、居所地；关于多数当事人选定特定人为诉讼之事件，以该特定人之住、居所地或事务所、营业所所在地，视为其住、居所地；关于职员、工人、生徒、受雇人或其他寄寓人之事件，以其寄寓地，视为其住、居所地；关于军人、军属或海员之事件，以军营驻在地或军舰本籍、船籍所在地，视为其住、居所地。

除依前二项定管辖法院外，事件标的之法律关系发生地、实行地、争执地之法院，亦得为管辖法院。

不能依前三项定管辖法院者，由首都所在地法院为管辖法院；其原有管辖法院而现无管辖法院或管辖法院不明者，请求人得向首都所在地法院为请求，或请求该法院指定管辖法院。指定之裁定，不得声明不服。

第八条 同一事件，数法院有管辖权者，为请求时，得选择向其中任何一法院为之。

第九条 当事人得以合意定管辖法院。

被告不抗辩法院无管辖权而为本案之言词辩论或非讼事件之相对人已就该事件为请求或陈述者，视为已有前项之合意。

第十条 事件之全部或一部，法院认为无管辖权，讯明相对人亦不同意其受理时，应以裁定移送之于管辖法院，认该法院有管辖权或认被移送法院无管辖权之当事人，对该裁定得声明不服；但请求人得不声明不服，撤回其请求；相对人如仍同意该法院受理者，该法院仍应受理之。

确定应由被移送法院受理时，视为该事件自初即系属于该法院，不得更为移送裁定。

受请求之法院，为第一项之裁定时，如有急迫情形，应于为裁定时或以后，依请求或职权，为必要之处置。

第二节 回避

第十一条 法院之审判员、书记员或通译员，有左列情形之一者，于该事件应自行回避，不得执行职务：

一、本人或其配偶、前配偶、订婚人为该事件当事人者。

二、本人现为或曾为该事件当事人五亲等内之血亲、三亲等内之姻亲，或家长、家属者。

三、本人或其配偶、前配偶、订婚人，就该事件有权利人、义务人或与当事人有共同权利人共同义务人之关系者。

四、本人或其配偶、前配偶、订婚人，现为或曾为该事件之法定代理人或诉讼代理人、辅佐人者。

五、本人于该事件曾为证人或鉴定人者。

六、本人曾参与该事件之前审裁判或公断者。

第十二条 当事人于审判员、书记员或通译员有左列情形之一时，得请求其回避：

一、有前条所定情形之一，而不自行回避者。

二、有前条所定以外情形，足认其执行职务有偏颇之虞者。

前项第一款情形，除该人员已无可执行之职务外，当事人不问诉讼程度如何，得随时请求其回避。第二款情形，虽仍有可执行之职务，而已就该事件为请求或陈述后，不得请求其回避；但回避之原因，发生在后或知悉在后，或于为请求或陈述时，保留回避之请求者，不在此限。

请求回避，应向其所属法院表明其原因为之；并应释明其原因及前项但书之原因。审判员认其理由不正当者，得提出意见书。

当事人请求书记员或通译员回避，不问其有无理由，而有他人能继续执行其职务者，应立即由他人继续执行之。请求审判员回避，如其理由正当，而有他人能继续执行或更新执行其职务者，亦同；如理由正当而该审判员仍继续执行者，审判长或院长应命其停止。如其理由不正当，应立即依合议，裁定驳回之，认为尚有疑义者，亦应立即依合议裁定之。该审判员均不得参与该各裁定。其不能由本法院裁定者，应立即送交直接上级法院裁定之。

对于审判长或院长命令停止之裁定及认请求理由正当之裁定，毋庸送达，并均不得声明不服。

第十三条　因审判员停止执行职务，而致诉讼程序亦停止进行者，如有急迫情形，该审判员或其所属之法院，仍应为必要之处置。

第十四条　当事人或其代理人请求回避，而系意图迟延诉讼之进行者，法院得依请求或职权命其赔偿他方之损害；并得处以二千元以下之罚款。

第三章　当事人

第一节　当事人能力及诉讼能力

第十五条　有权利能力者，有当事人能力。胎儿，关于其个人之利益，有当事人能力。

非法人之团体，设有代表人或管理人者，视为有当事人能力。

第十六条　多数有共同利害关系之人，不合于前条第三项之规定者，得选定其中一人或数人为当事人。其于事件发生后选定者，未被选定之当事人，于选定时，脱离该事件。但该事件之裁判或处分，不问其为当事人与否，均对之有效力。

被选定之当事人，得由他共同利害关系人或他原当事人更换或增减之。前二项之选定或更换、增减，应陈明法院，并由法院通知他方当事人。被选定当事人，应于该事件为己方全体当事人为行为或受行为；其有因死亡或更换而减少者，由他被选定之当事人继续为其全体为行为或受行为；其因死亡而无他被选定之当事人者，他共同利害关系人或他原当事人，应立即另行选定他当事人，或自行继续为当事人，并应立即陈明法院，并由法院通知他方当事人。怠于履行，而致他方当事人受损害者，应负赔偿责任。其系意图迟延事件进行者，法院得处以千元以下之罚款。

被选定之当事人，非得己方全体当事人之同意，不得为舍弃、认诺或和解；于该事件不为应进行之行为时，他共同利害关系人或原当事人仍得自为该行为或自行诉讼；被选定之当事人死亡者，纵已另选定他当事人，该继承人仍得自行诉讼。被选定之当事人有数人，而其相互间之关系，合于共同诉讼之规定者，仍依其规定，被选定之当事人与自行进行事件之当事人相互间之关系，合于共同诉讼之规定者，亦同。

第十七条　有行为能力者，有诉讼能力。

虽为限制行为能力人，而就该事件之法律关系有行为能力者，亦有诉讼能力。

外国人，依其本国法律，虽无诉讼能力，而依中华民国之法律，有诉讼能力者，亦有诉讼能力。

无行为能力人，应由其法定代理人于该事件为行为或受行为。限制行为能力人，除依第二项规定外，亦应由其法定代理人于该事件为行为或受行为。

法人，应由其董事为法定代理人，于该事件为行为或受行为。非法人之团体，依第十五条第三项为当事人者，应由其代表人或管理人为法定代理人，于该事件为行为或受行为；但合伙得由合伙人自为行为或受行为。

第十八条　应由法定代理人为行为或受行为而自为行为或受行为，或由无法定代理权之人为行为或受行为者，不生效力，但经成为行为能力人之本人或法定代理人或以后取得法定代理权之人追认者，溯及于行为时或受行为时发生效力。

第十九条　应由法定代理人为行为或受行为，而无法定代理人，或法定代理人不能行使代理权者，该事件当事人之亲属或其他利害关系人或他方当事人，得请求审判长选任特别代理人。选任之裁定，并应送达于特别代理人。

特别代理人，于法定代理人或成为行为能力人本人进行该事件前，得就事件为一切行为或受行为，但不得为舍弃、认诺或和解。

特别代理人，适用民法委托之规定，其应得之报酬及其因代理所需之费用，得命请求人支付。

第二节　共同诉讼

第二十条　有左列情形之一者，二人以上当事人，得为共同诉讼人，一同起诉或一同被诉；并于诉讼系属中，亦得依诉之追加之规定，为共同诉讼人。

一、为诉讼标的之法律关系，为其所共同者。

二、为诉讼标的之法律关系，本于同一事实或法律上原因者。

三、为诉讼标的之法律关系，系同种类，而本于事实上或法律上同种类之原因者，但为共同被告，须法院依第七条规定对各被告均有管辖权。

就他人间之诉讼标的全部或一部，自己另有所主张，而该他人间诉讼之结果，足致自己主张之法律关系受侵害或有受侵害之虞者，得于该诉讼在第一审系属中，以该诉讼双方当事人为共同被告而起诉；该诉讼已系属于第二审，在其言词辩论终结前，亦得起诉；该共同被告，亦为前项所规定之共同诉讼人。

第二十一条　共同诉讼人，各有进行诉讼之权利与义务。

法院、审判长、或受命审判员或受托审判员定日期者，应使各共同诉讼人到场。

共同诉讼人中一人于该事件所为之行为或所受之行为及其他关于其一人所生之事项，除别有规定外，其效力不及于他共同诉讼人。

第二十二条　诉讼标的，对于共同诉讼人必须合一确定者，应一同起诉或被诉，未经一同起诉或被诉者，应追加原非当事人之人为当事人，如法院命其追加而不追加者，其诉为不合法，应驳回之。

前项共同诉讼人，应依左列规定：

一、共同诉讼人中一人所为之行为，有利益于他共同诉讼人者，其效力及于共同诉讼人全体；不利益于他共同诉讼人者，于共同诉讼全体，均不生效力。

二、共同诉讼人中一人所受之行为，其效力及于共同诉讼人全体。

三、共同诉讼人中一人诉讼程序停止者，其效力及于共同诉讼人全体。

第三节　参加诉讼

第二十三条　就他人间诉讼有法律上利害关系之第三人，因辅助一方当事人，于该诉讼系属中，得为参加。

参加诉讼，应向系属法院声明之，并陈明该诉讼及当事人并自己该诉讼之利害关系，由法院送达其参加声明于双方当事人。

参加声明，得与上诉、抗告或其他诉讼行为合并为之。

当事人对于参加声明，得请求法院驳回；但他方当事人对于参加未保留异议而为本案之言词辩论者，不在此限。

法院就驳回声明之请求所为之裁定，得为抗告；参加人于其裁定未确定前，仍得为诉讼行为。

第二十四条　参加人得按参加时之诉讼程度，为其所辅助之当事人，为一切有利益于该当事人之诉讼行为，但其行为与该当事人之行为抵触者，不生效力。

诉讼标的，与其所辅助之当事人必须合一确定者，应适用第二十二条之规定，不得为参加。

第二十五条　参加人，对于其所辅助之当事人，不得主张与该诉讼之裁判不当；但参加因参加时之诉讼程度，或因该当事人之行为，不能用攻击或防御方法，或因该当事人故意或过失不用参加人所不知之攻击或防御方法者，不在此限。

第二十六条　参加人经其所辅助之当事人同意后，得依诉之变更之规定，代该当事人承当诉讼；该当事人亦得请求其承当。

参加承当诉讼者，其所辅助之当事人脱离诉讼；但本案之判决，对于该当事人仍有效力。

第二十七条　当事人得于诉讼系属中，将该诉讼告知于因自己胜诉或败诉而有法律上利害关系之第三人。受告知者，得递行告知。

告知诉讼，应向系属法院为之，由其送达于该第三人。

受告之人，如得依第二十三条参加诉讼而不参加，或不及时参加者，视为于得参加时即已参加诉讼，适用第二十五条之规定。

第四节　诉讼代理人及辅佐人

第二十八条　当事人或其法定代理人，得于诉讼事件或非讼事件，委任有行为能力之第三人为诉讼代理人。

前项委任，得于日期，当场由委任人向法院、审判长、受命审判员或受托审判员陈明；未经当场陈明者，诉讼代理人应向法院提出证明其委任之书面，或偕同委任人，由其以言词陈明，请求法院书记员制作笔录；但律师之委任，应提出书面证明。

委任诉讼代理人，应表明其代理权限。

第二十九条　诉讼代理人，于其代理权限内，得于该事件代理为一切行为并受一切行为；但舍弃、认诺、撤回、和解、起诉、上诉、再审、强制执行、受领诉讼标的物或给付，或委任复代理人，非经特别表明授与代理权者，不得为之。

代理权虽未经表明，于该事件之进行程度，视为有前项之代理权；于内部对该代理权之限制，未经表明，对法院及他方当事人，不生效力。

第三十条　诉讼代理人，委任二人以上者，均得单独代理，委任人对此之限制，不生效力。

第三十一条　诉讼代理人事实上之陈述，经委任人当场及时撤销或更正者，不生效力。

除前项规定外，诉讼代理人本于其代理权所为之行为，虽与委任人之行为不一致或与其意思相反，亦有效力；二人以上诉讼代理人中一人本于其代理权所为之行为，虽与他诉讼代理人本于其代理权所为之行为不一致，亦各有效力。但诉讼代理人本于其代理权为请求或为请求之舍弃、认诺、撤回或和解后，委任人或他诉讼代理人所为反对之行为，不生效力。

第三十二条　诉讼代理权，不因委任人死亡、破产、丧失诉讼能力或法定代理权，或法定代理权变更，而消灭。

第三十三条　诉讼委任之终止、解除或撤销，应由委任人或诉讼代理人向法院表明。法院认为有必要时，应通知他方当事人。

由诉讼代理人终止、解除或撤销委任者，自其表明之日起十五日内，仍应为防御被代理人利益必要之行为；怠于为之者，应赔偿该被代理人因此所受之损害。但诉讼代理人于表明前十五日已通知被代理人或其表明已为被代理人所知者，不在此限。

第三十四条　当事人或其代理人，得于日期，偕同有行为能力之第三人到场，由其辅佐为陈述。辅佐人所为之陈述，当事人或其代理人，不即时撤销或更正者，视为其所自为。

第四章　诉讼程序

第一节　裁判

第三十五条　裁判除依本法应以判决行之者外，以裁定行之。

第三十六条　判决，除别有规定外，应本于当事人之言词辩论为之。

审判员非参与为判决基础之言词辩论者，不得参与判决。

参与言词辩论之审判员有变更者，应更新言词辩论；但审判长，得命当事人或其代理人简要陈述以前言词辩论之结果，或自行或使他审判员宣读以前言词辩论笔录，并于必要时，得命书记员朗读该笔录，以代更新程序。

参与言词辩论日期前之程序之审判员有变更者，毋庸更新其程序。

第三十七条　法院应专就当事人于言词辩论所请求判决事项为判决；但别有规定得依职权裁判，或不应或毋庸经言词辩论者，不在此限。

法院为期公平息争，虽认为当事人之主张有理由，亦得为相当之限制与变更。

第三十八条　法院为判决时，应斟酌全辩论意旨及于言词辩论或言词辩论前调查证据之结果，依自由心证，判断事实之真伪；但别有规定不须得心证或不得依自由心证者，不在此限。

法院以言词辩论前调查证据之结果为判断事实之根据者，应于言词辩论将该结果使当事人为辩论。法院依第一项得心证者，应记明其理由于判决。

第三十九条　法院为判决，除依前二条规定外，尚应注意遵守第四条之规定。

第四十条　判决应制作判决书，记载左列事项：

一、当事人姓名、住所或居所，当事人为法人或其他团体者，其名称及事务所，或营业所；

二、有法定代理人、诉讼代理人者，其姓名、住所或居所、事务所、营业所；

三、事件；

四、主文；

五、事实；

六、理由；

七、法院。

事实项下，应记载言词辩论时当事人请求及其提出之攻击或防御方法。

理由项下，应记载关于攻击或防御方法之意见及法律上之意见。第三审判决书，只应记载理由，毋庸记载事实，而将其上诉理由并记载于理由内。

轻微事件，判决书内之事实及理由，得仅记载要领。

第四十一条　判决，除不经言词辩论者外，应宣告之。

宣告判决，应于辩论终结之日期或辩论终结时指定之日期为之；指定日期，自辩论终结时起，不得逾五日。

宣告判决，应朗读主文。并应朗读理由或口述其要旨。得上诉者，于当事人或其代理人在场时，除其代理人为律师外，并应于宣告时，告之其上诉期间及其提起之程序。

宣告判决，不以参与之审判员为限，并不问当事人是否在场，均有效力。

第四十二条　判决原本，应自宣告判决之日起，于五日内交付书记员。

书记员应于判决原本内记明收取日期并签名。

书记员应制作判决正本，送达于当事人，至迟不得自收领判决原本时起逾十日。得上诉者，应于该正本内记明其上诉期间及提起之程序。书记员应于该正本签名并盖法院之印。

第四十三条　判决经宣告后，为判决之法院，受其拘束。不宣告者，经送达后，受其拘束。

第四十四条　判决如有误写、误算，或其他类此之显然错误者，法院应随时以裁定更正之。其正本与原本不符者，亦同。

前项裁定，附记于判决原本及正本。如正本已经送达，不能附记者，应作该裁定之正本送达。

驳回更正请求之裁定，不得抗告。

第四十五条　诉讼标的之一部，裁判有遗漏者，当事人得请求法院以判决补充之。其请求应于判决送达后二十日之不变期间内为之。就遗漏部分上诉者，视为请求补充判决。遗漏部分已辩论终结者，应即时判决，未终结者，审判长应速定言词辩论日期。

认为补充判决之请求不合法或无理由者，应裁定驳回之。

第四十六条　裁定因于当场之请求而为者，应经诉讼关系人之言词陈述，但亦得依职权调查事实与证据。

裁定非因于当场之请求者，为裁定前，有必要时，得定日期，使诉讼关系人到场为言词陈述，或使其以书面为陈述，亦得依职权调查事实与证据。

裁定以当场所为者为限，应宣告之。不宣告之裁定，应送达之。已宣告之裁定得抗告者，亦应送达。

驳回请求或就有争执之请求所为裁定，应附理由。

裁定当场所为者，得使书记员记载于笔录，以代制作裁定书。

第四十七条　裁定经宣告或送达后，为裁定之法院、审判长、受命审判员或受托审判员，受其拘束；但关于诉讼指挥，或别有规定者，不在此限。

第四十八条　第三十六条第二项、第四十一条第二项、第三项、第四十二条、第四十四条及第四十五条之规定，于裁定准用之。

第四十九条　书记员所为关于关系人之处分，应通知关系人；关系人提出异议者，由其所属法院裁定之。

第二节　言词辩论

第五十条　言词辩论，以当事人请求应受判决事项为始。

第五十一条　当事人应就己方请求为事实上及法律上之陈述。

当事人为事实上陈述时，不得以书面代言词，但有举特定文件辞句之必要时，得朗读该部分。

第五十二条　当事人应就其所陈述之事实，提出其证明之证据。

提出证据，应依本章第四节所规定之举证程序为之。

陈述之事项，如为习惯法、习惯、地方法令或外国法律习惯判例，亦应依前项举证。

第五十三条　各当事人对于他方提出之事实及证据，应为陈述；对于他方提出前条第三项所称之法律，亦同。

第五十四条　事实、证据或其他攻击或防御方法，以前未提出者，至言词辩论终结止，得提出之。

第五十五条　审判长开闭及指挥言词辩论。

审判长应注意令当事人依第五十条至第五十三条为适当完全之辩论，于其所为请求或陈述有不明了或不完全时，应向其发问或晓谕，令其叙明或补充。当事人就其应提出之请求、事实、证据或其他攻击或防御方法，不知提出者，亦得发问或晓谕，令其提出。出庭之他审判员，告明审判长后，亦得为前项之发问或晓谕。

审判长或他审判员，为发见（现）真实，除依前二项规定外，并得向当事人为其他必要之发问或晓谕。

为听取群众意见，传唤关系人到场者，除令其自由陈述外，亦得由审判长或他审判员向其发问或晓谕。

第五十六条　当事人得请求审判长为必要之发问；经审判长许可后，并得自由发问。

第五十七条　审判长认为当事人或其他参与辩论人陈述有重复或不必要者，得禁止之；认为当事人前条发问之请求或自行发问有不当者，得不为发问，或禁止之。

第五十八条　参与辩论人，以审判长关于指挥诉讼之裁定为不当或审判长及其审判员之发问或晓谕为违法而提出异议者，法院应就其异议为裁定。

第五十九条　当事人或其代理人意图迟延诉讼而滥用第五十四条所规定之权利者，法院得处以千元以下之罚款。当事人或其代理人因故意或重大过失，逾时提出攻击或防御方法，致他方当事人或其代理人受损害者，纵令胜诉，亦应负赔偿责任。

前项情形，当事人或其代理人得于裁判宣告或送达后，请求法院令其赔偿。

第六十条　法院因阐明诉讼关系，或为诉讼或辩论易于终结，得于言词辩论或言词辩论前，为左列之处置：

一、命当事人或法定代理人本人到场。

二、命当事人提出可供书证、勘验、鉴定或应翻译之文书或物件。

三、调取或命第三人提出其所持有之前款文书物件。

四、于必要时，命将前二款文书物件留存于法院；但当事人或第三人声明须自行保存，俟必要时再行提出时，不得留存；留存后，应迅速调查，已无必要时，应即时发还。

五、于必要时，命当事人或第三人就前款文书物件提出照片以代留存；其费用由法院支付之。

六、传唤证人、鉴定人，或命行鉴定、嘱托传唤。

七、命行勘验。

八、嘱托公署、团体调查。

九、传唤有关系之民众或亲赴该地，听取其意见。

十、使受命审判员或受托审判员搜集、调查证据。

第六十一条　当事人于一诉讼请求判决之数项诉讼标的，法院得命分别辩论；本诉及反诉亦同。因期先辩论部分迅速终结，或有其他必要情形，得分别裁判。

第六十二条　分别提起之数诉讼，法院得命合并辩论。其双方当事人相同者，得合并裁判。

第二十条第二项所定之诉讼，如该他诉讼尚未终结辩论，亦未依第一百九十三条第四项停止者，得命合并辩论裁判。

第六十三条　当事人关于同一诉讼标的，提出数种独立之攻击或防御方法者，法院得命限制辩论。

第六十四条　参与辩论人不通中国语言者，法院应选任通译或命通译员通译。审判员不通参与辩论人之语言者，亦同。

参与辩论人为聋哑人，不能用文字达意思者，准用前项之规定。

参与辩论人自行借来通译经法院许可者，得由其通译。

关于鉴定人之规定，于本条之通译或通译员准用之。

第六十五条　当事人或其代理人欠缺陈述能力者，法院得禁止其陈述；除有他代理人或辅佐人到场者外，应延展辩论日期；如次日期到场之人再经禁止陈述者，视为未到场。

前项后段情形，显系意图迟延诉讼者，得处以五百元以下之罚款。

他方当事人或其代理人因第一项情形受有损害者，得请求赔偿。

第六十六条　调查证据，除别有规定外，于言词辩论日期行之。

第六十七条　诉讼因言词辩论达于可为裁判之程度时，审判长应宣告终结辩论。但于宣告前，应征询出庭他审判员之意见。

不能于本日期终结辩论者，审判长应宣告中止辩论；并应当场指定续行辩论日期。

辩论须续行者，于可能时，应于次日连续开庭。不能连续开庭时，除有必要情形外，指定续行辩论日期，不得逾十五日。

第六十八条　法院于辩论终结后，因有必要情形，得于宣告判决前，命再开已闭之言词辩论。

第六十九条　凡依本法使受命审判员为行为者，由审判长指定该审判员。法院为嘱托者，由审判长行之。

第七十条　当事人对于法院、审判长、受命审判员或受托审判员违背诉讼程序规定，得提出异议。但已表示无异议，或知其违背或可得而知其违背，并无异议而为本案辩论者，不在此限。

前项但书规定，于该诉讼程序规定非仅为当事人之利益而设者，不适用之。

有第一项之异议时，法院如认为正当，应为适当之处置；如认为不正当，应以裁定驳回之。

第七十一条　当事人或其代理人于言词辩论或于言词辩论外，请求法院调查之证据或其所提出之证据，法院认为无调查之必要者，应为裁定，并示明其理由。该请求或提出，他方有争执者，亦同。

第三节　和解

第七十二条　法院应不问诉讼程度如何，注意使当事人成立和解；除于言词辩论试行外，并得使受命审判员或受托审判员试行之。受命审判员或受托审判员为调查时，亦同。

因试行和解，得命当事人共同或各别推举一人或数人为调解人，得自行选任之；于有必要时，并得使就地之自治机关、群众团体或适当群众调解之。

因试行和解，得命当事人或其法定代理人本人到场。

当事人住居地设有调解委员会者，得交给该委员会调解。

于法院、受命审判员或受托审判员前成立和解者，应由书记员制作和解笔录；并应向当事人或代理人朗读，由其认可或更正后，于笔录内签名，其不能签名者，由书记员代为签名，并记明其事由。

前项和解笔录，应由书记员制作正本送达于双方当事人，并准用第一百四十八条至第一百五十二条之规定。

第七十三条　和解成立依前条第五项及第六项规定者，除终结诉讼外，与确定判决有同一之效力，并有民法上和解之效力。

和解成立者，当事人不得就为和解标的之法律关系，再行起诉，亦不得主张该和解有无效或撤销之原因；但得依再审程序请求再审。

前项再审要求，准用第二百六十七条以下再审程序之规定。

第七十四条　当事人双方得于法院开庭之日，在起诉前或诉讼系属中，不待传唤，自行到场，请求法院试行和解。

法院于有前项请求时，应立即开庭。

在强制执行开始前或实施中，亦得试行和解。

第七十五条　左列诉讼，应于起诉前，先请求法院试行和解。

一、离婚之诉及夫妻同居之诉。

二、终止收养关系之诉。

三、履行法定扶养义务之诉。

四、关于财产权之诉讼，其标的之金额或价额在一千元以下者。

五、出租人与承租人间，因租赁契约之成立、履行涉讼者。

六、雇用人与受雇人间，因雇佣契约之成立、履行涉讼者。

七、旅客或顾客与旅店主人、饮食店、浴堂主人或运送人、承揽运送人间，因食、宿、浴费、运费、垫款，或寄托、运送物品涉讼者。

八、因请求保护占有涉讼者。

九、因定不动产之界线或设置界标涉讼者。

虽有第一项各款所定情形，而有左列之情形者，毋庸先试行和解。

一、为标的之法律关系，曾经法院试行和解或法定调解机关调解而未成立者。

二、因票据涉讼者。

三、系提起反诉者。

四、送达于被告之传票应于外国送达或为公示送达者。

五、依法律关系之性质、当事人之状况或其他情事，可认为和解显无成立之望者。

自法院试行和解或法定调解机关调解不成立时起，经过一年者，于起诉前，应再请求试行和解。

第七十六条　在起诉前请求试行和解者，除依第七十二条及第七十三条之规定外，应依以下之规定。

第七十七条　请求试行和解人，应向管辖法院表明和解标的之法律关系及争执之情形。

有第七十五条第二项之情形，或传唤他方当事人不到场，或双方到场未成立和解者，试行和解请求，应视为起诉，进行审判。当事人双方到场者，并得命即时进行辩论。试行和解时双方所为之请求及陈述，视为辩论之一部分，于进行辩论时，毋庸再为而只引用其笔录。但请求试行和解人，不愿起诉或进行辩论，或请求延展言词辩论日期者，应依其意思。

第七十五条第一项第一款至第三款情形，他方当事人受传唤不到场，得依请求试行和解人之请求，再定日期传唤之，并于传票上记明再不到场得为拘提。

第七十八条　法院于有请求试行和解时，除当事人双方在场应立即开庭外，应迅速指定日期传唤双方到场；至迟自请求时起，不得逾五日。传唤他方，应将请求书面或笔录与传票一并送达。

当事人受传唤无正当理由不到场者，得处以五百元以下之罚款。

试行和解程序，不公开之。

试行和解时，应审究事件关系及两造争执之所在；剀切晓谕双方互相让步；于必要时，得依职权调查证据。

就和解结果有利害关系之第三人，得于日期到场陈述意见；法院亦得传唤其到场，并选任其为调解人。

第四节　证据

第一款　通则

第七十九条　当事人于事件主张有利于已之事实者，有举证之责任。

第八十条　事实于法院已显著或为其职务上所已知者，毋庸举证。

第八十一条　不利于已方之事实，经当事人于言词辩论时，或在受命审判员或受托审判员前自白者，他方当事人毋庸举证。当事人于其向法院提出书面自白，或虽仅在书记员前自白，而经其记载于笔录者，他方当事人，亦毋庸举证。

当事人对于他方当事人主张不利已方之事实，于言词辩论时，不争执者，视为自白；但因他项陈述可认为争执者，不在此限。

法院对于当事人自白之事实，除该事件与公益有关应依职权调查，或显与真实不符者外，应不待得心证，认为真实。

当事人自白后否认，或先不争执而后又争执，或于自白时有所附加或限制，及于自白效力之影响如何，法院得依自由心证判断之，当事人对于他方主张不利已方之事实，为不知或不记忆之陈述者，其效力，法院亦得依自由心证判断之。

第八十二条　法律上视为之事实，不得争执；法律上推定之事实，无反证前，毋庸举证。

第八十三条　法院得依已明了之事实，推定应证事实之真伪。

第八十四条　习惯法、习惯、地方法令或外国法律习惯判例，为法院所不知者，当事人为已方援引时，有举证之责任；但法院仍应依职权调查之。

第八十五条　事实依本法只应释明者，当事人得提出使法院相当可信之证据；但当事人未于相当时期提出，或不能于相当时期调查者，法院得认其未经释明责任。

第八十六条　当事人提出证据或请求调查证据，于言词辩论前，亦得为之。

前项证据，因准备言词辩论之必要，并应于适当时期提出或请求调查之。

当事人或其代理人意图迟延诉讼，而逾期提出证据或请求调查，或为不必要之提出或请求者，法院得处以五百元以下之罚款，他方当事人或其代理人因此受损害者，应负赔偿责任。

第八十七条　证据，因有窒碍不能预定调查之时期，或应于外国调查时，法院得依当事人请求定其期间；但期间已满而不致迟延诉讼者，仍应调查之。

前项规定，于与公益有关之事件，应依职权调查证据者，不适用之。

第八十八条　法院不能依当事人提出或请求调查之证据而得心证，或因其他情形认为必要时，得依职权调查证据。

法院于与公益有关之事件，应依职权调查证据。

第八十九条　法院得嘱托公署、学校、商会、农会、工会、交易所或其他相当之团体，就事实及证据为必要之调查。

第九十条　法院于认为适当时，得使庭员一人为受命审判员；或嘱托他法院审判员搜集调查证据。

嘱托他法院审判员调查证据者，审判长应告知当事人，使其有到场或知悉调查情形之机会。

受托审判员受嘱托后，应迅速搜集调查；如不能为搜集调查而知其应由他法院为之者，应代为嘱托，并通知其事由于嘱托法院及当事人。

第九十一条　法院、受命审判员或受托审判员，于必要时，得在管辖区域外，搜集调查证据。

第九十二条　应于外国搜集调查证据者，嘱托该国管辖公署或驻在该国之中华民国大使、公使或领事为之。

外国公署调查证据，虽违背该国法律，而于中华民国之法律无违背者，仍有效力。

第九十三条　调查证据，应使当事人双方到场，但当事人一方或双方不到场或退场者，亦得为之。

第九十四条　调查证据之结果，应晓谕当事人为辩论；当事人应于辩论时先陈述其结果，其为当事人所不知，或未陈述者，审判长应朗读调查证据笔录或使他审判员或书记员为之。

第二款　书证

第九十五条　以自己所持有之文书为证据，请求调查者，应向法院、受命审判员或受托审判员，表明依文书应证之事项，提出该文书为之。

第九十六条　以他方当事人所持有之文书为证据，请求调查者，应请求法院、受命审判员或受托审判员命他方提出，并表明左列事项：

一、应命提出之文书。

二、依该文书应证之事实。

三、文书之内容。

四、文书为他方所持之事由。

五、他方有提出文书义务之原因。

文书为他方当事人所持有之事由及其有提出义务之原因，应释明之。

认举证人之请求为正当者，应命他方提出。

第九十七条　文书有左列情形之一者，持有之当事人，有提出之义务：

一、该当事人于该事件曾以书面或言词引用该文书者。

二、他方当事人依据法律规定得请求交付或阅览者。

三、为他方当事人之利益而作者。

四、就当事人间法律关系所作者。

五、商业账簿。

前项情形为法院、受命审判员或受托审判员所知者，虽未经举证人提出或请求命他方提出，亦得就应证事实，命其持有人提出。

第九十八条　有提出文书义务之当事人，无正当理由，不从提出文书之命者，法院得认定应证事实，得依该文书证明。以妨害他方使用之目的而毁损该文书全部或其关系部分或使其不堪使用者，亦同。

第九十九条　以第三人所持有之文书为证据，请求调查者，应请求法院、受命审判员或受托审判员命第三人提出或定由举证人提出之期间。

第九十六条至前条之规定，于前项文书准用之。

举证人请求定提出期间，认为正当者，应定其提出之期间。

第三人无正当理由不从提出文书之命者，于必要时，得为强制处分。

第一百条　公署持有之文书得为证据者，亦适用第九十六条至前条之规定。

前项文书，不问其有无提出之义务，法院、受命审判员或受托审判员得调取之。

第一百零一条　第三人得请求提出之文书所必需之费用，但公署为第三人者，不在此限。

第一百零二条　提出或送交为证据之文书者，应以原本为之；但公文书得依其持有公署认证，以缮本为之，私文书得以照片为之，当事人不要求提出原本，或仅因文书之效力或解释有争执者，得以缮本为之。

法院，于必要时，得命提出文书之原本；如其不从命提出，或不能提出时，依自由心证判断该缮本之证据力。

第一百零三条　法院使受命审判员或受托审判员就文书调查证据者，得定其笔录内应记载之事项。

第一百零四条　公文书，推定其为真正；法院认其真正可疑者，得依职权使作成名义之公署陈述或认证。

外国公文书，经驻在该国之中华民国大使、公使或领事证明者，推定其为真正，法院认有疑义者，得嘱托该大使、公使或领事使作成名义之外国公署为陈述或认证。

第一百零五条　私文书，除他方当事人就其真正无争执者外，举证人应证明其真正。

私文书经本人或其代理人签名，或以盖章、按指印画十字或其他符号代签名或有文书上证人证明，或法院书记员、公证人或其他公署认证者，推定其为真正。

第一百零六条　举证人，因证明私文书之真正，得请求法院、受命审判员或受托审判员命作成名义人书写文书内文字或照文书上指印按指印核对之；于必要时，得请求命文书上代笔人、中证人书写文字或按指印；法院亦得依职权命该文人书写文字或按指印。

该各人无正当理由不从命者，准用第九十八条第九十九条第二项之规定。

举证人，除依前项规定外，并得提出笔迹、印迹请求核对之。

前二项之核对，适用勘验之规定；于必要时，适用鉴定之规定。

供核对之文字、指印、笔迹、印迹应附于笔录；但笔迹、印迹应发还者，不在此限。

第一百零七条　提出得为证据之文书原本应发还者，法院、受命审判员或受托审判员，应命书记员作缮本或节本附卷。

提出之文书，有伪造或变造之嫌疑者，除应送还或送交他公署者外，在事件未终结前，法院应命书记员留存之；于终结时可认为伪造或变造者，应告发之。

第一百零八条　本款规定，于文书以外物件有与文书相同之效用者准用之。

第三款　勘验

第一百零九条　请求法院、受命审判员或受托审判员行勘验，应表明依勘验应证之事实及勘验之标的与应勘验之事项。

第一百十条　法院、受命审判员或受托审判员行勘验时，得命鉴定人参与；于必要时，并得命证人到场。

勘验，于必要时，应以图画或照片附于笔录。

第一百十一条　第九十五条至第一百零三条之规定，于勘验准用之。

第四款　鉴定

第一百十二条　请求法院、受命审判员或受托审判员行鉴定者，应表明依鉴定应证之事实及鉴定之标的与应鉴定之事项。

第一百十三条　鉴定，除本款别有规定外，准用关于人证之规定。

第一百十四条　鉴定人，除法院原置有担任鉴定职务之人员外，法院、受命审判员或受托审判员得选任之，并定其人数。并得命当事人推荐之。

鉴定人，须就鉴定事项有特别知识经验，限于此等人，始得选任之；选任后，知其不胜任者，应撤换之，或加选相当之人；被选任人，自认为不胜任者，应辞退之；法院所置担任鉴定职务之人员有此情形者，亦应辞退，或请求加选相当之人。

第一百十五条　从事于鉴定所需之学术、技艺或职务之人，或为法院或其他公署所置担任鉴定职务人员或其他专门人员，于他人之事件，有为鉴定人之义务，但有前条第二项所定不胜任之情形者，不在此限。

前项之人托词拒绝鉴定者，得处以五百元以下之罚款。

第一百十六条　鉴定人不得拘提。

鉴定人拒绝鉴定，虽其理由不合于第一百三十条之规定而有第一百十四条第二项所定不胜任情形者，亦应认为正当。

第一百十七条　当事人得依请求法院职员回避之原因，拒却鉴定人，但不得以鉴定人于该事件曾为证人或鉴定人为拒却之原因。鉴定人已就鉴定事项有所陈述或已提出鉴定书后，不为拒却；但拒却之原因发生在后或知悉在后者，不在此限。

拒却鉴定人，应向选任鉴定人之法院、受命审判员或受托审判员，表明其原因之；并应释明其原因及前项但书之原因。

认拒却为正当者，不得声明不服。

第一百十八条　鉴定人应于鉴定前具结，于结文内记载必为公正诚实之鉴定等语。

法院或其他公署所置担任鉴定职务人员或其他专门人员为鉴定人者，亦应依前项具结。

第一百十九条　鉴定之经过及其结果，应命鉴定人以言词或书面报告。鉴定书面须说明者，仍应命其到场说明。

鉴定人有数人者，得命其共同或各别报告，但意见不同者，应命其各别报告。

鉴定有不完备者，应增选或改选他人继续或另行鉴定。

第一百二十条　鉴定人须于法院外为鉴定者，应许可之；并于必要时以鉴定标的物交付鉴定人；其他鉴定所需材料在法院者，应告知鉴定人许其利用。

鉴定人于必要时，得请求许可其检阅卷宗及证物；并得请求搜集或调取之；亦得请求讯问当事人或证人，经许可时，亦得自行发问。

第一百二十一条　鉴定人，除得请求日费旅费外，得请求相当之报酬。

鉴定所需费用，得依鉴定人请求，预行酌给之。

第一百二十二条　讯问依特别知识经验得知已往事实之人者，适用关于人证之规定。

第一百二十三条　法院嘱托第八十九条所规定之公署、学校或团体为鉴定或审查他人之鉴定者，准用第一百十九条、第一百二十条及第一百二十一条第一项，第二项之规定，其须以言词报告说明时，应由其实施鉴定或审查之人为之。

第五款　人证

第一百二十四条　请求法院、受命审判员或受托审判员讯问证人者，应表明依证言应证之事实及证人姓名住居所或事务所、营业所，与应讯问之事项。

第一百二十五条　传唤证人应用传票，于传票内记载左列事项：

一、证人之姓名及住居所或事务所、营业所；

二、事件；

三、应到之日、时及处所；

四、无正当理由不到场者，得处罚款及命拘提；

五、有请求日费及旅费之权利；

六、法院。

如认证人非有准备不能为证言者，应于传票内记载讯问事项之概要。

经命证人提出文书或物件者，得不另送达裁定，于传票内记明。

传唤现役之军人军属为证人者，应并通知该管首长令其到场，如被传者确有障碍难于到场，请首长应通知其事由于法院；书记员并应通知举证人。

传唤在监押所之人为证人者，应并通知监押所首长提送到场。

第一百二十六条　除法律别有规定外，不问何人，于他人之事件，有为证人之义务。

第一百二十七条　证人不能到场或有其必要情形，得就其所在，或于其所在地法院讯问之。

第一百二十八条　证人经合法传唤，无正当理由不到场者，得处以二百元以下之罚款，受罚后仍不遵传到场，得处以五百元以下之罚款，并得拘提。

第一百二十九条　以公务员或曾为公务员之人为证人而就其职务上应守秘密之事项讯问者，应得该管公署或该管首长之允许，但除有妨害国家之利益者外，不得拒绝允许。

第一百三十条　证人有左列各款情形之一者，得拒绝证言：

一、现为或曾为当事人之配偶、前配偶、订婚人、五亲等内之血亲、三亲等内之姻亲或家长、家属者。

二、现为或曾为当事人之法定代理人或当事人现为或曾为证人之法定代理人者。

三、所为证言，于证人或与证人有前二款关系之人，足生财产上之损害者。

四、所为证言，足致证人或与证人有第一款、第二款关系之人受刑事追诉、处罚或蒙耻辱者。

五、就前条所称职务上应守秘密之事项受讯问而未经允许且为得拒绝允许者。

六、非泄漏（露）其技术上或职业上之秘密不能为证言者。

证人虽有前项第一款至第三款情形之一，关于左列各款事项，仍不得拒绝证言。

一、同居或曾同居人之出生、死亡、婚姻或其他身份上之事项。

二、因亲属关系所生财产上之事项。

三、为证人而与闻之法律行为之成立及意旨。

四、为当事人之前权利人或代理人而就相争之法律关系所为之行为。

审判长、受命审判员或受托审判员于讯问证人前，应调查前二项之事项，查明其为依第一项得拒绝证言者，应告知之。而先知有此情事者，并应于传票内记明得拒绝证言。证人得拒绝证言者，受传唤时，得拒绝到场。

证人拒绝证言，应陈明其原因事实，并释明之，或以具结代释明；但其原因事实为讯问者所知者，不在此限。

拒绝证言之当否，有疑义者，应于讯问当事人后，裁定之。

证人于以拒绝为不当之裁定确定后而仍拒绝证言者，得处以五百元以下之罚款。

证人拒绝证言，除举证人在场或已为其所知外，书记员应通知举证人。

第一百三十一条　审判长、受命审判员或受托审判员于讯问前，应命证人各别具结；但其应否具结有疑义者，得于讯问后行之。

以未满十六岁人或因心神障碍不解具结意义及其效果之人为证人者，不得命其具结。

以左列各款之人为证人者，得不命其具结：

一、有第一百三十条第一项第一款至第四款情形而不拒绝证言者。

二、当事人之受雇人或同居人。

三、就事件结果有直接利害关系者。

审判长、受命审判员或受托审判员，于证人具结前，应告以具结之义务及伪证之处罚。证人具结，应于结文内记载据实陈述，无匿、饰、增、减等语，其不解文义者，应为说明其意义。结文应命证人签名，其不能签名者，由书记员代书姓名并记明其事由。

证人拒绝具结者，得处以三百元以下之罚款。

第一百三十二条　证人，除不得已之事由外，应按传票上所载时间讯问之。

逾时不为讯问者，证人得请求迅予讯问；不迅予讯问而又未经告以不得已之事由者，得自法院退出，其因此受有损害者，得请求赔偿。

第一百三十三条　到场证人有数人者，应分别讯问之，其未经讯问者，不得在场。

因发见（现）真实之必要，得命证人与他证人对质；亦得命其与当事人对质。

第一百三十四条　讯问证人，应先查明到场者是否为所传唤之人。

非所传唤之人到场者，除举证人请求讯问或审判长、受命审判员或受托审判员认为有讯问之必要者外，不得讯问。

举证人得不先请求法院、受命审判员或受托审判员传唤，自邀证人到场，表明依证言证明之事实及应讯问之事项，请求讯问。

前项请求，不得拒绝之；其证言仍应依自由心证判断之。

第一百三十五条　讯问证人，应命其就讯问事项之始末，连续陈述。

证人陈述后，为使其陈述明确或为判断其真伪，得为必要之发问。

证人不知就讯问事项为陈述，或连续陈述者，应晓谕其为陈述或连续陈述。

非有必要情形，不得为左列之讯问：

一、未经举证人请求之事项或与本事件之诉讼关系无关者。

二、使为证言，足致第一百三十条第一项第一款至第四款所定关系人之名誉信用或财产生命损害者。

第一百三十六条　他审判员告明审判长后，得对于证人发问。

当事人于审判长、受命审判员或受托审判员讯问后，得请求其发问，或自行发问；并得向证人诘问，于他方当事人发问后，并得复问之。

审判长、受命审判员或受托审判员，认为前项请求不当者，得不为发问；认为其自行发问有不当者，得禁止之。

第一百三十七条　讯问证人，应出以恳切之态度，不得用强暴、胁迫、利诱、诈欺及其他不正之方法。

第一百三十八条　证人为证言，应以言词为之，不得朗读文件，或以书面代言词，但因引用文件，得朗读之，经许可者，亦得用书面。

非于言词辩论为证言而有第六十四条所定之情形者，亦准用该条。

证人于讯问完毕后，得告知讯问者，不待日期终止，先行退出。

证人，如认其在当事人前不能自由陈述者，得命当事人双方或一方退庭；但陈述完毕后，应再使其入庭，告以证人陈述之要旨。

第一百三十九条　证人得请求日费及旅费。但被拘提或无正当理由拒绝具结或证言者，不在此限。

旅费按证人实际支出者支给之；但非所必需者，不在此限。

日费按证人生活能力估计支给之；但应限于五元以上五十元以下之范围内酌定之。

前二项费用，应于讯问完毕时或完毕后十日内请求讯问者命举证人支给之；其由讯问者依职权传唤者，由法院支付之。

证人所需之旅费，得请求预付之。

第一百四十条　证人已经合法讯问，其陈述明确，别无讯问之必要者，不得再行传唤。法院滥行传唤，或当事人滥行请求法院传唤，致证人受损害者，应负赔偿责任。

第六款　证据保全

第一百四十一条　证据有灭失或难于使用之虞，或经他方当事人同意者，当事人一方得请求法院保全。

前项请求，在起诉后，向系属法院为之；在起诉前，向受讯问人或证物所在地之地方法院为之；虽在起诉后，如情形急迫，亦得向该法院为之。

请求保全证据，应表明左列事项：

一、他方当事人，如不能表明者，其事由；

二、应保全之证据；

三、依该证据应证之事实；

四、应保全证据之理由。

前项第一款之事由及第四款之理由，于必要时，应释明之。

有保全证据之请求时，除显无理由者外，应即时为必要之证据调查或为其他必要之处置；怠于为之，致当事人受损害者，应负赔偿责任。

第一百四十二条　法院于事件系属中，认为必要时，得依职权为保全证据之处分。

第一百四十三条　因保全证据而为调查者，得不定日期，亦不待当事人到场施行之。

施行程序支出之必要费用，除依职权为之者外，命请求人支付之。

第五节　文书

第一百四十四条　文书由法院职员制作者，应记载其制作之年、月、日及其所属法院，由制作人签名。

判决书及裁定书，应由为裁判者之审判员签名，审判员因故不能签名者，由审判长附记其事由，审判长因故不能签名者，由资深审判员附记之。已作成之判决书或裁定书，均因故不能签名者，由该法院院长附记之。

判决书或裁定书正本，及送达于当事人之笔录，书记员应依原本或笔录制作之；并附记证明与原本或笔录无异字样。

第一百四十五条　审判员制作之判决书或裁定书，或书记员制作之笔录或判决书裁定书正本或笔录正本，不得篡改或挖补，如有增、加、删除者，应盖章其上，并记明字数，其删除处，应留存字迹，俾得辨认。

第一百四十六条　证人、鉴定人及通译、通译员或当事人或其代理人、辅佐人，于非言词辩论日期受讯问或发问，与其陈述或请求，应由书记员在场，制作笔录，记载左列事项：

一、施行之年、月、日及处所；

二、审判员书记员姓名；

三、对于受讯问发问者之讯问、发问及其陈述与请求；

四、证人、鉴定人或通译、通译员未具结者，其事由。

前项笔录，应向受讯问或受发问人朗读或使其阅览，询以记载有无错误，并已否了解其意义。如有不了解处，应向其说明，并告以认为有错误时，得请求更正。受讯问或受发问人请求将记载增删变更，而为讯问或发问者以其请求为正当时，应命书记员如其请求更正之；以为不正当者，应命书记员将其陈述附记于笔录。笔录应于朗读或使阅览后，命受讯问或受发问人紧接其记载之末行签名，不能签名而愿按指印者，使按指印；不能签名而未按指印者，由书记员附记其事由；受讯问或受发问人于不依其请求为更正时，得拒绝签名或按指印。

第一百四十七条　行勘验或为其他实地调查或听取群众意见而非于言词辩论日期为之者，应由书记员在场，制作笔录，记载其结果，施行之年、月、日、处所及其必要事项。前项笔录，如系因听取群众意见而作者，准用前条之规定，并记明该陈述人与事件之关系。

第一百四十八条　言词辩论日期，应由书记员在场，制作言词辩论笔录，记载左列事项：

一、施行之年、月、日及处所；

二、审判员书记员姓名；

三、诉讼事件；

四、到场之当事人、法定代理人、诉讼代理人、辅佐人及通译员或通译之姓名；不到场者，其事由；

五、不公开者，其理由。

言词辩论笔录，应记载辩论进行之要领及双方辩论之要旨，并将左列各款事项记载明确：

一、诉讼标的之舍弃、认诺；

二、自白、不争执或不知、不记忆之陈述；

三、调查、搜集证据之请求及其舍弃；

四、第五十八条所规定之异议及其裁定；

五、第七十条所规定之异议及其处置或裁定，或该条第一项但书之事情；

六、其他请求及重要陈述；

七、证人或鉴定人之陈述及勘验所得之结果；

八、群众之意见；

九、其他不另作裁定书之裁定；

十、裁定之宣告。

除前项所列外，当事人所为之陈述，审判认为重要，及经发问或晓谕不为请求陈述之情形，应命记载于笔录，当事人或其他代理人请求将其请求陈述记载者，亦同。其特别指明前项第一款至第五款事项请求记载者，应命书记员注意，并将该项陈述记载。

言词辩论笔录，如不能履行第一百四十六条第二项及第三项所规定之程序者，至迟应于开庭后三日内整理之，俾当事人或其代理人阅览，如为该第三项所规定之请求者，准用该第三项规定。

第一百四十九条　当事人或其代理人得将其于日期所为之请求或陈述，记载于书面，请求以之附于笔录，并于笔录内附记其事由，法院、受命审判员或受托审判员，不得拒绝，应命书记员附记之。请求以以前提出之准备书面附记于笔录者，亦同。

书面经为前项之附记者，与记载于笔录者有同一之效力。

请求附于笔录之书面，未经备具缮本送达于他方当事人者，不生前项之效力；其提出于法院与送达于他方不符者，亦同。

他方当事人，对于当场提出书面所记载之事项，未经先于准备书面记载并送达者得拒绝陈述。

第一百五十条　笔录除由在场并制作之书记员签名外，审判长、受命审判员或受托审判员亦应签名，并应于签名前审查笔录记载有无错误，如有错误，应命其更正；书记员应即时更正之；如以其命令为不正当者，得附记自己之意见。审判长因故不能签名者，由资深审判员签名并行审查；其系独任审判因故不能签名，或受命审判员、受托审判员因故不能签名者，由书记员附记其事由。

第一百五十一条　言词辩论日期之诉讼程序，专以言词辩论笔录为证。

第一百五十二条　当事人或其代理人得于日期携带速记人到场速记。

第一百五十三条　当事人或其代理人以书面为请求或陈述者，除自备合于格式之纸张外，得购买法院所备定式之纸张，法院不得于实费外，增价收费，亦不得限制数目。

当事人应于书面记载之事项，除别有规定外，依左列各款所定：

一、当事人姓名、年龄、住、居所或事务所、营业所，为法人或其他团体者，其名称、事务所或营业所；

二、有法定代理人、诉讼代理人者，其姓名、年龄、住、居所或事务所、营业所；

三、诉讼标的或其他事件之标的；

四、请求或陈述；

五、供证明或释明用之证据；

六、附于书面提出之文书或物件；

七、法院；

八、提出之年、月、日。

提出书面之当事人或代理人，应于书面签名，不能签名者，得使他人代书姓名，记明其事由，并签名。

当事人或其代理人提出书面时，得因书证、鉴定、勘验之目的，依该各程序，附于书面提出文书或物件，请求与书面一并收受，并分别付与收据。

书面内以非其所持有之文书、物件为证据者，应表明其持有人姓名或名称、住、居所或事务所、营业所、公务所。

书面依人证举证者，应表明证人姓名、住居所或事务所、营业所。

第一百五十四条　书面及附于书面之文书，除提出于法院者外，应按应受送达之他方当事人数，提出缮本于法院，但该附于书面之文书系为他方所知，或浩繁难于备录者，得只表明该文书。

书面及附于书面之文书，提出于法院与其所提出送达他方不符者，以提出于法院者为准。其系故意而为者，法院得依自由心证斟酌该情事，他方因此受损害者，应赔偿之。

附于书面之文书或物件，他方当事人或其代理人，除得于开庭时请求法院使其阅览调查外，在开庭外，亦得随时为该请求。其未提出原本或原物者，得请求法院命于三日内提出，怠于为之致他方受损害者，应赔偿之。

第一百五十五条　当事人或其代理人依第五条第一项，请求书记员制作笔录者，书记员应即时制作。

前项笔录，适用第一百五十三条第二项至第六项及前条之规定。

当事人或其代理人依第五条第二项，请求书记员或代书人制作书面者，书记员或代书人应即时制作，亦适用前项所称之规定。

第一百五十六条　当事人书面、笔录、裁判书及其他关于事件之文书，法院应保存者，应由书记员编为卷宗。

第一百五十七条　当事人或其代理人，得向书记员请求阅览或抄录卷宗内文书或请求给与缮本或节本。

第三人经当事人同意，或释明有法律上之利害关系，经审判长、受命审判员或受托审判员许可者，亦得为前项之请求。

未编入卷宗之文书或物件，亦得依前二项请求阅览、检视、抄录、拍照，但裁判草稿及其准备或评议文件或未宣告或送达之裁判书，不得请求阅览抄录。

第六节　送达

第一百五十八条　送达除别有规定外，由书记员依职权为之。

第一百五十九条　送达，除别有规定外，由书记员使执达员为送达人，交付其为之；或交付邮务局，由其邮差为送达人为之。

法院应与所在地邮务局协定办法，凡由执达员为送达需费较巨或难于由执达员为之者，概由邮务局为之；但仍应由其遵行送达程序。

书记员由送达人为送达时，除依交送达之文书得知应受送达人及送达处所外，应明确告知之。

第一百六十条　送达，非于法院管辖区域内为之者，书记员得嘱托送达地方法院之书记员为之。

第一百六十一条　应受送达人在法院内者，书记员应自行为送达人，将文书径行交付。

第一百六十二条　对于无诉讼能力人为送达者，应向其法定代理人为之；有二人以上者，得向其中一人为之。

对于非法人之团体或在中华民国有事务所或营业所之外国法人为送达者，应向该团体之代表人或管理人或该外国法人在中华民国之代表人或管理人为之；有二人以上者，得向其中一人为之。

关于商号之事件，其经理人有代表权者，送达应向其为之。

对于在军队或军舰服役之军人、军属为送达者，应嘱托该军队军舰首长为之。

对于在监押所主人为送达者，应嘱托该监押所首长为之。

诉讼代理人有受送达之权限者，送达应向该代理人为之；有二人以上者，得向其中一人为之，但审判长、受命审判员或受托审判员以向诉讼代理人送达为不适当或有其他必要者，得命向本人为之。

第一百六十三条　当事人或代理人经指定送达代收人，并向法院陈明者，应向该代收人为之。

当事人或代理人，于法院所在地无住、居所、事务所或营业所者，审判长、受命审判员或受托审判员，得命其于相当期间内，指定送达代收人，不于此期间内指定并陈明者，书记员得将应送达之文书，注明该当事人或代理人之住、居所、事务所或营业所，交付邮务局，以交付文书时，视为送达时。

送达代收人，经指定陈明后，其效力及于同地之各级法院，但当事人或代理人别有陈明者不在此限。

第一百六十四条　送达，除别有规定外，交付该文书之缮本。

第一百六十五条　送达，除依第一百六十一条外，应于应受送达人之住、居所、事务所或营业所为之；但在他处会晤应受送达人者，得于该处所为之。

送达于住、居所、事务所或营业所，不获会晤受送达人者，得将文书交付有辨别能力之同居人或受雇人，但同居人或受雇人为他方当事人者，不在此限。

不能依前二项为送达者，得将文书寄存送达地之自治或警察机关，并作送达通知书粘贴于应受送达人住、居所、事务所或营业所门首，以为送达。

再次送达于住、居所、事务所或营业所，而仍不获会晤应受送达人者，应分别施行前二项之程序。

第一百六十六条　应受送达人拒绝受领而无法律上理由者，应将文书存置于送达处所，以为送达。

第一百六十七条　送达人施行送达者，应作送达证书，记载左列各款事项：

一、交送达之法院；

二、受送达人；

三、送达之文书；

四、送达处所及年、月、日；

五、送达方法。

送达证书，应使受领人签名，不能签名者按指印，拒绝为之者，应记明其事由。

送达证书，应提出于法院附入卷宗。

第一百六十八条　送达人，不能送达者，应作该事由之报告书，提出于法院，附入卷宗，并缴回应送达之文书。

第一百六十九条　依第一百六十一条为送达者，只应由受送达人提出收据附入卷宗，毋庸作送达证书。

依第一百六十三条第二项为送达者，应由书记员作记载该事由及年、月、日、时之证书附入卷宗。

第一百七十条　于有治外法权人之住、居所及事务所为送达者，得嘱托外交部为之。

于外国为送达者，应嘱托该国管辖机关或驻在该国之中华民国大使、公使或领事为之。

对于驻在外国之中华民国大使、公使或领事为送达者，应嘱托外交部为之。

对于出征或驻在外国之军队或军舰之军人军属为送达者，得嘱托该管军事机关或首长为之。

前各项受嘱托之机关或职员通知已为送达或不能送达者，书记员应将通知书附入卷宗，其不能送达者，如其送达系因于当事人之请求或需要者，并应通知之。

第一百七十一条　对于当事人之送达，有左列各款情形之一者，法院得依请求，命为公示送达：

一、应为送达之处所不明者。

二、于有治外法权人之住、居所或事务所为送达而无效者。

三、于外国为送达不能依一百七十条第二项办理，或预知虽依该项规定办理亦无效者。

原告或曾受送达之被告，变更应为送达之处所，不向法院陈明，致有前项第一款情形者，法院得依职权，命为公示送达。

依前二项为公示送达后，对于同一当事人之公示送达，书记员得依职权为之。

第一百七十二条　公示送达，应由书记员保管应受送达之文书。而于法院之牌示处，粘贴布告，晓示应受送达人得随时向其受领，但应送达者如系传票，应将该传票贴于牌示处。

除前项规定外，法院得命将文书之缮本或节本，登载于公报或新闻纸或用其他方法通知或布告之。

第一百七十三条　公示送达，自将布告或传票粘贴牌示处之日起，其登载公报或新闻纸者，自最后登载之时起，经二十日发生效力。但第一百七十一条第三项之公示送达，自粘贴牌示处之翌日起发生效力。

为公示送达者，书记员应作记载该事由及年、月、日、时之证书附入卷宗。

第七节　日期及期间

第一百七十四条　日期除别有规定外，由审判长、受命审判员或受托审判员依职权指定之。

第一百七十五条　日期除有不得已之事由外，不得于星期日或其他休息日指定之。

第一百七十六条　审判长、受命审判员或受托审判员指定日期后，书记员应即作传票送达于事件关系人，但经审判长、受命审判员或受托审判员面告以所定之日期命其到场，或事件关系人曾以书面陈明届期到场者，与送达传票有同一之效力。

第一百七十七条　于日期应为之行为，于法院内开庭为之，但不能为或为之而不适当者，不在此限。

第一百七十八条　日期以点呼事件为始。

第一百七十九条　日期如有重大事由，得变更之；已开始者，得延展之。

变更或延展日期，除别有规定外，由审判长、受命审判员或受托审判员裁定之。

第一百八十条　期间，除法定者外，由法院、审判长、受命审判员或受托审判员酌量情形裁定之。

前项裁定期间，自送达定期间之裁定时起算；毋庸送达者，自宣告定期间之裁定时起算；但别定有起算方法者，不在此限。

第一百八十一条　当事人或法定代理人不在法院所在地住、居者，计算法定期间，应扣除其在途之期间；但其诉讼代理人住、居法院所在地，有为期间内应为行为之权限者，不在此限。

前项期间，由司法行政最高机关定之。

第一百八十二条　期间，如有重大理由，得伸长或缩短之；但该期间经本法规定为不变期间者，不在此限。

伸长或缩短期间，由法院裁定，但期间系审判长、受命审判员或受托审判员所定者，得由该各员裁定。

第一百八十三条　当事人或其代理人，非因故意、过失，迟误不变期间或其他法定期间或裁定期间者，于其原因消灭后十日之不变期间内，得请求回复原状，但如原期间少于十日者，应于相同之日数内为之；迟误不变期间以外期间逾一年者，不得为之。代理人之过失，视为本人之过失，代理人虽无过失而本人亦得为该所迟误期间内之行为者，如不能证明本人亦无过失者，亦不得为之。

请求回复原状，应向管辖该期间内应为行为之法院为之；并应表明前项所规定允许回复原状之要件事实，且同时补行期间内应为之行为；但因迟延上诉或抗告期间而请求回复原状者，应向为裁判之原法院为之。

回复原状之请求，应与其所补行之行为，合并裁判之；但于认请求有理由时，得先为裁定。

第八节　诉讼程序之停止

第一百八十四条　当事人死亡者，诉讼程序，在有继承人、遗产管理人或其他依法律应续行诉讼之人继续诉讼以前停止。

左列诉讼，依各款之规定：

一、夫妻为当事人，以婚姻关系为诉讼标的而起诉者，一方死亡时，关于本案，视为终结。

二、养父、母与养子、女为当事人，以收养关系为诉讼标的而起诉者，养父、母均死亡，而无其他法定继承人、指定继承人或其他利害关系人，或养子、女死亡，而无法定继承人、指定继承人或其他利害关系人者，准用前款之规定；有该等利害关系人者，适用前项之规定；养父、母遗产甚巨者，检察员视为利害关系人。

三、父、母与子、女为当事人，以关于认领或确定其父之法律关系为诉讼标的而起诉者，准用前款之规定。

四、宣告停止亲权之诉，或撤销其宣告之诉，行亲权人死亡者，准用第一款之规定。

五、撤销禁治产宣告之诉，受禁治产宣告人死亡者，准用第一款之规定。

第一百八十五条　法人因合并而消灭者，诉讼程序，在因合并而设立或合并后存续之法人继续诉讼以前停止。

前项规定，于其合并不得对抗他方当事人者，不适用之。

第一百八十六条　当事人丧失诉讼能力或法定代理人死亡或其代理权消灭者，诉讼程序，在有法定代理人或取得诉讼能力之本人继续诉讼以前停止。

第一百八十七条　受托人之信托任务终了者，诉讼程序，在所受托人继续诉讼以前停止。

第一百八十八条　本于一定资格，以自己名义为他人任诉讼当事人之人丧失其资格或死亡者，诉讼程序，在有同一资格之人继续诉讼以前停止。

依第十六条规定被选定为诉讼当事人之人，全体丧失其资格者，诉讼程序，在该有共同利害关系人全体或新被定为诉讼当事人之人继续诉讼以前停止。

第一百八十九条　第一百八十四条第一项，第一百八十五条第一项及第一百八十六条至第一百八十八条之规定，于有诉讼代理人时，不适用之。

第一百九十条　当事人受破产之宣告者，关于破产财团之诉讼程序，在依破产法有继续诉讼人或破产程序终结以前停止。

第一百九十一条　第一百八十四条至第一百八十八条及前条所规定之继续诉讼人于得继续诉讼时，应即向法院陈明继续。他方当事人亦得向法院请求命其继续。法院亦得依职权命其继续。

第一百九十二条　法院因天灾或其他事故，不能执行事务者，诉讼程序在该事故终止以前停止，终止时，法院应布告之。

第一百九十三条　当事人于战时服兵役，或因天灾或其他事故与法院断绝交通者，法院得命其诉讼程序在障碍消灭以前停止。

诉讼全部或一部之裁判，以他诉讼之法律关系是否成立为据，或其法律关系应由行政机关确定其是否成立者，法院得命其诉讼程序在他诉讼终结或行政机关确定以前停止。

诉讼中有犯罪嫌疑牵涉其裁判者，法院得命其诉讼程序在刑事诉讼终结以前停止。依第二十条第二项起诉者，法院得命前诉讼之诉讼程序在该诉讼终结以前停止。

依第二十七条告知诉讼，法院如认受告知人能为参加者，得命该诉讼之诉讼程序在其参加以前停止。

前各项停止诉讼程序之裁定及其撤销，法院得依请求或职权为之。

第一百九十四条　诉讼程序停止者，法院及当事人不得为关于本案之诉讼行为；但依第一百八十四条至第一百八十八条及第一百九十条规定停止者，如其停止在言词辩论终结后，本于其辩论之裁判，得宣告之。

诉讼程序停止者，期间停止进行；自停止终毕时，其期间更始进行。

第一百九十五条　当事人得以合意向法院陈明停止诉讼程序。

双方迟误言词辩论日期者，除别有规定外，视为合意停止诉讼程序；但法院得依职权继续行诉讼。

合意停止诉讼程序，不影响期间之进行；如双方于四个月内不续行诉讼，亦不陈明不能续行诉讼之原因者，视为撤回其诉或上诉。

第二编　第一审程序

第一章　起诉

第一百九十六条　起诉，应向管辖法院，表明左列各款事项为之：

一、当事人；

二、诉讼标的；

三、应受判决事项之请求。

数项诉讼标的，得以一诉起诉，亦得以一诉为数项请求。

以一诉请求命被告计算及给付，而其给付范围应依计算之结果而定者，得将给付范围保留。

确认法律关系成立或不成立之诉，非原告有即受确认判决之法律上利益，不得提起之，确认证书真伪之诉亦同。

第一百九十七条　原告之诉，有左列各款情形之一者，法院应以裁定驳回之；但其情形可以补正者，审判长应定期间先命补正。

一、法院无审判权者。

二、原告或被告无当事人能力者。

三、原告或被告无诉讼能力，未由法定代理人合法代理者。

四、由诉讼代理人起诉，而其代理权有欠缺者。

五、起诉不具备要件者。

原告之诉，依其所诉之事实，在法律上显无理由者，法院得不经言词辩论，径以判决驳回之。

第一百九十八条　原告之诉，除应依前条驳回或依第十条移送者外，审判长应即指定言词辩论日期；至迟不得自起诉时起逾十五日。

起诉书面，以言词起诉者其笔录，应与言词辩论日期之传票，一并送达于被告，除有特别应迅速辩论之情形外，向被告送达传票与言词辩论日期，应相距十日。言词辩论日期传票，应记明不到场，得由他方一方辩论径为判决，再次以下之言词辩论日期传票亦同。于必要时，每次言词辩论日期，审判长并得命不另行送达裁定，径于言词辩论日期传票记明于日期携带所用证物及偕同所举证人到场。

当事人双方，得不待传唤，或于其所定日期前，偕同到场，进行言词辩论，法院非有不得已之事由，应予开庭。

第一百九十九条　当事人不得就已起诉之事件，于诉讼系属中，更行起诉。

为诉讼标的之法律关系，于诉讼系属中，虽移转于第三人，于诉讼无影响；第三人如经双方当事人同意，得承当诉讼标的让与人之诉讼，使其由该诉讼脱离。

第二百条　起诉书面或笔录送达后，原告不得将原诉变更或追加他诉；但有左列情形之一者不在此限：

一、被告同意者；被告于诉之变更或追加无异议，而为本案之言词辩论者，视为同意变更或追加。

二、不甚妨碍被告之防御及诉讼之终结者。

三、不变更诉讼标的而补充或更正事实上或法律上之陈述者。

四、扩张或减缩应受判决事项之请求者。

五、因情事变更而以他项请求代最初之请求者。

六、该诉讼标的必须合一确定，追加其原非当事人之人为当事人者。

七、诉讼进行中，于一定法律关系之成立与否有争执，而其裁判应以该法律关系为据，请求对于被告并为确定该法律关系之判决者。

法院许可诉讼变更或追加之裁定，不得声明不服。

第二百零一条　被告于言词辩论终结前，得在本诉系属之法院提起反诉。

原告对于反诉，不得复行提起反诉；但该标的得依诉之追加为之。

第五十九条之规定，于提起反诉准用之。

第二百零二条　本诉及反诉于判决确定前，得撤回其全部或一部；但他方已为本案之言词辩论者，应得其同意。诉之撤回书面或笔录，应立即送达对方当事人。

诉经撤回者，视同未起诉；但他方之诉，不因而受影响。

本案经终局判决后，撤回其诉者，不得复提起同一之诉。

第二章　言词辩论之准备

第二百零三条　各当事人因准备言词辩论之必要，应于言词辩论前相当之时期，向法院提出书面或用言词由书记员作成笔录，于该书面或笔录记载己方于言词辩论提出之攻击或防御方法；并应由法院送达于他方。未经送达者，他方于言词辩论日期得拒绝辩论，法院亦得限制辩论，因此致他方受损害者，应负赔偿责任。他方仍得请求法院命他方补充提出准备书面；法院亦得依职权命其补充。

原告应于起诉时，于起诉书面或笔录，除于该时所不知悉或不能使用者外，记载其攻击方法。

被告应于应诉时，依第一项所规定之准备书面或笔录，除于该时所不知悉或不能使用者外，记载其防御方法。

法院于当事人未依前二项规定提出准备书面或笔录，或其书面笔录不完备时，得依职权，定五日以内之期间命其提出，并得变更或延展言词辩论日期。

第二百零四条　当事人或其代理人，得请求法院因准备言词辩论，搜集、调查必要之证据，法院亦得依职权为之；对于与公益有关之事件，并得讯问当事人或其法定代理人，于其无正当理由不到场时，得命拘提之。

法院于言词辩论日期讯问证人鉴定人或行书证勘验者，应于言词辩论日期前，传唤证人、鉴定人，使其于日期到场，并应命关系人于日期提出该文书或物件，或自行调取。

法院预料证人、鉴定人于言词辩论日期讯问困难者，应于言词辩论日期前讯问之。法院得于言词辩论日期前，就必要之事项，请求该管机关报告；并得听取当地之群众意见；群众中之重要关系人，得传唤其于言词辩论日期到场，听取意见。当事人或法院怠于前条或本条之准备，致他方或双方因此受损害者，应负赔偿责任；法院职员应与法院负连带责任。当事人并得向该职员之监督首长或上级监督首长或其他监督机关，控告其责任。

第二百零五条　行合议审判之诉讼事件，法院得随时以庭员一人为受命审判员使行准备程序。

准备程序，以阐明诉讼关系为止；但法院得命将于言词辩论行使之权限，使受命审判员行使之；虽无特别命令，亦有次项规定之权限。

第五十五条至第五十八条第六十条第六十四条第六十五条第六十七条至第七十条关于法院或审判长权限之规定，于受命审判员行准备程序时，准用之。

当事人之一方，于准备程序日期不到场者，应对于到场之一方，行准备程序，将笔录送达于未到场人，不得因此变更或延展日期；除有另定新日期之必要下，应终结准备程序，不到场人致到场人因其不到场受损害者，应负赔偿责任。

法院得命再开已闭之准备程序。

于准备程序后行言词辩论时，当事人应陈述准备程序之结果；但审判长得自行或使受命审判员或命书记员朗读准备程序笔录代之。

未记载于准备程序笔录之事项，于准备程序后行言词辩论时，不得主张之，但法院应依职权调查之事项或主张该事项不致延迟诉讼，或释明非因重大过失不能在准备程序提出者，不在此限。

第三章　判决

第二百零六条　诉讼达于可为裁判之程度者，法院应为终局判决。

命合并辩论之数宗诉讼，其一达于可为裁判之程度者，应先为终局判决。

诉讼标的之一部，或以一诉请求之数项诉讼标的，其一达于可为裁判之程度者，法院得为一部之终局判决，本诉或反诉达于可为裁判之程度者，亦同。

第二百零七条　各独立之攻击或防御方法，或中间之争点，达于可为裁判之程度者，法院得为中间判决；请求之原因及数额俱有争执时，法院以其原因为正当者，亦同。

第二百零八条　当事人于言词辩论时为诉讼标的之舍弃或认诺者，应本于其舍弃或认诺为该当事人败诉之判决；其于言词辩论前准备程序、准备书面或笔录为舍弃、认诺经他方援用者，虽于言词辩论否认，亦应对之为败诉判决。

前项情形，法院得依职权为该当事人败诉之判决。

第二百零九条　言词辩论日期，当事人之一方不到场者，得依到场当事人之请求，由其一方辩论而为判决；法院认为适当者，并得依职权使由一方辩论而为判决，当事人一方不到场二次以上者，亦同。

由一方辩论而为判决时，以前所为之言词辩论或证据调查，或未到场人准备书面或笔录之请求与陈述，应斟酌之；未到场人以前请求调查之必要证据，亦应调查之。有左列情形之一者，法院不得认为不到场，应驳回由一方辩论为判决之请求，延展辩论日期：

一、不到场之当事人未于相当时期受合法之传唤者。

二、当事人不到场，可认为系因不可避免之事故者。

三、到场之当事人，于法院应依职权调查之事项，不能为必要之证明者。

四、到场之当事人所提出之请求、事实或证据，未于相当时期，依言词辩论之准备，使他方知悉者。

当事人于言词辩论日期到场而不为辩论或被命退出者，视为不到场。

第二百十条　除别有规定外，法院不得就当事人未请求判决之事项为判决。

与公益有关之事件，法院得将当事人应受判决事项之请求一部变更而为判决，并得斟酌当事人所未提出之事实；但就该项变更部分及事实，应与当事人以辩论之机会。

第二百十一条　左列各款之判决，法院应依职权，并宣告假执行：

一、本于被告认诺所为之判决。

二、命履行扶养义务之判决。但以起诉前最近六个月及诉讼中履行期已到者为限。

三、就第七十五条第一项第五款至第九款诉讼所为被告败诉之判决；但以须急迫给付或保护者为限。

四、命清偿票据上债务之判决。

第二百十二条　关于财产权之诉讼，原告释明在判决确定前不为执行恐受难于抵债或难于计算之损害者，法院应依其请求宣告假执行。

原告陈明在执行前可供担保而请求假执行者，虽无前项释明，法院应定相当之担保额，宣告供担保后，得为假执行。

第二百十三条　被告释明因假执行恐受不能回复之损害者，如系第二百十一条情形，应依其请求，宣告不准假执行，如系前条情形，应宣告驳回原告假执行之请求。

第二百十四条　法院得宣告非经原告预供担保，不得为假执行，或准被告预供担保或将请求之标的提存而免为假执行。

第二百十五条　关于假执行之请求，应于言词辩论终结前为之。

关于假执行之裁判，应记载于判决主文。法院应依职权宣告假执行而未为宣告或忽视假执行之请求者，准用第四十五条之规定。

第二百十六条　假执行之宣告，因就本案判决或该宣告，有撤销或变更之判决，自该判决宣告时起，于其撤销或变更之范围内，失其效力。

法院撤销变更宣告假执行之本案判决者，应依请求或职权，将其因假执行或因免假执行所为给付，于判决内命原告返还，被告请求赔偿损害者，亦应于判决内命其赔偿，被告未请求赔偿者，应告以得请求之。仅撤销或变更假执行之宣告者，前项规定，于其后撤销或变更本案判决之判决适用之。

第二百十七条　判决于上诉期间届满时确定，但于上诉期间内有合法之上诉者，阻其确定。

不得上诉之判决，于宣告时确定；不宣告者，于送达时确定。

第二百十八条　当事人得请求书记员付与判决确定证明书。

前项证明书，由第一审法院书记员付与之；但卷宗在上级法院者，由上级法院书记员付与之。

第二百十九条　诉讼标的于确定之终局判决经裁判者，当事人不得就该法律关系，更行起诉。

主张抵销之对待请求，其成立与否经裁判者，以主张抵销之额为限，不得更行主张。

第二百二十条　确定判决，除当事人外，对于诉讼系属后为当事人之继承人者，及为当事人或其继承人占有请求之标的物者，亦有效力。

对于为他人而为原告或被告者之确定判决，对于该他人，亦有效力。

前二项规定，于假执行之宣告，准用之。

第二百二十一条　外国法院之确定判决，有左列各款情形之一者，不认其效力：

一、败诉之一方为中华民国人，而未应诉者。但开始诉讼所需之传唤或命令，已在该国送达本人，或依中华民国法律上之协助而送达者。

二、外国法院之判决有违背社会秩序者。

三、无国际相互之承认者。

第三编　上诉审程序

第一章　第二审程序

第二百二十二条　对于第一审之终局判决，得上诉于管辖第二审之法院。

第二百二十三条　前条判决前之裁判，牵涉该判决者，并受第二审法院之审判；但依本法不得声明不服或得以抗告声明不服者，不在此限。

第二百二十四条　当事人于第一审判决宣告或送达后，得舍弃上诉权。

当事人于宣告判决时，以言词舍弃上诉权者，应记载于言词辩论笔录；如他方不在场者，应将笔录送达。在以外之时为舍弃者，应向法院以书面或言词为之；由法院送达该书面或笔录于他方。

第二百二十五条　提出上诉，应于第一审判决送达后二十日之不变期间内为之；但宣告后送达前之上诉，亦有效力。

已方应向他方所为之对待给付，不得从诉讼标的价格中扣除。如并请求确定待对（原文如此——本书编者注）。

第二百二十六条　提起上诉，应表明左列各款事项，向原法院为之。

一、当事人；

二、第一审判决及对于该判决上诉之陈述；

三、对于第一审判决不服之程度及应如何判决撤销或变更之请求。

第二百二十七条　提起上诉，如逾上诉期间或系对于不得上诉之判决而上诉者，原法院应以裁定驳回之。

上诉有其他显不合法之情形而可以补正者，原第一审法院应定期间命其补正。如不于期间内补正，可认为系意图迟延诉讼者，应依请求或职权以裁定就原判决宣告假执行。

第二百二十八条　上诉未经依前条第一项驳回者，第一审法院书记员应速将上诉书面或笔录送达被上诉人。

各当事人均提起上诉，或他方当事人之上诉期间已满后，第一审法院书记员应即时将诉讼卷宗连同上诉书面或笔录及其他有关文件，送交第二审法院。

前项送交之卷宗，如为第一审法院所需用者，应自备缮本或节本。第一审法院不得因卷宗送交，即不进行诉讼程序，当事人亦得请求其进行。

第二百二十九条　第二审法院，仍应先调查上诉是否合法。如上诉已逾期间，或法律上不应准许，或有其他不合法之情形者，应以裁定驳回之；但其情形可以补正者，审判长应定期间先命补正。

上诉不合法之情形已经第一审法院命其补正而未补正者，得不行前项但书之程序。

第二百三十条　言词辩论，应于上诉所为应受判决事项之请求之范围内为之。

当事人应陈述第一审言词辩论之结果；但审判长得自行或使他审判员宣读第一审言词辩论笔录或其他卷宗内必要文书；或命书记员朗读该文书代之。

第二百三十一条　诉之变更、追加或提起反诉，非经他方同意，不得为之；但诉之变更或追加有第二百条第一项但书第四款至六款之情形者，无须他方同意。

他方于诉之变更，追加或反诉无异议而为本案言词辩论者，视为同意诉之变更，追加或反诉。

第二百三十二条　当事人得提出新攻击或防御方法。

在第一审就事实或证据所未为之陈述，得追复之。

在五十九条及第八十一条第四项之规定，于前三项情形适用之。

第二百三十三条　在第一审所为之诉讼行为，于第二审有效力。

第二百三十四条　第二审法院认为上诉无理由者，应为驳回之判决。认为一部分无理由者，应就该部分为驳回之判决。

原判决依其理由虽属不当，而依其他理由认为正当者，应以上诉为无理由。

第二百三十五条　第二审法院认为上诉有理由者，应于其所为应受判决事项之请求之范围内，为撤销、变更原判决之判决。

第二百三十六条　第一审之诉讼程序，有重大之瑕疵者，撤销原判决时，视为该部分亦经撤销。

前项情形，虽为维持审级所必要，除当事人双方均主张发回原法院外，应不发回，自为判决。

第二审法院不得以第一审法院无管辖权而撤销原判决。

第二百三十七条　判决书内应记载之事实，得引用第一审判决；但新攻击或防御方法，应记载之。

第二百三十八条　第二审法院应依请求或职权，就关于假执行之上诉，先为辩论及裁判。

第二审法院，认为上诉人系意图迟延诉讼而提起上诉者，应依请求或职权，于本案判决前，先以裁定宣告假执行；其逾时始行提出防御方法可认为系意图迟延诉讼者，亦同。

第一审判决未宣告假执行或宣告附条件之假执行者，其未经声明不服之部分，第二审法院应依请求以裁定宣告假执行。

关于财产权诉讼，第二审法院之判决，维持第一审判决者，应于其范围内，依请求或职权宣告假执行。

第二审法院关于假执行之裁判，不得声明不服。

第二百三十九条　上诉人得于终局判决前，将上诉撤回；但被上诉人已为附带上诉，须受影响者，应得其同意。

撤回上诉者，丧失其上诉权。

第二百四十条　被上诉人于言词辩论终结前，得为附带上诉。

附带上诉，虽在被上诉人之上诉期间已满或曾舍弃上诉权，或撤回上诉后，亦得为之。

上诉经撤回或因不合法而被驳回者，附带上诉，失其效力；但附带上诉，具备上诉之要件者，视为独立之上诉。

第二百四十一条　诉讼因第二审判决终结者，第二审法院书记员应于其终结时，即时将判决正本编入卷宗送交第一审法院，其非因判决而终结者，亦应即时为送交。

第二百四十二条　除本章别有规定外，前编之规定，于第二审程序准用之。

第二章　第三审程序

第二百四十三条　对于第二审之终局判决，得上诉于管辖第三审之法院。

第二百四十四条　对于第一审判决或其一部未经向第二审法院上诉或附带上诉之当事人，对于维持该判决之第二审判决，不得上诉。

第二百四十五条　对于财产权上诉之第二审判决，如因上诉所得受之利益不逾一千元者，不得上诉。

前项数额，得因地方情形，以司法行政最高机关命令减为五百元或增至二千元。计算上诉利益，依左列之规定：

诉讼标的非金额而应计算价额者，应按当时之交易价额，无交易价额者，应按该当事人就该标的所有之利益。

主张数项标的者，其价额合并计算之；附带主张利息或其他孳息，损害赔偿，违约金或费用者，不并算其价额。

主张数项标的，互相竞合或应为选择者，依其中价值最高者，定其价值。

原告应负担之对待给付，不得从诉讼标的之价额中扣除；原告并求确定对待给付之数额者，其诉讼标的之价额，应依给付中价值最高者定之。

第二百四十六条　对于第二审判决上诉，非以其违背法令为理由，不得为之。

判决不适用法则或适用不当者，为违背法令。

有左列情形之一者，其判决当然为违背法令：

一、判决法院之组织不合法者。

二、依法律或裁判应回避之审判员参与判决者。

三、未公开辩论，非依法律之规定者。

四、法院所认审判权之有无系不当者。

五、当事人于诉讼未经合法代理者。

六、应更新辩论而未更新者。

七、未经参与辩论之审判员参与判决者。

八、除本法别有规定外，已受请求之事项，未予判决，或未受请求之事项，予以判决者。

九、除本法别有规定外，为判决基础之事实或证据未经当事人或其代理人为言词辩论，亦未予以为言词辩论之机会者。

十、判决不载理由或所载理由矛盾者。

除前项情形外，诉讼程序，虽系违背法律，而显然于判决无影响者，不得为上诉理由。

第二百四十七条　提起上诉，应表明上诉理由，向原法院为之。

第二百四十八条　前条理由须举证者，应添具其证据。因上诉所受利益，于定得上诉有疑义时，应注明其利益。

提起上诉时，未表明理由或尚未完备者，应自提起时起十五日内，向原法院提出或补充之。未提出者，毋庸命其补正。

被上诉人得于上诉理由书面或笔录送达后十五日内提出答辩理由。

第二审法院书记员送交卷宗于第三审，应于收到答辩理由或前项期间已满后为之。上诉人及被上诉人在第三审判决前，得提出补充上诉理由或答辩理由；第三审法院，非认为不必要者，应送达于对方。

第五十五条之规定，于前五项情形准用之。

第二百四十九条　第三审上诉所为应受判决事项之请求，不得变更或扩张之。

被上诉人不得附带上诉。

第二百五十条　第三审判决，不经言词辩论为之；但法院认为必要时，不在此限。

第二百五十一条　第三审法院，应于上诉所为应受判决事项之请求之范围内调查之。

第三审法院调查第二审判决有无违背法令，应依职权为之；并得因此调查事实与证据；不为上诉理由所拘束。

第二百五十二条　第三审法院为判决，应以第二审判决确定之事实为基础；但第二审判决确定事实，有无违背法令，应依职权调查之。

以违背诉讼程序规定为上诉理由时所举之事实，以及违背法令确定事实，遗漏事实或认作主张事实为上诉理由时所举之事实，应调查斟酌之。

第二百五十三条　第三审法院认为上诉有理由者，就该部分，应撤销原判决。

因违背诉讼程序之规定撤销原判者，其违背之诉讼程序部分，亦视为撤销。

撤销原判决而有左列情形之一者，第三审法院，应就该事件自为判决：

一、因其于所确定之事实不适用法则或适用不当撤销原判决，而事件已可依该所确定之事实为裁判者。

二、因法院无审判权而撤销原判决者。

撤销原判决，除依前项之规定外，应将该事件发回原第二审法院更为审判。

受发回之法院，更为审判时，不得违背第三审法院于发回判决所指示之法律上意见。为发回之判决者，第三审法院书记员应将判决正本编入卷宗移交受发回之法院。

第二百五十四条　除本章别有规定外，前章之规定，于第三审程序准用之。

第四编　抗告程序

第二百五十五条　对于裁定，得为抗告，但别有规定，或为诉讼程序进行中关于指挥诉讼之裁定者，不在此限。

依前项得为抗告者，除受裁定之当事人外，受裁定之代理人、辅佐人、证人、鉴定人、通译或其他第三人亦得为抗告。

第二百五十六条　关于财产权之诉讼，其标的之金额或价额在第二百四十五条所定上诉利益额数以下者，其第二审法院所为之裁定，不得抗告。

虽非前项所定之裁定，而有规定不得抗告或声明不服者，亦不得抗告。

第二百五十七条　审判长、受命审判员或受托审判员所为之裁定，不得抗告；但如系法院所为得抗告者，得向系属法院提出异议，由其裁定。

前项但书所规定之异议，准用本编抗告之规定。

第二百五十八条　抗告，由直接上级法院裁定。

抗告法院之裁定，以抗告为不合法而驳回之，或以抗告为有理由而撤销变更原裁定者，对于该裁定，得再为抗告。

第二百五十九条　提起抗告，应于裁定送达后十日之不变期间内为之。

第二百六十条　提起抗告，应向为裁定之原法院表明其裁定及抗告理由为之。

抗告得提出新的事实及证据。

第二百六十一条　原法院认为抗告有理由者，应更正原裁定。

原法院认为抗告已逾抗告期间，或系对于不得抗告之裁定而抗告，或有其他不合法之情形者，应驳回之。但对于审判长、受命审判员或受托审判员所为之裁定，不提出异议而提起抗告者，仍视为异议；对于判决提起抗告者，视为上诉。

原法院不为前项裁定或处分者，于必要时，对于抗告应添具意见书。书记员应即时将抗告事件送交抗告法院，但仅应送交关于抗告之卷宗及文书、物件，原事件卷宗应与抗告卷宗分别编订，送交抗告事件时，不得将原事件卷宗送交，抗告法院亦非必要时，不得调取原事件卷宗，因必要而调取时，原法院书记员另备缮本送交。

第二百六十二条　抗告，除别有规定外，无停止执行之效力。

该裁定所牵涉之本诉讼事件，不得因其抗告而不进行。

原法院在抗告法院裁定前，于必要时，得命停止原裁定之执行。

抗告法院在裁定前，于必要时，得命停止原裁定之执行，或为其他必要之处分。

前二项裁定，不得抗告。

第二百六十三条　抗告法院认为抗告不合法或无理由者，应为驳回之裁定。

认为抗告有理由者，应撤销原裁定自为裁定。

第二百六十四条　关于舍弃上诉权及撤回上诉之规定，于抗告准用之。

第二百六十五条　抗告法院为裁定后，书记员应即时将裁定正本编入卷宗，送交原法院；抗告事件非因裁定终结者，亦同。

第二百六十六条　抗告人或异议人意图迟延诉讼而为抗告或异议，致当事人一方或双方受损害者，应负赔偿责任。

原法院、审判长、受命审判员或受托审判员或抗告法院裁定或处分迟延或原法院、抗告法院书记员因送交卷宗迟延，致当事人或受裁定之第三人受损害者，应负赔偿责任。

第五编　再审程序

第二百六十七条　确定终局判决，有左列各款情形之一者，得对之提起再审之诉，声明不服；但该受判决之当事人，已依上诉主张其事由，或不能证明其不知其事由而不主张者，不在此限。

一、判决法院之组织不合法者。

二、依法律或裁判应回避之审判员参与判决者。

三、当事人于诉讼未经合法代理者。

四、当事人知他方之住居所，伪称为所在不明与之涉讼者；但他方已追认其诉讼程序者，不在此限。

五、参与裁判之审判员，关于该诉讼违背职务，犯刑事上之罪者。

六、当事人之代理人，或他方或其代理人关于该诉讼有刑事上应罚之行为，影响于判决者。

七、为判决基础之证物，系伪造或变造者。

八、证人、鉴定人或通译、通译员就为判决基础之证言、鉴定或通译被处伪证之刑者。

九、为判决基础之民事或刑事判决及其他裁判或行政处分，依其后之确定裁判或行政处分已变更者。

十、当事人发见（现）就同一诉讼标的在前已有确定判决或和解、调解或得使用该判决或和解、调解者。

十一、当事人发见（现）未经斟酌之证物，或得使用该证物者，但以如经斟酌可受较有利益之裁判者为限。

前项第五款至第八款情形，以宣告有罪之判决已确定，或其刑事诉讼不能开始或续行非因证据不足者为限，得提起再审之诉。

第二百六十八条　依第二百四十五条不得上诉于第三审法院之事件，除前条规定外，其经第二审确定之判决，如就是影响判决之重要证物未斟酌者，亦得提起再审之诉。

第二百六十九条　为判决基础之裁判，如有前二条所定之情形者，得据以对于该判决提起再审之诉。

第二百七十条　再审之诉，由为判决之原法院管辖，有左列情形之一者，由原第二审法院管辖：

一、对于同一事件之第一审及第二审判决同时声明不服者。

二、对于第三审法院之判决，本于第二百六十七条第一项第七款至第十一款情形声明不服者。

第二百七十一条　再审之诉，应于三十日之不变期间内提起。

前项期间，自判决确定时起算；但再审之理由知悉在后者，自知悉时起算。

再审之诉，自判决时起，其再审之理由发生于确定判决后者，自发生时起，已逾五年者，不得提起；但以第二百六十七条第一项第三款、第四款或第十款情形为再审之理由者，不在此限。

第二百七十二条　提起再审之诉，应向管辖法院表明左列各款事项为之：

一、当事人；

二、声明不服之判决及提起再审之诉之陈述；

三、应于如何程度撤销原判决及就本案如何判决之请求；

四、再审理由及关于再审理由并遵守不变期间之证据。

第二百七十三条　再审之诉，不合法者，法院应以裁定驳回之。

再审之诉，显无再审理由者，得不经言词辩论，以判决驳回之。

第二百七十四条　本案之辩论及裁判，以声明不服之部分为限。

第二百七十五条　再审之诉，虽有再审理由，法院如认原判决为正当者，应以判决驳回之。

第二百七十六条　除本编别有规定外，再审之诉之诉讼程序，准用关于各该审级诉讼程序之规定。

第二百七十七条　再审之诉之判决，于第三人在再审之诉提起前以善意取得之权利无影响。

第二百七十八条　当事人或其代理人意图缠讼而滥用本编所定之权利者，法院得处以千元以下之罚款。致他方当事人或其代理人受损害者，应负赔偿责任。

第二百七十九条　裁定已经确定而有第二百六十七条第一项或第二百六十八条之情形者，得准用本编之规定请求再审。

第六编　非讼事件程序

第一章　督促程序

第二百八十条　债权以给付金钱或其他代替物或有价证券之一定数量为标的者，债权人得请求法院依督促程序，发支付命令。

第二百八十一条　督促程序，如请求人应为对待给付，或支付命令之送达应于外国为之，或依公示送达为之者，不得行之。

第二百八十二条　支付命令之请求，由债务人住、居所地或公务所、事务所、营业所所在地之法院管辖。

第二百八十三条　支付命令之请求，应由债权人表明左列各款事项，向管辖法院为之：

一、当事人及法定代理人；

二、请求之标的并其数量及请求之原因事实；

三、应发支付命令之陈述；

四、法院。

第二百八十四条　法院接受请求后，应迅速为裁定，至迟不得逾五日；并应不讯问债务人。

第二百八十五条　支付命令之请求，不合于第二百八十条至前条之规定，或依请求之意旨认为债权人之请求无理由者，法院应以裁定驳回之；就请求之一部不得发支付命令者，亦同。

前项裁定，不得声明不服。

第二百八十六条　支付命令，应记载左列各款事项：

一、第二百八十三条第一款第二款及第四款所定之事项；

二、债务人如欲免假执行，应于支付命令送达后十五日内向债权人清偿其请求，否则应向发支付命令之法院提出异议。

第二百八十七条　支付命令送达于债务人后，书记员应立即通知债权人。

发支付命令后，三个月内不能送达于债务人者，其命令失其效力。

第二百八十八条　债务人对于支付命令，得不附理由，向发命令之法院提出异议。

仅就一部请求提出异议者，未提出异议之请求部分，债权人仍得请求宣告假执行。

债务人提出异议者，得请求书记员付与证明书。

第二百八十九条　支付命令所载期间已满，债务人未于期间内提出异议者，法院依债权人请求宣告假执行。

第二百九十条　宣告假执行之裁定送达后十五日内，债务人仍得提出异议，此期间为不变期间，逾此期间提出异议者，法院应以裁定驳回之。

第二百九十一条　债务人对于支付命令，于合法时期提出异议者，支付命令失其效力。但如经债权人请求，法院应以支付命令之请求视为起诉或请求试行和解。

前项情形，债权人就支付命令所支出之费用或所受其他损害，于判决胜诉时，得请求赔偿。

第二百九十二条　支付命令所载期间已满后，债权人如于三十日内不为宣告假执行之请求者，支付命令失其效力；驳回宣告假执行请求之裁定已确定者，亦同。

第二百九十三条　宣告假执行之裁定，于第二百九十条所定期间内，未经提出异议，或驳回其异议之裁定已确定者，与确定判决有同一之效力。

第二章　保全程序

第二百九十四条　债权人就金钱请求或得易金钱请求之请求，欲保全强制执行者，得请求假扣押。

前项请求，就未到履行期之请求得为之。

第二百九十五条　假扣押，非有日后不能或甚难强制执行之虞者，不得为之。

应在外国为强制执行者，视为有日后甚难强制执行之虞。

第二百九十六条　假扣押之请求，由本案管辖法院或假扣押标的所在地之地方法院管辖。本案管辖法院，为诉讼已系属或应系属之第一审法院；但诉讼现系属于第二审者，以第二审法院为本案管辖法院。

假扣押之标的，如系债权，以债务人住所或担保之标的所在地为假扣押标的所在地。

第二百九十七条　假扣押之请求，应由债权人表明左列各款事项，向管辖法院为之：

一、当事人；

二、请求；

三、假扣押之原因；

四、法院。

请求非关于一定金额者，应记载其价额。依假扣押标的所在地定管辖法院者，应记载假扣押之标的及其所在地。

第二百九十八条　请求及假扣押之原因，应释明之。

债务人虽未为前项释明，如就债务人所应受之损害，已供法院所定之担保者，得命为假扣押。

请求及假扣押之原因虽经释明，法院亦得使债权人供担保后，命为假扣押。

债权人供担保后，命为假扣押者，应将其担保记载于假扣押裁定内。

第二百九十九条　假扣押裁定内，应记载债务人供所定金额之担保后，得停止撤销假扣押裁定或其执行。

第三百条　本案尚未系属者，命假扣押之法院，应依债务人请求，命债权人于一定期间内起诉。

债权人不于前项期间内起诉者，债务人得请求命假扣押之法院撤销假扣押裁定。

第三百零一条　假扣押之原因消灭，或其他命假扣押之情事变更者，债务人得请求撤销假扣押裁定或其执行。

债务人得陈明可供法院所定之担保或将请求之标的提存，请求撤销假扣押裁定。

前二项请求，向命假扣押之法院为之。如本案已系属者，向本案法院为之。如该裁定已执行者，向执行法院为之。

第三百零二条　假扣押裁定，因自始不当而撤销，或因依第三百条第二项之规定而撤销者，债权人应赔偿债务人因假扣押或供担保所受之损害。

第三百零三条　债权人就金钱请求以外之请求，欲保全强制执行者，得请求假处分。

假处分，非因请求标的之现状变更，有日后不能或甚难强制执行之虞者不得为之。

第三百零四条　关于假扣押之规定，于假处分准用之。但因第三百零五条至三百零八条之规定而不同者，不在此限。

第三百零五条　假处分之请求，由本案管辖法院管辖；但有急迫情形时，得由请求标的所在地之地方法院管辖。

第三百零六条　假处分所必要之方法，由法院酌量定之。

假处分，得选任管理人及命令或禁止债务人为一定行为。

第三百零七条　非有特别情形，法院不得许债务人供担保而撤销假处分。

第三百零八条　由请求标的所在地之地方法院为假处分之裁定者，同时应定期间命债权人向本案管辖法院请求就假处分之当否为裁定。

债权人不于期间内为前项请求者，命假处分之法院，应依请求，撤销假处分之裁定。第一项本案管辖法院之裁定，不得抗告。

第三百零九条　关于假处分之规定，于争执之法律关系，有定暂时状态之必要者，准用之。

第三章　公示催告程序

第三百十条　申报权利之公示催告，以得依背书转让之证券及其他法律有规定者为限。

公示催告，对于不申报权利人，生失权之效果。

第三百十一条　法院应就公示催告之请求为裁定。准许请求者，应为公示催告。

第三百十二条　公示催告，应记载左列各款事项：

一、申请人；

二、申报权利之期间及在期间内应为申报之催告；

三、因不申报权利而生之失权效果；

四、法院。

第三百十三条　公示催告之布告，应粘贴于法院之牌示处，并登载公报或新闻纸。

第三百十四条　申报权利之期间，自公示催告之布告，最后登载公报或新闻纸之日起，应有二个月以上。

第三百十五条　申报权利在期间已满后而在未为除权判决前者，与在期间内申报者，有同一之效力。

第三百十六条　公示催告，请求人得于申报权利之期间已满后，三个月内，请求为除权判决；但在期间未满前之请求，亦有效力。

除权判决之言词辩论日期，应并传唤已申报权利之人。

第三百十七条　法院就除权判决之请求为裁判前，得依职权为必要之调查。

第三百十八条　驳回除权判决之请求，以裁定为之。

第三百十九条　申报权利人如对于公示催告请求人所主张之权利有争执者，法院应酌量情形，在就所申报权利有确定裁判前，停止催告程序，或于除权判决保留其权利。

第三百二十条　公示催告请求人，不于言词辩论日期到场者，法院应依其请求，另定新日期。

前项请求，自有迟误时起，逾二个月者，不得为之。

请求人迟误新日期者，不得请求另定新日期。

第三百二十一条　法院得以相当之方法，将除权判决之要旨布告之。

第三百二十二条　对于除权判决，不得上诉。有左列各款情形之一者，得以公示催告请求人为被告，向原法院提起撤销除权判决之诉：

一、法律不许行公示催告者。

二、未为公示催告之布告或不依法定方式为布告。

三、不遵守公示催告之布告期间者。

四、为除权判决之审判员应自行回避者。

五、已经申报权利而不依法律于判决中斟酌之者。

六、有第二百六十七条第一项第五款至第八款之再审理由者。

第三百二十三条　撤销除权判决之诉，应于三十日之不变期间内提起之。

前项期间，自原告知悉除权判决时起算。但依前条第四款或第六款所定事由提起撤销除权判决之诉，如原告于知有除权判决时不知其事由者，自知悉其事由时起算。

除权判决宣告后，已逾五年者，不得提起撤销之诉。

第三百二十四条　第二百七十二条及第二百七十三条之规定，于撤销除权判决之诉准用之。

第三百二十五条　对于除权判决所附之限制或保留，得为抗告。

第三百二十六条　数公示催告程序，法院得命合并之。

第三百二十七条　宣告证券无效之公示催告程序，适用第三百二十八条至三百三十八条之规定。

第三百二十八条　公示催告由证券所载履行地之法院管辖。

如未载履行地者，由证券发行人住居所、公务所、事务所或营业所所在地方法院管辖。如无此法院者，由发行人之住居所、公务所、事务所或营业所所在地之法院管辖。

第三百二十九条　无记名证券或空白背书之指示证据，得由最后之持有人为公示催告之请求。

前项以外之证券，得由据证券主张权利之人为公示催告之请求。

第三百三十条　请求人应提出证券缮本或开示证券要旨及足以辨认证券之事项；并释明证券被盗、遗失或灭失及有请求权之原因事实。

第三百三十一条　公示催告，应记载持有证券人应于期间内申报权利及提出证券，并晓示以如不申报及提出者即宣告证券无效。

第三百三十二条　公示催告之布告，除依三百十三条之规定外，如法院所在地有交易所者，并应粘贴于该交易所。

第三百三十三条　申报权利之期间，自公示催告之布告，最后登载公报或新闻纸之日起，应有六个月以上。

第三百三十四条　持有证券人经申报权利并提出证据者，法院应通知请求人。并酌定期间使其阅览证券。

第三百三十五条　除权判决，应宣告证券无效。

除权判决之要旨，法院应依职权以相当方法布告之。

证券无效之宣告，因撤销除权判决之诉而撤销者，为公示催告之法院，于撤销除权判决确定后，应依请求，以相当方法布告之。

第三百三十六条　有除权判决后，请求人对于依证券负义务之人，得主张证券上之权利。

因除权判决而为清偿者，于除权判决撤销后，仍得以其清偿对抗债权人或第三人；但清偿时已知除权判决撤销者，不在此限。

第三百三十七条　因宣告无记名证券之无效，请求公示催告，法院准许其请求者，应依请求，不经言词辩论，对于发行人为禁止支付之命令。

前项命令，应附记已为公示催告之事由。第一项命令，应准用第三百三十二条之规定布告之。

第三百三十八条　公示催告程序，因提出证券或其他原因未为除权判决而终结者，法院应依职权以裁定撤销禁止支付之命令。

禁止支付命令之撤销，应准用第三百三十二条之规定布告之。

第四章　禁治产事件程序

第三百三十九条　宣告禁治产之请求，由禁治产人住所地之法院管辖。

第三百四十条　宣告禁治产之请求，应表明其原因事实及证据。

第三百四十一条　法院得于禁治产之程序开始前，命请求人提出诊断书。

第三百四十二条　禁治产之程序，不得公开行之。

第三百四十三条　法院就宣告禁治产之请求，应斟酌请求人所表明之事实及证据，依职权为必要之调查。

第三百四十四条　法院应于鉴定人前讯问应禁治产人；但有碍难讯问之情形或恐有害其健康者，不在此限。

前项讯问，得使受托审判员为之。

第三百四十五条　禁治产之宣告，非就应禁治产人之心神状况讯问鉴定人，或为其他必要之调查后不得为之。

第三百四十六条　宣告禁治产之裁定，应附理由。

前项裁定，应送达于请求人及禁治产人之法定代理人或依法律应为监护人之人。

第三百四十七条　宣告禁治产之裁定，自禁治产人之法定代理人或依法律应为监护人之人受送达时，发生效力。

前项裁定送达后，法院应以相当之方法，将该裁定要旨布告之。

第三百四十八条　法院于宣告禁治产前，因保护禁治产人之身体及财产，得命为必要之处分。于宣告后，认为必要时，亦同。

前项处分，法院得依请求撤销之。

关于第一项处分及撤销处分之裁定，得为抗告。

第三百四十九条　驳回禁治产请求之裁定，得为抗告。

第三百四十一条至三百四十三条之规定，于抗告法院之程序准备之。

第三百五十条　宣告禁治产之裁定，不得为抗告。

依民法规定得请求宣告禁治产之人，得向就宣告禁治产之请求曾为裁定之地方法院，提起撤销禁治产宣告之诉。

第三百五十一条　撤销禁治产宣告之诉，以请求宣告禁治产人为被告。

由请求宣告禁治产人起诉或该请求人死亡者，以禁治产人之法定代理人为被告。

第三百五十二条　撤销禁治产宣告之诉，应于三十日之不变期间内提起之。

前项期间，于禁治产人，自其知悉禁治产宣告时起算，于他人自该裁定发生效力时起算。

第三百五十三条　撤销禁治产宣告之诉，受宣告人有诉讼能力。

前项情形，法院得依请求或依职权为其选任诉讼代理人；并准用第十九条第三项之规定。

第三百五十四条　撤销禁治产宣告之诉，不得合并提起，或于其程序，为诉之追加或提起反诉。

第三百五十五条　撤销禁治产宣告之诉，法院认为有理由者，应以判决撤销宣告禁治产之裁定。

前项情形，法院于判决确定前，因保护禁治产人之身体或财产，得命必要之处分。第三百四十八条第二项及第三项之规定，于前项处分准用之。

第三百五十六条　在撤销禁治产宣告前，监护人所为之行为，不失其效力。

在撤销禁治产宣告前，禁治产人所为之行为，不得本于宣告禁治产之裁定，而主张无效。

第三百五十七条　撤销禁治产宣告之判定确定后，应由第一审受诉法院布告之。

第三百五十八条　依民法规定得请求宣告禁治产之人于禁治产之原因消灭后，得请求撤销禁治产。

第三百五十九条　撤销禁治产之请求，由禁治产人住所地之地方法院管辖。

第三百六十条　第三百四十条至第三百四十五条之规定，于撤销禁治产之请求准用之。

第三百六十一条　撤销禁治产裁定应附理由。

前项裁定，应送达于请求人及禁治产人。第三百五十七条之规定，于第一项裁定准用之。

第三百六十二条　驳回禁治产之裁决，不得抗告。

得请求撤销禁治产之人，对于前项裁定，得向就该请求曾为裁定之地方法院提起撤销之诉。

第三百五十一条第三百五十三条至第三百五十五条第三百五十六条第一项及第三百五十七条之规定，于前项之诉准用之。

第五章　宣告死亡事件程序

第三百六十三条　宣告死亡事件，除本章别有规定外，准用第三百十一条至三百二十四条之规定。

第三百六十四条　宣告死亡之请求，由生死不明人住所地之法院管辖。

第三百六十五条　宣告死亡之请求，应表明其原因事实及证据。

第三百六十六条　公示催告，应记载左列各款事项：

一、生死不明人应于期间内陈报其生存；如不陈报，即应受死亡之宣告；

二、凡知生死不明之人生死者，应于期间内，将其所知陈报法院。

第三百六十七条　前条陈明期间，自公示催告最后登载公报或新闻纸之日起，应有六个月以上。

生死不明人满百岁者，公示催告得仅粘贴于法院之牌示处。

前项情形，其陈报期间，得定为自粘贴牌示处之日起，二个月以上。

第三百六十八条　第三百四十三条之规定，于宣告死亡事件准用之。

第三百六十九条　生死不明人陈报生存，而请求人否认其事实者，法院应于有确定裁判前停止程序。

第三百七十条　宣告死亡之判决，应确定死亡之时。

第三百七十一条　撤销死亡宣告之诉，有法律上利害关系之人得提起之。

第三百七十二条　撤销死亡宣告之诉，除准用第三百二十二条第二项之规定外，如受死亡宣告人尚生存或确定死亡之时不当时，亦得提起之。

第三百七十三条　第三百二十三条之规定，于以受死亡宣告人尚生存为理由，提起撤销死亡宣告之诉者，不适用之。

第三百七十四条　撤销死亡宣告之诉有数宗者，应合并之；适用第二十条第一项之规定。

第三百七十五条　撤销死亡宣告或更正死亡之时之判决，不问对于何人，均有效力，但判决于确定前之善意行为，不受影响。

因宣告死亡取得财产者，如因前项判决失其权利。仅于现受利益之限度内，负返还财产之责。

选自《民事诉讼法参考资料》第二辑第一分册，中国社会科学院法学研究所民法研究室民诉组、北京政法学院诉讼法教研室民诉组合编，法律出版社 1981 年版，第 119～193 页。

本卷参考文献

《中共中央文件选集》1～18集，中央档案馆编，北京：中共中央党校出版社1982—1987年出版，1992年增订再版。

《抗日根据地政策条例汇集——陕甘宁之部》（上、中、下），延安：1942年7月陕甘宁边区政府办公厅编印。

《陕甘宁边区政策条例汇集》续编，延安：1944年5月陕甘宁边区政府办公厅编印。

《陕甘宁边区第一届参议会实录》，延安：1939年边区参议会常驻会编印。

《陕甘宁边区第二届第一次参议会汇刊》，延安：1942年边区参议会常驻会编印。

《陕甘宁边区第二届第二次参议会大会撮录》，延安：1945年5月参议会常驻会编印。

《陕甘宁边区第三届参议会大会汇刊》，延安：1946年7月参议会常驻会编印。

《中国国家与法权历史参考资料》现代史部分，第三辑，北京：中国人民大学国家与法权历史教研室1954年编印。

《中国新民主主义革命时期根据地法制文献选编》，第一、二、三、四卷，中国社会科学院法学研究所，韩延龙、常兆儒编，北京：中国社会科学出版社1981—1984年出版。

《中国新民主主义革命时期法制建设资料选编》第一、二、三、四册，孙孝实主编，重庆：西南政法学院函授部1982年2月编印。

《中国法制史参考资料选编》近代部分第三册，北京：北京政法学院法制史教研室1980年编印。

《中国法制史参考资料汇编》第三辑，重庆：西南政法学院法制史教研室1982年12月编印。

《陕甘宁革命根据地史料选辑》第一、二、三辑，兰州：甘肃人民出版社1981年5月出版，甘肃省社会科学院历史研究室编。

《陕甘宁边区政府文件选编》第一至十四辑，陕西省档案馆、陕西省社会科学院合编，北京：档案出版社1986—1991年陆续出版。

《陕甘宁边区政府大事记》，陕西省档案馆编，北京：档案出版社1991年5月出版。

《中国革命根据地审计史料汇编》，中国审计学会、审计署审计科研所编，北京：北京工业大学出版社1990年出版。

《陕甘宁边区法律法规汇编》，陕西档案局编，西安：陕西出版集团、三秦出版社2010年出版。

《陕甘宁边区的精兵简政》（资料选辑），陕甘宁边区政权建设编辑组编，北京：求实出版社1982年出版。

《李鼎铭研究资料选》，中共延安地委统战部、延安革命纪念馆编，西安：陕西人民出版社1988年出版。

《谢觉哉日记》上、下卷，北京：人民出版社1984年出版。

《谢觉哉文集》，北京：人民出版社1989年出版。

《中共党史教学参考资料》1～3册，北京：人民出版社1957—1959年出版。

《中共党史参考资料》1～8册，北京：人民出版社1979年出版。

《中国革命史参考资料》1～4册，中国人民大学革命史教研室编辑，北京：中国人民大学出版社1956—1957年出版。

《中共党史教学参考资料》1～11册，北京：中国人民大学中共党史系资料室编印，1979—1981年陆续出版。

《新中华报》

《解放日报》

《新华日报》

《人民日报》

《宪法选编》，北京：中国人民大学国家法教研室1979年编印。

《中国宪法参考资料选编》，许崇德主编、王玉明副主编，北京：中国人民大学出版社1990年4月出版。

《宪法资料选编》第二辑，北京大学法律系宪法教研室资料室编，北京：北京大学出版社1982年4月出版。

《民事诉讼法参考资料》第一辑，中国社会科学院法学研究所民法教研室民诉组、北京政法学院诉讼法教研室民诉组合编，北京：法律出版社1981年出版。

《民事诉讼法参考资料》第二辑，第一分册，中国社会科学院法学研究所民法教研室民诉组、北京政法学院诉讼法教研室民诉组合编，北京：法律出版社1981年出版。

《陕甘宁革命根据地工商税收史料选编》第一至六册，陕甘宁革命根据地工商税收史编写组、陕西省档案馆合编，西安：陕西人民出版社1987年出版。

《解放战争时期陕甘宁边区财政经济史资料选编》上下册，陕甘宁边区财政经济史编写组、陕西省财政厅财政科学研究所、陕西省档案馆合编，主编星光、张杨，西安：三秦出版社1989年12月出版。

《抗日战争时期陕甘宁边区财政经济史料摘编》第一编至第九编，陕甘宁边区财政经济史编写组、陕西省档案馆合编，西安：陕西人民出版社1981年出版。

《民主革命时期党的人权理论与实践资料汇编》，肖周录、朱子良、汪艳编，西安：西北工业大学出版社 1992 年出版。

《陕甘宁边区高等法院史迹》，张世斌主编，西安：陕西人民出版社 2004 年出版。

《延安地区审判志》，延安市中级人民法院审判志编纂委员会编，西安：陕西人民出版社 2002 年 10 月出版。

《陕甘宁边区法律法规汇编》，艾绍润主编，西安：陕西人民出版社 2006 年出版。

《陕甘宁边区判例案例选》，艾绍润主编，西安：陕西人民出版社 2007 年出版。

《延安边区审判史》，艾绍润编著，西安：陕西人民出版社 2007 年出版。

《中国法制史参考资料汇编》（第三辑），重庆：西南政法学院法制史教研室 1982 年编印。

《中国历次全国劳动大会文献》，中华全国总工会中国职工运动史研究室编，北京：工人出版社 1957 年出版。

《中国工会历次代表大会文献》，中华全国总工会中国工人运动史研究室编，北京：工人出版社 1984 年出版。

《中国工会历史文献》第 1、2、3、4 卷，北京：工人出版社 1958—1959 年出版。

《中共中央关于工人运动文件选编》（上、中、下），中华全国总工会编，北京：档案出版社 1985—1986 年出版。

《中国工人运动史参考资料》第一集、第二集，北京：中国人民大学历史系中国工人运动史教研室 1959 年编印。

《劳动法教学参考资料》（一），北京：中国人民大学法律系 1986 年编印。

《婚姻法学参考资料》，刘素萍主编，北京：中国人民大学出版社 1989 年出版。

《中国新民主主义革命时期通史》一至四卷，李新等主编，北京：人民出版社 1962 年出版。

《陕甘宁边区史》1～3 册，雷云峰编著，西安：西安地图出版社 1993 年出版。

《西北革命根据地的历史地位》，吴志洲著，长沙：1991 年湖南出版社出版。

《中国共产党的延安时期》，中共陕西省委研究室，中共陕西省委党史研究室编，西安：陕西人民出版社 1993 年出版。

《陕甘宁边区法制史稿》（宪法、政权组织法篇），杨永华著，西安：陕西人民出版社 1992 年出版。

《陕甘宁边区法制史稿》（诉讼狱政篇），杨永华、方克勤著，北京：法律出版社 1987 年出版。

《中国共产党廉政法制史研究》，杨永华主编，北京：人民出版社 2005 年出版。

《中国革命根据地狱政史》，薛梅卿、黄新明著，北京：法律出版社 2011 年出版。

《抗战时期陕甘宁边区锄奸反特法治研究》，欧阳华著，北京：中国政法大学出版社 2013 年出版。

《马锡五与马锡五审判方式》，张希坡著，北京：法律出版社 2013 年出版。

国家社会科学基金特别委托项目，项目编号：10@zh027，
项目名称：“革命根据地法律文献整理与研究”

本书得到中国人民大学科学研究基金项目“革命根据地法律文献整理与研究”
（批准号：15XNQ063）支持

革命根据地法律文献选辑

（第三辑）

抗日战争—解放战争时期老解放区的法律文献
（1937—1949）

第二卷

陕甘宁边区（上）：第I分册

张希坡 编著

中国人民大学出版社
·北 京·

陕甘宁边区（上）说明

早在第二次国内革命战争时期，刘志丹、谢子长等领导了陕甘地区的武装起义，开展游击战争。1934年11月，在南梁召开工农兵代表大会，建立陕甘边区工农民主政府。1935年2月成立中共西北工委和西北革命军事委员会。1935年9月，红二十五军自鄂豫皖到达延川，和刘志丹、谢子长率领的二十六军、二十七军会师，成立红十五军团。同年10月，中央工农红军到达陕北。11月，中华苏维埃共和国中央执行委员会决定将陕甘根据地划分为陕北省、陕甘省和关中、神府两特区，统一在苏维埃中央政府西北办事处的领导之下。1937年3月，中共中央决定将陕甘宁苏区改为陕甘宁特区。

1937年“七七”事变后，根据抗日民族统一战线的总方针，于1937年9月6日同国民党当局达成协议，9月20日将陕甘宁苏维埃政府正式改为陕甘宁边区政府，业经国民政府行政院会议通过。1937年11月，陕甘宁边区政府一度改称陕甘宁特区政府，1938年1月又恢复陕甘宁边区政府，林伯渠任主席（林伯渠外出工作期间，由张国焘任代主席）。

1938年11月25日，边区政府发布通电和训令，根据国民政府9月26日命令及其颁布的《省参议会临时组织条例》，决定改陕甘宁边区议会为陕甘宁边区参议会，边区议员改称边区参议员。1939年1月17至2月4日，陕甘宁边区召开第一届参议会，讨论通过了《陕甘宁边区抗战时期施政纲领》，奠定了抗日民主政权的政治基础。1941年11月6日至21日，陕甘宁边区召开第二届参议会第一次会议。会议决定将西北局提出的《五一施政纲领》作为边区新的施政纲领；选举高岗为边区参议会议长，谢觉哉、安文钦为副议长；选举林伯渠、李鼎铭为边区政府正副主席。1944年12月4日，陕甘宁边区召开第二届参议会第二次大会，林伯渠主席作了题为《边区民主政治的新阶段》的政府工作报告，李鼎铭副主席作了题为《边区文教工作的方向》的报告。在上述历次边区参议会及政府委员会上，通过了一系列重要的法律法规，皆选入本卷法律文献选辑中。抗日战争时期陕甘宁边区的法律文献因内容较多，故上册分为两个分册，解放战争时期的文献作为下册。上册分列以下各项专题。

目　录

第二卷　陕甘宁边区（上）：第Ⅰ分册

第二卷

陕甘宁边区（上）：第Ⅰ分册

一、施政纲领

1. 中国共产党陕甘宁特区委员会在民主的普选运动中所提出的陕甘宁特区政府施政纲领

1937年11月24日

为领导特区全体人民一致抗战，挽救中华民族的危亡，争取抗战的彻底胜利，并保护广大人民的民主权利及已得利益，中国共产党陕甘宁特区党委根据本党抗日救国十大纲领，特主张在陕甘宁特区施行下列主张：

（一）动员特区一切人力财力物力实行抗日战争，扩大和加强人民的抗日武装组织（八路军，保安队，自卫军，少先队，儿童团等）在特区以外去发展广泛的游击战争，勿使日寇势力进入特区，坚决为保卫特区，保卫华北，保卫全中国而抗战到底。

（二）在有力出力有钱出钱原则下，解决特区抗日财政问题。

（三）实行民主普选制度，发扬前在苏维埃下已经实行的各种民主设施，保证工农群众已经得到的各种权利。

（四）保证人民有言论、出版、集合、结社等民主自由。

（五）对于农业：一、保证农民已分得的土地，实行耕种有其田；二、兴办水利；三、培植森林；四、发展畜牧业；五、设立模范农场改良种籽农具水利；六、帮助贫苦农民解决其耕牛农具种籽的困难，保证战时农产品的自给。

（六）发展石油食盐铁等与国防有关的工业，整顿与扩大国防生产，奖励与国防文化建设有关的投资。

（七）保护商业，提倡国货，改良土产，禁绝日货，取缔奸商反对投机操纵，发展合作运动以推广货物的流通。

（八）废（除）苛捐杂税，减租减息，采取统一的累进税。

（九）实行八小时工作制，改善工人的待遇。

（十）优待抗日军人家属。

（十一）预防水灾旱荒，充实义仓，调剂粮食，保障民食。

选自抄件。原注："录自《新中华报》1937 年 11 月 24 日第二版"。

2. 陕甘宁边区政府、第八路军后方留守处布告 ——关于制止破坏抗日行为事

毛泽东起草，1938 年 5 月 15 日发布①

为布告事：自卢沟桥事变以来，我全国全民族力量，在中央政府与蒋委员长领导之下坚决抗战。前线将士，牺牲流血。各党各派，精诚团结。各界人民，协力救亡。这是中华民族的光明大道，抗日胜利的坚强保障。凡属国人，必须循此前进。我陕甘宁边区，为中华民国之组成部分，服从中央领导，努力救亡事业。凡所设施，光明正大。艰苦奋斗，不敢告劳。全国人民交口称誉。本府本处，亦惟有激励全区民众，继续努力，以求贯彻。不许一人不尽其职，一事不利救亡。乃近查边区境内，竟有不顾全大局之徒，利用各种方式，或强迫农民交还已经分得之土地、房屋，或强迫欠户交还已经废除之债务，或强迫人民改变已经建立之民主制度，或破坏已经建立之军事、经济、文化和民众团体的组织。甚至充当暗探，联络土匪，煽动部队哗变，实行测绘地图，秘密调查情况，公开进行反对边区政府之宣传等等。查上述种种行为，显系违反团结抗日之基本原则，违反边区人民之公意，企图制造内部纠纷，挑拨阶级斗争，以遂其破坏统一战线，破坏人民利益，破坏边区政府的威信，增加抗日动员的困难，造成人民对于最高统帅及中央政府的怀疑。察其原因，不外有少数顽固分子，不顾民族国家利益，恣意妄为。甚有为日寇所利用，假借名义，作为掩护其阴谋活动的工具。数月以来，各县人民纷纷报告，请求制止，日必数起，应接不暇。本府本处，为增强抗日力量，巩固抗日后方，保护人民利益起见，对于上述行为不得不实行取缔，合亟明白布告如次（下）：

（一）凡在国内和平开始时，属于边区管辖地域内，一切已经分配过之土地、房屋及已经废除之债务，本府本处当保护人民既得利益，不准擅且变更。

（二）凡在国内和平开始时已经建立及其后按照抗日民族统一战线原则实行改进与发

① 原注：这个布告是毛泽东同志为陕甘宁边区政府和八路军留守处写的，已编入《毛泽东选集》第二卷，在内容和文字上作了修改与补充。

展之军事、政治、经济、文化及民众团体等组织，本府本处当保护其活动，促进其发展，制止一切阴谋破坏之行为。

（三）凡属有利抗日救国之事业，本府本处在坚决执行中央“抗战建国纲领”之原则下，无不乐于推行。对于善意协助之各界人士，一律表示欢迎。但凡未经本府本处同意并取得本府本处之证明文件，而从外面进入边区境内停留活动之人，不论其活动之事务属于何项，一律禁止，以防假冒，而杜奸宄。

（四）当此抗战紧张期间，凡在边区境内从事阴谋破坏，或肆意捣乱，或勾引煽惑，或暗探军情之分子，准许人民告发。证据确实者，准许就地逮捕。一经讯实，一律严惩不贷。

上列四条、全边区军民人等一律遵照，不得违背。倘有不法之徒，胆敢阴谋捣乱，本府本处言出法随，勿谓言之不预。

切切此布

陕甘宁边区政府主席　林伯渠

第八路军后方留守处主任　萧劲光

选自《抗日根据地政策条例汇集》陕甘宁之部（下），1942年版，第740～741页。

互校版本：1.《陕甘宁边区政府文件选编》第一辑，档案出版社1986年版，第61～62页。

3. 陕甘宁边区政府、第八路军后方留守处、陕甘宁边区党委训令——关于贯彻实行五月十五日布告的指示

1938年5月27日

自芦（卢）沟桥事变以来，在十个月的坚持抗战中，以国共两党为基础的抗日民族统一战线，是更加发展与加强了，全国在军事、政治、社会各方面是进步了。因此抗战的力量也加强了。这完全证明着共产党坚持巩固与扩大抗日民族统一战线，从持久抗战中争取抗日的最后胜利与中华民族的彻底解放是完全正确的。

正因为如此，日本帝国主义及其走狗、汉奸、托匪就拚（拼）命的利用一切机会，用尽各种方法来进行挑拨离间，阴谋毒计，企图破坏统一战线，分散抗日团结，首先就是破坏共产党与破坏抗日的先进区域边区，而国民党中少数不识大局，固持成见的顽固分子，违背孙中山的遗教，蒋委员长的意志，及国民党中央的决议与纲领，不顾大敌当前，仍以防共为其中心事业，乃至颠倒是非，混乱黑白，用尽各种卑污手段进行破坏边区，起了配合日本帝国主义及汉奸托匪来破坏抗日民族统一战线、破坏抗日根据地的反民族利益的作用！

而近来各级党政工作人员，因为未深切了解要巩固与扩大抗日民族统一战线，要完成保卫西北配合全国争取抗战的胜利，就须保卫与巩固边区，发展边区在抗战中的先进作用，未警惕着日本帝国主义、汉奸、土匪破坏边区的阴谋毒计，更未认识着友党中的

顽固分子可能发生的、反民族利益的破坏行为。因此，不能明白的将抗日的与假装抗日、将善意帮助边区与藏着恶意破坏边区的分别认识清楚，加之各级党政机关在工作上缺乏紧张深入的贯彻到底的领导，这样在政治上，组织上更给了这些破坏的便利，如是破坏者乃得布置在边区之内及边区之周围，运用着政治的、军事的、文化的、卫生的、建设的、救济的、各种各色的形式与方法，做了许多离开了“抗日高于一切”的破坏行为。

最近，我们检查了这些现象后，由边区政府及八路军留守处共同发布了布告，并在布告中剀切的（地）[①] 说明了，我们在坚持巩固与扩大抗日民族统一战线的方针下，防止一切破坏与挑拨行为的原则。

为着使各级党政军机关及民众团体，本着巩固团结坚持抗战的最高原则，以高度的政治警惕性与适当解决问题的具体性，来保卫与巩固抗日边区，必须深刻的认识布告的精神是为着巩固统一战线，求得全国更亲密的团结，来制止一切破坏行动与破坏分子。因此不但要纠正右的投降倾向，同时也要防止左的盲动倾向，正确的灵活的实行布告中所提出的具体方针，特分别再有如下的指示：

第一，各级党政军及民众团体，接到边区政府与八路军留守处的布告后，除要根据规定张贴与散发各地外，特别要分别召集各乡市代表会议及县区的工作人员会议，根据当地的实际情形，进行检查讨论与定出执行这一布告的具体办法，这些具体执行办法必须适合于（一）确能适当的解决当地的各种问题。（二）必须是能进一步巩固当地人民及邻近友党友军的团结。

第二，凡是在和平取得以后，有关于下列事件，应根据以下方针处理：

甲、关于土地、房屋、债务、工（农）具、牲畜问题。

（一）凡是已经没收和分配过之土地、房屋、农具、牲畜等等，豪绅地主、富农无权用任何方式直接向分得之农民要求发还全部或一部分。其已经用各种方式强迫农民交还者，其交还部分应收回，归还原分得之农民。

（二）凡是豪绅地主，其土地、房屋已经被没收者，如要求分得一份土地时，须事先呈请当地政府之批准，然后由当地政府设法分配其不超过于当地农民平均所分得之土地数量时，才为合法。

（三）凡是已被废除之债务，豪绅地主、富农不得再向欠债人追偿。如已经追偿回者，其追偿回之部分，由当地民众公议处置之。

（四）凡是已经在边区所辖之土地，事实上只是没收，而未分配者，其处理权，概归于当地政府。豪绅地主不得借故未经分配而自行占还，如要求分配时，只能按照第二点之规定处理之。

以上各项如有豪绅地主反抗不遵者，区及县政府得按其情况予以法律之制裁。

乙、凡未经边区政府及当地县政府之允许，而有派遣人员携带武装深入边区，破坏边区行政系统，强迫收征租税或强迫还租还债者，应设法制止，而任意横行者，当地政府得

---

① 按照现代汉语，此处“的”字应使用“地”字，为保持文献原貌，下文必要处以“（ ）”内表示现代汉语用字，“地”字数量巨大，故不再一一标明。

用地方武装将人员扣留，追问清楚送回派遣机关，如有武装则可解除其武装，将人、枪送回派遣机关或部队处理，交涉此后不能再发生同样事件。

丙、凡有携带武装强入边区，任意捕捉民众或抢劫财物行同土匪者，不管其来自何地，地方武装应立即扣留，解除其武装，送法庭究办。

丁、为防止日寇汉奸托匪的破坏，未经边区政府同意，未有边区政府介绍，而假借各种名义，利用各种组织，深入边区之内自由活动者，当地政府应不允许其停留，如有反抗或曾经进行破坏统一战线，破坏边区而证据确凿者，应将其扣留送交边区政府究办。

戊、凡是农贷散发未依照农贷条例，而发生有偏倚不平情况引起民众不满的，应领导当地民众详细讨论重新平均调剂，倘有个别不顾大众利益的，自私自利破坏团结的分子，当地政府可依据大多数民众意见强迫执行。农贷互助社之领导人，大多数民众反对者，得由当地民众团体以民主方式进行改选。

第三，在整个边区问题未得完全解决以前，如发生下列问题应一律拒绝之。

甲、凡是建立民选政府的地方，即属边区政府所辖范围，未经边区政府之允许，边区各级政府决不能自由将一寸土地划出，如有强迫边区各级政府划出者，应据理严词拒绝。

如有不顾大局以强迫力占据边区边境地方者，应（一）将此事向当地民众提出讨论，以大多数民意为根据，拒绝强占者的一切措施。（二）号召民众向国民政府蒋委员长及边区政府控告此种破坏团结，民主，挑拨内讧的罪恶行为。（三）如强占土地者仍悍然不顾，当地县政府及行政专员（署）可以强力去占领彼之所属区域，以求得双方各守原地，互不侵犯。

乙、不经边区政府之允许与批准，要求在边区以内设立，任何，性质的机关应拒绝之。

丙、凡在边区之内未经边区政府立案批准之任何团体，不能享受法律之保障。

第四，在边区以内或边区以外，有两个政权的地区，互相关系应根据下列方针处置。

甲、凡是有八路军驻扎的地方，关于逮捕人犯须事先取得当地政府的同意，不同意时亦不应独断独行，再不应轻易的根据群众的要求而造成对立。

乙、凡是各地政府的行政设施，当地驻军与民众团体不得随意干涉。

丙、当地民众如果对当地政府措施不满，迫切要求改善者，我们应当尽调解团结的责任，使政府与民众在国民党临时大会宣言与抗战建国纲领的方针下更能一致。

第五，关于各级工作人员方面的问题。

甲、各级党政军工作人员，应深刻认识党的坚持抗日民族统一战线的方针，发扬艰苦奋斗的作风，力求其正确的实现，尤当以身作则的奉公守法为民众的模范。

乙、凡在各级机关的工作人员，曾经要求将自己过去被没收的土地、房屋、债务发还者，除立即将其索回之土地、房屋、债务交回原分配的农民外，应立即停止其工作。

丙、凡是曾经贪污的工作人员，必须分别轻重适当给以处罚，报告边区党委、边区政府。

丁、凡在农贷中，各级工作人员有得两份贷款及赈款者，应当分别处置或开除其工作，并在民众中公布之。

以上五大项，是为着解决目前所发生的问题的办法原则，各级党政军及部队，必须根据当地情形详细的研究与讨论，定出适当的办法，正确的执行并随时报告上级。

选自《抗日根据地政策条例汇集》陕甘宁之部（下），1942年版，第742～746页。

互校版本：《陕甘边区政府文件选编》第一辑，档案出版社1986年版，第65～69页。

4. 陕甘宁边区政府关于处理边界纠纷和保护抗日救国团体，防止汉奸托匪阴谋活动的决定

1938年6月9日

第一条 为了巩固统一团结起见，凡是曾经建立民选政权的地域，在和平取得以后又属于陕甘宁边区政府所管辖者，即为陕甘宁边区政府所辖区域。陕甘宁边区政府所辖的区域，不经陕甘宁边区政府之允许，边区各级政府决不得自由变更疆界，其未经允许而变更者应恢复原状。

第二条 凡是以武装侵占陕甘宁边区地域，企图推翻当地现有政权，或强迫改变现有之政治、军事、经济、文化、民众组织和民主制度者，显系破坏团结抗日之行为，当地政府得据理拒绝之。经过和平拒绝不停止者，当地政府得循人民之意见，为保护政权和现有军事、政治、经济、文化设施起见，得采用正当而有效之方法制止其活动。

第三条 凡是携带武装深入陕甘宁边区，实行捕捉人民，殴打人民，抢劫财物，强征租税行同土匪者，经过劝导不改后，不管来自何方，当地驻军和地方武装得实行解除其武装，捕获其首领，然后调查其来历，将人犯武装送还其派来之部属查办，并交涉不得再有类似事件发生，如有杀伤人命者，应将其凶手交法庭依法裁判之。

第四条 凡设立在陕甘宁边区内之各种组织和团体，如发现其活动性质为的是推翻国民政府和其所属地方政府，破坏国民革命军及其地方武装，破坏国民党和共产党及其一切抗日救国组织者，各级政府如查有确实证据，不管其已否经边区政府承认或未经边区政府承认者，均得以反动组织取缔之。

第五条 在抗战期间，为了防止汉奸、托派、土匪假借名义实行阴谋破坏起见，凡属个人或团体，要求在陕甘宁边区进行各种抗日救国事业，须持有中央或地方党政军机关和正式民众团体的护照或介绍信，并经过陕甘宁边区政府查验属实，再给有陕甘宁边区政府或八路军后方留守处或陕甘宁边区保安司令部的介绍信，方得到目的地活动，否则各级政府得制止之，并不能允许其停留，以防奸宄。

陕甘宁边区政府主席团

选自《延安地区审判志》，陕西人民出版社2002年版，第320～321页。

5. 陕甘宁边区政府、第八路军后方留守处布告（第六号）

1939年1月1日

为布告事：照得万恶日寇，为吞并我国土，灭亡我民族，不惜用尽一切力量与方法，以遂其法西斯企图。抗战以来，其疯狂残暴之行为与挑拨分化之手段，更无不随时而加厉。本府、本处为使军民人等对精诚团结一致抗战之国策有明确认识，不为敌寇利用破坏计，曾于二十七年五月十五日剀切布告在案。乃查近来值日寇企图进攻边区之际，各地竟不断发现有勾结土匪捣乱后方，武装侵入边区，逮捕边区人民，或借口索取废租废债，而实行护（掳）人勒赎，或借口编组保甲为名进行推翻抗日民主政权，或借名义组织非法团体，广收流氓威吓农民，秘密检查行人，藉资留难商旅，或假提倡教育为名，实行捏造谣言，混淆听闻，且公开污蔑最高领袖蒋委员长为投降第三国际，沿咸榆公路之城镇，如耀县、甘泉等地，竟敢将蒋委员长字样书写于厕所、马厩、墙壁，甚或宣传国军为土匪，诬蔑民主抗日政权为傀儡。如此等等，不一而足。其蓄意叵测，为虎作伥，岂止狂妄已也，鬼祟万端，殊堪痛恨。兹为巩固团结，不使有任何间隙为敌所乘，求得在我国民政府与蒋委员长抗战国策之下，完成本府、本处应负之使命，以便达到歼灭强寇，抗战胜利计，特再重申布告如次：

一、为适应战时需要，凡非边区所属之保安部队，及其他地方武装，备有正式公文，得八路军留守处及边区保安司令部允许，准予假道经过边区，或因事暂驻在边区境内者，应统归边区保安司令部节制。在作战必要时，须服从边区保安司令部指挥调遣，如敢故意违犯者，得解除其武装。

二、边区境内有民主政权及各种抗日人民团体，如再发现有公开或暗地编组保甲，企图推翻民主政权，图谋破坏各种抗日人民团体者，决予有效之严厉制裁。

三、收买流氓，组织非法团体，造谣惑众，危害团结抗战，污蔑最高领袖，破坏政府，军队与人民之情感者，决以汉奸惩办之。

四、在边区内擅立捐税，破坏财政，扰乱税收，勒讨已废除之租债，企图敲诈剥削人民，挑拨阶级斗争，破坏民族团结者，均以违法惩处之。

五、强占民房，聚众赌博，包庇或贩卖鸦片者，无论任何机关与人员，均得以法令惩处之。

六、擅捕边区人民，抢夺人民牲畜财物，假借名义检查行旅，肆行敲诈，概以匪徒论罪。

七、假借各种名义在人民中进行破坏民主政权和国军之宣传者，以汉奸论罪。

八、如有不法之徒，胆敢违犯上述各节者，准许人民控告和逮捕，送交当地军政机关惩办。

上列八项仰各军民人等一体凛遵，不得稍事违背，本府、本处言出法随，绝不丝毫宽恕。

切切此布

主　席　林伯渠
主　任　萧劲光

选自《陕甘宁边区政府文件选编》第一辑，档案出版社 1986 年版，第 113～114 页。
互校版本：1.《延安地区审判志》，陕西人民出版社 2002 年版，第 332 页。

6. 陕甘宁边区抗战时期施政纲领

1939 年 1 月陕甘宁边区第一届参议会通过，
1939 年 4 月 4 日边区政府公布

陕甘宁边区在国民政府和蒋委员长领导下，本着拥护团结、坚持抗战、争取最后战胜日寇的方针，本着三民主义与抗战建国纲领的原则，根据陕甘宁边区的环境与条件，特制定陕甘宁边区抗战时期施政纲领作为边区一切工作之准绳。

（一）民族主义

一、坚持巩固与扩大抗日民族统一战线，团结全边区人民与党派，动员一切人力、物力、财力、智力，为保卫边区、保卫西北、保卫中国、收复一切失地而战。

二、高度的发扬边区人民的民族自尊心与自信心，反对一切悲观失望、妥协投降的倾向。

三、厉行锄奸工作，提高边区人民的警觉性，彻底消灭汉奸、敌探、土匪的活动，以巩固抗日后方。

四、实现蒙、回民族在政治上、经济上与汉族的平等权利，依据民族平等的原则，联合蒙、回民族共同抗日。

五、尊重蒙、回民族之信仰、宗教、文化、风俗、习惯，并扶助其文化的发展。

六、在不损害边区主权的原则下，保护一切同情中国抗战国家的人民、工商业者、教民，在边区生产，经营与文化事业方面的活动。

（二）民权主义

七、发扬民主政治，采用直接、普遍、平等、不记名的选举制，健全民主集中制的政治机构，增强人民之自治能力。

八、保障人民言论、出版、集会、结社、信仰、居住、迁徙与通信之自由，扶助人民抗日团体与民众武装之发展，提高人民抗战的积极性。

九、充实抗日地方武装力量，发展与健全人民抗日自卫军、抗日少先队，加紧其政治、军事、文化上的教育与训练。

十、以政治工作与组织力量的配合，实行兵役与参战的动员。

十一、发扬艰苦作风，厉行廉洁政治，肃清贪污腐化，铲除鸦片赌博。

十二、实行男女平等，提高妇女在政治上、经济上、社会上的地位，实行自愿的婚姻制度，禁止买卖婚姻与童养媳。

十三、建立便利①人民的司法制度，保障人民有检举与告发任何工作人员的罪行之自由。

十四、建立工作检查制度，发扬自我批评，以增进工作的效能。

十五、实行普及免费的儿童教育，以民族精神与生活知识教育儿童，造成中华民族的优秀后代。

十六、发展民众教育，消灭文盲，提高边区成年人民之民族意识与政治文化水平。

十七、实行干部教育，培养抗战人材（才）。

（三）民生主义

十八、确定私人财产所有权，保护边区人民由土地改革所得之利益。

十九、开垦荒地，兴修水利，改良耕种，增加农业生产，组织春耕秋收运动。

二十、发展手工业及其他可能开办之工业，奖励商人投资，提高工业生产。

二十一、实行统一累进税，废除苛捐杂税。

二十二、保护商人自由营业，发展边区商业。

二十三、厉行有效的开源节流办法，在各机关、学校、部队中，提倡生产运动与节约运动，增加收入，减少支出，以解决战时财政经济之困难。

二十四、确定八小时工作制度，改善劳动待遇，保护工人利益，同时提高劳动热忱，增加生产效能。

二十五、优待抗日军人与工作人员之家属，使抗战军人安心作战②，工作人员安心工作。

二十六、废止高利贷，政府举办低利借贷，奖励合作社之发展。

二十七、保育儿童，禁止对于儿童的虐待。

二十八、抚恤老弱孤寡，救济难民灾民，不使流离③失所。

选自《抗日根据地政策条例汇集》陕甘宁之部（上），1942年版，第27～29页。

互校版本：

1.《陕甘宁革命根据地史料选辑》第一辑，甘肃人民出版社1981年版，第25～27页，简称“甘肃史料版”。

2.《陕甘宁边区政府文件选编》第一辑，档案出版社1981年版，第209～211页，简称“政府文件版”。

3.《中国新民主主义革命时期根据地法制文献选编》第一卷，中国社会科学出版社1981年版，第31～33页。原注：“选自《陕甘宁边区第一届参议会实录》（一九三九年版）”，简称“社科法制版”。

4.《中国新民主主义革命时期法制建设资料选编》第一册，西南政法学院函授部1982年编印，第8～10页。原注：“选自《陕甘宁边区参议会文献汇辑》”，简称“西南

① “甘肃史料版”印作“有利”，其他版本皆为“便利”。

② “西南函授版”将“安心作战”误作“安心工作”。

③ “社科法制版”将“流离”印作“流连”，“政府文件版”印作“流连［离］”，其他版本为“流离”。

函授版”。

5.《陕甘宁边区法律法规汇编》，三秦出版社2010年版，第1～2页。

7. 中共中央关于发布陕甘宁边区施政纲领的指示

1941年4月27日

陕甘宁边区施政纲领，由边区中央局提出，经中央政治局批准，乘边区第二届参议会选举之际发布，共计二十一条。此纲领之发布，适当国内外形势发生激烈变化，国民党施行黑暗统治，全国人民彷徨无主之际，实具有严重政治意义。除令边区党以此加强教育并切实遵照实施外，在国民党区域、日本占领区域及海外华侨中，须广泛散布此纲领，在重庆、香港、上海、菲律宾、新加坡、纽约等地须召集座谈会，征求各界意见与批评，在其他压迫严重地方则秘密散布。在华北、华中各根据地及八路军、新四军中须与当地已经发布之纲领一并加以讨论，其中有些为当地尚未提出的（例如人民控告权、司法制度、廉洁政治、十小时工作制、新文字教育、华侨政策、游民政策、俘虏政策、外国人政策等），尤须着重讨论，使我全党全军全民了解此纲领之严重意义。在军队中机关中学校中均以此作教材，须加熟读，并利用邮局及其他办法，散发至国民党军队中去。关于“三三制”的实施，尤须利用此纲领上之条文，对党内进行深刻的教育，因为党员不善于与党外人士合作，为现时我党最严重问题，不解决此问题，我党是无法领导全国胜利的。

选自《中共中央文件选集》(11)，中共中央党校出版社1985年版，第640页。

8. 中共（陕甘宁）边区中央局关于发布新的施政纲领的决定

1941年4月30日

为第二届参议会选举向边区人民提出的本党在边区的施政纲领，业经中央政治局批准，兹决定于五一劳动节发布。此纲领之发布，具有严重之政治意义，各级党组织收到后，须立即加以讨论。为本党同志所领导之一切机关、部队、团体、学校，均须讨论此纲领，或用为教材，加以熟读。对边区党外人士，应征求其意见，欢迎自由批评。对边区境外之友党友军及广大人民，须同样征求其意见，并欢迎批评。无论在选举前或选举后，一切为本党同志所领导之机关、部队、团体、学校，均须照此纲领坚决实施之。党员有违反此纲领之任何条文者，予以纪律之裁判。

中华民国三十年四月三十日

选自《中国国家与法权历史参考资料》现代史部分第三辑，中国人民大学国家与法权历史教研室1954年编印，第1页。原注：“选自一九四一年《陕甘宁边区政府工作报告》附录”。

互校版本：《宪法资料选编》第二辑，北京大学出版社 1982 年版，第 130 页，原注："《新中华报》1941 年 5 月 11 日"。

9. 陕甘宁边区施政纲领

1941 年 5 月 1 日中共边区中央局提出，中共中央政治局批准，
1941 年 11 月边区第二届参议会通过，1942 年 1 月 1 日边区政府公布

为着进一步巩固边区，发展抗日的政治经济文化建设，以达坚持长期抗战增进人民福利之目的起见，中共陕甘宁边区中央局特于边区第二届参议会举行选举之际，根据孙中山先生的三民主义总理遗嘱及中共中央的抗日民族统一战线原则，向我边区二百万人民提出如下之施政纲领，如共产党员当选为行政人员时，即将照此纲领坚决实施之。

（一）团结边区内部各社会阶级，各抗日党派，发挥一切人力、物力、财力、智力，为保卫边区，保卫西北，保卫中国，驱逐日本帝国主义而战。

（二）坚持与边区境外友党友军及全体人民的团结，反对投降分裂倒退的行为。

（三）提高边区武装部队的战斗力，保障其物质供给，改善兵役制度及其他后方勤务的动员制度，增进军队与人民的亲密团结。同时加强抗日自卫军、少先队的组织与训练，健全其领导系统。

（四）加强优待抗日军人家属的工作，彻底实施优抗条例，务使八路军及一切友军在边区的家属得到物质上的保障与精神上的安慰。

（五）本党愿与各党各派及一切群众团体进行选举联盟，并在候选名单中确定共产党员只占三分之一，以便各党各派及无党无派人士均能参加边区民意机关之活动与边区行政之①管理。在共产党员被选为某一行政机关之主管人员时，应保证该机关之职员有三分之二为党外人士充任。共产党员应与这些党外人士实行民主合作，不得一意孤行，把持包办。

（六）保证一切抗日人民（地主、资本家、农民、工人等）的人权、政权、财权及言论、出版、集会、结社、信仰、居住、迁徙之自由权，除司法系统及公安机关依法执行其②职务外，任何机关部队团体不得对任何人加以逮捕审问或处罚，而人民则有用无论何种方式，控告任何公务人员非法行为之权利。

（七）改进司法制度，坚决废止肉刑，重证据不重口供。对于汉奸分子，除绝对坚决不愿改悔者外，不问其过去行为如何，一律实行宽大政策，争取感化转变，给以政治上与生活上之出路，不得加以杀害、侮辱、强迫自首或强迫其写悔过书。对于一切阴谋破坏边区分子，例如叛徒分子、反共分子等，其处置办法仿此。

（八）厉行廉洁政治，严惩公务人员之贪污行为，禁止任何公务人员假公济私之行为，共产党员有犯法者从重治罪。同时实行俸以养廉原则，保障一切公务人员及其家属必需的

① "政府文件版""延安审判志"漏一"之"字。

② "政府文件版""延安审判志"漏一"其"字。

物质生活及充分的文化娱乐生活。

（九）发展农业生产，实行春耕秋收的群众动员，解决贫苦农民耕牛农具肥料种子的困难，今年开荒六十万亩，增加粮食产量四十万担，奖励外来移民。

（十）在土地已经分配区域，保证一切取得土地的农民之私有土地制。在土地未经分配区域（例如绥德、富县、庆阳），保证地主的土地所有权及债主的债权，惟须减低佃农租额及债务利息，佃农则向地主缴纳一定的租额，债务人须向债主缴纳一定的利息，政府对租佃关系及债务关系加以合理的调整。

（十一）发展工业生产与商业流通，奖励私人企业，保护私有财产，欢迎外地投资，实行自由贸易，反对垄断统制，同时发展人民的合作事业，扶助手工业的发展。

（十二）调节劳资关系，实行十小时工作制，增强劳动生产率，适当的改善工人生活。

（十三）实行合理的税收制度，居民中除极贫者应予免税外，均须按照财产等第或所得多寡，实施程度不同的累进税制，使大多数人民均能负担抗日经费。同时健全财政机构，调整金融关系，维护法币，巩固边币，以利经济之发展与财政之充裕。

（十四）继续推行消灭文盲政策，推广新文字教育，健全正规学制，普及国民教育，改善小学教员生活，实施成年补习教育，加强干部教育，推广通俗书报，奖励自由研究，尊重知识分子，提倡科学知识与文艺运动，欢迎科学艺术人材（才），保护流亡学生与失学青年，允许在校学生以民主自治权利，实施公务人员的两小时学习制。

（十五）推广卫生行政，增进医药设备，欢迎医务人材（才），以达减轻人民疾病之目的，同时实行救济外来的灾民难民。

（十六）依据男女平等原则，从政治经济文化上提高妇女在社会上的地位，发挥妇女在经济上的积极性，保护女工、产妇、儿童，坚持自愿的一夫一妻婚姻制。

（十七）依据民族平等原则，实行蒙、回民族与汉族在政治经济文化上的平等权利，建立蒙、回民族的自治区。尊重蒙、回民族的宗教信仰与风俗习惯。

（十八）欢迎海外华侨来边区求学，参加抗日工作，或兴办实业。①

（十九）给社会游民分子以耕种土地，取得职业与参加教育的机会，纠正公务人员及各业人民中对游民分子加以歧视的不良习惯，对会门组织实行争取与团结教育的政策。

（二十）对于在战斗中被俘之敌军及伪军官兵，不问其情况如何，一律实行宽大政策，其愿参加抗战者，收容并优待之，不愿者释放之。一律不得加以杀害、侮辱、强迫自首、或强迫其写悔过书。其有在释放之后又连续被俘者，不问被俘之次数多少，一律照此办理。国内如有对八路军、新四军及任何抗日部队举行攻击者，其处置办法仿此。

（二一）在尊重中国主权与遵守政府法令的原则下，允许任何外国人到边区游历、参加抗日工作、或在边区进行实业文化与宗教的活动。其有因革命行动被外国政府压迫而来边区者，不问其是宗主国人民或殖民地人民，边区政府当一律予以恳切的保护。

---

① “陕甘宁之部（上）”“甘肃史料版”及其他版本为“兴办实业”，“社科法制版”与“政府文件版”“延安审判志”印作“兴办事业”。

选自《抗日根据地政策条例汇集》陕甘宁之部（上），1942年版，第4～7页。简称“陕甘宁之部”（上）

互校版本：

1.《陕甘宁革命根据地史料选辑》第一辑，甘肃人民出版社1981年版，第85～88页，简称“甘肃史料版”。

2.《中国新民主主义革命时期根据地法制文献选编》第一卷，中国社会科学出版社1981年版，第34～37页。原注：“选自《陕甘宁边区第二届参议会汇刊》一九四二年版”。简称“社科法制版”。

3.《陕甘宁边区政府文件选编》第五辑，档案出版社1988年版，第2～4页。简称“政府文件版”。

4.《中国国家与法权历史参考资料》现代史部分第三辑，中国人民大学国家与法权历史教研室1954年编印，第2～5页。原注：“选自一九四一年《陕甘宁边区政府工作报告》附录”。

5.《宪法选编》，中国人民大学国家法教研室1979年编印，第70～73页。原注：“选自一九四一年《陕甘宁边区政府工作报告》附录”。

6.《中国宪法参考资料选编》，中国人民大学出版社1990年版，第243～246页。原注：“转自1941年5月1日《新中华报》”。

7.《宪法资料选编》第二辑，北京大学出版社1982年版，第131～134页。原注：“《新中华报》1941年5月1日”。

8.《中国法制史参考资料汇编》第三辑，西南政法学院法制史教研室1982年编印，第287～291页。原注：“选自一九四一年”陕甘宁边区政府工作报告“附录”。

9.《民事诉讼法参考资料》第一辑，法律出版社1981年版，第14～17页。原注：“据一九四一年《陕甘宁边区政府工作报告》附录”。

10.《延安地区审判志》，陕西人民出版社2002年版，第332～334页。

11.《陕甘宁边区法律法规汇编》，三秦出版社2010年版，第5～6页。

10. 附［报刊评论］：施政纲领——到群众中去

1941年5月21日《解放日报》

五月一日陕甘宁边区中央局发布了边区施政纲领，这是一个有重大历史意义的文件。这是我党抗日民族统一战线政纲（十大纲领）之进一步的发展和具体化，是我党二十年来——特别是抗战四年来无限丰富的斗争经验之总结和结晶。它虽是我党在陕甘宁边区这一地区内提出的实践的施政纲领，可是它的意义，却远远超出于这一点上，它真正是全国人民在今天，在伟大的抗战和革命时期中的战斗和建设的纲领，它是引导我们伟大的民族走向战胜日本帝国主义和建立强盛独立的中国的战斗的大纛。

放在这个纲领的基础上的是对于现阶段的中国革命的性质是新民主主义的革命的认识，而贯彻于全部纲领中的基本方针乃是团结抗战；其所以要达成之目的乃是一个强盛独立的自由中国。这个纲领之特点在于它是依据今天中国的半殖民地半封建的而又处于抗日战争的具体环境中的客观现实，而规定出了在一切领域和部门中的具体的政策。

如果把这个纲领和今天中国的某些地区大资产阶级大地主的统治阶层所实行的政策，一加比较，则可以看到一幅动人的对比。

那里是：一党专政，把持包办，强迫入党，排斥异己。

这里是："（五）本党愿与各党各派及一切群众团体进行选举联盟，并在候选名单中确定共产党员只占三分之一[①]，以便各党各派及无党无派人士均能参加边区民意机关之活动与边区行政之管理。在共产党员被选为某一行政机关之主管人员时，应保证该机关之职工有三分之二为党外人士充任。共产党员应与这些党外人士实行民主合作，不得一意孤行，把持包办"。

那里是：国家政权操之少数豪贵之手，人民权利与自由，毫无保障。

这里是："（六）保证一切抗日人民（地主、资本家、农民、工人等）的人权、政权、财权及言论、出版、集会、结社、信仰、居住、迁徙之自由权。除司法系统及公安机关依法执行其职务外，任何机关部队团体不得对任何人加以逮捕审问或处罚，而人民则有用无论何种方式，控告任何公务人员非法行为之权利"。

那里是：特务横行，生杀任意，严刑拷打，强迫自首。

这里是："（七）改进司法制度，坚决废止肉刑，重证据不重口供。对于汉奸分子，除绝对坚决不愿改悔者外，不问其过去行为如何，一律实行宽大政策，争取感化转变，给以政治上与生活上之出路，不得加以杀害、侮辱、强迫自首或强迫其写悔过书。对于一切阴谋破坏边区分子，例如叛徒分子反共分子等，其处置办法仿此。"

那里是：贪污成风，骄奢淫逸，假公济私，官官相卫。

这里是："（八）厉行廉洁政治，严惩公务人员之贪污行为，禁止任何公务人员假公济私之行为，共产党员有犯法者从重治罪。同时实行俸以养廉原则，保障一切公务人员及其家属必需的物质生活及充分的文化娱乐生活。"

那里是：主张垄断专卖，反对贸易自由，主张加重剥削，反对改善人民生活。

这里是："（九）发展农业生产，实行春耕秋收的群众动员，解决贫苦农民耕牛农具肥料种子的困难，今年开荒六十万亩，增加粮食产量四十万担，奖励外来移民。

（十）在土地已经分配区域，保证一切取得土地的农民之私有土地制。在土地未经分配区域（例如绥德、鄜县、庆阳）、保证地主的土地所有权及债主的债权，惟须减低佃农租额及债务利息，佃农则向地主缴纳一定的租额，债务人须向债主缴纳一定的利息，政府对东佃关系与债务关系加以合理的调整。

（十一）发展工业生产与商业流通，奖励私人企业，保护私有财产，欢迎外地投资，实行自由贸易，反对垄断统制，同时发展人民的合作事业，扶助手工业的发展。

（十二）调节劳资关系，实行十小时工作制，增强劳动生产率，适当的改善工人生活。"

---

① "西南函授版"此处多出25个字，已删除。

那里是：苛捐杂税，层出不穷，全部负担放在劳苦人民身上。

这里是："（十三）实行合理的税收制度，居民中除极贫者应予免税外，均须按照财产等第或所得多寡，实施程度不同的累进税制，使大多数人民均能负担抗日经费。同时健全财政机构，调整金融关系，维护法币，巩固边币，以利经济之发展与财政之充裕。"

那里是：思想统制，书报检查，文化衰落，艺术凋零。

这里是："（十四）继续推行消灭文盲政策，推广新文字教育，健全正规学制，普及国民教育，改善小学教员生活，实施成年补习教育，加强干部教育，推广通俗书报，奖励自由研究，尊重知识分子，提倡科学知识与文艺运动，欢迎科学艺术人材（才），保护流亡学生与失学青年，允许在校学生以民主自治权利，实施公务人员的两小时学习制"。

诸如此类，不胜列举。就从这样一个简单的对比，就足以了解这个纲领之重要，足以了解为什么这个纲领，而且只有这样一个纲领才能使中国人民真正获得解放，才能使中国走上真独立、自由、强大的三民主义中国的大道。

正因为如此，所以纲领的发布不仅为全边区的人民所赞许、而且引起全中国及国际上的深切注意。今天放在全边区及全党面前的任务，是将这个纲领普遍地深入地传布到每个农村、学校、工厂、商店中去，向全边区的人民解释这个纲领，在这个纲领的旗帜下，组织今年的竞选运动，在这个纲领下忠实地工作，为全部实现这个纲领而斗争，把陕甘宁边区更进一步的巩固起来，并把它变成先进的民主的模范地区。

选自《中国新民主主义革命时期法制建设资料选编》第一册，西南政法学院函授部 1982 年编印，第 14～17 页。简称"西南函授版"。原注："《解放日报》1941 年 5 月 21 日"。

11. 陕甘宁边区政府通令——令各级政府人员贯彻执行施政纲领

1941 年 12 月 24 日

厅、处、院、会
令各
专署、县府

陕甘宁边区第二届参议会已于十一月二十一日胜利的闭幕了。在这次会议上，第一个最大的成功，就是全体参议员代表边区二百万人民大众，全部的接受了中共西北中央局所提出的《五一施政纲领》，并一致的决议把它作为陕甘宁边区政府施政纲领。其决议文如下："本会同人听了中共中央西北局代表高岗先生的报告，并详细研究了中共陕甘宁边区中央局所提出的施政纲领之后，一致认为该纲领不但适合于边区的需要，而且完全符合于中国的国情，是唯一正确的边区施政方针，也是团结抗战以救中国的良策。因此，本会全部接受，作为政府今后的施政纲领，并责成政府督导全边区人民切实执行之。"现在本府除了诚恳的接受这项决议，把《五一施政纲领》作为今后的政府施政纲领，在参议会监督之下，坚决执行，使全部纲领，迅速的彻底的实现外，并更进一步的布告全边区人民，通令各级政府人员，根据这一施政纲领所规定的方针，共同努力，以期达到巩固边区，发展边区抗日的政治经济文化建设，坚持长期抗战，增进人民福利，以及实现真正三民主义的目的。为此特将本府布告给人民的施政纲领全文附发一份，望即依照这项纲领所规定的各节，详细的加以研究，并根据这项纲领，配合实际的情形，切实的定出你们所应有的计划，布置你们所应有的工作。在工作布置后，要彻底的执行，在工作的进程中，要认真的检查。今后每个政府机关，每个工作人员一定要做到真正的了解政策，彻底的执行政策，切实的布置工作，认真的检查工作，倘若仍有主观主义，粗枝大叶，对政策了解不够，对文件执行不够的情形发生，本府一定要从严惩处，绝不宽容。另外并附发给人民的布告　份，希转发各区乡，分贴各重要街巷为要。

此令！

附发布告　　份（一份留县府备查）

主　席　林伯渠

副主席　李鼎铭

选自《陕甘宁边区政府文件选编》第四辑，1988 年版，第 415～416 页。

12. 陕甘宁边区政府布告
——颁布陕甘宁边区施政纲领

1942 年 1 月 1 日

陕甘宁边区第二届参议会已于十一月二十一日胜利的闭幕了。在这次会议上，第一个最大的成功，就是全体参议员代表全边区二百万人民大众，全部的接受了中国共产党西北中央局所提出的《五一施政纲领》，并且一致的决议把它作为《陕甘宁边区政府施政纲领》。这个决议是这样写的："本会同人听了中共西北中央局代表高岗先生的报告，并详细研究了中共陕甘宁边区中央局所提出的施政纲领之后，一致认为该纲领不但适合于边区的需要，而且完全符合于中国的国情，是唯一正确的边区施政方针，也是团结抗战以救中国的良策。因此，本会全部接受，作为政府今后的施政纲领，并责成政府督导全边区人民切实执行之。"本府诚恳的接受这一项决议，把《五一施政纲领》作为今后的《政府施政纲领》，在参议会监督之下，坚决执行，使全部的纲领，迅速的彻底的实现，并依照决议，通令各级政府人员，布告全边区人民。根据这一施政纲领所规定的方针，共同努力，以期达到巩固边区，发展边区抗日的政治经济文化建设，坚持长期抗战，增进人民福利，以及实现真正三民主义的目的。为此特将本府接受了的施政纲领全文，布告于后，希望我全边区的人民，都要认真的遵守执行！

此布。

选自《陕甘宁革命根据地史料选辑》第一辑，甘肃人民出版社 1981 年版，第 88～89 页。

互校版本：

1.《陕甘宁边区政府文件选编》第五辑，档案出版社1988年版，第1页。简称“政府文件版”。

2.《延安地区审判志》，陕西人民出版社2002年版，第332页。

13. 附［报刊评论］：切实保障人民权利

1941年5月26日《解放日报》

从来的革命运动都是人民争取民主的伟大运动，革命与反革命的分野，只在于要不要民众，给不给民众以民主自由。对于英勇斗争中的中国，民主始终是团结与进步的基础，因为离开了民主就不能团结全国人民起来战胜日本帝国主义，没有民主也就没有新民主主义在中国的胜利。而民主与不民主的尺度，主要地要看人民的人权、政权、财权及其他自由权利是不是得到切实的保障，不做到这点，根本就谈不到民主。

这是为什么边区施政纲领明确的规定：“保证一切抗日人民（地主、资本家、农民、工人等）的人权、政权、财权及言论、出版、集会、结社、信仰、居住、迁移之自由权”，责成当选为行政人员的共产党员应坚决执行之，并指出“人民有用无论何种方式控告任何公务人员非法行为之权利”。可以想象得到，在帝国主义借战争的掩护把人民从多年斗争中获得的民主权利剥削殆尽的时候，在中国大资产阶级实行高压政策以致人民的人命、财产、自由没有一点保障的时候，在陕甘宁边区从过去的民主传统向新民主主义的路程前进的时候，这样的尊重民主自由与保证它的彻底实现，是具有怎样伟大的意义。

中国共产党一向是忠实于它对人民的诺言的，一向是言行一致的，因此它的纲领中的每一条文与每一句话，都是兑现的。我们决不空谈保障人权，而是要尊重人类崇高的感情与向上发展的愿望，对犯过错误而愿走向光明的份（分）子采取宽大的态度，禁止不经过法定手续来逮捕、审问、处罚任何人，反对把人拖到卑鄙无耻的道路上去，用这些事实来使得人权得到充分保证。我们决不空谈保障政权，而是真心诚意地要人民起来参加政权的管理，承认各抗日党派的合法地位，提高民意机关的职权与威信，建立普遍直接平等无记名的投票选举制，并实行三三制，保证民意机关与行政机关中的人员有三分之二为党外人士充任。我们决不空谈保障财权，而是要在实际行动中做到保护私有财产，奖励私人企业，严禁随意动员征发，实行合理的统一累进税收制度，维护农民从过去土地革命中获得的利益，保证佃农债户向地主与债主交租交息，使得一切抗日人民都能安居乐业。这样就不只是给人民带来了美丽的希望，还真正地要他们享受到新民主主义的果实。

对于言论、出版，集会、结社、信仰、居住、迁徙之自由权，边区过去早已注意保护，今后仍当循此前进。只要是抗日的有利于中华民族解放事业的言论与出版物，无论是出自任何抗日党派与团体个人，都有发表与出版的自由，政府还给予使用会场与印刷机器的便利条件。在这里，不会有思想的统制，我们鼓励自由研究，尊重少数民族的宗教信仰，欢迎边区境外愿做抗战工作人士来此开办学校，设立出版机关，组织文化团体，並（并）且给予必要的帮助。人民不仅有集会结社的自由，还有武装自己的权利，我们不怕人民的组织与活动，只怕他们不能积极动员起来。我们要保障的居住与迁徙的自由不是消极的，因此我们帮助外来移民解决他们各种困难，保护因革命行动被迫来到边区居住的人民，救济流亡学生与灾民难民，使得他们不仅能够自由地生活，还可以幸福地生活。只有这样，才真正的保障了人民的自由权利。让全国人民看到我们高举起来的民主旗帜，是飘扬着多么鲜明的色彩！

仅仅政府明令保障人民的民主自由是不够的，公务人员知道要保障人民的民主自由还是不够的，必须人民自己珍贵这种只有在抗日民主根据地的边区才能获得的权利，要求它在边区得到切实的保障，並（并）把它推到全国的范围里去。

当广大的人民掌握到民主自由的权利时，它不仅成为物质的力量，还将成为不可战胜的力量。

选自《中国新民主主义革命时期法制建设资料选编》第一册，西南政法学院函授部1982年2月编印，第64～66页。原注：“摘自一九四一年五月二十六日《解放日报》”。

14. 陕甘宁边区保障人权财权条例

1941年11月17日边区二届参议会通过，
1942年2月边区政府公布

第一条　本条例以保障边区人民之人权财权不受非法之侵害为目的。

第二条　边区一切抗日人民，不分民族、阶级、党派、性别、职业与宗教，都有言论、出版、集会、结社、居住、迁徙及思想，信仰之自由，并享有平等之民主权利。

第三条　保障边区一切抗日人民的私有财产权及依法之使用及收益自由权。（包括土地、房屋、债权及一切资财）。

第四条　在土地已经分配区域，保证一切取得土地的农民之私有土地权。在土地未经分配之区域，保证地主的土地所有权及债主的债权。

第五条　租佃及债权债务双方，须遵照政府法令实行减租减息、交租交息。一切租佃债约的缔结，须依双方自愿。

第六条　边区人民之财产、住宅，除因公益有特别法令规定外，任何机关、部队、团体不得非法征收、查封、侵入或搜捕。

第七条　除司法机关及公安机关依法执行其职务外，任何机关、部队、团体不得对任何人加以逮捕、审问、处罚，但现行犯不在此例。人民利益如受损害时，有用任何方式控告任何公务人员非法行为之权。

第八条　司法机关或公安机关逮捕人犯应有充分证据，依法定手续执行。

第九条　非司法或公安职权之机关、军队、团体或个人，拘获现行犯时，须在二十四小时内连同证据送交有检察职权或公安机关依法办理，接收犯人之检查或公安机关应于二十四小时内侦讯。

第十条　逮捕人犯不准施以侮辱、殴打及刑讯逼供、强迫自首，审判采①证据主义，不重口供。

第十一条　司法机关审理民刑案件，从传到之日起，不得逾三十日，必为判决之宣告，传当事人不受积延讼累。② 但有特殊情形，不能即时审判者，不在此例。

第十二条　司法机关受理民事案件非抗传或不执行判决及有特殊情形时，不得扣押。

第十三条　除戒严时期外，非现役军人犯罪不受军法审判，如军人与人民发生争讼时，刑事案件在侦察完结后，军人交军法处，非军人送司法机关依法裁判，民事诉讼则由司法机关办理。

第十四条　人民诉讼，司法机关不得收受任何费用。

第十五条　被捕人犯之财物非经判决不得没收，并不得掉换或任意损坏。

第十六条　区乡政府对该管区居民争讼事件，得由双方当事人之同意为之调解，如不服调解时，当事人得自由向司法机关告诉，不得拦阻或越权加以任何之处分。

第十七条　区级以下政府对违警以外任何案件，仅可进行侦察及调解，绝无审问、拘留与处决权。

第十八条　边区人民不服审判机关判决之案件，得依法按级上诉。

第十九条　各级审判机关判决死刑案件，已逾上诉期限而不上诉者，须呈报边区政府审核批准，方得执行，但有战争紧急情形不在此限。

第二十条　边区人民曾因反对边区逃亡在外者，自愿遵守边区法令返回边区，一律不究既往，并受法律之保护。

第二十一条　本条例解释之权属于边区政府。

第二十二条　本条例经陕甘宁边区参议会通过，由边区政府公布施行。

选自《中国新民主主义革命时期根据地法制文献选编》第一卷，中国社会科学出版社1981年出版，第91～94页。简称“社科法制版”。原注：“选自《陕甘边区第二届参议会汇刊》（一九四二年版）。原标题下注明“一九四一年十一月十七日边区第二届参议会通过，一九四二年二月边区政府公布）”。

互校版本：

1.《陕甘宁边区政府文件选编》第五辑，档案出版社1988年版，第310～311页。简称“档案文件版”。原标题下注明：“一九四二年二月公布”。

2.《陕甘宁革命根据地史料选辑》第二辑，甘肃人民出版社1983年版，简称“甘肃史料版”，第357～359页。原标题下注明“民国三十一年一月一日公布”，疑有误。

3.《延安地区审判志》，陕西人民出版社2002年版，第334～335页。

4.《陕甘宁边区法律法规汇编》，三秦出版社2010年版，第7～8页。

---

① “甘肃史料版”“采”字误为“搞”字。

② “社科法制版”“讼累”误为“讼案”。

15. 附［学术研究］：保障人权财权（署名：彭涛）

1942年2月3日《解放日报》

根据边区施政纲领规定的原则，边府于一月一日公布了保障人权财权条例。

怎样来保障人权与财权呢？

第一，深入的宣传教育：五一施政纲领虽然公布了九个多月，但一般军政人员尚有很多不了解，譬如：某乡政府把人民送来的小偷随便放了，人民问他时，他回答说："现在政府实行宽大政策，边区施政纲领中规定被俘敌军都要释放，何况小偷呢?!"又如：某负责同志骑马踏坏了人民的庄稼，地主出来干涉，他竟用马鞭打人，待上级给以处罚，并告诉他打人和踏坏庄稼都是违背边区施政纲领的。他问道："什么施政纲领啦?"，又如有人问一来延之某县同志："你们区乡上实行三三制了吗?"他笑着回答："三三制是军队中的，我们政府怎样实行咧!?"

这些事实告诉了我们：深入的宣传教育工作应该是实现它的第一步。

在深入宣传教育的方法上，我的意见是：

（1）编写施政纲领通俗读本；用通俗的字详加解释，并提出实施办法。普遍发到县、区、乡政府与群众团体作为教育材料。

（2）边府通令各级群众团体把它用大字写在交通要道的墙上。

（3）通令各师范及中小学内必须教授施政纲领，并督促学生在课余时间，向其家人父兄及邻舍解释施政纲领。

（4）各机关杂务人员（文盲及文化程度太低者），必须指定专人讲授，说明其意义与理由，并发动讨论。

（5）各群众团体须逐级传达讨论，使之真正为群众所了解。

第二，法令的强制执行：对于许多有意无意违反纲领的行为一定要予以制裁，这样可以用事实教育群众，使群众得到更深刻的印象。比如，延市某机关三年前租水地种菜自给，租金二十余元，地主以物价猛涨，三年前二十余元可买几石小米，但现在只能买几升，希望增加租金，或以实行物价折合，或收回租地。某机关回答："租金照旧，老百姓困难，我们更困难!"又如：某机关看见延安南门外一排坐北朝南的民窑，遂决意到那里去住。未与市府商妥，就先动工锄窑腿，以致泥土封闭了窑门。且只给半价，搬家费也没有，人民向市府控告，市府劝他们缓些动工，并说："你们这样是违背林主席命令和边区施政纲领上的居住自由"。监工说："自由、自由，施政纲领上也没有规定他们住在这里的自由哇!"又如：某机关把老百姓种的麻子铲了作菜地，区政府交涉时说："这是违背施政纲领的"。管理员说："现在的问题是吃得饱饭，管他什么纲领不纲领。"又如：去年在生产自给的任务下，某些机关竟把古庙弄倒卖木料或砍伐人民树木卖钱作为生产收入，某区政府竟因人民未纳公粮，随便把人捆绑游街示众等等。

为了彻底纠正这些现象，就要用法令来制裁，才能制止这些犯法行为。办法是：

（1）条例之具体贯彻，我以为还应该补充惩治条文，因该条例虽有二十二条，但未明文规定犯何条例应如何治罪，执行起来，会发生困难。

（2）由党、政、军、法院、议会组织视察团分赴各县检查侵犯人权财权事件；该团有审判案件之权，因为人民常因路途遥远控告无门，不仅有含冤莫申的事情，且偶有官吏犯法，下级常马虎从事，故派出视察团去帮助下级执行法令，确是刻不容缓的事。

第三，议会与人民团体的监督与协助：社会上所发生的事情可以隐瞒各级政府负责人的耳目，但隐瞒不了人民自己的耳目。其监督与协助办法是：

（1）报告：凡有违法之事，须立即呈报或函知政府办理，如政府未能适当解决，均可选派代表，或代被告人写呈文控告。

（2）调查：帮助政府调查案件与收集材料供政府参考。

（3）宣传：凡政府的重要法令，须帮助宣传，使人民自觉遵守。

施政纲领的实现，需要长期的努力，这乃是一个教育的过程。我们一定要从认识上、法令上与办法上，根据实际需要多多想些办法！

选自《陕甘宁革命根据地史料选辑》第二辑，甘肃人民出版社1983年版，第383～385页。原注：“民国三十一年二月三日《解放日报》”。

16. 陕甘宁边区简政实施纲要①

1942年12月边区政府委员会第三次会议通过，
1943年2月24日公布施行②

陕甘宁边区政府命令——希遵照执行公布简政实施纲要

1943年2月24日

［战字第680号］

各厅、处、院、各专署、县、市政府：

简政实施纲要，业于民国三十一年十二月，经第三次政府委员会通过，令行公布施行，现在随令发下，希遵照执行并作为政务人员整风文件为要。

此令

主　席　林伯渠
副主席　李鼎铭

---

① 《简政实施纲要》明确规定政权组织原则：边区参议会，不是三权分立的外国议会制，它是人民代表会议，是各级政府最高权力机关。各级政府必须遵守和执行参议会的决议，并对它负责。参议会闭幕期间，由参议会选出的政府就是代表人民的行使最高权力机关。参议会常驻委员对政府只负监督执行参议会决议的责任。这些规定是对《施政纲领》的重要补充。

② “甘肃史料版”所注“民国三十二年三月政府委员会第三次会通过”疑有误。“档案文件版”注明：陕甘宁边区政府民国三十二年二月二十四日发布公布令。据查，陕甘宁边区政府委员会第三次会议系在民国三十一年十二月三日至九日召开。

陕甘宁边区简政实施纲要

一　简政的意义与目的

简政，是精兵简政政策在政权工作方面的贯彻，是为要使政权工作达到精简、统一、效能、节约与反官僚主义的目的。

陕甘宁边区还是地广人稀和经济、文化比较落后的地区，加以目前抗日战争处于空前困难的阶段，更使边区在物质条件方面增加了很大的困难。为要熬过困难，准备反攻，我们必须坚持实行节省民力，物力和财力的精简政策。实行这个政策，需要党政军各方面的努力，而在政府方面，首先需要简政和减政，需要减去一些不急要的政务。依据边区条件和抗战情势，目前政府工作必须集中力量于急要和首要的任务。第一，是发展生产，首先是农业生产，以保证军队和干部的给养，以进一步改善民生和培养民力。第二是教育，首先是干部教育和军队教育的增强。这就是目前政府工作中两大急要和首要的任务，其他一切工作都要服从于这两大任务的需要。集中力量办好这两件事，也必须集中力量办好这两件事，才能胜利的渡过难关，准备反攻力量。为此，就必须纠正干部中“百端俱举”的思想和事业中“缓急不分”的现象。虽然在实际中已经碰过许多钉子，但这种思想，这种现象，仍旧没有纠正过来，而现在则必须纠正过来。另方面，简政和减政的另一个方面，就需要实行减员，实行减去一些不急需的机构和人员，以符合集中力量于急要首要任务的原则，因此这次简政，除地方武装外，我们要把政府系统（连学校在内）内脱离生产的人员缩减至七千五百名，并力矫以前头重脚轻的弊病。

其次，二届参议会以来，政府工作又有许多进步，又有许多成绩，这是毋庸置疑的，但同时也还存在着一些亟待改正的缺点，和亟待解决的问题。如在具体的政策和实施方面，还存在着某些不切实际的现象。军民关系还不够密切，还需采取必要的办法以发扬民众爱护军队的精神。三三制的推行虽已获得了成绩，但亟须检查和总结其经验。在政权机关内部，在业务方面，还存在着“平分春色”分散精力的现象，在职权方面，还存在着职责不明，权限不清的现象；在机构方面，还存在着叠架骈枝，头重脚轻的现象。特别是由于民主集中制没有贯彻，而存在着某些政策不统一，政令不统一，干部管理不统一与政纪不严明的现象。此外，正确的领导作风还没有认真的建立起来，事务主义官僚主义的倾向还在束缚着我们。所有这些缺点都须加以清算和改正，所有这些问题都须给以解答和解决，才能有效的实现精简政策，有效的达到精简、统一、效能、节约和反官僚主义的目的。

二　划清职权、审定业务

各级政府机关的职权与业务，应该依据政府的任务，依据民主集中制，依据精简政策，重新划分和审定之。

一、边区政府是边区政权的首脑部。它应该以掌握政策，掌握干部，组织和领导政策之执行，为自己的基本业务，而首先重要的是政策的掌握与贯彻。

各厅和保安处是边区政府的各（个）别工作部门，在政府的统一意志、统一方针和统一领导之下，各分掌一部分业务，同样以掌握和贯彻政策为首要的业务。高等法院的工作，也首先要掌握适合于边区社会情况的司法政策。

专员公署虽不是一级政权，但鉴于各专署所辖地区，各有其政治上、经济上、军事上和文化上的特点，加以交通困难，边府直接指导各县殊为不便，应当确定专署为边府的代表机关。专署需负责领导所属各县政权，把边府的政策法令和指示运用到当地的具体环境中去，同时对于带地方性的。应兴应革事宜有负责计划与处理的权力，对于边府驻在专署境内的各种附属机关有监督指导的权力。由此，专署的主要业务是：（一）掌握并贯彻边府的政策、法令与指示；（二）熟悉和掌握各县情况，负责计划与领导各县行政事宜；（三）协同驻军维持地方治安；（四）监督和指导驻在该地区的边府各种附属机关。

二、县政府是边区各级政权的枢纽。今天以前，县政府大半忙在动员工作上面，而对于人民经济生活的组织注意不够，尤其对乡村政权的建设，注意甚少。县政府既是各级政权的枢纽，民、财、建、教、保、法各方面工作，自然是它的任务，推行政府法令和战争动员工作，同样是它的任务。但不应用平均主义的态度来对待一切任务，而应当依据当前的主客观条件，找出它的基本任务来。依据目前的政治环境和政权工作的具体情况，应该认定组织人民经济和健全乡政权，为县政府的两大基本任务。目前的政治情况，就全国来说，我们是处在战争环境中，就边区来说，我们过的却是相对安定的后方生活。如果这种情况大体上不发生变化，则战争性质的动员工作虽是重要的，必须完成的，但不是频繁的，不是经常的，而趁此情况，集中力量组织人民经济，发展人民生产，以培养民力，以保证军队和干部的给养，以提高抗战力量，援助抗战前线，却成了头等重要的任务。所以组织人民经济，应当是目前县政府的基本任务。然而无论是基本任务，或是一般任务，归根到底不能离开乡政权来实现，相反，只有依靠乡政权才能实现。可是，我们的乡政权依然很弱，今天以前，“以上代下”的方式成了完成任务的主要法宝。因此，健全乡政权，也就同样应当作为县政府的基本任务。

由此，除临时的动员工作外，县政府的经常业务，即经常工作，也就要拿组织人民经济与健全乡政权两项工作做中心，有计划的，坚持的作（做）下去。

县政府的权力，在过去，是不集中的（如各科多各自直接秉承上级办事），今后必须使县长和县政府委员会有统一领导本县民、财、建，教、保、法的权力，在不抵触边区政府一般政策和一般法令的条件下，有处理地方上应兴应革事宜的权力，并对驻在该县的边府附属机关有监督之权。

区公署是县政权的助理机关，它的业务是帮助县政府了解乡村情况和乡政权的情况，传达上级的指示给乡政权，并帮助乡政权建立它自己的工作。

三、乡政权是边区政权的基层组织，是人民直接的政权机关，其作用就在于一方面要团结全体人民，坚持抗战，维护抗战秩序，又方面要管理和组织人民生活。因此，它的任务是：（一）实行纲领法令；（二）发展农村生产；（三）爱护帮助军队；（四）进行抗战动员；（五）维护革命秩序；（六）建设人民武装；（七）贯彻民主制度；（八）发展乡村文化；（九）调解民间纠纷；（十）举办公益事宜。我们每个乡村工作同志必须深刻的认识，本乡人民生活的好坏，我们要负责任，而在目前边区环境相对安定的条件下，尤应以发展农村生产为第一个重要任务，其他的工作围绕在它的周围进行之，并力求有助于生产的发展。

四、此外，各级政府机关的其他工作部门和事业机关，均须重新审定业务，划清职权，以达到简政目的，这里首先要纠正一部分同志间“百端俱举”和“平分春色”的平均主义观点。

三　加强乡政权

乡政权任务实现的程度，乡村人民生活组织的好坏，新民主主义的政策和法令是否能变成人民大众的武器，归根结底要看乡政权的能力和效能来决定。但目前乡政权的能力还不强，效能还不高，加强乡政权，便成了当前的急务。怎样加强乡政权呢?

一、要实行二届参议会乡政权增设文书的决议。现在乡政权只乡长一人常驻办事，确有顾此失彼的困难，加以乡长文化过低，对上级政策和法令有解不开的困难，对分析情况和总结工作有吃不消的困难，因而限制着乡政权工作能力的提高，而“以上代下”的沿习也难于改革。如添设一个有相当文化程度的文书，则上述困难就易于克服，乡政权的工作能力就易于提高，如果文书能积极帮助乡村干部学习，则期以两年，乡级干部的文化问题，亦能初步解决。但文书除文化外，必须在政治上和能力上也有适当的条件，不可滥竽充数。

二、要改造某些被敌视新民主主义的坏分子所把持的乡政权。在部分地区内，这类敌视新民主主义的分子把持了一些乡政权，利用它来鱼肉民众，反抗二届参议会及边府的政策和法令，因此必须改造这些乡政权，使之真正成为人民自己的政权。

三、要贯彻乡政权的民主集中制。乡参议会是乡政权最高权力机关，乡参议会闭幕期间，乡政府就是最高权力机关，行政村主任由乡参议会通过委任之，但自然村村长须由村民大会选举产生。

四、要依据政简民便的原则，重新审查并调整乡政权的机构和制度。

五、要改进乡政权的工作方式，纠正强迫命令主义的残余，要纠正滥用动员方式的习惯，今后只有战争性质的动员，才采用动员方式，而关于经济、文化、教育等建设工作，一般不要采用动员方式。

六、要精确总结乡政权的经验，制定“乡政权的任务组织及工作方式”颁布之。

四　区以上须精简机构、精简人员

机构和人员，首先是由业务来规定的。我们既已依据精简政策，从（重）新审定了各级政府机关的业务，并指明了业务的主要方面，就应该进一步审定我们的机构和人员，使之合于精简的原则。

我们的政权机关，愈往上看，愈见庞大，形成了头重脚轻，一级代替一级的严重毛病，这又是同精兵简政政策相违背的。这种毛病不是偶然产生的，而是日积月累起来的，是有各种原因的，至少有这几种原因：（一）对事业与业务的平均主义观点；（二）下层人员较弱；（三）上层人员不精；（四）上代下的领导方式；（五）个别部门和个别人员一味的抄袭外国的或外边的做法；（六）官僚主义与事务主义的作风；因此区级以上精简机构与精简人员之所以必要，要从整个简政的精神来看，从这个纲要的全部内容来看，才更容易明白。

精简机构和精简人员的共同原则，就是少而精。精简机构，就是要裁撤不急需的机构，合并性质相近的机构，缩小庞大的机构；精减人员就是要裁减不急需的人员，精选称职的人员，又从各种业务的需要来调整人员，使之各得其所。这样来实行精简，不但不致减低工作效能，反会提高工作效能。

二次精简后，除地方武装荣誉学校及母亲婴孩外，边府所属吃公粮的人员尚有一一，五〇〇名，计：各级政府及其附属机关八，二〇〇名，各中等学校及保小三，三〇〇名，这次精简决定总额减至七，五〇〇名，即减去百分之三十五弱。其具体方案另行规定。

各级精简办法如下：

一、区公署——大区及边境区设助理员三人，小区助理员二人。秘书由助理员兼任，每个区署须配备一个适当的知识分子干部。

二、县政府——县长兼自卫军大队长及裁判员。设政务秘书一人，襄助县长处理政务。减少科的编制，加强政务人员的质量，每县至少配备二个比较得力的知识分子干部。减少技术人员和杂务人员。

三、专员公署——专署现既提高其职权成为边府代表机关，则仍须保留处、科的编制，并加强干部质量。又为便利人民上诉，专署须设高等分庭，由专员兼庭长。

以上区公署、县政府、专员公署的组织条例，须从（重）新修改之。

四、边区政府之机构、制度和人员，依下列的原则精简之：

（一）坚持政务与事业分开、领导与事务分开的原则；（二）该移下的业务移下之，应该分给事业机关的业务分出之，应该取消的空头机关取消之，应该合并的机关合并之，应该紧缩的机关紧缩之；（三）改正视察、研究与领导分立的不合理制度，取消视察室及与此类似的机关，使调查研究工作成为各科的重要业务；（四）从（重）新审定各科的业务与职权，并紧缩之，但须加强干部质量，使之皆能掌握自己的业务；（五）设立合署办公机关，统一秘书工作和总务工作；（六）因职设人，不因人设职，并提倡一人能做几人的事。边府编制另订之。

五、尽量减少人员编制中杂务勤务人员的比率，尽量减少马匹的数量，各级政府机关实行统一的编制。

六、各种附设机关，须本同样的精神分别实行精简，由各主管部门首长负责督促执行，呈报政府审核批准。

七、各事业机关（金融、经济、贸易等机关）依整财方针和原则，由各主管机关负责督促实行精简，呈报政府审核批准。

八、各中等以上学校的精简方案，由整学委员会研究提出，经政府审核批准。小学教育亦须再度实行精简。

九、各级人员的精简，采取自上而下的步骤进行之。所有编余人员，须慎重处理，务期各得其所。除缺乏劳动力的残废老弱妇孺另行处理外，一般处理办法，主要有二：（一）加强下级；（二）转入生产战线。

五　坚持民主集中制，统一领导，整饬政纪

新民主主义政体，是民主集中制，民主和集中是不能分开的，我们需要民主，同时又需要集中，在战争环境里，尤其需要集中。各种政策法令是根据人民的要求和人民的利益，并听取各方面意见制成的，基本的政策法令是由边区参议会议决的，这是民主，但政策和法令等等，一经决定发布，就必须通行，必须遵守，这就是集中。这个民主集中制的原则，首先在政权机关中要切实贯彻，给人民做出榜样来。关于民主，在政权机关中，大

家比较注意了，可是关于集中，就常被忽视。在政府和参议会间的关系上还存在有不明确的认识。尤其在政府工作的实际生活中，还存在有政策不统一，政令不统一，制度不统一，以致下级无所适从的现象；还存在有县长无权统一领导各科的现象，还存在有本位主义，不顾大局的现象，还存在有独断专行，不尊重统一领导的现象；还存在有对政策和法令阳奉阴违不守法纪的现象。因此，集中权力，统一领导，就成了今天政权机关中的一个重要问题。首先就是要坚持统一的政策，统一的政令，统一的制度，统一的领导与统一的政纪——上上下下一律遵守政府的纪律。换言之，就是要坚持政权工作的一元化。没有统一的政策，统一的政令，统一的制度，统一的领导和统一的政纪，没有政权工作的一元化，我们就没有可能率领全边区人民以统一的步伐，进行胜利的抗日战争。

因此，我们特提出："坚持民主集中制，统一领导，整饬政纪"，作为简政目的之一。为实现此目的，又提出如下的原则和办法：

一、边区的参议会固然不是苏维埃时代的工农代表会议，但也不是三权分立的外国议会制，它是人民代表会议，是各级政权的最高权力机关。各级政府必须遵守和执行参议会的决议，并对他（它）负责。但在参议会闭幕期间，由参议会选出的政府就是代表人民的行政最高权力机关。参议会常驻委员会对政府只负监督其执行参议会决议的责任；同时，此种监督，不可了解为一般的制约作用。

二、边区政权即是人民自己的政权，则行政与司法的分立也就没有意义。司法工作应该在各级政府统一领导之下进行，在未成立法院的地区，行政长官应兼负审判责任。

三、边区政府本身需要首先贯彻民主集中制及统一领导的精神。各厅、处是边府分掌政务的各别工作部门，尤须严格的遵守统一领导的原则。今后凡关于政策、法令、制度之设施，人事的进退，以及重要的指示，均须经正副主席裁决。

四、县政府各科须统一在县政府委员会及县长领导之下，县长对上级负责，上级的指示不可超过县长。

五、依民主集中原则，制定政纪总则，制定政务人员的规约，制定政务人员奖惩条例。

六、在全体政务人员中深入的进行民主集中制与政纪的教育。

六　要改善领导作风

首先要改善高级机关的领导作风。高级机关和高级人员领导上的主要任务，就在于掌握政策与贯彻政策，换句话来说，就是要会出主意，又会指导实行，做好了这两件事，就算得尽了领导的责任，也只有做好这两件事，才算得尽了领导的责任。没有好政策，好主意，只有整天忙碌，会流为无原则的事务主义，有了好政策，好主意，却不会指导实行，也会流为空谈。

好主意，好政策，不能凭主观愿望和感想得来，也不可单凭昨天的经验，更不可以盲目的抄袭外地的经验。好主意，好政策，要从调查研究中得来，要从实际情况的研究得来，不熟悉工作环境，不了解人民需要和下级情况，不周密的研究它们，就不能产生好政策，好主意，就一定要犯主观主义的错误。所以要掌握政策，就必须学习调查研究。以边区政府而论，有许多在实际上已经提出了的问题等待我们研究，有许多重要的经验等待我们总结。干部政策问题，农业建设问题，农业累进税问题，减租减息问题，合作社政策改进问题，司法政策问题，金融政策的改进问题，国民教育及干部教育的改造问题，农贷经验及治安工作经验的总结问题，三三制经验讨论问题，军政关系问题，政民关系问题，改变工作作风问题等等，所有这些有关政策的重大问题，如果不加以研究，不加以总结，我们的领导就会赶不上边区建设的发展，就会落在它的后面，而领导上思想统一、政策统一的要求，也就难以实现，朝令夕改的现象，更无从根绝。所以了解情况，掌握政策，成了目前边区政府领导人员的头等重要任务。

其次就是贯彻政策。政策从实际中产生，又须贯彻到实际中去。要做到这一层，领导的责任才算完成。然而要做到这一层，第一需要善于掌握和使用干部，熟悉下级情况，善于指导干部和下级把领导机关的政策、法令和指示灵活的运用到当地具体情况中去，并为贯彻这政策、法令和指示而进行各种必要的宣传组织工作。第二需要及时的检查干部及下级执行政策、法令和指示的情况，指导他们克服困难，纠正错误和发扬成果。第三需要善于积累和总结执行的经验，用来教育领导人员自己和干部。可是我们常常没有能够这样作（做）。相反的，由于对干部和下级了解差，由于干部的管理和使用的不统一，以致指导不具体；由于上级对下级代替多于领导，以致不能提高下级的积极性、责任心与创造能力，由于检查少，或是检查不深刻，以致不能及时纠正错误和缺点，以致有些工作弄得有头无尾或重复错误；由于不会积累经验和总结经验，以致有些碰过的钉子又重复在碰。所有这些缺点，都须加以改正。

专员公署代表边区政府领导一个地区的政权，它必须一方面掌握边府的政策和法令，又方面熟悉各县的具体情况，在边府政策法令与各县具体情况适当结合的基础之上，去指导各县政务，并独立的计划和处理地方性的事宜，因此，也就要学会调查研究，学会掌握政策与贯彻政策的作风，才能实现它应有的领导作用。

县政府主要是领导执行，即领导各乡政权具体的执行上级的政策、法令和指示，因此，县政府和它的助手——区公署的领导方式，应该是：（一）对上级的政策、法令和指示，自己首先研究清楚，又帮助乡政权干部也能大体弄清楚；（二）同乡村干部一起调查研究清楚各乡具体情况；（三）指导和帮助乡政权依据本乡具体情况执行上级的政策、法令和指示，以及办理乡村公益事宜，但不是代替他们执行，代替他们办理；（四）帮助乡政权干部检查乡上工作，把每件工作执行到底，但也不是代替他们检查；（五）帮助乡上总结工作经验，用这些经验并配合上级政策和法令，教育乡上干部；（六）区署干部更须注意在平时多多接触乡干部，熟悉他们的情绪和困难，帮助他们克服困难，和他们建立亲密的同志关系。此外，区署对全区工作，县政府对全县工作，应注意及时的检查，并总结经验，用来教育自己和干部。

在我们的领导作风上，还存在着官僚主义的倾向，这种官僚主义的倾向，表现在某些计划、决议、指示的制定，还不是根据群众的需要与实际可能出发，或虽有计划而不去认真组织计划之执行。表现在缺乏积极联系群众与克服困难的精神和创造性，表现在形式主义、文牍主义的好表面铺张，摆空架子，无益的正规化，只在公文程式上兜圈子；表现在事务主义的忙碌于琐屑细节，忽略了大事，看不见新的环境与新的中心任务；表现在对于工作的消极应付的态度，做一日和尚撞一日钟；表现在执行上级决定指示时不很好的向群众解释，而滥用强迫命令的一套办法。一切这些都是脱离群众的，必须努力克服，才能建立和发挥正确的掌握政策与贯彻政策的作风。

七　统一干部管理，调正和提高干部

边区各级政权干部的情况，有如下的几个特点：（一）百分之九十的区、乡级干部，是从当地农民革命斗争出身的积极分子，他们熟悉乡土情况，同民众有联系，能积极完成任务；但一般缺乏文化知识缺乏独立工作能力，同时相当浓厚的乡土观念、家庭观念，也成了他们的进步和发展的重大限制。（二）县级干部中同样是工农出身（主要是农民出身）的占绝大多数，其中初中、小学程度各占百分之四十，百分之八十经过长期革命斗争的考验，有艰苦奋斗的革命传统和丰富的实际经验，成为边区政权干部的中坚，但理论水平低，文化仍然不足，不免带着若干狭隘经验主义的作风，在新的复杂环境面前，常感到束手无策，缺乏新的创造；在长期不动的岗位上，有厌倦无味之感，这是值得注意的现象。（三）边区一级的工作干部百分之七十以上是抗战后陆续参加进来的青年知识分子，他们多富于新鲜的感觉，热情很高，工作积极，但缺乏实际知识，缺乏工作经验，缺乏实事求是的作风。（四）许多干部犯着相当严重的自由主义，一部分干部中还存在着闹独立性的宗派主义残余。（五）财经战线上首先是商店和税局的一部分干部，发生了思想意识腐化蜕化的现象，并发生个别贪污逃跑的分子，县、区、乡①级的干部中也发生了贪污腐化分子。此外，某些环节中还隐藏着破坏分子；这些都应该引起严重的注意。

依据上述的情况，目前政权中的干部政策应该是：

一、统一干部的管理。过去干部的任免和干部的管理是各自为政的，干部的了解、使用、调整、培养和待遇等等，都缺乏统一的政策与制度，更说不上统一的计划。于是任意管，无人管，本位主义，各抓一把；用非其才，才不适用，苦乐不均，待遇不一等等不合理的现象，都随之而出。这应该承认是政府对干部没有能负起应有的责任。今后应该由民厅统一干部的管理，在该厅设坚强的干部科进行日常工作，并由边府制定干部管理通则，以利进行。

二、在目前简政期间，宜由民厅负责协同各厅处院及各专署县府负责同志，依据精简原则及干部情况，商定边府以至县区各级干部调整方案。此调整②方案应注意调派大批外地青年知识分子下乡，首先使专署及县区配置必要的知识青年，而将一部分有长期斗争经验而可以暂时脱离职务的工农干部调到干部学校学习一时期；同时注意在调整时，清洗坏分子和破坏分子。外来青年知识分子和地方工农干部的结合是有很大的好处：第一，使政权工作中获得新鲜的血液，第二，使工农干部在学习上获得帮助，第三，使外来青年获得实际经验。各级和各部门领导同志须负责使外来青年和本地干部在互相帮助、互相学习的精神下，很好的团结起来。

三、今后在干部教育上，一方面要改造行政学院，使之成为区县级干部学校，在各中学师范学校内接受一定比例的地方干部，设立特别的班次，另一方面改造在职干部教育，从（重）新制定适合于各级政权干部的学习计划与学习材料。在民国三十二年的整个一年中，要坚持贯彻整风的思想教育，务必做到每个干部深刻检查自己的思想，每个工作环节

① “甘肃史料版”将“县、区、乡”误排为“县、区、县”。
② “甘肃史料版”为“调正方案”，“档案文件版”为“调整方案”。

深刻检查自己的工作，都要做出自己的结论，报告上级审查。此项学习和检查，必须由各级各部门负责人直接领导进行，使获得应有的效果。

四、改善干部待遇，注意干部保健，也是干部工作的重要问题，宜制定干部待遇条例和保健条例施行之。

五、关于干部的任免制度，亦须重加审查，关于考绩奖惩，均须制定明确的条例。

以上关于干部管理通则，调整方案，考绩条例，奖惩条例以及学习问题，都要在这次专员县长联席会议上详细讨论，以便把干部工作好好建立起来。

八　拥护军队

边区的巩固，人民民主民生利益之保护，全赖有八路军。且在近年来物质困难的境遇中，八路军之自给运动，大大减轻了边区人民的负担。即今年而论，军队每人生产自给平均至三，五七三元之多。此种艰苦奋斗的精神，应该受到政府和人民的称赞与爱护。但近年来，发现许多拥军不够的现象，优抗归队及动员工作都有缺点，帮助军队解决物质困难不够，且对军队有所非难。考查其原因，有如下几方面：（一）边区处在相对的和平环境中，容易忽视军队，容易忽略“一切服从战争”的原则，而把保护人民利益与拥护军队对立起来；（二）少了解军队的困难，多看到自己的困难；（三）忽略了我们的军队是本质上最好的军队，不免片面的夸大军队缺点，而对人民中的误会没有做积极的解释。因此，必须积极的改善拥军工作。

一、深入人民关于爱护和拥护军队的教育工作，向干部和人民说明军队的困难，如果军队因此受到削弱，则一切人民利益都将不保；并依据人民对军队的认识程度和情绪，进行具体的解释工作，人民对军队发生误会时，尤须随时随地加以解释，以发扬和提高人民拥护军队的自动性和积极性。干部和工作人员必须注意尊重军队，一切埋怨军队，不替军队解释误会，不积极帮助军队解决困难的情绪和现象，必须说服纠正之。

二、各级政权机关，特别中下级政权，必须加强人民拥护军队的组织工作，即加强慰问慰劳，招待食宿，做鞋缝衣，公平买卖，优抗归队等等组织工作，以经常的实际行动去拥护军队。

三、一方面照顾军队的需要，又方面照顾民力的节约，改善动员工作的制度和办法。

四、立即从（重）新审查或制定拥护军队的各种制度和办法，这些制度和办法一经公布，各级政府即须在人民中进行普遍深入的宣传解释，并举行拥军运动，为今后拥军经常工作建立思想的和组织的基础。

五、在军政关系及军民关系上所发生的缺点及纠纷，由各级政府负责人直接找军队负责人协商解决，不能解决者，呈报上级解决。

九　巩固三三制

自去年“五一施政纲领”颁布及边区二届参议会召开以来，三三制已在各级政府中认真实行了，各县参议会议员，常驻议员及政府委员，经过第二次县参议会开会时的变动，已有二十二县完全实现了三三制，只有八个县还未完全实现。至于乡参议会议员，乡长及乡政府委员的情况，在绥德、吴堡、合水、米脂、安定、镇原、环县、新宁等县里，非共产党人士都占大多数：例如这八个县的乡参议员中，共产党员只占百分之一九·八，国民党员占百分之四·九，其他无党无派人士占百分之七五·三。经过土地革命的其他各县，去年乡选结果，虽仍是共产党员占大多数，但今年乡选时，据安塞、甘泉等县材料，共产党员所占比例，已接近到三分之一。一年来实行三三制的收获，是很大的。首先是许多共产党以外的人士有在政府中说话做事的机会，加强了边区内部各阶层的抗日团结。其次，是一切负担动员均经过参议会的讨论，做到了人民敢于说话，政权联系民众，发扬了民众的积极性，使二十万石公粮的艰巨任务能够顺利完成。其三、改造了许多脱离民众的原有乡政权人员，而代以新由民众推选出来的积极分子，因而更加密切了乡政权同民众的联系，活跃了乡政府工作。其四、由于一部分开明能干的人士选进政府，各级政府机关都有机会听取许多有益的意见，以改进自己的工作。这些收获证明了三三制的正确。今后应当继续为贯彻三三制而努力，而对于已得之成果，则尤应使之更加充实，更加巩固。

一、还没有完全实现三三制的乡、市、县参议会及政府委员会，均须于下届选举时贯彻之。

二、除参议会及政府委员外，各级政府机关的工作人员，共产党员还占绝大多数，今后须尽量吸收拥护边区施政纲领并有工作能力的非共产党人士参加工作。

三、各级政府机关对于参议会的非常驻议员，未脱离生产或未任专职的议员和政府委员，须设法联系和团结他们协助政府工作，或参加一种社会公益事业，务期人尽其才。

四、一切参加政府工作的人员，无论有党派或无党派，在忠实于二届参议会通过的施政纲领与遵守民主集中制的原则之下，务必互相开诚布公，互相尊重，互相帮助，以期不负边区人民之委托，而真正尽到自己的责任。一切有关原则性的争议，应当平心静气的商讨，在施政纲领和民主集中制的精神之下，求得合理解决，以达到巩固三三制之目的。

十　力（厉）行节约

今后一个时期，物质的困难还会比现在更加严重。为要渡过这困难，所以实行精简，为要渡过这困难，我们还须力（厉）行节约。精简本来也就是为了节约，但在这次精简之后，还须力（厉）行节约，才能贯彻精简的目的。为此必须：

一、不急之务不举，不急之钱不用，且须在急务和急用上，力求合理经济。

二、除保证给养外，其他消费，概须力（厉）行节省。要提倡勤俭朴素，避免铺张浪费。要疏散机关，调整窑洞，停止建筑。要减少公差公马，提倡动手动脚。要实行粮票制，免去双重粮的浪费。要注意一张纸，一片布，一点灯油，一根火柴的节省。要爱惜每件公物，使之多用些日子。要不追加预算，并建立严格的审计制度。

三、集中心量于急要的经济事业，实行经济核算制；并加强其管理和监督，开展反对贪污浪费的斗争。

四、爱惜民力，节制动员，不浪费一个民力，一匹民畜。

五、坚持廉洁节约作风，严厉反对贪污腐化现象。

十一　从组织上贯彻，从思想上贯彻

从上面讲过的看来，这次简政工作涉及了政策问题，制度问题，业务问题，机构问题，干部问题，民主集中问题，领导作风问题，拥军问题，以及三三制问题等等。由此可以明白，简政工作是一序列的组织问题，又是一系列的思想问题，而且许多的组织问题，从里面来看也是许多的思想问题。在简政工作中，诚然要在制度、机构、人事等问题上提出许多具体的方案，以实现精简的目的；但同时又必须在思想上求得一致，组织上才能畅行无阻。精兵简政是一个重要政策，不对这个政策有清楚的认识，就无法着手精简。我们是在陕甘宁边区实行精简，如果不把这个政策同陕甘宁边区的实际情况统一起来研究明白，也就无法实行精简。如果存着“百端俱举”与“平分春色”的思想，就无法精简业务与机构。如果存着某种脱离实际的“正规化”观点，就无法精简制度与机构。如果存着本位主义与成见，就无法调整干部。如果不认识生产的重要和加强下级的重要，就不可能有大批的干部和人员自愿的下乡，自愿的转到生产中去。如果存着不顾大局，闹独立性和自由主义的思想，就无法坚持民主集中制与整饬政纪，无法统一政府的领导。不对三三制有正确的认识，就无法总结三三制的经验。如果不纠正脱离民众和下级的官僚主义倾向，不纠正事务主义倾向、形式主义①和文牍主义的倾向，不纠正自以为是的主观主义作风，就无法掌握政策与贯彻政策。由此可以明白，为要正确的实行精兵简政政策，为要真正实现毛主席所指示的精简、统一、效能、节约与反官僚主义的目的，我们的简政工作，就必须从组织上贯彻，又从思想上贯彻，要从两方面同时贯彻，才能达到目的。最好的办法是：一方面把简政工作同整风学习沟通起来，用反主观主义反宗派主义和反自由主义的观点，来从事简政；又方面把简政工作同检查工作统一起来，同政务人员的思想检查和政府系统的工作检查统一起来进行。首先边区政府自己这样做，同时帮助各县这样做，用思想来指导行动，又用行动来贯彻思想，期于三十二年上半年彻底完成简政工作与检查工作，看谁做得好，谁做得更好。

选自《陕甘宁边区政策条例汇集》续编，1944年版，第2～24页。

互校版本：

1.《陕甘宁革命根据地史料选辑》第一辑，甘肃人民出版社1981年版，第268～286页。简称“甘肃史料版”。

2.《陕甘宁边区政府文件选编》第七辑，档案出版社1988年版，第88～105页。简称“档案文件版”。

3.《陕甘宁边区法律法规汇编》，陕西人民出版社2006年版，第317～328页。

17. 陕甘宁边区政纪总则草案

1942年12月边区政府委员会第三次会议通过，
1943年4月25日颁布

第一条　各级参议会为各级政权的最高权力机关，各级政府服从各该级参议会之决议。

第二条　下级参议会无权改变否决或停止上级参议会或上级政府之决议、法令与命令，上级政府对下级参议会之决议，认为不适当时，有权停止其执行或纠正之。

第三条　各下级政府服从各该直辖上级政府，各级政府一律服从边区政府。

① “甘肃史料版”将“形式主义”误作“形势主义”。

第四条　在边区参议会闭幕期间，边区政府为边区最高权力机关，对边区参议会负责，领导、指挥全边区政务。

第五条　县（市）政府为边区政务推行之枢纽。县（市）政权工作的领导机关，对上级政府及县（市）参议会负责，领导和执行全县（市）政务。

第六条　乡（市）政府为边区政权的基础组织，乡（市）人民的直接政权机关，对上级政府及乡（市）参议会负责，执行全乡（市）政务。

第七条　专员公署为边区政府的代表机关，依据边区政府的命令与指示领导督察所辖各县（市）政务及边区政府驻在分区的附属机关。

第八条　区公署为县（市）政府执行政务的协助机关，依据县（市）政府的命令与指示，直接指导各乡（市）政权工作。

第九条　各级政府委员会为各级政府决定政务的权力机关，对各同级参议会负责，各下级政府委员会同时并对各上级政府负责。

第十条　边区政府正副主席为边区最高行政长官，对边区参议会及边区政府委员会负责，统一领导全边区政务。边区政府各厅、院、处、会等为边府各别工作部门，统一在正副主席领导之下，各分掌一部分政务。在两次政府委员会之间，所有关于政策命令制度之设施，人事之进退，以及重要的指示，概须经正副主席裁决。

第十一条　各下级政府主管长官对上级政府及各该级参议会政府委员会负责，统一领导各该级政府的政务。

第十二条　各级政府委员会开会，须有过半数委员出席始能生效，其决议案，取决于出席委员之多数。决议案一经通过，各该级政府委员及主管长官即须执行之。如有不同意见，得于下次会议时提出，或向上级政府提出，但在该政府委员会或上级政府未有新的决定之前，仍须执行原议案，不得有所违反。

第十三条　各级政府的政务会议，为各级政府处理日常政务之会议，由各级政府主管长官主持之，其决议取决于主管长官。边区政府各厅、处、院等会议，为推行政务的工作会议，由厅处主管长官主持之，其决议取决于主管长官，并呈报主管长官批准。

第十四条　各下级政府须执行上级政府的决议命令与指示，如有不同意见得随时向上级政府提出，但在未有新的指示前，仍须执行原决议、决定、命令或指示，不得有任何反对的表示。

第十五条　各下级政府须依其职权处理政务，不得逾越权限，不得标新立异违反边区政府法令。自行处理的重要事件，须随时向上级报告，处理不了的事件须随时向上级请示，不得稽延不报，亦不得搁置不理。上级于接得下级报告或请示后，应随时批答。

第十六条　司法机关为政权工作的一个部分，应受政府统一领导。边区审判委员会及高等法院，受边区政府领导，各下级司法机关，应受各该级政府领导。

第十七条　边区政府驻在各地的附属机关，除对其主管上级负责外，并须接受当地专署或县政府的督导，除遵边府法令外，并须遵守地方单行法令，对外颁发布告，须受当地政府的审查。

第十八条　各级政务人员，不得擅离职守，如因故请假，须呈由直辖上级政府，或该级政府主管长官批准。

第十九条　各级政务人员不得发表与边区政府政策法令相抵触的文字或谈话。对全边区性的事件，在边区政府未曾发布主张前，各下级政府及政务人员不得向外发表意见。

第二十条　各级政务人员，须执行各该级政府及其主管长官或直接领导人的决议、命令或指示。如有不同意见，可以向主管长官或直接领导人提出，但在未有新的指示前，须执行原决议、命令或指示。

第二十一条　各级政务人员，对于政府的决议，非经决定或主管长官许可，不得自由宣布。对于自己承办或与闻的机要事件，尤须严守秘密，不得擅自泄露。

第二十二条　凡政务人员，对政府工作或负责人员，有建议和批评之权利。但须依照一定的组织手续提出，不得背后乱说或作不负责任的言论。关于原则问题的争议，如在所属机关政府或工作部门内不得解决时，可一面服从该政府机关或工作部门的决定，一面向上级申诉直至边区政府。该机关或部门的长官或负责人，须负责转呈，不得加以抑制或留难。

第二十三条　各级政府主管长官对所属工作人员的任免奖惩，均须依照边区政府法令办理。如工作人员对主管长官的惩罚认为不当时，得向主管长官直接提出，或依级向上申诉，各下级政府长官对此项申诉不得阻止或留难。

第二十四条　各下级政府或政务人员，如接得人民向上级政府控告的诉状，特别是控告政务人员的诉状，须随时负责转呈上级政府，不得有任何阻难，亦不得置之不理。

第二十五条　各上级政府派往各下级政府传达政令或视察工作的人员，对于下级政府应予以切实的帮助，但对其工作有不同意见时，只应以建议的方式提出，不得强制接受。各上级政府主管长官的巡视工作或上级政府付有特权者，不在此限。

第二十六条　各专员公署间，各县（市）政府间，区公署间，乡（市）政府间，在亲密团结原则下，得互相联系，互相交换工作意见，但不得违背政府的法令、政策或互泄政府的秘密。彼此间，如有因地界、负担等问题而发生争议，应互相商洽解决；双方争持解决不了的事件，须报告直辖上级政府解决。

第二十七条　各级政府机关和政府人员的行为，有与本总则相违背者，即认为违犯（反）行政纪律，依其轻重的程度议处。

第二十八条　本总则经边区参议会通过施行，其解释之权属于边区政府。

选自《陕甘宁边区政策条例汇集》续编，1944年版，第72～76页。

互校版本：

1.《陕甘宁革命根据地史料选辑》第一辑，甘肃人民出版社1981年版，第293～297页。

2.《陕甘宁边区政府文件选编》第七辑，档案出版社1988年版，第187～190页。文前刊有边区政府于1943年4月25日以“战字第745号”命令公布。

3.《陕甘宁边区法律法规汇编》，三秦出版社2010年版，第141～142页。

二、选举法规

1. 陕甘宁特区党委关于进行特区政府民主选举运动的指示

1937年11月22日

特区各级党部：

各乡、区、县政府的民主选举，在基本上是已经完成了它的任务，现在又已决定于明年一月五日召开全特区的代表大会，产生特区政府的领导机关，立刻就要开始特区政府的民主选举运动了。各级党部接到这一指示后，必须抓紧这一运动，切实注意与进行以下各项：

一、这次选举运动的方针

1. 总的方针，是要使特区成为抗战与民主的模范区域。这次的选举是正当着日本帝国主义占领太原，使已经在实际上成为直接抗战地区的特区更形紧张的时候；同时又正当着全国抗战由于国民党南京政府采取片面抗战的错误政策，遭受到严重失败，今后能否采取新的办法继续抗战到底的转变关键的时候，无疑的是更加重了这次选举运动的重大意义，决定了这次选举运动的总的方针，是要使特区成为抗战与民主的模范区域。它不仅在保卫特区，巩固特区政权上是必要的，而且同时与推动全国的民主运动，改造南京政府的政治机构；实行全面的、全民的抗战，以争取抗战的最后胜利，有非常重大的作用。

2. 这次选举的原则及政府的组织。由于日本帝国主义要灭亡全中国，使国内阶级矛盾降到次要的地位。为了建立抗日民族统一战线，把苏维埃民主制改为普选的民主制，是一种必要的让步，而且是正确的。但是在政府的组织上，仍应保持民主集中的制度，没有必要完全采用资产阶级把行政、立法、司法三权分离的议会制度，并且在名称上也决定将各级议会改称为各级人民代表大会；各级代表大会主席及政府首长统称主席，废除在历史上带有腐朽和反动意味的议会、议员、乡长、区长、县长等名称。

3. 这次的选举运动与抗战动员的联系。在目前紧张与危迫的形势下，民主选举运动本身就是一种的抗战动员工作，它们相互间的关系是绝不能分开的，绝对不应把这次选举运动与抗战动员工作看成是对立的或是不相关的。因为只有产生了真正的民主政府，才能完满的去执行抗战动员的工作，才能保证取得抗战的最后胜利。同时也只有在抗战动员的工作中，去完成民主选举，才能在内容上充实这次的选举运动，才能保证完成这次选举的根本任务。因此，我们必须把抗战动员与民主选举运动密切的联系起来，把这次的选举运动看成是一种极大的抗战动员运动，加紧一切的抗战动员工作，来进行这次的选举运动，只有这样才能使特区成为抗战与民主的模范区域，这一点是万万不可忽视的。

二、在这次选举运动中应完成的任务

1. 要使特区每个人民都能深切认识目前抗战的形势，特别是特区已实际成为直接抗战地区的紧急形势，以造成群众热烈的抗战情绪，提高群众对抗战动员的热忱。彻底扫除麻木的太平观念，严厉的打击民族失败主义及投降主义。

2. 要使特区每一个人民都能认识特区代表大会的重大意义：这一大会是人民自己的大会，是领导抗战，保卫特区的机关，因此，全特区人民都应积极参加这次的选举运动。同时并要热烈的讨论抗战动员、保卫特区的问题。

3. 保证百分之百的选民，不论男女，不论阶级，除汉奸、卖国贼、犯人及神经病者，都要自动的踊跃参加选民大会。

4. 发动群众热烈讨论和检查特区党委提出的民主施政纲领及特区政府的工作报告大纲，并充分的联系到群众的生活问题及切身要求，使特区每个人民都能了解这一施政纲领是代表人民自己的利益的。在检查工作报告的过程中，尽量的吸收群众的意见及提案。

5. 发动群众热烈讨论特委及各级党委提出的候选名单，须要提到各种组织中、各种会议上进行讨论，把各个候选人的斗争历史给群众作详细的宣传解释，保证共产党提出的候选人（除特区党委确定的名单外，各级党委所提出的候选人，不一定都要党员，但必须是与群众有联系，在群众中有信仰的领袖）及工农分子能够当选；打击豪绅地主及一切反动分子，使他们不能当选。

6. 特别注意吸引广大妇女群众参加选举，并保证她们能多当选，以提高特区的女权。

7. 利用这次选举，在大会上检查各级政府的工作情形，如果在乡、区、县工作人员及代表中有消极怠工及坏分子混入的话，即须在选名（民）大会上实行改选，并将以前的缺额补选完全，以加强和健全各级政府。

8. 当选代表应尽量搜集群众的提案，带到代表大会，使代表真正能代表群众的意见，使代表大会真正能反映群众的意见。

9. 在每次的选举宣传时与选民大会上，都应讨论保卫特区与抗战动员的问题，吸收群众对于抗战动员工作的意见，并必须在这次选举运动中加紧各种抗战动员工作，使这次选举运动真正成为抗战动员的运动。

三、如何保障以上任务的完成

1. 首先是组织的动员，接到这一指示后，各级党部直到小组，必须开始详细的讨论，使每个干部及党员都能了解这次选举运动的意义与任务，并切实的、适当的在会议上分配每一个同志的具体工作，使党在这一次运动中真正能起领导的核心作用。再经过各群众团体（工会、农民会、救国会、青救会、妇联会等）的组织系统，实行广泛的动员，一直深入到广大的群众中去。

2. 必须以保卫特区及抗战动员的内容来充实这次的选举运动，不仅注意宣传，而且要切实的布置和推动抗战动员工作的完成。

3. 必须把这次选举运动的意义和任务进行深入的宣传解释；上级对下级、党员对群众都不应仅是一次传达，而必须是耐心的说服，绝对要反对应付式的形式主义。

4. 特别要抓紧宣传工作的布置和进行，动员全体党员及团体的革命分子进行广泛的宣传。同时宣传队仍须组织，但必须在出发前有好的训练，特别要注意到宣传的方式与方法；宣传的内容应与当地的群众生活及要求相联系。

5. 反对工作的自流主义，上级必须切实经常督促和检查下级，必须经常做报告，并提高同志的自动性及积极性。

6. 反对党包办提案的现象。必须尽量鼓励群众自动提出意见，虚心的倾听群众的意见；对于群众提出的意见不应加以拒绝或反驳，如有不对的或是不可能执行的话，也应详细的给予解释和说服。

7. 选民大会的开会，须普遍的采取以村为单位来进行选举，好吸收多的群众参加选举。选举的结果，可经过区的计算，到县总结后公布。

8. 被选代表应尽量收集和采纳选举人的意见，与群众取得经常的密切的联系。

9. 发动群众欢送代表，开大会或请代表吃饭，以表示群众对代表的拥戴，和提高代表的责任心，使每个代表都能到会。

10. 应用各种方式发扬群众参加政府工作的积极性。

11. 利用党及一切社会团体的关系，采用写信或其他办法，吸收统战区及友军区的各种团体代表或群众来参加我们的选举大会，以扩大影响。

12. 提高党员群众的政治警觉性，防止一切反动分子与我们竞选，并注意他们的造谣破坏，发动群众与他们作斗争。

特区党委

选自手抄件（未注明史料来源）。

2. 陕甘宁边区政府通知
——关于复选陕甘宁边区议会议员事

1938 年 9 月

径启者：查陕甘宁边区议会议员，前于民国二十六年第一届选举时，由各选举区先后依法正式选定，当因种种原因致未在选举竣事后立即召集会议，业经边区选举委员会于二十六年十二月五日通知展期在案。事延至今，已九月有余，依法第二届会议又将到期，未便再次迁延。兹经本府八月五日主席团会议决定，于本年十一月十五日召集第一次会议，惟议员数达五百有奇，经过九月以来，其中因参加前方抗战，事实上不能到会者有之，因他种原因流动或出缺而不能到会者有之，若依留原有议员召集会议，诚恐到会者不足法定人数，为了消除是项顾虑起见，特决定举行复选，由原有议员开复选会议，复选半数为出席边区议会之议员。以便正式举行会议。并将复选办法特规定于后：

一、边区议会议员复选会议（以下简称复选会议），以县为单位举行之。开会时间和会址，由县政府规定通知各会员。

二、复选会议以该县所属选举区第一届选举所选出之边区议员为到会议员。但在复选会议前已被法庭剥夺公民权而未恢复者，即无到会资格。

三、复选会议以该县所选定之边区议员半数到会为合法。

四、各县之边区议员，如因参战而离开边区工作不能参加复选会议时，只要填有选举票，在复选会议前一日送达该县政府时，亦作为已到会议员。

五、复选会议，以原有议员人数为此（比）例，选举百分之五十（即原来全县边区议员之一半）为边区议会出席议员。

六、复选出席边区议会之议员，由到会议员以无记名投票法选举之。

七、原经选定之议员，除在被选举后剥夺选举权者，均为复选会议之候选名单。

八、当选议员，以票多者为当选，票数相等无法取去者表决之。

九、复选会议，应推举三人为监票委员会，首先由监票人先将自己选举票投入，继将未到会而用书面投寄之选举票投入，然后，监督全体到会议员投票，投票完毕，由监票人揭晓之。

十、复选会议日程：

甲、县政府主席宣布开会。

乙、选举会议主席团及记录。

丙、主席团宣读边府通知。

丁、县主席报告该县所属边区议员的登记。

戊、讨论提案。

己、选举监票委员会。

庚、选举。

辛、揭晓。

壬、闭会。

十一、复选会议，须在十月十号至十五号举行完毕。当选边区议员之名单即在会议后之次日（十六日）快邮寄边区政府。

十二、复选会议须在开会之当日结束。

十三、复选会议经费，由该县政府造具预算向边区政府具领。

主　席　林伯渠

选自《陕甘宁边区政府文件选编》第一辑，档案出版社1986年版，第91～93页。原注：“见1938年9月5日《新中华报》”。

3. 陕甘宁边区选举条例

1939年2月陕甘宁边区第一届参议会通过

第一章 总 则

第一条 本条例根据国民政府建国大纲之民主选举原则及陕甘宁边区之实际情形制定之。

第二条 采取普遍、直接、平等、无记名之投票选举制，选举边区、县及乡三级参议会之议员，组织边区、县及乡参议会。

第二章 选举资格

第三条 凡居住边区境内之人民，年满十八岁者，无阶级、职业、男女、宗教、民族、财产与文化程度之区别，经选举委员会登记，均有选举权与被选举权。

第四条 有下列各项情形之一者，不得参与选举与被选举：

一、有卖国行为，经政府通缉有案者；

二、经法院判决有罪，剥夺公权尚未恢复者；

三、有神经病者。

第三章 选举参议员人数之比例

第五条 各级参议会选举区域之居民人口与被选举人之比额，规定如下：

一、乡参议会，每居民三十人得选举议员一人；

二、县参议会，每居民七百人得选举议员一人；

三、边区参议会，每居民五千人得选举议员一人。

第六条 各级参议会之选举，得按照当选人数，选出五分之一的候补议员。候补议员之选出，以得票数次多者充之。

第七条 现役军人、保安队、警察、学校、工厂及机关之选民，均参加所住区域之选举，与居民同一规定。

第八条 在选举区域内，如有少数民族，除适用第五条之规定外，其人数不足各级参议会选举法定人数五分之一者，参加区域选举；有法定人数五分之一以上者，单独进行该民族居民之选举，得选出正式议员一人。

第四章 改 选

第九条 乡参议会议员每半年改选一次。

第十条 县参议会议员每一年改选一次。

第十一条 边区参议会议员每一年改选一次。

第十二条 边区各级参议会如遇特殊情形，未能按期改选时，得由边区参议会议决延长之。

第五章　选举委员会

第十三条　为便利进行各级参议会之选举，设置选举委员会，其组织规程另定之。

第六章　选举区域

第十四条　乡参议会参议员之选举区域，以行政村为单位，如有联合数村在同一适当地点举行选举之必要时，可由乡选举委员会自行决定之。

第十五条　县参议会参议员之选举区域，以行政区为单位，不得变更。

第十六条　边区参议会之参议员选举区域，以县为单位，不得变更。

第七章　候补及竞选

第十七条　候补议员递补完尽，仍不足法定议员之过半数时，得另行补选之。

第十八条　各抗日政党及各职业团体，可提出候选名单，进行竞选运动，在不妨害选举秩序下，选举委员会不得加以干涉或阻止。

第八章　经　费

第十九条　各级参议会选举经费，由边区政府支付之。

第九章　附　则

第二十条　本条例修改及解释之权，属于边区参议会。

第二十一条　本条例经过边区参议会通过后，由边区政府公布施行。

选自《中国新民主主义革命时期根据地法制文献选编》第一卷，中国社会科学出版社1981年版，第203～207页。原注：“选自《陕甘宁边区第一届参议会实录》，一九三九年版”。

互校版本：

1.《陕甘宁边区政府文件选编》第一辑，档案出版社1986年版，第160～162页。

2.《陕甘宁边区法律法规汇编》，三秦出版社2010年版，第3～4页。

4. 陕甘宁边区各级选举委员会组织规程

1941年1月1日修正公布

第一章　总　则

第一条　本规程，是依据边区各级参议会选举条例第十八条制定之。

第二条　各级选举委员会，为办理选举的专门机关。

第三条　各级政府、法院、驻军长官，不得为选举委员会委员。

第四条　各级选举委员会，得设在同级政府或参议会内办公。

第二章　组　织

第五条　各级选举委员会的组织如下：

（一）边区选举委员会，委员九人至十三人，由边区政府聘任之，并指定一人为主任，办理并监督各级选举事宜。

（二）县（或等于县的市）选举委员会，委员七人至十一人，由县市政府呈请边区政府聘任之，并指定一人为主任，办理该县市各级选举事宜。

（三）乡市选举委员会，委员五人至九人，由乡市政府呈报区政府转请县市政府聘任之，并指定一人为主任，办理该乡市选举事宜。

第六条　政府聘任各级选举委员会的委员人选以及各级政府，各群众团体，各抗日党派代表及当地公正人士组成，以在该地工作或居住人民为适宜，但遇有特别情形时，可由上级政府从别地调任之。

第七条　上级政府及选举委员会得派专人到下级选举委员会，指导工作。

第八条　进行单独选举的边区保安部队、抗日驻军及工厂、学校，得单独组织选举委员会，办理本部门的选举事宜。

前项选举委员会，在军队以团为单位（必要时可以营为单位），由团政治部或营政委提出委员人选；在工厂、学校，以总厂或校部为单位，由各该单位提出委员人选，均呈请所属上级政府聘任组织之。

第九条　有少数民族进行单独选举的地区，选举委员会须有少数民族人员参加，并于必要时，得设立少数民族的选举委员会，（从）少数民族中提出委员人选，依照第五条呈请政府聘任组织之。

第十条　各级选举委员会成立后，各委员立即分工，担任本会一部分工作。

第十一条　各级选举委员会的委员，在办理选举期间，可暂时解除其原有的工作。

第十二条　各级选举委员会于必要时，得酌用秘书及分设宣传指导股、调查统计股、总务股，分任各该部门事宜。

第十三条　各级选举委员会于居民登记完毕后，得组织选民审查委员会，以行政村、或以街道、或以生产为单位，将有公民权及照选举条例第四条所列无公民权之人名，分别公布之。

第十四条　各级选举委员会职员的生活待遇，与同级政府工作人员一样。

第十五条　各级选举委员会的印信，由同级政府制发之。

第三章　职　务

第十六条　各级选举委员会主任及委员，除综理本会一切事务外，并得为选举大会临时主席，办理下列事项：

（一）主持选举会场秩序；

（二）宣布开、休、闭大会；

（三）监督投票、开票及举手；

（四）启封票柜；

（五）解决大会所发生的问题。

第十七条　各级选举委员会的秘书及各股之职务如下：

（一）秘书一人，掌理各种报告文件之收发整理，规划选举之执行，并任本会记录；

（二）宣传指导股，掌理选举的宣传、解释等事；

（三）调查统计股，掌理居民和选民的调查、登记、统计等事；

（四）总务股，掌理文书、会计、庶务等事。

第十八条　各级选举委员会于开选举大会时，应推定监票员若干人，办理下列事项：

（一）检查到会人数；

（二）布置选民位列；

（三）监视会场投票或举手有无弊端；

（四）大会主席交办事项。

第十九条　各级选举委员会于开选举大会时，应推定司票员若干人，办理下列事项：

（一）维持投票秩序；

（二）收发选举票；

（三）大会主席交办事项。

第二十条　各级选举委员会于开选举大会时，应推定开票员若干人，办理下列事项：

（一）维持开票秩序；

（二）清算投票数目，审查选票和计算被选人得票数目；

（三）公布投票数和举手数目；

（四）大会主席交办事项。

第二十一条　各级选举委员会于开选举大会时，应推定纪录员若干人，办理下列事项：

（一）记录大会的报告和讲词；

（二）记录到会人数和大会动态；

（三）记录选举的票数或举手数及其结果；

（四）整理大会纪录。

第二十二条　县市及乡市选举委员会于本届选举办毕后，应造具报告书，连同文件送上级选举委员会，由边区选举委员会保管之。

第二十三条　边区选举委员会，于本级选举办毕外，经常协同民政厅，管理下级选举事宜。

第四章　会　议

第二十四条　边区选举委员会，每月开会一次。

第二十五条　县市选举委员会，每半月开会一次。

第二十六条　乡市选举委员会，每七天开会一次。

第二十七条　各级选举委员会，必要时得召开临时会议。

第五章　任　期

第二十八条　边区选举委员会委员之任期为一年。

第二十九条　县市选举委员会，于新届县市参议会第一次会议闭幕后五日结束。

第三十条　乡市选举委员会，于乡市参议会第一次会议闭幕后五日结束。

第六章　附　则

第三十一条　本规程如有未尽事宜，有委员三人提请，经边区选举委员会审查、讨论、修正。

第三十二条　本规程由边区政府公布日施行。

选自《抗日根据地政策条例汇集》陕甘宁之部（上），1942年版，第104～109页。

互校版本：

1.《陕甘宁革命根据地史料选辑》第一辑，甘肃人民出版社1981年版，第67～71页。

2.《中国新民主主义革命时期根据地法制文献选编》第一卷，社会科学出版社1981年版，第207～212页。原注："选自《抗日根据地政策条例汇集——陕甘宁之部》上册，一九四二年版"。

3.《陕甘宁边区法律法规汇编》，三秦出版社2010年版，第64～66页。年月标作"1941年2月7日"。

5. 陕甘宁边区政府为改选及选举各级参议会的指示信

1941年1月30日

各分区专员及各县县长同志们：

边区各级参议会决定今年都要改选，未成立的都要成立。为要使选举办得很好，特给以如下的指示。

（一）民主政治选举第一

边区是民主的政府。民主和不民主的分别：一是恃强霸占政权，不许老百姓说话，老百姓一点权利没有。一是凡事由老百姓作（做）主，老百姓直接出来议事管事，或选代表出来议事管事。我们革命，为的是推翻那不民主的政府，建立民主的政府。民主的第一着，就是由老百姓来选择代表他们出来议事管事的人。

边区各级参议会与政府，是老百姓选举的，但做了很久，做得对不对，应该向老百姓报告，请老百姓检查，看还要你不要。这叫做改选。未经过选举的地区，各级政府都是临时的，必须由老百姓选举，才能叫正式政府。

如果有人轻视选举，或者说不要选举，那就是等于不要民主。不要民主，就等于不要革命。必须用教育与训饬的方法，克服某些干部中这种错误观点。

（二）保卫边区需要选举

历史告诉我们：革命战胜反革命，不是单靠武装，而是靠和老百姓联系在一起。因为反革命的武装常常是占绝对优势；而老百姓的力量，则是伟大无穷。

边区处在日寇和反共分子的包围下，目前反共分子已公开的进攻并围歼了江南的一部新四军，在边区周围筑了几道封锁线，集了二十多万大军，一步步向边区围攻。必须集中边区老百姓的力量，才能对付敌人，渡过危险。边区老百姓为救自己，正在要发挥他的力量，检查他的代理机关（政府）是否得力。因此，必须进行选举。只有选举，才能改进政治机构，涌出积极分子，有力的保卫边区。

如果有人说：现在抗战忙，动员忙，那（哪）有工夫来办理选举？而不知道这是本末倒置，把最基本的保卫边区工作忘掉了。

（三）提高民众需要选举

管理国家要管得好，就得时时去管，才能增进对管理的认识与熟练。选举是老百姓对政府工作的大检查：乡市半年来一次，县一年来一次，边区两年来一次。这对政府有很大好处：工作呢，好的赞扬，坏的谴责，人员呢，剔退一些，新选一些，对老百姓也有很大好处：认识了政治，交换了意见。所以我们的选举运动，是提高民众的智力与能力的运动。和资产阶级国度的选举运动完全不同。

我们反对那说老百姓文化低，不够讲民主，需要“训”的胡说。但我们承认老百姓管理国家，须要在实行管理中来练习。选举运动，是选举人和被选举人一齐上大课。忽视这个大课，马虎地选举，不去研究与布置选举的诸般方式，那是不对的。

（四）领导选举要抓得紧

选举既这样重要，那末（么），领导选举不是件容易的事。首先干部要了解选举的意义及其重要，明白进行选举的步骤和方式。其次，进行广泛的宣传：发传单、写标语、出报纸、演讲、演剧、唱秧歌……各样都来，发动老百姓的选举热潮。又其次：登记选民、弄清谁有谁没有选举权和被选举权，讨论政府工作报告，哪点好哪点不好；讨论各党派的竞选政纲，谁要得谁要不得，讨论与提出候选名单，哪人贤哪人不肖；还有，总结许多老百姓的意见，作成提案为对于当选人的指令，然后正式进行选举。这里，须要组织有得力的选举委员会，管理选举工作，但不是说有了选举委员会，其他负责的人就可以不管，往他一推。

如果有同志只说老百姓不行，自己却不肯研究；或者自己知道了，以为人都同我一样，不去宣传，或者推定几个人组织选举委员会，就以为责任已卸，只要能够选成就算了，只求形式，不管内容。这都是要不得的。

（五）报告工作请求检阅

老百姓选出议会，议会选出政府，现在政府做了些什么工作？老百姓交给你们的任务完成了没有？有优点，优在哪里？有缺点，缺在哪里？要很具体明白地报告出来，请求老百姓检阅。今年边区、县级、乡市同时选举，因此边区政府现在就开始起草报告，说明当选以来做了些甚（什）么。这一报告要印成册子。县的工作报告，不要太长，最好也印成册子或登在报上。乡的工作报告，那就分村去召集群众大会报告，虽然不必付印，但也要写有底子，在政府委员会通过。报告的写法：一要明白具体、容易看懂，二要忠实无欺，好的不夸、坏的不瞒。把货色摆在老百姓面前，请老百姓来评价。在新行选举的区域，各级临时政府的工作报告，也是一样。

（六）选举自由不得妨害

边区没有“贿选”、“圈定”、“结党营私”那一套，是可以保证的。但由于我们来自封建社会，旧社会的不民主生活，容易影响到我们工作人员；求简便，不耐烦；同时，老百姓没完全脱离“怕官”的旧习，争行民主的勇气不够。一方面不善诱导，另一方面不来竞争，可能使得选举虽然进行了，老百姓还不知道是甚（什）么一回事。

革命的目的，是为老百姓求自由。选举是老百姓行使自由的头一桩事。我们要发展老百姓的自由，就得大量宣传、耐烦诱导，使每个老百姓都能凭着自己的意愿去进行参政，选择代表。

（七）选举手续必须弄清

选举条例，选举委员会组织规程，各级参议会组织条例，都已由边区参议会决定公布。这些条文上规定人民的权利及怎样行使权利，我们必须弄清楚。不用讳言，我们有些人还是缺乏法治习惯的，容易发生违反人民法定利益的事。这回选举要切实纠正不依法办理及把条文搁着不看的毛病。还有，选举手续颇繁，边府另印有小册子，上面说得明白。要把它研究清楚，配合当地具体情况，一点不苟的进行。这不仅可使选举达到成功，而且在你们练习行政上也很有益处。

（八）收集经验利用经验

上面说过：选举是老百姓对政府工作的大检阅。那末（么），在选举过程中必然反映出老百姓的许多意见、许多办法，指出政治上那些好与坏的例子。本来一切政治上的“创作”，不存在于领导者的脑子里，而存在于广大群众中间，我们要善于倾听接收，把各种经验，添附到政治的宝库里面，作为今后改进工作（包括选举本身在内）的指南。这是一件大事，绝不要忽略。

（九）选举日期尽有余裕

为要使选举工作办得很好，选举日期不能规定得太促：

二月、三月为选举的宣传及准备时期。

四月至五月实行选举（各级参议员在一次会上选出），开乡市参议会，组织乡市政府。

六月至七月新选的县及等于县（的）参议会召集开会。

八月新选的边区参议会召集开会。

在边区条件下，选举不可能在同一日期举行。只要工作做好了，选举及召集会的日期可不一致，不过不能延过所规定的时期。

此次选举以后，各级参议会必须依法改选与开会，不得无故延期。

（十）一切疑难写信来问

边区政府开办了选举训练班，有各县科长及延安许多青年学生参加，不久就可来各县帮助选举。选举是件大事，不免有很多疑难发生，请你们写信来问。边区政府的选举委员会必一一负责解答。

选自《抗日根据地政策条例汇集》陕甘宁之部（上），1942 年版，第 109～114 页。

互校版本：

1.《陕甘宁革命根据地史料选辑》第一辑，甘肃人民出版社 1981 年版，第 72～77 页。

2.《中国新民主主义革命时期根据地法制文献选编》第一卷，中国社会科学出版社 1981 年版，第 213～218 页，原注：“选自《抗日根据地政策条例汇集——陕甘宁之部》上册，一九四二年版”。

3.《陕甘宁边区政府文件选编》第三辑，档案出版社 1987 年版，第 48～52 页。

6. 陕甘宁边区各级参议会选举条例

1941年11月边区第二届参议会修正通过，
1942年4月6日边区政府公布

第一章 总 则

第一条 本条例系根据国民政府建国大纲的民主选举原则，及陕甘宁边区的实际情形制定之。

第二条 采取普遍、直接、平等、无记名的投票选举制，选举边区县市（等于县的市，下同）及乡市（或等于区的市，下同）三级参议会的参议员，组织边区县（市）及乡市参议会。

第二章 选举资格

第三条 凡居住地区境内的人民，年满十八岁，不分阶级、党派、职业、男女、宗教、民族、财产和文化程度的差别，都有选举权和被选举权。

第四条 有下列情形之一的，不得参加选举与被选举：

（一）有卖国行为的，经政府缉办有案的；

（二）经军法或法院判决剥削公权尚未恢复的；

（三）有神经病的。

第三章 选举区域

第五条 乡市（或等于区的市）参议员的选举单位为居民小组。

第六条 县（或等于县的市）参议员选举单位为乡。

第七条 边区参议会参议员的选举区域以县为单位。

第四章 选举参议员人数的比例

第八条 各级参议会选举区的居民与被选举人的比额如下；

（一）乡市参议会每二十人至六十人的居民小组，得选举参议员一人，即不满五百居民的乡市，其居民小组不得少于二十人。五百人以上的乡市，其居民小组不得多于六十人。在同一乡市的居民小组，其人数相差不得超过十分之三。

（二）等于区的市议会，每六十人至二百五十人的居民小组，得选举议员一人，即一千五百人以下的市，其居民小组不得少于六十人，一千五百人以上的市，其居民小组不得多于二百五十人。

在同一市的居民小组，其人数相差不得超过十分之三。

（三）县参议会（或等于县的市）、每达居民四百至八百人得选举议员一人，即人口在一万五千以下的县（市）、其选举参议员的居民比例不得少于四百人，一万五千人口以上的县（市），其选举参议员的居民比例，不得多于八百人。

（四）边区参议会，每达居民八千人得选举议员一人，但人口最多的县（市），其应选举议员不得多于十人，人口最少的县（市），其应选议员不得少于三人。

上列各项选举比例的实数，由该区选举委员会拟定，呈报上级选举委员会批准之。

第九条　边区县参议会选举区域单位的居民，不满前条比额法定人数，而已达二分之一的，得选举议员一人，其超过比额的余数，达二分之一的亦同。

第十条　边区县参议会的选举，得按照各选举单位的当选人数，选出五分之一的候补议员，如该单位没有五个议员的亦得选出候补议员一人，均以得票次多数的充当。

候补议员如出席会议时，只有发言权而无表决权。以居民小组为单位选出的乡市参议员，不设候补议员。

第十一条　警察、学校、工厂、机关、县保安部队，均参加其所在地区域的选举，和居民一样，但边区保安队、抗日驻防部队、专门以上学校、百人以上产业工厂，得以其生产为单位，进行其单独选举，选举出席于所属参议会参议员，如不足第八条该区域所规定之选举比额人数时，得联合数单位进行选举，联合仍不足额时，亦得选出议员一人。

专门以上学校、百人以上产业工厂的职员，除参加其生产单位选举外，并得参加其所在地乡市选举。

第十二条　在边区境内少数民族的选举如下：

（一）已达各级参议会选举居民法定人数的，依第八条之规定比额，单独进行民族选举；

（二）不足法定人数，而已达乡市选举五分之一，县市选举五分之一，边区选举八分之一的居民，亦得单独进行民族选举，选出各该级参议会参议员一人；

（三）不足前第二款所述各级选举居民人数的，参加区域选举，与一般居民同；

（四）少数民族选举，得以各级参议会的地区为选举单位，不受第三章选举单位的限制。

第五章　改　选

第十三条　乡市（等于区的市）参议会参议员，每一年改选一次。

第十四条　县（市）（等于县的市）参议会参议员，每两年改选一次。

第十五条　边区参议会参议员，每三年改选一次。

第十六条　各级参议员在任期内如有不称职的，得由该级议员选举之法定人数十分之一以上的选民提议，经由该选举单位投票罢免之。

第十七条　边区各级参议会，如遇有特殊情形，不能按期改选时，乡市的或县市的，应由乡市参议会、县市参议会（或县市参议会常驻委员会），呈报边区参议会（或边区参议会常驻委员会）议决延长之，边区参议会得由自身决议延长之。

第六章　选举委员会

第十八条　为便利进行各级参议会的选举，设立各级选举委员会，其组织规程另定之。

第七章　候补及竞选

第十九条　边区县参议会候补议员递补完尽，仍不足法定议员数目时，各选举单位得另行补选。

第二十条　各抗日政党、抗日群众团体可提出候选名单及竞选政纲，进行竞选运动，在不妨害选举秩序下不得加以干涉或阻止。

第二十一条　凡以威胁利诱等舞弊妨害选举自由者，不问当选与否，除制止其行动外，并将当事人及凡参加人提交法院依法惩处。

凡公民对于选举人①认为有前项之行为者，仍得向司法机关告发之。

第八章　经　费

第二十二条　各级参议会选举经费，由各级选举委员会造具预决算，报请边区政府财政厅支付之。

第九章　附　则

第二十三条　本条例施行细则，另由边区政府制定之。

第二十四条　本条例经边区参议会通过，由边区政府公布施行之。

第二十五条　本条例修改之权，属于边区参议会。

选自《抗日根据地政策条例汇集》陕甘宁之部（上），1942年版，第72～76页。

互校版本：

1.《陕甘宁革命根据地史料选辑》第一辑，甘肃人民出版社1981年出版。第181～185页，简称“甘肃史料版”。

2.《陕甘宁边区政府文件选编》第六辑，档案出版社1988年版，第33～37页。

3.《中国新民主主义革命时期根据地法制文献选编》第一卷，中国社会科学出版社1981年版，第218～223页。原注：“选自《陕甘宁边区第二届参议会汇刊》，一九四二年版”。

7. 陕甘宁边区各级参议会选举条例的解释及其实施②

1941年11月边区第二届参议会修正通过，
1942年4月边区政府公布

第一章　总　则

第一条　本条例系根据国民政府建国大纲的民主选举原则，及陕甘宁边区的实际情形制定之。

建国大纲系中山先生写的。孙先生革命，为的是要建立民主国家，要有由人民选举出来的议会和政府，可是建国大纲上写的选举办法，国民政府并没实行。现在陕甘宁边区没有阻止实行的障碍了。可以依照孙先生的民主原则，制定选举条例。

第二条　采取普遍、直接、平等，无记名的投票选举制，选举边区、县（或等于县的市）及乡市三级参议会的参议员，组织边区县（或等于县的市）及乡市参议会。

普遍，是指选举人的资格，没有任何限制，任何那［哪］个普通人都有选举权和被选举权。直接，是选民直接选出被选人，而不要经过转弯。平等，是任何选民投的票，其效力都是一样。无记名亦叫“秘密”，是选民在票上只写被选出的人的姓名，不写自己的

① “甘肃史料版”将“选举人”印作“选人”。

② “档案文件版”“甘肃史料版”未标明“的解释及其实施”。

姓名。

因为现在各国的选举，有的规定：要有财产若干以上的，读过书的，或者宣过誓，经过考试合格的，才有选举权和被选举权。这样，参加选举的人只有少数，就不“普遍”。又有的由选民选出选举人，再由选举人去选出议员或政府长官，这就是不“直接”。不直接，选举就易被有势力者操纵。又有的富人投一票，抵得穷人投的几票，这就是不“平等”。还有，要投票人在票上写了自己的姓名，使得心里不想选某人，面子上又不好不［选］举某人的，为难起来，这就是不“秘密”。

所以，普遍、直接、平等、无记名，是最公平最进步的选举办法。

“等于县的市”，如延安市和延安县的地位相等。

第二章　选举资格

第三条　凡居住边区境内的人民，年满十八岁，不分阶级、党派、职业、男女、宗教、民族、财产和文化程度的差别，都有选举权和被选举权。

阶级——指地主、农民、资本家、工人等；党派——如共产党，国民党及其他党派等；职业——如工、农、商、学、兵等；宗教——如回教、喇嘛教、天主教等；民族——如汉人、回人、蒙人、朝鲜人、安南人等；财产——指穷的或富的；文化程度——指读过书或没读过书。这些我们都不管，只要他在选举的时候，他住在边区，年龄有了十八岁（年龄小的，不明白国事，所以要满十八岁），不论男女，都有选举权和被选举权。

照这规定，我们边区，工农有选举权了，但并不歧视地主、资本家；共产党是合法了，但并不限制别的党派的自由；同样，弱小民族，信宗教的，都一样有权利，谁也不能限制谁，有势力的不能恃势力去限制其他没有势力的人，这就叫做真正的民主。

第四条　有下列情形之一的，不得参加选举与被选举。

（一）有卖国行为经政府缉办有案的；

（二）经法院判决剥夺公权，尚未恢复的；

（三）有神经病的。

我们的选举权，虽然人人都有，但汉奸卖国贼不能有，因为他们卖国害民，应该剥夺他们的选举权。有神经病的人，不明白世事，当然也不能有。

在把选举资格审查清楚以后，就要出榜公布。榜分红白，照例“红榜”在前，先抄选民名单，再抄年龄不及格的名单于其上；“白榜”在后，只写第四条所限制的三种人。去年有些地方对这点也有不清楚了解的。

出榜对鼓励人民参加竞选，有大作用。当榜出以后，居民喜眉笑眼围绕着看。今年仍要这样做，“红榜”无红纸，即用红笔画圈圈就行。

第三章　选举区域

第五条　乡市（或等于区的市）参议员选举单位为居民小组。

选举区域即是选（举）单位。乡市选举单位，今年为居民小组，每个居民小组的选民集在一处，选出他们自己的一位参议员。

什么叫居民小组呢？比如某乡当（在）选举前，由选举委员会把东村八家人（五十六口）划做一个小组，南坡上九家人（五十七口）划做一个小组，西沟畔零散住的四个小庄子七家人（四十八口）划一个小组，蒋家山二十家人（一百一十八口）划两个小组等（怎样划法，详见第八条解释）。

乡市选举为什么要以居民小组为单位呢？因为“乡市参议员要固定管理居民”，去年以行政村为单位选举，有的村庄参议员多，有的村庄参议员少，甚或一个没有，要他划分来管理居民，不便利；就划分了，而该参议员又不一定是该级的每个居民所选，不都信仰该参议员。所以条例上虽然规定乡参议员应有管理的固定居民，实际上并没做到。现把选举单位改为居民小组，就好得多。开会便当，选民都可以到；参议员又自然而然地同自己所管理的居民，形成固定的联系。

第六条　县（或等于县的市）参议员的选举单位为乡。

第七条　边区参议员的选举区域以县为单位。

县议员以前以区为单位选，现在以乡为单位选，使每个乡都有产生议员机会，人民与议会的联系更广泛更密切了。投票时，在一处也行，在几处也行。至边区参议员选举单位更大，投票就绝不能在一处了。

这里顺便再说说投票吧，根据去年经验，投票法有三种：

1. “背箱子”——各级选举委员会于选举前，推定若干司票员（要忠诚可靠，免得发生舞弊情事），把选票事先照名册散给各选民（按：边区选要把候选人名字印在票上，现在的县选和乡市选用白票就可以，只在票头上盖章记，以别真伪），选举委员会准备若干箱子，再把箱子上锁，贴封帖，交司票员分途收票。待票集完，定日召集居民大会（边区选不可能召开全县居民大会，就召集附近居民即可）开票。

2. “投豆子”——当选民大会未召开前，选举委员会查查本选举单位有几个候选人，有几个就准备几个碗。在每个碗上贴一个候选人的名字，待选民大会召开了，各候选人的票碗摆在桌上，监票员监场，司票员照名册顺序边叫每个选民到票桌前，边按应投几票即交给选民几粒豆子（如居民小组只选一参议员，每选民就只有一票），并同时教给他某碗是某候选人的，愿选某人，投豆到某人碗。豆投完，宣布开票，那［哪］人豆多，那［哪］人当选。

3. “乍胳膊”——这个方法大家比较是熟惯些，不需详加解释。就是唱一个候选人乍一次胳膊，每选民有几票，只乍几次为止，最后那［哪］人票多，那［哪］人当选。

总之，这三种方法都要得，应按各地不同情况采用。例如地区小，人住的靠近，就不妨用“投豆子”或“乍胳膊”，地广人稀，那就得“背箱子”；又如乡选县选用“投豆子”或“乍胳膊”可以，边区选就比较用“背箱子”便利得多。但如果要检讨究竟那［哪］种流弊大，那［哪］种最好呢？根据去年经验可以这样说：

1. “背箱子”的好处是：第一，能使多数选民投到票（如延川去年百分之九十——个别地方百分之百的选民都投票了）；第二，票先发，使选民有考虑余地；第三，尤其如边区选、县选，选举单位大更方便。但它也有流弊，据有些办选举回来的同志说：有些地方，发现在选票发下以后，坏人活动当选，还有的司票员自己干“偷梁换栋”的事（抽去选民票投入自己伪造票）。因此，办选举时，要严防这个流弊。乡市选举单位，已修正为居民小组，“背箱子”就用不着了（如仍觉得票选好，那就用当场开票，不用背箱子）；县选与边区选还是可以采用的。

2. “投豆子”最适合于文化低落地区，选民也容易“解得开”。在乡市选举很合适。

县选边区选要保证选民多数能投票，那就不如“背箱子”。还有一点，“投豆子”，不能做到如票选之“秘密”，个别选民会因碍于“情面”，不想选某人，而又不得不给某人投豆子。

3.“乍胳膊”最不好，很容易使选民马马虎虎敷衍了事。但不得已时也可采用。

还有：无论何种投票方法，发票时，看本选举单位应选几个正式议员（除乡市外），就清楚地告诉给所有选民，每张票上写几个人名。去年有的地方了解错了，以为一张票只写一个人名（当然，如果只选一位议员，就写一个人名），或者不告诉选民，让他自由地多写，这结果是：多写成废票；写一人名呢，假如大家都集中在一个人的目标上，就会选不够数。

第四章　选举参议员人数的比例

第八条　各级参议会选举区的居民与被选举人的比额如下：

（一）乡市参议会每二十人至六十人的居民小组得选举参议员一人，即不满五百居民的乡市，其居民小组不得少于二十人。五百人以上的乡市，其居民小组不得多于六十人。

在同一乡市的居民小组，其人数相差不得超过十分之三。

（二）等于区的市议会，每六十人至二百五十人的居民小组得选举议员一人，即一千五百人以下的市，其居民小组不得少于六十人，一千五百人以上的市，其居民小组不得多于二百五十人。

在同一市的居民小组，其人数相差不得超过十分之三。

（三）县参议会（或等于县的市），每达居民四百至八百人得选举议员一人，即人口在一万五千以下的县（市），其选举参议员的居民比例不得少于四百人，一万五千人口以上的县（市）其选举参议员的居民比例，不得多于八百人。

（四）边区参议会，每达居民八千人得选举议员一人，但人口最多的县（市），其应选议员不得多于十人，人口最少的县（市），其应选议员不得少于三人。上列各项选举比例的实数，由该区选举委员会拟定，呈报上级选举委员会批准之。

首先把居民和选民闹清：居民是指所有在那里住的人，包括男的、女的、老的、幼的（连才出胎的婴儿也准），及没有选举权的（白榜）都在内，选民是年龄在十八岁以上且不受第四条之限制者。居民指全体人口，选民是居民中有公民权的。去年有的地方，把居民和选民倒颠认识的，只把十八岁以下认做居民，选民不认做居民的；或者把所有人都登记做选民，这是错的，应纠正。

其次要说明的：

（一）乡市有大小，人数多少，相差常远。如把人数都固定了，那大乡嫌议员多，小乡又嫌议员少。又一家人不好分交两议员管，因之，规定由二十人至六十人划一居民小组，又规定同一乡市的居民小组，人数可以有点相差，但不得相差超过十分之三。有这个伸缩性，在划分的时候可以酌量该乡市的人口多少，村落疏密适当分配。比如：居民多，人口密，居民小组划大一点；居民少，地广，居民小组就要划小一点。又为了行政上的便利，不能把甲行政村的几家划到乙行政村去，把乙行政村几家又划到丙行政村去；那多几家的可以把那一小组划大些，或者划成较小点的两个组，只要人数相差不大远（不超过十分之三）就要得。比如：甲小组六十人，那么其他小组的居民人数就不能少于四十二人以下；甲小组是二十人，那么其他小组居民人数就不能超过二十六（人）以上等。

（二）等于区的市，如绥德市、庆阳市，比县小，比乡市又大。就以六十人至二百五十人划一居民小组。今后也许有些小市要成立议会的，若等于乡市照第一款办，等于区的照第二款办。其他解释同前。

（三）县的大小，相差很远，如延安市七千人，甘泉一万二千人，绥、米各十四万人。这就得按县的大小，从四百人以上八百人以下，自由确定数目。例如：甘泉确定四百人选一县议员，再按照各个乡人数的多少，看某乡有几个四百，就要某乡选几个县议员。

（四）大县如绥、米各十四万人，可是应选议员不能多于十人，那就是平均一万四千人才选边区参议员一人，小县如延安市（县市）七千人，可是应选议员不得少于三人，那就平均二千三百人就可选一边区参议员。

除以上规定外，还有如机关、学校多的地区，机关、学校选出议员的额数也要改变，不然会因机关、学校议员数多而压倒老百姓议员。比如延市全机关、学校人数比老百姓多几倍。那么，老百姓四百人举一市议员，机关学校就须几千人举一市议员才为妥善。

最后还须注意①：当选举委员会成立后，应迅即拟定各项选举比例实数呈报上级选举委员会批准。因为不迅速，等到上级批准的往返时间，会使整个选举进程的迟延。不经上级选举委员会的批准，又怕比例数弄得不妥，而且不经过批准，不算合法。

第九条　边区县参议会选举区域单位的居民，不满前条比额法定人数，而已达二分之一的，得选举参议员一人，其超过比额的余数，达二分之一的亦可。

比如：县以乡为选举单位，已由县选举委员会决定该县每乡以五百人选一县议员，如果某乡不足五百个居民，只要有半数以上即二百五十个人以上，即可选出一个议员，若是超过五百个居民，其余额已达半数，即七百五十个以上就可选出两个议员。边区的选举单位，也照此推算，唯乡市是以划定的每个居民小组只选一个市参议员。

第十条　边区、县参议会的选举，得按照各选举单位的当选人数，选出五分之一的候补议员，如该单位没有五个议员的，亦得选出候补议员一人，均以票次多数的充当。

候补议员如出席会议时，只有发言权，而无表决权。

以居民小组为单位选出的乡市参议员不设候补议员。

比如：某乡选举单位，应选出县议员五人，选举结果：张某得一千三百票，王某得一千二百一十票，李某得一千零三票，赵某得九百九十二票，刘某得八百一十四票，马某得七百八十九票，黄某得七百七十八票，那就是张、王、李、赵、刘五个人当选为正式议员，马某为候补议员，黄某以下落选。又如：该乡只能选出一个或两个县议员，不足五个的，亦得选出一候补议员。

当选的正式议员如有人出缺，就以候补议员补上，候补议员来补上时，不必出席议会，但亦可以出席，不过只有发言权，而无表决权。这是正式议员和候补议员的区别。

以居民小组为单位，选出的乡市参议员，不设候补议员。如因事去职，即由该小组召集大会选举，小组开会是易得的。

第十一条　警察、学校、工厂、机关、县保安队，均参加其所在［地］区域的选举，

① “档案文件版”无此6字。

和居民一样，但边区保安队，抗日驻防部队，专门以上学校，百人以上产业工厂，得以其生产为单位进行单独选举，选举出席于所属参议会的参议员，如不是［足］① 第八条比额人数时，得联合数单位进行选举。联合仍不足额时，亦得选出议员一人。专门以上学校，百人以上产业工厂的职员，除参加某生产单位选举外，并得参加其所在地乡市选举。

这条很重要，兵士、学生、工人，是人民中进步的部分，应该参加选举，兵士、工人、学生，有他的特殊利益，又应该单独进行选举。所以我们规定边区保安队、抗日驻防部队、专门以上学校、百人以上产业工厂，得进行单独选举。比如：驻防边区的留守兵团、边区保安部队、抗大、鲁艺、延大、行政学院等学校，他们有和一般居民不同的利益，所以应单独选出他们的代表。至于警察、县保安队人数不多，中等以下的学校、手工业工人或人数很少的工厂，那就只好参加区域选举，和居民一样。

学校、工厂的职员，他们和老百姓有关系，所以即是进行单独选举的学校、工厂，其职员也应参加所在地的乡市选举。

第十二条　在边区境内的少数民族选举如下：

（一）已达各级参议会选举居民法定人数的，照第八条之规定比额，单独进行民族选举；

（二）不足法定人数而已达乡市选举人数五分之一，县市的七分之一，边区的八分之一的居民，亦得单独进行民族选举，选出各该级参议会参议员一人；

（三）不足前二款所述各级选举居民人数的，参加区域选举，与一般居民同；

（四）少数民族选举，得以各级参议会的地区为选举单位，不受第三章选举单位的限制。

少数民族如回民、蒙民，有他的特殊利益，应该进行单独的民族选举，但因为人数少，如果照一般民族选举，很难选出其代表来。所以有本条例的规定。比如：关中、陇东、三边有回民；照条例应有二十至六十个回民居民，才能选出一个乡议员，但现在只要有五分（之）一，就可选出一个回民乡议员；县照条例要有四百至八百人才能选一个回民议员，现只要有七分之一，就可选出一个回民县议员；边区要八千人才能选一个回民议员，现只要有八分之一，就可选出一个回民边区参议员。而且回民民族选举得以各级参议会的地区为单位，比如：全边区有一千数百回民，可是不住在一处，他们可以联合起来选出一个边区参议员，上次边区回民救国代表大会，就选出了出席边区参议会的议员。其他少数民族照此一样。

第五章　改　选

第十三条　乡市（等于区的市）参议会参议员每一年改选一次。

乡市（等于区的市）过去规定每半年改选一次，事实上做不到，现在修正为一年改选一次。但村长，行政村主任，在各级参议会组织条例上第十六条仍规定为每半年改选一次，事实上恐也困难，各地应依据具体情况，或也把它延长为一年改选一次。

为了乡市议行合一收得更大成效，把它一直贯彻到每个村去，有同志提议：“各小组选出的参议员同时可担任村长，小组以下之一家人或两家人的小自然村之村长，应直接受

① “档案文件版”将“不足”印作“不是”。

参议员领导。如若一个村有两个参议员或三个参议员，亦可在这二三议员内推定一正村长一二副村长，取得全村行政上的密切联系。至行政村主任，可同时领导行政，同时领导议员开会，起议员主任之作用。这样，所有行政村主任、村长、开议会时是议员，平日又是行政人员，使议员真正是议，同时又是行，老百姓选议员也就不能如过往之马虎，而议员因职责的加重，也就不致有开议会时，缺席不到的情景。”这个说法也有些道理，在条例未再修正前，各地不妨先试验进行。

第十四条　县市（等于县的市）参议会参议员每两年改选一次。

第十五条　边区参议会参议员，每三年改选一次。

上两条不要解释。

第十六条　各级参议员在任期内如有不称职的，得由各级参议员选举之法定居民人数十分之一以上的选民提议，经由该选举单位投票罢免之。

比如：县议员选举以乡为单位，如有县议员不好，有该乡原选居民比例的选民十分之一提出要撤换，就可开选举会投票决定罢免与否，如多数赞成罢免，就以候补议员继任，没有候补议员时，就在这会上选出继任的人。

第十七条　边区各级参议会，如遇特殊情形，不能按期改选时，乡市的或县市的，应由乡市参议会、县市参议会（或县市参议会常驻委员会）呈报边区参议会（或边区参议会常驻委员会）议决延长之，边区参议会由自身（或边参常驻会）议决延长之。

这条是为特殊情形定的。

第六章　选举委员会

第十八条　为便利进行各级参议会的选举，设立各级选举委员会，其组织规程另定之。

选举委员会是办理选举的专门机关，边区政府设一个，办理各级的选举事宜；县设一个，办理该县及乡的选举事宜；乡市设一个，办理该乡的选举事宜。乡、县的不常设，边区政府则须常设。边区、县的选委，多属于指挥与解释事项，县市选委则是直接实行选举的。

除规程上有的不说外，现谈谈乡市选举委员会怎样工作？

假定一个例子：延安中区某乡，为着进行改选，召集了一个会（干部会或积极分子会或参议会都可以），乡长根据选举委员会由政府及群众团体代表组织的原则，要大家推选人，当场推选出张金生（一行政村主任）、高田福（工会主任）、赵兰英（妇女主任）、强伯成（青救主任）、张盛荣（县派来帮助选举的）五人为选委会委员，乡政府报告县府得其批准，并指定强伯成为主任（指定县派去的人也可以），于是选举委员会就成立了，开始它的工作。选委的工作：

第一件事，是划定居民小组。居民小组划定后，要居民们事先准备好他们要那（哪）个人做他们的议员，不要那［哪］个人做他们的议员。

第二件事，是宣传。各委员到各村宣传，动员各机关各学校组织宣传队，贴标语、画报、传单，挨户演说，说明选举的重要，及以居民小组为单位选举的意义。

第三件事，是登记各个居民小组的选民与居民。居民是人的总数，选民是有选举资格的，由他们来选举。各个居民小组的居民与选民都登记完了，选举委员会把选民名单及应选议员数目，用纸写了，贴在公共地方。选民登记时，要照上级发下的表填上，如果因文化低的缘故，填不来的也不要紧，只要把有选举权和无选举权的数目弄清楚了，就要得。

第四件事，是在选举进行中，各居民小组内发生了一些争执，要选举委员会解决。

1. 第一居民小组高同志提出：张大成是地主，陈正金是富农，他们不应有选举权，可是他们还在企图当选，应该禁止。又本乡共产党支部提出的候选人，有些不是共产党员，是不是弄错了？应该纠正。

选举委员会答复，选举条例上规定，只要不是汉奸卖国贼，都有选举权被选举权，且都有竞选自由，政府不能禁止他。又现在的政权，各阶级各党派都有参加权利，共产党不应该都占，在共产党占优势的边区，应该帮助非共产党员进行竞选。共产党中央决定共产党员只应在政权机关中、民意机关中占三分之一，那么，共产党支部提出非党的候选人，并不是弄错了，而是应该这样。

2. 第二居民小组李同志报告：本村有几个国民党员运动当选，我看是不好的，请给查禁。

选举委员会答复：选举条例规定各党派竞选自由。国民党是国内大政党，应该有人竞选，并且应有人当选，就是其他小党派，都应该出来自由竞选，政府不能限制他。

3. 第三居民小组刘同志提议：我乡不识字的很多，现在要投票，那不能写的怎样办？

选举委员会答复：我们早已估计到这点。不能写票可以用“投豆子”或举手的办法。不过豆数和手数要数得清楚，在记录本上载明。比如你们居民小组，选民四十二人，假定在村长房子的禾场上开会，会场口摆张桌子，桌子上放着选民册，一个人在管着，来一人在他的名字上打一圈，一共到了三十八人，候选人假定是三人。如说用举手办法的话，主席应宣布：现在要选举了。大家分左、右、中三行坐着，请高同志数左行的票，杨同志数右行的票，张同志数中行的票，票没数清大家的手不要放下。又宣布：大家记着，每人都只能举一次手，不可多举，举完了，记录的把票数一算，当场宣布赞成某人的多少人，某些人当选为议员，某些人落选。

4. 第四居民小组艾同志提议，我们这个居民小组住得很散，中间还隔一个岭，要小脚妇女都到一处开会，很难做到，怎么办？

选举委员会答复：或者可以分作两处开，不过票要记清楚，要两处的票合起来计算，才能定出是谁当选。或者用“背箱子”办法，把票收在一起计算票数，定出谁当选。

第五件事，是实行选举。这时各委员忙得很，每个选委会要分配得力委员去主持各个居民小组会议，丝毫不能塞责，要准备会议日程，准备应付某些可能发生事件，同时党支部、各团体，都要全体动员，鼓动选民全体到会，使会开得很好。

第六件事，是选举结束。选举委员会，把这次办理的经过，居民与选民的册子，当选人民［名］，用费多少，呈报县政府核准。于是选举事就结束了。

乡市参议会一年改选一次，县参议会二年改选一次，两次中有一次乡与县同时改选。可以在一个选举会，选了乡的，又选县的。县的选举以乡为单位。要合起全乡的票，才能定出谁当选。

第七章　候补与竞选

第十九条　候补议员递补完尽仍不足法定议员数目时，各选举单位得另行补选。

比如：某县某乡原选县议员五人，候补议员一人，现正式议员有二人出缺，不够补，那该乡就可召集临时选举会，补选出议员一人。

第二十条　各抗日政党抗日群众团体，可提出候选名单及竞选政纲进行竞选运动，在不妨碍选举秩序下，不得加以干涉或阻止。

第二十一条　凡以威胁利诱等舞弊妨害选举自由者，不问当选与否，除制止其行动外，并将当事人及参加人提交法院依法惩处。

凡公民对于选举人认为有前项之行为者，仍得向司法机关告发之。

抗日政党如共产党、国民党及其他抗日党派等，抗日群众团体，如工会、农民救国会、青年救国会、商会、妇联及其他抗日团体等，都可以提出候选名单进行竞选，只要他（它）不妨碍竞选秩序，即是说不来捣乱、破坏、贿选、威胁等，政府就不得干涉他（它）。但如若捣乱破坏，威胁利诱，那就是犯了法，即已当选了，除宣布无效外，还应受刑事处分。

有威胁利诱行为，不仅选举委员会能干涉，就是任何公民也有向司法机关控诉的权利。

顺便谈谈竞选问题，竞是争的意思，各党派各团体想自己提的候选人当选，都向选民宣传，要求选举他的人。竞选的好处：摆出许多货色（候选人）叫人民选择，可以提高人民对政治的认识及兴味，可以促起政治的改进，可以使得民主更加发扬。

怎么竞法？拿什么东西来竞？不是靠枪靠势力，而是靠自己的主张。比如某乡选举乡议会（员），那里有国民党有共产党，共产党要想自己的人当选，于是共产党的该乡支部，就提出竞选政纲，说我们共产党主张在本乡：

1. 要在没有小学的行政村都设立小学，使小孩子能读书。
2. 要聘请一位保婴员来本乡，教育妇女怎样养娃娃，使不生病。
3. 要在东山与西沟设立哨站，加强自卫军工作。
4. 要兴修东川水利，估计可能荫洼地二千亩。
5. ……

只要我党的人当选了，一定能做到，同时向人民介绍我党提的候选人的能力与品质。

当然国民党或其他党派、团体，都也提出人和政纲来，都摆在人民面前，叫人民选择。人民是不会受骗的，看得准确的，选出的总不会坏。竞选的人如果失败了，那只怪你的货色不中客意。准备你的货色，下次又来吧！

第八章　经　费

第二十二条　各级参议会选举经费，由各级选举委员会造具预算，呈请边区政府支付之。

第九章　附　则

第二十三条　本条例施行细则，另由边区政府制定之。

第二十四条　本条例经边区参议会通过，由边区政府公布施行。

第二十五条　本条例解释与修改之权，属于边区参议会。

上面四条都不要解释。

选举前和选举后

选举条例只规定了选举人的事。但我们并不是为了选举而选举，而是在选举运动中改进政治，提高人民对政治的兴味与认识。因此选举前选举后应该做些什么？还得说一说。

选举前应做的：

1. 政府工作报告与讨论

乡市参议会改选之前，乡市政府应分村召集群众大会，报告他当选以来的工作。因为要群众来得多，故须分作几天在几个地点开会。报告内容要简单明了，做了一些什么工作，那（哪）几件做得好，那（哪）几件做得不好。做得好的原因在那（哪）里，做得不好的原因又在那（哪）里。然后说到今后本乡工作应该怎样，或者已经计划怎样去做，报告的话要切实，不要东拉西扯，也不要说得太长，报告毕，要求群众有质问，批评。

报告完了以后，各村群众可以自由讨论，党支部各团体应发动群众讨论：会上也好，拉闲话也好，尽量各人把各人的话说出，只有大家都清楚现在政府工作的好坏，敢于评论现在政府工作的好坏，然后各人心中都有了“泾渭”，能举出适当的人，提出适当的议。

2. 提案

讨论本届政府工作，人民总有些意见，加上了各政党各团体提出了竞选政纲，人民的意见更有所综合，经过人民的讨论、修正、补充，把它变成人民的意见即提案，在选举会上提出，作为人民对当选议员的指令。这是很重要的一件事。

提案要具体，如某村有若干小孩要读书，须增设小学；某村的路坏了，坝坏了，要修理；某村有几家抗属或孤老要救济……等。空洞的原则的提案，在乡市是用不着的。

3. 提出候选人

必须提出候选人的名单，然后人民的注意能集中，票不致（至）于散乱。但是在统一战线政权创始的边区，又是共产党占优势的边区，提候选人的应注意到非共产党的各阶级的积极分子，注意到党中央决定的三三制的实现。共产党支部可以提非党候选人，各团体更应多提出非党候选人，犹恐见闻不广，最好在乡市选举时，各居民小组开群众会由群众推出些候选人，一个人提议，上十人赞成，就可以列入候选名单，候选名单应有两个以上（县、边区候选名单则应比当选人数多两倍以上），那仅照应选人数准备候选名单，是不对的。

4. 讨论候选人

候选名单有了，群众并不都认识，提出的政党或团体应详为介绍，让群众去批评，谁好谁不好，什么话都可以说。要告诉选民在选举会之前，每人都“心里有数”，我是选中了那（哪）一个或那（哪）几个，到会上就举他们。

选举后要做到：

选举完了，乡市政府马上召集新乡市参议会第一次会议。会议程序可以是：1. 推定主席团（三人或五人）。2. 分工，即推选某某乡（市）长，某某等做乡（市）政府委员会。3. 旧乡（市）长交待工作。4. 讨论选举会上选民对参议会的指令即提案……等。

于是旧乡（市）长任务终了，新乡（市）政府正式理事。

这里要着重说明的：乡市政府和边区、县级政府不同。边区，县级政府和议会并列；

乡市则行政与立法合一。乡市参议会是该乡市的最高政权机关，乡市参议会不开会时，乡市政府委员会为唯一政权机关。乡长乡行政人员，同时也是乡市参议会议员。

此外关于选举上一些技术问题，运动方式问题，这里不能一一详述，希望对选举工作有经验的同志，及在实施选举遇到一些新的事实的同志，随时告诉我们，使这次选举办得更好。

上面所说的多乡（市）选举的例子，少说到边区及县级选举。其实边区、县级选举，除选举单位大一些以外，其他手续，大抵相同，所以不多论及。

选自《抗日根据地政策条例汇集》陕甘宁之部（上），1942年版，第83～104页。

互校版本：

1.《陕甘宁边区政府文件选编》第六辑，档案出版社1988年版，第38～54页。简称“档案文件版”。

2.《陕甘宁革命根据地史料选编》第一辑，甘肃人民出版社1981年版，第192～212页。

3.《中国新民主主义革命时期根据地法制文献选编》第一卷，中国社会科学出版社1981年版，第224～243页。原注：“选自《陕甘宁边区第二届参议会汇刊》，一九四二年版”。

8. 陕甘宁边区民政厅印发边区参议会选举条例的解释及其实施的命令

1942年6月20日

各分区专员、各县市长：

查边区各级参议会选举条例已经政府会议通过，现在边区参议会交来编辑之选举条例的解释及其实施，特印令发，希即遵照施行。此令！

厅　长　刘景范

副厅长　唐洪澄

边区选委会主任　秦　争

六月二十日

选举条例的解释及其实施

去年“选举须知”上载有“选举条例的解释及其实施”一文；“选举条例”经过边区第二届参议会修正，因此“选举条例的解释及其实施”也就要修正一下。

下面就是修正的本子。（注：即7号前文）

原编者

一九四二年五月

选自《陕甘宁边区政府文件选编》第六辑，档案出版社1988年版，第37页。

9. 陕甘宁边区各级参议会选举条例

1944年12月边区第二届参议会第二次大会通过

第一章　通　则

第一条　本条例依据三民主义民主原则及陕甘宁边区实际情形制定之。

第二条　陕甘宁边区之乡市（等于区的市），县市（等于县的市）及边区三级参议会参议员之选举，悉依本条例之规定办理之。

第三条　凡居住边区境内人民，年满十八岁，不分阶级、党派、职业、男女、宗教、民族、财产及文化程度之差别，除有下列情形之一者外，皆有选举权及被选举权。

（一）有卖国行为，经政府缉办有案者；

（二）经法院或军法判决褫夺公权尚未复权者；

（三）有神经病者。

第四条　凡合于前条所规定之公民，皆按平等原则参加选举，每一公民皆有一票选举权。

第五条　服务军界之公民，与一般公民同等有选举权及被选举权。

第六条　参加各级选举之公民，用不记名投票选举自己平日信任之人。

第七条　自乡市至边区各级参议员，皆由各参加选举之公民直接选举之。

第八条　各级参议员之选举，设立选举委员会。该委员会之组织另定之。

第二章　选举区域

第九条　乡参议会参议员之选举，以行政村为单位。市（等于区或等于乡的市）参议会参议员之选举，以街道或原有行政区域为选举单位。

第十条　县（或等于县的市）参议会参议员之选举单位为乡。

第十一条　边区参议会议员之选举单位为县。

第三章　各级参议会参议员选举名额比例

第十二条　乡市（等于区或等于乡的市）参议会参议员之选举名额比例如下：

（一）不满四百人之乡市，选举参议员十五人；

（二）四百人以上之乡市，每增加居民一百人，增选参议员一名。

第十三条　等于区的市参议会参议员之选举名额比例如下：

（一）不满五千人之市，选举参议员二十名，

（二）五千人以上之市，每增加居民一千人，增选参议员一名。

直属区设区参议会，其参议员之选举名额比例，适用等于区的市之规定。

第十四条　县市（等于县的市）参议会参议员之选举名额比例如下：

（一）不满二万人之县市，选举参议员三十名；

（二）二万人以上之县市，每增加居民三千人，增选参议员一名。

第十五条　边区参议会参议员之选举名额比例如下：

（一）不满二万人之县市（等于县的市），选举参议员二名；

（二）二万人以上之县市，每增加居民二万人，增选参议员一名。

第十六条　各级参加选举之人数超过比额时，其超过之数如达比额二分之一者，得选举参议员一人。

第十七条　前四条所列各项选举名额比例实数，由各该选举委员会按照各该选举区人口实数，拟定应当选之票数及名额，呈报上级委员会核准。

第十八条　边区、县参议会参议员之选举，得按各选举单位之当选人数，选出五分之一之候补参议员。如该单位参议员不足五人之数者，亦得选出候补参议员一人，均以得票次多者为当选。

候补参议员如出席会议时，只有发言权，无表决权。

乡市参议员不设候补议员。

第十九条　警察、学校、工厂、机关、县保安队，均参加其所在地之区域选举与一般居民同。但边区保安队、抗日驻防部队、专门以上学校、五十人以上产业工厂，得以其生产为单位，进行其单独选举，选举出席边区参议会之参议员。

（一）驻防边区抗日部队、边区保安队、抗日军政大学，共选举边区参议员十三人；

（二）五十人以上各产业工厂，共选举边区参议员六人；

（三）专门以上学校，共选举边区参议员一人。

专门以上学校及五十人以上工厂之职员，除参加其生产单位选举，并得参加其所在地之乡市参议会选举。

第二十条　边区少数民族之选举如下：

（一）已达各级参议会选举居民法定人数者，依第十二条至十四条之规定比额，单独进行民族选举；

（二）不足法定人数而已达乡市选举五分之一、县市选举五分之一、边区选举十分之一之居民，亦得单独进行民族选举，选出各该级参议会参议员一人；

（三）不足前第二项所定各级选举居民人数者，参加区域选举，与一般居民同；

（四）少数民族选举，得以各级参议会之区域为选举单位，不受第二章所定选举单位之限制。

第四章　改　选

第二十一条　乡市（直属区或等于区的市）参议会参议员，每一年改选一次。

第二十二条　县市（等于县的市）参议会参议员，每三年改选一次。

第二十三条　边区参议会参议员，每三年改选一次。

第二十四条　各级参议员在任期内如遇有不称职者，得由该级各议员选举之法定人数十分之一以上之选民提议，经由该选举单位投票罢免之。

第二十五条　边区各级参议员，如有特殊情形不能按期改选时，乡市或县市之改选时间，应由乡市参议会、县市参议会（或县市参议会常驻委员会）呈报边区参议会（或边区参议会常驻委员会）议决延长之。边区参议会得由其自身议决延长其改选时间。

第五章　候补及竞选

第二十六条　边区、县参议会候补议员递补完尽仍不足法定人数时，各选举单位得另行补选。

第二十七条　各抗日政党、抗日群众团体，可各提出候选名单及竞选政纲进行选举运动。此项候选名单，亦得由各抗日党派、各抗日群众团体联盟提出之。

有第十二条至十五条各级增选议员之法定人数十分之一以上之选民联署，亦得提出各级参议员候选人参加竞选。

竞选运动在不妨害选举秩序下，任何人不得加以干涉或阻止。

第二十八条　凡以威胁利诱等舞弊妨害选举自由者，不问当选与否，除制止其行动外，并将当选人及参加舞弊人提交法院依法惩处。

凡公民对于选举人认为有前项之不法行为者，亦得向司法机关告发之。

第六章　选举经费

第二十九条　乡、县级选举经费，由县选举委员会造具预算，报请上级政府批准后，由各该县地方事业费支付之。

边区级选举经费，由边区选举委员会造具预算，经边区政府批准由财政厅支付之。

第七章　附　则

第三十条　本条例施行细则，由边区政府另定之。

第三十一条　本条例经边区参议会通过，由边区政府公布施行之。

第三十二条　本条例修改及解释之权，属于边区参议会。如在闭会期内有急需解释者，由边区参议会常驻委员会解释之。

选自《陕甘宁边区第二届参议会第二次大会撮录》，陕甘宁边区第二届参议会常驻会编印，1945年5月，第45～61页。

互校版本：

1.《中国新民主主义革命时期根据地法制文献选编》第一卷，中国社会科学出版社1981年版，第244～250页。原注：“选自《陕甘宁边区第二届参议会第二次大会撮录》，一九四五年版”。

2.《陕甘宁边区政府文件选编》第八辑，档案出版社1988年版，第472～476页。

3.《陕甘宁边区法律法规汇编》，陕西人民出版社2006年版，第46～47页。

10. 陕甘宁边区各级选举委员会组织规程

1944年12月[①]

第一章　总　则

第一条　本规程依据边区各级参议会选举条例第八条制定之。

第二条　各级选举委员会受同级政府之领导，为领导本届选举工作之机关。

边区选举委员会领导边区各级选举事宜。

县（或等于县的市）选举委员会领导该县（市）各级选举事宜。

---

① 原件无颁布日期，推断为1944年12月通过的《陕甘宁边区各级参议会选举条例》的配套文件。

乡（等于乡或等于区的市）选举委员会领导该乡（市）选举事宜。

第二章　职　务

第三条　选举委员会职务如下：

（一）规划、执行选举工作计划。

（二）掌理选举之宣传及疑难解答事项。

（三）登记、审查选民、公布选民名单、主持选举大会之进行，并办理选举工作中之一切组织事宜。

（四）执行选举条例第十七条所规定事项。

（五）检举以威胁、利诱妨害选举之行为。

（六）选举办毕后，应向同级政府造具报告书，报告选举工作经过。

第三章　组　织

第四条　各级选举委员会的组织为下：

（一）边区选举委员会，委员九人至十三人，由边区政府聘请之，并互推一人为主任。

（二）县（市）选举委员会，委员七人至十一人，由县（市）政府呈请边区政府聘请之，并互推一人为主任。

（三）乡（市）选举委员会，委员五人至九人，由乡（市）政府呈请县（市）政府聘请之，并互推一人为主任。

各级选举委员会于必要时可设副主任一人。

第五条　边区及县级选举委员会的委员，由边区政府及各级政府聘请各群众团体、各抗日党派代表及当地公正人士组成之。乡（市）选举委员会的委员，由乡（市）参议会或乡（市）政府委员会提出之。各级委员均以在该地工作或居住人民为适宜。

第六条　进行单独选举的边区保卫团、警卫团、驻军及工厂、学校，得依下列规定单独组织选举委员会，办理本部门的选举事宜：

边区保卫团、警备团、驻军、抗日军政大学之选举委员会，由边区后方留守兵团政治部提出委员人选七人至十一人，呈请边区政府聘请组织之，并互推一人为主任。

延大、党校、医大等学校之选举委员会，由各该校部联合提出委员人选七人至十一人，呈请边区政府聘任组织之，并互推一人为主任。

五十人以上各产业工厂之选举委员会，由各该主管机关联合提出委员人选七人至十一人，呈请边区政府聘任组织之，并互推一人为主任。

第七条　有少数民族参加选举的地区，选举委员会得有少数民族人员参加。少数民族进行单独选举之地区，得设立少数民族选举委员会，由少数民族中提出委员人选五人至九人，依照第四条，呈请上级政府聘任组织之。

第八条　各级选举委员会于必要时，得酌用秘书、干事若干人，分别办理选举工作各项事宜。

第九条　边区及县级选举委员会印信，由同级政府制发之；乡选举委员会之印信，由县（市）政府制发之。

第四章　任期及经费

第十条　各级选举委员会于每次选举开始前成立，选举完毕向同级政府或参议会报告工作后结束，并缴还选举委员会之印信。

第十一条　乡、县级选举经费，由各该县选举委员会负责筹划审核开支。如地方经费供给不足时，由各该会造具预算，报请边区选举委员会审核，转送财政厅酌予补助。

第五章　附　则

第十二条　本规程如有未尽事宜，由边区选举委员会提出，经边区政府修改之。

第十三条　本规程自边区政府公布之日施行。

选自《中国新民主主义革命时期根据地法制文献选编》第一卷，中国社会科学出版社 1981 年版，第 250～253 页。原注“选自一九四五年十一月陕甘宁边区选举委员会《选举文件》第一辑”。

三、政权组织

1. 陕甘宁边区政府命令——重新划分边区行政区域

1937年9月12日

为得更便利于动员人民参加抗战，使行政机构更便利于对于人民的领导，来创造民主的抗日模范区，以适合目前新的抗战阶段任务的执行，因此行政地区重新的划分是有着重要意义的。

根据地理的、经济的、群众的生活习惯等条件和便利于工作上的管理与领导，陕甘宁边区行政地区，决定重新划分如下：

一、陕北东西两分区决定取消，所属各县归边区政府直接领导，关中及陕甘宁分区与神府县政府仍旧不变。

二、县制的划分：

（1）甘泉、富州、红宜①三县，依照现有的县区不变更；

（2）延安、安塞、安定②、保安（即志丹县）、靖边、延川、延长照原国民党时代旧县制不变，子长、新成、延水等三县分别合并于上属各县，其原则按旧县界合并；

（3）陕甘宁之赤安县应即取消，依旧县界划归保安、环县管辖，其另一部（分）划归

① 原注：于1937年4月建县，5月改名固临。

② 原注：现名“子长县”。

华池县，其余各县均不变更。

三、各县所属区的划分规定如下：

（1）过去因战争环境，区的划分过多，各县所辖区的数目应斟［酌］量减少；

（2）延长划分为六个区，延安七个区，安定五个区，延川七个区（东阳区在内），靖边七个区，安塞六个区，保安八个区至十个区，其他各县所辖区的数目，由各县政府斟［酌］量提出归并和减少办法，呈报边区政府批准后再实施。

四、乡的划分一般的依照现有各乡的界线不变，乡界个别应有的改变由县政府酌量规定并即时向上呈报。

五、陕北东西分区之各县区应在九月内划分就绪，陕甘宁分区应在十月十号前划分就绪，然应在干部与群众中作详细的解释工作，使他们明白划分地区的重要意义。

代　主　席　张国焘①

代内务部长　马明方

选自《陕甘宁边区政府文件选编》第一辑，档案出版社 1986 年版，第 7～8 页。

2. 陕甘宁特区政府通令——关于统一政府名称问题

1937 年 11 月 10 日

本政府为统一政府名称起见，特为如下规定：

（一）陕甘宁特区政府俟后统称为陕甘宁特区政府，不再称陕甘宁边区政府。

（二）各级议会统称为各级人民代表大会。

（甲）乡代表会改称乡民代表大会，简称乡民大会，不再称乡代表会。

（乙）区议会改称区民代表大会，简称区民大会，不再称区议会，区议员改称区代表。

（丙）县议会改称县民代表大会，简称县民大会，不再称县议会，县议员改称县代表。

（丁）特区议会改称特区人民代表大会，简称特区大会，不再称特区议会，特区议员改称特区代表。

（三）各级人民代表大会主席统称主席或主席团，不再称议长和常驻议员。

（甲）乡民大会设乡主席。

（乙）区民大会设区主席团。

（丙）县民大会设县主席团。

（丁）特区大会设特区大会主席团。

（四）各级政府首长统称主席。

（甲）特区政府主席。

（乙）县长改称县主席。

---

① 原注：张国焘，1937 年 4 月任陕甘宁边区政府执行委员兼代主席，1938 年 4 月背叛革命后，被开除党籍及一切职务。

（丙）区长改称区主席。

（丁）乡长改称乡主席。

除将特区大会及行政组织纲要依法修改，将来提交特区大会正式通过外，特通令各级政府，自令到之日起，即行统一政府名称为要。

代主席　张国焘

选自《陕甘宁边区政府文件选编》第一辑，档案出版社1986年版，第30～31页。

3. 陕甘宁边区政府训令
——关于改陕甘宁边区议会为参议会

1938年11月25日

令各分区各县区乡政府

为令饬遵照事：案查陕甘宁边区为发扬民主，增强抗战力量，曾于二十六年五月二十五日，由前中华苏维埃中央政府驻西北办事处明令公布，全边区各级议会限期选举，建立普选之民主政权机关，并于同年九月二十日正式改苏维埃驻西北办事处为边区政府。年余以来，无论参战动员、经济建设、国防教育等各方面，均收到伟大成绩，证明大量发扬民主与适当改善人民生活，对精诚团结，抗战建国有极大密切之联系，兹者我全国在国民政府与蒋委员长领导之下，建立代表全国民意之国民参政会，在两次大会上已充分发扬民主之革命精神与确定抗战建国之方针，各地民意有所遵循，陕甘宁边区，特本此项伟大昭示并遵照国民政府本年九月二十六日命令及同时颁布之省参议会临时组织条例，决［定］改陕甘宁边区议会为陕甘宁边区参议会，明年一月十五日召集之第一届会议，即定名为参议会，所有原选之边区议员，均为边区参议员，此一更改不仅表现于名义及形式方面，在内容与精神上，当本精诚团结，坚持抗战之主旨，争取最后胜利，完成抗战建国大业。仰各级政府循此方针，领导所属人民，紧张一切工作，为建立三民主义共和国而奋斗前进。

切切此令

主　席　林伯渠

选自《陕甘宁边区政府文件选编》第一辑，档案出版社1986年版，第98～99页。

互校版本：《新中华报》1939年11月30日第二版。

4. 陕甘宁边区政府关于改议会为参议会的通电

1938年11月30日

国民政府各院部会、各军事长官、国民党中央、各省市政府、各报馆、各文化救亡团体暨全国同胞钧鉴：

陕甘宁边区为发扬民主，增强抗战力量，曾于二十六年五月二十五日明令公布全边区各级议会限期选举，建立普选之民主政权，并于同年九月二十日正式改中华苏维埃中央政府驻西北办事处为国民政府领导下之边区政府。年余以来，无论在参战动员、经济建设、国防教育等各方面均获得伟大成绩，证明大量发扬民主与适当改善人民生活，对精诚团结、抗战建国有极密切之关系，兹者我全国在国民政府与蒋委员长领导之下，已建立代表全国民意之国民参政会，在两次大会上充分发扬民主之革命精神与确定抗战建国之方针，各地民意有所遵循。陕甘宁边区本此伟大昭示，并遵照国民政府本年九月二十六日命令及同时颁布之省参议会临时组织条例，决改陕甘宁边区议会为陕甘宁边区参议会，此项参议会已决定于二十八年一月十五日在延安召集第一届会议，在本届会议中，当本精诚团结，坚持抗战之主旨，争取最后胜利，完成抗战建国大业，遵循中央既定方针领导全边区人民，紧张一切工作，为建立民族独立、民权自由、民生幸福之三民主义共和国，届时敬祈派员莅临指导一切，以竟全功，临电翘企，不胜盼祷之至。陕甘宁边区政府主席林祖涵有叩。

选自《陕甘宁边区政府文件选编》第一辑，档案出版社 1986 年版，第 100 页。

5. 林伯渠：陕甘宁边区政府对边区第一届参议会的工作报告[①]

1939 年 1 月

同志们！今天我把陕甘宁边区政府两年来的工作，向边区第一届参议会作一个概括的报告，给各位参议员同志作检查政府与决定今后方针的根据。我的报告分做三大部分：一、保卫与巩固陕甘宁边区是全边区和全中国人民的共同任务；二、两年来边区政府在保卫边区和保卫全中国的抗战中所做的工作；三、抗战新阶段中边区政府的任务。我现在就来说这些问题。

一、保卫与巩固陕甘宁边区是全边区和全中国人民的共同任务

第一，目前的抗战形势和边区所处的环境：

首先让我简要的说一说陕甘宁边区的形势问题。

中华民族为了自己的生存和全世界的和平，对国际强盗日本帝国主义进行举国规模的战争，到现在已经十八个月了，在这十八个月当中我们失掉了许多地方，我们失掉了许多政治、经济、文化的中心城市，我们丧失了很多的生命财产；换句话说，就是我们受到了暂时的局部的挫折。这个挫折，使我们遭逢到了很大的困难，并且这困难还将随着抗战的转入新阶段而增加起来。然而，两年来的抗战，给中国带来了前所未有的各方面的进步。两年来抗战的经验教训证明了：抗日战争原是个长期的，残酷的、艰难困苦的过程，只要我们能够不怕牺牲，不怕痛苦，坚持长期战争，最后胜利是一定属于我们的。而支持长期战争与争取最后胜利的唯一道路，就在于全民族的更加团结与进步。现在坚持继续抗战已

① 原注：此报告是林伯渠同志代表边区政府作的，本报告所有脚注是“政府文件版”所加。

成为既定国策，全国军民抗战情绪愈益高涨，亲日妥协分子已开始从抗战阵营中被洗刷出去，英、美、法对华援助渐趋积极，这正是中国更加团结与进步的表征。另一方面，敌人在占领武汉、广州的战斗后，更加暴露出了它的兵力不足与兵力分散的弱点，逐渐失去了它的海，陆、空军配合作战的优势。因为除了我主力军队在正面抵抗以外，敌人占领的广大地方都到处看见我们游击战争的活跃，使得敌人疲于奔命，势将被迫改变他的计划。

但是我们仍须充分估计敌人还有一点余威，并有周密的准备继续向西南与西北进攻，同时将抽调兵力进攻我们的游击根据地。我们尤须要充分估计：敌人除准备新的军事进攻之外，正加紧挑拨离间，勾结亲日妥协分子，企图从内部瓦解抗战阵营。最近汪精卫的叛党卖国，就是这个阴谋的第一次大揭晓。敌人想利用汪精卫之流实行“以华制华”的政策，企图成立反蒋反共的伪中央政权，这正是目前政治形势的一个严重现象。

在这种形势下，边区所处的环境是很显明的：进攻西北与边区无疑的是敌人进攻计划中的一个重要部分。因此，我们必须反对那种幻想，以为敌人不会而且也不敢进攻西北与边区。拿边区来说吧，去年三月，敌军曾经一度占领府谷城，九月间敌人曾经炮击宋家川，十一月二十日以来，敌机屡次轰炸延安，这些事实不是都说明边区已经成为敌人直接进攻的目标了吗？但是，同时我们也决不要看到敌人准备进攻西北与边区，就张惶失措起来。过去几次敌人的进攻，都遭到我们的打击，结果迫使敌人不得不暂时撤退。今后即使他进攻，我们也有把握坚持我们的根据地。配合友军为保卫西北与边区而战的任务，我们早已提出来了。

这里要指出的，就是敌人为了实现进攻边区的计划，曾经不断的利用汉奸、托派和顽固分子，在边区周围和边区内部，进行各种阴谋破坏的活动，并在全国范围内有系统地散布关于破坏边区，破坏八路军与共产党的言论，例如说边区政府应该取消，八路军游而不击，共产党应该解散等等，或者想把边区和国民政府和全国人民分离开来，对立起来，以便达到进攻边区与西北以及灭亡中国的目的。汪精卫变成了公开的汉奸以后，他所发表的主张就包含着这些荒谬的意见，这岂不是明显的证据吗？

因此，我们的任务，就在于动员全边区的力量，配合友军的力量，来迎击日寇向边区与向西北的进攻，并支持前线的战争。在此任务下，我们要提高全边区人民的警觉性，防止汉奸、托派及顽固分子的阴谋破坏。我们要警告那些自觉的或不自觉的受日寇、汉奸、托派影响而摇旗呐喊、反对与破坏边区，反对与破坏八路军共产党的人们：你们这样做，正为日本帝国主义所喜，不论你们主观上如何，你们实际是在削弱全民族抗战的力量，无异于帮助日寇来灭亡中国，你们的错误必须改正，否则千秋的骂名将加在你们的头上。

第二，边区在抗战中的重要性：

日本帝国主义为什么处心积虑地要进攻边区呢？这本来是没有什么奇怪的，无疑的是因为边区在抗战中站在一个异常重要的地位。边区在抗战中的重要性，究竟表现在哪些事实上呢？它主要地表现在：

一、边区在全中国说来，是个政治上先进的地区。这里的民众在十年以来，就已经用自己的力量，建立了民族解放战争的堡垒，实现了民族主义；得到了民主自由，实现了民权主义；得到了民生改善，实现了民生主义。至于最近数年中，却坚持了抗日民族统一战线，为团结全国而尽了很大的努力，抗战十八个月中，为援助前线而贡献了很大的力量。

在极端困难的条件之下，坚持了正确的政治方向，发扬了艰苦的工作作风，厉行了廉洁政治。试问在全国范围内有多少象（像）边区政府这样廉洁的政府？边区政府是中央政府下面的一个地方政府，边区是中华民国的一部分，这是不错的。但不止此，它又是先进的一部分，我们并不夸大的说，边区实在是一个模范的抗日根据地。在边区除汉奸外给予人民以完全的民主权利，人民不但有言论，出版、集会、结社、武装的完全自由，而且实现了普遍、直接、平等无记名的民主选举。换句话说，边区人民最富于革命斗争的经验，他们不仅自己不愿做日本帝国主义的牛马奴隶，日日摩拳擦掌准备着同日寇作决死斗争，不仅自己建立了民主的抗日根据地，而且还能以自己的经验贡献全国人民，使全国人民的抗日斗争与建国事业，少走错路，使全国抗战建国的伟大事业，尽可能的早日获得成功。

二、边区拥有二百万的人口，广大的土地。虽大部分是黄土高原，然土地肥沃，可耕的地面仅以延安等十八县的统计，即有四千万亩，现在已耕面积则仅为九百万亩，尚有广大地面可供开发。边区粮食和棉花的出产极为丰富，石油与食盐也是大宗出产。畜牧极发达，煤铁蕴藏亦多。从这些自然条件看来，边区也是一个坚持抗战的好地方。而且边区又是我们民族祖先发祥的圣地，这里有轩辕黄帝的陵墓所在地，这里曾洒上了我们民族祖先为抵御外侮而流的鲜血。这里人民的民族的自尊心与自信心特别高涨，正是因为边区人民承继了祖先的传统。

三、在军事上，因为边区跨有陕西、甘肃、宁夏三省的各一部，西接甘肃、宁夏，北接绥远，东邻山西，所以一方面成为保卫西北的北门锁钥，另一方面又成为坚持华北抗战的重要后方。边区在军事上说来，它是绾毂华北与西北的战略支点。

这就可以知道陕甘宁边区的重要性了。敌人决不会放松陕甘宁边区，边区也必定要坚持自己的阵地，直至配合全国战胜这个万恶的敌人。

第三，边区的产生与根据：

但正因为陕甘宁边区的重要性，所以它不但不断遭受到汉奸、托派的造谣污蔑，攻击破坏，而且也成为某些顽固分子的眼中钉。他们到处散布关于边区的各种谣言，甚至说边区为“新的封建割据”，“边区没有法律的根据”，因此要求取消边区，在边区内外进行各种捣乱破坏的阴谋活动，这些顽固分子今日虽尚在抗日营垒的内部，然而他们今天所做的工作，实际上是有利于日寇的。

同志们！我现在来说一说陕甘宁边区的历史，使大家了然边区的存在是有它的充分的历史的、事实的与法律的根据的。

现在的这个边区，在十年以前，原来是个最落后而又最复杂的区域，这里人民在经济上受着民族的与封建的残酷剥削，在政治上受着中世纪的非人的压迫和奴役，在文化上落后到几乎意想不到的程度。民国十六年以后，这里的民众忍受不了这种生活，便在中国共产党同志的领导之下自动组织起来，武装起来，在这个地方开始了反帝反封建的斗争。到了民国二十年，先后建立了陕甘边（包括关中）、陕北（包括神府）的两个苏维埃政府。在政治上实行了民族解放的反帝国主义的政策，建立了彻底的民主制度；在经济上实行了分配土地，取消了苛捐杂税，改良了工人的待遇；在文化上也开始了进行义务教育与社会教育，而且同时普遍地组织了与武装了人民。在民国二十四年中国工农红军主力长征北上抗日，到达陕甘宁地区以后，又把两个政府和新发展的区域统一起来，建立了苏维埃中央政府西北办事处。显然的，这个政府当时在中国共产党中央直接领导及当地人民直接拥护与监督之下，是完全独立自主的革命的民主的政府。但它历来不同于封建军阀的割据，因为那里既无军阀，又无产生军阀的封建势力的基础。却正相反，这里有的只是一个革命的根据地！

但是，自“九一八”后，尤其在民国二十四年华北事变之后，由于日寇侵略的更加深入，民族危机的更加严重，所以中国共产党中央与苏维埃中央政府共同发表了有名的“八一”宣言，号召以全国各党派各阶级的抗日救国的统一战线，来进行抗日的民族革命战争。在同年十二月十五日又自动宣布在苏维埃政策上实行部分的改变，以推动这一号召的实现。这次宣言与苏维埃政策的部分改变，曾取得了全国人民的响应与赞助。

民国二十五年，西安事变时，中国共产党坚持和平解决的方针。西安事变和平解决以后，苏维埃政府为了团结全国一致抗日，就正式宣布取消两个政权对立的局面，把苏维埃工农民主专政改为一般的抗日民主政制（就是现在的边区政制），停止了没收地主土地的政策，并且表示愿意接受国民政府的指导。这种为民族为国家的光明正大仁至义尽的行动与态度，当然符合于任何革命法律的基本原则的。

不但这样，芦（卢）沟桥事变以前，中国共产党中央代表还正式同蒋委员长关于精诚团结共赴国难的问题，有过充分的商讨。当时蒋委员长对于改变苏维埃政府为边区政府成为国民政府的组成部分，表示了同意与赞成。而且答应划延安等县完全归边区政府直接统辖。此后不久，苏维埃政府即遵照当时中共中央代表与蒋委员长的共同决定，于九月六日正式更名改制，归国民政府领导，成为它的一个组成部分。在以后蒋委员长与中共中央代表历次谈话中间，也屡次承认了边区政府的合法地位，屡次答应了发布正式承认边区政府的命令。行政院长孔祥熙先生在蒋委员长的指示之下，也正式确定了边区为行政院直辖的区域。所以，虽是直到现在，我们还没有接到国民政府正式责成边区政府成立的命令，而且蒋委员长所答应的某些县份尚未正式归还边区，然而边区政府的合法地位，是早已确定了的。

当然，我们并不否认陕甘宁边区政府同其他国民政府统辖下的地区，是有着很大不同的地方。过去的历史，使边区政府不能不有它自己的特点。这些特点，在什么地方呢？如果我们拿三民主义的尺度，来测量我们的边区，那我们就应该大胆的说，我们的特点，即在认真的实现了三民主义与抗战建国纲领。这个特点，我们想在抗战建国的今天，不但不应该取消，而且应该保存与发扬光大的。实现三民主义与抗战建国纲领的政府，当然是最合法的政府，这是毫无疑问的。难道今天除了依据三民主义最高原则与抗战建国纲领的标准之外，还有什么其他测量合法的标准吗？当然没有。

同志们，这就是陕甘宁边区政府的产生与根据。抗日民族统一战线的发起者与坚决执行者，三民主义与抗战建国纲领的彻底实行者，蒋委员长的忠诚的拥护者，国民政府的组成部分，保卫河防、保卫西北、坚持持久抗战的堡垒——这就是我们的陕甘宁边区！

第四，坚持边区的存在，保卫边区，是争取抗战胜利，建立三民主义新中国的重要环节：

同志们，综合前面的分析，我们的结论是：边区的存在，边区的巩固，是和全国人民的利益一致的。边区的任何损失和削弱，就是全国力量的损失和削弱！事实上边区正为全国爱国同胞，以及全世界爱好和平的人士所关怀和爱护。全国各地来延安就学的青年络绎于途，关于边区的详尽或简明的介绍，连篇累牍，这些事实已足够证明拥护边区的存在与巩固，正是代表全国人民的利益、意志和要求。这是争取抗战胜利、建立三民主义新中国的一个有力的保证。两年来，我们的一切工作，一切努力，一切斗争，就是朝着这个方向进行的！

所以我们有充分的理由说，坚持边区的存在，保卫边区，是争取抗战胜利，建立三民主义新中国的重要环节。

这就是我的报告的第一部分。

二、两年来边区政府在保卫边区和全中国的抗战中所做的工作

现在我开始讲我的报告的第二部分，我分成下列八节来讲。不过我首先应当申明这里所报告的实际工作，还只是在十八个县和不上百万人口的范围内的情形。

第一，抗战动员，巩固后方，帮助前线。

抗日战争，是全民族的事业。一个落后的处在劣势的半殖民地的中国和一个先进的强大的处在优势的帝国主义日本进行战争，非动员整个民族的四万万五千万的人力、财力、物力，克服一切困难坚持抗战到底是不能成功的。两年以来边区政府根据这一方针，进行了如下的工作，并且得到了如下的成绩：

一、装武（武装）民众及参战动员工作：边区原来就有民众武装的组织，抗战发生以后，为了适应新的形势的需要，曾于前年颁布了一个自卫军的组织条例，在那条例里规定凡是成年青年，不分男女，都有分别加入自卫军、少年先锋队实行武装保卫国家，保卫边区的义务和权利。从那个时候起，整理、扩大与训练自卫军便成为全边区的重要工作。两年以来，在这一方面，我们得到了很大的成绩。这不仅表现在参加自卫军的人数已达二十二万四千三百二十五人，参加少先队的已达二万八千零八十七人，这不仅表现在自下而上建立起了指挥系统（村设班和排，乡设连，区设营，县设团，统归保安司令部指挥），这不仅表现在每人至少都有一件旧式武器（有的还有步枪短炮）以及经常备有担架，运输工具，准备参加抗战工作，而且还更表现在经常能受政治军事训练，帮助军队清剿土匪。前年边区形势紧张的时候，曾有一部分自卫军少先队组成交通队、侦探队、看护队、担架队等，准备直接到战地服务，以便正规军能集中全力对付敌人；尤其是这种参战完全出于群众的抗战热情，没有丝毫外力的勉强，关于这点，我们可举出下面两个实例来证明；

第一件，前年十一月，因敌人进攻晋南非常紧急，在七天之内，原来预定在沿河各县一次动员一万牲口到山西去帮助运输，结果超出了原定计划三百多匹。

第二件，去年十月到十二月，为了进行军事建筑，曾经整团整营的动员了自卫军前来参加工作，每个人在寒冷的冬天，参加了一个星期以上的夜工。

这种热烈的参战的动员，如果不是一般民众自己有高度的民族觉悟，革命的热情，是不会成功的。

二、兵役动员：由于抗战的长期性和残酷性，动员群众扩大与补充抗战的部队，成为政府动员工作的重要任务。边区各级政府两年以来曾经先后动员自卫军少先队八千余名加入抗战部队，抗战前后总共动员了三万壮丁，开赴前线，他们并非由强迫征兵而来。

此外自从抗战发生以来，我们又开始了一个抗日军人的归队运动。这个运动现在已经做到了这样一个程度，使边区内没有一个未及退伍年龄的退伍军人留在家里，他们早已整批的自愿的在民众热烈欢送之下，回到自己原来的部队中来。

至于由前线溃退下来的友军官兵，经过边区的，我们除了一面发动群众给以殷勤的慰劳外，还专门派人招待他们，给他们以很多政治上的鼓励，使他们很快的回到自己的部队，继续参加抗战。

三、优待抗日军人家属：为了免除抗日军人对家庭的顾虑，使他们能够专心一意地参加抗战，同时又为减少抗日军人家属对于自己的父子兄弟的挂念，使他们经常的能够得到精神的物质上的安慰，我们曾经采行了下面各种办法：

（一）组织代耕队，代替抗日军人家属种地，根据各县前前后后的调查统计，脱离生产直接参加前后方抗战工作的，约二万户左右，其中多数在抗战部队中充当指战员，部分参加其他抗战工作。他们一般的都是耕有土地，且是比较贫苦的农民，有的不仅耕具种子不足，甚至简直没有耕具的也有不少。为了使他们的土地不会荒芜，而减少生产，使他们不致因家庭生活困难而影响抗战情绪，政府便发动农民组织代耕队代替抗属耕种，曾颁布了义务耕田队的组织条例，明文规定，边区农民均须加入，无报酬的耕种抗属土地。我举固临、神府为例，固临代耕了三万九千九百六十三亩，神府代耕了一万零二十八亩。这种代耕工作究需怎样大的人力呢？据安定南区部分乡的调查，在一千四百五十五垧（一垧等于三亩）抗属土地，只有四百二十五个农民代耕。平均每个农民须要耕种三垧半，而每垧地须要九个人工和四个牛工才能耕好。这样看来，平均每个农民每年至少须有一个月的义务劳动去做优待工作，并且有的还要带耕牛及耕具，这不能不是边区人民一宗对抗战的巨大贡献，也是各级政府一项巨大的组织动员工作。

（二）改善抗属生活，提高抗属社会地位：政府为改善抗属生活，曾在法令上规定抗日军人家属免纳捐税，购买合作社物品时，可享受特殊廉价的优待，政府并经常帮助他们解决各种生活上的困难问题，在许多社会生活和享受中，给他们以优先权，无论在精神上或物质上，给他们以社会的光荣和尊敬，如领取救济款的优先权，开会看戏坐在前排等。

（三）安置边区以外逃难来的抗日军人家属：因为得不到优待而从边区以外逃入边区的抗属以安定、延安为最多。例如延安县为数达一千以上，在去年六、七、八几个月中，每月单是吃食粮便要七十担之多，全由边区政府募捐来供给。边区政府为了彻底解决他们的生活问题，把他们分别安置于各乡，分给他们土地，发动农民代为耕种，同时资助他们组织模范乡。

（四）创办抗日军人家属学校：为了提高抗日军人家属的政治文化水平，给他们以充分的与有系统的受教育的机会，培养他们成为抗战的干部，曾创办了一个抗日军人家属学校。该校先后收容学生三百余人，已毕业的在百人以上。这些抗日军人家属原来是目不识丁的，由这学校毕业之后，已能写信给自己在前方抗战的家人了。

（五）创造了模范的抗日军人家属：正因为政府和人民各方面优待抗属和尊敬抗属，就使得这些参加抗战的战士成了人民派去参加的代表。抗属方面，许多都觉得抗战是自己的任务，应当去参加，因而他们也努力自己去耕种，不愿受人民各方面的优待。这些抗属真不愧为模范抗属，值得我们特别钦敬的。

四、慰劳前方战士：为了提高前方战士抗战的情绪，使他们亲切的感到他们自己就是后方民众派出去的代表，同时又为了扩大后方民众的参战运动，使他们深刻的了解帮助前方战士乃是他们自己应尽的义务，慰劳前方战士便成为有重大意义的工作。

边区的经济，一般说来，是相当困难的；然而两年以来在募捐慰劳前方战士的运动中，我们却看到了惊人的成绩与踊跃输将的情形。前年曾经募捐了十万双毛袜和手套，去年又募捐到了六万双，都获得了顺利的完成与超过。这里最值得表扬的是有一个妇女做了七双毛袜和手套。抗日军人家属还破例的首先自动捐助前方。

五、剿匪锄奸：本来边区经过土地改革后，原有的土著土匪基本上早已消灭，反对革命的分子，早经驱除。但是自从抗战发动，八路军出发前线后，日本帝国主义就更有计划的收买、勾结、组织和利用边区以外的土匪叛兵以及汉奸托派来分头进攻边区，有的混进边区内部来进行间谍破坏的勾当，有的奉命留在边区边境的地方，进行各种扰乱活动，有的打进友区的各机关中进行各种挑拨离间的工作，这就不能不在一定期间在某些地方形成了猖獗一时的匪患。例如，前年八月宜川叛变的一营部队，枪约五百，盘踞于黄龙山。从韩城窜入富县之散兵二百余。啃聚在关中五台山者也有二百余。此外著匪有赵老五、张廷芝、张玉明、王四、董良如、吴从荣、董优明、夏老么、聂虎山、秦恩儿、武文英、陈老大等，总计不下四十余股，人枪不下二千余，这些叛兵与土匪，除了一般的打家劫舍杀人掳掠以外，还曾经实行过劳山劫车事件，以及枪杀抗日军人家属、退伍军人、爱国志士、政府工作人员等，同时并实行抢掠合作社、破坏国防交通，勾结少数抗日部队哗变，宣传日本王道，以实行武装替日寇作汉奸等等。

边区为要有效的帮助前方，坚持长期抗战，自然须（需）要有个巩固的后方，首先保证有个安宁的社会秩序，因此剿匪锄奸工作，就加重了它在抗战动员中的意义。

我们现在可以自慰的，是两年以来在剿匪方面，我们消灭了大小四十多股，被我们击毙击伤的有八百人左右，俘虏的有四百人左右，缴枪一千多支。现在我们可以说，边区内部的土匪［现］在基本上已告肃清了，这不能不说是一件伟大的胜利。但同时我们必须指出残匪依然还活动于靠近边区交界处，未能彻底肃清。这里主要原因，是由于未能取得与友区的合作，或是因保安队活动范围所限制。这不能不算是个极大的损失，使残余土匪得以苟延残喘，尤其在这敌寇深入之时，更足为抗战的后患。

在锄奸方面，我们动员了广大群众参加锄奸运动。每乡建立了民众锄奸委员会，每个委员会领导十个以上的锄奸小组，每个小组平均有十人以上的锄奸组员。目前边区统计有七百个以上的锄奸委员会，将达九千个的锄奸小组，包含十万多的锄奸组员。这种群众组织，一年来经过教育整理，成为坚强伟大的力量，在乡村及城市中，配合自卫军经常进行放哨、盘查、侦察、宣传等等锄奸警卫工作。

两年来破获敌探汉奸案件百余起，其中较为重要的有：进行秘密侦探组织案九起，利用宗教团体进行汉奸活动案二起，组织土匪枪杀扰乱案四起，化装民众进行汉奸活动案五起，勾引抗日战士拖枪逃跑案五起，托派叛徒案二起，偷收军用电话线案二起，投放毒药案一起。

同时锄奸工作的成绩还表现在如下各方面：

（一）配合地方部队进行剿匪工作，破获了土匪案件一百五十多起，瓦解股匪争取匪众百多人，缴获枪支一百多杆（保安司令部剿匪成绩不在此限）。一般的肃清了边区内部的匪氛，保证了地方治安。

（二）保障了政府命令的执行，检举了不明大义，不顾大局的豪绅地主及捣乱分子，没收了烟土七千余两，破获了伪钞票案二十多起。直接间接均有利于边区人民。

（三）帮助了友军，一年来扣送逃兵案不下二百起，同时帮助解押护送等等，皆站在共同抗日、互相帮助的立场上，使抗日统一战线更加巩固与发展。

（四）保护群众利益，各县保安科对于警戒盘查及肃清盗匪工作，皆能经常注意，领导群众积极进行，特别是延安市公安局平时的努力与敌机轰炸时的英勇果敢，对于维持地方秩序保护市民财物方面，表现了显著的成绩，取得了广大群众的拥护。

六、进行了救济难民，抚恤残废、保育儿童的工作：

（一）抗战以来，广大地区沦陷在敌人铁蹄下，无数同胞不愿受其蹂躏，扶老携幼奔走逃难，无家可归，对于他们予以救济和安置，不使走入饥饿死亡或流为盗匪，就成为了后方的一个重要工作。边区邻近战区，从山西绥远以及冀、晋、豫各省流入边区之难民，前后为数在三万以上。另外边区四周的抗日军人家属，因在各地不能得到救济优待而逃入边区的亦复不少。例如，从绥德、米脂、清涧等地逃入延安的，至今尚有三百余人，在延长者四百四十人，在延川者一千〇八十二人，在安定者七百一十六户人口约三千左右，其他如关中①、靖边、庆环②各地方都有。

对于这些难民的救济，除了中央政府前年亲自派员在边区散发救济金外，又承甘肃省政府拨交边区政府赈款计一万六千余元，去年又经行政院赈济委员会拨给边区赈款十万元，其中以三万元为急赈之用，其余七万元用之发展手工业生产及水利，实行以工代赈的办法来救济难民。同时又得到国联防疫大队的兰道尔先生向各方捐给边区一万元，以作救济难民之用。但因难民数量较巨，专赖协款、捐款还不能彻底解决，而且边区政府本身经费又极窘绌，所以不能不一方面依靠于广大群众，实行互助互济的办法来解决，一方面使难民经过一次救济后，自行谋生，或则介绍到农村，在农民协助土地工具和粮食之下而参加生产，或则介绍到工厂中作（做）工，或则介绍到机关工作，或则介绍到学校念书后再回到自己家乡参加抗战。

除外来难民外，在边区内是没有什么难民的。仅仅在敌机轰炸延安以后，一部分居民遭受牺牲，房屋财物遭受损失。边区政府除对伤者全部予以免费医治外，并对于死难居民予以相当抚恤，其因受伤或财物损失而影响生活者，分别给予了救济。

（二）在抗战中，抗日战士不断的牺牲和残废，这是中华民族优秀儿女保卫祖国的忠诚和英勇的模范精神，同时是争取抗战胜利的铁的保证。因此抚恤和优待牺牲战士和残废战士是每个人民和政府的责任。边区许多区域的百分之十的人民，加入了抗日部队，而且大多数是在前方直接与日寇作战的，一部分则在后方担负剿灭土匪巩固后方的工作。由于抗日战士有着高度的民族意识，以及由于战争的残酷性，边区的人民也就有不少为国捐躯或残废。加以边区与八路军有最密切的关系，许多牺牲和残废的战士也就都到边区请求抚恤和优待。两年以来，经边区政府抚恤优待的数目达六千以上。其死者则除一次发给抚恤

---

① 原注：关中分区，包括新正、新宁、赤水、淳耀等县。

② 原注：指庆阳、环县。

金外，并永远优待其家属。残废者则按其轻、重、久、暂不等的程度，分别发给残废优待证，每年发给十元至三十元的优恤金，并派人代耕土地。此外，老弱退伍的战士除发给退伍金外，亦由政府给以土地和房屋，并代他们解决了工具、种子，俾在退伍后仍能保障其生活。

（三）为了培养中华民族的优秀后代，减少人民的家庭顾虑，边区政府曾在前年建立了托儿所，首先免费收容工作人员的婴儿。去年九月间承战时儿童保育总院总董事长宋美龄先生拨给五千元基金和各方面的帮助，又将托儿所改为陕甘宁边区儿童保育分院，现在收容儿童数已达二百余名，且在继续扩大中。两年来虽因为管理经验缺乏，以及物质条件的限制，还未能达到期望的成绩，然而却开辟了边区培养健全后代和减少工作人员家庭顾虑的门路。尤其是因为获得了各方面的帮助，首先是战时儿童保育总院、红十字会、国联防疫队和参政员陈绍禹①、秦邦宪②、林祖涵③、吴玉章、董必武、邓颖超及周恩来等同志以及中外人士在经费上物质上的帮助，使儿童获得了较为优良的待遇。如每三个儿童有一个保姆，五个幼稚生有一个教员。每天有白面、白米、及代乳粉和牛羊奶等较好滋养料的供给。同时住的房屋亦较为舒适，儿童文化，卫生设备亦已稍得具备，对于幼稚生进行了抗日救国的教育，这于培养民族优秀后代是有极大贡献的。

第二，巩固与扩大统一战线：

巩固与扩大全民族的统一团结，（此处有删节——原注）这是我们两年来坚持长期抗战，武装动员民众力量，争取胜利的总的战略方针与中心任务。

两年来，我们在这一方针与任务下，曾经做了一些什么工作呢？得到了怎样的成绩呢？这里我们须要指出：

一、我们把统一战线的方针变成了全边区民众的方针，换句话说，就是我们把统一战线的方针普遍的教育边区的人民和深入到群众中去。

去年国民党临时代表大会通过的抗战建国纲领，一经传达到我们这里时，我们马上就召集各种会议，最后召集了群众大会，进行了一个热烈的讨论。不仅通过了决议拥护这个纲领，而且事实上，这个纲领，在我们边区的条件之下，是已经实现了的。

武汉失守以后，敌人企图进行一种阴谋，一面建立一个大规模的傀儡政权，做公开的号召，另一方面在国民政府内部掀起一个反对国民政府反对蒋委员长的分裂运动。我们马上就在各地召开广大的群众大会，表示坚决拥护国民政府和蒋委员长以及他的抗战到底的主张。

最近汪精卫叛党卖国，发表汉奸主张，反对国民政府反对蒋委员长的坚持抗战的方针，反对以国共合作为基础的抗日民族统一战线，延安民众为了表示拥护国民政府和蒋委员长底坚定不移，为了表示拥护民族统一战线和坚持持久抗战方针底（的）忠心不二，又举行了一次拥蒋锄奸大会，和全国一致反对这个民族的败类——汪精卫。

此外在边区还有各种抗日党派，他（它）们不仅得到政府的尊重和保护，并且还享有

① 原注：即王明。
② 原注：即博古。
③ 原注：即林伯渠。

各种工作上的便利。在延安国民党有党务指导员办事处，在纪念日时同样的和其他团体一般的印发宣言，张贴标语。在大会上，国民党的负责同志时常被选进主席团去。边区政府对于一切有利于国家民族的事业，无论由任何党派去领导，都不加以限制。

因为这些缘故，所以边区的人民，对于国民政府和蒋委员长的国策和主张表示了诚心诚意的拥护。

二，我们适当地调整了边区内各阶级的关系，建立了边区内各阶级抗战御侮的团结。

远在苏维埃时代，民国二十六年三月以后，边区就已根据取消苏维埃、停止没收土地的宣言，在经济上停止了没收地主的土地。同年五月十二日以后，根据陕甘宁边区选举条例，又在政治上恢复了地主、富农、资本家、僧侣等公民权。

边区政府成立以后，为要把这些政策更具体地实施起来，使边区内各阶级关系得到更进一步的调整，曾经采取如下的办法：

（一）关于地主和农民间的关系：

甲、凡地主土地在苏维埃时代未被没收的，不再没收，土地所有权仍属地主。

乙、已被没收了土地和房屋的地主回到边区来，可由政府分给与一般农民一样的一份土地和房屋，并享有公民权利。

丙、出租土地给农民，只要地租不苛刻，政府不加以任何干涉。

这些办法实行以后，许多在苏维埃时代脱离了边区的地主、富农、有产者，纷纷回返边区。例如保安一县便有四十余家，定边地主、绅士、富农除四户外，其余一律回乡。安塞回来的也有一百零五名。回来以后，都恢复了公民权，分得了土地房屋，青年和儿童受到了免费教育，加入了青年救国会和儿童团。有的地主、富农还被吸收在政府中工作，定边回来的四十三名知识分子，其中有三十二名已参加工作。但是有一部分地主豪绅不明大义，企图利用边区政府底（的）这一统一战线的政策，采取各种方式，强迫农民交还已被没收的土地、房屋、耕牛、农具等，强迫农民偿还已被废除的债务和地租，以挑起农村的阶级斗争，于是边区政府不得不有去年五月十五日的布告及六月九日的两个决定，以遏止这种现象的发展。至此强迫交还土地、债务、地租的纠纷才得以停止，阶级斗争才得以缓和。

（二）关于雇主和工人间的关系：

为了欢迎资本家到边区来投资，奖励工商业者扩展边区经济，增强抗战力量，我们采取了下列办法：

甲、废止过去苏维埃时代的劳动保护法。

乙、取消对资本家、富农经营生产事业的各种限制。但为了改善人民生活，增加边区的生产，同样地为了增强抗战力量，我们又不能不：

（1）严禁高利贷的剥削，严禁操纵市价垄断投机。

（2）实行一种仲（中）介制度，在政府仲（中）介之下，劳资双方订立劳动契约，根据各地不同的生活条件，酌量增加工资，减少工作时间，改良工人生活待遇。

两年以来因为边区政府采取了上面的政策，调整了各阶层的关系，取得了全体人民的拥护，使全体人民都能团结一致，共赴国难。

（三）和友区政府建立互助合作关系：

边区虽保持它政制的特点，如政府负责人的民选，民众的普遍组织，全民的武装，普遍的义务教育，土地的分配，统一的税制等等，但对于友区的制度和行政设施，边区各级政府是尊重的。在工作关系上实行互助合作，以进行锄奸剿匪，扩大抗战部队，巩固地方武装等等，均有过实际的收效。例如安定的瓦窑堡汉奸案的破获，富县县政府与保安队缉获从边区跑走的土匪；边区的保安队替友区的保安队缉获逃犯叛兵归案；延安等县宣传友区逃出的壮丁回家等等便是明证。

不过，统一合作总的趋势虽然是一天天地向前发展与巩固，但由于汉奸、托派、顽固分子挑起的纠纷和误会，还是不断的发生，例如神木县进占边区的神府五区，安边堡进占定边的五区五乡的三路渠贺家峁等村庄，甘泉县友区政府的逮捕群众等等。友方常常是以武力相威胁，但边区各级政府始终以劝导说服和平谈判来求解决。正因为如此，所以两年来虽有不少的磨擦和误会，但并未引起足以破坏团结合作的不幸事件。

（四）帮助友军巩固部队，解决困难：

在边区境内，有些地方驻有一些友军，为了帮助他们巩固部队，增加抗战力量，我们曾经不断地发动民众慰劳他们给他们以精神上的物质上的鼓励。例如：骑六师十七团刚驻入神府一区后，即发动该区民众开欢迎大会，并给以慰劳，经常能够帮助他们协缉逃犯叛兵，不问其叛变逃跑的原因如何，一律无条件把人枪送回原部。如和四九四旅及八十六师的关系。

在驻了友军的地方，县政府都组织了采办粮食处，以帮助友军解决给养，同时发动了自卫军帮助运输。例如定边本来产粮不多，自给尚不足，但经过当地政府对农民的宣传解释后，农民竟把自己用的粮食卖给驻军，保障了驻军的给养。又如骑十七团去年在神府驻扎四个月中，共动员帮助购买与运输了谷米一万四千五百七十斤，草三十五万二千五百四十四斤，料十四万四千四百九十六斤。

至于战区医院及驻在边区以外附近的国军，则一般均去慰劳过，并帮助过运输，这就是边区各级政府帮助友军巩固部队，解决困难的一般情形。

第三，抗日民主制度的实施：

由过去苏维埃民主制度转变为今天的抗日民主制度底唯一目的，就在于巩固和扩大国内团结，建立抗日民主的模范，争取抗战的最后胜利。这抗日民主制度底主要特点，表现在新的选举原则，——就是普遍、直接、平等、不记名投票的原则上。这一抗日民主制度是在民国二十六年年底开始建设成功的。在这新的抗日民主制度的实施中，无疑地，我们有着许多的弱点，然而在基本的方向上，却谁也不能否认获得了如下的成功：

一、我们扩大了民主的范围。

在选举运动过程中，我们听到过许多人表示怀疑说，给予地主资本家等以公民权，这是一个形式，甚至是个假面具，所谓抗日民主制，在实际上将依然是个工农专政，然而现在我们可以用事实回答他们了：

在我们现在的抗日民主制度下，不但地主、绅士、资本家已事实上恢复了公民权，选举权和被选举权，而且各种抗日的党派，已有了公开活动的可能，以及进行竞选的自由。我不想多举事例，下面的统计表就够说明这些选举的结果。有些地主、富农、商人，也还当选为参议员。

固临、延长、安定、曲子[①]四县选举结果（百分比）

	工人	贫农	中农	富农	商人	知识分子	地主
县级	4	65	25	1	1	2	2
区级	4	67	22	2	1	2	2
乡级	5.6	71.4	17	2	2	1	1

二、我们发展了边区民主运动。

这首先表现在选举各级议员时一般的地方有百分之八十—九十的选民参加。其中如：安塞蟠龙除看家、出外、有病的，以及个别小脚妇女外，差不多全数参加；只有少数地方到得较少，但也都在半数以上。又如延安则一般的均是到了百分之八十以上，尤其北一区差不多全体参加了。小脚妇女、老太婆，都觉得更非到会不可。总括来说，全边区的选民平均百分之七十以上是参加了选举的。

其次在各级选举会议中，均报告了各级政府的工作。政府报告工作，选民均能细心的倾听。报告以后，提出了许多质问，以及正确的批评。尤其是安塞四区一乡，蟠龙区一、三、五乡的工作，更是受到批评最多的。反之，延安北一区的工作报告，却又得到选民热烈称赞。

各级在选举议会中，一般的均有提案。在这些提案中，如西分区的选民，除了关于抗战动员，优待抗属，发展经济，推行教育，改善生活，锄奸剿匪等等外，更纲领式的提出："今年的选举是为了团结所有力量，去打日本鬼子，不是回到革命以前的道路，不是不干革命了，更不是放弃了工农利益，而是要保卫祖国，保卫全民族的生命……"至于妇女方面，更明显地提出了她们的要求，例如安塞的妇女提出：妇女参加生产、放足、剪发，废除买卖婚姻等，这些差不多成为每个妇女选民的呼声。

再则，选民对于选举什么人的问题，更是非常的关心与慎重的。这表现在当着候选名单公布以后，每个乡村都热烈地参加讨论，有的批评某人对革命不积极，某人曾经反对过革命，某人曾经贪污过，某人曾经是流氓，某人曾吸食鸦片等等。有的选民则公开涂掉其名字，有的则到处宣传某人的坏处等等。又如安塞四区一个乡长因工作消极，蟠龙区一、三、五乡乡长不能代表群众利益等，均遭到反对为候选人。至于那些平日对抗战工作努力的分子，在选举中都当选了。

根据以上各点看来，选民已经在热烈的实行民主权利，而且善于利用民主权利，来检查政府的工作，提出自己的要求，选举自己所信任的人去实行（现）自己的希望。

三、建立了廉洁的抗日的全民的政府。

边区各级政府都是由各级议会中产生出来的，这就保证了真正坚决抗日的分子，真正人民的代表参加了各级政府的工作。他们中间绝大多数都是工农出身，和民众的关系最为密切。他们最能了解民众的要求与代表民众的利益。

我们的政纲，是抗日的与民主的。因之，我们的政府工作人员一般的是忠实于抗日的事业和抗日人民的利益，坚决为抗日与民主的政纲而斗争的。

在我们的制度下，各级政府工作人员不发薪俸，实行津贴制度，收入不得超过普通工

① 原注：一九三六年四月新建的县，原为固原、庆阳、环县的七个区。

人工资的水平，可是工作中却能表现出自己是群众的模范，在现在边区行政长官每月最高的津贴也只五元，各县县长每月津贴二元半，每天粮食一斤四两，菜钱四分，县政府每月办公费平均在二十元至三十元之间。

在战时财政困难的条件下，我们应节省一切，以支付战争的费用。凭我们过去一贯的艰苦奋斗的作风，我们能够自我牺牲，在少拿钱多做事；甚至不拿钱也做事的原则之下，为抗日的事业及人民的利益而奋斗。

四、民众团体有了广大的发展。

由于广泛的民主政治的实施和政府的有力的帮助，边区民众的绝大多数都参加了民众团体。例如各业工人已百分之九十五加入了工会。农民全体加入农会。妇女百分之七十以上加入了妇女救国会。青年绝大多数加入了青年救国会。商人也组织了商会。儿童组织了儿童团。此外，还有各种抗日救亡团体及文化技术性质的组织。边区的人民，至少每人加入了一种组织，有的还加入了两个以上的团体。这些组织是根据民主集中的原则组织起来的，并有其自下而上的组织系统，有着广大的群众基础和少数服从多数，下级服从上级，个人服从团体的纪律。

边区群众团体的纲领，其共同点是广泛的动员全边区群众积极参加抗战，保卫边区，保卫西北，保卫全中国，拥护国民政府和蒋委员长，拥护国共两党亲密合作，提高会员文化政治水平，改善群众生活，巩固既得利益，实行武装自卫等。他们的日常工作，是动员群众从各方面参加抗战工作。例如优待抗属，慰劳抗日部队，替军队运输，修筑国防工事，锄奸剿匪，加入自卫队、少年先锋队，参加春耕秋收运动，缴纳救国公粮，发展工业等等。这些工作都获得了每个群众团体的热烈响应，而且他们是起了决定作用的群众团体，对于政府是个有力的支柱。没有群众团体，则政府的抗战建国动员工作是难于顺利实现的。政府的每一个号召，都经过群众团体的推动，而能够很快的完成。行政工作只是站在领导与指导的地位，政府则尽可能来帮助群众团体的发展与巩固。例如经费上协助群众团体，物质上分配办公房屋和开会场所给群众团体，替群众团体解决印刷机器，交通工具等需要。这样来保证人民集会、结社、言论、出版的自由。同时对于脱离生产参加群众团体工作的干部，政府则发动农民帮助其代耕土地，以减轻家庭的顾虑，使之更能注全力于群众组织的工作，使群众组织成为在抗战建国中最有力的依靠。

第四，经济建设：

我们的经济建设的目的，在于创造国防经济基础，改善人民生活。边区经济比起全国其他各地，虽然非常落后，然而由于边区人民在政治上已有充分的民主自由，在经济上已经废除了各种苛刻的剥削和障碍，从这方面说来，在边区进行国防经济建设，改善人民生活，已经有了政治上的优越条件。两年以来，我们为了要在这一落后的经济基础上建立国防经济，更进一步改善人民的生活，曾经采取了如下的办法：

一、在农业方面：发动民众组织劳动互助社，以调剂劳动力。动员妇女儿童参加生产，以增加生产力，奖励劳动英雄，以提高群众劳动热忱。帮助农民解决耕牛、农具、种子的困难，并发放农贷款，以流通农村资金。

二、在手工业方面：废除苛捐杂税，奖励手工业生产，严禁投机、垄断、居奇，保护正当商人利益，减税减息，发展合作社运动。修理和开辟公路，以利交通运输。

三、在公营企业方面：加强对石油、煤矿的开发，扩大纸厂的规模，创立难民工厂，改良印刷厂为现代工厂。

因此两年以来，边区在经济建设上得到了如下的成绩：

（一）农业生产表现出猛烈的增加。例如，耕地面积：二十五年为八百四十三万一千零六亩，二十六年为八百六十二万六百零六亩；二十七年为八百九十九万四千四百八十三亩。两年以来已增加了五十六万余亩。新开荒地，二十六年为十九万五千亩；二十七年则为三十五万八千四百八十一亩。其中延安一县二十七年即增加了三万亩。志丹县去年春耕时计划开荒二千垧（每垧三亩），结果开了四千七百一十六垧，延长去年总共开荒七千零三十垧。安定原计划开荒四千垧，结果超过四千四百八十四垧。粮食收获量：二十六年为一百一十万石（四百斤一石）；二十七年为一百三十万石。植林：二十六年为三十万株；二十七年为四十八万零九百五十二株。农业副产：牛羊数目，两年来已增加到三十万头以上。

（二）小手工业有了显著的发展。例如定边一县二十七年比二十六年就多增加了皮场十处，染坊三处，木器铺十三处，裁缝铺五处，铜匠铺五处，鞋匠坊五个，刻字石印铺二处，银匠铺五处。这里群众集股开办的木器、缝纫、瓷器等合作社及政府投资创办的毛织、棉织、硝皮、造纸、农具、磨面等手工工厂还不在内。

（三）商业方面也已开始发达起来。从前停了业的商店都已恢复营业。现在新增加的商店约在一千以上，尤以延安近年来增加更多。神府、靖边等县还发展了集市以便利交换。此外合作社在全边区也有了一百五十五处，社员有三十七万八千四百四十五人，股金有三十八万九千六百七十九元。其中如延安南区的合作社，所获得的红利已超过股金数倍。这不仅发展了交换，而且社员能分得红利，改善了自己的生活。

（四）公路方面：也有了大的改善。如桥梁涵洞的建设，坡度的削平，弯度的改进，路线的加宽与改正，路面的铲填等等，均有明显的进步。正因为如此，所以能维持了国防军事交通，发展了运输事业，帮助了经济的发展。

（五）公营企业部门：已创办了纺织厂、硝皮厂、石油厂各一处，煤矿厂三处，印刷厂一处，修械场一处，造纸厂一处，制药场一处，农具场一处，以及制灯、造肥皂面粉等工厂。以上的工厂都系小规模的经营，但产品可供给边区一部分的需要。如纺织工厂现在只有一部分机器开工，已出产了大批洋布、袜子、毛巾、毛衣，生产品并不落后；若全部机器开工即可广泛供给群众的需要。

四、边区人民的生活已经有了很大的改善。边区人民的生活在革命以前简直贫困到了极点。那时广大农民没有土地，只好租种地主的土地，生产的粮食除了百分之五十以上必须当做地租交给地主以外，还须以一部分当做各种捐税交给军阀和官僚。有的还要以一部分当做利息支付高利贷资本家。再加上那时连年不是天灾，就是内战，弄得民众无法生活。强者只有去当土匪，弱者只有坐以待毙，绝大多数民众是经常处在饥寒交迫的境地。革命以后，形势完全转变过来了，土地收归农民耕种，不受任何人的剥削，生产的粮食全部归自己享受。因此生活有了很大的改善。然而由于当时曾经不可避免的内战所造成的破坏以及经济封锁和劳动力的缺乏，一般的民众生活的改善仍然不够。可是现在又有些不同了，经过了这两年以来的经济建设，一般民众生活已经达到了够吃够穿的程度了。在边区内，抗大的伙食要算比较好的，然而据抗大一个采买员说，他走了几十里路经过了几十户人家，他们都比抗大吃得好些。这已够证明边区人民的生活改善方面的很大进步了。为了证明这点，我引出下面一个不完全的农民生活统计表：

姓名	刘建甲	范克呼	吴满有	傅万岐	胡　建	张明魁	王存儿	李　桥	杜发福
住址	延安南区二乡一村南庄河	延安南区二乡二村王家窑	延安南区二乡三村枣园	延安南区五乡一村任道坪	同上	甘泉三区二乡雷村	甘泉三区二乡渠里	甘泉三区二　乡雷家沟	甘泉三区五　乡阳庄梁
人口	5	7	5	8	3	4	8	11	3
雇工	0	0	0	0	0	0	0	0	2
劳动者	2	2	2	2	1	1	2	3	3
去年种地数	25 垧	25 垧	20 垧	20 垧	4 垧	不详	同上	同上	同上
去年收成数	20 石	20 石	15 石	12 石	24 石	0 石	17 石	18 石	5 石
去年牲畜数	牛 5 头均死	牛 2 驴 1	牛 2	牛 1 驴 1	0	不详	同上	同上	同上
今年牲畜数	牛 2 头羊 70	牛 4 驴 2	牛 3 马 1	牛 1 驴 2	0	不详	同上	同上	同上
今年耕地数	40 垧	40 垧	40 垧	40 垧	4 垧	29 垧	32 垧	34 垧	60 垧
今年增地数	15 垧	15 垧	20 垧	20 垧	0	不详	同上	同上	同上
今年收成数	30 余石	32 石	30 石	30 石	5 石（女人）	25 石	24.3 石	25 石	34 石

从这个表中，可以看出一般农民家庭两年以来的收成，若以六口之家计算，每年消耗十五石，每家平均有十石以上的剩余粮食。

在边区内，因为农业生产一天天的增加，农民不再受到剥削，已经不会再有破产的农民。另一方面，又因为工商业一天天地发达，对工人的需要逐日增加，所以不仅在基本上消灭了工人失业的根据，而且工人的工资也增加了。

下面是现在工人工资比革命前增高的百分数：

工人分类	与革命前增加的百分数
煤矿工人	30%
制造工人	15—20%
泥木工人	25%
雇工零工	25%
店　员	15—20%

地别	革命前的工资	现在的工资
安定	00.20—00.25	00.30—00.35
靖边	00.20	00.30
安塞	00.10	00.30
保安	00.15—00. 20	00.30
富县	00.20	00.40
固临	00.15—00.20	00.30
庆环	00.20	00.30—00.40
延安	00.20	00.30

（此表以元为单位）

从这两个表中看来边区工人的工资比革命以前的工资是大大增加了。

五、财政政策：

边区财政的目的在于保证边区抗战经费底自给，满足各项工作上的最低限度的需要。我们的财政政策在于一方面增加政府的收入，另一方面还不致影响到人民生活的改善。因之我们的财政底基本来源便只能是发展边区经济，增加生产，在改善人民生活与实行合理的负担（即有钱出钱、钱多的多出钱）的前提之下征收统一的累进税。边区是落后的小农经济区域，人民生活还存在着浓厚的自足自给的状态，既不需大量消耗品输入，也没有大量农产品输出。因之边区的财政收入是很有限的。根据二十六年十月到二十七年九月一年中的统计，边区收入共有如下几项：盐税和出口货的营业税共占五十九万一千余元；救国公粮费四十二万余元；公产及公营企业收入占十八万元。边区财政的这种有限的收入，自然就不能不使政府的支出束缚在量入为出的原则下，以求得收支的平衡。这样也就使许多应兴应革的事业，不能不受经费上的相当限制。虽然我们的财政表示出了极大的困难，然而我们的财政政策却造成了如下的几件不可否认的成绩：

（一）取消过去四十二种苛捐杂税，实行统一税制，并减低税率。例如边区现在只对食盐和出口的皮毛、药材等征收统一税，减为每一驴驮只收税二元，并且取消了盐税附加。一切税收除了一次的统征外，都没有任何附加或重征。因此边区人民的负担也就大大减轻了。下面就是新正县①人民在革命前后负担比较表：（下表以元为单位）

区别	革命前的负担	革命后的负担
善兴区	8 200	3 971
怀兴区	2 850	942
太和区	7 640	3 437
底庙区	7 430	2 502
交林区	8 430	3 721
总　计	35 460	14 754

这表系一九三七年七月——一九三八年十月的统计，由这个表就可看出革命后，人民的负担比之革命前是减少了一倍（半）以上。

① 原注：陕甘宁边区新建县，原为甘肃正宁一个区，陕西旬邑四个区。

（二）我们的财政政策得到了群众热烈的拥护。例如救国公粮前年曾征收了一万五千担。去年决定征收一万担，但结果超过七千余担，并较之预定期间提前一个月而完成。尤其延安、延长、固临、延川、甘泉等县许多区域实际只有三五天便完成了任务。许多抗日军人家属和贫农本来照例应当免税，但他们都自动的送粮食捐给政府。更有许多农民自动超过规定标准而缴纳公粮等。由此看来，边区的人民是在热烈的拥护政府，帮助政府的抗日经费。

（三）我们的财政基本上满足了抗战工作底最低限度的需要。例如支持抗战、培养抗战人材（才），帮助生产事业的需要等。

六、创造与发展了国防教育的模范。

边区实行国防教育的目的，在于提高人民文化政治水平，加强人民的民族自信心与自尊心，使人民自愿的积极的为抗战建国事业而奋斗，培养抗战干部，供给抗战各方面的需要，教育新后代使成为将来新中国的优良建设者。

国防教育的实施，虽然因为边区财政困难以及各种物质条件的困难而受到了限制，然而在全国范围内，边区是第一个创造与实行国防教育的，把教育从少数人的专有品中解放了出来，把教育和实际生活打成了一片，使教育成为了抗战的一个有力的武器。我们在这一工作中，得到了许多宝贵的成绩，给予抗战以很大的贡献。

边区是一块文化教育的荒地。学校稀少，知识分子若凤毛麟角，识字者亦极稀少。在某些县如盐池一百人中识字者有两人，再如华池等县则两百人中仅有一人。平均起来，识字的人只占全人口百分之一。至于小学，全边区过去也仅有一百二十个，并且主要是富有者的子弟。整个边区的中学生是屈指可数的。社会教育简直是绝无仅有的事。数年以来，文化教育的发展蒸蒸日上，以惊人的速度进步着。下面的统计表就是一个明证：

小学教育发展状况表

未成边区以前	120 校	学生不详
二十六年春季	320 校	学生 5 000
二十六年秋季	545 校	学生 10 396
二十七年春季	706 校	学生 14 207
二十七年秋季	773 校	学生 16 725

其中有完全小学十六处，模范小学七十八处。二十七年度比之革命前增加六倍，比之二十六年春季亦增加了一倍以上。

中等教育首先建立了鲁迅师范，在前年一年中已毕业了一百八十余名，分发到边区做小学教员；现在还有二百余学生，并添设高级班，以造就高小教员及教育行政干部。去年又新建立了边区中学，学生有二百人以上。在妇女教育方面设立了抗属学校，先后招收了三百以上的学生，给了她们文化政治上的基本训练。

高等教育，在边区内设有抗大、陕公、鲁艺、卫生等各高级学校以及马克思列宁主义学校等。不但边区的青年、成年均能便利的去受高级教育，以求得军事、政治、艺术、卫生科学各方面的知识，参加抗战各方面的工作；同时给了全国数万个青年以求学的便利。

至于社会教育方面，为了消灭文盲，实行了消灭文盲的运动。现在社会教育的组织及参加的人数如下：

识字组	5 834 组	组员 39 983
夜　校	208 校	学生 1917
半日校	61 校	学生 919

冬学运动亦收到很大的成绩。例如二十六年冬季原定四百校六千学生，结果达到六百校，一万学生。此外有着极大教育意义的俱乐部、救亡室亦在各个机关和农村建立起来了。平民教育馆和抗战剧团、民众剧团亦在延安等处发展着。体育、歌曲的发展，更有了不少的成绩。最近以来，电影亦在边区放映了。

报纸的发行，边区亦成为普遍的。如延安出版的《新中华报》、《解放》，《团结》以及全国重要的报纸刊物，如《中央日报》、《大公报》、《新华日报》、《群众》、《全民周刊》等亦有很大数量的销行。从以上情形看来，边区的文化教育工作是在发展着，人民的文化水准是大大的提高了。

七、司法工作：

边区司法工作的目的，在于保证抗日民主制度及边区人民的合法利益，因之边区司法工作的优点在于：

（一）实施法律制裁的主要对象是破坏抗日民主制度的汉奸土匪等。

（二）是处理案件不拘形式，一切为了人民的方便。

（三）审判案件绝对公开，于必要时还要组织民众法庭或准许民众推派代表参加审判。

（四）对一般犯人更多注意政治教育和感化，使他们改邪归正，禁止对犯人施行报复手段或虐待犯人。边区司法虽具有这些特点，但它所依据的地方单行法令都是在国民政府统一法令与抗战建国纲领的最高原则下制定的。两年以来，我们根据这一方针进行工作，结果得到了如下的成绩：

甲、边区基本上解决了土地、婚姻、债务等问题，因此民事诉讼大大的减少了，在司法工作中已不占显著的地位。

乙、改善了犯人的生活待遇，犯人的饮食、卫生各方面，也都和一般的工作人员一样，而且可以自己阅读书报，学习写作，举行各种问题的讨论，出版墙报。

丙、由于实行了政治上的感化教育，在政治上表示转变而被释放的人数占了全数已判决的犯人的三分之一。

下面的统计表即是一个明证：

中华民国二十七年度判决犯人刑期统计表

刑期 人数 机关	教育释放	半年以上徒刑	一年以上徒刑	二年以上徒刑	三年以上徒刑	四年以上徒刑	五年以上徒刑	死刑	合计
法院	17	20	55	50	22	29	18	19	230
各　县	285	197	131	36	14	2	4	65	736
总　计	302	217	186	86	36	31	22	84	966

八、对少数民族的工作。

我们对少数民族是以民族自决为原则，帮助他们提高政府［治］觉悟及抗日救国的情绪和坚定其对抗战的信心，帮助组织抗日救亡团体，帮助发展少数民族文化，尊重其宗教习惯，联合他们共同抗日。两年来在这个少数民族政策下收到了如下的成绩：

（一）洗刷了过去大汉族主义的恶劣传统，改善了回、蒙民族与汉人的关系，提高了政府的信仰。例如在国内战争时期，我们到了定边以后，即将被强占了数十年的蒙古盐池、苟池，北大池和过去军阀所占去的蒙人土地完全交还蒙人管理，得到了蒙人对我们的热烈拥护。

（二）帮助少数民族营业上的自由，并帮助其解决困难问题。蒙古地带多系草原沙漠，皆以游牧为生，一切粮食及日用品完全仰给于定盐。而他们的牲畜及食盐的销售过去不但苦于税务繁重，营业又无保证，动辄被人拐骗。现在边区政府不但减轻了他们一切税务的负担，并且给他们营业以保证，使他们不受任何损失。同时给他们在粮食与日用品方面以极大的经常帮助。宁夏、灵武、金积等地的回民，也有苦于苛捐杂税太重而移到边区来从事各种小职业。

（三）解决了蒙、汉、回民间的纠纷问题，提高边区政府在少数民族中的信仰。定盐两县接近蒙古、宁夏，在大汉族主义的传统下，这些民族在历史上对汉人积累了许多民族的仇恨，汉人中有些坏的分子，欺压蒙、回民，偷盗他们的牲畜，强夺和欺骗他们的财物。过去的政府对这种事情，多偏袒汉人，不作理会。边区政府成立以后，对这些问题总是秉公处理，对那些坏分子给以制裁，获得了蒙、回民众们的热烈拥护。

（四）尊重并帮助发展少数民族文化。为了发展民族文化教育，培养蒙、回民族干部，政府曾在定边县开办过一所抗日回蒙学校。课程均采用他们自己的文字，并曾不断的用蒙、回文字译成各种抗日书籍和小册子。凡边区接近蒙、回人的地方，都有定期与不定期的蒙、回文刊物和墙报。同时对于少数民族宗教、信仰、习惯，边区人民是一律尊重的。

× × ×

同志们，以上所说的一切，是陕甘宁边区政府二年来所做的工作与所得到的成绩。这是由于边区人民及各级政府对于国民政府和蒋委员长坚持抗战国策的忠诚拥护与实行，由于边区人民与政府的团结一致，由于全体干部和工作人员艰苦奋斗的努力，尤其是中国共产党的正确领导而获得的。这种成绩使边区真正实行了三民主义与抗战建国纲领，完成了使陕甘宁边区真正成为抗日的民主的模范区的伟大任务。

同志们！边区工作的开展与成就，无疑的使全国人民对于抗战建国的信心大大的增高了，而且更证明给世界先进人士看：中华民族如何富有艰苦奋斗的精神，中华民族是不会亡的。正如世界学联的代表和许多国际友人所说：“全中国如果都象（像）边区一样的团结，中国永远也不会亡的！”

但是，同志们，我们在工作中虽然获得了上述的成绩，但是两年来边区政府的工作不是没有缺点的。我们对于自己的缺点，是从来不愿隐瞒起来的。我们在这次会议上，希望同志们给我们在工作中的缺点，以很好的批评。只有自我批评，才能真正发现工作中的缺点和错误，而使以后的工作有所改进。据我们的观察，我们的缺点，主要的表现在下列三点：

第一，统一战线还不够巩固。客观上由于少数人士还未能捐弃成见推诚相与，因而引起了不少的误会和磨擦。而少数以防共为第一的顽固分子，更忘记了抗日为当前任务，故意的制造磨擦，捏造谣言，欺骗人民，甚至不惜采取武装侵占边区，逮捕边区工作人员，挑拨阶级斗争等等，实际的妨害了我们抗战的动员，妨害了我们许多工作的顺利进行。这种行为更给了汉奸、托派破坏抗日破坏团结的好机会，实际上帮助日寇灭亡中国。为了巩固边区，巩固团结，增加抗战力量，对于这种行为应当及时的迅速的有力的加以制止。但是这个工作，我们过去却还做得不够。同时不愿意或不会同友党，友军进行统一战线工作的关门主义的残余，在少数同志中还存在着，这都是使统一战线还不够巩固的重要原因。

第二，经济的发展还没有达到应有的要求。客观上这是因为经费的困难，技术的缺乏，经验的不足等。但主观上计划性的欠缺，组织上推动的不够，也是不可否认的。因而一方面不能高度的供给抗战的需要，另方面对于改善人民的生活，也就不能达到更高的程度。

第三，边区虽然实施了广泛的民主政治，但是民主主义的工作作风却还没有普遍的深入的发展起来。脱离群众的工作方式，还未能彻底消灭，还存在着个别的脱离群众的现象。

第四，文化教育工作，还不够深入，边区在文化上还非常落后。

同志们！这些缺点是我们必须克服的。只有克服这些缺点，我们的工作才能有更大的进步。我们相信，只要我们肯虚心的了解了自己的缺点，有了改正缺点的决心，那我们这里的一切缺点，是能够克服的。

这是我报告的第二部分。

三、抗战新阶段中陕甘宁边区政府的任务

最后一部分，我来简单的说一说，在抗战发展的新阶段中，陕甘宁边区政府的任务。

在抗日战争正向新阶段发展，边区所处环境更加紧张，新的困难将更增高的形势下，边区今后工作的总的方针，就在团结边区全体人民，在国民政府和蒋委员长领导下，坚持巩固和扩大抗日民族统一战线，坚持持久抗战，保卫边区，保卫西北，保卫全中国，为争取抗战最后胜利，实现三民主义新中国而奋斗。

为此，我们必须努力实行下列具体任务：

第一，加紧抗战动员。

加强动员全边区一切力量以阻止敌人进攻边区，进攻西北，同时厉行锄奸剿匪以巩固边区内部，都是边区政府今后工作的首要任务。因此应当：

一、充实抗日地方武装的力量。在抗日地方部队中加紧进行政治军事的教育，使每个战士都能了解保卫边区，保卫人民的责任。在战时能奋不顾身，英勇牺牲。在平时与群众打成一片，切实保护群众的利益。

二、提高自卫军、少先队的质量。加强自卫军、少先队的政治上、军事上的训练，并予以游击战术的教育，以便在日寇进攻时，广泛采用游击战术打击日寇。对于基干自卫军、模范少先队的作用，要尽量发挥。

三、厉行锄奸剿匪。加紧保安队剿匪工作，协同友区肃清边区四周残匪，根绝匪患。提高人民警觉性，严防敌探、汉奸、托派混入边区，加强群众锄奸组织的活动，奖励有功于锄奸的群众。

四、加强优待抗属的工作。改善耕田队的组织，提高代耕的质量，对抗属进行政治文化教育，提高其政治认识与抗战热忱，发扬模范抗属的作用。

五、改进抗战动员工作。政府动员群众运输担架应有事先的政治鼓动与说服，同时分配群众的任务应相当平均，以免个别群众担负过多而妨害生产。

第二，巩固精诚团结。

坚持巩固和扩大统一战线，坚持边区内一切抗日党派与人民的团结一致，坚持与友区的互助合作。在坚持边区政府过去施政所依据的一贯方针下，应当：

一、坚决拥护国民政府，拥护蒋委员长，反对汪精卫之类的民族叛徒，禁止与严惩一切在边区内破坏抗战、破坏团结的言行，揭露汉奸、托派企图挑拨边区与国民政府及蒋委员长的关系的一切阴谋毒计，并予以适当处分。

二、促进与临近区域的亲密互助关系，实行互相帮助互相巩固，行政上相互尊重，一切误会纠纷力求和平解决。在这个原则下，（一）绝对巩固边区，保护边区人民的利益和安全，反对任何破坏扰乱边区的分子；（二）对于少数顽固分子的故意制造磨擦，引起纠纷不可理喻者，则应采取有效办法加以制止。

三、更进一步密切边区内各阶级的关系，一方面切实保障人民由土地改革所获得的利益，并使之巩固发展，另一方面对于在内战时被剥夺了公民权的，现在不进行违反团结抗日利益的活动者，应全部恢复其公民权。

第三，贯彻民主精神。

贯彻民主精神于一切部门，一切工作人员，一切地区内的民众，使边区每一个人都不仅过民主生活，而且还善于运用民主，是彻底实施民主政治的有力保障。在这一方面应当：

一、发扬民主主义工作作风。严格实行集体领导，耐心倾听下级的意见，严格反对官僚主义、贪污、腐化倾向，发扬艰苦奋斗的优良传统。

二、更进一步密切政府与民众的关系，尊重群众利益，倾听群众意见，加强乡政府的工作，因为乡政府是政府的基本组织，是群众首先接近的政府。

三、提拔与培养最能代表群众利益、为群众所爱戴的干部。

第四，扩大生产运动。

为要支持长期抗战，应付与日俱增的经济困难，同时建立国防经济基础，改善人民生活，以加强抗战力量，扩大生产运动，成为目前重要战斗任务之一。为了实现这一任务，应该：

一、扩大耕地面积，提出：二十八年应扩大耕地六十万亩，增加棉麻一倍生产。为达到这任务，必须广泛的提高劳动热忱，发动妇女学习生产，奖励劳动英雄。

二、发动一切机关学校和后方部队实行自己耕种，以达到粮食蔬菜自给。

三、广泛发展畜牧，以达到牲畜数目增加一倍。应当号召农民集资买进母羊及牛驴，禁止母羊出口与宰杀。

四、发展手工业和近代工业，颁布奖励手工业生产的条例，欢迎外边的企业家来边区投资，颁布投资保护条例。

五、发展公营企业，川口的纺织工厂应加以扩大，使它能供给各机关、学校、部队衣服的需要。改良并扩大造纸的生产。发展农具、榨油、制革等手工业，以供人民和机关的需要。

六、加强对石油、煤矿的管理，增加生产，提高质量。

七、发展生产的和消费的合作事业。

第五，加强国防文化教育。

为要普及边区国防教育，培养抗战人材（才），教育民族新后代，提高边区人民文化政治水平，加强国防教育工作是当前迫切的任务。因此应该：

一、在现有的基础上，加强学校的质量，要达到每个小学至少在二十个学生以上，教员必须做到完全称职的合格的。教授方法和教材合乎教厅的规定，加强各县的模范小学校，作为所有小学的借镜。同时在某些区域必须添设小学的，则应继续添设。

二、鲁迅师范和边区中学，应提高质量，其学生应从边区以内吸收，以创造新的师资，培养青年干部。

三、广泛发展社会教育，实行消灭文盲，以提高失学青年和成年（人）的文化水平，建立真正有内容的识字组、夜校、半日学校，向着每个人民能识一千字的方向做去。

四、开办实用科学研究所，以发展工业、植物、土木工程、动物、化学、地质等的科学研究，造就科学人材（才），以供应发展国防经济之需要。

第六，实行正确的干部政策。

为要团结全边区的人民，动员一切人力、物力、财力和智力，进行长期抗战，为要保证边区政府各项政策的彻底实施，为要完成保卫边区，保卫西北的任务以及创造边区为三民主义共和国的一个组成部分，需要有大批坚强的、不怕牺牲、不怕艰苦和困难、不怕负责、并且在政治上健全、在工作上有能力的铁的干部，而这种干部底（的）培养与创造又有赖于正确的干部政策底（的）运用。在这一方面，我们应该特别注意：

一、要能了解干部：知道他们的个性、特长与缺点，经常的工作和生活情形，精神与物质的需要，及其经常的进步与变化。

二、要会使用干部：分配给他以最能发展他的特长而能纠正他的缺点的工作。

三、要能信任干部：分配工作时，应该特别慎重，但分配之后，一般地应该相信他，使他敢于放胆地工作，不要包办，更不要阻碍他的进步。

四、要帮助干部：他在工作中如遇到困难，应教给他克服困难的办法，耐心地有系统地给他以具体指示，这样提高他克服困难与解决问题的能力。

五、要尊重干部的意见，同时要教育干部服从革命纪律。要知道“干部决定一切”而干部政策又决定干部问题底（的）一切。

同志们！这就是在抗战的新阶段中边区政府今后应做的工作。我想只要我们坚持统一战线，坚持抗战，坚持拥护国民政府与蒋委员长，使全边区人民与政府团结一致，使全体干部和每个工作人员团结一致，发挥牺牲奋斗、埋头苦干、百折不挠、一往迈进的斗争精神，同时任何时候不要麻木自己，不要失掉自己的方向，胜利一定是我们的！

选自《陕甘宁边区政府文件选编》第一辑，档案出版社1986年版，第115～151页。

6. 陕甘宁边区第一届参议会对陕甘宁边区政府工作报告的决议

1939 年 1 月

陕甘宁边区第一届参议会听了边区政府正副主席林伯渠、高自立两同志关于陕甘宁边区政府二年来的施政报告，及政府各厅、院、处各负责同志关于各该部门的工作报告以后，完全同意政府在这一时期的施政方针和具体工作，并一致认为政府在这一时期的工作是遵循了国民政府和蒋委员长抗战的国策和意志，实施了三民主义和抗战建国纲领的原则，执行了各种抗战建国的工作，实现了中国共产党创造陕甘宁边区为民主抗日根据地的号召，给了日寇、汉奸、托派及一切阴谋破坏边区、取消边区的企图以强有力的回答。

边区政府领导全边区的民众忠诚拥护了国民政府和蒋委员长，拥护了国共合作，调整了边区内各阶级间的关系，团结了蒙、回少数民族，并努力争取同邻近区域的政府、军队建立亲密的互助关系，这些都是边区政府为巩固抗日民族统一战线的努力和成果。在抗战动员方面，武装了人民，肃清了土匪，巩固了抗日后方和根据地；动员了成千成万的壮丁加入抗日部队，发动了群众帮助抗日部队的运输救护，增加了抗战力量；实行了广泛的优待抗属，慰劳抗日战士，抚恤残废战士等，提高了抗日战士的抗日热忱；发展了国防经济，改善了国防交通，充实了抗战部队的供给，保证了国防交通运输；发展了国防文化教育，提高了人民文化政治水平，坚定了人民的抗战决心。在民主实施方面，建立了民主政治基础，组织了全边区的人民，给了人民以民主自由的权利，使边区成为三民主义新中国的前驱部分。在改善民生方面，实行了耕者有其田，八小时工作制，取消了苛捐杂税，发展了抵（低）利借贷，使人民脱出了高利贷的剥削，建立了生产消费合作社，组织了劳动力，有计划的增加了生产，边区人民生活已得到了初步的改善。

但是边区参议会同时也承认：两年来边区的工作不是没有困难和缺点。譬如，边区的统一战线还不够巩固，由于友区、友党中少数人士，还未捐弃成见，推诚相与，因而引起了不少的误会和磨擦。对于少数顽固分子的故意制造磨擦，捏造谣言，欺骗人民，甚至不惜采取武装侵占边区，逮捕工作人员，挑起阶级斗争等等活动，未能及时的严厉的加以制止。在这里应当特别指出张国焘对于这些活动的有意纵容和包庇的罪恶，在张国焘代理主席的期间，政府的工作是遭受了极大损失的。又如边区虽已实行了最普遍的民主制度，但民主的工作作风还未充分发挥，民众虽已获得了民主权利，但民众团体的民主生活还不够，未能充分发挥其力量。同时，由于人力、物力、财力的限制，经济、文化各方面的建设，都还没有达到足以供给抗战需要的最高度。

根据过去工作的成绩和缺点，边区参议会特指出下列诸项工作范围与工作任务，以作边区政府今后努力的准绳：

第一，巩固团结。其任务为团结全边区内一切抗日的人民和党派，与邻近区域建立友好的互助关系，以促进抗日民族统一战线的扩大和巩固。为此应：

一、拥护国民政府，拥护蒋委员长，拥护国共合作，尊重国民政府蒋委员长的领导，拥护国共两党及抗日各党派的亲密合作。禁止与严惩在边区内侮蔑最高领袖和一切挑拨离间的言论行为。

二、更进一步调整边区内各阶层的关系，一方面对于在土地改革后被剥夺了公民权的人，在抗日和遵守边区法令的原则下，应完全恢复其公民权，另一方面，切实保障人民由土地改革所获得之利益，不使其受到任何侵犯。

三、更进一步与邻近区域建立亲密互助关系，实行帮助友区发展与巩固，对于行政上互相尊重，对于行政管辖区域，实行互不侵占。一切磨擦误会，力求和平解决。但对于任何危害边区的行为，应予以有效的制止。

第二，抗战动员。其任务为宣传教育与组织全边区的民众，动员全边区一切力量，保卫边区，保卫西北，援助前线，坚持持久抗战。为此应：

一、在人力动员方面：（一）充实地方武装部队，注意其政治训练与军事训练之加强；（二）加强自卫军、少先队的组织与训练，使能配合军队作战；（三）加强群众中的锄奸组织，奖励有功于锄奸的群众；（四）加强优待抗属的工作，发扬模范抗属的作用；（五）发动一切民众团体，动员其所有的组织力量，来保证抗战动员工作的顺利进行与完成。

二、在物力动员方面：（一）扩大耕地面积，开发水利，改良耕种方法，增加农业生产；（二）发展畜牧事业，增加牲畜产量；（三）发展手工业和军事工业，改良与扩大手工业的生产，提高军事工业的质量；（四）发展交通运输，改善公路便道，发展合作事业，繁荣市集；（五）奖励商人投资，保护商人营业，以利商业发展；（六）厉行财政上的开源节流，在一切机关学校和后方部队中发动生产运动，节省运动，帮助解决战时经费的困难。

三、在精神动员方面：（一）在现有基础上发展小学教育，扩大学生，提高学校质量，改进师资，使小学教育能负起以民族精神与生活知识培养中华民族新后代的使命；（二）更广泛的发展社会教育，实行有计划有步骤的消灭文盲，提高全边区人民的民族意识与政治文化水平；（三）加强干部教育，在干部中加紧自我学习运动，以提高其理论水平与工作能力，并养成其遵守纪律、尊重法律的习惯；（四）提高生产教育，发动各学校生产运动，并举办培养技术科学人材（才）的学校。

第三，发扬民主。其任务为在边区现有民主基础上，更进一步发挥民意机关的效能与威力，使政府与人民的关系更密切，以增进行政效率，提高人民自治能力，把抗日战争与民主制度更加紧密切联系起来。为此应：

一、加强边区各级参议会的工作，使能经常反映民众意见，密切注视政府工作，对政府工作尽监督指导的作用。

二、加强行政机构，吸收群众中有威望的积极抗日的分子到各级政府中，以发挥政府实力，增进政府工作效能。

三、扶助民众团体的发展，提高其民主精神与自治能力，使民众力量更能发挥。

四、依据中央法令基本原则，制定适合于边区的地方单行法令，使政府与群众工作有所准绳。

第四，改善民生。其任务为在人民生活初步改善的基础上，更进一步的改良人民生活，务期在抗战中尽量谋民生幸福的实现。为此应：

一、切实保障人民由土地改革所已获得之利益，并使之巩固与发展。

二、发展生产，提高生产技术，增加人民实际收入。

三、提高劳动热忱，发动妇女学习生产。

四、调剂粮食和重要的日常必需品。

五、发展生产消费合作事业。

六、加强救济难民、抚恤残废的工作，不使流离失所。发展卫生保健事业，以增进人民的健康。

七、加强保育儿童的工作、注意于儿童的健康，使其健全发育。

边区参议会坚决相信：在国民政府和蒋委员长的领导下，本着拥护团结，坚持抗战，争取最后胜利的方针，遵照三民主义和抗战建国纲领的原则，遵照本届参议会所通过的边区抗战时期的施政纲要，依靠着中国共产党的领导，依靠着过去工作的基础，和一贯艰苦奋斗的作风，依靠着全边区人民和政府的团结一致，依靠着全体干部和工作人员的团结一致，边区政府定能胜利的完成上列诸任务，在坚持长期抗战中，克服新的困难，展开新的胜利的有力保障，以配合全国友军、友区最后战胜日寇，建立独立自由幸福的三民主义共和国。

选自《陕甘宁边区政府文件选编》第一辑，档案出版社 1986 年版，第 152～156 页。

7. 陕甘宁边区第一届参议会告边区同胞书

1939 年 2 月 3 日

陕甘宁边区父老兄弟诸姑姊妹们！在民族长期的英勇抗战中，在我国民主政治建设的事业中，富有历史意义的陕甘宁边区参议会第一次大会召集开幕了。十九天的会议，胜利的完成了我们的任务。边区的同胞们！你们知道，我们边区参议员，是在民国二十六年由你们选举出来的。每一个参议员都承受了你们关于抗战建国大业的委托，每个参议员都负有神圣的民族使命，现在我们正聚首一堂开会了。我们所商讨、所从事的，不是别的，就是在发挥从你们带来的意见，就是在行使你们交给我们的责任，就是在进行加强边区全体同胞的团结以及边区同胞和全国同胞的团结，就是在谋贯彻实施抗战建国纲领和三民主义于我们边区，就是在蒋委员长和国民政府的领导下，更加坚强我们边区在全国抗战建国大业中应负起的责任。

边区是我们黄帝子孙发祥的圣地，至今边区还留有黄帝的圣墓。在中华民族史上，边区富有无数可歌可泣的民族战斗史绩，边区曾不断的成为保国卫民的民族战场，若干民族英雄，如范仲淹、韩琦，曾在此地立下丰功伟绩，常为边区全体人民所歌颂。多年来，边区同胞由于先进政党——共产党的领导，有了极普遍而深入的民族觉悟，存在着优良的民主传统，边区人民的生活有了多方面的改善。边区是国内和平的坚持者，是抗日民族统一战线的发起者与推动者，是民主政治的先进地区，是实施抗战建国纲领实行三民主义的模范。在抗战中我边区同胞更充分地表现其为民族而战斗的英勇精神。我边区同胞曾涌出许许多多的指战员，参加英勇的八路军，在最高统帅之指挥下，喋血前线，荣誉遍全球。留在后方的男女同胞积极地参加了抗战动员，为着巩固抗日后方与争取前线的胜利而努力奋斗。在抗战以前和抗战以来，全国许许多多渴望民族光明的爱国志士青年，先后竟相跋涉，来到这民族发祥的圣地，和我们共甘苦、共奋斗，使边区更成为锻炼和供给全国许多优良战士的熔炉，对于这种抗战建国人材（才）的培养，边区同胞曾尽了自己光荣的负担和努力，而这无数的爱国志士青年从全国各角落奔赴而来，就更大大地影响到全边区同胞的战斗生活，增进边区的无限光明。综合上面所述的一切，正说明了边区在我们全国抗战建国大业上具有特别重要的地位。自广州、武汉失守而后，边区在抗战中的地位是更千百倍重要了，日寇正在企图蚕食鲸吞我国大西北，企图借此以切断我国最重大的国际交通线，并企图由此更进而席卷全中国。西北的危机是更迫切了，而边区在全西北正是一个重大的门户，重大的阵地，为保卫大西北，正必须加强保卫边区的力量，正必须加强保卫边区的动员。正是在这样的时候，我们边区参议会召集起来了。正是当这民族抗战走向新阶段和踏进最困难的时期，我们边区全体参议员担负起边区同胞所付给我们的大任务了。

自会议以来，我们边区参议员代表全边区同胞，全体如一人，众志如一心，拥护蒋委员长，拥护国民政府，拥护蒋委员长及国民政府长期抗战的国策，拥护抗战建国纲领，拥护国共长期合作，拥护抗日民族统一战线；全体坚决反对妥协投降，痛斥民族叛逆汪精卫，认为“不与同中国”；全体誓死保卫我民族发祥圣地的边区，拥护边区政府，认为边区是遮蔽西北和阻遏敌势的重大阵地，是全国光明的一种模范区域；全体认为在边区中，必须更进一步地贯彻实施抗战建国纲领，贯彻实施三民主义，更进一步地加强边区各阶层各党派的大团结，充分发挥民主政治，完成民主政治的建设，使全边区抗战的动员更深入更普遍；全体认为在边区中，必须加强民众的武装力量和组织力量，加强一切抗战军事的设施；全体认为在边区中，必须在各方面努力加紧生产，应在开荒运动中，保证完成六十万亩的开荒计划，应进行各种必需品的自给自足，应努力实行节约的运动，以克服抗战新阶段中所将遇到的困难，全体认为在边区中，必须加强国防教育，加强普及文化、扫除文盲及各种社会教育的工作；全体认为在边区中，必须厉行铲除汉奸、托派，加紧防止汉奸、托派的活动，并一致指出：任何破坏分子反对边区和捣乱边区的活动，均为边区人民所不许，而事实上，对于这个抗战建国的光明模范区，是只有日寇、汉奸、托派、投降分子如汪精卫之流，才会欲消灭之而后快的，因此，任何反对边区和捣乱边区的活动，事实上都是帮助日寇的行动，都是违反中华民族利益的。

亲爱的边区同胞们！我们在这里从事抗战中，民主政治的建设，我们全体参议员所发挥的意志，都就是你们的意志。我们代表你们选举边区政府的委员和正副主席，他们是中华民族的优秀的战士，他们是边区同胞利益的忠实的代表。我们相信，我们在会议上的一切决定，将得到全边区同胞热烈的拥护，并将在边区政府的正确领导与全边区同胞的积极实际行动中实现起来。

亲爱的边区同胞们！我们生活边区，居在边区，边区有我们祖宗的庐墓田宅，我们能令野兽的日寇来蹂躏我们这黄帝子孙发祥的圣地吗？亲爱的边区同胞们！由于多年来我们边区同胞，在中国共产党领导下的艰苦奋斗，在这里创造着三民主义的新光明，我们存在着以前所梦想而得不到的各种生活上的幸福，我们能令野兽的日寇来劫掠、来消灭这一切我们所得到的幸福吗？不能，绝对不能！亲爱的边区同胞们！在这大敌当前，我们应该更加认清我们在全国抗战中的重大责任，更加发挥我们战斗的传统，更加高度地发挥我们战斗的能力，为保卫边区、保卫西北而战，为保卫我们边区的幸福生活而战，为保卫祖国而战！边区参议会是我们战斗的旗帜。边区参议会的一切决定是我们战斗的方针，我们相信，依着这一切方针去做，我们必将克服一切所将遇到的困难，我们必将使准备踏入边区的日寇铁蹄变成粉碎。全边区同胞团结在参议会和边区政府的周围！让日寇在边区参议会的面前发抖吧！

拥护蒋委员长！拥护国民政府！

拥护长期抗战！拥护国共长期合作！

保卫边区！保卫大西北！

抗战胜利万岁！

中华民国万岁！

选自《陕甘宁革命根据地史料选辑》第一辑，甘肃人民出版社1981年版，第21～24页。

8. 陕甘宁边区政府给国民政府行政院的签呈
——呈请鉴核陕甘宁边区行政区域

1939年2月12日

谨将陕甘宁边区行政区域并附图呈请鉴核。

查设定陕甘宁边区问题，业于民国二十六年七月在庐山谈话会时商蒙委座核准在案。嗣后祖涵秉承委座核准原则，继续与中央指派专员商讨具体方案，前后会谈数次，迄未得到解决。自二十七年七月在武汉晋谒委座重呈此案，后蒙委座面允此案，交钧座解决。同年在渝开第二届参政会时，经呈商钧座，蒙面允将陕甘宁边区定为国民政府行政院直辖行政区域之一，当嘱祖涵绘具边区所辖区域地图及呈拟解决意见。祖涵返陕后，因边区交通困难，各县村镇图尚未绘妥，而第三届参政会开会期间又已到期，祖涵乘出席大会之便，遵即绘就边区所辖区域略图并拟具办法如后：

一、陕甘宁边区现在实际管辖者为下列各县，于民国二十六年七月庐山谈话时已呈报委座在案。计开肤施、甘泉、富县、延长、延川、安塞、安定、保安、靖边、定边、淳化、旬邑（以上陕境）正宁、宁县、庆阳、合水、环县（以上甘境）盐池（以上宁夏），另有神木，府谷之一部现再呈报钧座，请即准予备案。

二、查民国二十六年十二月签呈陕甘宁边区政府所辖范围，除上列肤施、甘泉、富县、延长、延川、安塞、安定、保安、靖边、定边、淳化、旬邑、宁县、正宁、庆阳、合水、环县、盐池及神木、府谷间沿河南北约二百里东西一百里由旧苏区改建之县区外，原因洛川、镇原、固原、海原、靖远等五县环绕边区，而各县之内又多原有苏区，故曾请将此五县一并划归边区管辖，今为行政管理便利计，该五县请仍隶原省，不必改划。惟另请将清涧、米脂、吴堡、绥德、佳县等五县划归边区管理，此则因该各县早已划归八路军河防部队驻守，且与边区有历史联系，为此可便于指挥和管辖也。以上谨呈行政院长孔。

计附呈陕甘宁边区管辖区域图一张。（略）

林　祖　涵谨呈

选自《陕甘边区政府文件选编》第一辑，档案出版社 1986 年版，第 165～166 页。

9. 陕甘宁边区政府关于边区政府委员就职视事的通令

1939 年 2 月 15 日

各厅院处局
保安司令部
各分区专员及各县区乡政府

为令饬知照事：案查陕甘宁边区第一届参议会依法选举林伯渠、雷经天、周兴、王世泰、高自立、周扬、曹力如、刘景范、阎红彦、霍维德、马锡五、王兆相、贺晋年、李子厚、乔钟灵等十五人为陕甘宁边区政府委员，并选举林伯渠为主席，雷经天为高等法院院长，遵即于二月六日召开首次委员会宣誓就职，由高议长蔵会监誓并致训词，当即推举林伯渠、高自立、曹力如、雷经天、刘景范、王世泰、周扬等七人为常务委员。并决定以委员高自立为副主席，委员曹力如兼秘书长，委员高自立兼民政厅厅长，张慕尧代理财政厅厅长，艾楚南为副厅长，委员周扬兼教育厅厅长，委员刘景范兼建设厅厅长，朱开铨为建设厅副厅长，高岗为陕甘宁边区保安司令，委员王世泰兼保安副司令，委员周兴兼保安副司令，并兼保安处处长，委员曹力如兼审计处处长，除已分别就职视事外，合行令仰一体知照为要。

此令

主　席　林伯渠
副主席　高自立

选自《陕甘宁边区政府文件选编》第一辑，档案出版社 1986 年版，第 166～167 页。

10. 陕甘宁边区各级参议会组织条例

1939 年 2 月边区第一届参议会通过

第一章　总　则

第一条　本条例根据国民政府颁布之省参议会组织法的基本原则及陕甘宁边区之实际情形，为实现抗战建国纲领，完成地方自治，以巩固抗战中之政治的社会的基础为目的而制定之。

第二条　边区各级参议会为代表边区之各级民意机关。

第二章　议　员

第三条　各级参议会之议员，由人民直接选举之，但同级政府认为必要时，得聘请边区内勤劳国事及在社会、经济、文化各方面有名望者为参议员，其名额不得超过参议员总数十分之一。

第四条　各级参议会之议员名额，由选举条例规定之。

第五条　各级参议会之议员现时为无给职，但得酌发津贴费。

第三章　组　织

第六条　边区设立边区参议会，县参议会及乡参议会。

第七条　各级参议会由参议员中选出议长一人，副议长一人，主持全会工作。

第八条　各级参议会由参议员选出常务议员，于参议会休会期间处理会内一切日常事务，其名额如左（下）：

一、边区参议会九人；

二、县参议会五人；

三、乡参议会三人。

议长及副议长为当然之常务议员。

第九条　各级参议会开会时，设秘书处，议员资格审查委员会及提案整理委员会，分别执行工作，其组织规程另定。

第四章　职　权

第十条　边区参议会之职权如左（下）：

一、选举边区政府主席、边区政府委员及边区高等法院院长；

二、监察及弹劾边区各级政府之政务人员；

三、批准关于民政、财政、建设、教育及地方军事各项计划；

四、通过边区政府所提出之预算案；

五、决定废除或征收地方税捐；

六、决定发行地方公债；

七、议决边区之单行法规；

八、议决边区政府主席或政府委员会及各厅厅长提交审议事项；

九、议决边区人民及民众团体提交审议事项；

十、督促及检查边区各级政府执行参议会决议案之事项；

十一、决定边区应兴应革之重要事项。

第十一条　县参议会之职权如左（下）：

一、选举县长、县政府委员及地方法院院长；

二、监察及弹劾县政府及其以下之政务人员；

三、决定本县人民之生计设施；

四、议决本县之单行公约；

五、议决县长或县政府委员会提交审议事项；

六、议决本县人民及民众团体提交审议事项；

七、督促及检查县政府执行县参议会决议之事项；

八、决定本县应兴应革之重要事项。

第十二条　乡参议会之职权如左（下）：

一、选举乡长及乡政府委员；

二、监察及弹劾乡政府之人员；

三、议决本乡之单行公约；

四、议决乡长或乡政府委员会提交审议之事项；

五、议决本乡人民及民众团体提交审议之事项；

六、督促及检查乡政府执行乡议会决议之事项；

七、决定本乡应兴应革事项。

第五章　会　议

第十三条　各级参议会会期规定如左（下）：

一、边区参议会每半年开会一次；

二、县参议会每三个月开会一次；

三、乡参议会每一个月开会一次。

第十四条　各级参议会有以下情形之一者，得召集临时会议：

一、有同级政府之请求者；

二、有参议会参议员五分之一以上之请求者；

三、有各级参议会区域内全体人民十分之一以上之请求者；

四、经参议会常务委员会之决定者。

第十五条　各级参议会会议规则另定之。

第十六条　各级参议会开会时，各级行政及司法首长，均得列席，有发言权，无表决权。

第十七条　各级参议会之决议案，咨送同级政府执行，如政府委员会对决议案认为不当时，应即详具理由，送回原参议会复议。

第十八条　如下级参议会议决之案件有不当时，同级政府受上级政府或上级参议会之指示，得停止执行。

第十九条　各级参议会议员在议会中之言论及决议，对外不负责任。

第六章　任　期

第二十条　各级参议会议员之任期规定如左（下）：

一、边区参议会议员之任期为一年；

二、县参议会议员之任期为一年；

三、乡参议会议员之任期为半年。

第二十一条　各级参议会议员如在任期内因故去职时，由候补议员依次递补。

第七章　改　选

第二十二条　各级参议会议员任期满后，依照选举条例改选之，但得连选连任。

第八章　附　则

第二十三条　本条例修改及解释之权属于边区参议会。

第二十四条　本条例经边区参议会通过，由边区政府公布施行。

选自《中国新民主主义革命时期根据地法制文献选编》第二卷，中国社会科学出版社1981年版，第181～186页。原注：“选自《陕甘宁边区第一届参议会实录》，一九三九年版”。

互校版本：《陕甘宁边区法律法规汇编》，三秦出版社2010年版，第40～42页。

11. 陕甘宁边区政府组织条例

1939年2月边区第一届参议会通过，1939年4月4日公布

第一条　陕甘宁边区政府由陕甘宁边区参议会选举委员十三人，组织边区政府委员会，呈请国民政府加以委任。

陕甘宁边区政府设主席一人，副主席一人，由陕甘宁边区参议会在边区政府委员中选举之。

第二条　边区政府设下列各厅部处：

（一）秘书处；

（二）民政厅；

（三）财政厅；

（四）教育厅；

（五）建设厅；

（六）保安司令部；

（七）保安处；

（八）审计处。

边区政府于必要时得增设专管机关。

第三条　陕甘宁边区政府受国民政府之管辖及陕甘宁边区参议会之监督。

第四条　陕甘宁边区政府综理全边区政务。

第五条　陕甘宁边区政府对于边区行政，得颁发命令，并得制定边区单行条例及规程。但关于增加人民负担，限制人民自由，确定行政区划，及重要行政设施，须得陕甘宁边区参议会之核准或追认。

第六条　陕甘宁边区政府对于所属各机关所为[①]之命令或处分，认为有违背法令，逾越权限，或其他不当情形时，得停止或撤销之。

第七条　下列各项事务须依边区政府委员会之决议行之：

（一）关于执行国民政府委托事项；

（二）关于选举事项；

（三）关于执行边区参议会议决案事项；

① “社科法制版”漏掉“所为”二字。

（四）关于本条例第三条第四条规定事项；
（五）关于预算决算事项；
（六）关于所属行政人员任免事项；
（七）关于咨[①]调地方部队及督促所属军警绥靖地方事项；
（八）关于边区行政设施或变更事项；
（九）关于处分公产或筹划边区公营事业事项；
（十）其他边区政府委员会认为应讨论之事项。
第八条　陕甘宁边区政府主席之职权如下：
（一）召集边区政府委员会，开会时为主席；
（二）代表边区政府，执行边区政府委员会之议决案；
（三）代表边区政府，监督全边区行政机关执行职务；
（四）处理边区政府日常及紧急事务。
第九条　边区政府主席因公外出或因故不能执行职务时，由副主席代理主席职务。
第十条　秘书处掌理事务如下：
（一）管理边区政府委员会会议之通知及记录；
（二）撰拟保存及收发文件；
（三）管理边区政府委员会之会计及杂务；
（四）编制统计及报告；
（五）登记边区政府各厅、部、处职员之进退；
（六）典守印信；
（七）不属于各厅、部、处之事务。
第十一条　民政厅掌理事务如下：
（一）关于任免县市行政人员提出意见；
（二）关于土地行政事项；
（三）关于警察行政事项；
（四）关于选举事项；
（五）关于户口之调查统计事项；
（六）关于卫生行政事项；
（七）关于赈灾、抚恤、保育及其他社会救济事项；
（八）关于婚姻登记及礼俗、宗教事项；
（九）关于劳资及佃业争议事项；
（十）关于禁烟禁毒事项；
（十一）关于人民团体之登记事项。
第十二条　财政厅掌理事务如下：
（一）关于税务公款及公债事项；
（二）关于预算决算编制事项；

① “社科法制版”为“咨调”，其他两种版本无“咨”字。

（三）关于金库收支事项；
（四）关于公产管理事项；
（五）关于金融之监督调整及取缔事项；
（六）其他有关边区财政之事项。
第十三条　教育厅掌理事务如下：
（一）管理各级学校；
（二）管理社会教育；
（三）管理图书教材之编审；
（四）关于教育文化及学术团体之指导；
（五）关于图书馆、博物馆、科学馆及公共体育娱乐场所之管理；
（六）其他有关边区教育文化事项。
第十四条　建设厅掌理事务如下：
（一）关于农、林、畜牧、工业、商业、矿业之计划、管理、监督、保护、奖进事项；
（二）关于合作事业之指导与奖进；
（三）关于道路桥梁之建筑；
（四）关于防除动植物病虫害虫保护益鸟益虫事项；
（五）关于农、林、畜牧、工、商、矿业出品之陈列及检查事项；
（六）关于农、林、畜牧、工、商、矿业各团体之指导；
（七）关于度量衡之检查监督；
（八）关于移民及新村建设事项；
（九）关于不属土地行政之测丈事项；
（十）其他实业行政事项。
第十五条　保安司令部掌理事务如下：
（一）关于绥靖地方事项；
（二）关于协助保卫边区事项；
（三）关于边区人民抗日武装团体之调查、整理、训练事项；
（四）关于保安队职员任免事项；
（五）关于保安队之统率、编制、训练、奖惩、抚恤事项；
（六）关于保安队调遣分配事项；
（七）关于保安队军需事项；
（八）关于保安队医务卫生事项。
第十六条　保安处掌理事务如下：
（一）关于汉奸、敌探之侦查、捕缉、处治事项；
（二）关于人民锄奸组织之指导事项；
（三）其他有关边区锄奸工作之事项。
第十七条　审计处掌理事务如下：
（一）关于审核全边区行政机关之预算决算事项；
（二）关于审查全边区行政机关之公有物事项；

（三）关于审核全边区征税征粮及其他有关机关之收支证据事项；

（四）关于审核金库收支事项；

（五）关于审核公产估价变卖事项；

（六）关于审核公营事业之收支事项；

（七）关于审核由政府补助民营事业之收支事项；

（八）关于贪污、舞弊及浪费事件之检举事项。

第十八条　秘书处设秘书长一人、承边区政府主席之命，综理秘书处事务。

第十九条　各厅设厅长一人，保安司令部设保安司令一人，各处设处长一人，综理各该厅、部、处事务。

各厅、部、处于必要时，得设副厅长、副司令、副处长、佐理各该厅、部、处事务。

第二十条　各厅、部、处在边区政府委员会决议之范围内，对于主管事务，得颁发命令。

第二十一条　各厅、处各设秘书一人至数人，保安司令部设参谋长一人，承长官之命办理所属事务。

各厅、处视事务之繁简，分科办事，每科设科长一人，科员若干人，承长官之命，办理各科事务。各厅于必要时，得酌设技正、技士、技佐及视察员，其名额由各该厅长提出于边区政府委员会决定之。

第二十二条　边区政府巡视团，其名额及职权另定之。

第二十三条　各厅、部、处办事细则另定之。

第二十四条　本条例经陕甘宁边区参议会通过后，由陕甘宁边区政府公布施行。

选自《抗日根据地政策条例汇集》陕甘宁之部（上），1942年版，第36～42页。

互校版本：

1.《陕甘宁革命根据地史料选辑》第一辑，甘肃人民出版社1981年版，第28～33页。

2.《陕甘宁边区政府文件选编》第一辑，档案出版社1986年版，第212～216页。

3.《中国新民主主义革命时期根据地法制文献选编》第二卷，中国社会科学出版社1981年版，第202～208页。原注：“选自《陕甘宁边区第一届参议会实录》，一九三九年版”。简称“社科法制版”。

4.《陕甘宁边区法律法规汇编》，三秦出版社2010年版，第26～28页。

12. 陕甘宁边区政务会议暂行规程

×年×月

第一条　政务会议为边区政府执行政务之领导机关。

理由：边区政府一切行政方针及具体工作，皆由政务会议决定，其性质是对政府委员会和议会负责，执行议会决议，其职权是领导全边区行政最高的执行者，所以规定如此。

第二条　参议会选举之政府委员为政务会议当然出席人，执行政务之各厅、处、院、会等负责人均出席政务会议，有发言权及表决权。

理由：政府委员接受民意委托，负政务责任，而政府任命之各厅、处、院、会等负责者，同样亦负执行政务责任，在一切政务工作中，皆须由政务会议决定，故要出席会议，而享有发言权及表决之权。

第三条　边区政府主席为政务会议当然主席。

理由：边区政府主席为行政之领导者，政务会议是执行政务之决定的领导机构，政务会议之主席当然为政府之主席。

第四条　政务会议讨论及决议之事项：

（一）关于民、财、建、教之施政方针及具体计划；

（二）关于立法原则及单行法规；

（三）关于司法行政各项事宜；

（四）关于治安问题；

（五）各厅、处、院、会长官所提议专员，县长各级法官之任免事宜；

（六）特殊事项。

理由：政务会议之职权，属于各种政务方针之确定及执行之方法，提高行政效率及总结经验教训，促进民主政治正规化—法治化，所讨论及决议之事项注重立即执行，以收速效。所以本条只就原则的概括的规定，避免繁琐。

第五条　参加政务会议各厅、处、院、会负责者，除特别事故外不得派代表或缺席。

理由：出席政务会议的人，皆是行政上有责任的人，应不能派代表或缺席，但有特别情形时须得告假，不得无故缺席，以重政务责任。

第六条　会议问题有关各该行政部门时需要详细说明者，得政务会议许可，准负科长秘书责任者临时出席，但有发言权，无表决权。

理由：政务会议，事务管理应不准出席，但所讨论问题，属于某一部门工作，为采取更详细材料，得准许某部门科长或秘书出席报告，除报告完了退席外，不得参加表决，所以尊重政务与事务之区别，故有此规定。

第七条　各行政部门对政务会议作工作报告时，须以书面并归档保存。

理由：工作报告，不仅系行政材料而且系行政成绩的具体内容，除根据报告内容作决定具体方法的标准外，应当列入档案保存，以重政绩。

第八条　政务会议设秘书长一人，由边区政府秘书长兼任，另设秘书一人掌理会议记录及文件事宜。

理由：政务会议所应办之文件及通知，均要秘书长负责，由政府秘书长兼任，因政府秘书长，事实上系执行政务之机要责任者，是以兼任为得当，另设一秘书在会议时记录，会后受秘书长命令整理文件事宜。

第九条　政务会议之决议，交秘书长负责办理，分发各厅、处、院、会执行。

理由：会议决定的议案交秘书长整理后，将决议分别发交各厅、处、院、会负责者照案执行或存照以明责任而重政务。

第十条　政务会议不设旁听席。

理由：政务会议所讨论的事件，皆系关于行政或法制原则问题，皆是各该行政部门主要负责者要执行的事件，不必要他人旁听，而且有时事关机要不容许旁听，所以有此规定。

第十一条　政务会议讨论事件有关专门问题时，得设各种专门委员会，聘请专门人员研究以资赞助。

理由：大政方针下之执行方案，往往涉及专门问题，设无专门知识，执行上就发生许多流弊及错误，使行政效率不特不能加速与提高，转令迟缓而降低，所以避免主观与自以为是的错觉起见，遇专门问题有设专门委员会之必要，特规定如此。

第十二条　政务会议议事细则另定之。

第十三条　本规程经政务会议通过施行之。

选自《陕甘宁革命根据地史料选辑》第一辑，甘肃人民出版社 1981 年版，第 487～489 页。

13. 陕甘宁边区党委、边区政府关于乡村级党和政府及民众团体组织问题的决定（草案）

1939 年 8 月 15 日

过去乡政府下的各种组织与乡级各种群众团体，虽是吸收与发动了乡村中的群众来参加政府及群众团体的许多工作，而且有些组织（如代耕队、互济会、文化促进会、锄奸委员会等）均起了很大的作用。但一年来的经验同样的证明：乡级的组织形式过于复杂，领导上因而发生了某些不一致及欠灵便的地方，特别是有些组织是重复的或不需要的，不适合于地广人稀与战争环境的要求，致使这些组织事实上只是形式上的、名称上的，而没有什么工作。为了纠正此种现象，增强乡级各种组织的工作效能及便于领导起见，边委特提出如下决定草案，并责成各级党部直至支部为止，均应召集适当的干部会议共同研究讨论，并提出自己的意见寄交边委，以便边委搜集各方面的意见，再作正式决定。在未正式决定前，乡级现有的各种组织均照旧不变动。

一、乡级行政组织

（一）乡级参议会，仍照边区第一届参议会的决定组织之，其任务为帮助督促及检查乡政府对乡议会议决案之执行等事项。

（二）乡政府依照边区参议会的选举条例产生之，由五人至七人组织乡行政委员会，内除乡长一人外，其他各委员则分别兼任抗后会主任、自卫军连长，锄奸主任、生产委员会主任、优抗互济会主任、文化教育促进会主任等工作。各委员得按其所负工作的需要组织各种委员会，其任务为更多的反映群众意见，其性质只是属于研究和建议方面的，其任务是在吸收群众中的积极分子来参加学习政府工作及社会服务。因此，此种委员会的组织及人数均可按工作需要设立或撤销、增多或减少之。此种委员会的名单可由各该委员提出交乡行政委员会批准之。根据已有经验认为乡政府分下列几种委员会的组织是需要设立的。

甲、文化教育促进会——按乡之大小由三人至七人组织之，以帮助与推广乡村学校教育与社会文化教育工作的进行（如小学、夜校、半日校、识字组，俱乐部的工作，以及乡村中的清洁卫生、破除迷信、戒烟、放足等问题的讨论与宣传）。如遇该乡的小学教师系共产党员，则应尽可能吸收他参加乡政府委员会及支干会，以便他兼任文化教育促进会主任职。

乙、生产建设委员会——按乡大小由五人至七人组织之，其任务为发动乡村群众参加与学习农、林、畜牧、工商、合作事业及乡村中其他建设工作（政府下原有之春耕委员会、生产学习小组等即不另组织，但群众自动组织的生产学习小组不在此限）。

丙、锄奸委员会——乡级三人至五人组织之，村设锄奸小组，内设组长一人，在政府锄奸主任及保安科之领导下，讨论与发动广大人民进行锄奸工作。乡长及支书均为锄奸委员会的当然委员之一。

丁、优抗互济委员会——乡级由三人组织之，为协助政府讨论与推广乡村中的优待抗工属工作与互济问题（如组织代耕队、救济难民等）。

以上各委员会均设主任一人，其余为委员。各委员的工作任务应很简单具体，由各该委员会主任临时指定或委托之，如委托某某优抗互济委员去调查或了解某家抗属或难民的具体情形，负责在干部会或群众大会上提出解决。各委员会之主任，一般的应由该乡行政委员会委员之一兼任之，在特殊情形下可由乡行政委员会委任专人负责，各村村代表及行政村代表主任制仍旧。

二、乡村群众团体的组织

（一）乡抗敌后援会为乡级统一的民运组织，内设主任一人，常务委员四人至六人，分任组织、宣传、职工、青年、农民、妇女、武装、锄奸等职务（各级抗后会主任应有专人负责，他是各级党委委员之一，其在群众团体中有信仰及工作经验与能力均相当。其他如宣传、组织可由乡青救委员、妇女委员兼任。锄奸委员由政府锄奸会主任兼，武装委员由自卫军连长兼）（其任务为协助政府及军队进行动员民众的参战工作，至于自卫军的指挥领导仍属政府的军事系统，不属抗后会，农会委员由有信仰的农民干部充任）。

（二）乡级抗敌后援会下原有之群众团体，如乡工会、青救会、妇联会、农民会等组织均宣布取消。其工作则由乡抗敌后援会负全责进行，规定定期的工作计划与检查制度，并分别责成抗后会联工委员、青年委员、妇女委员直接指挥与督促农村中的工人小组、青年小组及妇女小组的工作。

（三）为便于领导及完成任务起见，抗后会之职工、青年、妇女等委员均得于必要时召集其所属之工会干部或青年妇女干部开会讨论关于工人、青年、妇女的特殊问题。如乡青救会在名义上虽取消了，但抗后会青年委员得于需要时随时召集少［先］队队长、儿童团长及附近的青年小组长开会讨论工作。

（四）村抗敌后援会的组织，在人口多的行政村或自然村可按妇女、青年、工人、农民等分别组织工人、青年、妇女的各种小组。在人口少的地方，而就近合并组织又称不便时，可混合成立抗敌小组，设组长一人。

三、关于支部的组织与工作问题

（一）边区是我党直接领导下的模范抗日根据地，这里的支部范围较大，党员数量亦较多，支部委员会（支干会）通常由七人组织之，内分书记、组织、宣传、军事委员（自卫军连长）、政府委员（乡长）、民运委员（抗后会主任）等。为了处理日常工作的便利，可以成立支部委员会的常委，通常由书记、组织委员、宣传委员三人组织之。不满五个党员的支部只设支部书记或加一副书记。

（二）边区支部工作的特点，陈云同志在他关于支部问题的论文（解放七三期）中很明确的指出过，他说："我们党领导的政权下的地方支部（如陕甘宁边区），应该是乡村政权机关的领导者，地方武装的领导者，党在群众中的核心。党政军民的工作都是支部所必须管理的工作。党政军民的工作都是为着一个目的——建立和巩固模范的抗日根据地。"

（三）支部委员会应定期召集会议，计划与检讨党政军民的各种工作（包括党员群众的学习与教育问题），支部的决定，应经过政府党团及民运委员会去讨论执行，不可包办或代替一切。在进行各种动员工作时，应防止个别的强迫摊派方式及损害群众利益的事情（如乡级干部下乡时有些在群众家里吃饭不给钱的现象），必须经常注意到解决群众的实际困难及动员工作中的民主问题。关于这点，陈云同志在上述论文中亦已指出："支部动员民众的工作，在党内必须首先在党员中详细讨论，经过党员在政权机关中与民众团体中进行各种解释，经过政权机关的号召，经过民众民主的讨论，使各个民众团体了解党与政权机关所提出的号召，是他们自己的事情，动员他们自己的团体，响应和完成这个号召。共产党员应该在群众响应这个号召中起模范作用，并且要善于团结各个团体中男女老幼的积极分子，采取竞赛鼓励的办法来完成这个动员。"

四、一些应该注意的问题

（一）乡级各种组织（党、政、民）的工作，必须不仅每次开会讲动员，而且要去注意群众中日常发生的一切问题和群众的困难，并经常解决这些问题，如此则信仰会提高，群众会活跃，群众工作会深入。这就是说我们不仅向群众要，而且也必须替群众解决问题，也只有在为群众解决问题中才能提高其积极性，达到我们扩兵、粮食动员等等的目的。

（二）现在乡村中的会议规定得太多，以致有些不能召集或召集不拢，重要的会议也有因缺乏准备使群众不感兴趣的。今后必须由支部、乡政府、抗后会协商计划每月应召集的会议。一切不必要的会议不要开，可以合并的会议应合并开；凡属一般的性质的问题均应在乡的群众大会（或村民大会）上讨论解决，此种会议有事则开，男女老少一齐到会，各团体有什么问题要自己会员注意的就在大会上提出。

乡级其他的会议一般的可照如下规定：

第一，（1）乡参议会每月一次。（2）抗后会常委会半月一次。（3）乡政府下的各种委员会，均在十天或半月开会一次，乡抗后会的小组一般的不需开会，组长任务为负责带往参加乡群众大会或在大会上代表组员发表意见。（4）自卫军、少先队训练教育的会议，以连为单位每月一次，排为单位半月一次，班为单位十天一次。（5）如遇特别事故可召开临时会议。

第二，上述各种会议应尽量利用民众闲暇及选择方便时间与适当地点召开。如在农忙时可酌量减少或前后移动，而且每次会议，必须事先有充分准备，时间以节省为原则。

第三，一般的同一性质的会议（如传达政治形势及抗战动员工作等）应统一召集，由支部及乡政府按会议性质共同决定归谁统一召集此种会议。但有关各组织特殊工作的会议仍须单独召开。

（三）乡级干部积极分子的工作应适当分配，要估计到每个同志的工作、学习、参加生产的实际情形来决定，一般的每个干部只能担任一种主要负责工作。

（四）各群众团体会员凡有生产力的均应交纳一种会费，如同时参加两种组织，则只交纳一个组织的会费，而且交纳会费时要使会员了解交纳会费的意义，能自动按月交纳，纠正过去某些强迫性的方式，目前各群众团体应普遍进行关于缴纳会费的教育工作。

以上决定，对于进一步的开展边区民运，发挥群众组织的力量，有着极实际的意义。各级党的负责同志接到此决定草案后，应立即召集党政民负责同志研究讨论这一草案，并限于一月内将讨论结果报告边委。

附注：区级以上的党政军民的各种组织仍照旧不变动。

中共陕甘宁边区党委

中华民国陕甘宁边区政府

选自《陕甘宁边区政府文件选编》第一辑，档案出版社1987年版，321～326页。

互校版本：《陕甘宁边区法律法规汇编》，三秦出版社2010年版，第84～86页。

14. 陕甘宁边区政府关于建立抗日统一战线的模范政权问题便函

1940年

关于在新区建立新民主主义的即抗日统一战线的模范政权问题，除以前之决定和各次信上所指示之外，再提出如下意见，藉供参考：

一、关于正式选举乡县参议会及乡县长官问题，必须先将准备工作做好。哪个乡哪个县的准备工作做好了，哪里就先行选举，不必各乡各县同时举行（乡选举办好了，然后再行县的选举。各村没有参议会，如那乡某村的工作已做好了，那里就开群众会选出村长也可以，不必全乡同时举行。乡村在新区还是叫保甲，名称不变也可以）。所谓准备工作做好，就是说那里的民众团体——工会、农会、青救、妇联都已相当的组织好，不是空架子。抗战动员问题、民众自身利益问题的解决，都已有相当成绩，已经产生了一些积极分子，广大民众对选举已有相当的兴趣。估计在这时候选举，更可以提高民众参政情绪（民主的组织可能运用），那就应即进行选举。选举前登记选民、提出候选人、讨论提案……均要做得充分，使选举不仅是选出适当的人才，而且就是广大群众参政的练习。

这一工作应该在一年或一年半以内做好。时间短了，做不赢不免流于形式（庆合在去年选的保甲不很好，就是准备不够之故，现须再来一次）。长了，于实行民主制度不合。一般比过去内战时由革命委员会过渡到正式苏维埃时间要长一点，因为和平时期不可能有战斗时期那样的紧张，一个县有过半数的乡进行了民选，就进行县的选举。

二、在未选举乡县参议会之前，可召集分区一级的临时参议会。照条例分区是没有参议会组织的，但为着听取民众的意见，提高民众参政的情绪，决定施政方针而是民众大家来拥护与执行非有民意机关不可。乡县正式选举来不及，所以决定召集分区的临时参议会。临时参议员的产生，仿照孙中山国民会议组织法，由现有的民众团体，按照它所有群众基础的大小分配它推选出席人数，另一方面唯恐有些开明绅士不能当选，还可照现行参议会的组织，由专署聘请一部分议员，人数不要太多，但也不能太少，由各分区依据边府颁布的临时参议会组织条例拟定人数及分配办法呈报边府批准执行。

召集临时参议会之先要做宣传，使大家懂得是回什么事。要准备议案针对当地具体情况，制出适用的具体方案。如果没有好的准备，会议上是不会有好成绩的。议案一经通过后，就得执行，以后不能随便更改。所以希望你们先时能深入的具体的做出方案，送到边府审核。届时边府还当派员出席领导。

临时参议会开一周或十天，闭会后可选出常务委员会。政府有事同他们磋商取得同意，因为临时参议会，实际是代理正式参议会职权，分区临时参议会，到各县参议会正式成立时即行撤销。

三、新区是没有经过土地革命的，与老边区有些不同，如果说老边区虽然缺乏民主形式，但民主实质仍存在，那么，在新区就民主的形式与实质均须严重注意，我们不仅要在这里取得各个革命阶级的人的信仰，同时要在此取得实行新民主主义政治的经验。因此在政府成立的一天，就得注意下列问题：

甲、必须切切实实的尊重人民的民主自由权利，不能随便妨害人民的言论、出版、集会、结社、信仰、居住、迁移的自由，不能随便侵犯人民的利益，如强迫人民超过法定的义务负担，动员牲口不发足脚价，非法的向人民募捐，强占人民法定财产等等。不能随便剥夺与限制人民身体的自由，如非法逮捕，乱施拘押，乱加罪名等等。

因为民主政府只能要求人民遵守法令上规定的义务，不能强迫人民遵守超过法定以外的义务，只能以法剥夺人民的自由，不能非法剥夺或限制人民的自由，法令对于人民，是规定人民应有的权利和义务，法令上规定了的权利是合法的权利，法令上规定了的义务是必须的义务。政府有权强制人民实行义务的权力，但不能强制人民实行法定以外的义务。

乙、政府与党不同，政府是全体人民的各革命阶级的，共产党及非共产党人员在政府工作都有同等的权力和义务，政府一切工作应共同知道、共同讨论、共同决定、共同分工去实行，做得好是大家的成绩，做坏了是大家的责任。在共产党有军事力量的地方，不是怕人家不同我合作，而是怕人家不敢来合作，因此应该互相尊重，互相勉励，互相原谅，“风雨同舟、和衷共济”的做工作。在这一点上，在政府里的共产党人，应该负责任做模范。

丙、民主政府必须是清廉纯洁的政府，对于国家民族有利益的事，勇敢的努力的做，对于国家民族没有利益的事绝对不做。贪污腐化、损公利己、阳奉阴违、官僚主义、消极怠工应坚决反对。民主政府的工作人员应当是一文［丝］不苟，克己奉公，艰苦奋斗，言行一致的。

同时应当是脚踏实地的、说做就做的。做不到的不吹大炮。因为行不通的空决定，人家看不见实际，会降低自己的信仰，例如减租减息，应根据原有租息高低不一的情况去酌量减少，原来太高的多减点，原来较低的少减点。又如改善工人生活中，女工产前产后各应休息一个月，工资照发。就要看这个女工做工的时间长年，假如总工只做三个月，便要顾（雇）主担负两个月的优待工资，在实际上是不可能的。又如戒鸦片，年龄在三十至四十者，一律限期六个月戒断，要分别体力劳动者与非体力劳动者、穷人与富人，因为穷苦的体力劳动者，靠吸鸦片来补助劳动力，如果一下子要他戒断，他就没有办法劳动，不劳动就不能赚到吃，反之，如果是富有的非体力劳动者，他可以闲着吃好些，专门戒烟，则他可以戒断，至于五十岁以上之老瘾客，那完全要看他的体力强弱以及家庭境遇来决定，否则会戒死人的。

四、统一战线模范政府的各种政策，应当根据各阶级的共同利害出发，凡是只对一阶级有利，对另一阶级有害的便不能作为政策决定的根据。例如现在主张改善劳资与东佃关系，就是为的使工人农民都能生活，但又不能没收土地，这又是为的使地主也能生活，又如过去工人有更多的民主权利，地主资本家则完全剥夺其民主权利，现在则工人、农民、地主、资本家，都是平等的有权利。这就是表示各方面都是合作的、统一战线的。

选自《陕甘宁边区政府文件选编》第二辑，档案出版社1987年版，第562～565页。

15. 陕甘宁边区政府关于新区行政工作之决定

1940年4月4日陕甘宁边区政府委员会通过

查此次先后接收绥、清、吴、富、庆、合镇等新区，对其原有行政系统和教育系统及其公务员和教职员，以及改革原有行政组织与经济财政政策之实施等，均未臻划一。兹为统一今后接收新区对于原有行政组织等策略办法，与建立新区统一战线模范政府，实施新区模范行政设施起见，特作如下决定：

（一）对原有行政组织与公务员之策略

1. 凡原有之行政组织及公务员，在未经正式选举以前，不问其组织形式是否适当，及其公务员之党派与阶级关系如何，应一律保持原状。其因不明本府政策，一时离职逃避者，应通知本人于三天内复职，是项公务人员之去就，由选举决定之。个别人员通敌有据，或意图借公务员地位，而实行破坏统一战线之特务工作者，即毋须等待选举便可明令撤换之。

2. 新区原有之县长及联保主任、保甲长等，因故离职，又无法通知复职，或经通知而拒绝复职者，得采取以联保主任联席会议公推临时县长，以保长联席会议公推职保主任，以甲长联席会议公推保长，以甲民大会公推甲长代理之，是项代理人须经上级政府加以委任。

3. 经接收之新区，各级政府应受边区之指挥与监督，并按级作工作报告，以明隶属关系，其有意违抗者，以弃职论，得明令撤换之。

4. 新区附属之地方公务机关（公安局、警察局、戒烟所……），如认为仍有必要时，原有之主管人及职员一律仍旧，经派员审查后，合则留任，不合则更换，其无须继续存在之机关，则明令撤销之。但对该机关之公务员如无不合公务员资格者，应另行分配适当工作。

5. 原有之公务员，其薪金仍旧，应否增减，由参议会与政府委员会决定之。

6. 凡在职之原有公务员，应对其尊重与信任，给以工作之权限及工作之条件，并随时予以帮助之。

7. 凡未经参议会选举之政府委员会，其主官以代理名义对外，以明临时与正式之别。

（二）在新区建立模范统一战线，政府应遵守以下原则：

1. 各县应组织县乡两级参议会与政府委员会，并遵照议会组织条例、政府组织条例行使职权，相互尊重其职权。区政府不设参议会与政府委员会，由县府委派区长区员充任之。

2. 各级参议会与政府委员会之产生，应遵照选举条例、议会组织条例、政府组织条例产生之。

3. 各级参议员与政府委员，必须包括有各阶级、各抗日党派与无党派之成分，以符合各阶级、各党派、无党派之统一战线原则。为明确起见，必须：

A. 无论任何一政党之党员，所占议员或委员之总数量不得超过三分之一。

B. 议员或委员，必须是各阶级之公正有威望、有能力之人士为候选人，其假公济私，依势凌人，或木偶式之分子，应拒绝其当选。

4. 新区应即组织县乡两级之选举筹备委员会，筹备选举事宜，其大体工作如后：

A. 宣传实施宪政；

B. 调查登记选民；

C. 物色候选人；

D. 准备议会讨论之议案；

E. 准备选举之事务工作。

以上准备工作就绪，即进行选举。

（三）怎样巩固新区统一政权

1. 必须使我党在新区政权中所占之成分是政治上坚定，能力强，有群众信仰，能团结与尊重其他党派或非党派的干部。

2. 必须加强对中心区或重要区和乡政权中党的领导。

3. 必须加强对自卫军、少先队和保安队中党的领导。

4. 必须加强对民众组织中党的领导。

（四）新区之经济财政工作

1. 经济政策，应以发展国民经济，改善民生，增厚抗战供给，调剂各阶级经济关系，巩固统一战线为原则。

A. 发展农业，组织农业生产，改良农业技术，扩大耕地，增加产量。

B. 恢复发展手工业，奖励私人投资。

C. 在民主的、有益的原则上，建立人民之消费生产合作组织。

D. 对于土地问题，保持现状，既不再分土地，也不准收回已分出之土地，也不索取已被收回之土地。

E. 在双方自愿原则下的酌减租、息，酌增工资，酌减工时。

F. 原有之官办或半官办之工业，仍保持过去隶属关系，并加以改进与发展。

G. 对于有益民生与抗战之工程建设，应继续进行。

H. 取缔资敌，严禁仇货。

J. 救济难民，鼓励移民老边区。

2. 财政政策，在于发展国民经济，增加政治收入，保证最低限度必需之经费。

A. 取消苛杂，实行公平合理负担。

B. 反对贪污浪费，实行严格的预算、决算审计制度。

C. 统一财政，力求合理支配，反对自收自用。

D. 切实保管官有财产。

E. 财政公开。

（五）新区教育问题

1. 发展国民教育，提高人民文化政治水平，坚定抗战信心，发扬民主精神。

A. 原有之教育事业，应一律求得恢复，并在其基础上加以发展与改进。

B. 按着需要加以扩大，并造就扩大必需条件。

2. 对于原有教职者［员］及学生的策略

A. 原有教职员学生，除个别通敌有据，或假借教育与学习为名，实际作特务工作者外，其余均不分党派、阶级关系，一律求得恢复原状。

B. 教职员或主管人经接收后，因故离职者，应通知其复职。通知复职而拒绝者，经查明拒绝原因予以解释尚不复职者，得在当地另聘人接替之。

C. 教职员学生，均有信仰结社之自由，但必须不是通敌的、破坏统一战线的、破坏他人信仰结社自由的。

D. 教职员学生之待遇，一律仍旧，在可能条件下力求改善。

3. 对于教材课程

A. 旧的教材课程，经审查不合抗战团结民主者，以教育说服的精神，取得学生教员之同意废除之。

B. 在旧的教材课程未改变以前，可酌量增加一定的课目。

C. 要准备新的教材，保证某些反动的教材废除后有新的教材供给。

4. 准备教员供给，提高原有教员

A. 扩大师范教育。

B. 利用新旧知识分子。

C. 对旧教员应设法提高。

5. 解决经费

A. 切实保管原有学款基金，并求得扩大。

B. 改善人民对教育经费之负担，力求公平合理。

C. 实行预决算制度。

（六）司法行政问题

1. 目的在于保障人民民主自由与合法利益，巩固抗日后方。

A. 裁判的主要对象是汉奸及破坏抗日后方之土匪暴乱分子。

B. 对于一般罪犯，应注重教育感化。

C. 处理与接受案件，一切应以便利人民，少拘形式。

D. 审判应公开，以广教育。

2. 目前应解决的问题

A. 有承审员的仍旧，无承审员的由县长兼，或另物色当地公正人士充任之。

B. 裁判的根据，可参照国府与边区两方面之成文法及条规，力求避免标新立异。

C. 最终判决由边区高等法院核示。

3. 反对滥施逮捕刑讯

A. 非原告及证据，不得传讯逮捕。

B. 无司法机关、侦察机关不得逮捕人犯。

C. 无切实证据不得判决。

D. 不准使用肉刑。

选自《陕甘宁边区政府文件选编》第二辑，档案出版社1987年版，第153～158页。

16. 林伯渠、高自立关于新区建立统一战线模范政权致王维舟、朱开铨的复函

1940年6月7日

维舟、开铨同志：

李之钦同志带来之报告及其他文件，均照收到，请勿念。

关于在新区建立统一战线模范政权问题，除以前之决定和各次信上所指示外，再提出如下意见，借供参考。

一、关于正式选举问题，必须先将准备工作做好，准备工作做好之后再选举。所谓准备工作做好，是要发动民众，在各种团体中（如工会、农会、妇联、青救……），乡村大会中讨论有关于民主、民生和抗战动员诸问题。并将讨论的结果提到政府，政府接到之后，认为应兴应革的即马上实行，实行的结果又向民众报告。如果不能实行的，即提出理由发还，并请其复议。同时，关于将来的人选问题，也可以由各民众团体作预先的讨论，以为演习，并可借此来测验准备工作的程度。假如某些区域，民众已经认真的讨论问题，关心人选，则这种区域就可以正式选举。如果某些区域，民众对于选举还不热心，就要经过发动之后，再进行选举。为什么要先发动民众的民主热忱，然后才选举呢？因为民众的民主热忱未发动，民众就不会认真来选举议员，不会认真发表议论，这样就容易走上有其名而无其实。因此，什么时候，什么地方发动了民众的民主热忱，就先进行选举，不必决定在同一时间一律举行。

二、在来选举正式参议会之前，应组织分区一级的临时参议会，以为过渡期间的民意机关，将来选举了正式参议会，临时参议会就宣布解散。临时参议会成立之后，全分区大政方针及应兴应革的事情，都由参议会去讨论与决定。凡经过临时参议会决定的事项，政府应无条件的实行，并将实行的结果，随时报告临时参议会。如果不能实行的，则提出理

由发还，或请其指示办法，或收回成命。凡是应该作（做）的事，但是要经过议会通过才能作（做），就必须提到议会通过之后再作（做）。凡是应作（做）的事，来不及先经过议会通过，则事后亦应报告议会，请求议会追认。过去在老边区，有许多事情，应经过参议会决定才能作（做）的，但常常没有经过议会。例如，增加或减轻人民负担，调动县长、区长、乡长等等，常常没有经过参议会便作（做）了。这种倾向就应纠正。

至于临时参议会的组织条例，由边府制定公布，你们可根据组织条例执行。临时参议会组织起来之后，可以帮助推动选举运动，可以在临时参议会议员中，创造将来的正式参议员，有了临时参议会，可以减少些联席会议。但应（只）组织分区一级的临时参议会，县与乡不必组织，原来各县已组织有临时政府委员会的，仍旧存在，不必取消。

三、统一战线模范政府，是民主法治政府，反对一切不民主的倾向。

甲、民主政权，必须切切实实的尊重人民的民主自由权利，不能随便妨害人民的言论、出版、集会、结社、信仰、居住、迁徙的自由，不能随便侵犯人民的利益。如强迫人民超过法定的义务负担，动员牲口不发足脚价，非法的向人民募捐，强占人民法定财产等等。不能随便剥夺与限制人民身体的自由，如非法逮捕，滥施拘押，乱加罪名等等。

因为民主政府，是法制的政府，只能要求人民遵守法令上规定的义务，不能强迫人民遵守超过法定以外的义务，只能依法剥夺人民的自由，不能非法剥夺或限制人民的自由。法令对于人民，是规定人民应有的权利和义务，法令上规定了的权利是合法的权利，法令上规定的义务，是必须的义务。法令对于政府或政府工作人员，是规定政府的权力和义务。对于人民的合法权利，政府有保护的义务；对于人民的义务负担，政府有权力强制人民遵守。更明白些说，人民有合法权利，这种权利不能侵犯，并且政府有保护之责任。有一定的义务，这种义务必须遵守，可是绝不能负担决定以外的“义务”。超过决定以外，便是他的权利。政府对于人民也有合法的权力，即是法令上规定人民的义务，人民如果不遵守，政府有强制遵守的权力。同时也有一定的限制，即不能强制人民遵守法定以外的义务。例如，人民依法应交一斗农业税，如果不交，可以强制交，但不能强制交一斗以上。

乙、民主政府，是人民选举的，被选在政府工作的，都有同等的权利和义务。政府一切工作，共同知道、共同讨论、共同决定，共同分工去实行。做得好是大家的成绩，做坏了是大家的责任。在同一政府做事的人，有强弱不一的，要互相帮助；互相尊重；互相勉励；互相原谅；风雨同舟；和衷共济的做工作。在全部工作中，有容易做的，有困难做的。对于困难的工作，要勇于争先，不要把困难的事让人家去做，容易的事就自己来。不要把做坏了的事，责任推到人家身上，而要共同负责。

丙、民主政府，必须是清廉纯洁的政府。对于国家民族有利益的事，勇敢的努力的作（做），对于国家民族没有利益的事，绝对不作（做）。贪污腐化，损公利己，阳奉阴违，官僚主义，消极怠工，应坚决反对。民主政府的工作人员，应当是一文不苟，克己奉公，艰苦奋斗，言行一致的。

同时，应当是脚踏实地的，说做就做的，做不到的，不吹大炮。因为行不通的空决定，人家看不见，实际会降低自己的信仰。例如减租减息，应根据原有租息高低不一，去酌量减少，原来太高的，多减点，原来较低的，少减点。又如改善工人生活中，女工产前产后各应休息一个月，工资照发，就要看这个女工做工的期间长短，假如总共只做一、二个月，便要雇主担负两个月的优待工资，在实际上不可能。又如戒鸦片，年龄在三十至四十者一律限期六个月戒断，要分别体力劳动者与非体力劳动者，穷人与富人。因为穷苦的体力劳动者，靠吸鸦片来补助劳动力，如果一下子要他戒断，他就没有办法劳动，不劳动就不能赚到吃。反之，如果是富有的非体力劳动者，他可以闲着，吃好些专门戒烟，则他可以戒断。至于五十岁以上之老瘾客，那完全要看他的身体强弱，以及家庭境遇来决定，否则会戒死人的。

四、统一战线模范政府的各种政策，应当根据各阶级的共同利害出发，凡是只对一阶级有利，对另一阶级有害的，便不能作为政策决定的根据。例如，现在主张改善劳资和租佃关系，就是为的使工人、农民都能生活。但又不主张没收土地，这又是为的使地主也能生活。又如过去工人有更多的民主权利，地主资本家则完全剥夺其民主权利，现在则工人、农民、地主、资本家都是平等的有权利。这就是表示各方面都是合作的，统一战线的。

以上四点意见，作为你们参考，望加以讨论。

此致

抗礼！

林伯渠

高自立

选自《陕甘宁边区政府文件选编》第二辑，档案出版社1987年版，第274～277页。

17. 陕甘宁边区政府便函——复庆阳县工作报告

1940年6月8日

维舟、开铨同志：

兹将来信及报告中所询各节以及其中有待考虑诸问题，特作如下答复。

一、庆阳县政府委员会决议案中有如下问题：

1. 患花柳者，不能剥夺选举权，应纠正。

2. 人民有逮捕现行犯之权，应加解释，不然容易发生毛病。

3. 关于土地问题中之乙项佃地规程内有矛盾。如第二点某户收回土地只许自己耕，不许出租，但第一与第五点又有收回土地之权，则应给予另佃之权。因此，第一第二两点应合并为一点，即业主收回土地自己耕种时，须先一年通知佃户，以便佃户另租土地，佃户未租到土地前，不得强行收回，并收回后如再出租时，原佃户有优先佃租之权。又第四第六两点有矛盾，因为第六点“佃户如遇家庭遭有灾难……准其缓交，以俟天年转好再为补交”。而第四点即“……但遇天灾虫祸时，可以酌情减免”。第四点是对的，第六点易为使人误解，因为你们的意思是疾病、火灾、匪劫等等。可是行文上只说“遇有灾难”，这可以解释成一切天灾人祸。而把第四点的用意推翻了。并且佃户遇有火灾、瘟疫、兵灾、匪灾亦应减免租利的。因为光是土地不能生产粮食的，还要人力才行。因此，有了第四点，不必要第六点，只要把四点的天灾虫祸改为天灾人祸便可以。又减租一项，普遍实行三成减租，也会发生不公平，原来收得高的应多减些，原来收得低的应少减些，这样更为公平点。减息一项，旧欠利息，归还时不得超过原本，这点也有不妥的地方。因为拖欠的时间有长短，欠的时间长的占便宜，欠的时间短的要吃亏。

4. 关于工人生活问题一项，许多问题的观点都欠妥当，甚至完全不能实行的。因为这些问题，大多只是对于帝国主义与资本家的大工厂的工人而讲的。例如两项“工人如患病时，或因工作而致病者，除工资照常付给外——并须负责医药费”。假如雇主请一个工人，只做十天一月的工作，而病了好几个月，雇主又要付工资，又要付药费，实际是不可能的。又如一般的规定女工产前产后休息两个月，工资照发，这也是不能实现的，反而使怀了孕的女工无人雇请，好在庆阳也不会有什么女工。总之，在农村中，关于改善工人生活，只能一般的规定，酌量增加工资，减少工时，改良待遇。并且政权是我们自己的，规定过高了，害了自己。

5. 关于戒烟问题，应注意到体力劳动与非体力劳动者，穷人与富人之分，一般说来，烟瘾小，家富体强，饮食好，又不作体力劳动的人，易为戒断；烟瘾大，家贫，饮食差，体弱，又是靠体力劳动为生活者，难戒断。因为在戒烟期间要休息，要吃得好点，而靠体力劳动生活的穷人，恰恰又不能休息，又无法吃得好点。所以穷人戒烟，应有救济的办法去帮助他戒。至于五十岁以上的老瘾客，如果戒得不好，可以戒死人的，更应审慎。

至于戒赌，也是教育工作，应渐渐的禁戒。首先禁止那些专以赌博为职业的，但也不能“一律从重处罚”。其余在过时［年］过节，偶尔以赌博为娱乐的，则只能劝戒。如果所有参加的均是正当人，则毋须干涉。因为只是禁止他赌博还是消极的，积极的是发展正当娱乐，使他自动不赌博，而参加正当娱乐才是积极的。

二、分区县长联席会决议中诸问题：

1. 在暑期中，可以召集全体教员开联席会议，检讨学校教育工作。因为开会是大家用民主的方式来检讨学校教育与讨论改善和发展学校教育。并可以利用会议来教育教员，用训练的名义，则教员只是来受训而已。

2. 关于召集扩大行政会议问题。如果临时参议会能很快组织，则毋须召集扩大行政会。

3. 关于税收问题，可根据边区五月二十日颁布的货物税条例征收。并即日开始可也。但必须根据条例办，条例上没有的不征收。至于牲畜转卖手续费与斗佣，则不能超过百分之二。

三、庆阳县三、四两个月工作报告诸问题：

1. 自卫军的组织应抓紧，使之真正起作用，但不要希望一下子在全县各区各乡都弄好，而是首先弄好一部分区域的。

2. 无论民众大会及各种不脱离生产的委员会，都应少开，有必要开会时，须有充分的准备，能在很短的时间讨论与解决必要解决的问题。

3. 西峰的老百姓逃到边区来，这是好的现象，假如我们区域真正有民主，将来还有更多的老百姓进来。

4. 田少西当一科长，现已就职，应将略历填一表报告边府，以便正式委任。另一个准备当四科长的，也要将略历写来，以便批准加委。

5. 买卖婚姻既普遍，就应慢慢的改正，不能一下子完全禁止，更不能随便没收与处罚。

6. 关于医药卫生问题，现时边区也无医生可派，送去学习医生的未毕业，可在当地组织中医，对于中医生优待，并发动其带徒弟。政府经常派人去慰问中医生。

7. 发展合作社，决（绝）不准用所谓动员股金的办法去扩大。对于做投机生意的合作社，政府应纠正。

8. 在庆阳设金库与光华商店，因现时无人才。

9. 每保两个人办公问题，已在商量，以后答复。区上设通讯员一人照准。

10. 各种条例，早已发来一本，想已收到，报纸杂志已着秘书处办理寄来。

11. 召集六县大的宪政促进会，可以不必。将来临时参议会便可以作提案。

12. 维舟同志信上指的各点是对的，前面已说过，镇原孟坝之学田，似可照抽，望实行。

13. 三岔划归曲子，前已批准。

选自《陕甘宁边区政府文件选编》第二辑，档案出版社1987年版，第280～283页。

18. 陕甘宁边区行政督察专员公署组织暂行条例

1940年12月25日边区政府公布

第一条　为发扬民主政治提高行政效率起见，边区政府得划定所属偏远之二以上县份为一行政分区，设置行政督察专员公署，督察及指导该分区各县行政事宜。

第二条　分区行政督察专员公署（以下简称专员公署）之设置与命名，须经边区政府委员会决议，由边区政府以命令行之。

第三条　专员公署设专员一人，承边区政府及各厅院部处之命，办理下列事宜：

一、随时考察及督导所属各县地方行政；

二、巩固分区地方治安，部署分区抗战工作；

三、规划及创办分区内各县应兴应革之事项；

四、督察所属各县经费之收支情形；

五、召集分区行政会议；

六、关于所属各级公务人员之初步奖惩；

七、关于所属各县争议及有关事项之处理；

八、推行边区现行的法令。

第四条　专员公署于必要时得设副专员一人，襄助专员办理前条所列事宜。

第五条　分区行政专员及副专员由边区政府派任，或令由驻本分区军事长官兼任，或令就本分区县长中指定一人兼任。

第六条　专员公署与所属中心县政府，得合署办公，但职权及文件，应明确划分不得混淆。

第七条　专员公署设秘书二人，以一人为主任秘书。设署员三人，承长官之命，办理公署一切事务，均得由专员遴选合格人员，呈请边区政府任命之。

第八条　合署办公之县政府的民、财、教、建四科，除办理本县事务外，并奉正副专员及公署主任秘书之命，办理公署各该管事宜；但公署于必要时，得将财建两科改为财政处、建设处，置处长各一人，办事员若干人。

第九条　为绥靖地方配合正规军抗战，专员有权调遣本区内保安队及地方自卫军。

第十条　专员召开分政会议，得邀请该分区保安司令、县议长及驻军代表、群众代表参加。

第十一条　前条会议决议案，应呈报边区政府及边区一级主管机关核准施行。

第十二条　专员公署在不与边区政府法令抵触下，得因地制宜，颁布单行法规。前项法规应先呈请边区政府核准施行。

第十三条　专员应亲自轮流巡视各县，将巡视结果列入工作月报交呈边区政府及各主管机关备查。

前项巡视专员如忙时，得由副专员或主任秘书代为出巡。

第十四条　专员出巡时期之职务，由副专员代理，如无副专员时，由公署主任秘书代理。专员或副专员出巡时，其兼任县长职务，由县秘书代理。

第十五条　专员对所属各县长之命令或处分，如认为违法或不当时，得撤销或纠正之。

第十六条　专员公署之经费，每半年造具预决算，呈报财政厅支拨。其兼任县政府之经费得加入公署经费内，一并计算支领。

第十七条　专员公署之关防，由边区政府统一制发。

第十八条　边区政府及各厅院部处与分区各县互相之行文，以经过该管专员公署转达为原则，但有紧急情事，得直接行文。

第十九条　边区政府得径派巡视员，往各县巡视一切，不受本条例之限制。

第二十条　本条例自边区政府公布日施行，如有未尽事宜，由边区政府核准修改之。

一九四〇年十二月二十五日公布施行

选自《陕甘宁边区政府文件选编》第二辑，档案出版社 1987 年版，第 538～540 页。

互校版本：《陕甘宁边区法律法规汇编》，三秦出版社 2010 年版，第 77～80 页。

19. 附［法律解读］：乡市参议会怎样工作（署名：谢觉哉）

1942年1月

本届乡市参议会选举运动，做得颇好，提高了人民管理政权的兴味，涌出了很多新的干部，相当地改善了下层政权机构。但工作还在后面，即怎样把乡市参议会工作做得很（更）好？好，民主就更深入民众，更有实果。本文系就乡市参议会的实质及其工作加以说明，供各级政权工作的同志们参考。

乡市参议会是直接民权

国家的事，是人民的；自己的事，自己作主。叫做民主。人民多得很，不易集合，区县以上的事，不能人人都来议来管，只能选派代表，（议员）去。乡市则和人民接近、人民可以直接来议来管；就是派代表，也等于每个人民直接去一样。加之：一切政治上的设施，上级政府只能计划，“总其大成”。实际执行，无一不在乡市。所以乡市民主做得好，等于起宝塔筑好了地基。上层政治，自然良好；人民直接管理乡市管得好，也就是握住了管理的总钥匙。

边区各级参议会组织条例第十七条：“村长行政村主任（市的坊长或甲长）由选民大会直接选举”。村不需要议会，有事可召集村民大会来议来管。乡市较大一点，乡民市民大会不能常开，必须有乡市参议会的组织。但边区各级参议会选举条例第五条：“乡市参议的选举单位为居民小组”，每一组居民选一议员，这一议员固定地代表这一居民小组。居民有事，告诉自己的议员，议员议的做的，直接告诉居民或领导居民来做。这样，居民虽不每件事都直接去议去管，也和每件事都直接去议去管差不多。（现乡镇市参议会是以行政村或街道为单位选举的，但也可把各居民分配给各议员领导）

乡市参议会的重要，就在这里。

乡市参议会是议行合一

边区各级参议会组织条例第十条：“乡市参议会采立法行政合一制，不设议长付（副）议长，开会时推举主席团三人主持会务，乡市长为当然主席团之一，休会期间不设常驻议员”。边区乡市政府组织条例第四条：“乡市参议会为乡市政权最高机关。乡市参议会休会时乡市政府委员会为乡市政权最高机关”。这里说明乡市参议会是决议机关又是执行机关。乡市参议会开会时，乡政府停止办事，这时有事由参议会办理。因为没有别的机关和他并立。所以说乡市参议会是乡市政权最高机关。乡市参议会休会时，一切事件由乡市政府委员会办理，他（它）是休会时的最高政权机关，因为没有议会常驻会和他（它）并存。乡市政府和乡市参议会不是并行的东西，也不是隶属的东西，而是一个东西的两面：开会时是乡市参议会，休会时是乡市政府——乡市政府委员会。

乡市参议会多是乡市的公务人员，不是公务人员的，也应领导其居民小组，做所能做到的事，而不是参议会的公务人员，照各级参议会组织条例第二十一条所载：“行政村主任、村长（或坊长甲长）非参议会者出席乡市参议会时其权利与一般参议会同”。这里说明在乡市，凡属为民所选的人。有议的权即有行的权，有行权也就有议的权。

为什么要这样呢？一、乡市是相当的直接民权，人民亲自动手来做，无须有立法与行政的相互制约；二、人民选举的人，本来是认为他能说能做，定把“说”、“做”分开，不合情理；三、乡市财力人力有限，不可能设立两重机关。

必须明了这个道理，然后知道把乡市参议会看做只是民意机关，而乡市政府则是另一行政系统，因而减轻乡市参议会的职能的，是不对。然而我们却容易把他（它）看成这样。同样，乡市参议会过去没建立好，人民看到的只乡市政府工作，而乡市政府工作者也习惯于“我就是政权”，因而把乡市参议会看成与乡市政府不相干，这现象现在还到处存在。后者不去，乡市参议会将等于形式；前者不去，乡市参议会将减低其效能。所以我们必须在理论上把它研究清楚，然后在实行上才不至于模糊。

乡市参议会怎样组织？

乡市参议会是乡民市民大会的缩影。如果说县参议员边区参议员是人民代表，那末（么），乡市参议员却是代表一定的居民小组——每个参议员却明确地代表一居民小组的意见。因此，他和乡民市民大会是一样，而且比乡民市民大会更好从容讨论。

乡市参议会与乡市政府是一起的，所以不用议长制，免有与乡市长并立之嫌。乡市参议会开会时推主席团，主席团在休会时是不存在的。

议是暂时的，行是经常的，于是不能不有乡市参议会休会时的乡市长和乡市政府委员会，乡市政府委员会也是议而有行，他（它）执行并讨论怎样去执行乡市参议会所决定的事项。

乡市政府委员会下，可以有各种固定或临时的委员会，这些委员会，目的在吸收更多的积极份（分）子，或有某部分经验与技能的人来参加工作。比如在收粮时的委员会，要一些忠实而又练达的人参加，春耕时组织春耕委员会，要一些有经验的老农参加，修水利组织水利委员会，要一些有技能和经验人参加……总之，委员会在能吸收一些人，一方面，人多能多做事，使他们都“成为深入农村工作的推动者。”另一方面，被吸收的这些人，在工作中锻炼了自己。乡村干部仍能层出不穷。如果这个委员会是这些人，那个委员会又是这些人，委员会成为形式，不会有益处。其次委员会要有一定的工作，经常工作，有经常的委员会，如文教、经济、卫生……等；临时工作可组织临时委员会，工作终结就停止。乡市政府为着领导委员会工作的便利，可以由各政府委员会分工领导。

一切工作的执行都在乡市。而现在乡市政府脱离生产的只乡市长一人。应该有一个秘书。秘书必须是通文理的，可用乡小学教员兼任（给以相当报酬）：可能的话，可单独设一人。

为了明了乡市参议会组织，重复地抄几个条文如下：

“乡市参议会采立法行政合一制，不设议长付（副）议长，开会时选举主席团三人主持会务，乡市长为当然主席团之一，休会期间，不设常驻议员”。（边区各级参议会组织修正条例第九条）“等于区的市，设参议会，和乡市参议会组织同，其下的坊或保不设参议会”。（同上第十条）

“村长、行政村主任（市的坊长或甲长）由选民大会直接选举，每半年改选一次”。（同上第十六条）

“乡市参议会两月开会一次”。（同上第十七条）

“村长行政村主任（或坊长甲长）非参议员者，出席乡市参议会时其权利与一般参议员同”。（同上第二十一条第二项）

“乡市参议会议员之任期为一年”。（同上第廿三条第三项）

“乡市参议会为乡市政权最高机关，乡市参议会休会时，乡市政府委员会为乡市政权最高机关；乡市长市政府委员由乡市参议会选举之”。（乡市政府组织条例第四条）

乡市参议会的职权

各级参议会组织修正条例第十五条：

乡市（或等于区的市）参议会之职权如左（下）：

一、议决并执行本乡市应兴应革事项；

二、议决并执行上级政府交办事项；

三、议决并宣布本乡市人民公约；

四、议决乡市经费之收支事项；

五、议决执行本乡市人民及民众团体提请事项；

六、选举并罢免乡市长及乡市政府委员；

七、监察与弹劾乡市及村坊行政人员。

乡市参议会政权，和边区、县参议会不一样。先表现它是议决者又是执行者。他（它）不是和乡市政府并立，乡市政府在乡市参议会休会时才存在。

乡市参议会职权当中，主要是“议决并执行本乡市应兴应革事项”。应兴，是要做而没做或没做好的；如修水利，春耕、修路、办学校、治病、改进优抗……等。应革，是想去掉而没去掉或去掉未尽的；如禁鸦片、禁赌、禁缠足、破除迷信、感化二流子……等。这些事或由人民及民众大家提议，或由上级政府交办，或由参议会本身提议；而审议的结果，有的要订立公约，有的要筹措经费，有的要请求上级帮助。总之，乡市人民日夜想望的事，也是乡市人民愿尽其力之所能来做的事，也即是乡市参议会的头等任务。其次，关于上级交办的抗战运动事项：如征粮、征草、扩兵办自卫军、推销公债、修工事、输送军需伤兵……等。这里，不是讨论执行不执行的问题，而是讨论怎样才能发扬人民热忱把事办好的问题。第三，是纠正执行人员的不良倾向，即“监察与弹劾乡市及村坊行政人员”。要私情；阻遏下情上达；官僚主义；做违反法令的事情；……等，上面是很多的；“天高皇帝远”，上级政府的监察是很有限的，只有人民就近监督，才能彻底革除这些不良的作风。

边区乡市政府动员工作做得不好，但真正替民众谋福利，如第一项，纠正行政上不良办法下如第三项，却做得非常不够。即是说有突击工作，少经常工作。而经常工作不好，必然减弱突击工作的胜利完成。今后参议会工作必须注重于此。

乡参议会怎样开会

议得好才能行得好，议好了去行叫做“计划”；行过了又议，叫做“检查”，“计划”和“检查”都得开会。会怎样才能开得好？

（一）按时开会。人民意见，开会才能反映出来；事的办法，开会才能“集思广益”。有些乡市以为开会麻烦，开也不过如此，这是不对的。应该按规定至少每两月开会一次。

有重要事，还得开临时会。

（二）要有准备讨论这问题，先须指定人准备意见。乡市长是准备意见的主要人，但有些应由负该事责任的人准备：如优抗，优抗主任准备；教育，文教主任准备；武装动员，自卫军连长准备……等。但乡市必先自有研究。又开会之先，必把议案通知各参议员，要他们准备并征求各居民小组的意见。

有些乡参议员说，没有事可议，参议员也没话可说，因而会开得不起劲，到会的人逐渐减少。这是准备不够的原（缘）故。其实乡里的事很多，老百姓要说的话不少。只看会散后，背地说话的人不知多少，就是明证。

（三）要有中心　每次会议最好只讨论一个中心问题。而这个问题，要讨论得有结果，由主席或乡市长做出的确而切实的结论，如果讨论的问题多，必不能讨论深刻；没有结论，就不好照着实行。

（四）要大家说话　乡市参议会开会时间不可太长，半天，至多一天就够。准备意见的人说一二十分钟，其余就大家来讨论。不可由一二人"说教"，占去很长的时间，使得大家不高兴，有话也懒得说了。

（五）分配去做议定了，负做的责任主要是乡市长，但并不是堆在他的身上，必须有许多人分担做，以至发动大众来做。你做那部分，我做这部分，分配清楚。这不仅人多力多，且便于催促与检查工作。

（六）检查工作　每次会议必须检查上次议决的事件执行如何？大的事如征粮征草，春耕……等要专门开检查会议，或者不止开一次，因为许多问题要在执行中才能发见（现），随时发见（现）随时补充或纠正，是做好工作的主要办法。不检查，或检查不深入都是要不得的。

（七）报告上级乡市参议会的事，有些是上级政府命令办的，有需要上级政府帮助的，有需要各地一致做的，就是单属于本乡市的，也应报告上级，看有无不合；同时上级也要收集各地工作经验，制出更好的办法来。那些不做报告，报告不详，甚至「瞒上不瞒下」，是不对的。

（八）参加会的人凡参议员都应到会：如有非参议员的村长，行政村主任等，都应参加；和讨论问题有关的——如讨论优抗，优抗委员会应参加；小学教员应参加，他可以帮助做文字工作，乡市人员应尊重他的知识，利用他的知识以推进工作；区政府、县政府、县常驻议员应经常分工出席乡市参议会给以指导。

以上说明开会的概要。

至于做的方面：乡市公务人员和参议员，都应了解其所属情况，每一参议员对于该属的小组，及每人的生活，行为，无不熟悉；乡市长，乡市政府委员了解应更广泛，能看出问题来。各种委员会应把基础工作放在村上。

还有自然村与行政村（在市为坊或甲）的居民大会应经常开，使每个人都有直接管理政权的机会。

几个问题的商讨

乡市参议会，在我们还是新问题，怎样才做得好？做的过程中会发生什么困难？有些什么新的创造，都有待于今后的研究。现只把已提出的几个问题说说：

一　县区政府对乡市参议会的领导

乡市参议会属于民意代表机关的系列，同时也属于行政机关的系列。上级政府应该领导他（它）。又乡市参议会议的事多是上级交办，或和各种法令有关的。上级政府一方面应深入与了解该乡市的情况，另一方面要解释各种政策的实质并介绍其他地方的经验，使乡市参议会做得更好。不过所谓领导，不是命令、不是干涉他（它）的独立性，而是使民意更能发扬；不是摆教训的架子，而是使他们在工作中更多的了解法令和政策。上级政府不可以为有了乡市参议会就凡事向它一推不管；或者以为多了一命令的对象：硬拉。而正是有了参议会，上级政府的领导更要深入，更不单纯。上级政府特别是出席乡市参议会的参加人应研究这点。至平时上级政府命令，还是下到乡市长而不下到参议会。

二　乡市参议员的身份

人民自己来议事管事，若干人民中推一个人来议事管事（参议员），被推选的人，是代他人议事管事，也是为自己议事管事。国家的事即自己的事，有权利来议来管。也有义务来议来管。

个别乡市参议员以为自己做了官了，不负担不服从，或者要比他人减轻，这是不对的，这是过去保甲长占便宜的残余。又有的区公所以为乡议员是支差的，任何动员工作都派给乡议员去做，有的人怕当选为议员，选举人以选他是给他苦头吃。这也是错误的。无疑义，参议员是居民中的优秀者，应该比其他人更能“急公仗义”，领导居民打先锋。当然，这并不是说他有比他人更多的义务；政府及人民也应该尊重参议员，因为他是人民的代表，虽然，也并不是说参议员有特别权利。

三　应否设区参议会？区长应否民选？

区设参议会在理论上是可以的：在事实上，乡市政府并不都很强，县政府领导隔得较远，加强区对乡市的领导也有必要。不过边区地广人希（稀），加设区参议会，人力财力都感到限制，为着救济这一缺陷，区公所应定期召集乡市长联席会，乡市参议会有意见交乡市长带去，使区乡市长联席会的决定和乡市参议会的意见不至差离。关于区长人选，乡市参议会可提出意见，县政府委派区长时也应征求该区各乡市的意见，以求得人地相宜。这点，在边区是易于做到的。

四　乡市参议会的三三制问题

据不多地方的调查，乡市参议会的三三制是做到了，未经过土地革命的地区，甚至共产党员只占五分之一或六分之一。但乡市政府委员，则只未经过土地革命地区做到了三三制，老边区则一般离三三制尚远。原因当然是边区共产党员数量大，服务于政权工作有成绩的党员也多。然而事情应该这样解释：一是共产党员还有些把持包办使得非党的积极份（分）子无由在群众中表现其能力；二是关门主义没有肃清，不能大胆吸收非党人士到政权中来。

党的主张，必须通过群众变成群众的主张，才能有力实现。党员在政权中占多数，是谈不上领导的。今后改选，必须纠正，首先在乡市参议会和乡市政府中。

五　乡市工作（包括参议会工作）效率的提高

乡市政府经过这次选举，一般说是进了一大步了。但不良作风仍然严重，主要表现：耍私情，互相包庇；疲劳现象，没有经常性；彼此的不正确了解（如认三三制是不利于无产阶级的；认三三制是暂时策略的……）这些现象必须克服，且已开始克服。这要靠上级政府的指示检查，共产党员的不断进步和广大人民的严密监督，大家努力把乡市参议会成为真正的人民的管理政权机关。只有人民的民主力量，才能创造出新的干部，改造一切不良的作风。

六　发扬旧的民主习惯

中国社会很奇怪：一面是绝对专制政策，另一面保存颇大的民主自由。从来官僚势力，只达到县，县以下：上层是士大夫的民主，有事必经他们的同意；下层（乡村）则凡有土地的农民，都有说话的地步。“讲荣”哪，“点团”哪，庙会公约哪，共同决定，就得共同遵守。这些，虽然没有成文规定，虽然大体是操纵在豪绅手里（豪绅为恶，次于劣官），然而现在反民主的专家，正用大力想把专制的毒爪伸到乡村每一角落去。生怕乡村存有点民主的根芽。我们的乡市参议会应该发扬下层人民爱好民主的传统，把他（它）扩大和正规化，反对在乡村有任何“把持”、“欺压”、“不讲理”的现象。

七　下级参议会的决议不能和上级抵触

议会议事，民主表决，假如上级要办，下级表决不办，那就不成其为政府。所以参议会组织条例，有下列一条规定：

“下级参议会无否决或停止执行上级参议会或政府决议与命令之权，但得陈述意见请其变更，在未变更前仍须照原案执行”。

下级参议会决定之案件有不当时，同级政府受上级政府或上级参议会之指示，得停止执行。

八　乡市参议会开会伙食问题

乡市没有经费，会开得勤，于是有的把乡长的粮食吃了，有的藉口没饭吃而不开，有的要议员自己带米。

会是要开的，开会吃一顿或两顿饭也是必要的。吃饭费用，可由上级政府以定款补助，不足之数，可自行筹措。

附注：一、本文是依据边区常驻会第二次常会讨论的意见写成的。二、本文没说到乡市政府——政府委员会怎样工作，将另为文研究。三、因为缺乏实际材料写得并不充实，望各地实际工作者多提供意见给我们。

选自《中国新民主主义革命时期法制建设资料选编》第一册，西南政法学院函授部1982年编印，第331～341页。原注：“《解放日报》1942年1月6—7日”。

20. 附［法律解读］：边区、县参议会常驻委员会的工作（署名：谢觉哉）

1942年1月

一、常驻委员会的性质

“边区各级参议会是边区各级的人民代表机关”（各级参议会组织条例第二条）它代表

人民来议事管事。议事管事，是不可中断的；而参议会大会，却不可能常开。从这个大会到那个大会的中间，必须有个机关，代表大会执行任务——这就是边区参议会常驻委员会。

参议会对选举他的全体人民负责，常驻委员会对参议会大会负责。他的职责虽并不就是大会的职责，但大会决议案的实施，即大会的任务的全部完成，全靠常驻委员经常地努力。没有常驻委员，也许大会议过的，久而忘记（决而不行）；常驻委员不称职，也会得同样的结果。所以人们忽视常驻委员会，及常驻委员忽视自己的工作，都是不可以的。

二、常驻委员会的职权

常驻委员会是参议会闭会期间的唯一民意机关，那么，它的工作，即是代表参议会完成其议事管事的工作。各级参议会组织条例第九条：

“边区县（或等于县的市）参议会常驻委员会，于休会期间，根据大会决议精神、处理会内日常事务，监督政府对参议会决议之执行；常驻会有权听取同级政府之按期工作报告，有权向同级政府提出建议和询问，并有权派代表出席同级政府委员会会议。”

依据这个规定、常驻会的工作应该是：

甲、处理会内日常事务

（一）大会未竟的工作　大会授权给常驻会完成的事件。

（二）经常联系工作和非常驻议员的联系，常驻会要经常把政治情况及会内工作告诉各参议员，各参议员要把自己活动及所看到、听到有关政治的情事告诉常驻会，以便经过常驻会建议政府。其次，边区常驻会对县参议会（或常驻会），乡市参议会；县常驻会对乡市参议会；同样，下级参议会或常驻会，对上级参议会或常驻会，都要经常取得联系。这样，一方面，常驻会经常有新的人民意见反映；另一方面，各级参议会或常驻会互相了解工作，取得协助和改进的效果。

（三）对参议会大会的筹备：上届大会的事业，要常驻会完成；下届大会成功，又靠常驻会准备得力。常驻会把他所得的，考虑到的，写成书面报告或提案，供（贡）献给大会使大会更易有成绩。关于大会开会的事务工作，也全要常驻会准备有条理。（依据条例规定：边区参议会三年改选一次，一年开大会一次，县参议会两年改选一次，半年开大会一次，有必要时得召集临时大会。）

（四）其他

乙、监督同级政府对参议会决议之执行。在参议会大会决议许多案子，交给政府，政府执行了没有？执行到什么程度？在执行中有什么困难，应怎样克服？议得好只是工作的第一步，必须做得好，才能算工作完成。这是人民所最关心也是大会所最关心的。我们不允许议好了不做，或者做时碰到困难就拉倒。

丙、有权听取政府工作报告。要监督政府，就要了解政府工作的一切。政府应定期向常驻委员会报告。常驻议员除平时关心政府工作外，有权催政府作口头或书面的报告。边区政府决定三个月一次，县政府可以两个月一次。

丁、有权向政府提出建议和询问。在监督政府工作执行中，在各地参议员反映中，常驻委员会随时可向政府建议；如政府的措置有令人不明白处，或者不切实处，随时须向政府询问，促其注意。

戊、有权派代表出席政府委员会议。政府的实施及工作检查，都是经过政府委员会讨论的，为了了解政府的工作及提供意见，常驻会必须派代表参加政府委员会。

还有各级参议会组织条例第十三、第十四条，都有“追认闭会期间常驻会及政府关于紧急措置之事项”的规定，这是大会允许常驻会在来不及开大会时有权决定应该经过大会的事。比如关于政府送请覆议的事，关于政府审核某种条例草案的事。关于战时某种非常措置的事等。又依照边区参议会税收问题的决议，还有关于批准临时增加人民负担的事。战争时期，这种规定是必要的。

又组织条例第十六条规定召集临时会议的第四项：“经参议会常驻委员会之决定者”，常驻委员会看到有某种重大事件必须召开大会时他（它）有权决定召集开临时大会。

三、常驻委员会的人员、活动、及经费

如上所述，常驻委员会是受大会委托，实际进行督促政权工作的机关。因此他（它）们必须了解与研究政权的实际，必须和本会议员各级参议会及广大人民发生紧密联系：

（一）须（需）要有独立机关，至少须有一个以上不兼职的常驻议员驻会。（常驻议员都应“常驻”，但因为工作关系，不易完全做到）

（二）会内应有办事职员，可能的话，须请专门人才，帮助常委做各种研究与调查工作。

（三）常驻会可吸收一些参议员组织考察团，到各县各乡去考察工作，了解人民实情，了解政府工作实施的效力。

（四）常驻委员可分工到各县各区乡出席各级参议会，指导并了解人民生活情况及其要求。

（五）常驻委员会每三月或半年，须有工作总结，报告各非常驻议员，非常驻议员有信来，必须答复，并催他们经常写信来。常驻会应向大会作驻会期内的工作报告。

（六）常驻会不是执行机关，有关于行政或司法的意见，只可建议该机关去处理，不能径直执行。同时对于行政机关只能依照条例去监督，不可事事去干涉；同样，行政机关也不可依赖常驻会，致减弱本身的能动性。

（七）常驻会的经费，按照实际需要做预算，由财政厅支付。常驻议员的待遇，和同级的政府委员一样。

附注：边区常驻会各县参议会常驻会，都已先后成立。常驻会要做些什么及怎么做？在我们还是新的问题。因为不知道或没有去研究，个别的县市参议会常驻会，就等于虚设。这是不可以的，本文系依据边区常驻会第二次会议讨论的意见写成的，因为缺乏实际经验，只能原则的讲，也许还有些问题全没提到。望各县常驻议员及其他有研究的同志，给我们更多意见，以兹改进。

选自《中国新民主主义革命时期法制建设资料选编》第一册，西南政法学院函授部1982年编印，第341～344页。原注：“《解放日报》1942年1月9—10日”。

21. 附［政府工作报道］：林主席对本报记者谈政府工作及最近措置

1941年2月8日《新中华报》

本报记者昨走访边区政府林主席，询最近政府施政概况及在边区境内停止法币流通的意义，蒙答复如次：

问：本月十日将召集县长联席会议，其任务为何？

答：为着检查行政成绩，推进行政效能，边区政府召集县长联席会议，每年总在二、三次以上。此次会议是总结征粮工作，今年征粮超过预定数目，足见边区民众对抗日军队的拥护，而且在工作中健全了政治机构，发现了许多积极分子，必须把这些经验总结起来作为全部工作的指示。其次布置各级参议会的改选，边府要进一步提高边区的民主，所以选举工作不仅要大家认识它的重要，而且要布置周详。第三，边区经济今年须做到全部自给，才能抵抗日寇和顽固分子的经济封锁与围攻，所以经济建设亦是此次会议的重要议题。

问：新文字冬学现已结束，对推行今后新文字的计划，尚希见告？

答：延安市延安县用新文字办冬学，仅仅四十天，一千四百多全系文盲的学生有一半以上能用新文字写信看报，其余至少已学会拼音，再加练习也可以写信看报了。老百姓对新文字非常高兴，许多老汉说："为什么早不教这个！"有些没全学好的学生要求延长教的时间，从开学到结束，缺课的很少。这证明民众乐于接受新文字，因此政府拟选择四县实施新文字教育，俟有成效后，再推广全边区，为培养干部起见，特规定新文字为师范学校必修课程。

问：边区经济建设最近的发展如何？

答：边区的经济建设，以发展国民经济，做到自给自足为中心，除发展畜牧加强毛织工业，以解决被服问题外，对增加粮食产量，特别注意。在今年春耕中，将提出每亩地增加细粮二升的任务，并严禁粮食出口，以保证军民粮食的供应。发展交通为经济建设的必要条件，故政府计划在本年清明节前，动员民众修筑二千里大车道路基。最近政府公布了在边区境内停止法币流通的法令，此为大众皆知的事实。

问：在边区境内停止法币流通的意义如何？

答：意义极明显，试略述之：（一）保护法币避免其自流的资敌，日寇很□，收买法币套取外汇，故政府不得不采取必要措置。此在敌人后方早已实行，即西安、洛阳等地亦已禁止法币出境。（二）抵制仇货，政府因鉴于过去流出之法币大部分是被仇货吸收去，故颁布此法令，使仇货无法入口，但政府对从事必需品转运销售之正当商人，予以便利。如欲往外贩货，经向政府具体申请所贩货物种类数量，得由政府兑以法币。（三）免使农民遭受法币损失，此举亦有必要。现在法币猛跌，大后方米价一百市斤值五百多元，吃一顿饭要七八元。边区如仍使用法币人民将蒙受损失。现只许边区银行与光华商店票券流通，则因该项货币价值稳定，又有边区大量土产出境换取通用货币，则边区票券信用当更卓著。在此新法令开始实施之时，不免有部分不明真象（相）之商人或感不便，然此并不对边区发展有何影响，亦不致妨碍正当商业之经营也。

选自《陕甘宁边区政府文件选编》第三辑，档案出版社1987年版，第67～69页。原注："见1941年2月9日《新中华报》"。

22. 陕甘宁边区政府关于设立研究室的通知

1941年2月24日

边区政府各直属机关

本府着于秘书处之下设立一研究室，专司研究与编辑等事宜，特指定阮君时、薛何爽、江思源、彭涛、陈永清、王宗元、唐亮、张忍之等各同志共同进行该室工作，并以阮君时为主任。

希各厅、处、部、会……机关，以后如有有关民主政治、财经政策之各种材料经常供给该室。且希望相互帮助为荷。兹将该室组织条例录之于下：

一、本室之任务为：(1) 有系统的研究边区各种问题及应取之各项政策制度；(2) 组织边区一级政府之各种研究工作；(3) 编辑《新中华报》及其他有关政权工作之参考书籍。

二、本室设秘书处之下，受秘书长和秘书主任之领导。

三、本室设主任一人，工作人员若干人，由政府分别委任之。

四、本室为着更有效地进行其工作，得邀请政府中适于研究与编辑之工作人员共同进行研究与编辑工作。

五、本条例经主席批准后施行。

主　席　林伯渠

副主席　高自立

选自《陕甘宁边区政府文件选编》第三辑，档案出版社1987年版，第81页。

23. 陕甘宁边区政府组织条例草案修正案

1941年

第一条　陕甘宁边区置边区政府依国民政府颁布之省政府组织法及陕甘宁边区情况组织之。

第二条　陕甘宁边区政府受国民政府之管辖及边区参议会之监督，综理边区政务。

第三条　陕甘宁边区政府设委员十八人，组织边区政府委员会，各委员由陕甘宁边区参议会选举，呈请国民政府任命。

第四条 陕甘宁边区政府设主席一人，副主席一人，由陕甘宁边区参议会就政府委员中选举之，呈请国民政府任命。

第五条 边区政府设置下列各厅部处：

（一）秘书处

（二）民政厅

（三）财政厅

（四）教育厅

（五）建设厅

（六）保安司令部

（七）保安处

（八）审计处

边区政府必要时得设各种委员会或专管机关“依其任务性质执行其职务”。

第六条 边区政府对于边区行政得颁发命令，制定单行法规。但关于增加人民负担及重要事件须经陕甘宁边区参议会核准或追认。

第七条 边区政府各厅部处依其职权监督、指挥直辖职员或直辖机关之事务进行，得自发命令或处分，但边区政府认为有违背法令时，得停止或撤销之。

第八条 下列事务须依边区政府委员会之决议行之。

（一）关于执行国民政府委托事项；

（二）关于执行陕甘宁边区参议会议决咨请执行事项；

（三）关于选举事项；

（四）关于预算决算事项；

（五）关于行政人员任免事项；

（六）关于咨调地方部队及暂驻所属军警绥靖地方事项；

（七）关于边区行政设施或变更事项；

（八）关于处分公产或边区公营事业；

（九）关于领导边区司法行政事项；

（十）其他关于边区政府委员会认为应讨论事项。

第九条 边区政府主席之职权如下：

（一）召集边区政府委员会，开会时为主席；

（二）代表边区政府执行边区政府委员会之决议案；

（三）代表边区政府监督边区行政机关执行职务；

（四）处理边区政府日常紧急事务。

第十条 边区政府主席因公外出或因故不能执行职务时，由副主席代理主席职务，如副主席同时缺席时，由秘书长代行其职务。

第十一条 秘书处掌理事务如下：

（一）管理边区政府机要及政务会议之通知及记录；

（二）撰拟、保存及收发文件；

（三）研究行政设施事项；

（四）管理边区政府委员会之会计及事务；
（五）编制统计及草拟报告事项；
（六）登记边区政府各厅部处职员之进退；
（七）典守印信；
（八）不属于各厅部处之事务。
第十二条　民政厅掌理事务如下：
（一）关于任免县市行政人员提出意见及考绩事项；
（二）关于土地行政事项；
（三）关于选举事项；
（四）关于卫生医药保育事项；
（五）关于户口调查事项；
（六）关于赈灾抚恤及其他社会救济事项；
（七）关于古迹名胜保管事项；
（八）关于礼俗宗教事项；
（九）关于劳资及佃业争议事项；
（十）关于禁烟禁毒事项；
（十一）关于人民团体之登记事项；
（十二）其他有关民政事项。
第十三条　财政厅掌理事项如下：
（一）关于税务公款及公债事项；
（二）关于预算决算之编制事项；
（三）关于盐务管理事项；
（四）关于金库收支事项；
（五）关于公物公产管理事项；
（六）关于粮食之调整及仓库管理事项；
（七）关于金融之监督调整及取缔事项；
（八）其他有关边区财政事项。
第十四条　教育厅掌理事项如下；
（一）管理各级学校及指导社会教育事项；
（二）管理图书材料之编审事项；
（三）关于教育文化及学术团体之指导事项；
（四）关于图书馆、博物馆、科学馆及公共娱乐场之管理事项；
（五）其他有关边区教育文化事项。
第十五条　建设厅掌理事务如下：
（一）关于农、林、畜、牧、工业、商业、矿业之计划管理、保护、奖进事项；
（二）关于合作事业之指导与奖进事项；
（三）关于道路交通之建筑事项；
（四）关于防治动物植物病虫、害虫并保护益鸟益虫事项；

（五）关于农、林、畜、牧、工商矿业出品之陈列及检查事项；

（六）关于农、林、畜、牧、工商矿业各团体之指导事项；

（七）关于度量衡之检查监督事项；

（八）关于移民及新村建设事项；

（九）关于不属土地行政之测丈事项；

（十）关于其他实业行政事项。

第十六条　保安司令部掌理事务如下：

（一）关于绥靖地方事项；

（二）关于协助保卫边区事项；

（三）关于边区人民抗日武装团体之调查、整理、训练事项；

（四）关于保安队人员任免事项；

（五）关于保安队之统率、编制、训练、奖惩、抚恤事项；

（六）关于保安队调遣、分配事项；

（七）关于保安队军需事项；

（八）关于保安队医务卫生事项。

第十七条　保安处掌理事项如下：

（一）关于警卫队编制与行政事项；

（二）关于敌探、汉奸之侦查、缉捕、处治事项；

（三）关于人民锄奸组织之指导事项；

（四）其他有关边区锄奸工作事项。

第十八条　审计处掌理事务如下：

（一）关于审核全边区行政机关之预算决算事项；

（二）关于物质之审查调整事项；

（三）关于全边区之征税征粮及其他有关收支证据事项；

（四）关于审核金库收支事项；

（五）关于审核公营事业之收支事项；

（六）关于审核由政府补助民营事业收支事项；

（七）关于贪污舞弊及浪费款项之检举事项。

第十九条　边区政府各厅处长之任免由主席提请政府委员会决议任免之。

第二十条　边区政府秘书处设秘书长一人，承边区政府主席之命总理秘书处事务。

第二十一条　各厅设厅长一人，保安司令部设保安司令一人，各处设处长一人，总理各该厅部处事务，在必要时得设副职一人，佐理各该厅部处事务。

第二十二条　各厅处设秘书一人至三人，保安司令部设参谋长一人，承长官之命办理所属事务。

各厅于必要时得设技正、技士、视察员，其名额由各厅长提出，于边区政府委员会决定之。

第二十三条　边区政府各厅部处公署办公规程由边区政府委员会议决之。

第二十四条　各厅部处办事细则由边区政府委员会议决之。

第二十五条　本条例经边区参议会常驻会通过，由边区政府公布之。

选自《陕甘宁边区政府文件选编》第四辑，档案出版社1988年版，第466～471页。
互校版本：《陕甘宁边区法律法规汇编》，三秦出版社2010年版，第29～32页。

24. 陕甘宁边区政府组织条例草案修正理由书

1941年①

（一）原草案第二条关于领导司法职权，可添于第八条内之第九款，故将该原条文删去。

（二）查国民政府□□对于各省政府委员及主席是同时分别任命，故将原草案第四条划为第三、第四两条分别规定，并同请国民政府任命。

（三）即以政府名义设置之特种委员会及专管机关，即应隶属于政府委员会于体制理论较合，故将原第五条第二项略为修改。

（四）边区政府执行边区参议会之议决案为重要事项，故添列于原第八条内之第二款。

（五）政府正副主席同时外出无人执行职务为目前现有之事例，政务不可无人负责，以秘书长代行其职务于事较便，故于原第十条予以修正。

（六）政府不无机要事件应着事［实］规定，故于原第十一条第一款内加入“机要”二字，又政府工作报告为秘书处重要事件，故于第五款内改二字为“报告”二字。②

（七）关于地方古迹名胜之保管亦属民政事宜，故添列于原第十二条之第七款内。

（八）指导社会之教育为教厅重要之教育行政事项，故于原第十四条第一款内加入此层。

选自《陕甘宁边区政府文件选编》第四辑，档案出版社1988年版，第471～472页。
互校版本：《陕甘宁边区法律法规汇编》，三秦出版社2010年版，第32页。

25. 把握统一战线的政策
——林伯渠在边区县长联席会议上的报告提要

1941年2月27日

我们都是政权工作者，今天我要讲的是政权中的政策问题，即抗日民族统一战线的民主政权下的各种政策问题。大家都知道，政权是阶级社会的产物，是革命的根本问题。为了使同志们很彻底的认识政策到把握政策，实有谈谈的必要。

甲、政策是由什么来决定的？

---

① 原件未注明制定年月。该理由书既然是“组织条例草案修正案”的配套文件，则应是1941年。

② 两种版本的原文皆如此。实际情况是将原条例中的“编制统计及报告”改为“编制统计及草拟报告事项”。

一定的政策，反映着一定时期内社会经济的内容。资本主义社会有资本主义的政策，社会主义社会有社会主义的政策，在陕甘宁边区这样新民主主义的地区，我们的政策既非旧类型的资本主义的，也还不是社会主义的。我们的政策不是凭空想象出来的，而是根据此时此地的具体情况：中国革命的性质与特点。

大家知道，现在是世界帝国主义大战时期，是资本主义必然没落，社会主义必然兴起的时期。然而中国则尚未经过彻底的资本主义革命，还是半殖民地半封建而又正处在完全殖民地化或完全得到解放的关头的国度。边区是这样国度的一部分，但因为它有革命的传统，所以它的政权要做解放的旗帜，做全国的榜样。

它必须注意到政策是不是能够团结全国人民共同抗日，又是不是可以避免重复旧民主主义的道路，同时它还要估计到战争的长期性与残酷性，使其政策制度计划能从长远打算，并要使这一切东西能更适合于巩固边区的利益。离开了这些，政策就会变成不合时宜，要失败的。

中国的新民主主义革命，是资产阶级性的民主革命，不能因为它发展的前途可能是非资本主义的，就把目前政策超越资本主义的范畴。

我们总的政策，是统一战线的政策，这个政策的基本内容就是要顾到各阶级、各党派的利益。必须坚定的把握着这点，才能不因一时的时局变化，而迷失方向。目前正是处在时局严重的关头，无论它将发生什么变化，我们总要坚持统一战线，纵使大资产阶级离开了抗战营垒，我们仍要和其他抗日阶层坚持统一战线。

乙、统一战线各种政策是怎样的？

一、政权组织方面

政权组织是与政策内容有着密切关系的，因为政策的决定不能离开人。由资产阶级专政的政权，只是由资产阶级的人组织的，统一战线的政权，必〈须〉是各阶级人民的组织才能建立起来。我们不赞成国民党的一党专政，也不主张共产党或其他党的一党专政，我们是团结各党派、各阶级、各界的人来参加政权，他普遍地照顾到各阶级人民的利益。这就是即在共产党占绝对优势的地区而共产党主张的三三制。怎样在政权组织中实行三三制？我只简单说几点：

第一，各抗日阶级联合专政的政权，只对汉奸亲日派专政，对一切抗日人民是民主。

第二，共产党员在行政机构与民意机关中只占全部人数三分之一，并不是共产党放弃领导，相反，只有共产党员不超过三分之一，使多数的非党人员，接受党的政策，才能叫做领导。

第三，吸引各阶层优秀分子参加政权，是包括出身于地主、富农及各抗日党派如国民党及其他党派的人士。

第四，三三制并不是政府法文规定的制度，只要是真正实行民主，被选的人就不会一定是一个党派的。在这里，少几个或多几个是不能避免的。

第五，政权工作者要学习政治家风度：大公无私，容纳万有，诚恳说服，这又是统一战线政权组织中所必具备的工作作风。

二、劳动政策

保护工人利益，增加战时生产，这是我们早已规定的。现为了更能照顾全面，应使工人懂得把目前的利益，服从于将来伟大的利益。在这样情形下，劳动政策应是：

第一，保障工人生活上必要的改善，以发展生产，增加抗战力量。

第二，加薪减时要有一定的限度，我们反对资本家过分的剥削，但也不应反对资本家发财。

第三，八小时工作制是将来的理想，目前不应过于强调，一般的以十小时为宜。

第四，对劳资契约与劳动纪律，工人必须遵守，使厂方能继续维持生产。

第五，扩大边区工人数目。

第六，乡村工人的待遇，不能与产业工人完全相同，更不应提得太高。

第七，巩固工人的组织，加强工人的教育，提高工人对自己阶级任务的认识，使成为抗日民主政权的杠杆。

三、土地政策

我们停止了没收土地的土地政策，现在要做到的，是就现有的土地关系，加以调剂，保护地主与农民双方的利益。

第一，保障农民从土地革命中获得的利益，禁止地主算旧帐（账），向农民索回已分的土地。

第二，减租应以二五减租即原租一百石减二十五石为原则。

因各地特殊情形及年岁丰歉可有出入，但也不能减得太低，致影响地主的生活。经过减租，农民应有交租的义务，减息应以一分至一分半为原则。

第三，正确的处理公地，分给土地于移民。

四、财政政策

这是比较复杂的部分，它包括财务行政，税收政策，金融政策三部分。

关于财务行政——在这方面，首先要做到统一收支，开源节流，保证财政收支的平衡。支出方面，应以部队与行政经费为主，并有计划的拨款来发展经济建设。建立严格的预算决算制度，尊重金库权限以内的独立性，是健全财务行政的必要工作。

为了克服困难，爱护干部，就要实行紧缩节约，反对贪污浪费。

此外，应加强财政方面的调查统计工作。

关于税收政策——政府的收入除了依靠发展公营事业外，主要依靠税收，原则上人民也应担负政府经费的最大部分。基于纳税是全体人民的义务这点，能够纳税的都应负担国家的赋税，而不应全部由少数富有者负担。不过征收要把握统一的累进原则，使得负担公平。抽税的办法，必须向正规化发展，废除临时性的捐税摊派，而正规的租税不外包括土地税（公粮）、商业所得税及货物进出口税三种。在新区内，就要注意改良旧的税收，废除苛杂。捉人罚款来解决收入的办法，必须严厉禁止，除了对大汉奸外，是不能没收财产的。

关于金融政策——银行与货币政策，是金融政策里面的重要部分。在边区，银行的任务是调剂金融，发展生产，因此它在事务上，应大量吸收存款，对工业、农业、对外贸易三项积极放款及投资，并多设分行及代办处，来健全边区的汇兑网。我们的货币政策是保护法币，不使法币窖藏或逃避，因此停止法币在边区境内的流通，并发行地方钞票。对巩固边币，则采取加强准备，限制发行数额的办法。吸收游资，这是活跃金融应注意到的，为此应开展储蓄运动，发行建设公债。

五、工业政策

边区的工业还不发展，但是基础已建立起来了，为了要更进一步的发展边区的工业，必须在这方面有正确的政策。

第一，增加工业生产，向着自给自足方面发展，做到全部供应必需品，不依赖外面输入。

第二，特别奖励私人设厂及投资各种工业，帮助已有民营企业的发展，使私营企业在全部工业中开始大大发展起来。

第三，适应具体环境来发展工业，尤其要注意军事、纺织、印刷、日用品工业的发展。

第四，发展边区各地特有的手工业，提高其产量，供给边区之用，并设法输出。

第五，改良技术，增加投资，以发展边区的煤油、食盐、及其他特有的矿产。

第六，加强对工厂的指导与管理，以提高产量，节省原料。

六、农业政策

在边区经济中，小农经济还占重要的地位，因此对发展农业，应视为经济建设的中心一环，并依着一定的方针去进行。

第一，发展农业应该以增加粮食的产量为主，这就要继续开荒，修水利，而且注意改良农业技术，提高每亩地的收获量。

第二，对工业原料的生产，应更加努力，并大量发展特产输出边区以外。

第三，爱护与调剂劳动力，奖励移民。

第四，保护森林，发展畜牧业及其他农村副业。

第五，实行低利农贷，活跃农村金融。

第六，统一粮食管理，严禁粮食出口，以保证部队及机关给养与调剂民粮。

七、商业政策

我们的商业政策，一般的是对外调剂，内部自由的政策，也是发展私营商业，反对统制垄断的政策。它的具体内容如下：

第一，进一步的发展边区内部商品流通，以供给各方。

第二，设立贸易局来调整输出入贸易，它的任务是奖励必需品而又无代用品的输入，边区过剩特产的输出，并严禁毒品奢侈品的输入，及某些必需品的输出。

第三，发展私人商业，繁荣市场，多设市集。

第四，反对顽固分子对边区物资输出入的封锁，开拓对外贸易路线。

第五，健全消费合作社，使能平抑物价，改善人民生活。

第六，调查与研究物价，严禁因操纵而起的高物价，反对囤积居奇。

第七，发展交通路线，增加各种运输工具，以利货运。

八、文化教育政策

新民主主义是我们总的方向，因此实施民主的科学的教育，加强人民反帝反封建的意识，提高大众文化、政治、技术水平及民族自尊心与自信心，就成为文化教育领域的中心任务。

文化教育的对象应是广大群众。因而重视国民教育，努力消灭文盲，是边区文化教育政策不可缺少的部分。

顽固分子在文化教育上采取愚民政策，摧残进步的文化运动，边区要尊重学术思想研究的自由，奖励私人教学，保护一切抗日的知识分子，欢迎他们来边区与我们合作。

教育工作不能没有干部，因此必须大量培养师资，提高小学教师的地位，对于各种干部的培养，应看作经常的重要的工作。

学校不仅数量多，同时也要质量好。

出版事业是文化部门的一大工作，必须把它加强起来，供给人民以充足的精神食粮。

丙，怎样来把握正确的政策？

政策已经具备了，现在问题是看我们能不能把握着政策，否则政策无论是怎样的正确，也将失去它的本来面目，那么怎样来把握正确的政策？

第一，只有懂得政策，才能把握着政策。这就是说，要我们细心去研究这些政策，不仅自己要有充分的了解，还要经过亲自的政治经验，来充实它的内容，证明它的正确性。单懂得某些原则也还不够，必须懂得怎样克服在实行这些政策时所遇到的困难，善于向各种不正确的倾向作斗争。

第二，要实行统一战线的政策，就要有统一战线的作风，这就是说，要我们克服那些狭隘的观点，自高自大的气焰，及独断独行的现象，而代之以全面兼顾，平易近人，共同商洽，大公无私的作风。

第三，必须建立与这些政策一致的制度，来保证政策的兑现。因为政策如果不经过一定的制度去推行，就容易变成口上所说的是一回事，做出来的又是一回事，如象（像）国民党在政策与制度上表现出来的那种矛盾。

第四，不是把这些政策孤立起来，而是把它们联系起来，使之适当的配合，而不是背道而驰。

同时既要全面的顾到，又必须晓得在不同的情况下抓紧中心的一环。这才不会头绪多端，顾此失彼。

第五，应当灵活地根据具体情形来执行这些政策，因为世界上没有一成不变的东西，也就有层出不穷的办法。

选自《陕甘宁边区政府文件选编》第三辑，档案出版社 1987 年版，第 83～89 页。

26. 陕甘宁边区政府工作报告

1941 年 4 月

献给全边区的人民

民国二十六年秋，陕甘宁苏维埃改为陕甘宁边区政府。二十八年一月，陕甘宁边区第一届参议会开会正式选举林伯渠、高自立、周兴、王世太、周扬、曹力如、刘景范、阎红彦、雷经天、霍维德、马锡武、王兆湘、贺晋年、李子厚、乔钟灵等为边区政府委员，并选举伯渠、自立为边区政府正副主席，雷经天为高等法院院长。现在两年多了，改选之期已到，政府做了些甚（什）么事？有何成绩和缺点，谨向我全边区的人民们，提出下列报告。

首先说一说被日寇反共分子包围下的边区管辖地区，这是大家所最关心的。

地区管辖

陕甘宁边区辖有原陕西省属的延安、安塞、保安、安定、靖边、定边、甘泉、富县、延川、延长、绥德、米脂、清涧、吴堡、佳县、神木、府谷、栒邑、淳化；甘肃省属的庆阳、合水、镇泉［原］、环县、正宁、宁县；宁夏省属的盐池等县。东靠黄河、北起长城、西接六盘山脉、南临泾水。地质属黄土层。有深沟，有高原，也略有平原。宜农宜牧。气候带大陆性，冬严寒，夏酷热。但各地不一样。延安盛夏可穿夹衣，绥米及关中又非持扇不可。

边区辖地，是由内战时苏维埃区演化而来。边区各县，有的没有全县都建立过苏维埃，有的虽建立过苏维埃，却没有巩固，时进时退。西安事变以后，共产党与国民党领袖蒋介石先生在庐山谈判，蒋承诺苏维埃区改陕甘宁边区，为行政院直属之等于省的行政区域，划定原属陕甘宁三省即原属苏维埃区的二十三县归其管辖，旋经行政院会议通过；但二十六年九月二十三日国民党领袖蒋介石先生发表谈话，只承认八路军，承认共产党合法地位（事实上未实行），而未提到边区。共产党代表一再向蒋提议，蒋诺交孔祥熙院长办理，孔亦当面承认解决。然而一拖三年，上面不否认也不承认；下面顽固分子就大肆活动，说非消灭“伪边区”不可。并先后侵占了靖边的四十里铺，定边的三路渠则，贺家茆子，正宁的长乐原，神府的第五区等，一共占领十个区，七个半乡，一百三十一个村庄。前年又占去栒邑县城、淳化县城，驱逐我驻土桥的残废医院，杀死残废战士，驱逐我驻职田镇的陕北公学。旋又在陇东组织军事进攻，占去我镇原、宁县两县城。此外在绥德、富县、环县、靖边、安定等县组织暗杀队，破坏队，土匪队；筑碉堡，一层又一层，叫什么包围封锁。在边区内则利用公开的或秘密的形式建立特务机关，叫什么“点线工作”。这正如高岗同志在边区共产党第二次代表大会上说的：“他们用尽造谣污蔑的手段，挑拨邻区人民、邻区政府、友军部队、哥老会以及少数民族和外国教堂对于边区的恶感，以掀起危害抗战、危害团结的磨擦，直至挑拨起军事冲突”。“他们不但在边区周围遍设特务机关，实行所谓暗中包围边区，而且还在边区内部，经过所谓‘点线工作’混入民众团体、政府机关、武装部队以至党的组织，企图从内部来瓦解边区”。“他们组织土匪来扰乱边区，抢劫边区人民，暗杀边区政党人员，曾经有一时期这类土匪达四十余股之多。”“他们用暗杀逮捕来残害边区的党、政、军工作人员与民众积极分子。”“他们用封锁的办法，绑票的办法，来阻碍边区同邻区的交通。”“他们不但在边区周围实行严重的包围，而且在有机可乘时，在能够挑起事变时，便实行对边区军事进攻。例如陇东事件、栒邑事件、瓦窑堡事件、杨家园子事件、延川事件、靖边事件、神府事件、富县事件等”（现在又有关中事件）。

我们为着巩固抗日部队后方，不得已于去年三月间由八路军后方留守处主任肖（萧）劲光同志电天水行营程主任、陕西省府蒋主席，请明令撤回由西安省委派之边区县长。正值此时，绥德专员何绍南因贪污畏究潜逃，我们为保卫河防，不使日寇汉奸有隙可乘机计，一面电西安拿办犯官何绍南，一面请委王震同志兼任专员，然而西安方面竟拒绝此请。反而于三月中派何秘密回绥，协同新任专员包介山，纠合绥、清、吴三县保安队，于三月十九日发动叛变，实行向八路军进攻。王震同志乃应绅民之请，出而兼任专员，驱逐叛乱，恢复绥、吴、清三县边区政权。同时，陇东的庆阳、合水、镇原三县，甘肃省派来的县长，也因前年事变而不复存在。边区亦即遴委县长，恢复管辖。

边区是新民主主义政治模范区，是统一战线发源地，是抗日战争的坚强堡垒。“七·七事变”后日寇迅速向绥远突进，当年十一月即陷落包头、五原，然而始终不能实现他（它）切断西北国际交通，包围大西北陕甘的幻梦，就是因为有陕甘宁边区横截其间。

另一方面八路军能够纵横于敌后，建立许多反攻的根据地，使敌人不能由点线转到面的占领，也是因为有边区为其后方。至于政治上在全国的联系，更是中外共知。负担着全民族解放和政治解放责任的我们，决不能放弃此二十三县的前进阵地，放弃就等于对革命犯罪。我们曾迭次宣言决不希冀二十三县以外的尺寸土地；对于友军政府强占我们二十三县的某些地区，我们也不急于收回，只有在压迫过甚，才起而作适当的自卫。然而三月□日天水行营复肖（萧）劲光同志电，只提到延安、甘泉、富县、安塞、安定、保安、靖边、定边、延川、延长、合水、环县等十二县，准由八路军保荐县长，还不肯言边区。事实上靖边、定边两县，西安委的县长并未撤退，而甘泉、富县、延安、延长、延川、环县、合水等撤退的县长，仍麇集于洛川、镇川堡、西峰等地进行所谓“收复失地”的活动，陕甘省府仍按月拨给经费以及活动费。

边区谈判，拖了三年，去年又曾一度谈判，仍是拖的方式，顽固分子总想保留所谓“不合法”，作为随时进攻的借口。同时在边区周围筑封锁线，花去千万金钱，百万民力，筑成千万个堡垒，配备达三十万的大兵，时刻有进攻的可能。

现应该归边区管辖而尚未划归者，计有下列各地：

1. 米脂、佳县只有八路军驻防，其行政仍属陕西第一行政区，未经边区接收。

2. 盐池的惠安堡，定边的安边堡，靖边的宁条梁，栒邑、淳化、宁县、正宁、镇原各县城及大部乡村，庆阳的西峰镇及大部乡村，尚在友方手中，友方且设了县政府。

3. 原是苏区，现在由边区管辖，而在谈判中未涉及者，有神木、府谷各一部分，人口约三万人；有宜川一部分，人口约一万五千余人；有耀县的两个区；郃县的两个保。

至于边区现有管辖地方，行政区划比原有的区划略有变更，兹列如下：

陕甘宁边区各县人口区划表

分区	县别	原隶属的关系及组织	何时归边区管	区数	乡数	行政村数	户数	人口	备考
直属县	延安市	陕西第二行政区	双十二以后	4		2	1 345	5 029	原为延安县城，1937年冬划市。
	延安县	同上	在苏维埃时代	10	49	148	9 453	28 301	友方县政府于1940年4月才撤。
	富县	陕西第三行政区	1935年冬	10	58	172	7 037	31 781	1935年冬建立县苏、1936年6月仅留一区，余均被友方占去，1940年4月恢复全县。

续前表

分区	县别	原隶属的关系及组织	何时归边区管	区数	乡数	行政村数	户数	人口	备考
直属县	甘泉	同上	1935年7月崂崂上战斗后	4	18	90	2 559	11 511	友方县政府1940年4月撤去。
	固林	同上	1935年冬	5	24	74	3 696	17 303	包括宜川四个区、甘泉两个区，系新建立的县，1937年4月改红宜，5月改今名。
	延长	陕西第二行政区	1935年4月	6	30	107	7 332	30 958	友方县政府于1940年4月才撤走。
	延川	同上	1935年旧4月	8	50	165	13 144	63 807	清延永胜东阳三区大部是清涧的，友方政府于1940年4月撤走。
	安定	同上	1935年	11	81	297	11 810	65 157	原我占五个区，友方占六个联保，1940年3月始全部归我。
	安塞	同上	同上	7	41	173	6 951	38 828	是中心地区。
	志丹	同上	1934年	8	47	191	5 310	34 260	原名保安，是中心地区。
	靖边	陕西第一行政区	1935年5月	9	52	186	7 155	47 215	友区政府在宁条梁。
小计：	——			82	450	1 624	75 792	384 149	
绥德分区	绥德	陕西第二行政区	1940年3月	13	91	2 021	27 913	148 590	是过去陕北反共中心，内战时城外均被我占了。
	清涧	同上	同上	8	58	431	17 782	85 142	
	吴堡	同上	同上	6	36	733	7 111	34 695	
	米脂							146 211	
	佳县							129 564	
小计：	5			27	185	3 185	52 806	544 562	
关中分区	新正	甘肃正宁的一个区、陕西行政七区、栒邑的四个区	1935年旧10月	5	28	80	5 592	34 840	原属栒邑，我占栒邑全县地之半，人口八分之三系我新建立。
	新宁	大部是甘肃宁县，甘肃三行政区	同上	2	12	56	3 266	26 470	宁县正宁各部为我新建县。
	赤水	以陕西第七行政区栒邑淳化为主	同上	4	22	54	3 752	31 345	

续前表

分区	县别	原隶属的关系及组织	何时归边区管	区数	乡数	行政村数	户数	人口	备考
	淳耀	陕西第七行政区（淳三区耀二区）	同上	5	33	121	3 563	21 436	我建新县，我占淳化十分之四（14个保）。
小计：	4			16	95	311	16 173	115 091	
三边分区	定边	陕西第一行政区		9	53	210	11 200	56 000	原曾划安边定边两县，1937年9月归并友方政府驻定边堡。
	盐池	宁夏	1936年旧5月	5	27	108	3 336	11 287	县属宪安堡，十五年被民团占去。
小计：	2			14	80	318	14 536	67 287	
陇东分区	庆阳	甘肃	1936年4月曾大部占领建立政权	6	43	164	9 336	47 456	1940年3月恢复政权，但西峰镇仍在友方，友方设专员公属驻军该处。
	合水	甘肃第三行政区	1933年曾攻破县，政治上受庆合军委领导	5	38	400	3 000	12 654	1940年2月恢复。
	镇原	同上	1940年2月建立政权，县城不在我手	4	33	108	6 000	30 000	
	曲子	同上	1936年4月	6	28	117	6 505	47 521	七个区中三岔原固原地马岭原庆阳地，余钧环县地，为新建县
	环县	同上	同上	6	39	149	5 707	39 375	原一个区，1938年时两个区划定边，现有六个区，其中车区原属固北毛井区，原属欲旺县。
	华池	同上	同上	7	56	140	5 379	27 762	六个区是庆阳的，吴起区有定边靖边各一部，是新建县。
小计：	6			34	217	1 078	35 927	204 768	

续前表

分区	县别	原隶属的关系及组织	何时归边区管	区数	乡数	行政村数	户数	人口	备考
	神府	陕西第一行政区	1934年建立军委，1936年建立特区	6	38	187	7 059	36 318	1936年成特区时，有五个县四个区，后继续被侵，1937年取消特区，改称神府，包括神木五个区，府谷一区。
总计：	27			179	1 065	6 703	202 293	1 352 175	

三年来之政权建设

民权制度

陕甘宁边区是十年内战时许多苏维埃根据地仅存之一，他（它）保存着革命传统，保存着革命的武装与政权力量以迎接民族抗战的高潮到来。他（它）是由苏维埃制改变为现在的民主制的。

苏维埃制与现在民主制，同是中国资产阶级性民主革命阶段的产物，同是真三民主义的即新民主主义的政治，毛泽东同志二十六年五月在苏区共产党代表大会报告说："苏区工农共和国口号，不是违背资产阶级民主革命任务的，而是坚决执行资产阶级民主革命任务的，我们在实际斗争中没有一项政策不适合这种任务。我们的政策包括没收地主土地与实行八小时工作制在内，并没有超出资本主义范畴内私有财产制的界限以外，并没有实行社会主义"。

所以由苏维埃改变为现在的民主，是很自然的。然而并不是说边区现在的民主和苏维埃制没有实质上的区别。相反，有很大的实质上的不同。拿政权组织形式说吧，苏维埃制最高政权机关为苏维埃代表大会（市乡为苏维埃大会），大会闭幕后，最高政权机关为苏维埃执行委员会（乡市为代表会议）。各级苏维埃是按级递选的，乡市代表会议选出区苏维埃代表，区代表大会选出县苏维埃代表，县代表大会选出省苏维埃代表，省代表大会选出全国苏维埃代表，它的形式有点象（像）宝塔。

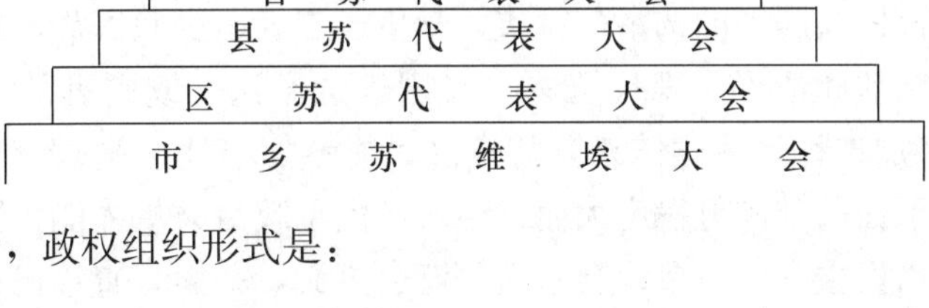

甘六年改为现制后，政权组织形式是：

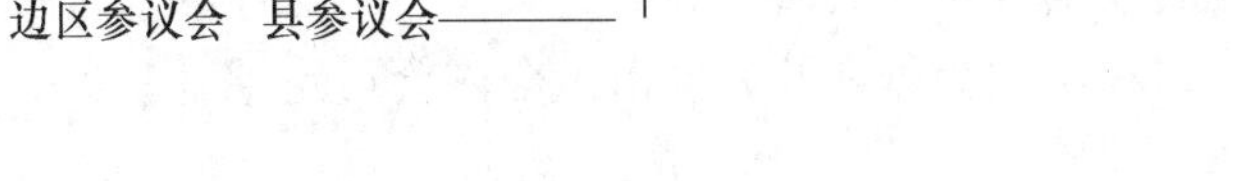

选民直接选举乡市参议员，乡市参议会为乡市最高政权机关，兼议与行的职能。乡市参议会闭幕时，由乡市参议会选出的乡市政府为乡市唯一政权机关。其次选民直接选举县参议员，县参议会选出县政府；选民直接选举边区参议员，边区参议会选出边区政府。县与边区两级议会与政府并列，与一般民主国家制度相同；区政府则由县政府委任，为县与乡之间承上启下机关；另外，在某些偏远县份设立分区行政督察专员公署，代表边区政府督察各该县行政。

至于说到内容，则现行制与苏维埃制不同的处所：一、苏维埃是工农民主，剥夺了一切剥削阶级的选举权和被选举权，现则除汉奸及依现行法律褫夺公权者外，都是边区公民。二、“苏维埃兼有议会主义与直接民权之长”。人民举的代表，同时有立法及行政之权，现在除乡市外，立法机关与行政机关并列。三、苏维埃选举是有限制的，现在是普遍；苏维埃选举是间接的，现在是直接；苏维埃选举是不平等的（如农民居民三十人选一代表，工人居民十三人选一代表），现在是平等的。其所以要这样改，是由于日寇侵入中国，民族危机加深。过去因为革命的成份（分）只剩下了无产阶级、农民、与小资产阶级，革命的党派只剩下了共产党，而不能不是苏维埃工农民主专政的；现在则因国内资产诸阶级重新回到抗日阵线上来，而又不能不建立一般资本主义国［家］的民主主义方式，而内容是各个革命阶级民主联盟的政权。

历史决定了中国资产阶级性民主革命阶段，不能是旧类型的资产阶级民主而应该是新类型的资产阶级性的民主。因此改制后的边区除实行资产阶级所口讲而不肯实行的彻底民主外（如无财产、文化、性别、种族限制的选举，不仅法律允许而且以物质资助的人民言论、出版、集会、结社的自由等）。还有和一般民主不同的：第一，不完全采用三权分立制。如边区高等法院：一方面规定“边区高等法院独立行使其司法职权”（高等法院组织条例第三条），同时又规定“高等法院除受中央最高法院之管辖外，须受边区参议会之监督，边区政府之领导”（同上第二条）。因为司法必须受且不可能不受政治的领导。资本主义国家所谓“司法独立”实际常成为统治阶级掩盖其专横行为的工具，所以我们不采取它。边区高等法院审判重要案件（如死刑），边区政府委员会有权审查并变更其判决书；人民对法院判决不服，除依法提起上诉外，还得直接向边区政府控告法官，边区政府有权受理。这个办法，一方面能使司法为目前政治的需要服务，另一方面可扫除司法假称“庄严”，政府“推诿”司法而实则舞弊的积习。第二，军人警察参加所在地选举。属于边区或县的保安部队，得以部队为单位选举议员，参加所属以上的各级参议会。专门以上学校及有若干工人以上的工厂得以生产为单位进行选举。少数民族有选举法定人数，几分之几以上的，单独进行该民族居民的选举。军人、学生、工人、少数民族，或是人民中最优秀部分，或有其特殊利益和情形，现代资本主义国家选举法，或则剥削［夺］他们的公权（如）现役军人不参加选举，或则抹杀其特点（只能参加当地选举），都是不合的。第三，越下层越要民主，下面的基础打得广大而且结实，民主政治力量才能无限的发扬起来。所以我们特别注意乡市民主。乡市参议会一面是议会主义，一面是直接民权。比如说：使议员与居民发生固定关系，把全体居民适当的分配于各个议员的领导之下。居民有事，有意见，找他的议员；同时议员各领导其所领导的居民工作。这样的乡市参议会等于全体居民来开会，这是一；二、村民大会可常开，乡市民全体会可定期开；三、人民选出议员，参议会选出乡市长和乡市府委员，参议会决定的事，乡市政府领导做，各议员也在做；村民大会决定的事，村负责人领导做，人民也参加做；四、乡市选举规定每半年举行一次，便于使民众新的意见反映到政府来，便于使不良分子怠工分子不能长期驻足于政府机关。乡市民主发展到这样程度，是旧类型资产阶级民主所未曾有也不能有的。第四，除以区域为单位的民主外，还有以职业为单位的民主。各种民众都有他自己的组织，讨论并解决他们自己利与害的问题：两口子吵嘴、家婆虐待媳妇……等属于妇女的事，去找妇联会；唱歌、游戏、读书、上操……属于青年儿童团的，有青救会，儿童团；工人的事有工会；农民的事有农会（其实乡代表会、村民大会，都是农民，老边区农会已取消，新区农救会仍是乡村主要组织）。这些群众团体，不仅由政府给以充分物质帮助，而且各群众团体的领导者直接参加各级政府委员会，把他们的意见随时反映到实际政治中来。"它在各项职业间，实现密切联系，所以没有官僚主义而能促进种种深入群众的改良"（列宁）。第五，军政工作人员的报酬，不能超过一熟练工人。目前则实施无给制，采取代耕优待。军队是人民的自卫武装，政府是人民的办事机关，每个人都有参加的权利与义务。人人应参加而又不能人人参加，于是没参加的帮助参加的耕地，这个办法，不仅是顾到工作人员、士兵的家庭生活，而且根本改变了人民对政府与军队的传统观念。不仅肃清了"升官发财"，"军民对立"的坏习，而且从经济的联系上使大家懂得"人民就是政府与军队，军队与政府就是人民"的道理。

以上是说明我们所主张新民主主义制度在边区实施的特质。另外，还须指出：陕甘宁边区有比其它根据地优异的地方；一，这里实施过土地革命、没收地主阶级土地分配给少地无地的农民，封建势力的经济基础已经根本推翻。二十六年共产党宣布"停止没收地主土地之政策"（致国民党三中全会电），停止并不是取消，因此，二十七年五月边区政府布告："凡在国内和平开始时属于边区管辖区域内，一切已经分配过之土地、房屋及已经废除之债券，本府为保护人民既得利益，不准变更"。陕甘宁边区土地条例第三条："确定土地私有制，人民经分配所得之土地，即为其私人所有。土地改革以前之旧有土地关系，一律作废。这是一件历史上没有过的大事。二、这里建立过苏维埃工农民主专政，广大人民曾用自己的手和血扫荡统治他的旧政权，又从旧政权的废墟上建立自己的统治。这也是历史上没有过的大事。

边区的民主制是从这个旧有基础上演进的。三年来的进步，表现在各级政府机关的平民化，他（它）们和老百姓食宿在一起，劳作在一起。草鞋、背包、粗衣薄被，尤其是边区经济已经改善，政府工作人员仍然是每天一斤四两小米，七分洋钱柴菜，每月一元或二三元的津贴，还常常几个月不能按发。一般说，老百姓生活比党政工作人员生活要好得多。年来工作人员也同样生产，种粮、种菜、打柴、养鸡、羊、织毛衣，以生产收入来减轻公家负担。即以边区政府本身说，除其他生产外，去前两年所产粮食即够本机关人员每年三个月之用。如果说过去在战争中生活，一切不能不简单，而现在则和平环境物质较丰，然而我们工作人员没沾染一点旧气，抱着"勤劳在先、享受在后"的一直奋斗到革命成功的信念。有些绅士们经过我们县长几次"说情婉拒"，"进贿峻拒"之后而感叹起来（如陇东）。有些劳动人民见我们生活太苦，说："你们为何不派点款，难道你们最低生活我们都不能负担?"（如绥德）。有些外来参观者，实地看见了这些情形，才恍然说："天下竟有这样的官!”，至于官民接触全无隔阂，废除旧的一切程式，尤其剩［盛］事。

边区民主还表现在：“乡村问题取决于乡参议会与村民大 会”，“乡政府经常注意团结一些积极分子（共产党的或非共产党的）在自己的周围，并分配他们以适当的工作，在工作中经常给以具体的帮助和教育，使他们成为深入乡村工作的推动者”。比如说：乡政府下有经常的文化教育委员会、经济建设委员会、优待互济委员会、锄奸委员会，还有不常设的委员会，吸收农村积极分子参加工作。大的事件如抗战动员、生产动员，学习动员等则分别召集村民大会，征求意见。人民对乡市负责人不满意的可开会批评、改选或请求撤换，三年来经这样改换的工作人员达数十人；对个别工作人员不满而个别到民政厅控告的，每月总有若干起。民政厅总是立予解决，同时还招待报告者的住宿，生怕告者费时费钱，妨碍下情的上达。又我们在陕北乡村工作中，发现了农民迫切需要民主，虽在过去官僚豪劣残酷统治下，还存留一些近乎民主的习惯。比如：1. 按甲选举“乡约”，每三年一改造。依甲轮流，甲是按族姓组织的，小户可以几个姓合组一甲。这甲举出的“乡约”，可以管其他各甲的事。2. 多数农村组织“吃合伙”（又名吃一伙），禁赌、禁烟、禁偷盗、禁淫乱，由合伙人共同定下若干条，并举出“纠黑人”，“起盘费人”，“告状人”。合伙人犯了约，照规定处罚。不服的由“纠黑人”查明，“起盘费人”向合伙人收集盘费给“告状人”赴县告状。3. 庙会组织，如演神戏、修桥、补路、公举公正人做功德主，下设经理纠首，办理募捐等事，人必公推，事必公议，款必公布。此外关于经济互助方面，如“请会”，请一次酒，抽定会序各出若干元钱给请会者，分期归还，没有利息。关于教育方面如办私塾，办学校，选出校董会、学校基金管理委员会，办私塾不让政府检查，办学校则请立案（民政厅社会调查）。

这类事实，全国各地大体都有，虽然其行动不容许出于封建阶级的利益范围以外。这里可见乡村广大人民怎样需要民主，可见农民挣脱黑暗政治的流血奋斗，并非偶然，可见陕甘宁边区文化极落后而下层民主政治能够进到了这样高度，是蕴藏于社会的民主要求的自然暴发。这里可闭住说“人民文化低不够民主”人的口，同时也可纠正只求上层民主形式，不注意建立下层民主基础的人的观念不对。

边区民主还表现在人民参加选举的热烈。第一届边区各级参议会的选举：“一般的地方有百分之八十—九十的参加。其中如安塞、蟠龙，除看家出外，有病的以及个别小脚妇女外，差不多全数参加；只有少数地方到得较少，但也都在半数以上。又如延安各区都到百分之八十以上，北一区差不多全体参加了，小脚妇女老太婆都觉得非到会不可。总括来说，全边区的选民，平均百分之七十以上是参加了选举的。”（第一届参议会报告）。其次在各级选举会议中，都报告了各级政府工作。政府报告工作时选民均能细心倾听。报告以后，提出了许多质问以及正确的批评，尤其安塞四区一乡、蟠龙区一三五乡的工作，受到批评最多。反之，延安北一区的工作得到选民的热烈称赞。“在各级选举会议中，一般的均有提案……”“再则，选民对于选举什么人的问题，更是非常关心与慎重。当着候选名单公布以后，每个乡村都热烈的讨论。有的批评某人对革命不积极，某人曾吃食鸦片等；有的选民则公开涂掉其名字，有的则到处宣传某人的坏处。……至于那些平日对抗战工作努力的分子，在选举中都当选了。”（均见同上报告）。

去年边府检查与加强各级参议会工作，如盐池于去年四五月间全部乡参议会改选，定边等县乡参议会能照常开，其他个别区乡已改选，人民对于选举，仍如以前一样热烈。

边区民主还表现在普选制的实施。选举条例上规定：凡住居边区境内之人民，年满十八岁者，无阶级、职业、党派、男女、宗教、民族、财产与文化程度之区别，经选举委员会登记，均有选举权与被选举权，各抗日政党及抗日民众团体，可提出候选名单，进行竞选运动，在不妨害选举秩序下选举，不得加以干涉或阻止。开始有些人怀疑我们给予地主资本家以公民权是形式，然而事实证明，不仅地主富农资本家有的当选为议员，有的当选为乡长，而且各个抗日党派还有竞选与公开活动的自由。国民党肤施县党部在延安公开出版三四种壁报，张贴通衢警察予以保护，共产党的印刷厂，替国民党印刷传单，已是尽人皆知道的。在新恢复区，如绥德、陇东、富县的临时参议会、政府委员会更实行了在政府中民意机关中共产党员只占三分之一的共产党的号召。绥德分区临时参议会到会议员六十人中，共产党员只十七个，陇东、富县大体相同。由此可见，边区虽则是在共产党领导之下，但政权是大家的，是各抗日阶级、党派所共有的。象（像）绥德分区临参会副议长安文钦，象（像）陇东分区临参会正议长刘仲邠均已垂暮之年，都极愿为新政权工作尽力。

边区民主还表现在新恢复区的临时参议会。新恢复区的人民要求民主甚急，而对于民主的组织与运用不免生疏。然而民主政权一开始则要有民意机关。于是来一个“临时”参议会。我们临时参议会的组织，采取孙中山先生北上宣言所公布的国民会议组织办法，由各民众团体——工救、农救、青救、妇救及其他职业团体——各政党，各抗日驻军选出议员；因为他们是人民中先进与有组织的部分，能够代表全民众的要求。又因为开明的、在社会上有声望的绅士、地主、资本家没加入各种组织，不易为各组织所选出，于是又遵照国民政府省县参议会组织条例，由政府聘请一部分议员，但其数不得超过议员总数的三分之一。采取中山先生国民会议组织之长而补其短，办法极其适当。自然临时应该只是临时的，不能继续时间过长，现在各新恢复区正在进行正式选举。

然而边区民主不是没有缺点，相反，缺点还相当大。主要是民主的质量虽然高，民主的制度却未正规化。比如各级参议会并没有按照法定如期开会和改选，边区参议会与县级参议会的常驻议员虽然选定了，但没有常驻办公；有些乡，议员名册都已失去，虽然事实上由边区直到县干部会议、活动分子会议、村民大会还是很多，然因为正规的民主制未健全，民主实质也没有正规的附丽①，形式与内容发生矛盾。因而个别不民主的现象——如强迫命令、少数人包办、形式主义、官僚主义也就相继发生。其所以致此的原因：正如第二次边区共产党代表大会高岗同志所指出的；“一、封建残余分子、汉奸分子、反共分子的破坏活动，还未肃清。二、一部分党员与行政工作人员的政治远见不够，他们对民主工作方法的认识与熟练不够，官僚主义的作风存在于一部分党员与行政人员中。三、由于文化方面的落后，人民对于民主政治的优点，还不能充分的发挥。”

封建残余、汉奸、反共分子不论在边区内及外的，他们都是拉着中国往后退，往不民主退，他们拼死不愿意有民主。因此我们要认清建立民主是斗争的过程，是光明和黑暗在各方面拼生死的斗争过程。不打倒他们，真的民主制的建立是不可想象的。其次我们是没有经过资产阶级革命的国度，大抵只知道反对不民主，却不甚知道民主到底是怎样，苏维

---

① 原文如此，疑为“树立”的误排。

埃时虽实行过高度民主，因为环境特殊，很多是“知其然而不知其所以然”，换过一个环境就有点茫然了。因此工作人员对民主政治的理论学习与方法研究，成为必不可少之事。两三年来民众教育是提高了，在速度上讲，速得非常；在实质上讲，仍然非常落后。必须帮助民众，使民众从实际利害经验中认识民主政权的作用与行使。

这些弱点，正在努力克服。相信在不久时间，必能有辉煌的进展。

武装建设与抗战动员

武装创造了与正在创造着边区革命，武装也保护了与正在保护着边区革命。

陕北革命的艰苦的武装斗争，曾经开辟苏区纵横数百里，主力红军与游击队扩大到二万以上。二十四年八月红二十五军北来，合编为十五军团，十一月中央红军由吴起镇进入苏区。二十五年十一月二四方面军又在甘肃会宁、镇原与中央红军会合。经过十来年血战锻炼的全国红军，大汇合于抗日前线阵地——陕甘宁边区。这使得陕甘宁边区民众更增加胜利信心与奋斗勇气，使得陕甘宁边区地方部队有机会学习全国斗争经验。在军事理论上技术上建制上更能够锻炼自己。

陕北红军编入中央红军后，东征山西，西征甘宁，离开了陕北苏区；为巩固地方计曾将各地游击队编成独立营、游击支队等。西安事变后，红军准备出发抗日，又将地方部队一部分编入留守兵团，其余部分作为“陕甘宁边区保安队”。

这是说明陕甘宁边区地方部队的来源，也即是边区生长了与正在生长着许多由地方性转为全国性的英勇的革命武装的历史。现分三部分说明于下：保安队、自卫军、抗战动员。

保安队

第一，保安队的编制，开始是按照各地游击队的战斗能力与政治质量的高低，编成十几个保安基干大队，及若干县保安队、警卫队、游击小组等。基干大队比县保安队要进步，但散漫性，乡土观念仍很浓厚。到二十八年上季，才相继改为独立营，如直属保安司令部的独立营，直属分区的独立营，还有最近由县保安队改编的独立营等。独立营的特点，就是脱离了地方性，具有常备军的性质，与正规主力兵团相差无几。

第二，保安部队之改进，首先在了解其特点，克服其短而发挥其长。他的特点：（一）性质：绝大多数是贫苦农民出身，经过土地革命斗争的锻炼，意志坚定，并有吃苦耐劳的优良传统作风。另一方面，文化低，见闻不广，武器质量差而且数量不足。（二）地方性：游击时代，打仗总在家乡附近，现在仍是离家乡不远，每在发生战争时，不仅没有逃亡且多自动归队或入伍。如前年日寇炮击宋家川，固临保安队自愿渡河杀敌，自动归队自动入伍的几天内达二百多人，这是保乡观念的好处。另一方面，留恋家乡，不易调动；信仰同乡，不易接受新的领导。在调防或调换工作时，或多或少要发生开小差现象。（三）独立性：保安队的前身是善于分散行动独立作战的游击部队，现在仍驻得分散，东靠黄河，西达豫旺、固原边境，北至沙漠，南达关中，常常以排班为单位驻扎一地。他们能独立的分析与认识情况，果敢的进行决斗。但另一方面没有过过大兵团的集体生活，因而建立正规工作制度，相互学习经验，传达问题，颇为困难。这就阻碍了他们进步的速度，在县大队与基干大队间，还存在着若干质量上的差别：基干大队较集中，经历战斗多，游击习气较少，县大队则反是。

针对这些特点，首先是建立指挥系统的统一。保安司令部的参谋处工作，不断的趋于健全，各分区及其它部队间指挥员职权的确定，克服那不执行命令及执行不坚决的毛病。其次是建立供给制度，克服“各自为政”，“自收自用”的现象。各分区各基干大队都有供给科与专门管理人员，为着克服经费困难而进行的生产运动和节省运动，也得到很大成绩，肉食、蔬菜、烧柴主要不用钱买。食粮、衬衣、子弹袋、鞋袜、手套……等，自己解决了一部分。卫生工作以前几乎没有，二十六年开始设立两个卫生所，二十七年下半年各基干大队有了卫生科，二十八年扩大为卫生处，分区设立卫生所。由于卫生同志的努力，训练出很多的卫生干部，比如二十八年上半年卫生员只二十一，下半年达到四十三，看护员上半年只三十六，下半年有四十三。西药不足，则每周派人到深山采取草药炮制，以资应用。

第三，在日寇与反共分子包围下的边区，必须提高部队的战斗力，而在我们的物质条件下，我们已经做到。边区情况，没有骑兵不行，我们在地方党与群众帮助下成立了若干骑兵营和骑兵连。这是当战斗紧张时，靠近蒙回地域群众，见敌人有骑兵，我们没有，群众自动出马匹，自动从几十里以外，抬来老爷庙的二百多斤的铁刀，收集碎铁，用自己的铁匠来打马刀。人、马、刀、枪全有了，新的骑兵即告成立。保安队的骑兵全是老革命，骑兵已是我们坚固的“机械化”的部队了。

第四，军事与政治教育的提高，步、骑兵的制式教练，实战教育，射击教育，夜间教练，特种人员训练，特种射手训练，以及抗日游击战术，防空、防毒，新兵器使用等，除日常加以训练外，还不断的开办各种训练班。下面就是近三年他们成绩的进度。

手榴弹投掷，是年来技术中主要一项，先年，平均距离只有二十三米远，前年上半年就达三十三米远了。今后当更有进步，因为我们对训练不仅没有放松，而且加紧了。

实弹射击成绩比较表

实弹射击成绩比较表

年份	1937年		1938年		1939年	
命中人弹百分数	命中人数	命中弹数	命中人数	命中弹数	命中人数	命中弹数
步枪	43%	50%	45%	58%	68%	98%
轻机枪	30%	31%	32%	39%	49%	62%

二十八年上半年打手榴弹成绩表

最远距离	平均距离	命中人数百分比	备注
51米远	33米远	28%	投的是木柄手榴弹

政治教育，一向就在战士与指挥员日常生活中占着重要地位。从思想上武装起来以为提高部队战斗力的最高准则。编印的各种临时教材，均已教授完毕。现在则以抗日军人政治课本为战士主要读物，配合以实事锄奸等教育，测验战士们对一切政治的了解。二年前平均分数为百分之五十五，现在则为百分之八十五，可见部队素质之提高。文化方面，俱乐部、墙报、识字沙盘、识字条子、见物识字、边保剧团、边保战士小报等，应有尽有。战士们学习情绪很高，常常节省自己的津贴费来买笔墨。

我们的指战员从前百分之九十九是文盲，现在呢？战士中——二年前识字二百以上的百分之四十，现在为百分之八十（内识字五百以上的占百分之十五），其余百分之二十是新战士及一部分伙、马夫，识字只在二百以下。至于干部，则排连以上的都能完全看懂《边保战士》，大概能看懂《新中华报》；连以上的全能看懂《新中华报》，全能听报告、作笔记，写一般应用文件。留守兵团第一次党代表大会决议说："努力开展学习运动，把部队变成战斗的学校"，我们是相当的实现了。

第五，干部的提高与培养。保安部队的干部大都有丰富的实战经验，然多是无系统的、狭隘的，不能把它提到原则上来灵活运用；政治觉悟高，而理论文化水平低，限制了他们指挥能力的发展。

为着补救这缺陷，成为陕甘宁边区的军政学校——教导营于十六年成立了，现在已毕业了五期，毕业学生总数六百一十八名，调送留守兵团排以上的军政干部三十五名，调送到边区以外的排以上干部五十五名，其余全分配在保安部队，占全数百分之八十九。现在训练还未毕业的学生有二百以上。

在职干部的学习，以前颇散漫，二十八年下半年才走入正规，普遍建立了学习小组，自动阅读，开会讨论，请首长们作报告，保证了每天两小时的学习。据统计，排以上干部能读理论书籍的占全体干部总数百分之二十五，能阅看《新中华报》、《军政杂志》的占百分之五十六。他们政治文化水平的提高，并不比战斗员慢。

第六，部队的扩大与巩固。三年来扩大与减员情形：扩大占总数百分之六十五，减员占总数百分之二十八强，即实际增加百分之三十六强。

边区保安部队与边区群众有密切的联系，每逢边区形势紧张，部队就有扩大，而且扩大的成份（分），一次比一次好。然而减员也占去一个相当大的数目。在巩固部队上我们曾做了下列工作：

（一）加强政治教育，提高战士的政治觉悟和警惕。

（二）管理教育加强，爱护与关心战士的生活。

（三）洗涮混入军队里来的不良分子（如哥老会、土匪、开过多次小差及叛变过的）以及受外界影响政治动摇的分子。

（四）对优待抗属的工作有进步。因此，有些部队，如环县第×分队两年半没有开小差的；骑兵第×营八个月没有开小差的；×营第×连、延川县保安队，均六个月没有开小差的。×营第×连、第三营、延长县保安队均四个月未有开小差的。因此以前每月总是逃亡八九十名，从二十九年起逃亡数目就大大减少了。

虽然如此，逃亡的总数还是严重。其原因：——主观方面——政治教育工作还没有普遍到落后战士中去。客观方面——战士家庭观念重，又因边区农村经济逐渐繁荣，而抗属缺乏劳动力，一般赶不上他人，或者眷恋妻子。另外一个原因，是汉奸反共分子企图破坏，勾引逃跑。总结两年锄奸破获的案件，发现这些家伙曾用如下的方式进行破坏：

一、组织暗杀队，暗杀部队中干部；二、利用个别落后抗属到部队中去组织逃跑，写假信，造谣言，煽动逃跑；三、用金钱收买落后分子，威胁签字充彼密探或破坏武器；四、使过去叛徒混入部队组织叛变。这可见保安部队处境的复杂，要求我们有更高的政治教育和团结一致。

以上说明三年来保安队改进的大概。下面说一说战斗情形。

建军目的在于战斗，边区保安部队从战斗中产生，受战斗的锻炼，为战斗而改进。双十二事变后国民党停止剿共，国内基本上和平了。然而日探、汉奸、反共分子深知边区的存在是他们的大敌，他们并没因双十二事变而松懈对边区的进攻，只是改换方式。过去以正规军出现者现在以土匪出现。许多年没有匪的边区，忽然于二十六年上半年发现有政治背景的土匪达四十多股。如延川、延长一带陈老大股，甘泉刘庆五股，安定刘子清股，庆环赵老五股、缪福禄及耿于平等股，保安靖边的薛子帽、范玉山、李维俊、金莽尼、余庆五等股，到处窃发，打汽车，劫杀公务人员，抢掠百姓，弄得遍地不安。二十六年四月—七月，我保安部队的前身——各县游击队、游击支队与地方独立营，配合主力部队——当时的独立师现在的留守兵团——在短期间把许多股匪肃清下去。

为着保护边区，那时的游击队——现在的保安队曾经留下许多英雄事迹，如剿靖边横山间余庆五战斗，延川靖边的游击队独立营（现保安队独立三营独立七营）曾经三天只吃两餐饭，曾一天急行百四十里，分进合击，把这股土匪消灭。剿刘子清股匪时，有三个战士（两个是共产党员）勇猛冲入土匪阵地，其他战士见他三人冲去，遂一拥而前，把刘子清股全部歼灭。

然而边区并没有因此安宁。汉奸顽固分子，仍在勾引土匪扰乱，和前不同的只是匪之据点移到边区以外。比如赵老五盘踞甜水堡；缪福禄、耿子平盘踞固北；友军叛军与土匪，盘踞黄龙山、鹰儿窠、黄龙庙、宜川、富县边界、关中五台山等处的不下十余股，遇剿匪则入友区，而友区又不肯合剿。然而从二十七年三月起直至八月，保安部队配合留守兵团，将这些土匪或消灭或击溃了。共计击毙匪三百二十三名，俘虏一五四名，缴获枪弹很多。我们所以得胜，由于：一、发挥了我们部队熟悉地形的优良条件，与留守兵团配合，分进合击，猛打穷追。二、动员了自卫军及广大群众参加。三、不放松政治上争取，缴枪不杀，不咎既往。

今天，边区可以说无匪了，虽然以边区外为据点的政治股匪，如张廷之、赵老五等还存在。

其次就是河防战斗。日寇曾五次进攻宋家川，两次进攻凉水崖、马头关，一次进攻神府，保安部队担负部分的河防任务。当敌人进攻宋家川时，不仅固林、延川、延长保安队参加战斗，而且大批自卫军冒弹修补攻（工）事、运输、甚至直接作战。

在反磨擦斗争中，保安队几乎无役不与，无役不胜。立场呢？“人不犯我，我不犯人，人若犯我，我必犯人”。打法呢？以少打多或以少胜多。比如去年店头战斗，顽固分子四个团，我们一个营，血战十小时，不仅我无损失，而且缴了枪，虏了人。

总起来说，地方性的保安部队，一方面发扬其艰苦奋斗英勇保乡的精神，由乡而及于国；另一方面克服其狭隘、散漫落后的弱点，在政治上成为广大民众中的领率者，军事上成为保卫西北的正规军，这是我们可以自慰的。然而我们并不能以此自满。比如政治工作还存在着很多弱点：与群众关系还不够亲密，破坏分子还有机可乘，军事技术还很落后，打小仗虽常胜，打大仗的经验尚没有。给养、卫生工作离完善的程度还远。当这日寇、汉奸、反共部队包围边区，与边区势不两立的情形之下，我们部队必须有大踏步的长进，才能配合八路军留守兵团应付任何事变的到来。

自卫军

边区的自卫军和保安队一样，是从工农革命斗争中产生的。它的历史和边区的革命一样长。自卫军前身是赤卫队，是不脱离生产的武装，是革命政权的积极拥护者，它不断经常拿着武器配合主力军作战，而且经常是主力军的补充者。抗战以后，赤卫队改为自卫军，编制和以前无甚差别。参加自卫军的人数，仍是无增无减。据不完全的统计，全边区自卫军有二二四，三二五之多，绝大多数是经过革命锻炼的工农分子，有百分之十二是妇女，在日常生活与工作中起核心作用的，是占总数百分之二十四的共产党员。自卫军的武装，最多是红缨枪，据去年六月份直属九个县的统计，红缨枪占百分之十六，马刀占百分之九，其余为快枪土枪。各自卫军都有担架及运输工具，便于作战时帮助主力军运输、救护等。自卫军最主要工作是放哨盘查，两年来边区破获的汉奸案、敌探案、组织逃跑案，土匪案、伪钞案及捉逃兵……不下千数百起，都有自卫军参加，或是自卫军单独破获的。

二十七年春，日寇曾一夜偷渡黄河，逼近边区边界，固临、延长、延川有四千多自卫军，一千多牲口，为了保卫家乡，配合主力军开赴前线，而且曾冲过黄河，扰乱并钳制敌人，在火线上运回胜利品近六十万斤，受伤战士全由他们抬回了。至于剿匪战斗，差不多没有一次没有自卫军参加，而且常起着重要作用。

自卫军之所以可贵：第一，因为他是人民自己的武装，如果说保安队是从人民中提出一部分人拿武装以保护人民，那自卫军就是全体成年人民直接武装以保卫自己，这是非彻底的民主制下所不能有的。第二，保国是由保乡积累起、扩大起的，如果个个乡被保护得象（像）铁桶似的，敌人敢从哪里侵入？如果个个乡都知道不是孤立且不能孤立的，必得相互保护，爱国之念油然以生。拿前者看，“恶龙难斗地头蛇”，劣势武装的自卫队，打败优势武装的外来敌人，是经常的事。拿后者看，由自卫军而入游击队，由游击队而入正规军，是非常自然的。第三，自卫军过的是半军事生活，受到政治的军事的不断训练，常常动员作（做）各种御侮防奸的事，因而他（它）的组织最有力，成为各种民众组织的中坚。第四，自卫军的班、排、连、营长，由队员选举，报告上级批准。有特别情形由上级委派时，也须经过队员通过。寓民选制于军事组织之中，因而也帮助了乡市民主制的巩固。其次，自卫军以营为较高单位，受各县保安大队部的指挥，把半武装与全武装联系起来，成为全国民武装化的基点。因此，自卫军与所谓“民团”，“壮丁队”全然异趣，因此，自卫军能够有他过去和现在光辉的历史和成绩。当然，边区自卫军还不是所有地方都做得很好，还须更努力更整理，使（之）不仅有效地保卫边区，而且须成为全国人民武装的模范。

抗战动员

“抗战高于一切，一切服从抗战”。抗战不胜利，大家当亡国奴，甚（什）么都没有了，这个真理，边区人民是早懂得了的。人民中蕴藏着无限力量，我们不是怕没有力量，而是怕没有方法去动员这些力量，这一真理，边区工作人员也是早懂得了的。“长期艰苦的抗日战争，一切须取给于民众”，“不能激发广大劳动人民的抗战热忱与生产热忱，对于坚持长期抗战是非常不利的”“在边区周围有日本帝国主义的进攻，有顽固分子的压迫，他们都一心一意要消灭边区，边区地位是非常危险的，是没有巩固的。要去掉这种危险，要保卫我们边区，必须动员全边区人民进行拥护和扩大八路军的热烈运动”。现在检查我们的抗战动员，除上述自卫军的成绩外：

第一件，是兵役动员。第一次参政会的前两年，曾经先后动员自卫军、少先队八千多名加入抗战部队，又做了一次抗日军人归队运动，差不多做到使边区没有一个未及退伍年龄的退伍军人留在家里，他们都是整批的自愿的在民众欢送之下回到自己原来的部队中。前冬边区政府决定在去年三月以前完成扩大三千五百名新战士到八路军的任务，事实上不到三月就完成而且超过了。个别自卫军工作好的地方，在自卫连长号召下整班整排的加入。嗣后各地陆续的动员加入保安队、警卫营以及到各机关服务的尚有多起，连前一总在五千名左右。

第二件，是保证八路军的粮食和被服的供给。军队和人民象（像）血和肉一样分不开，这在内战时大家经历了的。虽然长期间的内战，民生已疲惫不堪。但一提到军队需要，没有不把它当做头一等事的。二十六年开始征收救国公粮，收到一万三千八百石，二十七年收到一万七千石，二十八年收到五万二千石，二十九年收到九万七千石，都超过了预定数目。去年收获，一般比前年差，然而农民却说："九万担（石）公粮不算少，但八路军要吃，不吃饱怎好打仗？就更多些，我们也要办到"。在去冬商人募寒衣捐时，有些动员大会上，农民出来说："你们要多出才行，几年来农民出粮，你们赚了钱却没有负担"。商人的回答是："不会使你们失望！没有八路军我们能好好做生意吗?"象（像）延安这样的市场，一下就报捐九万。此外如平阶卖粮卖草给军队（价比市价低，且要挂欠），替军队运粮运草，只给点草鞋钱；做鞋子慰劳，办食品慰劳，更是记不清的事。

第三件，是优待抗日军人家属。边区优抗是继承着优红的良好传统，把人民与军队不仅在情感上相通，且在经济生活上联为一体。

（一）组织代耕队，代替抗日军人家属种地。边区有二万多户抗属，且多是贫苦的农民，有的耕具种子不足，甚至没有耕具。代耕的办法：吃自己饭，带耕具去，种子不足，由群众资助；规定代耕不得马虎，耕得不好要把自己种的地兑换。

（二）提高抗属地位与改善其生活。法令上规定抗属得免除或减轻一切捐税，子弟免费入学，购买合作社或公营商店物品可享受廉价的优待，在许多社会生活中受得社会的尊敬，如领取救济款的优先权，开会看戏坐前排等。

（三）安置外来的逃难抗属。因得不到优待而从边区以外逃入边区的抗属，以安定、延安、甘泉、固临、富县等为最多，政府为了安置他们，曾发动农民抽给他们以熟地或荒地，筹给耕牛耕具代为耕种，并募捐粮食维持他们初来时的生活。

（四）创办抗日军人家属学校、干部子弟学校、抗属合作社，给他们以充分有系统的受教育和解决生计的机会。无所归及想做什么而得不到机会的抗属，边区可说是没有。

（五）创造模范的抗日军人家属。正因为政府和人民各方面优待和尊敬抗属，就使参加抗战的战士成了人民派去参加的代表。抗属也有许多觉得抗战是自己的任务，因而他们也自己努力耕种，不愿受人民各方面的优待。他们不仅生产，而且学习、参加工作，这些模范抗属，是更值得我们尊敬的。

第四件，抚恤伤亡与残废。边区参加抗战的多，因而伤亡的也多。因边区和八路军有最密切的联系，许多非边区籍的残废战士和伤亡家属也来边区请求抚恤。边区政府均按期发给抚恤金，残废优待金，无所归的办荣誉学校，提高其能力，以便参加后方较轻工作。

有家属愿种地的终身得到代耕优待。为战争而流血，其本身及家属，永远是受人尊敬和荣誉的。

抗战动员，虽有如上成绩，但缺点仍是很多，虽继承了内战时的传统，而发扬则非常不够，个别地区的军民关系弄得不好；个别工作人员狃于和平环境不甚爱护军队，因而引起军队不满。优待工属有地方超过抗属，引起抗属不满，有些农民发财了，反而因发财的缘故，不如穷时那样肯帮助军队，抗日军人饭店没建立，出差军人感到不便。这些缺点的产生，是由于政府一部分人员对抗战工作认识不够，没有时刻到群众中去激起热潮，或只顾到物质方面而忘记了精神方面的鼓动。前年共产党大会关于拥护与扩大八路军的决议，我们做了一些，但充分执行尚有待于今后的努力。

经济建设

首先说明我们经济建设所凭借的地区、历史及其建设的性质。

我们经济建设的地区是边区，地广人稀，宜农宜牧，有煤油、盐、碱、煤、铁以及森林、药材等富源。缺点：天然方面——“三年一旱，五年再旱”。有时又患雨多，地高气寒，地冻时期有五、六个月。人事方面——劳动力少（但如绥、米等处又患人稠），生产技术异常落后。这地区的历史：革命以前，军阀等封建势力和帝国主义勾结一气；土地、牧畜集中在地主手里；苛捐杂税达八十多种；利息每月每元高到一角五分（还有什么“小黑驴打滚”）。农民终岁所入，不够完纳租、捐、息。加上灾荒连年，农民只有卖身卖子女或者冻饿死。革命以后，帝国主义和军阀等封建势力一串儿赶跑了，租、债、捐税一律取消了。但农民并不就得到喘息，连年的反“围剿”，忙于打仗，不能生产；敌人侵入，又总是放火抢粮抢牲畜，企图以饿冻扼死我们。那些流血奋斗高唱战歌的农民，冬天还穿着破单裤，没有毯子。居民把所有供（贡）献给军队，还不过是几升小米、［苞］谷，或者剩下的几头羊子。如果跑到农民家一看，一间破窑，两只破缸，缸里什么没有；炕就是一堆土，靠煤火过夜。我们以自己的血粉碎了颈上的链子，创造了繁荣经济的条件，但旧社会给我们的遗产实在是太坏了。在这样的废墟上我们要建设什么样的经济？历史的要求，推翻封建是替资本主义的发展扫清道路，资本主义是必然要发展且需要它发展，只有它迅速发展才能医治我们历史上经济的创伤，企图超过此阶段，是不许可的。然而历史又要求无产阶级及其政党参加与领导完成资产阶级性民主革命阶段的任务，不可能还有资产阶级专政。因而经济建设的要求在于有益极广大民众，不可能允许再有操纵国民生计的大私有财产，这就叫做新民主主义的经济。另一方面，这里的新民主主义的经济设施，又只能按照边区各种客观条件前进，保守是不对，跃进又不可能。

其次说明我们建设的方针。

第一，我们是有远景的，比如地主和农民的关系：甲、在苏维埃时已没收的土地不变更，未没收的不再没收，已经没收了土地和房屋的地主回来，由政府分给以和农民一样多的土地和房屋。乙、出租土地给农民，只要地租不苛刻，政府不加以任何干涉。丙、确定现管土地的所有权，准许典当或出卖。雇主对工人的关系：废止过去苏维埃时代的劳动保护法，实行一种仲（中）介制度，在政府指导下劳资双方订立劳动契约，根据各地不同的生活条件，酌量增加工资，减少工时。我们不容许过分剥削劳动，但也并不反对资本家发财。关于公营事业与合作事业方面：公营事业，欢迎私人资本参加，在公营事业采用新型的国家资本主义方式。合作事业中也还掺杂些营业因素，这些办法，都是让步。但让步是为着前进，我们相信经济改造是需要整个历史时期，把握住远景，一步步走向前去。

第二，我们是有计划的，比如：甲、农业，边区主要经济是农业，农业中主要成份（分），是自给的、稍许有点剩余的个体农民。要把所有农民都提高到能自给有剩余，所以我们对于贫雇农特别予以帮助，如耕牛、种籽的发给与互助，减免捐税负担等。当然能自给有剩余的个体农民天天在向富农地位爬，但我们并不害怕，我们只加以最合理的即累进的税率以资调节。乙、工业，边区历来无现代工业可言，而要使农民有日常用品，旧的手工业须与（予）以组织和改进，比如纺织，极落后的手纺机，捻线锤，直到用出十数根线的木制或铁制机，同时并进。农村中微小游资，资本家的大宗投资，一律吸收、欢迎，以增殖我们的资本。丙、商业，商业虽非直接生产，却能刺激生产。要得生产发达，必须保障商业自由，保障交换发达。丁、合作事业“消费合作社是便利交换，抵制商业资本的过分剥削与在经济上组织和教育人民的重要武器。而工业合作社是发展手工业生产的武器”，因此，我们的合作社不同于国内其他地方的合作运动，它们目的在扶植富农与小资本家，我们则在于便利大众。也不同于空想社会主义的合作运动，它们企图超越政权由纯粹理性的结合来改革经济，我们则依靠政权以为指导。戊、公营企业，政府本身具有非私人所及的资本和能力，能举办凡私人所不能或不敢举办之事，如修路开矿及重工业等。其次，公营企业应是提倡与资助广大群众有利的事业，如日用必需品之轻工业等。复次，不可垄断或有意与私人资本竞利。总括起来，我们经济建设的道路：1. 小商品经济（即农业手工业个体经济）；2. 私人资本主义经济；3. 合作经济；4. 公营经济（亦可说特殊的国家资本主义）。前二者是一般资本主义的经济，后二者则不同于一般资本主义经济而含有进步的经济因素于其中，而我们的银行与建设厅，就环绕这个方针而进行工作。

第三，我们建设的步骤。首先是恢复，次乃讲发展。首先利用原有的落后生产工具与技术，在可能条件下逐渐进到新的。理由是我们虽有最新的办法和最高的志愿，却处在最落后的和虽然取得和平而仍极受包围的边区。因此，这里有人在努力于“播之扬之春之揉之”三千年前已发明的旧农业方法，同时也有人创立模范农场，建立制造机械的工厂。新的正在进行，旧的还来不及改革。

第四，我们建设的运动。不管建设的东西新或旧，大或小，必须有能动的生产热忱即人的努力。边区因为在新民主主义政治下，广大工农知道劳动是为着自己，为着自己的国家，而不是供人剥削，作（做）人牛马。因此，妇女老人小孩都自动参加生产：工厂工人自动增加工时，提前完成生产计划。社会上尊重劳动英雄，游手好闲的人很少了。过去有人没事作（做），现在只感得［到］有事没人做。政府号召春耕运动，开荒运动，秋收运动，开工农业展览会，奖励劳动英雄以推动人民劳动的积极性，又采用劳动互助社，犁牛合作社，及欢迎移民入境等，以补救劳动力与牲畜力的不足；又其次，从来“食于人”的政府人员、部队、学生都挖地、种菜、打柴、纺毛、缝衣、做生意，打破劳心和劳力的界限：“工农商学兵，聚之于一身”。

我们的经济建设就在上述这些条件与办法下进行的。现在来看看成绩是怎样？

试走向农村去，不是四年前的农村了。首先表现是耕地面积猛烈的扩大，二十五年为八、四三一、〇〇六亩，二十六年为八、六二六、〇〇六亩，二十七年为八、九九四、四八三亩，二十八年为一〇、〇七六、〇〇〇亩，二十九年决定开荒一百万亩。据不完全的统计，有些县超过了，有些县则不及，估计完成百分之八十。去年秋号召开秋荒二十万亩，已经完成。今年号召开荒六十万亩，据各县报告，完成是不成问题。仅仅三，四年，耕地面增加达百分之三十以上，个别地区耕地增加更为迅速。

安定五个区 1936 年—1940 年耕地增长表

年份	可耕地	熟地	荒地
1936 年	85.000 垧	50.000 垧	35.000 垧
1937 年	85.000 垧	52.300 垧	32.700 垧
1938 年	同上	55.300 垧	29.700 垧
1939 年	同上	72.300 垧	12.700 垧
1940 年	同上	80.900 垧	4.100 垧
比 1936 年增加		30.900 垧	

仅仅四年熟地增加达百分之六十一。

在增修水利方面，二十六年为八〇一亩，二十八年为八，〇一〇亩，增加十倍。二十九年计划修水利一万亩，惜被洪水冲毁，未竟其功。历年的粮食生产量，二十六年一，一一六、三八一石，二十七年一，二一一，一九二石，二十八年一，七五四，二八五石，二十九年号召深耕，要求每亩生产由一斗六升增至一斗七升，达到总生产量二百万石，虽因先患旱后患涝之故，不少地方歉收，不可能完成任务，然而延安估计平均每亩可收一斗六升——七升，甘泉平均每亩可收一斗八升——二斗。加上绥德分区、陇东分区、富县等去年恢复政权的地区，耕地面积总数达二千万亩，去年全边区粮食产量至少在二百六十万石以上（三百斤为一石）。

还有每年的植树活动，单单去年就造了大小公林五百二十四处，植活的树有二十三万株，同时原有森林的滥伐也渐渐地减少了。

其次，表现在牲畜增加。边区是农牧皆宜的地区，内战时牧畜锐减，三年以来增加如下：

年份	牛	驴	骡马	骆驼	羊
1938	102 676 头	70 810 头	1 468 头	1 254 头	761 464 头
1939	123 963 头	97 407 头	2 040 头	1 329 头	1 012 786 头
1940 上半年 19 个县统计	148 408 头	94 334 头	1 817 头	2 458 头	1 625 170 头

去年边区政府号召增加牲畜四十万头。虽因关中、三边发生畜疫和战争，且多系依靠自然繁殖，但据上半年十九个县的统计已增加三十三万头。四十万头的数目，当可以百分之百的完成。

这里应该指出：牲畜是边区最重要的富源，贫、中、富农的分界不决定于土地多少而决定于有无牲畜，比如一个人一年淘地六垧，一牛则可淘地二十垧，羊可剪毛，畜粪可肥地。所以帮助贫农发展牲畜，应该是繁荣农村的要政之一。另一方面，边区牲畜尚未恢复到以前的繁殖时间，据说以前羊多的达一二千头，现在多的只几百头，而且很多农民没有羊。

复次，表现在乡村富裕之户增多，形成成份（分）的变化。许多以前是贫雇农的，现转为中农或富农了，而中农成为乡村经济的主要成份（分）。据安定四个行政村二二八户去年春的调查，二十五年前中农十户，占总户数的百分之六，现在中农一二六户，占总户数的百分之五十五强。又据延川禹居区三乡三二一户前年的调查，革命前中农五二户，占总户数百分之十六，现在一二二户，占总户数百分之三十八。又延安西区四乡，革命前中农十家，现在中农六十四家，增加六倍以上。其他地方一般是上升的多，下降者很少。

复次，表现在移民增多。边区成了乐土，四方的难民向边区移。边区有的是土，缺的是人，政府又实行优待移民，给他土地，给贷款，免他税收，上述安定四行政村二二八户中就有移民二十六户，关中有由南山远道迁来的回民六百余人。估计全边区在这几年移来的人，怕有十万左右吧！至于没有在边区定居的来做季工的，只延安市就经常有三、四千人。

最后，表现在农民生活的改善。一个农民说："我真享革命的福，革命前借地主陈谷一斗，收新谷时要还二斗；苛捐杂税几十种，每年每人要十五六元。现在什么都取掉了，我收的粮食，每年有余。两个孩子娶媳妇养孩子了。以前谁作这梦想！"一个雇农说："'端人饭碗服人管'，以前雇农不能和雇主一起吃饭，他坐炕上，我坐地下。他吃好的，我吃坏的。现在不然，有工会保障，谁也不敢欺负。工资增加了几倍。以前有失业的，现在找不到了。我分得五垧地，今年又开荒七垧。……"一个妇女说："过去作（做）媳妇，须等公婆丈夫吃完饭，才能吃其残余，常被打骂，不能过问家里的事。现在打骂取消了，妇女管理家事；衣服制得比男子还多；过去买卖婚姻，现在婚姻自由。这是我们妇女出了头的世界。"（以上均见党校实习团报告）延安市长说："延安新市场，天天在建筑，商人很有钱，经常有若干由绥、米来的劳动者在工作。每次唱戏，几十里远的妇女穿着新衣、骑着驴来看，不带干粮，都进馆子吃饭。这是以前没有的事。"

还有一件，边区从苏维埃到现在，没有乞丐。"没有乞丐"是有历史以来，全世界除苏联外没有的奇迹。又根据许多人下乡的实验，一般农民的生活比政府机关人员生活好，有的好过一二倍，这也是一件有历史以来没有过的奇迹。现在录两个生活改善的实例如下：

延安西区四乡，过去人民吃糠，有的连糠都吃不上。现在该乡人民是吃三餐：早上，粘饭或散面；中午捞饭或面馍；晚上，稀饭，吃肉，过节每家都能吃到。菜蔬（有）洋芋、白菜、蔓菁。

农民穿的，布匹虽贵，但米价涨了，每人都有棉衣、新衣，有的还有皮棉两套，用不着一件棉衣穿七八冬了。

再举延安县中区一乡几个例子：

1. 郭梁畔蒲正盛，二十四年来到郭梁畔的，来时赤手空拳，现在分了八垧地，有牛三头，羊十七只，前年打粮三石，全家夫妻两口吃不完，去年打粮四石。

2. 石家畔杨步如，二十二年来的，分地五垧，现有牛五头，前年打粮二十石，去年还要多些，全家六口人，吃不完。

3. 贺秉富，二十四年来到庙圪坮，来时什么没有，现有牛三头，驴一头，前年打粮六石，全家只三口人。

又前年十一月高副主席亲自调查的安塞四区三乡东营村、西营村及二乡石峁村，三村人民生活状况，西营村于二十六年全村只七十五人，耕地面积四九二亩，收粮七三·五石；二十八年则为八十四人，耕地面积九六六亩，收粮一五五石。东营村二十六年全村四十一人，耕地面积三五四亩；收粮五四石；二十八年则为五十人，耕地面积七二六亩，收粮一一六石。石峁村二十六年全村共五五人，耕地面积三五四亩，收粮四五·二石；二十八年则为六十四人，耕地面积四六五亩，收粮九三石。这证明“人兴财旺”是边区普遍的现象。

在工人生活方面：边区只感到劳动力缺乏，因之大批的榆林、米脂一带劳动者多来到边区作（做）工，去夏耘草时，一元半的一工（吃在外），尚请不到人。公营工业的技术工人的工资，是边区唯一最高的俸给生活者，做工时间由八小时自动加增为九小时。工人与厂方同一利害，自觉的民主的遵守劳动纪律，为抗战服务。延安的泥水工人工资，二十一年除由雇主供饭外，每天给工资二毛至二毛五分。二十七年每天给工资四毛至五毛，二十九年则增加至每天给工资一元至一元二毛以上。其他手艺工人，每日除膳食外，都赚钱一元以上。

至于农业工人工资也有了增加。例如延安县四区四乡：

年份	长工	短工	月工	牧童	手工业工人
1939 年	每年 50—75 元	每日 3 毛—5 毛	每月 8 元—10 元	每年 10—20 元	每天 5 毛
1940 年	每年 85—140 元	每日 5 毛—8 毛	每月 18 元—20 元	每年 35—45 元	每天 1 元

走向市集去，也不是三年前的市集了，内战时破瓦颓垣的市集，都成新屋了。开始搭蓬（篷）子，渐渐砌砖窑，起石屋。有些以前没有集的，现在有集了，每逢集日，百货云集。固定的市场如延安市，一个荒沟，忽然成为长二里的华屋高窑，熙来攘往，俨然都会。商业资本，两年中约增加十倍以上；商店数，二十七年九十家，二十八年一四九家，二十九年则为三二〇家。研究商业发展的原因：一是农村生产增加，有剩余品要卖出，卖出生产物为着是买进消费物。因而市集繁荣或须得新开市集。新收复区如陇东、绥德的市场，所以萧条，是那里农村尚未恢复生产之故。二是边区没有苛捐杂税，经商者都趋于此。因而延安物价比西安、兰州、榆林等任何地方都低。甚至低得甚远。

再来看看公营企业，边区没有现代工业，私人的手工业工厂也只有很小的。年来由于公家提倡，有了一些纺织合作社等小型工厂。然而大一点的还算是公家经营的几个。比如：难民工厂织的毛布、棉布相当精致，成了边区纺织业中心。由于边区盛产羊毛，抗战的被服需要又广（最近总司令部订购军毯一万件，每件价二十八元，毯的质量仅次于俄毯），尽可能大大发展。绥德也有公营纺织厂，规模较小。造纸厂历史很长，中央红军到陕北就开办了。现煮浆用新法，制纸仍是手工，原料过去用破布、废纸，麻头、桑皮，现改用马兰草，原料广有。因为战争封锁，外纸不易来，而我们用纸又多，纸的自给，据工业处估计，今年七、八月间即可办到。绥德也有一公营纸厂，足供当地印刷之用。皮革厂生产正向半机器化发展，工人都是工厂自己训练出的，出的去毛与带毛的衣服，均不让外制，而价又较廉，现正在提高产量，产品务求适合大众的要求。农具工厂是小规模的机器制造业，但装备与技术还不够。最感困难的是原料（灰生铁）的供给。化学工厂出品：有肥皂、粉笔、墨，还打算榨油、制酒精、三酸、矿物染料、火柴等。光华制药厂，中药中制，销路很好。煤业，陕北煤矿有名，惜交通不便。厚达七，八尺的安定的煤，不能到处运用。现在一面修筑道路，改善交通，一面就各机关部队驻地探采。

我们在荒原上建立起工业了。但同时感到：一是资本少，二是工人少。资本少不易改进技术；工人少，致现在仅有的工具，尚有闲的。盖起了工房没人住。

公营商业，即光华商店，系以前贸易局改组的（现已恢复贸易局组织），它在保障机关部队需要及调剂市面，起了相当作用。

此外还有党中央，八路军留守处直接管理的印刷厂、机械厂、卫生材料厂、西北商店等，因为需供的关系，一般的规模还要大一些。

还有合作事业：单讲二十九年上半年的报告，社数由一百一十五处增至一百三十处，新社员增加二万多，全部股金达到二十万元，公积金一万八千多元。办得好的如延安南区社、曲子社等，确实在群众中起了调剂作用。生产合作社在抗战前只有四处，以后则逐年增加，现正在整理，已经整理了几个，是纺织合作社。今年合作社更有发展，消费合作社准备增加股金七十万元。

煤窑事业：边区到处有煤，人民自由开采，仅延安煤矿有八处，一月能出一百余万斤。棉麻等原料产品，也在开始发展。

要总的明了边区经济发展的状况，还不能不看看二十八—二十九年几次的农、工业展览会。二十八年一月由边区建设厅主持开第一次农业展览会，会址在南关。六个展览室，展览品二千多种，展览六天，每天参观的不下五、六千人。展览会在边区是“破天荒”。有不肯把特种产品送来陈列的，然只就陈列的这些产品中，发现了边区富［资）源的丰富，发现了人民生产进步的飞速。参加展览的人差不多都得到了奖：第一，是开荒最多，会种地的；第二，是牧羊最肥的；第三，是种棉产品最良的；第四，是纺织棉布最好的；第五，是谷子出品最好的。二十八年五月一日开边区第一次工业展览会，会场系假鲁迅艺术学院大礼堂，陈列为原料、成品、机械、模型四部。陈列品一千多种，最出色的是边区机器工厂出的小型机件，印刷厂的铅印和五色石印品，通讯材料厂出的电信零件，卫生材料厂的改良中药，难民工厂的毛织物，职工学校工厂的日用品等。来参观的人，虽在农忙时，每日数以千计。

第二届农工业展览会是二十九年一月在新市场开的，历时半月。陈列品与参观的人比第一次都热闹得多。

展览品共分边区概况一览、农业、工业三个主要部门（注意：下面统计还是二十八年的）。

边区概况一览室内，悬挂近百种的统计表格，表示出农业生产、文化教育、经济建设各方面的进步。

农业部门是大会展览中最丰富的部门，包括（一）谷物类，其中谷子七十余种，糜子三十余种，三边的豆类就有七十余种。其他豆菽类有七十余种。（二）棉花，有延长、固临、延川三县的出产标本，并有铅印植棉小册，指出边区根据气候土壤，某些地区均适宜产棉。（三）菜蔬果品，包括边区出产的枣、梨、石榴、核桃、苹果及洋芋、白菜、萝卜、番茄、木耳、金针、发菜等，其他如丝瓜、莴笋及改良之牛肉干、牛肉粉等食品的试验及制造，都已获得了初步的成功。（四）林业方面：指出横山、梁山、桥山诸山脉均有丰富的自然林。大会所陈列之木材，约五十余种。统计中指出边区造林数目：二十六年为二九二，五三五株。二十七年为四八二，八五二株。二十八年则为一，三九二，一六〇株。（五）狩猎方面；陈列有狼皮，狐皮等三十余种。指出皮业出口占全边区出产品之重要地位。（六）畜牧业发展的统计，在一年中，牛由一〇二，六七六头增至一二三，九六三头，马由一，〇五三匹增至一，五二四匹；驴由七〇，八一〇头增至九七，四〇七头；骡由一，四二八头增至二，〇四〇头；羊由七六一，四六四头增至一，〇一二，七八六头，每年出产羊毛约二百万斤，其他尚有野禽野兽等百余种陈列。（七）药材，在边区生产亦百余种，以三边之甘草为最。

工业部门的展览，指出边区私人手工业增加一倍以上，与二十五年比较，工业数与资金数均增加五倍以上。生产合作社已由二十六年一座，社员七十余人，股金六二三元增至一四六座，社员二八，五三一人，股金四二，三三八·四元。（一）以轻工业论，各生产合作社出品：有铜扣、线袜、皮大衣、棉军衣、中山服、麻纸、染布、毛呢、洋布、土布、土纱、棉鞋、夹鞋、墨水、毛线、油灯、饭锅、公文箱、粉条、麻油、瓷碗、肥皂、粉笔、牙粉、盆瓮等。其他化学工厂出品的，有文具及其他日用品。卫生材料厂、光华制药厂出品的各种丸药、针药等。振华纸厂出产稻草纸、麻纸、麦杆（秆）纸、糜草纸、破布纸、马兰草纸、图画纸等。其他如皮衣、布匹、毛呢、球类、被服等。特别是农具工厂之通用农具如锄、锅、铧等，都有出品。（二）重工业方面，机器厂已可制造机器与枪械的手铣床、锉刀机，钻床，车床等。（三）印刷工业则有自制铜模及各种印刷样品。

矿产方面：边区有丰富的宝藏。如延长石油矿，安定等县煤矿，三边之盐地，都在展览会上表示了我们边区埋藏是很丰富的。

关于边区经济，有几宗以前未大注意而值得提出的：第一，是盐：边区所管的盐池，计有盐场堡、烂泥池、莲花池、波罗池、娃娃池、汗滩地、红岩地等七个，以盐场堡产量最丰，年产可六、七十万驮，莲花池盐质较好，年产约万余驮，产盐方法靠天，夏季太阳一晒，水面结品，稍微下点雨融去硝质，打下就是。过去只要盐有销路，产量是无穷的。抗战以来，海盐区域沦陷，又去年多雨，盐池不能打盐，几十年的积盐都销光了，现盐阶涨到一元多洋一斤，西北各地都闹盐荒。如果我们早去晒盐（仿海盐晒制法）而仅可使广大西北人民免淡食，就是收入，必很可观。今后务须改良晒盐方法，改善运输，如能年销一百万驮，以二十元一驮计，即可收入二千万元。第二，是石油：延长石油蕴藏量，虽至今还没弄清，然到处有油则是事实，在不能备置机械以前，应机械与土法并用，务求增加产量，保障我们军事的必需（还有碱、甘草、药材等、均可大量发展）。第三，是毛：边区棉产很少而产毛较多，估计边区牧地养一千万头羊还不成问题，如加以改良羊种，年产毛可达五千万斤，除供给自已穿着外，还可大兴毛织业及贩运出外。第四，是交通：边区交通太原始了。隔几十里外的原料就不易利用，运盐运粮，运费常超过成本。我们虽还不能使用现代交通工具，至少必须普遍的修筑大车路，通行大车与小车。第五，建设人才与建设资本：要开发边区丰足的富源，必须招致与培养大批技术人才，同时也必须投下相当数量资本。

总括起来，边区三年来的经济建设有了空前的发展。这是由于我们有了和平环境与民主政治，由于我们有了正确的经济政策，由于我们政府和人民无限的生产热忱所致，我们是可以以此自豪的。但是要认清我们的经济建设，一方面是空前，另方面还是落后。正如高岗同志说的："边区经济虽有了空前的发展，但对全国经济发达区域说来，仍然是落后的。工业方面，我们差不多是一块处女地，农业方面，还有四分之三的可耕地未开垦，特别要估计到边区经济半自给的地位及其对于全国市场的依赖性……"边区共产党大会决议说："大会认为边区必须根据三年经济经验与成绩，继续发展边区经济，使边区全体人民足衣足食，使边区能在抗战建国的艰苦过程中奠定克服困难与自给自足的基础"。

什么是不依赖外面市场呢？吃的穿的日常用品边区都有，不怕封锁。什么是自给自足呢？人民家给富裕，政府经费军队给养不靠外援。这一点边区还没有做到，不是不能做到，而是做的努力不够。

我们有充分的政治与物质条件，然而我们缺乏远大计划，缺乏建设经验。比如说银行在产业上没有有计划的放款，把发展经济作为自己的重要任务，而只是一个收支机关。国营商业没有起着应有的调剂输出、入的作用，而只注意赚钱，结果钱也赚得不多。工厂开了，技术人员有了，资本投了，然而工人不够，出品不多，没有积极为之设法。合作社忘了合作性质，有的变成官办，有的只顾赚钱。此外，技术与经验不够，致去年的水利、种棉、造林多告失败。最大的是我们的计划不能合乎客观条件的要求，本可以按部就班做的，却形成东补西拉。人才当然缺乏，但我们不能归咎于没人，而应归咎于使用与培养不善，未能发挥经济战线上现有人员的才能。这些就使得我们虽有惊人的成绩，而成绩还远不能符合我们的需要。

财政工作

新民主主义的财政政策：一、取之有道：依靠私营或公营的经济发展，民有余力，公有余财；依靠施行统一的累进税，征收容易，负担合理。二、用之得当：用在当前的急务上，而不是平均分配；用在所需的必要上，而不是效少费多。边区财政是本着这原则进行的。

首先说税收。如上所述，边区经济遭受严重的破坏，人民纳税的能力，三四年前，可说是没有的，那时什么税也没有，政府收支全靠特种收入（没收、战争缴获、银行贸易局的营业等）。二十八年开始试征救国公粮，所收并不多。然而不管收入多少，税收原则是必须执行的。

救国公粮即农业税，它不同于农业税的，即一方面有征收累进比率的条例，另一方面又指定要完成若干石任务，实际上依靠着政治动员，自动缴纳，条例只是一个标准。救国公粮是临时性的农业税，是制定正式农业税率的准备。

这是有历史以来田赋制度的大改革。古代所谓"十一而税"，所谓有粟米之征，有力役之征，有布缕之征。"有田则有租，有人则有庸，有户则有调"。他（它）的办法现已无从稽考。只是如现在的田赋，据说粮册还是明朝遗下的，其不公平不合实际，早不待说。南京政府开办"地政陈报"，办了若干年，只办完几个县。现在我们的农业税是走直径改革，由人民自报收获量缴税，而不是按登记土地征收多少，这是最合理的，但也只有在人民自己的政权下才能做到。这是一。这样一件大事，要顾到民力，又要顾到军政费的需要，我们的实际经验又还只三年，没能制定正规的农业税条例，并不足怪。这是二。征收比例，每人实收满四百斤起码，起码税率是百分之五，最高累进到百分之二十或三十。我们以为这不是一成不变，因为政权是人民的，今年需要多可以加一点，明年需要少可以减一点。而在人民自愿原则下，就是同一地区，同一时间，有点出入，也未尝不可以。这是三。不收“折色”（钱）收本色（粮）。因为我们在打仗，打仗要吃饱饭，打仗又被日寇和顽固分子限止在交通不便的地区。如果要照以前“千里舟车飞刍挽粟”的办法，那我们只有饿死。征公粮是以区为单位储存着，军队打到哪里吃在哪里，粮藏在民间，不易损失；如果收折色，又要向人民换成本色，粮价有起落，不免影响军食。这是四。救国公粮的办法，边区倡之于始，华北、华中各根据地都在照办，战争延长下去，学样的还会多，因为这里面包含着改革田赋和保证军食的道理。边区救国公粮的收入，逐年增加。

年度	计划数：（石）	实收数：（石）
1937	10 000	13 859
1938	10 000	15 972
1939	50 000	52 250
1940	90 000	97 354

征收数的增长，不是征收比例的提高，而是边区农业经济的突飞猛进。去年计划收九万石，理由：一是军粮需要增加，没军队就没有边区，没有军粮就没有军队。依照“一切为着抗战”的道理，不打仗的人少吃点使打仗的人吃饱是应该的。何况还不至要不打仗的人少吃。二是边区扩大了，前年以前，边区人民只六十万，去年达到一百四十万左右，虽然那是新收复区，负担能力要弱点。

救国公粮征收方法逐年有进步。二十七年征收时犯了一些平均摊派的错误，前年严令纠正：“不应征的必免征，应征的必须按照规定累进率征收”，“富有者多出，次有者少出，穷人不出”。一般人都叫好，说“今年收粮比去年公平了”。

但是又有另外一个缺点：收粮的数量要多，出粮的人家要少。有决定某村缴粮几石，出粮人不得超过几家的。前年各县征粮户、免征户对总户数的百分比，如盐池县征粮户数占总户数百分之一五、六，免征户数占百分之八四、四，而甘泉征粮户数占总户数百分之八七、二，免征户数为百分之一二、八。虽然两县居民贫富是相差的，但免征与征收户数相差竟这样远，那所谓“今年征粮公平了”的里面，不免包含着另一种不公平。至于个别县份，工作人员不了解上级指示，强迫命令，引起民众反感（如环县），那是另一方面事。可是去年的征粮工作，则不仅实收所得，有可惊的成绩，尤为可贵的是在征收方法上有了空前的大进步。这次征粮，由于事先各种准备工作充分，民主精神的大大发扬，处理的公平，人民虽在天灾人祸的歉收之年，对于征粮工作的热情也达到了空前的地步。又去年抽调大批干部组织征粮工作团，为的是要把征收工作做得很好，收集更多经验，以为正式制定农业税的张本。

商业税，农民有了买进卖出的能力，才有市集，商业恢复后于农业，因而商业税也后征于救国公粮。去年冬，以寒衣代金募集的方式，向商人募了四十万元，募集迅速而且超额。今年已制定商业税累进条例，但因为商店簿据不全，稽算困难，实行时也只能由每个市的商人代表会每半年估价一次，即每家每月纳多少，这样较少麻烦而又公允。

羊子税，羊是此地重要富源，有农牧兼营的，有专事牧畜的。革命前每头羊征税二角，那时二角值一斤羊毛。去冬我们开始征收，白羊一头、毛四两，黑羊一头、毛二两，以二百万头羊计，可征六百万两（约三十八万斤），合钱约七十六万元，可解决军队冬衣一部分。羊繁殖速，利息大，每一头年产毛二斤，改良种羊一头，年可产毛五斤以上。

盐税，是一种不良的税。可是现在仍是主要税之一，不能取消，只可减轻。以前盐税，出盐地抽税一次，曲子镇又抽税一次，仅在边区境内，骆驼一驮要纳税十四元。我们把每驮税曾经平均减到一元二角，后因法币低落，盐税稍加，但仍比原来的税轻得多。

盐是人民要吃的，应该价廉，不宜多税，但盐是自然产的，应归国家所有。现在盐税轻，并不一定人民吃到便宜盐。盐应由公家来经营，人工制晒，改良盐质，又由公家来改良运输，一句话，盐归公家生产，有计划的推销，公家可易获收入，而人民食盐却能比过去低廉。现在用兵工制盐运盐，就是为着这个目的。

货物税，对边区输出入货物榷税即通过税（旧叫厘金），也是一种应该废止的不良税。而因为全国税权既非自主，也不统一，边区如无一个税关壁垒，那么，奢侈品仇货的倾销，工业原料的需要无有保障，因而不能使边区幼稚工业得到发展。这样税收，征税的物品很少，收入也不多。

边区的税收就是这些。

此外，公营工商业，商业如光华商店已有盈余，工业尚在创办与扩充中，盈利较少。二十七年部队中开始生产运动，即不依靠财政支出，而依自己劳动所得，补助经费的不足。二十八年生产运动开展到各机关学校，得到很大成绩，计算该年生产运动与公营商业收入约二百万元。二十九年的生产收入约超过三百万元。

收入既如上述，支出是怎样？

说到支出，与收入相差很远。边区党政军民每年吃粮要十二万石，服装费及其他经费照现在币值需一千三百万元。那么，我们是怎样支持的？这可以分为几个时期来说：第一时期，主要依靠外援，由于边区实施民主，坚持团结抗战，引起国内外进步人士的同情与拥护，不断的给以财力物力的捐助；同时边区人民方在战争中苏息过来，也不能多有负担。前年以来，因为顽固分子多方破坏，捐助收入逐渐减少，捐了的也不易汇进。但边区的公粮与税款也逐渐加多，财政上也就由大部分依靠外援的状况进到半自给的状况。这是第二时期。力争外援储蓄民力，这办法是对的，但估计财政上的突然事变——即外援的断绝的必然到来，准备随时可转到正规的自给，也是必须的。我们在外援逐渐减少时，币值不断低落时，没有迅速从积极方面转变，而只是拖欠经费，减发经费，停发津贴，这仍是把希望寄在“外援来搭救”的头上。等到看清了情形，才来一个突然要自给的转变，即是说要半自给第二期转到全自给的第三期，于是就造下一个从拖欠到全能自给时——即从去年八、九月至今年三、四月——的财政上难关。补救办法虽已想到，虽已逐渐实现，但我们财政工作者今后必须记住这个苦的经验及其教训。

我们经费的分配，用之于保卫边区——军事费的支出占第一位；用之于培养大批干部的教育费就占了第二位，至于行政费用，则极力紧缩，所占很少。然而在这样的财政困难中，我们用之于建设的投资，去年二百多万元，今年四百多万元。这就是边区财政收支的大概。

边区的财政是“取之有道，用之得当”的。在数量上讲，全世界没有这样穷、这样廉的政府，在内容上讲，全世界又没有这样有理、有节的财政。

文化教育

延安是全国文化的中心，有全国各地所没有也不敢有的进步学校。全国进步的专门家，进步的男女知识青年，不惮跋山涉水，不畏侦骑绑架，总是向延安奔凑。延安有全国所没有也不敢有的政治与军事的丰富出版物，有全国所没有也不敢有的艺术创作。延安文化，不是边区二十多县所能占有的，而是全中国甚至全世界一朵鲜艳的花，而这朵鲜艳的花，恰长在枯瘠荒芜——文化极落后的国土上，我不来谈鲜艳的花，只说这文化落后的边区，它的本身已进步到怎样？

这是一块文化教育的荒地——陕北在革命前，除开榆林、米脂、绥德有点文化外（苏维埃运动里的大部分领导干部都是这些地方的学校出身的），原边区政府所辖的这片广大的地区，可以说完全是文化教育的荒地。小学校初级高级合计只有一百二十处，社会教育的组织根本就没有。一般的县份，一百个人中，难找到两个识字的人，有些县份（如华池、盐池等）二百人中只能找到一个识字的。而这样一两个读书识字的也当然不会是穷人。不识字是几代不识字，脑筋也许要钝了些，直到而今不愿送儿女念书的老汉还不少，尽管他家里已有饭吃。

我们要在这里进行怎样的文化教育？首先是要服务于反帝反封建这一总的政治任务的；其次，要是服务于大众的；再次，要依据于进步的科学的道理的。这就是适合于新民主主义的教育。如果说新民主主义革命从过去到现在，始终是符合于广大群众的要求，那么，适应新民主主义革命的教育设施，更是广大群众迫切的需要。边区在革命开始的刹那起，就注意教育。比如延安在革命前全县只七个小学校，学生七十余人。另外还有七个天主教堂设立的小学，革命一起，都停办了。可是到了二十六年春，全边区就已经有了三百二十处小学校，有学生五千六百多人。

在革命战争中，群众的学习情绪非常高，而物质条件却非常困难。徐特立同志在他二十六年起草的“国难教育的原则和方案”里说：“在没有粉笔时，利用木炭粘土做粉笔；没有毛笔，纸张时，我们曾用沙盘或土盘练习写字；……没有书的时候，就不依靠书本，凭着理解力和记忆力来学习，只要教员有一本书，就可以进行教育，至于掉〔桌〕椅更不成问题，没有书房，可以进行野外教学”。

教育工作的干部同样缺乏，地方上的知识分子在革命战争中大部成了党政军的干部，很少有人再做教育工作。比如盐池识字的人只有一百左右，而参加过去革命政府的各门工作的就有八十多人。

除学校教育外，部队、机关、群众团体所进行了的群众的政治和文化教育运动，形成了过去苏区文化教育工作的另一个强有力的方面。政治的和工作的讨论会，庆祝战争胜利的群众大会，各种娱乐晚会，工农剧社、夜校、识字小组、墙报，所有这些使广漠的农村里洋溢着生气，农村妇女的口里都哼着革命的小调。

最后，应该说的：在徐特立同志的倡导下，拉丁化新文字的推行，在二十五年与二十六年之间，曾经来了一次大胆的大规模的实验。虽然因为种种原因，这一个尝试的工作未能继续下去。但是一个文盲干部学过两个月新文字之后，便会自己写报告，这样的事实，已经使许多下级干部对于新文字有了十足的信心，特别在妇女中间，新文字的简单易学便于使用，使她们发生极浓厚的兴趣。

同时教育部［厅］起草了“小学教育制度暂行条例草案”。初步的规定了五年小学制，高［搞］出了关于小学教育的几条基本原则，要从中国的（国难时期破产农村的）历史的（儿童或迟或早是无阶级社会的主人）生理的（智力，体力发育未完成）观点来看今天的儿童，不分男女成份（分），施以同等免费教育；要从民主的具体的生活中来发展他们的天才；要把读书和作（做）工，校内和校外，紧密联系；要遵依“信教个人自由的原则，学校不得列入宗教科目和孔子的经学”等。这是第一个关于边区教育的成文法令。

边区在过去苏维埃时代的文化教育建设，就是如此。

国内和平实现，苏维埃政府改为陕甘宁边区政府，边区文化教育建设转入了一个新的阶段——由突击转到正规，由散漫转到统一，实施教育的场所也由临时的群众集会式的转到固定式的校址，而专门培植教育干部的工作，也提到议事日程上来了。

一、小学教育

学校的发展

二十六年春，全边区统计，有小学校（三年制初级小学）三二〇所，学生人数是五，六〇〇名；是年秋，校数增加到五四五所，学生人数增加到一〇，三九六名，这是一突飞的发展。二十七年春，校数是七〇五所，学生是一三，七九九名；二十七年秋，校数是七三三［所］，学生人数是一五，三四八人，学生增加率大过了学校增加率的三倍。二十八年春季，学校又突然的增加了一五七处，共合八九〇处，学生增加了五，〇五三人。这年暑假，把一些质量太差的学校取消了，所以这年秋季，学校数目减少到八八三处，但是学生却增到二二，〇八九人。二十九年二月以后，陇东三县（庆阳、合水、镇原）、绥德三县（绥德、清涧、吴堡）和安定、富县等县区相继归复边区管辖，小学校的数目骤增到一，三四一所，学生也增到四一，四五八名。假使单就原有县区计算，那就校数是九〇二所，学生数则是二六，九一一名。

五年制完全小学二十七年才开始设立，当时有十一处，有四年级以上的学生二百二十二人；二十八年有二十二校，人数不详；二十九年仅边区原有各县发展到三十处，学生增加到一，一五九人，若再将绥、陇、富等新县区合计，则完全小学为四十七处，学生一，五八六人。这就是说，五年制完全小学校在两年之内增加了三倍，学生增加了五倍以上（二十九年收回新区各县在外），跟着边区人民生活的向上发展，跟着小学学生数的增加，五年制完全小学该是可以大大发展的。

就小学学生的男女比例看，原边区男生占到百分之九六·一，女生仅仅占到百分之三·九。但是绥德、吴堡、清涧三县女生比例数却相当的高。在八，九四三名学生中，就有二，六七〇名是女生，占到将近百分之三十。

还有教育厅直接领导的陕甘宁边区保育院的小学部。它是中国战时儿童保育会陕甘宁分会的事业之一。它收容边区的军政干部子弟和从全国各地甚至海外来到边区的学龄儿童，现在学生有三百多人，是边区最完备的一所五年制小学。

经过三年来的努力，在边区我们已经布置下了一面相当大的小学网，每个网结将成为我们向文盲愚昧——这旧社会给我们的遗产——展开斗争的基点，虽然说边区学龄儿童在学的还仅只四分之一——如果说有将近二十万学龄儿童的话。

质量的改进

在文化落后地广人稀的农村里，建立起一所学校也许容易。巩固这一所学校却很难。边区小学教育，三年来在质的改进方面，总赶不上量的发展，然而质的改进上不是没有成绩。

首先，是大多数小学校的教学都有了显著的进步。比如："新正教员十之七八小学毕业，文化水平不高，教学技能与我们理想的程度相差很远……但今年是比去年进步了，这表现在：分年级上课，私塾式的教学改正了，一般的每天上三、四次课，每次时间尚不能一定（没有钟表）。教学程序：先认出字（写在黑板上），然后朗读（全体一致），然后讲字义，有些学校教员只给大学生教，大学生给小学生教"（新正县二十八年上半年报告）。二十九年夏，根据各县的报告，大部分学校都已经能这样进行教学了。

第二，是彻底取缔了"古书"、体罚的现象，我们有一些小学校曾经带着浓厚的私塾味道，学生的书本中间夹杂着三字经、百家姓，教书多年的老先生以及一些学生家长常说："对小孩子要有王法"。然而这些在今天一般是成为过去的陈迹了。

第三，相当的克服了学生的流动现象。"夏多秋少春满堂，不见人的冬三月"这种季节性的学生流动是很厉害的。其次小孩年岁一大，能够在家拦牛放羊的，家长便把他抽调回来，送一个小的去"顶替"（或者就没有人顶替）。这种轮替式的流动也相当普遍，许多学校开学三月，学生还未到齐。安定曾有一个小学校，从二十五年办起，直到二十九年，还只有两名三年级的学生。但是这种现象在今天已经大大减少了。比如在二十八年，新正县已经做到百分之八、九十的儿童经常到校，安定县在二十九年夏季统计，也已经达到了这样的水准。就是最落后的县份如盐池，二十处小学中，已经有九处小学完全克服了流动现象，情形较严重的只有五处，全边区统计起来，可以说百分之七十以上的学生都能经常到校了。

最后，边区小学里学生集体自治的实行，学生都参加儿童团和少先队，学生参与社会活动，盘查放哨、抓烟灯、帮忙土地调查、慰劳抗属等；校内儿童和校外儿童联系一块游戏、下操、唱歌、做小先生等。这也是边区教育的本身，能冲破边区社会的沉闷的所在。

为了提高小学教育的质量，利用进步小学推动其他小学。二十七年夏曾经颂［颁］布了"模范小学暂行条例"，二十八年符合模小条例的有四十多校。到二十九年已经增到七十余校。

教员和教材

关于一般小学教员的文化程度，二十七年七月间曾就五一五名小学教师的学历做了如下统计：

学历	人数	百分比
师范毕业	12	2.33
师范肄业	11	2.13
中学毕业	27	5.24
中学肄业	30	5.83
高小毕业	245	47.57

续前表

学历	人数	百分比
高小肄业	53	10.3
初小毕业	26	5.05
初小肄业	32	6.21
鲁师毕业	18	3.5
私塾学生	48	9.31
秀才	13	2.52
总计	515	100.00

二十九年八月又作了一次粗略的统计，在延安等十余县八四五位教员中间，师范毕业的（绝大部分鲁迅师范毕业）二一三人（百分之二十五强），高级小学毕业的四三八人（百分之五十二弱），老先生和其他不曾正式住过学校的一九四位（百分之二十三弱）。在陇东三县（庆阳、合水、镇原）一九六位教员中间，高级小学毕业的在二分之一以上，老先生占到三分之一，中学毕业和肄业的仅占到六分之一。绥德分区小学教员的文化程度却高得多，约略说来，百分之七十以上是中等学校以上毕业或是受过师资训练的。

教员的质量是一个严重问题，有些地方连差的教员都找不到。

其次，是教材问题。从二十六年秋季起，到二十九年止，教育厅一共编印了初级小学教材九种（国语、常识、算术各二种，劳作、图画、唱歌各一种），共二十九册，每册印的本数最多的是一万。高级小学教材和补充读物九种（国语、历史、地理、自然、政治各一种，算术两种，国语补充教材两种），共二十册，每册印一千到一千五百册。另外还有社会教育课本和补充教材十一种，共十五册，也时常被拉作小学教材来用。截止（至）二十九年八月止，除高级小学的国语、历史，初级小学的国语、常识之外，其他的都不是成套的完整的教材，有的还在编着，有的却已经不用了。

课本不完整，印刷的册子太少，发行工作欠健全，于是就造成了普遍的严重的课本恐慌。这种情形，从二十八年以后就越发厉害了（这一方面是学校急速的扩大，另一方面是纸张来源更困难）。比如，“书本太缺乏，有的学校六七个学生合读一本书，还有连一本也没有，全是教员抄的，重念或越册的现象，有时也在发生。……全县只有第三册常识，尤其是算术，六十九个学校里，一本也没有”（二十九年七月安定县报告）。

为了解决课本困难，有的地方自己翻印了一些（关中，延川）；许多学校是先生替学生抄，大学生替小学生抄，但是，这究竟解决不了整个问题。怎样保证教材的充分供给，这是边区小学教育中的急待解决的一个严重问题。

普及教育问题

边区共产党第二次代表大会上关于发展边区教育的决议说：“实行普及教育，订出实施的计划与步骤，在以解释说服与行政命令相配合的方法之下，于一定年内分期动员现有将近百分之八十的尚未入学的学龄儿童，全部入学。”为了执行这一个决定，边区政府在二十九年三月颁布了“陕甘宁边区实施普及教育暂行条例”，同时教育厅就根据各县不同的情形，具体的规定了各县市在二十九年春季应该动员入学儿童的人数为二，七八一名，然而一月内动员入学的四，八二二名，入学儿童实际超过规定数二，〇四一名。去年秋季又将前条例加以修改，起草了“陕甘宁边区实施义务教育暂行条例”，明确的规定在六年内对七岁到十四岁的学龄儿童分期的实施强迫入学办法。六年后开始对全部学龄儿童实施强迫入学办法。为顾到目前教员、校舍、经费的情况，各县区可以依据这一条例规定本县区推行义务教育的具体计划，实施期限，范围可以酌量伸缩，这即是说，在条件较好区域，可以提前实施；在落后的地区，实施范围可以缩小些，时间可以延长些。

六年内使全部学龄儿童都入小学，是不是可以做到呢？我们的回答是完全可能的。

二、中等教育

鲁师和边中

早在二十六年，徐特立同志在他起草的“关于群众的文化教育建设方案”里说：“动员广大的男女群众，无论识字与不识字的，自动的参加教育工作。从工作中创造教育干部，从学生中创造他们的领袖，同时需要迅速的建设大规模的、程度较高的学校，以训练专门替教育服务的人员。”这年的三月，开办鲁迅师范，当时收容的学生有机关部队上的勤务伙马夫，退伍的红军，红军家属，残废等，人数最多时达到四百余，大部分是文盲，当地人很少。上课完全用新文字。

用大众文字教育大众，培植大众的教师，这是一个大胆的尝试。

二十七年春，变更办法，注意在创造急需的各县小学的教员。到二十八年七月，一年多的期间，鲁师共有三百多个学生毕业，这中间三分之二是外面来的青年学生，百分之九十的毕业学生，分配到各县去做教员。

鲁师毕业的这批青年教师，形成今天边区教育工作中的主力部队，虽然他们仅止［只］受过很短时期的教育（规定半年毕业，实际上大部分是三四个月便分配出去工作）。但是他们吃苦耐劳，工作积极，能够虚心的学习，到今天从这中间已经生长起了一批边区自己的教育干部。这是我们边区教育事业中最宝贵的财产。这其中如安定县第二完小校长傅春杰同志，延安县第三科长高步林同志，第二完小校长刘耀武同志，盐池县完全小学校校长王库同志，教育辅导团的十二位同志，以及其他不能列举的模范教师，即使拿到全国任何一个区域去，都要算是很好的地方教育干部。

二十七年秋，成立一所边区中学，学生最多时达到二百多人，跟鲁师一样，大部分学生是外面来的。到二十八年夏，它便和鲁师合并了。

鲁师、边中是边区中等教育的草创时代，实际上还是短期训练班。学生带有很大的流动性，课程还不很固定。本来为了培植边区地方工作干部，而学生却大部分是外路人。

三个师范学校

二十八年七月间，鲁师、边中合并在一起，改叫陕甘宁边区第一师范学校。它和以前鲁师与边中不同的：校址固定了，学习期限延长了（一年到两年），课程教材相当确定了，学生编级上课，程度差的入预备班，不毕业不外调，即是说，一切都走向正规化。而最大的不同：就是学生中已经看见了三年来培植出来的边区人民自己的子弟。二十九年八月间统计，在二八四名学生中，二〇三名是边区直属各县的高小毕业学生，此外陕西省的四五人，其他省份的三六人。再按家庭成份（分）看，贫农是一二九名，中农八八名，地主七名，商人六人，其他二五名。按性别分，男二五〇名，女三四名。这一批边区群众自己的子弟，第一次离开他们的上辈永远不离开过的山沟和窑洞而踏上新的坦途，过着集体的文化的生活。

与这同时，关中分区设立第二师范，三边分区设立第三师范，办法跟第一师范是一样。二师有师范队（六十四人）、预备队（六十六人）各一，共一百三十人，三师有一个师范班（四十五人），一个社会教育人员训练班（二十四人），共六十九人，以外还附设有一个行政人员训练班，是由当地专员公署主办的。

这两个年青的师范学校，在成立短短的期间，都表现了他（它）们卓越的成绩。

二师于二十九年三月十五日正式成立于新正县的马家堡，三月三十日织田镇的友军便向马家堡打起迫击炮来。他们搬到十里地以外的三家原，不久迁到宁县的傅家山，八月间又从傅家山移回新正县境。在这流徙中，教职员学员表现了高度的纪律性和机动性；同时他们和地方群众建立了密切的联系，到三家原就开办妇女半日班和识字夜校，到傅家山替群众割了五百亩麦子，群众替他们种了一百五十亩秋地。因为没有校舍，分住在群众家里，他们就按住的院落组织了识字组，教“房东”一家人识字，他们还演剧给群众看，把设立学校的意义解释给群众听，群众帮他们筹备柴炭菜蔬，帮他们打探消息（因为十里外便有零星战斗）。他们提出了“参加保卫关中工作”“到校外去”的口号，他们说：“战斗环境逼迫我们认识了群众，认识了农村”。

三师于二十九年二月开始上课。三边地区文化落后，群众认为“上学就是当兵”，三师学生也大部分是强制动员来的。有些家长痛哭流泪送好远，有的学生就乘夜间潜逃，有的故意不带衣被或者装病不吃饭。本来准备举行入学考试，但是大部学生目的在要你容他退学，因此学校当局“不敢”考试。于是学校当局采取“外紧内松”的政策，请假出门，严加限制，学校以内，尽量自由，成立了学生会。学生会是学生自己的组织，学生会有权处理有关自己的一切事情，对学校设施也可以向学校提出建议。于是学生会成立起来了，被选做职员的学生，对学生会发生了兴趣，以为自己“做了官”，管伙食的“官”揩一点油水，团结一部分人，跟其他学生对立；学生会的干部跟学生群众对立，盐池的学生跟定边的学生对立；师范的学生跟行政队的学生对立；而全体学生则跟学校对立。他们通过学生会民主的表决：学生不参加生产劳动，学生出门不该限制，他们说“学生会要卫护学生利益。”有的学生夜间故意到校长门前去大便，目的在“争取”开除。

学校当局表示极度的忍耐，不急于上课，每天两小时的讲话，向他们讲延安，讲北平，讲名人传记，讲英国美国，讲社会主义的苏联……渐渐他们觉得学校不讨厌了。

在日常生活和生产劳动（挖甘草、打盐）方面，教职员做模范，打先锋。他们对于这样的先生，开始是惊奇，其后是钦佩。

在这期间，我们的同志着手选择积极分子，把他们团结起来，这些积极分子开始在学生会里发挥他们的作用。当师范班三分之一的学生都团结在积极分子一道的时候，学生会开始转变了，经过全体大会，他们订立了学习生活纪律，商同学校拟订了生产劳动计划。从六月十日起，他们正式上课了，一切都走上了轨道。他们打了二百驮盐，修了三个盐坝，挖了一千五百斤甘草，补修了七十间房子。四十多个人捐出了一百七十元做同学医药互助基金。当校长宣布说，八月间延安要开国民教育会议，学生也要选派代表出席时，大家都争先的要到延安来。后来国民教育会议延期了，只校长一个人来参加了各县三科长联系会。这些四个月前还在装病拒考的学生，平均每个人拿出了五元钱交给校长替他们买新书回来。

三个师范学校的建立，是边区中等教育开始正规发展的阶段。

陇中、绥师、米中

去年春我们在庆阳筹办陇东中学，七月间才正式上课，有两年制的初中一班，两年制的师范一班，学生共一百二十余人。师范班的课程编制跟边区几个师范学校大致相同，中学班的任务在造就地方的中级知识分子，同时准备升入高级学校的学生，这是我们办理适合抗战需要的正规中学的尝试。

绥德犯官何绍南走后，边区收复政权，绥德师范、米脂中学是有相当长的历史的学校，我们接管以后，学制（师范四年，初中三年）课程都没有更动，我们的方针是在原有的基础上求学校的巩固与发展，而不是用另一套办法去顶替。

在这三个学校里，我们特别强调以下这几点：一、提高教学效率，删除不必要的课目，避免不必要的课外活动，减轻学生负担。二、充实课程内容，使之适合于抗战建国的需要与青年的要求，社会科学与自然科学并重，培植学生读书研究的兴趣和习惯。三、在训导方面，我们高度的发扬民主，学生实行自治，提倡探讨研究的科学精神，反对一切武断专横和盲从附和的态度与行为。

三、社会教育

成年识字教育

二十六年九月，边区政府号召了一次识字突击运动，全边区各个城市和乡村，都成立识字组。这年冬季，开办第一次冬学，吸收成青年文盲利用冬暇来学习识字。此外还以小学校为中心，建立半日校和夜校，招收不脱离生产的成年男女进行识字。

有许多识字组是有名无实的，而进行得很好的识字组，大多数是由小学校领导（教员或学生负责），或者是群众组织领导（青救、妇联）。比较健全的地方，夜校半日校比识字组成绩好得多。特别是城镇店员占多数的夜校和城镇里的半日校。冬学是一种正规的成青年人的识字学校。在扫除文盲工作中它收得的成绩最大。

从这里我们得到经验：要依靠学校来开展识字运动，要把更多的力量用到夜校半日校的工作上，工作进行要靠群众组织的推动和保证。

民众教育馆共有十三处，除了开放图书阅览室，出版壁报，举行讲演以外，主要的也是领导识字组、半日校或夜校。

大多数有学校的地方，都组织了读报组，自从边区群众报出版以后，大多数读报组的工作都活跃起来了。这给了识字工作以很大的刺激。

剧团

边区的剧团很多，专以边区群众观众为对象的：如民众剧团、抗战剧团、关中的关中剧团、三边的七七剧团、曲子的农村剧校，此外神府县政府和河防部队合办了光明剧团，抗战剧团在庆阳帮助民教馆成立了庆阳抗战剧团。这里只把抗战剧团来介绍一下，以概其余。

抗战剧团成立于二十四年六月，叫列宁剧团，旋改名新剧团，团员只有十二、三人，都是农村小孩，一字不识，但是他们每次的演出，都受到群众热烈的欢迎，旋改称工农剧社。二十五年改称人民抗日剧社，组织逐渐健全，有话剧、歌剧、歌舞、活报和口琴之类，活动的范围不只在全边区，而且往北深入，到了蒙民中间。二十八年六月改称抗战剧团。

他们的演剧，紧密的配合着当时当地的政治任务。比如"七七"以后的抗战宣传；二十八年的生产运动、宪政运动；二十九年的征粮、扩兵、反磨擦斗争，以及经常的关于劳军、识字、放足、讲卫生、破迷信等等的宣传。

根据二十八年十二月统计，他们已经演出过二十七个剧本，十二个儿童剧，十八个活报，十九个跳舞，六个杂技，他们自己创作了十一种剧本，创造并改造了无数的秧歌小调。在二十九年三月到七月这三个月中间，他们在十五个地方，演了五十八天戏，总计八十次，观众有五万多人；其次，给群众教了一百二十多个歌子，组织了三十多个歌咏队，创造了十九个新歌，还在十三处放映了二十四次电影，观众达到二万一千多人；帮助地方成立了一个剧团，开办了一个音乐美术训练班，举行了一次美术展览会，出版了无数的街头画报。

抗战剧团的发展历史和工作告诉我们：从人民当中产生的艺术工作者，才更为人民所爱好；给民众看的东西，一定要适合于民众的欣尝［赏］能力、要求和时间。做（作）为教育工作者的剧团所演的戏，要配合当时当地的政治任务，要有丰富教育意义的内容，要大胆的自己创作或改作剧本，以适应战斗需要。剧团应该组织群众的文化娱乐活动，做（作）他们的组织者、教师和顾问。剧团的团员要抓紧学习，要不断的提高自己，使自己成为开展地方文化教育工作的流动兵团。

新文字运动

新文字是一个大众的武器。我们要大众来参加政治生活，一定要给大众一个发表意见的工具，边区新文字运动，虽开始很早，但到去年才决定"要用新文字来消灭十二岁到四十五岁的青成年文盲"。因此，二十九年冬季，先于延安市和延安县的冬学实行，四十天的工夫，一千四百多青成年学生，半数以上能用新文字写信读报。人民非常高兴，都说："为何不早教这个"。县政府已承认新文字的法律地位，新文字订契约、写公文，和汉字一样有效。为普及全区起见，教育厅办有新文字干部学校。

边区的文化教育概况就是如此。

有几件事值得提出一说的：

第一，是领导与提高教育干部的质量问题。如上所述，我们教育干部的质量是不高的，要从工作中创造他，提高他，我们采用了以下办法：每年召开一次三科长联席会议，把它当做一个教育行政讲习会进行；过去三年中举行了四次的小学教师假期训练，把假期训练当做一个短期师范班进行，推动并帮助小学教师建立小学教师联合会，用他们自己的组织改进自己；出版供给教育行政干部和小学教员阅读的辅导刊物。

应该特别指出的，是辅导团的建立。二十八年春，我们曾经从边师学生和小学教员中抽出了十二个人（都是不到二十岁的青年），组成了社教指导团，到各县去帮助社教工作。今年春回来，总结了一年来的工作以后，便改组成教育辅导团，分三组出发，到三边、陇东、庆环三个分区去工作。他们本身的文化程度、工作经验都还很差，出发之前也并没有什么工作上的准备。但是这几县的县长告诉我们说："辅导团对下边有作用，比你们的公文好得多。"等他们回来总结工作时，我们看到他们不仅反映了下边实际的情况，推动了下边的工作，而且在这中间锻炼了他们自己。

辅导团制度是开展落后地区文化教育最得力的方法。这在墨西哥曾经收到很大的成功，在边区这样一个短期的试行当中，也得到了充足的证明。

第二，教育建设和群众工作的联系问题。边区的政权是从土地革命中建立起来的，在这样一个地区里的一切政府工作，都应是通过群众、依靠群众，教育建设工作也不能例外。过去我们是这样做了，但是做得很不够。

共产党中央指出：青年团体应该成为政府开展国民教育工作中的第一个助手。边区党第二次代表大会也指出："必须建立边区青年组织与文化教育机关的联系制度。加强动员边区青年来热烈参加与推动边区的文化教育运动"。为了执行这样的指示，边区教育厅与边区青救会在去年九月间订了"关于开展边区国民教育工作的共同决定"。去年冬学工作，边区教育厅和边党委宣传部、边区保安司令部、边区总工会、妇联、青救开了联席会，对下级发了联合指示信。这是在某一特定工作上的联系。

边区的妇女教育，直到今天还没有开展，为了更好的开展今后边区妇女教育工作，边区妇联会也应该跟边区教育厅确定一定的联系制度。

通过群众团体，开展教育工作，这应成为新民主主义政权下教育工作中的制度。

第三，文化教育工作跟一般政治经济建设工作的联系问题。一是在日常的教育内容上如何符合于客观需要的问题，一是教育工作部门如何参加政府一般的工作的问题。前一个问题是一般的，后一个问题，则因为教育工作者文化政治水平较高，应到处成为当地政权工作者的顾问与助手。关中专署今年开了一次教师联席会，在联席会上征求教师们对行政的意见，使得行政机关大为感动。于是他们规定教师与乡政府联系的一些办法：甲、小学教师应是乡文化委员会的委员或者主任；乙、动员学生是乡政府的责任，教师只是协助；丙、学校中的重大会议（家长联席会、纪念会等）乡长必须参加；丁、乡政府应按期讨论学校工作；戊，学校和群众发生的事件，乡政府应为之处理；己、乡行政工作要教师帮忙，教师须帮忙，但不得随便指使教师；庚、乡政府应保障教师生活不得低于一般群众。这办法在关中已通行，当然还是初步的办法。

第四，关于教育界的统一战线的问题。去年暑假，富县办暑期教师训练班，这是新归边区管辖的地区，训练班的头几天，大多数教员不很自然，开会讨论不发言。但是十天过后，情形不同了，有人就开始向我们的负责同志讲，他们以前是怎样受训的，怎样一天上四、五个钟头的军事操，怎样见教官打敬礼，怎样犯规罚站等等。后来就有人承认自己曾经相信过反对边区、反对八路军的谣言。到最后结束时，一位四十五岁的老先生当众宣誓，要办新教育，必做新青年，不管负责人的劝阻，夜里把嘴上的胡子刮光了。一个多月的民主生活，改变了富县小学教师的耳目，提高了他们的工作情绪，提高了党和政府在他们之间的领导威信。

同时绥德分区暑期讲习会的举办，收到了与此相类的成绩。

自然，我们应该承认跟边区周围跟全国的教育工作者建立联系的工作，我们做得还非常不够。

司法工作

边区司法制度，同整个政权一样，它的基本精神是：

一、保护各个革命阶级的利益，纠正资本主义国家各阶级在法律面前虚伪的平等而代之以真正的实质的平等。

二、实施法律制裁的主要对象是破坏抗日民主制度的汉奸、土匪等。

三、法庭是代表人民进行审判而不是离开人民的特殊机关，不仅审判案件绝对公开，于必要时还得组织民众法庭或准许人民派代表直接参加审判。

四、法庭是政府的一部分，他（它）的审判对人民（代表人民的各级参议会）负责，同时也对政府委员会负责，法律是应服务于政治的，所以规定高等法院“受边区参议会之监督与边区政府之领导”，人民对司法不满，可向参议会或政府控告，或依法改选法官，扫去资本主义国家司法名独立实受统治阶级操纵的弊病。

五、对于犯人，不采取“报复”与“惩办”主义而注意政治教育和感化。除不可救药的汉奸外，我们认为人民犯罪是社会不良所致，应由社会负责，对直接犯罪人的处分，是不得已的事。

根据上述原则，边区司法的实际施行，有下列一些特点：

实行了三级三审制：过去的苏维埃司法制是四级两审（区裁判部、县裁判部、省裁判部、最高法院四级。区裁判部初审的，县裁判部为终审；县裁判部初审的，省裁判部为终审；省裁判部初审的，最高法院为终审）。现改为三级三审，县裁判员为第一审，边区高等法院为第二审，中央最高法院为第三审。现中央最高法院尚不与边区发生直接关系，但不服高等法院判决的，可上诉于边区政府委员会，再交高等法院重审。因此，仍实行了三级三审制。

边区司法审判是独立的，但独立不是司法人员的专断，而是司法人员对审判的负责。县初审判决案件，须经过县裁判委员会讨论，初审案件不论上诉与否，都须送高等法院审查，高等法院有权改正或重新审判。高等法院复审的重要案件，要送边区政府委员会审查。这办法在苏维埃时就是如此。

调解制度与人民法庭：为着使司法工作深入群众，在乡政府领导下，由乡长、自卫军连长、乡锄奸主任组织调解委员会，各行政村得由人民自行选举人民仲裁员、人民检查（察）员，参加调解委员会进行调解。调解的成立，完全基于当事人的自愿，不能有丝毫勉强，当事人一方不服调解时，即可向县裁判员进行诉讼。

在某种事件与当地人民联系最密切，当地人民有许多意见时，可组织临时人民法庭，由人民仲裁员为庭长，人民检查（察）员为检查（察）员。再临时由群众选举两人为陪审，一人为书记，即可进行审判。这样的审判又叫同志审判会。它必须有当地群众参加，其判决只限于有教育性质的处罚，至于根据法律制裁的审判，则应转送县裁判员处理。

取消讼费及官僚手续：法庭对诉讼当事人无任何限制，诉讼状词不拘形式，不能以不合格而不受理，不能写的口头申诉，由书记记录，即为有效。一切抄写传讯、侦察、检验等费用，均由司法机关负责，不得向当事人需索分文。同时在进行诉讼中也尽量顾到人民的便利，不使人民费时费事。

重证据禁刑讯：审判目的在能彻底明了案情。所以尊重当事人的意见，许他自由申诉辩论，或请人代为辩论（边区尚没有律师），案情复杂时，审判官提出疑问，令其具体答复。有了口供，还得参考证据，证明其口供的确实性。对于犯人，尊重其人格，绝对禁止刑讯，就是詈骂，亦所不许。因此，三年来的审判一般是适当的，很少有不服判决的事。甚至判处死刑的罪犯，也都承认自己是应该处死。

公审与巡回审判：边区审判，不仅法庭公开，判决书公布，必要时还举行群众的公审。某种有教育群众意义和群众很关心的案子，法庭在公共场所开庭，由群众推出几位陪审，检察员陈述公诉理由，被告及被告辩护人公开辩护，到会群众有权发言。比如边区高等法院曾公审过黄克功情杀刘茜案，教育了盲目恋爱的青年；公审过汉奸吉思恭一案，使大家知道这类人民公敌，是怎样阴狠。这两次公审不仅获得在场群众几千人热烈拥护，而且震动了全国，认为边区公审制度是最进步的审判方式。

还有某种特殊案子，当地群众很注意，倘在司法机关审判，当地群众难以参加，不能了解法庭的处理。因此举行巡回审判，更能实地考察案情，倾听人民意见，而给人民影响也更深刻，如靖边县石兰英因奸谋杀亲夫案，高等法院确定罪刑后，移至靖边重新审判执行，当地人民非常称赞，奸夫逃跑又潜回时，即被当地人民逮捕送到县署处治。

群众团体代为诉讼：为着保护群众利益，群众团体可以负代替群众诉讼的责任。但审判时，当事人必亲自出庭承认其代理人，同时陈述意见后，当事人必同意其能代表本人的意见。延安工人陈海生为侵占土地控告地主蔡凤璋案，是边区总工会派代表为原告代理人，法庭承认工会代表的原告地位，结果原告胜诉，取得损失的赔偿。

提前假释：边区司法不采取报复与惩办主义，而只是施行感化与教育。除必不可救的汉奸匪头处死刑外，徒刑的罪犯，则尽一切可能，使能自觉的改正。取消绝望的无期徒刑，徒刑最长期限为五年，在守法期内，考察其思想与言行的转变，不等期满，就可假释。边区罪犯大多数是“假释”了的，假释后又重犯的很少。

不能以金钱赎罪：以财产为犯罪目的的，如贪污、盗窃、贩卖鸦片、贩卖仇货、破坏币制等犯罪行为，除负刑事责任，没收其犯罪物外，还可判处罚金。除此以外，不能以罚金代替处罪或于处罪后以金赎。

监狱是学校是医院：英国绅士希费尔参观边区法院看守所说：“奇怪！我来延安天气已冷，初两天因买不到炭，没有火烤，想不到犯人窑洞里已烧炭烤火，在暖烘烘里度日了”。世界学联代表傅路德在法院看守所的参观簿上写道：“我很愿意住这样的监狱，因为夏天没有苍蝇骚扰，好比住在医院的病房一样舒适”。的确边区看守所是一个奇迹！边区司法既然采取教育和感化主义，那教育和感化的过程，主要表现在监狱里，兹将高等法院看守所情形略述于下：

1. 犯人的管理：犯人之所以甘为犯人，主要是由于社会不把他当人，要恢复他的人格，必自尊重他是一个“人”，始边区看守所采取“犯人自己管理自己”的原则，在看守所指导下，建立犯人自己的组织，两组为一班，三班为一队，全看守所为一大队，犯人的生活、教育、劳动，都由他们的组长、班长、队长负责管理。各个组每天都开检讨会检查各个犯人的思想行动，实行自我批评。有会议制，给犯人发表意见的机会；有汇报制，经过犯人的各级组织，反映犯人的一般情形。同时看守所负责人也在早晚点名时讲话，参加他们的会议，找个别犯人谈话，不时进行个别的或全体的检查。因为发扬了犯人自己参加管理，所以曾有犯人柳春发、郭海亮等图谋暴动越狱，均为犯人自行向看守所告发而破获。三年来以很少的看守人员管理很多犯人，而且给犯人以一定范围的行动自由，却并未发生什么大的逃跑现象。

看守所不打骂犯人，门也经常开着，犯人在守法时间，如其表现还好，遇有特殊事情，经当地政府保证，可以请假回家，在规定的时期内，再回看守所守法。犯人经过相当守法时间，确实能了解自己错误，真能改正的，虽刑期未满，可以假释回家，假释的手续，或法院直接准许，或由犯人觅人保证。

2. 犯人的生活：边区犯人生活与机关人员是一致的，除没有个人行动自由及不发津贴外，饮食起居学习劳动没有任何差别。劳动的犯人还要吃得好些。冬夏两季发衣服，补充被毯、鞋袜、面巾，冬有炭火烧炕，抽烟的有烟叶抽。犯人窑洞俨如学生宿舍，军队营房，空气日光务求充足，每天要整理内务。早上出操，饭后晒太阳，下午运动娱乐，以锻炼他们身体。过去边区医院，隔日派医生来诊病，现从犯人中调出二个医生自己负责。年来看守所死了四个犯人，仅有两个是病死的。犯人有自己的救亡室，内有图书乐器，每周可自由举行晚会、讨论会，出墙报，对外通讯，接见亲朋，有很大的自由。为要使犯人很快的自觉的转变自己的错误，因此尽一切可能在精神和物质上减除犯人痛苦的感觉，有些犯人说："做老百姓什么都解不下，想不到到看守所来，什么都懂得了"。曾有一个逃跑的犯人，经过一年，仍自动回到看守所，承认逃跑的错误，请求加重处罚，说在外面无依无靠，不如在看守所得到许多帮助和进步。更有已释放的犯人，写信要求回看守所工作，以为在看守所的生活比较有兴趣。

3. 犯人的教育：教育是帮助犯人转变错误的主要方法。法院看守所为有效的进行教育，按犯人文化程度，分为甲乙丙三组，自己选举学习组长领导学习。又由犯人挑选程度较高的为临时教员。每月有一定的教育计划及每周课程，所授教材和一般干部学校差不多，每天上课，月终测验，就在生产忙时，也不常中断。现在犯人已养成学习习惯，原来一字不识的犯人，住上半年，能够自己写信回家了。原来识字的人，现对于革命理论、政治形势大体能知道一些了。

4. 犯人的劳动：边区的犯人不是终日在牢里，而是尽可能参加生产。第一，可以练习技能，使释放后能自谋生活；第二，可以锻炼意志；第三，可以改善犯人生活。现法院尚无劳动感化院的组织，各种技能生产，尚付缺如。我们做的：一是开窑洞，节省了法院几千元建筑金；二是搓毛线，解决法院若干人御寒用的毛衣、毛鞋、毛手套等；三是缝衣服，法院的被服都是自制；四是制粉条、豆腐，除自吃外尚有出卖；五是各项手工、打铁、制农具、打麻绳、做木器等。然而最大的是农业生产。去年在党中央生产运动号召之下，法院犯人编一劳作大队，分队分班分组负责管理，并由犯人提出生产的学习和守法的竞赛，使生产、学习与守法联系起来。去年法院开荒二千八百九十五亩，收粮五百四十七石，瓜菜五万多斤，犯人出的力最多；同时在生产过程中，犯人非常高兴，没有一个在山上作逃跑的企图的。

以上说明边区司法的特点。下面再从案件上看看边区环境及其社会情形。

二十七年—二十八年两年，边区各级司法处理的刑事案件：（见附表）

罪名	1938 年	1939 年	合计
汉　奸	56	28	84
土　匪	220	66	286
破坏边区	51	46	97
破坏军队	175	20	195
贪　污	86	94	180
鸦　片	224	301	525
赌　博	48	139	187
窃　盗	32	48	80
侵　占	21	18	39
杀　伤	66	69	135
妨害个人	59	75	134
妨害公务	64	70	134
总　计	1 102	974	2 076

注：原件总和有误，予以纠正。

从这些数字看来，第一，刑事案件比较多，但以二十县地区，两年时间刑事总数只二千一百六十六件，平均每县每月只四件强，比之边区以外的地区，算是最少的了。第二，汉奸土匪破坏边区、破坏军队案共七五二件，占去总数三分之一以上。汉奸是受日寇指使来的，土匪如前所述，大都是日寇和反共分子的别动队，破坏边区和八路军更是他们直接的勾当，证明边区确是日寇以及一切民族败类的眼中钉，而这些案子的破获，又证明边区司法确实能为民族为革命服务。第三，鸦片案差不多占四分之一，陕北原为种烟吃烟贩烟最盛的地区，环绕其周围的又是宁夏、榆林、山西诸毒窟，因此禁烟成为一个战斗。第四，自诉案件如盗窃、侵占、杀伤及妨害个人行为仅占百分之十六强，而公诉案件则占百分之八十四，证明边区人民文化提高，相互间的犯罪已绝对减少。另一方面，对危害公众利益的行为，大家关心，大家可以告发；同时由司法机关侦察出的尤多，这说明司法机关绝不是“不告不理”的。第五，贪污案子。贪污款虽不多，而案子却达一百八十件。因为边区的机关部队人员没有互相包庇的，差不多凡有贪污都被暴露。同时也可见旧社会恶习的流传，一时还不能铲除掉。

关于这些案子是怎样判决的？二十七—二十八两年，全边区判处的刑事案件如下表。

刑　期	1938 年	1939 年	合　计
教育释放	409	376	785
半年以下劳役	345	474	819
一年以下徒刑	233	84	317
二年以下徒刑	108	47	155
三年以下徒刑	49	22	71
四年以下徒刑	31	4	35
五年以下徒刑	24	12	36
死　刑	83	46	129
合　计	1 282	1 065	2 347

这里可见边区罪犯训诫后即释放的，占全数百分之三·二二，半年以下劳役的占百分之三三·七，徒刑占百分之二五·三，死刑只占百分之五·三，而处徒刑的还可提前假释。上面说过，日寇、汉奸、反共分子反对边区的案件，边区对于他们是执法以绳的。然而有占总数三分之一以上的汉奸、土匪破坏边区与军队案件的司法判决，处死刑的又只占全数百分之五·三，边区刑法之轻可以想见了。

边区民事案件。因为边区经过土地革命，建立了民主政权，人民因利害纠纷而冲突的因素大部分消灭，因此民事诉讼非常少，有些县区几个月没有一件。两年来全边区判处的民事案如下：

案　列	1938年	1939年	合　计
债　务	81	77	158
婚　姻	94	45	139
土　地	154	106	260
继　承	17	14	31
物　权	11	14	25
总　计	357	256	613

两年中，全边区只六一三件民事案子，平均每年一县不过十五件左右。土地案件较多的原因，是统一战线后，有些地主土豪企图收回土地。边区对土地问题的解决是根据土地条例保障群众已得利益。现这类案子也已经很少了。

边区司法的成绩，既如上述。然而不是说边区司法已做得顶好，它的缺点依然很多。因为司法人才的幼稚，成文的法令尚少，虽然在新民主主义政治的笼罩下，却未能建设起新民主主义成文的与深入的司法制度。而和平三年，个别地方还有不按司法程序处治人的。因为没有成文法，轻点重点，可以意为。个别地方发现不尊重人民自由权利的事，司法机关未能彻底纠正。这都是我们司法的弱点，必须彻底纠正的。

锄奸保卫工作

在伟大的民族解放战争中，要打明的仗，还要打暗的仗。暗的仗因为是暗，许多人不大注意；正因为是暗，打的胜负常常比几师人几军人胜负的结果还要大，打的战略战术也常常比明仗还要复杂深奥。这就是反敌探奸细、反共特务的斗争，叫做锄奸保卫工作。

进攻陕甘宁边区，暗的敌人来自两方面：一、日本帝国主义的特务；二、反共分子的特务。

日寇特务工作有两种：一、是直接派奸细来，钻进我党政和学校机关内进行隐蔽的破坏；二、是间接在边区内部组织反［动］分子，或明或暗的受日寇特务机关的指挥，进行破坏边区的勾当。

第一种的日寇直接奸细，三年来在延安各机关破获的计有七十三件。其中有如在太原日寇特务机关训练过，以三千元特别费专派来谋刺我党领袖毛泽东、周恩来两同志的高子文，由山西日寇特务机关训练过派来偷文件偷密码放毒的小勤务李永茂，抗大陕公发现的夫妇间牒（谍）等。

第二种日寇间接的组织：二十六—二十七年当中，边区内外土匪约百余股，大都是日寇的别动队。其中有如李清武股，在劳山截击周恩来同志汽车，陈猴子股在黄河边要“打通山西路线”迎接日寇，绥德分区、关中分区的哥老会组织“黑军政府”等。二十七—二十八年破获的“探访委员会”、“地方探访队”、“防共委员会”、“特务委员会”、“义贯大刀会”等都是日寇收买的哥老会所为。至如利用落后商人组织奸细机关，利用顽固分子，包庇汉奸，尤其余事。

日寇特务是世界闻名的，对于边区当然是无所不用其极。和日寇特务无形中结成统一战线的就是反共分子的特务。办法也是两种：

（一）建立边区外围的特务堡垒：第一，边区周围各县，上至党务、行政、军事、交通、文化等机关，下至乡村保甲，一律都是受过训练的所谓“忠干人才”，专以破坏边区为事（是）。这类机关共计有三百多个。第二，组织群众的特务团体。名义多得很，工作是暗杀绑劫共产党员，抢劫居民商人等。第三，秘密建立所谓肃奸网、递步哨、谍报网等。据何绍南说：“这是防止共产党的有效办法”。第四，制造土匪。如经常骚扰边区的赵老五、张庭芝、夏老么、陈老大等，都为他们所支持。其次则公开纵兵为匪，如过去西峰保安队、清涧保安队抢杀行旅，最近之原何绍南保安队哗变侵入边区，又为张庭芝收编等。

（二）布置边区内部的明暗点线：一、是以公开合法的机关和团体作为变相的领导特务机关的明点线。其次是设法打入我内部，或直接派人或用金钱美女收买的所谓暗点线（内线）及建立秘密保甲等。这是反共分子破坏我们的主要策略。三年来经我们发现的达一百人以上。

仅如上述，日寇和反共分子对边区暗的进攻是如何的阴狠和普遍，是如何值得我们日夜提防啊！

我们的对策。是采用攻势防御的战术。从政治上揭穿敌人的黑幕，针对敌人的活动予以打击，基本上是击溃了敌人，保卫了边区。我们所以能获得这些成绩，主要是依靠广大群众的警觉，所有的胜利是在群众协助之下取得的。

锄奸保卫工作，虽得到如上述的成绩，但检查起来，值得我们警惕的处所还多。

第一，锄奸保卫工作的宣传教育还须特别加强。我们知道，没有很好的锄奸教育，不会有很好的锄奸工作。三年以来，对外教育广大群众，对内培养干部，曾经采用许多办法，费去很大力量，然而取得的成绩并不能处处令人满意。某些地方政府，还存在着麻木不仁的现象和轻视保卫工作的观点，某些地方，敌人的土匪政策、内奸政策还没有受到应有的打击；某些地方，汉奸、敌探、反共分子还能在群众中潜伏活动，似是而非的造谣欺骗，还可能生效。而且由于宣传教育不足，群众的伟大力量没有全部开发出来，甚至拥有十万之众的锄奸团体，也还未能活跃成为处处打击敌人的堡垒。干部教育虽然有了极大进步，然而真能通晓敌情，总结经验，灵活与正确运用策略，能独立工作的干部，还罕见。干部的不足与薄弱，使得锄奸保卫工作的进度，受到很大的限制。

第二，采取攻势防御的战术还得强调执行。攻势防御战术是保卫工作的既定方针，而且执行已收得不少成效。然而许多地方执行还差：（一）不能主动的从政治上进攻敌人，所谓主动的进攻，应该首先洞悉敌情，并巩固自己阵地，然后集中力量打击敌人要害，这样漂亮的斗争，现在还不多见，而另外坐着挨打的事，反常常发生。（二）不善于针对敌人活动打击敌人。敌人怎样来，我们怎样打，敌人从哪里进攻，我们就把敌人消灭在哪里。这些战术，我们都学习了，并使用了，但许多地方运用不够灵活，甚至敌人已采用新的方式，我们还是拿着一套旧的落后的工具。个别处所，致反被敌人利用作为进攻我们的资本。

我们和两种敌人作战，敌人不是傻瓜而是灵透了的，所以我们不能以既得成绩自满。而必须时刻警惕，时刻检查，求得自己工作的大踏步前进。

其　他

一、对少数民族的工作

我们对少数民族是以民族自决为原则，帮助他们提高政治觉悟，及抗日救国的情绪，坚定其对抗战的信心，帮助组织抗日救亡团体，发展少数民族文化，尊重其宗教习惯，联合他们共同抗日。三年来我们在这个政策下收到了下列成绩：

（一）洗刷了过去大汉族主义的恶劣传统，改善了回蒙民族与汉人的关系。例如在国内战争时，我们到了定边以后，即将被强占了数十年的蒙古盐池——狗池、北大池和过去军阀所占去的蒙人土地，完全交还蒙人管理，得到蒙人的热烈拥护，所以今天反共分子虽竭力鼓动蒙古王公反对边区，但蒙古人始终相信八路军、共产党是好的。

（二）帮助少数民族营业的自由并解决其困难。蒙古地带系草原沙漠，皆游牧为生，一切粮食及日用品，完全仰给于定盐。而他们的牲畜及食盐的销售，过去不但苦于捐税繁重，而且营业无保证，动辄被人拐骗。现在边区政府不但减轻了税率，而且给他们以营业自由的保证，使不受任何损失，同时给他们在粮食与日用品上极大的帮助。宁夏，灵武、金积甚至汉南的回民，多有苦于苛捐杂税而移到边区，从事各种职业的。

（三）尊重与发展少数民族的文化。边区凡有回民的地方，都设了回民小学，建立了清真寺，延安有回民促进会，有回民救国协会边区分会，有新落成的清真寺，并准备办伊斯兰学校。此外有蒙古文化促进会，有成吉思汗纪念堂。回蒙青年来延安求学及参加工作的达数百人，在回民救国协会分会成立时，一位阿訇大感动说："这样的会我们回民从没有见过"。为着使文化普及于全体回蒙人民，延安进步的回蒙青年，正着手练习回蒙文或以回蒙文翻译各种抗日书籍。

（四）尊重少数民族的民主权利。边区选举条例第三条："凡居住边区境内之人民，年满十八岁者，无阶级、职业、男女、宗教、民族、财产与文化程度之区别，皆有选举权与被选举权"。第十二条："在边区境内的少数民族的选举如下：一、已达各级参议会选举居民法定人数的，照第八条之规定比额，单独进行民族选举；二、不足法定人数而已达乡市选举人数的五分之一，县市的七分之一，边区的八分之一的居民，亦得单独进行民族选举，选出各该级参议会参议员一人；三、不足前第二款所述各级选举居民人数的，参加区域选举，与一般居民同；四、少数民族选举，得以各级参议会的地区为选举单位，不受第三章选举单位的限制。"又侨居在边区的朝鲜、安南、台湾、印度、藏苗等人，同样有选举与被选举权利，边区政府设有少数民族事务委员会，专门管理少数民族的义务与权利。

民族问题，在中国尚是一个严重问题，有些不愿自己民族彻底解放的，却喜欢压迫国内其他弱小民族，致使日本帝国主义得利用我们各民族间的裂痕而实行挑拨，边区则实行正确的民族政策，相信只有这种政策，才能彻底团结各民族而进到各个民族的彻底解放。

二、赈抚灾难救济流亡

边区许多年就没有乞食的，但不是说边区真没有穷的、遭荒的人；边区土着［著］大都有衣食了，但从边区外避捐税来的，避兵燹来的，多是身无衣口无粮。因此，救济工作是重要的行政之一。中央政府大前年派员来放过一次赈，前几年行政院拨过赈款十万元。其中以三万元为急赈，七万元发展手工业、水利，实行以工代赈，这就是边区几个难民工厂的开端。同时又得到国际防疫大队茵道尔先生向各方捐给一万元作救济灾民之用。然而难民数量甚巨，专赖协款、捐款无济于事，而边区政府又不能拿出多余钱来，因而救济事业，主要是依赖广大群众的互助。只看前年边区互济会重行整理后，到去年一年的工作报告：互济会在固临、延长、延川、延安、甘泉、保安、安塞、安定、靖边、关中分区、三边分区共募来细粮一千七百八十三石四斗四升及国币三千六百五十七元，除救济外来难民灾民及抗工属最穷的以外，还剩余粮七百八十九石六斗，国币九百六十几元，不是经过互济会救济的不算在内。去年三月边区政府府颁布“优待外来难民和贫民的决定”，规定“移入边区之难民及贫民得享受下列各项优待：甲、得请求政府分配土地及房屋；乙、得请求政府协助解决生产工具；丙、得免纳二年至五年之土地税（或救国公粮）；丁、得酌量减少或免除义务劳动的负担。”一般难民，总是经一次救济后，即帮助他自行谋生：给土地种哟，入工厂中作工哟，到机关工作哟，……等，个别孤老不能生产的，则由当地群众解决其生活。一般移民来边区后，常常不三二年就成了小康之家。又陕北周期旱灾——三年一旱，五年再旱——我们还无法避免。因此政府不免要常常拨出相当数量的粮或款救济灾荒。比如去年靖边、环县遭受旱灾、雹灾，政府已决定把该两县去年能收到的救国公粮全数作为该两县的互济之用。绥、靖、吴收复政权后，政府曾拨救济款三万元，又在延安发起一两米节省运动前去救济。

互相救济，是人类中的最高道德。封建皇帝说：“一夫不获，时余之辜”。我们则说：一个人没饭吃，是广大有饭吃的人不对。另一方面，用广大人民的力量来救济少数人，没有不轻而易举的。这就是边区虽然经济落后而没有乞食者的理由。当然不是说边区救济工作已做得顶好，个别地方分配粮款不适当，有的移民还不是如归故里，这是急待纠正的。

三、卫生、保健、防疫

边区旧社会遗给我们的产业、愚昧和贫穷而外，最使我们苦恼的，是不讲卫生。人畜同室，头、脸、身体、衣服，经年不洗，多人同睡在一个热炕上，性的乱交，梅毒普遍，各山沟中出柳拐子，流行感冒，猩红热、班疹、脑脊髓膜炎、天花、白喉，一年中不知夺去多少生命。老百姓除跳巫拜佛外，从不知道卫生医药为何事。我们在这一工作上，卫生机关方面：边区医院、边区卫生所，边区干部休养所，关中神府各地的卫生所，卫生人员训练班（由八路军、共产党中央直接管理的卫生机关尚不在内），这些机关都经常为老百姓医病或派人下乡进行治疗与卫生宣传工作。去年六月召开各县国医代表会，共到三十二人，鼓励国医研究，讲求进步，成立国医研究会。各县国医经常来函讨论病症，并送来药方请求化验。医药方面：边区原来只几个较大市镇有中药店，常常百里内外，没有医生与药店，更说不上西式医疗。抗战以来，西药不易买到，延安八路军的卫生材料厂、共产党中央的卫生材料厂都在发明中药西制，有了不少出品。边区卫生材料厂今年方成立，有工作人员五十多，现已制好药品五十多种，其为边区最需要而有特效者，有戒烟丸、杀梅丸、维多补、补脑安、杀淋吞，司砒罗、散热灵、救急灵、痢疾能等，并制有纱布、棉花、口罩、镊子、剪子、刀子等材料。制就之药、由保健药社推销。总社设于延安，已成立关中、神府、富县、定边、安定、安塞、延川、靖边等十二分社，拟于最近各县都成立分社。又光华制药厂中药中制，出品有八路军行军散、光华退热散、光华红白痢症丸、光华健胃散、光华补脑丸、光华止咳散、光华补血调经丸、光华痧症丸、光华保安丹、光华胜利茶、清导丸、光华眼药等数十种。各商店合作社都有出售。防疫方面：去年五月初，延安党政军民举行了一个防疫运动周；延安、安塞曾进行防疫比赛。散发了大批牛痘苗，施行了防疫注射。对于各处发生传染病，政府即会商八路军总卫生部派遣医生前往医治。宣传方面：有铅印的卫生小报，大众读物社出的各种卫生小册子；举行清洁运动，卫生讲演，机关部队驻的地方，帮助群众洒扫垃圾，引导他们参观机关部队的驻屋；在有些地方建立了卫生模范家庭等。

我们用了很多力量，得到不少成绩，但因为习惯太深，物质人才又极缺乏，在今天，卫生保健工作还是一个严重问题。

四、敬老慈幼

老人曾经把他的精力贡献给过去与现在的社会，应该有点享受，以终他的余年。小孩是社会的后代，应该把他养得好教得好，好负将来的社会责任。老人得到尊重，小孩得到爱护，这是边区的特点。工作人员五十岁以上退休的，每年发给养老金；仍服务的，得到特殊的优待。民间老人不能自给的，政府发给养老费。儿女不尊重老父母的，要受到社会制裁。至于慈幼，边区的战时保育儿童分院及其附设小学办得很好；各机关都有托儿所，儿童津贴超过各机关的首长；光华农场专养奶牛奶羊，补充他们母奶的不足；原则上禁止堕胎，母奶必须吃岁半以上。至于民间小孩，因为不卫生，死亡率颇大，而小孩养不活，成为人民的最大苦痛。现在妇联会及各机关先进妇女下乡去教育保婴常识、妇女卫生常识，已收到部分效果。

五、婚姻问题

人类的半数，隶属于其他人类的半数，一方面隶属的半数，生为人类却尝不到人类的况味；另一方面，不仅窒息了隶属的半数人类的作用，反而使这半数人类成为被隶属的半数人类的负担。这是自来一件大不合理的事。我们边区正确的解决了这个问题。一、男女有同样的财产权，土地革命时女子一样分地；婚姻法上规定："结婚前男女双方原有的财产及债务各自处理，结婚后男女双方共同经营所得财产及所负债务共同处理；二、婚姻自由，禁止包办、强迫、买卖婚姻、童养媳及招赘。"（婚姻法第四条）这个半数人类大解放的事业，虽还没做得很好，但是基础是奠定了。所以边区没有明或暗的娼妓。因为如此，所以妇女的地位和觉悟性日渐提高，参加生产与参加工作的一天天多了。

几句总结

以上轮廓地描写边区政府三年来所做的工作与所得的成绩。由于边区政府直接的正确的领导，由于全体工作人员的努力，由于边区人民与边区政府的团结一致，由于继承与发扬了过去革命时代工作的优良传统，边区成了全国乃至除苏联外的全世界的一块新天地。他（它）证明给全世界看：中华民族如何富有艰苦英勇创造的精神。正如世界学联代表及许多国际友人说的：到中国不到延安，看不出真中国，全中国都象（像）边区一样，中华民族永远不会亡的。他（它）证明给全中国人民看：不要悲观，不要信那说中国落后、贫、弱、愚、没办法的胡说，落后的边区已成为最前进的保障中中国抗战必胜、建国必成的堡垒。他（它）证明给国民党及其他诸党派看：孙中山的三民主义与国民政府的建国纲领，只有边区在彻底实行，共产党是唯一言行一致的党，讲到那（哪）里就做到那（哪）里。同样也证明给日寇和一切顽固分子看：这里的光明照破了你们的黑暗；这里的光明已在全国各地播种开花，向黑暗进攻，不管你们怎样凶横、阴狠，你们的末日快会到来了。

但是我们的工作不是没有缺点，也许缺点还相当重大。最关心边区工作的我党领袖毛泽东同志说："边区抗日的民主的模范根据地的任务，大体上完成了。""大体上"就是说还没有都做好。在另一次会上毛泽东同志指出："边区革命秩序的建设不够"，推翻旧秩序就必须建设革命的新秩序。边区新秩序什么都有了，却很多没有法定与正规化。比如参议会制度、税收与财政制度、经济自给计划、司法制度、劳动保护制度、学校制度等，有的内容有了，形式却不能与内容相适应，有的内容还待充实。因为这个缘故，所以什么都有了成绩，什么都做得不够。毛泽东同志又指出："统一战线工作少了一点"。边区政权是各个革命联合的即是统一战线的，所以统一战线要贯彻到政权的各种工作中。然因为部分工作人员观念狭隘及内战时阶级对立的传统，尚未使一般群众及其他阶级人士充分发扬其参政热忱，因而也不能培养出社会上的许多新的积极分子。比如说边区实行三三制是不可能，然而个别地区不采取"组织保证"而真正自由选举时，被选时常常共产党员不到半数或恰三分之一，而那里群众积极性就很高，工作也做得更好。至于和友军友区交朋友，从政治上影响他们，常因为我们的狭隘而做得不够。最后毛泽东同志指出："官僚主义多了一点"，官僚主义和新民主主义政治绝不相容，有一点便是多了，何况还不止一点，个别发现的事实。如：下级人员作威作福，致老百姓说：不怕阎王怕小鬼，动员工作中存在着强迫命令，上级没深入群众，致下情壅于上闻，个别干部落后于群众等。

为要使抗日的民主的模范的任务，不是大体上而须是彻底圆满完成，那就必须克服毛泽东同志所揭发的弱点。克服的基本工作在于提高干部的理论政治水平，必须记住斯大林同志说的："必须把以下一点看作是一个定理，就是国家工作和党工作任何一个部门的工作者的政治水平和马克思——列宁主义觉悟程度愈高，则工作本身也愈高和愈有成效，工作的结果也愈有效力。反之工作者的政治水平和马克思——列宁主义觉悟程度愈低，则在工作中也就愈会发生延误和失败，则工作者本身也就愈会变为鼠目寸光的小人和堕落为只图眼前利益的事务主义者，则他就愈会脱化变节。"（第十八次联共党大会的报告）。毛泽东同志说："指导一个伟大革命运动使之走向胜利，没有革命理论，没有历史知识，没有实际运动的了解，就不能有胜利。"（六中全会的报告）。

的确，我们工作人员在新民主主义政治机构中工作着，却不大了解新民主主义的理论与实践究竟该是怎样。内战时期环境特殊，我们曾做出很多成绩，照孙中山的话，也许有很多人是"行而不知"。现在不同了，必先知而后能行。否则就不免为现象所迷惑而找不到头绪，为环境所支配而不能支配环境，狃于目前和部分而看不见将来和整个局势；因而就产生了个别政策和个别干部中一些不应有的现象。自然，三年来边区干部的文化与理论水平飞跃的提高了，不识字的工农同志能写报告看书看报了，能够懂些理论和总结工作经验了，然而距我们的理想还远。我们肩负着解放民族解放人类的模范的任务，必须具有很高的政治文化水平，才能掌握着政策，入得深，看得远。必须把自己锻炼到这样的程度，任何细微的事务，都是环绕着正确的政策，任何复杂的环境，都能握着主要的一环。这就必须建立我们的学习制度，把学习当做吃饭一样，不能一天不吃。健全我们学习的方法：肯想、肯说、肯实验。工作方面要抓着主要的方面：一是刷新与建立民主制度，革命是为着民主，没有民主或有民主而不很实际，那一切工作都无从说起；二是经济建设，不能创造人民富裕的生活，不能解决政府军队的财政问题，那就无所谓新政治，人民也不会来拥护你。

边区新民主主义的政治基础很巩固而且很广泛了。百尺竿头更进一步，在我们党的坚强领导下，全体工作人员的努力下，广大人民的拥护与监督下，毫无疑义，必能在最短时期成为无懈可击的而不是大体上的——民主的抗日的全国模范。

选自《陕甘宁边区政府文件选编》第三辑，档案出版社1987年版，第160～238页。

27. 陕甘宁边区战时各级动员委员会组织规程

1941年5月9日公布

第一章　总　则

第一条　本规程根据抗战建国纲领，及适应边区实际情形制定之。

第二条　本规程为实施边区动员计划、促进地方党政军民更加密切联系及加强各种抗战动员工作之领导为目的。

第三条　边区政府、分区专员公署、县政府（等于县的市），应依照本规程组织各级动员委员会（以下简称动委会）。

第二章　组　织

第四条　各级动委会，由各级党政军（如该地有驻军时，须请该驻军负责人参加为委员）及群众团体组成之。其组织人数，边区七人至九人，分区及县市五人至七人。

第五条　各级动委会推举主任一人，在必要时增设副主任一人，专掌本会经常工作。

第六条　边区动委会，设干事三人至五人，受主任之指导，分掌本会事务。

第七条　分区、县、市不另增工作人员，其有关动员工作，由各该专署、县、市第一科主办之（不兼县的专署得交管民政工作署员主办之）。

第八条　关于动员工作，除经常工作外，遇有特殊工作时，动委会可呈请政府在党政军民机关内抽调干部协助之。

第三章　任　务

第九条　关于工程动员，限于建筑军事防卫军事仓库、飞行场及修筑公路等事项。

第十条　关于运输动员，限于军需品的运输，伤病员的护送及公用粮草的转运等事项。

第十一条　关于其他财力、物力、人力等动员事项、须遵照政府决定办理之。

第四章　职　权

第十二条　边区动委会受民政厅直接领导，应按照动委会议决案执行工作。

第十三条　分区动委会受专署直接领导，及边区动委会之管辖，执行工作。

第十四条　县市动委会，受同级政府及分区动委会领导，执行其职务，直属各县市之动委会，均直接受边区动委会管辖及同级政府领导，执行其职务。

第五章　会议报告制

第十五条　边区动委会每二月召开会议一次，有必要事宜临时召集之。

第十六条　分区、县、市动委会每月召开会议一次，有必要事宜临时召集之。

第十七条　边区动委会每月终向边区政府作报告一次，分区及直属县市动委会每月终向边区动委会及同级政府作报告一次，有特殊事件，应有临时报告。

第六章　附　则

第十八条　各级动委会工作施行细则，由各级动委会另定之。

第十九条　本规程如有未尽事宜，由边区政府修改之。

第二十条　本规程经边区政府颁布之日施行之。

选自《抗日根据地政策条例汇集》陕甘宁之部（上），1942 年版，第 190～192 页。

互校版本：

1.《陕甘宁革命根据地史料选辑》第一辑，甘肃人民出版社 1981 年版，第 99～101 页。

2.《陕甘宁边区政府文件选编》第三辑，档案出版社 1987 年版，第 248～249 页。

28. 林主席在边区第二届参议会上作的政府工作报告

1941 年 11 月 8 日

各位参议员、全边区人民的优秀代表!

从上届边区参议会到现在快三年了。这是变化多端的三年。在这期间，国际国内都发生了巨大的变化。穷兵黩武的希特勒在这个时期里，灭亡了欧洲十四个国家，并且进一步发动了罪恶的侵苏战争。苏联的英勇抗战改变了世界的局势，苏英美及全世界人民的反法西斯蒂统一战线组成了，德意日法西斯蒂强盗已愈陷孤立，而中国的抗战则在此期间确定的进入了相持阶段，大大的消耗了敌人，停止了敌人的前进。整个形势是愈加不利于日本帝国主义，而有利于中国抗战了。但是敌寇处境愈困难，便愈象（像）困兽一样，进行绝望的苦斗，在军事进攻之外，加强其所谓“政治攻势”，千方百计，企图实现破坏抗战团结的阴谋，以达其诱降迫降之目的。中国内部曾一再发生严重的投降分裂和倒退的危机。

边区政府在这三年期间，一方面秉承着边区第一届参议会指示的方针，依照不断变化的客观情势，不但克服了种种艰险，度过了重重的难关，并且发展了边区的抗日政治、经济、文化建设，增进了边区人民的福利，坚持了全国的团结，坚持了抗战，坚决保卫了边区，保卫了西北。

那么，三年来边区究竟发生了些什么变化，边区政府具体执行第一届参议会指示，并完成了上述任务，工作中还存在着些什么缺点，今后的施政方向如何，——我谨代表边区政府提出简要报告，以供第二届参议会检阅政府工作和决定今后施政方针的依据与参考。

我的报告计分下面几个部分：

一、三年来边区的环境与内部发生的变化

边区是抗日民主的根据地，是全边区人民的共同的家庭，也是西北的保障。敌人想要进攻西北，要想灭亡我中国，当然要用尽一切力量和方法进攻边区。乃至根本摧毁此抗日民主的堡垒。无论在任何情况下，敌人从未放松过这个计划，三年来日寇曾一再企图渡河，并不断地轰炸边区的城市。感谢留驻边区的八路军之英勇作战，民众之奋身抗敌，敌人企图未曾得逞。显然的，为了保卫西北，保卫全中国，一切不愿中国灭亡的党派和人民，应该积极参加或赞成我们保卫边区的事业。但是不幸少数不明大义的人，偏偏在亲日分子挑拨下，一再的向我进攻，曾发动旬邑与陇东事变，造成环县土匪叛乱，组织富县暗杀，袭击绥德部队，军事进攻关中，并在边区周围屯集数十万军队，修筑层层的碉堡，构成了严密无比的军事与经济封锁。大敌当前，相煎甚急。在这样险恶的情势下，一方（面）坚决的打击了敌寇不断的进攻，保卫了边区，因而也保卫了西北；一面对破坏团结的挑衅与进攻，在万不得已时，也曾被迫采取了自卫的手段。因为不如此，即不能保卫边区，保卫西北。但在人未犯我时，我们从未犯人。在坚持保卫边区的斗争中，我们始终坚持着抗战的团结，大义凛然，有目共睹。

三年来的边区发生了些什么显著的变化呢?

经过了无数艰难困苦的斗争后，边区已经有了一些变动［化］。我们曾经失去了陇东与关中及其他边境一部分土地。边区原来有二十县，为了行政便利，县境有了新的划分，现共有二十九个县市，二百六十六个区，一千五百四十九个乡。在行政区域划分上，有延安市、延安县、富县、甘泉、固临、延川、延长、安定、安塞、志丹、靖边、神府十二个直属县。绥德分区（绥德、清涧、吴堡、米脂、佳县）、关中分区（新正、新宁、赤水、淳耀等）、三边分区（定边、盐池）、陇东分区（庆阳、合水、镇原、曲子、环县、华池）四个分区。人口也增加了很多，其中有很大的数目是新增加的移民。凭借这个地区，我们支持了几年来的艰苦斗争，进行了各种建设。

边区各种建设，所依据的是怎样的一种政策呢?

边区的一切政策，是为了进一步巩固边区，发展抗日的政治、经济、文化建设，以坚持长期抗战，并增进人民的福利。

它是适合抗战的需要的，一切都为着战争的胜利。在这方面，我们服从军事第一的原则，强调拥护军队，帮助军队，并加紧抗战的动员工作。

它是统一战线的因而也是民主的——因为巩固的抗日民族统一战线，是战胜日寇的武器，而民主则为统一战线巩固与扩大之前提。它具体表现在政权是各抗日阶级联合的民主专政，而施政则照顾到各抗日阶层人民的利益，注意工农生活的改善，同时保护资本家地主的权益。它主张减租减息和交租交息，它反对过分的剥削，同时强调遵守劳动纪律。关于税收政策，则主张由百分之八十以上的人民来担负政府的抗日经费。

它是顾到现在，又顾到将来的，因为抗日战争的长期性，要求我们必须作长久打算，要求我们善于组织与积蓄民力，爱护抗日民主根据地。我们军事、政治、经济、文化及一切设施，都是从这个观点出发的。

它是一切都依靠民众的，它是边区同胞迫切要求的具体化，它照顾到人民的现在，也照顾到人民的将来，因而它是边区人民自己的政策。

这就是我们决定各项具体政策的原则，它是新民主主义亦即三民主义的具体化，不管敌人如何造谣、污蔑，三年来我们这种政策的实施，已获得了极大的成就，并以铁一般的事实答复了海内外各界人士的企望，粉碎了一切敌人的造谣和污蔑。下面就是我们工作简单记录。

二、我们如何执行上届参议会所通过的边区施政纲领

除了人民的意志，我们没有别的意志。边区政府三年来执行的，是上届边区参议会所通过的边区施政纲领——它是关于抗战和边区建设的纲领，也是边区人民自己的纲领。依据这纲领所指示的民族主义、民权主义、民生主义的方向，我们确定工作的内容，订立工作的计划，并以它作为检查工作的尺度。现在让我们把工作的经过、成绩与缺点，一一加以检查。

第一，我们怎样实行民族主义

民族主义的具体任务，是巩固与扩大边区的抗战团结，并发扬边区的一切人力、物力、智力，为保卫边区、保卫西北与全中国而战。

在人力动员方面，首先是建设武装和充实武装。三年来边区的武装力量是比以前壮大了。无论在河防战斗中，或在一切保卫边区的斗争中，都给了敌人及破坏团结的挑衅者以应有的打击，都表现了它是保卫边区的劲旅和保卫西北的长城。特别是主力兵团——八路军留守兵团和三五九旅，它是经过长期艰苦斗争，保有革命优良传统的队伍。三年来边区子弟曾不断向这支队伍里涌进，如去年春季动员，原计划扩大部队三千五百名，结果竟动员了五千多人。但是特别值得表扬的，还是它的政治文化的进步，质量的改进，战斗力的提高，使它以极大的速度，向着模范兵团的道路迈进。保安部队是从过去游击队发展起来的，它是边区的子弟兵团，是在地方生了根的。它的特点，是富有地方性，长期艰苦斗争的锻炼，使它惯于分散行动。它是为了应付残酷的斗争，不仅要实行统一指挥，而且要不断的加强政治教育，提高自己的质量，提高战斗力，更加向着正规化前进。三年来不但从积极方面扩大了数量，而且大大的减少了逃亡（逃亡率由二十八年的百分之十五，减至三十年的百分之五）；政治测验的平均分数两年前是五十五，现在是八十五；过去文盲占百分之九十以上，现在识字二百的已有百分之八十了。它配合了正规兵团，保卫了河防，肃清了边区境内打家劫舍具有强大背景的土匪，铲除了它们在边区地界上的支点。如赵老五的甜水堡，张廷芝的阎家寨子，使边区秩序获得了安全。

自卫军的普遍的建立，使得边区处处成为打击敌人的堡垒。因为它是不脱离生产的民众武装，拿起武器是兵，放下武器是民。它的武装是红缨枪、马刀、土炮、快枪、特别是手榴弹。因而它可以不受经费与物质条件的限制，而大量的发展，不然便不能在险恶环境下顺利的保卫边区。

在抗日战争中，另有一条战线，这就是反敌探奸细的斗争。我们依靠着边区全体一致的努力，不断的粉碎了敌寇特务的扰害，保卫了边区的治安，保卫一切抗日人民的人权财权：但是我们应该着重的指出，我们的社会保卫工作，我们的抗日民主秩序，还不够健全，还没有完全正规化。

我们对于少数民族的方针，是坚持团结共同抗日。我们不但消灭了大汉族主义的残余和错误的“理藩”政策，而且发展他们的文化，尊重他们的宗教习惯，帮助少数民族组织了抗日团体、文化团体，建立了清真寺、成吉思汗纪念堂，开办民族学院，建立回民村，并在政府下设立少数民族事务委员会，专谋少数民族的福利。在边区的选举条例中，并给予少数民族以特殊的优待，规定少数民族可以单独进行民族选举。这些办法，不但适用于边区境内人数较多的蒙回民族，同时也适用于侨居边区的其他民族的人士。

在物质动员方面，除了组织运输事业以适应战争的需要外，还动员了人民的物力，来供给军队，并颁布了四种动员条例，设立了动员委员会。

征粮是较大的动员工作，从历年完成任务的迅速，可以看出人民拥护抗战与拥护军队的热忱。此外还有寒衣代金、慰劳军队的鞋袜、动员担架牲口及修路、运盐等，这些都依靠着行政与政治动员之配合，及人民自动的抗战积极性。在优待抗日军人家属方面，我们不但优待了八路军的家属，并且优待了一切友军与公务人员的家属，不但提高了抗属的社会地位，而且实行切实的代耕，规定替大人耕四垧、小孩两垧（限于没有劳动力的抗属），对于稍贫的抗属，免除救国公粮的负担，不愿受优待的抗属，则赠与模范抗属的荣誉。此外还设立了抗属工业社，收容能够做工的妇女，并给以文化政治教育。

关于抚恤残废的工作，政府办有荣誉学校，每年发给抚恤金，愿意回家的发给遣散费。现在边区的残废军人共有五千余人，都由政府依据负伤轻重发给抚恤费。

这样，由于边区有党有派、无党无派人士的合作，内部阶级关系的调整，各民族的友好关系，以及党政军民团结的更加提高，边区抗日民族统一战线是更加巩固扩大了，而人民的民族自尊心与自信心，也因敌寇的处境的日益困难，以及广泛的抗日政治与文化教育更加提高了。这就使得边区愈加巩固，使得抗战胜利更有保证。

这就是我们实行民族主义的成果。

第二，我们怎样实行民权主义

民权主义的具体任务，是要巩固民主制度，增强人民自治能力，厉行廉洁政治，保障人民权利，发扬民众的积极性，来保证抗日战争的胜利。由于几年来沿着这个方向努力的结果，目前整个边区已经经过普选建立起统一战线的民主政治。

首先从政权组织机构来看：在边区和县级我们都建立了正规的参议会，行政工作集中于政府，创制复决之权及对于政府行政人员选举罢免之权，则属于各该级参议会。至于乡市则采取议行合一制度，人民议，人民做，是议事机关也是办事机关。在乡政府下并设立了各种委员会，吸收一乡之积极分子参加工作，使政府与人民融成一片。而民主集中制则是各级民意与行政机关的最高组织原则。

其次，以政权的组织成分来说，已大体实行了三三制，各党派、各阶级、各民族共同建立了统一战线的政权。

廉洁奉公，已成为政府人员一般具有的品质。大家可以看到，政府从人民手里拿来的每一文钱，我们都用尽一切方法，使它用在政治、经济、文化建设和保卫边区的用途上。虽然个别的还存在着浪费与贪污的现象，但是用钱少办事多，仍然是我们的工作作风的主要特点之一。我们的工作人员大部是一些不知疲倦的人民的忠仆，他们念念不忘的，只是抗战与人民的整个利益。因为他们有全体人民做后盾，他们在一切困难面前都有着充分的信心与勇气，也有着高度的工作热忱。从边区到乡级的行政干部，现有×千余人，其中大部分都有长期斗争历史，有着实际工作经验，虽然很多没有受过学校教育，却能吃苦耐劳，埋头苦干，忠诚于人民解放的事业，因而也为大众所爱护。

目前边区已实行了普遍、直接、平等和不记名的选举制度。人民直接选举各县参议会的参议员，而各级行政人员则由参议会选举，并无阶级、党派、性别、职业、财产、信仰或民族等任何的限制。

参议会的存在是民主政治的大事。去年在绥德、陇东、富县因为来不及正式选举，曾建立临时参议会。今年全边区已经进行了自下而上的改选，只乡市参议员就选出了四万多，选民参加选举的百分比，平均是百分之八十，绥德、清涧、延川则在百分之九十五左右。选举结果，各抗日阶层、党派、各民族人士都参加了政权，淘汰了某些渎职与不称职的干部，并改善了下层行政工作（延安县乡政府委员中连任者仅有一百三十三人，新当选者则为一百八十五人，六十一个乡长中就有四十一个是新当选的；安定百分之七十乡市政府人员是新任；绥德旧乡政府人员落选者达一千零一人）。更密切了军队与人民的关系，有些参议会订立了军民公约。在各级参议会开会的时候，人民大胆的批评了政府，积极提出了意见，并慎重的进行了政府的选举。这些事实说明了人民是需要民主，而且善于运用自己的民主权利的，一切反对民主的借口，都被事实粉碎了。

对于尊重人民的言论、出版、集会、结社、信仰、居住的自由，我们已切实的作（做）到，并且在物质上保证了它的实现。在边区，一切抗日党派可以公开存在与活动，民众团体可以完全自由地发展，武装自卫则是人民的权利，各种宗教信仰受到应有的保护。

如果妇女的状况是测量社会进步的尺度的话，那么今天边区妇女在法律上和政治上已获得与男子同样平等地位的事实，是值得边区自豪的。她们已相率卷入斗争的热潮，成为抗战的一支巨大的力量，并且活跃在政府机关与民意机关中、工厂与学校中，并且选出了女县长。

边区的司法制度，是民权主义的一个重要组成部分。它要保护的是一切抗日人民的人权、政权与财权，而打击的则是不可救药的汉奸与土匪。它是服务于政治的，它又向人民负责。又不收分文的诉讼费用，人民随时可以提出控告违法的公务人员，判决不但公开，并可以进行公审，而且重证据不重口供，绝对禁止了刑讯。而人民法庭则可以代替司法机关，进行调解，并允许群众团体代为诉讼。因为犯罪应由社会负责，因此对犯人采取教育感化的方针，实行提前假释，并尊重犯人人格。我们的处罚是很轻的，因为惩办不是我们的目的，最长的刑期不过五年。统计今年判决的案件，受批评释放的占百分之十八，判决半年以下苦役的占百分之四十四，而执行死刑的仅有百分之零点六。至于犯人的生活，除自由受到相当的限制外，他们同样的上课、生产、开检讨会，研究时事，并且有他们的自治组织。从劳动生产中，他们学到了技能，改善了生活，也锻炼了思想意识，经过一个时期的法院生活，许多犯人由罪犯变成了守法的公民。三年来法院受理的案件，刑事犯以破坏治安及鸦片犯为多；而民事诉讼则以土地和婚姻较多，而公诉又多于自诉。这说明了边区还在逐渐走向巩固，社会还处在过渡的变革时期（婚姻纠纷表现得最明显），旧社会的恶习还是我们的一个累赘。

但是边区的民主制度仍然有它很多的缺陷。这表现在民主政治的正规化还没有达到应有的高度，各级参议会尚未全部按期开会；各种成文的法规还很不完备，因而保障人民权利的标准还不够明确，个别干部未能充分依照法治精神尊重人民的民权，又表现在人民没有完全养成民主的习惯，对政府工作的监督还十分不够。

再次，我们讲到文化建设。边区旧有文化基础，原是极其落后的。现在教育情形比以前有了很大的进步。小学校数目，前年是八百九十所，学生是二万二千零八十九人，去年发展到一千三百四十一个学校，四万三千六百二十五个学生。五年制的完全小学，在两年中增加了三倍。我们对于克服学生流动现象，改善教学方法，培养地方教育干部，已有不少的成绩。在今天边区小学教师中，有百分之七十八是边区土生土养的。年龄都在二十岁左右，我们已经可以看到新生一代的边区自己的青年知识分子了。

中等教育是我们文化教育工作的重心，花的精力与金钱也最多，因为要提高师资与培养教育干部，不能不依靠加强中等教育。现在边区的中等学校共有七所，即边区师范、关中师范、三边师范、陇东中学、绥德师范、米脂中学、富县师范七校，学生共有一千余人。职业学校与各种训练班还不在内。过去中学校的修业期限很短，课程过于偏重政治，现在一般都走向正规化。

边区的社会教育，是经过了艰苦的工作，才有今天的规模的。识字组虽普遍建立，但成绩不如夜校、半日校，主要的是因缺乏教师。民众教育馆现已成立十六处，地方剧团有十个，流动图书馆也有两个。部队机关人员，对社会教育的推动，曾有很大的帮助。为了消灭文盲，去年已开始在冬学中试用新文字，得到了很大的效果。政府决定今年在各县办新文字冬学，除了开办新文字干部学校，出版新文字报外，政府承认了新文字的合法地位，规定用新文字写契约文件，与汉字同样有效。我们在文化教育上的这些成就，还得到了全国许多教育家、科学家、文学家、艺术家以及一切爱护边区人士的很大帮助，这是应当感谢的。

然而检查起来，我们的文化教育还是远落后于实际的需要。学校学生虽增加了，但学龄儿童在学的只有四分之一，文盲的数目，过去是百分之九十九，现在有百分之九十三至九十五；学校的质量还差，有些教员程度低得惊人，课本异常缺乏；学生流动现象仍极严重，学生入学要费很大的力量去动员，学习的进度很慢，留级是普遍的现象。加以经费困难，学校设备极差，小学校教师的生活也改善得不够。这是我们今后还须继续努力的。

但是边区的抗日干部的教育，是值得夸耀的。计有抗日军政大学、陕北公学、女子大学、军政研究院、自然科学研究院、行政学院、医科大学，泽东青年干部学校、鲁迅艺术学院、民族学院、日本工农学校；近把青干、女大、陕公合并为延安大学。这些学校，有的是属于边区的，有的是中共中央创办而与边区互相合作的；它有来自东西南北海内外各民族的优秀青年，培养了成千成万分散在全国各抗日战线的干部。这是边区对中华民族伟大的贡献，是边区千百万人民的光荣，也是各位参议员的光荣。

这是我们在民权主义旗帜下所做的工作。

第三，我们怎样实行民生主义

民生主义的任务，在于发展边区国民经济，改善人民生活，以提高人民对抗战的积极性，并保证抗战的物质需要。

边区在政治上是先进的，在经济上却又是非常落后，历史付给边区以罕有的重托，它要支持长期的民族与人民解放的事业，又要在现阶段中适当的解决民生问题。这样就形成了边区经济与财政的矛盾。而日本帝国主义与反共分子对边区的经济破坏与封锁，更加重了边区的困难，影响了边区经济的发展。

在这样的情形下，要逐渐的走上完全自给自足，需要组织与发展广大人民的生产事业，来改善人民生活与培养财源，从经济的发展中来解决财政需要。因此，增加生产，发展贸易，成为经济建设中的重要环节。在生产事业中我们是以农业为主，在经营的性质上，则是以私营为主。我们依据新民主主义的经济基础，依据着广大人民的劳动热忱，已使得边区全体人民的生活，达到了相当的改善，虽然在各地说来是还不平衡的。

在农业生产上，发展的方针是增加粮食产量，发展畜牧，推广植棉。现在边区的耕地约有一千六百万亩，三年来开垦荒地约二百万亩以上，每年的粮食产量亦在二百万石以上。牲畜三年来增加了一倍以上，据去年的统计，羊有一百六十五万多头，牛有十七万多头。水利虽奖励修渠，但成绩不大。植棉前两年收获很少，今年因政府对种棉的免收公粮，沿河地区棉田已发展至四万多亩，收成尚好。土地耕种的情形，还相当的落后：只有绥德及东地区地少人多，尚能进行深耕。为了发展农业，解决一部分农民耕牛、籽种的困难，政府准备尽量设法拨出一部分钱，在明春实行农贷。

在工业的发展上，因为物质条件的限制，只能向着小手工业着眼，制造日常用品，并提高边区土产的产量。现在公营的较大的工厂与作坊，已有一百一十九处，其中以纺织业占优势，其次是造纸、皮革和化学工业，但还远不能供边区的需要。如果加以扩充，明年的纸张大约可以自给，布匹可以自给百分之六十。至于矿产方面，因为利用军工打盐，盐产有大量的增加，石油和煤虽继续开采，但产量仍有限。

在商业上我们坚持贸易自由政策，反对统制垄断。设立贸易局来调整输出入贸易，发展私营商业来繁荣市场。几年中由于农村生产增加，商业确有飞跃的进展，市集到处皆有，商业资本在两年中增加十倍。今春以来，由于边区受到重重的封锁，货物进出困难，商业状况，较前略有逊色。根据输出入的统计，输出虽增加了，但因输出土货价贱，进口洋货价高，致入超仍大。食盐占出口的百分之九十，进口则以布匹棉花为大宗。对于平抑物价，政府虽已严禁操纵，并统一公营商店的领导，在延安、绥德等地举行廉价运动，但仍收效不大。消费合作社现共有一百三十八处，它的主要任务是运输土产，抵制奸商的过分剥削。

在交通事业方面，我们动员了公私力量来修筑大车路，新修的公路已有九百六十七公里，全边区的公路里程已达一千八百五十一公里。此外我们又设立大车厂，建立交通站，并拟囤积粮食草料来便利交通。

边区的财政是取之于民，用之于民，取之有道，用之得当。既要开源，也要节流，量入为出，也量出为入。人民的政府不能不依靠人民，人民的金钱不能有丝毫的浪费，一切事业的发展又不能因收入有限而停顿下来。

政府的收入，除了依靠公营事业的收入外主要的还是依靠税收。我们的税收原则是“统一累进”，一方面规定纳税是全体人民的义务，另一方面又要使人民的负担公平合理。农业税——主要是公粮，前年征了五万多石，去年征了九万多石，今年准备征收二十万石。政府本来规定征公粮的一定百分率，但因对土地与收获量没有正确的统计，还未能严格执行，主要的依靠政治动员。此外，有货物税、商业税等。从明年起，除货物税外，政府准备制定正规的农业统一累进税。

今年发行的建设救国公债以及发动群众驮运公盐，也在这里说说：公债共发行六百万，全部用在发展经济建设上（本年投在工业、盐业、水利、植棉……等的资金达七百余万元），规定十年内还清本息，公盐六万驮的收入，是用来平衡贸易，弥补入超，补助军费。

我们已用尽一切方法减轻民众的负担，机关部队为了解决自己的经费，都进行生产。大家看到，军队除战斗训练外，还要屯田打盐，从边区到乡级的行政人员，都参加了劳动。这是历史上所没有，其他地区所不能做到的。但是由于中央政府停发了八路军的全部经费，政府难为无米之炊，因而在用尽一切努力之后，仍不能不稍微增重边区人民的负担。大家晓得，一切抗战的国军，国民政府均发给必要的经费，八路军是国军之一部，他抵抗着敌寇在华半数的军队，而国民政府却停发了他们的经费。边区政府与八路军是不愿加重边区人民的负担的，他们过去曾以经费之一部，维持其留守部队，并且力求自力更生，借以减轻边区人民的负担。但是在中央停发经费后，边区的部队不得不由边区人民给以适当供给了。加以友区的封锁，今年边区人民的负担无疑的是比前数年加重了。政府与八路军是人民自己的，为了抗战，为了保卫边区，保卫西北，大家不得不暂时勉为所难。但是，我们应该指出，边区人民的负担比之大后方的每两田赋征粮十二石，和河东某些友区的贫农每年负担六百元，中农每年负担千元，仍然是比较轻的，这是有目共睹的事实。

另一方面，大家可以亲眼看到，边区部队及机关工作人员生活的艰苦（生产与物质生活），已经达到十分值得表扬和同情的境地，他们的生活，很多甚至不如普通的农民或工人。他们之所以如此艰苦，也正是为了减轻人民的负担。大家可以设想，如果边区的部队和公务人员也过起优裕生活，而且不事生产，边区人民的负担将会如何的加重？大家应该知道，部队机关的自力更生并非为了“与民争利”，而是帮助人民减轻负担，因而应该获得人民的同情和赞扬，不应该受人民斥责或抱怨。

在支出方面，主要是军费和教育费，另外是经济建设的投资。收入与支出的对比，过去因为八路军的帮助，是可以平衡的，前去两年且有盈余。今年因为入少出多的关系，造成了财政的赤字。

我们的金融以银行作枢纽，并发行了地方钞票。今后为着平抑物价，稳定金融，基本上要从平衡对外贸易和平衡财政上的收支入手，但要达到这个目的，还需要经过一个困难的过渡阶段，还需要边区上下一致的艰苦努力。

边区人民的生活，今天虽还不能说怎样富裕，但“各得其所”，有饭吃、有衣穿，大部分地区是做到了。我们是处在一个农业区里，这里的土地关系，有的已经分配过土地，有的则没有。在土地已分配的区域，我们当然要“保证一切取得土地的农民之私有土地制”；在土地未经分配的区域（如绥德、富县、庆阳），我们则“保证地主之土地所有权及债主之债权”。但地租已适当的减轻，农民的生活已获得适当的改善。

边区的工人大多数是小手工业者，少数的技术工人是外来的工人。在这里工人的生活不仅得到充分的保障，免除了失业的威胁，还因为求过于供，经常发生劳动力缺乏的现象。主要的原因是农业利润很高，一般的农民都不愿出来做工。因为战争的需要，工人的工作时间已增至每日十小时，工资则随物价增加而提高。在这里，政府一方面保护工人的利益，同时又要工人遵守劳动纪律。一面使雇主有利可图，一面又使工人生活改善。

边区一般人民的生活是向上发展的。从战争的废墟上，人民不但恢复了残破的家园，而且逐渐的繁荣起来。三分之二的农民有了耕牛，衣服已经不是从前那样的破烂，在财产日渐增长的基础上，农民已经一年比一年好。主要表现在中农、富农激增，许多以前是贫农、雇农的，现在已转为中农或富农了，而中农成了乡村的主要成分。根据安定四个行政村的调查，革命前富农、中农占百分之七，现在增至百分之六十一，而户口则由一百七十三户增至二百二十八户。延安西区四乡，革命前中农十家，现在中农六十四家，增加六倍以上。又延安中区五乡的阶级成分，现在是富农占百分之十点六，中农占百分之四十九点四，贫农占百分之十九，雇农占百分之十二点五。可见大半数以上的农户已成了小康之家。而现在的中农、贫农也和过去的不同了，生活过得都要好。例如华池白马区二乡四村，过去定阶级时的富农王青荣，有两个劳动力，雇工一人，耕地五十垧，收获三十四石；有牛七头，羊八十头，驴两头。现该村的中农白永珍，有两个劳动力，雇工二人，耕地五十垧，收获四十石；有牛七头，羊九十八头，驴二头，其生活已和过去的富农并驾齐驱。过去定阶级时的中农边万周有四个劳动力，耕地五十垧，有牛三头，收获四十石。现在的贫农白有全有三个劳动力，耕地三十五垧；有牛六头，驴二头，羊一百二十六头，收粮三十五石，全家共有五人。象（像）这样的贫农，其经济发展已赶上过去的中农了。

关于民生方面，还值得严重注意的，是旧社会给我们的遗产——疾病时刻威胁着我们，尤其是儿童死亡率高得惊人；而旱灾、雹灾又连年不断的发生，从未给我们以喘息的机会。对于卫生事业，政府所做的，只是免费医治疾病，加强防疫教育，开办制药厂及派医疗队下乡工作。应该承认因为医生不够与药品缺乏，我们对群众的帮助实在太少。连年灾情的严重，去年以前政府拨救济粮一万一千余石，赈款十九万余元，今年拨粮三千余石，赈款三十五万元。虽则我们已是尽了最大的力量，但人民得到的仍是杯水车薪。疾病多，儿童死亡数甚大。这表现政府在这方面的工作，由于种种原因，还很薄弱。

对于年老无归的，政府已设养老院，让那些曾对社会贡献了自己力量的老人有所寄托。对于儿童，我们注意保育，来培养新生一代；在这方面我们虽设有保育院，但尚未深入到农村中去。

在改革恶俗方面，主要是禁烟、禁赌、破除迷信、提倡放足。目前吃烟缠足的已经减少了，乞丐和娼妓，在经过土地分配的区域久已不存在。

从上面的叙述中，大家可以看到，边区人民的生活有了改善，抗战的物质基础已有了相当保障，但困难与缺点还很多，还赶不上实际的需要。财政经济政策虽然正确，执行起来有些打了折扣。财政的收支，距离平衡还很远，税收条例更改太多，而稳定金融尚须付出很大的气力。人民也并不是完全没有贫困的，灾害与疾病给了他们很大的苦恼，他们需要过着更加富裕与健康的生活，我们没有忘记经济建设是战争与一切改革的物质基础，而要使边区更加巩固起来，不仅要克服这些缺点，还得向敌人的破坏封锁作（做）顽强的斗争。

这就是我们实行民生主义的情形。

三、当前的中心工作与方针

决定今后工作的基本关键，是边区的特点和过去工作的基础。关于上届参议会后，边区的工作，从上述的报告，大家可以明了。在无数艰苦的斗争中，边区已从敌人的破坏、包围、封锁中壮大起来，并实现了中国人民多年渴望的新民主政治，发展了抗战的经济和文化建设。无疑的，我们已获得了很大的成绩，但是，我们决不能满足于现在的成就，应深自检讨我们工作的缺点。应该承认，我们虽有各种优越的条件，仍没有充分去利用，各种的建设还赶不上当前的需要；工作的进行虽有计划，仍不免流于粗枝大叶；发展的程度虽很迅速，还不能改变落后的局面。并且存在着一些严重的现象，我们不掩饰的说，边区抗日民主根据地的任务，还只是大体上完成，民主制度还未完全正规化，工作方式上还存在着官僚主义、主观主义与形式主义的某些残余。经济建设规模还小。而行政干部的能力与经验，离应有的高度还远。许多工作应该加强。工作作风和工作方式还需要大加改善。

至于边区的特点，我们不必在此作详尽的叙述。但是应该指出，它的基本特点：一方面它是新民主主义的，就是说目前的边区，不但在一切方面，正进行着新民主主义的建设，而且是已经建立起新民主主义的基础。就是这个特点，使它有了任何敌人都不能摧毁的雄厚力量，使它可以通过一切困难，战胜一切困难，而不断向前进步，并成为全国政治的模范；另一方面，它是处在战争的环境中，它需要用尽一切力量，来支持全国的抗战，而且还因为它直接受着战争的威胁。日本强盗的大军，与我们仅仅隔着一条黄河在相持着，时刻都企图越河而西，来侵扰边区，进犯西北；而数十万对边区存着敌视态度的大军，又从三面包围，封锁着边区，威胁着边区。这便使整个边区都不得不经常处于战争动员的准备状态中，万一边区不守，则整个西北亦将不保，整个中国抗战局面亦将益陷困难，这就特别加重了我们的历史任务。

在这样的情况和工作基础上，政府当前的中心工作与方针，显然应该是这样：

第一，因为我们是直接或间接处在战争的环境中，天天在受战争的威胁，因此，我们的一切努力应该是为了战争，为了保障战争中前线的胜利，应该用尽一切力量，保障部队的给养，应该动员民众，妥善优待抗属，帮助部队，巩固部队。对于部队自力更生的生产，应该了解他们是为了减轻群众负担，而不是为了与民争利，应该处处给以慰劳和帮助，不应吹毛求疵的妄加责备或轻视。当然部队自身应更加提高自己的质量，提高自己的群众纪律和战斗力。此外还应该大量制造手榴弹，大量武装自卫军，并提高自卫军的军事教育与战斗力，以备在必要情况下，广泛开展群众游击战争，以保卫边区，保卫西北。

第二，为了坚持抗战并争取战争的胜利，应该坚持与边区境外抗日党派友军及全体人民的团结，更应该团结边区内部各社会阶层，各抗日党派和各民族，并且要更加密切党政军民的关系。人民应该拥护军队，爱护军队。军队应该爱护人民，保护人民。只有党政军民相亲如手足，团结得象（像）一个人一样，才能坚决而有效地打击当前的敌人。但是要想更加提高我们的团结，不但要尽量保障部队的给养，而且要改善人民的生活，调节各阶层人民的利益。至于我们处理一切国内磨擦的方针，仍然是“人不犯我，我不犯人；人若犯我，则我必犯人”。这已成了我们的天经地义。

第三，保障部队物质供给和改善人民生活的中心一环是发展生产，繁荣贸易，大量运盐和稳定金融。在发展生产方面，首先是发展农业，在这里主要的是不违农时，扩大耕地面积，改良耕作技术并奖励和帮助移民。明年不但要鼓励种棉，扩大棉田十五万亩，而且要增加细粮生产二十万石。这是改善各阶层人民生活和保障部队物质供给的前提。其次是发展工业，这里不但以私营为主，而且还必须确定在私营生产中是以发展家庭手工业为主，不然决不能充分解决边区公私双方对手工业的巨大需要。政府银行准备大量放款给人民，以促进人民生产的发展。至于公营工业，主要是打盐、纺纱织布和造纸，以及解决部队自身的需要。再次是繁荣商业，在这里仍应继续贯彻境内贸易自由的方针，并充分发展境内交通，流畅境内贸易，并且继续鼓励土产品之输出和必需品之输入，以我之有，易我之无。最后是稳定金融，平抑物价，这里一方面要依输出入之平衡及军政民之一致的支持与努力；另一方面，必须使政府财政收支平衡。为了达到上述目的，政府必须健全税收制度，并逐渐实行统筹统支，除征收公粮公草以供给部队之粮秣外，将依靠公粮及盐税和商业等税，以解决部队之经费；当然要经过相当的准备过程，并且还需要部队与机关在不妨碍战斗、训练工作及群众纪律的范围内，仍从事一部分生产。目前的中心工作是准备并组织明年的春耕，准备明年运盐三十万驮出境，并修筑必要的道路。组织运输合作社，特别是打盐运盐，这不但可以解决政府财政，而且可以增加边区的财富，平衡边区的输出入，稳定边区的金融，尤需军政民用全力以完成之。

第四，更加健全民主机构，发扬民主作风，提高人民参政热忱。经过今年的选举，边区的民主政治已大大的前进了一步。但要政府工作做得更好，还要人民更普遍更切实的起来管理政权，并在实际经验中提高使用民权的熟练程度。因此必须健全各级参议会的工作，克服部分人民不问国事的习惯，并除去某些工作人员忽视民主的观点。只有如此，才能创造完满的民主政权，发现与培养无数治国的人才，发扬民众的积极性，而使抗战的力量更加雄厚。

第五，为了巩固与扩大抗日团结，为了提高我们的民主政治，不但要保障人民的人权，保障人民的言论、集会、结社、居住、迁徙与信仰的自由，而且要更完备的保障人民的财权。这里，要使我们的抗日经费由百分之八十的人口负担，使各阶层人民的纳税符合于其现有的财产等或所得数量，也要实行减租减息，交租交息，保障一切人民现有之土地私有权；要改善工人的生活，也要提高劳动纪律与劳动积极性；要照顾到雇主、地主的利益，也要照顾到工人与农人的利益，以调节各阶层抗日人民的利害关系。这是坚固扩大抗战团结之前提，也是三三制政权巩固之物质基础与总的施政原则。

第六，普及国民教育，消灭文盲，提高人民的民族精神与生活知识。这就要广泛推行新文字，不断改进师资，加强干部教育，推广通俗书报，奖励自由研究，提高科学知识，与广泛开展文艺运动，并且革除恶俗，肃清过去残留毒害，以谋人民的福利。在这里要禁绝烟赌，要彻底厉行放足，提倡清洁运动，改良公共卫生，改善医药，实行儿童保育，减少人民疾病死亡，特别是婴儿死亡率以增加抗战力量。

第七，要更加提高我们的工作效率，必须改善我们的工作作风和方式。我们要克服那种不细心研究具体情形和工作计划不具体不实际，不能按期完成，一切都粗枝大叶，不求甚解，不能实事求是的主观主义恶习；也要克服那种“为民之上”，不能与民众打成一片，一切都出之以简单的行政方式，出之以强迫命令，而不耐心的进行说服解释工作的官僚主义残余。此外对于一切假公济私的、要私情和仗势欺人、脱离群众的工作人员，必须给以无情的打击或切实的纠正，以更加发扬我们的廉洁奉公和实事求是的民主作风。

各位参议员先生们，以上就是上届参议会后边区政府工作的情况，以及最近将来政府将要进行的工作。

在这个期间，一方面我们的工作获得了很大的成绩，另一方面也还存在着不少的缺点。现在政府全体工作人员正在诚恳的期待着你们的批评与鞭策。但是同时我们必须指明，在此期间，边区经历的过程，充分证明了新民主主义，亦即中山先生的三民主义，是完全适合于中国今天的国情和抗战的需要的。上届边区参议会之施政纲领循此以制定，三年来的政府工作循此以前进。因此得以在极端艰难困苦的环境下，使边区获得了巩固，使边区抗日的政治、经济、文化获得了发展。它给予我们以光明的方向，也给予了我们以伟大的力量，边区应该向着这个光明的前途继续前进，全中国也应该迅速向着这个光明的方向前进。独立、自由、幸福的三民主义的新中国，亦即新民主主义的共和国，已经在陕甘宁边区安放下第一块基石。我们应继续完成此伟大的建筑，为了它，必须驱逐日本帝国主义出中国，同时也只有彻底战胜日本帝国主义，才有基地建立我们独立、自由、幸福的新中国。

我的报告就此完结。

选自《陕甘宁边区政府文件选编》第四辑，档案出版社1988年版，第257～277页。

29. 陕甘宁边区第二届参议会对边区政府工作报告的总决议

1941年11月17日

本会听了边区政府林主席及各厅长与肖主任的报告之后，认为政府三年来忠实地执行了（第）一届参议会的决议与施政纲领，保卫了边区，坚持了全国团结与抗战，并发展了边区政治、军事、经济与文化建设事业，使边区在极困难的条件下，获得了进一步的巩固与发展。本会特向政府全体工作人员致亲切之慰问。

但是，目前在各项工作中还存在着不少的缺点，各级的民主制度和保障人民人权财权的工作与秩序还不够正规化；税收制度还不够健全；个别地方负担的分配还未充分合理；因为缺乏经常的有系统的工作检查，故各项具体政策和优良的工作制度，还未普遍贯彻到一切乡村；工作方式上的强迫命令自流主义与自由主义，还在某些地方和干部中存在着；个别不称职或渎职的干部，尚来受到应有的制裁；军政民间的关系虽然一般是良好的，但还存在着不少的缺陷；经济和文化建设还需要更有计划有中心的进行，特别是师资的考核与提高还需继续做很大的努力。

本会特责成政府依照本会业已采纳的中共边区中央局所提施政纲领及林主席在其报告中所提今后工作方针，切实纠正上述缺点，使边区抗日民主政治与秩序以及税收制度更进一步的正规化，以周密完备的保障人民人权、财权与政治自由；更有计划有中心的提高边区之军事、经济、文化建设保障边区武装部队的人力、物力、财力之供给，以加强抗战力量，并更加改善军民关系，加强边区内部各阶层、各党派、各民族以及全国之团结，彻底完成保卫边区，保卫西北，保卫全中国和驱逐日本帝国主义出中国的神圣任务。

选自《陕甘宁边区政府文件选编》第四辑，档案出版社1988年版，第277～278页。

30. 陕甘宁边区第二届参议会闭幕宣言

1941年11月22日

全国同胞们！全边区父老兄弟姊妹们！

今天的世界，民主和法西斯两大营垒的决斗，是更加分明和剧烈了。一方面是德意法西斯匪帮在欧洲灭亡了十四个国家，现在正疯狂地进攻民主和平的苏联；日本法西斯帝国主义进攻了中国五年，现在又企图在远东更加扩大侵略战争。另一方面，全世界爱好和平、民主、自由的国家民族，已经团结起来，结成了国际反法西斯统一战线，同心戮力地制裁国际法西斯匪帮。全世界已经站在光明和黑暗的交叉点上。我们是保卫世界和平的前卫，是挺立在反法西斯最前线的民族，在今天，日本强盗正在我国南北战场上和一切抗日根据地，用更大的兵力，进行新的进攻和毒辣的“扫荡”，我们只有全国更加团结，才能发挥更大的抗战力量。只有民主才是巩固团结的武器。陕甘宁边区第二届参议会，就是在这样总的目的和精神之下来进行的。

我们这第二届参议会的召集，正在中国共产党西北中央局宣布陕甘宁边区五一施政纲领以后，是在认真实行三三制的原则下进行的。被选到本届参议会的议员，有共产党员，有国民党员，有工、农的代表，有地主、绅、商的代表，有回、蒙少数民族的代表，并有住居边区的东方民族的代表（日、韩、荷、印人士均有），它集合了全边区二百万人民的优秀代表，精诚团结的聚于一堂，共商抗日救国大计。

大会在听取边区政府三年来的工作报告，并详细加以检讨之后，一致认为边区政府在这三年期间，是忠实执行第一届参议会所指示的三民主义方针，不但克服了一再笼罩着边区周围的危机，渡过了重重的难关，并且发展了边区的抗日政治经济文化建设，增进了边区人民的福利，坚持了团结抗战，坚决保卫了边区，保卫了西北。但是应该看到：目前边区东面日寇军队无时不在企图渡河进犯，而边区侧后，又遭受反共势力的包围封锁。必须更进一步去提高边区的政治军事经济文化建设，才能巩固边区内部，与促进全国团结抗战。

这次参议会最大的成就，第一是全体一致的接受并通过了中国共产党西北中央局所提出的《五一施政纲领》。认为这个纲领，不但完全适合于边区的需要，而且完全符合于中国的国情，是唯一正确的边区施政方针，也是团结、抗战以救中国的良策。大会号召我全边区二百万人民紧紧的团结在政府的周围，共同加紧努力，把它加以全部实现。

第二个伟大的成就，是依据《五一施政纲领》的原则，又通过了许多有利团结抗战的决议和条例。其中最主要的有《陕甘宁边区政府保障人权财权条例》，确定：边区一切抗日人民，不分民族、阶级、党派、性别、职业与宗教，都有言论、出版、集会、结社、居住、迁徙及思想信仰之自由，并享有平等的民主权利。保障边区一切抗日人民的私有财产及依法之使用自由权。在土地已经分配的区域，保证一切取得土地的农民之私有土地制，在土地未经分配的区域，保证地主的土地所有权及债主的债权。有《陕甘宁边区土地租佃条例》，确定保证减租减息，和缴租缴息的办法。有《陕甘宁边区各级参议会选举条例》，确定凡居住边区境内的人民，年满十八岁，不分阶级、党派、职业、男女、宗教、民族、财产、和文化程度的差别，都有选举权和被选举权，并采取普遍、直接、平等、无记名的投票选举制。有《确定税收原则案》，指出抗日经费应由全体人民负担，不分地主、佃农、自耕农或雇主，工人除极贫者外，均应按照现有的财产等第，或所得多寡，缴纳统一累进税，并确定负担人口，应在百分之八十以上。这些决议和条例的主要内容，大部分都是过去边区已经实行了的，而在这次参议会上，更加使之发展和完备。保障了边区广大民众已经得到的民主权利，同时也增强边区内部各阶层的团结。第三个伟大的成就，是大会详细审查了边区政府三年来的财政收支，讨论并通过了陕甘宁边区政府提出的民国三十一年度总概算书，责成政府实行精兵简政，本开源节流原则，加强生产发展经济，厉行节约避免浪费，推广土产出口，争取出入口之平衡，平抑物价调剂市场，提高边币，巩固金融，并须经常检讨工作，确实执行计划，以期达到收支平衡，不超出预算。

第四个伟大的成就，是改选了边区政府，并选出了本届参议会的常驻委员会，在十八个政府委员当中，和九个常驻委员当中，共产党员都只有三分之一，真正符合于“三三制”的原则，这是保证全体抗日人民巩固团结最好的组织形式，也是上述一切政策和决议能彻底执行的最大保证。参议会常驻委员会，有经常督促检查和帮助政府工作的责任和权力。陕甘宁边区参议会，不是单纯的咨询和建议的机关，它不仅仅有创制权和复决权，而且有选举和罢免行政长官的权力，它真是边区人民自己的最高权力机关。

以上就是我们这第二届参议会的特色，也是它伟大的收获和成就，这是新民主主义伟大的胜利，也就是孙中山先生的三民主义在边区的具体实施，我们将坚决的遵依着大会指定的方向，保卫边区，提高边区，为建立抗日民主的模范根据地而奋斗到底。

我们很高兴，在大会闭幕的今天，恰逢国民参政会开会，我们谨代表边区二百万民众，敬祝国民参政会这次会议的成功，使全国民主团结抗战力量，更加发扬，并愿在国民政府与蒋委员长领导下与全国同胞亲密团结，为打倒日本帝国主义为争取中华民族的彻底解放而共同努力。

选自《陕甘宁革命根据地史料选辑》第一辑，甘肃人民出版社1981年版，第118～121页。

31. 陕甘宁边区第二届参议会提案（李鼎铭提出的精兵简政案）[①]

1941年11月

第八一案　提案人：李鼎铭等十一人。

提案：政府应彻底计划经济，实行精兵简政主义，避免入不敷出、经济紊乱之现

① 括号内为编者所加。

象案。

理由：军事政治之建立，必须以经济力量为基础。在今日人民困苦，资源薄弱之状况下，欲求不因经济枯竭而限制军政发展，亦不因军政发展而伤害经济命脉，惟有政府彻底计划经济，实行精兵简政主义，量入为出，制定预算，以求得相依相助，平衡发展之效果。

办法：一、政府应根据客观物质条件及主观经济需要而提出计划经济，以求全面提高生产力，改善经济条件，加强经济基础。

二、在现有经济基础上，政府应有量入为出的统一经济计划。

三、在财政经济力量范围内和在不妨碍抗战力量条件下，对于军事应实行精兵主义，加强战斗力，以兵皆能战，战必能胜为原则，避免老弱残废滥竽充数等现象。对于政府应实行简政主义，充实政府机构，以人少事精，胜任职责为原则，避免机关庞大，冗员充塞，浪费人力、财力等现象。

四、规定供给条例，避免不必要的供给与消耗。

五、提倡节约、廉洁作风，避免不应有的浪费现象。

陕甘宁边区第二届参议会第一次会议
关于财政提案第六案（编号第八十一案）的审查意见
1941年11月18日

政府应彻底计划经济，实行精兵简政主义，避免入不敷出、经济紊乱现象。（李鼎铭等提）

审查意见：交政府速办。

大会以一百六十五票多数，通过审查意见。

选自《陕甘宁边区的精兵简政》（资料选辑），《陕甘宁边区政权建设》编辑组编，求实出版社1982年版，第7～9页。

32. 陕甘宁边区政府为实行精兵简政给各县的指示信

1941年12月4日

各专员各县市长：

本府委员会就职以后，即依据边区第二届参议会的一切指示和决议，对今后的边区施政，作了详细的计划和周密的布置，其首先实行的，为“精兵简政”。因为“精兵简政”是健全行政机构，提高行政效能的最有效的方案，是保证今后完全实现“五一施政纲领”和一切重要决议案的重要步骤。

我们应该指出：从第一届参议会以来，边区各级政府机构，虽然经过三年来的努力，已经有了规模，但是还不够灵活，不够健全，其重要的毛病有两点：

第一，是头重脚轻的现象。在上级，人数过多，机关庞大，在下级，干部的数量和质量都比较差，上级人数过多，就有人浮于事的现象；下级干部配备得不强，一切命令和指示，总是多少要被打点折扣，以致有许多很好的政策，在有些地方没有能够很好的贯彻。

第二，是各级政府的工作制度还没有完全正规化，还始终多少存在着“老一套”的游击作风。这固然是由于某些制度还没有完备的建立起来，或者口头上建立了，而没有认真执行，其中还有一个不可忽视的原因，是由于各级人员的配备，还没有妥善，正规制度的建立也就不能不受影响。

边区是抗日民主的模范根据地，是坚持全国抗战的堡垒，它的任务是非常重大的，要真正更有效的完成这伟大的任务，就要更加健全行政机构，彻底的使制度正规化，这样，才使一切工作更深入，才更加能够发扬民主，更加使政府和人民的关系密切，也就更能够发挥抗战建国的伟大力量，因此，在今天，实在有赶快首先实行“精兵简政”决议案的必要。

为了执行这一重大的决议，就经本府第一次政务会议决定，成立编整委员会，由其负责检查调整各级的组织机构和干部配备，把各级机关过多的人员，尤其是上级机关的过多人员，尽量缩编，把多余的机关加以裁减或归并，以做到精悍，灵活为原则。

望各级政府，依照编整委员会所规定的数目切实缩编，所有调整出来的人员，应按以下的几项原则处理：

（一）凡是有相当文化程度，有能力、能工作的干部，应该尽量往下移，以加强县、区、乡的机构（县级干部亦应有一部分移到区乡级去）；

（二）凡是须继续培养，加以深造的干部，应该经过一定的系统，送来延安的学校学习；

（三）凡是身体确有疾病、实在不可能工作或学习的干部，应该由原机关负责设法给以休养，使其恢复健康后，能够胜任愉快的为革命继续工作；

（四）凡是身体强壮的杂务人员，应该送入建设厅所属各工厂，去参加生产事业，以发展边区生产；

（五）凡是太落后的分子，以及太老弱的杂务人员，他们需要回家去务农的，应该帮助他们回去。

以上的几项办法，就是要做到人人各得其所。

不过，在编整和处理的过程当中，应该严重的注意以下几点：

第一，各级行政长官，务必要把这次“精兵简政”的重大意义很切实的向所属人员传达，使大家了解“精兵简政”不是消极的裁减人员，而是积极的为了提高行政效能，以发展边区的事业，以进一步的提高边区、巩固边区。“简政”不是减少政事，而是要把所有工作做得简洁明确，能够很快的深入下层、深入群众；

第二，往县级、区级、乡级移去的干部，应该认真而深刻的向他们解释，每个革命干部都应该面向群众，深入群众，在我们民主的政权里边，一个干部往下调，并不是“降级”，相反的，应该认为作（做）下层工作是最光荣的事业；

第三，凡是须要转入生产部门的，应该对那些个别不愿意的，加以耐心的说服，使他了解发展边区生产，是当前最重要的事业，是改善自己生活，发展边区经济、加强抗战建国力量的事业；

第四，对那些须送休养的，须送学习，须回家去的，都要很好的耐心的处理，不容许马虎了事，草率了事，而应该看作是一件极重要的工作去完成它，使每个人的心里都感觉很为愉快，心安理得；

第五，各级行政长官应该特别注意，在按照新原则编整了之后，应该根据“简政”的原则，马上建立正规的工作制度，建立了，要随时检查，坚持下去，决不可口头在喊建立，而实际上不建立起来，结果使工作受到很大的损失。

以上的指示，希望切实执行，并且随时报告。为要！

选自《陕甘宁革命根据地史料选辑》第一辑，甘肃人民出版社 1981 年版。第 122～124 页。

互校版本：《陕甘宁边区的精兵简政（资料选编）》，《陕甘宁边区政权建设》编辑组编，求实出版社 1982 年版，第 13～16 页。

33. 附［工作总结］：西北局对陕甘宁边区第二届参议会工作总结

1941 年 12 月 4 日

（一）陕甘宁边区第二届参议会于十一月六日开幕，二十一日闭幕。共开会十六天，到会议员二百一十九人，共产党员一百二十三，国民党员二十四，救国会派一，居住边区的东方民族（日、韩、印度、荷印）及蒙、回、藏民族代表十，其他非党人士六十一。议员由直接民选的一百八十三（每八千公民选一人），由政府聘请的三十六，地主、士绅、非党人士在本届参议会中约占全本议员人数五分之二。大会议程为政府主席及各厅处工作报告，通过接受中共西北局提出的《五一施政纲领》，通过四二年度政府预算和关于税收原则决议，通过许多重要法令：如保障人权财权条例、土地租佃条例、各级参议会选举组织条例等等。此外又通过各种提案三百八十余件。最后选出议会正副议长及常驻委员九人，共产党人只占三个，政府委员十八人，共产党人只占六人。真正保证非党人士在民意机关及行政机关均占三分之二。

（二）这届参议会，从其议员的成份（分）与整个会议精神，完全不同于三年前第一届参议会。第一届参议会完全由党包办，临时请八个非党人士来参加。而本届参议会是召集在“三三制”政策提出之后，召集在《五一施政纲领》颁布之后，是要切实执行上述政策，进一步去团结边区各阶层人民并促进全国民主政治与团结抗战。正如毛泽东同志在这次参议会开幕演说中所说：“中国社会是一个两头小中间大的社会，无产阶级和大地主大资产阶级都只占少数，最广大的人民是中间阶级。任何政党的政策如果不顾到中间阶级的利益，如果中间阶级不得其所……要想把国事弄好是不可能的。中国共产党提出的‘三三制’政策及其他各项政策，都是为着团结一切抗日人民的，顾及一切阶级而特别是顾及中间阶级的。共产党提出的‘三三制’政策是使各界人民都有说话机会，都有事做的政策。”“共产党人必须倾听党外人士的意见，给别人以说话机会，别人说得对的，我们应该欢迎，应该跟别人学习。别人说的不对，也应该让别人说完，然后慢慢加以解释。”“国事是国家的公事，不是一党一派的私事，因经共产党员只有对党外人士实行民主合作的义务，而无排斥别人，垄断一切的权利。”“共产党员应该站在民众之中，而决不应站在民众之上。”“我们这个同党外人士实行民主合作的原则，是固定不移的，是永远不变的，现在应在参议会中好好实行起来。”这就是本届参议会工作的方向。

（三）这届参议会使边区的党经过了一次很大的民主学习，在争取中间力量对党外人士实行民主合作与实行“三三制”政策上，获得极大的经验与成绩，表现在如下的事实：

第一是争取中间力量的成功。边区是经过土地革命的区域，地主农民间成见较深，这次到会的非党人士，绝大多数是各县知名士绅，他们之当选主要是由于党的工作布置，其未被选上者则以聘请来调剂。他们之愿意来延，又是由于《五一施政纲领》之影响及边区政府在参议会开会前曾殷勤招请各县士绅来延参观，改变了他们对我疑惧的观念，而此次出席动身时又给予周到的供应。但在他们初到时，多数仍怀疑是请客作用，装饰门面，十分顾忌，不敢说话。存在他们心中想解答的问题，是我们能否言行一致，上下一致，公平断案，公平负担，保障他们的人权财权。他们特别忧虑将来不幸国共分裂时，我们是否仍要打土豪分田地。及至听了毛主席的开幕词，给他们以光明伟大的印象，西北局又反复的指示参加议会的党员要诚恳的与非党人士接近，鼓励非党人士对各种问题多发表意见，于是他们许多意见才敢于吐露出来。同时政府主席林老虚怀若谷，请求非党人士尽量批评的表示，西北局书记高岗同志在解释《五一施政纲领》时，负责声明我们始终坚持国共合作，即令一部分反共顽固分子要分裂，仍坚持与其余不愿分裂者合作，并巩固与各阶层的团结，保障地主农民现在的土地所有权。最后在选举结果，共产党人超过三分之一，乃自请退出，而以非党人士补上，保证非党人士占三分之二。在此三分之二的非党人士中，绝大多数是中间分子。一切这些都使非党人士大为感动，七九老人李丹生（参议员）在闭幕时，代表全体参议员说话，称赞我们“诚能感人”，并希望我们“说到做到，以信义昭示天下，则天下都是你们的”。这次参议会的成功将同时在全国发生极大影响，这是不用多说的。

第二是实行“三三制”的成功。由于这届参议会中有将近五分之二的非党人士，而常驻委员和政府委员又完全斯“三三制”，给非党人士以能在政府中说话做事的机会，使边区内部各阶层人士对我观感改变，促进了内部团结，并且能吸收许多很好的非党人才来参加政府工作（如李鼎铭、柳湜）。特别因为议会和政府有了许多非党人士参加，使我们能听到党外许多有益的意见，和更加清楚暴露我们各方面的弱点，比如新任政府副主席李鼎铭所提“精兵简政，提高政府信誉案”，正切中边区政府机关庞大，头重脚轻及个别干部党员违法违纪破坏政策现象。这个提案对于改进今后政府工作是帮助很大的。又因为会议和政府中既有许多非党人士，使我们在政权中的共产党员不能再党政不分，一意孤行，把持包办，必须耐心的去和非党人士商量，必须更慎重严肃的处理问题。我们的工作，不仅有党内的自我批评，而且有党外人士的批评。这种内外夹攻，使政权中党员质量更加提高，使政府本身工作更加进步。现在证明如果这次参议会中非党人士真正占三分之二，我党对议会的领导不靠自己人数之多，而靠自己工作质量，则我们所得的经验与成绩将还要大。甚至允许少数顽固分子参加，也是利多害少。

（四）虽然这次参议会的结果很好，但正如高岗同志所说，我们并不是一开始就对实行“三三制”与党外人士民主合作有极明澈的认识，一切工作都充分向着这个方向准备，而是在中央直接帮助之下及实际工作过程中的经验，不断改正自已的缺点，才得到上述成绩。从此次参议会中所暴露我们的主要弱点如下：

首先是极大多数干部党员在思想及工作习惯上仍保持过去党政不分，把持包办的精神，把这次参议会也随随便便的看如过去的一切党所包办召开的政府或民众团体会议一样，亦即把参议会看成党内会议一样。

其次，因而对会议的一切准备工作做的不充分，对整个会议的进行缺乏紧张严肃的精神，比如在选举上，未事先保证三分之二的党外人士当选；党员以多为胜，不注意质量；在提案上，未能集中在几个中心问题上布置，展开讨论，以致提案多而乱，浪费时间精力，在各种报告及决议、条例等文件的准备上，也极为仓卒（促），不能作（做）得很好。

其三，极大多数党员不善于与党外人士实行民主合作，处处表示自以为是，盛气凌人，不愿倾听别人意见；无论在小组会上或大会上，不会启发别人说话，甚至不让别人说话，自己长篇大论占去全部会议时间，使非党人士感觉是在上课，是在听训。

其四，在党内表现是有部分党员犯了严重的自由主义，不守纪律，党员在议会中的发言及提案可以不问过党团；可以不服从党的决定；可以不顾及党在群众中的影响；可以将党内争论，不同的意见，公开提在议会中去；可以公开反对党的决定；开会时可以自由迟到或不到，还不如非党人士遵守会场规则和重视这个会议。

其五，这次参议会党团书记，是由公开工作繁剧［重］的同志负责，而不是由不兼公开职务的主要同志负责。因此不能专门的冷静的来领导全部议会的工作，不能时时贯注全会的一切动向而迅速处理。加以一般党员长期习于党政不分的一套作（做）法，长期的自由主义未加纠正。同时全党对于这种民主制度作风的认识与熟练都还很少经验，如何开会，如何讨论，如何表决，如何选举，审查委员会的工作应如何进行，这一切都不能全用党内一套，不能不经过许多曲折摸索过程，所谓边做边想，这些都是这次党团工作没有做好的原因。

（五）这次参议会后全边区及全中国各界人士，都万目睽睽的看我们是否言行一致，是否真正能同党外人士实行民主合作，是否真正能将《五一施政纲领》各项政策具体见之实行。而今天边区政府内，已加入了三分之二的非党人士，也不容我们仍停留于过去由党包办的原状，必须使全党在思想上、组织上、在工作方式上，都要有一个新的彻底的转变。现时在边区党面前已提出了以下一些急需解决的任务：

(1) 多年来政府工作习惯于一党包办，排斥党外人士参加，在今年“三三制”下，非党人士做了教育厅长，已发生若干教厅党员要求辞职现象。因此，如何教育和帮助这些党员懂得与非党人士亲密合作，是目前重大问题。

(2) 过去从边区到乡政府的组织工作，都是党政不分，把党内的问题放到政府会议上来讲，或把属于政府的问题由党委直接去解决。今后决不能再用这样一把抓的做法，要使党政的组织与工作决然划分清楚，要认真建立起政府的各种正规工作制度。

(3) 在参议会中最受责难的是乡政府工作太不民主，乡上一切负担动员工作，都是由支部书记召集会议决定后，命令群众执行，群众非常不满这种秘密会议决定一切的办法。西北局已决定取消支书脱离生产，及支书以指导员地位包办乡政府工作的办法。决定以后乡村一切负担动员必须经乡参议会去讨论执行，不能再由支部代替包办。支部只能通过自己党员模范作用去保证任务完成，这将是边区工作一个巨大的转变，使边区党从过去站在民众之上，转而站在民众当中去。

（4）参议会闭幕后，才感到对于参议员在休会时间的工作及常驻委员会的经常工作均没有具体的规定。按照民主集中制的组织原则，应确定常驻委员会在参议会休会期间，应当有如下的经常工作：a. 执行参议会所交付的决定。b. 到各地考察以便督促与检查同级以及各下级政府对议会决议的执行情形。c. 准备下次会议的提案与其他应进行事项。

（5）各县参议会及县政府虽然是新选的，但很多还没有真实执行“三三制”，只是摆几个不起作用的非党人士装门面，需要设法补救。

（6）要对参加政府及参议会的每个非党人士尤其是政府厅长和参议会常驻委员均详细研究了解，才能在工作中去接近他，影响他。同时还要关心他们的生活，给他们比党员较高的薪水待遇，使能养家活口，安心供职。

（7）过去许多党员干部不了解政权工作的重要，不愿做政权工作，有些党委也没有把最好的干部去担任政权工作。在今天我们已很清楚了解：要巩固根据地，要真正实现党的各项政策，要保证在“三三制”政权中的领导，必须注意提高政权工作的党员质量，必须以最能干的干部去担任政权工作。

（8）目前实行“三三制”最大障碍，是狭隘的关门主义与主观主义的作风必须坚决克服。同时还要看到，无原则的迁就地主士绅的投降主义倾向及思想、生活上被地主阶级俘虏同化的现象，也已个别发现，必须纠正，尤其要防止个别地主阶级分子利用今天的抬头，而压制群众，打击干部，以致发生干部消极，群众失望现象。

（9）边区的干部经过了长期的土地革命斗争历史是他的好处，同时也带来了长期狭隘关门主义作风，比较不易转变；再由于五年来和平环境小商品经济自由发展的影响，革命前的雇农、贫农今天大部分都转变为中农、富农，使党内成份（分）也发生了变化。今天各级党政机关中，确有极少数生活意识已经蜕化的分子及外来特务破坏分子在那里为非作恶，破坏群众利益，破坏政府法令，破坏党政军民的关系，使政府一切好的政策不能贯彻到下面。在这次参议会中，非党议员已公开提出要求我们“不要因一个老鼠坏了一锅汤”，要求我们上下一致，切实检查下面工作。因此重新教育干部，审查干部，清洗坏分子与深入检查各级党政工作成为今天工作转变中的重大任务。西北局负责干部已决定分工下去切实了解下面情况，并具体帮助下面转变。

选自《中共中央西北局文件汇集》（1941年），中央档案馆、陕西省档案馆1994年编印，第221～228页。

34. 陕甘宁边区政府命令——颁发边区行政督察专员公署及县区乡政府组织暂行条例

1941年11月边区二届参议会通过，1942年1月5日公布

令各厅院处、各专署县府

查陕甘宁边区行政督察专员公署组织暂行条例，陕甘宁边区县政府组织暂行条例，陕

甘宁边区各县区公署组织暂行条例，陕甘宁边区各乡市政府组织暂行条例，业经边区第二届参议会议决通过，兹特随令颁发，仰即遵照并转所属遵照为要！

此令

附陕甘宁边区行政督察专员公署及县、区、乡、市政府组织暂行条例四份。

主　席　林伯渠

副主席　李鼎铭

附：民政厅为颁布各级政府组织条例的呈请

为呈请颁布各级政府组织条例事：查《陕甘宁边区行政督察专员公署组织条例》、《陕甘宁边区县政府组织条例》、《陕甘宁边区各县区公署组织条例》、《陕甘宁边区各乡市政府组织条例》等四种条例，业经边区第二届参议会通过，复提请政府政务会议决公布各在案；兹值各级政府整编之际，亟须颁发，俾便有所遵行，理合检具上列条例四则，呈请鉴核，颁布施行！

（附条例四份）。

谨呈

主　席　林

副主席　李

民政厅长　刘景范

1941 年 12 月 28 日

选自《陕甘宁边区政府文件选编》第五辑，档案出版社 1986 年版，第 6～7 页。

35. 陕甘宁边区行政督察专员公署[①]组织暂行条例

1941 年 11 月边区第二届参议会通过，

1942 年 1 月 5 日边区政府公布

第一条　为发扬民主政治提高行政效率起见，边区政府得划定所属二个以上的县份为一行政分区，设置行政督察专员公署，督察及指挥该分区各县行政事宜。

第二条　分区行政督察专员公署（以下简称专员公署）之设置与命名，须经边区政府委员会议决，由边区政府以命令行之。

第三条　专员公署设专员一人，承边区政府及各厅处之命办理下列事宜：

（一）随时考察及督导所属各县地方行政规划与创办分区内各县应兴应革之事项；

（二）巩固分区地方治安，部署分区抗战工作；

（三）督察所属各县经费之收支情形；

（四）召集分区行政会议；

（五）关于所属各级公务人员之考核；

① “档案文件版”误将“行政督察”印作“行政府督察”。

（六）关于所属各县争议及有关事项之处理；

（七）推行边区现行法令。

第四条　专员公署于必要时得设副专员一人，帮助专员办理前条所列事项。

第五条　分区行政专员及副专员，由边区政府派任，或令驻本分区军事长官兼任，或令本分区县长一人兼任。

第六条　专员公署设秘书室、民政科、财政科、教育科、建设科、粮食科、保安科，秉承正副专员之命，分别执掌各项工作。

（一）秘书室设主任秘书一人，秘书、文书、庶务、收发各一人，及干事若干人，秉承主任秘书之意，分别处理各项事务；

（二）民政科、财政科、教育科、建设科、粮食科，各设科长一人，保安科长一人，干事若干人，承科长之命，分别处理各项事务。

第七条　专员公署和中心县政府在一地的，专员得兼县长，专员公署和县政府合署办公，但职权与文件，应明确划分，不得混淆。

第八条　合署办公之县政府一、二、三、四、五科，合并于专员公署民政科、财政科、教育科、建设科、粮食科，除须办理本县事务外，并秉承正副专员之命，办理公署各该管事宜。

第九条　合署办公之民选县长与派任专员如不是一人时，专员得另设秘书一人，署员二人，其他仍如上条办理。

第十条　为绥靖地方配合正规军抗战，专员有权调遣本区内保安队及地方自卫军，必要时得请调正规军协助。

第十一条　专员召开分区行政会议，得邀请该分区保安司令，县议长及驻军代表，群众代表参加。

第十二条　前条会议决议案，应呈报边区政府核准施行。

第十三条　专员应亲自轮流巡视各县，将巡视结果列入工作月报，呈报边区政府及主管机关备查。

第十四条　专员出巡时期之职务，由副专员代理，无副专员者，由公署主任秘书代理。专员或副专员出巡时，其兼任县长职权，由县秘书或科长代理。

第十五条　专员对所属各县所为之命令处分，如认为违法或不当时，得撤销或纠正之，但须呈报边区政府备查。

第十六条　专员公署之经费，每半年造具预决算，呈报财厅支拨，其兼任县政府之经费，得加入公署经费内，一并计算支领。

第十七条　专员公署之关防，由边区政府制发。

第十八条　边区政府及各厅、处与分区各县，互相间之行文，以经过该管专署转达为原则，遇有紧急事情，得直接行文。

第十九条　边区政府选派巡视员，往各县巡视，不受本条例之限制。

第二十条　本条例自边区政府公布之日施行，如有未尽事宜，由边区政府核准修改之。

第二十一条　本条例由边区参议会通过，边区政府公布之。

选自《抗日根据地政策条例汇集》陕甘宁之部（上），1942 年版，第 49～51 页。

互校版本：

1.《陕甘宁革命根据地史料选辑》第一辑，甘肃人民出版社 1981 年版，第 127～129 页。

2.《中国新民主主义革命时期根据地法制文献选编》第二卷，中国社会科学出版社 1981 年版，第 212～215 页。原注："选自《陕甘宁边区第二届参议会汇刊》一九四二年版"。

3.《陕甘宁边区政府文件选编》第五辑，档案出版社 1988 年版，第 8～10 页。简称："档案文件版"。

36. 陕甘宁边区县政府组织暂行条例

1941 年 11 月边区第二届参议会通过，
1942 年 1 月 5 日边区政府公布

第一条　本条例为建设新民主主义政治健全县政机构，加强区乡行政领导，依据国民政府县组织法及适应边区实际而制定之。

第二条　边区各县政府由县参议会选举县长一人（必要时加选副县长一人），委员六人至十人，组织县政府委员会，呈请边区政府加委之。

第三条　县长县政府委员任期二年，连选得连任，在未届期满而升调或失职者，由县参议会改选之，在县参议会休会期间，由边区政府委人代理。

第四条　县政府受边区政府之领导，县参议会之监督，综理全县行政事宜，分区各县分受各专署之领导。

第五条　县政府在县长领导下，设秘书室、一、二、三、四、五、保安六科，审计员及保安大队部，在地方法院未成立之县，设司法处，分管各项行政司法工作。

在未设五科之县，其职务由二科兼任之。

设地方法院之县，其法院组织条例另定之。

第六条　各县政府在不抵触边区政府法规下，得颁发单行法规，但须呈边区政府核准。

第七条　左列事项须经各县政府委员会决议行之：

（一）县政各部门的工作计划；

（二）边区政府及主管机关令行各事项；

（三）县参议会决议事项；

（四）县财政收支及县政经费预算决算等事项；

（五）任免所属政务人员事项；

（六）决定县单行法规事项；

（七）全县应兴应革之重要事项；

（八）其他县政府委员会认为应讨论事项。

第八条　县政府委员会每二周开会一次，有必要时得开临时会议，县政府委员会开会，以县长为主席。

第九条　为着执行决议，督促与检查工作，县长每周至少须召集各科长、处长会议一次。

第十条　县长出巡或请假时，由科长（或副县长）代理职务，并须呈报边区政府。

第十一条　县政府各科室会之职权如下：

（一）秘书室掌理拟缮文件、印信、档案、会计、庶务、收发及不属各科事项；

（二）第一科掌理选举、抗战动员、干部管理、土地行政、劳资、租佃、卫生行政、儿童保育、户籍区划、优抗救济、破除迷信、改革陋习，及其他民政事项；

（三）第二科掌理财政收支、地方税收、公产及其他事项；

（四）第三科掌理教育行政、学校教育、社会教育、民教馆、图书馆、公园、古迹、编修县志及其他文化建设事项；

（五）第四科掌理农、牧、工、矿、水利、森林、道路、合作社、生产运动、社会经济调查及其他经济建设事项；

（六）第五科掌理粮食之收支、仓库管理、调剂民食等事项；

（七）审计员专司审核县区征粮及金库收支，公产收入及县经费预算决算等事项；

（八）保安科掌理锄奸、缉匪、检查站、放哨、维持公共安宁秩序之警务事项；

（九）保安大队部受县长领导保安司令部指挥，掌理绥靖地方及自卫军、少先队之编制领导事项；

（十）司法处受理各项民刑案件，在县长领导下进行审判。

第十二条　县政府得依边区政府及主管机关之命令及工作之需要，设立各种性质之委员会。

第十三条　县政府设秘书、科长、审计员、司法处长各一人，必要时得设立助理秘书及副科长，须报告各主管机关提请边区政府任免，或由各主管机关提请边区政府任免之。

第十四条　县政府秘书室设文书，收发一人至三人，各科设科员一人至五人，司法处设审判员①兼检［察］员一人，书记员一人或二人，看守所长一人，均由县政府决定，呈报民厅及主管厅处备案。

第十五条　县政府得召集区乡长联席会议，讨论本县行政事宜。

第十六条　县政府各种委员会，视其任务及其性质，必要时得聘请当地农军及民众团体士绅参加之。

第十七条　县政府按月向边区政府及各厅处做报告一次。

第十八条　县政府应每半年向财政厅做行政经费开支及财政收支报告各一次。

第十九条　县政府之印信，由边区政府制发。

第二十条　县政府各项办事细则另定之。

第二十一条　本条例适用于等于县之市。

第二十二条　本条例经边区参议会通过，由边区政府公布施行之。

---

① “甘肃史料版”将“审判员”误作“审计员”。

选自《抗日根据地政策条例汇集》陕甘宁之部（上），1942 年版，第 52～55 页。

互校版本：

1.《陕甘宁革命根据地史料选辑》第一辑，甘肃人民出版社 1981 年版，第 130～133 页。简称“甘肃史料版”。

2.《中国新民主主义革命时期根据地法制文献选编》第二卷，中国社会科学出版社 1981 年版，第 218～221 页。原注：“选自《陕甘宁边区第二届参议会汇刊》一九四二年版”。

3.《陕甘宁边区政府文件选编》第五辑，档案出版社 1988 年版，第 10～12 页。

37. 陕甘宁边区各县区公署组织暂行条例

1941 年 11 月边区第二届参议会通过，
1942 年 1 月 5 日边区政府公布

第一条　本条例为增强县政机构而制定之。

第二条　各县视县境形势及需要，得划分为若干区，各区应就区内适中或交通便利之地点定为区公署所在地。

第三条　各区所辖面积至多不得超过纵横百里，辖乡至少三乡，至多五乡。

第四条　区公署之名称应冠以数字或方位字样，由县政府呈请民政厅刊发钤记。

第五条　区公署设区长一人，承县长一、二、三、四、五、保安等科及司法处保安大队长之命办理下列事项：

（一）关于传达上级指示命令法令及反映政情等事项；

（二）关于计划督导所辖各乡民政、财政，经济建设、文化教育及应兴应革事项；

（三）关于组织训练自卫军，进行全区锄奸保安事项。

第六条　区公署得设区助理员三人至五人。承区长之命，分办该区行政及教育，经济建设等事宜。

第七条　区长之任用由县长遴选，经县政府委员会通过、呈请民政厅核准任命之。

第八条　区助理员由县长任命之，呈请民政厅备案。

第九条　区设自卫军营长一人，由县长与保安大队长遴选，经县政府委员会通过，呈请边区保安司令部核准任命之，但自卫军营长应受县保安大队长之指挥，区长之领导。

第十条　区长除综理全区政务外，须经常巡视各乡市行政工作，出巡时其职务由区长指定一助理员代理之。

第十一条　区助理员应经常分工，经常分赴各乡帮助各乡市工作。

第十二条　区公署应组织署务会议，讨论本署及各乡市工作。

第十三条　署务会议应由区长区助理员及自卫军营长组织之。

人数可由三人至五人，区长为当然主席，必要时得请各群众团体负责人参加。

第十四条　署务会议半月召开一次，必要时可以临时召开。

第十五条　区公署认为必要时，得召集该区乡市联席会议，讨论全区工作之进行，并得视会议之性质，召集各乡市委员会主任及民众团体代表参加。

第十六条　区公署应建立本身经常工作，并按月向县政府作工作报告。

第十七条　区公署办事细则另定之。

第十八条　本条例由边区参议会通过，边区政府公布施行之。

选自《抗日根据地政策条例汇集》陕甘宁之部（上），1942年版，第55～56页。

互校版本：

1.《陕甘宁革命根据地史料选辑》第一辑，甘肃人民出版社1981年版，第137～138页。

2.《中国新民主主义革命时期根据地法制文献选编》第二卷，中国社会科学出版社1981年版，第229～231页。原注："选自《陕甘宁边区第二届参议会汇刊》1942年版"。

3.《陕甘宁边区政府文件选编》第五辑，档案出版社1988年版，第12～14页。

38. 陕甘宁边区各乡市政府组织暂行条例

1941年11月边区第二届参议会通过，
1942年1月5日边区政府公布

第一条　本条例为健全边区乡市（等于乡或等于区的市，下同）机构，奠定民主政治基础而制定之。

第二条　乡市政府区域规定如下：

（一）甲等乡纵横不逾十里，人口至多不得逾一千五百人；

（二）乙等乡纵横不逾二十里，人口至多不得逾一千人；

（三）丙等乡纵横不逾三十里，人口不得逾一千人。

第三条　乡市政府应选择本乡市适中地点设立之。

第四条　乡市参议会为乡市政权最高机关，乡市参议会休会时，乡市政府委员会为乡市政权最高机关。乡市长、乡市政府委员由乡市参议会选举之。

第五条　乡市参议会一年改选一次，乡市长及政府委员同时改选，但连选得连任（乡市长当选后须呈请县政府委任之）。

第六条　在未届改选期间，乡市长及政府各委员如违法失职，乡市参议会随时可以将其罢免，或县政府将其撤免，令行该乡市参议会改选。

第七条　乡市政府之印信，由县政府统一制发。

第八条　乡市参议会开会，乡市长应准备议案报告工作，乡市政府委员会每半月应开会一次。

第九条　乡市政府除乡市长一人文书一人脱离生产外，其他都不脱离生产，但参议会开会，政府委员会开会吃饭费用，得设法筹集之，但须在参议会通过，并报告上级政府备查。乡市政府文书，由当地小学校教员中遴任，无则另任之。

第十条　乡市政府管辖下设行政村（或南关北关……），行政村下设自然村（或坊甲），行政村（或南关北关……）设村主任一人，自然村（或坊甲）设村长（或坊长甲长）一人，均由选民大会选举之。

第十一条　行政村（或南关北关……）主任，自然村（或坊甲）村长（或坊长、甲长）每半年改选一次。

第十二条　乡市政府为工作需要，设有下列各会：

（一）优待救济委员会；

（二）文化促进委员会；

（三）经济建设委员会；

（四）锄奸委员会；

（五）卫生保育委员会；

（六）人民仲裁委员会。

第十三条　乡市政府必要时，得设其他各种性质之临时委员会。

第十四条　各委员会由三人至五人组织之，委员与主任委员，均由乡市政府聘任之。

第十五条　乡市政府之各委员会，及自卫军、少先队、儿童团等组织条例另行制定。

第十六条　乡市政府工作细则另定之。

第十七条　本条例经边区参议会通过，由边区政府公布施行之。

选自《抗日根据地政策条例汇集》陕甘宁之部（上），1942年版，第57～59页。

互校版本：

1.《陕甘宁革命根据地史料选辑》第一辑，甘肃人民出版社1981年版，第134～136页。

2.《中国新民主主义革命时期根据地法制文献选编》第二卷，中国社会科学出版社1981年版，第234～236页。原注：“选自《抗日根据地政策条例汇集——陕甘宁之部》上册，一九四二年版”。

3.《陕甘宁边区政府文件选编》第五辑，档案出版社1988年版，第14～15页。

39. 陕甘宁边区政府合署办公办法（草案）

1942年1月公布

一、本府设合署办公厅，下列各厅处会一律并入办公：

1. 秘书处；2. 民政厅；3. 财政厅；4. 教育厅；5. 建设厅；6. 民族事务委员会；7. 审判［计］委员会；8. 文化工作委员会。保安处，高等法院等机关，因情形特殊，可暂缓并入，但须派负责人员一人参加合署办公厅办公，以资联系。

二、本府合署办公后，所有公文应以边区政府名义行之。但各厅处对其直辖机关或职员日常工作之监督指挥，在不抵触本府命令范围内，仍得自发指示、命令或布告。

三、本府合署办公后，凡用政府名义之公文，应按性质由各主管厅处会分别或会同主稿，呈正副主席判行，并由主管厅处长副署。

前项判行公文，正副主席认为有修改意义或办法之必要时，交由各主管厅处修改之。

四、本府合署办公后，公文收发缮印，档案保管，书报编审，对外宣传及政府工作报告概由秘书处统一掌理。

五、本府合署办公后，设下列各处室统一掌理总务、交际、法制、统计、调查研究等事项。

1. 总务处掌管生产、供给、会议、总务、车辆与财务等事宜。

2. 交际处掌管外宾招待，参观游览事宜。

3. 调查研究室掌管统计、视察、调查事宜。

4. 法制室掌管法令草拟、审查、解释事宜。

5. 参议室掌管正副主席特交事宜。

六、本府合署办公后，应设正副主席各厅处会长官合处办公室，并规定每日办公时间（一至二小时），以便随时会商政务，核稿判行，批阅每日来文及处理各厅处工作人员之临时请示事件。

七、本府合署办公后，各厅处会行政工作仍由各厅处会长官监督指挥，合署办公厅之日常事务及公文稿件总核事宜，概由秘书长负责。

八、本府合署办公后，各厅处组织及人员应按现实需要，厉行裁并，所有被裁人员，除一部拨调秘书处、总务处、调查研究室外，其余应尽数增派县区级政府工作。

九、本府合署办公后，一切公文应采用科学管理方法，务期精密迅速，并建立各种必要制度，用以推动全部工作之进行。

附：

合署办公规约

1. 合署办公室设于边区政府内。

2. 各厅处院长除星期例假外，每日须到合署办公室办公两小时（下午二时起至四时止）。

3. 各厅正副厅长可轮流按时上办公室。

4. 各厅处院长如果有要事不能到办公室时，须用书面向主席副主席请假。

5. 各厅处院长每次须带秘书一人到办公室办公。如厅处院长有请假情事发生，亦须派秘书一人到办公室办公。

6. 办公室置划到划退簿，办公人须按时划到划退。划到簿由秘书长管理，由主席副主席核阅。

7. 凡应到合署办公室的办公人，缺席不请假到两次以上者，由秘书处书面通知本人注意。

边府秘书处

选自《陕甘宁边区政府文件选编》第五辑，档案出版社1986年版，第136～138页。

40. 陕甘宁边区政府关于各级行政组织区划编制的规定

1942年1月6日通令

各专员各县市长：

查民主政治之实施：首先必须健全行政机构，加强各级组织，建立优良制度；使司掌其任务者，有所遵循。目前各级政府工作中存在着一些缺点，使政府之政策设施，未能普遍贯彻；推其原因，实由于各级行政组织之未能臻于健全与正规制度之未曾建立所致。本府为执行边区第二届参议会通过之健全各级行政组织案，业经通饬办理在案。现将厘定各级行政区等级及各级人员编制名额，分列如下：

（一）专员公署等级：依人口、地区、富力、自然与政治环境规定：

甲等专员公署：绥德（兼县）、陇东。

乙等专员公署：关中。

丙等专员公署：三边（兼县）。

（二）县政府等级：依上项条例外，规定：

甲等县：人口在八万以上者，计绥德、清涧、延安、延川、庆阳、定边等六县。

乙等县：人口在四万以上者。计富县、靖边、安塞、环县、曲子、新宁、神府、镇原、合水、吴堡、淳耀、延长、安定、志丹、延安市等十四县一市。

丙等县：人口在四万以下者。计新正、固林、甘泉、盐池、赤水、同宜、耀县等七县。

（三）区公署等级：依上项条件外规定：

甲等区：人口在七千以上；

乙等区：人口在四千以上；

丙等区；人口在四千以下；面积纵横不超过六十里。

（四）乡政府等级：

甲等乡：人口至多不逾一千五百人，面积纵横不逾十里者。

乙等乡：人口至多不逾一千人，面积纵横不逾二十里者。

丙等乡：人口至多不逾一千人，面积纵横不逾三十里者。

上列区划，有特殊自然环境者例外。

（五）区乡的划分，由各县政府依照上列标准划定之。

（六）各级人员编制名额附册另发。

上示各节，限文到十日内编制完竣，到期则从（重）新编制预算办理。合行通令；望即遵照办理，并转令所属区乡一体遵办，赶速具报备查为要！

此令。

选自《抗日根据地政策条例汇集》陕甘宁之部（上），1942年版，第117～118页。

互校版本：《陕甘宁革命根据地史料选辑》第一辑，甘肃人民出版社 1981 年版，第 125～126 页。

41. 陕甘宁边区政务会议暂行规程

1942 年 1 月公布

第一条　政务会议为边区政府执行政务之领导机关。

理由：边区政府一切行政方针及具体工作，皆由政务会议决定，其性质是对政府委员会和议会负责。执行议会决议，其职权是领导全边区行政最高的执行者，所以规定如此。

第二条　参议会选举之政府委员为政务会议当然出席人，执行政务之各厅、处、院、会等负责人均出席政务会议，有发言权及表决权。

理由：政府委员接受民意委托，负政务责任，而政府任命之各厅、处、院、会等负责者，同样亦负执行政务责任，在一切政务工作中，皆须由政务会议决定，故要出席会议，而享有发言权及表决之权。

第三条　边区政府主席为政务会议当然主席。

理由：边区政府主席为行政之领导者，政务会议是执行政务之决定的领导机构，政务会议之主席当然为政府之主席。

第四条　政务会议讨论及决议之事项：

一、关于民、财、建、教之施政方针及具体计划；

二、关于立法原则及单行法规；

三、关于司法行政等事宜；

四、关于治安问题；

五、各厅、处、院、会长官所提议专员、县长、各级法官之任免事宜；

六、特殊事项。

理由：政务会议之职权，属于各种政务方针之确定及执行之方法，提高行政效率及总结经验教训，促进民主政治正规化——法治化，所讨论及决议之事项注重立即执行，以收速效，所以本条只就原则的概括的规定，避免繁琐。

第五条　参加政务会议各厅、处、院、会负责者，除特别事故外，不得派代表或缺席。

理由：出席政务会议的人，皆是行政上有责任的人，应不能派代表或缺席，但有特别情形时须得告假，不得无故缺席，以重政务责任。

第六条　会议问题有关各该行政部门时需要详细说明者，得政务会议许可，准负科长、秘书责任者临时出席，但有发言权，无表决权。

理由：政务会议，事务管理应不准出席，所讨论问题属于某一部门工作，为采取更详细材料，得准许某部门科长或秘书出席报告，除报告完了退席外，不得参加表决，所以尊重政务与事务之区别，故有此规定。

第七条　各行政部门对政务会议做工作报告时，须以书面并归案保存。

理由：工作报告，不仅系行政材料，而且系行政成绩的具体内容，除根据报告内容作决定具体方法的标准外，应当列入档案保存，以重政绩。

第八条　政务会议设秘书长一人，由边府秘书长兼任，另设秘书一人掌理会议记录及文件事宜。

理由：政务会议所应办之文件及通知，均要秘书长负责，由政府秘书长兼任。因政府秘书长，事实上系执行政务之机要责任者，是以兼任为得当，另设一秘书在会议时记录，会后受秘书长命令整理文件事宜。

第九条　政务会议之决议，交秘书长负责办理，分发各厅、处、院、会执行。

理由：会议决定的议案交秘书长整理后，将决议分别发交各厅、处、院、会负责者照案执行或存照，以明责任而重政务。

第十条　政务会议不设旁听席。

理由：政务会议所讨论的事件，皆系关于行政或法制原则问题，皆是各该行政部门主要负责者要执行的事件，不必要他人旁听。而且有时事关机要不容许旁听，所以有此规定。

第十一条　政务会议讨论事件有关专门问题时，得设各种专门委员会，聘请专门人员研究以资协助。

理由：大政方针下之执行方案，往往涉及专门问题，设无专门知识，执行上就发生许多流弊及错误，使行政效率不特不能加速与提高，转令迟缓而降低，所以为避免主观与自以为是的错觉起见，遇专门问题有设专门委员会之必要，特规定如此。

第十二条　政务会议议事细则另订之。

第十三条　本规程经政务会议通过施行之。

选自《中国新民主主义革命时期根据地法制文献选编》第二卷，中国社会科学出版社1981年版，第208～211页。原注：“选自《抗日根据地政策条例汇集——陕甘宁之部》上册，一九四二年版”。

互校版本：《陕甘宁边区政府文件选编》第五辑，档案出版社1988年版，第134～136页。

42. 陕甘宁边区政府为充实“三三制”给各县的指示信

1942年3月6日

各议长各县长：

边区第二届各县参议会，在去年八、九月间，各地都开会宣告成立，到今天已经半年，依照边区各级参议会组织条例第十六条县参议会每半年开大会一次的规定，现在应开二次会议，为着要按期开，开得好，议得好，行得通，特给以下几点指示：

（一）按期开会

各县按照实际情况，决定开会日期，三四两月内，一定要开完，县政府和常驻会，合组筹备委员会，发通知请议员，准备吃的住的地方，布置会场，购置用品，一切都要准备妥当。开幕典礼要隆重举行，通过议事日程，严守时间，一一遵照进行，企图马虎了事，是对民主政治不忠实，应该批评纠正。

（二）检查工作

县长要把政府半年工作，事先作好报告。抄写几份，送交议员传阅，并且在会议上坦白的口头报告，使每个议员得到了解，常驻会受到全体议员委托，也要同样报告工作，不得敷衍，不应草率。

听了报告，根据自己的了解，每位议员都该认真检查，去年的议案执行了多少，政府工作有无进步，都要发表意见，干部中的贪污现象、非法行为，以及把持包办一意孤行的作风，分别轻重给以批评、弹劾、行使自己的权利，不说话作（做）好人，那就失掉了人民代表的意义。

（三）提议案

常驻会、县政府、县党委、群众团体、各议员，根据着需要，提出议案，送交议会讨论，提出的议案，要有实际内容，更要中心扼要，同时还要顾到政府实际力量，这样才能议得好，也才能行得通，夸夸其谈的大道理，没有限量的多提，议个两三天只是劳民伤财，很少实际意义。

议会应该重视这些提案，可以合并，详细讨论，根据地方需要，参照政府力量，然后分别轻重、需要的缓急交政府执行。

各县政府必须忠实这些议案，大力推行，束之高阁，锁入箱子，都要不得的。

（四）充实三三制

中共西北局五一施政纲领，已经第二届边区参议会全部接受，作为边区施政纲领，从此三三制的推行，成为全体人民的任务，政府更应保证，因此提出号召，各县参议会共产党员超过三分之一的，应该自动提出辞职，由无党派候补议员补充，各县政府还可选有能力有名望的人士，酌量聘请，各县议员中，如有共产党员而被调动离职者，更应以非共产党员补充，县政府委员同样补充，望各县切实遵照办理。

（五）县议会经费

县议会经费，已由民政厅编好预算，议长常驻议员，同县长科长待遇，议会粮食伙食办公费用，按照财政厅统筹统支办法，一律发给，路远的老年议员，酌发旅费，各县政府应尽量设法，解决议会困难，给予议会便利，使大会完满开成，特此指示。

选自《抗日根据地政策条例汇集》陕甘宁之部（上），1942年版，第114～116页。

互校版本：

1.《陕甘宁革命根据地史料选辑》第一辑，甘肃人民出版社1981年版，第157～159页。

2.《中国新民主主义革命时期根据地法制文献选编》第二卷，中国社会科学出版社1981年版，第200～202页。原注："选自《抗日根据地政策条例汇集——陕甘宁之部》上册，一九四二年版"。

43. 林伯渠：陕甘宁边区政府五个月工作报告

1941 年 12 月到 1942 年 4 月

陕甘宁边区第二届参议会常驻委员会：

我们，边区政府委员会，去年十一月就职，改组政府各部机构，即根据参议会通过的“五一施政纲领”，和全部决议案的精神，分别订出计划。我们很高兴：在讨论每个计划的时候，都承常驻委员参加，给以指导，在执行当中，又承时刻帮助。现在五个月了，除民、财、教、建、保安、司法，另有分别的详细工作报告外，特提出最主要的几点，作一个简略的总报告，请常驻委员会加以审阅，并给以详尽的批评和指示。

（一）五个月来的政治环境

五个月来，日本帝国主义对我国的进攻更残酷了。它想配合法西斯希特勒的攻势，发动对苏联的冒险，因此它就更想加紧灭亡我国，所以近来对我各抗日根据地，用烧光、抢光、杀光的所谓“三光政策”，进行空前残酷的“扫荡”。对我边区，正当去年二届参议会开幕期间，敌人曾疯狂的炮轰我宋家川，企图渡过黄河，消灭我抗战中坚的边区。以便遂其占领大西北，灭亡全中国的迷梦。当时靠了我军民的坚强团结和抵抗，把敌人的进攻阻止了。今年三、四月间，敌人复增加兵力，再一度的炮轰我宋家川，我们又用了坚强力量予以打击，阻止其前进。这几次的试练，都表现我边区军民团结力量的伟大。

不过，我们要认清楚，日寇对我边区，是绝对不会丝毫放松的。它知道，如果不能消灭最坚决抗战的边区，要想灭亡中国，是绝对不可能的。日寇今后对我们的手段会要更凶猛，更毒辣。

因此，我们应该特别指出，在目前国际国内时局紧张的形势下，我们边区的环境实在是严重的很。我们要对当前的险恶形势特别警惕，尤其要彻底扫清干部和人民中的“太平观念”。我们加紧抗战，同时，如果有谁甘心破坏抗战，我们也坚决反对。我们认定今后更要困难，我们就更要用我们的一切力量，来迎接任何困难，克服任何困难。老实说，过去的各种困难，我们都曾经克服过来了；今后可能到来的困难，即使加倍，只要我们有最高的警惕，有充分的准备，是没有不可克服的。五个月来，我们就都是抓紧这点来进行工作的。

（二）五个月来的政府工作

一、精兵简政

自从政府改组以后，我们首先执行的就是“精兵简政”决议案。在部队方面，实行“精兵”政策，以加强武装力量。八路军留守兵团和边区保安部队，都曾经加以编整，减去老弱，转入生产；编整以后，即加强政治军事训练，使它达到精兵的程度。另一方面，则着重民兵，重新整顿自卫军，使不脱离生产的武装力量强大。因为在今天的军事条件（下），应该随时准备把游击战争放在主要的方面。最近并大量制造武器，使正规军和民兵的弹药充实。

至于“简政”政策，基本上是要使政府机构灵活、轻便，以便发挥政权工作在抗战中的最大效能。从去年十二月到今年三月，我们曾经把政府机构，从上到下，加以编整，共减去一千五百九十八人的名额，派了三百余人加强下级，其余则送学习，或转入生产。我们今天检讨起来，还感到不够，头重脚轻的毛病还很严重。因此，最近又决定了进行第二次的编整，把边区一级，尽量缩小，成为精干的领导机关；对下级，则大大加强，使政府的工作效率更加提高，以适应今天战争环境的需要。

这就是我们对于“精兵简政”所进行的两个方面。而军事工作，则是我们今天最主要的方面。

二、民主建设

为了发挥全边区二百万人民的抗战热忱，巩固团结，巩固边区，最基本的，是继续发扬民主，彻底实行三三制，在这方面，去年的改选各级参议会和政府，曾经得到很大的成绩。在我们边区政府中，在多数县乡政府中，共产党员和其他党派的人士，以及无党无派的人士，都很亲密的合作，像一家人一样，并不感到有主客之分，非共产党员都同样有职就有权，使工作得到更大的发展。边区内的各党派、各级层、各民族，都表现了更加热烈的团结。自然也还存有缺点，那就是，有好些地方，三三制还不够得很。有些县区乡政府和参议会，其他党派和无党无派的人士还占着极少数，有的还几乎是清一色；而某些机关里，虽然形式上实现了三三制，但是有少数干部还有把持包办的现象。为了彻底克服这些现象，本府已规定所有乡市政府，从四月开始进行改选，八月底结束。县参议会和政府，按规定虽然两年改选一次，但为了补救三三制的不够，已选定延安、延长、子长、志丹、神府、新正、曲子、定边等八个县在今年提前改选，从八月开始，十二月底结束。这次的改选，已通令各地注意充分的准备工作，不仅在形式上，要完全实行三三制，在内容上，也要完全符合三三制，使我们的民主建设，更加向前发展。最近，延安、盐池、安塞、神府、甘泉、赤水、曲子、延长等县趁开参议会的时候，在政府委员中、参议员中、常驻委员中，共产党员共退出了约一百余人，使非共产党员补上，以达到真正符合三三制。

民主的另一方面，则是人权财权的保障，自从人权财权保障条例公布以来，各地都有了很多进步。但是因为有个别干部还没有深刻认识，所以还做出某些违背法令的举动：侵犯群众的利益，擅自捉人、捆人、用刑等等。这是今后应加以严格纠正的。至于人民当中，土地问题、婚姻问题的纠纷比较多。减租减息问题，在个别地区还执行的差。而有些司法机关，因为人力限制，没有做到迅速判案；有的能力较差，只凭自己的想头，断得不公平不合理；有的则把宽大政策，了解得未尽妥善，这在我们民主建设、人权保障的工作上，是很大的弱点。最近，我们已经确定加强各县县长领导司法的责任，严格执行法令，并加强区乡的仲裁委员会，使调解工作发挥它更大的效能。对于地权问题，已由本府订出了地权条例，以确定人民的土地所有权，使人民的土地更加上一层法律的保障。

三、财政经济

我们边区，是全国模范的抗日民主根据地。它成为全国抗战的中流砥柱。保卫这块地区，是我们全边区政府和人民的神圣责任。要保卫边区，就要保证部队有饭吃，保证工作干部最低的生活。八路军的军饷，国民政府已一年多不发了。因此，边区人民不得不多负担一些。我们的财政收入，主要的是靠征收公粮公草、公盐运输，以及税收。去年征收公粮二十万石，公草二千七百万斤，曾经参议会通过，到现在，已经完成了任务。从这件事实，就可以看出，全边区人民对抗战、对保卫边区的最大热忱。负担的人口，扩大到百分之八十以上，在征粮中，各级参议会发扬了民主，也是完成任务的重要条件。这是一个很大的成绩，是全边区干部和人民共同得到的成绩。自然，我们应该同时承认，这个粮草的数字是重了些，但这是因为要归还去年四万多担借粮的缘故。不过，群众都说，“给我们军队吃，重倒不怕，只怕不公平。”是的，在数目字的分配上，实在有好些缺点，没有完全做到公平合理的地步。而粮食的折合率，也有些规定的不妥当。至于下边有少数干部，要私情，互相包庇，强迫命令，还严重存在。这是我们应该纠正的。

公盐，今年全年规定为十二万七千五百驮，按不同的家庭经济，酌量负担运输。每驮由政府发四十元津贴。第一期的五百驮，已快运完了。本府为了避免妨害人民的农时，节省人民的人力畜力，曾经迅速设法补救，组织运输合作，允许人民交运盐代金，代为运送。最近更进一步决定，以自由运盐为原则，每驮代金价格，收边币四百元，运输一驮实盐，则由政府改发津贴二百元，使人民负担比较公平，政府也可以得到一部分实盐，以作输出贸易。

连各种税收一起算起来，本年第一季度的收入共边币××××万元。支出则为××××万元，不敷××余万元。我们一方面实行统筹统支，一方面实行半自给自足。以上开支的数目，还只是给各机关部队解决一部分，其余部分，则是由他们在自己的生产项下自行解决。可见今天的财政上是相当困难，但我们总是尽量自己想办法，着眼到自力更生上面来加以弥补。

很显然的，为了照顾抗战的利益，为了解决供给上的困难，人民不得不负担财政上大部分的任务，但是在今天困难的条件下，照顾和安定人民生活，发展经济建设，也是非常的重要。

在今天，我们的经济建设主要是农业。我们在这期间，把春耕运动，定为中心工作。常驻委员会，为了提高人民的春耕热忱，使人民早一点知道今年的公粮公草负担的数目，就确定今年只收公粮十六万石，公草一千七百万斤，就是减了人民四万石公粮，一千万斤公草的负担。并决定政府今年不借粮，不用官价买粮。本府马上就向人民公布了，并且为着解决人民当前的各种困难，还作（做）了如下的一些工作：发放农贷五百五十万元，借粮借草给人民，暂时停收公粮尾欠，颁布新的优待移民办法，签发移民补助费三十万元，废除羊子税等等，使人民真能扩大耕地六十万亩，增加细粮二十万石，推广植棉十五万亩，苜蓿三万亩，以改善人民自己的生活。

其次是发展工商业，交通运输业。本府在这方面投资四百五十万元。关于工业，主要是帮助发展人民家庭纺织业，而对于生产合作，则帮助财力，使已有的机器开工，并继续发展造纸，造纺织工具，造运输工具，采煤等合作事业。对于公营工业，则是提高产量和质量，保证公用布匹、纸张、煤油、肥皂的自给，同时适当的调剂市场。例如去年每月产纸一七〇令，今年已提高到每月产二六〇令，肥皂在今年头三个月超过五万条等等，就是一个显著的成绩。我们对于合作社，特别免除公粮负担，以为奖励；对于公营工厂的工人待遇，最近特定出工资的新标准，用实物供给计算，以提高劳动热忱。

在今天的经济建设上，须得特别注意的是：调剂金融，平衡出入口贸易，以平抑物价。在金融方面，我们颁布了新的金融法令，并在各地组织货币交换所，消灭了某些地方的黑市，并逐渐消灭了拒用边币的现象。在贸易方面，即实行管理政策，奖励必需品入口和有余的生产品出口，限制或禁止必需品出口和非必需品入口。比如每年纸烟入口约值一千多万元，我们今年已把它禁绝了。

四、文化教育

最后，说一说我们的文化教育工作。我们边区，在抗日民主的政治上很进步，但是在文化上却很落后，无论干部和人民，都须提高文化，提高对于政策的认识。关于国民教育，今年仍然是重质不重量，继续整理，把没有作用的小学裁减合并，集中力量，办好完小和中心小学，加强中学师范以上的学校。整理各地教产，并决定在斗佣，盐佣上附加五厘，牲畜买卖手续税上附加一分，以作各地教育经费。最近，并出版了课本十一万册，解决了去年以来教学上很大的困难。

至于干部教育，则以在职干部教育为第一等，以业务教育为主要科目。"做甚（什）么，学甚（什）么"就是总的方针。使所有干部精通业务，发挥工作能力。最近，已经把边区一级的在职干部动员起来，学习中共中央提出的二十二个文件，跟着即动员专署、县、区、乡，也同样学习。其目的是反对主观主义、反对宗派主义、反对党八股，以改正干部思想，转变工作作风，巩固团结。这实在是一件大事。将来学习三个月，即从上到下，检查工作，来一个彻底转变，使我们抗战建国的工作真正大进一步。

至于边区内文学、艺术，以及各种文化团体，过去对于抗战，对于群众和干部，曾经发挥了很大的作用。今年已由本府聘请文化界各方面热心人士，成立文化工作委员会，对所有团体，有计划的领导起来，并在工作上和经济上给以帮助，使整个文化运动，更加统一，向前发展，以建设新民主主义的文化。

以上，就是我们在这期间所作的一些最主要的工作。

（三）工作中的优点和缺点

我们这五个月的工作，有些甚（什）么样的优点呢？

首先，是我们坚持了团结抗战总的方针。在任何恶劣情形□□我们都坚持了这个方针，而在各种具体工作上：军事、政治、经济、文化各方面，都始终贯彻二届参议会所决定的政策，在军队和政权里边，我们坚决实行"精兵简政"；在民主建设上，我们彻底实行三三制；在财政上，我们开始实行了统筹统支的办法；在经济建设上，我们及时的照顾民主［生］，安定民主［生］，解决人民的各种困难；在文化教育上，根据今天边区的落后情形，着重干部教育等等。

其次，在今年的工作中，新的优点，是各级参议会都设立了常驻委员会，政府对于人民中了解得不够的地方，各级常驻委员会都随时把人民的意见反映给政府，使得政府在执行中所发生的缺点，能够及时补救，或者政府还没有想到的问题能够促起注意。因此有些工作能够得到适时的进行。这都是过去所没有的优点。

最后，是我们各级政府的干部，因了各党各派人士的合作，在工作上比从前又有了新的进步，因为三三制政权，引进来了一批新从民间来的人士，使旧有的干部得到启发，打破过去某些自以为是的作风，互相推动，互相学习的结果，使工作有了新的开展。因为这样，我们政府和群众的联系，也比从前更进步了。至于在今天困难的情形下，大多数干部，仍然继续发扬吃苦耐劳的精神，能够克服任何困难，这也是为边区以外某些区域所没有的优点。

这些优点，都是最基本的，因了它，才获得以上的那些显著的成绩。自然也还有缺点，但这只是在整个发展过程中还没有肃清，和有待今后更加努力继续肃清的现象。

那么有些什么缺点呢？

首先，是我们政府和人民的关系在某些地区，还有不密切的现象，我们对于群众实际情况的了解还太不够，以致有个别法令的规定，还不免于主观的想象，不合实际，推行起来，发生一些毛病。我们还没有完全克服文牍主义的现象，政令的解释不够，以致有些区乡干部不容易透彻了解，人民也感到一些繁难，这也是引起上下级的关系，政民的关系，不太密切的原因。至于某些地方，军民关系、政民关系的未尽妥善，司法工作没有迅速解决人民的问题等，也是其原因之一。

其次，是某些干部还没有完全克服老一套的作风。不求深入群众，去耐心的了解群众的情形、心理、要求，而只凭估计，执行起来，就只有强迫命令。动员工作来的时候，就大忙一通，动员工作一过，就好象（像）没有事做，经常的工作制度和奖惩制度，还没有完全充分的建立起来。

最后，是我们的教育，在一部分干部中，进行得不够，有的不肯虚心学习，有的在政府里边把持包办，称王称霸，甚至有个别分子发生贪污腐化的现象。

（四）今后的工作方针

今后，我们的工作方针，主要的还是着重于军事，在今天的战争环境里边，首先非加强军事，就不可能克服严重的困难，保卫边区。继续贯彻精兵政策，加紧部队的训练，并须用极大力量加强不脱离生产的抗日自卫武装，是当前最迫切的任务。为了配合军事，更要在群众中，进行广泛的深入的除奸运动，以肃清汉奸、敌探等破坏分子的活动。在今天，一切须服从战争，帮助军事。因此，我们今后的工作，应该很好的改善军民关系，使群众对于军队的爱护，更进一步；并使人民普遍的了解，要保卫边区，保卫自己，应该从物质上、精神上、行动上，热烈的拥护军队，帮助军队。

无疑地，我们的政策是完全正确的。我们的军队是人民自己的军队，我们的政府，是人民自己的政府，我们的政策，是人民自己的政策。在今天，有些政策还不完全为人民所了解，政府、军队和人民还不够密切，其问题，除了部队中个别分子不顾人民利益者外，重要的是我们政府的工作还不深入。如果不能彻底纠正这一点，则我们的工作，就必然会受到很大的损害。敌探、汉奸等破坏分子企图破坏边区，就时时想利用我们这个弱点进行挑拨。尤其是今天，边区环境在这样险恶的时候，他们更会要利用我们这个弱点，来进行他们的阴谋。在今后的工作，我们首先要下决心，加强和群众的密切联系，彻底健全三三制，使各方面的抗日人民更多的参加政权机关和民意机关。要使每个干部，深入群众，了解群众的生活、要求，及时的解决群众的困难，随时随地帮助群众，使群众感到政府真正给他们解决了问题。而在今天，须迅速实行第二次的精兵简政，派大批干部到下边去，加强下级机构，彻底纠正文牍主义的现象，把政务力求简单，使下级容易推行，使人民感到方便，司法机关，更要加强，真正为人民的争讼，迅速的公平解决，切实执行保障人权财权条例。对于那些接近群众，善于了解群众帮助群众的干部，应该予以及时的表扬和奖励；对于那些脱离群众，把持包办，贪污腐化的干部，应该予以严厉的批评和惩罚。赏罚严明，就会使我们多数好的干部更加发扬，真正成为群众的领导者；这样，政府和人民的关系，就会结成坚固的联系。

因此，在今天的在职干部教育，应该继续加强，并认真进行彻头彻尾的检查，成为我们今后极重要的工作。此外，积极发展文化运动，使干部和人民，在思想上得到充分的培养，也是极重要的。

至于财政工作，更要适应军事的需要，继续统筹统支办法，同时厉行节约运动，克服任何浪费现象。使每个干部和人民，深刻了解今天的困难，和可能到来的更大困难，大家应该继续发扬吃苦耐劳的精神，时时刻刻替目前的财政经济困难着想。经济建设，仍要加紧完成春耕运动，竭力提高人民的耕种热忱，发展劳动（英雄）吴满有运动。在今天，物价仍在不断高涨，对于金融贸易，更须有计划的加以调剂，继续作平抑物价的努力。

这一切，都是我们今后极重要的工作，无论军事、政治、财政、经济、文化、教育各方面，都要用出最大的力量去进行，从各方面来组织群众，使全边区二百万人民团结得象（像）一个人一样，在政府领导之下，克服任何困难和危险，坚持抗战到底，争取抗战的最后胜利。

选自《陕甘宁边区政府文件选编》第六辑，档案出版社1988年版，第1～10页。

44. 陕甘宁边区政府命令——公布重新修正的《陕甘宁边区各级参议会组织条例》、《陕甘宁边区各级参议会选举条例》暨《陕甘宁边区参议会会议规程》

1942年4月6日

各厅、处、院、各专员公署、各县市政府：

陕甘宁边区各级参议会组织条例，陕甘宁边区各级参议会选举条例暨陕甘宁边区参议会会议规程，前经边区第二届参议会重行修正通过。兹特明令公布，希依照实行为要。至于县市参议会会议规程，未制定前，可参照陕甘宁边区参议会会议规程施行。

此令

主　席　林伯渠

副主席　李鼎铭

1942年4月6日

选自《陕甘宁边区政府文件选编》第六辑，档案出版社1988年版，第27～28页。

45. 陕甘宁边区各级参议会组织条例

1941 年 11 月边区第二届参议会修正通过，
1942 年 4 月 6 日边区政府公布

第一章 总 则

第一条 本条例根据国民政府建国大纲，参照国民政府颁布省参议会组织条例，及陕甘宁边区之实际情形，为着动员与团结广大民众参加抗战建国事宜，实现三民主义之抗战建国纲领，完成新民主主义政治而制定之。

第二条 边区各级参议会，为边区各级之人民代表机关。

第二章 议 员

第三条 各级参议会之议员，由人民直接选举，但同级政府认为必要时，得聘请勤劳国事及在社会、经济、文化各方面有名望者为议员，其名额不得超过议员总数十分之一。

第四条 各级参议会议员名额，除聘请者外，依选举条例之规定。

第三章 组 织

第五条 边区设立边区参议会，县（或等于县的市）参议会，及乡市（或等于区的市）参议会。

第六条 边区及县（或等于县的市）参议会，由议员中选出议长一人，副议长一人，主持全会工作；但开大会时，得选举若干人组织主席团，帮助正副议长进行会务。

第七条 边区及县（或等于县的市）参议会，由议员中选出常驻议员，其名额如下：

（一）边区参议会九人；

（二）县（或等于县的市）参议会五人。

议长及副议长为当然常驻议员，在原定名额之内。

第八条 边区及县（或等于县的市）参议会常驻委员，在休会期间，除处理常驻会日常事务外，并有下列各职权：

（一）监督同级政府对参议会议决案之执行；

（二）听取同级政府之按期工作报告；

（三）向同级政府提出建议与询问；

（四）派代表出席同级政府委员会会议；

（五）必要时决定召集参议会临时会议。

第九条 乡市参议会采用立法行政合一制，不设议长副议长，开会时推举主席团三人，主持会务，乡市长为当然主席团之一，休会期间不设常驻委员。

第十条 等于区的市设参议会．与乡市参议会之组织同，乡以下之坊或保不设参议会。

第十一条 边区县参议员被选为政府委员会，不退出参议会，

但讨论关于其本身问题时，只有发言权无表决权。

第十二条 各级参议会开会时，设秘书处、议员资格审查委员会，及各种提案审查委

员会，其组织另定之。

第四章 职 权

第十三条 边区参议会之职权如下：

（一）选举政府主席、副主席、政府委员及边区高等法院院长；

（二）罢免边区政府正副主席、政府委员，及边区高等法院院长；

（三）监察及弹劾边区各级政府、司法机关之公务人员；

（四）创制及复决边区之单行法规；

（五）批准关于民政、财政、粮食、建设、教育及地方军事等各项计划；

（六）通过边区政府提出之预算，并审查其决算；

（七）决定征收废除或增减地方捐税；

（八）决定发行地方公债；

（九）议决边区政府主席、政府委员会，及各厅厅长、高等法院院长，提交审议事项；

（十）议决边区人民及民众团体提请审议事项；

（十一）督促及检查边区政府执行参议会决议之事项；

（十二）决定边区应兴应革之重要事项；

（十三）追认闭会期间常驻会，及边区政府主席或政府委员会关于紧急措置之重要事项。

第十四条 县（或等于县的市）参议会之职权如下：

（一）选举县（市）长，必要时得加选副县（市）长，县（市）政府委员及地方法院院长；

（二）罢免县（市）长及副县（市）长、县（市）政府委员及地方法院院长；

（三）监察及弹劾县（市）政府司法机关之公务人员；

（四）决定本县（市）地方经费收支事项；

（五）创制与复决本县（市）单行法规；

（六）批准关于县（市）政府之民政、财政、粮食、建设、教育及地方军事等各项计划；

（七）议决县（市）长、县（市）政府委员会交议事项；

（八）议决本县（市）人民及群众团体提请审议事项；

（九）督促及检查县（市）政府执行参议会决议之事项；

（十）决定本县（市）应兴应革之重要事项；

（十一）追认参议会闭会期间常驻会及县（市）长、县（市）政府委员，关于紧急措置事项。

第十五条 乡市参议会之职权如下：

（一）议决并执行本乡市应兴应革事项；

（二）议决并执行上级政府交办事项；

（三）议决本乡市人民公约；

（四）议决本乡市经费之收支事项；

（五）议决并执行本乡市人民及民众团体提议事项；

（六）选举并罢免乡市长及乡市政府委员；

（七）监督与弹劾乡市及村坊行政人员。

第十六条　村长行政村主任（市的坊长或甲长）由选民大会直接选举之，每年改选一次。

第五章　会　议

第十七条　各级参议会之会期规定如下：

（一）边区参议会一年开会一次；

（二）县（市）参议会每半年开会一次；

（三）乡市参议会每两月开会一次；

（四）边区及县（市）参议会常驻议员每月开会一次。

第十八条　边区县参议会有下列情形之一者得召集临时会议：

（一）有各该同级政府之请求者；

（二）有各该参议会议员三分之一以上之请求者；

（三）有各该管辖区域内民众团体之联合请求者；

（四）经各该参议会常驻委员会之决定者。

第十九条　乡市（或等于区的市）参议会有下列情形之一者得召集临时会议：

（一）乡市长认为必要时；

（二）村长行政村主任（或坊长甲长）联名请求时；

（三）十分之一以上选民请求时。

第二十条　各级参议会会议规则另定之。

第二十一条　边区县参议会开会时，非兼参议员之同级行政及司法长官，均得列席，有发言权无表决权。

非兼参议员之村长、行政村主任（或坊长甲长），得出席乡市参议会，其权利与一般参议员同。

第二十二条　边区县（市）参议会之决议案，咨送同级政府执行，如政府委员会认为不当时，应即详具理由送回原参议会复议，乡市政府无此权限。

第二十三条　下级参议会无否决或停止执行上级参议会或上级政府决议与命令之权，但得陈述意见请其变更，在未变更前仍须照原案执行。

下级参议会决定之案件有不当时，同级政府受上级政府或上级参议会之指示，得停止执行。

第二十四条　各级参议会议员，在议会中之言论，对外不负责任。

第二十五条　各级参议员在任期间，除现行犯外，非经各级参议会或常驻委员会之许可，不得逮捕或罢免。

第六章　任　期

第二十六条　各级参议会之任期规定于下：

（一）边区参议会议员任期三年；

（二）县（市）参议会议员任期二年；

（三）乡市参议会议员任期一年。

第二十七条　边区县参议会议员，如在任期内，因故出缺或罢免时，由候补议员递补。

第二十八条　候补议员得出席参议会，有发言权无表决权。惟本选举单位正式议员，因事暂时缺席，委托候补议员代理时，得有临时的表决权。

第七章　改　选

第二十九条　各级参议会议员任期满后，依照选举条例改选之，但得连选连任。

第八章　附　则

第三十条　本条例修改及解释权属于边区参议会。

第三十一条　本条例经边区参议会通过，由边区政府公布施行之。

选自《抗日根据地政策条例汇集》陕甘宁之部（上），1942年版，第65～72页。

互校版本：

1.《陕甘宁革命根据地史料选辑》第一辑，甘肃人民出版社1981年版，第174～180页。

2.《陕甘宁边区政府文件选编》第六辑，档案出版社1988年版，第28～33页。

3.《中国新民主主义革命时期根据地法制文献选编》第二卷，中国社会科学出版社1981年版，第186～193页。原注："选自《陕甘宁边区第二届参议会汇刊》一九四二年版"。

46. 陕甘宁边区参议会会议规程

1941年11月边区第二届参议会通过，
1942年4月6日边区政府公布

第一章　总　则

第一条　本规程依据陕甘宁边区各级参议会组织条例第七、八、十一、十八各条规定制定之。

第二条　参议员中选出之正副议长，为大会当然主席，并得以需要推举议员若干人组织主席团主持会议。

第三条　正副议长为大会主席团当然主席，每次会议时之主席由主席团轮流充任之。

第四条　边区参议会会期定为十月［日］；必要时得延长之。

第五条　参议会开会时，有参议员过半数之出席，始得开议，有出席参议员过半数之赞成，始得决议。

第六条　参议会之会议公开之；必要时得由主席宣告开秘密会议。

第七条　参议会之开会、休会及散会，由主席宣告之。

第八条　参议员在会场之席次，由筹备会编定之。

第九条　参议员在会议内得自由发表言论，不受任何限制。

第十条　参议会开会时，依参议会组织条例第十九条之规定，同级行政首长及司法首长均得列席；有发言权，无表决权。

第二章　提案及讨论表决

第十一条　凡关于抗战建国地方建设，及为边区参议会之职权所及者，均得提出为议案。

第十二条　凡参议员及边区之民众、文化、学术各团体，均得提出提案于参议会。

第十三条　凡议案应以书面为之，详具议题、理由及办法。议案应详具议题、理由及办法，经参议员五人连署提出之。

第十四条　提案经由主席团分交各审查委员会审查后，再提交大会讨论议决。

第十五条　凡参议员得以书面或口头提出临时动议；但须在当日议事日程所列各案议毕时为之；如已届散会时间，得由主席提付下次会议讨论。

第十六条　讨论之进行依议事日程所定之顺序，惟经大会决议，得变更之。

第十七条　参议员对于议事日程所列之议题，欲发言时，应先将其编定之番号以书面或口头通知主席团，至其发言之先后，由主席团以收到通知之顺序决定之。

第十八条　除报告外，一般发言不得超过十五分钟，在同一议案，一人发言不得超过两次。

第十九条　关于提案之说明、质疑、答复、及讨论，超过规定之时间者，主席得终止之；但经大会多数同意者，得延长之。

第二十条　会议讨论之结果，如有数种意见时，其表决之顺序由主席决定之。

第二十一条　表决之方式，以无记名投票，或举手为之。

第三章　报告与询问

第二十二条　政府工作报告，由各主管机关负责以书面或口头为之。

第二十三条　政府工作报告，须列入议事日程，进行讨论。

第二十四条　凡参议员对于政府工作报告，均有询问权，询问时以书面或口头为之，由大会主席团通知主管机关负责人定期答复之；如认为答复不满意时，可再提出询问。

第四章　选举与罢免

第二十五条　参议会选举政府正副主席、政府委员、法院院长，参议会常驻委员，均以无记名投票选举之，得票最多数者为当选。

第二十六条　罢免政府正副主席或法院院长之提案，须有出席参议员二十人以上之连署，始得提议，经大会出席议员三分之二以上之赞成，始得为最后决定。

第五章　秘书处

第二十七条　秘书处设秘书长副秘书长各一人，秘书若干人，均由大会主席团选任之。

第二十八条　正副秘书长承主席团之命处理议会一切事宜，并监督指挥各秘书及所属职员之工作。

第二十九条　秘书处设下列各科：

（一）文书科（二）议事科（三）总务科（四）警卫科。

第三十条　各科得依其事务之性质分设若干股。

第三十一条　各科设科长一人，由秘书长任命或秘书兼任之，各股股长一人，干事若干人，由秘书长向政府机关调任之。

第三十二条　文书科专管下列事项：

（一）关于文电及贺礼之收发事宜。

（二）关于文电之撰拟和缮核编译及保管等事宜。

（三）关于编制议事日程及会议记录事宜。

（四）关于各种通知及各种印刷事宜。

（五）关于典守印信事宜。

（六）关于来宾会客之传达事宜。

（七）关于决议案条例报告之整理协助事宜。

第三十三条　议事科专管下列事宜：

（一）关于议员报到登记事宜。

（二）关于议员出席、缺席、登记表编计数及其他协助事宜。

（三）关于会议及各委员会开会之准备事宜。

（四）关于出席证章及旁听券①之制发与登记事宜。

（五）关于接洽新闻记者及发表新闻事宜。

（六）关于议员生活上之保健事宜。

（七）关于会刊编辑事宜。

（八）关于编定议员席次及会场一切布置事宜。

第三十四条　总务科专管下列事项：

（一）关于参议会预算决算之编制事宜。

（二）关于款项出纳保管事宜。

（三）关于大会人员食用住宿一切布置招待事宜。

（四）关于一切文具物具慰劳物品之购置保管事宜。

（五）关于杂务人员之进退指挥事宜。

（六）关于不属其他各科之庶务事宜。

第三十五条　警卫科掌理下列各事项：

（一）会场警卫（二）会场周围警戒（三）防空哨。

第六章　各种审查委员会

第三十六条　边区参议会关于开会时得设立以下各种审查委员会：

（一）政治审查委员会。

（二）财政审查委员会。

（三）经建审查委员会。

（四）文教审查委员会。

（五）军事审查委员会。

（六）特种审查委员会。

第三十七条　凡参议会议决付审查之事件及大会之各种提案等，由主席团按其性质分交各审查委员会审查之。

---

①“档案文件版”为“券”，“甘肃史料版”误为“卷”。

第三十八条　各审查委员会之委员由参议员自动报名参加，但每人至多不得参加两种以上会议，各审查会议之召集人，由主席团拟定名单提出大会决定之。

第三十九条　审查委员会开会时间、地点由召集人定之。开会不得迟延，开会时召集人为主席。

第四十条　各审查委员会认为必要时，得请提案人出席说明之。

第四十一条　审查委员会开会时，得请政府有关人员列席发表意见。正副秘书长，亦得随时列席。

第四十二条　提案经各审查委员会审查及整理后，送交主席团编入议程付议。

第四十三条　特种审查委员会得由主席团聘请专门人材（才）为委员。

第七章　会场秩序及纪律

第四十四条　参议员全体有共同维护会场秩序之责任。

第四十五条　会场秩序细则另定之。

第四十六条　参议员在会议中有违背本规程或妨害会场秩序者，主席得警告或制止之；其情节重大者，得依主席团之决定，或会议之议决惩戒之，惩戒之方式，分为下列各种：

（一）谴责，（二）责令道歉，（三）停止一定时日之出席。

第八章　附　则

第四十七条　本规程如有未尽事宜，得由参议会议决修正之。

第四十八条　本规程自公布之日施行。

选自《抗日根据地政策条例汇集》陕甘宁之部（上），1942年版，第77～83页。

互校版本：

1.《陕甘宁革命根据地史料选辑》第一辑，甘肃人民出版社1981年版，第186～191页，简称“甘肃史料版”。

2.《陕甘宁边区政府文件选编》第六辑，档案出版社1988年版，第54～59页。简称“档案文件版”。

3.《中国新民主主义革命时期根据地法制文献选编》第二卷，中国社会科学出版社1981年版，第193～200页。原注：“选自《抗日根据地政策条例汇集——陕甘宁之部》上册，一九四二年版”。原编者注：“本规程各县参议会亦可参酌适用”。

47. 边区政府委员会第二次会议关于政府工作的决议

1942年4月9日

检查了政府三个月的工作以后，边区政府委员会认为政府在这期间的工作是有进步的，它秉承着边区参议会指出的方向，实行编整人员，确定组织机构，建立各种制度，初步的向着精兵简政的目标迈进；征收二十万担公粮，二千余万斤公草，保证了军队、机关、学校的给养；开展春耕运动，借粮草给人民，发放农贷，减少动员，以发展边区的经济建设；同时开始注意减轻人民负担，来提高生产热忱，安定人民生活。

然而工作的转变还只是开始，政府工作的缺点还很多。精兵简政并没有彻底的贯彻到全部工作中去，因此在组织机构上还显得头重脚轻，干部没有很适当调整，工作制度尚未正规，政令尚繁而又有些不切合实际的情形，在工作联系上，是上级领导不够具体，检查不够深入，下面是不完全了解政策法令，有些工作方式是与指示相反的一套，形成了上下不通气和工作脱节疲沓的现象。在负担问题上，是只顾完成任务，对了解具体情况不够，也没有完全做到公平合理。在下级干部中仍有些耍私情，拖工作的现象，一般的需要提高工作的积极性与研究性。

这些缺点需要克服，且可能克服的。目前工作的重心是要照顾和安定人民生活，发展生产，因此，除确定今年征粮数目为十六万石，征草数目一千六百万斤，以及废除羊子税外，应该调整壮丁与牲口的动员，准备土地登记，确定地权，实行自由驮盐。在经济建设上，要贯彻春耕工作，管理对外贸易。对健全民主政治的实施，则是实行乡级改选，健全（三三制）的县乡级的参议会，一些不适合（三三制）的县议会和县政府，应提前改选，切实保障人权、财权、政权，公平解决人民诉讼问题，在战争时期，更要整训地方武装，大量制造武器，并对战争作精神的准备。而进一步的实施精兵简政，则是完成以上各种工作的中心关键，政府的工作必须继续贯彻这种精神。在这里，对组织机构要重新调整，加强下层，统一干部的管理，同时要建立各种正规制度，健全在职干部教育，以提高干部，并建立奖惩制度，彻底发扬工作优点和改正工作缺点，树立政府的威信。

因此，精兵简政应走入第二阶段，为了要在边区全面的彻底的进行这一工作，政府特决定邀请党与军队，共同组织扩大的编整委员会，加强其职权，责成于三个月内详细研究出具体方案，提交下届政府委员会讨论执行。同时，要抓紧干部教育，特别是干部教育中业务教育，因为只有边区以及县区乡在职干部的水平提高，懂得自己的工作，才有可能把工作改进，另一方面，要改变干部配备的头重脚轻的现象，边区一级的干部，要大量的分配下去，负责同志也应经常出巡，帮助下级，至其他许多弱点，政府均应以最大决心，来一一纠正。在各种政策实施上，领导方式上，机构组织上，应予最近期间进行深入的检查，以为纠正的准备。

选自《抗日根据地政策条例汇集》陕甘宁之部（上），1942年版，第122～123页。

互校版本：

1.《陕甘宁革命根据地史料选辑》第一辑，甘肃人民出版社1981年版，第167～168页。

2.《陕甘宁边区政府文件选编》第六辑，档案出版社1988年版，第69～70页。原注："《抗日根据地政策条例汇集》陕甘宁之部（上）1942年7月编印"。

48. 陕甘宁边区政府第二次精兵简政实施方案纲要

1942年6月11日

（一） 前 言

边区政权建设工作，是处在下列各种情况中的：第一，战争的环境。临时动员工作多，组织机构常因工作需要与情况变化而变动多。第二，交通不便利。上下级联系困难，上情难于下达，下情难于上达，机构不灵活，物质供应也困难。第三，政权工作经验少，一般的文化程度落后，多赖摸索与创造，领导上单赖文字收效不大。第四，工作基础尚差，要做的事情特别多，如户口、土地等，都还没有精确的调查。第五，工作的进行有党的领导与帮助。

在过去工作进程中，我们有了进步有了成绩的。但要政权建设的更合理更巩固，尚是发展的过程。我们仍有很大缺点，要求不断的改进。比如，第一，领导不集中，由于边府各机关住的分散。第二，工作多偏于事务的应付，由于政务工作与事务工作划分不清，职权不明，许多领导同志常受事务工作的纷扰，妨碍了政务领导，事务工作也做不好。第三，头重脚轻，上级组织庞大，下级必要的人事未落实，不能发挥下级独立解决问题的更好作用。有时上级还包办下级与代替了下级工作。第四，工作制度尚欠完善，不合理不正规。例如供给制度不统一，有时又过于统一，如边区各机关人员待遇多不相同，其他如工作团太多，如干部未能统一管理，如受理人民控诉制度许多地方尚未能建立好等，都可看得出工作的不合理与不正规来。

（二）边区政府需要怎样的组织机构

一、依前面所说的边区政权建设中各种实际情况与我们本身还存在着的缺点，目前边区政府的性质，应成为政务领导的机关，其基本任务应是“了解情况，掌握政策，督导行政，培养干部”。如此，必须健全边府本身的工作制度与组织，加强下级的工作，俾下级有处理边区政府所赋于（予）工作任务的能力及权限。

二、边区政府工作制度的第一点，应实行合署办公制度，改善本身的工作与对下级的领导。

第一，首先实行民、财、教、建四厅与秘书处的合署办公。保安处，高等法院因工作性质不同可暂不合。

第二，设立合署办公厅。依目前房屋实况可采取“大合小分”制，即各厅处需要参加集体办公人员（原则上负责事务工作与特殊技术工作人员不参加集体办公），均集中与接近一排窑洞办公。每个厅可占两个至三个窑洞，分厅集体。主席和厅长们可另设一大办公厅（现在秘书处住的十六面窑洞及主席院中几个窑洞均可用，十六面窑洞可作为各厅集体办公地点，主席院中窑可作主席厅长住室及办公厅），由秘书长主持。

第三，在合署办公情形下，秘书处掌理各厅共同之内务与日常事务，及不属各厅诸事项，而各厅之执掌任务，仍如政府组织条例所规定，无须变更。

第四，对外各项行文，多以正副主席出名。其关系各厅者，由各厅长副署，此类文件均由秘书长总核后，交主席会同各厅长判行。

但属于各厅单独处理事项，各厅仍得单独行文。

下级工作报告，只呈给主席，由主席分交办理，一道呈文即可。

第五，如此，则各厅以搬住一处为合宜。此次编整后，公务人员不过一百四五十人，连事务人员约有二百五十人左右，则现在政府民、建两厅现有之住址约可够住。（可将政权研究班合并行政学院，家属及老年可另行安置。必要时警卫连可以搬出附近住。）

第六，其他如实行层级负责制，有职有权，分工明确，职责分明。各厅秘书主任职权略微提高为佐理政务及协理监督各科工作等项制度，都要很好的建立。

合署办公包括的许多制度，均须建立并明文规定，以资遵守。

三、边区政府工作制度的第二点，要把政务与事务相当的分开，现在边区政府的工作，约可分为政务的、事务的、事业的三类。所谓政务，是政策的领导并包括其具体的业务。如各厅及厅内的科，一方面决定政策，一方面执行工作任务内的各项具体工作。事务类是专指日常生活方面的，如供给、生产、会计以及文书、收发等。事业机关则在政务机关领导下管理其事业工作，如税务局，粮食局，卫生处，通讯站等。

现在边区政府下各事业机关均相当分开的，但政务与事务还未明确划分，许多领导同志还被日常琐事所纷扰，有碍很好的想问题，进行具体的领导工作。因此必须确定，在集体办公后，可把一切日常事务工作，设立专管机关管理，指定专人负责，督促检查。

第一，边府各厅处专门掌理其政务，其各项事务工作，大部分集中在秘书处领导之下，把秘书处成为合署办公之各厅的内务、行政部门，当然也有一部分政务工作的，如领导法制室工作团等。

第二，集体办公后可以合并的事务略述如下：

1. 总务工作，包括供给、生产、管理、人事、分配房屋、招待、警卫及其他庶务工作等，可以统一管理。

2. 特别会计，如民厅之民政事业费，建厅之建设费，教厅之教育费等等，可以统一管理，但只系管理领取、出纳、会计等，主权仍属各厅。

3. 文书收发工作，如缮写、印刷、校对、收发等，可以统一管理。

4. 统计及材料之保管，亦可统一。

第三，各厅可设一事务秘书，与秘书处下这些事务工作部门发生密切联系，受各厅秘书室的领导。

以上各制度，均应于周密考虑后，订立各种成文办事细则。

四、边区政府工作制度的第三点，要加强下级，这里首先要加强各县政府的独立工作能力。

第一，要给县政府尤其县长以相当的权限。边区政府只负对他们领导督促检查等责任。在不违背已定政策与边区指示命令情形下，县长有处理指定工作，配备干部，调支经费等各项权限。一方面要提高其自动性积极性与独立解决问题的能力，同时要县长绝对的对边区政府负责。

第二，边区政府现管之某些具体政务，尽可能的责成各县办理，边府各厅只负领导督查及总其成的责任。例如：调查研究工作主要应责成各县经常供给边府以材料，不必事事派人自找。征粮、选举、生产、动员等工作，均主要责成各县负责处理，不必事事派工作团帮助。抚恤、救济、土地、婚姻、社团登记等，边府只决定政策，办理统一的手续，规定一定的制度，交给各县或军队执行。民事调解，必先经过县，县解决后，不服则接收，不能件件都管，代替了下级的工作。各项经济建设与文化教育，亦督责各县负责管理，但属于边区性质者，可由各厅兼管，如各公营工厂及边区各学校等。教育经费等，属于各县者，均可交各县去管，教厅只负审查统筹等责。其他如税收粮食、卫生、通讯等工作，各县均可有责直接管理与领导，这样边府可以减轻许多日常政务工作，工作也可以做得更好些。

第三，要重视组织系统，各厅领导各县，一定要经过县长，由县长总其成并向边府各厅负责，各科则向县长负责。纠正过去由厅直接到科及某些科倡特殊性独立性，不经过县长的现象。

第四，要办到以上各点，应增加各县有相当文化程度与有行政工作经验的、必要数量的干部，如各县应有一个强的秘书主任，各科应有一个以上强的科员，人不一定要多。

半年来延安市许多优良政绩，颇值我们注意并采取以对各县的。

五、根据以上的工作和制度，可以大概确定边府各厅处的组织机构了。这个机构的合理原则应为“紧缩上级，加强下级，政事分开，合署办公”。

现将各厅处组织机构及人数列出如下，作为统一的规定。（这个组织应是合署办公后的要求，还不能立刻这样办的，还要经过一个准备过程，至于机构与人数，也只能原则上的规定，还得于实行时依实际作明确规定。）

第一，秘书处五十二至五十四人。

1. 秘书长一人。

2. 秘书主任一人，秘书二人至三人（管理会议记录、机要及不属各厅处的文电等）。

3. 总务科十一人，管理各厅之供给、生产、警卫、招待等。

4. 文书科十三人，管理缮写、印刷、校对、档案等。

5. 收发科五人，管理各厅处之收发，各厅处均不设内收发。

6. 工作团十人，临时出发各县解决重要问题。

7. 统计材料室四人至五人，管理各厅处统计（分工同各厅处发生密切联系）及各厅总结性材料书报等。

以上可属秘书长领导，秘书主任监督指导。

8. 特别会计室三人，可归主席领导，保管各厅事业经费。

9. 法制室二人，可归主席领导。

第二，民政厅二十三人。

1. 正副厅长各一人。

2. 秘书室四人，内主任一人，秘书三人，分管拟稿、机要、庶务及不属各科事项。

3. 第一科四人，管选举、土地、民事、户籍、动员等。

4. 第二科九人，管理干部行政、组织、区划等（内有保健员一人）。

5. 第三科四人，管理各项社会政策（如救济、婚姻等，……）。

第三，财政厅十七人。

1. 正副厅长各一人。

2. 秘书室三人（同前）。

3. 第一科五人（供给科），管理边区各机关被服鞋袜等预算决算、购置保管等。

4. 第二科五人（会计科），管理边区各机关会计、岁计、出纳、统计等。

5. 第三科二人，管理盐务、土地登记等。

第四，教育厅二十二人。

1. 厅长二人。

2. 秘书室四人（内印刷及收发一人）。

3. 第一科三人，管理学校教育，社会教育。

4. 第二科二人，管理干部教育。

5. 编审室五人。

6. 督学六人。

鲁迅图书馆可归延安市政府领导。

教育干部可归第二科长兼管，经费审计可归第一科科长兼或秘书主任兼，秘书室可设印刷及发课本等一人。

第五，建设厅十九人至二十六人。

1. 厅长二人。

2. 秘书室三人。

3. 第一科三人，管农业生产、林务、牧畜等。

4. 第二科三人，管公营工业，矿业、及领导各县工业建设等。

5. 第三科二人，管合作指导。

6. 第四科三人，管水利、公路、运盐等。

7. 技术室三人至十人（包括技正、技师、技佐等）。

第六，保安处可不变动。

第七，高等法院

1. 院长一人。

2. 秘书处十二人（秘书长一人，秘书二人，文书股三人，庶务股六人）。

3. 司法行政科四人。

4. 法庭八人（庭长一人，推事二人，检察员二人，书记员三人）。

5. 监狱九人。

6. 卫生所二人。

地方法院可合并住址便于领导，且可共用警卫、法警、看守所、监狱等。

文书庶务改归秘书室，减少院长的一部分事务工作。

第八，民族事务委员会，文化工作委员会等，可设一人至三人。

第九，勤务、伙夫、马夫、马匹、窑洞等分配标准还可按照上次整编时规定，具体人数另定。

第十，文工会、防疫会共八人。

第十一，政权研究班可附设行政学院。

第十二，卫生处、通讯站、粮食局、税务局、禁烟督察处等均依工作需要实行缩减，但其组织仍不并科，分归各厅领导。

（三）实现如上办法的步骤

欲实现上列办法，还须经过一个过程，现分两个时期进行。

第一，自即日起，秘书处及民、财、教、建四个厅的住址、制度可仍维持目前的状况，但组织机构，可按照政务会议已通过之编制进行缩减，抽调干部派赴各县工作。保安处，高等法院则维持现状。关于合署办公之一切工作制度，事务机关之建立，及房屋之布置配备等均可进行准备，此项准备工作由秘书处办理。

第二，待一切准备逐渐就绪后，即搬在一起住，合署办公，政务与事务分开并统一管理事务，依上节所列组织缩减人员。

第三，至于下级政权组织机构工作制度，均待继续研究后，提出讨论。以上边区政府各项制度与组织的具体实施，必须于原则通过后，继续进行研究与确定，不是今天一下子可以完全弄好的。

选自《陕甘宁边区政府文件选编》第六辑，档案出版社 1988 年版，第 204～211 页。

49. 陕甘宁边区政府对于边区参议会扩大常委会建议的决议

1942 年 6 月 19 日边区政府第二十四次政务会议修正通过

边区参议会六次常委会对政府工作提出的建议，指出肃清太平观念，一切工作须环绕着战争；要更加照顾群众的利益；建立适合边区情况的一些制度；提高干部的作用和能力；适当的处理财政与负担问题；加强边区的司法工作等。政府认为这些建议完全正确。有些政府已经注意并开始实行。因此全部接受参议会常委会的建议，并决定如下：

（一）军事第一，一切工作服从战争。首先是正规军的战斗力的加强，与人员的补充，要逐渐做到部队的供给，全部由政府保证，使部队得专心于训练与防卫。彻底检查优抗工作，重新做出决定，“务使八路军与一切友军在边区的家属得到物质上的保障与精神上的安慰。”自卫军、民兵、游击队，不仅要每人有一件武器，“大量制造手榴弹、炸弹、地雷、土枪、梭标等”，而且要他们真是民众自卫的武装。平时锄奸，有事作战。

（二）要在群众中首先在各级干部中，进行反对太平观念与忽视战争的斗争，干部了解了，群众是容易动员的。大家认识了战争的威胁，然后一切战争动员和武装民众工作，不致流为形式，然后军民关系更能够亲密起来。

（三）与群众密切联系，是政府工作的基本方针，政府人员要经常收集与了解人民的情绪与需要，作为制定各种具体政策的张本。比如土地租佃，土地登记，土地纠纷问题，土地税则，税收制度，婚姻问题，司法制度，单行法规，开荒，移民，劳动调剂，合作事业……等，我们所以没有足够的成绩的原因，就是我们做的还不完全是群众要求的。因而不能完全得到群众的积极拥护。政府人员要分工研究这些问题，首先了解情况，然后决定办法，在今冬参议会大会开会以前，组织各种专门委员会，审查现有条规，加以充实与改进，定要把那曾议过而没确定的（如租佃、借贷、农业税……等）搞好，以便议决公布。

（四）精兵简政，为的是事权统一，行动能够简便，劳费减少而工作效率增高；人员减少而干部力量加强。比如厅处长专员县长，减轻些事务工作（不是说不管事务）而多去考虑问题；解决一个比较基本的问题，千百件事务工作也随之解决，所谓“日计不足，月计有余”。提高干部，配备干部，纠正头重脚轻。知识分子干部去做实际工作，比较容易成为独立工作的人。又如合署办公，裁并一些可裁并反而效力增大的骈枝机关学校，重新审查事业，分别必要、次要与不必要的，首先加强必要的，取消不必要的。精兵简政不是消极的而是积极的，不是减去些事不做，而是使事情做得更好，不是只求裁少几个人；而是使每个人都能发挥作用，使工作能贯彻到底。精兵简政是今年工作上一个主要议程，应在最近研究好并实行，应在今冬参议会大会以前，向参议会提出报告。

（五）为着改进司法工作：1. 定期清理积案，今后审讯案件必须执行保障人权财权条例第十一条之规定；2. 加强县的裁判，减少上控案件，实行人民调解；3. 在今冬参议会开会之先须制定一些手续法或实体法的单行条例，提交议会决定公布；4. 编辑司法教育材料，主要利用判例以教育干部。

（六）在今年夏耘秋收直到收公粮期间，应注意：1. 加紧夏耘，通令各处暂时停止或减少建筑，使外来工人均到农村中去锄草；2. 秋收要及时，某些地区还要武装保护，3. 征粮草的数目分配，征收方法，须提早研究，主要要听取各县政府各县参议会的意见，以求办得更好些。

要使分区、县政府，真能负起责任，能够了解情况决定办法，或向上级提供情况和办法，应该确定分区、县的职权，加强其人员，尊重其意见，改变过去“以上代下”的作风。

（七）对于政府工作的检查，目前学习整风文件，即是进行整风检查的准备，各个学习组首先是高级学习组在讨论文件时除了解文件意义外，应深刻反省到政权机关中各个具体工作，各个干部的工作和思想。现在弄清了头绪，检查就易进行，并易得到效果。

选自《陕甘宁革命根据地史料选辑》第一辑，甘肃人民出版社 1981 年版，第 224～226 页。

互校版本：《陕甘宁边区政府文件选编》第六辑，档案出版社 1988 年版，第 220～222 页。

50. 陕甘宁边区政府系统第二次精兵简政方案

1942 年 6 月 30 日边区政府第二十六次政务会议通过

（一）精兵简政的方向

精兵简政的目的，是为了提高行政工作效率。要达到这一目的，不外从下列各方面着手。

一、建立必要的、符合边区实际情况的行政工作制度。边区过去是有工作制度的，例如工作上的检查、计划、报告、分工（不是讲厅、处、科的分工）制度，财政上的审计制度，预决算制度等等。这些工作制度帮助完成了许多大的动员工作，支持了长期抗战，并且发展了边区的经济和文化。缺点是没有完整的一套，就是说还处在新旧交接的过渡时期，旧政权的一套不能完全适用，能适用的未完全吸收，新的一套又未完全建立起来，已建立的一部分又不够完善与彻底，又未完全用成文固定起来。让全体干部遵循，多是各凭各的经验去工作，不能发挥经验。

纠正的办法，一方面审查已有的工作制度，发扬其优长，纠正其缺点，补充其不足，并用成文固定起来，另一方面综合工作中的优良经验，吸收外面成文上的现成办法，将尚未建立而应建立的制度，按照先后缓急，依次建立起来，成为一套完整的工作制度，使全体干部有所遵循。

二、提高干部与适当配备干部。因为边区不是缺乏干部，而是干部一般的能力和文化程度不够。虽然也有不少工作能力较强，文化程度较高的干部，但又配备的不够恰当，他们的作用未能发挥。这个缺点就使得工作的进行，一般的发生困难，平常时期，不会按步（部）就班进行经常工作。大的动员工作一来，就得停止一切日常工作，专为一事突击，否则就不能完成任务。又因为文化程度低，书面指示少有效力，要了解下面情况，也少有可能依靠书面报告，这就产生了要作（做）一件大的工作，就得召集会议。要得了解下面的情况，就得派人去调查，一方面耽误许多工作时间，另一方面上面就不得不有一批干部来帮助和代替下面一部分工作。使上面不得不留有更多的干部，造成头重脚轻的倾向。

纠正的办法，首先是加强在职干部的学习，普遍提高干部的办事能力和文化程度，目前整顿三风，是提高干部的最好办法。应坚决实行，并加紧推动。再就是重新配备干部，将过去囤在上面可以抽出的干部派下去，逐渐做到每个县政府有两个（区政府有一个）文化程度较高，能力较强的秘书，帮助县长（区长）理解上级的指示，总结工作的经验，因为边区的干部不是没有经验，而是没有把经验总结起来。总结经验要有相当文化程度与理论基础的干部去帮助才有可能。再则，在下级干部还不能作（做）到独立完成每一项大的工作任务之前，上级派员去帮助是不可免除的。以后应该派大员下去（如厅长、副厅长、主要的科长等），即在当地解决问题，帮助的效力会更大，并又能吸收下面的工作经验，以供应其他地区的利用。

三、要增加县政府的权限。目前县政府的职权太不够。一方面减低了县政府的责任，限制了县政府的创造性。另一方面事事得向上级请求，而交通不方便，上面又因领导不够集中，答复问题滞钝，不能及时解决问题，形成上面包办办不了，下面能办没有权，搁误公事。

纠正的办法，应给予县政府工作上必需的职权，首先是建立县财政，边区对县财政采取提充与津贴办法。使县政府负起县财政的责任，并将有自由调度余地。并依照《县政府组织条例》的规定，一县之中应兴应革事项，县政府有权决定与执行。一县之中的干部培养与配备，县政府有权调处，纠正事事请示的倾向。

四、密切党、政、民的工作配合。边区政权工作能做出许多成绩，最大原因之一，就是因为有党的领导，民众团体的协助，并且党不但一般的领导政府工作，而且与政府的干部一样参加每项大的动员工作，民众团体的干部也是一样，缺点是没有全发挥各自的作用，党的干部参加政府工作时，多是依照政府工作人员一样的办法工作，不是着重推动政府和民众团体去作（做），以及着手领导政府实行政策。

纠正的办法，党应着重推动政府和民众团体的工作，并着重检讨政策的实行方面。政府应着重研究执行办法。群众团体着重组织民众响应政府的每一号召，反映民众情绪给党政。这样便可以发挥各自的作用，工作步伐更会整齐，工作效率就会提高，所谓党政不分的倾向就会纠正。

五、实行合署办公。合署办公实行了，便利多多商量工作，工作质量会提高，速度会加强。政务与事务的管理可以得到调剂，使各厅有可能多多研究问题，加强对下级的领导。可以免除重墙垒屋的转旋，解决问题会快些。组织机构可以缩小，能节省一批干部充实下级，下面的工作也可以加强。各厅住在一起，人事关系会更密切，学习会更加强，文化娱乐工作也可建立起来，更能提高干部与改善干部的生活。

以上是主要几项，这几项做的（得）越彻底，行政工作效率就会提高，亦即是实际达到精兵简政的目的。

（二）调整政府机构的原则

政府设多少机关部门，是根据工作的需要。机关之大，是根据工作性质，规模和繁简而定。政府现有机构依照工作性质，大致有三类；

第一，行政工作的领导机关。如各厅保安处和法院，这是督导县政府和所属事业专管机关，事务机关的工作的领导机关。他（它）们的基本任务是“了解情况、掌握政策、督导行政、培养干部”。在这种机关工作的干部，要长于研究策划，熟悉政策，指导工作的。如果没有这种作用，干部纵多，作用不多，反而增加人事累赘，妨碍工作。因此，这种机关要以短小精悍，宁缺毋滥为原则。

第二，事业专管机关。如卫生处、粮食局、税务局、贸易局、通讯站、银行等等。他（它）们的任务，是事业设计与指导检查和管理所属系统的工作。所需要的干部要有各该专门事业的技能，干部多少，按事业大小来决定。但这些事业机关有的是很重要，须得加强（如通讯站、粮食局等）。有的事业虽重要，但不必专设专管机关（如交通局、合作指导局、卫生处等）。可以裁局并科，减少伙食单位。有的是可有可无的，应当取消（如林务局、贸易局），其工作并在其他干部内兼管。

第三，技术事务机构，如秘书处、总务科、文书科、收发科、生产科等等。这是行政领导机关或事业专管机关的工作部门。行政或事业机关的独立单位愈多，这些技术事务部门也愈多，一个人的工作，分成几个人做，人就要得多，人的质量就差，工作质量也愈差。如果独立单位减少，这些部门也减少，几个人的工作，合并一个人做，人就要得少，人的质量就好，工作质量也会好。因此，要减少技术事务部门，就得合并机关，减少独立单位。

现将可以减少的机关单位比较如下表：

前后对比，能减少四个厅和抗属工业社、林务局、贸易局、合作指导局、农业局、工业局、交通运输局十一个单位。单位减少，人员跟着减少，领导跟着集中，工作质量跟着提高，解决问题会加速，即实际提高了工作效率。

（三）实施办法

精兵简政，主要应以建立与改进各种制度，配备干部等等开始，使工作效率提高，即达到精兵简政的结果。起初不是减少多少人，甚至还得临时增加必需的人员，帮助建立各种制度，支出必要的建筑费，建设合署办公的房屋等等。要舍个头本，换回节省干部、节省经费的将来。

（一）即日物色五—十人组织委员会，帮助起草和修正各种条规，建立与改进各种制度。使工作走上更正规有秩序。要起草什么条规，建立什么制度，由秘书处提出大纲交政务会通过，然后分先后缓急分头办理。这个工作应在二星期内提出。

（二）目前能裁并的机关即行裁并，但应考虑周到，不要轻率从事，免得革而复兴。

（三）能抽出的干部，即日由民政厅分配派往县上，充实下级。

（四）由秘书处筹备合署办公的住址，拟出合署办公后的供应办法，以及事务技术工作的解决等。此项工作七月底完成，八月开始合署办公。

（五）下星期由民厅拟好附属机关的编整计划交政务会议通过。接着拟定县、区、乡的精兵简政方案。但须经过周密考虑，吸收县、区、乡级政府的意见。

编整前机关单位	编整后机关单位
秘书处 民政厅 财政厅 教育厅 建设厅	合署办公五机关为一单位总称边区政府
卫生处	仍　旧
粮食局	仍　旧
税务局	仍　旧
禁烟督察处	仍　旧
农业局	合并建设厅改为第一科
工业局	合并建设厅改为第二科
林务局	合并建设厅第一科
合作指导局	合并建设厅改为第四科
贸易局	合并光华商店，只存名义
交际处	仍　旧
抗属工业社	取消抗属部份（分）介绍归家，部份（分）安置参加生产
保安处	仍　旧
高等法院	仍　旧
交通运输局	合并建设厅改为第三科
农场（包括奶场）	仍　旧

选自《陕甘宁革命根据地史料选辑》第一辑，甘肃人民出版社 1981 年版，第 217～223 页。

互校版本：

1.《陕甘宁边区政府文件选编》第六辑，档案出版社 1988 年版，第 235～240 页。原

注：“选自《抗日根据地政策条例汇集》陕甘宁之部（上），1942年7月编印”。
2.《陕甘宁边区的精兵简政》，求实出版社1982年版，第42～49页。

51. 陕甘宁边区县务委员会暂行组织条例

1942年6月30日边区政府第二十六次政务会议通过实行

第一条　为着发扬民主政治，适应抗战需要起见，凡边区所辖之县未经县参议会（或临时县参议会）正式选举县政府委员会者，均设立县务委员会，以综理县境一切行政事宜。

第二条　县务委员会由县参议会（或临时县参议会）选举主任委员一人，委员六人至十人组织之。并呈请边区政府加委。县务委员会主任委员及委员在未正式选举前，得由边区政府委任代理之。

第三条　县务委员会冠①以该县县名（如米脂县务委员会）就辖境适中地点设立之。

第四条　县务委员会受边区政府之领导，分区专员公署之督察，及县参议会（或临时参议会）之监督。

第五条　县务委员会主任委员及委员任期二年，惟得连选连任，未届期满而去职者，由县参议会（或临时参议会）补选，在参议会休会期间，由边区政府委人代理，俟参议会开会时再行补选之。

第六条　县务委员会设秘书室、民政股、财政股、教育股、建设股、保安股、裁判员及保安大队等，分管各项 行政及司法事项。

县务委员会因工作之需要，得设各种委员会，依其任务和性质，得请当地党、政、军、民机关团体派员及聘请士绅参加之。

第七条　下列事项须经县务委员会决议行之：

（一）县务委员会各部门工作计划；

（二）上级政府令行事项；

（三）县参议会决议事项；

（四）地方财政收支事项；

（五）其他地方应兴应革事项。

第八条　县务委员会每月开会一次，必要时得召开临时会议。开会时主任委员为当然主席。

第九条　县务委员会各室、股、队执掌事项如下：

（一）秘书室掌理拟缮、印信、档案、收发、庶务及不属各股事项。

（二）民政股掌理选举、抗战动员、干部行政、土地行政、劳资、租佃、户籍、区划、人民团体登记、婚姻、优抗救济、卫生、通讯、民事调解以及改革陋习等事项。

（三）财政股掌理财政收支、地方税收、公产、粮食收支、仓库管理及其他财政建设

① “社科法制版”为“冠”，“档案文件版”和“甘肃史料版”排为“贯”。

事项。必要时得设粮食股，直接归县务委员会领导。

（四）教育股掌理学校教育、干部教育、社会教育、民教馆、图书馆、公园及其他文化建设事项。

（五）建设股掌理农牧、森林、水利、工矿、商业贸易、交通运输、合作事业、生产运动、社会经济调查及其他经济建设事项。

（六）保安股掌理锄奸保卫、缉匪、检查站、放哨、维持公共治安秩序之警务等事项。

（七）裁判员掌理各项民刑案件，在主任委员领导下进行审判。

（八）保安大队受主任委员之领导，保安司令部之指挥，掌理绥靖地方及自卫军，少先队之编制、教育领导等事项。

第十条　秘书室设秘书一人，各股设股长一人，司法股设裁判员一人，保安大队设队长一人，承县务委员会主任委员之命，管理各室、股、队工作。必要时得设副队长等佐理工作。秘书各股长、裁判员、保安大队长，由主任委员提请边区政府委任之。

第十一条　秘书室设助理秘书、文书、收发、庶务若干人，各股设股员若干人，裁判员下设书记和检查员若干人，看守所长一人，均由县务委员会决定，呈报边区政府即主管各厅处院备案。

第十二条　县务委员会为便利工作之执行与检查，应组织县务工作会议，每周开会一次。县务工作会议由主任委员、秘书、各股股长、裁判员、保安大队长组织之。开会时主任委员为当然主席。县务工作会议，必要时得请群众团体负责人或有关工作部门之工作人员列席。

第十三条　县务委员会视辖境形势及需要，得划分若干区乡，于适中地点区设区公署，乡设乡政府，管理各区、乡行政事宜。

旧制联保（等于区）保（等于乡），其名称之改订及行政区域之规划，由县务委员会决定，呈报边区政府核准行之。

第十四条　县务委员会应按期向县参议会（或临时参议会）报告工作。并按月向边区政府即各厅、部、高等法院分别报告工作。

第十五条　县务委员会之印信，由边区政府制发之。

第十六条　县务委员会所属行政组织，除本条例规定外，得参酌边区政府三十一年一月五日公布之《县政府组织条例》、《区公署组织暂行条例》、《乡市政府组织暂行条例》与当地实际情况组织之。但须呈报边区政府核准。

第十七条　县务委员会之辖境之选举事项，得适用边区政府公布之《各级参议会组织条例》、《各级参议会选举条例》进行，但须呈报边区政府核准行之。

第十八条　本条例经边区参议会通过，由边区政府公布施行之。

选自《抗日根据地政策条例汇集》陕甘宁之部（上），1942年版，第59～62页。

互校版本：

1.《陕甘宁革命根据地史料选辑》第一辑，甘肃人民出版社1981年版，第213～216页。简称“甘肃史料版”。

2.《中国新民主主义革命时期根据地法制文献选编》第二卷，中国社会科学出版社

1981年版，第222～225页。原注："选自《抗日根据地政策条例汇集——陕甘宁之部》上册，1942年版"。简称"社科法制版"。

3.《陕甘宁边区政府文件选编》第六辑，档案出版社1988年版，第241～243页。简称"档案文件版"。原注："选自《抗日根据地政策条例汇集》陕甘宁之部（上）1942年7月编印"。

4.《陕甘宁边区法律法规汇编》，三秦出版社2010年版，第87～88页。

52. 陕甘宁边区政府二十九次政务会议原则通过之参议会代表会准备工作计划

1942年7月31日

一、应准备事项

甲、拟就政府工作总报告和各厅处院工作分报告。

乙、拟就各种法规和决议或提案。

丙、筹备议员的宿舍、伙食及招待诸事项。

丁、筹开政府委员会第三次会议。

戊、准备议会与准备合署办公的配合。

二、工作报告

甲、总报告的任务：

说明一年来国际、国内和边区的重要事变的环境，在此环境下政府怎样实施参议会所给予的任务，及一年来施政的主要成就和经验教训，并提出今后工作方向和实施的原则。

此报告由正副主席授意，秘书处拟订大纲，经政务会议通过，再行起草，字数以不超过八千字为原则，须于九月底印就，交政府委员会第三次会议通过后再送参议会。

乙、分报告的任务：

总结各该厅、处、院一年来的工作成就及其经验教训，提出今后工作方向及实施办法的原则。报告要有生动的内容和确实的数目字，以帮助总报告。

此报告由各该厅、处、院负责，字数以不超过五千字为原则，限九月二十号前拟好交秘书处。

丙、各县工作报告：

为充实总分报告内容，总结各县一年来之工作起见，即通令各县向边府作一年的工作报告（报告大纲由秘书处拟就），并限九月二十日前送到边区政府，经审阅后，就中选择最精彩的报告印就，供参议员参阅。

三、法规和决议

甲、法规部分：

地权条例——民厅负责。

租佃条例——同前。

土地登记条例——同前。

土地纠纷解决办法——同前。

债务条例——同前。

土地累进税则——财政厅负责。

婚姻条例——民政厅负责。

俸给制度问题——同前。

公务员奖惩条例——同前。

司法条例——法院负责。

其他应拟草的条规，各厅处院分别负责。

乙、决定或提案部分：

军政民关系案——民政厅负责。

优待抗属案——同前。

县区乡组织及工作方法案——同前。

拥护中共“七七宣言”案——教育厅负责。

拥护驻军及民军案——留守处、保安司令部负责。

财政案——财厅负责。

教育案——教厅负责。

经建案——建厅负责。

其他方案——分别性质由各厅分负。

以上法规决定和提案，绝大部分归民政厅负责拟草，法院负责部分亦较繁多，须（需）要有其他厅处的人员帮助，故拟组织两个起草委员会，分别负责完成民政厅和法院负责的部分，其余各厅处所担负的自行物色人员起草之。起草委员会拟由下列同志组织之。

民厅负责部分的由刘景范、唐洪澄、吕文远、刘复初、王幸之、薛何爽、刘烈夫、彭涛，任范九诸同志，并请西北局，中共中央，民众团体各派对于法规有经验的人参加为委员，以刘景范同志为主任委员。法院部分的由李木庵、吴缫及要请其他有经验的同志参加为委员，以李木庵同志为主任。两起草委员会如认为除委员外，还要帮助的人材（才），可向各厅处院和民众团体商调之，并利用行政训练班干部帮助之。

条规决定应注意之点：①重要之点应附有实际材料加以说明，以便议员易于审查。②各项条规决定均须于九月二十日前后拟草完毕。

四、事务筹备事项

甲、议员宿舍准备利用边府门前正在建筑之旅社，该舍比较集结，易于照管，又可节省人力，只是防空差一点，可以补救。但该校舍尚未建筑完毕，须要有七——十万元贷款的帮助才能建筑好。此款必须借出，否则须另打窑洞，不但需款更多且无适当地点。

乙、议员伙食，鉴于过去自己办理浪费过大，今年拟包给机关饭店，但该店无本钱，没有五——十万元贷款的帮助，给该店在旅馆旁边建设房子，此款亦须借出。[①]

丙、文书工作，过去印的慢，字迹不明，主要原因是稿子来的迟，文书人材（才）不

① 原文如此。

多，一时来不及，应早些把稿拟好，以便在九月底全部印出，其办法除秘书处文书科负责外，并可分发一部分由各厅、处、院、校会筹会印的帮助，以争取印的早，印的好。

丁、此外牲口管理，会场布置，文化工作，防空设备等等均应尽量吸收去年的经验加以改进。

关于事务工作的筹备，提议成立筹备委员会，以下列同志为委员：李景林、陈永清、刘耀三、刘约三、丁仲文、马树兴、王子端、王凡、金城等同志组织之，以陈永清同志为主任委员。

五、召开政府委员会第三次会议

政府委员会第三次会议照例应在八月开会，今拟推迟至十月五日开，开过之后即列席参议会。

政府委员会的任务是检查边府一年来的工作，通过对参议会的工作报告以及各提案。

代表会开过之后，拟再开政府委员会第四次会议，讨论议会决定事项的执行办法。

六、与准备合署办公的配合

合署办公的筹备工作，主要是调整窑洞，统一供给和合署办公的初步办法，困难解决的是窑洞和统一供给，因为能余出的窑洞只二十余孔，要移进的占四十余孔，且秘书处还得增人增窑，最近大雨又有部分房子失掉作用，要建石窑又得拆毁房子十余间，故将财教两厅搬入，必须增建十余间房子，才能容纳，并且还没有合署办公的办公厅。统一供给，每月须从生产上收入八万元左右，现时的基础是不可能的，即使增加基金五十万，也不能解决目前问题，故头一、二、三月必须借钱用，以后赚了再还。

合署办公的初步办法是不成问题的，八月间便可拟好，再进一步建立制度，俟搬在一起再进行，并且只有临时才可能。

以上决定：①财教两厅暂不迁入，俟石窑起好，土窑整好再迁入。②合署办公后，边府开支除现有生产基础收入不敷的由财厅收入项下支付。③高级官待遇所需之费，先由财厅借二万元给秘书处。

选自《陕甘宁边区政府文件选编》第六辑，档案出版社1988年出版，第273～277页。

53. 附［报刊评论］：严肃革命秩序　遵行政府法令

1942年7月23日《解放日报》社论

在我们边区，还存在有一些破坏革命秩序、违犯政府法令和对于政府不够尊重，对于政府法令不大注意的现象。这就是说，在我们共产党人中间，在我们的军队中间，在我们的经济工作人员中间，还存在着一些破坏自己所建立，所维护着的革命秩序，轻视人民投票选出来的政府，忽视了自己做（作）为一个公民也应该遵奉执行法令的现象。甚至在我们的政府工作人员中间，也有些人犯着同样的毛病，好像政府法令只有老百姓才应当遵守，而政府人员自己反可以执法犯法。这些现象亟应加以纠正，特别是我们共产党人，应该是维护革命秩序，遵守政府法令的模范，绝对不容许有（干）犯法纪的行动。

难道在讨论会上、在平常讲话时我们当真不晓得军政关系应该怎样么？难道《五一施政纲领》和经过边区参议会讨论通过交由边区政府公布的《保障人权财权条例》，我们当真不曾看到吗？难道我们不知道每一个边区里面的公民不管他的工作职位多么高，必须尊重边区、市政府、乡政府的法令设施而不容有任何特殊的权利的这样一个简单的道理么？难道我们不知道我们志在为人民的人们，必需（须）处处为群众利益着想，事无大小，必须贯彻这种精神，即如小至一个晚会，参加者须顾到大众利益，遵守会场秩序的义务吗？

有的同志说：造成这种现象的原因是很多的。不是说政府的法令还不够完备，不够具体，所以很难遵守，便是说自己的工作有特殊重要性，可以不受政府法令的约束。其实这种辩护违犯政府法令与轻视地方政府行为的说法，是完全不对的。因为谁不知道革命事业乃是一个不可分的整体，在军队、政府以及群众团体所担任的只是这整体中的一部分任务，他们中间存在的关系只能是互相尊重，协力合作，而不应该有门户之见。谁不知道施政纲领是我们的党所提出经过参议会通过为边区全体人民所应遵守执行，为我们每一个党员所必须遵守执行的法令。谁不知道对于革命秩序在共产党人说来应该是自觉的遵守与爱护而不应该等待条文的颁布与强制的手段。谁不知道我们必须服从自己选出来的政府，而关于政府工作方面的缺点或错误，我们只能以公民的资格，以参议员的资格，或者以政府委员的资格提出修正的建议，与参议会和政府里面非党人士共同协商。于现行的政府法令没有依照法定手续修改以前，我们绝无违犯的权利。

也有的同志这样讲："我们共产党人没有遵守政府法令的传统。"是的，我们对于违犯人民利益、违反民族利益的秩序与法令是缺少服从与遵守的传统的（永远也不会有那样的"传统"!）但是我们却有服从党的纪律的传统，我们却有服从革命利益的传统，我们却有服从人民意志的传统。难道民主的政府和她所发布的政令不就是人民意志的代表、革命利益的具体表现么，难道尊重民主的政府，爱护民主的政府，不就是党对于我们的要求么？难道借口这种或那种的理由而做出或大或小的违犯政府法令的行动，使党和政府在人民间的威信受到或多或少的损害，这是我们应该有的行为么？

资本主义社会之所以比封建社会进步，其主要的特征之一就是因为它废除了身份等级制，在某种程度上实现了"在法律面前万人平等"的原则，（虽则认真说来，这是虚伪的）；即使在封建统治下的中国，也老早就有了"王子犯法与庶民同罪"的说法，而传说中的包拯也就是由于他的执法不阿才被广大人民视为救星，奉为神明的。这一个在封建时代只是广大人民的希望，在资产阶级手里不能完满彻底实现的理想，我们今天在新民主主义的政权下，应该使它成为事实。

我们在坚持抗战、建设民主、改善民生的全部斗争中已经给中国的社会秩序找到了唯一可循的建设道路，遵循了这一道路在陕甘宁边区我们已奠下了和谐与繁荣的牢固基础。但是我们某些同志对于这样的革命秩序还缺少足够的认识与爱护，甚至由于本位主义、门户之见、自由主义这种种非无产阶级思想残余的作祟，以致发生了一些违犯法令、破坏秩序的现象，或者对于这些现象未能及时的彻底的纠正或制止，因此对于这样的问题，我们实有严重提出的必要。

斯大林同志曾经痛斥过那些自居特殊，认为党的纪律、苏维埃的法律管他不着的人物，毛泽东同志一再谆告我们要站在民众之中，不要站在民众之上。这些话，我们应该深切记忆，我们应该身体力行。“严肃革命秩序，遵行政府法令”应该成为我们切实履行的格言。

选自《陕甘宁边区政府文件选编》第六辑，档案出版社1988年版，第449～451页。原注：“1942年7月23日《解放日报》社论。”

54. 陕甘宁边区精兵简政纲领（草案）

1942年9月1日边区政府政务会议通过

一、统一，少而精，提高效率，是陕甘宁边区精兵简政的全部意义。

必须把边区范围内的行政、地方武装、财政等完全统一于边区政府的领导，才能保证思想行动之更能一致与有效。必须组织简单，脱离生产的成员减少，才能保证不甚富庶的边区能够供给长期抗战以人力物力而不致匮竭。必须人尽其力，物尽共用，提高每个政军人员的战斗力与工作力，不使有任何物质的浪费，才能充实力量，准备反攻。

边区政府对于精兵简政的整编已进行了两次，一次有一次的进步。然而应该承认离客观需要之精和简还远。其所以如此，是由于：对精兵简政和巩固根据地准备反攻之不可分离的意义的认识与宣传不够；和精简不相容的本位主义，太平观念，粗枝大叶工作方式没有全克服；只强调缩编，没提出精简工作的全部纲领。因此特提出下列决定。

二、脱离生产的部队应不超过全边区人民总数百分之二，脱离生产的政民工作人员，应不超过全边区人民总数百分之一。

三、关于精兵：

（一）淘汰老弱；

（二）确定枪兵比例；

（三）统一与充实编制——领导机关统一，减少团营番号，充实团营人数，减少直属单位；

（四）加强作战教育；

（五）加强政治教育——发扬官兵一致、兵民一致、严守纪律的优良传统；尊重政权，遵守法令，帮助民众，做民众的模范；

（六）军队供给，政府暂时至少保证十分之七，军队从事工农业自给十分之三，要逐渐做到全部由政府供给。

精兵的详细办法已组整军委员会拟定与执行，政府须帮助，促其实现。

四、关于简政：

（一）精干上层，充实下层。上层领导多于实做，人不在多，在能掌握政策与领导下层去做，下层实做多于领导，人员应提高也应充实（足够的意思不是多余）。

（二）紧缩机构，精选人员。由大化小，如局改科等。同性质的机关，学校合并，一地或一系统下不应有类似的组织，不必要的机关裁撤；不够格的机关、学校及学生，或合并或清洗。一个人能做的事，不许用二人；相反，要提倡一人能做几人的事，要每人有事做，有足够的事做。

（三）确定职责，建立制度。专署、县政府、区、乡政府的职权与责任，边府各厅处院的职权与责任，他们的上下间彼此间的关系，都须根据民主集中制的原则给以明文规定。现在有的因职权不定因而推诿或不负责，有的又越权——瞒上不瞒下；有的相互间发生不满，这都是妨碍工作创造与推行的现象，必须终止。

（四）办事迅速，减少文牍。边府各厅处合署办公，专署县府合室办公，区乡政府要有办公地点，经常有人办公。一天能做完的，不许拖到两天，主管人员要经常考核。少发文件，一件工作不是文件一发就了事，而要注意工作的实际能做好。乱发命令，不顾实际，检查很少，有头无尾的作风，要一扫干净。

（五）学习业务，工作专门。政权工作是细密的，我们必须有具备旧的政治常识、新的政权经验而能胜任愉快的人才，这样人才不是现成有而需要创造，我们已创造了一些，但异常不够。应该厉行做什么学什么的作风，不轻易调动干部，俾能专精其业，干部配备要适宜，不要用非所学。边府既已开始这样做，应即成为定规，一革从前不调查研究，切断历史，以感想当政策的毛病。

应该把培养和配备干部看做是政权的基本任务。

（六）养成法治，厉行民治。法令不轻颁布，一经颁布，必严格遵守，不要朝令夕改，不要自己忘记。尊重议会，时时听取人民呼声，养成民主作风，各阶级各党派人士融成一片。

（七）军事第一，对军负责。筹措军费是第一等事；优待抗属，须深入检查做出新的决定；优待残废，给工作，给抚恤，给教育，帮助生产，使各得其所；尊重军人，尊敬和保障；厉行兵役，归队运动，扩兵运动，政府实际负责；加强民兵，平时战时均能与正规军配合。各级政府不把军队看做自己的事，忽视帮助军队的，应受到批评与责罚。

（八）统筹统支，经营一致。财政经济的分散经营，是不得已的办法，现必厉行统一，以避免浪费和其他弊端。各部分实行预决算制度，不得浮报，自营收入，须实报出来。除自营工业、农业外，公营商业要统一。又凡从事生产人员的生活不得开支公款。

（九）负担合理，节省开支。从速制定农业累进税以代替救国公粮的临时办法，改良动员法，化零的负担为整的负担。制定粮食、被服、马匹、建筑、什支各项节省办法，组织各级节省委员会，务求无微不入。

（十）实行奖惩，俸以养廉。不执行命令，违反民意。消极怠工，有过的必罚；能完成任务，关心民瘼，创出办法，有功的必赏。要经常检查，发现各级人员的功和过。同时要保证各级人员的个人与家庭的最低生活，逐渐由供给制进到薪俸制。

五、政府、军队、民众团体的关系须有明文规定。军队是政权的一部分，他和政权须保持正确的关系。民众团体要建立真实的民众基础，在不违反政府法令下独立进行工作，其经费由政府给以补助。

六、编整委员会不能包括全部精简工作，应另设整政整军以至整财等等委员会，分别进行工作。各委员会的实际办事机关，编委会为民政厅，整政会为边府秘书处，其他类推。

各分区县市的政府系统，各司令部师旅团的军事系统，均应设立整编或整政整军的委员会，使精简工作做到上下一致。

七、边府要把精兵简政意义和实施办法，经过报纸，经过各级政军的宣传机关，经过各种会议，广为解释宣传，使大众懂得，起来拥护，然后精简才能彻底。

精兵简政不是一次能完全做好的，要从实践中和不断研究中改进。现只是精兵简政工作的突击，不能以暂时做做就完事。

八、编余人员应好好安插、救济或帮助其从事生产，反对不管的恶习。

九、边区参议会议员小组代表会以前，努力进行精简工作，即整政整军整财……等工作。议员小组代表会议开会时，即检查精简工作，并选出点验委员会点验军队。

选自《陕甘宁边区政府文件选编》第六辑，档案出版社1988年版，第329～333页。

互校版本：《陕甘宁边区的精兵简政》，求实出版社1982年版，第65～69页。

55. 附［工作经验］：陕甘宁边区参议会工作的两点经验

1942年11月19日

陕甘宁边区参议会工作的两点经验，根据最近西北局高干会议关于陕甘宁边区参议会工作经验的总结，有以下二点可供各地参考：

（一）新民主主义政权组织的原则，是实行民主集中制，不是三权分立，也不是两权并立。各级参议会是各级政权的最高权力机关，政府由各级参议会产生，并执行其决定。但在参议会闭会后，应该承认政府是执行权力机关，参议会常设委员会驻会委员会对政府只有监督政府执行决议之权，不可把这种监督强调为制约作用。若过分强调常设委员会的权力与工作，便会发生两权并立现象。因此这种常设委员会不需要有多人经常脱离生产集中办事，各县常驻议会至多有一人脱离生产就够。

（二）陕甘宁边区参议会曾为了使议员在议会闭会后仍有工作，因此将散在各县的边区参议员编成小组，规订［定］他们有权参加县、乡参议会，并定期开小组会，向边区常设委员会反映下面意见。同时边参常设委员会，又直接领导县、乡参议会工作，结果形成政府与议会两个系统对立现象，并使地主阶级可以利用议员小组在各县组织与团结起来。

上述两种现象，在陕甘宁边区均已注意纠正。

选自《中共中央西北局文件汇集》（1942年），中央档案馆陕西省档案馆编，1994年8月版，第286～287页。

56. 李鼎铭副主席在边区政府第三次委员会报告政府八个月工作与简政方案

1942年12月3日

李副主席在第三次政府委员会议第一日，向政府委员会作八个月政府工作与简政方案报告。该报告分为三大问题：一、已经作（做）过的；二、还没有作（做）或作（做）得不够的；三、已制定方案正待今后继续作（做）的。

谈到八个月来政府工作之成绩时，副主席指出以下几点：（一）实行精兵简政和加强民众武装。除精兵问题另有报告外，在加强民众武装方面，整训了自卫军，整顿了哨站。简政方面，进行了第二次简政，在精简机构人员方面都比前次进步，但不够彻底；于是又经月余研究制定了最近一次《简政实施纲要》。这是一个比较更完整的方案，正待今后实现，另外同时也还进行了整财和整军。（二）贯彻三三制建立制度。有二十二个县完全实现了三三制，八个县经过今年乡选后，共产党员的比例已接近了三分之一。建制方面，根据各方面调查材料，对原有法规经过修正或重新草定，如土地租佃条例、征粮条例、各级政府组织条例、政纪总则、政务人员规约、干部管理通则等，这些条例都要在这次会上通过。（三）安定人民生活，发展经济建设。制定了优待移民难民条例。农业生产上今年五十五万亩的开荒计划，在开秋荒后即可完成，产量上虽不能达到预定数额，但对于军食民食仍然有充分保证；植棉计划已完成十万亩。工业生产都超过了半年前的产量，难民工厂织布一月份是三百五十二匹，至八月份增至六百二十匹。振华纸厂造纸一月份是二百三十三令，至六月份增至三百三十二令。并有一部分产品如毛毯、肥皂还可向外输出。发放了十四个县的耕牛、农具、植棉、青苗、家庭纺织等贷款，共贷出四百四十八万五千余元，购买了二千六百七十头牛，四千九百八十件农具，解决了八千多农家的困难，增加十万八千余亩耕地，多打三万多石粮。（四）加强财政工作厉行节约。完成了统筹统支计划，保证各系统的开支供给，公盐代金只差尾数，公债开始还本，做到不官价买粮借粮，部分地区实行了夏征，但也还是为了便民缴纳，另外进行了食盐统销，这在发展食盐输出与对外贸易上有很重要意义。开源节流方面，整理了各项税收，九个月中的税收额超过了全年任务的两倍半；减低机关人员食粮分量为一斤三两，实行粮票制等。八路军自给运动，今年每人生产平均三千五百七十三元。这是一个伟大的成绩，不但补助了财政，且大大减轻了边区人民的负担。（五）加强教育行政。半年来配合着整风学习，改造了干部的思想与工作作风。中等教育中加强了师范学校，国民教育方面减少了数量，质量稍有提高。一年一度的冬学最近已开始。（六）减轻负担，实行了参议会征收公粮十六万石、公草一千六百万斤的决定，并将公粮起征点提高至六斗，又免了羊子税。（七）司法方面，设立了审判委员会受理终审，加强了高等法院人选，并通令各县长负责处理死刑案件，以期作（做）到断案公平。

谈及没有做或做得不够，即八个月中政府工作的缺点问题时，副主席着重指出：精兵简政还未完全实现，机关部队因为政府照顾不够，还有许多违背政策的现象不时发生。肃清太平观念不够。司法工作对地方人民的风俗习惯缺乏了解，案件处理不够迅速。上级政府对下级工作没有经常检查，职责规定不明。权限不清，以致领导不统一，政令不统一，各机关多各自为政，各行命令，以致到下层执行中往往不免互相抵触；县府各科未能统一于县长领导，政府在各行政区之附属机关也不大受地方官之领导。司法工作中还存在有与政府脱节的现象。

人员方面，上层多而不精，下层又不够强，奖惩制度未曾确实，作风上还有些事务主义、文牍主义、形式主义等现象，妨碍了工作效能的提高。乡政府未增设文书，工作还没有更进一步加强，特别对于乡政府的作用与地位认识不够。

在军政民关系上，忽略了一切服从战争的原则，忽略了军队的困难，因之对军队的爱护和拥护不够。三三制推行上虽已有了成绩，但对于经验的检查总结还差。节约问题上只引起注意，实际效果很少。

李副主席指出缺点所以存在的主要原因，在于精兵简政政策没有贯彻，并申述简政之任务在于继续过去成绩，纠正观存缺点，以达统一、精干、效能、节约与反官僚主义之目的。关于今后要做并一定要贯彻完成的，李副主席号召贯彻简政委员会所提出的《简政实施纲要》，并强调指出政府且前须集中力量于两大任务，第一是发展生产，特别是农业生产；第二是增强教育，特别是干部教育与军事教育，并要将脱离生产人员减至最低限度。在统一方面要坚持民主集中制统一领导，整饬政纪，做到政权工作领导一元化，依照此次原则厘定各级政府与各部门之关系，并实行干部的统一管理和教育。制定政纪总则、政务人员规约、奖惩条例，以资遵守。

在工作效能方面，要审定业务，划清职权，使人有专责，责有专属。干部的调整务使“人尽其才，才尽其用”，精简上层，加强下层，工农干部与知识分子于部适当配合；贯彻整风学习，加强业务学习，提高干部品质能力、工作技术，转变领导作风，反对事务主义、文牍主义和形式主义，实行教育及奖惩。

要做到不急之务不举，不急之钱不用。不浪费一个民力一匹民畜，建立经费核算制度，审计制度，开展反对贪污浪费的斗争。

要加强乡政权，添设文书，巩固乡政权与人民的联系，使乡政权完成支持抗战需要与促进人民生活之任务。

没有完全实现三三制的县、市、乡政权要继续贯彻实行。认清三三制是长期的制度，无论属何党派均有巩固之责。在政务执行和处理下要做到开诚布公，平心静气的商讨，大家都一本“人之为善，谁不如我”，“善与人同，其善自彰”之精神处理政事。

末了，副主席指出要拥护军队，首先要干部尊重军队，教育人民拥护军队。一方面政府要尽可能帮助军队解决困难，另方面照顾民力的节省，改善动员工作制度。并提议政府还应举行一个拥军运动，为今后拥军工作建立思想的和组织的基础云。

选自《陕甘宁边区政府文件选编》第六辑，档案出版社 1988 年版，第 515～518 页。原注：“1942 年 11 月 13 日《解放日报》。”

57. 修正陕甘宁边区行政督察专员公署组织条例

1942年12月第三次政府委员会通过，
1943年2月25日公布

第一条　为加强对县政权领导，提高行政效率起见，边区政府将边区所属县（市）划为五个行政区，分设行政督察专员公署，为边区政府代表机关。

第二条　分区行政督察专员公署（以下简称专员公署）之设立与命名，须经边区政府委员会决议，由边区政府以命令行之。

第三条　专员公署之职权如下：

一、掌握并贯彻边区政府的政策法令与指示。

二、对边区政府负责，统一领导督察该分区所辖各县之一切行政事宜。

三、组织与领导人民武装，协同军队维持地方治安。

四、监督和指导驻在该行政分区的边府各种附属机关。对此种附属机关之命令或处分，如认为违法或失当时，专署得纠正或撤销之，但须随时呈报边区政府。

五、监督所属各县财政经费之收支情形。

六、关于所属各县之间的争议及有关事项之处理。

第四条　专员公署设专员一人，必要时得设副专员一人，均由边区政府任命之。

第五条　专员公署的组织如下：

一、设政务秘书一人，襄助专员处理日常政务。

二、设事务秘书一人，下设收发、文书、庶务若干人，处理各项事务。

三、设一、二两科，保安分处，分管民、教、财、建等及保安工作，各科处设科长、处长、科员若干人，分别办理各项工作。

第六条　专员公署政务秘书、科长、处长由边府委派或由专员遴选呈报边区政府委任之；其次人员由专员委任，呈报民政厅备案。

第七条　专员公署政务会议，由政务秘书、各科、处长组织之，专员为当然主席。必要时得召集驻在该分区之驻军长官及边府各附属机关负责人参加。

第八条　专员为布置检查各项工作，得召集县、区长联席会议，决议事项，须随时呈报边府备案。

第九条　专员为对驻分区内之边府各附属机关实行有效的监督及指导起见，得临时召集各该附属机关之负责人检查工作，并须将检查结果，随时呈报边府备查。

第十条　边区政府与分区各县互相间之行文，另行规定之。

第十一条　为适应抗战环境，在军事隔绝时间，专员得独立行使职权，但经过事项，须于事后呈报边区政府备查。

第十二条　专员应亲自定期巡视各县，并将巡视结果，呈报边区政府备查。

前项巡视，专员如因故不能实行时，得由副专员或政务秘书与科、处长代行之。

专员出巡时期，其职务由副专员代理，无副专员者，由专员指定政务秘书或科、处长代行之。

第十三条　专员公署之经费，每季度造具预决算，呈报边区政府审核后，由财政厅支拨。

第十四条　专员公署之关防，由边区政府制发。

第十五条　本条例由边区政府委员会通过，边区政府公布施行之。

选自《陕甘宁边区政策条例汇集》续编，1944年版，第82～84页。

互校版本：

1.《陕甘宁革命根据地史料选辑》第一辑，甘肃人民出版社1981年版，第254～256页。

2.《陕甘宁边区政府文件选编》第七辑，档案出版社1988年版，第105～107页。附有边区政府于1943年2月25日公布的命令。

3.《中国新民主主义革命时期根据地法制文献选编》，第二卷，中国社会科学出版社1981年版，第215～217页。原注："选自《陕甘宁边区政策条例汇集》续编，1942年版"。

4.《陕甘宁边区法律法规汇编》，三秦出版社2010年版，第81页。

58. 修正陕甘宁边区各县区公署组织条例

1942年12月第三次边区政府委员会通过，
1943年2月25日公布

第一条　本条例为加强县政府对乡（市）政权的领导，建立区公署助理机构而制定之。

第二条　各县视县境形势和辖乡（市）多寡，划分为若干区，设立区公署，助理县政府对乡（市）政权之领导。

各区所辖乡（市）至多十个，至少四个。

各区应就区内适中或交通便利地点，设立区公署。

第三条　区分为甲、乙两等。

有下列条件之一者为甲等区：

一、辖乡八个以上者；

二、纵横七十里以上者；

三、边区边境的区域；

四、包括较大的市镇的区域。

未具以上条件者均为乙等区。

第四条　区之名称应以数字或方位定之；其钤记由县政府呈请民政厅刻发。

第五条　区公署设区长一人，承县政府之命，办理下列事项：

一、帮助督导乡（市）政府调查研究各该乡（市）情况；指导帮助乡（市）政府执行上级政策法令和指示。

二、帮助督导乡（市）政府组织人民经济，增加生产，改善生活。

三、帮助督导乡（市）政府进行干部教育，社会教育，国民教育。

四、帮助督导乡（市）之民政、财政、保安等工作及其他应兴应革事宜。

五、帮助督导乡（市）政府组织人民武装，维护地方治安。

六、帮助督导乡（市）政府检查与总结工作经验。

第六条　甲等区设助理员三人，乙等区设助理员二人，承区长之命助理各项政务。区秘书由助理员中选择一人兼任。

第七条　区自卫军营长由区长兼任之。

第八条　区长之任用由县长遴选，经县政府委员会通过，呈请民政厅核准任命之。区助理员由县政府任命，呈民政厅备案。

第九条　区长区助理员须经常巡视与帮助各乡（市）政府工作。

区长出巡时，其职务由区长指定助理员一人代理之。

第十条　区政务会议由区长助理员组织之；区长为当然主席。必要时得请各群众团体负责人参加。

区政务会议半个月召开一次；必要时可以临时召开。

第十一条　区公署于必要时得召集该区乡（市）长联席会议，检讨或布置全区各项工作，开会情形须呈报县政府备查。

第十二条　区公署按月向县政府报告本身及各乡（市）工作。

第十三条　本条例适用于等于区的市。

第十四条　本条例由边区政府委员会通过，边区政府公布施行之。

选自《陕甘宁边区政策条例汇集》续编，1944 年版，第 89～91 页。

互校版本：

1.《陕甘宁革命根据地史料选辑》第一辑，甘肃人民出版社 1981 年版，第 257～259 页。

2.《陕甘宁边区政府文件选编》第七辑，档案出版社 1988 年版，第 108～109 页。第 105 页附有边区政府于 1943 年 2 月 25 日公布的命令。

3.《中国新民主主义革命时期根据地法制文献选编》第二卷，中国社会科学出版社 1981 年版，第 232～234 页。原注："选自《陕甘宁边区政策条例汇集》续编，1944 年版"。

4.《陕甘宁边区法律法规汇编》，三秦出版社 2010 年版，第 89 页。

59. 陕甘宁边区各级政府及参议会整编办法（摘要）

1943 年 3 月边区政府第四十三次政务会通过

（一）边府本部：为密切内部工作联系，贯彻领导一元化，提高工作效能，特设政府办公厅，逐渐做到合署办公。办公厅下设秘书处、交际处、总务处、研究室。民、财、教、建各厅的组织，依据适应合署办公及其本身业务的需要，除将秘书室一律取消改设政务、事务、人事等秘书外，民政厅原有四个科并为一二两科；财政厅取消视察室，保留一二三科，增设第四科，管理工厂工作；教育厅原有的四个科，合并为两个科，编审、督察两室仍保留；建设厅原有四科无更改，另设技术室。保安处，高等法院不参加合署办公，并将延市公安局，保卫团团部并入保安处，故该处原有之秘书室仍保留，原一二三科及延市公安局、保卫团团部并为一二两局，各设科分管社会治安等问题。高等法院原有秘书室及一二两科取消，增设书记室及供给处。边区参议会常驻会、民族事务委员会、审判委员会的组织，亦略有变动，文化工作委员会取消，其工作并入西北局文委。上列各厅处院会本部人员亦均有调整，总计原有五百五十二人（干部三百一十五人，杂务人员二百三十七人），整编为四百一十六人（干部二百九十二人，杂务人员一百二十四人），减少一百三十六人，占原有人数百分之二十四点五。

（二）边府各厅、院、处的附属机关：计民政厅所属之边区通讯站，原有之秘书室、视察室及一二三科，合并为两科，其各地分支站亦根据需要略予增减；边区卫生处及其所属门诊部，边区医院共组一个伙食单位，节省管理人员；干部修养所第一所保留，第二所与学疗合并，保安处招待所并入边府干部招待所，统一政府系统来往干部的招待事宜，并另新设边区抚恤委员会兼残废招待所；防疫委员会、保健委员会均不设专人，防疾委员会的工作并入卫生处，保健委员会的工作并入民政厅二科，财厅所属之粮食局，取消秘书室，改设秘书；各地仓库按照需要情形予以调整，原有仓库×××处，整编为××处，并另增设草站××处，保管公草；总务局秘书室亦取消，改设秘书，督察员，原有的三个科合并为两个科，各地分局及稽查大队亦根据情形予以精简；盐务局及其各地分局的组织，亦略有变更。教育厅所属鲁迅图书馆并入办公厅研究室。保安处所属之公安局，并入保安处本部，××检查所及××检查站分驻所，亦均根据情况，略有变动。民族事务委员会所属之民族招待所仍予保留，内部组织略有紧缩。上列各附属机关的人员，总计原有一千一百四十人（干部八百八十八人，杂务人员二百五十二人），整编为九百一十一人（干部七百一十五人，杂务人员一百九十六人），减少二百二十九人，占原有人数百分之二十点一，（残废院及中央办公厅与留政所拨来之学疗、肺疗、保育院，另行编整）。

（三）各分区专署原有之秘书室一、二、三、四、五及保安科等组织，均有改变，秘书室改设政务秘书、事务秘书，原第一科第三科合并为第一科，管理民政、教育事宜，原二、四、五科合并为第二科，管理财政、经建，粮食等事宜；保安科改为保安分处；除延属分区不设高等法院分庭外，其他各分区均添设代理高等法院受理第二审案件的高等法院分庭，绥德、陇东、三边、关中四地方法院，概行取消；专署多与当地县府分署办公，原有绥德、陇东、关中、三边专署人数共一百零一人（干部七十八人，杂务人员二十三人），连建设之延属分区专署在内，整编一百四十八人（干部一百一十九人，杂务人员二十九人），增加四十七人（三边分区专署过去和定边县府合署办公，故实增加两个专署），占原有人数百分之四十六点五。

（四）各县（市）取消秘书室，改设政务、事务秘书，原有之一、二、三、四、五及保安科，改为第一、第二及保安科，原为第一、第三两科合并为第一科，原第二、第四、第五三科合并为第二科，原有保安科略有变更、裁判处改为司法处，规定概以县长兼处长，另设审判员及书记员各一人。延安市因公安局划归保安处，不设保安科，设地方法院，不设司法处。各县（市）干部人数，依据甲、乙、丙三个等级，分别配备，县参议会只设议长或副议长一人，秘书由其他部门工作人员兼任。总计各县（市）政府及县参议会有一千一百八十八人（干部九百五十二人，杂务人员二百三十六人），整编为七百九十一人（干部六百一十三人，杂务人员一百七十八人），减少三百九十七人，占原有人数百分之二十九。

（五）区公署分大区小区两种，大区设助理员三人，小区设助理员二人，合计边区各县共有二百一十三区，内大区一百零七，小区一百零六（延市新设的四个区署在内），总计各区公署（延市原未设区），原有工作同志一千二百五十人（干部一千零四十一人，杂务人员二百零九人），整编为九百五十五人（干部七百四十二人，杂务人员二百一十三人），减少二百九十五人，占原有人数百分之二十五点六。

（六）各乡（市）政府，均普遍增设有一定政治修养和相当文化水平的文书一人，计原有乡数为一千二百七十，亦即须增加乡级干部如数（延安市八个乡的干部都不脱离生产）。

以上边府、专署、县府、区署、乡政府计原有人员五千四百八十九人（干部四千七百五十四人，杂务人员九百五十七人），决定整编为五千七百三十七人（干部四千九百九十七人，杂务人员七百四十人），共较前增加二百四十八人。

此外，尚有边区银行，物资局本部及其所属系统，民政厅所属之学疗、肺疗、保育院、残废院等尚在整编中，计划原有干部一千四百四十三人（干部四百七十八人，杂务人员三百零四人，其他休养员，儿童等六百五十二人），又各厅院处及其所属机关未列入整编之内的其他人员，如病员、来往干部、犯人、警卫队等原有七百一十四人，边府一级吃公粮的家属如老弱小孩等共三百七十九人，将另订安置办法，统一处理。

关于干部调整与使用方向，将依据下列四个原则分别处理：一、加强生产与教育部门干部配备；二、加强保安、司法及下层干部的配备，特别是县的秘书和乡的文书；三、照顾有病及有累赘（如家庭等）的干部，分别予以适当安置；四、在调整干部的时候，注意抽调一批有造就的干部，到学校去学习。至于家属如小孩老弱等处理办法，则按照家属安置办法，由各级政府负责安置。杂务人员的调整，规定各机关使用公差勤务等人员，以成年为宜，借以提高工作效能。至杂务人员与马匹、窑洞使用标准，亦已具体规定。炊事员及公差使用标准，炊事员以灶为单位，大灶十人以内炊事员一人，三十人以内炊事员二人，六十人以内炊事员三人，百人以内炊事员四人，百人以上每增三十人增加炊事员一人；小灶按情形设立。公差一般的规定每二十二人用公差一人。

选自《陕甘宁边区政府文件选编》第七辑，档案出版社1988年版，第167～170页。

互校版本：《陕甘宁边区法律法规汇编》，三秦出版社2010年版，第52～53页。

60. 陕甘宁边区政务人员交代条例

1943年3月公布

第一条　凡陕甘宁边区各级政府机关政务人员前后任交代时，须照本条例规定办理之。

第二条　前后任应交代之事项如下：

一、行政方案、干部考绩、工作计划及其执行情形之报告。

二、印章、卷宗、图书、表册、簿记及收支凭证。

三、经收各款项之实收、应收、已解、未解数。

四、票照存根，未用票照及类似票照之各种单证。

五、领售及存余之公债卷、粮票、草票、税票、盐票及其他票卷。

六、公有财产及物品（包括公地、公产、房屋窑洞、生产自给帐（账）目及器物、武器马匹等）。

七、经费之实领、实支、应领、未领、帐（账）款及其余存款项。

八、其他需要交代事项。

第三条　前后任交代时得由其直接上级派员监交。

第四条　移交时卸任人员须将印章款项移交清册等交代后任接收，并须于半月内将移交手续办理清楚。前任在未取得交代清结证明书前不得私自离去；其因病或上级政府特许者，得由佐理人代办之。

第五条　款项交代，收入之款以票据为凭，支出之款以单据为凭；公有财产及物品，以财产目录，财产增损表及前任交代清册为凭，其他解款，划拨款，以解款回批银行票据以及领款机关印收为凭。

第六条　后任接到移交清册时，应即会同监交员于十日内逐项盘查清楚，出具交代清结证明书与前任人员，并会呈上级机关查核。

第七条　后任人员所造各项表册，其开始日期应与前任人员造报截止之日期衔接。

第八条　前任因被裁或调任，遇交代不清逾期三月者，得呈请边区政府依其情节轻重处分之；如涉及司法范围者，得送请司法机关惩办之。

第九条　后任人员如故意留难，或延不结报，或发现弊端徇情匿报者，得呈请边区政府处分之。

第十条　交代清册如有虚构或漏报情事，前后任均得受行政处分；但以后自行揭发者不在此限。

第十一条　前项情形，如后任或监交人员通同作弊时，得依法惩办之。

第十二条　各机关主办会计人员，办理交代细则另定之。

第十三条　本条例自公布之日施行之。

选自《陕甘宁革命根据地史料选辑》第一辑，甘肃人民出版社1981年版，第287～

288 页。

互校版本：《陕甘宁边区法律法规汇编》，三秦出版社 2010 年版，第 140 页。

61. 陕甘宁边区政府办公厅暂行规程

1943 年 4 月公布

第一条　本府为密切内部工作联系，贯彻领导一元化，提高工作效能，特设办公厅(以下简称本厅)。

第二条　本厅由本府正副秘书长主持之。

第三条　本厅下设秘书处、总务处、交际处。其职权如下：

一、秘书处：掌管记录、拟稿、缮写、收发及印信、档案保管、各种材料之调查研究等事项。

二、总务处：掌管生产供给、会计出纳、公物保管、内务卫生，及杂务人员之教育管理等事项。

三、交际处：掌管外宾招待交际等事项。

第四条　本厅与各厅、处、院、会之经常关系如下：

一、政府委员会、政务会议决议及主席交各厅、处、院、会办理之事项，由本厅分别通知，各厅、处、院亦须随时将执行情形通知本厅。

二、在联络办公时间内，各厅、处各派政务秘书一人参加本厅办公，凡日常公文之交办，呈判、移转，与日常工作之联络商洽，均于每日联络办公时间内为之，以减少行文手续。

三、各厅、处、院的主要行政会议、干部会议之议程及记录，须按时送交本厅。

第五条　本厅办公细则及各处室组织规程另定之。

第六条　本规程自公布之日起施行。

选自《陕甘宁边区政府文件选编》第七辑，档案出版社 1988 年版，第 215～216 页。

62. 修正陕甘宁边区县政府组织暂行条例草案

1942 年 12 月边区政府委员会第三次会议通过，
1943 年 4 月 25 日颁布

第一条　本条例为健全县政机构，加强对乡（市）政权领导，依民主集中制原则及边区实际情形制定之。

第二条　边区各县得依人口面积政治经济情况，分为甲乙丙三等，各县之区划及等次，由边区政府决定公布之。

第三条　县政府由县参议会选举县长一人及委员八人至十一人，组织县政府委员会，呈请边区政府加委。

第四条　县长、县政府委员任期二年，连选得连任。在未届期满他调或失职者，由县参议会补选之，在县参议会休会期间，由边区政府委人代理。

第五条　县政府之任务如下：

一、掌握并贯彻边区政府之政策法令，县参议会之决议，及上级政府之指示与政令。

二、发扬民主政治、加强乡（市）政权工作。

三、组织人民经济生活，发展公私生产，改善人民生活，保证抗战供给。

四、推行财政、粮政、建立地方财政。

五、推行各项抗战动员，加强拥军工作与优抗工作。

六、建设民兵，加强保卫工作，巩固地方治安，维护社会秩序。

七、管理该县各级政府干部之登记、审查、任免、调动、考绩、奖惩等事项。

八、进行干部教育，改进国民教育。

九、调解人民纠纷，公平处理民刑诉讼。

十、监督上级政府驻在该县的附设机关。

第六条　县政府在不抵触边区政府法规下，得颁发单行条例，但须呈请边区政府核准。

第七条　县政府委员会，对上级政府及县议会负责，为县政府之权力机关，下列事项，须经县政府委员会决议行之。

一、边区政府及专员公署令行重要事项；

二、县参议会之重要决议事项；

三、县政府各部门的工作计划；

四、县财政收支及县政经费预算决算等事项；

五、政府科长、区长及主要干部任免之建议事项；

六、县单行条例颁发事项；

七、全县应兴应革之重要事项；

八、其他县政委员会认为应讨论事项。

第八条　县长对上级政府、县参议会及县政府委员会负责，统一领导该县政务。县长对外为县政府代表，县政府对上对下及对内对外行文，均以县长名义行之。

第九条　县政府在县长统一领导之下，设如下之机构：

一、政务秘书一人，襄助县长处理政务；二、事务秘书一人，下设收发、文书及事务人员若干人，管理事务、文书及收发印信等事项；三、第一科管理民政教育事项；四、第二科管理财政经济事项；五、保安科管理治安事项；六、自卫军大队长由县长兼任之，其经常工作，由保安科办理。

第十条　县长有纠正和制止辖境内违反政府法令及扰乱社会秩序等行为之权。

第十一条　县政府得依上级命令及工作需要设立各种委员会，各种委员会依其任务性质，必要时得聘请当地党军民（社团）及有声望之人士参加之。

第十二条　县政府政务秘书、科长、自卫军大队长，由边区政府任免之，其次人员，由县长任免之，呈报民政厅备案。

第十三条　县政府委员会，每三月开会一次，必要时得开临时会议，开会时以县长为主席。

第十四条　为着执行决议及督促检查工作起见，县政府以秘书、科长、委员会主任等组织政务会议，由县长主持，每周或两周开会一次。

第十五条　县政府得召集区乡长联席会议，讨论全县行政事宜。

第十六条　县长不能擅离职守，在辖境出巡或因公出境时，须指定政务秘书或科长代行职务，因公出境时并须呈报该管专员公署及边区政府。

第十七条　县政府应每三月向边区政府及专署报告工作一次。

第十八条　县政府应每季度向边区政府财政厅做行政经费开支及财政粮秣收支报告一次。

第十九条　县政府之印信由边区政府制发。

第二十条　本条例适用等于县之市。

第二十一条　本条例经边区参议会通过，由边区政府公布施行之。

选自《陕甘宁边区政策条例汇集》续编，1944年版，第85～88页。

互校版本：

1.《陕甘宁革命根据地史料选辑》第一辑，甘肃人民出版社1981年版，第298～301页。

2.《陕甘宁边区政府文件选编》第七辑，档案出版社1988年版，第190～192页。并于第186页刊有边区政府于1943年4月25日以“战字第745号”命令公布。

3.《中国新民主主义革命时期根据地法制文献选编》第二卷，中国社会科学出版社1981年版，第226～229页。原注：“选自《陕甘宁边区政策条例汇集》续编，1994年版”。

4.《陕甘宁边区法律法规汇编》，三秦出版社2010年版，第90～91页。

63. 陕甘宁边区政务人员公约（适用于区级以上）

1943年5月8日公布

一、忠实施政纲领，贯彻法令、决议。

注释：施政纲领是我们的政治方针，法令、决议是它的具体化，务要忠实奉行，贯彻到底，不可阳奉阴违，有始无终。

二、坚持民主集中制，严守政府纪律，服从整个利益。

注释：民主集中制是我们的组织原则。对上级要尊重，要服从，有意见要提，但不可闹独立性。对下级要了解，要关心，要倾听意见，不犯官僚主义。对同级或有关部门，要照顾全局，认识大体，要关照别人，不犯本位主义。要严格恪守政府纪律，要个人利益服从组织利益，部分利益服从整个利益。

三、调查研究，深入检查，总结经验。

注释：这是我们的工作方法。决定一个政策或一件工作时，要有周密的调查研究，免得犯主观主义。执行决定时，又要深入的检查执行程度，纠正错误，发扬成绩，以求贯彻。执行完毕或告一段落时，还要总结经验，以便提出新的任务，扩张成果。

四、积极负责，发扬创造精神。

注释：这是我们的工作精神。要忠实于自己的职责，勇敢任事，切实负责，有自动性，有创造性，有计划性。不避难就易，不避重就轻。不要指定做才做，不指定就不做。

五、公正廉洁，奉公守法。

注释：这是我们的政务人员应有的品格，要在品行道德上成为模范，为民表率。要知法守法，不滥用职权，不假公济私，不要私情，不贪污，不受贿，不赌博，不腐化，不堕落。

六、互规互助，正人正己，贯彻三三制精神。

注释：这是我们内部团结的原则。要本施政纲领与民主集中制的总则，发扬批评与自我批评，劝善规过，切磋琢磨，互相帮助，善于人同，不存成见，不意气用事，不一意孤行，不一味迁就，不互相包庇，不同流合污。

七、爱护群众，密切联系群众。

注释：群众是我们的依靠。要善于联系群众，要了解群众情绪，关心群众需要，倾听群众批评。不侵犯群众丝毫利益，不贪占群众一点便宜。要站在群众之中，不要站在群众之上。

八、爱护抗日军队，积极帮助军队。

注释：八路军是我们的支柱，要尊重军队，帮助军队解决困难，保证军队给养，努力优待抗属，安置退伍军人及抚恤伤亡，密切军民团结。

九、提高政治警惕性，严防敌探奸细。

注释：要严防敌探奸细和破坏分子的一切活动。要时刻警惕自己，反对麻木不仁，反对太平观念。凡有关政府与军队的机密事件，要严守秘密，要保藏公文印信。

十、努力学习，学而不厌，诲人不倦。

注释：发扬互相批评及自我批评，提高自己，帮助别人，不自高自大，不自暴自弃。

本公约经边区政府委员会通过，由边区政府公布施行之。

选自《陕甘宁边区政策条例汇集》续编，1944年版，第77～79页。

互校版本：

1.《陕甘宁革命根据地史料选辑》第一辑，甘肃人民出版社1981年版，第315～316页。

2.《陕甘宁边区政府文件选编》第七辑，档案出版社1988年版，第223～224页。于1943年5月8日以“战字第747号”命令予以公布，并标明本公约“业经本府第三次政府委员会通过，兹特颁布施行”。

3.《陕甘宁边区法律法规汇编》，三秦出版社2010年版，第139页。

64. 修正陕甘宁边区乡（市）政府组织暂行条例草案

1943年10月15日公布

第一条 本条例依民主集中制原则，为健全边区政权的基础组织而制定之。

第二条 乡（市）政府之行政区划，依据人口与面积两个标准：人口一般以一千五百人左右为宜，但最多不得超过二千人；面积纵横一般不得超过三十里。

第三条 乡（市）政府应设立于各该乡（市）的适中地点。

第四条 乡（市）政府下设行政村（或关、街，下同），行政村下设自然村（或坊、巷，下同），由乡（市）政府呈请县政府核准行之。

人口稠密之乡村，不需设行政村一级时，可予免设。

第五条 乡（市）政府之一般任务如下：

一、实行边区施政纲领，边区政府法令及上级政府之指示。

二、发展生产事业。

三、发展文化、教育。

四、爱护帮助军队，优待抗属，进行抗战动员。

五、建立人民自卫武装，维护革命秩序。

六、举办公益事宜，调解民间纠纷。

七、关于本乡土地人口及其他社会情况之调查登记。

第六条 乡（市）参议会为乡（市）政府最高政权机关；乡（市）参议会休会期间，乡（市）长负乡（市）行政最高责任。

第七条 乡（市）长由乡（市）参议会选举之，并与乡（市）参议会同时改选，连选得连任。乡（市）长选出后，须呈请县政府加委。

在未届改选期间，乡（市）长如违法失职，或因故去职，由乡（市）参议会随时改选之，或由县政府命令乡（市）参议会改选之。

第八条 乡（市）长对本乡（市）参议会与上级政府负责，掌握全乡（市）政务。

第九条 乡（市）政府另设文书一人，为乡（市）长之助手；设自卫军连长一人，协助乡（市）长管理民兵及治安工作。乡（市）文书由县政府委任；自卫军连长由县政府选任自卫军通过之。

第十条 行政村设主任一人，协助乡（市）长管理所属自然村之政务。行政村主任由乡（市）长委任，但须乡（市）参议会通过或追认之。

第十一条 自然村设村长一人，承受乡（市）长及行政村主任之命，办理本村行政事宜。自然村村长由村民大会选举，每半年改选，连选得连任；不称职时，得由村民大会或上级政府随时罢免改选之。

第十二条 乡（市）政府大事由参议会讨论，日常工作在乡（市）政务会议讨论。乡（市）政务会议，由五人组织之，除乡长自卫军连长乡文书（设有乡文书的乡）当然参加外，其他参加人员由县区政府依具体需要决定之。乡（市）政务会议开会由乡（市）长主持之。必要时得召集行政村主任列席。

第十三条　乡（市）政府每月向区公署至少报告工作一次。

第十四条　乡（市）政府之印信，由县政府制发之。

第十五条　乡（市）政府之干部，仅乡（市）长与文书脱离生产。自卫军连长及行政村主任均不脱离生产，但得酌情减轻或豁免日常义务负担，其实施办法，由乡（市）参议会议决。

第十六条　乡（市）政府需用之经费，除乡（市）长文书伙食办公费外，其不足之数，由乡（市）参议会通过筹收之。但大乡（市）每年不得超过小米两石，小乡（市）每年不得超过小米一石五斗。此项收支清册，须于年终时报告县政府备查。

第十七条　本条例经边区参议会通过后，由边区政府公布施行之。

选自《陕甘宁边区政策条例汇集》续编，1944年版，第92～95页。

互校版本：

1.《陕甘宁革命根据地史料选辑》第一辑，甘肃人民出版社1981年版，第377～379页。

2.《陕甘宁边区政府文件选编》第七辑，档案出版社1988年版，第362～365页。附有边区政府于1943年10月15日为公布此条例发布的“战字第787号”命令，指出：“依据《简政实施纲要》精简与健全乡（市）政府的精神，将过去公布之乡（市）政府组织条例加以修正，改为《修正陕甘宁边区乡（市）政府组织暂行条例草案》，并公布施行之”。

3.《陕甘宁边区法律法规汇编》，三秦出版社2010年版，第92～93页。

65. 陕甘宁边区政府一年工作总结

1944年1月6日林主席在边区政府委员会第四次会议上的报告

一、去年，大进步的一年

各位政府委员，各位同志：

紧接着边区第一届劳动英雄代表大会胜利开幕之后，我们召开政府委员会第四次会议，是有重大意义的。大家知道，劳动英雄大会是真正的人民代表会议，它集中表现了一年来全边区经济政治的全貌，它用事实说明：政府由于执行了前年高干会所确定的“生产是一切工作的物质基础”的方针，政府委员会第三次会议所确定的“生产第一，教育第二”的方针，获得了各方面工作的空前成就。它用事实说明：边区是真正实行革命三民主义的模范抗日民主根据地，我们的民族主义不但表现为拥护蒋委员长坚持抗战，而且表现为提高民族自信与民气发扬；我们的民生主义则表现为发展生产与丰衣足食；我们的民权主义则表现为民主政治与人民有各种必要自由权。结果是很明显的，我们做到了军民巩固的团结，使后方更好地协助前线抗战。

去年，我们到底做了些什么，到底获得了些什么成绩呢？

去年，生产运动大进步的一年

农业，已由一九四〇年耕地面积一一，七四二，〇八二亩，扩大为一三，三八七，二一三亩，总产量一百八十四万石。原计划增产细粮八万石，实际达到十六万石以上。内开春荒九十七万余亩，产量十四万五千石；修水漫地增产一万五千石。除过总消费量一百六十二万石，可余粮二十二万石。植棉面积已由一九四〇年的一五，一七七亩，扩大为一五〇，二八七亩，与原计划十五万亩比较，超过二百余亩，可收净花一百七十万至二百万斤，已足供边区需要的一半以上。

盐业，去年产量原计划四十万驮，实产六十万驮。督运，原计划三十万至三十六万驮，实运至十一月底已达三十五万多驮，估计可能达到三十八万驮。长期运输合作的大量发展，是极有意义的重大进步。至去年九月止，长期合作的运输牲口已达三千七百余头，比之前年增加十倍，尤以延安、志丹两县最有成绩，各达七八百头以上。其合作的形式为公私合作与民间合作两种，其合作的原则，则为公私两利，私更有利，所以能广泛地吸收民间牲口参加。

合作社，据不完全的统计，全边区已有二六零社。民办公助方针与南区合作社方向，已在广大地区获得实际响应，二百六十个合作社中，已有百分之十五走上南区合作社的道路，百分之六十开始向着南区合作社的方向转变。由此可见，合作社运动正在日益成为群众自己的运动。这运动中新的创造，就是南区合作社创办的一个信用合作社，定边的一个牲畜保险合作社，都获得了群众拥护。这两个合作社的方法如被推广，对于边区金融事业和畜牧业的发展将起着重大的积极作用。

其他如畜牧业、手工业，皆有发展。畜牧业，去年遭过了瘟疫与春寒的严重损害，但总数字比前年仍有增加。至于手工业，则各方面都有发展，单以妇纺而论，已发展至十三万七千六百余人，她们大都与合作社联系着。

政府自给工业，经过工厂会议与工厂整风运动，同样有大的进步。各厂皆超过了预定计划，生产率提高百分之百乃至百分之四百（化学工厂），质量也提高了一步，成本节省尤有显著成绩，比前年减低百分之二十至三十。

从这些简单的数字中，应该看得出边区人民劳动生产的热忱已经普遍发动起来，甚至于连道士、瞎子、老妇人也转入生产的浪潮。淳耀庙湾区大香山金刚庙有一个道士张凤鸣，去春受群众开荒热潮的影响，断然剃去头发，拒绝老师阻止，搬住莲花洞务农。庆阳三十里铺有一个五十七岁的瞎子，开荒期间不甘落后，就叫他的孙子牵往地里，终于开了四亩五分荒。志丹妇女劳动英雄胡老婆，去秋收割时，鸡叫二次就起床，跑到各家门口喊叫大家快起来，鸡叫三次收拾起身，天刚亮就到了地里，使全村庄稼很快割完，像这样看来很平凡而实际上包含着巨大意义的故事。从历史上，从别处，你们也能找得着很多的吗？

人民生产大进步的主要原因是什么呢？主要原因是我们党和政府的积极领导。

一、我们颁布了租佃条例，在占人口百分之五十的土地未经分配区域，发动了减租运动，这就使得这些地区的农民提高了生产积极性。米脂县印斗区八乡减租保佃后，大家就说“生产的心有劲了”，修了水坝，利用兄弟等亲属关系组织了四十九个变工小组，使生产计划得以胜利完成。葭县减租彻底，就多挖了水窖万余个，多开了数千亩荒。

二、我们坚持了农贷政策，前后发放了农贷三千余万元，及时帮助解决了生产中的各种困难，使缺乏资金的农户发展了生产。如延安柳林区五个乡一百三十八户，共贷款约五十万元，买耕牛一百三十一头，结果就增开耕地九百三十六垧，多打细粮三百三十石。我们又实行了奖励植棉政策，允许三年不交公粮，尔（而）后并可用棉花代交公粮。虽然由于汉奸特务分子的造谣破坏，使有些群众开始时有裹足不前的表示，但现在他们已到处谈论着植棉利益了。

三、我们贯彻了优待移难民的政策，增加了劳动力八千八百余个。在政府照顾与群众帮助之下，他们有可能安心生产，发挥其强大劳动力。如去年关中分区的新来移难民，每一劳动力开荒七亩九分，共开荒三万八千七百七十四亩七分。其中有很多是河南等地逃来的难民，在边区民主政治的扶持下，一年就翻了身。如这次出席劳动英雄代表大会的劳动英雄陈长安，刚于去春从河南逃来，政府将他安置在富县三乡岔口村，现在已食饱衣暖，家有余粮，无怪他的父亲逢人就说“我到边区才九个多月，已经吃得饱，穿得暖。我活了七十多岁，才看见有这么好的政府”。也无怪关中难民争着要移民英雄冯云鹏捎个意见到延安来：“我们到边区只一年，多亏政府帮助，叫我们生活好像上了天堂，你这回上延安开会，给我们谢谢毛主席、朱总司令、高司令和边区政府”。

四、我们开始改造了二流子。假使说变革社会是一件艰巨的工作，那末（么）不难想象，改造人的意识更是一件艰难的工作。但大家知道，我们已有了改造四千五百个二流子转入生产运动的经验。这对于边区生产会发生什么影响，从下面一个例子中就可以看出来：这次出席劳动英雄代表大会的三边劳动英雄刘生海，原来是个到处惹人讨厌的二流子，没米没面，连他的老婆也提出要和他离婚，但在政府帮助下，他去年种了二十八垧地，收了六石多粮，铺盖衣服都换了新的，今年更拟扩大计划，种地四十垧。这就是说，他已经由消极的寄生虫变成了模范的生产者。

五、尤其重要的，是我们提倡了以个体经济为基础并以自愿为原则的劳动合作政策。人民的劳动积极性已开始组织起来，成为劳动合作，人民的分散生产状况已开始变到组织起来，体现为按户计划与变工队的组织。假使没有这一点，劳动积极性要提高到现时的程度，是不可能的。因之，也就不可能真正改变人民的生活情况。毛主席说：“在农民群众方面，几千年来都是个体经济，一家一户就是一个生产单位，这个分散的个体生产，就是封建统治的经济基础，而使农民自己陷于永远的穷苦。克服这种状况的唯一办法，就是逐渐地集体化，而达到集体化的唯一道路，依据列宁所说，就是经过合作社。在边区，我们现在已经组织了许多农民合作社，不过还不是苏联式的被称为集体农庄的那种合作社，我们的经济是新民主主义的亦即革命三民主义的，我们的合作社是建立在个体经济基础上（私有财产基础上）的集体劳动”。在边区，有完全的农业劳动力三三八，七六〇个，去年组织在劳动合作之内的，已有八一，一二八个，占百分之二十四。在这方面，主要的形式，就是变工队和唐将班。这是农业生产关系上的新转变和新纪元。农民由于组织起来成为集体劳动的合作社，就大大的节省了人力、畜力和工具；就在合作社内部和外部掀起生产竞赛，提高劳动生产率；就能有时间并有兴趣集思广益地改进生产技术；最后，就不仅改变农民的生产关系，且能提高他们的政治觉悟，改进他们的文化生活。除了各种各式的农业生产合作社外，边区还有三种形式的合作社，这就是南区合作社式的包括生产合作、消费合作、运输合作，信用合作的综合性合作社，运输合作社（长期合作运输队），以及手工业合作社。此外，又出现了一个牲畜保险合作社。这些类型的合作社，同样是孙中山先生民生主义的具体实施，在经济上、政治上以至文化上起着重大的积极作用。

六、特别值得提起的，是我们采取奖励劳动英雄的政策，经过他们去发动人民的劳动积极性，展开生产战线上的合作运动与竞赛热潮，结果一年之中，就在群众中涌出了数百个劳动英雄，发挥着他们劳动智慧和创造能力，接二连三的作出了惊人事迹。我们有以吴满有为代表的农业劳动英雄，以刘建章为代表的合作社英雄，以赵占魁为代表的工业劳动英雄，以杨朝臣为代表的退伍残废军人劳动英雄，我们有安置移难民英雄冯云鹏等，运盐英雄刘永祥、薛志明等，打盐英雄李文焕、高仲和等，植棉英雄郭秉仁等，畜牧英雄贺保元等，义仓英雄张清益等，拥军优抗英雄孙万福等，防奸英雄阎开增等，我们还有妇女劳动英雄郭凤英、刘老婆等，青年劳动英雄李常青等，二流子转变的劳动英雄刘生海、马玉儿等。他们真正开始了翻天覆地的工作，如刘建章创造了南区合作社式的综合性合作社，建立了全边区合作运动的新方向；如张清益创造了每村共同开荒，设立义仓，展开了救贫济急的社会救济运动；如冯云鹏以一个人的力量安置了一百七十四户移难民，把过去稀无人烟的大荒山创造为五谷满堆的繁荣村庄，为着安置移难民，他曾废寝忘餐，日夜奔走；吴满有、陈德发、石明德等发展自己生产，及组织全村全乡生产，使人人丰衣足食；孙万福老人，当村优抗队长六年如一日，领导全村每年为抗属代耕五十亩地，为便利军队和行人修了八架桥；阎开增既长生产，又善防奸，将生产与防奸密切结合。这样急公好义，公私兼顾，甚至为公忘私的公民，真不愧称为中华民国的好公民。不只在生产战线上他们是群众的领袖，在政治上他们也是群众的领袖，创造了模范村乡，如吴满有的吴家枣园，陈德发的马家沟，石明德的白塬村，刘玉厚的郝家桥，张振财的城壕村，贺保元的贺家圈等，实际上领导着整村整乡的人民，改变了乡村的面貌。

劳动合作，劳动英雄，模范村以至模范乡，这就是边区人民生产大进步的最重要，最有意义的标志。

边区生产的大进步，还从另一个方面表现出来，从各部队机关学校大家动手生产自给的方向表现出来，我们从人民方面学习着生产，反转过来，就减轻了人民负担，更加激励人民的生产积极性。我们的军队，去年坚持南泥湾政策与农业第一方针，共开荒三十万六千亩，几达群众开荒总数三分之一，超过原定计划（各旅）最低百分之十，最高百分之一百五十六。其中以三五九旅开荒最多，共开了十万亩，收细粮二万石，做到全部自给。我们只要随便拿出一个连队来，就可以看到它的生产全貌了。譬如七团二连：种地一千七百二十五亩，收细粮四百四十三石，洋芋三万斤，蔬菜四万三千八百二十斤，干草二十三万斤，此外还砍柴二十四万斤，捻、纺羊毛四百四十斤，自置生产工具一千二百五十九件，而棉、麻、烟草、瓜果的收获尚未统计在内。象（像）这样巨大的数目，在过去是完全靠人民供给的，但现在已由军队自己动手解决了。除农业生产外，他们还发展了各种副业，如运输业、手工业、畜牧业等，不仅因此达到丰衣足食，并且建立了革命家务，食住衣样样齐备。所以老百姓同声称颂：“八路军既能打仗，又能生产，又能与人民打成一片，从古到今那（哪）里有过这样的军队？”他们在生产过程中，象（像）在战斗中一样，是非常热烈非常有创造性的。去春开荒时，天尚未明，就整队上山，天已漆黑，还不肯下山，规定饭后休息十五分钟，但大家也要争着去挖地，以致上级不得不定出这样的劳动纪律："生产时不准早到和迟退"。同志们，这是奇迹。需要这种劳动纪律的人并不是很多的，但正是我们八路军的战士却需要着它。他们不仅情绪高，而且效力大，所以就出现了很多"气死牛"，就是说，很多有超过牛力的惊人突击手。他们不仅效力大，而且技术精，这是一般曾经得到过他们帮助的老百姓都知道的，很多老百姓自认不如。此外，领导干部，同样的毫不例外的：团长陈宗尧，开荒时满手血泡，终不休息；政委左齐，在抗日战争中已经失去右手，不能拿锄头生产，就亲自给战士做饭烧水。在整个留守兵团中，出现了无数象（像）李位、赵占奎、张治国、武生华、胡青山、冯国玉那样的部队劳动英雄，象（像）陈敏那样的抗属劳动英雄。是战斗军，是劳动军，是人民的军队，这就是我们的军队——真正中国人民的儿子的基本特点。

机关学校方面，单以延安一个地区统计，就种地三五，八九三亩，打粮六，〇一一石，收菜蔬一四，八四九，〇〇〇斤，私人生产八六，二〇〇，〇〇〇元，自给比例由百分之二十六直到百分之七十六。其中如延属分区机关，虽成立较迟，但粮食由公家供给外，其他开支已大部做到自给。边区抗联会一切开支，自给了百分之七十，今年一月起，全部自给（粮食在内）。保育院是一个劳动力非常薄弱的妇孺机关，但去年也不仅完成了原计划六十余万元的生产任务，且还超过原计划八倍余，计实际生产总值五百二十万元。在生产过程中，象（像）延长焦县长那样的动人故事，曾是不胜枚举的；焦县长亲自参加担粪、翻地、锄草、收割。麦收时，他白天割了一天，晚上收工时还要挑着一担回去，无怪老百姓说，"自古以来没见过县长担粪，今天县长也担起粪来了，我们必须加倍生产才对"。值得宝贵的，是我们机关学校中创造了象（像）黄立德、郑洪凯、李太元那样的机关劳动英雄，象（像）焦自珍、刘玉峰那样的工属劳动英雄，象（像）张结那样的学生劳动英雄。

正是由于执行毛主席"自己动手，生产自给"的方针，所以去年边区党、政、军、民、学全年开支总数中，就有百分之六十四是自己生产解决的。

去年，边区生产大进步，把军民生活提高到丰衣足食的水平，完全证明了毛主席"发展经济，保证供给"的方针之正确，同时也就证明了过去某些同志对军民生产采取自发论态度的不对。

必须指出，我们没有理由满足于现有的成绩。"组织起来"的合作政策，还只是部分的成就，还有更大的工作要做。农业方面的深耕细作，还是待研究和提倡的问题，畜牧业方面的管理饲养与防疫工作，还存在着严重缺点。运盐事业上，因为没有能够及时整理和掌握脚店，致发生后一时期运输队赔本的严重情况。公营商店中还有违反政府法令的行为，公营企业的管理还有缺点，机关生产的组织性还不足，节约还未被重视。最后，物资局的防御观点与孤立观点，以至在平衡出入口稳定金融和调节物价上，未能收到应有的效果，凡此不足之处和缺点，均须在今年的努力中予以克服。

去年，也是军民团结更加巩固的一年

大家知道，我们的政府和人民，我们的军队，曾经开展了两个极有意义的运动，这就是拥军运动与拥政爱民运动。

由于拥军运动的开展，就加深了人民对于军队的认识与爱护。在旧历年关拥军月里，全边区普遍发起劳军，群众自愿自动的热烈捐输物品、现金慰劳军队，为数达四百万元之巨。许多地区还请驻军干部与战士吃饭。对于抗属，也进行了恳切的慰问，群众自动送年礼，送食粮，开抗属联欢会，发抗属购物优待证等等。以后，更纠正了“平均主义”观点，使特别贫苦的抗属得到更多帮助，使一般战士没有后顾之忧。在六、七月情况紧张的时候，群众对军队的拥护和帮助更热烈，自动送柴、送菜，赶着做鞋子，炒干粮。如富县五天内就自动送柴二十二万斤，送菜三万斤，其中某区动员每人送柴一百斤，结果送了一百五十斤，某区计划共送柴一万斤，结果送了三万斤。① 军队买东西，群众不肯要钱，他们说：“八路军就是我们的救星，买点东西还要啥钱呢?”群众更自动送水、送饭、送鸡蛋。因为许多部队忙于防务，他们就组织劳动力替军队锄草，富县牛武区的锄草班子，替某连锄了三百多亩地，金盆湾的居民替军队锄草出了七百多个工。其他各地也有大同小异情形。他们不仅用实物与实际行动帮助了军队，而且还直接送子弟参加军队，如吴旗梁显荣，亲将其四弟梁显富送往警卫队入伍，并再三叮嘱他说：“共产党和边区政府解放了咱，咱一定要保卫共产党和边区政府，你去当兵好好干!”

由于拥政爱民运动的开展，也就加深了军队对于人民的认识与爱护。在旧历年关拥政爱民月里，各地驻军都派了干部和战士向附近居民拜年，群众说：“从来没有见过军队给老百姓拜年的”。闹秧歌，开联欢会，请吃饭，非常热闹。尤其重要的，是发起了清理旧案与赔偿还物运动，组织拥爱检查访问组，深入乡村挨户访问，然后普遍实行赔偿还物。群众都说；“八路军没有来以前，有钱都不敢在家里放，官家要，土匪抢。现在八路军来了，开门睡觉也没关系了。你们借点家俱（具）还赔什么呢？要用什么只要给说一声就行了”。但军队还是实行了自己的诺言。在平日，经常帮助群众修房子，砍柴，挑水，给义务看病吃药等等。尤其重要的，是发展了本身生产和帮助群众生产。发展本身生产并因此获得了如何丰富的果实，我在前面已经说过了，现在只补充说一说他们如何帮助人民生产。首先，他们以自己的劳动力直接帮助人民春耕、锄草、秋收，并且规定：“1. 不吃群众一碗饭。2. 粮食自己背，菜蔬自己运。3. 不伤苗，不留草。4. 不踏坏一根禾苗。5. 爱护群众工具（有些部队自带工具)”。就是在情况紧张时，也并不停止，有如三五九旅九团五连开到防线后，还帮助老百姓锄草三十亩。割麦六十八亩，所以老百姓都说：“你们的队伍是好队伍，当官的更是好官，希望你们就住在这里不要走”。其次，他们还从其他各方面替人民解决生产中的困难，如退还土地，安置难民，保护禾苗，“在对老百姓更有利”的原则下实行变工等等。他们为了节省民力，就减少运输动员，许多部队的粮草都已全部或大部靠自己运输，如××团的粮草就全是自运的，只就草一项来说，已给人民节省大车二百八十余辆，运费七十余万元。所有这些，都说明了我们的军队不是在口头上，而是在实际上，不是从枝节上，而是从根本上实行了拥政爱民。

在这样互助互让基础上兄弟一样共处着的军民，如果竟有那么一些傻子企图分裂他们，叫他们不要团结，那实在是枉费心计（机）的。正如淳耀五区五乡群众所说：“前边的军队站在保卫的前哨，我们帮助他们收粮，后边的军队和自卫队又帮助我们收秋，军队帮助人民，人民帮助军队，咱们军民是一家人”。

① “甘肃史料版”将“三万斤”误为“三百斤”。

两个运动已经获得了预期的成绩。

去年十二月六日劳动英雄代表大会上，全体劳动英雄代表全边区人民提出了拥军提案：军队劳动英雄提出了今后要更拥护政府，爱护人民，这就是我们边区军民关系的最好总结。

必须指出，我们没有理由满足于现有的成绩。在优待抗属和抗属离婚问题上，在安置残废退伍军人和归队工作方面，政府和人民还存在有缺点和严重缺点。对这些缺点，我们需要执行严格的自我批评，并于今年的努力中改进之。

去年，也是防奸运动重大进步的一年

大家知道，边区内部已经展开了一个广大群众性的防奸运动，敌人汉奸、特务机关存心要消灭这块抗日民主根据地，因之派遣大批奸细混入边区，钻进我们机关、部队、学校，或藏匿居民群众之间，可是，他们失败了，他们的破坏活动，连他们自己，已被人民揭发出来。

在三三制方面，汉奸、特务的总方针是："利用三三制，破坏三三制"。为此目的，他们就极尽造谣挑拨诬蔑的能事，如造谣："安副议长被罚款五十万元，李副主席也被撤职"。如说："李副主席还不是个傀儡"。如说："非党干部都要精简掉，共产党准备一党专政了。"他们实行所谓打击包围政策，如栾丁生说："对好的绅士，我们打击他，包围他，使他在特务影响下做特务一样的工作，我们对霍县长就是这个办法"。他们千方百计钻到政权里面来，利用三三制地位以掩护他们的特务活动，如边区参议员马炽庵、王锡丞等，就是明显的例证。

在军事方面，汉奸、特务的总方针是："平时准备暴动，战时里应外合"。为此目的，他们就钻进部队及军事机关，建立内线，偷窃机要，活动开小差。他们就在民间用威胁、利诱办法，组织黑军、别动队、暗杀队、反共游击队、地雷队、放火队等等，准备暴动暗杀。

在财政经济战线上，汉奸、特务的总方针是："困死共产党，困死边区二百万人民"。为此目的，在农业方面，他们就鼓动农民少种粮食，说"多种了还不是归公家"。他们破坏变工队，说"变工为的是便于拔壮丁"。他们破坏按户计划，说"老百姓还不懂种庄稼？要公家狗咬老鼠，多管闲事"。他们破坏二流子生产，勾引他们赌博串门子，忘掉生产，他们破坏移民，说"南下就是当兵"。他们破坏植棉，说"植棉的人要给公家缝两套棉衣"，"收棉花一斤，公家要十二两"。他们破坏学校生产，说"学校是地主，学生是佃农"。他们故意歪曲政府政策，用农贷折实办法破坏农贷等等。

在工业方面，他们有系统地破坏公营工厂。在财政上，他们破坏征粮，破坏税收。在金融贸易事业方面，他们破坏边币，鼓动黑市，扰乱物价。汉奸、特务，把我们的财政、经济、金融、贸易机关当作他们主要破坏的对象。

在文化教育战线上，汉奸、特务的总方针是："以法西斯毒素毒化青年，连根破坏边区国民教育"。为此目的，他们钻进中小学校，诲淫诲盗，腐蚀学生思想，威迫利诱，出卖学生灵魂，窃踞民教馆、冬学等社教机关，作为特务据点，混入教育行政机关，偷运私货，布置特务破坏活动。

在司法战线上，他们歪曲政府的政策法令，冤屈好人，纵容坏人，破坏政府威信。

一句话，他们象（像）毒虫一样，无恶不作。绥德某某士绅说："我起初想，凡是人作（做）的事，总可以想得通，岂知特务作（做）的事就不是人作（做）的，就不合人情，就没有道理，就想不通。如果以人作（做）的事来估计特务破坏，那就要大上其当"。这话是完全合乎事实的。

我们完全懂得汉奸、特务活动的国际性与社会性，因之，我们就坚持了毛主席的宽大政策，争取大多数，化反革命为革命的方针。我们完全懂得防奸斗争是政权机关最重要工作之一，不能单靠保安机关力量，而必须整个政权机关负责，必须保安机关与其他机关配合，必须领导与群众结合，才能取得胜利。大半年来，党政军民齐动手，展开了不疲倦的斗争，将防奸运动引导为一种自觉的群众性的坦白运动。结果怎样呢？结果击破了汉奸、特务政策，揭发了汉奸、特务组织，挽救了许多曾被陷害失足的人，尤其重要的是教育了干部和群众，使他们的眼睛百倍锐敏起来，能发现任何暗害分子。现在，象（像）阎开增、冯光琪、张丕谟型的防奸英雄，正在大批涌现出来。我们的防奸运动，也改变了一个面目。

必须指出，我们没有理由满足于现有的成绩，因为大部分坦白了问题的人还需要分别是非轻重，还需要进行教育，某些企图隐蔽起来的暗害分子，还待揭发；而汉奸、特务机关还在继续派遣他们。因此防奸斗争是一个普遍的长期的斗争，今年还要继续努力。

最后，去年又是贯彻精简政策的一年

边区政府委员会第三次会议通过的"简政实施纲要"，曾经把精简、统一、效能、节约和反官僚主义五项，规定为简政的主要目的。一年来的努力，除节约外，都获得了成绩。全部总结，李副主席曾提出专门报告。我这里特别提出来检讨的，是关于作风的问题。去年以前，政府工作的作风上曾存在着严重的缺点：第一，是各自为政，闹独立性的倾向，以致政令紊乱，制度分歧，下级无所适从。去年，我们坚持民主集中制，基本上实现了领导一元化的原则。第二，是各种各式与边区实际脱节或违反边区实际需要的旧型正规化倾向，把外边的一套硬搬过来，要求削足适履。去年，我们坚持从边区实际出发，创造新型正规化，获得一些成绩，旧型正规化倾向特别严重的教育、司法部门，也开始有改正。第三，是与群众脱节或违反群众需要的官僚主义倾向，甚至有所谓"首长做官，秘书专政"。去年，我们坚持"首长负责，自己动手"，"从群众出发，又回到群众去"的原则，这种倾向就有了改正。第四，是自由主义倾向。对政策阳奉阴违，对纪律不遵守，对错误不批评，对坏人无警惕。去年，由于继续整风与审查干部，这种倾向也有了改正。第五，是掌握政策与贯彻政策，比过去有了进步，这首先是由于整风学习的结果，由于反对闹独立性，反对旧型正规化，反对官僚主义与自由主义的结果，而特别重要的是由于有毛主席作我们的舵手，有以高岗同志为首的西北局的直接领导。

必须指出，关于改善领导作风，克服官僚主义，我们没有理由满足现有的成绩。官僚主义的残余显然存在着，并时时有生长起来的趋势。个别领导机关的群众观点显然很不够，也没有认真改正过来。一般说来，我们还没有完全学会调查研究与总结经验，因此就不善于贯彻群众观点与"集中起来"的方针；也还没有完全学会组织领导与具体解决问题，因之也就不善于贯彻群众观点与"坚持下去"的方法。今年，在这方面，我们还需要更大的决心与更大的努力。

关于去年工作的主要总结，就是这样。

二、今年要为备荒、为准备反攻，创造更充实的条件

在提出今年政府工作任务和确定奋斗方针的时候，要切实估计边区内部情况与外部环境。前面说过了，由于去年的努力，边区内部情况改换了一个新面目，最主要的标志就是：军民丰衣足食，又空前团结，因此我们巩固了后方，并为今年工作打开了更宽广更平坦的道路。

边区外部环境的特点，我们的敌人——日本强盗仍旧从东面与我隔河对峙，随时有侵入可能。同时，边区的其他方面仍旧遭受着包围与封锁，边区的请求国民政府委任，还没有得到国民政府的同意。去年是世界反法西斯战争大转变的一年，今年纳粹德国可能被打垮，在全中国，在边区，我们要加紧准备反攻力量，驱逐日寇出中国。

在陕北，还有世代相传的警语："三年一歉收，十年一大馑"。备荒政策就不能不提到重要地位。

因此，我们今年努力的总方向，就是要在去年的基础上，为备荒，为准备反攻，创造更充实更有利的条件。

依此方向，今年全部工作中最急需和最主要的任务，就是：

第一，组织起来，开展经济战线上的合作运动，更加发展生产，发展物资贸易，同时厉行节约，为备荒与准备反攻，准备充实的物力财力。

第二，拥护军队，训练民兵，厉行归队，帮助抗属及退伍军人建立家务，更加巩固军民团结，提高抗战自卫力量，准备反攻。

第三，坚持宽大政策，肃清汉奸特务破坏，同时争取一切尚能挽救的失足分子，以巩固边区民主政权。

第四，改善中等教育，使之适合于边区建设的需要，并准备使全部国民教育彻底走上为边区人民服务的道路。

第五，改善司法工作，使之完全适合于保卫边区民主政权与人民权益的需要。

其他的一切工作，围绕在上列急要和主要工作的周围，配合着进行。

一　关于更加发展经济

这是坚持抗战的根本政策，这里有继续发展生产，发展物资贸易，与厉行节约三个方面。

关于继续发展生产的任务和办法：

一、首先重要的是争取"耕三余一"两年完成。为此，第一，要继续扩大耕地面积，军民开荒百万亩，增产细粮至少十六万石。第二，要增种洋芋三十万亩，保证每亩收获八百至一千斤，抵细粮至少二十四万石。第三，提高改良农作法，深耕细作，多施肥，多锄草，多修水利，除虫，选种，足苗，保证每亩增产细粮至少一升，共增产十万石。第四，在减租尚未彻底区域，按租佃条例彻底减租，务必今冬减租完毕，以提高农民生产积极性。第五，农业累进税的试行，已受各阶层拥护，今年决定普遍施行，使农民更乐于积极生产。

二、植棉二十万亩，尽量利用斯字棉种，认真打卡，争取每亩平均收花二十斤，共收四百万斤。

三、产好盐六十万驮，运盐四十万驮，迅速采取有效办法整理脚店，保证有充分草料平价供给运盐队。

四、发展畜牧业，改良管理饲养，增产牧草，预防瘟疫，大家学习惠中权同志研究畜牧方法，保证繁殖的牲畜多数成活。

注意发展民间手工业（特别是纺织业）及其他副业。

五、政府直属工业（军队的在外），保证织土布一万八千匹，毛呢五千匹，毛巾十五万条，造纸七千五百令，肥皂六十万条。

六、部队生产，做到多数完全自给，少数自给大部分。机关生产，一般做到粮食部分自给，经费大部分自给。机关、学校个人生产，一部分归公，大部分归私。机关、部队禁止做投机生意，资金转入真正生产，建立真正经济基础。

七、为要完成并超过任务，就要执行毛主席的指示，更加组织起来，展开生产战线上的合作运动，达到（1）农业劳动力百分之五十以上参加变工队，并争取一部分妇女参加农业生产。（2）移民五千个以上劳动力。（3）奖励和推广义田义仓运动，建立社会救济事业的基础。（4）发展运输合作牲口至一万头。（5）百分之五十的合作社（变工队以外的）完全走上南区合作社的道路。每区一个合作社，每县一个南区合作社式的综合性合作社。（6）提倡牲畜保险合作社。（7）公营工厂试行合作办法。（8）机关学校的生产，也要采取伙种合股和变工等合作方式。（9）鼓励抗属工属和退伍残废军人参加生产。（10）改造现在尚存的二流子百分之九十以上参加生产。

八、发展生产竞赛，推行按户计划，普及和提高劳动英雄的模范作用；每个乡创造一个真正群众领袖的劳动英雄，每个劳动英雄创造一个模范村，现在的模范村扩大为模范乡。

关于发展物资贸易，这是保证军民供给，支持财政，稳定金融，调节物价，以达边区经济自给目的的重要工作之一，其重要性仅次于发展生产。依据去年的经验，应同时纠正过去绝对自由与放任主义的观点，又纠正去年的防御观点与孤立观点（单纯依靠物资机构）。前一观点否认政府的领导作用与调节作用，完全迎合市场的无政府要求，违反战时一般环境与边区的特殊环境。后一观点，使自己缺乏主动，又使自己孤立起来，成为孤军奋斗，得不到群众的援助。今年应该采取如下的政策：

一、在政府领导公私有利的原则下，物资贸易机关与群众结合起来，首先与生产运输等合作社结合起来，使合作社成为物资贸易的细胞网。

二、金融机关也要与合作社结合起来，首先推广和支持信用合作社，使之成为调剂金融、巩固货币的支点。

三、重新整理税务，使货物税和过境税服从于物资贸易政策，使营业税服从于经济政策，重新厘定商业累进税则，合理地调剂商业各阶层间之负担，并使商业税与农业税间趋于必要的平衡。

四、所有贸易机关、金融机关与税务机关，须严格纠正官僚主义倾向，务使自己的作风转向于群众，转向于利民便民的目的。

五、最重要的是尊重和依靠地方党政的领导，只有依靠地方党政的领导，才能取得各方面的配合，集中力量，统一步骤，完成任务。

关于厉行节约，去年的成绩很小，浪费却是比较普遍的现象。主要原因，是由于没有了解：节约是生产自给建立革命家务的重要辅助手段。今年必须把厉行节约与生产自给结合起来，并采取如下的步骤：

一、在机关部队学校生产自给的方针上，紧缩财政开支，分别减去或减低财政供给的比例。

二、设立审计机关，严核财政开支。

三、粮食方面，提倡军民多吃杂粮，少吃正粮。部队机关学校每人每年节省粮食一斗至二斗。限制煮酒熬糖，实行储粮备荒。

四、办公费用、被服、日用品及其他用费，实行集体的和个人的节约，具体规定节约计划。

五、规定节约奖励办法，组织节约运动。

二　关于提高抗战自卫力量

关于正规部队的整训工作，我不说它，我只说到在配合与巩固正规部队中我们政府应做的工作，这就是关于整理训练民兵的工作，优待抗日军人家属的工作，优待退伍残废军人的工作，归队工作，和协助军队的工作。前面已经说过，所有这些工作．我们做得还不好，还有缺点，今年应该依据下列的政策和办法，积极改正过来。

一、整训民兵：要把各地自卫军，统一组织为基干、普通两种，并在每区组织一个基干自卫连，必要地区的游击队或游击小组仍须存在。县长兼自卫军大队长，区长兼营长。另设大队副与副营长，以资专责。同时加紧训练工作，把重心放在基于自卫军上。训练内容分政治、军事两方面。军事方面要做到会打手榴弹，会安地雷，会打枪，会侦察敌人，多用实际演习，反对老一套的形式主义（步法、队形、刺花枪等）。政治方面，着重于对敌斗争与防奸斗争，反对教条主义，多用实际事实和典型例子进行教育。

二、优待抗日军人家属：应该认识，由于抗日战争的长期性，决定了优抗工作也是长期性的，因此，必须不满足于消极的临时“救济”，而提高到积极的帮助抗属建立家务。(1) 由各分区依据当地经济发展情况和人民生活情况，定出抗属丰衣足食的最低标准，男女老幼同一享受，并依此项标准，保证每家抗属有足够的耕地和收获，帮助抗属经营适当副业。(2) 按户帮助抗属订立生产计划及其实现办法，鼓励抗属参加生产，劳动不足者，由群众义务帮助。(3) 生产所需物资不足时，由当地政府与群众解决，并可优先取得农贷。(4) 物资局、公营商店与合作社，应调剂抗属生产资料及收买抗属生产成品，并以折扣优待抗属购置日用品。(5) 注意提高抗属的政治觉悟程度，立即着手清理抗属婚姻纠纷案件，以后务须严格执行“抗属离婚处理办法”。

三、优待退伍残废军人，应认识退伍残废军人是曾经为革命流血奋斗的战士，必须帮助他们从事生产，成家立业。以杨朝臣的范例，鼓励他们继续发扬八路军的革命传统。前面优抗项内的第二、第三两项办法，均适用于优待他们。退伍军人如有处理不当者，应重新处理。

四、动员归队。切实执行“动员潜逃及逾假不归战士归队办法”，利用冬季整理民兵及年节拥军月机会，动员去年一月一日以来潜逃或逾假不归的战士归队。各县政府应指导各区乡政府，调查应归队的战士，并研究其不归队的原因，发动当地群众及群众领袖（如劳动英雄）进行广泛的劝说解释，务使归队运动成为普遍的群众运动。各级政府机关及群众团体，不得录用应归队的战士，各级干部不得包庇应归队的亲属。

五、旧历年节举行拥军运动月，向群众宣布拥军公约，及边区政府关于拥军工作的各项决定，加以解释，并当场检查拥军工作，执行自我批评，议决改进办法。各级政府须切实检查拥军工作，并访问当地驻军、抗属和退伍军人，听取意见，搜集拥军缺点，负责解决之。

三　关于肃清汉奸、特务破坏

依据防奸斗争的普遍性与长期性，不是满足于去年已得的成绩，而是根据已得的经验，继续进行合乎实际情况的斗争。

一、坚持宽大政策，争取失足分子。

二、整个政权机关——各级政府机关、政府委员和各部门首长，务须自觉地履行保安工作的责任，同时坚持保安机关与其他机关配合的方法。

三、坚持领导与群众结合的路线，教育干部和群众，把机关、学校、部队和群众中的积极分子和防奸英雄团结起来，成为防奸核心。

四、仔细调查研究，分别是非轻重，即分别反革命与革命，分别汉奸、特务分子与犯了错误（历史、政治、思想等）的干部和群众。汉奸、特务分子中亦有轻重大小、改悔或不愿改悔之分，务必防止暗害报复，及被坏人暗害的事情，查出真正坏人，保护好人。

五、制定惩治汉奸、反革命条例，公布防奸公约，使司法机关有所依据，军民有所遵循。

六、各级参议会议员与政府委员会委员中，如发现真凭实据的汉奸、特务分子，属于边县两级者，分别由边区参议会常驻委员会或县常驻委员会处理，并向选民公布之；属于乡级者，由乡参议会召集选民撤换改选之。

七、有人看到审查出来的坏人，有些是外来的知识分子，因此，就猜测我们会改变争取外来知识分子参加工作的政策，至少会从此把门关得紧紧的。又有人看到审查出来的坏人，有一部分是实行三三制中选举出来或参加进来的非共产党员，因此，就猜测我们会修改三三制，至少从此会把门关得紧紧的。这些都是误解或过虑。我们正式申言，三三制是不变的政策，争取外来知识分子工作同样是不变的政策，清查暗害分子，正是为了巩固三三制政权，为了更好的与党外人士合作，更好的团结外来知识分子参加工作。而且根据事实的经验，知识分子的大多数是好的，只有少数误入歧途分子，经过教育亦大都可以转变过来。

四　关于改善教育工作

边区中等教育和国民教育方面，过去存在着严重的教条主义与旧型正规化的毛病，脱离甚至违反边区与边区人民的需要。前年高干会与去年春政府委员会第三次会议，指示了明确方针：为抗日战争与边区人民服务，干部教育第一，国民教育第二。就是说，必须将脱离抗战实践脱离边区与边区人民的那些现象加以改变，使之充分符合于革命三民主义（即新民主主义）和十大政策的精神，适合于边区当前建设的需要。去年前半年的中等学校整学会议与后半年各中等学校的整风运动，使旧型正规化和教条主义受到批评，这是一个大进步，是边区中等教育的转变关键。

今后应依据下列原则，进行具体的改革。

一、确定各中学师范学校担负提高现任干部与培养未来干部的双重任务，一方面接受小学毕业生，又方面接受现任区乡干部小学教师及其他工作干部，分别教育之。

二、各学校学制，应照顾学校任务及地方具体情况，作适当的规定，不必强求一致。

三、教育内容，以文化教育为主，同时须从思想上确定学生的革命观点，劳动观点与群众观点，并须进行以边区政治、经济为中心的政治教育与生产教育，辅之以时事教育。文化教育亦须从边区需要及学生的现有程度出发，逐渐提高，去其暂时过高者和不急要者。

对于因一定具体目的而训练的学生，须进行业务教育。

四、为使学校教育与边区实际有更密切的结合，各学校应与附近乡村政府和生产部门建立经常的协作制度。

五，彻底改革学校作风，坚持实事求是精神，反对主观主义与教条主义；坚持民主集中制的集体主义，反对惩罚主义与放任主义；坚持群众观点，反对官僚主义；提高政治觉悟，反对自由放任主义。

六、重新调整教育干部，并对他们进行必要的训练。

七、坚持各学校由分区直接领导的原则，教育厅则注意总结经验，提出一般指导，供给一般材料。

小学教育去年只做了精简与整风两件工作，以县为单位的小学教职员的集体整风，在许多地方举行了，并获得成绩。今年教育厅要用大力来检查、总结小学教育的经验，作出必要的结论，提出①具体改革方案，以便明年普遍施行。

社会教育方面，新的作风已在延安创造出来，并逐渐推广出去，延大、文协、部艺、评剧院、文工团等团体的下乡运动，是一件值得欢迎的大事。我们应该帮助他们。尤其教育机关要同他们发生密切的联系，搜集经验，作为改进边区社会教育的出发阵地。

五　关于改善司法工作

司法方面，过去一时期由于某些人舍不得取去旧司法的眼镜，以致脱离边区与边区人民的需要，以致人民的正当权益或有遭到损害，而破坏分子的不法行为或且反获宽容。去年春政府委员会第三次会议着重指出：“边区政权既是人民自己的政权，则行政与司法的分立也就没有意义，司法工作应该在各级政府统一领导之下进行”。就是说，它是整个人民政权中的一个组成部分，因之它的任务也就应该是保卫中国、保卫人民、保卫政权。而边区的人民与政权是一种革命三民主义的人民与政权，旧型司法制度和旧型法律，自然就不能不顾实际的硬搬。去年我们对司法制度有所改革，实行了专员兼高等法院②分庭庭长、县长兼司法处长，人民称便。又对司法工作进行了初步检查。“司法独立”倾向，已大体纠正，暗害分子已有发现，坏作风已加揭发。

今后的问题。一方面要彻底纠正被侵入的坏作风，又方面要发扬新的创造，使司法工作完全符合于保卫抗战利益保卫边区民主政权与人民权益的需要。

---

① “甘肃史料版”将“提出”误作“提此”。

② “档案文件版”将“高等法院”误作“高等法脚”。

一、提倡并普及依双方自愿为原则的民间调解，以减少人民诉讼到极小限制。民事一般推行调解，刑事除汉奸反革命破坏罪行外，大部分也可适用调解。区乡政府应善于经过群众中有信仰的人物（劳动英雄、公正士绅等）去推广民间调解工作。边区政府已经颁布的“民刑事调解条例”的推行情况，应即检查，总结经验。

二、在边区与国民政府间的合法关系尚未解决期间，暂行确定两级两审制。县司法处（或地方法院）对县政府（或市政府）负责，进行初级审判；高等法院及其分庭对边区政府负责，履行终审职权。

三、司法机关的法律根据，必须是边区施政纲领及边区政府颁布的各种现行政策法令。边区现行法令不足，一方面应根据历年经验，将好的判例加以研究整理，发给各级司法机关参考；又方面由主管机关起草符合于革命三民主义即新民主主义的精神与边区实际的民刑法与诉讼程序。

四、司法机关审判案件时，须切实照顾边区人民的实际生活，切实调查研究案情的具体情况，分别其是非轻重。审判人员须具备充分的群众观点与对敌观点，把制裁汉奸、反革命当作中心，把保护群众当作天职。

五、诉讼手续必须力求简单轻便，提倡马锡五同志的审判方式，以便教育群众，判决书必须力求通俗简明，废除司法八股。

六、民事，非因特殊原因不得拘押当事人，刑事案情轻微者，可以斟酌情形交保或缓刑。一般二流子性质的过犯，以不羁押为原则，交由乡市政府与群众负责约束改造之。立即着手清理各地监犯，其有可以送回当地约束改造者，即行交保释放。今后，必须严格禁止非法押人罚生产的行为。

七、重新审查暗害分子经手判决的案件，坏分子被纵容或好人被冤屈者，实行平反。

八、在劳动与教育并重的原则下，整理与改良监狱工作。

九、司法干部，尤其是领导人员与审判人员，必须选择忠实于革命三民主义、愿意切实联系群众与公正不私的干部充任之，同时加强他们的政策教育与业务教育、养成新民主主义司法的熟练人才。

我们今年的主要工作和主要任务就是这样。

这些主要任务，是十大政策在边区今天最切要执行的部分，在为完成这些主要任务的奋斗中，我们还要注意联系和贯彻十大政策的其他部分，就是说要联系和贯彻精简政策，领导一元化，整顿三风，审查干部，时事教育，减租政策与巩固三三制。十大政策，这是各抗日民主根据地内长期适用的政策，也就是当前革命三民主义即新民主主义政治的基本内容，要用它来教育干部和群众，尤要把它具体化于边区政权工作的实际。我们有一切条件能够这样作（做），因为我们是处在军民更加觉悟和更加团结的空气中。特别重要的是毛主席经常提醒着我们，西北人民的领袖高岗同志经常指导着我们。

政策已经明瞭（了），任务已经确定，决定的关键就看我们的工作态度，看我们采取那（哪）一种工作作风，官僚主义还是行动的民主主义？首长做官，与群众脱离，还是首长负责，与群众结合？自满自骄，还是自我批评？无疑的，我们所需要的是后一种态度，后一种作风，而且应该是后一种态度，后一种作风。倘若我们只看见成绩，看不见缺点，而自骄自傲起来，放下自我批评武器，倘若我们不继续密切联系群众，向群众学习，而让官僚主义的残余复活以至生长起来，我们就会不能继续前进，就会倒退，不能贯彻政策，完成任务。为了能够继续前进，更好地前进。我们一定要深切记住毛主席下面的话："我们是处在日本帝国主义与中国反动势力的层层包围之中，我们是处在散漫的小资产阶级的包围之中，极端恶浊的官僚主义灰尘……天天都向我们的脸上大批的扑来，因此，我们决不能一见成绩就自满自足起来，我们应该抑制自满，时时批评自己的缺点，好象（像）我们为了清洁，为了去掉灰尘，天天要洗脸，天天要扫地一样"。

十大政策和民主作风，这就是边区革命三民主义政治的实质，它的形式和内容。为人民大众，依靠人民大众，政策是为人民大众的，作风是依靠人民大众的。去年，许多工作和许多地方按照这种精神办事，所以获得伟大进步；今年，把这种精神普及和贯彻到一切工作一切地方去，更大的胜利一定从四面八方涌来，那时，我们将号召人民新的选举运动，改选政府，进一步壮大三三制政权。

同志们，什么是革命三民主义的选举运动的基础呢？应该说，这就是生产运动的竞赛，拥军优抗与拥政爱民的竞赛，防奸运动的竞赛，换言之，就是十大政策的竞赛，民主作风的竞赛，离开这些为人民大众又依靠人民大众的竞赛，人民就会不需要它。

最后，我应申明，我们陕甘宁边区继续请求国民政府的委任，成为不但在实际上而且在法律上都是国民政府下面的一个地方政府，以便更有效地在蒋主席领导下进行全中国对日本帝国主义的战略反攻，争取伟大抗战的最后胜利。同志们，西方反法西斯战争更加接近胜利了，中国的对日反攻也快要到来了，我们应该和全国人民一道，更加努力奋斗，完成驱逐日寇解放中国的神圣任务。

选自《陕甘宁边区政策条例汇集》续编，1944年版，第25～57页。

互校版本：

1.《陕甘宁革命根据地史料选辑》第一辑，甘肃人民出版社1981年版，第380～406页。简称"甘肃史料版"。

2.《陕甘宁边区政府文件选编》第八辑，档案出版社1988年版，第1～25页。简称"档案文件版"。

66. 陕甘宁边区政府简政总结

1944年1月7日李鼎铭副主席在
边区政府委员会第四次会议上的报告

同志们：

关于政府去年工作和今年任务，林主席已作了详尽报告，我的报告只讲一个问题：简政总结。

大家知道，我们的精简政策是在二届参议会上通过的，会后接续实行第一、二次精简，收到初步效果，但因为当时对于这一政策的认识尚不一致，思想尚有分歧，因之未尽贯彻。前年高干会后，情形就大不相同了，党政军民纷纷实施，去春政府委员会第三次会议更通过“简政实施纲要”，明确规定简政目的为精简、统一、效能、节约与反官僚主义。并召开专员、县长联席会议，具体商讨实施办法。接着又颁布专署、县、区、乡政府组织条例，干部管理通则，政纪总则，政务人员规约，奖惩条例，简编方案。这就是说，为要真正贯彻这一政策，我们在思想上与组织上做了许多工作。一年来实行的结果，可以确定的说，已经相当达到了上述五个目的。

首先，我就说到精简问题

我们做到了业务精简。实行生产第一，而在其中则以农业为第一位，而且是党政军民齐动手；实行教育第二，而在其中则以干部教育放在第一位，同样是党政军民齐动手。结果，因为生产运动尤其农业生产运动的普遍展开，干部教育尤其干部整风运动的日益深入，就大大改变了工作面貌，改变了边区的面貌。此外，边府各部门也能在一定时期抓住中心一环，下级政府也抓住了业务中心，如吴堡岔镇区在三月至十一月九个月内，开过十六次乡长联席会议，其中十四次会议就是专门讨论生产工作的。过去“以上代下”的工作方式，已基本克服，下级干部的积极性也大大提高了。

我们也做到了机构精简。各厅、处、院的内部机构，已经裁并了四分之一，如取消各厅、院秘书室，各厅管理科，银行研究室，民厅由四科合并为二科等等。边府直属机关从三十五个减至二十二个，税局、税所从九十五个减至六十五个，银行办事处九个全部撤消（销），各系统缉私[①]机关与保安处检查机关合并。专署及县府的内部机构从原来的八、九个减至四、五个。这样一来，既避免了头重脚轻的积弊，又达到了政简民便的目的。

我们也做到了人员精简。专署以下各级政府，除最近因自卫备荒需要，专署增设粮秣科二人，县、区政府增设大队副及副营长一人外，一般已按简编方案实行。边府各厅处院等及其附属机关的人员，大都已经如数精简，个别机关还缺人。例如：由于边府办公厅的成立，和各厅合署办公的实现，就不仅加强了统一领导，加强了各部门间的联系，而且节省了干部。合署办公前，办公厅、民政厅、财政厅、建设厅、教育厅和物资局共有人员四六九个，合署办公后，就只有二七九个了，计减去一九〇个，占原有人数百分之四十强。各厅处院（物资局、银行、行政学院除外）原定编制数为二六一人，现仅二四六人，尚缺十五人。附属机关（通讯站，卫生处，门诊部，边区医院，医校，第一、二休养所，抚委会，招待所，粮局，税局，盐务局，警校，公安局等）原定编制数为一九七人，现仅一九〇人，尚缺七人。但应该指出的，就是还有不少家属未经处理，因之杂务人员未能完全精简。我们对于编余人员采取了什么安置办法呢？安置办法有两个：转入生产或转送学校。边府一级大部分转送学校，小部分转入生产；专署以下，大部分转入生产或加强下级，小部分转送学校。总的来说，我们整个政权系统的编制大致已经精简，但因家属未经处理，送学同志仍算政府人员，所以不属正式编制而吃公粮的，还有一千至一千二百人。

我们又调整了干部，提拔了一部分干部到专署和边府工作。例如边府就调了五个县长上来担任处长、科长等职。也选派了许多得力干部降级使用，加强了下级。例如延安县就有十个县级干部调区，二十个区级干部调乡，其中如柳林区把四个助理员完全派下去当乡长，因此许多工作都成了模范。也实行了县长间的调整，科长间的调整，行政干部与生产

---

① “甘肃史料版”误将“缉私”印作“辑私”。

干部间的调整。如延安县就曾经调了许多行政干部到运输队和合作社工作，因此使重要的环节得到了及时的应有的帮助。此外，我们还调送了一百五十多个高、中级干部去学校学习，以便更好的培养与提高他们；又调送了一批思想政治不够健全的干部去学校整风，以便更好的教育与改造他们。所有这些措施，说明了一个什么问题呢？说明了我们精简上级，加强下级与生产部门的方针，基本上已经实现。

但不能因此认为政府系统的精简已经彻底，以后可以安然无事了。为使精简工作做得更好起见，还须解决下面的问题：

一、继续加强乡政权，创造更多的模范乡村。去年，由于劳动英雄辈出，我们已经创造了像吴满有的吴家枣园，陈德发的马家沟，张振财的城壕村，石明德的白源村，刘玉厚的郝家桥等模范村乡；这是十分珍贵的创造，从此出发，我们就有可能创造更多的模范村乡。今后的问题在于如何提拔劳动英雄，如何将劳动英雄的新鲜血液灌注到乡政权中去。其次就要选派适当干部下乡，如柳林区已经实行的。

二、注意增强某些财经部门及司法教育部门的干部，因为他们曾是政府工作中比较薄弱的环节，又是汉奸、特务分子破坏最多的环节，要使他们的工作迈步前进，就须给以干部的补充。

三、提倡家属参加生产，开展陈敏运动，奖励焦自珍、刘玉峰等积极生产自给的工属，鼓励抗属工属向陈敏看齐。陈敏的模范生产情形，报上已有介绍了，那是值得提倡和学习的。

四、还应该检查一下，遇有机构和人员未按简编计划实行，或虽已实行而因情况变动可以再行紧缩的，均须继续精简之。

这就是我们在精简方面的成绩与今后尚须努力的方向。

其次，我就说到统一领导问题

在政治方面，政策法令已完全统一，命令指示也已基本统一。一年前政府工作中政策法令不统一的现象，命令指示不统一的现象，制度纪律不统一的现象，一般的说，已经成了历史的教训。我们的这种统一，是置基于“坚持民主集中制”之上的，是民主的统一，以民主为基础的统一。政策、法令、命令和重要指示的决定，事先都经过酝酿、协商、讨论的过程，因此我们的统一，就是自觉的，就不致发生阳奉阴违的恶劣现象，而是大家一条心，身体力行。

但必须指出，我们还有个别部门的个别指示与命令，未经审核批准或必要的讨论，就随便发出，这是不对的，违反统一的原则。另一方面，也还有个别部门，不了解统一领导是建立在个人负责的基础之上，以为实行统一领导，就可以减轻自己的责任，对于问题的处理，不慎重考虑，就随便往上送，缺乏独立负责精神，这也是不对的，应该改正的。

在组织方面，各厅、处、院、局过去直接指挥下级各科，不经过专员县长的现象，或者彼此对立，互不相谋的现象，大体上也已经改正了。

在人事方面，主要干部自由任免的现象，也已改正，干部管理基本上已经统一于民政处，只是各系统内部的干部调整，有时未能完全同民政厅协商或呈报备查，为一缺点。

但不能因此认为我们的统一领导已经完全彻底实现，以后可以安然无事了。为使统一领导做得更好起见，还须继续解决下面的问题：

一、散驻各地的附属机关、公营商店等，其业务应完全受当地政府领导，各当地政府则负责保证边府的政策、方针、制度与一般任务的执行；干部亦完全归当地政府管理，除主要负责人的变动须经过边府批准外，一般干部的调动只须呈报备查。

二、各系统内部的干部调整，均须与民政厅协商。

三、财经方面，经费开支须确立审核手续与制度。

四、边府办公厅与各厅、处、院、行、局之间，要建立更密切的联系。

五、特别重要的是在全体政务人员中深入关于民主集中制，领导一元化与政纪的教育，加强在统一领导下的独立负责精神。

这就是我们在统一方面的成绩与今后尚须努力的方向。

再次，我就说到反官僚主义问题，在反官僚主义中改善我们的领导作风问题

大家知道，官僚主义是一个领导者与领导机关最恶劣的作风，他（它）在我们中国统治过几千年，我们来自官僚主义的摇篮，且继续受它的包围，因之我们曾经多少沾染了官僚主义的习气，其实是并不奇怪的。问题在于我们既经指出其错误以后，是不是有决心将它一扫而光。

首长动手，与群众结合呢？还是首长做官，与群众隔离呢？这就是区别领导作风好坏的主要关键。去年，我们确实从此着手，进行了斗争，因此，上上下下都有了进步。

下列事实指明了领导上作风上的进步：为贯彻“简政实施纲要”，在精简机构和人员上，建立统一领导的制度和纪律上，在调整干部上，做了许多具体工作。工厂会议转变了对工业的领导，在会议中检查了工作，从而暴露了问题，发现了坏蛋，并决定了整理工厂的方针和办法；以后，各主管部门亲自深入工厂，普遍检查与整理，使赵占魁运动胜利展开，使工业生产量大大提高，生产成本大大减低。高干会后，帮助吴满有订（确）定去年生产计划，对边区按户计划及生产竞赛起了号召推动作用。农业累进税试行条例的制定，经过反复的调查研究，又经过富县、安塞两个区乡实地试验，加以修改，然后提到庆阳、绥德、延安三县试行。中等学校的整学会议，历时半年，对边区中等学校的历史和现状，做了各方面的调查研究，然后才作出结论，提出改革方向。值得特别提出的，是边府各部门的干部坦白运动，大家都实行了首长负责，自己动手，又与群众密切结合的领导作风，保安机关领导下群众防奸运动，也坚持了宽大政策与群众路线，而不是单纯依靠保安机关的少数人员。边府对于专署的日常指导，亦多先给专员以考虑的机会。

在各下级政府的领导作风上，也同样有了很大的进步，最显著的表现在两个方面，第一是对于生产的领导，大家自己动手去组织变工队，改造二流子，订农户计划，修水利，组织运输队，改造骡马店，改良打盐，改良植棉，改良畜牧，改造合作社等等；第二是对于防奸工作的领导，大家亲自动手去调查、规劝、审讯，发动坦白运动与组织坦白大会等等。关于这两方面的具体事实，报纸上已经公布过很多，我就不再一一详举了。

但这并不是说，我们的所有环节与所有干部的作风已经统统进步了。还有这样的干部，他们至今不切实负责，不积极动手，照例办公，照例移转，不注意检查执行的程度与实际结果。尤其是高高在上，缺乏群众观点，不调查研究，更不向群众学习，他们是在做官，不是在做革命的领导工作。

我们亲眼看到，凡是首长负责与群众结合，丢掉了官僚主义的地方，就有生气，有办法，有创造，一切都日新月异。凡是首长不负责，与群众脱节，舍不得丢掉官僚主义的地方，就无生气，无办法，无创造，一切都毫无成就。譬如淳耀县长刘永培同志，做到了前一点，所以能够大量移民，创造白塬村，创立田云贵合作社，发展挑铸塬妇纺等等。不久前调动工作时，老百姓都拉着他，不让他走。又如他的前任县长则属于后一点，就是说，他官气十足，天天打算怎样为自己做生意，怎样为自己发财，对老百姓的事情却置之不理，所以工作既无成绩，更受群众反对。现在，我们的各种政策与方针十分明确，任务已经决定，尤其群众已发动起来，群众和干部的积极性与觉悟程度都已提高，象（像）去年的生产热潮，各地自卫动员的热潮，防奸的热潮，减租的热潮等等，使得官僚主义的地位更加狭窄了，而我们政权工作中官僚主义作风也已基本上克服了。但是，官僚主义的残余还显然存在，官僚主义的灰尘，正如毛主席说的，还继续向我们扑来。因此，首长负责，与群众结合，反对官僚主义，仍然是我们的战斗口号，并且永远是我们的战斗口号。

这就是我们在反官僚主义方面的成绩与今后仍须注意的地方。

再次，我就说到提高效能问题

由于我们掌握了政策方针的领导，例如我们掌握了“发展经济、保证供给”的方针，生产就有大大的发展；掌握了宽大政策，防奸运动就普遍展开。由于我们反对了业务方面的分散力量，而采取了集中力量于主要方面的办法，如集中力量于生产、防奸、干部整风、整中学、整司法等，就获得显著成绩。由于我们坚持了统一领导，反对了系统林立各自为政的现象，精简了机构，特别是确定专署为边府代表机关与加强下级，反对了官僚主义等等，就提高了工作效能。所有这些，我在前面已经大略提到了。现在，我只着重的讲一个问题，看看我们的工作效能到底提高了多少。

大家知道，当整风运动尚未深入和防奸斗争尚未展开之前，在我们的某些机关、学校和工厂内部，是曾经有三种干部和三种人工作着的：一条心的正派人，半条心的自由放任主义者，还有两条心的暗害分子。一条心的人拼命要把工作做好，半条心的却拉着他的腿，两条心的人暗地打负号，因此，在这些地方，工作总是不起劲，甚至糟得不象（像）样子。自从整风深入和防奸斗争展开后，情形就完全两样了，例如边府文书科的誊写员，过去每人每日平均只写五百三十九个字，现在三个人就做了过去十三个人的工作。边区通讯站，过去组织庞大，仅总站就有二十三人，但收发信件书报还经常发生错误和积压现象；延绥、延庆两路都开日夜班，但前者单程需时十多天，后者需时半月多，而每月平均还要支付运输费一万五千元，坏分子当权，老干部倒霉。去年五月经撤换站长，紧缩机构实行整风后，就气象一新，不仅积压与错误等毛病完全消除，而且投递数量由一月至四月平均每天一六，六六一件骤增到五月至十一月平均每天三〇，〇七八件，投递速度也大增，延绥线只需五天，延庆线只需八天，而日夜班反而废止，运输费反而取消了。尤其在政府经营的自给工业中，效能提高的程度更为惊人。难民工厂，过去每台铁机每月平均织布十三匹，现在每台织布二十一匹，提高百分之六十三。振华纸厂，八月份出纸一一五·四令，每令需工一三·八个，十月份就增加到二一六·六令，每令只需工八个，提高百分之四十二。化学工厂，四月份出肥皂三〇，七二六条，八月份就增加到五八，九二四条，提高百分之九十二，成本则由四月份每箱一·二石小米，减至八月份每箱〇·八九石。这些事实说明了一个什么问题呢？说明了因为我们已经去掉了暗害分子，把自由放任主义者改造成一条心，增加了一条心的人，所以就大大的提高了工作效能。

但应该认识，我们是处在整个世界同时也就是整个中国大变动的前夜，我们的事业在发展着，任务日新月异，要不落后，要想赶向前头，我们就应该继续提高效能。怎样做到这一点呢？我想办法只有一个：不骄不傲，努力学习，提高自己。

这是我们在提高效能方面的成绩与今后尚须自我锻炼的地方。

最后，我就说到节约问题

我们的民力动员减少了。以延安、绥德两县为例：延安前年动员民力六〇，〇二五个，去年只二八，四九三个，减少三一，五三二个，即减少百分之一百一十强。绥德前年动员民力七五，一九六个，去年只九〇〇个，减少七四，二九六个，即减少百分之八千二百五十五强。为什么会有这样大的变化呢？因为我们开展了军队的拥政爱民运动，他们用各种实际行动表示了对于人民的热爱，自运粮草，减轻人民负担，就是其中之一。例如三五九旅，不动员民力而动员指战员自己背粮，从甘谷驿陈家庄到南泥湾，一次就为人民节省一千个人工，三千个畜工，和十一万元路费。因为我们的粮食调剂有了进步，老百姓的公粮不限定送到本县仓库，可随各地需粮情况送往邻近地区，并规定送粮最远不超过两站路。此外，粮食局用自己的几百头牲口前往运输调剂，并动员延安各机关自出牲口运粮，去年延安各机关就自运了二万至三万石。

粮食、燃料和日用品节省，在个别机关、部队、学校中也已开始实行，并获有成绩。如三五九旅用洋芋与南瓜部分代替粮食，就节省了很大一笔粮食数目，使该旅粮食全部自给成为可能。边府办公厅、中央党校等在节粮方面也做得不坏。保安处等机关过去每人每日平均须用煤炭两斤，现在只要一斤（小秤），节省了一倍（半）。

值得特别提出的，还是工厂方面的节省。譬如边区被服厂去年利用破布十七万方尺，等于五十四大匹布；节省新布十一万一十方尺，等于四十二匹大匹布；又节省线五百三十三码。边区纺织厂去年七月每天平均有废纱二斤二两八，八月即减至一斤三两五，九月更减至十两五。振华造纸分厂去年十月将锅灶改造后，每月节省木材五万斤。这些数目并不是很小的。

但从总的方面看来，应该说，节约工作还做得并不令人满意。节约只是部分的实行，而浪费却是比较普遍的现象。大家只注意了丰衣足食，而忘记了丰衣足食的物质基础是生产，又是节约，是“开源”，又是“节流”。在发展生产的前提上，我们要丰衣足食，又需要节约。必须提出这样的口号：“力行节约”。必须从两方面着手，马上就做：

一、财政方面，从新的情况出发，从各机关、学校、部队的绝大部分已经建立家务、有了相当基础的情况出发，规定新的供给标准，不发或少发经费，以便紧缩开支。

二、机关、学校、部队方面，要开展节约运动。要发展生产，又要力行节约，要奖励生产，又要奖励节约。

这就是我们在节约方面的成绩与今后尚须用大力注意的地方。

这就是去年我们已经做了的全部精简工作的大概叙述。

曾经有过那么一些人，他们非常害怕精简政策，他们懂得，这是一个重要政策，是边区的十大政策之一，因之他们就到处造谣，说什么“共产党的精简政策就是排挤非党人士，就是实行一党专政的准备"，企图以此一举两得，破坏我们的团结，又破坏我们的精简政策。但事实证明了这是徒劳无益的，我们已经不是根据他们的愿望，而是根据人民自己的意志，象（像）我们前面所说的，将这个精兵简政政策坚决的实现了。

但为了今后的需要，我们必须把精简政策向前推进一步，把它与发展生产、提高军事、继续防奸三大中心任务联系起来，与其他各种政策联系起来。我们首先要在政府系统中把它贯彻到底，同时希望军队与机关学校也继续贯彻它。为着全世界推倒法西斯强盗，全中国推倒日本帝国主义而继续努力，我们的工作还应加强，我们还应从精简、统一、效能、节约与反官僚主义五方面，做我们尚未做得彻底的工作。

选自《陕甘宁边区政策条例汇集》续编，1944 年版，第 58～71 页。

互校版本：

1《陕甘宁革命根据地史料选辑》第一辑，甘肃人民出版社 1981 年版，第 407～417 页。简称"甘肃史料版"。

2《陕甘宁边区政府文件选编》第八辑，档案出版社 1988 年版，第 25～35 页。简称"档案文件版"。

67. 边区三三制的经验及其应该纠正的偏向

1944 年 3 月 25 日林伯渠同志在边区高干会上的报告

边区三三制的经验及其应该纠正的偏向

（一）三三制的选举

一九四〇年，陇东、绥德两个分区试行三三制，先后召集了分区临时参议会，各县临时参议会和政府委员会，一般是经过聘请方式。陇东分区做得比较认真。

一九四一年，依据边区中央局关于彻底实行三三制的选举运动指示，实行了普选。全边区自下面上建立了以边区施政纲领为基础的三三制政权。边区二届参议会大会给这次选举运动作了政治上组织上的辉煌总结。边区施政纲领，三三制选举和二届参议会，团结了边区内部的各阶级阶层，改变了边区内部关系的面貌，对全国民主运动起了推动作用，尤其对中间阶级发生了积极影响。

一九四一年的选举，边区各阶级百分之八十以上选民进入了运动，在土地未经分配区域，进入运动的还有国民党。这是各阶级各党派间的广大团结，又是广大的斗争。斗争的出发点在各阶级各党派间，是不一致的，而在我们，则是为了实现合理的团结。当时，这运动对于我们还是创举，由于前无经验，又由于党员和干部中思想准备不足，运动过程中曾经发生过或"左"或右的摇摆现象。然而全部运动给予我们以关于三三制选举和三三制议会的第一次经验，这经验是那么丰富而又生动，同时这经验又给两年来政权机关的三三制工作留下了许多影响。因此回顾一下一九四一年的选举运动，对于我们的研究是有重要意义的。

当三三制选举的号召已经发出，边区施政纲领已经发布，全边区各阶级各阶层的人民间即反映出他们自己的关心和态度。在土地分配已久的区域，也还有地主和绅士，他们从绝望的地位见到三三制，就多表示出意外与兴奋的心情，例如说："共产党宽宏大量，仁义治国"；"从前以为革命不要咱们这号人了，今天咱也能管政权"；"迩刻事情真不同了，咱们也有权利，也能干事，同别人平等了"；"真的，迩刻真正实行三三制了，咱的名字也能上红榜，土地革命时咱可没权"。华池有一个地主感激地说："三七年选举，咱们没有选举权，现在共产党八路军、边区政府看得起咱们了，又给咱们选举权，咱今后一定要选好人。"农民方面，尤其是贫农雇农，他们记起了过去如何受压迫又如何翻身的经验，对三三制政策就多怀着疑惑、忧虑的心情："咱们流血搞起来的政权，又让地主豪绅们跑进来，敢保不会上当?""没有他们，该可以省去多少麻烦!"在绥德分区，一部分地区未分配过土地，一部分地区则在土地斗争中经过长期的反复，对三三制的反映就是另一个样子。一部分较开明的绅士，他们赞同我们提出的施政纲领和三三制，愿意同我们合作，但有些观望："三三制是不是摆个样子?"对于工农积极分子和工农干部，他们怀着传统的成见与不信任，提议"要有一定的文化程度，才能有被选举权"。或者说："民主是好的，但人民文化低，粗鲁简单，解决不了问题，最好还是家里可以些的人出来吧!"另一部分较反动的地主，起初是不信任，观望态度；随后，三三制果然是事实，他们想着机会来了，就马上从观望转为积极，为着保护自己的利益和地位，出来竞选，口头上"今天的事不好办，谁想出来?"实际上积极活动，"老粗也要上台了，赤足汉要当咱们的上司，得了嘛!"就宣传穷人"不识字，家里又没办法，过去又没干过事，这些人办不了事"，以打击农民。更坏一点的分子就同国民党特务勾结一气，明里提出自己的候选名单，暗地威胁和欺骗穷人。富农多取冷淡态度，因为"在经济上，他们同贫雇农有矛盾，同地主也有矛盾，又担心白军有一天还会开来"，处于两大之间；但有一部分依附于地主一边的。清、绥等地的农民经过长期反复的痛苦经验，很不高兴地主们又进入政权，甚至愤慨地说："让一些坏东西进来看看咱们的主张也好，但为啥要那么多呢？三分之一呀!"至于土地未经分配区域的贫苦农民，他们热望着翻身，积极参加选举，可是，他们没有选举经验，对地主绅士们还多少保留着传统的胆怯心理，有些农民"望见财东向自己走来，手里东西不自主地往地上落"。因此，他们，贫苦农民们，就更加迫切地要求党的支持："你们不作主，咱们啥也不敢言传了。"

边区中央局的指示，在详细分析了边区内部阶级关系及阐明了边区彻底实行三三制政策的必要和重要之后；指出被选举到参议会和政府机关的非党人员，"应尽量做到有各阶级代表，并且的确是为各阶级群众自己所拥戴的，而在政治上是赞成坚持抗战坚持团结的（当然，要警觉不要让反共特务破坏分子混入）"，"特别要做到使在群众中有威望的政治上比较进步的非党人士为候选人……必须对每个人作各方面的考查。"因此"要加强党对三三制选举的领导作用"，"要防止在实行三三制选举运动时的各种倾向"，即"不放手做"的倾向与"放弃党的领导"的倾向。但由于三三制的选举在当时是一种创作，在相当一部分党员和干部中，对三三制的认识是不统一的。"党员三分之一，进步分子三分之一，中间分子三分之一"，这个正确原则的认识，当时在干部中并不普及。一部分党员和干部间，还存在有不正确的看法："共产党三分之一，国民党三分之一，无党无派三分之一，"或"共产党三分之一，非共产党三分之二"；还有以为是"共产党三分之一，国民党三分之一，哥老会三分之一”的。党内认识不一致，思想有分歧，自然要影响到实践，实际上也发生了影响。但是实际情况究竟怎样，还得从更实际的材料看，才易明白。

一般地说，从土地革命经历过来的中下级干部和一般工农党员，选举中迁就的倾向是少见的，相反的，他们多要求按已往的经验办事，不敢放手。许多同志对地主士绅参加政权放心不下：“从地主豪绅手里夺过来政权，流了多少血，怎敢又随便让他们进来!”“大革命时咱们被国民党赶跑，现在实行三三制，敢保不再上当?”个别同志气愤地说：“干脆给人算了吧”！乡上同志讨论候选名单，提到工农分子时，“啊，好成分!”提到某某是地主，大家就低下头去，不做声。下级同志同一般进步群众一条心，对选举顶认真，顶抓得紧，他们的注意主要不是三三制而是“好成分和公正人”。凡属党组织有基础的地方，一部分地主士绅和国民党员的当选，如果不是他们平日为人公正，对群众有好影响，那就是由于共产党上级的指名保证：“组织决定要保证，咱们选举就是。”“反保证”（保证别人当选），这是一九四一年选举运动的一个特点。由于下级同志和群众抓得紧，就使得乡参议会的成分中，共产党员和进步力量（从阶级成分看）合起来占着极大的优势，看看下面十四个县乡议员的统计表（数字有出入，但无从事校正），就可以明白。

县别	社会成分										党派关系			
	地	富	中	贫	佃	雇	工	商	绅	其他	共	国	无	
清涧	一〇	二〇二	五〇二	二八〇		九三					四一六	六九	一四〇二	
绥德	二三	一五九	五七八	一三〇一		二一二	二三六	一二七			四〇〇	一六一	二〇七五	
米脂	八	一二	三三	一五四	七		八	三			八三	二	一四〇	注一
庆阳	一〇	八九	三二五	四六		三六	二二	二七			一九六	四一	七三二	
合水	七	五六	一六六	三三四		四	六三	六			二一九	五八	三六一	
环县	八	三六	一三七	五〇一		九	三八	六			二二七	一二	五一六	
曲子	四七	三三	一八一	七一九		二二					二五七		七四四	
赤水		三	六五	四〇五	三	一四		二			一〇七		三八七	
新正		二〇	一八五	一六五	一三	二		一	一		一二四	二	一八八	
新宁	一四	三〇	一一三	三九三	一九	一	二		一〇		一五一	二	四八七	
靖边			五	一三〇		一二			二		八七		一六五	注二
志丹	一一	四五	一〇一	五四一		八九	一四	三	二〇		三八六		四三九	
鄜县		一	一四	五五		一	二				五七	五	六四	注三
延长	三	五	三〇	一一一		七	九	二			八八		七三	注四

注：一、米脂只统计了河盆区。

二、靖边只新城、青平二区，青平区成分未统计。

三、富县只大生号、永平二区，永平区成分未统计。

四、延长只统计了第三区。

这种情况，形式上还没有做到三三制，实质上却是合理的。尤其对于土地未经分配区域，那边农民还没有翻过身来（未经减租斗争等等），“十个小参议员斗不过一个大参议员”，倘若地主、富农和国民党员占了三分之一的议席，农民敢保不被压倒！实际上，米脂、葭县的某些乡政权，由于我们党组织力量过于薄弱，地主豪绅或国民党员就乘机占了统治地位（例如米脂全县八十九个乡长中，有十六个国民党员，三十一个非党员；银城市与附城区的十五个乡长中没有一个共产党员，却有六个是国民党员）。农民们对这种政权深致不满，并向我们的同志发出质问：“是山羊、绵羊之分，还是榖子、莠子之分？”实际上，下级同志抓得紧，并不等于要自己包办，许多县的乡参议员总数中共产党员并没有达到三分之一，下面所指出的八个县，共产党员在乡参议会中平均只占百分之二十的议席，最高如合水，也只占到百分之二九·四。

县别	乡（市）参议员总数	共产党员总数	共产党员所占百分比
安塞	一一八一	二一七	一八·四
绥德	二八八九	四〇〇	一三·八
吴堡	八四九	二四七	二九·一
米脂	二七六二	五〇三	一八·二
合水	七六九	二二五	二九·三
镇原	五三九	八三	一五·四
环县	九三六	二五三	二七·〇
新宁	五八六	一五一	二五·一
合计	一〇五一一	二〇七九	平均一九·八

关于乡政府委员会的情形，一般与乡参议会差不多。至于乡长人选，各县都有一部分非共产党员，在土地未经分配区域还有若干国民党员当了乡长。据已有材料，除米脂（见前）外，吴堡、曲子、华池、甘泉等四县一百三十一个乡长中，有三十九个非党群众，一个地主，余均为共产党员。

一九四二年的乡选，一般没有改变上述情况。以延川、安塞、清涧、吴堡、曲子、华池、新宁、新正、赤水、淳耀和同宜耀等十一个县的乡参议会为例，共选出乡参议员八〇九六名，从社会成分看（安塞九五三个议员无成分统计，除外），其中有工人三八，占百分之〇·五三；雇农二九二，占四·〇九；佃农一三三，占一·八六；贫农四七九九，占六七·一九；中农一五二八，占二七·三九；富农二七八，占三·八九；地主四五，占〇·六三；商人一二，占〇·一七；绅士一八，占〇·二五。从党派关系看，其中共产党员二四五六，占百分之三〇·三三；国民党员一四〇，占一·七三；无党无派五四九一，占六七·八一；哥老会九，占〇·一一。又以安塞、吴堡、华池、新宁、新正、赤水、淳耀和同宜耀等八县的乡政府委员会为例，共选出委员一三七三名，其中党派关系的比例：共产党员五六一，占百分之四〇·八六；国民党员四五，占三·二八；无党无派七六七，占五五·八六。从社会成分看（安塞和新宁三九九个委员无统计，除外），贫雇农和工人七一六，占百分之七三·〇三；中农二二〇，占二二·四四；富农二九，占二·九六；地主绅士七，占〇·七一；商人二，占〇·二。但也有个别县的乡选表现出特殊情况的，如庆阳，四一年选举结果是共产党员一九六，国民党员四一，无党无派七三二；而四二年选举结果则成为共产党员一八〇，国民党员一〇一，无党无派七三三。

两年的乡选又从另一方面教训了我们，如果我们党组织对选举采取放任主义，抓得不紧，其结果就一定不妙。农民中有积极分子，也有落后分子。落后分子由于对乡议会的作用不认识，又由于怕负担，在四一年乡选中，他们曾经选举了一些二流子和坏人。经过一年的经验，他们看到乡参议会有权分配负担和决定动员问题，看到二流子或坏蛋参议员并无好处，于是进了一步，在四二年选举中，他们不选二流子或坏人，也不选积极分子或公正分子，而选一些老好人或能"抗上"的人。积极分子中，也有怕误工，怕惹人，而活动落选的。所以就在农民中，也需要党出来保证党的和非党的积极分子当选。四二年安塞乡选运动中出现过这样的事实：某乡议会中共产党员原占三分之一，改选时党组织决定不保证党员，只保证两个地主，结果地主没选上，积极而公正的共产党员也被选掉了。由此证明，强调党组织不要保证自己人当选，是不对的。说在新区，只要形式做到民主，毋须区别好人坏人，就更其错误，更其危险。葭、米经验（见前）如此证明，其他地区的经验也如此证明。例如吴堡岔镇一乡乡政府委员中混入了特务分子；又如镇原三区清水乡全部政府委员和乡长都是地主富农；又如庆阳市五个乡的选举结果，乡议员中共产党员五个（本来只有五个共产党员）国民党却有八个，乡政府委员中共产党员只四个，国民党却有七个。四一年和四二年两次乡选结果，确有一部分乡政权（主要是土地未经分配区域）混进了土豪劣绅和其他坏分子，并为他们所把持；前年高干会后，经过减租运动，生产运动和防奸运动，大都改造过来了。

从一九四一年和四二年的乡选经验中，可以获得关于乡政权人员分配的规律：（一）乡（市）参议会和乡（市）政府委员会中，共产党员和进步分子占三分之二以上，中间阶层的开明分子占一小部分；（二）乡长中共产党员占大多数，其次为非党进步分子，中间分子中真正公正并愿意接受党领导的人，也可以充任乡长。这规律，形式上与三三制有出入，但其基本精神则是三三制的。它是大多数人民的创造，又适当地反映了边区内部的阶级关系：在土地久经分配区域，只能分配到这种程度，因为中间分子的数量不太多；在新区则以这种分配比较合理，因为那里的地主阶级在经济上和社会地位上的比重还相当大，不如此不足以防止豪绅地主把持乡村政权。

四一年的选举运动，同时又使县级三三制普遍建立起来。边区二届参议会后，因陇东及延属各县共产党员所占位置太多，不合三三制，又于四二年实行改选，或用退出（共产党员）与增聘（非共产党员）办法以调整之。从阶级结合的关系看，县参议会比乡参议会有不同之点，这就是在县参议会内，除共产党员外，进步势力的成分相对地减少，中间势力的成分相对地增多（新区更明显，例如，绥德县参议员的成分：地主二二，富农三六，商人一二，中农六〇，贫农六九，雇农七，共二〇六）。县政府委员会内和县常驻会内，这种比较更来得明显，除共产党员外，主要就是中间分子。例如延安市（改选之后）政府委员十一人，五个共产党员，四个中间分子，一个落后的小资产阶级分子，一个外籍学生；常驻议员五人，二个共产党员，二个中间分子，一个进步分子。延安县（未经改选）政府委员十五人，八个共产党员，六个中间分子（一个坏分子），一个进步分子；常驻议员七人，三个党员，三中间分子，一个进步分子。甘泉县（改选后）政府委员九人，三个党员，四个中间分子，二个进步分子；常驻议员五人，二个党员，二个中间分子，一个进步分子。除共产党员外，在乡参议会和乡政府委员会内，从进步势力中来的代表，要比从中间势力来的多；而在县参议会和县政府委员会内，则从中间势力中来的代表，要比从非党进步势力中来的多。三三制形式，主要在县级以上政权表现出来，中间分子在县级政权机关中占取三分之一乃至更多一点的位置，对于争取边区和全国的中间势力有重大作用。在这方面，四一年的选举和四二年的部分改选，是有成绩的。但有缺点：第一，非党进步分子所占位置太少，影响政权机关同非党群众的联系，同时使他们觉得我们太信任绅士们；“还是他们吃得开！”第二，更重要的缺点，则在于吸收进行来的中间分子中（当时都看作中间分子），良莠不分，混进了一些反动分子与特务分子，“利用三三制以破坏三三制”，对于政权与人民的联系，对于党与非党人士的团结，给了某种程度的损害。在新区好几个县的县议会，常驻会与政府委员会内的人员分配上，似乎真正实行了“共产党一分，国民党一分，无党无派一分”的误解，请看下表：

县别	机关	共产党	国民党	无党无派
庆阳	议会	23	17	24
	常会	3	2	4
	政会	3	3	3
合水	议会	20	14	27
	常会	2	1	2
	政会	3	3	5
镇原	议会	20	17	12
	常会	2		3
	政会	3		6
富县	议会			
	常会	3	4	2
	政会	4	4	4
清涧	议会	54	33	67
	常会	3	2	1
	政会	7	3	1
绥德	议会	55	50	102
	常会	3	3	1
	政会	5	7	1
葭县	议会			
	常会	2	3	
	政会	3	4	2

中间分子和国民党员之进入县级三三制政权，大体经过三种形式：一部分是经过人民自动选举，因为他们平日为人公正，有好影响；另一部分经由党组织指名保证选出；还有一部分则为上级所聘请。保证和聘请，在当时都是必要的，问题在于思想、认识方面有毛病，而思想、认识方面的毛病则在于：（一）对中间分子和开明绅士的实质缺乏明确了解，从而对一般上层分子和旧社会有地位的人，缺乏开明或反动的区别；（二）对边区内部国民党组织的实质认识不清，从而对国民党员不加以中间分子或反共分子的区别，一部分公开反共分子也拉进边、县参议会或县政府委员会；（三）对进步分子之物色，未加重视。

于是“凑数”就成为相当普遍的现象。“左”倾情绪也赞成凑数的办法，“三三制不过摆摆样子，对外好影响……拉几个上层人物凑凑数吧！”边区二届参议会后决定一部分地区再改选（补选）的时候，对于年前的选举经验似乎未曾深刻检讨，改选的精神集中在形式一方面，片面地强调共产党员退到三分之一，而对其他三分之二的分配，则缺乏明确的指示。形式是重要的，没有它就没有三三制，但如果内容被忽视了，也就不可能有真正的三三制。“四一年选举，陇东分区搞得严格，谁是进步，谁是中间，都有研究。边区二届参议会后，说我们抓得太紧，要再选举，为要凑数，就聘请了一批，现在看来，有许多是坏人”。这是一个严重教训。

在县一级，由于选了一批中间分子和开明绅士，由于共产党普遍地约束了自己的位置，同时也选进了一些进步分子，确实把三三制建立起来了，这是重要成绩。其缺点，则在于非党进步分子太少，而中间分子中又混入了一些反动分子和特务分子。边区参议会的情况（准备另行详细研究），大体上与县参议会相同，常驻会与政府委员会，则基本上是共产党员和中间分子组成。前述缺点，在初次建立三三制时，是难以避免的。倘若没有这类缺点，三三制的力量与作用，一定会比现在表现出来的更大一些。

如何识别中间势力和中间分子，是必须搞清楚的问题。在三三制人员分配中，最容易使我们弄糊涂的，首先也就是这个问题。边区二届参议会前后，有同志把一切上层人物看成都是中间派，甚至把国民党员也看成都是中间派，没有把反动分子从中间分子之中区别开来；而现在，尤其经过去年反特务斗争之后，又有同志把真正中间分子看成反动派，把所有国民党员看成特务，没有把中间分子从反动分子之中区别开来。二届参议会前选举出来或聘请进来的上层人物，绥德分区在数量上首屈一指，比起其他分区，缺点较多，成绩更大；可是，现在又可以听到这样的说话：“那边的地主富农都是仇视我们的，谁是中间分子，大成问题”。偏左偏右，把中间分子估计成反动分子或进步分子，或把反动分子估计成中间分子，都是不对的。富农算不算中间力量？商人算不算中间力量？有的说能，有的说不能。抽象地问，抽象地答，形式上可以安排问题，实质上不能解决问题。我们的主要弱点是对原则没有完全掌握，对实际缺乏具体分析。识别中间分子，应该从阶级关系来看，又从政治态度来看，又从个别人物的本质来看，才得完全，要把反动分子、中间分子、进步分子作一种比较的观察，才能确定。什么是中间势力？一般地说，就是开明绅士，亦即地主阶级的左翼，中产阶级，亦即资产阶级的左翼，并还有地方实力派。在边区，主要的就是地主阶级左翼，其次为中产阶级。他们的政治态度：“关于中产阶级及开明绅士，他们可以同我们共同抗日，也可以同我们一道共同建立抗日民主政权，但不能进步到土地革命。在对顽固派的斗争中，有些人可以参加一定限度的斗争，有些可以保持善意的中立，有些可以表示勉强的中立”（中央）。什么是中间分子呢？一般地说，就是“不左不右的中间分子……他们代表中等资产阶级与开明绅士”（同上）。“不左”以区别于无产阶级与一般小资产阶级，“不右”以区别于大地主大资产阶级与顽固派。我们要分给他们以三分之一位置的，就是这类不左不右的人。至于“国民党是一个由复杂成分组成的党，它有顽固派，也有中间派，也有进步派，国民党并不就是等于顽固派”（同上）。边区内部的国民党员中，确实还有中间分子，也许有个别进步分子。照上面一般阶级关系和政治态度的分析，边区内部，尤其土地未分配区域，中间分子的社会基础及其数量，还是相当广泛的。在土地已经分配区域和未分配区域之间，又有颇大的区别。在土地未分配区域，地主阶级依然存在，有中间势力，也有反动分子；商业资产阶级中也有中间势力与反动分子之别；富农一般属于中间势力。在土地已经分配区域，地主阶级虽已不存在，有中间势力，也有反动分子；商业资产阶级中也有中间势力与反动分子之别；富农一般属于中间势力。在土地已经分配区域，地主阶级虽已不存在，但有地主出身分子，其中有许多属于中间势力；新起来的商业资产阶级一般属于中间势力；新起来的富农（由贫农中农上升的）则一般属于进步势力。至于知识分子，也有中间、进步与反动之分。在确定谁是中间分子的时候，应该看看他的阶级关系又看看他的政治态度，看看他的历史又看看他的现在。总之，要掌握原则，又要具体分析。

经过伟大的生产运动，经过彻底减租运动，经过自卫运动和防奸运动，不但在基本群众中涌出了成千的非党积极分子和劳动英雄，而中间势力和中间分子也经过了相当严格的考验，反动分子也有了进一步的暴露。在下次选举运动中，我们一定能够而且一定要更多地选举非党进步分子，更好地选举中间分子，但决不能选举反动分子，以使边区三三制政权建立在更实在更合理更健全的基础之上。我们一定要这样做，而且现在就要开始准备。研究过去的经验，是准备工作的一种。除此，应该：（一）对已经参加了各级政权的党外人员加以个别的具体的研究，熟悉他们，以便在下届选举时有可能决定适当的去取；（二）团结党外劳动英雄和积极分子，培养他们，从中间势力中发现新的开明分子，团结他们，以为下次选举准备新的力量；（三）乡参议员与县参议员中有真凭实据的坏分子，应提交选民撤换改选之。

以上，关于三三制选举方面的经验，下一部分就来研究三三制政体方面的经验。

（二）三三制的政体

政体问题，就是民主集中制问题，就是政权组织多元化还是一元化的问题。

边区二届参议会前后，曾有同志主张二权论或二权半论。“议行并列”，是之谓两权，加上司法半独立，则为两权半。

司法审判该独立。因此，司法机关在政治上虽应受政府领导，但行政上则要保持独立，这就是司法方面应该取得半权的理由。前年高干会批评了“司法独立”的倾向，之后，这倾向在思想上和实践上都有改正，司法机关及其工作，已经统一在政府领导之下。

“议行并列”，亦即两权并立的二元论，在前年高干会上也曾受到批评。但因为各级参议会的选举条例及组织条例，非依法定手续，不便修改，这问题在组织上迄今尚未彻底解决。“议行并列”的思想，在二届参议会以前即已存在。二届参议会至前年高干会期间，则思想上的纷（分）歧与组织上的混乱，更加发展了。思想上：（一）误解三三制与苏维埃制之间的“很大的实质上的不同”，不仅在于阶级结合的变化与我党政策的改变，而且也在于改变民主集中制为“县与边区两级议会与政府并列，与一般民主国家制度相同”；并分别参议会为“权力机关”，政府为“政权机关”（正确的认识：参议会和政府都是政权机关，而政权机关又一定是而且不能不是权力机关）。（二）参议会是政府的监督机关（或制约机关），“本来参议会与政府并列，议会监督政府，理由是怕政府专权渎职”（参议会又从权力机关降为监督机关；参议会以自己的决议为基础选举自己信任的人去组织政府，又怕他专权！）而在三三制时期，则“不同利益阶级合作的统一战线政权，需要有独立的监督机关”（作为监督机关的参议会也就是“不同利益阶级合作的统一战线政权”）。（三）常驻会是参议会的代表机关，“常驻曾是参议会闭会期间的唯一民意机关（参议会选出的政府却不能代表民意！），它的工作就是代表参议会完成其议事管事的工作”（不止于监督）。于是在组织上：（一）“边区常驻会对县参议会（或常驻会），乡市参议会；县常驻曾对乡市参议会；同样下级参议会或常驻会对上级参议会或常驻会，都要经常取得联系”；“常驻会可分工到各县各区乡出席各级参议会，指导与了解人民生活情况及其要求”。（二）“每县的边区参议员应组成小组，两个月会商一次，汇集意见送边参常驻会审议，转达政府”，“各行政区的县参议员组成小组，他们除按时集会向县常驻会反映意见外，还可参加该区乡长联席会议”。（三）在乡村中，一方面有自然村与民选村长，又方面有与之并立的由乡参议员领导的居民小组。由此，不但各级参议会与其同级政府并列，而且逐渐形成了参议会系统与政府系统的并列。

我们必须从二元论回到一元论，即从二权并立论回到民主集中制。必须承认参议会和政府都是政权机关，都是人民的权力机关：对政府而言，参议会是最高权力机关（人民代表会议），而在参议会闭会期间，由参议会选出并对参议会负责的政府，就成为该级政权的最高权力机关。

民主集中制在乡上与在县级以上的运用，应该分别加以研究。

在乡上：

首先，应该取消居民小组的制度，因为它有三弊无一利：（一）“乡市参议会每二十人至六十人的居民小组得选举参议员一人”的规定，圈子太小，不能适应三三制选举所需要的成分的调剂，以后应该依地区（一个大自然村，几个小自然村，或一个行政村）划分选举单位。（二）这制度是模仿苏维埃时代乡代表各代表和管理一定居民的成规；但那时是工农代表制，现在是三三制，阶级结合已经不同，现在也实行乡议员代表和管理一定居民的办法，就不合时宜，就等于让一部分不良地主去把持村政权，实际经验曾如此证明了的。（三）一方为自然村长，另方为居民小组长，违背了民主集中制。

其次，前年高干会前，某些地区为要实行“乡市参议会采议行合一制”，行政村主任和自然村长一律由乡议员兼任，这办法同样便利了一部分豪绅地主把持行政村和自然村的领导权。“简政实施纲要”有鉴于此，明文规定行政村主任采委任制，自然村长采选举制，看人说话，可以是议员，也可以不是议员。从此，参议员只有经过委任或选举的，才兼任行政村主任或自然村长。这规定的合理性，已由绥德分区经验所证明。其他地方，还有没完全执行这规定的。以前，乡政府委员会下设有经建、文教、优抗等委员会，由各委员任主任，但实际经验证明，这类组织有名无实，去年决定暂时取消它，是对的。

去年，许多地方的乡参议会比前年更为活跃，生产、征粮、防奸与整理民兵等大事，都开了参议会。开会时参议员、政府委员、村主任、村长都到，支部干事也参加，叫作“一揽子会”。大家议，大家决，大家分工，大家去作（做），无分于党员与非党员，也无分于议员与非议员。议员兼了村主任或村长的，固然加重了职权，不兼的，只要肯到会，肯负责，也是有职有权。总之，议决哩，一揽子；执行么，也是一揽子（大家动手）。这种方式，又民主，又集中，合乎三三制精神，能解决问题，能办好事情，没有形式主义，也没有教条主义，它是群众的马克思主义的创造。我们应该接受这种方式，并把它传开去，使它合法化。只要在几点上加以确定：（一）用乡参议会的名义。（二）除议员、村主任、村长、自卫军连长、支部干事外，还可吸收党小组长、劳动英雄、防奸英雄等参加。（三）保持大家议，大家决的习惯（已成习惯法），不必搬用有表决权与无表决权的教条。（四）提倡大家分工负责，人人执行决议的精神。（五）建立领导会议的党的核心，三至五个人就可以，或由支干会担任，或另行组成（富县防奸运动中是由支书、乡长和防奸主任三人组成核心），以保证党的领导；但必须是群众中有威信的党员才便利于随时影响非党群众。

这个照顾了三三制的一揽子形式，还没有普遍采用，还有些地方，“乡参议会前年还开会，去年以来就不开会了，只开村主任、村长联席会，不兼村主任或村长的议员，就不通知他到会”。这样，无形中把参议员取消了。这是缺点，应该改正的。

全乡的群众性的大事，开参议会的大一揽子会，是最好的形式。但不能所有事情都开大一揽子会，有些事情可以开乡政府委员会的小一揽子会（乡政府委员会是表现民主集中制的形式之一，又可照顾三三制，而如果乡长是非党员，又可在委员会中选进党员，去年决定不要乡政府委员会，似不妥当）。例如生产、征粮等大事经过参议会布置下去之后，需要检查，又如某些临时重要任务需要布置或传达下去，又如某些比较重要的事体需要作决定，这时召集自卫军连长、指导员，行政村主任及其他有关人员参加的乡政府委员会小一揽子会，就是合式（适）的和必要的；而如果是讨论合作社问题，就可以吸收与合作社有关的积极分子参加，讨论变工队问题，就可以吸收变工队方面的积极分子参加。其他以此类推。在小一揽子会上，同样要形成党的领导核心。

再次，日常政务上有些事情，乡长不便单独作决定时，可以找自卫军连长、支书、文书等乡级负责干部商讨。此种形式，名之曰政务会议，也可以的。

一个问题：居民小组取消之后，不兼村长、村主任或其他固定工作的乡议员，他们平日是否应该有所活动并如何活动？绥德分区的经验是这样：乡参议员团结在村长的周围，受村长领导，参加各种工作。这经验，是值得介绍的。

一个缺点：去年，有些乡长和行政村主任的调动或撤换，未经过乡参议会；又有许多乡参议员撤销了，也未经过选民的罢免与改选。乡上是直接民权，这个原则，不仅要在议决复决上表现出来，而且要在人员的罢免与改选上表现出来。这一层，还需要做许多宣传教育工作，县、区政府尤要注意从实践中来教育群众。

一个新的问题提出来了：座谈会上谈到乡政权两个人脱离生产而支部无人脱离生产支书忙不过来的问题时，有同志提议支书兼乡长，又有同志提议小学教员兼文书（乡政府与小学校驻在一起）。如果我们从乡村中的实际情况来考虑问题，这两个提议都有相当理由的。延安市裴庄乡的支书和乡长是两个党员，但他们工作起来，就不机械地分开彼此，乡长下村可以指导党小组，支书下村也以自卫军指导员名义指导村政权，一行起来，满便利。倘若改成彼此兼职，双方兼着，岂不更便利。乡上，除党内的教育和组织工作（党务）外，其他一切活动差不多都可以通过政权的形式，由于这情况，出现了政简民便的以乡政府为中心的一揽子会，由于这同一情况，支书兼乡长就便一揽子形式亦即乡村领导一元化达到最高程度。支书兼乡长，由组织干事或另设一副书记管理党务，对党的工作没有妨碍；另方面，则使党政在群众中的活动更加一致，既可免去支部代替政权的毛病，又可免去支部与政权各干各的毛病。自然，支书兼乡长，要经过群群的选举，不是由我们指定。照现在情况看来，凡属党组织有基础的地方，支书大都公开，并在群众中有信仰，当选为乡长不成问题。少数地方党组织弱，党员当选不了的，自然不要兼。为了利用小学教员的文化，尤其为了小学教育与实际结合，在有小学校的乡村，小学教员可以兼文书。可以这样决定，支部以最好最有能力的党员作（做）乡长，并已当选为乡长，又无其他不可以的地方，即由党员乡长兼支书（不说支书兼乡长，因对外不好如此说），另设一副书记管理党务并兼一个政府职务，或乡长兼副支书亦可。在有小学校的地方，支部、小学校随乡政府驻在一道，小学教员可兼文书，同时又便利于支部和乡政府对小学校的领导。没有小学校而有合作社的地方，支部、乡政府和合作社，也可以驻在一道。乡村中脱离生产的干部，仍应以两人为原则（即乡长及兼政府职务的支书或副支书），只有在他们都不识字，而又无小学教员或合作社中知识分子可以利用作文书的地方，才暂时聘请一个脱离生产的文书。

乡上问题说到这里止，以下，县、边区两级的问题。

县参议会和县政府委员会的活动，前年满起劲。到去年就冷淡下来。县参议会都未开，因试行农业累进税，经边区政府指定庆阳、绥德和延安召开县参议会，也未照办。前半年，县常驻会和政府委员会还有照常开会的，后半年，防奸运动起来后，开会的就更少了。常驻会和政府委员会，有的是分别开，但实质上多是一个内容两套形式；也有合在一起开的，也是一揽子形式。去年春冬两季，边区常驻会和政府委员会各开过两次会，头一次分别开的，后一次是联席会议。

前年高干会后，作为二权并立的常驻会，实质上已改变，但形式仍然存在；以县为单位的边区议员小组，以区为单位的县议员小组，也无形中取消了。但问题尚未彻底解决。

关于常驻会，照过去经验，大致有两方面工作：一方面，向政府反映人民意见，或提出某些建议，这方面做得不多，成绩不大；又方面，听取政府工作报告，或通过它交来的重要决议和法令等，这方面形式居多，作用也不大。同议员取得联系，反映民间意见，确属重要；但这些工作，不必设常驻会，只要有常驻议长，就办得了。至于批准或否决政府之施政方案、工作报告和法令等，则是参议会大会的权力，三几个常驻议员不能有此大权；且就人数说，常驻议员一般少于政府委员三分之一，同为参议会所选出并对参议会负责的机关，而常驻会却对政府委员会有批准否决之权，于法理亦属不合。提议边、县两级常驻会取消，政府委员会即为常驻会，名额可以扩大些，注意三三制成分和地域上的调整。

参议会大会和政府委员会开会时，出色的模范工作者和劳动英雄，党政军各方面的负责干部，也邀请出席，使县、边区两级的参议会和政府委员会在一定程度上和一定范围内，也带着一揽子会的性质。开会期间，党团为领导核心或同级党委直接为领导核心。关于路线、政策和方针上的问题，党内先讨论，而政权工作范围内的一般具体问题，则均在一揽子会上讨论。这样作（做），将使领导与群众间的意见有适当的结合，各方面工作中的经验有必要的交流，党内党外的政见有更好的沟通。这样作（做），将使三三制的形式更为完善，其内容也更加充实。这种形式，将更能保障群众特别是群众中的积极分子的积极性与创造性更大的发扬。

如果各级参议会和政府委员会变成一揽子会的性质，真实成为解决问题进行工作的机关，也是唯一真实的权力机关，那末（么），这种会议就有多开的必要，也不会是形式的会议。提议县参议会半年一次，边区参议会一年一次，两次参议会之间，各开政府委员会一次。

今年作为过渡期间（因为制度上的重大改革有待于下届边区参议会），县参议会需要开一次，吸收县区干部及出色的劳动英雄和模范工作者列席，或者与下半年的劳动英雄、模范工作者大会同时开，今年可考虑边区二届参议会第二次大会和边区劳动英雄、模范工作者大会，同时召开，并有时合开。注意经过今年的经验，做到使各级参议会和政府委员会的一揽子形式，成为一种合法的制度。

关于三三制政权中的民主集中制问题，可以说到的就是这些。上述问题的基本精神，是贯彻政权机关的民主集中制，并使政权机关成为更充实的权力机关。这样作（做），要求各级党组织对政权工作的领导更有远见，尤其各级别政权工作的党员要时刻警惕和防止对党闹独立性的倾向。另方面，也要求各级党组织对政权工作领导的灵活性，照顾三三制政策，注意使政权机关及各级参议会形成为唯一的权力机关，不代替政权，不直接去进行政权范围的工作；否则，也可能形成二元化或多元化政权的。

三三制政权的形式问题，是一个很重要的带着基本性质的问题。我们现在就是要找到这样一种适当的形式，这种形式，既能保障广大工农群众的革命积极性和创造性能够没有阻碍地充分地发扬，又能不致使作为中间分子的地主资本家难于忍受；既要能够充分反映工农群众的要求与利益，又要能够反映地主资本家们合理的要求与利益；既要能够密切联系广大的工农群众，又要能够集合适当数量的一定地主资本家阶层的代表。它是唯一的权利机关，是说了就做的“议行合一”的机关，它是不能为其他任何组织形式所代替的。这也就是目前在中国行得通的，集中一切权力的，最高度的民主的机关。这种形式，在我们目前所已找到的一揽子会中，是相当具备了上述这些特点的，在今后，我们要使它更加完备起来，并使之普遍起来。

从整风以来，我们曾经在党内充分地发扬了民主，许多干部会、座谈会等曾经多次地举行，批评与讨论之热烈前所未有，因而区别了良莠，团结了党，并使党的干部和党员积极活跃起来。这种民主形式，不只是应该在党内发扬，而且应该在一切革命人民中发扬，才能更进一步团结人民，并使人民更进一步积极活跃起来。今天我们党内的情况更加一致了，提高了，在人民中又经过了土地革命、减租减息、生产运动、防奸运动等，我们的党与人民有了更进一步的结合，人民的觉悟有了进一步的提高。因此，我们不怕在人民中发挥充分的民主，不怕将一切的重要问题、重要设施提到人民中去作充分的讨论与批评，并由人民大家动手来做，也不怕反动分子利用这种民主来进行反党反政府的活动。只要我们不犯严重的原则错误，这样作（做），对于我们是不会有什么危险的，相反，这将使我们党更密切地与革命的人民结合起来，暴露反动分子，提高人民的觉悟，并在人民中提高党的领导作用，提高党的威信，在政权与党的机关中清洗官僚主义及一切弱点，而使党与三三制政权更加健康起来。这是我们目前提高自己团结人民最有效的办法。如果我们不这样做，我们的各种弱点就很难清洗。

在三三制政权中，党员与党员之间对于一切政策与关系重大的具体问题，应该采取完全一致的立场与态度，不能有所纷（分）歧，非如此，党就不能对三三制政权实行领导；在三三制政权中，党员与党员之间接尤其不能有互相攻击、互相排挤等现象（如果发生这种纷（分）歧和现象，党委与党团应立即加以约束和解决）。这是必要遵守的法律，不能丝毫通融。但并不能因此就说，对于一切个别的、具体的、技术的问题，在三三制政权中党员与党员也不能有任何不同的意见及正当的辩论。如果被约束达到这种绝对的程度，就要使大多数党员在三三制政权中不能充分地活跃起来，因而也就要使党外群众及政权机构不能充分活跃起来，使他们受到过多的拘束而死气沉沉与照行公事。这种情形，正是我们目前所要避免的。在三三制政权中的党员，对于一切问题在基本方针与基本态度上完全一致的条件下，应该允许有时甚至要发扬所有党员从各个侧面去发表意见，进行讨论与辩论。这一点，也是应该加以指出的。

（三）三三制的团结与斗争

关于使用乡参议员中的党外人员，初行“议行合一制”时，他们同党员一样，都兼了主任或村长。这办法，对团结他们有好处，但有流弊，“简政实施纲要”曾给以纠正，前面已说过。但又可能发生另一种偏向，不注意团结党外议员参加工作（不一定当村主任或村长）。最近从延安县川口区四、五两乡调查了关于这个问题的材料，可供研究。五乡（原五、六两乡一起算）非党议员十四人，就政治态度看，进步者七，中间者七；就工作表现看，很好者四，平常者五，不好者四，最坏者一；担任工作者七人。四乡情况就比较差，乡议员中党员七人，非党员十四人；党员中担任过乡长者二，任村主任者三（其一落后分子，工作坏；其二起初工作好，现在不好）；非党员中担任村主任者一（政治进步，工作很好），任村长者二（其一落后分子，工作平常；另一中间分子，工作不好），任文书者一（进步分子，工作很好），不担任工作者十人（其中政治进步而工作好者一人，政治和工作都平常者四人，政治平常工作不好者三人，政治落后工作不好者二人），此外离乡者一人。

延安市党的基础较弱，乡政权工作中非党员所占位置比党员多一倍以上，其所占位置的重要性也与党员同，其工作的积极性也不亚于党员。全市乡议员一〇四名（据说不止此数，调查不全）内党员二十六，担任工作者二十五，占百分之九十五；非党员七十八，担任工作者五十八，占百分之七十四。党员与非党员所任工作如下表（有兼二职以上者）：

职别	乡长	政府委员	自卫军	村长	治安	商会	妇联	合计
党员	二	一四	五	七	四			三二
非党员	九	二六	七	一九	九	四	一	七五

担任工作的二十五个党员与五十八个非党员的积极性程度，如下表：

		积极者	平常者	不积极者
党员	总数二五	一一	八	六
	百分比	四四	三二	二四
非党员	总数五八	二八	二一	九
	百分比	四八	三六	一五

我们的乡村政权干部中，有一小部分乡长是非党员，有相当多的村主任与村长是非党员（前面所引证的延安五乡，三个村主任中有二个非党员，十四个村长中就有十个非党员；四乡三个村主任中有两个非党员，十二个村长中有八个非党员），因此，就提出了一个重要问题：我们的支部、小组及支部中的干部和党员，应该怎样团结和领导这些非党积极分子呢？平常，我们很少注意到这问题，一般报告中也没有这方面的材料，这次在延安市的调查中，提起了对此问题的注意。新市乡乡长冀积贵是非党员，工作很积极，同群众联系也好，但支部对他没有什么帮助，一切都靠区长领导。“支部没专门讨论研究乡政府工作，没提出经过政府实行什么任务，也没要政权工作中的党员作报告”。在支部书记看来，“支部是管党员的，有什么事情要党员起模范作用”。实际上，支书赵占秀（是参议员之一）要比乡长落后得多，“赵占秀井泉旺常在一起，像开会的样子，大概也是一个（共产党员），不过党员是起模范作用的，道理要懂得多些，赵占秀工作就不起劲……不像是党员”（冀积贵说）。桥儿沟的乡长也是非党员，支部对他也同样没有什么作用。这是一种情况，非党干部得不到支部和党员帮助的情况。还有第二种情况，杨家湾的乡长是非党员，文书是支部书记兼任，文书比乡长强，一切商量着作（做），形式上文书帮助乡长，实际上支书领导非党干部。第三种情况，一个值得传播的范例：“表庄乡庙嘴沟行政村副村长徐敬贵，富农，老实人，非党员。村长梁鸿毕，党员，支部宣传干事，群众中有威望，支部要他争取和团结徐敬贵。他的前任村长也是党员，有事总是自己去，徐敬贵只作（做）些不重要事情，因此有些消极表现。梁鸿毕就不同，一有事情，便跑去徐敬贵家商量，一边说，一边写（梁稍识字），商量好了，分工去办，或者一搭儿办。一切事都要徐敬贵参加，乡上的会也要他去。到现在，梁鸿毕出外时，全村工作交给徐敬贵，他办得有条有理，满行。到现在，徐敬贵的家务小事，也找梁鸿毕谈，兄弟一般”。

要搜集更多的经验，让支部同志学会团结和领导自己周围的党外积极分子，尤其是担任乡长、村主任和村长的积极分子，诚恳地帮助他们。坏分子应该撤换，是选举出来的，就要经过选民撤换，再选举。在党员与非党员之间，处理要公平，不可偏袒或包庇党员。

县以上参议员和政府委员中的党外人员，除参议员或委员职务外，有多少人担任了行政方面的专职，或担任了那些职务？这方面，材料极其缺乏。边区政府现在委员十二人，一个副主席、三个正副处长，一个县长，三个（白文焕、高崇珊、毕光斗）与当地政府有联系并参加一些工作，一个小学校长（杨正甲），一个阿訇，二个心里同情实际不到职（高步范、肖筱梅）。常驻议员六人，两人任行政专职。其他参议员情况正在调查中。县级，据四二年民厅统计，富县、延长、曲子、葭县、绥德、定边、盐池和吴起八县政府党外委员任科长副科长者二十三，任秘书者三人。最近调查，延安县党外常驻议员四；任专职者一（合作社主任）；党外政府委员七，全有专职（乡长、区合作社主任、民众剧团团长、仓库主任、乡文化主任、乡优抗主任、公营商店职员）；县参议会党外参议员三三（与前二项有重复），任专职者二十五（区助理员一，合作社主任三，乡长六，村主任二，乡文化优抗等主任三，仓库主任一，剧团团长一，文书一，小学教员一，基干自卫军排长一，乡采买一，区乡妇女主任各一，商会长一，炭工会主任一），其余十一人不担任公共职务（内进步分子六），一人逃跑。延安市党外参议员二十三，现在担任工作者六，曾经担任工作者五，从未担任工作者十二。吴堡党外参议员二十五，任工作者八：议长、科员、社教督导团正副团长、乡长、小学校长教员等。甘泉党外政府委员六，两个坏人外，都任工作；副科长二，区长一，合作社主任一。各县多少团结了一部分党外参议员和政府委员担任行政政的或其他的职务，他们占取的重要位置则为副议长，正副科长与区长。去年精简时，县政府实行科的合并，区公署实行助理员的裁减，当时虽然指出了要注意保留非党人员，但下级工作多，人少则求精，而中间人士多不够精干，因此裁减了一部分党外人员。防奸运动中，发现了真正的暗害分子，给以撤换，是必要的；但也有仅仅因为特务嫌疑就撤销工作的，便不妥当。现在，中间分子担任县区行政工作的，比前年大为减少。这问题值得考虑。政治上能跟我们走，社会上有些地位，愿意干事而又多少能做些工作的中间分子，我们应该任以适当的专职，同时配以能帮助他做好工作的党员。为此，在编制上超过了一些人员，也值得。

一般参议员和政府委员，他们散居民间，凡属平日为人公正热心的分子，如同他们取得经常的联系，平时委托他们反映当地情况，临时委托他们帮助某项工作，都能起一定的作用。吴堡“党外县议员大多数能帮助我们做些工作，只要我们肯和他们取得密切联系。如四一年冬征粮，常驻会给参议员发出书信叫帮助工作，大多数人都做了一些。特别积极的如宋桂生，自己出了八斗，还同区上同志一起宣传、调查和征收；郭金林五十九岁了，也同工作人员一起到各村工作了十多天；辛培军帮助仓库工作二十多天。去年防奸运动中，高锦华去绥德参加坦白大会回来，积极宣传党的宽大政策，大会上讲话号召，深夜劝人坦白”。党外参议员中，确实有一部分热心公益的人士，对于他们，如有委托，就存心干好。还有这一类人：“人家看得起咱，才要当参议员，不替公家做点事，怎过得去?”同议员和政府委员们保持一定联系（坏人不在此内），吸引他们参加一定工作，仍是必要的和重要的。前年，不分良莠，边区参议员以县为单位结成小组，县参议员以区为单位结成小组，一律出席当地参议会或政府委员会，形成两权并立，是不妥当的。高干会后，无形中取消这种办法，是必要的。但走上另一极端，除开会外，一律不理睬他们，又不对。

会议是表现团结合作的形式之一，乡上一揽子会开得好，前面已说过，至于县上开会，偏于形式的居多。据说有些县政府委员会的开会是这样的：事先发出通知，通知上有写明议程的，有不写明的。对乡下到会的委员，招待客气，态度恭敬，但议程的内容，会前就一般不谈论，或很少谈论；开会时，县长作报告，报告后请求发表意见，有的临时凑上几句意见，有的说几句门面话，有的就一满不言传。在开会的问题上，边区域政府委员会有一点经验，可以在这里提一下。

去年，政府委员会第三次会议开会，以简政整政为中心的报告，对一部分委员是突然提出的，结果没有什么讨论，仅只几个非党员厅长说了几句话；准备通过的条例，预先发出，就有讨论，但因为对党外人士某些不同意见，没有事前交换成熟，以致争论不决。今春第四次会议，主要议程是总结一年工作，鉴于前次会议的教训，我们改换了一个方式：头几天各主管部门作一年工作情况的口头报告（党内外负责人都作），有问题随时可提，有感想随时发表；估计教育方针与司法方针的问题对党外人士可能难于了解，就在开会前分别交换意见；我和李鼎老的报告，也是相互商量好才提出；各主管机关报告完毕，又休会两天，使大家有考虑时间，然后作总结报告；会议取座谈形式，让党外绅士们 想起了什么就说什么（白文焕老人背诵了十多分钟的海底），扯出真心话来（某地常驻会开会时，绅士们随便拉话，议长宣布“请大家注意开会秩序”，从此他们像菩萨一样坐着，再不开腔）。这样，所有党外人员都积极参加讨论，“党内人员管讲、党外人只管听”的形式消失了；要解决的问题，圆满解决了。不一定要搬运这个方式，但一定要注意：（一）使党外人员对报告和讨论的问题有机会知道具体内容，有时间考虑意见；（二）对重要问题和可能的争论，要尽量在会前同他们交换意见；（三）尽力造成他们积极参加讨论的机会和条件，做到“知无不言，言无不尽”;（四）会议形式要随便一些，使他们觉得不受拘束。

三三制建立后，同党外人士合作的经验，大致可分两个时期，如一部分分区和县上负责同志座谈会上所反映的：“前年，只顾团结，迁就多；去年又丢了，没有管”。这反映，可以代表相当数量的情况。在前面的叙述中，可以看到这情况，在此次座谈会上和延安县延安市的调查中，也可以看到这情况。

迁就了什么？是在某些政策上，如减租问题，某地“当时没想到地主不减租，只说农民抗租，并在报上批评农民过火，别人说农会不好，就把农会取消”。农民说：“地主怕农民，农民怕政府，政府怕地主”。如教育工作与司法工作中的国民党化倾向（主要是主管机关）。是在制度作风上，如偏重形式，轻视内容；如议行并列，强调正规化等。是在对党外人员只有团结，没有必要的批评和斗争，这种情况就相当普遍。典型例子如：葭县“县参议会，百三十多人，共产党员只三分之一，国民党员却占五十多，中贫农很少，团结的大部分是地主士绅阶级，乡村中的头子。老百姓说：‘还是他们有办法’。有一观念：搞三三制后，一定要与党外人士合作，搞得好，不管是什么人。因之，就只强调团结（实际是迁就），不进行或不多进行斗争。如对马××（边区参议员，县参议员和政府委员，脱党分子，南京当过宪兵，抗战后回家，表示不问政治，可能是特务，选举时认为他是最好的党外人士），开始提拔他当联保主任，后又当二科长，经常表示不想干，挽留他，迁就他，想尽一切办法不叫走，就是挂个名也可以，县上总结经验时总说‘应自己检讨’；前年高干会后，叫他好好干，他说‘不愿干’，我们即说：‘不干就不干吧!’就这样离开了政府工作。”清涧“王××（边区常驻议员，县三科长，旧政府三科长，特务），早听说有特务嫌疑，配备教育干部，由他计划交县政府通过，某完小校长宣传庐山讲话，反共：‘今日国难日本，来日苏联’，县政府将他关起来，王说：‘这是词句问题，应保证人权’；前年完小一个班毕业，我们要动员去绥师米中，王暗地唆使他们去榆林；四二年征公粮，我们估计每垧三斗，王说二斗：‘为什么你们对上级一定要这样忠实?’讨论租佃条例时，王说：‘这是人家两相（厢）情愿的事情，与政府无干’。总之王××坏话说的很多，坏事做的也不少，但我们对他是迁就多，批评少。前年高干会后，我们回去准他辞职”。志丹，“四一年刚搞三三制，只有斗争，没有团结。卢振藩说：‘我对教育有意见……’，当即驳斥，他不再讲话，回去后，发牢骚：‘撑门面，党外人不能说话，一说就驳’。边区三届参议会开会后，又只有团结，没有斗争：卢××（县议长）不来，五次八次去请，跑来，要吃洋烟，到处找给他，吸了洋烟，什么工作不干；没有洋烟，回到乡下乱搞。我们没有斗争”。延安县“曹××(边区参议员，土地革命时带民团打我们打得很厉害)，当川口区五乡乡长，群众不选他，完全由党保证。群众发出质问：‘把他选举出来，再压迫咱们，怎么办?’当乡长时，完全军阀习气，要私情，拿着边区参议员证章欺压老百姓，……到处要一个干部跟在后面，替他向群众解释。也很少批评过他”。

前年“有些右”，在地方上的情形应该这样看：“政治上的迁就并不多，只是个别部分的情形，主要是对一部分党外人员的错误或不正派作（做）法不加说服和批评，对坏分子采取容忍态度”。这情形，一方面，由于对所谓中间分子认识不明确，换句话说，有右的认识。又方面，也与这种心理有关：“主人总是我，他们总是客，表面上恭恭敬敬，宾礼相待，骨子里还是讨厌的心情多”，换句话说，就是右中有“左”。

“去年丢了没有管”，提到有什么经验，大家都说不上来。“丢了，没有管”，是什么意思？为什么？此次座谈会上一个分区负责同志这样说：“去年一年没谈起过，县参议会没开，常驻会也不开；精兵简政，县区干部从（重）新配备一下，乡政府大部换成C、P；去年工作繁忙，中心放在生产防奸上去了；但认识上对三三制也起了变化，县以下干部完全忽视了它，以为这政策实际上已结束。前年有些右；去年，又有些左。去年让其自流，经验讲不出多少。”再看看延安市政府同志（关于三三制座谈会记录摘要）：姚××：“市参议会产生，我被选为议长，第一次参议会会上的发言，跟群众跑了，为划界问题，说延安县是封建割据，失掉立场。某些政策上，如为四方面军干部问题，提到中央，都跟着党外人跑。去年，认为议会没事了，参议会的牌子可以取消，党的政策是试探性的，试探得好，坚持下去，不好，就作罢论。从前，对党外人员的不正当意见，不给说服，更不批评；后来，就疏远了，有时躲避开，怕同他们接近。看不惯他们的自私行为，因此采取了：用他，紧紧拉一把；不用，就丢开。”王××：“……地主议员提出黄花□的土地问题，我也赞同归还地主，替地主辩护；教育基金问题，跟着×××跑。组织上同我谈了知道自己不对，但以后，不敢同党外人士接近了。去年整风后，更不敢接近他们。党的领导一元化，我看成是党的包办。”赵××：“……整风后，又整出不少特务，促起自己更警惕，觉得党外人士接近不得……”薛××：“整风后，整出不少特务，觉得对党外人士值得好好考虑。”据各地同志的反映，防奸运动，一方面确实揭出了一部分暗害分子，又方面，给党外人员戴错帽子的情形，也确实有的。党外人员的态度：第一种人认识和信任宽大政策，真心赞助防奸，同时对过左行为有批评；第二种人怀着恐惧心理，害怕帽子戴到自己头上，但表面采积极态度；第三种人是悔悟了的自新分子，由于宽大政策的感动，愿意作（做）好人（那些顽便的坏分子，就不提他）。

去年“有些左”，大致情况是这样，对三三制很少谈论，或没有谈论它；对中间人士冷淡起来，甚至可有可无；对组织形式（常驻议会、政府委员会等）少一点好一点，“工作总是靠我们作（做）”。前年高干会上，对三三制中迁就现象的批评，有些同志是以“左”的情绪来了解它，或接受它，实践起来就转到对三三制的消极态度。去年的整风防奸运动，教育了我们的党员干部，也教育了非党人员，一部分中间人士确实从生产运动和防奸运动提高了一步，更加认识党的正确，信任党的力量。但另方面，也有一部分同志发生了对党外人员的一般不信任和一般消极态度，也有一部分党外人员（坏人除外）对我们有误解，或存着恐惧心理。

一般说来，由于去年整个工作的进步，特别由于生产运动，自卫的政治运动和防奸运动，一部分党外人员（进步分子和更开明的中间分子）更加靠近我们，认识我们和相信我们，一部分坏分子则被清查出来，清洗出去，三三制政权比以前更加巩固了。但又要注意的，还有一部分党外人员，由于我们的工作不够，或有缺点，对我们存着或多或少的猜疑恐惧心理，彼此之间，有些疏远和不信任。

在三三制的团结斗争的经验上，值得提起的，有以下问题。

（一）党中央关于三三制人员分配的原则是：共产党员三分之一，代表无产阶级和贫农；非党进步分子三分之一，代表小资产阶级；不左不右的中间分子占三分之一，代表开明绅士和中产阶级。这原则需要再度向党内解释，尤其在下届选举时。解释这个原则之所以必要，第一是为要纠正某些同志对于共产党员外三分之二的人员的误解与糊涂观念，如不懂得物色真正的中间分子，不注意物色非党进步分子等。第二是为使党员和干部更明确的认识“上述人员分配是党的真实政策，不能敷衍塞责”（中央），“一党包办”的观点是不对的，“凑个数算了吧”的观点，也不对。第三，这原则是党争取各抗日民主阶级共同合作，实现各革命阶级联合专政的具体形式，因此，党外人员之参加政权，应该是真正的有职有权，不是来做客，而是和我们一起做主人。边区的特点是这样，“天下是共产党打下来的”，并经过工农专政的时期，对于新民主主义的创立，中间分子一般没有出过力，有的还采取过敌对态度；三三制实行，他们也要参加政权，有些党员和干部就觉得不舒服，组织上决定，只得服从，就“凑个数吧！”或者“他们总客，咱们总是主人”，甚至“把党外人员当作工具，当作幌子，需要时，捧一捧，拉一拉，不需要，就无形中丢了”。这类情绪和观点如不纠正，真正充实的三三制就难以建立起来。另方面，事实上边区是我们创造起来的，施政纲领是我们提出来的，实力在我们手里，基本群众在我们一边，这种情况使得党外人员的心理上容易形成一种主、客之感与观望态度；因此，要消灭主、客界限，使党外人员感觉得自己也是主人，就首先而且主要地要靠我们负起这个责任。这里，有职有权，就是解决问题的首要关键。第一，要给党外人员以适当的职务，参议员和政府委员中能够工作的，要尽量吸引他们参加适当的工作；除此，还要尽可能照顾到“在共产党员被选为某一行政机关主管人员时，应保证该机关之职员有三分之二为党外人士充任”（施政纲领）。要这样作，除开思想认识上的问题外，还存在着实际上的矛盾，即党外人员尤其中间人士的工作效能与精简政策间的矛盾，去年三次精简时，未能适当地解决这个矛盾。目前，提议区以政权机关从进步分子和中间分子中物色二三百党外人士作职员（即增加这批职员），有适当条件的可以任副科长、科长、副区长、区长以至副县长。为了在实际中培养一批非党干部，财政上多开支一点，也值得。第二，要尊重党外人员的职权，一方面，在其职权范围内的事情，放手让他去作（做），同时帮助他完成任务，以提高其积极性和责任心（这层特别重要，真心同我们合作的人，希望做出成绩，恳切地期待我们的帮助）；有成绩，给以表扬，有缺点，帮助他改正。总之，不可遇事包办，还要积极帮助人家。又方面，要“提倡民主作风，遇事先同党外人士商量，取得多数同意，然后去做。同时尽量鼓励党外人士对各种问题提出意见和议案，并倾听他们的意见。绝不能以为军队政权在手，一切都要无条件地照我们的决定去做，因而不注意去努力说服非党人员同意我们的意见，而心悦诚服地执行”（中央）。

（二）三三制是各革命阶级的政治合作，它的基础是抗日民族统一战线，是民主政治，具体地说，是施政纲领。由于施政纲领照顾了各抗日民主阶级的利益，所以我们能广泛地团结中间分子与非党进步力量共同合作，建立三三制政权。但同时，也正由于这是各阶级（各抗日民主阶级）的联合政权，党外人员的社会出身不同，所要求和所代表的阶级利益不同，因此，他们对于共同纲领的认识角度和着重点，也就不同，在这纲领的具体实施上，也就可能发生纷（分）歧。这就是说，我们同党外人员特别是同中间人士的合作，虽然今天的政治方向是一致的，虽然有共同的施政纲领作基础，但在许多具体复杂的实际政策上，不会完全一致，不可能完全没有原则性的纷（分）歧。我们必须承认这种情况的可能性与必然性，并有精神准备；不然的话，临到有这种情况发生，就难免或左或右的摇摆。我们应该经常掌握住高度的原则性，同时又善于把这种原则性同具体问题的灵活性结合起来。例如，对国民党作风之侵入不加阻止，甚至采取附和态度，又如在土地问题上偏听地主绅士们一面之辞，以致农民讥讽"政府怕地主"等等，就是缺乏高度的原则性，失掉立场。又如，有一个时期里，有人对工农干部存着相当深的成见和不满，甚至表示要把县长换成外来知识分子，又对保安机关也存着成见，它是否应该存在也成了问题，对这类意见，我们没有让步，也决不能让步。但是，在施政纲领和总的政策之下，对于个别具体问题，遇有争执，不能一致，虽是带原则性的纷（分）歧，我们也得有适当的让步。例如，租佃问题上我们有过这样的让步；土地纠纷的个别案情上，个别犯人的处理上，个别干部问题的处理上，也曾有过这样的让步。本来，三三制内部争议的最后的合理解决，是少数服从多数，但依据实际经验，在今天，非到最后不得已时，不要采取少数服从多数的表决形式。党外人员，尤其中间人士们，不习惯于在会议上讨论问题，尤不习惯于在会议上争论问题，这虽然是他们的弱点，是他们在政治上还不够成熟的一种表现，但我们今天还不能不顾及他们的这种习惯。因此，一切重要问题，全靠至少主要靠会前会后经过个别协商或座谈方式决定，提到正式会议上，只是取得合法手续而已。这经验，在边府的实践中已经充分证明，可是，一般说来，我们这样作（做）的很不够。总之，重大问题，预先交换意见，到相当成熟的程度，然后提到会议作（做）决定。遇有原则纷（分）歧，争论不能避免时，也要尽量使用会外谈话方式求得解决。这样作（做），不但易于解决纷（分）歧，而且能减少纷（分）歧。会场上针锋相对的辩论方式，对中间人士极不习惯，又很容易变成僵局，一般应避免采用。但一般没有争论的问题（如发展生产，提高文化等），就应在会议上发扬一切人的积极性，进行热烈的讨论。

"在决定各地党所提出的施政主张时（实际就是各种政策的具体化），必须适合于统一战线的原则，一方面要不失保护工农劳动人民利益的立场，另一方面，又不要伤害地主富农资本家当前必须限度的利益"（边区中央局）。而在执行政策的过程中，要注意避免过左的行动。例如减租运动中要注意避免过分伤害地主阶级。倘若发生这种情况，应该及时予以纠正，予以调解，而如果党外人员提出意见时，应该适当地接受，不要故意掩饰。对于工作中的缺点或错误，也要采取这种态度。这样作（做），所以表示我们的负责精神与公诚态度，对于团结党外人员，是有好处，没有坏处的。

（三）现在，参加了政权机关的党外人员大致有三种类型：第一类是进步分子，他们赞成彻底反帝反封建，奉公守法，勤于职务，对共产党信任爱护。这类人，乡村政权中最多，区级以上也有。对于他们，不仅应该有职有权，而且需要以对待同志的态度对待之，不然，他们感觉得不满足，但也不可以要求于党员的去苛求于他们。第二类是中间分子，基本上又可分为三类：（1）政治上有见解，也有作为，大方向跟我一致，并有决心一起干下去，希望"我们这集团得天下"，但遇到与其本阶级利益有关的问题，如土地问题、租佃问题、负担问题等，就往往有所左袒。这类人是中间分子的左翼。对于他们，要使其有职有权，参加领导责任，大政方针务求一致（同我们一致），具体问题上有时需要让步。他们能够进步，倘若从我们方面获得有计划有步骤的帮助。中间分子中，争取这类人最为重要，“对好好先生感到满意，对有独立意见的感到头痛”，是不对的。中间分子的左翼人物中，还有是旧社会的正派人，地方上的宿望，对我同情，对群众有影响，但因年老体衰，或其他原因，而不愿或不能参加工作者，对于他们应该敬老尊贤，取得密切联系，听取意见，并关心其生活。(2) 典型的不左不右分子，政治上唯唯否否，态度中庸，不惹人，作为不大。工作平常，与其说是为了政治理想，不如说是为了生活出路，我们有力量能给他好处，所以跟我们走，并倚靠我们。这种人也有他的社会基础，应该争取他们，给以一定职务，但难以担负重要领导责任。帮助他，影响他，督促他，也能进步。(3) 不顾大局，对一切事务都从本阶级利益和一己私利来衡量，对旧政权有不满，也有留恋，对新政权有称赞，也有怨言，参加进来主要是为了取得地位，以达个人目的。这种人是中间分子的右翼，在边区政权机关中，也插进了一脚。对于他们，也要争取。县以上参议会中，可以吸收这种政治态度较右但不是坚决反共分子的少数人（用聘请方法），这对于影响外面的地主资本家与安定本地富有阶层，都有作用。对待他们的态度，要团结和斗争并重，责之以大义，晓之以利害，有使其服从大局。应该给以适当的礼貌与尊重，团结他们，并利用其一技之长，但不可任以要职，更不可假以大权。第三类是坏人，特务分子。又可分两种：顽固不化的职业特务和悔悟自新的失足分子。对后一种人，如非罪大恶极、在群众前面完全失去信仰的，还应给以适当职务；这样作（做），对于打击特务政策和争取社会上的失足分子，有积极的影响。至于仅仅是隐瞒过党派问题的人，一般仍应保留其原任职务。在分别是非之后，对于戴错了帽子的人，应实行平反，在什么场合戴上的，在同样的场合取下来，例如由群众大会戴上的，仍然在群众大会上取下来，以服人心。

应该这样说，凡属参加政权机关（政府与参议会）的党外人员，只要不是坏蛋，我们的方针总是争取他和团结他，诚恳地帮助他。

（四）为了团结，不可避免必要的斗争。迁就政策同样不能建立真实的合作，是过去经验已经证明了的。对于坏分子的破坏，不应该容忍，但要抓住凭实据，使其他党外人员了解。对于政治上自私自利的分子，要进行斗争，同时不忘争取，斗争以使其服从大局，而当其能顾全大局时，就不放松对他的争取和团结。真心同我们合作的人，由于阶级的限制和成见，其主张或其行为往往有错误，我们对之应该有解释，有适当的批评，即使在实际上实行让步的时候，也不应该模糊我们自己的观点。如果我们能够反覆（复）曲折地从理论上和实际上进行说服解释的工作，他们的某些错误和成见，也往往能够改变，（例如前面提到过的关于工农干部问题和保安工作问题，就是这样慢慢改变过来的）。对于真心合作下去的人，我们是应该这样严肃而又诚恳地履行自己的责任的。有些人的错误，不是由于成见，更不是出于恶意，而是由于糊涂、不觉悟、好心肠却作（做）了坏事，对于他们，更应该诚恳亲切地去帮助其认识和改正错误。总之，批评和斗争是必要的，但应该区别其是非轻重，照顾不同的人和不同的事实。至于批评的方式和场合，更需要审慎。党外人员，尤其中间人士，特别爱惜自己的面子（自尊心），因此，除坏人外，一般要避免当众批评和当场批评，而多用个别谈话方式，婉转说理的方式，并出以诚恳帮助的态度（即对于坏人，也不一定要个个撕破其面皮），一面批评错误，促其改正，一面顾全面子，使之感激。边区参议员×××，前年减租时，明减暗不减，去年被政府发现，他勉强减下来，但又令其儿子出面抽回某佃户土地；佃户拒绝退佃，被打坏了耕牛农具；告到县政府，县府把他的儿子押在看守所，派人把他请来，向他说："减租减息是边区参议会的决议，老先生参加通过的，现在令郎犯了法，老先生是上司，请指示如何处理"。他一点也没法支吾或分辩，当场道错，答应赔偿佃户损失，把儿子领回去教训。一场严正斗争，出之以和平形式，解决了问题，教训了×××，又保存了他的面子。听说经过这一次后，他变好了些。一次，为了试探中间人士对这种问题的态度，故意提起这事情的经过，他们听了之后，连声称道："好，这方式好。人谁不爱惜面子。人家做了亏心事，咱给他留个面子，一辈子感激"。关中专署在发动减租时，把参议员中的地主请来，讨论减租法令如何执行，让大家提出办法，他们在场面上，要顾面子，都如法减了。与此相反的一个对照：×××是参议员，在减租斗争中，跪在大众的前面叩头，完全忽视了他的身分（份）。又有一个例子：镇原县一科长，边区参议员，中间分子较进步人物，下乡处理土地纠纷，把农民土地退还地主，是一个错误，回到县府会议上，一科科员（党员）公开批评，使他过不去，长久放在心里。这类经验，是值得注意的。

（五）为了团结和合作，不可避免必要的批评和斗争；为了更好的团结和合作，还要注意党外人员的提高和培养。这方面，我们作（做）得很不够，经验也不多。工作中帮助他们，固然是一种提高方式，但更重要的还是从思想上提高他们。事实上，不但非党进步分子能够前进，就是许多中间分子，搞得久了，也是能进步的。除开工作的接触外，同党外人员建立一种思想上的联系，分别对象，由适当的同志同他经常地交谈，只要人对头号，谈得来，就很有效果。对于文化高的人，依据他的思想情况，介绍适当的书籍给他看，同样很有效果。日常实际问题和政治问题的座谈，也是一种有效的方法；在各种会议上正确地发展民主讨论，更是有效的方法。总之，我们要主动地适当方式地去帮助党外人员提高他们自己的思想政治水平，以达提高工作效能和巩固合作的目的。

一个值得考虑的问题，政权干部中的党员，有许多机会到干部学校学习，而党外人员的这种学习机会就少得多。提议：各中等学校的地干班吸收一部分非党干部，行政学院在整风告一段落时，变成适合于培养三三制政权干部的高级学校。

（六）关于党外人员的生活，有两方面问题：生活习惯问题与物质待遇问题，我们应该本着中央指示和高岗同志在二届参议会上演说的精神去处理。中央的指示说："对参加我们政权的党外人士的生活习惯及言论行动，不能要求与共产党员一样，否则将使他们感到不满与不安。须知普通人士在这些方面，不能与共产党员相提并论的"。高岗同志说："我们主张政府工作人员采取薪水制度，保证他和他的家庭生活能够维持，至于其他一切私生活上的自由，只要不十分妨害政府的工作，政府都一概不加以干涉"。我们有些同志因为看不惯党外人员的生活习惯，就不愿同他们接近，是不好的。要求党外人员像我们一样生活的情形，也是有的，某县姓唐的参议员兼副科长，生活习惯不大好，就取笑他，甚至勤务员也"糖儿糖儿"地对待他。某县科长是党外人员，下乡时生活不够甘苦，区政府干部就不大理睬他。关于物质待遇，处理得适当的比较多，但也有两种相反的情况：一种是过分迁就，要什么就是什么，另一种是党外人员领取的津贴反比不上我们党内干部的供给标准。物质待遇是一部分党外人员很计较的问题，但过去经验，边区政府的统一规定很难行得通，提议由各分区本“保证他和他的家庭生活能够维持”的原则，分别规定发给。

（七）提议各地委、县委和区委及各级政府党团切实检查和总结三三制的经验，并积极地改善和加强这方面的工作。（完）

选自铅印单行本小册子，林伯渠：《边区三三制的经验及其应该纠正的偏向》，干部读物第3003号，第1～57页。

68. 附［工作简介］：陕甘宁边区建设简述[①]

1944年6月26日边府秘书长李维汉接待中外记者的书面材料

民国十九年，刘志丹、高岗同志等在这地方发动游击战争，实行土地革命。九一八事变后，创立工农抗日军。至今，已经是十五个年头了。

十五年前，这地方的景况是：军阀争夺，土匪横行，苛政如虎，烟毒遍地，民不聊生，荒凉满目。十五年来改革了多少，只要问问上了些年纪的老百姓，会很清楚的告诉大家的。

民国二十四年，中共中央率各个主力红军北上抗日，会师于此，发起抗日民族统一战线，呼吁国内和平，中经西安事变，经中共斡旋，内战予以停止，和平因以告成。

二十六年，苏区自动改为特区，旋改名陕甘宁边区，停止没收土地，实行普选的民主政治，红军改为国民革命军，积极作抗日准备，请求国民政府与蒋委员长直接领导。

此时，边区所辖地区为：延安、延川、延长、清涧、绥德、米脂、葭县、吴堡、神府（即神木、府谷两县各大部）、安定（即子长）、安塞、靖边、定边、志丹（即保安）、甘泉、富县、淳化、栒邑、正宁、宁县、庆阳、合水、镇原、环县、豫旺、盐池等二十六县，面积十二万九千余平方公里，人口二百万。经蒋委员长指定与行政院三三三次会议通过，为边区政府辖治及八路军募补区。

不幸，抗战一年后，边区即被数十万大军及西起豫旺东至黄河之重重封锁线所包围。不时遭受军事袭击，先后占去豫旺全县，镇原、宁县、正宁、栒邑、淳化等五个县城，及东西南北边境大小村镇数千处，共计土地面积三万余平方公里，人口五十万。

边区现只人口一百四十八万，面积九万九千平方公里。为行政实施便利计，划为一市三十县，五个分区。

延属分区，辖：延安市、延安县、甘泉县、富县、志丹县、安塞县、子长县、延川县、延长县、固临县，人口约三十八万。主要出产：小米、小麦、棉花、枣子、梨子、杏子、煤、铁、煤油、石膏、牛、驴。

绥德分区，辖：清涧、绥德、米脂、葭县、子洲、吴堡、神府等七个县，人口五十六

① 原注：这是边府秘书长李维汉同志代边区政府为接待中外记者参观团起草的书面材料。经毛泽东、周恩来审阅同意，并由李维汉同志于六月二十六日向记者作了介绍。本文在选入《回忆与研究》下册一书中，在文字上略加修改。

万二千。主要出产：小米、小麦、高粱、黑豆、小盐、枣子、大苹果、蚕桑、土布、煤、大黑驴。

关中分区，辖：淳耀、赤水、新正、新宁等四个县，人口约十二万一千。主要出产：小麦、蜂蜜、药材、木耳、铁、煤、木材。

陇东分区，辖：庆阳、合水、环县、镇原、曲子、华池等六个县，人口约二十六万二千。主要出产：小麦、蜂蜜、烟叶、牛、羊、皮毛。

三边分区，辖：定边、盐池、靖边、吴起等四个县。人口约十五万五千。主要出产：糜子、荞麦、盐、皮毛、甘草、麻子、清油、牛、羊。

以上老百姓人口一百四十八万。（加上部队、机关、学校人员十万，则为一百五十八万）。一百四十八万人口中，分配过土地的只占半数，各个分区都有部分地区未分配土地。

二十七年，边区开始实行直接、平等、不记名投票的普选（不分阶级党派，不分宗教信仰，男女平等，民族平等）。二十八年春，第一届参议会召集。

二十九年，准备实行三三制。三十年，中共中央西北局发布五一施政纲领，并举行三三制普选。各级参议会，常驻委员会与政府委员会，即边区政权的权力机关，共产党人约束自己只占三分之一，让其他三分之二，属于各阶级、各党派、各民族中赞成抗日与民主非共产党人士。共产党责成自己的党员选举他们，并宣传群众选举他们；选举结果，遇有共产党人超过三分之一时，大多以辞职办法退至三分之一（区参议会议员中，共产党人仍超过三分之一）。

三十年冬，边区二届参议会第一次大会召集，通过边区施政纲领，保障人权财权条例，选举议长和常驻议员，选举边区政府主席和委员（名单另介绍）。

共产党的原则，是［让］非共产党人士在政权机关中有职有权，共产党人必须遵守少数服从多数的原则，不许包办和一意孤行。

但政府机关的一般职员中，共产党人尚占多数，主要原因在于战争环境的工作条件与生活条件，经过相当时间，可以逐渐改变过来。

边区民主制度是由下而上，少数服从多数与下级服从上级的人民大众的民主集中制。参议会即人民代表大会，为最高权力机关；参议会闭幕期间则所选出之政府为最高行政机关，对参议会负责以行使其职权；县、乡两级政府则同时对同级参议会与上级政府负责。边区司法机关，亦在政府统一领导之下，行使其职务。所以边区政制是立法、司法、行政统一的一元化的民主集中制（请参看政纪总则），但某些具体制度未臻完善，尚在实验和研究中。

去年，边区、县两级只开了议会常驻会与政府委员会。前半年生产忙，后半年边区环境吃紧，参议会大会未能召开，开了劳动英雄大会。今年，边区、县两级参议会大会都要开。至于乡参议会，去年开了多次，比前年更为活跃，多采“一揽子”形式。“一揽子”会是适合三三制民主的最好形式，不但乡级要普及，县以上也要适当的采用。

边区民主政治的最高原则是新民主主义，亦即革命的三民主义，其政纲是在此最高原则下的边区施政纲领。其原则与抗战建国纲领也是相符合的。在此纲领基础上，边区为适应环境与人民需要，制定了许多地方现行法令，均经边区参议会或其常驻委员会通过。民主的具体内容和形式，则是抗日战争与反法西斯；是三三制与民主集中制；是民族平等与男女平等；是直接民权，是言论、出版、集会、结社与信仰之自由，武装抗日之自由，民众团体在组织上之独立性；“一揽子”会形式；是劳动英雄与模范工作者，模范家庭与模范村、乡；是批评与自我批评，下级人员对上级有控告与越级控告之权，等等。我们的口号是一切为人民又依靠人民；我们的方法是从人民从实际中集中起来，又回到人民与实际中去。

边区是八路军、新四军的总后方，同时，又处于河防前线。边区建设的首要目的和边区人民的第一个口号，是一切为一了抗战，为了前线的胜利。十四万五千三百余壮丁组织在人民自卫军之内，其中百分之七十五有各种形式的武装；百分之十五为基干自卫军。普通自卫军一般担任后方勤务，基干自卫军则用以配合正规军作战（东线一部分多次参加过保卫河防的战斗），必要时动员他们补充正规军（前后动员了七千以上）。除此，则为前线部队安置了一万一千五百余个伤病退伍人员，优待抗属七万九千七百七十七人，其中为之代耕者一万七千五百六十九人，代耕土地五万一千七百九十六垧。其次则为粮草动员，保证了军队供给；归队运动，以巩固部队。

在增强与提高抗战武装力量方面，我们的努力是放在：第一，整训正规部队，准备反攻；第二，整训民兵，巩固后方；第三，动员人民拥护军队（帮助部队发展生产、后方勤务与动员归队），军队则实行拥政爱民，以巩固军民团结；第四，优待军人家属，今年更提出为他们建立家务的方针；第五，优待残废军人和退伍军人，帮助他们成家立业。去年以来，所有这些工作都大有进步。

在社会政策方面，是在土地未分配区域，实行地主减租减息，农民交租交息；土地已经分配区域，欢迎土地革命时期逃亡的地主回乡，分给以耕种必需的土地与窑房；是改善工人生活，实行劳动保险、社会保险，使工人有工做，有饭吃，有衣穿，发展工商业；实行十小时工作制，使资本家有利可图；使贫苦人民免粮免税，实行地方救济，推广义仓运动；提倡男耕女织，做到丰衣足食。

在司法方面，近年来确定以调解为主（民事全可调解。刑事除汉奸反革命罪外，亦可调解；民间调解，区乡政府与县府一科调解，司法机关先调解后审判）、审判为辅的方针；提倡审判与调解、法庭与群众相结合的审判方式（马锡五方式）；肉刑与无期徒刑的废止，死刑的慎重（须经边区政府主席批准）；人民检查与保安机关检查的并行；教育与生产并重的监狱政策；监狱感化与民间改造（假释、保释、缓刑）的结合。

在防奸方面，不杀一个，争取大多数的宽大政策，因此不轻易送法庭判罪。是领导与群众结合、保安机关与其他机关配合的工作路线；是群众性坦白运动与领导机关分别是非轻重的工作方法；是调查研究，重证据不重口供的甄别原则。至于民主政治的当前中心任务，则是抗战、生产与教育；而生产与教育，又首先是为了坚持抗战与准备反攻。

前年以来，我们实行了精兵简政政策，以适应抗战需要与战时环境。政权方面，曾三度实行简政，其目的在求精简（因有机关庞大，业务不集中的现象）、统一（因有命令不一、各自为政的现象）、效能（工作效能不够高）、节约（因有浪费现象）与反官僚主义（是经常的斗争）。特别重要的，是集中力量于发展生产，以为抗日战争增强物质力量，为文化教育奠定经济基础。

发展经济是支持抗战与普及文化教育的关键。我们接受过来的历史遗产，是地广人稀，落后的经济与贫困的人民。而我们的遭遇，是文钱颗弹，样样不发，军事经济，重重封锁。我们要生存，要抗战，就不得不集中力量于发展生产，以求自力更生。我们设立银行，发行边币，也就是在饷源断绝后，为了生存，为了发展生产以支持抗战，只有出此一举。

农业第一，首先解决吃的问题。去年有大进步，收获细粮一百八十四万石，部分农民已有余粮，个别部队已能大部自给。今年提出“耕三余一，两年完成”的方针。我们的办法是：奖励开荒（公荒地权为开荒人所有，去年已开百万亩，今年再开百万亩），提倡深耕细作（这方面还差）；军队实行屯垦政策，以建立革命家务（今年计划产粮十万石）；农民实行变工政策，以提高劳动生产率（去年百分之二十七的劳动力已组织起来，今年计划提高到百分之五十）；优待移民难民（政府与人民的帮助，三年不交公粮，去年争取劳动力八千八百多个）；改造二流子（去年改造四千五百多个）；并鼓励妇女参加农业生产，以增加劳动力；发放农贷（去年二千七百万，今年一万万），以帮助农民解决耕牛、农具等困难；奖励劳动英雄，以提高生产的热忱，技术与组织性。

主要农业副业有三：一为植棉，东三县（延长、延川、固临）原为植棉区，曾经中断，七年之间已恢复并扩大到其他县份，至去年已有十五万亩。估计收花二百万斤，今年继续推广；并在其他分区试种，面积将近三十万亩。如天年好，收到四百五十万斤，就够自给；但幼苗已冻死四分之一，今年很难全部自给。推广植棉的办法，是贷款，免税（三年），技术指导。其次为食盐产运，逐年有增加，去年产五十三万驮，内外运销约三十五万驮（北大池入口盐在内）。在我们手工业与毛驴运输的条件下，这是一件很困难的组织工作。盐池附近，要及时组织男女老幼抢打盐，长脚运输需要二万七千头牲口（平均年运十三次），而后者是靠运输合作与放青时大量动员解决的。再此为畜牧业，也逐年有发展，去年数字，有牛二十一万四千多头，羊一百九十二万三千多只，骡、驴十六万九千多头。但牛羊死亡率甚大，我们还没有使农户都学会牲畜的饲养、防疫与治疗。

旧社会遗留给我们的，不只有一大块荒地，而且是遍地童山。开荒容易植树难，既无经验，又缺水利，故成绩小。但我们决心改造，务使每家都能植树，并将成为今年参议会的议题。

以私有财产为基础、自愿为原则，培养出劳动英雄为骨干的多种多样的合作方式，用它来将个体的、分散的、落后的农村经济逐渐组织起来，这就是去年来边区农业及其副业生产大踏步发展的诀窍。十万农业劳动力组织在变工队和札工队里，将近二十万人组织在消费的、运输的、生产的和信用的合作社里，十三万七千多妇女组织在纺线组里，这就是边区农村生活的新面貌、新样式。由此节省了劳动力，提高了生产率，发展了生产，出现了丰衣足食，出现了模范家庭、模范村以至于模范乡。

我们的部队是战斗军又是生产劳动军，我们的机关、学校也普遍的从事生产，以农业为主的公家生产，以手工业为主的个人生产。去年，个别部队已做到连粮食在内大部自给，其他部队除粮食外大部自给，今年粮食部分自给，明年将全部自给。这是世界上没有过的军队。去年，机关学校除粮食外，自给小部分，今年将半自给或大部自给，明年粮食也可能部分自给。这样，就减轻了人民负担。农业税，去年征公粮十八万石，与同年产量总额比，为百分之十，单就纳税人计算，则为百分之十二（因百分之二十的贫苦人民免税），加上公盐及地方教育、救济等附加，亦不过百分之十四。今年产量增高，征粮减少二万石，征税与产量的比例，将降低至百分之十。至于商业税，则平均只占纯利百分之十三。另方面，又建立了抗战家务，公私兼顾，先公后私的原则，使每个部队每个机关有一个家务，而每个战斗员和每个工作人员也有一份由合作社组织起来的家务。

农业生产，我们已能自给，就全边区说，还有剩余。为了备荒，为了准备反攻，要争取储一年粮。但工业品，迄今为止，大部分靠输入，靠用土产换入（食盐为大宗，其次为油类、粮食、牲畜、皮毛、药物等）。由于封锁严，土产不能大量出口，军工器材根本不能入口，药品医具也不能入口，必需品和好成品难以入口，非必需品和坏成品却大量入口。另方面，就是土产出口品价格低，入口品价格高，造成距离很大的不等价交换（食盐利润率，延安盐业公司百分之九，洛州官盐店百分之十七点一二。柳林与耀县相距五十里，去年十二月，入口棉花，耀县每百斤法币六千九百六十元，柳林一万二千一百八十元，相差五千二百二十元；出口食盐，柳林每百斤一千八百元，耀县三千零三十元，相差一千二百三十元）。这就是边区外来货物高涨、贸易入超（去年几达百分之二十，计法币一万五千多万元），从而发生财政赤字、金融不稳的根本原因（特别是去年秋冬之季）。其次，就是我们还不会经营。因此，今天边区经济自给的主要问题在于发展工业。

民国二十四年我们仅有一个四十余个工人的修械所。抗战前，加上被服、印刷等工厂，也不过二百七十余职工。二十八年已有七百多人。三十一年冬，增长至七千。现在公私企业和生产合作社一起计算，已有一万二千职工（小手工业工人及零工雇农不在内）。可见边区工业是在发展中。发展的特征是：大家动手，自给为主；分散经营（集中领导），手工业为主（落后条件）；公私兼顾，军民结合的（政府对私营企业和生产合作社，同样用投资、订货等办法以支持之）。

政府和机关部队经营的工业，一般是为了自给目的。现有纺织、被服、陶瓷、玻璃、肥皂、火柴、造纸、印刷、制革、煤矿、煤油、炼铁、化学、机器制造与兵工等业。中心环节是纺纱与织布，炼铁与制造。前者，解决最大量需要；后者为工业发展的基础。今年工厂代表会议提出为全面自给奋斗的方针。

公营工厂的管理原则是公私兼顾，先公后私，一方面要求工人以新的态度从事生产，又方面适当的改善工人生活。去年平均工资为八石（三百斤）小米，今年新工资标准将续有提高；此外，部分的实行正业合作，一般地实行副业合作，以解决劳动保险与社会保险，为工人建立家务。

我们的缺点，是质量差，成本贵，不会经营。我们的困难是原料分散，交通不便，是资金不足，技术与技术人员缺乏。

最后谈谈文化教育。革命前，除绥德分区外，大都是文化十分落后地区。内战时期，我们就已经注意文化教育工作，办学校，搞识字组，但受战争环境所限制。抗战后，学校数量有相当发展，小学校曾一度增至一千三百四十一所，学生四万一千四百五十六人，中等学校五所。前年冬季以来，鉴于各级学校教育内容多脱离实际与人民之需要，小学校又因此多采强迫动员办法，人民不满意，学校极不稳定，乃一面实行精简合并，一面进行整顿改造。现在有大学一（延大），是政治、经济、文化、建设的高级干部学校。中等学校五，以为边区建设提高现任干部与培养未来干部为主要目的。大学和中等学校制度、课程、教材均在改造中。现在普小七百五十二所，完小五十五所。普通小学教育，开始为民办形式，教育内容从人民今天的需要出发，学制、课程按当时当地的实际需要决定，不求一律。如此办法，甚受人民欢迎。完小毕业生，拟定小部分直接升学，大部分进入经济、卫生战线，经过一时期工作再升学。因为边区人民还是文盲占极大多数，除学校教育外，还采取各种方式进行识字运动，今年冬季拟举行全边区有传统性的为人民欢迎的冬学运动，每乡至少一个冬学，已在准备中。消灭文盲，人识千字，将为下届参议会的议程。

文化教育的另一方面，就是人民的文化娱乐与卫生习惯。前者，如秧歌之类，已大为普及，但仍是季节性的。后者则迄今还是严重问题。民间疾病甚多，婴儿死亡率极大，多的至百分之五十以上。现动员一部分医务人员下乡工作，并在延市、延县试办中西医合璧的卫生合作社，取得经验，以资推广。正着手大批训练助产人员与民间卫生工作人员。准备在区、乡建立医务所，严重的困难是药品医具缺乏。

现在，边区生产发展，人民生活提高，文化教育已有物质基础。拟于三年至五年之内，做到消灭文盲，人人能读群众报，消灭不卫生现象，每个乡每个市镇有一个医务所的设备。那时，边区人民不但是政治上觉悟的，经济上丰衣足食的，同时也是享有文化生活的。

上面这些，就是边区建设的轮廓，我们确有成绩，还会继续发展与进步。但由于知识不足与经验不足，由于内部与外部条件的困难，一切工作中都有缺点，也不免有错误。欢迎记者参观团诸位实地考察，给以指教和帮助。

选自《陕甘宁边区政府文件选编》第八辑，档案出版社1988年版，第209～218页。

69. 边区民主政治的新阶段——林伯渠在陕甘宁边区政府对边区第二届参议会第二次大会的工作报告

1944年12月5日

（一）边区第二届参议会第一次大会闭幕以来，世界的战局与政局已经发生了根本变化。现在正是反法西斯战争伟大胜利的日子，法西斯强盗一方面，正在土崩瓦解；民主国家一方面，最后胜利已经在望。历史又一次证明，只有民主与正义，才是不可战胜的力量。战争教育了各个国家的人民，战后世界将是民主与正义更加发展的世界。

（二）三年来，中国的战局与政局也发生了极大的变化。现在，不仅中国人民明白了，同盟国家的开明人士也已经明白了，在中国战场上实际存在着两条指导路线。一条是指导正面战场的独裁路线，固执着法西斯主义政令与失败主义军令，因此抗战机构日益腐化，抗战意志日益消沉，虽从盟国方面获得不断援助，仍然日蹙国百里，对敌人失去招架工夫，对盟国毫无配合能力，造成了空前危急的局势。另一条是指导敌后战场的民主路线，推行着新民主主义亦即革命三民主义的政治，实施着有名的十大政策，因此军民团结一体，战胜了敌人的残酷“扫荡”与“三光政策”，从相持转到反攻，抗战军队扩至六十五万，民兵二百余万，解放了的人口扩至九千万，强有力的援助了正面战场，配合了盟国军队的作战。前一条是国民党当局负责领导的路线，已经无可掩饰地破产了。只有立即实行三民主义，给人民以民主自由，立即召开国事会议，改组国民政府，组织各抗日党派的联合政府，改组统帅部，建立各抗日军队的联合统帅部，正面战场才有可能免于崩溃危险，否则是非常危险的。后一条是中国共产党及先进人士负责领导的路线，已经无可争辩地取得了光辉的胜利。在这条路线领导下面由九千万人民抚育出来的八路军、新四军和其他人民抗日部队，已经锻炼成为中国抗战胜利的决定因素，成为全国人民可靠的救星，有充分权利要求盟国方面给予足够的物资援助，以便在反攻决战中完成重要的战略任务。我们愿意和国内一切赞成抗战与民主的人们坚持民族团结，但对于破坏民族团结的人们，则必须和他们作（做）斗争，因为非此便不能取得抗战的胜利。

（三）三年来，边区的内部生活也起了显著变化，人民的政治、经济、文化生活都有显著的进步和发展。这首先要归功于八路军的英勇作战，保卫了边区。举世皆知，边区要抗击从东面进攻的敌人，同时又处在数十万国民党大军的包围与封锁中，倘若没有八路军的保卫，一切建设都是无从说起的。

作为反攻日寇的准备，近年来，留守兵团在其本身建设上，做出了许多值得表扬的成绩。军事训练方面，克服了学用脱节的倾向，采取了官教兵，兵教兵，兵教官的群众路线。去年一个冬季的整训，即获得了显著成绩。去年，军事机关和部队又协助了地方自卫军的整训，其中近三万人的基干自卫队更有成绩。他们平时能维持农村治安，战时能配合正规军作战，必要时可以立即转为脱离生产的游击队伍。正规军和自卫军的冬训，今年继续举行，战斗力量无疑将更加提高。我们还缺乏现代武器的装备，因而也缺乏现代武器的训练。但作为接受现代武器训练的文化条件，在我们的部队中也有进步。一字不识的人已经没有了，能读能写的战士达四分之一以上，干部中阅读解放日报的人数增至百分之六十以上，工农通讯员大批出现了。这是一件艰难的成就。

我们的部队不但有自卫军为之配合，为之后备，同时又有广大人民为之后盾，军民团结如一家人。大家知道，去年以来，在全边区开展了两大运动，拥政爱民运动与拥军优抗运动。二方面，批评了某些军队人员的官兵脱节及军民脱节的倾向，又方面，批评了某些政府人员的官僚主义倾向，教育了战士，又教育了民众，军民团结由此大大巩固了。今年，又进了一步，军队开始帮助人民的文教建设，特别是卫生医药工作，政府开始帮助抗属和退伍、残废军人建立家务。由此，军民关系将更从军事、政治、经济、文化各方面的生活上巩固起来。应该着重指出的是，在抗属众多的区域，一部分抗属的生活困难仍没有完全解决，又有一些地方，在具体处理抗属离婚事件时，没有能尽量设法照顾抗日军人的困难。这次大会后，这类缺点必须有所纠正。

我们的部队，不仅是政治上有高度觉悟，军事上有相当训练的战斗军，同时又是自己动手，生产自给的劳动军。当国民政府对八路军卒然停止一切物资供给，并对边区加以封锁与围困之后，开头两年主要凭了人民的援助，留守部队得以渡过空前的难关；近两年来，则主要凭了全军人员的自己劳动，开始进入丰衣足食，部分的达到了丰衣足食。部队生产的成绩，为提高军事训练与政治文化教育奠定了物质基础，又为人民大大减轻了应有的负担。边区人民骄傲着他们自己有这样的好军队。

（四）前年冬季高干会上，在毛主席杰作《经济问题与财政问题》的指导下，纠正了从财政到经济的保守观点。确立了从经济到财政的发展路线。之后，生产第一，全体军民齐动手，开展了大规模的生产运动。农业方面，以耕地面积论，三年间军民垦地达两百万亩以上。以植棉论，三年间从三万九千余亩扩展至三十一万五千余亩，成为减少入口的主要因素，若非天时不利，今年已能完全自给。以副业论，食盐运销每年维持三十万驮上下，成为平衡出入口的主要因素。其次，牲畜的发展率亦年有增加。由此可见，农业生产的浪潮正在空前增长着，这是由于我们执行了农贷政策，减租政策，各种（关于移民难民、植棉、运盐与劳动英雄等）奖励政策，从而提高了群众的积极性。又由于我们推行变工政策，从而启发了群众的组织性。但还有缺点，这就是偏重数量（如开荒、锄草等）不讲求精耕细作的倾向。今后必须努力纠正这种偏向，普遍倡行精耕细作，以提高质量。同时，贯彻优待移民难民政策，以增加劳动力；普及植树，兴修水利，以利灌溉而防水旱灾。

工业方面，无论公营、私营与合营，都有发展。过去一年之内，单就棉布、纸烟、毛巾、袜子、火柴、肥皂、磁（瓷）器等项计算，即减少了入口总值的相当大的一部分。其中纸烟、毛巾、袜子、肥皂、已能完全自给，纸和铁的产量还未计入。这是一个很大的成绩。但是最主要的必需品如布、铁、纸的生产，离需要还相当远，因此还不能完全摆脱经济封锁的危害。我们必须更加努力发展工业生产，尤其要争取军民最主要和最大量必需品的完全自给。为此目的，要继续加强自给工业，扩大公营，奖励民营的发展，经过私营与合营的形式发动大规模的民间纺织（尤其是家庭纺织）业，发展造纸，陶瓷等必需品手工业。工业方面也存在着重量不重质的倾向，必须加以纠正，从精通业务，加强管理与提高技术等方面，给以有效的改进。

金融和贸易事业，今年也有很大的进步。金融方面获得相对的稳定，出入口趋向平衡，物价也渐趋稳定。这是由于一方面，发展了生产，如前所述，入口总值因此减少了相当大的部分。又方面，管理上的计划性、主动性与组织性大大增强了。

坚持从经济到财政的发展路线之结果，人民的收入大大增加了，部队和机关学校也逐渐建立了家务，但政府取之于民的部分，却相对的减少了，以至绝对的减少了。例如公粮，去年十八万石，今年减至十六万石，其他税收也有减轻。因此，军民生活一年一年地更加改善了。

农民方面，以清涧辛家沟村为例，全村共二十六户，三〇年收获量为二百零九石六斗二升；消费量为一百四十二石四斗二升；负担为二十四石七斗，占收获量百分之一一·七六；收支相抵盈余四十二石五斗。三二年收获量为二百八十五石六斗九升；消费量为一百八十四石三斗，较三〇年增加百分之二七·二，生活上升；负担为十九石九斗八升，占收获量百分之六·九九，负担下降；收支相抵，盈余八十一石八斗一升。

工人方面，城市手工业工人实际工资比战前提高百分之一四九·八至四〇〇；公营企业工人的实际工资则提高百分之五八·七至八四，但公营企业工人的医药、文化和娱乐等费，劳动保险和社会保险统由公家负责。

部队方面，战士的衣食两项供给标准，如以二八年为一〇〇，则去年已提高至百分之一二五·五，今年当续有提高。

一般公务人员和学生方面，以今年为例，单就衣食两项实物供给标准，平均为小米六石以上（十六两称三百斤为一石），其他如办公、文娱、书报、医药等费，概由公家供给，病员、产妇、婴孩等更有特殊待遇。公务人员家庭有土地而无劳动力者，为之代耕；全无产业者，帮助其家属从事生产或给以适当工作，其子女的抚养教育费用，亦由公家供给。

值得指出的，去年以来，工厂人员合作社，部队人员合作社，机关和学校人员合作社，普遍成立，便利个人储蓄，并为个人建立了家务，已有相当成绩。可以说，边区军民生活已开始进入丰衣足食境地。

可以这样提出任务。在经济战线上，要争取在今后几年之内，农业方面达到余一年粮，工业方面达到某些主要必需品自给，以实现丰衣足食，并取得巩固阵地，更加向前发展。

（五）边区人民从旧社会承继过来的经济遗产是落后的，其所承继过来的文化遗产，则更其落后。迄今还存在着百分之三（成年）与百分之六十（婴孩）的可怕的死亡率（还有占国民经济重要部分的牲口死亡也是很严重的），还存在着百分之九十的文盲与迷信，封建文化残余还在多数人民的脑子中存在着。这种情形，与边区今天的政治、经济生活完全不相称，并且对其继续发展给了严重的妨害。

过去若干年内，我们曾经在文教方面尽了一些力量、做了一些事情，也有过某些成绩。但由于客观上经济发展不足，主观上脱离实际倾向的影响，没有解决问题。经过去年大规模的生产运动，人民群众中文化教育的需要提高了，又经过普遍的整风学习，文教作风中的脱离实际倾向也基本上纠正了。如果说过去的脱离实际倾向是表现在内容上与实际和生产脱节，形式上不适于极端分散的农村环境，以及知识分子与工农群众脱节，那么，今年来就已开始了显著的转变，受到了人民的欢迎。实际上，已出了模范医生，模范医药组织与卫生模范村，出现了模范教师，模范小学与识字组，出现了模范黑板报，模范读报组与模范通讯员，出现了模范秧歌队与模范艺术工作者。因此，文教工作的阵容为之一新。

不久以前闭幕的文教大会，在边区，在全国，都是空前的一页。它检讨了历史教训，总结了新的经验，确定了开展大规模群众文教运动的方针，要求执行毛主席的指示，组织广泛的文教统一战线，依据群众的需要和自愿，于五年至十年之内消灭可怕的死亡率，消灭大量文盲，普及新民主主义文化，挤掉封建文化残余。

应当着重指出的，关于民众卫生医药工作，我们曾经犯了疏忽的错误，迄未予以重视。文教大会将它提到整个群众文教工作第一位，是完全正确的。今后应该重视文教工作，尤应重视卫生工作。

应当着重指出，为了普及，需要大大发动群众自己觉悟与自己动手，需要大量民办，需要动员一切可能动员的力量。但同时，为了普及得好，为了提高，又需要少量公办成为骨干和核心，需要加强领导，需要十分细法［致］的领导。一切这样或那样的官僚主义与命令主义，都须毫不迟疑地抛弃它。

应当着重指出，干部教育在整个文教工作中占头等重要地位。为了实现大规模的群众文教运动，为了提高边区的一切工作，各级领导机关必须认真办好高小、中学和延安大学，办好在职干部的政策教育、业务教育与文化教育，实行首长负责，亲自动手。

（六）生产第一，在继续发展生产的基础之上，同时发展文化教育，使边区人民不但是政治上有高度觉悟的，同时在经济上有更高发展，达到完全的丰衣足食，在文化上实现普及方针，达到生理上和心理上的完全解放，是健康富裕，又过着新文化生活的。那时，边区的面貌将完全为之改观，从经济落后地区变为经济发展地区，从文化落后地区变为文化先进地区。这就是边区建设亦即边区民主政治的新任务与新阶段。自然，这个任务的实现，将不是三年，而将是五年至十年。但我们已经走了开头几步，实践证明，这不是空想，而是人民生活中产生出来的实际需要，是可能达到的目标。我们应该努力达到之。

（七）凡是从人民实际需要提出的任务，都有可能发动他们实现此任务的觉悟性与积极性，而只要他们的觉悟性与积极性发动起来了，新的力量，新的人物与新的工作方式，也会随之涌出。群众的自觉与自愿，新的人物与新的工作方式，这就是我们实现新任务、达到新目标的道路和方法。这样的道路和方法，已经在我们开头几步的实践中出现了。首先从大规模的生产运动中，接着又从文教运动中，从其他工作中，涌出了成批的劳动英雄和模范工作者，他们表现着群众积极性与创造性的发扬；又产生了并发展了各种各样的合作组织，首先是变工队与合作社，它们表现着群众觉悟性与组织性的提高。劳动英雄和模范工作者，是从群众中产生而又为群众直接推拥出来的人物，他们从精神上联系着群众。变工队和合作社，是以私有财产为基础而由群众自愿联合起来的组织，它们从物质上团聚着群众。现在有许多模范变工队，大体上劳动英雄为之骨干，它们成为村子里各种活动的核心，所谓一揽子变工队。又有许多模范合作社，大体上是劳动英雄或模范工作者为之骨干的，它们逐渐成为经济、文化和公益的组织，所谓一揽子合作社。

经过劳动英雄和模范工作者，经过变工队与合作社，这就是我们为实现新任务新目标所必须经过的道路和方法。

现在的问题，是一部分变工队和合作社中存在着严重的有名无实的形式主义，主要原因在于违反了自觉自愿的原则，在于采取了强迫命令的办法，如不加以彻底纠正，势必大大妨害它们的发展。关于纠正合作社中的这种不良现象，政府已于九月间发布了严格的通令。据说还有个别地方政府对此仍抱犹疑态度，不立即执行，那是完全不对的。合作社也好，变工队也好，我们要区别出它们中之好的和坏的，表扬好的，借以推广，批评坏的，以资改正。

（八）如前所述，三年来，边区军事建设、经济建设和文化建设，都有很大发展，进入了新的阶段，提出了新的任务。凭什么发展起来的呢？凭广大群众的积极性，凭边区内部的团结，换句话说，凭民主政治的发挥，凭民主内容与民主精神的发挥，所以发展起来的。

由于发挥了军事民主，具体地说，由于开展了官长与士兵结合的练兵运动与屯垦运动，开展了拥军爱民运动与拥军优抗运动，批评了和改正了不良倾向，奖励了部队英雄，所以发展了和提高了军事建设。

由于发挥了经济民主，具体地说，由于执行了农贷政策，优待移民难民政策，改造二流子政策，执行了减租政策，推行了变工政策和合作政策，执行了工业上和贸易上公营、私营、合营自由发展的政策，执行了对于私营和合营工业的奖助政策，奖励了劳动英雄、模范工作者和各种生产模范，所以发展了和提高了经济建设。

由于发挥了文化民主，具体地说，由于纠正了脱离实际倾向，执行了为人民大众和依靠人民大众的文教方针，推行了民办公助政策，奖励了和表扬了卫生医药模范、教育模范、报纸模范和文艺模范，所以群众文教建设的阵容，也为之一新。

由于推行了民间调解政策，审判与调解适当结合的方法，执行了教育为主的监狱政策，所以在司法工作上有了新的转变。又由于执行了争取大多数、不杀一个的宽大政策，执行了调查研究与自己坦白的方法，所以防奸工作上有了新的成绩。

总之，由于民主政治在各方面的发挥，所以发动了广大工农兵群众的积极性，也发动了富有者的积极性。边区内部的各阶层间的团结，既在政权机构中结合为三三制，又在经济事业与文化事业中发展了，更加巩固了。虽然还有缺点，例如减租和防奸中发生的缺点，是应着重地去纠正的，但是可以纠正的，并且已经纠正了，或正在纠正中。

前年冬季，本李副主席提出的精简政策的精神，公布简政实施纲要，纠正了政权制度上各种旧型正规化偏向，从而确立了领导一元化的体制，反对了工作中的官僚主义倾向，提高了工作效能。

特别重要的，是发挥三三制精神的方式，也有了新的创造。许多乡参议会的一揽子会形式，能够集合各阶层代表和各种积极分子，大家议，大家决，各抒所见，各尽其能，既能解决问题，又能一致实行决议，完成任务。这是便利于发挥三三制精神的合理方式，至少是农村环境中的合理方式。应当使之普遍推行；县级以上也要适当地采用。若干专署和县府，召开了各界人士开诚协商的座谈会，此种方式也很有益处，今后值得推行。

（九）也还有缺点，例如乡村直接民权之运用不足，许多乡长之更换没有经过乡参议会；某些乡长、乡参议员和村长违犯民意，不能称职，没有及时改选等等。今后应该确定一条，凡是乡村行政干部违犯民意，不愿改正错误的，参议会或一定形式的乡民或村民人会，应该依法执行直接罢免的权力。凡是上级需要调动乡长时，须经过乡参议会，调动村长时，须经过村民大会。

又如，人民对当地政府判决不服而上诉时，或对当地行政人员不满而越级控告时，有些地方政府的主管人员借口不合手续，或没有下级介绍信，加以阻抑。以至民情不能上达。此种违反民主的行为，必须严格纠正之。

这类缺点的思想根源，便是官僚主义的倾向。在其他工作的领导作风上，官僚主义倾向也或多或少存在着。其特点，在于只愿作群众的上司，不愿做群众的学生，凭官僚架子办事，不凭调查研究解决问题。对某些工作人员来说，官僚倾向还是很严重的，应该深深警惕。

比较更普遍也更严重的毛病，则是工作中的重量不重质倾向。如前所述，重量不重质的毛病，在各种工作中都存在着。所以是严重的毛病。但重量不重质的主要来源则是工作方法上的命令主义倾向。工作方法上采取简单的命令主义，工作结果必然发生各种重量不重质、重形式不重内容的情形。有些工作人员求成心太切，犯了急性病，政策一经确定，任务一经提出，便采取简单命令的办法，雷厉风行地督促下级和人民执行；但领导人员中已经成熟了的东西，下级和人民群众还没有成熟，或还没有完全成熟，还需要一些酝酿等待工夫。在这种情形之下来一个雷厉风行，必然发生上述的毛病。他们心上是要为人民办事，但因为方法不对，结果反而引起人民的反感；他们心上是要急于完成任务，但因为方法不对，反而不能圆满完成任务。在工作方法上，有许多工作人员至今只习惯于粗枝大叶的方式，不习惯于细法［致］方式。可是我们的一切工作，都应该是一种细法［致］工作，建设工作愈发展，愈提高，就愈是需要具体的和细法［致］的领导，愈不能采用粗枝大叶的方式和简单命令的方式。例如组织合作社和变工队，按户订计划，推广卫生运动，识字教育和破除迷信等工作，如果老是粗枝大叶地去做，就一定会发生毛病，实际上已经发生了许多毛病。教训是很多的，应该深刻地领悟这种教训。

有些工作人员从农村中来，说上面的政策都很好，但到了下面，就有些走样。这种情形是有的，下面为什么走了样呢？除开极少数不良分子故意走样以外，大多数情况是由于下级人员对政策了解不够，或不熟悉，所以在执行时就走了样。但这方面的责任要由上级担负，因为上级领导机关平时对他的指导和教育不够。今冬区乡干部训练班，就是为要履行这个责任。另方面，由于下级人员在执行政策与号召时，采取了简单命令的办法，结果也就走了样。这方面，上级领导机关也要负责任的。因为愈是上级，愈是分工办事，但愈是下级，就愈是一揽子形式，如果工作没有中心，没有步骤，一件未了，一件又来，吃下的东西太多，就消化不了，就会简单处理。特别是乡村干部，他们的知识、文化和能力都有限，又多不脱离生产，如果上级指导得不好，就会“跑腿、误工、惹人”不顶事，工作还是做不好。许多乡村积极分子和劳动英雄已有此呼声，值得我们严重注意。应该说，边区政府在领导工作上，没有能照顾上述情况的时候是不少的。应该说，有些县政府在布置工作时，也常常采取平均摊派方法，采取简单命令的方式，不顾及各区各乡的具体情况，给以个别的指导和帮助，因此，区乡干部也跟着照样命令摊派下去。所以下面走了样，下面要负责，但如果下面不是被不良分子把持的话，更重要的责任还是应该由上级担负，因为上级领导机关没有完全尽到自己的责任。关键在于县政府，因为它是区乡政府的直接领导机关；最后的责任又在于边区政府和专员公署，因为它们是高级领导机关。

今后应当注意，上级（特别是边区政府和专署）在交给下级任务时，应慎重计算实际的可能，不可单凭主观需要；并应有计划，有步骤，一个时期只能有一个主要工作作中心，不可任意往下交；而如果可以给下级考虑余地时，就应让他们有考虑的机会。下级（特别是县政府和区署）在接到上级交来任务和指示时，应详加研究；而在执行时，则应切实计算当地具体情况和群众需要，去确定适合于当地环境的执行方案，不可简单的照转或摊派下去；应经过干部和群众的充分讨论，使他们自愿接受，不可采用简单的命令方式；而对于干部和群众的正确建议，则应适当的采纳，不可无理地拒绝。下级对上级指示，经过慎重研究之后，遇有行不通的地方，可以声明理由，请求上级重新考虑，遇有不知怎样执行的地方，可以提出问题，请求再度指示。

为了进一步建设边区，在各方面都成为全国的模范，我们需要有远见，有方向，有目标，有实现方向和目标的政策。这方面的问题，由于毛主席的英明启示，我们已经有了正确的解决。但是，要使正确的理想变成实际，使正确的政策变成人民的实践，就需要艰苦耐心的实际工作，需要循循善诱的教育工作，需要十分具体和十分细法［致］的工作方法。这方面，我们还不够，还有许多缺点，还有严重的毛病，需要虚心学习，需要批评和自我批评。要前进，必须虚心学习。要去掉前进的障碍，必须敢于接受批评和自我批评。这就是我要着重说的，以此共勉的几句话。

此次我们参议员又重行集会，边区政府有责任向诸位报告工作，请求大家讨论批评。

我完全相信，我们此次会议必能更进一步团结全边区各界人民。建设出一个很好的地方，协同整个中国解放区，为全中国人民作出榜样，并和全国一齐努力，达到驱逐侵略者与建设新中国之目的。世界在前进，中国在前进，中国人民解放的日子快要到来了。我们面前还有许多困难，但是我们能够克服它，中国人民是一定要胜利的。

选自《陕甘宁边区第二届参议会第二次大会撮录》，陕甘宁边区第二届参议会常驻会1945年5月编印，第1～16页。

互校版本：《陕甘宁边区政府文件选编》第八辑，档案出版社1988年版，第446～457页。

70. 陕甘宁边区第二届参议会第二次大会关于政府工作报告的决议

1944年12月19日

大会一致同意林祖涵主席关于边区政府工作的总报告，以及李鼎铭副主席、萧劲光主任、陈云副主任关于文教、军事、财经工作的补充发言。

边区是处在外部与内部极端困难的环境中：外部是日寇隔河对峙，经常有进攻危险，是国民党数十万大军的包围、袭击与封锁；内部是旧社会遗留下来的地广人稀，经济文化落后，极端分散的农村环境。但由于政府和军民一体，执行并且发展了上次参议会通过的边区施政纲领及各种重要决议，近年来，军事、政治经济、文化各方面的建设，都获得惊人的进步，边区面貌为之一新。军事上，胜利的保卫了边区，提高了部队的战斗力，巩固了部队内部和军民间的团结。经济上，坚持发展生产，执行了农贷、减租、变工、合作及各种奖励政策，发展了公营、私营、合营的各种企业，提高了人民的劳动力，做到了军民一齐动手，从而战胜了并正在继续战胜着国民党当局“困死边区”的毒辣企图，又大大改善了军民生活。文化上，开始了为人民与依靠人民的新局面，文教大会总结了过去经验，规定了开展大规模群众文教运动的方针。

这一切进步和成就的基础，在于发展了经济，而其根本关键，则在于彻底实行了革命三民主义即新民主主义的政治，在于人民自己选举出来并按照人民意志办事的民主政权，在于团聚各阶层人民代表共同负责的三三制。

边区民主政治亦即边区建设，已开始了新的阶段。在这个阶段上，将要使边区从经济落后地区变为经济发展地区，从文化落后地区变为文化先进地区，使边区人民具有更高的政治觉悟，并享有丰富的物质生活及适应于政治、经济向前发展的文化生活。而在今后两年之内，尤应本既定方针，坚持大规模的生产运动，提倡精耕细作，争取移民难民，更好地组织变工队，切实改进合作社，扩大公营企业，奖助民间植棉业、纺织业以及各种必需的私营企业，奖励工业上的各种创造与发明，以达耕三余一，主要工业必需品完全自给、军民普遍丰衣足食的目的。同时，在配合生产运动的条件下，开展文教工作，首先争取大部分消灭区乡干部中的文盲，部分消灭群众积极分子中的文盲，加强干部教育，有计划地培养边区知识分子，争取在中等以上学校有大批边区子弟入学；发展群众中各项文化艺术事业，特别重要的是要开展卫生医药工作，在减少疾病死亡的严重现象上，做出显著的成绩。无论在发展经济和发展文教事业上，具总目的是为巩固边区，提高边区，积蓄反攻日寇的力量。因此一方面需要加紧练兵，加强自卫军整训；另一方面，一切工作都须照顾部队的需要。旧历正月拥军运动必须更热烈地继续举行，对于帮助抗属和退伍残废军人建立家务的方针，必须切实执行，不容许有消极忽视的现象，对于他们的卫生健康和文化水平，亦应予以积极注意。

要进一步建设边区，其决定关键，在于进一步加强民主团结，改进作风，提高干部。

为此，需要扩大政权工作与社会事业中各阶层人民的通力合作，需要从明年选举运动中更加充实和健全三三制政权。劳动英雄和模范工作者的运动，为团结与教育群众、发扬群众积极性与创造性。识别与提拔人才的良好制度，需要加以推广和提高，明年的选举运动中，需要注意选举他们。过去几年中，由于各界各阶层人民的团结一致，在边区建设上取得了空前的进步与成就，今后，将由于这种团结的扩大与更巩固，使新阶段的任务能够胜利的完成。

为此，必须改进行政干部，尤其区乡干部的作风，从带有若干不民主的作风，为大会上所指出来的，改进成为完全民主的作风，以更加密切政府同人民的联系。近年来，一切事实证明了参议会和政府施政方针及各种政策是正确的，大多数干部是认真执行的，但因为若干干部中文化不足，或保留着封建文化的某些影响，于是在工作作风上表现为民主不足，或官僚主义习气相当浓厚，需要严格地并耐心地加以纠正。官僚主义作风不仅在下级干部中存在，而且在领导机关中存在，所以特别需要警惕，一切工作作风上的缺点，正如高议长和林主席所指出的，领导机关均应负主要责任。改进干部作风，首先在于教育，提高他们的文化水平，提高他们为人民勤务员的觉悟和决心，提高他们对于政策的认识。同时，防止官僚主义的有效药剂，是发动人民群众自下而上的批评、监督、控告，以至要求罢免（对上级人员）或直接实行罢免（对乡村人员）。此种自下而上的检查方法，尤应于明年选举运动中普遍实行。领导方面则必须以身作则，改正自己作风上的缺点，同时切实执行自上而下的检查，不是一般的检查，而是具体的检查；不是偶然零碎的检查，而是经常有系统的检查，从检查中发现和发扬成绩，又发现和纠正缺点错误。使自上的检查与自下的检查适当的配合起来，克服上下不一致的毛病，做到上下完全一致。从教育中和实践中，使各项工作干部普遍养成为人民勤务员的作风，养成遇事与人商量和共同负责的习惯，做到大家知无不言、言无不尽、言者无罪、闻者足戒，做到不分党派，一切工作人员都有职有权。

我们十分乐意接受中国人民领袖毛泽东先生关于一九四五年的任务的提议，我们一定把这个提议当成指示带到各地人民中去。我们十分相信，经过这次会议之后，我们的工作一定会有更大的成就和进步，而我们工作中和一部分干部中的缺点，将逐渐地被克服。

边区人民以及一切中国解放区人民的道路，正是打日本救中国的道路，是大后方和沦陷区人民殷切［企］期望梦寐以求的道路。我们边区人民有完全的责任，与各解放区政府和军民协同在一起，为加强全部解放区工作奋斗，为组织沦陷区人民奋斗，为援助大后方人民奋斗，为联合全国人民争取民主的联合政府奋斗为驱逐日寇出中国建设新中国奋斗！

选自《陕甘宁边区第二届参议会第二次大会撮录》，陕甘宁边区第二届参议会常驻会1945年5月编印，第39～43页。

互校版本：《陕甘宁边区政府文件选编》第八辑，档案出版社1988年版，第468～471页。原注："选自《陕甘宁边区参议会文辑》，中央党校出版社出版"。

71. 陕甘宁边区参议会常驻会工作及明年改选问题

1944年12月14日副议长谢觉哉报告

一九四一年十一月二十二日开第一次常驻会，至现在开了十二次会议。

常驻会和政府的关系是密切的。政府委员会开会，能到的常驻议员都参加了。每周的政务会议，有谢、李、乔三常驻议员参加。政府重要条例，都送经常驻会审核同意，以草案颁行，俟本会大会正式决定。常驻会建议及反映人民的意见，政府无不迅予办理。

常驻会职务第一条，为监督政府执行大会决议。我们感到满意的，是政府不仅执行了，而且发展了上次大会的决议。例如精兵简政案，发展到简政的目的为精简，统一，效能，节约与反官僚主义。经济文化建设案，发展到颁布减租减息，交租交息的条例；大家动手、丰衣足食，各种形式的公私合作、公私兼顾的合作运动；耕三余一，布铁自给；文化教育为广大人民服务；克服"财旺人不旺"的现象等。像今年开的工厂代表大会、合作社代表大会、文教代表大会，及去年开过的今年又要开的劳动英雄模范工作者代表大会上所议的，都是如此。军事议案，发展到拥政爱民，拥军优抗运动，军助民，民助军，军队自给，军队整训，自卫军整训等伟大成绩。凡此，都是上次大会未及详细讨论，而政府在执行中所达到的。因此，边区人民与军队的抗日情绪和抗日力量大大提高，完成了反攻日寇把日寇赶出中国去的初步准备。

陕甘宁边区巩固了，且成为全国民族解放民主政治与民生发展的旗帜，成为全世界反法西斯阵线中有效力量之一部分。这里证明人民力量的伟大，仅仅百五十万人的边区，就已如此。这里说明新民主主义的正确，还是初步实施而已如此。

这些成绩，是中国共产党人、其他党派与各界无党派人士合作的结果，是民选政府领导广大人民一齐努力的结果。本会应该代表全边区人民感谢中国共产党中央，尤其是中共领袖毛泽东同志对这区的热爱，与经常给我们以伟大的启示，感谢中共西北局及其领袖高岗同志的指导，感谢我们政府林主席李副主席政府各委员各负责人的努力。要做好新的政权工作，确不容易，处处要创造，边区政府各负责同志确是很劳苦的。

上次大会以来的经验。关于新民主主义的民主内容，大有进展，这就是召开本次大会的决定上说的："陕甘宁边区抗日根据地之所以巩固，所以发展，依靠于政治上的民主，经济上的民主与文化上的民主，团结了各阶级派的人民成为一条心。"经济上的民主，表现在减租减息、交租交息的土地政策，资方有利、劳方也有利的劳动政策，与公私兼顾、公私合作的合作政策。文化上的民主，表现在为着全体人民尤其是工农兵大众服务及民办公助政策。还有军事上的民主及其他正在发展中的民主。还有普及于各个生活角落各个工作部门的劳动英雄模范工作者的选拔运动。过去只有念书人才能中状元，现在则真正是

“七十二行，行行出状元”，只要他做了有益于人民大众的事。如果说旧民主主义限于选举、言论、集会、结社等自由的话，那我们这里已有了免于恐怖的自由，免于贫困的自由，免于愚蠢与不健康的自由以及其他自由。孙中山先生所主张的“节制资本平均地权”，私有资本“不能操纵国民之生计”、“农民有武装自卫之权”、“第一步武力与人民结合，第二步使武力变为人民之武力”的话，在我们边区已经大体上把这些实现了，有些并且发展了。所以我们是革命的三民主义的实行者与发展者。拿现在世界反法西斯大战中罗斯福总统的四大自由来说，我们这里对于信仰自由、言论自由、免于恐怖的自由与免于贫困的自由，都已做的很有成绩，所以这里的人民能成为反法西斯的力量不可侮的重要部分。政治民主，如果有了经济民主为其经济基础，有了文化民主为其精神武器，有了军事民主，抵抗日本侵略者及其走狗们，那么，政治民主就会被广大人民所特别珍贵与充分利用。同时，经济上文化上与军事上的民主又必运用政治民主，才有保障，才有积极推进之可能。

其次，运用民主到人民大众的各个生活部分里去，不只是说人民选举的政府是为人民服务的，而且是说人民自己有权管理自己的生活和创造自己的生活。怎样管理和创造呢？那就是毛主席说的：“将群众的意见集中起来，又向群众中去做宣传解释，化为群众的意见，并使群众坚持下去，见之于行动，并于群众行动中考验这些意见是否正确。然后再从群众中集中起来坚持下去。”这是领导方法，也是人民大众管理政权的方法。几年来边区政府的工作，如增产运动，合作运动，文教运动，军民团结等等……都是这样做的，我们举行了很多次这样的会议。本届大会也就是集中人民大众一切重要工作方面的经验，作成决议，然后再向人民宣传解释，一致实行。至于基层人民的权力机关，即乡市议会与乡市政府，那里表现人民自己管理自己及创造自己的生活，就更加直接，更加丰富了。试想，拿大众的力量与才能，用这样的方法来行使自己的权力，来管理与创造自己的生活，自然不是单单少数人去想去做所能企及，而且简直会为这样的少数人意料所不到。这就是新民主主义的民主选举、民主议会与民主政府的工作内容，比旧民主主义要丰富百倍。

我们应该准备把人民这些权利——政治、军事、经济、文化及其他正在发展的权利，写在将来的宪法上。

鉴于中国是一个富于专制历史的国家，尤其是近二三十年，人民受着无限压迫暴虐的痛苦，因此应特别珍贵人民大众从斗争中所得到的权利，及从摸索中得到的管理政治的方法，把它练习使用，充分发扬。一方面要使反动余孽没有空子可钻，企图复活；另方面运用民主到各个生活方面去，建设我们高度的自由幸福的新社会。

但是不要骄傲，我们摸到的方针，走的道路，虽然很光明很正确，但我们边区各方面的现实——经济文化等，仍然还是落后的，我们做的工作，还有很多缺点。

只就人民代表机关和政权机关的制度说吧。

我们的参议会，和国民党统治区域的所谓参议会，有性质上的区别，它有选举政府和决定一切重要问题的权力。但是在许多县区，我们还没有好好地运用它。

例如：许多人民代表机关及政权机关，没有按时改选，人民中新涌现出来的人才，没有及时地选到代表会议和政权机关中来。

例如：许多参议会，未能及时开会。

例如：县乡政权机关被选人，不少被调动未能及时补选或改选。

还有某些政权机关中的民主作风，是很不够的。

这些，就是说，我们政治上的民主，尚未能和经济上、文化上各方面的民主，发生活泼的连（联）系与融合。人民大众的活力，尚未能完全经过政治上的民主，使之更加发扬起来。这种现象，急需有所改进。

提议：各级人民代表机关，一九四五年普遍改选，并要求今后各级人民代表机关和政权机关，除有特殊情形外，都能按期开会及改选。

在明年选举中，应注意如下各点：

把人民大众的政治、军事、经济、文化事业与选举联系起来，使选举者明瞭（了）被选举出来的人，即是作（做）这些事的，"也即是在这些事业中表现得较好的与最好的人。

必须把人民大众中涌现出来的政治、军事、经济、文化各种事业的英雄及模范工作者，或对各种事业有所帮助的人，选到民意机关与政治机关中来。

同时，还要注意，并且要比过去更加注意，使参加抗日与赞成施政纲领的各地党派各阶层的人士，有更多的人参加选举，并有比较本届更多的人当选，以便进一步充实三三制，更能团结边区各界，共同努力，为战胜侵略者建设新中国而奋斗。

为使选举办理得更好，提议选举条例酌加修改，例如各级参议会议员名额，应当减少，便于开会。过去许多参议会未能如期开会，议员名额太多，是其一个原因。

乡市选举，以居民小组为单位，颇多不便，应加改变。

驻防边区的军队，边区新建立的各产业工厂，各专门学校他们对边区建设有很大贡献，应确定其选举出席于边区参议会的议员名额。其他还有应修改之处，均见修正草案，这里不多说。

最后要请本届大会追认下列几件事：

第十一次常驻会、第五次政府委员会联席会决定：第二届边区参议员第二届边区政府主席及委员均延长职权一年，延至明年改选。因为今年来不及选举，新的参议会要明年才能选出，本届参议会议员常驻职员及政府人员的职权，应当延长一年。

第十次常驻会因那素政府委员病逝，遗缺以次多数霍祝三递补。

以上请求大会追认。（下略）

选自《陕甘宁边区第二届参议会第二次大会撮录》，1945 年 5 月版，第 26～32 页。

72. 陕甘宁边区乡（市）政权组织条例（草案）

1945 年[①]

第一章 通 则

第一条 本条例依民主自治与民主集中制原则，为健全边区联合政府的基层组织而制

① 原件未注明制定年月，收在 1945 年的法律文献中。

定之。

第二条　乡（市）政府行政区划，依据人口、面积两个标准：人口一般以三千人以内；面积纵横一般以三十里以内为宜。

第三条　乡（市）政府下设行政村，行政村之下设自然村，由乡（市）政府呈请县政府核准行之，人口稠密之乡，不需设行政村一级时，可予免设。

第四条　乡（市）政府之印信，由县政府制定之。

第二章　乡（市）代表会

第五条　乡（市）代表会为乡（市）最高政权机关；集中全乡人民的意志，议决并执行本乡（市）应兴应革事宜。

第六条　乡（市）代表会在开会时推举主席三人至五人组织主席团，主持会务，乡（市）长为当然主席之一。

第七条　等于区的市或直属区其代表会组织、职权、任务等与乡（市）代表会同。乡（市）代表会议之决议，有与边区各项政策抵触者，上级政府得停止其执行。

第八条　上级政府交办的事项如有与当地情况不符合时，代表会得按照本乡实际情况决定并向上级声明理由。

第九条　代表会议一般三月召开一次，遇有下列情形之一者，得随时召集之。但最多不得超过八次。

（一）遇有较大之事件，乡（市）长或政务会认为必要时；

（二）代表三分之一以上之请求者；

（三）公民二十人以上联名请求得政务会同意者。

第三章　乡（市）政府

第十条　乡（市）代表会闭会期间，乡（市）长对代表会与上级政府负全权责任，并推广全乡（市）政务。

第十一条　乡（市）长由乡（市）代表会选举之，并与乡（市）代表会同时改选，连选得连任，必要时得选举副乡（市）长，乡（市）长选出后，须呈报县政府加委。

第十二条　在未届改选期间，乡（市）长如违法失职或因故去职时，由乡（市）代表会随时改选之。

第十三条　乡（市）政府另设文书一人，为乡（市）长之助手，设自卫军连长，指导员各一人，协助乡（市）长管理民兵及治安工作，在环境复杂之乡，可专设治安主任一人，管理治安工作。

第十四条　乡（市）政府任务如下：

（一）实行边区政府政策法令，上级政府之指示，及乡（市）代表会议的决议；

（二）发展生产卫生教育等事业；

（三）进行拥军、优抗工作；

（四）建立人民自由武装，维护革命秩序；

（五）举办公益建设事业，调解民间纠纷；

（六）关于本乡土地、人口及其他社会情况之调查登记。

第十五条　乡（市）政府设政务会议，由乡（市）长、文书、自卫军连长、自卫军指导员及代表主任组织之（有副乡长或治安主任者亦参加）。乡（市）政务会议，由乡（市）长主持，必要时得召集本乡（市）有关人员参加。

第十六条　乡（市）政府每月向区公署至少报告工作一次，乡（市）长及文书每两月至少巡视检查本乡各村工作一周。[①]

第四章　代　表

第十七条　代表在代表大会时，代表所属公民意见参加大会（由自然村或行政村选民直接选举之），平时接受人民意见并承乡（市）长及代表主任之命，办理本村行政事宜。如自然村有代表二人以上时可互推一人负总责，其余扶助。

第十八条　行政村设代表主任一人，由该行政村全体代表互选之。其任务为集中全行政村代表意见，并接受乡（市）长指示，执行所属自然村之政务。必要时，有权召集本行政村之代表会议。

第十九条　代表在任期内，如有不称职时，得随时按改选条例规定，由选民大会改选之。

第五章　经　费

第二十条　乡（市）政府之干部，仅乡（市）长与文书（或副乡长）二人脱离生产，经费由县政府预算报销。其他干部得酌情减轻或豁免日常义务动员负担，其实施办法由乡（市）代表会议决。

第二十一条　乡（市）政府临时经费，得由乡（市）代表会通过征收之。但大乡（市）每年不得超过小米二石，小乡（市）每年不得超过小米一石五斗，此项收支应开具清单，每季提交代表会审查并公布之。

第六章　附　则

第二十二条　本条例经边区参议会通过后，由边区政府公布施行之。

选自《陕甘宁边区政府文件选编》第九辑，档案出版社1990年版，第454～456页。

① “档案文件版”“法律法规版”将第十六条放在第四章，可能是误排。

四、民政法规

1. 陕甘宁特区政府颁布抗日军人优待条例

1937 年

中华民族此次对日抗战，悲壮惨烈，亘古未有，前方将士报国之忠，赴义之勇，实足以动天地而泣鬼神。安居在后方的民众们，倘一念到前方将士牺牲如此惨重，试问尚有何物可以爱惜，何事值得留恋？为求尽一点未死者的责任起见，对前方为保护全民族生命财产而抗敌而受伤殉难的将士，应当替他们分担一点家庭的责任，照顾他们的妻儿。本府为了安慰已死将士之灵，激励抗战将士之志，特颁布抗日军人优待条例。

第一条　凡参加抗日战争将士及其家属，均受本条例之优待。

第二条　各县县政府应随时调查登记抗日军人家属经济情况，呈报特区民政厅。

第三条　抗日军人在服务期间应受下列各项优待：

一、本人及其家属免纳特区一切捐税。

二、家属所居住的公家房屋免纳租金。

三、本人及其家属享受公家商店百分之一减价的优待，当必需品缺乏时有优先购买之权。

四、抗日军人乘坐轮船、火车、汽车其费用由公家发给。

五、子弟读书免纳一切费用。

六、因伤病需休养时，休养费用由公家供给。

第四条　抗日军人服务五年以上，年满四十五岁者可退职休养，公家补助其终身生活，本人不愿退伍，愿继续服务者，应得特殊优待，由民政厅发给特别优待证书。

第五条　抗日军人家属缺乏劳动力耕种之土地，特区人民应尽代耕代收之义务。

第六条　抗日军人在战争中牺牲或在服务中因劳病故者，依下列各项抚恤之：

一、凡死亡将士，应将其死亡时间、地点、战役、功绩，由政府汇集公布。

二、死亡将士之遗物应由政府收集在革命历史博物馆中陈列，以表纪念。

三、死亡战士应由当地政府帮助收殓并立纪念碑。

第七条　抗日军人死亡或残废者，其家属优待办法如下：

一、子女弟妹幼小的免费入政府设立之抗日军人遗族学校，直到年满十八岁由政府介绍职业为止。

二、仍继续享受本条例关于优待抗日军人家属之规定。

第八条　抗日军人因战争受伤残废得入残废院休养，一切生活费用由国家供给，不愿居残废院者由政府按年给终身抚恤费，其详细办法由特区政府民政厅以命令定之。

第九条　本条例自公布之日起施行。

选自《陕甘宁区政府文件选编》第一辑，档案出版社 1986 年版，第 41～42 页。原注：“见 1937 年 12 月 4 日《解放周刊》第一卷第 26 期”。

互校版本：《陕甘宁边区法律法规汇编》，三秦出版社 2010 年版，第 443 页。

2. 陕甘宁边区义务耕田队条例

1939 年公布

第一条　义务耕田队，是群众自愿条件之下一种义务劳动组织，帮助无劳动力，或缺乏劳动力之抗日军人家属，进行代耕代锄代收等工作。但抗日军人家属有劳动力者，不在此例。

第二条　义务耕田队，依据当地抗属多少，及需要劳动量，由各乡政府决定组织之。

第三条　义务耕田队以乡为单位组织之，受各乡政府之领导。

第四条　义务耕田队，得设正副队长各一人，领导全队事宜。每村得分为班，每班五人至十人为限，每班得设班长一人，领导全班事宜。

第五条　义务耕田队队长及班长，由队员中推选之。

第六条　义务耕田队成立后，需确实讨论分工负责，按时耕耘与收割。

第七条　义务耕田队队员，如有加入抗日军队，或被调动担任其他工作时，由队长另找他人接替之。正副队长及班长，如有调动时，得另行选举之。

第八条　义务耕田队每月开大会一次，半月开班长联席会议一次，由正副队长召集之。十天开班务会议，由班长召集之，检查过去工作与讨论今后计划。

第九条　义务耕田队，是边区公民对于抗属一种义务劳动，故于实际劳动时，必须自带伙食，不得接收与要求抗属任何报酬。

第十条　本条例如有未尽事宜，由边区政府修改之。

第十一条　本条例经边区政府委员会决定颁布施行。

选自《陕甘宁革命根据地史料选辑》第一辑，甘肃人民出版社1981年版，第54～55页。

互校版本：

1.《陕甘宁边区政府文件选编》第一辑，档案出版社1986年版，第499～500页。

2.《陕甘宁边区法律法规汇编》，三秦出版社2010年版，第217页。

3. 陕甘宁边区禁止妇女缠足条例

1939年8月1日公布

第一条　全边区各地方妇女之缠足者，得依本条例之规定解放之。

第二条　本条例由各县市一科督饬各区乡政府，切实遵照执行之。

第三条　凡边区妇女年在十八岁以下者，自本条例公布之日起，一律禁止缠足。

第四条　凡边区妇女已缠足者，自本条例公布之日起，须一律解放。

第五条　凡违反本条例第三条者，一经查出，即科处其父母或其家长一年以下之有期徒刑。

第六条　凡边区妇女，年在四十岁以下者，在本条例公布半年后，违反本条例第四条者，一经查出，即科处其父母或其家长半年以下之有期徒刑。

第七条　凡边区妇女年满四十岁者，劝令解放，不加强制。

第八条　各级政府，应切实劝导，厉行检查，按月将所收成绩依级报告，并由各县市一科长在下月十五日以前汇报民政厅。

第九条　凡各级政府人员，对此工作认真办理，确有成绩者，得由各县市长呈请民政厅审核分别以精神或物质之奖励。

第十条　凡各级政府人员，有奉行不力不能按期完成任务者，得由各县市长呈请民政厅酌量情节予以处罚。

第十一条　妇女联合会、抗敌后援会、青年救国会及其他人民团体工作人员，动员妇女，实行本条例努力者，由边区民政厅予以奖励。

第十二条　凡边区妇女，在放足运动中，自动放足，并能推动他人而起模范作用者，由各级政府及群众团体呈报民政厅应予以奖励。

第十三条　凡借农妇落后意识造谣滋祸破坏本条例之执行者，须按照情节轻重给以处罚。

第十四条　本条例自公布之日起施行。

选自《抗日根据地政策条例汇集》陕甘宁之部（上），1942年版，第142页。

互校版本：《陕甘宁革命根据地史料选辑》第一辑，甘肃人民出版社1981年版，第43～44页。

4. 陕甘宁边区政府关于动员及代雇民夫牲口的规定

1940年7月4日

查边区各机关、部队、团体、学校等，粮食之运送、物品之搬移、伤病员之送院休养等事，多数在各县动员或代雇牲口运送之，因而边区各县对动员或代雇牲口已成为经常之工作，由于数目字之增加，民众颇感繁重，同时雇用机关亦感手续频繁，有碍计划之如期完成。为调剂各方困难及简便手续计，特规定接洽动员及代雇之原则办法于后：

（一）动员：凡属军事紧急事项即为动员。需民夫十名或牲口十头以上者，得有本政府之介绍信或训令，方可代为动员，但非常紧急军事动员，有动员机关首长签名盖章者，得予接洽办理，民众及其牲口之生活费，以能维持为原则，互相商讨由动员机关发给。

（二）代雇：凡不属军事紧急性质，如运粮、搬运物品等即为代雇，需民夫五十名或牲口五十头以下者，雇运机关可与代雇机关直接洽商办理，无须取得本政府之介绍信或训令，其数目在五十以上者，得有本府之介绍信或训令才予接洽，脚价按照新规定，由雇用机关照发。

（三）各机关、部队临雇用之牲口，只要按市给价，不必一定要经过政府，而政府亦无须干涉，合行令仰该各专署各县府即行遵照办理为要！

选自《抗日根据地政策条例汇集》陕甘宁之部（上），1942年版，第227页。

互校版本：

1.《陕甘宁革命根据地史料选辑》第一辑，甘肃人民出版社1981年版，第60页。

2.《陕甘宁边区政府文件选编》第二辑，档案出版社1987年版，第306页，原注：“选自《陕甘宁边区革命根据地史料选辑》第一辑，甘肃人民出版社”。

5. 陕甘宁边区抚恤暂行办法

1940年公布

第一条　本办法根据陕甘宁边区优待抚恤抗日将士条例订定之。

第二条　本办法基本上适用于由边区内而直接参战的抗日战士之优老养病抚恤伤亡等。

第三条　其他各抗战工作服务人员，经该主管部属首长依法证明，转请边府民政厅考查确实批准者亦适用之。

第四条　凡抗日将士因革命牺牲者，由该主管部属首长填具详细证明表，转所属优待抚恤委员会依法办理下列抚恤事宜：

（一）登记其功绩纪念品具报上级备查。

（二）登记其家庭状况，转请所在地方政府依法抚恤。

（三）暂发给其直系遗属抚恤金二十元。

第五条　抗日将士在伤病中或伤病后，因公积劳成疾，须休养滋养者，由该主管部属，每月斟给予休养费或滋养品。

第六条　抗日将士服务五年以上年满四十岁者（后方工作人员八年以上），由该主管部属首长填具详细证明表，转所属优待抚恤委员会发给抗日战士年老优待证书，在职者每年发给优待金十元，退伍者每年发给优待金五元。

第七条　抗日将士因革命战斗而成残废者，以下列标准发给荣誉将士优待证及抚恤金：

甲　一等残废标准：

（一）两目失明者；

（二）脑神经失作用或不能说话者；

（三）脊柱神经失其作用上下肢瘫痪，或半身瘫痪，痉挛性瘫痪（如全身动摇不定），萎缩性瘫痪者；

（四）两手折断或失作用者；

（五）一腿折断或全废者；

（六）内脏损坏而他部不能完全代管者；

（七）口腔喉部失其作用不能咀嚼者；

（八）其他重大残疾相当于上列作用者。

（注）暂定一等残废每年发给抚恤金三十元。

乙　二等残废标准：

（一）一目失明或两目差明者；

（二）声带损坏说话不清者；

（三）口腔因伤不便饮食者；

（四）两侧性面神经瘫痪或因伤后而经常头疼者；

（五）一手一足同时下垂者；

（六）大便自遗小便失禁者；

（七）下肢关节强直而行动不使者；

（八）一部内脏损失甚轻而他部尚能代管者；

（九）一手折断或瘫痪全失作用者；

（十）其他类似以上作用者。

（注）暂定二等残废每年发给抚恤金二十元。

丙　三等残废标准：

（一）一目差明者；

（二）上肢关节强直筋肉收缩伸张不开者；

（三）手指足趾失去过半者；

（四）生殖器因伤而失去一部而尚能人道者；

（五）两耳失听者；

（六）其他类似以上作用者。

（注）暂定三等残废每年发给抚恤金十二元。

丁　临时残废标准：

凡在伤愈后神经麻痹、运动不适，须满一年后才能恢复其原状者，共给抚恤金一次十元。

第八条　凡第七条法定发给之荣誉战士优待证书，须持有正式医疗机关证明表，到就近抚恤委员会领取。

第九条　凡抗日将士因公积劳成疾而请领荣誉将士优待证书者，须持有医生及该主管部属首长之详细证明表及履历表，到边府民政厅或指定之代办机关领取。

第十条　持有优待证之年老战士荣誉将士退伍而家在边区以外者，除给路费外，还须给予相当优待费。

第十一条　优待证书除非有人证明在危急的水火灾中或战斗中遗失者外，概不补发。

第十二条　凡持有原残废证书或医院证明表不合法定等级或有疑难者，各级抚恤委员会得停缓换证，随时与近就医生共同检查，另行判定其等级。

第十三条　荣誉将士优待证书式样如下：（略）

第十四条　年老战士优待证式样如下：（略）

第十五条　本办法自公布之日起施行。

选自《抗日根据地政策条例汇集》陕甘宁之部（上），1942 年版，第 219～222 页。

互校版本：

1.《陕甘宁革命根据地史料选辑》第一辑，甘肃人民出版社 1981 年版，第 56～59 页。

2.《陕甘宁边区政府文件选编》第二辑，档案出版社 1987 年版，第 550～553 页。

3.《陕甘宁边区法律法规汇编》，三秦出版社 2010 年版，第 444 页。

6. 延安学生疗养院收容条例

1940 年 8 月 17 日

第一条　凡延安各学校因病之学生需住院疗养者，均依此条例收容之。

第二条　本院专收延安学生有慢性疾病在校休养无效者，其他机关工作人员一律不收。

第三条　本院暂时规定收容××人，逾额不收。

第四条　凡要入院疗养之学生，须有学校当局负责之介绍，由总卫生处门诊部之检查，经总卫生处之批准，始得入院。在院疗养痊愈，经主治医生认为可以出院时，即须出院回校学习。

第五条　凡入院之病员不得携带随从人员，但须自带衣被及其他用具等。

第六条　凡出入院之病员，本院概不负责接送，均由原机关或本人自行办理。

第七条　凡入院之病员须绝对听取医生之意见安心休养。

第八条　凡入院之病员须遵守院规，如有违反时本院有请其出院之权。

第九条　本条例如有未尽事宜，得提请总卫生处批准修改之。

第十条　本条例自公布之日施行。

选自《陕甘宁边区政府文件选编》第二辑，档案出版社 1987 年版，第 398～399 页。

互校版本：《陕甘宁边区法律法规汇编》，三秦出版社 2010 年版，第 462 页。

7. 陕甘宁边区政府关于保育儿童的决定

1941 年 1 月 21 日

（一）建立管理“保育行政”组织：在边区民政厅设保育科，各县市政府第一科内添设保育科员一人，区、乡政府内添设保育员各一人（暂由区、乡妇联兼任），专司孕母、产妇、儿童的调查、登记、统计、卫生、奖励、保护等工作。

（二）各级政府的卫生工作，应以进行产妇的卫生教育，保育产母及婴儿健康为中心工作之一。

（三）为鼓励人民保育婴儿健康起见，凡人民生育婴儿，应向乡市政府登记，满一周岁时，经检查认为健康强壮者，每儿发给奖励金二元。

（四）边区民政厅卫生处应协同民政厅保育科，于民国三十年三月前办一保育人员训练班，抽调文化程度较高者男女六十人，给以短期之训练，使其明嘹（了）产妇卫生，助产接生儿童保育等基本知识。毕业后派到各县开办短期训练班，务期于本年内，边区每一个乡均有一位以上脱离生产的保育员，负该乡保育及接生工作之责。

（五）保育员可由民政厅保育科发给必要之生产仪器、材料及医药（由卫生处筹制），以便给群众接生与治疗保护产母及婴儿之健康。

（六）为保护产母之健康起见，一般的产妇应在产前休养一个月，产后休养一个半月。在产妇休养期生活，全由男子或家庭负责，其家境贫穷，因休养影响生活者，在休养前呈请乡政府，动员当地群众给以适当的帮助。

（七）各党、政、军的卫生治疗机关，均应免费给人民孕母、产妇、儿童治疗疾病，其民间贫穷无依之孤儿，得送附近托儿所抚养。

（八）民政厅应编发产妇卫生、儿童保育须知等小册。边区卫生报，每期应辟儿童保育栏，经常进行保育儿童的宣传教育工作，注意破除用迷信办法（捉夜灯、赶鬼等）代替医疗。

（九）由民政厅主持每年或二年举行一次婴儿健康竞赛会，对于健康儿童分别奖赏。

（十）严禁打胎。有特殊情形，经医生证明及当地政府批准，才可经医生打胎；私自打胎者以犯罪论。

（十一）男子不得与孕妇和乳母提出离婚，如具有边区婚姻条例离婚之条件者，应于产后一年提出。

（十二）凡脱离生产之女工作人员及带有婴儿者，得享受如下之优待：

甲、关于产妇的待遇：

1. 各机关、团体、学校，不得推却怀孕或携有婴儿的女工作人员。

2. 对于带有婴儿及孕妇之女工作人员的工作效率，不能要求过高，其工作时间每日只能有四小时至六小时，且不得妨碍其喂乳时间。

3. 孕妇产前休息一个月，产后休息一个半月，身体虚弱经医生证明者，得酌量延长时间。

4. 孕妇于生产时，发给生产费三十五元，并于生产前后休息期间内，酌发大米、白面等营养食品；如无大米、白面等，在生产前休养期间，增发休养费十元。

5. 女公务员在经期中，应给生理假三天，卫生费五角。

6. 小产妇发休养费十五元，并给休养一个月。

7. 各机关、团体、学校进行重力生产时（如农业生产与工业生产），孕妇及带有婴儿的女同志，得免除其参加生产。但应做一部分轻工生产。

乙、关于婴儿的保育：

1. 婴儿在周岁前应由生母养育，因工作及其他特殊情形者例外；周岁以前之婴儿，无论由母亲养育或雇人养育，每儿每月均发保育费十元，周岁以后的婴儿，领取半成年的伙食粮费，并发给保育费五元，不领伙食粮费者仍发十元。

2. 婴儿衣被均按成年人发给（每年发宽面布五丈，棉花三斤，分两季发）。

3. 五周岁以上之儿童，其衣食按成年人发给，津贴费每月二元。

4. 吃奶入托儿所的婴儿的保育费，由母亲（或奶母）得九元，交托儿所一元，脱奶入托儿所的婴儿，保育费全部应交托儿所，其母亲（或奶母）可提出保育意见。

丙、关于托儿所之设立：

1. 各机关、团体、学校有婴儿五人以上者应设立托儿所；五人以下者，可合数单位共设托儿所；不足五人又无单位合设者，得另设窑洞，安置保母婴儿。由母亲轮流照顾或共用保母一人照顾。

2. 托儿所设备，应按照托儿所规则，窑洞务须坚固、干燥，光亮、清洁，适合于卫生。

丁、关于保母的待遇：

1. 保母的津贴，每月至少三元，非有特殊原因不得停发。

2. 保母的夏衣应发两套。

3. 轮流值夜班的保母，增发每夜夜餐费三角。

戊、关于领费的办法：

1. 保护产母、保育儿童之各项费用，以及生理假之卫生等费，均由党、政、军、民各机关在经常费内作预决算报销。

2. 凡产母有工资及在边区内已分得土地，享受代耕优待者，其生产、休养、保育各费均减半发给。

3. 男公务人员之妻，既未工作、又不学习者，按照边区优待抗日战士家属条例优待，不另发给各项保育费。

（十三）本决定自三十一年一月起施行，过去有关的决定通知，一律失效。

附注；二十九年十二月三十一日发出之关于保育儿童的决定，现经修正重行印发。前发之决定应即作废。

选自《抗日根据地政策条例汇集》陕甘宁之部（上），1942年版，第138～142页。

互校版本：

1.《陕甘宁革命根据地史料选辑》第一辑，甘肃人民出版社1981年版，第78～81页。

2.《陕甘宁边区政府文件选编》第三辑，档案出版社1987年版，第33～36页。

8. 陕甘宁边区政府民政厅为优待抗属组织代耕工作给各县的指示信

1941年3月5日

优待抗日军人家属，是保卫边区争取抗战胜利的重大事件，过去这一工作，我们做了许多，但我们还须要做得更好一点，因此，必得要：

（一）克服倾向纠正缺点

过去优待抗属工作中几个标准缺点：第一，优待工属很好，优待抗属很差；优待当地干部家属更好，优待外处干部家属便差；第二，优待工作不平，对城关附近的抗属多优待，对外来抗属或乡间抗属不优待，甚至有享受双重优待的；第三，平均的优待，不问贫富需要程度，一律按大人优待多少，小孩优待多少；第四，对于女干部人员家属不给优待等。这些不正确的倾向，一定要纠正的。

（二）代耕队要按时种收按期检查

代耕是优待工作最中心的方式，代耕队要按时耕种、收割，务使代耕地收获量不减于一般耕地，抗属生活不低于一般人民。代耕队的工作要很好的布置，同时还要按期检查，按期总结，并将各期的代耕情形及总结报告本厅。对于模范的代耕队要给以奖励，怠工的代耕队要在大会上斗争纠正，均利用民主方式行之。要用民主方式与深入的教育提高人民对代耕工作的积极性，使他们知道代耕是他们光荣的义务而不是官差。

（三）合理负担合理享受

要按照本乡的劳动力代耕地各种情形，使负担代耕的成为一种合理负担；要按照抗属家庭生活情况，合理的享受代耕，不应当代耕的，绝不给代耕。代耕的原则；1. 抗属第一，工属第二，外出工属优先，本地工属次之。2. 富者多负担，贫者少负担，富裕抗属少代耕，贫苦抗属多代耕。3. 反对用私人感情，反对双方享受代耕。4. 不脱离生产干部家属不代耕，女干部家属同样代耕。

（四）优待抗属不是供给

对抗属生活维持，主要依靠优待代耕办法。其次遇必要时可给以临时救济，有灾时也应给以急赈，但按期的供给抗属粮食柴米，按期发给钱用，将把抗属养成个不劳而食的寄生虫，这已失去优待的意义，对于抗属对于人民都是不利的。

（五）教育抗属、发动抗属生产达到自足自给

经常的进行对抗属的教育，使抗属明了自己光荣的地位，抗属联欢会要常常举行。有劳动力的抗属要发动其自动耕地，纺织喂羊，喂鸡，达到自力更生的地步，要发动抗属学习，参加社会活动，争取模范，这样才能提高抗属的社会地位，也是优待抗属的好办法。

以上都是一些原则，具体的见诸实行，还须要各县负责同志以革命的积极性采取具体有效的方法才能办得到。现在正是准备春耕的时候，所谓“一岁之计在于春”，同志们应该即速按照此指示，召集一科及有关人员会议，立刻讨论具体办法，动员各乡政府，切实做去，作有效之动员，莫违农时，各县一般布置春耕情形及以后代耕工作，均望随时报告我们。

选自《抗日根据地政策条例汇集》陕甘宁之部（上），1942 年版，第 217～219 页。

互校版本：《陕甘宁革命根据地史料选辑》第一辑，甘肃人民出版社 1981 年版，第 82～84 页。

9. 陕甘宁边区政府优待难民办法

1941 年 4 月 10 日

一、凡从外地移住边区难民，各县致府应予登记，有组织的介绍到边府指定地区居住，如难民自愿到某地居住者听便，亦予登记介绍。

二、经过各县登记介绍之难民，应由县府酌发路费。

三、经过各县登记介绍之难民，应由各县发给介绍证，持证可通过边区沿路哨站不得留难。

四、必须经过延安之难民，可介绍给民政厅或建设厅，登记安置。

五、难民到达移民地后，应向当地政府报告，请求优待。

六、各地政府对外来难民，应立即做以下之安置。

（一）分配住址及代找窑屋；

（二）帮助其解决食粮的困难；

（三）其愿耕地者，为其解决土地、籽种、农具的困难；

（四）其愿就工商及其他职业者，代为找寻职业并保护其利益；

（五）发动当地居民进行帮助与照顾。

七、各地政府对新安置之难民，应做到以下之优待：

（一）分配土地窑屋，免征土地税（或救国公粮）二年，其租用私人土地者，租子减轻；

（二）新移难民第一年完全免除义务劳动，第二、第三两年减半负担义务劳动；

（三）凡愿从事其他职业者听便，政府并保护其利益；

（四）难民得享受一般居民同等之民主权利；

（五）难民中之老弱无依者，应施以救济。

八、凡对难民有以下违法行为者，应受到适当的处罚：

（一）各地政府对新来难民不问不闻者；

（二）老户排挤及欺凌难民者；

（三）对难民施行高利盘剥及敲诈行为者；

（四）其他违犯本府优待难民办法者。

九、凡难民中有不守边区法令及有破坏边区行为者，应受处罚或驱逐之。

十、边区内非受灾居民，自行移居者，不得享受本办法之优待。

主　席　　林伯渠
副主席　　高自立
民政厅长　刘景范

选自《陕甘宁边区政府文件选编》第三辑，档案出版社 1987 年版，第 142～143 页。

互校版本：《陕甘宁边区法律法规汇编》，三秦出版社 2010 年版，第 446 页。

10. 陕甘宁边区战时动员壮丁牲口条例

1941 年 5 月 9 日

第一章　总　则

第一条　本条例为供给抗战建国之需要及根据边区实际情形而制定之。

第二条　凡属边区人民皆有出其人力物力之义务。

第三条　动员征用壮丁、牲口以供应下列事项之用为限：

一、关于建筑军事防卫工事、军事仓库、飞行场等。

二、关于修筑公路工事。

三、关于军需品之运输及伤兵员之运送事项。

四、关于边区政府粮食局所属仓库粮秣之转运事项。

第四条　各部队或机关如需要壮丁牲口使用，而不属于第三条所列事项范围内者，只能以普通待遇雇用之，不得以动员征用方法征用之。

第二章　动员壮丁

第五条　凡年十八岁至四十五岁之男子为壮丁，其全年总役时间如下：

一、一户只有壮丁一名者，全年不得超过二十天。

二、一户有壮丁二名者，全年每名不得超过三十天。

三、一户有壮丁三名以上者，全年每名不得超过四十天。

第六条　壮丁于动员服役时，有下列情形之一者，得请求缓役，候下次动员时补役之。

一、壮丁在婚丧期间十五日以内者；

二、壮丁在病中经医生证明不能即行服役者；

三、一户只有壮丁一名，在农忙耕种或收获时期者。

第七条　壮丁有下列情形之一者得免征：

一、壮丁肢体残废或心神丧失，或有疾不能劳动者；

二、壮丁在学校肄业或脱离生产任职者；

三、迁入边区内居住不满二年，而壮丁又在二名以下之户者；

四、一户壮丁只有一名在家，其余为现役军人或公务人员者。

第八条　在战争非常时期例外，不受上述免役之限制（不算甲款）。

第九条　动员壮丁服役次序如下：

一、无职业者先于有职业者。

二、年少者先于年长者。

三、壮丁多者先于壮丁少者。

第十条　壮丁于征用服役时之伙食津贴费及每日行程，由边区财政厅以命令规定之。

第十一条　自卫军之训练勤务及代耕队之代耕所费时间，不得算在第五条所列服役时间之内。

第三章　动员牲口

第十二条　动员征用牲口不问住户牲口之有无或多寡，而以现时财富为标准，分富户、中户、贫户、每户出牲口一头，其全年总服役时间如下：

一、富户全年不得超过八十日；

二、中户全年不得超过四十日；

三、贫户全年不得超过二十日。前项富户、中户、贫户之鉴定办法另定之。

第十三条　被征用之户如无牲口者，由该户自行雇用之，此项雇用费由应征户负担。征用部队或机关，只照政府规定发给草料费、饲养人伙食费。

第十四条　有下列情形之一者得免征用牲口：

一、生活不能自给之抗属及赤贫户无牲口或只有一头者；

二、外来难民贫民在边区居住不满二年者；

三、因遭天灾人祸而受重大损失者。

第十五条　征用牲口由被征户自行饲养之。

第十六条　被征用之牲口如有损失者，由征用机关或部队酌予给价。

第十七条　征用牲口次序，富户先于中户，中户先于贫户。

第十八条　应征用之牲口所负重量与每日行程及其草料费，饲养人之伙食费，由财政厅以命令规定之。

第十九条　征用牲口饲养人之工役时间，不得与征用壮丁之服役时间相抵。

第四章　手　续

第二十条　凡征用壮丁牲口部队或机关，须先将征用之数目、时间、地点、用途通知政府动员之。

第二十一条　凡部队或机关于征用壮丁牲口服役完毕时，应发给应征人服役日数证明文件为凭，其服役未毕而逃走者，应通知原动员政府拿办之。

第二十二条　本条例规定之壮丁牲口全年总服役或征用日数需要不达规定之数目时，不必补役，如需要超过规定时，以普通雇用待遇之。

第五章　惩　奖

第二十三条　人民无正当理由，而迟延逃避或拒绝征用服役者，得处一月以下拘役，或视资力之有无，处六十元以下之罚金。

第二十四条　人民于征用服役著有劳绩者，得予以名誉及物质之奖励，其因而致死伤者，得按抗日军人抚恤之。

第二十五条　公务员无正当理由，而拒绝及怠于动员征用，或滥用职权借动员征用以自私者，视情节之轻重得处以二年以下之徒刑，或拘役或撤职记过，其因动员征用著有成绩者，得提升或奖励之。

第二十六条　军人强拉壮丁牲口使用者，得以军法惩办。

第二十七条　人民公务员之惩奖，由主管政府或司法机关办理，军人之惩奖由主管军事机关办理。

第六章　附　则

第二十八条　本条例施行细则另定之。

第二十九条　本条例经边区参议会通过，由边区政府公布日施行。

选自《陕甘宁边区政府文件选编》第三辑，档案出版社 1987 年版，第 250～253 页。

互校版本：《陕甘宁边区法律法规汇编》，三秦出版社 2010 年版，第 154～155 页。

11. 陕甘宁边区战时动员壮丁牲口条例施行细则

1941 年 5 月 9 日公布

第一章　总　则

第一条　本细则依本条例第二十八条而制定之。

第二条　本条例第三条甲款所称之“建筑军事防卫工事”如建筑河防边防之沟壕碉堡及其他障碍物、隐避室等；丙款所称“军需品之运输”如军火、粮秣、服装、器材等运输是。

第三条　本条例所称“以普通待遇雇用之”系指一般雇佣契约办理，即等于私人雇用人工牲口之办法。

第四条　本条例第六条所称“缓役”只能在本年征用时补役之，如果在本年内因不需要未能征用者，即以役满论，不得于翌年再令补役。

第五条　本条例所称“公务员”不包括公营企业商店及合作社人员。

第二章　征用程序

第六条　征用壮丁牲口手续如下：

（一）征用壮丁一次超过一百名至三百名或征用牲口一次超过二十头至一百头，由征用部队或机关通知县动委会动员之。

（二）征用壮丁，一次超过五［三］百名以上，或征用牲口一次超过一百头以上者，由征用部队或机关通知分区或边区动委会动员之。

附：在交战时不受前两条之限制。

第七条　各级政府或动委会接到部队或机关之征用通知后，应即在所属壮丁、牲口全年总服役额数内依期如数动员，点交征用部队或机关应用。

第八条　征用壮丁、牲口如在一乡超过全年总服役额数时，即由乡长呈报区长，另在未达一年总服役额数之其他乡征用之；以此类推，一区一县一分区超过者亦同。

第九条　壮丁服役时之伙食费与津贴费及牲口使用时之草料费和饲养人员之伙食费，均由征用部队或机关负担。

第十条　被征用之牲口之损失给价，由征用部队或机关与动员之政府或动委会及被征用之人民协定给付之。

第三章　调查登记

第十一条　调查壮丁及牲口以乡为单位，由乡政府每年根据本乡各户壮丁之多寡造具全乡壮丁服役清册，及按各户经济之实况，分为富户、中户、贫户，造具牲口服役清册，呈送区政府。

第十二条　区政府根据各乡壮丁及牲口服役清册，造具全区壮丁及牲口全年总服役额数表，呈报县政府。县政府汇造全县服役数表二份，呈报分区专员公署及边区政府备查。

第十三条　壮丁服役清册登记事项如下：

（一）户主姓名、年龄、职业、住址；

（二）一户人口总数；

（三）一户壮丁总数；

（四）壮丁合于完役之规定者，其免役之人数；

（五）壮丁实能出役者，其出役人数及全年总服役日数。

第十四条　牲口服役清册登记事项如下：

（一）户口姓名，住址；

（二）牲口之有无，如有者其种类头数；

（三）合于免征之规定者，其情形；

（四）应出牲口者，其全年总服役日数；

（五）乡决定属于何种户（即贫户、中户、富户）。

第十五条　壮丁全年总服役额数表，应记载下列事项：

（一）某乡壮丁总人数；

（二）某乡壮丁免役总人数及日数；

（三）某乡壮丁实能出役总人数及日数；

（四）全区壮丁实能出役总人数；

（五）全区壮丁实能出役总日数。

第十六条　牲口全年总服役额数表，应记载下列事项：

（一）某乡富户、中户、贫户之各总户数；

（二）某乡实有牲口总头数；

（三）某乡合于免役牲口之户数；

（四）其乡实能出牲口之户数及服役日数；

（五）全区各户应出牲口之总头数；

（六）全区各户应出牲口之总日数。

第十七条　边区直属市，准用关于县之规定，各县下之市或镇，准用关于乡或区之规定。

第四章　附　则

第十八条　本细则如有未尽事宜，得随时修改之。

第十九条　本细则施行日期，由边区政府以命令定之。

选自《陕甘宁革命根据地史料选辑》第一辑，甘肃人民出版社1981年版，第95～98页。

互校版本：《陕甘宁边区政府文件选编》第三辑，档案出版社1987年版，第253～255页。

12. 陕甘宁边区战时动员物资办法

1941年5月9日公布

第一章　总　则

第一条　本办法为了统一物资动员、保证战时供给、调节人民负担、避免物资浪费制定之。

第二条　动员物资，须具备下列各项条件时，始得征用之：

（一）确为军事上或公共事业上所必需。

（二）前线必需又不能依其他方法取得，或虽然取得而需时过久，足以贻误军机及事业者。

（三）须为应征人所能供给，而不致妨害其基本生活者。

第三条　下列各项，不受前两条之限制，政府亦不得以命令制止之。

（一）人民自动发起征柴、担水、优待抗属、或慰劳抗日军人及抗日战士。

（二）人民自动发起征集物资，进行文化卫生交通等建设者。

（三）群众团体向其所属会员征收会费，或募捐经费者。

第二章　办　法

第四条　征用器材办法如下：

（一）征用人民之生产工具（包括农具或手工生产工具）或其他使用之器具（包括炊具、膳具其他用具等），均须在不妨害人民自身使用下借用，或给以相当价值购用。

（二）征用人民树木：

1. 砍伐人民树木为公共建筑使用者，须商得人民之许可，并备价收买之。

2. 砍伐人民树木为扫清战场者，所砍伐之树仍应归还所有主。

3. 公共树木非前二款用途，不经政府批准，不得砍伐之。

第五条　征用粮食草料办法如下：

（一）征用人民粮食草料，如经政府规定价格，应依照规定备价购用，如无规定则须按照市价给价。

（二）征用粮食草料，既不准人民抬高市价，亦不准征用者抑压价格。但边区政府于必要时得以命令酌量规定较低之价。

（三）军队因作战必需，而人民又无余粮卖时，得通知当地政府设法代办之。

第六条　占人民土地办法如下：

（一）公家为建筑国防工事、交通、道路、盖房等，有不得土地所有人同意永久使用土地之权，但须给价或另以土地调换之。

（二）有限期占有人民之土地，不致妨害所有权之使用及收益时，应以同等土地调换或租用之。

（三）短期借用人民之土地而不妨害土地所有权之使用及收益时，则无须备租，但要取得所有主之同意。

第七条　占用人民房屋办法如下：

（一）政府为建筑充作军用及公共场所，有不得房屋所有人同意永久使用房屋之权，但须给价或另以房屋调换之。

（二）无限期占用民房，须备价收买之，或经房主之同意以同等房屋调换之。

（三）有期占用民房，须备租金，或以同等之房屋经所有主同意调换使用之。

（四）临时占用民房，如占用期间不超过三个月，而原屋主人又可勉强容纳者，即无须付给租金。

（五）占用民房，如有损坏门窗及其他装备者，应予修复或赔偿之。

第八条　征集优待慰劳救济及文化卫生建设之资财：

（一）凡征集财物为优待抗日军人家属或慰劳抗日军人及伤病员者，均以人民自愿及经过上级批准后行之。

（二）征集财物，为救济灾民难民或进行公共文化卫生建设者，属于本乡范围者得量力摊派。属于外乡者，得以自愿输纳为原则，不得摊派。

第三章　手　续

第九条　凡征用器材，及有限期或临时占用人民之房屋土地时，其征用机关或部队应向当地政府或动委会交涉之，毋须上级政府介绍，各级政府既不得拒绝，征用机关亦不得强迫。

第十条　征集优待、慰劳、救济及文化卫生建设之资财时，须由下级政府将征集财物原因、种类、数量、用途及征集办法等详细拟呈上级政府，经审核批准后行之。

第十一条　凡征用粮食草料为一乡一区或一县范围内所能负担者，征用机关或部队应向该级政府或动委会交涉之。

第十二条　凡占用房屋之租金价金及损坏门窗装备之修复与工具用器损坏之赔偿等费由该征用机关或部队偿付之。

第十三条　各级政府对于动员物资事项，须按月向上级政府报告备查。

第四章　奖　惩

第十四条　凡各级政府及动委会人员对征集物资中奉行得力或对协助部队机关成绩卓

著者，得酌给以精神上与物质上之奖励。

第十五条　各级政府及动委会人员对本办法规定事宜，于得到征用机关或部队之要求时，须依照本办法负责协助办理，不得玩延推诿。

第十六条　轻视动员以自私者，处以一年以上二年以下之有期徒刑。倘藉以贪污者，依惩治贪污条例处罚之。

第十七条　各机关人员不依本办法规定，克扣赔偿费租金及价金者，得依照惩治贪污条例处罚之。强占人民土地房屋，砍伐人民树木及强迫抑压粮价或强迫买卖者，得报告上级依情节轻重处罚之。

第十八条　军人犯下列行为之一者，依军法惩办之：

（一）不依本办法之规定而克扣赔偿费租金及价金等费者。

（二）不依本办法之规定而强迫人民房屋土地及强伐人民树木者。

（三）不依本办法之规定而强迫抑压粮价或强迫买卖者。

第十九条　政府公务人员触犯第十六条第十七条罪行由各级裁判机关受理之。

第二十条　军人及军事机关人员触犯第十八条所列罪行，由军法机关受理之。

第二十一条　本办法经边区政府委员会通过公布施行之。

第二十二条　本办法修改之权属于边区政府。

第二十三条　边区政府二十九年六月九日所颁布之动员慰劳各问题之决定于本办法公布之日作废。

选自《抗日根据地政策条例汇集》陕甘宁之部（上），1942年版，第200～204页。

互校版本：

1.《陕甘宁革命根据地史料选辑》第一辑，甘肃人民出版社1981年版，第90～94页。

2.《陕甘宁边区政府文件选编》第三辑，档案出版社1987年版，第256～259页。

3.《陕甘宁边区法律法规汇编》，三秦出版社2010年版，第156～157页。

13. 陕甘宁边区民政厅关于动员工作指示信

1941年5月26日

各专员县市长同志们：

（一）边区军队，是保卫边区的主要支柱。没有军队，边区的存在是不堪设想的。同时，边区军队是人民的武装，也是武装起来的人民。军民是血肉相联（连）的。“提高边区武装部队的战斗力，保障其物质供给，改善兵役制度及其他后方勤务的动员制度、增进军队与人民的亲密团结……”边区施政纲领上曾有明确的规定。一句话……抗战动员工作是战时各级政府一个极重大的工作。

（二）抗战四年来，边区抗战动员工作，的确做了不少的惊人成绩，是全国的光荣模范。但近来由于战争的发展，驻军增多，亲日派反共顽固分子断绝八路军的接济与封锁边区，一方面增加了需要，他方面不得不加重了一些人民负担。因而有个别地方发生军民关系不甚好，以及动员工作做得不合理的现象，这是要军政两方面负责任的，人人要保证军队的衣食供给，军队要爱护人民都是应该的，这要从军政双方做起，才能“增进军队与人民亲密的团结”，而完成“保卫边区、保卫西北、保卫中国、驱逐日本帝国主义”的任务。

（三）因此，我们政权工作者，第一要注意到加强人民的政治教育，说服人民，教育人民，动员人民来尽量拥护抗战，爱护军队，“保障其物质供给”的责任。第二要把动员制度建立起来，要统一动员，合理动员，有组织的动员，节省人力物力，需要负担都能合理不发生苦乐不均的现象。第三是政府已公布之一切动员法令，必须军政双方遵照执行。应动员者政府要负担起来不得丝毫推却；不应动员者，即不能动员，军队也不得强制。第四（要）严格取缔一些为了自给为了营业等转嫁负担予人民的不合理动员.

（四）动员工作目前急切的工作，是各县立刻依据边区政府五月九日公布之《各级动员委员会组织规程》把各县动员委员会组织起来，以便统一筹划领导，其组织任务与职权，都有明文规定。重大事件，可经过边区动委会统筹规定，指示各县执行，一般及地方事件，各专署及各县动委会都可讨论执行，不必依靠或推诿，有碍工作之进行，今后各级动员委员会，应按照规定作动员统计及月报，自己有了数目，上级动委会也有了数目，才能作（做）到公平与合理负担，不致使人民负担过重以及发生苦乐不均的现象。

（五）经常动员的工作，运输军食及担架伤病员兵，比较重要。各级动委会应从速调查统计壮丁及运输牲畜，组织运输队及担架队，以行政村为分队，乡为中队，区为大队。各设队长及副队长，平时均不脱离生产。有了经常的组织，则临时或紧急动员即不致慌乱了。

（六）各部队机关学校等逃回之战士及工作人员，必须动员其归队，归队工作是各级动员委员会的责任，也是各级政府的责任，各地政府不得把逃跑或请假不归之战士留着工作。发给居民路条或通行证时，要严格考查清楚，以免有逃跑躲避兵役等事发生。必须建立各要路口盘查哨站制度，严格考查来往行人，以防止逃跑与奸徒混入边区等事发生。

（七）战时动员法规，边区政府业于五月九日正式公布，各级政府应配合此指示信切实讨论，确实遵照执行。动员区政府讨论执行，并帮助军队亦能深刻讨论执行。如有违反此项法令规定者，应受到法律之制裁。

选自《抗日根据地政策条例汇集》陕甘宁之部（上），1942 年版，第 204～206 页。

互校版本：《陕甘宁革命根据地史料选辑》第一辑，甘肃人民出版社 1981 年版，第 102～104 页。

14. 陕甘宁边区养老院组织规程（草案）

1941 年 6 月 23 日公布

第一章　总　则

第一条　本院为敬养革命老人而设立之。

第二条　本院受民政厅领导，必要时各分区得设立分院，受各专员公署之领导。

第二章 老　人

第三条　凡具备下列条件，得经边区机关、部队、群众团体负责介绍，由民政厅审查合格后入院养老。

一、六十岁以上之革命工作同志，不能服务革命者；

二、六十岁以上之抗属老人，无法维持生活或有特殊原因者；

三、六十岁以上有功于国家社会之边区老人，无法维持生活者。

第四条　老人出院，必须经民政厅审核批准。

第五条　凡有传染病者不得入院，入院后被发觉有传染病者，亦须出院另行安置。

第三章　组　织

第六条　本院及分院设院长一人，必要时设副院长一人，掌握全院事宜；设总务科长一人，科员若干人，会计一人。

第七条　老人得组织为若干小组。

第八条　院务工作每月月终须呈报民政厅查核。

第四章　老人之权利与义务

第九条　老人得享受一切公民之权利。

第十条　老人须遵守一切院务规则。

第十一条　老人得自由选择体力堪胜之操作。

第五章　老人之待遇

第十二条　老人衣食住等均由院方负担，其伙食粮费，政府另行规定之。

第十三条　老人如系革命退职同志，仍发原领津贴，如系抗属及其他老人，每月得酌发津贴若干元。

第十四条　养老院之设备，须适合老人生活环境。

第十五条　老人有病者，送入医院诊治之。

第六章　经　费

第十六条　院内一切经费按月作预决算向财政厅领支和报销。

第十七条　工作人员之津贴及待遇与边区公务人员同。

第七章　附　则

第十八条　本院院务规则另制定之。

第十九条　本规程由边区政府公布施行之。

选自《陕甘宁边区政府文件选编》第三辑，档案出版社 1987 年版，第 324～325 页。
互校版本：《陕甘宁边区法律法规汇编》，三秦出版社 2010 年版，第 129～140 页。

15. 陕甘宁边区优待抗属代耕工作细则

1941 年 8 月公布

根据《陕甘宁边区抗日将士优待抚恤条例》第十二条：“倘将士家属缺乏劳动力，其耕种田地应由代耕队为之播种收获，代耕队组织条例另定之”之规定，边区政府已于民国二十八年颁布《义务耕田队条例》。根据近年代耕工作总结之经验，特再颁发此项《优待抗属代耕工作细则》，俾资各级政府及代耕队遵照施行。

一、总　则

（一）优待工作，要物质与精神两方面并重，是一件经常的抗战动员工作。物质优待，保证抗属生活不低于一般人民；精神优待，则在政治上提高抗属的地位，使人民尊重抗属，抗属自尊自重，自觉的帮助抗战部队之巩固与继续扩大。优待应将经济发展人民生活提高而加以改善，其原则是使抗属生活不低于一般人民的，抗属社会地位应高于一般人民的。

（二）优待抗属应是公平优待，合理负担。所谓公平优待，是优待抗属中，富者有劳动力者少优待；贫者无劳动力者多优待。所谓合理负担，是负优待工作的富者有劳动力者多担，贫者无劳动力者少负担。动员妇女儿童都参加必要的优待义务，不是单纯的代耕分配。优待抗日军人家属要占首要地位，一切后方服务人员家属（工属）之代耕优待，应放在次要地位。

（三）优待工作之好坏，决定于政府负责人员之领导，和代耕队及负责优待各机关之执行，各级政府与代耕队应遵照优待条例确实施行。

（四）优待工作应确实发扬民主，使代耕队明白自己对抗战应有的光荣义务，自动的积极工作；使抗属了解自己光荣的地位，不愿做饱食无事的寄生虫。发扬模范代耕队与模范抗属。

（五）代耕工作是物质优待抗属最基本的工作，是表示人民用实际劳力拥护抗战而不是单纯由政府给养抗属，教育了抗属人民和将士，而且不因抗战减少了生产。

二、优待委员会代耕工作的领导

（六）调查统计：调查抗属人口、土地、劳动力，每年的用度及生活情况，以便依情优待。调查当地居民之劳动力，土地情况、生产收获量以及工商业者数量及收入情形，以便合理的负担。调查以往优抗情形，代耕收获量，抗属生活是否低于一般人民生活水准以及代耕队的组织与工作等，以便发扬优点，纠正缺点。

（七）合理分配：按照各乡村应受优待的抗属人数与代耕的人数施行合理的分配。每月代耕队员分配以固定的代耕地，以资责成而资比较。对全无劳动力之抗属挑水、背柴等工作，亦应分配某些专人负责。

（八）会议与检查：在农作时期，每月由总队长召开分队长联席会，每半月由分队长召开组长联席会，检查及布置代耕。春耕开始前应召开队员全体大会讨论今年代耕事宜。结束春耕，布置夏耘以及秋收后，总结全年代耕工作，宣布模范队员与模范抗属，各开队员大会一次，开会时应召抗属参加。在生产过程中，代耕队长经常向优待委员会作报告，优待委员会至少每月应向直属政府报告一次。

（九）领导方式：对代耕队员与抗属均应采取说服教育的方式。合理的分配，积极的检查，发动积极分子起模范作用，发扬模范队员与模范抗属；按月开抗属联欢大会，以便慰问、教育、鼓励及征求抗属之意见。坚持代耕原则，反对拨粮，抽钱，雇人打日工等现象。

三、代耕队的组织及工作

（十）代耕队的组织：各乡设总队（队长是优待委员会当然委员），行政村设分队，村设小组，由队员民主选举出总队长，分队长分别领导之。

杂务队的组织，以行政村为单位，由老弱妇孺自愿组织之，受总队长领导，进行为抗属抬水、拾粪、砍柴、种瓜等轻易工作。杂务队不能顶替正式队员。

各机关、团体应组织礼拜六工作队，协助附近代耕队及进行慰问抗属等工作。耕牛亦应由代耕队作适当之组织与分配，耕牛不得顶替人工计算。

代耕队组织系统表：（略）

四、代耕队员须知

（十一）代耕队员必须有如下之认识及行动：

1. 为抗属代耕为抗战服务的光荣事业，是每个公民的革命义务，不是差役或剥削。

2. 对代耕队所分配的工作，应自觉自愿的去做，使代耕收获量不减于一般生产量，使抗属生活不低于一般人民生活。

3. 对抗属要存尊重、扶助、爱慰之意，帮助抗属政治上的进步。为抗属代耕应自备农具、伙食，原则上应不接受抗属任何的报酬。

4. 尽可能动员自己妇女儿童，帮助抗属做各种副业的发展。

5. 对其他代耕队员要互相督促检查代耕工作，反对放弃代耕工作，反对代耕工作怠工者。

6. 代耕队应队与队之间、队员与队员之间订立工作竞赛，争取模范代耕队与代耕队员。

其竞赛的标准应包括：

A. 劳动力之自觉的代耕日数；

B. 组织抗属自己生产的成绩；

C. 对抗属文化政治学习的帮助及政治上的鼓动工作成绩；

D. 动员妇女儿童帮助及慰劳抗属的成绩。

五、抗属须知

（十二）受代耕优待的抗属，必须有如下之认识及行动：

1. 认识自己光荣地位及政府和人民尊重自己的原因，自尊自重，力求进步。

2. 确实遵守政府法令，参加各种社会活动，参加生产，努力学习。

3. 生产上力求自供自给，莫做依赖供养的寄生虫。有劳动力即从事生产，缺劳动力亦应操作纺织、缝纫、养鸡、养鸭、饲猪、畜羊等副业。

4. 争取在抗属中的模范作用，成为模范抗属。

其标准应包括：

A. 参加各种社会活动情形。

B. 对政治了解与进步程度及学习成绩。

C. 参加生产成绩。

六、特殊问题的处理

（十三）为什么人代耕？什么人应尽代耕义务呢？

有自供自给劳动力及经济条件之抗属，不予代耕，半自耕之抗属则辅助代耕；老弱病残的抗属则全予代耕。有劳动力之农民、雇工、商人、自由职业者、店员、学徒等一律参加代耕队的组织，为抗属代耕。在“有钱出钱，有力出力”的原则下，商人及自由职业者，可以钱代工，经过代耕队交纳。雇工、店员、学徒等参加代耕，雇主不得折扣丝毫工资。队员可能帮助发展副业者，应帮助抗属副业生产。

（十四）无土地或土地不足之抗属，可分配公地。私人有出租土地者，抗属有优先享租或减租权。迁移他处之抗属可请求转移代耕，但不得享受双重代耕。新给代耕之抗属，必经政府登记许可。

（十五）将士有土地无抗属享受者（如家属死亡或离婚他嫁等）则将其代耕交由乡政府管理。代耕物寄存入合作社或其他公益机关内，按期算清，证据交乡政府保管之。如本人确已亡故，则将其地归公，其财产作成纪念物（纪念桥、塔、学校、图书馆等）不得移做他用。

（十六）抗日将士如逃跑或犯罪判徒刑褫夺公权时，则明令停止其家属之代耕，俟公权恢复后，仍为公服务时，明令恢复其代耕。牺牲将士家属及残废疾病退伍，不能劳作之将士及其家属，应继续予以代耕。

（十七）参加抗战工作，负担家庭一部或全部经济责任的妇女，家中有无力生活之年老父母及幼弱弟妹等，应同样给以代耕。

（十八）乡级公务人员，原则上不予代耕优待，自己应作优待抗属的模范人员。税收及营业人员，酌情给予代耕。

七、附　则

（十九）本细则由民政厅公布施行。如有未尽事宜，得由各级政府及群众团体提请边区民政厅修正之。

选自《抗日根据地政策条例汇集》陕甘宁之部（上），1942年版，第209～210页。

互校版本：1.《陕甘宁革命根据地史料选辑》第一辑，甘肃人民出版社1981年版，第111～117页。

16. 陕甘宁边区新公文程式

1942年1月公布

（一）新公文程式的规定

（一）类别

一、新公文规定为两类：一类为主要的公文，一类为辅助的公文。

二、主要的公文，规定为五种：命令、布告、批答、公函、呈文。

三、辅助的公文，规定为五种：指示信、报告、快邮代电、签条、通知。

四、命令、布告、批答、指示信，为下行公文：

呈文、报告，为上行公文；

公函、通知，为平行公文；

快邮代电、签条，无论上行、下行、平行都可以用。

五、命令。凡是公布法令、条例的，或是命令所有机关注意某件事或办某件事的，或是单独命令某个机关注意某件事或办某件事的，或是转令某个机关注意某件事或办某件事的，一律用命令。不再用“训令”、“通令”等字样。

六、布告。凡是政府对人民要告诉一件须（需）要知道的，或者遵守的事，用布告。

七、批答。凡是上级机关根据下级机关的呈文、报告书，有所指示，一律采用“批答”，不再用“指令”。凡是政府根据人民的呈文，有所批示的，也同样采用批答。

八、指示信。凡是在公布命令之后，还须得一再对下级详加解说，或详细指示的，用指示信。指示信不能够代替“命令”。

九、呈文。凡是下级对上级，人民对政府，有所陈述、请示、要求的，一律用呈文（属于民事、刑事、诉讼范围的呈文程式，另外由司法机关规定）。

十、报告。凡是下级对上级做每月报告或三月报告，就是凡带总结性的报告，一律用报告。一般带陈述、请示、要求性质的事件，不用报告。

十一、公函。凡是平行机关，互相询问，互相照顾，有所请求的，一律用公函。不再用“咨”、“咨呈”等等字样。机关的系统不同，无论双方机关的等级有怎样差别，也采用公函。如县府对军师部用公函。

十二、通知。凡是对本机关内，或对本机关外的机关或个人，有所通报、通知的，一律用通知。不再用“通报”。

十三、快邮代电。凡是上级对下级，或下级对上级，或平行机关，有紧急事情，都可以采用“快邮代电”。

十四、签条。只在本机关内用。凡是上级对下级，下级对上级，或平等职务的，或令办，或请示，或提意见等，都可以用签条。

十五、以上所规定的公文名称，一律在公文纸上照样写，就是呈文须写“呈文”两字，不要只写一个“呈”字，批答的须写“批答”两字，不要只写一个“批”字，以适应新文字的需要。

（二）形式

一、每种公文，在文章的形式上，一律用直起法，在本文的开头，不用“呈为呈请事”、“为通令事”，“径启者”，“为布告事”、“窃查”、“窃职”等等字句。

二、公文的文章中间用直叙法，不用陈旧的虚套。如“案查”、“案奉”、“案据”、“案准”、“等因奉此”、“等由准此”、“仰即”、“遵即”、“相应”、“切合”等等烂套，一律不用。引用来文，用引号（“　”）号表示。

三、公文本文的收尾，规定下面的几种：命令，就用“此令”，批答就用“此批”，布告就用“此布”，表示带强制性的。呈文、报告、公函，就写“敬礼”，表示它已经收尾了。快邮代电上行的收尾用“敬礼”，下行的则不用“敬礼”而用“为要”等字样收尾，指示信、通知、签条，就看具体情形，灵活运用。

四、公文里边的称呼，一律采用写信的形式，凡是对接受公文的对方，不论呈文、命令、公函、快邮代电、批答、报告、指示信、签条等等，一律把机关名称和官衔人名写在本文的前头，自己的名字，一律写在本文的末尾，并且在名字上，写明自己的官衔。

五、写在本文前头的人名或机关名称，一律写在和本文开头的第一个字平列的地位，不用旧式的令文和批示等等的写法（旧式的写法，是把人名和机关的名字放在下边的）。

六、公文里边的称呼，一律直称，对于对方的称呼，如：赵县长、林主席，就称“赵县长”、“林主席”，不称“县长赵”、“主席林”，或“钧座”等等）又如边区政府、县政府，就称“边区政府”、“县政府”，不称“钧府”，对自己的称呼，如果是局，就称“本局”、不称“敝局”、“职”等等。

七、公文里边的文句，一律采用通俗的白话文，只要口头讲得出的，都可以照直写上去。

八、公文的文章构造，采用现代式的文章的构造法，凡是应该分段的地方，可以另外写一行，并且可以分段的地方用（一）、（二）、（三）……等等数字加在头上，使得文章的起落清楚。

九、公文里边的文字组织，在今天一般的不限定一定的文法，但是应该适当的注意文法，使文字的组织慢慢地走向精密，向着科学化的方向前进。

十、公文里边一律采用新式的标点符号（不过，在今天，一般的不要过高，只要每句能够点断为起码合格）。

十一、公文的文字，可以用汉字，可以用新文字。汉字的规定用直写，新文字的规定为横写。

十二、公文的字体，汉字不用草体，以写来清楚，容易认识为标准；新文字可以用草体，但是要写清楚。

十三、每件公文，要按照规定编字编号，以便于查考，便于归档，分类保管。

十四、每件公文，在第一页第一行上，是机关名称，名称下面有两行，一行是编字编号，一行是年月日，本机关的印，一律盖在年月日上。但如系通知，则不盖印，只在后边署名的地方，加盖本机关的便戳。

十五、在第一页第二行，上一半是“事由”，应该很清楚的把事由摘写在格子里边；下一半是“附件”，凡是附件的，应该把附了几件写在格子里边。

十六、在公文最后一张的左下角盖上监印校对的名戳。

十七、公文纸一律规定用单张，不再用两面折，有机关名称、字号、年月日、事由、附件等为头页，以下的都印格子叫次页，头页和次页都规定粘顶上。不在旁边，每页规定四寸宽七寸长（大约）。

十八、公文封套，一律规定用二寸宽，五寸长。在右边除了写地名以外，一定要加写“内呈文一件”，或“内公函一件”，有附件的一定要写附了几件；在当中就写收公文机关的名字；在左边一定要盖上本机关的条戳，以便收文机关一看就知道不是私信，而是公文，便于收发员拆封摘由登记。如果是机密性的公文，信封左角上应该写“机密”字样。

（三）注意事项

一、每件公文，只能写一件事情，或一个中心问题，如果是两件以上不同的事情，或两个以上不同的中心，应该分写两件公文，以便收到公文的机关，好分开办理，好分开来归档。只有报告，如月报、三月报告等等带总结性的公文，可以例外。

二、公文是为了解决问题，一定要注意：清楚、明白、确实。尤其要注意收文对方了解的程度。时间，地点、人名“或机关、事情的经过、处理的办法、或请示的要点，都应该详细的写出来，并且多举实际例子”。

三、政权工作，主要的是要求实际的效果，要求迅速的适当的解决问题，因此，除有些事件非得用公文不可以外，在能够尽量节省公文的地方，就要尽量节省，多采用写信、写条子，或者当面接头的方式。

四、在新公文程式范围里边没有规定的，如“任命状”，“护照”等，仍然可以采用旧公文程式，但是应该尽量避免腐烂的老套子。

五、对边区以外往来的公文，仍然应该采用旧公文程式。

（二）新公文程式的举例（略）

选自《抗日根据地政策条例汇集》陕甘宁之部（上），1942年版，第130～134页。

互校版本：《陕甘宁革命根据地史料选辑》第一辑，甘肃人民出版社1981年版，第139～143页。

17. 陕甘宁边区战时动员壮丁与牲口条例

1942年1月修正公布

第一章　总　则

第一条　本条例为供给抗战建国之需要及根据边区实际情形而制定之。

第二条　凡属边区人民皆有出其人力物力之义务。

第三条　动员征用壮丁牲口以供应下列事项之用为限：

（一）关于建筑军事防卫工事、军事仓库、飞行场等。

（二）关于修筑公路工事。

（三）关于军需品之运输及伤兵员之运送事项。

（四）关于边区政府粮食局所属仓库粮秣之转运事项。

第四条　各部队或机关如需要壮丁牲口使用，而不属于第三条所列事项范围内者，只能以普通待遇雇用之，不得以动员征用方法征用之。

第二章　动员壮丁

第五条　凡年二十六岁至四十五岁之男子，每月均有为公服役三天之义务，由政府按年统筹使用。

第六条　壮丁于动员服役时有下列情形之一者，得请求缓役俟下次动员时补役之：

（一）壮丁在婚丧期间十五日以内者。

（二）壮丁在病中经医生证明不能即行服役者。

（三）一户只有壮丁一名，在农忙耕种或收获时期者。

第七条　壮丁有下列情形之一者得免征：

（一）壮丁肢体残废或心身丧失，或有疾不能劳动者。

（二）壮丁在学校肄[①]业或脱离生产任职者。

（三）迁入边区内居住不满一年而壮丁又在二名以下之户者。

（四）一户壮丁只有一名在家，其余为现役军人或公务人员者。

第八条　在战争非常时期例外，不受上述期限及免役之限制（不算甲款）。

第九条　动员壮丁服役次序如下：

（一）无职业者先于有职业者。

（二）年少者先于年长者。

（三）壮丁多者先于壮丁少者。

第十条　壮丁服役期内之伙食自备，其每日行程由边区政府以命令规定之。

第十一条　自卫军之训练勤务及代耕队之代耕所费时间，不得算在第五条所列服役时间之内。

第三章　动员牲口

第十二条　凡能供驮运之牲口，每月有为公服役三天之义务，由政府按年统筹使用。

第十三条　有下列情形之一者得免征用牲口：

（一）生活不能自给之抗属。

（二）外来难民贫民在边区居住不满一年者。

（三）因遭天灾人祸，而受重大损失无力负担者。

第十四条　征用牲口由被征户自备草料自行饲养之。

第十五条　被征用之牲口如有损失者，由征用机关或部队酌予给价。

第十六条　征用牲口以牲口之多寡为次序，多者先于少者。

第十七条　被征用之牲口所负重量与每日行程，由政府以命令规定之。

第十八条　征用牲口饲养人之工役时间，得与征用壮丁之服役时间相抵。

第十九条　驮运公盐之义务服役不在本条例之内。

第四章　手　续

第二十条　凡征用壮丁牲口部队或机关，须先将征用之数目、时间、地点、用途，通知政府动员之。

第二十一条　凡部队或机关于征用壮丁牲口服役完毕时，应发给应征人服役日数证明文件为凭，其服务未毕而逃走者，应通知原动员政府拿办之。

第二十二条　本条例规定之壮丁牲口全年服务总数需要，若未达规定之数目时，不必补役，如需要超过规定时，以普通雇用待遇之。

第五章　惩　奖

第二十三条　人民无正当理由迟延逃避与拒绝征用服役者，得处以一月以下拘役，或视资力之有无，科六十元以下之罚金。

第二十四条　人民于征用服役著有劳绩者，得予以名誉及物质奖励，其因而致死伤者，得按抗日军人抚恤之。

第二十五条　公务员无正当理由，而拒绝及怠于动员征用，或滥用职权藉动员征用以

---

① “甘肃史料版”误排为“肆”。

自私者，视情节轻重得处以二年以下之徒刑，或拘役或撤职记过，其因动员征用著有成绩者，得提升或奖励之。

第二十六条　军人强拉壮丁牲口使用者，报告军事机关惩戒之。

第二十七条　地方公务员之惩奖，由主管政府机关办理，军人之惩奖由主管军事机关办理。

第六章　附　则

第二十八条　本条例实行细则由政府另定之。

第二十九条　本条例经边区参议会通过，由边区政府公布日实行。

选自《抗日根据地政策条例汇集》陕甘宁之部（上），1942年版，第192～196页。

互校版本：

1.《陕甘宁革命根据地史料选辑》第一辑，甘肃人民出版社1981年版，第151～154页。简称“甘肃史料版”。

2.《陕甘宁边区政府文件选编》第五辑，档案出版社1988年版，第138～141页。

18. 陕甘宁边区查获鸦片毒品暂行办法

1942年1月公布

第一条　本办法为贯彻边区禁政，肃清边区境内之烟毒制定之。

第二条　凡查获鸦片毒品（吗啡、白面、高根、海洛因，以及制成的毒品药丸等），悉依本办法之规定处理。

第三条　无论部队、机关、团体或个人，皆有协助政府查获吸食或贩卖烟毒（以下简称烟毒）之责，但查获烟［毒］时，须将烟毒与人犯随时转送边区禁烟督察处或分处（以下简称督察处）处理，一切非禁烟机关，概不得私自处罚人犯或没收毒品。

未设督察处之县市，查获烟毒，须随时送交当地政府转送该管分区或距离较近之禁烟机关处理。

第四条　督察处受理烟毒案件后，除将烟毒品妥为储藏准备销毁外，其人犯须于二十四小时以内转交司法机关讯办。

第五条　凡查获烟毒者，概按下列规定予以奖励：

（一）亲自查获烟毒案件送交督察处或当地政府者，给予奖金之全部；

（二）事前闻悉或目睹，随时向督察处或当地政府密报（书面口头均可），因而缉获者，给予密报人奖金三分之一，其余三分之二，分给协同办案之在事出力人员。

（三）奖金之等额如左：

1. 查获烟毒不满五十两者，每两以二十元给奖；

2. 五十两以上不满百两者，每两以十五元给奖；

3. 百两以上不满五百两者，每两以十元给奖；

4. 五百两以上不满千两者，每两以五元给奖；

5. 千两以上者，每两以二元五角给奖。

（四）伪制代用品，如烟底等物，依前列烟毒十分之一给奖。

第六条　前条所列之奖金经督察处批准后，领奖人可随时向督察处或当地政府领取。

第七条　无论部队、机关、团体或个人，如将查获之烟毒原包顶替或从中偷换其一部分者，除扣发其奖金外，如系部队、机关或团体，由督察处随时呈报边府处理，如系个人，则送司法机关依法惩办。

第八条　查获贩运吸食烟毒人犯，除将人犯移交司法机关办理外，其烟毒及烟具全部没收销毁之。

第九条　凡公安或其他与查禁烟毒有关机关，如查获贩卖或吸食烟毒人犯，应造具赃证清册连同人犯、烟毒、烟具一律移送司法机关处理。

第十条　凡司法机关受理之贩卖或吸食烟毒案件，应于判决后，将烟毒及烟具全数移送禁烟督察处（或分处）处理。

第十一条　因施行查缉职务而侵占他人与烟毒无关之财物者，依诈欺论罪。

第十二条　本办法自公布之日施行。

选自《抗日根据地政策条例汇集》陕甘宁之部（上），1942年版，第171～172页。

互校版本：

1.《陕甘宁革命根据地史料选辑》第一辑，甘肃人民出版社1981年版，第148～150页。

2.《中国新民主主义革命时期根据地法制文献选编》第三卷，中国社会科学出版社1981年版，第65～67页。原注：“选自《抗日根据地政策条例汇集——陕甘宁之部》上册，1942年版”。

3.《陕甘宁边区法律法规汇编》，三秦出版社2010年版，第516页。

19. 陕甘宁边区禁烟督察处组织规程

1942年1月公布

第一条　本规程依照陕甘宁边区政府之命令制定之。

第二条　边区禁烟督察处分设下列各级组织：

（一）禁烟督察处；

（二）禁烟督察分处。

第三条　禁烟督察处设处长一人，承边区政府之命，领导分处执行边区鸦片以及鸦片代用毒品之查禁事宜。

第四条　禁烟督察处之内部组织及其执掌如下：

（一）秘书室承处长之命，执掌下列事项：关于文件撰拟、缮校、收发、保管；关于经费之收支，物品之购置，分发与其他应办之庶务；关于人事之进退登记与勤惰之考核。

（二）第一科承处长之命，执掌下列事项：关于毒品案件之处理；关于毒品及烟具之没收与销毁；关于查缉毒品奖金之核发。

（三）第二科承处长之命，执掌下列事项：关于烟民之调查、登记与烟民证之发给；关于烟民戒毒之督劝与调验。

（四）督察队承处长之命与分处长之指导，分驻各地，执掌下列事项：

关于毒品之查缉；

关于毒品案犯之看守与解送。

秘书室设秘书一人，科员文书各若干人。各科设科长一人，科员若干人。督察队设队长一人，指导员一人，稽查员分队长及队员各若干人。

第五条　督察分处设分处长一人，承督察处长之命及地方行政长官之监督，执行该分处所辖境内毒品之查禁事宜。

第六条　督察分处内部之组织及其执掌事项：

（一）文牍股承分处长之命，执掌第三条第一款所列事项；

（二）第一股承分处长之命，执掌第三条第二款所列事项；

（三）第二股承分处长之命，执掌第三条第三款所列事项。

前条督察分处只在重要城市设立，不普设各分区县市。

第七条　督察处督察分处得因工作之需要，于各冲要地点设立检查站，酌派督察队驻守。

第八条　督察处督察分处之办事细则另定之。

第九条　本规程如有未尽事宜，得随时呈请边区政府修改之。

选自《抗日根据地政策条例汇集》陕甘宁之部（上），1942年版，第169～171页。

互校版本：《陕甘宁革命根据地史料选辑》第一辑，甘肃人民出版社1981年版，第146～147页。

20. 陕甘宁边区优待移民实施办法

1942年2月6日

第一条　本办法根据边区政府一九四〇年三月“关于优待难民贫民之决定”和一九四一年一月关于优待移民布告而制定之。

第二条　凡边区以外的人民，自愿移入边区以内事农业开垦者，以及绥德分区各县和神府县移入延安、甘泉、安塞、保安、华池等县，从事农业开垦者，均为移民，得享受本办法的优待。

第三条　下列各县划定为移民开垦区：

延安县

甘泉县

华池县

志丹县

靖边县

富县

曲子县

第四条　下列各地区设立移民站：

绥德专员公署

陇东专员公署

安定县政府

靖边县政府

关中专员公署

富县县政府

第五条　划定移民区域之县、区、乡政府，应帮助移民解决下列诸事项。

一、移民如自行开垦者，须帮助取得荒地，和必要的熟地及住的窑洞。

二、移民自愿按伙子，调份子，如找不到顾主，应帮助介绍之。

三、移民如缺乏食粮、籽种、农具等，应发动老户借贷之。

四、移民安家以后，如缺乏耕牛，应帮助向银行取得耕牛贷款。

五、调整移民与老户的关系，教育老户帮助移民，取缔老户排斥新户的倾向。

六、切实执行边区政府一九四〇年三月“关于优待难民贫民之决定”，实行三年免收救国公粮，并减轻其义务劳动。

七、帮助移民组织移民村及移民乡政府。

八、移民地区，如人烟稀少，过于荒凉，不便安置移民时，应先组织机关部队居住该地区，以便利移民迁居。

第六条　移民站应帮助移民解决以下困难：

一、确因家庭贫困缺乏迁移费者，得视路途远近、人口多少。予以每户三十元至二百元的路费，但移民已到达目的地，则不再发路费（例如横山移入靖边，不再向内地移的，则靖边移民站不发给路费）。

二、移民之农具、家具、妇女、小孩。因无牲口而不能迁移者，应就地动员牲口帮助之。

三、替移民写介绍信，介绍给移民自愿去的区域的县政府。

四、介绍移民经过区域之各级政府，予移民路途上之便利。

第七条　绥德分区各县和神府县政府，应有组织的帮助自愿迁移垦区的人民，解决以下之要求：

一、凡人民自行要求迁移至垦区者，应即帮助迁移，不得阻止。

二、凡人民在当地确因缺乏耕地，自愿迁移，而无力迁移者，应报告移民站，请求协助之。

三、凡人民在当地确因耕地缺乏，又恐迁移垦区后，仍无耕地，至不敢迁移者，应向其解释，并帮助其迁移之。

四、凡自愿迁移至垦区之人民，因家庭经济困难，移民站所补助之路费，又不够需要者，应发动当地住民互助之。

第八条　移民如因不熟悉垦区情形，得由数户联合一起，先派人列垦区向政府登记，确定土地、房窑再行迁移。

第九条　移民站发给移民之路费、补助费，由边区政府支出，按月向边区政府报销。

第十条　移民站之工作人员，由专员公署或县政府指定第一、四科工作人员兼任之，所需办公费向边区政府实报实销。

第十一条　移民站和垦区县政府，对于移民工作，每月向边区政府做工作报告一次。

第十二条　本办法经边区政府政务会议通过公布施行。

选自《陕甘宁边区政府文件选编》第五辑，档案出版社 1988 年版，第 211～213 页。

互校版本：《陕甘宁边区法律法规汇编》，三秦出版社 2010 年版，第 463～464 页。

21. 陕甘宁边区民众团体组织纲要

1942 年 4 月 3 日公布

第一条　本纲要根据边区施政纲领第六条之规定制定之。

第二条　凡边区民众在不违反抗战建国最高原则之下，均有集会结社之完全自由。

第三条　凡边区民众在自愿原则下，得依各种不同职业、地区、信仰、性别、年龄，组织团体。

第四条　凡民众团体之经费，以自筹为原则，其不足者，政府认为必要时，得酌量予以补助。

第五条　凡民众团体须向政府申请登记，其登记办法另定之。

第六条　民众团体得协助政府进行各种公益事宜，并受当地政府之指导。

第七条　本纲要自公布之日起施行。

选自《抗日根据地政策条例汇集》陕甘宁之部（上），1942 年版，第 226 页。

互校版本：

1《陕甘宁革命根据地史料选辑》第一辑，甘肃人民出版社 1981 年版，第 165 页。

2《陕甘宁边区政府文件选编》第六辑，档案出版社 1988 年版，第 17～18 页。

22. 陕甘宁边区民众团体登记办法

1942 年 4 月 3 日公布

第一条　本办法依据边区民众团体组织纲要制定之。

第二条　边区内一切民众团体，皆须呈报当地政府转呈民政厅声请登记，由厅审核后发给登记证，其在延安市者，直向民政厅声请登记。

第三条　凡民众团体，属于文化艺术者，其成员至少须有五人以上，属于社会活动者，至少须有二十人以上，方得声请登记。

第四条　民众团体之声请登记，应照下列规定办理：

（一）呈送本团体组织章程二份，如有各种成文规约者，一并呈送二份；

（二）呈报本团体之主要负责人姓名、年龄、籍贯、履历；

（三）呈报本团体之会员或社员人数；

（四）呈明本团体之分布地区及活动范围；

（五）呈明本团体之经费来源及开支概况；

（六）呈明本团体之会址或通讯地址。

第五条　民众团体登记表由民政厅统一制发之。

第六条　本办法自边区政府公布之日施行。

选自《抗日根据地政策条例汇集》陕甘宁之部（上），1942 年版，第 227 页。

互校版本：

1.《陕甘宁革命根据地史料选辑》第一辑，甘肃人民出版社 1981 年版，第 166 页。

2.《陕甘宁边区政府文件选编》第六辑，档案出版社 1988 年版，第 17 页。

3.《陕甘宁边区法律法规汇编》，三秦出版社 2010 年版，第 69 页。

23. 陕甘宁边区政府命令
——公布《优待移民实施办法补充要项》

1942 年 4 月 5 日

各专员各县市长：

《优待移民实施办法》本府已于二月六日战字第一五七号命令公布施行，现在为了奖励边区内外有资本但不能自力耕种的民户之迁移起见，特将《优待移民实施办法补充要项》经第十七次政务会议通过公布实施，希各专署各县市政府积极宣传，认真推行，使移民工作获得成效为要。此令。

主　席　林伯渠

副主席　李鼎铭

优待移民实施办法补充要项

第一条　本补充要项系根据陕甘宁边区政府地权条例第九条制订之。

第二条　凡边区内边区外的人民，本人并不能自力耕种，但愿意以其资本雇人开垦或伙种者，均得自愿移入《优待移民实施办法》所指定的区域，或其他有多余荒地的地区，并得依据地权条例取得公荒公地之所有权。

第三条　依前条取得土地所有权之人民，其领取土地的数量，仅限于能使用多寡，便实领多寡为原则，不得领有土地而不使用。但一次领取之土地如不敷使用时，得继续申请领取足够使用之土地。

第四条　凡依第二条移入垦区之人民，仍得依照《优待移民实施办法》的规定，享受下列优待：

甲、免征救国公粮三年；

乙、减轻义务劳动负担；

丙、其他负担三年减半征收之；

丁、《优待移民实施办法》第五条之七、八二项，第六条之二、三、四三项仍适用之。

第五条　依第二条移入之人民，得于未迁移之前，先行派人到自愿移居之地域，向县政府报告登记，申请指定地段，领取土地，及筹备住室等事项。

第六条　本补充要项经边区政府公布实行之。

选自《陕甘宁边区政府文件选编》第六辑，档案出版社1988年版，第26～27页。

24. 陕甘宁边区政府命令——切实禁止妇女缠足

1942年7月23日

各专员、各县市长：

禁止妇女缠足，本府早有明令，历年以来各级政府努力推行，亦著有成绩。惟近查各地缠足之风，忽又盛行，此与政府解放妇女原则，实大有违背，亟应严加禁止，使此不良风尚，在边区境内完全绝迹。希从速督令所属各区乡政府依照本府以前禁止缠足命令，切实予以禁止，并发动各妇女团体，广泛进行宣传教育，以资配合为要，此令。

主　席　林伯渠

副主席　李鼎铭

选自《陕甘宁边区政府文件选编》第六辑，档案出版社1988年出版，第258页。

25. 陕甘宁边区查获鸦片毒品修正办法

1942年9月16日公布

第一条　本办法为贯彻边区禁政，肃清边区境内烟毒制定之。

第二条　凡查获鸦片毒品（以下简称毒品）之机关、部队、团体或个人，悉依本办法之规定处理。

第三条　无论机关、部队、团体或个人，皆有协助禁烟督察处查禁吸食或贩卖毒品之责任，查获毒品时，须备文将人犯与毒品转送各地禁烟督察处（以下简称督察处）处理，不得私自处罚或没收毒品。

第四条　未设立督察处之区市，须随时送交当地政府转送督察处处理。

第五条　督察处处理毒品案件，除将毒品妥为储藏按时销毁外，须在二十四小时内迅速处理案犯，如超过二十四小时或遇有重要案件不便处理者，即将人犯与口供转送司法机关讯办。

第六条　查获之毒品，由督察处发给奖金，其规定如下：

（一）亲自查获案件，送交督察处或当地政府者，给予奖金之全部。

（二）事前洞悉或目睹，随时向督察处或当地政府密报（书面口头均可）因而查获者，给密报人奖金全部三分之一，其余三分之二分给协同在事出力人员及其机关。

（三）密报人密报后，如愿参加办案者（如化装烟商或作引路人），除领取密报人应得奖金外，并可兼领办案人员应得之分。

（四）奖金之等级如下：

甲、查获毒品不满五十两者，每两以五十元给奖。

乙、五十两以上不满百两者，每两以三十五元给奖。

丙、百两以上不满五百两者，每两以二十五元给奖。

丁、五百两以上不满千两者，每两以十五元给奖。

戊、千两以上者，每两以十元给奖。

前列等级，如所获奖金，后者不比前者为多，从其多者给奖。

（五）以上奖金等级系按纯烟规定，如其中有代用品者，得按上等级规定减发奖金二分之一，如完全为代用品（如烟底、膏子），则按上列等级给奖十分之一。

第七条　前条所列奖金，经督察处批准后，领奖人可随时向督察处或当地政府领取。

第八条　无论部队、机关、团体或个人，如将查获之毒品，原包顶替，或从中偷换其一部分者，除扣发其奖金外，得按下列规定分别处理：部队、机关、团体，由督察处随时呈报边府处理，个人则送交司法机关依法惩办。

第九条　在同一时间地点查获之毒品，须一次送交督察处或当地政府归案，不得分作几次送交，企图多得奖金。否则，如经查（察）觉，即扣发其全部奖金。

第十条　本办法如有未尽善事宜，得由督察处呈请边府修改之。

第十一条　本办法自公布之日施行。

选自《陕甘宁边区政府文件选编》第六辑，档案出版社1988年版，第343～345页。
互校版本：《陕甘宁边区法律法规汇编》，三秦出版社2010年版，第193页。

26. 陕甘宁边区禁烟督察处组织规程

1942年9月16日公布

陕甘宁边区禁烟督察处呈文

1942年8月20日

边区政府林、李主席：

根据七个半月之工作经验，感到本处《组织规程》与《查获毒品暂行办法》，有些条文还不大切合实际，加上现在工作正处在新的环境，查禁工作更须加强，实有加以改正的必要。经过我们研究之后，现在除将《禁烟督察处组织规程》与《查获毒品办法》，加以修改外，并将需要专设禁烟督察分处之地方拟定单行组织规程，复附说明，一并呈请核准施行，以利边区禁政的开展。

此致

敬礼

处长　霍维德

八月二十日

附：　　　　　　　　**陕甘宁边区禁烟督察处组织规程**

1942年9月16日公布

第一条　本规程依照陕甘宁边区政府之命令制定之。

第二条　边区禁烟督察处分设下列各级组织：

（一）禁烟督察处。

（二）禁烟督察分处。

第三条　禁烟督察处设处长一人，承边区政府之命，领导分处执行边区鸦片以及鸦片供（代）用毒品之（查）禁事宜。

第四条　禁烟督察处内部组织及执掌如下：

（一）秘书室承处长之命，执掌下列事项：

1. 关于文件之撰拟、缮校，收发、保管。

2. 关于经费之开支，物品之购置、分发，其他应办之庶务。

3. 关于人事之进退登记与勤惰之考核。

4. 关于各地禁烟工作之视察。

（二）第一科承处长之命，执掌下列事项：

1. 关于毒品案件之处理。

2. 关于毒品及烟具之没收与销毁。

3. 关于查缉毒品奖金之核发。

（三）第二科承处长之命，执掌下列事项：

1. 关于烟民调查登记与烟民证之发给。

2. 关于烟民戒烟之督劝与调验。

（四）督察队承处长之命及一科长与分处长领导，分驻各地执掌下列事项：

1. 关于毒品之查缉。

2. 关于毒品案犯之看守与解送。

秘书室设主任秘书一人，人事秘书一人，文书兼收发、庶务兼保管各一人。

第一科设科长一人，副科长一人，科员二人至四人。

第二科设科长一人，科员二人至三人。

督察队设队长一人（由一科副科长兼任之），指导员一人，稽查员分队长及队员若干人。

第五条　督察分处设处长一人，承督察处之命及地方行政长官之监督，执行该分处所辖境内毒品之查禁事宜。

第六条　督察分处内部之组织及其执掌如下：

（一）文牍股承分处长之命执掌第四条第一款下列事项。

（二）第一股承分处长之命执掌第四条第二款下列事项。

（三）第二股承分处长之命执掌第四条第三款下列事项。

第七条　督察分处之组织只在重要城市设立，其不重要之县市组织从简，分处长由县长兼任，并设副处长一人兼任秘书，关于检查与处理案件，则由县保安科及裁判员兼任之。

第八条　督察处、督察分处，得由工作之需要于各冲要地点设立检查站，酌派督察队驻守。

第九条　督察处、督察分处办事细则另定之。

第十条　本规程如有未尽事宜，得随时呈请边府修改之。

第十一条　本规程自公布之日施行。

选自《陕甘宁边区政府文件选编》第六辑，档案出版社 1988 年版，第 340～342 页。

互校版本：《陕甘宁边区法律法规汇编》，三秦出版社 2010 年版，第 110～111 页。（将公布时间标作 1942 年 8 月 16 日）

27. 陕甘宁边区禁烟督察分处组织规程

1942 年 9 月 16 日公布

第一条　本规程依照《陕甘宁边区禁烟督察处组织规程》第二、五、六条之规定制定之。

第二条　禁烟督察分处设处长一人，承边区禁烟督察处处长之命，以及地方行政长官之监督，执行该分处所辖境内鸦片以及鸦片代用毒品之查禁事宜。

第三条　督察分处之内部组织及其执掌如下：

（一）文牍股承分处长之命执掌下列事项：

A. 关于文件之撰拟、缮校、收发、保管。

B. 关于经费收支，物品之购置、分发，与其［他］应办之庶务。

C. 关于人事之进退登记与勤惰之考核。

（二）第一股承分处长之命执掌如下事项：

A. 关于毒品案件之处理。

B. 关于毒品及烟具之没收与销毁。

C. 关于查缉毒品奖金之核发。

（三）第二股承分处长之命执掌下列事项：

A. 关于烟民之调查登记与烟民证之发给。

B. 关于烟民戒烟之督劝与调验。

第四条　督察分处对于毒品之查缉，与毒品之案件看守与解送，得由总处派督察队驻守，受分处长指挥办理之。

文牍股设文牍一人，助理员若干人。第一、二股设股长一人，股员若干人。

第五条　督察分处所管辖境内，得于各冲要地点设立检查站，并酌拨督察队驻守。

第六条　督察分处之办事细则另订之。

第七条　本规程如有未尽事宜，得随时呈请总处修改之。

第八条　本规程自公布之日施行。

选自《陕甘宁边区政府文件选编》第六辑，档案出版社1988年版，第342～343页。

互校版本：《陕甘宁边区法律法规汇编》，三秦出版社2010年版，第112页。

28. 陕甘宁边区禁烟督察队服务规则

1942年9月16日公布

第一条　本规则依据《陕甘宁边区禁烟督察处组织规程》第四条第四款之规定制定之。

第二条　督察队负责全边区内之有关禁烟禁毒事宜。

第三条　督察队除按指定之地点服务外，如遇工作上需要，得流动派遣至各地工作。

第四条　督察队工作任务如下：

（一）关于贩卖吸食烟毒之查缉。

（二）关于烟民登记证之查验。

（三）关于没收烟毒、烟具及案犯之逮捕、看守与解送。

第五条　督察队检查之权限如下：

（一）来往行人，携带牲口、车辆、行李、货物，不分部队、机关、团体或人民，亦无论有无证明文件，均可随时检查，并得检查其身体，但如持有边区政府特许免验之文件得免检查。对过境友军，亦得适用本款之规定。

（二）旅店、客栈住宿之客人，得依照第一款之规定检查。

（三）人民之住宅、商店，如经告发，或认为有贩卖吸食烟毒之嫌疑者，得偕同地方政府负责人员，随时入内检查。如系机关，则呈报上级许可，再执行检查。

第六条　督察队如查获烟毒及人犯时，须速交禁烟督察处或分处处理，不得自行处理或私自放行，违者按情节轻重论罪。

第七条　督察队在执行工作时，必须佩带禁烟督察处发给之检查证明文件，以防假借名义。

第八条　督察队于执行任务时，需要当地军警协助者，得由禁烟督察处或分处函请当地军警协助。

第九条　督察队所带之武器，非在被迫自卫之情况下，不得随便开枪，违者送司法机关按法律论罪。

第十条　本规则如有未尽事宜之处，得随时请边区政府修改之。

第十一条　本规则自公布之日施行。

选自《陕甘宁边区政府文件选编》第六辑，档案出版社1988年版，第345～346页。

互校版本：《陕甘宁边区法律法规汇编》，三秦出版社2010年版，第192页。

29. 陕甘宁边区政府关于拥护军队的决定

1942年12月9日边区政府委员会第三次会议通过，
1943年1月15日公布

一、拥护军队是边区人民与政府应尽的责任。

八路军是人民自己的武装，是本质上最好的军队，有高度的政治认识与战斗能力，有优良的作风与传统。

八路军不仅坚持了华北抗战，在全国抗战中起了支柱作用，而陕甘宁边区的保卫，人民民主民生利益的保护，亦全赖有八路军的镇守。

近年来边区物资条件日趋困难的情况中，八路军的生产自给，曾大大的减轻了政府和人民的负担（去年军队自给平均每人至三千五百元之多）。既能打仗，又能生产，更是难能可贵的军队。

总之，八路军是值得政府和人民拥护的军队，拥护军队，是各级政府与全体人民应有的责任与义务。

二、过去拥军工作有严重的缺点：

过去政府与人民对于拥军虽做了些工作，也有一些成绩，但还存在着不少的甚至是严重的缺点：

（一）由于数年来边区处在比较和平的环境，在一部份（分）人民和政府人员中间，存在着与滋长着忽视拥军的观念，忘记了一切服从革命战争的原则。甚至把爱护人民利益与爱护军队对立起来，这是极端错误的。

（二）在近年边区物质条件日益困难的情况中，一部分人员往往只了解与照顾本身的困难，而不甚了解与照顾军队的困难，不关心或不积极帮助军队解决困难，如对于粮草的供给与运输，担架的输送，生产的帮助等，采取被动的应付的态度。当军政和军民关系发生缺点或误会时，某些政府人员没有首先检查本身，批评与责备自己，并向人民作积极的解释，反而采取观望态度，或推脱责任，有时甚至夸大军队的缺点，埋怨军队，而把自己率领人民帮助军队的责任忘记了。

（三）对于优待抗属做得很不够，特别严重的是“重工轻抗”优工比优抗好，此外还有“人在情在”、“近比远好”、“在比亡好”的现象，而对于抗属离婚问题，也有处理不适当的。这些严重缺点，大大的妨碍了军队的巩固工作。

（四）对于潜逃战士，没有积极地帮助归队，而采取旁观态度，甚至有把潜逃战士留在地方工作，或为之包庇的。

三、必须积极改善和加强拥军工作：

（一）更使干部认识拥军的意义和重要性，要通过干部向群众作广泛深入的解释，八路军是人民自己的军队，是保卫边区保护人民利益的军队，如果没有八路军，就没有边区，人民利益也无法保障。各级政府和人民，必须把爱护与帮助军队，当作自己应尽的责任，经常注意尽到自己责任，那种把爱护人民利益与爱护军队对立的观点，以及对军队的困难漠不关心，有问题不当面提出协商解决，只是埋怨的自由主义态度，都是错误的有害的，都应该彻底改正。

（二）关于粮草的供给与运输，政府应领导人民积极的主动的提出适当办法，竭力给军队以帮助。

（三）对于军队生产中的困难，政府须帮助其解决。

（四）军队遇有换防调动，各级政府应发动群众欢送欢迎，慰劳慰问，又须于每年阴历年节前后，对驻军举行隆重的慰劳慰问一次。

（五）要根据“新订陕甘宁边区优待抗日军人家属条例”，具体检查各地优抗工作，把各地抗属调查清楚，根据具体情形，采取代耕包耕救济等办法，保证抗属生活不低于一般群众生活水平，应在优抗工作上做到贫先于富，远近一样，存亡一样，尤其要把优工比优抗好的现象倒转过来，反对对优抗工作上的任何忽视现象。同时要注意教育组织，和帮助抗属积极参加生产，奖励生产中的模范抗属。

（六）各级政府应把帮助归队工作当作自己的任务，应彻底执行《陕甘宁边区动员潜逃及逾假不归战士归队暂行办法》。

（七）军政、军民关系上发生纠纷时，政府负责人应以“厚责于己而薄责于人”的态度，协同军队负责人就地解决，解决不了的呈报上级解决之。

（八）各级政府应将本决定和留守兵团司令部关于拥护政府爱护人民的决定，及最近颁布的《新订陕甘宁边区优待抗日军人家属条例》、《陕甘宁边区动员潜逃及逾假不归战士归队暂行办法》、《陕甘宁边区抗属离婚处理办法》、《陕甘宁边区军民诉讼暂行条例》、《陕甘宁边区调整军政民关系维护革命秩序暂行办法》配合起来，作详细具体的讨论，并请军队派人参加，切实检查当地的拥军工作，总结经验，纠正缺点，以进一步增进军政军民的团结。

（九）拟定今年二月为全边区拥军运动月，其具体办法，同留守兵团政治部商办之。

（十）各级政府应将拥军工作，看成经常重要的工作，给以定期的切实的检查，成绩优良者，予以奖励，对此工作漠不关心毫无成绩者，应给批评指责和惩罚。

选自《陕甘宁边区政策条例汇集》续编，1944 年版，第 137～140 页。

互校版本：

1.《陕甘宁革命根据地史料选辑》第一辑，甘肃人民出版社 1981 年版，第 239～242 页。

2.《陕甘宁边区政府文件选编》第七辑，档案出版社 1988 年版，第 19～22 页。

30. 陕甘宁边区政府关于拥军月具体办法

1943 年 1 月公布

一、明（今）年二月为旧历年关前后期间，也正是农闲时候，兹定该月为全边区拥护军队运动月。

二、教育及动员各级政府干部讨论拥军决定，确实了解拥军之重要意义。

三、各级政府在群众中广泛的宣传拥军意义，发动拥军运动的热潮，以提高人民对爱护军队之认识。

（一）以乡或行政村为单位，召开拥军动员大会。

（二）利用各种形式（如演剧、闹秧歌、说书集会等）进行扩军宣传。

（三）制定及张贴拥护军队的标语、口号、漫画、编唱拥军秧歌等等。

（四）各地报纸应多登拥军消息，或出拥军专号。

四、慰劳当地驻军及帮助驻军解决困难。

（一）募集肉、菜、馍、糕、面等食物及其他日用品，由人民派代表慰问驻军及伤兵（有伤兵地方）。

（二）召开军民联欢会或联合游戏（如联合闹秧歌）。

（三）请驻军长官吃饭及团拜新年等。

（四）号召人民在生产时间，尽力帮助驻军在生产中土地、农具、籽种等各种困难的解决。

（五）号召人民尽力帮助驻军解决运输供给上的各种困难。

五、慰劳当地抗属及检查优抗工作。

（一）募集肉、菜、馍、糕、面及其他日用品，到抗属家中慰问抗属。

（二）召开抗属联欢会，具体解决抗属吃穿的困难，并鼓励与说明抗属的光荣。

（三）发动为抗属担①水、砍柴运动，按具体情形在拥军月内做到保证抗属半年或三月的烧用。

（四）检查一次优抗工作，具体布置优待抗属的代耕工作，保证抗属衣食饱暖。

（五）表扬努力参加生产的模范抗属，以鼓励其他有生产力的抗属积极参加生产。

六、根据归队条例的规定进行归队运动。

（一）各乡应将本乡所有请假不归或潜逃在家的应归队战士全数归队。

（二）解决被归队战士家属之困难，使其安心归队。

（三）发动欢迎归队战士工作（送礼物、送路费、开欢送会等）

七、各县区乡政府应相互订定拥军竞赛，并表扬拥军成绩。

八、各县制定拥军奖惩办法；工作好者奖，不好者批评或处罚之。

九、各县政府应切实讨论布置拥军工作，并具体领导，指定专人负责，按时检查，月终总结，并向边府做总结报告。

选自《陕甘宁边区政府文件选编》第七辑，档案出版社 1988 年版，第 65～66 页。

互校版本：《陕甘宁边区法律法规汇编》，三秦出版社 2010 年版，第 168 页。简称“三秦法律法规版”。

① “三秦法律法规版”将“担”印作“提”。

31. 修正陕甘宁边区优待抗日军人家属条例

（附：优待抗日工作人员家属暂行办法）

1942年12月9日边区政府委员会第三次会议通过，

1943年1月17[①]日公布

第一条　凡边区境内之抗日军人家属（以下简称抗属），均得享受本条例之优待。

第二条　本条例所称抗日军人，以直接参加抗日国防正规军、地方警备部队、保安团队、县区警卫队及脱离生产的自卫军干部为限。

本条例所称抗属，以抗日军人之配偶并与抗日军人在一个家庭经济单位之直系亲属（父母子女及依其为生之祖父母与未成年之弟妹）为限。

（注）如已分家，虽系直系亲属，亦不得享受物质劳力优待。

第三条　在土地革命时参加红军的军人已牺牲或残废的，或参加抗日战争的军人已牺牲或残废的，其家属亦须按本条例之规定给以优待。

第四条　抗日军人未经其居住所在地地方政府动员或登记而自己直接参加抗日部队者，属于军事系统的，要经团以上的军事机关证明，通知地方政府，属于政府系统的，要经过县政府或县以上的政府证明，其家属方得享受优待。

第五条　抗属须经乡政府登记，并具体讨论其应享受优待等级（如减免负担、劳役及代耕土地数，物质优待数等），报请县府发给优待证，以凭享受优待。

第六条　优待原则：

一、抗日军人家属与抗日工作人员家属同受优待的地方，应首先优待抗属，并使优待抗属工作比优待工属工作做得更好。

二、对于应受优待之抗属，应尽力保障其物质上之普通水平生活，同时注意从政治上提高其向自力更生方向努力。

第七条　抗属均得享受下列各款之优待：

一、公有土地、房屋、场所、器具、物品之分给、借用、租赁、售卖与私人者，抗属得优先承领、承借、承租、承买，但以自耕自住自用为限。如有争执，以抗属贫富为序，贫者占先。

二、公营事业，公共机关之雇用招收员生者，抗属得优先参加。

三、抗属子弟入学须优先录取，如经济贫困者，得优先享受贫苦学生之救济金，在小学内免费供给书籍文具。

四、公共卫生机关，抗属得免费治病，其无公立卫生机关，各地之贫苦抗属有病时，须动员群众互助，给以医疗。

---

① 关于公布日期，“甘肃史料版”标作“一月十五日”，“档案文件版”标作“一月十七日”，后者以“战字第619号命令，一九四三年一月十七日”予以公布。

五、公营商店之货物及合作社，抗属得持优待证享受九五折价购买之优待，物品缺乏时，须优先卖给抗属，但以抗属自用为限。

六、抗属得享受政府或银行农工商业贷款之优先权。

七、其他公益事业抗属得优先享受。

八、除以上物质优待外，同时注意提高抗属社会地位，并给予精神上安慰（如群众大会时请抗属坐前排，每逢重要节日公私向抗属访问等）。

第八条　直接的劳动力和物质优待，依具抗属具体情况按下列规定办理：

一、有资产自力经营且可以维持普通生活水准以上的抗属，不享受物质与劳动力的优待。

二、有土地而劳动力不足维持普通生活者，酌量为之半代耕或辅助代耕。

三、土地较少全无劳动，无法谋生者，则为全代耕，并供给其足够用的柴水与最低必需的衣物。

四、无资产无土地无劳动力或尽其力尚不足以维持生活者，由地方政府拨给公地代耕(指有公地地方)，或酌量救济之。

以上物质优待，应按各地生活标准具体规定数目，务使抗属生活不低于一般人民生活为准。

五、家境贫困之抗属，得酌量减轻或免除其抗战负担。

六、家境窘迫之抗属，如有婚嫁丧事，得享受人力物力互济之优待。

第九条　抗属之富裕者或壮丁较多者，仍应对政府负担人力财力物力的征募和动员。

第十条　代耕土地须按下列规定办理：

一、代耕土地，须按时耕种收获。

二、代耕庄稼，须不低于一般人民的收成。

三、抗属无力储积肥料者，须由代耕队负责调剂解决之。

四、因代耕不力而致歉收者，须由代耕人补偿之。

五、代耕者的饭食，由代耕人自备。

第十一条　在不荒芜抗属的耕地的条件下，在抗属与代耕者双方自愿的原则下，可采用包耕制，亦可采取抗属将自有土地出租或安庄稼等办法；但上述办法的收获额不足维持抗属生活时，代耕队须负责补足，补足的办法，由当地政府决定之。

第十二条　抗属耕地因遭灾歉收，致不足维持生活时，须另募粮或钱给予救济，或酌予补助之。

第十三条　抗属的代耕土地及物质优待施行办法，由各县政府按具体情况另定之，呈报边区政府备案。

第十四条　代耕队之组织及工作细则另定之。

第十五条　抗属如有下列情形之一者，则停止其优待：

一、迁移边区以外，或迁移他处已受所在地代耕者；

二、抗日军人犯法革除军籍者；

三、抗日军人逃跑或非残废年老等原因脱离队伍者。

第十六条　本条例经边区政府颁布施行之。

（附）优待抗日工作人员家属暂行办法

第一条　抗日工作人员之家属（以下简称工属），因家境贫穷而无法过活者，其优待办法，得适用优抗条例第八条规定之优待，并依照工属具体情形，得享受第七条二、四项之优待。

第二条　本办法所称工属，以直接参加抗日工作，脱离生产之各种人员的配偶与直系亲属（父母子女及依其为生之祖父母为限）。

第三条　工属之优待须经过乡参议会讨论，呈请县政府批准。发给证明书，才能享受优待。

第四条　工属或工作人员，如有优抗条例中第十五条规定情形之一者，即停止其优待权。

第五条　抗日工作人员，如领薪金或工资者，其家属不得享受本办法之优待。

选自《陕甘宁边区政策条例汇集》续编，1944年版，第154～158页。

互校版本：

1.《陕甘宁革命根据地史料选辑》第一辑，甘肃人民出版社1981年版，第247～251页。简称“甘肃史料版”。

2.《陕甘宁边区政府文件选编》第七辑，档案出版社1988年版，第27～31页。标题为《新订陕甘宁边区优待抗日军人家属条例》，内容与“甘肃史料版”相同。

3.《陕甘宁边区法律法规汇编》，三秦出版社2010年版，第447～448页。

32. 陕甘宁边区动员潜逃及逾假不归战士归队暂行办法

1942年12月9日边区政府委员会第三次会议通过，
1943年1月17日[①]公布

一、本办法为动员潜逃战士及逾假期未即归队之战士立即归队，以巩固抗日部队充实抗战力量而制定之。

二、凡曾经自动或经政府动员入伍八路军及陕甘宁边区保安部队、警卫队服役之战士，而自由潜逃归家，或逾越假期未即归队者，如无特别违法行为（包括军法与地方法律），均得依照本办法动员其归队。

三、凡潜逃归家或请假归家之战士，政府或其他地方机关团体及非原属部队，不得自由留下分配工作，应动员其归队。在本法令颁布前其有个别已经参加地方工作而成绩卓著者，亦须商得各该原属部队之同意后，方可停止归队。战士请假归家，须持有原部队证明书，无者以潜逃论，并即动员其归队。

---

① “甘肃史料版”标作“一月十五日”，“档案文件版”标作“一月十七日”，是由边区政府与第十八集团军后方留守处以联合命令与《抗属离婚处理办法》等一起公布的。

四、凡动员归队，以逃走或逾假不归战士本人为限，不得强拉他人替代。

五、凡有下列情形之一者，不得视为八路军或边区保安部队、警卫队潜逃战士，并不得令其归到八路军或保安部队、警卫队：

甲、曾从八路军或保安部队、警卫队中潜逃至其他军队服役后，又回到家乡无论其退伍潜逃请假或被开除者；

乙、从未入伍到八路军或边区保安部队、警卫队，而在其他军队服役后又回到家乡，无论其退伍潜逃请假或被开除者；

丙、曾被八路军或边区保安部队、警卫队开除军籍并有证明文件者；

丁、凡民国廿五年底以前归家之战士。

六、凡曾在八路军或保安部队、警卫队服役有下列情形之一而归家者不得视为潜逃并毋须归队之：

甲、因残废和年老准予退伍并持有退伍证者；

乙、因年龄未满十六岁不合入伍年龄经部队退回者；

丙、因体格不合，患神经病，染有恶劣嗜好和有重大宿疾，经部队退回并有证明或已经潜逃归家经医生检验属实者；

丁、因其他原因部队洗刷淘汰并有证明者。

七、凡在八路军或边区保安部队、警卫队服役有左下情形之一而归家者，须依军法制裁之：

甲、携带武器军饷或军事机要文件潜逃者；

乙、为首组织一人以上潜逃者；

丙、潜逃二次以上而在通知归队又拒绝履行者；

丁、在部队中因有犯法行为畏罪潜逃者。

八、归队工作必须经过政府去进行，军队不能直接下乡捉人。军队中若发生潜逃及久假不归者，可即时将潜逃战士姓名、籍贯、住址，通知当地政府，请求政府帮助动员归队，同时地方政府，在发现有潜逃战士时，虽未得军队通知，亦应负责动员归队。

九、若发现军队不经过政府直接下乡捉人归队，政府有权干涉制止，但若政府对归队工作执行不力，军队有权要求上级政府处罚。

十、在归队运动中，必须注意与实行下列各项工作：

甲、潜逃归家或逾越假期之战士，必须于十日以内促其归队，不得拖延时日。

乙、在动员归队中，须先采取说服教育，使其自觉自动归队，其家庭困难，应予适当解决，但经说服教育仍无理拒绝归队时，可采取最后捕送办法，使其归队。

丙、在归队中，政府应备办宿舍饭食以招待之，必要时可设立招待所招待之，此项费用，可由各该接受部队担负之。

丁、在成排战士归队中，各级政府，应发动归队战士经过之沿途居民，布置欢迎欢送，并斟酌予以物质之慰劳。

戊、在归队中，经动员归队之战士应由政府造具名册以备存查，并分别送给各该应接收部队（登记表格另制）。

己、动员归队战士，系属本分区或本县驻防部队时，可直接送还之。如属于分区及县以外驻防之部队时，则可送专署转送各该部队。

庚、潜逃战士之家属及邻居亲友，除确有实据包庇逃亡者外，不得任意侵害他们的人权。

辛、在归队中，各级政府奉行得力者，由边区政府酌予奖励，若奉行不力，而纵容或从中舞弊者，则以包庇论罪。

十一、凡非八路军或边区保安部队、警卫队而家在边区内之其他军队潜逃回家之战士，如各该部队主管长官请求动员归队或制裁时，须经边区政府许可始得进行动员归队。

十二、本办法如有未尽事宜由边区政府随时修改之。

十三、本办法自公布之日施行。

选自《陕甘宁边区政策条例汇集》续编，1944 年版，第 149～152 页。

互校版本：

1.《陕甘宁革命根据地史料选辑》第一辑，甘肃人民出版社 1981 年版，第 243～246 页。简称“甘肃史料版”。

2.《陕甘宁边区政府文件选编》第七辑，档案出版社 1988 年版，第 33～35 页。简称“档案文件版”。

3.《陕甘宁边区法律法规汇编》，三秦出版社 2010 年版，第 518～519 页。

33. 陕甘宁边区政府命令（为令 1942 年年底前潜逃及逾假不归战士均免予归队俾回家参加生产）

1943 年 2 月 2 日

各分区专员各县市长：

查边区施政方针，已确定发展生产，为第一等中心任务。数年来边区内因相对的和平环境影响，潜逃及逾假不归战士为数颇多。若欲全数归队，势有不能，而此相当数量生产力量，不能安心生产，甚至逃避他乡，影响边区生产殊大。为此，特通令凡在民国三十一年十二月三十一日以前潜逃或逾假不归战士，一律免予归队，俾能各自归家，参加生产。但自民国三十二年一月一日以后潜逃及逾假不归战士，则必须遵照本年一月十五日本府颁布之“动员潜逃及逾假不归战士归队暂行办法”切实遵照为要！此令

主　席　林伯渠

副主席　李鼎铭

选自《陕甘宁边区政策条例汇集》续编，1944 年版，第 153 页。

互校版本：《陕甘宁革命根据地史料选辑》第一辑，甘肃人民出版社 1981 年版，第 252 页。

34. 陕甘宁边区优待移民难民垦荒条例

1943 年 3 月 19 日[①]

第一条　本条例为优待移民难民垦荒，发展农业，安定民生，增长抗战力量制定之。

第二条　凡因下列情形之一，移入边区或垦区居住从事垦荒者，均得称为移难民。

甲、边区外之人民，因在原地生活困难，或因天灾影响及其他原因无法生活，而自愿移入边区居住者；

乙、沦陷区的人民，因不堪敌人压迫，而逃入边区居住者；

丙、边区内地少人多区域之人民，因缺乏土地而自愿移入垦区，或经政府动员移入垦区从事开荒者。

第三条　前条所列移民难民，不分阶级职业、民族界限，一律得受本条例之优待。

第四条　凡移难民从事垦荒者，不论本人以自力耕种或以资本雇人耕种，均得享受下列各项之优待：

甲、经移民难民自力开垦或雇人开垦之公荒，其土地所有权概归移民或难民，并由县政府发给登记证，此项开垦之公荒三年免收公粮；经开垦之私荒，依照地权条例，三年免纳地租，三年后依照租佃条例办理，地主不得任意收回土地。

乙、移居垦区之移民难民，如因种菜或种料，需少许熟地，得呈请区乡政府视可能情况，酌予调剂。

丙、移难民无力自行打窑洞，或在未打好窑洞之前，得由县政府就当地公私窑洞或房屋予以调剂暂住，待该移难民自行建有窑洞或房屋后归还之。

丁、凡移难民无力购买耕牛、农具、种籽，或缺乏食粮者，得由县政府呈请边区政府优先予以农贷之帮助。如农贷尚不足需要时，得由乡政府帮助向老户借贷，或发动老户互助解决之。

戊、移难民自移入边区居住耕种之日起，对于运输公盐、运输公粮、修公路等义务劳动，第一年全免，第二年第三年分别家庭经济状况酌减，如第二年第三年仍然生活困难者，得全免。

第五条　凡边区以外移入边区之移难民，如暂时尚无基础从事开垦，须以安庄稼或以雇工为生活，而本人又不能约到雇主者，得呈请县、区、乡政府介绍之，在未得到职业之前，如因经济困难，不能维持生活者，得请求县市政府酌量予以救济。

第六条　移难民有病确实无力医治者，得受公共医院免费医疗之优待。

第七条　凡边区人民所享有之民主自由权利以及人权财权之保障等权利，移难民均与边区之老户同等享受之。

第八条　移难民在边区居住从事开垦之三年后，如因生活仍很困难无法负担公粮者，

---

① “陕甘宁续编”、“甘肃史料版”标明公布时间为“3 月 1 日”，“档案文件版”与“三秦法律法规版”标明为“3 月 19 日”。

得继续裁免。但不得为逃避负担又行他迁当移难民（有特殊困难者除外）。

第九条　如有老户欺压新户，或政府工作人员违反优待条例，强迫移难民负担者，移难民有随时向各级政府报告之权。各级政府接到此项控告后，应立即查明处理。

第十条　凡移入边区或垦区居住之移难民，须将自愿居住地址、职业、人口数量，及要求优待各事项，报告当地政府，申请登记。该政府接到移难民之申请后，应即依照本条例之规定予以帮助和优待。

第十一条　凡移难民未移入边区或垦区前，因不熟悉情形，恐突然移入，难以找到适当居住地区者，得由该移民先派人或联合数户、数十户共同派人与各县政府接洽，待找到适当地区、窑洞、土地，再行迁移之。

第十二条　移民如需要政府帮助迁移路费者，须在边区找到老户担保，即可向担保人所在地之县政府请求发给迁移补助费。

第十三条　各县政府对于移居在该县之移难民，无论该移难民已否申请登记，均应加以调查登记，其应登记事项如下：

一、户主姓名、年龄、职业、原籍、现住地址、何时到达；

二、家属几口，其中全劳动力多寡，半劳动力多寡，不能劳动者多寡；

三、有什么农具或工具，各多寡；

四、政府已实行什么优待和帮助；

五、还有什么困难，准备怎样解决。

第十四条　各县区政府，应经常检查移难民工作，督促各乡政府经常派人按户检查本乡移难民移入后的生活情况，如有困难应即设法解决。

第十五条　各级政府检查移难民中如有特殊困难（如消费人口多生产人口少，无法维持生活，或因疾病死亡，天灾损失不能维持生活）者，应予以特殊之帮助。

第十六条　如移难民中，有不事生产之二流子，乡政府应予以更多的教育说服，必要时即予以强迫，务使其参加劳动。如移难民中，有特别积极从事生产者，应予以奖励。

第十七条　移居边区或垦区之移民难民，均有遵守边区政府法令，维持社会治安，协助政府反对一切破坏抗战团结，巩固边区的义务，如有假借移难民名义，企图混入边区实行破坏抗战团结，危害社会公共治安者，依法处理之。

第十八条　本府二十九年三月一日公布之“陕甘宁边区优待外来难民和贫民之决定”，又三十年四月十日公布之“陕甘宁边区政府布告”及附“优待难民办法”，又三十一年三月六日公布之“陕甘宁边区优待移民实施办法”，又三十一年四月五日公布之“陕甘宁边区优待移民实施办法补充要项”等文告，即行作废。

第十九条　本条例自公布之日起施行之。

选自《陕甘宁边区政策条例汇集》续编，1944 年版，第 191～195 页。简称“陕甘宁续编”。

互校版本：

1.《陕甘宁革命根据地史料选辑》第一辑，甘肃人民出版社 1981 年版，第 260～263 页。简称“甘肃史料版”。

2.《陕甘宁边区政府文件选编》第七辑，档案出版社1988年版，第140～143页，简称“档案文件版”。文前附有边区政府于1943年3月19日公布的“战字第693号”命令。

3.《陕甘宁边区法律法规汇编》，三秦出版社2010年版，第465～466页。

35. 陕甘宁边区各级政府干部管理暂行通则

1942年12月边区政府委员会第三次委员会议通过，
1943年4月25日公布

第一条　边区各级政府所属之干部，均依本通则之规定管理之。

第二条　边区各级政府所属之干部，均由民政厅统一管理，其管理事项如下：

一、关于登记审查；

二、关于提拔培养；

三、关于配备使用；

四、关于任免调动；

五、关于考绩奖惩；

六、关于待遇保健。

第三条　前条各项管理之实施，另制订下列条例或办法办理之：

一、边区各级政府干部登记审查办法；

二、边区各级政府干部任免条例；

三、边区各级政府干部考绩条例；

四、边区各级政府干部奖惩条例；

五、边区各级政府干部待遇保健办法。

第四条　为加强各级政府之干部行政工作起见，得设立如下之专管部门或人员：

一、民政厅设立干部科，处理日常干部行政工作；

二、各厅、处、院及其所属机关，有干部百人以上者，得设一人专事管理干部行政工作；其不足百人者，由各该主管长官指定一人兼管；

三、专员公署由专员在第一科中指定一人兼管；

四、县（市）政府由县（市）长在第一科设一专人管理。

第五条　为统一管理与分工明确起见，各级干部行政工作管理范围规定如下：

一、行政督察专员，县（市）长，县（市）政府委员，各厅处院秘书科长，各直属机关负责人，各专署秘书科长，各县（市）政府之秘书科长，区公署之区长，均由民政厅管理；但各县（市）科长级干部，得由民政厅委托专署管理；

二、各厅处院股长科员级以下之干部，各直属机关秘书科长以下之干部，各该行政范围内之各类行政文化技术干部，均由各厅处院管理，向民政厅备案；

三、专员公署内之股长，科员以下之干部，由各专署管理，向民政厅备案；

四、各县（市）政府科员以下之干部，区公署助理员，乡（市）政府之乡（市）长，乡（市）政府委员，乡（市）文书，均由县（市）政府管理，向民政厅备案。

第六条　本通则自公布之日施行。

选自《陕甘宁革命根据地史料选辑》第一辑，甘肃人民出版社1981年版，第302～303页。

互校版本：

1.《陕甘宁边区政府文件选编》第七辑，档案出版社1988年版，第183～184页。

2.《陕甘宁边区法律法规汇编》，三秦出版社2010年版，第148页。

36. 陕甘宁边区各级政府干部任免暂行条例

1942年12月边区政府委员会第三次委员会议通过，
1943年4月25日公布

第一条　本条例依边区各级政府干部管理暂行通则第三条制定之。

第二条　各级政府干部之任用应依三三制精神行之。

第三条　各级政府干部之任用，以适合下列标准者为合格：

一、拥护并忠实于边区施政纲领；

二、德才资望与其所负职务相称；

三、关心群众利益；

四、积极负责，廉洁奉公。

第四条　有下列情事之一者，不得任用为政府干部：

一、有汉奸行为者；

二、有反对边区施政纲领或破坏抗日政府、抗日军队、抗日人民与抗日政党之行为者；

三、有破坏政府法令，危害群众利益以及贪污、腐化、营私、舞弊、处罪有案，未能改过自新者；

四、褫夺公权尚未恢复者；

五、患神经病者。

第五条　现在政府干部如有前条所列各款情事之一者，应予停止任用，或付惩戒。

第六条　各级干部任用权限与手续：

一、边区政府各厅处院长官，各行政督察专员，大学校长，均由政府主席任命，由民政厅办理任用、登记、备案等手续；

二、由议会选举之县（市）长，县（市）政府委员，于选出后由边区政府主席加以任命，其手续与第一项同；

三、各厅处院之秘书，科长及主要直属机关（中等学校，重要公营事业机关，保卫团等）之主管人，得由各主管长官提交民政厅审查合格后，呈请政府主席委任之。各厅处院股长科员以下人员，各厅处院直属机关之秘书、科长、股长及其附属机关之负责人员，均得由各厅处院主管长官遴选委任之；但须先经由民政厅审查。各厅处院直属机关之科员以下人员及其附属机关之人员，得由该直属机关负责人遴选合格人员委任之，报由主管机关转民政厅备案；

四、各专署之政务秘书、科长，由边区政府委派或由专员提请民政厅审核合格，由政府主席委任之；科员以下人员得由专员遴选合格人员委任之，提请民政厅备案；

五、县（市）政府之政务秘书、科长、区公署之区长，由边区政府民政厅委派，或由县政府提交县政府委员会讨论，请民政厅委任之。县（市）政府科员以下人员及区助理员，由县长遴选合格人员委任之，报请民政厅备案；

六、乡（市）长于选出后、由县长加委；乡（市）政府文书，由县长遴选委任，呈报民政厅备案；以上三至六项由民政厅备案；干部任用事宜，民政厅有停止或更改其任用之权。

第七条　各级政府对所属干部之免职或调动，仍依照前条之规定办理。

第八条　第六条规定任用之干部，如因故出缺或免职时，得由各该机关行政长官派适当人员代理，除特殊情形外，代理期间不得超过三个月，所有委派代理事宜，须通知或呈请民政厅备查。

第九条　各级政府干部之任用，须颁发命令，并对任用者发委任状。

第十条　本条例自公布之日起施行。

选自《陕甘宁边区政策条例汇集》续编，1944 年版，第 104～107 页。

互校版本：

1.《陕甘宁革命根据地史料选辑》第一辑，甘肃人民出版社 1981 年版，第 304～306 页。

2.《陕甘宁边区政府文件选编》第七辑，档案出版社 1988 年版，第 197～198 页。

3.《陕甘宁边区法律法规汇编》，三秦出版社 2010 年版，第 151 页。

37. 陕甘宁边区各级政府干部奖惩暂行条例

1942 年 12 月边区政府委员会第三次委员会议通过，
1943 年 4 月 25 日公布

第一条　为确保各级政府机关工作任务之完成，发扬干部之积极性与模范作用，鼓励进步反对落后，特制定本条例。

第二条　凡合于下列要求之一部或全部者，应予奖励：

一、正确了解，广泛宣传并具体实现边区施政纲领及政府其他政策法令（如人权、财权保障条例，土地租佃条例等）成绩优异者。

二、对抗战动员，拥护军队，保境安民，增强边区内外各抗日党派阶层之团结，成绩优异者。

三、对执行边区之生产、教育两大任务集中力量，在发展边区经济，厉行精简节约，推行干部教育，改进国民教育，注重调查研究等方面，成绩优异者。

四、在执行上级政府指示之重要任务及同级参议会重要决议时；

（甲）能先期完成或超过计划，而不妨害工作质量者；

（乙）工作方法特别完善或有切合实际之创造发明者；

（丙）环境困难复杂，善于克服困难，完成任务者。

五、在工作作风上对上级一贯服从，对同级及有关部门和衷共济，对下级及广大群众密切关心，克己奉公，实事求是，积极负责，埋头苦干，足资表率者。

六、遵行政纪总则，政务人员规约，堪称模范者。

七、在为民族与人民奋斗时，由于各种不可避免之原因，而致病负伤及殉职者。

八、有其他功绩为上级政府或人民所承认者。

第三条　凡犯有下列错误之一部或全部者，应予惩戒：

一、违犯边区施政纲领及政府其他政策法令（如人权、财权保障条例，土地租佃条例等），损坏抗战与团结之利益及边区政府与边区军民之权益者。

二、不服从或不尊重上级领导，不检查或不管理下级工作，怠工渎职，妨害任务之完成者。

三、对上级政府或同级参议会之重要决定（如生产、教育两大任务等）怠工或妨害者。

四、贪赃枉法，腐化堕落，假公济私，包庇蒙蔽者。

五、不能团结干部，团结有关部门，团结群众而酿成不应有之纠纷，或侵犯群众利益，致妨害工作进行或政府威信者。

六、遗失关防印记及政府机要文件者。

七、违犯政纪总则及其他失职情事者。

第四条　奖励办法分为以下各类：

一、提升。

二、记功（记大功或记功）并公布。

三、给予奖章奖状等。

四、书面奖励（传令嘉奖、通令嘉奖、登报嘉奖）。

五、物质奖励。

六、口头奖励（当众宣扬等）。

七、其他办法。

第五条　惩戒分为下列各类：

一、撤职查办或向法院提起公诉。

二、撤职。

三、撤职留任。

四、记过（记大过或记过，公布或不公布）。

五、警告或申斥（书面的或口头的）。

六、其他办法。

第六条　凡因干部犯错误而致某一方面受到损失时，应将对此干部之惩戒通知该方面之负责人或群众，必要时并应请其参加惩戒之决定，及使犯错误者，向其道歉或赔偿损失。

第七条　受惩戒者在受惩戒后一时期内，如确有显著可靠之改正进步，其处分得以减轻或取消；反之，其一犯再犯者，则须加重处分。

第八条　奖惩事宜，一般均由直接领导机关执行；其关系重大者，则由该机关呈请上级处理之，但上级机关在必要时有越级处理之权。受奖惩者有异议时，亦有按级上诉之权，所有奖惩事宜均应直接间接向边区政府民政厅备案。

第九条　对公务人员有功或有过，人民有用任何方式向政府控告及建议之权。

第十条　奖惩时间不受限制，但较普通之奖惩则以在各级参议会大会时，每年度终了，或一重大工作完毕总结工作时行之为宜。

第十一条　本条例自公布之日施行。

选自《陕甘宁边区政策条例汇集》续编，1944年版，第108～111页。

互校版本：

1.《陕甘宁革命根据地史料选辑》第一辑，甘肃人民出版社1981年版，第307～310页。

2.《陕甘宁边区政府文件选编》第七辑，档案出版社1988年版，第194～197页。

3.《陕甘宁边区法律法规汇编》，三秦出版社2010年版，第149～150页。

38. 陕甘宁边区服制规则

1943年4月颁布

（一）为维护边区革命秩序及整齐服装符号制度，特制定本规则。

（二）除军人遵照军事指挥机关规定之服制穿着外，其他任何人员，一律禁止穿军服，戴军帽，扎皮带，打绑腿。

（三）凡机关、学校、团体人员，除遵照上条规定外，可能自由穿着，但一般的应以学生装、中山装为适宜。

（四）公安局警察、各县警卫队，一律着灰色军装，戴同色军帽，打同色绑腿，扎皮带，并佩戴领章（红色绿边）臂章（白布蓝字）、符号（即在臂章背面）。

（五）各机关、学校、团体人员佩戴之符号，暂规定概用布制，分干部佩用及普通人员佩用两种，式样如下；

（A）干部佩用的

第　号
（机关名称）
年　度　用

红边白底

（B）普通人员佩用的

第　号
（机关名称）
年　度　用

蓝边白底

（六）凡机关团体人员，必须佩戴符号，符号规定带在左胸制服之口袋上部，如有特殊情形未着制服而着便衣者，则符号应放在口袋内，以便检查（干部之家属发给干部佩用之符号，如着制服，亦应遵照规定佩带（戴）符号）。

（七）边区一级用的符号由边区政府财政厅统一制发，专县（市）以下用的符号，由各专员公署统一制发，并检用符号式样二分，及起用日期，呈报边府备查。

（八）边区各大学、中学、师范员生所佩用符号，由各学校制发，将符号式样二分及起用日期，呈报边府备查。

（九）各机关团体所佩带（戴）之符号，不得借他人佩用。如有遗失，必须登报声明作废。如因工作调动等离开职务时，须将符号交还原机关。

（十）本规则公布后由各有关主管机关刻日施行。

选自《陕甘宁边区政府文件选编》第七辑，档案出版社 1988 年版，第 204～206 页。

互校版本：《陕甘宁边区法律法规汇编》，三秦出版社 2010 年版，第 184 页。

39. 陕甘宁边区禁烟督察处修正组织规程

1943 年 5 月 30 日颁布

第一条　为查禁及处理边区境内之鸦片毒品，依边区政府决议，设立边区禁烟督察处。

第二条　禁烟督察处设处长一人，副处长一人，承边区政府之命，总揽该处之全部事宜。

第三条　禁烟督察处之内部组织及其职掌如下：

一、设秘书一人，掌管文件之拟稿、收发、保管与不属于各股之事项。

二、第一股设股长一人，股员二人，掌管下列事项：

（一）毒品案件之处理，与毒品烟具之没收、销毁。

（二）查获烟毒奖金之核发。

（三）调查整理禁政（烟）材料。

（四）处理日常行政及开支事项。

三、第二股设正副股长各一人，侦缉员与侦缉队员各若干人，掌管下列事项：

（一）毒品之查缉。

（二）毒品案犯之看守与解送。

第四条　督察处得于必要地区设立督察分处。督察分处设分处长一人，承督察处正副处长之命，与地方行政长官之督导，执行该分处所辖境内毒品查禁处理事宜。

第五条　督察分处内部之组织及其掌管事项如下：

一、设文书一人，掌管第三条第一款之事项。

二、设处员一人至三人，掌①管第三条第二款之事项。

三、设侦缉分队长一人至二人，侦缉员与侦缉队员各若干人，掌管第三条第三款之事项。

第六条　督察分处之人员，得视事务之繁简与必要而增减之，但须经督察处之批准。

第七条　督察处督察分处，得因工作之需要，于重要地点设立检查站，或设立侦缉网。

第八条　本规程上②有未尽事宜，得呈请边区政府修改之。

选自《陕甘宁边区政府文件选编》第七辑，档案出版社1988年版，第243～244页。简称“档案文件版”。

互校版本：《陕甘宁边区法律法规汇编》，三秦出版社2010年版，第113页。简称“三秦法律版”。

40. 陕甘宁边区政府命令
(为令巩固移民、并准备大量移民条件)

1943年6月24日

延属、陇东、关中、三边分区各专员县市长：

本年春季，关中、延属、陇东、三边各分区，共移进了二万以上移难民，其中关中分区占一万二千余，延属分区占八千余。由于各级政府努力执行优待移难民条例，以及老户对移难民的积极帮助，使全部移难民取得了土地，解决了窑洞、耕牛、农具、籽种、食粮等一切要求和困难，得到了创立家业的先决条件，这是很大的成绩。但要巩固移难民在边区长久居住不再迁移，就得继续对难民有更进一步的巩固工作。首先是解决目前生活困难，进一步帮助发展生产，改善生活，建立安居乐业的基础。根据本府调查所得，移难民中有部份（分）因为移来边区时一无所有，虽然在政府和老户帮助下已经开荒播种了，但因青黄不接，食粮缺乏，需要借助，或农具不足．需要补充，或纺纱而无棉花、纺车，需要贷款等。如果这些困难不能帮助解决，就会影响移难民的巩固。

因此，各级政府，对于所辖区域内之移难民，应按户进行调查，凡有上述困难的，应分别予以解决，领有青苗贷款之县份，应以部分贷款，发放此项移难民，不足之数，宣传老户借助，由政府予以担保，并由移难民酌备利息。至于愿意纺纱而无棉花、纺车者，除由各县合作社予以帮助外，本府已令建设厅以部分棉花发给移难民纺纱，各分区可将需要数量，及发花收纱的办法报告该厅，取得解决。同时吸收提拔移难民中间的可靠的积极分子到乡村政权中去，使他们从参加民主生活，体验边区解放人民的实际，在心目中，建立拥护边区的基础。

① “档案文件版”“三秦法律版”皆误作“常”。

② “档案文件版”“三秦法律版”皆排作“上”，应是“如”或“倘”。

又往年组织移民，多在冬末春初进行，往往因为时间迫近春耕，不能大量移进移出（例如绥德分区本年原定移出五千劳动力，但因时间短促，只移出三千余），并因时间短促，准备不周，不能妥善安置。移民本身，亦因时间短促，不能予先准备充分的生产条件（如找好土地，开秋荒，找好窑洞，准备柴火等），影响生产力量的发挥。为了能够大量吸收移民到各垦区从事开垦，更多扩大明年耕地，增加生产起见，各垦区立即准备于秋冬及明春吸收移民的条件，首先是巩固已经移进的移难民，并经过他们写信或派人去号召（根据今年春季的经验，经过与移民区有关系的干部去号召有很大成绩，今后亦应采取与发挥）。各有荒地之垦区，应调查有荒地多寡，能容纳移民多寡，报告本府，以便有计划的分配移民，并订出安置移民的办法（例如窑洞、熟地，农具、食粮的调剂），事先予以准备，以便随时到达、随时能安置妥当（现葭县已着手向延属分区移民）。

总之，巩固已经移进之移难民，准备继续大量吸收移难民是目前的重要工作，各级政府，必须切实执行，并将执行办法报告本府为要。

此令！

主　席　林伯渠
副主席　李鼎铭
建设厅长　高自力
副厅长　霍子乐　高长久

选自《陕甘宁边区政策条例汇集》续编，1944年版，第196～198页。

互校版本：

1.《陕甘宁革命根据地史料选辑》第一辑，甘肃人民出版社1981年版，第321～323页。

2.《陕甘宁边区政府文件选编》第七辑，档案出版社1988年版，第271～272页。

41. 陕甘宁边区政府八路军留守兵团司令部训令（关于编余人员送分区安置处理原则的规定）

1943年6月29日

敌后抗日根据地及延安各机关学校实行精减后，一部分编余人员，因犯慢性病，一时不能担负工作，须作长期休养，有的病情虽然不重，但情绪不高，执意要求退伍，另外有部分老弱，须适当安置，只因人数过多，不能悉数留在延安，为管理教育与处理之方便，特决定分散各分区，由当地政府军队共同负责处理之，处理原则规定如后：

一、有病的可组织临时休养所，按病情轻重及本人工作历史规定待遇，使之在一定时间恢复健康，个别情绪不佳，藉口有病不愿担任工作者，应进行教育与批评。

二、要求退伍归农的，可给以土地农具房舍生活资料，由政府扶助他们，按月加以帮助，直到能够独立维持生活为止。或者争取他们加入公营农场，一同参加劳作，在劳作过程中帮助他们建立自己的家当，然后实行退伍，这样做有更多好处，可斟酌采用。

三、不论休养或退伍，均须照顾周到，关心体贴，不允许随意处置，不负责任。因为不负责任的态度，是可以造成错误和罪过，于内部团结是不利的。

根据上述原则进行处理时，政府与军队必须分别负起责任，不得此推彼诿。在处理时应非常细致，要有十分耐心，不可害怕麻烦，至于经费一项，可由各分区按时做出预算，呈报边府批准报销。

主　席　林伯渠
副主席　李鼎铭
司令员　贺　龙
政治委员　高　岗

选自《陕甘宁边区政策条例汇集》续编，1944 年版，第 167～168 页。

互校版本：

1.《陕甘宁革命根据地史料选辑》第一辑，甘肃人民出版社 1981 年版，第 327～328 页。

2.《陕甘宁边区政府文件选编》第七辑，档案出版社 1988 年版，第 274～275 页。

42. 陕甘宁边区政府民政厅、八路军留守政治部关于执行“编余人员送分区安置处理训令”之补充办法[①]（提供参考）

1943 年 6 月 29 日

一、对编余人员之处理，应执行政府与留守司令部的联合训令所指示之方针，同时更应注意其思想教育，继续为革命服务之精神，说明他们现在虽因体力等之限制，不能在前方抗战，但也应秉“有一分热发一分光”之精神，为抗战为建设自己家务，亦即建设边区事业而工作。

二、对边区休养[②]人员及其家属处理之具体补充办法：

甲、对必须退伍之人员：

1. 鼓励其务农。向他们解释在边区发展农业生产，不仅是建立家务之基本办法，而且农业生产是边区目前生产中心。因此也只有务农才有出路。

2. 对退伍人员须安置在较中心地区，一则能使他安心生产，再则免遭边境顽固分子之破坏挑拨与勾引。

---

① “甘肃史料版”将“补充办法”误作“补允法办”。

② “甘肃史料版”“档案文件版”，皆将“休养”印作“修养”。

3. 须明确宣布退伍后则完全享受公民权利，并担负公民义务。

4. 要关心体贴他们，帮助他们安家立业，政府可以发放农贷，同时要发动当地群众之友爱互助精神，以帮助与调剂其房屋食粮农具等，解决其困难。

5. 抗日军人退伍后，参加农工商务业生产时，五年免缴一切捐税，同时开垦荒地耕种等，三年免缴地租。

6. 对因病或残废与丧失劳动力者，得享受人民代耕之优待权利（代耕办法与优抗代耕同）。

乙、对休养人员：

1. 使之了解，休养目的主要是为恢复体力以继续工作，休养仅系临时性质。

2. 照顾休养员之生活，使之比一般工作人员之待遇好些（按病情轻重及本人工作历史规定待遇）。

3. 休养尽可能的应集中在一处或几处，便于领导与教育，如有特殊情形，个别可送到农村休养，但不宜过于分散，以免发生弊端。

4. 在休养过程中，应指定专人负责进行教育（特别对某些为个人生活着想的落后分子），争取其于短期休养后作（做）一部分工作（部队地方或生产部门）。

其必须退伍者，则按具体情况处理之。

丙、对家属之处理：

1. 退伍人员之家属则随其丈夫一同安置。

2. 休养人员之家属，其有工作能力且无小孩牵累者，则可分配其适当工作，其不能工作者参加生产，其有病不能工作与参加生产者，安置其休养；边区有家之家属，可送回家，其生活，按优抗条例优待解决。

三、退伍、休养之经费及处理手续：

甲、退伍人员须经分区旅政治部审查转专署安置。休养人员则由各分区司令部协同专署负责设立临时休养所安置。而由分区司令部负主要责任。

乙、处理退伍与休养人员必需之经费：

1. 退伍人员之经费概由专署做预算，财厅核发。

2. 休养人员之经费由各分区司令部预算，财厅核发。

丙、退伍及休养人员转送各地安置时，均须编为组织，选定专人（较好之干部）负责率领，不得听其自由行动或放任不管。

选自《陕甘宁边区政策条例汇集》续编，1944年版，第169～171页。

互校版本：

1.《陕甘宁革命根据地史料选辑》第一辑，甘肃人民出版社1981年版，第324～326页。简称："甘肃史料版"。

2.《陕甘宁边区政府文件选编》第七辑，档案出版社1988年版，第275～277页，简称"档案文件版"。原注："选自《陕甘宁革命根据地史料选辑》第一辑，甘肃人民出版社出版"。

43. 陕甘宁边区政府指示信（关于禁止吸食鸦片烟的指示）

1943 年 9 月 11 日

各专员公署、各县（市）政府：

吸食鸦片，是旧社会遗下的疮疤，过去我们已经治好很多了，但查还有少数未戒绝的，或戒了又吸食的烟民。必须再下一把劲，根绝烟民，免得“死灰复燃”。除禁种禁运另有禁令外，关于禁止吸食，特给以如下的指示：

一、限令各乡（市）政府于接到此指示一个月内，把境内烟民分别瘾的大小，年龄大小，戒绝期限，彻底清查登记一次。一般规定，三十岁以下的限三个月戒绝，四十岁以下的限五个月戒绝，六十岁以下的限十个月戒绝，年老且有病的可酌量延长。

登记时，要把烟民找来，当面说定戒绝日期和逐步戒绝的方法。乡（市）政府应随时检查或委托行政村主任自然村长（在市为关或坊主任）检查，不可于登记后听其自流。

二、登记烟民后，各地政府及各地卫生机关，应帮助烟民找戒烟丸药按瘾发给，如期戒断。必要时可设立戒烟所，集在一处禁戒。买戒烟丸药及住戒烟所，贫者可以不收费。

戒烟药品除特许各地卫生机关及保健药社制售外，私人不得制造及出售。

三、要和生产与教育工作联系起来，烟民多是不生产及行为堕落的人（大部是二流子），要用说服与强迫方法，使其卷入生产大潮，给以各方面的鼓励与帮助。同时要使他知道自己是社会一分子，至少不应为社会上看不起，以激发他戒烟的决心。今年改造二流子参加生产运动中，不少吸食大烟的二流子戒绝了。可见用积极方法策动戒烟，是很有效的。

四、要造成群众运动，不只是对烟民说吸食大烟怎样不好，而且要在村民大会上，市民大会上，做劝戒运动。一村一市有吸食大烟的人是不美满的，使得烟民不能不惭愧。同时要发动儿童妇女帮助戒烟，儿童能劝服其家大人戒烟的，是模范儿童；婆姨能劝服丈夫戒烟的是模范婆姨。如果丈夫顽固，乡村政府可允许在其丈夫未戒绝大烟时期，婆姨有管理其家经济的全权。

各乡村举行吃合夥（伙）及制定乡市公约时，在有烟民地方，应加上戒大烟一条。

五、发动烟民和烟民的戒烟竞赛，戒绝了的由政府及群众团体奖励，并令他在还未戒绝烟瘾的烟民中现身说法，广为宣传。

六、但经过劝导鼓励而仍不愿戒烟的，或隐匿不肯登记的，或逾期未戒绝的，或戒后又复吸食的，查出后，由区乡政府或司法机关罚办。罚办分罚金、罚禁闭……等，罚办的方式，由乡（市）政府决定，轻的凭众议处，重的送司法机关。

七、各级政府应将办理戒烟事宜——烟民多少，戒的情形，随时按级向上报告，今年总结工作时，戒烟工作是各级政府考核成绩之一。

主　席　林伯渠
副主席　李鼎铭
民政厅长　刘景范
副厅长　唐洪澄

选自《陕甘宁边区政策条例汇集》续编，1944年版，第164～166页。

互校版本：

1.《陕甘宁革命根据地史料选辑》第一辑，甘肃人民出版社1981年版，第337～338页。

2.《陕甘宁边区政府文件选编》第七辑，档案出版社1988年版，第307～308页。原注："选自《陕甘宁革命根据地史料选辑》第一辑，甘肃人民出版社出版"。

44. 陕甘宁边区政府指示信（关于拥军工作指示）

1944年1月9日

各专员县（市）长：

经过前年高干会与边区政府委员会第三次会议强调拥军之后，边区人民拥护军队的热情更加提高了。对于驻军、伤病员、残废军人及抗属，举行了普遍的慰劳，慰问；去年的自卫动员，更显示出军民之间的密切团结与人民对自己军队的爱护。三边、甘、富等地对军队开荒生产，给了应有的帮助；子长、安塞、同宜耀等县对优抗工作采取了一些具体办法。去年军队方面开展了拥政爱民运动，实行拥政爱民公约，做得很好。拥军运动与拥政爱民运动，使边区军民大团结更加巩固，保卫边区更有保证。但从全部拥军工作看来，还存在着严重的缺点：这就是在优抗工作方面，缺乏为抗属建立家务的观点；在归队工作方面，许多地方采取了消极应付的态度。这两大缺点必须克服。

依此情形，边府对于今后拥军优抗工作，及今年拥军月工作一给予下列指示：

（一）由于抗战与革命的长期性，拥军优抗须有长期打算。现在边区发展生产，军民丰衣足食，对于抗属工作尤须提高到帮助抗属建立家务，达到丰衣足食的水平。这就是今后优抗工作的方针。为了实现此方针，须采取以下具体办法：

第一，由各分区依据当地经济发展情况及人民丰衣足食情况，规定抗属丰衣足食的最低标准，包括衣食日用在内，无论男女老幼，同一享受。

第二，依前项每人每年食粮标准，保证每家抗属有足够的耕地（由当地政府调剂）和收获。

第三，依每家抗属具体情况，帮助其经营适当的副业，如纺织、畜牧、养蚕等等，以补助其日常用费。

第四，抗属中有劳动力的，须依其劳动力强弱，参加生产（耕种或经营副业）。参加生产应成为模范抗属的第一条件。劳动力不足的，由当地群众补助其不足部分；只有全无劳动力的才由群众全部代为经营。

第五，按户帮助抗属订立生产计划及其实现的办法，并经常检查其执行程度，解决困难。

第六，为抗属建立家务所缺乏的物资，尽量由当地政府与群众帮助解决；不足时，可优先取得农贷。

第七，凡物资局、公营商店与合作社，均有调剂抗属生产资料及收买抗属生产成品的责任。卖给抗属的生产资料和日用品，须凭抗属所持优待证（各分区应依照边区政府制定之式样印发之）给以九折优待。

在帮助抗属建立家务，保证丰衣足食的基础上，应注意抗属的政治教育，提高他们的觉悟程度；对于抗日军人的妻子，必须严格遵守边区政府一九四三年一月九日颁布的“陕甘宁边区抗属离婚处理办法”的限制，给以法律上的保证。凡挑拨离间抗属夫妻关系感情或唆使抗属离婚者，政府必须查究，并予以处分。

（二）对于退伍残废军人同样应该执行建立家务的方针，鼓励他们积极从事生产（以农业为主，不适宜从事农业者，得经营别业），帮助他们成家立业。地方政府应充分注意此项工作，看同优抗一样重要，并发动群众对他们的互助热忱。前面（一）项的第二、第三、第五、第六、第七各条办法，均适用于优待退伍残废军人。

在退伍残废军人中进行思想政治教育，号召他们学习退伍劳动英雄杨朝臣，鼓励他们发扬八路军革命传统，并用各种方法纠正某些退伍残废军人的落后思想，使他们在地方上成为公民模范。

（三）一九四三年的归队工作最少成绩，其责任首在各级政府未注意执行边府去年一月十五日颁布的“动员潜逃及逾假不归战士归队办法”，及时督促他们归队。现在必须利用冬季整理民兵及一九四四年拥军月的机会，将去年一月一日以来潜逃或逾假不归的战士，一律动员归返原部队。在归队动员中，必须贯彻上项办法的各项规定。同时鉴于停留在乡间的潜逃及逾假不归战士有相当数量，在着手动员前，各县政府须指导各区乡政府调查清楚，全乡全区应归队的战士及其未归队的原因，做好动员的准备工作。动员时，须派出在群众中有信仰的干部或劳动英雄，去向战士及其家属劝说解释抗战与保卫边区的光荣；向他们宣布边区政府今后优待抗属的方针和办法，听取他们的意见或困难，特别重要的是动员当地群众参加，把归队运动造成群众运动。如果不采取政治动员，不经耐心说服，不运用群众的规劝与批评，不具体解决归队战士家庭的困难，归队工作是难以收到效果的，简单的办法更易引起对立与恐惧，应当防止。

不论潜逃本地或逃他乡，均须一律归队，政府机关及群众团体不得录用他们，其已参加地方工作者同样应该归队，其有冒充移难民潜逃他乡者，其家属得按移难民优待外，其本人应归队。凡干部之亲属为潜逃战士者，应首先督促其归队，如有包庇，从严处罚。在动员期间，各县各区各乡之间，应互相取得联系，互相通知逃区的战士并代为动员，以资配合。

在动员期间，应与防奸斗争配合起来，加强自卫军哨站，严防奸细破坏。

要在此次归队运动之后，依据“动员潜逃及逾假不归战士归队办法”建立经常的归队工作，保证及时归队，今后军队实行战士请假条例，区乡政府必须保证假满如期归队。

（四）今年拥军月仍定于旧历年节举行，具体时间由各专员与分区司令协商规定，今年拥军月应推行下列各项工作：

（1）慰劳慰问军队、抗属、退伍残废军人及伤病员。举行军民联欢，宣传军民团结保卫边区，特别要向人民宣布“拥军公约”，宣传拥军归队、优待抗属及退伍残废军人的意义及办法。

（2）检查全部拥军工作，听取军队、抗属、退伍残废军人及伤病员对政府及人民的批评和意见；并执行自我批评。

（3）为抗属及退伍残废军人建立家务，进行具体的准备工作，如调查登记土地及各种生产条件之准备，帮助按户计划等等。

（4）完成去年一月一日以来潜逃及逾假不归战士的归队工作。

（5）为军队做鞋子十万双（具体办法已另行通知）。

（6）发现模范抗属、模范退伍残废军人，模范的拥军工作者（干部与群众）与拥军模范村，召集群众大会举行奖励。

（7）进行有关拥军登记，并作出拥军总结，汇送民政厅；同时将进行情况，随时写稿寄由解放日报登载。

主　席　林伯渠
副主席　李鼎铭
民政厅长　刘景范
副厅长　唐洪澄

附　件：

陕甘宁边区拥军公约

拥护军队　保卫边区
帮助生产　参加战争
军人过往　招待殷勤
转运伤病　爱护关心
防奸严密　消息灵通
优待抗属　建立家务
退伍残废　立业成家
潜逃战士　归队不差
过年时节　慰劳有加
军民团结　战胜日寇

选自《陕甘宁边区政策条例汇集》续编，1944 年版，第 141～146 页。

互校版本：

1.《陕甘宁革命根据地史料选辑》第一辑，甘肃人民出版社 1981 年版，第 418～422 页。

2.《陕甘宁边区政府文件选编》第八辑，档案出版社 1988 年版，第 35～39 页。

45. 陕甘宁边区抚恤优待条例（草案）

1944年9月9日

第一条　凡抗日军人及抗日工作人员有下列情形之一者受抚恤：

一、因作战阵亡者。

二、因公积劳病故者。

第二条　凡抗日军人及抗日工作人员有下列情形之一者受优待：

一、因作战残废者。

二、因公残废者。

三、军人服务八年以上年满五十者。

四、工作人员服务十年以上年满五十者。

第三条　受本条例抚恤或优待之人员除特殊情形者外，均以下列范围为限：

一、阵亡或病故人员之遗属居住边区境内者。

二、残废本人居住边区境内者。

第四条　凡抗日残废军人及抗日残废，工作人员之残废标准依下列所规定：

一、有下列情形之一或类似情况者定为一等残废。

（一）脑神经部分失作用者（如两目失明或两耳失听，不能说话等）。

（二）脊柱神经失作用，全身或半身瘫痪，或大便自遗小便失禁者。

（三）两手折断或失作用者。

（四）一腿折断已成残废者。

（五）内脏损坏而他部不能完全代效者。

（六）口腔、喉部失作用不能嘴嚼者。

二、凡有下列情况之一或类似情况者，定为二等残废。

（一）一目失明或两目差明者。

（二）声带损伤，说话不清，或口腔不便饮食者。

（三）侧面神经瘫痪经常头痛者。

（四）一手并一足不能同时自由伸屈，或一手瘫痪，或一手折断全失作用者。

（五）双腿关节僵直而行动不便或一腿失去大部作用者。

（六）内脏一部损坏甚轻而他部尚能代效者。

三、有下列情况之一或类似情况者，定为三等残废。

（一）一目差明，一耳失听或两耳带聋者。

（二）一腿稍拐者。

（三）一臂关节僵直，肌肉伸缩不开者。

（四）手指或脚趾之一部失去半数或一部之前节者。

四、凡在伤愈后神经麻痹，运动不适，恢复原状尚需时日者，定为临时残废，发给临时残废证，按照三等残废给领优待金；一年后另行检查，以伤势决定继续优待或停止优待。

第五条　抚恤及优待金标准依下列规定：

一、阵亡或在服务中病故者一次发给等于四石小米之恤金，由其遗属承领之（遗属解释见陕甘宁边区优待抗日军人家属条例第二条）。

二、一等残废每年发给等于八斗小米之优待金。

三、二等残废每年发给等于四斗小米之优待金。

四、三等残废每年发给等于二斗小米之优待金。

前项恤金及优待金均按照发给时之当地小米市价发给之。

第六条　凡受优待之残废人员均须取得下列证明书，由所属之主管机关验明并呈经边区抚恤委员会审核发给荣誉残废证后，方得按时向所在地之县市政府领取优待金。

一、属于军人者须经团级卫生机关填发残废证明书说明残废情形及等级。

二、属于抗日工作人员者须经县级卫生机关填写证明书说明残废情形及等级。

第七条　本条例第二条第三第四两款规定之受年老优待者，须由各该服务机关（团级或县级以上）首长填具服务年龄详细证明表，经边区抚恤委员会核发年老优待证，其作用与荣誉残废证同，发给等于三等残废之优待金。如六十岁以上失去劳动力者，其生活完全由政府供给之。

第八条　荣誉残废证及老年优待证如有损蚀，可向边区抚恤委员会或所在地专署调换；如有遗失，须经主管机关证明，并登报声明作废后呈报边区抚恤委员会查核补发之。

第九条　荣誉残废证及老年优待证不得转给他人，犯罪被剥夺公民权者，在剥夺其公民权期间停止优待。

第十条　荣誉残废证及老年优待证由边区政府统一制发之，抚恤金及优待金每年六月、十二月两次发给。

第十一条　受抚恤优待人除照本条例抚恤与优待外，并得享受陕甘宁边区优待抗日军人家属条例之优待。

第十二条　凡抗日军人及抗日工作人员退伍者，除仍享受本条例优待外，并由政府设法帮助建立家务，安定生活。

第十三条　本条例经边区政府委员会通过，边区政府公布施行。

选自《陕甘宁边区政府文件选编》第八辑，档案出版社1988年版，第353～355页。

互校版本：《陕甘宁边区法律法规汇编》，三秦出版社2010年版，第449～450页。

46. 陕甘宁边区查缉毒品暂行办法草案

1945年

第一条　为禁止毒品流毒边区，特制定本办法。

第二条　在边区政府之下，成立边区毒品查缉委员会，各分区成立查缉分会，负责办理全边区毒品查缉事宜。上项委员会由边区政府遴派五人为委员，就中一人为主任委员，一人为副主任委员。

各级毒品查缉委员会下设办公室，办理日常事宜，设办事员一人至四人。

各级毒品查缉委员会下设毒品查缉队，在查缉委员会主任，副主任指挥下，负责所辖区域查缉工作。其人员武器、马匹之编制，得按情况酌定之。

第三条　晋绥与陕甘宁两区毒品之查缉，以黄河为界，互不超越，各分区查缉，原则上亦只限于本分区范围内，若贩运者被查缉队追踪逃入其他分区区域时，原查缉队可跟踪追迹，直至没收；但应将贩运人及毒品带至没收地区查缉委员会处理，所得奖金应归原查缉人，若在没收地区有当地查缉队协助时，其奖金应分得之。

第四条　凡查缉人员执行任务时，须以查缉证为凭：

（一）普通查缉证：由边区查缉委员会制定，编列号码，加盖印鉴发给各分会，加盖分会印鉴后，通用于各该分区。

（二）特别查缉证：由边区查缉委员会制定，编列号码，加盖边区政府及边区查缉委员会印鉴，通用于全边区。

第五条　陕甘宁边区所在地之机关、团体、部队及个人，在本法定范围内，均有协助查缉委员会之义务；凡一切公私商店及其他营业性之机关，如遇有偷运或贩卖毒品嫌疑者，得依第六条之规定，施行检查。上项商店及机关，不得拒绝检查，否则以违抗禁令论处。

第六条　查缉手续规定如下：

（一）凡查缉人员执行检查职务时，须出示边区查缉委员会印发之查缉证为凭。否则，被检查人有权拒绝检查。

（二）对商店或住户施行检查时，须事先取得所在地政府机关批准，并派员协助；特殊情况则可先行检查，事后立即报告。

（三）查缉队或查缉员查获毒品时，必须连人带货，一同扣留，于一定时间内交所属查缉委员会处理。

（四）一切查缉人员不得滥用权力，挟嫌诬陷及其他舞弊徇私，违者依法重处。

第七条　没收与处理：

（一）查缉委员会查获之毒品，一律执行没收；犯法人则送司法机关究办。

（二）各县查获之毒品，交分区查缉委员会没收；各分区汇集各县所交毒品，定期解送边区查缉委员会。

第八条　协助查缉：

（一）各机关、部队、团体及群众，对于毒品有密报之权。经密报而查获之毒品，得依情形酌予金钱上之奖励。未经查缉委员会委托者，只有密报权，不得擅自进行检查。

（二）各部队、机关，如认为有委托代查之必要时，可由查缉委员会发给检查证，允许其在某口岸或市镇范围内建立代查关系，但须遵照本办法第六、七条之规定。

第九条　关于查缉人员之查缉守则，及查缉人员与密报人员之奖励办法，另文规定。

选自《陕甘宁革命根据地工商税收史料选编》第五册（1944—1945 年），陕甘宁革命根据地工商税史编写组、陕西省档案馆编印，陕西人民出版社 1987 年版，第 564～566 页。

47. 陕甘宁边区政府关于护送伤兵办法的规定

×年×月

各专员各县长：

查护送伤兵，事关抗战，按乡转送办法，延宕时日，增加伤兵痛苦，殊觉不合！兹由本府规定护送伤兵办法如下：

1. 各级政府，对战斗负伤员兵，应表示崇敬，并经常从政治上教育民众，提高民众爱护伤兵的热忱；

2. 伤兵经过的路线，政府居民群众团体应动员慰问，送开水或食物等；

3. 运送伤兵，应由甲县直送至乙县，中途不得按乡转送致延时日；

4. 伤兵到达甲县住宿后，当地政府应先通知乙县政府，以便准备；

5. 未接甲县通知，临时到达之负伤员兵，当地政府应立即动员群众直送乙县；

6. 对动员运送伤兵之群众，应减少其他义务劳动。

以上各条，合行令仰各专员各县长即便遵照，并转所属一体遵照为要！

此令。

选自《抗日根据地政策条例汇集》陕甘宁之部（上），1942 年版，第 223 页。

互校版本：《陕甘宁革命根据地史料选辑》第一辑，甘肃人民出版社 1981 年版，第 486 页。

48. 陕甘宁边区户籍条例（草案）

×年×月

第一章　总　则

第一条　本条例根据国民政府户籍法及陕甘宁边区之实际情况订定之。

第二条　户籍之籍别，以县市（等于县的市）为单位。

第三条　户籍及人事之登记，以乡市（等于乡的市）为其管辖区域。

第四条　中华民国人民而居住陕甘宁边区境内者，依下列之规定，定其户籍：

（一）在一县或一市区域内，有住所一年以上，而在他县市内无本籍者，以该县或市为本籍。

（二）子女除别有本籍者外，以其父母之本籍为本籍。

（三）妻以夫之本籍为本籍，赘夫以妻之本籍为本籍，一人不得同时有两本籍。

第五条　已有本籍而在他县市内居住满六个月者，以该县或市为其寄籍，无本籍或本籍不明，而在一县市内居住未满六个月者亦同。一人不得同时有两寄籍。

第六条　户籍之编造，以一家为一户，虽属一家而异居者，各为一户，机关、学校及宗教、寺院、教堂，以一 机关学校或一寺院教堂为一户，其主管人在本法上之地位，与家长同。

第七条　每户籍管辖区域（乡市）由乡（市）长负责领导，乡市居民代表协助乡长来进行工作。

第八条　乡（市）长应依据户籍登记簿，人事登记簿，分别编造下列各项统计季根及统计年根，呈送区公所转呈县市政府：

（一）本籍及寄籍，户籍变更事件之户数、人口、性别、年龄、职业统计。

（二）出生之男女及其父母年龄、职业及结婚、离婚、死亡，宣告死亡之男女及其年龄、职业统计。

（三）其他应行呈报事项。

县市政府接到前项报告后，应即编造关于全县市之分类统计季根及统计年根各一份，呈送民政厅，统计表格由民政厅定之。

第二章　登　记

第一节　登记簿

第九条　户籍登记簿分本籍登记簿与寄籍登记簿两种，每种各备正副二本，登记簿之格式由民政厅定之。

第十条　人事登记簿应依下列事项各为一册：

（一）出生

（二）认领

（三）收养

（四）结婚

（五）离婚

（六）监护

（七）死亡

（八）死亡宣告

（九）继承

前项登记簿之格式由民政厅定之。

第二节　登记之申请

第十一条　户籍及人事登记之申请，由申请人以书面或口头向申请人本籍或寄籍所在地之乡市政府为之。如后代人申请者，应于申请书中或口头申请时说明其与人之关系。申请义务人为未成年或禁治产人时，以其法定代理人为申请人，但于婚姻或认领事系不在此限。

第十二条　凡一户欲将本藉由一县市移转于他一县市者，由家长向本籍地政府请求发给转籍证明书。而在同一县市内欲由一乡市迁徙于他乡市者，应由家长向原乡市政府请求发给迁徙证明书。

第十三条　因申请之遗漏或其他事由，致无本籍或发生复本籍而申请设籍或除籍者，应先经设籍地或除籍地政府之许可。因分户而创设新户者同。

第十四条　子女之出生，由父母向出生地之政府申请登记之，父母均不能为申请时，依下列次序定其申请义务人：

（一）家长

（二）同居人

私生子之申请登记同上。弃儿由发现人或接发现报告之机关，于二十四小时内向发现地政府申请登记之。

第十五条　收养登记及终止收养登记，由养父或养母向本籍地之政府申请之。

第十六条　结婚与离婚登记之申请，应由双方当事人向本籍地政府为之，并由本籍地政府发给双方当事人结婚或离婚证明书。

第十七条　死亡登记之申请，应由申请人于知其死亡之日起十五日内向死亡地或死亡者之本籍地或寄籍地之政府为之，死亡申请人依下列次序定之：

（一）家长

（二）同居人

（三）死亡者死亡时所在之房屋或土地管理人

第十八条　死亡宣告登记之申请，应由申请宣告死亡之人，自判决确定之日起一月内，附具判决书向受死亡宣告者之本籍地或寄籍地之政府申请之。

第十九条　继承登记之申请，继承人应自其继承之时起二个月内，向被继承人之本籍地或寄籍地之政府为之；因继承而提起诉讼者，应于判决确定后，附具判决书为继承登记之申请。

第三节　登记程序

第二十条　乡市政府收受关于户籍及人事登记之各项书类或申请人口头申请后，应依本籍寄籍及应行登记事项之性质，分别登记于相当登记簿，查明属实即入户籍册。如本籍或寄籍有变更时，应通知有关乡市政府，为本籍或寄籍之注销或转籍之登记。

前项登记，并应记明各项书类收受之年月日及送交者姓名、职业、住所，送交者为机关或公务员时，须登记其机关名称或职务姓名。口头申请时，应记明申请之年月日及申请之姓名、职业、住所。

第二十一条　本籍不明者，经登记于户籍登记簿后，其本籍分明时，应依申请或通知为变更登记，如其登记之寄籍属于同一管辖区域时，应登记于本籍登记簿而撤销寄籍登记簿之原登记。

第二十二条　一户仅有一人死亡或受死亡宣告而为绝户者，乡市政府应经县府许可，于该户籍记载绝户原因及年月日而注销之。

第二十三条　此管辖区域土地区划名称及门牌号数有变更时，登记簿所记载之区域区划名称及号数，应即按照更正。

第四节　登记之变更

第二十四条　欲变更户籍及人事登记者，应经该管县府许可并发给许可证明文件。

第二十五条　欲变更户籍及人事登记者，应写明或说明下列事项：

（一）原登记事项之名称及年月日；

（二）所变更之事项；

（三）变更之原因及许可年月日。

因确定判决而变更登记时，并应附具判决书誊本，依前项规定申请之。

第二十六条　登记后利害关系人，如发现有法律上不能允许之事项或有错误脱漏情事，由乡市政府发现时，应即通知原申请人或利害关系人为更正登记之申请。

第二十七条　变更姓名者，应经该管县府许可，其申请变更时，应开具下列各款事项：

（一）变更前之原姓名；

（二）变更后之新姓名；

（三）变更之原因及许可之年月日。

第三章　诉愿与罚则

第二十八条　关于户籍或人事登记纠纷事件，以乡市政府之处分为不当或违法者，得用书面或口头诉愿于县政府，县政府接受书面或言词诉愿时，认为该诉愿无理由者，应以决定驳回之；有理由者，应以决定令该乡政府变更或撤销原处分。诉愿之决定，应送达于该乡市政府及诉愿人。诉愿人不服县政府之决定者，得向民政厅提起再诉愿，如诉愿人再不服民政厅之决定者，得向边区政府提起再诉愿，必要时得向司法机关依法提起诉讼。

第二十九条　于法定期间内，无正当理由应申请登记而不为申请，并经乡市政府催告后半个月内仍不为申请者，或对人口呈报不实者，处十元以下之罚金或二日以下之劳役。出罚金或服劳役后仍应申请登记之。

第三十条　乡市政府有下列情事之一者，得呈请县政府酌量给予该乡市政府之负责人以处分：

（一）无正当理由不受理关于户籍或人事登记之申请者；

（二）怠于户籍或人事之登记者；

（三）因呈报上级或转送同级之事项，不为呈报或转送者。

第三十一条　意图便利自己，陷害他人，关于户籍及人事登记为诈伪之申请者，按民法惩办之。

第四章　附　则

第三十二条　本条例施行细则由民政厅另定之。

第三十三条　本条例施行日期，以命令定之。

选自《抗日根据地政策条例汇集》陕甘宁之部（上），1942 年版，第 143～149 页。

互校版本：《陕甘宁革命根据地史料选辑》第一辑，甘肃人民出版社 1981 年版，第 460～466 页。

49. 陕甘宁边区各界妇女联合会简章

×年×月

第一章　总　则

第一条　本会定名为陕甘宁边区各界妇女联合会。

第二条　本会以促进边区各党各派各界妇女更进一步团结与巩固扩大抗日民族统一阵

线，拥护蒋委员长坚决抗战到底，争取抗日民族自卫战争的最后胜利，并谋妇女的解放为宗旨。

第三条　本会为抗敌后援会下团体会员之一。

第二章　会　员

第四条　本会为下列两种基础的组成：

（一）以个人资格加入本会之个人会员。

（二）以团体资格加入本会之团体会员。

第三章　入会资格及手续

第五条　个人会员：

（一）除汉奸卖国贼外，凡服从本会宗旨及简章者。

（二）凡十三岁以上的女性，经本会一人之介绍或经乡代表会批准者，得为本会会员。

第六条　团体会员：

（一）除汉奸卖国贼外，凡服从本会宗旨及简章的团体。

（二）凡愿与本会联合之团体。

（三）报名复经妇联组织上通过之团体。

第四章　组织原则

第七条　本会实行最彻底的民主集中制，一切决议都需经会议讨论，以多数意见为意见。决定后大家都需遵守。各级指导机关，概由代表大会选举，每个会员都有选举权。

第八条　本会代表大会产生的执行委员会，为两届代表大会之间的最高权力机关，下级需切实执行上级的决议与指示，并向上级作工作报告。

第五章　组织系统

第九条　本会组织系统：

边区各界妇女联合会——县各界妇女联合会——区或市各界妇女联合会——乡妇女代表会或乡妇女救国会。

第十条　边区各界妇女联合会为最高领导机关，庆环及关中各分区，皆不另设妇女联合会，由最高机关派常驻代表领导各县。

第六章　代表大会

第十一条　本会最高权力机关为代表大会，审查检讨执行委员会工作报告，制定工作计划，选举执行委员会。

第十二条　代表大会日期：区一年，县一年半，边区二年。在两届代表大会期中，执行委员根据需要或三分之二以上提议后，得临时召开大会。

第十三条　代表大会选举法，必须根据组织原则中所规定的最民主的规定来制定，详则由各届执行委员会拟订。

第七章　执行委员会

第十四条　执行委员会为代表大会闭幕后最高权力机关。

第十五条　执行委员会人数由代表大会规定。

第八章　常务委员会

第十六条　为进行工作便利起见，执行委员会中设常务委员若干人，根据工作不同分：

（一）正副主任各一人。

（二）组织科。

（三）宣传教育科。

（四）战时工作科。

（附注）根据工作之需要，在科下可设各种委员会或股。

第九章　纪　律

第十七条　本会为自觉纪律，依靠每个会员每个加入本会的组织，在服从本会的立场上，遵守本会利益：

（一）不做违反民族利益的行动。

（二）坚决与破坏民族利益的汉奸做斗争。

（三）如有违反民族利益行动，除开除会员资格外，并给以严厉处罚。

第十章　附　则

第十八条　本简章自公布之日起发生效力。

选自《抗日根据地政策条例汇集》陕甘宁之部（上），1942年版，第262～266页。

互校版本：《陕甘宁革命根据地史料选辑》第一辑，甘肃人民出版社1981年版，第473～476页。

五、军事法规

1. 陕甘宁边区政府、边区保安司令部命令——公布陕甘宁边区抗日自卫军组织条例

1937 年 10 月 1 日

兹制定陕甘宁边区抗日自卫军组织条例公布之。

此令

代主席　张国焘

保安司令员　高　岗

副司令员　周　兴

陕甘宁边区抗日自卫军组织条例

第一条　为动员边区人民实行对日抗战，特颁布本条例。

第二条　抗日自卫军系边区内半军事性质的群众抗日武装组织，同时是抗日的后备军。

第三条　抗日自卫军的任务：

（甲）保卫边区。

（乙）配合保安队或单独负责消灭汉奸、土匪，搜索零星匪徒，捕捉侦探。

（丙）担任警戒，设置盘查哨。

（丁）侦察敌情，递送情报。

（戊）经常进行抗战训练，负担抗时有关军事的工作。

第四条　抗日自卫军的队员。

（甲）凡边区的劳动公民，自愿执行抗日自卫军的任务与遵守抗日自卫军的纪律，年龄在十八岁以上四十五岁以下身体强健者，均有加入抗日自卫军的光荣权利。

（乙）适合甲项条件之妇女得按编制组织单独之妇女班排连，但小足妇女不得参加。

（丙）抗日自卫军之男女队员，均须经自卫军连部审查合格后，方得为正式队员。

第五条　抗日自卫军的编制。

（甲）抗日自卫军按班排连营编制，营为最高单位。

（乙）自卫军队员八人至十二人编成一班，设正、副班长各一人，二班至四班为一排，设正、副排长各一人，二排至四排为一连，设正、副连长各一人，二连至四连为一营，设正、副营长各一人。

（丙）各区班排连营长负责军事指挥及教育，各副班、排、连、营长负责政治领导及教育。

（丁）每乡或地域接近之两个乡编成一个自卫军连，每区编成一个自卫军营（营即设在区政府所在地）。

（戊）为适应抗战和发挥模范作用起见，各自卫军连得按情况编制基干自卫军班或排，自卫军营得编制基干自卫军排或连。

（己）每乡或地域接近之两个乡内的妇女自卫军得按乙项之规定编成妇女抗日自卫军之班排连，选任妇女为正、副班排连长，连为最高单位，各乡妇女须受同乡之男子自卫军连部指挥。

第六条　抗日自卫军的武器。

（甲）每个自卫军队员均须自备一件武器（如土枪、刀、矛、铁斧等）。

（乙）各基干队员之武器，须由自卫军营连部制备发给，必要时，得由保安司令部发给一部分新式武器。

第七条　自卫军各级首长之选任。

（甲）自卫军正副营长由边区保安司令部任免之。

（乙）自卫军区（正）副连长由自卫军连队大会选出，经县保安大队部审查委任之，并呈报边区保安司令部批准。

（丙）自卫军正、副排长由自卫军排队员大会选出，经自卫军营部审查委任之，并呈报县保安大队部批准。

（丁）自卫军正、副班长由自卫军班队员大会选出，经自卫军连部审查委任之，并呈报自卫军营部批准。

（戊）各正、副、班、排、连长不称职时，得按乙、丙、丁三项关于委任规定之同等手续罢免之，其后继人选由各级队员大会选出，按乙、丙、丁三项规定委任之。

第八条　自卫军必须有自觉的严谨的纪律，由边区保安司令部另行制定公布之。

第九条　对整个抗日自卫军之领导、指挥训练，统由保安司令部负责，随时由保安司令部以命令行之。

第十条　本条例自公布之日起施行，本条例如有未尽事宜由边区政府修改之。

附：组织系统表（略）

选自《陕甘宁边区政府文件选编》第一辑，档案出版社1986年版，第15～17页。
互校版本：《陕甘宁边区法律法规汇编》，三秦出版社2010年版，第82～83页。

2. 陕甘宁边区重新整理边区自卫军工作的决定

1942年4月1日公布

第一，陕甘宁边区抗日自卫军，在保卫边区、巩固边区的总任务下，数年来参加各种抗战动员和建设工作，有其不可磨灭的成绩，然而由于组织的不健全，生产和动员任务不能耽误，更由于和平环境的影响及某些自然条件的限制，大大的阻碍了工作的进展，并且其组织方式亦颇有不甚相宜于新民主主义的建设。如：

（一）现有自卫军人数约七万人，仅占边区人口总数二十分之一强，这说明有大多数抗日公民尚未参加武装组织。

（二）就自卫军阶级成份（分）说，尚未普遍到各个阶层中去，因此不能发挥广大群众力量。

（三）连以上的干部均系委派而非民选，因而不能发挥人民的积极性与自动性，巨大的革命潜力便不能充分发挥。

（四）在装备上尚未利用各种各色武器，同时技术训练亦差，教育工作限于少数队员且又不能经常与深入，因此即连为数甚少的队员亦难获其所需之实际教育。

上述弱点都直接或间接的减削武装群众的政治意义，假如我们的抗战建国工作，没有广大人民武装支援，我们的巩固边区、建设边区的工作，没有广大人民的武装协助，将都会受到巨大的损失，因此必须重新整理边区自卫军，并在组织上施以必要的改变，以求充分的发挥这雄厚的潜在力。

第二，为充分的发挥人民的自动性和积极性，及适应新民主主义的建设，自卫军必须以民主集中制为其组织原则，同时为启发人民保卫家乡的意念和热情，及发挥熟知当地风俗习惯地理人情的特长，则应很好的把握其地方性，即必须按地区实行编制与领导：

（一）人民武装应以县为其最高民主组织单位，归当地政府领导与指挥，县以上统一的在保安司令部系统下。

（二）各县区均成立人民武装委员会，专门领导本县区的自卫军，少先队及属于本县区的地方部队。组织办法：

1. 县人民武装委员会，由全县武装代表会（每一百——一百五十武装人民推选代表二人）民主产生委员七人，内主任副主任各一人，主任或副主任之一，则需具有必需之指挥能力，现即由区乡开始选举武装人民的代表。

2. 区人民武装委员会，由全区武装人民代表会（每乡武装人民三十人推选代表一人）民主产生委员五人，内主任副主任各一人，主任副主任亦须具有必需的领导指挥能力。

3. 各县区之人民武装大队部及营部，应与人民武装委员会混合组织，由主任或副主任兼任大队长（县）与营长（区）。队长由保安司令部加委，营长由县人民武装委员会加委，执行委员会的决定。另外大队部设干事二人，营部设干事一人，协助工作。

4. 乡不设人民武装委员会，只设连部，受区人民武装委员会与营长领导指挥，同时，受同级乡政府领导。

（三）连以下各级干部（班长以上），均由本队民主选举，经县区人民武装委员会加委。

第三，指挥关系：

（一）民主集中制，下级服从上级。

（二）政府有权指挥同级的人民武装自卫军与基干自卫军，应在政府意图下独立活动，战时应保持其机动性。

（三）人民武装在配合正规军作战时，应受正规军的指挥。

（四）为统一人民武装与保安部队的领导，仍将各地人民武装划归保安司令部系统，在该部内特设人民武装部（各分区保安司令部内设人民武装科，没有保安司令部之分区，人民武装科应设于专署），以加强领导和帮助人民武装的工作。

第四，编制：

（一）凡年龄在十九岁以上五十岁以下之边区公民，不分阶级、性别、籍贯、宗教、党派、职业、民族，一律参加自卫军（十五岁至十八岁参加少先队另有详细规定）。

（二）自卫军与基干自卫军之基层组织为班，每班五人至十四人（内正副班长各一人），两班至四班为一排，设正副排长各一人，两排至三排为一连，设正副连长各一人，各连营编制，均按当地人口及居民区域划分，不必求划一，普通自卫军每乡成立一个连。

（三）基于自卫军应求质不求量，故即应重新整理淘汰老弱，而于自卫军中抽调精干壮健觉悟较高，具有保卫家乡保卫边区热诚，在组成其年龄不得超过四十岁，大乡可成立一个排或两个班。

（四）妇女自卫军应单独编制不宜混合。

第五，人民武装的任务：

（一）自卫军在平时协助政府维持一般社会治安，战时帮助军队侦察敌情传递情报、书信、打扫战场、运输粮秣、伤兵、弹药、破路、修路、修筑或拆毁工事及其他勤务等，必要时亦须参加实际战斗行动。

（二）基干自卫军的任务，是在警卫治安，保卫地方政权，侦察敌情，在战斗情况下，须配合军队作战，袭击少数敌人，破坏交通，防止武装奸细及土匪的活动，指导自卫军，实行坚壁清野，掩护地方政权及人民转移等，必要时亦需参加勤务工作。

（三）妇女自卫军可进行较轻的勤务工作。

第六，人民武装的武器：

（一）普通自卫军以大刀、梭标、土炮为主，并准备必需的扁担、绳子、担架、铁锹、斧子等。

（二）基干自卫军以较好大刀、梭标、土炮、手榴弹（尽可能发给）为主，另配备一部步枪。

（三）必要时得以县为单位，设立火药制造所，制造红药、黑药、地雷、土枪（椿树炮、石头炮、抽水炮等），以供需要。

第七，人民武装的教育训练：

（一）普通自卫军目前以训练干部为主，每年一至两次，时间半月至一月，其训练内容以本身工作技术与政治教育并重。

（二）基干自卫军以区为单位，每年集中训练一次（干部另行增训一次）。

第八，人民武装的纪律：

（一）遵守政府法令与施政纲领，服从组织执行命令，不损害群众利益，不乱行敲诈与绑人，如违者送政府惩处。

（二）在军事集中行动时所犯（平时不得执行）军事上过失，重者送政府惩办，轻者由本队处理，其处罚办法分：劝告、警告、严重警告、罚勤务三天以下、罚禁闭三天以下（排长以下无罚勤务禁闭之权，连长亦只有罚勤务一天以下之权）。处罚时连以下均须在自卫军人大会上宣布表决，而后施行，绝对禁止肉刑与打骂戴高帽等非法处理。

（三）战场投敌及有反革命行为者，分别按锄奸条例处理之。

（四）缴获战利品及资材，应送交县自卫军大队部处理（如有重要文件及军用品并速即送交就近主力军），在直接配合主力军作战时，则应全部送交主力军处理，不得私自拿走或任意损坏。

第九，为加强政治工作，连设政治指导员一名，由区人民武装委员会指定，呈报县人民武装委员会加委。

第十，人民武装的经费：

（一）日常办公及教育经费，统一由当地政府筹发，向边区政府报销。

（二）人民武装营以上的干部，应与同级政府工作人员受同等待遇，连长及以下皆不脱离生产。

以上决定，望各级军政机关切实按照执行为要！

主　席　林伯渠

副主席　李鼎铭

留守司令员兼政委　萧劲光

保安司令员兼政委　高　岗

副司令员　王世泰

副政委　吕振球

选自《抗日根据地政策条例汇集》陕甘宁之部（上），1942年版，第178～183页。

互校版本：

1.《陕甘宁革命根据地史料选辑》第一辑，甘肃人民出版社1981年版，第160～164页。

2.《陕甘宁边区政府文件选编》第六辑，档案出版社1988年版，第10～14页。

3. 陕甘宁边区抗日自卫军组织条例

1942年4月22日边区政府第十八次政务会议通过

第一章　总　则

第一条　边区人民在抗战建国时期，在边区政府领导之下保卫家乡、保卫边区，组织抗日自卫军（半军事性）。

第二条　抗日自卫军为人民自卫武装，不脱离生产。

第三条　凡边区军民年满十九岁以上，五十岁以下者，不分民族，阶级、性别、宗派、信仰、职业，一律参加抗日自卫军，就自卫军、少先队中选择一部精壮勇健年在四十岁以下之男丁，组成为基干自卫军，其余均为普通自卫军。

第二章　抗日自卫军基本任务

第四条　普通自卫军之基本任务如下：

（一）维持地方治安，担任抗战勤务。

（二）敌人进攻时进行群众性之游击战争。

第五条　基干自卫军之基本任务如下：

（一）警戒地方治安，保护地方政府。

（二）清剿敌探与土匪。

（三）在战争情况下，配合正规军作战，或单独进行小规模的破击战斗，坚持游击战争。

（四）当敌人进攻时，指导普通自卫军实行坚壁清野，掩护地方政府与人民之转移。

第三章　抗日自卫军之领导与编制

第六条　抗日自卫军以县为其最高民主组织单位（在战争时期民主缩小可以指导）。① 县以上统于边区保安司令部系统，在当地政府领导下成立人民武装委员会领导之。

第七条　组织系统：

（一）边区保安司令部（内设人民武装部）。

（二）分区保安司令部（内设人民武装科，无保安司令部之分区，武装科设专署内）。

（三）全县自卫军指挥机关，设自卫军大队部（设在县政府内）。

（四）区设自卫军营部（设在区政府内）。

（五）乡设自卫军连部（设在乡政府内）。各级政府日常有权命令与领导当地人民武装。

第八条

（一）县人民武装委员会七人组成，主任一、副主任一、委员五（机关与大队合并不另设）。

---

① 几种版本皆如此，疑有误。可能是“战争时期民主组织单位可以缩小”。

（二）县大队部设大队长一、大队副一、干事二人至三人。

（三）营部设营长营副各一、干事一人（干事不脱离生产）。

（四）连部设正副连长各一人，政治指导员一人。

（五）排、班设正副排、班长各一人（连、排、班长均不脱离生产）。

第九条　抗日自卫军之队列编制人数，按当地人口及居民区域决定，不必划一，其名额如下：

（一）每五人至十四人为一班，二班以上为一排，两排以上为一连，两连以上为一营，两营以上为一大队。

（二）基干自卫军之编制与普通自卫军同，其不足一连者，日常仍受连部指挥，满一连者，另成立基干连连部（直属营部）。

（三）妇女自卫军单独组织直辖连部（其成份（分）按当地情形与本人自愿）。

第十条　县区人民武装委员会，由县区人民武装代表大会根据民主集中制的原则选举产生（乡不设立人民武装委员会）。

（一）大队长、营长由人民武装委员会委员中具有军事能力者分任（正、副）大队长（正、副）营长，具有政治工作经验者，分工担任指导全县自卫军军事政治工作，如政治委员必须共产党员。

（二）县以下之干部，均由人民自卫军军人大会选举（指导员除外）。

（三）县区出席代表大会选举条例另定之。

（四）连以上之干部当选后，呈请县人民武装委员会加委，排以下干部，呈请区人民武装委员会加委。

（五）县区人民武装委员会对所委干部有罢免权。

（六）连政治指导员由县人民武装委员会委派。政治工作直受县人民武装委员会指导。县以上受边区保安政治部总的指导。

第四章　抗日自卫军之武器

第十一条　抗日自卫军自备应用之武器如下：

（一）普通自卫军之武器以大刀梭标为主，并配备足数应用之运输与破坏工具。

（二）基干自卫军以各种新旧式枪械及手榴弹与地雷土炮为主，辅以大刀梭标及必要之破坏工具。

第五章　抗日自卫军之教育

第十二条　抗日自卫军之教育，军事政治并重，规定如下：

（一）军事教育以简单之游击战术与军事常识及使用武器，警戒之侦察情报勤务技术等为主。

（二）政治教育以新民主主义方针进行（内容另定）战争情势与自卫军任务为主。

（三）除平时教育外，并利用按时间进行短期的集训，其实施计划，根据当时当地居民情形决定期限。其决定应经县武装委员会批准后执行之。

第六章　抗日自卫军之纪律

第十三条　抗日自卫军须遵守政府法令，如有违犯者，处治与平民同。

自卫军在行动时，军事纪律条令另定之。

第七章　抗日自卫军之经费

第十四条　抗日自卫军办公费及教育费，统由各级政府编造预决算报由边区政府核销，其会计手续，并入各级政府总预决算内，不另立系统。

第十五条　区以上自卫军干部与当地政府同级工作人员受同等待遇。

第八章　附　则

第十六条　本条例由边区政府委员会通过公布施行。

选自《抗日根据地政策条例汇集》陕甘宁之部（上），1942 年版，第 183～188 页。

互校版本：

1. 《陕甘宁革命根据地史料选辑》第一辑，甘肃人民出版社 1981 年版，第 169～173 页。

2.《陕甘宁边区政府文件选编》第六辑，档案出版社 1988 年版，第 115～118 页。原注：“选自《抗日根据地政策条例汇集——陕甘宁之部（上）》，1942 年 7 月编”。

4. 陕甘宁边区政府命令
——禁止擅自扩兵归队等扰民行动

1942 年 11 月 16 日

各专员、县市长：

查近来各县有发生未经边府明令指示，擅自进行扩兵与归队运动，以及金融检查队之组织行为，肆行乡市，致使人民不安，于政府法纪亦属不合，兹特明令禁止。嗣后如未奉上级命令，再发生上述情事者，经查出后定予惩处，仰各专员、县市长遵照，并转饬所属一体遵照。于接获此禁令后，进行检查，并将检查结果随时呈报本府为要！此令。

主　席　林伯渠

副主席　李鼎铭

选自《陕甘宁边区政府文件选编》第六辑，档案出版社 1988 年版，第 393 页。

5. 陕甘宁边区军用电话线保护办法

1943 年 3 月 22 日公布

边区军用电话线，常遭破坏，据现有两机关不完全统计，在九个月内，已损失电线十斤之巨，检查结果，多系断线后被窃，次为敌探奸细所毁。当此通讯材料异常缺乏，价格昂贵，购买不易之际，交通一断，边区建设及军事指挥，均感受极大困难，为此，特制定保护办法如下：

一、各县区乡政府、驻军，应负责教育其所属人员，注意电话线之保护，凡设置有电话线之地带，概不准在电杆上拴牲口及在电线上挂衣物，若遇断线时，即当派人或用电话通知电话管理机关，不准随意将电线撤去，作为零用，或采不管态度。

二、凡电话经过居民之土地，该土地之主人应负照料之义务，若该段有断线事故发生，应即报告本村长，请其迅速告知电话管理机关，及时修复，若察知电杆腐朽，亦应报告村长转知电话管理机关修理。

三、驻军居民及各乡村哨站人员，应经常注意来往行人若带有电话线者，应即查明来历（凡代（带）有电话线之介绍信、商店之发票及部队行动时所带者均属例外），行（形）迹可疑者，即可送当地政府考察。

四、各县应令区乡政府及治安机关，召集居民会议，具体讨论军用电线保护办法，教育居民防止投机发财者之破坏，并调查群众中有无保存之电话线，如有，则详细报告政府备案，否则查出后得没收之。

五、本办法自公布之日起施行。

选自《陕甘宁边区政策条例汇集》续编，1944年版，第257～258页。

互校版本：

1.《陕甘宁革命根据地史料选辑》第一辑，甘肃人民出版社1981年版，第291～292页。

2.《陕甘宁边区政府文件选编》第七辑，档案出版社1988年版，第146～148页。附1943年3月22日以“战字699号”命令公布。

3.《陕甘宁边区法律法规汇编》，三秦出版社2010年版，第215页。

6. 陕甘宁边区抗日自卫军组织条例（草案）

×年×月

第一条　为动员边区人民实行对日抗战特颁布本条例。

第二条　抗日自卫军系边区内半军事性质的群众抗日武装组织，同时是抗日的后备军。

第三条　抗日自卫军的任务：

（一）保卫边区。

（二）配合保安队或单独负责消灭汉奸土匪搜索零星匪徒捕捉侦探。

（三）担任警戒设置检查哨。

（四）侦探敌情递送情报。

（五）经常进行抗战训练，负担战时有关的军事工作。

第四条　抗日自卫军的队员：

（一）凡边区的劳动公民自愿执行抗日自卫军的任务，与遵守抗日自卫军的纪律，年龄在十八岁以上四十五岁以下，身体强健者，均有加入抗日自卫军的光荣权利。

（二）适合甲项条件之妇女，得按编制组织成单独之妇女班、排、连，但小足妇女不得参加。

（三）抗日自卫军之男女队员，均须经自卫军之连部审查合格后方得为正式队员。

第五条　抗日自卫军的编制：

（一）抗日自卫军按班、排、连、营编制；营为最高单位。

（二）自卫军队员八人至十二人编为一班，设正副班长各一人，二班至四班为一排，设正副排长各一人，二排至四排为一连，设正副连长各一人，二连至四连为一营，设正副营长各一人。

（三）各正班、排、连、营长，负责军事指挥及教育，各副班、排、连、营长，负责政治领导及教育。

（四）每乡或地区接近之两个乡，编成一个自卫军连，每区编成一个自卫军营（营部设在区政府所在地）。

（五）为适应抗战和发挥模范作用起见，各自卫军连得按情况编制基干军班或排，自卫军营得编制基干自卫军排或连。

（六）每乡或地域接近之两个乡内的妇女自卫军，得按乙项之规定，编成妇女抗日自卫军之班、排、连，选任妇女为正副班、排、连长，连为最高单位，各乡妇女须受同乡之男子自卫军连部指挥。

第六条　抗日自卫军的武器：

（一）每个自卫军队员须自备一件武器（如土枪、刀、矛，铁斧等）。

（二）各基干队员之武器，须由自卫军营连部制备发给一部分新式武器。

第七条　自卫军各级首长之选任：

（一）自卫军正副营长由边区保安司令部任免之。

（二）自卫军正副连长由自卫军连队大会选出，经县保安大队部审查委任之；并呈报边区保安司令部批准。

（三）自卫军正副排长由自卫军排队员大会选出，经自卫军营部审查委任之；并呈报县保安大队部批准。

（四）自卫军正副班长由自卫军班队员大会选出，经自卫军连部审查委任之；并呈报自卫军营部批准。

（五）各正副班、排、连长不称职时，得按乙丙丁三项关于委任规定之同等手续罢免之。其后继人选，由各级队员大会选出，按乙丙丁三项规定委任之。

第八条　自卫军必须有自觉的严肃的纪律，由边区保安司令部另行制定公布之。

第九条　对整个抗日自卫军之领导、指挥、训练，统由保安司令部负责，随时由保安司令部以命令行之。

第十条　本条例自公布之日起施行，本条例如有未尽事宜，由边区政府修改之。

选自《抗日根据地政策条例汇集》陕甘宁之部（上），1942年版，第224～226页。

互校版本：《陕甘宁革命根据地史料选辑》第一辑，甘肃人民出版社1981年版，第447～449页。

7. 陕甘宁边区抗日少年先锋队组织条例（草案）

×年×月

（一）名称：本队组织固定名称："陕甘宁边区抗日少年先锋队"简称为"少先队"。

（二）宗旨：少先队以加强青年军事训练，锻炼青年体格，发扬青年抗战积极性，武装青年，动员青年保卫边区，增加抗战力量为宗旨。

（三）队员：凡边区十四岁至二十三岁的男女青年，体格壮健并赞同本队宗旨、遵守本队纪律者，依照入队手续，均可加入本队为正式队员。

（四）队员之权利与义务：

本队队员有下列权利：

1. "选举队长与副队长之权"，有选举权与被选举权。

2. 向上级机关批评与建议之权。

3. 受本队军事与政治教育之权。

4. 参加队员大会决定本队基本方针之权。

本队队员有下列之义务：

1. 参加保卫边区之各种工作，如维持治安、警备戒严、动员参战、执行一切工作决议。

2. 爱护本队名誉。

3. 遵守本队纪律。

4. 参加本队本身一切教育训练动员工作。

（五）纪律：本队纪律依靠队员自觉执行，但在必要时可以采取下述制裁办法。

一、口头劝告，二、警告，三、严重警告，四、开除队籍。

（六）组织原则：本队组织原则为民主集中制，各级正副队长均由该级全体队员大会选举，工作方针由全体队员大会决定，但在执行决定得成立小队，凡在一乡内得集合各小队组成中队，凡在一区内得集合各中队组成大队，各队选正副队长领导全队工作。

（七）领导：本队各级组织概归各级青救会领导，各级分队得参加各级青救领导机关，中队长兼青救俱乐部军事体育干事，大队长兼任青救会军事体育干事。

本队组织系统如下图（略）

（八）队长任期：本队大队长半年，小队长一月，中队长两月，连选连任，但在青救认为必要时，或全体队员要求时，可随时调动或撤换之。

（九）装备：本队装备由各个队员自备，每人最低限度必须备武器一件，此种武器仍归各个队员保存。

（十）经费：本队经费由各级青救会批准供给。

（十一）修正条例之规定：本条例有未尽事宜，得由队员大会通过，呈请边区青救会修改之。

选自《抗日根据地政策条例汇集》陕甘宁之部（上），1942年版，第188～190页。

互校版本：《陕甘宁革命根据地史料选辑》第一辑，甘肃人民出版社1981年版，第455～457页。

六、财金税法

1. 陕甘宁边区政府通令
（统一财政一切收入及公有财产管理事）

1938年9月25日

在抗战期中，统一财政，的确是当前重要工作之一。因为一切抗战工作都要动员财力调节收支，才能够充实抗战力量。在一年来财政工作固有不少成就，但因为领导的不够，以致各县财政工作尚存着不经［正］常现象，如自收自用，另造帐（账）簿、任意募捐、贪污浪费等，这是民族自卫战争中所不能允许和不能再继续存在的。

自令到之日起，不论在任何机关部队团体，必须遵照本府主席团八月一日之决定，绝对不许再有自收自用、假造帐（账）簿、任意募捐、贪污浪费等情事发生。另一方面，我们根据每月财政的收入，合理的统筹分配，以免在支付上顾此失彼，兹将统一财政具体办法列后：

（一）各县的一切收入——税收（盐税牲畜皮毛甘草等税）、没收款（烟土在内）、罚款、募捐、斗佣费等项收入，均应缴纳于各县第四科，再解交财政厅。但关于没收罚款，均应经过裁判机关，其他任何机关部队团体，不得有没收惩罚之权。

（二）各县公有之财产——土地（学田在内）、房屋、牲畜、树林、物品、器具等，均由各县第四科登记管理，不得有所损失。惟树林登记清楚，可由各县第二科经营，所出卖之钱，亦均归第四科收入。

（三）各机关部队团体及裁判机关一切收入，无论数目多少，都得随时交各县第四科及财政厅，掣取正式三联收据。但各县第四科所收之款，随时得交财政厅或分库，严禁埋伏不报。没收之烟土尤禁出卖，以免破坏政府禁令。

（四）各机关部队团体经费，除按每月规定批发外，不予增加，即或有临时的特殊需要及修理等费，必须开支时，得先作追加预算，呈财厅批准后，始得开支，否则不准报销。

（五）各机关部队团体在过去因必须的正当用途而超过之经费和借用一科或分库之经费，由各机关部队团体主管人负责审查，编制表册，连同单据送交各该上级再审核清理，提出意见，转交财厅以求解决。不得藉口过去经费不足，仍继续其自收自用，贪污浪费，破坏财政统一之严重现象。今后如有发现上述贪污等情事，得依“边区惩治贪污暂行条例”惩治之。

各级政府各机关部队及群众团体接到此通令之后，必须提出会议详细讨论，传达到各所属单位，更须切实执行——百分之百地做到财政统一，不许再有自收自用，假造帐（账）目，甚至贪污浪费等不良现象的发生，切切此令！

主　席　林伯渠
财政厅厅长　曹菊如
副厅长　艾楚南

选自《陕甘宁革命根据地史料选辑》第二辑，甘肃人民出版社 1983 年版，第 77～78 页。

互校版本：《陕甘宁边区政府文件选编》第一辑，档案出版社 1986 年版，第 89～91 页。

2. 陕甘宁边区政府禁止仇货取缔伪币条例

1939 年 6 月 10 日公布

第一条　凡陕甘宁边区所辖境内各地禁止仇货取缔伪币，均依照本条例办理之。

第二条　凡敌国出产之一切商品，无论其以敌国商标或冒充友邦及中国商标者，不得买卖之。

第三条　凡非仇货，但贴有敌国或伪政府之印花及标记，或夹带反宣传之文字者，亦不得买卖之。

第四条　凡属敌国或伪政府之货币，不得使用之。

第五条　边区人民不得以任何物质供资敌人暨伪政府，并不得以硬币或法币向敌人或伪政府作一切交换。

第六条　凡在边区之边界地方，得由各县政府与当地地方部队合组检查站，进行检查仇货工作，其他机关或部队，非经检查站不得擅行检查，检查站之组织条例另定之。

第七条　其检查出认为应没收之仇货，须报告边区财政厅批准。所有没收之仇货，全部缴交财政厅处理之。

第八条　凡违犯本条例第二条及第三条者，那（得）将其货物全部没收，并得按情节之轻重，给以有期徒刑之处分或科以罚金。

第九条　凡违犯本条例第四条及第五条者，得按情节之轻重处以有期徒刑或死刑或科以罚金。

第十条　凡隐藏暗地运入之仇货而经检举者，除运货人得受第八条处罚外，其隐藏货物者，亦受同等之处罚。

第十一条　凡有私人而假冒检查机关名义私行检查借故苛索者，或检查机关人员营私舞弊私自放行者；一经查（察）觉，均得分别以法惩治之。

第十二条　凡地方人民或在职公务人员缉获仇货解送检查站者，或事先报告检查机关因而缉获者，均得酌量奖励之。

第十三条　本条例自颁布之日起施行。

选自《陕甘宁边区政府文件选编》第一辑，档案出版社1986年版，第282～283页。
互校版本：《陕甘宁边区法律法规汇编》，三秦出版社2010年版，第247页。

3. 陕甘宁边区关于募捐惩罚动员各问题的决定

1940年

第一条　凡是在陕甘宁边区以内之各级机关团体有必要向边区人民举行募捐时，必须将募捐之理由范围及用途报告边区政府，经过边区政府通知各级政府后，才能在群众中进行募捐，否则不许募捐。

第二条　凡经过边区政府批准之募捐，该募捐机关必须将所募得之金钱或物质逐一公布，并报告边区政府备查。

第三条　凡未经边区政府批准而擅自在边区人民中进行募捐或征发者，或虽经过边区政府批准而从中舞弊贪污勒索者，一经查有确实证据，证明确属侵犯人民利益，违犯政府法令，得按照情节轻重，分别予以惩罚。

第四条　凡一切抗日民众团体及自卫军、少先队等，均无对人民施行惩罚、没收、罚款、禁闭之权力，上述抗日民众团体及自卫军、少先队等，如发觉会员或队员有违犯政府法令行为时，得据理向司法机关提出控告，请求制裁之。

第五条　自卫军少先队在担负警戒时，有权逮捕及扣留土匪、汉奸、逃犯、贩卖违禁物品者，或其他违犯法令者，但必须在十二小时之内，将所逮捕或扣留之人证或物证，向就近当地政府解缴，并取得政府接受的凭据。

第六条　凡犯人之财物，经政府判决没收，或向犯人判处之罚金等，必须在事后四十八小时之内公布其数量及没收与罚金之理由，并在同时间内向上级政府报告其没收之财物和罚金等，须如数缴交边区政府，边区政府以下各级无权处理和动用。

第七条　关于买卖婚姻、吸食毒品，均在政府严禁之列。但对近于买卖婚姻之礼金以及毫不从事贩卖而仅仅为了本人吃食而买有烟土或红丸烟泡烟具者，应否没收及罚金，取决于当地乡代表会议之多数，经乡代表会议多数决定。没收或罚金所得来之物质和金钱，属于毒品者，应缴交上级政府，按级汇缴边区政府。属于金钱和非毒品之物质者，其用途由乡代表会议决定，用于该乡公益事业或该乡以外其他公益事业上。

附注：凡本人吃食毒品又兼事贩卖者，应一律没收之，并得将毒犯逮捕交司法机关制裁，其所没收之毒品及毒犯所携带之财物其处置权不属于当地乡政府。

第八条　凡司法机关及保安机关以外之一切团体和机关，如有对人民施行没收、罚款、禁闭或其他肉体上之处罚者，均属违犯政府法令。一经察觉或被告发而有据者，政府得依法制裁之。

第九条　凡为军需及公共运输事宜，需动员民夫和牲口时，必须：

1. 须经过边区政府或行政专员或县长之批准；

2. 并依照当地情形出备伙食津贴和喂料费并不得虐待；

3. 动员来的民夫和牲口不准临时改为某一机关运输粮食柴火和个人行李之用。

第十条　自卫军和少先队人员每月所受义务训练，消耗的时间，除战时外，平时不能超过三十六小时，班长以上干部训练不能超过四十八小时，播种和收割时，须减除一半。

附注：本决定自公布到达后即施行之。

选自《陕甘宁边区法律法规汇编》，陕西人民出版社2006年版，第241～242页。

4. 陕甘宁边区政府命令——公布营业税收条例

1940年1月26日

兹制定陕甘宁边区营业税收条例公布之。二十六年十月份三边税务局制定之征收条例及本府于本年一月一日发各县暂作研究参考之税收条例草案均作废。

此令

主　席　林伯渠

副主席　高自立

附：

陕甘宁边区营业税收条例

第一章　总　则

第一条　本条例为动员一切财力，充实抗战经费而制定之。

第二章　项　目

第二条　凡从事下列营业者，无论其为个人营业或公共营业，均得交纳营业税。

甲、运销边区内所产之食盐或由边区外运进边区之食盐者；

乙、运销边区之产品或出品，经边区政府认为须征收营业税者；

丙、由边区外运销产品或出品入边区，经边区政府认为须征收营业税者；

丁、在边区内开设商店、从事买卖经纪、营业者。

第三章　税　则

第三条　第二条之（甲）项营业税，以驮为单位征收之。

第四条　第二条乙、丙、丁三项按从价作百分比征收之。

第五条　商店营业税，视其性质不同得按营业额或资本金额与营利额千分比征收之。

第六条　税率另定之。

第四章　征收手续

第七条　交纳营业税者，均须取得征收机关发给之税证为凭。

第八条　属于第二条甲项之食盐营业税，须在产盐地之第一税收机关或入边区之第一税收机关交纳之。

第九条　属于第二条之乙项，在购买地或起运地之第一税收机关交纳之。

第十条　属于第二条之丙项者，须在入边区第一税收机关交纳之。

第十一条　凡边区产品，在边区境内买卖销售者，不征税。边区以外入境之产品与出品入境时，照章纳税后，而在边区境内出卖者，不再收税。

第五章　奖　惩

第十二条　凡有偷漏税收而经查出者，按税率加一倍至五借处罚。

第十三条　凡地方人民及政府工作人员或武装部队缉获偷税送税收机关者，得于罚金内抽百分之五至六为提奖，报告偷税因而缉获者，得于罚金内抽百分之三至四为提奖。

第十四条　如有包庇隐匿偷税者，得斟酌情形予以相当处罚。

第十五条　惩奖规则另定之。

第六章　附　则

第十六条　本条例自公布之日施行。

第十七条　本条例修改解释之权属边区政府。

选自《陕甘宁边区政府文件选编》第二辑，档案出版社1987年版，第25～27页。

互校版本：《陕甘宁边区法律法规汇编》，三秦出版社2010年版，第382页。

5. 陕甘宁边区政府抗战时期查获违禁物品奖惩规则

1940年1月27日

一、本规则为奖励人民军队与公务员查禁战时违禁物品而制定之。

二、凡查获下列违禁物品者，均须奖励之：

（一）明令查禁之仇货；

（二）鸦片、吗啡、白料面、红丸、海洛英等毒品；

（三）贩运黄金白银；

（四）贩运军火或烈性爆炸物。

三、奖励分酌奖与提奖两种。

四、下列公务员或军警因有特殊功绩者，得受酌奖：

（一）检查机关之公务员；

（二）税收机关之公务员；

（三）缉私队员、税警队员；

（四）明令调派协助检查机关或税收机关之部队。

五、下列人员，如查获战时违禁物品者，得受提奖：

（一）人民；

（二）政府机关或社会团体公务员；

（三）军警。

六、酌奖：

每三个月奖该机关或部队全体公务员或队员品评一次，如有特殊功绩者，经该机关之负责人提出，交由财政厅审核批准，得予酌奖。但所有应受酌奖者，所得酌奖金总数不得超过该机关在三个月内所查获之违禁物品总值之百分之五。

七、提奖：

以随时缉获随时奖励。但全体应受提奖者，其所得奖金总数，不得超过所查获之违禁物品总值百分之五至十，其报告因而缉获者，提奖百分之五，直接缉获交政府者，提奖百分之十。

八、凡假借查禁战时违禁物品而徇私舞弊者，罚之。

九、凡包庇战时违禁物品者，罚之。

十、本规则自公布之日起实施之。

选自《陕甘宁边区政府文件选编》第二辑，档案出版社 1987 年版，第 36～37 页。

互校版本：《陕甘宁边区法律法规汇编》，三秦出版社 2010 年版，第 191 页。

6. 陕甘宁边区货物税暂行条例

1940 年 5 月 30 日

第一章　总　则

第一条　本条例为增加抗战财力，根据边区实际情形，参照国民政府法令，而制定之。

第二条　本条例以货物为征收对象，征收下列各税：

一、购运边区所产之食盐者，征收食盐产地税；

二、购运边区所产之皮毛者，征收皮毛产地税；

三、购运边区所产之药材者，征收药材产地税；

四、购运烟酒入边区内消费者，征收烟酒消费税；

五、购运迷信品入边区内消费者，征收迷信品消费税。

第三条　凡购运前条所列五种，如非边区所出产之货物，或不在边区消费之货物，而经过边区境界者，只征收过境查验手续费。

附注：

购运外面之食盐、皮毛、药材、烟酒、迷信品，既非边区出产品，又不在边区内行销，只是在地理上经过边区，故不可征收产地税、消费税，而只可征收过境查验手续费。

第四条　除第二条所列应征税之五种货物外，边区政府如认为其他货物有征税之必要者，得随时以命令征收之。

第五条　凡不在本条例所列应征税之货物，或无边区政府明令征税之货物者，不得征收任何货物税及过境查验手续费。

第六条　凡应征税货物，或应征查验手续费之货物，经一次征收后，经过全边区不得再征收其他任何捐税。

第七条　凡明令禁止入境之仇货或毒品，一经查获，应行没收，不得以征税代替之。

第二章　税　则

第八条　边区食盐产地税，或非边区所产之食盐过境查验手续费，均以驮为单位征收之。

第九条　边区皮毛、药材产地税，或非边区所产之皮毛、药材过境查验手续费，均按从价百分比征收之。

第十条　入境烟酒，迷信品消费税，及其过境查验手续费，均按从价百分比征收之。

第十一条　货物税率另定之。

第三章　纳税与查验

第十二条　购运边区食盐、皮毛、药材者，不问其为个人或公共之自用或行销于边区内外，皆应向边区出产地附近之边区税收机关缴纳产地税，领取税票通行。

第十三条　购运烟酒、迷信品入边区内消费者，不问其为个人或公共之自用或贩卖，均应向入边区境界附近之边区税收机关缴纳消费税，领取税票通行。

第十四条　凡购运边区外之食盐、皮毛、药材、烟酒及迷信品，经过边区者，均应向入边区境界附近之边区税收机关缴纳过境查验手续费，领取查验证通行。

第十五条　税收机关应在税票及查验证上载明下列事项：

一、某地税收机关及其经征人姓名。

二、纳税人姓名。

三、纳税货物及其数目。

四、纳税金额。

货物税票及查验证，由边区财政厅制定之。

第十六条　边区各税收局卡，对于已征税货物应验讫放行。其查验有税票与货物不符，或根本未经纳税者，得按其情节轻重，除令其照章缴纳税费外，并处以税率一倍至五倍之罚金。

第十七条　其查有在货物内私藏违禁物品者，得将货物连同违禁物品一并没收之。

第十八条　如私行包揽税收或庇护漏税者，得送司法机关法办。

第十九条　凡工作人员及人民查获偷税者，得于罚金内提百分之五至十奖励之。

第四章　附　则

第二十条　货物税施行细则另定之。

第二十一条　本条例自公布之日施行。

第二十二条　本条例修正解释之权，属于边区政府。

附：陕甘宁边区货物税率

第一类　购运食盐产地税——以驮为单位征收之，如下：

甲、以骆驼购运者，按每驮征收法币六元；

乙、以马、牛、骡购运者，按每驮征收法币四元五角；

丙、以驴购运者，按每驮征收法币三元；

丁、以车辆购运者，按驴驮多寡计算征收之。

第二类　购运皮毛产[①]地税——按从价百分之五征收之。其应征税之皮毛如下：

甲、毛绒（如羊、骆驼等毛绒）——但数量不满五十斤而为自用者免征；

乙、羊皮——但老羊皮不满二十张、二毛皮不满十张而为自用者免征；

丙、大兽皮（如马、牛、驴、骡、骆驼皮）——但不满五张而为自用者免征；

丁、其他杂皮——但不满五张而为自用者免征。

第三类　购运药材产地税——按从价百分之五征收之。其应征税之药材如下：

甲、甘草——但不满五十斤而为自用者免征；

乙、其他粗细药——但细药不满一斤，粗药不满五斤而为自用者免征。

第四类　购运烟酒消费税——按从价百分之十征收之，其应征税之烟酒如下：

甲、纸烟（如各种卷烟）——但不满一条者免征；

乙、水烟——但不满十包者免征；

丙、酒品——但不满十斤者免征。

第五类　购运迷信品消费税——按从价百分之三十征收之。其应征税之迷信品如下；

甲、香，表——但香不满十把，表不满一箱而为自用者免征；

乙、鞭炮——但火炮不满百个，鞭炮不满千个而为自用者免征；

丙、建千——但不满五块而为自用者免征；

丁、冥烧纸——但不满百张、烧纸不满二丁而为自用者免征；

第六类　过境物品查验手续费分别规定如下：

甲、非边区所产之过境食盐，以驮为单位，按照第一类所列税率同样征收之；

乙、非边区所产之过境皮毛，按从价百分之二征收之，但其免征者如第二类同；

丙、非边区所产之过境药材，按从价百分之二征收之，但其免征者如第三类同；

丁、非边区所出之过境烟酒，按从价百分之四征收之，但其免征者如第四类同；

戊、非边区所出之过境迷信品，按从价百分之十二征收之，但其免征者如第五类同。

选自《抗日根据地政策条例汇集》陕甘宁之部（中），1942 年版，第 399～404 页。

互校版本：

1.《陕甘宁革命根据地史料选辑》第二辑，甘肃人民出版社 1982 年版，第 109～113 页。简称“甘肃史料版”。

---

① “甘肃史料版”漏一“产”字。

2.《陕甘宁边区政府文件选编》第二辑，档案出版社1987年版，第260～263页。
3.《陕甘宁边区法律法规汇编》，三秦出版社2010年版，第350～352页。

7. 陕甘宁边区商业税暂行条例

1941年1月1日公布

第一章 总 则

第一条 本条例为增强抗战财力，依据国民政府公布各省营业税大纲第八条，斟酌边区地方实际情形实行统一累进税，避免苛杂而制定之。

第二条 凡在边区境内开设商号、店坊、摊、栈、庄、社、站、馆有一定地点，经营商业者，不问其为个人或公共，均须完纳商业税。

第三条 凡从事农业而兼营商业者，除依农业税法令之规定外，仍完纳商业税。

第四条 凡商人从事商业除完纳商业税外，不负担其他任何税项。

第五条 凡各种消费合作社、公营商店，一律照收商业税。

第六条 凡在边区境内经营商业，不问其为公私新旧设，均须开具下列事项，向税务机关或县市政府第二科申请登记请领营业证。

一、营业种类字号及其所在地；

二、营业主人之姓名、籍贯、住址；

三、营业之资本额；

四、营业期间（开了好久）；

五、一季或一年收入估计数；

六、一季或一年费用估计数；

七、一季或一年纯收益估计数。

前项商业证，由财政厅制发，视商业性质的营业期间长短分一季或一年换领一次。

第七条 商业税，应由纳税人按月向税务机关直接缴纳，如无税务机关的地方，向县或市政府第二科（财政科）缴纳，均应取得财政厅所制发的三联收据为凭。

第八条 各地税务机关于必要时，得设立商业税评议委员会，由税务机关、县市政府、参议会、商会、抗敌后援会，各派代表一人组织之，开会时以政府代表为主席。

第九条 税务机关或县市第二科，应将每月征收之商业税款除清解金库外，并须表报财政厅备查。

第二章 税 率

第十条 商业税以营业收益为课税标准，依百分比进行累进（税率表附后），视商业性质的营业期间之长短，按月按季或按年计算，其应缴纳税额，应平均按月按季征收之。如有流动性商人未设店铺者，照其营业性质临时一次征收之。

第十一条 商业有季节性者和临时贸易者，即按一季或某次营业计算，其总收益及应纳税额一次缴纳之。

第十二条 凡商业无季节性者，即按一年计算，其总收益及应纳税额得分为十二个月平均缴纳之。

第十三条　凡按月和按季计算总收益，不满一百元或二百元者；按年计算不满五百元者免税。

第十四条　边区政府于必要时得以命令择业酌免商业税或增减商业税率。

第三章　惩　奖

第十五条　商人故意不遵照第五条之登记请领商业证者，得令停业。

第十六条　商人故意抗税不缴者，得强制执行之。

第十七条　商人如伪造帐（账）簿或利用其他方法，意图隐漏税款者，除令照章补税外，税务机关得按情节轻重分别送司法机关办理，商人缴税款踊跃及起模范作用者奖励之。

第十八条　商人虽因经商而有利得，但因其他灾难，致缴纳不起商业税者，得豁免之。

第十九条　税收人员营私舞弊者，依边区惩治贪污条例处理，至执行职务有劳绩者，得由财政厅予以荣誉或物质之奖励。

第四章　附　则

第二十条　商业税施行细则另定之。

第二十一条　本条例修正之权，属于边区参议会，解释之权，属于边区政府。

第二十二条　本条例经边区参议会通过，由边区政府公布之日施行。

附：边区商业税率表

按年计算表			
纯收益	税率百分比	纯收益	税率百分比
100～300	2%	5.700～6.000	11.5%
300～600	2.5%	6.000～6.300	12%
600～900	3%	6.300～6.600	12.5%
900～1.200	3.5%	6.600～6.900	13%
1.200～1.500	4%	6.900～7.200	13.5%
1.500～1.800	4.5%	7.200～7.500	14%
1.800～2.100	5%	7.500～7.800	14.5%
2.100～2.400	5.5%	7.800～8.100	15%
2.400～2.700	6%	8.100～8.400	15.5%
2.700～3.000	6.5%	8.400～8.700	16%
3.000～3.300	7%	8.700～9.000	16.5%
3.300～3.600	7.5%	9.000～9.300	17%
3.600～3.900	8%	9.300～9.600	18%
3.900～4.200	8.5%	9.600～10.000	20%
4.200～4.500	9%	10.000～20.000	22%
4.500～4.800	9.5%	20.000～40.000	24%
4.800～5.100	10%	40.000～60.000	26%
5.100～5.400	10.5%	60.000～80.000	28%
5.400～5.700	11%	80.000～100.000	30%

附注：　1. 不满一百元者为免征点。
　　　　2. 百分之三十为最高率。

选自《抗日根据地政策条例汇集》陕甘宁之部（中），1942年版，第404～407页。

互校版本：

1.《陕甘宁革命根据地史料选辑》第二辑，甘肃人民出版社1982年版，第147～150页。

2.《陕甘宁边区政府文件选编》第二辑，档案出版社1987年版，第1～4页。

8. 陕甘宁边区各县市地方财政收入暂行章程

1941年1月1日公布

第一条　本章程为加强各县市财政收入增加抗战财力而制定之。

第二条　各县市财政收入，必须遵照本章程办理。

第三条　规定各县市地方财政收入范围如下：

一、公产——土地、房屋、森林、牲畜、油产；

二、1. 牲畜买卖手续费——骡、马、牛、驴、猪、羊；

2. 斗佣——谷子、糜子、麦子及其他杂粮；

3. 司法罚金。

三、1. 国民教育经费不足时劝募款；

2. 合理负担社会教育费课本费。

第四条　关于第三条第一类规定原则如下：

一、所有公产不论其为熟田、荒田，不论其划为教金或非教金，均须周密统计，详实登记，重新整理，以利财政收入。

二、公产进行整理登记后，必须有严密之管理，组织良好之经营方法，使一草一木财田产地，均获优厚之收益。

第五条　上项第二类经收办法如下：

一、斗佣——均从量向卖主征收百分之二，如一斗需纳斗佣二合。

二、司法罚金——系指赌博、婚姻、贩卖者①、吸烟顽固不改者。

三、牲畜买卖手续费，不论驼、牛、骡、马、驴、猪、羊等，均从价百分之五征收之。

第六条　国民教育经费筹募，根据该地学校需要及人民负担力量合理筹划。

第七条　关于第四条、第五条各项财政收入具体办法另定之。

第八条　各县市对于本章程规定之地方财政收入，可斟酌当地情形建立必要的组织，拟定具体办法，以保证财政的收入，但需要呈报边府备案。

第九条　为使地方财政相对独立，并加强其责任起见，特规定办法如下：

一、以第三条第二类收入的百分之五十划归各县市地方经费之用，百分之五十由边府调拨之。

---

① 原文皆为“贩卖者”，疑为“贩毒者”的误排。

二、以第三条第一类全部收入充作各该县市生产自给不足时，补充教育经费之教育基金。

三、各县市政府及所属各机关，除粮食由边府统支外，所有经费应划归地方财政支办，以期做到收支适合自给自足的原则。

四、地方财政收入总和，在正确的财政政策下能每年增加者，得将其历年增加数目的二分之一划归各县市扩充经费之用，以示奖励。

五、各县市有特殊情形确实不能做到自给者，得申叙理由呈请边区政府酌量补助之。

第十条　各县市所经收之地方财政收入款项，一律按最近颁市之金库法处理，并按月向边府报告收入经过。

第十一条　各县市财政收入，除按第三条规定范围之外，如欲另辟税源得经县参议会通过，向边府呈请批准后，才能实施，否则不能另立名目，擅自征收。

第十二条　各县市地方财政收入，不得与边府直接税收混淆或合并。

第十三条　本章程自公布日施行。

第十四条　本章程修改之权，属于边区参议会与边区政府。

选自《抗日根据地政策条例汇集》陕甘宁之部（中），1942 年版，第 298～300 页。

互校版本：《陕甘宁革命根据地史料选辑》第二辑，甘肃人民出版社 1982 年版，第 151～153 页。

9. 陕甘宁边区财政厅组织规程草案

1941 年①

第一条　本规程依据陕甘宁边区政府组织条例之规定制定之。

第二条　财政厅设厅长一人，副厅长一人，承边区政府委员会之命，总理全厅事务。

第三条　财政厅内设下列各室科：

一、秘书室；

二、视察室；

三、第一科；

四、第二科；

五、第三科；

六、第四科；

第四条　财政厅下设下列各局库：

一、粮食局；

二、税务局；

① 原注：此时间系考证得来。

三、盐务局；

四、金库。

第五条　秘书室之执掌如下：

一、关于各种文件之撰拟、复核、缮印、校对、收发、递送与保管事项；

二、关于机要事务之处理事项；

三、关于各种条例章则之拟制与审查事项；

四、关于各种报告、计划之审查与汇编事项；

五、关于政府公报之编辑与图书之保管事项；

六、关于财政问题范围内各种材料之调查统计；

七、关于厅务会议之通知与记录事项；

八、关于印信典守事项；

九、关于人员进退、勤惰考核之登记与学习之指导事项；

十、不属于其他各室科执掌事项。

第六条　视察室之执掌如下：

一、关于边区财政事务之考察、研究与提出报告事项；

二、关于各地财政事务之协助与督促事项；

三、关于各地财政事务之考察与纠正工作上错误事项；

四、关于财政厅所属各机关工作勤惰之考核事项；

五、其他有关视察室执掌事项。

第七条　第一科之执掌如下：

一、关于公产之调查登记与表格之制发事项；

二、关于公产之保管与处理事项；

三、关于厅内公物之购置、保管与分发事项；

四、关于经费之出纳与保管事项；

五、关于杂物［务］人员之管理与教育事项；

六、关于生产事务之计划与领导事项；

七、其他有关第一科执掌事项。

第八条　第二科之执掌如下：

一、关于岁入岁出之调查统计与研究事项；

二、关于各机关岁计、会计制度之建立与指导及表格之制发事项；

三、关于各机关岁入岁出概算、预算、决算之审核及总预算书、总计算书之编造事项；

四、关于各机关财务上应合办或统筹事务之建议及增减经费与提高效能之研究事项；

五、关于总预算之支付及预备费动用之审核事项；

六、关于月份分配表各种计算书之汇编与报告事项；

七、关于金钱物品之帐（账）簿登记及收支凭单之核签事项；

八、关于各机关会计及会计报告之检查与稽核事项；

九、关于财务费之保管与支付事项；

十、关于金库管理之监督事项；

十一、关于会计、岁计人员之训练事项；

十二、其他有关第二科执掌事项。

第九条　第三科之执掌如下：

一、关于各种税则税率之研究与审计事项；

二、关于督导各级政府征收救国公粮事项；

三、关于粮秣保管、支用之检查与审核事项；

四、关于边区食盐之生产、运输、推销之计划与指导事项；

五、关于粮秣、税务、盐务各种条例章则之拟制与审查事项；

六、关于粮票、税票、盐票之审订、保管、批发与稽核事项；

七、关于一切有关粮秣、税务、盐务工作之计划及纠纷之处理与调整事项；

八、关于粮秣、税务、盐务机关册报之审核、统计与汇编事项；

九、关于粮秣、税务、盐务人员之训练事项；

十、其他有关第三科执掌事项。

第十条　第四科之执掌如下：

一、关于债券之发行、保管、募集及许本付息事项；

二、关于边区内各种货币之调整及硬币与生金银出入口之检查与核准事项；

三、关于依法监督公私银行之各种发行事项；

四、关于依法监督与检查公私银行一切营业事项；

五、关于信托业、储蓄业及其他金融事业之监督与取缔事项；

六、关于有关债券、贸易各种材料之调查、统计、研究及编制报告事项；

七、关于与敌伪作经济斗争之研究、计划与指导事项；

八、其他有关第四科执掌事项。

第十一条　前列各室、科得依事务之繁简分股办事。

第十二条　秘书室设主任秘书一人，秘书四人，科员若干人，股主（任）由秘书兼任。

视察室设视察主任一人，视察员若干人。

各科设科长一人，股主任若干人，科员若干人。必要时，各科得设副科长一人。

主任秘书、秘书、科长由厅呈请边区政府委任；视察员、股主任、科员由厅委任，呈报边区政府备案。

第十三条　财政厅因事务之上需要，得聘用专门人员为顾问，并得组织特种委员会。

第十四条　财政厅之办事细则另定之。

第十五条　本规程自提请边区参议会通过并经边区政府公布之日施行。

第十六条　本规程如有未尽事宜，得随时提请边区参议会修改之。

选自《陕甘宁边区政府文件选编》第四辑，档案出版社1988年版，第472～475页。

互校版本：《陕甘宁边区法律法规汇编》，三秦出版社2010年版，第96～98页。

10. 陕甘宁边区财政厅金库条例

1941年1月公布

一、金库负责掌管边区财政之现金、出纳及保管事宜。

二、金库分下列三种：

1. 总金库——设立于边区政府所在地；
2. 分金库——设立于分区；
3. 支金库——设于县。

三、金库由边区财政厅管理之。

四、总金库统辖各分区分金库，各分库统辖该分区各县支库，其未设立分金库地方之支金库，则由总库直辖之。

五、金库概委托边区银行代理之，其未成立分支行地方之金库，则附设于专员公署或各县政府之内，由总金库指定专人负责。

分支库在工作上受当地同级政府之领导监督与检查，但当地同级政府无支配金库存款之权。

六、边区银行对于金库之现金出纳、保管事项，应对财政厅负完全责任。

七、支金库设主任、会计、出纳各一人，主任可兼会计或出纳，但出纳不得由会计兼任。

八、分金库除主任、会计、出纳外，得酌用巡视员及必须（需）的技术人员。

九、各级金库主任，由边区银行总分支行行长兼任，其未设立分支行地方之分支库主任，由总库委任。

十、一切岁入岁出之款，概由金库收纳或支付，无论任何机关，均不得收款不缴或于未缴金库以前擅自动用，违者金库应加干涉，并报告同级政府、上级金库及边区财政厅处分之。

十一、一切支出非有财政厅长盖章之支付命令，总金库不得付款，下级金库非有上级金库之支票，不得拨款给任何机关，但事前得上级正式通知许可者不在此限。

十二、各级金库应按月将出纳、保管实际状况，向总金库报告，由总库汇报边区财政厅备查。

十三、各分支库存款，由上级调度支配下级金库之存款，应随时听候上级金库提取。

十四、财政厅得随时派员检查金库帐（账）簿、单据及库存现金。

十五、本条例自公布日起施行。

选自《抗日根据地政策条例汇集》陕甘宁之部（中），1942年版，第297～298页。

互校版本：《陕甘宁革命根据地史料选辑》第二辑，甘肃人民出版社1982年版，第156～157页。

11. 陕甘宁边区盐务管理委员会暂行组织章程

1941 年[①]

第一条　陕甘宁边区盐务管理委员会（以下简称本会）承边区政府之命令组织之。

第二条　本会设主任委员一人，委员二人，均由边区政府派充。

第三条　本会执掌如下：

一、关于保护盐场及提高食盐产量、质量之计划与指导事项；

二、关于督导各级政府动员并帮助人民运输食盐事项；

三、关于改善运盐交通事项；

四、关于推广食盐销路之计划与指导事项；

五、关于食盐之生产、运输、推销等之调查统计及报告事项；

六、关于考核指导所属机关之工作及册报事项；

七、关于其他有关盐务事项。

第四条　本会内部暂不设置员司，一切文件由主任委员托财厅代办，并借财厅印信。

第五条　本会所属机关如下：

盐务局：掌理该管区域内盐之制造、贮藏、销售及征收盐税事宜。三边盐务委员会：由三边党政军民及盐务局各机关团体最高负责人会同组织之，在不违背本会之计划与决定之范围内，协助该地盐务局推进盐务事宜。

第六条　本会委员会暂定每月一次，由主任委员召集之，必要时召集临时会议。

第七条　本章程经过边区政府核准后施行。

第八条　本章程如有未尽事宜，须呈准边区政府随时修改之。

选自《陕甘宁边区政府文件选编》第三辑，档案出版社 1987 年版，第 53～54 页。

互校版本：《陕甘宁边区法律法规汇编》，三秦出版社 2010 年版，第 130 页。

12. 陕甘宁边区政府规定食盐公卖办法的训令

1941 年 1 月 25 日

县县长分区专员

令各

县税务局长三边盐务处处长

为令遵事：查食盐关系民生，本府为了防止私人囤积居奇，因此改为公卖，以供应人民之需要，兹规定办法如下：

---

① 原注：边区盐务管理委员会于 1941 年 1 月成立，此件的时间可能是 1 月。

（一）凡购运边区境内所出产的食盐，领有边区盐务处公卖票者，一律准许通行边境内外销售，不得阻止。

（二）凡购运不是边区境内所出产的食盐，未携有盐务处公卖票而入边区境内者，依本年一月一日的布告征收入境税，征税后即准许在通行边区境内外销售，不得阻止。

（三）凡购运边区境内所出产的食盐，未领有边区盐务处公卖票者，以私卖论，依盐［务］处所规定的公卖价格处罚之。

以上办法，仰即宣布民众周知为要！

此令

主　席　林伯渠
副主席　高自立
财政厅长　霍维德

选自《陕甘宁边区政府文件选编》第三辑，档案出版社1987年版，第37页。

13. 陕甘宁边区政府关于禁止法币流通的布告

1941年1月30日

现因时局紧张，政府为巩固地方金融，保障法币不外流资敌，特决定办法如下：

一、从本布告之日起，边区境内停止法币行使。

二、凡藏有法币的，须向边区银行总分行或光华商店总分店兑换边区票币行使。

三、禁止私带法币出境，但因正当营业或旅行，须带法币出边区境外的，数在一百元以上五百元以下的，须申请专员公署核发准许证，直属各县则直接申请财政厅核发准许证。

四、凡银行邮局及其他金融机关，承汇款须至边区境外的，须由汇款人先照第三条规定取得准许证后，才得承汇。

五、凡照第三条规定取得准许证的，得凭证用边区票币向边区银行总分行或光华商店总分店兑换法币。

六、凡未取得准许证而私带法币出境数在一百元以上的，如系无知误犯，得勒令存放银行或兑以边币，如系有意破坏法令，重则没收，轻则处罚。

七、查获私运法币出境，经政府核准没收或处罚的，其没收款或罚款以五成充公，五成偿给查获人。

选自《抗日根据地政策条例汇集》陕甘宁之部（下），1942年版，第490～491页。

互校版本：

1.《陕甘宁革命根据地史料选辑》第二辑，甘肃人民出版社1983年版，第158页。

2.《陕甘宁边区政府文件选编》第三辑，档案出版社1987年版，第52～53页。

14. 陕甘宁边区公产管理办法

1941年2月1日公布施行

第一章 总 则

第一条 本办法为统一边区公产管理，增加收益，减少损失而制定之。

第二条 本办法所称公产，系指边区境内之政府公田、公房、公树、公畜、公矿、学田、教产、抗日军人之公田（即从前红军公地），以及其他不属于私人之财产而言，统归各县、市政府第二科管理，受财政厅指导监督之。

第三条 凡属于政府公产的收益（如租息等），为政府财政收入之一种，凡属抗日军人公产的收益，则为优待抗属及救济残老退伍抗日军人之用。

第二章 办 法

第四条 各县、市所有之公田、学田，即责由各县、市政府第二科，将田地面积（即亩数）四至及类别（如山地、川地）等，调查清楚，分别造具政府的公田、学田和抗日军人的公田清册，呈报财政厅备案。

第五条 凡公田已出租者，须将承租人姓名、住址及其每年应缴的租额，分别造具政府和抗日军人的公田租粮清册，呈报财政厅备案，其未出租者，须妥为登记管理，按照边区政府所规定的租息法令或当地民间通行的租息，租给无土地或土地不足的居民，及外来的灾难民耕种之。

第六条 各县、市所有的公房，责由各县、市政府第二科，将公房的坐落、类别（如平房、瓦房、土窑、石窑）、间数等，调查清楚登记，并呈报财政厅备案。

第七条 前条公房，除公家（如党、政、军、群众团体、学校）使用者外，如是公私经营商业使用者，须缴纳房租。

第八条 各县、市公共森林及果木树的管理办法，除遵照边区森林保护条例办理外，由县、市政府第二科与区、乡政府共同管理各种果树之出租事宜。

第九条 果树的出租，得以投标方法办理之。

第十条 各县、市所有的公牲畜，责由各县、市政府第二科，将牲畜的类别（如牛、羊）、头数，及承揽人的姓名、住址调查清楚，列表呈财政厅备查，其不能生育而年齿老迈的牲畜，得由第二科投标价卖之。

前项牲畜每年繁殖之羔犊，除承揽人应分数不计外，公家应得之数，须由第二科按年呈报财政厅一次。

第十一条 公田内所生之芦苇，每年秋末投标出卖一次，作为公家之收益。

第十二条 各县、市境内各种矿产（如煤、铁、银、玉、石膏等矿），由各县、市政府第二科调查清楚保管，并速呈报财政厅、建设厅计划开发之。

第十三条 凡公产之收益，除已由边区政府指定用途者（如教育款产、救济基金、抗日军人公田等）不得挪作他用外，应经县、市政府财政委员会的决议，报由财厅核准后，方能支配之。

第十四条　凡公产之收益，各县、市长应检查和督同第二科，按年总结报告财政厅一次。

第三章　附　则

第十五条　凡对公产管理得法成绩卓著者，由财政厅奖励之，其有浪费贪污者，送司法机关惩办之，

第十六条　本办法自呈准边区政府公布日施行。

选自《抗日根据地政策条例汇集》陕甘宁之部（中），1942年版，第301～303页。

互校版本：

1.《陕甘宁革命根据地史料选辑》第二辑，甘肃人民出版社1983年版，第159～161页。

2.《陕甘宁边区政府文件选编》第三辑，档案出版社1987年版，第56～59页。

3.《陕甘宁边区法律法规汇编》，三秦出版社2010年版，第257页。

15. 陕甘宁边区政府推行建设救国公债宣传大纲

1941年2月4日

第一，为什么要发行公债？

甲、建设救国公债是什么？

（一）边府因为要做些建设救国的事情，如发展农业，建设工厂，修筑水渠，修筑大车道等，这些事于人民有利，但是却非钱不行，所以政府要向人民借些钱，借钱来做救国事业，叫做建设救国公债。

（二）私人借钱叫私债，公家借钱叫公债。公债是公家向人民借的，由政府负责偿还。

乙、为什么要发行救国公债？

（一）边区周围遭受顽固分子和日寇的包围封锁，以至边区内的东西卖不出去，边区外的东西运不进来，因而边区人民感到穿衣吃饭都很困难。如白布卖到一元七八角一尺，麦子卖到十三元一斗，洋火卖到一元多一包，而且现在继续往上涨。边府为了要冲破敌人的包围封锁，解决人民的困难，故边府才决定发行建设救国公债，来做些发展工业，如修筑工厂，购买机器等是［事］；发展农业，如修筑水渠堤道等是［事］；只有做到工、农，商业都很发达，才能解决边区内穿衣吃饭等问题，只有把穿衣吃饭问［题］都解决了，才能巩固边区，保障人民已得的革命利益，改善人民的生活。

（二）政府准备在这次建设救国公债中做些什么事呢？

（1）改良农业发展畜牧：如修筑水渠堤道、开垦荒地，改善农作法等来提高食粮生产的数量；推广种植棉麻，增加纺织原料的生产量，来解决人民穿衣困难，发展边区的牧畜（业）的生产，如羊、牛、驴、骡等，加强牲畜的防疫工作，设立兽医院。

（2）发展纺织工业，煤矿、食盐的生产。扩大边区难民纺织工厂和新华制革厂，使这些工厂生产的布匹和羊毛，能相当供给边区人民军队及工作人员的需要。赶快修筑三边的

盐坝，以防水旱影响，增加食盐的产量，减低食盐价格。开发延安、安定等地的煤炭和延长的石油，来解决燃料和灯油的困难。

(3) 发展交通运输事业：削平咸榆公路的坡度，改善其弯度，修通定庆、庆富、庆盐、延靖、定绥等大车道，修筑各区乡的驮道，来发展交通运输事业，同时也是发展边区商业。

以上三项重大的建设工作，就是这次公债所以要做的事情。这些事情，不只是政府要做的，同时也是人民自己所需要的，因而这次发行的建设公债，是政府的同时也是人民自己的。

第二，公债的种类、价值及其偿还的办法。

甲、公债的数量、种类和担保品

（一）建设公债的数量：共发五百万元。

（二）建设公债的种类：分五十元、十元、五元三种。

（三）公债的担保品：公债定于今年按票面十足发行，并以边府的盐税、商业税等税收作担保品。

乙、公债券的价值及其购买办法

（一）公债券的价值：债券可以自由买卖抵押，每年还本息时可作现金缴纳税款，可向边区银行、光华商店及合作社兑换法币。

（二）公债券如何购买：可用法币、硬币、白银、赤金、光华票及货物等向指定机关购买。

丙、公债本息如何偿还？

（一）公债利息：规定为年利七厘五毫。譬如一张五元的公债券，则每年可得利息三分七厘五毫，一张十元的每年可得利息七分五厘。

（二）公债规定十年还清：即每年还本十分之一，外加利息。譬如一张十元的公债券，第一年还本一元，外加七分五厘，共一元零七分五厘。

（三）还本息时的地点：政府指定边区银行、光华商店及各地合作社办理。

第三，只要努力的推行，一定能完成任务。

同志们：当你们接到推行公债和这份宣传大纲的时候，希望你们努力推行，一定能顺利的完成任务，因为边区有能完成任务的很好条件：

（一）因为建设公债是为发展边区农工商业而发，是为改善老百姓生活而发，是为巩固边区、保障革命利益而发，故用建设公债所做的事情，就是老百姓自己的事情，建设公债就是老百姓的公债。我们只要能深入的宣传，定能获得群众的拥护，只要动员干部与党员争先购买，积极的起模范作用，那么，我们相信五百万建设公债定能胜利的完成！胜利的完成!

（二）又因为边区是经过土地革命的地方，是取消苛捐杂税的地方，是没有土豪劣绅、高利贷削剥的地方，所以人民经济条件是相当富裕。又因为边府是人民选出来的政府，是真正替人民谋福的政府，是真正实行民主权利、民生幸福的新民主主义的政府。又因为边区民众大都受过抗日救国的宣传与教育，对于人民自己所应有的权利义务，都有相当了解，边府的任何号召，没有不受到人民的拥护和欢迎。所以只要我们能努力的宣传与动员，这一任务是定能完成的。

（三）最后还因为这次所发行的公债是边区政府向人民借钱，不是向人民要钱。借钱政府不但要给利息，而且是要还的，与寒衣代金及救国公粮不同。还因为公债是由边府的盐税、商业税作担保，政府主席出名向人民借，决不会有倒债之虑，象（像）这种于民众无损害，于政府有利益的事情，一定能获得群众的热烈拥护啊！

同志们！努力推行，深入宣传，胜利一定属于我们！属于我们！

选自《陕甘宁边区政府文件选编》第三辑，档案出版社1987年版，第60～63页。

16. 陕甘宁边区政府关于发行边币的训令

1941年2月22日

本府已于本月十八日布告边区银行发行一元、五元、十元的边币。此次发行边币是在停止法币流通之后，金融上的一种新的重要措施。各专员、县长及财经工作人员对此措施应有正确的认识.

第一，发行边钞是为了建立正规的边区金融制度，逐渐换回光华代价券，使边币成为唯一的边区通货本位。

第二，边钞发行是有限制的，它以盐税货物税作保证，一俟边区经济恢复，边钞就得从法币影响之下解放出来，回到能兑换现金的地位。

第三，发行边钞是使人民免受法币狂跌的损失。

第四，因为法币停止流通之后，法币在边区的市场就腾出来了，而光华券没有一元以上的，故须发行边钞以资周转。

第五，为要发行公债，使人民能够认购公债，所以要发边钞。

不过事情在开始的时候，总不免有的人胡思乱想，甚至敌人亦乘机破坏。所以各专员县长更有责任向民众进行宣传解释，以提高边钞在民众中的信任。怎样来宣传解释呢?

第一，说明国民政府法币发行数量约近一百万万元光景，而且还要增发的，所以法币的价格也不得不更加跌下去，政府必须预见这种情形的严重性，用边钞来保护人民利益。

第二，说明边钞的发行是有限制的，有保证的，是根据市场供需的情况与边区土产量来决定发行数量的，和依靠外国援助的法币完全不同，所以不致（至）于受外面金融的牵累。

第三，在目前人民要向外面购货（必需品），政府仍然核准兑换法币，以便利人民的流通。

第四，不仅要广泛的向人民宣传解释，以提高人民对边钞的信任，而且应从法律上严防惩治以黑市压抑边钞或提高物价之徒。

事关边区金融之巩固与民生之安定，特此今仰各该专员县长遵照办理。

选自《陕甘宁革命根据地史料选辑》第二辑，甘肃人民出版社1983年版，第166～167页。

互校版本：《陕甘宁边区政府文件选编》第三辑，档案出版社1987年版，第77～78页。

17. 陕甘宁边区财政厅批审法币出境施行细则

1941年2月24日

第一章　总　则

第一条　依据边区政府坚字第五九号布告及边区政府训令，为禁止私带法币出境，实施边区战时财政经济政策起见，特制定本细则。

第二条　本细则施行目的在于：（一）为使人民免受法币狂跌之损失；（二）免得法币外流，使日寇得以套取外汇；（三）为着边区实行经济自给，调剂货物入境，刺激边区生产；（四）抵制日寇奸细与反共顽固分子对边区的经济封锁。

第二章　批审法币出境标准

第三条　根据边区目前农工商业情况，凡以保障抗日武装部队一切必要供给，满足人民必要品的要求，并和敌人经济封锁与经济破坏做斗争，适合下列事实者，得批发法币出境允许证。

甲、凡向外购买工业机器、钢、铁、铜、铅，及必须工业原料（如硫磺、硝酸）者。

乙、凡向外购买边区农民必要之农具（如铧）者。

丙、凡向外购买棉花棉纱及必要之布匹者（除日货麻布等）。

丁、凡向外购买边区必要之颜料（如各种煮色硫磺青物碇）者。

戊、凡向外购买边区必要之纸张（如报纸、有光纸、晋恒纸等），文具（毛笔、铅笔、蜡纸、香糊、油墨）者。

己、凡向外购买必要的西药材料者。

庚、凡向外旅行经准许者。

第四条　凡请求兑换法币者，必须购进与出境边币同等数目之边区土产一同输出。如批准一千元法币，则购入一千元土产输出，以便增加土产输出与增加必需品之输入。如申请兑换法币者，不能遵照此条办理时，则按照所购土产少于法币相差之数核减之。如未购进土产，则根本不核准法币出境，并责成商会、贸易局组织土产与检查输入品是否合于申请之规定。

第五条　凡因正当营业，或旅行申请用边币兑换法币出境者，经审查确实符合本细则第三条各款之一，数在一百元以上五百元以下者，由专员公署或本厅核发准许证；数在五百元以上者，概由本厅填发准许证。

第六条　凡工人所得工资须要汇兑至边区境外者，得酌量其实际情形批准之。

第七条　凡商民或旅行人士，自有法币须带法币出境者，必须遵照本细则及本厅申请运输法币出境手续办理，才得允许。

第八条　凡边区境内人民如有外债偿还者，须尽可能购运边区土产品输出偿付之，其数在五千元以下者，得酌量其实情批准之。

第三章　批审法币出境手续

第九条　凡商民脚夫须带法币出境购本细则第三条所规定之货物者，应照规定格式填写申请书，并须经过各该地各级商务会与贸易局之担保。各分区所属县份，由该分区专员公署批准，直属各县则直接由本厅批准，领取法币出境准许证，得用边钞向边区银行总分行，兑换法币出境。

第十条　凡机关、学校、团体、公营商店须带法币出境购买本细则第三条所规定之货物与其他必需品者，应填写申请书，经过边区总经济委员会林主席批准，凡部队则须经过军委会后方勤务部批准后，向本厅领取法币兑换证与出境证，才得凭证通行出境。各分区所属公营商店，由各该分区军政委员会酌量实际情形批准之。

第十一条　不论新来商民之货物及边区内已批准向外购回之货物，在其运到边区各市场之前，应报告各该地商务会与贸易局，经贸易局派员验证后，才能准许商民自由贸易，各地商务会贸易局应随时呈报各分区专员公署或本厅对照所批法币与购入货物有无差弊。

第十二条　为便利人民兑换起见，责成边区银行总分行，办理代兑，并随时兑换之。凡已批准兑换法币，持证到兑换机关兑换者，在办公时间内，应随时斟酌情形批准之，勿得留难。

第十三条　请换法币机关（商人及公私商店与各党政学军机关部队单位），具述理由（出外买某种边区必需品“如布匹铜铁类”）（另有规定），及已用边币买了边区土货（“如食盐药材类”若干输出），提向核兑机关（财政厅、专员公署、县署）批准，即发给法币出境证明书或请换书（如自有法币者只需发出境证明书，如以边币向银行换法币，则须加给请换书），但须由贸易局检查购买土产货单或现品货物后，再出具证明书，送财厅批发（或送专署县署）。

第十四条　兑换法币不拘数量，但请换人同时须买有同数量之边区土产输出（如食盐药材类），即如兑法币一千元应同时用边币买有值一千元之边区土货输出。

第十五条　凡个人团体非商行为而出边区外工作，须兑法币者，由其所属首长亲笔函请总财经会负责人核发。

第四章　罚　奖

第十六条　凡未取得准许证，而私带法币出境数在一百元以上者，如系无知错犯，得勒令存放银行或兑以边币，如系有意破坏法令，暗地在边区内将法币与边币贸易两种价格者，一经查获，重则将法币及高抬之货物没收，人送司法机关依法处罚，轻则酌予处分。

第十七条　查获私运法币出境，经政府批准没收或处罚者，凡报告之商民旅客检查机关税局政府公务员，政府得以其没收之法币或货物百分之五十充作偿格奖给之，以百分之五十充公。

第十八条　公务人员如有徇私舞弊，或贪污包庇者，依法处罚，如有特殊功绩者，本厅给以名誉或物质之奖励。

第五章　附　则

第十九条　本细则如有不适合处，由本厅呈请边府修改之。

第二十条　本细则自公布之日施行。

厅　长　霍维德

副厅长　黄亚光

选自《抗日根据地政策条例汇集》陕甘宁之部（下），1942年版，第494～498页。

互校版本：《陕甘宁革命根据地史料选辑》第二辑，甘肃人民出版社1983年版，第168～172页。

18. 陕甘宁边区政府关于发行建设救国公债的指示信

1941年3月22日

各分区专员各县县长同志们！

发行建设救国公债的运动，已开始了。为要使发行公债工作办得好，特给你们以下列指示：

一、先研究清楚公债的道理。

公债，是公家向人民借钱，公家有急用，又数字很大，金库里没有准备，税收又不能加，于是只好同私人一样，向人家借钱。

发行公债有何好处？

在政府方面：

1. 不要加税，而可以应付突然的支出。公家的事情做好了，老百姓却感不到负担。2. 把一次用费，化为无数次的支出。比如这次借五百万元是一次用，而政府财政上的支出却是分做十年来归还。这样，财政上就感不到困难。3. 社会上的钱，散在各人手里（叫做游资），做不得大用，集中起来就可以多做事。这叫做化无用为大用。4. 收税是指定人民出多少，不管他手里有不有钱；公债是有余钱的人来放债收息，和收税的意义全然不同。

在人民方面：

1. 有钱在手，容易浪费，买公债就等于一个储蓄袋。2. 放私人债，怕靠不住，买公债，借钱的是政府，比任何私债都要稳当。3. 公债可以买卖，有余钱，随时可以买进；要钱用，随时可以卖出。所以买公债不仅等于置产，而且比置产还方便。4. 买公债一方面救了国（这次公债叫建设救国公债），另方面自己又得到利益——有利息，按期归还，可以买卖等。这是最便宜的爱国工作。

公债的道理还多，这里只指出几点大的，你们必须研究清楚，然后对老百姓有话讲。毫无疑义，在初次发行公债时，老百姓只认为是政府要钱，不知道是自己放债。这就需要工作人员懂得，然后才能使老百姓懂得。

二、边区政府为何要发行建设救国公债？

大家知道，日寇和反共分子要消灭边区，他们的办法有两个：一是军事进攻，二是经济封锁。现在国民党不发给我们军饷了，外边捐助的钱汇不进了，必须（需）的货物被封锁了。今后我们的生活，全靠边区生产。因此，边区要做许多建设事业，建设要资本；没资本只好借钱。建设好，边区不亡，国就得救。

我们打算建设些什么？

1. 农业方面：修水利，设立模范农场，购棉种，开林场，低利贷款给移民区和贫农，还有改良农具和种籽，改良畜种，训练兽医人员等，使我们的农业更加发达。2. 工业方面：办制造日用品的各种工厂，贷款把（给）私人开矿的，办小工业的，以及生产合作社等，使得各种用具，逐渐不要向边区外去买。3. 商业方面：发展各消费合作社，帮助公私经营的商店，来反对日寇和亲日派反共顽固分子的封锁。

建设事情很多。一句话：这笔公债，是用在建设方面，用在发展生产以保卫边区的方面。军事保卫边区是大家出人力——当兵；经济保卫边区，是大家出资本——买公债。

三、五百万元公债，一定要在边区推销，边区人民也销得起。

边区建设事业，已经投下了些资本。那些资本，多是外面帮助的，如工业合作社，难民工厂等。现在外边被封锁，再不能筹到资本，而我们又必须大量建设，才能生存。于是不能不自己发行公债。自然我们也估计了边区人民购买的能力。这几年来，边区经济相当发展，人民大都有钱，又农作物涨价。虽然说五百万元数目相当大，但折合粮食不过三四万石。所以我们相信只要大家明白公债的意义，工作方式又弄得好，完成任务是不成问题的。

四、公债是有保障有利益的。

必须把公债条例和发行细则弄清楚。知道这次公债是用盐税商业税做担保，而且组织有公债基金保管委员会。比国民党的公债完全不同——决不会有到期不还的事。利息虽然比市面息低一点，但要知道政府是人民自己的，人民借钱给政府，等于自己借钱给自己，息不应该重。何况公债的稳当与否可以自由买卖，利虽轻而比靠不住的私人债要好得多。

五、宣传与组织做得好，公债推销就容易。

首先要把握住，边区发行公债是第一次，不仅老百姓不懂得，就是工作人员也很生疏。其次，推销公债不仅在能销完，他的本身就是一种救国教育——经济建国的教育。因此，宣传与组织的工作非常重要。（一）根据上述的道理，动员各种宣传工具（报纸、画报、宣传队、歌咏、剧团等）使大家都懂得这个新事件。（二）选举运动中，特别是乡级选举大会上、乡参议会上，必须讨论推销公债，定出推销的办法。（三）各级要组织公债发行委员会。（甲）县区两级三人至五人。其任务：(1) 主持同级机关团体的推销工作；(2) 指导下级推销工作。（乙）乡级的不限定人数，其任务：(1) 主持一切动员工作；(2) 主持一切推销工作。发行委员会委员的产生，可由各级参议会、政府、群众团体共同推选，报告上级批准。这里必须注意的是乡的发行委员会，他是直接推销者，必须有各方面的人参加（贫的、富的、共产党员与非共产党员）。委员必须是有威望的。必要时，行政村也可设立小委员会，以便推销。（四）销售公债，必须自愿。反对带有强迫命令的任何方式。一次销不完，再宣传，二次销不完，再宣传，耐心说服，必能完成。

六、发行手续力求简单。

公债的发行组织要严密，而发行的手续要简单。各县接到分配数目，慎重考虑各区具体情形，分配下去。延安市经过各种公开宣传和组织推动，将群众认购公债五元的、十元的、五十元的数目分开统计。以最快的办法，汇报到县，并立即转报到财政厅，财政厅即根据各县需要各种债票的数目，把债票发下，随报随发，随到随销。临时收据的办法，可以尽量的减少。这里必须做到：

（甲）公债票的收发手续，要遵照发行规则办理。

（乙）每张公债票系分十条，因此票上的数字，五角的是五元票，一元的是十元票。五元的是五十元票。数目要弄清楚，错算了要负责任。

（丙）收集起的钱，要逐目报缴，按期解交金库，各级不得擅自动用。

七、粮食、土产，公平作价，自由买卖，不得限制。

群众有些将粮食土产换公债的：

（一）征粮可按照市价折钱，并送交附近政府所指定的仓库保管。发行委员会以仓库收据为据，折算多少，则发给公债票，多的退钱，少的补足。

（二）甘草、皮毛、药材、蜂糖等土产品，要群众送合作社或光华商店或公家商店，自由卖买，不得限制。群众将卖的钱即交换公债票。

（三）金银首饰、硬币等生金银，照规定价格折算，折算多少，即兑换债票。

八、推销时间，只三个月，不要拖延。

推行公债，同时是鼓励人民储蓄。因此除极少数最贫苦的孤老以外，凡百分之八十以上的人民，都可以动员他们购买。

组织革命竞赛，是争取速度的最好办法，而发动得好的区乡干部，带头购买，起模范领导作用，更是完成任务的保证。

推行期间定为三个月，四月一日开始，六月底完成。在发行期中，要及时检查，多写报告，好的发扬，坏的纠正。到总结时，以收集起的票币（法币或边币）、粮食、或生金银折价之集中数为准标，其仅仅认销了而未集中入金库者，不能作数。

推行公债，在边区是第一回，许多料想不到的困难，要在工作中求解决，在边区条件下，不可能在同一日期发完。但宣传工作和准备工作做好了，就要抓紧推销，万不要延迟所规定的时期。

兹将各县市应行推销五百万数目分记于后（略）

主　席　林伯渠

副主席　高自立

财政厅长　霍维德

副厅长　黄亚光　曹力如

选自《陕甘宁革命根据地史料选辑》第二辑，甘肃人民出版社 1983 年版，第 173～177 页。

19. 陕甘宁边区各级税务局、所组织规程

1941 年 4 月 1 日

第一章　总　则

第一条　本规程为建设新民主主义经济，适应抗战建国的需要，根据边区实际情形而定之。

第二条　为统一边区税收，特设边区各地税务局所专管其事。

第三条　边区各地税务局所希依本规程组织之。

第二章　组　织

第四条　边区财政厅在边区境内，得择要设立下列各级税务局所：

一、在边区财政厅所在地，设立边区税务总局。

二、在各分区专员公署所在地，设立边区税务分局。

三、在各县政府所在地，设立县税务局。

四、在各县重镇要口，设立税务所。

第五条　边区税务总局受边区财政厅之领导、监督，除兼办当地税收外，应指导所属各税局的工作，其组织如下：

一、局长一人，总理全边区的税务（必要时得设副局长一人，襄助其工作）。

二、设秘书、文书、收发各一人，办理文稿缮写、收发等事宜。

三、督导员若干人，巡视督导各地税务事宜。

四、稽查设稽查主任一人，稽查若干人，稽查各局所税收事宜。

五、税收科：设科长一人，科员若干人，办理当地税收及指导各局所税收事宜。

六、会计科：设科长一人，科员若干人，办理登记统计报解数目，核算保管交回票根及各种呈报表册与指导各局所会计事宜。

七、干部科：设科长一人，科员若干人，办理审查、配备、教育、奖惩各级干部事宜。

八、总务科：设科长一人，科员若干人，办理各局所四季总预决算及本局庶务事宜。

九、视事务之繁简，设通讯员、勤务员、炊事员、饲养员若干人。

第六条　边区税务分局，受总局之领导，专员之监督，除兼办当地税收外，并指导所属各县税务局工作，其组织如下：

一、分局设局长一人，总理全分区税务。

二、文书一人，办理文件事宜。

三、会计股：设股长一人，股员若干人，管理公款的收支，报解等事宜。

四、稽征股：设股长一人，股员若干人，办理稽查和征收税款等事宜。

五、视事务之繁简，设通讯员、勤务员、炊事员若干人，但须得总局核准。

第七条　县税务局，在直属各县受总局领导，在分区各县受分区领导，均受县长监督，征收税款并指导所属税所工作，其组织如下：

一、局长一人，总理全县税务。

二、助理员二人，办理文书、税收、计核、庶务等事宜。

三、勤务员、炊事员若干人，但须得由直属上级机关之核准。

第八条　各地税所受县税务局领导，当地政府监督，设所长一人，办事一人至二人，办理当地税收事宜。

第九条　各级税务局所，为了因地制宜，必要时得设武装稽查队，专司缉私事宜。

第十条　各级税务局所为了执行职务，有权请调当地军警镇压暴力抗税。

第十一条　各级税务局所，应按当地环境制定各该局所办事细则，转呈边府核准施行。

第三章　制　度

第十二条　各级税务局所所收税款，应按月报告及按月造具税收清册及四柱表，呈送上级领导机关备查。

第十三条　各级税务局，所收税款应按日或按旬缴到当地金库，取具收据存案备查。如无金库地方，亦应按期呈缴其上级税局，但各地税卡所收税款，均应缴到县税务局核转。

第十四条　各处金库收到各税局税款，应按旬造具税收表，送边区总金库或分金库核对转送边区财政厅备查。

第十五条　凡征起的税款，除照章拨出所规定部分归县地方政府经费（如牲畜、斗佣等）外，未奉有财政厅正式命令者，概不准挪用截留。

第十六条　边区税务总局应按月造具全边区税收总表，分呈财政厅、边区政府查核。

第十七条　分区税务分局应按月造具全分区税收总表，分呈总局、专员查核。

第十八条　县税务局应按月造具全县税收总表，分呈总局或分局、县长查核。

第十九条　以上各表统一由边区税务总局制发应用之。

第二十条　各级税务局所应定期开局所务会议，检讨税收情况及个人生活，按月将会议摘要呈报上级备查。

第四章　奖　惩

第二十一条　各级税务人员忠实职务，著有成绩者，得报由财政厅予以物质或精神上之奖励。

第二十二条　各级税务人员因公殉难或致疾废者，得准用边区抗日军人抚恤条例抚恤之。

第二十三条　各级税务人员，如对税务感觉兴趣，愿以税务为其终身事业者，政府应予保证，不得无故撤换。

第二十四条　各级税务人员，如有徇私舞弊，故意应征收而不征收；不应征收而征收或卷款潜逃者，斟酌情形送交司法机关依法惩办。

第五章　附　则

第二十五条　等于县的市，如有设立市税务局之必要时，得准用本规程关于县税务局的规定。

第二十六条　本规程如有未尽事宜，得由边区税务总局汇提意见，转呈边区政府修改之。

第二十七条　本规程自呈准边区政府公布之日施行。

选自《陕甘宁边区政府文件选编》第三辑，档案出版社 1987 年版，第 132～136 页。
互校版本：《陕甘宁边区法律法规汇编》，三秦出版社 2010 年版，第 99～100 页。

20. 陕甘宁边区政府印发《关于法币问题的解释》的训令

1941年5月6日

令各分区专员、县市长

为训令事：现印发《关于法币问题的解释》，希各分区专署及各县市府据此印发宣传大纲等，并作为关于此一问题一般宣传教育材料。

此令

主　席　林伯渠

副主席　高自立

关于法币问题的解释

问：政府为调整金融，决定法币不在边区境内使用是在什么时候？

答：从本年（三十年）一月三十一号坚字第九号布告日起。

问：到现在为止，政府一共颁布了几种法令（关于这方面）？

答：一共有四个。三个法令（《财政厅申请运送法币出手境续》、《财政厅核准法币出境手续》、《财政厅批审法币出境施行细则》），最近又发了一个《通知》。

问：这些法令的基本要点是什么？

答：第一，法币自一月三十一号不再在边区内流通使用；第二，请求以法币向外购货物应限于边区必需品。

此外，人民原有法币的，自己保存和携出边区境外，政府都不干涉。后点是最近的《通知》中新决定的。

问：法币出境自由了，用边钞来兑法币是不是能够自由呢？

答：还不能够。因为第一现在法币少，第二就是将来多了，也要限制购买边区必需品，否则不给兑换。

问：在《财政厅批审法币出境施行细则》中所规定的：要求兑换多少法币必须同时输出多少土产的办法，到底怎样办理了？

答：我们还是应该尽量要人民这样作（做）。在这里应该明白边区土产大都是盐。现在边区的盐已经可以慢慢地大量出产，而且银行正在发盐票，沿路又设盐站，供给廉价草料，盐是外边必需品，现在只要去运，这是很可靠的事情。

问：关于旅客携带法币的规定呢？

答：现在自有法币的输出，既准自由，那么旅客携带法币过境，这点自然也是可以允许的，只要他不拿出来使用，政府同样不干涉。

问：请你讲讲这次不用法币，到底是为了什么？

答：第一，是为了抗议国民党本年一月皖南大惨案；第二，最近半年来国民党顽固分子加紧对边区财政经济的封锁。譬如不给八路军发饷啦，不准外边汇款或带款子进入边区啦等等。他们不让法币流进来，逼得我们自己不得不想办法，于是就一边爽性不用法币，一边就发边钞来代替法币。第三个理由，就是法币跌得太凶了，今天手里一百元法币，第二天就会变成九十元、八十元、……甚至还要更少，不让人民使用，就可以使人民免去法币跌价的损失。

问：法币固然跌价，但不用法币以后，边钞也跌，甚至还在法币之下，这又是为什么呢？

答：原来这并不是我们不用法币引起的，而是我们不能尽量兑换法币的结果。而我们所以不能无限制的兑换法币，则又是因为我们边区的土产现在还没有大量生产出来，大量输出去。假如我们丰富的土产能大量生产出来并输出去，换来我们的必需品，物价就不会高涨得象（像）现在这样厉害，边钞也不会象（像）这样跌价了。

问：照你这样说法，还要我们在生产和输出上多努点力哩！

答：正是。假如边区的盐啦皮毛啦药材啦能比现在生产得更多，而且都能输出去，你想一年能换进多少东西进来呢？单这几项，一年就可以换进几千万元甚至一两万万元的货进来，那么只用边钞，不用法币又有什么可怕呢？边区经济问题有什么不可解决的呢？边钞不再象（像）现在这样跌价，另方面猛跌的法币我们又不用了，这样在我们边区内货物就可以始终很便宜，不受外边的影响。反过来说，也可就是我们建立了一种坚定的值钱的钞票。

问：那目前一般人民或商民兑不到法币的困难到底怎样克服呢？

答：这也只有用各种宣传解释的政治动员，用各种实际鼓励办法来发动人民提高生产增加输出，首先是号召人民去驮盐，出去换必需品。

此外，政府在二月间成立了一个贸易局，专门帮助公私商业做收集土产，运输出去的工作。这一工作开展下来，政府就可以得到了大批我们所需要的外面的货物。到了那时人民对边钞的信仰，一定会一天高一天，物价也会根本平稳起来。

问：在五月共产党边区中央局颁布的施政纲领里面，曾说到我们要维护法币，不用法币是不是和这相冲突呢？

答：不冲突。我们不用法币只是限制法币的使用和由政府来管理法币。这是保证法币用在正当的用途上，并且使法币不落在日寇手里。譬如，我们规定人民用法币买边区外的货物，只许买必需品，且不许买仇货，就是这个意思。

问：现在各地政府在努力发动人民提高各种土产上，特别应该注意些什么？

答：第一，在增加生产上，基本的当然首先要保证建设厅《民国三十年经济建设计划》的百分之百的实现，但此外，还特别开始要注意为输出而生产，这就要靠各地方政府对自己本地土产看得清，抓得紧。例如食盐、药材、皮毛以及绥清等县过去的纱绸，草帽鞭［辫］等等。各地方政府的责任，就是要注意这点，研究把他们恢复和繁荣起来的切实办法，和打通输出的贸易路线的办法。为什么要这样做呢？就是因为各县总会有一些有输出价值的土产的。各县各输出点东西，就可以多换进些必需品，多解决点自给自足的问题。第二，特别注意号召人民首先是商人来投资生产（集体的或个人的都可以，最好是用某某县生产合作社的方式）。为什么要特别注意这点呢？就是因为目前他们手里正有钱（买卖不容易做了），自然这又是要靠我们用各种解释教育工作，譬如告诉他们：依靠外货做买卖，究竟是不可靠的，还是在边区里多生产点东西，一样可以赚钱，可是对于边区和他自己都会有更多的好处的等等。

问：除了注意提高生产之外，还应该注意些什么？

答；要注意运输交通。因为有了货物，货物不会自己生两条腿走，他不走，外边的货换不来。过去有些县完全倚靠外面商人来运，自己不管，这是违反自给自足的原则的。从今以后要大大提高对交通运输的注意。动员私人和公家资本“组织输出”是今天各地方政府新的工作。

问：最后，要问你除了增加生产和输出之外，有没有别的方法稳定目前这高涨的物价？使边钞值钱起来？

答：有方法。第一，是仿效延安由公私商人组织“物价评议委员会”，一星期商量一次，规定出一个合理的价格（成本加运费加赚头）。通知大家，一致遵守。延安自有它以来，物价平稳得多了。第二，由公家的合作社等领导着，提倡薄利多卖主义，要严格反对公营商店自己囤集［积］居奇的现象，现在延安大家已在向这方面努力了。第三，要认真执行不用法币的禁令。认真的来解释不用法币的政策，解决不用法币困难的方法。过去有些公营商店自己和自己过不去，不让人民用法币，不宣传边钞好，反而自己却先抢着要法币，不喜欢要边币。象（像）这样做法，再怎样有基础的钞票也不容易建立起信用来。要知道，边钞建立不起信用，边钞跌价，这对于公家是有大利呢，还是有大害？所以我们在这里要坚决反对不顾整个边钞利益的本位主义。第四，要各机关的自足自给计划里面，少列点做买卖的计划，多做点真正生产工作和运输交通工作。开一个小小的一两千元的铺子，要它一年赚七八千，结果只有拚命提高物价，形成公家来领导提高物价。最近朱总司令在延安号召大家少作（做）买卖，各县极应注意。

用了这些方法，物价自然会下跌。

选自《陕甘宁边区政府文件选编》第三辑，档案出版社1987年版，第243～247页。

21. 陕甘宁边区政府为动员边区人民运销六十万驮食盐的决定

1941年5月26日公布

一、运销六十万驮食盐的意义

自从潞盐和淮盐的产区沦陷以后，陕、甘、晋、豫各省军民的食盐，完全靠边区食盐来接济，但因为边区去年遭遇天旱和水灾，全年没有产盐，来源断绝。存盐食尽，盐价飞涨，大大影响抗战民生。八路军和边区政府有见及此，竭力设法恢复盐产，经过半年多的努力，食盐产量不但恢复原状，而且大大提高了，现在最重要的问题，只是如何将食盐运出去，以供给四省军民食用。因为前方军民都急于等着要盐，如果不将边区的食盐运去接济，四省的军民就有淡食之忧，或者迫得去买沦陷区域的盐吃。因为盐是人人少不了的，军队不吃盐不能打仗，老百姓不吃盐不能生产，这对于抗战建国是有很大妨害的。为了加强全国抗战，加强边区人民与边区以外军民的团结，就必须发动边区人民大量运销食盐，以接济军民需要，这是边区人民义不容辞的抗战工作。

另一方面，运销食盐也是人民一宗大的副业收入。过去边区以及边区四周的人民，一向依靠运盐为副业收入，去年因为没有产盐，人民这宗收入就失掉了。现在既已有盐可运，盐的质量又好，销路又很畅旺，盐价又只值二十元一驮，运盐有利可图。为了增加人民的收入，改善边区和边区四周人民的生活，也需要发动人民运盐，既帮助抗战，又增加了收入，这是公私两便一举两得的好事情。

此外，运销食盐，还可以巩固法币和边钞，避免法币流入敌寇手中。因为向沦陷区购买盐，须得拿法币去买，法币到了沦陷区，敌人可以拿法币去买外汇来破坏国家的财政金融。买边区盐，无论是法币或边钞均可通用，法币也不会流到敌人手中去，这样，既可以巩固法币，又可以提高边钞，对于中央和边区的财政金融都是大有利益的，同时也就是对抗战有益的。

根据以上意义，因此政府决定号召全边区人民运销食盐，把运销食盐作为直接的抗战工作，和人民应尽的职责。

二、要完成运销六十万驮

要达到足够四省军民食盐的需要，使他们完全不买沦陷区的食盐，就得由边区运销六十万驮去供给他们，打这六十万驮盐虽有许多困难，要费很大的人力财力物力方能办到，不过这些困难都在八路军努力帮助之下克服了，打六十万驮盐已经不成问题。那么如何将这六十万驮盐运销出去呢？按我们的调查，边区共有三十五万头牲口，其中至少有十万头是能够参加运盐的。在这十万能参加运盐的牲口中，有将近两万头是长年作运输用的，政府对这一类专门运输的牲口规定全年运八次盐，共可运二十万驮。其余八万头是可以有一半时间运盐的，政府规定全年运四次，共可运四十万驮，合计起来十万头牲口即可运六十万驮盐。这样看来，只要每个有牲口的农户和机关，毫无例外的一律参加运盐，把运盐当作抗战的神圣义务，则完成运销六十万驮盐的任务，是不成问题的！

三、十分之九的利益归运盐的人民，十分之一的利益归政府

前面说过，运盐不但帮助了抗战，并且有利可图。政府对于人民运盐所得的利益，认为是正当的利益，不仅不反对而且应从各方面去帮助人民取得这种利益。例如在各处设立盐栈，人民运的盐如果卖不出去，盐栈照市价收买，以便利人民随到随卖。在沿途设立骡马店，低价出卖草料给人民，以减少运盐路费，修通各大车道和驮道，以便利牲口行走，减少往返日工和牲口的损伤。在主要各站口设立牲口门诊部，以保障牲口的安全。对于运盐的农户，如遇天灾人祸受有损失，政府予以救济，从事运盐的牲口严禁任何机关部队动员拉差。长年运盐的牲口运盐在八次以上，以一半时间运盐的牲口运盐在四次以上的免除其运粮及其他动员的义务。对于积极参加运盐的农户，政府并予以奖励等等。这许多设施都是政府为的便利人民运输，使人民能够得到更多的利益。

另一方面，为了保证人民将来运盐有更大的方便，为了增加政府的财政收入，解决政府和军队需要的费用，政府不能不在运盐中取极小的一部分利益。因此，政府决定在六十万驮之中，以五十四万驮的利益完全归运盐的人民自己享受，以六万驮的利益归政府，作为财政收入。政府将这宗收入，大部又用在发展食盐生产和运销上面，替人民造成将来取

得运盐方面更多更大的便利。

人民自己享受利益的五十四万驮，是由人民自己出盐价去盐地驮，自己运盐出去，所得的利益完全归自己。另外在青草茂盛，可以放青的时候，再替公家驮六万驮，盐价由政府出钱，政府给人民每站二元路费（来回在内），那时牲口既不要买草吃，人民也不要住店，只替政府出点日工。这样一来，既利己，又利公，公私照顾了，何乐而不为。

（附各县运盐驮数分配表）

边区各分区及直属县运盐数量驮表

项别 县别	共应运盐量	分配	
		应给公家运盐数	群众自己应运盐数
陇东分区	220 000	20 000	200 000
三边分区	95 926	8 476	87 450
靖　边	51 718	5 172	46 546
延　市	1 854	185	1 669
延　安	41 694	4 169	37 525
安　塞	34 512	3 451	31 061
甘　泉	13 368	1 337	12 031
志　丹	52 898	5 290	47 608
富　县	12 026	1 122	10 904
延　川	11 404	1 140	10 264
延　长	8 244	824	7 420
固　临	8 264	826	7 438
安　定	18 904	1 890	17 014
绥德分区	26 250	1 250	25 000
关中分区	10 500	500	10 000
合　计	606 752	55 632	551 120
说明	各合作社和公营商店的牲口未计算在内。 本表分配数量是根据各县牲口数计算的。		

四、发动运盐的办法

（一）政治上的号召

要完成运销六十万驮食盐，须要有广大人民所信仰的领袖亲自号召人民，以取得人民对运盐运动的拥护。因此，边区一级已决定组织食盐督运委员会，以高岗同志为主任委员。各分区和各县、区、乡亦应亦（用）此办法，由当地广大人民所信仰的干部亲自去号召人民。分区和县应组织督运分会，由专员或分委书记、县长或县委书记为委员长，区乡得组织运盐大队与运盐队，由区长或区委书记、乡长或支部书记为大队长和运输队长，并亲自出马带领牲口去盐池驮盐，既便利于号召人民，又能及时检查运销食盐中的经验教训，以便于发扬优长，纠正缺点或错误。

要使这运动深入群众，各县并应派出有威信的和善于宣传鼓动的干部到农村中去，向各种群众组织的会议上，民众大会上以及采用各种各样的方式作深入的宣传说服工作，使人人懂得运盐意义，而自动踊跃的参加运盐。

（二）组织上的推动

发动运销六十万驮食盐，在人民方面虽然是有利可图的副业，如果没有组织上的动员是不能保证完成的。因此在运盐运动期间，各级政府和民众团体，都应以发动人民运盐为中心的工作，政府机关和民众团体的负责干部，应亲自参加组织人民的牲口去驮盐。各级政府和民众团体应分别召集会议讨论发动人民运盐的办法，并经常检查运盐工作，民众团体应动员所属会员参加运盐。县与县、区与区、乡与乡群众团体和群众团体之间都可以订定运盐竞赛办法，以及（对）积极组织人民运盐的干部分别予以奖励，以示提倡；对于组织人民运盐不尽职责的干部，则由政府分别予以惩戒（奖惩办法另定之）。

（三）造成便利人民运盐的条件

子、设立盐栈。由人民运销的食盐，只要有力量有可能运销至边区以外的，均应尽量直接运销至边区以外。如人民无力或不愿运销至边区以外，而又无法在边区内卖给商人的，均得卖给盐栈，盐栈则按市价收买，以便利人民运盐。凡不愿到盐池去驮的，亦得在附近盐栈去驮，但无论一次驮远驮近均应按照下列办法计算之：

1. 全年应驮八次的牲口，所驮的路程总共不得少于八十站，如每一次驮的路程达到十站的，则全年只驮八次，如每次只驮五站的，全年则应驮十六次。

全年应驮四次的牲口，所驮的路程，总共不得少于四十站，如每一次的路程达十站的，则全年只驮四次，如果每次驮的路程只有五站的，则全年应驮八次，其余类推。

2. 应参加运盐的牲口数目，以一乡为单位计算。在一个乡所有牲口的总数（包括所有能使唤与不能使唤的在内）内，应当抽出百分之三十五的牲口从事运盐的。譬如一个乡共有牲口总数是一百头，至少应当抽出五头[①]参加运盐，但关中、绥德、清涧、吴堡、延川、延长、固临等县之耕牛一般的不参加运盐。故得在牲口总数内除去耕牛来计算应运盐的牲口数目。

3. 各县应抽出参加运盐的牲口数及运盐次数，由各县自行调查登记，并切实督导人民驮足应驮之次数和路程。其经常运盐的牲口，从本年六月起至十二月止应驮七次，不经常运盐的牲口，从本年六月起至十二月驮完四次。

丑、沿途骡马店实行优待脚夫。凡沿途各骡马店卖给运盐脚夫喂牲口的干草其价格不得超过以下规定：

1. 定边、盐池、靖边、绥德四县之干草，每斤（大秤）不得高于二角。

2. 其他各县每斤不得高于一角。

上项干草如果价格规定过低使各公私骡马店无法购到干草时，得由各县政府代为动员人民出卖，其草价包括运费在内，不得高于二角和一角。如各骡马店已经出了此规定价格较高之价钱买进来干草则其因依照规定价格出卖而亏本的部分，得由边区政府予以补助之。

凡运盐经过之路线，如骡马店不足时，得由各县政府号召人民添设，或由县政府与人民合股添设，如已有之骡马店因其规模过小，不能供应需要时，得由县政府发动人民加以

① 应是三十五头。

扩大，或由县政府酌量投资扩大之。上项需要新添或扩大之资金，如各县不能自行解决时，则由边区政府酌量投资。

寅、预备鞍架、口袋。长途运盐的牲口，必须备配鞍架。据调查延安、安塞、甘泉、志丹、靖边、定边、盐池、陇东、安定等县因向来经常从事运盐，故能够运盐的牲口，一般的均有现成的鞍架、口袋。其他各县虽然不太经常运盐，但在一百个牲口中，三十五副鞍架和口袋亦不会缺乏很多，故补充之数，可采用如下列办法解决：

1. 委托各合作社和公私商店向出卖鞍架（延安、志丹、甘泉），口袋（靖边、定边、盐池）的区采办，便宜卖给需要添购的农户。如确实无力购买的，可暂先赊出，运盐赚得运费后归还。

2. 各县号召人民制造鞍架、口袋，必要时政府可酌量投资。

3. 在群众中进行鞍架、口袋的调剂，有多余的借给或租给或卖给没有的。

卯、运盐的路费。在不能放青时，运盐的路费，需要数量较大，必然有一部分农民拿不出这宗资本，但可以采取自带草料食粮的办法来补救。因为路费之大，主要是草料太贵，如果自带草料则别无其他更多路费的需要。同时有路费的亦应自带草料，因为大批牲口在沿途行走有钱也买不到。至于除自带草料外，盐本和其他必需的路费尚无法解决时，可采取合作社方法解决，有牲口的出牲口，有人力的出人力，有资本的出资本，赚得运费按股分用，怎样按股分法，由参加合作社的自行决定。

辰、修通各大车道，改善驮运道。在目前应立即将志丹通定边、瓦窑堡和安塞通张家畔的大车道修通，以便于使用大车和牛车增加运输力量，并整修上半年已修成之大车道及各县的驮运道。其办法：新修之大车道，土工在可能情况下仍然由各县人民义务负担一部分，其余土工可由部队担负，以及石工等由政府酌量出备工食费用。至于整修已成之车道及各县驮运道，则全由各县义务养路队以义务工担负之。

五、人民替政府运盐六万驮的办法

（一）人民替政府运盐六万驮，是人民在抗战时期的临时义务。凡有驮牲的人民以及合作社，均有替政府运盐的义务。人民代运的数目多寡，视牲口多寡决定之。

（二）各县应担负的公盐驮数根据以下办法分配之：

1. 以各县实有能参加运盐的牲口全年能运盐的数目为比例，除神府不负担，绥德分区和关中分区只负担百分之五外，其余各县负担百分之十。即一县的牲口如全年能运一万驮的，绥德、关中应运公盐五百驮，其他各县应运一千驮。

2. 各县得以区为单位，按照全区全年能驮盐的数目，分配各区应运公盐的驮数。各区得以乡为单位，按照全乡全年能驮盐的数目，分配各该乡应运公盐的数目。

3. 各乡得采取以下办法来完成全乡应驮公盐的任务：

子、计算各户应运公盐数目的办法：凡一户之中，有一个全年能驮四次每次驮盐一驮重的，应运公盐六十斤。其余类推。

凡一户之中，有一个全年能驮八次盐，每次能驮一驮重的牲口，全年应运公盐一百二十斤。其余类推。

凡一户之中，有一个全年能驮四次盐，每次能驮一驮半的牲口，则全年应运公盐九十斤。其余类推。

凡一户之中，有一头全年能运八次的牲口，每次驮运一驮半重的，则应驮公盐一百八十斤（即一驮又三十斤）。其余类推。

上项计算如在关中、绥德两区则减半计算之。

丑、凡一乡各户应运公盐的数目，须一次驮交政府，其办法得由各乡将应运公盐的牲口组织起来，由各户根据（子）项应运公盐数多少，共同派出足够应运公盐数目的牲口及押运的人，专为公家驮盐一次。其所花费之路费，除掉由政府发给之部分外，其余按各户应运公盐斤数分摊负担之。

寅、人民替政府运盐以一百五十斤平秤为一驮的标准，无论大车载运或牲口驮运均以一百五十斤为一驮。如一个牲口驮二百二十五斤的算驮半，驮一百八十斤算一驮又三十斤，如只驮一百二十斤的，则只算一驮少三十斤。

（三）人民应运公盐，以盐池为起点，运到下列地区由政府所设立的公盐收发处。延安、张村驿、富县、西华池、庆阳、临镇、瓦窑堡等公盐收发处。

（四）由财政厅发给各县四联盐单，一联交运盐人向盐务局取盐，一联交公盐收发处换取改条，一联由县政府存根，一联由乡政府存查。

（五）人民替政府运公盐一驮（一百五十斤），由政府每站发给路费二元（包括来回在内），其站数多寡，以盐池至该公盐收发处有多少站数计算之。

（六）人民替政府运公盐，得依据各该县人民的便利，自由运交就便之公盐收发处，取得公盐收发处收据为凭。

（七）凡人民应替公家运的盐，须于本年阴历闰六月全部运交各公盐收发处。如提前完成的由政府予以奖励。凡拒绝替运的，政府得酌情予以惩罚，其奖惩办法另定之。

（八）各县、区、乡政府，在人民运公盐时，应派出得力干部率领各乡牲口到盐池驮盐，并交到公盐收发处，取得公盐收发处的收据，将收据随时交边区财政厅，换取总收据。

六、督运分会的任务

督运分会的任务，是政治上号召人民，与动员上决定大政方针和策略办法的。因此，参加督运分会的委员尤其是主任，必须是有威信的能掌握住政策的为适宜。至于实际组织动员的工作机关，应由县政府负责。督运分会应每星期开会一次，检讨动员工作。并督促县政府将每月工作报告边区政府。督运分会得在政府和民众团体机关抽调相当的干部，派往各区乡检查和帮助区乡政府的动员工作，并将各区乡动员情形随时报告督运分会。

大队长和队长的任务，同样是政治上号召人民，在动员上掌握政策的，他的工作机关是区乡政府机关。大队长和队长应督促区乡政府按月向上级政府报告工作。

七、对本决定应加以讨论。

选自《陕甘宁边区政府文件选编》第三辑，档案出版社1987年版，第281～289页。

22. 陕甘宁边区各级税务机关组织规程

1941年10月1日公布

第一条　本章程依边区政府财政厅组织规程第四条之规定，修正边区政府四月一日公布之税务局所组织规程制定之。

第二条　边区税务机关分设下列各级组织：

一、税务总局。

二、税务分局。

三、县（市）税务局。

四、税务所。

第三条　税务总局承边区政府财政厅之命，掌理边区一切税务经征事宜，其组织如下：

一、设局长一人，综理全边区税政，并负指挥监督所属人员之责。

二、设副局长一人襄助局长办理一切事务。

三、第一科——办理各级局所之经费预决算，公物领发保管及总局之庶务事宜。

四、第二科——办理税款报解、现金出纳、帐（账）簿登记、表册编造等事宜。

五、第三科——办理票照收发、稽核及税务计划、指示、调查、统计等事宜。

六、第四科——办理干部之审查、配备、教育、奖、惩、慰恤等事宜。各科设科长一人、科员若干人，必要时得设副科长一人。

七、秘书室——设秘书二人，文书二人，办理文件之撰拟、收发、缮校及局长交办事宜。

八、督察室——设督察长一人，督察员若干人，巡察督导所属局所等事宜。

九、税警大队——设大队长一人，分队长队员各若干人，承长官之命，分驻各地，受当地局所长之指挥，办理缉私事宜。

第四条　税务分局受税务总局之领导及地方行政长官之监督，办理当地税政并督导所属局所之工作，其组织如下：

一、设局长一人，综理全局税务，必要时得设副局长一人襄助之。

二、设秘书一人，办理文件事宜。

三、会计股设股长一人，股员若干人，管理款项收支及报解事宜。

四、稽征股设股长一人，股员若干人，办理稽查、征收、司票等事宜。

五、在不必要设立县局之处，得设直属税务所。

第五条　县（市）税务局得按区域划分，或直属税务总局或隶属分局，受当地行政长官之监督，管理税务并指导所属税务所。县（市）税务局按税收之比额及事务之繁简分为一、二、三等局。各等局之组织如下：

一等局设局长一人（必要时得设副局长一人），稽查长一人，稽查三人至五人，文书会计各一人，分掌全局事务。

二等局设局长一人，稽查长一人，稽查二人至三人，会计兼文书发票员各一人，分掌全局事务。

三等局设局长一人，稽查长一人，稽查一人至二人，发票员一人，分掌全局事务。

第六条　税务所受县（市）税务局或税务分局之领导及当地行政长官之监督执行职务，其组织：设所长一人，稽查、发票员若干人，分掌全所事务。

第七条　各级税务局所之办事细则，由税务总局拟定之。

第八条　有关税务各种规则、办法，由税务总局另定，呈请施行。

第九条　本规程如有未尽事宜，得由税务总局汇提意见，呈请财政厅转呈边区政府修改之。

第十条　本规程自公布之日施行。

选自《抗日根据地政策条例汇集》陕甘宁之部（中），1942年版，第353～355页。

互校版本：

1.《陕甘宁革命根据地史料选辑》第二辑，甘肃人民出版社1983年版，225～227页。

2.《陕甘宁边区法律法规汇编》，三秦出版社2010年版，第101～102页。

23. 陕甘宁边区政府布告（为修正公布几种税收条例及规则办法[①]）

1941年10月1日

查陕甘宁边区经济，向称落后。抗战数年来，赖我人民与政府之精诚团结，艰苦经营，在抗战烽火中，不惟贡献国家以广大人力物力与财力，而且在建设新民主主义新中国的目标之下，使边区人民生活，日有改善，经济建设，日有进步，已逐渐改变其原来面貌。然欲争取抗战的最后胜利，仍须吾人加倍努力，尤以边区近来所处环境，极为恶劣，日寇屡犯河防，晋陕交通，不时阻断；其他边境，又受顽固分子之经济封锁，道路梗塞；凡此种种，均为我边区人民所熟知。本政府为巩固边区，发展抗日的民主政治与经济建设，粉碎敌人的进攻与顽固分子的破坏，以坚持长期抗战，并使人民福利不受影响起见，爰于本年一月间，公布货物税、营业税两种条例，实行合理的税收制度，筹措抗日经费，以利边区经济之发展，与财政之充裕，但因初次创办，各种条例内容，皆甚草率，规定办法，亦欠完善，数月以来，各地税局执行，多不划一，且时逾半年，货物价格及商业情况，亦变动甚大。因此，兹再依据陕甘宁边区施政纲领关于税收政策之规定，本合理负担，实施累进税率之原则，将原定货物税与营业税条例详细研讨，加以修正，并制定有关税政之各种规则办法，公布施行，以期税收制度更臻完善，抗日经费更有保证，而人民负担又不致有畸轻畸重之憾。除通令各级税务机关自十月一日起，一律照新颁条例执行外；合行将制定之"陕甘宁边区货物税修正暂行条例"，"营业税修正暂行条例"暨各种税务规则办法，公布周知，此布。

选自《抗日根据地政策条例汇集》陕甘宁之部（中），1942年版，第309～310页。

互校版本：《陕甘宁革命根据地史料选辑》第二辑，甘肃人民出版社1983年版，第179～180页。

① 副标题乃编者所加。

24. 陕甘宁边区货物税修正暂行条例

1941年10月1日修正公布

第一章 总 则

第一条 本条例为增加抗战财力，依据陕甘宁边区施政纲领第十三条之规定制定之。

第二条 本条例以货物为征收对象，凡应税货物均须缴纳货物税（应税货物见附表）。

第三条 凡属第二条所列之货物税，统归税务机关征收之。

第四条 凡运销货物，不论公私商贩一律缴纳货物税，但经边区政府批准免减者例外。

第二章 税 则

第五条 凡应税货物，不论边区产品与非边区产品，均分别从量从价按百分比征税。

第六条 边区产品运销边区境内外者，均须在起运地缴纳货物税。

第七条 非边区产品运销边区境内者（除边区政府以命令公布之仇货毒品外），必须在运进边区必经之第一税务机关纳税。

第八条 凡边区境外之货物（除边区政府以命令公布之仇货毒品及资敌物品外），不在边区境内销售只从边区经过者，税务机关有权检查并从价收百分之二查验手续费。如中途改在边区销售者，应照第七条规定纳税，手续费不退。

第九条 除第二条附表所列应纳货物税外，其他货物概不征税。但边区政府认为某种货物有征收必要时，得以命令公布征收之。

第十条 凡经陕甘宁边区政府以命令禁止之货物毒品及资敌物品，应扣留或没收，不得以征税代替之。

第十一条 凡过往旅客携带自用物品，其价格在本条例税率表所列起征点八倍以下者，一律免征，但经税务局查明确系营利而以分散携带企图逃税者，不适用此规定。

第三章 税 率

第十二条 货物征税按从价百分比征收之税率表分三种，由边区政府制定之（附后）。

第十三条 货物税从价标准，由估价委员会依实际情况估定之。估价委员会章程另定之。

第四章 报税与查验

第十四条 凡公私商贩运销货物，不论在边区或非边区销售者，应在起运或经过第一次遇到之税务机关报税，经查验后，领取税票，始得通行。

第十五条 凡商贩运输货物到边区或经过边区者，应受税务机关查验，无故超过第一局所经第二局听查获者，以偷税论。

第十六条 不论公私商贩所运货物，在中途或到达销售地，在销售以前须向税务机关报请查验盖章粘贴印花后，始得开包销售。

第十七条 凡在第一税务机关缴纳查验手续费者，如在沿途销售时，须在销售以前，向附近税务机关报税，方得销售，否则查出以偷税论。

第十八条　应纳税之货物，在市面销售时，税务机关规定粘贴印花者，须一律粘贴印花，并加盖验戳，凡税务机关未规定粘贴印花者，以税票为凭，否则，以偷税论。其贴用办法另定之。

第十九条　凡边区内邮局收到邮包装寄之货物，必须向税务机关报请查验，由收包人照章完纳货物税后，始得领取邮包，否则以偷税论。

第二十条　凡边区内邮局寄出之邮包，必须经过税务机关检验，应纳税货物寄包者，照章完税后，邮局始得接收，否则税务机关有权扣留货物。

第二十一条　凡税务机关附近驻军须经过税务机关请求或委托，始得协助稽查，其缉私查获案件，应送税务机关，不得擅自处理。

第五章　免税、减税、退税

第二十二条　凡经边区政府免税或减税者，须持有税务机关正式免税或减税证明文件并贴免税（减税）查验证者，方为有效。

免税减税规则另定之。

第二十三条　凡适合退税标准之一者，应照章退税，其办法另定之。

第二十四条　不论军警公私商贩，非经政府允许，不得借故向税局要求免税或减税。

第六章　奖　惩

第二十五条　不论公私商贩、机关、部队、民众团体运送货物，应遵照本条例之规定办理，如有违犯本条例第二章税则、第三章税率、第四章第五章手续之一者，一经查出处应纳税款一倍至五倍之罚金。对税局处罚抗不履行者送司法机关依法裁判。

第二十六条　税务人员违章收税或勒索敲诈者，被害人应检同证件呈报税务总局查办。

第二十七条　凡查获偷漏者不论工作人员、部队或人民一律按章奖励。奖励办法另定之。

第七章　附　则

第二十八条　本条例施行细则另定之。

第二十九条　本条例修正之权属于陕甘宁边区参议会，解释之权属于陕甘宁边区政府。

第三十条　本条例自公布之日起施行。

附：货物税税率表三种

（一）边区产品在边区销售之税率表

种类	品名	税率	起征点
酒类	烧酒	40%	20元
迷信品类	香	60%	5元
	烧纸	60%	5元
食盐类	小盐每斗	3.5元	3.5元

（二）边区产品往非边区销售之税率表

种类	品名	税率	起征点
油类	植物油	20%	20元
	动物油	20%	20元
皮类	老羊皮	20%	30元
	二毛皮	5%	30元
	胎　皮	20%	30元
	大兽皮	5%	30元
	什　皮	5%	30元
毛绒类	白春羊毛	5%	30元
	黑羊毛	5%	30元
	骆驼毛	5%	30元
	黑羊绒	20%	30元
	白秋羊毛	20%	30元
药材类		5%	20元

（三）非边区产品在边区销售之税率表

种类	品名	税率	起征点
酒类		40%	20元
烟类	纸烟	40%	20元
	水烟	20%	10元
	曲沃烟	20%	10元
	兴隆烟	20%	10元
	什办烟	20%	10元
迷信类	香	60%	5元
	表	60%	5元
	冥纸票	60%	5元
	烧纸	60%	5元
	大炮	60%	5元
	小炮	60%	5元
奢侈品类	香肥皂	20%	10元
	牙膏	20%	10元
	脂粉	20%	5元
	花露水	20%	5元
	化学装饰品	20%	10元
	手镯	20%	20元

续前表

种类	品名	税率	起征点
布匹类	土布	3%	50元
	各种印花	7%	60元
	洋线布	20%	40元
	各种丝毛绸		
	缎织品		
	各种绉葛	20%	40元
	哔叽呢		
棉制品类	各种衬衣	5%	30元
	毛巾	5%	20元
	机线袜子	5%	20元
	洋线带	5%	30元
	纱线	5%	30元
	棉花	1%	100元
杂货类	石碱	5%	30元
	火柴	5%	30元
	颜色	10%	30元
毛制品类	毛毯	20%	30元
	毛毡	20%	30元
	毛衣	20%	30元
	毛套	20%	30元
食盐类	大盐驴子一驮	20元	20元
	马牛骡一驮	30元	30元
	骆驼一驮	40元	40元
	小盐　每斗	3.5元	3.5元

选自《抗日根据地政策条例汇集》陕甘宁之部（中），1942年版，第310～317页。

互校版本：

1.《陕甘宁革命根据地史料选辑》第二辑，甘肃人民出版社1983年版，第181～187页。

2.《陕甘宁边区政府文件选编》第四辑，档案出版社1988年版，第214～219页。

3.《陕甘宁边区法律法规汇编》，三秦出版社2010年版，第357～360页。

25. 陕甘宁边区货物税修正暂行条例施行细则

1941年10月1日公布

第一条　本细则依据陕甘宁边区货物税修正暂行条例第二十八条之规定制定之。

第二条　报验手续：

一、凡贩运货物之商号或运货人须按下列规定，向就近税务机关报请查验，照章纳税领取税票，妥贴验证后始得运销。

1. 凡运输货物至边区者，须在入境路经之第一税务机关报验纳税。其有特殊情形不便纳税者，须向第一税务机关觅保请求批准在运货到达地点之税务机关报验纳税。

2. 从税务机关所在地起运货物者，须于未包装前报验纳税。

3. 在未设立税务机关之地起运者，须向附近或经过之第一税务机关报验纳税。

二、报验人须详细报明下列事项：

1. 贩运人姓名或商号、名称、住址；

2. 押运人或脚夫姓名；

3. 货物名称，数量及件数；

4. 起运地及指销地。

三、凡投邮寄递货物，不论应否征税，均须向当地税务机关报验，应纳税者经纳税领贴验证及税票后始得投递。

四、提取由邮寄来货物包裹，须先向当地税务机关报验邮局提单，申请登记加盖验讫戳记始得提取，取回之货包须会同税务机关开包检验（不得私自拆开），如不应纳税者即登记放行。

五、货物改运，分运及改装之报验。

1. 已税货物在中途或销地，拟改运他处时，应将原货连同税票，经当地税务机关验明无错，即于原票批明某月某日验明货票相符准予改运某处等字样，并加盖查验戳记另改期限，由税务机关负责人签名盖章手续完竣始得改运。

2. 已税货物于中途或销地（在未贴花证前），如将原货一部分分运他处时，应将所分运之货物及原票，报经当地税务机关验明无错，即以原票批明某月某日验明，准于分运某货若干，并另发给第某号分运单字样，另按分运货物填发转运手续证，始得运行。

3. 已税货物拟改装（包括以大改小以小改大及另换包皮），应于未拆原装时，持原票或已贴证之货物，经当地税务机关验明，当场改装后按改好之新件上改贴票证更改件数，加盖验讫戳记，并由税务机关负责人签名盖章，始得销售或运行。

第三条　票证种类及使用手续：

一、征收货物税应用之票证如下：

1. 票证共分六类：货物税票，货物转运证，查验证，印花，盐税票，罚款证等。

2. 税票共为四联，第一联由经征机关存查，第二联于月终呈交税务总局查核，第三、四两联交运货人，到达所经查验之第一税务机关时，查验机关将第三联收回月终呈送总局，第四联仍由运物人为通行执照。

3. 各种税票均编有骑缝号码，各联均须编同样号码。

4. 定额税票即从量征收，如食盐票驴驮二十元骡马牛三十元骆驼四十元，小盐每斗三元五角，转运证（分运）之手续费定为五角。

5. 花子查验证皆以货物种类分别贴用，以货物最低单位发贴印花。

6. 货物经查验时不便卸装清查监贴花证或改装运行者，即在大件封口上贴查验证加盖骑缝章。

7. 以上票证均由边区财政厅监制编号印发，税务机关使用时须加盖章记缺一无效。

二、填写税票应照以下规定：

1. 用毛笔浓墨清写，凡数目字月日须用大写，不得草率。

2. 写票不得涂改，如发生错误（尤其是数字），应经负责人注销作废，另写新票，月终将废票呈送总局，不许自行弃置。

3. 纳税人对税票认为填写不明，恐中途发生阻碍时，当场得请求更换。

三、税票因特殊情形限期已过，运货人须预先到就近税务机关声请改期，经查验手续齐备，货票相符并无可疑情形者，于原票批明报验日期过期原因及改期月日经负责人签名盖章再加盖查验章放行，如查验证损坏不能辨识者不得改期。

四、税票为纳税执照，如有遗失损坏或仅有查验证而不带税票时，即须另行补税。

第四条　查验手续：

一、各税务机关接到报税申请时，应照下列规定详切查验：

1. 查验运销货物如难以卸装检验贴证者，应用“计量法”与“探验法”以防其隐报数量或夹带私货。

2. 查验输出边区货物在起运货未包装前。税局应派员监视整装，但事实不可能时，须详细考察或用“探验法”“计量法”试其有无夹带。

3. 查验经过边区货物，须用“探验法”与“计量法”考察是否夹带违禁物品或伪报数量，并检阅货单，以防仇货。

4. 查验落地货物，由运货人把税单交税务机关查验，始得运入店栈，然后贴花证盖骑缝印。

5. 不论在边区运销或运出或经过边区货物，凡整装者——如箱、捆包——概不发给印花，仅按其大件填查验证，监贴于货件封口加盖骑缝章并于验证上写明验放年月日，报验人姓名，证明货物数量、件数，和运行必经路线。

6. 对落地货，当地税务机关接到报验申请时须凭税票详查件数，撕销验证点明物件，监贴花证（另有花证贴用法）即时将税票批明注销。

二、纳税人完税后，应详查税票所载货物名称、数量、税额及骑缝所写数字是否确当，查验证花证是否按件发足贴妥，如有错误遗漏，应即申请改正，如不申明，或擅行涂改，一切责任由纳税人负之。

三、运输货物不论应否或已否纳税，均须于经过沿途税务机关时，立即报呈查验，而税务机关，接到报验申请时，应立即查验，如货票相符，验证按件妥贴，沿途查验手续齐备，并无绕越行为，即盖检验戳记放行。

四、凡运销纳税货物，到达销售地时，应先报呈当地税务机关查验，接报税局即依落地查验规定执行查验。

五、凡税务机关，对应查物件，必须严格慎重检查，但不得迟延，以致商民不便，被检查者，也应听从检查，不得拒绝，如有意拒绝，致使检查时间延长发生延误，运货人自行负责。

六、凡纳税物品到所经第二税务机关报请查验，如货票相符，验证完整，手续齐备，即将税票第四联加盖验戳，仍交回运货人收执，第三联由查验之税务机关掣回，转呈总局备查。

七、凡货物到达销地，经过查验贴足印花后，又因系大批出售而须打捆装箱者，应事先报验，并发验证，重新封贴盖章始得起运。

八、扣留违禁物品，应将扣留原因，及货物名称、数量、日期，填给凭单交货主或脚夫存执，并通知物主押运人或脚夫将被扣货物名称、数量、日期、情由，具结存查，该税务机关应即从速呈报上级机关处理，不得延误。

第五条　稽查手续：

一、税务机关，对当地所辖境内商店行栈，认为有施行稽查之必要时，得派员检查货品、帐（账）目及税单，无论公私营业，不得借辞拒绝，但检查人员须携带总局所发之稽查证，或该税务机关之证明文件。

二、稽查人员执行职务，必要时得持税务总局制发之稽查证，向当地政府军队请求协助。

三、稽查人员如有利用职权受贿包庇偷漏，或藉端向商人勒索敲诈者，及商人有行使贿赂勾通舞弊情事者，经发觉后，一并送交法院依法惩办。

四、对贩运私货或隐瞒包庇偷税者，不论公私人等皆有告发之权。

五、告发、缉获、协助税局之奖励，依照“发给缉私奖金办法”之规定办理。

第六条　罚款手续：

一、运输应税货物有下列情形之一者，除令补税外并处一倍至五倍之罚金，对处罚拒不执行者，送司法机关处办。

1. 在应纳税货物内夹带违禁品或毒品者（除货物照章纳税外，将违禁品连人犯送司法机关法办）；

2. 用低税率货物隐藏高税率货物者；

3. 运销货物全部漏税者；

4. 绕越税务机关意图偷税者；

5. 涂改单证希图偷税者；

6. 税票花证有重用情事，或仅有查验证而无税票者；

7. 货物仅持有税票而未贴查验证者；

8. 货物件箱未经报检而开拆者。

二、运销应税货物有下列情事之一者，除令其补税外，并处以一倍至三倍之罚金。

1. 运销货物一部漏税者；

2. 以细货报粗货，以高价报低价，希图偷税者；

3. 货票不符者。

三、运销货物有下列情事之一者，处以五百元以下之罚金。

1. 运输不论应否纳税或已否纳税而抗拒检验者；

2. 运输纳税货物未经报请查验擅先出售者；

3. 未经请准擅先改装改运者；

4. 规定应报请登记事项而报告登记不实或完全不报告者。

四、违犯本细则各条两种以上之行为者得合并处罚之。

五、凡货物因违章被罚后逾越期限抗不交款或无力交款者，除将所扣货物变价抵补外，余数发还，不足者令其补偿。

六、凡有下列情事之一者，除没收货物外，人送司法机关惩办之。

1. 伪造税票、查验证、花子及戳记之一者；

2. 暴力拒绝检查及有涉及刑事范围者；

3. 抗不缴税并隐匿其所有货物经查出者。

第七条　免税减税及退税之手续：

一、根据边区政府货物税修正暂行条例所载各种货物已在应行征税之数量，而经边区政府核准免（减），经税务总局发出文电证明并贴有免减税证者，查验放行。税务分局市县税务局所，无权准许免（减）税或割票欠税。

二、持有税务总局命令某税务局发给免（减）税查验证者，应按指明数量发给免（减）税查验证。

三、持有免税证运输免税物品，无论在起运或落地及经过沿途税务机关，均须报请查验，如查验不符应将超过部分补税。

四、凡应退还之税款依照“退还税款办法”之规定办理。

第八条　本细则自公布之日起施行。

选自《抗日根据地政策条例汇集》陕甘宁之部（中），1942 年版，第 326～333 页。

互校版本：《陕甘宁革命根据地史料选辑》第二辑，甘肃人民出版社 1983 年版，第 195～201 页。

26. 陕甘宁边区货物税估价委员会组织章程

1941 年 10 月 1 日公布

第一条　本章程依陕甘宁边区货物税修正暂行条例第十三条制定之。

第二条　各地货物税估价委员会（以下简称估委会）悉依本章程组织之。

第三条　估委会以评定物价、兼顾官商、公允缴税为任务，如估价实行后，发觉有过低或过高情事，税务总局有指令重估之权。

第四条　估委会按税务分局之所在地分设之，直属县市设一估委会于延安市。

第五条　估委会由当地最高行政机关、贸易机关、公营商业联合会、商会、边区合作社、税务总局驻分局督察员及税务局各派代表一人组织之。

税务局长为估委会之当然主席，负召集会议之责。

第六条　估委会之一般估价原则，应依当地商业中心之现行市价，就货物税率之等级，以下列百分比折算之：

一、税率百分之六十者，按现行市价百分之五十五折算之。

二、税率百分之四十者，按现行市价百分之六十折算之。

三、税率百分之三十者，按现行市价百分之六十五折算之。

四、税率百分之二十者，按现行市价百分之七十折算之。

五、税率百分之十者，按现行市价百分之七十五折算之。

六、税率不满百分之十在百分之五以上者，按现行市价百分之八十折算之。

七、税率不满百分之五者，按现行市价百分之八十五折算之。

上项估价原则如在特殊情形物价有重大变动时不在此限。

第七条　估委会评定之估价表有效期为一个月，如在市价稳定时得连续实行二月至三月，但须经估委会之一致通过，如估委中一人有异议即须重估。重估之后，即须以多数之通过决定之。

第八条　估价表确定后，限于每月一号以前由估委会公布施行。印刷经费由税局负担之。

第九条　估价表除寄送税务总局三份、贸易总局一份、当地党政军机关各一份及估委会自存外，必须以多份分散商店，并发给各局所张贴区乡要镇，俾众周知。

第十条　估价表之格式由税务总局统一制定之。

第十一条　本章程自公布之日施行。

选自《抗日根据地政策条例汇集》陕甘宁之部（中），1942年版，第315～316页。

互校版本：

1.《陕甘宁革命根据地史料选辑》第二辑，甘肃人民出版社1983年版，第215～216页。

2.《陕甘宁边区法律法规汇编》，三秦出版社2010年版，第105页。

27. 陕甘宁边区货物免税减税暂行办法

1941年10月1日公布

第一条　本办法依陕甘宁边区货物税修正暂行条例第二十二条制定之。

第二条　货物如系军用品或系有关社会福利建设必用品者，不论入境或过境者得依本办法减税或免税。

第三条　货物减税或免税之权属于边区政府，其他各级政府及税务局所不得擅自减免。

第四条　应行免税减税之货物，由边区政府将核准货物名称、数量、运货人、期限，令饬税务总局转令局所遵照办理。

第五条　请求减税或免税之机关或个人，须先向边区政府呈报其货物之种类、数目、用途及经过路线，经政府批准后，转令税务总局发给减税或免税证明文件。由运货人持向入境或起运地之第一税务局所，换贴减税或免税查验证。

第六条　对持有免税或减税查验证者，如货物种类与数目相符，应查验放行。

第七条　出入境货物在未经批准减税或免税之前一律照章纳税，不得藉词强行通过。

第八条　已免税或减税之货物，在边区通行，仍须受税局所之检查，如查出不符者，其多余部分应照章补税。

第九条　免税或减税查验证由财政厅制印，税务总局分发各税局保管之，但须奉总局之命令后始得填发。

第十条　本办法自公布之日起施行。

选自《抗日根据地政策条例汇集》陕甘宁之部（中），1942 年版，第 347～348 页。

互校版本：《陕甘宁革命根据地史料选辑》第二辑，甘肃人民出版社 1983 年版，第 217～218 页。

28. 陕甘宁边区营业税修正暂行条例

1941 年 10 月 1 日修正公布

第一章　总　则

第一条　本条例为增加抗战财力，依据陕甘宁边区施政纲领第十三条之规定，斟酌边区地方实际情形制定之。

第二条　凡在边区境内开设工商业（厂、号、店、坊、堆栈、庄社等企业）有一定地点者，不问其为个人或团体所经营，均须完纳营业税。

第三条　凡从事农业兼工商业者，农业部分依农业税法令照章完纳农业税外，营业部分仍须完纳营业税。

第四条　公营商店一律完纳营业税，合作企业减半。

第五条　凡在边区境内营业，均须向税务机关，或县市政府第二科（指无税务机关地方），申请登记，请领营业证。

第六条　营业税应由纳税人按期向税务机关直接缴纳，如无税务机关，向县市政府第二科缴纳，应取得财政厅制定之税票为凭。

第七条　各地税务机关，必要时得设立营业税评议委员会，由总局派员及当地税务机关、县市政府、参议会、贸易机关。商会、公营商店联合会、合作联社各派代表一人组织之，开会时税务局代表为主席。

第八条　税务机关或县市政府第二科，应将每月征收之营业税款，除清解金库外，并须按照报解规则呈报税务总局查核。

第二章　税　则

第九条　营业税税则分营业税、临时贸易税、烟酒牌照费、牲畜买卖手续费四种（营业税及临时贸易税税率表附后）。

第十条　凡从事营业者，以营业纯收益为课税标准，以百分比进行累进。

第十一条　如有流动性商人，未设店铺，未参加当地商会者，照其营业性质，在售货地点临时一次征收之。

第十二条　凡专卖或兼售烟酒者，除照缴营业税外，仍须照章完纳烟酒牌照费，烟酒牌照，均分为七等，其征费办法另定之。

第十三条　凡各种牲畜之买卖，于成交后，应照章完纳牲畜买卖手续费，其征收办法另定之。

第三章　税　率

第十四条　营业税按年计算，纯收益不满四百元者免征。临时贸易税一次征收，其纯收益不满百元者免征。

第十五条　牲畜买卖手续费，只在买卖过程中从价征收手续费百分之五。

第十六条　边区政府于必要时，得以命令酌免，或增减营业税、临时贸易税、烟酒牌照费、牲畜买卖手续费各税率。

第四章　奖　惩

第十七条　商人不按第五条之规定，请领营业证并经催促不遵行者，得酌予处分。

第十八条　商人抗不纳税者，得由税务局提请当地行政机关，强制执行之。

第十九条　商人伪造账簿或利用其他方法企图偷税者，税务机关得按情节轻重，分别处以应课税额一倍至五倍之罚金。

第二十条　商人踊跃纳税起模范作用者，斟酌情形奖励之。

第二十一条　商人因其他灾害致无力缴纳营业税者，呈经边区政府批准后，得减免之。

第二十二条　税务人员执行职务，著有成绩或违法失职时，依税务人员奖惩规则处理之。税务人员如有不法行为，人民有向政府告发之权。

第五章　附　则

第二十三条　本条例施行细则另定之。

第二十四条　本条例修正之权属于边区参议会，解释之权属于边区政府。

第二十五条　本条例自公布之日施行。

附：边区营业税率表

（一）营业税税率按年计算表

纯收益	税率
400～600	2.0%
601～900	2.2%
901～1 200	2.4%
1 201～1 500	2.6%
1 501～1 800	2.8%
1 801～2 100	3.0%
2 101～2 400	3.2%
2 401～2 700	3.6%
2 701～3 000	4.0%
3 001～3 300	4.5%
3 301～3 600	5.0%
3 601～3 900	5.5%
3 901～4 200	6.0%
4 201～4 500	6.5%

续前表

纯收益	税率
4 501～4 800	7.0%
4 801～5 100	7.5%
5 101～5 400	8.0%
5 401～5 700	8.5%
5 701～6 000	9.0%
6 001～6 300	9.5%
6 301～6 600	10.0%
6 601～6 900	10.5%
6 90l～7 200	11.0%
7 201～7 500	11.5%
7 501～7 800	12.0%
7 801～8 100	12.5%
8 101～8 400	13.0%
8 401～8 700	13.5%
8 701～9 000	14.0%
9 001～9 300	14.5%
9 301～9 600	15.0%
9 60l～10 000	15.5%
10 001～20 000	16.0%
20 001～40 000	17.0%
40 001～60 000	18.5%
60 001～80 000	20.0%

附注：

1. 本表数字以元为单位。
2. 全年纯收益不满四百元免征。
3. 全年纯收益在八万元以上者仍按最高率 20%征税。

（二）临时贸易税率计算表

纯收益	税率
100～300	每百元抽 2.00 元
301～600	每百元抽 2.50 元
601～900	每百元抽 3.00 元
901～1 200	每百元抽 3.50 元
1 201～1 500	每百元抽 4.00 元
1 501～1 800	每百元抽 4.50 元
1 801～2 100	每百元抽 5.00 元
2 101～2 400	每百元抽 5.50 元
2 401～2 700	每百元抽 6.00 元
2 701～3 000	每百元抽 6.50 元
3 001～3 300	每百元抽 7.00 元
3 301～3 600	每百元抽 7.50 元
3 601～3 900	每百元抽 8.00 元

续前表

纯收益	税率
3 901～4 200	每百元抽 8.50 元
4 201～4 500	每百元抽 9.00 元
4 501～4 800	每百元抽 9.50 元
4 801～5 100	每百元抽 10.00 元
5 101～5 400	每百元抽 10.50 元
5 40l～5 700	每百元抽 11.00 元
5 701～6 000	每百元抽 11.50 元
6 001～6 300	每百元抽 12.00 元
6 301～6 600	每百元抽 12.50 元
6 601～6 900	每百元抽 13.00 元
6 901～7 200	每百元抽 13.50 元
7 201～7 500	每百元抽 14.00 元
7 501～7 800	每百元抽 14.50 元
7 801～8 100	每百元抽 15.00 元
8 101～8 400	每百元抽 15.50 元
8 401～8 700	每百元抽 16.00 元
8 701～9 000	每百元抽 16.50 元
9 001～9 300	每百元抽 17.00 元
9 301～9 600	每百元抽 18.00 元
9 601～10 000	每百元抽 19.00 元
10 001～20 000	每百元抽 22.00 元
20 001～40 000	每百元抽 25.00 元
40 001～60 000	每百元抽 28.00 元
60 001～89 000	每百元抽 30.00 元

附注：
1. 本表数字以元为单位。
2. 一次之纯收益不满百元者免征。
3. 在八万元以上者仍按每百元抽三十元征税。

选自《抗日根据地政策条例汇集》陕甘宁之部（中），1942 年版，第 318～326 页。

互校版本：

1.《陕甘宁革命根据地史料选辑》第二辑，甘肃人民出版社 1983 年版，第 188～194 页。

2.《陕甘宁边区政府文件选编》第四辑，档案出版社 1988 年版，第 220～225 页。

3.《陕甘宁边区法律法规汇编》，三秦出版社 2010 年版，第 383～386 页。

29. 陕甘宁边区营业税修正暂行条例施行细则

1941 年 10 月 1 日公布

第一章　释　例

第一条　本细则依据陕甘宁边区营业税修正暂行条例第二十三条之规定制定之。

第二条　本细则对营业税修正暂行条例所规定之烟酒牌照费、牲畜买卖手续费另定办法者，不适用之。

第三条　称营业者，系指工商业及合作等企业而言。

第四条　称工厂者系指利用简单机器及使用工人在二十人以上之生产而言，其余小手工业生产，依商业征税。

第五条　称合作企业者，系指依照合作规程组织且为群众合资所组织之合作企业，其由公私资本，仅以合作社为名之企业，均不认为合作企业。

第二章　注　册

第六条　工厂或有门市坐落之商店暨合作企业，不论公营或私营，均须每年度开始之十日内登记一次，登记表须包括下列各点（表式由总局制发）：（一）名称，（二）负责人姓名，（三）地址，（四）营业种类，（五）资本额，（六）股东或店东姓名，（七）人员数目及全年营业开支数，（八）分支店名称及地址，（九）全年收益估计，（十）结帐（账）日期。

第七条　无门市商号之临时营业，暨流动性或季节性商人，均须于售货前，向当地税务机关报请登记，登记须载明以下各点：

一、纳税人之姓名住址（或暂住地址）。

二、货物种类及数量，何时由何地运来，存放何处。

三、原进货价若干，运费多少，曾否纳税及纳税数额。

四、拟在何地出卖，估计售价若干。

五、收益估计。

第八条　主管征收机关，对前二条之登记，认为确实者填发营业证，如认为须有调查或重新登记者，得通知该企业之负责人遵办。

第三章　计　算

第九条　不论公私营业均须由业务负责人于每年结算后十日内，将实际纯收益额依规定格式报告于主管征收机关。

第十条　临时贸易之流动商人，营业之纯收益，应由业务负责人于每次结算后一日内，将实际纯收益额，依规定格式报告于主管征收机关。

第十一条　纯收益之计算方法，以该企业之销货总额减去销货成本及营业用费即为纳税之纯收益。

第十二条　在企业有未设帐（账）簿或虽有帐（账）簿而不完全难于计算纯收益时，须由当地之营业税评议委员会评定其纯收益再行按章纳税。

第十三条　主管征收机关对于纯收益额之报告发现有虚伪隐匿或逾期不报者，得提交评议委员会，代为决定其纯收益额。

第十四条　主管征收机关收到纳税义务人报告后，有权随时派员调查并调阅帐（账）簿凭单资产负债表册等有关文件。

第四章　评　议

第十五条　评议委员会以当地税局、最高行政机关、参议会、贸易机关、公营商店联合会、商会、合作联社各派代表一人（总局派驻该地之督察员列席）组织之，当地税局代表为当然主席。

第十六条　一般评议之原则，应根据纳税人自报之纯收益额，并酌量该企业之资本额，及其营业状况等评定其纯收益。

第十七条　依前条办法主管征收机关将评议会决定之纯收益额及其应纳税额通知纳税义务人限期缴纳。

第五章　复　查

第十八条　纳税义务人接到前条通知后，如有不服，得于五日内叙明理由连同证明文件请求当地主管征收机关重行调查，主管征收机关再提交评议委员会复决一次，经复查决定后纳税义务人应即照数纳税。

第十九条　纳税义务人接到前条复查决定之通知后仍不服时，得于十日内向边区税务总局提起行政诉愿。

第六章　征　税

第二十条　不论公私营业均由业务负责人自行向当地主管征收机关依限缴纳税款，领取收据。

第二十一条　营业之纯收益，依各业习惯每年结算一次者，得经过评议会之决定分期提前酌缴营业税若干，年终缴足。其营业期不满一年者，就其营业期间之纯收益计算征税。

第二十二条　公营工厂商店及合作社企业之纯收益，按每月结帐（账）一次计算征税。

第二十三条　临时贸易税，就其临时贸易成交后之一日内，按纯收益计算一次征税。

第七章　罚　则

第二十四条　征收机关人员对于纳税人之纯收益、纳税额及有关系之证明文据，应绝对保守秘密，违者经查出或受害人告发，经查实后，由主管长官予以严厉处分。

第二十五条　不论公私企业负责人，不遵照营业税修正暂行条例第五条之规定履行本细则第六至第八条之手续登记者，得处以五百元以下之罚金。

第二十六条　对应纳之营业税，经确定后抗不缴纳者，得请行政机关协助强制执行，并处以应纳税额一倍至五倍之罚金。

第二十七条　违犯营业税修正暂行条例第十九条之规定者，除处以一倍至五倍之罚金外，并得勒令其定期停业或注销其营业证。

第八章　附　则

第二十八条　本细则如有未尽事宜，得呈准边区政府修正之。

第二十九条　本细则自公布之日起施行。

选自《抗日根据地政策条例汇集》陕甘宁之部（中），1942 年版，第 333～337 页。

互校版本：《陕甘宁革命根据地史料选辑》第二辑，甘肃人民出版社 1983 年版，第 202～206 页。

30. 陕甘宁边区牲畜买卖手续费征收办法

1941 年 10 月 1 日公布

第一条　本细则依据陕甘宁边区营业税修正暂行条例第十三条之规定制定之。

第二条　征收程序：

一、凡边区牲畜之买卖应遵照下列手续：

1. 买卖牲畜不论有无中人说合或私自成交者，于买卖既成后，不论其欠帐（账）与现款，应立即由买主（有中人时同中人）到附近税局所照章缴费。

2. 纳税人缴费后应向税务局所索取税票并须保存不得遗失或涂改。

二、凡以牲畜相互交换者应遵照下列规定：

1. 经中人说价或互相交换成交之后由找价人依找价数目照章缴费。

2. 税票注明“相互交换”字样由税务局所负责人盖章。

三、改运或分运：

1. 买卖既定后，在二十四小时内原价让人者，可将原牲畜及费票同受让人到当地税局所声明，准在原票书明“转让某人”等字样，经负责人盖章或签字后生效，概不出退让费。

2. 凡成群牲畜已经上税再拟分运时，不论群之大小，须一律到当地税局掣领分运证并照交手续费五角。

第三条　牲畜买卖执照分下列两种：

一、牲畜买卖手续费证分三联，一联存收款机关，一联解交总局，一联交纳费人存执。

二、牲畜转运证分两联，一联存发票机关，一联交纳费人存执。

第四条　减免：

一、凡牲畜买卖有下列情形之一者免费：

1. 牲畜病疾过重廉价出售，其价格低至时价百分之三十以下者。

2. 凡经税务总局批准持有证件者。

3. 猪娃不满五只确系自用者。

4. 机关团体会餐或民间婚丧典礼确系自用者，但一次只限猪一头羊两只。

二、凡牲畜买卖具下列条件之一者减半缴费：

1. 中途患病急卖价在时价百分之五十以下者。

2. 无论官商为发展牲畜或运输事业经税务总局批准者。

第五条　处罚：

一、凡牲畜买卖有犯下列情事者分别予以处罚：

1. 牲畜买卖成交后，不立即向当地税务局所纳费托词逃避经查获者，除照章补费外，并得处以应纳费额一倍至三倍之罚金。

2. 牲畜买卖成交后逾十天不缴费者，得处应纳费额三倍至五倍之罚金。

3. 漏税偷运出境者，处以应纳费额三倍至五倍之罚金。

4. 隐瞒价格者处以应纳费额一倍之罚金。

二、凡有下列情事之一者分别予以处罚：

1. 违犯手续不遵税章者，处以二十元以上一百元以下之罚金。

2. 使用重票伪造函件企图偷漏或减免经查明者，处以百元以上一千元以下之罚金。

3. 抗不纳费者，送交当地行政机关，除令其按章纳费外，并处以五十元以上千元以下之罚金。

第六条　本办法自公布之日起施行。

选自《抗日根据地政策条例汇集》陕甘宁之部（中），1942 年版，第 343～345 页。

互校版本：《陕甘宁革命根据地史料选辑》第二辑，甘肃人民出版社 1983 年版，第 212～214 页。

31. 陕甘宁边区税务机关发给烟酒牌照手续暨征费办法

1941 年 10 月 1 日公布

第一条　本办法依据陕甘宁边区营业税修正暂行条例第十二条制定之。

第二条　烟酒业商营业牌照分为以下七等：

一等　每月售烟或酒在万元以上者。

二等　每月售烟或酒在五千元以上不满万元者。

三等　每月售烟或酒在两千元以上不满五千元者。

四等　每月售烟或酒在一千元以上不满两千元者。

五等　每月售烟或酒在六百元以上不满千元者。

六等　每月售烟或酒在三百元以上不满六百元者。

七等　小本挑贩每月售烟或酒不满三百元者。

第三条　烟酒营业牌照费之等额，由边区政府财政厅于年度开始前以命令公布之。同一商店或摊贩烟酒兼营者，须请领两种牌照分别缴纳照费。

第四条　凡营烟酒业商，应向当地之税务机关取得始业申请书，依式确实填写，呈请照章发给烟酒营业牌照。

领得之牌照，须张贴店内或随摊携带，并加保护，不得污损或遗失。

第五条　每季更换新照一次，以一月、四月、七月、十月之一日至十五日为换领新照时期，不依期限，中途呈请换领者，均作一季计算。

第六条　烟酒业商停业时，须将牌照缴还税局注销，不许转卖或借用。

第七条　烟酒业商领得之牌照，如有遗失污损或欲改换牌照种类等级时，须在每季之半月前向税局交纳手续费一元提出申请核办。

第八条　烟酒业商如迁地营业时，须呈报原地税务机关登记，并领取通知新址税务机关之文件。

第九条　烟酒营业不论何种何等之牌照，均按季度开始之一日至十五日内纳费换照不得逾限，如逾限在十日内者，按日将应纳照费加征一成，其逾限在十日以上者，该管税务机关得勒令暂停营业或注销其牌照。

第十条　违章虚报等级或抗不遵照本办法第三条至第九条之规定者，处以应纳牌照费十倍以下一倍以上之罚金。

第十一条　烟酒牌照费经征之税务机关须另设帐（账）簿登记。

第十二条　本办法自公布之日（起）施行。

附各种牌照表（省略）

选自《抗日根据地政策条例汇集》陕甘宁之部（中），1942 年版，第 338～339 页。

互校版本：《陕甘宁革命根据地史料选辑》第二辑，甘肃人民出版社 1983 年版，第 207～211 页。

32. 陕甘宁边区斗佣征收暂行办法

1941 年 10 月 1 日公布

第一条　本办法为统一地方税收，增加抗战财力，依据边区施政纲领第十三条税收政策之精神，并适应边区人民之习惯制定之。

第二条　本办法以粮食买卖为征收对象，凡粮食买卖，必须缴纳斗佣买卖手续费（以下简称斗佣）。

第三条　斗佣统由税务局负责征收，必要时得由税务局委托平粜机关、地方政府或招商承包征收之，招商承包办法另定之。

第四条　各地有斗行者，买卖粮食须经斗行过斗，各地斗行须向当地税务机关领取斗行证，并缴纳定额保证金，才准行使职权。

第五条　凡粮食买卖交成后，一律从价向卖主征收斗佣百分之三。

买卖粮食时，其泼撒之粮食，乃应归于卖主，不得藉故“吃落地粮”，违者以贪污论。

第六条　斗佣征收起征点，暂定为三十元，凡粮食买卖不满三十元者免征。

第七条　税务局或税务局委托之代征机关，应在征收斗佣内，提出下列之金额，作为该机关补助经费；

一、税务局提百分之五。

二、代征机关（平粜或地方政府）提百分之十。

第八条　征收斗佣须掣给斗佣证，证面金额暂定为二角、五角、一元、十元四种，不满二角者免征。

斗佣证由财政厅统一制发。

第九条　粮食买卖所用之斗，概以粮食局颁发之斗（三十斤）为标准。

第十条　凡私作（做）粮食买卖，而不缴纳斗佣者，除卖主处以应纳斗佣之一倍至五倍罚金外，并酌量处罚买主，但买主罚金不得超过卖主罚金五分之一。

第十一条　征收斗佣人员之奖惩：

各机关、部队、团体或个人，协助缉获偷漏斗佣之奖励，除依照第十条之规定外，其余悉依税务人员奖惩规程与缉私奖励办法之规定办理之。

第十二条　本办法自公布之日施行。

选自《抗日根据地政策条例汇集》陕甘宁之部（中），1942年版，第393～394页。

互校版本：《陕甘宁革命根据地史料选辑》第二辑，甘肃人民出版社1983年版，第264～265页。

33. 陕甘宁边区斗佣暨牲畜买卖手续费承包暂行办法[①]

1931年10月1日公布

第一条　本办法为增加抗战财力，并依据陕甘宁边区具体环境制定之。

第二条　凡承包牲畜买卖手续费暨斗佣买卖手续费之商人，悉依照本办法之规定办理承包手续。

第三条　各地牲畜买卖手续费暨斗佣买卖手续费包额，统由税务总局规定公布，如当地税局认为总局规定之标额过低或过高时，得呈请总局斟酌修改之。

第四条　承包地域，以市县或区为单位，各地税局在投标前十五日内，须将规定之最低标额公布周知。

第五条　承包人于投标前，须向当地税局领取投标书，并缴纳手续费洋三元，方取得投标资格，无论中标与否，概不退还。

第六条　投标地点，应设于公共场所，并在投标场所设置标柜，承包人持标书入场，填写承包数目，亲自投入标柜，然后当众开标。

投标时，税局应邀请当地机关、团体派员莅场监督之。

第七条　开标后以承包人所投最高标额，并合乎税局规定最低标额之标准，为中标，如皆不足规定标额时，应再举行投标。

第八条　承包人中标后，须找殷实连环铺保二家，并缴纳包额六分之一保证金，承包手续始告完备。

所缴保证金准承包人在包期末日抵缴税款。

第九条　凡承包征收牲畜买卖手续费之商人，所需票证，由当地税局发给，承包人除缴纳原规定标额外，并须完纳票照费每张洋五角。

各地税局收到缴来票照费，须按月送缴总局转解财厅，各级税局不得挪用。

第十条　承包人须按月将应缴税款，送缴当地税局，如逾期在三月以上者，即以保证

① “甘肃史料版”印作“暂行办理法”。

金扣抵，并取消其承包权，如保证金不足应缴税款时，得向铺保追偿。

第十一条　承包人征收斗佣暨牲畜买卖手续费，须依照政府颁布之边区斗佣征收暂行办法与牲畜买卖手续费征收办法办理，如有违章征收触犯政府法令者，应视其情节轻重，予以处罚，必要时，得取消其承包权。

第十二条　承包期暂定为一年，期满后税局认为仍有招商承包之必要时，得再重行投标，如原承包人所投标额与他人相等时，准原承包人有优先权。

第十三条　本办法自公布之日施行。

选自《抗日根据地政策条例汇集》陕甘宁之部（中），1942 年版，第 391～392 页。

互校版本：《陕甘宁革命根据地史料选辑》第二辑，甘肃人民出版社 1983 年版，第 262～263 页，简称“甘肃史料版”。

34. 陕甘宁边区货物税贴用印花查验证暨查验办法

1941 年 10 月 1 日公布

第一条　本办法依陕甘宁边区货物税修正暂行条例第十八条及货物税施行细则四、五、六各条之规定制定之。

第二条　印花及查验证之分类：

一、印花分甲乙丙丁戊及纸烟小花证六种。

二、查验证分为货物查验证、过境查验证与免税查验证、减税查验证四种。

第三条　各种印花及查验证之贴法：

一、印花贴法：

1. 甲字印花贴于各种整条纸烟封皮上。
2. 乙字印花贴于整封水烟上。
3. 丙字印花贴于各种迷信用品上。
4. 丁字印花贴于各种布匹上。
5. 戊字印花贴于各种杂货上。
6. 纸烟小花证只限贴于各种零包纸烟上。

二、查验证贴法：

1. 货物查验证贴于已经纳税之各种货物整包整箱上。
2. 过境查验证贴于已经纳验费过境货物之包件上。
3. 免税查验证贴于免税货物之包件上。
4. 减税查验证贴法与免税查验证同。

第四条　花证贴好后之盖章法：

一、将各种花证贴好后，须盖紫色“验讫”图章，盖章时应注意下列各点：

1. 花证须结实贴于货物之封口上（由商人自己贴）。
2. 盖验讫图章须一半盖于花证上，一半盖于货物上。

3. 凡花证只能盖章一次，重盖者以偷税论。

二、各局所盖章一律使用紫色，改用颜色时由总局规定通知。

三、“验讫”图章由总局统一制发。

第五条　查验手续如下：

一、货物落地查验手续——落地货物报验时，税局应即派稽查员查验货件上之查验证，是否粘贴适当，中途有无拆包嫌疑，如无嫌疑，然后打包分别贴花，如发觉有打包嫌疑时，即照章处罚。

二、货物沿途查验手续——客商运货至第一局所，照章纳税割票后，税局即将查验证贴于整包货物上放其通行，经第二局所时须经查验并掣留税票上之第三联，如货票相符，即加盖“验讫”图章，放其通行，如发觉货票不符时，税局有拆看检验之权，客商不得藉故违抗。

第六条　本办法自公布之日施行。

选自《抗日根据地政策条例汇集》陕甘宁之部（中），1942年版，第351～352页。

互校版本：《陕甘宁革命根据地史料选辑》第二辑，甘肃人民出版社1983年版，第223～224页。

35. 陕甘宁边区各级税务机关领发票照暨保管办法

1941年10月1日公布

第一条　本规则依据陕甘宁边区各级税务机关组织规程第八条制定之。

第二条　各种税务之票照花证均由财政厅统一制发。

第三条　请领票照之手续如下：

一、向直属上级机关请领。

二、计算路程远近，提请自行派员携带正式钤领来领（钤领格式附后）。

三、经领人领票时，须当场详细点收，然后在发出票照通知书存根上签名盖章。

四、点收后如有差错由领票人负责。

第四条　发给票照机关于核发清楚后，并填发出票通知书一纸（格式附后）交领票人携回交请领局所存查。

第五条　各级局所应先向上级提出所需票照种类数量，俾得准备。

第六条　凡领发票照之局所，必须备有票照（登记簿），详载领发票照之数目、种类、号码、月日等项，并须按月结算核对一次。

第七条　各级局所请领票照人员之路费马干，均依照边区各级税务局所经常费暂定各项开支准则之第四、五两项规定，于月终报销。

第八条　各级局所对于各种票照花证，应指派专人负责保管，除天灾事变外，绝对不得发生遗失或短少情事，如有遗失或短少时，局所负责人应立即向上级呈报，听候查办。

第九条　本规则自公布之日（起）施行。

今具　　　字第　　号钤领派　　同志前往领取税票敬请
钧局发给　　　税票　　　　　张
以备应用，所具钤领是实，谨呈
局长　　（钤记）
局长　　（私章）
中华民国　　年　　月　　日

发出票照通知单（字第　　号）

兹据　　局　　字第　　号钤领发给
票　　张自　　号起至　　号止
证　　张自　　号起至　　号止
已如数交给经领人　　同志点收无错携至希查收为荷
此致
局　局长
（发票机关章）　　　　　　　年　　月　　日

字第　　　　　　　　号

发出票照通知单存根

由本局发给　　局　　字第　　号钤领
票　　　　张自　　号起至　　号止
证　　　　张自　　号起至　　号止
已如数点交清楚，有来局经领人　　同志之签字盖章为据
经领人　　发票员
中华民国　　年　　月　　日

选自《抗日根据地政策条例汇集》陕甘宁之部（中），1942年版，第375～377页。

互校版本：《陕甘宁革命根据地史料选辑》第二辑，甘肃人民出版社1983年版，第247～248页。

36. 陕甘宁边区税务机关退税还税办法

1941年10月1日公布

第一条　本办法依陕甘宁边区各级税务机关组织规程第八条制定之。

第二条　本办法适用于各种税款之退还。

第三条　凡新颁条例虽经明文规定施行日期，但因路途遥远到达较迟，税收机关在未接到命令前应该按旧条例征收，纳税人不得按新条例颁布日期要求退款，如新条例业已到达，执行人延迟时日者应予退款。

第四条　凡是入境无税出境有税之货物而于入境时缴纳出境税，税票注明销货地在边区以外者绝不退款。倘写明为边区地点而在边区销售者应予退款。

第五条　凡同类物品在种类中未列明者已经征税后，纳税人根据条例未列，要求退款者须呈政府请示，如准将此货物列入某类者不退，否则予以退款。

第六条　凡货物已经纳税后再请政府批准免税者不退，如先有免税证，因押运人迟到，税款已交，经申请退款，税局查明无疑者，应予退款。

第七条　凡非一般货物不能准确估价，被征收机关估价过高，征收后查其售价不满纯收益百分之十五，纳税人申请退款者，应按情形退还其估高税款之一部分，其应纳部分不退。

第八条　凡因错记税率而多收者应予退款。

第九条　凡因错算而多收者应予退款。

第十条　凡仇货因识别不清上税后复经其他机关查明没收者不退。

第十一条　凡纳税人事后发觉自报错货数因而多收者不退。

第十二条　如各局所长发觉本办法内有未规定之事件时，得呈请或转呈税务总局解决之。

第十三条　本办法自公布之日施行。

选自《抗日根据地政策条例汇集》陕甘宁之部（中），1942年版，第348～349页。

互校版本：《陕甘宁革命根据地史料选辑》第二辑，甘肃人民出版社1983年版，第219～220页。

37. 陕甘宁边区税务总局发给缉私奖金办法

1941年10月1日公布

第一条　本办法依据陕甘宁边区各级税务机关组织规程第八条制定之。

第二条　凡协助边区税务机关，缉获走私案件者不论边区内外公私人员，均依本办法规定发给缉私奖金。

第三条　缉私奖金，以本案罚款百分之五十充之。

第四条　发给缉私奖金，由执行罚款之税务机关，于处罚确定后，收到罚款三日内行之，由受奖人填具正式领条存局备查。

第五条　受奖人分配奖金之标准如下：

一、群众协助税局者：

1. 事前知悉向税局或税务人员密报（书面口头均可）因而缉获者，密报人应得本案奖金三分之二。数人合报者即由密报人将应得之总数分享之，其余三分之一归办案人。

2. 事前探悉并能缉获将全案人证送交税局者，查获人应得奖金之全部，数人合办者按人数分享之。

3. 当场协助办案者，不管一人或数人总给奖金五分之一，其余五分之四归原办案人。

二、机关、部队、学校、团体协助税局者：

1. 不论密报缉获或当场协助者之应得奖金，均由税局备函连同奖金送致该单位负责人转发（由各该单位填具领条）。

2. 其内部之分配由受奖人得一半，该单位得一半，作为改善全体生活之用。

三、税务人员因公受奖者：

1. 办案人得十分之二；

2. 办案局所得十分之二；

3. 十分之二送总局改善人员生活；

4. 十分之四送总局转交财政厅作为财务人员公积金。

第六条　主管局所月终将本月发奖各案，列表呈报总局备案，此项奖金月报表，应包括：（1）受奖人姓名或单位名，（2）职业，（3）案由，（4）奖金金额、适用条款，（5）年月日等项。

第七条　合于第四条受奖人员或单位不愿领受奖金者，由该税局备文呈报总局，由总局酌给荣誉奖励。

第八条　不论边区内外公私人员，因协助缉私受伤致疾或死亡者，得由该管税局呈报总局转请边区政府酌给恤金。

第九条　事前或事后如发觉报告人或办案人挟嫌栽赃，或借假税局名义，私收税款或受授贿赂或擅自没收财物，妨害商务或个人正当行为致受损失者，税局得帮助被害人，将报告人或办案人送交司法机关依法严办。

第十条　本办法自公布之日施行。

选自《抗日根据地政策条例汇集》陕甘宁之部（中），1942年版，第349～351页。

互校版本：《陕甘宁革命根据地史料选辑》第二辑，甘肃人民出版社1983年版，第221～222页。

38. 陕甘宁边区税务总局办事细则

1941年10月1日公布

第一章　总　则

第一条　本细则依据陕甘宁边区各级税务机关组织规程第七条规定制定之。

第二条　本局各科室之办事悉依本细则之规定。

第三条　本局工作人员对秘密文件及未准发表之事件，一律不许宣布或泄漏（露）。

第二章　分　工

第四条　本局各科室之执掌如下：

一、秘书室之执掌：

1. 关于各种文件之撰拟、履核、缮印、校对、收发与保管事项。

2. 关于印信典守事项。

3. 关于办理对外交际事项。

4. 关于局务会议之通知记录事项。

5. 关于税政问题范围内各种材料之调查、统计、研究及宣传文件之编拟事项。

6. 关于图书之保管事项。

7. 关于不属其他各科室执掌之事项。

二、第一科之执掌：

1. 关于总局经费之出纳与保管事项。

2. 关于各级局所之经费预决算及收支凭单之审核事项。

3. 关于核批各级局所之各种经费（并通知第二科发给）事项。

4. 关于各项公物之购置、保管与分发事项。

5. 关于总局庶务及杂务人员之管理与教育事项。

6. 关于因公来局人员之招待事项。

7. 关于其他有关第一科执掌事项。

三、第二科之执掌：

1. 关于各级局所之税款收解、审核、批运事项。

2. 关于帐（账）簿之登记及编制表报事项。

3. 关于办理金库往来及现金出纳事项。

4. 关于月、季、年度税收总报告表之汇编事项。

5. 关于各级局所之会计工作之检查指导事项。

6. 关于各级局所经费（根据第一科支付通知）之领发事项。

7. 关于其他有关第二科执掌事项。

四、第三科之执掌：

1. 关于各种税收、年、季度之总分预算，及各局所之分类比额表明之编订事项。

2. 关于有关税务之文稿税收实施计划及税务总结报告之草拟事项。

3. 关于新售票照之领发、登记及稽核事项。

4. 关于税务工作之检查及纠纷之处理与调整事项。

5. 关于税源税收问题之调查研究统计事项。

6. 关于税务局所增设裁撤之布置，及税务人员之移交及审核事项。

7. 关于税收应用表册之设计及监制事项。

8. 关于布置召集各级税务会议事项。

9. 关于其他有关第三科执掌事项。

五、第四科之执掌：

1. 关于干部之审查、教育及配备事项。

2. 关于税务人员之训练事项。

3. 关于税务人员之奖惩及慰恤事项。

4. 关于其他有关第四科执掌事项。

六、督察室之执掌：

1. 关于督察人员出勤工作之布置、指导与检查事项。

2. 关于各局所工作之协助与督促事项。

3. 关于督察人员旬月报告之整理与指示事项。

4. 关于税警大队工作之布置、整训事项。

5. 关于稽查缉私工作之计划与考核事项。

6. 关于提出改进税务及对税务工作人员之奖惩意见事项。

7. 关于其他有关督察室执掌事项。

第三章　程　序

第五条　处理文件程序如下：

一、每日外来文件，一律经收发室，于来文封面上统一编收文总号并登簿送交秘书室签收。

二、秘书室除将电报、快信、亲收、亲启各件即时送交本人签收外，一般文件应编号、摘由、登记。下午停止办公前，汇送正副局长批阅。

三、经批阅之文件，由秘书室分科交承办科室负责人签收。

四、各科室拟办稿件，办稿人及核稿人，均须于稿面栏内签字，然后交秘书室履核，再送判行。（各科室得分设送稿簿）

五、文件经正副局长判行后，由秘书室分配缮清。

六、负责监印秘书，必须先将正文与底稿校对无讹，始得盖印。（设用印簿）

七、发文加封后，交收发室于信角上编发文号，并登簿送出。（设发文簿）

八、来文及拟办稿件于正文盖印发出后，即由秘书室分类归档。（设归档簿）

九、各科室会办稿件，经交换意见后，由主管科室拟稿，双方签字再送判行。

十、关系各科室之表册收据，必要时得归主管科室保管，并得设科室收发文簿。

十一、文表编号按年度开始分类由一号起编。

十二、各科承办文件凡规定时限者，须按时办妥，不得积压，例行文件非有特殊情形，亦不得积压两日以上。

第六条　本局各科室只对正副局长负责，不得用各科室名义直接对外，但如日常工作上细小事件执行之便利，经正副局长特许者，不在此限。

第七条　各科室间如有相互商办或通知之事件，由科室随时用口头或通知簿通知之，收到通知之科室，如认通知事项有需要抄存备查者，可用抄存簿登记之。

第八条　凡来局因公商洽问题人员，由收发室通知主管人接见。

第四章　会议及汇报

第九条　局务会议正副局长主席，科长以上人员参加，每半月举行一次，由秘书召集并担任记录。

第十条　各科室科务或室务会议，每周一次，由各科室负责人主席，各科室之工作人员全体参加，会议记录送正副局长核阅。

第十一条　每星期六各科室向正副局长汇报工作一次，月终由秘书室汇编一月工作总结。

第五章　附　则

第十二条　关于公物之领发，由第一科拟定办法实行。

第十三条　关于病员之延医、照料，小孩之优待，来宾之招待，由秘书室第一科另定办法办理。

第十四条　关于档案之保管，职员之值日考勤记录，由秘书室另定办法实行。

第十五条　本局所属之分局、县市税务局，得斟酌情形参用本细则。

第十六条　本细则自呈报财政厅备案之日施行。

第十七条　本细则如有未尽事宜，得随时修正之。

选自《抗日根据地政策条例汇集》陕甘宁之部（中），1942 年版，第 355～360 页。

互校版本：《陕甘宁革命根据地史料选辑》第二辑，甘肃人民出版社 1983 年版，第 228～232 页。

39. 陕甘宁边区税务总局督察人员办事程序

1941 年 10 月 1 日公布

第一条　陕甘宁边区税务总局为使督察工作深入具体，特制定本程序，所有税务督察人员均须依据执行职务。

第二条　督察长承总局长之命令，领导派遣督察人员分驻各局所执行下列各项任务。

一、关于检查工作：

1. 检查各级税务人员对税收政策之了解程度，及在工作中的实际表现。

2. 检查各级税务局所之组织机构及工作推进实况。

3. 检查各级税务人员对各种税收条例、章则、命令、指示之了解程度及执行情形。

4. 检查各级税务局所之干部配备，及每个干部工作之成绩（能力、生活、学习、操行等）。

5. 检查各级局所税收实况，及其对旬月报、解款、缉私、查验、处罚等工作是否按章执行。

6. 检查各级局所之会计制度、经费开支及票照之使用保管情形。

7. 检查税警队之纪律、教育及缉私工作。

二、关于调查工作：

1. 调查搜集地方人士对税收制度、税则、税率与税务工作人员所反映意见，以及当地驻军机关对税局之关系等材料。

2. 调查有无需要新设或裁撤局所之具体材料。

3. 调查搜集所驻地之人口、土地、工农商业交通情况、输出入货物种类来源、价格以金融状况等材料。

4. 调查搜集有关税务工作之一切材料。

三、关于协助工作：

1. 协助所驻局所，利用各种方式，向当地人民进行税收政策与制度之宣传与解释工作。

2. 协助所驻局所，对干部进行政治文化教育工作。

3. 协助所驻局所，健全税收委员会、货物税估价委员会、营业税评议委员会之组织及参加上述各会议。

4. 协助所驻局所，布置缉私人员，组织缉私网，进行明暗稽查工作。

5. 协助所驻局所，整理布置工作，并处理临时发生之事件。

第三条　督察人员奉令出发后，须按旬向总局报告工作（旬报表由总局制发），总局得按内容之真实程度，作为督察员考绩之一。

第四条　督察员对所驻局所如认为有应加纠正或改革事项，须向该局所长提出建议，不得直接干涉或代为决定。

第五条　督察员对驻在局所干部人员的劳绩，应加奖励擢升者，或贪污腐化应行惩办者，可随时附具事实密报总局核办，但不得自行处理。

第六条　督察人员对重大紧急事件，得用电报呈报总局核示。

第七条　凡督察人员应在工作中以身作则，奉行职务，倘有违法行为，一经查（察）觉，定行严惩。

第八条　督察人员出勤调驻及回总局，均须依照总局命令行之，不得自由行动。

第九条　督察员到达驻地后，应赴所属各局所轮流巡视检查工作。

第十条　督察员之津贴及巡视路费由驻在局所垫借，向总局报领归垫。

第十一条　本程序自公布之日施行。

驻　　税局督察员　　月份　　旬报告表（略）

1. 本表由督察员亲自填写于每月一、十一、二十一日，寄呈总局一份，自留底稿一份。

2. 无那（哪）一项可以空出。

3. 事多者可加附页。

4. 要求所报事件真实、中心、扼要。监察员（盖章）　月　　日。

5. 要求不许漏期。（第　　次报告）

选自《抗日根据地政策条例汇集》陕甘宁之部（中），1942 年版，第 361～364 页。

互校版本：《陕甘宁革命根据地史料选辑》第二辑，甘肃人民出版社 1983 年版，第 233～236 页。

40. 陕甘宁边区税警人员办事程序

1941年10月1日公布

第一条　陕甘宁边区税务总局，为养成税警人员自己守法，办事合法及使税警工作能具体深入周到，特制本程序，所有税警人员均须依据执行职务。

第二条　大队长承总局局长之命令，负责领导与派遣税警人员分驻各地局所，进行下列事项：

一、调查工作：

1. 搜集该地人民、团体、驻军、政府等对于税务及税警工作意见，及对税警队的关系。

2. 调查何地须驻扎税警之具体材料。

3. 调查当地烟民及素不安分之游民（二流子）等。

二、检查工作：

奉上级命令或密报时，队长随即派遣人员，前往进行检查，检查分为下列四种：

1. 日间的。

2. 夜间的。

3. 室内的。

4. 室外的。

三、缉私工作；

1. 依据实际情形，分驻或流动于重要路口大道进行缉私。

2. 凡漏税者，应即送交直属之最高税务机关照章办理，特殊情况下可速送交当地政府扣押处理。

四、帮助工作：

1. 帮助各局所完成税收任务。

2. 帮助当地驻军、政府进行治安工作，并取得工作密切联系，求得驻军与政府的帮助。

3. 帮助邻区税务工作。

五、布置点线暗查工作。

第三条　在进行工作中，绝对服从队长与局长的指挥和领导，并实行以下事项：

一、分派任务——由上而下经常的或临时的，由负责者对所领导的税警得示以具体的任务，并告以完成任务的方式方法。

二、督促——依所给的任务性质与情况，随时加以督促。

三、汇报——由下而上每日或临时实行向队长汇报。

四、检查——由上而下检查每人任务完成程度，从较大的工作过程中找出经验教训、优缺点，应以教育态度向大家解释，同时将每个人优缺点登记作为材料。

五、登记——凡办案不论已获未获，均须逐件记录办案稽核簿。

第四条　关于对嫌疑人之检查，对现行犯之逮捕，及使用武器等注意事项：

一、奉令出动时应注意态度与方式好坏，对于工作本身有重大的关系。

1. 态度要和平。

2. 注意要精密。

3. 观察要机警。

4. 手续要周到。

5. 方法要灵活。

总之，不使对方借他故来对付我们。

（1）在店栈或住宅检查前，尽可能携有办案命令及邀同地方公务人到场，说明检查之理由，对被检查负责人出外，我们仍然要找第二负责人同场检查，不能因负责人不在，延迟时间以耽误工作。

（2）在检查完结后，所有检查同志一定要向被检查者问，是否有遗失东西，若有遗失情形，应由失主说明失物名称、数量及其特点，然后才能进行“反检查”，并请填写具结单，以防反噬。

二、在什么情况之下逮捕人：

1. 在店内或在住宅进行检查时，须先加以说服，若对方蛮横拒绝检查，妨害执行公务时，本队人员得以武装镇压，将人带回队部处理，一方仍进行强制检查。

2. 在大路上若进行检查，对方无故不理，拒绝检查，本队人员得以武力强制检查之，若有违禁证据，即一并带回。

3. 逮捕现行人犯，交队部作一初步讯问记录，不得超过二十四小时，即须函送司法机关。

4. 搜集违禁品，如系烟土，即函送当地禁烟机关或税务局，没收请奖（参照禁烟督察处办法规定）。如系仇货，偷税物品，即交送税局没收，转解总局请奖。

三、使用武器后，应立即归报队长：

1. 地点。

2. 当场情形。

3. 消耗子弹数目。

4. 是否伤人。

5. 有无证人等。

四、双方武装冲突责任谁负？双方发生冲突，若对方不先开枪，我们绝对不先开枪，如果不幸而发生开枪时，无论怎样结果，谁先开枪，责任就是谁负，要注意最好能有证人。

五、以上几点，如不注意，发生其他事故，由领队负责人负主要责任。同时其他检查者应有督促之义务，不然亦应受相当批评与处分。

第五条　税警人员一律佩带（戴）胸章，服装整齐，以重风纪而明身份。

第六条　各税警队奉命编制后，各队长须按月向大队部报告一次（表由大队部印发），大队部按实际情形与内容，以便稽核统计作为税警人员考查成绩之材料。

第七条　凡税警人员，在工作中，应以身作则，奉行职务，倘有违犯政府法令，徇情从私及滥用职权者，一经发觉，定行严厉处分。

第八条　各中分队长，如遇重大事件不能解决时，须用电话代电报告等，向大队部报告请示。

第九条　凡经大队部登记之物品、马匹、枪枝（支）（弹药例外），不经大队部许可，绝对不能任意增减，若有遗失损坏时，应呈报大队部备查，另行处理。

第十条　税警人员出差或调回，均须依照大队部之命令行之，不得自由行动。

第十一条　本程序对稽查人员亦适用。

第十二条　本程序自公布之日生效。

选自《抗日根据地政策条例汇集》陕甘宁之部（中），1942年版，第394～398页。

互校版本：《陕甘宁革命根据地史料选辑》第二辑，甘肃人民出版社1983年版，第266～269页。

41. 陕甘宁边区各级税务机关公文暂行规则

1941年10月1日公布

第一条　陕甘宁边区政府未经统一公布新用公文程式之前，边区各级税务机关之行文暂依本规则之规定办理。

第二条　行文之类别如下：

一、呈　直接隶属之下级机关对上级机关有所请示时用之。

二、训令　上级机关对于所属下级机关有所指示或委办时用之。

三、指令　上级机关对于所属下级机关因呈请而有所指示时用之。

四、通令　直属机关对于所属下级机关之普通指示或委办时用之。

五、通知　对隶属非隶属或同级机关有所通知时用之。

六、公函　同级或不相隶属之机关公文件往复时用之。

七、指示　信上级机关有重要决定决议，对直属下级机关传达时用之。

八、批回　对每月报解税款经稽核清楚后，由总局发给原呈机关时用之。

九、布告　市县局以上对公众宣布事实或在劝诫时用之。

十、委任状　总局任用所属机关职员时用之。

第三条　各级行文关系如下：

一、总局　对边区政府财政厅用呈，各级税务局所用令，其它不相隶属机关均用公函。

二、分局　对税务总局用呈，直属局所用令，其它不相隶属机关用公函。

三、市县局　对总局或分局用呈，直属税务所用令，其它不相隶属机关用公函。

四、税务所对直属上级之分局市县局用呈，其它不相隶属机关用公函。

第四条　凡所行文件应记明年月日，附件若干件均须加盖印信，并有负责者署名盖章。

第五条　会衔办理者，正文原稿均须双方盖印签名。

第六条　上下级行文均以不越级指挥及呈请为原则，但在紧急情况者例外。

第七条　为便于分类归档，公文应以一事一文为原则。

第八条　文纸连续两纸以上者，加盖骑缝印。

第九条　文中如有误漏须改正或补填者，由该文负责人加盖私章。

第十条　文件之处理除特殊者外均不得逾两日。

第十一条　办理文稿之手续如下：

一、办稿人及核稿人应于稿头签名盖章。

二、来文分科由秘书室办理并检查之。

三、文稿由负责人划行后方得缮发。

四、监印人兼办校对。

五、凡公文之收发、拟稿、归档，均须摘由、分类、编号、登记。

第十二条　本规则自呈准之日施行。

选自《抗日根据地政策条例汇集》陕甘宁之部（中），1942 年版，第 365～366 页。

互校版本：《陕甘宁革命根据地史料选辑》第二辑，甘肃人民出版社 1983 年版，第 237～238 页。

42. 陕甘宁边区税务人员奖惩规则

1941 年 10 月 1 日公布

第一条　本规则依陕甘宁边区各级税务机关组织规程第八条制定之。

第二条　陕甘宁边区税务总局对所属税务工作人员之奖励惩罚，悉依本规则之规定办理。

第三条　本规则所称税务人员，系指参加各级税务机关之一切工作人员。

第四条　奖励办法如下：

一、传令嘉奖；

二、记功（三次记一大功）；

三、记大功；

四、升级；

五、越级擢升。

上述奖励办法与物质奖励并用之。

第五条　惩戒办法如下：

一、警告；

二、记过（三次记一大过）；

三、记大过；

四、降级；

五、撤职。

凡涉及司法范围者，除行政处分外，其违法部分移送法院裁判。

第六条 凡具下列各款之一者，酌予奖励：

一、能依法令之规定，如期完成工作任务者：

二、发现同事中之贪污情事者，能及时向上级报告，并经查出确有实据者；

三、服务税收工作二年以上并著有成绩劳绩者；

四、破获走私案件在三起以上者；

五、对边区税政工作有正确建议，经采纳实行著有成效者；

六、对财政税收政策，能向群众深入宣传解释著有成效者；

第七条 凡违犯下列各款之一者酌予惩戒：

一、不能按期完成任务且无特殊事故者；

二、不能按期报解税款或擅自挪用者；

三、工作消极玩忽职务者；

四、染有不良嗜好经劝告不能解（戒）除者；

五、因工作不慎致酿事故影响税务者；

六、有意哄骗及无故失掉公款者；

七、遗失或盗用印信票照印花者；

八、无故留难商旅意图敲诈者；

九、违背税则税率任意浮派滥收者；

十、串通商民贪赃舞弊者。

第八条 凡受本规则奖励及惩戒者，功过得分别抵消（涉及司法范围者除外）。

第九条 凡有奖惩事件，均由税务总局酌定，以命令行之，并呈报财政厅备案。

第十条 各级税务局所长，得随时向直属上级提出关于所属人员有事实证件及适用条款之请求奖惩意见转呈总局核办。

第十一条 本规则自公布之日施行。

选自《抗日根据地政策条例汇集》陕甘宁之部（中），1942年版，第370～371页。

互校版本：《陕甘宁革命根据地史料选辑》第二辑，甘肃人民出版社1983年版，第241～243页。

43. 陕甘宁边区税务人员移交规则

1941年10月1日公布

第一条 本规则依陕甘宁边区各级税务机关组织规程第八条制定之。

第二条 各级税务人员未遵照本规则办理移交或移交手续未清楚者，不得擅离职守或就任新职。

第三条 本规则适用之范围：

一、总局局长及各科室队长。

二、分局市县税务局长所长。

三、各级会计人员。

第四条　监交人之派定：

一、总局局长移交时之监交人，由财政厅派定。

二、分局市县局长及总局各科室队长移交时之监交人，由总局派定。

三、各税务所长移交时之监交人，由直属之局长派定。

第五条　各级人员之移交均须以书面办理之，应包括事项如下：

一、钤记及各种戳记。

二、已办及未办文件。

三、各种新旧簿记。

四、已用及未用之票照表册。

五、各项税款及经费四注清册。

六、人员、马匹、武器及公物各种登记表册。

七、已办未了事件。

第六条　移交之限期（以新任到局算起）：

一、总局局长不得超过十五日。

二、分局市县局长及会计人员不得超过七日。

三、科室队长不得超过三日。

第七条　移交清楚后，监交人与新旧任必须会同呈报直属主管机关备案。

第八条　卸任人员在取得新任印结书（移交印结书格式附后），经呈请主管机关核准备案后，移交手续始告完毕。

第九条　本规则自公布之日施行。

附　表

兹　收　到

县税务局钤印一颗

税款洋若干元

卸任　　局长移来税票________张　业经接收清楚所具印结是实

____

____

新任局长

中华民国　　年　　月　　日

选自《抗日根据地政策条例汇集》陕甘宁之部（中），1942年版，第267～269页。

互校版本：《陕甘宁革命根据地史料选辑》第二辑，甘肃人民出版社1983版，第239～240页。

44. 陕甘宁边区各级税务机关税款报解规则

1941年10月1日公布

第一条　本规则依陕甘宁边区各级税务机关组织规程第八条制定之。

第二条　陕甘宁边区税务总局所属各级局所，经征税款之报解手续，均依本规则之规定办理。

第三条　各级税务局所经收税款，除依法令规定或奉财政厅命令划拨者外，均须按期如数清解指定之金库，绝对不许动用或挪借。

第四条　税款解库期限：

一、当地有金库者每日清解一次。

二、当地无金库而金库在百里以内者，每五日清解一次（逢一、六）。

三、当地无金库而金库在百里以外者，每旬清解一次（逢一、十一、二十一）。

第五条　各级税务局所解款之收据，应于每月缮填解款表，一并呈送主管机关呈转，候总局之批回掣还后，解款手续始告完毕（解款书附后）。

第六条　各级税务局所应将每月工作情形暨税收实况，按月报告直属上级。其报告内容应具事项如下：

一、呈文（盖印，主管人签名）；

二、附件：

1. 税款四注清册；
2. 解款表暨缴库收据；
3. 罚金月报表；
4. 发给缉私奖金月报表；
5. 票照四注清册（详注号码）；
6. 本月应缴总局之第二联票证暨查验过境掣留之第三联票证；
7. 交销废票（错填、误算、漏印、漏号、重号、破烂者，必须原票各联俱全）；
8. 全月税收分类统计表。

第七条　各局所税收月报文件之寄出日期须遵照下列之规定：

一、税务所须于每月三日之前，寄呈主管之市县税务局或税务分局。

二、市县税务局须于每月七日之前，寄呈总局或分局。

三、税务分局须于每月十日之前，寄呈总局。

四、税务总局于每月二十五日之前，汇编总报告呈报财政厅。

第八条　各级局所应按旬将工作情形及税收实况，摘要报告直属上级。旬报表须于每次旬之第一日寄出。

第九条　税务分局市县税务局，应将每月税收分类统计表加制一份，分送当地之专署或市县政府。

第十条　第五条第八条规定之各种表册格式，均由税务总局统一制发使用。

第十一条　本规则自公布之日施行。

注：解款书、批回书样式（省略）

选自《抗日根据地政策条例汇集》陕甘宁之部（中），1942 年版，第 372～373 页。

互校版本：

《陕甘宁革命根据地史料选辑》第二辑，甘肃人民出版社 1983 年版，第 244～246 页。

45. 陕甘宁边区各级税务局所经常费各项开支暂行准则

1941 年 10 月 1 日公布

一、伙食费：

1. 总局、陇东、三边、绥德（神府在内）各分局以及富县、张家畔、延安市各税务局每人每日以陆角计。

2. 关中分局及固林、延长、延川、甘泉、安塞、志丹、安定各税务局每人每日以肆角计。

3. 总局客饭每日以四人计，各分局及县税务局客饭每日以一人计。

二、办公费：

1. 总局每月以三百九十元计。

2. 绥德、三边、陇东各分局每月各以一百二十元计。关中分局暂定七十五元。

3. 一等税务局（县市）五处，每月各以七十五元计。

4. 二等税务局（县）十一处，每月各以四十五元计。

5. 三等税务局（县）九处，每月各以三十元计。

6. 税务所，每月各以二十元计。

三、招待费：

1. 总局每月一百二十元计，绥德分局、富县税务局，每月各以六十元计。

2. 三边、陇东、关中分局，每月各以五十元计。

3. 一等局五处，每月各以三十元计。

4. 二等局十一处，每月各以二十元计。

5. 三等局九处，每月各以十五元计。

6. 税务所每月各以八元计。

四、路费：

1. 凡出差路一天者，每日以一元计，两天以上者，每日以二元计。

2. 各分局（神府同）来总局开会受训者，每日每人以三元计。

五、马干费：

1. 总局、三边、绥德、张家畔每匹每日以五元五毛计。

2. 其他局每匹每日以四元五毛计。

六、查验费：
1. 绥德、三边、陇东、延市每月各以十元计。
2. 其他各局每月各以五元计。
3. 税务所十五处每月各以三元计。
七、杂支费（作修理补充用具扫把水壶炊具等等用）：
1. 总局——每月以一百元计。
2. 分局——每月以三十元计。
3. 一等局——每月以二十元计。
4. 二等局——每月以十元计。
5. 三等局——每月以五元计。
6. 税务所——每月以五元计。
八、预备费：每人每月平均以三元计（作医药、保健及个别补助等之用）。
九、津贴费：
甲、总局：
1. 正副局长每人每月以五元计。
2. 督察长、秘书、科长每人每月以四元计。
3. 会计每月以五元计。
4. 科员每人每月以三元计。
乙、分局：
1. 正副局长每人每月以四元计。
2. 秘书、股长、稽查长每人每月以三元计。
3. 会计每月以四元计。
4. 发票员每人每月以贰元五毛计。
5. 稽查员每人每月以贰元计。
6. 杂务人员每人每月以壹元五毛计。
丙、市县税务局：
1. 正副局长每人每月以三元计。
2. 会计：
(1) 一等局每人每月以四元计。
(2) 二、三等局每人每月以三元计。
3. 发票员每人每月以贰元五毛计。
4. 稽查员每人每月以贰元计。
丁、税务所：所长每人每月以二元五毛计。其他人员以贰元计。
十、杂务人员每人每月以一元五毛计。
十一、烤火费：
1. 发三个月的。
2. 每人每月按一元发给，就地自购。
十二、修理建筑费——临时预算之。

十三、训练班——临时预算之。

附（一）税务人员待遇及抚恤办法

甲、待遇：

一、衣服鞋子：

1. 衣服——每人每年单衣两套，衬衣一套，棉衣一套。

2. 鞋子——稽查员每两个月发一双，通讯员、勤务员、伙夫、马夫每三个月发一双，工作人员及其他每四月发一双（棉鞋在内），每双按拾元发给之。

3. 皮大衣——总局分局各发四套，一等局每处发三套，二等局每处发二套，三等局每处发一套，每所发一套。

二、被子：原则是不发，如缺乏时临时造预算，经上级批发。

1. 完全没有的而又自己没办法者，由公家制发，但离职时，得交归公家。

2. 原有破坏不能维持时，由主管人查明负责报告批发之。

乙、抚恤：

一、因公致疾不能工作者，除照住院休养待遇外，再给以每月之在职津贴。

二、因公死亡者，酌情发给埋葬费外，并按政府抚恤条例办理。

选自《抗日根据地政策条例汇集》陕甘宁之部（中），1942 年版，第 378～382 页。

互校版本：《陕甘宁革命根据地史料选辑》第二辑，甘肃人民出版社 1983 年版，第 249～252 页。

46. 陕甘宁边区税法用语浅释①

1941 年 10 月

财政

一、就它的任务和技术上说，有以下几点：

1. 收入　怎样收回钱，租税是财政收入中最主要的部分。

2. 支出　怎样使用钱，政治、文化、军事、司法等经费的开销，和公营事业建设的用途。

3. 会计　把收入和支出的钱要记录得有条有理，就是怎样管理钱，如每年的收入，每年的支出的计算等。

二、就它的本质上说，是有好几种说法的，深奥的道理和替资产阶级说好听话的解释法，我们不提它，现在只说我们今天在抗日民主根据地所实行的财政是什么？

我们实行的是新民主主义的财政，是抗日的民主的各阶层联合的政权向抗日人民筹措支持解放战争的抗日经费，和建设新民主主义中国的经费。

---

① “税法用语浅释”原作为《陕甘宁边区各级税务局所经常费各项开支暂行准则》的附件（二），单独列出比较醒目，供研究税法参考。

三、财政体系　知道了财政体系有些什么？就可以明白租税在财政体系中的位置了。

1. 经费系统　是指一个国家或一个政府的一切支出而说的，例如工作人员的生活费，和政府的一切物质设备的支出，还有按国家施政方针而支出的军事、教育、行政、司法、保健、财务、建设等经费。

2. 收入系统

租税收入——国家向人民征收的租税。

公营收入——例如公营的商店、铁路、矿山等的收入。

行政收入——政府为行使权力向人民取得的一种收入如罚款等。

公产收入——公家的土地财产收入等。

3. 信用系统

公债、纸币。

4. 财务行政

预决算制度——经费的收入有了预算，根据预算支配款项，用完再报决算，这样才能使经费的收支有计划，这就叫预决算制度。

审计制度——就是检查制度，检查国家的收入支出是否适合于预决算及是否支付合理，这样才能保证计划的完成，和政府的廉洁。

金库制度——就是专门管理收入支出，使用钱的人不管钱，这样可以使收入集中，并且可以防止私自挪用公款的弊病。

租税——是一个国家或一个政府用命令向人民的收入征收的一定的钱或粮，它是财政收入中最主要的部分，也是筹划财政所需要的经费的主要手段。

租税政策　是决定租税制度和租税方法的指导原则，什么应该轻征、什么应该重征、什么应该免征。并且对征税方法和手段也有指导的作用。常说财政政策的“取之有道”就是这个意思。

租税制度　有不同的掌握政权阶级，就有不同的租税制度，我们是主张实行统一累进税制的。

租税原则　有以下几个：

一、平等普遍的原则：就是决定一种税时要能收入多，收入的稳当，又有前途，是大多数负担，并且是合理的负担，象（像）施政纲领第十三条上所说的“按照财产等第或所得多寡，实施程度不同的累进税制，使大多数人民均能负担抗日经费”。（最好在百分之八十以上）

二、明确严格的原则：就是说要明白规定收税的种类、税率、纳税的日期地点与方法。

三、便利经济的原则：就是要使征纳的手续简便，征收时费用节省。

四、无伤税源的原则：就是说征税要顾及上税的人的力量，不要只管目前收得多，不顾将来的意思，就是要作长久打算能保证持久抗战的财政收入。

租税转嫁又叫“租税归着”，就是要弄清楚究竟谁是真正的租税负担者，例如货物税，直接好象（像）是商人负担，可是过几天货卖出去，货物税还是转嫁到买货使用人的身上。

税源　负担租税的财产货物，可以作为课税的源泉的叫做税源，例如布、盐、土地、营业所得等等。

课税权　只有政府给了权的税务机关，才有课税权。

课税主体　就是纳税人。

课税客体　用以应纳的标准物，例如征收货物税，货物就是课税客体。

税界　根据政治上或经济上划分地界，对于出入通过的货征收租税的一个区域就叫税界。

课税物体　（对象）指一定的某一种征税物体如布盐等等。

课税标准　拿征税的数量、价值、尺度，对征税对象所定的标准。

课税单位　又叫“计算单位”，征税时对征税物体的标准，各有不同的单位，如布是论匹（或丈尺），酒是论斤。

课税准备　就是预备征收某种税时，必要准备的事情，如征收土地税时，事先必须做土地调查登记，地价估定等等。

税则　关于征收租税的法则。

税率　根据课税单位所定出来的一定的比例（如酒百斤征税四十元，千斤应该征税四百元），或累进的比例（如营业税纯收益是四百元至六百元，税率百分之二；六百零一元至九百元税率就成了百分之二点二）。

税额　根据税收条例规定的比例，所应该缴纳的钱的数目。

纳税人（纳税义务人）就是应该上税的人，纳税是人民对国家应尽的义务。

租税负担者　租税负担者有时就是纳税人，但详细的说，租税负担者应该是指租税转嫁后的真正负担者，例如盐每驮要盐商纳税二十元，但盐商卖盐时，就要贵卖二十元，把他们纳税的损失转嫁给买盐的人了。

估价表

一、为了根据物件的价值征税，征税机关和纳税人双方不发生争执，所决定的货物的价格和纳税数目，如某某物件价值多少，应纳税多少。

二、估价问题边区为表现税收上的民主，决定由纳税人的代表与征税机关坐在一起商量货价高低，规定一个货价表，根据货价表征税双方遵照执行。（详见估价委员会组织章程）

起征点　根据物件的价值或者数量，规定开始征税的标准，例如酒规定从二十元开始征税，土布定五十元开始征税，如酒价不足二十元，布价不足五十元时，就不上税，过此起征点时就要征税。

免征点　规定在多少元以下不征的意思，例如规定酒在二十元以下不征税，过此到了起征点就要上税。

最高点　税率不是无限高的，如累进税进到一定的限度就不再进（边区规定营业税率最高点是百分之二十）。

比例税率　又叫“均一税率”，就是规定了一个比例之后，不论他赚的钱多少都不变动税率，例如商业纯收益为一百元纳税十元，一千元就纳税一百元，国民政府的税收大部分足用这个比例的，这样小商人就吃亏，资本大的占便宜了，这种办法不公道。

累进税率　又叫“差级税率”，例如我们边区规定商业纯收益二千一百元至二千四百元征收税率是百分之三点二；二千四百元至二千七百元税率是百分之三点六，赚钱越多，税率越高。

统一累进税　这种税是一种直接税，根据财产及收入多少来征税，所谓统一累进税即是废除其他一切名目的杂税而专收一种税（统一的）。这种税又是根据收入多少累进的征收，同时配合着免征点和最高率，照顾到各阶层利益的合理税制，中国共产党一贯主张这种税收制度的，抗战以来遵照实行，已有成绩的要算冀察晋边区，我们边区明年度也准备实行这种税制，使财政收入更加正规化，更加合理。

直接税　由负担租税的人，直接缴纳，不再转嫁给人的税，如所得税。

间接税　从制造货的人或贩卖货物的人身上征了税，但等货卖了他把税又转到买货使用的人身上负担了，如货物税。

从价征税　按征税对象的价格，比照税率征税。

从量征税　按征税对象的件数、尺度、重量，比照税率征税。

毛利　商人卖货所得的价额总数，去过买货时用的本钱，剩下的就是毛利。

纯利　商人买卖所得的价额总数，去过买货的本钱，再去过做生意过程中一切的花销，剩下的就是纯利，又叫纯收益。

欠税　对于某种改良物品，政府在一定期间内，允许他暂不纳税，以后征税时，把欠的税要加利息收回来。

免税　就是不要上税的意思，例如货物系军用品，经过了政府允许，就可以不上税。

行政诉愿　对于行政机关不正当的处分，或违法行为，向他的直接上级行政机关提出诉愿（告状）请求查办的就叫行政诉愿，还有一种“行政诉讼”是向法院告状才用的。

草案　拟定的计划，或法规的稿本，都叫草案，经过政府通过公布的就不叫草案。

条例　和法律性质相同，只是带有暂行及临时制定的意思。

细则　就是为了执行某种法规，特别制定的一些手续和步骤，有的叫施行细则，有的叫办事细则，细则一定要有根据的法律或条例才定出的。

规则　就是对某一部分人或某一种工作，应该怎样做给了一个规定，假如不按这个规定做就不对，犯了错要受处罚，它也是带有法律性质的。

法规　汇集成文法中的法律和规则就叫法规。

一般的法律条文排列的顺序：

大概普通常用以下几部分标明段落的：

编——大的法律才用。如第一编第二编之类，编以内分若干章。

章——在编以内条以上用的。

条——在一种法律条例中从头到尾排列的顺序。

项——条以下款以上用的。

款——项以下目以上用的。

目——款以下用的。

条文中常用的几个字：

但——法律条文中常用这个字，就是白话“可是”的意思，话句到了转话的时候常用。

得——凡条文中有“得”字的意思，就是说要执行法律的人，斟酌当时实地情形，灵活的处理问题，不要把一切事情弄成个死板的。在法律上写是属于权利范围，就是办事的人有权利灵活运用。

须——就是一定要这样做的意思，也可说是义务的非做不可，不能有活动余地。

至——条文中有用“至”字的句子，就是这句话中一定有个距离，如处一倍至五倍之罚金。

及——是连续两件以上的事情用的，如“偷税及抗税”。

或——指不一定的，二者之中必有一个，如烟商或酒商。

以上以下——在计算时，以上、以下，都连本数算起，所以税率表上须是四百元以下；四百零一元以上才明确，假如含糊定成四百元以下；四百元以上同时使用，就要发生争论。

不满——指不够一定的数的意思，如不满三百元者，就是指不够三百元的数目。

选自《抗日根据地政策条例汇集》陕甘宁之部（中），1942年版，第332～339页。

互校版本：《陕甘宁革命根据地史料选辑》第二辑，甘肃人民出版社1983年版，第252～259页。

47. 陕甘宁边区各县市税务局三十一（1942）年度营业税征收程序

1941年10月1日公布

一、我们现在所指示的，只限于营业税（商业税）暨临时贸易税（临时商业税），此外牲畜买卖手续费暨烟酒牌照费，不包括在内。

二、各地公私商店，都应按照总局与贸易局所印发的营业登记表（表另发）诸项登记项目填写营业执照（营业执照再用白的），然后将税局的一份登记表寄缴总局，办理登记，由各税局与贸易分局会同办理。

三、登记及发营业执照，公营商店必须在二月二十五日前办完，私营商店必须在三月底前办完。

四、公营商店暨合作社，须按照边区营业税修正暂行条例施行细则第二十二条之规定，按纯收益每月征收一次，但合作社一定要合于该细则第五条之规定，否则不能减半征收。

五、公营商店暨合作社，每月纯收益的报告，税局如认为不实，得斟酌当地各公私商店营业情形，决定纳税数额。

六、私营商店，因无合理账簿，实际纯收益无法调查，故决定由各直接征收局所，依照三十年度各商号纳税数额，按本年度新增税额总数，照比例分别增收若干，但应注意纠正过去过重过轻的偏向，再经各地评议委员会审定后执行。

七、对于评议委员会之审查决定不服时，得提出证据，请求再议，经第二次评议决定后，仍有不服，得依营业税修正暂行条例施行细则第十九条之规定提起诉愿，但在诉愿未确定前之税款，仍应照评议委员会之决定缴纳，其缴纳税款之多少，于诉愿确定后，再行决定补退。

八、私营商店之分派，全年分上下半年，两次派定平均分季征收之。

九、公营商店纳税期限，以第二月之一日至五日为缴纳第一月税款之期限。私营商店以第二季度开始之前十日为第一季缴纳税款之期限，其余类推。如有逾期不缴，准依政府三十年坚字第七十三号布告滞纳处罚办法办理。

十、不论公私商店之停业，均须事先呈报当地税局，其于纳税期限开始后，宣告停业者，均须照缴营业税。

十一、经营临时贸易者，须于货物运到时，会同所在店主，将货物名称、数量、呈报当地税局，照章征税，如隐瞒不报，应处以应纳税款一倍至五倍之罚金，总数由店主货主分担之。

十二、各集镇之经常定期流动摊贩，应估计其每集日之纯收益额按全年度派定，平均分季征收之。

十三、本办法自呈准边区财政厅备案公布之日施行。

选自《抗日根据地政策条例汇集》陕甘宁之部（中），1942年版，第389～391页。

互校版本：《陕甘宁革命根据地史料选辑》第二辑，甘肃人民出版社1983年版，260～261页。

48. 陕甘宁边区第二届参议会关于税收工作的决议

1941年11月

目前的税收制度，还有着下列几项重要缺点：

1. 因为缺乏普遍的关于居民财产和收入的调查，各级政府在分配公粮等负担时，只好靠概括的估计，以致未能使负担完全公平合理。

2. 个别地方的区乡工作人员，在分配负担时，未按人民现在的财产等第和收入状况，而按过去或分配土地前的经济情况。

3. 部分的工作人员，假公济私的要私情，破坏政府税则。

4. 个别地方的负担集中在少数人身上，致使一部分人民负担过重。

今后税收制度必须根据下列规定改善：

1. 明年度普遍进行公私财产和收入的调查，建立税收制度的科学基础。

2. 不分地主、佃农、自耕农或雇主、工人，除极贫者外，均应按照现有的财产等第或所得多寡缴纳累进税，负担人口应在百分之八十以上。

3. 累进税率应力求适合各阶层人民的经济情况，起征点不应过低，致使真正无力负担之赤贫户强纳负担，同时累进最高率亦不应过高，致使负担集中在少数人身上。

4. 在乡村中负担分配之权，即规定各户负担等第与数额之权，属于乡参议会或村民大会，任何其他机关，不得越俎代庖。

5. 一切有徇情舞弊行为之公务人员，应受行政处分或法律制裁。

6. 非得本会或本会常驻会之批准，不得增加人民负担，或作临时的财力物力动员。

7. 一切财力物力动员工作，由各级政府负责主持进行，本会特委托边区政府依照上述原则制定农业统一累进税则与实施办法，交本会常驻会批准后，颁布实行之。

选自《抗日根据地政策条例汇集》陕甘宁之部（中），1942年版，第278～279页。

互校版本：《陕甘宁革命根据地史料选辑》第二辑，甘肃人民出版社1983年版，第278～279页。

49. 陕甘宁边区三十一（1942）年度财政实行统筹统支办法

1941年12月公布

一、总的方针

根据第二届边区参议会大会通过的民国三十一年度边区财政收支计划与总预算案，为达到财政上的统筹统支，必须依照下列方针进行工作：

1. 发展边区国民经济，依靠全边区人民力量完全实现边区的自给自足，从发展国民经济中，增加财政收入，保持预算平衡，渡过三十一年的财政难关，依此方针，必须：

第一，贯彻政府以农业为主的发展私人经济的政策，照顾各阶级各阶层的利益，提高人民经济力量，培养财政来源，号召全边区人民将此作为三十一年度的最中心任务。

第二，有计划的调整与充实公营经济事业，在不违反政府政策与法令的原则之下，经营农工商业，使之对国民经济起补助与推动的作用。

2. 切实执行第二届边区参议会大会（精兵简政）的决议，彻底调整政府人员，提高工作效率，停止一切非当务之急的措施，努力实行节约，以减少财政的支出。

3. 进行广大的深入的宣传组织工作，使人人都能了解实行节约与增加生产对于抗战建国的严重意义，同时组织每个生产者到生产中去，开展新的生产热潮。渡过财政难关的办法，不仅要求每个政府在职人员继续发扬过去的艰苦奋斗作风，而且主要的还是在于要求全边区人民发扬高度的劳动热忱来和政府共同负责，渡过难关。

4. 边区的财政，采取以统筹统支为主，自给自足为辅的原则，在三十一年度，实行初步的统筹统支，逐渐过渡到将来的完全统筹统支。

二、实施办法

根据统筹统支为主、自给自足为辅的原则，政府决定在三十一年度对各机关、部队、学校，人员衣食所需以及办公用品，一部分发给经费，一部分改以实物供给，其中不足的部分，由各机关、部队、学校生产自给。兹分述如下：

1. 统筹统支方面：

下列经费全部由政府统一供给——津贴费；

下列经费由政府供给一部分——伙食费、办公杂支费、路费、特别费；

下列实物全部由政府统一供给——粮食、草料、食盐、被服、书报、器材。

2. 自给自足方面：

下列经费由各机关、部队、学校自给一部分——伙食费、办公杂支费、特别费；

下列实物由各机关、部队、学校全部自给——蔬菜、肉食；

县以下的各级政府，另外自给一个半月的粮食。

3. 经费与实物供给的标准：

甲、属于经费的：

政府估计今后物价可能继续的高涨，决定采取以按月递增经费的办法来确定供给的标准，从三十一年度三月份起，如物价高涨时，按月照原有预算增加（津贴费不增加，伙食以油为标准，办公费以纸为标准）以适应物价的高涨（由财政厅临时通知），三月份以前的标准如下：

（1）津贴费计分：津贴、薪金、工资三种，领津贴的人员，另由公家供给衣食，领薪金与工资的人员，一般的衣食不另供给，其标准：

津贴——按照三十年底财政厅发的预算标准。

薪金——财厅与发薪金机关商定。

工资——财厅与工会商定。

（2）伙食费的标准（按每人每日计算）：

边区一级（只限在延安的机关学校）——三角。

分区及各县——二角。

军队——三角。

吃小灶的，每人每日除照一般规定之伙食费外增加一元，以各主要机关首长为限。

（3）办公杂支费的标准（按每人每月计算）：

大学学生——十元。

中小学生——六元。

边区一级——六元（机关学校相同）。

专员公署——六元。

县级——五元。

区级——五元。

乡级——四元。

军队——五元五角（指战员平均计算，一切特费包括在内）。

以上办公费，只以发给在职工作人员及杂务人员为限，家属小孩一律不发。

（4）路费的标准每人每日三元，菜金在内，吃小灶饭的增加一元，以上路费以发给因公出外路程往返在八十里以上，时间在一天以上的为限。

（5）特别费计分下列几种：

兵工器材费——按规定数目，由军事主管机关统一领发。

技术人员津贴——按照资格、履历及在边区服务年限分成等级，最高八十元，最低十元（有特殊技术者例外）。

保健费——按照规定数目，由各系统主管机关统一领发。

妇女生育费——七十元（小产减半）。

妇女卫生费——每月二元（保证能买纸十五张，不足之数，由各机关生产自给收入内自行补助）。

小孩奶费——每月二十五元，五岁以上的不发。

病员伙食费——除按一般的伙食费的规定外，每日另增发一元，但以在医院之病员为限，由本机关转发，不足时由各机关自行补助。

以上各项经费，凡是专门参加生产事业的人员，一律不发。

乙、属于实物的：

（1）粮食的标准每人每日按小米计算：

普通工作人员——一斤三两。

军事机关工作人员——一斤五两。

武装部队——一斤八两。

小孩——六个个月至一岁四两，二岁至三岁八两，四岁至五岁十二两。

专门参加生产事业的人员不发公粮，吃麦子的人员可向粮食局商酌用小米对换。

（2）牲口草料的标准（按每一牲口每日夜所需草料计算）：

战马驮骡——草十斤，料一升八合；

平常骡马——草十斤，料一升；

驴子——草六斤，料六合；

牛、骆驼——草十一斤，料一升。

专门参加生产的牲口，不发草料。

（3）食盐标准——每人每日四钱。

（4）被服的标准（按每人每年计算）：

军队——单衣两套（四月六月各发一套），绑腿一付，帽子两顶，棉鞋一双，单鞋两双（以上均发布自做），毛巾布二尺。此外补充（按全体计算）棉衣百分之五十，被毯百分之四十，子弹袋乾（干）粮袋百分之三十。

机关学校——单衣一套，衬衣一套，帽子一顶，棉鞋一双，单鞋一双（以上各分区、县均发布自做），毛巾两条（不要毛巾的发布二尺），此外补充棉衣百分之五十（干部棉衣、被毯均不发，只发杂务人员），被毯百分之四十，大衣按全部人数发百分之三（即每百人发三件）。

儿童（初生婴儿）——布二丈五尺，小秤棉花二斤，不另发衣服。一岁至五岁的儿童，发给成年人衣服的单棉材料各一套。

（5）书报、药材的标准——按照实际需要供给。

以上经费与实物的供给，一律按照规定严格的执行。如各机关未经政府核准有超支的情形，概由各机关在生产收入内自行解决，在职人员集训或转学人员及病员入院休养之经费与实物供给，概由原机关拨付，不另作预算。

4. 供给机关：

由于三十一年度各机关、部队、学校所需衣食、书报、药材均用实物供给，增加了供给工作的任务，因此，除经费供给完全由财政厅负责外，其实物供给，采用统一领导、分工负责的办法，由财厅与其他机关共同负责如下：

（1）粮食、草料——粮食局供给（公草由粮食局统筹拨支），各领草机关、部队自行运输，如公草不足，必要时得由粮食局事前通知各机关、部队准备放青，马料以细粮折合拨支，政府并令各县在征粮中，尽力征收十分之二的杂粮，以供给马料（未经粮食局许可，各县仓库草站之粮草，任何机关、部队、学校不得动用挪借）。

（2）食盐——财政厅发给各主管机关盐票自运。

（3）被服——财政厅供给经费，贸易局负责统一采买棉花、洋纱、棉线，由建设厅分发各工厂织布，织成之后，由各系统主管机关自己缝制。

（4）书报——财政厅供给经费和一部份（分）造纸原料，由建设厅分发各工厂造纸，再交由发行机关印成书报供给各机关、部队、学校阅读。

（5）药材——财政厅供给经费，由卫生机关自制药品，并向外购买一部分药品，供给各医院、医务所的使用。

5. 生产自给办法：

为了渡过财政难关，各机关、部队、学校一般的均须参加生产，完成一定的生产任务，但如生产基础薄弱或劳动力过小的单位，亦可经其主管机关核准，由其主管机关代替其一部或全部生产任务。兹将各单位生产的范围及生产工作中必须遵守的纪律，规定如下：

甲、生产范围：

（1）种菜、牧畜——这是最主要的生产，各单位必须保证蔬菜、肉食能全部自给，以改善自己的生活。

（2）农业——这也是最主要的生产，县以下各级保证一个半月的粮食自给，其他各机关、部队均应在不妨碍工作条件下从事农业，以补助各种经费的不足。

（3）交通运输——各单位均可经营。

（4）工业——各单位均可经营。

（5）商业——只边区一级各主管机关、专员公署、县政府以及军队中的旅级以上机关，可以统一的经营商业，其余一概不准，以防止各单位作无原则的竞争。

（6）各机关商业以经营边区境内商业为主，对外贸易由边区贸易局统一管理。

乙、生产纪律：

（1）必须遵守分散经营、集中领导的原则，克服过去生产上各自为政的无政府状态。

属于“分散经营”的：

A. 保存组织上相对的独立性，各单位组织生产委员会领导生产，但此委员会必须与总的领导生产机关发生一定的联系，且听从其指挥。

B. 保存经济上相对的独立性，各单位生产收入，完全由其自己处理，但财政厅得监督其用途。

属于“集中领导”的：

A. 各单位进行生产，必须事先拟定计划，呈报政府（建设厅）核准。

B. 各单位生产收入，必须按月（农业按年）向政府（财、建两厅）作报告。

C. 领导生产的机关（建设厅），得根据生产战线之需要，适当的调剂各单位的土地、人工与技术。

（2）必须不违反政策与法令，不破坏财政金融制度，不侵犯人民的利益来解决自给任务：

A. 严禁公营企业作不正当的投机生意及贩卖违禁物。

B. 公营商店要加入当地商会，并要遵章缴纳商业税。

C. 公营商店与合作社，要遵守商场习惯，保持对外经济往来的信用，不得随意拖欠别人款项。

（3）提高生产热忱，纠正公营企业的机关化：

A. 工厂——严格实行十小时工作制度，减少工厂假期。

B. 商店——取消每星期的放假，延长每天营业的时间。

6. 地方收入的处理：

（1）各县公产收入，全部划作县教育经费基金，由县教育基金保管委员会适当分配，按时呈报财、教两厅备案。但对公产本身，非呈经财、教两厅核准，不得随意变卖或变更其原来之状态，违者议处。

（2）各县斗佣、牲畜手续费，由县政府协助税局征收，送交金库留作地方经费基金。

（3）各县之没收品以及司法罚款、行政罚款，须随时送交金库转缴财厅，严禁隐瞒不报，或将没收品私自变款补助本身经费等行为，违者议处。

（4）严禁各县未经请准，私自挪用公款或向金库强借公款等行为，违者议处。

（5）除法令规定之地方收入外，严禁各县巧立名目，私自征收捐税，违者议处。

7. 健全预算制度：

甲、经费预算：

（1）各机关、部队、学校，迅速根据规定编制人数及前列经费标准编成年度预算，并附请款书，于上月二十日前送经主管机关，由主管机关编成单位总预算并签注意见，于三十年十二月二十五日前送交财厅编造全边区总预算。

（2）年度预算执行时，其在延安之各机关、部队、学校，须另编造月份预算并附请款书，于上月二十日前送给主管机关，转财政厅核签支付命令，各级地方政府则编造季度预算，于前季末月以前送厅核签。

（3）每月或季度或年度终了时，各机关、部队、学校，须按预决算程序编造各种决算，分送财政厅审计处审核。月份决算与季度决算，限于每月或每一季度终了后一个月内送出，年度决算于年度终了后一个月内送出。如超过规定时期一个月不送报者，即停止其经费。

（4）每月月终后，各机关、部队、学校的主管机关，向财政厅编造收支报告。

乙、实物预算：

粮草：

（1）粮食草料预算，须按照财政厅制定之各机关编造粮食、马干支付预决算规则（参阅粮食规程）分别编造。

（2）粮草预算之编审程序，其在延安的，先送粮食局初审，再转财政厅复审。在外县的，由各分区的粮食处长或各县第五科长负责初审，然后送由粮食局核转财政厅复核。

其他：

食盐被服亦须分别编造预算，随同经费预算与粮食预算送财政厅审核。

新成立的机关及各机关新增加的人员、马匹，非经政府批准并经过一定的预算程序后，无论经费与实物一概不发。

8. 努力节约，渡过难关：

（1）除三十年度已动工之建筑必须继续完成者外，三十一年度一概停止建筑，一切临时支出如非必不得已，概不批发。

（2）除招待外宾外，一切伙食、节日、纪念、结婚等等，不论公家与私人，不得铺张宴会。

（3）一切日常用品，应尽可能使用边区土产代用品。

（4）爱护公物，节省公物，建立各机关严格的移交制度，坚决的与浪费现象作斗争。

选自《抗日根据地政策条例汇集》陕甘宁之部（中），1942 年版，第 268～278 页。

互校版本：《陕甘宁革命根据地史料选辑》第二辑，甘肃人民出版社 1983 年版，第 347～356 页。

50. 陕甘宁边区各分区县市审计工作暂行规程（草案）

1941 年

第一章　总　则

第一条　自四一年起各县财政经济工作要完全走向自给自足道路，增加很多收入支出的事项。为了配合这一工作的发展，所以有加强审计工作之必要。

第二条　各县市分区审计员掌管所属机关的财政经济工作之审核事项。

第三条　审计员将参加有关财政经济工作的政府委员会。

第二章　组　织

第四条　各分区县市设审计员一人，必要时再加文书一人。

第五条　受专署领导的县的审计员由专署审计员领导，各直属县及专署与直属市的审计员受边府审计处领导，但行政上还是受当地首长的管理。

第六条　审计员由各该县选择适当人员，呈报边府审计处转边府主席委任之。

第七条　各分区县市须设审计委员会的组织，由三人至五人组成，审计员是当然委员，当地并可按各地方实际情形让审计员负正主任或副主任之责。

第三章　工作范围

第八条　审计关于救济费、救济粮及保健药等的收入支出事项。

第九条　审计关于公产金库及其他财政收入支出事项。

第十条　审计关于所有教育经费收入支出事项。

第十一条　审计关于所有公营企业或其他经济建设的收入支出事项。

第十二条　审计关于粮食收入支出事项。

第十三条　审计关于税务征收事项。

第十四条　对于各单位生产自给委员会的收支与经费及临时须［预］决算的审计事项。

第十五条　对于各区乡经费临时与生产收入支出的审计事项。

第十六条　研究该级所属机关审计方面的工作与设计审计上所需要的表格书册事项。

第四章　工作实施办法

第十七条　各机关对第三章所举各项应按期编造报告送审计员审核（报告格式由各县自己另订）。

第十八条　审计员施行审查：

1. 各机关所造报告如有疑问的写信查问，限期答复或直接调查。

2. 因审计上之必要的［得］向各单位调阅证据或主管负责人的证明信。

3. 各机关如有不遵所规定各种报告格式或其他规定者得退回重造。

4. 审计员关于审查事项认为必要将委托审查，受委托的人或机关须向审计员报告其审查结果。

5. 检查各机关的征收及支出是否确定是否有违背法令或贪污浪费之事。

6. 账簿书报表格之类其所载数额是否正确。

7. 在审计过程中是否发现有因财政制度不适当而致发生的弊端并可就这方面提出意见。

8. 在进行审计时大的方面的问题须得经过委员会议决才得开始办理。

9. 审计员对于所审查的事项未经征得审订委员会及当地最高负责首长的允许不得宣布。

10. 审计员对于审查完毕之事项自决定之日期起三年内如发现其中有错误遗漏重复或有诈伪之证据等情事者，得再审查及提请政府给诈伪之人以适当的处分。

第十九条　审计员在审查后的处理：

1. 审计员审查各机关之收入支出预决算书及证明单据认为正当者，则予核准，解除被审查机关之责任。

2. 审查认为不正当的事项应负赔偿或处分者，则通知各该主管长官执行。

3. 在审查决算时对于不经济的支出虽与预算案相符亦得退回不报。

第二十条　审计员应将所负担的工作经常按期报告审计处，报告的样式及报告办法另订。

第五章　附　则

第二十一条　本规程自四一年第四季（十月份起）实施之。

第二十二条　此规程有不合宜之处由各县市分区提出经边区政府讨论修改之。

选自《中国革命根据地审计史料汇编》，中国审计学会审计署审计科研所编，北京工业大学出版社1990年版，第5～7页。

51. 陕甘宁边区政府指令——为核准斗佣征收暂行办法

1942年1月9日核准

令财政厅

呈暨斗佣征收暂行办法均悉。所拟办法尚属可行，准予备查。

此令

主　席　林伯渠

副主席　李鼎铭

附：

财政厅关于拟定斗佣暂行办法的呈请

查斗佣一税向为各县县政府代征，本厅为实行统筹统支起见，规定自三十一年度一月份起，所有各县斗佣统划归各地税局征收，兹拟定斗佣征收暂行办法，除通令各县公布施行外，理合检同原办法一份，备文呈请，鉴核备查。

谨呈

边区政府　主　席　林

　　　　　副主席　李

厅　长　南汉宸

副厅长　霍维德

一九四二年一月六日

（附呈陕甘宁边区斗佣征收暂行办法）

陕甘宁边区斗佣征收暂行办法

第一条　本办法为统一地方税收，增加抗战财力，依据边区施政纲领第十三条税收政策之精神，并适应边区人民之习惯制定之。

第二条　本办法以粮食买卖为征收对象，凡粮食买卖必须缴纳斗佣买卖手续费（以下简称斗佣）。

第三条　斗佣统由税务局负责征收，必要时得由税务局委托平粜机关、地方政府或招商承包征收之，招商承包办法另订之。

第四条　各地有斗行者，买卖粮食须经斗行过斗，各地斗行须向当地税务机关领取斗行证，并缴纳定额保证金方准行施职权。

第五条　凡粮食买卖交成后，一律从价向卖主征收斗佣百分之三。

第六条　斗佣征收起征点暂定为三十元，凡粮食买卖不满三十元者免征。

第七条　税务局或税务局委托之代征机关，应在征收斗佣内提出下列之金额作为该机关补助经费。

一、税务局提百分之五。

二、代征机关（平粜处或地方政府）提百分之十。

第八条　征收斗佣须制给斗佣证，证面金额暂定为二角，五角，一元，十元四种，不满二角者免计，斗佣证由财政厅统一制发。

第九条　粮食买卖所用之斗概以粮食局颁发之斗（三十斤）为标准。

第十条　凡私作粮食买卖而不交纳斗佣者，除卖主处以应纳斗佣之一倍至五倍罚金外，并酌量处罚买主，但买主罚金不得超过卖主罚金五分之一。

第十一条　买卖粮食时其泼撒之粮食仍应归于卖主，无论何人不得借故“吃落地粮”，违者以贪污论。

第十二条　征收斗佣人员之奖惩及其他各机关、部队、团体或个人协助缉获偷漏斗佣之奖励，除依照第十一条规定外，其余悉依税务人员奖惩规程与缉私奖励办法之规定办理之。

第十三条　本办法自公布之日施行。

选自《陕甘宁边区政府文件选编》第五辑，档案出版社1986年版，第31～33页。

52. 附［政策研究］：（陕甘宁）边区新的金融政策之意义与目的（署名：朱理治）

1942年2月27日《解放日报》

民国廿八年三月，国府财政部召开地方金融会议，为了抵制敌伪套取外汇，决议由战区各省银行发行地方钞票。陕甘宁边区地临战区，本当早遵国府法令，发行边钞，唯以种种关系，迟迟未果。去年一月河防军饷，突遭停发，边区经济又被封锁，为免冻饿之厄，更不能不急谋自救，去年一月卅日边府乃发表停止法币行使，推行边币政策，一面为的防止当时敌人套汇，一面为着建立自足自给经济。年来实施结果，不止敌寇无从套汇，而经济建设亦已打下坚强基础，财政难关得以渡过，全边区抗日军民食用所需均能维持，这是值得全边区与全国同胞感到欣慰的事。

去年十二月一日边区又宣布了新的命令。一面重申过去法令规定边币为边区内唯一行使货币，其它任何货币，均不许在边区内行使。另一方面，又授权贸易局，组织货币交换所，允许边币与法币在货币交换所内，自由讲价交换。边府这一法令的意义与目的究竟何在？亟有加以简要说明的必要。

第一，这一法令是为着防止敌人抢购边区物资。几月来，敌人改变过去政策，严禁货物运进边区，并将大量法币运来边区抢购边区物资。例如，边区洋纱过去大多从敌占区来，现在敌人反用法币购买边区的洋纱。太平洋战争爆发之后，敌人更要抢购边区物资。过去边币虽已推行到全边区，但临近边境各地，仍有使用法币的情事，给予敌人与奸商以抢购机会。如不急谋补救，则边区物资，将被抢购尽净，边区可能保存的将只是向外买不到任何东西的一堆纸币。故边区不得不重申禁令，严禁行使其它货币，如有不以边币作价交换，而以其它货币作价交换者，钱货一概没收。这是防止敌人盗购边区物资的紧急措置。

第二，为着便利出入口贸易，整个后方和根据地的经济，应当使之更加亲密联系，才能增强抗战力量。无奈国内短见之辈，将国防经济，故意加以割裂。对于边区经济既不加以提携，反极力破坏，对于边区贸易，又复重重封锁。这种病国害民的政策，是对抗战极其不利的。但是不管如何封锁与破坏，边区与友区间的贸易仍是在几百个边界口子密切联系着。为着要发展相互间的贸易，就必须使双方的货币能够相互交换。因为实物交易究竟是极端困难的，这次边府决定由贸易局在各通商口子，设立货币交换所，允许出入口商人，相互依公平价格，自由交换，就是为的帮助出入口商人，使他们不致因货币不易兑换而妨害交易。

第三，为着稳定对外汇兑。边区原是以法币为本位币的，去年一月边区银行发行边币亦以法币为本位。其性质与各战区地方省银行所发行之地钞是相同的。可是大后方一般金融界对待边币狃于政治成见，故存歧视。非但不支持边币，相反的不许边币通行，将边币摒弃于法币系统之外。于是，边币便不能与法币平价交换。相互交换时便发生一种比价。决定两种纸币比价高低的因素甚多，但基本因素不外（一）双方在其内部市场上的购买力不同；（二）双方进出口的多寡，即两种纸币的比价首先决定于其对内购买力，如甲种纸币比乙种纸币对内的购买力大，则甲种纸币与乙种纸币比较时其价格就要高些，这是主要的决定因素。其次决定于两方面外汇的需要量，如甲地是出超区，乙地是入超区，则甲地对乙地货币需要量就少，乙地对甲地货币需要量就大，因此甲地的货币就要比之乙地货币值钱些，这是辅助的因素。这两个因素决定着双方货币比价的高下。这是客观的经济法则，决不是任何政治力量所可直接改变的。边币和法币相互关系亦不能逃脱于这个规律之外。所以强使边币与法币平兑，这在今天是行不通的事。因为今天边区正处在由大半自给状态向完全自给状态的过渡时期，边币对内购买力要低些，同时又是入超区域，所以对外经济，自然也要低些。不久将来，边区经济完全自给，财政收支相符，出入口平衡之后，则边币比价定将逐渐提高，过去边区所采平兑政策，结果复使黑市横行，既有黑市，于是外汇价格便随盲目的供求原则，时起时伏。而敌人与奸商便从中推波助澜，使汇价更加不稳。现在采取设立兑换所公开自由讲价的政策，使黑市变为明市，使敌人奸商无由操纵，使政府能得从中调剂。则边币外汇价格自可日趋平稳，对外汇兑定可较前顺畅。

第四，推行边币到全边区。自从边府决定推行边币以来，边区各地，均以一致用边币为交换媒介。唯边界各地仍有不用边币者。推究其故，不外二因。其一，有些人未能明了敌伪奸计，没有彻底执行边府法令。今天敌伪破坏边币之主要方法，是讲价交换，均不用边币，使边币失去价格标准及交换工具的作用。如边币交换工具及价格标准的作用一失，则边币的储藏手段支付手段的作用便将同时失掉。外币便可进入边区用以抢购边区物资。边币流通范围，势必日益缩小。流通范围愈益小，则边币愈要跌价。过去边界上未能洞察敌人奸计，以致对边府法令执行贯彻不够。除了上述主观上的原因外，过去边币与法币的交换不方便也是原因之一，边界与友区通商需用法币，故造成边界上外币流行，边币反遭拒用的现象。现在政府重申前令，并设交换所，过去造成拒用边币的客观原因已没有了，边区人民如要到友区买必需品，只要有边币就可换到法币，就可买到需要品。今后如再拒用边币，这只能看作是破坏边区金融，帮助敌人抢购军用物资的行为了。只有边界政权机关严予防范，拒用边币或不以边币讲价交换的现象，定可消灭。如全边区一致用边币，则边币流通范围扩大，边币的容纳量增大，即可相对提高边币的购买力。

这就是政府发布新金融政策的意义与目的。

选自《陕甘宁革命根据地史料选辑》第二辑，甘肃人民出版社 1983 年版，第 394～397 页。原注："选自民国三十一年二月二十七日《解放日报》"。

53. 陕甘宁边区农业贷款章程

1943 年 3 月 6 日公布

第一条　为发展农业生产，调剂农村金融起见，特依本章程，举办农业贷款。

第二条　农业贷款分为：（一）农业生产贷款；（二）农村副业生产贷款；（三）农业供销贷款；（四）农田水利贷款四类，而以农业生产贷款为主。

第三条　农业生产贷款分为下列四种：

一、耕牛农具；

二、种植棉花及其他带有推广性的农作物；

三、种籽肥料；

四、各种青苗。

本条贷款以勤劳贫苦农民为对象。

第四条　农村副业贷款分为运输、纺织、畜牧、养蚕、榨油等项。

以具备生产条件之农户为对象。

第五条　农村供销贷款暂分为下列二项：

一、供给农村必需品（如农具、种籽、副业、原料等）之周转资金；

二、运销剩余农产品（如粮食及副业产品），周转资金。

本条之贷款一般以民办之合作社为对象。

第六条　农田水利贷款，包括开渠、修坝、凿井等项，一般均经过主管建设机关直接贷给生产之农户。

第七条　对于移民难民之贷款办法，应依照优待移民难民条例办理之。

第八条　贷款利率，长期以年利一分（周年百分之十）计算，短期以月利一厘（百分之一）计算之。

第九条　贷款期限，以一年为限，必要时经政府酌量延期或分期转期归还之。

第十条　农贷由建设厅主管，由区乡政府发放，并由乡政府负监督用途及督促归还之责。

第十一条　如遇天灾人祸等意外事变人力不能克服者，经乡政府呈报县政府查核后，得呈请主管机关减少或豁免偿还。

第十二条　凡借款不照章程执行或转作不正当用途者，应分别轻重给以处罚。

第十三条　本章程如有未尽事项，得由边区政府随时修改之。

第十四条　本章程自公布之日起实行。

选自《陕甘宁边区政策条例汇集》续编，1944年版，第188～190页。

互校版本：

1.《陕甘宁革命根据地史料选辑》第一辑，甘肃人民出版社1981年版，第289～290页。

2.《陕甘宁边区政府文件选编》第七辑，档案出版社1988年版，第116～117页。附：1943年3月6日以“战字第686号”命令公布。

54. 陕甘宁边区银行管理外汇办法

1943年6月3日

一、边区境内不准行使法币，但储藏不使用者不加干涉，亦不得强迫兑换。

二、凡携带法币在边区境内通行，数在二千元以下者，任其自由通行，满二千元及二千元以上者，必须向政府指定的检查机关登记，并领取通行证，违者以破坏金融论罪。

三、货币交换所买卖外汇，均以挂牌价格为准。

四、凡拟向外地采购物资局规定物品之交易所及统购机关等，准按统购的实际需要兑给法币或外币百分之四十至百分之八十。但必须填具交换所所规定之保单，保证于限定时期内将货运到。此项兑换额，由物资总局分配之。

五、凡运售物资局规定之物品，请求兑换法币或外币之外商，经审查后，得按该外商所售货款额兑给一部或全部。但必须先行呈验进口货物登记证，交易所成交证或存货单。

六、凡运进物资局规定之物品，请求兑换法币或外币为路费之脚户，其兑换额平均按四站费用计算。但必须呈验进口脚户登记证，装盐出口证或其他土产发票。

七、凡运盐或其他土产出境请求兑换法币或外币为路费之内脚户，其兑换额平均按七站费用计算。但必须呈验装盐出口证或其他土产发票，并填具交换所规定之保单。

八、空脚入境驮盐或其他土产者，必须以法币或外币向交换所换取边币，凭货币交换单，向盐业公司购盐或土产公司购其他土产。

九、凡边区内地商民贩运统销物品，或特许物品到边区境外发卖者，应于卖完后，将法币或外币向交换所兑换边币。

十、凡过境商民携带法币或外币者，须于入境时向交换所兑换边币，除去在途用费以外，余款得于出境时凭过境货币特别交换单，再向当地交换所换回法币或外币。

十一、凡交换过境税者，必须以法币或外币向交换所换取边币，凭货币之交换单向税局缴纳税款。

十二、凡携带法币或外币出境者，必须将货币交换单随身携带，遇检查时呈单受验。

十三、外出川资及外商养家请兑法币或外币者，必须持有所在地机关、部队、团体或商号之介绍信，由本所按照具体情形，决定其兑换金额，并给予货币交换单。

十四、本办法自公布之日施行。

选自《陕甘宁边区政府文件选编》第七辑，档案出版社1988年版，第251～252页。
互校版本：《陕甘宁边区法律法规汇编》，三秦出版社2010年版，第248页。

55. 陕甘宁边区银行特定公款汇兑暂行办法

1943年6月3日

第一条　特定公款包括一切财政收入款项，建设厅及其他各地之直属单位的经济建设款项，各地物资局及其直属纯经济单位之周转资金等项。

第二条　特定公款之汇兑，概免收汇兑手续费、电费等项。但须取得各该地各该系统之证明文件始可。

第三条　特定公款之汇总（兑），一律以边币为单位，不得予法币汇兑。如交入法币时须折合边币汇出，但币价应以收付两地之牌价较高者计算，此项损失统归汇兑损益科目，统由总行处理之。

第四条　非第一条所包括之公营商店，按一般商业汇款半价收费，第三条所定之币价计算者，不得援用。

第五条　其他会计手续与普通汇款同。

选自《陕甘宁边区政府文件选编》第七辑，档案出版社1988年版，第253页。
互校版本：《陕甘宁边区法律法规汇编》，三秦出版社2010年版，第249页。

56. 陕甘宁边区银行各分行货币交换基金及汇兑基金运用暂行办法

1943年6月3日公布

第一条　为便利各分行及其所属之办事处交换所，充分保证货币交换及支付汇款，以达到调剂金融之目的起见，特设货币交换及汇兑基金。

第二条　此项基金由总行根据各分行实际需要，在发行库内拨给之。各分行所属之办事处，交换所需之基金，则由各该管辖分行在基金总额内拨给之。

第三条　此项基金之性质为总行发行库库存之一部分，其支配权属于总行，不得与分行业务基金混合，视为流动资金。其运用范围，只限于货币交换（只限于边法币之交换，其他各种货币买卖不在此内），支付汇款及有关系货币与汇兑之一切开支不得移作别用，其他任何机关亦不得要求挪借。但货币交换与支付汇款两者之间的应用，各分行得视实际需要自行调剂之。

第四条　此项资金以季度为期，由各分行按当地实际需要及物价涨落情形，呈报总行核准，酌量增减之。

第五条　此项资金一般以经常保持规定数额为原则，如因支付汇款库存减少至一定限度时，即由总行拨足原定数额，如因收受汇款库存增加至一定限度时，应将超存数额送总行，其减少或增加之限度，按各地情形另行分别规定之。

第六条　此项资金如因货币交换关系，致使法币过多而边币不足，或边币过多而法币不足时，应及时将过多之法币或边币解送总行换取边币或法币，或由总行指定各分行间互相交换。

第七条　属于此项基金之损益及开支，各分行应定期向总行报销，由总行统一处理之。

第八条　属于此项基金有关之会计处理，报告制度等详细办法，另行规定之。

第九条　本办法已呈请边区政府核准。如有未尽之处，得呈请边区政府核准、增删或修改之。

选自《陕甘宁边区政府文件选编》第七辑，档案出版社1988年版，第253～254页。

互校版本：《陕甘宁边区法律法规汇编》，三秦出版社2010年版，第250页。

57. 陕甘宁边区烟类征税暂行条例

1943年6月12日公布

第一条　本条例依边区烟类寓禁于征之精神制定之。

第二条　本条例所称烟类系指纸烟、水烟、包烟、卷烟（包括雪茄），入境旱烟等，关于烟类征税、查验、缉私，悉依本条例及税务机关查缉之规定办理。

第三条　边产纸烟及入境之各种烟类，均按法定税率征税，过境之各种烟类，则交纳查验手续费，税与费之征取，一律从价计算（见附表）。

第四条　凡偷税者，共偷税之部分，一律没收；凡私制者，并封存其私制器具。

第五条　凡偷税之烟类，价值五万元以上除没收外，并得送司法机关究办。

第六条　本条例自公布之日施行。

烟草入境过境及边产税率或查验费率表

	纸烟		水烟		包烟		卷烟		入境旱烟	
	税（费）率	起征点	税（费）率	起征点	税（费）率	起征点	税（费）率	起征点	税（费）率	起征点
入境	40％	一条	20％	一封	20％	五包	30％	五合五斤	10％	二斤
过境	20％	一条	10％	一封	10％	五包	15％	五合五斤	5％	二斤
边产	10％	一条								
附注							（包括雪茄）			

选自《陕甘宁边区政府文件选编》第七辑，档案出版社1988年版，第259～261页。

互校版本：《陕甘宁边区法律法规汇编》，三秦出版社2010年版，第417页。

58. 陕甘宁边区酒类牌照税暂行办法

1943年6月12日公布

第一条　为节省边区粮食，并适应边区酒类之需要，以购进外酒禁止制酿为原则，关于征税、查验、缉私等事宜，均由税务机关处理之。

第二条　卫生机关因特殊需要，经边区政府批准，得设厂制造，但不许出售。违者停止其制造。

第三条　凡酒类商贩，一律按季依其营业额购领酒类牌照（见附表）。

第四条　入境酒类从价征税百分之二十，过境者则从价取查验手续费百分之二十。

第五条　私自酿酒及私自贩售者，一律没收。领照商贩如夹带私货出售者，其私售之部分没收之。连续违犯三次以上者，停止其营业权。情节严重者，得送司法机关法办。

第六条　本办法自公布之日施行。

购领牌照等级表

种类	每月营业额	每季购领金额	时效	附注
甲等	55 000元	6 000元	3个月	牌照各等级之购物金额系逐级累进
乙等	20 000元	4 500元	3个月	
丙等	12 000元	3 000元	3个月	
丁等	4 500元	1 000元	3个月	
戊等	2 000元	500元	3个月	

选自《陕甘宁边区政府文件选编》第七辑，档案出版社1988年版，第261～262页。
互校版本：《陕甘宁边区法律法规汇编》，三秦出版社2010年版，第418页。

59. 陕甘宁边区统一缉私机关的组织与工作条例（草案）

1943年11月24日颁布

第一章　总　则

第一条　本条例根据边区政府战字第七九二命令制定之。

第二条　凡边区之内对扰乱金融，食盐走私，货物漏税，贩卖鸦片毒品，输入违禁品，消耗品，偷运必需物资出口等等之缉私工作，俱归保安处的缉私科统一指挥与管理。

第三条　根据精简原则，同时加强缉私工作，并避免对来往客商重复检查起见，该项经济缉私工作除有特殊情形以外，应与保安处原有检查站及缉私人员统一办理。

第二章　组　织

第四条　缉私工作的各级组织如下：

一、边区保安处缉私科。

二、各分区保安分处缉私科。

三、各县保安科缉私队。

第五条　保安处缉私科为边区缉私工作之最高机关，缉私科设科长一人，副科长一人，承保安处长之命领导全边区之各种缉私工作。

第六条　缉私科之内部组织及其执掌如下：

一、文牍兼讯问员一人，承科长之命执掌文件之撰拟、缮写、收发、保管、人事之登记及对人犯之初步讯问与登记等事宜。

二、会计一人，承科长之命执掌经费之开支，没收品之保管，登记与转运奖金之核发等事宜。

三、直属流动缉私队设队长一人，队员四人至八人，办理各种缉查及人犯之逮捕解送事宜，缉私队采武装与便衣混合编组以进行工作。

第七条　各分区保安分处缉私科设科长一人，承保安分处长之命，负责该区各种缉私工作。

第八条　各分区保安分处缉私科之内部组织如下：

一、文牍兼会计一人，执掌上述第六条一、二项之工作。

二、流动缉私队（或缉私组）设队长（或组长）一人，队员四人至六人，执掌上述六条一、二项之工作。

第九条　各县保安科缉私队（或缉私组）设队长（或组长）一人，队员二人至四人，承县保安科之命，负责该县之各项缉私工作。如因该县情况重要、口岸较大，可以斟量增加队员之数额。

第十条　各级缉私机关依情形之需要，可于重要地点或出入口岸设立检查站或侦察网以进行工作。

第三章　职　权

第十一条　缉私科之工作范围如下：

一、捣乱金融之缉私。

二、食盐走私之缉私。

三、出入口货物漏税之缉私。

四、鸦片毒品之缉私。

五、输入违禁品之缉私。

六、私运必需物资出口之缉私。

第十二条　金融缉私之范围：

一、在边区境内买卖使用边币以外之货币者。

二、在边区境内拒用边币或造谣惑众破坏边币信用者。

三、进行货币之黑市买卖者。

四、强迫兑换法币或以不正当之手段故意抬高法币与边币之比价者。

五、在境内流通携带二千元以上而未依法登记者。

六、在边区境外带入生金银硬币经过入境后第一个交换所或银行，而不交给交换所或银行以及带入法币而不登记者。

七、携带生金银硬币法币出口，而未经准许手续者。

第十三条　关于食盐缉私之范围：

一、未经盐公司而自由驮运食盐出口者。

二、在边区内地私自买卖外销食盐者。

三、未经过盐务局之买卖食盐手续或未缴纳盐税而私自贩运食盐者。

第十四条　出入口货物漏税之缉私范围：

一、无货物登记证及税票之货物；

二、登记证及税票过期者；

三、转让登记证及税票者；

四、假造登记证及税票者；

五、未经贴花盖章而行销售者。

第十五条　鸦片毒品缉私之范围：

一、买卖鸦片毒品者；

二、吸食鸦片毒品者；

三、种植鸦片者；

四、海洛英（因）、红丸、白面、吗啡等俱以毒品论。

第十六条　其他违禁物品缉私之范围：

一、经政府明令严禁输入之禁品、消耗品；

二、经政府明令严禁输出之必需物资；

三、特许物资未经物资局批准者；

四、过境的奢侈品、消耗品未经批准在边区境内私行销售者；

五、重复登记以套取外汇者。

第十七条　没收品之处置：

一、没收之食盐应交盐业公司代销，其卖得之金额全部作为奖金。

二、没收之鸦片，依照处理鸦片和毒品条例处理之。

三、没收之生金银及白洋法币，应交银行兑回边币，即将所兑得之边币全部作为奖金。

四、其余没收之货物得自行出售，所得金额全部作奖金。

第十八条　人犯之处理：

一、无论军民人等，凡因走私而被查获者，货物全部没收。如系专门走私者，应没收其牲口。

二、走私人犯如有勾结敌顽故意破坏边区，或有其他情节重大情事者，并得将人犯送法庭究办。

三、机关、合作社及公营商店走私者，除照章没收其走私品外，并得处罚其机关首长。

四、公务人员包庇走私者，以渎职论罪。

五、缉私队员对涉及司法范围内之现行犯有逮捕之权，但需于二十四小时内送交司法机关。

六、缉私队员对于武装之使用，非因对方先行开枪或以暴力拒抗，并有危害人命情事者，不得开枪。

第四章　奖　惩

第十九条　查获走私者按下列规定给奖：

一、亲自拿获送交当地政府及缉私机关者，得奖金之全部。

二、事先得知或亲眼看见向当地政府或缉私机关报告因而查获者，给以奖金二分之一，其余二分之一给查缉机关或协助出力人员。

三、由查缉机关查获者，其奖金归查缉机关。各分区、各县查获者，归各分区、各县。直属缉私队查获者，归保安处。

选自《陕甘宁边区政府文件选编》第七辑，档案出版社1988年版，第373～377页。

互校版本：《陕甘宁边区法律法规汇编》，三秦出版社2010年版，第114～116页。

60. 陕甘宁边区政府布告（公布修正货物税及营业税条例）

1944年7月1日

查本府在民国三十一年十月间颁布的“货物税修正暂行条例”及“营业税修正暂行条例”，内中有些地方已经不适合现在边区经济发展的物资贸易政策，有些地方在两年执行当中感觉得还不很完善，因此特将以上两种条例再加修改，希望达到更能便民利商及税收更加合理的目的，除将新修条例令发各级政府及税务机关，自本年七月一日起遵照执行外；现将“修正陕甘宁边区货物税暂行条例”暨“修正陕甘宁边区营业税暂行条例”，公布周知。

此布

主　席　林伯渠
副主席　李鼎铭
财政厅厅长　南汉宸
副厅长　霍维德

选自《陕甘宁革命根据地工商税收史料选编》第五册（1944—1945年），陕甘宁革命根据地工商税史编写组、陕西省档案馆编印，陕西人民出版社1987年版，第107页。

61. 修正陕甘宁边区货物税暂行条例

1944年7月1日修正公布

第一章　总　则

第一条　本条例修正三十一年度公布之货物税暂行条例制定之。

第二条　本条例以货物为征收对象，凡应税货物统归税务机关照章征税（应税货物另表附后）。

第三条　凡应税货物除经边区政府批准减免者外，不论公私商贩，均须照章交纳货物税。

第二章　税　则

第四条　凡边产之应税货物在边区境内销售者，悉依边产边销货物税税率征收之。税率表见附表（一）。

凡边产之应税货物运出边区销售者，悉依边产外销货物税。税率征收之。税率表见附表（二）。

第五条　凡由边区外运进边区之应税货物，按照以下甲乙两种税率分别征税。

一、运进边区之应税货物在边区境内销售者，悉依甲种入境货物税税率征收之。税率表见附表（三）。

凡邮寄边区销售之应税货物，亦依甲种入境货物税税率纳税。

二、运进边区之应税货物，系往边区以外销售者，悉依乙种入境货物税税率征收之。税率表见附表（四）。

凡运进边区寄往边区外应税货物之邮包，亦依乙种入境货物税税率纳税。

第六条　甲种入境货物税税率，依其货物性质定为固定税率与活动税率两种，活动税率由税务总局根据具体情况在最低与最高税率间之范围内分别规定之。

第七条　凡已纳甲种入境货物税之货物，如欲运往边区外销售时，须经税务机关批准，补税或免税出境。

凡已纳乙种入境货物税之货物，欲在边区销售时，须经税务机关批准，如其税率低于同类甲种货物税率者，须补足所差税率方可出售；如其税率高于同类甲种货物税率者，税务机关应酌情予以退税或不退。

第八条　除本条例附表所列应税货物外，边区政府认为某种货物有征税或免征之必要时，得以命令公布征免之。

第九条　凡应税货物，不论边产品与非边产品，征税时均从价按百分比征收，必要时得从量征收之。

第十条　凡应从价征税之货物，由估价委员会根据当地实际情况，估定纳税价格，通知所属地区之税务机关遵照执行。估价委员会之组织如下（以下简称估委会）：一、估委会分设于税务总局及分局所在地。二、估委会以当地最高行政机关、贸易机关、公营商店联合会、手工业工会、合作联社、商会及税务机关等单位派代表组织之。三、估委会须按当时当地货物现行市价估定纳税价格，但以纳税价格加应纳税额，不超过货物现行市价为原则。四、估价时间至迟不得超过两月。

第一一条　凡经边区政府批准免税或减税者，须领取税务总局印制之正式免税或减税证明文件后，方为有效。

第一二条　凡误征或多征税款，纳税人得报告当地税务机关或税务总局，经查明属实，即予照章退税。

第一三条　凡有关禁止进出过境物资处理，统按“陕甘宁边区物资管理暂行规章”之规定执行之。

第三章　报税与查验手续

第一四条　凡边产应税货物运销边区境内外者，均须在起运时向当地或附近税务机关缴纳货物税；凡运进边区之应税货物，必须在入境之第一税务机关报验纳税。倘无故超越附近或必经之第一税务机关，经查获后，以偷税论。

第一五条　凡已税货物不论在中途销售或到达落货地时，须先向当地或附近税务机关报请开包查验贴花盖章后，方可出售。

第一六条　凡改装转运之货物，均需报请当地税务机关查验粘贴验证或印花，并割取转运证后，始得起运。

第一七条　运输之货物如因故延误不能依税票期限到达落货地时，运货人须于税票未过期前报请附近税务机关批明运行，如到达落货地票已过期者，须先行具保售货，待税务机关查明属实后，方得销保。

第一八条　凡边区内邮局收到邮包装寄之应税货物，收件人须报请税务机关查验，纳税后始得领取邮包，否则以偷税论。

第一九条　凡从边区内邮寄出之包件，必须经过税务机关检查，将应税货物照章完税后（无税货物加盖验戳），方得投邮寄递，否则税务机关有商同邮局停发货物之权，并按偷税办理。

第二〇条　凡有关税务检查缉私事宜，由税务机关所设之稽查人员及受税局商同县（市）政府委托之机关、部队或个人执行，但委托之机关如缉获走私案件，必须送税务机关照章处理之。

第四章　奖　惩

第二一条　凡商贩有违犯下列各项违法事实者，得依其应税货物之性质分别处罚之。

一、违反本条例第三章所规定之报税查验手续，企图偷税情节较大者；

二、涂改税票花证或有重用情事者；

三、货票不符，无有正当理由与事实证明者；

四、有税票无花证或查验戳记手续者；

运销货物如系必需品有违犯上列规定之一者，除照章纳税外，并按所纳税额处以半倍至一倍之罚金，但货数在起征点一倍以下者免罚。

运销应税货物如系半必需品违犯上列规定之一者，得按应纳税额处以一倍至一倍半之罚金，货数恰够起征点者免罚。

凡运销应税货物如系非必需品，违犯上列规定之一者，得按应纳税额处以一倍至三倍之罚金。

第二二条　如有伪造税票、花证、戳记，蒙骗偷税者，除将货物没收外，人送司法机关究办。

第二三条　凡经报告因而查获偷税货物者，不论机关、部队人员与人民均以罚金百分之十至百分之三十奖励之。

第二四条　税工人员积极工作，著有成绩劳绩者或有违章收税勒索敲诈者，悉依“经济工作人员奖惩规则”处理之。

第五章　附　则

第二五条　本条例施行细则另订之。

第二六条　本修正暂行条例由边区政府公布之日施行之。

选自《陕甘宁革命根据地工商税收史料选编》第五册（1944—1945年），陕甘宁革命根据地工商税史编写组、陕西省档案馆编印，陕西人民出版社1987年版，第108～112页。

互校版本：《陕甘宁边区法律法规汇编》，三秦出版社2010年版，第368～370页。简称“三秦法律版”。

注：“三秦法律版”全文共27条，多出第十一条：“凡查获违禁之毒品及资敌用品，一律由当地政权投［没］收（区政府以上），不得征税放行。如系禁止货物，税务局应拒绝其出入境，不得没收；但发现有意走私者送当地政府处理之。”

62. 陕甘宁边区修正货物税暂行条例及货物税税率变更之说明

1944年7月1日

三十一年度所订之货物税暂行条例颁行后，距今将近两年。在这长时期中，边区经济有了很大的发展，边区的物资贸易政策亦有了新的变动，故在执行过程中，感觉已有很多地方不合实用。因之，此条例有急待修改之必要。

关于此条例之修改，我们是根据下列几个原则进行的：

第一，首先使货物税适合于保护边区生产、促进边区经济发展的原则——边区经济数年来已有长足的发展。过去需要刺激入口的货物，今则能部分自给或全自给，即应由免税轻税而改为征税或重税，以限制之（如土布等）；过去禁止或限制出口之货物，今则由于生产的发展变为刺激其出口（如煤油等）。为适应保护经济发展的情况，将原货物税条例加以必要的修改。

第二，使货物税更紧密的与边区的贸易政策相配合——按边区的货物税，就是边区的关税和统税，如果掌管不好，即会使边区物资需求上发生困难，使货物流通上发生混乱现象，以影响出入口平衡及金融。为此，我们的货物税必须与边区的贸易政策有紧密的配合，在此项修改中，我们是尽量使货物税达到此目的，如第九条关于货物入境及限制其再出境之问题，第十条关于过境货物争取或限制在边区出售之问题，第十五条依据边区物资需求情况，用活动税级办法升降税率以为允许货物“搭配”入境，以更多的争取必需品入境等，凡此种种，均为达于上一目的。这样一来，我们的货物税即不单单是一个财政收入的源泉，而真正成为边区经济斗争的前哨了。

第三，提高税率，增辟税目，以增加财政收入——今年在财政工作方针上提出了“开源节流、收支平衡”的方向，在政府工作计划上，提出了“整顿税收”为财政工作之中心。在货物税的修改中，我们也贯彻了这一方向，首先提高某些货物的税率，如入境盐税向来不及盐价的百分之十，此项我们提高为百分之十，并保证以后逐月规定税额。此外，关于增辟税目，过去皮毛等及公营商店的出入境货物，都是无税的，此后规定一律上税……凡此等等，对增加财政收入上，均有很大意义。

第四，在手续制度各方面，更广阔的强调群众观点——过去条例中在税则制度等方面，凡属繁琐于商不便的地方，于此次修改中统统纠正了。如第二十条的税票过期可取保放行，查验登记手续的改正及缉私方面，依靠广大群众的力量，悉依“群众观点，群众情绪”的观点予以彻底的转变。以期使税收由便民利商进一步与人民联系一致的新民主主义税收。

第五，融合了与货物税有关的各个单行税法——在三十一年度条例颁行后，将近两年的执行中，曾因适合于新情况而增订了原条例没有的与货物税有关的很多单行税法，如过境回税法、活动税级使用规则、花证票照管理办法，缉私奖金处理办法、估价办法等，均于这次修改中将其原则的融合到条例中了。这样便弥补了旧条例的很多漏洞，使货物税条例的内容更充实与完善了。

以上五点，仅就其最主要者作一概括的说明，条例中恐仍多有不妥之处，希多加指正。

原条例中的几点说明

第四条　所谓“从价按百分比征收，必要时得从量征收”——系指一般货物均从价按百分比征收，但有些货物（如食盐）日常流通量甚大，物价又涨不定，从价征收，可能因指挥不灵而影响税收甚巨，故仍从量征收，实际上从量定出的税额，也是由工作中折算来的。还有些货物（如石炭与木料、木板等）历年都是从量（按驮或丈）征收的。改为从价，下级局、所不易掌握，故亦定为从量征收。据计算所得，从价从量负担是统一的，并无差额，现在从量征税的货物，也只有以上所举之八种，以后是否尚有需要从量征税之货物，现在还难断定，故定为“必要时得从量征收之”以便灵活运用。

第五条　关于估价办法——以前物价每月估一次，这个月估定了，进来的货物照此价上税，结果其售价必然是将已纳之税额加重，下月再估一次价，税额又加到售价中一次，如此按月下去，物价不断上涨。物价上涨除其他原因外，由于税收屡增，亦成为刺激物价上涨的因素。为纠正此项弊端，从前的估价是用折成的办法，但折成又有使税重的半必需品便宜，税轻的必需品吃亏，不合于货物政策。今后估价改为“减除原税额，作为纳税价格”之办法，并废弃每月估价一次的规定，而改行“如物价超过上一次税额一倍时，再另行估价，”这样就可以完全去掉了因上税而刺激物价上涨的因素。关于新估价法的使用法，兹举例如下：

如四八土布征税价格为一万元，税率为百分之十，其税额则为一千元，上税之后，其售价必为一万一千元（原售价一万元加税额一千元），如售价提高为一万一千五百元，不重新估价，一直照一万元上税，如布价已售到一万二千元，新增之一千元，已为原税额一千元之一倍，这新涨之一千元，是由于货物本身新涨的，并非因上税而涨的，即需重新估价。重新估价时，从市价一万二千元中减除上一次税额一千元，应为一万一千元，此一万一千元即为纳税的价格，即应纳税二千二百元，余类推。

第六条　所谓边产货物之运销税——系指边产应税货物（如清油等），无论运往边区境外销售，或在边区境内销售，均须于起运地就近之税务机关纳税一次，纳税以后，即可畅行无阻，不再完税。此是一种产销税，货物生产后，如不出售则不上税。

第七条　所谓“必经之第一税务机关”——系指依地理环境、道途、路线必经之第一个税务局、所，有此规定，可防止脚商故意借口偷税之弊端。

第八条　所谓“过境货物，必要时须取具铺保方许通行”——系指非必需品之过境，准其过境是为增加税收，并便利于商民所带的搭配货，转口出售，必要时取具铺保是为防止其在边区偷售（脚商找铺保是极容易的事）。

第九条　所说税务机关批准之权，须依边区物资政策行使，如运进货物系必需品或半必需品，再欲运出边区者，税务局得依据物资政策与此种货物供需的情况，准或不准。如此种货物已嫌过剩，则重征或免征过境税，准其出境，如系我之非必需品，而进境时是“搭配”进来的（如迷信品等），除吸收其非必需品部分，则减税甚至免税勉励其出境。

第十条　税务机关允许权之行使与此类同。

第十五条　所谓“分别按税级升降”——系指活动税级之使用，即依边区贸易政策、物资斗争之方针，分别升降各类货物的税率，其升降之距离，悉以税率之等级为准，如税率原为百分之十五者，在某一时期需要限制，则升为百分之二十，至于升为百分之三十。如某一时期需要刺激其出口或入口时则降级征税。降级方法也如此。

第二十条之规定，主要为防止顽皮商民以票照过期为口实，有意的重用税票，逃避税款，另一方面，又为照顾商人之实际情况，如确因正当事故税票过期者，准其具保放行。

第二十三条是新增的一条，因过去曾有奸商以邮包上装大批过境货物，而在边区偷售，纯系有意捣乱之行为，且因此时起纠纷，有此条之规定，即可防止。

选自《陕甘宁革命根据地工商税收史料选编》第五册（1944—1945 年），陕甘宁革命根据地工商税史编写组、陕西省档案馆编印，陕西人民出版社 1987 年版，第 123～127 页。

63. 修正陕甘宁边区货物税暂行条例施行细则

1944 年 7 月 1 日

第一条　本细则依据修正陕甘宁边区货物税暂行条例第二十五条之规定制定之。

第二条　凡已税之边产边销货物，欲再运往边区以外销售时，其产销税率与出境税率相同，而手续完备（有税票花证）者，应报请税务机关登记，并在原产销票及货物总包件上加盖出口验戳后（如无法盖戳者，应给以证明文件），起运出境。如出境税率高于边产边销税率者，须向出境之税务机关报验补税。补税办法如下：

一、按当时当地物价照章补缴比边销税率高出之部分，如原纳边销税率为 5%，外销税率为 10%，改运外销时即应补纳 5%。

二、补税时应在原产销票上注明“作废”字样，并加盖补税局所长私章，同时填发边产外销货物税票，并在该票上注明“补税”字样。

第三条　凡已纳甲种入境货物税之货物，如欲运出边区销售时，须按下列规定办理：

一、甲种入境货物税之税率，低于乙种入境货物税率者，应补税出境。

二、税率相等者不补。但需在税票上注明“转出”字样。

三、甲种入境货物税率高于乙种入境货物税税率者不退。

第四条　凡已纳乙种入境货物税之货物，欲在边区销售时，退税与否，须照下列规定办理：

一、如系主要之必需品（另指定），由各县税局决定，退还其比同类入境甲种货物税多收之税额。

二、如系半必需品，由税务分局或总局按当时情况，决定退还其比甲种入境货物税率多收之税额，或不退。非必需品须经县税务局批准，否则不得销售。

第五条　运进边区之应税货物，系往边区以外销售者，除在入境之第一税务机关报纳乙种入境货物税外，必要时并须在当地觅取铺保或可靠之人保，防止商人将货物在边区内销售，取保及销保之手续规定如下：

一、承保商号或人民须填写保结交税局存执，税局应填写税票上之保单联，交商人持运。

二、具保之货物出境时，运货人须向最后之税务机关报清查验，如货票相符，该税局即应从原税票上割下保单联，注明“货票无误”字样，加盖公私章记，交商人寄回具保之税局销保，同时在原税票上加注“销保”字样，仍交还运货人。

第六条　凡属于活动税率范围内之货物，税务总局应根据各分区之具体情况邀请有关机关商讨，分别规定各种货物应征税率，通知各地税局遵照执行。各税局在开始改换税率时，应于税票上注明“遵照某月某日第几号令文变动税率”等字样。

第七条　凡由邮局寄递经过边区之货物包裹，须在入境之第一税务机关报验登记，经税局在其包裹封口处粘贴验证，加盖验戳后，方准运行，运至税务总局指定检查邮包之税局时（非经指定税局，不得检查），再行报验纳税，必要时税局并得会同当地政府及邮局进行检查，如入境之第一税务机关即为税务总局指定负有检查邮包之责任者，在报验登记时应即照章纳税。

第八条　货物转运及改装之报验手续：

一、已税之边销货物在中途或到销售地拟再转运（包括分运）他处者，须报请当地税务机关查明，如货票相符应予加盖验戳，割给转运证，并在原票注明“某月日验明准予转运若干赴某处”等字样后，方得运行。凡有转运证之货物，如再次转运时，须持原转运证报请税务机关查验，割得分运证后起运，未经查验先行起运者，不给转（分）运证。

二、已税货物如中途改装（以大改小，以小改大，或另换包皮）时，应于未拆包前，报请税务机关验明，当场改装，并在改装之新件上补贴验证，加盖验戳，换给转运证。

三、已贴印花之货物，如再装成大包运往他处时，应报请当地或所经之第一税务机关进行查验，并在包皮上粘贴验证。

第九条　应税货物估价之方法与手续：

一、首先由税务总局或分局协同贸易总公司或分公司，提出重估各种应税货物估价之意见，然后经估委会审核确定。

二、税务总局或分局，应遵照估委会所确定之市价，求出纳税价格，计算征收之。

第十条　报税及查验手续：

一、凡报验登记纳税商人，须报明货主姓名、住址、货物名称、数量、件数、起运地及指销地等项目。

二、凡在入境之第一税务机关已纳甲种入境货物税，并在货物包件查验证上，加盖双骑缝验戳之货物，沿途税务局、所如未发现特殊可疑之处，应即放行，不再进行检查。

三、凡应纳乙种入境货物税之货物，到达入境之第一税务机关时，须经详细检查，并在货物包件之查验证上，加盖双骑缝验戳，沿途再经过之税务局、所如查看无拆封疑迹，应即放行，不再检查。

四、凡在第一税务机关纳税割票之货物，如不在当地销售者，概不粘贴印花，仅按其大件（如箱、包、捆）贴查验证，并于货物封口查验证上，加盖骑缝验戳。

五、税务机关与运货人应于办完登记纳税手续后，详细检查登记证，及税票上所载名称，数量、税额及骑缝所剪数字，是否确实。查验证是否按件发足贴妥，以免错误，沿途发生留难。

六、货物运到销售地时，由运货人将登记证或税票交税务机关照票点件、拆包查验，有税货物则监贴印花，加盖骑缝验戳，并在原税票上加盖“货已贴花盖章此票作废”字样之戳记后，始得运入店栈或销售。

七、税务机关进行查验时，一般货物皆应拆包查验，如难以卸包者，可用计量与探验等方法进行之。

第十一条　有关军用或地方建设事业之用品，并经过边区政府批准，始可办理免税或减税手续，凡请求减免税之机关或个人，须先将货物名称、种类、数量、用途及经过路线备文呈请边区政府批准，并领得税务总局之减、免税文件，持向路经之第一税务机关经查验货数相符，妥贴验证后始得运行。

第十二条　退税之范围与手续：

一、已税货物如有下列情形之一者，均得照章退税：

甲、凡估价表未列之货物而征税者。

乙、因纳税人错报货数，或错算多收，事后查明属实者。

二、凡先有减税免税证，因押送人迟误，税款已交，经申请查明属实者，应即退款。

第十三条　稽查手续：

一、税务机关因有必要对公私商店、栈、行，进行大检查时，须商请当地政府批准，并派员协同进行之，未得政府批准，税局不得自行进家检查。

二、查获私货，应由检查负责人填写收据，交被检查人收存，被检查人如认为数目不符时，可共同再进行检查。

三、税务稽查外出工作时，须携带税务总局制印并盖有该分局与专署钤记之稽查证，方得行使稽查职权，否则商民脚户可以拒绝检查。

第十四条　缉私奖励办法：

一、食盐缉私。凡经群众或机关（包括税局）、部队缉获者不论补税或补税罚款，均须于月终按补税与罚款总额内提 30%作为奖金，其分配比例如下：

甲、税工人员缉获者以10%归破案人，10%归该局支配，其余10%解交该管分局（延属交总局）作为辅助经费开支。

乙、经密报政府或税局因而缉获者，以15%归密报人，10%归该税局支配，5%归该分局（延属交总局）作辅助经费开支。

丙、经专署或县、市政府查获因而补税罚款者，得奖金全部（30%）。

二、凡经查获之偷税物品，应在每案罚款中以百分之十至百分之三十作为奖金，其分配办法如下：

甲、事先密报并协助办案者，得本案罚款百分之三十。

乙、事先探悉并密报因而缉获者，奖给本案罚款百分之二十。

丙、当场协助办案者（不管一人或多人），奖给本案罚款百分之十。

丁、税工人员查获案件者，其应得奖金全部解库，成绩优良者每季终了由财政厅酌予奖励。

三、凡得奖金者，均须缮具正式领条，如不愿领取奖金者，呈报税务总局给予荣誉奖。

四、如因协助缉私，以致受伤者，该管税务局应呈报税务总局转呈边区政府给予抚恤。

第十五条　酒类制造业管理及征税办法另定之。

第十六条　货物税之票照花证使用及管理办法另定之。

第十七条　本细则自公布之日施行。

选自《陕甘宁革命根据地工商税收史料选编》第五册（1944—1945年），陕甘宁革命根据地工商税史编写组、陕西省档案馆编印，陕西人民出版社1987年版，第128～133页。

64. 修正陕甘宁边区营业税暂行条例

1944年7月1日修正公布

第一章　总　则

第一条　本条例修正三十一年度公布之营业税条例制定之。

第二条　凡在边区境内设有固定地址经营商业工业者，不论公营或私营，均须分别缴纳营业税。

凡在边区境内从事临时营业者，不论公私均须缴纳临时营业税。

凡在边区境内从事牲畜买卖者，不论公私均须缴纳牲畜买卖税。

凡在边区境内市场上买卖粮食，不论公私，均须经当地政府设立之过斗人员统一过斗，缴纳粮食买卖手续费。

第三条　凡经边区政府特许经营酿酒营业者，除从价完纳百分之三十的产销税外，并须完纳营业税。

第四条　凡从事农业兼营的商工业者，除农业部分依照农业税条例征收农业税外，其兼营商工业部分，仍须缴纳营业税。

第五条　凡纯系供给性质之公营工厂及政府奖励发展之公私纺织、造纸、开矿、冶金等企业经边区政府批准减税或免税者，得予减税或免税。

凡经当地县（市）政府批准并呈报边区政府备案之合作企业得减半征收营业税。

第二章　税　则

第六条　凡在边区境内设有固定地址营业者，不论新设旧营，均须于年初或开业时，向当地政府申请登记，领取营业许可证。

第七条　营业税按其纯收益多寡，本累进原则每半年征收一次，不满半年者，按月计算征收，其起征额为五万元，起征率百分之四，最高累进率为百分之三十五，税率表见附表（一）。

第八条　临时营业税按每批交易总额计算征收之，起征额为五万元，起征率为千分之五，最高累进率为千分之三十，税率表见附表（二）。

第九条　各种牲畜之买卖成交后，买主须从价缴纳百分之五的牲畜买卖税。

第十条　凡粮食之买卖经公设之过斗员过斗成交后，卖粮人须从量缴纳实物百分之三的粮食买卖手续费。

第三章　征　收

第十一条　营业税由税务委员会负责调查，提出征收预算交评议委员会评定，呈请边区政府核准，令发当地政府布置征收之。

评议委员会由各行业中之各阶层商人代表及参加税务委员会之各机关代表组织之。

第十二条　在征收中如发现有轻重不均情事或纳税人不服时由评议委员会复查，另行评议，经税务委员会审核交政府处理之。

第十三条　各营业税由纳税人向税务机关直接交纳，如无税务机关的地方得向当地县（市）政府交纳，但须取得边区政府财政厅制定之税票为凭。

第十四条　个别商人如因灾害无力交纳营业税者，经当地县（市）政府协同税局调查经评议委员会评议属实后得批准减免之。

第十五条　为使营业税之征收公平合理，税务机关必须经常进行调查统计工作，了解各商号之营业状况，必要时并有进行检查账簿之权。

各固定商号不论公私均须于每半年结账后之五日内将该号本期营业总额及纯收益报告税务机关，临时营业或须将每批营业税总额随时报告税务机关。

第四章　奖　惩

第十六条　商人踊跃纳税起模范作用，得酌情奖励之。

第十七条　商人如有下列违法行为者，得分别处理之：

（一）私自营业不向政府领取营业许可证，经催促无效或填报不实隐瞒纯益或营业总额者，得酌情处以罚金。

（二）凡无故延期不交税款及藉词推诿屡催无效者，得处以应纳税额一倍以下之罚金。

（三）伪造账册或用其他方法企图偷税者，得处以应纳税额二倍以下之罚金。

第十八条　税务人员执行任务著有成绩或违法失职时，悉依“经济工作人员奖惩规则”处理之。

第十九条　税务人员如有不法行为，人民有向政府告发之权。

第五章　附　则

第二十条　本条例施行细则另订之。

第二十一条　本修正条例经边区政府公布之日施行。

选自《陕甘宁革命根据地工商税收史料选编》第五册（1944—1945 年），陕甘宁革命根据地工商税史编写组、陕西省档案馆编印，陕西人民出版社 1987 年版，第 134～137 页。

互校版本：《陕甘宁边区法律法规汇编》，三秦出版社 2010 年版，第 390～391 页。

65. 修正陕甘宁边区营业税暂行条例施行细则

1944 年 7 月 1 日

第一条　本细则依据修正陕甘宁边区营业税暂行条例第二十条之规定制定之。

第二条　营业税之注册登记：

一、凡设有固定地址之座商（包括合作企业），在每年三月底以前，必须向该地政府登记完毕，新张字号或重新组织之新商号，应在开张前五日内，向当地政府申请注册登记。登记时应填写正副表各一份，副表须注明营业性质、店址，股东姓名、资金、店伙人数，旧业者并须注明上年结存（包括资金及利润），一同送交当地政府。副表由政府转当地税务局（副表由财政厅制发之）。

二、各厂商品之商标、牌号在新制或改制时，均须向当地税务局申请登记，并检同标记与牌名之样张若干份，一同交该局转送税务总局登记，并令发各地税务机关查照。

三、凡有关营业之一切帐（账）册，须由当地税务委员会，按具体情况决定登记与否，指定登记者应送往当地税务局编号，并在帐（账）册边缘上加盖戳记，以资识别。

第三条　营业税之调查评议：

一、依据各城镇之具体情况，由税务委员会协同商会建立商情研究委员会，在政府领导及税务机关推动下，经常计划进行下列工作：

（甲）提高商人对于税收之认识。

（乙）经常具体了解各商户营业情况。

（丙）调查商情之变化。

（丁）评议各商户之纯收益。

二、研究会之各委员，须有明确分工，直接与各商户小组长发生关系，必要时得通过商会检查其工作情况。

三、研究会每半年应具体规定工作计划一次，并缮写三份（延属各县二份），以一份送交当地税务机关审核，转呈当地县（市）政府批准施行，另两份分别寄送分局、总局存查。

四、研究会应将各商户材料，按期进行整理统计，并召开会议讨论之。

第四条　营业税之计算与征收：

一、纯收益之计算方法，以该企业之销货总额，减去销货成本及营业费用，即为纯收益。

二、在企业无账簿可查，或主管征收机关认为其账簿不足为凭时，得经当地营业税评议委员会，根据调查材料评定征收之。

三、公营公司及合作企业纯收益之计算，依其向直接领导机关或股东之纯收益报告为根据。

四、主管征收机关，如认为各商户纯收益报告不实时，有权协同评议委员会调阅其账簿，单据，资金、负债等有关文件。

第五条　临时营业税之征收：

一、凡货物运到店栈时，该店栈负责人应将货物名称、数量于当日报告税务机关，以便检查（有验货场之地方，应先到场报验，不得先运往店栈）。

二、凡座商在其他市镇销售货物者，均须在销货地完纳临时营业税。

三、某种货物如须免征临时营业税时，税务分局须商得专署之同意，并呈请税务总局转呈财政厅批准后施行。

四、各地临时营业税之征收，在与条例及本细则不抵触之原则下，得按具体情况提出办法，经县（市）政府批准，呈请税务分局备案施行（如建立循环簿或报条及其他办法等等）。

第六条　牲畜买卖税及粮食买卖手续费，暂划为地方财政收入，但地方政府对上项税费之征收，应按照边区政府颁布之税务法令执行，不得增税或附加。

第七条　牲畜买卖税及粮食买卖手续费之经征事宜，由地方政府责成当地税务局负责领导进行，各县税务局承县府之命，负督促检查各区乡政府及代征机关之收发税票征收等责任。

第八条　牲畜买卖税之征收：

一、在边区境内买卖牲畜者，均须于成交后，由买主同中人，到附近之税务机关，或指定之区乡政府照章纳税。

二、凡牲畜互相交换时，由找价人按找价金额照章纳税，必须在票上注明“交换”二字由收款人盖章。

三、凡已完纳买卖税之牲畜，拟分运或转运时，均须向税务机关割取分运或转运证后，始得贩运。

四、纳税人于纳税后，须向收款人索取财政厅印发之税票方为有效。

第九条　凡从事牲畜买卖合于下列各项情况之一者，得减税或免税：

一、已税牲畜当日原价转让，经证明属实者，应予免税。

二、买卖猪娃、羊羔不满五只者应予免税。

三、售价低于市价百分之五十以下者，应予免税。

四、凡因发展运输及其他原因经当地专署或县（市）政府批准，持有免税或减税文件证明者，得减税或免税。

第十条　牲畜牙行之管理如后：

一、牲畜牙行在进行业务之前，均须取具保结，向该县（市）税务局登记，经批准并领得登记证后，方许开业。

二、税务局得按各地情况，规定牙行数目，然后将各牙子编成小组，选出小组长一人，经常检查其组员工作，每半月向税务局长汇报一次，如组员有不法行为时得随时报告。

三、税务局得定期召开牙行人员会议，以进行教育，并检查其工作，各牙户均须参加。

四、牲畜牙佣收取百分之二（买卖各一），多收者以违法论。

五、牙行如有敲诈勒索、垄断、欺骗等行为，或多收佣金三次以上者，即立时收回其登记证，撤销其牙行资格。

第十一条　征收粮食买卖手续费之机关，须将每集（非集镇不征）征收之粮食数目，于当日送交当地税务机关记账备查。

第十二条　本细则自公布之日施行。

选自《陕甘宁革命根据地工商税收史料选编》第五册（1944—1945年），陕甘宁革命根据地工商税史编写组、陕西省档案馆编印，陕西人民出版社1987年版，第141～144页。

66. 陕甘宁边区纸烟制造业管理及征税试行办法

1944年7月

（一）凡制造纸烟之工厂或个人，均须于开工前半月内，向当地县（市）政府申请登记，经税局实地查勘，认为合格，即令取具铺保或可靠之人保，并填具保证书（由登记税局制发）三份（一份存登记税局，一份存当地县（市）政府，一份存专署）及纸烟制造业登记表（由税务总局制发）四份（登记税局、当地县（市）政府、专署、总局各一份），并备文连同保证书及登记表分别呈报本区专署及税务分局转呈总局查核，经当地县（市）政府批准发给营业执照后，方准开业。

（二）凡制造纸烟之工厂或个人，所出纸烟均须包装，标明牌号，方准出售。每出一种牌号，即须向当地税局索取纸烟牌号登记表（总局制发），填明该种纸烟成分（经过机关须守秘密）及除烟叶本性外有无其他毒质，并附该纸烟样品三盒（登记税局、分局、总局各一盒），牌号样张三份（登记税局、分局、总局各一份），分别粘贴于三张登记表上，一并呈送登记税局，经分局转呈总局化验备查。

（三）凡已批准登记之厂名、牌号享有优先权，任何纸烟工厂或个人不得冒用或仿照（如用同音字等）。

（四）未经批准登记之制烟工厂或个人，而私自制造纸烟者，政府得勒令停止其制造。

（五）未经批准登记之牌号，其纸烟不得出售，经通知而不履行登记手续者，得由税务机关商请当地政府，酌情处罚，必要时得没收其纸烟。

（六）凡制造纸烟之工厂或个人，所造纸烟的烟丝及商标牌号，均不得向边区以外采购和印制，并不得用外盒装制，违者得由税务机关商请当地政府，依第五条之规定处理之。

（七）各地税局每月应将当地制烟工厂或个人，所造纸烟数量、牌号、价格等，列表呈报总局备查。

（八）对边产纸烟为提高质量起见，一律从量每条（五百支）暂征一千元之产销税（税率标准系按边区一般现行平均市价百分之十规定），将来物价变动，得随时由财政厅批准增减之。

（九）凡制烟工厂或个人所造纸烟，均须于出厂前照章完税，并于每盒每条粘贴纸烟印花。

（十）凡持运漏税纸烟，不问自用或贩卖，除处货主以应征税额一倍至三倍罚款外，并得处该制烟工厂或个人以一倍至三倍之罚款。

（十一）本办法自公布之日施行。

附：边产纸烟粘贴印花及转运说明

（一）边产纸烟，须粘贴印花，作为完税识别，如于每条之封口处，粘贴棱形紫色方印花，每小盒封口处粘贴小印花。

（二）不论旧存或新制纸烟，均须完税（每五百支条完税一千元）贴花。存货于调查登记时，由商人到税务机关履行完税贴花手续。新制纸烟则由工厂负责纳税贴花，在包装时随即粘贴。

（三）纸烟印花（小）应于二十支装之小盒上粘贴一个，每个合边币四十元。十支装者，则在印花（小）上，加盖“十支”两字之戳记，每小盒仍贴一个，每个合边币二十元，将来对厂方纳税及对本局报查，均应按花数计算税款。在每次购买二十五个二十支装或五十个十支装纸烟印花（小）时，则发给方印花一支。方印花加盖纸烟二字。

（四）在本地销售之纸烟，可以大小印花为凭（不割票），如运销其他县（市）时，则须向起运地税务机关办理登记手续，领取登记证，方得运行。

选自《陕甘宁革命根据地工商税收史料选编》第五册（1944—1945年），陕甘宁革命根据地工商税史编写组、陕西省档案馆编印，陕西人民出版社1987年版，第159～161页。

67. 陕甘宁边区各种票照花证使用及管理办法

1944年7月

第一条　本办法依照陕甘宁边区三十三年修正货物税施行细则第十七条之规定制定之。

第二条　凡应税货物及其他税款之征收，均以边区财政厅制发之法定税条票照花证为凭。

第三条　票照花证之种类与使用：

（一）各种票证使用范围与填写方法

甲、使用范围：

1. 货物税票使用于边产及出入境应税货物之征收。

2. 货物过境票使用于乙种入境应税货物之征收。

3. 纳税证使用于营业税及临时营业税之征收。

4. 牲畜买卖证使用于边区境内一切牲畜买卖税之征收。

5. 货物转（分）运证使用于一切已税货物之改装、转运、分运或已税货物之运行，遇有特殊情形者均割用此证。

6. 食盐转运证凡已税食盐之转运分运者，均免费割用此证。

7. 边产证，凡边产无税货物运销边区境内外者，均割用此证。

8. 罚款证，凡违章处以税务罚金者，均割用此证。

9. 没收品收据，凡查获违禁品予以没收者，均割用此证。

10. 从量征税证，使用于一切从量征税之货物。

11. 各种税票均分三联，第一联留发票机关存查，第二联呈报税务总局备查，第三联交纳税人凭执。

乙、各种票证之填写法：

1. 票证中之文字数字，均用毛笔浓墨大写，不得潦草涂改，有错时需经税务局负责人盖章注销作废，另填新票，但月终时需将发票之第二、三联寄送总局，不得自行弃置。

2. 写票时须当纳税人一次填齐，不得少填或将任何字数留待以后再填等情形。填毕并须加盖局所长发票员私章，否则无效。

3. 票上限期按路程远近计算，以达到为限，不得过长或过短。

4. 纳税人如对税票认有填写不清、私章不全或不清时，得当场提出理由申请更换或补足，发票人员不得拒绝。

（二）印花查验证之种类与用法：

甲、印花分货物印花与纸烟印花两种：货物印花分黑色大印花与蓝色小印花两类，纸烟印花亦分红绿紫三类。其用法照下列规定：

1. 货物大印花贴于高价货物，小印花贴于低价货物，红绿紫纸烟印花则分别贴于上中下三种纸烟之上。

2. 规定贴花之已税货物，凡在当地出售时，均需报请税务机关照件妥贴后始得出售（花证检查表由税务总局另行制发）。

3. 转运分运已税货物时，凡规定贴花者，均须贴花，并在原票证上盖章注明“已转运贴花货物若干”等字样，以免混淆。

4. 货物贴花概以票证为凭，并经验明货票相符、封口完好后，始得照件贴花。规定盖章者，并须逐件盖章。

乙、查验证一种为黑色，其用法应照以下规定：

1. 应税货物不论运行远近，均须于割得税票后，经第一税务机关于每件封口处贴妥此证后，方得运行。

2. 已税货物如改装、转运、分运或再分运时，亦须于割得转分运证后，于货件封口处固贴此证。

第四条　验讫章之用法：

（一）验讫章一律使用黑色，由税务总局统一制发。

（二）验讫章之用法规定如下：

甲、凡规定不能贴花证之已税货物，须于货物重要处加盖验讫章。

乙、凡规定贴花盖章之货物，须于贴花处加盖验讫章（印花货件各盖一半）。

丙、凡已税货物运经沿途税务机关，经验明货票相符、封口完好、无偷漏嫌疑者，须在票证上加盖验讫章。

丁、凡规定贴花盖章之货物，盖章只限一次，如有揭下重用者，得按情形予以补税或以偷税论。

第五条　票照花证领发手续：

（一）用票县市局，除延属各局规定按季派人自领外，其他分区概按半年一次，由分局统一派人携带正式领据前来总局领取，但必要时经总局许可，并寄来领据者得由通讯站寄发之。

（二）自领者须当场点收，如有差误由领票机关与领票人负责。

（三）由通讯站寄发者，须于收到后即时点收，有错时亦应即速呈报总局究查，否则亦由领票机关负责。

（四）各级税局须于每次领票前，提前将所需之数目、种类呈报总局，以便按时准备。

第六条　票照花证之保管：

（一）各级局所对于各种票照花证，均须指派专人妥慎保管。倘有遗失短少，应迅速呈报上级处理，但无故短少或数目不清者，由保管人负责。

（二）各局均须设置票照分户账一种，按票照花证种类分别登记，月终须与所存票照花证，详细对照，以防日久差错。

（三）各级税务机关如遇负责人或保管人移交时，须当面点交清楚，否则日后发生差错，即由接收人负责。

第七条　各种票证解交手续：

（一）各局对已用之各种票证报查及废票之二、三联，须于月终按照种类及号码顺序扯订成本，并填贴封面按月随报告表解交总局备查。但扯交未完之票证数目不论多寡，仍应继续使用。

（二）各局对总局所发“报查收据”及“票照表核后通知单”于收到后，均须随时核对，如有差错亦应速报总局清查，否则如有差错由解交机关负责。

（三）各局对所用之票证存根，须自行保管一年，超过期限，须按季另包解交总局，转缴财厅销毁之。

第八条　本办法自核准之日施行。

选自《陕甘宁革命根据地工商税收史料选编》第五册（1944—1945 年），陕甘宁革命根据地工商税史编写组、陕西省档案馆编印，陕西人民出版社 1987 年版，第 162～165 页。

68. 陕甘宁边区财政厅总金库命令（关于解库款制度的规定）

1945年4月14日

事由：关于解库款制度的规定希遵照执行由

各分金库主任、税务分局长、盐务局长：

为切实执行去年八月七日财厅、总金库命令，并为便利周转，使各地税收之款财政厅能及时支配运用起见，特再决定：

（一）各税局及三边盐务局所收之税款，务须迅速交纳金库，数目多时应每天交库；数目少时亦须每五天交库一次；每逢月底，则必须扫数交清并电告全月收入总数及解库总数。税局及盐务局不得将税款留存不交，更不得擅自动用（如做生意、出借等），财政厅今后亦绝不直接按税局和盐局支款，以资统一。

（二）银行对金库存款，绝不得挪用或擅自借给任何人，应随时听候总金库调动。以后分库只能凭总库的电报或支票拨款。任何机关（包括财政厅及专署）的拨款电报或函件，分库应一律拒绝支付。

（三）每五天由分库和税局、盐局联名将本五天交库款电告财政厅和总金库一次。交库数截止日期为逢五逢十日，发电日期为逢一逢六日，电报内容应具备下列各项：

1. 收款书起讫号数；2. 交库款总金额（其数目须与收款书合计金额相同），电报上的数目字要重写一遍，例如“收款书某号至某号共几张合计交库金额叁千肆百伍拾陆万元”（三千四百五十六万元）内，税局若干元，盐务局若干元，以免错误；3. 三边分库须在合计金额之后说明税局、盐务局各交多少，如有专署或其他交款，亦须说明，以便分别统计。

上述电告解库款办法，决定自五月一日起实行，总库一接电报，即将所报之款如数垫付财政厅，以后收款书寄到时，只作为核对转帐（账）之用，故此项电报其性质等于电汇，各分库必须慎重办理，不得疏忽致生错误。至于收款书之寄递，亦规定五天一次，逢一逢六日发出，以便迅速核对转帐（账）。

（四）为使这一决定和去年八月七日的命令能彻底贯彻执行起见，以后各分库和税局、盐务局除对不合理规定手续之拨款得拒绝支付外，分库和税局盐局间应互相检查督促，如发现有存款不交，擅自挪用情事，得报告财政厅及总金库给以严格纠正，如电报不按期发出或报告数目不确实，则应由金库和税局共负延误之责。

以上决定，关系财政支付和财政制度甚大，务即认真执行为要。

此令

财政厅厅长　南汉宸

副厅长　霍维德　黄静波

总金库主任　黄亚光

选自《陕甘宁革命根据地工商税收史料选编》第五册（1944—1945年），陕甘宁革命根据地工商税史编写组、陕西省档案馆编印，陕西人民出版社1987年版，第434～435页。

69. 陕甘宁边区酒业管理及征税试行办法

1945 年 4 月 18 日

一、本办法为保障军民食粮备战备荒，实现边府禁止酿酒熬糖之精神，特依据货物税暂行条例施行细则第十一条（编注：第十五条）之规定制定之。

二、边区各县市村镇，不论任何公私团体机关或个人，一律禁止用粮食酿酒熬糖。

三、为供应医药卫生及军用之需，边区之卫生最高机关及军事最高机关，得商请边区政府批准，免税制造酒精。但是此项酒精不得作为饮酒出售。

四、为供应婚丧需要，应防止粮食浪费起见，特允许分区统一造酒（以每县一个分厂为原则）但须从价纳税百分之二十。此项税款得由财厅根据各分区生产自给情形，拨出一部或全部补助地方开支，必要时税务总局得派人驻厂（驻厂人员生活费用由厂方负责）了解真象（相）或投资，不得拒绝。

五、包酿酒之各分区必须按照公私需酒概数，本禁酒储粮精神，有计划的制酿，不得扩大或包庇私人及其他方法造酒图利，并得禁止各县、市、村、镇私酿酒熬糖，负责查缉私酿私售。

六、各地市场售酒，其应纳酒税，一律采用承包法。

七、售酒商号之承包，由各县、市税局商请同当地政府，召集该地或指定区内之旧有售酒商号，宣布以自然区为单位（如延市之小市场、桥儿沟等），按季投标承包，但每自然区售酒商号，只限一家，其投标手续如下：

甲、由税局商同地方政府规定投标日期，宣布招标，承包者用书面写明姓名、字号及愿出标额、确具铺保，报请总局协同政府审核，以最高标额至合理程度者为合格，由税局出面通知该投标人。

乙、如投标经审核全不合格时，可由税局商同政府规定标额及日期，从新招标，由税局召集所有投标人，用集体投标方式进行包额投票，并当场宣布标额最多者为得标人。

丙、得标人由保人负责限十日内，交纳包额的百分之五十，领得税局售酒执照及售酒证后（售酒证由总局统一制发），方得开始营业，否则税局有权照原包额转让他人或另行招标。

八、临时批发者，得按其批发价缴特种临时营业税 10%，但批发商只能将酒售与售酒商号，不得自行零售。

九、凡公私承包人应遵守下列规则：

（一）各该分区包酿酒坊，每售酒三斤以上，即须发给运酒证，并照格用毛笔清楷填写，按站填照限期，否则以私酒论（酒证向税局领取，不收费）。

（二）中途停止者，亦得照交税额，不得藉口要求减免。必要时税局准许其改换铺保，转让他人。

（三）售酒商号为临时批发者，不得偷卖无售酒证之酒，并认真保存酒证。酒卖完时，即将酒证向税局缴销备查。

十、各酒税承包人不论公私，在任何场合地区，均有权直接查缉无酒证之私商，但须及时报告当地税务机关处理。（无税务机关之地方，报告当地政府），不得私行处理。

十一、罚款及提成：

（一）对私酿私售之处罚，应遵照货物税条例第四章奖惩办法之规定办理。

（二）无论任何承包人，或任何机关部队查获之案件，得将罚款的半数提作奖金，其余半数归当地政府收入。

十二、本办法自呈请边区政府核准之日施行。

选自《陕甘宁革命根据地工商税收史料选编》第五册（1944—1945 年），陕甘宁革命根据地工商税史编写组、陕西省档案馆编印，陕西人民出版社 1987 年版，第 438～440 页。

互校版本：《陕甘宁边区法律法规汇编》，三秦出版社 2010 年版，第 419 页。

70. 陕甘宁边区纸烟制造业管理及征税补充办法

1945 年 6 月 19 日

（一）本办法为补充边区纸烟制造业管理及征税试行办法制定之。

（二）各地县（市）政府对于申请登记之烟厂于令其履行边区纸烟制造业管理及征税试行办法第一条规定之手续完备后，应即备文连同纸烟制造业登记表一份呈送税务总局，经核示无冒名、重名、仿照或其他不合规定情事后，始得批准设厂自制，发给营业执照。

（三）为避免无谓损失，各地烟厂所出牌号，均须事先划样张一份，由当地税局转送总局，经审核无重、冒、仿照情事予以批准后，始得印制发行。

（四）边区税务总局，应按月份将各地纸烟工厂之厂名及纸烟牌号通知各地县（市）政府及税局，各该政府及税务机关，应经常注意，对于有重、冒或仿照嫌疑之厂名牌号加以取缔。

（五）各烟厂所制纸烟一律不得使用含有毒素之材料，并不得以硫磺（黄）或其他有毒物料熏染烟丝及涂刷厂纸，违者得没收其纸烟，如系无故或屡犯，应送司法机关究办。

（六）为禁绝外来纸烟，保护边产纸烟，各烟厂不得以边区厂名、牌号伪装外烟借图渔利，违者除没收其纸烟外，并得勒令停业或没收其制烟工具。

（七）为禁绝外烟，保护边烟市场，各地政府及税务机关，除应组织当地机关部队及群众严密查缉外来纸烟外，并应组织及动员当地烟厂一起查缉。

（八）为改进边烟抵制外烟，各地政府及税务机关，应尽可能帮助各烟厂研究技术，提高质量，减低成本。

（九）为帮助发展纸烟，并防止使用不适当材料，必要时税务机关得派员驻厂检查，厂方不得拒绝。

（十）为便于统计纳税量，各烟厂应向当地税务机关领取每日产量登记表（由总局制发）张贴厂内，于每日开工前，将本日拟用斗子数及产量估计数，填写清楚，以备检查。

（十一）为防止取巧偷税，纸烟每包以一般长度的十或二十支为标准，不得锯烟过长或随意增减支数。

（十二）凡已经完税并包装成条之纸烟，税务机关有权拆封抽查，货主不得拒绝。

（十三）本补充办法自公布之日起施行。

选自《陕甘宁革命根据地工商税收史料选编》第五册（1944—1945年），陕甘宁革命根据地工商税史编写组、陕西省档案馆编印，陕西人民出版社1987年版，第474～475页。

71. 陕甘宁边区暂行预算章程（草案）

×年×月

第一章　通　则

第一节　纲　要

一、凡各级机关年度预算，都须依照本章程编制。

二、年度预算在未经过边区财政厅编成总预算前，称作概算。

三、会计年度，自每年一月一日起，至本年十二月三十一日止。

四、年度预算，分为边区一级（包括边区一级各机关，军委所属各机关及中央所属各机关）与各县（包括分区及直属市）两部分，按照财政厅所规定的“办理预算收支分类标准”分别编制，办理预算收支分类标准另定之。

五、边区一级与各县预算，分为普通收支预算与营业预算两种：生产与营业性质之收支，属营业预算，不含营业性质之收支，属普通预算。这两种预算应按照“办理预算收支分类标准”来编制，没有营业事实者缺之。

六、普通收支预算，营业预算，又分为岁入的与岁出的两种。这两种预算，又按照性质各分为经常的与临时的两种，并要分别编制。

七、每一会计年度内的一切收入叫作岁入，一切支出叫作岁出，均应编制预算。

边区一级经费机关的收入，如生产收入等，应列入岁入预算中，边区一级收入机关的经费支出，如税局的经费……等，应列入岁出预算中，收入多少就是岁入多少，支出多少就是岁出多少，决不能将收入抵支出，同样的，属于各县各机关的收支情形也是一样。

第二节　编　制

一、边区一级各机关所编的本机关（包括附属机关）的岁入与岁出的概算，称作第一级概算，各财经处将它所属各机关的第一级概算，会合所编成的各分类概算，称为第二级概算，边区财政厅会合各财经处第二级所编成的总概算，称为第三级概算。

各县或各分区（或直属市）各机关所编成的（包括附属机关）概算，称为第一级概算，各县各分区及直属市会合它所属各机关第一级概算，称作第二级概算，边区财政经济处会合各县各分区及直属的第二级概算，称为第三级概算。

二、凡因特别原因不能按期编制第一级概算的机关，应将各项概算数目报告他的主管机关，以便编入第二级概算。

三、凡不能按期编制第一级概算，同时又不能按期向他主管机关报告各项概算数目的机关的年度概算，可由其主管财经处（或各县市分区政府）根据最近年度预算数目与实际需要，提出总概算数编入第二级概算。

四、凡各级机关每月都有的各项收入及支出，应列入经常门，不是每月都有的，应列入临时门。

五、凡在一年度内只有数月或数项的，不是按月常有的各项收入与支出的，在一年度内按月常有但数目很大的各项收入与支出，应在说明栏内详细说明。

六、凡是工程制造及工作事业在本年度内不能作（做）完的，应按其所需要的经费总数编制继续经费概算，并要附具说明，同时将各该年度内应需之数目，分别列入各该年度岁出概算内。

七、凡特别建设或购买需要大数目经费时，应在概算书内说明理由，并分别附具设施计划及图样清单。

八、凡有收入机关的岁入概算，与岁出概算同时编送。有临时收入及支出者，应将临时及经常两门概算同时编送。

九、第一级岁入岁出概算书内所列科目，应按照预算科目细则办理。

预算科目细则由财政厅另定。

十、粮食预算另行编制，其编制程序与经费同。

第三节　计　算

一、岁入岁出之概算，均以法币为单位，粮食预算以斗为单位。

二、岁入岁出概算，均按照本厅颁布办法办理。

第二章　边区一级预算（包括中央、军委）

第四节　编审之程序及时期

一、各级机关编制各该机关次年度岁入岁出概算书，称为第一级概算，缮写三份，限十一月十五日前送达各该财经处（三份概算书，各该财经处自留一份，送财政厅一份，待概算核准后批还各机关一份）。

二、各财经处审核第一级概算，应分别加具审核意见，会合各机关概算书编制各分类（经常临时）的岁入岁出概算书，称为第二级概算，缮写二份（财政厅留一份，审核概算后批回一份），限十一月底前连同第一级概算书各一份送达边区财政厅。

三、边区财政厅审核第二级概算书分类签注意见，并会合各财经处第二级概算书编成总概算书，缮写二份，连同第二级概算各一份于十二月十五日前呈请财经委员会审查讨论，转达边区参议会讨论核准。

岁出概算总额，如超过岁入概算总额，应于编制总概算时附具补救意见书。

四、边区财经委员会，将边区参议会最后核准数及总概算书于十二月二十五日批还财政厅。

五、边区财政厅，依据边区参议会核定总概算书编成总预算案，限于十二月底前连同边区参议会决议案并检同第二级概算书各一份，呈请边区政府备案。

第五节　预算费

一、第二级岁出概算内，应酌设预备费，称为第一预备费，遇有意外事故或扩充设施该类或预算某科目所列经费发生不足时，得由各该财经处核准动支前项预备费，并通知边区财政厅备案。

二、总概算内应酌设第二预备费，由边区财政厅支付特别费用。

第六节　预算之执行

一、岁入预算核准后，各机关应负责执行，非有重大事故或特殊事变不得减少。

二、岁入预算核准后，各级征收机关，应照税收条例中所规定税目、税率征收，非经财政厅命令修改，不得有所增减。

三、岁出预算核准后，各级机关应各照案执行核实支用不得超过。

四、岁出预算核准后，如因特殊事故，得经财政经济委员会之决定，以边区财政厅命令得缩减某项之一部或全部。

五、岁出预算核准后，不得提出追加预算，但必不可免的经费遇有不足时，得提出追加预算，其办理程序依照第四节之规定。

六、岁出预算核准后，如因特殊应急之设施或处理不及办理追加预算时，经财政经济处处长之提请，经边区财政厅之同意，得为预算外之支出。

前项预算外之支出，仍应由财经处补编追加预算书，送边区财政厅签注意见，呈请边区财经委员会追认之。

七、收入预算核准后，因特殊事故，至收入短少不能适应原定岁出预算时，由边区财政厅提出补救办法，送边区财经委员会核定施行。

八、新设机关或事业，其岁出预算在年度开始后核定者，均自核定之次月起照案执行。

第七节　预算未成立时之救济

一、旧有机关或事业，本年度概算依期编送，在年度内开始前未经核定者，暂照最近年度核定案执行之，但无该项核定者，其应需经费由财经处拟定概数，送由边区财政厅签注意见，呈请财经委员会核定施行。

二、预算未成立时，边区财政厅认为必须成立之新机关或急应举办之事业，其应需经费由财经处拟定概数，签注意见，呈请财经委员会核准支付。

三、预算未成立时，如有特殊应急之经费，得由三财经处处长提出，经边区财政厅支付，但仍应由财经处补编概算，送财政厅签注意见，送财委会核定备案。

第三章　各县市预算

第八节　编审之程序及时期

一、各县市各机关所编各该机关次年度岁入岁出概算书，称为第一级概算，缮写三份（送县市政府一份，送边区财经处一份，核准后批回一份），限十月十五日前送达各县第二科或市财政科，如有一部分未能按期编送者，即由该县一科或市财政科代为编造。

二、各县一科或市财政科审核第一级概算时，应分别加具审核意见，会合各机关概算编造各该县市岁入岁出概算书，缮写三份（送边区财经处一份，由边区财经处转财厅一份，财经处批回一份），限十一月十五日前送达边区财经处。

三、边区财经处审核第二级概算，应分别加具审核意见，会合各县第二级概算书，编成总概算书，缮写三份，于十一月三十日前连同第二级概算书各一份，送达边区财政厅。

四、边区财政厅审核各县总概算书后，应加具审核意见，并编入财政厅总概算书内，待边区参议会核准后，批还边区财经处。

第九节　预备费

一、各县市第二级岁出概算内，应酌设预备费。

二、遇有意外事故或新增设施预算内所列某科目，遇有不足时，得要主管机关呈请边区财经处核准后用，该项预备费动用时，由边区财经处呈报财厅备案。

第十节　预算之执行

一、岁入预算核准后，各机关应负责执行，非有重大事故或特殊变迁不得减少。

二、岁入预算核准后，各级征收机关，应依照地方收入条例中所规定的标准征收，非经财厅命令修改不得有所增减。

三、岁出预算颁布后，各级机关应照案执行不得超过。

四、岁入预算核准后，如因特殊事故收入短少或加税募捐等弥补办法，未经执行时，得由财政厅就原有收入范围内定缩减支出办法，以边区财政厅命令执行之，并呈报边区政府备案。

五、岁出预算核准后，如因特殊事故，边区财政厅得以实际情况缩减某项之一部或全部，并呈请边区政府备案。

六、岁入预算决定后，因特殊事故致收入减少而支出不能减缩时，由边区财经处拟具弥补办法，并附概算书送边区财政厅签注意见，呈请边区政府转呈财经委员会核定执行。

七、岁出预算核准后，不得提出追加预算，但必不可避免的经费遇有不足时，得提出追加预算，其办法程序依照第八节规定。

八、岁出预算核准后，因特殊应急之设施或处置不及办理追加预算时，以边区财经处命令得为预算外之支出。

前项预算外之支出，仍应补编概算书，由边区财经处送财政厅签注意见，呈请财政经济委员会追认之。

九、新旧机关或事业，其岁出预算在年度开始后核定之，次月份起照案执行。

第十一节　预算未成立时之救济

各县预算未成立时，得由边区财经处参照最近年度预算及本年度财力决定暂行救济办法，呈请边区财政厅备案。

第四章　附　则

一、本章程规定之概算、预算，送达各机关之期限太久或有特殊情形者，应酌量提前办理。

二、本章程自通知之日起执行。

选自《抗日根据地政策条例汇集》陕甘宁之部（中），1942年版，第279～287页。

互校版本：《陕甘宁革命根据地史料选辑》第二辑，甘肃人民出版社1983年版，第523～530页。

72. 陕甘宁边区暂行决算章程（草案）

×年×月

第一章　通　则

一、凡各机关年度决算，依本章程办理。

二、年度决算分为边区一级与各县两部分，又各分为普通决算与营业决算两种，都依照各同年度预算区别之。

三、普通决算及营业决算，各分为岁入岁出两种，并各按其性质又分为经常临时两门，都依照各同年度预算区别之。

第二章　编制方法

一、边区一级各机关所编制本机关（包括附属机关）之岁入岁出决算，均作第一级决算，边区一级各财经处会合边区一级各机关之决算所编成之边区一级分类决算，称为第二级决算，财政厅会合各财经处之第二级决算编成之总决算，称为第三级决算。各县市所属之各机关岁入岁出决算，称为第一级决算，各县市政府会合各该县市之第一级决算所编成之决算，称为第二级决算，边区财经处会合各县市政府第二级决算所编成决算，称为第三级决算。

二、边区总决算经审计处审定各财经处之总决算，经审计科审定后，财政厅应各开具下列事项，呈报边区政府。

岁入部

岁入预算额，岁入追加预算额，已收讫岁入额，未收讫岁入额，上年度剩余额。

岁出部

岁出预算额，岁出追加预算额，岁出预算实支数，岁出剩余额。

三、各级机关岁入、岁出决算书之编制，均应按照规定格式及说明办理（格式及说明另附）。

四、各级机关岁入、岁出决算书内所列科目，按照各同年度预算科目填列，如有新增收入未列入预算及新增支出因情形紧急不得办理追加预算程序，事后补请追认有案者，均得列入决算。

五、各级机关编造决算书时，应附收支对照表，贷借对照二表及财产目录（格式及说明另附）。

六、各级机关在年度内，如有裁撤或改组情事者，照下列情事办理：

1. 机关之裁撤者，应由主管机关代为编制。

2. 机关之改组者，由改组后之机关合并编制。

3. 机关之名义变更者，应由变更后之机关按名义变更之前后分别编制。

4. 数机关合并为一机关者，在未合并以前各该分设机关之决算应由并存机关代编。

5. 数机关之预算先合并而后分立者，在合并期内由原机关合并编制，分立后由分立机关各自编制。

第三章　边区一级决算编审之程序及时期

一、各机关编造各该机关上年度岁入岁出决算书，称为第二级决算书，各缮写三份，限一月底前送达各财经处（决算书之分配，送财经处一份，财厅一份，财经处批回一份）。

二、各财经处会合边区一级各机关，各分类岁入岁出决算书，称为第二级决算书，各缮写三份，连同第一级决算各一份，经审计处审核加具意见后，限于二月底前送达边区财政厅（决算书一份，留财政厅二份，由财厅转审计处批回一份）。

三、边区财政厅会合各财经处决算编成总决算，连同第二级及第一级决算各二份，限三月十日前送审计处加具审核意见，限于二十日前发还财政厅转呈边区政府讨论审定，呈参议会备案。

第四章　各县市的决算编审之程序及时间

一、各县市所属各机关，编造各该机关上年度岁入、岁出决算书，称为第一级决算书，各缮写三份，限于一月十五日前送达各县（或市）政府（决算书送边区一份，各县自留一份，批回一份）。

二、各县（或市）政府审核第一级决算，应分别加具审核意见，并会合各机关第一级决算编成第二级决算，缮写三份，连同第一级决算书各一份，限于二月五日前送达边区财经处（决算书送边区财经处一份，送财厅一份，财经处批回一份）。

三、边区财经处会合第二级决算书，编成边区各县市总决算书，缮写三份，连同第二级决算各二份，经审计处审核加具意见后，限于二月底前送达财政厅。

四、财政厅将边区财经处汇编成各县市总决算编入总决算书后，缮写二份，限三月十日前送审计处审核，于二十日前再送边区政府讨论，转边区参议会审定备案。

第五章　附　则

一、本章程所规定各级决算，送达各财经处之期限太久或有特别情形者，应酌量提前办理。

二、本章程如有未尽事宜，得参照历次编制决算惯例办理。

三、本章程自公布之日施行。

选自《抗日根据地政策条例汇集》陕甘宁之部（中），1942年版，第287～290页。

互校版本：《陕甘宁革命根据地史料选辑》第二辑，甘肃人民出版社1983年版，第531～534页。

73. 陕甘宁边区各级政府、部队、机关编制预算分配表章程（草案）

×年×月

（1）边区各级政府、部队、机关于年度预算核准后，按照本章程之规定编制收支分配表，送财政厅核准。

边区各级（包括中央、军委所属）编制三份，一份留本机关，一份送各主管财经处，一份由主管财经处附送财政厅。

各县级之各机关造送三份，一份留本机关，一份送县政府，一份送边区财经处。

各县政府所汇编之该县总分配表，编造三份，一份留县政府，一份送边区财经处，一份送财政厅。

（2）各主管机关汇编各所属之总分配表二份，一份留本机关，一份连同各所属之机关分配表各一份送财政厅。

（3）各机关编制收支预算分配表，按照规定格式办理。

（4）预算分配，应分收入及支付两种，各别编制，其所分经常、临时等门类，应于本年度核定预算书相同。

（5）预算分配表科目栏所填款项目节等科目，应与本年度核定预算书内所列者相同。

（6）预算分配表全年度预算数栏内所填各科目数目，应与本年度核定预算书内所列者相同，但月份支付预算书内款之总数，应除去预算费，计算其预备费一项之数目字用红色填写，以示未经包括该款总数之内。

（7）预算分配表各月分配数栏内，除预备费外，所列各月份预算数，应以本年度核定预算按月平均数为标准，其因性质或事实上不能平均分配者，得量为增减于说明栏内加具说明，但各月合计仍应于全年度预算数栏内所列者相同。

预备费临时呈准动支各月分配数栏内暂不列入，俟需要时专案呈准后，由各关系机关临时分别填补。

（8）经常收支预算分配表，应同时编送，其无收入者，得将支付预算表单独编送。

（9）临时收支预算分配表之编制与否，以本年度内有无核定临时预算为断，其编送办法与经常预算分配表同。

（10）收支预算分配表，除新设施或裁并机关在本年度内不足十二个月或开始及终了之月不足全月者，得按实在月日编制外，均应编造全年，如遇负责人更调接替者，应按前任原编预算书继续执行，不得变更。

（11）各机关收支预算分配表，经本部核准后，每年仍应编制本年度收支预算书，其编制章程另定之。

（12）本章程自公布之日施行。

附预算分配表格式（略）

选自《抗日根据地政策条例汇集》陕甘宁之部（中），1942年版，第290～292页。

互校版本：《陕甘宁革命根据地史料选辑》第二辑，甘肃人民出版社1983年版，第535～537页。（未注明制定年代）

74. 陕甘宁边区各级政府、部队、机关、学校编制支付预算章程（草案）

×年×月

（1）边区各级政府、部队、机关、学校编制支付预算书依照本章程办理。

（2）各机关应于每季度开始十五日前，编造下季度支付预算书三份，呈各主管财经处核准。

各财经处于季度开始五日前，编制下季度支付预算书二份，留一份在本机关，一份连同各机关支付预算书送本厅。如在较远之地方，应酌量情况提前编送。

（3）支付预算书所分之经常、临时门类及科目栏内，所填款项目节等科目，均以本年度核定预算分配表为标准。

（4）支付预算书全年度预算数栏内，所填各科目数目，应与本年度核定预算分配表内所列者相同。

（5）支付预算书本季度预算数栏内，所填各月份各科数目，应以本年度核定预算分配表内同月份所列之数为标准，其在核定预算范围内，因组织或事实之变更有一部分金额无需支出者，应于编造支付预算书单时如数减除。

（6）各机关动支预备费，应事前呈各财经处经核准后，编造支付预算书三份，送各财经处核办，各财经处汇编各机关预算书连同各机关支付预算书各一份送本厅备案。

（7）季度支付预算书填写截至上季度止，预算未支数，应由全年度预算总数除去预备费扣去已经编送预算书之各季度经费计算。

预备费支付预算书填写截至上季度止，预备费未支数，应就全年度预备费总数扣除，已经编送预算书之预备费数目计算。

（8）支付预算书，应按照规定之格式办理。

（9）临时费支付预算书编与否，以本年度内有无核定临时预算为断，其编送方法与经常支付预算书同。

（10）季度支付预算书，除新增设施或裁并机关，其开始或终了之月不足全季与不足全月者，得截月编制外，均应编造全季，如遇负责人更调接替者，应照前任原编预算书继续执行不得改编。

（11）本章程如有未尽事宜，得随时修改之。

（12）本章程自公布之日施行。

附季度预算表（略）

选自《抗日根据地政策条例汇集》陕甘宁之部（中），1942年版，第294～295页。

互校版本：《陕甘宁革命根据地史料选辑》第二辑，甘肃人民出版社1983年版，第538～539页。原编者注：以上关于预决算制度的四个草案，均未曾公布实行。

75. 陕甘宁边区政府财政厅巡视团章程

×年×月

第一章　总　则

第一条　以切实了解各分区及县的实际状况，检查各级财政机关，执行政府财政政策的实施，整理与增加各级财政机关的收入为目的。

第二条　为达此目的，巡视团应执行下述之任务：

一、改进各级财政机关的财务行政，建立与整理各级财政工作制度，纠正擅动公款、税款、乱借、滥支的弊病，了解与调剂各级财政工作人员，力求县一级财政工作的正规化。

二、整理各级税收工作，健全各级税收机关，审核报解的实际状况，检查税则与当地输出入有无不合的地方，以求税收之增加。

三、检查各级粮食收支、运输、保管、调剂的实在情形，健全粮食机构与调剂工作，纠正浪费粮食与不善于收藏粮食的弊病。

四、检查各级公产的保管工作，建立与健全各级公产保管组织，改进与督促各级公产的登记、保管、经营工作，以增加公产之收入。

五、检查已成立之金库工作及组织，建立与健全各级金库组织及会计制度，审核现有金库之帐（账）目，清查存款。

六、传达与解释政府的财政政策及法令，研究与调整各级财政机关与边区一级财政机关的关系。

七、了解与调整各级财政机关与同级行政机关之关系，以及了解人民对财政机关的意见与批评。

八、发现与登记各级财政工作人员，以便分配更适当的工作，以便准备抽调工作人员受训。

第二章　组织与职权

第三条　巡视团由财厅委派对税收、金融、粮食、公产、金库有经验有能力的工作人员若干人组织之。

第四条　巡视团设正副主任各一人，巡视员若干人，秘书一人，由财厅委任之。

第五条　巡视团各个工作人员的工作，由团务会议具体分配。工作的进行，由正副主任领导检查之。

第六条　巡视团有召集各级财政机关会议听取报告，有调阅与审查财政案卷及收支帐（账）目之全权，有清查存款、存粮、公产之权。

第七条　有揭发不称职的工作人员及纠正违反政府财政政策法令之权。

第八条　有呈请政府调撤工作人员，增并财政机关，修改不甚恰当的各地方财政设施，但未经政府明令调撤增并修改之前，应静候解决，不得擅自更动，但于必要时，对贪污有据之人员，经同级党、政会议同意后，有先撤后报之权。

第九条　有督促、检查、改进财政工作之权，但对新的改进，须随时呈请政府核准施行。

第三章　工作制度与方法

第十条　建立集中领导独立工作制，并建立分期工作计划。

第十一条　建立会议会报制，随时检查与督促工作。

第十二条　总结一科、一局、一所或一站之工作后，应呈报政府备查，应根据所得经验教训，为别处工作的参考。

第十三条　应先着重重要分区与县的财政工作的整理，财政机关之建立，财政工作人员的调剂与配备。

第十四条　应携带政府所颁布关于财政法令、指示，以供参考之用。

第十五条　应有耐心说服、实事求是、洁身自爱、吃苦耐劳的作风。

第四章　附　则

第十六条　巡视团工作实施细则，得按本条例详细规定之。

第十七条　本章程如有未尽事宜，由财厅报由边府修改之。

第十八条　本章程自边区政府公布日起施行。

选自《抗日根据地政策条例汇集》陕甘宁之部（中），1942年版，第305～308页。

互校版本：《陕甘宁革命根据地史料选辑》第二辑，甘肃人民出版社1983年版，第520～522页。（未注明制定年代）

76. 陕甘宁边区财政厅财务费支付办法

×年×月

第一条　为使本厅财务费支配合理不致浪费财力起见，特制定本办法。

第二条　本办法所称财务费，系指凡用于专为财政开源而开支者：

一、税收机关一切用费如印刷、税票、帐（账）簿及经常费等；

二、没收违禁物品奖励金财政收入有功群众及干部的奖金；

三、各级金库用费；

四、修理粮食仓库用费；

五、假票、遗失款、提款、解款之马匹、马干费及各征收机关武装保卫费；

六、征收救国公粮救国公债用费；

七、关于财政工作中特殊物品工具费等均属之。

第三条　各财政费总额，经由边区政府主席核准后，边财经处按月存在银行，随后分别支付，财务费支款时，应执行下列手续：

一、税局系统的各级经常费，由税务总局每月编造预算，经过总局局长负责审核签名盖章，交正副厅长批核后，财务费出纳员始得照发。

二、秘书室会计科印刷税票帐（账）簿单据者，每月编造预算，经过批准后，财务费出纳员照付之。

三、金库用费，如解款、运输、路费、印刷费，每月月终由总金库编决算报销，经过批准后，交财务费出纳员照付之。

四、如有各种奖励金，按照边府奖励条例，经过会计科审核后，提出意见，批准后，交财务费出纳员照付之。

五、如果各级征收机关，偶有收下假票子或遗失款者，经过当地党、政负责人证明和银行会计科（银行会计科只指假票子）签字，批准后，交财务费出纳员照付之。

六、各级仓库修理费，如果用款时，由粮食局编造预算，批准后，交财务费出纳员照付之。

七、有关财政开源事项需用之招待费，经过批准后，交财务费出纳员照付之。

第四条　如各单位领取财务费者，必须按期作旬报表报告，财务费出纳员汇集旬报正副厅长。

第五条　凡领取财务费者，每月终一定编造决算，上月开支，下月初旬一定决算，如果再缓延过期，毫不负责。

第六条　凡是用财务费者，在预算确定后，未经批准时，不得随意增加。

第七条　凡不属本办法第三条所规定者，财务费不能作其他一切任何用途。

第八条　凡征收机关金库及所使用财务费，如有修理建筑等费，应预先造预算，经批准方可动用，如有先用款后报销者，概不负责。

第九条　本办法从公布之日起施行之。

第十条　本办法如果有不适当之处，提出意见，随时修改之。

选自《抗日根据地政策条例汇集》陕甘宁之部（中），1942 年版，第 303～305 页。

互校版本：《陕甘宁革命根据地史料选辑》第二辑，甘肃人民出版社 1983 年版，第 518～519 页。

国家社会科学基金特别委托项目，项目编号：10@zh027，
项目名称：“革命根据地法律文献整理与研究”
本书得到中国人民大学科学研究基金项目“革命根据地法律文献整理与研究”
（批准号：15XNQ063）支持

革命根据地法律文献选辑

（第三辑）

抗日战争—解放战争时期老解放区的法律文献
（1937—1949）

第四卷
晋察冀边区

张希坡 编著

中国人民大学出版社
·北 京·

本卷说明

晋察冀边区是华北抗日根据地之一，包括山西、河北、察哈尔、热河、辽宁各省一部，行政上划分为北岳（冀西）、冀中、冀东（冀热辽）三个战略区。

1937年9月，八路军一一五师进入晋东北，副师长兼政治委员聂荣臻率部在五台山周围创建抗日根据地，吕正操率部开辟了冀中区。根据中共中央北方分局的指示，由聂荣臻、宋劭文于1937年12月5日主持召开边区军政民代表大会筹备会，着手筹建边区政府。1938年1月10日，晋察冀边区军民代表大会在阜平召开，选举产生了晋察冀边区行政委员会，宋劭文、胡仁奎为正、副主任。国民政府行政院批准了晋察冀边区政府的成立。1940年8月13日，公布中共中央北方分局提出的《晋察冀边区目前施政纲领》；1943年1月召开边区第一届参议会，决定将这一纲领作为边区行政委员会的施政纲领。抗战胜利后，又于1945年9月26日公布了《晋察冀边区行政委员会施政要端》。依照上述纲领，晋察冀边区先后制定了有关选举、政权组织以及大量的行政法规条令。解放战争后期，晋察冀边区与晋冀鲁豫连成一片。1948年8月华北人民政府成立后，两边区政府即宣告撤销，下属各行政公署皆统归华北人民政府管辖。本卷所收文献，上自1938年，下至1948年8月。

本卷凡例

一、原件有明显错讹文字或文字用法不符合现代用法者，径行改正，或以〔〕订正；有字迹不清者，以□标明；有脱漏者，以［］补正或以“……”标明。原有注文者，标明“原注”。

二、所引原件补充或说明性文字用（）标明。

目　录

一、施政纲领

1. 晋察冀边区军政民代表大会政治问题决议案

1938年1月14日

（一）边区、县、区、乡（村）各级政府的组织、分工及职权：

（1）边区政府定名为晋察冀边区临时行政委员会，用国府颁布之省政府组织法：设委员九人、候补委员三人，以委员一人为主席，代表大会选举之，呈请战区直属司令长官转呈国民政府正式任命。边区政府设秘书处、民政厅、财政厅、教育厅、实业厅，各厅长均由委员兼任。

（2）晋察冀边区临时行政委员会，视行政上之必要，得于适当地区设政治主任公署。政治主任公署之组织：

A. 主任一人；

B. 秘书一人；

C. 干事五人至七人；

D. 书记四人。

主任由边区行政委员会任命，秘书、干事得由主任遴选，呈请行委会委任之。

（3）县政府的组织，遵照国民政府的规定：设县长一人、秘书一人；总务、财政、教育、实业四科，各设科长一人；各科各设科员二至四人。

县长、秘书及各科科长，均得遵照国府颁布之法定原则民选之，在未能民选前，由边区临时行委会委任。

（4）区政府设区公所，区公所设区长一人、助理员二人或四人。一切重要事项，由区长召集会议解决之。区长暨助理员，均由民选；在民选未能实现前，由边区临时行委会民政厅委任。区公所的分工，原则上与县政府同。

（5）乡镇或村政府，设乡镇或村公所。乡镇或村公所设乡长、镇长或村长一人；视需要设乡副、镇副、村副一人至五人。如工作需要，并得聘请工作人员一人至五人。乡镇或村公所工作人员，均由民选。选举办法由边区临时行委会遵照国民政府颁布之办法原则，草拟通令行之。旧编乡、编村，如在工作上有困难时，县政府得重新编制之。

（二）建立独立的司法系统：

（1）边区设高等法院及高等检察处。高等法院设院长一人、推事三人、书记官二人。高等检察处设首席检察官一人、检察官一人、书记一人。呈请中央予本区高等法院以最终审判权。

（2）县设司法处；司法处设审判官一人、书记一至四人，县长兼检察官。

（3）地方法院于必要时配设。

法院院长与检察官，应受国府司法院之正式任命与领导；以事实困难，交边区临时行政委员会建立，转请司法院任命。

各县司法处未能建立前，所有民刑案件，由县政府暂代审理；司法处建立而未健全者，由县政府协助审理。

区、乡（村）政府，只能调解民刑案件，不能受理。

（三）建立统一的人民武装自卫队：

（1）边区政府民政厅之下，设人民武装部，总领各县人民武装自卫队。关于作战上的行动，受军区司令部及各区域游击司令部的指挥。该队队员，不脱离生产；以刀、枪、矛、棒、火枪、土炮等为武器，担负坚壁清野、清除汉奸、建立通讯网等任务。人民武装组织办法及工作计划，如办理边区统一行政，建立除奸网……均交临时行委会计划执行。

（2）县设人民武装自卫队总队部。设总队长一人、副总队长一人、政治指导员一人。总队部之下设中队；中队为一般军队编制之连。视各县人口之多寡，凡年在十八岁以上、五十岁以下，无残疾者，均编为队员。其编制，由边区政府规定公布之。

（四）建立军政民的正常关系：

（1）举凡行政上的事情，均由政府处理；军民有意见，可建议政府采纳。

（2）由边区临时行政委员会规定统一的合理负担办法，由各级政府执行。

（3）动员委员会、救国委员会等半政权性质的组织，应逐渐合并于政府。

（4）由边区政府规定并公布统一的优待抗日军人家属办法，交各级政府执行，群众团体负协助责任。

（5）由边区政府规定并公布统一的减租减息办法，交各级政府执行；群众团体负协助之责。

（6）由边区政府重新公布：国民政府颁布之修正危害民国紧急治罪法，由各级政府审理汉奸案件。

（7）由边区政府规定并公布避难人家财产管理办法，责成各级政府管理避难人家财产；军民不得自由处理。

(8) 由边区政府规定并公布处理汉奸财产办法，交各级政府执行。

(9) 边区政府应扶植民众团体之组织，予人民以集会、结社、言论、出版及宗教、信仰等自由。

(五) 统一各级政府工作员的生活费

原则上规定为每人每月的待遇，最高不得超过十八元；具体规定，由边区政府负责。

(六) 运用正确工作方式：

(1) 边区临时行政委员会的领导，文件应以指示信与命令并行；指示信要讨论执行，命令不得更改停滞，要从速执行。

(2) 建立周报制度；各级政府应将其每周工作成绩问题及缺点，报告上级。

(3) 建立工作检查制度与巡视制度。

群众运动决议案

(一) 政府应保证群众集会、结社、言论、出版、信仰之自由。

(二) 政府应扶助群众运动，承认各群众团体的独立性，不得干涉群众团体的内部问题。

(三) 政府应于可能的物质条件下，斟酌群众团体的实际情况，予以物质上的协助。

(四) 政府应即颁布改善与保障各阶段（级）、各民族群众利益的各种条例与法令（如劳动法、土地法、商业法、婚姻法等）

(五) 群众团体依法有监督与弹劾政府之权力，但不能直接干涉政府行政。

选自《晋察冀抗日根据地》，第1册·文献选编（上），北京，中共党史资料出版社，1989年版，第72～75、84页。

2. 晋察冀边区军政民代表大会宣言

1938年1月14日

卢沟桥的炮声开始了，日本帝国主义大规模对于中国本部的军事进攻，几个月以来的抗战，果然已经表示了中华民族不屈不挠的坚强意志和牺牲奋斗的英勇精神！然而由于过去军事上、政治上的种种原因，造成了华北抗战的严重的军事挫折。日本帝国主义的血手，竟然伸长到冀察全境以及晋省的太原。在三省内的重要铁道线（如津浦、平汉、平绥、同蒲、正太）及工业中心、军事重地，差不多完全控制在敌人手中！中国正规军大部被迫南移，剩下在这区域的，只有部分的部队与新兴的游击队、义勇军；处在敌人的包围中，而与省府断终了关系。敌人除开淫掳烧杀外，同时更在占领区域内，竭力树立汉奸政权各种伪组织。在这样的情况下，就形成了晋察冀边区的特殊形态。

为着创立与巩固晋察冀抗日根据地，保持华北游击战争；为着统一与整理晋察冀边区内军事、财政、经济以及一切行政机构，保证持久的必然胜利；为着打击汉奸政权，团结一切抗日力量，争取徘徊歧途的动摇份〔分〕子；晋察冀边区有成立临时政权的必要。边区代表大会，就是在这个意义上胜利开幕了！这一代表大会，有着边区全体武装部队的代表；有着四十余县的政府代表，有着一百万的群众团体的代表；有蒙、回、藏少数民族的代表及和尚、喇嘛的宗教代表与国共两大政党的代表。在大会中，代表们都贡献出自己抗日救国的工作的经验，诚恳的〔地〕坦白的〔地〕检查了过去的工作，勇敢的〔地〕批判并纠正了过去的缺点，确立了今后正确的新的工作方针。同时还产生了一个晋察冀边区的临时政权——晋察冀边区临时行政委员会。

边区临时行政委员会，是以民族统一战线的政权形成，包含着各党、各派、各阶层及各种民族份〔分〕子，他〔它〕的实际内容实贯彻抗日与真正民主。在行政的体系上，也是中华民国的地方政府，服从中央政府的领导，经过中央政府的批准，接受中央政府的法律与命令；在将来收复全部失地，恢复晋察冀三省政府职权的时候，边区临时行政委员会的任务，即告终结。在这次代表大会中，充分的〔地〕表现了各党、各派、各阶层、各群众团体、各武装部队的精诚团结。在抗日高于一切的一贯的精神下，很仔细的〔地〕讨论了各种有关抗日救亡的重要提案，并选举了积极抗日的前进份〔分〕子，成立了边区临时行政委员会。

大会充分表现出统一战线的异常巩固，这种巩固，是正在极力拆散统一战线的日本帝国主义者所不能想像〔象〕的。这更充分的〔地〕表面〔明〕了民主精神的逐渐加强，是前此所未有的。我们坚决的〔地〕相信，这次代表大会之后，将使华北的抗战更能持久，更能适合于中央之抗战方针。因此，这次代表大会，有着他〔它〕非常伟大的历史意义！

大会希望晋察冀边区临时行政委员会，能够本着大会的精神及确定的方针，在中央政府蒋委员长、战区司令长官领导之下，在各党派、各阶层、各民族巩固团结的基础上，百分之百的〔地〕完成历史所给予他〔它〕的任务；真正负担起普遍武装人民、动员人民参战的任务；真正负担起改善人民生活、保障民生权利，并澈〔彻〕底清除一切汉奸的任务；真正能够统一财政经济，保证部队给养，发动群众最高度的积极性，去参加战争中的一切工作；使晋察冀边区成为华北抗战的良好的根据地，以争取持久抗战的最后胜利！大会更希望全边区以及各地民众，能够以最诚恳的态度，督促帮助政府，实行上述任务，坚决反对在日本指使下的伪北京临时政府及一切汉奸政权；使他〔它〕们在中国领土上，没有立足的余地。只有抗日政权巩固与扩大，才能够使中华民族走上独立自由的解放大道！

〔虽〕则过去军事上还受过较大的挫折，但今天却有着非常有利的形势展开在我们的面前；国际上对中国持久抗战的观感与半年前有着显著的不同，中国能够得到更大的同情与援助。同时日本国内及［中国］台湾、朝鲜，有着澎湃的反战运动。使中国全国上下各党派，更有着空前未有的大团结，巩固了抗战到底的决心！华北、华中、华南游击战争的展开，晋察冀军区广大民众的动员，义勇军游击队的蓬勃发展，这都是过去所没有的。今天恰已配合了我们持久抗战的活生生的有力条件。我们有着非常沉痛的又非常宝贵的血的教训与经验！日本帝国主义的进攻愈深入，则他〔它〕的困难愈增加；我们真正全民族的抗战愈久，则最后的胜利一定是我们的！伟大的中华民族定将从日寇的铁蹄践踏下翻过身来，唱出解放的凯歌！

选自《晋察冀抗日根据地》，第1册·文献选编（上），北京，中共党史资料出版社，

1989 年版，第 67～69 页。原注："原件存中央档案馆。"

3. 中共扩大的六中全会主席团致晋察冀边区电

1938 年 10 月 5 日

聂荣臻司令、中共晋察冀边区委并转八路军全体将士及边区全体党员同志们：

在敌人正分数路严重向边区进攻，中共中央第六次全会扩大会听了彭真同志关于晋察冀边区的报告，并得悉你们全体党员、将士与人民正在与敌人作英勇的战斗，不胜欣慰！全会并向在战斗中死难与受伤的同志们致崇高的敬礼！

全会完全同意边区党委所执行的坚定的统一战线的方针，并在这个方针下，由于全党全军的努力，已经创造晋察冀边区成为敌后模范的抗日根据地及统一战线的模范区。这不独坚持华北抗战中已经和将要尽其重大的战略作用，而且你们的经验将成为全党全国在抗战中最有价值的指南。全会完全相信你们必能更加团结一致，联合一切友党友军，胜利的〔地〕粉碎敌人对于你们的围攻，并且进一步的〔地〕巩固与扩大你们的根据地。希望你们继续坚持统一战线的方针，动员一切力量，执行灵活的游击战与运动战，进行坚壁清野，准备长期战斗，镇压汉奸敌探，粉碎敌人的进攻，以便同友党友军一起，更完备的〔地〕进行各种战时建设，巩固与扩大抗日部队，广大的〔地〕组织群众，建立民主制度，提高边区生产，并发展与巩固党，长久保持晋察冀边区是最进步的模范的抗日根据地，[作] 为将来反攻日寇最好的前进阵地。全会对你们有无限的慰问与希望！

中共扩大的六中全会主席团

选自《晋察冀抗日根据地》，第 1 册·文献选编（上），北京，中共党史资料出版社，1989 年版，第 199～200 页。原注："原件存河北省档案馆。"

4. 晋察冀边区农民抗日救国会第二次代表大会通过之工作纲领

1939 年 5 月 15 日

一　巩固与扩大抗日民族统一战线，实行抗战建国纲领，把所有不愿作〔做〕亡国奴的农民都团结到农会中来，使农会成为农民的统一战线的组织，以加强抗战的力量。巩固与扩大边区抗日根据地，坚持华北游击战争，并配合主力军作战的任务，以保卫西北、保卫全国、完成抗战必胜建国必成的大业。

二　拥护国民政府，拥护国共长期合作，切实执行政府一切抗战法令，忠诚遵守精神总动员纲领，誓死遵守国民公约，首先实行国民月会。

三　动员广大民众参加抗战：

1. 有计划的〔地〕扩大武装，动员广大农民武装上前线，大量组织农民的战时游击队；

2. 充实并健全群众自卫队组织；

3. 配合组织运输队、担架队、破坏交通队；

4. 组织慰劳团，在物质上精神上慰问抗日军及其家属，优待抗日军人家属，并解决其日常困难问题。

四 发展战时农业生产：

1. 改进生产技术（改良农具、选种，按地性播种施肥等）；

2. 扩大耕地面积（垦荒及防止新荒），实行政府垦荒条例；

3. 发展水利灌溉（开渠凿井）；

4. 组织农业互助社、农业劳动借贷所；

5. 帮助贫苦农民种子，并组织突击队帮助其耕种收获；

6. 组织代耕团，代替抗日军人家属耕种以及收获；

7. 造林及发展家庭副业。

五 在抗日高于一切原则下改进人民生活：

1. 正确执行政府颁佈〔布〕的减租减息整理债务的办法以及合理负担等；

2. 对于抗战有利益［的］一切公共事业，农民要积极的〔地〕领导完成；

3. 积极救济贫民、災〔灾〕难民，成立难民工作介绍所、低利借贷所、粮食供贷所，保存旧有仓库，募集粮食，成立災〔灾〕民难民［垦］荒团。

六 支持政府战时财政经济政策：

1. 宣传完纳田赋的重要性，造成完粮救国运动；

2. 宣传并帮助政府征收合理税收；

3. 维持法币及边区银行钞票的信用，渐次取消土票，以调整并统一边区金融；

4. 严防敌人扰乱边区金融，杜绝伪票（查获伪票者应奖励）；

5. 推销救国公债、救国公粮等；

6. 进行储粮运动。

七 实行农民合作制度：

1. 生产合作（农具、种子、牲畜）；

2. 运销合作（运输合作等）；

3. 信用合作（无利借贷、低利借贷等）；

4. 消费合作（农民合作社等）。

八 加强农民教育，提高政治文化水平，并高度发扬民族自尊心和抗战胜利自信心，坚持抗战到底：

1. 响应并推动政府识字运动的号召，组织识字班、农民夜校、冬学、新文字小组，实行辅导制、小先生制；

2. 加紧农民干部及会员教育，成立干部训练班、流动训练班，并注意小组的政治训练；

3. 印发通俗的大小刊物，扩大政治宣传；

4. 反对自由脱离工作及逃跑现象；

5. 反对怠工以及悲观失望的情绪。

九　推行民主政治、改进军政的关系，以及密切军政民的联系：

1. 扩大普选运动，参加选举竞争；

2. 鼓励农民对行政的注意，随时提出意见（积极建议与批评）并支持政府肃清贪污法令；

3. 响应并执行边区政府民主运动的号召；

4. 充实并加强军政民联席会以及军民联席会，必要时开军政民联席会的会议以改进军政民关系。

十　厉行除奸——铲除汉奸托派，巩固前线与后方，并切实坚壁清野，增加敌人困难：

1. 组织侦察网及秘密除奸小组；

2. 加强自卫队的岗哨工作；

3. 宣传汉奸托派的罪恶；

4. 揭破敌人欺骗，提高政治警觉性；

5. 加强争取敌伪工作；

6. 宣传坚壁清野的意义；

7. 与自卫队取得密切联系，帮助军队工作、坚壁清野铲除汉奸托派，[为] 农民应有之责任。

（二十八年五月十五日）

选自《抗日根据地政策条例汇集——晋察冀之部》，第 2 辑，1942 年版，第 169～171 页。

5. 晋察冀边区目前施政纲领

中共中央北方分局于 1940 年 8 月 13 日公布，
边区第一届参议会于 1943 年 1 月 20 日通过，
确定为边区行政委员会施政纲领

为巩固与发展晋察冀边区，坚持敌后抗战，爰根据本党中央抗日民族统一战线方针、抗日救国十大纲领及国民政府抗战建国纲领与边区实际情况，提出目前施政纲领，愿与边区各党、各派、各界、各族同胞共同实行之。

第一条　亲密国共合作，坚持团结抗战，坚决保卫与发展边区；肃清一切破坏团结抗战、破坏边区的特务奸细，打击妥协投降派。

第二条　摧毁敌伪政权，没收日本帝国主义的财产，充作对日战费。

第三条　拥护边区人民子弟兵，充分保障其给养和经常的满员，瓦解敌伪军，争取伪军反正，优待敌军俘虏。

第四条　实行全民武装自卫，广泛武装人民，开展群众游击战争，并逐渐实现义务兵役制。

第五条　彻底完成①民主政治建设，健全各级民意机关及政府机构，在民意机关和政府人员中，争取并保证共产党员占三分之一，其他抗日党派及无党无派人士占三分之二。边区一切人民，只要不投降、不反共，均可参加政府工作。

第六条　一切抗日人民有言论、集会、结社、出版、信仰及居住自由，非依政府法令及法定手续，任何机关、团体或个人，均不得加人②以逮捕、禁闭、游街及任何侮辱人格、名誉之行为，以保障人权。

第七条　保障一切抗日人民的财产所有权。人民除每年缴纳一次统一累进税及对外贸易时之出入口税外，任何机关、团体不得另以任何名目勒索或罚款；在减租减息后，佃户须依约缴租，债户须依约偿付本息；一切契约之缔结，均须双方自愿，契约期满，任何一方均有依法解约之权。

第八条　实行有免征点和累进最高率的统一累进税（以粮、秣、钱三种形式缴纳）。整理出入口税，停征田赋，废除其他一切捐税；非经边区参议会通过，政府不得增加任何捐税，整理村财政，建立严格经济制度，肃清贪污浪费。

第九条　肃清境内敌寇伪币，巩固边币，维护法币；平衡边币流通，健全边区银行机构，活跃边区金融，严格统制外汇。

第十条　发展农业，积极垦荒，防止新荒，扩大耕地面积；保护并繁殖耕畜，改良种籽、肥料、农具等农业生产技术，有计划地凿井、开渠、修堤、改良土壤。发展军事工业及公营矿业、制造业和手工业，奖励合作社与私人工业，争取工业品自给自足，以杜绝日货。发展林业，牧畜业及家庭副业。发展商业，保障境内正当贸易之自由；严格管理对外贸易，禁止必需品出境及非必需品入境，取缔奸商，反对投机、操纵，调节粮食和物价。

第十一条　设立专门机关，切实救灾治水，并发扬高尚的民族友爱的互助精神，以县区或村为单位，建立大众互助的储蓄救灾组织；提倡清洁运动，改良公共卫生，预防疾病灾害。

第十二条　普遍实行二五减租，保证地租不得超过收获总额千分之三百七十五，利息不得超过一分。因借贷期满无力偿还而押出之土地，应依法清理。抗战勤务之负担与组织，应力求合理化。

第十三条　减少工作时间，实行工业部门八小时工作制；增加工人实际工资，实行半实物工资制；改良劳动条件和工人待遇，提高工人工作积极性和生产效率；安置失业工人，雇主不得违约解雇；女工生产前后，例假五星期，工资照给；禁止使用青工、女工、童工从事妨害身体健康之劳动，并保障同工同酬。

第十四条　保障妇女在社会上、政治上、经济上及家庭地位之平等，妇女依法有财产继承权；男女婚姻自主，反对买卖婚姻与一夫多妻制，反对蓄童养媳、溺婴与残害青年发育的早婚恶习；严防沦陷区敌伪淫乱恶风侵入边区；树立优良的家庭教育，养成儿童优良的生活习惯，实行孕妇、儿童保健。

第十五条　减轻敌寇蹂躏区域同胞之负担，力求保护其生命财产及政治权利，反对敌

---

① “晋察冀法令版”将“彻底完成”印作“彻度宪成”。

② “晋察冀法令版”有“人”字，“社科法制版”漏一“人”字。

寇绑架、奸淫、勒索、强抽壮丁与奴化教育，抚恤被敌寇惨杀同胞的家属。凡因被迫或一时错误触犯汉奸治罪条例之分子，准其自新；对死心塌地的汉奸，严予惩处。

第十六条　认真优待抗属，抚恤抗日烈士遗族及伤员残废。

第十七条　严厉镇压汪派、托派、汉奸。对罪大恶极的大汉奸之土地财产，专署以上各级政府应当地群众之要求，得依法没收之；对反共派、顽固派及伪军官兵之财产、土地，不得宣布没收，全家逃亡敌区的汉奸嫌疑犯之土地财产，可由政府暂管，待其重回边区抗日时发还之。所有上述被没收及暂管之土地，应由政府低价出租与农民，或分给被日寇摧残之农民，或充作优抗公田。对汉奸审判，须依确实证据，其未参与汉奸活动之家属，不得株连，该家属之财产仍须依法保障。汉奸犯不服初审判决时，得上诉至边区最高审讯机关。

第十八条　在提高国民文化水准及民族觉悟的目标下，实行普及的义务的免费的教育，建立并健全学校教育，至少每行政村设一小学，每行政区设一完全小学或高小，每专区设一中学，高小及中学应收容半工半读生；建立并改进大学及专门教育，加强自然科学教育；优待科学家及专门学者；开展民众识字运动和文化娱乐工作，定期逐步扫除文盲。

第十九条　保护知识青年，抚济沦陷区流亡学生，分配一切抗日知识分子以适当工作，提高小学教员的质量，改良小学教员的生活。

第二十条　边区各民族应相互尊重生活、风俗及宗教习惯，在平等基础上亲密团结抗战。在民主选举中，应予回、蒙、满、藏同胞以优待，对其贫苦无以为生者，特予救济。

选自《晋察冀边区行政委员会现行法令汇集》，上册，边区行政委员会 1945 年编印，第 1～5 页。简称“晋察冀法令版”。

互校版本：《中国新民主主义革命时期根据地法制文献选编》，第 1 卷，北京，中国社会科学出版社，1981 年版，第 37～41 页。

6. 彭真关于我们的目前施政纲领[①]

1940 年 9 月 1 日

一、它是我党目前在边区的具体行动纲领

（一）马克思主义者怎样规定它的纲领呢？他“由理论的结果出发，决定无产阶级运动的目的，将它科学的规定为纲领的条款”（斯大林）。纲领有“估计到资本主义发展的全时期，注意资本主义的崩溃与社会主义生产的组织”的纲领，如“共产国际纲领”。有的是“只估计资本主义发展的一定阶段，例如推翻封建专制制度的残余，创立资本主义自由发展的条件”。这样的纲领，是党在一定社会历史发展阶段的最低纲领，如中共六次代表

① 原注：本文是 1940 年 9 月 1 日彭真在晋察冀分局扩大干部会议上报告的一部分。

大会关于中国新民主主义革命阶段的十大纲领。至于抗日救国十大纲领，则是关于抗日统一战线阶段的纲领。

（二）分局关于晋察冀边区的目前施政纲领，不是上述性质的纲领，它是我们根据中央抗日民族统一战线方针抗日救国十大纲领，按照目前边区具体情况所制定的地方性的具体行动纲领。它是中央总的纲领在目前边区的具体化。

（三）因此，它不是全国性的纲领，关于全国性的，有党中央民国二十六年九月二十二日的宣言，同年八月二十五日公布的抗日救国十大纲领及扩大的六中全会公布的十五条纲领等。

（四）它也不是将来要实现，而目前的边区尚不能立即实现，或不能立即完全实现的宣传纲领。这种宣传纲领我们在目前的边区没有必要另行规定。因为毛泽东同志的《新民主主义论》和党中央关于全国性的纲领中，一切在目前的边区或全国尚不能立即实现的部分，都是我们的宣传纲领，我们不需要另提出比这个施政纲领包括更多和更高的宣传纲领。

（五）因为这个纲领是我党目前在边区的具体行动纲领，所以它所处理的乃是边区政治经济文化教育……建设等，发展到现阶段，实际急待解决的问题，同时也是为了坚持边区今后的抗战，为了在相持阶段敌后的困难情形下，能够顺利巩固与保卫边区而急待解决或继续保障其实现的问题。它没有涉及较远的将来的问题，如“耕者有其田”之类，同时也不应该在这个纲领中不适时的〔地〕提出这些问题，可是我们这个纲领的彻底实现，却可以替我们将来在边区的各种改革，打下巩固的基础和有利条件，使我们在具体情况可能和必需时，很容易的〔地〕推进到一个新的发展阶段、下一个新的环节。

（六）这个纲领的彻底实现，要依靠边区已有的基础，更要依靠基本群众和不断巩固扩大的统一战线，不然便不能顺利地发展边区各种建设事业和组织工作，不能树立巩固的抗日统一战线的秩序，并保证边区这块抗日民主根据地有“顽强健康的持久性”。因此，在这个纲领中，我们是一面照顾到发展并保障基本群众的优势和进一步的〔地〕依靠基本群众，另一方面又照顾到调节各阶级阶层抗日人民的利益和巩固与发展边区统一战线，团结边区最大多数人民到我们的周围。我们期望并确信依靠我们的基础和努力，能使这个纲领真正的〔地〕实际的〔地〕成为全边区人民的具体行动纲领。

（七）这个纲领是分局的具体行动纲领，同时也就是边区各个区党委和每一个共产党员的具体行动纲领。因此，我们边区各级党部，在选举中，不再颁布任何竞争纲领。当然，必要时各级党部可以根据此纲领对某些具体问题提出自己的主张，但一般的必须得到其上级党委批准。

（八）我们共产党人，不但上下一致，而且言行一致。我们从来不说空话，不开空头支票。我们说到哪里，就做到哪里。这一纲领是根据实事求是的精神规定的。我们同样要发扬布尔什维克的顽强性、彻底性，百分之百的〔地〕把它实现。

二、关于目前施政纲领的执行问题

（一）我们在边区已经“有了好的组织工作，军事、政治、财政、经济、文化、教育各方面，已走上了轨道”，我们已经有了这样的基础，我们有着强大的群众性的党，有了相当广泛深入动员组织起来的广大群众和坚强的统一战线及统一战线的民主政权，有强大的主力部队、游击队，也有群众自动武装起来的广大的民兵；我们有着一贯正确的敌后抗日根据地的各种政策，还有三年多成功的〔地〕执行了上述政策的丰富经验和具有这些宝贵丰富经验的坚强的各级干部。这些是我们实现这一纲领的主观和客观条件与充分的有力的保证。

（二）但同时亦须充分估计到执行时所必然会遇到的困难。第一，个别地方的农民，在减租减息后，已经二三年没有缴租没有还债，现在要在减租减息条件下，依约缴租还债，一部分政治觉悟较低的农民会不愿意。第二，个别地方的工会，过去曾丝毫不征求雇主意见，强制抽出工资①，强制雇主改善工人待遇，强制雇主按照工会规定的工资雇佣雇农，劳动契约期满后不准雇主解约。此外，工会还随便罚债主的款，罚债主戴高帽子、游街。现在都须根据这个纲领立即纠正、停止，契约须依双方自愿，契约期满，任何一方可自由解约。这样，一部分政治觉悟较低的工人，也可能不满意。第三，妇女离婚结婚之自主自由、妇女财产继承权之实行，以及严肃的男女关系之保障，都会引起许多新的纠纷和急待克服的困难。第四，各团体机关的罚款的立即停止，财力物力的节省，脱离生产的工作人员的减少，也会遇到一些实际的困难。诸如此类的事情还很多，都牵涉到基本群众的切身的深刻的经济利益。因此，要认真实现这一纲领，都须要首先在党内和基本群众中进行极艰苦的教育，使他们自觉的〔地〕了解，自动的〔地〕把日常的局部的暂时的利益，服从于其永久的总的利益，服从于抗战的民族利益，不然有使基本群众之一部与党脱节之危险。

（三）在“七七”事变前，我党及基本群众，在这些地区，没有与地主资本家雇主同等的政治权利。成为抗日民主根据地的边区，在实际上，地主豪绅资产阶级，特别是顽固分子在个别地方有时亦没有与基本群众完全平等的合法的政治权利。个别群众团体和除奸部门，在斗争中，动辄采取非法的非和平的和不尊重他人人权的方式，去对付顽固分子甚至落后分子。现在依普选产生了各级政权的民意机关，我们的纲领更明确的〔地〕申明保护一切抗日人民的人权和财产所有权，一切抗日人民不分阶级、党派和信仰，都有言论、集会、结社（成立团体）、出版等自由，即明确的〔地〕确定在法律上、社会上，不分地主或农民、资本家雇主或工人，都有平等的政治自由和权利。不论什么团体、机关或个人，滥罚款，关人禁闭，罚人游街、戴高帽子，或无端干涉他人成立团体的行为，都须严格防止纠正，否则就是违法的。这是工作环境的一大变化。今后党政军民在统一战线内部所采用的一切斗争方式，都必须是建立在各阶级平等基础之上的、和平［的］、合法的斗争方式。一切民族的代表或政府工作人员，不论他是属于那〔哪〕一阶级、那〔哪〕一党派、宗教，一切机关和个人都须尊重他们的职权，纵然他们违法，也得按照法定手续，由主管机关加以拘捕，凡此等等都会使有些党员及非党的抗日干部与积极分子，感到某种不便，因此也必须首先对他们进行深入的教育。

（四）我们的纲领，是彻头彻尾的〔地〕根据中央统一战线方针和目前强调团结的精神规定的。因此，托派必利用我们减租减息后依约缴租、还债、劳资订约并［解］约须出自愿、保障一切抗日人民的人权及一切财产所有权之规定等，以左的骗词攻击我们，

① 原文如此，应是“提高工资”。

欺骗夺取群众，而特务人员又会利用这些纲领，促使反动地主与顽固分子，向群众反攻。我们必须根据团结抗战、团结保卫边区的精神，详细向群众解释，使群众彻底了解并拥护此纲领，揭穿托派、汪派、顽固分子、特务人员破坏团结、破坏抗战的阴谋。号召边区全体人民，在此纲领精神下，更进一步的〔地〕精诚的〔地〕团结起来，共同保卫发展边区。

（五）这个纲领，不仅彻头彻尾用统一战线精神贯穿着，同时也彻头彻尾的〔地〕在骨子里贯彻着保持并发展工农群众的优势的精神，但在纲领中，却没有任何字句正式讲到党及工农群众的政治组织独立性问题。这点，应该使干部了解，以免发生错误的理解和偏向，特别是右的偏向（因为纲领中已公开纠正了左的偏向）。

（六）这个纲领的执行，必须有很充分的准备工作。因此首先必须在各级党委、党的活动分子会及支部内，展开详细深入讨论，然后再在各群众团体内部，领导发动热烈的讨论，然后再召集各种群众团体和各界士绅、名流地主商人领袖开座谈会讨论。在各种群众会上应事先准备充分，经过公开形式，推出人在会上作详细解释。各级党应负责将党内和各种群众会讨论结果及各阶级各阶层人士的真实意见和批评，多方搜集报告到分局，以作此后决定许多问题的根据。

（七）中央七七宣言，在党内外讨论和解释工作，在冀中作〔做〕的〔得〕较好，此外其他许多地方作〔做〕的〔得〕极差。此次应当把中央这一宣言即全国性的问题与分局施政纲领，同时深入的〔地〕在党内讨论。

（八）以上都是实行这些纲领的准备工作。

选自《晋察冀边区财政经济史资料选编》，第1编，天津，南开大学出版社，1984年版，第319～324页。原注：“《晋察冀边区工作研究参考资料》第2集上册。”

7. 彭真：关于晋察冀边区目前的施政纲领

1940年11月

中共北方局为了巩固和发展晋察冀边区统一战线，团结边区一切抗战力量，发展边区政治经济文化建设事业，巩固与保卫边区、战胜相持阶段中必然会遭遇到的各种困难，以顺利地坚持敌后抗战，特将我们过去一贯主张和执行的同时也是今后还要继续贯彻实现的政策，定为纲领二十条。我们希望借此以树立我们与边区各界同胞共同努力的目标。

我们所公布的这二十条纲领，是针对着晋察冀边区目前的需要而提出的。它不是全国性的，因为关于全国性的已有了国民政府的抗战建国纲领，本党中央有了民国二十六年九月二十二日的宣言，有了抗日救国十大纲领，更有了扩大的六中全会的十五条纲领，及历次对时局的宣言，特别是最近发表的为抗战三周年纪念的宣言，这些都是指导全国的总的纲领或方针。我们的纲领，正如其命名所示，它是关于晋察冀边区目前［的］施政纲领，它所处理的是边区政治经济建设发展的现阶段实际急待解决的问题，同时也是为了坚持边区今后的抗战，为了在相持阶段敌后的困难情况下能够顺利巩固与保卫边区而急待解决与实现或继续保障的问题，因为惟有这些问题得到解决，才能胜利的〔地〕保卫晋察冀边区。

我们这些纲领纯然是本党中央抗日民族统一战线的方针与抗日救国十大纲领的地方化与具体化，同时也是完全符合于孙中山先生革命的三民主义与国民政府抗战建国纲领的政策的。只要看了我们这二十条纲领和看到我们共产党人在边区的实际行动的各界人士，就可以明白我们是严格地确切执行着本党中央“在整个抗日战争和建立民主共和国的时期内……始终执行三民主义的政策”的诺言的。因为我们共产党不但言行一致，而且是全党上下一致的。

我们这个纲领的出发点，首先是为了巩固发展晋察冀边区的抗日民族统一战线，因为只有巩固广泛的边区统一战线，才能够巩固与发展边区；其次，是要从政治上经济上保障工农劳苦群众生活的改善，给他们以实际的援助，使他们有精力与时间更积极地参加保卫边区和发展边区的建设事业，高度发扬他们对于抗战建国的自动性与积极性，因为敌后抗日根据地之得以保卫与发展，以及全国抗战之得以坚持，只有依靠群众才有可能，特别是在相持阶段中，我们必须更进一步的〔地〕依靠群众；最后，我们的出发点是为了保障边区有顽强的健康的持久性，就是说要保障我们斗争坚持与经历的时间愈长久，我们的民主政治愈趋完善与健强，我们的统一战线愈加巩固与广泛，我们边区广大的劳苦同胞的生活愈加向上，各党派、各阶级阶层的关系愈臻密切，全边区同胞的团结愈益巩固，其抗日的政治的积极性与自动性愈加提高与强化，我们的财政金融经济建设愈加发展而富有健康的活力，这样使我们的军需愈充实、民生愈丰裕，托派、汪派、汉奸、特务、奸细绝迹于边区，而边区之社会秩序愈形安定，使晋察冀边区不但成为模范的抗日民主根据地，而且成为新民主主义的即三民主义的政治经济建设的模范，亦即成为建国的模范，同时也只有这样才能彻底战胜日本帝国主义。这些是我们纲领的出发点，也可以说是我们纲领的基本精神，这只要细阅我们的纲领的人，都可以看得清楚的。但是我们这个纲领并不是只讲原则和总的方针的宣传纲领，而是当前具体的行动纲领，是我们已经在执行中而今后更将坚决贯彻和保障其实现的纲领。它是中共北方分局的具体行动纲领，也是本党边区各个区党委和每个党员的具体行动纲领，同时，我们也希望它能成为我们与边区全体同胞共同的具体行动纲领。

我们共产党人是言行一致的，从来不说空话，不开空头支票，说到那〔哪〕里就做到那〔哪〕里。我们愿意把我们这个纲领和全边区友党同志及无党无派的抗日人士百分之百地付之〔诸〕实施，进一步的〔地〕建设一个模范的抗日民主根据地，建立一个新民主主义，亦即三民主义的新中国的雏型〔形〕。

* * *

根据了上述的基本精神，我们对于边区政权的建设，一如我们从来的主张和这一纲领所示，我们在边区始终是为着建立统一战线的民主的地方政权而奋斗。首先，我们认为在今天必须建立真正有权力的民主的民意机关，此种民意机关与政府的正确关系应如下表：

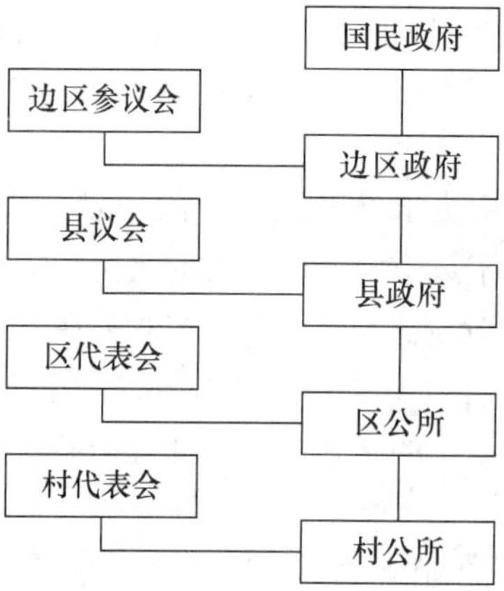

这里，各级政府并非与各该级民意机关平行的，因为政府是由民意机关产生的，民意机关不但有创制复决之权，而且有选举罢免政府一切工作人员之权，民意机关之决议，政府应服从和执行之。我们反对以政府与民意机关平行互相牵制的表面上似乎民主而实际限制民主的企图。其次，我们认为政权之建设必须以民主集中制为民意机关及政府机构的基本的组织原则，民主与集中乃有机地结合着的，绝不容有偏废与歪曲。其三，我们必须强调选举人得依自己的决议，随时撤消〔销〕被选举人的工作，不论其为代表或政府工作人员。其四，我们要坚持与保障实行“平等的、直接的、普遍的、无记名投票的民主选举制，即真正给予民众以民主权力的民主选举制”，凡年满十八岁的公民，不分性别、不分党派、不分阶级、不分信仰、不分居住年限、不分文化水平，亦不论其有无政权工作经验，均有平等的选举权与被选举权。其五，我们坚持废除以户口为单位的封建的宗法的邻闾族长制度，而代之以公民个人为单位的现代民主制。最后，我们共产党人必须特别声明：我们坚决争取并保证在边区各级民意机关及政府人员中，共产党员只占三分之一，使其他党派及无党无派人士占三分之二。这是本党中央业经确定、本党领袖毛泽东同志明白公布了的，也是我们绝对遵守执行的。以上关于政权与民主问题的基本原则，大部分是我们在边区各界宪政促进会第二次理事会上的报告中已经较详细的〔地〕论及，而且是迄今仍然不变的主张。我们在晋察冀边区始终坚持建立各抗日阶级联合的民主政权，即各党、各派、各界、各军的联合的民主政权，这是我们对边区政权建设的根本主张，也是我们纲领中关于政权部分的主要内容。

本党中央早在民国二十六年九月二十二日的宣言中明白表示停止土地革命。这个诺言，我们共产党人在晋察冀边区过去与现在同样是坚决执行了的，今后也还要坚决执行。我们在晋察冀边区，没有没收地主的土地，相反的，在实行了必要的减租减息之后，我们保护了一切抗日人民的财产所有权，甚且我们对于“反共”派、顽固派、伪军官兵及未参与汉奸活动之汉奸家属的财产土地，都主张不加没收，只对于罪大恶极的大汉奸的土地财产，才主张由专署以上之各级政府，应当地群众之要求，得依国民政府颁布之法令与抗战建国纲领加以没收。而对全家逃亡敌区的汉奸嫌疑犯之土地财产，即主张由政府暂管，待其重回边区抗日时发还之。这些都足以证明了我们对于土地财产所有权保护的态度。

至于减租减息，那完全是为了改善广大的农村大众的最低限度的生活，给他们以经济上的援助，使他们有精力与条件参加抗战，因为工农大众是抗战的最基本的力量，而广大的农民恰是长期在高额地租与高利贷的剥削下无以为生的。生活不改善，即不能专心致力于抗战，且我们的地租，过去只限于百分之二十五，现在也只主张依国民政府土地法限定地租不得超过总收获量［的］千分之三百七十五，利息也只是限定不得超过一分。这完全符合于孙中山先生的三民主义与抗战建国纲领而为坚持敌后抗战所必需的。我们一方面这样坚决地主张并实行减租减息，另一方面又严格规定在减租减息之后，农民必须依约纳租与依约偿付本息。这完全是本着统一战线的精神的。

对于工人工资的增加，普遍改善工人生活与劳动条件，保护女工、青工和童工以及工业部门的八小时工作制等等，也都是在抗日民族统一战线的总方针下，同时照顾到劳资双方，即一方面［照］顾到资本家与双方的利益，另一方面又照顾工人生活改善及抗战的需要，以保障广大工人群众生活与健康，使生产能够顺利进行之必要条件。

一切契约的缔结，必须以双方自愿为原则，当契约期满的时候，缔约双方中之任何一方都有依法解约的权利，这是他方及任何第三者所不能强迫的。

在财政经济政策上，边区以往三年间的成绩，昭彰在人耳目，以言财政，现已坚决废除了昔日误国病民的一切苛捐杂税，我们主张完全代之以为年一次的、有免征点与最高率的统一累进税，这种累进税乃以粮、秣、钱三种形式构成的，其征收只限于对土地资金与利益部分，并且顾及生产的原则，对于投在有利抗战民生的生产事业的资金，减免其税率。同时为便利与保护根据地的军需民用与民族工业及管理对外贸易，则征收出入口税。此外边区人民并无其他负担，连田赋都一律停征。今后我们更主张非经边区参议会通过，政府不得征税，并坚决反对贪污浪费行为，主张厉行节约人力、物力与财力的运动。在金融方面，我们在边区以内，坚决肃清敌伪钞，巩固了边币，保存并维护了法币。经济上，我们积极发展农、工、商业，极力救灾治水，大量开荒、修滩、开渠，扩大耕地面积，提高农业生产量，并力求改良种子、肥料、农具等农业生产技术，提倡造林、牧畜、发展农家副业。普遍发展与鼓励公私工业，以求工业品的自给自足而杜绝日货。我们一方面鼓励必需品的输入，另一方面禁止必需品的输出，严格统制出入口贸易，而对边区境内所有正当的贸易，则力加保护，给与〔予〕完全自由，以发展商业，以保护商人之正当利益。这些对于粉碎敌寇“以战养战”的经济阴谋，安定民生，安定社会经济，充实抗战的物力财力的作用都是非常重大的。

我们对于边区周围沦陷区域经常处于敌寇铁蹄蹂躏下的同胞，抱着无限的同情，我们要尽力保护其生命财产的安全，并积极援助其抗日的斗争，反对敌寇的绑架、奸淫、勒索、强抽壮丁与奴化教育，粉碎敌伪政权，脱离敌伪的蹂躏。对于因被迫或一时错误触犯汉奸治罪条例的分子，我们主张允其悔过自新，而对于死心塌地的汉奸则依法严厉处置、其不参与汉奸活动的家属，则绝不株连。审判汉奸，纯依确实证据，汉奸犯有不服初审判决者并得上诉至边区最高审讯机关。这是保障人权的必要措施。我们始终认为：非依政府法令与法定手续，任何机关团体或个人，决不许有以任何名目加人以拘禁、游街、罚款及任何侮辱他人人格的行为，发生此种行为者必须严格加以纠正以至法律制裁。一切妨害人权的行动，我们都坚决反对。同样，对于敌伪军，我们始终坚持执行瓦解敌军、争取伪军的原则，我们优待敌军俘虏，因为我们真正的敌人是日本帝国主义。我们欢迎伪军反正，重归祖国怀抱，共同携手抗日。我们反对一切无原则的对于敌伪军俘虏与投降者的杀害与侮辱，并坚持给伪军官兵家属财产以应有之保障。

我们更主张全民的武装自卫，广泛的武装抗日人民，开展群众的游击战争，因为只有广泛武装人民，发扬全体人民对抗日自卫战争的积极性，配合主力部队到处给敌寇以袭扰打击，才能胜利的〔地〕坚持敌后长期的抗战，而全民武装又为逐渐实现义务兵役制的必要步骤。今日边区广大人民的优秀子弟，已先后涌入边区子弟兵的队伍中去，边区子弟兵与边区人民已结成了血肉相联〔连〕的永远不可分的新的长城，它更成为保卫边区根据地与保卫边区人民利益的铁的集体，因此我们号召全边区的人民坚决拥护边区人民子弟兵，充分保障其给养与经常的动员，认真优待抗属，抚恤抗日烈士的遗族与伤员残废，最高度的〔地〕巩固军民一体的团结，以巩固边区根据地。

* * *

正因为我们在边区过去三年间建设的胜利，由于我们不断加紧从事于边区新的建设事业，使边区日益成为不可战胜的巩固的〔地〕长城，因此敌寇汉奸万分仇视边区，不断企图诬蔑边区，无耻的〔地〕制造“共产党在边区实行公产公妻”等类的谣言，当然，这和历来诬蔑共产党的一切谣言一样，最后都一定被铁的事实所粉碎。事实胜于雄辩，它已经不断证明了，今天也同样在证明我们在边区是真正主张和实现着正确的男女关系，我们一方面尊重男女平等的地位与权利，主张男女结婚离婚的自主自由，反对买卖婚姻，反对加于妇女的各种压迫、束缚与虐待，以及妨害男女身心发育的早婚与蓄童养媳和溺婴等恶习，并主张依法给予妇女享受与男子一样的财产继承权，但另一方面，我们始终坚持实行严格的一夫一妻制，建立和睦快乐的家庭生活，反对一夫多妻、一妻多夫、娶姨太太、养小老公等反动腐恶的制度，我们更严厉防范与杜止目前敌伪占领区域中，姬妾满门、公娼遍地、到处奸淫、耍花姑娘等淫乱无耻的秽浊风气侵入边区。我们要使边区每一个人民都过健康高尚的社会生活与家庭生活。现在只有敌伪占领区域和某些落后地区才有黑暗堕落的生活，在我们晋察冀边区是再也找不到如“四圈八圈麻将”之类的生活了。

在三年间的短过程里，晋察冀边区人民的生活与思想已经有了很大的提高与进步了，广大群众的政治文化水平飞速的〔地〕在增涨〔长〕着，今后我们还要继续猛烈发展边区人民抗日的政治、文化与科学的教育，我们要更广泛地发展社会的国民的教育，确立普及的义务的免费的小学教育，大量发展中学教育，建立并健全高级的专门的大学教育。我们始终保护并培养广大的知识分子，我们尊重青年知识分子的小学教员，而力求其地位的提高与生活的改善，不遗余力地保护他们；我们也欢迎并保护沦陷区域流亡的青年学生，我们同样尊重和爱护学者与专门人才，主张给以礼遇优待。对一切抗日的知识分子，不但要极力保护，并应分配以适当的工作，帮助他们发展及发挥其天才。

三年间在建设边区根据地的过程中，在民族抗战的烽火里，我们边区境内各民族，保持了亲密的团结，破除了彼此间的隔阂，今后边区境内各民族更要相互尊重彼此之生活、风俗及宗教习惯，在真正平等的基础上亲密团结抗战。对于回、蒙、藏、满等少数民族，我们除了主张在民主选举中予以特殊的优待之外，更主张对于境况贫苦无以维持生活的少数民族的同胞，予以特殊之救济，这样更可使边区成为各民族共同生息的快乐的家庭。

*　　　　*　　　　*

我们相信这一纲领的实现，必定可以亲密国共合作，巩固扩大边区的抗日民族统一战线与全边区人民的团结；它必定能够改善全边区劳动人民的生活与地位，提高其抗日的积极性。行之愈久，则边区的政治经济建设必愈健全，民生与军需必愈充裕，统一战线必愈巩固，边区亦必愈巩固，而成为任何敌人所不可战胜的敌后抗日民主的坚强堡垒与反攻时期最有力的前进阵地，成为三民主义共和国的一块雄厚的基石。我们不但这样的〔地〕相信，而且这样的〔地〕期望着。愿我边区友党同志及各界同胞一致奋起，亲密携手，共同奔向这光明伟大的前途！

选自《中共党史教学参考资料》，抗日战争时期（中），中国人民大学中共党史系资料室1980年编印，第156～164页。原注："原载《解放周刊》第一一九期，一九四〇年十一月十六日出版。"

8. 北岳区党委关于党委与政府关系的决定

1942年8月25日

几年来特别这一年多来，党委与政府的关系一般的是正确的。但在某些地方由于某些干部对政权存在着错误观念，致使某些地方党委与政权的关系还不正常，有的并且造成许多严重恶果，这些现象，党曾经在各次干部会议上及重要指示文件里再三严格指出过，但直到今天仍不断发生。因此各级党委与政府党团，必须切实检查，速予纠正。

一、目前某些干部对边区各级政府的认识还有以下几种错误观点：

甲、把政府的政策法令与党的政策决定对立起来，认为党的决定必须执行，至于政府的政策法令则可阳奉阴违，或者乱打折扣；不了解今天边区的政权是在党的领导之下，政府的政策法令，就是党的政策与决定的具体化。

乙、某些干部还存在着那种"太上政府"的观念，对各级政府的党团服从同级党委的原则片面了解，[认为]同级党委可以阻挠或命令政府党团不执行上级政府的决定（如×县委决定统累税款不上解等）。这是严重的违反原则的错误，必须深深警惕。

丙、党政不分，某些党委随便干涉政府行政。在干部问题上，可以不经过政权系统，随便调动政权干部。在执行工作上，党委可以命令政府党团执行违反政府法令的决定，而使党团干部受到上级政府的处分，自己则逍遥法外，以致引起个别政权工作的党员对党不满。

二、这些错误观念显然仍是地下党对政权观念的残余，是国民党一党专政政策在我们某些干部中的影响，是对边区统一战线政权的错误了解。由于这些错误观念的存在，遂产生以下严重恶果：

甲、党的政策不能通过政府去贯彻执行；政府的威信不能提高或受到损害。

乙、政府各种制度不能严格执行，个别地区财粮制度发生严重的紊乱浪费，个别地区除奸政策发生滥杀现象，这是主要的原因。

丙、政府党团中某些同志独立掌握政策，积极负责的精神不够，有的与某些同级党委共同作出错误的决定，违反制度“从中渔利”，以至上级追究，则轻轻推到党委身上，似乎党的政策与原则只应由党委负责，与党团干部无关。这也是不对的。

三、为了纠正上述错误，保证政府政令之贯彻执行，兹具体规定如下：

甲、任何共产党员与党的干部，对于政府的政令，必须无条件的〔地〕执行，成为执行与遵守政令的模范。任何违犯或破坏政府之政策法令，就是违犯或破坏党的政策与决定。就是党性不强的表现。

乙、下级党委（当然下级党团在内）对上级政府的政令，应无条件的〔地〕保证其实现。如有不同意见，可以按组织系统向上级反映，在上级未变更前，仍须无条件执行原决定。这是民主集中制之重要原则，任何分散主义独立主义均须反对。

丙、政府党团对于同级党委的决定，凡不违反上级政府政令者，应无条件的〔地〕服从执行，不得藉〔借〕口推托。如同级党委的决定与上级政府的政令相抵触，则应要求同级党委重新讨论；若仍不能一致，党团同志应将自己意见经过党委系统向上反映。在上级未有新的决定之前，仍然执行上级政府的决定。

丁、不论党委或党团同志如违反政府法令，均须受到应得的处分。党团干部违法或犯法如系由于执行党委之决定，则党委与党团干部，均应受到严重处分（党的以至行政的处分）。

戊、政府机关支部的任务在于保证机关行政工作之完成；团结机关中的群众，提高其觉悟与工作效率以及对机关之党员进行教育。支部与党团仅有工作上的连〔联〕系，没有组织上的领导关系。某些机关支部的极端民主思想与平均主义及随便干涉党团与行政工作的倾向必须克服，但党团的同志一般的均应编入支部，过严格的组织生活，反对藉〔借〕口“行政首长”不过组织生活的恶劣现象。

四、这一规定的基本原则，在党与群众团体的关系上亦可适用。

选自《晋察冀抗日根据地史料选编》，下册，石家庄，河北人民出版社，1983年版，第222～224页。

9. 中央对晋察冀参议会发表宣言的指示

1943年1月11日

晋察冀分局“北局”：

甲、二十九年发布之施政纲领，在群众中有很大影响，并且直至现在还是适用的。目前不但不应发布和旧纲领并无多大区别的新纲领，而且不应对旧纲领条文有所修改，致影响旧纲领在群众中的威信。此次参议会可发一宣言，此宣言由参议会中共产党员发起，邀党外人士联署向参议会提出通过然后发表。宣言中拥护二十九年之施政纲领，同时对二十九年纲领中未包括之事项加以叙述。

乙、你们所提新纲领草案中，有些提得不适当的地方，指出如下：

一、目前晋察冀边区形势的特点，是边区极大部分地区日益游击化，根据地日益缩小，处境日益困难，而严重的困难则还在今后，因此除说明有利形势外，应将此点补充进去。而对基本根据地区与已经变为游击区之地区，我们的政策应有不同的提法。

二、应着重提出调整边区各阶级关系，以巩固边区党政军民及各阶层间的团结。

三、应着重提出认真实行精兵简政政策，以便渡过黎明前的黑暗，克服困难，准备反攻，军民公私，必须积极协力发展生产，发展贸易，以开财源，以裕民生。

四、在冀中冀东等广大的游击区中，不仅汉奸之依照法定手续处理，严格的法制制度之建立，财政税收之严格统一与正规化等，均难实行，即对于敌伪政权，敌伪组织及敌伪之各种设施，必要时亦不得不采取两面政策应付，因此虽应对之分别进行瓦解、分化、争取、打击或相机抵制，却难一律摧毁或坚决反对，在纲领中应同时照顾这些情况。

五、在环境日益困难，游击区日益扩大的条件下，应争取先机，积极缩编，健全游击队，加强民兵组织和训练，并由政府和主力军尽量供给民兵以武器弹药，方能广泛开展群众游击战争，以配合主力及游击队打击敌人的蚕食政策与扫荡，以达缩小敌区扩大或保持我区之目的，不必提出实施志愿义务兵役制问题，因实际上今天很困难实行，反可给敌利用来欺骗群众。

六、在目前边区斗争条件下，不仅要教育民众尊敬爱护与帮助军队，更应教育部队爱护尊敬并帮助老百姓，使军民同心同德，共赴国难。这点在今后极端困难的环境下，有重要意义。

七、有些过高而难实现的办法不应提出，如允许战后实行薪俸制及减轻人民负担等，这在将来是无把握的。

八、关于保障人权中之逮捕拘讯处罚问题，在今天敌后斗争形势下，除第六条所规定者外，应加上在敌人扫荡时及游击区等特殊情形之下，经政府授权者不在此例的意思。

丙、以上所指各点，在你们起草参议会宣言时望加以注意。

中央书记处

选自《中共中央文件选集》(12)，北京，中共中央党校出版社，1985 年版，第 172～173 页。

10. 晋察冀边区目前施政纲领实施重点

1943 年 1 月 20 日边区第一届参议会通过

（一）继续实行精兵简政。边区精兵简政工作，始于民国三十年冬季，仅北岳、冀中两区，裁减人数先后已达四万。目前边区人民负担，虽比沦陷区人民，不知轻多少倍，但较之抗战前确重。这是由于战争的消耗，战费的浩大。为争取民族生存与子孙幸福，边区人民必须忍受一时困难，节衣缩食，供给前线，牺牲小我以成全大我，这是边区每个同胞对国家应尽的责任。今后为减轻人民负担，除继续发扬五年来政府的廉洁作风，子弟兵的艰苦生活，厉行节约运动，严惩贪污浪费外，军政双方，尤须贯彻精兵简政政策，裁汰不很必要的机关，减少不很必要的人员，缩小后方机关，加强干部质量，以增强抗战力量而舒民力。

（二）加强对敌经济斗争，发展根据地经济建设。敌寇企图以华北为其大东亚战争的兵站基地，大量掠夺人力物力，以供其长期战争的驱使与消耗，对我根据地则抢掠烧杀、经济封锁。对边区周围沦陷区，则实施配给制度、公仓制度，抢掠粮食，夺取物资。物资为战争之重要因素，对战争胜负，具有决定作用。故必须动员全民，加强对敌经济斗争，打破敌寇经济封锁，保存游击区、沦陷区物资，免为敌有。并应发展根据地经济建设，厉行深耕易耨、不误农时，增加农业生产。奖励工商企业，鼓励私人投资，扶助家庭副业及合作事业，发展境内贸易以增加根据地内物资，改善人民生活。减租减息政策，在边区大部地区均已实行，因此发动了广大群众抗日与生产的积极性，成为坚持抗战之决定力量。但为活跃金融，增加生产，今后借贷利率，应由双方自定，工业部门亦应暂时实行十小时工作制，以促进边区经济建设之发展。

（三）加强民兵组织训练，广泛开展群众游击战争。今后敌人对边区进攻，必然更加加紧，为粉碎敌寇进攻，打破蚕食阴谋，反对敌寇修路、挖沟、筑堡、征捕青年壮丁、掠夺、勒索、奸淫、烧杀等一切暴行，必须实行全民武装，广泛开展群众游击战争，加强民兵组织训练，使民兵成为人民武装中之坚强骨干，并团结沦陷区与游击区广大同胞，开展各种对敌斗争，摧毁敌伪政权、敌伪组织及其一切奴役中国人民之设施，拯救人民于水火。

选自《晋察冀边区行政委员会现行法令汇集》，上册，边区行政委员会 1945 年编印，第 6～7 页。

互校版本：《中国新民主主义革命时期根据地法制文献选编》，第 1 卷，北京，中国社会科学出版社，1981 年版，第 41～43 页。原注：“选自晋察冀边区行政委员会《现行法令汇集》上册，一九四五年版。”

11. 晋察冀边区行政委员会施政要端

1945 年 9 月 26 日晋察冀边区行政委员会公布

自我军反攻以来，迭经解放城镇，久苦于敌伪蹂躏之千万同胞，重返祖国怀抱。为进一步建设与繁荣城市，爰将本政府施政要端公布于后：

一、彻底摧毁敌伪组织，建设民主政权。举凡敌伪压迫奴役我人民之各种政权、团体，秘密的或公开的，均予彻底摧毁。同时积极发动群众，武装人民，组织工人、农民、文化人、青年、妇女、店员、学生各种团体。建设民主政权，实行民主政治。

二、保障人权、财权、政权。对于人民生命财产的安全，政府均依法予以保障；各界人民，除汉奸特务外，均有言论、集会、结社、出版、信教、居住自由及政治权利，非依政府法令，不得加以限制。敌伪限制人民自由之一切措施，概予废除。对曾参加敌伪组织之人员，一律进行登记，加以甄别，其能改过自新者，施以宽大政策。对战争罪犯及罪大恶极的汉奸、特务，号召人民控诉，政府决依法惩办。其因爱国而被押之同胞，除立予释放外，并予以优遇。

三、对敌人公私财产及伪组织公有财产（如土地、房屋、建筑、器物、工厂、商店等等），悉由政府查封管理，分别处置。对罪大恶极的汉奸财产，经司法手续，予以没收。

四、迅速恢复农工商业，取消配给制度及组合统制。敌伪一切垄断农工商业之措施概予废除，实行减租减息，保障佃户土地使用权，保障地主土地所有权，以提高农民生产积极性。自由发展工商业，奖励私人经营，严禁囤积居奇、操纵垄断。为调节劳资间利害关系，应适当改善工人、店员生活，提高工作效能，保证各种企业之正当盈利，适当安置失业工人。在边区境内，贸易一律自由，但对敌伪仍在盘据〔踞〕之城市、据点，予以封锁。政府设立公营贸易机关，以调节人民生产与消费；人民得依自愿按工场、学校、街道大量组织合作社，政府积极帮助，以调剂民生。

五、边币为边区法定通货，实行边币一元化政策，所有公私款项之来往授受，一律通用，商民人等不得拒使。买卖价格，订定契约，均以边币为准。在伪蒙疆地区边币流通数量不足期间，经由专署以上政府机关划定地区，暂准伪蒙疆币流通。在全边区一律严禁伪联银券流通。

六、实行合理税收制度，对敌伪所征一切苛捐杂税（如出产税、矿区税、牲畜税、屠宰税，棉纱、面粉、火柴、水泥等统税、通行税、物品税及各项附加等）悉予废除，实行有免征点和累进最高率的农业统一累进税及合理的工商业税。目前暂留营业税、营业所得税（包括法人经营在内）、烟税、酒税、卷烟统税、契税等税，继续征收。关于出入口税，另行规定公布。

七、摧毁敌伪奴化教育，实行民族的民主的科学的大众的文化教育政策，审查与改造师资，审查与改编教材。敌伪所设学校须经政府审查立案，始准开课。奖励并扶助人民大众的文化事业之发展。

八、对边区境内蒙、回、藏少数民族一律平等待遇，并帮助其在政治上、经济上、文化上的解放与发展，尊重其言语、文字、风俗、习惯及宗教信仰。

综上各端，旨在实行民主，改善民生，使我各界人民均能各得其所，各安其业，发挥各阶层人民的能力与特长。仰我各界人民，一致奋起，群策群力，为建设新中国的伟大事业而奋斗。切切此布。

一九四五年九月二十六日

选自《晋察冀边区行政委员会现行法令汇集》，上册，边区行政委员会 1945 年编印，第 8～10 页。

互校版本：《中国新民主主义革命时期根据地法制文献选编》，第 1 卷，北京，中国社会科学出版社，1981 年版，第 62～64 页。原注：“选自晋察冀边区行政委员会《现行法令汇集》上册，一九四五年版。”

二、选举法规

1. 晋察冀边区行政委员会关于村选举的指示

1939 年 1 月 25 日

一、村政权之脆弱无力，不足以适应战斗环境担当战斗任务，在二十七年最末一次粉碎敌人围攻中，暴露的〔得〕最为明显。因此，如何改造村政权机构，便成了政权问题中的中心问题。《边政导报》《抗敌报》上都曾有所论列，我们认为村政权所以脆弱的主要原因有两个：

（一）村长任务过于繁重。村长的事务平时已经很繁重，认真做起来，是需要精明强干、积极努力的干部的，能力差些就应付不了。战时的工作，单讲支差，已经千百倍于平时，再加上办理保甲、发展生产、征收公粮、推销公债、指挥坚壁清野等等，尤其吃不消。因此，当选而坚辞、就职而叫苦的村长，到处皆是，这样要想村政权发挥大的作用，事实绝不可能。

（二）民权尚未充分的〔地〕运用，民众对于政权的淡漠态度，至今还没有彻底的〔地〕改变。要他们自觉的〔地〕积极的〔地〕参加政治，拥护政权，非将这种淡漠态度改过不可。抗战与民主是分不开的，已经为全国所公认，只有发挥民权，实行民主，才能改变人心，扶植民气，提高民众抗日情绪，发挥民众抗日的力量。

二、针对以上两种主要的原因，我们对于村政权的改造，决定先从发展民权，减少村长事务做起。

（一）村公所之上设村民代表会。

甲、组织

A. 村民代表会由村公民每十五人中，选举代表一人组织之，名额无限，任期一年。

B. 村民代表须具村公民应有之各项资格，年在十八岁以上。

C. 村民代表会设秘书一人，负召集开会之责。

D. 村民代表会于每月月初开会一次，必要时得开临时会议，会议主席由代表互推之。

E. 村公民对其所选之代表，认为不能执行任务或发现村民大会组织法中所指之不良行为者，得经半数以上之同意，随时撤回另选之。

乙、职权

A. 村民代表会于村民大会闭会期间为村最高议事机关，其职权与村民大会同。

B. 村民代表会遵照村民大会决议，计划决定全村之行政。

（二）村公所之下设调解、经济、生产、教育四委员会。

甲、组织

A. 调解、经济、生产、教育四委员会，得依村民多寡、事务繁简，各设委员三人至七人，由村民代表会决定之。

B. 各委员会之委员由村民代表会中之代表互选兼任之。

C. 各委员会设主任一人，总理该会事务。

乙、职权

A. 调解委员会：负调解村民争执诉讼之责。

B. 经济委员会：负编制预决算、指导合作社、执行减租减息、合理负担、优待抗属、征收公粮公款、统计生产消费之责。

C. 生产委员会：负计划、推动、改良、发展全村农、工、林、矿、畜牧各项生产之责。

D. 教育委员会：负计划、推动、改革、办理成人儿童社会学校［和］各项文化教育之责。

E. 各委员会为村公所之一部，直接对村长、村副负责。

F. 各村于工作必要时，得增设其他临时的委员会，小村因人口过少，事务较简，得组织混合委员会，分担调解、经济、生产、教育之责。

三、这样一套村政权机构，第一，增进了民权，使村公所成为村民自己的政权。第二，实行了分工，使村长减少了繁重的事务，有思索计划照顾全局的余裕，使村政有了各负专责的人员去顺利的〔地〕进行。第三，议事机关的人员兼执行机关的人员，可使议事的不致徒唱高调、尽出难题，所有决议都能切合实际，执行的不致蔽于职守、不顾大局，所有工作都能行符其言。

因此，以前村政机构的某些设施就有些改变：

（一）村副以前规定二人至七人，用意原在分工，现在有了各委员会去负专责，分工更加明白确定，村副只留一人就够了。村副的职务是辅佐村长照顾全局。

（二）村救亡室委员会或民族革命室委员会，用意原在讨论推动并监督村政，现在有了村民代表会，明白确定的〔地〕实行民主，委员会决定取消，救亡室或民族革命室今后仅仅是民众的文化娱乐场所了，可由群众团体办理。

四、村政权的机构虽然这样确定了，但可能发生的情形，我们料到的有：第一，有些群众不了解政权和他自身利害的关系，对于参加政权，不感兴趣，选举的时候不会认真。第二，有些群众服从依赖家长、闾邻长惯了，事事推在家长、闾邻长身上，选举也会照样办理。第三，有些群众对于十五个人如何编制的问题会起某种纠纷，争执不决。这都有待于地方干部努力。

（一）要深入的〔地〕宣传解释，使民众彻底了解民主的政权是自己的政权，政权的好坏和自己的利害密切相关，以开展热烈的竞选运动，认真选举为自己做事替自己说话的代表。

（二）要深入的〔地〕宣传解释，使民众打破依赖家长、闾邻长，推委〔诿〕家长、闾邻长的观念，以公民的资格发挥自己的主张，担当自己的任务，争取自己的权利。

（三）为避免纠纷起见，十五个人的编制问题，以地域户口划分为宜。但为群众所不同意时，地方政府也可因地制宜，便宜处理。

（四）各村选民按十五个人编制，编余在十人以上者，推出代表一人，十人以下者，分编于其他各组。

选自《抗日根据地政策条例汇集——晋察冀之部》，第2辑，1942年版，第66～70页。

互校版本：《中国新民主主义革命时期根据地法制文献选编》，第1卷，北京，中国社会科学出版社，1981年版，第253～257页。原注："选自一九四五年八月晋察冀边区行政委员会《政权建设参考文件》第一集。"

2. 晋察冀边区暂行选举条例

1940年6月公布

第一章　总则

第一条　本条例依边区参议会暂行组织条例第二条，及边区县区村暂行组织条例第二条、第二十四条、第四十六条制定之。

第二条　边区参议员、县议员、区村代表用直接、平等、普选制无记名投票法选举之。

沦陷区、游击区之不能直接普选者，得用间接选举。

第二章　选民资格

第三条　凡在边区境内之人民，不分性别、职业、民族、阶级、党派、信仰、文化程度、居住年限，年满十八岁者，经选举委员会登记后，均有选举权及被选举权。

第四条　有下列情事之一者，停止其选举权及被选举权：

一、有汉奸行为，破坏抗日，经判决确定者。

二、经边区军法或司法机关褫夺公权，尚未恢复者。

三、经边区政府通缉有案者。

四、有精神病者。

第五条　团体、学校、银行、各级政府之工作人员或其他机关工作人员，均于所在地参加边区参议员之选举。

第三章　选举区及名额

第六条　边区参议会议员，以县市为单位选举者，其名额如下：

一、三万公民以下之县，选举参议员二名，三万公民以上之县，每增加三万人，增选参议员一名。

二、沦陷区之县，每县选举参议员一名，其不能实行选举者，由边区行政委员会聘请之。

三、沦陷区之市，天津、北平各选举议员三名；太原、石家庄、保定、唐山、张家口、大同各选参议员一名；其不能实行选举者，由边区行政委员会聘请之。

第七条　边区参议员以边区职业团体或少数民族为单位选举者，其名额如下：

一、边区正规部队选举二十名。

二、边区各产业工会选举三名。

三、蒙、藏、满人各选一名，回民选举五名。

四、抗大、联大、抗院各选一名。

五、抗日绅商由边区行政委员会聘请若干名。

第八条　县议会议员以区为单位选举之。二万公民以下之县二十名，二万公民以上之县，每增加二千五百人，增选议员一名。各区应选议员名额，依其公民比例定之。

第九条　区代表会代表以村为单位选举之，二百公民以下之村一名，二百公民以上之村，每增加三百人增选区代表一人。

第十条　村代表会代表以公民小组为单位，于村民大会选举之。每组选举代表一名。

第十一条　公民小组视村公民之多寡，由十五人至四十五人，于间范围内自由组织之。

第四章　竞选

第十二条　边区参议员、县议员、区代表之选举，各抗日党派、群众团体、工厂、兵营、学校及公民自由组合，均得提出候选［人］名单，在不妨害选举秩序下，自由竞选。

第五章　当选及候补

第十三条　边区参议员之当选人不限于本县公民，县议员之当选人不限于本区公民，区代表之当选人不限于本村公民。

第十四条　边区参议员、县议员、区代表，均以得票较多数者为当选，次多数者为候补，候补人不得超过当选人三分之一。

第十五条　当选人因死亡或其他原因不能应选时，由候补人依次递补，递补完尽，仍不足法定人数之半时，得另行补选。

第六章　改选

第十六条　边区参议会每二年改选一次。

第十七条　县议会、区代表会每年改选一次。

第十八条　参议会、县议会、区村代表会遇有特殊情形不能如期改选时，得由边区参议会决议延长之。

第七章　选举机关

第十九条　边区参议员、县议员、区村代表之选举由各级选举委员会办理之，其组织如下：

一、边区选举委员会由边区行政委员会正副主任、民政处长及国民党、共产党、军区司令部、军区政治部、边区各群众团体、各大学学院代表各一人组织之，互推正副委员长各一人。冀中、冀东得设分会。

二、县选举委员会由县议会正副议长、县长、民政科长及县群众团体代表各一人组织之，互推正副委员长各一人。

三、区选举委员会由区代表会正副主席、区长、民政助理员及区群众团体代表各一人组织之，互推正副委员长各一人。

四、村选举委员会由村代表会正副主席、民政委员会主任及村群众团体代表各一人组织之，互推正副委员长各一人。

第八章　附则

第二十条　选举细则另定之。

第二十一条　本条例经边区参议会通过，由边区行政委员会公布施行。

选自《抗日根据地政策条例汇集——晋察冀之部》，第2辑，1942年版，第47～50页。

互校版本：《中国新民主主义革命时期根据地法制文献选编》，第1卷，北京，中国社会科学出版社，1981年版，第257～261页。原注："选自《抗日根据地政策条例汇集》第二辑，晋察冀之部。"

3. 为胜利地完成各级选举而斗争
——晋察冀边区行政委员会指示信

1940年6月

一、三个暂行条例的公布

（一）抗日民族统一战线的民主政权，也就是一切抗日的革命的阶级联合专政的政权，不同于资产阶级的所谓民主政权，也不同于社会主义的政权。这一性质的政权之争取建立与在中国某些地区之已在建立，这充分表现着中国革命的特点，［是］中国革命的历史产物。这是一个创举，是一个伟大的创举，是一切殖民地半殖民地民族解放斗争的模范。

（二）晋察冀边区是一个抗日的民主的统一战线的模范地区，在这里，政权是属于一切抗日的革命的人民的，这是铁一般的事实。不过，边区各级政权在成为新中国的模型上来讲，模型还在继续建造的阶段，边区政府高度的科学化，要打下这一模型的巩固的基础。而边区各级选举正是在完成边区政权高度科学化的这一任务。

（三）县区村各级暂行组织条例，参议会暂行组织条例，暂行选举条例，这三个条例经过了六次的修改，在六月十五日正式公布了。如上所述，民族统一战线政权的建立，在历史上还是创举。在内容上与形式上完全一致地充满了民族统一战线的精神的政权组织条例及选举条例之制定，在我们也是一个尝试、一个创造。这三个条例是总结了边区两年半以来民主政治的经验教训，并针对着边区的以及全国的具体环境与现实需要而制定的，它虽然经过了六次的修改，但一定也还存在着许多缺点，正如边区政治、经济、文化等还没有成为一个完美无瑕的新中国的模型一样。条例需要再修改，必然还要经过修改。随着边区政治经济的发展，我们是会有一个民族统一战线的政权组织条例及选举条例的。关于这一修改的任务，我们交诸行见成立的边区参议会。

（四）三个条例贯彻了抗日民族统一战线的、民主集中制的、现实易行的基本精神。这里绝非一党专政的，而是一切抗日的革命的阶级之联合专政的具体化，也就是表现了一切抗日的革命的阶级之经济的共同发展，以完成中国资产阶级民主革命的任务。这里是少数服从多数，下级服从上级，地方服从边区的具体运用。这里绝不是华而不实的繁琐条文，而是现实的产物，而是马上要执行，一行就要行得通的。

二、三个条例的重要解释

（一）关于代表机关及驻会代表：边区参议会、县议会、区代表会、村民代表会都是人民代表机关，都是权力机关，都是［行］使选举、罢免、创制、复决四权的权力机关。一句话，基本上都是把立法与行政统一起来的政权机关，政府为其组成部分。边区参议会暂行组织条例第二条、第四条，县区村暂行组织条例第二条、第四条、第二十四条、第二十六条、第四十五条、第四十六条、第四十八条都是根据这样基本精神规定的。除村政权是立法与行政完全统一，村政代表机关与执行机关完全一致，故未有驻会代表之设外，为了发挥权力机关的民主政治计，区有驻会代表，县有驻会议员，一律不兼政府职务，驻会区代表原则上不兼政府职务。边区参议会暂行组织条例第十条，县区村暂行组织条例第十一条、第三十条，都根据这一原则施行。

（二）各级人民代表机关与各级政府的关系及其上下级的关系，这是民主集中制的具体运用问题，其唯一前提是加强政权效力，这里包括着下列的几个内容：

1. 参议会、县议会、区代表会、村代表会的关系——（甲）各级人民代表机关，在政治上下级服从上级，没有隶属关系。互相行文均用函。上级人民代表机关对下级人民代表机关之决议认为不当时，函知同级政府令下级政府停止执行。边区参议会暂行组织条例（以下简称参议会组织条例）第十四条，即根据这一原则制定。县议会对区村代表会之决议认为不当时，亦以此同一原则行之。（乙）各级人民代表机关决议之公布，用公告或于公报上行之，并不能给下级代表机关下令，具体执行的法令指示由同级政府公布或下令。参议会组织条例第九条前半段，县区村组织条例第十条前半段，就是根据这一原则制定的。（丙）下级代表机关对于上级代表机关之决议有疑义时，得单独函请解释，或有同级代表机关一定数目的联署清〔请〕求召开临时会复议。参议会组织条例第六条第三项，县区村组织条例第八条第五项、第三十一条第五项，就是这样规定的。

2. 上级代表机关对下级政府的关系及上级政府对下级代表机关的关系——各级人民代表机关只与同级政府发生直接的关系，与下级政府不发生直接的关系；上级人民代表机关与下级政府的关系一律通过同级政府行之，上级政府对于下级代表机关的关系，一律通过下级政府行之。参议会组织条例第四条第二项、第五项、第十四条，县区村组织条例第四条二、三两项、第五条、第二十七条均依此项原则施行之。

3. 同级代表机关与政府的关系——是平行的关系，来往公文一律用函。关于复议问题，首先，复议只限一次。复议不是三议，两个组织条例均规定“于接到两日内详具理由送回……复议”，不合此条例者代表机关得不予复议，代表机关认为理由不充足时，亦得不予复议。其次，在复议未答复之前是否执行的问题，这要看具体情形灵活运用，原则上复议未答复前一律执行，如送达请求复议书之日，参议会、议会或代表会尚未闭幕得暂缓执行。参议会组织条例第九条，县区村组织条例第十条、第三十三条，均本此原则施行。同级政府对代表机关决议必须坚决执行，复议后，如仍有不同意时，得报请上级政府批示。

综上三点，各级代表机关与各级政府关系，及其各自上下级的关系，如下图所示：

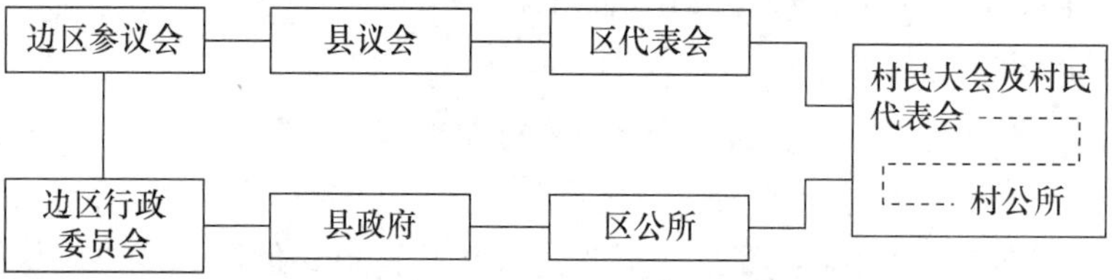

说明：实线表示直接的正式的关系，虚线表示非正式的关系。

4. 县区村组织条例第十六条规定：“……县长一人由县议会选举之，报经边委会给予任状”。这里所说的“任状”，不是委状，而是无条件的〔地〕给予任状。“报”是挂号备案的意思，由同级政府报上级政府。第三十八条、第五十七条第一项之施行法准此。

5. 参议会组织条例第八条规定：“参议会开会时，边区行政委员会委员须列席报告，有发言权，无表决权。”但边区行政委员会委员当选为参议员者，得以参议员资格出席参议会。县长、区长之与县议会、区代表会，其列席出席关系准此。

6. 关于印信。村代表会不要印信，区代表会、县议会、边区参议会均要印信，其大小样式尺寸均与同级政府同。参议会印［信］由参议会自刻，县议会、区代表会印信，由上级政府刊发。

（三）关于村政权的解释：

1. 村民大会及村代表会是一个统一体，为村政权力机关。因此，县区村组织条例第六章所列各条均本此精神制定。第四十八条附件规定“遇有重大事项须提请村民大会审议”，这就是说，村民大会有最后决定权。

2. 第五十三条后半段规定：“但当选为村代表会主席、副主席及村各委员会主任者，须经村民大会罢免之。”意即村民大会或村民代表会选举之村政人员，不得由某一公民小组罢免，须由选举之大会或代表会罢免之。

3. 废除邻闾制。第六十条规定“划分全村为若干闾”，此“闾”为村行政组织，但其内容与形式均不同于邻闾制之间，即不以户为单位，而以公民小组为单位组织之。公民小组为村选举单位，非行政组织。

（四）关于集体领导个人负责制——县区村各级政府均规定为首长制，但县设县务会议（县区村组织条例第二十二条），区设区务会议（第四十三条），村设村务会议（第五十九条），意即各级政府均须形成集体领导、个人负责，发扬民主精神。

（五）关于专门委员会——参议会组织条例第十二条，县区村组织条例第十二条、第三十四条，均有需要设专门委员会之规定。此种专门委员会均非执行机关，乃为研究计划建议机关；则由代表机关送交政府执行。各专门委员会组织由各该级人民代表机关自定之，但均以不开支为原则。

（六）少数服从多数——参议会组织条例第七条后半段规定有“可否同数时取决于主席”，县区村各级代表机关会议亦有如此规定。此项条文骤视之，似不很民主，其实如此机会甚少，但亦得灵活运用。

（七）参议会组织条例第三条附件规定“但得酌发公旅费”，县区村组织条例第六条规定“但贫穷者得酌发公旅费”。此项公旅费之多寡，由各县议会、边区参议会自行规定之。

（八）关于投票法

1. 参议会组织条例第二条规定“边区参议会参议员由边区人民选举之”，选举条例第六条规定“以县市为单位选举者……”。此项选举以联记名投票法行之，即每县市应出代表几人，选票即写几人，以得票多者当选。

2. 选举条例第七条规定“边区参议员以边区职业团体及少数民族为单位选举者……”。此项选举均由各职业团体（按条例规定，除规定者外，一律参加地方选举）自行办理，边区选举委员会不发选票。

3. 参议会组织条例第五条规定：“参议会设议长一人、副议长一人、秘书长一人，由参议员用无记名投票法互选之。”条例第十条规定“参议会设驻会参议员十五人”，此项选举用联记名投票方法行之，其法即每一投票人于一张票上写十五个名字，并将议长、副议长、秘书长、驻会参议员分别标明，分别写票，分别开票。

4. 县区村组织条例第二条规定，“县议会由县公民直接普选之县议员组织之”；第二十四条规定：“区民代表会由区公民直接普选之代表组织之”。选举条例第八条规定：“县议会议员以区为单位选举之”；第九条规定：“区代表会代表以村为单位选举之”。为简便计，此项投票均以单记名行之。但为避免侥幸当选违背民主原则计，当选代表或议员得票不得少于选区应出代表或议员按公民数平均应得票数之五分之一，少于五分之一者不得当选。代表或议员不足法定额数时，应即补选，至选足为止（例如县议员以区为单位选举，其县有选民五万人，应选县议员三十八名，该县某区有选民六千人，应选县议员五名，则议员一名应得平均票数为一千二百票，五分之一为二百四十票，不足二百四十票者不得当选）。

5. 县区村组织条例第七条规定：“县议会设议长、副议长、秘书各一人，由议员用无记名投票法互选之”；第十一条规定：“县议会得设驻会议员三人至五人”；第二十九条规定：“区民代表会设主席、副主席、秘书各一人，由代表用无记名投票法互选之。”此项投票均用联记名，其法即投票人于每张票写五个或三个名字，并分别职务写票开票。

6. 县长、区长选举均用单记名投票法。

（九）选举条例第五条规定：“团体、学校、银行、各级政府之工作人员或其他机关之工作人员，均于所在地参加边区参议员之选举”，其选民登记由各该团体、学校、银行、机关造具公民册，汇册送交县选举委员会，专区与边区选举委员会不作〔做〕选民登记工作。专区级以上之团体、学校、银行、政府机关人员原则上不参加县区村选，其愿参加者得向所在地县或区选举委员会声明，以便准备选票，自由参加。县级以下团体、学校、政府机关人员，一律在所在地参加选举。

（十）选举条例第六条第一项规定：“……每增加三万人增选参议员一名”；第八条规定：“……每增加二千五百人，增选议员一名”；第九条规定：“……每增加三百人，增选区代表一名。”如该条所称增加之人，均指公民而言，其增加选民尾数超过法定一半者，均增选代表一人；不足法定一半者，均免选。

（十一）选举条例第十二条规定“自由竞选”，即指被选人不限于竞选人之范围。“各抗日党派、群众团体、工厂、兵营、学校及人民自由组合，均得提出竞选名单”，自己找报纸公布，自由宣传，选举委员会不代为公布竞选名单。个人亦得自由竞选，以充分发挥民主精神。

（十二）选举条例第十三条规定“边区参议员之当选人不限于本县公民”，意即边区参议员虽以县为单位选举，而被选人则是全边区的范围，以免未在本县进行公民登记者之无当选之机会。“县议员之当选人不限于本区公民，区代表之当选人不限于本村公民”之规定，其理由亦同。

（十三）联合县以一县论，成立一个县议会，选举法与一般县同。设县［佐］公署之县，亦以单独一县论，单独成立县议会，选举法与一般县同。

三、关于国大代表的选举

（一）国民大会在今年十一月就要开会，晋察冀边区是敌后模范抗日根据地，它领有九十余县（冀中平北在内），保护着一千四五百万人民的生命财产，它是靠了边区的军政民同敌寇汉奸的残酷的搏斗争夺回来的。因此，没有理由不让我们参加国民大会，因此我们要选代表准备去参加，不过因为时间的短促，路程的遥远，以及还可能受到其他的阻碍等，我们必须争取早些选出来，因此在日期上，国大代表的选举，要与县议员、县长的选举，同时完成。

（二）选举代表大会的人数——一般地讲，我们敌后根据地日与敌寇汉奸投降派直接作着最残酷最激烈最复杂的斗争，我们为民族国家所尽的力量，实较其他地域为大。为了更加团结和激励敌后的广大人民更踊跃的〔地〕投身到抗战事业中来，更发挥其伟大力量，敌后是应该多选代表的。在这次各级选举准备会议上，原则上决定了每县选代表一人，全边区共选八十余人，这是区域选举。至于职业选举，决定全边区工会选五个代表，农会五个，妇救会五个，青救会四个，商人二个，学生三个，小学教员三个，中学大学教员各一个，新闻记者一个，其他自由职业者一个。关于少数民族方面，蒙人选一个，西藏人选一个，回民选二个代表。

（三）选举的方法——县国大代表的产生，以县为单位（即区域选举）由县议会用无记名单记式投票法选举之，职业团体和少数民族的选举，凡有组织者，由他们通过自己的组织进行选举，没有组织的（如商人）可以公告他们，由他们自己去选。职业选举均不发票。

四、关于村政权与区政会议

（一）村政权的组织，在新颁条例中，大体上没有什么变革，和以前略有不同的，是村民代表会主席、副主席兼任村长、副村长。我们在这一次的各级选举运动中，中心的问题不是重新改选村政权，而是应该把中心放在区级以上的选举工作中。为了避免转移选举的中心，保证这一运动的胜利完成，我们在这一次选举当中，对于村级不必要进行改选，但这并不是说对于村政权根本不要理它，当然我们对于一些不健全的村民代表会加以必要的整理，仍是可以的。不过千万不要因为整理村政权，而转移了选举的中心。其次，在这里应该附带说明的是：在这一次公布的县区村组织条例上，关于村民大会及村民代表会、村公所已有明文规定，不过因为目前不改选，所以对这一部份〔分〕的条文没作什么解释，待以后再作解释好了。

（二）自去年号召正式建立区政会议以来，各县大部分的区均已建立，因为区政会议本质上就是区民代表会，所以在这一次选举运动中，凡已建立区政会议者，原则上不再改选，以前选的仍属有效，以便集中力量，进行区长以上的选举。但我们对于已经建立的区政会议，应该作一番严格的检查，予以必要的整理，把它改造成区民代表会，使它更加健全起来，发挥代表机关应有的作用。这也就是说，区政会议不是取消，而是改造与整理。至于没有建立区政会议的地方，就必须要在这一次选举中，选出区代表来，建立区民代表会。关于区和县代表机关的建立时间，是从七月十五日到八月十五日（原定七月一日到七月底，后来决定推后半月，业已电知），各县可以根据当地实际情形灵活运用。

（三）在这一次的各级选举运动中，区级的选举是整个选举运动的基础工作，区选的成功与失败，对于其他的选举（县议会、县长、参议会、国大代表等）有着决定的意义。区选进行得好，也就是说基础打得好，才能保证这一运动胜利完成；否则，就会遭到损失甚至失败。我们为了保证区选的胜利成功，保证全部选举运动的胜利成功，必须在这一基础工作上花费最大的力量，要进行深入的宣传鼓动工作，从政治上把全体干部和广大人民动员起来，首先热烈的〔地〕参加到区选运动中来，同时要健全选举组织与领导，确定步骤，统一步调，运用突击竞赛的方式，有组织有计划地去进行，更要在区选过程中，随时总结经验教训（选几个区就总结几个区），努力克服缺点，发扬优点，把胜利的方式胜利地运用到其他地区和正在开展着的县选、区选中去，以争取这一选举运动的彻底胜利！

选自《中国新民主主义革命时期根据地法制文献选编》，第1卷，北京，中国社会科学出版社，1981年版，第262～272页。原注：“选自一九四五年八月晋察冀边区行政委员会《政权建设参考文件》第一集。”

4. 晋察冀边区国民党党部颁布之竞选纲领

1940年8月6日

民主运动的怒潮，奔腾澎湃，涌现至边区每个角落，预告着边区新的民主政治，将要胜利的〔地〕完成，本处万分兴奋之余，特提出竞选纲领候选人名单，贡献在全边区父老兄弟姊妹之前，供选举边区参议员及国大代表时之自由采选，我们以百分之百的国民党员资格，在三民主义与抗战建国纲领原则之下，向边区各界同胞竞选！

竞选纲领：（一）彻底实现总理的民族主义，反对帝国主义，尤其坚决的〔地〕打击日本帝国主义，以求中华民族的独立自由解放；坚决执行自力更生国策，反对依存外援心理！赞助国内少数民族自决，并与世界一切被压迫民族联合共同奋斗。（二）坚决执行总理的三大政策和维持世界和平，与积极援助我国抗战的苏联友邦联合！坚持国共合作！“反共”是破坏团结、破坏抗战的办法，我们要坚决的〔地〕反对！扶助广大农工，使工会自动的〔地〕组织起来！积极的〔地〕充实抗建力量！反对一切限制农工、束缚农工、压迫农工的办法。（三）实行总理遗教，召开真正的国民大会，制定宪法，还政于民，使人民真正能运用直接四权，掌握政治。（四）实行总理遗教，改善人民生活，彻底实行减租减息，没收汉奸投降派土地，分给贫苦农民，逐渐实行耕者有其田的政策，反对压迫农民及剥削农民的高利贷。（五）巩固与扩大抗日民族主统一战线，争取最大多数人到抗日民主战线里来，以扩大抗日民主的努力，反对不利于统一战线［的］左倾与右倾的作风。（六）拥护边区一切进步政策及抗建法令。（七）开展边区经济建设及文化教育事业，从基本上改变边区群众经济、文化生活，以保证民主政治的成功。（八）扶助民众运动，使边区各群众组织尤其是青年妇女得到合法的保障，与为自己的利益自由斗争的权利。（九）壮大边区子弟兵，拥护边区子弟兵，巩固边区子弟兵。（十）坚决开展讨汪运动，彻底肃清汪派，并粉碎其伪组织。（十一）和一切封建残余、反进步、反民主、倒退落后的反动份〔分〕子、顽固分子，作坚决的斗争。

中国国民党晋察冀边区党部筹备处

二十九年八月六日

原编者注：

一、一九四〇年边区普选时，除边区国共两党外，还有许多团体与个人的竞选纲领，因限于篇幅未便列入。

二、此两纲领除边区国民党所提出之“没收汉奸投降派土地，分给贫苦农民，逐渐实行耕者有其田的政策”一条未被政府采纳外。中共北分局的施政纲领全部及边区国民党竞选纲领大部已被边区政府采纳，做〔作〕为政府之施政纲领。

选自《抗日根据地政策条例汇集——晋察冀之部》，第2辑，1942年版，第5～7页。

5. 晋察冀边区选举条例

1943年1月20日晋察冀边区第一届参议会通过，
同年2月4日晋察冀边区行政委员会公布

第一章　总则

第一条　本条例依晋察冀边区参议会组织条例第二条，及晋察冀边区县区村组织条例第二条、第三十五条之规定制定之。

第二条　边区参议员、县议员、村民代表均由选民用直接平等普选制无记名投票法选举之。沦陷区、游击区之不能直接普选者，得行间接选举。

前项行间接选举之区域，其选举细则，由该管县政府拟定呈准边区行政委员会施行之。

第二章　选民及被选资格

第三条　凡在边区境内年满十八岁之中华民国人民，不分性别、职业、民族、阶级、党派、信仰文化程度、居住年限，经选举委员会登记后，均有选举权与被选举权。

第四条　有下列情事之一者，无选举权与被选举权：

一、有汉奸行为经判决确定或充伪军伪组织人员者。

二、经边区司法机关、军法机关褫夺公权，尚未恢复者。

三、经边区行政机关通缉有案尚未撤销者。

四、有精神病者。

前项第一款所称伪军伪组织人员系指甘心事敌执迷不悟，或现仍继续充任者而言，其已经反正或准予自新，或确系被迫参加已宣布脱离者不在此限。

第五条　团体、学校、银行、政府或其他机关工作人员，均于所在地参加边区参议员之选举，并得自由参加所在县县议员之选举。但法令另有规定者不在此限。

第三章　选举区及名额

第六条　边区参议员，以县市为单位选举之，其名额之分配依下列规定：

一、三万公民以下之县，选举参议员二名，三万公民以上之县，每增加三万公民增选参议员一名，所增尾数超过一万五千人者，亦得增选参议员一名。

二、沦陷区之县，每县选举参议员一名至三名，其不能选举者，由边区行政委员会聘请之。

三、沦陷区之市，天津、北平各选参议员三名，太原、石家庄、保定、唐山、张家口、大同各选参议员一名。其不能选举者由边区行政委员会聘请之。

第七条　边区参议员以部队、学校、团体及民族为单位选举者，其名额如下：

一、军区部队共选参议员二十名。

二、边区各产业工会共选参议员三名。

三、蒙藏满各民族各选参议员一名，回民共选参议员五名，其不能选举者，由边区行政委员会聘请之。

四、抗大、联大各选参议员一名。

第八条　县议员以区为单位选举之。二万公民以下之县选举县议员二十名。二万公民以上之县，每增加二千五百人增选县议员一名，所增尾数超过一千二百五十人者，亦得增选县议员一名。

各区应选县议员名额，依其公民比例定之。

不能进行选举之区，其县议员由县政府聘请之。

第九条　村民代表，以公民小组为单位于村民大会选举之，每组选举代表一名。

第十条　公民小组视村公民之多寡，由十五人至四十五人于闾范围内自由组合之。

第四章　竞选

第十一条　边区参议员、县议员之选举，各抗日党派、群众团体、工厂、部队、学校及公民自由组合均得提出候选［人］名单，在不妨害选举秩序下，自由竞选。

前项公民自由组合，须有公民五十人以上之连署，并造具履历名册，报请县选举机关审查登记，始为有效。

第五章　当选及候补

第十二条　各县市当选之边区参议员，不限于本县市公民，各区当选之县议员，不限于本区公民，村民代表之当选人，以居本闾者为限。

第十三条　边区参议员、县议员均以得票较多数者为当选，次多数者为候补，村民代表不设候补人。

前项候补人在每一选举单位内不得超过当选人之三分之一，但当选人不足三人者，得设候补一人。

第十四条　边区参议员、县议员因死亡或其他原因去职时，由候补依次递补，无候补者，应即补选。村民代表因死亡或其他原因去职时，由公民小组另选之。

第六章　改选

第十五条　边区参议会、县议会每二年改选一次。村民代表会每年改选一次。边区参议会、县议会遇有特殊情形不能如期改选者，不在此限。

第七章　选举机关

第十六条　边区参议员、县议员村民代表之选举，由各级选举委员会办理之，各级选举委员会之组织如下：

一、边区选举委员会由委员十一人至二十一人组织之，其人选由边区参议会驻会参议员办事处与边区行政委员会就各机关、部队、团体、学校及抗日绅商名流学者中聘请之。

二、县选举委员会由县议会议长、副议长、县长、民政科长及县群众团体代表各一人组织之。

三、村选举委员会由村民代表会主席、副主席、民政委员及村群众团体抗日士绅代表各一人组织之。

各级选举委员会之组织细则另定之。

第十七条　边区参议员以部队、学校、团体、民族为单位选举者，其选举机关依下列规定：

一、军区部队由军区司令部、军区政治部组织特种选举委员会办理之。

二、边区各产业工会由边区产业工会办理之。

三、抗大、联大由各该校组织特种选举委员会办理之。

四、蒙藏满同〔回〕各民族由各该民族团体组织特种选举委员会办理之。

第十八条　各级选举委员会及特种选举委员会之职权如下：

一、办理公民登记进行选举动员。

二、审查选民资格。

三、监督选举。

四、检举选举违法事项。

五、其他有关选举事项。

第八章　附则

第十九条　本条例之施行细则另定之。

第二十九条　本条例自公布之日施行，前颁晋察冀边区暂行选举条例同时作废。

选自《晋察冀边区行政委员会现行法令汇集》，上册，边区行政委员会 1945 年编印，第61～66 页。

互校版本：选自《中国新民主主义革命时期根据地法制文献选编》，第 1 卷，北京，中国社会科学出版社，1981 年版，第 272～277 页。原注："选自晋察冀边区行政委员会《现行法令汇集》上册，1945 年版。"

6. 晋察冀边区行政委员会关于县议会改选与县议会工作的指示

1943 年 3 月 9 日

边区第一届参议会的胜利召开，使边区的民主政治走进了一个新的阶段，为了把这次会议民主团结的精神贯彻到县区村去，进一步启发人民参政的热忱，巩固各阶层的团结，本会特决定北岳区于今年四五月间进行县议会的改选（一、二、六专区于四月十五日到五月十五日进行，三、四、五专区于五月份内进行）。对这一工作，有以下的指示：

一、县议会改选的重要意义

一、今年是争取反攻胜利的一年，也是敌后抗战最艰苦的一年。目前敌寇对我北岳区正酝酿着重大阴谋，其对唐、曲、行、灵的跃进蚕食，正是这种阴谋计划的初步实施，敌寇摧毁华北各抗日根据地的重点，现已指向我北岳区，这必须提高我全体干部与人民高度的警惕！为了动员足够的力量以战胜行将到来空前残酷的局面和克服经济上的困难，亟需〔须〕进一步巩固各阶层的团结，高度的〔地〕发扬民主，使边区每个人民都能自觉的〔地〕积极的〔地〕团结对敌，与参加经济建设。县议会的改选与加强县议会的工作就是达到这个要求的重要实施。

二、二十九年县议员的选举与县议会成立以来，特别是二十九年的大选运动，对于边区的民主建设，实有其不可磨灭的成绩，然而由于当时对这一伟大选举运动，尚系创举，以致表现了不少缺点，县议会成立后因缺乏经验，一般成绩不大，亦发生许多缺点，主要的表现在：

甲、在选举时形式主义与锦标主义，只图表面热闹，或强迫人民参加选举，或则遗漏公民的登记；尤其不少地区随意将某些落后的或比较顽固一些的份〔分〕子公民权取消。发生种种违反民主［的］行为。

乙、当选的议员绝大部份〔分〕为在职干部，对于吸收各阶层人民的领袖到议会来，使议会成为各抗日阶层的代表机关，作〔做〕的很不够，甚至个别的议员不足为人民的表率。两年以来，议员的变动很大，离职的牺牲的以及个别叛国投敌的，使议会残缺不全。议员与人民的联系很差，有些县份虽曾聘请一部份〔分〕以补缺额，然而有些被聘请的不孚众望，反引起某些上层人士之鄙视。有的游击区遗失聘请书名单，使县议员遭受危害，影响很坏。

丙、县议会的工作极不健全，不少干部对县议会性质、任务及其工作范围、权限等认识错误，把县议会看成可有可无、形同虚设的机关。议会开会往往形成士绅座谈会、干部会、听训会、斗争会。会议即〔既〕无充分准备与中心，所讨论与所作的决议，又往往大而无当，不研究上级政府法令，每与上级政府的法令相抵触；对于本县人民痛苦与若干迫切待决之具体问题，则反漠不关心；至对于组织决议之实现，更是很差。

丁、县议会及驻会议员与县政府的关系，模糊不清，有的驻会议员成为县政府的上级，对政府行政处处干涉，形同第二政府，使政府感到工作掣肘，遇事牵制迟缓，影响行政效率极大；有的驻会议员等于政府内部的科长科员，在县长指挥之下配合工作。一般的议会驻会的经常工作，尚未能建立起来。

戊、选民选出自己的代表为县议员后，县议员与其选区的人民之联系很差，大部县分〔份〕是自当选为议员后却与选民无关系，因之议员代表人民意见到议会，传达议会决议与政府法令给选民是极差的；人民自选出议员后，对县议会与议员即漠然视之。

三、为了克服上述缺点，使县议会真正成为一县人民的权力机关，并将此次边区参议会的精神与决议，贯彻下去，使边区民主建设更加完善，县议会进行改选与健全其工作，实为当前的重要工作任务。

二、县选的中心任务

一、在县议会改选工作中，要做到进一步提高人民参政热情，改进与调整各阶级阶层间的关系；对于违法或投敌的议员应该提交［给］政府依法惩办，以提高议会在人民中的威信。

二、要选举各阶层人民的领袖，能够代表各阶层人民的利益的人做议员，为此各级政府与选举机关就需要进行调查研究，动员人民的领袖与代表人物进行竞选，或由选举机关提为候选人，使改选后的议会，在议员的组成上，更能代表全县各种人民的利益。不能选举的地区，聘请时，尤当注意此点。

三、在县选中，要将边区参议会民主团结的精神在干部与人民中进行传达，肃清干部中一切强迫命令等不民主的作风。

四、在县选中，必须与人民当前的切身问题，密切联系，对于人民的困难与迫切需要解决的问题，要切实的〔地〕求得解决，如救灾、春耕，负担之减轻，发展生产合作，租佃纠纷，统累税调查不公，游击区反敌伪掠夺斗争等，应该成为县议会讨论的中心，如果人民吃饭问题不能予以适当解决，则人民参政是没有实际内容的。

三、县选的准备工作（这一工作应该成为县选工作的重点）

一、根据这次边区参议会的精神，由县议会总结两年来县议会的工作，总结要根据本县的具体环境，确定重点，如灾区着重于民生问题，游击区着重对敌斗争问题等，要反对大而无当、浮泛空洞的总结。

二、由县政府负责协同县议会及群众团体调查民间痛苦及急需解决问题，研究解决办法，准备议会提案，对某些问题的县单行法规之起草等。

三、选举的政治动员要确定宣传重点，要以加强民主团结、边区参议会通过的施政纲领实施重点为中心，特别是加强关于民主参政与对敌经济斗争、根据地经济建设相联系的宣传。

四、对于这次边区参议会通过的选举条例，县议会组织条例（见县区村组织条例），详加研究，并吸取过去县选及县议会工作经验，要进行切实周密的计划，组织县区村各级选举委员会，划分选区，配备与训练干部，调查与提出候选人，这些工作都要做充分的准备。

四、县选的组织与领导

一、根据选举条例组织县区村选举委员会，办理公民之调查登记，召集会议，监选，印发选票，宣传动员等，在公民登记中，必须严防随便取消公民权的现象发生。

二、选举区的划分，在一个行政区内划分的〔得〕越小越好（三五个行政村一个选区），这样可以吸收更多的选民参加。候选人的提出，应当包括各阶层人民的代表，每个行政区尽量提当地人做候选人。

三、在选举过程中，要充分发扬与尊重人民的民主，任何违反选举法的行为要坚决反对，其犯妨害选举罪者，应依法究办，对于敌探汉奸破坏选举的言行，必须严加防范与制裁。

四、选举步骤一般的可以前半个月为组织与动员、公民调查登记、训练与配备干部之时间，后半月即可分区突击选举，选举完立即应由第一届议长召集第二届县议会。

五、选举票由县政府印发（参考过去式样，费用由预备费项下开支，专署批准），发票与收票须由选举委员会切实负责检查。

五、游击区的县选

游击区因环境所限，一般的不进行县选，但必须进行下列各项工作：

一、总结县议会的工作，调查县议员的现状，局部改组县议会。除原有之议员外，缺额应聘请对抗战有所贡献、为人民所拥护爱戴之人士补充之。聘请时县政府须调查确实，按照聘请手续办理之，但切要注意保守秘密，免受无谓损失。对于不称职挂名的议员，经过议会或该区人民罢免或撤消〔销〕之。

二、环境比较好的游击地区，于五六月间应召开局部改组后的县议会一次，会议以传达参议会的精神及如何进一步团结对敌减轻人民负担为主。临近巩固区之县，可到巩固区开，但必须充分准备抓紧时间，不能像巩固县那样开法。在环境残酷的游击地区则不必召开，但应尽可能将参议会的精神，向人民传达宣传。

三、为了瓦解与争取伪军伪组织人员，镇压罪大恶极的敌探汉奸，本会正在草拟伪军伪组织人员登记办法及组织特别法庭审判罪大恶极的汉奸办法，这一工作应在县选过程中审查公民权与配合春季政治攻势，积极的〔地〕展开为一个群众运动，以进一步争取我之优势，打击敌伪“蚕食”“肃清”的阴谋。

六、县议会的工作

一、县议会的性质、任务、组织、工作范围、权限及其与县政府的关系，在新颁之县区村组织条例内已有明白规定，县议会与县政府应详加研究遵照进行，县议会不得作与上级政府政策法令相抵触的决议，县议会讨论此种议案时，县长应坚持与解释上级政府的政策法令，不应恐得罪议会卸却责任，致作成错误决议后又加变更，影响议会威信。

二、开会要有中心有准备，除议长向议会作工作报告外，县长应作行政工作报告，报告内容力求简短扼要，多予议员以发言讨论时间，会场布置与招待等均应周到，但反对浪费铺张。

三、对于违法失职的村区干部，提出弹劾、警告，以增强县议会在群聚中的威信。

四、县议会不是行政执行机关，故不能出布告（对人民可以出公告通告），它的一切决议均通过政府去执行。议会闭会后，县议员应利用各种集会（如群众大会、村民大会、村代表会等，但不需单独召集），向自己所代表选区的人民传达与解释县议会的决议，并经常征求人民意见向议会或政府反映。今后议员与自己所代表的人民保持密切的联系，是非常重要的。

五、县议员的权利与义务应在议会上确定（可以参考边区参议员的权利与义务之规定），县议员应当处处为人民表率，闭会期间，议员不能代表议会。

六、县议会是全县人民的权力机关，县政府是县政执行机关，县议会驻会人员不是议会常委，它的权限与工作重点，应当是督促县政府执行县议会的决议，与县议员保持联系，搜集民意，解释政府的政策法令，对于县政府的行政，不能加以干涉，有意见只能提出建议，无强制执行权（县议会的决议要强制执行）；但县政府必须尊重驻会议员，不得视为政府的附庸，当作政府内部的干部使用。驻会议员只限于议长一人。

各县县选工作进行情形应及时报会，并于六月十五日以前（一、二、六专区于五月底）作出总结报会。

选自《晋察冀边区行政委员会现行法令汇集》，上册，边区行政委员会 1945 年编印，第67～74 页。

互校版本：《中国新民主主义革命时期根据地法制文献选编》，第 1 卷，北京，中国社会科学出版社，1981 年版，第 277～284 页。

7. 晋察冀边区行政委员会关于民主大选举准备阶段工作的指示

1945 年 5 月 25 日

（一）民主大选举的意义：“中国时局的唯一出路，就是成立联合政府”。为促进联合政府的成立，就需要进一步壮大我们的力量。我区民主大选举的目的，就是更进一步的〔地〕建设边区民主政治，贯彻实行三三制，更好的〔地〕巩固边区各阶层人民的团结，扩大抗日民主政权的影响于沦陷区，在新解放区则是改造旧政权，使新解放区的基本群众参加政权，以发动与团结新解放区的广大人民，经过这次民主大选举，来发展与壮大解放区的力量，积极准备反攻，推动全国民主的联合政府的成立。为了胜利完成民主大选举的任务，各级政府领导干部对此重大意义必须深刻了解。

（二）民主大选举运动的进行，必须在区以上的干部中以及在村干部与群众中，广泛的〔地〕进行宣传教育，使具有充分的思想准备与组织准备，选举真正为群众服务的积极份

〔分〕子，参加各级人民代表机关及政府机关，严格防止特务份〔分〕子混入，以保证三三制的贯彻实行。因此，民主大选举运动应分为两个阶段进行，准备阶段所花的力量与时间要占三分之二，选举阶段占三分之一。村、县、边区三级选举中，村选是决定的环节，因此我们在力量使用上，调查研究总结村政权要花最大的力量，在时间支配上，村的研究总结放在前边，县与边区的研究总结放在后面。

（三）思想准备的基本问题是从边区到村，所有干部都彻底认识民主大选的意义，确实掌握三三制的精神实质、基本政策、民主制度、民主作风。为此必须用整风精神，精读文件，坦白反省，检查偏向，揭发事实，开展讨论，以达到思想上的统一。

1. “三三制政策是使各界人民都有说话机会，都有事做的政策。”（毛主席在陕甘宁边区参议会的演说）三三制的精神与实质就是民主团结，三三制的认真贯彻与我们各种基本政策的正确执行及民主作风的发扬有极密切的联系。因此思想准备的第一件工作是检查总结民主制度的执行情况，各专署、行署应有重点、有计划地帮助县调查三个典型村：一个三三制执行较好的，一个群众充分发动村庄三三制执行较差的，一个群众发动很差没有贯彻三三制的。调查总结内容要包括政村权的成分，村干部与村民（各阶层）联系，村民团结情况，主要政策贯彻情形，与各阶层人民反映，村干部作风等。县以上各级政府应有计划地召开各种小型的座谈会，如士绅座谈会、地主座谈会、佃户座谈会、雇工座谈会、工商业者座谈会等，贯彻“言者无罪，闻者足戒”的精神，使大家真正做到“知无不言，言无不尽”，我们倾听各阶层人士对我们的批评，对各种政策各方面的意见，使我们进一步熟习各阶层人士的脉搏，以达到加强团结、改进工作的目的。

以上调查材料除随时报告外，行署应于七月底前总结报告本会。

2. 三三制的精神与实质贯彻到我们的政策法令制度之中，就是民主政策、民主制度。因此我们必须总结几个主要政策，来测量我们执行三三制的情况，为县议会、边区参议会的召开，做有效的准备工作。主要总结土地政策、劳资政策、负担政策、除奸政策等。总结方法着重分析典型与一般相结合说明问题，大体上每一个县要调查三个典型村，了解几年来的几个主要政策的执行情形，当前存在的问题，执行中的偏差，特别各阶层人民对我们的政策及其执行的真实意见，有那〔哪〕些问题他们表示欢迎，有那〔哪〕些问题他们对我不满。这些调查材料，望在七月以前陆续送到，九月底行署总结报告本会。

3. 三三制的精神，贯彻到我们的作风上就是民主作风。因此我们必须调查总结我们的工作作风。着重检查对各阶层人士的关系、确定任务、解决问题、是否从群众中来。调查总结要与总结政策相联系，检查我们的会议制度，是否倾听各阶层人民意见，参加政权的每一个人员是不是有职有权。这一问题的总结方法与报告时间与第二个问题同。

（四）在组织准备上，主要应调查研究村、县政权机构。

在村政权方面，应研究公民小组代表会，编组、选举办法，闾、村公所组织，编村、市镇组织等应行改进之处，这些问题，必须依靠仔细的调查研究总结，不能只靠片面的材料，骤下判断。县以上政府应找典型村进行调查研究，然后作出总结，提出改进意见。因为村选在先，村组织须及早确定，各行署务于七月十日前将调查研究材料及意见整理报告本会。

在县政权方面，应研究县议会与选民的联系，驻会机关与县政府［的］关系，县政府组织、制度，每一个专区调查一个到两个县，主要总结最近两年的经验教训，提出今后改革意见，行署于八月十五日以前整理报告本会。

（五）大选举运动的准备工作，主要是调查研究与整风工作。这一工作的进行应与大生产运动密切结合起来，县以上须使用一定的力量进行典型村的调查工作，但不要过多的〔地〕影响区对村大生产的领导。

选自《晋察冀边区行政委员会现行法令汇集》，上册，边区行政委员会 1945 年编印，第83～86 页。

互校版本：《中国新民主主义革命时期根据地法制文献选编》，第 1 卷，北京，中国社会科学出版社，1981 年版，第 284～287 页。原注："选自晋察冀边区行政委员会《现行法令汇集》上册，1945 年版。"

8. 晋察冀边区行政委员会关于民主大选举工作的指示

1945 年 7 月 23 日

民主大选举准备阶段工作，已详前发民字第二十八号指示。兹再就今年大选举应注意的问题指示如下：

一、今年全边区各级民主大选举的重大意义，首先在于团结全边区各阶层人民，发展壮大我解放区的力量，以促进全国性民主的联合政府的实现。其次，就本边区而言，今年的大选，较之一九四〇年的大选，尤有重大的意义。今年的民主大选是在数年来根据地政治、经济、军事、文化各种建设获得很大成绩的胜利基础上进行的，特别是自去年开展大生产运动以来，人民生活获得进一步的改善与提高，一年来执行了扩大解放区的号召，边区民主政权得到迅速的扩大与发展。因此我们必须认识，民主政治的建设是有其具体内容的。选举工作必须与其他重要工作相结合，具体的〔地〕说，在大选举运动中必须抓紧大生产运动的领导，贯彻耕三余一与发展农业副业的方针，确切执行防灾备荒工作，应认识今年总的收成，已有很大减少，夏雨虽降，仍不容抱丝毫松懈心理；其次，应继续进行扩大解放区，加强军事、政治、经济各方面的对敌斗争，在新解放区尤应放手发动与组织群众，贯彻各种基本政策，开展群众减租与改造村政权的斗争，解决当地群众迫切需要解决的问题。

二、深入宣传今年民主大选举的重大意义，为大选的胜利而努力。应动员广大人民积极参政，发动并组织各阶层人民的竞选，展开热烈的参选热潮。为保证选举的彻底胜利，在大选中，必须贯彻实行三三制，加强对"三三制"政策的研究，克服在执行中的一切偏向。在贯彻三三制的精神下，应重视英雄模范在边区各种建设中的伟大作用，使各级人民代表机关不但有代表各阶层的人士参加，并有从实际斗争中产生的与群众有密切联系的群众领袖参加；其次应重视妇女的政治地位，深入发动妇女公民，重视自己的民主权利，积极参加选举，使一定数量与广大妇女有密切联系及在抗日工作上有成绩的妇女领袖到各级政权中。边缘地区除应将边区民主运动深入宣传到沦陷区以推动开展沦陷区工作外，应认真物色沦陷区进步的抗日人士，吸收到县议会或县参政会及边区参议会。但边区参议员之聘请须提出具体意见报由本会办理。

三、在大选中各级政府应广泛发扬民主，开展群众性的批评与自我批评运动。首先，各级政权干部，特别是县区干部，应本［着］为人民服务、一切属于人民、对人民负责的精神，深入反省自己思想上执行政策上和工作作风上存在的一切缺点与错误，坦白的〔地〕进行自我批评。县区干部在准备选举中，应切实帮助领导村干部进行检查工作，开展批评与自我批评，在选民大会、村代表会、县议会上，政权干部应认真的〔地〕检讨工作，进行自我批评，克服以往只提成绩不提缺点的办法。只有在干部自我批评的基础上，才能发动并开展群众性的批评运动，在批评运动中应高度发扬民主，使人民能够做到"知无不言，言无不尽"。领导上应采取"言者无罪，闻者足戒"的态度，倾听人民对政府的一切意见，并发现群众中存在的一切问题。只有如此，才能真正揭发政权工作中的官僚主义与主观主义，才能改进我们的领导与工作；也只有如此，才能使人民识别谁好谁坏，暴露暗藏在政权中［的］一切违反人民利益的份〔分〕子，大大地提高人民的参政参选热情与政治觉悟，进一步巩固抗日民主政权，加强政权与人民的密切联系。各地区群众防奸运动能与此结合进行者可结合进行，如尚未达到进行时期时，亦可打下基础，便利今后的进行。

四、认真的〔地〕健全村代表会及县议会或县参政会，尊重并重视各级人民代表机关。村代表选出后应马上召开村代表会，讨论中心内容，应在为人民兴利除弊及有利团结抗日的大前提下，根据各地不同的情况及人民迫切需要具体确定。一般的应着重大生产、对敌斗争、村负担、文教工作及政策执行等问题。具体的〔地〕说，巩固区应注意克服村财政相当浪费的现象，秋冬两季大生产具体的步骤与做法，如何贯彻耕三余一及发展副业，健全合作社，拨工组织及生产中一切具体问题，与开展文教工作的具体办法；游击区及新解放区应注意对敌斗争，反敌伪抢掠勒索，改造负担办法，贯彻土地政策等，并根据不同工作基础，讨论组织人民经济生活的办法。县议员选出后，亦应抓紧时间，召开本届第一次县议会，着重讨论问题与村代表会同。但必须事先注意准备工作，除开会时一切事务组织的准备工作外，特别重要的是总结过去的议会工作及本县全面工作，其中着重总结边参会通过之施政纲领中的实施重点，即对敌斗争，经济建设（即大生产）、精兵简政（主要是组织领导，特别是县对区村的领导）及贯彻政策、文教工作、保障人权等方面；新收复城市及扩大了解放区之县，应很好总结管理城市扩大解放区工作中的经验；关于建立相当于县区的市公所问题各地可进行研究提出意见。各级领导机关，应认真的〔地〕健全村代表会及县议会，进一步发挥人民代表机关的伟大作用，克服一切看轻与不尊重人民代表机关的心理。县以上，特别是专区以上政权干部应在大选中加强对各级政权组织与主要政策的研究，广泛的〔地〕搜集材料，正确的〔地〕分析研究，一般调查与典型研究相结合，以为下届参议会开会时确定修正各种条例的实际材料。以上各种总结材料于县选后边参会开会前逐级报本会。

五、大选工作的领导与具体进行。

（一）建立各级选举委员会。根据晋察冀边区选举条例第七章第十六、十七、十八条之规定，建立各级选举委员会，行署专署亦建立选委会，皆冠以地区名称。选委会的性质，是在各级政府领导之下动员组织党政军民力量，统一步调并办理一切选举事务的机关，其职权完全依照条例规定执行。各级选委会有上下级领导关系，上级选委会对社会人民可发通告，对下级可发通知，下级选委会应及时对上级汇报，全属政策法令的解释或颁布，则属于政府，其他关于选委会工作，详见边区选委会第一次通告。选委会的工作，应贯彻民主作风，不直接组织竞选，应根据政府法令慎重审查选民资格，对无选举权及被选权之人民，应报经政府宣告，选委会不能直接代替政府进行宣告。

（二）不同地区应根据不同情况采用不同方式。在巩固区群众已经发动起来或基本上已发动起来，应普遍实行直接选举，以民主大选为中心，与开展大生产工作密切结合，一切竞选宣传活动应与拨工生产会议结合，选举时间应利用生产空隙及农闲时间进行。在游击区及新解放区，如群众已基本上发动起来，基本群众已占优势，在环境许可之下，尽可能进行普遍直接的选举，选举时应提高警惕，武装保卫选举。新解放区，群众尚未发动起来，可根据人民迫切需要，先进行改造旧政权、执行减租政策及改造负担清算账目等工作，大选可采取间接选举、推选或聘请方式。

（三）大选步骤及日程，因各地区情况不同，不易统一具体规定，原则上规定边区参议员选举一律于十一月十五日以前选毕，至迟十一月底将选举结果及选举总结逐级报告边区选委会，县选村选视各地具体情形决定。

选自《晋察冀边区行政委员会现行法令汇集》，上册，边区行政委员会1945年编印，第87～91页。

互校版本：《中国新民主主义革命时期根据地法制文献选编》，第1卷，北京，中国社会科学出版社，1981年版，第287～291页。原注："选自晋察冀边区行政委员会《现行法令汇集》上册，1945年版。"

9. 晋察冀边区行政委员会关于村选编村划区勘县界的指示

1945年

一、因为我们的区村政权经过三年的改革，已有很大的进步，因为小村庄单独建立村政权，开支大，区领导单位多，亦不便，因为区有些多，增加了县的领导单位，并增加了开支，因为县与县之间有些插花地、嵌地、飞地，不便领导，县交界常起纠纷，因为这些，所以我们决定于今年村选前，进行编村划区勘县界的工作。

二、工作进行程序：1. 勘县界；2. 编村；3. 划区；4. 村选。

三、勘县界：

（一）县界的纠纷主要是因为负担（县地方款的存在）、支差、县本位引起的。

（二）县交界的工作，一般很弱，而问题也较多，以往没有顾得上专门解决。

（三）嵌地、飞地一般是因为土地的买卖造成，是封建残余之一，插花地一般是迁就了习惯。在统一累进税，"属人计算，属地分担"，一般取消县地方款的条件之下，嵌地与飞地的消除与插花地的适当重划是比较容易的，适当的〔地〕勘定县界，可以加强行政效率。

（四）勘县界的原则：

甲、勘县界不是重划县，现在我们不需要重划县（我们的县行政区域，除特殊地区因战争关系需要重划外，一般均无大问题，划界问题关系的方面很多，最麻烦的是财产关系，在我们统一累进税采取以县为单位的属人计算属地分担的前提下，重划县是不好进行的）。

乙、有人说：把县交界的村庄完全打乱重划，可以加强县交界的工作。这样说法是不对的，因为划界之后还有界，问题是我们应该抓紧县交界的工作，具体解决县交界的问题，各县区村均能掌握政策法令一致执行。

丙、勘县界主要是解决飞地、嵌地与插花地的问题：

A. 一般县界均以山水交通等自然形势来划分，能不变更原界者以不变更为原则。

B. 嵌地一律划入所嵌入之县（其纳税有问题者可照统一累进税细则第二十九条之规定办理）。

C. 插花地一律划，以 a. 自然形势为区划；b. 村距区不超过四十里；c. 重划某些村庄可以对掉〔调〕为原则。

丁、冀中新划县过小者可以重划，县以二五〇—三五〇个行政村为原则。

戊、划县界必须经过很好的调查，政治动员，所发生的问题都要适当的〔地〕解决了，不要强划，不要马虎处理［以免］增加新的困难。

四、编行政村：

（一）过去我们取消编村是正确的，今天要编行政村也是正确的，这是因为民主政治的发展情况的不同而决定的。

（二）在三十户以下的散村：

甲、村代表会、村公所、村武装的健全，建立很好的工作制度是困难的。乙、村教育的开展是困难的。丙、村财政开支大，村差务忙。丁、按村庄的发展，决定于经济的发展，而行政村的编制，也可以影响村的经济发展。戊、适当减少区的领导单位，会加强行政效率。己、适当编行政村可给群众以更多的掌握政权的锻炼机会。

（三）在四十户以下的散村，编行政村，在个别县区也会遇到困难：

甲、村政权还没有从基本上改革的县区，大村欺负小村的情形还是可能发生的。乙、村工作弱的地方，村民管理政治的兴趣还不高，行政村的组织会有困难（因为村政权的干部不脱离生产）。丙、四十户以下的散村，一般都贫穷、距离远，编起来领导不便。丁、在游击区的散村各自成为斗争单位，编后建立新的工作制度，需要一个过程。戊、村款的分配是一个重要问题，现在吃亏的村子愿意编，现在占便宜的村子不愿意编。

（四）不过在大部份〔分〕的县区编行政村有其有利的条件：

甲、村政权的改革使得乡村中涌现出很多积极能干的干部。乙、村政权的分工使得能够建立很好的工作制度。丙、统一累进税的执行会解决村负担的许多纠纷。丁、小村子的工作一般较强，大村欺负小村的旧习，基本上已克服了。

（五）编行政村的原则：

甲、四十户以上的村庄原则上都不编，四十户以下的村庄原则上都编。乙、散村距村公所所在地以不出七里为原则，超过七里者不编。丙、编行政村不出五个散村（自然村）。丁、四十户以上的村可将附近的散村编入。戊、编行政村以自然与经济为主要的条件——大河两岸、大山相隔的村庄不往一块编，经济生活、经济关系不密切的村庄不往一块编，一向有成见并且不好解决者不往一块编。己、编村村公所设于各自然村比较中心的村庄，村名原则上以村公所所在地名之，群众不愿者，可适当的〔地〕另起新村名。庚、散村选主任代表为村公所下之行政组织部份〔分〕。辛、村公所建立轮流值日制。

（六）为了村政权建设的胜利，今年村选工作中要进行闾的编制。

甲、编闾原则：

A. 一般行政村，均以二十到五十户编一闾，各闾编划，以便于村政之领导，按村民主住区或街道为之。

B. 四十户以下之自然村均为一个闾。

C. 冀中大村户数过多，其超过七百五十户者，可酌量情形将每闾户数提高，但以不超过一百户为限。

D. 行政村组成以不超过十五个闾为原则，但超过一千五百户之大村例外。

乙、闾之组织机构及工作范围：

A. 依照县区村暂行组织条例第六十条之规定，设闾主任代表一人，由闾内村民代表互选之。

B. 闾为村政权之组成部份〔分〕，村政权一切工作决定，通过闾主任代表执行之，但闾并非一级。

C. 闾主任代表于必要时，可召集本闾之村民代表举行工作会议，传达并计划执行村公所交付之工作任务，无决定村政兴革及其他事项之权。

丙、编闾工作期限及顺序：

A. 今年村选前一定要照以上规定把闾划好，以顺利进行村选。

B. 顺序：划闾组织公民小组，选举村民代表，召开村民代表会，改选村公所，选举闾主任代表。

丁、公民小组及闾主任代表会：

A. 公民小组于闾范围内自由组织之。但须注意村民住址集中，求得工作之便利，同时又须防止家长制之弊。

B. 村公所为村政执行之便利，可建立闾主任代表联席会，以加强村行政效率，但闾主任代表联席会议，并非村民代表会之常务会，不能代行其职权。

五、划区

1. 过去我们划小区是正确的，今天我们适当的〔地〕把区划大也是正确的，边区村区政权的建设的过程，是由下而上的民主发展的过程，也是由上而下的行政强制逐渐减少的过程，在划小区的时候，行政强制力量大于民主力量，今天需要应该而且也能够发展民主力量，减少行政强制。

2. 现在区公所对村的领导上存在着三种方式：甲、分小区领导（区之下再分小区，一个助理员领导七八个村子），这样使得区公所的分工失掉了作用。乙、民财教实分工领导（村有各委员会），这样因为区领导单位太多，多半照顾不到全面。丙、通过中心村领导，这样使得领导不灵活。这三种领导方式各有优点，也都有缺点。其造成原因是：村政权还在建设阶段，不够健全，与区公所领导单位太多，事务太繁，干部还弱。

3. 编行政村，再健全村政权，减少区的领导单位，适当把区编大一些，减少县的领导单位，这样并减少开支，节省干部，省下的干部加强区这样是好的。（在冀中平原，交通方便，区的领导单位多，困难还少。）

4. 划区的原则：

甲、每一个区以不超过二十—三十五个行政村为原则。

乙、区公所距行政村的距离以不超过四十里为原则。

丙、旧小区要减少六分之一—四分之一。

丁、每一个区要包括一个河流或一百顷以上的耕地，至少要包括一个集市、一个高小（按情形能发展成也可），人口至少须达一万（个别区区域辽阔者可例外）。

5. 区对村的领导：

甲、民财教实助理员分工领导与分村领导配合进行，但要灵活适当调动，以分工与联系、了解全面与抓紧部门工作两不偏废为原则。

乙、取消中心村，取消通过中心村的领导方式。

六、村选：

（一）过去三年三次的村政权改造，获得许多很大的成绩，不过缺点还是很大，村政权的再建设还是很重要的。

甲、村代表会起的作用很少，村政民联席会（村干部会）决定一切的现象也还残存着；

乙、闾邻制取消了，而主任代表制并没有起了很大的作用；

丙、村代表对选民负责与他对选民经常联系制度，还没有建立起来；

丁、有些地方村代表会与村公所（立法与行政）还没有统一起来；

戊、村公所的各个委员会，一般还没有起大作用（除过财政委员会或有些村的军需委员会外，其他委员会多半没有起作用），有许多地方委员会只是形式，忙了村长副，村公所及各委员会的工作制度还没有建立起来；

已、村干部会议，应该成为村公所的执行委员会，现在还没有建立或者没有健全起来；

庚、区对村的部门工作领导，一般的还没有注意到；

辛、有些地区，因为工作开展较晚较差，村政权还没有从基本上改造。

（二）今年村选有它重要的政治意义：

甲、配合编行政村作〔做〕村政权的新建设。

乙、更进一步的〔地〕深入群众依靠群众。

丙、更进一步的〔地〕作〔做〕村的民政、财政、经济、文化、教育建设（这是自力更生的基础工作）。

（三）今年的村选：

甲、工作上要抓紧村代表会、主任代表各委员会的建立健全，制度的建立与坚持，要把村代表会与村公所统一起来。

乙、方式上要民主，反对强迫命令包办的作风，一切靠了政治动员，接受去年各级选举的经验教训，必需〔须〕保证公开的、直接的、自愿的、无记名的、普遍的选举。

（四）选举事务由村代表会负责组织村选委员会办理，必须把去年选举的选举事务经验教训普遍的传达指导进行，村选选票由区印发，选票要小，开支要少，准作正报销，村里不开支。

七、关于这一工作的组织与领导：

（一）边区、专区、县、区各级均组织划界委员会（冀中行署、冀北办事处代表边区一级）——此次划界均由政府聘请人员组织之。边区、冀中、冀北、专区以七—九人为原则，县区以九—十一人为原则，委员会下得酌聘干事。

（二）划界委员会，为政权的划界委员会，均在政权领导之下，对政权负责。

（三）勘界的责任：

甲、县、区、村划界编村均须给图说明——山川形势、村庄大小、户数距离与土地、交通情形。

乙、县界的勘查，由专区级初次勘查，边区级复查决定（边区级认为无问题者，可免予复查），专区级须做〔作〕勘查报告。

丙、划区由县与专区负责，由边区批准，县级须做〔作〕划界报告。

丁、编村由县区负责，由县批准报边区备案，区做〔作〕编村报告。

（四）各级划界委员会，原则上均就现任干部组织之，不开支伙食生活费，如聘有未脱离生产者，按其实有数，照政府工作人员例开支，做〔作〕正报销，以一月为限。划界委员会得开支公旅费，边区、行署级，三百—五百元，专区级二百元，县级五十元，区级十五元，均以一月为限。

（五）过去我们划小区，有许多地方草率，这一次划界要认真执行。划界之后，区、县、专区、办事处、行署到边区，都要划出行政地图。

八、执行问题：

（一）县界一般的没有大的变更，因此专区、县接到这一指示之后，五天之内，要决定那〔哪〕些村子要变更县属，其不变更者，即可进行编村的工作。

（二）行政村也不是普遍的〔地〕编，有许多村子是会不编的，县区于接到这一指示后，十日内，要决定那〔哪〕些村子编、那〔哪〕些村子不编，不编者，即进行村选的工作。

（三）因此勘县界、划区、编村、村选，四件工作，是可以交错进行的，割区的计划要早着手，划区的确定要在最后，未编的村，村选先完成，编了的村，村选后完成，可以与划区同时完成。

（四）划区之后，区代表要转移到新区，县代表要转移到新县。

（五）割县界与编行政村，要特别注意经济关系。

（六）各县划区数：

甲、铁道西各县划区数（附表略）不能超过拟划区数之最高数。

乙、冀中各县划区数由行署规定报会。

丙、平北各县划区数由办事处规定报会。

丁、游击区按现有工作地区划区（以后如新增区，报告批准）。

（七）割区节省下来的干部，择强的配备各个区（新区），把区的各个部门都健全起来，余下的干部，全部送到抗院学习。

选自《晋察冀边区行政委员会现行法令汇集》，上册，边区行政委员会1945年编印，第92～101页。

10. 张家口市参议会选举暂行条例

晋察冀边区行政委员会1946年3月18日颁布，
1946年4月24日修正公布

第一条　本条例根据晋察冀边区选举条例，并张家口市之具体情况制定之。

第二条　市参议员由市公民用直接平等普选制，无记名复记式投票法选举之。

第三条　年满十八岁之中华民国人民，不分性别、职业、民族、阶级、党派、信仰、文化程度，凡居住本市者，经选举委员会登记后，均有选举权与被选举权。

第四条　有下列情形之一者，无选举权与被选举权：

一、有汉奸行为经判决确定者。

二、经边区司法机关或军法机关褫夺公权，尚未恢复者。

三、经边区行政机关通缉有案，尚未撤销者。

四、现行押犯。

五、有精神病者。

第五条　市参议员之选举，除本条例另有规定者外，一般公民均以区为单位选举之。一万公民以下之区，选举参议员七名，一万公民以上之区，每增加一千五百公民增选参议员一名，所余尾数超过七百五十人者，亦得增选参议员一名，但公民在五千人以下之区，选举参议员名额最多不超过四名。公民特多之大区，为选举便利计，得划分若干选区，分别进行选举。此项选区之划分，由市选举委员会确定之。

第六条　警察、机关、学校及三十人以下之工厂，均参加所在区之区域选举。但部队（包括驻在本市之军区部队及其他部队）、中等以上学校及三十人以上之工厂，得单独进行选举。其应选参议员名额，按各该部队、学校、工厂公民人数计算，每达八百人，选举参议员一人，尾数超过四百人者，得增选一人。

凡参加前项规定单独进行选举之单位者，不得再参加区域选举。

第七条　张家口市各团体应选参议员名额如下：

一、工会选参议员三名。

二、农会选参议员一名。

三、妇联会选参议员二名。

四、青联会选参议员二名。

五、回建会选参议员二名。

六、蒙民自治团体选参议员一名。

七、商会选参议员二名。

第八条　市参议员之选举，各民主党派、群众团体、机关、工厂、学校及公民自由组合，均得提出竞选名单及竞选纲领，在不妨碍选举秩序下自由竞选。

第九条　市参议员以得票多数者为当选，次多数者为候补，候补人数在每一选举单位内，不得超过当选人三分之一，但当选人不足三人者，亦得设候补一人。

第十条　市参议员以区为单位选举者，当选人不限于本区公民，进行单独选举之部队、学校、工厂工人在其他选举单位，亦有被选举权。

第十一条　市参议员因死亡及其他原因去职时，由候补依次递补。

第十二条　市参议员每二年改选一次。

第十三条　市参议员之选举，由市选举委员会办理之，其组织如下：

一、市选举委员会，由市长、副市长、社会局长及各群众团体、各少数民族、部队代表各一人，及当地公正人士若干人组织之。

二、选区设市选举委员会办事处，在市选委会领导下办理选举事项，其人选由市选委会聘请之。

第十四条　部队之选举，由军区部队及卫戍部队、政治机关共同组织选举委员会办理之；中等以上学校之选举，由学联办理之；工厂工人之选举，由市总工会办理之。

第十五条　选举委员会之职权如下：

一、办理公民登记，进行选举动员。

二、审查选民资格。

三、监督选举。

四、检查选举违法事项。

五、其他有关选举事项。

第十六条　本条例之解释权，属于晋察冀边区行政委员会。

第十七条　本条例自公布之日施行。

选自《中国新民主主义革命时期根据地法制文献选编》，第 1 卷，北京，中国社会科学出版社，1981 年版，第 410～413 页。原注：“选自晋察冀边区行政委员会《现行法令汇集》续编。”

11. 晋察冀边区行政委员会关于今年村选工作的指示

1947 年 1 月 22 日

为保护与巩固群众既得利益，高度发挥群众力量，支持长期自卫战争，必须更进一步的〔地〕加强村政权，高度发扬民主精神，使村政权成为团结村民、团结军属、密切军民关系的强有力的组织。为此决定今年春耕以前，普遍进行村选，并提出以下意见：

一、发动群众检查村政权，特别着重检查土地改革、村财政、拥军优抗工作及干部作风。总结经验，表扬模范，发扬优良作风；批评领导，教育干部，务期做到群众知无不言，言无不尽；经过村选使模范干部、模范工作［者］得到表扬，使土地改革中分配不当之属（?*）得到改正，使村财政得到整理，使军民更进一步地团结起来，使村政权的民主作风进一步发扬。检查工作与批评领导，目的在于团结，把事办好。

二、在新解放区，应与冬学、群众翻身、翻心运动结合，使群众认识自己的力量，而积极参选。务期自卫战争、土地改革中涌现出来的群众领袖与英雄模范，被选到村政权中来。

三、在游击区及不好进行村选的村庄，不勉强进行形式的选举。要经过群众路线了解村政权情况，将土豪、恶霸垄断的村政权，发动群众，予以改选。

四、村选必须大胆放手，发扬民主，不要丝毫加以限制，要耐心说服群众参选，讲话、批评领导、提出建设村政意见。不要强迫命令，不要怕群众讲话。村民直接选举村长副的办法，各地可试办。

五、今年村选，各级政府应组成一定力量，加强领导，抓紧时间进行。不要因为工作多，而把村选形式化。注意总结村工作经验，以为工作的参考依据。进行情形，请随时报告。

选自《中国新民主主义革命时期根据地法制文献选编》，第1卷，北京，中国社会科学出版社，1981年版，第417～418页。原注：“选自晋察冀边区行政委员会《边政导报》一九四七年第七卷第四期。”

---

* 原文如此——编辑注。

三、政权组织

1. 中共中央北方局为筹建晋察冀边区政府给聂荣臻电①

1937年10月20日

一、在晋察冀全区，为了加强与统一军事政治领导，应即进行统一战线的民主政权的改造与建设。

（一）立即普遍进行区乡临时政府委员会的民选；

（二）由当地武装部队、各党派团体代表组织临时县政府委员会，好的县长可为主席。

（三）立即筹备边区政府的建立，名义可称为晋察冀边区政府委员会，主席即以宋劭文担任；

（四）立即准备公开军区司令部。

二、立即颁布临时边区政府的组织法，规定：

（一）各级政府负责人的产生办法；

（二）实行委员制与民主集中制；

（三）各级政府组织法，边区及县区政府分为下列各部或科：财政经济部、军事部或人民武装部、农政部（管理农民土地问题）、劳动部、内务部（下设民警局，相当于保卫局，不设锄奸部，取消原来的民团警察）、教育部、交通部（管军事运输）、法院（改组原来的法院，增设一高等法院及若干地方法院，法官由政府委员会推定）、监察部；

① 原注：这是刘少奇为中共中央北方局起草的电报。

（四）区政府可不设监察科及法院，只设专管委员；

（五）取消薪饷制，规定各级政府公务员人数及其生活费的办法。

三、各地临时政府成立后，我党应即根据抗日救国十大纲领与基本政策，向委员会提议：颁布各种法令，主要的是劳动法、农民土地法；废除过去的捐税令，规定统一的累进税则，发布肃清汉奸令等。

四、军区司令部即准备公开，并召集各抗日武装代表成立军区军事会议。

五、设立边区工会、农会、民先队部及妇女抗日会等筹备处。另设军事政治学校一二所，大批招收青年工农学生训练干部。

六、边区政府、军区司令部一面筹备成立，一面向蒋、阎提出，力求取得其同意后，向全国公开，以便推广到其他边区。在未得承认前，边区可先行办理，唯暂不向全国公开。

此电并致各边区省委，晋西北及绥远亦可采取此种原则，依当地实况，逐步进行。

选自《刘少奇选集》，上卷，北京，人民出版社，1981 年版，第 90～91 页。

2. 晋察冀边区军政民代表大会组织法

1938 年 1 月

第一条　本大会由各党派及晋察冀边区内驻军、游击队、自卫军、各县县政府及一般性的群众团体代表组织之。

第二条　代表大会设主席团，负责处理大会一切临时问题并主持会议，主席团由晋察冀边区临时政府筹备处委员及代表中选举七人组织之，并以一人为主席团主席。

第三条　代表大会设秘书长一人，由主席团聘请之，下设秘书、事务两处，其职权如下：

一、秘书处拟订议事日程，整理大会决议案，编辑大会日刊，收集大会意见等。

二、事务处办理代表审查、会场布置、签到及食宿招待等一切不属于秘书处之事务。

以上秘书、事务两处均由原筹备处职员担任之。

第四条　本大会由代表中推选五人至七人，组织提案审查委员会，专负审查代表提案之责。

第五条　遇必要时，大会得组织特种问题委员会。

第六条　本组织法自代表大会通过后施行。

附：代表大会组织系统表（略）

选自《晋察冀抗日根据地史料选编》，上册，石家庄，河北人民出版社，1983 年版，第 8 页。

3. 晋察冀边区县政府组织大纲

1938 年 2 月 7 日公布

（甲）组织

一、县政府设县长一人，由边区行政委员会任用之。

二、各县民众组织健全，区村行政人员办理民选完毕，并有相当成绩者，经边区行政委员会查明合格，得呈请□□国府试行民选县长。

三、县政府设秘书一人，总务、财政、教育、实业四科，每科各设科长一人、科员二人至四人，其科员之多寡，由县政会议决定，并报行政委员会备案。秘书、科长由县长呈请行政委员会委任。科员由县长委任，呈报行政委员会备案。

四、县政府得设置书记员，办理缮写等事。执达员办理催征、送达、调查等事。其名额书记员不得过五人，执达员不得过十人。

五、县政府之下，设军用代办所及人民武装自卫队总队部。代办所所长由县长遴选，呈请行政委员会核准委任之。所内组织分工及人员之委任，由县长拟定，报请行政委员会备案。必要时得各区设立分所。自卫队总队长由边区自卫队总队部委任。自卫队之组织条例另定之。

六、关于县内土地、粮食及其他事项，县政府认为有举办或管理之必要时，得呈准行政委员会增设部门办理之。

七、县政府设县政会议，以县长、秘书、科长、军用代办所所长及人民武装自卫队队长组织之，开会时以县长为主席。

（乙）职权

一、县设县政府，于边区行政委员会指导监督之下处理全县行政，监督地方自治事务，并于不抵触国府及边区政府之法令范围内，得发布县令，并制定县单行规则。

二、县长综理县政，监督所属机关及职员。

三、秘书承县长之命，掌理机要、会议、撰拟重要文件及典守印信等事项，并于县长公出时，代行县长职权。

四、总务科办理会计、庶务、收发文件、编制统计及报告，并不属于其他各科之事项。

五、财政科办理征收、募债、管理公产及其他地方财政等事项。

六、实业科办理土地、农、矿、森林、水利、道路、桥梁、工程、劳工、商务、公营及公共事业等项。

七、教育科办理学校、社会教育、图书馆、博物馆、公共体育场、公园及其他社会文化等事项。

八、军用代办所承县长之命，办理一切军用事项。

九、人民武装自卫队之职权另定之。

十、县政会议有审议下列事项之权：

（1）县预算决算事项。

（2）关于合理负担、优待抗战军人家属、减租减息及改善人民生活等之执行事项。

（3）县公债事项。

(4) 县公产处分事项。

(5) 县公共事业之经营管理事项。

县长认为必要时，得以其他事项提交县政会议审议。

选自《抗日根据地政策条例汇集——晋察冀之部》，第 2 辑，1942 年版，第 63～65 页。

互校版本：《中国新民主主义革命时期根据地法制文献选编》，第 2 卷，北京，中国社会科学出版社，1981 年版，第 256～258 页。原注："选自《抗日根据地政策条例汇集——晋察冀之部》。"

4. 晋察冀边区政治主任公署组织法

1938 年 2 月 11 日颁布

第一条　边区行政委员会视行政上之必要，得于适当地区设政治主任公署。

第二条　政治主任公署之组织：

一、政治主任一人，由边区行政委员会委任；

二、秘书一人，干事五人至七人，由政治主任选用，报请边区行政委员会加委；

三、书记四人，由政治主任录用；

四、服务队二十人，内有队长一人、政治工作员一人，由政治主任选用。

第三条　政治主任公署之职权——政治主任领导秘书、干事，负责：

一、联系本区政治、军事；

二、指挥监督本区各县县长；

三、办理本区行政、财政、教育、实业等工作；

四、政治主任可撤换县长，派代请委。

第四条　政治主任公署所在地，由政治主任决定，随时呈报。

第五条　本组织法自令发之日施行。

选自《抗日根据地政策条例汇集——晋察冀之部》，第 2 辑，1942 年版，第 62 页。

互校版本：《中国新民主主义革命时期根据地法制文献选编》，第 2 卷，北京，中国社会科学出版社，1981 年版，第 253～254 页。原注："选自《抗日根据地政策条例汇集——晋察冀之部》第二辑，一九四二年版。"

5. 晋察冀边区县佐公署组织章程

1938 年 2 月 7 日颁布，
同年 7 月 29 日修正

第一条　边区各县，如特殊情形发生行政上之不便时，由边区行政委员会划定区域，设置县佐公署，处理各项政务。

第二条　县佐公署之组织及其职权如下：

一、县佐公署设县佐一人，于行政委员会或该主管县政府指导之下综理一切行政。

二、县佐之下得设办事员四人，承县佐之命分理总务、财政、文教、实业等事宜；书记一人至二人，传达一人，政警五人，办理收发、缮写、印刷、催征等事项。

三、县佐公署得设人民武装自卫队大队部，办理区域内自卫队事宜。

第三条　县佐由边区行政委员会委任之，办事员及其他各员由县佐自行委派，报会备案。

第四条　区域内原有之各区，仍设区公所，区长由县佐遴员呈请委任，但若仅有一区，区长由县佐自兼。

第五条　县佐公署与所属各区往来行文时，得以呈令行之。

第六条　依本章程第二条之规定，县佐公署在可能范围内，有禀〔秉〕承或请求该主管县政府之义务与权利；但并有迳〔径〕向边区行政委员会申述报告或请求之权，边区行政委员会并得直接命令之。

第七条　本章程有不适时，得由边区行政委员会修正之。

第八条　本章程自公布之日施行之。

选自《抗日根据地政策条例汇集——晋察冀之部》，第2辑，1942年版，第65～66页。

互校版本：《中国新民主主义革命时期根据地法制文献选编》，第2卷，北京，中国社会科学出版社，1981年版，第260～261页。原注："选自《抗日根据地政策条例汇集——晋察冀之部》第二辑，一九四二年版。"

6. 中共晋察冀省委关于在政权机关中工作的党员必须遵守的条例

1938年5月14日

近来各级政权中，仍不时发现个别工作人员违犯群众利益或惊人的贪污腐化现象，甚至个别党员也堕落到犯这种可耻的罪恶——背叛阶级又背叛民族利益的罪恶。省委除号召全党同志领导一切抗日分子在党内外开展反贪污腐化等斗争外，特制定在政权中工作的党员应遵守的条例：

（一）必须坚决站在抗日民族统一战线和民主的立场上。

（二）必须保护工、农、小资产阶级及其他阶级阶层一切抗日群众的利益。

（三）刻苦耐劳，积极负责，绝对廉洁、正直。

（四）绝对服从党的决议和指示。

违犯上列任何一条规定，经批评、纠正不改，或相当的党的领导机关认为有辞职必要时，均须立即服从命令辞职，否则，开除其党籍。被开除党籍或被令辞职之党员，如不同意直属领导机关之处理，可依次控于上级党部。

选自《晋察冀抗日根据地》，第1册·文献选编（上），北京，中共党史资料出版社，1989年版，第164页。原注："原件存中央档案馆。"

7. 晋察冀边区县政会议组织条例

1939年3月修正公布

第一条　本会为巩固县政权，健全县行政，集思广益推行民主，以加强抗战建国事业计，于各县县政府之上设县政会议，制定本办法。

第二条　县政会议由下列人员组织之：

一、县长一人，县秘书一人（代表县政府），自卫总队部一人（代表自卫队）。

二、区长若干人（代表区公所）。

三、区士绅代表若干人（每区士绅选举代表一人）。

四、县群众团体负责人若干人（每一群众团体派代表一人，固定的）。

五、区群众团体代表若干人（每区各群众团体合派代表一人）。

第三条　县政会议设主席一人，由县长担任之，设秘书一人，由县政府秘书兼任之。

第四条　县政会议之任务如次：

一、讨论县地方兴革事项。

二、讨论并布置上级政府命令及交办事项。

三、检查工作。

关于兴革事项及变更上级政府政策命令之决议，须呈请上级政府批准后行之，未批准前须坚决执行原命令。

第五条　县政会议每两月开会一次，由主席召集之（借用县印）。会议日程由主席规定，开会时通过循序进行，但必要时有过半数代表之请求得召［开］临时会。

第六条　县政会议之秘书掌理文件，记录等事项。会议决定通过各个组织传达之。

第七条　县政会议采民主集中制，少数服从多数，决议必须执行。

第八条　参加县政会议之代表，不能执行会议之决议有两次者，即取消其参加会议权。

第九条　县政会议之经费由县政府预备费项下开支。

第十条　本办法自发到县之日实行。

原编者注：

（1）在晋察冀边区县区村暂行组织条例公布实行以前，是以县政会议作为临时性的县议事机关。

（2）此条例前，于二十七年夏季曾公布一个草案（略）。

选自《抗日根据地政策条例汇集——晋察冀之部》，第2辑，1942年版，第70页。

互校版本：《中国新民主主义革命时期根据地法制文献选编》，第2卷，北京，中国社会科学出版社，1981 年版，第 258～260 页。原注："选自《抗日根据地政策条例汇集》第二辑，晋察冀之部。"

8. 晋察冀边区区政会议组织大纲

1939 年 9 月 20 日①

第一条　区政会议②为区最高议事机关。

第二条　区政会议由区民代表组织之。

第三条　区民代表以村为单位，由村民大会直接选举之。公民不足二百名之村庄，选举代表一人，二百零一名以上五百名以下之村庄，选举代表二人，五百零一名以上之村庄，选举代表三人，每村以代表三人为最高限度。

第四条　区政会议设主席一人，由代表互选之，设驻会秘书一人，由区政会议聘任之（为便于工作计，最好由区公所职员中聘任）。

第五条　区民代表每年改选一次。代表违法失职时，其所代表之村民得随时依法罢免另选之。

第六条　区民代表均为无给职。

第七条　区政会议之职权如下：

一、审议区公所预算决算。

二、审议县政府区公所交议事项。

三、审议本区所属村公所、村代表会请议事项。

四、审议本区区村各法团、社团请议事项。

五、审议代表提议事项。

六、审议本区范围内之重大事项。

第八条　区政会议开会时，应通知区公所及区监察委员列席。

第九条　区政会议每三个月开常会一次，如区长或主席认为必要或有代表三分之一以上请求时，得召集临时会议。常会、临时会议由主席召集之。

第十条　区民代表于每次开会后，应向其所代表之村民代表会报告会议之决议。

第十一条　区政会议得视工作需要分组各种委员会，研究推动本区行政。

第十二条　本组织大纲自公布之日施行。

选自《中国新民主主义革命时期根据地法制文献选编》，第 2 卷，北京，中国社会科学出版社，1981 年版，第 281～283 页。原注："选自晋察冀边区政府《法令汇编》上册，一九四〇年版。"

---

① 原件无制定年代，依照《晋察冀抗日根据地史料专辑》（大事记）（河北学刊杂志社 1985 年编印，第 228 页）标作"1939 年 9 月 20 日"。

② 原注：此处是指县以下的区。

9. 晋察冀边区县、区、村暂行组织法草案

1940年3月5日公布

本组织法以民国二十三年十二月二十一日国民政府立法院通过之县自治法为基本根据，参酌十九年七月国民政府修正公布之县组织法，同年五月国民政府公布之市组织法区民代表会部份〔分〕，二十八年九月国民政府公布之县各级组织纲要乡民代表会乡公所部份〔分〕，并依边区实际情形、敌后抗战需要，草拟而成，其中可议之点，当不在少，务希各方提供意见，以为修正公布之资。

晋察边区行政委员会（不另行文）

第一章　区域

第一条　县之废置及其区域之变更，须经边区行政委员会（以下简称边委会）转呈国民政府内政部核定。

第二条　县之下为区，区之下为村，村之下为闾，闾之下为邻，其区域之划定及变更，须经边委会之核准。

第二章　公民

第三条　中华民国人民，无论男女，在县区村区域内居住六个月以上，或有固定职务，年满十八岁者，经登记后，为该县区村之公民，有出席县区村公民大会，及行使选举罢免创制复决之权。前项登记，于村公民民政委员会行之。

第四条　有下列情事之一者，不能取得公民资格：

一、有汉奸行为，或破坏抗日，经判决确定者；

二、贪官污吏、土豪劣绅，经判决确定者；

三、褫夺公权，未经恢复者；

四、吸食或贩卖鸦片毒品者；

五、禁治产者（有神经病）。

第三章　县民大会

第五条　县民大会以县公民组织之，行使选举权、罢免权、创制权、复决权。

第六条　县民大会每二年一次，于县长县议会任满前一个月内举行之，必要时得举行临时县民大会。

县民大会或临时县民大会于各村分设会场，同日举行。

第七条　县民大会或临时县民大会，由县长召集之，但因选举或罢免及其他县长应回避之事项而举行者，由县议会议长召集之。

由全县三分之一以上之村均各有公民总数十分之一以上之联署，提请县长或议长，（在本条前段后半情形下）召集临时县民大会时，县长或议长应即召集之。

第八条　县民大会或临时县民大会，须同有全县二分之一以上之村均各有公民总数二分之一以上之到场投票，投票公民过半数之决定，始生效力。

前项决定，应由召集人公告之。

第四章　县议会

第九条　县设县议会，由县民大会选举之县议员组织之，选举法另定之。

第十条　县议员名额，有八万人口以下之县三十名，八万以上十六万以下之县四十名，十六万以下二十万以下之县五十名，二十四万以上之县六十名，六十名为最高额。

第十一条　县议员得任期二年，连选得连任。

第十二条　县议会之职权如下：

一、议决县预算，审议县决算事项；

二、议决县地方款之收入支出及县有财产之经营处分事项；

三、议决县单行规则；

四、议决县政兴革事项；

五、审议县长交议及县民请愿事项。

第十三条　县议会议有与边委会法令抵触者，服从边委会之法令。

第十四条　县议员除驻会议员外，为无给职。开会期间得酌给公费。

第十五条　县议会设议长、副议长各一人，由议员用无记名投票法选举之，开会时议长主席，议长有事故时由副议长主席。议长或副议长因故出缺时，应即补选。

第十六条　县议会每半年开常会一次，经县长或议员三分之一以上之请求，应即召开临时会，常会临时会之会期，不得超过十日。

常会临时会开会时，得请县长列席报告或说明。

第十七条　县议会非有过半数议员之出席，不得开议，议案之表决，以出席议员过半数之同意行之。可否同数时，取决于主席。

第十八条　县议会决议案函送县长执行，县长认决议案不当时，得详具理由，送交复议。如出席议员三分之二以上仍执前议，县长应即执行，如果不执行，县议会得召集县民大会，为罢县长与否之决定。

前项罢免案，经县民大会否决者，县议会应即改选。

第十九条　县议会得设驻会议员三人，督促县长执行决议，驻会议员［为］有给职，并得兼任县政府及其所属机关之职员。

第二十条　县议会得依县政之需要分设民财教实或其他专门委员会，开会时得请县政府有关之科长列席，决议事项，得向县政府建议。

第二十一条　县议员在会议时所为之言论及表决，对外不负责任。

第二十二条　县议员除现行犯外，在会期中，非经县议会许可不得逮捕或拘禁。

第二十三条　县议员违法失职时，由选举该议员之选区公民二分之一以上之决议随时罢免另选之。县议会违法失职时，由县民大会罢免之。

第五章　县政府

第二十四条　县设县政府，置县长一人，由县民大会选举之，报经边委会给予任状。选举法另定之。

县长未实行选举以前，由边委会委代之。

第二十五条　县政府之职权如下：

一、在边委会领导之下处理全县行政。

二、在县议会监督之下，办理县地方自治。

三、公布县议会之决议，并于不抵触边委会法令范围内发布县令，制定单行规则。

四、指挥调动县地方武装人民武装。

第二十六条　县长任期二年，连选得连任。

第二十七条　县长违法失职时，由县民大会罢免之。罢免案通过后，被罢免之县长应即解职，由县议会推定代理县长，于一月内召集县民大会，选举县长，其任期自当选之日起算。

县长因受惩戒处分而免职者，准用前项之规定。

第二十八条　县政府内设下列各室科：

一、秘书室设秘书一人，掌理机要、会议、报告、记录、选拟文件典守印信，管理会计庶务及其他不属于各科事项。

二、民政科设科长一人，掌理户籍、选举、自卫、社团、优抗、抚恤、救灾、赈济、宗教、风俗、有关民政之租息及其他地方民政事项。

三、财政科设科长一人，掌理预算、决算、田赋、税收、合理负担、公粮、公债、公产、金融、物价及其他财政建设事项。

四、教育科设科长一人，掌理学校、社教、宣传、图书馆、博物馆、体育场及其他有关文化教育事项。

五、实业科设科长一人，掌理农田、水利、工矿、林牧、合作、贸易、交通、工程及其他有关经济建设事项。

六、地政科设科长一人，掌理土地调查、登记、丈量、地价征收及有关地政之租息事项，未设地政科者，此类事项归民政科办理。

七、司法科设科长一人，由审判官兼任，掌理民刑案件及监狱看守事项。

第二十九条　县政府下设下列各局所队：

一、公安局设局长一人，掌理除奸、敌工、伪〔违〕警、稽查、户口登记、商业及其他保护政权维持治安事项；

二、军代所设所长一人，掌理公粮支付、车骡人力支配及其他代办军用事项；

三、基干游击队设队长一人，掌理警卫、游击、缉匪、捕盗及其他保卫政权事项。

第三十条　县政府及其所属机关职员，秘书科长、局长、所长、队长由边委会委任，但县长及县议会均得推荐，其他佐治人员之编制及任用另定之。

第三十一条　县政府因事务上之必要，得由县长召集县务会议，区长联席会议，村长联席会议，开会时以县长为主席，办法另定之。

第六章　区民大会

第三十二条　区民大会由区公民组织之，每年一次，于区长区民代表会任满前一个月内举行之，必要时举行临时区民大会，区民大会临时区民大会于各村分设会场，同日举行。

第三十三条　区民大会，或临时区民大会，由区长召集之，但因选举罢免或其他区长因回避之事项而举行者，由区民代表会主席召集之。

区公民提请召集临时区民大会时，准第七条之规定办理之。

第三十四条　区民大会或临时区民大会之决定及公告，准第八条之规定办理之。

第七章　区民代表会

第三十五条　区设区民代表会，由区公民选举之代表组织之。

第三十六条　区民代表任期一年，连选得连任。

第三十七条　区民代表会职权如下：

一、审查区公所开支；

二、议决区政兴革事项；

三、审议区长交议及区民请愿事项。

第三十八条　区民代表会之决议有与县政府之法令抵触者，服从县政府之法令。

第三十九条　区民代表为无给职，开会期间，得酌给公费。

第四十条　区民代表会设主席一人，由代表用无记名投票法互选之，秘书一人，由主席聘任之。

第四十一条　区民代表会每月开常会一次，经代表三分之一以上之请求，应即召开临时会，常会临时会之会期，不得超过五日。

常会临时会开会时得请区长列席报告或说明。

区民代表会之开会、出席、表决，准第十七条之规定办理之。

第四十二条　区民代表决议案函送区长执行。复决罢免程序，准第十八条之规定。

第四十三条　区民代表会得设常务代表三人，监督区长执行决议，常务代表并得兼任区公所之职员。

第四十四条　区民代表会得依区政之需要，分设专门委员会，其开会及决议准第二十条之规定办理之。

第四十五条　区民代表违法失职时，由其所代表之村公民二分之一以上之决议，随时罢免另选之。

第四十六条　区民代表在会议时之责任准第二十一条之规定。

第四十七条　区民代表除现行犯外，在会期中非经区民代表会之许可，不得逮捕或拘禁。

第八章　区公所

第四十八条　区设区公所，置区长一人，区民大会选举之，报经县政府转请边委会备案。区长未实行选举以前，由县长遴选，呈请边委会委任之。

第四十九条　区公所之职权如下：

一、在县政府领导之下处理区行政；

二、在区民代表会监督之下办理区自治；

三、公布区民代表会之决议；

四、指挥调动区人民武装。

第五十条　区长任期一年，连选得连任。

第五十一条　区长违法失职时，由区民大会罢免之。区长罢免免职改选之程序准第二十七条之规定。

第五十二条　区公所设助理员二人至四人，分掌民政、财政、教育、实业，由区长遴选或区民代表会推荐，呈请县政府委任转报边委会备案。

第五十三条　区公所事务上之必要，得由区长召集区务会议，村长联席会议，开会时以区长为主席，办法另定之。

第九章　村民大会

第五十四条　村民大会由村公民组织之，每年一次，于村长、副村长代表会任满前一个月举行之，必要时得举行临时村民大会。

第五十五条　村民大会或临时村民大会由村长召集之，但因选举罢免或村长应回避之事项而举行者，由村民代表会主席召集之，有村公民四分之一以上之联署，提请村长或主席召集临时村民大会时，村长或主席应即召集之。

第五十六条　村民大会或临时村民大会须有村公民三分之二以上之到场投票，投票公民过半数之决定，始生效力。前项决定，由召集人公告之。

第十章　村民代表会

第五十七条　村设村民代表会，由村公民选举之代表组织之。

第五十八条　村民代表为无给职，任期一年，连选得连任。

第五十九条　村民代表会之职权如下：

一、议决村概算决算事项；

二、议决村有财产之经营及处分事项；

三、议决村政兴革事项；

四、审议村长决议及村民提议事项；

五、选举村委员会委员。

第六十条　村民代表会之决议，有与县政府区公所政令抵触者，服从县政府区公所之政令。

第六十一条　村民代表会设主席一人，由代表会互选之，秘书一人，由主席聘任之。

第六十二条　村民代表会每月开常会一次，经村长或村代表三分之一以上之请求，应即召开临时会。常会临时会之会期不得超过三日。

第六十三条　常会临时会开会时得请村长列席报告或说明。

村民代表会之开会、出席、表决，准第十七条之规定办理之。

第六十四条　村民代表会决议案送递村长执行，复决罢免程序，准第十八条之规定。

第六十五条　村民代表违法失职时，由其所代表之公民小组二分之一以上之公民决议，随时罢免另选之。

第六十六条　村民代表在会议时之责任，准第二十一条之规定。

第六十七条　村民代表除现行犯外，在会期中，非经村民代表会之许可，不得逮捕或拘禁。

第十一章　村公所

第六十八条　村设村公所，设村长、村副各一人，由村民大会选举之，报经区公所转请县政府备案。

第六十九条　村长、村副之职权如下：

一、在县政府区公所领导之下处理村行政；

二、在村民代表会监督之下办理村自治；

三、公布村民代表会之决议；

四、指挥村人民武装。

第七十条　村长、村副任期一年，连选得连任。

第七十一条　村长、村副违法失职时，由村民大会罢免之。

村长、村副罢免免职改选之程序，准第二十九条之规定。

第七十二条　村公所设下列各委员会：

一、民政委员会掌理：户籍、选举、优抗、抚恤、救灾、放赈、除奸、土地调查登记等事项；

二、财务委员会掌理：村概算、决算、公粮、公产、合理负担等事项；

三、教育委员会掌理：学校、社教、宣传等事项；

四、建设委员会掌理：经济建设、监督商业合作等事项；

五、调解委员会调解村民争讼事项。

第七十三条　村委员会各设委员二人至七人，互推主任一人，各委员会之委员由村民代表会于代表中互选兼任之。代表过少之村，得由委员五人组混合委员会办理之。

第七十四条　村公所因事务之需要，得召集村务会议。

第七十五条　五家为邻，五邻为闾，闾邻长由闾邻公民推选之。

第十二章　附则

第七十六条　本组织法自公布之日施行。

二十九年三月五日公布

原编者注：此系第一草案，未被采用，其精神与现行法有质的区别。

选自《抗日根据地政策条例汇集——晋察冀之部》，第 2 辑，1942 年版，第 72～84 页。

10. 晋察冀边区行政督察专员公署组织大纲

1940 年 5 月 2 日晋察冀边区行政委员会民行治字第二十九号令公布

一、晋察冀边区行政委员会（以下简称边委会）视行政上之必要，得呈请中央于适当地区，设置行政督察专员公署（以下简称专员公署），为边委会之辅佐机关，所辖县份，以令定之。其区域名称，按晋察冀边区地理形势，冠以数字。

二、专员公署设专员一人，由边委会呈准中央任用之，在边委会领导之下，推动督察及领导所属各县行政，其职权如下：

1. 关于辖区内各县行政计划与中心工作之推动与督促事项。
2. 关于辖区内务县地方预算决算之初步审核事项。
3. 关于辖区内各县地方行政及地方自治之巡视与指导事项。

4. 关于辖区内各县行政人员工作成绩之考核奖惩事项。

5. 关于辖区内各县地方武装、人民武装指挥调动事项。

6. 关于辖区内第二审民刑案件之监审（监审有最后决定权）及军法案件之判处事宜。

7. 关于召集辖区内各种行政会议事项。

8. 关于处理辖区内各县争议事项。

9. 关于边委会交办事项。

三、专员公署为推动辖区内各县地方行政起见，于不抵触中央及边委会之法令范围内，得制定单行规则或办法，呈报边委会备案，但关于限制人民自由，增加人民负担及变更组织或预算者非经核准，不得执行。

四、专员公署如因战争关系，与边委会失却联系时，并得代行边委会职权，但于战争结束后，应将各项处置办法，补报边委会备案。

五、专员公署设秘书室、民政、财政、教育、实业、地政五科及司法处。秘书室置秘书主任一人、秘书三人，各科置科长一人，各室科得置科员、办事员若干人，司法处得置主任审判官及审判官各一人，编制表另定之。为适应战争环境起见，并得设警卫队一排，负保卫专员公署之责。

六、专员公署之秘书主任、秘书、科长、视察员、审判官等，均由边委会委用，余由专员委用，呈报边委会备案。

七、专员公署经费由边委会发给之，其经费表另定之。

八、本大纲自令发之日施行。

选自《晋察冀边区行政委员会现行法令汇集》，上册，边区行政委员会 1945 年编印，第 24～25 页。

互校版本：《中国新民主主义革命时期根据地法制文献选编》，第 2 卷，北京，中国社会科学出版社，1981 年版，第 254～256 页。原注："选自晋察冀边区行政委员会《现行法令汇集》上册，一九四五年版。"

11. 晋察冀边区参议会暂行条例

1940 年 6 月公布

第一条　本条例依据国民政府建国大纲民主选举原则，适应边区具体环境制定之。

第二条　边区设参议会，参议员由边区人民选举之，选举法另定之。但因环境之必要，得由边区行政委员会聘请抗战有功之名流、学者、士绅、少数民族，为聘任参议员，被聘人选由边区行政委员会与边区抗日党派、团体、部队、学校商定之。

聘任参议员名额，不得超过参议员总额十五分之一。

第三条　参议员任期二年，得连选连任。

除驻会议员外，参议员均［为］无给职，但得酌发公旅费。

第四条　参议会职权如下：

一、选举并罢免边区行政委员会及主任委员、副主任委员。被选举人不限于边区参议员。

二、监察弹劾边区各级行政人员及司法人员。

三、制定、修改并解释边区宪法。

四、创制并复决边区单行法规。

五、督促及检查各级政府对边区参议会决议案之执行事项。

六、批准边区行政委员会所提出之预算并审查其决算。

七、决定边区各项基本政策，审议边区行政委员会各项重要计划与方案。

八、决定边区地方税及公粮、公债之征收与废除。

九、决定边区兴革重要事项。

十、审议边区行政委员会及各方请议事项。

第五条　参议会设议长一人、副议长两人、秘书长一人，由参议员用无记名投票法互选之。开会时以议长为主席。

第六条　参议会每年开常会一次，有下列情事之一者，得召开临时会：

一、经驻会议员之决议者。

二、经参议员五分之一以上之请求者。

三、经五分之一以上之县议会请求者。

四、经边区公民十分之一以上之请求者。

五、边区行政委员会提请经驻会议员可决者。

第七条　参议会非有过半数议员之出席不得开议，议案之议决以出席议员过半数之同意行之，可否同数时取决于主席。

第八条　参议会开会时，边区行政委员会委员须列席报告，有发言权，无表决权。

第九条　参议会决议案送交边区行政委员会执行，如边区行政委员会对决议案认为有不当时，应于接到两日内详具理由送回参议会复议。

第十条　参议会设驻会议员十五人，分驻参议会所在地及冀中、冀东，于闭会期间处理日常事务，监督执行决议，负责召集临时会。

议长、副议长、秘书长为当然驻会议员，分别主持会务。

第十一条　参议员开会时，设秘书处、议员资格审查委员会、提案整理委员会，其组织由参议会定之。

第十二条　参议会视工作之需要，得聘请专家成立各种专门委员会，其组织另定之。

第十三条　参议员违法失职时，由各该选区公民过半数之决议，随时罢免另选之。

聘任参议员违法失职时，由边区行政委员会解聘之。

第十四条　县议会、区及村代表会议决之案件有不当时，边区参议会得通知边区行政委员会，令下级政府停止执行。

第十五条　参议员在会议时所为之言论及表决，对外不负责任。

第十六条　参议员除现行犯外，在会期中非经参议会之许可，不得逮捕或拘禁。

第十七条　本条例在边区参议会未成立之前，由边区行政委员会公布施行之。

选自《抗日根据地政策条例汇集——晋察冀之部》，第 2 辑，1942 年版，第 34～37 页。

互校版本：《中国新民主主义革命时期根据地法制文献选编》，第 2 卷，北京，中国社会科学出版社，1981 年版，第 240～242 页。原注："选自《抗日根据地政策条例汇集——晋察冀之部》，第二辑，一九四二年版"。

12. 晋察冀边区县区村暂行组织条例

1940 年 6 月公布

第一章　总则

第一条　本条例依据国民政府建国大纲第八、九两条之基本精神，适应边区抗战之具体环境制定之。

第二章　县议会

第二条　县设县议会，由公民直接普选之议员组织之。选举法另定之。

第三条　县议员任期一年，得连选连任。

第四条　县议会职权如下：

一、选举罢免县长。

二、监察弹劾县级行政人员及司法人员。

三、督促及监察同级政府对县议会决议案之执行事项。

四、批准县预算，审议县决算事项。

五、决定县地方款之收入支出及县有财产之经营处分事项。

六、创制并复决县单行条例。

七、议决县政兴革重要事项。

八、审议县长及各方请议事项。

第五条　县议会决议如与边区行政委员会（以下简称边委会）法令抵触时，边委会得令县政府停止执行。

第六条　县议会除驻会议员外，均为无给职，但贫穷者得予发公旅费。

第七条　县议会设议长、副议长、秘书各一人，由议员用无记名投票法互选之。开会时，议长主席，议长有事故时，由副议长主席；议长、副议长因故去职时，应即补选。

第八条　县议会每半年开会一次，有下列情事之一者，得召开临时会：

一、经议员五分之一以上之请求者。

二、经驻会议员之决议者。

三、县长请求经驻会议员可决者。

四、经县公民十分之一以上之请求者。

五、经三分之一以上之区代表会或五分之一以上之村代表会之请求者。

县议会开会时，县长须列席报告，对会议讨论事项有发言权，无表决权。

第九条　县议会非有过半数议员之出席，不得开会，议案之表决，以出席议员过半数之同意行之，可否同数时，取决于主席。

第十条　县议会决议案送交县政府执行，如县政府对决议案认为不当时，应于接到两日内详具理由，送回县议会复议。

第十一条　县议会得设驻会议员二人至五人，于闭会时间处理日常事务，监察执行决议，负责召集临时会，驻会议员不得兼任政府职务。

议长、副议长、秘书为当然驻会议员，主持会务。

第十二条　县议会得依县政之需要，聘请专家成立财、教、实或其他专门委员会，其组织另定之。

第十三条　县议员在开会时所为之言论及表决，对外不负责任。

第十四条　县议员除现行犯外，在会期中非经县议会许可，不得逮捕或拘禁。

第十五条　县议员违法失职时，由选举该议员之选区公民二分之一以上之表决，随时罢免另选之。

第三章　县政府

第十六条　县设县政府，置县长一人，由县议会选举之，报经边委会给予任状。被选举人不限于县议员。

第十七条　县长任期一年，得连选连任。

第十八条　县政府之职权如下：

一、在边委会领导之下处理县行政。

二、执行县议会之决议。

三、公布县单行条例。

四、指挥调动县地方武装、人民武装。

第十九条　县长违法失职时，由县议会罢免之。

第二十条　县政府设下列各科、室、所、局、队：

一、秘书室：掌理机要、会议报告、记录、撰拟文件、典守印信、管理会计、庶务及其他不属于各科事项。

二、民政科：掌理户籍、选举、自卫、社团、优抗、抚恤、赈灾、救济、卫生、保育、宗教、风俗、有关民政之租息及其他民政事项。

三、财政科：掌理预算、决算、田赋、税收、合理负担、公粮、公债、公产、金融、物价及其他财政建设事项。

四、教育科：掌理学校、社教、宣传及其他有关文化教育事项。

五、实业科：掌理农田、水利、工矿、林牧、合作、贸易、交通、工程及其他有关经济建设事项。

六、地政科：管理土地、调查、登记、丈量、地价、征收及有关地政之租息事项。未设地政科者，此类事项归民政科办理。

七、司法科：掌理民刑案件及监狱看守事项。

八、公安局：掌理除奸、敌工、违警、稽查、公共卫生、缉捕盗匪、维持治安及其他保护政权事项。

九、军用代办所：掌理公粮发付、车骡人力分配及其他代办军用事项。

十、基干游击队：其基本任务为进行游击战争，摧毁敌伪组织及保护政权事项。

第二十一条　县政府及其所属机关职员、秘书、科长、局长、所长、队长，由县长遴选或县议会推荐，呈请边委会委任，各室、科、局、队、所等之编制及其佐治人员任用，办法另定之。

第二十二条　县政府设县务会议，由县长、秘书、各科科长、公安局局长、军用代办所所长、基干游击队队长及指导员组织之，开会时由县长为主席。

第二十三条　县政府因事务上之必要，得由县长召集区长联席会议、村长联席会议，开会时以县长为主席，办法另定之。

第四章　区民代表会

第二十四条　区设区民代表会，由区公所直接普选之代表组织之。选举法另定之。

第二十五条　区民代表任期一年，得连选连任。

第二十六条　区民代表会职权如下：

一、选举罢免区长；

二、监察弹劾区级行政人员；

三、审查区公所开支；

四、督促及检查区公所对区民代表会议决议案之执行事项；

五、创制复决区单行规则；

六、决定区政兴革重要事项；

七、审议区民及各方请议事项。

第二十七条　区民代表会决议有与上级政府法令抵触者，服从上级政府之法令。

第二十八条　除常务代表外，区民代表均为无给职。

第二十九条　区民代表会设主席、副主席及秘书各一人，由代表用无记名投票法互选之，主席、副主席因故去职时应即补选。

第三十条　区民代表会设常务代表三人，于闭会期间驻会，处理日常事务，监督执行决议，并负责召开临时会。

主席、副主席、秘书为当然常务代表，并主持会务。

第三十一条　区民代表会每三月开常会一次，有下列情事之一者，得召开临时会。

一、经代表五分之一以上之请求者。

二、经常务代表之决议者。

三、区长请求经常务代表可决者。

四、经区民十分之一以上之请求者。

五、经五分之一以上之村代表会之请求者。

第三十二条　区民代表会非有过半数代表之出席，不得开议；议案之表决，以出席代表过半数之同意行之，可否同数时取决于主席。

区民代表会开会时，区长须列席报告，对会议讨论事项有发言权无表决权。

第三十三条　区民代表会决议案，送交区公所执行，如区公所对决议案认为不当时，应于接到两日内详具理由，送回区民代表会复议。

第三十四条　区民代表会得依区政之需要，分设民、财、教、实及其他专门委员会。

其组织另定之。

第三十五条　区民代表违法失职时，由选举该代表之区公民二分之一以上之表决，随时罢免另选之。

第三十六条　区民代表在会议时所为之言论及表决，对外不负责任。

第三十七条　区民代表除现行犯外，在会期中，非经区民代表会之许可不得逮捕或拘禁。

第五章　区公所

第三十八条　区设区公所，置区长一人，由区民代表会选举之，报经县政府给予任状，转请边委会备案。被选举人不限于区民代表。

第三十九条　区公所职权如下：

一、在县政府领导之下处理区行政；

二、执行区民代表会之决议；

三、指挥调动区地方武装、人民武装。

第四十条　区长任期一年，得连选连任。

第四十一条　区长违法失职时，由区民代表会罢免之。

第四十二条　区公所设助理员三人至五人，分掌民政、财政、教育、实业、地政，由区长遴选或区民代表会推荐，呈请县政府委任，转请边委会备案。

第四十三条　区公所设区务会议，由区长、助理员组织之，开会时由区长主席。

第四十四条　区公所因事务上之必要，得由区长召集村长联席会议，开会时由区长为主席。

第六章　村民大会及村民代表会

第四十五条　村民大会为村政最高权力机关，由村公民组织之。

村民大会于闭会期间，由村民代表会代行其职权。

第四十六条　村民代表会于村民大会中由公民小组选举之代表组织之。选举法另定之。

村民代表任期一年，得连选连任。

第四十七条　村民代表会设主席、副主席各一人，由代表用无记名投票法互选之，秘书一人，由主席聘请之。

第四十八条　村民大会及村民代表会之职权如下：

一、选举并罢免主席、副主席及村公所各委员会主任及委员。

二、督促并检查村公所对村民大会及村民代表会决议案之执行事项。

三、创制村公约。

四、批准村概算，审议村决算事项。

五、议决村有财产之经营及处分事项。

六、审议村公所及各方请议事项。

七、议决村政兴革事项。

遇有重大事项须提请村民大会审议。

第四十九条　村民大会每半年开常会一次，村民代表会每月开常会一次，必要时，得开临时会，均由村民代表会主席召集之。

第五十条　临时村民大会，经村公民五分之一以上之请求或村民代表会之决定，应即召集之。临时村民代表会，经村公民十分之一以上，经代表会五分之一以上，或经村公所之请求者均应召开之。

第五十一条　村民大会、村民代表会之常会及临时会，均须有过半数之出席始得开会。议案之决定以出席人过半数之同意行之。

第五十二条　村民大会及村民代表会之决定，送交村公所执行，有与上级政府法令抵触者，服从上级政府之法令。

第五十三条　村民代表违法失职时，由其代表之公民小组罢免另选之，但当选为村代表会主席、副主席及村各委员会主任者，须经村民大会或村代表会罢免之。

第五十四条　村民代表在会议时，所为之言论及表决，对外不负责任。

第五十五条　村民代表除现行犯外，在会期中，非经村民代表会之许可，不得逮捕或拘禁。

第七章　村公所

第五十六条　村公所为村政执行机关。

第五十七条　村公所之组织如下：

一、村长、副村长各一人，由村民代表会主席、副主席兼任之，报经区公所转请县政府备案。

二、民政委员会掌理户籍、选举、优抗、抚恤、救灾、放赈、除奸等事项。

三、财务委员会掌理村概算、决算、公粮、公产、合理负担等事项。

四、教育委员会掌理学校、社教、宣传等事项。

五、建设委员会掌理经济建设、监督商业合作等事项。

六、地政委员会掌理土地调查、土地登记及有关土地问题事项。

七、调解委员会调解村民争讼事项。

上列各委员会，得视村政之繁简，增减或合并之。

第五十八条　村公所各委员会，各设主任一人，由村民代表会代表互选之，委员二人至四人，由村民代表会选任之，但不限于代表。

第五十九条　村公所设村务会议，每周开会一次，由村长、副村长、各委员会主任及人民武装委员会主任组织之，开会时由村长主席。

第六十条　村公所为行政之便利，得依村民住区或街道划分全村为若干间，间设主任代表一人，由本间公民代表互选之。村民代表于代表会闭会后为村政执行人员。

第八章　附则

第六十一条　本条例自公布之日施行之。

选自《抗日根据地政策条例汇集——晋察冀之部》，第2辑，1942年版，第37～46页。

互校版本：《中国新民主主义革命时期根据地法制文献选编》，第2卷，北京，中国社会科学出版社，1981年版，第261～272页。原注："选自《抗日根据地政策条例汇集——晋察冀之部》第二辑，一九四二年版。"

13. 晋察冀边区行政委员会关于村选、编村、划区、勘县界的指示

1940年11月

一、因为我们的区村政权经过三年的改革已有很大的进步，因为小村庄单独建立村政权开支大，区领导单位多亦不便，因为区有些多，增加了县的领导单位并增加了开支，因为县与县之间有些插花地、嵌地、飞地不便领导，县交界常起纠纷。因为这些，所以我们决定于今年村选前进行编村划区勘县界的工作。

二、工作进行程序：（一）勘县界，（二）编村，（三）划区，（四）村选。

三、勘县界：

（一）县界的纠纷主要是因为负担（县地方款的存在）支差、县本位引起的。

（二）县交界的工作一般很弱，而问题也较多，以往没有顾得上专门解决。

（三）嵌地、飞地一般是因为土地的买卖造成，是封建残余之一，插花地也一般是迁就了习惯，在统一累进税属人计算属地分担，一般取消县地方款的条件之下，嵌地与飞地的消除与插花地的适当重划是比较容易的。适当的勘定县界，可以加强行政效率。

（四）勘县界的原则：

甲、勘县界不是重划县，现在我们不需要重划县（我们的县行政区域，除特殊地区因战争环境需要重划外，一般均无大问题。划界问题关系的方面很多，最麻烦的是财产关系。在我们统一累进税采取以县为单位的属人计算属地分担的前提之下重划县是不好进行的）。

乙、有人说把县交界的村庄完全打乱重划，可以加强县交界的工作。这样说法是不对的。因为划界之后还有界，问题是我们应该抓紧县交界的工作，具体解决县交界的问题，各县区村均能掌握政策法令一致执行。

丙、勘县界主要是解决飞地、嵌地与插花地的问题。

1. 一般县界均以山水交通等自然形势来划分，能不变更原界者以不变更为原则。

2. 嵌地一律划入所嵌入之县（其纳税问题者可照统一累进税细则第二十九条之规定办法）。

3. 插花地一律重划。以（1）自然形势为区划，（2）村距区不超过四十里，（3）重划某些村庄可以对掉〔调〕为原则。

丁、冀中新划县过小者可以重划。县以二五〇至三五〇个行政村为原则。

戊、划县界必须经过很好的调整，政治动员，所发生的问题都要适当的解决，万不要强［划］，不要马虎处理［以免］增加新的困难。

四、编行政村：

（一）过去我们取消编村是正确的，今天要编行政村也是正确的。这是因为民主政治的发展情况的不同而决定的。

（二）在三十户以下的散村：1. 村代表会村公所村武装的健全，建立很好的工作制度

是困难的。2. 村教育的开展是困难的。3. 村财政开支大，村差务忙。4. 按村庄的发展决定于经济的发展。5. 适当减少区的领导单位，会加强行政效率，而行政村的编制也可以影响村的经济发展。6. 适当编行政村可给群众以更多的掌握政权锻炼机会。

（三）在四十户以下的散村，编行政村在个别县区也会遇到困难：1. 村政权还没有从基本上改革的县区，大村欺负小村的情形还是可能发生的。2. 村工作弱的地方，村民管理政治的兴趣还不高，行政村的组织会有困难（因为村政权的干部不脱离生产）。3. 四十户以下的散村，一般都贫穷，距离远，编起来领导不便。4. 在游击区的散村各自成为斗争的单位，编后建立新的工作制度，需要一个过程。5. 村款的分配是一个重要的问题，现在吃亏的村子愿意编，现在占便宜的村子不愿意编。

（四）不过在大部份〔分〕的县区编行政村有其有利的条件：1. 村政权的改革使得乡村中涌现出很多积极能干的干部。2. 村政权的分工，使得能够建立很好的工作制度。3. 统一累进税的执行会解决村负担的许多纠纷。4. 小村子的工作一般较强，大村欺负小村的旧习基本上已克服了。

（五）编行政村的原则：

甲、四十户以上的村庄原则上都不编，四十户以下的村庄原则上都编。

乙、散村距村公所所在地以不出七里为原则，超过七里者不编。

丙、编行政村不出五个散村（自然村）。

丁、四十户以上的村可将附近的散村编入。

戊、编行政村以自然与经济为主要的条件——大河两岸、大山相隔的村庄不往一块编。经济生活、经济关系不密切的村庄不往一块编，一向有成见并且不好解决者不往一块编。

己、编村村公所设于各自然村比较中心的村庄，村名原则上以村公所所在村名（命）之。群众不愿者，可适宜的〔地〕另起新村名。

庚、散村选主任代表为村公所下之行政组织部份〔分〕。

辛、村公所建立轮流值日制。

（六）为了村政权建设的胜利，今年村选工作中要进行闾的编制。

甲、编闾原则：

A. 一般行政村，均以二十到五十户编一闾，各闾编划，以便于村政之领导，按村民之住区或街道为之。

B. 四十户以下之自然村均为一个闾。

C. 冀中大村户数过多，其超过七百五十户者，可酌量情形将每闾户数提高，但以不超过一百户为限。

D. 行政村组成以不超过十五个闾为原则，但超过一千五百户之大村例外。

乙、闾之组织机构及工作范围。

A. 依照县区村暂行组织条例第六十条之规定，设闾主任代表一人，由闾内村民代表互选之。

B. 闾为村政权之组成部分，村政权一切工作决定，通过闾主任代表执行之，但闾并非一级。

C. 闾主任代表于必要时，可召集本闾之村民代表举行工作会议，传达并计划执行村公所交付之工作任务，无决定村政与兴革及其他事项之权。

丙、编闾工作期限及顺序：

A. 今年村选前一定要照以上规定把闾划好，以顺利进行村选。

B. 顺序：划闾组织公民小组，选举村民代表，召开村民代表会改选村公所，选举闾主任代表。

丁、公民小组及闾主任代表会：

A. 公民小组于闾范围内自由组织之。但须注意村民住址集中，求得工作之便利，同时又须防止家长制之弊。

B. 村公所为村政执行之便利，可建立闾主任代表联系会，以加强村行政效率，但闾主任代表联席会议，并非村民代表会之常务会，不能代行其职权。

五、划区：

（一）过去我们划小区是正确的，今天我们适当的〔地〕把区划大也是正确的。边区村区政权的建设过程是由下而上的，民主发展过程，也是由下而上的，行政强制力量大于民主力量，今天需要应该是，而且也能够发展民主力量，减少行政强制。

（二）现在区公所对于区的领导上存在着三种方式：1. 分小区领导（区之下再分小区，一个助理员领导七八个村子），这样使得区公所的分工失掉了作用。2. 民财教实分工领导（村有各委员会），这样因为区领导单位太多，多半照顾不到全面。3. 通过中心村领导，这样使得领导不灵活。这三种领导方式，各有优点，也都有缺点，其造成原因是：村政权还在建设阶段，不够健全，与区所领导单位太多，事务太繁，干部还弱。

（三）编行政村。再健全村政权，减少区的领导单位，适当把区编大一些，减少县的领导单位，这样并减少开支，节省干部，省下的干部加强区，这样是好的（在冀中平原，交通方便，区的领导单位多困难还少）。

（四）划区的原则：

甲、每个区以不超过二十五到三十五个行政村为原则

乙、区公所距行政村的距离以不超过四十里为原则。

丙、旧小区要减少六分之一至四分之一。

丁、每一个区要包括一个河流或百倾〔顷〕以上的耕地，至少要包括一个集市、一个高小（按情况能发展也成），人口至少须达一万（个别区区域辽阔者，可例外）。

（五）区对村的领导：

甲、民财教实助理员分工领导与分村领导配合进行，但要灵活适当调动，要分工与联系，了解全面与抓紧部门工作两不偏废为原则。

乙、取消中心村，取消通过中心村的领导方式。

六、村选：

（一）过去三年三次的村政权改造，获得很大的成绩，不过缺点还很多，村政权的再建设还是很重要的：甲、村代表会起的作用很少、村政民联席会（村干部会）决定一切的现象也还残存着。乙、闾邻制取消了，而主任代表制没有起了很大的作用。丙、村代表对选民负责与他对选民经常联系制度，还没有建立起来。丁、有些地方村代表会与村公所

（立法与行政）没有统一起来。戊、村公所的各个委员会一般还没有起作用，有许多地方委员会只是形式，忙了村长村副、村公所及各委员会的工作制度，还没有建立起来。己、村干部会议，应该成为村公所的执行委员会，现在还没有建立成者没有健全起来。庚、区对村的部门工作领导一般还没有注意到。辛、有些地区因为工作开展较晚较差，村政权还没有从基本上改造。

（二）今年村选有它重要的政治意义：甲、配合编行政村作村政权的新建设。乙、更进一步的〔地〕深入群众、依靠群众。丙、更进一步的〔地〕作〔做〕村的民政财政经济文化教育建设（这是自力更生的基本工作）。

（三）今年村选：甲、工作上要抓紧，村代表会、主任代表、各委员会的建立。制度的建立与坚持，要把村代表与村公所统一起来。乙、方式上要民主，反对强迫命令包办的作风，一切靠了政治动员，接受去年各级选举的经验教训，必须保证公开的、直接的、自愿的、无记名的普遍选举。

（四）选举事务由村代表负责组织村选委员会办理，必须把去年选举的事务经验教训普遍的〔地〕传达指导进行。村选举票由区分发、选票要小，开支要少，准免证报销，村里不开支。

七、关于这一工作的组织与领导：

（一）边区、专区、县、区各级均组织划界委员会（冀中行署、冀北办事处代表边区一级）——此次划界均由政府聘请人员组织之。边区、冀中、冀北、专区以七—九人为原则，县区以九—十一人为原则，委员会下得酌聘干事。

（二）划界委员会为政权的划界委员会，均在政权领导之下，对政府负责。

（三）勘查的责任：

甲、县、区、村划界编村均须绘图说明——山川形势、村庄大小、户数、距离与土地、交通情形。

乙、县界的勘查，由专区级初次勘查，边区级复查决定（边区级认为无问题者，可免予复查），专区级须做〔作〕勘查报告。

丙、划区由县与专区负责，由边区批准，县级须做〔作〕划界报告。

丁、编村由县区负责，由县批准报边区备案、区做〔作〕编村报告。

（四）各级划界委员会，原则上均就现在干部组织之，不开支伙食生活费，如聘有未脱离生产者，按其实有数照政府工作人员例开支，作正报销，以一月为限。划界委员会得开支公旅费，边区、行署级三百—五百元，专区级二百元、县级五十元、区级十五元，均以一月为限。

（五）过去我们划小区，有许多地方草率，这一次划界要认真执行。划界之后，区、县、专区、办事处、行署到边区，都要划出行政地图。

八、执行问题

（一）县界一般的没有大的变更，因此专区、县接到这一指示之后五天之内，要规定那些村区要变更县属，其不变更者，即可进行编村的工作。

（二）行政村也不是普遍的〔地〕编，有许多村子是会不编的。县区于接到这一指示后十日内，要决定那〔哪〕些村子编、那〔哪〕些村子不编，不编者立即进行村选的工作。

（三）因此勘县界、划区、编村、村选，四件工作，是可以交错进行的。划区的计划要早着手，划区的确定要在最后。未编的村村选先完成，编了的村村选后完成，可以与划区同时完成。

（四）划区之后区代表要转移到新区，县代表要转移到新县。

（五）划县界与编行政村要特别注意经济关系。

（六）各县划区数：

甲、铁道西各县划区数不能超过拟划区数之最高数。(附表略)

乙、冀中各县划区数由冀中行署规定，报会。

丙、冀北各县划区数由冀北办事处规定，报会。

丁、游击区按现有工作地区划区（以后如新增区，报告批准）。

（七）划区节省下来的干部，择强的配备各个区（新区），把区的各个部份〔分〕都健全起来。余下的干部全部送到抗院学习。

（二十九年十一月发出）

选自《抗日根据地政策条例汇集——晋察冀之部》，第2辑，1942年版，第53～60页。

互校版本：《晋察冀边区行政委员会现行法令汇集》，上册，边区行政委员会1945年编印，第92～101页。

14. 晋察冀边区政府成立三周年告边区同胞书

1941年1月18日

亲爱的同胞们!

晋察冀边区自成立以来，已经整整三年了。这是伟大的三年，这是愉快的三年，这是坚〔艰〕苦奋斗的三年！三年来，赖我英勇善战的边区子弟兵，赖我团结、进步的老百姓，赖我党政军民坚持民族统一战线与独立自主自力更生的抗战方针，我们已胜利的〔地〕建立了钢铁般的根据地，已初步的〔地〕建设了民主政治的基础。三年来，我们继续粉碎了敌寇的进攻，继续扫除了投降妥协派，继续同敌伪进行了政治、经济、文化的斗争，我们在政治、军事、经济、文化的建设上，已有初步的规模。可是，抗战建国的事业是长期的、异常艰苦的，未来的困难，比起我们经历过的还会更多，时代付给我们的任务，我们作〔做〕了的还是很少。而我们三年来的斗争历史，却证明我们有克服一切困难的力量，我们有必然会把根据地坚持下去、战胜日本帝国主义的信心，我们日在接近光明幸福独立自主的新中国！继续以往刻苦奋斗的精神，更与边区同胞共勉：

一、壮大边区子弟兵，巩固并发展民兵，有组织的〔地〕开展群众游击战争——保证子弟兵的满员，保证子弟兵衣食的充足，保证公粮的动员，保证平粜工作的胜利完成，加强民兵的组织性，提高民兵的战斗力。民兵乃是人民自己的抗日武装，广泛的〔地〕有组织的〔地〕开展游击战争，保卫自己的家乡，打击敌寇的“烧杀政策”，发展游击区，扩大并巩固巩固区，缩小敌占区。我们号召游击区的同胞，大量参加子弟兵！号召同胞们，以同胞的友爱、民族的友爱，热烈优待子弟兵！号召全边区的同胞，广泛的〔地〕组织到战争里边来，保卫边区，保卫中华民族，把日本强盗打到鸭绿江边去！

二、反对“反共”巩固团结，发扬民主，改善民生——一切抗日的愿意进步的人们，更紧密的〔地〕团结起来，肃清敌寇奸细，打击“反共”特务份〔分〕子。更进一步的〔地〕健全各级政权，特别是区村政权。一切抗日的进步的同胞，要以更大的积极性参加政权，彻底肃清强迫命令的不良作风，认真减租减息，适当改善工农生活，依约交租交息，契约自由，依法定立或解除。我们号召士绅地主富商大贾以民族国家为重，坚持抗战，坚持进步，反对“反共”，巩固团结。我们号召边区各界同胞，高度发扬民族友爱精神，亲密各阶层团结，各阶层间有争执不能解决的问题，可依法申诉。

三、发展农工业，活跃商业，开展合作事业及家庭副业——有计划、有组织的〔地〕发展农业，兴办工业，在今年春耕以前，我们要适当的〔地〕解决支差问题，根据有力出力的原则，逐渐的〔地〕实现每一个青年、中年、壮年，每一个月至多服五天勤务（破路、担架、民兵参战在外），做到不务［误］农时。在春耕以前，我们也要适当解决劳工问题，务使劳资双方各得其所，有利抗战，有利生产。我们号召加紧春耕秋耕，加紧制肥，适当的〔地〕交换种子，及时的〔地〕补充农具，繁殖牛马驴骡，有计划的〔地〕造林、保林，不让荒废一寸土，提高土地生产量五分之一，提高到战前的水平！在产棉区以五分之一的土地种棉，我们号召各机关、部队、团体，于农忙时，一律抽出时间参加生产，建立礼拜六生产制，每一个人帮助老百姓种一亩地，并生产自己足够的菜蔬！我们号召在农忙时节，一律停止支差勤务，各部门的运输均由自己解决！我们号召开办大量的纺织工业、榨油坊，以植物油代替煤油，以土制火柴代替外来火柴，制造土药以代替西药，开采煤矿，充实燃料，开采铁矿、铜矿，充实工业原料。我们号召广泛开展合作社，健全合作社，发挥合作社的群众经济组织的作用，反对合作社的机关化的倾向。我们号召活跃边区商业，严格管理进出口货，反对阻碍内部自己贸易的县界乱扣乱税行为，处置一切非法扣留、非法上税的人员！依法处置破坏金融的奸商！我们号召大量的私人资金，涌现到工矿、水利合作事业家庭工业里边来，凡是投资到这些事业里的资本是不上税的！我们号召全边区的妇女，有组织的〔地〕参加到生产部门里边来，在今年的生产战场上要涌现出大量的女英雄！

四、实现统一累进税，严格财政制度，肃清贪污浪费，减轻人民负担。抗战是持久的，人民向政府纳税是义务是光荣，统一累进税是最公平的税，有钱的出钱，钱多的多出，钱少的少出。除过工人雇工及赤贫的人不负担外，一律按财产收入多少计分纳税，纳税人口要占全人口的百分之八十以上，从今年起政府除过征税收统一累进税（钱、粮、秣三种形式）、出入口税、田房契税（保护财产的税）外，所有田赋、营业、印花、牌照等税一律取消。统一累进税只有本会及村公所有征收权，村款的征收不能超过本会规定的范围。所有专署、县政府、区公所，一律不准向人民派款派粮，任何机关团体都不准以任何形式向人民捐款捐物，违者依法处理。我们号召全边区的同胞依法监督各级政府的财政，如有违法向人民捐派者，得向上级政府控告，上级政府必根据事实予以应有的制裁。我们号召村民要用更大的力量监督村财政，肃清村款的浪费与某些贪污现象。对于非自愿的慰劳捐款，人民可以拒绝。我们号召要胜利的〔地〕完成统一累进税的调查征收工作，全体人民应忠实填报，丝毫不要隐瞒，广大工人、雇工要自动捐纳，争取模范。

五、发扬民义（意）机关的作用，保障人权，保障财产权，保障言论、集会、结社、出版、信仰之自由权——民义（意）机关，是人民自己选出来的，它替人民负完全的责任，民义（意）机关负有监督、弹劾、选举、罢免、创制、复决之权，人民对于政府有何意见，都可以通过代表来讲。全边区的人民，不管属于任何党派、团体、阶级、民族、职业，非依法不能逮捕、不能监禁、不能处罚，除汉奸财产得依法没收外，全边区人民的财产所有权，政府负责保护。集会、结社、出版，只要是向政府履行过登记手续，在不作有碍抗战团结的言行的前提下，都可以自由。我们号召如有侵犯人权、侵犯财产权者，不论政府、机关、团体或个人，被侵犯者均得以控诉，政府当依法处理。我们号召各级民意机关，有计划的〔地〕采纳民意，定期的〔地〕把人民的意［见］反映到政府。我们号召大量的妇女参加到政权里边来，使妇女更进一步的〔地〕得到解放。

六、普及教育，肃清文盲，建设边区文化——要使边区成为新中国的模范，必需〔须〕有文化教育建设，没有普遍的文化教育建设，各项工作的进展是要受限制的。我们必须使文化教育建［设］与政治、经济的建设相适应，在今年我们要做到每一个行政村有一个小学校，学龄儿童入学者要达到百分之六十，每个区要有一个高小，每一个高小要吸收三个免费生，我们要把初级中学变成四年制，要大量的〔地〕吸收自费生，吸收各阶层人士的子弟入学。我们要创建两年制的高级中学与正规的大学，我们要继续扫除文盲，更广泛的〔地〕开展社会教育。我们号召全边区的文化人更有组织的〔地〕动员起来，为建设边区的新文化而奋斗！全边区的教育职业者，有系统、有计划的〔地〕编写各种教材、教学法、参考书，政府对有功的文化教育者将予以特殊的奖励或报酬。

七、开展卫生保健运动，防止疾病，减少死亡率——用群众的力量开展卫生保健运动，严防敌探汉奸投毒撒菌的阴谋毒计，创设保育院，保卫儿童保卫后代！我们号召，今春把全边区的厕所臭水池全部加以清除，把全边区的猪圈、粪堆，全部加以整理掩埋！我们号召广泛的〔地〕采制中药，推广中药，尊敬医生，医生广为广大人民服务，广泛教育产婆，要使村上有产婆，减少儿童死亡率。

八、争取伪军、争取汉奸，肃清境内的敌探、汉奸、汪派——对于伪军，我们一向认为大都是被迫的，他们大部份〔分〕是愿意回到祖国的怀抱的。对于汉奸汪派，除极少数甘为牛马的民族败类外，以一时意志薄弱或被迫误入歧途者为数不在少。因此，凡改邪归正者，我们宽大为怀，一律予以自新之路，而其执迷不悟者，一经抓获，格杀勿论。我们号召，参加伪军的同胞，成群结队回到祖国的怀抱里边来，误入歧途的同胞不要一错再错，迅速反省，赶快自首。我们号召，全边区的同胞提高警觉性，防止敌探汉奸，肃清敌探汉奸汪派！

全边区的同胞们！在我们反扫荡战争彻底胜利的时候，在民国三十年的新年度刚刚开始的时候，我们来过边区四岁的生日，愿全体同胞努力，以刻苦奋斗的精神，创造更伟大更愉快的民国三十年。

三十年一月十八日

原编者注：此告同胞书带有施政纲领性质，故摘录。

选自《抗日根据地政策条例汇集——晋察冀之部》，第2辑，1942年版，第7～12页。

15. 晋察冀边区行政委员会关于重新实行闾编制的指示要点

1941年1月发出

边区政府于一月二十七日分电各级政府，对编闾执行问题作详细指示。其要点如下：

甲、编闾原则：（一）一般行政村，均以二十至五十户为一闾，并按村民之住区或街道编制之；（二）四十户以下之自然村均编为一个闾；（三）冀中大村户数过多，其超过七百五十户者，可酌量将户数提高，但最高不得超过一百户；（四）行政村组成以不超过十五个闾为原则（超过一千五百户之大村庄例外）。

乙、闾之组织机构及组织范围：（一）闾设闾主任代表一人，由闾内村民代表互选；（二）闾为村政权之组成部［分］，一村政权一切工作决定，通过闾主任代表执行之，但闾并非一级；（三）闾主任代表于必要时可召集本闾之村民代表，传达工作任务或举行工作会议，唯无决定村政兴革及其他事项之权。

丙、编闾工作期限及顺序：（一）于今年村选前，闾必须划好；（二）顺序：划闾，组公民小组，选村民代表，召开村民代表大会，改选村公所，选举闾主任代表。

丁、公民小组与闾主任代表会：（一）公民小组于闾范围内自由组织之；（二）村公所可建立闾主任代表联席会，以加强村行政效率，但该联席会议并非村民代表会之常务会，不能代行其职权。

（三十年一月发出）

原编者注：此消息剪自《晋察冀日报》，原指示缺。

选自《抗日根据地政策条例汇集——晋察冀之部》，第2辑，1942年版，第66页。

16. 宋劭文：晋察冀边区行政委员会工作报告

（1938—1942年）[①]

目录

一、从战斗中壮大的晋察冀边区

二、五年来的政权建设

（一）民主制度与抗战建设

① 本文是晋察冀边区行政委员会主任宋劭文1943年1月15日在边区首届参议会上所作政府工作报告的节录。

（二）经济建设（见“经济管理”）

（三）财政建设（见“财金税粮”）

（四）教育工作（见“文教卫生”）

（五）司法工作（见“司法审判和狱政”）

（六）公安工作（见“公安法规”）

三、简短的总结

诸位参议员先生：

民国二十七年初，晋察冀三省毗连地区，已和国家总后方隔断，处于相当混乱的状态。一月十日晋察冀边区军政民代表大会胜利的召开于阜平。一月十五日大会选举聂荣臻、宋劭文、胡仁奎、张苏、刘奠基、吕正操、孙志远、娄凝先、李杰庸等九人为晋察冀边区行政委员会委员，组织边区行政委员会。一月三十一日，阎司令长官转奉国民政府军事委员会及行政院电令正式任命各委员，并任命宋劭文为主任委员兼财政处长、胡仁奎为副主任委员兼民政处长，刘奠基兼教育处长，张苏兼实业处长，娄凝先兼秘书长。劭文等受命以来，于兹五载，值边区第一届参议会开会之际，谨向全边区的人民报告五年来的政府工作，敬希批评指示。

一、从战斗中壮大的晋察冀边区

首先把我们抗日根据地艰苦缔造的过程简单叙述一下：

（一）边区的形成（二十六年十月至二十七年一月）

民国二十六年秋，继保定、石家庄、南口、大同、平型关、娘子关失守之后，十一月八日太原也失守。大军南撤，旧政府人员逃散，被日寇占领区的同胞，开始遭受着奸淫抢掠亡国奴的厄运。此时晋察冀三省边陲地带，处在极端混乱状态中。当时老百姓的呼声是：“政府走了，军队也退了，世道乱了，日本人快要来了，家乡将怎么样呢？我们将怎样过活呢?”只有深入敌后的八路军，以聂荣臻将军为首，于十一月七日，奉朱彭总副司令之命成立了晋察冀军区司令部。在聂荣臻将军指挥之下，边区的社会秩序在逐渐恢复着，人民情绪在逐渐好转着，边区会成为一块干净土地，会成为一个敌后的抗战根据地，边区人民从事实发展中找到了这一答复。聂荣臻将军号召：“坚持华北抗战，誓与华北人民共存亡。号召晋察冀三省同胞，参加游击队、义勇军，武装保卫家乡，开展游击战争，组织各种抗日救国团体，摧毁汉奸维持会，建立抗日民主的地方政权，肃清土匪，抚辑流亡，恢复地方秩序，改善人民生活，团结一切不愿当亡国奴的人民，创造抗日根据地，变敌后为前线。”（聂荣臻将军给前方部队和工作团的指示）。

战地总动员委员会的组织不几时普遍在边区的每一个县、区、村，广泛地掀起了动员热潮，游击队、义勇军、自卫军蓬蓬勃勃地生长起来，八路军带领上游击队搜集退军扔下的枪弹，武装了自己。边远县份刚在成立的维持会不一月都被打碎了，老百姓都用自己的力量，保卫家乡。

随着抗战的需要与游击队的动员，各地战地动员委员会（有的地方是救国会或自卫会）执行了政权的任务，实行着减租减息，优待抗属，有力出力、有钱出钱，停征了田赋，废除了苛捐杂税，实行合理负担，并发动群众，建立群众组织。动委会在边区的开创上，是有很大成绩的。但当时各地因无统一的政权，各种动员混乱的现象是不可免的，广大人民都在渴望着抗日的新秩序。“这样的局面不得了，究竟谁出来管事呢?”到处老百姓耳语。组织起来的武装要饭吃、要衣穿、要钱花、要枪弹，三省的人民要互通有无，平汉路东西两侧的人民要求打成一片，要密切三省边境的来往。大家渴望着一切有统一的办法。

民国二十七年一月十日至十五日的军政民代表大会，就是在边区人民一致的要求下召开的。

（二）边区的政权的统一（二十七年一月至十二月）

边区军政民代表大会，到会代表一百四十六人，代表着国民党、共产党、各团体、各地方政府、游击队、正规军，代表着工农商学妇女，代表着汉满回藏民族，代表着和尚喇嘛，代表的衣褛零乱、形形色色，开民国史上的新纪元。然而大会却表现了异常的统一与异常的兴奋，在敌寇的包围下，大家“意志集中，力量集中”于抗日——保卫家乡，民主——建设统一的民主政权，民生——照顾各阶层人民利益，改善贫苦人民生活。大会根据三民主义与抗日救国十大纲领，对军事、政权、财政、经济、教育、人民武装、司法，各项政策都有热烈的讨论并作了决定，成为五年来边区政府施政之准绳。

在代表大会中许多人的讲话，今天回顾一下，很可以了解当时的局面：

“在晋察冀的游击战是很短的期间起来的，还没有起了更大的活动，可是已经收得不少的效果。在现在，敌人如果想向我们更深入的〔地〕进攻，这是要使它费更大的考虑的。我们能和各地方的武装部队取得联络，并且能把四条铁路中间及平汉路以东的县份打成一片，这对我们全国的抗战上有着很大的作用。”

“团聚广大的群众继续奋斗，华北的战争就能长久支持下去。广泛组织民众，领导本区域内的民众进行抗战，这个会便负着这样的伟大使命。……不久前敌人虽然也占过涞源、蔚县，广灵，但是涞源已经被我们收复了，蔚县、广灵我们也已逼近城下，我们的游击队在继续活动，而且能够和十几个县打通。”

“只要我们能够建立起健全的政府来，能把政权统一，那么这个区域一定能统一。在这个地区内实现了各党各派大联合的民主政权，使在华北创造游击战争根据地得到最有利的条件。我们应当万众一心，发动民众配合华北主力部队和日寇作殊死战，不屈服、不投降，长期坚持到底，最后的胜利一定是我们的!”（代表大会聂司令讲演）

“现在晋察冀三省已被敌人占去了很多地方，这好象〔像〕是进了我们的家里，所以聂司令宋主任起来救国，就象〔像〕救我们自己一样。”（农民代表讲话）

“日本利用蒙古人借刀杀人来打中国，也可以说日本鬼子摆的是蒙古阵，我们也该效法杨五郎去打破日本这个蒙古阵。所以我们联合五台山蒙藏同乡组织起来团结起来抗战。”（喇嘛代表讲话）

大会选举了晋察冀边区行政委员会的委员，边区行政委员会随即成立，不久即奉国民政府军事委员会暨行政院之批准。二十七年一月阎司令长官电：“兹会程司令长官上军委会行政院一电，文曰：据第一区政治主任宋劭文电称，所辖各县与晋察邻境各县自敌军深入后与主管省府断绝联络，职亲往冀西察南与当地军政长官晤商联合办法，咸愿成立晋察冀边区行政委员会，设主任委员、副主任委员各一人，委员若干人下设秘书、民财教实五处，受战区司令长官之指挥，办理本区统一军事行政、组训民众、发展游击战争等事，逐渐向敌后方深入收复失地，由会委任县长以资管理，仰蒙府准，请转电中央备案，并请委派职员以利进行等语。经锡山等往复电商，该主任所称各节□□暂行树立政权，于牵制敌人收复失地当不无裨补。至各项人选，查政治主任宋劭文，盂县县长胡仁奎，太原绥署参事刘奠基，山西省府秘书李杰庸，政治主任公署秘书娄凝先，蔚县县长张苏，军区司令聂荣臻，保定行营民训处特派员孙志远，五十三军团长吕正操等九人，现均在该区担任军政及组训民众，拟以该九人任委员，并拟以宋劭文为主任委员兼财政处长，胡仁奎为副主任委员兼民政处长，刘奠基兼教育处长，张苏兼实业处长，娄凝先兼秘书长，以上各员已在该区奋斗数月，均具救国热忱，如蒙指派当益加奋勉。惟事关创设，可否暂予照准，一俟军事底定，即行裁彻之处，敬请核示等语。兹奉军委会复电开：'马子电悉，所谓成立晋察冀边区行政委员会及该会组织人选均照准，晋察冀边区行政委员会着归阎司令长官指挥，特此遵照等'，合电你该员等一体遵照，即日组织成立。"

在边委会成立以后，全边区的人民都在欢腾鼓舞着。逐渐结束了各地动员委员会救国会和自卫会等在过渡期间半政权性质的组织，统一委任县长，建立地方政权，停止县合理负担，恢复田赋，试办村合理负担，宣布减租减息、优待抗属，确定汉奸案犯，统一由政府处理，部队经费给养统一由政府筹支。不到两月，抗日社会秩序稳定，逐渐扫除了抗战初期的紊乱现象。

回想二十六年保定石家庄失守后，国军南撤，那时在吕正操将军领导之下的人民自卫军，提出"向敌人后方退却"的口号，从永定河退到泊镇，吕司令率领所部，摧毁了深泽、安国、任丘、河间，献县、安新、高阳等地的伪组织，清除盗匪，发展冀中游击战争。二十七年四月一日冀中政治主任公署（后改为行署）成立，逐渐建立了冀中平原抗日根据地的基础。

二十七年七月八路军邓宋支队挺进冀东与热察南部，在冀东十七个县，展开大规模的游击战争，声势浩大，惊震中外，自二十四年殷逆汝耕叛国后，敌伪对冀东人民的各种奴役淫施，曾一度被摧毁殆尽。十月以后虽受到一些挫折，但平西、平北、察南、冀东游击战争的开展，缩小敌占区，扩大根据地，却肇基于此。

迄至二十七年十月，边区已包括七十二个县，拥有一千余万人民，建立起广大的人民游击队，一切抗日的人民都获得言论、出版、集会、结社、职业、信仰、居住的自由，不仅共产党各群众团体普遍进行了组织民众抗战的活动，即被何梅协定停止了的国民党党部，从七月起亦陆续在各县恢复起来，各党派阶层日益团结，人民生活逐渐改善，群众组织普遍发展，抗日秩序大定，边区政权完全统一。

由于我们敌后抗日根据地的建立，更由于我军区部队不断向冀晋腹部挺进与破坏敌之交通，使敌感受莫大威胁，故自敌南进攻陷临汾之后，更企图用较大的兵力来肃清我们，这便是敌寇于正面进攻武汉之际，对我们北岳区的第一次八路进攻，与对冀中区的大围攻。

当时敌寇将进攻五台山的根据地与进攻武汉相提并论，但由于我军区游击队、自卫军的奋勇和人民积极配合，敌人损兵三千余，扫荡遂告失败。这是二十七年秋冬的事。当敌寇进攻边区时，中外人士是异常关心的，军委会曾数次向八路军总司令部电询边区战况，英政府亦电询我外交部，不久外交部长王宠惠氏向英国声明我军仍在华北敌后坚持，五台山根据地依然屹立，足证晋察冀边区对坚持华北敌后抗战的重要。边区经过这一次考验，已经成为敌后抗战的保〔堡〕垒了。

（三）边区的发展壮大（民国二十七年十二月至二十九年六月）

敌人第一次围攻边区，我们是胜利了，但同时也暴露出我们的许多弱点；一年来我们的工作还十分不深入，区村政权还非常脆弱，群众组织与群众的觉悟性，还十分不够。在敌人的围攻中，大部分的村政权都塌台了，人民大都不习惯于战争，战争中一切又混乱了。因此，我们就提出“把山沟小道落后的村庄变为进步的村庄”的口号，着手改革区村政权：划小区，充实区公所的组织，取消编村，取消邻闾制，建立村代表会与村公所各委员会，热烈地开展村选运动，改进了村政权。在反围攻以前，老百姓对于民主参政是没有兴趣的，由于多年受人的压迫，对村事不敢讲话，大家的呼声是：“那〔哪〕里有咱说话的地方?”“咱管不着那些。”“大家都不说话咱也不敢说。”区村政权改造后情形就两样了：“还是民主好，大家的事大家办。”“咱们选好人当村长，能替咱们办事。”民主运动教育了广大群众，提高了群众觉悟性与组织性，从此边区又大大的〔地〕巩固了一步。

二十八年夏，阴雨为灾，河川泛滥，敌寇在冀中决破了四处河堤，造成数十年来边区未有的奇灾。被毁良田不下十七万顷，被冲粮食不下六十万石，淹没村庄一万余村（冀中占六，七五二村），人畜的伤亡也很严重。灾民三百万，到处号啕痛哭。大水灾对于边区的威胁十分严重。但是边区是从战争中锻炼出来的，群众已有了组织。区村政权已经过大的改造，我们有一切力量克服水灾给予我们的困难。我们的口号是“加紧救灾治水，保卫边区，克服困难，坚持抗战到底!”二十九年春，政府贷款三百万元，赈济一百余万元，军队以全力帮助人民展开修滩运动，三个月完成了往昔二十年做不了的工程，人民的互助借粮运动虽发生许多缺点，可是广大的灾民均免饥饿逃荒，边区各阶层人民与军队经过这次锻炼，更进一步的〔地〕团结到抗日的前线了。

二十七年冬，当敌寇大举进攻冀中之际，张荫梧乘机到冀中“收复失地”，要“消灭八路军”，称八路军三纵队为“伪抗日军”，柴恩波在反扫荡中投敌公开当了汉奸，而张荫梧则谓柴逆为“曲线救国”。此种倒行逆施、亲痛仇快之行为，直继续到二十八年夏，演出残杀抗日干部进攻抗日武装之悲痛事件，实令人痛惜。边区是“在敌人包围中，暂行树立政权，牵制敌人，收复失地”。“一俟军事底定，即行裁撤”。而张荫梧辈，不顾大局，一意磨〔摩〕擦，在我军政一切以民族国家为重顾全大局的措施之下，终经蒋委员长予以适当的解决。

蒋委员长致吕司令宥电开“虢镇事件，已电和平解决，经过并已电程主任撤〔彻〕查，该部转战冀中，为所深悉，希仍本三民主义抗战建国最高原则，继续努力奋斗”。

二十八年二月边区行政委员会派胡副主任刘处长赴渝请训，十月阎司令长官转告胡副主任刘处长敬谏两电略称“此次重庆一行，委座传见，重询边区情况后，很嘉许吾等二年辛劳及一切抗战办法，面谕边区一切照旧进行，辖区不变，嘱继续努力”。

我们当即遵照蒋委员长训示，继续努力抗战建国。

二十八年十月山西保安十区白志沂包围广灵、灵邱县政府，残杀抗日干部，涞源敌人攻陷走马驿，灵邱敌人进攻南山，我驻军正抽派劲旅，迎头痛击之际，白志沂竟不顾大局，包抄后路。当时聂司令与劭文电白志沂“要顾全大局，戮力同心，亲密团结，保卫雁北根据地，一致向北迎击乘机进攻之敌”无效，终致敌寇乘机扫荡，大烧大杀予雁北根据地以莫大损失，雁北父老兄弟莫不痛哭流涕，愤慨白志沂之所为，而白志沂却在敌扫荡中逃跑了。

敌寇这次“扫荡”，在我边区子弟兵英勇打击与边区人民对我军积极协助之下遭受惨败。黄土岭银坊的歼灭战，雁宿崖阿部中将之毙命，写下边区战史光辉的一页，而敌寇不得不作“名将之花，凋谢在太行山中”的哀鸣。在冬季反扫荡胜利之后，边委会特拨巨款赈慰被敌烧杀的灾民，不几时群众情绪恢复，克服了水灾给予我们的困难。二十九年春，敌大举扫荡冀中，反复“拉网”搜剿，倍极残酷，但终在我冀中军民英勇奋战之下给粉碎了。同年春八路军之一部再度挺进平北冀东。在平北摧毁察南冀北敌伪统治，不半年间建立起五个县联合县抗日政权，创造平北抗日根据地。已经沦陷七年所谓“王道乐土”的伪满洲国之热河南部，亦在我军英勇挺进人民热烈拥护之下收复了。当我军进入伪满境内时，所到之处，人民扶老携幼，焚香欢迎，许多老人抱住我军哭诉：“七年没有看见你们了，以为中国不要我们了，你们再不来，我们实在活不下去了。”在敌寇残酷蹂躏下的冀东同胞，更是饥渴般的〔地〕翘盼着我军，他们听到我军进入冀东的消息后，掀起了大规模的劳军运动，丰玉遵一县募集子弹十九万发，蓟县捐枪二百余支，妇女儿童几乎每人都捐赠一件礼物，以表示他们对我军的爱护。我军便以无上的英勇，摧毁敌伪统治，拯救人民于水火，开展游击战争，来回答冀东人民的热爱。不及一年，根据地的面积比二十八年春扩大了六倍以上，在十二个县内，建立起六个抗日民主的联合县政府，至此边区更加巩固与扩大了。

（四）民主政治的新建设（民国二十九年七月——三十年十一月）

中山先生说：“中国既定为民国，总要以人民为主，要让人民来讲话，如果是帝国，才让他们（指握兵权的人）去讲话。假若一天不改国号，他们总要听人民的话。”（国民会议为解决中国内乱之法）我们从边区创造之日，即忠实执行中山先生遗训。边区是人民的边区，是人民靠了血肉与敌伪搏斗中创造出来的。二十九年六月以前，我们不断的〔地〕进行了民主的改革，建立了各级行政会议，但在县、边区两级的民意机关，还很不广泛。在全国开展宪政运动的声浪中，我们进行了轰轰烈烈的各级选举运动，使边区政权，实现了更广泛的民主，纠正了政策执行中的许多偏向。

二十九年八月十三日中共中央北方分局公布了“晋察冀边区目前施政纲领”，政府接受此纲领贯彻到施政中去。举凡减租减息，交租交息，保障地主土地所有权，保障农民土地使用权，保障人权政权诸要端，无不竭尽所能，使其实现，纠正当时工作中的许多偏向，使边区各阶层人民更进一步的〔地〕团结起来。

同年秋，八路军在华北敌后开展了声势浩大的百团大战，全面向敌出击，边区军民在民主大选的热潮中，胜利的〔地〕完成了参加百团大战的任务。边区子弟兵在聂司令亲临火线指挥之下，收复娘子关，攻下井陉矿，彻底破坏正太路，冀中、冀东军民亦展开大规模的破交战。这次战役，不仅获得辉煌战果，我边区根据地并得到进一步的扩大，西逼太原，北平近郊经常有我军活动，平北根据地至三十年春，已达东西五百里、南北四百里之面积，冀东北出长城，南至渤海之滨迄芦龙，西至通州，在广大的平原与山地，差不多踏遍了八路军、游击队与我抗日民主政权人员的足迹。

三十年春，继选举运动之后，实行“调查不凭估计”的统一累进税，扩大负担面至全人口百分之八十，使相持阶段的财政困难，得到合理的解决。

边区各阶层人民团结的巩固，使边区成为牢不可破的铁的保〔堡〕垒，正因此，它就成为敌人的眼中钉。百团大战之后，敌以三万之众对北岳区举行报复扫荡，三十年五月对冀东以四万兵力大举围攻，为时达两月之久。此外在这一时期，边区的各游击区，更是经常处于敌寇“扫荡”与“清剿”之中，环境之残酷，战斗之频繁，为前所未有，然而在我军民难〔艰〕苦奋战之下，敌寇之一切“扫荡”“清剿”等企图，均遭粉碎，迄至三十年八月敌人经过长期准备与周密计划，更抽调七万大军，以极毒辣的方法，对北岳区进行了“铁壁包围战”，企图聚歼我军，毁灭边区，残酷扫荡时间达两月，奸淫烧杀的“三光政策”竭尽野蛮之能事，我万余同胞被抓去运到东北作〔做〕苦工，边区之财力物力亦受到损失。据五个专区二十三个县的不完全统计，这次扫荡的损失：

被烧房屋十五万二千一百九十五间。

粮食损失五千七百九十九万五千二百七十五斤。

现款损失六十万四千零二十七元。

用具损失四十万一千四百一十五件。

被毁庄稼五万二千二百二十一亩。

农具损失二十三万七千三百一十七件。

牛、马、骡、驴共损失一万零八百八十五头。

猪羊共损失二万零七只。

鸡五万八千三百九十二只。

在干部与人民损失方面：

牺牲干部二百零一人。

被捕干部四百二十六人。

被敌惨杀人民四千五百二十五人。

被敌捕走人民一万七千八百三十七人。

负伤者一千五百五十三人。

被奸淫者一千五百三十八人。

但是敌寇这次所幻想着的“最后复［覆］灭扫荡”，在我英勇的八路军昼夜血战与老百姓团结苦斗之下，又一次的〔地〕被粉碎了，敌酋冈村于遭受挫败之余，不得不以“雄狮扑鼠，徒劳无功”以解颐。

（五）黎明前的黑暗　—空前尖锐的对敌斗争（民国三十一年十一月至现在）

太平洋战争爆发之后，国际反法西斯阵线迅速结成，而敌寇则以华北作为其“大东亚战争的兵站基地”，因此敌寇对我边区的扫荡与蚕食更加频繁，其所用的方法，更加残酷毒辣。这一时期，敌寇总结了历年扫荡的惨痛教训，向我展开了空前尖锐的军事、政治、经济、思想密切结合的“总力战”，在军事上增据点、修堡垒、挖封锁沟、筑封锁墙，在冀中与北岳区平原点线之稠密，星罗棋布。据军区司令部统计，去年边区敌伪点线有如下表：

民国三十一年晋察冀边区敌伪点线统计表

类别	据点与碉堡数		公路长度（里）		封锁沟长度（里）		封锁墙长度（里）	
统计月份	一月	十二月	一月	十二月	一月	十二月	一月	十二月
北岳区	675	1 219	9 922	9 238	1 328	1 779	395	395
冀中区	727	1 635	8 755	11 987	4 661	5 000	502	502
冀东区	223	329		3 062	200	924		
平北区	105	173		2 618	102	182		
总计	1 730	3 356	16 677	26 905	6 291	9 885	897	897
占土地面积（平方里）			138.98	224.2	104.85	131.4	2.49	2.49

附记

占土地面积之计算标准：（一）公路以平均 2.5 丈宽为准，内除去原有乡村大道一丈宽，实按 1.5 丈宽计算；（二）沟及积土等以 3 丈宽为准；（三）墙以 0.5 丈厚为准。路沟墙三项一月份共占土地 246.77 平方里，十二月份增至 358.54 平方里。

本统计所用单位，仍以旧营造制为准，即每平方里为 540 亩。

敌寇为补救其兵力不足，大批抓捕青年，强编伪军。为对我封锁，大量制造无人区，在伪满的“国防线”上，实行所谓绝缘体，在晋东北建立长约三百里的封锁线，封锁线的两侧三十余里都变成了荒凉凄惨的无人区，在冀东平北长城沿线东西五百余里、南北五十里到百里的村庄，都被敌寇宣布“作废”，企图用这种彻底毁灭的办法，使我与敌寇奴役下的人民“绝缘”。在政治上强化保甲，厉行自首，加强特务活动，摧毁我地下组织。敌寇自第四次治安强化运动之后，更加强“思想战”，企图消灭沦陷区同胞的民族意识，加紧经济掠夺，在“勤俭增产”与“确保农产”的口号下，实行配给制度、公仓制度、“物价对策”，无止境的〔地〕敲诈勒索，使敌占区与游击区的同胞，遭受着一刻也不能忍受的灾难。

一年来，敌寇对我北岳区展开了极毒辣的蚕食，对冀中、冀东平原各地区，进行了疯狂的扫荡与清剿。在蚕食、扫荡、清剿中，我无辜同胞之被惨杀、毒打、被捕、被奸污者，为数在十万人以上，而敌寇杀人、奸淫之法，尤属惨绝人寰，杀人有刺杀、铡、斩、活埋、剖心挖眼、活剥皮、喂洋狗、打活靶、点火灯、烧滚水、灌死猪、放毒气、挂电杆。当二十九年旧历除夕，敌寇曾屠杀丰润县潘家峪村全村男女一千三百余口。去年六月扫荡冀中时，在定县北坦村以毒气惨杀我妇孺老幼八百余人，对我妇女姐妹的奸污，更有强奸、轮奸、割乳、塞阴，甚至强迫子淫母、父奸女的种种兽行，侮辱蹂躏之惨为古今中外所未有。

尽管敌寇拼命的〔地〕作垂死的挣扎，然而边区军民坚强团结、艰苦奋斗，永远是不可摧毁的力量。为了保卫家乡，保卫边区，坚持阵地，二年以来，我军民无日不在极度紧张的〔地〕与敌寇展开反蚕食反扫荡的尖锐斗争，虽一村一镇、一个山头、一条河流、一亩地、一斗粮，敌寇要想取得，都必须支存重大的代价。去年五月敌寇扫荡冀中，为争夺蒿无县一个北候村，死伤七百余人。在晋深极争夺白庄宋庄的战斗［中］，敌真渤特区司令官与伪道尹同时毙命，加道大队消灭殆尽。冀东区在积极反扫荡清剿中，不但坚持了原有的阵地，并深入承德平泉，向北越过朝热铁路，东面迫进榆关，现在伪满之兴隆、青龙

（都山）、承德、平泉、凌源等广大地区内，都已飘扬起青天白日旗，建立起我抗日民主政权。尤其在北岳区自去秋积极开展反蚕食斗争以来，我军深入敌后之敌后开展游击战争，使敌寇之蚕食阴谋，遭受严重打击，给予敌占区、游击区同胞以极大安慰。

敌我斗争，是空前紧张与尖锐了，这是敌寇垂死前的挣扎，我们处于黎明前的黑暗时期，只要把这一段黑暗冲破，今年我们一定能胜利。

从战斗中生长壮大的晋察冀边区，战斗的成绩是什么呢？

我们使一千数百万人民，仍然呼吸着自由的空气，没有做了敌人的牛马，我们解救了数百万曾备尝亡国奴滋味的同胞，我们保卫了国土，坚持了敌后抗战。据军区司令部的统计五年以来，我军共作战一万四千三百九十二次，毙伤敌伪十七万四千三百零二名，连同被俘与反正者共二十一万三千六百九十五名，截至现在我们共管辖十三个专区、九十八个县——北岳区四十县、冀中区四十二县、平北六个县、冀东十个县——六百五十个区、二万五千三百六十六个行政村，包括旧县治一百一十九个，其辖境如下表：

晋察冀边区行政区域简明表　　中华民国三十二年一月十日制

北岳区				
专区别	县别	建县年月	原属省份	备考
一	五台	二十六年九月	山西	
	盂平	三十一年八月	山西与河北	原盂县政府于二十六年十月成立，现为东部与平山西北部合并而成
	定襄	二十六年十一月	山西	
	寿阳	二十七年十二月	山西	
	盂阳	三十一年十二月	山西	原阳曲县于二十六年十二月成立，现与盂县西部合并，村包括自然村在内
	忻县	二十六年十二月	山西	
	崞县	二十七年十一月	山西	
	代县	二十六年十一月	山西	代县南山与五台西北部合并
	山阴	二十七年三月	山西	山阴南山代县北山一带
	榆次	二十七年五月	山西	
	寿东	三十二年一月	山西	为寿阳东部与盂县南部合成
二	灵邱	二十六年十月	山西	
	浑源	二十七年一月	山西	
	繁峙	二十六年十月	山西河北	内有阜平一部
	广灵	二十七年一月	山西河北	内有涞源灵邱各一部
	应县	二十七年三月	山西	应山（阴）联合县于民国二十七年五月成立
三	涞源	二十六年八月	山西	
	易县	二十七年三月	山西	
	龙华	二十九年	河北	原易县北部
	满城	二十七年十二月	河北	内有易县一部
	徐定	三十一年四月	河北	徐水定兴联合县，内有易县一部

四	阜平	二十六年九月	河北	
	曲阳	二十六年十一月	河北	
	唐县	二十六年十二月	河北	
	完县	二十六年十一月	河北	
	云彪	三十一年三月	河北	原为望都县于二十七年二月成立，三十一年初改称新望县
	望定	三十一年三月	河北	原为定县县佐公署于民国二十七年六月成立，后改称定北县
	定唐	三十一年三月	河北	定县西部，唐县南部合成
五	平山	二十六年九月	河北	
	灵寿	二十六年十月	河北	
	行唐	二十六年十月	河北	
	井陉	二十七年一月	河北	
	正定	二十七年一月	河北	正（定）新（乐）联合县于二十七年四月成立至十月又分设两县
	建屏	二十九年七月	河北	原为获鹿县于二十七年初建立，后与井陉合并称井获联合县，后又改为获鹿县
	平定	二十七年十二月	山西	内有盂县一部
六	昌宛房	三十一年十二月	河北	原称昌宛联合县于二十七年二月成立，包括房山一部
	昌宛房县佐公署	三十一年十二月	河北	
	涞水	二十七年十一月	河北	原称涞涿县二十九年三月改称
	蔚县	二十七年一月	察哈尔	
	房涞涿	二十八年二月	河北	内房山、涞水、涿县各一部
冀中区				
七	东冀	二十九年	河北	束鹿、冀县各一部
	赵县	二十七年	河北	
	赵元宁	二十九年	河北	赵县、元氏、宁晋各一部
	深南	二十八年	河北	原深县南部
	宁晋	二十七年	河北	
	晋藁	二十九年	河北	晋县、藁城各一部
	藁正获	二十九年	河北	藁城、正定、获鹿各一部
	深束	二十八年	河北	深县、束鹿各一部
	栾城	二十七年	河北	
八	深北	二十八年	河北	原深县北部
	定南	二十六年	河北	原定县南部
	安平	二十六年九月	河北	
	晋深极	二十八年	河北	深泽及晋县无极之一部
	安国	二十六年九月	河北	
	新乐	二十七年	河北	
	东晋	二十八年	河北	束鹿、晋县各一部
	藁无	二十八年	河北	藁城、无极各一部

九	饶阳	二十六年	河北	
	武强	二十七年	河北	
	献县	二十七年	河北	
	交河	二十七年	河北	
	建国	二十八年	河北	献县、河间各一部
	任河	二十八年	河北	任丘、河间各一部
	大城	二十七年	河北	
	河间	二十六年	河北	
	青县	二十七年	河北	
	献交	二十八年	河北	献县、就好、交河各一部
十	肃宁	二十六年九月	河北	
	蠡县	二十六年	河北	
	高阳	二十六年	河北	
	任丘	二十六年	河北	
	安新	二十六年	河北	
	清苑	二十八年	河北	
	之光	二十九年	河北	原清苑、安新各一部
	博野	二十六年	河北	
十一	文新	三十年	河北	文安、新镇合并
	第一联合县	三十一年	河北	新城、容城、固安、涿县各一部
	第二联合县	三十一年	河北	雄县、霸县、新城各一部
	第三联合县	三十一年	河北	永清、固安、安次、宛平各一部
冀东区				
	迁青平	三十一年	河北	包括迁安、青龙（即都山）、平泉各一部
	遵玉丰	二十九年	河北	包括遵化、玉田、丰润各一部
	丰滦迁	二十七年	河北	包括丰润、滦县、迁安各一部
	蓟宝三	二十九年	河北	包括蓟县全部、宝坻、三河、通县、香河、武清、宁河、玉田、兴隆各一部，人口一百二十余万
	平三密	二十九年	河北	包括平谷、三河、密云各一部
	迁遵兴	二十九年	河北	包括迁安、遵化、兴隆各一部
	迁卢抚昌	三十一年	河北	迁安、卢龙、抚宁、昌黎各一部
	承滦兴	三十一年	河北热河	承德、滦平、兴隆各一部
	丰玉宁	三十年	河北	丰润、玉田、宁河各一部
	丰滦昌乐	三十一年	河北	丰润、滦县、昌黎、乐亭各一部

平北区				
十四	龙赤	二十九年三月	察哈尔	龙关、赤城联合县
	昌延	二十九年一月	河北察哈尔	昌平、延庆联合县
	龙延怀	二十九年六月	察哈尔	龙关、延庆、怀来联合县
	龙崇赤	三十年六月	察哈尔	龙关、崇礼、赤城
	丰滦密	二十九年五月	河北热河	丰宁、滦平、密云
	滦昌怀	三十年七月	河北热河	滦平、昌平、怀柔

项别 数目 地区	专区	县	区	村
北岳区	六	四〇	二四一	七五八三
冀中区	五	四二	二七五	八九六一
冀东专区	一	一〇	七三	七三〇〇余
平北专区	一	六	六一	一五二二
合计	十三	九八	六五〇	二五三六六
附注：冀中根据三十年六月统计。冀东行政村系约数。				

注：统计表数字与上列县数不符，可能有误。

晋察冀边区所以有今天，是因为我军民历尝艰辛，付了无限的巨大代价。五年来我边区八路军战死与负伤者达六万二千四百七十七名，党政民区级以上干部人员牺牲被俘负伤病死者，据不完全的统计，为数已有三千七八百人（仅北岳区牺牲与被捕的即有一千三百八十人），良田被毁侵占者达一百万亩，房屋被烧者估计达五百万间，至我同胞被残杀被捕走被奸污，财物被劫粮食被抢者，更不可以数计，然而我军民始终团结战斗，誓死不屈，有无数同胞，在村庄田园被毁后宁愿穴居野处，誓死不降敌人。至于五年来我党政军民之干部人员，抗敌不屈，临难不苟，壮烈殉国，可泣可歌，动天地泣鬼神的无数壮烈事迹，更是高度的〔地〕表现了我中华民族极崇高的气节。这里值得特别提出向他们的英灵致哀致敬的有：第四军分区司令周建屏，第八军分区司令常德善，政治委员王远音，边区民运工作领导者鲁贲，游击军司令王溥，雁北人民领袖李光汉，冀东分区司令包森，政治主任刘成光，八路军挺进军第十团团长白乙化，十二团团长陈群，在冀东殉国的东北义勇军名将唐聚五将军，冀东抗日联军司令洪凌阁，军区骑兵团团长刘云彪，徐水县长刘萍，蠡县县长董志坚、王志远、林里青，清苑县长刘寿彭，昌延县长胡瑛，丰滦迁县长魏春波、卢启明、于慕之，部队团长以上、地方县长以上干部不下百余人。这些烈士的鲜血，将永远灌溉着晋察冀边区。

诸位参议员先生，血债是要敌寇用血来偿还的，目前国际国内形势都极对我有利，我们的处境，固极困难险恶，然而我们是久经困难考验的，边区周围有着各抗日根据地的配合，我们绝不是孤立的，我们要作最后努力，咬紧牙关，熬过今年一年，打倒日本帝国主义！

二、五年来的政权建设

（一）民主制度与抗战建设

二十七年军政民代表大会交付给边区临时行政委员会以下的任务：“大会希望晋察冀

边区临时行政委员会（后经军委会及行政院批准取消‘临时’二字），能够本着大会的精神及确定的方针，在中央政府蒋委员长战区各司令长官领导之下，在各党派、各阶层、各民族巩固团结的基础上，百分之百的〔地〕完成历史所给予他〔它〕的任务，真正担负起普遍武装人民，动员人民参战的任务，真正担负起改善人民生活，保障民主权利并彻底肃清一切汉奸的任务，真正能够统一财政、经济，保证部队给养，发动群众最高的积极性，去参加战争中的一切工作，使晋察冀边区成为华北抗战良好的根据地，以争取持久抗战的最后胜利！”（军政民代表大会宣言）

民主选举的晋察冀边区行政委员会，他〔它〕非常了解民主的伟大与重要。没有民主，就不会使人民的意志集中、力量集中，没有民主就不会有“全民抗战”，没有民主，就会使政权成为“少数人所得而私”、高高在上、离弃人民、致民生于困苦的官僚机关。五年来我们在民主政治建设、抗战动员、社会改革上是做了许多工作的。

甲、民主制度

边区政权，在旧政权的发展之上建设起来的。因此，在民主主义的改革上，经过一个过程，至二十九年七月大选举之后民主制度的体系才告完整。边区的民主制度有什么特点呢？

1. 边区的民主制度是最广泛的民主制度。孙中山先生说“近世各国所谓民权制度，往往为资产阶级所专有，适成为压迫平民之工具。盖国民党之民权主义，则为一般平民所共有，非少数人所得而私也。”我们的民主正是“为一般平民所共有的民主”，“凡在边区境内人民，不分性别、职业、民族、阶级、党派、信仰、文化程度、居住年限，年满十八岁者，经选举委员会登记后，均有选举权与被选举权”（选举条例），只有汉奸、犯罪受通辑〔缉〕或被夺公民权或有精神病者，才没有选举权与被选举权。因此，我们的民主是一切抗日人民的民主，我们的社会立法与各种政策是适合于各抗日阶层的需要的。

2. 边区的民主制度是有全权的代表机关的民主制度。我们的政权有三级，边区、县、村。村有代表会，县有县议会，边区有边区参议会。代表会、县议会、参议会，均为人民用直接、普遍、平等、无记名投票法选举之人民代表组织，执行选举政府、罢免政府人员、创制法律、复决法令之权，她〔它〕是一个真正有权的权力机关，绝不同于旧式的议会。议会者，政府可不执行的“清谈馆”。

3. 边区的民主制度是立法、行政、司法，只有职务上的分工实质上是统一的。立法、司法、行政，完全服从于人民的利益。我们的代表机关是权力机关，行使立法权，选举政府为全权的执行机关，政府不能完成或违背代表机关所交付的任务，代表机关可撤换它，司法机关为政府的组成部分，受政府的领导。

4. 边区的民主制度不只表现在有各级人民代表机关，并且各级政府也都是民主集中制的，一切大的事情的处理都取决于会议——边府委员会、专署署务会、县县务会、区区务会、村村务会。因为我们深深知道抗日民主政权是与人民有密切关系的政权，民主就是群众力量，民主的范围越大，集中的范围越大。

以上就是边区民主制度的特点。自二十九年大选举之后，边区政权的设置是：边委会于冀中设行署，冀北设办事处，在各该地区代表边委会行使职权，这是因为敌寇分割加强对敌斗争的行政措施。边区划分为十三个专区，每专区各辖五至十县，置行政督察专员公署，辅佐边委会实施各项政策组织抗战。我们的专署与战前之专署，其性质与任务亦略有不同，专署虽是一辅佐机构，无立法权，不公布法令，对于限制人民自由、加重人民负担、变更县区行政区划等事项均取决于边委会，但专署对于边委会政策法令则有全权的执行权。实行以来，这对加强行政效率上是有很多好处的。县设县议会，由人民选举之县议员组织，选举县长，罢免县区行政人员，在上级政府法令范围之内，创制并复决县单行法规。县政府受上级政府之领导执行县议会决议，县由县长、各科长、公安局长、武装部长组织县务会议，县政府执行重大事项，取决于县务会议，少数服从多数。区设区公所为县政府之辅佐机构，辅佐县政府推行政命。村由村公民组织村民大会，为村政最高权力机关，村民大会按公民小组选举村代表组织村代表会，为村民大会闭会期间之权力机关。村代表会兼立法行政之权。其主席、副主席兼村长、村副，并于代表中选举民财教实粮各委员会主任，办理村政及上级交办事项，闾主任代表为村公所之辅佐人员，辅佐村政之执行。

边区民主制度发展的过程，简单叙述如下：

（1）村政权。二十七年三月，边委会颁发村选命令，各县普遍进行了村选，当时村政权组织悉依旧制——编乡编村，村长副闾邻长制，村政权仍为少数人把持。且以抗战以后，村里的事忙起来了，也难做，因而有许多公正人士不愿意干，逃避当村长的现象到处普遍发生，当选村长副中有许多流氓地痞，以应付公事。村政权的基础依然建立在家长包办的闾邻制上。边委会鉴于“编村政权之脆弱无力，不足以适应战斗环境担当战斗任务”，因此号召各村组织救亡室或民族革命室以发扬民主协助村政。迄二十七年秋季反扫荡战争，把村政权的弱点暴露无遗，我们才深切地认识到：村政权之脆弱无力，基本上是因为旧的政权组织机构不管用，需要彻底改造，需要大大的〔地〕发扬民主，让人民积极参政，并减少村长副的劳累。因于二十八年一月二十五日公布改造村政权的指示：①村公所之上设村民代表会，由村公民每十五人中选举代表一人组织之，村民代表会于村民大会闭会期为村最高议事机关；②村公所之下设调解、经济、生产、教育四委员会；③村长副仍由村公民选举；④取消编村编乡，以矫正大村欺负小村之弊；⑤村公所之下仍设闾邻长推行村政。实行起来，村政权起了质的变化，比以前管用多了。但由于闾邻制的未加破坏，有碍广泛民主之发展，村代表会与村公所分设，行政力量仍不够强，因于二十九年村选中，又加一次改变：①村代表会为村政最高权力机关，其主席、副主席即兼任村长副；②废除闾邻制，闾范围之公民代表互选一人为闾主任代表，辅佐村公所执行村政。这样村政权就又加强了一步。此制沿至三十年春，又将闾的性质作了明确的确定，编组行政村以减少区的领导单位，并将各委员会的设置重新加以确定：①行政村主要以户口多寡区划，三百户以上者为一等村（特大者为特等村），一百户以上至三百户者为二等村，一百户以下者为三等村（四十户以下的小行政村为准三等村）；②村公所设民政、财政、粮秣、教育、生产五个委员会，小村只设委员；③闾主任代表是村政执行的辅佐人员，不是一级，各行政村划闾一般不超过二十个，公民就闾范围自由组合小组，选举代表，执行民政。

我们村的民主制度就是这样。它是立法与行政完全统一的，由人民直接行使四权的，是我们民主政治的基础。村政权干部一律不脱离生产。五年来他们都很苦很忙，耽误上自己的时间，种不上地，为抗战建国的事业而努力着。他们牺牲被捕的数目是非常之大的。不过现在的村政权，有些因干部文化水准低，民主教育还差，代表会起的作用还不够，村干部强迫命令不民主的作风还有许多存在着，上级政府法令的贯彻还很差，有些法令被村政权打了折扣，甚至有个别村干部违法失职、作威作福，这是我们要下工夫整理的。此外，在游击区由于敌我斗争的频繁，村政权组织形式必须适合于担负战斗任务。因此，在游击区村政权的组织形式是多种多样的，但它一般依然是吸收了各种阶层人民的代表组织的，能代表各个阶层人民的利益做事。

（2）区政权。抗战以前的区公所一般事情很少，抗战后由于战争动员频繁，区一般设有支差机关，组织庞大，消耗至巨。边委会成立后，遵照军政民代表大会决定，区设区长一人、助理员二人至四人，重要的区设军用代办分所，取消了支差机关。二十七年春，为加强区政建立区政会议，由区长区群众团体代表公正士绅等组织，为区议事机关。二十七年秋季反扫荡后，因鉴于区公所力量薄弱，深加检讨，结果认为是：①区辖境太大（管五六十个村），领导单位太多，干部配备嫌少，事情太繁，管不过来；②区政会议不健全，不能起民主制度的应有作用。因于二十八年春，实行划小区，区辖村三十个以下，辖境不超过六十里，并适当扩大编制，助理员分工、民、财、教、实，各设一人，这样使得区政权能更密切的〔地〕与村发生联系，便于发挥民主政治的精神了。二十八年秋公布“区政会议组织大纲”，并着手改建：①“区政会议为区最高议事机关”；②“区政会议由区民代表组织之”，“区民代表以村为单位由村民大会直接选举之”；③“区政会议之职权为：审议区公所予〔预〕算决算，审议县政府区公所交议事项，审议本区所属村公所代表会请议事项，审议代表提议，社团请议事项等”。这样区政会议的性质就同以前根本不同了。二十九年夏公布“县区村组织暂行条例”，改区政会议为区民代表会，并将议事机关改为权力机关，选举区长，执行选举、罢免、创制、复决四权。实行以来，在推进民主运动上固有其帮助，但政权级数太多，影响行政效率，且在一县以内各区之特点并不显著，区成为一级单独立法亦有碍县政之统一。边委会研究至再，因于三十年冬决定区代表会暂行停开，存废候参议会决定。关于区划在二十八年划小区后行政效率大大提高，但一来增加了县政府领导单位太多，二来增加了经费开支，实行将近两年，于三十年初又适当改划减少五分之一区数。三十一年初实行简政，将教、实助理员裁去，加强县的教育实业部门。

以上为边区区政权沿革大概。现在区实质上只是县政府的辅佐机构，不是一级，惟自缩减人员后，影响工作至巨。今后加强区的执行权，使区公所人员经常到村给人民解决问题，了解民生疾苦，是十分重要的。因此，边委会已经决定增加区公所干部人数，矫正头重脚轻之弊，现在正着手进行中。

（3）县政权。边委会成立后根据国民政府公布之县政府组织法，规定县政府编制，设县长、秘书、四个科。县长由边委会委任，当时鉴于各县旧政权之公安局、警察，欺压乡里，极〔积〕习太深，因暂时取消，鉴于各县旧有之支差局一类组织弊病复生，担当不起战争动员任务，因改建军用代办所，直隶政府；人民武装，县设总队部受县长指挥。二十七年夏县设县政会议，由县长、各团体代表组织之，实际上为一联席会议。二十七年秋季反扫荡后，至二十八年春，鉴［于］县政权力量还不够雄厚，因改组县政会议，由团体代表、士绅代表、政府代表共同组织，成为一议事机关，“讨论县地方兴革事项，讨论并布置上级政府命令及交办事项，检查工作”。实行以来，略有成效。二十八年六月重建公安局，担负保障一切抗日阶层人民的人权，及机关团体之安全，严厉镇压汉奸。二十九年七月大选举后，县议会正式建立，县政会议停止，县长由县议会选举，科局长由各方举荐上级政府委任。县议会为县政权之权力机关，执行四权。至此，县政权的民主体制始臻于完善。不过现在的县议会，一般还不够健全，游击区因对敌环境残酷，召开困难，巩固地区亦多议事大而无当。解决实际问题制定县单行法规等事做得还嫌少。今后县议会应实事求是，多解决人民实际问题。

二十九年大选举后，县人民武装总队部改建人民武装委员会，成为半群众性的组织。同年并将军用代办所改为粮食局，其管理事项依旧。三十年粉碎敌人大扫荡后，为加强人民武装使之担负起更多的战斗任务。改建人民武装部直隶政府，三十一年秋由政府委托军区指挥，在对敌斗争上进步甚大。同时为加强粮食管理，使县行政更加集中，粮食局改科。至此，县政权的事权就很统一了。

（4）边区政权。边委会遵照军政民代表大会的决议，组织成立后，于冀中、冀西、晋东北分建政治主任公署，代表边委会行使职权。二十七年秋季反扫荡后，鉴于战争环境领导困难，分建专署，冀西、晋东北主任公署同时裁撤，冀中主任公署随即改为行署。三十年初建立冀北办事处。二十九年夏选举边区参议员，因连年战争，工作忙碌，推延复推延，至今才召开，深觉抱愧。专署为边委会的辅佐机构，已如前述，建立以来组织无多变更。

二十八年六月边区建立公安总局，冀中冀北建立分局，三十年冬将边区公安局改为北岳区公安局，冀中冀北分局改为冀中区冀北区公安局，分别直隶本会及其行署办事处，此乃因战争环境为便于领导之措施。

三十年冬北岳区建立人民武装部，冀中冀北尚未建立。

随着工作的需要，从二十八年以来，边区还建立了农林牧殖局、工矿管理局、贸易管理局等专管机关，此等机关均属应时设置，其组织经常改变，尚未固定。

三十一年初，各级政府都进行了简政工作，紧缩机关，减少事务手续，节省财政开支，仅就北岳、冀中两区，党政军民减缩人员即达四万余人。三十一年秋，又经过一次紧缩，这对于减少开支、节省民力、组织机关更适合于战斗环境上，起了很大作用。

边区各级政权的组织情况略如上述。我们的民主建设虽未臻于尽善，但是我们的民主政治是在边区人民伟大的实践中继续进步着。二十七年村选中，选民仅占公民百分之四十到五十，而二十九年大选中选民与公民之比平均达到百分之七十以上，中心地区之县达百分之九十以上，平山十五区达百分之九十九，灵寿七区百分之九十七。妇女与青年的参政热情空前高涨。游击区的选举，成为团结一切抗日人民的大运动，更出乎一般人的预料。例如××县××村距敌据点仅四里，夜间选举，选举歌声打动了敌人，敌人不知所措，惶〔慌〕张起来，向该村打了一百多大炮，但参选的公民还达百分之八十九，在炮声中完成了选举。由这些事实可见，民主是一个伟大的教育，但只有实践才能教育人民，我们的民主制度就是在实践过程中建设起来的。

由于我们五年来的民主政治建设，在政府的领导干部作风上也与旧政府根本两样了，官僚制度是被我们完全废除了。先说一说领导：

①我们的领导是单一的领导，即下级政府只接受上级政府的领导，彻底纠正了过去多头领导之弊。在旧政府时代，一个县长，至少有十几个上司，师长、旅长、团长，都可以命令他，使得一个县长无所适从；在边区，大至聂司令也不能命令县长，只有上级政府才

能命令他。

②我们的领导是集体领导，个人负责，即一切重大问题都通过会议来决定，决定后分工负责，彻底纠正了以往个人独裁之弊。在旧政府时代，政府是家长制度，家长独裁包办，以一己之意见为意见。这是非常有害的，在我们政府则无特殊的个人，一切服从大多数人的意见。

③我们改革了旧公文，创造了新的文牍，清除了旧政府时代“等因奉此，公事公办”的老一套，创造了活泼的指示信、刊物、答复等领导工具，使书面领导能够清清楚楚给下级解答问题，指示工作及办法，这样旧政府时代的“公事”架子（官僚面孔）被我们废止了。

④我们的领导，是倾听下级倾听群众意见的领导，不像旧政府时代自己高高在上、自以为是。上级可以批评下级，下级可以批评上级，互相批评，互相学习。

⑤我们的领导不只注意做工作，而且还注意干部的学习生活，纠正了旧政府时代政府人员的“雇佣”思想。现在我们的干部一般都自觉到参加政府工作，是抗日救国的一种工作，是自动自愿的，绝不是被政府用几斤小米几块钱买来的。五年来我们的干部政治、文化能力水平都提高了很多。

在我们的作风上有什么特点呢?

①政府已经不是衙门，政府人员已经不是官。政府已经成为一切抗日人民服务的办事所，从村公所到边委会，任何老百姓都可以求他〔它〕解决问题，出入方便，从村长副到边委会的委员，任何老百姓都可以找到他们谈话，他们没有不听的。这同旧政府的森严的衙门，可畏的官吏是迥然不同了。

②在抗战期间，财政困难，我们实行了生活费制，每一个公务人员每月所拿得〔的〕零用费，及一切生活费用，比不上一个工人所得。我们有真正廉洁的作风。

③我们有吃苦耐劳、勇敢战斗、不避艰险的作风，背背包，跑路子，深入游击区与敌伪搏斗，住地窖……这些比起旧政府的“官”来，是有天壤之别的。

当然在我们的作风上，特别是在区村还有个别干部（村更多一些），还缺乏民主作风与大公无私的作风，有些自私自利贪小便宜、强迫命令、不倾听人民意见的人，这是我们今后要认真教育纠正的。

五年来边区的民主制度是在对敌斗争对旧社会斗争中成长的，在斗争的火线上，据已知的有三千七八百名以上的干部光荣的〔地〕牺牲或被捕了，有数千村干部光荣的〔地〕牺牲了。区以上的干部牺牲被捕者，根据不完整的统计列下：

北岳区	1 384 人
冀中区	1 325 人
平北	200 余人
冀东	827 人
共计	3 736 人以上

说明：

①这一材料仅系就收到的报告材料统计的，实际的损失比这个数字要大，这个数字可能约当实际损失的三分之二。

②三十年秋反扫荡中我国干部损失最大，仅北岳二十三县即牺牲二〇一人，被捕四二六人，仅十一专区则在三〇〇人以上。

③北岳区人数内有被捕者五二八人、牺牲者八五六人。

④统计数字中包括专员一人，已知有县长县佐二十四人，正、副县长六人，科长、秘书六十三人。

牺牲的干部中，一个一个都是非常英勇的，他们都很是中华民族的优秀儿女，为边区为国家为人民流尽最后一点血。例如：前徐水县长刘萍同志，当他被敌包围后，用枪打死了几个敌人，最后他要自杀时，枪弹已尽，因而被俘。敌寇汉奸先则利诱，继则加以不可形容之酷刑，而刘县长从不曾吐出一个字的口供，在敌伪的法庭上，宣布了敌寇的一切暴行，训示了汉奸们的可耻，指出中国抗战必胜。被俘十一天，滴水未进。他教训汉奸们说："敌伪的粮、敌伪的水是污浊的"。终于饿死。刘县长的壮烈牺牲，感动了徐水城的老百姓，也感动了一些稍有天良的伪组织人员。

可是在我们被俘干部中，也有民族气节不坚定、临难动摇的人。有的［被］汉奸利诱投降了敌人的，有的甚至反回头来破坏我们的工作，为害老百姓。这方面表示出我们民族气节的教育还不够深入，对于有些干部的了解还不够，这是我们今后应该继续努力的。

乙、战争动员

为了我们民主政治的建设与人民生活的适当改善，我们进行极广泛的战争动员工作，使得全边区的一切人力、物力、智力放到战争上去。这里把兵役、人民武装、抗战勤务、优待抗属、抚恤伤亡各项工作报告一下。

1. 兵役制度：民国二十六年秋八路军开入敌后，组织了战地动委会、救国会等组织，发动群众参加游击队，迄二十七年初，边区义军突起，成千上万的游击队组织起来。二十八至三十年，每年秋季或春季动员新战士一次，以补充子弟兵团。该项动员工作，均由政府、团体积极协助部队进行。县区一般组织新战士动员委员会，发动妇女儿童各团体会员，妇劝夫，弟劝兄，父劝子……掀起从军热潮，并对新战士恳切慰劳送礼扎彩，奏乐，结队欢送，历年新战士动员的成绩是很好的，成班成排地入伍。阜平营、涞水营、行唐连、平山团等光荣的番号表示着人民积极参军的情形。三十年春军区聂司令提出志愿的义务兵役制，引起边区人民武装、各团体及社会人士的热烈拥护。于三十一年元旦边委会接受各方之请，制定志愿义务兵役制实施办法，并公布实行。

"凡本边区之男子在十八岁以上三十五岁以下者，均有服兵役之义务，其志愿服兵役者，应依本办法报名登记听候征召入伍"。实行起来，成绩卓著，入伍兵完成预定计划，预备兵超过原定计划。

五年以来我们的兵役制有什么特点呢?（1）兵役完全靠了政治动员，纠正了旧政府时代的拉夫。（2）从农民的生活突然改变为战士的生活在农民是非常不习惯的，因此我们有人民武装、游击队等群众性、地方性的组织，以便于正规军的补充。（3）"好人不当兵，好铁不打钉"已是五年前的话了。我们的兵都是好人，流氓、地痞、兵痞、有暗疾、抽大烟的一律不要，子弟兵已经是一个最光荣的称号了。（4）我们的兵役是有定期的，不是"辈子兵"，不是雇佣兵。（5）我们的兵役制是同军民一致、优抗、军政团体一致不可分的，也就是说，我们兵役制实施的胜利是建筑在民主政治实施的胜利基础之上的。

当然在我们兵役制的实施中也还存在着一些毛病：（1）有些区村有个别的动员上说服解释工作差。强迫、雇兵的情形是有的。（2）动员不很平衡，游击区动员数字比较小，从游击区、敌占区吸收青壮年的工作做的〔得〕还差。这些是我们今后应该努力的。

2. 人民武装：边委会成立以前，边区各地在动委会领导之下自卫队、自卫军、义勇军等群众武装都组织起来，不过缺乏统一的组织与统一的领导。边委会成立后颁布人民武装自卫队组织条例，建立人民武装总指挥部，县建立总队部，统一了人民的组织与领导。二十七年秋季反扫荡后，为适应战争需要，加强分区领导，将边区总指挥部裁撤，于各专区设区司令部，受专署领导，次年夏发布创造民兵的号召，民兵逐渐组织起来。民国二十八年秋为使自卫队成为群众的武装组织，改建各级人民武装委员会。三十一年初为加强人民武装之作战能力，强调其军事性，改建各级人民武装部，随后并托军区领导。这是人民武装组织的沿革大概。

边区的人民武装是从战斗的环境中发育滋长起来的，从它出生起就参加了站岗、放哨、担架、运输、缝洗、慰劳、侦察等日常任务，进而至于坚壁清野、破坏交通、收割电线、袭扰敌人。自三十年冬以来，在各地反蚕食反扫荡的斗争中，由动员几千几万人的破路、割线、毁墙、平沟，以至广泛的游击战，都再再给敌人以严重的打击。而冀中平原的地道战、地雷战、游击战逐渐普遍的〔地〕开展起来，使人民武装的战斗力得到飞跃的发展。

边区人民武装参战的模范事迹是举不胜举的。二十九年秋，百团大战开始的前夕，冀中自卫队全体总动员展开全面破击战，一夜之间将冀中汽车路全部破坏，把敌人困在据点里欲动不得。在百团大战中，全北岳区的民兵一齐动员起来，配合主力向各线出击破交，并完成了所有战时给养和胜利品的运输，只正太线动员民兵即达两万多名，编成五十个民兵大队，随军作战，破坏铁路一五八里，搬回铁轨三〇八根，收回电线十三万斤。冀东曾动员八万多民众，破路、割电线、封锁据点，把敌人在七八个县内［的］公路电线破坏殆尽，北宁铁路炸车翻车数次，因道轨不断被破坏，火车行驶经常被阻，在封锁遵化县城二十五天中，城内敌人因燃料缺乏，把门窗都拆毁烧了，最后并托伪组织人员，愿出款十余万元，要求我解除封锁，皇军的尊严为之大损。三十年十一月全北岳区民兵发动平沟总出击，据不完全的统计仅二十日间，共平沟五百一十六里，破路一百二十一里，毁墙一百二十里，毁岗楼一百零五个，毁桥十一座，收电线一万二千八百四十斤，电杆四百零五根，磁头三百九十二个。三十一年夏，冀中反扫荡中，民兵地道地雷战杀伤敌人以千计，深泽白庄的民兵配合主力作战，利用“地下堡垒”击毙敌“真渤特区”司令官晋藤联队长。三十一年北岳区的地雷战与地道战也先后开展起来，每天有杀伤敌人夺获战利品的消息传到耳鼓来。

兹将五年来民兵战绩统计列下：（略）

把地雷战、地道战、群众游击战开展得更普遍更深入敌后之敌后，是我们今后的任务。

3. 抗战勤务：抗战勤务是组织战争的中心问题之一。边区成立以前，各地支差问题闹得十分严重，从抗战以来旧县区政府的全部精力都花在支差上，从二十六年七七到九月底，仅二三个月的工夫，山西、河北、察哈尔各省政府，均欠每一个县多者一百余万元，少者五六十万元，大半为支差费，而差务问题并不因此得到解决，难怪他们要喊：“自古兵差无善法”了！

兵差果真没有善法吗？有的。我们解决抗战勤务问题，自始至终是本着以下的方针进行的：（1）在良好的军民关系的基础之上，军队派差、勤务动员一律通过政府；（2）规定办法严格管理，明白规定支差的机关、运输的种类；（3）加强抗战勤务的组织性、计划性，调剂干线，以免影响生产；（4）服抗战勤务是人民的神圣义务，从减少支差费用至取消支差费用。

从边区一成立，我们就注意解决勤务问题。二十七年初先后公布了代雇车骡办法、征用人畜办法，禁止鸡毛传信，建立了军用代办所管理勤务、支差的混乱现象，基本上克服了。二十八年冬季反扫荡后，由于巩固地区的缩小，后方机关的集中，调剂勤务工作的注意不够，致造成支差的严重浪费现象，影响到几道山沟的秋收。为了解决这一严重问题，因于二十九年春，公布“临时支差办法”，就前颁法令予以补充规定，对动员人畜力的机关及运输物品做〔作〕了具体的规定，严重现象，随之减轻。但抗战勤务之调剂，雇佣制之取消，当时尚未注意到，致交通大道上的某些交叉点勤务仍繁，有多至每人每月出差二十天者。三十年四月公布“抗战勤务动员办法”，将前颁办法加以彻底修正，确定：（1）凡在十八岁以上五十岁以下之人民，每人每月服勤务一般不超过五天（战争时例外）；（2）统一运输、担架、缝军衣、做军鞋、送报勤务；（3）停止支差费用之发给，教育群众使了解为抗战服勤之神圣义务；（4）广设交通站加强管理，政府并购买一部驮骡大车组织运输队，平衡与调剂过忙之点线。至此抗战勤务问题终于得到比较妥善的解决。边区人民爱护子弟兵，爱护边区之真诚，于这一工作中也充分的〔地〕表现出来。

当前军鞋勤务，由于物价高涨，材料费赔价甚大，此问题难以每做一双鞋当十个工（工五、料五）来解决，但执行仍不够好。这需要继续检查调剂，适当增加鞋价使得人民不吃亏。

我们无时或忘游击区敌占区的广大同胞，受着敌伪强迫劳役的残酷压榨。挖沟、筑路、修堡、挖煤、筑墙，把我们每一个同胞的全部时间都消耗在牛马般的苦役中。鞭打，脚踢，数九天脱光衣服挖沟……想不尽的残暴。冀中在去年夏季反扫荡后，人民每月服劳役有达三十天者，有钱的人因为负担劳役费，倾家败产者不计其数。在冀西、平北、冀东沿线的人民，同样受着诉说不完的大罪。在边区各地敌寇挖沟筑墙的耗费，已远远超过秦始皇三十年所筑的长城，今天哭“封锁沟”的孟姜女真有千千万万呢。我们誓当解救我同胞于水火之中，反封锁之强迫劳役，领导人民抵抗逃避其残暴的征索，以至粉碎之。

4. 优抗与抚恤：抗战军人是为国家争生存，为民族争气节，是中华民族的优秀份〔分〕子，是民族英雄，应受全民族的尊敬，其家属亦应受优待。抗战伤亡军人，或为民族流尽最后一点血，或受了光荣的创伤，他们的血灌溉着中华民族解放之花，应受全民族的尊敬与国家的抚恤，这是我们五年来一贯的认识。

二十七年春先后公布优待抗属暂行办法、抗战军人伤亡抚恤办法，当时优抗的某些混乱现象停止了。随着抗战的持久，抗日军人、抗战伤亡军人之加多，实物优待过多，影响人民负担，村统筹优抗粮，影响村款负担，残废军人悉以供给制抚恤，增加办理事务之烦，因于统一累进税实施后，修正优抗办法，按抗日军人一人份实物补助以达免税点为度，由村统筹逐渐提至由县统筹。三十一年夏确定予轻伤之荣誉军人以一次抚恤金六百元，帮助其从事生产或做小买卖。三十一年冬，将抗属受一人份之优待改为按抗属人数享受优待，现在抗属每年所受实物补助全边区约四万石粮食，为数已不为少，而抗属所得并不为多，此外抗属所受之精神的、政治的优待那就很多了：群众给抗属助耕，逢节拜节，逢年拜年，送礼慰劳……到处都是普遍的，荣誉军人经去年改变抚恤办法后，受供给制者，有三千余人，已减至四百余人（只北岳区），其中回了家、买了地、做了买卖、办理运销的人很多，于公于私都是有利的。

目前我们优抗工作的主要缺点是：对于游击区的抗属照顾不周。精神的政治的优待还不经常，抗属要求助耕有些是过于苛求，接近于找便宜，在巩固区对抗属优待的经常性不够。

目前我们抚恤工作的主要缺点是：对荣誉军人关心还不够，对牺牲了的军人家属安慰还不够，对荣誉军人中存在着的一些问题——行为不轨，还没有适当的〔地〕完全解决。这些是我们今后应该努力的。

丙、社会政策的实施

边区政权的性质是民族统一战线的——新民主主义的，即三民主义的，一切抗日阶层人民联合组成的。因此，我们的社会政策是：保护人民生命财产，发展国民经济，适当改善工农生活，废除非法剥削，男女平等，各民族一律平等，一切抗日人民均有言论、集会、结社、出版、信仰、居住之自由。五年来，我们社会政策的实施，就是在这一范畴之内进行的。靠了这些社会政策的实施，我们才动员了各阶层人民积极参加抗战，建设了巩固的根据地。

先说一说边委会成立以前边区的社会情形。边区由晋察冀（现在还有热河的西南部）三省毗连之地区合成，经济发展极不平衡。平汉路沿线平原地带，帝国主义的势力很深入。平绥路沿线山岳地带，土地集中。抗战后，日寇更企图把中国完全变成它的殖民地，在它占领的地区，已经成为它榨取掠夺奴役的场所。边区成立后，我们从日寇铁蹄下把许多沦陷区解放出来，摆脱殖民地的厄运。总的来说，边委会成立前，边区是一个殖民地半殖民地半封建的社会。边区成立后，由于我们坚决抗日，对半殖民地殖民地的经济进行着不断的斗争，要从日本帝国主义之铁蹄下解放出来。为动员千百万的人民积极抗战，并为建设三民主义新中国积极开辟道路，势必照顾各阶层人民的利益，适当改善工农生活，予人民以最大的政治自由，使之高度发挥抗日积极性；予妇女以解放，使占人口半数的妇女为抗战出力，关心民疾，救灾治水防疫治病以安定民生。五年来我们就根据了这一方针进行了社会建设。

1. 租佃债息：保障人民财产所有权，保障农民土地使用权，减租减息，交租交息。二十七年二月遵照军政民代表大会决议公布了《减租减息单行条例》，实行二五减租、一分利息。同年春季公布“避难人家财产代管办法”，保障其所有权，并免于荒废。禁止超经济剥削，如杂租、小租、送工、太粮、庄头剥削、剥削地等，禁放高利贷，如出门利、臭虫利、驴打滚、加三灌仓、加五灌仓、杠子米等。禁止非法霸占如“死契活口（大头翁)”等。这一法令经过“明减暗不减”的阶段，迄二十八年底，中心地区大部都实现了(边区地区实行的〔得〕晚，现在还有未实行的)，这对改善农民生活起了很大的作用。二十九年二月修正公布“减租减息条例”，明确提出：①土地最高租额不得超过正产物千分之三百七十五。②耕地副产物一律归承租人所有。③典权未定期限者，出典人得随时以原典价回赎典物，但自出典后经过三十年不回赎者，典权人即取得典物所有权。（民法第九百二十四条）等项，实〔施〕行以来由于政府解释很少，且将民法条文抄用两条致农民不易了解，弄出许多纠纷，最严重者为典地回赎、不交租、不交息、扩大副产物。边委会搜集各方材料，因于三十年三月二次修正公布“减租减息条例”明确规定：①减租减息以后必须交租交息；②死契地一律不能回赎；③副产物不能超过耕地正产物十分之一，超过部分以正产物论；④钱租地可以双方自愿改为半实物或实物租。并发布布告，重申“保障财产所有权，土地使用权，确定产业买卖自由权”之命令。并号召人民“遵照契约自由买卖自由之义，使边区经济日臻发展。从此地主佃户均须依照新颁条例，另定新约。所有以前未遵法令减租减息者，一律不究；欠租三年以上者，只交一年。”（民国三十年三月三十一日布告）从此土地纠纷作一彻底清理。三十一年秋典地回赎问题，因货币跌价关系，五专区各县开始发生纠纷，政府明令依保障土地所有权，保障土地使用权，契约自由之义，依法解决，其愿调解者听便，问题遂熄。

我们的土地政策实行以来，一方面保障了土地所有权，一方面提高了农民的抗战积极性与生产积极性。但是我们土地政策的实施不是没有缺点的。现在缺点还很多：①减租减息政策还有许多地区未能彻底执行；②契约自由还未完全实现，收地还有一些困难情形；③利息降低后，借贷关系一般停止了；④低租地的问题尚未适当解决；⑤夺佃、假卖、不减租。这些都是我们当前应该解决的问题。

2. 劳资关系：我们的劳资政策是：适当改善工人生活，提高劳动纪律，团结劳资双方发展生产。三十年初，我们曾起草了一个劳动条例，因为边区的产业工人不多，而且大一点的工厂都是公营的，因此没有公布。只在公营各厂中试行每日十小时工作制，一般都是供给制。并按技术的高低，每月发给八元至三十元工资，此外特别注意工人教育，以提高其政治文化水平。

边区工人的最大部分是农业工人，而且短工比长工多，还有一部分放羊牧牛的牧工。五年来边区工人在工会的领导之下，有的工资比较战前提高了一些；有的因为物价高涨的关系，工资没有提高，或者还相对减低了一些。二十九年以来，一般都实行半实物工资制，这样劳资双方的利益都照顾到了。二十九年夏，冀中有些地区，把八小时工作制等搬到农业雇工上，结果起了很大的纠纷。北岳区也发生过类似的情形，但不如冀中严重。农业有农业上的习惯，“日出而作，日入而息”。四季有忙有闲，以后遵照农业习惯，把一些纠纷解决了。

五年来，我们对于沿铁路线敌占区的工人们，无时不在关怀着，对敌占区被灾被难的工人，曾进行过募捐慰问与救济。并且号召他们来到祖国的怀抱，享受民主自由的生活。在我们的号召下，前前后后，已经有不少的敌占区工人来到边区，他们在各个工厂为抗战为报仇而辛勤的〔地〕工作着，他们的家属，有许多都受着政府的优待。

边区农业落后，各地生活程度不一，规定一个统一的劳动法很困难。因此五年来我们没有公布过，不过，在当前边区劳资关系与劳动问题上还存在着一些需要解决的问题：①工人有失业的现象；②契约不很自由，雇主解雇后不愿再雇；③工人生产的热忱有许多还不够高。这是需要用适当办法解决的。

3. 解放妇女：“扶助妇女组织，提高妇女文化、政治水平，改善妇女生活，保障妇女参政权、婚姻自由权、财产继承权。”这是军政民代表大会的决议案。从二十七年以来，我们扶助妇女组织妇女救国会、妇女自卫队、儿童保育院，并积极号召帮助妇女参加合作社、商店，使妇女从经济上独立起来，发动妇女积极参政，“妇女在政治上与男子一律平等”，现在边区有不少的妇女参加了各级政权工作与各种抗战工作。村政权中妇女就更多了，妇女参政是被我们真正实现着。

三十年“七七”颁布了“婚姻条例”，其基本精神是：①男女社会地位一律平等，实行严格的一夫一妻制；②建立和睦快乐的家庭，婚姻自由自主自愿；③反对早婚，男二十岁女十八岁才准结婚；④严禁买卖婚、童养媳、蓄婢纳妾；⑤妇女有财产继承权；⑥男女感情意志根本不合不能同居者可以离婚。这一条例实〔施〕行以来，使得妇女从封建压迫中解放出来了。

五年来边区妇女对抗战建国的事业出了很大的力量，其原因即在于妇女基本上已得到解放。不过边区妇女在经济上的积极性还很不够，最大部分的妇女还没有能从经济上独立起来，这是我们今后更要积极帮助的。在游击区，由于敌人荒淫无度，随营妓女随营妓院等丑事到处映演，更惨痛的是到处强奸我妇女，使我妇女受到不少的侮辱。可是我们伟大的黄帝子孙是具有民族贞操的，有成百成千的妇女，坚决抵抗了敌寇的强奸，誓死不嫁伪军。如曲阳妇救会任肖同志，于去年十二月征收统累税中被敌捕去，敌寇强奸、利诱不遂，施以毒刑后，任同志撕破衣服纽〔扭〕成绳子自杀了。定县黄岩村一个妇女被敌抓获，誓死抵抗敌之强奸，以盆碗打敌人被敌刺死了。繁峙六区妇救会主任被敌抓获后，破口大骂，敌寇强奸不遂，作了光荣的牺牲。我们实永远不会忘记，望都县柳陀村受尽敌寇针刺、火烙，被挖掉乳头而英勇殉难的十六位女英雄。象〔像〕这样保持高尚的民族气节与民族贞操的女同胞，都到处有，这是我们应该特别予以表扬的。不过，在有些地区，因为敌伪淫风的侵入，把离婚结婚当儿戏的现象也有发生，还有个别的男子利诱抗属，这是十分可耻的事，我们大家要努力纠正。还有边区早婚恶习，积弊已久，危害个人健康，危害民族元气。边区婚姻条例内规定，男不满二十岁、女不满十八岁者不得结婚，实行以来，人民尚多不了解其意义，因而长岁数偷偷结婚的情形还很多，这是需要大家以后代健康、民族健康为重，予以教育纠正的。

4. 社团：一切抗日人民均有集会、结社，言论、出版之自由，这是我们五年来完全实践了的。在边区抗日党派有国民党、共产党，抗日团体有农救会、工救会、妇救会、青救会、文救会、抗援会、牺盟会、回民救国会、佛教救国会、青年记者协会、教联会、学联会、自然科学协会、反战组织、医救会等等。这些社团，在组织上完全是独立的，政府绝不加以干涉，在经费上工作上政府尽力予以帮助。

靠了群众自己的组织，给予外人对我们“一盘散沙”的侮蔑以响亮的回击。边区人民五年来靠了组织力量，团结的〔得〕象〔像〕铁一样，政府的每一个号召都被各团体拥护着、努力完成着，敌人的每一次进攻都被组织起来的群众配合武装粉碎了。

5. 少数民族与宗教：边区境内蒙回藏满各民族的人都有。过去“大汉族主义”的传统，使少数民族到处受着歧视。边区成立后，主张“各民族一律平等”，我们的敌人是日寇，各民族要巩固的〔地〕团结起来。同时在宗教问题上我们主张信教自由。因此，二十七年初我们帮助五台山喇嘛和尚组织了蒙藏同乡会、佛教救国会。二十八年初帮助冀中回民组织了回建会，并且建立回民自己的武装回民支队。在边区佛教、回教、天主教、耶苏〔稣〕教、喇嘛教……等都有成百成千的信教者，尊重宗教习惯，任何人信教都自由，保护教民财产，这是我们一向主张与执行的。对于会门只要是抗日的，我们也不加干涉。

在政治上各民族是一律平等的，但由于少数民族在边区的人口占少数，因此我们在选举上特别予少数民族以优待。现在各少数民族都有代表参加了政权。对于蒙藏同乡，四年来受到敌寇的欺压，我们曾历次予以救济，在今天边区各民族已经想团结了。不过有些群众与个别干部对于政府的少数民族政策了解不够，对少数民族的习惯尊重不够，即少数民族中也有些人对政府的政策设施了解不够，这是今后应该注意教育的。

6. 救灾卫生：边区历年不断发生灾害，敌寇烧杀破坏是最严重的。根据北岳十八个县的不完整统计，五年来损失牲畜十余万头、粮食四十余万石，毁房四十八万间，衣服用具一百万件，其他损失两三千万元，二十八年大水灾之后，造成次年严重的春荒。此外，每年在个别地区都有雹灾、风灾、旱灾、病灾等发生，人民遭了灾荒，就如我们自己饿了肚子一样，因此，历次灾荒，政府无不积极设法救济。大的灾荒，组织救济委员会，灾民慰问团、工作团等，积极救济。小的灾荒，发动群众互助。五年来政府拨出赈款约二百万，贷款一千五百余万，群众借粮互助者不下十数万石。去年易、唐、完、曲等县干旱灾，政府已拨款组织运销事业，组织灾民从事运销，以维生活。五年来无论那〔哪〕一次灾荒我们都克服了。

由于连年战争，敌寇散毒散菌，去年疾疫流行，非常严重，我们限于药品缺乏，虽经积极设法，而死亡率亦颇大，历次号召开展卫生运动，把茅房、猪圈弄干净，防止蚊蝇滋生传染疾疫。但以人民保守成性，收效亦微，今后当积极进行群众卫生教育，广设药店，炮制中药以解决此困难。

此外，我们无时或忘敌占区受苦受难的同胞，尽力予以援助，并于三十一年春成立援助敌占区同胞抗日委员会，号召敌占区同胞及英美等友邦人士到边区参加抗日工作。对于伪军，积极号召其反正，迅速回到祖国怀抱，五年来，反正的伪军已有一万六千九百九十二人了。

五年来，我们遵照三民主义抗战救国纲领，所进行的抗日民主改善民生的工作，大体就是这样，缺点虽然仍多，但民主政治的一个初步基础已经打开了。

…… ……

三、简短的总结

以上把边区艰苦缔造的经历及五年来政权工作概况，做〔作〕了扼要的报告。边区军民从日寇的虎口中入死出生地抢夺回这块土地，建设了根据地。五年来，我们在军事、政治、社会、经济、文化各方面的建设，都粗具规模，使抗日民主社会秩序日臻巩固。这都是边区军民团结奋斗以血肉换来的。是不是边区政权建设已经没有缺点了呢？缺点还是很多：

第一，边委会各种政策法令的贯彻很不够，各级政权的民主作风还差；法令到区村有许多被打折扣，动员工作强迫命令，包庇私人的情形在村还有残存；村里边还存在着一些违法失职作威作福、欺压人民的黑暗势力；抗日民主社会秩序还有欠好的地方。

第二，民主制度的建设，形式已大体完备，内容还欠充实。县议会村代表会为一切抗日的人民解决具体问题还嫌少。因而各阶层人民的高度的抗战积极性，有些发动得还不够。

第三，经济建设及对敌经济斗争的工作，没有尽到应有的努力，发动人民在经济上的更大的积极性，改进农业，发展副业、运销事业、手工业、合作社，从增进国民经济上来减轻人民负担，还做得不够。

第四，官僚主义的作风存在的还不少：关心民瘼、接近群众、倾听群众呼声、给人民解决切身问题的作风还没有很好地养成。文牍烦琐，事务繁杂制度不健全的现象还没有彻底克服。

第五，工作发展不平衡：巩固地区的工作一般要好，游击地区的工作一般要差，对敌斗争的方式方法与策略的掌握还差。所有这些毛病，一般都是工作发展中执行中的毛病，主要是因为干部对政策法令了解差、文化水平低、行政经验少、待人接物的修养不够造成的。我们深自检讨：边委会的检查工作做得少，教育干部的工作做得少，及时纠正错误、帮助下级少，考绩奖惩制度不健全，文牍多，事务多，了解下情不够，应负主要的责任。

鉴于以往的经验：针对着当前政权中存在着的严重缺点，应进一步充实民主政治的内容，作如下的改革：

(1) 从边区到村，从村公所到边委会，彻底整顿政风，深入地检查每一件具体工作，无论租佃债息、统一累进税、抗战勤务、婚姻问题……各项政策，执行中所发生的每一个具体问题，都认真地予以解决，使得边区各种政策法令，普遍地获得实现。进一步充实民主制度的内容，使各个抗日阶层的人民，都能知无不言、言无不尽，精神上获得更大的愉快。认真排除部分干部的宗派主义、盛气凌人、强迫命令、脱离群众的官僚主义作风，使政府进一步为广大人民服务，使广大人民进一步拥护政府。

(2) 更进一步贯彻精兵简政政策，纠正头大脚轻的毛病，充实下级加强下级。积极进行干部的政治文化教育，提高政治文化水平，使区村干部真正了解并掌握各种政策法令，成为大公无私、执行政策、团结人民的模范。彻底肃清文牍主义、事务主义，改革文牍，改善事务管理，无论一双军鞋、一斤优抗粮、一元救灾款……应该给老百姓的都保证给到老百姓手，应该向老百姓征收的，都保证征收的合理。事无巨细，要做就做得彻底，做得好；没有力量做，或者非当务之急的事，可以不做、缓做。

(3) 有计划有步骤地进一步进行经济建设，加强对敌经济斗争。解决土地纠纷，调整劳资关系，调节抗战勤务，严密出口货物管理，打击敌寇掠夺，切实保护物资。使人尽其力、地尽其用、货畅其流，繁荣自己，更进一步从经济上孤立敌人，增加人民收入，适当减轻人民负担。

(4) 巩固现有阵地，继续深入敌后之敌后，开展游击区工作，变游击区为根据地，变敌占区为游击区。更亲切地关心游击区受敌伪压榨勒索的同胞，指导他们对敌斗争，减轻自己的痛苦。更进一步找各种社会关系，抚慰敌占区受苦受难的同胞，使他们得到祖国的温存与抚慰。继续号召伪军反正，号召敌军来边区躲避战争，号召伪组织人员及早悔悟，以保全自己的性命。

诸位参议员先生：法西斯希特拉很快就会被同盟国击败，同盟国对日寇的大举反攻接着就会开展，我们的抗战今年一定要胜利。但是深入敌人的心脏，严重威胁平津保石太原大同，成为收复东北摧毁伪满先锋的晋察冀边区，敌寇必在死亡之前，作困兽斗，作孤注掷，对我扫荡、蚕食、清剿、破坏、勒索必更甚于往昔。五年了，边区军民把自己的人力财力物力智力贡献给伟大的民族革命战争，用自己的血肉换得这块民主自由的乐土。当此胜利在望之际，我们相信边区军民一定会继续五年来艰苦奋斗的光荣传统，“百尺竿头，更进一步”，以团结、坚定、刻苦、勇敢的精神冲破黎明前的黑暗，争取抗战最后胜利的到来。

我们谨向五年来为保卫边区保卫华北保卫伟大的中华民族而光荣牺牲的军民致以无限的哀悼，谨向受了光荣创伤的军民致以亲切的慰问。

我们谨向五年来历经艰难困苦，誓死不做奴隶，把自己的一切贡献给战争，坚持抗战的边区全体军民致以崇高的敬礼！

我们谨向为国为民抗战胜利不避风寒、不避艰苦而奔波的参议员诸先生致以极诚挚的慰问与敬意。并请对我们五年来的工作多加批评指教。（完）

选自《晋察冀边区行政委员会工作报告》，边区行政委员会 1943 年编印，第1～129 页。

17. 宋（劭文）主任在讨论政府工作报告后的答复

1943 年 1 月

边委会听了大会关于边区行政委员会工作报告的讨论，大会对边委会工作报告一致认为满意，并对边委会多所嘉许，本人谨代表边委会向参议员诸君致诚恳的谢意（鼓掌）。

大会对原报告提出许多宝贵的补充意见：

（一）边委会成立前，各地动员委员会发动边区广大群众，组织游击队、义勇队，实行减租减息改善民生。动委会是半政权性质的组织，它执行了政权的任务，并发动群众建立群众组织，这些成绩是不可磨灭的。动委会时期，各地组织尚未统一，各地各自为政等混乱现象是不可免的，但社会秩序已在恢复着。没有动委会的工作，则边区统一政权的建立也就会困难些，边区各项建设的就轨也会迟缓一些。

（二）原报告所指出的工作缺点，大会一致认为是发展中的缺点、执行中的缺点。此外还有一个重要缺点就是工作发展的不平衡，巩固区的工作一般要好，游击区的工作一般要差，巩固区、游击区的工作在不同地区也不平衡，以后应更求全面与更求普及。

（三）政府五年来对人民利益是关心到的，但有些地区工作还不够深入，有的政策法令到村里就变了样子。这主要由于我们检查工作不够、考核奖惩制度不健全造成的，今后应建立健全的检查制度，与严格的考核奖惩制度。

（四）五年来我们进行了艰苦的对敌斗争，三十年以来斗争更加残酷，边区许多地区游击性增大，今后更应把对敌斗争作为重要议程，对敌斗争方式方法应经常研究，不断提高，并求军事、政治、经济、文化等各种斗争全面开展。

（五）五年来，我们对边区子弟兵是爱护的，但个别地方仍做得不够；政府在教育广大群众爱护子弟兵上也有缺点。今后应加强对群众的教育，更周到地优待抗属。

（六）教育方面在数量上有不小的发展，质量还很差，小学教员水平很低，今后应更注意培养师资，改造学校，并尽自己的力量编印大众读物儿童读物。

边委会讨论了参议会所提出的意见，一致认为完全正确，愿诚恳地接受，并以之补入原报告。

讨论中还有些不属于报告范围，或原报告已有内容而加以重述或发挥者，不再重复。

本人谨代表边委会向热烈讨论我们工作报告的参议员诸君致以敬礼！（鼓掌）

选自《晋察冀边区行政委员会工作报告》，边区行政委员会1943年编印，第130～131页。原题目为“宋主任在讨论政府工作报告后的答复。”

18. 晋察冀边区参议会组织条例

1943年1月20日晋察冀边区第一届参议会通过，
同年2月4日晋察冀边区行政委员会公布

第一条　本条例依据国民政府建国大纲之基本精神，适应边区具体环境制定之。

第二条　晋察冀边区参议会（以下简称参议会）由边区公民选举之参议员，及边区行政委员会聘请之参议员组织之。

前项聘请之参议员不得超过参议员总额五分之一。参议员选举法另定之。

第三条　参议员任期二年，连选得连任。

第四条　参议会之职权如下：

一、选举并罢免边区行政委员会委员、主任委员、副主任委员及高等法院院长。

二、制定边区单行法规。

三、监察弹劾边区各级行政人员及司法人员。

四、决定边区各项基本政策，审议边区行政委员会各项重要计划方案。

五、批准边区行政委员会所提之预算并审查其决算。

六、决定边政重要兴革事项。

七、审议边区行政委员会及各方请议事项。

八、督促检查边区行政委员会执行参议会决议。

第五条　参议会设议长、副议长各一人，由参议员用无记名投票法互选之，负责召开常会、临时会，对外代表参议会。

参议会开会时由议长主席，议长因故不能出席时，由副议长主席，议长、副议长因故去职时，应即补选。

第六条　参议会开会期间设秘书处，置秘书长一人，由大会推定之，承议长、副议长之命办理大会事务。

第七条　参议会每年开常会一次，有下列情形之一者得召开临时会：

一、经边区参议员十分之一以上之提议者。

二、经边区公民三十分之一以上之请求者。

三、经边区五分之一以上之县议会请求者。

四、边区行政委员会提请经驻会参议员可决者。

五、经驻会参议员之决议者。

第八条　参议会非有过半数参议员之出席不得开议，非有出席参议员过半数之通过不得决议，可否同数时，取决于主席。

第九条　参议会开会时，边区行政委员会委员须列席，报告工作，解答质问。

第十条　参议会决议案交边区行政委员会执行，行政委员会认为不便执行时，应于开会期间详具理由送请参议会复议。参议会复议后，仍持原议时，行政委员会应即执行。

第十一条　参议会开会时，设参议员资格审查委员会、提案审查委员会，必要时得设专门委员会。前项各委员会之委员及名额，由大会决定选举之。

第十二条　参议会闭会期间，设驻会参议员办事处，由参议员互选三人至五人，与议长、副议长组织之。

议长、副议长、驻会参议员不得兼任政府及其所属机关职务。

第十三条　驻会参议员依据参议会所赋权限，对边区行政委员会执行决议或其他重大措施认为不当时，得提出质问或建议。

第十四条　除驻会参议员外，参议员均为无给职，但得酌发旅费。

第十五条　参议员在开会时所为之言论及表决，对外不负责任。

第十六条　参议员除现行犯外，在会期中非经参议会许可，不得逮捕或拘禁。

第十七条　参议员违法失职时，由其选举单位罢免之，有候补者依次递补，无补者另选之。聘请参议员违法失职时，由边区行政委员会解聘之。

前项递补、补选之参议员，以补足原任之任期为限。

第十八条　参议会经费由大会制定预算，交边区行政委员会拨付之。

第十九条　参议会议事细则另定之。

第二十条　本条例自参议会通过之日施行。

选自《晋察冀边区行政委员会现行法令汇集》，上册，边区行政委员会1945年编印，第11～15页。

互校版本：《中国新民主主义革命时期根据地法制文献选编》，第2卷，北京，中国社会科学出版社，1981年版，第243～246页。原注：“选自晋察冀边区行政委员会《现行法令汇集》上册，一九四五年版。”

19. 晋察冀边区参议会驻会参议员办事处组织规程

1943年1月20日晋察冀边区第一届参议会通过，
同年2月4日晋察冀边区行政委员会公布

第一条　晋察冀边区参议会驻会参议员办事处（以下简称驻会参议员办事处）依据晋察冀边区参议会组织条例第十二条之规定组织之。

第二条　驻会参议员办事处受参议会之委托，办理下列各事项：

一、督促及检查边区行政委员会执行参议会之决议。

二、根据参议会批准之预算，检查边区行政委员会之财政收支。

三、检查边区各级行政司法人员之违法失职，提请大会弹劾或交政府处理。

四、列席边区行政委员会各种重要会议。

五、联系各地参议员，进行调查研究，搜集人民意见。

六、处理参议会交办事项，及参议会闭会期间之日常工作。

七、定期向参议员传达办事处工作。

八、准备下届参议会或临时参议会之大会事务。

第三条　驻会参议员办事处视工作之需要得设秘书、办事员若干人。

第四条　驻会参议员办事处每月召驻会参议员会议一次。

第五条　本规程自公布之日施行。

选自《晋察冀边区行政委员会现行法令汇集》，上册，边区行政委员会1945年编印，第15～16页。

互校版本：《中国新民主主义革命时期根据地法制文献选编》，第2卷，北京，中国社会科学出版社，1981年版，第246～247页。原注："选自晋察冀边区行政委员会《现行法令汇集》上册，一九四五年版。"

20. 晋察冀边区行政委员会组织条例

1943年1月20日晋察冀边区第一届参议会通过，
同年2月4日晋察冀边区行政委员会公布

第一条　晋察冀边区行政委员会（以下简称边区行政委员会）为国民政府所属之地方政府。

第二条　边区行政委员会委员九人，由晋察冀边区参议会（以下简称参议会）选举之，设主任委员、副主任委员各一人，由参议会就委员中选举之，主任委员、副主任委员及委员，均于选举后报请国民政府任命之。

主任委员、副主任委员及委员任期二年，连选得连任。

第三条　边区行政委员会设下列各处：

一、民政处。

二、财政处。

三、教育处。

四、实业处。

五、秘书处。

第四条　边区行政委员会于必要时，得设各种专管机关及专门委员会。

第五条　边区行政委员会总理全边区政务，其职权如下：

一、执行国民政府委托事项。

二、执行边区参议会决议。

三、颁发行政命令，公布单行法规。

四、监督所属机关执行职务，任免所属行政人员，领导高等法院。

五、确定或变更行政区划及组织。

六、办理选举。

七、征税及编制预决算。

八、关于其他民政、财政、教育、实业等建设事项。

边区行政委员会因行使前项职权所为之设施，有关于增加人民负担、限制人民自由、变更行政区划及组织者，须得参议会之可决或追认。

第六条　边区行政委员会为民主集中制之组织，因行使前条职权所为之重大设施，须由委员会议决议行之。

第七条　边区行政委员会主任委员之职权如下：

一、召集行政委员会议，开会时为主席。

二、领导执行行政委员会议之决议案。

三、处理行政委员会日常及紧急事项。

四、对外代表行政委员会。

第八条　边区行政委员会副主任委员协助主任委员执行前条规定之职务，主任委员因公外出或因故不能执行职务时，由副主任委员代理之。

第九条　民政处掌理事项如下：

一、关于提请任免奖惩所属地方行政人员事项。

二、关于户籍调查统计事项。

三、关于选举事项。

四、关于土地行政事项。

五、关于卫生行政事项。

六、关于公安保卫事项。

七、关于赈灾、抚恤、优待、保健及其他社会救济事项。

八、关于婚姻登记及礼俗宗教事项。

九、关于劳资及佃业争议事项。

十、关于人民武装兵役动员事项。

十一、关于人民团体之登记及指挥事项。

十二、关于取缔娼妓、赌博、缠足及禁烟禁毒事项。

十三、关于少数民族事项。

十四、其他有关民政事项。

第十条　财政处掌理事项如下：

一、关于税务、公款、公粮、公债事项。

二、关于编制预算、决算事项。

三、关于金库、粮库收支事项。

四、关于监督银行工作及金融之调剂整理事项。
五、关于财政审计事项。
六、关于抗战勤务军需代办事项。
七、关于公产之整理保管事项。
八、其他有关财政事项。
第十一条　教育处掌理事项如下：
一、关于管理各级学校事项。
二、关于管理社会教育事项。
三、关于图书教材之编审事项。
四、关于教育文化及学术团体之指导与奖进事项。
五、关于出版物之审查及登记事项。
六、关于图书馆、博物馆及公共体育娱乐场所筹划管理事项。
七、关于一般宣传事项。
八、其他有关教育文化事项。
第十二条　实业处掌理事项如下：
一、关于农林、畜牧、工业、商业、矿业之计划、管理、监督、奖进事项。
二、关于整理耕地及开垦荒地事项。
三、关于农田水利之整治及作物病虫害之防除事项。
四、关于农业经济改良事项。
五、关于合作事业指导、奖进事项。
六、关于贸易之监督事项。
七、关于农林、畜牧、工业、商业、矿业出品之陈列检查事项。
八、关于公营事业之管理检查事项。
九、关于实业团体之指导事项。
十、关于度量衡之检查监督事项。
十一、其他有关实业事项。
第十三条　秘书处掌理事项如下：
一、关于行政委员会之会议事项。
二、关于文件之撰拟、保存、缮印及收发事项。
三、关于印信、电报等机要之掌管事项。
四、关于图书之保管事项。
五、关于调查研究及统计事项。
六、关于工作报告及书报编纂事项。
七、关于行政委员会各处职员之进退登记事项。
八、关于行政委员会对外宣传事项。
九、关于行政委员会之会计、庶务、生产、卫生事项。
十、关于行政委员会之交通、警卫事项。
十一、关于交际及招待事项。

十二、其他不属于各处事项。

第十四条　民政、财政、教育、实业各处各设处长一人，综理各该处事务，由行政委员会委员互选之。秘书处设秘书长一人，综理该处事务，由行政委员会聘任之。

第十五条　各处各设秘书主任一人、秘书一人或数人，承处长之命，办理该处事务。各处得视事务之繁简，分科办事。科设科长一人、科员若干人，承处长之命，办理该科事务。

第十六条　各处、科得视工作之需要，增设副职。

第十七条　各处不单独对外发布命令，其有关各该处之命令均以主任委员、副主任委员之连署，及有关处长之副署行之。

第十八条　边区行政委员会因战争环境之需要，得于适当地区设置行署，代行其职务，组织法另定之。

第十九条　边区行政委员会得于其所在地区及其行署所在地区设置公安局，在行政委员会或其行署领导下，维持各该地区社会治安，组织法另定之。

第二十条　边区行政委员会得于其所在地区及其行署所在地区设置人民武装部，在行政委员会或其行署领导之下，指导各该地区人民武装，组织法另定之。

前项人民武装部，得由行政委员会委托军事机关指挥之。

第二十一条　边区行政委员会得于适当地区设置行政督察专员公署，在行政委员会或其行署领导之下，督察各该地区各县行政，组织法另定之。

第二十二条　边区行政委员会因工作之需要，得设谘〔咨〕议顾问若干人。

第二十三条　各处办事章则另定之。

第二十四条　本条例自公布之日施行。

选自《晋察冀边区行政委员会现行法令汇集》，上册，边区行政委员会 1945 年编印，第 17～23 页。

互校版本：《中国新民主主义革命时期根据地法制文献选编》，第 2 卷，北京，中国社会科学出版社，1981 年版，第 247～253 页。原注：“选自晋察冀边区行政委员会《现行法令汇集》上册，一九四五年版。”

21. 晋察冀边区县区村组织条例

1943 年 1 月 21 日晋察冀边区第一届参议会通过，
同年 2 月 4 日晋察冀边区行政委员会公布

第一章　总则

第一条　本条例依据国民政府建国大纲第八条、第九条之基本精神，适应边区具体环境制定之。

第二章　县议会

第二条　县议会由县公民选举之县议员组织之，选举法另定之。但因环境之必要，得由县政府聘请本县抗战有功之人士为县议员，其名额不得超过县议员总额五分之一。

第三条　县议员任期二年，连选得连任。

第四条　县议会之职权如下：

一、选举罢免县长。

二、制定县单行法规。

三、监察弹劾县区村行政人员及司法人员。

四、审查县预算决算。

五、决定县公有财产之经营及处分事项。

六、议决县政重要兴革事项。

七、审议县政府及各方请议事项。

八、督促检查县政府工作。

第五条　县议会设议长、副议长各一人，由议员用无记名投票法互选之，负责召开常会临时会，对外代表县议会。

县议会开会时由议长主席，议长因故不能出席时，由副议长主席，议长、副议长因故去职时，应即补选。

第六条　县议会开会时设秘书一人，由大会推定之，承议长、副议长之命，办理大会事务。

第七条　县议会每半年开常会一次，有下列情事之一者，得召开临时会：

一、经议员五分之一以上之提议者。

二、经全县公民十分之一以上之请求者。

三、经全县五分之一以上之村民代表会请求者。

四、县长请求，经议长、副议长认可者。

第八条　县议会非有过半数议员之出席不得开议，非有出席议员过半数之通过不得成立决议，可否同数时取决于主席。

第九条　县议会开会时，县长须列席报告工作，解答质问，对讨论事项，有发言权，无表决权。

第十条　县议会不得作与上级政府法令相抵触之决议，抵触时，服从上级政府之法令。

第十一条　县议会决议案交县政府执行，县政府对决议案认为不便执行时，应于开会期间，详具理由，送请县议会复议，县议会复议后，仍持原议时，县政府应即执行。

第十二条　县议会闭会期间，由议长驻会，监督县政府执行决议。议长不得兼任县政府及其所属机关之职务。

第十三条　县议会开会时，得设议员资格审查委员会、提案审查委员会，必要时得设专门委员会。

前项各委员会之委员及名额，由大会决定选举之。

第十四条　县议员除议长外，均为无给职，但开会时得酌发旅费。

第十五条　县议员在开会期间所为之言论及表决，对外不负责任。

第十六条　县议员除现行犯外，在会期中，非经县议会许可，不得逮捕或拘禁。

第十七条　县议员违法失职时，由其选区公民罢免之，有候补者依次递补，无候补者另选之。聘请议员违法失职时，由县政府解聘之。

前项递补，补选之县议员以补足原任之任期为限。

第十八条　县议会经费，列入县预算，由边区行政委员会发给之。

第三章　县政府及区公所

第十九条　县设县政府。但因环境之必要，得增设或专设县佐公署，组织法另定之。

第二十条　县政府设县长一人，由县议会选举之，报请边区行政委员会加委。

第二十一条　县长任期二年，连选得连任。

第二十二条　县长违法失职时，由县议会罢免另选之。其未经县议会罢免者，边区行政委员会得撤职委代，通知县议会另选之。

边区行政委员会调迁县长，应暂行委代，通知县议会另选。

第二十三条　县政府综理全县行政，其职权如下：

一、执行边区行政委员会或其行署专员公署之委办事项。

二、执行县议会之决议事项。

三、公布县单行法规。

四、监督所属机关及职员。

第二十四条　县政府设下列各室、科、部：

一、秘书室掌理会议报告记录，撰拟文件，典守印信，管理会计、庶务、通讯及其他不属于各科事项。

二、民政科掌理户籍、地政、租息、劳资、选举、社团、优抗、抚恤、赈灾、救济、卫生、保育、民族、宗教、风俗及其他有关民政事项。

三、财政科掌理预算决算、各种税收、公粮、公草、公债、公产、金融、物价及其他财政建设事项，并兼理抗战勤务，代办军用事项。

四、教育科掌理学校教育、社会教育、宣传工作及其他有关文化教育事项。

五、实业科掌理农田、水利、工矿、林牧、合作、贸易、交通、工程及其他有关经济建设事项。

六、公安科掌理锄奸、敌工、清查户口、缉捕盗匪、检举违法分子、维持社会秩序及其他保卫政权、保障人权事项。

七、人民武装部掌理兵役、自卫、民兵，进行游击战争及其他保卫政权、保卫人民事项。

县政府各室、科、部，得视事务繁简，酌量设股或并科。

第二十五条　秘书室设秘书一人，科员、办事员若干人，各科设科长一人，科员、办事员若干人，人民武装部设部长、副部长各一人，干事若干人。

第二十六条　秘书、科长由县长遴选或由县议会推荐，呈请边区行政委员会委任，科员、办事员由县长委任，报请边区行政委员会备案，公安科、武装部人员之任用办法另定之。

第二十七条　县政府设县务会议，由县长、秘书、科长、武装部长组织之，决定县政重要事项，开会时由县长主席，议案之表决，少数服从多数。

第二十八条　县政府因工作上之必要，得召集区长联席会议、村长联席会议，开会时以县长为主席。

第二十九条　区设区公所为县政府之辅佐机关。

第三十条　区公所设区长一人，助理员三人至五人，人民武装大队长、教导员各一人，治安员一人，必要时得设副治安员或派出所，派出所设所长一人、干事二人，所长由治安员兼任之。

第三十一条　区长助理员由县政府委任，报请边区行政委员会备案；治安员、大队长、教导员之任用办法另定之。

第三十二条　区公所设区务会议，由区长、助理员、治安员、大队长、教导员组织之，决定区政重要事项，开会时由区长主席，议案之表决，少数服从多数。

第三十三条　区公所因工作上的必要，得召集村长联席会，开会时以区长为主席。

第四章　村民大会及村民代表会

第三十四条　村民大会为村政最高权力机关，由村公民组织之。村民大会于闭会期间，由村民代表会代行其职权。

第三十五条　村民代表会由村公民选举之代表组织之，选举法另定之。

第三十六条　村民代表任期一年，连选得连任。

第三十七条　村民代表会之职权如下：

一、选举并罢免村民代表会主席、副主席及村公所各委员。

二、制定村公约。

三、审议村概算、决算。

四、议决村公产之经营及处分事项。

五、议决村政兴革事项。

六、审议村公所及各方请议事项。

七、督促并检查村公所工作及其对村民大会、村民代表会决议案之执行。

前项第一、二、三、四款职权之行使，应经村民大会之表决或追认。

第三十八条　村民代表会设主席、副主席、秘书各一人，主席、副主席由代表用无记名投票法互选之；秘书由主席、副主席聘请之。主席、副主席之职务如下：

一、召开常会、临时会、开会时为主席。

二、召开村民大会。

三、对外代表村民代表会。

主席、副主席因故去职时，应即补选。

第三十九条　村民大会每半年开常会一次。经村公民五分之一以上之请求或村民代表会之决议，得召开临时会。

第四十条　村民代表会每月开常会一次。经村公民十分之一以上或村民代表五分之一以上或村公所之请求，得召开临时会。

第四十一条　村民大会、村民代表会之常会、临时会，非有过半数之公民或代表出席不得开议，非有出席公民或代表过半数之通过不得决议，可否同数时，取决于主席。

第四十二条　村民大会及村民代表会之决议，交付村公所执行，有与上级政府法令抵触者，服从上级政府之法令。

第四十三条　村民代表在会议时所为之言论及表决，对外不负责任。

第四十四条　村民代表除现行犯外，在会期中，非经村民代表会之许可，不得逮捕或拘禁。

第四十五条　村民代表违法失职，由其所代表之公民小组罢免另选之，但当选为村民代表会主席、副主席及村公所委员者，须经村民大会或村民代表会罢免之。

第五章　村公所

第四十六条　村公所为村政执行机关，其职权如下：

一、执行县政府区公所交办事项。

二、执行村民大会、村民代表会之决议事项。

三、公布村公约。

第四十七条　村公所设村长、副村长各一人，委员三人至五人，治安员一人，中队长、指导员各一人，其职掌事项如下：

一、民政委员掌理户籍、地政、选举、优抗、抚恤、救灾、调解等事项。

二、财政委员掌理村概算、决算、公产、统一累进税等事项。

三、教育委员掌理学校、社教、宣传等事项。

四、实业委员掌理生产、贸易、合作等事项。

五、粮秣委员掌理公粮、公草、军鞋、抗战勤务等事项。

六、治安员掌理除奸、稽查清查户口、维持治安等事项。

七、人民武装中队部掌理兵役、民兵、岗哨、自卫等事项。

前项委员、治安员之事务繁忙者，得酌设干事协助之。

第四十八条　村长、副村长由村民代表会主席、副主席兼任之，报经区公所转请县政府加委，委员由村民代表会选举之。治安员、中队长、指导员之任用办法另定之。

第四十九条　村公所设村务会议，每半月开会一次，由村长、副村长、各委员、治安员及中队长、指导员组织之，决定村政重要事项，开会时由村长主席，议案之表决，少数服从多数。

第五十条　村公所为行政上之便利，得依村民住区划分全村为若干闾，闾设主任代表一人，由本闾公民代表互选之。

第五十一条　闾主任代表及代表在本闾内辅佐村公所执行村政。

第六章　附则

第五十二条　本条例自公布之日施行。前颁晋察冀边区县区村暂行组织条例同时作废。

选自《晋察冀边区行政委员会现行法令汇集》，上册，边区行政委员会 1945 年编印，第 27～36 页。

互校版本：《中国新民主主义革命时期根据地法制文献选编》，第 2 卷，北京，中国社会科学出版社，1981 年版，第 272～281 页。原注：“选自晋察冀边区行政委员会《现行法令汇集》上册，一九四五年版。”

22. 晋察冀边区第一届参议会提案集*

1943年4月22日晋察冀边区行政委员会解答①

原编者：这本集子是边区行政委员会对于第一届参议会大会提案所写成的书面的答复，由驻会参议员办事处编排付印的。原收到的提案除条例草案外共一百六十六件，其中关于纲领的二件和弹劾案一件，已由大会处理，在这里所答复的共一百六十三件（大会汇刊九十二页所称六十四件系错误），但不是逐条条答复，而是数条合并答复，请各参议员鉴察。

目录

---

* 因本文献层次格式较为混乱，为便于读者阅读，编辑作了变体或加下划线处理。特此说明。

① 晋察冀边区第一届参议会系在1943年1月15日—21日召开。

对于边区第一届参议会大会提案的解答

边区第一届参议会于大会闭会之前，决议将大会提案之未经讨论者，交付边区行政委员会采择处理。边委会接受了这一光荣的任务之后，当将参议会驻会参议员办事处交来提案一百六十三件，分别性质由各处研究，一一提出解答。兹于提案解答付印之前，略志数语。

提案一百六十三件中，关于民政者七十一件，关于财政者三十四件，关于教育者二十八件，关于实业者二十六件，关于司法者二件，经参议会驻会办事处办理者二件。按提案之问题区分，则关于统一累进税税则、执行、征收者十六件为最多，关于教育行政及学校教育者十五件为次多，关于援助敌占区同胞者十二件，关于干部教育作风、干部健康、干部家属优待者十一件，关于春耕救灾、村财政及敌伪勒索者各十件为再次多，其他关于优抗抚恤（九件）、土地关系（四件）、抗战勤务（六件）、合作贸易（五件）、教材编审（四件）……等提案均在九件以下。于此可见：（一）参议员诸君关怀民瘼至切，我边区人民团结友爱精神显著。（二）统累税税则之执行尚不够贯彻，教育工作尚落于人民期望之后，区村干部终日劳碌，健康水准下降，但了解政策法令还很差，民主作风还未很好的〔地〕养成。战争业经六年，寇祸天灾，人民生活下降，而尤以游击区敌占区同胞受敌伪蹂躏至苦至痛。（三）边区抗日民主社会秩序基本上已经建树起来，举凡土地政策、人权保障、抗战勤务诸要端，一般已获得比较正确的执行。

我边区各级政府深切认识：反攻之前，当有一段艰苦黑暗道路，领导游击区、敌占区人们争取解脱敌伪锁枷，发展生产加强教育，改善根据地人们生活，贯彻政策法令，高度发扬民主精神，这是我们的神圣任务。我们对于五年来所做了的一些工作、创造的一些成绩，丝毫未感自满；对于各位参议员先生之意见，均以极愉快的精神敬谨接受。根据边区现实条件，掌握抗战、民主、民生之急务。顾及主观力量，分别轻重缓急，予以抉择；此乃以长久战争环境，不能百废俱兴，固不得不以最大精力努力于“双十纲领实施重点”所指之急务，尚祈参议员诸君谅会。

提案分类逐件解答，参议员诸君如有意见，务请见示。并希将在乡里见闻所及应与应革之事，随时函告，以匡不逮。

晋察冀边区行政委员　四月二十二日

关于民政方面提案的解答

（一）政权建设

1. 关于政权机构方面：

一、在参议会闭会后，应即改选各县县议会，以发扬民主案。（提案人平山全体参议员）

二、山沟中自然村在四十户以上，距主村遥远者，应划为独立村，以利工作案。（提案人平山县议会）

边委会答复：以上提案，本会均同意。各县县议会改选，已定于本年六月间进行，并已发出指示。一般距行政村在十里以外者，可单独另立行政村，当令各县检查调整。

2. 关于干部方面：

一、整顿村干部作风，改变除奸团作风，加强村干部教育，使政府法令能贯彻执行案。（提案人谷纶卿等二人，郭五峰、段良弼等二人，齐立敏等二人）

办法：甲、加强村干部教育，并经常组织政民考查团，检查区村工作。

乙、改变作风，正确执行除奸政策。

丙、利用星期日为学习日，此日干部民众一律休息，村由小学教员讲政策法令，区县由程度较高者，担任讲解。

二、加强军政民干部关于政策法令的教育，以加强团结抗战力量案。（提案人阎力宣）

三、对政民贫困干部家属给予以适当补助，对游击区敌占区被敌掠夺无法生活的干部与家属，应于〔予〕救济，对退职干部、年老力衰缺乏工作能力之干部，应适当安置，对牺牲干部遗族予以优待救济案。（提案人齐文俭等六人、陈静汝等四人、平山县议会、定襄县议会、定襄县政府）

办法：甲、牺牲干部遗族按抗属优待。

乙、敌占区干部家属来边区者，尽量介绍工作。孤儿幼子入保育院。

丙、老年干部及贫苦干部予以救济。

边委会答复：

一、第一个提案所拟办法甲项，本会同意，当使简政与整顿政风精神贯彻到村。所拟办法乙项，正确执行除奸政策是很对的，据本会所知现在有些地方对除奸政策执行得不够好，对汉奸有些放纵现象，群众对汉奸的警惕性也不够；同时个别地方，错捕的现象，也有残余存在。因此请各位参议员及全体人民更加重视除奸工作，使边区无汉奸藏身匿迹之所；并且请大家把看到的某些错捕的现象，随时告诉本会，以便纠正。所拟办法丙项，精神上很好，不过执行困难，本会拟编印通俗的政策法令教材，通过区村政权及小学校，教育民众。

二、第二个提案本会同意。过去军政民各方对于政策法令教育，即颇知注意，今后当更进一步加强。

三、第三个提案本会原则上都同意。不过抗战已五年余，人民都困难了，关于贫困干部的补助救济，须要在兼顾民力的情况下适当解决。因此本会已规定有《贫困政权干部家属补助办法》《政民工作人员伤亡抚恤条例》《优待政民妇女干部及其幼儿之决定》等，现均在执行。惟所定办法，有的较原案所提标准为低，这是因为边区人民生活水准，今已普遍降低，如对干部的优待过于提高，必致加重人民负担，是不易执行的。

（二）社会建设

1. 关于土地财产方面：

一、请规定执行双十纲领土地政策的具体办法，以利团结抗战案。（提案人三专区抗联会）

办法：甲、在双方自愿订立契约、双方尊重契约的原则下，应保障农民土地使用权，地主不应无故夺佃；应保证交租，农民不应无故不交租或少交租。

乙、佃户开垦土地，地权即属佃户，统累税由佃户负担。

丙、保护长期佃户的土地使用权。

丁、应明确规定逃亡地主的土地处理办法。根据地内无故荒芜的土地，政府对地主应依法处理，并把土地转租给农民。

戊、中共中央关于地主政策决定的附件，应议定具体执行办法。

二、请迅速制定回赎典当土地暂行办法，以平息目前土地纠纷案。（提案人聂永直等五人）

三、敌占区游击区经敌伪强占强买，以及强使转赠他人之不动产，其确非原产主本意，有确凿证明者，应由政府保障产权，认作无效。（提案人檀纶）

四、未到期的典当地，应允许地主于一定期限后（满约定期限三分之二以上时），自由出卖，以保土地所有权案。（提案人康子泽）

边委会答复：

一、第一个提案所拟办法甲、丙、戊三项，及第二个提案，在参议会递过之《租佃债息条例》中均有规定，不另作复。关于佃户开垦土地的地权问题，很复杂。"地权即属佃户"，本会认为有再加斟酌的必要，俟搜集材料研究讨论后再定。目下民间如因此而发生纠纷，可由仲裁委员会仲裁之。至于逃亡户的土地，本会已于民国三十年公布《抗战期间逃亡户财产代管办法》，当依法妥予代管，于其返回后归还之。根据地内无故荒废土地者，本会当责成当地政府调查研究其症结所在，设法解决。并发动人民生产热忱，期无荒废。因荒废土地的原因很多（如病、灾等），如遽于处分，并转租其土地，对保障地权有影响，其因种不过来而致荒废者，本会当责成各级政府积极检查。

二、第三个提案本会同意，并已制定《处理伪军伪组织人员办法》颁布施行。

三、第四个提案，根据民法物权编规定：出典人可将典物之所有权让与他人，惟承典人对于前项受让人仍有同一之权利。据此规定，地主可随时出卖其土地，无一定期限之限制，但在出典人将典物所有权让与他人时，如承典人声明提出统一价额留买者，出典人不得拒绝。

2. 关于劳动保护方面：

一、请制定劳动保护单行条例或类似的保护工人的法令案。（提案人龙华满城全体参议员、三专区抗联会）

二、调整雇主劳工关系，变通工资高低数额（高低数额之间，多间隔一些）以保障工人生活，而利增加生产案。（提案人卢××）

三、目前工人复工问题，政府团体双方应配合解决，以免工人逃往敌占区，并利增加生产案。（提案人三专区抗联会）

四、为提高工人劳动热忱，增进生产，改善工人生活，密切劳资团结案。（提案人郝桐生等）

办法：甲、加强工人教育，进一步提高工人劳动生产积极性（工厂应担任教育费，农村雇工应有一定学习时间），提高生产技术和生产效率。

乙、农村雇工工资，标准按各地生活水平以维持一个人到一个半人的生活为准。并以半实物工资制为原则。月工短工工资应比以上平均数稍高。

丙、适当改善工人卫生条件，保障工人健康（童工、女工不得做妨碍健康劳动，女工月经期酌量减轻工作，产前产后休息五星期，工资照发），工人疾病，资方应帮助医治，因工受伤或残废死亡，资方应予以适当抚恤救济。

丁、劳资双方可订立合同，规定工作时间（工厂工人应实行十小时工作制，农村雇工应以过去习惯）、工资待遇、生产条件等。双方确实遵守，期满任何一方均可解除。但在议定期间，不得无故解除，如因故一方提出解除合同（或因一方不遵守合同条件者）不能解决时，由政府协同劳资双方组织仲裁委员会进行调处。

戊、对失业工人应尽量予之介绍工作，给以一定生产劳动上之帮助，以安定其生活，发挥其在抗战中的作用。敌占区工人来边区者，按以上条件尽量安置救济。

边委会答复：

以上各提案的原则和精神都是很好的，本会同意。惟具体做法，尚须〔需〕待调查研究后，再作决定。关于工人复工问题，本会当责成各级政府配合团体适当加以解决。

3. 关于女子继承权方面：

一、请制定妇女财产继承权单行条例案。（提案人姜克忠聂永临等十人，及三专区抗联会）

二、请解释传达女子财产继承权问题案。（提案人平山县议会）

边委会答复：

关于女子财产继承权，民法规定甚详，无另行规定单行条例之必要，惟女子继承权开始施行之日期为民国十七年六月十二日，十余年来从未执行，在此期间变化甚多，如追溯过远，易滋纠纷。因此关于女子继承权问题，当另作执行问题的决定。本会接受第二提案，今后当编写一些解释传达的文章。

4. 关于社会治安方面：

请颁布社会治安管理条例、严防敌探汉奸，并加强群众除奸教育案。（提案人易县县政府）

边委会答复：

社会治安管理，包括范围颇广，全面管理条例，一时难以制定。惟本会前此颁布之《关于逮捕搜查侦查处理刑事特种刑事犯之决定》《统一办理通行手续暂行办法》《村除奸小组工作纲要》《破坏坚壁财物惩治办法》《检查戒严办法》……均属于管理社会治安与防敌探汉奸活动之法令，当责成各级政府切实执行。关于加强群众除奸教育，本会同意。

5. 关于婚姻方面：

一、回民在习惯上九亲等以内可以结婚（主要是姨表亲），在教义上回汉不通婚，因之婚姻条例中“九亲等以内不许结婚”一款（按条例规定为八亲等），应酌加修正。（提案人三专区抗联会）

二、寡妇招亲（有的叫“倒插门”）政府应明令禁止。（提案人三专区抗联会）

三、有的妇女过封锁沟、嫁特务汉奸，政府应明令禁止。（提案人三专区抗联会）

四、目前有的妇女随便离婚，应加节制案。（提案人高洛国）

办法：甲、进行教育，使之慎重。

乙、现在乡村中自由选择配偶有困难，可在父母征求子女同意的原则下，代为主婚。

五、有少数不知自爱之份〔分〕子，在男女关系上不够正确，应思想预防，以确守礼义廉耻案。（提案人郭××）

边委会答复：

一、第一、四、五三个提案，关于回民婚姻回顾，节制随便离婚和防止某些不正确的男女关系，在本会颁布之《婚姻条例》中都已有规定。除令各级政府切实执行外，尚希诸位参议员及社会各界人士加强对群众的宣传解释工作。

二、关于寡妇招亲问题，本男女平等的原则，寡妇对其自己的婚姻财产，有自由处理权利，至于寡妇再婚采取招亲的方式，虽然和某些地方的风俗习惯，有所未合，但于法则无违反处。这是一个对群众进行教育的问题，政府不便禁止。

三、关于禁止妇女嫁汉奸特务的问题，本会三十一年六月十六日世民社字第十九号令曾明文禁止，如有妇女与汉奸结婚，此种婚姻，政府不予保护，如因一时认识不清已与汉奸结婚者，应设法动员她争取汉奸反正或离婚。

6. 关于保护妇女儿童方面：

一、加强妇女生产小孩的常识案。（提案人阜平参议员等）

办法：由“白校”① 印一部关于产科［的］书籍，分发各县，作为妇女教材，妇救会今后应更注意这个问题。

二、对溺婴者政府应严加处理，一方面对生活特别困难而生育特多者加以补助案。（提案人平山县议会）

边委会答复：

一、第一个提案，本会同意，当照办。

二、对溺婴者严加处理，本会同意。至对生育多、生活困难者予以补助的问题，因当前财力不足，政府不便办理。

7. 关于清洁卫生方面：

一、切实开展清洁卫生运动，防止疫病流行案。（提案人三专区抗联会×××）

办法：甲、由政府有计划的〔地〕建立公共医务所，或由过合作社采取本地药材炮制成药，医治群众疾病。并可把中医以县为单位组织起来，政府给以资金帮助，轮流给群众治病。

乙、由政府设法照顾妇女生活、开展家庭卫生运动。

丙、教育群众进行家庭卫生运动的具体办法（如养猪要弄圈，并可多积肥料）。

丁、设法进行群众防毒的教育。

二、盂平定襄五台等沿滹沱河地带人民疾疫流行，应广设医疗处所案。（提案人金士冗）

办法：甲、有机会的〔地〕训练医生，不论新旧医，均分期加以教育。

乙、设置药所，大量制造药材及丸散膏丹等。

丙、号召群众采集本地药材，组织合作事业，交互运销。

丁、由敌占区通过社会关系，购入西药。

戊、请“白校”及各卫生机关尽量派员到各地巡回诊视。

三、请设立防疫机构，以保人民健康案。（提案人高明远等五人）

办法：甲、应有专人负责领导防疫工作。（或特设卫生局所，或附设于民政部门，由民政人员兼任。）

乙、设立医疗所，及医药合作社。

---

① 白求恩学校。

丙、组织乡村的旧医生，经过训练或检定，淘汰庸医。

丁、医疗所对于特别穷苦的人要减费或免费医疗。

边委会答复：

原提案的用意都是非常好的，惟抗战已五年余，物资消耗颇大，有的所提办法，似嫌要求过高，在抗战期间，不能全部实现，本会当就人力财力之所能及，尽量帮助合作社及药商，发展制药事业；并帮助抗联会组织医生，为人民治病。一面加强群众的清洁卫生教育。

（三）武装建设

1. 关于优抗抚抚恤拥军方面：

一、拥护边区人民子弟兵案。（提案人张文山等九人，谷纶卿等二十一人，杨耕田等二十五人）

二、各级政府应认真执行优抗抚恤法令；工作薄弱地区及敌占区尤应统筹办法，切实解决抗属生活问题，提高抗属社会地位；对荣誉军人阵亡将士应予适当抚恤，以巩固子弟兵案。（提案人庐诺华等七人）

三、冀中优抗工作，由于敌伪监视甚严，已陷停顿，应饬令速行恢复，勿得稍予间断案。（提案人郭××）

四、荣誉军人、退伍军人及地方退职人员应予安插救济，其籍非边区而至流浪街头者，尤应从速救济案。（提案人易县县政府、平山县议会）

办法：甲、边区设专门机关管理此事。

乙、将这些人组织起来贷给资金使之参加生产。

五、民兵负伤抚恤应有明文规定，游击区工作人员家属被敌寇汉奸打击没收财产应予以救济，并对汉奸加以镇压案。（提案人易县县政府）

六、抗日战士每月零用费仅只一元，作为杂费，不足甚巨，可否量予增加案。（提案人郭××）

边委会答复：

一、关于拥军问题，除已由参议会电呈中央补充饷械弹药外，本会并曾指示各级政府利用各种时机季节（如旧历年等），普遍发动拥军运动，确实帮助与爱护边区子弟兵，各团体亦均协助配合进行。

二、关于优抗工作，本会除曾于二十七、二十九年颁布优待办法外，并曾于去年十一月召开专门会议，进行检查与讨论。现各地优抗工作，虽已获得相当成绩，但个别地区，实物优待，尚不经常，精神优待亦多忽视。当再深入检查，督促各级切实执行，前颁优抗办法有不适者，亦根据去冬会议及最近反映，加以修正。但因边区财力有限，实物优待尚限于补足免税点，贫苦抗属生活问题之全部解决，尤赖于抗属之自力更生，与广大群众之互助。至敌占区及冀中等地，抗属贫苦无以为生者，即令当地政府速予救济，但因处于敌伪淫威之下，若由政府统筹，不仅拨运不灵，且恐易于暴露，为敌所算，故仍以由村公所负责为宜。而游击区优抗首先是保障抗属安全问题，当发动群众妥予保护，这与全面加强对敌斗争是分不开的。

三、荣誉军人之抚恤工作，除能回家者发给路费遣其回家外，其余则收容至荣誉军人学校予以教养。至退伍军人及地方退职人员，亦均帮助其返籍或参加生产，因系临时性的工作，无设专门机关之必要。

四、民兵抚恤办法业已制定，于本年二月二十七日以民社字第六号令公布施行。

五、游击区工作人员家属遭敌伪摧残致生活无着者，可按《贫困政权干部家属补助办法》酌予补助。对死心塌地的汉奸当严予镇压。

六、边区子弟兵每月零用费一元，确实太少，参议员代表民意，要求提高，足见我边区人民对战士生活之关怀，本会及军区均深为感奋！惟因当前困难加深，不宜再加人民负担，因此本会已商得军区同意，愿与边区父老共尝艰苦，并于战斗之暇积极参加生产，以资弥补，零用费仍不增加。

2. 关于人民武装方面：

一、加强预备兵教育，特别是五百名以下未设脱离生成之营长者，尤应注意，以达随时应召入伍之目的案。（提案人冯宿海等三人）

二、训练青壮年开展群众游击战争，打击小拨敌伪，保护人力物力财力案。（提案人郭五峰）

三、各村创设游击小组以便镇压零星敌寇汉奸活动案。（提案人张守业等二人）

四、加强民兵训练，提高技术，严明纪律，充实反攻力量案。（提案人×××）

边委会答复：

一、预备兵除受一般民兵训练外，须受特别军训，五百名以上之区，设脱离生产的营长一人，专司其事，五百名以下者，由武装部协同驻军所派干部负责。若未彻底执行者，当速予纠正。

二、游击区同胞日夜处于敌伪骚扰、掠夺、抓捕之下，痛苦万状，加强民兵组训，开展群众游击战争，实为要图。本会除曾颁布各项法令外，为使民兵与正规武装密切配合，指挥统一，已将武装部工作委托军区领导。关于民兵游击小组之组训，及武器之供给配备，均由各级武装部负责。年来，不少地区已获显著成绩，但发展仍甚不平衡，今后当更普遍加强民兵训练，健全其组织，提高其战斗与除奸技术，更广泛地开展群众游击战争。

3. 其他：冀中敌有部分他调，应相机予以痛击案。（提案人郭××）

边委会答复：事关军事行动，当函军区酌办。

（四）关于少数民族及宗教问题

一、为进一步的〔地〕团结回民，彻底粉碎敌寇对我各民族挑拨离间的阴谋。（提案人丁溪野等五人）

办法：甲、使回民享到经济上、政治上、文化教育上、风俗习惯上的自由平等。

乙、在教科书各种出版品中应注意发扬其优点。

丙、提倡回民参政，提拔回民干部，并在边委会领导下成立边区回民委员会（冀中冀北均设，有回民的县亦得成立），并在政府设立回民科。

丁、顾及回民特殊情况，给以谋生的便利，并保护奖励其生产、运销、消费等合作事业，及个人经营之工商业。

戊、注意回民文化教育，在回民学生较多之学校，得添增回文及有关回民问题的课程；边区各学校尽量容纳回民青年，必要时另立回民班次；设立回民工作干部训练班。

己、尊重回民风俗习惯，予回民工作人员以饮食营养的足够便利；回民的节日，许可宰牛；清真寺的财产及收入，因多作卫生设备之用，不能视同一般庙产，故请免课税。

庚、建议军区集中散在各部队的回民指战员，以便利其生活，并为回民参军之鼓励。在北岳区、冀北、冀东均成立类似冀中回民支队的武装部队。

辛、政府应注意回民工作，培植回民干部。

二、对于宗教人士（青黄庙等）应加强其教育领导案。（提案人××等二人）

边委会答复：

一、回民在各方面享有自由平等权利，乃边区一贯政策。关于回民工作，本会民政处已设有专人负责，今后在联系回民反映回民意见及解决回民问题上，当可较前更加注意，在目前本会认为尚无设科必要。至成立回民委员会，其性质系政府咨询机关一节，本会认为政府如能经常与回民参议员及在回民中有声望的人士取得密切联系，以经常搜集回民意见，则不建立回民委员会之组织，此项工作亦可进行，故暂不拟成立。如回民自己组织抗日团体，本会当积极扶助。至于在教科书及各种出版物中注意发扬回民优点，本会当采纳执行。关于回民教育，边区各级学校尽量容纳回民青年，自无问题；在回民学生数量较多的学校添设回文及有关回民问题的课程和必要时另立回民班次各节，亦可视具体情形酌量办理。至设立回民工作干部训练班问题，本会认为回民工作干部固须注意培养与训练，但就目前情形，尚无单独设立必要。关于保护与奖励回民经营工商业合作事业的问题，本会当予以注意。关于尊重回民风俗习惯的问题，亦为边区之既定政策，今后对回民工作人员之生活，当尽可能照顾到。至回民的节日许可宰牛及清真寺财产收入不纳税的问题，俟调查研究后再作决定。关于集中回民指战员及成立回民武装问题，本会已函请军区参考。

二、关于加强宗教人士的领导教育问题，主要应由青黄庙僧众自己之组织（如佛教抗日救国会等）负责进行。政府当在各方面予以必要的协助。

（五）援助敌占区同胞及对敌争夺人力问题

一、请制定条例安置敌占区归来同胞案。（提案人满城参议员）

二、优待敌占区青年，解决其职业及生活问题，以打击敌抓捕青年之阴谋案。（提案人李涛等五人）

办法：甲、加强招待所工作，对自敌占区逃来之青年，介绍以职业，有能耕种和营其他生计者，政府应借给资金。

乙、向敌占区青年广泛宣传，说明敌人以华制华阴谋，号召其逃来我根据地。

三、吸收和优待敌占区技术工人参加边区建设案。（提案人李涛等六人）

办法：甲、政府颁布优待敌占区技术工人办法。

乙、因其家处敌占区，无法实行优待，应提高其工资，使其家庭能维持最低限度生活。

四、团结敌占区人才，来边区参加抗战建国事业。（提案人段良弼等二人）

五、应制定具体办法保护青年争夺青年案。（提案人三专区抗联会）

办法：甲、设法杜绝个别巩固区青年逃亡敌占区。

乙、敌占区青年到根据地应介绍以职业或抗日工作。

六、号召冀中爱国志士来冀西受训，准备反攻力量案。（提案人郭××）

七、请速确定对敌人员斗争的对策，粉碎敌寇奴化与奴役青年儿童的毒计案。（提案人杨耕田等八人）

办法：甲、对敌人“新民青少年团”的组织，要广泛向游击区群众特别是青少年中揭破之。政府并应明令及布告禁止参加。对送青年当伪军受伪训的份〔分〕子，政府应予惩处。

乙、号召敌占区群众，用一切方法保护我们的子弟，不送给敌人，使之捕不住、征不到。对暂避敌人抓捕而来根据地躲避者，政府应予欢迎招待。对在根据地内找工作及求学者，政府应负责解决。对敌人强征青年受训之前或训练后，我必要给以训练者，政府应负责，群众团体亦应积极努力，至于所需开支，除动员青年自己拿出外，必要时（如特贫者），政府可让各该村负担。

八、对敌占据点突击政治工作，以准备反攻案。（提案人郭××）

九、拯救敌占区民众使之参加抗战，调查沦陷区公用事业，防敌破坏，促成伪警伪治安军伪警备队觉醒与反正，调查登记敌寇及汉奸资财，以便将来处理案。（提案人罗赓）

边委会答复：

一、关于援助敌占区同胞问题，除县以上均设有援助敌占区同胞抗日联席会外，本会并曾公布《援助敌占区同胞抗日办法》。敌占区的青年、知识分子、技术人才及一切抗日人士，均在援助之列。（对于生产技术人员已有优待办法，无另颁优待敌占区技术工人办法之必要。）去年于各专区及某些重要县份，并设有招待所专管此事。后因简政，才并由各专署县政府办理。自进行此项工作以来，颇有收获，但有部分地区对敌占区同胞之援助，往往失之于单纯的生活上的救济，于是又重新确定了招待敌占区同胞的范围，并指示各署县以进行办法。至今各地仍在执行中，今后更当责成各署县加强援助工作，以保护、团结敌占区一切抗日人士、与敌展开争夺人力斗争，至个别巩固区青年逃亡敌占区情形之发生，主要是因部分灾荒所致，在我各方面努力开展生产救灾的今天，此种情形已大为减少，今后更当注意说服解释，从各方面解决其问题，不使逃亡。

二、在我历次政治攻势下，敌占区人民胜利信心已空前提高，今后更当积极进行，以瓦解敌伪统治。

三、关于所提对敌人员斗争办法，本会原则上都同意，当接受执行。

四、调查沦陷区公用事业及登记敌奸资财，本会当酌量进行。

（六）对伪军伪组织人员的处理问题

一、请确定争取伪军伪组织人员政策，制定实施办法，以便加强争取伪军伪组织人员工作，加速瓦解伪军伪组织案。（提案人吕正操等六人）

办法：甲、在政策上仍本过去宽大为怀的精神，对被迫作〔做〕伪军伪组织人员的，尽可能予以自新之路；同时严厉镇压罪大恶极的汉奸，使其有所警惕。

乙、在具体办法上（供作参考）：

（1）发动军政民共同进行争取伪军伪组织工作，广泛运用社会关系、个人关系，因亲找亲，因友访友，加以劝戒〔诫〕，示以出路。说明：一、当汉奸辱没祖宗，死了也落骂名。二、敌人狠毒，翻脸不认人，当汉奸时刻有生命危险。三、一年以后怎么办？号召伪军伪组织人员反正，或暗中帮助抗日工作，政府不究〔咎〕既往，与抗日军民一样看待，并保证其战后生命财产。

(2) 对表现不同的伪军伪组织人员，予以不同的处理：一、反正伪军保证不缴械、不改组、不撤换其官长；反正伪组织人员，予以适当安插，使其各安生业。二、对暗中抗日有成效的，发给奖状或证书，并保证其战后的公民权。三、对死心事敌、不知悔悟、罪大恶极的，责成政府组织特别法庭加以审判，依法严惩；不到案者，通令严缉。

(3) 组织对伪军伪组织的调查机关，对各地伪军伪组织人员的行为，普遍进行调查登记，并附定对伪军伪组织人员处理办法，作为处理的根据。

二、请颁布对伪组织人员及敌伪占有财产处理办法，以促其早日醒悟案。（提案人祖德铭等六人）

办法：甲、对被敌伪敲诈侵占之土地、房产、商店和工厂等，一律物归原主。

乙、对与敌人合资经营之工厂商店等概行没收。（事先脱离者不究）

丙、对本国人经营之正当商业和工厂予以保证。

丁、对不正当之营业厉行取缔。

三、请制定抗战胜利后对伪组织人员之处理办法案。（提案人祖德铭等六人）

办法：甲、罪孽昭彰、认贼作父之汉奸严加惩办。

乙、对罪迹较轻之伪组织人员若在反攻前有保护抗日干部或便利边区贸易运输之行为，且经人证明者，恕其无罪。

丙、对被迫参加伪组织之人员有抗日干部出面保证者，保留其公民资格。

丁、对伪组织人员在反攻前脱离敌伪来边区自首者，不治罪；有杀戮送捉敌人或大汉奸者加赏。

戊、对未给敌人作〔做〕口舌之伪教职员经学生或抗日人民证明者，不究〔咎〕既往。

已、对敌伪学术机关人员曾尽力保护书籍仪器致未被敌人抢走烧毁者，免罪任用。

边委会答复：

以上各案所提原则，本会均同意，并已制定《处理伪军伪组织人员办法》颁布施行（见本年四月十三日民社字第七号令）。现正与各方商洽组织特别法庭办法，不日亦可付诸实施。

（七）优待来边区之日本、朝鲜人民问题

一、保护一切反法西斯的外国人士，及援助日本朝鲜台湾革命团体、个人案。（提案人邓拓朱、×才等二人）

办法：甲、在尊重中国主权及遵守政府法令条件下，允许一切反法西斯的外国人士到边区游历、就业，及从事宗教实业活动，并予以保护。

乙、保护与援助日本朝鲜台湾等革命团体及个人。

二、请规定优待日本逃战避难军民办法案。（提案人宫本哲治、田中实等二人）

三、请规定优待朝鲜人民办法案。（提案人蔡野火）

边委会答复：

以上提案，本会都同意，并已制定《优待日本军民逃战避难办法》《优待朝鲜人民办法》于本年四月十五日以民社字第八号令颁布施行。

关于财政方面的提案及解答

（一）统一累进税

一、工业按纯收入折富力计分。（提案人行唐县政府、县议会、及张泽民等二人。）

二、七富力以上者负担太重，应减轻。（提案人同上）

三、枣树按一般果木树计收入负担，不征土地资产税。（提案人同上）

四、典当地统累税应由承典当人负担。（提案人行唐县议会及阜平参议员与张梦九）

五、敌伪挖掘沟壕修筑汽路碉堡所占一切土地未能生产者，征收统累税应酌予减轻案。（提案人陈镇亭）

六、地主的资产税可按每亩实际租额征收，以免不够纳税案。（提案人灵邱参议员）

七、地租不足纳税（多因款收交不足），可由佃户纳税，佃户再少交些租作为地主收入，以维持地主地权。（提案人高洛）

八、平西涞水地主的负担有超过收获百分之八十的，富农中农亦多有感觉负担太重者，推其原因，主要是调查产量与实际产量不符，最好于秋后或当五谷成熟时进行调查。（提案人姜克忠等五人）

九、统累税土地产量，酌量实际收获，累进亦按实际情形。（提案人李××）

十、计算统累税及征收公粮应注意农忙，最好农闲时举行。（提案人于耀东）

十一、关于统一累进税中之产量登记，全边区今年应再加大一致性。（提案人聂永直等五人）

十二、过去历年公粮以及统累税积欠应如何清理，请规定统一办法案。（提案人徐定县及涞源参议员）

十三、游击区三十年、三十一年两年度实难收回之公粮公款，查其家境异常困难无力拿出者，方予减免，未减免者应征收，以作优抗救灾用。（提案人陈静汝等二人）

边委会答复：

一、一至七各提案，关系到税则的问题，在此次参议会通过，经本会公布之《统一累进税税则》及施行细则中已有规定，不再答复。

二、在执行方面：统累税调查于五谷成熟时进行，以免登记产量与实际收量脱节，立意甚佳。惟因边区深处敌后，敌寇每趁我秋收之际大举“扫荡”，秋后调查必又影响征收，故不得不提前进行。登记后歉收地区，统于征收时酌情减免之。调查工作之进行，因根据地工作任务至繁，干部力量亦有限度，时间之决定，只能尽量照顾农时；今年调查改算工作，已定于春季进行。再者，统累税土地产量之调查，经两年来之努力，一般尚称公允，但因边区地域辽阔，各项自然条件与经营条件极其不同，又因干部及时间之限制，仍未达到完全平衡，甚至有个别地区相差很多，今年本会及专区干部在统累税中要把大部力量用在检查专区与专区、县与县、区与区之交界地上，尽量求得平衡，税则力求贯彻。

三、历年公粮及统累税积欠清理办法，在去年八月二十一日本会关于《三十一年统累税征收工作的决定》已经提及：巩固区实在无力交纳者减免，其余要坚持收回，但受敌伪之蹂躏较重者，应酌免之；其生活困难无力交纳者，应豁免之。敌占区部分群众不畏艰险前来交纳者奖励之；依仗敌势顽抗不交者登录存簿予以惩处。具体作〔做〕法由各地政府根据具体情形决定，要以团结游击区敌占区广大同胞有利抗战为原则。至征得之数，若就地赈灾优抗，因各地所得与所需并不平衡，易生流弊，故本会认为应统一入库，优抗救灾所需，以另行筹拨为宜。

（二）财务行政

一、村款应统一到县，以平衡各村负担而使教育事业之开支案。（提案人平山县政府，阜平参议员）

办法：平山县政府提议以平山为实验县，在工作中找出经验，以为推行之借鉴。游击区因问题复杂，另行考虑。

二、抗属实物优待应由县统一执行，以保障优抗法令之贯彻，并平衡各村负担案。（提案人××满城参议员）

三、健全村财政制度案。（提案人冯宿海等三人）

办法：甲、原规定开支数目不敷，致有两本帐〔账〕之现象（一本帐〔账〕应付上级，一本记实际开销），应重新规定适当开支数目，切实检查。

乙、由县统一印发账簿，以杜贪污浪费。

四、区公所经费，应根据辖村多少适当规定案。（提案人平山县议会）

五、个别困难的户不能负担村款者，可以减免案。（提案人阜平参议员）

六、清理抗战前后军政旧欠，以舒〔纾〕民困案。（提案人定襄县政府、抗联会）

办法：抵交三十年度公粮或发价解决。

七、减轻游击区人民负担案。（提案人于耀东及韩节等五人）

办法：甲、开展积极的反资敌斗争。

乙、确实整顿村财政，纠正严重的贪污浪费，对村政权干部之贪污浪费者，应制定条令，予以惩处。

丙、确实改造村政机构，让公正人士参加村政权工作。

丁、政府酌减游击区人民粮款负担。

八、整理敌占区乡村财政案。（提案人安明俊等八人）

办法：按年分四季或至少两次结账，列单报销，通令严格执行。

<u>边委会答复</u>：

一、村款统一到县，系边区财政工作努力之方向，但在目前的干部条件、工作基础及日益残酷的环境之下，即巩固区工作较好县份，亦需付出很大力量，须逐渐进行。抗属实物优待，一般已由县统筹。小学经费，公产整理后，亦拟逐渐由县统筹。至村公所经费，仍由各村按上级规定自筹。

二、健全村财政制度案，本会同意（三、四、五专区已呈准本会，将村公所经费适当提高）。惟由县统一印发账簿，需费很多，而对财政制度之健全，亦裨益不大，故暂不必举办。至个别户负担村款困难，谅不外孤寡或低租地主，或土地被敌挖沟筑堡占用等。在统累税税则中已充分照顾可无问题。

三、敌占区乡村，在敌伪淫威之下，我方各项政令均难实现，今后唯有加强对敌斗争，惩处资敌肥己之首要份〔分〕子，以拯人民于水火。游击区人民遭受敌伪百般敲诈勒索，负担奇〔畸〕重，痛苦万状，本会极为怀念，并在想各种办法反对敌伪勒索，因为减轻游击区人民负担，主要是积极开展反敌伪勒索斗争。至贪污浪费份〔分〕子，当依法惩处（本会已制定惩治贪污条例，无另定必要）。目前游击区群众对我负担，虽一般的不及被敌伪勒索之十分之一乃至数十分之一，但本会亦一再设法减轻，除厉行精兵简政紧缩军政开支外，于统累税征收分配之时，亦尽量照顾到，如去年分配时规定每分要减于一、三五市斗，敌寇所造之“无人区”，现在还无人者，不征税，未完全恢复抗日秩序者，可减三分之一，晋东北有些“无人区”，减至二分之一。

四、区公所经费，自编制改变后，已重新规定，各县可在规定数目内，根据各区情况调剂使用。

五、抗战初起，大军南下，各地秩序混乱，军队自行征收索取者数目极大，至今已难尽计，本会成立之后，竭力整顿，于二十七年实行统筹统支。驻五台定襄之保安队二师，虽因种种原因仍在当地自行征购粮秣，但该军叛变之后，本会以当地人民生活困难，曾百般筹措，暂还一部，以维人民生计，于今抗战已历五年余，边区人民虽生活于自由民主之环境中，但因敌寇之破坏、战争之消耗，生活困难并非一地一隅之现象；而抗战初期因财政尚未统一，向各村所借之粮款，未清者亦在所难免，今天再行清偿，实边区人民财力之所不能及。当前急务，在于全民团结互济，共渡〔度〕时艰，驱敌出境。

（三）货币金融

一、冀中破边钞，有的人民不乐意收存，应收回另发新钞案。（提案人郭××）

二、如何扩大边币市场，提高其价值案。（提案人张守业等四人）

边委会答复：

一、破边钞银行均随时收兑，冀中虽环境困难，当筹善法解决。

二、扩大边币市场，唯有从开展生产贸易着手，本会今后当加强经济建设与对敌经济斗争。

（四）抗战勤务

一、游击区、“无人区”迁居根据地者，应格外体谅，发扬互助友爱精神，减免抗战勤务，以争取群众案。（提案人平山县议会）

二、村干部（村长、粮秣主任）与政民不脱离生产委员，每月到区开会，在村中值日办公需时半月以上，请免服抗战勤务案（提案人平山县议会）

三、做军鞋一双，工料在十五元以上，而政府免价仅一元二角，贫苦群众负担困难，应发足材料或提高鞋价案。（提案人平山县议会及聂永直等五人）

四、请调剂与平衡平定牲畜勤务，以保畜力而增生产案。（提案人聂永直等五人）

五、合作社脱离生产之干部免服或减服抗勤案。（提案人北岳区合联会）

边委会答复：

一、服抗战勤务是人民神圣的义务，游击区、“无人区”人民之迁居根据地者，只要力所能及，亦应服抗勤，不可一律免服。本会为体恤迁居根据地之人民，已规定由当地县政府根据其居住久暂、生活情形，酌量减免其勤务，或令其服抗勤之一部或全部。

二、村干部工作忙碌，确系事实，但仅系一部分，不是个个如此，故普遍减免抗勤，尚无必要，且将加重一般群众之勤务。因此本会决定“村长、村副、各委员及治安员中队长指导员，工作确实太忙，经县府批准后，可免服抗勤一半到全部”，业于二月二十五日以民行字第一号令行。

三、本会为减轻人民负担，已决定自本年五月份起停做军鞋，改捺〔纳〕鞋底。（详见本会行财字第二十二号令）

四、按规定服抗勤是不会重的，个别地区负担重，是调剂不好所致。本会今后当加强抗勤之检查调剂。

五、本会已规定合作社区以上干部免服抗勤，村仍照服，但须照顾其业务，不得一次全派或于特忙时故意派服抗勤。

关于文化教育方面的提案及解答

（一）教育行政及学校教育

一、一部分小学教员程度较差，亟应施以训练，以提高质量案。（提案人齐文俭等六人）

办法：甲、联大附设师范班。

乙、边区设师资养成所。

丙、尽量动员在家不出之旧师范毕业学生施以训练。

丁、加强督学制度，督学成为巡回教员。

二、为提议发展教育培养人才案。（提案人阎力宣）

办法：在各村区设初小高小，县应认真督促；各专署设立初级中学或初级师范；边区设高级中学或高级师范。

三、为提高小学教员质量，请召开师范讲习所；又各村应设小学校长，专负小学责任，校长应为教育委员会的当然委员。（提案人平山县议会）

四、为提高小学教师的文化程度，增进其社会地位案。（提案人张守业等二人）

办法：每年利用暑假寒假期间，训练全县教员，每次一月或四十日为限，一切经费由学粮学款项下开支。

五、为培养敷用的小学教员，并提高旧有教员质量案。（提案人高明远等五人）

办法：甲、尽可能每一专区设一师范学校。

乙、经常抽调教员受训。

丙、提高教员自我学习的兴趣（加强小组会的学习讨论，定期检查督促与考试教员）。

六、山沟小道、地瘠民贫，应将某些三四十户以下之小村，距离较近的小学，适当合并案。（提案人冯宿海等三人）

七、教育干部不得调任他职，以专责成。又为使小学教师安心供职，应提高小学教师的待遇，和一个普通工人一样，能养活一人到二人。（提案人吴剑龙）

八、整顿游击区小学教育案。（提案人李开信等八人）

办法：甲、在教育行政方面，各级应设专门督学人员，分段分区负责督查，务使每个行政村均设立小学。

乙、各村教育委员会应严格将所有学龄儿童详加调查登记，凡应入学之男女儿童，均令入学。有因故不能入学者，应帮助解除其困难。

丙、师资不足者，由政府设短期师范，训练后平均分配各村。

九、游击区敌占区的小学教员，有的因认识不足，作卖国亲日的麻醉宣传，于确有确

切证据者，应以汉奸论罪。(提案人檀×等二人)

十、复兴敌占区小学教育案。(提案人陈尊业等三人)

办法：甲、掌握敌已强迫成立的伪小学，进行抗日教育。

乙、对敌不积极强迫成立小学的村庄，应秘密动员村中抗日积极的知识分子，利用私塾等形式进行抗日教育。

丙、动员敌占区所有知识分子在自己家中进行抗日家庭教育。

十一、应有计划的〔地〕培养大批新的小学教师，提高其社会地位，适当减少教员的流动性，与社会活动（如配合中心工作等）。(提案人段良弼)

十二、初小高小教职员过年费、医药费、保健费及初小女教员卫生费应与政权干部一样待遇案。(提案人平山县议会)

十三、村初级小学经费粮食由县统筹按统累税分数附加征收案。(提案人包克等四人)

十四、再加强根据地的教育建设，以有效的〔地〕保护青年，保障儿童受到抗日教育案。(提案人杨耕田等八人)

办法：甲、对敌人设立学校奴化儿童阴谋，政府应明定办法，统一步调对敌。对忠实为敌服务、奴化儿童者，政府应予惩处，对小学停顿之广大游击区，政府应积极督促恢复，使广大儿童受教育。

乙、政府应帮助平津保正同学会的工作，对游击区来边区就学之青年，应满足其上学要求，对贫苦者，政府应帮助之（如衣服及日用）。

丙、有许多的高小毕业青年，仍愿上学，政府应多设师范班等。

丁、童子军教育适合当前少年儿童身心，应规定把童子军课列入小学、中学之正式体育课内。

边委会答复：

一、提高教师质量，培养干部，改善教师待遇：

（一）培养师资，确属重要，联大教育学院目前主要就是培养小学师资，本会并已在一中附设师范班，三、六专区及平山亦已设立短期师范学校，培养师资，今后当尽可能逐渐普遍设立与提高。

（二）关于抽调教员受训，本会同意原提案，今后当更加注意。过去各县更多利用假期举行，训练时间最多三周，训练费用，除在职教师自带伙食外，余均由边区款开支。其次，为加强教师平时学习，规定由县教育科具体领导，但因有的掌握不紧，形成半自流状态，今后当更加强领导督促。

（三）专区设初级中学边区设高级中学问题：二十九年时曾在每专区设中学一处，但因各方面条件之限制，程度很低；为贯彻精简政策，乃于三十年进行整理与合并，现只留边区中学一校。目前各地合于中学程度者尚少，故一时不拟增设。

（四）农村中之旧师范毕业生，只要赞成抗日民主，本会竭诚欢迎他们出来为抗战服务，各级政府应注意动员，更盼各界人士，代为留心网罗。

（五）初级小学教员待遇低，在兼顾人民负担及教员生活的原则下，当酌予提高，现正拟办法，高小的教员之待遇，已规定与一般政权工作人员同。初小女教员依规定有卫生费，可能有些村子未执行，当加强检查。

二、整理小学，加强领导：

（一）三十年以前是每一行政村设一小学，后为使小学正规化，乃在重质不重量及适当照顾群众经济条件的原则下，于去年加以整理，现在可能有的行政村小学因条件不合，暂行合并或取消，但将来仍要设立。至“山沟小道在三四十户以下小村的小学应合并”的问题，去年即系如此整理，惟亦有少数小村因情形特殊，仍予保留，现本会决定再加整理（着重灾区），已发出指示。

（二）教员调动频繁的问题，过去即已提起注意，虽逐渐纠正了不少，但仍未彻底克服。今后当再责令各级切实注意。至教员社会活动，本会曾指示：“教员配合工作或参加社会活动，不得妨碍课业”，惟教员因配合或帮助工作而妨碍课业的现象仍很严重，今后当积极注意纠正。

（三）各村设立小学校长并为村教育委员会当然委员问题：去年本会规定初小有二个教师者设校长一人（兼教员），以加强学校的领导。至只有教员一人者，似不必设校长名义。再者，本会过去曾规定校长或教员可任村教育委员（但不能任主任）。惟新颁行之《县区村组织条例》已无教育委员会之设置，村只设教育委员，故前规定已失效，且无必要，而是今后工作上如何密切联系的问题。

（四）实施义务教育，早已提出，有些地区已试行强迫儿童入学，本会最近并决定在平山灵寿阜平易县唐县试行强迫入学。调查学龄儿童，各地也都做过，但因种种关系，做得不够确实，今后当更加注意。至解决不能入学的困难，有“随学办法”“优待贫苦儿童课本”等办法，以后当更多的注意。

（五）村小学经费粮食由县统筹是好的，在整理公产后，可逐渐由县统筹，但目前仍应以村统筹为原则。至特别贫苦之村，本会规定可由公产学田收入项下予以辅助，以资调剂。

三、加强视导问题：

（一）为加强督导工作，贯彻法令执行，提高小学教师教学技能，各级政府增设督学很必要，现已决定县教育科改设督学（如因干部条件不能设督学时，得设视导员），业令各区县遵办。

（二）督学有其专责，无暇兼顾教学工作，因此使其成为巡回教员，会影响整个视导工作。但为提高教员教学技能，督学应在视察过程中，经常帮助教员，组织示范教学。

四、对敌文化教育斗争问题：

（一）游击区敌占区某些小学教员因处于敌人压迫之下，又兼认识不足，为谋糊口，充当伪小学教员，其讲授言说，客观上不免有麻醉学生思想之宣传，若悉予打击，骤以汉奸论罪，似非所宜。今后我方当加强这些地区的工作，采取宽大政策，尽量争取教育他们，使其不为敌用，进行抗日教育，但对执迷不悟、甘心事敌之份〔分〕子，自当依法予以应有之制裁。

（二）整顿敌占区小学教育，及积极恢复游击区小学案，本会完全采纳，今后当努力进行。

（三）对平津保正同学会的工作，今后当加强帮助。对敌占区游击区的青年，当尽量帮助其入学，并对贫苦者尽可能介绍其入公费学校，其入自费学校（如高小等）而实系无法自给者，经本会批准可予优待。（惟因经济条件之限制，难期普遍。）

五、童子军课不必列入中小学之正式体育课内，因童子军系由青联会领导；且本会前与青联总会商妥公布之《小学校与童子军关系的决定》中已明定每星期三下午及星期日下午为童子军进行教育训练时间，故不需要再列入正式体育课内。

（二）社会教育

一、巩固区群众文化水平颇低，为加强社会教育，应改善民校教员待遇，酌量给予补助费。（提案人冯宿海等三人）

二、加强对群众宣传案。（提案人李开信等八人）

办法：甲、由政府大量印发课本及各种宣传品，经常分散各地使群众阅读。

乙、设立民教馆或民众学校并物色不脱离生产之专人负责讲解抗战形势等。

三、今后有关国际国内重要形势之转变，及各种宣传品，由政府每半月印发一次，分发各乡村知识分子，以便宣传案。（提案人郭五峰）

四、编印大量通俗大众读物，发展文化出版事业，以普及教育与提高大众文化水平，并由政府拨专款辅助之。（提案人沙可夫等四人）

五、县应设流动图书馆，以便乡村知识分子阅读案。（提案人杨耕田等八人）

边委会答复：

一、关于民校教员待遇，本会在三十一年冬学教育实施大纲中曾规定："主任教员或工作繁忙之教员，在冬学期间，得经县府批准免除抗战勤务，成绩优良之教师，在冬季教育进行中，由县负责考核，随时奖励（实物或现金）。"至酌给补助费问题，尚无具体规定，本会当顾及边区财力物力，加以考虑。

二、建立民教馆及流动图书馆，立意甚佳，惟边区目前尚难做到，且非当务之急。每半月印发一次宣传品，当前力量也达不到，好在边区有晋察冀日报、实话报、群众报，可供乡村知识分子阅读。在巩固区并可通过民校进行时事教育，本会当设法把民校教员，加以适当调整，期能胜任。

三、编印通俗大众读物，发展文化出版事业，本会同意原案。具体做法，当与各方协商进行。

（三）教材编审

一、今后在国民教育及社会教育中，应充实民族气节的材料（如古今历史上之忠烈事迹），以高度发扬民族气节案。（提案人段良弼等二人）

二、政府重要法令应编入小学课本或民校教材，以使人民知法遵法，养成革命的法治精神，政民干部尤应切实研究重要法令案。（提案人行唐参议员）

三、为使"教""学""做"合一，在今后小学课程中，应加以适当增加与改变。（提案人段良弼）

办法：甲、小学算术课增加珠算内容，由边委会指定专人编辑教材，发动教员学习珠算，或利用假期，增进教员的珠算知识和技能。

乙、彻底改造小学自然、工艺两科：

（1）自然科基本上应以农业常识为内容。

（2）自然科教学要利用山坡、河田来进行，使儿童能实际观察实习。

（3）工艺科应尽可能和边区的农业生产与手工业结合起来（如制造农具、编制毛线毛衣等）。

（4）自然、工艺两科教材，应由农林局与工商局负责编辑，并且关于自然、工艺两科的一切设施、干部培养及教学活动等，亦由该两局辅助教育处进行。

丙、加强国文课。

四、加强小学教材审查印刷和发现工作案。（提案人段良弼）

办法：甲、对课本的重要性应有足够的认识，儿童如无课本，将无以展开国民教育，负责教育行政者，应把教材供应，作为自己的首要工作，上级应以此作为检查工作的重要部分。

乙、边府对教材应有统一的慎重的及时的审查，确定专人负责，教材内容，若因形势变动，应立即通知编者修改。

丙、边府应有专门机子印刷课本，发给各专署依该本翻印，规定样式不准更动，校对须仔细，确定专人负责，停止各县翻印，必须做到人手一册。

丁、发行应规定驮子，经常运书，边府专署和各县，均应有一定数量的运力。

边委会答复：

以上各案，本会都同意。过去本会编印教材，大抵依靠自己力量来解决（如以往在城市中那样），故费力大而收效小。今后当注意克服这些缺陷，与各方面密切配合，分别缓急来进行。

（四）文化事业

一、在边委会下设文化工作委员会，以使全边区文化人与一切文化工作者进一步团结在边区政府的周围，加强文化建设事业。（提案人沙可夫等四人）

二、颁布优待文化人条例，使边区文化人的生活更加改善，以利工作。（提案人沙可夫等四人）

三、颁布奖励文艺创作条例，以鼓励文艺创作，开展边区文艺运动。（提案人沙可夫等四人）

四、团结知识分子，保护知识分子，扩大文化统一战线，并反对敌人摧毁文化。（提案人三专区抗联会）

边委会答复：

以上各案，在扩大文化统一战线，加强文化建设事业，原则上，都是很正确的，本会当帮助边区文化人注意执行，至设文化工作委员会，颁布优待文化人条例、奖励文艺创作条例，须待从长考虑。

关于实业方面的提案及解答

一、为救济灾民，解决春荒，开展春耕，增加生产案。（提案人范其成、齐立敏、郭××，阎力宣、聂永直、张冲、郭飞天、郝胜符、齐文俭、冯宿海、马志远等七十八人及三专区抗联会、定襄县议会、定襄县政府）

办法：甲、组织生产救灾的统一领导机构。

乙、举办贷款解决农具、种子、牲畜等困难。

丙、动员私资贷给合作社举办生产事业。

丁、成立借贷所调济〔剂〕有无。

戊、设立粮店调济〔剂〕粮食、拨平粜粮，举办平粜。

己、发扬互助，募集粮食，救济灾民。

庚、酌减灾区人民负担。

辛、开凿井陉井泉或贷款筑旱井。

边委会答复：

以上提案，本会都同意，现正分别执行。惟成立借贷所一事，根据二十八年大水灾时的经验，由政府统一办理，从借贷到归还整个过程中有很多不便，故不拟成立。但本会愿号召边区人民发扬友爱互助，自行借贷。再，井陉凿井所需款项，由五专区今年分配到之春耕贷款中解决，或由银行酌贷与凿井人，在技术上本会当尽可能加以协助。

二、广泛开展造林运动，划禁山造林区，并由政府规定奖惩办法，以资提倡案。（提案人齐立敏等五人及平山县议会）

办法：甲、每年划定十分之一的山地禁山造林，切实检查督促认真执行。

乙、由政府规定办法，能多植树者给以奖励，随便砍树者加以处罚。

边委会答复：

禁山造林，本会一贯提倡，惟原提案所提“划定十分之一的山地禁山造林”的办法，普遍进行，事实上恐有困难，故不作一般规定。关于造林奖惩问题，本会曾发一《护林公约的参考材料》，由各地再加具体化，成为村民自己的群聚性公约，收效会更大。

三、禁种鸦片、禁种烟草以增加粮食生产案。（提案人范其成、齐立敏、张梦九等二十人）

办法：甲、统一筹划，集中力量，于春耕前先广泛宣传，再严令禁止，最后对少数刁顽不悛者加以严重惩处。

乙、今年禁种烟草，禁卷纸烟，明年禁吸。

边委会答复：

禁种鸦片，乃边区一贯政策，今年春耕会议中亦已作为决议，通知各级执行。至禁种烟草、禁卷纸烟，本会考虑结果，认为不易执行，不便举办。

四、划一度量衡案。（提案人阜平参议员）

边委会答复：

同意。本会在二十九年即决定划一度量衡，统一实行市用制，并由工矿局造来一批市用制标准斗、尺、秤，分发各署县仿造，现各地正在逐渐推行中。但统一度量衡为一艰巨工作，在目前环境下，非短期所能完成，故除继续推行市用制外，其他旧制度量衡，仍按各地习惯使用，以期逐渐完成。

五、开发与保护矿产并制定奖励办法案。（提案人聂永直、孙乐山等十三人）

办法：甲、阜平六区有铜铁矿，可派员勘察由政府贷款并派技师协助，如由民户投资则拟予免税。

乙、由政府制定奖励开发矿产办法。

丙、对平定××煤矿加强技术指导，或派专人领导。

边委会答复：

保护与奖励开采矿产，为本会一贯政策，凡边区境内矿产，人民均得报请政府登记备案后开采，其资金不足者，得向边区银行请求贷款，本会并可予以技术上的协助，因开采矿产者甚少，同时尚无制定开发办法之必要。至阜平六区矿产，即可派员前往勘察。平定煤矿本会当从各方面（政治上、资金上、技术上）扶助其发展。

六、严禁弹轧花机资敌，严禁铜铁锡资敌案。（提案人郭××等）

边委会答复：

铜铁锡为军需原料，本会早经明令禁止出口，今后当加强缉私，以杜绝走漏现象。至弹轧花机，本会已于一月十八日以实商字第一号通知禁止出口，各地正执行。

七、有些地区黑枣特多，请准烧酒以换粮食案。（提案人平山县议会）

边委会答复：

为了充裕民食，救济灾荒，本会决定禁止枣柿烧酒。黑枣多的地区（如盂平、平山），应由合作社或商店有计划的〔地〕向灾区调剂：如烧酒，恐影响民食，故禁令暂不开放。

八、开展合作贸易事业，打击敌收买掠夺粮食阴谋，加强对敌经济斗争案。（提案人阜平参议员、雁北全体参议员范其成等十九人、李××、郭××、北岳区合联会）

办法：甲、加强贸易合作机构，举办合作贷款，有计划的〔地〕将冀西棉布山货等出口换必需品。

乙、打击敌人保管粮阴谋，并乘敌伪装运或收买粮食时予以打击。

丙、保护境内贸易自由，严防粮食输入敌占区。

丁、由政府抽出固定干部，办理运销事业，避免商人操纵（如大黄）。

戊、进一步整理合作社：将区级组织取消，必要时按业务区设办事处，在各专区改设督导员；在合作社条例中规定上尽量给以发展的方便；提高合作社干部质量，政府及各方面应介绍坚强干部到合作社工作，召集合作训练班，政府予以经济上之帮助、政策上之指导。

边委会答复：

以上各案，本会都同意，现正分别执行。为加强对敌经济斗争，已成立工商管理局，其任务为管理对外贸易，领导稽征缉私，管理公营商店工厂，调剂内部物资，指导商会，团结商贩，指导合作社，活跃运销事务，一以打击敌人掠夺物资之阴谋，一以发展我根据地经济建设，提高人民购买力。现已有广大群众涌入生产运销事业中，今后当更进一步加强。至边区内地贸易自由，乃政府一贯政策，个别地区有限制情事，已指令纠正。其次，训练合作干部，政府当从各方面予以帮助，惟经费仍以自筹为宜。关于专区改设督导员，及将区级组织取消，按业务区设办事处问题，二月中合作社第二届代表大会已有决定。

关于司法方面的提案及解答

一、加强训练司法干部，以提高司法效能，并增加政权威信案。（提案人金士冗等四人）

办法：甲、根据目前需要，大量集中训练司法干部。

乙、斟酌情形将司法必需的智识，摘要编成教材，以训练之。

丙、整顿调解委员会，使其发挥调解效能。

丁、编印简明的法律常识，使群众了解司法问题。

二、有的县份，解决案件太慢，以致积案甚多，政府应注意责令其加强工作效率。

（提案人行唐县议会等）

边委会答复：

一、集中一部司法干部施以训练，是必要的，现正由高等法院筹划管狱员看守所长的训练。其次，高等法院设有见习制，关于法庭推事、司法处审判官等干部，亦可赖以补充一部。

二、依《县区村组织条例》之规定，无调解委员会之组织，为减免人民讼费，本会曾颁布《行政村调解工作条例》及《关于游击区公所进行调解工作之决定》，责成各级政府执行，今后当加强领导，期能发挥更大效能。至编印简明的法律常识一节，本会完全同意，今后当尽可能办理。

三、关于司法机关结案迟缓问题，除已由高等法院再通令各法庭、司法处迅速清结，并纠正此种迟缓作风外，今后当加强对各署县司法工作的检查，期无积案。

其他提案及解答

一、由大会致电政府及中共中央与全国军民案。（提案人阜平参议员）

二、请确定大会闭会期间参议员应负之任务案。（提案人吕正操等六人）

边委会答复：

以上两案，已由参议会驻会参议员办事处办理，不另作［回］复。

选自《晋察冀边区第一届参议会提案集》，晋察冀边区参议会驻会参议员办事处1943年编印，第1～43页。

23. 晋察冀边区行政委员会关于一九四四年改造与健全村政权工作的指示

1944年2月25日

村政权之健全与否，是测量民主政治贯彻与否的主要标帜〔志〕，也是政策法令能否贯彻的决定条件。为保证今年对敌斗争与大生产运动的胜利，各级政府必须把改造与健全村政权的工作，做〔作〕为全年的重要日程。关于今年村政权建设的方针与做法，有以下指示：

（一）去年村政权建设的初步简结

1. 去年村政权建设的主要成就是在原有的基础上进一步巩固了民主政治，大量的〔地〕摧毁与瓦解了敌伪政权，恢复再建与改造了村政权（只北岳区就有二千多村由亲日变为抗日，冀中七、十一专区，冀热边在这方面的成绩更大），在紧张的对敌斗争（反扫荡、反清剿、反蚕食、反勒索）与贯彻各种政策中（整理组织与村选、县选、生产、救灾、减租、反贪污浪费、改造对敌负担办法等）大大的〔地〕提高了村政权的效能与村干部的质量，群众基础得到进一步的巩固与扩大，村公所的战斗力显著的增强，成万的村干部在敌人捉捕、毒打、逼降、惨杀面前，表现了无比的英勇坚定，创造了无数可泣可歌的史迹。这些都说明我们的政权有了更加巩固的基础。

2. 由于各地环境、发展时期与工作基础之不同，我们的村政权还存在着许多严重问题，最主要的是：

甲、民主精神、民主制度与民主作风贯彻的〔得〕还很不够，在有村民代表会的村庄，代表会、公民小组大多数起得〔的〕作用不够，村政权工作往往局限在几个村干部身上，许多村庄政民联席会仍然是代替了代表会，对于进一步发挥广大民众的积极性做到〔得〕很不够。

乙、在工作落后与工作差的游击区，仍有不少的掌握在封建势力或流氓地痞手中，甚至有个别的被汉奸特务投降反共分子所把持。游击区亲日与中间两面的村政权，还占很大数量，未得到应有的改造。就是抗日政权，也有的是群众基础脆弱，抗日工作局限在少数先进份〔分〕子或上层份〔分〕子身上。

丙、村公所工作繁重，不少的村公所绝大部分时间作〔做〕了支应工作，形成简单的支应机关，对于组织村民经济生活，解决其困难，贯彻政策法令等重要工作，则是放松了的。

丁、目前游击区村政权存在的严重问题主要表现在：

a. 对于敌人强化下层工作与地下活动以摧毁、腐蚀我村政权的政策，缺乏应有的警惕与对策，致使某些抗日村政权变质，两面化、特务化。

b. 脱离群众倾向的存在，不敢大胆的〔地〕发动群众与广泛的〔地〕发展民主，满于现状。有些村庄，政权的接触面很小，抗日工作与抗日政权不敢在群众中公开，形成少数分子的活动，或停留在中间两面分子的联络工作上，这些分子一有变化，工作随之塌台。

c. 由于村干部不良成份〔分〕在某些村庄还占相当数量，因而发生严重的贪污浪费，浪费在游击区（连游击根据地在内）村政权中是比较普遍的。

戊、由于人民生活的困难，村政权工作繁忙，游击区对敌斗争的尖锐，许多人不愿当村干部，有的故意选坏人、懒人。

3. 村政权这些严重问题的存在，主要是由于各级政府对于村政权建设的重要，认识不够，缺乏系统的全面的研究与经常工作，往往只交付任务，限期完成，“要账式”的领导，至于对村政权更重要的工作，如健全组织、教育干部、检查政令如何贯彻等，则反而忽视了。

以上就是去年村政权工作的初步简结。

（二）今年村政权建设的方针与要求

1. 总的方针是在强化对敌斗争、开展大生产运动与反法西斯的民主教育三大任务下，进一步巩固与扩大村政权的群众基础，发展与巩固广大工农群众在村政权中的优势，团结各阶层人民，继续摧毁与瓦解敌伪政权及其地下活动，巩固与扩大抗日政权，争取与改造中间的和亲日的村政权。

2. 村政权建设的最高要求与标准：

甲、能团结全村为全村各阶层的人民服务，特别是能将占全村人口绝大多数的农民充分发动起来，使之成为村政权的基本力量，并能有健全的民主制度，发动村民都能积极的〔地〕参政。

乙、能领导对敌各种斗争，特别是能掌握武装斗争、除奸工作与抗日两面政策（巩固区不允许执行抗日两面政策），在反扫荡、蚕食、清剿与反敌伪抢粮抓人斗争中，能保护人力物力，使村中不受损失。

丙、能具体的〔地〕组织村民经济生活，领导生产，解决群众困难，肃清贪污浪费，游击区建立严格的村财政制度，由裁员减薪，逐渐做到村干部义务职。

丁、能将政府的重要政策（如武装、除奸、生产、财政、减租、优抗、救灾等）贯彻到每个村民身上。

戊、村政权的干部，真正是村民所拥护信仰的积极抗日分子，肃清汉奸特务投降反共分子，有步骤地策略地清除流氓地痞、黑暗势力。

以上是今年村政权建设的最高要求，各地必须根据不同村庄不同的工作基础，定出各种不同的能具体实现的要求与标准。不要不从实际出发仅根据主观愿望，一律机械的〔地〕要求达到这个标准

（三）今年村政权建设的做法

1. 通过对敌斗争与组织村民的经济文化生活，建设村政权，加强对村的领导，彻底简政，使村政权干部有充分的时间、精力为村民服务。为此必须：

甲、专署帮助县，县帮助区，根据不同类型的村庄，订出全年或半年改造与健全的计划，实现计划的步骤、方法与工作重点。各专员、县长要亲自下手，并指导其他干部，选择各种典型，进行深入的调查研究，与建立示范村的工作。今后建设村政权的工作，必须成为各级行政首长的重要职责，各级民政部门应以改造与健全村政权为全年的工作重点，民政部门的其他工作要围绕着这一工作进行。

乙、健全区公所对村的领导、增强村的民主活动是目前健全村政权的关键，因此区公所要从事务主义中解放出来，区长与各助理员要经常汇报与研究这一工作，经常帮助村解决问题，培养村有独立工作的能力，一切工作与问题解决应由村政权多用民主方式为之，区只加以帮助和指导，彻底克服包办代替与不给村解决问题“要账式”的领导两种偏向。凡有村代表会者，必须找有效的办法，使它健全起来，提高它在村民中的威信。

丙、区村简政，不少地区尚未开始，各专署县应即调查典型，研究现行的政令、制度，力求简便。

丁、强化对村领导的重点，要放在掌握组织（村政权的群众基础、组织、民主制度等之健全）、掌握干部（村干部之审查、考核、训练、奖惩）及检查村政权对各种政策法令之执行情形方面。

2. 有重点的〔地〕改选与改造：

甲、以往不少地区重视村选，忽视选举后的建设工作，使村选与村政权建设脱节。因此，今年除个别地区外，不以村选为村政权建设的重点，凡政权比较健全的村庄，经过村民大会或村代表会表决，一般的今年可以停止改选，对下列各类村政权则应进行改选，因环境恶劣、工作基础弱不能改选者则予以改造。

a. 村政权把持在汉奸、特务、反共投降分子之手或不合三三制的精神者。

b. 在敌人诱降、逼降、腐蚀政策下，村行政干部变质及严重的贪污浪费者。

c. 抗日工作开展、群众发动起来的中间两面与亲日的村庄。

d. 村行政干部软弱无能、工作不力或脱离群众为村民大多数所反对者。

e. 领导对敌斗争、保护公私财物与生产工作不力者。

f. 对粮库管理不好及除奸保卫工作不力者。

乙、改选与改造的办法：

a. 由县帮助区，根据平时对村的了解，确定改选或改造的村庄，北岳区于五月以前完成（冀中区与冀热边可以延长时间）这一工作，一般的由民政部门掌握。县区干部亲自到村指导与大生产运动及游击区的反清剿、反联庄、反抢粮等斗争密切结合进行之。

b. 改选时一般的召开村民大会，不能开者，可开闾民大会、公民小组会等选出代表。公民小组在自愿原则下，尽量与生产小组（如合作小组、经济小组、拨工小组等）统一起来。

c. 在新开辟或恢复再建、群众尚未发动起来以及某些环境恶劣的游击区，尚未具备建立村民代表会的条件者，村政权不应机械搬用此种形式，应根据环境与主观力量许可的条件下，发扬民主团结精神，创造各种不同的组织形式。

d. 在进行改选或改造时，必须充分动员群众，检查以往村政，在团结对敌、不究〔咎〕既往、一般的不算旧帐〔账〕、劝人改邪归正的原则下，对把持村政的坏分子应进行教育与适当的斗争，对危害乡里、罪大恶极、众所痛恨的个别奸特分子，应予检举依法严惩。

e. 为了保证积极抗日为村民所拥护的分子当选，对于村干部的困难必须适当解决，本会前颁之村干部奖惩办法，适当减免工作特别繁忙村干部的抗战勤务与贫苦村长补助办法，应在村民中进行宣传，并应切实检查执行情形。

f. 不进行改选的村政权，亦须有重点的〔地〕检查，对村公所个别不称职的干部，由村代表会实行罢免。

3. 从与群众的关系中，贯彻政策中，完成任务中，审查村干部，加强对村干部的教育训练，认真执行对村干部的奖惩。训练办法，可将需要村中执行的各种重要政策法令，编成通俗教材，进行教育，巩固区与比较巩固的游击根据地，集中主要干部（如村长副、中队长、生产委员等）到县或区短期轮训，开联席会，游击区开三五人的流动训练班，或个别教育等等办法。

4. 打破老一套，彻底转变领导思想：

甲、彻底克服不敢大胆发动群众，不发展广泛的民主，忽视村政权的重要，把它看成单纯的支应机关，对敌之分化政策、腐蚀政策及强化下层工作与地下活动，熟视无睹等等右的思想与官僚主义倾向。

乙、建立坚强的对敌斗争建设游击区的思想与坚强的群众观点，使村政权建设是建筑在尖锐的对敌斗争，发动与团结群众，为群众服务的思想上。

丙、加强专区县区结合部与敌之点线村庄的工作，克服本位保守的领导思想。

选自《晋察冀边区行政委员会现行法令汇集》，上册，边区行政委员会 1945 年编印，第 75～82 页。

互校版本：《中国新民主主义革命时期根据地法制文献选编》，第 2 卷，北京，中国社会科学出版社，1981年版，第283～290页。原注：“选自晋察冀边区行政委员会《现行法令汇集》上册，一九四五年版。”

24. 附“报刊评论”：晋察冀边区参议会的成功

1943年3月10日《解放日报》

全晋察冀边区人民所热烈企望的边区首届参议会，已顺利的〔地〕结束了。我们谨以无限的热忱敬祝这次会议的成功！晋察冀边区这块敌后抗日民主根据地，是在抗战爆发后不久，经边区人民用自己的血汗不屈不挠对敌战斗中建立起来的成果，是边区共产党、八路军与民众一起所共同创造的事业。边区抗日民主的建树，早为全国人士所周知。远在一九三八年一月即召开了全边区军政民的临时代表大会，根据抗日民族统一战线的精神，决定了大政方针，选出了各党各派阶级合作的边区政府。一九三九年春，在边区的较巩固的区域，即已进行了村政权的民主改革，选出了村长与村民代表会。一九四〇年，为了更进一步完成民主政治的建设，更进一步团结全边区各界人士共同抗战，又进行了大规模的选举运动，以普遍的、平等的、直接的、不记名的选举方式，选出了县议会、村民代表会，并选举了边区首届参议会的参议员，打下了更巩固的民主政治的基础。这样从边区到村级的民意机关，都由严格的普选产生。在当时乃至今天，这种成绩，在敌后抗日根据地，都还是创举。正因为有了这样的深入的民主运动，才把边区最大多数的人民动员起来，坚持了几年来最艰苦的抗战。首届参议会在克服了许多严重的战争困难后，已于本年一月正式举行，从十五日起至二十一日，大会共开七天，并收到了伟大的成就。

这次参议会是代表全边区人民意志的。以参加这次会议的议员来看，有边区的军政负责人，有国共两党的代表与党员，有进步的士绅，有各地民众的领袖，有住在边区内的满蒙回藏各民族的议员，有喇嘛、和尚等各方面的代表，有朝鲜革命人士，有觉悟的反战日本士兵和欧美友人的参加。他们代表全边区人民的意志与团结的精神，也正象〔像〕在开幕典礼会上边区共产党代表及边区子弟兵的领导者聂荣臻同志所指出的，过去我们和边区人民一起奋斗坚持敌后抗战，今后全边区各党派各阶层会团结得更好，胜利会一定更有把握。回顾自抗战以来，边区共产党就是以团结全边区各界人士进行抗战为方针的。在一九三八年军政民代表大会上，共产党即提出照顾各阶级利益的政策，与成立代表各阶级各党派合作的边区政府。在一九四〇年秋的选举运动中，边区共产党坚决执行了党的三三制的政策，帮助其他抗日党派及进步人士进行竞选，在党员与民众中说服解释，不仅投票选举共产党员，还要选举那些进步人士。这都说明边区共产党不仅毫无偏见和私心，而且是诚心诚意为着团结全体人民、团结各党派各阶层为着抗战建国而努力。我们相信，在这次会后，边区人民的团结，将会更加坚强。

这次边区参议会另一伟大的成功，表现在通过了已为边区人民所热烈拥护和实践着的中共中央晋察冀分局所提出的晋察冀边区施政纲领（边区人民称为双十纲领）。在会议进行中，由刘澜涛同志代表中共中央晋察冀分局向大会提议将这一纲领作为目前边区的施政纲领，经过热烈讨论后全体一致通过。这一纲领最初公布于一九四〇年秋，当即为边区人民所热烈拥护与实践。正因为它是根据中共中央抗日民族统一战线的方针，依据边区具体条件，总结了晋察冀边区党政军民数年来对敌斗争的丰富经验所写成的。所以它成为边区人民对敌斗争最锐利的武器。边区党数年来对这纲领坚守不渝、身体力行。我们相信今后这一纲领的精神将会更加贯彻于各方面的工作中。

最后，这次边区参议会的召开，完成了边区整个民主政治的机构。一九四〇年秋的选举运动，打下了民主政治的基础，经过这次参议会又彻底完成了边区各级政府的政权建设。在这次参议会上，边区行政委员会做〔作〕了工作报告，并进行深入的检讨，通过了许多重要法令（如晋察冀边区统一累进税则及其施行细则等法令），选出了参议会正副议长及常驻议员，改选了边区行政委员会的委员及正副主任委员，选出了边区高等法院院长。这些都说明了边区参议会不仅是个民意机关，而且还是一个权力机关，它是新民主主义的具体实现，亦即中山先生三民主义的具体实现。这种成就，引起了参加大会的国际友人班威廉的赞赏，不仅称之为“中国人民历史上的奇迹”，而且认为“在近代史中民主政治的建设上，也是向所未见的”。

在苏联红军获得伟大胜利、同盟国军队在广大战场上举行胜利反攻的时候，边区参议会的召开，给边区人民带来了胜利的信号，鼓舞了边区人民战斗的情绪，指出了克服困难的斗争方向。自然当我们越接近胜利的时候，敌人就越要作疯狂挣扎。由于晋察冀边区处在敌人的心脏，威协〔胁〕着平津与东北，敌人必将不断的〔地〕疯狂的〔地〕对我进行“扫荡”与进攻。我们还要准备渡过更困难的阶段，但在边区已有的抗日民主基础上，在共产党与国民党两党的合作下，在边区子弟兵英勇善战的坚持和边区人民一致团结和支持下，坚决贯彻精兵简政的政策，开展生产运动，积蓄人力物力，坚决的〔地〕不倦的〔地〕对敌人进行反蚕食与反扫荡的斗争。我们相信有五年对敌斗争经验的晋察冀边区人民与边区子弟兵，按照这次边区参议会所指示的方向，就会更加有力的〔地〕打击敌人，坚持保卫与巩固边区，以争取胜利反攻之到来。

选自《中国新民主主义革命时期法制建设资料选编》，第1册，西南政法学院函授部1982年编印，第410～413页。原注：“《解放日报》1943年3月10日。”

25. 晋察冀边区专署县区政府简政草案

1944年7月3日

为进一步贯彻简政政策，实现统一领导，加强有系统的调查研究工作，提高行政效能，兹拟定晋察冀边区专署县区政府简政草案。

甲、精简业务

一、彻底转变百端并举、民财教实法平分春色的思想，建立坚强的群众观点，认真实行不急之务不举，不必要的手续取消，以便抓紧中心，集中力量完成当前急务。

二、划清各级职权，为严明职责加强署县执行权限，今后确定：

(1) 边委会在领导上主要是掌握形势，确定全年的或一定时期的工作方针与中心任务。掌握政策，制定与修正各种法令，组织中心任务与各种政策的实现。研究领导方法，重点放在思想的、政治的、组织的领导。掌握总的财粮预算，总的编制人数及二级以上干部的考核与任免。

（2）专署代表边委会领导一个专区的政权，须要一方面掌握边区的政策法令，另方面熟悉各县的具体情况。在这两方面适当结合的基础之上去指导各县政务。这也就是说专署在边委会领导之下，须〔需〕要掌握专区形势，针对各县实际情况，具体提出一定时期的工作任务，并切实检查执行程度，及时总结经验。掌握政策法令，检查各县执行中有无偏向，及时予以纠正。掌握专区范围内编制人数，检查财粮开支，及三级干部的考核与任免，并独立的〔地〕计划和处理其他地方性的事宜。

（3）县在专署具体领导之下，贯彻政策法令，完成工作任务，重点是有方法有步骤具体组织其实现，并及时总结工作经验，创造工作方式方法。

（4）区在县的具体指示之下，具体帮助各村，实现县的工作计划。重点是帮助各村［工］作，而不是包办代替（包办代替是过去区事务多的主要原因之一）。

三、建立逐级负责制，边委会的领导对象是专署，专署的领导对象是县，县的领导对象是区（了解到更下一级，要有重点的〔地〕进行），一般的不越级解决问题（自然可以协同下级解决），在特殊情形下，须越级解决时，应及时通知主管级。各级在职责范围以内，应主动的〔地〕负责的〔地〕解决问题，纠正向上推或向下推的不负责任的现象，上级对下级工作要切实检查（检查要有中心有重点），及时予以指示和帮助，并应尊重下级职责，避免干涉代替现象。下级对上级要坚持报告总结制度（报告总结要简明扼要，主要是执行程度、执行中的问题（法令的，执行偏向的）及其实际情况与解决办法（或意见）、具体的经验教训），及时供给各种材料。对上级有所请示时，除叙明情况外，应明确提出具体的意见。对上级领导有意见时，亦应及时建议，克服自由主义现象。

乙、精简机构

一、为适应敌后战斗环境，组织机构应短小精干、机动灵活；过去民财教实公法各部门平列的组织形式，庞大呆板，力量分散，应加以合并或裁减。

二、边委会的组织机构已改为一厅、两室、一处。委员会之下设办公厅：下设研究室、文电科、干部科、总务科。民教两处及高等法院统一成立第一办公室，下设第一科（掌握民政、司法、教育方面的行政事项）、第二科（主要掌管编辑整理材料、研究等工作）。财实两处及银行统一成立第二办公室，下设第一科（掌管农林合作事项）、第二科（掌管工商事项）、第三科（掌管财政事项）。公安管理处仍旧。

三、根据上述精神，专署组织拟改为一室三科，县政府拟改为一室三科或四科。专署、县均恢复秘书室，并加强研究工作。第一科系民教司法合科，对外仍保留法庭或司法处审判官名义。第二科系财实银合科，县政府财实是否合科，可再考虑。第三科为公安科。专员县长可兼一科长，工作忙的科，得设副科长。一、二科科下分工，可设二股：一掌日常行政，一掌调查研究。这只是原则的划分，在工作上应密切联系与结合（专署县区编制见附表一）。

丙、精简编制

一、提高质量减少数量。北岳区共减去一千五百人，不必要的人员裁减，可以合作化的〔地〕减少供给，在各级编制中设预备额，遇有工作需要，可以灵活运用。

二、专署编制订为五十人，另设预备额五人。县分一二三等，一般的辖区八个区以上者为一等县，辖区六七个区者为二等县，辖区五个以下者为三等县；并视辖区大小、村庄多少、工作发展情形，权衡变更。一等县编制六十五人；二等县五十五人；三等县四十五人。一二三等县均设预备额五人。区的编制平均为九人；小区可减至六人；大区可增至十一人；特别区可增至十三人到十五人，预备额每区均为二人。县预备额由专署统一掌握，区预备额由县统一掌握；在掌握总预备额范围内调剂干部，不必呈请上级批准。

三、运输队除按当前需要缩小编制外，并以合作化自给三分之一，将来还可逐渐提高自给比数。犯人囚粮已判决者均须由生产自给，未判决者以犯人家内供给为原则，其不能由家供给并不便参加生产者，始由公家供给，每县最高额不超过十人（有的县份已无囚粮预算，是很好的），超过者应减至十人。

（各该专区精简人员数字见附表二［略］）

丁、干部的调整与安置

一、干部调整：

(1) 干部调整的原则：第一要精干上层，充实下层，在一定的条件下可降职使用，保留原级。第二奖励干部到游击区，充实与加强游击区。第三选择干部与使用干部除须具备政治坚定之基本条件外，应以群众立场、群众观点、勇于斗争为首要条件，纠正过于偏重文化程度的知识份〔分〕子路线。要注意逐渐增加从群众斗争中生长出来的工农干部的比重。

(2) 干部调整的计划：关于一二级干部的调整，以及专区间干部的调整，由本会统一计划，县科长以上的干部，指名调整，其他干部，由本会提出条件，指定人数，由专署负责送会。关于专区范围内之干部调整，除本会调整者外，由专署根据上述干部调整原则与各县情况统一计划。应防止本位主义，以保证调整计划的顺利完成。

二、干部安置：关于精节下来的干部，应及时的〔地〕予以适当的安置。一部份〔分〕由本会与专署分别开班训练（专署训练班，每月平均以二十人预算，时间上可以灵活）以提高其质量，使能更好的〔地〕担任工作。只有一部份〔分〕极不适宜担任工作，或自愿脱离工作者，始令其回〔回〕家或参加生产以求自给。无论回〔回〕家与参加生产，对其生活应适当予以照顾，并应进行解释工作。

本简政草案北岳区各署县接到后，希即详细研究讨论，提出具体意见于八月一日以前由各专署汇报本会，以便修正，正式公布。关于勤杂人员之精简，各署县于讨论后，当即日开始实行，至于干部之调整候令再办。

冀中区各专署、冀热边行署、平北办事处可参照本简政草案精神，根据各该地区实际情况，拟定各该地区简政草案（因环境游击性更大，机构更需要短小精干。同时干部缺乏，人员要更少一些，防止照抄基本区老一套的作〔做〕法）迅速报会。

附：晋察冀边区专署县区政府编制表（草案）一份。

选自《晋察冀边区行政委员会现行法令汇集》，上册，边区行政委员会 1945 年编印，第 37～42 页。原注："晋察冀边区行政委员会民国三十三年七月三日印发。"

专属县区政府编制表（草案）

1944.7.2

专员	秘书主任	秘书室										民教科						财实科				公安科			法庭				医卫队	总计
		秘书	科员	办事员	文书	译电员	电话员	特务员	服务员	医生	合计	科长	科员	督学	医务指导员	机动干部	合计	科长	股长	科员	合计	科长	科员	合计	推事	书记	看守	合计		
1	1	1	1	1	2	1	1	1	5	1	14	1	2	1		3	7	2	2	6	10	1	7	8	1	1	1	3	6	50

项别 / 县等	县长	政务秘书	秘书室								民教科					财政科			实业科				公安科			司法处				警卫队	驻会县议长	武装部	总计
			秘书	科员	办事员	文书	电话员	特务员	服务员	合计	科长	科员	督学	医务指导员	合计	科长	科员	合计	科长	股长	科员	合计	科长	科员	合计	审判官	书记或录事	看守	合计				
一等县	1	1	1	1	1	2	1	1	5	12	2	2	2	1	7	1	5	6	1	2	4	7	1	5	6	1	1	3	5	12	1	7	65
二等县	1	1	1	1	1	2	1	1	4	11	2	2	1	1	6	1	4	5	1	1	3	5	1	4	5	1	1	2	4	10	1	6	55
三等县	1	1	1	1	1	1	1	1	3	9	1	1	1	1	4	1	3	4	1	1	2	4	1	4	5	1	1	1	3	8	1	5	45

区长	助理员	治安员	服务员	大队部	合计
1	3	1	1	3	9

说明：1. 专署民教、财实均合科。县民教合科。
2. 县的分等，一般的八个区以上的为一等县，六七个区者为二等县，五个区以下的为三等县，并视辖区大小、工作开展情形酌予变通。
3. 预备名额，署县均为五人，各县如有干部时，医务指导员以外可专设医生一人，由专署统一掌握。
4. 区公所平均以九人计，新开辟区可减为六人，大区增为十一八，特别区增为十三人至十五人。
5. 每区预备额为二人，由县统一掌握。

26. 晋察冀边区行政委员会电——关于专署县区政府简政草案丙丁两项之决定希遵照执行由

1944年10月14日

一、二、三、四、五、十一专署专员：

关于专署县区政府简政草案丙丁两项之规定，经就各署县提出意见，再加研讨，爰作如下之确定，自十一月份起实行，希即遵照并转各县遵照执行。

丙、编制人数，确定为：

一、专署：四十五人。

二、县：一等县六十人，二等县五十人，三等县四十人。

三、区：每区平均九人，得视区之大小增减调剂使用，最多每区不得超过十三人，最少可减至五或六人。

四、县区干部之机动预备额，统由专署统一掌握调剂使用。

丁、编余干部的安置：

一、调一部到冀热辽区，凡政治面目清楚、品质优良健全者可送经本会派去。

二、学习深造：工农干部之政治文化水准较低亟需〔须〕提高者，可径送教育学院以资深造。

戊、专署县财实两科，得视具体情况分设或合并。

选自《晋察冀边区行政委员会现行法令汇集》，上册，边区行政委员会1945年编印，第43页。

27. 晋察冀边区行政委员会晋察冀边区参议会驻会参议员办事处关于召开察哈尔、热河省人民代表会议及成立察哈尔、热河省政府的决定

1945年10月18日

自我大进军以来，察热两省全境已获解放，为建设民主、自由、繁荣的察哈尔省、热河省，实有召开各该省人民代表会议讨论省政建设方针及成立省政府的必要，本会、处为适应察热各届人民要求，爰于本月十六日召开联席会议，做〔作〕出如下之决定：

一、关于召开察、热省人民代表会议

（一）代表之产生：地区代表以县市为单位产生，团体代表（包括工、农、青、妇、人民武装、文教、商人等）以团体为单位产生之，少数民族（如蒙民、回民等）依规定推选代表出席。

（二）代表名额：地区代表名额，参照边区选举条例之规定办理。三万人民（因公民

数尚无调查，暂不按公民数产生）以下之县，选举代表二名，三万人以上之县，每增三万人增选代表一名，所余尾数超过一万五千人者，亦得增选代表一名。

团体代表名额：群众组织健全、人口多之大县，得选代表二名，新建立群众团体之一般县份，得选代表一名；尚无群众组织之县，暂不产生（张家口团体代表选七名，宣化四名）。少数民族代表名额：蒙民得每一万人选代表一名，回民代表察省产生二名，热省由冀热辽行署自定。八路军代表五名。

（三）代表资格：应参照解放区人民代表会议代表资格之规定办理："1. 抗战有功；2. 在群众中有威信；3. 社会上有声望；4. 有奋斗历史或有工作经验的代表人物。"

（四）选举方法：为及早召开代表会议，各县市一律用推选法，由县市级各团体联席会议共同推选之。

（五）开会日期：尽可能提早，一般应于十月二十九日左右开会，并即成立省政府。

（六）代表会议主要任务为讨论本省施政方针建设大计，及讨论提案，并选举省府委员及主席，成立省政府。

（七）为胜利召开省人民代表会议，责成冀察、冀热辽行署组织筹备处，主持大会一切事务。

二、关于成立察哈尔、热河省政府

由各该省人民代表会议用无记名联记名投票法选举省政府委员九至十一人，成立省政府，各该省政府均受晋察冀边区行政委员会领导。关于省政府之组织法另定之。

选自《晋察冀边区行政委员会现行法令汇集》，上册，边区行政委员会 1945 年编印，第 59～60 页。

互校版本：《中国新民主主义革命时期根据地法制文献选编》，第 2 卷，北京，中国社会科学出版社，1981 年版，第 443～444 页。原注："选自晋察冀边区行政委员会《现行法令汇集》上册，一九四五年版。"

28. 张家口市参议会组织暂行条例

1946 年 3 月 18 日晋察冀边区行政委员会颁布，
同年 4 月 20 日胜民行字第二十六号令修正

第一条　本条例依据晋察冀边区目前施政纲领第五条之规定及张家口市之具体情况制定之。

第二条　张家口市参议会（以下简称市参议会），由全市公民选举之参议员组织之。

第三条　参议员任期二年，连选得连任。

第四条　市参议会为市各级政权的最高权力机关，市参议会之职权如下：

一、选举并罢免市政府委员、市长、副市长。

二、制定市单行法规。

三、监察弹劾市、区、街、村行政人员及司法人员。

四、审察（查）市预算决算。

五、审议市政府各项重要计划方案。

六、决定市政重要兴革事项。

七、审议市政府及各方请议事项。

八、督促检查市政府工作。

第五条　市参议会设议长、副议长各一人，由参议员用无记名投票法互选之，负责召集常会及临时会，并在市参议会决议事项范围内，对外代表市参议会。

市参议会开会时，由议长主席，议长因故不能出席时，由副议长主席。议长、副议长因故去职时应即补选。

第六条　市参议会开会时，设秘书处置秘书长一人，由大会推定之，承议长、副议长之命办理大会事务。

第七条　市参议会每半年开常会一次，有下列情形之一者，得召开临时会：

一、经参议员五分之一之提议者。

二、经市公民十分之一以上之请求者。

三、市政府提请经议长、副议长认可者。

第八条　市参议会非有过半数参议员之出席不得开会，非有出席参议员过半数之通过不得成立决议，可否同数时取决于主席。候补参议员得列席参议会，有发言权无表决权。

第九条　市参议会开会时，市政府委员须报告工作，解答质问，对讨论事项有发言权无表决权。

第十条　市参议会之决议案交市政府执行，市政府对决议案认为不便执行时，应详细具理由送请市参议会复议，市参议会复议后，仍持原议时，市政府应即执行。

第十一条　市参议会不得作与上级政府法令抵触之决议，抵触时，服从上级政府法令。

第十二条　市参议会开会时设参议员资格审查委员会、提案审查委员会。必要时，得设其他专门委员会。各委员会之委员名额由大会决定选举之。

第十三条　市参议会闭会期间，设办事处，在议长、副议长领导下处理日常事务。

第十四条　市参议会闭会期间，市政府对市参议会负责，领导全市政务。

第十五条　参议员除议长、副议长外均为无给职。

第十六条　参议员在开会时，所为之言论及表决对外不负责任。

第十七条　参议员除现行犯外，在会期中非经参议会之许可，不得逮捕或拘禁。

第十八条　参议员违法失职时，由其选举单位罢免之，有候补者依次递补，无候补者另选之。递补、补选之参议员，以补足原任之任期为限。

第十九条　参议会之经费由大会制定预算，经市政府报边区行政委员会批准，由市发给之。

第二十条　本条例自公布之日施行。

选自《中国新民主主义革命时期根据地法制文献选编》，第 2 卷，北京，中国社会科学出版社，1981 年版，第 447～450 页。原注：“选自晋察冀边区行政委员会《现行法令汇集》续编。”

29. 张家口市政府组织条例

1946年4月24日晋察冀边区行政委员会颁布，
同年5月18日胜民行字第三十一号令修正

第一条　张家口市政府（以下简称市政府），由张家口市参议会（以下简称市参议会）选举委员七人，组织市政府委员会，并由市参议会在委员中选举市长、副市长各一人，市长、副市长及委员均于选出后，报请晋察冀边区行政委员会备案。

第二条　市政府设下列各局、处：

一、秘书处。

二、社会局。

三、教育局。

四、财政局。

五、建设局。

六、卫生局。

七、公安局。

市政府于必要时，得请准晋察冀边区行政委员会，设置各种专管机关及专门委员会。

第三条　市政府受晋察冀边区行政委员会之管辖，及市参议会之监督。

第四条　市政府总理全市政务，其职权如下：

一、执行晋察冀边区行政委员会之命令及指示。

二、执行市参议会之决议。

三、领导所属各机关执行职务，任免所属区长、科长以下之行政人员。

四、公布市单行法规。

五、管理一切市政建设事项。

第五条　市政府委员会为民主集中制之组织，因行使前条职权所为之重大设施，须由市政府委员会决议行之。

第六条　市政府委员会每两周开例会一次，必要时得召开临时会议。

第七条　市长之职权如下：

一、召开市政府委员会议及政务会议，会议时为主席。

二、领导各局、处执行上级交付之任务，及市政府委员会之决议，市长向市政府委员会负责。

三、处理市政府日常政务，如遇重大事务，应提交市政府委员会决定，如时间紧迫，市长得作紧急处理，但事后应提请市政府委员会追认。

四、对外代表市政府。

副市长协助市长执行本条各项规定之职务，市长因公外出，或因故不能执行职务时，由副市长代理之。

第八条　秘书处掌理事项如下：

一、关于市政府委员会、政务会议之通知及记录。

二、关于提请任免、奖惩所属市区行政人员事项。

三、关于文件之保存、撰拟、缮印及收发事项。

四、关于印信、电报等机要之掌管事项。

五、关于市政府之会计、庶务、卫生等事项。

六、关于材料编制、统计、整理事项。

七、关于交际招待事项。

八、其他不属于各局、处之事项。

第九条　社会局掌理事项如下：

一、关于行政区划、组织编制事项。

二、关于户籍统计事项。

三、关于民主选举事项。

四、关于赈灾、军人家属抚恤、优待及其他社会救济事项。

五、关于劳资关系、租佃关系事项。

六、关于婚姻登记及礼俗事项。

七、关于人民团体之登记及指导事项。

八、关于工商业行政及合作互助指导事项。

九、关于取缔赌博及禁烟、禁毒事项（在有禁烟局时，禁烟、禁毒由禁烟局管理）。

十、关于少数民族事项。

十一、关于宗教事项。

十二、关于公产之登记、管理及处理事项。

十三、其他有关社会公益事业事项。

第十条　财政局掌理事项如下：

一、关于税务公款事项。

二、关于预算决算之编制事项。

三、财务行政事项。

四、其他有关财政事项。

第十一条　教育局掌理事项如下：

一、关于管理各级学校事项。

二、关于管理社会教育事项。

三、关于教育文化及学术团体之指导、奖进事项。

四、关于图书馆、博物馆、公共体育娱乐场所之管理事项。

五、关于剧院、影院之指导事宜。

六、关于一般宣传事项。

七、其他有关教育事项。

第十二条　建设局掌理事项如下：

一、关于公用房屋及街道之建筑、设计、修理事项。

二、关于人民建筑之审核、指导，及街道市容之整顿事项。

三、关于电灯、电话、自来水、交通等之管理、建设、监督事项。

四、关于河道、水堤、桥梁之监督修筑事项。

五、关于农林行政事项。

六、关于公园林木之修植保护事项。

七、其他有关工务事项。

第十三条　卫生局掌理事项如下：

一、关于街道清洁，及人民卫生之管理指导事项。

二、关于公共卫生之建设事项。

三、关于防疫保健事项。

四、药市、屠宰场、娱乐场所之卫生检查事项。

五、关于公立医院之管理领导事项。

六、关于私人医院之登记、审核及指导事项。

七、关于医药事业之管理、饮食品之化验事项。

八、关于医生之登记、审查及指导事项。

九、其他有关卫生事项。

第十四条　公安局掌理事项如下：

一、关于户口之调查、登记、管理、检查事项。

二、关于缉捕盗匪、检举、取缔违警事项。

三、关于社会秩序之维持事项。

四、关于消防、救护、交通管理事项。

五、关于外侨之调查管理事项。

六、其他有关公安事项。

第十五条　秘书处设秘书长一人，各局设局长一人，综理各该局、处事务。秘书长、局长由市政府委员会报请晋察冀边区行政委员会加委。

第十六条　各局、处得设秘书一人至数人，承局长、秘书长之命办理各该局、处事务，各局、处得视事务之繁简分科办事，科设科长一人、科员若干人，承局长、秘书长之命办理该科事务。

第十七条　各局、处及科均得视工作需要增设副职，佐理各局、处、科事务。

第十八条　市政府设政务会议，由市长、副市长、秘书长、各局正副局长组织之，讨论市政府委员会决议之执行事项，开会时由市长主席，讨论事项取决于市长。

第十九条　各局、处办事细则另定之。

第二十条　本条例自公布之日施行。其修改权属于晋察冀边区行政委员会。

选自《中国新民主主义革命时期根据地法制文献选编》，第2卷，北京，中国社会科学出版社，1981年版，第509～514页。原注："选自晋察冀边区行政委员会《现行法令汇集》续编。"

30. 宋劭文在华北临时人民代表大会上关于晋察冀边区行政委员会三年来的工作报告[①]

1948年8月9日

自日本投降以来，已经三年了。这三年是伟大变化的三年，从抗日战争到人民解放战争，从削弱封建制度到消灭封建制度。这三年适应形势的发展，我们也做了许多工作。我代表晋察冀边区行政委员会，将这三年的工作，举其荦荦大者，谨向大会报告。

第一，支援前线

在抗日战争时期，政府就动员全边区军民，与日寇进行了极尖锐紧张的八年的英勇战争。因而，树立了敌后坚强的抗日根据地，树立了一百四十余县（包括冀东、热河）的抗日民主政权。一九四五年，在扩大解放区的口号下，我区军民即积极进行了扩大解放区的工作，收复城市二十余座。

日寇投降后，我军大举进攻。虽在人民公敌蒋介石"不准八路军受降""八路军停留原地待命"的乱命之下，我晋察冀军民仍积极勇敢地与拒绝投降的敌伪军进行了坚决的斗争，收复城市五十余座及察哈尔全境，解放了张家口，并消灭了大量的伪军。一九四六年七月，美帝国主义支持的国民党反动派，即在中国发动了反革命的全国规模的战争，又迫使我区军民起而自卫，因有八月平绥战役，十月撤守张家口，察哈尔大部地区为蒋傅匪军所强占。

但两年来，人民解放战争在晋察冀，经过了平汉战役，把冀中、北岳两区联〔连〕成一片。经过了清风店战役，歼灭了第三军的主力。经过了石门战役及元氏战役，解放了石家庄、获鹿、元氏等县，把晋察冀与晋冀鲁豫两解放区完全联〔连〕成一片。经过了正太战役，把正太线经寿阳到井陉的铁路线完全为我控制，石家庄解放后，使西起寿阳、东迄德州之线完全解放。此外，津浦战役，解放泊头、青、沧、交；保北战役，解放徐水、定兴、新城、容城等县，孤立了保定；察南战役，解放了蔚县、广灵。最近，尚在继续的晋中战役，使太原成为一座孤城。这些伟大胜利，就使得晋察冀内部的敌人［被］完全肃清，战争完全取得主动权。战争的胜利与广泛的群众性的支援前线运动是不可分的。三年来，有二十万以上的优秀青壮年参加了解放军，有五十万以上的民兵参加了前方各种战争勤务。广大的民兵于解放战争两年来并作战一千五百余次，毙伤俘敌人二万余人，缴获小炮二十八门、轻机枪九十三挺、步马枪五千余支、子弹三十六万余发。有十万头以上的牲口、五万辆以上的大车参加了前后方的运输工作，广大的青壮年及老年妇女大都作〔做〕过军鞋或军衣，还有一部分参加过后方医院的看护工作，后方广大人民进行了优待军属代耕的工作。

三年来，边区人民负担了七百三十万大担公粮，并负担了财政透支边币约合三百五十万大石小米。人民负担量一九四五年占国民总收入百分之六点二七，一九四六年增至百分

① 原注：本文根据报告记录整理。

之十点九三，一九四七年增至百分之二十点一。人民在财力物力上支付了很大的代价。一九四七年人民的直接负担是加重了，但从张家口撤退后，由于地区缩小等原因，曾增加了我们若干暂时的困难，但经过一九四七年的努力，因而造成从一九四七年秋后直到现在边区物价的相对稳定。

几年来，三万五千以上的荣誉军人，他们得到了应有的抚恤与安置。政府组织了荣誉军人管理处这样的专管机关，并设立了荣誉军人学校，进行教育，并介绍工作。阵亡将士与荣誉军人的鲜血，就是人民解放战争获得胜利的最高代价。

支援战争的工作，概如上述。

第二，土地改革

在抗日战争时期，我们实行了减租减息、合理负担、统一累进税和没收汉奸财产的政策，团结了可能抗日的地主及开明绅士共同抗日，并发动了广大农民的民主民生斗争，建立了人民大众的新的民主政治。这些政策，发动了人民大众积极抗日，提高生产力并改善人民生活上，是完全正确的。

日寇投降后，广大农民进行了反奸清算运动，占人口百分之九十以上的农民，在反奸清算运动中，不满足于减租减息的政策，自动起来要求土地。民主政府当即竭诚拥护，并支持了农民的正当要求，晋察冀边区即将减租减息政策提高一步，由削弱封建到消灭封建，执行“耕者有其田”的政策。一九四六年五月到一九四七年五月一年间，全区约有半数左右的群众参加“耕者有其田”的斗争，不少群众得到胜利果实或土地果实。其结果，北岳、冀中的巩固区，地主又加削弱，残余数目已很少，但仍有一部分占有土地较多较好。对于旧式富农与新式富农当时虽未加明确区别，但在不侵犯其非封建经营部分的原则下，整［个］富农经济一般只被削弱一部分。在这一运动中，一方面对于地主、旧式富农属于军干、烈属的封建残余仍未肃清，另一方面，由于一部分村区干部的自私自利，分配不公，且一般采取了属佃主义，故群众斗争所获得的果实没有完全合理的分配，使农民互相间，特别是贫苦农民与地主、旧式富农间的土地质量悬殊颇大，仍有占总户数百分之十五到三十左右的贫雇农未得适当满足，加以当时的群众运动处在自卫战争前夜，时间短促，发展不平衡，有的地区比较草率。因而，有去年五月的复查工作。在察哈尔省的部分地区及冀中、冀晋的部分地区，一般大体上解决了土地问题。但由于一部分，特别是冀晋的中心区，短时地只十天左右发生了乱斗、乱打、乱杀的严重错误。幸而领导上发觉的〔得〕早，坚决迅速停止了冀晋这种性质的复查，因此只限于部分地区和很短的时间，在全区不占重要地位，但其教训则极为深刻。

中共中央于去年双十节公布了《中国土地法大纲》。晋察冀边区政府通过决议，拥护并接受此土地法大纲作为我区的土地法大纲。由于各级干部的努力，在去冬今春短短的时间中，北岳、冀中两区能进行土地改革的一万五千零六十六个行政村，一千零六十八万人口的区域中，已有百分之九十以上的地区达到了大体平分，一般贫雇农都获得了大体相当于平均数的土地财产，有的超过了平均数；地主亦均分到应得的一份，有少于平均数的，但其土地财产量少者亦可保持平均数百分之七十以上。即根本消灭了封建，适当满足了贫雇农的土地要求，只有百分之八的地区尚须〔需〕继续实行抽补。已经抽补但比较粗糙的少数乡村与少数农户，只须〔需〕在今后发土地证时稍加调整即可。因此，在减租减息、清算运动、复查的基础上，去冬今春所进行的土地改革基本上已经消灭了封建制度，贫雇农已经得到大体相当于平均数的土地，其成绩是很大的。

在执行政策中，也发生过一些偏向，这必须加以检讨和改正。主要的是：（一）去冬在处理村干部的问题中，对区别干部的功过大小、分别对待、分清责任、依靠群众、教育说服注意不够，领导上有些性急，以致许多地区引起新老干部及干部与群众的不团结现象。虽经过有系统的纠正，但直到现在，还没有完全克服。这是我们领导上应该负责的，这是今后必须抓紧时间解决的问题。（二）团结中农，团结百分之九十以上的人口，这在领导上是很明确的，但在运动初期，发现有些贫农团、新农会的关门主义与宗派主义倾向，领导上予以批评纠正，使群众队伍迅速扩大了。但由于最初划阶级的标准不明确，有些地方提高了某些中农的成份〔分〕，错订〔定〕为富农或地主（已由地主下降很久者），因而曾登记或查封他们的财产。这个行动经过半个月到一个月，才开始陆续改订〔定〕成份〔分〕，启封纠正，时间虽短，则〔但〕错斗中农的影响是很大的。现在检查其中纠正的〔得〕彻底的和较好的占百分之八十左右，还有百分之二十左右尚须〔需〕继续认真纠正。（三）对于地主、富农的工商业确定不侵犯的原则不够坚定，说了“不动为好”，以致引起一度混乱，时间虽短，不到一个月，即侵犯了地富的工商业二千多户，被侵犯的工商业主要在乡村，城市是很少被侵犯的。其中已彻底纠正了的占百分之九十二，纠正还不彻底的占百分之八左右。

土地改革，消灭了封建，适当满足了无地少地农民的要求，解放了社会生产力，他〔它〕的成绩是很伟大的。虽然在执行过程中，发生了某些缺点甚至错误，均已纠正或正在继续纠正中，但成绩是主要的、基本的，但对于仍存在的缺点与错误，必须认真继续纠正。

关于晋察冀的土地改革情况，大体就是这样。

第三，经济工作

晋察冀的农业生产，是在战争与生产结合，组织起来，不误农时，发展水利，大量生产粮食，发展副业、手工业的方针下进行的。虽在极紧张的战争动员中，农业生产仍保持一定的水平，边区大部农民支持了长期战争，生活上并得到一定的改善。（一）三年来，农业生产工作上，比较成绩大的是水利建设。三年来，共开渠二千三百五十一道（内有浇地五百顷以上的大渠十道），浇地一百三十五万一千二百二十亩；凿井十八万零六十八眼，浇地二十一万九千一百八十七亩，挖泄水沟增加良田二十五万六千五百四十六亩。今年上半年水利工作，据极不完全的统计，共凿新井一千二百六十五眼，修旧井四千七百七十二眼，安新水车三千辆。治河方面，一九四五年冀中修筑滹沱南北河堤长达一百余里，一九四六年又修堤二百三十余里，减轻了冀中十三个县水患的威胁。（二）增加和繁殖牲畜。一九四五年，牲畜贷款带动私资，购买一万六千九百四十头，一九四六年增加一万四千三百五十一头，一九四七年未统计起来，今年上半年增加二千四百四十四头。在繁殖牲畜上，五台山林牧场及唐县、饶阳等十余县种畜站，约计今年可繁殖头左右（原文如此——本书编者注）。但解放战争两年来，由于战勤频繁，群众卖牲口者不少，特别是将大牲口卖了换成小牲口，此项数字尚无统计。（三）在消灭熟荒方面，一九四五年到一九四六年共十万三千八百四十二亩，平毁沟墙堡垒五万二千三百八十六亩，修滩十二万九千九百零六亩，修梯田十万三千八百四十二亩。由于提倡精耕细作，发展林业，特别是在平分土地后，开山荒已基本上停止。在精耕细作方面，压绿肥、养猪、油饼、黑豆补肥都有增加，温汤浸种，防除病虫害，优良品种的红薯、棉花、谷、玉蜀黍的推广，都有一定的成绩。（四）在副业的恢复与发展上有显著的增加，产棉区的纺织，冀中的熬硝，妇女的养鸡、猪，土法的煤铁业，以及编织、油坊、染织、粉坊、皮坊等都有很多恢复的，有些还有发展。这是由于我们奖励土产、保护民族工商业、反对顽美货政策的结果。副业的发展，特别救灾上，如阳泉、平定、井陉、曲阳等地，都起了很大的积极作用。

在工业方面，机器工业在三年以来，由于城市的解放，是有很大增加的，单就边区工业局所管辖的各厂，就有以下的变化：

军工工厂 1944 年与 1948 年变化比较表

要项	1944 年		1948 年	
	数量	指数	数量	指数
工厂数之比		100		200
职工数之比		100		500
月产总值之比	530 000 斤米	100	11 000 000 斤米	2 000

非军工工厂 1944 年至 1948 年变化比较表

要项	1944 年		1946 年		1948 年	
	数量	指数	数量	指数	数量	指数
工厂数	0	0	36	100	15	41
职工人数	0	0	7612	100	8 566	113
主要产品			纸烟、火柴、焦炭、生铁、煤、电、毛织		烟煤、焦炭、无烟煤、灰生铁、棉纱、布、纸烟、煤、电	

非军工工厂生产量 1946 年与 1948 年比较表（指数）

主要产品	1946 年	1948 年	备注
纸烟	100	21	一九四六年为张垣烟草公司所产
火柴	100	50	一九四六年为张垣火柴公司所产
灰生铁	100	125	
煤	100	2 230	
焦炭			一九四六年焦炭主要在宣化，一九四八年主要在井陉，未统计
电	100	500	

从以上材料中可以看出，我们的机器工业，是由小而大，由山村到城市（山村工业的比重已大大缩小），由主要是军工到军工与非军工共同发展，由小的动力到大的动力，由职工比例多（对生产量而言）到职工比例少。一句话，由山地的工业向着近代的工业发展着。我们的公营机器工业，再加上各行署经营的机器工业与半手工业，如面粉、榨油、造纸、轧花、煤矿、毛纺织、纸烟、化学、电灯、铁工厂等等，在国民经济中已占有一定的比重，因此，我们曾经用了不小的力量经营。但是，我们的公营工业在管理工作上还存在着很多严重的缺点：一般成本高、质量差、用人多、浪费大、技术水平低、工资制度上有供给制的残余等等，这些都还须〔需〕要用大力加以改进。

随着我们农工业的恢复与某些发展，适应战争形势的发展，我区城市是在繁荣着。在“发展生产、繁荣经济、公私兼顾、劳资两利”的工商业政策下，我们用各种力量纠正了侵犯工商业的农业社会主义的落后的反动的思想，贯彻了建设城市、发展工商业的思想，石家庄、辛集、泊头、阳泉的繁荣，就是一个好的说明。并把工商业的征税限制在货币纯利百分之二十五以内，废除了巩固区的路条制度及内部贸易的关卡检查，明确规定并执行了公营贸易以扶植生产为中心。并在经济上领导私商进行合法的贸易，反对不利于人民大众的投机囤积行为，使私商有利可图，并组织私人工商业生产与乡村取得密切的联系。在劳资两利的原则下，肯定了私人工商业中的学徒制度、东伙制度、分红、奖金、顶生意、工资制度以及现存的工人福利制度、劳动契约自由，除严禁打骂学徒、店员，劳资关系只要双方自愿，政府不予干涉；工人、店员的政治活动应以不影响生产为原则，双方发生争执问题不能解决者，政府仲裁之。此外，并恢复了三百公里的铁路，现在正恢复正太阳泉、榆次段，同蒲的榆次、灵石段，并计划恢复平汉石、邯段。整修了三千余里的公路及许多的大车路。这些都成为恢复与发展工商业的有利措施。

我们的银行，其中心任务是扶植生产。三年来，我们放出农贷六百七十七余亿元，贷粮三十三万余大石；工矿业放款六百三十余亿；商业放款六百九十余亿。这些对农、工、商业的恢复与发展都起了很大的积极作用。此外，我们的出入口政策，亦以发展民族工商业为出发点，一切不利于民族工商发展的顽美货一律禁止入口，一切有利于我们农工业发展的外货均允许入口或奖励入口，并积极组织我们农产品出口。这一政策的正确执行，成为我们恢复与发展工商业的基本保证。

关于我们发展与恢复农工商业的情况就是这样。

第四，文化教育工作

一九四五年到一九四六年，随着抗日战争的胜利，解放区不断扩大，除广大农村外，还解放了不少的中小城市。为适应当时广大青年的学习要求和解放区建设的需要，大量培养提高为人民服务的干部和各项建设人材〔才〕，中等以上的学校教育有很大的发展。在新区，主要是接收改造敌伪时代的学校；在老区，则是恢复由于环境残酷，暂时停办的一些学校，并根据需要，创办新的学校。最主要的趋势与新的内容，是由于消灭了封建残余，各阶层人民得到了完全平等的教育机会，为普及教育，奠定了巩固的政治的，特别是经济的基础，即先决条件。根据一九四六年七月初统计，经过一年的努力，发展到大学、专门学校、中等学校共五十六处，学生一万一千余人，比一九四五年上季，增加五倍。如果将后来划归东北领导的冀热辽区不计，则共有三十六处，学生共八千六百余人。其中，在张家口的，有华北联合大学、白求恩医科大学、工业专门学校、行政干部学校、内蒙古学院、市立中学、女中等共十一校，学生三千三百余人。冀晋区中学、师范共十二处，学生一千四百余人。冀中区中学、师范、干部学校共八处，学生二千三百余人。察哈尔省中学、师范、干部学校共五处，学生一千一百余人。

一九四六年九月间，发布“今明两年教育工作方案”，指出中等以上学校的主要任务，是迅速的〔地〕大量的〔地〕培养前方后方最急需的各项干部人材〔才〕，适当缩短修业年限，要用最大力量办理各种短训班、职业学校与行政干部学校。撤出张垣时，将张、宣两地学校，大都转移到边区腹地，带出来的学生，共一千九百四十余人。到今年春季，各校毕业生，计边区直属学校达三千七百余人，计华北联合大学及医大约一千二百余人，工业交通学院七百余人，行政干部学校一千二百余人，联中二百五十余人，农职一百七十人，商职二百二十人。各地区中等学校毕业及中途抽调工作者，只冀中区自敌人投降以后，共为六千三百五十人，总计万人以上。都参加了解放区部队、政权、文化教育、经济、电讯、医务等项工作，在对敌斗争与解放区建设方面，贡献了很大的力量。

对知识分子、文化人，我们一贯坚持争取团结的方针。对蒋管区来的青年学生，更尽量予以学习的方便，并予以完全公费待遇，从日本投降以来，仅在联大、行政干部学校等边区直属学校学习及分配工作的，就将近两千人。石家庄解放后，中小学教职员报到登记的共三百五十二人。当时留用一百三十四人，送学习的一百二十人，毕业后亦大部分配了适当的工作。

随着人民解放战争的胜利发展和土改工作的深入，为迎接全国胜利的新局面，需要更多培养新知识分子、技术人材〔才〕。这一时期，中等以上的学校教育更有新的发展，加上石家庄的解放，学校数目及学生人数已大大超过一九四五年，除军事学校、大学外，只地方中等学校（主要是中学、师范及短期师范）共计六十七处、一百九十四班，学生共一万一千四百五十四人，其分布情况如下：

数目 地区	校数	班数	学生数	备考
边区直属	3	20	940	大学未统计在内
石家庄	5	34	2 044	
北岳区	24	59	3 161	
冀中区	35	81	5 309	
总计	67	194	11 454	

政府为解决贫苦青年的学习困难，除一律免交学费，并广泛地实行着公费生制度。根据石庄市立中学、冀晋中学、察省联中、冀中二中等十三个学校、四千一百二十八人的统计，一共有三千八百五十一人受到全部公费或部分公费的待遇，占全部学生数的百分之九十以上。正因为如此，广大劳动人民的子弟，也获得了受中等教育的机会。根据最近二十四个学校、七千八百一十一人家庭成份〔分〕的统计，其中贫农二千四百七十九人，占百分之三十一点七；中农四千零四十六人，占百分之五十二；富农四百六十三人，占百分之五点四；地主二百九十八人，占百分之四；工人一百二十一人，占百分之一点六；城市贫民二十一人，占百分之［零］点四；手工业者十四人，占百分之［零］点二；商人及工业资本家一百八十七人，占百分之二点四；自由职业者三十六人，占百分之［零］点五；其他一百四十六人，占百分之一点八。这恰恰与各阶层户口的比例相符合。这说明解放区各阶层人民的子弟受教育的机会也是平等的。

在小学教育方面，日寇投降后，也有很大的开展。据冀晋区二十九个县统计，小学由一千余处增为五千三百二十二处，比日寇投降前增加了四倍，学生共二十九万零八百三十五人，占学龄儿童三十万八千八百四十二人的百分之七十五；高小也同样增加了四倍，达一百九十七处。全边区高小为六百七十七处，学生四万七千五百一十九人，初小一万七千四百五十八处，学生一百零八万九千二百九十一人。

	小学校数			学生人数			备考
	高小	初小	合计	高小	初小	合计	
冀中区	309	8 202	8 511	23 424	631 450	654 874	一九四六年三月统计
冀晋区	197	5 322	5 519	9 259	290 835	300 094	
察哈尔	155	3 905	4 060	13 757	156 988	170 745	一九四六年三月统计
张家口	16	29	45	1 075	10 018	11 097	
总计	677	17 458	18 135	47 519	1 089 291	1 136 810	

当时，在老区曾提出加强文化课学习，提高教学效果，编辑了统一的初高级小学全套课本。在广大新区，则特别着重小学的改造与再建的工作，对旧的小学教师采取团结改造的方针，普遍召开了座谈会、讲习会、训练班，一九四六年，只在十三专区就训练了八百二十七个旧教师。

一九四六年秋，虽因蒋傅匪军疯狂向我解放区进攻，在边缘区我们采取了抗战中的经验，进行游击教学，坚持教育（如易县、满城等）；在老区和新区，高小及学生人数，并没有减少多少，而初小依然是逐渐上升的。据一九四六年九月到一九四七年十二月的统计，全区共有初小一万七千五百二十九处，学生一百一十八万八千八百四十二人，完小和高小六百零四处，高小学生四万三千一百九十二人。

三年来，高小毕业的学生，约计六万余人，除升学与回家生产者外，大部经过短期训练后，参加了革命工作。据完县辛庄、易县五高等五个高小、二百四十九个学生就业的统计，参加部队工作的占百分之十九弱，任小学教师或其他地方工作的占百分之二十强，升学的占百分之二十四，回家生产的占百分之三十七弱。

在土地改革以后，由于群众在政治上、经济上的翻身，对文化翻身要求也更加迫切了，使学校教育有新的发展。据冀中深县、任丘两个县的统计，土改前原有高小五十处，学生三千七百一十三人，土改后已增为高小七十六处，学生增至九千六百六十八人，据任丘八个区的统计，原有初小学生一万二千八百一十五人，土改后增为一万六千九百五十二人，小学教育呈现了新气象。

从一九四五年冬季以来，社教工作方面，同样也得到了空前的发展。首先，在广大农村，民校普遍增加。据冀晋五台等十五个县的统计，三千三百五十一个行政村中，即有三千六百零三处民校，平均已超过了一村一个。[据] 冀中二十一个县市的统计，就有学员三十三万五千六百五十四人，连紧靠北平城的通县，也开了一百二十处民校。同时在教学效果上也大大提高，并为了充实民校的学习内容，除改编民校识字课本外，又出版了二十三种群众读物。

此外，屋顶广播、黑板报、读报组，尤其是秧歌、高跷、旱船、落子，都充实了土改和反美反蒋的内容，其普遍与活跃为历年来所仅有。

在一般较大的城市，如石家庄、浑源、涞源、阳泉、泊头、安国、定县等都建立了民教馆，负责推动城市的社教工作，举办书报阅览、各种展览会、黑板报、时事宣传、识字班等。

几年来，边区教育建设虽然获得了如上的成绩，在普及方面有新的发展，在提高方面也较抗日时期有了进步，在小学、中学发展的基础上，也创办了相当高中程度的专科学校和大学。但检讨起来，工作上的缺点和弱点还是很多的，主要的〔地〕表现在：

（一）教育行政组织机构不健全，领导很弱。

（二）学生社会活动多，课业的学习时间少，对文化教育重视不够。

（三）学校的设置、方针、学制、课程以及人材〔才〕的培养与使用缺乏通盘的计划。

（四）师资缺乏，质量很低，多不能满足学生学习要求。

（五）教师待遇一般很低，影响工作情绪。

（六）小学课本已基本得到解决，中学课本只解决了一部分，课本的出版发行还不能及时解决问题。结果是，一般说起来，学生的文化程度还很低，远赶不上解放区经济文化建设的需要。

克服以上缺点，加强文化教育，提高教学效果，有计划的〔地〕、大量的〔地〕培养新知识分子和各种专业人材〔才〕，应成为今后教育建设的努力方向。

第五，在现有的工作基础上前进

抗日战争时期，我们执行“三三制”政策是正确的，有很大成绩的。新民主主义的政权是无产阶级领导的人民大众的广泛统一战线的政权。现在与抗战时期所不同者，就是消灭了封建。三年来，我们民主建设的最大成绩，就是消灭了，有些地方还在消灭着封建，使农民从封建束缚下彻底解放出来。在彻底消灭封建之后，进一步建设新民主主义政治，这里包括工人、农民、独立劳动者、自由职业者、知识分子、自由资产阶级以及从地主阶级分裂出来的开明士绅。因此，确定地权、颁发土地证，订定根据土地常年产量的比例负担制度，改善与减少战争勤务，确定在封建残余业已消灭之后，应在新的条件下，地主、富农在经济上与农民一律。几年来，我们的检查工作做的〔得〕不够平等。在政治上，非依法律判决褫夺公权者外，仍应赋予选举权与被选举权。契约自由，土地租赁买卖自由，借贷自由，在边缘区与游击区一律依法保障实行减租减息政策、合理负担政策，无论中心区与边缘区的〔地〕依法保障人民生命财产之安全不受非法侵犯。与上述任务同等重要的是，保护一切正常的工商业。公营企业在国民经济中，必须起领导的作用，并予私人企业以帮助。在新解放的城市中，一方面必须坚决消灭一切反动武装力量，解散一切反革命组织，逮捕一切持枪抵抗分子、真正的破坏分子和罪大恶极的罪魁，没收真正的官僚资本和真正的反革命罪魁的财产，以便建立人民的统治，而在另一方面，又必须严格规定逮捕和没收只能限于上述的范围，并只能由指定的组织来执行，又必须切实保护除此以外的一切公私财产、一切守法的民间工商业者（无论其经营的规模如何）、守法的文化、宗教团体和守［法］的外侨不受侵害，又必须尽量留用国民党经济、教育机关中的守法人员及其他可以留用的人员，以便安定社会秩序，避免过渡期间的混乱和脱节。总之，用极大的努力，团结各阶层革命人民的力量，恢复与发展农工商业，使我们的农工业在一两年内提高一步，并积极进行文化教育建设，大量培养各项建设人材〔才〕，告诉华北区四千四百万人民自己起来和自己的封建迷信、文盲、不卫生等旧习惯作斗争。用这一切建设工作，把我们支援战争工作，也从现有的基础之上，提高组织性、计划性，消灭华北区周围七十万敌人，解放一切城市与乡村，并在物力、财力、干部各方面积极支援兄弟解放区，解放全华北，迅速打败蒋介石，在现有的工作基础上前进。建设农村，建设城市，进一步加强支援前线工作，这就是我们今后的任务。

我的报告到此完结，请各位代表批评、指正、质询。

选自中央档案馆编：《共和国雏形——华北人民政府》，北京，西苑出版社，2000 年版，第81～94 页。原注："根据中央档案馆档案刊印。"

四、民政法规

1. 晋察冀边区行政委员会关于优待抗属的指示

1939 年 2 月

（一）优待抗属是扩大部队巩固部队的必要条件

为了争取民族生存，坚持持久抗战，我们需要而且必须动员千千万万的中华男儿到部队中来。但是在民众的民族觉悟不够，国家的征兵制度未立的今日，可能参加部队的，最大多数都是穷人，而且大都是家族依以为生的壮丁。父母妻子有着冻馁之忧的劳苦大众，不论他的觉悟程度如何，安然无虑的〔地〕在前线上为民族而奋斗、为国家而牺牲，人情上是很少能够做到的，因此优待抗属，使前线上的战士不会有后顾之忧、家庭之累，是扩大部队、巩固部队的必要条件。

优待抗日军人家属，在我们这地区很早就提出来，而且很早就实行着。中央也早已颁布了优待抗属的条例，足见全国都已注意到这项工作的重要。可是我们的优抗工作，过去如何执行？现在如何执行？将来打算怎样执行？

（二）过去优待抗属的办法

在政府未成立之前，各地优待抗属的办法，几于全是动用公款公粮、分配上十分悬殊，大体是根据各地所有公款公粮的多寡，并无一定的原则。政府成立之后，优待抗属的单行条例颁布了，原则上虽然一致，实行上并未一致，除了精神的安慰名誉的奖励而外，实物的优待都是各县斟酌地方情形自定标准，自想办法。有的分季募粮募款，有的按村筹粮筹款，也有的部分动用公粮公款。方法既不一致，苦乐自然不均。

1. 因工作开展的程度而有差别的待遇。

工作开展的地方，民众抗日情绪高涨，关心抗日军人家属，无论募款募粮、筹款筹粮，都易为力。富的县份，可以充分满意〔足〕抗属的要求，穷的县份，也可相当满足抗属的要求。反之富的地方，或者做到相当满足抗属的要求，穷的地方，只有陷抗属于失望的绝境，这便影响到部队的扩大与巩固。

2. 因地方富力的程度而有差别的待遇。

人物富庶的地方，民众的担负能力较大，无论募粮募款、筹粮筹款，也易为力。民众条件好的，固然可以满足抗属的要求，民众条件差些，也能相当满足抗属的要求。反之民众条件好的只能相当满足抗属的要求，民众条件坏的，就根本没法满足抗属的要求了。这又影响到部队的扩大与巩固。

3. 因抗属数目的多少而有差别的待遇

抗属的多少，不在于地方的穷富，首先要看抗日工作开展的程高〔度〕，其次也与一县的人口有关，因此抗属多的地方，也许很穷，抗属少的地方，也许很富。地方富而抗属少，就在工作不开展的条件下，也不难实行优待，在工作开展的条件下，那就更加容易实行。反之地方穷而抗属多，问题就无法解决了。这更影响到部队的扩大与巩固。

（三）现在优待抗属的办法

由于以上三种原因而生的差别待遇，整个的抗日军人家属就有了苦乐不均之感，于是不能满足要求、不能维持生活的抗属，只有去找他们的儿子或者丈夫回去养家，政治上不坚定的战士，固然要动摇逃跑，政治上坚定的战士，也难免痛心而苦恼吧？我们为了扩大部队、巩固部队，这问题就要适当解决、好好处理的。这就有了优抗的统筹统支。

去年八九月间，我们决定征收救国公粮的时候，在公粮的用途项下，列入了优待抗属一条，指定优抗的部分是小米两万石，折收杂粮可有三万石或者三万多石的样子。这在全部公粮里的比例，按期成数说是八分之一，按必成数说是六分之一。

从收入方面讲：因为敌人的大规模的围攻与长期固守各个据点，民众的粮食，不但损失了很多，而且陷在敌区的地方，许多还不能征收。因此我们的期成数十六万石能不能必成，固是问题，我们的必成数十二万石能不能必成，也没有把握了。假如不能完成必成的数字，优抗这部分公粮，我们就没法按照原定计划支付了。

从支出方面讲：第一，因为敌人的大举围攻，我们这地区增加了大量的客军，需要大批粮食供给，而我们预定的公粮内，部队给养部分只有八万石。因为是第一次试办，只照了当时现有的部队的最低需要，一点多余的也没有。经客军这一消耗，部队给养这一部分公粮，八万石的数字，便不够了，必须从其他部分挹注，否则不能维持军食，便根本无法支持抗战。第二，我们预定的优待抗属那部分公粮，是不论抗属若干，只按抗日军人的数目，每人每年平均五斗小米计算的。现在考查各县实行优抗的结果，大都超过了我们规定的数字，统计起来一定是惊人的。

假定公粮的全部收入能够全成十二万石，政府也能够按照预定优抗的部分，照付两万石，仍旧解决不了全部优抗的问题。何况部队给养部分所需的公粮，八万石不够，还必须从别方面挹注呢？

因此今年所征收的救国公粮，不能解决今年优抗的全部问题。为了免除抗属的失望与地方应付的困难，我们决定先实行一季，以后要看征收的情形再定优待的办法。

（四）今后解决优待抗属的办法

以往和现在优待抗属的办法基本上我们都不同意。第一，因为部队不断的〔地〕扩大，抗属不断的〔地〕增加，战争愈来愈残酷，物力愈来愈艰难，无论地方各自办理也好，政府统筹统支也好，都不能满足广大抗属的要求，都会做到精疲力竭、焦头烂额，仍旧解决不了问题。第二，假定我们能够克服战争的困难、克服物力的困难，充分满足一切抗属的要求，结果只能养成抗属靠人吃饭的依赖性，不能养成抗属抗战建国的积极性。第三，以往的办法，最易走上平均主义的道路，事实上许多地方也看到平均主义的现象，可以不用实物优待的断然也以实物优待，必须以实物优待的便不能充分优待了。平均主义结果造成了不均。因此对于抗属的生活问题，应该斟酌情形，分别解决。

1. 生产能力强的，根本要他们参加生产去，不予实物优待。公营的或者社团经营的生产事业，尽先容纳抗属而且给以较高的酬佣，没收汉奸的土地工厂，或者代管逃跑地主的土地工厂，尽先分配给抗属经营耕种，必须收租的格外少收，不须收租的干脆不收。

2. 生产能力弱的，尽可能的〔地〕给他们以职业，或者在生产事业中作〔做〕管理，或者在消费组合中作〔做〕店员，或者扶助他们办家庭工业、营农家副业，或者在其他公共机关中，担任轻微的职业，使他们的生活问题，得到部分的解决，不足的部分然后由政府酌量优待。

3. 没有生产能力的，由政府按照以前的办法实行优待。

这样解决抗属的生活问题，有以下几种好处：

1. 减轻了政府的负担，可移一部优抗的人力物力，发展其他事业。

2. 消除了抗属的依赖性，可使他们在抗战中抗战后，都成了独立的生产者，或者半独立的生产者。

3. 打破了平均主义，可以充分优待必须以实物优待的抗属。

4. 增加了社会的生产，抗属不是小的数目，一点也不能生产的并不太多，把那些生产的半生产的劳动力利用起来。也很可观。

总结起来，今后优待抗属的办法，要从积极的生产事业上着手，尽量避免消极的解决方式，那么我们为了正确的〔地〕解决抗属生活问题，应该迅速完成下列各项必要的准备工作：

1. 积极开发生产事业，推行合作事业，完成民国二十八年度的经济方案，为广大的抗属多造职业和工作的机会。

2. 确实调查各县抗日军人的数字，按区造册报会备查。

3. 彻底调查抗属的生活状况、工作能力，以便在各种工作部门中适当安插。

4. 精确调查必需〔须〕以实物优待的抗属数字，及其必需〔须〕以实物优待的等差，报会审核，以便印发优待抗属粮票，用以领取公粮。

选自《晋察冀边区财政经济史资料选编》（四），天津，南开大学出版社，1984年版，第567～571页。原注："晋察冀边区行政委员会《指示信》第2集，1939年7月。"

2. 晋察冀边区抗敌后援会组织简章

1939 年 4 月公布

（一）定名：本会定名为晋察冀边区各界抗敌后援会。

（二）宗旨：

一、在政府领导下，团结与组织全边区不愿做亡国奴的群众参加抗战。

二、领导与推动全边区各界群众组织，执行抗战建国纲领，并齐一步调。

三、在抗战建国的过程中，适当的〔地〕谋得群众生活之改进，并加强群众教育，提高其政治文化水平。

四、帮助政府帮助群众、密切军政民的联系。

五、巩固扩大抗日民族统一战线。

（三）会员：

一、团体会员——凡同意本会宗旨及组织法，经本会执委会的决议，同时，经过该团体的民主通过后，得为本会团体会员。

二、个人会员——凡同意大会宗旨及组织法，执行本会一切决议案，经本会会员一人以上之介绍即得为本会会员，各团体之会员，不得做后援会之个人会员。

三、后援会不得干涉各团体组织之独立系统。

（四）组织：

一、组织原则——民主集中制。

二、组织系统——从边区到县；区村暂不建立。

三、组织法——

甲、边区：

1. 全边区代表大会为最高权力机关，大会闭幕时期执委会为最高权力机关（代表产生法另定之）。

2. 本会设委员二十五人到三十五人（由代表大会选举之），任期为一年，得连选连任。

3. 由执委中推选常委九人至十一人，候补常委六人。

4. 常委设正副主任各一人。

5. 常委会下设总务部、组织部、宣传部、武装动员部、募集慰劳部、生活改善部、调查部、公共卫生部，各部设部长一人，得聘干事若干［人］。

乙、县：

1. 全县代表大会为最高权力机关，大会闭幕期间，执委会为最高权力机关。

2. 由县代表大会推选执委十三人至二十五人。

3. 执委中互推常委七人至九人。

4. 常委会设正副主任一人，下设总务部、组织部、宣传部、调查部、武装动员部、生活改善部、公共卫生部，每部设部长一人，得聘干事若干人。

（五）会议：

一、边区

1. 代表大会：一年开会一次。

2. 执委会：四月开会一次。

3. 常委会：一月开会一次。

二、县

1. 代表大会：一年开会一次。

2. 执委会：三月开一次。

3. 常委会：一月开一次。

三、其他：

1. 晋东北牺盟中心区为本会组成部份〔分〕，晋东北则加强牺盟，不再建立后援会，牺盟中心区除受牺盟总会领导，并执行边区后援会总会的决议。

2. 必要时可召开临时会议。

（六）经费：

一、由政府津贴。

二、征收会费。

（二十八年四月公布）

选自《抗日根据地政策条例汇集——晋察冀之部》，第 2 辑，1942 年版，第 162～165 页。

3. 晋察冀边区工人抗日救国会组织章程

1939 年 7 月

第一条　定名　本会定名为晋察冀边区工人抗日救国总工会。

第二条　宗旨　本会在边区政府领导之下，以团结边区之矿产工人、手艺工人、雇农、店员、职员参加抗战，以加强抗战力量，拥护工人利益，提高工人政治文化水平，实行抗战建国纲领，争取民族和工人之解放为宗旨。

第三条　会员　本会以全边区各产业工会、各县工会、各地方性的工会为本会会员。

第四条　组织　本会以全边区所属各工会会员比较选举代表组织之。

（一）本会由代表大会选举十九人至二十一人组织本会执委会。

（二）本会执委会第一次会议推选五人至七人为本会常委会。

（三）本会由常委会推举主任一人、副主任一人，下设各部：(1) 总务部。(2) 组织部。(3) 宣传教育部。(4) 抗战动员部。(5) 劳动保护部。(6) 各部设部长一人，由常委会互推担任之。(7) 各部工作繁忙时可设干事若干人。(8) 本会依行政系统设各专区工会。(9) 本会所选之各委员任期一年，但得连选连任。(10) 本会以民主集中制为原则。

第五条　职权　(1) 本会最高职权〔权力〕机关为全边区工人代表大会。(2) 代表大会闭幕后最高权利〔力〕机关执委会。(3) 常务委员会处理本会一切问题。(4) 正副主任计划本会全盘工作，领导各部工作，主持一切会议，对外［行］交涉之权。(5) 各部职权：1. 总务部负责文书、会计、收发、总务事宜。2. 组织部负责组织、调查、统计分配。3. 宣传教育部负责宣传、教育、指导、编辑、文化、娱乐。4. 抗战动员部负责组织和发动工人参加抗战及一切抗战动员工作。5. 劳动保护部负责工人之经济合作、调解劳资双方的关系、介绍工人职业、提高生产率。6. 专区工会负责领导边区各县工作，并督促及帮助边区工作。

第六条　会议　(1) 本会代表大会每一年半召开一次，必要时由执委会或会员团体二分之一以上的提议得召开临时会议。(2) 本会执委会每半年召开一次，必要时由执委会三分之二以上提议得召开临时会议。(3) 本会常委会每半月一次，必要时由主任召开临时会议。

第七条　纪律　本会所属各会员团体得遵守本会章程执行本会决议案，如有违犯者得由本会执委会或常委会决议通过处分之。

第八条　经费　(1) 本会所属各工会得向本会交纳会费，每二月交一次，其数目相当于该工会每二月整个收入的百分之十至百分之三十。(2) 本会要求政府每月对本会之津贴。(3) 临时可向会员团体及其他个人捐助之。(4) 本会经费每二月得向本会所属工会公布一次。(5) 本会所属各工会随时可组织委员会审查本会经费支出账目。

第九条　附则　本章程经本会代表大会通过后发生效力，其修改之权属本会代表大会。

(二十八年七月公布)

选自《抗日根据地政策条例汇集——晋察冀之部》，第2辑，1942年版，第165～167页。

4. 晋察冀边区青年抗日救国会组织章程

1940年4月

第一章　总则

第一条　名称　本会定名晋察冀边区青年抗日救国会(下简称青救会)。

第二条　宗旨　以团结全边区抗日革命青年，参加抗战建国神圣事业，教育青年提高青年的政治文化水平，改善青年生活，提高青年地位，驱除日本帝国主义出中国，建立新民主主义共和国为宗旨。

第二章　会员

第三条　个人会员　凡年满十五岁以上二十三岁以下的一切青年，承认并遵守本会组织章程与执行本会一切决议者，不分宗教、信仰、党派、职业、阶级，经过登记，得为本会会员。各机关团体各种工作部门中干部，凡热心青年工作、承认本会章程，经各级常委会通过，得为各该级直属会员。

第四条　团体会员　凡各种抗日救国的青年团体，承认并遵守本会章程，执行本会一切决议，经过本会执委会通过，得为本会团体会员。

第五条　权利　凡本会会员均有下列权利：

一、选举权与被选举权；

二、参加会议，向本会建议权；

三、参加本会一切活动，享受本会所举办的事业的利益之权。

第六条　义务　凡本会会员均得守本会章程，执行本会决议，服从本会纪律，按期缴纳会费。

第三章　组织原则

第七条　本会组织原则为民主集中制。

一、本会之各级委员会均由选举产生；

二、本会之各种重要问题在未决议之前，凡是本会会员均可自由发表意见参加讨论，但经多数通过后，少数服从多数，个人服从团体，一致执行决议；

三、本会的下级组织必须服从上级的决议和指示；

四、下级有向上级批评监督和建议之权。

第四章　各级组织

第八条　组织系统（略）

第九条　边青救组织：

一、全边区代表大会为本会最高权力机关，在大会闭幕期间执委会为最高权力机关。

二、本会设执委二十九人至三十一人，由边青救代表大会选出，任期为一年，但连选得连任。

三、在执委中推选常委五人至七人，候补常委二人，处理本会经常工作。常委会设正副主任各一人，下设组织部、宣传部、生活改善部、武装部、儿童部，各部设部长一人，由常委会互推之，必要时得聘干事若干人。

第十条　专青救组织：

一、专青救代表大会为最高权力机关，大会闭幕期间执委会为最高权力机关。

二、设执委九人到十三人，由专青救代表大会选出，任期为一年，但连选得连任。

三、在执委中推选常委五至七人，处理专青救经常工作，常委会设主任一人，下设组织部、宣传部、生活改善部、武装部、儿童部，各部设部长一人，必要时得聘干事若干人。

第十一条　县青救组织：

一、县青救代表大会为县青救会最高权力机关，闭幕期间执委会为最高权力机关。

二、县青救设执委九人至十五人，由县青救代表大会选出，任期为一年，但得连连任。

第十二条　区青救组织：

一、区青救代表大会为区青救最高权力机关，大会闭幕期间执委会为最高权力机关。

二、区青救设执委七人至九人，由区青救代表大会选出，任期为一年，但得连选连任。

三、在执委中推选常委五人至七人，候补常委一人，任期为一年，处理本会经常工作。常委会设主任二人，下设组织、宣传、儿童、生活改善、武装各部，各部设部长一人，由常委互推之，必要时各部得聘干事若干人。

第十三条　村青救会组织：

一、村青救为本会基本组织。

二、村青救会员大会为村青救最高权力机关，大会闭幕期间，干事会成最高权力机关。

三、村青救会设干事五人至七人，任期为半年，由村青救会员大会选出，干事会设主任一人，下设宣传、组织、生活改善、武装儿童各干事。

四、村青救下根据自愿的原则，由会员五人至十人组织各种不同性质之小组，推选小组长一人，任期二月。

第五章　分工与职权

第十四条　主任之职权：总理计划整个工作，领导、督促、监查各部的工作及主持会议、负责对外等，正主任未在，副主任代理。

第十五条　各部之职权：

一、组织部　负责配备干部、训练干部、调查统计、征收会费等事宜。

二、宣传部　负责教育会员、干部学习、对外宣传出版发行等事宜。

三、生活改善部　解决青年切身问题，改善青年生活，动员青年积极参加生产互助合作及解决青年婚姻家庭、职业问题，提高青年在政治经济上的地位。

四、武装部　负责领导青抗先，动员青年参战、参军、体育活动。

五、儿童部　负责领导儿童团。

第六章　会议

第十六条　边区青救会

一、边区青救会代表大会每一年举行一次，但遇必要时经过二分之一的会员提议或执委二分之一的提议得召开临时代表大会。

二、边区青救会执委会每半年举行一次，遇必要时由执委二分之一的提议或由常委会决定召开临时执委会。

三、边区青救常委会每七天举行一次，但是必要时得召开临时常委会。

第十七条　专区青救会

一、专区青救会代表大会每年召开一次，遇必要时由会员二分之一的提议和由执委中二分之一的提议得召开临时代表大会。

二、专区青救会执委会每三个月召开一次，必要时由执委二分之一的提议和常委会决定得召开临时执委会。

三、专区青救会常委会每七天［召开］一次，遇必要时得召开临时常委会。

第十八条　县青救会：

一、县青救会代表大会每年召开一次，遇必要时经会员或执委二分之一的提议得召开临时代表大会。

二、县青救执委会每两个月召开一次，必要时经执委二分之一的提议或由常委决议得召开临时执委会。

三、县青救常委会每七天召开一次，必要时得召开临时常委会。

第十九条　区青救会：

一、区青救代表大会每一年召开一次，必要时会员或执委二分之一的提议临时代表大会。

二、区青救执委会每一月召开一次，必要时执委二分之一的提议或常委决定得召开临时执委会。

三、区青救常委会每七天召开一次，必要时召开临时常委会。

第二十条　村青救会：

一、村青救会员大会每月召开一次，必要时由会员二分之一的提议或由干事会决定得召开临时会员大会。

二、村青救干事会每十天召开一次，必要时召开临时干事会。

三、小组会每七天召开一次。

第七章　纪律

第二十一条　凡本会会员须遵守本会组织章程，遵守青年信条，服从上级领导并坚决执行与完成任务，如有违犯，则按实际情形予以劝告与批评警告开除。

第二十二条　凡本会会员有以下情形者得开除会籍，但须经过大会或执委会，通过经上级批准。

一、屡次违犯本会章程决议，经三次以上的劝告、警告不能改者。

二、吞得公款经考查证实者。

三、无故在三月以上不交会费（但有特殊情形经上级批准者例外）。

第二十三条　凡会员受开除不服从者得向上级控告。

第八章　经费

第二十四条　本会经费以自筹为原则，经费收入如下：

一、会员每月缴纳会费两大枚（如有特殊情形者经上级青救通过可免收及减收），各县每月给边青救缴纳会费二元以上。

二、抽征青救举办一切生产合作事业红利之一部。

三、会员自动捐助。

四、政府帮助。

第九章　附则

第二十五条　本组织章程如有未尽事宜，得由三分之一以上的会员建议由全边区代表大会修改之。

第二十六条　本组织章程自通过之日实行之。

第二十七条　本组织章程由边青救执委会负责解释之。

（二十九年四月制）

选自《抗日根据地政策条例汇集——晋察冀之部》，第2辑，1942年版，第177～185页。

5. 晋察冀边区农民抗日救国会修正组织章程

1940年7月边区农民救国会第三次代表大会修正通过

第一章　总则

第一条　本会定名为晋察冀边区农民抗日救国会。

第二条　本会在边区政府领导下，以团结全边区的农民，加强农民救亡运动之领导，广泛开展农民武装参加抗战，并努力发展农业经济，保护农民经济生活、政治生活、文化生活的利益，以争取民族的解放为宗旨。

第三条　本会加入全国性的农民抗日团体、其他联合性的抗日团体。

第二章　会员

第四条　凡是参加农业生产的农民承认本会章程、执行本会决议案者，不论民族、党派和信仰均得加入本会为会员。

第五条　下列几种人不许入会：

一、一切汉奸卖国贼托洛斯基派叛国份〔分〕子；

二、压迫农民与不参加农业生产者；

三、流氓地痞及不良嗜好者。

第六条　凡会员入会须到本会村委会登记。

第七条　凡会员有下列情形之一者，得开除其会籍，但须得经过村会员大会的通过及区委会的批准。

一、屡次违犯本会章程决议经三次以上的劝告与警告不能改者；

二、吞得公款经过审查确实者；

三、无故在三个月以上不交会费者（但有特殊情形经过区委会批准者例外）。凡会员受开除不服从者得向上级农会控告。

第八条　本会会员均有选举权被选举权，参加会议及向本会建议及享受本会所举办一切事业的利益之权，凡本会会员均有交纳会费遵守章程服从决议及参加各级组织内工作之义务。

第三章　组织原则

第九条　本会以民主集中制为原则，其原则如下：

一、本会各级委员会的委员及代表会的代表，均由选举产生，选举人有随时撤换自己代表之权；

二、本会的各种重要问题在未决议以前，凡是本会会员，均可自由发表意见，参加讨论经过多数的赞成，通过后少数须服从多数，一致执行决议；

三、本会的下级组织服从上级组织的决议和指示。

第四章　各级组织

第十条　本会基本组织为村农民抗日救国会委员会，由会员大会选举五人至七人组织之，内选一人为委员会之主任，并按会员多少分成小组（每小组不得超过九人）并选一人为组长。

第十一条　凡有五个村农会以上的区，即可成立本会该区的农救执行委员会，由全区代表大会选举七人至十一人组织之，并由执委会选举三人至五人组织常务委员会，内选一人为委员会主任。

第十二条　凡有二个区委员会以上的县，即可成立本会在该县的农救执行委员会，由县代表大会选举九人至十七人组织之，并由执委会选举五人至七人组织常务委员会，内选一人为委员会主任。

第十三条　凡不到二个区农救会的县可联合附近几个区来共同组织一个联合县农救会，但为了行政系统之配合，必要时可以成立县农会。

第十四条　按行政区成立本会各区委员会，由各区代表大会选举七人至十三人组织之，并由执委会推选三人至七人组织常务委员会，内选一人为主任。

第十五条　本会最高权力机关为本会全边区代表大会，代表大会闭幕期间，执行委员会即为本会最高权力机关，本会执行委员会由全边区代表大会选举二十一人至三十一人组织之，由执行委员会选举五人至七人组织常务委员会，互推主任一人（各区代表大会县代表大会必须通知上级派人参加，但一般的执行全边区代表大会决议可根据本会章程工作纲领决议按该区该县情形及工作的需要范围内有些变通余地）。

第十六条　必要时各级由常委中推副主任一人。

第十七条　本会各级委员会，均设候补委员，其人数须在正式委员四分之一以上，正式委员缺席时，即由该候补委员补之。

第十八条　本会区以上的各级委员会均设下列各部暨秘书处：

一、组织部；

二、宣传教育部；

三、生活改善部；

四、武装动员部；

五、秘书处设秘书一人，下设秘书、会计、印刷科、收发科，由常委会聘请之。

第十九条　本会全体代表大会，每年举行一次。各区代表大会一年一次，县的代表大会同样一年一次，区〔乡〕的代表大会每半年一次，村的会员大会一个月一次，均由各该委员会召集之。

第二十条　本会全体执行委员会四个月召开一次，各区执行委员会两个月召集一次，县执委会两个月召集一次，区执委会每月召集一次，村委员会半月召集一次，小组会议每十天召集一次，均由常务委员会召集之（村委员会小组会议除外，村委员会由主任召集之，小组会议由小组长召集之）。各级常务委员会及工作会议每星期召集一次，由主任召集之；本会的会员大会、代表大会、各级委员会如遇有特殊事故，均得召集临时会议和各种工作会议。

第二十一条　本会执行委员会与各区委员会、县委员会任期一年，区及村委员会任期半年，但得连选连任。

第五章　各级主任（副主任在内）及各级各部及秘书处之职权

第二十二条　各部之职权：

一、组织部——办理调查统计会员及各级农会组织情况、干部的调查与分配整理报告、巡视工作、开办训练班、征收会费等；

二、宣传教育部——办理对外宣传、对内教育、文化娱乐、报纸刊物、学校等；

三、生活改善部——办理改良生产技术、发展农业经济合作社及帮助政府实行优待抗属、合理负担减租减息、救济灾民失业难民等；

四、武装动员部——办理战时动员（人力物力财力）工作、扩大募捐慰劳、组织担架运输、开展农民武装及配合军队、帮助军队作战等；

五、秘书处——在常委会领导下办理文书、庶务、会计及一切不属各部的事宜等。

第二十三条　主任（副主任）之职权，计划全盘工作，领导各部工作及主持会议，对外交际等。

第六章　经费

第二十四条　本会的经费有下列的收入：

一、会员常月费，按照会员的生活情况每月征收二大枚以上（如贫苦者，经村农会的通过区、农会的批准，可免收或减收）；

二、会员自动捐助，为了开展工作会员可自动捐助经费（多少不限），但须经过县农会的同意；

三、政府帮助。

第二十五条　村农会主任或小组长负责征收之。

第二十六条　本会县农会经费须统一分配：

一、按区农救会情形分配之；

二、县农救会每月交边区农救会三元以上之会费；

三、村以不脱离生产为原则，酌发一些办公费。

第二十七条　本会基金由全体代表大会选保管委员会保管之，不经执行委员会会议通过不得动用基金。

第二十八条　各级委员会的账目，须按月向会员公布并报告上级。

第七章　附则

第二十九条　本会章程经全体代表大会通过后发生效力，只有全体代表大会有修正本章程之权；本章程的解释属于边区行政委员会。

（二十九年七月）

选自《抗日根据地政策条例汇集——晋察冀之部》，第 2 辑，1942 年版，第 171～177 页。

6. 晋察冀边区妇女抗日救国会组织章程

1940 年 7 月边区妇救会第四次代表大会通过

一、定名：本会定名为晋察冀边区妇女抗日救国会。

二、宗旨：本会以推动全边区妇运组织与团结全边区妇女参加抗战建国事业，争取最后胜利，促使新民主主义共和国之实现并谋妇女解放为宗旨。

三、会员：

（一）会员资格：凡年满十五岁以上的妇女，承认并遵守本会组织章程及执行本会一切决议者，不分种族、宗教、信仰、党派、职业、阶级得为本会会员。

（二）入会手续：经过会员一人的介绍，常委会通过后实行登记。

（三）权利：凡本会会员有下列权利：

1. 选举权与被选举权。

2. 参加本会，向本会建议权。

3. 参加本会一切活动，享受本会所举办事业利益之权。

（四）义务：凡本会会员均得守本会章程，执行本会决议，服从本会纪律，按期缴纳会费。

四、组织：本会以民主集中制为组织原则。

五、各级组织：

（一）边区妇救会：

1. 全边区代表大会为最高权利〔力〕机关，大会闭幕期间执委会为最高权利〔力〕机关。

2. 执委会由代表大会选举执委二十九人至三十五人、候补执委四人组织之，执行大会所付之一切事宜，任期一年，连选得连任之。

3. 常委会由执委会执委中推选常委五人至七人组织之，处理经常工作，任期一年，连选得连任之。

4. 常委会设正副主任各一人，下设生活改善、组织、宣传、武装、青妇五部，各设部长一人，由常委兼任，各部得以常务繁简聘请干事若干人，并设秘书处，由常委会聘任之。

（二）专区妇救会：

1. 全专区代表大会为最高权利〔力〕机关，大会闭幕期间执委会为最高权利〔力〕机关。

2. 执委会由代表大会选举执委九人至十五人、候补执委二人组织之，执行大会所付之一切事宜，任期一年，连选得连任之。

3. 常委会由执委中推选常委五人组织之，处理经常工作，任期一年，连选得连任之。

4. 常委会设正副主任各一人，下设生活改善、组织、宣传、武装、青妇五部，各部设部长一人，由常委兼任，各部得以事务之繁简聘请干事若干人，另设秘书处，由常委聘任之。

（三）县妇救会：

1. 全县代表大会为最高权力机关，大会闭幕期间执委会为最高权力机关。

2. 执委会由代表大会选举执委九人至十五、候补执委二人组织之。

3. 常委会由执委中推选常委三人至七人组织之，处理经常工作，任期一年，连选得连任之。

4. 常委会设正副主任各一人，下设生活改善、武装、青妇、组织、宣传等五部，各设部长一人，由常委兼任之，各部得以事务之繁简聘请干事若干人，另设秘书处，由常委会聘任之。

（四）区妇救会：

1. 全区代表大会为最高权利〔力〕机关，大会闭幕期间执委会为最高权力机关。

2. 执委会由代表大会选举七人至十九人、候补执委二人组织之，执行大会所付之一切事宜，任期一年，连选得连任之。

3. 常委会由执委中选举三人至七人组织之，并处理经常工作，任期一年，连选得连任之。

4. 常委会设正副主任各一人，下设组织、宣传、生活改善、武装、青妇五部，各设部长一人，以常委兼任之，可由工作之繁简由常委会聘任总务一人。

（五）村妇救会：

1. 全村会员大会为最高权力机关，大会闭幕期间执委会为最高权力机关。

2. 执委会由会员大会选举执委七人至十一人组织之，任期半年，连选得连任之。

3. 常委会由执委中推举常委五人至七人组织之，任期半年，连选得连任之。

4. 常委会设正副主任各一人，下设宣传、组织、武装、生活改善、青妇五部，各设部长一人，以常委兼任，由事务之繁简可由常委会聘请总务一人。

六、职权：

1. 主任计划并推动全盘工作，督促并检查各部工作，对外负联系交际之责，副主任帮助正主任办理一切事宜。

2. 组织部：（a）了解、培养、分配干部；（b）考查并统计各种工作；（c）征收会费；（d）健全组织生活。

3. 宣传部：（a）负责干部会员及妇女群众的教育；（b）有计划的〔地〕编印各种宣传材料及向外反映；（c）主持各种宣传会议、宣传队及训练班。

4. 武装部：计划、推动、研究、督促、检查妇女自卫队的工作。

5. 生活改善：（a）调查各地妇女生活；（b）解除妇女痛苦；（c）发动参加生产并介绍职业。

6. 青妇部：（a）教育青年妇女；（b）注意青妇的特殊问题，并助其解决；（c）开展青年妇女的学习运动并发扬其积极性；（d）加强青年妇女文化娱乐工作。

7. 秘书或总务事务员：（a）管理一切经济事宜并执行会计任务；（b）保管收发文件及不属于其他部门之杂物。

七、会议：

（一）边区妇救会：（1）代表大会一年召开一次，如有由三分之二提议得临时召开；（2）执委会每六月召开一次，必要时得临时召开；（3）常委会每七天召开一次，必要时开临时会。

（二）专区妇救会：（1）代表大会一年召开一次，如有三分之二会员提议得临时召开；（2）执委会每三月召开一次，常委会十天召开一次，必要时各得召开临时会。

（三）县妇救会：（1）代表大会每一年召开一次，如有三分之二以上会员提议得临时召开之；（2）执委会每三月召开一次，常委会每十天召开一次，必要时各得召开临时会。

（四）区妇救会：（1）代表大会每一年召开一次；（2）执委会一月召开一次；（3）常委会七天召开一次；必要时各得召开临时会。

（五）村妇救会：（1）会员大会每月召开一次；（2）执委会半月召开一次；（3）常委会五天召开一次；（4）小组会十天或半月召开一次；各会遇必要均得召开临时会。

八、组织系统表：（从略）

九、会费：会员每人每月至少纳会费一大枚，各县对各专区每月可纳会费五分之二，各专区对边区纳会费五分之二，如有特殊情形经上级批准可少交或免交。

十、经费来源：（1）会费；（2）请求政府补助。

十一、附则：（1）本简章如有不适当，得经晋察冀边区妇救会执委会修改之；（2）本简章经晋察冀边区妇救会代表大会通过后施行之。

一九四〇年七月边区第四次代表大会通过

选自《抗日根据地政策条例汇集——晋察冀之部》，第2辑，1942年版，第191～195页。

7. 晋察冀边区阵亡将士遗族抚恤办法

1940年9月

第一条　本边区阵亡将士遗族之抚恤依本办法办理之。

第二条　阵亡将士一人，其遗族除继续享受抗属优待外得依下列各条抚恤之：

一、班长、战士阵亡者，其遗族得领抚恤金一百元，每年二十元，五年领讫。

二、连排级干部阵亡者，其遗族得领抚恤金一百五十元，每年三十元，五年领讫。

三、团营级干部阵亡者，其遗族得领抚恤金二百元，每年四十元，五年领讫。

四、旅以上干部阵亡者，其遗族得领抚恤金二百五十元，每年五十元，五年领讫。

第三条　阵亡将士所在部军分区以上之政治部，应将该员姓名、籍贯、抗战经过填具通知书送本会换取抚恤证，转发其遗族按年持向本会所指定之县区政府，领取抚恤金。

第四条　抚恤证有遗失，须立向第三条所指之县区政府声明作废，并转请本会补发新证。

第五条　本办法公布之日所有前颁抚恤法令即行作废。

选自《晋察冀边区财政经济史资料选编》（四），天津，南开大学出版社，1984年版，第572页。

8. 晋察冀边区抚恤残废军人办法

1940年9月

第一条　本边区残废军人之抚恤概依本办法办理之。

第二条　残废军人得依残废情况分下列三等：

一、两目失明，两耳失听，两臂、两手、两腿、两足、一臂、一手、一腿、一足、脊骨或胸骨断折，全无工作能力者，均为一等残废；

二、一手、一臂、一足、一腿断折，半有工作能力者，均为二等残废。

三、一耳失听，一目失明，脊、颈、胸、股受伤，足趾手指不全，不能服务兵役，可任普通工作者，均为三等残废。

第三条　残废军人不退伍者，一等残废每年发给抚恤金三十元，二等残废每年发给抚恤金二十元，三等残废每年发给抚恤金十元，粮食、零用［费］、服装由所在部队供给。

第四条　残废军人之退伍者，除享受部队原有待遇外，一等残废每月增发零用费一元，二等残废每月增发零用费五角，另有工作所获一律归其自用。此项残废军人之服装一律改为民服，每年发给单衣一套、棉衣一套、棉被一床，或按当地市价折钱，粮食按照战斗部队之规定，发米或［按］当地市价折钱。

第五条　退伍之残废军人以归家休养自谋工作为原则，其有无家可归无工作者，得由本会另觅场所安置。

第六条　享受第三条抚恤之残废军人，须经其分区以上政治部填具通知书说明该员残废情形等级，送交本会换取残废证书，按年照领恤金，但为便于支付计得由部队统领统发。

第七条　享受第四条抚恤之残废军人，须经其分区以上政治部填具通知书说明该员残废情形等级及在部队中之零用费，送交专员公署换取残废证书，按月向本会所指定之县区政府领取。

第八条　残废军人每经三年由卫生部或分区以上政治部检验一次，得视其进步情形而变其原有等级。

第九条　本办法公布之日所有前颁抚恤办法即行作废。

选自《晋察冀边区财政经济史资料选编》（四），天津，南开大学出版社，1984年版，第573～574页。

9. 晋察冀边区优待抗日军人家属暂行办法

1940年12月

甲、总　　则

第一条　凡在边区之抗日军人家属，均得依照本办法之规定享受优待。

第二条　本办法所称抗日军人，以直接参加抗日之正规军、游击队及边区各级政府之警卫队，各县区脱离生产之游击队、基干游击队为限。所称抗日军人家属（以下简称抗属）以抗日军人之配偶，及其直系亲属为限。

第三条　抗日军人之属于军队系统者，须经其所在部队军分区或旅以上军事机关证明；属于政府系统者，须经其所在地县政府以上政府机关证明，其家属始得享受优待。参加边区以外部队之抗日军人，不能由其所在部队证明者，须经其所在村村代表会证明。

既经证明之抗属，当地县政府应给予优待证书，以凭享受优待。

第四条　优待抗属之事务，得由团体机关士绅组织县区村优抗委员会协助各级政府办理之。

乙、优待办法

第五条　抗属均得享受下列各款之优待：

一、公有土地、房屋、场所、器具、物品之分给、借用，租赁、售卖于私人者，抗属得优先承领、承借、承租、承买，但以自耕、自住、自用为限。

二、公营事业、公共机关之雇用、招收员工者，抗属得优先参加。

三、公费学校，抗属子弟得优先入学，自费学校之设公费生者，抗属子弟得优先取录。

四、公立卫生机关，抗属得免费治疗。

五、其他一切公益事业，抗属得优先享受。

以上各款之规定，不是普遍优待抗属者，尽先优待贫苦抗属。

第六条　有资产、无劳力之抗属，得有〔由〕所在地优抗委员会发动人力、畜力代为经营耕作。

第七条　无资产、无劳力，或尽其资产、劳力所获犹不足维持最低生活者，每一抗日军人，其家属得按下列规定予以一人份之补助：

一、抗属之收入，每人平均年在统一累进税免税点六分之一以下者，每月补助小米三十斤（市秤）。

二、抗属之收入，每人平均年在统一累进税免税点六分之三以下者，每月补助小米二十斤（市秤）。

三、抗属之收入，每人平均年在统一累进税免税点六分之五以下者，每月补助小米十斤（市秤）。

前项补助，如发其他实物应以小米为标准，按市价折合。

第八条　依前条第一、二、三款之规定，抗属所得补助与其年收入合计，不得超过免税点，超过者应减至免税点。

第九条　补助抗属之实物，依统一累进税办法暂由村款统筹，其已实行由县或区统筹之县份，应一律提至由县统筹。

第十条　抗日军人因作战阵亡，或受伤残废者，除照章抚恤外，其家属仍得继续享受优待。

丙、停止优待

第十一条　有下列情事之一者，停止抗属之优待：

一、抗日军人之脱离部队者。

二、抗属之褫夺公权，尚未复权者。

三、抗属转让优待证书于他人者。

丁、附　　则

第十二条　本办法自公布之日施行。所有本会前颁晋察冀边区优待出征抗敌军人家属办法实施细则作废。

选自《晋察冀边区财政经济史资料选编》(四)，天津，南开大学出版社，1984 年版，第 576～577 页。

10. 晋察冀边区关于政权工作人员保健问题的决定

1941 年 8 月 17 日

一、保健问题的重要性

四年来，边区各级政权工作人员在艰苦的环境里坚持工作，为中华民族的解放事业英勇奋斗，创造了许多光辉的成绩，使边区日益巩固与扩大。但是由于环境的残酷，工作的繁重，我英勇的工作人员艰苦支撑，历尽艰险，致身心过度疲劳，积弱成病者时有所闻。这不只是工作人员个人本身的损失，对国家民族尤为不利。抗战是持久的，保持工作人员身体的健康，是坚持抗战的重要条件，因此有计划的〔地〕进行工作人员保健，保育抗战有生力量，在目前是非常迫切需要而且有重大意义的。

二、保健办法的规定

(一) 保健卫生的必要设备：

边区环境艰苦，财力有限，工作人员健康的保证，应该从积极方面着重于体育卫生的讲求，各级政府机关应该很好的〔地〕注意这一工作，日常生活的清洁卫生和各种业余活动，都要根据当地具体情况详细的〔地〕拟出具体计划，切实进行。这里只提到两个问题：

甲、各级政权机关，可视当地具体情况置备各种运动器械，有计划的〔地〕进行各种体育活动，篮球、足球、排球等，开支费用较大者，县级以上政权机关每部门亦准设置一种，其数目则只限于一个，款由该机关经费内开支。

乙、县政府、专署、行署办事处规定设立医务所者，应即按照规定设立，未规定设立医务所者，准设置医生一人（西医困难的地方可用中医），零用费每月六元至十五元，依技术水准而定。所需医药由医药费内自行设法购置或制造，县政府、专署、行署、办事处所设医生或医务所，不特对各该机关工作人员负医疗责任，且须对同级政权机关人员负医疗责任，县政府医生并须对区级政权工作人员负同样责任。

(二) 病员住食问题：

甲、凡疾病较重，不便和别人同处者，除尽可能送往医院疗养外，可另设休养室单独居住，室内要有必要的设备如暖火（冬季）、开水等，由医生负责诊治，必要时并专派勤务员看护。

乙、病员饮食可另做，病愈后仍不能照常饮食者，酌情继续予以优待。此项饮食上的优待，原则上除准按规定数量食用适于营养之粮种外，柴菜金每人每日发给二角，均列入经费内报销。

丙、上两项优待的开始和停止，均须遵照医生的决定。

（三）保健费的发给：

政权工作人员同时具备下列三条件者，准在一定期间，按月酌情发给三元至五元之保健费。

甲、在边区工作三年以上者。

乙、现任区长、科长以上之职务者。

丙、身体积劳过弱或工作过重者。

上述保健费数额，如不敷用，有增发必要时，得由保健委员会斟酌拟定数目，报请边委会核定。

此项保健费一律由各该员服务机关临时费内保抚费项下开支，无临时费者，县区机关由县政府、专区机关由专署之临时费内开支。

（四）给假休养：

政权工作人员因担任工作过重致积劳成疾或身体过弱，不能继续工作者，准给假休养，在休养期间，生活费照发，惟期限最多不得超过一年。

合于上项规定者，并得领取保健费。

三、保健机关的组织及办理保健事项的手续

（一）各县各专区冀中区冀北区及边区均须成立保健委员会，各县由县政府县议会公安局粮食局税卡，各专区由专署督察员粮食支局出入口税局，冀中区由行署公安局粮食分局等，冀北区由办事处公安分局粮食分局，边区由本会公安局粮食局贸易管理局工矿管理局农林牧殖局各推代表一人为委员，而以县政府、专署、行署、办事处及本会之代表为主任委员组织之，委员及主任委员均由各该推选机关就现任工作人员中推定兼任。

（二）保健委员会系行政组织之一部门，直属各该级行政首长领导，各级保健委员会不发生行政上的领导关系，但在工作上互相联系。

（三）保健委员会在各该级行政首长直接领导下处理下列事项：

甲、根据本决定及当地具体情况，拟定所属范围内的保健工作计划，并指导所属范围内全体工作人员共同执行。

乙、对所属范围内工作人员请领保健费及请假休养等事项负责进行初步审查。

丙、指导所属范围内的医务工作。

丁、其他有关所属范围内的保健事项之指导及推动。

（四）政权工作人员领取保健费或请假休养，均须先经医务所或医生证明并由保健委员会进行初步审查后再由核管县政府或专署负责列表（表式附后）报请本会行署或办事处批准，方准执行。

（五）各级政权机关接到这一决定后应先按本决定之规定成立保健委员会，并拟具详细工作计划报请本会行署或办事处批准然后执行，未经本会批准前，一律不准开支公款。

（六）各级政权机关于每月终应将这一工作进行情形报告本会行署或办事处一次，行署、办事处每隔三月须将所辖区域内这一工作进行情形，向本会汇报一次。

关于此项工作报请本会事项，须一律通过专署核转。

甲、医务所或医生进行检查及保健委员会进行初步审查时，须按照本规定确实负责严格办理，不得徇情偏私，倘发现有不确情形，经手之医务所医生及保健委员会应负完全责任。

乙、领取保健费者，应适当使用，确使发生保健作用，不应任意挥霍，如有违背情事，保健委员会应即报请本会（行署或办事处）停发其保健费。

丙、反对一切忽视保健工作的见解，要为争取每一工作人员的健康而斗争。

选自《晋察冀边区行政委员会现行法令汇集》，上册，边区行政委员会1945年编印，第135～139页。

11. 晋察冀边区政民工作人员抗战伤亡褒恤条例

1942年2月15日公布施行，

1943年4月10日修正

第一条　凡本边区现任脱离生产之政民工作人员（以下简称政民工作人员）在抗战期间因公伤亡者，概依本条例之规定褒恤之。

第二条　前条所称因公伤亡以合于下列各款情形之一者为限：

一、因与敌作战而致伤亡者。

二、因坚持工作遭敌杀害或被敌俘获守正不屈而致伤亡者。

三、其他因职守关系而致伤亡者。

凡外籍病故之脱离生产在职工作人员及家在本边区而病故于机关内部者，得由预备费项下开支七十斤米以下之棺葬费，凡在职干部需要休养者一律按保健办法办理。

第三条　凡因公受伤之政民工作人员得就近送公立医院免费治疗。不能送公立医院者，由县级以上之所在政府机关与团体视其伤势轻重，酌给小米三十斤以下之疗养费。

第四条　前条政民工作人员在医疗期间生活费均照常发给，但休养期间最多不得超过一年，超过者生活费应即停发。

第五条　政民工作人员因公受伤致成残废者，由县级以上之政府机关与团体，视其残废情形，按晋察冀边区荣誉军人抚恤办法第四条之条件评定为三等，依下列规定抚恤之：

一、家在边区能返家休养者，一等残废每年发给恤金米六〇〇斤，二等残废每年发给恤金米四〇〇斤，均以五年为限。

二、外籍或家在敌占区不能返家者，一、二等残废，按其在职之生活待遇供给之，并安置于适当地区休养。

三、三等残废，应尽量参加工作，除应给生活费外，月给抚恤费米二十斤，五年为限。

第六条　政民工作人员因公牺牲者，得发给米七十斤以下之棺葬费，并视其生前工作成绩牺牲情形及家境发给一百斤以上三百斤以下之遗族恤金。

前项遗族恤金之发给以有配偶或直系血亲与幼弱赖其教养之弟妹为限。

第七条　因公伤亡之政民工作人员其携带眷属无力返籍者，得按其返籍里程资助其路费之一部或全部。

第八条　因公伤亡之政民工作人员于伤亡前领有携眷津贴或家属补助费者，得继续请领，其死亡或因伤病残废而脱离工作者以继续请领五年为限。

第九条　因公伤亡之政民工作人员其事迹特别英烈足资楷模者，除依第三条至第八条之规定分别优恤外，并得酌量情形予以下列各款之奖励或褒扬：

一、传令嘉奖。

二、颁给褒状。

三、立传褒扬。

第十条　因公伤亡之政民工作人员其勋绩特著者，得由边委会特别优恤之，并得呈请中央予以褒恤。

第十一条　因公伤亡政民工作人员之褒恤，应由各该员所在机关团体填具工作人员伤亡报请褒恤表（表式附后），按组织系统依下列规定报请政府机关核辨。

一、在县级以下者报由县政府核办。

二、在专区者报由专署核办。

三、在边区级者报由边委会（或冀中行署、平北办事处、冀热边行署）核办。

四、合于第九条及第十条规定之情形者，一律报由边委会核办。

第十二条　因公伤亡之政民工作人员之休养期间生活费、残废抚恤金、棺葬费、遗族抚恤金、眷属返籍路费及死亡或因伤病残废脱离工作后之携眷津贴及家属补助费之发给与开支，依下列各款之规定：

一、在县级以下者由县府批准发给，由预备费项下开支。

二、在专区者由专署批准发给，由预备费项下开支。

三、在边区级者由边委会（或冀中行署、平北办事处、冀热边行署）批准发给，并拨款开支。棺葬费得由各该员所在机关团体按照规定数目先行发给，然后请领之。

第十三条　各县政府各专署应于三个月终了后，将三个月办理政民工作人员伤亡褒恤情形，连同各案原送报请褒恤表报请边委会（或冀中行署、平北办事处、冀热边行署）核准备案。

第十四条　本条例如有未尽事宜得由边委会随时修正之。

第十五条　本条例自公布之日施行，所有前颁有关政民工作人员伤亡褒恤之条例规定即予作废。

选自《晋察冀边区行政委员会现行法令汇集》，上册，边区行政委员会 1945 年编印，第 130～133 页。

12. 晋察冀边区抗战牺牲将士遗族抚恤办法

1942 年 6 月 1 日公布，
同年 7 月 1 日施行

第一条　本边区对于抗战牺牲将士遗族之抚恤，概依本办法办理之。

第二条　本办法所称抗战牺牲将士以直接参加抗日之正规军、游击队，及边区各级政府机关之警卫队，各县区脱离生产之游击队，有一定职务，名列军籍之军人因作战或其他职守关系而致光荣牺牲者为限，因忠于职守积劳病故者得以光荣牺牲论。

第三条　本办法所称抗战牺牲将士遗族谓抗战牺牲将士之配偶、直系血亲，及未成年之弟妹而与之营共同生活者为限。

前项称营共同生活谓彼此同居一家。

第四条　抗战牺牲将士之遗族除得于五年内继续依照优待抗日军人家属暂行办法之规定享受抗属优待外，应依下列各款规定抚恤之：

一、依抗战牺牲将士生前所任职务按下列规定发给恤金：

甲、班长战士米二百斤。

乙、排连级干部米三百斤。

丙、团营级干部米四百斤。

丁、旅级以上干部米六百斤。

以上恤金均一次发给之。

二、发给光荣证。

第五条　抗战牺牲将士遗族之抚恤应由以下规定之证明机关填具抗战牺牲将士证明书（书式附后）送请专署以上政府办理之。

抗战牺牲将士之证明机关应以合于下列之规定者为限：

一、抗战牺牲将士生前在军事系统服务者为该管军分区或旅以上政治部。

二、抗战牺牲将士生前在政权系统服务者为该管县级以上政权机关。

第六条　专署以上政府接到抗战牺牲将士证明书经审查无误后，应即填写牺牲将士遗族通知书（书式附后）与光荣证，一并发令各该将士遗族所在县县政府调查转发，并照第四条之规定发给恤金。

第七条　县政府接到抗战牺牲将士遗族通知书与光荣证后，经查明各该将士确有合于第三条规定之遗族者，应即转发各该遗族，并同时发给恤金。其无上述遗族者，应即检齐原书证并叙明情由送回原发书证机关转送边委会注销。

第八条　各县支付抗战牺牲将士遗族之恤金，县政府应按季造具预算书报请边委会核拨，支付后再按季造具计算书连同支付抗战牺牲将士遗族恤金报告表（表式附后），报请边委会核销。

第九条　抗战牺牲将士遗族领得光荣证后应加意保存，如有遗失或损毁，概不补发。

第十条　光荣证由边委会印制，分发冀中行署、冀北办事处及各专署存备填发。

专署填发光荣证后应于月终检同存根报请边委会备案。

第十一条　本办法规定应报边委会事项，在冀中区应报冀中行署，［在］冀北区应报冀北办事处。

第十二条　抗战牺牲将士遗族在本边区以外者，其抗战牺牲将士证明书，应送边委会汇报中央或各该遗族所在省区主管政府抚恤之。

第十三条　在本办法施行前业已起恤之抗战牺牲将士遗族，其恤金尚未颁讫者，其未颁之部应由该管县政府按原定恤金额与本办法第四条所定恤金额之比例增加，一次发给之，并将其抚恤证书收回送请专署转送边委会注销并换发光荣证，其恤金业已领讫者，一律不再抚恤。

第十四条　本办法如有不适宜处得随时由边委会修正之。

第十五条　本办法自本年七月一日施行。

注：荣军抚恤费自七月份起另有新规定，详见边委会宙养民社电，兹将原电附后。

一至六专署并转各县长佐：

为适当改善在家休养与自谋生活的荣军的生活，兹决定将受甲种恤金制抚恤的荣军的全年恤金改为一等残废二千元、二等一千四百元（均仍分两次发，每年各发一半），受一次抚恤的荣军恤金改为三等甲级残废一千元、乙级六百元，以上规定，均自七月一日施行，凡在六月底以前已领恤金者，一律不再增发，希即遵照。

选自《晋察冀边区行政委员会现行法令汇集》，上册，边区行政委员会1945年编印，第277～280页。

13. 晋察冀边区荣誉军人抚恤办法

1942年6月1日公布，
同年7月1日施行

第一条　凡现住本边区之荣誉军人概依本办法抚恤之。

第二条　本办法所称荣誉军人以直接参加抗日之正规军、游击队及本边区各级政府机关之警卫队，各县区脱离生产之游击队，有一定职务，名列军籍之军人因抗战光荣负伤致成残废者为限。

第三条　前条所称光荣负伤以合于下列情形之一者为限：

一、作战受伤。

二、执行战斗任务或因其他职守关系受伤。

三、失慎误伤。

前项受伤误伤均包括枪伤、炸伤、毒伤、跌伤、冻伤及其他一切伤害，因忠于职守、积劳过度，致受伤害者，得以光荣负伤论。

第四条　荣誉军人依其残废情形分为下列三等：

一、两目失明，两臂或两手、两腿或两足、一臂一手或一腿一足，或脊骨、胸骨断折，或因其他重大伤害，致全失劳作能力，且不能自己料理日常生活者均为一等。

二、一臂或一手、一腿或一足断折或因其他次重伤害致劳作能力大部丧失或全部丧失，尚能自己料理日常生活者均为二等。

三、两耳失聪、一目失明，或脊、颈、胸、股受伤，手指足趾断折，或因其他较轻伤害致官能残缺不全，但对劳作无大妨碍，仍能自谋生活者均为三等。

第五条　荣誉军人伤愈后，应先由卫生机关检定其残废等级，再由证明机关加以审查后，附具残废证明书（书式附发）函送专署以上政府请求抚恤。

前项所解卫生机关谓荣誉军人在医疗期间所住之公立医院。

荣誉军人之证明机关以合于下列之规定者为限：

一、原在军事系统服务者该管军分区或旅以上政治部。

二、原在政权系统服务者该管县级以上政府机关。

第六条　专署以上政府于荣誉军人依前条规定请求抚恤时，应先加以审查，再依下列规定办理之：

一、三等残废之荣誉军人除发荣誉证俾资纪念外，抚恤金甲级米四〇〇斤、乙级二〇〇斤，令其回家或自谋生活，其回家或到达所赴地点之路费，按其行路能力，估计实际需要发给之，但行程在一日以内者，不在此限。

二、一、二等残废之荣誉军人发给抚恤证书（以下简称证书）予以适当安置，俾凭证享受长期抚恤，其到达安置地点行程在一日以上者，并得比照前款之规定发给路费。

第七条　前条第二款所称适当安置，应视荣誉军人之情形依下列规定处理之：

一、籍隶本边区而家非敌占区者，遣其回家，由该管县政府办理抚恤。

二、散居地方自谋生活者，由其所在县县政府办理抚恤。

三、参加工作者，视其工作所在分别办理之：

甲、参加县内机关、团体、学校或公营企业工作者，由该管县政府办理抚恤。

乙、参加专区机关、团体、学校或公营企业工作者，由该管专署办理抚恤。

丙、参加边区机关国体学校或公营企业工作者由各该机关、团体、学校、企业办理抚恤。

四、不属于以上三种情形者，由荣誉军人自愿择在专区之专署或县之县政府办理抚恤。

办理抚恤之县政府、专署及其他机关、团体、学校、企业均称抚恤机关。

安置荣誉军人之机关已发路费者，应将其实发款额及起讫日期通知抚恤机关。

第八条　荣誉军人领得证书到达安置地点后，抚恤机关应视其情形依下列之规定抚恤之：

一、回家或自谋生活者，每年发给恤金一等残废小米六五〇斤，二等残废小米四五〇斤，均按季分四次于一、四、七、十四个月份发给之，每次发给三个月恤金。

二、参加工作者每年发给恤金，一等残废米五十斤，二等残废米三十五斤，三等二十斤，均按期两次发给，前半年恤金于六月份发给，后半年恤金于十二月份发给之。

三、不属于以上两种情形者，依下列规定发给生活费用：

甲，每日小米一斤四两，柴菜金一角二分，每月粮食、柴菜金均于月初一次发给。

乙、每月零用费（鞋袜费在内），一等残废六元，二等残废四点五元，均于每月底一次发给。

丙、冬季每月烤火费四角于各月月初发给之（一、二、六专区发四个月，其余各专区均发三个月）。

丁、每年单衣一身于三月份发给之。

戊、每二年棉衣一身于九月份发给之。

己、每五年棉被一条，第一次于其旧有棉被破烂或遗失时发给之，以后于每五年届满后发给之。

以上各种在一定期间应发给之生活费用，于享受抚恤前已由部队或政府发给者，在该一定期限内即不再发。

前项第一款抚恤办法称甲种恤金制，第二款抚恤办法称乙种恤金制，第三款抚恤办法称供给制。

第九条　按前条第一项各款规定应发之恤金与生活费用，概不预发，过期不领亦不补发，但确有不可抗原因者在过期后三个月内得申明实际情形，请求补发。

第十条　第八条各款规定之恤金、粮食、柴菜金、烤火费均应自各该荣誉军人到达安置地点之日发起，其不足整月整季或整期者应依比例计发之，零用费应自到达安置地点之日发起，但该月零用费在到达安置地点前业己〔已〕支领者不用发给。

第十一条　受长期抚恤之荣誉军人得因其情形变动就第八条规定之三种恤抚制中适当改换，但改制后，抚恤机关应即报请边委会备案。

第十二条　受长期抚恤之荣誉军人于改制抚恤时，按前制应领之恤金或生活费用等应自改制前一日截止清算，其因未到发给期间应领未领者，应即时发给，预发而有超领者，应令退还，不能退还者，应于改制抚恤后应领之恤金或生活用费内扣还之，改制抚恤后应领之恤金或生活费用等，应自改制之日发起。

第十三条　受长期抚恤之荣誉军人于安置一定地点确定抚恤机关后，因事实之需要须改换地点及抚恤机关者，得向抚恤机关请求转移，抚恤机关接受此项请求后，应负责审查，其确有转移必要者，应视情形依下列之规定办理之：

一、转移前后均为恤金制或转移后改为恤金制者，得先准其转移并备转移证明书通知其所到地点抚恤机关继续抚恤，再报边委会备案。

二、转移前后均为供给制或转移后改为供给制者，应先报请边委会核准并发给转移证明书后，再令其持书转移。

前项转移证明书应将该荣誉军人之恤金或生活费用在转移前支领情形详细注明。

第十四条　原受供给制抚恤之荣誉军人经核准转移地点后原抚恤机关应截至转移之前一日，将其粮食、柴菜金等结算抵补清楚，并比照第六条之规定发给路费。

前项路费款额及起讫日期应在转移证明书内注明。

第十五条　三等残废之荣誉军人不能回家又不能立刻自谋生活，经专署以上政府考查属实不能按第六条第一款之规定处理者，亦得发给抚恤证书，予以长期抚恤，但应尽量介绍工作按乙种恤金制予以抚恤，非在无工作可介绍时不得援用供给制。

三等残废荣誉军人按乙种恤金制抚恤者，每年恤金按二十元发给，按供给制抚恤者每月零用费按三元发给，其余均依各该抚恤制之规定。

第十六条　合于前条规定之三等残废荣誉军人对于专署以上政府或抚恤机关介绍之工作不得拒绝，即任工作后非经抚恤机关报请边委会核准，不得擅自离开。

第十七条　受供给制抚恤之三等残废荣誉军人变为能回家或能自谋生活者，抚恤机关应即报请专署以上政府改按第六条第一款之规定抚恤之。

受乙种恤金制抚恤之荣誉军人愿回家或自谋生活者，经其所在机关团体、学校或企业同意，并由抚恤机关转请边委会核准后亦得改按第六条第一款之规定抚恤之。

第十八条　受长期抚恤之三等残废荣誉军人依前条之规定改按第六条第一款之规定予

以抚恤者，其受长期抚恤期间应领之恤金或生活费用应比照第十二条之规定清算之。

前项情形各该荣誉军人原抚恤机关应将其长期抚恤截止日期报请边委会备案，并将其原持证书收回缴销。

第十九条　三等残废荣誉军人已按第六条第一款之规定办理抚恤者，不得再请求长期抚恤。

第二十条　受供给制抚恤之荣誉军人感染疾病时，抚恤机关应视情形代为延医或送入公立医院治疗，必要之医药费应在该抚恤机关按供给制抚恤之全体荣誉军人医药费项下（每人每月五角）统筹支付，其在公立医院住院期间，除服装、零用费照发外，其他生活费用均由公立医院供给之。受恤金制抚恤之荣誉军人及已按第六条第一款办理抚恤之三等残废荣誉军人感染疾病时，亦得凭证书或荣誉证入公立医院请求治疗。

第二十一条　受供给制抚恤之荣誉军人，所用假腿、拐杖等器物有修理补充之必要时，抚恤机关得发给修补费。

第二十二条　受供给制抚恤之荣誉军人因残废过重不能自已料理日常生活者，抚恤机关应发动其他荣誉军人帮助料理，其有特殊情形者并得于报请边委会核准后雇人或设专人照顾之。

第二十三条　受长期抚恤之荣誉军人亡故后，原抚恤机关应将其亡故停恤日期报请边委会备案，并将其证书收回缴销。

亡故之荣誉军人原受供给制抚恤者抚恤机关应代备棺木。

棺木费应在六十元范围内实支实报，原受甲种恤金制抚恤确极贫困、无力自备棺木者，亦得同样办理之。

第二十四条　受长期抚恤之荣誉军人犯严重错误者，抚恤机关得于报请边委会核准后停止其抚恤并将其证明书收回缴销。

第二十五条　受长期抚恤之荣誉军人每年由专署以上政府会同军分区以上司令部或政治部举行检查一次，按其残废情形之转变另定等级，其残废情形业已消灭者，并得停止其抚恤，将其证书收同缴销，另给纪念证俾资纪念，检查办法另定之。

第二十六条　荣誉军人之证书及荣誉证纪念证，均应加意保存，证书遗失或损毁者应将原证号数及遗失或损毁情形报请抚恤机关转请专署以上政府补发新证并转报边委会将原证注销并声明作废，荣誉证、纪念证遗失或损毁者概不补发。

第二十七条　荣誉军人的证书及荣誉证纪念证均由边委会印制，证书及荣誉证专署以上政府填发，各专署填发后应按月将存根连同原收到之残废证明书报请边委会备案，纪念证分由专署填发，填发后应即将存根连同收回之证书，报请边委会备案注销。

第二十八条　荣誉军人之抚恤费，各该支付机关应先造具预算书（书式附后）报请边委会核拨，支付后再造具计算书检同支付报告表（书式表均附后）（开支医药费修补费者并应检附单据）报请边委会核销，但棺木费得先照规定垫支，再检同单据报请补发。

合于第七条第一项第三款丙节之抚恤机关支付抚恤费得径向边委会请领转发，免造预计算及报告表。

第二十九条　各专区县按供给制抚恤之荣誉军人在二十五人以上者得设荣誉军人学校教养之，荣誉军人学校组织办法另定之。

第三十条　受享长期抚恤之荣誉军人籍非本边区而愿返籍休养者，得报请抚恤机关转请边委会核准函请其籍隶省区主管政府继续抚恤，并得比照第六条之规定发路费。

第三十一条　边区外之荣誉军人来边区，请求抚恤者，经检查合格后准按本办法之规定抚恤之，但以持有正式证明函件者为限。

第三十二条　服务于军事系统之荣誉军人一律视同参加工作者于发给证书后按乙种恤金制予以抚恤，其抚恤事宜由部队自行办理之。

第三十三条　本办法所称应报边委会事项在冀中区应报冀中行署，［在］冀北区应报冀北办事处。

第三十四条　本办法施行前业已起恤之荣誉军人一律于本年荣誉军人检查举行后改按本办法抚恤之。

第三十五条　已退伍之荣誉军人其家属一律不得再要求享受抗属优待。

第三十六条　本办法如有未尽事宜得由边委会修改之。

第三十七条　本办法自本年七月一日施行。

选自《晋察冀边区行政委员会现行法令汇集》，上册，边区行政委员会1945年编印，第265～275页。

互校版本：《晋察冀边区财政经济史资料选编》（四），天津，南开大学出版社，1984年版，第578～584页。

14. 晋察冀边区劝戒〔诫〕办法

1942年10月边区行政委员会颁布

当人民发生错误，但还没有发展成为犯罪之前，政府还要设法及时予以纠正。三十一年十月边委会颁布了《晋察冀边区劝戒〔诫〕办法》规定：凡是没一定职业，行为不检，或妨碍别人抗日工作及业务，或破坏善良风俗，阻挠公益事业，但还没有到犯罪程度的，由村、区、县诚恳和蔼地予以劝戒〔诫〕。实在劝不服，就把他的过失公布出来。改过了，再撤销。

这完全是教育人，叫人学好，并没有一点“罚”的意味，现已开始执行了。

选自《晋察冀边区行政委员会工作报告》，边区行政委员会1943年编印，第110～111页。

15. 晋察冀边区行政委员会关于组织区村通讯送报勤务的决定

1942年10月28日

（一）为使区村间公文报纸之传达迅速起见，特决定在北岳区各县行政村统一建立通讯送报队，负责传送公文报纸，此项通讯送报列为正式抗战勤务之一种，称通讯送报勤务。

（二）通讯送报勤务以传送盖有区村政权机关或团体及部队长戳之公文和晋察冀日报子弟兵群众报为限，其他物品概不传送。

（三）通讯送报勤务依照下列规定组织之：

甲、以行政村为单位，凡年在十五岁至十七岁之男青年均编组为通讯送报队，设队长一人，直接受村公所（粮秣委员会之抗勤委员）领导。

乙、每一自然村组成通讯送报小组，设组长一人，在队长领导下，依次轮流，派服通讯送报勤务。

（四）通讯送报勤务以在行政村设站互相传送为原则，如行政村与自然村之间相距过远者，得按具体情形，酌量在某自然村增设通讯送报站，沿站传送。

（五）关于通讯送报站之设立、路线之划定，及传送时间，由区公所具体规定之，每日每条路线之传送次数以一次为原则，最多不得超过二次。

（六）本决定自民国三十二年一月一日起施行，各署县接到本决定后，须立即转送所属遵照执行。

选自《晋察冀边区行政委员会现行法令汇集》，下册，边区行政委员会 1945 年编印，第 556～557 页。

16. 晋察冀边区抗战勤务条例

1943 年 1 月 21 日晋察冀边区第一届参议会通过，
同年 2 月 4 日晋察冀边区行政委员会公布

第一条　为发动人民积极服务抗战，平衡人力物力负担，特制定本条例。

第二条　服抗战勤务，为人民之神圣义务，除法令别有规定者外，凡年在十五岁至五十五岁之男子、十八岁至五十五岁之妇女及人民有运输力之牲畜车辆，均须依照本条例服务。耕牛不服抗战勤务，但平原有以牛运输之习惯者应服勤务。

第三条　抗战勤务之种类及负担，规定如下：

一、运输担架勤务由十八岁至五十五岁之男子及牲畜车辆负担之。

二、军装缝纫勤务由十八岁至五十五岁之妇女负担。

三、送报通讯勤务由十五岁至十七岁之男子负担之。

第四条　服抗战勤务之人民及其牲畜车辆，依下列规定计算动力：

一、十五岁至十七岁之男子，五十一岁至五十五岁之男女均计半个动力。

二、十八岁至五十岁之男女均计一个动力。

三、驴马牛计一个半动力，骡计二个动力，单套车计四个动力，双套车计六个动力，三套车计七个动力，四套车计八个动力。骆驼船只之动力计算，由当地政府比例定之。

前项第三款牲畜动力之计算，包括人夫动力在内。车辆动力之计算包括人夫牲畜动力在内。牲畜车辆每头每辆人夫均以一人计。

第五条　每个动力，每月服抗战勤务以五个工为限。妇女服军鞋勤务每年以四双为限。

第六条　各项勤务，均以一百六十分，计一个工。

第七条　各种抗战勤务依下列规定计分：

一、运输担架勤务以每十里斤计一分，每副担架均以一百五十分计。

二、做军鞋一双，工计八百分，料计八百分，做鞋底一双，工计三百二十分。

三、做单军装一套，工计四百八分，棉军装一套，工计四百分，棉大衣一件，工计三百二十分，棉背心一件，工计一百六十分。

四、拆洗缝旧棉军装一套，工计四百分，棉大衣一件，工计三百二十分，棉背心一件，工计八十分，棉军帽一项，工计四十分。

五、送报通讯勤务每里计三分，往返里数均计。

前项第一款之里斤为里数与斤数相乘之积，里以三百六十步为准，斤以老秤十六两为准。

第八条　凡应服抗战勤务之人民及其牲畜车辆，均依居住地区，按十户至十二户编组，每组设正副组长各一人，在村公所领导下分配调度平衡本组勤务。

第九条　各种抗战勤务经村长许可后，得互相调换之。

第十条　村以上各种抗战勤务之平衡调度由区公所以上各级政府负责办理，调度办法另定之。

第十一条　凡合于下列各款规定之人员机关团体及其牲畜车辆均免服抗战勤务：

一、党政机关军队群众团体脱离生产之工作人员及其牲畜车辆。

二、公管事业之职工及其牲畜车辆。

三、各级学校脱离生产之教职员、高小以上学校与训练班之在校学生及勤杂人员。

四、专区以上合作社联合会之工作人员。

五、私营煤矿工人及放牛放羊工人。

六、肩挑小贩、艺匠等经年流动工作，居无定所者。

七、残废痼疾不能服务之男女。

八、因病不能服务之男女，及在生产前后各一个月之妇女。

九、在生病期间及生产前后各一个月之牲畜。

十、专以贩卖或繁殖为目的之牲畜。

第十二条　凡合乎下列各款规定之人员，均得依各该款之规定职务服抗战勤务。

一、区群众团体不脱离生产之干部，经县政府批准得减服勤务五分之二。

二、预备兵、后备兵减服勤务五分之一。

三、富力在免税点以下每周上课四小时以上，家中缺乏劳力之民校教员，经政府批准，得酌减或免服勤务。

四、游击小组组长得减服勤务五分之一。

第十三条　应服抗战勤务之人员及其牲畜，在担负参战工作期间以内，均得免服本条例规定之各项勤务。

前项参战工作系指扰袭敌人，单独或配合军队作战，破坏敌人交通，平毁封锁沟墙，及在战斗情况下运输担架等项而言。

第十四条　不脱离生产之区政权干部，及村政权与群众团体干部，一律服抗战勤务。但工作特殊繁忙者，得呈准县政府酌量减免之。

第十五条　动用抗战勤务之机关部队，运输物品及动用手续另定之。

第十六条　本条例施行细则另定之。

第十七条　本条例自公布之日施行。前颁晋察冀边区抗战勤务动员办法同时作废。

选自《晋察冀边区行政委员会现行法令汇集》，下册，边区行政委员会1945年编印，第541～544页。

17. 晋察冀边区抗战勤务条例施行细则

1943年2月4日公布

第一条　本细则依照晋察冀边区抗战勤务条例（以下简称抗勤条例）第十六条之规定制定之。

第二条　称“有运输力之牲畜车辆”系指能驮载物品而牲畜车主已正式使用之牲畜车辆而言。

第三条　有运输力之牲畜而无鞍具者，其牲畜亦须服抗战勤务（以下简称服勤务）。运输所用之鞍架等物由牲畜主自行设法。

第四条　服抗战勤务一律按动力折工计分，每个动力每月应服五个工，各项勤务均以一百六十分计一个工，动力折工计分办法如下：

（一）合于抗勤条例第四条第一款之规定者均计半个动力，折两个半工，每月应服勤务四百分。

（二）合于抗勤条例第四条第二款之规定者均计一个动力，折五个工，每月应服务八百分。

（三）每头牲畜动力之计算，包括一个人之动力在内；（赶牲畜的）每辆车动力之计算，包括一个人及牲畜之动力在内（赶车及拉车牲畜）。

例如某户家有应服勤务者五人、毛驴一头、单套骡车一辆，则全家动力计八个半，折四十二个半工，每月全家应服勤务六千八百分。（三个人各计一个动力，毛驴计一个半动力，内包有一个人之动力，单套车计四个动力，包有一个人及骡一头之动力。）

所谓车辆系指有牲畜之车辆而言，如只有车辆，而无牲畜者，即免服抗战勤务。

第五条　运输担架勤务均以里斤折分，里以三百六十步为准，斤以老秤十六两为准，里与斤相乘之积谓之里斤，每十里斤折算一分。为服抗战勤务而空手所行之路程每里得计一里斤（即一乘空手所行之里数）。运输担架里斤拆分办决〔法〕如下：

（一）以运输物品之斤数乘运输物品之里数加回头之里斤数（回头里数乘一斤得回头里斤数），再加由家到站往返之里斤数（往返里数乘一即往返里斤数），即为实服勤务之里斤数，再按每十里斤计一分折成分，即为实服勤务之总分数。担架一律以十百五十斤计，三人抬者以三除总分数即得每人所服勤务之分数。抬送棺材按担架勤务加倍计算。

（二）运输担架有回运者，同样记工，回头里斤数之计算应为回运物品斤数乘回运之里数。村站应切实之计分，以示奖励。

第六条　有牲畜车辆而无应服勤务年龄之人力者，其牲畜车辆亦须服勤务，每月应减免半个动力，服勤务时，依下列办法计分：

（一）家有老幼愿自己赶者听，其牲畜车辆，按减免之后动力折分。

（二）家无老幼或有而不愿自赶者，得由村公所派人代赶或兼赶，代赶或兼赶人增计一个工，折一百六十分。

第七条　关于交通站及村公所计工册簿及记工方法规定如下：

（一）各设计工分户账一本，站以村为单位，村以户为单位，首先分月将应服分数记入账簿付方，逐日服工折分记入账簿收方，月终后五日内总结公布清单做到户与户平衡、村与村平衡。

（二）密切站与村的联系，村派人到站服务，各个人实得分数，每次站必须通知村公所详注记工账。

（三）记工分数，以分为单位，小数一律四舍五入。

第八条　户为服勤务之单位，按抗勤条例第八条之规定编组，正组长负责管理全组之运输担架勤务，副组长负责管理全组之军鞋缝纫勤务。

第九条　各村军鞋缝纫勤务，由区公所直接领导，运输担架勤务由交通站指挥调度。

第十条　全边区各交通路线一律设立交通站，负责办理调度运输担架勤务，站与站互相之间，距离以十五里至三十里为准（在运粮时期内得按照运粮要求变更距离或超站运输），周围三十里以内各村之运输担架动力得按其具体情形分别划归各站指挥调度，二县毗连交通线上交通站之设置不得超过各该县边境之十五里。

第十一条　交通站依其勤务繁简分为甲、乙、丙三等，各站均设正副、站长各一人，甲等站正站长脱离生产，甲等站副站长及乙、丙站正副站长均不脱离生产，甲、乙、丙三等站均酌发办公费，具体数目及领销办法另行规定。

第十二条　交通站之设置与分等由县政府根据前条之规定拟定方案报经专员公署批准。

第十三条　交通站直接受区公所领导，在设有驮骡运输站之点线上得由专员公署临时委托驮骡运输队指挥之。

第十四条　运输担架勤务之调度依下列规定办理之：

（一）运输担架勤务按月总结上报，超过应服勤务分数五分之一以上者向里调度，不足应服勤务分数者向外调度。

（二）调度抗战勤务属于站范围内者，由站调度，属于区范围内者，由区公所调度，属于县范围内者，由县政府调度，县无法调度得由专署以驮骡队调剂之。

（三）担架勤务之调度往返以不超过一天路程为原则，运输勤务之调度往返以不超过两天路程为原则，但战时或突击运粮时不在此限。

第十五条　关于抗战勤务之服与免，除抗勤条例第十一、十二条规定者外，再作如下之补充规定：

（一）初小学生、民校教员合于服务条例者均服务（民校教员按抗勤条例第十二条第三款之规定办理），但在派工时须照顾其教学时间，适当调度。

（二）县级以下合作社之免服抗战勤务及调剂办法如下：

一、县合作联合社及其区分社或办事处之干部免服抗战勤务。

二、村合作社在派服抗战勤务时，应照顾其业务，不可一次派出人数过多、时间过久。

（三）公营商店所有人员及其驴骡车马，除经本会特准免服勤务者外须一律服勤务。

（四）私营及公私合营之煤矿，除工人外，所有经理与职员及其驴骡车马，均须服勤务。

（五）早出晚归之小手工业者及小商人（肩挑小贩）均服勤务，经常流动、有时在家有时在外者，由村公所按其在家日期比例派之。

（六）小手工业者如铁匠炉、马掌铺等均须服勤务，惟其事业之需要数人合作，缺一即陷于停顿者（如打铁匠至少二人，缺一不可）应在派工时注意调度。

（七）农业雇工在其所在地服勤务，但非代替其雇主，而系服其本身应服之勤务。在派服勤务时，并应照顾农事，注意调剂。

（八）经政府登记合格之医生免服勤务。

（九）残废军人能与一般民众同样从事劳作者（除集中受教养者外）应于所在地同样服勤务。

（十）游击区无人区人民到根据地者，由当地县政府视其居住久暂、生活情形，酌量免服勤务，或令其服勤务之一部或全部。

第十六条　动员抗战勤务限于下列各机关：

（一）军事机关：军区司令部，政治部，军分区司令，政治部，师旅团支队部及其政治部处。

（二）政权机关：边区行政委员会及其各直属机关，边委会行署及办事处，专员公署，及县政府或县佐公署。

（三）供给机关：军区、军分区、师旅团支队之供给部处，及联大、抗大之供给处。

（四）卫生机关：军区、军分区、师旅团支队部，联大边区行政委员会直辖之卫生医务机关。

（五）工业机关：军区工业部，供给部所属军需工业厂所，及军分区之修械所，专区之制造所，县之修械所。

（六）印刷机关：晋察冀日报社，军区政治部画报社，边区印刷局。

（七）其他经边区行政委员会批准特许之机关。

第十七条　动员运输勤务限于下列各项物品：

（一）军械弹药：枪炮子弹、炮弹、手榴弹、地雷、炸药等。

（二）军政粮秣：米麦、花料、马草及其他粮食等除卫生医务机关及军需工业厂所与负有紧急战斗任务之武装部队外，其他机关部队所在地三十里以内之粮食不能动员运输。

（三）服装材料：军鞋军装、棉花布匹、染料、纽扣、绳线等。

（四）通讯器材：电台电线、电话机、电杆、电池、磁头及其他器材等。

（五）工业器材：机器工具、锅、铁、铜、铅、硝磺火药、煤油、煤炭、木材、皮革及其他器材等。

（六）卫生器材：中西药品、药棉、绑带、医药器具等。

（七）印刷器材：铅印机、石印机、油印机、钱票纸、报纸、油墨及其他印刷器材等。

（八）其他经专署以上机关批准特许之物品。

（九）四十斤以下之物品非经动员对服务机关证明，联系特殊紧急用者决不零星运输。

第十八条　动员担架勤务限于运送伤病员，动员军鞋缝纫勤务限于作〔做〕军鞋军装，拆洗军装棉大衣、棉背心、棉军帽，捺〔纳〕鞋底。

第十九条　合于边区行政委员会规定之机关动员抗战勤务应依下列手续办理之：

（一）动员运输勤务须持有抗战勤务动员证附具该机关之介绍信，到交通站（或驮骡运输站）接洽，其物品超过交通站运输力量时须向区以上政府接洽办理。

（二）抗战勤务动员证由边区行政委员会统一制发，各机关依其需要领用。

动员运输边区行政委员会规定以外之物品，须自〔有〕边区行政委员会所发之特种抗战勤务动员证始得动员运输。

（三）动员担架勤务不论到交通站到村公所接洽，不论有无动员证或介绍信，只要证明团体部队机关之伤病员，准予动员，随时运送，该交通站或村公所不得借口人力不足故意延缓。

（四）动员作〔做〕军鞋勤务每年由边区行政委员会一次分配办理，其他不得再有所动员。

（五）动员缝军装、捺〔纳〕鞋底及其他拆洗勤务由军区军分区供给部与所在地专署接洽，统一分配办理。

第二十条　通讯送报勤务之组织领导动员手续……依据本会三十一年十二月二十八日[①]所领《关于组织区村通讯送报勤务的决定》办理。

第二十一条　本细则有未尽事宜得由边区行政委员会随时修正补充之。

第二十二条　本细则与晋察冀边区抗战勤务条例同日施行。

附：××县××区××村运输力统计表（略）

××县××区×村交通站所辖各村运输力统计表（略）

选自《晋察冀边区行政委员会现行法令汇集》，下册，边区行政委员会1945年编印，第545～553页。

18. 晋察冀边区北岳区民兵伤亡抚恤办法

1943年2月27日边委会民社字第六号令颁

第一条　凡本边区北岳区民兵因参战负伤或致残废或牺牲者，概依本办法之规定抚

① 据《晋察冀边区行政委员会现行法令汇集》（下）第556页注明，本决定的公布日期应是1942年10月28日。

恤之。

第二条　本办法所称民兵系指不脱离生产之青年抗日先锋队、模范自卫队、游击小组之队员与干部及预备兵而言。

第三条　本办法所称参战以合于下列各款情形之一者为限：

一、单独或配合部队对敌人进行战斗或扰乱。

二、单独或配合部队破坏敌人交通、设备、封锁沟墙及堡垒或其他工事。

三、通过敌人封锁线帮助部队或政府机关担架运输。

四、捕捉敌探汉奸。

第四条　民兵因参战负伤者，应由县政府或配合战斗之部队，就近送入公立医院免费治疗，不能送入公立医院治疗者应由县政府视其伤势轻重与家境情形，酌给十五斤米以下之疗养费。

第五条　民兵因参战负伤致成残废者，应由县政府按其残废等级依下列规定发给一次恤金：

一、一等残废米三〇〇斤。

二、二等残废米二〇〇斤。

三、三等残废米一〇〇斤。

前项残废等级应由县政府派员检验，依照本会颁布之荣誉军人抚恤办法第四条之规定评定之。

第六条　民兵因参战牺牲者，应由县政府发给小米五十斤以下之棺葬费，并按其家境情形酌发米一五〇斤之遗族恤金，但遗族恤金之发给，以有配偶或直系血亲或曾对其负责抚育或须赖其扶养之其他同居亲属者为限。

第七条　民兵合于本办法之规定，应受抚恤者，除因配合部队作战负伤者得径由其配合战斗之部队送入公立医院治疗外，其余应由该管村公所填具民兵请恤表（表式附后）送县政府核办。

第八条　县政府接到前条民兵请恤表经审查核准，分别依照第四条至第六条之规定办理后，应于月终造具民兵抚恤情形统计表（表式列后）检同请恤表汇报专署备案核销，并转报边委会备查。

第九条　本办法自公布之日施行。

选自《晋察冀边区行政委员会现行法令汇集》，上册，边区行政委员会1945年编印，第261～263页。

19. 晋察冀边区村行政干部奖惩办法

1943年9月13日公布

第一条　为发扬村级行政干部克己奉公、忠于职守、艰苦奋斗、坚定牺牲的精神，提高行政纪律，增进工作效能，特制定本办法。

第二条　凡本边区行政村村级行政干部（以下简称村干部）均按照本办法奖惩之。

本办法所称村级行政干部，包括村长副、村公所各委员、治安员、中队长、指导员均在内。

第三条　村政干部具有下列条件之一者，均依本办法奖励之：

一、无论平时战时，能忠于职守、积极工作、彻底完成任务，经县确定该村为各村之模范者。

二、能贯彻政府政令，坚持各种会议值日制度，为群众排难解纷，团结全村，为群众所拥护者。

三、反扫荡反蚕食斗争中能坚持工作，掩护群众安全转移，抢救公私物资、保存人力物力，打击或捕获敌伪者。

四、能领导群众积极参加生产、优抗、救灾、选举、民校、调解或办理统累税公平确实，交纳迅速，确有成绩，经县确定为他村之模范者。

五、在游击区能团结全村，不贪污浪费，使人民负担特轻者。

第四条　村政干部之奖励办法如下：

一、在集会上提出表扬。

二、传令嘉奖。

三、发给奖状。

四、给予二十元以上二百元以下之奖金。

给予奖励之种类视受奖人之成绩及共需要决定之，必要时可同时给予二种以上之奖励。

第五条　村政干部有下列情事之一者，均依本办法惩戒之：

一、平时对工作消极敷衍，不负责任，战时动摇、逃跑，放弃职守者。

二、不听取群众意见独断专行、对群众强迫命令，致为群众反对者。

三、故意曲解政府法令，逃避负担，游惰不事生产，或言行不检，致有不良影响者。

四、自私自利，生活腐化，浪费公款公粮，或有其他品行不端者。

第六条　村政干部之惩戒办法如下：

一、批评。

二、警告。

三、记过。

四、撤职。

五、撤职查办。

给予惩戒之种类，视受惩戒人所犯错误之程度，及其发展情形决定之，犯法者则依法治罪。

第七条　村政干部之奖惩，其权属于县级以上之政府，但第四条第一款之奖励与第六条第一、二两款之惩戒，区公所亦得执行之。

第八条　县政府区公所对村政干部应经常注意考查，认为有奖惩必要者，得随时经县或区务会议通过奖惩之。村公民或村民代表认为村政干部有奖惩必要时亦得指陈事实与奖惩意见，提请村民代表会议决定，由村民代表会给以适当的奖勉或批评并可报区公所处理，或转报县政府处理之。

第九条　受惩戒之村政干部，认为惩戒不当时，得详陈理由向执行惩戒机关，或其上级机关提示声辩，村民代表会认为区公所或县级以上政府给予本村村政干部之奖惩有不当时，亦得指陈事实向执行奖惩机关或其上级机关请求更正之。接到前项声辩请求之机关，应就陈述理由与事实详加考查，根据考查结果，将奖惩重加审核，决定为适当之更正，或维持原案，并通知声辩人或村民代表会。

第十条　本办法自公布之日施行。

选自《晋察冀边区行政委员会现行法令汇集》，上册，边区行政委员会1945年编印，第122～125页。

20. 晋察冀边区行政委员会关于如何执行村行政干部奖惩办法的指示

1943年9月13日

一、自抗战以来我边区村级行政干部为抗战工作，日夜辛勤，始终不懈，因公废私，艰苦奋斗，举凡一切抗战动员、政令贯彻、抗日民主根据地之建设与保卫，我村级行政干部都有着不可磨灭的功绩，数年来，我成千成万的村干部，在敌寇毒打、惨杀、奴役、诱降、种种阴谋与暴行面前，表现了不屈不挠的崇高气节，这是我中华［民］族的光荣，而足为我人民之模范。但也有个别的行为不正，违法失职，假公济私，贪污腐化，作威作福，压迫人民，在战时擅离职守、逃跑动摇，甚至在敌寇威胁欺骗之下，变节投降，危害抗战，造成不可宽宥之罪恶行为。为了发扬村干部克己奉公、忠于职守、艰苦奋斗、坚定牺牲的精神，提高行政纪律，增进工作效能，本会特制定村行政干部奖惩办法公布施行。

二、这一办法的基本精神，在于发扬村干部的优点，克服其缺点，而无论奖励或惩戒，目的都在于教育。几年来我们对村干部的培养与教育，在领导上提高其能力，有很多缺点，对干部创作能力及模范事绩〔迹〕，缺少虚心研究与必要的发扬，而对村干部的某些缺点，常常强调扩大，很少检查自己领导上的缺点及从积极方面加以帮助与教育，因此这一办法的认真执行，与平时对村干部的领导教育是分不开的，与有计划的〔地〕培养提拔村干部也是分不开的。县区级政府必须检查过去对这一工作的执行，改进对村干部的领导教育。

三、执行这一办法中应注意的几个问题：

1. 这一办法中规定的奖惩条件与办法，不尽周到与具体，在为了教育村干部的总目的下，县政府得根据办法中的奖惩办法，依实际情况，变通处理。

2. 奖惩要分别功过大小、情节轻重、地区环境，与工作基础、战时或平时等之不同，作适当的处理，同时还应照顾到村干部所负责任轻重、出身成份〔分〕、历史发展，及地区工作发展情形，与干部一般偏向，作不同的处理，不要一般化，切忌滥予奖惩，对受奖惩者，必须详加考察、慎重处理，受奖惩者不应过多，切实防止流弊发生，在受奖惩的人数过多的县区，专署与县政府，应认真的〔地〕去检查，是否奖惩太滥，与有无流弊发生。

3. 县政府区公所依照办法对村干部实行奖惩时，应先经过县、区务会议的讨论，县级必要时可由县长决定，除比较重要显著者，可随时个别奖惩外，一般的可在半年一年或一个中心工作，如整理组织、村选、统累税等，或一个大的斗争运动，如反扫荡、反蚕食、反自首等结束后，从自下而上总结检查中，评定应奖应惩，每次奖惩应由民政部门负责人事先将受奖惩村干部应行奖惩的理由、办法，准备意见，提在会议上讨论决定。

4. 区级实行奖惩，随时报告县政府，县级于每次实行全面性的奖惩后，须将该期间（至少半年一次）受奖惩的村干部姓名、职别、奖惩原因，及所受奖惩依附表报专署及本会各一份。奖励应行开支奖金，一律自预备费项下开支，开支数目，应填入表内，至于执行中发生的问题、经验教训，应随时列入部门工作月报内，特别是在进行比较全面奖惩月份的月报中，应详细总结经验，教育意义重大，需要由专署或本会通令奖惩者，应随时呈报。

四、这一办法应向区级干部深入传达，在传达中应贯彻高干会议关于改进领导掌握干部的精神，使区干部认识这一办法的重要意义，及主要目的，改进区级对村干部的领导与教育。在村干部中除传达此办法外，应进行普遍的教育，以提高其工作情绪，并应随时注意村干部中的一切偏向及发生的问题。

选自《晋察冀边区行政委员会现行法令汇集》，上册，边区行政委员会1945年编印，第126～128页。

21. 晋察冀边区优待抗日军人家属办法①

1943年9月17日公布

第一条　凡住在本边区的抗日军人家属（以下简称抗属）都可按照本办法享受优待。

第二条　本办法所称抗日军人以下列人员中脱离生产者为限：

一、抗日军队（正规军或游击队）的官兵及军事勤务工业部门取得军籍的员工。

二、本边区各级政府机关警卫队的人员。

三、专区以上武装部的工作人员。

第三条　本办法所称抗属，以与抗日军人同居一家过活的下列亲属为限。

一、配偶（妻或丈夫）

二、直系亲属（父母、祖父母、子女等）

三、抚养抗日军人长大的其他亲属（如抗日军人自幼受其抚养的兄嫂姑舅或伯叔父母等）

四、须赖抗日军人扶养才能生活的其他亲属（如抗日军人之幼小的弟妹或老弱残废无

① 原注：社字第五号曾通知一、二等荣军及在荣校之荣军均照抗属优待。

所依靠的兄嫂伯叔父母等）

前项三、四两款所称之亲属须经村民代表会通过报区公所核准后始得享受优待。

第四条　抗属得享受下列各项优待：

一、公有土地、房屋、场所、器物，在分给、出租、出借或卖给人民时抗属有领取、租用、借用或购买的优先权，但以自耕、自住、有用为限。

二、公营事业（如商店工厂等）公立机关雇用员工时，抗属有受雇用的优先权。

三、公费学校或设有公费生之学校，抗属子弟入学有享受公费待遇的优先权。

四、抗属有疾病时，可请求公立医疗机关免费治疗。

五、其他一切公益事业，抗属均享有优先权。

前项各款优待如不能普遍优待抗属时，要尽先优待贫苦抗属。

第五条　抗属之缺乏劳动力，又无力雇人耕种土地者，经村民代表会通过得请求村公所动员人力畜力助耕，但助耕不能超出下列范围：

一、代耕的土地以能使抗属生活达到相当于当地群众一般生活水平（民国三十四年三月五日民字第六号令修正）所需要的土地为限。

二、助耕的劳力以补足因抗日军人离家抗战所失的劳力为限。

第六条　抗属富力在统一累进税免税点以下者，按其比免税点所低富力及不能自养之人口，给予实物补助，其比免税点所低富力每差●〇五富力①，每人每半年补助小米二斤，比免税点所低富力或其尾数不足●〇五富力者，以●〇五富力计。抗属富力在免税点以下，但实际生活比较宽裕者，经村民代表会通过可以减少或免予补助。按第一项规定受补助后仍不能维持最低生活或抗属富力虽在免税点以上而实际不能维持最低生活者，经村民代表会通过报经区公所批准后，得给予特别补助。

第七条　没有进行统一累进税调查的地区，抗属收入不能维持最低生活者，按其全年收入比维持全年最低生活必需费用所差数额及不能自养之人口，给予实物补助，其所差数额每短一个月每人每半年补助小米六斤。

按前项规定受补助的抗属须经村代表会通过且其人数不得超过全村抗属总人数的二分之一。

第八条　第六条、第七条所称不能自养之人口，以下列的人口为限：

一、妇女。

二、十七岁以下、五十六岁以上的男子。

三、十八岁以上、五十五岁以下因残废病弱经村民代表会通过认为不能自养的男子。

凡不合于前项规定之人口，一律以能自养论不予补助。

第九条　第六条、第七条所定实物补助，每年分两次发给，第一次在旧历十二月分〔份〕发给，第二次在旧历五月分〔份〕发给。巩固区仍按当地当时粮食市价折钱发给，游击区一般发粮，但不便发粮者，亦得按当地当时粮价折钱发给。

第十条　补助抗属所需实物，一律由边区统筹按统一累进税分数与统累税合并分配。

第十一条　抗属持有抗日军人所在部队隶属之军分区或旅以上军事机关或县级以上政

---

① 原文如此。

府机关的证明书，始得享受优待。不能由其所在部队机关证明者须经其原籍村村民代表会证明（附式样）。

第十二条　第三、五、六、七、十一各条所称经村民代表会通过之事项，如村民代表会因环境限制不能行使职权时，得由村公所为之。

第十三条　抗属之因受敌伪迫害而出走避居他乡者，其所寄居之县，应视同本县抗属照章予以优待。

第十四条　抗日军人因抗战牺牲或病故者，其家属仍得继续享受优待，不再作年限之限制。至过去已满五年而停止优待之抗属亦应自修正之日起继续优待（民国三十四年三月五日民字第六号令修正），但抗日军人脱离部队失去军籍者，应即停止优待其家属。

第十五条　抗属有下列情事之一者，应即停止其个人或共全家之优待：

一、因犯罪被褫夺公权者（停止犯罪者个人所应享受的优待）。

二、把优待权利让给别人者（停止其全家所应享受的优待），抗属让给别人的优待权利，应作无效。

第十六条　本办法自公布之日施行。本会前颁晋察冀边区优待抗日军人家属暂行办法即行作废。

选自《晋察冀边区行政委员会现行法令汇集》，上册，边区行政委员会 1945 年编印，第 283～287 页。

22. 晋察冀边区行政干部任免考核奖惩暂行办法

1943 年 10 月[①]

第一章　总则

第一条　为了增进工作效率，提高行政纪律，加强干部的责任心与发挥其积极性，特制定本办法。

第二条　凡是本边区区公所以上各级行政干部的任免、考核、奖惩，都按着本办法办理。

村级行政干部的奖惩办法另外规定。

各级行政机关的技术人员考核奖惩办法另外规定。

第二章　等级

第三条　下列行政干部为第一级：

一、边区行政委员会（以下简称本会）委员、秘书长及各处正副处长。

二、高等法院院长。

三、本会直属公安、工商、农林各局正副局长及边区银行经理、副经理。

四、本会行署正副主任、秘书长及本会办事处正副主任。

---

① 原件未注明制作年月，从其内容推断为 1943 年 10 月，与下一文件（10 月 31 日的指示）相配套。

五、行政督察专员。

第四条　下列行政干部为第二级：

一、县长、县佐。

二、本会及本会直属各局、行署办事处助秘书主任、秘书、科长、督学。

三、高等法院及其法庭、分院的推事、科长、书记官长。

四、行政督察专员公署（以下简称专署）秘书主任、秘书、科长及专区各局正副局长、银行办事处主任、印刷局局长。

前列各项秘书、科长得由任免机关按照他的工作能力、业务熟习情形及成绩优劣分为甲、乙、丙等。

第五条　下列行政干部为第三级：

一、区长。

二、县政府及县佐公署的秘书、科长、部长、督学及其直属各局正副局长。

三、县司法处的审判官、高等法院及其法庭、分院的书记官

四、本会、本会行署、办事处、专署及其所属各局的甲等科员。

第六条　下列行政干部为第四级：

一、区公所的秘书、助理员、治安员、武装大队长、教导员。

二、本会、本会行署、办事处、专署、县政府、县佐公署，及所属各局的乙等科员、甲等办事员。

三、县司法处的书记官。

四、高等法院及其法庭、分院、县司法处的管狱员、看守所长。

第七条　下列行政干部为第五级：

一、区公所干事、事务员。

二、本会、本会行署、办事处、专署、县政府、县佐公署的乙等办事员。

第八条　凡第三至第七各条未列入之行政干部，其等级之区分，由各该任免机关按照其工作能力、业务熟习情形与成绩之优劣予以评定，列入第三至第七条所列各等级。

第三章　任免

第九条　下列行政干部由本会直接任免之：

一、在本会任职的全体干部，但在本会组织条例另有规定者不在此限。

二、高等法院及其法庭分院的推事、书记官长、科长。

三、本会直属各局正副局长、秘书、科长及相当于秘书科长的干部。

四、本会之行署、办事处的正副主任、行署秘书长、办事处秘书主任。

五、专员及专署的秘书主任、秘书、科长及相当于秘书科长的干部。

六、县长、县佐及县政府县佐公署的秘书、科长及相当于秘书科长的干部。

本会行署自秘书主任以下，及其辖区内自县长县佐以下、办事处科长以下的干部，由行署、办事处任免之。

县长、县佐之经县议会选举者，由县议会函本会发给委任状，经县议会罢免者，由县议会函本会备案。

第十条　高等法院及其法庭分院与县司法处的书记官、管狱员、看守所长，由高等法

院任免之。

第十一条　本会直属各局科员以下的干部由各局任免之。

第十二条　专署科员以下，及县政府、县佐公署科员或相当于科员之干部与区长，均由专署任免之，但专署、县政府、县佐公署科员以下之公安部门干部，均由公安局任免之。

第十三条　县政府、县佐公署办事员以下干部，及区助理员、事务员、治安员、大队长、教导员，均由县政府或县佐公署任免之。

第十四条　县以上各级人民武装干部，由本会委托军区、军分区司令部任免之。

第十五条　第一、二、三级干部的任用，由任免机关发给委任状，第四、五级干部的任用，由任免机关发给通知书，但在特殊情形下不便发给委任状或通知书时，任免机关得授权下级政府或干部任职所在机关（以下简称所在机关）以便函或口头通知代替之。

第十六条　干部任免调动之权，属于任免机关，干部所在机关对所属干部的任免调动如有意见，应申述理由，报请任免机关核办，不得越权处理，但在紧急情况或交通阻隔情况下，得先行处理，再报请任免机关核办。

第十七条　新任或调任干部到达所在机关后，应填写登记表两份，分交所在机关与任免机关存查，干部调动时，原在机关应将登记表交本人带交或寄交其新到机关。

第十八条　干部姓名经上级登记备案后，不得随意更改，其因工作需要必须更改者，应呈请任免机关核准。

第四章　考核

第十九条　干部之考核，由其所在机关为之，如干部之所在机关不是其任免机关，应将考核结果报告任免机关查核。

第二十条　干部之考核分下列三种：

一、平时考核：于平时行之。

二、定期考核：每年举行一次，于整理组织期间行之。

三、临时考核：于干部调动离职时行之。

以上三种考核得因实际情形合并行之。

第二十一条　考核内容包括下列各项：

一、政治文化之进步程度，政治情绪及坚定性。

二、工作能力之强弱，完成任务之成绩，执行法令之程度，工作之责任心、积极性与纪律性，在人民或机关中之威信。

三、学习之勤惰，业务之纯熟与精通。

四、生活表现，民主作风，个人道德之优劣。

第二十二条　平时考核由任免机关、与所在机关首长或主管部门负责人就干部平时之表现考核之。

第二十三条　定期考核与临时考核应先由干部所在的工作单位，用会议方式进行检讨，填写考核表，再由所在机关首长或主管部门负责人参照平时考核成绩，填注意见。但在特殊情形下，干部考核表可由所在机关首长或主管部门负责人根据平时之考核填写之。

前项考核会议应令被考核之干部出席参加，会议考核意见，该干部如不同意时，应将该干部之意见一并填入考核表内。

第二十四条　平时考核之结果，即由各该考核机关登记存查。定期考核之结果，考核机关应加以整理总结，按级上报。临时考核之考核表，应交该被调动干部带交或寄交其任免机关或新到机关存查。

第五章　奖惩

第二十五条　干部的奖惩，于每年定期考核时依考核成绩之优劣定之，但有临时发生应行奖惩之事项者，得临时决定之。

第二十六条　奖励之种类如下：

一、精神奖励：

甲等奖，发给奖章或奖状，将其成绩通告全边区。

乙等奖，传令嘉奖，将其成绩通告所属奖惩机关辖区或其所辖各机关。

二、物质奖励：

甲等奖，一百元以上二百元以下的奖金。

乙等奖，二十元以上一百元以下的奖金。

精神奖励与物质奖励得同时并用之。

第二十七条　惩戒分下列五种：

一、撤职查办。

二、撤职。

三、记过。

四、警告。

五、批评。

第二十八条　具有下列条件之一者，得给予甲等奖：

一、能正确组织各种政策法令之彻底实现，并坚持制度，遵守纪律，足资楷模者。

二、关心人民疾苦，能团结全民坚持对敌斗争，领导生产，在人民中有高度威信者。

三、于残酷之战时环境中坚持工作，完成重大任务，领导群众予敌人以重大打击者。

四、对业务深入研究学习，努力而有重大之创造或贡献者。

第二十九条　具有下列条件两条以上者，得给予乙等奖：

一、一般能执行政策法令、坚持制度者。

二、尊重人民民主权利，爱护边区人力、财力、物力者。

三、服从领导，执行决议者。

四、对上下级均有良好关系，为群众所爱戴者。

五、战时能坚持工作者。

第三十条　具有下列条件一条以上情节严重，致工作受到重大损失与不良影响者以撤职或撤职查办之处分：

一、丧失民族气节，泄露我方军事政治秘密者。

二、擅离职守者。

三、不依法定程序处人死刑者。

四、不经上级批准擅自增加人民负担者。

五、贪污或浪费公款达二千元以上者。

六、犯其他重大之过失者。

第三十一条　具有下列各条之一，致工作受到损失者，视其情节轻重酌予批评、警告记过或撤职之处分：

一、战时不能坚持工作，放弃职责，贻误工作者。

二、遗失机密文件者。

三、不坚持制度，不执行上级决定，对工作敷衍者。

四、浪费边区人力、财力、物力者。

五、遗失公款公物者。

六、生活腐化，行为不检者。

七、滥用职权，加害于人，或徇私舞弊者。

八、擅自代表机关发表有关政治影响之谈话者。

九、犯其他较重之过失者。

第三十二条　惩戒之期限与撤销：

一、撤职与撤职查办无期限之规定。

二、记过之期限为半年。

三、警告之期限为三个月。

前项各款受惩戒期限，自受惩戒宣告之日起算。

四、受惩戒之干部经所在机关考查，受惩戒期间能改正错误者，届期撤销其惩戒。

第三十三条　惩戒期间，不能改正错误者，得由所在机关报由任免机关延长其惩戒期限。延期届满，仍不改过者，得酌情从重。惩戒期间不改前非，而又连犯严重错误之干部，得加重其惩戒。

第三十四条　干部在受惩戒期间不得升用。

第三十五条　干部奖惩之决定权属于其任免机关，由所在机关之上级任免之干部，其所在机关认为有奖惩之必要时，得拟具意见，报请其任免机关核定之。在特殊情况下不能事先报请时，并得先予奖惩，再行补报。由下级任免之干部，上级认为有奖惩之必要时，得令由其任免机关执行之。

依前项规定，所在机关在特殊情况下，对上级任免之干部所为之奖惩，其任免机关认为不当时，得指示纠正之。

不由本会直接任免之干部，其成绩特著，须通告全边区者，经任免机关决定后，应报由本会通告之。

第三十六条　干部奖惩因考查欠详，致失当时，俟真象〔相〕查明，得改变或撤销其奖惩。

第三十七条　干部所受之惩戒，应由所在机关通知其本人，本人如对所受之惩戒处分不服时，得向任免机关提出申辩，任免机关对于此种申辩，应即详加审查。

如处分失当，应即改变或撤销之，在未经改变或撤销以前，该干部仍须服从原处分。

第三十八条　各级干部的奖惩情形，每年应由奖惩机关，于定期考核后加以总结，列入考核总结内，逐级上报查核。

第六章　附则

第三十九条　本办法自令发到区之日施行，如有未尽事宜，得由本会随时修改之。

选自《晋察冀边区行政委员会现行法令汇集》，上册，边区行政委员会 1945 年编印，第 102～113 页。

23. 晋察冀边区行政委员会关于执行政权干部任免考核奖惩办法的指示

1943 年 10 月 31 日

一、六年以来，在边区政权建设中，涌现与培养了大批为国为民具有无限忠诚的优秀政权干部，他们在各个不同的工作岗位上，刻苦奉公，积极工作，在对敌斗争中坚定顽强，英勇牺牲。这种艰苦奋斗的精神，正是我们新民主主义政权干部的特质，这与旧政权人员为少数统治者服务，压迫人民，有根本的区别。然而我们各级政权干部及在干部工作中，是还存在许多缺点的，最主要的是：

甲、各级政府对干部的掌握与干部工作的重视上很差，没有建立系统的干部工作与制度，形成自流倾向。干部流动性很大，无论在对干部的了解、提拔、教育、爱护等各方面，均存在很多弱点。

乙、政纪不严，赏罚欠明，干部对业务粗枝大叶，自由主义还相当严重的〔地〕存在着，该奖励表扬的未能及时奖励，该惩罚的未能及时处分，甚至个别干部违法失职、逍遥法外，以致影响工作作风的疲塌〔沓〕、松懈，减低行政效率。

为了进一步发扬干部几年来艰苦奋斗的精神，克服缺点，各级政府切实掌握干部，建立系统的干部工作，特根据七月高干会议的决定，制定干部任免、考核、奖惩办法，希即具体讨论执行。

二、对这一办法，要在各级干部中详细传达讨论，了解其精神。各级主要干部更要与整个干部政策的检讨总结联系起来进行，民政部门应以此为业务学习重要材料之一。如何执行这个办法，在执行中如何创造与总结经验，各级首长应指导民政部门具体计划之。

三、干部管理，统一由民政部门负责，管理的范围，包括教育训练、计划与编审教材、统一登记、任免、考核、奖惩，及干部之保健、伤亡、褒恤、家属补助、妇女干部及其幼儿保育等项。各种不同工作之干部，其有关业务之训练、教材之编辑、成绩之考核，在民政部门统一计划下，由各该主管部门负责，进行情形，应及时通知民政部门。民政部门对各部门干部有调动调整之权，但应征求该干部之主管部门意见，遇有争执，由各该级行政首长决定之。

干部之管理，是一件很负责很复杂细致的工作，各级民政部门须有专人负责，并保持其稳定性，不要轻易调动其工作。

四、在执行这个办法中，应依下列各点具体进行：

甲、县以上各级政府，应根据这一办法与自己地区实际情况所能做到的条件，拟定切合实际的计划，定期的〔地〕自上而下逐级的〔地〕去进行登记、分级，然后逐步建立调动、任免、考核、奖惩等制度。登记与分级在一至六专区大体上应于明年一月完成，在登记分级中，需要奖惩之干部，亦应一并执行。冀中各专区，及平北办事处，应由本会任免、考核、奖惩之干部，本会暂掌握第二级以上之干部，三级以下干部可由冀中各专署及平北办事处根据实际情形决定，由专署办事处或县政府分别掌握之。冀热边行署各级行政干部均由行署掌握，但二级以上干部情形，及各级干部配备与干部工作概况，应报本会备案。

专区及县工商干部，除局长、副局长由本会任免外，专区之相当于科员以上的工商干部，由边区工商管理局任免掌握之。县区之相当于科员以上的工商干部，由专区工商管理局掌握之。

干部分级及任免制度建立以后，干部之调动，各级政府及其所属部门必须切实依照办法执行。

乙、干部之分级分等，一般的应由任免机关之管理干部的部门拟具意见，提交署县局务会议上讨论决定之，不能举行会议时，可由该任免机关之首长决定之。

各级交通部门干部分级分等，可依该员工作能力、业务、成绩、工作、历史等条件由任免机关评定之。

干部之奖惩，一般的应由干部所在机关之署县局务会议上决定，提请任免机关批准，不能举行会议时，由该机关首长决定之，对干部之奖惩务须慎重，切忌滥用奖惩。

丙、建立以下各种干部表册及表报等制度：

1. 干部登记表，依办法第十七条之规定用之。

2. 干部考核表，于每年定期考核或临时考核时用之。

此表不上报，存于干部之任职机关，于调动工作时，连同登记表一并由该干部携带至任免机关，或新任职机关，但任免机关于需要时，可以抽调此种考核表。

3. 干部奖惩报告表，于向上级呈请批准及汇报时用之。

4. 县以上各级民政部门，须备有干部登记底册，随时登记妥为保存。

以上各种表册式样附发，各级政府可照样印制，在游击区对于本办法中及指示中所规定之各种表报制度，无法执行者，可以从略，或由各级自行制定简便办法。

丁、对干部之了解、教育、帮助等，各该主管部门与机关首长及其直属上级机关，要负主要责任，不得一切推到任免机关，而自己卸却或减轻责任。同时在执行这一办法与指示中，必须与检查和总结干部政策改进领导密切结合起来。执行与总结情形，一至六专署应于明年一月底报会。其他各地区应尽可能报会，时间不限定。

五、因物价不断上涨，干部之待遇应适当变更，具体规定另行通知。

选自《晋察冀边区行政委员会现行法令汇集》，上册，边区行政委员会1945年编印，第114～117页。

24. 晋察冀边区行政委员会关于抗战勤务办法的决定

1944年2月27日

我们的抗战勤务工作几年来有很伟大的建树，但在某些运输繁忙的点线上，浪费人力畜力的现象仍相当严重，去年经参议会通过本会公布的《晋察冀边区抗战勤务条例》，在人力负担上是更加合理了。但由于计算方法过于复杂，广大群众一时不易了解，以致大部地区尚未彻底执行，为根除劳力浪费，保证大生产运动的蓬勃开展，确有根据原条例基本精神，将计算办法加以简化的必要，为此本会特作如下决定：

（一）抗战勤务的计算单位定名为“工”不足一个工的以分、厘计，不足一厘工的四舍五入。

民每［人］二月①应服抗战勤务的工数（以全年十二月平均计算，不是单按某一个月说）如下：

一、十五岁到十七岁的男子，五十一岁到五十五岁的男子女子，各服两个工。

二、十八岁到五十岁的男子女子各服四个工。

（三）② 牲畜车辆每月应服抗战勤务的工数（以全年十二月平均计算，不是单按某一月说）如下：

一、驴马各服六个工，骡子服十个工。

二、单套车服十八个工，双套车服二十六个工，三套车服三十个工，四套车服三十四个工。

三、骆驼船只应服工数，由当地县政府按载重比例定之。个别地区，牛有驮用习惯的，与驴马同。

前项牲畜车辆之工数包括人夫在内，即赶牲畜车辆之人夫不另服工，每头牲畜每辆车人夫均以一人计。

（四）下列两项工作得按抗战勤务顶工：

一、代耕：凡缺乏劳力之贫苦抗属，得由村公所按每户所需代耕土地之多寡指定一定人畜分户包耕，按本地一般经营情况估定顶工数向抗勤委员及交通站报工，但代耕以不超过维持抗属最低生活及该抗属因其子弟参军所减少之劳动力为限，贫困而无劳力的脱离生产政民干部家属报经县政府批准后，亦可准代耕。

二、坚壁公粮公物（包括挖坚壁洞）及翻晒公粮一日顶工一个，其故意怠工者，按其实做工作折计。

（五）运输担架勤务按里斤算工：

一、运输物品重量一斤，走一里路，算一个里斤，二千里斤算一个工（例如人背五十斤走四十里，合二千里斤，顶一个工，驴驮一百斤走四十里，合四千里斤，顶二个工，车载六百斤行四十里，合两万四千里斤，顶十二个工）。

二、人力抬送伤病员，每付〔副〕担架按平路二百斤算，过于崎岖难走的山路，按二百四十斤算，牲口驮送伤病员，每个伤病员按一百斤算，棺木按四百斤算。

三、养牲畜之户无法定服勤务之人或者有人不愿意赶牲口，愿照规定另服勤务以不在服勤务年龄内之人背赶牲畜或求人代赶牲畜者，空行按背四十斤计工。

四、赶牲畜之人背东西，以里斤算工，代人赶牲畜者背东西，则以所背斤数加四十

---

① 原文如此，疑有误，应是“每人每月”。

② 原文缺（二）项。

斤，按里算工。

五、担架运输的回脚，负重载重的按里斤算工，空行的不算。

六、服务人畜所在村离站五里以内的，由家到站、由站到家的空行路程不算工，不论人畜五里以外多走一里，服务一次加工一里，不得已之放空也照此算工。

（六）缝纫拆洗勤务，按件计工：

一、纳鞋底一双算一个半工，个别地区军鞋须由人民代做的，做鞋一双顶四个工，鞋料由军队发布或发价。

二、做单军装一套算两个半工（上衣一个半，下衣一个），棉军装一套算两个工（上衣一个二分工，下衣八分工），棉大衣一件算一个半工，棉背心一件算八分工。

三、拆洗旧棉军装一套算两个工（上衣一个二分工，下衣八分工），棉大衣一件算一个半工，棉背心一件算八分工，棉军帽五顶算一个工。

（七）牲畜生产前后四个月内（前后各二月）免服勤务。

（八）通讯送报勤务，按里计工，每行三里算一分工，往返均计，其愿轮流派服不计工者听。此项勤务由十五岁至十七岁之男子担负，若因在此年限之人数太少，致其勤务超过十八岁至五十岁之男子者，可增派五十一至五十五之男子共同担负，但不得派十八岁至五十岁之男子担负此项勤务。

（九）本决定没有规定的，都按晋察冀边区抗战勤务条例的规定办理。

选自《晋察冀边区行政委员会现行法令汇集》，下册，边区行政委员会1945年编印，第558～561页。

25. 晋察冀边区行政委员会关于修正干部保健工作之通知

1944年7月11日

各专员、县长、县佐：

关于干部保健工作兹作如下之修正：

一、凡政民脱离生产之县级以上干部（政权三级以上干部），合于原保健规定之条件者，得受保健待遇，区级干部（政权四级以下干部）参加抗日工作三年以上，因长期患病，身体衰弱，不能支持工作者，报请县级以上机关审查批准后，亦得给予保健待遇。

二、保健费一律改按实物计算，每月给小米八斤、六斤、四斤、二斤四等，同时又分长期、定期（三月、半年、九个月、一年）、临时（一次发给）保健三种，根据干部工作历史长短、职务简繁、功绩大小，及身体衰弱情形，应享受何种待遇，由批准机关审查定之。

三、政民干部保健由各该系统直接负责审查批准，一、二、三、四、五、十一专区之政权干部保健费，仍统由专署掌握核发，本会前发社字第三号通知以上各专区政权干部保健费每月之最高额数不变，希即严格审查依照新决定执行，如在规定额数不足用时，由各该级机关生产中酌情补助之。

团体干部需要由政府补助之保健费，专区以下由各专区抗联负责掌握提出预算，由专署在不超过团体公粮开支千分之五数字内，统一拨给之，边区级团体干部保健费由边委会拨发。

四、专署县政府之保健委员会均取消，干部保健工作统一由干部部门管理，关于应受保健干部名单，及保健数额之审查批准，由专员、县长负责。

五、各专署、县每半年总结经验，并统计保健人数粮款，汇报本会一次。

六、本规定自三十三年七月份起实行，已领之部不再追补。冀中区与冀热辽、平北，在保健费不超过本规定数额下，可参考执行。

特此通知。

晋察冀边区行政委员会

选自《晋察冀边区行政委员会现行法令汇集》，上册，边区行政委员会 1945 年编印，第 143～144 页。

26. 晋察冀边区行政委员会关于优待妇女干部及其幼儿之决定

1945 年 4 月 15 日

本会对于党政军民脱离生产之妇女干部及其幼儿，曾屡作规定加以优待，惟因情况变化，物价高涨，前此规定已有若干不适之处，为解决妇女干部卫生保健方面的实际困难问题，保护妇女干部及其幼儿身体的健康，兹将前定优待办法更新修正如下：

（一）妇女干部在月经期间，应减轻其工作，予以适当休息，一般规定休息时间一天至三天，因工作地区（巩固区游击区）不同，工作性质不同，妇女干部体格强弱亦不同，各机关可按具体情形斟酌延长或缩短，并不应做过重劳作（如生产中的重活、走远路、涉水、上操……）。关于卫生费，每人每月发给大麻纸七张（小张发十四张），其不足或有余者，可以互相帮助调剂，其有特殊情形（月经过多）而又不能调剂好，得按实际需要酌情多发，如愿以同等纸价改领其他实物如纱布、毛巾（二条可用一年）、布袋（盛灰）、软布等均可。但不应把例假纸或布作其他之用，为不误时间并避免妇女干部的不好意思领，应在每月一号即发给之。

（二）关于孕妇及婴儿。

1. 孕妇产前、产后：

（1）孕妇因生理变化，常易发生病态（如害口、呕吐……），领导上应多注意照顾，对害口重的应视同病号，予以适当休息，不使作〔做〕重工作及重劳动，生产任务亦应适当减少。但孕妇自己应视作正常变化，不要以病号自居而增重痛苦。孕妇在产前二十日可即给假休养，特殊者应酌情决定。

（2）在怀孕期仍应照常发例假纸，以备产时需用。

（3）分娩时发给分娩费小米二十斤，作为保养费用（买鸡子、糖、芝麻、油类等用），在休息期间，其应领粮食、柴菜金仍照发（尽量调剂细粮），如单独起伙者，所用柴、炭得照当地实际情形发给。

产后一般休息四十天，以恢复身体健康，其体格过于虚弱或患病者，并得酌情延长。

妇女干部能回家分娩的，最好回家分娩，期能得到适当照顾，其不能回家而所在机关又难以照料，需要临时找人照护的，得每月在小米四十五斤内找人照护，至休养期满为止。但领导上须很好的〔地〕掌握，非必要不得找人。

小产（怀孕三个月以上的）对妇女干部身体损失很大，其产后休假时间与保养费应与大产同。流产者（怀孕二个月以下的）可休息二十天发保养费小米十斤，麻纸照发或多发，视具体情形而定。

2. 关于奶小孩及幼儿待遇：

（1）在可能条件下，妇女干部应自己奶孩子，或奶一两个月，这对妇女及小孩身体都好。特别是某些工作不多的妇女干部，应尽量自奶，应不找专抱孩子的人。

（2）婴儿出生之第一个月内，由其生母自奶者因需较多营养，除其生母在本机关应领之粮食外，一律再发给小米四十五斤（包括分娩费在内，因此数已足资营养，故不只发二十斤小米之分娩费，但因特殊情形——或无奶或生病等——而在未满月前即奶出去的，应将此项粮食，转移给奶母，仍发给妇女干部以分娩费）。

婴儿在出生第二个月至周岁前，无论自奶或托人代养，一律每月发给小米四十五斤（不另发柴菜金、零用费）。

婴儿在周岁前无论自奶或托人代养，一律给棉花三斤、土布八丈（包括生产时婴儿衣物在内）。布按市尺，土布面一般以市尺一尺一二寸为准。前定发宽面布或以窄面布二尺抵一尺之办法作废。并在孕妇产前休息时即发给之。如婴儿生下不久不幸夭亡，对未用部份〔分〕应自觉退回。

托人代养者，并发给棉被一张。婴儿衣被须随婴儿转移，如遭损失，亦不另发，找奶妈时应事先说明。

婴儿生病所需药品，由其父或母所在机关供给，如其父母已离开边区，或与小孩不在同一战略区，或虽在同一战略区，因敌之分割封锁交通不便难以照料者，所需药品得由当地政府发给报销。奶母生病用药，一般不供给，但可供给为医治小孩的病而吃的药。

（3）幼儿在周岁以上五周岁以下，无论自养或代养，均发给成人粮食、柴菜金，并由粮食内每日提出四两变价为幼儿之营养费。并每年发给棉花三斤、土布六丈。

（4）儿童在五周岁以上八周岁以下者，仍按成人的粮食、柴菜金发给，并在粮食内每日提出二两变价为幼儿之营养费。并每年发给棉花三斤、土布八丈，及相当于成人应领的鞋袜费之一半的鞋袜费。

（5）儿童在八周岁以上者，其所需粮食、柴菜金、鞋衬〔袜〕、衣物等均按机关服务员之待遇发给之（前颁“优待继续至十周岁为止”的规定即作废）。

（6）以上各项所列“发给成人粮食、柴菜金、鞋袜等”应按妇女干部所在机关一般干部之粮食、柴菜金、鞋袜等数目计算。粮食变价一律按市价折合，由所在机关调剂之，个人不得任意出售，以免发生流弊。

（7）凡自带幼儿之妇女，其生产任务得酌量减少，或不交，按实际情形由所在机关决定之。

（三）本决定适用于党政军民区级以上各级机关团体学校完全脱离生产之妇女工作人员及其幼儿。各小学女教员（初小女教师只分娩费及育婴费援用本决定办理）及干部学校之女生，亦得援用之，至于各公营工厂、商店、合作社的女工、女职员，则不适用本决定，应根据奖励妇女参加社会活动与保护革命后一代的精神由各该系统参考本决定自行规定办法解决之。

（四）本决定自三十四年五月一日起施行，前此规定之与本决定有抵触者均废止，其不抵触部份〔分〕仍适用之。

选自《晋察冀边区行政委员会现行法令汇集》，上册，边区行政委员会 1945 年编印，第 151～155 页。

27. 晋察冀边区行政委员会关于政民工作人员家属待遇问题的决定

1945 年 9 月 8 日

为了使政民工作人员更加安心工作，对于政民工作人员家属（以下简称工属）生活困难应该适当的〔地〕解决，解决的原则应该是贯彻干部对革命负责、公家爱护干部的精神，按照“优抗第一、优工第二”的方针，在不增加人民负担的原则下，切实帮助工属组织生产、建设家务，把日子过好。为此特作如下之决定：

一、组织工属生产是解决工属生活困难问题的最有效的基本办法，一般的停止财政开支上的实物补助。

甲、对在家的工属：要根据其家庭的具体条件，组织他们经营农、工、商业及其他副业，并切实帮助解决生产中的各种困难，对缺乏劳动力者，照前规定之优抗代耕办法，切实执行。对缺乏土地的户，要帮助解决一部土地，地缺不能解决的，可着重由贷粮贷款组织其经替其他生产事业。兹规定工属有贷粮贷款的优先权，但在同等机会下不能普遍贷给时，应先尽贫苦抗属，为解决一部贫苦工属之生产资金问题，决定由行署划出一部粮款出贷，以一年为期偿还，对老弱妇孺的家属，应多在经营手工业家庭副业上具体帮助，至于家中既缺乏土地和劳动力而又不可能组织其他生产事业之老弱孤寡工属，且统累税在免税点以下者，每人每月可给予小米十斤以下之补助，如不足时得由机关生产适当补助。

在手续上凡应享受贷粮贷款或实物补助者，应由工作人员所在之机关报请县以上政府或抗联开具证明文件（证明系该机关干部）并提出意见送交原籍县政府审核调查和进行办理，但如因干部离原籍较远而证明其确系脱离生产之政民工作人员者，可由原籍县政府调查办理，如干部系在本县工作者，由所在县之县政府调查审核办理。

乙、对在外之工属：凡家在敌占区游击区，为敌迫害难以生活，或家属在根据地而无法生活的家属，经各该机关批准（县以下由县政府批准）跟随工作人员在外者，各该机关应帮助其组织生产，做到部份〔分〕自给到全部自给，生产不能解决部份〔分〕，机关自行从生产项下补助之，停止由财政开支补助。但家在敌占区或游击区为敌迫害而外出之工属未跟随工作人员之机关而在根据地寄居者，除所在地政府应帮其组织生产外，生活特别困难可予小米十斤以下之补助（由所在县政府批准），如不足时得由机关生产适当补助。对在外工属中六岁以下之幼儿得援用《优待妇女干部及其幼儿之决定》补助之，七岁以上已进入学年龄时得按照入学办法办理。

二、关于贫苦工属之财粮负担，得援用孤儿寡妇之规定将免税点提高到两个富力，游击区敌占区对敌负担可酌量减免，贫苦工属到公家医院治病得免交药费，由医院报销。

三、关于工属的社会地位：脱离生产的工作人员，以其全力贡献于革命事业，他们的家属是光荣的，应该受到政治上的优待和社会上的尊重。

四、政民工作人员因公牺牲或因公病伤致成二等以上残废者，其家属得长期享受工属待遇，工作人员因过失撤职，不称职守停职或自动退职者，其享受之工属待遇应即停止。

五、本决定统一适用于全边区区级以上脱离生产之党、政、民、合作社、机关团体学校一切工作人员（勤杂人员在内）及脱离生产之小学教员，在职人员之受训者，亦得援用之，但因过失撤职、不称职守停职或自动退职或不是从脱离生产的工作岗位上入学受训的学员，及赚工资、薪金或分红足以维持其家属生活之工作人员，则不得援用。

六、本决定自公布之日施行，前颁布贫困干部家属补助办法及社字第三号须知内关于家属补助部份〔分〕均即作废。

选自《晋察冀边区行政委员会现行法令汇集》，上册，边区行政委员会1945年编印，第145～147页。

28. 晋察冀边区行政委员会关于执行《关于政民工作人员家属待遇问题的决定》的指示

1945年9月8日

（一）关于认识上的问题

一、领导机关应该进一步关心工属，主动的〔地〕帮助解决其困难，必须把解决工属困难与贯彻干部政策结合起来，大生产运动以来，我们已找到了解决工属生活困难的正确途径是组织工属生产，因此，各级领导上必须拿出一定力量来组织工属从事生产，中共晋察冀分局机关组织家属生产的经验值得各地学习（见五月二十七日晋察冀日报）。

二、另一方面干部应动员与帮助家属积极参加生产，争取做到生产自给，向模范干属劳动英雄李书亭等学习，并争取自己成为模范干属劳动英雄，我们希望今后涌现出更灵〔多〕的模范工属劳动英雄。

（二）在执行中的几个具体问题

一、由于组织生产基本上依靠于广大村干部及群众的领导与帮助，因此必须将本决定的精神和办法贯彻到村，在领导上必须走群众路线，县区干部要帮助村干部启发群众的积极性，使之成为自觉性的群众运动，并注意经常深入的〔地〕进行检查，只有如此才能彻底的〔地〕解决这一问题。

二、在执行中对调到较远地区之干部应更多的〔地〕注意与照顾，同时应防止优待工属超过抗属的现象，对“优抗第一，优工第二”的精神应切实掌握。

三、决定中第一条甲项所指出“为解决一部贫苦工属之生产资金问题，决定由行署划出一笔粮款出贷”在执行此项规定时，各行署应商同抗联，根据财政情况与工属困难情形确定一年总的补助粮款数目，为便于掌握分配，实际解决问题，可按政民干部情形分配粮款，由政民各个系统自行掌握使用，并可用以生产得息；同时各个系统对这一部分粮款应有重点的〔地〕使用，俾能真正解决一部分特别困难之工属的困难。

四、关于帮助无地或地少之工属找地，执行时应有很好［的］调查研究，根据该村工属情形及该村土地状况具体解决，切忌笼统的〔地〕传达布置与一般化的〔地〕执行，在执行时要切实掌握土地政策，并尽先找县村公地。

五、决定中所指家在敌占区或游击区为敌迫害而外出之来随机关而在根据地寄居之工属，系指远离工作人员所在机关无法照料之家属而言，至在机关附近居住之工属，虽未在机关内入伙，亦以随机关论，不得在财政上开支。

六、在工属特多之村代耕用工特多者，应适当减免该村之其他抗战勤务，以平衡人力负担。

七、本决定之贯彻是需要一个过程，过去会受实物补助之贫苦家属在本决定未贯彻前，个别困难者仍得继续延长补助一个时期，时间由县以上政府具体确定。

此决定公布后之执行情形应及时搜集上报。

选自《晋察冀边区行政委员会现行法令汇集》，上册，边区行政委员会 1945 年编印，第 148～150 页。

29. 晋察冀边区行政委员会关于村干部待遇的决定

1945 年 9 月 8 日

为了进一步提高群众的参政情绪，鼓舞村干部的工作积极性，应高度发扬群众互助友爱精神，保证村干部之家庭生活与一般群众获得同样的向上发展。为此对村干部的待遇，做〔作〕以下之决定：

一、凡村级主要负责干部（不限于村长、抗联主任）因工作繁重，误工太多，而又无力量雇佣〔用〕工人的，应由村代表会议决，拨一定数量的抗勤为他代耕，但不得超过抗属代耕之规定。

二、根据村干部工作的繁简、误工的多少，和他的家庭生活状况，由村代表会议决，可以减轻他一部抗勤，或免其全部抗勤。

三、村干部到县区开会所误当日应服之抗勤工，准予免补。

四、对特别贫苦、工作繁忙之村干部，其实物补助，仍按本会民国三十二年二月十五日民行字第一号令内“家境确系贫困者，得享受实物补助，补助以补足到其个人统累税免税点为限（非补助全家），并须经村代表会通过，县政府批准后实行，由村款开支”之规定执行，但受补助干部不限于村长、粮秣委员。

五、此决定适用［于］不脱离生产之区干部与不脱离生产之村合作社、交通站、队干部。

六、对此决定第一、二、四项之执行，须切实照顾人民负担，而又要能解决村级干部实际困难，并均须经过村代表会议决，经区审查，报县政府批准执行。

七、此决定自公布之日实行，以前法令与此决定抵触者一律作废。

选自《晋察冀边区行政委员会现行法令汇集》，上册，边区行政委员会 1945 年编印，第 159～160 页。

30. 晋察冀边区行政委员会通知
——进入城市后关于服装问题的规定

1945 年 10 月 3 日

（一）今年棉衣单衣仍按制度只发一套，其因进入城市而新做单衣或夹衣者，各机关应将增发人员之名单调查清楚统计报告本会。其在根据地已做好棉衣进入城市后须着制服而另做新棉衣者，其旧棉便衣由各机关收回保管，并报告本会以备将来使用。各单位在敌伪资产清理处或军管局领取之服装材料，概按市价折价，由本会扣发其今冬或明春服装费。

（二）张家口地方气候比较寒冷，进入张家口及宣化地区的政民工作人员，今年增发大衣一件，其预算每件里面洋布二丈四尺、棉花二斤，前发之呢大衣胜利品，应收回统计报告本会。其已有皮大衣或棉大衣仍能穿用者不另发。

（三）棉被仍本节约精神按三年一床之原则采取适当补充，不是全发新的，各单位负责人应很好的〔地〕掌握。

（四）前发胜利品时有未领毡子或领坏的黑毡线毡者，兹规定另发褥子一个，其预算洋布一丈二尺、棉花二斤，褥子发下后坏毯子即负责收回。每人发衬衣一件、衬裤一条（衬衣布七尺、衬裤六尺），张家口领过衬衣的不再发新衣，今年已发过两件单裤即不再发衬裤，以上应领各项各单位统限于十月十一日前负责调查清楚作〔做〕好预算，并将领增发新单衣或夹衣之名单及棉便衣数、呢大衣数、旧线毡数，一并送经本处审核批发特此通知。

选自《晋察冀边区行政委员会现行法令汇集》，下册，边区行政委员会 1945 年编印，第 580 页。

31. 晋察冀边区民众团体登记办法

1945 年 10 月 3 日

第一条　除汉奸特务外，凡本边区之人民在自愿原则下得依各种职业、地区、信仰、性别、年龄，自由组织团体。

第二条　凡在边区内之民众团体，皆须呈报所在之县市政府声请登记，属于边区范围之团体，得向边区行政委员会进行登记。

第三条　民众团体之申请登记，应照下列规定办理之：

一、呈送该团体之组织章程二份，如有各种成规约者一并呈送二份。

二、呈报该团体主要负责人之姓名、年岁、籍贯、履历。

三、呈报该团体之会员或社员人数。

四、呈报该团体之经费来源及开支概况。

五、呈明该团体之会址与通讯地址。

第四条　凡民众团体依前条之规定呈请登记者须经审查批准发给登记证件后始得进行工作。

第五条　凡民众团体登记后如所呈请登记各项中有变更时，需将变更事项呈报原登记机关审查批准。

第六条　凡民众团体有违〔危〕害广大人民利益或违犯政府政策法令时，政府得撤销其登记，并命令解散之。因故自动解散时亦须申请撤消〔销〕其登记。

第七条　本办法之修改解释权属于晋察冀边区行政委员会。

第八条　本办法自公布之日施行。

选自《晋察冀边区行政委员会现行法令汇集》，上册，边区行政委员会 1945 年编印，第 309～310 页。

五、军事法规

1. 聂荣臻公布朱德、彭德怀关于成立晋察冀军区的命令

1937 年 11 月 13 日

兹奉国民革命军第十八集团军总司令朱、副总司令彭命令，以晋察冀三省边区军事指挥急需统一，并便利于抗日开展，决定在该区域内成立晋察冀军区的组织及其各主要负责人分别公布如下：

（一）军事组织。本军区包括平汉路以西、同蒲路以东、正太路以北、平绥路以南诸地区，并在军区之下划分三个军分区：第一军分区包括灵丘、广灵、浑源、应县、山阴、怀仁等，即东至紫荆关、居庸关长城，北至平绥线，西至同蒲线，南至紫荆关、雁门关长城。第二军分区包括五台、代县、繁峙、崞县、定襄、盂县等地，即东北至长城，西南至铁路线。第三军分区包括井陉、获鹿、平山、灵寿、阜平、曲阳、完县、满城、易县、涞源等地，东至平汉线，南至正太线，西至长城，北至涞水、易州、紫荆关之线。依据将来发展情形，拟在紫荆关东北长城与铁道之内诸地划分为第四军分区。

（二）各任命人员。任命聂荣臻为军区司令兼政委，任命唐延杰为军区参谋长，任舒同为军区政治部主任，任叶青山为军区卫生部长，任查国祯为军区供给部长，任杨成武为第一军分区司令员，任邓华为第一军分区政治委员兼政治部主任，任赵尔陆为第二军分区

司令员兼政委，任王明[①]为第三军分区司令员兼政委，任王紫凤为第三军分区政治部主任，任王中槐为军区政治部组织科长。以上各项除分令外，仰即转饬所属，一体遵照为要。此令。

选自《晋察冀抗日根据地》，第1册·文献选编（上），北京，中共党史资料出版社，1989年版，第59～60页。原注："原件存河北省档案馆。"

2. 晋察冀边区军政民代表大会决议案——军事问题决议案

1938年1月

（一）非正规军的脱离生产的武装部队，如保安队、自卫团、公安局、警察义勇军、游击队……应遵照蒋委员长的命令，逐渐统一编制为游击队，受各战区司令长官指挥。在边区的各游击队行动上要有很好的联系。本边区各游击队，应由边区行政委员会请求第一、第二战区司令长官逐渐统一指挥；并由边区行政委员会会同军区司令部拟定编制办法。请各司令长官核准。

（二）取消部队薪饷编制，规定最低限度生活费用，逐渐使之一律。

（三）一切供给，渐次做到统筹统支。在目前阶段上，需要就地解决，亦应依照政府财政政策，经过当地政府筹支，纠正勒索摊派。

（四）各地驻军和政府，对于武装的组织和扩大，必须注意到质量，否则徒增费用。各地政府，今后应多组织不脱离生产的自卫队，减少政府经费负担。

（五）义勇军、游击队的改造，在组织上洗刷一些不良份〔分〕子，并加强政治教育，建立与民众行政的良好关系。

（六）一切土匪部队，应该在政治上用力争取，其有假借名义、乱作胡为，甚至有汉奸的行为和证据者，不可争取者，应协同地方政府驻军，严厉取缔。

（七）军火补充问题：凡带群众性的武装部队，应依靠群众解决之，不应依赖上级及政府。可随时设土造兵工厂。

（八）不脱离生产的武装，统改为自卫队；其组织，及编制，由政府规定公布之。

（九）游击队队员家属，应依优待抗日军人家属办法，享受优待。

（十）成立军政学校，训练大批干部人材〔才〕。

选自《抗日根据地政策条例汇集——晋察冀之部》，第2辑，1942年版，第16～17页。

---

① 原注：即王平。

3. 晋察冀边区人民武装抗日自卫队组织章程

1941年11月

第一章　总则

（一）本队定名为晋察冀边区人民武装抗日自卫队。

（二）本队为人民自己的群众武装组织，但执行基本任务上，接受上级和同级政府之指示与指挥。

（三）本队以组织与加强边区广大人民武装自卫力量，保卫家乡，保卫抗日政权、抗日团体，保卫边区，争取抗战胜利，实现独立、自由、幸福的三民主义新中国为宗旨。

（四）本队基本任务如下：

1. 进行群众游击战争；2. 配合抗日部队作战；3. 维持后方治安，担任抗战勤务。

第二章　队员

（五）边区抗日人民凡年在十六岁以上、五十五岁以下者，不分阶级，不分性别，不分种族，不分宗教、信仰等，均得登记参加组织为本队队员。

（六）本队队员均有下列权利：

1. 选举权与被选举权及平时的罢免权；2. 参加会议向本队建议。

（七）本队队员均有下列义务：

1. 遵守本队章程；2. 坚决服从上级领导，执行命令完成任务。

第三章　组织

（八）本队组织原则为民主集中制。

（九）本队于边区、专区、县、区、村设各级人民武装抗日委员会，边区由委员七人，专区以下由委员五人组织之。

（一〇）边区至村各级人民武装抗日委员会，各设正副主任各一人，及总务部、组织部、训练教育部、妇女部、模范队部、青年武装部六部，各设部长一人，按工作需要设干事若干人；正副主任、各部部长由委员中推任，干事则由各级委员会通过聘定。

（一一）边区至区各级得设青年抗日先锋队队部，为各级人民武装抗日委员会所属之独立组织系统。

（一二）边区至区各级青年抗日先锋队队部组织法另定之。

（一三）区级人民武装抗日委员会下得设模范队队部；队部设队长、指导员各一人，队部下设干事若干人；队长、指导员由委员兼任，干事由队部聘定。

（一四）区与村人民武装抗日委员会之间，如工作需要得于中心村设区人民武装抗日委员会分会（不为一级），并分妇女、模范、青年等部及干事若干人，常驻于中心村所在地。

（一五）边区至区各级人民武装抗日委员会，均由本队各该级代表大会选举之；村级人民武装抗日委员会则由村队员大会直接选举之；但同级青救、妇救可推出代表，青救、妇救的候选人各一人。

（一六）村级人民武装抗日委员会为本队之基本组织，村人民武装抗日委员会主任得参加该村村务会议。

（一七）各级人民武装抗日委员会任期：边区至村均为一年，但均可连选连任。

第四章　编制

（一八）村人民武装抗日委员会之下设妇女队、自卫队、抗先队与模范队四队。

1. 妇女队——十六岁至五十五岁之妇女队员编制之。

2. 自卫队——十六岁至五十五岁除参加抗先队、模范队者外全体队员编制之。

3. 抗先队——十六岁至二十三岁之自卫队员自动参加抗先者编制之。

4. 模范队——二十四岁至三十五岁之自卫队员自动参加模范队者编制之。

（一九）妇女队、自卫队、抗先队与模范队皆以村为单位编为队、小队和班，以三三制为原则。

1. 队：设正副队长各一人，并配设干事一人至二人。

2. 小队：设正副小队长各一人，二小队至四小队为一队。

3. 班：每班五人至十四人，班设正副班长各一人，二班至四班为一小队。

（二〇）妇女队之小队、班、队员之组合原则如下：

1. 十六岁至二十五岁之全体队员及二十六岁至三十岁之大足无小孩（四岁以下之小孩）之累者混合编制之。

2. 三十一岁至五十五岁全体队员及二十六岁至三十岁之小足和有小孩（四岁以下之小孩）之累者混合编制之。

（二一）自卫队小队、班、队员之组合原则如下：

1. 十六岁至三十五岁者除参加抗先、模范队者外混合编制之。

2. 三十六岁至五十五岁者混合编制之。

第五章　职权

（二二）本队最高权力机关为本队边区代表大会，大会闭幕期间为边区人民武装抗日委员会。

（二三）边区至村各级人民武装抗日委员会正副主任，负责领导各部工作，有主持会议、对外交际及负责指挥之权。

（二四）各级各部职权如下：

1. 总务部——负责文书、会计、收发、庶务及不属于其他各部事宜。

2. 组织部——负责调查、统计及审查干部等工作。

3. 教育训练部——负责对外宣传、军事训练，及人民武装的政治工作、宣传鼓动、保证战斗任务完成等工作。

4. 妇女部——负责妇女队之组织、教育、训练等工作。

5. 青年武装部——负责抗先之一切工作。

6. 模范部——负责模范队之特殊组织、教育、训练等工作。

（二五）边区至村各级青年抗日先锋队队部在各级人民武装抗日委员会领导与指挥下，负责领导与指挥抗先队一切工作。抗先队队部，执行人民武装抗日委员会之统一方针、决议及教育计划，根据青年特性分别具体执行，并有单独及发布命令之权。

（二六）区级人民武装抗日委员会区分会有向下级就近督促、检查与训练、指挥所属队员之责。

（二七）区级模范队队部在区级人民武装抗日委员会之直接领导下，负责领导指挥模范队之一切工作。

第六章　会议

（二八）本队各级代表大会及村级队员大会召开期间规定如下：

1. 边区至村均为一年。2. 上项会议均由各该级委员会召集之。

（二九）本队各级委员会召集期间如下：

1. 边区至县均为一月。2. 区以下均为半月。3. 各级委员会均由主任召集之。

（三〇）边区及区级代表大会及村队员大会及各级委员会必要时可召集临时会议。

第七章　纪律

（三一）本队全体干部及队员均须遵守本队章程，服从上级领导与指挥，坚决执行命令，完成任务。

（三二）违犯纪律者得由各该级上级按其轻重予以批评、警告、处罚勤务或撤职、开除等处分，但得报告上级，并绝对禁止打骂、罚款及一切物质处罚。

第八章　经费

（三三）本队经费来源如下：

1. 政府补给。2. 胜利品一部或全部。

（三四）本队经费由边区人民武装抗日委员会统一预算、统一分配，与统一的〔地〕按期向边区政府报销并向大会作报告。

第九章　附则

（三五）本章程经本队边区代表大会通过执行，其修改权属于边区代表大会。

（三六）本章程施行细则及解释之权属于边区人民武装抗日委员会。

选自《中共中央文件选集》(11)，北京，中共中央党校出版社，1985年版，第760～765页。

4. 晋察冀边区青年抗日先锋队组织简章草案

1941年11月

第一章　总则

第一条　本队定名为晋察冀边区青年抗日先锋队。

第二条　本队宗旨在于武装广大青年，进行军事训练，广泛开展游击战争，及动员队员过渡到抗日部队中去，以青年化的方式全部发挥青年的战斗力量，保卫边区，保卫祖国，彻底战胜日寇，建立新民主主义共和国。

第三条　本队为人民武装组成部分，各级人民武装委员会所属之独立组织系统，各级队部在人民武装总的方针、决议及教育计划下，根据青年特性分别具体执行；有单独行文发布命令之权，但战时服从其指挥。

第四条　本队为青救领导下的青年自己的武装，所有队员为青救当然会员，接受各级青救的直接领导，执行青救决议。

第五条　本队基本任务如下：

（一）配合部队作战，进行群众游击战争。

（二）维持后方治安，担任抗战勤务。

（三）加强队员军事及政治教育训练。

（四）不断输送队员参加部队，扩大边区子弟兵。

第二章　队员

第六条　凡边区抗日青年在十六岁至二十三岁者均可自愿参加本队。

第七条　入队时须经队员一人介绍，经同级队部批准，举行宣誓后即为队员。

第八条　本队队员之权利：

（一）选举权、被选举权和平时的罢免权。

（二）参加会议，向本队建议。

（三）参加本队一切集体活动和享受其利益。

第九条　本队队员之义务：

（一）遵守本队章程。（二）坚决服从本队纪律。（三）坚决执行上级命令完成任务。

第三章　组织

第一〇条　本队组织原则为民主集中制。

第一一条　本队于边区、专区、县、区、村设各级青年抗日先锋队队部，由正副队长指导员组织之。

第一二条　边区至村各级队部设正副队长、指导员各一人；区至边区按工作需要可设干事一人至三人，由队部聘定之。

第一三条　区抗先队根据工作之需要在适当地区得设区分队部（不为一级），代表区队部执行任务。

第一四条　边区至区各级青年抗日先锋队队部均由本队各级代表大会选举之。

第一五条　村级青年抗日先锋队，由队员大会直接选举队长、指导员各一人，为本队之基本组织（村青年抗日先锋队队长得参加该村人民武装委员会各种工作会议）。

第一六条　区至边区青年抗日先锋队队部任期均为一年，村均为半年，可连选连任。

第四章　编制

第一七条　以村青年抗日先锋队为单位，设小队、班，小队和班采用三三制。

（一）村队——设正副队长、指导员各一人。

（二）小队——设正副队长各一人，二小队至四小队为一村队。

（三）班——每班五人至十四人，设正副班长各一人，二班至四班为一小队。

第一八条　青年抗日先锋队之小队和班、队员之组合原则。

（一）按队员负勤务之年龄（十八岁上下分别编制）。

（二）按工作任务之不同及队员之特殊能力，可编成不同的小队、班（如火枪小队、土炮小队、侦察班、武器研究班等），但这些不同名称的小队、班，仍统一在村队部的领导和指挥之下。

第五章　职权

第一九条　本队最高权力机关为本队边区代表大会，代表大会闭幕期间为边区青年抗日先锋队队部。

第二〇条　边区至村各级青年抗日先锋队队长指导员领导全盘工作，有主持会议对外交际及负责指挥之权。

第二一条　各级青年抗日先锋队在各级人民武装委员会总的方针、决议和教育计划下，有根据青年特性，分别具体执行，并单独的〔地〕行文发布命令之权。

第二二条　区级青年抗日先锋队区分队部，有代表区队部就近督促检查与训练指挥所属队员之权。

第六章　会议

第二三条　本队各级代表大会及村级队员大会召开期间规定如下：

（一）边区至县均为一年。

（二）区、村半年一次。

（三）上列各级队部代表大会均由各级队部召集。

第二四条　本队各级队部部务会议召集期间规定如下：

（一）边区至县均为一月。（二）区以下均为半月。（三）各级队部会议均由队长召集之。

第二五条　边区至区级代表大会、村队员大会及各级队部会议，必要时可召集临时会议。

第七章　风纪

第二六条　本队有青年化之队风：

（一）队旗：本队队旗为代表本队精神之旗帜（样式、意义说明于后）。

（二）队歌：本队队歌意义在［于］发扬本队宗旨及精神，并加强队员之组织观念。

（三）戳记：县以上各级戳记皆须依照边区队部颁布的样式制定。

（四）队礼：在军事行动和训练检阅时，队员之间，队员与首长均行队礼，以表示庄重团结。

（五）队章：本队制定统一的队章，所有队员一律佩带〔戴〕（样式附后）。

第二七条　本队有青年化独立之队纪：

（一）本队全体干部和队员，均得遵守本队章程，服从上级领导与指挥，坚决执行命令完成任务。

（二）本队队员除遵守一般的自卫队的纪律外，更要严格遵守本队纪律（纪律附后）。

（三）违犯纪律者，由本队各该上级按其轻重予以批评、警告、处罚勤务或撤职开除之处分，但得报告上级，并绝对禁止打骂罚款。

第八章　经费

第二八条　本队经费统筹于人民武装委员会，或将胜利品一部或全部充作经费。

第二九条　本队经费由人民武装委员会统一分配，并按期向武装委员会（或上级队部）作报告。

第九章　附则

第三〇条　本章程经本队代表大会通过执行，其修改权属于边区代表大会。

第三一条　本章程实行细则及解释权属于边区青年抗日先锋队队部。

说明：此组织章程系一草案，希各级队部和各界人士提出意见，以供参考。

选自《中共中央文件选集》(11)，北京，中共中央党校出版社，1985 年版，第 765～769 页。

5. 晋察冀边区北岳区人民武装纪律条令

1942 年 9 月 3 日①

第一条　为使人民武装真正确切的〔地〕保护群众利益与有组织的〔地〕行动，提高其战斗力，以广泛开展群众游击战争，特制定本条令。

第二条　人民武装纪律的执行，应建立在干部与队员政治自觉的基础上，以启示教育为原则，即是〔使〕处罚，亦由教育出发。如过去军阀部队中，对于人格、肉体之讽刺、侮辱、体罚等行为应完全禁止。

第三条　执行纪律的保证是指挥领导的正确、教育的加强，和各级干部之模范与督促作用。

第四条　人民武装纪律，应以保护群众利益、服从组织、执行任务、爱护武器等为范围，具体规定如下：

一、保护群众利益。

二、服从指挥完成任务。

三、保守军事秘密。

四、爱护武装节省弹药。

五、遵守时间。

第五条　凡于严重的困难情况下，坚决执行命令，完成任务，自动积极配合部队或单独作战，在战场上英勇沉着、机智、灵活的〔地〕毙俘日伪人员，缴获胜利品；被敌俘虏时在日伪百般利诱或严刑下不动摇、不投降，富有高尚的民族气节；保护群众利益，爱护组织和干部；或在除奸救护等工作上有显著成绩之队员与干部，应视其情形，分别予以下列之奖励：

一、口头奖励。

二、队前奖励（如游击小队、战勤小队、自卫队等）。

三、中队队员大会表扬。

---

① 原版未注明公布年月。“北岳版”注明“1942 年 9 月 3 日”。

四、记功。

五、大队队员大会表扬。

六、给予物质奖励。

七、通令嘉奖。

八、颁奖〔发〕奖章或奖状。

前项奖励，必要时得以二种以上同时行之。

第六条　毙伤俘日伪官兵或特务份〔分〕子，缴获胜利品，以及战术上有新创造，著有特殊战绩者之奖励办法另定之。

第七条　奖励职权：

一、小队长（游击小队、战勤小队、自卫队）有执行第五条第一条款第二款之权。

二、中队长与同级干部有执行第五条第一款至第三款之权。

三、大队长与同级干部有执行第五条第一款至第五款之权。

四、县部长、副部长有执行第五条第一款至第六款之权。

五、分区北岳区有执行全部奖励之权。

第八条　凡违反上级命令，逃避战斗，不服战斗与抗战勤务，故意破坏、遗弃、盗卖、贪污、浪费武器弹药，故意破坏自己组织、暴露军事秘密，故意不帮助不配合部队作战，或无故不到操课的队员与干部，得视其情形分别予以下列之惩戒：

一、劝告。

二、警告。

三、队前警告（各种队的）。

四、中队队员大会批评。

五、罚勤务（不罚战斗勤务）

六、通令警告。

七、撤职或开除队籍。

八、送政府法办。

关于武器弹药之损坏，除惩戒外，并得令其赔偿一部或全部。

第九条　惩戒职权：

一、小队长有执行第八条第一款至第三款之权，对组长只有执行第一款第二款之权。组长对队员有执行第一款第二款之权。

二、中队长与同级干部有执行第八条第一款至第四款之权。对小队长只有执行第一款第二款之权。

三、大队长与同级干部有执行全部惩戒之权，对中队级干部只有执行第八条第一款第二款与第六款之权。

四、县部长、副部长有执行全部惩戒之权，对大队干部只有执行第八条第一款第二款之权。

五、分区部长、副部长有执行全部惩戒之权，对县部长、副部长只有执行第八条第一款第二款之权。

六、北岳区有执行全部惩戒之权，对分区部长、副部长只有执行第八条第一款第二款之权。

如有属违犯纪律过重，而自己因职权所限不能执行惩戒者，得呈报上级执行之。

第十条　有下列情形之一者，得加重惩戒：

一、干部与队员犯同样错误，或领导队员违犯纪律者。

二、有组织有计划的〔地〕违犯纪律者。

三、已经上级指出错误而仍重犯者。

凡加重惩戒之执行，必经上一级之批准。

第十一条　凡违犯政府法令或群众利益者除依本条令予以惩戒外，其应由政府依法处理，或应由群处〔众〕民主决定处理者，仍应另由政府或群众处理之。

第十二条　第五条第三款第五款之奖励与第八条第四款之惩戒，一般情形下可于定期召开之会议时就便行之。

第十三条　凡认为上级的惩戒不当，或奖励不公者，得详述理由，请求变更、如上级驳回其请求时，并得越一级控告，但仍须经过其直接上级，其直接上级对于此项控告，必须及时转报，不得延搁或阻止。

第十四条　本条令有不适宜时由边委会修正之。

第十五条　自本条令公布之日起，民国三十一年九月三日边委会颁布之北岳区人民武装纪律条令应即作废。

第十六条　本条令自公布之日施行。

选自《晋察冀边区行政委员会现行法令汇集》，上册，边区行政委员会1945年编印，第250～254页。

互校版本：《北岳抗日根据地》（上），北京，中共党史出版社，1988年版，第432～434页。简称“北岳版”。原注：“选自《晋察冀日报》1942年9月9日。”以上两种版本皆为16条，但内容有所改动。

6. 晋察冀边区北岳区人民武装战斗斩获奖励暂行办法

1942年9月3日①

第一条　本办法依据人民武装纪律条令第六条之规定制定之。

第二条　人民武装有保护群众利益与保卫自己乡土之责，战斗及斩获系人民武装之光荣任务，凡人民武装有所斩获，或有特殊战功，或在战术上有新创造者，得按组织系统报请上级依本办法之规定给予奖励。

第三条　奖励办法分物质奖励与精神奖励两种，物质奖励得以农具、用器、武器、服装及奖金等奖品奖励之；精神奖励得用大会表扬、通令嘉奖、颁给奖章、奖状及选拔为英雄模范等方式奖励之。

① 原版未注明公布日期。“北岳版”注明“1942年9月3日”。

物质奖励与精神奖励得同时并用，并得同时给予两种以上之奖品或精神奖励。

第四条 凡单独直接与敌战斗，杀死或俘虏敌伪官兵或特务份〔分〕子者，得按系列规定奖励之：

一、活捉日军小队长以上尉官一名，给值五百元以上千元以下之奖品。

二、活捉伪军小队长以上军官一名，给值三百元至五百元之奖品。

三、活捉日军一名，给值三百元之奖品。

四、活捉伪军或特务一名，给值百元之奖品。

五、活捉敌军犬一只，给值五十元之奖品。

六、打死日伪军官兵一名，给予精神奖励。

合于前项第一款第二款之规定者，得并给精神奖励。

活捉日军校级军官者，其奖励临时规定之。

活捉日伪军官兵及军犬，应一律经人民武装系统送分区或军区司令部处理之。

第五条 配合部队作战所缴获军用品、交通工具及器材等均不给奖，但单独直接与敌战斗所缴获者得按下列规定奖励之：

（一）武器弹药：

甲、步枪一支，给值五十元之奖品。

乙、驳壳枪或手枪一支，给值百元至二百元之奖品。

丙、轻机枪一挺或掷弹筒一个，给值千元之奖品。

丁、重机枪一挺或各种炮一门，给值二千元至五千元之奖品。

戊、炮弹一枚，给值百元之奖品。

（二）交通工具及器材：

甲、铁轨每百斤，给值百元之奖品。

乙、煤油汽油一桶，按市价减半给奖。

丙、洋马一匹，给值百元之奖品。

丁、无线电机一架，给值千元之奖品。

戊、电话机一架，给值二百元之奖品。

己、各号电线均按市价三分之一给奖。

（三）指挥工具：

甲、地图文件依其重要情形临时发奖。

乙、望远镜一架，给值五百元至五千元之奖品。

合于前项第一款丁目之规定者，得并给精神奖励。

第一项规定之缴获物，除配合部队作战缴获者应交部队处理外，其单独直接与敌战斗缴获者，依下列规定处理之：

一、步枪、驳壳枪、手枪等人民武装能使用者，经报请县武装部登记后归缴获人本村中队使用。

二、交通工具及器材与指挥工具人民武装能使用者（如铁轨、电话机等），得由人民武装系统处理之。

三、重武器（包括轻重机枪、各种炮掷弹筒）连同附件与专用弹药及其他不属于一、二两款之缴获物，应一律经人民武装系统交分区或军区司令部处理之。

第六条 单独直接与敌战斗，破坏敌人重要交通工具或武器至不能使用者，得按下列规定奖励之：

一、毁敌火车头一个，或坦克一辆，各给值五百元至千元之奖品。

二、毁敌汽车一辆，给值二百元之奖品。

合于前项第一款之规定者，得并给精神奖励。

第七条 单独直接与敌战斗合于下列条件之一者，得给予精神奖励：

一、攻克据点堡垒或有其他特殊战绩者。

二、在战术上有新创造者。

合于前项第一款之规定者，得并给适当之物质奖励。

第八条 单独直接与敌战斗缴获敌人之粮食、油盐、布疋、服装、日常用品或敌伪合作社之一切货品应全归人民武装享有。掳获敌人牲畜统由县武装部变价交军分区武装部以半数做〔作〕为奖励人民武装之用，半数做〔作〕为人民武装武器补充费。

前项规定应归人民武装享有之缴获物，其详细处理办法另定之。

第九条 配合部队作战缴获敌人粮食、油盐、布疋、服装、日常用品或敌伪合作社之一切货品，人民武装应负责运输，交由部队负责处理，但部队应将人民武装所需要之物品酌量分给参战人一部。

第十条 第四条第一项第二项与第五条第六条之奖励均由县武装部负责执行，报分区武装部备案，再由分区武装部按月报北岳区武装部备查。

第四条第三项与第七条之奖励均由县武装部报请分区武装部核准执行，再由分区武装部报北岳区武装部备案。

第十一条 第八条与第九条所称缴获物系指确属敌伪所有之物品经我缴获者而言，其属于敌伪抢劫我公私之物品，经我夺回者应一律交由区公所或县政府退还原主，无失主认领者由区公所或县政府变价或存储做〔作〕为救灾之用。

前项夺回物应以原物五分之一或相当于原物五分之一之代价，奖励缴获人，但以单独直接与敌战斗缴获者为限，此项奖励所需之物品或金额由认领夺回物之失主负担，或由区公所或县政府就所收无领主之夺回物或其变价中提出一部拨充之。

第十二条 第五条第九条所称配合部队作战系指仅在战斗中担任担架运输等勤务工作，并不直接参加战斗者而言，其直接参加战斗配合部队作战者，亦以单独直接与敌战斗论。

第十三条 本办法有不适宜处由边委会修正之。

第十四条 自本办法公布之日起，民国三十二年一月十四日由军区司令部颁布之北岳区人民武装战斗斩获奖励修正暂行办法即行作废。

第十五条 本办法自公布之日施行。

选自《晋察冀边区行政委员会现行法令汇集》，上册，边区行政委员会 1945 年编印，第 255～260 页。

7. 晋察冀边区人民拥军公约

1944 年 1 月 1 日

边区八路军是边区人民自己的子弟兵。边区人民是边区的主人，爱护子弟兵是边区人民的责任。为了加强子弟兵作战力量，战胜日寇，反对中国法西斯主义，实现新民主主义的新中国，我们边区人民坚决履行以下公约：

一、积极参加子弟兵，壮大边区八路军。

二、努力担架运输，执行抗战勤务。

三、作〔做〕向导，埋地雷，积极配合作战。

四、解决子弟兵困难，保证子弟兵有吃有住有穿。

五、尊重抗日军，爱护伤病员，保护军用资财。

六、优待抗属，解决抗属困难。

晋察冀边区各界抗日救国联合会

选自《晋察冀抗日根据地》，第 1 册·文献选编（下），北京，中共党史资料出版社，1989 年版，第 892 页。原注："原件存中央档案馆。"

8. 晋察冀人民子弟兵拥政爱民公约

1944 年 1 月 1 日

边区各级政府是边区人民自己的抗日民主政权，边区人民是边区的主人。边区八路军是边区人民自己的子弟兵，拥护政府，爱护人民，是边区子弟兵的责任。为了进一步加强军民团结，战胜日寇，反对中国法西斯主义，实现新民主主义的新中国，我军区子弟兵坚决履行以下公约：

一、坚决执行政府政策、法令，尊重政府工作人员。

二、积极作战，保卫政权，保护人民生命财产。

三、帮助训练民兵，带领民兵作战。

四、帮助人民生产，解决人民困难。

五、爱护人民利益，不拿人民一针一线。

六、爱惜民力，彻底执行抗战勤务条例。

七、接受人民意见，拥护人民抗日团体。

八、对人民要和气，尊重人民风俗习惯。

晋察冀军区政治部

选自《晋察冀抗日根据地》，第 1 册·文献选编（下），北京，中共党史资料出版社，1989 年版，第 893 页。原注："原件存中央档案馆。"

9. 晋察冀边区党、政、军、民联合决定赠予〔与〕戎冠秀“北岳区拥军模范——子弟兵的母亲”称号

1944年2月19日

在边区群英大会上，中共中央晋察冀分局、晋察冀军区、晋察冀边区行政委员会、晋察冀边区各界抗日救国联合会决定，赠予〔与〕戎冠秀同志以“北岳区拥军模范——子弟兵的母亲”的称号。决定如下：平山县下盘松村，连任6年妇救会主任的戎冠秀同志，一贯积极负责，爱护军队，为人表率。去年3个月反“扫荡”中间，她对过往部队，多方关心，解决困难，保证部队顺利执行任务。曾经几次救护伤员，不避艰苦危险，服侍安慰，无微不至，发生敌情，则亲自安置伤员，亲自放哨了〔瞭〕望。一次，×团一个重伤员到了下盘松村，他已经4天4夜水米未曾入口，人事不省，戎冠秀同志马上亲自看护，先用盐水向其口内灌送，伤员逐渐睁开眼睛，再用豆腐脑儿慢慢喂他，伤员开始能够说话，再喂他稀饭。戎冠秀同志又怕伤员受冷，把自己女儿的棉衣内襟扯下，给伤员包脚裹腿。这样足足一整夜未离伤员左右，未睡一会儿觉，终于使伤员神志清醒、肢体可以转动。后将他送回部队医院休养。这种伟大母爱的精神，是边区人民拥护子弟兵意志的集中表现。因此，特赠予〔与〕戎冠秀同志以“北岳区拥军模范——子弟兵的母亲”的称号。要求边区全体女同胞、全体人民，向戎冠秀同志看齐，广泛开展“戎冠秀拥军运动”。

选自《北岳抗日根据地》（上），北京，中共党史出版社，1999年版，第803～804页。原注：“原载《晋察冀日报》1944年2月19日。”

10. 晋察冀边区人民武装组织章程暂行草案

1945年3月晋察冀边区行政委员会公布

第一章 总则

第一条 晋察冀边区人民武装，以加强群众抗日武装自卫力量，维持社会秩序，保卫家乡，保卫根据地，争取抗战胜利，实现新民主主义的新中国为目的。

第二条 边区人民武装，为群众独立系统的抗日自卫的武装组织，受政府领导，在军事上接受军队指导，配合作战上受军队指挥。

第三条 边区人民武装基本任务如下：

一、进行独立自主的群众游击战争。

二、配合部队作战。

三、执行抗战勤务。

四、锄奸防谍。

第二章　组职〔织〕与职权

第四条　边区人民武装的组织原则为民主集中制。

第五条　边区人民武装之最高权力机关为边区人民武装代表大会，代表大会闭幕期间，为边区人民武装委员会。各级人民武装委员会为各该级人民武装之权力机关，各级人民武装委员会下设民兵指挥部与自卫队部，该两部执行人民武装委员会之决议为民兵、自卫队两系统行政机关。

第六条　边区至村各级人民武装委员会，均由委员七人组成，各设正副主任各一人，委员均由各级人民武装代表大会民主选举，同级军（县为支队、区为区小队、村为治安员）政民各提候选人一人，争取当选为委员，区以上各级委员会驻会委员四人至五人。边区行政区专区级人民武装委员任期为两年，以下各级任期为一年，但得连选连任。

第七条　边区至县各级民兵指挥部设部长一人，由各该级主任委员兼任，县以上于民兵指挥部下设作战科与政治科（专区级县级为股）各设科（股）长一人，由委员兼任之，以上［工］作需要设干事若干人，由委员会任用之。区级民兵指挥部设大队长、教导员各一人，村级民兵指挥部设中队长、指导员各一人，大队长、中队长由各该级主任委员兼任之，教导员、指导员由委员兼任之。

第八条　边区至村各级自卫队部，设正副队长一人，队长由各该级副主任委员兼任，副队长专区以上由妇女委员（抗联妇女部）兼任，县以下另由妇女干部担任之，以工作需要各级可设干部若干人，由各该级委员会任用之。

第九条　边区至县各级人民武装委员会下设总务一人，由正副主任直接领导之。

第十条　各级人民武装委员会及其各部职权规定如下：

一、各级委员会有讨论与决议该级人民武装各种建设，并颁布命令统一民兵与自卫队指挥，发布战报与对外交际之权。

二、民兵指挥部，负责领导民兵作战、教育、武器建设、政治工作诸事宜，在不违背委员会决议下有讨论决定民兵日常工作，及发布通知与通报并在战时有单独对外联络之权。

三、自卫队部，负责男女自卫队抗战勤务与战斗勤务救护与看护教育训练组织工作诸事宜，在不违背委员会决议下有讨论决定自卫队日常工作及发布指示通知与通报之权。

四、总务负责文书收发、会计庶务及不属各部者诸事宜。

第十一条　人民武装分为民兵与自卫队两部分，其编制原则规定如下：

一、村民兵指挥部下设游击小队与战勤小队，均以下列规定编制之：

游击小队：由民兵中选择抗日积极、身体强壮的精干队员编组之，设小队长一人，爆炸小组三、射击小组三，每组二至四人，侦察组一，人数以需要而定，各设组长一人。特小村庄民兵少，爆炸、射击可混合编为两组。特大村庄民兵多武器充足，环境需要者亦可多设一个小队。

战斗勤务小队：由参加游击小队以外的民兵队员编组之，设小队长一人（队员多的，可设队副），侦察组一、警戒组一、通讯联络组一、向导组一，人数以需要而定，各设组长一人，其编余民兵队员组成民兵班，每班五人至十五人，设班长一人。

二、自卫队部以下设一般自卫队与妇女自卫队其编制如下：一般自卫队：由参加民兵以外之队员编组之，设队长一人（队员多者可设队副），五人至十五人为一班，各设班长一人。妇女自卫队：由十八岁至五十五岁之妇女队员（除老弱病者外）组织之，十八岁至二十五岁之青年妇女与二十六岁至三十五岁之大脚无小孩的壮年队员组成第一小队，二十六岁至三十五岁有小孩之队员组成第二小队，三十六岁至五十五岁者组成第三小队，小队以下为班，每班五人至十五人，设妇女队长一人（队员超过百名者，设队副），各小队设小队长一人，各班设班长一人。

三、各队长（副）、小队长、班长、组长等干部，均得由各该队、小队、班、组全体队员选举之，任期均为一年。

第十二条　民兵与自卫队之具体任务规定如下：

一、民兵：1. 进行游击战；2. 配合部队作战；3. 担任战斗勤务；4. 锄奸防谍（男女自卫队同有此任务）。

二、男自卫队：1. 担任抗战勤务；2. 救护伤员工作；3. 帮助战斗勤务。

三、妇女自卫队：1. 看护伤员工作；2. 担任妇女之抗战勤务；3. 帮助战斗勤务。

第十三条　人民武装各级代表大会召开时间：边区、行政区、专区级两年一次，以下各级均一年一次，均由各该级人民武装委员会召集之。

第三章　队员与纪律

第十四条　边区抗日人民，凡年在十八岁以上五十五岁以下之公民，不分阶级，不分性别，不分种族，不分宗教信仰等，均得登记参加编制为队员。

凡年在十八岁至三十五岁之青壮年，身体强壮者，得自愿参加为民兵，民兵为人民武装之骨干。

第十五条　队员均有下列权利及义务：

一、关于权利者：

1. 选取权、被选权、平时之罢免权。

2. 参加队员大会对上级决议有自由讨论权。

3. 在会议上有向上级建议与批评领导权。

二、关于义务者：

1. 坚决执行人民武装基本任务。

2. 服从组织与纪律。

3. 服从上级指挥与命令。

第十六条　全体干部与队员均得遵守人民武装组织章程，执行边区人民武装委员会决议，服从上级指挥与命令。纪律条文规定如下：

一、保护群众利益。

二、服从指挥完成任务。

三、配合作战。

四、保守军事秘密。

五、爱护武器节省弹药。

六、遵守时间。

第十七条　人民武装纪律的执行，是建立在干部队员政治自觉的基础之上，以启示教育为原则，对人格、肉体之讽刺、侮辱、体罚等行为完全禁止。

关于执行纪律具体办法另有人民武装纪律条令公布之。

第四章　制造与经费

第十八条　边区人民武装经费与武器弹药费来源如下：

一、政府补给。

二、自己生产。

三、胜利品之一部份〔分〕。

第十九条　各级人民武装委员会之经费与武器制造经费均由政府负责。

第二十条　武器制造与修理：

一、县设装修工人三至五人负装置地雷、手榴弹与修理枪支之责。

二、分区设制造所，负责制造雷壳、手榴弹、炸药、雷管木柄、木塞等工作。

第五章　附则

第二十一条　本章程应由晋察冀边区人民武装代表大会通过执行，但在边区代表大会未召开前，暂由边区行政委员会公布施行。

第二十二条　本章程修改权属于边区人民武装代表大会。

选自《晋察冀边区行政委员会现行法令汇集》，上册，边区行政委员会1945年编印，第243～249页。

11. 晋察冀军区司令部通牒

1945年8月11日

日本华北派遣军司令官下村定大将阁下：

日本天皇已向中、苏、美、英同盟国提出，愿依照中、苏、美、英四国波茨坦宣言所规定之日本无条件投降条款实行无条件投降。本军区已奉到延安总部朱总司令命令，负责接受本军区管辖内之日本军队投降事宜。凡依照中、苏、美、英波茨坦宣言所规定各款实行无条件投降之日本军队及其指挥机关，无论军官与士兵，交出其全部武装与军用物资，并按本军区各作战部队首长所指定地点分别集中，听候遣送回国者，均可得到生命安全之保障，并享有本军对俘虏人员之优待。但逾限不肯交出武装或敢行拒绝投降者，即用武力予以消灭。本军区特向大将阁下提出本通牒，限收到后四十八小时内答复，并饬所部实行无条件投降，以免遭受覆灭。

晋察冀军区司令员兼政治委员　聂荣臻

副司令员　肖　克

副政治委员　程子华

刘澜涛

选自《晋察冀抗日根据地》，第1册·文献选编（下），北京，中共党史资料出版社，1989年版，第1046页。原注：“原载1945年8月12日《晋察冀日报》。”

六、财金税粮

1. 冀中行署关于货币金融的法令四则

1938年6月—1939年4月

一、禁运铜元出境

训令

查前以不少县份，发现汉奸大批私运铜元出境情事，为防止敌人利用此种铜元制造军火，及本区辅币于〔予〕以减少计，业经本署以财字一三五号令饬各县遵照禁运资敌在案，兹为充实前令内容起见，复经本署十一月份第三次署务会议议决："凡商民人等贩运铜元至一千大枚以上出境者（指冀中区域而言），一经查出，即以通敌论罪。"等语记录在卷。除分令外，合行令仰该县遵照，并布告商民等人一体通〔周〕知为要！

此令

注：财一三五［号］令内容为禁运铜元出境，违者铜元没收并严行惩处。

民国二十七年十一月二十六日

二、禁运白银出境

训令

查本署前为活动金融曾有仍准自由行使现洋之规定，业经以财字第十四号训令通饬各县遵照，并经布告通知在案，惟近日来迭据各县呈报，发现商民人等有携带现洋赴敌区贩卖或购买货物等情事，请设法严禁前来等情。查奸商贪图厚利贩运白银出境资敌，此等行为实起有汉奸作用，为巩固本区金融计亟应严加禁止以免资敌，兹规定办法如下：

（一）凡赴敌区之民众，无论其作〔做〕任何工作一概不准携带现银。

（二）商民如欲到敌区购置货物而持有现银时，务须向边区银行兑换法币（并非本行钞票因到敌区不能行使），不得携带现银出境。

（三）各级政府各级自卫队部，应督饬所属严密稽查，以防偷运，与敌区接壤之各级政府及自卫队，尤应严加注意！

（四）如查获私携现银赴敌区行使及贩卖时，除将现银全部没收充公外，并严予惩罚，以儆效尤，并可提出查获银数之十分之二奖给查获人。

上列办法仰即切实遵照办理，并布告辖境民众一体严密缉［查］为要！

此令

民国二十七年六月二十六日

三、行使伪钞及贩运法币出境惩处办法

训令

……兹经本署制定行使伪钞及贩运法币出境惩处办法四条例下：

（一）凡行使河北伪钞者（七个字码五元钞、B字头十元钞）一经查获，钞票悉予没收，如证明有故意行使行为，并处以一倍以上五倍以下之罚金，其由敌区大量输入此项钞票者，以汉奸论罪。

（二）凡行使联合准备银行伪钞者，一经查获，一律以汉奸论罪。

（三）关于贩运各种伪钞者，一经查获，一律以汉奸论罪。

（四）中中交三行钞票绝对禁止贩运出境，违者以汉奸论罪。

除布告并分令外，合行令仰该县遵照办理为要！切切！

此令

民国二十八年一月六日

四、禁用杂钞及河北钞

训令

查关于处置杂钞及杂钞办法，业经本署以财字第十四号训令饬遵在案，近据报告，敌人对于该项纸币定于五月十日后，即一律禁用。兹为抵制敌人向冀中排泄废票，免使民众蒙受损失计，决定于五月一日起河北钞及杂钞一律禁止在市面流通，望速发动民众携赴敌区行使为要。

此令

民国二十八年四月十七日

原编者注：以上训令皆系根据边委会在民国二十七年所公布办法之原则而制定，关于白银、法币等问题，已根据边区政府新方针将以上规定加以变更。

选自《抗日根据地政策条例汇集——晋察冀之部》，第2辑，1942年版，第343～346页。

互校版本：《晋察冀边区财政经济史资料选编》（四），天津，南开大学出版社，1984年版，第677～679页。原注：“《抗日根据地政策条例汇集》第二辑，晋察冀之部。”

2. 晋察冀边区救国公债募集办法

1938 年 7 月

第一条　本公债由军政民统一宣传，竞赛运动劝募并指定各县政府为经收机关。

第二条　募集之现金物品，以下列各款为限：

1. 现款（边币）（法币）（晋钞以一元一角折合法币一元）。
2. 硬币。
3. 粮食。
4. 布匹。
5. 棉花。
6. 物品材料之可立时变价或可直接应用者。

第三条　经收机关收到第二条所列各款之财物时，领为国币或可立时以国币计算数额者，应即如数填给正式收据，其须变价或估价者先给临时收据，俟变价或估定后，再换给正式收据。

第四条　正式收据及临时收据，由县政府制发之。

第五条　各县如以粮食物品抵购公债票有超过该县派购债票总额时，其超过之数二个月内补还之。

第六条　各县政府经募此项公债须按合理分配办法劝购，不准随粮摊派。

第七条　凡持有第四条之正式收据者，得向原出收据之经收机关，按照收据所载金额换取同额救国公债票，其开始换发日期，由县政府公布之。

第八条　县政府经收公债票款，限至本年六月二十日以前，至少完成会议决定收买粮食布匹等计划数量。

第九条　凡应募或经募公债多的机关或团体，由边区政府发给奖章或登报嘉奖之。

第十条　县政府经募债票款项，应随时解交本会核收，如系粮食物品，送交各地粮站听后拨用，应将办理情形，及所收数目，随时电报本会备查。

第十一条　本办法自公布之日施行。

选自《晋察冀边区财政经济史资料选编》（四），天津，南开大学出版社，1984 年版，第 174～175 页。

3. 晋察冀边区救国公债付息暂行办法

1938 年 7 月

第一条，本办法依据救国公债条例第四第六两条订定之。

第二条，各县推销公债付息时，悉依本办法之规定办理之。

第三条，各县县政府为法定付息机关，惟为适应游击环境及便利商民起见，各县得指定各区区公所代理付息。

第四条，各县推销之公债定自本年九月一日起至九月三十日止一次付息，过期停付，于下期付息时一并付给。

第五条，本公债为无记名式，凭票付息，不挂失号。

第六条，付息手续照下列规定行之：

甲、各县应遵照颁发表式（另定）分发各区，先调查全县公债实发行数及应付利息总数。

乙、付息时应遵照颁发表格（另定）登记号码同样两份，一份存县政府备查，一份于抵解息款时一并呈送本会备案，其各区区公所愿留存查证件者，亦可照缮一份存档。

丙、付息时除证号外，必须于公债票背面印就之方格填记一格或加盖付息戳记，同一号码付息两次者，其多发利息，由经手人负责赔补。

第七条，公债利为年息四厘，计算时即将全年按十个月计，半年按十分之五计，三个月按十分之二点五计，余仿此类推。其购到公债未满一月在半月以上者，亦以一月计，半月以下者不发给利息，一月以上之零日同此计算。

第八条，息款由各县解上田赋等款汇下垫付，期满后一并汇总极〔报〕抵。

第九条，各县认购人如有已交债款尚未领到债票或已领到债票尚未交债款者，此次一律不发给其利息，俟手续完备于下期付息时核实计算补发。

第十条，各县因付利息如发生特殊困难或其他事件时，可专案呈请核办。

第十一条，本办法如有未妥适处，得呈请修正之。

填表说明：

1. 发行公债数、各种面额总数（一元、五元、十元、五十元、一百元等）应于备考栏内分别登明。

2. 本表由各县自制，分发各区调查时适用之，惟填极〔报〕本会时须由县汇列总表。

3. 应付利息时应按发票收款之月分别计算核实填列。

选自《晋察冀边区财政经济史资料选编》（四），天津，南开大学出版社，1984 年版，第 176～177 页。

4. 晋察冀边区征收救国公粮条例

1938 年 9 月

一、理由　边区以农为主，本年农产丰收，兹为坚持持久战，扩大巩固边区，充实抗战物资计，决定征收救国公粮。

二、数量　此项救国公粮，由晋东北及冀西各县统筹小米十六万石。

三、用途　此项救国公粮用以供给军食、优待抗属、救济灾荒，有余作为政府收入之一部。

四、种类　此项救国公粮以收小米为原则，但得酌量地方物产，折收杂粮、棉花、小麦或现款，杂粮限定百分之二十五，棉花、小麦各不超过百分之十。

五、征法　（一）各家全部收入，折米计算，以其人口平均，每人年均小米一石四斗以下者不收。一石五斗至二石者收百分之三，二石一斗至三石者收百分之五，以上每加一石递增百分之一，增至百分之二十为止。

（二）各家长年雇佣，准除工资工食，不得计入其家人口之内。

（三）有固定职业、经年在外者，不得计入其家人口之内。

（四）五岁以内之儿童一人以半人计算。

（五）经营工业商业或以利息度日者，按其收入折米平均计算，在规定以内，任缴何种实物或现款。

六、存储　此项救国公粮，分在各村保管，非有政府命令或军用粮票不得动用。

七、杂折　山货、水果、菜蔬、棉花、烟叶、药材种种栽培之收入，及二十只以上之羊群，统以当地标准价格折合小米计算。

八、斗秤　斗以二十七斤计算，秤以十六两计算。

选自《晋察冀边区财政经济史资料选编》（四），天津，南开大学出版社，1984年版，第180～181页。

5. 晋察冀边区救国公粮储存保管办法

1938年11月

一、为节省运输便于支配计，各乡村所征公粮以分存各该乡村为原则，接近敌区或临近火车路之村乡，所征公粮，须移存于安全地区或由政府尽先动用。

二、一户所出公粮在一石以上者，仍由该户存储，其在一石以下者，数户集中一户，或觅公共地点存储。

三、各村各户所存之公粮，须能随时交出，不得借故拖欠。

四、各村各户所存之公粮，即由各该村户负责保管，不得损失糜烂，否则照数赔偿。

五、未经政府命令或无军用粮票，任何人不得动用公粮，否则照数赔偿。

六、各村所存公粮种类、数目、地点，均须造具底册，分存区村公所并由区造总册呈县以便统计分配。

七、区村每月动用公粮若干，须于月底将支付命令及军用粮票报县注销。

八、各县每月动用公粮若干，须于月底汇报上级注销以便稽核调度。

选自《晋察冀边区财政经济史资料选编》（四），天津，南开大学出版社，1984年版，第187页。原注："晋察冀边区行政委员会《指示信》第2集，1939年7月。"

6. 晋察冀边区军用粮票使用办法

1938年11月

一、本委员会为适应游击战争便利军食之供给，并平衡人民负担计，制定军用粮票，按各部队人数分发使用，爰规定本办法。

二、军用粮票分二十斤票、一百斤票、五百斤票、一千斤票四种，领用粮食分小米、玉黍面、小麦、花料四种。

三、每月月终由本委员会按各部队人数、马匹、驮骡应需给养花料数目，发给下月之适量的粮票，各部队凭票向村中领用救国公粮。

四、各部队凭军用粮票向村公所领用粮食时，需通过所属区区公所，以便分配，而免挹注之繁，如军事吃紧，往返有误者例外。

五、各区公所于各部队接洽领粮时，需就各该部队所住地附近村庄妥为分配，以免各村存粮偏枯过剩之虞。

六、各村公所于接到粮票时，须立即按粮票所开粮类斤数照付食粮，如部队所需粮食小于粮票所开数目者，各村公所得以小额粮票找零，以使所付粮数与票额相等。

七、各村收到之军用粮票，于每月月终呈解区县政府核算，就其储存救国公粮项下核销，如某村支付粮食数量超过所存救国公粮时，县区政府应从他村输入补还。

八、本办法自民国二十八年一月一日起实行。

附则：

1. 从本办法实行之日起，各部未持军用粮票者均不准向地方要粮食，违者法办。
2. 军用粮票，只限军用，不得转移民商，违者以贪污论。
3. 军用粮票上所开之粮种粮数，不准挖补涂改，违者粮票作废，并依法惩处。
4. 伪造军用粮票以伪造钞票论罪。

选自《晋察冀边区财政经济史资料选编》（四），天津，南开大学出版社，1984年版，第188～189页。原注：“晋察冀边区行政委员会《指示信》第2集，1939年7月。”

7. 晋察冀边区行政委员会禁粮出境通令

1939年2月公布

县长、县佐：

据报敌寇华北驻军粮秣大感缺乏，特于津济平时〔石〕张等地各设军用经理处，大批收集粮秣，致华北各地，粮价日益涨等情，查粮秣为军用要品，关系胜败至巨，故本会禁粮出境，已不啻三令五申，今者敌寇在各地着着溃败，又复大批收集粮秣图作最后挣扎，若不严加防范，深恐各县日久玩生，非惟中敌奸计，无异为虎添翼，抑且易使民食军用发生恐慌，影响抗战殊非浅鲜，合行再申前令，仰各该县长（佐）务须注意及此，针对敌人奸计严禁运粮出境，倘有奸宄之徒，置民族国家益利于不顾，而有运粮资敌从中渔利情事，除准将粮食全数没收外，并以汉奸论罪，惟在本边区各县互相调剂民食者，不在此限，仰即遵办，并转饬所属一体遵办为要！此令。

（二十八年二月公布）

选自《抗日根据地政策条例汇集——晋察冀之部》，第2辑，1942年版，第367～368页。

8. 晋察冀边区行政委员会关于政工人员生活津贴费的规定

1939年2月25日

专员：
县长：

查各级政府工作人员之生活费前以社会聚讼纷纭，复因战时财政困难，本会通令减低，以示生活均等，乃实行以来，问题滋多，有家室之累者，即难坐令饥寒，无家室之累者，亦感手头拮据，以致穷人离职，转而经营家业，富人畏苦，不肯献其所能，平均主义造成关门主义，吝惜小费，所得不偿所失。兹为网罗人材〔才〕决定予以变更，饭费仍维原案一律月支六元，服装冬季九元、夏季五元，零用各级政府首长十元，秘书科长八元，科员六元，办事员书记四元，特务、勤务、杂役人等二元，区长同于科长，助理同于科员，自三月份起实行，其有经济绰裕自愿减低者听。仰即转饬所属一体遵照。

此令！

选自《抗日根据地政策条例汇集——晋察冀之部》，第2辑，1942年版，第85页。

9. 晋察冀边委会为普遍设立银行办事处及代办所令

1939年3月30日

专员、县长、县佐：

查本会为完成经济建设，准备反攻力量计，决定在本边区各县，普遍设立银行办事处，及代办所。前经令饬边区银行，拟具筹设计划书到会，业经审核完竣，准予如拟施行在案，兹将该计划之重要部分及有关各专署、各县府者，摘录于后，仰即知照，并随时协助为要！

行政专区，各设办事处一处，但冀西第一第四两专区，合设一处，均在总行管辖下推动各县代办所进行工作。

县各设代办所一处，直属于各该区办事处，但距敌区较近县份，均酌情缓设。至已设代办所县份，不用另设。

办事处设于专署所在地，与专署同行动。专署应依据货币政策，协助办事处，推行业务。

各县府（或县佐公署）应根据货币政策，督促并协助各该县代办所，推行业务。

代办所，由各县贸易局，或公营事业代理之，暂不设员，为慎重业务起见，由代办所指定专人管理之。

代办所，月给津贴十元，如因解送款项等事，需用旅费，得按本月规定，由该管办事处核发。

办事处警卫甚少，应由专署负保护之责，如遇解送款项，亦向专署派和〔适〕当武装护送之。

各县代办所之设置，俟各区办事处成立后，径向各该县接洽成立。

现在银行库存，不敷各代办所之分配，所有代办所需用之基金暂由各该县署筹拨之。

当此抗战时期，各县代办所主要任务，在于“破坏敌人金融”“维持边币价值”“吸收法币”“推行边币”以稳定边区金融，各处所推行业务，宜按各地情形，灵活运用之，而各级行政机关亦应本此意旨多方协助！

此令

选自《晋察冀边区财政经济史资料选编》（四），天津，南开大学出版社，1984 年版，第 680～681 页。原注：“《抗日根据地政策条例汇集》第二集，晋察冀之部。”

10. 晋察冀边区行政委员会关于粉碎敌伪货币阴谋的指示

1939 年 3 月

我们接得各方面的情报，并且从汉奸报纸上也看到：“敌伪现在正加紧推行他〔它〕的货币政策。”他〔它〕的办法是：

一、对于法币（中中交农）及平津各行杂钞，统限于本年三月九日以前陆续收回，过期即禁止流通，而代之以伪联合准备银行钞票。在二月十九日以前，法币及平津各行杂钞，按九成收回，二月二十日至三月九日以前按六成收回，三月十日以后即停止行使。

二、对于山西省银行、晋绥地方铁路银号、绥西垦业银号、晋北盐业银行所发行的纸币，也是在二月十九日以前按票面九折使用，二月二十日以后至三月九日以前按票面六折行使，三月十日以后，即禁止通用。至于山西境内流行之小额通货，除掉按照上列办法实行贬价外，所不同的只是把禁止行使期间延长到民国三十年五月三十一日。

我们根据敌伪的货币政策，来估计它的企图，约有下列几种：

一、肃清市场：敌人虽然大量的〔地〕发行伪准备钞票，强迫敌占区民众行使，但是一般老百姓都知道敌钞是毫无准备、不兑换的纸片，所以都不乐意用它。相反地，我们法币的价值信用，却是大大的〔地〕提高了，不仅在租界内仍然是法币的市场，就是一般敌区民众买卖货物，也还是以法币作标准的。同时平津各行杂钞，如大中、农工、盐业、垦业、实业、中南等等，在市面上流行的数量也不在少。这一切，都使敌人感到不舒适，是敌人企图攫夺市场大量发行伪钞的最大障碍。敌人为了肃清市场上流行的法币及杂钞，遂行其货币一元化的政策，才规定出这种限期停使的毒辣办法。

二、吸收法币：我中央政府宣布了限制外汇的办法以后，虽然给了敌人一个极严重的打击；但在今天说起来，敌人仍然可以把吸收得的法币——当然只能是小部分，通过外人的路线，汇到英美各国，提取我们的现金，来补充他〔它〕巨额战费的消耗，或用以购买机械武器，充实其武装力量，这是第二个原因。

三、日寇自发动侵略战争以来，已经二十多个月了，因为巨额战费的消耗，敌国的财政，已经沦于破产："经济奇窘，财源枯竭，物价高涨，民生困苦"，到处笼罩着凄惨的气氛。这一切，都是敌人的致命伤，但是敌人为了作垂死的挣扎，除了拼命的〔地〕榨取其国内人民的脂膏外，他〔它〕更在我国成立所谓"联合准备银行"，大批发行纸币，企图攫夺我方资财，来坚持他对华的侵略战争，无奈他〔它〕所发行的伪钞，只能在被敌人占领的几个死城市和铁路线上强迫民众行使。其他的地区，都是我游击队的势力范围，伪钞是决〔绝〕难打进去的，于是敌寇才规定"法币及各种杂钞限期停使"的办法，企图把法币和杂钞大量的〔地〕吸收到他的手里，好从我们的地区内购买一切原料和物品！

上面是敌伪货币阴谋最明显的事实。

我们既然彻底地了解了敌伪的阴谋诡计，我们就应该针对着敌伪的这种企图，予以迎头痛击！

我们的办法是：

（一）法币（指中、中、交三行钞票而言，农钞另有规定）：

1. 加紧执行我们从前所颁布的货币政策，绝对禁止法币外流。

我们要保证不让敌人吸收一张法币去，如有携带中央中国交通三行钞票出境者，一被查获，除全部没收外，并以汉奸论罪，无论军民查获，一律提奖十分之一。

2. 边区内部贸易，一律以边钞为本位，持有法币者，于交易时须兑取边钞，违者法办。（但法币的保存，还是允许的。）

3. 本区商人有向敌区购买必需品者，应先到县区政府登记，由边区银行兑给杂钞，出外购买，绝对不准携带法币出境（指到敌区言）。其有贪图私利，不顾民族利益，故意违犯者，按照第一条之规定处理之。

4. 对于输出土货的商贩，应加强统制，我们要使他们尽可能的〔地〕把法币吸收回来，或换回本边区内必需的货品来，绝对不准收用伪钞。

5. 我们仍然要加紧进行兑换法币运动，凡民众存有法币者，均应劝其速向各地政府或银行兑换边钞，免使法币外溢。

6. 对敌区同胞，要加紧进行宣传，鼓动他们保存法币，不去兑换敌伪钞票。

（附注）农钞本来也是法币，在国内行使，原没有什么区别，不过敌伪因农钞没有外汇，已经拒绝行使，如果我们不设法稍加限制，一定会使本边区的金融趋于紊乱。所以我们对于农钞的处理办法，仍然要维持本会去年六月一日财务字第七号令文的规定："民众以农钞交粮纳税者，准按二成搭交。（如交粮纳税十元者，准搭农钞二元；其余八元，应交其他钞票。）”

原编者按： 此项命令现已废止，现在中、中、交、农四行钞票均一律行使。

（二）杂钞

1. 各种晋钞（土货券在内）仍照旧行使，河北省钞票（指事变前的旧河北钞）也仍照旧通用。但是敌人伪造的“河北省银行钞票”（如大红袍之类），却必须严厉打击出去，绝对不准在我们区域内行使。

2. 对于大中、农工、实业、盐业、垦业、中南等银号钞票，要加紧打击出去：

（1）向民众进行深入宣传，使他们赶快用杂钞去向敌区购买货物，务使此种杂钞，全数推到敌区，免受损失。

甲、由各级政府或各群众团体以及贸易机关合作社等向民众收集此种杂钞（并不是要拿其他钞票收买民众的杂钞），集体向敌区购买货物，回来后再分货，或者卖成钱分钱。

乙、向民众进行宣传，劝他们把自己所存的杂钞，拿出来凑在一起去买货，可以免受奸商的剥削。

（2）各级政府对于上列各种杂钞，应该斟酌地方上实际情形，自行规定具体办法：

甲、贬值（因各地情形不同，故本会不拟代定贬低成数）。

乙、拒绝行使。

这样一来，杂钞自然会很快地跑向敌区里去。

3. 各县所流行的河北银钱局的铜元票，也应该实行“贬低价格或拒绝行使”的办法，把它打击出去。好在我们的角票，不久就可以大批发行了，找零是不成问题的。何况各县还有一些公的私的角票呢！

（附注）保商银行的钞票，已经本会明令拒绝行使了，所以这里不再列入。

（三）伪钞：伪联合准备银行、冀东银行、满洲银行、朝鲜银行、察南银行、蒙疆银行等，所发行的各种钞票，以及伪造的河北省银行钞票（大红袍之类），都是敌人用以吸收我方资财的魔鬼，它没有一点准备金，更没有一点信用担保，它只是一张彩印的废币，和阴曹地府的冥钞差不多，我们应该劝令民众一致拒绝行使。如仍有携带入境或私相授受者，一经查出，除全部没收外，并以汉奸论罪，查获人提奖十分之一，但是应该注意：

1. 查获的伪钞不要再用以往极笨的撕毁或烧掉的处置方法，因为我们还可以拿它去敌区买货物——用它的锤头捣它的眼。

2. 对于敌占区的民众，不应该因为他们带有伪钞，就随便给它〔他〕们戴上一顶汉奸帽子（对真汉奸当然不客气）。我们应该用政治说服的方式，争取它〔他〕们尽可能的〔地〕拒绝行使伪钞，以瓦解敌伪的经济统治。因为在敌伪高压之下的敌区同胞们，是没有立时拒绝行使伪钞的力量和办法的，我们应当体谅他们。

（四）边钞：我们的边钞，不仅基金充足、价值稳固，并且曾经中央政府合法批准，已在群众间树立绝大威信，我们应该再深入的〔地〕向群众间进行宣传解释的工作，使老百姓都知道巩固边区财政就是巩固边区抗日根据地、保卫自己身家性命的一个基本条件，而欲巩固边区财政，尤必须巩固边钞信用，对于我们所发行的边钞，都应十足通用，绝不得故意折扣边币价格，或明推暗抗不愿行使，违者严加惩处。总之，我们要设法保证边钞与法币价格的平衡，以提高与巩固边币信用。

此外，我们为了：

1. 激发敌区民众的爱国情绪，扩大我们边钞的政治影响。

2. 使我们能够大量的〔地〕发行边币，来代替法币，避免法币外流。

3. 在敌区内扩展我们的边钞市场，驱逐伪钞。

我们还要尽量向敌区推行边钞，争取一般敌区的同胞都来行使边钞，设法把边钞提成敌区的本位币，以瓦解敌伪的经济组织！为使这一工作能够顺利的〔地〕执行，我们欢迎敌区同胞用边钞来内地购买货物，凡公营的贸易机关，要尽可能的〔地〕给予一些优待（如减低货物价格等）。我们要用英勇的进攻姿态来扩展我们的边钞市场！

为什么我们要决定这样的办法呢？

（一）法币价值稳固，绝不会因为敌人的"限期停止流通"，而使法币的信用受到影响。相反地，这正说明了"敌人企图大量吸收法币，以补救其濒入崩溃的财政，肃清市场以建立其经济统治"的阴谋，是如何的险狠刻毒！但一般敌区或接近敌区的老百姓，因为政治文化水准低下，竟有中了敌人的诡计，而用法币去兑换伪钞的。更有一般奸商也乘机大作〔做〕其钞票买卖。这不仅是我们抗战的绝大损失，而且是不可饶恕的罪恶！所以我们要绝对禁止法币外流，要保证不让敌人吸收一张法币去，不让一张敌伪钞流进来。

（二）平津各行杂钞，本身是没有外汇的，现在敌人叫他〔它〕们（各该行）限期收回，他〔它〕们处于敌人高压之下，是无可如〔奈〕何的。如果我们仍然十足通用的话，一定会收到下列的坏结果，而无法收拾！

1. 敌区贬价，我们如仍十足通用，结果，敌区所流行的杂钞，必然会大量的〔地〕流进来，我们的地区，便成了杂钞充斥的市场，使敌人白白的〔地〕用废纸，换走我们好多货物，这是算不来的一个大损失。

2. 假如杂钞在敌区一旦停止行使了，那么我们边区内所有的杂钞，也便成了废纸，一文不值，这更是一个不可补救的损失。

我们为了避免将来的更大的损失，所以才决定了"驱逐杂钞"的办法："实行贬值或拒绝行使"。我们希望能把杂钞完全打击出去！固然在目前持有杂钞的人，不免要多少受一点损失，但是"小不忍则乱大谋"，恐怕将来的损失是更要大的！我们要求各级政府各群众团体把这一点向民众广泛的〔地〕宣传解释，使他们彻底了解这些道理！

（三）山西省各银行号还在我们手里，而且他〔它〕们所发行的钞票是曾经中央承认的，所以我们对于各种晋钞及土货券还要照旧行使，但是有一点应该注意：就是当敌伪把吸收去的晋钞大量的〔地〕向我们边区内购买货物，或拼命的〔地〕向我们边区内推销的时候，我们为了打击敌人的货币阴谋，就必须采取断然处置！至于河北省银行钞票（伪河北钞不算），因为敌人一直到今天，还没有明白宣布：限期收回或禁止行使，而且在冀中冀西流行的数额还是相当的大，假如也要施行贬值或拒绝行使的话，可能引起社会上的大不安。同时我们又估计到敌人在掠夺了我们的河北省银行以后，曾用河北省银行的名义，印发了不少的伪河北钞，敌人为了维持他〔它〕所发行的这一部分伪河北钞的信用，敌人短时内不见得就要禁止流通。所以我们在目前对于河北钞票（指旧河北钞），也暂时照旧行使。等到敌人方面有什么变动，和我们的边钞能够大量的〔地〕发行的时候，再另行决定办法。

（四）伪钞是一文不值的废纸，我们不能叫敌人用废纸来攫取我们的资财，制造枪炮炸弹来残杀我们！边钞是我们的命脉，我们不能巩固我们边钞的信用，就不能支持这长期的抗战。所以我们要："严禁行使敌伪钞，不让一张敌伪钞流进来，巩固与提高边钞信用，扩展边钞市场！"

上列各项办法，是我们粉碎敌人货币阴谋、粉碎敌人经济侵略的一个有力武器。但这些办法的执行，却是一件非常艰苦的工作，必须军政民一齐动员，宣传，解释，检查……才能生效，所以我们希望各级政府要配合各群众团体以及当地驻军要展开广泛地热烈地讨论，把讨论所得的结果，具体地去布置，切实地认真地去执行！

"抗日的民族革命战争，不只是军事的政治的斗争，而且是经济的计争，这表现的〔得〕最尖锐的是货币的斗争。"我们要为粉碎敌人的货币阴谋而斗争！完结。致以

抗礼

选自《晋察冀边区财政经济史资料选编》（四），天津，南开大学出版社，1984 年版，第 686～695 页。

11. 晋察冀税务稽征局办事细则

1939 年 9 月

第一条　本边区各县税务稽征局员巡稽征税务，除依各县税务稽征暂行办法及其他法令别有规定外，应依本细则之规定办理之。

第二条　本局职员之职权规定如下：

一、局长负考察全县税务，审定比额，计划整理并监督指挥所属稽征之责。

二、副局长协同局长襄办全县税务并兼办会计员征解及保管税款税票、登记帐〔账〕簿之责，有指挥监督所属员役之权，为明职责起见，行文表报并应副署。

三、文书员承正副局长之命缮拟文件调查统计表册及保管卷宗等事宜。

四、稽征员承正副局长之命，办理批算查验书票经收税款及调查商业状况，督同巡查员稽查偷漏及其他一切事宜。

五、巡查员协同稽征员办理批算查验书票及稽查偷漏等一切事宜。

第三条　各局所属区村应设分局几处，由正副局长考核情形择要设置报会备查。

第四条　各局暨所属各分局应支经费，依税务征收暂行办法第六条之规定，由局造具预算呈经本会核准之。

第五条　各局暨所属各分局应用稽征员巡正副局长，得依稽征员巡任用暂行办法任用，任用办法另定之。

第六条　各局领用票据，应用骑缝字第字之上，冠以某县县名之首一字以示识别，此项冠字各局以木戳加盖之。

第七条　商人纳税时，应令开具品类数量运销地点，均交由稽征员、巡查员批算查验相符收款后，即予填给税票，不得留难。

第八条　票照内应填税详〔洋〕，数目字写大写，如填写错误不准涂改，只准画圈旁注，报明主管局长或副局长盖章证明，但错误重大者应另票填给，除将错误之票照月终列入开除项下，一面即时声叙错误缘由，送交主管局长核明，转呈本会核销，否则以舞弊论。

第九条　各种票照除印照每张收工料价洋一分，分运单收工料价洋五分，及法令别有规定者外，其余票照及罚金收据等，一律每张收工料价洋二分。

第十条　各局领用票照须加意保管，如有污损遗失，除印照每张赔偿二十元外，其余票照每张一律按五十元赔偿，倘有舞弊情事，并应按照舞弊惩处暂行条例惩处之。

第十一条　每日所收税款工料费，应于晚间造具传票送交副局长核收，分款登帐〔账〕不得存留，局长并应随时稽核，以免错误（传票式另定之）。

第十二条　各局及分局查获漏税案件，除印花税票案件另有明文规定外，应立时讯明处办，不得徇延，倘有商人违抗不服，应立即叙明案由，备文送交司法机关办理，并将处理情形月终表报本会备查。

第十三条　各分局征收税款每届十日同票根送总局汇核，列表报解本会核收，不得迟延（月报旬报表式另定之）。

前项票照缴查呈缴时，应分别总分局及票照性质装订成本（每本至多一百张）加以票面以免散佚（票面式另定之）。

第十四条　烟酒商在各局未成立前，旧存之烟酒均应照征存烟存酒税。

第十五条　各局除印信由本会颁发外，所属分局钤记由各局自行刻置。

第十六条　征收纸币以边区银行钞票及法币为准，晋钞晋东北各县可通用，每月并应将所收各种纸币数目分别注明于票据帐〔账〕簿之内，实收实解不得调换，违则以舞弊论。

第十七条　本细则自公布日施行，如有未尽事宜，得由局声叙理由呈请本会修正之。

选自《晋察冀边区财政经济史资料选编》（四），天津，南开大学出版社，1984年版，第207～209页。

12. 晋察冀边区各县税务稽征局会计规则

1939年9月

一、各局征解税款处理事务除别有规定外，依本规则办理之。

二、会计之职务如下：

1. 编造概算决算及每月预决算事项。
2. 报解各项税款事项。
3. 保管款项及单照票据事项。
4. 经费之请领及支付事项。
5. 各种表册簿籍登记事项。

6. 稽征税款及局长交办事项。

三、各局会计对于本局一切出纳款及各种票照，应随时稽核，如事后发生错误，应负赔偿之责。

四、会计帐〔账〕簿应按下列种类登记之：

1. 现金日记帐〔账〕。

2. 税款收支分类帐〔账〕。

3. 经费收支分类帐〔账〕。

4. 票照单据分类簿。

五、帐〔账〕簿启用前在皮面上须写明帐〔账〕簿名称及启用年月加盖本局印信，里面并应写明帐〔账〕簿页数及保管人员姓名。

六、收支款项应逐日与票据核对，分类结算登记，每十日由局长分别查核盖章，月终结算亦明之。

七、帐〔账〕内记载之字迹必须缮写清楚，数字位置尤应排列整齐，如有错误用红线二道划销更正，即时声述理由，送请局长证明，不得有刀刮皮擦及粘贴、涂改、撕毁等情事。

八、每日所收税款，应悉数存入指定银行或商号，如有特殊情形，紧急事变时，由局长或副局长随身携带负责保管。

九、各局向存款银行或商号遵章动用，留抵解拨各款时须填具支票由局长、副局长共同盖章后，始准提取。

十、各局驻在县份如无边区银行及代办分金库能负解款之责者，应由局长遴派妥员送交或由局长负责委派殷实商号代解，并须将该商号营业资本先期呈报备案。

十一、凡奉命指拨军饷或其他机关经费，应即时取具正副收据，局存副收据，其正收据由局呈本会抵解。

十二、各局经费须按核定预算总数，于月终准由税款内开支，备具总收据呈请本会抵解。

十三、各局每月开支经费，须取具各项收据编订单据粘存簿连同支出计算书呈送本会核销。

十四、本规则自公布之日施行。

选自《晋察冀边区财政经济史资料选编》（四），天津，南开大学出版社，1984 年版，第 210～211 页。

13. 晋察冀边区税务征收暂行办法

1939 年 9 月

第一条　本边区各县一切税务，为加强行政效率划一事权并便于稽征起见，在各县分别设局征收，定名为某县税务稽征局。

第二条　各县应征税捐，暂按下列六项征收之：

1. 烟酒税。

2. 烟酒牌照税。

3. 印花税

4. 外货入境税。

5. 营业税。

6. 本产货物出境税。

第三条　各总局设于县政府（或县佐公署）所在地，所属区村得按税收情形，酌设分局，定名为某县税务稽征第×分局。

第四条　各局经征人员，由下列人员分配组织之：

1. 局长一人，由本会委派县长（或县佐）兼充。

2. 副局长一人，由本会委派。

3. 文书员一人。

4. 稽征员及巡查员各若干人（分局在内）。

5. 勤务一人。

6. 分局稽征员一人，巡查员一人至三人。

第五条　各局所收税款每届十日呈解本会核收，如解送困难至迟须于月终一并呈解。

第六条　各局（包括分局在内）每日应支经费数目，按实际情况，在本会规定数目范围内，由局造具预算，呈经本会核准施行。各局及分局应支经费另表定之。

第七条　各县税捐所需票据，由各局先期向本会请领备用，各局不得自行印制，违者以舞弊论，并须将填过票据缴查，按月呈交本会审核。

第八条　本办法自公布之日施行。

选自《晋察冀边区财政经济史资料选编》（四），天津，南开大学出版社，1984年版，第214～215页。

14. 晋察冀边区征收烟酒税暂行条例

1939年9月

一、本条例依照所颁条例参以边区情形规定之。

二、烟酒两类之税率规定如下：

（一）水烟每斤征收税洋如下：皮烟丝二角，陕甘棉烟一角八分，清化水烟一角六分，本产水烟一角四分。

（二）旱烟烟丝每斤征收税洋五分，本产烟叶烟茎及本产小兰花烟为奖励输出并抵制纸烟起见，均一律免征产销税，出境税另有规定。

（三）烧酒（绍、汾、潞各种药酒均属之）每斤征收税洋五分，但绍兴酒每斤征收税洋二角（暂禁烧制，已以临财赋字第五号令明令禁止）。

（四）黄酒、柿酒每斤征收税洋四分，枣酒暂时免税。惟只限于废枣利用，好枣另定统制办法，不准酿酒。

（五）洋酒（凡各种洋酒及火酒及葡萄酒均属之）暂定为值百征五十，按照价值抽收，以海关征收关税估价表为标准，天则以批发市价核实征收（暂禁入境已以临财赋字第二四号令明令禁止）。

三、商人纳税不问数目多寡，一律依上列税率缴纳边区银行钞票及指定法币，如愿缴铜元者依当地时价核实折征。

四、凡本边区制卖烟酒者，均于产地照第二条税率征收一道，如须〔需〕运销他处时并应于起运前将品类数量报明征收机关，只要票货相符不再征税。倘非本边区所产之烟酒，输入本边区各县销售者，不问产地已否征税，于销地卸货地将品类、数量报清查验照第二条税率纳税一道，但为稽征便利起见，得于入境第一征收机关征收之。

五、凡已纳税之烟酒除由征收机关填签本会所颁税票外，并应粘贴印照以凭查验。烟酒在百斤、五十斤、十斤、一斤以上者，应贴甲、乙、丙、丁种印票。

六、征收机关每届月终应造具税款月报表连同缴查及税款于下月十日前分别解缴以资稽核。

七、商民制销烟酒有违章行为时，依下列规定处罚之：

（一）明知为私贩烟酒故意购买者，除补税外照税额处以三倍至五倍之罚金。

（二）藏匿、制销、贩运私烟私酒及票货不符者，除将货物充公并按货值处以二倍以上五倍以下之罚金。此项充公货物应由各局会同当地县区村长及商会等机关营业拍卖，并取具货主收据月终专案汇报本会，并须于旬月报表内增添私烟私酒复价两栏、核列实报价款完全解上，不得扣留充奖。

（三）不受检查或藉〔借〕端抗拒者，处以五元以上五十元以下之罚金。

（四）伪造或私改纳税票者，应照伪造有价证券，送当地司法机关依法惩治，前项罚金以二成充奖八成解上。

八、本条例自公布之日施行，如有未尽事宜得随时修正之。

选自《晋察冀边区财政经济史资料选编》（四），天津，南开大学出版社，1984年版，第216～217页。

15. 晋察冀边区行政委员会烟酒牌照税暂行条例

1939年9月

一、凡以华洋烟酒为业者，应一律遵本条例请领牌照，但专售本产烟叶烟茎不兼售其他烟类者免领牌照。

二、烟酒商于开业之始，应先将经理姓名、商号名称、营业地点、资本额以及营业种类详细列表填具申请书呈报该营〔管〕经征机关登记，经查核相符照章征收牌照税，按级填写牌照交商存执。

三、营业牌照分烟类、酒类、洋酒类三种，年分四季具领，以一、四、七、十等月之一日至十日为换领牌照时期，不得逾限。

（一）烟类营业牌照分整卖、零卖两种：

凡以烟类大宗批发与〔予〕零卖商人者，为整卖营业，计分三级。

甲、卷烟厂商之分公司及特约经理分销处，每季纳税银一百元。

乙、趸批买卖之烟草行，每季纳税银四十元。

丙、经理各种烟类批发店，每季纳税银二十元。

凡贩卖烟类零售［予］消费者为零卖营业，计分五级。

甲、开设店肆营售一切烟类者，每季纳税银十二元。

乙、他种商店大部分兼营一切烟类者，每季纳税银八元。

丙、他种商店兼售一切烟类者，每季纳税银四元。

丁、设摊零卖烟类者，每季纳税银二元。

戊、零售烟类之负贩者，每季纳税银五角。

（二）酒类营业牌照分整卖零卖两种：

凡以酒类大宗批发与〔予〕零卖商人者，为整卖营业，计分三级：

甲、每年批发满二十四万市斤以上者，每季纳税银三十二元。

乙、每年批发满十二万市斤至未满二十四万市斤者，每季纳税银二十四元。

丙、每年批发二万四千市斤至未满十二万市斤者，每季纳税银十六元。

凡以酒类零星售与〔予〕消费者，为零卖营业，计分四级：

甲、开设店肆贩一切酒类者，每季纳税银八元。

乙、他种商店兼售一切酒类者，每季纳税银四元。

丙、设摊零售酒类者，每季纳税银二元。

丁、负贩零售酒类者，每季纳税银五角。

（三）洋酒类营业牌照分整卖、零卖两种（洋酒暂禁入境，洋酒牌照亦暂停换发）：

整卖营业计分两级：

甲、各机制酒厂、进口商酒厂分公司及国家经营等，每季纳税银五十元。

乙、各代理及批发洋酒类商店，每季纳税银十五元。

（四）零售营业计分两级：

甲、各酒楼旅馆及酒吧等类，每季纳税银十元。

乙、各零售洋酒类商店，每季纳税银五元。

凡同时兼营烟类酒类及洋酒类或同时兼营整卖、零售者，均应分别领照各按定额纳税。营业牌照应悬于众目易见之处，其负贩者得随身携带，以便稽征机关随时检查。

营业牌照如有污损时，应随时检同污损之照申请换发，新照如有遗失，应详叙理由，觅取妥保申请核明补发，每次纳税五角。

四、烟酒营业牌照由边区行［政］委员会财政处印制，发交各局转发各商按季换领。

五、新营者无论在每季之任何月份领照均作一季计算，营业牌照核准发给后，如欲变更等级应于一月前声请核办。

六、未领营业牌照为第一条之营业时，除责〔令〕领遵章补具申请书交税领照外，处以应缴纳额一倍以上十倍以下之罚金。

七、烟酒牌照不得转卖让与或货用，违者处以二元以上五十元以下之罚金。

八、烟酒商朦〔蒙〕领牌照等级或拒绝检查时，得处以五元以上一百元以下罚金，前列各项罚金均以二成充奖八成解上。

九、本条例自公布之日起施行，如有未尽事宜得随时修改之。

选自《晋察冀边区财政经济史资料选编》（四），天津，南开大学出版社，1984 年版，第 218～220 页。

16. 晋察冀边区征收营业税暂行条例

1939 年 9 月

第一条　本条例遵照中央颁布各省征收营业税法令规定之。

第二条　凡在本边区境内营业者，除中央法令有特别规定外，一律依本条例缴纳营业税。

第三条　营业税之营业种类、课税标准、应纳税率，及交纳期限，另表规定之。

第四条　凡在本边区境内营业者，无论营业大小，均须开具下列事项，请领营业证，方准营业。

一、营业种类、字号及其所在地。

二、营业者姓名、籍贯、住址。

三、营业资本额。

四、全年营业收入估计数。

前项营业证，每年换领一次，酌收工料费洋二分，不取证费。

第五条　凡以营业总收额，为课税标准者，其营业总收入额年计不满一千元者免税，以资本额为课税标准性，其营业资本额不满五百元者免税。

第六条　凡以营业总收入额，为课税标准者，当由营业者，于每次纳税［时］以其应总收入，按帐〔账〕簿结算一次，完纳税款。

第七条　凡以资本额为课税标准者，应按实有资本总额核算，完纳税款，其有公积金、护本金者，均以资本论。

第八条　营业收入之计算，以每月营业收入总额为标准，资本额之计算，以前届结帐〔账〕后总额为标准，其新成立之营业，以其成立时资本实数计算。

第九条　以营业总收入额为课税标准者，如有分号，并就其分号课征之。

第十条　以资本额为课税标准者，总分号之资本金及公积金、护本金，不能区分时，得合计总数，就总号一并课征之。其总号在本边区外，而分号在本边区者，就其分号占用资本金额征收之。

第十一条　凡以资本额为课税标准，开业不满三月者，照三月征收之。以营业收入为课税标准，开业不满一月者，照截日营业收入数目征收之。

第十二条　凡摊床小贩、肩挑贸易等营业免纳营业税，但有门市、商号所分设之摊床，不在此限。

第十三条　营业税额之计算，系以业务为单位，如有一店而兼营数业，其税率轻重不一者，就其营业之主要部分征收之。

第十四条　营业者如变更业务，或增减资本，以及换记移转对，应立即呈报该管征收机关，换领新营业证，并须交清以前税款，方准营业。

第十五条　营业者如停止营业，应立即呈报该管征收机关，并清交停止以前之应纳税款。

第十六条　征收机关于必要时，得派员查验营业者所用之帐〔账〕簿文书货物等件，但须会同当地商会等团体及行政机关执行之。

第十七条　营业者意图偷漏税款，不请领营业证，或应换营业证而不换领者，除责令补税领证外，并照罚则罚之。

第十八条　凡营业人抗不纳税或不受检查者应停止其营业，如有聚众抵抗行为时，除停止其营业外，并得将当事人送交县政府依法惩办。

第十九条　各征收人员如有浮收滥罚或收款不发印据等情事，一经查觉或被告发查明属实者，按照情节轻重分别惩办。

第二十条　征收机关经征营业税，应按月公布一次，并编造报告表呈报财政处查核。

第二十一条　本条例施行细则及罚则另定。

第二十二条　本条例如有未尽事宜，得随时呈请修正。

第二十三条　本条例自公布之日施行。

选自《晋察冀边区财政经济史资料选编》（四），天津，南开大学出版社，1984年版，第221～223页。

17. 晋察冀边区征收营业税条例施行细则

1939年9月

第一条　本细则依据前项营业税条例施行细则。

第二条　营业商号，请领营业证时，须填具申请书，如系一月而兼营税率不同之业务，在两种以上者，应按照其营业主要部分，据实申报，申请书或另定之。

第三条　营业商号请领营业证时，应按照部定办法，资本在五百元以上者，每证贴用印花税票五角，五百元以下者贴用一角。

第四条　营业商号如将所领之营业证遗失或损坏时，应呈请征收机关补领或换领，其换领者，同时须将旧证缴销。

第五条　营业商号，应置备账簿，记载下列各事项：

一、买入货物或原料细数。

二、卖出货物或原料细数。

三、银钱收支逐日流水细数。

四、月结总数。

五、年结总数。

第六条　营业商号须将营业收入，随时记载帐〔账〕簿，不得浮记水牌，或另立副本，违者查明应纳税额，责令补缴，并照罚则处罚。

第七条　营业税由财政处察酌本边区商业情形，派员设局征收或委托县政府兼征。

第八条　营业税征收机关，应于门者〔首〕设置公告处，公布下列各事项：

一、营业税条例并施行细则，以及有关征收办法之一切文告。

二、逐日输币折合银元市价。

第九条　营业税款，应按月呈解，至迟不得逾次月十日。

第十条　营业证及营业税票据，由财政处印发，营业证为一二联式，税票为三联式，一联给营业商号，一联由征收机关税票交查，一联交财政处查核。

第十一条　营业税票据，每张收工料费洋二分。

第十二条　本细则如有未尽事宜，得随时呈请修正。

第十三条　本细则自公布之日施行。

选自《晋察冀边区财政经济史资料选编》（四），天津，南开大学出版社，1984 年版，第 224～225 页。

18. 晋察冀边区营业税罚则

1939 年 9 月

第一条　本罚则依据营业税条例第二十一条规定之。

第二条　营业商号对于每期应纳税款而推延不交，应按照下列各项，分别处罚。

一、逾限二十日以上者，加收滞纳罚金十分之一。

二、逾限四十日以上者，加收滞纳罚金十分之二。

三、逾限六十日以上者，得先停止其营业，仍追交税款，并加收十分之二之滞纳罚金。

第三条　凡违犯营业税条例第十八条之规定者，除责令分别补税领证外，并处以应补税额一倍至二倍之罚金。

第四条　违犯营业税施行细则第六条之规定者，除责令补税外，并处以应纳税额一倍至四倍之罚金。

第五条　营业商号，如有互相串通舞弊，希图偷漏税款，或假名影射、避重就轻等情事，除责令补税外，并处以应补税额二倍至六倍之罚金。

第六条　凡依本罚则补征税款及所收罚金，应照下列各项办法：

一、填给补税票据。

二、填给罚金收据。

三、受罚者之姓名字号及罚金数目，应于每月终揭示门首。

第七条　各征收机关遇有处罚案件，应随时专案呈报财政处，并于月终列表汇报查核。

第八条　罚金以二成充奖，八成解财政处。

第九条　本罚则如有未尽事宜，得随时呈请修正。

第十条　本罚则自公布之日施行。

注：

一、晋察冀边区征收营业税税率及缴纳期限表（略）。

二、晋察冀边区制造业税率表（略）。

——以制造业为限，依资本额课税，凡资本在五百元以下者免税。

三、晋察冀边区物品贩卖业营业税税率及缴纳期限表（略）。

——以贩卖业为限，依营业额课税，凡营业收［入］全年不满千元者免税。

选自《晋察冀边区财政经济史资料选编》（四），天津，南开大学出版社，1984年版，第226～227页。

19. 晋察冀边区所得税暂行办法

1939年9月

第一条　凡有下列所得之一者，依本办法征收所得税。

1. 第一类：缴纳营业税之有固定经营场所之各种营利事业所得及资产之所得，不论公营私营、公私合营，不论经常或一时之所得均属之。

2. 第二类：不缴纳营业税之无固定经营场所之各种营利事业所得及资产之所得均属之。

3. 第三类：自由职业者，其他从事各业者之薪给报酬所得称“薪给报酬”，不限于薪金；凡以劳力、智能、技艺直接换取之金钱物资报酬均属之。

第二条　下列各种所得，免征所得税。

1. 脱离生产之党务人员、军队人员、政权人员、合作社人员、公营企业人员、群众工作人员、邮务人员、杂务人员、士兵、教职员之生活费及薪金。

2. 工人之工资。

3. 合作社之营业所得，但其不以社员为主要供销对象之营利所得不在此限。

4. 政府批准之公益事业，非营业性之公营事业及区级以上脱离生产军政民选人员以自身劳力经营之工农所得。

5. 革命军人及政工人员家属受补助之收入，或因革命伤亡所受赏恤之所得。

6. 矿业。

7. 边区银行之所得。

8. 报社、新闻机关之所得。

9. 其他不属于第一条各项之所得。

第三条　第一类、第二类所得，系指其总所得除去业务必要消耗费后之数额。

第三类所得系指其总收入，但自由职业者之设有事务所，或其他组织者准予除去业务之必要消费。前项所称“业务必要消费”系指经营人员之消耗、工资、土地或房屋之租金，机械器具之修缮费、使用费及保险费、广告费、旅费、获得收入上之必要负债之利益，折售、盘存、消耗、不能收回之呆帐〔账〕及其他营业上必要之消费，但其家属费用、营业上扩充或改革设备之费用，足以增加其原有价值者，以及自由之赁与、税额罚款等，不得列入业务消耗。对家事与营业兼用之土地或房屋之租金或其他费用应估计属于营业之专用部分计入业务必要消费。业务必要消耗系指最低限度之必要消耗，不等于实际消耗，此项最低之必要消耗具体数额得由该管政府根据当地情况订之。

第四条　各类所得之免税点依下列规定：

第一类：以户为单位，以每半年所得二千元为免税点。

第二类：全家每人（指在家生活之非经营人员）每半年所得二千元为免税点。

第三类：每一收入所得人每月所得三千元为免税点。

免税点以下者不征，免税点以上者，只就超过部份〔分〕征税，一户同时有数种所得者，以其主业除一“免税点”，以免重复。

第五条　各类所得户之累进，依下列规定：

甲、第一类所得及第二类所得之税率，依下列规定：

每户半年纳税收入未满三千元者，征税百分之三。

每户半年纳税收入三千元以上未满六千元者，征税百分之四。

每户半年纳税收入六千元以上未满一万元者，征税百分之五。

每户半年纳税收入一万元以上未满一万五千元者，征税百分之六。

每户半年纳税收入一万五千元以上未满二万元者，征税百分之七。

每户半年纳税收入二万元以上未满二万五千元者，征税百分之八。

每户半年纳税收入二万五千元以上未满三万元者，征税百分之九。

每户半年纳税收入三万元以上未满四万元者，征税百分之十。

每户半年纳税收入四万元以上未满五万元者，征税百分之十一。

每户半年纳税收入五万元以上未满六万元者，征税百分之十一。

每户半年纳税收入六万元以上未满七万元者，征税百分之十二。

每户半年纳税收入七万元以上未满九万元者，征税百分之十四。

每户半年纳税收入九万元以上未满十一万元者，征税百分之十五。

每户半年纳税收入十一万元以上未满十三万元者，征税百分之十六。

每户半年纳税收入十三万元以上未满十五万元者，征税百分之十八。

每户半年纳税收入十五万元以上未满二十万元者，征税百分之二十。

每户半年纳税收入二十万元以上未满二十五万元者，征税百分之二十二。

每户半年纳税收入二十五万元以上未满三十五万元者，征税百分之二十四。

每户半年纳税收入三十五万元以上未满四十五万元者，征税百分之二十六。

每户半年纳税收入四十五万元以上未满六十万元者，征税百分之二十八。

每户半年纳税收入六十万元以上者，征税百分之三十。

以百分之三十为累进最高率。

乙、第三类所得之税率依下列规定：

每月纳税收入未满一千元者，征税百分之二。

每月纳税收入一千元以上未满三千元者，征税百分之三。

每月纳税收入三千元以上未满五千元者，征税百分之四。

每月纳税收入五千元以上未满七千元者，征税百分之五。

每月纳税收入七千元以上未满九千元者，征税百分之六。

每月纳税收入九千元以上未满一万一千元者，征税百分之七。

每月纳税收入一万一千元以上未满一万三千元者，征税百分之八。

每月纳税收入一万三千元以上未满一万五千元者，征税百分之九。

每月纳税收入一万五千元以上未满一万七千元者，征税百分之十。

每月纳税收入一万七千元以上未满一万九千元者，征税百分之十一。

每月纳税收入一万九千元以上未满二万一千元者，征税百分之十二。

每月纳税收入二万一千元以上未满二万五千元者，征税百分之十三。

每月纳税收入二万五千元以上未满三万元者，征税百分之十四。

每月纳税收入三万元以上者，征税百分之十五。

以百分之十五为累进最高率。

医生、工程师减半征收。

兼有数类所得者，合并计算统依其主要业务累进。

第六条　第一类第二类所得每半年调查征收一次，于每年一月及七月为之。第三类每月调查征收一次，于翌月十日以前为之。

第七条　纳税义务人，应于每年一月及七月，以申报书向主管机关申报（样式附后，由政府或税务机关印发），歇业开业迁移更换名号时，应于二十日内向政府机关或税收机关申报（样式同营业税）。

第八条　营业场所在二处以上者，或兼营业务二种以上者，在市县范围内，应将其所得金额合计，向其主要营业场所在地之主管机关，一并呈报纳税，其不合并呈报者，以意图偷税论。

第九条　在所得税调查期间，各业各区及市得组织所得税调查评议委员会，由政府、税务机关、合作社、商会或公正商人等五人至十一人共同组成，但最后决定权属于各县市政府。

第十条　主管机关接到纳税报告书后，得交调查评议委员会评议调查并考查决定后，应将结果通知纳税人，纳税人应在限期内，依数缴纳税款。

第十一条　纳税人于接到前项通知后，如有不服时，得于五日内，叙明理由，连同证明文件，请求主管机关备查。

第十二条　纳税人对于复查不服时，得于五日内，向上级政府提起申请，上级政府对申请之决定，即为最后之决定。

第十三条　在复查申请期间，纳税标准尚未决定者，应暂按原调查或评定结果依期缴税，俟最后决定，再行清算找补。

第十四条　税额在未满一元以下之零数不计。

第十五条　主管机关人员及调查评议人员，因调查评议工作之需要，得检查营业者之帐〔账〕簿、货物、存款及其他有关物件，或询问营业人。

第十六条　申报时少报所得，多报消费，或以其他不正当行为意图偷税时，一经查觉，除补征应纳之税外并课以偷税额半数以上、四倍以下之罚金。

第十七条　不为第七条之申报者，课以百元以上千元以下之罚金。

第十八条　不依期限纳税者，除限期追交外，并得依下列规定处罚之：

一、欠交逾一个月者，得课以所欠税百分之一以上百分之五以下之罚金。

二、欠交逾两个月者，得课以所欠税百分之五以上百分之十以下之罚金。

三、欠交逾三个月者，得课以所欠税百分之十以上百分之二十以下之罚金。

第十九条　本办法得由晋察冀边区行政委员会随时修改之。

第二十条　本办法之施行地区，由各省政府行署指定之。

第二十一条　本办法自公布之日施行。

选自《晋察冀边区财政经济史资料选编》（四），天津，南开大学出版社，1984年版，第228～233页。

20. 冀中村合理负担办法

1939年10月

第一章　总则

一、为改善人民生活、实施合理负担，在边委会所颁布之村合理负担实施办法未能实行前，特制定本办法。

二、暂行合理负担以村为单位，村中遇有一切摊派，须按本办法去分配负担之。

三、暂行合理负担以地亩为标准。

四、暂行合理负担以每人为单位，视其平均地之多寡，划分等级实行累进法。

五、地亩计算以所有权为标准，不得以出租出佃或其他办法避免负担，但关于典当地之计算，须列入承典人（典地人）名下。

六、人口计算以本家人为标准，女子已嫁者列入夫家计算，如系雇工或寄居为生者，须列入本家，不得列入主家或寄居之家计算，

七、儿童亦按成人计算，在敌区居住之人口及出外一年以上许久无音讯者，则不列入计算。

八、暂行合理负担每人除去一亩半地（以通行之小亩即二百四十工为标准）不纳摊派外，其超过地数，即按累进法计算收派。

九、在民国二十八年二月十九日（即旧历元旦）以前之摊派，均按旧办法征收，二十八年十月十九日以后之各种摊法〔派〕均按此办法征收。

第二章　分则

十、暂行合理负担以每人除去一亩半外，平均有地在五亩以下者为第一级，五亩一分

以上十亩以下者为第二级（不足一分者不予算入），十亩一分以上十五亩以下者为第三级，十五亩一分以上二十亩以下者为第四级，二十亩一分以上二十五亩以下者为第五级，二十五亩一分以上三十亩以下者为第六级，第六级以上之地亩均按第六级计算。

十一、公款或私人团体之款不便以人口计算者，按地亩之多寡分别等级计算摊派。如五亩以下者为第一级，五亩一分以上十亩以下者为第二级，余类推。

十二、暂行合理负担以第一级为基本单位，每亩仍按一亩为计算单位，如级累进其差为二分，即为二、四、六、八、十之比。余次而为一亩二分、一亩四分、一亩六分、一亩八分、二亩之比例。第六级以后之地亩，每亩均按二亩计算摊派，不再累进。

第三章　施行条例

十三、地亩计算公式：例如，某户有人二口共地二十七亩，除每人除地一亩半共三亩，尚余二十四亩，每人平均有地十二亩，根据第一条之规定分为三级，第一级五亩，第二级五亩，第三级二亩。根据第十二条之规定，第一级每亩仍按每亩计算，共计五亩，第二级每亩按一亩二分计算，共计六亩，第三级每亩按一亩四分计算共计二亩八分，总计每人应纳摊派地，共十三亩八分，该户有人二口应纳摊派地二十七亩六分。根据上例即可得到计算应摊派地之公式：

“第一级亩数加第二级亩数乘一点二，加第三级亩数乘一点四，加第四级亩数乘一点六，加第五级亩数乘一点八，加第六级亩数以后之亩数乘二，其总和再乘该户人口数。”以上例数字代之即：

$(5+5\times1.2+2\times1.4)\times2=27.6$ 亩（应纳摊派地）

十四、地亩计算条例（略）

十八、摊款条例（略）

附注：

一、各户人口之增减土地之转移，须随时报告村公所转呈区县备案。

二、关于出租地亩，在本办法未公布经地主租户双方规定摊派，由租户担负之契约一律无效。

三、遇有房产收益及动产之各户，由县政府自行调查，酌量情形规定摊派办法，呈准本署后实行之。

四、关于各县商家摊派，由各县政府根据实际情形或按照旧法（如商三民七、商二民八等）或重新规定提交县行政扩大会议通过后再呈署备案。

五、凡属收益之船只，均须按其收益之多寡折合地亩计算摊派，至其折合办法，由各县自行规定并呈署备案。

六、每村地亩如地质地位有显著差异者，则分别等级计算摊派，至于分别等级办法，由各县自行规定，提交县行政扩大会议通过后再呈署备案。

七、除河地、沙地、水荒等地亩概不计算摊派外，其余能生产之地亩一律摊派。

八、无论用任何方法，隐瞒地亩者一经查出，除将其应摊出款如数纳交外，并处以所瞒地亩地价百分之五十之罚款。

九、各地如有特殊情形时，得由县区行政会或村民大会讨论规定之。

十、每一抗战军人除地三亩免除摊派。

选自《晋察冀边区财政经济史资料选编》（四），天津，南开大学出版社，1984年版，第157～159页。原注：“《抗日根据地政策条例汇集》第2集，晋察冀之部。”

21. 晋察冀边区平山县村合理负担办法

1939年11月

村合理负担实施标准办法

一、实行村合理负担，以村为单位。

二、民户合理负担比例分数调查简表及民户土地登记表，由区公所印发各村民户（得酌收纸价）。

三、填表说明，各合理负担累进分数表，由县府印发，每村三张。

四、先由民户据实自填民产土地登记表一份，交村公所经评议会核定后，再行填造民户合理负担比例分数调查简表二份，一份汇存村公所作根据，一份汇报区公所备查，再由区所列表（村合理负担比例分数简表）汇报县府备案（如村中文化水准低者，由工作员指示填造）。

五、县府备案后，村中一切负担，皆按分数负担，未得分数者概不负担。

六、按村中所需款项得随时依据分数摊派，民户之财产收入有变更者，得于重新改造时填表计算。

村合理负担村评议会组织法

一、村长副及四委员会主任、代表秘书、各团体代表、分队部一人为当然议员，余由公民代表互推之。

二、评议会人数以五人至十五人为限。

三、评议员每人每日得开支饭费洋三角，期限由区公所酌情规定之。

四、评议会完竣后，将评议分数公布示众，召集村民大会通过后施行，并由评议员等具结（签字），保证真实，以防舞弊。

五、评议会系临时组织，不负执行责任，评议终了后，即行解散。

六、评议某评议员本身负担时，某评议员无发言权及表决权，并得回避之。

七、评议会无固定主席，开会时临时推举之。

八、村长副负召集开会之责。

村合理负担填表说明

一、合理负担对外籍取属地主义，本县取属人主义（外籍地，每户按一人计）。

二、业主在敌占区者，应向其资产所在地交纳合理负担。

三、各种资产数量及价值，限期由户主自报，再经评议会公平审定，其收入即按现时计算（如村中文化水准低者，由工作员主持填写）。

四、隐匿不报办法简章：

（一）如有隐匿不报，或到期不报者，随时查觉，以隐匿资产之五成处罚之。

（二）男子年在二十岁以上四十五岁以下填报不实者，则虚报一岁罚洋五元。

（三）如有虚报人口者，每虚报一口罚洋五元（女出嫁者算其婆家人口，其娘家不必填写）。

（四）评议会员，如有故意以多议少，得酌情处罚之，或政府照价收买，以免流弊。

（五）评议员如有隐匿或虚报者，得加倍处罚。

（六）罚款可提十分之二奖给告发人或检举人，十分之三归村公所，其余十分之五归县府。

五、土地栏：

（一）土地价值按常年计算，须事先由评议会将该之地依其土地的好坏分为甲、乙、丙、丁四等，每等再分上中下三级，而定其价值。

（二）土地之收入按其净收量估计，地租按实数填报，为防止隐匿情形，可照以下原则，纯粹自耕者，其收量不得少于典价的二倍，纯粹雇工耕种者，其净收量不得少于典价。

（三）坡地能种五年以上者，与普通地同，不能种五年以上者，不计总值，计收入。

（四）荒滩垦地在五年以内者，计亩数与收入，不计总值，在五年以后者，与普通地同。

（五）当地户所当之地以自己地论（为防止舞弊计，公家有先当权）。

（六）户主以户为单位，登计〔记〕亩数，不计总值与收入（指不能生产者言）。

（七）户产能经常生产与经常出租佃者，自应算其总值与收入（算法可先按该户产所属各家原有股份的大小，分别计算，将应得之数，再与其本家之资产收入合并计算，依照上年旧例办）。

六、房屋栏：房屋概不计总值，但向外租赁者，年得租金，得计其收入。

七、林木栏：

（一）林木包括柿子、花椒等山货，及其他果园等。

（二）林木总值包括地值与林值，收入按百分之二计算。

（三）果园计总值（计地值，不计树值）与收入。

（四）林木每户值在十元以上者，计值与收入，十元以下者不计。

（五）山货收入照今年收获价格计算。

八、畜养栏：

（一）包括牛、马、猪、羊、蜜蜂等畜养。

（二）牲畜计值不计收入，但脚户之牲畜计值与收入。

（三）羊为提倡牧畜事业计，收入按总值百分之六至百分之十计。

（四）养蜂在五窝以上者，每窝每年收入按三十元计，但不计总值。

（五）猪不计值与收入，但以养猪为业者（如粉房与养母猪），计值与收入。

九、人力栏：

（一）人力收入系指能生产而不参加生产者言之。

（二）生产年龄及生产最低数目；

1. 十六岁至十九岁、四十六岁至五十五岁，为半个生产力，以二十五元计。

2. 二十岁至四十五岁为一个生产力，以五十元计。

3. 不到十六岁或过了五十五岁和残废人与不能参加生产者，不计人力。

（三）为人做长工或短工，按实在之收入计。

（四）教员与公务员（贸易局职员按公务员论），每年收入按五十元计。

（五）各级政权之通讯员、服务员、警卫队、杂务员不计人力。

（六）各团体、自卫队、合作社，脱离生产之工作员不计人力。

（七）人力非单指体力而言，如由智力、技艺等所得之报酬均在内。

十、存款栏：

（一）存款系指现存与出放两种而言。

（二）出放或出借之款项，债权人不填报者，以放弃债权论。

（三）凡投资于生产实业者，计收入，不计总值。

（四）买救国公债者，不算存款。

（五）投资合作社、贸易局及建设银号者，不计总值计收入。

（六）凡以存款借给政府，做慈善事业者，不算存款。

（七）拔会之暂不登计〔记〕。

十一、存粮栏：

（一）存粮系指现存及出放者而言。

（二）年入息，指出放之粮食所得之利息而言。

（三）凡以存粮借给政府做慈善事业者不算存粮。

十二、总计栏：

（一）资产共值量，以上各项之总值相加而得。

（二）全年共入，是以上各项年入相加而得。

十三、负债栏：

（一）债务人所报负债数目，必须经债权人之证明并由债权人村长盖章，方为有效。大宗之借款该欠同（证明书由县制样由区印发，债权人如不出具证明书，以放弃债权论）。

（二）负债不只限于债务，大宗借款及该欠（无息借款）也为负债，但不计出息。

十四、资产净值栏：

（一）负债数目在资产内除去，其余为资产净值。

（二）除去净入，系由全年共入内减去年出息而得。

十五、每口平均资产，系用人口数除“除债净值”数而得。

十六、每口平均收入，系用人口数除“除出净入”数而得。

十七、格内有斜划者勿用填写。

十八、分数计算法：

（一）资产之分数计算法：每口平均先除去五十元，其余以户为单位，不及五十元者不计分，到五十元者为一厘，七十五元为一厘半，一百元为二厘，依次类推。

（二）收入分数计算法：每口除去三十元之生活费外，以人为单位，应照合理负担累进分数表计算。

十九、人事方面：

（一）出征抗日军人，不计收入而算为其家人口之一。

（二）小孩子在六岁以上者，按一个大人计算，六岁以下者，以半口计。

（三）家中有人在外，不知其职业与住址者，家中人口不计算在内。

（四）一家分居两村，仍在伙中，其资产应按其所住年久之村庄计之。

（五）养老财产，兄弟分家，父母有财产者，应分之一户。

（六）兄弟分家，父母无财产，由兄弟轮流养侍者，父母应立一户，其养老金列入收入内，于兄弟收入项内扣养老金的消耗。其无养老金，只轮流吃饭者，列为其子家人口几分之几。

（七）兄弟分家，父母有财产与某儿合住者，应各立一户。

（八）体已财产之主人，应另立一合理负担单位，不除消耗。

（九）本县人土地、房屋及其他财产，无论在本县何处，一律须将其收入及总值，分别算归本主之资产及收入，向本主所在地之村庄交纳合理负担。

（十）鳏寡孤独老幼不堪之家，分数计与普通者不同。

1. 鳏在五十岁以上或有丧子不及十岁者，资产与收入总计每人不满百元者不计。

2. 寡妇不分老幼，或有孤子在十五岁以下者，资产与收入总计不满百元者不计。

3. 老幼残疾而不能生产者，其家并无其他人者，亦得同样计算之。

二十、举例：

比如某户有六人，其中六岁以下者二人，按人口计算法，全家应以五口计算，设其家有资产二千九百元，其每口平均资产为五百八十元，每口除去五十元（最低生活费的资产），余为五百三十元，全家合计为二千六百五十元，被五十（以户为单位，五十元为一厘，七十五元为一厘半）除得之商数为五，余数不足二十五元，即令去之（即全家分数）。设其家每年共收入五百三十五元，其每口平均年入为一百零七元，除去最低生活费三十元为七十七元，查合理负担累进分数表上，与所列收入七十五元者最近，应即按该级分数计算，每口应得一分七厘（因其零数为七元，照附注之规定应按五元计），合全家五口应得八分五厘，再与资产全家应得分数五分相加，全家总计应得十三分五厘。

（一九三九年十一月定）

原编者注：自边委会合理负担办法公布后，在执行中各县多有新的创造，如唐县、盂县、平山等，其中以平山之办法比较完善，可为各地之代表，故余略之。

选自《晋察冀边区财政经济史资料选编》（四），天津，南开大学出版社，1984 年版，第 160～166 页。原注：“《抗日根据地政策条例汇集》第 2 集，晋察冀之部。”

22. 晋察冀边区预算暂行章程

1940 年 4 月

第一条　边区各机关年度预算之编造审议核定及执行，除法令别有规定者外，悉依本章程办理。

第二条　各机关之预算每一会计年度办理一次：

会计年度每年一月一日开始，十二月三十一日终了，其年度以各本年之年次为名称。

第三条　每一会计年度之一切收入为岁入，一切支出为岁出，均应编入其预算。

第四条　年度预算分为边区及县地方两部分，又各按其性质各分为经常临时两门及岁入岁出两类分别编制。

第五条　各机关逐年常有之各项收支均应列经常门，其非逐年常有之各项收支均应列临时门。

第六条　凡有收入之机关，其岁入预算与岁出预算同时编送，其有临时收支者，应将临时及经常两门预算同时编送。

第七条　预算之编制均按规定格式及尺度办理（格式另附），计数均以国币元为本位小数至分位为止。

第八条　凡工程制造及其他事业在一年度内不能完成者，应照其所需经费总额编制继续经费预算书附具说明并将各年度应需之数分别列入年度岁出预算。

第九条　凡特别建设或购置需用巨额经费者，应于编送预算时说明事由并分别附具设施计划及图样估单。

第十条　岁出预算应酌设预备费，其总额按照岁出总额百分之五至百分之十编列，但只限边区总预算及县地方总预算，其他部分机关除本章程另有规定外，不得援例。前项预备费不论边区款或县地方款，均须呈由本会核准后方得动用。

第十一条　各机关应于每年度开始前一个月根据全年施政计划规划收支拟编年度预算。

第十二条　各机关预算应以收支平衡切合现实为原则，将岁出预算总额超过岁入预算总额，应于编造预算时附具补救意见书备核。

第十三条　各机关预算编成后，应交由同级民意机关审议通过。

第十四条　各级民议机关审议同级机关预算，应以不违反边委会施政方针及法令为原则。边区级审议办法由边区参议会定之。

第十五条　各机关预算分级按下列程序审定：

甲、县地方预算应呈由直属专署审核后附具意见转送边委会核定。

乙、边委会直属机关及其分机关之预算，均由各直属机关汇编总预算，经呈边委会核定。

边委会审定各机关预算之后，应汇编边区总预算公布施行，但关系战时秘密者例外。

第十六条　各机关次年度预算应于每年十二月十日前各缮具两份送由经转机关审核后，于十二月二十日前检送边委会一份。其情形特殊或边远之地方，并应酌量提前编送。

前项预算如无经转机关者，可编送一份。

第十七条　边委会审定之各机关年度预算，应于十二月底以前批准或批驳，必要时以电令行之。

第十八条　预算岁入岁出应按来源用途各分门类科目规定如下：

甲、边区岁入来源别科目：

1. 岁入经常门：

第一目　合理负担；

第二目　田赋；
第三目　契税；
第四目　税收；
第五目　法收；
第六目　公营事业收入；
第七目　公产收入；
第八目　应退还之收入；
第九目　上年度结存；
第十目　其他。
2. 岁入临时门：
第一目　公债；
第二目　赊借；
第三目　献金；
第四目　罚款；
第五目　没收汉奸财产之收入；
第六目　其他。
乙、边区岁出用途别科目：
1. 岁出经常门：
第一目　军费；
第二目　政费；
第三目　教育费；
第四目　建设费；
第五目　抚恤费；
第六目　利息；
第七目　补助费；
第八目　上年度亏空；
第九目　预备费；
第十目　其他。
2. 岁出临时门：
第一目　投资；
第二目　救灾；
第三目　慰劳；
第四目　其他。
丙、县地方岁入来源别科目①：
1. 岁入经常门：
第一目　合理负担；

① 原件“丙”项缺标题，参照上下文，应是“县地方岁入来源别科目”。

第二目　田赋附加；

第三目　契税附加；

第四目　地方财产收入；

第五目　地方事业收入；

第六目　补助款收入；

第七目　上年度结存；

第八目　其他。

2. 岁入临时门：

第一目　赊借；

第二目　行政罚金；

第三目　违警罚金；

第四目　没收汉奸财产收入；

第五目　其他。

丁、县地方岁出用途别科目：

1. 岁出经常门：

第一目　政费（包括公安局军代所等经费在内）；

第二目　教育费；

第三目　建设费；

第四目　地方武装费；

第五目　群众团体补协费；

第六目　支差费；

第七目　预备费；

第八目　特种会议费；

第九目　上年度亏空；

第十目　其他。

2. 岁出临时门：

第一目　应急设施费；

第二目　其他。

戊、本会直属机关预算门类各异个别规定。

第十九条　各机关应按其审定年度预算之经费数额制定预算分配表，按月编造分月预算及分月计算，分月预计算造报办法另定之。

第二十条　岁出预算审定后各机关应负责执行，非有重大事故或特殊变迁，不得缺少其为征收机关征收税赋合理负担等收入，并应照法定科目税率或单行法令征收，非经法定程序核准修改，不得有所增减。

第二十一条　岁出预算核准后各机关应各照案执行核实支用，不得超越，如有特殊事故或政策法令之变更，得缩减或增添其项之一部或全部，惟须由边委会以命令行之。

第二十二条　岁入预算核准后如因特殊事故收入减少或增税增款等弥补办法，须呈由专署或其上级机关就原有收入范围议定缩减支出或增税增款办法，转呈本会批准实行，未经呈准不能实行。

第二十三条　新设机关或事业其岁出预算在年度开始后核定者，均自核定之次月份起照案执行之。

第二十四条　旧有机关或事业本年度预算依期编送，在年度开始以前未经核定者，暂照最近年度核定案执行之，但无该项核定案者，其应需经费由主管机关按本年度财力拟定预算，送由专署或其上级机关转呈边委会核定施行。

第二十五条　预算所列各项款目，不得彼此流用，但事先呈准者不在此限。

第二十六条　下年度预算收支款项，不得提前移作本年度之预算收支款项。

第二十七条　岁出预算核准后，不得提出追加预算，但本于法令及契约的必不可免之经费，遇有不足或因特殊事故致收入短少，而支出不能缩减时，得提出追加预算，惟应拟具筹款方法或指明的款并编制临时预算，其编制审议核定执行程序均准用本章程关于总预算之规定。

第二十八条　岁出预算核准后，如因特殊事体或应急之设施或处置不及办理追加预算时，得电奉专署或边委会之命令为预算外之支出，削项预算外之支出仍应补编预算书呈由专署或其上级机关转送边委会核定追认。

第二十九条　本章程内未经规定事项得按照以往编制预算惯例办理。

第三十条　本章程如有未妥之处由边委会修定之。

第三十一条　本章程自公布之日施行。

（附）岁入预算书式、岁出预算书式及分月预算分配表式。（略）

选自《晋察冀边区财政经济史资料选编》（四），天津，南开大学出版社，1984年版，第637～642页。

23. 晋察冀边区决算暂行章程

1940年4月

第一条　边区各机关年度决算，除法令有特别规定者外，悉依本章程办理。

第二条　年度决算分为边区及县地方两部分，又各按其性质各分为经常临时两门及岁入岁出两类，悉依各同年度预算区别之。

第三条　年度决算科目应按同年度预算科目填列，如有新增收入未列预算及新增支出因情形紧急，当时不及办理追加预算程序，事后补请追认有案者，均得列入决算。

第四条　年度决算之编制按照规定格式办理（格式另附）。

第五条　各机关在年度内如有裁撤或改组情事者，照下列规定办理：

甲、机关之裁撤者，应由主管机关代为编制。

乙、机关之改组者，应由改组后之机关合并编制。

丙、机关之名义变更者，应由变更后之机关按名义变更之前后分别编制。

丁、数机关合并为一机关者，在未合并以前各该分设机关之决算，应由并存机关代编。

戊、数机关之预算先合并而后分立者，在合并期内由原机关合并编制，分立以后由分立之机关各自编制。

第六条　岁入岁出决算，应由年度终了后半月内各编两份呈送其上级机关，县地方决算之有经转机关者，经转机关应于年度终了后一月内送达边委会，其距离遥远或有特殊情形者，应酌量提前办理。

第七条　年度决算分级按下列程序审核：

甲、县地方决算，应呈由直属专署审查后加具意见转送边委会审核备案。

乙、边委会直属各机关及其分机关之决算，均由各直属机关汇编总决算径呈边委会审核。

前项决算审核后有公布必要者，得酌予公布。

第八条　会计年度终了半月后，其收入支出尚未能清结者，得展期十日清理之，但整理期满后五日内必须编造决算书送核。

会计年度终了后之收入支出作为下年度之收入支出。

第九条　年度决算有剩余时作为下年度之收入。

第十条　本章程内未经规定事项，得按照以往编制决算惯例办理。

第十一条　本章程如有未妥处由边委会修定之。

第十二条　本章程自公布之日施行。

附：岁入预算书式及岁出预算书式。（略）

选自《晋察冀边区财政经济史资料选编》（四），天津，南开大学出版社，1984 年版，第 643～644 页。

24. 晋察冀边区各县编制村概算及办理村决算暂行办法

1940 年 4 月

第一条　各村村财政收支概算及决算之编制，除法令别有规定者外，悉依本办法办理。

第二条　村概算按会计年度年分四季办理，每三个月编制一次。

第三条　每季概算应按收入支出两类分别编制。

第四条　村概算之编制，按照规定格式办理（格式另附），如各县因干部关系执行困难时，得仿此格式改用中式表格。

第五条　凡建设事业在一季内未能完成者，应估计所需费用总数，编制继续费用概算并将本季应需之数，分别列入各该季支出概算。

第六条　村概算应于本季末月初就全村实际需要，决定计划拟编下季收支概算，拟编以前并应确实估计每季收支情形以期收支相抵。

第七条　村概算由村财政委员会拟定后，提交村民代表大会讨论通过，然后再送区公所审核加具意见转送县政府核准备案，经县政府核定发还，须立即公布遵照实行。

第八条　村概算应于每季开始二十日前各编两份送到区公所，至迟须于上季末月终各检一份汇送县政府，其有特殊情形者并须提前编送。

第九条　村概算按收入支出各分款目如下：

甲、村概算收入款目：

1. 合理负担；

2. 公营事业收入；

3. 公产收入；

4. 上季结存；

5. 其他。

乙、村概算支出款目：

1. 村公所开支；

2. 村教育经费；

3. 自卫队中队部经费；

4. 村建设费；

5. 临时费。

第十条　村概算支出款项数目按大村小村分等规定如下：

1. 村公所开支（包括公案旅费和报纸费等）。

甲、一百五十户以上的村定为甲等村，公杂旅报等费的开支每月规定由二十元到三十元。

乙、五十到一百五十户的村定为乙等村，公杂旅报等费的开支每月规定［由］十五元到二十元。

丙、五十户以下的村定为丙等村，公杂旅报等费的开支每月［规］定由二元到一十二元。

2. 村教育经费除教员每日吃小米一斤二两，每月零用费由四元至十元，不另发柴菜金及服装费外，学校里必要的开支由各村自行规定。

3. 自卫队中队部经费，干部是半脱离生产的，每月补助五元。

4. 村建设费关系发展生产，由各村自己规定。

5. 临时费也分三等规定：

甲、甲等村每月由二十元到三十元。

乙、乙等村每月由十五元到二十元。

丙、丙等村每月由二元到一十二元。

此项支出款目第一项至第四项如因情形特殊原定数目不敷支出时，得动用临时费之一部或全部。

第十一条　村概算经报区转县核定后，须认真执行，非有特殊事故不得短少或超越。

第十二条　如因法令变更或因重大突变，原定村概算经费不敷应急时，得追加临时概算，其程序准用本办法第七条之规定。

第十三条　下一季概算收支款项不得提前移作本季概算收支款项。

第十四条　村概算以外，未经村民代表大会或区公所核准的花费，一律不准开支，开支了以浪费论，村民代表大会得检举之。

第十五条　村概算收支款目，要按季公布，并检查凡一切浪费和不正当的开支均以贪污论。

此项检查区公所村民代表大会、村群众团体均可负责办理。

第十六条　各村财政收支每年度终了二十日内应即办理全年决算，将某款超支某款结存结算清楚连同帐〔账〕簿交由村民代表大会于十日内审核完竣，汇总开列，四项联名公布之。

第十七条　决算公布后，村长副村财政委员会应于五日内填县村款决算报告表送区转报县政府查核（表式另附）。

第十八条　本办法自公布之日施行，如有未尽善处，得由边委会修改之。

（注）村财政所用帐〔账〕簿如一时不能改用新式簿记时，准用旧式帐〔账〕簿，但至少须五日一清，不得只以流水滚算。

（附）村概算书式及村款决算报告表式三份（略）。

选自《晋察冀边区财政经济史资料选编》（四），天津，南开大学出版社，1984 年版，第 645～647 页。

25. 晋察冀边区各机关编制分月支付预算书、分月支出计算书办法

1940 年 4 月

第一条　边区各机关编制分月支付预算书及分月支出计算书悉依本办法办理。

第二条　各机关应于每月十五日以前编造次月份支付预算书连同请款书呈送其上级机关核办，其在较远之地方应酌量提前编送。

第三条　支付预算书所分经常临时门类及科目栏内所填项目，均以本年度核定预算分配表为标准，惟属于小机件之购置，及小工程之营缮，虽无继续性者，亦列经常门，其临时设计之机关及临时举办之事业所支之各项经费，均属临时门。

第四条　支付预算书本月份预算数栏内所填各科目数目，应以本年度核定预算分配表内同月份所列之数为标准，其在核定预算范围内因组织或事实之变更有一部分金额无须支出者，应于编造支出预算书时，如数剔除。

第五条　编制支付预算书及支出计算书应按规定格式尺度及说明办理，如科目繁多可续次页。

第六条　支付预算书及支出计算书，应编份数视其需要而定（如系一上级机关者编一份，如须分呈或转呈者，编制二份或三份）。

第七条　临时预算书之编造与否，以本年度内有无核定临时预算为断，其编制方法与

经常支付预算书同。

第八条　月份支付预算书，除新设或裁并机关其开始或终了之日不足全日者，得截日编制外，均应编制全日（支出计算书同），如遇长官更调，后任应照前任原编预算继续执行，不得改编。

第九条　各机关支出计算书应于每月终五日内，编造齐全，连同工作人员生活费报告表送请上级机关审核。

第十条　支出计算书亦依支付预算书之经常临时门，分别编造，其科目栏内所填项目应与各本月份支付预算书核定项目相同。

第十一条　支出计算书，本月份计算数栏内所填各科目数目，应按实际支出数目填列，惟不得超过核定预算范围，且不得将书内各项定额彼此流用，但经请示令准者不在此限，惟编制支出计算书时，应在比较增减一栏将各科目彼此流用之数分别填列于备考栏内，将某项转注于某项及流用之理由详细注明，以便审核。

第十二条　各机关支出计算书如遇长官更调，前任未能及时编送者，后任应负责代编，惟所有关于编造计算书之文凭单据等件，前任均应一一移交后任，以凭参照代编。

第十三条　凡编计算书先将凭证单据，按照预算科目顺序编号，分项粘存，除按第九条规定将工作人员生活费报告表随计算书送核外，其余单据均留存各该机关，以备抽查，过三月即可自行焚销。

第十四条　本办法自公布之日施行，如有未尽善处，得随时呈请修正。

附则

边区各机关经费在预算未核准以前，需款紧急时酌量预借，但至多不得超过本机关全月经费之半，如因战事关系与上级暂时隔绝，预算不能及时送出批准时，得在本机关全月经费范围内借支，惟报销时仍需备具正式领款书，将借款书换回以清手续。

前项借款，本会直属机关应向本会请借，县署向各本区支金库预借，县地方各机关应通过县政府由县金库预借。

选自《晋察冀边区财政经济史资料选编》（四），天津，南开大学出版社，1984 年版，第 648～649 页。

26. 晋察冀边区银行办理边区各级金库暂行章程

1940 年 4 月

第一条　边区各级金库由边委会责成边区银行办理之。

第二条　边区各级金库名称及办理行所照下列之规定：

甲、边区金库，由边区银行总行办理。

乙、冀中分库，由边区银行冀中分行办理。

丙、专区支库，由边区银行驻各专区办事处办理。

丁、县金库，由县边区银行各县代办所办理。

前项支库应按专区次序冠以第一第二等数目字，县金库冠以各该县县名。

第三条　各级金库除承边委会之命办理边区公款公物（金银有价证券）之保管支付等事项外，并须办理县地方款之保管及支付事项。

第四条　各级金库收存边区款项非奉有边委会之支付命令，不能支付任何机关或部队。

第五条　县金库收存县地方款，除县地方各机关每月经费经边委会核定后逐月无变更者，得在予（预）算范围内，由县政府照规定手续按月向基金库支领转发，还须奉有边委会支付命令，其予（预）算以外及未经批准各款即非奉有边委会之支付命令，不得支付任何机关或部队。

第六条　各专员会署各县县政府在予（预）算以外，如有紧急时间性之开支并因战斗关系已与边委会失掉联络时，得向各本区支库或各本县金库暂借，事后呈请边委会追认核销，但此项借款不得超过其本机关每月经费数目。

第七条　各级金库成立后，各征收机关及保管公款机关，须将保存款项每半月内移交各本区县金库接收保管。

各机关已领未发之经费，愿交金库代为保管者听，惟其性质系机关与金库之来往，不在金库法定范围。

第八条　各征收机关自行征收款项，须逐日送交金库保管，如本日收款过晚不能送交金库时，得延至次日与次日收入款一并送交。

第九条　各级金库办事细则及收付款项程序，由边区银行拟定详细办法呈经边委会核准施行。

第十条　本章程之实行以命令行之，如有未妥处得由边委会修改之。

原编者注：关于财务行政的各种条例，办法大都附有表格样式的，因不〔无〕关重要和限于篇幅，故略。

选自《晋察冀边区财政经济史资料选编》（四），天津，南开大学出版社，1984 年版，第 684～685 页。原注：“《抗日根据地政策条例汇集》第 2 集，晋察冀之部。”

27. 晋察冀边区征收本产货物出境税暂行条例

1940 年 5 月修正

第一条　本条例依据边区行政委员会财政会议决议案并参照实际情况制定之。

第二条　凡本边区出产之物品如不起资敌作用并能吸收食粮现款而有利于抗战者，均准出境，但无论商民、部队、合作社或贸易局，均得按手续纳税。

第三条　货物出境税均按量征收，其货物名称及税率另表定之。

第四条　货物出境时在未起运前，应将货物名称、件数、斤量、价格等报明税局，经查验相符，饬照税率完纳税款。

第五条　凡已征税之各件货物，应填给本会所制出境税票，只要税票未失时效，且票货相符，勿论运销何处不再征税，税票每张收工料费洋二分。

削〔此〕项税票有效期间，须按起运地点及运往目的地距离远近酌定有效期限，以防一票两用，惟有特殊情形时不在此限。

第六条　凡征过出境税之货物运到目的地后，如须〔需〕分运他处及请求变更目的地或退回者，应于三月内向该县稽征局呈验税票，由局验明票货相符给予分运单并于分运单中注明税票存局字样，由运货人依照下列规定随时连同货物呈请原局填给分运单，分运单每张收工料费洋五分。

一、请求分运之时期须在运到目的地呈报税局查验后，一个月内有效且至多不得逾三次分必须运完毕。

二、请求变更目的地或退回之时，须在货物到达后二十日以内，以一次为限。

第七条　征收税款以法币及边币为准。

第八条　查获漏税案件，除照章补税外，得处以税额一倍至五倍之罚金，其情节重大者，须送由县政府处办，惟均须填给本会所颁税捐罚金收据，此项罚金完全解上。

第九条　本条例自公布之日施行。

第十条　本条例如因情势转复有不适抗战需要时，得由边委会修改之。

附：晋察冀边区征收本产货物出境税分类表（略）

选自《晋察冀边区财政经济史资料选编》（四），天津，南开大学出版社，1984 年版，第 246～247 页。原注："本条例于一九三九年九月公布施行，一九四〇年五月修正。"

28. 晋察冀边区行政委员会为禁止法币白银外流规定办法八项

1940 年 5 月

日寇侵华行将二载，国力消耗，久已不支，其未及于崩溃者，实有赖于掠夺，发行大量伪钞，驱取我国的物资，吸收法币白银，购买外洋军火，所谓以战养战之阴谋，殆有甚于炮火之屠杀。本会有见及此，确定货币政策，打击一切伪钞，禁止法币外流，坚持两年，敌伪大困，伪钞地位，一落千丈。敌区人民虽不敢公开拒绝，联银伪钞早被人目为废纸，敌伪失败之余，益复变本加厉，僭设中央银行，伪造中国法币，贬低币值，收回联银伪币，鱼目混珠，扰乱货币市场，是则汉奸汪派而外，又有汉奸法币，倘预防不严，真伪混流，则敌伪阴谋到处可施，边区金银财货，俱可不翼而飞，倾家荡产之危，绝非一乡一户。为粉碎敌伪货币进攻，防止白银法币外流计，兹定八项办法，其各遵照执行。

一、白银绝对禁止流通，公然行使、私相授受者，一经查获，全部没收，其欲自行保存或向银行政府机关兑换者听之。

二、白银绝对禁止出境，携往敌区或敌人据点者，一经查获，全部没收并以汉奸治罪。

三、法币不得携往敌区，违者一经查获，全部没收，其有必要用途者，须向县以上各级政府领取执照证明。

四、法币行使必须向银行、政府机关兑换边币，违者一经查获，一律收没一半。

五、敌区汇票，各行伪钞杂钞，伪中央或中国银行新钞，一律不准流入，违者一经查获，全部没收，并以汉奸治罪，民商之持有伪钞汇票者，限布告到达十五日内，一律设法用出。过期查获，以汉奸治罪。

六、查获以上各项违禁物者，得于没收金额内提奖百分之二十。

七、查获以上各项违禁物，须交县区政府处理，私行处分者，酌量情节治罪。

八、借故敲诈者，应受刑事处分。

选自《晋察冀边区财政经济史资料选编》（四），天津，南开大学出版社，1984 年版，第 694～695 页。

29. 晋察冀边区行政委员会关于粮食局组织任务与关系的决定

1940 年 6 月 11 日

一、为了保证政府粮食政策之正确执行，保证军政需用调剂民食，决定在各级政府之下设粮食部门。

二、在边区设立边区粮食局，在冀中冀北各设分局，各专区设粮食支局，县设县粮食局，区设区粮秣干事，村设村粮秣委员会。

三、各级粮食部门为同级政府之组成部分，但其本身有上下级的组织系统，为各级政府之粮食专管部门。

四、粮食部门之承办事项如下：

1. 公粮公草之保管、调度、运输与支付。

2. 军政粮秣予〔预〕决算之审核。

3. 军鞋统筹统支。

4. 平衡抗战勤务。

5. 调剂民食，平抑粮价。

五、边区粮食局的组织与分工。

1. 设正副局长各一人，负粮食局之全部责任。

2. 公粮科：设科长一人、科员四人、办事员六人，负责掌管仓库、预决算、粮票等事宜。

3. 运输科：设科长一人、科员三人、办事员二人，负责掌管粮食调度运输、平衡抗战勤务、军鞋统筹统支，以及领导运输队（运输队组织另行颁布）等事宜。

4. 民食科：设科长一人、科员二人、办事员一人，负责掌管平粜工作和调剂民食等事宜。

5. 秘书室：设秘书主任一人，秘书二人，科员四人，办事员二人，事务、通信、勤务、火马夫等人员十八人，负责掌管人事、文案、收发、事务通讯等事宜。

六、粮食分局：设正副局长各一人，其余人员按工作任务繁简轻重决定之。在总局领导之下，代表总局执行任务。

七、粮食支局，设正副局长各一人、公粮股长一人、运输股长一人、民食股长一人、办事员六人（内文书一人）、事务人员三人（二等支局办事员四人、事务人员二人，其余与一等支局同）。

八、县粮食局：一等局设正副局长各一人、公粮干事一人、运输干事一人、民食干事一人、办事员四人、事务人员一人。二等局设局长一人、公粮干事一人、运输干事一人、民食干事一人、办事员二人、事务人员一人。三等局设局长，公粮干事、运输干事、民食干事、事务人员各一人。

九、区设粮秣干事一人，在工作特别繁忙地区，经过边区政府之批准，得增设副干事一人。

十、村粮秣委员会，设委员五人，其中主任一人，由村代表大会选举之，概系义务职，不脱离生产。

十一、边区粮食局以下的各级粮食局与政府的关系。

1. 边区粮食局以下的各段粮食局受上级粮食局和同级政府的双重领导。

2. 各级粮食局对于上级粮食局给与〔予〕的任务与指示，必须坚决执行，未得上级政府与上级粮食局的同意，各该同级政府不得改变或停止其执行。

3. 各级粮食局在坚决执行上级粮食局给与〔予〕的任务和指示时，必须根据当地当时具体情况与条件，加以具体化，定出具体的计划与布置，这种具体化的计划与布置不得与上级粮食局给与〔予〕的任务和指示有所抵触，须经同级政府核准后执行，如迂〔遇〕有不同意见，迅速会衔上报，在上级未答复前，照该同级政府核准的意见执行。

4. 边区粮食局以下的各级粮食局之干部，未经上级粮食局的同意，同级政府不得自行调动。

选自《晋察冀边区财政经济史资料选编》（四），天津，南开大学出版社，1984年版，第616～618页。原注："《边政导报》第3卷24、25期合刊，1940年6月18日"。

30. 晋察冀边区统一累进税税则施行细则

1940年11月10日公布施行，
1941年3月22日修正公布，
1942年5月2日第二次修正公布

第一条　本细则依照晋察冀边区统一累进税税则（以下简称税则）第三十四条之规定制定之。

第二条　称"耕地"者，系指可能耕作之土地而言，无论公田、私田、学田、场地、代管或没收汉奸之土地，一律征财产税。但因敌寇强修汽路、碉堡、封锁沟等所占之土地，均暂免财产税。

第三条　称“金银”者，系指黄金白银而言，但供装饰用之金银首饰概予免税，现洋以白银论。

前项金银价格以边区银行挂牌之市价为准。

第四条　称“荒地”“荒滩”者，系指不能耕作或未垦之土地而言，其因怠于耕作而致荒废之土地，仍应按可耕地征财产税。但因劳动力缺乏而致荒废之土地，财产所有人得向其财产所在县之县政府请求免征财产税。

第五条　称“林木地、蒲苇地、山坡药材地”者，系指专为林木、蒲苇、药材之栽培，不能种植谷物之地而言，其以耕地种植药材或兼种果木者，仍以耕地论。

第六条　称“新垦荒地”者，系指生荒、新垦者而言，熟荒重修者照征财产税，不得以新垦荒地论，但重修之熟荒，其当年收获不能抵偿其所费成本或以该项耕地出租而免租者，免征财产税。

第七条　称“畜养”者，系指马、半、骡、驴、猪、羊、鸡、蜜蜂、蚕等而言。

第八条　称“家庭副业”者，系指以农业为主，工商业为副，不雇工，不雇伙，利用农间〔闲〕进行之事业而言。其由专人经营或其收入富力大于农业富力者，以个人经营之小贩小手工业论。

前项家庭副业之由妇女经营者，不论其收入之富力多少，一律免税。

第九条　称“地租”者，系指土地所有人将土地出租出佃或半种于人而收取之定额地租或分得一定比例之收获物而言，无租土地不征地主收入税。

前项地租以约定之租额计算，其因灾荒减免者，按其实收额计算之。

第十条　称“农业收入”者，系指耕地之总生产物而言，除柴草秸秆不计外，其余无论正副产物，一律计算。无收入之耕地，不征收入税。

熟荒重修当年收获否，能抵偿其所费成本者，免征收入税。

第十一条　称“林木收入”者，系指灌木林、果树林、木材林及其他种类之一切林木每年有定额或无定额之收入而言。伐树卖木料柴火之所得，以财产论，征财产税。

庭院种植之果木树，其收入免税。

第十二条　税则第五条第一款已项所称“属于临时经营事业”，系指非营业之个人，或未设商店之商人而为不定期之买卖者，及买卖与本业务无关之物品，而其收入又不在本业务收入项下计算者而言。

第十三条　税则第五条第一款所称“各种收入”除农业收入别有规定外，均按全年之实际收入额过算，实际收入额不能确知者，按其估计额计算。

全年均以上年一月一日起，算至十二月底截止，其会计年度用旧历或新历均依习惯。

第十四条　称“雇工”者，系指农业雇工而言，无论长工短工，其收入一律免税。

第十五条　税则第五条第二款丙项所称“合于法定之合作社”，系指合于晋察冀边区合作社组织条例规定之合作社业经批准者而言，其不合于法定者，一律以工商业论。

第十六条　称“艺匠”者，系指铁匠、木匠、石匠、泥水匠、理发匠、钉掌匠、银匠、铜匠、洋铁匠、小炉匠及其他编筐、编席等匠人而言。

前项艺匠之设铺经营者，一律以个人经营之工商业论。

第十七条：税则第五条第二款已项所称“非营业性之公营事业”系指不以营利为目的之工业农业试验场所，及采办处等而言。

第十八条　称“谷”者系指去糠后可得小米六成之谷而言，其得米不及六成或超过六成者，均应按其谷之成色估计，照此标准折算。

前项成数以容量计。

第十九条　称“市斗”者即指公斗（万国度量衡制），一市斗小米合旧秤（旧营造库平制）十三斤半，合新秤（即市秤，市秤千斤等于万国度量衡制二分之一公斤）十六斤（此数系约数，米之好坏不等，亦容有差别一般均以是为准）。

第二十条　地租无论实物、现金，均折谷计富力。

第二十一条　税则第六条所称“平均年产谷”系以抗战以来耕地之常年产量为准，但以耕地种植之烟业、蓝靛、棉花、药材或莱种之果木，及主要以出卖为目的之蔬菜、麻等农作物，或其他纯商品性的农作物、均按其实际收入计。农作物均折谷计算。

前项农作物折谷以县为单位，依据习惯并参照各种农作物通年市价，由县政府规定统一折谷率。报专员公署批准行之。

第二十二条　前条折谷按其实际收入计之，各项农作物其标准亩均按种植一般作物之地定之，不以其产物按价折谷计算。

第二十三条　税则第七条第二款所称“消耗”，系指经营土地之种籽、肥料、农具、牲畜之所费而言，此项消耗如由地主佃户双方付出者，得依习惯由双方收入中除之。如纯由地主方面付出者，纯由地主所得租额中除之。

第二十四条　称“纯收入”者，系指地租、房租、渠租、利息，或其他租息、公营工商业之纯盈余，及合于税则第五条第一款庚项规定之收入而言。

第二十五条　称“总收入”者，系指收入之全部、不除任何消耗，工商业之总收入包括纯收入、呆帐〔账〕收入，及职员工人店伙之工资、薪给、酬劳金、伙食费等项。

个人经营之小贩、小手工业其全年总收入不能确知者，按其每日或每月之总收入估计之，合于第五条第一款乙项规定之收入为总收入。

第二十六条　以免税财产出卖所得之收入，按存于家中之款项论，每四百元计一富力，但此项收入已转变形式者，就调查时存在之形式依税则规定免税或征税。

第二十七条　当年成立之工商业不计征。但其当年歇业者，须于报请歇业时由县政府派人调查，按其收入计征之。

前项计征以一次完毕，并只限于边区税收。

第二十八条：耕地之财产税，不论土地如何转移，均由调查时之土地所有人负担之。

土地买卖契约成立，即以所有权转移论。

第二十九条　耕地之收入税，不论土地所有权与使用权如何转移，均由本年收益人负担之。

收益人夏季与秋季非同一人者，由实际收益人分别按其收入计算。

第卅条　出典出质之耕地，其财产税由出典出质人负担之，承典承质人所付出之典钱质钱不计。但出典之耕地其财产税之负担另有约定者，依其约定。

第卅一条　凡以借贷款项购得之耕地，照纳财产税。其借贷款项以负债论。负债以四百元计一富力，于应计富力中扣除之。

前项负债以有契约并得证明确保以借贷款项购买土地者为限。

第卅二条　债权人之利息收入以纯收入计，债务人之利息支出以副利计，副利以四十元计一富力，于应计富力中扣除之。

前项付利以实际付出者为限，未付者不计。债权人在敌占区者，均以不能付利论。

第卅三条　各种财产收入折算富力、富力计算分数，均算至小数第三位为止，其余四舍五入之，但全家应纳税分数计至小数两位为止。

第卅四条　富力之小数部份〔分〕进入另一税等者，其分数即按另一税等计算之。

第卅五条　称“属人计算”者，谓计算分数采属人主义，将一户所有散在一县内各村之财产及收入汇总计算，称“财产收入所在之村征收”者。谓由散有该户资产及收入之各村各就该户散在各该村之财产及收入之数额，按比例分别征收。

第卅六条　全村之财产收入富力有三分之一以上，不属本村所有，且其所有人不属一人者，村公所得请求县政府批准属地征收。

第卅七条　改算由财产所有人所在村之村公所为之者，系由财产所有人将其散于各村之纳税财产收入向其所在村自填自报，并由其财产收入所在村之村公所将其在各该村之财产收入调查结果通知其所在村之村公所，其所在村之村公所视其自填自报之富力与调查结果相吻合时为之。

前项自填自报之富力与调查结果不吻合时，由财产所有人所在区之区公所复查改算之。

第卅八条　改算由财产所有人所在区之区公所为之者，除财产所有人散于所在区之各村财产收入之改算得通用前条之规定外，财产所有人应将其散于本区及外区之财产收入分村自填汇总报告主管区区公所，并由其财产收入所在区之区公所将其在各该区之财产收入调查结果通知其主管区区公所，其主管区区公所视其自填自报之富力与调查结果相吻合时为之。

前项自填自报之富力与调查结果不吻合时，由县政府复查改算之。

第卅九条　属于税则第十二条第二款规定之情形者，财产所有人得将其在外县之财产收入汇总向其财产收入所在县之县政府报告，县政府或责成区公所并根据村公所调查结果改算之。

第四十条　村公所对于财产所有人不在本村之财产收入调查时，须通知财产所有人派代表参加之。

第四十一条　凡财产所有人不在边区者，其税由该户财产收入之经营人或经管机关负责交纳之。

第四十二条　体己（私房）财产收入合并于体己财产所有人所属之家庭计征之。

第四十三条　工商业经营人员之收入，应纳之税已于各该工商业之收入内征收，不另算入其所属之家庭收入。但边区人之在边区外经营工商业者不在此例。

第四十四条　凡工商业之单独立户征税者，其收入均不另算入各该业主之家庭以免重征。

第四十五条　各户于填写征收统一累进税调查简表时，均应按当时实有人口填写、自填表后无论人口有无增减，在未曾改造分数期间，一律不得变更。

第四十六条　税则第十八条第五款所称“寺院”，包括庙观及教堂。

第四十七条　税则第十八条第六款所称“族田”，系指一族公有之耕地而言。

第四十八条　一家人口分居两处以上户主愿分算者，得分算之，但重报人口以虚报人口论。

第四十九条　已与子女析居之老人，其自有财产收入者，应另户计算，其无财产收入受子女轮养者，其人口之计算由轮养人协商决定之。

第五十条　寄居亲友家中者，其与所寄居之家营共同生活并与其家属同样享有财产权者，在其所寄居家计人口除免税点，其与所寄居之家不营共同生活并不享有财产权者，不在其寄居家计人口除免税点。但其确实无家可归又无产业不能自活者，得在其所寄居之家，除免税点。

第五十一条　脱离生产之合作社人员，在家不除免税点，其不脱离生产或半脱离生产者，在家照除免税点。

第五十二条　农业雇工在九个月以上者，在雇主家除一免税点，在半年以上不足九个月者，在雇主雇工家各除半个免税点，不足半年者，均以短工论，在雇工家除一免税点。

第五十三条　公费、半公费，及半公费以上受训之学生，其受训满一年者，在家庭不除免税点。不满一年者，不论时间长短一律除免税点。公费不及一半之学生在家庭一律除免税点。

第五十四条　已判决之囚犯刑期在一年以上者，于其家庭不计人口不除免税点。未判决及刑期不足一年之囚犯于其家庭计人口，除免税点。

第五十五条　凡全家人口专靠不雇工不雇伙经营之工商业为生，别无其他财产收入者，其总收入除按工商业例就其实际参加经营人员除消费外，其余人口每人除一免税点。

第五十六条　统一累进税之纳税分数，边区与村统一。

第五十七条　村、区、县交界之土地，其所有权属于一户者，调查评议时由有关村、区、县派员会同办理之。

第五十八条　统一累进税纳税人对于分配之应纳税额有疑义时，得声请财产所在地之村县政府解释之，村县政府于接到此项声请后，五日内应即据情详为解释说明，不得拒绝。

第五十九条　本细则有未尽事宜，得由边区行政委员会随时修改之。

第六十条　本细则施行之日晋察冀边区统一累进税暂行办法施行细则即行作废。

第六十一条　本细则施行日期以命令定之。

选自《晋察冀边区财政经济史资料选编》（四），天津，南开大学出版社，1984 年版，第 369～376 页。

31. 彭真：《关于晋察冀边区党的工作和具体政策报告》——财政问题[①]

1941年春

（一）第一个阶段——动委会阶段

这是边区政府尚未成立，边区财政尚未统一的阶段，也是边区财政最混乱的阶段。既无所谓税率，也无所谓税收制度。任何机关都可以要粮要草，都可以漫无标准的〔地〕筹款或滥打汉奸。一切开支都靠临时的合理负担，实即派款来解决。同时在开支方面，亦无所谓预算决算制度，一般的是随筹随支而已。在这样的财政制度下，个别的贪污和严重的浪费当然势所难免。结果公家虽筹款筹粮无几，却惹得天怒人怨，并有部分地主逃往敌区。当时不但政权未统一，军队亦未统一，有不少武装，不但不是八路军，而且不一定真正是抗日部队。抗日发财者有之，与敌伪勾结者有之，专门鱼肉乡民、阻碍群众抗日者亦有之。有时一夜在一个村中宿营的竟有八九个司令。所谓"司令赛牛毛，主任遍天下"者，正是这个时候。在这样情形下的财政当然会是无政府状态的。

但这时也有它的成绩：废除了旧日的苛捐杂税，并且依靠合理负担解决了当时军政民的抗日需要，从经济方面支持了当时的群众抗日高潮，有不少地方的村公所当时天天支着大锅开公饭。这在财政上当然是混乱的浪费。但是吃了"大锅饭"的人们，又到处雷厉风行或摇旗呐喊的〔地〕去作〔做〕抗日动员工作，推动了抗日运动，却也是事实。当然，其中也有一部分人是为了吃公饭才参加抗日工作的"混混"。

这时期的经验证明：（1）漫无限制的、零碎的、频繁的、随征随用的办法，是最糟糕的办法，是使人民不胜其苦，而公家却收入无几的办法。（2）打汉奸不能列入财政计划，否则流弊之大，会变成变相的打土豪，影响统一战线极大。

（二）第二个阶段

（从一九三八年一月边区政府成立到去年即一九四〇年秋）

这个时期的特点：

1. 逐渐实行统筹统支，除政府外，一切机关均停止了直接的筹款。部队经费、粮食概由政府统筹统发。县区以上各级政府由边区政府统筹统支。群众团体开支，则基本上依靠会员的会费。

但是这时的统筹统支还不够彻底，县区政府仍可酌派一部分地方款，村财政尚不在统一之列。

2. 停止了县合理负担，开始试行村合理负担，并依照合理负担的原则，征收了救国公粮。

3. 一方面废除了苛捐杂税，另一方面仍保持了旧税中部分比较合理的税收：

我们还保持了田赋——是的，田赋是有极大缺点的：税率不是按土地的生产量来厘

① 这是彭真同志在1941年春向中共中央政治局报告的一部分。

定，没有免征点，也没有累进，没有正确的地亩（钱粮）册子，有所谓“黑地”“空粮”及地亩与田赋间各种惊人的偏差。但是在科学的、统一累进税还未实行以前，它在旧税中，还算是比较合理而又可靠的财源，而且是较大的一宗。

其次，我们继续征收了烟酒税、烟酒牌照税和印花税等，但为数不大。

4. 新征了出入口税。开始只收外货入口税，随后又增收了土产出境税，实际上是敌我区域之间的关税。

5. 一九四〇年恢复了田、房契税。

6. 一九三八年曾征收过一次救国公债。

在这个时期内，关于公粮公草的征收和公债的募集是成功的。其他税收的经营是失败的，管理不好，收入甚微。同时党员也都不愿做税收工作。

（三）统一累进税阶段

（这个阶段是从去年秋季的公粮起，但真正实现是从今年即一九四一年起）

这时期的特点是：

1. 以粮、秣、款三种形式征收统一累进税，全年所需粮、秣、款一次征足。原则上每年只收一次统一累进税，此外任何机关不得再征粮、款、柴、草。

2. 统一累进税实行后，除调剂出入口贸易、保护边区经济的出口税和带有财产登记性质的田房契税外，其他捐税一律废除，田赋亦停征。

3. 主力及地方部队、政权从区以上一律由边区政府统筹统支，县区政府不得再征地方款或任何附加，亦不得借故罚款。

4. 村政府开支，暂仍由村合理负担解决。但须实行严格的预算决算制度，并准备逐渐走上村级财政亦由边区政府统筹统支。

5. 所有军队（主力与地方武装）及政府机关一律吃公粮，马发公草，经费由政府统发。

6. 村级党、政、民及一切武装工作人员，一律不脱离生产、不吃公粮、不领津贴、不受优待。但贫苦之村长可依优待抗日军人家属条例，给以优待。

7. 群众团体干部一律穿便衣，没有马匹，群众团体经费基本上靠会员纳会费。但对于群众干部学校训练班，对于武委会及工作尚在开辟的地区之群众团体，政府得酌量给以补助。

这就是现阶段边区财政建设的情形，其主要特征是统一累进税之实行。

（四）关于统一累进税问题

1. 它是累进的所得税和财产税，是直接税，是合理的税收制度。

2. 累进税分数以个人为单位计算，以户或经营为单位合计缴纳。这与民主政治以公民个人为单位同一道理。且可以避免过去因缴纳合理负担，而纷纷分家或假分家的现象。

3. 统一累进税以粮、秣、钱三种形式缴纳。这不仅为了适应抗战的需要，而且为了人民方便——农民是经常缺乏货币的。

4. 农业累进税，以土地为计算单位，将财产与收入合计（将财产、收入分算很不容易，纵能分算也异常麻烦）。各种不同质量和生产力的土地，以其平均可能的收获为标准，折成标准亩（这样可以鼓励农民生产积极性，防止农民因怕多纳负担而懒于生产）。本年规定以每年能够生产六大斗谷的土地为一标准亩。

5. 自耕地（自耕的贫农、中农、富农的土地）以一个标准亩算一亩，称为一个“富力”。

出租地（地主地）以一个半标准亩算一亩即一个富力。地租不能超过千分之三七五，即八分之三。

佃耕地（佃农），以两个标准亩算一亩，即一个富力。

计算法是先把一切地亩都折成每亩收六斗谷的标准亩。

这样自耕农的自耕地，一亩算一亩。

地主的出租地，一亩半算一亩。

佃农的佃耕地，二亩算一亩。

我们是定六斗谷为标准亩。在这里为说明时计算便利起见，假定一个标准亩是产八斗谷，并假定每个富力应纳税是一分，则：

自耕农若收谷八斗者，纳税一分。

地主若收谷（假定地租是三七五）三加一点五斗即四点五斗谷者，纳税一分。

佃农若收谷（八减三）乘二即十斗谷者，纳税一分。

看来地主纳税率较高，但实际上因为他不开支任何种籽、农具、牲口、肥料等费用，是纯收入。

佃农纳税率看来较低，占二斗谷的便宜。但实际上佃农较自耕农所费劳力，种籽、农具、牲口等都多两倍，所多的一亩地的耗费绝不至小于二斗谷即一斗二升米。当然他还获得两亩地的副产物。

6. 工商业累进税把资金和收入分算。因为各种工商业的不变资本与可变资本的比率，资本的有机构成极不一致，资本周转速度也不一致，因而利润率也不一致，合算十分麻烦。分算办法是资金以二百元为一富力，收入以四十元为一富力（假定每年利润率为百分之二十），将资金及收入折算成纳税分数后按同一累进率计算。

7. 为了使赤贫的人民免纳负担，特规定免征点。收入、财产在免征点以下者，免纳统一累进税。免征点定为一个半富力，即自耕地的九斗谷或工商业的三百元资金又或者六十元的收入。

这样平均可以有百分之八十左右的人口负担，若以八斗谷为标准亩，十二斗谷为免征点，纳负担者平均约百分之六十左右。

（九斗谷折五点四斗米；以八十元一石米计算，合四十三点二元，而工商业免征点则是六十元，看来似乎农民吃亏，实则不然，因为农业还有不计分数的副产物）。

地主以一亩半折一亩，又规定一亩半为免征点，则地主免征点为二点二五亩，这样老弱孤寡的地主及贫农出租土地者大半可以免征。因为地主的土地若每人平均在二亩半以下者，其收入绝不能维持生活，大半系孤寡老弱，或贫苦农民，纵然自耕仍不能维持生活者，否则他不会把土地出租。

8. 工人完全免纳所得税，本不妥当。但过去免征已久，今日立即征收，很费周折，现在仍然依靠政治动员乐捐。这自然影响一些收入，但并不太大（按原则工人应纳累进所得税）。

9. 统一累进税累进的进度不宜太快，并且必须规定累进最高率，否则累进到某一级以后，纳税人为了纳税，不但要把全部收入缴出，而且需要变卖财产来纳税。或者为了减轻负担，廉价出卖其土地（去年春季个别地方曾有一亩青苗田售价两元，及个别地主愿把一定数量的土地交给公家或农会的事情，这与荒年有关，与负担不合理亦有关）。特别是我们今天的财政主要还是“量出为入”，而不是“量入为出”。统一累进税分数的一分，究竟纳二元还是五元、八元殊难预定。若不规定累进最高率和适当的累进速度，一定会使富者无法支持，因而发生不满，以致影响到抗战团结及根据地的巩固。

10. 为了鼓励工业生产及合作事业，凡投在工业、合作社、水利（如修渠、凿井）等方面的资本，一律免纳累进税。工业与合作社只纳所得税，不纳资本税。因此，除经营主人外，其雇员亦不再除免征点。

11. 商业及贸易局的资本与所得，均纳累进税，商业收入按总收入计算，其雇员除免征点。但计算分数时，则不算入人口。

12. 各地生活水准相差极大。阜平某些区，中农一人一年生活有三四斗米即够，山中有些吃树叶的地区，中农一般有六斗谷即可维持全年生活。在平原，特别是冀中某些县份，却必需小米一石五斗至一石八斗。而部队要一点八五石才够。各地富庶程度和各阶级富力分布情况极不同，经济不平衡在这里表现得极明显。因此，免征点在各地仍须有升降之余地，特别是为了要实现中央所规定的纳税人要达人口百分之八十的原则，我们特规定“纳税人与全人口之比例，不得小于百分之七十，亦不得大于百分之九十。若小于百分之七十，则负担就又集中在少数富人身上；大于百分之九十，则完全无力纳税的赤贫户也要负担了”。据冀中安平等七个县的统计：工人占人口百分之四点七，贫农百分之四十六点八，两者合计为百分之五十一点五。中农占人口百分之三十八点六。富农占人口百分之六点三，地主占人口百分之零点二，商人占人口百分之三点四。

（五）关于公粮问题

关于公粮的征收，历年都是成功的，但在粮食的开支和管理上，却曾发生过严重的缺点：

1. 只主力部队吃公粮，政府工作人员及地方武装吃购粮。军粮不足时也购粮，以致增加了政府的现款开支，并且影响到金融，一度造成了局部通货膨胀的现象。

2. 政府对粮食管理不严格，只有大体的预算，没有严格的决算。有些粮食的开支，甚至未列入边区政府的会计，不少部分在粮食上“打埋伏”，以致发生严重的浪费，增加了粮食的困难。在粮食缺乏时，即发生各单位苦乐不均的现象。

3. 粮票是单式的，因而发生了盗卖粮票及个别地区粮票在市面秘密流通的现象。这同样增加了粮食的困难，并且影响到金融。

4. 公粮的分布和公粮的需要在地区上十分不平衡，因而发生了公粮运输的麻烦及严重的困难。

5. 粮票由边区或行署发放，往往所发粮票与各区存粮的种类及数量不一致，因而造成各种类粮票折合的麻烦及收支的不符，并使粮食的审计极难进行。

于是我们在去年（一九四〇年）又逐渐改进了公粮的管理和制度：

1. 政府坚持不买粮的原则，一切部队及公务人员，一律吃公粮，以节省政府的现款开支。

2. 健全各级粮食局，一切公粮必须缴到粮食局，归入粮库，由粮食局遵照政府批准的粮食预算统筹统支。

3. 粮票及粮食的发放，由专员区的粮食支局负责，依照存粮之种类和数量核发粮票，并按粮票领发粮食，不另调换或折算。

4. 按照实有的人员马匹数量实行严格的粮食预决算制度，违者不予报销，从重惩处。

5. 改用三联粮票（自存、存区、报销），这样就停止了盗卖粮票及粮票秘密流通的现象。

6. 各单位一律预发一月至二月之存粮，指定地点保存，以备战时不时之需，并消灭“打埋伏”的现象。

7. 政府粮食局于秋收后，组织大量的粮食平粜（秋季组织，春季出粜）。

至于公草系按有草出草的原则，按累进率征收，与公粮的征收同时举行，这就省掉了零碎购草的麻烦，及大批的马干费。至于民众对于缴纳公草问题的态度，一般的视为无足轻重的问题，只谷草缺乏的地区感到些困难，改由自卫队割山草缴纳。

（六）根据地税收机构的基本单位是村

根据地政权的细胞组织，是村政权，根据地财政建设的基础也在村，村代表会健全了，村中的支部若再健全，党员能起模范作用（党员出粮、出草、出款、出力在前），能够以村为单位把公私财产收入调查清楚，很好酌开评议会，公平合理的〔地〕评定分数，则征收即比较容易（这里党员的模范作用有极大意义）。

村的财政整理好了，村的开支实行了严格的预决算制度，则根据地财政浪费即大大减少了（边区约有两万个自然村，每村每月浪费五十元，每月就是一百万）。因此，村政府的预算，应很好的〔地〕确定。不必要的开支应严格免除，必要的开支如村公所的办公费、小学教育经费、民众教育经费（主要是灯油、粉笔等）、民众团体经费（如武委会开路条的笔墨纸张、文救小组的壁报标语费）、游击区村庄的弹药费（土枪用），乃至小量的赔偿费等，应该按照实际情况及高级政府的规定，制定预算，经村代表会通过后交县或区政府批准，否则不得开支。这不但可以消除浪费，使开支合理，并且是逐渐将村财政列入统筹统支项内之必要准备步骤。

（七）结语

抗战是长期的，财政建设的总的原则，是要能够健康地持久。具体的〔地〕说：

1. 要统筹统支，切忌无计划的、频繁的、零碎的征收和无计划的滥支。

2. 先要量出为入，然后要量入为出，因每年只征收粮秣款一次，故在量出而为入之后，在一个会计年度内，必须力求量入为出。

3. 社会生产、贸易和金融，总之国民经济是财政税收的基础。故财政建设首先在鼓励发展生产、调节金融、繁荣贸易、蓄养民力，要充实国库军需，尤其要照顾到民生，照顾到整个国民经济之发展，否则断难持久。

4. 要照顾到贫苦群众的生活，同时要照顾到统一战线。因而一面要规定适当的免征点，一面要规定累进最高率，并使累进率的进度适当，以保障百分之八十的人口共同合理的〔地〕负担抗日经费。

5. 我们的农村是经常缺乏货币的，加以纸币又不断地跌价，因此统一累进税除征收必要的现款外，应该是征收农民所自有的实物（粮秣）。由农民那里征收现款而又用来向农民购粮秣的办法，是十分不合算的。

6. 间接税和平均摊派都是不合理的，应该废除。应该依照有钱出钱的原则，征收直接税，征收累进的财产税和所得税。

7. 根据地财政建设的基础在村，村财政和税收的可靠保障，是健全的村政权、村代表会和健全的支部。没有这些条件，统一累进税的实行是较困难的。

8. 征收的方式应该是行政和政治动员相配合，应该使人民按照公平的税率自愿的〔地〕缴纳，法律只能制裁个别的抗缴分子。

选自彭真：《关于晋察冀边区党的工作和具体政策报告》，北京，中共中央党校出版社，1981年版，第118～130页。

32. 彭真：《关于晋察冀边区党的工作和具体政策报告》——关于边区金融问题[①]

1941年春

（一）关于边区金融问题，首先需要分几个阶段来叙述

1. 第一个阶段。

这是边区政府尚未成立，边区政权尚未完全统一，边币尚未发行的阶段。当时在市场流通的纸币，在河北境内，主要是法币和河北省钞，在晋东北主要是山西省钞，在察哈尔境内则主要是察哈尔省钞。这时冀察两省银行，已相继落入敌人掌握中，实际成为敌伪之金融机关。

敌人在取得察哈尔省银行之后，即逐渐排泄察钞于边区，特别是涞源、蔚县、灵邱等县。接着就宣布察钞作废。因为该项钞票，当时在我一分区各县有相当的数量，蔚县县政府等遂采取了错误的政策，宣布察钞在我区继续通用，并以田赋为之担保。于是敌区商民人等，纷纷携带该项废钞到我区购买货物，不问贵贱，见货就买，结果使物价飞涨，金融立陷于混乱。我们的县政府见势不妙，乃规定我区察钞打字使用。但是迨我区察钞盖章之后，敌又宣布察钞继续行使，盖章者作废。结果数十万察钞充斥市场，军民公私均受其害，最后乃由政府负责收回，实际上替敌人作了苦力。这是我们在金融上吃的第一个大亏。

2. 第二个阶段。

这时我们已开始发行了自己的钞票——晋察冀边区银行的钞票。这是边币、法币、察钞、晋钞、杂钞及土票同时流通的阶段。因为市面通行纸币十余种，金融异常混乱：

（1）敌伪奸商操纵，扰乱金融，今天贬价这一种纸币而收买之，明日又抬高其市价而抛出去，再抑压另一种纸币的市价而收买之……结果金融异常混乱。

（2）敌伪大量吸收我区之法币，套买我国外汇。

（3）我们的边币，这时还不是独占边区流通界的地方法币，而是信用纸币。在发行伊

---

① 这是彭真同志在1941年春向中共中央政治局报告的一部分。

始，其发行总额只有几万元，但发出去即兑回，在流通界的阵地很难稳定。因为法币、冀钞甚至晋钞都比边币势力大，信用高，敌伪又有计划的〔地〕扰乱破坏，我在金融方面完全处于被动地位。

3. 第三个阶段。

这是边币在边区独占发行的阶段。该项政策决定于一九三八年六月、一九三九年五月完成。其具体内容是：

（1）确定边币独占发行，边币为市面唯一的交换媒介。禁止法币、杂钞等在市面流通。持有法币、杂钞者，必须在交易前，先到兑换机关兑成边币，否则不得使用。这就使奸商很难投机操纵扰乱我们的金融。

（2）人民有正当理由，需要携带法币或杂钞出境者，随时可以持边币到银行换取法币或杂钞。这样就使民众乐于保存边币。

（3）人民有愿储藏法币者，听之。但不得投入流通界，致被敌伪吸收。并向民众说明，我们的金融政策的目的，并不是吸收法币，而是防止敌人吸收法币，来套买我国的外汇，扰乱我国的金融。这样就避免了法币逃亡的现象。

（4）为了逐渐巩固边币的信用与地位，我们当时还必需〔须〕借重于法币，依赖法币，需要联合在金融上势力最大的法币以打击杂钞。因此规定边币以法币作基础，规定边币与法币兑换率为一比一，与其他各钞兑换则依照市价。

（5）严禁奸商私运法币、现银出境。

（6）禁止伪钞入境或流通，当时尚未禁止旧冀钞。

这个政策直至最后决定时，尚有同志怀疑或反对，但是党却坚决的〔地〕贯彻了它。

首先我们在党内，在部队、政权和群众中，进行了解释动员和准备工作，然后开始施行。经过了约十个月的时间，最后获得了成功（一九三八年七月——一九三九年五月）。

4. 第四个阶段。

这是最后肃清河北伪钞的阶段。于一九三九年四、五月间开始，于同年秋季完成。

在前一阶段中，我们已根本禁用敌伪新发行的河北省钞（新冀钞），但对于“七七”事变以前发行的旧冀钞，仍继续允许它和边币按市价兑换，而且实际上成为我们和敌区贸易之交换媒介。可是现在敌人准备停止使用河北省钞了，我们若不先发制人，不但已经流通在我区的几千万旧冀钞，将与察钞一样，成为废纸；而且敌区流动的六七千万元旧冀钞，也会相继排泄到我们的区域，又使我们替敌人充当金融上的苦力。于是，我们决定首先驱逐冀钞，办法是把冀钞贬值兑换，借商人作〔做〕运夫，把冀钞输运到敌区去，换货回来。在党内外进行了政治解释和动员之后，政府即密令施行。所有公私机关，特别是合作社、贸易局等，首先遵令贬低冀钞，在敌人将冀钞九折使用时，我即七折兑换，始终保持着比敌区低二成的行市。于是所有商民人等均不愿带冀钞入境，纷纷带冀钞到敌区购货（因为仅在币价兑换方面，每元即可赚两毛），几千万元的冀钞，不过三四个月，便完全肃清，并以之换回了大批的货物（游击区完成的〔得〕较慢较差）。同时因为冀钞已全部驱入敌区，敌人遂不得不继续维持，而放弃其停止使用的企图。

5. 第五个阶段。

这是边币独立自主并且对法币取得优势的阶段，它从皖南事变时开始。

自一九三八年秋季后，边币与法币始终维持二与一之比，在民众中边币已渐渐取得较法币更高的信用。皖南事变发生，国共关系紧张，我们决定先发制人，使边币突出，获得独立自主的地位，以免遭受时局变化影响而跌落。决定边区银行及税收贸易机关，停止接受法币。银行只抛出法币，不收入法币，持有边币者可以无限制的〔地〕到银行兑换法币，持法币到银行换取边币者则拒兑。这样法币立刻贬价二成或三成，每元法币只换边币八角或七角。于是边币获得了独立自主的地位，实质上脱离了法币的控制，脱离了对法币的依附。

（二）边币流通的现状

1. 在地区上说：目前边币的流通仍是很不平衡的。有的地区，边币发行额与人口之比为每人平均四五元，有的地区则每人平均在二十元左右。

2. 法币与边币比值是法币每元经常较边币低二三角，原因是法币发行总额已过大，在大后方已造成通货膨胀的局面，而边币发行数额则很小（在边区境内边币一元四角至三元可换白洋一元）。同时法币在边区又没有市场。

3. 战后日币的膨胀较法币为慢，而伪联银券则是与日元联系的，有较高的比值。从边区对外贸易上来看，边币与伪钞的比率，经常不相上下。在我们出超的月份，伪币要给边币贴水，有时每百元要贴一二十元。反之，在我入超的月份，边币便较伪币为低，需要给伪钞贴水。但在外汇统制较好的地区，则始终维持着比较平衡的汇率。

（三）目前支配边币发行的法则

边币是强制使用的地方法币，在边区独占流通界的法币。法币和硬币（及信用纸币）的流通，本是受着不同的法则所支配的。但是在今天的晋察冀边区关于边币发行的法则，却有了部分的特殊的情形或新的因素：

1. 它的发行额，在基本上仍然是受着流通商品界的价格总额所决定的。

2. 因为我们没有外汇基金，同时我们与敌区的贸易，在政治上是断绝的或者非法的，在实质上则是“以货易货”。因此，对外贸易的差额就严重的〔地〕影响到边币的币值。

3. 在政治经济学中，从理论上处理法币时，不得不把它当作纯流通手段来对待，同时在纯资本主义社会中，实际上也是如此，或差不多是如此。但在现在的边区却是另外一种情况：

（1）因为是商品经济还未充分发展的农村，半封建社会的地主、富翁素有窖藏货币的习惯，加以长期残酷的战争环境，富人窖藏货币之风益盛。同时，他们所窖藏的，并不限于硬币，有时也储藏法币。就是说法币并不象〔像〕资本主义社会那样，老是川流不息的〔地〕全部都经常周转在流通界。

（2）在边币信用已经巩固之后，各阶层人民（当然主要是富有者）已开始以边币作储藏手段。有些富翁已把原来储藏的法币抛出，换成边币。这就大大增加了边币可能发行的数量。因为这里的边币不是全部川流不息的〔地〕运行在流通界的，而是经常有一部分成为储藏手段。

（四）边币发行问题中的几点经验

1. 在发行时，首先要充分作〔做〕政治准备，先在党、政权及军队内部，然后在群众中作充分的政治解释和动员，造成拥护新币的热潮。党政军民统一步调，全力支持，有时甚至要咬紧牙关，不要法币，只要边币。特别是公营企业、官商合办的企业、贸易局、合作社以及税收机关等，必须严格遵从、支持政府的政策，使部分利益服从全局，否则便等于自己扰乱自己的金融并替投机奸商制造机会。

2. 边币最初经过了一个短时期的信用纸币的阶段。当时只有基金十余万。因发行额不大，却保证了部分的兑现，慢慢的〔地〕建立起了信用。现在看来，边币当时先当作信用纸币流通一时期，与社会熟悉熟悉，与群众建立起联系，是必要的。

3. 要陆续地、慢慢地发，不能一下把市场胀饱。如果在边币发行之初，即造成临时的通货膨胀的现象，则贬值的必定是边币，而不是法币。因为前者的社会和物质基础，当时都不如后者。

4. 钞票分布的情形（在空间上），必须保持适当的平衡，否则会在部分地区造成局部膨胀的现象，因而影响全局——流通界是很敏感的，一有波动，立即传播的〔得〕很远，传播的〔得〕速度很快。同时一种纸币在发生一次波折之后，即会象〔像〕坏了名誉的人一样在社会各阶层中留下很坏的印象，使信誉很不易恢复，甚至币值纵然恢复之后，仍不易巩固。

5. 大小票之间（如五元、二元、一元、五角、一角等）应配备得适当，否则也会影响到部分钞票的比值（我们有一时期五元钞多，一元钞少，五元钞即发生贴水现象）。

6. 发行额不能超过市场的需要，否则币值就会跌落；同时输出入必须力求平衡，外汇必须严格管理，否则会发生贴水现象，因而也使币值低落。

7. 银行是金融的枢纽，合作社在金融方面是银行的最有力的助手。要使新币值及金融巩固，必须有健全的银行组织并且普遍发展各种合作社，构成完备的金融网。

选自彭真：《关于晋察冀边区党的工作和具体政策报告》，北京，中共中央党校出版社，1981 年版，第 110～117 页。

33. 晋察冀边区出入口税局组织大纲

1941 年 1 月 31 日

一、边区行政委员会（以下简称边委会）就所有行政区各设出入口税局，稽征出入口税，以专区次第定名为“晋察冀边区第几出入口税局”。

二、出入口税局设局长一人，由边委会任用之。

三、局长在边委会与专区双重领导下，负责计划布置整理全专区出入口税务，并指挥监督所属分卡稽征事项。

四、各局内部设文书员会计员各一人、稽征员三人，其任务如下：

1. 文书员掌理机要、会议、报告、记录、缮抄文件表册，保管卷宗，典守印信，并兼办局内总务事项。

2. 会计员办理预决算，保管税收税票，登记帐〔账〕簿，办理统计等事项。

3. 稽征员办理查验批算书票、征收税款、调查商业状况，督同巡查员稽查偷漏及其他一切事项。

五、局之下，按实际需要酌设分卡，定名为“第几出入口税局第几分卡”，各分卡视工作之需要设稽征员一人（中心卡可增设一人）及巡查员一人至二人，巡查员协同稽征员办理查验批算书票及稽查等事项。

六、税局之领导关系具体规定如下：

1. 各税局除直接受边委会之领导外，日常工作生活学习受专署领导，各分卡并受所在县区政府之监督。

2. 文书会计稽征各员均由边委会统一任用或调动，各专署可随时考核，向边委会提供意见，巡查员由局长任用，分报专署及边委会备案。

3. 各局对税章之请求解释、税款之解抵、票征之领缴、经费预计算之审核等事，为加速行政效率计，应径报边委会核办，不必经转。

4. 税局工作计划、工作总结及税收统计表等，应于呈送边委会时各加缮一份，分送专署备领导之参考。

七、税局经费由边委会发给之（编制经费表附后）。

八、本大纲自令发之日施行。

选自《晋察冀边区财政经济史资料选编》（四），天津，南开大学出版社，1984年版，第249～250页。

34. 晋察冀边区出入口税暂行税则

1941年2月1日

第一条　本税则为便利军需民用与促进生产事业、保护贸易、限制资金外溢制定之。

第二条　本边区出入口税由边区各地出入口税局统一征收。

第三条　征税所用票证由边区行政委员会统一监制颁发，如非是项票证得拒绝纳税。

第四条　凡本边区出产之货物输出本边区以外者为出口货物，依其性质分别规定如下：

（一）凡粮食、布匹、棉花、麻、麻绳、钢、铜、铁、木材、木炭、半马驴骡、母羊、母鸭、母鸡、半马驴骡羊皮、黑白胎羔皮、白羊毛、黑白羊绒、花生、花生仁、动物油、植物油，均禁止出口。

（二）上列各种货物出口时悉依本税则征税：

甲、花椒、核桃、核桃仁、杏仁、杏核、薏米、本羔皮、各种野兽皮、猪羊小肠、各种药材，税率百分之十。

乙、猪毛、猪鬃、黑羊皮、烟叶烟茎，税率百分之十五。

丙、猪、公鸡、公鸭、公羊、鸡鸭蛋、蜂蜜，税率百分之三十。

（三）本条（一）（二）两项所未列入之货物均准免税出口。

第五条　凡非本边区出产之货物输入本边区以内者，为入口货物，依其性质分别规定如下：

（一）凡日货物（军用必需品除外）及各种卷烟、水旱烟丝、瓶酒烧酒、糕点水果糖、海味渗燕、罐头汽水、首饰化装〔妆〕品、古玩、玩具、化学用品、鞋帽、估衣、寿衣、成衣、玻璃器皿、细磁〔瓷〕器皿、橡皮、胶皮器、供器、迷信消耗品、烟斗、自来水钢笔、丝织物、麻织物、草织物，均禁止入口。

（二）上列各种货物入口时，悉依本税则征税：

甲、洋绒、扣子、手套、洋袜、背心、竹筷子、各种钉子，税率百分之二十。

乙、钟表、手电筒、海带、贝干、糖类、自行车内外带、茶叶、肥皂，税率百分之三十。

丙、梳篦、伞、扇、棉织物、毛织物，税率百分之五十。

（三）本条（一）（二）两项所未列入之货物，无论军用民用，均准免税入口。

附：（一）晋察冀边区出口货物分类处理表。（略）

（二）晋察冀边区入口货物分类处理表。（略）

（三）日货鉴别表。（略）

第六条　凡货物出入口时，无论公私商贩机关团体或个人，如系应税货物，应即执证向出口或入口之第一征收机关报纳税款，倘有证明文件，确系与我后方及各抗日根据地直接贸易者，不以出入口论。

第七条　出入口税均按价征收。货价由纳税人自报，如有以贵报贱企图隐避税款者，得由公营贸易机关，照所报价格收买之。

第八条　出口税于货物出口地点征收之，入口税于货物入口地点征收之，均只征一次。

第九条　入口货物纳税后在边区境内可自由运销，如须〔需〕分运时，得报请当地征收机关，根据税票，换发分运单。

第十条　偷漏走私，一经查获，依下列规定处分之：

（一）漏税案件，除照章补税外，并处以所漏税额一倍至五倍之罚金，但所处罚金及应补税额之和，不得超过货物总价。

（二）私货及敌货案件，除将货物悉数没收外，并送交当地县政府酌情处理。

第十一条　征收人员如有不法行为时，任何机关团体或个人均可报告当地县政府、专员公署或边区行政委员会，以凭查处。

第十二条　本税则施行之日所有前颁之征收本产货物出境税暂行条例与征收外货入境税暂行办法及其附表即行作废。

第十三条　本税则自公布之日施行。

选自《晋察冀边区财政经济史资料选编》（四），天津，南开大学出版社，1984年版，第251～253页。

35. 晋察冀边区查获日货私货及漏税案件奖励办法

1941年2月

第一条　为彻底保护贸易广泛奖励缉私计，特制定本办法。

第二条　边区各出入口税局（以下简称税局）及军政民各级〔机〕关团体或个人查获

日货私货及漏税案件，除税局人员不受现金奖励外，其余悉依本办法办理之。

第三条　在边区无论任何机关团体或个人查获前项案件，均须交由当地各税局卡依本办法协同县区政府统一处理。

第四条　给奖标准除缉获敌伪武装走私案件，须随时呈报边委会专案核办从优奖外，其余按查获货物之性质数量（以变价计算）分别规定于下：

甲、日货按变价计算，以百分之二十给奖。

乙、私货按变价计算，以百分之十给奖。

丙、纸烟及漏税案件，按罚金总数计算，以百分之五给奖。

第五条　凡自愿却受奖金者，各税局得专案呈报边委会以下列各种方式予以政治的奖励：

甲、锦旗。

乙、奖状。

丙、登报发扬模范。

第六条　本办法第四条甲乙两项奖金于货物变价后发给，丙项奖金于缴纳罚款后发给。

第七条　查获人应得奖金须备具正式收据向税局领取，税局开付之奖金应按月列入月报，并附据抵押。

第八条　本办法自公布之日施行，前定罚金二成充奖制应即废止。

第九条　本办法不适宜时由边委会修改之。

选自《晋察冀边区财政经济史资料选编》（四），天津，南开大学出版社，1984 年版，第 255 页。

36. 刘澜涛：论晋察冀边区财政建设的新阶段——统一累进税（节录）

1941 年 3 月 18 日

一、统一累进税是中国共产党一贯主张实施的进步税制

统一累进税，是合理进步的税收制度，是统一战线的税收制度，是新民主主义政治下，可能和必须施行的税收制度，也是中国共产党一贯主张施行的革命的税收制度。远在我党成立之初，即向全国指出必须“废除厘金及一切额外税则，规定累进率所得税”（见一九二二年五月中国共产党第二次全国大会宣言），以后在一九二八年，我党第六次全国代表大会上通过的“中国革命现阶段的政纲”中，又明白规定“取消一切政府、军阀、地方的捐税，实行统一的累进税”。一九三八年我党领袖毛泽东同志在中共扩大的六中全会上，在其著名的“论新阶段”的报告中，更异常清楚具体的〔地〕指出：“在有钱出钱原则下，改订各种旧税为统一的累进税，取消苛杂和摊派制度，以舒民力，而和税收”，很明显的，统一累进税是全国必须实行的合理公平的税收制度。

二、“实行有免征点和累进最高率的统一累进税”（双十纲领）是晋察冀边区财政建设的新阶段

边区的财政建设，和边区其他各种建设一样，是经历过各种复杂曲折艰苦奋斗的发展过程，大体可分作三个阶段：

（一）新旧过渡时期的混乱阶段。（一般的是在边区政府未成立之前）

此时因旧税制已废除，新税制未建立，是边区财政最混乱的时期。无统一税则，无统一征收机关，无税收限制，亦无所谓预决算。当时的条件就更谈不到“统筹统支，开源节流，量入为出”了。田赋废除了，一切依靠“合理负担”这种混乱现象，曾引起了当时社会很大的不安，收入虽然不多，影响民生，影响统一战线，影响抗日民主的社会秩序却很大。

但在过渡时期，却依靠动委员举行“合理负担”，解决了当时军政各方不甚大的需求。复因废除苛杂，减轻人民负担，而大大的〔地〕提高了广大群众的抗日积极性。不过从财政制度上讲，从抗日民族统一战线的制度上讲，这是新旧过渡中最混乱的时期。

（二）边区政府成立（一九三八年一月）到一九四〇年秋季，是第二阶段。这一时期主要的有以下三个特点：

1. 开始实行一种不很彻底的统筹统支，一方面规定县以上实行统筹统支，另一方面又规定县区开支按边区政府规定县区行政费，由地方款项下开支。而村开支则另由村合理负担解决。这是因为当时将全部开支都提高到由边区统筹统支，还完全没有把握，而不得不采用的不甚健康的办法。

2. 停止征收现款的县合理负担，开始试行村合理负担。但各地实行的合理负担的具体办法，极不一致，且均有缺点，如晋东北各县实行着第二战区的（即阎锡山的）“抗战时期内县村合理负担”办法，其主要缺点为“不凭调查只凭估计，不以人为单位记分，以户为单位，按等定分，县村合理负担概取属地主义，各村划等定分，县按分此例分配负担”。再如冀西各地，当时一般的执行边府的“村合理负担实施办法”，其主要缺点为对各种资产收入同样看待，这与改善民生和奖励生产的原则不符；完全采取属人主义，使多数或完全为佃户的穷苦村庄，村款无法摊派，将工、商户和农户合并计算，因工商户不易调查、易逃担负，而使农户吃亏，在免税点以上就全部资产收入计分负担，以致有时靠近免征点的户，在纳税后所遗财产，反比不纳税的一些人的财产少，这是很不公平的！冀中另实行“土地累进税法”虽有优点亦存在着缺点（如免征点较高等），各地并同时依照村合理负担，实行征收救国公粮。

3. 此时一方面废除了苛捐杂税，另一方面又保持了在不合理的旧税中某些还比较合理的税制（如田赋，烟酒税印花税等）。

这一时期一般的〔地〕说，税收是上了轨道，但缺点仍极多。

（三）统一累进税阶段（即现在正走着的阶段）。其特点如下：

1. 区以上由边区统筹统支，县区地方款一律停收。

2. 村已规定严格的财政制度（村概算制等）。但村款暂仍由村合理负担解决，逐渐走上全边区统筹统支。

3. 以钱（货币）粮（米谷）秣（谷草）三种形式征收统一累进税。

4. 除出入口贸易之出入口税，和田房契税外，一切捐税一律停止。

5. 停止地方罚款，任何机关不得以任何名义，向任何人民派款派粮。严禁强迫“慰劳”，一切乡村中的“官价”“赔价”应即停止。

6. 军队政府及其附属机关，一律吃公粮。并以平粜作为调剂边区军粮民粮（平粜粮有公粮和商品的两重性）的有效办法。

7. 征收公草。

这正是我们边区财政建设的现阶段。

三、统一累进税的一般问题

（一）什么是统一累进税呢？

首先，统一累进税之所谓统一，其意义有两方面：

（1）把所有资产（财产税）与收入（所得税）应纳的税，都统一于一种税中。统一累进税实行后，除保护调剂边区经济（特别是为了打破敌人以战养战的毒计），相对统制出入口贸易之出入口税，和为了取得法律保护，藉〔借〕以证明财产所有权性质之田房契税外，其他烟酒税、印花税，以至田赋，均一律停征。统一累进税是带有单一税的性质。

（2）各级政府征收，完全统一于边区。只有边区政府有权动用，其他任何机关不能动用。过去三级政府（边区、县级、村级）征款的办法，应予改变。现在要统一于边区政府。县级停征。村级暂仍保持以合理负担解决村款的办法，但这不尽有边区统一规定的严格的村款开支办法为其范围，且与边区征收法相同。并将逐渐走向全边区的真正统筹统支（当然这将是一个艰苦建设的过程）。

其次，所谓累进税，是对比例税来说的。比例税是十分不公平的。如某人有财产一百元收税一元，二百元收税二元，一千元收税十元（以此类推）。累进税则不然，如某人有财产一百元收税一元。一千元则无论如何在十元以上。而且各级之间也有适当的累进，如我们的统一累进税共分十二级一级到六级是按零点一来累进。七级到十二级则按零点二来累进。

其三，统一累进税是直接税（不与征收屠宰、印花等间接税相同），就是向财产所有人及收入所得人直接征税。

其四，统一累进税还是群众的大众的税制（百分之八十到九十的人负担国税）。这样就十分明显了。统一累进税，是含有统一的、累进的、直接的和大众的四个条件。

（二）我们统一累进税中的重要内容：

1. 有钱出钱，钱多多出，钱少少出，负担人口一般的要达到百分之八十。中农以上者都负担。贫苦农民亦须适当的〔地〕负担。因之，他既要照顾到工农生活（即有百分之二十的贫苦的群众不负担），又要照顾到其他各抗日阶级阶层的利益。

2. 统一累进税计分（分数）：以个人为单位计算。（男女老少都算一口）以户或经营为单位缴纳。这与民主政治中以公民个人为单位同一道理。且可避免过去因纳合理负担而假分家的现象。

3. 统一累进税是以钱、粮、秣三种形式缴纳。这不仅为适应战争的要求，而且也是为了人民的方便（农民货币较缺乏）。

4. 农业累进税，是将财产与收入合计。各种不同质量和不同生产量的土地，以其平均可能的收获量为标准，折成标准亩（这样可以鼓励农民生产热忱，防止怕多纳税而懒于生产的现象），以每年能生产六大斗谷（二十七斤斗，且一斗谷能出六升米）为一标准亩。

自耕地（中农、富农、贫农所种的自己的土地）以一标准亩为一亩，称为一个“富力”。

出租地（地主地）以一亩半标准亩为一亩，即为一个“富力”。因地租不能超过千分之三七五（即八分之三）。

佃耕地（中农、贫农、富农佃种别人的土地），以两标准亩算一亩，即一个“富力”。因他要交租，及化消相当多的生产成本。

5. 工商业累进税，是资金与收入分开计算。因为各种工商业中的不变资本和可变资本的比率的不一致，即资本的有机构成的不一致，资本周转率的不一致，利润率的不一致，故计算时比较麻烦。

资金以二百元为一“富力”。

收入以四十元为一“富力”。

6. 为了使极贫苦的人民免去负担，规定了免征点（或免税点）。收入、资产在免征点以下者，免缴统一累进税。免征点定为一个半富力，即等于九大斗谷等于三百元资金，等于六十元收入（九大斗谷等于三〇〇元资金，等于六〇元收入）。

九大斗谷折合小米为五斗四升，以平均价格八十元一石米计算，合四十三元二毛，而工商业收入则为六十元。似乎农民吃亏，实则不然。第一，农业是资产与收入合计。第二，农业有副产物。

地主以一亩半折一亩，又规定一亩半为免征点，则地主免征点实际上为二点二五亩。这样孤儿寡妇的地主，大半实际免征。

7. 累进的速度和累进的最高率。

统一累进税中各级间之累进速度，不宜太快。且必须规定累进最高率，否则累进到某一级以后，纳税人为了纳税，不但要将收入征出，而且要变卖财产。特别是我们今天的财政，实际上是“量出为入”的。统一累进税的每一分，究竟交纳多少，现尚不能肯定。若不采取比较和缓的累进速度和适当的累进最高率，一定会使富者发生极大的不满。这是须〔需〕要十分注意的。

因之，我们的累进率，共分为十二级，除免征点后第一级到第六级按零点一累进。第一级一个富力算一分。第二级一个富力算一点一分，第三级一个富力算一点二分。由第七级到十二级按零点二累进。纳税最高点以二点六分计算交纳。

不论他有多少财产，其在各级内的财富，均按各该级税率分数计算其分数，然后合计。按其总分数缴纳，即每级与每级之间的小数（即零数），亦按率纳税。这样是很公平合理的。

8. 调节经济、鼓励生产和合作事业，凡投入工业合作社及水利等方面的资本免征。工业和合作社只征其收入税（即所得税）。因此，除经营人外，不再除其雇员的免征点，商业贸易局的资本及所得税，原则上一律征收。

9. 各地生活水准相差极大（有的地区地主每年每人吃六斗小米，有的地区每人每年吃小米一石六七斗），各地富庶程度和阶级关系，既悬殊又复杂，各地在政治上的发展也是极不平衡的。因此，免征点即须有伸缩活动的余地。

10. 属地属人问题。根据过去经验及统一战线总的原则，具体解决办法应该是：

（1）财产收入，在一县以内者，属人计算属地征收。

（2）财产收入在外县者，就其资产收入所在村分别立户，在所在县合算分数，属地（所在村）征收。

（3）纳税人不愿分户计算，可申请上级政府合算。

11. 村为实行统一累进税的基础。调查评议及规定免征点的升降，均以村为基础。这虽然麻烦困难，但克服了困难，获得了成果，是十分可贵的。我们绝不能因噎废食。

其他详见边区政府颁布的统一累进税条例诸文献。

（三）统一累进税的意义

1. 我党十余年来关于统一累进税的主张。在边区具体化了，变为实际了。这是十分可喜的事情，是具有伟大政治意义的创举，同时统一累进税之征收，也是我们全面彻底实行双十纲领中重要的一环（我们的纲领是行动纲领，和兑现的纲领）。

2. 统一累进税是抗日民族统一战线政策，在财政建设上的灵活具体的应用，他〔它〕不但可以使我们的财政更加健康顽强和持久化，可以不断的〔地〕有力的〔地〕战胜敌寇汉奸亲日派和反共顽固派的经济封锁破坏与毒害，而且是充满了统一战线的、阶级的、经济的、生产的活的内容。

3. 边区财政进一步的统一，新的金库制度，新的会计制度，就成为更加必要。这样在财政建设上，将必然要添加许多新的内容，使我们的财政更能统筹统支，更能多多开源真正节流，逐渐作〔做〕到量入为出，使边区的村财政也能逐渐走向统一于边区的道路。这种建设是与新民主主义政治的新的雄厚基础相互适应的。

4. 边区广大人民，特别是边区的共产党员，要在热烈生动的三个月（四月到六月）统一累进税的中心工作中，深刻考查研究乡村的经济结构，和阶级关系，使我们在农村中的阶级政策，更加具体化。这在边区党的建设上，统一战线的开展上，都是有很大意义的。

5. 国民党统治区的财政，是紊乱和发国难财的财政。日寇的财政，是掠夺的以战养战的政策。因之进步的统一累进税的财政，是目前中国最正确最适合于新民主主义政府的财政。我们的经验，是具有全国意义。这样就更加重了我们的责任。

四、免征点问题的争论与决定

（一）免征点的决定非常复杂，十分重要。

由于各地财力的严重不平衡，土地生产量之过于悬殊，如平山某地水地每亩年产谷（折合，下仿此）四石（每石是二百七十斤，下仿此），而灵寿等地好水地只能年产谷二石五斗，雁北诸地好水地只能年产谷一石三四斗。再以旱地而论，好地每亩年产谷一石，而坏者只产一两斗，甚至有几升的。特别是土地分散与阶级关系之不一致复杂性，就决定了各地负担人口的巨大悬殊（见下列三表）。因而统一累进税中的免征点的决定，也就十分复杂和异常重要了。

（二）免征点决定中的争论：

1. 边区政府关于统一累进税条文细则公布以后，各地即涌起了讨论的热潮。党政民各方纷纷组派考查团到各地调查实验，多有收获。尤其关于免征点的考查为最多。因为这是关于边区整个统一战线及边区财政建设的重大问题。因此，即在很细微的问题上，必须异常慎重，仔细考虑。

2. 关于免征点的争论约有下列几种意见：

各地考查结果，一致认为“边区统一累进税暂行办法”中规定的免征点过高，必须修正。其各种具体意见如下：

第一种意见认为免征点须〔需〕要降低到一个富力左右。

第二种意见认为降低免征点，使地主、富农的负担过轻，而贫苦农民的负担过重，故应降低标准亩，而免征点仍应定为一点五富力。当时曾有人提出降低标准亩至五大斗、六大斗及七大斗者。

第三种意见认为要使负担人口达到百分之八十至九十目前有许多困难（特别是工农基本群众过去没有负担国税，现在大多数都要负担，可能引起他们的某些不满）。因此主张统一累进税应当规定只使百分之六十的人口负担。待我们对基本群众的说服解释工作更加深入后，明年再规定使百分之八十至九十的人口负担，所以免征点与标准亩，都无降低的必要。

第四种意见认为按一石六斗（即八大斗）为标准亩的规定（边府暂行办法中的规定）能够使负担人口到达百分之八十。因此用不着改变免征点与标准亩。决定［的］关键不在于规定本身的缺点，而在于调查工作的精确与否。

第五种意见认为冀中与北岳区的土地富力本不相同，因此规定两个免征点或标准亩的折算方法，仍是必要的。

3. 中共北岳区党委二月扩大干部会上对免征点的讨论与决定：

（1）根据边区统一累进税暂行办法一石六斗或一石八斗（即八大斗和九大斗）为一标准亩的规定，确实太高，不能达到党中央关于百分之八十人口须要负担的既定政策。为了坚持党中央既定的正确政策，为了统一战线，为了使边区人民深刻认识到他们对抗战应负的责任，都必须坚决的〔地〕实现这一既定的政策。而且就边区目前财政的巨大开支，与战争的实际需要，也有使负担人口达到百分之八十以上的必要，因之上述第三种意见是不对的。

（2）降低标准亩，比降低免征点要好一些，因降低免征点，使贫农及贫困的中农吃亏太大，地主、富农占便宜太多，有失公平合理的原则。因此。应按第二种意见的原则来实行。

（3）全边区只能有一个标准亩的折算方法，与一个免征点（不能有两个以上）。因为边区是统一的，边区政府的政令，在原则上也应该是统一而能适合于各个地区的，而且事实上规定两个标准也不可能。北岳区有些地区如滹沱河两岸及平汉路沿线平原，五台东冶一带，比冀中富饶地区并无逊色，而冀中某些不毛之地，比北岳区某些地方甚至更加贫瘠，如规定两个标准或则有失公平，或则必致纠纷迭起，因此，第五种意见也是不很妥当的。

（4）免征点与标准亩的原则的确定，一方面应求负担人口能达到百分之八十以上，另一方面应求不致〔至〕于影响极端贫苦的农民在节衣缩食之后的最低生活资料，而使他们无法生活。因此，规定标准亩为七大斗，则难于实现前者，规定标准亩为五大斗，则不能顾及后者。故规定标准亩为六大斗较为适宜。免征点仍规定为一个半富力。这样一般的可以顾及极贫苦农民的生活，又可照顾到其他各抗日阶级阶层的利益。

（5）由于边区不论在土地富力的差异上，土地分散集中的程度上，均有重大悬殊，发生严重的不平衡。因此，规定一个免征点，求其普遍适合于全边区任何角落，是不可能的（但不能规定几个免征点）。而且由于上述原因，人民生活程度也是极不平衡的。适合于最贫瘠地区的人民最低的生活水准，决不能适合于最富饶地区。因之，免征点应有一定限度的伸缩性。当时确定当负担人口不足百分之七十时，得降低免征点，但最低不能低于一点二富力。当负担人口超过百分之九十时，得提高免征点到一点八富力。如果降低到一点二富力而负担人口仍不足百分之七十者，应不再降低。而用纯自愿的捐输的方式，求其能达到百分之七十的人口负担，提高到一点八富力而仍超过百分之九十者，则听之。

4. 北岳区二月扩大干部会，对上述问题所作的各项决定，征得各方面同意后，曾根据这个决定的精神，在法令条文上作了某些修正。在一般问题上各地皆无异议。只对免征点伸缩这一具体问题上，还存在着一些不同的意见。有人认为应规定为三个免征点（一点五富力、一点七富力、一点三富力）。凡不及百分之七十负担人口者，一律以一点三富力计算，超过百分之九十人口负担者，一律以一点七富力计算，这种意见经大家讨论后认为是不很合适的，因为这样将使负担人口不及百分之七十而稍小于百分之七十的村庄，由于免征点的骤降（一次降［零］点二富力），而可能超过百分之七十以上很多。而原来达到百分之七十的村庄，由于不降免征点而仍为百分之七十。这样是有失公平的。超过百分之九十以上的升降也必有同档不公平的结果。而且全边区各地情形异常不平衡，要用三个免征点来概括全边区各地，也是不可能的。

5. 关于此次征收统一累进税中免征点的最后决定。

从今天来看，二月扩大干部会上关于免征点的规定，也须有部分修正之处。兹总合各方意见，关于一九四一年度征收统一累进税免征点的最后决定，略述如下：

第一，确定免征点是一个半富力。如负担人口达到百分之七十至九十者，免征点不变（即一个半富力）。在百分之七十以下，或百分之九十以上者，得在一定范围内伸缩之。

第二，规定以点一（零点一）为升降免征点之单位。在百分之七十以下的村庄，得将其免征点下降，但最低不得低于一点二富力。在百分之九十以上者，得将免征点提高（提高无最高限制）。但最低降低至百分之九十为度，不得再行降低。

第三，但是提高或降低免征点，不可能恰巧使负担人口达到百分之七十或九十，例如一点四富力可能是百分之六十，而一点三富力可能是百分之七十二，一点六富力可能是百分之九十三，一点七富力可能是百分之八十六，等。在这样情形下，取其负担人口较高的数目（如第一个例子取其百分之七十二，第二个例子取其百分之九十三）。这是因为我们估计到，即使实行以六大斗为标准亩，一点五富力为免征点，要达到使全边区负担人口超过百分之八十，恐怕也还是困难的。因此，在降低免征点时，如降低点一（零点一）则负担人口超过百分之七十，不降不足百分之七十者，应按照超过百分之七十之数（应下降），在提高免征点时，如提高点一（零点一），负担人口低于百分之九十，不提高则超过百分之九十者，应按照超过百分之九十之数（应不提高），以求全边区负担人口达到百分之八十以上。（总之，大小数相遇取其大者，亦即“少数服从多数”）。

第四，在负担人口不足百分之七十的村庄，经降低到一点二富力，仍不足者，举行第二次调查，必要时县区政权派人指导。如果调查后，负担人口仍不足百分之七十，则须经县政权批准后，准其按照所计算的结果负担。

第五，上述变更以行政村为单位。但须经过县政权的批准，因为行政村单位较小，以较小单位为标准来改变，比较合理。如果以县区为单位，则须使全县全区各村各部的分数计算完毕，并合算后才能决定改变。这在事实上也有许多困难。自然以行政村为单位，问题必会更多更复杂，但这些复杂的问题，本来是存在着的，不过以县区为单位时，许多复杂问题被掩盖起来，不易于发现。而以村为单位时，则更加易于发现，这是晋察冀边区财政问题上的百年大计，我们不能因为“省事”而闪避复杂问题，更不能“因噎废食”。

第六，以上的更动，适用于整个晋察冀边区。

这是我们目前关于免征点的决定，在整个统一累进税工作的推行中，必将有异常丰富，十分新颖和更加具体切实的材料，来充实甚至修正我们的某些决定，这是无疑的。

（以下略）

选自《晋察冀边区财政经济史资料选编》（四），天津，南开大学出版社，1984 年版，第 292～303 页。

37. 晋察冀边区行政委员会关于田房契税的指示信[①]

1941 年 3 月

一、田房契约是田房所有权或使用收益权的公证契约是一种公证，买地买房取得所有权，典地典房取得使用收益权都需要立契，以作公证。

二、红契是合法的契，税契是取得所有权或使用收益权的合法保证。

政府保护财产所有权，保护田房买卖自由权，保护典用田房收益权。保护凭了什么作依据呢？要凭了红契，田房买卖在老百姓是一件大事，“成家立业”同置房置地有极密切的关系，而财产纠纷在民间很多，因此老百姓买典田房，立契之后，要求政府保证。边委会对此项买典契约，均给以盖有会印之“尾契”，县政府并在草契与尾契之间加盖县印，以作合法保证，这样合法的契就叫红契，买典田房的人请求政府予以保证。政府收一定的手续费是应该的，而买典田房的人一般都是比较有钱的，都乐意役税取得合法保证。因此，田房契税是一种合理的直接税，它同统一累进税的性质不同，也不相违背，前者是一种财产与所得的税，后者是一种取得所有权或使用收益权的税。

三、黑地、白地、偷漏、瞒价一切弊端都要取缔

过去因为田赋制度存在了许多毛病，很久省县征税多由田赋附加，这样就造成许多“黑地”，既无契约又不纳田赋，过去这些“黑地”讨了很多巧，逃避了负担。过去，田房买典契税很重，并且县里一般都有附加，旧政府的时期僚属额外勒索也相当普遍，这些就

① 原注：“本文是一九四一年三月晋察冀边区行政委员会所发的第四十五号指示信。”

造成人民买典田房逃避税契，因有大量白契白地之存在，或者是买卖双方互相通融，在契约上瞒价，以图偷漏或者是以转让赠送等名目，代替买卖契约偷漏契税，这些都是因为过去不合理的制度造成的。

现在我们实行统一累进税，废除田赋，那么就不会因为田房契约的合法存在加重了负担，现在我们把契税规定为买六典三，普遍取消县附加与村公证费，减轻契纸费，这样税是很轻了。政府对于财产所有权与使用收益权的保障，要根据合法契约，无契约或不合法的契约，当然不能保障，这样人民当乐予〔于〕补契补税了。

因此，我们要坚决取缔黑地、白地、偷漏、瞒价等一切弊端，做到有地必有契、有契必税契、买典按价投税，毫无隐瞒偷漏，以发挥保障所有权与使用收益权的作用，以消除田赋制度遗留下来的不公平的事实。

四、补契补税都限七月一日以前办理完竣，过期以法处罚。

田房契税暂行章程第十三条规定了罚则。不过因为以往的积弊很深，老百姓因为怕处罚，又造成他不敢补税补契，以致不能取得田房契约的合法保证，这是很可惜的事。因此，在这次田房契税暂行章程公布之后，给人民以补契补税的机会，在本年七月一日以前黑地、白契、偷漏……等一律补契补税，毫不处罚，过了七月一日就要按照规定处罚了。这是县村政府要给老百姓深入解释的，使得家喻户晓，不要让老百姓过期不税受到了处罚。

暂行章程第八条规定："买主典主在未税契前不得转卖转典"。事实上未税契前即将田房转卖转典了的也会不少。关于此事，如果追根究底，一一补税，不胜其烦，我们决定这样处理：在此次田房契税暂行章程公布以前即以草契转卖转典者，转卖转典主可以免于追究，只由现在的执契人税契。从暂行章程公布之日起，草契绝对禁止买卖，这要动员老百姓使大家晓得：买到草契无效，要买红契。

五、成立买典契约过程中的恶习要适当的〔地〕消除。

成立买典契约过程中，有许多恶习，最主要的是田房牙子的勒索，村长的盖印钱，四邻的吃饭——"吃割食"，牙子按田房买典价"成三破二"的取得牙子钱，典要高于税契三分之二，买要当契税六分之五，这种勒索太苛了！可是它无形之间已经成了一种"习惯法"，如下〔果〕不能根本取消，可根据地方情形，使这勒索降低，一致降至"成三破二"的一半。牙子的勒索最可恶的是"瞒价"，在买主方面规定的价高，在卖主方面规定的价低，借此要扶〔挟〕双方，从中渔利。这种情形是要受法律处分的。

买典田房草契上要由村公所盖印证明，以免纠葛，这是村公所的责任。可是一向习惯，村长盖印有效"盖印钱的"。这是官僚政治的产物，是十分不合理的。因此我们决定：自暂行章程公布之日，要严格取消这种"盖印钱"，要教育村政权使他了解这是发挥民主政治精神的一种措施，人民买典田房如给村长"盖印钱"时，村长应拒绝接受，接受或强索"盖印钱"者，以贪污论。

田房契税罚金，在已往村区县政府及告发人均有提成，不合适，我们这次决定取消了，所有罚金一律解上。

四邻吃饭——"吃割食"，这在买典主自动的自愿的原则下，请大家吃饭是可以的，不过有些产邻，因为意气成见，不予证明，要挟买典主请吃好的。这种精神有碍团结，是不好的，应说服纠正。

六、活跃田房买卖，活跃边区经济。

税契是保护田房所有权，买卖自由权的一种行政措施，它对于活跃田房买卖，有着很大的关系。抗战以来，边区的田房买卖是大大的〔地〕减少了，这一方面固然表现着土地的集中是绝对的〔地〕减少了，但另一方面也表现着土地的分散也很有限。这中间的原因虽然很复杂，但这种现象对边区的经济发展却不利，我们应该从租佃关系，建设抗日民主的社会秩序方面找其原因，活跃田房买卖，活跃边区经济。

七、与统一累进税的调查工作配合进行。

在统一累进税的调查工作中，要把边区的每一块耕地都调查过。那么附带检查一下，那〔哪〕些地有契，那〔哪〕些无契，那〔哪〕些地是白契，那〔哪〕些是红契，是比较容易的，因此发动老百姓补契补税的工作与统累税的调查工作配合进行是方便的。要抓紧宣传解释工作，使老百姓普遍了解田房契税的政治意义，与〔于〕七月一日以前不处罚，而积极的〔地〕税契。

县政府（及个别地方的区政府）办理税契手续要迅速，使老百姓很快的〔地〕得到红契安下心，反对不关心民众的迟缓的官僚主义作风！

契税报解手续要弄清楚，要算清帐〔账〕，按规定报解，税款绝对不准挪用。

选自《晋察冀边区财政经济史资料选编》（四），天津，南开大学出版社，1984年版，第263～266页。原注："《边政导报》第3卷11期1941年3月12日。"

38. 晋察冀边区买典田房契税暂行章程

1941年3月

抗日战争之彻底胜利，基于巩固发展统一战线，统一战线之巩固扩大，基于调整各个阶层关系，经济上之调整，尤属切要。本会数年以来，于此多所努力。历颁减租减息单行条例、田房契税暂行章程，明令保障财产所有权、土地使用权，确定产业买卖自由权，租佃借贷诸关系。乃以边区日在发展，前颁条例于现存之细目末节，自有未尽周到者，兹将修正减租减息单行条例二次修正，并制定减租减息单行条例施行细则，买典田房契税暂行章程公布于后，希我人民以民族国家为重，照顾各阶层利益，切实减租减息、缴租缴息，遵照契约自由、买卖自由之义，使边区经济日臻发展。从此地主佃户均须依照新颁条例，订定新约，所有以削〔前〕未遵法令减租减息者，一律不究，欠租三年以上者只缴一年。黑地、白契、偷漏瞒价等非法行为，统限本年七月一日以前，由田房所有人或使用收益人依实补契税契，过期依法处办。事关切身利害，希我人民勿等闲视之，切切此布！

买典田房契税暂行章程

第一条　为确保财产所有权、买典自由权，特制定本章程。

第二条　凡边区人民买典田房，均须依照本章程税契。

第三条　本章程所称买者，系指买主支付买价取得田房之所有权而言，而称典者，系指典主支付典价占有田房之使用收益权，原主仍保有回赎权而言。

第四条　买契按田房买价百分之六，典契按田房典价百分之三征税。

第五条　凡人民买典田房，必须先立草契，草契纸由县政府印制，村公所领用，每张收费两角。

第六条　成立草契之手续如下：

一、由新旧业主协同中间人到本产所在地村公所，由村长副召集产邻共同审查，确无纠葛，方得立契。

二、立契应书本人姓名，不得用堂名。

三、草契须由村长副产邻及中间人分别署名签押，并由村公所加盖村戳，如产邻因故缺席，由村长副作证生效。

四、买契卖主，应将历来旧契交出，在草契内注明张数。无旧契者，须经村长副及中间人证实注明。

第七条　草契成立后，买主典主于两月内报请县政府税契，正契纸由边区行政委员会统一印制，县政府领用，每张收费二角。

第八条　买主典主在未税契前，不得转卖转典。

第九条　立契以一户一契为原则，不得归并不相连接的田房分立一契，倘一产被析分立新契者，应向县政府呈验原契及分单，经核准后，分别另立新契，新契收契纸费，不收契税。

第十条　契约遗失，应报由村长副召集产邻出具证明，申请县政府补契，补契收契纸费，不收税契。

第十一条　先典后买者，准以原纳典契税额抵纳买契税，不足之数，照实补足，但以买契属于一人者为限，如买主系典主之继承人者，以一人论。

第十二条　交纳契税，一律使用边币，原买价或典价系铜币者，以一千文折合边币一元计算。

第十三条　逾期不税契或匿价偷漏者，除令照章税契外，依下例法则由县政府以上政府处分之。

一、逾期一个月者，处以应纳税额十分之二的罚金；逾期两个月者，处以应纳税额十分之四的罚金；逾期三个月以上者，加重处罚，但至多不能超过应纳税额。

二、如有匿价情事者，除令更换契约和交短纳税款外，并处以所应纳税额二倍以上五倍以下之罚金。

三、如实系买契，而以赠与继承分割等名目立约者，处以应纳税额三倍以上十倍以下之罚金。

四、草契成立后，两月内未经契税，如转卖转典者，应补税。

第十四条　本章程公布之日，前颁田房契税暂行章程即行作废。

第十五条　本章程自公布之日施行，其修改权与解释权属于边区行政委员会。

征收报解办法

第一条　边区买典田房契税之征收报解，悉依本办法办理。

第二条　买典田房契税之征收报解，由县政府办理。必要时，县政府可将契纸先期加印，责成区公所代办。

第三条　草契纸之印制与领用规定如下：

一、县政府依式印制，二十张装成一本，由村公所领用。

二、每用一张收费二角，如填写错误或作废，应全张缴销，不收纸费。草契纸收入除工料费外，归入县政府临时费。

三、村公所须按月将草契交查，草契纸费及作废草契纸一并送县政府，如系区公所，即送区公所。

第四条　正契之印制与领用规定如下：

一、由边区行政委员会统一印制每百张装成一本，县政府应经常递送估计约足三月用之数目，填列“领契纸报告”向边委会请领。

二、边委会收到“领契纸报告”后即随“契纸通知”照发或酌发，详细点好后，应将回证加印送边委会备查，月终列入月报表“本月新领”栏，并注明发“契纸通知”之字号，如有长页短页缺号漏印者，应将原本退回，并在回证上注明，以备核销。

三、县政府使用契纸，应在骑缝买字或典字之上冠以县名首字或次字，以资识别，此项冠字以木戳加盖之。

四、契纸三联，中联是正契，发交业主收执，稍联是交查，月终汇齐，每百页分装一本，附加封签，连同月报送边委会，存根一联，留县备查。

五、凡分立新契，应于原契上注明“另立新契”字样，补契应于契纸各联税额栏加盖“补契”木戳。

六、作废契纸，应全张交销，月终列入月报表填用栏内，并注明。

第五条　每月领用契纸及所收纸税款罚金数目，须于月终五日内填造“契纸契税月报表”连同交查一并径送边委会。

第六条　税款纸价及罚金，均须按月清解，列入月报内，并将解批字号注明，未奉支付命令不得坐支或抵拨，解款手续，适用“经营收支款项统一处理办法。”

第七条，本办法自令发到县之日行之。

选自《晋察冀边区财政经济史资料选编》（四），天津，南开大学出版社，1984年版，第267～270页。

39. 晋察冀边区行政委员会关于工商业、合作社、家庭副业及各种收入征税问题的决定

1941年5月9日

根据各地的反映，关于工商业、合作社、家庭副业的收入，按四十元折合一个富力计征，嫌重。经高干会议讨论决定如下：

一、处理这一问题的原则

甲、工商业、合作社、家庭副业的负担，应该比农业上自营土地的负担轻一些，但是

不能太轻；我们所说的自营包括雇工经营在内，我们把工商业当作资本主义的经营，自营土地也当作资本主义的经营，应该使工商业、合作社、家庭副业负担轻一些，使之适当发展，但不应太轻，否则会发生农民放弃土地从事工业或其他事业的经营的可能，商业的负担应该比照自营土地的负担，不能比自营土地轻，大体上应平衡。

乙、应该根据各种工商业、合作社、家庭副业的具体情况——剥削关系、资本大小、流转速度利润率的大小、家庭人数等等分别处理。根据各地区的反映，我们觉得工商业、合作社、家庭副业的情形不同样子很多，因此拿同一原则去处理，是不妥当的。

丙、要顾及到容易执行，原法规定的免税点（一点五富力）与收入折合富力的钱数（四十元）均不变更，从规定工商业、合作社、家庭副业总收入的具体内容来解决问题。

二、工商业、合作社、家庭副业的总收入

施行细则第十条后项规定："总收入系指收入之全部，不除任何消费"，所指消费，是从经营各该业之总收入中的花销，凡转变于成品或商品价值中之花销（如原料费、运费、出入口税、广告费、损失、经营用的燃料、房租、地租、利息、邮费、工资等）均不以消费论。在这一原则下，具体规定：

甲、工业总收入，不包括工人职员的工资与饭钱，但其经理人员之消费，仍包括在内。

乙、商业总收入，不包括经营人员（经理人员与店伙）之薪给，但其经营人员之饭钱，仍包括在内。

丙、小手工业者、小贩、家庭副业（靠自己劳力直接经营，就是不雇工雇伙的小手工业、小贩家庭副业）的总收入，按其每日毛利计算其全年总收入，除去他自己的工资（工资指能维持一个人到一个半人的生活费，按行政村具体情况，由村规定，县区可规定有伸缩性的标准）。

丁、利息薪给报酬的收入，照原法规计算不变。

三、除免税点的办法

甲、工业：经理人员每人除一免税点，工人职员不除。

乙、商业：经营人员每人除一免税点。

丙、小手工业、小贩：每人除一免税点（副业合算，不另除）。

四、几种收入的计算问题

甲、家庭副业一律合并在农业计算，为了奖励家庭副业的发展，原办法第十四条第二款依新决定修正。

乙、果木森林的收入，仍依照解释疑义解十三的规定办理。

丙、种药材的收入，仍依照解释疑义解三十七的规定办理。

丁、在山坡上刨药材的收入，以及相类似的（如刨蘑菇）收入，原则上作为家庭副业征税，小额者不计（由各地具体确定）。

戊、养鸡养猪之收入不计（鸡蛋、小猪都不计算）。

己、贸易局、合作社，一律不负担村款，实际支出的公益金不计。

庚、养羊所生产的小羊，未出卖者不计征。

五、冀中已调查完竣今年不变。

选自《晋察冀边区财政经济史资料选编》（四），天津，南开大学出版社，1984 年版，第 404～406 页。原注：“《边政导报》第 3 卷第 19、20 期合刊，1941 年 5 月 14 日”。

40. 晋察冀边区抗战期间逃亡户财产代管办法

1941 年 7 月 7 日公布

第一条，本边区为保障人民财产所有权，巩固与发展抗日民族统一战线，增加生产，特制定本办法。

第二条，凡籍隶边区、全家逃亡其他地区而所留财产（动产与不动产），别无亲属经管，亦未托人代管者，为逃亡户。

第三条，逃亡户之财产所有权不变，但为免其荒废，一律由该管县政府代管，其留有亲属经管或曾托人代管者，该管县政府不予代管。

第四条，代管机关依下列原则经管其代管之财产：

一、逃亡户财产之收入，除由代管机关向各该县代为缴纳其应纳税款外，所余部分收解晋察冀边区行政委员会统一处理。

二、逃亡户土地未出租者，出租时应尽先出租于抗属和贫苦农民耕种。

三、逃亡户之房屋用具代管机关得使用、出借或出租。

第五条，逃亡户缴纳税款以尽其收入为限，不得因其收入不定缴纳税款而处分其财产。

第六条，逃亡户返籍时得向该管县政府声请发还代管之财产，其逃亡期间财产收入所余部分不予发还，但该逃亡户当时之生活确难维持者，代管机关得依实际情形，呈请晋察冀边区行政委员会酌予发还财产收入所余之一部或全部。

前项规定逃亡户之部分人口返籍或派人返籍者，均得适用。

第七条，逃亡户财产之租息关系，无论代管返籍自营，均须遵照晋察冀边区行政委员会颁布之减租减息单行条例之规定办理。

第八条，本办法自公布之日施行，必要时得由晋察冀边区行政委员会随时修改之。

选自《晋察冀边区财政经济史资料选编》（二），天津，南开大学出版社，1984 年版，第 167～168 页。原注：“《土地政策参考资料》，晋察冀边区点滴社出版，1942 年 11 月。”

41. 晋察冀边区银行实业放款简章

1942 年 1 月

一、本行为扶植边区生产、发展贸易、充实抗战经济力量，特举办实业放款。

二、放款对象：以边区境内农工商矿各业之经营者为限，凡为增加生产调剂有无供应军需民用资金不足时，均可向本行借款，惟其用途限于下列各项：

（一）农业修滩、开渠、凿井、制造及购买农具、购买耕畜、种子、肥料，雇用劳力及繁殖畜牧等项。

（二）工矿：制造工具、纺织、榨油、制盐、造纸、水磨、毛皮工业及开矿等项。

（三）商业：对外贸易及边区内地商品之运销。

三、放款金额：修滩、开渠、凿井及工矿各业，视其事业之所需随时商定，农业其他用途之放款，以十元至三百元为限，各项放款不得超过借款者全部资产之半数。

四、放款期限：分为“定期”与“活期”两种规定如下：

（一）农工矿业之放款均为定期，修滩、开渠、凿井等，最高期限不得超过三年，农业之其他用途，限于本年偿还，工业用款不得超过六个月，矿业用款随时商定。

（二）商业放款：活定期均可，最高期限六个月。

（三）一年以内之定期放款二次偿还，一年以上者分期偿还，分还金额及期限随时商定。

五、放款利率：

（一）农工矿之放款，月息五厘。

（二）商业放活期者月息八厘，定期三个月者月息七厘，六个月者月息六厘五。

（三）活期放款每月计息，定期放款一年以内者一次付息，一年以上者按期付息。

六、放款保证：

（一）农业放款之保证，限于商店、住户、村公所、土地（限于所有权）抵押四种，借款者须取保证两个（土地作为一个保证），惟其中须有一个住户或商保。

（二）工商、矿业须取具殷实之工商、矿业保证一个，家庭副业可取具住户保证两个。

七、如将借款另作别用，得由本行随时追还。

八、农业放款贷款时另行通告，工业矿业之放款，随时商定。

九、借款者，径向本行之总分行办事处营业所接洽即可。

十、本简章呈请边委会核准施行。

选自《晋察冀边区行政委员会现行法令汇集》，下册，边区行政委员会1945年编印，第684～685页。

42. 晋察冀边区行政委员会关于保护内地外国教会财产的通知

1942年4月1日

抗战前外国人在边区境内设立教堂者为数不少，抗战以后，其宗教之主事人，大都逃亡，其所遗教堂财产，应如何处理，各署县时有询问。本会认为：

一、根据国民政府颁布之内地外国教会租用土地房屋暂行章程之规定，为条约所许可之外国教会在内地租用土地房屋，不能绝卖，亦不能取得所有权及作收益或营业之用，仅可租用，是则外人在我边区之教堂及其财产并非外国人私人所有，应属教会租用。

二、目前敌人正在分化教民，利用宗教关系，挑拨我全民团结。兹为扩大统一战线，在巩固团结、尊重信教自由之原则下，本会决定边区境内之外国教堂所租用之土地房屋仍应维持其租用权，倘若其所租用土地房屋，无人管理时，应由该教堂之教民，共推代表主管之，如实无人主管的，则可由政府暂为代管，但亦必须向地方人民说明，以免奸人造谣。希即转知所属各县遵照办理为要！

选自《晋察冀边区财政经济史资料选编》（二），天津，南开大学出版社，1984 年版，第 169 页。

43. 晋察冀边区行政委员会令
——公布统一累进税法规

1942 年 5 月 3 日

各主任、专员、县长、县佐：

一、兹修正晋察冀边区统一累进税税则，晋察冀边区统一累进税税则施行细则，统一累进税审查委员会章程，统一累进税纳税分数评议规程公布之。前颁之晋察冀边区统一累进税暂行办法、统一累进税暂行办法施行细则、统一累进税审查委员会章程、统一累进税纳税分数评议规程即行作废。

二、冀中区各县均以一点八富力为一免税点。北岳区各县除另行批准者外，均以一点五富力为一免税点。

三、一、二、六专区各县有以山坡地种莜麦者，因其种子、肥料、农具、牲畜之消耗较种植其他谷物为大，其消耗特准按耕地总收获物三分之一除之。

四、低租地其租额不及耕地总收获物百分之十五者，其财产税以收租每六市斗谷之土地计一富力。

五、税则之施行日期于调查完毕后以命令行之，未令施行以前，村款征收一律适用去年调查之分数。

六、税则细则之规定，各级政府均不得变更，如有疑义，应请求本会解释。

此令！

附发：晋察冀边区统一累进税税则。

晋察冀边区统一累进税税则施行细则。

统一累进税审查委员会章程。

统一累进税纳税分数评议规程。

主任委员兼财政处处长　宋劭文

副主任委员　胡仁奎

选自《晋察冀边区财政经济史资料选编》（四），天津，南开大学出版社，1984 年版，第 361 页。

44. 晋察冀边区统一累进税税则

1942年5月2日

第一章　总则

第一条　本税则根据边区人民经济状况，融合财产税、所得税、营业税之基本精神制定之。

第二条　边区之经常费、临时费悉依本税则向财产所有人、收入所得人统一累进直接征收之。

第三条　为适应战时之需要，统一累进税得以现款、粮食、柴草三种形式征收之。

前项之征收只限冀中区。

第四条　各种财产之征税与免税依下列规定：

一、耕地、金银及在于家中之款项征财产税。

二、荒地、轮荒地、荒滩、荒山、林木地、蒲苇地、山坡药材地、渠地、住宅地、新垦荒地在三年以内者，房屋、工商、投资合作社股金、水利投资、证券、存粮、珠宝、放款、存于银行商店合作社之款项、畜养、家庭副业投资、用具、财产所有人之在边区以外的财产及不属于本条第一款之一切财产，免征财产税。

第五条　各种收入之征税与免税依下列规定：

一、下列各种收入征税：

甲、地租及农业收入。

乙、林木收入、蒲苇收入、山坡所种药材收入。

丙、房租、渠租、存款、放款、存粮之利息，及除地租外之其他一切租息。

丁、公营、公私合营或私营之公司、商店、行栈、作坊、工厂、矿业、水利事业之收入。

戊、个人经营之小贩、小手工业之收入。

己、属于临时经营事业之收入。

庚、从敌占区或后方所得之各种收入、牙纪收入及其他非直接劳动所得之收入。

二、下列各种收入免税：

甲、脱离生产之党务人员、军队工作人员、政权工作人员，合作社经营人员、群众工作人员、邮务人员、杂务人员，士兵、教职员、医生、工人、雇工所得之生活费和工资。

乙、家庭副业及畜养之收入。

丙、合于法定之合作社收入。

丁、脚户收入及不雇工不雇火之艺匠收入。

戊、抗战军人及政工人员家属受补助之收入或因抗战死伤所受抚恤之收入，残废军人以前项抚恤金经营小商业小工业之收入亦予免税。

己、经政府批准免税之公营事业、非营业性之公营事业及区级以上脱离生产军政民运人员租地种菜之收入。

庚、证券收入。

辛、边区银行之收入。

壬、报社书店之收入。

第二章　计位

第六条　统一累进税之耕地计算单位定名为“标准亩”，平均年产谷十市斗之耕地为一标准亩。

第七条　统一累进税各种财产收入之计算单位定名为“富力”依下列规定折算：

一、土地以每四标准亩计一富力。

二、地租及农业收入以每十市斗计一富力，前项农业收入，自营地以耕地总生产物除四分之一消耗计，佃耕地以耕地总生产物除四分之一消耗并除地租计。

三、财产以四百元计一富力，实物以市价折元。

四、第五条第一款规定之各种收入，除地租及农业收入外，总收入均以六十元计一富力，纯收入均以四十元计一富力，实物以实价折元。

第三章　税等税率定分及最高率

第八条　统一累进税分为十六等：

一、第一富力之前半个富力为第一等；

二、第一富力之后半个富力为第二等；

三、第二富力之前半个富力为第三等；

四、第二富力之后半个富力为第四等；

五、第三富力之前半个富力为第五等；

六、第三富力之后半个富力为第六等；

七、第四富力为第七等；

八、第五富力为第八等；

九、第六富力为第九等；

十、第七富力为第十等；

十一、第八富力为第十一等；

十二、第九富力至第十五富力为第十二等；

十三、第十六富力至第三十富力为第十三等；

十四、第三十一富力至第五十富力为第十四等；

十五、第五十一富力至第八十富力为第十五等；

十六、第八十一富力以上为第十六等。

第九条　统一累进税按等累进，从一等至五等以点零五为累进率，五等至十六等以点一为累进率。

第十条　统一累进税之征税单位定名为“分”，按富力定分，其办法如下：

一、第一等每一富力以八厘计算；

二、第二等每一富力以八厘五计算；

三、第三等每一富力以九厘计算；

四、第四等每一富力以九厘五计算；

五、第五等每一富力以一分计算；

六、第六等每一富力以一分一厘计算；

七、第七等每一富力以一分二厘计算；

八、第八等每一富力以一分三厘计算；

九、第九等每一富力以一分四厘计算；

十、第十等每一富力以一分五厘计算；

十一、第十一等每一富力以一分六厘计算；

十二、第十二等每一富力以一分七厘计算；

十三、第十三等每一富力以一分八厘计算；

十四、第十四等每一富力以一分九厘计算；

十五、第十五等每一富力以二分计算；

十六、第十六等每一富力以二分一厘计算。

第十一条　统一累进税之计分至第十六等即停止累进。

第四章　分数之计算与征收

第十二条　统一累进税之耕地及第五条第一款甲乙两项规定之收入，其分数计算与征收之属人属地依下列规定：

一、凡财产所有人之财产收入不出其所在之县者，均就其所在村合并计算、统一征收。但其散于外村之财产收入富力占外村财产收入富力三分之一以上者，属人计算，分别就其财产收入所在之村征收。

二、凡财产所有人之财产收入不在其所在县者，均在其财产收入所在之县立户，统一计算，分别就其财产收入所在之村征收。但县交界之土地，其所有权属于一户者，得适用本条第一款之规定。

三、凡财产所有人不在边区者，其计算征收适用本条一、二两款之规定。

四、村公产县公产，没收之汉奸财产，均就所在村分别立户，属地计算征收。

第十三条　前条之计算与改算，由财产所有人所在村之村公所为之。在县范围者，得由区公所或县政府为之。但属于前条第二款规定之情形者，改算均由区公所或县政府为之，改算至县为止。

第十四条　凡合于第五条第一款丙、戊、己、庚等项规定之收入，均就财产所有人、收入所得人所在村计算征收。

第十五条　凡财产所有人在边区，其在边区以外之收入，属人计算，属人征收。

前项收入以财产所有人实际收得者为限，其未收得者不计。

第十六条　统一累进税之工商业部分，其分数计算与征收之属人属地依下列规定：

一、凡合于第五条第一款丁项规定之工商业，不论其为合资独资，均就该业所在地单独立户计算征收，每一工商业均以一户论。前项工商业之分店分厂亦单独立户计征。

二、凡合于第五条第一款戊项规定之工商业收入，均属其他财产收入合并计算。

第十七条　前条所列之工商业，除公营工商业及所有矿业，以纯收入计征外，均按总收入除消费后计征。（工商业消费以每一经营人员每年平均三百元计。）

前项经营人员包括全体职工经理伙友。

第十八条　统一累进税以个人为单位计算分数，人口之计算依下列规定：

一、不分男女老幼大口小口均以一人论。

二、合于第十二条第二款规定之情形者，散有该户财产收入之其他县，对该户人口均按其实有人口计算。

三、合于第十六条第一款规定之情形者，一户均按一人计算。

四、合于第五条第二款甲项规定之人员，及工商业之经营人员，其人口均算入其所属之户（家庭）。

五、寺院以一户计，其人口按寺院实有人数计。

六、族田、公产、校产、没收之汉奸财产一户均以一人计。

七、凡人在敌占区者，均不计人口。

八、凡人在抗日根据地，或大后方者均计人口。

第十九条　统一累进税每人除一免税点，各项财产收入合计，其富力每人不足一免税点者，概予免税，超过一免税点者只就其超过之部征税，但合于下列情形之一者，即不除免税点：

一、除士兵军官佐及雇工外，合于第五条第二款甲项规定之人员。前项雇工在雇主家除免税点。

二、族田、公产、校产、没收汉奸之财产等户之实际无人口者。

三、工商业之按纯收入计算或其经营人员已除消费者。

四、财产所有人已在其所在县除免税点者。

五、人不在边区者。

第廿条　由县政府印发征收统一累进税调查简表，每户两张，由户自填自报，村公所就各户所填财产收入加以审查折算富力计算分数后一张存村，一张报县，县区政府分别统计县区村之总分数。

第廿一条　统一累进税由边区行政委员会及村公所依照财务行政法规征收之。

第五章　调查及评议

第廿二条　县区村各级政府根据征收统一累进税调查简表之填报数目进行调查。

第廿三条　区村均组织统一累进税审查委员会，就各户财产收入之登记，富力之折合，分数之计算，加以审查，村审查委员会审查户，区审查委员会审查村。

村审查委员会受村公所领导，区审查委员会受区公所领导，其章程另定之。

第廿四条　县区村各级政府于各户或各村各区统一累进税之分数经调查及审查后，应将审查结果通知纳税人，纳税人于接到前项通知后，如有不服得于十日内叙明理由，连同证明文件，请求当地政府重行调查，当地政府应即另行派员复查决定之。

第廿五条　纳税人对于调查复查之决定均不服时，得分别请求县村人民代表机关评议之。评议规则另定之。

第廿六条　纳税人对于人民代表机关评议之决定不服时，得向上级政府提起行政诉愿再诉愿，再诉愿之决定即为最后决定。

第廿七条　在统一累进税缴纳时期内，因复查评议或诉愿再诉愿，分数尚未决定者，应暂按经复查或评议后改定之分数依限缴纳，俟分数决定后，再行清查找补。

第六章　免税点之改定及分数改造

第廿八条　统一累进税之免税点一年规定一次，于每年改造分数前，以命令行之。

第廿九条　统一累进税分数一年改造一次，改造时间以命令行之。

第七章　罚则

第卅条　不依期限报告者，得科以五元以上一百元以下之罚金。

第三十一条　少报资产收入或虚报人口或投机取巧意图逃避应纳之税者，除据实纠正，并追交其应纳之税外，得科以十元以上五百元以下之罚金，但以不超过其应纳税额为限。

第三十二条　不依期限纳税者，除限期追交外，并得依下列规定处罚之：

一、欠交全部或一部逾一个月者，得科以所欠数百分之一以上百分之五以下之罚金。

二、欠交全部或一部逾两个月者，得科以所欠数百分之五以上百分之十以下之罚金。

三、欠交全部或一部逾三个月者，得科以所欠数百分之十以上百分之二十以下之罚金。

第三十三条　前三条之处罚悉由县政府以上各级政府执行之。

第八章　附则

第三十四条　本税则之施行细则另定之。

第三十五条　本税则之修改解释权属于边区行政委员会。

第三十六条　本税则施行之日晋察冀边区统一累进税暂行办法即行作废。

第三十七条　本税则施行之日期以命令定之。

选自《晋察冀边区财政经济史资料选编》（四），天津，南开大学出版社，1984年版，第362～368页。原注：“《解放日报》1942年8月10日4版。”

45. 晋察冀军区司令部　晋察冀边区行政委员会关于组织审计委员会的决定

1942年8月13日施行

（一）为了贯彻精兵简政政策，掌握边区军政财粮预决算，认真节约，消除浪费，本部会共同决定组织边区审计委员会。该委员会对本部会负责。

（二）审计委员会分边区专区两级组织，冀中区在必要时组织分会，其定名人选组织系统如下：

甲、定名：边区为晋察冀边区审计委员会，冀中区为晋察冀边区冀中区审计委员会，专区为晋察冀边区第×区（专区次第）审计委员会。

乙、人选：边区及冀中区审计委员会由晋察冀军区司令部各指派三人、晋察冀边区行政委员会各指派二人组织之，专区审计委员会由军区司令部指派二人、边区行政委员会指派一人组织之。各级审计委员会设主任一人，由本部会共同指定之。

丙、各级审计委员会有上下级组织关系，下级服从上级。

丁、边区及冀中区审计委员会，各设秘书一人脱离生产，专区审计委员会不设脱离生产干部。各级审计委员会之审计事务得指定军政专管财粮之部门进行之。

戊、各级审计委员会印信由本部会颁之。

（三）审计委员会职权如下：

甲、审计军政部门之财粮预决算。其批准批驳权属于边区审计委员会。

乙、掌握军政部门之编制人数。增加编制人数之批准权属于边区审计委员会。

丙、检查检举各级军政部门浪费贪污事项。

（四）晋察冀行政委员会均按边区审计委员会批准之军政各部门编制人马数及预算核发粮食经费，审计委员会未批准者，边区行政委员会无权核发。审计委员会成立之后，应立即进行审计军政各部门编制人马数，并将其核定结果通知边区行政委员会，自本年十月份起即按审计委员会核定之人马数，核发粮食经费；本年一至九月军政各部门所领粮食经费，责成审计委员会全权督促清理进行审查。

（五）本决定由本部会□□命令行之。

注：各专区审计委员会统限于三十一年八月二十五日组织成立。边区审计委员会于八月十三日成立。

选自中国审计学会审计署审计科研所编：《中国革命根据地审计史料汇编》，北京，北京工业大学出版社，1990 年版，第 229～230 页。

46. 晋察冀边区出入口货稽征暂行条例

1942 年 9 月 1 日

第一章　总则

第一条　为保护贸易，促进生产，对敌进行经济斗争，特制定本条例。

第二条　本条例所称出入口贸易，系指对敌占区贸易而言，其他抗日根据地与边区直接贸易者，不在此限。

第三条　出入口货之稽私征税，由边区贸易管理局所属税卡办理之。

第二章　税则

第四条　凡本边区出产之货物，输之敌占区者，为出口货物。依其性质分别规定征税免税或禁止出口。

“附晋察冀边区北岳区出口货物分类处理表”。（略）

第五条　凡敌占区出产之货物，输入本边区以内者，为入口货物。依其性质分别规定征税免税或禁止入口。

“附晋察冀边区北岳区入口货物分类处理表”。（略）

第六条　征税免税或禁止出入口货物，得因不同地区形势或需要，由边区行政委员会随时以命令变更之。

第三章　稽征

第七条　凡货物出入口时无论公私商贩、部队、机关、团体、学校或个人，如系应税货物，应即向出口或入口之第一稽征机关报纳税款，领取票据。

第八条　出入口税除法令别有规定者外，均按价征收，税款以边币为限，货价由纳税人自报，如发觉有以贵报贱、以多报少，企图隐避税款者，经说服无效后，得由卡报支局指定公营贸易机关照所报价格收买之，或按漏税处罚之。

第九条　出口税于货物出口起运地点征收之，入口税于货物入口地点征收之，在边区境内均只征收一次。

第十条　货物出入口时均须报请稽征机关查验，经查货票相符或实系免税者，均加盖验讫图记，以资证明。

第十一条　稽征人员有会同当地政府查验商贩货物及货帐〔账〕之权，无论公私商店及摊贩，不得借故隐避或拒绝。

第十二条　入口货物纳税后，在边区境内，可自由运销，如须〔需〕分运时，得报请当地稽征机关，根据原税票填发分运单。

第四章　处罚

第十三条　漏税走私一经查获依下列规定处罚之：

甲、漏税案件除照章补税外，并处以所漏税额一倍至五倍之罚金，但所处之罚金及应补税额之合，不得超过货物总价。

乙、私仇货案件，除将货物悉数没收外，情节轻微者释放，较重者，处以十元以上五十元以下之罚金。重大者，送交当地县政府依法处理。

丙、贩运外来纸烟案件，除将纸烟没收外，并处以五十元以上五百元以下之罚金，其情节重大者，送交当地县政府依法处理。

第十四条　各卡查获没收之私仇货，不得自行拍卖，应悉数交由支局分别处理。

甲、凡迷信物品，无使用价值者，当众焚毁。

乙、一般私仇货估价交公营或公私合营商店定期公告拍卖与直接消费者，货价除提奖外，解交边区贸易管理局。

丙、纸烟送交边区贸易管理局转交边区行政委员会处理。

第十五条　伪造税票分运单罚金收据者，查获后送县以上政府，以伪造有价证券论处。

第十六条　稽征人员有不法行为时，任何机关团体或个人均得报请其主管机关，或区以上各级政府查明法办。

第十七条　在边区境内，无论任何机关团体或各人查获私仇货及漏税案件，均须交当地稽征机关或政府处理。

第十八条　各县区政府如查获私仇货及漏税等案件，可以本条例处理，但所补税款漏税罚金及没收之货物，均须交与稽征机关。

第十九条　稽征机关可在本条例规定范围内处理走私漏税案件。

第五章　奖励

第廿条　凡查获贩运私仇货及漏税案件，行政人员一律不给奖金。其他群众或团体，依下列规定奖励之：

甲、私仇货案件，按变价计算，以百分之二十给奖；

乙、外来纸烟案件，按罚金总额计算，以百分之二十给奖；

丙、漏税案件，按罚金总额计算，以百分之十给奖。

第廿一条　上列各种奖金均于货物变价或交纳罚金后发给。

第廿二条　查获人员如自愿却受奖金者，各稽征机关得专案呈报边区贸易管理局，转请边委会予以名誉奖励。

第廿三条　查获人应得奖金，须备具正式收据向贸易管理局卡领取，贸易管理局卡发付之奖金应按月列入月报并附总收据报销。

第廿四条　缉获武装走私案件，各稽征机关应随时呈报上级转请边委会从优给奖。

第六章　票据印制及其使用

第廿五条　征税所用之出入口税票，罚金收据，分运单均由边区行政委员会统一印制颁发。如非是项票据，得拒绝纳税。

第廿六条　各项票据使用时，不准挖补或任意涂改，违者除原票据作废外，并依法惩办。

第廿七条　填用各项票据不取工料费。

第七章　附则

第廿八条　本条例修改权解释权，属于边区行政委员会。

第廿九条　本条例施行之日　所有前颁“晋察冀边区出入口税暂行税则及附表”“晋察冀边区查获仇货私货及漏税案件奖励办法”“晋察冀边区关于粮食等八种物资运销紧急处置办法”同时作废。

第三十条　本条例自公布之日施行。

选自《晋察冀边区财政经济史资料选编》（四），天津，南开大学出版社，1984 年版，第 256～259 页。

47. 晋察冀边区行政委员会关于县区财政工作的指示

1942 年 10 月 30 日

一、自统一累进税实施以来，财政建设上有很大进展，无论在新的建设上或清理工作上，各县区都有较显著的成绩。五专区对这方面抓的〔得〕紧一些，成绩也就更大一些，但确实检查起来，今天县区财政上还存在着严重的缺点：

（一）咬紧牙关渡过艰苦的两年，一般是知道了。但与实际工作联系不起来，无论在生活费用方面或办公用品方面，轮到自己头上，总想舒服一些、宽裕一些，特别是截留公款、建立“小柜”浪费的地方依然不少。在财政工作上咬紧牙关、坚持制度、认真节约的实践，还是十分不够的。

（二）对政策法令没有严格执行。例如：政府规定要减轻人民负担，不能随便向老百姓派粮派款，大家口头上都这样讲，可是实践就非常不够。有些县区一些不合规定的开支，恐怕边委会不批准，就干脆不报，在县区范围内擅自向老百姓罚捐摊派，忽视群众利益的违法现象还有存在。

（三）财政工作上的两面态度，对上一套，对下一套。报告流于形式主义，不反映实际问题，也不解决实际问题。浮存积欠堆在一边，形成小库，不加清理，也不解缴。（大部分的县区都有这种情形。）

（四）对掌握制度掌握技术上还很不够，以致形成混乱现象。例如：制度规定要各清各款，月清月款，按月解库，不准挪借，可是随便挪借、累月不清、不按期解库的现象，还是数见不鲜，公费超支，已为不合，又不及时上报求得解决，反由经收边区款项下垫支。去年征收统累税时，本会曾明确指出，一律解库，不准动用分文，可是有的区公所竟然也挪借了一部。此外，工作队借款，团体借款，游击队借款，合作社借款以及个人借款更是形形色色、紊乱不堪，随意借出，已属破坏制度，又不抓紧索还，拖拖拉拉，经久不清；由县区代领转发的款项如抚血〔恤〕救灾、公债付息等款，未能及时转到领款人手，或因特殊情形，无法转发，既不报告，也不退缴，索性纳入小库，成为滥支的源泉之一；再如财政部门和其他部门的工作划不清楚，联系不够密切，与本机关内部的会计也分不清楚，手续上相当紊乱，数目字亦时有不符（如某县经手的一宗抚血〔恤〕款，财政科与民政科竟相差数千元，现在尚未找着头绪）。

因此，我们提出，咬紧牙关渡〔度〕过艰苦的两年，必须实践，谁要是对财政正规化节省财力有些微忽视，谁就是空谈家，就是政治不坚定。我们一定要彻底整理，大加刷新，在组织上、制度上、干部作风与纪律上要与整风运动密切联系起来。

二、要下决心把县区财政收支款项彻底清理，肃清一切弊端——肃清“小库”，肃清两面态度，肃清紊乱现象。为此，必须：

（一）所有一切收入（合规定的与不合规定的），一律报解，一切支出（请批准的与未请批准的）都应报销，凡有结存，除本年度购粮帐〔账〕另行清理，本机关本年度经费之节余截旷依规定单独处理外，一律马上各清，解交边区金库。

（二）民国二十九年以前的财政，仍单独处理，亏空一般由边委会拨补（特殊问题，个别解决）。各县应负责清理上报（报经专署审核加具意见转报本会），满打满算，彻底清结。

（三）借款都应销借，垫支都应归垫，实在不能索还销借或归垫者，亦需将单据一并上报备核，由本会分别代索或注销。

（四）所有县公产的收入，除已经开支的（批准的与未批准的）以外，一律清理上报，粮款暂存各县县政府，经本会批准后，方得动用。

（五）各县公管事业及公私合营事业之投资代款等，仍依照本会七月二十六日所发之财政总字第五十五号令办理。

（六）在清理过程中，首先点库，无论区公所、公安局、县政府（以及内部各科），无论怎样收入的款项，都须解库。其次，要防止以下两种偏向的发生：一种是接到这一指示后，以为是清理的旧款，便随意动用。一种是两面态度，依然满不在乎。这两种偏向，必须坚决反对。接到指示后，如果还有不经批准擅自花钱或仍抱两面态度不认真清理的，要给予纪律制裁。

清理财政是件比较复杂的事，但只要下定决心依照上述原则抓紧清理，我们深信是能够做好的（已有事实证明）。

三、关于县区财政方面的许多法令制度早已规定了，但执行还差。兹特将重要者再一次指出：

（一）整个边区财政，除村款由村筹支及县公产收入暂存为县地方款外，所有边区之经常费、临时费概由边委会统筹统支，县政府、区公所以及其他任何机关，除依法经收支各项边区款外，绝对不准以任何名义向老百姓摊派，违者法办。

（二）县政府经收的边区款（统一累进税、田房契税、罚金、没收没入、献金、边区公产收入等等），一定要按月清解边区金库；区公所收转之边区款及县公产收入以及县公安局所经收之违警罚金（区公所与公安局只能处理违警案件，其他行政、司法等案件，均须送县）更须随时送交县政府，一律不准挪垫或往外借款，主管会计的人员有权力不往外借。

（三）县政府区公所代领转发的一些款项（抚恤、救灾、奖金、公债付息等款），必须及时发给领款人；或因情形特殊，无法发给或暂时不能发出者，亦应分别退解或暂存，不准东挪西垫，以致牵混不清。

（四）在内务问题上，亦须建立与坚持明确的制度。首先，县经费与经营之边区款必须严格分开，整个县区的收支与边区款之经营，当然要由财政科掌握，但县政府本身之经费事项要由秘书室办理，各项边区款，除统累税、田房契税、公产收入等，由财政科直接经收外，其余罚没现金等款由各主管科经收后，亦须交由财政科按月列入经收边区款月报表，统一经管解库，领发的款项，亦须由财政科统一办理领款手续，除县经费公债付息及其他应由财政科直接分发的款项由财政科掌管外，其他特种款项均由各主管科向财政科总领分发（如抚恤救灾等款由民政科经手，代款由实业科经手等是）。同时，各级财政部门有检查其他部门财政状况之权利〔力〕，县政府财政科对内部各科以及公安局武装部等部门应主动的〔地〕掌握收支，进行检查，有款即催解，有规定可开支，无规定的就不能开支。在区公所内务问题上比较简单，但财政助理员亦应依此执行。

（五）关于补充枪弹，另有决定，须严格执行。

（六）过艰苦的日子，需要打细算盘，一点一滴来节约；在伙食管理方面，柴菜金不够用，我们只能或者说主要用生产蔬菜、公余打柴、改良炉灶等办法来解决；至于游击区因环境关系，经常迁移无定，不能种菜，已决定每人每月增零用费四元，作为贴补柴菜金之用，人数少的机关不能与其他机关同住一起合伙时，亦将柴菜金增高（财政总字第六一号令），但同样需要运用多种方法来解决；在棉衣棉被保存、补充方面，边委会以养财政电与马财政电规定坚持原定预算的办法：采用次布，以羊毛绒代替棉花，实行统筹调济〔剂〕，追究去年旧衣，把一个人添一斤棉花改成平均三个人添一斤（事实上每身添一斤不完全必要），棉被原则上今年不予补充，个别籍非北岳区或家居敌占据点实在无力解决者，由公家酌量补助一部，仍自行缝制，只要旧衣旧被在，即便破烂，拆洗补缀一下，都可仍旧着用。现在大体都如此解决了。这些经验都值得总结和运用，在办公费开支方面，纸可尽量节省，利用废纸反面写，印刷品勿太滥，值得印才印，份数多少也要检查（有的县需要三份的一个文件也要油印，当然有些不经济），灯油贵，可减少灯头，改良灯盏（灯壶好，碗片盛油点灯太费），尽量白天办公，晚上无事不要点灯。总之，要充分利用废物，找代用品，能少用一点就少用一点。过艰苦的日子，一定要打细算盘，财政部门在这上面，更应该起推动作用，以身作则，作出模范。

四、关于县公产收入，各县须全盘整理一下，究有那〔哪〕些公产？全年有多少收入？粮多少（按公粮支付比率〔例〕折成小米上报）？款多少？明年度县里不吃公粮的机关（高小校、交通站等）所需之粮食，尽先以此支付，其余不足数字再另拨补，款由各县拟定用途，报会批准动用，在编制明年年度预算时，即须照顾到这一部分，整理清楚以后，与年度预算一并上报备核。

五、关于今年的年度决算，只要各月分月计算都报经本会核符备案，即准免造（财政总字第五九号令），但据检查结果，有的县份经费方面除计算外，还存在着一些尚待解决的问题，这样十二个分月计算加起来，还只是一个形式上的决算，与实际开支不符，因此，我们必须要一个真实的决算。

（一）真实的决算，就要求彻底把县区财政清理一下，必须把这一清理工作与明年年度预算及今年年度决算（除计算外没有待解决之问题的县份，仍免造）很好联系起来，老老实实，有什么报什么。

（二）统累税征收工作告一段落时，马上开始清理工作，一般从十一月十六日起执行：关于库的清理上报必须在十二月一日以前办理完竣，其他全面清理总结，限明年一月十五日以前一律上报（时间越早越好）。

（三）各署县对这一工作，必须抓紧，区有不正规的收支，县明知不报，县受连带处分；县有不正规收支，专署明知不报，专署受连带处分……

选自《晋察冀边区财政经济史资料选编》（四），天津，南开大学出版社，1984年版，第272～276页。

48. 宋劭文：《晋察冀边区行政委员会工作报告》（财政建设）

1943年1月15日在晋察冀边区首届参议会上所作工作报告

财政上有两件大事，一是开源，一是节流。我们的财政政策是取之合理（开源），用之得当（节流）。五年来就循着这个方向努力。

甲、财政政策的实施

先说“取之合理”。“取之合理”一句话，说起来容易，做起来很难。统一累进税比合理负担合理，有人说：“为什么不早实行两年统一累进税呢？”合理负担比田赋合理，有人说：“为什么停征了田赋又恢复了三年呢？”这些问题都说明，合理不是一个空洞的东西，而是由时间、地点、条件决定的。我们处在战争的环境，政府是逐渐建设起来的，我们的日子全凭自己来过，上级不给我们一个钱。因此，我们的“取之合理”也是随着时间的发展，而发展的。

边委会成立以前的情况，上边已经说过。那些旧政权已经瓦解，新政权尚未建立，那时游击队的衣食，各地均是靠了动员性质的“合理负担”“救国捐”解决。这些在现在看来是不合理了，在当时是合理的。从那时起我们就把旧日的三十余种苛捐杂税都废除了，田赋（正赋及附加）也暂时停征了。

边委会成立后，鉴于当时各地“合理负担”之施行尚无善法，因根据军政民代表大会之决议，对财政收入作了以下的措施：

1. 停止县合理负担，试行村合理负担，恢复田赋（二十七年二月）。

2. 发行救国公债三百万元（先发行二百万元，后在冀中增发一百万元。二十七年七月）。

3. 建立税局征收烟酒税、烟酒牌照税、卷烟特税、外货入境税、印花税、营业税等六种合理税收（二十七年五月）。

4. 清理各县“合理负担”“救国捐”罚款等收入。

边委会就靠了这些收入支付军政费，自二十七年七月（主要北岳区，冀中晚一些），军粮采取购买办法，款由边委会统一发给部队，由各区军用代办所代购。二十七年秋季反扫荡中，事实教训了我们：

（1）各家全部收入，折米计算，以其人口平均，每人平均小米一石四斗以下者不收，一石五斗至二石者收百分之三，二石一斗至三石者收百分之五，以上每加一石递增百分之一，增至百分之二十为止。

（2）各家长年雇佣，准除工资工食，不得计入其家人口之内。

（3）有固定职业、经年在外者，不得计入其家人口之内。

（4）五岁以内之儿童，一人以半人计算。

（5）经营工商业或以利息度日者，按其收入折米平均计算，在规定以内任缴何种实物或款。

这一办法，因为免征点定得高，所以负担面比较小，一般负担面在百分之四十至五十。且以初次进行，缺乏调查，征收中的紊乱现象、拖欠现象是有的，但广大人民一般是踊跃交纳了的。

民国二十八、九两年，继续征收了公粮，并将免税点降低一些，负担面扩大到百分之六十，把以前的毛病纠正了许多。不过到二十九年，人民反映公粮的负担倒不算重，重的是村款。当时村款名目繁多、数量很大，影响边区税收至巨，因［而］决定于二十九年三月开始彻底整理村财政。这虽然属于节流，但对我们“取之合理”有极大的关系，整理村财政，成为实施统一累进税的一个前提条件（整理村财政以下再详述）。

二十八年初为了活跃土地买卖，保障土地所有权，恢复了田房契税。

二十九年初，各县区村罚款与捐款慰劳的情形，发展得很严重，甚至有的县政府多靠罚款捐款度日，部队多靠“慰劳”改善生活。边委会看到情形的严重，有碍“取之合理”，特规定：

1. 区村均无罚款权，违者法办。行政罚款，其权属于县政府以上各级政府。每案罚款不得超过百元，法令另有规定者依其规定。违者罚款，一律依照国民政府公布的违警罚法由公安局（县以上）处理，每一违警事件罚金不得超过十五元（可并科）司法罚金，其罚款权属于司法机关，对于汉奸案件的罚款一律禁止，因为汉奸犯应依法判处，该没收财产的要依法没收其财产。

2. 群众出于爱护部队之诚，自愿慰劳者，这是我们奖励的，但靠行政力量摊派慰劳物品，或用行政方式强要慰劳物品者，一律禁止。

3. 捐款非有上级政府之号召（如救灾、建烈士塔），下级政府不准向人民捐募。

4. 民兵打游击在平常一律自带粮食，不准向人民索要，配合部队作战在两天以上者，由部队供给报销。

这样严格的〔地〕执行下来，一时的紊乱现象逐渐消除了。

二十九年十一月，总结了实施村合理负担的经验，公布了统一累进税法规，从三十年二月至七月普遍展开统累税的调查工作。统累税办法公布施行之日，并废除了烟酒税、烟酒牌照税、印花税、营业税，至此边区税制即比较固定下来。现行税制就是以下几种：

1. 统一累进税，使财政统一于边区，田赋、营业税、公粮等统一于统累税；有免征点与累进最高率，年征收一次，以钱、粮、秣三种形式征收，扩大负担面至百分之八十，劳动收入亦纳税。至此，有钱出钱，钱多多出，钱少少出，特穷的不出的"取之合理"的税制，始臻于完善。不过在实施当中村里还有许多毛病，有些地方有村干部本位主义、自私自利，给别人多填，给自己少填；有些庇护自己的亲友本家；有些地方有村本位主义，串通假报，逃避负担；有些地方有隐瞒土地、隐瞒商业收入现象，有些地方有低租地的问题与孤儿寡妇生活困难问题没有很好的〔地〕解决。这些都是今后需要彻底纠正与解决的。

2. 田房契税。"为确保财产所有权买卖自由权"而征收买典田房契税，买契按田房买价百分之六征税，典契按田房典价百分之三征税。

3. 出入口税。"为便利军需民用与促进生产事业保护贸易限制资金外溢"而征收外货入境税与本产货物出境税，由税局征收。去年以来，税收数目锐减，走私特炽，抓紧稽查缉私在今后是特别重要的。

4. 除以上三种税收入，政府还有一些零星的收入：没收、罚款、没收汉奸财产、公营事业盈余。不过因为讼费的废除，罚款的严格限制，没收汉奸财产只限于罪大恶极的汉奸，公营事业很少，以免银行与民争利，这些收入是很小的。

以上就是我们"取之合理"的税收政策的发展情形。以下再说"用之得当"。

"用之得当"就是头等重要的事先用，次等重要的事后用，不重要的事少用不用。我们最重要的事是抗战，因之最大部分的开支要用之于战争。不过在实施这一方针中发生的问题是很多的。

（1）我们处在散漫的农村，游击队是武装起的农民，政府工作人员一般是学生分子，这些人一向是"自由"惯了的。因此游击主义、自由主义开始很严重。

（2）人民的收入是有一定数量的，政府从人民收入中所征收的部分也是有一定数量的。因此如果区村乱花钱，就如沙滩里的雨水一样，有多少都能漏下去，只靠上级节省一点为数是无几的。我们管理财政实现"用之得当"的过程，就是反游击主义、自由主义的过程。

在边区委会成立以前（冀中在主任公署成立以前，即二十七年四月以前），各地动委会、救国会一个区一般都有二三十号人吃饭，村里边吃便宜饭的人也不少，当时有许多混〔浑〕水摸鱼、乘〔趁〕火打劫的人。边委会成立后，遵照军政民代表大会的决议要实行统筹统支，可是刚成立的边委会，只从山西第一区主任公署借到五六千元钱，代表大会开会大部花光了。怎样办呢？当时的措施是这样：

（1）规定县区政府编制，结束动委会等半政权性质的组织，停止薪饷制，厘定生活费与各级政府最低限度的办公费，取消县区大锅吃饭的混乱现象，逐渐使开支上了轨道。

（2）阻止了县政府向边委会要钱的现象，边委会逐渐清理各县库存，靠了这一点收入，立即执行军费由边委会统筹统支，粮食暂由县统筹发给。

（3）建立初步的预决算制度。

二十七年七月（冀中晚一些）军粮完全由现款购买，县里征发粮食停止了。二十七年十一月，部队开始吃公粮由边委会印发两联军用粮票，部队凭预算领用。当时因粮票不分月份，又以粮票制度初建立，逐渐发生了：

（1）要粮不给票，多余粮票改善生活及个别出卖粮票现象。

（2）粮票不分月份，报销制度不健全，粮食浪费现象很严重。经过政府与部队的教育与检查，条据的清算，并于二十八年改发三联定月粮票，这些毛病，逐渐纠正了（现在还有一些地区有毛病）。

二十九年七月，彻底整理村财政，并将财政预决算制度、会计制度、金库制度，与粮食预决算制度、粮票制度、粮库制度逐渐正规化起来，使得浪费现象大大清除了。

二十九年七月以前村财政开支项目繁多，如支差费、优抗费、招待费、小学经费、赔偿费、赔价、开会费、村干部旅费、放哨费、应酬敌伪费、村长津贴费、民兵饭食弹药费、民校经费、标语费、新战士路费、自卫费、除奸组经费、村公所经费……平均每村每月支四百元，全边区合计每年约八千万元，这是用的〔得〕最不得当的。因此由边委会厘定，逐渐取消支差费，优抗逐渐由县统筹，取缔赔价及一切非法开支，规定村公所、学校经费开支办法，使村开支只限于以下五个项目：

（1）村公所经费与临时费，包括村公所及其各部门的办公费，将村分为五等，最高每月开支四十元（连临时费在内，以后物价高涨略有增加）。

（2）村教育费，包括小学民校开支，须按边委会规定村代表会批准开支。

（3）优抗费，由县统筹者经边委会批准，由村区统筹者由县批准。

（4）民兵作战弹药费，规定将村分为五等，最多不超过每月十五元，一般都在十元以下（三十一年十一月停止了，改由边区统筹）。

（5）村建设费、村兴修水利、建造学校等费，须经村代表会批准进行。

实行以来，人民无不称善。平山××村的一位绅士说："这一下子可好了，现在我们这村每月开支四十块，以往四百块六百块也不止，真是无底的沙地。这样在全边区的村开支，每年减少了十分之八，是一个很大的收获"。不过至现在，执行中还有一些问题：

（1）游击区敌伪勒索严重，反敌伪勒索斗争开展不够；

（2）军鞋柴炭赔价问题还没有照上级规定很好的〔地〕执行；

（3）预决算制度有许多村庄坚持还差，民主发扬还不够。这是我们今后应该努力改正或解决的。

三十年实行统累税之后，县财政统一于边区，钱粮预决算制度又大进一步。三十年秋季反扫荡之后，鉴于敌之分割蚕食破坏，进行了精兵简政，缩小机关，军政双方共减少三万余人（连冀中），使得我们的开支也减少了许多。三十一年夏，边委会与军区司令部共同组织审计委员会，审计军政预决算，把浪费现象基本上肃清了。

五年来，我们的开支，五分之四是军费，五分之一是政费（包括政府经费、教育费、团体补助费等），当称“用之得当”。一般说来，各级政府是十分廉洁的，比之战前旧政府，那我们就好的〔得〕多了。现在一个政府工作人员每月的零用费只能买二十多个麻糖，当然说不到盖楼房、买汽车了。不过我们的粮食管理工作——粮票与粮库，还存在着许多缺点。粮食的耗损被偷还时常发生，在游击区粮票还有一些地方没有认真执行。

乙、财政工作中的对敌斗争

我们的财政政策的实施，一方面是反游击主义，反自由主义，另一方面是展开反敌伪勒索斗争。后者在北岳区与冀中区从二十九年冬季反扫荡以来就提到严重的地位，在平北与冀东，始终与前者是同等重要的〔地〕进行着。我们的口号是“深入敌后之敌后开展游击战争”，在敌后之敌后有着敌人的秩序，我们只有靠了游击战争打破敌人的秩序，只有靠了游击战争军政才能有饭吃有衣穿。三十年以前的冀东平北终日在游击战中讨生活，解除人民痛苦，创造了根据地，到三十年才初步的〔地〕建立了统一收支制度。

敌伪在游击区的勒索是十分严重的，三十年北岳区每村（接敌区）一般被敌勒索均在三万元以上，最高有达二十五万元者。三十一年冀中反扫荡后三个月，平均每人负担二百四十元，使得群众连糠秕都吃不上。其勒索的名目，不一一列举。灵寿××村一个老百姓说的〔得〕好，“鬼子除过不要脸以外，什么都要”。有钱有地的人，负担更受不了，冀中有许多村庄去年春天八九百元钱一亩的地，由于对敌负担现在七八元钱没有人要。使得我许多同胞处在水深火热之中，使得政府的财政源泉缩小，使得巩固地区的人民负担加重，这是黎明前的黑暗。不过在许多地方，人民反敌伪勒索的斗争开展的〔得〕很好，反对粮仓制度，反对汉奸敲诈，反对挖沟筑堡……大家一条心对付日寇，获得许多成绩。这成绩还需要我们继续发扬，政府还需抓紧领导。

每年征运公粮，都是一个很大的对敌斗争，都付了很大的代价。敌寇掠夺粮食的阴谋是非常毒辣的，去年它提出要在华北吸收二千万石粮食，要把民粮搜刮净尽。但是游击区的广大同胞，怀念着祖国，怀念着今年抗战的胜利，冒尽艰难险阻，通过敌人的层层封锁，成群结队的〔地〕星夜送公粮公款。我们军区子弟兵，把每年征粮征款，都当作自己的战斗任务，全部出击展开粮食争夺战，这中间可歌可泣的例子多得很。

丙、财政收支状况

先说钱粮收入状况。

从二十七年一月十五日至三十一年年底钱的收入状况（以民国二十七年为100）：

二十七年	100.00
二十八年	396.54
二十九年	532.34
三十年	2 747.15
三十一年	7 953.06

钱的收入，每年都在增加着。三十年比二十九年增加四倍，主要是因为统累税收了一部款，三十一年比三十年增加两倍多，是因为统累税款增加的缘故，但所增之款购买力却

赶不上三十年的了。因此钱的收入的增加，只是绝对数字的增加，如拿货币的购买力来看，并没有增加。

从二十七年十一月至三十一年十一月公粮的征收状况（以二十七年为一〇〇）：

二十七年	100.00
二十八年	67.11
二十九年	195.07
三十年	231.94
三十一年	85.87

（北岳区数字未统计齐全）

公粮收入是边区财政的主要收入，二十七年征收较晚，且冀中自二十八年夏季才开始征收，故当时负担很轻。二十八年大水灾后，粮食收成锐减，为减轻人民负担，公粮比二十七年减征十分之三强。二十九年、三十年部队扩大，政府部门也吃公粮，征收数比前增加了，人民负担加重了。三十一年冀中夏季反扫荡后，由于敌寇勒索严重，为减轻人民负担，征收粮食很少，北岳区因精兵简政关系，人民减少了一些，敌征收总数亦较前两年下降，不过上列三十一年的指数，因征收公粮统计尚未作出，所以比实际收到数要小一些。

那末〔么〕开支的情形怎样呢？先说粮，后说钱：

粮的开支（与当上年收入的百分比，以上年公粮收入为100）

二十八年（二十七年十一月至二十八年十月底）	127.33
二十九年（二十八年十一月至二十九年十月底）	280.44
三十年（二十九年十一月至三十年十月底）	118.96
三十一年（三十年十一月至三十一年十月底）	102.14

每年都是开支大于收支，不足之数，都是由购粮弥补的。二十九年购粮数量大，开支款的所占比例最多。二十八年以前公粮开支都是部队用的。二十九年以后的开支是这样：

	部队	政府
二十九年	90.94%	9.06%
三十年	81.57%	18.43%
三十一年	81.39%	18.61%

因此，粮食的开支，百分之八十以上，都是军用。为了坚持敌后抗战保卫边区，大家多出点粮养兵是应该的。二十九年因北岳区政权干部从九月份起才吃公粮，只吃了两个月，故所用数字少。一般公粮军政吃用之比为四点四比一。

钱的开支（与当年收入的百分比，以当年收入为100）：

二十七年	628.45
二十八年	1080.38
二十九年	1881.68
三十年	346.48
三十一年	220.79

每年都是入不敷出，二十七、八、九，三年，因为只征公粮田赋，而田赋收入杯水车薪，为数无几，故入不敷出为数甚大；二十九年因大水灾后军粮购买很多，故钱的开支特大。从三十年起开始实行统一累进税，征收一部钱，故三十、三十一两年不敷之数降低了，因为在北岳区所征公粮仍不够吃，买了一部分粮，开支款项亦占一不小数字。

我们开支的大宗是粮食，上面已说过，因此钱的不敷之数看来不小，实际上比公粮数字小得多。每年钱的不敷之数是怎样解决的呢？靠了向银行借款，每年借款指数如下（以二十七年为100）：

二十七年	100.00
二十八年	755.65
二十九年	1 794.73
三十年	1 281.39
三十一年	1 817.81

二十九年以前，因为钱的收入少，开支多，因此借款是在增加着。三十、三十一两年，因为税款的征收，借款数字减少了。三十一年因为冀中增收款数很少，所以借款比三十年多。

钱的开支军政比例如下（以开支总数为100）：

	军费	政费
二十七年	93.24	6.76
二十八年	77.89	22.11
二十九年	75.71	24.29
三十年	76.90	23.10
三十一年	88.06	11.94
合计	80.46	19.54

（包括政府各项开支及教育费团体补助费）

钱的开支也是军费占了大宗。“抗日高于一切”，“一切服从战争”，军费开支占大宗是必然的、应该的。二十七年四月以前县区政府开支一般还很乱，均由地方自筹，无统计，故二十七年政费数字甚小。二十八、九两年政府吃购粮不吃公粮（二十九年九月份才吃公粮），所以开支多。三十年内因购买车骡成立运输队开支较大，故政费开支比例仍显得不小，三十一年就大大的〔地〕降低了。不过三十一年军费开支比较特别大，还有一个原因，就是荣誉军人的整理，抚恤费的开支，加到军费里边了，平均起来军费开支约占全部开支五分之四，政费占五分之一。

我们的抗战已经进行了五年又半，回顾边区人民的负担，巩固地区的同胞，负担已经不轻，但比起游击区在敌伪残酷压榨下的同胞那就舒服多了，比起敌占区的同胞，那真是天上人间，我们幸福多了。可是毕竟连年抗战，我同胞支付了最高的代价，只要打败日寇，人民的负担自然就减轻了。

抗战一年比一年困难，五年来，赖边区军民节衣缩食，赖我各级政府抓紧财政建设，我们胜利的〔地〕解决了财政问题。以历年财政总收支来看，情况是逐年进步着。

	开支数	收入数	借款数
二十七年	100	15.91	84.09
二十八年	100	9.25	90.75
二十九年	100	5.31	94.69
三十年	100	28.86	71.14
三十一年	100	45.29	54.71

从二十九年以来，借款比例数在减少着。三十一年统累税征收获得空前的胜利，今年我们再进一步精兵简政节衣缩食，则今年人民的负担就会适当减轻的。大家会问：政府向银行借了许多钱，能还得起吗？是不是将来还要增税呢？我们说，实际上借的钱数没有多少，因为粮价高涨，显得钱数大了。只要抗战胜利，一切是有好办法的。

（下略）

晋察冀边区行政委员会 1943 年

选自《晋察冀边区行政委员会工作报告》，边区行政委员会 1943 年编印，第 77～92 页。

互校版本：《晋察冀边区财政经济史资料选编》（一），天津，南开大学出版社，1984 年版，第 527～539 页。简称“南开财经史版”。

49. 晋察冀边区行政委员会令
——规定钱吊折元及土地房屋买卖典当已税契而失效者其税契款之负担办法

1943 年 1 月 7 日

各专员、县长、县佐：

兹规定典当或借贷契约，其款额原以钱吊计算者，在回赎或偿还债务时，均得折合边币支付，其折合标准应以立契当时钱吊折合洋元的市价为准（例如查明当时系一吊五百文折一元，即可以此数改折为边币一元，最好查当地较大商号账簿所载之折合数，做〔作〕为依据），倘无法觅得当时折合数之依据者，即一律按大钱四千文（即大钱四吊）折合边币一元计算。

其次，土地房屋买卖典当成交已税契后，因其买卖典当有瑕疵（其买卖典当违反政府法令规定或侵害他人权利）而致失效者（无论受到政府的干涉或是被害人起而抗争，其买卖典当契约均可能因而失效），其已出税契约款政府自不便退还，但究应由谁负担前此尚无规定，倘一律由税契人负担，有时显失公平，兹为适当解决此问题，特规定在此种情形下，其己〔已〕出税契款，应由过失人负担，如过失在双方，即由双方共同负担，以求公允。

希即遵照并转令所属遵照为要。此令。

选自《晋察冀边区行政委员会现行法令汇集》，上册，边区行政委员会 1945 年编印，第 199～200 页。

50. 晋察冀边区统一累进税税则

1943年1月21日晋察冀边区第一届参议会通过，
同年2月4日边区行政委员会公布

第一章 总则

第一条 本税则根据边区人民经济状况，融合财产税、所得税、营业税之基本精神制定之。

第二条 边区之经常费、临时费悉依本税则向财产所有人、收入所得人，统一累进直接征收之。

第三条 为适应战时之需要，统一累进税得以现款、粮食、柴草三种形式征收之。前项柴之征收，只限冀中区。

第四条 各种财产之征税与免税依下列规定：

一、耕地、金银及存于家中之款项均征财产税。

二、荒地、轮荒地、荒滩、荒山、林木地、蒲苇地、山坡药材地、渠地、住宅地、新垦荒地、房屋、工商投资、合作社股金、水利投资、证券〔券〕、存粮、珠宝、放款，存于银行、商店、合作社之款项，畜养、家庭副业投资、用具，财产所有人之在边区以外的财产及不属于本条第一款之一切财产，均免征财产税

第五条 各种收入之征税与免税，依下列规定：

一、下列各种收入征税：

甲、地租及农业收入。

乙、林木收入、蒲苇收入、山坡所种药材收入。

丙、房租、渠租、存款、放款、存粮之利息，及除地租外之其他一切租息。

丁、公营、公私合营或私营之公司、商店、行栈、作坊、工厂、矿业、水利事业之收入。

戊、个人经营之小贩、小手工业之收入。

己、属于临时经营事业之收入。

庚、从敌占区或后方所得之各种收入、牙纪收入，及其他非直接劳动所得之收入。

二、下列各种收入免税：

甲、脱离生产之党务人员、军队工作人员、政权工作人员、合作社经营人员、群众工作人员、邮务人员、杂务人员、士兵、教职员、医生、工人，雇工所得之生活费或工资。

乙、家庭副业及畜养之收入。

丙、脚户收入，及不雇工不雇伙之艺匠收入。

丁、抗战军人及政工人员家属受补助之收入，或因抗战伤亡所受抚恤之收入。

残疾军人以抚恤金经营小商业、小工业之收入，亦予免征。

戊、合于法定之合作社收入，经政府批准免税之公益事业、非营业性之公营事业，及区级以上脱离生产之军政民运人员租地种菜之收入。

己、新垦荒地之收入。

庚、证券〔券〕收入。

辛、边区银行之收入。

壬、报社书店之收入。

癸、其他不属于第一款之收入。

第二章　计算单位

第六条　统一累进税之耕地计算单位，定名为“标准亩”，平均年产谷十市斗之耕地为一标准亩。

第七条　统一累进税各种财产收入之计算单位定名为“富力”，依下列规定折算：

一、土地以每四标准亩计算一富力。低租地其租额在耕地总收获物百分之二十以下者，其财产税以收租每八市斗谷之土地计一富力。

二、地租及农业收入以每十市斗谷计一富力。

前项农业收入，自营地以耕地总生产物除四分之一消耗计，佃耕地以耕地总生产物除四分之一消耗，并除地租计。

三、财产以每四十市斗谷之价计一富力，实物以市价折元。

四、第五条第一款规定之各种收入，除地租及农业收入外，总收入均十市斗谷之价计一富力，纯收入均以七点五斗谷之价计一富力，实物以市价折元。

前项三、四两款之谷价，于统一累进税调查时，以县为单位由县政府宣布之。

第三章　税等税率定分及最高率

第八条　统一累进税分为十六等：

一、第一富力之前半个富力为第一等。

二、第一富力之后半个富力为第二等。

三、第二富力之前半个富力为第三等。

四、第二富力之后半个富力为第四等。

五、第三富力之前半个富力为第五等。

六、第三富力之后半个富力为第六等。

七、第四富力为第七等。

八、第五富力为第八等。

九、第六富力为第九等。

十、第七富力为第十等。

十一、第八富力为第十一等。

十二、第九富力至第十五富力为第十二等。

十三、第十六富力至第三十富力为第十三等。

十四、第三十一富力及第五十富力为第十四等。

十五、第五十一富力至第八十富力为第十五等。

十六、第八十一富力以上为第十六等。

第九条　统一累进税按等累进，从二等到五等以点零五为累进率，五等至十六等以点一为累进率。

第十条　统一累进税之征税单位定名为“分”，按富力定分，其办法如下：

一、第一等每一富力以八厘计算。

二、第二等每一富力以八厘五计算。

三、第三等每一富力以九厘计算。

四、第四等每一富力以九厘五计算。

五、第五等每一富力以一分计算。

六、第六等每一富力以一分一厘计算。

七、第七等每一富力以一分二厘计算。

八、第八等每一富力以一分三厘计算

九、第九等每一富力以一分四厘计算

十、第十等每一富力以一分五厘计算

十一、第十一等每一富力以一分六厘计算

十二、第十二等每一富力以一分七厘计算。

十三、第十三等每一富力以一分八厘计算。

十四、第十四等每一富力以一分九厘计算。

十五、第十五等每一富力以二分计算。

十六、第十六等每一富力以二分一厘计算。

第十一条　统一累进税之计分至十六等即停止累进。

第四章　分数之计算与征收

第十二条　统一累进税之耕地，及第五条第一款甲、乙、丙目规定之收入，其分数计算与征收之属人属地，依下列规定：

一、凡财产所有人之财产收入不出其所在之县者，均就其所在村合并计算统一征收；但其散于外村之财产收入富力，占外村财产收入富力三分之一以上者，属人计算，分别就其财产收入所在之村征收。

二、凡财产所有人之财产收入不在其所在县者，均就其财产收入所在之县立户，统一计算，分别就其财产收入所在之村征收，但县交界之土地，其所有权属于一户者得适用第一款之规定。

三、凡财产所有人不在边区者，其计算征收适用一、二两款之规定。

四、村公产县公产没收之汉奸财产，均就所在村分别立户属地计算征收。

第十三条　前条之计算与改算由财产所有人所在村之村公所为之，在县范围者得由区公所或县政府为之；但属于前条第二款规定之情形者，改算均由区公所或县政府为之；改算至县为止。

第十四条　凡含于第五条第一款丙、戊、己、庚等目规定之收入，均就财产所有人收入所得人所在村计算征收。

第十五条　凡财产所有人在边区，其在边区以外之收入属人计算、属人征收。前项收入以财产所有人实际收得者为限，其未收得者不计。

第十六条　统一累进税之工商业部分，其分数计算与征收之属人属地依下列规定：

一、凡含于第五条第一表丁目规定之工商业，不论其为合资独资，均就该业所在地单独之户计算征收，每一工商业均以一户记，其分店分厂亦单独立户计征。

二、凡含于第五条第一款戊目规定之工商业收入，均与其他财产收入合并计征。

第十七条　前条所列之工商业，除公营工商业及所有矿业以纯收入计征外，均按总收入除消费后计征外；工商业消费此每一经营人员每年平均五十市斗谷计，谷以县政府宣布之市价折元计之。

前项经营人员包括全体职工经理伙友。

第十八条　统一累进税以个人为单位计算分数，人口之计算依下列规定：

一、不分男女老幼大口小口，均以一人论。

二、合于第十二条第二款规定之情形者，散有该户财产收入之其他县对该户人口均按其实有人口计算。

三、合于第十六条第一款规定之情形者，一户均按一人计算。

四、合于第五条第二款甲目规定之人员，及工商业之经营人员，其人口均算入其所属之户（家庭）。

五、寺院以一户论，其人口按寺院实有人数计。

六、族田、公产、校产、没收之汉奸财产，一户均以一人计。

七、凡人在敌占区者，均不计人口，但被敌抓走未归，并未投敌，或尚未能证明已投敌者，仍计人口。

八、凡人在抗日根据地或大后方者均计人口。

第十九条　统一累进税每人除一免税点，各项财产收入合计其富力每人不足一免税点者，概予免税，超过一免税点者只就其超过之部征税，免税点定为一点五富力，但冀中生活程度较高地区得提高至一点八富力。

无劳动力之孤儿寡母人家，得于统一累进税调查时，请求当地县政府将免税点提至二富力。

第二十条　合于下列情况之一者，即不除免税点：

一、全脱离生产之党务人员、政权工作人员、合作社经营人员、群众工作人员、邮务人员、杂务人员、教职员、医生、工人。

二、族田、公产、校产、没收之汉奸财主等户之实际无人口者。

三、工商业之按纯收入计算或其经营人员已除消费者。

四、财产所有人已在其所在县除免税点者。

五、人不在边区者。

第二十一条　统一累进税由边区行政委员会及村公所依照财务行政法规征收之。

第五章　调查及评议

第二十二条　县区村各级政府根据各花户自填自报之财产收入、债息、人口数目进行调查。

第二十三条　县区村各级政府于各户或各村各区统一累进税之分数经调查确定后，应将结果通知纳税人，纳税人于接到前项通知后，如有不服，得于十日内述明理由，连同证明文件，请求当地政府重行调查，当地政府应即另行派员复查决定之。

第二十四条　纳税人对于调查复查之决定均不服时，得分别请求县村人民代表机关评议之，评议规程另定之。

第二十五条　纳税人对于人民代表机关评议之决定不服时，得向上级政府提起行政诉愿，再诉愿，再诉愿之决定即为最后决定。

第二十六条　在统一累进税交纳时期内，因复查评议或诉愿再诉愿，分数尚未决定者，应暂按经复查或评议后决定之分数依限交纳，俟分数决定后，再行清算找补。

第六章　罚则

第二十七条　不依期限报告者，得科以五元以上一百元以下之罚金。

第二十八条　少报资产收入，或虚报人口，或投机取巧，意图逃避应纳之税者，除据实纠正并追交其应纳之税外，得科以十元以上五百元以下之罚金；但以不超过其应纳税额为限。

第二十九条　不依期限纳税者，除限期追交外，并得以下列规定处罚之：

一、欠交全部或一部逾一个月者，得科以所欠数百分之一以上百分之五以下之罚金。

二、欠交一部或全部逾两个月者，得科以所欠数百分之五以上百分之十以下之罚金。

三、欠交全部或一部逾三个月者，得科以所欠数百分之十以上百分之二十以下之罚金。

第三十条　前三条之处罚，悉由县政府以上各级政府执行之。

第七章　附则

第三十一条　本税则之施行细则另定之。

第三十二条　统一累进税分数每年改造一次，改造时间由边区行政委员会以命令行之。

第三十三条　本税则自公布之日施行，前颁之晋察冀边区统一累进税暂行办法及中华民国三十一年五月二日二次修正公布之税则即行作废。

选自《晋察冀边区行政委员会现行法令汇集》，下册，边区行政委员会1945年编印，第473～484页。

51. 晋察冀边区统一累进税税则施行细则

1943年1月21日晋察冀边区第一届参议会通过，
同年2月4日晋察冀边区行政委员会公布

第一条　本细则依照晋察冀边区统一累进税税则（以下简称税则）第三十二条之规定制定之。

第二条　称“耕地”者，系指可能耕作之土地而言。无论公田、私田、学田、场地、代管或没收汉奸之土地一律征财产税，但因敌寇强修汽车路、碉堡、封锁沟等所占之土地，均暂免财产税。

第三条　称“金银”者，系指黄金白银而言，但供装饰用之金银首饰概予免税；现洋以白银论。

前项金银价格以边区银行挂牌之市价为准。

第四条　称“荒地”“荒滩”者，系指不能耕作或未垦之土地而言。其因怠于耕作而致荒废之土地，仍应按可耕地征财产税；但因劳动力缺乏而致荒废之土地，财产所有人得向其财产所在县之县政府请求免征财产税。

第五条　称“轮荒地”者，系指连续耕作最多不超过三年，即须荒废三年以上始能再种之山坡地、沙板地而言。其能连续耕作在三年以上，或中间休息时间不足三年者，如轮作地、留麦地等不得以轮荒地论。

第六条　称“林木地、蒲苇地、山坡药材地”者，系指专为林木、蒲苇、药材之栽培，不能种植谷物之地而言。其以耕地种植药材或兼种果木者，仍以耕地论。

第七条　称“新垦荒地”者，系指生荒新垦者而言。熟荒重修者，不得以新垦荒地论；但重修之熟荒，其收获不能抵偿其所费成本或以该项耕地出租而在免租期内者，免征财产税。

第八条　称“畜养”者，系指马、羊、骡、驴、猪、羊、鸡、蜜蜂、蚕等而言。

第九条　称“家庭副业”者，系指以农业为主，工商业为副，不雇工不雇伙利用农闲，附属于家庭经营，不另计收入之事业而言。其由专人经营，或离开家庭经营，或另计收入者，以临时经营事业论。其由专人经营或其收入富力大于农业富力者，以个人经营之小贩、小手工业论。

第十条　称“地租”者，系指土地所有人将地出租出佃或伴种于人而收取之定额地租，或分得一定比例收获物而言，无租土地不征地主收入税。

第十一条　称“农业收入”者，系指耕地之总生产物而言，除柴草秸秆不计外，其于无论正副产物，一律计算，无收入之耕地，不征收入税。

第十二条　称“林木收入”者，系指灌木林、果树林、木材林及其他种类之一切林木每年有定额或无定额之收入而言。伐树卖木料柴火之所得，以财产论，征财产税。

庭院种植之果木树，其收入免税。

第十三条　税则第五条第一款己目所称“属于临时经营事业”，系指非营业之个人，或未设商店之商人而为不定期之买卖者，及买卖与本业务无关之物品，而其收入又不在本业务收入项下计算者而言。

第十四条　税则第五条第一款所称“各种收入”除农业收入另有规定外，均按全年之实际收入额计算，实际收入额不能确知者，按其估计额计算。

全年均以上年一月一日起，算至十二月底截止，其会计年度用旧历或新历均依习惯。

第十五条　称“雇工”者，系指农业雇工而言。无论长工短工，其收入一律免税。

第十六条　税则第五条第二款戊目所称“合于法定之合作社”，系指合于晋察冀边区合作社组织条例规定之合作社业经批准者而言，其不合于法定者，一律以工商业论。

第十七条　税则第五条第二款丙目所称之“脚户收入”，系指受雇于人之脚户所得之脚价而言，兼营商贩之脚户，其收入按商贩计征。

第十八条　称“艺匠”者，系指铁匠、木匠、石匠、泥水匠、理发匠、钉掌匠、银匠、铜匠、洋铁匠、小炉匠及其他编筐、编席等匠人而言。

前项艺匠之设铺经营者，一律以个人经营之工商业论。

第十九条　税则第五条第二款戊目所称“非营业性之公营事业”系指不以营利为目的之工业农业试验场所，及采办处等而言。

第二十条　称“谷”者系指去糠后可得小米六成之谷而言，其得米不及六成或超过六成者，均应按其谷之成色估计，照此标准折算。

前项成数以容量计。

第二十一条　称“市斗”者即指公斗（万国度量衡制），一市斗小米合旧秤（旧营造库秤制）十三斤半，合新秤（即市秤，市秤一斤等于万国度量衡制二分之一公斤）十六斤（此数系约数，米之好坏不等，亦容有差别，一般均以是为准）。

第二十二条　地租无论实物、现金，均折谷计富力。

第二十三条　税则第六条所称“平均年产谷”系以耕地之当年产量为准（按：现已改为按当年产量）；但以耕地种植之烟叶、蓝靛、棉花、药材或兼种之果木，及主要以出卖为目的之蔬菜、麻等农作物，或其他纯商品性的农作物均按其实际收入计，其耕地使用权已转移者，按种植一般作物计。农作物均折谷计算。前项农作物折谷以县为单位，依旧习惯并参照各种农作物通年市价，由县政府规定统一折谷率，报专员公署批准行之。

第二十四条　前条种植烟叶等特种农作物之耕地，其标准亩均按种植一般作物之地定之，不以其产物按价折谷计算。

第二十五条　税则第七条第二款所称“消耗”，系指经营土地之种籽、肥料、农具、牲畜之所费而言。此项消耗如由地主、佃户双方付出者，得以〔依〕习惯由双方收入中除之，如纯由地主方面付出者，纯由地主所得租额中除之。

第二十六条　称“纯收入”者，系指地租、房租、渠租、利息或其他租息、公营工商业之纯盈余，及合于税则第五条第一款庚目规定之收入而言。

第二十七条　称“总收入”者，系指收入之全部，不除任何消耗。工商业之总收入包括纯收入、呆帐〔账〕收入，及职员工人店伙之工资、薪金、酬劳金、伙食费等项。个人经营之小贩、小手工业其全年总收入不能确知者，按其每日或每月之总收入估计之，合于第五条第一款乙目规定之收入为总收入。

第二十八条　以免税财产出卖所得之收入，按存于家中之款项论，以四十市斗谷之价计一富力。但此项收入已转变形式者，就调查时存在之形式依税则规定免税或征税。

第二十九条　当年成立之工商业不计征，但其当年歇业者，须于报请歇业时，由县政府派人调查，按其收入计征。

前项计征以一次完毕，并只限于边区税收。

第三十条　耕地之财产税，不论土地如何转移，均由调查时之土地所有人负担之。

土地买卖契约成立，即以所有权转移论。

第三十一条　耕地之收入税，不论土地所有权与使用权如何转移，均由本年收益人负担之。

收益人夏季与秋季非同一人者，由实际收益人分别按其收入计算。

第三十二条　出质之耕地，其财产税由出质人负担之；出典之耕地其财产税由承典人负担之；典钱质钱收付双方均不计，但出典之耕地其财产税之负担另有约定者，依其约定。

第三十三条　凡以借贷款项购得之耕地，照纳财产税，其借贷款项以负债论，负债以每十市斗谷之价计一富力，于应计富力中扣除之。

前项负债以有契约，并得证明确系以借贷款项购买土地者为限。

第三十四条　债权人之利息收入以纯收入计，债务人之利息支出以付利计，于应计富力中扣除之。

前项付利以实际付出者为限，未付者不计，债权人在敌占区者，均以不能付利论。

第三十五条　各种财产收入折算富力，富力计算分数，均算至小数第三位为止，其余四舍五入之，但全家应纳税分数计至小数两位为止。

第三十六条　富力之小数部分进入另一税等者，其分数即按另一税等计算之。

第三十七条　称“属人计算”者，谓计算分数采属人主义，将一户所有散在一县内各村之财产及收入汇总计算；称“财产收入所在之村征收”者，谓由散有该户财产及收入之各村就该户散在各该村之财产及收入之数额，按比例分别征收。

第三十八条　全村之财产收入富力有三分之一以上，不属本村所有，且其所有人属一人者，村公所得请求县政府批准属地征收。

第三十九条　改算由财产所有人所在村之村公所为之者，系由财产所有人将其散于各村之纳税财产收入向其所在村自填自报，并由其财产收入所在村之村公所将其在各该村之财产收入调查结果通知其所在村之村公所，其所在村之村公所视其自填自报之富力与调查结果相吻合时为之。

前项自填自报之富力与调查结果不吻合时，由财产所有人所在区之区公所复查改算之。

第四十条　改算由财产所有人所在区之区公所为之者，除财产所有人散于所在区之各村财产收入之改算得适用前条之规定外，财产所有人应将其散于本区及外区之财产收入分村自填汇总报告主管区区公所，并由其财产收入所在区之区公所，将其在各该区之财产收入调查结果通知其主管区区公所，其主管区区公所视其自填自报之富力与调查结果相吻合时为之。

前项自填自报之富力与调查结果不吻合时，由县政府复查改算之。

第四十一条　属于税则第十二条第二款规定之情形者，财产所有人得将其在外县之财产收入汇总向其财产收入所在县之县政府报告，县政府或责成区公所并根据村公所调查结果改算之。

第四十二条　村公所对于财产所有人不在本村之财产收入调查时，须通知财产所有人派代表参加之。

第四十三条　凡财产所有人不在边区者，其税由该户财产收入之经管人或经管机关负责交纳之。

第四十四条　体己（私房）财产收入合并于体己财产所有人所属之家庭计征之。

第四十五条　工商业经营人员之收入，应纳之税已于各该工商业之收入内征收，不另算入其所属之家庭收入，但边区人之在边区外经营工商业者不在此例。

第四十六条　凡工商业之单独建立户征税者，其收入均不另算各该业主之家庭以免重征。

第四十七条　各户于填造统一累进税时，均应按当时实有人口填写，自填表后无论人口有无增减，在未届改造分数期间，一律不得变更；但逃亡户于统一累进税调查后、征收前，返回边区者，得请求当地县政府改算。

第四十八条　税则第十八条第五款所称“寺院”，包括庙观及教堂。

第四十九条　税则第十八条第六款所称“族田”，系指一族公有之耕地而言。

第五十条　一家人口分居两处以上户主愿分算者，得分算之，但重报人口以虚报人口论。

第五十一条　已与子女析居之老人，其自有财产收入者，应另户计算，其无财产收入受子女轮养者，其人口之计算由轮养人协商决定之。

第五十二条　寄居亲友家中者，其与所寄居之家营共同生活并与其家属同样享有财产权者，在其所寄居家计人口除免税点，其与所寄居之家不营共同生活并不享有财产权者，不在其寄居家计人口除免税点。但其确实无家可归，又无产业不能自活者，得在其所寄居之家，除免税点。

第五十三条　士兵军官佐在家照除免税点，以示优待。

第五十四条　脱离生产之合作社人员，在家不除免税点，其不脱离生产或半脱离生产者，在家照除免税点。

第五十五条　农业雇工在九个月以上者，在雇主家除一免税点，在半年以上不足九个月者，在雇主家雇工家各除半个免税点，不足半年者，均以短工论，在雇工家除一免税点。

第五十六条　公费、半公费，及半公费以上受训之学生，其受训满一年者，在家庭不除免税点，不满一年者，不论时间长短一律除免税点，公费不及一半之学生在家庭一律除免税点。

第五十七条　已判决之囚犯刑期在一年以上者，于其家庭不计人口不除免税点，未判决及刑期不足一年之囚犯于其家庭计人口，除免税点。

第五十八条　凡全家人口专靠不雇工不雇伙经营之工商业为生，别无其他财产收入者，其总收入除按工商业例就其实参加经营人员除消费外，其余人口每人除一免税点。

第五十九条　统一累进税之纳税分数，边区与村统一。

第六十条　村、区、县交界之土地，其所有权属于一户者，调查评议时由有关村、区、县派员会同办理之。

第六十一条　统一累进税纳税人对于分配之应纳税额有疑义时，得声请财产所在地之村县政府解释之，村县政府于接到此项声请后，五日内应即据情详为解释说明，不得拒绝。

第六十二条　本细则有未尽事宜，得由边区行政委员会随时修改之。

第六十三条　本细则自公布之日施行，前颁之晋察冀边区统一累进税暂行办法施行细则及中华民国三十一年五月二日二次修正公布之晋察冀边区统一累进税税则施行细则即行作废。

选自《晋察冀边区行政委员会现行法令汇集》，下册，边区行政委员会1945年编印，第485～495页。

52. 晋察冀边区行政委员会财政处审计员办事规则

1943年2月20日

一、边委会财政处审计员派驻各专署工作时，依本规则办理审计事宜。

二、各审计员受边委会财政处与专署财政科之双重领导，意见在有出入时. 服从边委会财政处之领导。

三、审计员之职权如下：

1. 掌握专区范围内之粮库及财粮收支数字，审核各项财粮收支书表。

2. 督促署县按期报解粮款。

3. 反映执行财粮制度之模范事迹与检查检举署县各部门浪费贪污事项。

4. 办理边委会财政处交办之其他财政事项。

四、下列各项书表应由审计员审查：

1. 统一累进税（钱粮秣）征收报告表。

2. 经收边区款月报表。

3. 年度经费预决算书。

4. 分月粮秣预算书。

5. 经费粮秣分月计算书。

6. 边区预备费支付报告表。

五、审计员为前项审核，应注意下列各事：

1. 造送日期与送达程序是否与法令规定相符。

2. 预算数是否以审定预算案为范围，有无超越情事，各项收入是否与法令相符，有无不当收入。

3. 预算科目是否依照法令之规定，其科目流用是否正当，食粮定量是否合乎规定。

4. 备考栏目之说明是否真实。

5. 书表格式是否与规定相合，是否加盖印信与负责人手章。

6. 各月结转是否衔接。

六、审计员审查各项书表，除经费粮秣分月计算书及边区预备费支付报告表核符后由专署行文批复并统计上报外，其余各项书表初步审核后须由专署上报，但审计员均须附签意见并签名盖章。

七、审计员审查各项书表，如有疑议〔义〕得通过专署行文查询，或商得专署同意亲往检查，主要应亲往署县各部门实地检查，室内之审计事务由会计股办理，但审计员须负责检查。

八、在一季范围内上下月间盈亏弥补情事审计员有核准权，但逐月累亏一季度之久不能弥补者，须进行实地检查并附签署意见由专署上报边委会核办。

九、审计员经过审查认为某机关有违法令事情时除不予核准外，得请专署执行处分并报告边委会，专署不接受时审计员得汇报边委会核办。

十、为便于审计工作计审计员得检阅专署及县政府之下列各项案卷：

1. 统累税分配底簿。

2. 编制经费表。

3. 审定之年度预算案。

4. 财粮收支表报簿籍。

5. 有关审计之各项现行法令。

十一、审计员因审计工作事宜得单独向边委会财政处报告或请示，在一定期间由财政处召集审计员开会检查总结并布置审计工作。

十二、本规则自令发之日实行，如有不适当由边委会随时修改之。

选自中国审计学会审计署审计科研所编：《中国革命根据地审计史料汇编》，北京，北京工业大学出版社，1990 年版，第 89～90 页。

53. 晋察冀边区行政委员会关于改变税契办法的通知[①]

1943 年 5 月 28 日

契税工作在县政府财政科里是相当繁［忙］的一件事，易县、平山、阜平等县两个人专管契税也忙不过来，临时雇员突击依然还有积压，究其原因，主要是纠缠在事务手续上，时间精力消费均属不少。为加强工作效率、减少事务手续计，兹决定：契纸今后不加会印（仍由本会石印制发），分发到县后，县可根据各村需要发至村公所（或发到区公所，村里用时到区公所领取），由村依据白契（事实上等于草底）将正契填好，连同税款持向县政府呈验，县政府核符后，除点收税款及纸价，并加盖县印将存根裁留县府备查外，即将正契一联交投税人带回（无〔毋〕庸另割收据，因契纸上已注明所纳税额）。如此办理，政府与人民均极方便，原由县政府印发之草契纸，即行取消，惟各县现存盖有会印之买典契纸，仍须继续使用（此项旧存契纸之使用办法仍前，因已盖会印不宜先发至村）。用毕时当再请领空白契纸依新办法办理。

希即照办。特此通知。

选自《晋察冀边区财政经济史资料选编》（四），天津，南开大学出版社，1984 年版，第 271 页。

互校版本：《晋察冀边区行政委员会现行法令汇集》，下册，边区行政委员会 1945 年编印，第 520 页。

---

① 原注：这是晋察冀边区行政委员会“为减少事务手续，改变税契办法，废除草契，正契免盖本会印，分别转发村，由村依照白契填报县府加印即行发还”给各专员、县长、县佐的财字第一号通知。

54. 晋察冀边区建立经济情报制度的决定①

1944年2月24日

建立健全的经济情报制度是取得对敌经济斗争中胜利的重要环节，为此各级政府各总店各分店必须坚决执行以下的决定：

一、建立健全的经济情报组织

1. 对于经济情报的搜集研究、分析是专员、县长在领导经济斗争中的主要任务，不如此便不能及时胜利的〔地〕指挥经济斗争，因此，决定专员、县长是掌握经济情报的主要负责人。

2. 专署县实业科指定专人（或工商股长）负责搜集整理情报，每日将整理之情报送交专员、县长实业科副科长与工商股长。

3. 各总店分店之经理、副经理应负责搜集研究分析各该业务范围之经济情报，并指定专人负责搜集整理，每日送交经理副经理。

4. 各区区长实业助理员、卡长、稽征员均系该管县（画〔划〕归就近之商店）之情报员，对管县或画〔划〕归就近之商店负搜集与供给情报之责。

二、建立健全的报告制度

（一）报告分为以下三种：

1. 紧急情报。

2. 经常情报。

3. 定期与不定期的书面报告。

（二）紧急情报的内容及报告方式：

1. 内容：

甲、货币布粮发生的突然变化。

乙、敌人的重要措施。

丙、由于军事政治形势的改变对经济斗争有重大影响之事项。

2. 报告方式：随时用电话或万急之电报报告；不通电话电报者，用书面报告，派专人急送。

（三）经济情报的内容及报告方式：

1. 内容：

甲、货币比值的变化（边币与伪联银的比值，边币与伪蒙疆的比值，边币与白洋的比值，白洋与伪联银或伪蒙疆的比值）各专区县根据各该地区之货币种类作报告。

乙、小米价格，以市斗为单位。

丙、布棉价格，以市斤为单位。

丁、食盐价格，以市斤为单位。

---

① 原注："这是晋察冀边区行政委员会新发文件。"

戊、各项物价均以边币为计算单位。

以上各项价格之调查，各专区可规定几个主要市场作为各该专区之标准市场。

2. 报告日期：

甲、县及总店五天向专署报告一次（专署根据具体情况规定报告日）。

乙、专署对边委会每月报告六次，并规定每月之五、十、十五、二十、二十五、三十六天为报告日。

丙、区向县、分店向县（或直接向专署或总店）之报告日期，各专署、县、各总店自定。

3. 报告方式：

甲、县总店向专署用电话电报或书面报告。

乙、专署向本会用电报报告。

（四）定期与不定期的书面报告：

1. 半月行情表报（见附表）。

2. 不定期之报告（主要是专署向本会）。

甲、内容：

（1）敌伪的经济活动，敌伪的经济政策及具体实施办法（包括敌人的布告命令表格），以及一定时期吸收什么物资？用什么组织形式？用什么办法？领导者是什么人？（是谁？中国人还是日本人？并要加以分析）

（2）打开了哪些商业路线？市场规律起了些什么变化？上货情形如何？

（3）在敌人统治封锁下，人民自发的经济斗争经验。

（4）主要市场情况及市场管理经验，运输站运输线情况，禁粮带稽征情况。

以上各项，不同时期、不同地点、不同季节，要选择不同重点进行调查研究。

乙、报告方式——随时搜集到的材料，应随时逐级报送，但各县向专署、各专署向本会每月必须报告一次。

三、怎样搜集与研究情报

1. 利用敌伪军关系，利用敌伪之经济组织，利用走敌区的商人，建立定期或不定期的、义务的或有报酬的、明的或暗的情报关系。

2. 向小贩及沟边缘上赶集的群众，打听情报，尤以第三类型的商店在搜集情报上要多负责任。

3. 各级政府商店要与部队团体取得密切联系，主动的〔地〕向其搜集情报，同时部队团体有供给政府商店经济情报的责任，双方可建立互通情报的制度。

4. 公安科有搜集与供给经济情报的责任。

5. 为了解敌伪经济情况，决定专署可定伪庸报一份，由专员保存，不得任意抛置乱看。

6. 搜集到的情报，要随时加以整理，进行研究分析，要跟踪追迹，深入追寻期其确实可靠，注意不为现象所蒙蔽。

7. 专员、县长、工商股长及商店经理要养成分析情报的习惯并把一定时期一定地区的重大变化，由专员、县长召集公安科长、实业科副科长、工商股长总店经理及有关干部开会讨论，讨论结论，县送专署，专署送本会。

四、几个应注意的问题

1. 有关专区有关商店要建立互通情报的关系，以期取得步调的一致。

2. 报告情报或互通情报时，应将情报的确实程度，加以说明。

3. 要严格注意保守情报的秘密，尤以我方所采取之策略，不得随意乱讲。

4. 本会及专署将各方情报整理后，采取电报书面通知两种方式，通报各地区各商店，本会实业处出版商情旬报一份，每十天出版一次，发到各专署各县各总店分店，作为各地区各商店之研究参考。

这一决定的彻底实现，要靠了精密的组织工作与强韧的坚持制度的精神，因之“组织起来坚持下去”就成为建立情报制度的首要条件，当然在开始实行时，特别是商店，可能有些不习惯，甚或存在一些困难，但必须认识，只有情报制度的健全，才能了解情况，有利的〔地〕指挥对敌经济斗争，对于发生的困难，要主动的〔地〕设法予以克服，希望各专署系各总店接到这一决定后，即具体讨论，贯彻执行。

选自《晋察冀边区财政经济史资料选编》（三），天津，南开大学出版社出版，1984年版，第689～692页。

55. 晋察冀边区行政委员会关于工商业征税的决定

1944年3月13日

为了工商业征税更加合理与现实易行，特作如下决定：

一、不论专营或兼营之工商业及小贩小手工业，与临时经营事业之收入均与农业分开，按通年平均市价折米计算征收：

甲、工商业收入十市斗以内，征税百分之五。

乙、超过十市斗部份〔分〕到二十市斗，征税百分之八。

丙、超过二十市斗部份〔分〕到五十市斗，征税百分之十二。

丁、超过五十市斗部份〔分〕到一百市斗，征税百分之十六。

戊、超过一百市斗部份〔分〕到二百市斗，征税百分之二十。

己、超过二百市斗部份〔分〕到三百市斗，征税百分之二十五。

庚、超过三百市斗部份〔分〕到五百市斗，征税百分之三十。

辛、超过五百市斗部份〔分〕征税百分之三十五。

以百分之三十五为累进最高准。

二、工商业收入，除公管工商业及所有矿业以纯收入计算外，为其总收入除经营人员之消耗，从事各该业所养牲畜之消耗及赖以维持生活的非经营人员之消耗。各种消耗规定如下：

甲、经营人员的消耗，每人年以三十市斗小米计。

乙、牲畜之消耗，骡每头年以六十市斗小米计，驴每头年以三十市斗小米计。

丙、非经营人员之消耗，每人年以九市斗小米计。

丁、临时经营事业，经营人员与牲畜只按其经营日期除消耗，人日以斤半小米计，骡日以三斤小米计，驴日以斤半小米计。

三、工商业收入调查很难真实，必须加强审查评议工作，因此区设审查评议委员会，由区长（或财政助理员）、抗联主任、合作社办事处主任，公正商人一、二人，及各该区大集镇村长，或财政委员等五人至七人组织之，进行工商业审查评议工作。

四、为开展大生产运动，特决定：

甲、经营水利之收入按纯收入计征。

乙、下列收入免税：

1. 药铺收入。

2. 非专门经营的纺纱织布之收入。

3. 灾区的灾民在受灾期间办理运销之收入（时间和地区由专署决定）。

五、工商业负担村款，按农户负担村款与边区款之比例负担之。

六、本决定未规定者均按统一累进税税则之规定办理。

七、本年度调查征收工作时间，由各专区根据各地具体情形规定，但必须于六月底以前征收完毕。

附：对数表一份，基本数字统计表二份（略）。

选自《晋察冀边区行政委员会现行法令汇集》，下册，边区行政委员会1945年编印，第514～516页。

56. 晋察冀边区行政委员会关于变更预决算制度会计制度及各项开支规定减少事务手续的决定

1944年8月25日

为了贯彻简政政策，提高工作效率，各种财政制度重新规定如下：

一、预决算

1. 各署县及各直属机关，年度财粮预算改由本会根据编制定量及经费规定统一概算，分期（具体时间视当时财粮收支情形酌定）拨发粮款，自上而下逐级概算分发各级即不再编送预算，分季预算，亦一并取消。

2. 取消分月计算，各署县及各直属机关，按规定核实开支后，逐月清结账目年度终了后，编造年度决算报核在审核程序上建立逐级负责制度，由下而上逐级审核批准后汇总上报（不必附送原决算）除粮食节余可自行处理外，其他旷余悉数解库作为下年度之收入。

3. 专区决算于年度终了后，三个月内报至本会，各县报送时间，由专署根据距离远近，及交通条件具体规定。

二、会计方面

1. 边委会与各县今后不直接发生会计关系，各项款项之领发解交与粮食收支拨调一律通报专署。

2. 表报制度：

（1）经收边区款报告表专署每三个月向本会报告一次，县对专署的报告期间由专署具体规定，一切边区款收入（包括统累税）均并列一表按期汇总报送。边远县份到期不能送达时不必等齐，迟到者随后单另补报，在统累税征收期间除随时汇报征收情形外，此表仍应坚持按期报送，并将该期征收数字连同其他各款一并列报。

（2）库存报告表每三个月报告一次分别币别按收支存三项按期报送。

3. 分为计算取消后各署县机关之会计必须抓紧结账工作，保证按月清结，防止拖拉牵扯现象发生，致影响年度决算的造报。

三、金库与款项收支

1. 银行组织调整后，边区金库改由本会直接统一掌管，但为适应战斗环境便利领解，于各专署设支库，各县经收边区款一般须按季清解，支库具体期限，可根据交通条件酌量延长或缩短，由专署确定。

2. 金库款项之支付权属于边委会，支库只负保管责任，非有边委会签发之凭证绝对不准支付或动用，拨付款项使用两种凭证：（1）三联支付，书存根一联存查，命令一联交支库，领据一联交领款机关，支库付讫即凭以报抵；（2）定额支票，事先签发领款机关，特赴支库领款，或经支库介绍到指定之县区领取，付讫注销后凭以报解。

3. 各县领解款项一律通过专署，由专署统领分发或汇总转解，各县解款填具三联解款书存根一联存查，报告批回之联送专署，专署收讫印批后即为入库。

4. 金库收到之白洋伪钞或其他边币以外的货币，一律按币别立户原收原存原付，至于生金银则一概解交边委会统一处理。

5. 银行办事处主要是清理账目贷款工作，此外则为出纳兑换工作。

四、预备费与预备粮

1. 各专区预备费增为经费预算百分之十五，预备粮增为粮食预算百分之五。以专区为单位由专署统一掌握调剂年度终了列入决算核实报销（预备费支付报告表取消）结余即行解库。结亏请领补发。

2. 预备费的开支，除特殊购买，如大批枪支、弹药，须经本会批准始能开支外，其余均有〔由〕专署掌握批准，专署并可斟酌情形确定若干项目授权县政府批准开支，预备粮则均由专署统一掌握批准开支。

以上二、三两项从下一会计年度开始执行，一、四两项自即日起在北岳区实行，过去规定有与本决定相抵触者即行作废，本决定未提及者仍适用照旧执行。

选自《晋察冀边区行政委员会现行法令汇集》，下册，边区行政委员会 1945 年编印，第 567～569 页。

57. 晋察冀边区行政委员会关于财政问题的指示

1944 年 10 月 23 日

行署设置后关于财政问题，本会作如下之决定：

一、行署设置以后，边区财政之统一，主要是全边区有统一的政策、统一的财粮供给制度与管理制度、统一的预算与统一的征收，以便统筹统支，以有余补不足，而获财政收支平衡之资效，因此，各行署应将各该辖区党政军民脱离生产之编制人马数字、各项供给、军政经费、优抚救灾、事业费及总预备费编造岁出预算，将各该地区之人口、土地、富力、分数、每分负担量、征收总额，以及契税、公营事业、机关生产与其他收入，编造岁入预算；均报经本会批准。如因战争或交通不便不及事先报请批准时，得事后补报。（会计年度自本年十月一日始至翌年九月三十日终了，军政预算年度，必须统一起来。）财政充裕之行署区，应对本会负担一定数额之解上款，以供边区需要；财政尚不足用之行署区，得请求本会予以定额之补助，关于粮食各行署区均以自给为原则。边区级粮食由冀晋区供给，行署毗邻地区，对外区部队机关之可能活动与过往，应负供给之责，须有所准备，粮票由各行署印制掌握。在边区可以通用。

二、岁出入预算批准之后，各行署即代表本会在各该区行使财政管理之权，所有预算范围内之收入与支出，均由各行署全权处理。如因本会决定编制制度变更，物价上涨，或其他情况变化，原预算不敷支出时，各行署得提出增加粮款数字报本会备案并由本会指示解决办法，如在原预算总额范围之内，足数支出时，即由行署执行，报会备查。如自行扩大总编制或变更全边区统一制度时，须经本会批准。关于财政情况，每半年向本会作报告一次，年度终了，报决算一次，有重大情况发生，可随时报告。

三、各行署财政以三十三年度（本年十月一日起始）为一新阶段，要建立新账，清理旧账。凡三十三年度应有之收入与支出，均记入新账；其三十二年度以前之收入与支出则记入旧账；旧账由行署限期清理大数，报会备案。本会今后与各专署县不直接发生会计关系，所有款项颁发与粮食调拨，一律通过行署。各行署解上款，本会对行署补助款，列为本会与各行署之财政收入与支出；此外之一切收付款项，均系往来性质，应记往来账。各行署间除本会指拨之收付款项外，其往来款项，均自行清理。各行署均设金库，各项财政收入与支出。统由金库经收领发与保管。

四、各行署区设银行分行；各专区得设办事处，经营发行、兑换与贷款等业务，在工作上受同级政府领导，在会计上应单独立账，与政府收支截然分开。关于业务情形，并按期向上级银行作报告。为工作便利，分行经理办事处主任，由行署专署财政科长兼任之。

五、各行署区之机关部队到外区活动，须向地方借用款项时，应有团以上之正式手续，事后该部队之上级供给部应负责清理，各行署间之采购代购货物、借垫款项，须有本会或行署之介绍，指定借用限额，备具正式手续，介绍机关应负责清理。其无正式介绍手续者，得拒绝借垫，以免紊乱。

选自《晋察冀边区行政委员会现行法令汇集》，下册，边区行政委员会 1945 年编印，第 570～572 页。

58. 晋察冀边区行政委员会关于统一累进税税则的说明与修正[①]

1945年3月29日

今年统一累进税调查改算工作之进行，由各行署在不防〔妨〕碍并配合大生产原则下具体掌握，但各行署至迟须于七月底前将分数及征收意见报会，于九月底前将这一工作总结报会，为了奖励生产，本会对税则作如下之说明与修正：

一、土地产量无大问题者，产量即行固定，不因生产积极、精耕细作而增加。嗣后非遇重大变化（如水冲、沙压、旱田变水田等）不加更动，土地转移，即将产量转移，此点去年业已实行，今年当更明白宣示（与统累税每分仍不超过八市升半连〔联〕系宣传）以提高农民生产积极性。

二、旱田变水田之负担问题，本会去年曾以财经字第一号令规定；“为了奖励土地改良……凡将旱地修成水地者，在一定年限内，统累税登记产量仍以旱地计，唯因各地水利工程所需工料多少，极为悬殊，故其年限须由各县县议会、县政府根据当地情况依收回成本（包括劳力）后再加一年之原则提出意见，报经专署批准施行。”但从原规定手续较繁，各县多尚未作具体确定，亦有部分干部及群众误认为“旱田变水田一年内不增加产量”，而有“年限太短”之反映，兹将手续化简，根据去年财经字令所定原则，由县政府确定年限。希各县根据本地具体条件分别不同情况具体确定，布告周知。

三、种植兰〔蓝〕靛，其产量仍按种植普通作物计征，以示奖励。

四、脱离生产之政权工作人员、党务人员、合作社经营人员、民运工作人员、邮务人员、杂务人员、教职员、医生、工人、公营商店人员（包括部队机关商店人员）均在家除免税点。

五、公营商店人员之薪给分红所得免税（公私合营不得以公营论）。

六、打猎收入免税。

选自《晋察冀边区财政经济史资料选编》（四），天津，南开大学出版社，1984年版，第384～385页。原注：“晋察冀边区行政委员会《现行法令汇集》下册，1945年12月15日。”

59. 晋察冀边区行政委员会关于新解放区人民负担问题的指示

1945年4月28日

一、我新解放区在未解放以前，由于敌伪掠夺勒索、村中贪污浪费，人民负担一般很

① 原注：这是晋察冀边区行政委员会以财字第三号给冀晋、冀察区行署主任、专员、县长的命令，并指出对冀中区也是适用的。

重，负担办法极不公平（如按银两或按亩摊派与按户派夫等），上层瞒地亦很严重，使负担重担主要落在基本群众身上，成为群众最大的痛苦，改造负担遂成为群众迫切的要求，因此，在我开辟工作，初步站住脚跟之后，便应抓住这一中心环节，发动群众，一面加强对敌斗争，整理村财政以减轻人民负担，一面开展反瞒地斗争，改造负担办法，使之比较公平合理。这种斗争，主要是发动群众自觉的〔地〕参加，不要用恩赐办法。由不合理的〔地〕负担，改造成为比较合理的负担不是一件小事，我县区干部，必须要用一定的时间和力量，来进行这一工作。

二、新解放区的负担办法，要贯彻统一累进税的基本精神——有免税点、累进率及累进最高率，适应各阶层负担能力，使负担趋于公平合理，而在具体办法上应注意简单易行，以便于为广大群众所掌握，某些地区把巩固区的税则搬运使用是不适当的。由于新解放区地区辽阔，经济条件、群众发动情形与工作基础不同，难以提出统一的办法，应由各县根据实际情况制定简易合理负担办法，报请专署批准施行。

三、新解放区简易合理负担办法的主要内容，应包括下列各点，兹提出原则意见，以为制定办法时之参考。

（一）免税点与负担面，免税点的高低，应根据经济条件与人民生活水准、群众发动情形与工作基础而定，凡两个条件都好的地区，免税点可定的〔得〕高一点，反之，则可定得低一点。两个条件相反时，则可权衡折中之，免税点高，则负担面小，免税点低，则负担面大，负担面以百分之七十至百分之九十为原则（同一免税点，地区贫瘠，则负担面小，地区富庶，则负担面大；财富集中，则负担面小，财富分散则负担面大），此原则系指一定地区而言，非指一个村庄而言。

（二）税等税率与各阶层负担比例：关于税等可参照统累税税则分等精神，将税等适当减少，但人口密度最大的富力层（中农与接近于中农的部分贫农）应划分较细，累进率开始累进时可稍缓，逐渐增加，累进最高率比统累税税则亦可稍低。各阶层负担比例，按北岳区三十三年每分边款不超过八市升半（村款未计）来计算，最高地主百分之五二，富农百分之十八，中农百分之十，贫农百分之四—五，可供参考。

（三）出租地佃耕地的负担：在新解放区改造负担与贯彻减租同等重要，都应抓紧进行，但需要先行改造负担，尚未贯彻减租时，则贫苦佃户对佃耕地不负担，所有负担，地主按自耕地全部缴纳；在贯彻减租以后，可视租额高低，地主负担三分之二到四分之三，佃户负担四分之一到三分之一，具体办法由县规定。由于贫苦佃户之佃耕地不负担，致负担面缩小者听。关于认粮种地是不合法的，其已改为典当关系的由承典人负担，但各地已经处理承典人之既得利益应予保持，改为租佃地者即按前项原则负担。在处理认粮种地问题，应根据实际情形具体处理，不可一般化的〔地〕处理，政府并可以贷款等办法帮助农民购置土地，取得所有权，这样对于地主、农民与发展生产均有好处。

（四）为了便于计算，土地财产税与收入税可合计。

（五）为了便于群众掌握与简单易行，土地计征，可按当地情况划分地等，以常年产谷十市斗至十二市斗之地为一标准亩，其他地等之地按大概产量，折合标准计算。土地质量复杂之地区，可划分多一些，不复杂的地区可划分少一些。林木蒲苇收入，如何计征，由县根据当地情形确定。土地既不详细调查产量，但对地亩数（自然亩与标准亩），必须认真调查掌握起来。

（六）土地以外之其他资产收入，如存款、家庭副业、小商贩均可免征，至于较大工商业之计征与免征，以及征收方法，可根据当地习惯与群众意见，参照工商业税率定之。

四、各村负担比例，按巩固区由产量调查的真实性与一致性（一个富力真等于一个富力，一分真等于一分）来解决各村负担平衡是比较困难的，因各村土地分等很难一致，可根据各村人口、土地调查数字、每人平均土地，与土地肥瘠情形，再参照过去各村负担比例（如按钱粮比例、出车比例等）由区召开各村代表会议，民主讨论，定出比较合理的负担比例。如此，则简易合理负担办法，基本上成为村的负担办法，主要要做到户与户的负担平衡、村与村的负担平衡问题就从征税分配上来解决，改造负担就较易进行了。

五、对敌负担问题，新解放区要加强对敌斗争以解除与减少对敌负担，因不得已而出之负担，应本团结对敌与照顾基本群众利益之原则负担之。其对我负担已经实行统累税或简易合理负担办法，对敌负担仍实行按亩摊派或类似办法者，应发动群众改造对敌负担办法，对我对敌可采取一套办法，但亦不应强调对我对敌完全采用一套办法。其对我负担实行统累税而对敌负担采取更有利于基本群众办法者，则应本团结对敌精神，检查如有过火之处，则适当加以调整。对敌负担为群众最大痛苦，我应积极领导对敌斗争与及时解决对敌负担办法。过去曾提出统累税是抗日的税收制度，不能用于对敌负担，这种说法是不妥当的。关于人力负担，在一定时期，此财力负担不轻，应按“有钱出钱”（按亩摊夫）与“有力出力”（按人出夫）双方兼顾，以照顾基本群众的利益。同时出夫挣钱，应比工资稍低，以加强对敌反出夫斗争。

六、征收问题，我们广大解放区的目的是为了解放敌占区的人民、建立根据地，因此，把新解放区当作殖民地，抓一把的现象，必须防止。在新解放区的对我负担量，一般应较巩固区为低，以照顾其困难。其受敌摧残过重与对敌负担过重者，并应适当减免其负担。但去年的新解放区，分配很轻，今年对这些地区，只能宣传每分负担不超过八市升半，不可宣传不超过去年负担量。而在新开辟地区，我少数部队或地方工作人员初去时，可携带一些款项，向当地群众购粮（或用布及其他日用品交换）以扩大我之政治影响。在我初步站住脚跟或大部队活动时，可就地筹措一部粮食，以解决部队及地方人员的吃粮问题，在我政权未建立以前可通过旧政权筹措，军队不直接向群众要东西。各村负担不平衡，俟我抗日政权建立后，于征收时酌情调剂之。

七、新解放区人民负担问题，为解放区群众迫切的要求，各级政府应以一定力量，认真的〔地〕及时的〔地〕解决这一问题，并总结经验，逐级上报，上级应作系统研究，予以切实的指导。

选自《晋察冀边区财政经济史资料选编》（四），天津，南开大学出版社，1984 年版，第 534～537 页。原注：“《现行法令汇集》下册，1945 年 12 月 15 日。”

互校版本：《晋察冀边区行政委员会现行法令汇集》，下册，边区行政委员会 1945 年编印，第 509～513 页。

60. 晋察冀边区行政委员会晋察冀军区关于组织审计委员会的决定

1945年5月1日

一、为了确切掌握边区军政民编制人数、财粮预决算、机关生产收入，认真节约，反对浪费，决定成立边区、行署、专区、县各级审计委员会。

二、审计委员会的组织规定如下：

1. 行署级为晋察冀边区××区审计委员会，专区级为晋察冀边区第×区审计委员会，县级为晋察冀边区××县审计委员会。

2. 审计委员会由各级党政军民负责人员参加，一般为三人至五人组成之。各级财政部门及供给部门之负责干部凡必要时可列席，并应负供给与整理有关材料之责。

3. 各级审计委员会有上下级组织领导关系，审计委员会的决定除支付有关部门执行外，并得直接对上下级报告或指示工作。

4. 行署、专区级审计委员会得设秘书一人。

三、审计委员会的职权：

1. 掌握本区内党政军民之编制人数，如因地区扩大或工作需要，须增加编制人数时，必须经过上级审计委员会之批准。

2. 审计本区内军政民之预决算。

3. 检查各部门机关生产收入及开支情况。

4. 严格检查各部门有无贪污浪费情事。

四、各级接到这一决定后，应迅速组织成立，着手审计，军政之编制预算及生产任务，并将核定结果逐级上报。

主任委员　宋劭文
副主任委员　胡仁奎
司令员兼政治委员　程子华 代
副政治委员　刘澜涛

选自《晋察冀边区财政经济史资料选编》（四），天津，南开大学出版社，1984年版，第673～674页。

互校版本：《晋察冀边区行政委员会现行法令汇集》，下册，边区行政委员会1945年编印，第583～584页。

61. 冀热辽区党委关于组织审计委员会的决定

1945年5月20日

一、为了贯彻精兵简政政策，掌握冀热辽区党政，军各部门财粮预决算，认真节约，消除浪费，决定组织冀热辽区审计委员会，在区党委直接领导下进行工作。

二、审计委员会分为冀热辽区、专区、县三级组织，定名、组织、人选如下：

甲、定名：冀热辽区为冀热辽区审计委员会，专区为冀热辽区第×专区审计委员会；县为××县（以县之实名）审计委员会。

乙、人选：由党政军主要负责干部组成之，分区、县支队政委（党委书记）为专区及县审计委员会主任。

丙、在审计工作上．各级审计委员会有上下级关系，下级服从上级。

丁、各级审计委员会均设脱离生产之秘书一人（县由会计兼，不另设秘书）。

戊、各级审计委员会印信，由区党委审计委员会颁发样子自刻。

三、审计委员会之职权如下：

甲、审计党、政、军部门之财粮预决算；其准驳权属于冀热辽区审计委员会。

乙、掌握党政军之编制人数及供给制度。

丙、检查、检举各级党政军部门的浪费贪污。

四、冀热辽行署须按审计委员会批准之党、政、军各部门编制人、马数及预算核发粮食经费，审计委员会未批准者，行署无权核发。各级审计委员会成立后，应立即进行审计党、政、军各部门编制人数、马数，逐级上报区党委审计委员会，自本年八月份起即按审计委员会核定人数、马数核发粮食经费。

选自中国审计学会审计署审计科研所编：《中国革命根据地审计史料汇编》，北京，北京工业大学出版社，1990年版，第234～235页。

互校版本：《晋察冀边区财政经济史资料选编》（四），天津，南开大学出版社，1984年版，第675～676页。

62. 晋察冀边区行政委员会电
——关于改订工商业税率及十五种工商业免税的规定

1945年2月

工商业征税办法，自去年改订执行以来，各地反映无大问题，今年为进一步发展工商业争取工业品逐渐自给仅作两点修正：

（一）下列各种工商业免税：

1. 药铺及药材之刨制。
2. 灾民在受灾期间之运销。
3. 非专门营业之纺织。
4. 造纸。
5. 矿业。
6. 铁之冶炼铸造。
7. 农具制造。

8. 榨油。

9. 盐、硝、碱、硫黄之熬造。

10. 皮毛业。

11. 毛纺毛织。

12. 染坊。

13. 制肥皂。

14. 制火柴。

15. 陶器业。

（二）累进率改订如下：

工商业收入折米十市斗以内者，征税百分之三，超过十市斗部份〔分〕到二十市斗征税百分之五，超过二十市斗部份〔分〕到五十市斗部份〔分〕征税百分之八，超过五十市斗部份〔分〕到一百市斗征税百分之十二，超过一百市斗到二百市斗征税百分之十六，超过二百市斗部份〔分〕到三百市斗征税百分之二十，超过三百市斗部份〔分〕到五百市斗征税百分之二十五，超过五百市斗部份〔分〕征税百分之三十。以百分之三十为累进最高率。

随调查随征收，时间由各行署掌握，最好在阴历正二月，但须于阳历五月半前由行署总结报会。

民国三十四年二月发

选自《晋察冀边区行政委员会现行法令汇集》，下册，边区行政委员会 1945 年编印，第 517～518 页。

63. 晋察冀边区行政委员会关于租佃地、典当地对敌负担问题的通知

1945 年 8 月 9 日

各专员、县长、县佐：

顷接冀晋行署转来四专署关于对敌负担两个问题的请示，内称：

“一、关于游击区租佃土地负担问题。今春边区已有指示，本专区执行中，一般能做〔作〕统累税调查的地区，都照统累税规定，由主佃双方按资产与实际收入分担。但有些地区如平定靠近巩固区的第一线村庄，过去都执行了佃户不出对敌负担。因为在这些地区掌握政权的还大都是上层分子，不敢斗争，愿意支敌，佃户不出对敌负担，用意在发动群众迫使上层分子减少支敌。今年在改造负担中，如果照边区规定原则执行，即对敌负担亦由主佃双方分担，则是取消了佃户既得利益，加重基本群众的负担。故本署意见，在这些地区，对敌负担仍照过去执行（即完全由地主负担），以照顾基本群众既得利益。一般的地区，过去未执行佃户不负担的，照边区规定原则执行。

“二、关于游击区典当地负担问题。在边区指示中未规定，根据本专各县情形，游击

区当地完全是为了把负担转嫁到农民身上，地主则仍保持其地权，与巩固区情形不同，当价一般很低，多者五十元，少者十元以下，甚至有倒给当价者，因之这种典当实际不是小买小卖。但按统累税的规定，典当地是承当户视同自耕地负担，在游击区这种土地关系占最大部分，把苛重的对敌负担完全转嫁到农民身上，所以几年来阶级关系很少变化，因之在去年贯彻政策中有很多地主把认粮种地及租佃地改为典当地，个别地区（如建屏）为保障农民利益，则规定当地一律改为租地，这种办法是不合法的，故已纠正。但当地负担问题必须想法解决，否则因对敌负担重会使大部租地都转成当地，农民为了有地种，也只好忍耐苛重的对敌负担。关于这问题的解决，经专署与抗联讨论，认为全部资产税应由地主负担，收入税由承当户负担较好。”

本会颁发之“关于新解放区人民负担问题的指示”，曾规定在贯彻减租后，主佃分担，典当地由承典人负担（但各地区已经处理，承典人之既得利益应予保持），这都是指对我负担而言。至于对敌负担“对我对敌可采一套办法，但亦不应强调对敌对我完全采用一套办法”，故四专署意见与本会指示并无抵触，四专署的意见本会同意，准予执行。其他地区有同样情形者，亦可参照处理。

新解放区人民负担问题，关乎新解放区之建设，至为重要。自四月间本会颁发指示后，各地反映甚多，尚望各地对该指示详加研究，经常反映执行的问题与经验为要！特此通知。

选自《晋察冀边区行政委员会现行法令汇集》，上册，边区行政委员会1945年编印，第197～198页。

互校版本：《中国新民主主义革命时期根据地法制文献汇编》，第4卷，北京，中国社会科学出版社，1984年版，第270～271页。原注：“选自晋察冀边区行政委员会《现行法令汇集》上册，一九四五年版。”

64. 晋察冀边区行政委员会布告
（张家口解放①后的金融政策）

1945年9月15日

查张家口为伪蒙疆政府首都，亦为敌人统治察绥之首要据点，在察绥及雁北境内，敌伪大量发行伪蒙疆钞票，掠取人民物资，今张家口已告解放，察绥全境解放之期已不在远，为发展经济，稳定金融，兹根据本会货币金融政策，实行下列措施：

一、晋察冀边区银行钞票（简称边币）为本边区法定通货，买卖计价，订定契约，均应以边币为准，所有公私款项之来往，一律通用，不得拒使，违者以扰乱金融论罪。

二、察绥及雁北地区，在边币流通量不足市场需要前，暂准伪蒙疆银行钞票在平绥路以北地区，及平绥路南自怀来城、涿鹿城、桃花堡、西合营、蔚县城、广灵城、阳原城以迄阳原城之线以北流通，该线以南，一律禁止流通。

① 注：张家口于1945年8月23日解放。

三、在察绥及雁北境内，伪联银钞票禁止携带流通，违者伪联银券没收，巨额者或以贩卖伪钞赢利者，并以扰乱金融论罪。

以上各点，关系我边区社会秩序与金融政策，希各界人民一体遵照勿违。

切切此布。

选自《晋察冀边区行政委员会现行法令汇集》，下册，边区行政委员会1945年编印，第586页。

65. 晋察冀边区行政委员会关于禁止白洋行使的决定

1945年10月13日

（一）近查边区各地在交易中，仍有使用白洋（即银圆）者，此种白洋的行使，必然影响边币流通，也必然扰乱边区的金融秩序。根据边区将来的货币政策，曾经规定白洋不准流通。兹再重申前令，今后在交易中，一律禁止白洋的行使，但私人保存，不加限制。

（二）人民存有白洋，如欲行使时，可向边区银行作规定价格兑换边币，其无银行地区，由贸易公司或其分公司或公营商店兑换，其收兑价格，由银行随时规定，挂牌公布，在兑换以前携带中，应持有村（街）长或市区长证明文件，否则以私运论。

（三）违反上项规定者，情节轻微者将白洋没收，情节重大者，除白洋没收外，并以扰乱金融论罪。

前项没收与论罪，须经县以上政府处理。没收须给正式条据，其他任何机关，不得越权处理。

（四）贸易部门，兑换之白洋，统交银行处理，如自己需用，再向银行领取。

选自《晋察冀边区行政委员会现行法令汇集》，下册，边区行政委员会1945年编印，第590页。

66. 晋察冀边区契税暂行章程

1941年3月31日公布，

1945年10月15日修正公布

第一条　为确定与保护不动产之所有权与买卖自由权，特制定本章程。

第二条　凡边区人民买典不动产均须依照本章程税契。

官署，地方自治团体，及其他公益法人为不动产之买主或承典人者，免纳契税，但以收益为目的者不在此限。

第三条　本章程所称买者，系指买主支付买价取得不动产之所有权而言；所称典者，系指典主支付典价，占有不动产之使用权、收益权，原业主仍保有回赎权者而言。

第四条　买契按买价征税百分之六，典契按典价征税百分之三，征税之外，不得有任何附加。

第五条　先典后买者，准以原纳典契税额，抵纳买契税，不足之数，照数补足。但以买典同属一人者为限。如买主系典主之继承人者，以同属一人论。

第六条　凡人民买典不动产，必须立草契，草契成立手续如下：

（一）由新旧业主协同中见人，到本产所在地村（街）公所，由村（街）长副召集产邻共同审查，确无纠葛者，方得立契。

（二）立契应书本人姓名，不得用堂名。

（三）草契，须由村（街）长副产邻及中见人分别署名签押，并由村公所加盖村戳。如产邻因故缺席，由村（街）长副作证生效。

（四）买契，买主应将历来旧契交出，在草契内注明张数，无旧契者，须经村（街）长副及中见人证实，注明。

第七条　草契成立后，买主或典主须于两月内报请县（市）政府税契，并领取正式契纸。

前项契纸由本会制定样式颁发各署县（市）由行署或专署印发，每张收费两元。

第八条　立契以一产一契为原则，不得归并不相连接的不动产合立一契，倘一产被析，分立新契者，应向县政府呈验原契及分单，经核准后，分别另立新契，新契只收契纸费，不收契税。

第九条　契纸遗失，应报由村（街）长副召集产邻出具证明，申请县（市）政府补契，补契收契纸费，不收契税。

第十条　逾期不税，或匿价偷漏者，除令照章税契外，依下列罚则，由县（市）以上政府处分之。

（一）逾期一个月者，处以应纳税额十分之二的罚金，逾期两个月者，处以应纳税额十分之四的罚金，逾期三个月以上者加重处罚，但至多不得超过应纳税额之一倍。

（二）如有匿价情事者，除令更换契约，补交短纳税款外，并处以所匿应纳税额二倍以上五倍以下之罚金。

（三）如实系买典，而以赠与、继承、分割等名目立约者，处以应纳税额三倍以上、十倍以下之罚金。

（四）草契成立后，未经税契，即行转卖转典，在两月以内者，应补税，超过两个月者，依本条第一款之规定处分之。

第十一条　本章程自公布之日施行，前颁晋察冀边区买典田房契税暂行章程，同日作废。

第十二条　本章程之修改权与解释权属于边区行政委员会。

选自《晋察冀边区行政委员会现行法令汇集》，下册，边区行政委员会 1945 年编印，第 521～523 页。

67. 晋察冀边区行政委员会关于契税工作的指示

1945 年 10 月 17 日

契税章程已修正公布，各县政府应出公告，号召人民税契，以确定产权。兹指示下列各点：

（一）自公告之日起，以前应税之契，逾期未税。在两月之内投税者，均免予处罚。

（二）新解放区在敌伪政府税契，而确无纠纷者，准其以该项契纸到抗日政府换发契纸，只收纸价，不收契税。

（三）其有纠纷者，先清理纠纷，然后确定换契纸或税契。

（四）过去税契有匿价情事，自公告之日起，在两月以内，向政府据实报告，依法税契者，免予处分。

（五）原契成交款额，非以边币为准，而以现洋、钱吊或伪钞为准者，均折合边币计算，其标准伪钞均以一元折二元，现洋以银行定价，钱吊以四吊折现，洋一元再依现洋定价折边币。

抗战已胜利结束，人民急于要求税契，以确定产权，希即以一定力量组织税契工作。税契工作中发生问题，并随时汇报。

选自《晋察冀边区行政委员会现行法令汇集》，下册，边区行政委员会1945年编印，第524页。

68. 晋察冀边区卷烟统税暂行办法

1945年10月20日

晋察冀边区行政委员会令

兹制定晋察冀边区卷烟统税暂行办法公布之。

本办法暂限在张家口市及平绥路沿线一带城镇试行，具体城镇，由冀察行署规定之。

本办法试行区以外仍执行晋察冀边区纸烟征税暂行办法。

此令。

晋冀察边区卷烟统税暂行办法

第一条　凡本地区内制造之纸卷烟及雪茄烟均依本办法征收卷烟统税。

第二条　卷烟统税之税率依下列规定：

一、卷烟二万五千支之批发价格超过三万七千五百元者，征收其价格百分之四十。

二、卷烟二万五千支之批发价格不及三万七千五百元者，征收其价格百分之三十。

第三条　卷烟统税，于制造场所运出时，向其制造人征收之。

第四条　卷烟制造人拟将卷烟由制造场所运出时，应将其种类、牌名、数量、价格等项填写卷烟统挽纳税申请书，向市县政府提出申请（附申请书式样）。

第五条　各市县政府接到前项之申请书，经调查确实征收税款后，发给卷烟统税票，并按其箱数发给卷烟统税完讫证，粘贴箱面，加盖验讫印后，方准行销。前项之卷烟统税票（附税票式样）及卷烟统税完讫证（附卷烟统税完讫证式样）统一由行署或特别市政府印发。

第六条　卷烟制造人将其已纳卷烟统税之卷烟退回时，应即刻将其牌名数量报告市县政府并受其检查。

第七条　卷烟之制造人拟制造卷烟时，应预先将制造场地址、名称、负责人姓名、资本总额、牌名、商标、制造方法、生产计划等事项，向市县政府报告。

停止营业或生产计划及牌名变更时亦应将变更事项报告。

继续经营者应于每年十月底以前，将翌年生产计划报告于市县政府。

第八条　市县政府对卷烟之征税稽查上认为有必要时，得往卷烟制造场检查其原料成品建筑物器具机械及有关之文件，并得询问其有关之人员。

第九条　卷烟制造人以欺诈或其他不正当行为，意图偷税时，除补征其应纳之税外，得处以所偷税额半数以上四倍以下之罚金。

不为第四条之申请者以偷税论。

第十条　本办法之修改解释权属于边区行政委员会。

第十一条　本办法自公布之日施行。

选自《晋察冀边区行政委员会现行法令汇集》，下册，边区行政委员会1945年编印，第526～527页。

69. 晋察冀边区制造烟税暂行办法

1945年10月20日

晋察冀边区政行委员会令

兹制定晋察冀边区制造烟税暂行办法公布之。

本办法暂在张家口市及平绥沿线一带城镇试行，具体城镇，由冀察行署确定之。试行区域以外，对于烟如何征税，由各行署，参照本办法精神，拟具具体办法，报会批准施行。

此令。

晋察冀边区制造烟税暂行办法

第一条　对于本区内制造卷烟以外之制造税依本办法征收制造烟税。

第二条　制造烟税，其税率为批发价格百分之二十五。

第三条　制造烟税，向制造人于制造烟由制造场运出时，由市县政府征收之。

第四条　制造人应于制造烟出场时将烟之种类数量及批发价格等事项（附制造烟税纳税报告表式样）报告于市县政府。

第五条　市县政府接到前条报告时，查验确实征税后，发给制造烟税票（附制造烟税票式样）及按每小包发给验讫证粘贴后，加盖销印，并按其包或件数发给制造烟税完讫证（附制造烟税完讫证式样）监视粘贴烟包（或件）面加盖验讫印方准行销。

前项制造烟税票制造烟税验讫证，及完讫证，由行署或特别市政府统一印发。

第六条　制造烟制造人拟制造制造烟时，应预先将制造烟之种类、名称，制造场之地址，制造人之住所、姓名或名称，资本总额、制造方法、生产计划及其他关系事项，经街、村公所介绍报告于市县政府，歇业或变更生产计划时，应将其事项报告之。

继续经营者应于每年十月底以前将翌年生产计划报告于市、县政府，变更时亦同。

第七条　制造烟制造人向制造场内运入制造烟时，应向市县政府报告受其检查。

第八条　市县政府认为于征税调查上，有必要时得派员检查制造场所、贩卖场所，原料成品、建筑物器具、机械及其有关系之文件，并询问其有关人员。

第九条　制造烟制造人以欺诈，或其他不正当行为，意图偷税时，除补征应纳之税外并科以偷税额半数以上四倍以下之罚金。

第十条　不为第六条或第七条之报告者，得科以五十元以上一千元以下之罚金。

第十一条　本办法之修改及解释权属于边区行政委员会。

第十二条　本办法自公布之日起实施。

选自《晋察冀边区行政委员会现行法令汇集》，下册，边区行政委员会1945年编印，第529～530页。

70. 晋察冀边区酒税暂行办法

1945年10月23日

晋察冀边区行政委员会令

兹制定晋察冀边区酒税暂行办法公布之。

本办法暂在张家口市及平绥沿线一带城镇试行。具体城镇，由冀察行署确定之。试行区域以外，对于酒如何征税，由各行署，参照本办法精神，拟具具体办法，报会批准施行。

此令。

晋察冀边［区］酒税暂行办法

第一条　对于本地区内制造之酒类及含有酒精之饮料依本办法征牧〔收〕酒税。

第二条　酒税向制造人征收之。

第三条　酒税之税率为批发价格百分之三十。

第四条　烧酒、黄酒之征税标准数量按照使用原料（粮食）依下列比例计算，其他酒类按实际产量计征。

一、烧酒：

甲、使用高粱、玉角（包米）、小麦或筱麦一市石以产酒四十市斤计。

乙、使用其他粮食一市石以产酒三十市斤计。

丙、并用甲、乙二项之粮食者，按其使用原料之比例计算产量。

（注）本款所指之原料为立楂时所用者或蒸馏当日所添加者。

二、黄酒：使用黄米一市斗以产酒四十市斤计。

以上标准如有不适合之地区，得由市县政府呈请行署或市政府根据具体情形另定之。

第五条　酒税之纳税时期如下：

一、每月制成者，限于翌月十五日以前。

二、酒类制造人报告歇业或违犯本办法受处罚时立即征税。

（注）前项第一款所谓制成者，烧酒于其下粮时，其他酒类则以蒸馏完毕或过滤时为

制成时期。

第六条　酒类制造人应按规定项目填写酒税纳税报告书。（附烧、黄酒税纳税报告书，其他酒类酒税纳税报告书。）烧、黄酒制造者应于翌月十五日以前报告市县政府，其他酒类制造者应于酒类制成时报告。

第七条　市县政府将报告审核确实后，征收税款，发给酒税票（附酒税票式样）。前项税票由行署或特别市政府统一印发。

第八条　酒税制造人，拟制造酒类时，应预先将制造酒之种类、名称，制造场地址、负责人姓名、资本总额、制造方法，生产计划及其他有关事项，经村（街）公所介绍向事［市］县政府报告，继续经营者，应于每年十月底以前将翌年生产计划报告于市县政府。

第九条　酒类制造人，对下列事项应随时报告市县政府并受其检查。

一、开始制造酒类时。

二、生产计划改变时。

三、歇业停造或停造后又重新开始制造时。

四、向制造场内运入酒类时。

五、向酒类中混水（烧酒除外）或与他处运入之酒类混合时。

第十条　市县政府认为征税上有必要时，得派员检查酒类之制造贩卖场所原料成品、建筑物器具、机械及其有关系之文件，并询问其有关之人员。

第十一条　酒类制造人以欺诈或其他不正当行为意图偷税时，除补征应纳之税外，得科以偷税额半数以上、四倍以下之罚金。

第十二条　不为第八条或第九条之报告者，得科以五十元以上、一千元以下之罚金。

第十三条　不依期限纳税者，除限期追交外，并得以下列规定处罚之。

一、欠交逾一个月者，得科以所欠数百分之一以上、百分之五以下之罚金。

二、欠交逾二个月者，得科以所欠数百分之五以上、百分之十以下之罚金。

三、欠交逾三个月者，得科以所欠数百分之十以上、百分之二十以下之罚金。

第十四条　由未征酒税之地区运入之酒类得依本办法征收酒税。

第十五条　本办法修改及解释权属于边区行政委员会。

第十六条　本办法自公布之日施行。

选自《晋察冀边区行政委员会现行法令汇集》，下册，边区行政委员会1945年编印，第534～537页。

71. 晋察冀边区审计委员会通知
——关于各级委员会之基本方针与组织

1946年3月8日

根据晋察冀边区行政委员会第四十二次会议关于成立县以上各级审计委员会的决定（见二月十九日《晋察冀日报》），本会已于二月二十六日在边委会内正式成立，并举行第一次会议，推定刘澜涛为主任委员、宋劭文为副主任委员。决议事项列下：

（一）依照边委会决定本会为全边区的最高审计机关即第一级审计机关；各省行署级、各纵队部、边区各系统、张家口直属市各审计委员会为第二级审计机关，以下为第三级审计机关。上级领导下级，下级服从上级。

（二）各级审委会之基本方针为：严格财政收支，坚守财政制度，进行审计工作避免浪费，减轻人民负担。

（三）各级审委会之基本任务为负责审计军政团体各系统预决算并检查其一切财政开支、生产收入。其经常工作为：掌握所辖区内部队、机关学校的人员、马匹，每月增减的数目；掌握供给标准、生产收入、人员花名册，签注批审意见，检查好坏典型，调查研究，总结经验。经军政、团体各组织应具应算事业及该事业之计划，均由各该领导机关批准。本会接到批准机关通知后，始处理预计算的审计，否则拒绝处理。

（四）各级审计委员会组织：

第一级：边区审计委员会委员五人，下设秘书长一人、秘书三人，事务繁多时，得按需增加。

第二级：(1）边区党政军民各系统，与直属市审计委员会委员三人至五人，作〔做〕日常工作的一人或二人。

(2）冀晋、冀中、察哈尔、冀热辽各审计委员会委员三人至五人，作〔做〕日常工作的二人至三人。

(3）各纵队审计委员会委员三人至五人，作〔做〕日常工作的一人至二人。

第三级：分区与县旅级审计委员会委员三人，作〔做〕日常工作的一人。

（五）迅速成立第二级第三级审计委员会，现责成晋冀、冀中、冀热辽、察哈尔各行署主任、省主席，二级军区首长、区党委、省委、各纵队首长、边区系统首长、张家口市长、卫戍司令员、市党委于接着本通知后在五日内成立第二级审计委员会及负责组织第三级审计委员会。各委员会成立后，即刻开始工作，并将各委员会名单报告本会备查。

（六）其他：

(1）各机关、部队、学校每月应将人员、马匹增减情形报告主管审计委员会。

(2）凡临时费、特别费的预算必须先经系统之最高主管机关的决定（此事应否办、如何办、办到什么程度）不做〔作〕预算，送到各级审计委员会，经审计后提出意见，最后由本会决定。

(3）在张家口市的各单位每月份的预决算必须于五号前汇送本会。

(4）各级审委会每月应将收支、人员、马匹数目按级报告。

（七）本决议各区省、各系统各单位必须切实执行。

特此通知。

主任委员　刘澜涛
副主任委员　宋劭文
委员　南汉宸
唐廷杰
查国桢

选自中国审计学会审计署审计科研所编：《中国革命根据地审计史料汇编》，北京，北京工业大学出版社，1990年版，第238～239页。

72. 晋察冀边区冀中区审计委员会通知
——明确审计的几个具体规定

1946年4月10日

各级审计委员会工作，近来第七区第九区审委会，统计报告数字尽详，第八区审委会亦有分类统计，都奠定了今后审计数字的基础，审查统计报告比以前大有进步，十分区迄今尚未报告。根据以上情形三个月（一、二、三月）中各级审委会的工作较前已获相当成绩，但有的工作尚未很好的〔地〕建立，此外是各级审委会有的职权范围不清、工作零乱，最普遍的是审委会代替行政工作，今后为适当的〔地〕完成本身工作起见，特决定如下：

各级审委会基本任务为审查军（包括党委）政团体各系统的预决算，检查其财政开支、生产收入。具体工作是：

（一）照编制掌握所辖区域内部队、机关、学校的人员车马数目，与每月增减数目，超过编制者没有，冀中审委会的通知不准其领支粮款（分区审委会无权批准超编制的人数）。

（二）审查各部门预算以外特别的开支，及盈时预算是否适当，签注意见由原编造预算单位，按系统送冀中行署或供给部，审核提出意见，再送冀中审委会最后审查批准。

（三）掌握生产收入。

（四）审查党政军民应兴应革事业之计划及其预决算。

（五）检查好坏典型，调查研究，总结经验。

（六）各分区、县审委会的工作，应着重按编制审查辖区内人员、马匹、车子数目，掌握编制批驳预计算（预算不合编制与制度者批驳另造），提供意见节省费，掌握冀中审委批准的预算，如未经冀中审委会批准以前的各种开支，各区审委会不得允许任何部门向供给财政部门领取粮款，同时分区县供给部门也不得借给，否则由发给人员负责。

（七）预计算制度各级必须建立与坚持（造报时间见行署财政会议之报告决定）审查造报顺序，应当是各级均向同级财政与供给部门造报，经财政及供给部门审核提出意见，送同级审委会审核盖章，提出意见再交由各财政及供给部门，按供给系统汇总上报（口单位直接送审委）以此类推，直到冀中，由行署供给部审核提出意见，最后由冀中审委会批准。我们要逐级负责，层层负责，以使制度严格起来。

（八）各分区要建立审委会的机构，按以前决定各分区添设两个干事要经常出去检查各部门的人员，车马增减，财政开支有无浪费，督促并帮助各部门建立统计报告制度（分区一级审委会目前每月后向本部报告一次）和预计算制度，自接到通知起，各分区审委会秘书及干事应同审委会主任在一个机关，便利日常工作，其人员编制及办公费可在所在机关造报预算与开支。

几个规定：

（一）分区级除过去规定长年的整风队人数外，一律不准增加训练班人数，凡较长的训练队，按具体需要临时通知。

（二）政府团体及机关定要保证于五月一号开始执行新编制，务于四月将非编制人数处理清楚（小团及边沿区小队帮暂时保留）。

（三）各分区要于四月底，将所辖若干县、县佐、市（注明大县、小县、边沿县、中心县各若干），每县若干区数（注明边沿区、中心区若干），要按新划之县区统计报来。

（四）各分区、县前线之民兵粮食，供给到四月底为止。

（五）今年拥爱月当中的赔偿费，由各该机关负责赔偿，支出在机关家务中，财政上不做〔作〕开支，不然便造成浪费现象。

（六）细粮问题，未有新指标前，暂按旧办法执行。

主任　林铁

选自中国审计学会审计署审计科研所编：《中国革命根据地审计史料汇编》，北京，北京工业大学出版社，1990 年版，第 104～105 页。

七、经济管理

1. 晋察冀边区垦荒单行条例

1938年2月19日颁布

一、本边区为扩大耕地面积、增加农业生产，特制定本条例。

二、凡本边区内未垦之地，已垦而连续两年未耕种者，不论公有私有，一律以荒地论，准许人民无租垦种。

三、荒地的面积在五亩以下者，得由该地四邻分种或独种之，四邻不全者，由靠近之地邻分种或独种之。

四、荒地之面积在五亩以上者，得由所在地之贫苦农民合伙垦种或分种之。

五、无论公私或寺庙之山场未经垦种者，农民得自由组合垦种之。

六、凡公私荒地荒山经承垦人垦竣后，其土地所有权属于承垦之农民，但其所垦面积大小须请县政府转报本会备案发给执证。

七、凡集体垦种大量荒山荒地之农民，其农具、种籽有不足者，得请县政府转呈本会协助之。

八、凡愿垦种荒山地者，须于事前报请区公所登记转呈县政府备案发给垦种执照。

九、凡公有私有荒山荒地，抗日军人家属均有垦种之优先权，但地主愿自行垦种者得尽先垦种。

十、私有荒山荒地随有粮银者，垦种人须照数缴纳。

十一、本条例自公布之日施行。

选自《晋察冀边区行政委员会现行法令汇集》，下册，边区行政委员会 1945 年编印，第 591～592 页。

2. 晋察冀边区奖励兴办农田水利暂行办法

1938 年 2 月 21 日

一、本边区为增进农业生产，扩展农田水利，特制定本办法。

二、本边区内旧有水利事业，无论公营私营，须由负责机关积极整理，以增进其灌溉量，但其组织不健全者，当地政府得督促改组之，其组织解体者，得由本会或当地政府派人管理。

三、本边区内旧有私营地方水利事业，其独占性较大者，本会得派员监督其营业，以免发生流弊。

四、如有河渠可资利用，人民愿意集体开凿者，得呈报当地政府转呈本会核准开凿之。

五、经本会核准，开凿水利，其资力不足者，得呈请本会协助之。

六、本办法自公布之日施行。

选自《晋察冀边区财政经济史资料选编》（二），天津，南开大学出版社，1984 年版，第 247 页。原注："《抗日根据地政策条例汇集》第 2 辑，晋察冀之部。"

3. 晋察冀边区统制对外贸易执行方案[①]

1938 年 8 月 17 日

一、禁止日货入境（除特许品外）。

1. 统治日货名称，并公布周知。

2. 已入境的日货，限期登记，由商会集中地点，定价拍卖，详细办法由各县酌定。

3. 除特殊品而外，绝对禁止日货入境，如有私运入境，一经查出，货物没收，人以汉奸论罪，把所没收货物，除提偿十分之二予查获者外，其余完全作为优待抗日军人家属之用。

二、限制对外贸易：

1. 使商民采用连保办法，互相负责稽查，和保证不卖日货——责成各地商会办理。

2. 小贩向敌区经营贸易者，亦必须向政府登记，并有妥实保证人。

---

① 原注：该"执行方案"曾经山西第一区第三次县长会议议决，故晋察冀边区行政委员会于一九三八年八月十七日以文件颁发，要求各县遵照切实施行。

三、举行反对日货宣传周——军政民配合起来，扩大宣传使普遍明了政府的贸易政策。

选自：《晋察冀边区财政经济史资料选编》（三），天津，南开大学出版社，1984年版，第355页。

4. 晋察冀边区奖励生产事业暂行条例

1939年4月3日公布

第一章　总则

第一条　为增加生产、改善民生、充实抗战力量、完成建国大业，特制定本条例。

第二条　凡一切直接间接增加生产之努力，得由该管县区政府奖励，或转报本会奖励之。

第二章　资金

第三条　凡投入生产事业之资金，无论其属于边区人民或敌区人民，政府皆予以绝对保障，与房屋土地不动产同等看待。

第四条　凡投入生产事业之资金，各机关及各团体，不得藉〔借〕口任何名义强迫捐募之。

第五条　凡投入生产事业之资金，政府地方摊派负担额只计算其子金及收入部分。（此项特殊优待，一般不动产不得援例要求。）

第六条　生产事业资金不足时，得向政府或银行请求贷款，其利息最高不得超过年利七厘。

第三章　技术与工具

第七条　凡一切生产事业，如农事、水利、造林、畜牧、开矿、工艺等所需要之技术及技术人员，得向政府请求无条件指导或供给之。

第八条　政府试验成功之各种事业，除现存之生产手段工具外，得无条件让与团体或私人经营之。

第九条　凡有利于生产上之公有土地场所及工具等，得向政府请求借用或租赁以利用之，生产上必须利用之私有土地场所（如凿渠、开矿、造林、垦荒等），得请求政府批准租赁之。

第四章　减免税金

第十条　生产事业上必要之工具、机械、药品、原料等得请求政府减免入口税。

第十一条　凡利用本地原料创造或仿造物品，得请求政府减税或免税。

第十二条　凡本边区剩余商品或加工制造物品，得请求政府减免出口税。

第五章　专利

第十三条　关于生产物品及制造方法适合于下列条件者，得向政府请求专利：

（一）在生产上首先发明者；

（二）仿制舶来品，著有成效者；

（三）改良土法，著有成效者。

第十四条　凡呈请专利者，应附具详细说明书、图样、制品或模型等件，以资证明。

第十五条　凡呈请专利之产品，政府考验合格后，予以专利，其年限分为三年、五年、十年、十五年等。此项期限，自发给执照之日起算。

第十六条　呈请专利之物品，如关军用，应守秘密不能予以专利，或须加以限制者，应由政府给予相当报酬。

第十七条　呈请专利物品如为日用必需，须大量制造者，其专利人经营力小，致社会之供不应求时，政府或团体得另外经营之。但其专利权须给以相当报酬，或在该项经营事业内规定抽相当成数之红利酬报之。

第十八条　凡呈请专利，经核准通知后，六个月内，不领执照者，作为无效，在未领执照前，专利权不能对抗第三者。

第十九条　凡有同样发明或仿造及改良，专利权应归首创人。

第六章　褒状

第二十条　凡关于生产物品，及制造方法虽不合于第十三条之规则，不能专利，而经审查确具成效者，得由政府发给褒状奖励之，其因受第十六条规定之限制不得专利者，除按该条规定办理外，亦得由政府发给褒状奖励之。

第七章　附则

第二十一条　本条例实施细则另定之。

第二十二条　本条例如有未尽事宜，得由本会修正之。

第二十三条　本条例自公布之日施行。

选自《抗日根据地政策条例汇集——晋察冀之部》，第2辑，1942年版，第348～350页。

5. 晋察冀边区贸易局组织章程草案①

1939年7月

为了顺利执行我们的贸易政策——有计划的〔地〕输入，有计划的〔地〕输出，根绝汉奸敌探的活动，来和敌人做〔作〕英勇的经济斗争，本会前曾号召各该署县，普遍的〔地〕要在今年四月底，把统制全县的贸易机关，完全以一般商业的面孔组织建立起来（见经济建设原则方案中贸易项下）并组织各种商业联盟，以便较好的〔地〕通过商人路线，无论在何种困难条件下，都能把我们不必需的土货，尽量销售出去，把我们的必需品（特别是军事必需品）尽量交换回来。

但是这一重要号召仍有大部县份到现在还很少反映，许多地方是否已经把贸易机关组

① 原注：这是晋察冀边区行政委员会令，一九三九年贸字第九十号。

织与健全起来，我们还无从知道，兹将冀西第二专署所拟《贸易局组织章程草案》随文印发希作参考，并希遵照前项经济建设原则方案内指示各节，迅将该县贸易机关及商业联盟，建立并健全起来，并登记商铺行贩，免使汉奸混迹以粉碎敌人的无耻阴谋，更希望你们能把办理情形与意见随时反映上来！

附： **贸易局组织章程草案**

一、名称：晋察冀边区冀西第二专区贸易局、县分局。

二、宗旨：根据边区经济建设原则，以保护新兴工业、抵制敌货、整顿税收、巩固金融、平抑物价为宗旨。

三、组织：本局隶属于实业科，设局长一人，以下分总务、登记、稽查三股，各设主任一人，设股员若干人。

四、职权：

1. 局长计划及总揽本局一切工作。

2. 总务股掌理本局庶务、会计、文牍等事，当局长离局时，主任可代行局长职务，本股得设股员一人至二人。

3. 登记股掌理登记商铺商贩、货物输出输入等事，得设股员一人至三人。

4. 稽查股检查商铺商贩、货物输出输入及是否完税等事，本股股员由稽征局稽查员担任之。

五、本章程自公布之日起实行，如有未尽事宜临时改定之。

附则：

（一）经费来源：

1. 商贩登记手续费一角。

2. 商铺登记手续一元。

3. 补证手续费五角。

4. 政府酌量津贴。

（二）经费开支：

1. 生活费——主任生活费每月每人十二元，三人合计三十六元。股员每月每人十元，三人合计三十元，共计六十六元。

2. 办公费——每月灯油柴炭费十五元，印刷费二十元，杂费十元。

附： **保状（略）**

选自《晋察冀边区财政经济史资料选编》（三），天津，南开大学出版社出版，1984年版，第430～431页。

6. 晋察冀边区行政委员会关于救灾治水安定民生的具体办法

1939年8月30日

一、救灾治水安定民生的原则：

（一）发扬边区精神，克服困难：边区是在困难中成长壮大起来的，边区过去的大大小小困难，都被我们克服了。我们现在已经有了二年的战斗经验，有了勇敢善战的部队、巩固的政权和有组织的民众，相信一定能够克服水灾给予我们的困难，并且我们更要高度的〔地〕发扬边区克服困难的精神迎接困难、粉碎困难，保卫边区，坚持抗战。

（二）发扬互相合作的精神，渡过难关，大家要同生死共患难。

1. 军政民密切合作，工作同志要以身作则，帮助灾民。

2. 受灾轻的要帮助受灾重的。

3. 同等程度的灾民彼此要互助合作。

（三）开展生产建设，改善民生，彻底救灾治水。

（四）在坚决保卫边区原则之下动员可能动员的力量，救灾治水。

二、救灾治水安定民生的具体办法：

（一）筹款救急安插灾民

1. 拨款十万办理急赈：（1）十万赈款已决定冀中分配六万、冀西晋东北四万，并且根据各方报告和调查，已将冀西晋东北之四万急赈款大体决定，先行赈济受灾较重之阜平唐县等十余县。（2）急赈施放标准尽先以受灾最重又无生产力，致目前不能维持生活之抗属及赤贫民众为对象，具体办法由各县自行规定。（3）发放手续力求迅速简便，分配力求公平适当，务期于最短期内胜利完成任务，使赈款全数放在灾民身上。

2. 救国献金全数拨作赈款。边区号召之救国献金十万元决定全数拨作赈款，已电各县迅速将收到现金解交专署收存，并令各县将被灾情形迅速确实查报，以作分配赈款之依据。

3. 开展募捐运动：（1）号召军政民各部门工作同志自动捐款起模范作用。（2）启发群众互助精神，用竞赛奖励方式，开展广泛热烈的群众募捐运动。（3）深入未收复区开展募捐运动，激发在敌占区不甘心做亡国奴的同胞们帮助坚持抗战的边区灾胞。（4）通电全国、各地华侨，呼吁救济边区水灾。（5）向同情中国抗战的国际朋友募捐求助。

4. 呈请中央迅拨巨款救济边区水灾。

5. 安插灾民；（1）成立灾民工作介绍所，介绍灾民参加地方工作，充任工友勤务，参加生产事业，加入各种训练班，或参加部队。（2）灾民房屋被冲毁者，由附近村庄借让居住。（3）灾民被冲房屋，尚能修理者，发动民众工作同志帮助修理。（4）设立妇女儿童收容所。组织妇女缝纫洗衣队，尽可能给设法给被收容妇女儿童以工作教育。

（二）解决粮食问题

1. 同生死共患难互助合作精神，各界一律节食。

（1）节食数目：号召部队每人每日节省米一两，每马每日节省花料一斤，政权群众团体工作同志照部队战士发给米数，每人每日节省四两，一般民众每人每日以节约二两为原则，特别劳动者节省一两。

（2）办法：甲、政治动员宣传鼓励激发热忱，发扬互助精神。

乙、由各种组织部门发动。

丙、互相检查。

丁、不浪费一粒粮食，不作践一点食品。

戊、斟剩余饭食救济灾民。

2. 补充粮食，凡能当粮食充饥者，如红枣、黑枣、柿子等一律限制出口，尽量利用果食、动植物、树皮、树叶、地下茎及鱼介等代替粮食。

3. 调剂粮食。（略）

4. 吸收粮食。（略）

5. 武装保卫秋收。

（三）广泛开展生产事业，切实改善人民生活，彻底救灾治水

1. 增加农业生产：（1）整理梯田。（2）修理河滩，种树种苇及其他水产植物。（3）就地筑坝掘深河道。（4）大量开渠灌溉田地。（5）广造森林防止水患。（6）不妨害田地村庄山林条件之下厉行垦荒。（7）选存种籽。（8）尽量补种秋季作物与明年早熟作物。（9）颁布修地条例，鼓励民众迅速修理冲毁田地。

2. 提倡手工业增加收入：（1）提倡纺织工业。（2）提倡制毛工业如擀毡等。（3）提倡文具及造纸工业。

3. 提倡合作运动：（1）实行合作放款。（2）实行节约放款。（3）把灾民组织在合作社周围。（下略）

选自《晋察冀边区财政经济史资料选编》（二），天津，南开大学出版社，1984 年版，第 673～675 页。原注："《抗日根据地政策条例汇集》第 2 集，晋察冀之部。"

7. 晋察冀边区垦修滩荒办法

1939 年 9 月 17 日

第一条　本边区大水，新增滩地甚多，为增进生产以利抗战计，特制定本办法。

第二条　原属自耕之滩地尽先地主垦修，于民国二十九年春耕前地主不能垦修者，得由地方政府招人垦修之。

第三条　原系租佃之滩地，尽先地主兴修，仍由租佃户垦种，地主不能兴修者，由租佃户垦修，于民国二十九年春耕前，地主租佃户皆不能垦修者，由地方政府招人垦修之。

第四条　第三条前半段地主兴修，佃户垦种之滩荒，在垦修时间以内，其正产物不超过往年百分之六十三者，佃户不出租金，超过之数用以交租至达原定契约之租额为止，此项垦修时间，由滩地整理委员会核估之，期满使用第四条后半段之规定。

第五条　第三条后半段地主不能兴修，由租佃户垦修之滩地，得按地势优劣、费工多寡以工折价，予以二年至九年之土地使用权，期满继续原有契约或按实际收益重订契约，但不得超过正产物百分之三十七。

此项土地使用年限，由滩地整理委员会核估之。

第六条　第二、三两条因冲刷过甚、工程太大，地主或租佃户不能垦修之滩地，地方政府招人垦修时，得按地势优劣、费工多寡，以工折价，予承垦人以五年至二十年之土地使用权，土地所有权不变。

此项土地使用年限，由滩地整理委员会核估之。

第七条　第六条所指承垦人，抗战军人家属、生产合作社有优先权，次为无土地之农民，次为大小地主，最后由政府经营。

第八条　贫小地主，仅持唯一所有之滩地地租生活者，得与佃户合力垦修，垦修期间之收益，按出力之比例，公平分配，期满运用第五条后半段之规定。

第九条　抗属之滩荒，无力垦修者，得由地方政府贷资或发动人力垦修之，如系出租之滩地，适用第八条之规定。

第十条　地主雇人垦修或与他人合力垦修之滩地，由双方商定办法。

第十一条　垦修滩地，须按滩地整理委员会所定整理滩地计划进行，不得破坏水渠河道之规定。

第十二条　整理滩地委员会之组织另定之。

第十三条　本办法仅适用于本年水灾后新造成之滩荒。

第十四条　本办法自公布之日施行。

附注：

1. 兴修：作“地主只修地，但并不自己种”解释。

2. 垦种：系单指“种地”而言。

3. 垦修：作“也修地，也耕种”解释。

选自《晋察冀边区财政经济史资料选编》（二），天津，南开大学出版社，1984年版，第248～249页。原注：“《抗日根据地政策条例汇集》第2辑，晋察冀之部。”

8. 晋察冀边区保护公私林木办法

1939年9月29日

一、本边区各县公有私有树木之保护，除森林法已有规定外，依本办法行之。

二、公私林木由各县政府督同区村公所负责保护之。

三、林木林地及其附属物被侵害时，附近居民须速报告当地政权机关，或被害物之所有人。对于前项报告人得酌量情形，予以奖励。

四、窃取树木得依其损害情形责令赔偿（折价或补植新树）或处罚之。

五、经所有人许可于具林地樵采，因而私伐林木者，依前条之规定办理。

六、林地或禁山区域非经开放，一律禁止牧畜。

七、山间所有树木根株，一律不得掘采，使能固结土壤，以防水患。

八、违犯第六条第七条之规定时，得依情节之轻重，予以适当之处罚。

九、因烧荒而害及公私林木者，得依损失之轻重，予以适当之处罚。

十、依森林法及本条例所科之罚金，除酌奖报告人外，得由县政府拨作苗圃及造林等费或经营林业确有成绩者之奖励金。

前项罚金之数目及用途，应由县政府造其清册按月呈报本会查核备案。

十一、本办法如有未尽事宜，得由本会修正之。

十二、本办法自公布之日施行。

选自《晋察冀边区行政委员会现行法令汇集》，下册，边区行政委员会1945年编印，第593页。

互校版本：《晋察冀边区财政经济史资料选编》（二），天津，南开大学出版社，1984年版，第250～251页。原注：“《晋察冀边区行政委员会现行法令汇集》下册，1945年12月25日。”

9. 晋察冀边区禁山造林办法

1939年10月2日

一、本会为繁殖林木、防止水荒，特制定本办法。

二、五十度以上之山坡，得由区村公所分别缓急，划定地段逐年划为禁山。

三、旧有之禁山，不论公有私有，非经开放，不得垦荒。

四、新划之禁山，不论公有私有，只准造林，不得垦荒。

五、旧有或新划之禁山，不论公有私有，其野草准芟割，不准畜牧，林木准削枝，不准伐本。

六、禁山中成材之林木必须砍伐者，不论公有私有，须经所属区村公所同意。

七、禁山之划定与开放，不论公有私有，关系一村之安全者，由村代表会议公决行之。关系一区之安全者，由区政会议公决行之。

八、违背第三、四、五条之规定者，得分别轻重处一月以上一年以下之徒刑，或科五元以上五十元以下之罚金。

九、本办法有不适宜时得由本会修正之。

十、本办法自公布日施行之。

选自《晋察冀边区行政委员会现行法令汇集》，下册，边区行政委员会1945年编印，第594页。

互校版本：《晋察冀边区财政经济史资料选编》（二），天津，南开大学出版社，1984年版，第252页。原注：“《晋察冀边区行政委员会现行法令汇集》下册，1945年12月25日。”

10. 晋察冀边区合作社暂行规程

1939年

第一章　总则

第一条　本边区所有合作事业均依本暂行规程之规定办理之。

第二条　合作社之种类如下：

一、生产合作，凡经营种植饲养、农田、水利、牧畜、造林、开矿、纺织，及制造一切农村日用品和职业上之用品者均属之。

二、运销合作，凡经营农业生产品、工业生产品之输出者均属之。

三、消费合作，凡供给农村日用品及职业上之用品者均属之。

四、信用合作，凡经营农工业生产之放款及农村之储蓄者均属之。

第三条　合作社得视其人力资力及实际上之需要，于上列各种业务中专营一种或兼营数种。

第四条　合作社之责任分下列三种，任其自由选择：

一、无限责任。社员以其所有财产对社及债权人负责。

二、有限责任。社员对社及社内债务之负担，仅限于所认之股额。

三、保证责任。社员对社及社内债务之负担股额而外尚负若干金额之责任。

第五条　合作社得向政府请求贷款、酌量减免出入口税及利用公共场所（各项办法另定之。）

第二章　设立

第六条　合作社至少须有社员九人以上方得设立。

第七条　合作社之设立须附社章呈请县政府登记并转报边区行政委员会备案。（简章式样及登记表式附后）

第八条　合作社社章应记明：

1. 名称。
2. 目的。
3. 责任。
4. 住址。
5. 社股金额及其交纳办法。
6. 结算时间。
7. 赢利分配及损失分担。
8. 公积金、公益金之处理。
9. 入社、出社除名之规定。
10. 社务委员任免之规定。

第九条　合作社在取得许可证以后成立。（许可证式附后）

第三章　社股

第十条　社股无限，每股股金最高不得超过一元。

第四章　社员

第十一条　除汉奸外社员资格不限。

第十二条　社员除名须经社员半数以上之决议，出社限于结算时期。

第五章　职员及会议

第十三条　合作社设理事、监事若干人，称社务委员，由社员大会选任之，任期由社章规定。

一、理事负责管理社务，互推常务理事一人。

二、监事负责监督社务，互推常务监事一人。

第十四条　社员大会于每年或每一结算期间召集一次，于必要时，得召集临时会，社员不论社股多寡只有一票的表决权。

第十五条　理事［会］、监事会各于每月召集一次。

第六章　赢〔盈〕余

第十六条　合作社之赢〔盈〕余分配如下：

一、公积金占赢〔盈〕余百分之十以上、百分之二十以下，由社员大会决定之。

二、公益金占赢〔盈〕余百分之九以上、百分之二十以下由社员大会决定之（该项公益金限于兴办地方事业及群众团体之补助）。

三、职员酬金由大会决定之。

四、余额为社员股息。

第七章　解散及清算

第十七条　合作社因破产、合并、违法、不足法定人数而自动或被动解散时，应组清算委员会清理之。

第八章　合作社联合会

第十八条　同一目的或同一村、同一区、同一县之不同合作社为取经济联系业务协作得自由合并，或组合作社联合会。

第九章　监督

第十九条　合作社违背社章及边区各种政策者，各级政府得勒令其改组或停办。

第十章　附则

第二十条　本规程自公布之日施行。

合作社简章式样（略）
登记表式（略）

晋察冀边区行政委员会
一九三九年

选自《晋察冀边区财政经济史资料选编》（三），天津，南开大学出版社出版，1984年版，第760～763页。原注："晋察冀边区行政委员会《指示信》第二集，1939年7月。"

11. 晋察冀边区银行合作贷款办法

1940年2月

第一条　本行为培植合作事业、发展边区经济起见，特制定本办法。

第二条　此项贷款以边区组织健全之生产、运销、消费、信用合作社为对象，军政机关及群众团体内部之合作社不在此列。

第三条　合作社贷款金额由五十元起至三千元止，依下列标准核定之。

甲、成立一年以上，社员定五百户，呈准政府登记，业务确有成绩者，酌贷三千元以下、一千元以上之金额。

乙、成立未满一年，社员定二百户，呈准政府登记，业务确有成绩者，酌贷一千元以下、五百元以上之金额。

丙、成立不久，户不满百，呈准政府登记，业务确属必要之合作社，酌贷五百元以下、五十元以上之金额。

第四条　此项贷款利率定为月息四厘。

第五条　此项贷款期限分六个月、十个月、十二个月三种，由合作社选择，本行核定之。

第六条　此项贷款纯系对人信用，以所在县政府为偿还保证。

第七条　此项贷款手续，依照下列各条办理之。

甲、合作社欲向本行借款，须先填具借款申请书（式样附后）呈经所在县政府批准，转知本行各营业机关（总行各办事处及各种代办所）核定发给贷款通知书及借款契约用纸。

乙、合作社接到前项贷款通知书及借款契约用纸后，须在契约上加盖合作社图记及理事会监视会主席名章，送交保证机关于保证栏内加盖印信，转知本行各营业机关。

丙、本行各营业机关接到前项借款契约，经核对与借款申请书上印鉴相符，即凭借款契约付款。

丁、信〔借〕款契约（式样附后）交本行存案，保证机关及合作社得各抄付副本存查。

戊、此项借款由合作社领到款项之日起息，交到本行指定地点之日止息。

第八条　合作社借款，如以正面理由，到期不能偿还，得于到期一个月向保证机关申请延期，经调整确实，转知本行各营业机关，准予延期三个月，所延期间利息照付。

第九条　合作社如不照章清偿时，偿还保证应负催索偿还之责，如逾期六个月者须由偿还保证付给之。

第十条　本办法于呈准晋察冀边区行政委员会之日施行。

晋察冀边区银行贷款通知书

敬启者：兹查

贵社向本行申请借贷款项本币××元，业经审查，准予照借，随函奉上借款契约用纸一份。即希按照契约格式详细填列，加盖贵社图记，理监事主席名章及偿还保证机关之印信，务将手续办理完备，特约前往本行领取款项，幸勿延误为要，特此通知。

此致

合作社

附：借款契约用纸一份

领取地址

晋察冀边区银行启

民国二十九年二月

选自《晋察冀边区财政经济史资料选编》（四），天津，南开大学出版社，1984年版，第682～683页。原注：“《抗日根据地政策条例汇集——晋察冀之部》第二辑。”

12. 晋察冀边区管理对外贸易暂行条例

1940年8月30日

第一条　本条例所称对外贸易，系专指对敌占区之贸易而言，与其他游击区或大后方之贸易不在此例。

第二条　商民向敌占区运输本货或向敌占区购买货物者，须于事先开具货名清单，申请当地县或专区贸易局核准，始能运出，其向敌占区购买货物者，须经同样之手续，始能购入。

第三条　商民向敌占区运销本货，所得货价，应按边区市场之比值，折合边币，尽数交由边区银行在敌占区之办事处或代理站，并取得收据，归向原批准运销之贸易局核对无误后，再凭贸易局之证明，向银行取款，其因故不能或不便在敌占区结售外汇者，得携回法币或敌伪票据，通过贸易局，尽数交给边区银行换取同值边币。

第四条　商民如欲以运销本货所得货价之余部或一部，购买必需品回边区时，必须于申请运销本货之初，同时开具货名清单，请求贸易局批准后实行之，否则以违法论。

第五条　商民从敌占区买来之货物，必须先交原批准购货之贸易局检查，检查相符后，始准在市面出售，否则以违法论。

货物笨重而量多者，应由贸易局派人会同商户所在地之政权机关检查之，以省往返驮运之劳。

第六条　不经贸易局之批准，向敌占区运销或购买货物者，以通敌论。

第七条　运销本货所得之敌伪票据，依“敌伪票据取缔办法”办理之。

第八条　在贸易局尚未成立之地方，对外贸易核准权，得由税务稽征局代行之。

第九条　合作社之经营商业者，适用本条例各条文规定。

第十条　本案自公布之日施行。

选自《晋察冀边区财政经济史资料选编》（三），天津，南开大学出版社，1984年版，第378～379页。

13. 彭真：关于财政经济政策的实施[①]

1940年9月

一、财政经济政策和财政建设的重要性和出发点：

（一）它与安定抗日根据地的人民生活，解决军队给养与全部军需有着极大的关系；

---

① 原注：此文系彭真于一九四〇年九月在中共中央晋察冀分局扩大干部会议上的报告，是指导边区财政经济工作的重要文件。

（二）它对于统一战线的继续不断的巩固与发展，起着重大的决定的作用；

（三）它成为敌后根据地达到独立自主、自力更生的建设工作的重要一环。

二、生产和贸易问题：

（一）几个原则问题：

1. 我们今天的问题，是要增加物力财力，充分的〔地〕发展工业、矿业、农业、林业等生产，活跃境内的正当贸易。一般商人，除汉奸以外，都有充分的贸易自由，以繁荣边区的经济。在这样的前提下，那末〔么〕，不管生产与贸易所采取的是何种形式，都是可以的。

2. 但是我们今天的经济，从生产工具、生产技术和生产单位来说，都还是比较简单的小规模的散漫的小农业、小手工业的经济。在这样的基础上要想增加财力物力，唯一正确的方针就是要启发小生产者的生产积极性和自动性，在有利民生军需的前提下，使其自由自主地从事于生产和贸易。政府仅仅在这一方针下加以指导。这里要农民、手工业者、小商人的自私自利的经营与边区整个抗战的需要巧妙的〔地〕结合起来，政府只能在这个总的方针下，加以指挥，并在可能范围内予以适当的调剂，而不能企图去统治它以达到如何严密的计划性与组织性。因为这在今天，零碎、散漫的小规模生产的半封建的经济条件下是不可能的。

3. 我们要正确的〔地〕估计公营企业和合作社在今天的地位。公营企业在今天边区整个经济中只能占次要的位置，不可能占主要的地位。生产合作社、贩卖合作社、消费合作社等，今天也还只能做到逐渐指挥和调剂生产与贸易，特别是成为调剂市场的杠杆。我们要极力提倡与赞助各种合作社，这是有着极重大的意义的。但我们不能企图以合作社来垄断一切，或排挤私人的经营，我们是要让它和个体小农、小手工业者、小商人去自由竞争，以发展生产贸易，并使它起调剂指挥的作用。

（二）农业生产是边区经济的支柱。过去我们始终把主要力量贯注于发展农业，这是必须的，把发展工、商业看得此发展农业还重要是不对的。目前仍应继续用极大力量注意发展农业。

1. 继续扩大耕地面积，防止新荒开恳〔垦〕旧荒，特别注意开辟梯田。

2. 保护并繁殖耕畜：明令奖励骡驴等生产，严禁宰杀，办理屠宰登记，并正确解决勤务负担。

3. 改进农业技术：积极改良农业、灌溉（凿井开渠）、肥料、种籽等。

4. 减租减息，废除苛杂，使农民有扩大再生产的可能。

5. 养猪、养羊、养鸡、养蜂，扑灭鸽子、乌鸦、喜鹊、麻雀等害鸟。

6. 加紧春耕，保证秋收、麦收，已成固定的季节性的工作。

7. 疏浚河流，修堤，修梯田，造林，防止水患。

8. 明年要种植一定数目的棉花，应占种地总额十分之一二。

（三）现在要加紧发展工业：

工业制造品今后将日益涨价，若不预为之计，农业品与工业品价格，将发生剪刀差现象。目前所以隐而未显，是因为去年灾荒，粮价奇贵。但秋收后，农产品价落，则剪刀差现象，将开始表现出来。因为我们是处在乡村，城市为敌人占据，同时敌之工业品亦感缺乏，并加紧对我封锁。我们必须立即用尽一切力量，发展工矿业：

1. 政府实业处建立工矿局，专司其事。

2. 发展军用工业及军用原料工业，如漂白粉、硫酸、酒精、甘油、电池等制造业。

3. 发展主要日用必需品工业：如纺纱、织布，织手巾、袜子，精制土盐及制糖、燃料、酒精、植物油、火柴、文具、纸、油墨、墨水、毛织、皮羊、肥皂、牙粉、及制造大量农具、玻璃器具、陶器等。

4. 发展矿业，普遍开采煤矿，应使其能供一般民众燃料之需要，整理已有的煤矿、开辟新的；同时要加紧铁矿、硫磺〔黄〕矿、石棉矿、铜矿等的开采。

5. 由各级负责搜罗一切机器器械，网罗一切技术人材〔才〕、制造工具的工人和调剂一百至一百四十名知识分子学习，办工业技术及技术人员管理之学生受训。

6. 改善工人生活，提高劳动积极性和生产热忱。工人生活改善应建筑在扩大再生产的基础上。

7. 各级党要学习管理工业生产事业。

（四）贸易：

1. 严格管理对外贸易，鼓励非必需品输出换入必需品，并征收一定的出入口税，以保护境内生产和贸易。

2. 境内正当贸易完全自由，应充分发展境内贸易。

3. 发展合作贸易，平衡物价，调节市场。

三、金融问题：

（一）边币的发行和巩固，是我们金融政策的伟大成功。我们整理边区的金融是经过三个阶段的：

1. 第一阶段，在边币发行以前。当时主要流通的是法币，此外就是各种各色的杂钞。当敌人宣布废止察哈尔钞票的时候，边区由于没有正确的方针，担保察票的流通，结果察钞挤满了一分区，敌区商人带进了大量的察钞购买我们的货物，我们陷于被动的地位，遭受了很大的损失。金融紊乱更影响到人民生活和部队生活的不安与痛苦。

2. 第二阶段，从边币开始发行至一九三八年八月间。当时边区境内流行着的有十余种钞票：有中、中、交、农四行法币，有山西省、晋绥铁路两行省钞，有山西土货兑换券，有河北省、山东省、察哈尔、北洋商行、盐业银行……等杂票，还有许多土票，种类既繁，一般民众也无法辨别其真伪。一有股票发出，金融立被扰乱，而敌人也就利用此种情况，大肆其破坏金融的阴谋，今天抬高这一种、贬低那一种，明天抬高那一种、贬低这一种，以致边区流通的各种钞票兑换的比率，即俗话所说“行市”非常不稳定。加以奸商与敌寇汉奸狼狈为奸，贩卖钞票，从中得利，军民均受其害。敌寇不但对于他〔它〕将废止的票子，极力设法向边区境内排泄，并且要用尽一切方法把它滥发的一切伪钞，特别是伪河北省钞也向边区内地排泄，企图深入广泛地散布到边区每个角落，吸收边区所有的法币，套购外汇，枯竭、破坏与扰乱我们的金融和整个经济，把边区造成为日寇的伪钞和废票统治的天下和通货膨涨〔胀〕的渊薮。在这种情形下，我们为了粉碎敌寇的阴谋，巩固边区的金融，决定了发行边币，但初开始时还只是一种信用纸币，因此时常发生兑换的现象，发出不久就被兑回了。这时我们看到了要彻底解决边区的金融问题只有两种办法：一种是以大量基金无限制兑换来维持信用货币，排斥伪钞，吸收法币，但这是很难做到的，另一种是边区〔币〕统制发行，独占流通。我们最后就采用了这种办法。

3. 第三个阶段，就是边币统制发行的时期。从一九三八年七月开始决定，至一九三九年五月才算全部实行。这一货币的统制，才打下了边区金融的巩固的基础。

（二）我们对边币的统治发行，是明白确定如下的办法的：

1. 确定边币为市面流通的唯一货币。一切交易只限于使用边币，这样市面只有一种纸币通行，敌寇便无法贬值任何纸币从中渔利。

2. 停止法币及一切杂钞在市面的流通。持有法币杂钞者，于交易前须到银行或各县区兑换机关兑成边币。杂钞的兑换以市价为标准，估量某种钞票已为敌寇所控制者不予兑换。这样敌寇不但无法吸收我们的法币，而且无法排泄废币伪钞于我们边区。

3. 禁止使用伪钞。无论伪河北省钞及伪联合准备银行钞票，一律禁止使用，违者给以法律的制裁。

4. 严禁汉奸及奸商私运法币出境，缉拿“货币走私”。但有正当用途和理由需携带法币或杂钞出境者，任何时候均可持边币到县区政府登记，无限制兑换想所必须数量的法币或杂钞。这样一方面可避免本区法币为敌寇所吸取，另一方面使民众持有边币者，其便利等于持有其所需要的任何种类杂钞或法币。

5. 个别民众如果定要自己保存一部分法币或杂钞者，给以保存的权利和自由。

（三）我们对于伪河北省钞是用了相当的力量把它肃清的。当一九三九年的春天，敌人滥发伪河北省钞之后，即将河北省钞贬价，并宣布限期停止使用。那时候，有人主张用旧河北省钞排绝新的伪河北钞。但是我们估计到旧的河北钞发行额达数千万元之多，我们没有理由也没有力量去维持它。因此，我们决定了把新旧河北钞一齐驱逐出境。办法就是“贬值”，贬到更低于敌区的价格，并且随着敌人对它的贬值而愈贬其值，结果使许多商人都不愿带河北钞进边区，反而从边区内部把河北钞带了大批到敌区去。当我们把河北钞贬值到五角的时候，河北钞就在边区绝迹了，总共我们扫除了二千余万元的河北钞。虽然据估计由于每元贬值（较敌区）二角，我们的损失有四百余万元，但是如果我们不愿意吃这次“小亏”，则全部的损失将更大，而且事实上我们的吃亏并没有四百万元，因而〔为〕从敌区还购买了不少的货物回来。如今河北钞充斥于敌区，反而使得敌人不得不继续行使它，而联合准备钞就被迫发行少了。

不但河北钞问题这样顺利的〔地〕解决了，同时由于我们发行了小毛票，使得境内的土票也减少了，金融愈趋于健全。当初有些同志深虑我们边区恐难免要遭敌寇金融阴谋的灾害的，但我们由于执行了正确的金融政策，幸而免于灾害，取得了胜利。

（四）目前边区金融政策的中心是要更好的〔地〕管理边币的发行与流通，平衡边币的市场，加速边币的流通过程，随时注意发生局部的膨涨〔胀〕；而发展境内贸易，注意货物的调剂，这是平衡边币市场加速流通的中心一环。特别是要发展冀中和冀西的贸易，调剂冀中和冀西的边币市场；在本区则用一切办法扫除伪钞。

（五）晋东北和雁北的金融问题，由于特殊的原因，表现相当严重的紊乱现象，边币的价格也减低，敌人不断吸收现洋，卖货少，买货多，边币很容易就被兑回。前些时候，有人主张从冀中买现洋到晋东北买东西，以压低现洋价格，提高边币价格，这办法显然是错误的。因为现洋不会“供求相应”的，敌人汉奸正在大批收买与吸收它；同时我们即使能够运到大量现洋在市场上流通，边币信用将更受影响以至于丧失。因此，我们对晋东北雁北的金融问题，决定了如下的对策：

1. 确立边币为唯一通货；

2. 现洋准许人民自由储蓄，但严禁在市面流通；

3. 私运现洋出境资敌者，没收其现金，并以汉奸治罪，没收财产，而以百分之若干偿予查缉者；

4. 立即肃清晋钞；

5. 合作社、贸易局、税收机关之一切收入一律用边币。

我们认为这是提高边币信用，扩大并平衡边币市场，加速边币流通，解决晋东北、雁北金融问题唯一正确方针。

（六）外汇问题：

1. 目前边钞外汇比值跌落原因是：

（1）敌人［人］为的贬值；

（2）此期间边区贸易因季节关系，以致入超增加了贴水；

（3）外汇尚未适当统制调剂；

（4）边钞流通管理不好，流通不平衡。

2. 目前应有的对策是：

（1）统制并鼓励某些商品的输出；

（2）严格管理，调剂外汇，利用商人，建立与平津大商号的汇兑关系；

（3）严格统制对外贸易；

（4）在外汇上订定兑换比率，敌伪钞票购买边币必须贴水，特别在冀中，应用人为力量把伪钞贬值至边币之下（在敌据点内）。

（5）争取并保障出超；

（6）平衡边币市场，加速流动，避免局部膨涨〔胀〕现象。

四、财政问题：

（一）几个原则：

1. 改善民主〔生〕和军需。

2. 巩固统一战线，并照顾工农生活。

3. 坚强的持久性，严格统筹统支、开源节流，量入为出。

这些是我们和国民党财政政策不同的基点。

4. 发展生产是开辟财政来源中的来源。

5. 避免繁杂频烦〔繁〕的无计划的征收，坚持整收零支。

6. 废除间接税，征收直接税（征收累进的所得税和财产税）。

7. 有钱出钱、有力出力是动员人力财力的基本原则。

（二）边区财政建设的三个阶段：

1. 边区政权未统一以前的阶段——财政最混乱，根本无所谓财政制度，无统一征收机关，无统一税则，无征收限制，无预决算，更谈不到统筹统支。

这一财政混乱，引起了当时社会极大不安，收入又不多，但影响统一战线和民生却最大，贪污浪费现象严重发生。

2. 边区政府成立到现在，这是第二个阶段，他〔它〕的特点是：废除了苛杂，保持了旧税中一些比较合理的税收，如：

（1）出入口税；

（2）田赋，他在原则上的缺点是：

甲、无免征点；

乙、不累进；

丙、未能完全在不同地质的厘定。

他〔它〕在执行中的困难是：

甲、无正确粮册；

乙、黑地空粮，或与地亩不完全一致的偏差。

但它在旧税中是比较合理的。

（3）烟酒税、印花税；

（4）救国公债；

（5）救国公粮和工商业合理负担；

（6）群众自愿捐款。

在这一阶段里，公债公粮是成功的，其他税收则甚微，管理亦极差。

3. 统一累进税阶段，这是第三个阶段，是目前正在走入的阶段。

在累进的所得税和财产税实现后，除了出入口税外，废除一切间接税。它是真正的直接税，它的原则是：

（1）有钱出钱，钱多则多出，钱少则少出。

（2）它是有免征点和累进最高率的所得税和财产税。一方面规定财产工〔土〕地资金和收益均按累进征税；另一方面，规定工人雇农和极贫农民免税，只听其自愿捐纳。

（3）为了巩固与扩大统一战线，累进税从中农起即应负担。

（4）累进率及核算表要简单、明了、合理，易于计算，级与级之间的数目均按率征纳。

（5）以调节经济、鼓励生产为原则，凡投在工业方面的资金，投在改良土地的资金（如修渠凿井等）及投在合作社的一切资本，分别免征或免于累进，但其收益部分仍按累进征税；投在商业上的资本及其收益，则一律累进征税。

（6）累进税折合计算，以货币与土地为单位，而以粮食为标准测度折算不同土地。

（7）累进税以粮、秣、钱三种形式构成之。

（三）救国公粮是统一累进税的一种形式，从一九三八年开始征收，一九三九年在水旱虫灾和敌寇疯狂烧杀之时亦迅速顺利完成，数额且有超过的，这是各级党政军民共同努力的伟大成就。但过去公粮管理上还有极大缺点，公粮票领用手续还不严密，同时去年意外的〔地〕增加了许多部队，再加以相当严重的浪费现象，粮食大感困难，特别是吃公粮的只限于部队，其他如政府机关等仍须用款购粮，以致影响现款开支庞大。因此，今年的公粮重新规定如下的办法：

1. 政府军队及其附属机关一律吃公粮，以减少现款的开支。

2. 麦收后已由冀中输粮调剂冀西，以后仍须继续大量运输，经常调节山地平原人民之负担，以蓄积山地持久的物力和财力。这对根据地巩固和坚持有重大意义。

3. 部队活动应尽可能配合群众解决粮食问题，并在可能范围内到产粮地区就食。

4. 此后坚持不购粮的原则，使秋后普遍征收一次公粮，使〔便〕足够全军使用。

5. 切实管理粮食，今年三月起已经改用三联的粮票，仍要严格检查执行情形，凡偷卖粮票、浪费公粮的查出后，除依政府法令与军事纪律处罚外，党员并以党的纪律严厉处治。

6. 健全粮食局，统一管理并支配一切粮食：

（1）一切公粮概归入粮库，由粮食局统筹统支。

（2）各级粮食如未缴粮食局，即滥行开支者，须勒令赔偿。

（3）每月粮食开支，应有预算决算。

7. 各单位可发存粮一月至二月，存放指定地点，消灭打埋伏现象。

8. 各部门粮数一律按实有人数发粮票，来往客人一律自带粮票料票，除特殊情形者外，不另发客粮预算。一切违例开支，概不准其报销。

（四）公草今年和公粮同时征收，这样是统一累进税的一种形式（草算），一年征收这一批也可以免去各机关与军队买草的困难和人民临时支应买卖的麻烦。

（五）除公粮公草外，在统一累进税内每年尚须征收现款一部，以供全年开支。

（六）统一累进税实行后，除整理出入口税收外，其他一切捐税及回〔田〕赋一概废除豁免，这样，人民负担有一定的合理的限度，我们的财政亦可以保持比较稳固的持久性。在统一累进税实行之后，区以上的财政完全可以统筹统支，区以下的开支，则仍由村合理负担解决，但须严格的〔地〕建立其经济制度，逐步争取达到全边区完全统筹统支的目的。

（七）有力出力这是党中央规定的原则，我们要作〔做〕到：

1. 支差运输费一般要取消，这是有重大的政治意义的。他〔它〕能养成人民特别是工农群众对自己的根据地和国家的正确观念；

2. 运输费取消后，各部照章发动员证，无证不得动员；

3. 支应繁忙的交通线和地区，另给运输队平衡补充；

4. 冀中向冀西运粮沿村转运者，不发运费，大宗长途搬运者，照发伙食和草料。

（八）正确规定党政军民编制和经费：

1. 正确的〔地〕确定党政军民编制；

2. 规定各种会议种类次数及期限，减少不必要的会议，各种会议期间，应经济的〔地〕使用时间：

3. 群众团体经费，原则上自给，具体办法如下：

（1）粮食各团体在其会员中筹捐，是项粮食由各团体统筹统支。不用粮票，各级应严格指导监督。

（2）经费依靠会员，但政府应给予一定补助费。

（3）只有这样才能节省开支，并加强群众团体会员对其团体的责任心，防止雇佣劳动化及官办倾向发生。

（4）政府除给以一定补助费外，不必过问群众团体预决算。

选自《晋察冀边区财政经济史资料选编》（四），天津，南开大学出版社，1984 年版，第 105～115 页。原注“《晋察冀边区工作研究参考资料》第 11 集。”

14. 彭真：《关于晋察冀边区党的工作和具体政策报告》——我们的经济政策①

1941 年春

1. 农工商业是小农、小手工业、小商人的个体经营，[是] 极端分散、零碎的经营，而当前经济建设的直接任务，则是增加财力和物力，充裕民生和军需。因此唯一的正确方针，是启发小生产者和私人企业家的生产积极性和自动性，使他们在有利于民生军需的原则下，自由自主地去努力从事他 [们] 的生产和贸易。是的，小生产者及私人企业家的目的与本性是自私自利，他 [们] 的一切打算都是为了他 [们] 自己。但是我们今天既然还不能从经济上改革或消灭他们的个体的经营，也就没有可能消灭或打破他们这种自私自利的特性。因而也只好把个体的和私人企业的自私自利的经营、纯粹自私自利的打算与我们整个抗日根据地的需要巧妙的〔地〕结合起来，统一起来。换句话说，就是让他们发展其自私自利的经营，施展其自私自利的打算，只要不是投机操纵、囤积居奇，我们不但不反对，而且要把我们的充裕民生充裕军需的“公”的要求，安放在他们自私自利的经营的基础上（因为我们今天还只有这样可以依靠的基础）。二者看来是矛盾的，不合情理的，但实际上在今天却是一致的。一个富农或资本家之所以从事经营，是为了赚钱，为了剥削剩余价值。但是他经营结果所生产的财富，却同时属于边区国民总财富之一部；他的经营的发展，却附带解决了一部分人的职业问题。虽然后二者并不是他所关心的直接目的。同样，商人的贸迁有无，并不是为了平衡物价，为了消费者的便利，而是为了买贱卖贵，为了自私自利的〔地〕赚钱。但是所有的商人，既然都在贱的时候、贱的地区买入，而于贵的时候、贵的地区抛卖，结果就使物价在时间上、地区上的差异减少起来，向着平衡的方向运动。所以让所有的小生产者和私人企业经营者积极独立自主地去发展其事业，不但是可能和必需的，而且是有益的。

2. 那末〔么〕今天支配边区经济的应该是什么法则呢？封建的垄断的经济法则已经失去了它的时代，成为经济继续发展的障碍，成为障碍生产力发展的僵硬的狭小的尸壳，而必须彻底粉碎。“计划性”“组织性”的经济规律，用在苏联可以使整个经济得到飞跃的发展，可以富国而利民，煞实令人眼热，但是如果移植在晋察冀边区这样以个体的小农、小手工业经营为基础的环境中，将由优美善良的法则一变而为有百害而无一利的“祸害”。它在形式上固然穿的是比资本主义还优越百倍的社会主义的新装，似乎真可与苏联的什么

① 这是彭真同志在 1941 年春向中共中央政治局报告的一部分。

“经济计划性”媲美，但是一实行起来，总不能不是中世纪的封建性的垄断、闭关自固的变象〔相〕的行会主义或其血缘姊妹，阻挠、抑压小生产者的积极性，阻挠商品顺畅流通的反动的东西。在边区的个别行政人员和地方曾犯过这种错误。

显然的，在边区今天这样的经济条件下，如果我们不从主观的幻想、主观的愿望出发，而从冷酷无情的当前的现实出发，去寻找经济生活自身所固有或在今天可以采用的规律，那末〔么〕显现在我们面前的，总不能不是贸易自由、自由竞争、资本主义壮年时代的规律。是的，它对于社会主义的经济法则来说是退步的、反动的；但是对于封建或半封建的经济法则来说，对于行会主义，对于封建的垄断来说，它是进步的、革命的。它仍然是社会经济的推动机，鞭策小生产者和私人企业经营者乃至劳动者前进的鞭子。我们还不能不暂时借用它来替我们的政治和经济服务。至于我们主观上对它有无好感，那是没有关系的。

3. 那末〔么〕是不是说，我们对于边区国民经济的发展，应该采取自流主义、放任主义而毫不给以指导调节？让奸商任意投机操纵、囤积居奇，让小生产者自生自灭呢？当然不是。在对外贸易上，我们应该依靠关税适当的〔地〕管理。对于境内的贸易，应该取缔奸商的投机操纵。对于广大人民的生产和经营则应给以必要的指导与调节，以合作社等形式很好的〔地〕组织根据地的生产事业和贸易，使之有利于抗战之坚持，有利于民生之改善，总之，是整个国富之增加与蓄积。

4. 许多私人不易经营或不愿经营而为国民经济之发展所必需经营的生产如冶铁制造纺织机……等事业，政府必须不惜巨资，积极经营，但是这并不是说就应该禁止私人经营，或者企图以“公营企业为主”来解决边区经济的需要，相反的，公营企业在边区这样的战争环境和社会生产发展的阶段上，除军事工业外，只能占极小而又极小的地位与比重。以晋察冀边区这样的生产条件，要想在当前相持阶段的战争环境中解决千余万人口的紧迫需要，只有千百万人民积极的分头自己动手来经营才有可能。要想在这样条件下发展大量的公营企业并且以之满足军民的需要，等于要在狂风怒吼的无底沙漠上建筑摩天高楼，等于画饼充饥、望梅止渴，不是狂妄便是愚蠢。

5. 财力、物力之增加最后依靠生产，依靠农业、工业和林业。商业只不过“贸迁有无”，流通境内资材，对外“以有易无”而已。财政之出路，军需之充裕，依靠生产。民生之充裕与解决亦靠生产。发展生产实为根据地财政经济建设之基础。只有在生产充分发展的基础上，商业才有充分发展之可能。

6. 以农业与工商业而论，或以农业与工商业作比较，农业发展则又为根据地经济之中心关键，近三四年来边区的经济生活证明了这一点。前年水旱荒灾，农业歉收之后，尤其证明了这一点。这不仅因为吃饭第一，工商业者之经营，都必须先以有饭吃、有原料为前提，而且是因为我们是经济落后的农业国家，我们的人口以百分之九十五—九十八为经营农业之人民。在这样的经济基础上，在工商业人口只占百分之一点九九或百分之五的农业国家中，竟有人高唱“发展工商业为解决根据地财政之根本”，真是白昼见鬼。若真正按这样的主张去决定我们的经济政策，必会放弃或放松成为根据地经济支柱的农业，必使根据地民穷财困。

7. 对外贸易应该管理，对内贸易应该自由。但所谓对外贸易的管理，主要是依靠群众和关税，而原则是十分简单的，即对于我之必需品则鼓励输入，而禁止或限制输出；对于我之非必需品则鼓励输出，而禁止或限制输入。但是在一个敌我犬牙交错、毫无固定国境界线的敌后根据地上，要很好的〔地〕实现这一原则，却需要极繁重的经济战线上的群众组织和教育。其基本关键是依靠群众，特别是广大群众的自觉。

至于境内贸易之自由，看来是一件易事，而实际却是一个艰苦而广泛的斗争。它要克服手工业者和某些商人的行会主义，要和某些县区级工作人员的本位主义作斗争；它要打破一切形态的旧有的封建的垄断和割据。总之，它是一个繁杂的反封建的社会斗争。不打破这些古老的束缚和传统，就没有真正的贸易自由，而没有这种自由，贸易就不能充分发展，货物即不能顺畅流通，物价即不能向着平衡的方向运动，前资本主义的商业资本之剥削即不能粉碎和削弱。境内贸易必须自由，这一原则必须战胜一切困难而使之贯彻，我们不应该把贸易自由的实现当作一个与革命无关重要的资本主义的经济需要来看，应该当作一个反封建的深刻的社会斗争来看。

8. 贸易自由，一方面使投机操纵获得自由，一方面又因为竞争在不断使物价向平衡运动，使投机操纵、囤积居奇成为困难。但战争的环境、交通的迟滞和困难却给了奸商以投机操纵的机会，需要给以限制与取缔。

是的，贸易的自由、政府的鼓励以及群众的政治动员，使小生产者的生产积极性空前的提高，但小生产者的贫困需要经济上给以援助，小生产者的散漫性需要给以适当的组织和领导。商品经济的无政府状态，需要通过自由竞争的法则给以节制。所有这些问题的解决，都在在需要依靠合作社的普遍发展，它是我们在自由竞争中，用以打破奸商投机操纵的经济支柱，它使我们有可能给予千百万简单商品生产者和小农小手工业者以一般的指导和经济的援助（如低利借贷），使它能够和前资本主义的商业资本剥削相对抗，并打破地主富农等在经济方面的优越势力，使我们在经济上取得领导权。我们应大量的〔地〕发展，目前边区虽已有了六千余合作社的建立，但这是十分不够的，今后的发展应是越快越多、越普遍而越好。

9. 在工业方面，今天当然要发展军事工业，发展矿业、冶铁业、制盐和制油业。但手工业和家庭副业则是边区工业发展之主力。至于农业之发展，主要是扩大耕地面积、改良农具、改良耕种技术、改良施肥、发展灌溉，要预防水旱，要耕耘收获及时，每年要有计划的〔地〕种植适当数量之棉麻。……而农业发展之关键，则是不失农时的〔地〕组织并协助广大群众的耕耘与收获，广泛的〔地〕利用一切技术专家，动员广大妇女从事生产，动员一切党、政、民的下级干部，特别是村级干部，同时成为生产战线上的模范，纠正并预防视劳动为与革命事业无关而以“不事生产”为荣耀的有闲阶级的观念。

10. 最后我们要说到，我们对于富农和民族资本家经营的态度。他们是剥削人的，他们是无产阶级的阶级敌人，我们的阶级本性使我们对于他们抱着阶级仇恨和厌恶。但是一般的阶级立场即基本的立场是一件事，在革命发展的现阶段上，我们对于他们的具体政策却是另一件事。

今天的革命是新民主主义革命，目前则进行着抗日战争，以新民主主义革命本身来讲，富农和民族资本家，不是革命的对象而是反帝反封建的同盟者（至于可靠到什么程度，是另一件事）。以根据地的财力物力的增加来讲，以经营方式来讲，富农和民族资本家的经营与小农小手工业者的经营比较起来，是比较进步的经营，它有着较进步的技术，有着较高的生产力。再以抗日统一战线来讲，他们在今天则是我们较好的抗日同盟者。最后以小农、小手工业的自由竞争的经济来说，它又是富农和民族资本企业即资本主义生产生育发展的良好的园地，而资本主义生产之发展则又是封建经济制度解体的动力。因此，今天在我们根据地内，应该容许富农经营之发展，应该容许“不能操纵国民生计的资本主义生产之发展”，“应该奖励民营企业”，而且“必须使资本家有利可图”。就是说我们不但不禁止或限制他们的发展，而是要给他们以发展的各种便利。所谓“节制资本”是说在新民主主义革命阶段中“中国的经济一定要走……的路”。并不是说在今天的敌后抗日根据地上，已经应该立刻把它作为具体的行动纲领而立即见之实现，事实上，在今天的敌后抗日根据地上还不是苦于资本之不能节制，而是苦于资本之缺乏，苦于资本家在战争环境中不肯踊跃投资。

那末〔么〕允许富农经营，允许资本主义生产在根据地顺利的〔地〕发展，对于我们有没有危险呢？我们可以肯定的〔地〕回答，在新民主主义的政权下，它不但不能为害于我们，而且在今天还是我们反帝反封建的有力的助手。

这就是我们在晋察冀边区所采用的经济政策。

我们在经济政策方面的一个主要偏向

我们对于封建的经济制度，应该加以削弱；对于富农的经营，对于私人企业家的经营，即带有资本主义性的生产，应该让其发展而不是削弱或加以阻挠。但是这一点，我们过去的区别是十分不明确的，因此，在政策上往往有意无意地把富农与地主一样看待，把增加工资、减少工时与减租减息同样看待，即没有把封建的经济制度与资本主义的生产在政策上严格加以原则的区别〔在中央去年十二月指示中，在《新民主主义论》中是有明白区别的〕。这一点从四年来边区经济发展的趋势中，富农经营发展的迟滞或下降，可以充分的〔地〕看出，从过去晋察冀边区政府的某些条例中，农会工会的斗争纲领中，也可以明白的〔地〕看出。我们在四年来往往是不知不觉的〔地〕把地主富农混在一起，当作“一丘之貉”来处理的。这是错误的，这是在某种程度上把社会主义革命的一部分任务与新民主主义革命的任务混淆起来，把一种反帝反封建的同盟者（富农和民族资本家）与封建的和帝国主义的敌人混淆起来，没有明白的〔地〕区分，这是不合乎客观情况的，也是不策略的。这种观点，不但影响到经济政策，也影响到税收政策，特别是劳动政策，当然也影响到抗战以来边区的富农和私人企业经营的发展，影响到边区整个经济发展的趋势。

这就是在我们过去的经济政策中严重存在着的偏向和缺点、带原则性的一般的错误。

选自彭真：《关于晋察冀边区党的工作和具体政策报告》，北京，中共中央党校出版社，1981年版，第77～86页。

15. 晋察冀边区购货特许证使用办法

1941年2月8日公布

第一条　为节制消毫〔耗〕便于军用计，特制定本办法。

第二条　本办法只限于下列各机关买购，在一般禁止输入而为其所必须〔需〕之物品时适用之。

甲、军事机关：军区司令部、政治部，分区司令部、政治部，师部旅部及其政治部，冀中军区司令部、政治部，分区司令部、政治部及其后方勤务部。

乙、供给机关：军分区师部、旅部之供给部。

丙、工业机关：军区工业部、边区工矿管理局。

丁、印刷机关：边区印刷局及各报社。

第三条　各机关采购货物，如系出入口税暂行税则及其他法令规定准无税收入者，无须领特许证。规定应纳税之货物，均应照章纳税，亦无须领特许证。

第四条　各机关向境外采取此项必须〔需〕品时，须先用书面开具货物名称、数量用途及采购目的地，向边委会（行署及办事处）或所在防地专员公署函请发给购货特许证（证式另定之）。

第五条　边委会（行署及办事处）或专员公署，接到前项声请文件后，经审查认为确系其必需时，须填给购货特许证，如所购货物，非其所必需，或系应纳税之货物，得拒绝发给票证。

第六条　各机关持证买回货物后，须报由经过地征收机关查验，并加盖验讫戳记，倘证货不符，有应纳税之货物，仍应照章征收，有禁止入口之货物一律没收。

第七条　各机关用毕之特许证，须送还原发机关缴销，曾有两次以上不缴销者，即停止其领取特许证权。

第八条　各机关购货人员如有串通商民贩运私货或藉〔借〕端包庇、拒绝查验情事，征收机关得叙明事由，专请县政府或专员公署函请其上级机关查办，如查验人员故意留难，或其他不法情事时，各机关亦得向上级交涉办法。

第九条　购物许可证由边委会印制，并发交各专员公署备用，不取证费。

第十条　购货特许证不准挖捕涂改，违者票证作废，并依法查处。

第十一条　本办法实行之日前颁之免税购货证，使用办法及免税证，即行作废。

第十二条　本办法自公布之日施行，不适宜时由边委会修改之。

中华民国三十年二月八日公布

选自《抗日根据地政策条例汇集——晋察冀之部》，第2辑，1942年版，第262～263页。

16. 晋察冀边区奖励生产技术条例

1941年7月20日晋察冀边区行政委员会公布

第一条　为发展边区经济，提高生产技术，争取边区经济自足自给，坚持长期抗战，特制定本条例。

第二条　凡边区人民对边区农业、工业、矿业、林业、畜牧业、水利等生产技术有下列成就之一者，即依本条例奖励之。

一、生产技术的新发明。

二、现有技术的改良。

三、外货代用品的制造。

四、矿产的发现。

第三条　生产技术奖励分为荣誉奖及奖金两种：

一、荣誉奖分为；

甲、建立研究所（研究所的名称冠以发明人的姓名）。

乙、荣誉宣扬。

丙、奖旗。

丁、奖状。

戊、奖章五种。

二、每项发明或发现，奖金最低一百元，最高一万元。

本条一、二两款的奖励得同时为之。

第四条　前条奖励视其技术价值的大小与成功的难易，由晋察冀边区行政委员会（以下简称边委会）核定行之。

第五条　凡欲呈请奖励者，须将其技术研究的经过、技术价值连同制品或模型图样，附具详细说明书报告边委会审查决定。

第六条　同一生产技术有二人以上在同一时期内研究成功者，以其成功的先后、价值的大小分别奖励之。

第七条　凡边区人民欲作〔做〕生产技术的研究试验者，得请求边委会批准，派赴边区工矿局或农林牧殖局客座研究室进行，其试验时期的生活费或试验费均由边委会供给之，其自行研究试验费不足或缺乏者，得请求边委会酌予补助一部或全部。客座研究室研究办法及试验费补助办法另定之。

为本条之请求者，须附呈研究试验计划。

第八条　边区军政机关、团体、学校在职干部，对生产技术有发明及欲作〔做〕技术研究试验者，依本条例的规定奖励之，

第九条　本条例须由边区行政委员会修改之。

第十条　本条例自公布之日施行。

选自《中国新民主主义革命时期根据地法制文献选编》，第 4 卷，北京，中国社会科学出版社，1984 年版，第 649～651 页。原注："选自晋察冀边区《实业法令简编》，一九四三年版。"

17. 晋察冀边区合作社法草案

1941 年

第一章　总则

第一条　本法根据中华民国合作社法，及边区实际情况制定之。

第二条　本法所称“合作社”，谓依自愿互助平等原则，以联合经营方法，谋社员之经济利益与生活改善的经济组织。

第三条　合作社之业务得为下列各款之一种或数种：

一、供给业务——联合置办社员生产上与消费上的必需品。

二、运销业务——联合推销社员的生产品与制造品。

三、生产业务——联合社员的劳力与技术共同生产。

四、信用业务——低利贷放社员生产上或制造上的资金，以较高利率收受社员储金与存款。

第四条　合作社之责任分下列三种：

一、有限责任——社员以其认缴股额为限负其责任。

二、保证责任——社员以其认缴股额及保证金额为限负其责任。

三、无限责任——合作社财产不足清偿债务时，由社员连带负其责任。

第五条　合作社之业务及责任，须于名称上表明之，非经营本法第三条所规定之业务，连所在地县政府登记者，不得用合作社名称。

第六条　合作社得免纳统一累进税。

第二章　设立

第七条　合作社非有七人以上并代表七户之社员不得设立。

第八条　合作社设立人，须召集成立会，通过社章，选举理事、监事。为成立之登记。应行登记之事项如下：

一、名称。二、社址。三、理事、监事之姓名、性别、年龄、籍贯、职业。四、社员认缴社股及已缴金额。五、赢〔盈〕余分配及公益金、公积金之规定。县政府于接到此项请求后，审查属实，应报边区行政委员会核发许可证。

第三章　社员、社股及赢〔盈〕余

第九条　边区一切抗日人民年满十六岁者，均得为合作社社员。

前项社员年龄，学校内部合作社不在此限。

第十条　无限责任合作社社员不得为其他无限责任合作社社员。

第十一条　合作社成立后，凡愿入社者，得向理事会申请入社。加入无限责任合作社时，须经社员大会过半数之同意始得入社。

前项新社员与旧社员在合作社之权利义务同。

第十二条　社员入社至少须认购社股一股，最多不得超过股金总额二分之一。社股金额至少边币一元，社员无力一次缴纳者，得分期缴纳。

第十三条　社股转让他人，须经理事会之同意，受让人应继承让与人对合作社之权利义务。

第十四条　社股年息不得超过一分，无赢〔盈〕余时不发股息。

第十五条　合作社赢〔盈〕余除依次弥补累积损失及付息外，应提存总额百分之十至二十为公积金，百分之五至十为公益金，百分之五至十为职员酬劳金，其余依照下列办法返还社员：

一、供给业务，按社员购买额多寡为标准分配之。

二、运销业务，按社员交运额多寡为标准分配之。

三、生产业务，按社员劳动日多寡为标准分配之。

四、信用业务，按社员借款额多寡为标准分配之。

该项公积金已超过股金总额时得由合作社自定每年应提之数。

第十六条　社员有下列情事之一者，丧失社员资格：

一、死亡。

二、自请出社。

三、除名。

第十七条　社员得于年度终了时退社，但应于一个月前通知理事会。

第十八条　出社社员之社股，应即退还，但得扣抵其对社债务。无限责任及保证责任合作社，须将其出社前合作社对外债务清理后，其责任始得解除。

前项出社社员如系死亡，合作社债务，由其继承人负责。

第四章　理事、监事及事务员

第十九条　理事会由社员大会于社员中选举，至少三人组织之，并互推一人为主席，任期一年连选得连任。理事会之职权如下：

一、根据社章与社员大会决议，执行职务。

二、对外代表合作社。

三、任免事务人员。

四、召集社员大会。

理事违反前项第一款之规定，致合作社受损害时，对合作社应负赔偿之责。

第二十条　监事会由社员大会于社员中选举至少三人组织之，并互推一人为主席。任期一年，连选得连任。监事会之职权如下：

一、监察合作社之财产状况。

二、监察理事会执行业务之状况。

三、合作社与其理事订立契约，或为诉讼上之行为时，代表合作社。

监事为执行前项职务，必要时得召开临时社员大会。

第二十一条　监事不得兼任理事或事务员，并不得享受酬劳金。

第二十二条　合作社因业务上之必要得设事务员或聘技术人员。

第二十三条　理事、监事违反社章、社员大会决议及政策法令，而社员大会不能执行其职权时，主管县政府，得令其解除职权。

第五章　会议

第二十四条　社员大会，每年至少开会一次，由理事会召集之，必要时得召集临时会，其职权如下：

一、选举及罢免理事、监事。

二、制定及修改社章。

三、决定业务方针。

四、其他重大事项。

社员大会应由全体社员过半数之出席始得开会，出席社员过半数之同意始得决议。

第二十五条　社员大会开会时，每一社员只有一个表决数，不能出席社员大会之社员，得委托社员代表出席，但一人不得代表二个以上之社员。

第二十六条　社务会：由理事会召集之，每三个月开会一次。其主席由理事、监事互选之。社务会应有全体理事、监事过半数之出席始得开会，出席过半数之同意始得决议。

第二十七条　理事会：由理事会主席召集之，每月开会一次。

第二十八条　监事会：由监事会主席召集之，每月开会一次。

第六章　解散及清算

第二十九条　合作社因下列情事而解散：

一、合作社不足法定人数。

二、社员大会决议解散。

三、与其他合作社合并。

四、破产。

五、接到政府解散命令。

第三十条　合作社宣布解散后，即须清算债权债务，清算终了，应提交社员大会通过，并呈报所在地县政府备案。

前项清算人由理事、监事共同担任，必要时所在地县政府得派人参加清算。

第七章　合作社联合社

第三十一条　三个以上之合作社，因业务经营上之需要，得组织合作社联合社。

第三十二条　合作社联合社社股，每股边币至少十元，由社员代表会自定。社员入社至少须认缴社股一股。

第三十三条　合作社加入合作社联合社，须经过其社员大会之决议。

第三十四条　合作社联合社之责任，限于有限及保证两种。

第三十五条　合作社联合社之理事、监事，由社员代表会就代表中选任之。

第三十六条　除本章及法令别有规定外，本法关于合作社之规定，于合作社联合社准用之。

第八章　附则

第三十七条　本法自公布之日施行，边区合作社暂行规程同时作废。

第三十八条　本法之解释权及修改权，属于边区行政委员会。

选自《晋察冀边区财政经济史资料选编》（三），天津，南开大学出版社出版，1984年版，第764～769页。

18. 冀中区商人登记办法

1941年

（一）本办法为保护正当贸易、繁荣商业制定之。

（二）凡商人欲经营商业者，须事先向贸易管理局请求登记，经核准发给营业证后始得营业。

（三）凡商人请求登记时，须有本村政权之证明及登记之铺户之保证。

（四）营业证有效期间为六个月，每年一月七日〔月〕普遍更换一次。中途开业与停业者，得随时请领或交销。

（五）营业证须慎重保存和携带，不得转借他人。

（六）营业证遗失时，持证人须立即向贸易管理局报告并声明作废。

（七）凡商人在依法完成登记手续营业时，政府予以充分合法之保障。

（八）商人如违背政府贸易政策，贸易管理局得追回其营业证，并送交政府依法处理之。

选自《晋察冀边区财政经济史资料选编》（三），天津，南开大学出版社出版，1984年版，第421页。原注："《冀中行署所颁条例汇编》1941年11月。"

19. 晋察冀边区优待生产技术人员暂行办法

1942年1月1日施行

一、为网罗技术人员，加强边区经济建设，特制定本办法。

二、凡农业、林业、畜牧、水利、工业、矿业等技术人员有一技之长，经政府任用者，均按本办法优待之。

三、技术人员因其学历、经历、技术水平及对边区经济建设之贡献等条件分为下列三级，由边区行政委员会核定之。

甲、技正。

乙、技士、技佐。

丙、技术员。

四、技术人员之每月零用费规定如下：

甲、技正六十元。

乙、技士、技佐三十元—四十元。

丙、技术员二十元。

五、技术人员之家境困难或有特殊事故，得由本人申请，经所在机关审核，报告边区行政委员会批准，予以补助，每年补助费如下：

甲、技正三百元至五百元。

乙、技士二百元至四百元。

丙，技佐一百元至三百元。

丁、技术员八十元至二百元。

六、技术人员之技术发明改造，按边区奖励生产技术条例奖励之。

七、本办法自一九四二年一月一日起施行。

选自《中国新民主主义革命时期根据地法制文献选编》，第4卷，北京，中国社会科学出版社，第1984年版，第653～654页。原注："选自晋察冀边区《实业法令简编》，一九四三年版。"

20. 晋察冀边区合作社组织条例

1942年5月1日公布施行①

第一章　总则

第一条　为改善边区人民生活，加强对敌经济斗争，特根据中华民国合作社法制定本条例。

第二条　本条例所称合作社谓依互助平等之原则以联合经营之方法为社员之经济需要所组织之经济社团。

第三条　合作社经营下列各项之业务：

一、供给业务——联合购买社员生产上与消费上的必需品。

二、运销业务——联合推销社员的生产品与制造品。

三、生产业务——联合社员的资金原料劳力与技术共同生产。

四、信用业务——低利贷放社员生产上或制造上的资金，以较高利率收受社员的储金与存款。

前项四种业务合作社不能全部经营者，得减营之。

第四条　合作社之责任以其社员认缴股额为限，其自愿保证责任者听。

第五条　非经营本条例第三条所规定之业务并经该管县政府登记取得许可证者，不得用合作社名称。

第六条　合作社得免纳统一累进税。

第二章　设立

第七条　合作社非有七人以上并代表七户之社员不得设立。

第八条　合作社设立人须召集成立会，通过社章，选举理事报请该管县政府登记。应行登记事项如下：

一、名称。

二、社址。

三、理事之姓名、年龄、籍贯、职业。

四、社员认缴社股及已缴金额。

五、盈余处分及公益金公积金之规定。

县政府于接到此项请求后应于十五日内作可否之决定。

第三章　社员社股及盈余

第九条　边区一切抗日人民不分民族、阶级、性别、年龄、职业均得为合作社社员。

第十条　合作社成立后凡愿入社者，得向理事会申请入社，新社员与旧社员在合作社之权利义务同。

第十一条　社股金额至少边币五角，社员入社至少认购社股一股，最多不得超过股金

① “现行法令版”标作“5月1日公布施行”。“财经史料版”标作“4月2日”（此乃《边区导报》登载时间）。

总额二分之一。

第十二条　社股转让他人须向理事会声明，受让人享有让与人之权利义务。

第十三条　合作社盈余除弥补积欠损失外，应提存百分之十至百分之二十为公积金，百分之五至百分之十为公益金，百分之五至百分之十为职员酬劳金。其余按社股分红。其自愿按交易额分红者听。前项公积金已超过股金总额时，得由合作社自定应提之数。

第十四条　社员死亡或退社即视为出社。

第十五条　社员得于年度终了时退社，但应于一个月前通知理事会。

第十六条　出社社员之社股应即退还，但得扣抵其对社债务。

第四章　社员大会

第十七条　社员大会为合作社之权利〔力〕机关。设主席一人，由社员选举之，任期半年，连选得连任。

第十八条　社员大会每半年开会一次，由主席召集之。必要时得召开临时社员大会。

第十九条　社员大会须有全体社员过半数之出席始得开会。出席社员过半数之同意始得决议。

第二十条　社员大会开会时每一社员只有一个表决权。

第二十一条　社员大会之职权如下：

一、选举及罢免大会主席及理事会理事。

二、制定及修改社章。

三、决定本社业务方针。

四、监察合作社之财产状况。

五、检查理事会执行社员大会决议之情形。

六、议定其他重大事项。

第五章　理事会

第二十二条　理事会为合作社之执行机关。设理事长一人，由社员大会主席兼任之。理事至少二人，由社员大会选举之。任期半年，连选得连任。

第二十三条　理事会每半月开会一次，由理事长召集之。必要时得召开临时会。

第二十四条　理事会之职权如下：

一、根据社章与社员大会决议执行职务。

二、对外代表合作社。

三、任免事务人员。

第二十五条　理事会违犯前条第一款之规定致合作社受损害时，应负赔偿之责。

理事会违犯社章及前条第一款之规定而社员大会不能执行其职权时，得呈请该管县政府依法处理。

第六章　解散及清算

第二十六条　合作社有下列情事之一者解散：

一、社员不足法定人数。

二、社员大会决议解散。

三、与其他合作社合并。

四、破产。

五、违法经政府命令解散。

第二十七条　合作社宣布解散后，即须清算债权债务，清算终了，应提交社员大会通过，并报请该管县政府备案。

前项清算人由理事会理事长担任之，必要时该管县政府得派人参加清算。

第七章　联合社及联合会

第二十八条　合作社因业务上之需要得组织联合社。

一、区联合社以区范围内各村合作社为社员。每区只限一社，须有该区半数以上之村合作社加入始得成立。但因地理条件业务调剂困难者，本区村社得参加他区联社，或与他区村社另组织区联社。

二、县联合社以县范围内各区联合社为社员，每县只限一社，须有该县半数以上之区联合社加入，始得成立。前项联合社须经边区行政委员会登记许可。

第二十九条　社员代表大会为联合社之权力机关，由所属各社选举同等名额之代表组织之。

第卅条　合作社之入社或退社，应经各该合作社社员大会之议决，联合社之入社或退社应经各该联合社代表大会之议决。

第卅一条　联合社社股金额由社员代表大会定之。

第卅二条　联合社以调济〔剂〕社员之业务为主，不得设立门市。

第卅三条　各级联合社在各级政府指导之下领导合作社。

第卅四条　专区以上设合作社联合会，在各级政府指导之下领导合作社及联合社。

第卅五条　合作社联合会由各县联合社代表大会选举三人至七人组织之。

第卅六条　除本章及法令别有规定外，本条例关于合作社之规定于联合社准用之。

第八章　附则

第卅七条　本条例自公布之日施行。边区合作社暂行规程同时作废。

第卅八条　本条例之解释权及修改权属于边区行政委员会。

选自《晋察冀边区行政委员会现行法令汇集》，下册，边区行政委员会1945年编印，第650～655页。简称“现行法令版”。

互校版本：《晋察冀边区财政经济史资料选编》（三），天津，南开大学出版社出版，1984年版，第770～774页。简称“财经史料版”。原注：“《边区导报》第四卷第十三、十四期合刊，1942年4月2日。”

21. 晋察冀边区公营及公私合营商店章程

1942年5月6日

第一章　总则

第一条　本章程为使公营及公私合营之商店，活动有一定之方向和范围，成为真正为抗战服务而规定。

第二条　公营商店，公私合营商店，其权利义务与私人商店同。

第三条　商店资本一律投以边币，资本总额内有私人投资及边区贸易管理局所投资者为公私合营商店，纯为边区贸易管理局投资者为公营商店。

第四条　商店专以采购批发及零销边区内外各种军需民用必需品，并购集土货，办理输出为业务。

第二章　公营商店资金及公私合营商店股份

第五条　公营商店资金及公私合营商店股份

（一）公营公私合营商店资本以收足，以定资本开始营业。

（二）固定资金和股份，在约定期间股东不得无故抽调。

（三）必要时经理可要求临时投资或贷款另定契约，其数额由双方商定，并于约定期间抽回原资。

第六条　商店为有限责任，超过固定资金额以上之任何损失股东不负责任。

第七条　商店股东以中华民国抗日人民机关团体学校及边区贸易管理局为限。

第八条　商店股票于呈准政府备案核准，发行数额后由总副经理署名盖章编号填发。

第九条　商店股票为记名式，股东有用他种记号得从其便，但仍须将其真实姓名、住址报明本店记入股东名簿。

第十条　多人合股应募者，股票权利均享自行推选保管股票之股主一人与商店行使其股权，该票一切全责由各缴纳者自负，商店概不过问。

第十一条　如因战争影响股东长期不能与商店联络或不明之股份，商店得报所在地县府备案，县府根据保障人权财产权法令负监督之责。

第十二条　股东向商店领取盈利或转让股份或对本商店行使一切股东权利时，均以本商店所发之股票为凭。

第十三条　股东因买卖赠与等事，移转商店股份所有权请求过户时，须由股东及接股人双方共同向商店申明并署名盖章或填具转股证书署名盖章连同原股票交由本店审核无讹方准过户。

第十四条　股东有因继承或其他关系取得股份所有权请求过户时，须向商店声明。

第十五条　股票有损坏请求调换时须由原股东到商店声明并将原股票交由本商店审核无讹方准换给新股票。

第十六条　股票如因遗失请求补给时，须由原股东邀同相当保人填具遗失证书署名盖章，交由本商店审核无讹方准补给新股票，遗失到补领期间之股份权仍属原股东。

第十七条　每届股东代表定期会前三十日停止股票过户。

第三章　股东权益

第十八条　股东持有本商店股票即为享有股权的凭证。

第十九条　公营商店以边局为独一股东，一切股东权益为边局行使，授权之支局为代表股东。

第二十条　股东有享受照章分红及与经理共同决定营业方案之权。

第廿一条　股东有监视债权债务之权和维护营业发展、宣传贸易政策之义务。

第廿二条　公私合营商店每年召开股东代表会议一次，成立董事会并选正副董事长各一人（人数组织由股东代表会决定）。经理向股东报告一年营业状况及帐〔账〕目清算结果、实行分红，并商订下年合同。闭会期间董事会三个月一次，经理报告三个月业务情形。

第廿三条　公私合营商店经理之中途解聘得经董事会通过。

第廿四条　公营商店及公私合营商店之业务方针需要修改时得取得股东之同意，股东经理双方如有不履行合同之规定和违犯政府法令时，股东可以解聘经理，经理亦可提出辞聘。

第廿五条　公营商店之股东临时通知商店代购货物，商店得无条件竭力为之，公私合营商店须在经理同意之下为之。

第廿六条　如有第十一条情形者，股东权由县政府行使，红利增入原股不足一股之余数暂存商店。

第四章　营业责任

第廿七条　公营商店业务以边区贸易管理局或授权予支局的指示方针为根据并遵守政府之政策法令为之，否则责任概由本商店总副经理负之。

第廿八条　公私合营商店应以股东代表会议决定的营业方针为根据。

第廿九条　商店凡受军政机关委托代购大批货物商品得订立临时合同，如遇战争中遭受损失，其责任得依合同办理之。

第三十条　本商店如于战争中损失货物得具实报销，损失于年终提供股东计算亏损，如丢失现款票据无从证实者，不得报销。损失由总副经理及会计负责。

第卅一条　如因走私漏税遭受没收处罚之损失得在本年经理红利项下扣除，如损失超过经理所得红利以扣尽为止。

第五章　结算及分配

第卅二条　本商店每月结算一次，每季总清算一次，每年年终总结算一次至旧历十二月底为全年总结算期。

第卅三条　本商店营业年终结算如有亏损以逐年公积金项下弥补之，弥补不足时由资本项下弥补。临时投资单独结算。

第卅四条　公营商店每年总结算时，会计造具下列各项表册连同商店主要帐〔账〕簿报边局（或经授权之支局）请求承认。公私合营商店则先交董事会审核盖章签名后提出于股东代表会请求承认。

第一项　表册目录

1. 资产负债对照表。

2. 财产目录（中式帐〔账〕即四柱清册总清单）。

(欠内欠外明细表、家俱〔具〕折价表，全年开支决算与带来每季计算旧底)

3. 损益计算书。

4. 营业报告表。

5. 分配纯利及奖金议案。

第二项　帐〔账〕

总帐〔账〕（或临时指定带来其他帐〔账〕簿）

第卅五条　商店每年总结算所得的利益除去一切开支缴纳统累税及折旧费直接借款利息奖金（具体数目由股东或董事会规定）后其余纯利作一百份分配如下：

甲、股东红利：百分之六十。

乙、公积金：百分之二十。

丙、总副经理及负重要责任之店员在纯利百分之二十范围内酌量分配之（合同上规定）。

丁、红利分配后剩余之部分归入公积金。

第六章　附则

第卅六条　股东经理会议（或董事经理会）三个月一次根据业务方针讨论工作。

第卅七条　经理每月终向股东报告业务状况一次。

第卅八条　股东根据合同及股东代表会议决议案随时可派人检查商店业务。

第卅九条　学习生活制度由商店自定之。

第四十条　本章程自呈奉边委会核准公布施行，日后如有应修改之处由公营商店或公私合营商店依法提出修改仍请边委会备案。

晋察冀边区贸易管理局印

一九四二年五月六日

选自《晋察冀边区财政经济史资料选编》（三），天津，南开大学出版社出版，1984年版，第505～509页。原注："晋察冀边区贸易管理局印，1942年5月6日。"

22. 晋察冀边区公营公私合营商店合同暨规则

1942年5月6日

立合同人：双方为了供应军需、调剂民生、发展商业、活跃金融起见，今在××县××区××村设立（字号名称）商店一所，经营某种业务，特聘×××为经理×××为副经理，除双方遵守章程外并立合同互相信守，兹将约定条件胪列于后各执一纸为证。

（一）资金

1. 固定资金边币×万×千×百元整，在约定期间股东不得无故抽调（公私合营商店应写：固定股份×股，每股边币拾元，其中公股×股，民股×股，在约定期间股东无故不得抽回）。

2. 本商店为有限责任，超过固定资金额以上损失股东不负任何责任。

3. 为了业务的需要经理可向股东要求临时投资或代款，其资额由股东决定，并得于约定期间退回原资不与固定资金同。

（二）经营时间——自民国卅一年×月×日起至民国卅一年十二月底止为营业时间，届时结算继续与否由股东经理共同决定。

（三）营业方针：

1. 中心业务——占全年营业总额百分之六十。

2. 次要业务——占全年营业总额百分之三十。

3. 附带业务——占全年营业总额百分之十。

（四）营业规则：

1. 不得操纵居奇。

2. 不得作保。

3. 不得走私漏税。

4. 不得放债贷款（有意义者例外）。

（五）股东与经理之关系：

1. 经理每月向股东作结算报告一次，并随时报告商情行市。

2. 股东有检查商店会计及与经理共同商讨修改业务之权。

3. 经理任用店员须得股东之同意。

4. 经理不违犯法令合同规定原则之下经营之方式方法股东不得分外干涉。

（六）红利分配：

1. 股东：百分之六十。

2. 公积金：百分之二十。

3. 正经理（临时决定）。

4. 副经理（临时决定）。

5. 其他重要店员百分之□，余数归入公积金。

如无纯利认为需要提奖时，可由毛利项下开支，应分得奖人及所得数目年终由经理提出经股东同意。

（七）订立合同时期：

股东
立合同人经理　（签章）
副理

中华民国三十一年　月　日

商店规则

（一）本店人员得听从经副理的领导，有意见时须当面或会议上提出，不得背后批评或责骂。

（二）每月由经副理召开全店会议一次，所有人员不得无故缺席。

（三）店员因私外出须向经理请假并按期销假。

（四）全店人员对主顾及来宾态度需谦恭和蔼、殷勤招待。

（五）本店人员之私事不得用本店名义为之。

（六）本店人员不得以本店钱项货物循情济私。

（七）本店人员则应作〔做〕抵制仇货私货的模范。

（八）本店概不作保。

（九）本店帐〔账〕簿钱项由会计主管，有特殊情形须〔需〕要别人代管时由经理指定人员正式接收。

（十）本店售货价格其他人员不得擅自改变。

（十一）本店交易概以现款现货，如有顾主要求暂时赊欠得经总副理同意。

（十二）本店人员临时借钱不得超过本月份零用费，遇有特殊情形得经总副理许可。

（十三）本规则如有未尽事宜得经全店人员会议通过修改之。

选自《晋察冀边区财政经济史资料选编》（三），天津，南开大学出版社出版，1984年版，第510～512页。原注：“晋察冀边区贸易管理局印1942年5月6日。”

23. 晋察冀边区出入口货特许证使用办法①

1942年9月11日公布

第一条　凡禁止出口、禁止入口，及法规专卖出口之货物，均须领取特许证，始得输出输入。

第二条　领取特许证限于下列商店及机关：

1. 贸易管理局所属之采购商店。

2. 贸易管理局所指定之专卖商店。

3. 经边委会批准之军政机关。

第三条　请领特许证之机关商店，须以书面开具货名、数量、用途及采购运销地点，由该机关商店主管人署名盖章送请支局以上之贸易管理机关核发。

第四条　贸易管理机关于接到前项声请文件后，审查认为确系所必需，应即填发特许证。认为非其所必需，应即拒发特许证。

第五条　凡领得特许证之机关商店，货物一次出入口者，须持证报请税卡查验货物加盖验讫图记，特许证由税卡收回。货物分批出入口者，于起运前，凭证向税卡换领出入口货特许分运单，然后分批出入。

第六条　特许证开列之货物，一律准许出入，不得扣留，如证货不符，或夹带其他禁止出入口货物，而证面未列者，一律没收。

第七条　各机关商店办理特许输出输入人员，如有串通商民贩运私仇货或藉〔借〕端包庇、拒绝查验者，稽征机关得据实呈报主管机关，函请其上级机关查办。查验人员，如有故意留难或其他不法行为，各机关亦得向其上级报告处理。

第八条　出入口货特许证，及出入口货特许分运单，由边委会印制，颁发贸易管理局备用，不取证费。

第九条　凡应纳税之货物出入口时，无论任何机关均应照章纳税，边委会特准免税者例外。

第十条　本办法施行之日，前颁晋察冀边区购货特许证使用办法，及购货特许证，即行作废。

---

① 原注：这是一九四二年九月十一日晋察冀边区行政委员会令商字第四十一号的一个附件。

第十一条　本办法自公布之日施行，不适宜时由边委会修改之。

选自《晋察冀边区财政经济史资料选编》（三），天津，南开大学出版社出版，1984年版，第409～410页。

互校版本：《晋察冀边区行政委员会现行法令汇集》，下册，边区行政委员会1945年编印，第639～640页。

24. 晋察冀边区行政委员会关于贸易管理员目前工作的决定

1942年11月10日

在敌人疯狂地经济掠夺之下，敌我经济斗争日益尖锐复杂残酷起来，作为经济斗争重要一环的贸易，有特别加强管理的必要，贸易管理员的设施，目的就在于此。但因过去干部轻视贸易的严重偏向，与培养贸易干部的十分不够，贸易管理员的人选，一般是缺乏经验、办法较少的，还须在工作中锻炼，不能要求太高。兹就实际需要及干部条件，决定贸易管理员的目前工作如次：

（一）贸易管理员为实业行政人员之一，在县政府领导之下，负责管理县境以内及其出入口贸易，在出入口贸易的管理上，并受专区贸易管理支局之领导。

（二）贸易管理员应代表县政府监督与检查境内公私商店商贩合作社执行贸易政策法令之情形，并代表支局监督与检查税卡之稽征工作、专卖商店之专卖工作。违背政策法令者，得加以制止纠正，并分别报告县政府及支局处理。

（三）贸易管理员应将境内重要集市重要物资之物价变动（如米、麦、玉米、食盐、棉布等）及敌我货币变化情形，按旬表报县政府转报边区行政委员会（旬报表另定之）。其有突然巨大变动，应将变化情形及其原因立即报告县政府转电边委会，并应选择境内中心集市一个，将大宗货物及日用必需品的物价变动，按月表报县政府转报边区行政委员会（月报表另定之）。这一工作，应与公营、公私合营商店，密切联系，用商人调查商情，是便利的。

（四）贸易管理员应深入的〔地〕研究市场，具体的〔地〕了解境内市场。各集市在经济上所处之地位，在政治上所处之环境，所有商号摊贩之种类、数量及营业情形；所售商品之种类、数量、价格，及销售情形，所有商品之来源去路，及贩运方法；以及集市上的不同季节变化，管理组织办法，牙纪活动佣钱，奸商垄断操纵，货币种类流通，敌伪扰乱破坏情形，都须仔细调查，系统记载，交由县政府转报边区行政委员会。这项工作是一点一滴的经常不断的工作，同时着手，事实绝不可能。应从重要的集市开始，一个一个的〔地〕进行调查研究，少说主观的理论与空话，多写〔些〕实际的考查与访问。

（五）贸易管理员应积极联系商人、团结商人，在政府政策法令范围以内，为商人开辟道路，解除困难，进而掌握商人，掌握市场，掌握物资，有力地对敌进行经济斗争。这一工作应从掌握商会做起，商会的组织，我们正在考虑研究，各县应该着手建立商会的准备工作。

（六）贸易管理员应严密注视与仔细研究敌伪的经验〔济〕动态。敌伪经济封锁，经济统制，掠夺物资，破坏市场，推行伪钞，打击边币，及一切经济设施经济阴谋，均须悉心研究，深切考查，搜集具体材料，找寻活动规律，按期报告政府，以使决定对策。游击区的贸易管理员，须深入敌后之敌后，进行调查研究工作。

贸易管理员的工作是眼到口到的工作，必须经常在外，接触实际，在商人中市场上不断活动。除了整理材料写作报告而外，绝不计〔许〕坐在办公室里，专办公事。

选自《晋察冀边区行政委员会现行法令汇集》，下册，边区行政委员会1945年编印，第646～648页。

25. 晋察冀边区关于掌握重要物资实行专卖出口的指示

1942年11月12日晋察冀边区行政委员会颁布

专卖是掌握重要物资对敌进行经济斗争的重要手段之一，本会已决定大米、公羊在全北岳区实行专卖。这一工作不是简单的〔地〕做买卖，不只是贸易管理局和专卖商店的事。专卖工作是在敌伪经济封锁与敌我不等价交换，在贸易上我处于相对劣势的情况下，部分的〔地〕逐渐地争取主动与胜利，以期改变整个贸易形势的方法。它是以掌握我之重要物资，换取敌之重要物资，冲破敌伪经济封锁，争取对敌等价甚至高价交换。这一工作必须政府与贸易管理局、专卖商店，密切配合，统一领导，才有胜利的把握。单依靠贸易管理局、专卖商店，是不能胜任的。各自为政、分散力量、互相埋怨的作〔做〕法都是有害的。为此，特把专卖的目的、办法、执行中的问题，指示如下：

一、什么是专卖？专卖的目的是什么？

（一）专卖是敌我贸易上以热货换热货的重要手段。我之物资有敌最需要者（如大米、公羊）、敌之物资有我最需要者（如钞票纸、军需品等），我们掌握住敌所需要的物资，实行专卖出口（如大米、公羊），敌人要吸收，只有一个条件，就是必需〔须〕拿我所最需要的指定的物资（如钞票纸、军需品等）来交换，否则不卖。在吸取热货上，我们是主动的，敌人是被动的。

（二）专卖是敌我贸易上争取等价交换甚至高价交换的重要手段，敌人急需我之大米、公羊，我如实行专卖出口，敌人要吸取，只有一个条件，即是必须多出钱，争取等价交换，甚至高价交换，钱少价低不卖。在争取等价交换上，我是主动的，敌是被动的。

二、专卖办法：

（一）专卖的批准与撤消〔销〕：批准与撤消〔销〕权属于本会，各级政府及贸易管理局、商店应随时将各地应行专卖的物品报告本会审核，在特殊紧急需要情况下，专署可以先行批准或撤消〔销〕，即时执行，随后报告本会最后批准，批准时应包括专卖的物品、数量（估计）、条件、时间与商店等项目。

（二）专卖品与数量的确定：专卖品须具备敌人必需的条件，即必须是敌之热货，对我虽也是必需的与热货，但可以权衡利害出口，一定的数量，出口多少，以对我利多利少与不致过于影响我之需要为原则。

（三）专卖条件：根据下列原则条件及专卖品对于敌人需要程度之缓急等情况，具体规定：（1）换回我最需要的必需品（可以按次序规定几种，第一种是什么，第二种是什么，第三种是什么……），非此不卖。（2）争取等价甚至高价交换（可以规定最低的一般的价格），非此不卖。（3）不得已时（不是一切不得已）换回伪钞（可以规定伪钞价格），非此不卖。专卖条件，可由专署与支局具体规定，报经边委会批准，或由贸易管理局具体规定报经边委会批准。专卖商店必须严格遵守规定的条件。

（四）专卖时间：根据专卖品数量，出口情形等情况确定之，在执行中，可以经过批准后，延长或缩短之。专卖品在专卖期间，无论原属准许出口货物或征税出口货物，一律禁止出口。原属征税出口货物者，免税。全北岳区范围内之专卖品，各地一律禁止出口。部分地区如专区或县范围内之专卖品，是否需要全专区或全北岳区各地一律禁止出口，在批准时确定之。专署只能在专区范围内初步批准，但得提出意见报告本会，在全北岳区禁止出口、专卖，期间终了，该项货物，仍按照边区出入口货稽征条例的规定处理之。

（五）专卖商店：专卖物品，只准专卖商店专卖出口，其他任何机关、团体、商店、合作社或个人，均不准出口，专卖商店由贸易管理局指定，但须报告政府并通知所在地专署。专卖商店违法时，本会及专署得撤消〔销〕其专卖权，严重者并予治罪。专卖商店在办理专卖品出口期间，受贸易管理局、支局之全权指挥（等于行政关系）及所在地县政府之监督（县贸易管理员负此责任）。专卖商店经营专卖情形，应定期向贸易管理局及县政府报告，县政府应切实负起政策法令的检查监督责任。专卖商店违法，应报告专署或本会处理，如有缺点和错误，可建议或提支局改正，不应直接干涉之。

专卖商店实行专卖的方法：第一是直接办理专卖出口；第二与私商合伙办理，第三委托私商办理。不论与私商合伙或委托私商办理，专卖权均属于专卖商店。办理专卖之私商违法，专卖商店应负完全责任。

专卖商店与私商合伙经营专卖或委托私商经营专卖，必须确定条件，订定合同，根据政府贸易管理局所规定之具体条件，订定合同，根据政府贸易管理局所规定之具体条件，并照顾私商利益规定之。我们的条件原则是私商保证换回最需要必需品（具体指定几种）——争取等价或高价交换（具体规定最低及一般价格），不得已换回伪钞时，伪钞须全数交专卖商店，其与边币比值须低于市价（此值具体规定）。专卖商店或办理专卖私商，均须领得出入口货特许证，持证办理出口，无证者，即为违法。

三、专卖执行中的几个问题：

（一）掌握敌我贸易情况，研究敌我贸易规律，目前情况及征象，以便预见的〔地〕及时的〔地〕掌握情况的变化。抓紧有利时机实行专卖；这是专卖成功的前提条件，这个工作主要是贸易管理局、专卖商店负责，政府也要经常注意并领导之。

（二）专卖的缉私工作：在专卖期间，保证专卖为缉私工作之中心任务，必须发动区村公所武装部门、公安部门密切配合税卡进行，单独依靠税卡力量是微弱的。

（三）专卖与内部贸易自由：专卖并不专买，内部贸易自由不受限制，专卖商店应团结合作社私商，来掌握与购买专卖品，这是必要的，但不得以任何方式实行专买。

这一指示，专署应即与贸易支局共同研究讨论，具体的〔地〕作出决议布置执行，并将布置情形报告本会。

选自《晋察冀边区财政经济史资料选编》（三），天津，南开大学出版社出版，1984年版，第364～367页。原注："《晋察冀边区工作研究参考材料》政权建设之部（上册）晋察冀边区行政委员会编印，1944年8月1日。"

26. 晋察冀边区行政委员会关于预防兽疫的指示

1942年12月28日

（一）严重的兽疫：今春繁峙、应县等地，相继发生牛疫，繁、应两县死牛四千余头，猪霍乱也是从雁北、灵邱及阜平开始，不数月就蔓延到灵寿唐县等地。最重的地方，全村的猪都死完，因为个别的机关、部队学校的供给部门，和猪牛商人，贪图便宜，把贱价的病牛病猪贩到非疫区来，又因为各级政府对此种传染性兽疫的严重性注意不够，和农民对疫死家畜处理的〔得〕不得当，疫区就很快的〔地〕扩大起来，如不从速制止和防范，不但猪霍乱将蔓延全边区，明年春暖牛疫亦有极大发展的可能，这将影响到春耕，和威胁到边区的经济建设，因此，疫区的处理，和非疫区而可能变成疫区的预防，成为目前一个迫切的工作。

（二）法定传染病：家畜法定传染病定为牛疫、牛传染性膜肋肺炎、猪霍乱、猪疫、豚丹毒、鹅霍乱、鹅白喉、羊马驴骡之炭疽病，及马传染性流产病，这都是［有］激烈传染性的兽疫，应严禁扩大及厉行预防。

（三）防疫组织：凡家畜法定传染病流行时，疫区及接疫区，均可按当时当地之疫情，成立村、区或县级防疫委员会，防疫委员会得由政府、公安局、农会士绅，和当地驻军卫生机关共同组织，进行技术指导、检察、宣传，调查之工作，必要时，县以上政府与团体得共同另组防疫检查团，督促检查下级防疫委员会之工作，防疫委员有单独处理防疫工作之权，但须向同级政府报告，并受其领导。

（四）防疫办法：

甲、疫区当地政府，应颁发紧急布告及紧急禁令，划定疫区及接疫区，停止疫区内家畜集市，实行家畜交通遮断，禁止疫区内外家畜及其皮肉之出入，并责成岗哨严格检查。

乙、发生家畜法定传染病或疑似家畜法定传染病时，疫户必须向当地政府或防疫委员会报告，匿报者处罚，并奖励非疫户报告。

丙、疫区各村之家畜，得分为病畜、疑病畜、健畜，分别指定隔离地点，隔离时间至少三星期。

丁、凡屠宰病畜，不得在河边井口及大道旁，并严禁在河内井口洗涤一切污染器具及疫死家畜之皮肉等。

戊、疫畜及疫死家畜之廐〔厩〕舍饲槽及皮革毛角等，均须用石灰水洒布或洗涤消毒，方可利用，并严禁疫死家畜肉类之生卖赠送。

己、家畜法定传染病流行时，严禁家畜在河内及井口饮水。

（五）凡接疫区，或非疫区而可能变为疫区的各级政府，应配合当地军民，按各地情况，具体布置并将进行情形，随时报会，有关技术上的困难，亦可随时报告本会以便派员协助。

选自《晋察冀边区行政委员会现行法令汇集》，下册，边区行政委员会1945年编印，第602～603页。

27. 宋劭文：《晋察冀边区行政委员会工作报告》（经济建设）

1943年1月15日在晋察冀边区首届参议会上所作工作报告

首先说一说边区经济建设的环境与条件：

（一）边区深处敌后，敌寇四面包围与大后方大城市隔绝，敌寇对我经常进行扫荡蚕食与极残酷的掠夺烧杀；反扫荡、反蚕食、反敌寇掠夺破坏是我们每天的生活。

（二）边区是地窄人稠、雨量不足的地区，我占乡村，敌占城市，农产虽不算少，可是风雨不调倒是经常的事。工业很落后，仅有的一些工业，大都在城市中。农业人口占全人口的百分之九十八，工商业人口只占全人口的百分之一，家庭副业小贩是边区的主要工商业，因此我们就是靠了这块土地过日子。

（三）边区在冀中冀东平原地带，生产比较发达。但战前即受日本帝国主义的掠夺很厉害，在所谓“工业日本，农业中国”的口号下，使之成为帝国主义的经济附庸。抗战以后，敌寇侵占平原更不遗余力，在所谓“确定农产”的口号下，使平原城市附近的地区成为殖民地，北岳区山岳地带一般地瘠民贫，土地比较集中，农民生活程度低下，吃糠吃树叶是经常的生活。

（四）边区由三省地区组成，经济上素不密切，无统一的货币，货尽其流、物尽其用是很困难的。

因此，我们经济建设的方针是：顽抗暴敌，克服天灾，保证军需，充裕民生，增进农产，发展手工业、小商业、合作社，活跃边区经济，力求自给自足，并为三民主义新中国的经济之发展扫除道路。本此方针，我们进行了农业、工商业、合作社、平粜、打击伪钞、树立边区本位币的各项工作，兹分述于后：

甲、农　业

民国二十六年秋边区各地丰收，但因战争初期失利，大军退却，影响农民情绪至巨，秋耕、肥料准备等工作完全没有做。冀中二十六年生产籽花不下五万万斤，大部均被敌寇以伪河北钞票套取去。二十七年边委会成立后，根据军政民代表大会的决议，“扩张耕地面积，防止新荒，开垦荒地”，积极发动群众解决肥料，并限制植棉。二十七年二月公布

“垦荒单行条例”，“凡本边区内未垦之地及已垦而连续两年未经耕种者，不论公有私有，一律以荒地论，准许人民无租垦种”；并公布“兴办农田水利单行办法”，“本边区内旧有水利事业，无论公营私营，须由负责机关积极整理，以增进其灌溉量。但其组织不健全者，当地政府得督促改组之，其组织解体者，得由本会或当地政府派人管理”，“经本会核准，开凿水利，其资力不足者，得呈请本会协助之”。在政府积极号召之下，二十七、八两年，北岳区造成垦荒热潮，只平山、阜平等九县，垦荒达一万五千余亩。禁止种大烟，反对了敌寇的“毒化政策”。在冀中，谷子、玉黍、高粱数量大增，植棉仅占耕地十分之一。这对军需民用及抵抗敌人之掠夺上都起了应有的作用。

二十八年春公布了“奖励生产事业条例”，积极提倡生产。夏季大水，我们提出“恢复耕地面积，恢复农业生产量”的口号，发动军民一齐走上生产战场，争取生产战线上的模范。是年秋公布“垦修滩荒办法”，“尽先由土地所有人积极垦修，土地所有人不能垦修者，由地方政府招人垦修之”，并限制垦荒，“凡五十度（以后又改为三十度）以上的山坡不准垦荒，只准造林”。二十九年春展开伟大的修滩运动，政府并发放三百万元的合作贷款，以解决灾民与贫民的生产困难。这一运动的具体收获，根据北岳区不完整的统计如下：

水灾前二十一县原有滩地一七〇，四二七亩，冲毁一四七，六二六亩，修复一三九，四九五亩。

当年放淤播种面积，只唐河沙河两岸滩地估计达冲毁滩地三分之一，垦修熟地（冲毁的）易县等七个县达三二，八〇一亩，农具补充三四四，二二九件（北岳区二十二县）。

种子借贷四，七六七石（北岳区二十县）。

耕畜补充牛六，九二一头（十四个县），驴二，九〇二头（八个县），骡一，一二七头（九个县）。

这一修滩运动，得力于边区子弟兵的全体动员，且看子弟兵的修滩成绩（民国二十九年春）：

帮助修滩十一万亩；帮助春耕一八一，二七八亩；折工九二五，一一二；开渠一五〇道；河浇地十万亩；掘井一六〇眼。

难怪阜平的老乡一看到沙河沿岸的麦秀稻秧，念念不忘地说道：“多亏教导团，不然三十年也修不起来。”难怪唐河拒马河沿岸的老百姓都说：“多亏了军队，不然咱们怎能活呢！”

二十八年敌寇在冀中区决堤，随着决口者一百八十五处，灾区辽阔，因而冀中农业建设的工作中心始终就放在治水上边，计：

	修险工	筑堤	堵决口	浚河
二十七年			五处	
二十八年	十二处		一五〇处	
二十九年	五十九处	三十三条（长五二八里）	一九七处	九道（长一六五里）
三十年		筑滹沱河堤七十里	两处	潴龙河八里
三十一年		四十五里		

就在冀中军民积极兴修水利的运动之下，冀中不止克服了二十八年大水灾的灾害，并

且二十九年有了一个很好的丰收。在兴修水利中筑滹沱河堤七十里，浚河一百六十五里，筑堤五百二十八里，为民国以来少有的大工程。除非有军民极亲密的团结，群众有高度的组织性，[否则] 怎能于战时完成这些工程呢？

从二十七年以来，我们就注意到山地农业生产的提高，主要在于兴修水利，因于二十八年春提出"变旱田为水田"的口号，三十年又提出发展"开小渠运动"以期积小〔少〕成多，收效普遍。我们的一些水利专家、水利技术人员，终日在东奔西跑地勘查测量、监修渠坝、指导放淤。在北岳区，历年兴修水利的成绩如下：

二十八年

整理旧渠一二三道（浇地九二，二六四亩）（十三县）

开新渠七十四道（浇地三〇，六二〇亩）（十一县）

凿　井二四五眼（浇地一，八四二亩）（三县）

修　滩

二十九年

整理旧渠二六一一道（浇地一九八，七五九亩）（十三县）

开新渠一二一六道（浇地一九，九〇〇亩）（二十五县）

凿　井一八四三眼（浇地一七，〇五三亩）（十三县）

修　滩一三二，八八六亩（十八县）

三十年

整理旧渠

开新渠七〇一道（浇地六〇，七七〇亩）（十一县）

凿　井

贷款开渠二十三道（浇地九一，七八〇亩）

修　滩

修堤坝

三十一年

整理旧渠六十四道（浇地一三，一二三亩）（九县）

开新［渠］二五六道（浇地二〇，八四四亩）（十五县）

凿　井一，〇二六眼（浇地三，一八三亩）（十二县）

贷款开渠

修　滩一三，七三三亩（十一县）

修堤坝一百道（护地一三，四六二亩）（六县）

从二十八年到三十一年，北岳区二十九县的总计开渠二，二七二道，浇地四一八，一三六点四亩，修滩一四六，三四九亩（二十二个县），凿井三，一一四眼，浇地二二，一二八亩（十七个县），修堤坝一七五道，护地四〇，九一一亩（五个县）。北岳区的水利工程，在战争中能修者大体已修复或开凿，今后应着重开小渠，工小易举，不易破毁。滩地一般已修复，护滩工作，当前非常重要，一半以上的滩地，危险甚大，这是我们今后应当多所努力的。

边区的农业生产，在残酷的战争中所以能获有今日的成绩，主要是因为，春耕夏耘秋收冬藏的全部工作，都是党政军民一齐动员下手进行的。边区的粮食不只由汗得来，并且流过许多抗日军民的血。三十年的秋收是在反扫荡中用战斗任务完成的，三十一年的春耕，在敌寇所谓“无人区”封锁沟线外，是靠了枪弹，及各种斗争种下去的。没有这些斗争，也就没有我们的饭吃。兹将三十年秋收、三十一年耕种收打工作中，子弟兵帮助耕作数字录后：

三十年秋收秋耕四九，二〇五亩

三十一年帮助耕耘五一，一八九亩

帮助打收七三，一三五亩，又三，八五一［个］工

帮助送粪修地等一一三，七二四个工

此外，边区五年来的牧畜事业及造林事业，因历年敌寇一再摧残，损失至大，二十八年春边委会有一人一鸡、一家一猪的号召，人民纷纷响应，但于秋季反扫荡中，大部为敌食用，其后虽经我人民一再努力，而收效甚微。三十一年养羊养鸡者稍增，但远不及战前水平，牛骡驴等耕畜及运输力，则远不及战前了。当前牛瘟猪瘟很厉害，猪牛死者甚多，正积极防止其蔓延。牲畜缺乏，是我们今后应当设法补救的。农事试验，边区农林牧殖局三年来在谷品种、玉黍茄子杂交、种子储存等试验均有成绩，这是今后应设法推广的。

乙、工　业

“发展农村手工业，促进农家副业，提倡较大规模的手工业经营，发展国防工业”，这是边区军政民代表大会的决议。因此，我们发展工业的重心，始终是放在手工业与副业上。只有部分的军需工业才作工厂的经营。边区人民的生活必需品，除食粮外，最主要的有：棉、布、盐、油、纸张（机关需要多）。因此，从边委会成立以来，我们就注意了这些工业的发展。但以边区战争频繁，敌寇不断破坏我生产工具，举凡纺织机、水磨、纸厂……历年均一再被敌捣毁者，这就使得广大人民裹足不前。不过，在政府积极奖励、提倡之下，还稍微有些成绩。

冀中及冀西平汉路沿线，一向家庭纺织业就很发达，二十六年受了战争影响，大部停顿。二十七年边委会成立后，社会秩序逐渐安定，号召各地恢复纺织业，不久即行恢复。二十八年号召手工纺纱，以代替洋线。二十九年曾提倡推广四十四根线的纺纱机，但以边区钢铁困难，木制机器转动不灵，未能推广。三十年冀中改造旧纺机，制成脚踏机、畜力机，每架机子日出纱二至八斤，稍有成效。在三十一年已开始部分推广。此外，在毛织方面，从三十年工矿局进行试验，三十一年即织毛毯、毛线、毛衣，略见成效。现在行唐有两家毛织厂，灵寿有三家，平山有三家，唐县有一个弹毛工厂，繁峙有两家纺织厂。出品有毛线、毛背心、毛衣、毛毡，仍在推广中。

为解决边区纸张困难，二十七年以来，除积极恢复各地纸厂外，并鼓励民商进行造纸工业。三十年先后发明稻草麦秆、白草造纸均成功。现北岳区有纸厂十个，月出纸张，不无小补。冀中区自三十年提出“纸张自给”后，人民以合作形式经营纸厂二十九处，三十一年增至四十三处，月出纸二百八十万张，解决问题不小。

自太平洋战争爆发后，煤油缺乏，榨油工业逐渐恢复发展。现在北岳区有公营油坊十二家，私营一百八十三家。冀中在三十年有四十四家。此外，北岳区的水磨，各县均有建造，编草帽辫已成为冀西普遍的家庭副业。冀中自二十九年号召熬硝盐以来，产量大增，

已可自给。

边区的手工业与家庭副业，抗战以来，一般在衰退着。三十一年，政府为奖励其发展，特规定家庭副业一律免征统一累进税，工业收入税亦大大减轻，这对副业与手工业的发展，起了极大的刺激作用。在敌寇疯狂地破坏毁我生产工具中，游击区的人民，已有许多把织布机搬到巩固地区织布。政府特予贷款帮助，巩固区的磨坊、纸坊、油坊，亦时刻作〔做〕着战斗准备。我们仅有的这一些手工业、作坊，也都是从战斗中生长起来的。

边区公营工业，除少数试验厂所外，均为军需工业，由军区经营，这里不谈。工业试验，由工矿管理局进行，两年来有不少成绩，如植物油试制轻油，植物酸试鞣皮革，大炭化铁，蒿类造纸，皮毛染色，毛纺毛织，枣制酒精，试制玻璃，以及油墨、电池、磁〔瓷〕器、工具等，都能利用土产，研究新法，解决部分困难问题，借以推广工作很差，在全部工业上起得〔的〕作用不大。

丙、商　业

我们的贸易政策是内部贸易自由，发展小商贩，严格管理对外贸易。禁止敌方奢侈品倾销边区套取我之必需品，非必需品收税入口，严禁粮食棉花资敌。二十七年春在边区正确的贸易政策实施之下，各地商业都恢复繁荣起来了。二十七年秋季反扫荡中，商业受到一些影响，但随着反扫荡的胜利，商业又逐渐繁荣起来，一时粮食大量出口，奢侈品如花露水、儿童玩具、纸烟等大量入口。因于二十八年二月颁发禁粮出口禁令，随后并颁发外货入境税暂行办法，限制消耗品入口，二十九年夏禁止纸烟入口，这些措施，对边区经济的自力更生都起了很大的作用。二十九年随着合作社的开展，出入口税的按县征收，自卫队的乱“戒严”，发生许多合作社垄断商业、排斥小贩，税局过境征税、乱征乱扣，及自卫队假“戒严”之名，留难商人、小贩等不良现象。二十九年夏迄三十年初，先后纠正合作社垄断商贩的违法行为，停止自卫队“戒严”，取消各县税局，改为边境设卡，统一由出入口税局领导。实行以来，把限制内部贸易自由的偏向逐渐清除了。二十九年秋季反扫荡后，敌寇对我经济掠夺益甚，企图从经济上摧毁我根据地的阴谋更形显露，封锁统治，摧残我之集市，强迫老百姓到据点赶集。三十年继反扫荡之后，进行蚕食，大量挖封锁沟，抢掠套取我方物资。因此，这一时期的贸易斗争，中心是掌握集市，掌握游击区物资，对敌展开市场争夺战，坚持我之集市，掌握物资。三十年底，并公布了粮食、油、榨油原料、棉花、布匹、皮毛、铁、铁器等八种物资运销紧急处置办法，严禁出境，予敌寇掠夺阴谋以很大打击。三十一年彻底整理了合作社，内部小贩空前活跃，脚户也增多了，但对外贸易的管理工作还不紧，粮食出口者仍多。加强管理，加强缉私工作，是当前应该抓紧进行的。

在公营商店及贸易管理方面。在北岳区二十七年春建立了裕民公司，有些县建立了贸易局或裕民公司分店，迄二十七年秋季反扫荡之后，裕民公司结束，公营商店交县管理。实行一年，各县管理商店照顾不过来，遂于二十九年秋成立贸易管理局，统一管理。当时贸易管理局与税局分设，致管理出入口不便，因于三十一年初将税局结束，其工作转移于贸易管理局，但管理工作始终限于征税缉私。在冀中区，二十七年底成立冀中贸易总局，于二十九年反围攻后结束，改建专区贸易局，领导县局。三十年九月改组贸易局与税局，为冀中区贸易管理局。

冀中区公营商店共九个，公资一百万元，私资四十八万七千元，于去年反扫荡后均停止，账未结。

边区公营商店，在统一采购、调整物价、平抑物价、团结商人方面，是起过许多作用的，但是在控制物资、团结广泛的商人、对敌斗争、调剂民生上起得〔的〕作用还很不够，在贸易管理上，稽查缉私、杜绝粮食出境还未获有效办法。我们现在正在解决这些问题。

丁、合作事业

边区经济主要是小农经济，小的生产，小的消费，大部分人家，经济力量很小，一点余粮，不能跑到远的市场出卖，小的消费品不能跑到远的市场上购买，特别在抗战环境中，布、盐、油等日用品，经常感到购买困难，所收山货，经常感到卖不上价去。为了改善人民的生活，对敌进行着经济斗争，减少奸商垄断操纵，调济〔剂〕边区经济，组织合作社是一个最好的办法，一个人一元两元，集〔积〕少成多，一个村一个村组织，互相联系，逐渐就形成组织的力量。

二十七年边委会成立后，提倡组织新合作社，整理旧合作社，不分穷富男女人人均可入社，社股每股五角，以期普遍。冀中冀西的旧合作社，有的进行改组，平山、行唐、灵寿、井陉、阜平于二十七年夏相继组织新社，妇女以做军鞋所得鞋价入股者甚多。二十八年春边委会公布“合作社暂行规程”，号召各团体积极发动群众组织消费、运销、生产信用各种合作社。二十九年边区银行举办三百余万元之合作贷款，政府训练三百多名合作干部。二十九、三十两年，合作社在北岳区均获空前的开展。但在发展过程中，因区村干部对合作精神了解不够，强迫入股、排挤商人、发财营利、脱离群众等恶劣倾向相继发生，尤以北岳区为最严重。三十年开始纠正此种倾向（冀中合作社于三十年即走上正轨），三十年北岳区全面展开整理运动，彻底清算，使合作社走上正确道路。五年来合作社的发展情形先看下边统计：

北岳区五年来合作社统计：

	社数	社员	股金（元）
二十七年	14	—	—
二十八年	1 272	59 397	96 960
二十九年	4 120	498 478	1 018 490
三十年	4 452	497 947	1 429 081
三十一年	1 892	190 855	855 359

冀中区各个时期合作社发展情形：

二十八年九月至二十九年四月（1）	
社数	2 529
社员	553 356
股金（元）	661 051
二十九年五月至二十九年七月（2）	
社数	3 338
社员	1 130 000

股金（元）	2 725 560
二十九年七月至三十一年五月（3）	
社数	4 037
社员	2 059 084
股金（元）	7 021 472

注：（1）每股股金五角，只统计了八、十两个专区及九专区的一部分。
（2）内有专区联社 4，县联社 19，区联社 165，村社 3 150，十一专区因反扫荡未成立。
（3）内总社 1，县社 30，村社 4 006。

从以上统计数字可以看出：

（1）冀中合作社，在三十一年五月以前，已经成为一个伟大的群众运动，有将近一半的人口，参加到这一运动中来。二十八年严重的大水灾后，合作社调济〔剂〕粮食十万石，售价低于市价五分之一，救济了二十五万灾民。三十年以来进行了胜利的对敌经济斗争，对敌人需要的物资（粮食、棉花等）予以严厉的封锁，克服不等价交换，提高猪、鸡蛋、苇席、梨的售价，给群众谋得很大利益。克服了奸商的垄断，如三十年统累税征收中某县边币缺乏，粮价低落，奸商操纵边币，合作社乘机购买粮提高粮价，放出边币，如合作社借给社员棉花纺织，织好收布，发给织价，消灭了群众卖贱、部队买贵、奸商操纵现象。

（2）二十九年五月至七月短短三个月中，冀中合作社营业总额达二千三百余万元，盈余达三百九十余万元，每一股分红即超过原股，因此获得广大群众的拥护。

（3）冀中合作社的中心业务是运销，但运销与手工业生产及人民必需品消费密切联系起来，一切从群众利益出发，在坚持对敌斗争中取得胜利。

（4）北岳区合作社于三十年发展数量最多，但并未成为一广大的群众运动，为部分的人操纵把持投机发财，一般与广大群众利益脱节（也有些好例子），致遭群众不满。三十一年彻底整理后，数量减少一半以上，而质量却提高了。年前银行贷出救灾贷款一百六十余万元，帮助合作社进行运销事业，今年估计会有很大的成绩。

冀中去夏反扫荡后，合作社大部被敌摧毁，至为可惜，现在逐步整理。北岳区合作社进一步使其成为群众自己的组织，吸收广大人民到经济战线上来，是今后的严重任务。平北冀东因工作开辟较后，环境残酷，合作运动尚未开展，应学习冀中经验，逐步进行。

戊、平粜

冀西一带，每年春夏之交发生粮荒，二十八年大水灾之后，二十九年情况更形严重，当时虽用党政军民的最大力量救济了灾荒度过了困难，但三十年的春荒仍然可以预见。边委会有鉴于此，因于二十九年秋号召人民集股购粮组织政民合办平粜局，专司其事。当时政府以财政困难，责成银行发行一部期票。三十年一月至三月，三个月中，期票发行达三百四十三万五千三百五十元，募集民股达二百四十七万八千三百九十元，合计平粜资本五百九十一万三千七百四十元，购到粮食六万零一百零一石（二十七斤斗），这是一个很大的收获。但是当时因准备不足，宣传解释不够，致发生许多严重的强迫命令现象，募集民股、认购期票均有“按滩〔摊〕分派”的情形发生，并且经政府一再电令纠正，有些巳〔已〕措手不及，殊多遗憾。三十一年五月期票如期退还本息，人民对期票的疑虑当即消除，但又遭部分的合作社、贸易局强迫以期票入股，经过严厉纠正后，大部分都解决了。

由于平粜购粮的胜利，及时掌握到大量的粮食，因此三十年度的军需民食获得了很好的保证，全年粮价非常平稳，每市斗小米通年市价在五元左右。

从上述可以看出，青黄不接时对于阻止粮价暴涨起了很大作用。这是什么道理呢？

（1）平粜调剂了公粮，使政府在购粮补充军需［时］，不需要到市场上采办，减少了粮食市场上的竞买现象。

（2）有了平粜，平稳了市场上粮价。例如易县五区南管头五月二十四日集市玉角每斗涨到八元一角，平粜局开粜每斗七元二角，当集就平稳在七元五角，第二集就落到七元二角以下。如唐县七区雹水集在四月里粮价高涨到小米每市斗由五元八角到七元，平粜局即开粜了三集，仅平粜了七石一斗，即由七元降到五元。

（3）因为平粜局粮价高则出粜，粮价低则收买，保护了粮商的利益，消除了垄断居奇现象。

由于平粜有了一年的经验，三十年秋，不再集股，用已有资本五百一十七万元进行购粮，适当打击了敌寇掠夺粮食的阴谋，及时掌握了三万零一百八十六石（大斗）粮食。于三十一年四、五、六月粮价飞涨之际，进行了平粜稳定粮价的工作；但因北岳区于三十年秋季反扫荡后巩固区的缩小，游击区的扩大，产粮区受到损失，平粜粮掌握数目过小，平粜作用起得不够。

两年来平粜帐〔账〕目总结如下：

（1）三十年度的平粜总结账目：

摘要（收方）	金额（元）
资本	5 913 743.440
粜粮收回成本款	102 812.365
粜粮盈利	26 671.757
一二专区付余款	60 451.894
收方合计	6 103 679.456
摘要（付方）	金额（元）
调剂公粮	4 852 067.990
调剂民食	102 812.365
粮食损失折价	7 990.833
存粮值价	444 156.160
现款损失	16 269.810
上解边区款	389 488.480
专区存款	290 893.818
（转入下年度购粮）付方合计	6 103 679.456

（2）三十一年度平粜初步总结账目：

摘要（收方）	金额（元）
三十年度转入	290 893.818
现拨各专区购粮款	4 351 707.790
粜粮收回款	363 253.000
粜粮盈利	166 405.055
收方合计	5 172 259.663

摘要（付方）	金额（元）
调剂公粮	4 309 289.866
调剂民食	363 253.000
营业开支	11 324.060
上解边区款	16 139.720
损失	814.150
结存边区款	139 901.060
结转下年度	331 537.807
付方合计	5 172 259.663

检查两年来的平粜局工作，固然在调剂军食民食上获得许多成绩。但以股东太多，股东大会不易召开，致股东应享权益，未能实现，使政民合办平粜局，完全受了政府的支配，这是很不妥当的。因此三十一年五月已决定清理民股发还本利，游击区大部分已进行，巩固地区开大会后亦将全部退还。今后平粜工作，全交工商管理局进行，平粜局即行裁撤。至期票仍未取得现款者，请向政府声明，政府当予负责追究。

己、货币金融

边区为晋察冀三省毗连地区组成，可是一向三省均有其省本位币，流通数量至巨。在晋察两省，向来法币流通数量不多。边区形成，边区人民在经济上已成一体，互通有无，密切经济上的联系，是刻不容缓的。当时边区没有统一的货币，法币流通数量较少，不能发挥沟通三省金融的作用，特别是山西、河北之间交易，因晋钞、河北钞不能互相交换，受阻甚大。且敌占平津、保石、太原后，控制河北银行、山西省银行等钞票，大量伪造河北钞套取我物资，废除察钞，挤向我区。为活跃边区经济，逐步进行经济建设，打击敌寇掠夺阴谋，边委会成立后，特遵照军政民代表大会决议抽资组织边区银行，授权该行发行边币，以解决此困难。

二十七年三月二十日边区银行成立，并以法币作基金发行边币。同年三月十日，伪联合准备银行成立，发行伪联银券。但“边区票是抗日票”，伪联银券是“鬼子票”，我抗日人民均乐于接受抗日票抵制鬼子票。敌人见计不成，于是大量伪造河北钞与平市官钱局的小票子，以套取我物资，并将大量平津杂钞挤向我区。当时边币准备充足，发行慎重，信用逐渐建立。二十七年秋季反扫荡胜利后，边币在群众中的信用就巩固起来。边委会因于二十七年五月以来，逐步进行了统一边区货币、打击伪钞、抵抗敌之经济掠夺的工作：

（1）二十七年五月禁止河北五元伪钞（大红袍）流通，同时打击河北铜元票出境。

（2）二十八年一月打击保商银行钞票出境（当时敌区已禁止流通）。

（3）二十八年五月初停用平津杂钞。

（4）二十八年五月初，将河北省银行钞票逐步贬值，以免人民受害，至八月全部打出。

（5）二十八年底至二十九年初，边币辅币已发行到一定数量，下令各县整理土票，限期收回，逐步肃清。

（6）二十九年初因晋钞狂跌，晋东北人民拒绝使用，逐渐流向边区境外。

（7）二十九年二月为维护法币，防止敌寇吸收，套取外汇，宣布用边币兑回保存，停止在市面流通。同年六月，天津英法租界开放，四行存银被敌强迫接收，法币被敌强行索取，贬低币值。

至二十九年夏，边区货币完全统一、金融稳定，人民称便。敌寇以杂钞票掠取我物资的诡计不成，伪钞又在我严重打击之下，敌人乃以敌伪票据打入边区，侵占市场套取物资。同年秋，我们将敌伪票据多数打出去。二十九年冬三十年春，敌又以大量消耗品倾销边区，套取必需品，经我们改订出入口货税则严密稽征后，敌之诡计又告失败。三十年秋季反扫荡后，随即爆发太平洋战争，敌寇一改倾销政策为严密的封锁政策，放松套取政策，进行更残暴的掠夺政策，并攫取大量法币贬值至一毛两毛，向我根据地排挤。我之阵地虽因敌之扫荡、蚕食有些缩小，但在我积极反扫荡、反蚕食、反掠夺的斗争之下，边区货币阵地也同边区抗日根据地一样屹然未动。

三年以来，边区对敌货币斗争是胜利的。三十年以来，在对敌贸易上，虽因我市场缩小边币比值低于伪钞，但这只是暂时的现象。一俟希特勒灭亡，同盟国对日全面反攻，完全建立在枪杆子上的伪联银伪蒙疆钞票，很快就要成为阴朝票子了！相反的，边区钞票，必将随着同盟国的反攻，中国的总的战略反攻，一再扩大其行使地区而成为广大中国同胞更加爱惜的钞票。

边区银行，是边区人民自己的银行，它为边区一切抗日的人民服务。放款、存款、汇兑等业务的开展，对于边区经济的活跃、人民生活的调济〔剂〕与改善上起着极伟大的作用。从二十八年以来，边区银行为救济水灾、开展合作事业、发展工商业、解决春耕困难、发展运销事业，放款达一千八百余万元，如下表：

	二十八年	二十九年	三十年	三十一年
商业放款	11 776.88	239 779.2	5 646 237.28	7 516 572 720
合作贷款		2 843 080	91 995.30	
生产贷款			145 750.00	164 650
工业放款				2 214 339
农业放款				2 214 339
救灾放款				1 550 000
合计	11 776.88	3 082 859.2	5 883 982.58	

贷款的广泛、深入、低利、真正解决问题，这是从来的银行比不上的。不过在农业贷款中，有些村子村干部独享利益、排斥别人，这是要大家一齐纠正的。合作贷款过期一部尚未收回，这需要接受贷款的人识大体、明大义，很快还清。

边区银行是边区的金融中心，五年来，边币发行指数如下：

二十七年	100
二十八年	396.34
二十九年	835.75
三十年	844.53
三十一年	1 229.95

这样一点数字，在反攻阶段以来，是不足应付市场需要的，因此，今天我们就需要准

备反攻阶段以后的工作。边区钞票靠着边区人民的政府作后盾，它会继续壮大，继续在广大人民中树立更高的威信。

边区五年来在极残酷的对敌斗争的环境中所进行的经济建设，略如上述，在保证战时军需民用、活跃三省经济上尚有收获。至于五年来在游击地区我军民为反抗敌伪之掠夺勒索，广泛的〔地〕开展不资敌斗争，更是与其他各种对敌斗争密切结合，获得许多光辉成绩，这里不再多谈，今后更进一步地抓紧对敌经济斗争，动员游击区、敌占区同胞反抗敌寇之一切掠夺，提高农业生产，活跃运销事业，彻底实现禁粮出境，是我们当前的严重任务。

选自《晋察冀边区行政委员会工作报告》，边区行政委员会 1943 年编印，第55～77 页。

28. 晋察冀边区兴修农田水利条例

1943 年 2 月 19 日晋察冀边区行政委员会公布

第一章　总则

第一条　为开发农田水利，增加农业生产，特制定本条例。

第二条　凡边区可资利用之河流泉水，人民均得开凿利用，但工程费用，大于所灌土地之受益或对边区生产价值得不当失时，不得开凿。

第三条　开渠凿泉，不得损害他人房屋、坟墓或其他地土建筑物，遇有不可避免之情形者，须报请县政府核准。

第四条　人民开渠凿泉，其资金不足或技术困难者，得报请边区行政委员会协助。

第二章　土地占用

第五条　开渠凿泉，所占用之土地，无论公有私有，须经所在地县政府批准。

第六条　开渠凿泉，所占之土地，地主有要求地价或租金之权，其数额由县政府按当时当地情形规定之。

前项土地如系租佃关系，土地使用人得按比例要求地主免去占用土地部份〔分〕之佃租金，如系典当关系，土地使用人有要求占用土地部份〔分〕租金之权，于土地回赎后，地主有要求占用土地部份〔分〕地价或租金之权。

第七条　开渠凿泉占用不能生产之土地，地主不得要求地价或租金。

第三章　费用负担

第八条　开渠凿泉所需建设工程费用（即建设新渠之费用），得依地主受益程度，分段分等按亩分担。

前项土地如系典当关系，建设费用，应由土地使用人全部垫付，于土地回赎时，由地主偿还之；如系租佃关系，建设费用，应由地主按比例担负，佃户按此例垫付，于退佃时由地主偿还之。地主偿还之费用均以其未失效能部份〔分〕之工程价值为限，但双方另有约定者依其约定。

第九条　渠泉所需岁修工程费用（即修旧渠之费用）不论典当租佃关系，应由土地使用人按受益程度分别负担，但典当租佃双方另有约定者，依其约定。

第十条　开渠凿泉，土地转移时，因开渠凿泉所负公私债务，应由旧地主负担，但双方另有约定者，依其约定。

第四章　水量分配

第十一条　开凿新渠，应先估计水量，确定灌溉面积与灌溉地户，如确定之灌溉面积水量无余，即不得增加地户。

第十二条　原有旧渠水量使用有余时，始得延长干渠支渠，延长渠道部份〔分〕之土地，仅能使用余水，不得要求同旧渠平均使水，以免影响原有灌溉面积所需之水量。

第十三条　在上游另开新渠时，以不影响下游旧渠灌溉面积所需之水量为准。

第十四条　河流两岸，渠道上下相错之渠口，遇有水量不足时，须各保持原有地位，不得上下移动渠口，并不得将一渠渠底单独挖深，妨害他方使水。

第十五条　如系清水、洪水两用水渠，则在洪水时期，须尽先使用洪水。

第十六条　灌溉地区，非经分畦平垫，不得使水，以免浪费时间和水量。

第十七条　灌溉使水，应由支渠开口，干渠非经许可不得另开新口。

第十八条　水量分配与灌溉次序，须依作物种类、耕地面积，及不同时期实有水量定之，任何人不得要求平均使水。

第五章　水渠管理

第十九条　开凿水渠，应由灌溉有关之村庄，共同组织渠工委员会，负责计划工程、收支款项、动员人力，及其他有关工程上之事宜。

第二十条　工程完竣，应由受益地户，共同组织渠道管理委员会，接收渠工委员会所经手之事项，负责修理渠道、收支经费、分配水量，及其他有关渠道上之事宜。

第二十一条　渠道管理委员会，于每年开春，必须指挥受益地户，疏浚渠道一次，所用人工，由使水地户按比例分担。

第二十二条　使水地户，均须在渠道管理委员会注册，登记灌溉亩数。旧户之退出，新户之加入，须经渠道管理委员会之许可。

第二十三条　使水地户，应按支渠分组灌溉，每组互推组长一人，依照渠道管理委员会所指定之时间，通知使水地户，按时轮流灌溉。

第二十四条　使水地户，如在指定灌溉时间未曾使水，即须待下次分配时间使水，不得另作使水要求。

第二十五条　渠道管理委员会，须召集使水地户，规定渠道公约，互相遵守。

第二十六条　渠工委员会，及渠道管理委员会之组织另定之。

第六章　附则

第二十七条　本条例自公布之日施行，前颁晋察冀边区兴办农田水利暂行条例，同时作废。

选自《晋察冀边区行政委员会现行法令汇集》，下册，边区行政委员会1945年编印，第604～607页。

29. 晋察冀边区行政委员会关于组织各级经济委员会的决定

1943年3月5日

一、为统一步调，集中力量，加强对敌经济斗争，发展国民经济，特决定由军政民各机关、团体及各经济部门共同组织经济委员会。经济委员会的任务为：（1）确定对敌经济斗争与发展国民经济的方针和工作计划；（2）统一作战步调，密切各部门的工作配合；（3）调整各部门的关系，解决部门互相间发生的问题。

二、经济委员会，为政府的专门委员会，分边区、专区、县三级。边区经济委员会，由边区政府主任委员、实业处长、军区副司令员、北岳区抗联会主任、合联会主任、工商局局长、银行经理七人组织之，由工商局局长任主任。各专区经济委员会，由专员、实业科长、军分区司令部或政治部一人、抗联会主任、合联办事处主任、银行办事处主任、工商局局长七人组织之。县经济委员会，由县长、实业科长、驻军政委、县抗联、县联社、工商局、银行营业所各一人组织之。其无驻军者由县游击队政委参加，无实业科者，由财实科长参加，无工商局者，由工商管理员参加，其他部门不全者，委员可减为五人或三人。专区、县经济委员会主任，由出席之各委员互推之。

三、各级经济委员会，无上下级组织关系，但可有工作上的联系。各级经济委员会的决定，同级军政民机关团体及各经济部门均须一致执行，但下级经济委员会的决定，不得违背上级经济委员会决定的原则，同时县经济委员会有关两县以上、专区经济委员会有关两专区以上的决定，必须经同级政府转报上级政府批准后方得执行。上级经济委员会的决定，除通知参加各机关、团体、经济部门外，同时通知下级经济委员会；下级经济委员会的决定同样除通知参加各机关、团体、经济部门外，同时送上级一分。

四、各级经济委员会之决定，以委员过半数之同意为之，少数服从多数，但专区、县工商部门合作部门，在业务社务方针或计划与同级经济委员会之意见不一致时，得暂缓执行，报请各该上级，根据上级经济委员会决定之方针计划解决之，以免影响其社务业务。

五、各级经济委员会之委员，均由同级政府聘请之，委员会不同于联系会议，委员必须固定，不得随时派代表参加，同时各委员应分工负责，搜集情报，研究问题，加强经济委员会实际工作，以免临时集会、仓促决议、空洞形式之弊。

六、参加经济委员会之各部门，均需随时供给同级经济委员会以各项经济情报与总结材料。各级经济委员会，均需编印经济通报分发各经济委员，及上级经济委员会。通报编印工作，指定各级工商管理部门兼办。

七、各级经济委员会之会期与工作制度，根据本决定之原则自定之。

八、除边区经济委员会巳〔已〕成立外，专区、县应由专署、县政府即速根据本决定，成立经济委员会，并将成立日期报会。

选自《晋察冀边区财政经济史资料选编》（一），天津，南开大学出版社，1984年版，第553～554页。原注："《边政导报》第5卷第2期1943年3月8日。"

30. 晋察冀边区修滩条例

1943年3月25日

第一条　为便利人民修滩，保障滩地所有权，扩大农业生产，特制定本条例。

第二条　沿河无主荒滩，边区人民均可呈请县政府核准，领取执照承收〔修〕之。此项荒滩，修滩人修竣后，得向县政府领取证书，长期无租耕种。

前项荒滩之承修，贫苦抗属及贫苦农民，依次有优先权。

第三条　沿河私有荒滩，原属自耕者，尽先本主垦修，本主不能垦修者，得由他人垦修之。原系租佃滩地，尽先租佃户垦修，租佃户、地主均不能垦修者，得由其他人垦修之。

第四条　私有荒滩，由租佃户或其他人垦修者，修滩人须与地主订立垦修契约，规定年限，按照实际情形，为三年至九年之无租使用，契约期满，地主得照契约认地，收回使用，依照租佃债息条例收回土地之规定或与修滩人另订租佃契约。

前项滩地使用年限，包括垦修与耕种之年限在内。

第五条　私有荒滩，原系租佃，但地主系抗属或家境贫寒者，得与租佃户合力垦修，垦修期间之收益，按双方出资出力之此〔比〕例分配。契约期满，租佃户部分之权益，适用第四条之规定。

第六条　地主个人垦修或与他人合力垦修之滩地，其收盆〔益〕分配由双方自行约定之。

第七条　凡垦修荒滩，其工程巨大者，得报请当地政府或转报上级政府协助之。

第八条　凡集体垦修荒滩，得建立修滩委员会，拟定计划进行。修滩委员会之组织另定之。

第九条　垦修荒滩，不得破坏各项水利之规定。

第十条　滩地原有之树木，或为保护滩地新栽之树木，其收益分配，由地主与修滩人自行约定之。

第十一条　本条例公布前修竣滩地，地主与修滩人已定契约，规定年限者，依其约定，未定契约及已订契约不合规定者，一律按照本条例之规定，补订或另订。

第十二条　本条例自公布之日施行，前颁晋察冀边区垦修滩荒办法同时作废。

选自《晋察冀边区行政委员会现行法令汇集》，下册，边区行政委员会1945年编印，第611～613页。

互校版本：《晋察冀边区财政经济史资料选编》（二），天津，南开大学出版社，1984年版，第319～320页。原注："《晋察冀边区行政委员会现行法令汇集》下册，1945年12月15日。"

31. 晋察冀边区县联社生产贷粮办法

1944年2月4日

一、本社为恢复与组织劳动力，扶植社员非社员之生产，开展信用业务，特举办生产贷粮。

二、贷粮由村社办理，其村社不健全者，由附近健全之村社办理之。

三、贷粮以有劳动力、能参加生产、缺乏粮食者为限。具有同等条件社员有贷粮之优先权。

四、粮种以本社所有粮种为限。

五、本社贷粮由政府公粮中拨给，拨粮手续与还粮手续由本社与县政府商定之。

六、村社贷粮除由本社供给一部份〔分〕外，村社得吸收社员与非社员存粮办理之。

社员与非社员存粮办法如下：

1. 存粮人将存粮数量、种类告知村社，订定归还时间、次数。

2. 粮食交到村社，由村社开给收据，自出据之日起计算利息。

3. 存粮利息，社员最高月利一分，非社员最高年利一分，均以粮食计算。

七、社员向村社贷粮，由社员小组互保，非社员须另找二人作保，保证借粮用于生产、恢复劳动力，并保证到期归还。

八、社员贷粮利息最高年利一分，非社员贷粮利息最高月利一分，均以粮食计算。

九、贷粮分麦秋后大秋后两次偿还，其须于麦秋后一次偿还或数次偿还者听，但均须于贷粮时订明。

十、贷粮以小米为本位，麦秋后还麦者以一斤三两折米一斤计算。借玉茭还米或还麦者，以一斤三两折米一斤，一斤折小麦一斤计算。如还杂粮，按当时当地市价折算之。

十一、每人贷粮数量由村社根据社员、非社员实际需要决定之。

十二、村社贷粮工作，生产委员会及政权团体均得参加意见，但不得干涉合作社手续及违反本办法之各项规定。

选自《晋察冀边区行政委员会现行法令汇集》，下册，边区行政委员会1945年编印，第663～664页。

32. 晋察冀边区行政委员会关于合作社工作的指示

1944年2月10日

根据此次北岳区经济会议的决定与精神，对合作社与政府的关系、合作社的设置与组织、政府对合作社的投资、合作社的业务及清理合作社的账目，做〔作〕如下的指示：

一、合作社与政府的关系：政府对合作社有指导关系，县政府区村公所对县联社区办事处村合作社要积极扶植与帮助，健全扩大其组织，政府在执行法令范围内，并有检查合作社之权（依法令检查其是否合于组织条例，是否按规定投资于生产事业，贷粮贷款是否按规定进行等），但不得干涉其业务。区公所对于区办事处，同样有指导关系，但区办事处系受县联社直接领导，区公所及区办事处均不得变更县联社决定原则，只能根据县联社之原则，确定具体执行办法，县联社区办事处村社要遵守政府法令，具体实现政府经济合作政策，根据政府一定时期经济建设方针从业务上完成任务，在进行工作确定业务计划时要与各级政府多加协议征求意见。

二、县联社区办事处的设置与业务经营，须根据各县具体情形决定：

1. 凡未成立村合作社之县、区，不得设立县联社及区办事处，由县实业科合作指导股分派区合作指导员负责指导各村成立村社。俟村社建立达全区行政村三分之一以上时，区成立区联社，有三个区联社以上时，县成立县联社。县联社正式成立后，区联社改为区办事处。村合作社区联社县联社之成立均须报县政府登记批准（实业科合作指导股负责），经批准后方为正式成立，正式成立之区联社县联社得开始营业。

2. 现有县联社区办事处之县，其县联社区办事处已营业者，仍暂继续营业至四月底为期，村社健全不及行政村数三分之一以上者，区办事处停止营业，并撤销区办事处，改设区指导员，全县区办事处不及三个者县社停止营业，并撤销县联社。村社健全之标准如下：

（1）干部称职，账目清楚。

（2）社员股金以全村人口平均每人十元（约折小米一斤）为准，村社股金至少在二千元以上。

（3）社员均参加小组，同时有五个小组经常有经济活动，制度健全者。

三、县联社区办事处的编制干部调动与供给：

1. 编制与干部调动：

（1）县联社编制分为三等：有三个至四个区办事处者，为丙等县社，五个至七个区办事处者，为乙等县社，八个区办事处以上者为甲等县社。甲等县社干部九人，乙等县社干部七人，丙等县社干部五人。区办事处按区之大小规定为三人至五人，个别大区可酌量增加一人至二人，县联社区办事处均设杂务一人。

（2）各县按新编制配备干部，其干部调剂以专区为范围，由专区办事处决定，专区不能处理者送北岳区合联会处理。新编制确定后部长以上之调动须经北岳区合联会之批准。

2. 供给：县联社区办事处营业者，一律由政府借给公粮，年终如数偿还，其不营业者由政府发给粮票，借粮发粮均以每人每日一斤四两为准。

3. 县联社区办事处之组织分工及干部衣服、鞋袜、柴菜金等津贴另定之，新规定未通知以前仍按旧规定实行。

四、政府对合作社的投资：

1. 政府向县联社投资，最高不超过全县村社股金总数，县联社向村社投资，最高不超过村社员股金总数，村社须以股金十分之一加入县联社，作为县联社资金。

2. 政府投资以县联社为单位，投资年限定为五年，每年收回五分之一，投资数于本年四月底清理完毕后确定，各县现用北岳区合联会之资本超过社员股金总数者，至期超过之部由政府收回，不超过而认为不足者，由政府补投。投资手续由边委会责成县政府投入县联社，订立合同（投资用三联单，一联存县社，一联存县政府，一联存专署，专署表报边委会）。政府向县社之投资，分红时以二元做一元计。

3. 政府投资，县社须以百分之五十用于生产业务，否则政府得撤回其投资（县社向村社投资同）。

五、合作社的业务：

1. 县联社区办事处村合作社当前主要业务为：

（1）举办生产贷粮。

（2）开展农业生产，供给籽种农具。

（3）组织运输，办理牧畜贷款。

至对社员日用品亦须适当供给，但不得供给奢侈品、迷信品及非必须之消耗品。

六、合作社与团体商店关系：

1. 合作社为抗联团体会员之关系不变，但同样区抗联对区办事处业务不得干涉，对于贷粮、供给籽种农具等具体问题，区应由生产委员会具体协商进行。

2. 县联社区办事处经营供给业务，其货物应从商店购买，其运销物品须供给商店，不得在市场自由买卖。但供给货物，商店不足或商店价格高于市价时，县联社区办事处得商同商店在市场购买，运销物品商店不能高于市价吸收时，县联社区办事处得商同商店在市场出卖。

七、关于旧账清理及新的业务开展，应根据以下规定处理：

1. 旧账必须各账各清，各清各款。各账各清是指合作社账目，由合作社自己办理的由合作社负责清理；由政府团体通过合作社办理的，由政府团体合作社共同负责清理；单独由政府或团体办理的，由政府或团体单独负责清理。各清各款是指投资清投资、股金清股金、贷款清贷款，往来清往来，应还政府的还政府，应还银行的还银行，该收回的收回，该转账的转账（到期应收回而无法收回者，应重订新的转账），手续要清清楚楚，头绪要丝毫不乱。

2. 清理限期：二月底以前，县以上与北岳区合联会对清账目。三月底以前县、区与村对清账目，村的账目在业务进行中清理，三月底专区办事处要将清理结果列表报到北岳区合联会。

3. 县区村股金内有公产、庙产、学款者，或没收私人者，清理中，凡未变成货币的动产或不动产，应将此种动产或不动产交原机关或私人，如已变成货币时，应作为该机关该人投资或作为股金，投资得订定利息或分红办法。股金由原主或原机关执持股票，享受分红权利，其无户头或款无主者，作为该合作社基金，基金不得随意动用。

4. 旧账清理：旧任必须负责办清，其干部调动者，留一二人办理，调动之干部，北岳区及专区办事处应于二月十五日以前，县于三月一日以前到新工作岗位，开展新的工作（县会计业务尽可能不调动）。干部不调动者，一面清理旧账，一面开展新工作。

5. 清理手续完毕后各专区办事处撤销。

选自《中国新民主主义革命时期法制建设资料选编》，第3册，西南政法学院函授部

1982年编印，第263～267页。

33. 晋察冀边区建立示范农家办法

1944年2月22日颁布

一、为推广优良作物籽种及农业技术，提高产量，有重点的〔地〕进行农家示范，特制定本办法。

二、示范范围以农作物为主，苗木蔬菜次之，家畜饲养如有条件亦可示范。

三、农作物之示范，分优良籽种示范，及技术推广示范。优良籽种技术推广示范，除农场试验之优良籽种外，应以群农之优良籽种为主。

技术推广示范，系就主要的作物实行选种、浸种、防除病虫害等示范。

四、示范农家必须具备以下基本条件：

1. 有土地。

2. 有劳力。

3. 有相当技术经验。

4. 能接受新知识、有研究改进的精神。

五、选择示范农家以劳动英雄模范农家为主要对象（须其有第四条规定之条件），使劳动英雄模范农家与示范密切结合，其有充分条件之非劳动英雄，普通农家亦可选为示范农户。

六、示范农家之组织和领导：

示范农家由生产委员会选择，由合作社农场技术人员或其他技术人员负责指导，确定示范事项及示范进行步骤，帮助作全家全年生产计划，示范农家及指导人员均受区公所或合作社领导（视合作社健全程度，接生产计划由各县具体确定）。

七、示范农家如缺乏人力、牲畜、肥料或其他生产费用，政府（或合作社）须尽量贷与之。

八、示范农家之权利义务：

1. 示范农家有购用农场优良籽种之优先权。

2. 示范农家对于示范事项须完全接受指导人员之指导（非示范事项指导人员得提意见并协助之，但不得要求示范农家必须履行）。

3. 示范所得利益统归示范农家。

4. 示范农家之示范事项如因指导前受到损失由政府（或合作社）负责补偿。

5. 示范农家收获之优良籽种，合作社或农场有收买换取之权，收买换取应与（予）以相当利润。

6. 示范农家负农事上宣传推广责任。

九、本办法自公布之日施行。

选自《晋察冀边区行政委员会现行法令汇集》，下册，边区行政委员会1945年编印，第614～615页。

34. 晋察冀边区集市管理委员会组织简章草案①

1944年2月24日

（一）定名：

第一条　本会定名为××（地名）集市管理委员会

（二）宗旨

第二条　本会以执行边府贸易政策，保证境内正当贸易自由，严防物资资敌，巩固繁荣市场并团结内部商人为宗旨。

（三）性质：

第三条　本会为联席会议性质（非行政也非群众），只限于集市管理工作上的配合联系，使意见一致、步调统一，本会概不对外。

（四）任务：

第四条　本会任务如下：

一、管理牙纪（规定牙纪人数办〔及〕佣钱）。

二、团结内外商人，适当的〔地〕替商人解决各种困难。

三、调解市场纠纷。

四、稽征。

五、对敌警戒（接近游击区或游击区市场）。

六、维持市场秩序。

七、取缔奸商操纵居奇。

八、调查市场。

（五）组织与分工：

第五条　本会由贸易管理卡、区公所、公安局、派出所，或检查站（无派出所与检查站者，由区治安员代之）、区武装部、区群众团体、集市商救会、村公所（集市所在村）各派代表一人组织之。

第六条　本会设正副主任各一人，管理卡代表为当然正主任，副主任由代表互推之，其余均为委员。

第七条

一、贸易管理卡负责市场地址选择、划分贸易区规定集期、稽征，管理牙纪、调解纠纷、调查市场。

二、区公所负责审查登记牙纪，办理违法案件。

三、派出所维持市场秩序、除奸。

四、武装部负责对敌警戒。

---

① 原注：这是晋察冀边区行政委员会所发文件。

五、本会委员均有团结人之责任，但集市商救会与贸易管理卡负主要责任。

（六）会议职权：

第八条　本会每月由主任召开会议一次，必要时临时召集之。

第九条　本会一切工作问题，以少数服从多数的原则解决之，但决议如与贸易管理支局之决议有抵触时，须无条件服从贸易管理支局之决定。

（七）附则：

第十条　本简章如有未尽事宜则由本会提请边区贸易管理局修正之。

第十一条　本简章自本会成立之日起施行。

集市管理办法草案

（一）目的：

第一条　为执行边区贸易政策，保障内部正当贸易自由，严防物资资敌，巩固与繁荣市场，团结内外商人，特制定本办法。

（二）牙纪管理：

第二条　各行牙纪，由集委会提出名单，交由区公所审查，合于下列标准者，准许登记，并于市场公布之，个别任免与此手续同，其标准：

一、略有牙纪技术。

二、该行商贩拥护。

三、品行端正，能遵守政府法令。

第三条　牙纪以行为单位成立小组，互推小组长一人，各组均由贸易管理卡领导。

第四条　各行牙纪须遵守下列纪律，违者得受一定之制裁：

一、接受贸易管理卡之领导。

二、不得有违犯政策法令之行为。

三、不得与奸商通同作弊或额外敲诈。

四、未曾经手之交易，不得索取手续费。

第五条　各行牙纪人数以市场交易多寡决定，不得过多或过少。

第六条　牙纪手续费数额之规定，须以每集收入能维持一人二日之生活，不得过多或过少，除规定外不得有任何物质上之索取。

第七条　手续费之负担，须依据各个市场各种货物来源去路之具体情形规定，由买方或卖方支付，规定时须照顾人民生活，与不得故意敲诈外商为原则。

第八条　各行牙纪建立会计制度，除记载手续费之收支与分配外，并须记载每集经手之各宗交易（种类、数量、价格、总值）以便检查与统计（账目格式由支局统一规定）。

第九条　各行业所得之手续费，平均分配或各成各取，由牙纪自议决定。

第十条　各行牙纪组长，每集终了得向管理局长报告商情及指定报告之材料。

（三）度量衡：

第十一条　各市场之度量衡必须统一标准，以边委会规定为限，不得标新立异。

第十二条　斗秤尺之购置费由各行牙纪所得之手续费内开支。

（四）平抑物价：

第十三条　适当的〔地〕指导牙纪平抑物价，防止涨落无定。

第十四条　严禁不法商人投机、买空卖空、操纵物价。

（五）公布栏：

第十五条　各个市场均得设置公布栏。

第十六条　公布栏内公布者如下：

一、政府颁布关于贸易之各项法令。

二、牙纪之任免及改定手续费。

三、更改集期与集市地点之通知。

四、警戒信号。

五、集市商救会通知。

六、张贴晋察冀日报。

（六）附则：

第十七条　本办法如有未尽事宜，得经边区贸易管理局修正之。

第十八条　本办法经边委会批准，自公布之日施行。

选自《晋察冀边区财政经济史资料选编》（三），天津，南开大学出版社出版，1984年版，第513～516页。

35. 晋察冀边区关于变更出入口贸易办法的决定

1944年4月21日

为冲破敌人封锁，减少入超，贯彻简政，畅通物资大交流，关于冀西地区（平汉线方面）出入口贸易，决定变更如下：

一、凡出口货物除金属原料、金属器材、硝磺、羊毛（羊毛成品在外）、植物油与油类作物（花生、大麻子、核桃、青籽、芝麻）禁止出口，大米、小麦、羊专卖出口外，其余在冀西地区（平汉线方〔西〕面）一律免税自由出口，在一、二专区及六专区、西线除粮食禁止出口外，其余与冀西地区同。

二、凡出入口货物，除纸烟、酒、香皂（即洋胰子）烧纸、锡箔禁止入口及在市场买卖外，其余一律准予免税入口、自由买卖。

以上禁止入口之货物，机关部队如有必需时，得详述理由，请由县以上各级政府开具证明文件特许入口。

三、在出入口贸易上这是一件大变革，此后稽征工作已减到很少，因此过去的稽征线与卡均撤消〔销〕。各专区应于五月十五日以前将所属各卡结束完竣，并对卡的工作做〔作〕出基本总结（特别着重于市场的管理）报会。卡撤消〔销〕后关于出入口货物的检查，由各级政府直接负责，今后县区政府应很好的（地）掌握市场、检查市场，为此在原设有税卡之县实业科工商股内，可增设科员一人负责管理检查与研究市场，由专署确定报会。市场所在村村公所，对市场亦有检查之责，但无权处理违禁品。至编余之卡干部，由专署分配工作，或分别处理。其能研究市场材料者，专署可选留二三人，专作〔做〕调查研究工作。

四、对于违禁走私问题之处理：

（1）对于出入口货物之检查与市场之掌握，要注意依靠广大群众。一面将政策法令向群众讲解，使政策法令为广大群众所掌握，不以禁止出口的东西资敌，不把禁止入口的东西运进来，一面并以广大群众的力量制止走私。

（2）查获以上一二两项禁止出入口之货物，均依以下规定办理之：

甲、对于违禁走私之案犯，视其情节轻重、具体情形，分别予以教育、货物没收或货物没收外，并予以罚金之处分，原则上均送县政府处理。其离县较远之区，送县不便者，可由县责成区公所代办。

乙、处理罚没案件，县政府应印制“没收单据”“罚金单据”各两联（收据一联，存根一联，样式附后），由县政府或交区公所存用。区县没收货物或罚款后，均应掣给被查获人收据联，由区处理者，单据存根并应随时报县。关于罚没案件之处理，由县实业科负责，但没收货物变价及罚款，实业科应连同存根一并交财政科统一上解。

丙、凡没收货物，均不准在当地市场拍卖，亦不必将货物逐级报解，应由县政府检明存放地点以低于市价四分之一的价格卖给当地公营商店，由商店分别种类，其属于禁止出口者，仍运回内地销售，其属于禁止入口者，仍运往敌占区抛售。

丁、查获禁止出入口货物，查获人无论系政民干部、脱离生产人员，或一般群众，均按没收货物与罚金百分之二十提奖，于案件清结后发给之。

五、本决定自四月份起实行，所有以前本会所颁出入口货稽征暂行条例及历次所发关于出入口货物的规定，除硝磺采购办法仍有效外，其余一律废止，但与本决定不抵触部分仍适用之。

以上决定是边区几年来经济工作上的重大变革，各级政府必须根据目前新的环境与对敌经济斗争新的任务，作新的估计与认识，不可拘泥成见，贻误大计，并要对干部进行深入的动员与教育，切实执行。所有因这一决定所引起之市场动态、敌伪阴谋、群众反映，应及时报会。

选自《晋察冀边区财政经济史资料选编》（三），天津，南开大学出版社，1984 年版，第 369～371 页。原注：“《晋察冀边区工作研究参考材料》晋察冀边区行政委员会编印，政权建设之部上册，1944 年 8 月 1 日”。

36. 晋察冀边区商品牌号专用登记办法

1944 年 5 月 25 日晋察冀边区行政委员会公布

一、为奖励工艺生产，凡工艺制造品使用之牌号，经制造人依本办法申请登记后，政府予以保护。

二、申请人（或机关）须将商品种类、牌号、名称与图样、销售方向地区，及申请人姓名、住址、职业（如系机关即注明机关名称），写一申请书，向所在地县政府申请登记。

县政府接到申请书后，经审查合格后即可发给登记证，申请人即取得牌号专用权。

三、专用权遭受损害时，专用权人得向县政府提起诉愿，县政府应视损害大小，令侵权人为一定之赔偿，赔偿价额不得超过损害价额之三倍。

四、牌号专用权除登记人得随时申请撤销外，凡在登记后迄未使用已满半年或停止使用已满一年者，其专用权即归无效。

五、本办法自公布之日施行。

选自《晋察冀边区行政委员会现行法令汇集》，下册，边区行政委员会 1945 年编印，第 649 页。

37. 晋察冀边区行政委员会关于召开第二届群英大会及生产品展览会的决定

1944 年 10 月 15 日

为奖励大生产中的英雄模范，及检阅今年生产成绩，推动明年大生产运动的开展，本会前曾决定在秋收后进行选拔劳动英雄，召开群英大会及生产展览会，并曾公布两个办法。惟边区年来在我党政军民一致努力之下，各种工作均有长足进展，特别由于对敌斗争及大生产运动的开展，更带起了各项建设的事业，在各个战线上（如拥军优抗、文化教育、商店合作社诸经济部门等），都涌现出许多的劳动英雄和模范工作者，他们是边区对敌斗争及各项建设事业中的积极组织者与各种政策的彻底执行者，在人民大众中有高度的威望和信仰，为总结战争、生产、教育等各方面的经验，发扬创造精神，更加推动和提高今后的各种工作，关于英雄模范的选拔及展览品的征集，有适当扩大范围的必要。本会前定两项办法范围较小，仅限于选拔劳动英雄及生产品展览，兹特加以修正补充作如下的决定：

一、关于选拔战斗英雄劳动英雄及模范工作者方面：

甲、选择标准：

（一）凡正规军、游击队、民兵及一般干部与群众，具备下列条件者，得当选为战斗英雄：

1. 积极打击敌人，破坏敌人交通，围困敌伪点碉，保卫家乡保卫边区保护群众利益，获得显著成绩者；

2. 服从组织与纪律，彻底执行政策法令，团结群众，深得群众拥护者；

3. 积极生产，努力劳动，武力与劳力结合著〔卓〕有成绩者。

（二）无论党政军民，凡具备下列条件者，得当选为劳动英雄：

1. 积极从事生产事业之一（包括农业、工业、合作运输、贸易、畜牧，以及纺织、编织等手工业）成效卓著或有新的创造者；

2. 在生产事业中，能推动帮助别人，著〔卓〕有成绩者；

3. 遵守政策法令，拥护政府军队，爱护人民，团结群众，热爱边区，足称模范者。

（三）无论党政军民各级工作人员，凡具备下列条件者，得当选为模范工作者：

1. 参加或领导任何一项工作部门的工作中有新的创造或成效卓著者；

2. 团结群众，团结干部，得到周围群众和干部的拥护者；

3. 执行政策法令并能推动影响别人执行政策法令者。

（四）各选举单位（村、区、县、部队、机关、团体、学校等）得根据上开一般标准及其特殊情况，另行规定具体的标准执行之。

（五）选举英雄模范的重点放在战争生产上，各地区均应围绕此中心任务进行，但各战略地区（冀中、冀热辽、冀晋区、冀察区）的选举重点得因地区之不同具体确定之（冀中、冀热辽得多选举战斗英雄）。

（六）凡边区抗日军民皆得为战斗英雄、劳动英雄及模范工作者之选举及被选举人，无阶级、党派、职业、宗教、信仰、文化程度、性别、民族的限制（外国人民及干部愿参加者同样不加限制）。

乙、选举办法：选举分群众选举、部队选举、机关选举三种。

（一）群众中的选举：

1. 群众中的战斗英雄、劳动英雄、模范工作者，按村区县边区四级选举之。

2. 每行政村选举战斗英雄、劳动英雄、模范工作者一人至若干人（不限定最高额，按合于甲项选举标准人数的多少决定之，无战斗英雄之村得不选举战斗英雄）。由村民或村生产委员会提出后，召开村民大会进行选举，得票最多者，当选为本村的战斗英雄、劳动英雄、模范工作者。

3. 区在各村选举后，召开各村战斗英雄劳动英雄模范工作者会议，各村战斗英雄、劳动英雄、模范工作者均参加，会上除表扬典型，及讨论本区战斗生产各项工作外，并选举若干人为本区的战斗英雄、劳动英雄和模范工作者，并在当选人中再推选若干代表出席县英雄模范大会。一般规定是五个区以下的县，每区代表不超过参加区会人数的五分之一，六个区以上的县每区不超过六分之一。

4. 县在各区选举后，召开各区战斗英雄、劳动英雄、模范工作者代表会议（最多不超过一百人）。各区战斗英雄、劳动英雄、模范工作者代表均参加。会上除介绍模范事迹工作经验及讨论本县战斗生产等项工作外，并选举若干人为本县的战斗英雄、劳动英雄、模范工作者。当选此例一般不超过出席县会之英雄模范的十分之一，并在当选人中再推选代表若干人出席边区群英大会。

5. 边区在各县及各机关部队选举后，召开边区群英大会及展览会，各县及各机关部队所选之战斗英雄、劳动英雄、模范工作者代表均参加。在大会上由出席代表中选举边区战斗英雄劳动英雄模范工作者，其数额另定之。

6. 村级党、政、民、合作社模范工作者，均在村民大会上选举之，区以上则按机关选举办法办理。

7. 选举困难之地区（如冀中、冀热辽、平北的某些地区）可采用由区县干部提出经上级审查决定的办法。

（二）部队中的选举：

1. 正规军游击队中战斗英雄、劳动英雄、模范工作者，按连（或相当于连的队）、团（或相当于团的区队支队）、分区或军区、边区四级选举之。

2. 每连选举战斗英雄、劳动英雄、模范工作者若干人，其选举由全连军人大会进行之。得票最多者，当选为本连的战斗英雄、劳动英雄、模范工作者。

3. 团在各连选举后，召开各连战斗英雄、劳动英雄、模范工作者会议，各连战斗英雄、劳动英雄、模范工作者均参加，会上由与会的英雄模范互选若干人为本团的战斗英雄、劳动英雄、模范工作者，其数额由团自定，并在当选人中再推选若干代表，出席分区的代表大会，其数额由分区规定之（必要时团的会议可与县的会议合开）。

4. 分区在各团选举后，召开各团的战斗英雄、劳动英雄、模范工作者代表会议，各团战斗英雄、劳动英雄、模范工作者代表均参加。会上选举若干人为本分区的战斗英雄、劳动英雄、模范工作者，并在当选人中再推选若干代表出席边区群英大会及展览会，每分区当选比例及参加边区大会之代表人数由晋察冀军区政治部规定之。

视具体情况由军区召集更便利者，分区可不举行由军区召集之。

5. 各级军事政治后助工作人员中之模范工作者，应在军人大会及各级代表大会上提出并选举之，连长、指导员、团长、团政委、团政治处主任则不在同级的军人大会或代表大会上提出选举，而在其上级的代表大会上提出并选举之。

（三）机关中的选举：

1. 本项所称机关，系指政权（包括议会、政府、司法及公安部门）、军事机关、团体、合作社、公营商店、公营工厂作坊、学校、公立医院等而言。

2. 机关选举分边区、地方、工厂三个系统进行。边区包括分区专区级以上之军政民各机关、团体、学校、医院等；地方包括县区政府、团体、合作社、公营商店、学校、公立医院等；工厂包括县内独立经营之各公私工厂作坊，及分区、专区、军区、边区所属之公营工厂、作坊等而言。

3. 边区系统：专区级各机关（专署、法庭、抗联、商店、短师等）联合成立一选举单位，由专区生产委员会主持召开全体人员大会，选举机关战斗英雄、劳动英雄、模范工作者，并与分区各机关之当选人开专区机关战斗英雄、劳动英雄、模范工作者会议。推选代表若干人出席边区群英大会。

分区各机关（军事、政治、后勤机关等）得按人数之多寡，单独或联合成立一至若干个选举单位，选举机关战斗英雄、劳动英雄、模范工作者，并在当选人中联合推选代表若干人出席分区召集之团级英雄、模范工作者会议，并与专区机关选出之英雄模范中推选出席边区群英大会。

新建立之各军区行署与机关英雄、模范之选举参加专区分区机关选举。

边区各机关分别党政军民各系统以及各该系统所属之各机关，均各自成一选举单位，选举本机关之战斗英雄、劳动英雄、模范工作者，并在当选人中推选代表若干人出席边区机关战斗英雄、劳动英雄、模范工作者代表会议。

边区机关战斗英雄、劳动英雄、模范工作者代表会议再由代表中推选若干人为出席边区群英大会及展览会的代表。

4. 地方系统：区公所、抗联、高小、合作社，及其区域内所住之商店分店或贸易栈等联合成一选举单位，由区生产委员会主持召开全体人员大会，选举机关战斗英雄、劳动英雄、模范工作者，出席区召开之英雄模范会，并由当选人中推选代表若干人出席县战斗英雄、劳动英雄、模范工作者代表会议。

县级各机关（包括县政府、司法处、抗联、县商店、合作社等）联合成立一选举单位，由县生产委员会主持召开全体人员大会，选举机关战斗英雄、劳动英雄、模范工作者，再由当选人中推选代表若干人出席县战斗英雄、劳动英雄、模范工作者代表会议。

县文化教育模范工作者人数（主要为小学教师），由专区规定，并在各县文化教育模范工作者中由专署召集选举最典型者出席边区群英大会。

5. 工厂系统：县内所有独立经营三十人以上之公私工厂作坊（三十人以下者参加所在村或地方选举），得联合成一选举单位，由县生产委员会召开全体人员大会，选举工厂战斗英雄、劳动英雄、模范工作者，再由当选人中推选代表若干人出席县战斗英雄、劳动英雄、模范工作者代表会议。分区、专区、军区、边区所属之公营工厂、作坊凡在三十人以上者均自成一选举单位，选举本厂的战斗英雄、劳动英雄、模范工作者，再由当选人中推选代表若干人出席边区召开之工厂战斗英雄、劳动英雄、模范工作者代表会议。三十人以下之工厂作坊即按本项三节之规定办理。边区工厂战斗英雄、劳动英雄、模范工作者代表会议，由边区抗联与军区政治部联合召开之，会上由出席代表中再推选若干人为出席边区群英大会的代表。

（四）以上群众、部队、机关之选举在各级代表大会上各级生产委员会或出席人五分之一之联名，均得根据本决定之标准，补充提出候选代表，此种候选代表，经大会多数通过，即成为正式代表，享有同样之选举及被选举权；但不得超过原来人数的十分之一。

（五）去年战斗英雄，劳动英雄，模范工作者得连选为本届战斗英雄、劳动英雄、模范工作者。其有行为与工作不足表率者，亦得经各级代表会提出要求，由政府撤销之。

丙、出席边区群英大会的人数：

（一）冀晋区八八人，分配如下（最高额）：

第二专区二十人，第三专区二八人，第四专区二五人，第五专区十五人，由专区自行分配到县。

（二）晋察区四五人，分配如下：

第一专区二二人，第十一专区十五人，第十二专区八人，由专区自行分配到县。

（三）冀中区一百人（部队在内），由冀中军区、行署酌量分配。

（四）冀热辽区十人（部队、群众干部在内）。

（五）冀晋、冀察两区文化教育模范工作者共十人。冀晋区七人（二专一人，三专三人，四专二人，五专一人）。冀察区三人（一专二人，十一专一人）。

（六）冀晋、冀察部队六十人，由晋察冀军区酌量分配。

（七）分区级以上工厂共十人，由边区抗联与军区政治部会商分配。

（八）边区、专区机关二十人。每专区二人（分区机关在内），边区六人。

丁、奖励办法：

（一）村、区、县、边区的战斗英雄、劳动英雄、模范工作者，由各级政府分别不同地区不同对象酌量予以物质的奖励，如牲畜、武器（由边区发）、农具、布疋、奖金、用品等。村奖品自备，县区由预备费开支。此外并得予以名誉奖励，如发给奖状、奖旗、奖章，匾额及表扬英雄模范事迹等。

（二）部队、机关、工厂、商店、合作社、学校、医院等选出之机关战斗英雄、劳动英雄、模范工作者由各级领导机关分级奖励之。开支自筹。

戊、选举会期及经费：

（一）区开会不超过二天，县开会不超过七天，均由政府供给食宿（食宿费每日以小米三斤为准）、路费，部队、机关开会期间自定。

（二）边区群英大会及展览会，开幕日期地点另电通知，各代表须于会前一日到达。食宿、路费均由政府供给。

（三）村区选举须于十一月末，县及机关选举须于十一月底办理完竣，报到边区。

己、其他：

（一）出席边区代表大会的代表报到时，应携带本人传记及模范事迹材料（最长一千五百字）一份，交大会审查。

（二）本会前颁劳动英雄选拔办法有与本决定不合者均废止，不抵触部分，仍适用之。

二、关于展览会方面：

甲、展览会的内容，以生产为第一位，但不是单纯的生产品展览，而是围绕着战争、生产、教育三大中心任务的各项工作的展览。展览品征集范围，除前颁征集办法所列各项仍适用外，另补充：

（一）军事胜利品：各种缴获敌伪的武器装备、军需品等。

（二）生产品：

1. 工业品方面：如军用品、药品、造纸、日用工具、机件改良制造等品。

2. 农业方面：

（1）作物病虫害、害鸟、害兽（如白发病、黄疸、黑疸、花媳妇、蝼蛄、稻蚕、稻包虫、枣步曲、蝗蝻、鸽、狼、狐、獾、狖狸、猾猫等）。

（2）捕杀害虫、害鸟、害兽的用具和药剂（如打狖狸、打蝗虫的用具，和各地使用的著〔卓〕有成效的杀死害虫、害鸟、害兽的土药剂和工具）。

（三）除实物应征外，其他无法用实物表现的（如文化、卫生、贸易、合作、人民生活等项），均可用图表、照片或文字叙述送来展览。但不论实物、材料、图表，都必须是典型的，并且最好有好的坏的两种典型，以资比较。同时又要能说明边区各项工作的历史发展过程，切忌现象罗列及专尚珍奇的偏向。

乙、各级召开之英雄模范大会上，应同时举行展览会。可在县展览后再送边区，但至迟须于十一月底送到。特殊物品数量过少者，可在县展览后，专人送到边区。

丙、各级英雄模范大会及展览会，对于各种用具药剂等之使用方法和技术，得举行试验及表演，以资推广。

丁、本会前颁展览品征集办法之与本决定不合者，均废止，不抵触者仍适用之。

选自《晋察冀边区行政委员会现行法令汇集》，下册，边区行政委员会1945年编印，第673～683页。

38. 晋察冀边区行政委员会关于建立各级贸易管理局的决定

1945年2月24日

为进一步发展境内贸易，加强管理对敌贸易，猛烈开展对敌经济攻势，决定从边区到县一律建立贸易管理局。

一、各级贸易管理局的职权如下：

1. 具体掌握与组织实现边区贸易政策，办理贸易行政（如商店登记、商标注册等）。

2. 结合各个经济部门力量，在当地政府统一领导下，组织对敌经济攻势，打击伪钞，扩大边币阵地，并积极用贸易工作配合广大解放区。

3. 管理对敌贸易，征收出入口税。

4. 领导公营商店，并指导部队、机关之商店。

5. 管理集市、商贩。

二、各级贸易管理局的组织编制：

1. 边区设局长一人、秘书主任一人、秘书一人、干事二人，必要时设副局长一人。

2. 行署级设局长一人、秘书一人、干事三人，必要时设副局长一人。

3. 专署与县级均设局长一人、干事二人至三人。

4. 各级贸易管理局除局长掌握全面外，其他干部一般可按贸易行政（包括集市管理、稽征）、商店管理、调查研究（包括经济情报汇集整理）等工作实行分工。

5. 靠近出入口地带的区公所设贸易管理员一人，负责征税缉私及集市管理，不过征［税］缉私主要应依靠组织群众进行，办法另有规定。

三、为加强集市管理，所有集市均一律成立集市管理委员会（另有详细规定），较大集市可成立市公所，设脱离生产干部（由县政府开支），在区公所或县贸易管理局领导下管理集市一切设置、牙纪管理、缉私征税、物价稳定、保卫、治安等工作，与当地村公所取得密切结合。

四、领导关系：

1. 各级贸易管理局系各该级政府领导下的贸易工作专管部门，受各该级政府行政首长领导，为各该级政府组成部分，局长得参加各该级政府行政会议，各级贸易管理局上下级有直接领导关系，得单独行文，对人民发布通告等，但有关政策法令的变更，应以政府名义行之。各级贸易管理局之钤记，由各该级政府制发。

2. 各行署级贸易管理局直接领导总店，总店直接领导分店，但有关一个专区或县范围的商店业务方针与计划，行署贸易管理局或总店除通知总店或分店外，同时应通知专区或县级贸易管理局。为了适应战争环境，发挥总力战一元化的威力，求得对敌经济斗争的力量的集中，步调一致，更有保证地完成上级贸易管理机关的指示起见，专区及县级贸易管理局除应坚决执行上级贸易管理局及总店的决定外，专局或县局将有关一个专区或县范围之商店工作，得对总店、分店进行工作上的领导，但不得变更上级决定之业务方针与计划，亦不得自行调动商店资金。

五、干部问题：

各级贸易管理局与商店干部应由各级政府下决心抽调坚强干部充任，以确实加强这一部门工作。

行署级贸易管理局正副局长由边区行政委员会委任，专区级贸易管理局由行署委任，县级贸易管理局长由专属委任，区级贸易管理员及市公所市长由县政府委任。

总店副经理与股长级干部理［由］行署聘请，分店副经理与股长级干部由总店商同专署由总店聘请，商店干部应由原聘请机关调动，各级政府不得自行调动。

六、此决定公布之日起，所有以前与此决定相抵触之规定、条例，办法即行作废。

选自《晋察冀边区财政经济史资料选编》（三），天津，南开大学出版社，1984年版，第459～461页。原注："这是晋察冀边区行政委员会一九四五年财字第二号文件。"

互校版本：《晋察冀边区行政委员会现行法令汇集》，下册，边区行政委员会1945年编印，第643～645页。

39. 晋察冀边区关于统一采购与专卖办法的决定

1945年3月23日

一、统一采购对外是为了统一对敌力量、减少奸商暴利，以争取等价交换平衡出入口贸易，对内是为了调节供需、稳定物价，以利军需民用。

二、统一采购，一方面是从计划与分配上来进行，一方面是从购买上来进行。

（一）各用货部门全年的或半年的采购计划，边区级的应统交边区贸易管理局再把任务交到行署贸易管理局，行署级及行署级以下的应统一到行署，行署局再汇集边区交来的任务，分别地区缓急、数量多少，适当的〔地〕统一分配给一定商店采购，各用货部门临时的零星的采购，可直接向商店订购或现购。

（二）各部门采购计划，应尽量早日提出，尽量作长期打算，以便采购商店逐渐进行，以免不能及时购到或突然的大价购买。

（三）采购应指定一定的商店，划分地区指定那〔哪〕个城市为重点来进行。

除指定的商店以外，一般公营商店（包括机关部队商店）及其他机关人员一律不得进行对外采购

用货部门派出的采购人员，应通过商店，协助商店共同进行，不得自行采买，以免形成争购，抬高货价，便利商人暴利。

（四）边局行署局将采购计划分配后，各用货部门即直接与采购商店发生关系，其账款清理、货物交付等均直接负责，货价按原价加脚费、包装费及耗损费，不收手续费。

（冀晋行署办法：各用货部门将采购计划交与〔予〕行署，行署统一分配，货物购妥后，用货部门持收据去领现物，账款由行署负责清算，等于实物供给，此办法可资参考。）

三、对外采购的原则是分散入口，集中收买。

（一）分散入口，不是由商店统制入口，而是要多方发动私商采购，以及群众的对敌走私，货物入口后，除公家专用物品（如军火原料、电料、模造纸等）由采购商店收买外，关于民用的可以在内地市场自由买卖。

（二）集中收买，是以商店收买为中心，各用货部门派出的采购人员依照地区得驻在采购店内，协助进行采购工作。

1. 采购人员的派出，冀晋、冀察地区只限于边区、行署、分区三级的用货部门。

2. 用货部门派驻商店的采购人员，应受本部门及商店的双重领导，驻在商店时间，在不妨害本部门任务之下，商店采购员日常生活与工作，他的主要工作在［于］与商店共同研究使用关系、辨别货色、商定物价等，不得妨害商店的采购统一，不得妨害商店的生活制度，并可以协助商店的一般工作。

3. 各用货部门的采购关系，可由驻店人员带到采购商店内统一使用，但可以单独发生关系，逐渐移交商店，来货由商店进销，款子由商店收付，价格大家公议，分配依照上级交来的总计划。

4. 在内地市场购到的外来采购品，亦统交商店统一的进销与分配。

5. 采购人员的派出须带本部门的采购证，派到商店须携带介绍信，否则取消其采买权。

四、对内统一采购货物，暂只限于军用布棉，主要在［于］不形成突购与争购。

（一）用货部门的计划应早日提出，商店逐渐收买，照顾到市场供需的调节，照顾到季节性的规律，以免物价的突涨突落。

（二）指定商店采购应指定地区划分市场，以免互相争购。

五、专卖是以我禁止出口之物资，为了从敌占区换取我之必需品时，为之，交由对外采购之公营商店办理，其他团体或个人，均不准办理，特殊者应另请专署以上贸易管理局批准之。

采购商店为采购某项物品须进行专卖时，即填具申请书（格式由行署规定）报请专署以上贸易管理局批准，发给证件，证件用毕交回，不得转移。

六、本决定自公布之日起施行。

选自《晋察冀边区财政经济史资料选编》（三），天津，南开大学出版社，1984年版，第375～377页。

40. 晋察冀边区行政委员会关于《对敌贸易稽征管理办法》的指示

1945年4月23日

一、在一九四四年以前，边区出入口税的执行，主要限于北岳区范围而没有普遍的〔地〕在全边区执行，同时由于“口”的不明确，妨碍了内部贸易自由的政策，内地贸易线征许多税，致形成严重脱离群众现象。

现在我们的稽征系指对敌贸易而言，一改过去“出入口”含浑〔混〕不清的毛病，精神在于分清敌人与群众。

《对敌贸易稽征管理办法》（以下简称新办法）第二条的规定，其精神在于包围、孤立、封锁敌人，团结帮助人民，因此在执行上必须注意：

（1）对敌贸易的稽征，仍需划出“稽征线”，但线必需〔须〕灵活，随情况变化随时改变，除解放区外把准备扩大的地区亦应视为我区的税，向该地开展贸易工作，建立与该地群众的经济连〔联〕系，以利团结群众，扩大解放区。此外，无我工作，当前亦不在准备扩大之计划内，亦非友邻地区，此种地区视为敌占区，进行回线稽征。

（2）敌占区群众有组织或经过一定关系，来我区购货，保证不资敌，应准其购买，对敌占点碉城镇之群众，所需物资各级政府应根据实际情形负责予以调剂。

（3）由于敌人铁路线、公路线的分割，致使我区内部贸易（如冀中与北岳）有许多要通过敌占交通线，因此在执行上，必须防止单纯征税观点的发生，要仔细区别（如从物价人事上）对敌抑［或］内部贸易。须贯彻境内贸易自由政策，各地区防止彼此执行扣罚的现象发生，致碍内部团结。

二、过去对税卡干部，由于我们的教育不够，掌握、监督、挑选干部也差，造成许多脱离群众的现象，此次建立征税工作对干部选择教育要特别注意。对敌贸易稽征，基本上要依靠群众，应造成群众的缉私运动，创造新的缉私经验。对奸商一再漏税走私，应依法处理；但对“……贫苦的老百姓，因为不知道政府法令，运一点粮食棉花出境，如属初犯，也不应立即没收”，应该从宽处理，从说服教育多做工作，使勿再犯。

三、“新办法”对于货物处理税率规定只是带有全面性的一般规定，各地区如有新的意见，可报边府决定，以免各地不一致；其带有地方性的物品，需要征税出入另行规定者，行署可本围困敌人、简而易行的精神规定之，并报边府存查。

“新办法”除在晋察冀日报公布外，不再印发布告，各行署区根据本区情形印发布告，俾众周知。

四、关于一切票照统由行署掌握，税款亦作为行署岁收，不上缴。但稽征情形（包括税款）需每月报边区一次（十二［月］底之汇报，需总结全年的）。

这是一件新的工作，各行署应把工作建立情形、新的经验随时报告边府。

附：

晋察冀边区对敌贸易稽征管理办法

第一章　总则

第一条　为保护贸易促进生产，对敌进行经济斗争，特制定本办法。

第二条　本办法所称之对敌贸易，系指对敌占城市点线之贸易而言。

第三条　对敌贸易之管理由边区贸易管理局及其所属管理机关办理之。

第二章　税则

第四条　凡本边区出产之货物输至敌占区者为输出，货物依其性质分别规定为禁止或征税输出，其余均自由输出（具体规定附：输出货物分类处理表）。

第五条　凡敌占区出产之货物输入本边区以内者，为输入货物，依其性质分别规定为免税或征税输入，其余均禁止输入（附：输入货物分类处理表）。

第六条　征税免税或禁止输出输入之货物，得因不同地区形势及需要或带有地方性之物品由边委会授权各行署随时以命令变更之。

前项变更，应呈报边委会备案。

第三章　稽征与管理

第七条　凡货物输出输入时无论公私商贩、部队、机关、团体、学校或个人如系应纳税货物，应即向该地稽征机关报税，领取票照。

第八条　应纳税货物除法令别有规定者外，均按买价征收，税款以边币为限，货价由纳税人自报，如发觉报价不实或货多报少，确系隐蔽税款者，经说服无效后，得由稽征机关按漏税处罚之，或推定公营商店照所报价格收买之。

第九条　输出货物税于货物输出地点征收之，输入货物税于货物输入地点征收之。

在边区境内，均只征收一次。

第十条　货物输出输入时均须报稽征机关查验，货与票照相符时由稽征机关加盖验讫图记以资证明。

第十一条　稽征人员有会同当地政府查验商贩货物及货账之权，无论公私商店或摊贩不得藉〔借〕故隐蔽或拒绝。

第十二条　输入货物纳税后在本边区境内得自由运销，如须〔需〕分运时得报当地稽征机关根据原税票填发分运单。

第十三条　本边区内部调剂中经敌之封锁线者（铁路、汽车路等），除对该线之敌据点严加封锁外，可自由交易。

第十四条　各级政府应广泛发动群众依靠自卫队组织配合稽征机关对敌实行严格封锁与缉私。

第四章　处罚

第十五条　漏税走私一经查获依下列规定处罚之。

甲、漏税案件除照章补税外并处以所漏税额一倍至五倍之罚金，但所处之罚金及应补税额之和，不得超过货物总价。

乙、走私货物除将货物悉数没收外，情节轻微者由稽征机关教育释放，较重者处以百元以上五千元以下罚金，其重大者，送交当地县政府处理。

第十六条　各稽征机关查缴没收之私货不得自行拍卖，应悉数交由县贸易管理局处理。

前项私货由县贸易管理局估价交公营商店，其属于禁止输出者仍运回内地销售，其属于禁止输入者仍运往敌占区抛售。

第十七条　伪造税票、分运单、罚金收据等证照者，查获后送县以上政府以伪造有价证券论处。

第十八条　稽征人员有不法行为时，任何机关团体或个人均得报请其主管机关或区以上各县政府查明法办。

第十九条　在本边区境内无论任［何］机关团体或个人查获走私漏税案件，均须交当地稽征机关或政府处理。

第二十条　各县区政府如查获走私及漏税案件可依本办法之规定处理，但新补税款漏税罚金及没收之货物均须交与当地稽征机关或政府处理。

第二十一条　稽征机关对走私漏税案件，其须交政府或贸易局处理者不得越权擅自处理。

第五章　奖励

第二十二条　凡查获贩运私货及漏税案件者无该机关部队人员及群众，可由政府或稽征机关酌予名誉或物质奖励。

第二十三条　查获人所得奖金须具备正式收据向处理机关领取，由稽征机关统一列入月报并附总收据报销。

第二十四条　缉获武装走私案件者，各稽征机关应随时呈报各该行署从优给奖。

第六章　票照印制及其使用

第二十五条　征税与管理所用之税票罚金收据分运单等证照，均由边区行政委员会统一颁发样式，由各该行署或指定专署分别照印使用，如非是项票据，得拒绝纳税。

第二十六条　各项票据使用时不许挖补或任意涂改，违者除原票据作废外，并依法办惩办。

第二十七条　填用各项票照一律不取工料费。

第七章　附则

第二十八条　本办法修改解释权属于边区行政委员会及其行署。

第二十九条　本办法施行之日所有前颁有关处理出入口货物之条例及“决定”等一律作废。

第三十条　本办法自公布之日施行。

选自《晋察冀边区行政委员会现行法令汇集》，下册，边区行政委员会 1945 年编印，第 630～636 页。

41. 晋察冀边区奖励技术发明暂行条例

1945 年 11 月 1 日

第一条　晋察冀边区为奖励技术人员研究发明，提高生产技术充实建国力量，特制定本条例。

第二条　凡公业、矿业、交通、农业、林业、畜牧、水利及医药等各项技术人员，无论籍在边区，或边区以外新来边区，愿从事各种实业建设或技术试验研究，除受本边区法律保护及政治上之尊重外，对于其事业之建设、技术研究之进行，边区各级政府均须尽量予以工作之便利及切实之帮助。

第三条　凡第二条所列各项技术人员均可向所在县市政府或直接向专员公署特别市政府、行署、边区行政委员会（下简称边委会）请求登记。发给登记证，其愿参加技术机关工作者，得请求各该级政府介绍或聘任。

第四条　技术人员欲作生产试验研究者，得请求边委会或其行署、专署、特别市政府派赴或介绍公营场所及试验研究机关各座研究。其各座研究期间之生活费、试验费，由边委会或其行署、专署、特别市政府供给之，其自行试验研究费用不足或缺乏者，得请求边委会或其行署、专署、特别市政府酌予帮助一部或全部。

为本条之请求者，须附试验研究计划经审定后行之。

第五条　技术人员无论对工业、矿业、交通、农业、林业、畜牧、水利及医药等技术有所发明、发现和改良、创造者，均得呈请边委会或其行署核定。

第六条　奖励办法分荣誉奖及奖金两种：

一、荣誉奖分为五种：

甲、建立研究所（研究所冠以发明创造人之姓名）。

乙、荣誉宣扬。

丙、奖旗或奖匾。

丁、奖状。

戊、奖章。

二、奖金：每项一万元至一百万元，有特殊发明与贡献者由边委会特别奖励之。

本条一、二两款之奖励得同时为之。

第七条　凡欲呈请奖励者，须将其技术研究经过、技术价值连同制品或模型图样，附具详细说明书报告边委会或其行署，或经由所在县市政府转报边委会或其行署审查决定之。

第八条　同一技术有二人以上在同一时期内研究成功者，以其成功之先后、价值之大小分别奖励之。

第九条　边区党政军民机关、团体、学校在职干部，工厂工人及一般人民，对以上技术有所发明、发现、改良、创造及欲作技术试验研究者，依本条例之规定优待奖励之，其不脱离生产之人民在试验研究期间免除其勤务。

第十条　本条例有不适时由边委会修改之。

第十一条　本条例自公布之日施行。中华民国三十年七月二十日公布之晋察冀边区奖励生产技术条例同时作废。

选自《晋察冀边区行政委员会现行法令汇集》，下册，边区行政委员会1945年编印，第595～597页。

互校版本：《中国新民主主义革命时期根据地法制文献选编》，第4卷，北京，中国社会科学出版社，1984年版，第708～710页。原注："选自晋察冀边区行政委员会《现行法令汇集》下册，1945年版。"

42. 晋察冀边区修订优待技术干部办法

1945年11月1日

第一条　为适应边区发展形势，加强边区经济建设，提高技术干部地位，特根据晋察冀边区优待生产技术人员暂行办法修订本办法。

第二条　凡农林、工矿、交通各项技术人员经政府任用者，一律按本办法优待之。

第三条　技术干部之任用依其资历经验、技术水平及对边区经济建设之贡献等条件分为下列四级：

甲、技正：在技术上或理论上有独特创造、对边区经济建设有重大贡献者（一般的指国内外大学毕业，有研究发明者）。

乙、技士：能独立掌握技术进行设计及研究而有成绩者（一般的指大学毕业后有实际经验者）。

丙、技佐：能独立设计研究及进行实际工作者（一般的指专门学校毕业，有实际经验者）。

丁、技术员：能协助进行试验研究及勘测工程，有基本知识者（一般的指训练班或练习生毕业者）。

前项技佐、技术员县市政府以上机关有任用之权，技士，专员公署或特别市政府以上机关有任用之权，技正，边区行政委员会（下简称边委会）及行署有任用之权。如各级政府任用技术人员不属本级权限范围者，须报请上级委任。任用后，技正、技士，须呈报边委会备案，技佐，须呈报专员公署备案。

第四条　技士、技佐、技术员工作努力者有成绩时得逐级升用之。

前项技士升技正者由边委会办理或核准。技佐升技士者由行署或边委会办理或核准。技术员升技佐者，由专署或特别市以上机关办理或核准。

第五条　技术干部经政府考核有派赴外国留学或其他学术机关深造时，政府资助其一部或全部。

第六条　技术干部之薪给规定如下：

甲、技正：每月小米六百斤至一千二百斤。

乙、技士：每月小米四百五十斤至八百斤。

丙、技佐：每月小米二百五十斤至五百斤。

丁、技术员：每月小米二百斤至二百五十斤。

前项薪给，每月折价发款，其由机关供给衣食者，按所需扣除之。

第七条　有特殊功绩或特殊技术者，得特别优待，其经常工作有成绩者得与〔予〕加薪。

第八条　技术干部如因工作劳累或受伤致成残疾者，视其情况给以长期之生活供给优待。

第九条　技术干部不交纳机关生产任务。

第十条　技术干部子弟入学按干部子弟入学办法待遇，其家属待遇在政府〔治〕上与一般干部家属同。

第十一条　技术干部因年老或其他事故请求退休时，给以退休金，退休金视其工作历史成绩与其本人及家庭生活情况决定之。

第十二条　第六条规定之薪给，由其所属机关转报上级批准由其所在机关开支。其他留学供给、退休金等均由边委会或其行署发给之。

第十三条　技术干部如有技术发明，按晋察冀边区奖励技术发明暂行条例奖励之。

第十四条　技术人员经军事机关任用者，其待遇由军区司令部规定之。

第十五条　技术人员在各公营产业部门工作者，由各该产业部门视产业之情况参照本办法，自行办理之。

第十六条　医药人员由医药部门参照本办法规定之原则办理之。

第十七条　本办法自民国三十四年十一月一日实行，前颁晋察冀边区优待生产技术人员办法作废。

附：技术干部登记表一纸（略）

选自《晋察冀边区行政委员会现行法令汇集》，下册，边区行政委员会 1945 年编印，第 598～600 页。

43. 晋察冀边区森林保护条例

1946 年 3 月 7 日晋察冀边区行政委员会颁布

第一条　为保护公私林木，促进林业发展，特制定本条例。

第二条　本边区内无论公私林木，各县政府均须督同村区公所负责保护之。

第三条　经区公所以上政府划定植树造林之地区，即作为禁山禁地，在规定期限内不得放牧及樵采。至于期限的长短，由各地自定。前项禁山禁地之划定应避开牛羊道，同时应视植树造林情形逐年扩大，不得空划广大范围。

第四条　私人之自然林，无租佃关系者，归原主所有，有租佃关系者，按租佃关系分益。分益由双方自订，但地主所得最高不得超过对半。

第五条　自然林之地主不能管理时，由佃户代管，如果面积过大，佃户不能单独管理时，或因其他原因地主与佃户均不能管理时，由林地所在村代管或由县区政府派专人代管，代管之林木开伐修枝等收入，代管人得一部或全部。

第六条　长期佃户在所租土地上自行培植之林木，修滩者在滩地上培植之护滩林，其所有权与处理权属于佃户或修滩者。如地主出树苗及兼出劳力者，林益之分配得由主佃双方协议规定之。

第七条　林木、林地被侵害时，无论何人均得报告当地政权机关或林木所有者，对报告者政府予以表扬，林木所有人酌予酬谢。

第八条　禁山禁地未经开放时不得樵采。如窃伐树木者，得依其损害情形责令加倍赔偿，或令其补植新树，或处以植价二倍以上之罚金。家畜啃坏树木时同。

第九条　山间所有树木之根株，一律不得掘采，以固结土壤、防止山崩水患，违者依妨害保安林论处。

第十条　放火烧毁及开垦他人之森林者，除按价赔偿外，并送司法机关依森林法判罪。参加救火者，按工加倍给资，由林主及烧山者各负担一半。

第十一条　各地县以上政府，得依本条例根据具体情形制定单行辨〔办〕法。

第十二条　本条例自公布之日施行，民国二十八年九月二十九日公布之《晋察冀边区保护公私林木办法》同时作废。

选自《中国新民主主义革命时期法制建设资料选编》，第三册，西南政法学院函授部1982年编印，第23～24页。

44. 晋察冀边区保护家畜及奖畜牧业条例

1946年3月7日晋察冀边区行政委员会颁布

一、为增殖改进与保护各种家畜，发展畜牧事业、国民经济，特制定本办法。

二、凡愿在本边区内经营畜牧事业（畜牧场、种畜场、乳牛场、养鸡场等），其因规模宏大、私人资力不足者，得拟具具体计划书，申请政府批准协助之。

三、凡在本边区境内私人经营、合作经营，或公私合营之各种家畜家禽，经政府及有关部门组织之专门机关（如品评会等，下同）品评优胜者，分别予以现金或名誉奖励。

品评标准及奖励办法由专门机关临时规定之。

四、凡私人之种畜、种禽经品评优胜者，发予奖金后，如欲出售，政府以高价收买之。

五、凡经评定合格之牝种畜或经区级以上之政府鉴定登记之牝种畜，一律免纳统一累进税，并在繁殖年龄不得强为役使。

六、牝种患病后未复原及未满三岁或超过十岁之马驴、未满三岁或超过十二岁之牛、未满二岁或超过十五岁之骆驼、未满二岁或超过六岁之羊、未满二岁或超过七岁之猪，均不得交配繁殖。幼畜未满三岁者，并不得强为役使。

七、禁止打杀胎羊，禁止屠宰耕牛及一岁到十五岁之马骡驴、一岁到十二岁之牝牛、一岁到六岁之牝羊，及其他各种种用家畜。

上列各种家畜，为法禁家畜，凡法禁家畜因病、老、残废者，必须由村（街）公所证明，报经区公所核准后，方许屠宰。

屠商、民户不依上述手续宰杀法禁家畜者，除将所宰杀之家畜全部没收外，并科以全部畜价二分之一的罚款。所没收之畜价及罚金，交存市县政府作奖金用。

八、凡查获宰杀法禁家畜，或因报告而致查获者，得从罚金中提百分之五奖励之，但工作人员除外。

九、发现传染病发生，或发现贩卖疫畜或疫畜之皮肉，发现人须立即报告所在地之政府，政府对报告人得酌情予以奖励。

十、对牲畜瘟疫防止或疾病治疗，有显著成绩或新的创造者，由所在地政府或转请上级政府奖励之。

十一、本办法自公布之日施行，所有晋察冀边区行政委员会前颁布有关畜牧业之各种条例法令与本办法相抵触者，均即作废。

选自《中国新民主主义革命时期法制建设资料选编》，第3册，西南政法学院函授部1982年编印，第24～26页。

八、文教卫生

1. 晋察冀各种政策
——文化［教育］建设

1942年边区干部学习参考资料

一、关于高等学校教育：边区过去有联合大学、抗战建国学院、群众干部学校等，现均已归并为联合大学，内分四院二部，并各院现只设有短期训练班，逐渐添设以期四年卒业。

甲、法政学院：现分为四队训练班，准备创造关于政权行政财经干部。课程系业务教育与政治教育并重。

乙、教育学院：目的在于训练初中及小学校长、教员与教育行政干部，关于课程方面系业务教育与思想教育并重，时期为六［个］月。

丙、文学院：在于训练部队及地方的文化娱乐干部、剧团演员以及县以下群众团体宣传干部。

丁、工学院：只有两个短期训练班，目的在于训练开矿、制革及新式纺织的干部。

子、中学部：二年毕业，课程和普通中学同，因教育设备缺乏，各分区只有初中部。

丑、民运干部部：经常办的是农工青妇四队，除一般的政治课外并授以群众工作，使所学与所用完全合一。

二、关于中学教育：决定在每一专署设一中学，四年毕业，现已有九个中学，相当于旧制的中学，另外增设政治理论课，中学内均有两个短期训练班，一［个］月毕业，专门训练村长、小学教员、村自卫队等村级干部，在生活方面由学校负责管理，教育方面则由学校及主管方面共同负责。

三、关于高小教育：只有高小教育的普遍发展，中学才有源源不绝的学生来源，而初小教育也才有充分的教员，而得到充分的普及。现在边区高小发展不平衡，有的县区有三个高小，有的县只有一个高小，现已决定在每个区必办高小一座。

四、初小教育：边区现共有两万初小教员，但小学教育还不够普及与平衡。今后要做到每个村有一处小学，以达到普及教育的目的。它应是免费的，对于贫穷子弟实行半耕半读制。

五、各种学校应当充分地给学生以民主制、生活与思想自由，而学生的集体的生活纪律是建筑在学生的自觉与自治的基础上，勉励学生来追求真理，自由研讨学问的精神，用进步的思想来确定学生的人生观、战胜反动的错误思想。青年是热爱真理，而我党正是真理的代表者，不用真理的武器而用反动的统治的高压手段，来解决学生的思想问题，是极愚笨的，它不但混淆是非，反而给反动派制造政治资本，因此有些同志用开除的手段来对待思想上一时错误的学生是不对的。

六、民众教育：民众教育、学校教育，是抗日根据地建设的两个重要方面。边区民众教育的发展，大致经过两个阶段：初时为各种的识字班，但却缺乏统一计划与指导，因而形成忽作忽辍、学随学息的现象，现在则取消了各种繁多的识字班，为代之以经常的民众夜校，终年不停地进行，每日下午晚饭后，群众间息时即为上课期间，同时在各村普遍设立了识字牌，在有的每日在牌上写二个字或三个字来教育全村男女，隔几天则在牌上写出一个政治问题或社会问题，使全村男女老少都来了解，老年人可不必强识字而应偏重于政治的、社会的教育。

七、距离敌人据点较近之游击区，小学教育与民众教育应采取伪装的办法，比如公开地可以教四书五经，暗则应教育抗日课本，或采取小先生制，化整为零，分散进行之，同时应采取伪装进行教育与辅导生制度。

八、开展国民教育的中心环节在于争取小学教员提高其质量，编辑出版大众丛书，及民众教科书与充分地利用识字牌，而各种教科书的编辑则应由专门机关办理之，至于争取小学教员则应当利用训练班、小学教员救国联合会等组织，并应抽派专门人员负责进行之，一般农民支部则不易担负此任务。

九、关于文化娱乐工作：文艺是为政治服务的，应提高与普及之，文娱工作应当成为大众的运动及大众生活的一个方面。文化的组织与脱离生产的剧团的活动，只是文化运动与组织的一小部分，而主要的文化运动与文化娱乐工作应当放在广大的农村、连队、工厂及学校，使广大的士兵群众及农民组织不脱离生产的剧团、歌咏队、秧歌队和自作的街头诗、民歌、小调等，而文化人的专门组织则应当成为大众文化运动的指导者，及推动者，应当参加到民众活动中去，而不应躲在自己的象牙塔里，否则即难有大的成就。抗战中的经验已证明，当广大的民众已获得了民主自由和物质生活的改善以后，文化运动即蓬勃地开展起来了，有不少优秀的不脱离生产的剧团用了现实的形式与内容所编演出来的成绩并不坏，而极受大众欢迎，这说明了大众需要艺术生活，同时他们也在从事于艺术的创造。

十、边区为了适应于上述的文化运动，因而产生了两种文化运动的组织：

甲、关于文化人的组织则组织文协、美协、诗协、剧协等，这乃是较有修养的文化人的组织，它在边区一级的会员只限于文化人与脱离生产的大剧团。他们同时也加入了文救，他们的任务不但提高自身的文艺水平，而且通过文救来推动整个边区的大众文艺运动，一九四一年在边区设立了边区文化娱乐部，举凡文化人的一切物质供给均由该部负责，以保障文化人的顺利创作。

乙、文救是边区民众文化娱乐工作的总的领导机关，边区以下到区的文救领导机关是由政府的教育科、各群众团体的宣传部和剧团负责人组织成的，在村一级是文艺小组，不吸收会员，由村教育委员会主任、各群众团体宣传部、小学教员、民众学校教员、村剧团、歌咏队负责人等共同组织成的，全村所有一切宣传教育计划，以及各种文化娱乐工作，均由其负责领导，因此村文救在开展大众文化运动中作用极大，但在目前边区还没有将它健全与普遍起来。

选自《晋察冀各种政策》，1942年干部学习参考资料之一，第69～75页。

2. 晋察冀边区行政委员会令
——迅速办理医生登记

1942年7月18日

令为北岳区各县应根据本年春季卫生联席会议之决定迅速办理医生登记由

一、关于医生登记，本会于本年春季卫生运动时，已通知各县办理在案（详见本会前发军政民卫生联席会议总结），各县迄今尚未举办，现在北岳区大部县份，正发起组织医生抗日救国会，为了使参加医救会的会员，是真正的医生，避免庸医滥竽充数，同时为了准备反扫荡，很好的〔地〕组织医生给老百姓治病起见，凡未举办医生登记者，应即从速举办。

二、登记医生标准，目前尚难作详细的规定，除庸医及以巫术符咒招摇撞骗而行治病者外，凡具有相当医疗知识及经验，颇受群众信赖者，不论中西医，一律予以登记，分别姓名、性别、年龄、籍贯、职业、学历、行医几年、专治何病、有何特长与发明或著作、信仰何种宗教或学说、对地方卫生有何意见等项，填写表格两份，一份存县，一份报会，凡登记后经县府审查（可指定三两名医拟题主试）认为合格者，可发给登记证（式样由县制定）。

三、登记合格之医生，依照本年四月北岳区第二次高干会议之决议，其本人准予免服抗战勤务。登记不合格之医生，医生救国会不应吸收为会员（其医救会已成立者，应由该会负责人向其说服解释，使其退出医救），但参加医学研究会，不在此限。

此项工作，事先要进行普遍深入的调查动员，有抗援会（或牺盟）组织之县份，可商同抗援会（或牺盟）做动员工作，发动医生登记，并将办理情形，连同医生登记表一份具报。希即遵办。

此令！

选自《晋察冀边区行政委员会现行法令汇集》，上册，边区行政委员会 1945 年编印，第 373～374 页。

3. 宋劭文：《晋察冀边区行政委员会工作报告》（教育工作）

1943 年 1 月 15 日在晋察冀边区首届边区参议会上所作工作报告

我们的教育工作是在战斗环境中进行，同时是服务于抗战的。我们教育工作的特点是：

(1) 为抗战建国事业服务的民族民主教育，是与现实密切联系的，是对敌进行思想战的有力的工具。

(2) 一切抗日阶层的人民不论男女都有平等的受教育的机会，教育是大家的，不是少数人私有的。

(3) 教育人民以科学的知识，使儿童、成人都逐渐具有了解国家大事、自然环境、个人生活及修养的方法，培养成抗战建国的健全公民与优秀人才。

五年来，我们的教育工作就是本着这个方针进行的。

甲、小学教育

边区成立时，各地小学都停顿了。边委会成立后，首先进行了恢复小学的工作，经过一年的努力（到二十八年三月），小学数目一般恢复旧观，有的超过战前了（如阜平战前有初小一二四处，二十八年春已增到一六〇处，冀中饶阳增加了四〇处，武强增八〇处，深县增一四四处）。在二十八年三月以后，随着边区的巩固和扩大，小学数目更是飞速的〔地〕发展着，一个无人过问的偏僻山沟里，学校也建立起来不少。下面是当时北岳区、冀中区五十四个县的统计：

时间	高小数	初小数	学生人数
二十七年二月 至二十八年三月	九一	五，四九〇	二三九，八一九
二十八年底	一四二	六，九二一	三六七，七二七

到二十九年，学龄儿童入学比例，北岳区达百分之五七点一九（学龄儿童三七五，四二八人，入校的二一四，七一〇人），冀中则达百分之七五强（三十年春统计），个别县甚至超过百分之九十——在小学教育的普及上是收到很大成绩，但在学校质量的提高上还是很差的：有的小学大部时间从事社会活动，有的常常整天唱歌、忽视正课，教学上个别的还讲三字经，却也不少是开口闭口都是生硬的政治口号，三十年春“边区小学暂行办法”的颁行和“小学正规化”的口号的提出就是针对这一现象而发的。

三十年十一月后，由于敌寇扫荡的残酷与频繁，环境较前恶劣，有些地方的学校停顿了（北岳区九个县的统计，小学生减少一，二三二人）。这时，边区的小学也由量的发展进到质的提高阶段。三十一年春，我们进行了一次普遍的整理和检查，把人数过少（不足三十人）与程度过于不齐的分别取消合并。学生也测验一下，按实际程度重编年级，统一了学校的课程，各县统一了教学进度。这样，学校比较整齐了，经费也节省了许多，教师提高，课程渐上正规了，使小学在战斗环境中更坚强有力。

在小学教育的发展中，首先碰到的是教师和教材问题。我们这个地区，过去文化落后，往往几个村庄找不到一个识字的，老百姓跑几十里路找人看一封信。抗战后，旧日的教师又多参加了各部门的抗战工作，剩下的程度就更差。当边区小学开始恢复时，我们就注意了这一工作，最初曾由各县普遍开办短期训练班，以后改由各专区统一计划分批训练，同时在各民族革命中学附设师资训练班。据二十九年统计，北岳区各专区（二三十年北岳区十六个县）训练二，三四八名。各民中附设师训班毕业的一，七九七名，还有由民中毕业分配做教师的也不少。此外，联大教育学院也训练了不少师资。为了整顿与提高小学教师的质量，三十一年三月，边委会特颁布了“小学教师检定任用办法”，在北岳区普遍进行了一次检定（据唐县平山等十四县的统计，参加者现任教师二，〇四一名，非现任教师二七一人），把程度过差的淘汰了一些，但因为及格的太少（据前十四县的统计仅占百分之四十点零五），不及格的暂以代理教员任用。和检定任用办法同时，边委会颁布了“小学教师服务章程”，明确规定了小学教师的职责，四月又颁布了“小学教师考核奖惩条例”，明令以平日服务表现教学成绩为考核标准，严明赏罚。同年“六六”教师节边委会发起教师征文，又令各县选取模范教师，给以奖励（得奖的五十三名），在鼓励教师上进上，曾起了相当作用。

五年来不断地努力，使小学教师的质量提高了不少。可是，比起工作需要来，还是很差的。

这由下面小学教师各种学历的百分比中可以看出（三十一年的统计）：

程度 / 百分比 / 地区	高中及完全师范	初中及乡师	高小	其他（私塾等）
冀中区	一〇	三五	五〇	五
北岳区		二五点一一	五〇点六三	二四

可见，如何提高小学教师的质量，乃是今后小学教育工作中重要任务。

教材也是一个重要问题。抗战前的课本是不很适用了，且找不到多少。新的一时也编不出来，那时，我们曾赶编了初小一、二、三年级的课本，内容大体上是适合于抗战的要求的，可是编得太仓促，内容不少是生硬的政治口号，和小学生生动活泼的实际生活连〔联〕系少，读起来兴趣也就差些，而更严重的是印不出来，有的教员还领不到一本。那时，各县自己编印的也很多，形形色色，颇不统一，个别地区就教起三字经来。到二十八年边委会又有组织的〔地〕重编，完成了全部初小课本（国语、常识、算术（八册）），二十九年由联大帮助把高小的课本也编出来了（国语、地理、历史、自然、算术、政治常识），内容上已有不少改进。印刷上，边委会石印了二十二万二千册，各县也努力翻印

(如盂县、定襄县政府，灵寿文教会，五专区前卫出版社等)，课本问题才算基本上得到解决。这在边区的人力、印刷条件下，也是一个不小的工程呢！

边区的教育是科学的民主的。它不再是把学生关在课堂里“读死书，死读书”，而参加实际活动，把学校与社会沟通一气。

边区的小学生都参加了童子军（以前是儿童团），自觉地过着纪律的活泼生活，自己管理着自己，教员则是加以指导，斥骂体罚早被禁止了。

童子军还成为学校和社会直接连接的纽带，有了它，就更便利有组织地动员并进行社会活动，边区每次大的政治号召，小学生是向不后人的。到二十九年，小学生配合中心工作参加社会活动，配合中心工作曾发展到最盛的时代，从下面该年内一些片断的数字中就可见一般：

（一）春耕：如盂县儿童代耕二五〇亩，垦荒七一亩。

（二）民主运动：如崞县百分之九十五以上的小学生参加了选举的宣传工作。盂县儿童剧团四〇个，演剧二五四次，又宣传队一五七个，参加人二五〇五人。

（三）护秋运动：如崞县组织六十八个护秋宣传队，一二〇个代收队，代收一二〇〇亩，冀中无极等十三县，实际参加工作的小学生及教师一六二一三〇人，代耕九一八八六点〇八亩。

（四）救济难民、慰劳抗属与军队：如易满徐三县小学生拾麦二百多石，救济难民，冀中武强等十一县一年内据不完全统计慰劳军队抗属粮九九一三八石又四四五零点五斤，钱八六五二点六二元，铜钱一一八五六斤，还有很多鸡子、毛巾、弹壳等。

（五）站岗放哨通讯：有的地区变成了小学生经常工作。

在上述的活动中，小学生得了不少实际知识，在推动中心工作上起了相当作用；但也可以看出：不少学校过于强调社会活动，忽略了本身教学的任务，严重地影响了学生的课业。三十年，这些现象，已渐纠正。到三十一年整理小学时，边委会更严格规定课程，以县为单位统一进度，保证课业的进行，并与边区青救会共同颁发了“儿童团与小学校关系的决定”（同年冬儿童团改童子军后，另发“童子军与小学校关系的决定”），划定了儿童参加社会活动的时间，一切以保证教育计划的完成为目的。过于强调社会活动，本末倒置的现象，基本上已经克服。

边区的教育是大众的，要使人人得到入学的机会，实现普及的义务教育。为此，我们曾施行了随习班、巡回教学的教学法和辅助贫寒儿童入学办法。

边区学校是完全免除学费的，但不少贫苦的儿童，必须参加劳动才能维持生活，仍然不能入学，边委会于三十年二月颁布了“小学贫寒儿童随学办法”，规定可以半天来上主要的课程（国语、常识、算术），半天在家作〔做〕活。不少县份实行了这个办法，仅就满城、龙华、徐水等三县二十九年的统计，就有随习班二五三处，相当解决了不能完全脱离生产的儿童教育问题。

在边区内地有些山沟小道，村庄又散又小，立不起学。我们就建立巡回学校，几个村联合请一个教员，今天在这儿教，明天到那儿教。据二十九年统计，北岳区共有一八五处，男女学生有六七四六名（内女生二〇五〇名）。

三十一年一月，边委会还曾颁布了关于贫苦学生补助课本的决定，进一步设法帮助贫苦儿童入学。凡家在统累税免税点以下的，书籍一律由公家供给。高小也特设公费生，每一个行政区，可选拔家境贫寒、成绩优良的学生保送，完全公费求学。

抗战前，这个地方妇女上学的是很少的，山地里更是微乎其微。但今天情形却大不相同了。比如一专区以前女生只占百分之九点六，到二十九年已占百分之四十点八九了，四专区一般地区较抗战前增加了十倍。这固然是由于整个社会的进步，但教育工作上对女子教育的注意（不但取消了种种限制，而且尽量发动，予以方便），也是重要原因。

小学经费已有统一的规定，高小自实行统累税取消地方款以后，一律改由边区款开支，初小一般还是由村开支，有的县（如灵寿）公产整理好了，就由县统筹。

小学教师的待遇已适当地提高了，目前是和政权工作人员一样，按月发粮，每月另有零用费十一十二元，虽不算多，但已可衣食无虑地进行工作了。

乙、中学与师范

二十七年，我们就开始筹设边区中学，但实际上是短期训练班的性质，因为碰上敌人的大围攻，只办了一期师资训练班就结束了。到二十八年便在北岳区各专区设立中学，冀中也成立一所，共有七个中学，二十九年又在冀中增设两处，总计二十八—三十年三年中间毕业学生七一六六名（不完全的统计）。在数量上看，这是最繁荣的时期。在培养后一代青年，特别在解决“干部荒”上起了很大作用。

到三十年，已改定为三年制，课程上也加重了基本学科（国文、数学、史地等），但基本上还没脱离短期训练班的性质，在毕业学生中，大部还是行政、民运、自卫队、师范、合作等干部队，中学生只是一小部分（二十八九年不及百分之十五，三十年也不过三分之一）。学生程度，也很不齐，初中肄业的只占百分之五，高小毕业的占百分之二十六，其余百分之六十九都是初小以下程度的，因而教材选择也颇困难。又没有课本，某些教员也不顾实际情况，教学生背诵政治名词术语，学与用脱离的毛病相当厉害。

针对这些情形，我们就提出“争取中学正规化”的口号，并在三十一年彻底加以整理，学生重新甄别，有百分之二十一的学生因程度低而送入高小或其他地方学习，教员也进行了鉴定和裁减，把五个中学合并为两个，同年九月又合并为一个（北岳区）。教材也利用暑假期间集合教员统一编辑，改订课程，基本学科增到百分之七十二，政治课减到百分之十四，军事课、文艺课各百分之七。在教学方法上提出“教学一致”“少而精”的原则，力求实事求是、学以致用，今天的边区中学，大体上已踏入正规的道路了。

边区中学的学生，最初完全是公费的。从社会观点和教育观点上说，这当然是很好的，但是由于边区财力是有限度的，完全公费便会限制了教育的发展。也就是说，如果能有一半学生自费，就可以增多一倍青年受教育的机会。因此从二十九年起就按学生家庭实际情况，号召自顾自费或半自费或四分之一的自费。这一号召曾得到相当的成绩，比如第三中学做到十分之一的学生完全自费或交粮食，一般贫困学生或离家很远、难以接济的仍享受公费待遇。中学整编合并后，已以完全自费为原则了。

师范教育在边区还没有形成系统的一套。但我们训练师资的工作却自始就很注意。除前面已谈到的一些成绩外，在冀中各专区曾于三十年成立了六个师范学校（中学附设的师训队在外），共有学生一〇六〇人（女生占五分之一），一年毕业，在敌人大扫荡中已经结束。目前边区的师范教育机关则只有华北联大的教育学院了。

至于职业学校，冀中曾于三十年八月成立农业中学，北岳区则只有农业训练班，还没有正式发展起来。

边区的学生在学校里是过着民主的战斗的学习生活，这儿没有思想统治，在抗日民主的前提下，大家自由地发表意见，共同探讨真理。他们有自己的学生会，代表学生随时向学校提出意见，学校只有给以必要的指导，但不干涉内部生活上的事。校务会议并吸收学生会代表参加，学生和学校站在同一的立场上为完成教育计划而奋斗着。

他们平时过着紧张的组织生活，养成战斗化的作风。战斗来了，也能从容应付。几年来，边区中学也曾几次遭遇敌人甚或被敌追袭，但都能灵活的〔地〕安全转移（如二十八年反扫荡期间，三中四中都曾几次与敌人遭遇，并未损失一人一物），并且能在战斗的空隙坚持学习；有时还分散帮助地方参战工作（四中学生在积雪的深山中担架抬送伤员）。这种精神是过去的学生所不及的。

此外，边区还有华北联大，培养抗战建国人才；抗大二分校，培养军事干部；抗大二分校附属中学，吸收抗属和贫寒子弟；白求恩卫生学校，培养医务干部。这些学校在培养专门干部上，都起了很大作用。

丙、社会教育

抗战以前，边区的广大群众和文化教育几乎是绝缘的。边区成立后，随着各种动员工作的要求和发展，就展开广泛的社会教育。

早在二十七年冬，我们就规定了扫除文盲计划，号召各地普遍成立了夜校识字班，当时的口号是“会的教人，不会的跟人学”。据二十八年春统计，北岳区（平西、雁北除外）约成立二千处，学员一八一，七九四人，冀中二十七个县成立识字班二，〇四七处，学员男四七，九六五人，女二一，八〇一人。同年四月间，发动了一个识字运动周，二十八年冬北岳区入学人数已增到三九〇，四九五人，冀中区冬学达一，九一七处，学员三四七，三一〇人，比二十七年增加五倍以上。

这一时期的教材还是很不一致的，有的教小学课本，有的自己编，有的就读报。民校的发展主要基于广大民众求知欲的高涨和各团体的组织动员。但教学上的自流现象还是很严重的。

二十九年边委会编印了初级和高级的民众课本各三册，逐渐统一了教材，这年的冬学有好些延长了相当时期，如定北县有三十九校坚持到次年秋季大扫荡，而望都有的民校在反扫荡中还坚持上课。

这中间，民校的领导曾一度由文救会负责，靠了文救会散布在各区村的组织及成员，在推动与指导上有不少方便。但在另一方面，整个行政工作的配合和照顾上都不免有些差池。因此，自三十年度起仍归政府负责，由文救会及各团体配合。这一年只北岳区有民校二八九四处，学员达二三三，五九二人。由于游击区的增加，总的人数是减少了，但质量是提高了。

三十一年春，总结了以往几年的经验，重新厘定了“民众学校暂行规程”，更进一步统一规定了课程、时间、考核制度等，同时根据新的规定，按初级高级的标准，重新编订识字课本四册、常识课本两册。为了使大家都能有书读，除了石印、油印之外，还试行了木版印刷。

有这样多的民校，教师自然也是个大问题，我们除了发动各村知识分子由村聘请任课外，并于每年民校开课前由各县进行有计划的短期训练。只就二十八年统计，北岳区训练了六千以上，冀中约有四千六百余。这些教员量虽很多而程度则很低，山沟小道的教师，甚至有的现学现教。但在教育工作中，他们自己也受到了教育——只四专区在二十七年—二十八年之间，就有一三二个民校教员已锻炼得可做小学教员，并有九十九人已经正式分配为小学教员了。

在这样有组织的动员下，边区群众的求知欲显然大大地提高了。每逢冬学紧张时期，大批的男女青壮年甚至老头老婆都涌进了冬学，一家之中，妻子和丈夫、父亲和儿子、嫂嫂和小姑一齐上学互相竞赛争取"学习英雄""文化战士"的佳话，到处频传。平山一位七十多岁的老太太和她的孙女竞赛，村工会主任在当短工的时候，还带着他的课本坚持"一天一课"的计划。唐县一位青妇一面纺纱一面读书，连放羊的小孩子也在山头上认起字来。这种例子，实在举不胜举。

在热烈的冬学运动中，许多失学的青年男女在冬学结束后，随即转入了正式小学（如定北县二十九年就有三〇八五人，深泽县一六一六人，北岳区也有不少），尤其值得提出的是妇女在民校中的活跃，例如四专区二十七年上冬学的妇女有一七二四〇人，二十八年就有五六〇六五人，一年之间增加三倍以上，同样，在五专区也增加了两倍半，冀中八专区二十九年冬学中妇女占百分之四二点三八，这都不是简单的事。

除了民校之外，在二十八、二十九年一般村里建立了救亡室（以前有的叫民革室，现在都改作文化俱乐部了），组织了不少村剧团（仅北岳区唐县等四县就有二九八个）。他们不仅自己出演，而且很多是自己编剧、自己导演，至于歌咏和秧歌舞，差不多无村不有。这些组织相当的〔地〕活跃了乡村文化娱乐生活，而其在群众中的教育作用却匪〔非〕可衡量。

由于群众在文化战线上的活跃，大大发挥了他们的创造性，出现了许多新的学习组织，如：流动学习站、巡回教学、传习所、特别小组……等；许多新的教学法，如站岗识字牌、时事问答、家庭识字牌、一字入门、两字入门、标名字、答题入学等，花样翻新，不胜枚举。

新文字在边区还没普遍展开，但是不少地方的老百姓在自动学习着，个别地区（如三专区、五专区）已有了相当成绩。

在游击区，我们的教育工作，也同打仗一样，每天向敌人的奴化教育开火。游击区我们有许多隐蔽的小学校，教师与学生都学会了一套打仗的方法，使得自己胜利的〔地〕受到抗日民主教育，打击了敌伪奴化宣传，也有不少的模范教员，在教育战线上光荣牺牲了。有许多地方，把在敌伪奴化下的小学生，用种种方法找出来，使之进入我们的学校。此外，游击区的对敌政治攻势，教育部门与军队团体配合起来，打过许多大胜仗，使得敌占区的广大同胞都知道今年日本鬼子一定要失败，坚定了大家的抗战胜利信心。

当前我们教育工作的主要缺点依然是：质量太低，教师不够，理论与实际联系还差，教学方法还没有大的改进。这是今后应该严重注意的。

选自《晋察冀边区行政委员会工作报告》，边区行政委员会 1943 年编印，第 92～104 页。

4. 晋察冀边区行政委员会关于整理小学加强儿童生产教育的指示

1943年4月10日

为将整风与简政的精神，贯彻到小学教育中来，本实事求是的态度，解决实际问题，特提出再次整理小学的任务。

甲、整理小学的目的

（一）适当的〔地〕紧缩小学数目，减少教师数目，提高现任教师质量，并争取更多的学龄儿童入学。

（二）适当的〔地〕改善小学教师待遇（另行规定），并减轻灾区人民对教育经费的负担。

（三）改变教学方式，加强儿童的生产教育，配合当前“生产救灾”的政治任务。

以上几个目的，从表面看来，似乎存在着内在的矛盾；但我们若能联系的〔地〕考虑问题，进行得法，这些矛盾是一定能统一起来，胜利的〔地〕完成这个任务的。

乙、整理小学的办法

（一）高级小学，各县应普遍〔地〕的进行深入的检查与整理，办法如下：

（1）所有高级小学一律与附近中心小学合并为完全小学（目前实际上只能是两级小学），加强中心小学的作用。

（2）高级学生，经常到校人数在十五人以上二十五人以下的，一律改为中小附设高级组，只设校长一人（亦即中小校长），不另设教员。国语、算术等课程由校长担任，体育、唱歌等课程可与初级班合并，由中小教员分担。校长待遇仍按高小校长待遇。高级组办公费，按高小一班的规定开支三分之二，均由边区款开支。入学学生人数在十五人以下者，暂与初四合并，进行补习教育（事先应对学生进行深入的解释动员）。

（3）高小有两个年级，而经常到校学生总数在五十人以下的，一律合并为一班，进行复式教学，只设教员一人（各种课程由校长与教员分担），办公费按一班开支。

（4）现在中小已设高级组或准备设立高级组的，如学生程度合格，且与第（2）项规定相符的，经专署批准报会备案后，可按该项规定执行。

（5）整理后高级班或组，非在学年开始时不得随时招收新生，遇有特殊情形，经上级批准后，得招插班生。

（二）初级小学，整理范围，着重于巩固区内的灾区及偏僻小村的小学，办法如下：

（1）在较大村庄，可能经常全日入学的学生在三十人以上的，仍以全日小学为主，酌设半日随习班。

（2）较大村庄，可能经常全日入学的学生较少，而能半日入学的在四十人以上时，改为半日二部制（上午两个年级，下午两个半年级），使学生半日学习、半日生产。

（3）一般村庄，以半日制为主要形式。如甲、乙、丙村可能入学学生均在二十五人以上、四十人以下，距离在五里以内的，可两村合请一个教师，采用半日巡回制（上午在甲村，下午在乙村），或集中在一村实行半日制，如附近几个村庄，可能入学学生均不满二十五人的，可让某数村学生集中于甲村，某数村［学生］集中于乙村（集中距离不可太远），实行半日巡回制，如可能集中的两个村距离在五里以上十里以内的，可采用隔日巡回制。某些偏僻而穷苦的小村，用以上各种方式仍不能解决问题的，可暂缓开办或暂时停办。

（4）巡回小学教师待遇，由有学生村庄统筹负担。

（5）学校改为半日制后，应深入动员学生家长，说明半日学习半日生产对儿童对家长都有好处，争取更多的学龄儿童入学。

（6）为儿童入学的方便，可打破区村的界限，凡离本行政村小学较远而距邻村小学较近的，可到邻村小学入学，经费负担，设法合理解决。

（三）教师的调动配备

（1）整理高小后裁减下来的高小教员，可调任中心小学校长，或巡回小学教师。

（2）整理初小裁减下来的教师，其程度较好的可保送到短期师范学习，程度太差的，可动员回本村担任半脱离生产教师，或义务教师，有成绩时将来保送到短师学习。

（3）凡设半日巡回小学的村庄，应设法聘请本村在乡知识分子或青救会干部担任半脱离生产教师（只津贴零用费）或义务教师，负［责］组织领导学生自习或参加生产。

丙、怎样加强学生的生产教育

（一）通过各科教学或精神讲话，启发儿童重视生产劳动，领导儿童参加生产活动，养成劳动的习惯与兴趣。

（二）高小或全日小学，星期六下午定为劳动日，不上课，领导学生参加生产。平时对贫苦学生，应准其在课外活动时间请假帮助家长工作。

（三）半日二部制，半日巡回制，隔日巡回制小学，学生在不上课的半日或一日，一律参加生产劳动。教师应负责计划交教育委员，半脱离生产教师或义务教师代为领导。①

（四）为领导上的方便，可按学生年龄体力性别编为若干生产小组，负责督促检查报告本组同学的生产活动及生产成绩。

（五）教师对领导学生参加生产与领导儿童学习并重，对学生的生产成绩，应视为学生学习成绩的一部份〔分〕，做〔作〕为评判学生成绩优劣的一个标准。

整理小学，加强儿童生产教育的工作，是灾区县份教育行政部门当前的中心工作，应与生产救灾工作联系起来进行。一般地区，在不影响统累税调查工作的原则下争取在麦假以前整理完竣，并将整理前后学校数目，教师数目，学生数目的变动情形，列表报会备查。并附发半日制日课表，隔日制日课表各一份作为参考，希即具体布置执行为要。

附发：统计表式一。（略）日课表式二。（略）

选自《晋察冀边区行政委员会现行法令汇集》，下册，边区行政委员会 1945 年编印，第 399～403 页。

---

① 原文如此。最后一句疑有错漏。

5. 晋察冀边区行政委员会通知
——纪念“六六”教师节办法

1943年5月1日

各专员、县长、县佐：

“六六”教师节即将到来，在这个节日是教师自己最愉快的节日，为了检查一年来的小学教师的工作，加强教师的学习，掀起小学教师的整风运动，并适当改善教师生活及社会地位，以启发其工作积极性，提高工作效能，培养专业精神计，各地仍应普遍举行纪念。兹规定一般的纪念办法随文附发，希即针对当地客观环境，具体布置进行。并将进行情形，列入寒假到春假阶段工作汇报，报会备查为要。特此通知。

附：纪念“六六”教师节办法一份。

纪念“六六”教师节办法

一、召开纪念会：

“六六”各级学校放假一天，根据各地具体情形，分区或分小区举行纪念会，由教师自己主持，担任主席，区教育助理员、教联代表应多方予以指导协助，在大会上请人报告目前政治形势中心任务。传达本会颁布之《小学教师服务暂行规程》的精神与内容，同时宣布模范教师姓名事迹，请模范教师及服务年限最久的教师讲话，并予以奖励。大会的进行要生动简单，以半天至一天为原则。

二、举行座谈会：

纪念会散会后以中小为单位，由中小校长召开教师座谈会（如时间不够可由中小另行召集），教师自我检讨一年来的工作生活和学习，深入的〔地〕研究《小学教师服务暂行规程》的精神与内容，号召全体教师向模范教师看齐。

三、慰劳小学教师：

通过村公所及抗联于教师节发动儿童及家长对教师进行精神的及物质的慰劳（须完全出于自愿，绝对避免分派或强迫的现象）。

四、选拔与奖励模范教师：

A. 怎样选拔：

先就各中心学区教师中，根据平时工作表现、教师意见，并征求各村教育委员、青会干部、儿童干部及学生家长的意见，选定本中心学区模范教师一二人填表（详后）报县。

然后由县教育科按教师服务暂行规程第六章第三十二、三十三条之规定根据平时检查工作对教师的了解（应以教学成绩为主）根据各中心学区模范教师报告表，会同县抗联、教联及有关人士作最后评判，选出全县模范校长或模范教员（以五至七人为原则），于五月底以前（游击区不在此限）将模范教师登记表报告专署并通知各区，专署于六月底以前汇总连同登记表报会备查。

B. 怎样奖励：

县模范教师选出后，根据教师服务暂行规程之规定由县分别发给奖状或予以物质的现金的奖励。奖品由各县自筹，在县公款或预备费项上开支。其特别优良者，由本会发给奖状。

C. 各县对选拔的模范教师，应安定其工作岗位，鼓励其继续前进，使在教师中起模范作用，帮助落后教师进步。去年个别县份，对选拔的模范教师，不久即强调担任其他工作的现象，须切实纠正。

五、批评教育或惩罚不负责或犯错误的教师：

在选拔模范教师过程中，同时应找出平时工作、生活、学习十分落后的教师，通知各区，分别轻重或在教师座谈会上进行批评教育（应纠正过去在纪念大会上打击教师的作〔做〕法）或由县教育科予以相当惩罚。

六、慰问游击区教师，开展争取伪教师工作。

在游击区不便开会纪念时，应利用通讯或访问各种形式，传达报告目前政治形势及教师服务暂行规程，提高其坚持工作的信心。发动巩固区教师对游击区的教师进行精神或物质的慰劳。同时展开争取伪小学教师的工作，明确的〔地〕告诉他们敌寇的阴谋策施，告诉他们只有为抗日教育服务，才有出路。

七、举行小学教师征文：

发动小学教师的创作，不仅可以了解教师的工作与学习，同时鼓励教师积极进取，有很大的作用，因此各县应具体布置，保证每人一篇，切实克服去年个别县松懈敷衍，甚至未进行的现象。今年征文主要内容以教师工作经验的总结、研究的心得，或改进小学教育意见为主，文题取裁〔材〕应该是具体而现实的，兹列出几个题目，以作布置时参考：

1. 我怎样进行学级复式国语教学的。
2. 我怎样使算术的教学作合一？
3. 儿童常识教学的几点经验。
4. 指导儿童游戏的方法？
5. 半日制教学我是怎样进行的。
6. 巡回教学的一点经验。
7. 儿童生活指导的几个实例。
8. 我对特殊儿童的指导法。
9. 我们学校里的生产教育。
10. 一个中小教师的工作。
11. 我的歪风在那〔哪〕里？
12. 一个教师的自白。
13. 我怎样研究《教育阵地》的。
14. 我一年来的学习。
15. 我对教育科的意见。
16. 其他。

征文自交到之日起至六月底止，各县将征得作品，先作首次评阅，选出优良作品于封面注明作者姓名、性别、年龄，通讯处于七月十五日前报送本会最后评定并发给奖状或奖金。

附表（略）

选自《晋察冀边区行政委员会现行法令汇集》，下册，边区行政委员会 1945 年编印，第 417～421 页。

6. 晋察冀边区行政委员会令
——令发《晋察冀边区小学教师服务暂行规程》

1943 年 5 月 4 日

各专员、县长、县佐：

本会前颁《小学教师检定任用办法》《小学教师服务章程》《小学教师考核奖惩条例》等，执行经年，因工作之发展，共中规定已有不尽妥适之处，需加修改与补充。兹根据各地年来执行经验，按照目前情形，兹重新制定《晋察冀边区小学教师服务暂行规程》，随令颁发，希即遵照办理，并务于六六教师节前印发各小学（自〔至〕少要发到各中心小学）以便遵照执行！

此令！

附发：《晋察冀边区小学教师服务暂行规程》一份。

晋察冀边区小学教师服务暂行规程

第一章　总　则

第一条　根据下列精神与原则制定本规程：

一、提高小学教师质量，争取小学教育正规化。

二、提高小学教师社会地位，改善小学教师生活，以启发其工作的积极性。

三、安定小学教师工作岗位，加强小学教师的进修与训练，以锻炼对工作的计划性、研究性与专业精神。

第二章　小学教师的职别资格及任免调动

第二条　坚决抗日，拥护民主，身体健康、能吃苦耐劳，而愿为教育事业服务，为一般小学教师必备条件。

第三条　具有下列资格之一者，得任为初小正教员。

一、一年以上师范学校毕业者。

二、半年短师毕业（中学附设半年师训班同），曾任小学教师一年以上，学习进步、成绩优良者。

三、初中毕业，曾任小学教师或教育行政工作一年以上，学习进步、成绩优良者。

四、高小毕业，曾任小学教师或教育行政工作二年以上，学习进步、成绩优良者。

五、相当高小文化程度，曾任小学教师或教育行政工作三年以上，学习进步、成绩优良者。

第四条　凡不合于初小正教员之资格，因工作需要，任为初小教员者，一律为初小学习教员。

第五条　为协助小学教师工作，各村得就在乡知识份〔分〕子中聘请义务教员。

第六条　具有下列资格之一者，得任为高小正教员，或初级中心小学校长：

一、三年以上师范学校（简师、乡师、省师等）毕业者。

二、初中以上文化程度，曾任小学教师或教育行政工作一年以上者。

三、高小毕业文化程度，曾任小学教师五年以上，学习进步、成绩优良者。

第七条　具有高小以上文化程度，曾受专门训练或具有某种特长，能担任体育、音乐、工艺、美术等科教员者，得任为高小科任教员。

第八条　具有高小正教员之资格，品质优良，能力较强，对小学行政有相当经验者，得任为完小或高小校长。

第九条　初高级小学校长，由县政府委任。教员经县政府介绍，由村公所或校长聘任。任期最低一年，高小校任用后，须报请专署备案。

第十条　小学教员，在任期未满以前，不得轻易调动，教员亦不得无故引退，如因工作需要，必须调动时，由县政府商得村公所（或校长）同意于学期终了后行之。

第十一条　小学教师以不兼任其他工作为原则。

第三章　小学教师的职务

第十二条　教师的职务为进行教学，指导学生生活学习，考查学生成绩，办理学生入学退学，及有关学校的调查统计等工作。

第十三条　教师应负责指导童子军，进行童子军的训练；在不妨碍校内工作的原则下，应协助所在村进行社会宣传教育和其他地方工作。

第十四条　教师应出席上级政府，及中心小学所召集的教师会议，并遵守与执行会议的决议。

第十五条　教师须定期报告工作，高小或完小由校长向县政府报告，初小向村公所及区公所（经过中心小学）报告。

第十六条　教师应按规定时间上课，不准迟到早退，并须按期完成教导计划和其他规定的工作。

第十七条　教材与课程进度，均应依县政府之规定进行，不得任意变更、补充教材，须先经县政府审定后，始得讲授。

第十八条　教员工作应受校长领导，其全校只有教员一人，不设校长者，教员应负全责。

第十九条　教师请假规则如下：

一、教师因病或其他必要事故，可以请假。

二、请假时间每学期最多不得超过十五天，仅请有代理人者，不以请假论。

三、继续请假在七天以上者，必须请人代理其职务。

四、未经请假或请假未准，而自行缺课或离校者以旷职论。

五、高级教员向校长请假，校长向县政府请假，初小教师向村公所请假，但请假三天以上者皆应报区公所。

第二十条　在反扫荡期间或当地情况发生变化不能坚持教学者，应协助地方干部工作，情况缓和，应立即恢复校务。

第四章　小学教师的待遇

第二十一条　小学教师一般待遇如下：

一、完小或中小附设高级组之校长及高级教员，粮食、服装、鞋子、医药费，与一般政权工作人员同，柴菜金每人每日三角，零用费校长每月八元，教员每月六元。

二、初小教员，每人每月小米一斤四两，每月盐十两，菜由村酌量供给，干柴一百五十斤（增一人增加七十五斤），零用费正教员每月十四元至十六元，学习教员每月十二元至十四元，巡回教员或游击区教员每月十八元至二十元。

第二十二条　高小校长教员之生活费，由边区款开支，初小教员由村供给，每年均按十二个月发给，在反扫荡或放假期间仍照发。教师如在反扫荡后或假期已满，仍不恢复开课者，以旷职论。

第二十三条　小学教师津贴补助办法如下：

一、外籍或敌占区教师由县呈请专署批准，依规定给予服装补助费，并准按制度购用军鞋。本地教师服装、鞋子，自行解决，其实有困难者，可在村预借一二月零用费，以后逐月扣除。

二、高小教师因病请假在一星期以内者，其职务由校长或请其他教员兼代，超过一星期时，由县另派人代理。代理人生活费用，报请专署批准另发。

三、初小教师因病请假在一星期以内者，由村教育委员，请本地知识份〔分〕子，或儿童干部指导学生学习，原教师生活费用仍照发；请假超过一星期者，由县另派人代理。代理教员之生活费用，由村供给，原教师之生活费用由县公产收入项下予以补助。

四、高初小教师因病请假超过一月者，以离职论，不再津贴或补助。外籍或敌占区教师由县政府另行设法处理。

第二十四条　高初小女教员及其幼儿之优待办法按本会颁布之《优待政民妇女干部及其幼儿之决定》办理。

第二十五条　高初小女教师分娩期间，其代理人生活费用，高小教师呈请专署批准另发，初小教师由县公产收入项下开支。

第二十六条　高初小教师，因公伤亡者，一律援照《晋察冀边区政民工作人员抗战伤亡褒恤条例》之规定抚恤之。

第五章　小学教师的训练与进修

第二十七条　边区及各专区、县设立之师范学校或师训班，为培养小学教师机关。

第二十八条　为提高小学教师质量，各署县得利用假期举办教师训练班、讲习会、座谈会（办法另行规定）。小学教师应按时受训或出席，以提高自己。

第二十九条　小学教师平时学习，由县政府教育科负责计划与领导，并随时供给学习材料，检查学习成绩，小学教师应按规定进行学习，并按〔接〕受领导。

第三十条　小学教师工作积极学习进步，且服务一年以上者，工作许可时，得由县政府呈请边委会保送适当学校学习。

第六章　小学教师的考核与奖惩

第三十一条　各级教育行政部门以教师平时服务表现、教学成绩为标准，进行教师考核，县政府每学期总结一次，每年“六六”教师节前，进行全年考核，按成绩优劣、进步快慢分别奖惩。

第三十二条　有下列条件之一者，得选为模范教师，由县政府或呈请专署发给奖状或奖品。

一、按时完成教育计划，热心帮助地方工作，深受全村民众及儿童之拥护具有事实者。

二、教学指导方法适当，儿童入学情绪高涨，全村应入学儿童均已入学，教学有显著成绩者。

三、打击敌伪奴化教育，坚持残酷地区工作，成绩卓著者。

四、学习积极能坚持学习制度，按期完成学习计划，测验成绩优良者。

第三十三条　具有下列条件之一者，得由县政府详述事实，呈请边委会发给奖状、奖金，或予以表扬：

一、在游击区、敌占区，不屈不挠，开展与坚持工作，成绩卓著者。

二、出县到落后地区或新地区开辟或坚持工作，并有显著成绩者。

三、抗战以来继续服务五年以上（自民国二十七年一月起），学习进步，工作成绩卓著者。

四、在教导方法上有新的创造，或教育研究上有新的发现者。

第三十四条　具有下列情形之一者，由县政府按情节轻重，给以劝告、记过、停职或免职等处分：

一、经常旷课，不能按期完成教育计划，影响儿童学习者。

二、行为不检，生活散漫，为大多数儿童及家长不满者。

三、强调困难，不坚持工作，擅自离校者。

四、学习不积极，不坚持学习制度，不能完成学习计划者。

五、言行不利抗战，或行〔形〕迹可疑者。

第三十五条　小学教师受停职或免职处分时，如认为处分不当，可详具理由，通过教师组织或行政组织向政府提出意见，请求考虑。

第三十六条　小学教师如有违法犯罪行为，除免职外，并送交政府依法处理。

第七章　附则

第三十七条　本规程自民国三十二年六月六日起实行。

第三十八条　本规程实行后，本会前发各项教育法令，凡与本规程抵触者一律作废。

第三十九条　本规程有未尽事宜，由本会随时修改之。

选自《晋察冀边区行政委员会现行法令汇集》，下册，边区行政委员会 1945 年编印，第 407～416 页。

7. 晋察冀边区行政委员会令——为颁发麦假现任教师训练办法希详细计划筹备进行由

1943 年 5 月 8 日

各专员、县长、县佐：

麦秋将近，各级学校，一律放麦假二周，其起讫日期，由各县按具体情形规定（个别地区，无麦收者，可以不放假）。麦假中除指示学生努力帮助家庭麦收并进行假期作业外，各县应抽调在职教师进行短期训练，兹原则规定训练办法，随文附发，希即详细计划早日筹备，训练终了应将训练人数、经过情形、成绩经验等，作专题总结报会备查。

此令!

附：麦假现任教师训练办法一份。

麦假现任教师训练办法

（一）训练目的：针对现任小学教师工作上的需要，提高其业务知识与技能，及政治水平，转变其不正确的工作观点与作风（整风），使能更好的〔地〕完成小学教师的工作任务。

（二）训练时间：以十日为原则，每日上课四小时，讨论研究四小时，活动二小时。

（三）训练对象：巩固区以文化程度低的教师为主，游击区以政治落后的教师为主。

（四）抽训人数：各县按当地需要，可单训练巩固区教师，或单训练游击区教师，或分办两个班，每班人数以五十人为原则。

（五）训练内容：教材及参考材料：

1. 巩固区教师训练班以业务学习为主，政治学习（包括整风学习）为辅。

（甲）业务学习——共十八小时。

（1）补习国语算数常识。

从现用初高小教材中，以问题为单元选择讲授，由各县按受训教师的要求，自选。

（2）论国民教育的改造（董纯才，见教育阵地创刊号）。

（3）单级教学经验谈（张子衡，见教育阵地三四期）。

（4）怎样进行儿童生产教育。

参考刘处长《加强避区儿童的生产教育》（见教育阵地第五期）。

（5）改进生活指导的方式与作风。

参考去年边区教育科长会议记录关于生活指导部份［分］及教育阵地上有关的文章。

（6）童子军课程的研究。

（乙）政治学习——共十四小时。

（1）目前政治形势。

参考时事研究材料及晋察冀日报。

（2）边区参议会的成就（成仿吾，见参议会大会会刊）。

参考本会发《参议会做了些什么事情》。

（3）怎么选举县议员，县议员和选民的关系。

参考本会关于县选的指示，晋察冀边区选举条例及本会教育处编县选民众教材（现已开始编写，届时或可发下）。

（4）小学教师怎样整风。

各县应根据在视导工作中所发现的现任教师中比较普遍的歪风，提出具体问题，本整风文件的精神与内容，加以分析研究，提出纠正的办法来。

（丙）其他问题的研究——共八小时。

由小学教师提出。

2. 游击区教师训练班以政治教育为主，业务学习为辅。

（甲）政治学习——共十八小时。

（1）目前政治形势（同前）。

（2）敌寇转变对华（实际是汪伪）政策后的新阴谋。

（3）反蚕食斗争的重要意义。

参考晋察冀日报有关的社论、论文及通讯。

（4）边区参议会的精神与成就（同前）。

（5）怎样选举县议员，县议员的选民的关系（同前）。

（6）小学教师怎样整风（同前）。

（乙）业务学习——共十四小时。

（1）开展与坚持游击区的教育工作。

参考刘处长《开展与坚持游击区教育工作，展开对敌思想战》（见边政导报七期或八期）。

（2）分组秘密教学应注意的问题。

由本会发讲授提纲。

（3）怎样进行坚定人民胜利信心与瓦解伪军伪组织的宣传工作。

参考历次政治攻势的总结材料，及本会颁布的《处理伪军伪组织人员办法》。

（4）论国民教育的改造（同前）。

（丙）其他具体问题的研究——共八小时。

由受训教师提出。

（六）教学方法：讲授与讨论并重。有的可先讲授，然后提出问题，展开讨论；有的可先提出问题，展开讨论，然后做〔作〕总结性的报告代替讲授。课程表排列只分业务课、政治课、具体问题讨论三门，各门课程教材的进行，以问题作单元，讲完一种，再讲一种。课外活动应以练习儿童歌曲、研究儿童游戏为主。

（七）训练班教师：由督学，并抽调高小校长长或教员担任，童子军课、儿童歌曲等可请抗联或边区文联（可能有下乡的）的同志担任，教育科必须加强对训练班的领导。

（八）经费开支：训练时讲义及公杂费，由教师将各校假期中经费带来开支，数目由各县斟酌情形具体规定，但最多以半个月的经费为限。粮食、柴菜金由教师自带，一律不另行开支边区款。

选自《晋察冀边区行政委员会现行法令汇集》，下册，边区行政委员会 1945 年编印，第 422～426 页。

8. 晋察冀边区行政委员会通知
——在冬学运动的基础上建立民校进行民众教育

1944 年 2 月 10 日

各专员、县长、县佐：

冬学结束时，正值大生产运动开始，为了提高广大群众对今年大生产运动的认识与热忱，保证大生产运动的胜利，各县应在冬运的基础上，在巩固区有重点的〔地〕争取民校工作经常化，在游击区开展宣传活动，继续进行民校教育是非常必要的，根据去年的经验也是完全可能的。兹将民校教学内容、时间、教材、教师、经费等问题规定于下：

一、教学内容

今后的民众教育必须与大生产运动和对敌斗争密切结合进行。因此教学内容以生产教育与反法西斯教育为主，生产教育要适应不同地区、不同生产季节的需要与村生产委员会的工作取得一致，把思想动员、知识传授的教育与组织实现的工作联系起来。为了恢复劳动力保持群众的健康，在病灾地区还要适当的〔地〕进行卫生防疫教育。

反法西斯教育要和时事教育与反特务奸细斗争结合进行。贯彻反中国式法西斯主义的精神，防止边区内部反共特务破坏大生产的活动。此外，为了保持识字班的所得成绩，继续提高民众文化水平，识字教育须争取继续进行。

二、教学时间

教学时间在不耽误生产的条件之下按群众的忙闲，随时增减上课次数。兹原则规定如下：

1. 宣讲班每十天上课一至三数，识字班每十天上课一至二次。每次上课一点半钟（宣讲课讨论时间占一半）。为节省经费计，尽量争取在白天上课（早晨或中午），更要抓紧机会，利用风雨天不能下地的时间集中上课。

2. 在春耕播种夏收秋收特别忙碌时，必须停课放假。如学员学习情绪高，要求增加上课次数，或缩短停课、放假时间时，如不影响生产应接受学员的要求。区村可根据具体情形灵活规定。

三、教材、教师、经费等问题

1. 生产课、识字课，仍用冬学课本、反法西斯课本及减租减息课本、组织课本，如未讲完，应继续讲完，卫生课本另由本会印发样本，时事教材可依各时期的政治形势由各县自行编印。

2. 有小学的村庄，宣讲班教师可由小学教师兼任，没有小学的可让有相当文化水平的村干部兼任，民校教师只担任识字课，可依任课多少斟酌减免抗战勤务一部，如家境贫寒，耽误不起工夫，更可用变工的办法解决。

3. 民校的经费：点灯油宣讲班每班每次以一两为准，识字班每班每次二两或三两。白天上课者不开支灯油，每月至多不得超过一斤至一斤半（视村庄大小由各地具体确定）。每四个月一盒粉笔、两张麻纸，其他物品尽量设法借用。其他各种制度不变，但应特别着重青年的学习，宣讲班最少要作〔做〕到一户一人参加，宣讲班教学方式要灵活（可参考教育阵地：怎样教宣讲班）。另外冬学委员会应改为民校委员会。

工作布置下去以后，各县要随时检查，确实解决问题，反对过去那种只发一纸空文，便不闻不问、任其自流，结果自消自灭的现象（如五专区×县）。但另一方面，要避免不了解具体情况，不顾群众困难，一味强调动员形成脱离群众的现象，希即讨论执行。特此通知。

选自《晋察冀边区行政委员会现行法令汇集》，下册，边区行政委员会 1945 年编印，第 388～390 页。

9. 统一认识加强领导使教育进一步为群众服务为政治服务
——教育处刘处长在教育会议上的报告

1944年5月5日载于晋察冀边区《边区导报》

一、统一认识加强领导

在几年来的工作基础上，经过大家去年一年的努力，我边区的教育工作，是又有着一些新的改进和成绩的（详［见］工作总结）。但这种进步，各地区极不平衡，同时与现实脱节、老一套、形式主义的倾向还普遍的（地）相当严重的（地）存在着。这主要是由于各级干部对根据地教育建设，缺乏正确的统一的认识，和各级领导上主观主义、官僚主义的毛病未能彻底纠正的结果。因此统一认识以加强领导，是进一步改造我们工作的主要关键。

甲、教育为群众服务问题。

这是教育工作者的立场问题，是加强教育工作者的群众观点问题。毛泽东先生在延安文艺座谈会上的讲话，给了我们许多新的启示，也更加提高了我们工作的信心。现在就根据“为群众与如何为群众”这个基本问题，来检查我们过去的工作思想，提出今后努力的方向：

（一）新民主主义的教育，是站在抗日人民大众的立场，为人民大众服务的。而人民大众中工农兵（及其子女）是最主要的。过去对这个问题的认识是相当模糊、注意不够的。许多同志站在群众之上，“发聋振聩”化大众的、主观上想出一套来硬要群众接受的统治思想；工作是为了应付上级，给上级做工作的雇佣观念；或是为了弄出一套来表现个人的能干，从个人利益出发的个人主义思想；以及喜欢穿得整整齐齐、又白又胖的学生，厌恶又黑又瘦贫苦儿童的感情等等，就都正是和这个原则相违背的，是在地主、资产阶级教育的长期教养下所带来的脏东西，还没有洗刷净尽！

（二）从“如何为法”（即教育工作中的普及与提高问题）方面检查起来，问题就更多。

（1）向工农兵普及的情形——过去的反动统治阶级，把教育筑起了一道围墙，使工农劳苦大众得不到受教育的机会，阻止他们进步。抗战以后，我们已把这道围墙拆除了去，实行了免费的普及义务教育，人民大众不论贫富不分男女，都有了享受教育的自由与机会。但几年来我们在拉着甚至逼着群众来就学的方面做的〔得〕多，在如何把教育送到群众的面前去的方法想的〔得〕少，因此较之抗战前虽有了很大的开展，离真正普及的目标，还相差很远。以小学教育为例，据五台等十四个县去年的统计，入学儿童，平均仅占学龄儿童总数百分之五三点七，最少的仅占百分之三五。女生就更少，据灵邱唐县等六个县的统计，初小女生仅占学生总数百分之三五点五，高小女生仅占学生总数百分之二九。

工农劳苦大众为什么不能上民众学校，不愿送自己的子女人小学呢？今天已经不是买不起书、交不起学费的问题，更不是因为落后不愿学习的问题。这只是知识份〔分〕子的偏见。其实真正最深刻的〔地〕体验到不识字、缺乏知识的痛苦的是他们。抗战以来许多事实证明了他们在学习上所表现的积极奋发精神是空前未有的，是远过于我们过去在学校里学习的情形的，“他们一刻也不会忘记，他们所需要的是知识的力量”。今天的问题，主要是生活问题，是生产和学习在时间上的矛盾问题！几年来由于敌寇的掠夺破坏，由于战争的消耗，群众的生活更加困难了。他们除了参加战斗任务、负担抗战勤务、办公而外，还必须料理家务努力生产，才能更好的〔地〕解决生活问题，他们没有更多的时间学习，不能让自己的子女饿着肚子去就学。其次是教育内容是否适合于群众需要的问题，不是他们所迫切需要的，他们就不愿学习。

那么用什么向群众普及呢？只有用工农兵自己的东西。的确他们不需要“仕先事（怎样做官，怎样统治人民），士先志（立志做人上人）”的封建贵族教育；不需要不加批判的〔地〕从外国从书本上生搬来的洋教条；不需要资本家为增加剥削利润而给予工人的教育；更不需要殖民地半殖民地的奴化教育。他们所迫切需要的是战胜日寇战胜大地主大资产阶级的压迫，获得解放，求得自由幸福的知识和自己的文化。更现实一点说，就是怎样订计划，组织劳动力，增加生产，改善自己的生活；怎样打击敌人，肃清敌探奸细和反共特务份（分）子的破坏活动；怎样掌握自己的政权，运用民主权力，怎样执行与实现抗日民主政策法令；以及家庭日常生活上，所需要的文化知识。因此我们向群众普及的教育内容，应该是人民大众在现实生活中，在革命斗争中最生动最丰富的经验和创造的结晶。应该是从群众中来，再普及到群众中去，是群众所容易接受，而且有用的东西。

现在的实际情形又是怎样呢？在部份（分）县份中对实质上是敌寇服务的两面小学非常麻痹，采取放任态度；还有不少的私塾，天天教儿童读《论语》《孟子》，讲授适合于中国法西斯所需要的反动理论和封建道德。就在我们抗日课本中也还严重的〔地〕存在着抗战八股、教条主义的缺点，多半是抗日的大道理，很少照顾到群众日常生活上的需要。去年的冬学教材，开始注意了这一点，因而得能［到］了群众的欢迎。今后还必须花较大的力量来解决这个问题。

（2）再谈提高、普及与提高的关系——几年来，我们具体掌握“在普及基础上的提高、在提高指导下的普及”这一原则是很差的，也充分证明了不是从工农兵现有基础上的提高，就不能为群众所接受，就形成普及工作的障碍。同样不是逐年逐月提高的普及，不仅普及没有意义，也就必然影响教育工作的普及。过去在冀中时，四〇年初到定南一带时，小学生都穿着制服，整整齐齐，精神焕发，看来是很好的，后来才发现，有些贫苦儿童，因为做不起制服和家长打吵子，甚至退了学，即便不退学的，当中小区学生集体检阅测验时，教师常是把这些没制服的儿童留在家里不让去参加，他们是如何的痛苦啊！在第二次教育会议后，才普遍纠正了。我们也会有过中学毕业的学生，再去上高小还跟不上班的个别例子，这中〔种〕助苗长式的提高，虽曰爱之，其实害之了。在民众教育方面讲些群众听不懂的抽象政治原则问题的现象，更是普遍。在去秋反“扫荡”过程中，会遇到这样的事情，一个村长的儿子，上了几年小学，还在一年级，识字也有限；有许多青年，上了五冬民校还念一册识字认课。在教育内容上，总是讲些“减租减息改善人民生活”“站岗放哨捉汉奸”等简单的口号，不能满足他们的学习要求，因而学习情绪很低。这些现象是值得我们深自检查，从根本上纠正的。

在提高问题上还相当普遍的〔地〕存在一个糊涂观念，是“学校教育正规化问题”（这种提法本身是欠妥的）。一般的是超现实的非新民主主义的正规化观点，不是从实际出发，而是旧型正规化的观点。自提出学校教育正规化的口号后，大都是想起了事变前的学校教育来，以为向那样子看齐便是正规化了。我们说新民主主义学校教育建设，不仅不是向旧的学校教育看齐，而是必须和旧的学校教育有基本的区别，无论教育制度、教学组织形式，教育内容、教导方法，都须要有彻底的改革。今天虽还没有此较完整的统一的一套，而是在发展中，这还靠我们教育工作者去研究创造，但我们可以原则的〔地〕指出衡量好坏的标帜〔志〕和努力的方向来。就是凡能更好的〔地〕实现“民族的、民主的、科学的、大众的”新民主主义教育目标的，就是比较好的。譬如我们在山沟分散的小村实行巡回制，对贫苦儿童实行半日学习半日生产制，能给更多的儿童以学习的机会；譬如在游击区实行导生制分组秘密教学，能坚持抗日教育；譬如教育与生产劳动结合，辅导儿童自治实行民主生活，以及教导合一、理论与实践联系的教导方法等，都是和事变前所谓正规化的学校教育截然不同的，而是适合于实际需要的。

(3) 把为工农兵，普及与提高的问题弄清楚了，我们就会感到普及工作还是我们当前主要任务。解决这个问题的关键，在于设法解决群众、儿童生产和学习时间上的矛盾问题。自去年提出加强生产教育后，已得到一些成功的经验，今后要打破老一套，更多的〔地〕想办法，使他们在不耽误必要生产的条件下得到更多的受教育的机会。其次是改进教育内容提高教育效果。所讲的东西必须是真正适合群众儿童的需要，而且是他们所能够接受的东西。保证他们花费一点时间，就能有一点收获。为达此目的，教育干部小学教师，必须站在群众之中和群众在一起，参加到群众的各种实际斗争，虚心向群众学习、观察、体验、了解他们的生活、情感，听取他们的呼声，才能找到他们迫切需要的东西。不从这方面努力，只想依靠强迫命令的方式强制他们入学，便是脱离群众、官僚主义的办法，是永不会达到目的的。

乙、教育为政治服务问题（也就是新民主主义教育建设与新民主主义政治建设的关系问题）。

（一）新民主主义教育是新民主主义政治的产物，它是新民主主义政治的一方面。就是说没有中国共产党领导的抗日民主政权的基础和保障，新民主主义的教育建设是不可能的。在反动阶级掌握政权的社会国家里，教育不可能是属于人民大众的。在封建政治统治下，教育是贵族的特权；在旧民主政治统治下，教育是属于资产阶级的；在中国法西斯统治下的大后方，教育必然走向特务化；在敌寇汉奸统治的地区，就只能有奴化教育。教育是受着一定政治的支配约束，为一定的阶级服务的。所谓超生活、超政治、超阶级的教育，完全是骗人的说谎。边区几年来的新教育建设，便是在抗日民主政权领导扶持之下发展起来的。任何认为几年来的教育建设是单靠我们教育工作同志努力得来的，认为教育是离开了政治的另一部机器的想法，都是错误的。

（二）反过来，新民主主义教育的发展，又会对新民主主义的其他各种建设如民主建设、经济建设等起着推动与辅助作用。抗日民主根据地的坚持与建设，一切要依靠人民大众的力量来实现。最可靠最基本的力量是工农劳苦大众。他们有着优良的品质，无比的英勇顽强精神。但由于几千年来封建的残酷剥削和中国法西斯独裁者的压迫，长期的〔地〕

处于所谓“愚昧无知”的境地，也有着自私保守等落后的一面。这些常常成为我们对敌斗争和各种建设的障碍。通过教育工作，从封建迷信、“愚昧无知”的牢狱里把他们解放出来，提高其政治觉悟文化水平，改造其思想意识，启发其积极性创造性，指导帮助他们进行各种现实的斗争，团结一致的〔地〕行动起来，是完成各种政治任务争取胜利的一个有力保证。忽视或轻视这种艰苦的教育工作是错误的。

这里所说的教育，是广义的、社会化的、多方面的。不仅教育部门所领导的各级学校、民众学校是教育，干部教育、部队教育、团体的组织教育，以及开会、演剧也都是教育。不过学校则是专门的经常的教育机关而已。克服大众的落后性，使教育事业真正成为“整个革命机器的一个组成部份〔分〕”，成为打击消灭敌人、建设新中国的有力武器，是我们教育工作者的光荣任务。

教育工作不易见速效，必须把眼光放远一点，照顾到未来的需要。但“教育的效果永远在明天”的教育预备论的说法是错误的。明天的一切，都是在今天的基础上发展起来的。只有从现实出发，把今天的事情做好，才是真正的〔地〕为了明天。教育若是离开了当前的政治任务和群众需要，就要失去其社会的现实性，必然成为形式主义的东西。

（三）根据几天来座谈讨论的结果，在许多同志当中对“教育为政治服务”问题的认识，是不统一的、分歧的、各有偏向的。

有些行政首长，由于工作繁重，由于对教育工作在对敌斗争与根据地建设上可能发挥的作用与重要性认识不足，重组织轻宣传的观点，忽视教育工作的现象，还相当普遍的（地）存在着。自去年高干会议提出“组织人民文化生活是民主政治建设主要内容之一”以后，虽已有了新的转变，各地区是不同的。这种精神还没有普遍的〔地〕逐级贯澈〔彻〕下去。这表现在：有的认为教育工作不易见成效，非当务之急；有的凡数字公文一律不看，署、县区务会议上，经年不谈教育工作，平时也很少过问；有的把小学教师当作提拔干部的惟一来源（不相信工农干部），甚至区里缺个事务员，也调一个模范教师去担任；有的认为教育为政治服务，中心工作就是政治任务（这是对的），教育干部、小学教师就应该去做中心工作。于是常完成一个政治任务时，不是加强教育行政的领导通过组织系统发挥组织力量，加强群众的宣传教育，而是简单的〔地〕分配教育干部、小学教师离开本身工作，去做中心工作。这不是教育工作为政治服务，而只是教育干部配合中心工作，结果必然是得不偿失的。

更严重的是教育干部方面，旧的传统的“教育清高”“教育万能”等超政治的教育观点还或多或少甚至很浓厚的〔地〕存在着。如有的说“教育工作和其他工作一样重要”，或“教育工作是一切工作的基础”，这是以为只靠教育，就可以支配社会发展变革的“教育万能”的错误认识；有的说“教育是为总的政治任务服务的，不是为当前的政治任务服务”，或“教育是为了将来建设新民主主义社会服务的”，这是“教育预备论”的说法。有的不研究政府政策法令，不关心全面斗争，形成政治上的幼稚无知，不是从总的政治任务出发来考虑教育工作，而是“为教育而教育”，把教育工作孤立起来。有的是狭义的教育观点在作祟，只注意小学教育工作。这些错误思想的未予肃清，在工作上就表现为与现实脱节，与当前的实际斗争脱节的倾向，是引起各方面不满意的主要原因。

这种认识上的不统一，形成了部门领导与总的领导之间意见上的分歧和对立，是过去宣教工作未能更好开展的一个主要原因，是改进与加强今后宣教工作的障碍。大家应以整风精神相互检讨，求出认识上的一致，从整体的思想出发，把政府各部门工作，看成一部完整的机器，把教育工作放在适当的地位，克服“为教育而教育”，和忽视教育工作的偏向，加强领导，进一步改造与提高我们的教育事业。

二、今年的教育工作方针和主要工作

根据一九四四年政府工作方针，强化对敌斗争，开展大生产运动，深入整风与反法西斯教育，总的政治任务的需要，和现有教育工作基础，确定今年教育工作方针和主要工作任务如下。

一、总的方针。

积极开展与建设游击区教育工作，加强对敌思想战。提高新民主主义教育的效能，进一步为群众服务、为政治服务。普遍加强生产教育，深入反法西斯与民主教育，提高文化教育，使教育工作和其他形式的斗争结合起来。

二、三大主要工作。

甲、加强生产教育，把国民教育和大生产运动结合起来

（一）今年的大生产运动，是为克服困难争取胜利奠定物质基础的运动，是发展新民主主义经济的阶梯，是全边区党政军民共同的政治任务。普遍加强生产教育，把国民教育和大生产运动结合起来，是教育工作为群众服务为政治服务最中心的一环。教育和生产劳动更进一步的〔地〕结合，不仅是保证大生产运动胜利的一个因素，也是培养新公民新知识份〔分〕子、改造旧知识份〔分〕子必由的途径。在大生产运动胜利的经济基础上，国民教育也就会得到进一步的发展。认为生产教育是为了教育不是为了生产，是错误的，因为生产教育的目的是为了加强生产。认为只是为了生产而不是为了教育，把二者机械的〔地〕对立起来，也是错误的。

（二）广大的劳动群众是生产战线上的主力军，各村民校应有条件的〔地〕做到经常化，今后以动员组织广大群众积极参加生产，讲授改良生产的科学知识，介绍经验为主要教育内容。教学时间按农民忙闲及群众要求，适当增减。创造多种多样的方式，和群众的劳动互助组织联系起来，把思想动员、知识讲授和具体组织工作紧紧的〔地〕连接起来。根据群众生产计划，决定教育内容。阜平一区崔家沟民校教师陈继和有许多新创造和宝贵经验（另详）应广为介绍，号召各村民校教师向他学习。

（三）在小学校里，教师应负责组织儿童参加生产、加强生产教育、组织儿童生产，以帮助家庭农业生产为主，必须与家庭生产密切结合起来。当农忙时可适当变更教学时间。小学假期也要适应生产需要，全年以不超八十天为原则。起止日起，由各县具体掌握。放假前应配合童子军干部［做］领导儿童参加麦收或秋收的动员准备工作。

其次是有条件的〔地〕组织儿童集体生产（如公费生等）、代耕代收及劳工互助，及手工生产，并通过小学生的积极模范作用，去影响推动别人，如通过童子军的关系帮助校外儿童，动员家长，动员懒婆懒汉，传习生产知识，经常进行街头宣传等。

儿童生产小组以自由结合为原则，为便于领导检查，能和孩子军编制统一更好。生产所得在开始时应全部由儿童交给家长，以启发儿童生产的积极性。候收入较多时，再相机提出“自己动手，克服困难”的口号，在集体收入项下，提出一部作为改善教学设备、奖

励模范之用，但不能勉强。

在课业教学中，应适当补充与生产劳动有关的内容，并注意培养儿孩正确的劳动观念、集体生活习惯，发扬民主团结、互助友爱精神。生产教育成绩，应视为全部教学成绩的一个重要部份〔分〕，随时考核登记，并列入工作汇报。

小学教师必须亲自动手，以身作则，并与村生产委员会、学生家长密切联系，帮助所在村人生产运动的开展。教师生产所得，以用于改善生活、改善教学设备为原则，暂不一般的提出自给一部的要求。由各县分别提出不同号召。教师个人生产积极，生产教育成绩好，对大生产运动帮助大，定为今年选拔模范教师必备的一个条件。

乙、深入反法西斯与民主教育

（一）反法西斯与民主教育，是一个问题的两方面，是巩固与扩大抗日思想阵地的斗争，是一切拥护抗日民主的人民大众反对日寇奴化思思，反对中国大地主大资产阶级一个主义一个党一个领袖的新专制主义的思想斗争，同时也是反对封建思想的斗争。因此我们不仅应注意日本法西斯阴谋，还必须高度警惕中国法西斯反共特务份〔分〕子的活动。特别要正视近几年来，边区反共特务份〔分〕子，对边区人民及一部份〔分〕青年儿童思想上的毒害及影响，是相当普遍、相当严重的。消灭法西斯主义，肃清法西斯思想的流毒！

（二）进行反法西斯民主教育，应成为时事教育的主要内容。把日本法西斯和中国法西斯联系起来看。和反“扫荡”反“清剿”、反掠夺反抓夫的斗争联系起来。和边区国民党反共特务份〔分〕子如何破坏抗战、危害人民的罪行联系起来，把国特与敌特合流、狼狈为奸的事实，予以无情的揭发，广泛开展坦白运动，把受欺骗被麻醉的人民从思想上解放出来。同时，对群众进行贯彻抗日民主政策法令与健全村政权的教育，使群众了解如何掌握政权、如何运用民主权力。在小学里，教师应进一步的（地）发扬民主作风，肃清封建家长式的管教统治思想，辅导儿童自治，培养小干部建立民主生活制度，并进行反封建反压迫、反迷信等思想教育。

（三）教育方法，要善于引用当地的事实，用对比的方式来讲。如把敌占区人民被奴役的情形、大后方苦乐悬殊的生活相，和陕甘宁边区的丰衣足食、敌后各抗日根据地民主生活，作鲜明的对比，务使群众儿童清楚的〔地〕认识法西斯主义所给予人民的危害，和它必然崩溃死亡的道理；认识民主的自由幸福，和它必然会实现的道理；认识为什么中国共产党才是中国人民的救星，和只有团结在中国共产党的周围，才能得到澈〔彻〕底解放的道理，造成除奸防特、拥护民主的广大群众运动。

（四）为贯澈〔彻〕反法西斯与民主教育的精神，首先我们干部、全体教师，必须展开一个自我清洗运动，坦白反省，无情揭破法西斯主义所给我们的影响，肃清法西斯思想的毒素，剿清统治思想的残余，否则，我们便没有资格也不可能来担当这一个革命的历史任务！

丙、开展与建设游击区教育工作，加强对敌政治政势

（一）当国际形势极端于我有利的情势下，随着游击区政权工作的开展和敌寇许多点碉被打下、被逼退，开展与建设游击区教育工作的有利条件，亦将日益增加。把游击区教育工作很好的〔地〕开展与建设起来，也就能进一步巩固游击区政权。在争取对敌各种斗争的胜利，就多了一个保证。

（二）我们奋斗的方向是：恢复新蚕食地区的抗日小学，秘密成立抗日一面小学，或利用敌伪催办伪小学的机会，主动的〔地〕配备教师，成立抗日两面小学；对伪小学的村庄，通过各种关系争取掌握伪教师，变伪小学为抗日两面小学。对不能争取、坚决事敌的伪教师应配合其他方面予以打击，或用釜底抽薪的办法瓦解其学校。在开展过程中加强检查领导，随时进行巩固工作。

游击区两面小学的性质，决定于小学教师。教材还是次要的，因为教材毕竟是死东西，必须经过教师的讲说才有生命。所以教师必须是积极抗日，完全在我意图之下进行工作，对敌只是应付的小学，才能成为抗日两面小学。衡量教师是否忠实于抗日民主革命事业，主要是从他所教的学生中去考查。必须提高政治警觉，严防为敌伪的反动两面政策或教师的两面态度所麻痹。中间两面小学，实际上是为敌服务的，不能认作我们的学校。念四书五经的私塾，是为中国法西斯说教的，必须于说服群众过程中予以取缔或改造。

（三）开展小学教育，同时还必须加强广大群众的宣传教育。有重点有条件的〔地〕成立民校、宣讲班、识字班。条件较差，不能形成经常的组织时，可以小学教师为核心，网络组织在乡知识份〔分〕子，随时随地进行宣传教育，并组织小学生进行家庭宣传。

（四）过去把“对敌政治攻势”只看作配合工作是不够的。今后游击区宣教干部、小学民校教师，要把它看作自己的一个重要任务，除发动定期政治攻势时，要服从统一的计划领导，进行活动外，还必须把这一工作经常化。随时注意敌伪的欺骗宣传及阴谋活动，即时予以揭穿，稳定群众情绪及斗争信心，利用每一个有利的形势变化，寻求敌伪军伪组织之间的各种矛盾和弱点，进行动摇、瓦解敌伪军、伪组织的宣传。

三、几个具体问题

甲、小学经费问题。（略）

乙、培养与训练教师问题。

（一）教育政策方针及一切实施，都要通过教师才能实现。教育质量的提高，对教育的改进有着决定的意义。但现在的教师情况是怎样的呢？

就北岳区说，据去年二十九县的统计，现任高小教师共一百二十一人，初小教师共二千二百七十八人，总计二千三百九十九人。教师缺乏，是各地普遍存在的问题。女教师就更少，据曲、唐等七县统计仅占教师总数百分之九点八。就质量方面说，据二十个县的统计，初等教育程度的占总数百分之七十五多。据九个县检定的结果，够上正式教师的条件的仅占总数的百分之四十二。文化水平一般是相当低的。更严重的是在思想上由于我们过去领导上注意不够，问题就更多。在大会座谈当中有许多事实证明了这一点。至于不脱离生产的民校教师，虽没有完整的统计也可想而知。因此如何培养师资，提高师资质量，应成为我们经常注意的问题。否则国民教育的改造，进一步为群众服务为政治服务的方针，就不可能很好的〔地〕贯彻下去。

（二）提高师资质量，加强现任教师的训练与学习的领导是主要的。各县应按假期训练教师办法具体计划进行。切实掌握根据不同对象、确定不同的训练内容的原则。关于工作中具体问题，教导方式方法问题，最好采用座谈方式，通过积极进步份〔分〕子以影响其他。本年麦假秋假训练班或座谈会，以交换实施生产教育的经验，整风反省，贯彻此次大会精神为主。平时学习，须加强中小区的学习领导，学习材料，除《晋察冀日报》《教育阵地》外，各县应负责介绍或供给其他学习材料。并可举行学习测验。督学下乡视导时，可以中小区为单位巡回举行会议式的训练。

民校教师每年冬运前选聘并集中训练一次。

（三）培养新师资。去年开办的各短师班，麦假前后毕业。毕业后，均介绍回原县服务。除补足缺额外，并替回一部现任教师入短师学习（本年短师招生计划及各县保送人数另行通知）。在培养新师资方面应注意三点：第一，必须是青年积极份〔分〕子；第二，地方化；第三，多培养女教师。在新开辟的游击区，教师特别缺乏时，可动员在乡知识份〔分〕子，予以三个月或半年，以政治思想教育为主的短期训练，再分配工作。经费在干部训练费项下开支，或专案呈准报销。

（四）选拔与培养新型模范教师。今年纪念六六教师节时（由各县参照去年教师节纪念办法，配合县抗联具体布置，边委会不另通知）先由各县初步选拔模范教师予以奖励表扬，将其模范事迹详细报会备查，并加强对他的了解与帮助，秋假后再由边委会选拔全边区的新型模范教师，作为全边区小学教师前进的标帜〔志〕。过去个别县份小学教师一当选为模范教师后，即调任其他工作的偏向必须纠正。或当选为模范教师奖励以后，行政上不注意教育培养，致不能在现有基础上再提高一步，甚至自高自满的现象，也必须克服。

丙、课本教材的出版发行与修订问题

（一）今后各县所需小学民校课本教材的出版发行，以专区为单位，由各专署分别负责解决，印刷工料费，边委会只掌握各专区总预算，各县所需课本教材，由专署统一分配。课本印刷由各专署附设之印刷所负主要责任。如限于出版最不敷分配或发行困难时，专署可指定某一地区自行翻印一部（或利用机关文书股作业余生产，或利用假期抽调一部份〔分〕教师刻写翻印），以保证学生有书可读。抗日两面小学争取全部用我们的课本。因敌人监视较严，教学困难，必须用伪课本时，算术可搞伪课本讲授，国语常识可用批判方式进行讲解（例如伪课本上讲“乡村的东西运到城内来”，应说明敌人掠夺物资的阴谋，进行加强坚壁清野、保存粮食物资的教育。又如伪课本上讲“中日亲善”就可以指出当地谁被鬼子杀了，谁家的房子被鬼子烧了，来说明敌人所谓中日亲善的本质）。或只选讲一部份〔分〕，另就我们课本中选印抗日补充教材。修身一律不讲，在上修身课时，进行精神讲话。中间两面小学或亲日两面小学，除发给教师全套外，按实际情形，供给学生补充教材。不要从主观愿望出发，一律发给抗日课本，结果教师、学生都不敢用，致形同浪费。

（二）我们现用的课本内容，还严重的〔地〕存在着教条主义、不合实际需要、缺乏新鲜内容的缺点。但一时全部修改，限于干部时间与经验，又有困难。兹规定高小课本、民校宣讲教材及识字课本的修改编辑，由边委会教育处负责。初小算术暂不必修改，练习题可灵活运用或补充，初小国语仍照原本印发，本活用活教材的原则，其不合实际需要或儿童不易了解接受者，可指定不讲，另由县或指定某些质量较好的教师编补充教材，经县审查，印发应用。常识课本，只选印其适用部份〔分〕，另编补充教材，以生产常识或卫生常识为主，每教师发一份用宣讲方式讲授。各县所编各种补充教材，随时报送边委会一份，以便加以整理，作〔做〕统一修改的准备。

四、小结

甲、大会的收获和缺点。

大会进行了十二天，围绕着“教育为群众服务为政治服务”这个中心，以整风的精神，进行了工作立场与群众观点的反省检查，进行了各级领导的检查，指出了我们思想上的偏向主要是缺乏群众观点，站在群众头上化大众的统治思想，和脱离现实，为教育而教育的传统的单纯教育观点。领导上依然存在着忽视教育工作，及主观主义、官僚主义的倾向。在这些问题上得到了初步一致的正确认识。大会讨论了生产教育、反法西斯教育、游击区教育问题，交换了许多宝贵的经验，确定了今后的工作方针和主要工作。更值得庆幸的是在大会进行过程中，晋察冀日报转载了解放日报关于根据地普通教育改革问题的社论和延安西区新型小学的范例，对大会起了极大的指导作用。

但由于我们事前思想上的酝酿准备不够，及时间的限制，有些问题没能展开更深入的更全面的检查讨论。因此思想上的转变，只是开始，认识上的统一也只是初步的。大会闭会以后，我们每个同志还必须本着大会的精神，继续深入的（地）反省检查，来补足大会这一缺点。

乙、怎样贯澈〔彻〕大会的精神。

大家回到专署或县，向专员、县长或在署、县务会议上传达大会的报告以后，首先教育部门全体干部根据大会所指出的思想上、工作上所存在的问题，和本专区或本县教育工作领导上设施上的实际情形联系起来，征求各方面的意见，进行全面的深入的反省检查，先把教育干部从思想上搞通。可能时，再由专员、县长召开署县干部座谈会，展开讨论求得专署或县对教育工作领导思想上的统一。然后一方面通过行政领导逐级贯彻到区村干部中去。一方面通过假期教师训练班、座谈会贯彻到全体小学教师中去（事前要发出反省检查提纲，进行动员与思想准备），我们必须认识今天在教师思想上的问题，比教育行政干部更为复杂，他们对广大群众的影响，更直接、更普遍，改造教师是改造教育工作的先决条件。

我们要毫不犹豫的〔地〕，坚决果敢的〔地〕否定与抛弃从旧社会带来的脏东西，同时还要有足够的勇气与信心，去创造新鲜事物。几年来干部教师在新教育建设上是有不少的创造与贡献的，如何发现与扶植这种精神，是我们今后行政领导上重要任务之一。希望经过今年一年的努力，召开下届教育会议时，能有更多的新创造，能看到一个崭新的面目。

丙、加强教育工作的战斗性

最后还必须指出：我们所处的环境，是敌后战争的环境，今年的工作方针与任务，就要在错综复杂的对敌斗争中来贯彻完成。任何和平思想、太平观念都是有害的。文化思想战是总力战的一个方面，教育工作本身就含有尖锐的斗争。不仅敌伪无所不用其极的〔地〕设法破坏我们的教育建设，以推行其双化教育。在边区内部，也还有一些反共特务份〔分〕子，暗藏在教育工作岗位上进行毒害群众毒害青年儿童的活动。我们必须以战斗的姿态，粉碎敌寇汉奸反共特务份〔分〕子这种阴谋！因此不分游击区与巩固区，要把反“清剿”反“扫荡”的准备工作经常化，提高政治警觉，加强民族气节教育、应敌教育与除奸防特教育，把隐蔽学校目标坚壁课本文具的准备工作作〔做〕好，以减少损失。万一发生情况时，小学教师应争取和干部在一起坚持战时工作，和游击小组在一起，直接参加武装斗争，或和群众在一起，进行战时宣传教育，把教育和战争结合起来。

（一九四四年五月五日载于边政导报）

选自《晋察冀边区行政委员会现行法令汇集》，下册，边区行政委员会1945年编印，第451～471页。

10. 晋察冀边区行政委员会关于华北联大教育学院的决定

1944年12月12日

一、学校的性质、任务及教育方针：

联大教育学院的性质，确定为干部学校，负责提高与培养初中级党政军民的干部及技术干部，凡以提高现任干部为主。教育方针以提高干部文化为主，并根据今天敌后战时农村的社会环境（坚持抗战准备反攻）、新民主主义社会建设的需要，贯彻学以致用、理论和实践密切联系的原则培养干部（为抗战）为新民主主义社会建设事业服务、为群众服务的品质及必要的技能。

二、成立班次目的及修业年限：

1. 设师范班：提高与培养初高级小学师资，在适当提高文化水平的基础上，使大体上了解边区各种政策法令，了解新民主主义文化教育的基本精神，及民办公助的方针及其实际工作方法。修业年限暂定为一年半。

2. 设中学班：提高现任党政军民干部，以提高文化为主并使进一步了解各种基本政策的精神，总结工作经验及领导方法，提高工作能力，修业年限暂定为二年。

3. 设政治班：训练与改造城市青年智〔知〕识份〔分〕子，以了解边区各种政策改造思想为主。不定期。

4. 设短期训练班：系临时性质，训练现任卫生、经济、合作、会计、生产技术、教育等干部。不定期。

5. 学员总数暂以不超过六百人为原则。

三、招生：

为实现各班的具体目的，保证在较短的时间内收到最大效果，今后招收新生必须有相当高小程度的文化程度。每期招生计划确定后，由党政军民各主管机关负责抽调保送，防止滥送滥收的现象。

四、课程：

除政治班及短期训练班临时规定外，中学班、师范班都应有下列三种基本课程：

第一是边区建设：包括边区史地、边区政策及边区组织。

第二是政治思想教育：包括整风、时事教育、政治常识等。

第三是文化教育：包括国语、数学、史地、自然常识。

生产知识，医药知识、军事知识等、师范班并应增加教育课。

根据各班不同的教育目的与教育对象，各科课程比重应有不同（另行具体规定）。每学年并应划出二个月至三个月时间从事生产。

五、教导方法：

根据理论与实践结合的原则，学校教育与社会建设相适应的原则，教员与学员相结合的原则。

1. 采取启发式的而放弃注入式的教学方式，各种课程都以自学讨论研究为主，而辅之以讲授、报告、总结等方式：发扬民主、质疑、辩难、研究的精神，使学习内容与学员思想认识密切联系，反对武断注入的办法。

2. 本教导合一的精神，采用教学做合一的教导方式，参观实习与讲习讨论并重，每日上课时间以不超过四小时为原则，遇有重大中心工作，应有计划的〔地〕组织学员去参加帮助实习，使教学与实际活动密切结合，彻底纠正读死书、教条主义的教学作风。

六、学校组织机构：

取消中学部与师范部名义，院部直接领导各班。

院部在院长领导之下，设：

组织科：管理全校干部问题及教导问题。下设图书资料股、油印股及干事二人至三人。

设校务科：管理全校供给及机关生产工作。下设总务股、生产股，设卫生所。

设秘书及管理员一人，管理文电收发及招待、警卫、交通等工作。

各班设班主任一人（兼教员），在组教科领导之下负责领导全班教导工作。

七、调整教员：

改善教员质量是克服教条主义，提高教育效果的主要条件之一。一般文化课教员可就现有教员中加以调整，关于边区建设及政治思想教育教员，应调任有实际经验的干部担任专任教员并请边区各机关负责同志担任讲师，于一定时期作有关军事、政权建设、医药卫生、工业、农业等专题报告。

选自《晋察冀边区行政委员会现行法令汇集》，下册，边区行政委员会1945年编印，第445～448页。

11. 晋察冀边区行政委员会、晋察冀边区抗联会为纪念“四四”儿童节关于儿童工作的联合指示

1945年3月11日

“四四”儿童节即将来临，各地应以改进儿童工作来迎接和纪念这一节日。我们儿童工作的目的，在于组织与培养全边区广大儿童，使他们成为会写会算、能生产劳动、身心健康、学习科学知识、培养革命思想的新公民，新社会的主人。几年的努力，获得了一定的业绩，但由于思想领导、工作方法作风上，存在着严重的毛病，因之和预期的目的相差还很远。当此纪念“四四”儿童节的时候，特就今后儿童工作的方针任务，作如下指示：

今后儿童工作最主要的任务是组织领导儿童的学习和生产，其次加强儿童卫生保健工作，开展儿童文娱活动，使儿童在生理上、心理上都得到健全的发育。

一、在组织儿童学习方面，去年提出了“民办公助”和教育为群众服务的方针，和各地执行的结果，儿童教育已呈现了新的气象，收到相当的成绩。但由于我们不少干部在思想上还没搞通，缺乏实际经验，或因轻视群众而不敢放手；或因藉〔借〕口民办而放任自流；把民办和公助分离对立起来，因之这一方针的贯彻还是非常不够的。今年我们应继续努力贯彻执行，改造现在的国民教育。尤其应特别注意组织贫苦儿童的学习，这应成为目前各宣教部门干部工作的重点。利用各种不同的组织形式和教学方式（半日制、早午学、巡回教学、拨工组学习、小先生传习、识字牌等），使贫苦儿童得到受教育的机会。龙华模范教师桑文义、平定模范教师王职玉等同志的精神和经验，各地应普遍学习。

在学习内容上，仍应以文化为主，并和日常生活应用联系起来，使儿童能写能算会用。同时重视儿童的思想教育，培养儿童的革命人生观，养成儿童民主的、科学的思想，并和反特防奸、反封建迷信、辅导学生自治等教育活动联系起来。

二、组织儿童生产。几年来，特别在去年大生产运动中，已有不少成绩，但同样由于我们群众观点不足，在组织领导儿童生产上，强调组织单独的儿童拨工组，和学校的童子军的集体生产，而对领导儿童帮助家庭生产却注意不够，因之这方面也就脱离了群众。今后必须贯彻以帮助家庭生产为主的原则。帮助儿童订个人生产计划（要适应家庭生产计划）；帮助组织儿童拨工（也以参加家庭拨工为主）。曲阳南故张小学教师刘国善同志帮助儿童订个人生产计划时，先征求家长对儿童的要求，和儿童自己的意见，商订儿童生产的具体任务，适当的〔地〕分配儿童学习和生产的时间，深得群众拥护。这一经验值得各地学习。组织儿童帮助家庭生产还应当和家长的民主领导联系起来，建立分红奖励制度，以提高其生产积极性。劳动英雄胡顺义等的经验，应广泛的〔地〕向儿童家长宣传解释，转变家长对儿童的管教方式。

其次在不影响家庭生产、对家庭生产有益、家长同意、儿童自愿的条件下可组织儿童的集体生产，以培养儿童集体劳动的观念和加强生产教育。儿童生产所得，必须按儿童劳动多寡分配给儿童。如出于儿童自愿，经家长同意，亦可抽出一部做〔作〕为奖励模范或改善教学设备之用。过去违背这一原则的各种偏向，必须纠正。

另外，根据去年灵邱、灵寿、繁峙、盂平等县，及行唐劳动小英雄牛国材的经验，证明儿童很适合于做除害虫、害鸟、害鼠的工作，收效很大。今年各地应普遍的〔地〕开展儿童的“除三害”运动，以减少生产的损失。

三、开展儿童卫生保健工作。目前疾病对儿童的危害相当严重。但过去我们对这一问题的认识是非常不够的，只注意儿童的学习、生产、文化娱乐、社会活动、体育训练，而对儿童的身体健康、卫生、疾病则漠不关心。今后应认识这一工作的严重性，加以重视。首先应深入家庭，与家长联系，共同注意儿童卫生保健工作，利用各种教育形式、座谈会、农妇救会员会，向家长宣传，使家长懂得儿童卫生的一些必要常识。并和群众破除迷信、反对巫婆等教育结合起来，在学校中加强卫生保健教育。各级政府、抗联，可根据当地具体情况，搜集材料编印卫生教材，做〔作〕为对家长对儿童进行教育的参考。此外可通过学校和童子军系统，发动儿童订立卫生公约，共同遵守执行，养成儿童卫生的习惯。

灵邱模范教师张治平同志，不仅学校卫生工作做的〔得〕好，还推动了全村的清洁卫生运动，收效很大，各地应该学习。

四、组织儿童的文化艺术活动。过去在这方面虽有显著成绩，但发展还不够普遍，今后各地应发动儿童积极参加村剧团、秧歌舞、霸王鞭、儿童戏剧等活动，提倡儿童书画、出墙报、组织儿童集体游戏，动员更广泛的儿童参加（不要只在少数儿童中打圈子）。

要实现以上的各项任务，主要靠了继续深入的整风与细致的组织工作。各级宣教干部，特别是区民教助理员、青宣干部、小学教师，必须认真的〔地〕检讨过去的错误思想，彻底转变工作作风，深入到家庭中去、小学中去、儿童中去，了解具体情况，加强群众观点。尤其应认真学习业务，提高工作技术，学会当小学教师、村剧团团长、拨工队长的知识与技能。

在游击区、新开辟地区，应根据以上任务，视当地情况分别轻重缓急执行之。并应继续开展儿童的“五不运动”，加强儿童民族气节教育，反对敌伪奴化教育，建立抗日的民主教育，肃清敌伪对儿童的欺骗麻醉宣传。

关于纪念“四四”儿童节的方式，因正当春耕时期，不宜召开大会。可以村为单位，以小学做中心，在“四四”前后召集儿童及家长开纪念会，在会上主要是听取家长的意见，讨论出如何组织全村儿童学习生产等项工作的具体办法。加强学校与家庭的联系，改善家庭教育，并可举行儿童成绩展览，奖励模范儿童，表扬模范家长。

各级政府抗联，见此指示后应共同讨论，密切配合执行。在今年把儿童工作做〔作〕出更大的成绩来。

选自《晋察冀边区行政委员会现行法令汇集》，下册，边区行政委员会 1945 年编印，第 434～438 页。

12. 晋察冀边区行政委员会关于开展民众卫生医疗工作的指示

1945 年 5 月 27 日

几年来边区党政军民对民众卫生医疗工作，一般是注意的，特别从去年开展大生产运动以来，更引起各级干部的重视，在各方面积极努力之下，获得不少成绩（如历次反扫荡反清剿后组织善后工作队或慰问团到灾区办理医治伤病、掩埋、扫除等工作，对病灾严重地区军政民组织医疗队突击治疗，训练医生，制发药品，在行政组织上从边区到村对卫生部门或干部也都有了相当的设施等等）。不过这种成绩和客观需要距离还远，现在疾病给予人民的危害还很严重，不少地区病灾流行，死亡率很大（如行唐三个月来患病者连五六八七人，已死三二九人，曲阳儿童患麻疹者在万人以上，只四、五、六、七区一百个村由去年十月底到今年二月底四个月死亡十四岁以下儿童即达二千人以上，定唐田兴庄患病者近四百人，占全村总人口四分之一以上，死六十七人，占病人六分之一以上，新解放区、游击区因敌烧杀蹂躏，病灾更易流行，行唐只刘库池一村去春患瘟症死亡者即有八十三人，占全村人口百分之四十五）。在群众中流传着的三荒，又有“病荒”还在严重地威胁着我们对敌斗争与各项建设工作的进一步开展。病灾的流行除客观原因外（敌寇残酷的清剿扫荡、人民健康水平降低），主观原因在于：

一、有些干部群众观点不够强，对疾病给予群众的危害的严重性认识与关心不足。在领导上没有把这一工作看作长期建设工作，往往只是救济性的〔地〕临时突击一下，对发动组织群众做这一工作很不够。

二、在行政设施上忽略走群众路线，偏重于从组织机构上（如增设部门或干部）来解决，没有和群众（医生、民众）取得应有的密切联系。

今后为加强这一工作，首先要求各级干部加强群众观点，深切认识到“救命第一”的意义，以高度热情，为民众服务。其次在设施上要走群众路线，把行政、技术、药品、群众结合起来，我们应在这个前提之下，来开展今后的卫生医药工作。

（一）关于组织领导问题

过去的经验证明不发动和组织群众，卫生工作就搞不起来，因此关于这一工作的组织领导，就不能单纯依靠行政力量，要根据民办公助的基本方针，发动和组织群众，按照群众的需要与自愿去进行。关于卫生医药组织，应在现在群众医药组织（如医救会、医药研究会等）的基础上，加以提高，以领导卫生医药事业的开展，为此决定：

一、边区成立医药研究会，它是群众性的医药研究组织，负责指导下级组织研究卫生医疗工作，总结交流经验，并可直接经营医药事业（如药店、医药合作社等），开展张明远式的医药合作运动。为使这一群众组织与行政密切结合，步调一致，医药研究会的负责人同时可兼任政府的卫生干部，直受政府主管部门（民政部门）领导。

二、在行政组织上，边委会民政处增设卫生干部，即由边区医药研究会负责干部兼任；行署可成立卫生科，要短小精干，编制为一至三人，负责调查研究设计推动领导卫生工作；专署、县卫生组织由行署根据各地实际情况具体确定。

三、区级以上可建立卫生委员会，由党政军民各主管部门派员组织之，定期讨论卫生医药工作，决议后由各系统密切结合分头执行（其性质与生产委员会同），以收统一领导统一步调之效。因妇女对卫生工作关系重大，各级抗联妇女部要参加。

（二）关于药品问题

在各级干部思想上应提高用中药医治疾病的信心，克服非西药不能治病的心理，通过商店合作社发动与组织群众开展采药运动，把边区土产药材加以炮制，除供给内地使用外，并可组织出口，换回川广药材，以解决药品困难问题，要尽量减少单纯由外向内购买药品的比重。在这一方面，张明远、张瑞、杨明甫的医药合作社已作出了很大的成绩，各地应广泛开展，所需资金原则上由民众自筹，必要时政府可贷款一部，作为公股。公营商店对交换购置药品工作，应看作自己的重要业务，努力经营。并可以行署或专署为单位，设立药店，由政府和医药团体领导经营。有重点的〔地〕选择验方，配制特效药，今年边区不再发药。

（三）关于医生问题

医生缺乏，是边区卫生建设上的严重困难（质量高低还是次要问题），几年来西医增加不多，中医则后继无人；同时西医与中医相较，西医当然是更科学的，但数量上中医则大于西医，如这两支力量不能很好结合，边区医生问题就更难解决。因此团结与改造中医，在现有基础上加以普及和提高，就成为卫生工作的当前急务，而这一任务，应由各级政府与团体担负起来。在医生与医生之间，西医应负责团结中医，如团结得不好，西药要负更多的责任。双方都要打破门户之见，互相帮助，互相研究学习，只有如此才能把现有力量团结起来，才谈得到普及与提高。各级政府负责干部对医生（特别对中医）应重视和优予礼遇，曲阳龙华等县县长，亲自接待医生，请他们吃饭和讲话，慰勉有加，并关心他们的生活，减免他们的抗勤，这在鼓励医生工作情绪、提高其责任心、改造其思想上起了不小作用，这种很好的经验及关心民瘼的精神，值得各地采用和学习。

培养新医生，办学校和训练班是一种办法。发动医生带徒弟，召开医生座谈会，也是可以经常采用的轻而易举的办法。尤其对于接生员，动员现有的旧接生婆小规模的〔地〕不拘形式的〔地〕开班训练或座谈，授以科学知识和技术，更易生效。

（四）关于宣传教育工作

政府民教部门和团体力量应集中统一使用，经常的〔地〕定期的〔地〕根据实际情况开展广泛深入的宣教工作。小学民校都应增设卫生科目。在群众教育方面，要打破群众的迷信落后思想（如“求神鬼保佑”“生死在天，命里注定”“穷干净，富邋遢”“不干不净，吃了没病”……），贯彻卫生常识，使群众逐渐了解预防胜于治疗，在现在能作〔做〕到的条件下，尽量讲求卫生（如建立猪圈，厕所常垫土……），反迷信、反巫婆。即病之后，要赶快请医诊治。为此，医药团体可出版一个刊物，除对一般群众进行教育外，更应侧重对卫生工作者的教育，内容包括：思想教育、问题研究、经验介绍（如技术、处方、诊断……）及有关此项工作的调查研究、情况报导等等。这一刊物的编撰与发行，应作为领导推动各地卫生工作，与各级卫生组织取得密切连〔联〕系的重要工具。此外，还要加强通讯报导〔道〕工作，经常在日报及各地报纸刊物上，反映卫生医药工作材料。

反对巫婆，不能采取单纯的排斥与打击，只有有效的卫生医疗工作，能及时的〔地〕解决了群众的疾疫，群众才会更快的〔地〕脱离开她们。除了对一些屡戒不改、杀人害命的巫婆，政府应给以法律制裁外，反巫婆的运动应侧重于广泛深入的教育，还要注意他们的生活问题，帮助他们改业。

“人财两旺”是准备反攻的物质基础，病灾的不解决，民众健康不能恢复、提高，即难达此目的。毛主席在解放区十五项任务中已将这一工作列为重要项目之一，我们对此应提到政策的高度去认识与执行。但不能孤立进行，要与开展大生产密切结合（对英雄模范村庄由大生产带起了卫生工作的经验，应很好总结吸取，并创造新经验）。同时在进行这一工作中，要切实把握现实条件，如单凭主观愿望提出超现实的口号（如一家一个厕所一个猪圈……），则不但不能实现，且会成为开展这一工作的障碍。

目前实际情况是游击区、新解放区的病灾比巩固区更为严重，因此我们应把开展这些地区的卫生医药工作，看成是扩大解放区的重要内容之一，用大力通过各种方式方法去开展，学习张瑞的医药合作社。

今年大旱不雨，时令又到炎夏，这是最易生病的季节，我们号召各地要赶快配合大生产工作来开展这个工作。要重视妇女儿童在这一工作当中的伟大作用，接受杨家湾小学的经验，通过他们把家庭卫生环境卫生搞起来。并在这一工作中，开展英雄模范运动，通过英雄模范把这一工作带领起来，在今年涌现出更多的英雄模范。

选自《晋察冀边区行政委员会现行法令汇集》，上册，边区行政委员会 1945 年编印，第 375～380 页。

13. 晋察冀边区行政委员会关于抗日军人干部子弟及沦陷区学生入学优待办法的决定

1945 年 10 月 4 日

为便利抗日军人及脱离生产之党政军民学（初小教员在内）干部子弟入学，援助沦陷区青年学生来边区就学，培植革命下一代，特作如下决定：

（一）抗日军人、干部子弟入学及沦陷区青年来边区就学，无论投考高小、中学、师范、大学，均有被录取之优先权。

（二）抗日军人、干部子弟及沦陷区青年入学，得按不同情形，予以实物优待。

一、在籍之抗属子弟及干部子弟入初小而家境贫苦者，课本免费发给，入高小者课本一律免费发给，其家境特别贫苦者，得视具体情况补助粮食一部至全部，特别优秀者按公费生待遇。补助及公费标准及名额，由各行署分别规定之。入中等以上学校者，有享受补助及公费待遇之优先权。

二、家在沦陷区的或远离家乡，家庭无法或无力接济之抗属子弟及干部子弟，入初小者按《优待妇女干部及其幼儿的决定》第二项之规定优待，入高小以上学校者按公费生待遇。

三、沦陷区青年学生来边区就学，入中学师范者如家庭能接济而有力接济者，粮食、柴菜金、讲义由学校发给，服装、鞋袜、零用自备。其与家庭失掉联系无法或无力接济者，按公费生待遇，入大学者一律按公费生待遇。

（三）高小公费生除课本免费发给外，其所需粮食、柴菜金、鞋袜、衣物等均按机关一般工作人员之待遇发给之。中等以上学校公费生供给标准均按所在学校之规定发给之。

（四）沦陷区青年学生来边区就学者，须经县级以上党政军民机关介绍，始准入学。

（五）凡享受公费待遇之学生其毕业、升学或分配工作，须一律服从行政上之决定。

（六）干部子弟随机关住宿走读者，食物优待经由所在机关发给之，列入机关预决算。远离机关住校者，经由所在学校发给之，列入学校预决算。

（七）边区级机关干部子弟入学及联大学生之实物补助及公费问题，由边委会统一掌握之。行署级以下各机关干部子弟入学及中等以下学校学生之实物补助及公费问题，由各行署统一掌握之。

（八）本办法执行情形及享受补助及公费生人数，列入定期教育工作汇报及学校工作报告，报告本会备查。

（九）本决定自民国三十四年十月一日起实行。前此规定之与本决定有抵触者均作废。

选自《晋察冀边区行政委员会现行法令汇集》，下册，边区行政委员会 1945 年编印，第 443～444 页。

14. 晋察冀边区行政委员会关于课本、群众读物、儿童读物征集与奖励暂行办法

1945 年 10 月 5 日

一、为发动教员、乡艺工作者、知识份〔分〕子、文教工作者群众性的〔地〕创造编写运动，以解决初高级小学与民校课本、群众读物和儿童读物，特规定本办法。

二、征集项目：

（一）初小课本（国语常识合编、珠算）。

（二）高小课本（国语、史地、生产常识与自然合编、边区建设与社会知识合编）。

（三）民校文化课本（识字与政治、生产、卫生合编、珠算……）。

（四）群众读物（剧本、鼓词、故事、歌曲及关于社会科学、自然科学常识等）。

（五）儿童读物（同上）。

三、应征作品须具有下列条件：

（一）内容符合新民主主义文教方针，反映与指导边区人民实际斗争，适合人民日常生活的需要。

（二）形式体裁不拘，但须通俗易解，使对象喜闻乐见，小学校课本须适合作教材用。

四、应征者无论个人或集体须将应征作品缮写清楚，加具简略说明（如内容、特点、效果、用法……），书明作者姓名、职别、性别、年龄、住址送交县政府。

五、审查评定暂以行署区为单位，县、专区、行署区在政府领导下设评定委员会由同级党政军民宣教负责干部组织，负责审查与评定应征作品，合格者加具意见逐级上送，不合格者尽量签注意见退还，由行署评定委员会定期作最后评定。

六、凡经行署级评定委员会评定合格者，除酌情付印外，给以下一项或数项之奖励：

（一）奖金：优良课本发给五千元至五万元（一本数本或全套）。

（二）纪念品。

（三）荣誉奖（奖状、通令或登报表扬）。

（四）印刷推广其作品或课本。

七、县及专署评定合格课本及作品原则上亦应给以物质精神奖励，各级政府在征集前得根据本办法精神拟定具体办法公布之。

八、各行署最后审订合格作品应即报送边委会。特优者本会得给予以表扬与奖励。

九、本办法自公布之日实行。

选自《晋察冀边区行政委员会现行法令汇集》，下册，边区行政委员会 1945 年编印，第 449～450 页。

15. 晋察冀边区行政委员会关于改定中小学教育员待遇标准的决定

1945 年 11 月 16 日

一、为适应边区新形势，提高中小学教职员地位，改善其生活，以利边区新民主主义教育的发展，特作如下的决定。

二、中小学教职员待遇，一律改为薪金制，以小米为标准，每月按当时当地市价折发，全年按十二个月发给。

三、小学教职员待遇标准：

1. 初小教员待遇：乡村每月小米一百二十斤至一百八十斤，城市每月小米一百五十斤至二百斤。由各地根据不同地区与不同教员的文化程度、服务年限、教学成绩及实际经验等，具体规定。民办小学，由群众自定。

2. 高小教员待遇：乡村每月小米一百五十斤至二百二十斤，城市每月小米二百斤至二百五十斤，由各地根据不同地区与不同教员的文化程度、服务年限、教学成绩及实际经验等，具体规定。

四、中等学校教职员待遇标准：

1. 教员及科长以上职员，具有下列条件之一者，每月小米二百五十斤至三百五十斤。

甲、为新民主主义中等教育服务在三年以上，获得一定成绩与经验者。

乙、具有高级中学或高级师范或相当高中毕业以上文化程度，担任普通文化课或政治课者。

丙、工作积极负责，为学校教职学员所拥护者。

2. 教员及科长以上职员，具有下列条件之一者，每月小米三百五十斤至四百五十斤。

甲、为新民主主义中等教育服务在五年以上，成绩卓著，积有丰富经验者。

乙、国内外大学或专门学校毕业或肄业，具有专门学识或技术者。

丙、工作特别繁重，积极负责，成绩优良者。

丁、因公积劳成疾，身体特别衰弱或家境特别贫苦者。

五、中小学职员待遇：一般每月小米一百二十斤至二百斤。

六、中小学工友待遇：一般每月小米一百二十斤至一百八十斤。

七、中小学妇女教职员生产前后给假两个月，薪金照发，不另发生产费，代理人薪金另行发给。关于幼儿保育问题，有特殊困难者，得请求直属领导机关，酌情予以补助。

八、有特殊学识与技术或特殊功绩与创造者，得受特别优待，或按英模奖励办法，另给特别奖励。

九、因公积劳成疾，需要长期休养者，得酌情发给一定的休养费。

十、中小学教育为新民主主义教育服务在十年以上，成绩卓著，因年老或疾病需要退休者，发给一定的退休金。

十一、本决定除适用于一般中小学外，并适用于其他中等学校性质的师范学校与工农商等职业学校，联大与工专亦暂按本决定执行。

十二、教职员待遇之规定由各校或校长拟定列表报请直属领导机关批准执行。

十三、本决定自公布日起实行，前颁中小学教职员待遇之规定及有关其他优待办法一概作废。

选自《晋察冀边区行政委员会现行法令汇集》，下册，边区行政委员会 1945 年编印，第439～441 页。

互校版本：《中国新民主主义革命时期根据地法制文献选编》，第 4 卷，北京，中国社会科学出版社，1984 年版，第 711～713 页。原注："选自晋察冀边区行政委员会《现行法令汇集》上册，一九四五年版。"

16. 晋察冀边区行政委员会通知——关于改定中小学教职员待遇标准在执行中应注意的几个具体问题

1945 年 11 月 16 日

本会新颁关于改定中小学教职员待遇标准的决定在执行中应注意以下几个具体问题：

一、改定中小学教职员的待遇标准是为了适当提高中小学教职员地位，改善其生活，争取与团结知识份〔分〕子，使安心教育工作，并发扬其积极性和创造性，进一步发展新民主主义教育。

二、关于待遇的具体规定，要根据当地实际生活水准适当伸缩。在有些小城市的实际生活水准与乡村相差不多时，城市与乡村教员待遇不应相差太多，有些特别贫苦的山沟小村群众负担教育经费太重时，应酌量降低待遇或由公产项下调济补助。

三、关于一般职员与工友的待遇，在城市一般不可低于每月小米一百五十斤，但在同一地区生活水准工友待遇不得高于职员，职员不得高于教员。

四、关于教员待遇的规定，当与上课多少有关，但不能完全按钟点为标准，需要照顾其整个工作与生活。聘请校外机关干部来校讲课，一般的坚持兼职不兼薪的原则，必要时可给予一定的车马费。

五、今年冬装原为供给制者，仍按规定发给或补充。

六、本决定执行情形，希各级注意及时逐级上报。

选自《晋察冀边区行政委员会现行法令汇集》，下册，边区行政委员会 1945 年编印，第 442 页。

九、土地租债

1. 晋察冀边区减租减息单行条例

1938 年 2 月 10 日颁布

一、本边区为巩固统一战线，争取民族革命战争的彻底胜利，调剂群众利益，逐渐改善人民生活，特制定本条例。

二、地主之土地收入，不论租佃、伴种，一律照原租额减收百分之二十五。

三、钱主之利息收入，不论新债旧欠，年利率一律不准超过一分（即百分之十）。

四、地租一律下缴。

五、严禁庄头剥削。

六、大粮、杂租、小租、送工等额外附加，一律禁止。

七、出门利（即现扣利）、剥皮利、臭虫利、印子钱等高利贷，一律禁止。

八、本办法自公布之日施行。

九、附则

1. 自本办法公布之日，本区域内各级政府施行之减租减息办法，一律废止。

2. 租斗以通用公斗为准，旧租斗一律禁用。

3. 地主未得租户、佃户或伴种户之同意，不准将地转租，转佃、转伴种于他人。

选自《抗日根据地政策条例汇集——晋察冀之部》，第 2 辑，1942 年版，第 417～418 页。

互校版本：

1.《中国新民主主义革命时期根据地法制文献选编》，第4卷，北京，中国社会科学出版社，1984年版，第231～232页。原注：“《抗日根据地政策条例汇集——晋察冀之部》第二辑，一九四二年版。”

2. 晋察冀边区财政经济史编写组、河北省档案馆、山西省档案馆编：《晋察冀边区财政经济史资料选编》（二），天津，南开大学出版社，1984年版，第15页。原注：“《土地政策参考资料》晋察冀边区点滴社出版，1942年11月。”

2. 晋察冀边区减租减息单行条例的执行问题

1938年

（一）条例的公布

1. 减租减息在各地方执行的〔得〕很不统一，有的是对半减租，有的是四六减租（即地主拿四分，租户拿六分），有的是二五减租，还有些地方因为减租发生了许多纠纷，就想不管它，任它随便下去。在减息问题上，也执行的〔得〕不统一，有的是把年利一分了解成一百元钱每年出一元利钱，有的是要把利钱超过本钱的债务本利一齐停付。……因为这样在民众中间发生了许多纠纷，这是对于扩大与巩固统一战线有害的。

2. 减租减息这一工作的发动是群众团体与政府共同负责的，而它的执行权，则属于政府，群众团体只能负协助的责任，不能直接执行。可是在过去有许多地方，政府没有很认真的〔地〕负起这一责任，遇有群众团体执行这一工作的时候，也没很灵活的〔地〕通过群众团体的负责人去纠正，这也是于统一战线有碍的，因为民众多感无所适从的苦处。

3. 减租减息是改善人民生活的一个消极办法，是扩大与巩固统一战线的一个办法。在执行这一办法的时候，应该采取多种的方式使得被减的地主、财主得到满意，使得租户借户了解减租减息只是改善其生活的一个消极办法，而对地主财主和好，以更加巩固起统一战线来。可是在过去有些地方没有很好的〔地〕运用说服的方法去执行，以致各阶层间还存着许多不必要的摩擦。

4. 关于减息的问题，此较单纯。关于减租的问题，比较复杂。因为它是土地问题的一个部份〔分〕，我们最近将要规定土地法，更多的更复杂的问题，留到那里去解决。这一办法的公布主要是为了清算并结束过去的纠纷。

（二）减租的问题

1. 本条例的第二条地主之土地收入不论租佃、伴种，一律照原租额减少百分之二十五。这在执行中间应该注意：

（1）原租额系按双方契约规定或议定者而言，如租户租种多年，原租额即按惯例计，转租转典人即按地主论，地主之收入均按原租额减少百分之二十五。

（2）在本条例未公布前已付租佃，不论租佃户吃亏地主吃亏，一律不得追退追缴，但在本条例公布前已追退追缴者，不得再行变更。

（3）原租佃伴种契约关系如在二年以上者，得按二五减租后另立新契约废除旧契约，但契约年限不得超过原定年限之空余年限，但地主不愿将土地收回自耕，双方同意延长租期者外。

（4）租佃户欠地主租典额在两年以上者，准按当年租额二五减租之数再加一倍偿付，结束以前积欠，但租佃户不得无故拖欠民国二十六年之租佃，地主亦不得借口将其土地收回。

（5）民国二十七年新订租佃契约，地主收入不得超过二五减租后之数，其具体规定于土地法中详之。

2. 本条例的第四、五、六三条，在执行的时候，应该注意：

（1）在本条例公布后，地主仍迫令租佃户将租佃上缴者，除令其退还外，并得酌科以租额三分之一以下之罚金，但在本条例公布前已上缴者，不得援此例。

（2）可择在群众中印象最坏之一、二庄头处办，以儆效尤，但一般的还是要从政治上争取。

（3）下种时地主借给租佃户种籽者，不论有无契约的规定，其偿还额一律不得超过原借量加十分之一，如原借种籽已按当时粮价合钱者，加一还粮，加一还钱均可。

（4）在本条例公布之日杂租、小租、送工等一律禁止。但地主并不得借口增加租额。

3. 关于喇嘛地的问题，阜平、五台、繁峙等县各级政府应特别注意：

（1）喇嘛地的问题，联系着宗教问题与少数民族问题，为了巩固并扩大统一战线，对喇嘛地租要一视同仁，悉依本条例执行。

（2）喇嘛地的庄头最坏，杂租、送工等剥削农民最厉害，除严格禁止外，要从政治上说服喇嘛。

（三）减息的问题

1. 在执行本条例第三条钱主之利息收入，不论新债、旧欠，年利率一律不准超过一分（即百分之十）的时候应该注意：

（1）利息一律以年利计，其利息是月利者，均按年利改算。

（2）自本条例公布之日无论新债、旧债，年利率均不得超过一分，但已付利者，不得追退。

（3）旧债契约之不合本条例者一律废除，另定新契，但不得钱主之同意其借贷时期以续满原借年限为止。

（4）清理多年旧债，应按年一分一本一满利计算（即本外再还给人的利息）清偿之。

2. 关于本条例第七条的规定，要严格的〔地〕执行，新犯者要加以处罚。

（四）执行中的其他问题

1. 抗战军人家属之租佃、借贷关系除通用本条例外，并受优待抗战军人家属办法之优待。

2. 执行的时候，要从政治上争取，要合乎人情，要在解决每一个契约关系中把握统一战线。在这一指示信未说到的地方，都按这个原则处理。

3. 这一工作要与群众团体有很好的配合，县政府接到这一指示，要立刻召集群众团体、驻军代表开联席会议讨论这一工作，诚恳的（地）要求他们协助，并把这一指示与讨论的结果传达到区村政府去，如执行过程中发生了问题，也是要尽量召开联席会议解决。

选自《晋察冀边区财政经济史资料选编》（二），天津，南开大学出版社，1984年版，第16～19页。原注：“《土地政策参考资料》，晋察冀边区点滴社出版，1942年11月”。

3. 晋察冀边区行政委员会训令
——关于杂租、小租、送工的解释

1938年3月

为令遵事：查本会前制定减租减息条例，业经通令各县遵照办理在案。兹据各县该项条例[①]内所载杂租、小租、大粮、送工等名词，多不明瞭〔了〕，纷纷来文请予解释，据此合亟解释如下：

1. “杂租”系指在租额之外，另要些各种物品，如肉类、酒类等。在前喇嘛收租，就有这种现象。这都是无道理的额外剥削，所以应该一律禁止。至原订租契时言明定为米粮若干、其他物品若干者，当然不与杂租同论。

2. “小租”，这也是佃户于正租额以外对庄头的纳款，系属剥削之一种。

3. “大粮”，这是佃户约定为地主佃耕时地主预借米粮若干，到次年秋收时加五或加倍偿还，也是高利贷的一种。

4. “送工”就是佃户于每年之内，给地主无代价的〔地〕服务几天的办法。

仰即知照，与各民众团体详细解释为要。

选自《晋察冀边区行政委员会现行法令汇集》，上册，边区行政委员会1945年编印，第201页。

互校版本：《中国新民主主义革命时期根据法制文献选编》，第4卷，北京，中国社会科学出版社，1984年版，第232～233页。简称：“社科法制版”。原注：“选自《抗日根据地政策条例汇集——晋察冀之部》一九四二年版。”

4. 晋察冀边区农会提出之减租减息实施办法

1939年12月17日边区农会提出

为了彻底执行减租减息，并解决执行中之一般困难问题，特根据政府减租减息单行条例及边区一般租息关系，由边农常委会详细讨论，规定具体办法，希各级农会根据各地具体情况切实执行，并可提出意见，以便修正，使更适合各地之需要，以改进民生而利抗战。

减租问题

一、根据政府法令，一律实行二五减租，取消现佃（上打典钱或上打租）及杂租、小租（非正式租）、庄头、二东家剥削，并规定地主不得佃户同意，不得收地。

---

① “社科法制版”将“条例”误作“各例。”

二、半种地减租问题

1. 一般半种地者，佃户出肥料、种子、牲畜、人力，则收获物按二五减租执行（即地主应得之半再二五减），地主得千分之三百七十五，佃户得千分之六百二十五，柴草之类完全归佃户。一切摊派款，如按土地担负时，须由地主负担，特殊者可根据具体情形解决。

2. 地主出肥料、牲畜、种子，佃户只出劳力者，则按过去之地主所得数，实行二五减租。过去地主普通得三分之二，佃户得三分之一，二五减租后地主则得二分之一，佃户得二分之一。柴草归佃户，杂派归地主。如佃户借用地主粮食，以不加利为原则，最多利不得过一分（一斗还斗一）。柴草如过去即两家分者，亦按二五减之（摊派斟酌处理）。

三、出租或出佃（现款）减租问题

1. 一般是不须上当，一季交租交佃，且按原额减二五，所有粮赋、杂派归地主。

2. 如分两季交租者，则须按夏秋收获物之多少适当交纳，反对平均按二分之一交付，一般是麦秋出产较少，则按麦秋收获物之多少，最多交付收获物千分之三百七十五之代价，其余秋季交付，歉收者按年成交租或以收获物千分之三百七十五付之。

3. 因水旱虫灾而歉收者，均按原额二五减，再以年成大小折交（如五成年景则应交数二分之一），如折合不一时，按收获物千分之三百七十五交付或相同之代价交付。

4. 租额最高不得超过收获物百分之三十七点五，如超过时，得按收获物千分之三百七十五付租。

四、灾后减租问题

1. 地全部被毁未打粮者，停止交租。

2. 地被毁一部及少打粮者，按年成交租，或按收获物多少分与千分之三百七十五。

3. 麦秋收得粮食大秋被毁者，如佃户赤贫无力交纳者，停付地租，能交纳者，按麦秋收获物交纳一部分，最多不超过千分之三百七十五。

4. 地被水灾而不得修理者，解除租约。

5. 连租数年已付租佃而地被毁者，由地主退出应退原额。

6. 地被水冲或淹没须修理者（修堤……），地主得出修理费。如地主不出修理费时，则根据情形停付若干年地租（根据修滩条例之原则）。

7. 被敌寇烧杀而影响佃户生活者，得减免租额，根据具体情形规定之（已交之不在此例）。

五、欠租清理问题

1. 欠旧租一年以上二年以下者，按一年计，二年以上者（不管多少年），按二年计，按原额二五减，并分年交还。

2. 如因天灾人祸而欠租者，得特殊处理再减少或免还。

六、地主收地问题

1. 一般原则地主不得佃户同意不许收地。

2. 地主因减租后借口收地者，一概不许。

3. 地主富农能维持生活者，或收回转租、转佃者，一概不许收地。

4. 不能自己耕种及不增加劳动力者，或不能增加生产者（雇工不算），不能收地。

5. 原地主（小农，只有几亩地，过去自己有工作，把地租出，现没有工作，回家自己耕种者）不能维持生活而自己耕种，经村农会许可时，可收回土地，但以自己的生产力并能维持生活为限。

6. 地主收地，即佃户同意时而影响整个减租问题之执行时，亦不得收地。

7. 收地或不收地以不影响双方生活为限，如影响双方生活者，得经村农会适当处理（双方分种）。

七、地主卖地、当地与租佃有关问题

1. 地主卖当自己土地与佃户无关者，农会不加过问。

2. 地主已租出之地，以不卖当为宜。如卖当时，先卖当自种之地。

3. 如必须卖当时，先卖当比较富裕佃户所耕种土地为宜，同时佃户有承买之优先权。

4. 即卖当后必须先税契（当地税半价），始为证实。

5. 新买当主不能随便收回原佃户之土地，但佃户得与新地主换约，转移租佃关系（把租佃交付新买当主）。

6. 如新地主生活困难时，须收回自耕者（或收回一部），得适用第六项“地主收地问题”之原则。

八、原来是佃钱不得改成租子，并得实行二五减。

减息问题

一、根据政府法令最高利息年利不得过一分（10%），凡一切不适合或超过一分利率，一律取消，并得换成新约。

二、质地使钱减息换约问题

1. 质地使钱而不定利息者，一律换成揭帖（借约），按一分利息（或不足一分）。原利息不足一分者，不得增加（并质原地）。

2. 质地使钱欠息换约者（地未交出，原地主自耕者），凡欠息一年以上不足二年者，按一年计，二年以上者（不管多少年），按二年计，均按年利一分计算欠息，分若干年还清，并按一分换成揭帖。

3. 质地使钱欠息归地者（债务人——原业主把地交给质权人——钱主），欠息一年以上者，按一年计，二年以上者，按二年计，按年利一分结算，偿还欠息把地收回（地归原业主自耕），原约按年利一分换成揭帖（借约）。

4. 如原地已转租第三者时，则根据减租问题第六项收地办法处理，如债务人比债权人富裕者，可按以上办法处理，但地已归债权人自耕者，得仍由耕种，但须订立新租佃关系（租佃最高不得过千分之三百七十五）。

三、当地减息换约问题

1. 当地仍适合用减息办法，一般按年利一分质原地改成揭帖，收回土地（如原业主比当地人富裕者，不应动）。

2. 死契活口，凡未正式税契者，均得按一分换约（质原地），收回原地（原业主富裕者换成活当，不得收地）。

3. 当地者将当得土地转租于第三者时，其所得租典如超过年利一分时，应将多得之部分退回原地主（原地主富裕者不退）。

4. 当地者将当得之土地自耕者，按其收获物之千分之三百七十五（半种地者地主应得数）折合利息，如超过一分时得退给原业主（原业主富裕者不退）。

以上 3、4 两项系不换揭帖、不收回土地之减息办法。

5. 当地者将当得土地已转第三者时，原业主如换约收地，可与原当主成立揭约（按减息办法），但是否收回土地，得根据双方生活情形，比照减租办法第六项之原则处理。

6. 原业主以现款收地自耕者，得任其收回（如收地影响佃户之生活者，得使用租地办法）。

7. 当地者高价或低价转当于第三者时，原业主以现款收地，一般是经过当地者以原价收地。特殊者，得根据三方面生活程度，适当处理。

8. 当地者低价出卖原约给第三者，如有人证明时，以现款低价收地，以低价换成揭帖，但影响第三者生活时，不得收地。

四、清理债务问题

1. 不管欠旧利多少，如清理时一本一满利为原则（即一百元的加十元的利）。

2. 如已付之利超过原本时，得停利还本。

五，灾后减息问题

1. 被灾者，生活困难可停付本年利息。

2. 如质地使钱或质房使钱，不管地毁房塌或房子被烧，得依法解除契约。

附则

一、本办法系边农常委会之讨论总结，非法令性质。

二、各级农会得根据此办法，经过农会组织，以政治说服处理实际问题。

三、农会会员得执行农会决议，如有故违者，得以组织纪律处分之。

四、本办法之进行中，如遇有困难情形，得随时反映［给］边农。

五、本办法进行中，如双方发生争执而不能解决时，得经过政府处理。

六、本办法以政府法令为依据，［以］改善人民生活、增加抗战力量为原则。各级处理问题得本此原则及精神灵活应用。

七、本办法适用［于］全边区，晋东北立即纠正四六减租之办法（地主分六斗，佃户分四斗），适用本办法减租问题第二项之第三条对半分粮。①

八、本办法函请边委会备查，各级农会进行时得与各级政府配合进行。

九、本办法自发到各级农会后一律执行，在组织上进行讨论传达、公布。

十、本办法如有不适宜处，得根据实际情形随时经边农会议修改。

选自《抗日根据地政策条例汇集——晋察冀之部》，第 2 辑，1942 年版，第 422～230 页。

---

① 此处所指“第二项之第三条”，可能有误。应是按第二项之第一条，在对半分粮的基础上，实行“二五减租”，地主得“千分之三百七十五”，“农民得千分之六百二十五”。以此办法纠正晋东北地区“四六减租”（地主得六，农民得四）的错误。

互校版本：《中国新民主主义根据地法制文献选编》，第 4 卷，北京，中国社会科学出版社，1984 年版，第 233～239 页。原注："选自《抗日根据地政策条例汇集——晋察冀之部》第一辑，一九四二年版。"

5. 晋察冀边区行政委员会关于减租减息的意义与执行问题的指示信①

1940 年 2 月 1 日

一、减租减息的意义

（一）中山先生的民生主义的主要内容是"平均地权""耕者有其田"，在其民生主义的演讲中曾说："中国的农民……有九成都是没有田的，他们所耕的田，大都是属于地主的；有田的人自己多不去耕。照道理来讲，农民应该是为自己耕田，耕出来的农品要归自己所有；现在的农民都不是耕自己的田，都是替地主来耕田，所生产的农品，大半是被地主夺去了。这是一个很重大的问题，我们应该马上用政治和法律来解决。如果不能够解决这个问题，民生问题便无从解决。农民耕田所得的食粮。据最近我们在乡下的调查，十分之六是归地主，农民自己所得到的不过十分之四，这是很不公平的。……假若耕田所得的粮食完全归到农民，农民是一定要高兴去耕田的。大家都高兴去耕田，便可以多得生产；但是现在的多数生产都是归于地主，农民不过得到四成；农民在一年之中辛辛苦苦所收获的粮食，结果还是要多数归到地主，所以许多农民便不高兴去耕田，许多田地便渐变成荒芜，不能生长了。"

当然，在目前，抗日是第一，我们还不能马上实现中山先生"耕者有其田"的主张。可是"民生主义之实行，当于抗战间求之，且当于此求得抗战的胜利；决非使抗战胜利之后，始从事于民生主义之开始"（见国民党临时代表大会宣言）。那么，为"求得抗战的胜利"而进行的"民生主义之实行"，是哪些东西呢？减租减息是其一，并且是重要的一件。

为什么呢？因为中国农民数千年来在封建制度的剥削下，过着很痛苦的生活；而且自从鸦片战争以来，又受着帝国主义的剥削，因此农民所受的剥削，以地租为基础，而又交叉以高利贷利息与商业利润。因此，用政治与法律减轻剥削者对农民的剥削之减租减息，就成为现阶段改善民生的重要方法之一。

因此，减租减息是为了争取抗战胜利，相当的〔地〕改善农民生活，使之能够积极参加抗战工作的重要方法之一，是抗战时期实行民生主义"耕者有其田"的一个重要步骤。

（二）抗日的民族革命战争，是一个复杂的军事、政治、经济、文化的斗争。在经济斗争的一点上，正当敌寇提出"以战养战"的口号的时候，更显得重要。像我们这样半封建半殖民地经济的落后的国度，如果不打下自力更生的经济基础，是没有办法使乡村战胜城市的。可是广大的农民在地主、高利贷者、商人的剥削之下，怎能有兴趣积极于农作提高生产呢？在边区，我们看到的肥沃起来的土地，大体都是自耕农耕作的；看到的大多数

① 原注：本文原载《边政导报》第 2 卷第 5 期。

枯瘠荒芜的土地，都是租佃户耕作的。难道这是偶然的吗？不是的！广大的农民不只是“耕者无其田”，而且是终岁辛勤，一点一滴的汗，弄到饱不了肚子。农民缺乏耕作的兴趣，更缺乏改良土地的兴趣。而减租减息是提高农业生产的重要手段之一。

（三）《中华民国土地法》第十四条规定：“地方政府对于私有土地，得斟酌下列情形，分别限制个人或团体所有土地面积之最高额。”第十五条规定：“私有土地受前条规定的限制时，由主管地政机关规定办法，限令于一定期间内，将额外土地分划出卖。”这是限制土地集中的法令，是完全正确的。在边区，两年来，我们还没有执行这样的法令。可是，边区的许多县份，土地的买卖是绝对减少了，高利贷一般已不存在了，这是偶然的吗？不是的！这是简单的〔地〕因为战争的原〔缘〕故吗？不是的！半年以前在正定，地主大量的〔地〕收买土地，原因是在那里干脆没有执行减租减息的法令！减租减息后地主收买土地的事情是绝对的〔地〕减少了，因此减租减息是限制土地集中的积极办法之一。

当然，在边区，土地的积极的分散，就是说佃农、贫农、雇农从地主手里买到土地的事情，我们还看到很少。在平山，一年来土地的买卖增多了，购买土地的都是自耕农与贫农，难道这是偶然的吗？不是的！原因是在那里减租减息的工作有较深入的开展。不过这样的例子在边区还只是特殊，不是一般。同时，地主与高利贷者在停止了购地与高利贷后，他们的资金大多埋藏在地下，现在活动到生产部门与商业部门的还不多。但是减租减息的法令彻底执行之后，私有土地面积最高额规定并实行之后，土地必然要积极的〔地〕分散，而地主与高利贷者的休息着的资金也必然会逐渐活跃起来，走上工商业阵营里边去。因此，减租减息具有使中国生产力的广大发展，从落后的中国变为进步的中国，变成中国民主革命的作用的意义。

二、减租减息单行条例的修正

（一）民国二十七年二月公布的《晋察冀边区减租减息单行条例》是正确的，不过在两年来的执行过程中，由于边区具体环境发生着的具体问题，要求条例的比较具体化。这是修正原条例的动机。两年来，在二五减租的执行中，各地发生着非常复杂的问题，解决办法也很不一致。例如有的县份，出租人有把原地租提高以逃避减租法令者，有的县份实行着四六分粮（出租人四，承租人六），有的地方因减租关系出租人对承租佃户肥料、种子的帮助怠了工，致影响土地生产量。似此名为二五减租，而租佃户实得其惠者则远在二五之下。其次，关于地主收地问题，各处广泛的〔地〕发生着出租人假“自耕”之名而投机取巧者不一而足；或者是在“转让”“出卖”“出典”的掩护之下，进行着“收回”土地的阴谋，也是日有所闻。关于减息问题，债权人对债务人以威胁的方法而维持原利率者仍有很多，而质地贷款，债权人处置所质土地者亦不在少数。这是说明一分利率的法令还没有完全实现。修正条例把发生着的复杂问题，尽可能地都有比较具体化了的原则规定。

（二）修正条例的基本精神是什么呢？根据民族统一战线的最高原则，遵照《中华民国土地法》及民法的基本精神而修正的单行条例，它是完全合乎中山先生民生主义的原则与抗战建国纲领的，它是合乎坚持抗战、坚持进步、促进宪政、反顽固份〔分〕子、反投降妥协的要求的，它是适应着粉碎敌寇“以战养战”的阴谋，建立自力更生的经济基础的施政方针的；同时它也是渡〔度〕过灾荒、安定民生的一个有力的法令。这些精神怎样表现出来呢？主要表现在：

第一，是关于地租最高额的规定。《中华民国土地法》第一百七十七条规定：“地租不得超过耕地正产物收获总额千分之三百七十五。”这一规定是根据耕地收获地租一半，“二五”减后得来的。可是二五减租之后，地租超过千分之三七五者仍属多数。封建剥削之残酷，由兹可以概见。地租最高额三七五的规定，对出租人依然是便宜的，因为这是绝对地租。这充分表现着条例的统一战线的精神与合法性。

第二，是关于“永佃权”与出租人收回“自耕”的规定。民法物权编第四章有永佃权的规定；土地法第一百八十条有依不定期限租用耕地之契约，“出租人收回自耕时终止之”的规定；土地法施行法第十三条规定：“土地法所称‘自耕’，系指自任耕作，或为维持一家生活直接经营耕作而言。”这样，永佃权与收回自耕中间并不存在有丝毫矛盾。修正条例有比较具体化的原则规定，这对土地所有者与租佃户都是有利的。

第三，是关于实物地租与地租以耕地正产物比例支付的规定。土地生产物的价格是随着市场与货币价格的变动而变动的，因此现金地租是不公平的。条例规定实物地租，并一律在收获时支付，耕地的副产物一律归承租人，出租人于正产物内取得应得租额外，不得有任何多余的取得。这样，现存的许多过分的剥削就取缔了。

第四，是关于高利贷庄头、二东家的剥削应受刑事处分的规定。中山先生早就昭示我们，要用“政治和法律”的力量来“打不平”。高利贷与二东家的剥削比强盗厉害，是一种不见血的杀人办法，因此违令者应该受到刑事处分。这是与今日反顽固、落后、倒退思想的斗争不能分离的。

第五，是规定有比较详细的附则。这一附则是带有施行办法的性质的，主要作用在［于］清理以往的租息关系，其重要性不减于条例本身。附则特别提出质地借贷关系与一般借贷关系同样处理，以免贫民均沦于“无立锥之地”的穷况。

（三）不过，修正条例依然是原则的，它没有，同时也不能把边区各个村庄所发生的每一件具体事实都规范在条文里边。因此在附则第三项特别指出：“县政会议、区政会议、村民代表大会得遵照本条例，根据各该县、区、村具体环境制定施行办法，报请上级政府批准施行。”用各地的施行办法以补修正条例之不足。

三、条例执行问题

（一）半种问题。“半种”之实际各地不同，相差甚大。有类乎租者（晋东北半种类多此种）；有类乎佃者（阜平半种类多此种）；有因土地所有者土地很少，且无劳力耕种，请人代种者（各地均有，似名为“伴种”更好一些）；有因出租人为工商业者或其他职业者而非地主，仅将所有之极少数之土地请人带种者（各地均有，是附带的〔地〕种，租很低，经常有人情关系在里边）。因为半种地的实际情形有这样复杂，所以条例规定有从千分之三七五到二分之一的伸缩性。这在执行上是要认识各个半种的本质而分别处理，主要着眼点是要看出租人对承租人农具、种子、肥料、牲畜的供给多寡以为断；同时还要注意到半种关系者间的社会关系。

（二）灾荒后减租问题。灾荒后的减租问题的解决，适用一般的原则。不过问题的中心是在耕地正产物的收获量，有收获就能交租，无收获就不能交租，收获多就能按比例多交，收获少就只能按比例少交；其预收地租者，要退租。

（三）耕地正副产物问题。耕地所收谷物为正产物，所收柴草为副产物。耕地每年收获仅一次者，谷物为正产物，地边附种菜蔬瓜豆为副产物。耕地每年收获两次者，谷物为正产物，附种菜蔬瓜豆为副产物；其一季专种菜蔬者，菜蔬亦以正产物论。耕地播种两种以上谷物者，均以正产物论，地边附种作物，均以副产物论。耕地附着之山货果木产物之处理，依其约定。

（四）典当地与借贷问题。依民法第九百二十四条“典权未定期限者，出典人得随时以原典价回赎典物，但自出典后经过三十年不回赎者，典权人即取得典物所有权”之规定及民法第九百一十三条“典约之约定期限不满十五年者，不得附有到期不赎即作决资之条款”之规定，典当地出典后未出三十年者，典物均得回赎；如典权人强将典物取得者，出典人均得以原典价回赎；如出典人缺乏现金无力回赎者，应将典物从典权人手中收回，照原典价与典权人订立借贷契约，按年利率一分行息。

（五）制定试行办法问题。减租减息的复杂问题，都存在于乡村中间，因此实行办法应先由村民代表大会议定。各村议定办法区得统一者，可由区政会议议定统一的区施行办法。各区议定办法县得统一者，可由县政会议议定统一的县施行办法。其不能统一者，均依各该区、村议定。该项实行办法，均须由上级政府批准执行，以示郑重。减租减息工作是一个复杂的斗争，要在制定施行办法的斗争中健全村、区政权。

四、三个号召

（一）号召各级政府以雷厉风行、大刀阔斧的精神，胜利的〔地〕完成减租减息的工作，研究发生着的每一件具体材料，归纳抽象以到达原则。纠正许多县份以往对这一工作的某些漠不关心的错误观念！请随时把执行的情形与发生着的具体材料报告上来。

（二）号召各级政府研究《中华民国土地法》。随这一指示信发之《中华民国土地法》，十分值得各级政府注视。这里只提出两点：

第一，关于“限制个人或团体所有土地面积之最高额”（土地法第十四条）的问题。各级政府要从减租的斗争中，研究这一“最高额”应该是多少土地。

第二，土地法第一百七十五条规定：“本法施行后，同一承租人继续耕作十年以上之耕地，其出租人为不在地主时，承租人得依法请求征收其耕地。”各级政府要在减租斗争中为农民依法征收不在地主之耕地。

（三）号召各专署各县为建立地政科而奋斗！广泛开展对土地问题的研究，掀起研究热潮，首先为土地调查的工作做好一切准备。

选自《晋察冀抗日根据地》，第1册·文献选编（上），北京，中共党史资料出版社，1989年版，第319～325页。原注：“原件存河北省档案馆。”

6. 晋察冀边区减租减息单行条例

1940年2月1日修正公布

第一条　本边区为巩固抗日民族统一战线，争取民族革命战争的彻底胜利，调剂群众利益，改善人民生活，特根据中华民国土地法及中华民国民法债权物权编之规定制定本条例。

第二条　出租人之土地收入，不论租、佃、半种，一律照原租额减收百分之二十五。

第一款　地租不得超过耕地正产物收获总额千分之三百七十五，二五减租后地租仍超过千分之三百七十五者，应减为千分之三百七十五，不及千分之三百七十五者，依其约定。

第二款　出租人对于佃户耕作上必需之农具、种籽、肥料、牲畜完全供给，佃户只出劳力者，二五减租后地主所得不得超过耕地正产物收获总额二分之一，超过者应减为二分之一；不及二分之一者，依其约定。

第三款　半种地之土地收入，二五减租后不得超过耕地正产物收获总额千分之三百七十五，超过者应减为千分之三百七十五，不及者依其约定。如出租人对半耕者耕作必需之农具、种籽、肥料、牲畜有供给者，按其供给多寡比例，增收地租；但出租人所得最高不得超过耕地正产物收获总额二分之一，超过者应减，不及者依其约定。

第四款　出租人不得预收地租，并不得收取押租，其有预收地租或收取押租者，一律退还承租人，并按年利率一分退还利息。

第五款　地租交付以耕地正产物为原则，其约定地租为现金者，于二五减租后，其租金仍超过正产物收获总值千分之三百七十五者，应减为千分之三百七十五，不足千分之三百七十五者，依其约定。约定两季交付者，一律按两季正产物收成比例分两季交付。

第六款　耕地之土地税，由承租人代付者，应予〔于〕地租内扣出之。耕地之合理摊派，依村合理负担办法行之。

第七款　因敌人烧杀抢掠及水旱虫灾而减收者，适用本条各款之规定，按耕地正产物实有总额，出租人与承租人分配，其正产物全部被毁者，地租停付。

第八款　耕地副产物，一律归承租人所有。

第三条　出租人未得租户、佃户、半种户之同意，不得将耕地收回转租、转佃、转半种他人。

第一款　依定有期限租用耕地之契约，与依不定期限租耕地之契约，如承租人继续耕作，出租人均不得解除契约。

第二款　出租人于能维持生活之前提下，于不能保持耕地原有性质及效能前提下，于不能增加雇工耕作前提下，均不得收回耕地以自耕为借口，而解除契约。

第三款　出租人于不能维持生活之前提下，于能保持耕地原有性质及效能前提下，于自己耕作不用雇工前提下，得承耕种人之同意，得将出租耕地收回一部或全部自耕。

第四款　出租人出卖耕地时，承租人依同样条件有继续承租权，如承买者系买来自耕，适用本条第二款及第三款之规定。

第四条　严禁庄头、二东家剥削，大粮、杂粮、小租、送工等额外附加，一律禁止。

第一款　承租人虽经出租人承诺，仍不得将耕地全部或一部转租于他人，其转租者即为庄头或二东家，庄头或二东家剥削应受刑事处分，

第二款　下种时出租人借给承租人种籽者，不论有无契约规定，其偿还额除原借外，

每月增收不得超过原借量千分之八点四，出租人并不得借口停止借给承租人种籽。

第三款 杂租、小租、送工等额外附加，一律禁止，出租人并不得借口增加地租。

第四款 租斗以通用公斗为准，旧租斗一律禁用。

第五条 债权人之利息收入，年利率一律不得超过百分之十，年利率超过百分之十者，应减为百分之十，不及百分之十者，依其约定。

第一款 依定有期限借用现款之契约，与依不定期借用现款之契约，无论有无质物，年利率超过百分之十者，一律减为百分之十，换成新约，年利率不及百分之十者，依其约定，债权人不得因减息关系解除契约。

第二款 现扣利、高利贷一律禁止，高利贷者应受刑事处分。

第六条 本条例得由本会根据需要修改之。

附则

一、本条例自公布之日起施行，前条例即行作废。

二、本条例由边区各级行政机关施行。

三、县政会议、区政会议、村民代表大会得遵照本条例，根据各该县、区、村具体环境制定施行办法，报请上级政府批准施行。

四、欠租欠息在二年以上者，准按本条例减租减息后，出租人或债权人一年应得之租息二倍，五年内分年偿付，结束积欠。其因灾荒致欠者，并得减少或停付。自《晋察冀边区减租减息单行条例》公布后，两年来未曾执行减租减息法令之出租人或债权人，承租人或债务人所欠租息一律停付，已付者追还，以示惩处。

五、清理多年旧债，应按年利率一分一本一利计算清偿；其利息超过原本者停利还本；其已付息超过原本二倍者，本利皆停付。

六、债务人向债权人质地借钱，欠息在二年以上或系多年债务关系者，应按附则第四、第五两项之规定办理，并应按本条例第五条之规定换成借贷契约，继续借贷关系。债权人不得因欠息关系处置所质土地；如已处置者，应将原质土地交还债务人；其将所质土地已转租者，适用本条例第三条第二款及第三款之规定。

七、承租人已将耕地转租者，现耕种人应直接与耕地所有者订立租佃契约，建立新租佃关系。

八、灾荒后减租问题本条例有未竟处，适用民国二十八年九月十八日公布之《晋察冀边区垦修滩荒办法》。

原编者注： 此条例基本上是根据边区农会二十八年十二月提出之意见写成的，其内容有很多地方是过左的，大约在二十九年下半年在实际工作中即已开始纠正。

选自《抗日根据地政策条例汇集——晋察冀之部》，第2辑，1942年版，第418～422页。

互校版本：

1.《中国新民主主义革命主义法制文献选编》，第4卷，北京，中国社会科学出版社，1984年版，第239～243页。原注："选自《抗日根据地政策条例汇集——晋察冀之部》第二辑，一九四二年版。"

2. 《晋察冀边区财政经济史资料选编》（二），天津，南开大学出版社，1984年版，第20～23页。原注："《土地政策参考资料》，晋察冀边区点滴社出版，1942年11月"。

7. 修正晋察冀边区减租减息单行条例

1940年2月1日修正公布

1941年3月20日二次修正公布

第一条　本边区为巩固民族统一战线，调剂群众利益，改善人民生活，发展土地生产，特根据中华民国民法债权物权编及中华民国土地法之规定制定本条例。

第二条　出租人之土地每年收入，不论现金或实物，一律照原租额减收百分之二十五，减租后之租额不得超过耕地正产物收获总额千分之三百七十五（即八分之三）；超过者应减为千分之三百七十五，不及者，依其约定。

前项原租额，谓前此概未实行减租之租额。

第三条　佃耕半种地地主供给种户以耕作上必须〔需〕之农具、种籽、肥料、牲畜者，视其供给多寡，双方得依当地习惯适当分配耕地之产物。但地主所得，以耕地再产物及柴草收获总额十分之六为最高额，超过者应减为十分之六，不及者依其约定。

第四条　地租一律于产物收获后缴付，出租人不得预收地租或收取押租。

第五条　地租之交付，以现金或以实物，均依其约定，但经双方同意，得将现金地租一部或全部改为实物地租。

第六条　庄头、二东家之剥削，一律取消，由现种户与耕地所有者订立新租佃契约。太粮杂租、小租、送工及以租斗收租等非法剥削一律废除。

第七条　出租人借给承租人种籽粮食者，有无利息依其约定，约定有利息者，每月增收不得超过原借量千分之八点四，超过者应减为千分之八点四，不及者依其约定。

第八条　债权人之利息收入，年利率一律不得超过百分之十。超过者应减为百分之十，不及者依其约定。

第九条　现扣利、高利贷，一律禁止。

第十条　租、借、揭、契约之缔结，均以双方自愿为原则；惟租用土地之契约，其定有期限者，出租人如因契约期满或其他原因收回土地者，必须自耕三年，始允任意出租于他人。如在三年以内出租者，原承租人有依原定契约之租额租用之优先权。租用土地之契约为不定期限者，经双方同意得另订新约。但租佃户累世经营之土地，非租佃户自愿放弃使用权者，地主不得夺佃。

第十一条　本条例得由晋察冀边区行政委员会根据需要修改之。

第十二条　本条例自公布之日实行，旧条例同时作废。

第十三条　本条例之施行细则另定之。

选自《抗日根据地政策条例汇集——晋察冀之部》，第2辑，1942年版，第412～414页。原注："中华民国二十九年二月一日修正公布，中华民国三十年三月二十日二次修正公布。"

互校版本：《晋察冀边区财政经济史资料选编》（一），天津，南开大学出版社，1984年版，第31～32页。原注："《土地政策参考资料》，晋察冀边区点滴社出版，1942年11月。"

8. 中共中央北方分局关于农民永佃权的规定[①]

1940年8月13日

甲、我们过去并未提出农民有永佃权口号，但某些地方已提出类似口号或规定。

乙、现在规定如下：

一、租佃契约规定佃户有永佃权者，应依法律保障。此类土地多系在灾荒时农民用极低价格将土地卖给高利贷者，而在契约上规定农民有永佃权。

二、契约未规定，但佃户长期租种，习惯上已公认为有永佃权者，应帮助农民保持之。

三、契约未规定，习惯上又非永佃权者，不提保障永佃权口号，但：

子、地主不得无故或违约收回土地。

丑、不得以同样地租将土地转租他人。

寅、地主有权收回土地出卖，但以同样低价，原佃户应有优先权。

卯、地主有权收回自种，但各地主雇工耕种，在工资相同时，原佃户有被雇优先权。

辰、地主收回自种，三年内又行出租者，原佃户以同样地租有优先权。

巳、佃户无力耕种时，地主有权收回。

选自《晋察冀抗日根据地》，第1册·文献选编（上），北京，中共党史资料出版社，1989年版，第405～406页。原注："原件存中央档案馆"。

9. 晋察冀边区减租减息单行条例施行细则

1941年3月20日公布

第一条　本施行细则依照修正晋察冀边区减租减息单行条例（以下简称减租减息条例）第十三条之规定制定之，其施行日期及区域与减租减息条例同。

第二条　减租减息条例及本施行细则之解释权，属于晋察冀边区行政委员会。行署、办事处、各专署、各县、区、村政府，均有宣传解释之义务，但须于晋察冀边区行政委员会所规定之范围内行之。

第三条　各县县议会得遵照减租减息条例及本施行细则，根据各该县具体环境制定施行办法，由县政府报请晋察冀边区行政委员会批准施行。

---

① 原注：本文系中共中央北方分局向北方局和中央的报告。

第四条　减租减息条例所称出租人，系一切法人之全称，公产、庙产、学田、社地、祭地等之管理机关均属之。

第五条　租用房屋、耕畜、井渠、牧畜场或其他工具者，均适用减租减息条例第二条之规定。

第六条　租、借、揭契约应一律另换新约，于契约上注明实行减租减息起始年月、原租息应减及减后租息数额。减租减息条例公布前，已换新约者不再换。

第七条　副产物之作物种类与栽种位置，均依当地习惯决定之，但副产物不得超过收获总额十分之一。超过十分之一者，其超过部分以正产物论。

第八条　伴种地之副产物，除柴草外，其他因沿习惯或双方约定按股分配者，种户得将地主分去部分折价总计于其应得之正产物内扣除之。

第九条　因减租关系，发生租佃纠纷时，依下列原则处理之：

一、承租人未经出租人承诺，仍不得将耕地全部或一部转租于他人，其已将耕地转租者，现承租人应直接与耕地所有者订立新租佃契约，转租之契约一律无效。

二、承租人将所租耕地之一部以所租租额分种于他人者，不得以转租论。

三、出租人于契约期限未满出卖其已租出之耕地时，原承租人有依原约租用之权，倘非原承租人自愿放弃权利，则非于原约期满后，新地主不得收回。

四、出租人出卖耕地时，承租人依同样条件有优先承买之权。

五、承租人无故继续两年不为耕作，或力能付租而故意不付者，出租人得收回其耕地。

六、经承租人施行特别改良之耕地，出租人于契约终止收回耕种时，须先清付承租人之特别改良费。但以其未失效能部分之价值为限。耕地特别改良，系指保持耕地原有性质及效能外，以增加劳力资本之结果，致增加耕地产量或耕作之便利者而言，此种工作承租人得自由为之，但用费数目应即通知出租人。

七、地租一律于收获后一月内交付，出租人自取或承租人代送，依双方议定。

八、以约定以外之实物或现金交付地租者，一律按交付时市价折合。

九、预收地租或收取押租者，须一律退还，并按年利率一分付息。

十、约定两季付租者，其每季应付多寡，依约定及收获情况而定。

十一、因敌匪破坏及水旱虫灾而歉收者，按正产物实收总数千分之三百七十五与六百二十五比例分配。其正产物全部被毁者，地租停付，但在一般收成情况下，承租人不得借口歉收减付地租。

十二、承租人不能按期支付应交地租之全部，而先以一部支付时，出租人不得拒绝收受，承租人亦不得因其收受而推定为免收租额一部之承诺。

第十条　减租减息条例所称自耕，系指自任耕作，或为维持一家生活雇工经营耕作者而言。

第十一条　出租人为不在地主时，其地租依减租减息条例照减，交由政府处理，其处理办法另定之。

第十二条　因减息关系发生债务及土地纠纷者，依下列原则处理之。

一、定有期限之揭借契约，期限未满，一方不得解除，期满继续契约关系者，须另换新约。

二、未定期限之揭借契约，得经双方同意改为定期契约。

三、清理多年旧债，应按年利率一分一本一满利计算清偿，其已付利息超过原本者，停利还本，其已减利息超过原本二倍者，本利皆停付。

四、质地揭借钱，欠息在二年以上者，准按减租减息条例减息后，债权人一年应得利息之二倍、分期清偿，另换新约。债权人不得因欠息关系处置所质土地。

五、质契地、典当地既因债务关系，经双方同意转为卖契者，不得回赎。

第十三条　本施行细则得由晋察冀边区行政委员会根据减租减息条例及实际需要修改之。

选自《抗日根据地政策条例汇集——晋察冀之部》，第2辑，1942年版，第414～417页。

互校版本：《中国新民主主义革命时期根据地法制文献选编》，第4卷，北京，中国社会科学出版社，1984年版，第243～246页。原注："选自《抗日根据地政策条例汇集——晋察冀之部》第二辑，一九四二年版。"

10. 彭真：《关于晋察冀边区党的工作和具体政策报告》——关于土地政策（减租、永佃权、典地押地问题）①

1941年春

（一）"抗日战争是民族战争，但在实质上又是农民战争"，若以支持战争的组织成分来讲，它是"全民族抗日的"，它需要组织成全民族的广泛统一战线以抗敌，否则不能战胜日本帝国主义。但是在实质上它又是"农民战争"，因为"抗日的一切，生活的一切，实质上都是农民所给"，没有广大农民群众的自觉积极的参加与支持，任何抗日根据地的创造与坚持都是不可能的。一切失掉农民的抗战，必然成为无民抗战和最后必然失败的抗战。

但是中国农民的生活是异常黑暗贫困而经常处于半饥饿状态的，不改善他们的政治文化特别是物质生活，从经济上给以援助，他们便没有精力与心情参加抗日战争。地主阶级则是封建残余的代表，是剥削农民和压迫农民的阶级，因此他们对农民的任何生活改善都抱着敌视的态度，这样就促进了地主与农民之间的矛盾与斗争的尖锐化。农民这种斗争，是为了农民，同时也是为了民族，为了抗战。

（二）土地问题不仅是地主与农民的问题，而且是一部分富农与贫农之间的问题。是的，在整个新民主主义革命中，富农与地主阶级基本上处于不同的经济和政治地位，富农并不象〔像〕地主那样完全与生产过程脱离，对于社会生产自身来说成为寄生的赘疣。他们是生产的组织者、管理者，并且是劳动的直接参加者。他们的经营则是较进步的经营，

① 这是彭真同志在1941年春向中共中央政治局报告的一部分。

较之贫农中农所经营的土地有较高的生产力，在正常情况下他们可以不断的〔地〕扩大再生产。因此在土地政策中必须把他们与地主加以原则的区别。但是他们与贫农之间，因为高利贷和日工雇佣等关系，因为部分土地出租的关系，因为水利灌溉等关系，往往造成不断的矛盾与纠纷。但是在目前根据地的土地关系中，主要是地主与农民的关系问题，而不是贫农与富农的关系问题。或者说，贫农与富农的关系在这里只是从属的、附带的常常被牵连的问题。

（三）抗战和抗日根据地的支持，需要广泛而巩固的民族统一战线，而敌后根据地（处在乡村）统一战线的两个主角则是地主和农民。农民是抗日的主力、抗日的支柱，而地主则是现在不可缺少和不能丧失的抗日同盟者。他们要合作抗日，可是又有基本上不可调解的矛盾，即是复杂的土地关系。这样就形成了地主与农民之间的复杂尖锐的斗争，形成了国外矛盾与国内矛盾错综交织着的网。

（四）边区农民与地主间关于土地问题的斗争（这里只指狭义的土地关系，因为广义的还应该包括着争夺政权的斗争）已经经历了三个阶段：

第一个阶段，是政府及群众团体的领导机关，利用行政方式，发动减租减息的阶段。这时地主阶级的态度是防御的、抗拒的，有的被迫减轻了租息，有的则阳奉阴违。农民则畏首畏尾，欲减而又有所顾虑，有的或竟在地主的威胁欺骗下，约定“明减暗不减”，偷偷又把已经减掉的租息如数送还。这时党的政策倒并不是右的，但以基本群众自身的实践来说，右的偏向却多于左的，干部的偏向则是左的多于右的。

第二个阶段，这是我们明白提出争取并发展党的优势，特别是发展基本群众（对于地主阶级）的优势的阶段，特别是“七七”二周年后普遍开展了反顽固斗争的阶段。这时基本群众已经真正翻身了，已经自觉的〔地〕起来斗争了，广大的农民群众的斗争，这时主要的已经不是依靠“自上而下的发动”，而是广泛的〔地〕深入的〔地〕“自下而上的〔地〕”起来了，就是说他们翻了身了。当时反顽固斗争的怒潮，弥漫了整个的边区，声势浩大，土劣震恐。于是一部分农民开始不缴租不还债了。有的把赎地换约运动，变成无偿收地运动了，变成废除债务运动了。这时地主阶级在形式上变成“只有招架之功，无还手之力”了，于是他们开始转向非法的斗争和隐蔽斗争。地主豪绅自动赈灾济贫的奇迹出现了，自动给佃户娶妻或把女儿下嫁于佃户的趣闻也出现了，口口声声拥护无产阶级利益的地主出现了。但同时勾结敌人、屠杀农民、搜捕区村政民工作人员的惨剧在个别地区也发生了，各种受敌伪利用或准备迎敌的迷信团体、秘密会社开始在发展了。……这些虽然是只存在了一个极短期间的局面，却代表着边区土地关系演变的一个重要阶段，千钧一发，紧张逾恒，而其实是一个基本上不能避免的阶段。

第三个阶段，在前一阶段中地主与农民间以及农民相互间已提出了无数的问题，一一都摆在了党的面前，要求迅速给予解答，中央“七七”三周年的指示则又给了我们以很具体的指示，于是我们在一九四〇年的“八·一三”便颁布了二十条施政纲领（边区人民称为“双十纲领”），提出了地主债主须减租减息，佃户债户须依约缴租还债；提出了保障一切抗日人民的人权及缔结与解除契约之自由。以照顾全局，调节地主农民利害关系的形式，巩固了农民已得的利益，和缓了地主农民间的紧张局势，巩固了地主与我们的抗日合作。而地主与农民的斗争也由非法而转入合法，由秘密的转入了公开的，带危害性的斗争与斗争形式停止了。但另一方面斗争也就因暴露而表面化了。因此从表面看来地主在反攻了（如控告佃户不缴租，控告债户不还债……）。其实正是地主阶级与农民的关系和斗争在抗日民主政治的秩序下步入正轨了。

（五）那么在上述二、三两阶段中，曾经发生过一些什么问题呢？

1. 是减租百分之二十五和租额不能超过总收获量千分之三七五的问题——边区的基本地区已经普遍实行了减租百分之二十五，若地租原为农民收获总量之一半，那么在减租百分之二十五后，租额恰当于土地收获总量的千分之三七五。这是国民政府曾用法律形式规定的（收获总量是指正产物的收获总量），因此边区政府在第二次修正的减租减息条令中，曾以法律明令公布，我们的二十条施政纲领中亦曾提出该项规定。事实上，这种规定只在限制过重的封建地租的剥削，只在农民斗争的一定阶段上，为了以法律的武器强制地主减租（因为它是国民政府的规定），才确实有其必要，确实有进步的意义。但是这种规定并不能一般的〔地〕适用，因为地有水地、旱地、平地、坡地……等，总之好地坏地之别，而耕种则有“粗耕”“细耕”之分。种植五谷与培植园艺相比较其所需的劳动量相差甚远，因此收获总量亦相差甚远。此外，有的地主则供给佃户以耕畜、农具、种籽、肥料，乃至房屋。有的地主则除供给佃农以土地外，只坐收地租。诸如此类的差别，都使这一规定执行起来十分困难。这是一。其次，据北岳区本年夏季极不完全的调查和大体的估计，目前晋察冀边区的地租，一般仅等于土地收获总量百分之二十一二十五，就是说已低于千分之三七五，因此，该项规定已在边区开始失掉其意义了。

尚未实行减租之新地区，仍应按战前租额减去百分之二十五，这样简单易行。在流动性较大、斗争极残酷的地区，以酌量少减为适宜，并不一定实行千分之三七五的规定。总之，这一规定只在一定条件和一定时期才有意义，不可能一般的〔地〕采用。

2. 是钱租粮租问题——因为战争中粮价大涨，“钱租粮租”问题，已成了地主农民间极大的纠纷，原则上应该加以调节，似以改为半实物地租为适宜。但钱与粮如何折法，是一个极大的斗争。地主要按战前粮价折，佃户则要求按今天的粮价折。自然地主有地主的理由，但佃户也有佃户的一篇道理。若单就地租形态而论，货币地租在地租形态的发展史上，是较进步的形态。但是当边区地主把自然地租强制的〔地〕转变为货币地租时，它并不是为着使地租形态进步，而是为着加重对于佃户的剥削。第一，钱租多半是“上搭租”，即预缴租，往往是不管收获丰歉都要如数先缴的地租。第二，农民是缺钱的，为了预缴地租有时需要借贷，因而要受高利贷的重利盘剥；而放债者又往往是租给佃户土地的同一地主。第三，佃户在麦收或秋收后，为了偿还地主的高利贷，又往往按极低的价格把钱租折成粮食交于地主。因此，今天地主提出改钱租为粮租时，农民便向地主说：“过去改为钱租时我们也吃过亏，吃亏便宜都是你自找。”这的确也“言之成理”。

实际上，如果租佃契约期满，应该在互让而又有利改善民生的条件下，适当改为粮租或半钱半粮租。当然，这种更改农民多少要吃一点亏，但是对于抗战团结甚至将来对于农民都是有利的（战后和平期间粮价会跌）。在这里应该劝农民从大处着眼。

3. 是永佃权问题——保障农民永佃权的口号曾有人提过，并且因为得到广大佃农的拥护而流行很广，因而成为似乎普遍适用的东西。实际上这个口号若一般的〔地〕提出并不完全妥当。在前述第二阶段中表现最明显，农民在减租后仍不缴租，并且借口保障永佃权，拒绝地主收地，实际即变相的〔地〕暂时没收了地主的土地。有的佃农已无力耕种，任土地陷于半荒芜状态。有的地主因贫而不能自养，需要自耕以糊口，但永佃权却一律不允地主收地自耕或转租。显然问题是应该这样解决的：

(1) 原有成文或不成文的永佃权约定者，如所谓“卖马不离槽”，或者移民时地主或政府赋予农民以永佃权或曾由佃户出资购得永佃权，或因开荒而获得永佃权，又或以主仆关系地主曾无形给佃户以永佃权……总之，以某种关系而获得永佃权即所谓“田面”者，应保障佃户有永佃权。地主则有处置其“田底”即土地所有权之自由，无处置“田面”即土地租佃关系之自由。

(2) 原无永佃权之约定者，地主对其土地依约有处置之自由。

(3) 农民佃耕已久，而又无租佃期限之规定者，如发生纠纷，应尊重当地民众之习惯。但在抗战期间，地主收地时必须顾及农民之生活。若地主确因贫困而收地自耕，原则上应该允许地主收地。惟地主若以该项土地出典出卖时，原佃户以同样条件应有优先权。

(4) 将土地收回自耕之地主，若在短期内重将原地出租时，原佃户以同样租佃条件应有优先权。

在抗战初期，所谓一切佃户均有永佃权之口号，在当时曾成为农民用来防止地主因减租而无端收地之有力武器。但在根据地日渐巩固，斗争日渐深入，需要厘定抗日民主政治下正常的租佃关系时，便不能不加以调整订正了。

4. 减租后的缴租问题——前面已经讲过，在第二个阶段某些地方的个别农民曾根本不缴地租，这是不合乎统一战线和党的停止没收地主土地的政策的。因此，我们“双十纲领”中曾明白提出“在减租减息后，佃户须依约缴租”，这一主张得到了广大地主的拥护，但也招致了部分农民乃至部分党员干部的不满。有的农民同志说：“党怎么越来越右了?”党员甚至说：“不要〔是〕我们的上边叛变了吧，怎么保障地主的人权、政权，还主张农民必须缴租……”因此，有的干部曾认为这一规定是不对的。其实，我们既已宣布停止没收地主的土地，而主张减租，则减租之后的依约缴租，便成为不可避免的义务。再以整个抗战及敌后抗日根据地的需要来讲，不能争取地主合作，抗战即无法坚持，同时在客观上、主观上地主也要求和我们共同抗日，可是如果农民根本不缴租，则地主即决不能继续与农民合作抗日，民族统一战线即会破裂或缩小。故我们主张减租之后，“佃户须依约缴租”。

但是，这里我们须以极大的注意力顾及到农民，他们往往是见小利而忘大谋的，往往因为“贪小便宜吃大亏”。在这里，如果以强迫命令代替了艰苦说服解释工作，那就会使我们与农民脱节。而农民对于大的政治问题，有时是不用口来说话，而用消极的抵制、不合作来表示态度的。因此在处理该类问题时，方针应该极明确，而执行的步骤方法，特别是具体解决某个农民和地主的问题时，必须极端谨慎。

5. 所谓“典当地问题”——实即典地和抵押地问题，二者是有严格区别的，但我们过去曾有一个时期把二者混为一谈。

(1) 抵押地（有些地方也称作当地，各地名称不但不统一，而且极矛盾），它实际是有抵押的高利贷。把土地押出者，实际是债户，即债务者，有些是破落户地主，但是恐怕最多的是贫困的农民。押入者则是债主，即高利贷的债权者。但一般的〔地〕说，债户在缔约后，虽把土地抵押于债主，实际上所交的只是土地的抵押契约，并不把土地立即交给地主。同时约期一般的很短，届期如债户能依约还债，则土地抵押契约照例解除，照例撤回，否则土地即归债权者所得（至于债务者会不会将土地变卖以偿债，那是另一件事情）。过去有些军阀官僚，曾以此掠夺广大农民的土地。此类高利贷者，农民认为是“伤天害理的”。显然的，抵押地发生纠纷时，我们应站在债务者即土地押出者一方面。

（2）典地则不同，它的内容是这样，典出土地的人，以一定的典价和年限把土地出典。典入土地者在此期间即获得土地使用权，并且可以转典（此外并不缴租，因此它并不是押租制度）。条约期满（多在三年以上），原典主可以原典价赎回土地。期满之后，典主亦可不赎地而继续无限期的〔地〕延长典约，而土地所有权则仍旧保持。个别地区的习惯逾六十年不赎者，典户才能取得原典地的所有权。民国初年及以前农民典地并不纳税，俗称“不税契”（田赋仍由原典主缴纳），故民间有呼之为“白契地”（卖地须税契，故俗称之为“红契地”）者，为区别于买地，个别地方之农民亦有称之为“活契地”者（买地称为“死契地”即不能再赎之意）。

出典土地的人，一般的是破落户地主或破产的农民，他需要货币，却又不愿根本卖掉其土地，而租出又所得租金太少不能济急，于是以土地出典，换得一定期间对于一定数量货币的使用权（不给息）。

典入土地者，多半是贫农、中农和一部分暴发户的富农。他们需要土地耕种，但又缺乏足够的购买土地的货币，而租地耕种又诸多不便（不能很好的〔地〕培植改良土地，不能作固定的较长期的使用……），于是只好典地。至于一般的老富农是不喜欢典地的，他宁愿多出钱买地。有些富农之所以有不少的典地，多半是在他由贫农、中农上升为富农的期间典入的。但在商品经济比较发展的地区特别是产棉、产花生的地区，部分富农和经营地主为了不断的〔地〕扩大其为市场的生产，亦有临时典耕土地者。一般地主典地（典入）的事情却很少见。

从以上诸点，可以充分看出典地和抵押地无论在内容上或其所表示的阶级关系上，都有着极大的区别的。典地的内容当然可以分解为更简单的两种因素来考察，把它看成是一种变相借贷（视典主为债户，视典户为债主）和租佃（视典主为地主，视典户为佃户）即两种对立关系的有机的结合，一种特殊的结合。这样典主即变成地主兼债户，而典户则变为佃户兼债主，而以利息代替了地租，或以地租偿付了利息，即地租和利息成为一个东西的两方面。但结果它仍然是和抵押地的关系不同的。

（3）因此，我们对于抵押土地，应以减息条例，站在反高利贷的观点上，以清理债务的眼光去处置。而对典地的纠纷，却只能按其习惯与条约进行调解。如果说我们应以减息的原则去支持典主，同样我们也应该以主张减租的观点来支持典户。这样将使我们真正陷入了不可调解的矛盾中。去年我们的减租减息条例中，最根本的缺点，就是把两种极不相同的东西（典地与抵押地），当作同一的东西，以处置高利贷的观点去处置。因而一切问题都错了，而执行中的错误还不算（如有的农民把已卖脱的田地当作“典当地”收回，三十年以上的所谓“典当地”也收回，而赎地又只换约不给现款，在减息后又仍不还债等等）。

6. 减息还债问题。减息和减租一样，都具有压迫货币资本、压迫游资转入工农商业经营之作用，具有改善农民及手工业者的生活、推动生产发展之作用。但利息率究竟以多少为适当，这却是一个很难普遍规定的问题。在晋察冀边区一开始即规定普遍实行一分起息即年利一分，并已普遍执行。但以今天根据地（乡村）经济情况来说，仍以中央规定的年利一分半为适宜。就是年利一分半，农民仍很不容易获得借款。

但是在上述二、三阶段中，边区所发生的问题，已不是减息问题，而是减息之后，部分农民根本不还债的问题，旧的债务纠纷如何清理，以及农民如何获得借贷的问题。我们是这样处理的：

（1）在减息之后，债户必须依约还债或缴息，否则不但纷争不一，会影响抗战团结，影响抗日根据地的秩序，而且会使新的借贷更加困难或根本停止。

（2）凡旧的债务业已正式清结或实际完结者，应不再翻案。目前仍在纠纷中的债务，只能依改良贫苦人民生活、调节各抗日阶层人民利益的精神去调解。目前晋察冀边区政府依国民政府民法债权编所定的清理债务原则现在仍继续采用着。

（3）农民借贷困难，不仅受减息影响，而且是因为战争环境太流动，政府税则有时变动，富有者的窖藏不愿暴露。因此除实行减息缴息，保障一切抗日人民之人权、政权、财权外，政府正在大量举办低利借贷。这有很大的作用。

（六）群众已经起来后最危险的是左的倾向。

大地主大资产阶级的意识往往反映到党内，成为忽视农民日常生活改善，忽视农民之切实组织与动员，及一切只要地主与农民联合抗日，而不要农民对地主斗争的右的倾向。这种倾向，当抗日根据地创造的初期，在个别地方曾经成为主要的危险。但是在基本群众已经翻身、根据地已经巩固之后，最危险的，足以危害统一战线及根据地之巩固的，已经不是右的危险，而是社会政策中左的倾向：

第一种左的倾向，是因为地主阶级在抗战过程中的两面性，而根本怀疑到地主阶级抗日的可能性。认为想争取地主抗日是一种妄想，他们没有真正了解到日寇对华的侵略战，既同时危害到地主阶级生命财产的安全及其一切政治权利，地主便有了很大的可能共同抗日。而所谓战争是民族的，所谓民族统一战线，是包括地主阶级在内的。不应因为惧怕或厌恶地主阶级在抗战中的两面性，而放弃我们争取他们抗日的艰苦的工作，以致把可以共同抗日的朋友（纵然是暂时的），抛弃给日本强盗，听其成为日寇侵华的内应。

第二种左的倾向，是把大地主大资产阶级的动向当作整个地主阶级的动向，把整个地主阶级看成是单一的东西，不了解地主阶级中也有各种不同的阶层、不同的利害关系与政治动向。因此，每当反共高潮发生，大地主对抗战表现动摇时，即以为整个地主阶级将叛变投敌，以为“统一战线将从此简单化”，应该把地主阶级除外，改变对地主阶级的政策。他们不了解，纵然不幸突然事变发生，坚决支持反共战争、变节投敌的地主，仍将是极少数的大地主，这时党越加需要坚持民族统一战线的社会政策，以争取多数，孤立日寇、汉奸、亲日派而彻底击溃之。

第三种左的倾向，是违犯党的保障一切抗日人民的人权的政策，无端侵犯地主的人权，违犯我党停止没收地主土地，保护地主、农民土地所有权的政策，而无端侵犯地主、富有者的财权。如个别地区减租减息后佃户债户未依约缴租缴息。清理典当地、抵押地，变成无偿赎地或以极不公平之代价赎地。清理旧债变成废除债务等。

第四种左的倾向，是个别地方党的领导机关，把党曾提过的宣传纲领，如耕者有其田的口号，当作当前的具体行动纲领，因而变相的〔地〕没收地主土地；或者不分首从，一律没收汉奸的土地，甚至以对付汉奸的政策，对付投降派、顽固派，而没收其财产土地，以至根本违犯了党的路线或政策。

第五种左的倾向，是把地主与富农、地主经济与富农经济看成是一样的东西。对富农经营实际也采取限制削弱的政策。过去我抗日根据地内贫农虽大量上升为中农，而中农上升为富农的过程却表现了不应有的迟滞，与此有关。

第六种左的倾向（从阶级关系上来讲是左的，从发展生产上来讲是右的），是改善人民生活，始终停止在改变佃东间、劳资间分配关系的阶段，尚未充分利用发展生产发展国民经济，从增加物力财力方面来充裕并改善人民的生活，即从发展生产的方面来改善人民生活。目前一切已经适当减租减息、增加工资减少工时的地区，必须转移改善农民生活的重心于发展生产方面，否则抗战团结及根据地的自力更生的坚持，断难持久。

上述各种左的倾向，虽然是个别的，却是危险的，必须预防或纠正。不然，将危害到抗日根据地的生存与持久的坚持。

选自彭真：《关于晋察冀边区党的工作和具体政策报告》，北京，中共中央党校出版社，1981年版，第87～101页。

11. 晋察冀边区行政委员会：保障土地所有权　保障土地使用权

1941年3月

边委会把减租减息条例与田房契税办法，重新加以修正公布，这是我们要再一次的〔地〕说明，抗日民主统一战线的政府是保障财产所有权（土地所有权亦在内）的，同时也是保障土地使用权的。为什么？

一、因为中山先生“耕者有其田”的主张，是一个社会改革的方向，不是今天立刻要实现的，也不是今天一下子能全部实现的。这并不是说中山先生“耕者有其田”的主张不对，而是要经过一个时期来实现的。三年来我们一贯的〔地〕保障土地所有权，现在还是这样。

二、因为农民要有地种，才能够过活，才能够抗战，所以应该适当的〔地〕减租（根据中华民国土地法之规定）并在减租减息后保障农民耕地权。三年来我们普遍执行着减租法令，并且在保障农民耕地权，现在还是这样。

以上两点同等重要，必须同时执行。只有前一点，则顽固地主必然进行大量收回土地的阴谋活动，会使得广大农民无地可种。只有后一点，则不能保障土地所有权，会使土地所有人感到不安——这是十分明显的事。为了统一战线的巩固与发展，为了争取抗战胜利，保障土地所有权与保障土地使用权是十分正确的。

因此土地法第五条所规定的“土地征收”我们不执行。对于不依法令，不依契约要强迫收回土地者，我们则坚决反对！

这样，保障土地所有权保障土地使用权，减租减息，缴租缴息，契约自由，土地卖买自由，依法没收汉奸土地，依法处理公地，是我们的土地政策。我们关于土地的各项法令都充满了这种精神。

不过土地关系，至为复杂，问题日在发展，我们的简短条文，绝难把发展中的问题都规范进去。因此我们要求各级政府掌握政策，慎重而适当的〔地〕处理实际问题，以巩固发展统一战线，司法机关更要把政策掌握紧，把政策具体运用于处理案件之中。

过去三年，关于减租减息的工作，下级政府注意十分不够，一般没有做〔作〕过总结，问题也极少反映。随着统一累进税的实行，租息关系必然要有新的发展。乘此机会，我们的地政与民政部门，抓紧这一工作，研究其发生与发展着的问题，总结经验教训，随时反映材料是十分重要的。

晋察冀边区行政委员会

选自《晋察冀边区财政经济史资料选编》（一），天津，南开大学出版社，1984 年版，第 175～176 页。原注：“《边政导报》1941 年 3 月 12 日第 3 卷第 11 期。”

12. 晋察冀边区行政委员会关于处理典地回赎问题的指示办法[①]

1942 年 11 月 7 日

典当地回赎的争执，已有数县发生。因为统累税的负担关系，可能成为普遍问题。为减少纠纷，加强团结，决定依下列办法处理。

（一）典地，是地无租钱无息、活买活卖的土地买卖关系（有的地方叫实当实交），当地，是指地押契押地借钱的银钱借贷关系（有的地方叫赁），两者性质不同，必须截然分开。目前所谓典当地回赎问题，实际只是典地回赎问题，不能牵涉当地，当地应依借贷关系处理。

（二）处理典地回赎的纠纷，必须坚持保障地主土地所有权，保障农民土地使用权的原则。契约期满，地主可以按照契约向承典人赎回土地，承典人如将土地出租出佃者，期限未满，租佃户可以按照契约继续租佃。

（三）出典人赎回之土地，不能自耕，再行出租出佃出典出卖者，土地使用人（不论其为原承典人或原租佃户）有优先承租承佃承典承买权。此项租佃典买，双方应另定契约。

（四）承典人如系土地使用人，因失去该项土地使用权致生活困难而与出典人发生纠

① 原注：本文件原标题为《晋察冀边区行政委员会世民社字第三十二号令（关于处理典地回赎问题的指示办法）》。收入“南开财经史版”时，改为《关于处理典地回赎问题的几项规定办法》。

纷时，农会（抗联会）应约同双方进行调解，或协同政府进行和解。调解和解办法如下：

（1）出典人回赎之土地不能出租出佃致承典人失去土地使用权，并因粮价高涨，收回典价亦无以为生者，出典人于原典价之外可予承典人增补一部。该项数额由双方议定。

（2）出典人回赎之土地不需自耕者，出典人应将赎回之土地，租或佃与原承典人耕种，另订租佃契约。

（3）出典人与承典人生活皆无问题，或者同样贫苦，应依契约规定及第（三）项规定处理。

选自《晋察冀边区财政经济史资料选编》（二），天津，南开大学出版社，1984年版，第170～171页。原注："《解放日报》1942年11月25日。"简称"南开经史版"。

13. 晋察冀边区行政委员会关于执行处理典地回赎问题办法的指示

1942年12月4日

（一）关于执行本会世民社字第三十二令第二项"……承典人如将土地出租出佃者，期限未满，租佃户可以按照契约继续租佃"规定的指示：

在世民社字第三十二号令颁布后对第二项中"……承典人如将土地出租出佃者，期限未满，租佃户可以按照契约继续租佃"的规定，按照典约或按照租佃契约解释不太明确，执行可能纷〔分〕歧，兹特规定执行该项决定的办法如下：

（甲）在世民社字第三十二号令颁布前既存的超过典约年限的租佃契约。出典人于典约期满回赎时，以下列办法处理：

1. 出典人生活无问题，赎回土地并非自耕，租佃户得依原租佃条件，继续租佃至契约期满。

2. 出典人、租佃户生活皆无问题，但出典人赎回土地确系自耕者，则出典人得依典约规定赎回土地。如租佃户生活困难时，则依第一项办法处理。

3. 出典人、租佃户同样困难，出典人得依典约规定赎回土地，但租佃户得根据租佃契约的规定，向原承典人要求赔赏〔偿〕因出典人赎回土地所遭受之损失。

4. 在执行前三项规定发生纠纷时，由农会、抗援会会同出典人、承典人、租佃户进行调解，或协同政府进行和解，调解和解不成时，由县政府根据前三项规定之原则，作最后决定。

5. 将所典之土地出租出佃之承典人，无购买租佃该项土地之优先权，该优先权属于租佃户。

（乙）在世民社字第三十二号令颁布后，承典人出租出佃所典土地时，不得超过典约规定的年限。

（二）关于解决典地回赎时的增补典价问题，及处理偿还旧债问题的指示。

在处理典地回赎问题的过程中，在增补典价上发生了什么人该增补？增补什么？增补的数量怎样确定？出典人不愿增补应如何处理等问题；另外在偿还旧债问题上发生了“债权人因债务人以边币偿还旧债，嫌吃亏太大，要求以白银或实物偿还，不然就不收”的问题。为适当解决以上发生的问题，兹提出下列办法：

（甲）关于解决典地回赎时的增补典价问题。

1. 应该增补的对象，是限于：“出典人回赎之土地，不能出租出佃，致承典人失去土地使用权，并因粮价高涨，收回典价，亦无以为生者”，一般的〔地〕应根据世民社字三十二号令第四项第三款的规定处理。

2. 增补典价是在于照顾双方的利益，互相让步，以利于团结抗战。在此原则下，增补些什么，和增补的数量，要根据双方的具体情形确定。

3. 因增补典价发生的纠纷，基本上要采取调解或和解的方式。各县对因增补典价发生纠纷的涉讼案件，应尽量说服双方和解，不要轻易采取判决的方式。只有在万不得已时才可根据上述1、2两点的原则，按司法程序予以判决。

（乙）关于处理偿还旧债的问题——仍应以边币根据减租减息条例的规定办理。因使用白银有违政府法令，债权人不得要求债务人以白银还债。（在晋东北实际仍以白银为流通货币的地区，可依民间习惯处理。）其次债权人放债的目的，在于取得利息，现时因货币跌价，即要求债务人以实物偿还旧偿〔债〕，这在法律上是没有根据，从习惯、人情上及照顾整个团结抗战的利益上看，也是不合适的。

（三）在处理典地回赎问题的过程中，希各署县抓紧发生问题最多的地区，及时的〔地〕解决问题与总结经验，并希依问题的性质将典型的具体材料及处理的办法经验等，经常及时地总结报会，以便于指示全面的工作。

选自《晋察冀边区财政经济史资料选编》（二），天津，南开大学出版社，1984年版，第172～174页。

14. 晋察冀边区租佃债息条例

1943年1月21日晋察冀边区第一届参议会通过，
同年2月4日晋察冀边区行政委员会公布

第一章　总则

第一条　为保障边区人民之土地所有权，及土地使用权，发展农业生产，活跃社会金融，特依中华民国民法、中华民国土地法之基本精神，制定本条例。

第二条　关于租、佃、债、息除本条例别有规定外，悉依民法、土地法之规定。

第三条　本条例之施行条例另定之。

第二章　租佃

第四条　凡出租出佃之土地，不论其地租为实物或现金，出租出佃人应一律按照原租额减收百分之二十五。

前项原租额系指未依本边区减租法令实行减租前之租额而言，在已实行减租地区，新订之租额不在此限。

第五条 依前条之规定，实行减租后之租额，或新订租佃契约之租额，均不得超过耕地正产物收获总额千分之三百七十五，超过者应减为三百七十五，不及者依其约定。

佃耕伴种地，出佃人供给承佃人以农具、种籽、肥料、耕畜或其他耕作上必需之物资者，得视其供给之多寡，双方就正产物依约分配。但除扣还出佃人所供给物资之等值代价外，出佃人所得不得超过正产物总额千分之三百七十五，超过者应减为千分之三百七十五，不及者依其约定。

第六条 以谷物为主，兼种果木之耕地，其减租及减租以后之租额，适用第四第五条之规定。以果木为主，兼种谷物之耕地，及专种果木之果木地，其减租之标准及减租后租额之限制，由各县依当地习惯按果木性质分别具体规定之。

前项兼种果木之耕地，其果木之收益，以正产物论，但双方另有约定或当地另有习惯者，依其约定或习惯。

第七条 耕地副产物收益之分配，应依双方约定为之，无约定者依共习惯。前项无约定之副产物，超过正产物收获总额之十分之一者，其超过部分，以正产物论。

第八条 庄头、二东家之中间剥削、杂租、小租、送工、非法租斗、上打租等额外索取，一律禁止。

出租出佃人借给承租承佃人以粮食者，有无利息依其约定。

第九条 地租之缴付以实物或以现金，均依其约定为之。

第十条 地租一律于产物收获后一月内缴付，两季作物其约定分两季缴付者从其约定，收租或送租亦均依双方约定为之。无约定者，从其习惯。

前项地租之缴付，承租人不能按期缴付应缴之全部而先以一部缴付时，出租人不得拒绝收受，承租人亦不得因其收受，而推定为减租之承诺。

第十一条 因不可抗力之灾害，正产物全部被毁者，得免付当年地租；因灾歉收者，出租人与承租人应就实际收获之正产物按三百七十五与六百二十五之比例分配之。

第十二条 土地之租佃，须一律缔结书面契约，契约期满，出租出佃人得收回其土地，但在抗战期间，出租出佃人收回土地致承租承佃人无法生活者，应减收一部或暂时不收，并另定新约。

第十三条 契约期满，出租出佃人收回土地仍行出租出佃或自耕，未满一年再行出租出佃时，原承租承佃人，有依原租佃条件承租承佃之权，其自耕已满一年再行出租出佃时，原承租承佃人有依同等条件承租承佃之优先权。

前项依原租佃条件承租承佃之规定，不适用于低租地。

第十四条 定有期限之租佃契约，有下列情形之一者得解除之：

一、因不可抗力之灾害，耕地全部被毁者。

二、承租承佃人有故意毁坏地产行为，以及损坏租地之附属物不负法定之赔偿责任者。

三、无故荒废耕地在一年以上者，但轮耕地、压青地不在此限。

四、承租承佃人力能缴租而无故不缴租，或积欠地租达二年之总额者。

五、承租承佃人死亡而无继承人，或有其他原因，不能继续耕作者。

第十五条　不定期限租佃耕地之契约，非有下列情形之一时不得终止之：

一、承租承佃人死亡而无继承人时。

二、承租承佃人抛弃其耕作权利时。

三、出租出佃人为自任耕作或为维持一家生活直接经营耕作收回土地时。

四、有第十四条一、二、三、四款情形之一时。

依前项第三款规定，出租出佃人收回土地时，应于一年前通知承租承佃人，承租承佃人如因土地被收回而无法生活者，适用第十二条之规定。

第十六条　不定期限租佃之耕地，出租出佃人收回土地自耕未满二年再行出租出佃时，原承租承佃人有依原租佃条件承租承佃之权，其自耕已满二年再行出租出佃时，原承租承佃人有依同等条件承租承佃之优先权。

第十七条　累世承租承佃之土地，视为承租承佃人取得永佃权，非承租承佃人自愿放弃其使用权者，出租出佃人不得夺租夺佃，但承租承佃人有第十五条第一、四两款情形之一者，出租出佃人有要求停租停佃之权。

前项累世承租承佃之土地，其尚未订立文契或文契遗失者，应即补立文契。

第十八条　租佃关系存续中，出租出佃人出卖其土地时，承租承佃人有依同等条件承买之优先权，如承租承佃人愿放弃其优先承买权，而为第三人所承买者，承租承佃人仍得就其土地继续租佃至契约期满。

第十九条　租佃关系存续中，因不可抗力之灾害致土地之一部被毁者，承租承佃人有要求出租出佃人减租之权。

第二十条　承租承佃人得自由在租佃之土地上，施行土地特别改良，出租出佃人不得因土地改良而要求加租。

前项所称土地特别改良，系指承租承佃人于保持耕地原有性质及效能外，以增加劳力资本之结果，致增加耕地生产力或耕作便利者而言。

第二十一条　租佃契约依法解除或终止时，当事人彼此尚未终了之权益关系，依下列规定办理之：

一、承租承佃人依第二十条规定，而为土地特别改良者，出租出佃人应给付承租承佃人以土地特别改良费，但以未失效能部分之价值为限。

二、承租承佃人于不影响耕地原有性质及效能在承租承佃之土地上培植有果木或其他树木者，得视果木或其他树木成长情形，出租出佃人应给付承租承佃人以相当之代价，但另有约定者依其约定。

三、承租人积欠之地租，应全数清偿，其一时无力清偿部分，得改为借贷关系，另立新约。

第二十二条　贫苦抗日军人家属及孤儿寡妇，因家中无劳动力出租少量土地以维［持］生活，其所收租额及其他收入平均每人在统一累进税两个富力以下者，不受本条例第四条第五条之限制。

前项富力包括免税富力在内。

第三章　债息

第二十三条　凡新订之借贷契约，其利率得由双方自由约定之。

第二十四条　现扣利、出门利、印子钱等高利贷一律禁止。

第二十五条　旧债之清理，其利率在年利一分以上者，一律按年利一分计算。债务人已付利息超过原本一倍者，停利还本，其超过原本二倍者，视为借贷关系消灭，本利停付。

前项旧债系指本条例公布以前之债而言。

债务清理后，债权人应将原有借约退还债务人。原约遗失，债权人应对债务人出具借贷关系消灭之证明。

第二十六条　依第二十三条规定新成立之债，及依第二十五条第一项规定减息后之债，债务人应偿付之本息到期不能偿还时，债权人得依法追诉，或依民法规定处理其质物或抵押物品。

第四章　典地与抵押地

第二十七条　出租出佃人出典耕地时，承租承佃人有依同等条件承典之优先权。

前项所称之典地，系指收受典价将土地移转他人为定期或不定期占有，供其使用及收益，而于期满后随时得以原典阶回赎者而言。

第二十八条　承典人将典地出租出佃时，原土地使用人有依同等条件承租承佃之优先权。

第二十九条　出典人将赎回之典地出租出佃时，原土地使用人有依同等条件承租承佃之优先权。

第三十条　在租佃关系存续中，出租出佃人将其土地出典者，承租承佃人仍得就其土地继续租佃至契约期满。

第三十一条　典地定有期限者，承典人将其转典或出租出佃时，所定期限不得逾原典期限，典地未定期限者，承典人将其转典或出租出佃时，亦不得定有期限，转典之典价不得超过原典价。

前项不定期之租佃，承佃人得于出典人赎回其土地时，终止租佃契约，不受第十五条之限制。

第三十二条　在租佃关系存续中，出租出佃人将其土地抵押于人，因清偿债务而土地所有权转移者，承租承佃人仍得就其土地继续租佃至契约期满。

第五章　调解与仲裁

第三十三条　因执行本条例而发生之争议事项，争议之任何一方，得依本章之规定请求调解，调解不成立时，得请求仲裁。

第三十四条　得请求调解及仲裁之争议事项如下：

一、承租承佃人因出租出佃人收回土地，无法生活，而不愿放弃租佃权利者。

二、因本条例第六第七条规定，而区分主种兼种正产副产者。

三、因本条例第十一条规定，而免付当年地租，或比例分配正产物者。

四、因本条例第十四条第二、三款规定，解除租佃契约者。

五、因本条例第十九条规定而减租者。

六、因本条例第二十一条第一款规定，而给付土地特别改良费，及第二款规定而给付相当代价者。

七、因本条例第二十二条规定，而发生争议者。

八、本条例施行条例所特定者。

第三十五条　行政村村公所及游击区接敌区之区公所，均为调解机关。

第三十六条　调解依晋察冀边区行政村调解工作条例为之。

第三十七条　仲裁机关定名为仲裁委员会，由县议会、县政府代表各一人，县抗联会代表二人，及县司法机关审判官一人组织之。

第三十八条　在游击区、接敌区或特殊情况下，县政府得授权区公所设立仲裁委员会分会。

前项仲裁委员会分会，由区公所代表一人、区抗联会代表二人组织之。

第三十九条　第三十四条所列之争议事项，径向县司法机关起诉者，县司法机关不得受理，应发调解机关或函请仲裁机关调解或仲裁之。

第四十条　仲裁委员会或其分会对所受理争议事项之仲裁，由全体委员合议行之，取决于多数。

仲裁委员会会议，以县政府代表为主席，仲裁委员会分会会议，以区公所代表为主席。

第四十一条　争议当事人，于仲裁委员会或其分会进行仲裁时，须莅场陈述事实，并提出意见。

前项当事人，因故不能莅场，得委人代理之。

第四十二条　仲裁委员会应于仲裁终结后，二日内作成仲裁书，由县政府加盖县印登记备案，送达于当事人。当事人一方，如不同意，得于五日内声明不服，向专署以上行政机关请求复裁。专署以上之行政机关，于接到前项请求后，须于五日内发回原仲裁机关复裁，或为维持原仲裁之决定，但复裁以一次为限。

在前项复裁期间，第一项之仲裁，暂不执行。

第四十三条　在区仲裁之争议事项，其仲裁结果，当事人均认可时，由区公所制定仲裁书，加盖区公所钤记，当场发给当事人，并报告县政府登记备案。

当事人之一方，对区仲裁不同意时，得当场声明不服，向县请求重行仲裁，区公所须立将仲裁经过及结果报请县政府核办。县政府于接到此项请求后，须于三日内令区或由县重行仲裁。

前项之重行仲裁以一次为限。经区仲裁之争议事项不得依第四十二条第一项之规定请求复裁。

第四十四条　争议当事人之一方，对第四十二条第一项之仲裁，未为不服表示，或对第四十三条第一项之仲裁当场认可，而抗不执行，或对第四十二条第二项之复裁，第四十三条第二项之重行仲裁，抗不执行时，他方得依民事法规径向司法机关请求强制执行。

第六章　附则

第四十五条　本条例自公布之日施行。前颁晋察冀边区减租减息单行条例及其施行细则，同时作废。

选自《晋察冀边区行政委员会现行法令汇集》，上册，边区行政委员会1945年编印，第164～174页。

互校版本：

1.《中国新民主主义革命时期根据地法制文献选编》，第4卷，北京，中国社会科学出版社，1984年版，第343～346页。原注："选自《抗日根据地政策条例汇集——晋察冀之部》，第二辑，一九四二年版。"

2.《晋察冀边区财政经济史资料选编》（二），天津，南开大学出版社，1984年版，第36～43页。原注："《解放日报》1944年12月23日。"

15. 晋察冀边区租佃债息条例施行条例

1943年1月21日晋察冀边区第一届参议会通过，
同年2月4日晋察冀边区行政委员会公布

第一条　本条例依晋察冀边区租佃债息条例（以下简称租佃债息条例）第三条之规定制定之。

第二条　租佃债息条例之解释，除该条例已有解释者外，悉依本条例之解释。

第三条　本条例之施行日期及区域与租佃债息条例同。

第四条　出租人承租人系包括自然人以外一切法人之总称，出佃人承佃人在本条例中与出租人承租人义同。

第五条　租佃债息条例第六条所称以谷物或果木为主，其区分以谷物和果木收获物之总值为准，谷物总值多于果木总值者以谷物为主，果木总值多于谷物总值者，以果木为主。

因前项之区分而发生争议时，依租佃债息条例之规定调解或仲裁之。

第六条　果木地之所有人，于果实生长或成熟前与他人预订契约出卖其果品者，不适用租佃债息条例第六条之规定。

第七条　正产物副产物之区分，依当地习惯或双方约定确定之。

因前项之区分而发生争议时，依租佃债息条例之规定调解或仲裁之。

第八条　定期契约之现金地租，于契约满限前，经双方之同意或一方之提议，得将原租金一部或全部改为实物地租。

一方提议，他方不为同意，而发生争议时，依租佃债息条例之规定调解或仲裁之。

第九条　因租佃债息条例第十一条之规定而免付之当年地租，或依该条之规定实行分配正产物，承租人较原租少交之地租，均不得以欠租论。

第十条　租佃债息条例第十三条所称之低租地，指现有租额不及承租土地全年正产物总额百分之十五者而言。

第十一条　承租、承典、承买优先权，承租人于接到出租人之通知后须于十日内为承受或拒绝之表示，此项表示以书面或口头行之，并须有第三者之证明。承租人于接到出租人之通知后，为拒绝之表示，或逾十日而不为表示者，前项优先权即为消灭。因前项之优先权而发生争议时，依租佃债息条例之规定仲裁之。

第十二条　租佃债息条例第二十一条第三款所称积欠之地租系指民国三十年三月三十一日晋察冀边区行政委员会民地字第一号布告以后之欠租而言。前项欠租，如因未经减租而积欠者，应依本条例第四条第五条之规定清理之。

第十三条　租佃债息条例第二十二条所称新订立之借贷契约，系指该条例施行后所订立之借贷契约而言。

第十四条　租佃债息条例第二十五条第二项所称之旧债系指未依本条例减息之债务而言。

第十五条　租佃债息条例第二十六条所称之质或抵押物品，依民法物权编第八百六十条第八百八十三条之解释。

第十六条　本边区所辖各地，所称地无租钱无息之当地，即租佃债息条例第二十七条第二项所称之典地。

第十七条　本边区所辖各地，以土地担保债务所称之质契地，即租佃债息条例第四章所称之抵押地。

第十八条　典地定有期限者，于期限届满后，出典人得以原典价回赎其土地。

出典人于典期届满后，经过二年不以原典价回赎者，承典人即取得典地所有权，但另定新约者，不在此限。

前项二年之期限自租佃债息条例施行之日起算。

第十九条　典地之约定期限不满十五年者，不得附有到期不赎即作绝卖①之条款。

第二十条　仲裁委员会中之抗联会代表二人，由农会及抗援会各派代表一人充任之。

无抗联会组织之县份，抗联会代表二人改由农会代表一人、公正士绅一人充任之。

第二十一条　租佃债息条例第四十一条第二项所称当事人之代理人，须由当事人出具书面证件，交由仲裁委员会备案者，始为有效。

前项之书面证件，以有当事人之签名盖章或所在村村公所之图记者为限。

第二十二条　租佃债息条例所规定之仲裁书，由晋察冀边区行政委员会另定之。

选自《晋察冀边区行政委员会现行法令汇集》，上册，边区行政委员会 1945 年编印，第 175～178 页。

互校版本：

1.《中国新民主主义革命根据地法制文献选编》，第 4 卷，北京，中国社会科学出版社，1984 年版，第 256～260 页。原注：“选自《晋察冀边区行政委员会现行法令汇集》上册，1945 年版。”简称“社科法制版”。

2.《晋察冀边区财政经济史资料选编》（二），天津，南开大学出版社，1984 年版，第 44～46 页。原注：“《解放日报》1944 年 12 月 23 日。”

---

① “社科法制版”将“绝卖”印作“绝贷。”

16. 晋察冀边区行政委员会关于贯彻减租政策的指示

1943年10月28日

一、边区自实行减租减息与交租交息政策以来，对于启发广大农民抗战与生产的积极性、巩固阶级团结、坚持根据地，曾起了重大作用。然而由于各地工作发展的不平衡，敌我力量在战争中不断变化，特别是由于各级政府对减租减息政策的某些忽视与错误认识及执行中的粗枝大叶，致使这一政策尚未能普遍的〔地〕贯彻。在北岳区与冀中区仅有部分地区彻底实行，大部地区只是基本上实行了，有些地区则只初步实行（如平北、十二专区之落后区），或初步实行后因地区变质又取消（如一、六专区之一部及十专区），有些地区则基本上尚未开始（如冀热边七、九专区之大部及一、二、六专区之一部）。由于此种差别，不仅后三种地区尚普遍的〔地〕存在高额地租与各种超经济剥削，广大农民尚未能充分发动起来，即在前两种地区，亦尚个别的〔地〕或较多的〔地〕存在着明减暗不减、提高租额、违法夺佃、超经济剥削等现象。根据北岳区基本地区的不完全材料，近一年来约一万件的租佃纠纷中，绝大部分系因地主企图加租夺佃等所引起。目前较普遍的〔地〕存在下列问题：

（甲）未减租或减的〔得〕不彻底，减后租额仍超过正产物收获总额千分之三百七十五或变相加租等。有地主威骗佃户不敢减，减后当欠租追交，歉收不减租，定租改活租或伴种以提高租额，按统累税登记的产量为订租标准，佃户代地主拿负担，高租减后仍超过三七五，或因战争灾荒生产下降超过三七五，变相上打租、交细粮、大租斗、杂租或因地区变质又恢复原来租额等不同情形。

（乙）地主违法夺佃以抵制减租。有剥夺佃户永佃权、承租承典承买的优先权，假典假卖违约收地，或不顾佃户生活收地赎地，收好地租坏地，以不换约或不继续定约相抵抗等等情形。

（丙）旧债未减息或减后因债权人拒不收受（也有的是债务人不还债），尚多未清理。

二、由于许多地区对减租政策实行的〔得〕不够彻底，或尚未实行，致广大农民对抗战与生产的积极性，未能进一步的〔地〕发挥。甚至有个别地区因执行土地政策的某种偏差，引起农民对我政府之怀疑。有些地区已具备减租条件而未实行。为了坚持对敌斗争，开展生产运动，巩固团结，渡过难关，各地必须彻底实行减租以进一步的〔地〕组织发动农民。这是非常重要的工作，各地须依下列原则执行：

（甲）各级干部对减租政策须有正确了解。首先要了解农民是我抗日民主政权与农村统一战线的基本力量，贯彻减租政策是扶植农民、发展新民主主义经济及坚持抗战、巩固团结的首要条件。几年来边区土地政策之保障地权与佃权、减租与交租、照顾双方巩固团结、增加生产以利抗战的基本精神也只有在彻底减租，将一切受压迫的农民发动起来减轻苛重的封建剥削以后，才能充分表现出来。目前某些干部的各种错误观念如对减租政策的忽视，不闻不问，以为这是农会的事，解决租佃纠纷，强调地主利益不照顾农民，割裂条文，偏袒地主，以及认为游击区或新开展的地区不能实行减租，或不在减租中发动农民，替农民减租或替地主收租等，必须彻底纠正。

（乙）经济建设与对敌斗争为当前中心任务。贯彻减租正可以推进这个任务的完成，但须服从这个总的要求，不因彻底减租造成许多纠纷与阶级对立，而要使租佃关系合理解决。一般的以不算旧账、不究〔咎〕既往为原则。处理租佃问题时多用说服、解释、调解、仲裁等方式。在游击区更要强调团结对敌，以反抢粮、反勒索、减轻对敌负担为主。把减租放在从属地位，但因强调对敌而不实行减租是错误的。凡已具备实行或恢复减租条件的地区，应立即实行。条件尚未具备者，应积极进行准备工作，俟条件具备立即实行。

（丙）实行减租，必须发动农民来做，使之成为农民自觉运动。只有如此，才能使减租政策彻底实现与坚持下去。因此，各级政府须与群众团体，密切协同，具体分工，分明职责，划清范围，深入宣传解释土地法令，检查减租实行情形，召集议会参政会、村代表会或农民与地主联席座谈会等讨论减租。对租佃纠纷调解仲裁秉公处理等，应由政府负主要责任。组织与领导农民实行减租等，应由农民团体负责，尚无农民团体组织，或已瓦解的地区，在减租工作中，政府应与民运工作部门协商，帮助建立或恢复之。某些地区政民不分、包办代替或各自为政甚至对立的现象必须纠正。

（丁）减租要根据各种不同地区，确定不同重点，总的重点要放在限制高额地租与废除超经济剥削方面。在地区上，北岳区将重点放在基本实行了的地区，逐村逐户地检查，求得彻底实行。冀中将重点放在游击根据地，保障或恢复减租的既得利益，基本实行的求得彻底实行。冀热边将重点放在山地的中心区与已恢复了的平原基本地区。平北是继续推行与深入贯彻。各个地区凡已彻底实行的就要保障农民既得利益，制止某些不明大义的地主向佃户反攻报复，保障交租与纠正农民某些过左行为；基本实行了的要深入检查，彻底实行；初步实行的要继续发动农民，逐步深入贯彻；曾经实行又取消的，要恢复之，尚未实行的要在一定期间（一般的应在今秋后至明春，接到此指示晚的地区可推迟一些），有步骤地实行。要纠正不顾主客观条件，不从当地具体情况出发，主观的〔地〕机械的〔地〕抄袭进步地区的做法。

三、各地在贯彻减租政策中，除依据边区租佃债息条例及现行的土地法令执行外，兹再就与减租有关之若干问题，加以规定，各专署县政府对当地之租佃具体问题可依此具体确定。其与上述条例法令及本规定抵触者，须依本会法令指示执行。

（甲）减租与减租后之租额问题：

1. 在北岳冀中各基本地区，于本会民国三十年三月三十一日民地字第一号布告以后，凡未实行二五减租或明减暗不减，减的〔得〕不彻底者，须一律按二五减租。减后超过正产物收获总额千分之三七五者或因不可抗力之灾害常年生产量下降超过三七五者，应减至三七五。因不努力生产影响常年产量下降而超过三七五者不减（以上各规定伴种地亦在内）。在工作开辟较晚的游击地区（一、二、六、七、九专区，平北之一部或大部，冀热边、十一专区全部）减租成数可由十分之一至二五，最高租额可略高于三七五，由各该行署专署办事处依各县主客观的具体条件决定之。晋东北曾实行四六分粮的仍应恢复四六分粮（四六分粮相当于十分之一减），惟必须在减轻对敌负担斗争中进行，不然便会脱离群众，农民得不到实际利益。

2. 超经济的剥削（杂租、劳役、上打租、大租斗等）未废除者须一律废除之，租斗依当地之通用斗，交租粮种依租地之主要产物。

3. 我们的政策是减租不是加租，千分之三七五是地租的最高额（某些游击区略高于三七五的以其规定为最高额），减租后之租额应依土地肥沃产量多寡①，在不超过法定最高租额范围内，由双方约定各种不同租额，向最高租额看齐是错误的。减租后百分之十五以下的低租地无论公产或地主生活比佃户困难者之私产，应说服佃户适当提高租额（不能强制执行），但佃户租入之小块地开为大块地者不在此限。

4. 钱租因粮价高涨，过低者可适当提高，改实物半实物租，如改半实物应将减租后租额之一半按订约时粮价折粮，其最高额不得超过法定最高租额之半数（最高额为三七五即一八七点五）。但不应一律按此最高额给半实物。

5. 订租约，应依土地常年实际产量，不得以统一累进税调查产量为标准，因租佃契约与统累税搅在一起，便会因税则之修正与调查产量之变更而增许多纠纷。统累税之调查产量虽有时与实际产量不完全一致，但不影响人民负担之公平合理，且到次年调查时可以得到纠正，如以为订租标准，便有一方吃亏，同时统累税之产量连副产物在内，订租不包括副产物。故订约应按土地正产物之常年实际产量做标准。

地主令佃户代拿统累税或将佃耕地登记为自耕地，应禁止与纠正。地主不要地租令佃户白种代拿统累税或对敌负担者，应视同出典，双方须订契约并定年限。佃户在约定期间按自耕地拿统累税、对敌负担，因各地办法与数额不同，应在有福同享有祸同当、共同对敌照顾双方之原则下，合理的〔地〕解决之，不得一律按自耕地论。

6. 为了提高佃户生产情绪，改良土壤多施肥料，增加产量，应提倡地主与佃户实行定租制与订较长期契约（一般的应三年至五年），这对双方均有利。租约期满佃户继续租种之地，地主如将定租改为活租（即按比例分配正产物），其租额不得超过定租之额。

（乙）清理欠租与退租问题在不算旧账、互相让步的精神下，依下列原则执行：

1. 凡应减租未减或减后仍超过最高额及本会民地字第一号布告中规定停交之欠租，须一律取消，地主不得再要，并给佃户以执据。因灾歉收未依租佃债息条例第十一条减免之地租，不得以欠租论，须依条例减灾规定清理。

2. 减租后佃户应依约交租，不得故意拖欠或交坏租。对以往应交而未交的欠租，依边区租佃债息条例第二十一条第三款及施行条例第十二条之规定清理之。但须照顾双方不同情形具体解决，佃户力能交租故意拖欠者应全部偿付，佃户穷苦无力偿付者，应说服地主减免一部或全部，地主、佃户生活俱贫苦者，应偿付一部或分期付清。

3. 因未减租佃户已交应减之租，地主应依法退还（民地字第一号布告以前的不再追究）。惟应根据各地发展时期、地区性质、工作基础、地主与佃户双方生活等条件之不同，全部退还，少退或不退。游击地区一般的以不退为宜，只作个别的全退或少退。地主生活优于佃户者应退全部或一部。佃户生活优于地主者应不退或少退。

4. 佃户替地主已交的统累税，与减租后仍超过法定最高租额的超过部分，或因灾应减免未减免多交之租一般的均不退。佃户生活特别穷苦者可酌退一部或全部。因生产量下降，超过法定最高租额的超过部分一律不退。

---

① “社科法制版”在“多寡”之后漏掉一行（35 个字），至“……减租后”。

（丙）对佃户土地之使用权，须依法切实保障之：

1. 已取得永佃权之土地，地主不得巧借名目违法收地。关于永佃权之解释如下：

a. 不论佃户租种年限多少，契约明白规定“永佃”或“长期佃户”者。

b. 无论有无契约，父死子继，经营两世或两世以上者（连续订有期限契约者不在此限）。

c. 未定契约或契约未定年限，虽然父死子继，但佃户连续租种多年，在习惯上村中公认为长期佃户者。

地主违法收回或变更佃户已取得永佃权之土地（如因租典卖给第三者收地或改为有期契约等），应立即恢复其永佃权。

2. 在抗战期间，契约期满地主如依约收地，应依下列原则处理：

a. 地主生活优于佃户，不收地仍能自给，而佃户因收地无法生活者，应暂时不收，地主如强制收地，仲裁机关得制止之。

b. 地主与佃户生活均能自给，佃户不因收地而无法生活者，得允许地主收回一部或全部，如双方生活均困难，得允许地主收回一部。

c. 佃户生活优于地主者，得允许地主收回一部或全部。

地主因违法收回之土地（如契约未满收地，或因收地使佃户无法生活等），应即恢复佃户之使用权。

3. 凡未订契约或减租后未换新约者，均须订书面契约，其有一方坚持不订者，他方可请求调解仲裁机关解决之。

4. 佃户［之］承租承典承买土地优先权，须依条例第十三、十六、十八、二十七各条之规定保障之，地主不得以欺诈等方法剥夺之，佃户亦不得故意反复为难地主，为减少因优先权问题所起之纠纷，应切实执行租佃债息施行条例第十一条之规定。

（丁）典当地与债息问题。

1. 典当地应规定年限，未约定年限者，依三年后出典人始得回赎之习惯。出典人因赎回典地致承典人无法生活者，应改订租佃关系，将地租给承典人。本会前关于因物价上涨，出典人酌增补一部典价或实物回赎典地的规定，只限于出典人生活富裕，承典人困难者，因典当时间与双方生活不同，回赎典地，不得一律如此。

2. 未依法减息之抵押地，应依法减息清理，债权人因未依法减息而取得抵押地所有权者，应依法纠正之。

3. 租佃债息条例中规定新成立之债，除第二十四条所规定之高利贷应予禁止外，利率不加限定。其目的在于恢复农村借贷关系，活跃金融，刺激私资投入生产贸易部门，这对于政府与人民都是有利的，故各地不应限制利率（有的地区对新债利息规定不得超过二分或三分是不对的，应当纠正）。抵制高利贷的办法，基本上是依靠政府的工商金融部门及合作社以低利借贷，不应以法定限制。

4. 旧债清理，应依租佃债息条例第二十五条之规定执行（在尚未实行减息的游击区，可由行署、专署办事处依具体情形规定减至二分至一分），如债权人拒不收受或债务人力能还债付息而不还付者，债务人或债权人均得请求调解仲裁机关解决之。

5. 新成立之债，债务人因不可抗之灾害无力还债付息者，得以双方生活之具体情形，减付利息或停息还本。

6. 土地典当或借贷系用白银者，在白银禁止流通之地区得以边币按法定比值回赎典当地或还债付息，因边币跌价承典人或债权人损失过巨，影响其生活者，得由出典人或债务人酌增一部分边币或实物。执行此项规定亦应视双方生活状况、典当借贷时期之不同，具体确定，不应一律如此。

在白银与边币同时为流通货币之地区（如晋东北、雁北），其约定以白银回赎或还付债息者，仍应依其约定，无此约定者，得依上项之原则处理。伪钞流通地区（平北、冀热边）亦得依上项原则处理。

7. 今后关于因债息问题所引起的纠纷，亦得由调解仲裁机关处理之，其应由司法机关处理部分，仲裁机关仍应移交司法机关处理之。

四、为使减租政策能彻底实行，各级政府在减租工作中应注意下列各点：

（甲）各级干部（尤其是民政与司法干部）必须深入研究与熟悉租佃债息条例及有关土地政策的法令，了解其精神，克服各种不正确的认识，编印减租通俗教材，利用冬学、民校及各种会议，在区村干部与群众中进行深入教育，并与减租工作密切结合起来。

（乙）各级政府在领导上必须进行具体的调查研究，有重点地检查与总结各种复杂的租佃问题与减租工作，必须紧紧掌握保障地权佃权、照顾双方、团结抗战、增加生产的基本精神，具体分析不同地区、不同基础、不同的地主（有大小中、贫富、开明顽固等）与佃户（贫富、进步与落后等），作各种不同的处理，克服粗枝大叶一般的〔地〕形式的〔地〕看问题与官僚主义作风。

（丙）调解仲裁工作，在解决租佃纠纷中，占着很重要的地位，各地须加强对此工作的领导。调解工作主要在村，区公所应帮助村干部解决问题，建立其威信。仲裁工作主要在县（游击区在区），调解为仲裁之必经之程序，未经调解请求仲裁之案件，仲裁机关应视案件情形发回本村，或直接调解之，调解不成立再行仲裁。

（丁）目前各级政府执行减租政策主要偏差是过右，是地主未依法减租与违法夺佃，而不是佃户不交租息（个别不交的仍应纠正），故应强调反对执行减租政策的右倾。在这一前提下，防止农民报复，造成地主惶恐不安等过左现象发生，同时要注意敌人与反动分子乘机挑拨、造谣等破坏行为，公安部门尤须负责。

（戊）各地接到此指示后，应即开会讨论具体执行，在北岳区目前仍以反扫荡、统累税征收为全面的中心工作，但在此工作中必须抓紧空隙，密切联系减租工作与下一阶段以减租为全面中心工作的准备工作（在干部中传达动员，选择典型、吸取〔总结〕经验等），未进入反扫荡或反扫荡结束、征收工作大体完成以后，至明春生产运动以前，即以此为全面的中心工作，其他地区由专署，冀热边由行署具体布置之。

各地执行情形与游击区因对敌负担所发生的土地关系之复杂变化以及荒地等具体材料，各署县政府应多调查搜集送本会。

选自《晋察冀边区行政委员会现行法令汇集》，上册，边区行政委员会 1945 年编印，第 186～196 页。

互校版本：

1.《中国新民主主义革命时期根据地法制文献选编》，第 4 卷，北京，中国社会科学出版社，1984 年版，第 260～269 页。原注："选自晋察冀边区行政委员会《现行法令汇集》上册，一九四五年版"。简称："社科法制版"。

2.《晋察冀边区财政经济史资料选编》（二），天津，南开大学出版社，1984 年版，第 78～86 页。原注："《晋察冀日报》1944 年 2 月 6 日"。

17. 晋察冀边区行政委员会、中国共产党晋察冀中央局、中国人民解放军晋察冀军区联合布告——对破坏土地改革者的制裁问题

1947 年 11 月

中国共产党中央委员会所提中国土地法大纲，我晋察冀边区党政军民一致拥护，并经边区行政委员会公布施行，以彻底废除封建性及半封建性剥削的土地制度，实行耕者有其田的土地制度。现广大农民，正迫切要求土地改革，并将轰轰烈烈展开土地改革运动。为保障边区农民彻底翻身，胜利完成土地改革，特此联合公布下列命令：

一、一切机关和个人，特别是地主富农，不得有任何违犯土地法，抵抗农民运动，侵犯农民大会、农民代表会、贫农委员会等新的农民团体与翻身农民之一切民主权利之行为。违者予以严厉制裁。

二、一切共产党员与干部，应积极参加土地改革，在土地改革中起模范作用，不得侵占农民土地改革的果实，不得包庇地主富农，不得有贪污自肥、营私舞弊、阳奉阴违、阻挠破坏等任何非法行为。违者应受党纪处分与法律制裁。

三、一切武装部队，应负责保卫土地改革，参加与帮助农民进行土地改革。一切武装人员，不得包庇地主富农，阻挠破坏农民斗争。违者应受军纪制裁及法律之裁判。

四、对一切武装抵抗及破坏土地改革与农民团结之反革命行为，决予镇压消灭。

五、一切违犯土地改革及农民利益之案件，视其情节轻重，由群众大会直接处理或交付人民法庭或军法处审判，任何机关及个人不得擅权处理。

中共晋察冀中央局书记兼晋察冀军区司令员兼政治委员　聂荣臻
晋察冀军区副司令员　萧　克
中共晋察冀中央局副书记兼晋察冀军区副政治委员　刘澜涛
中共晋察冀中央局副书记兼晋察冀军区副政治委员　罗瑞卿
中共晋察冀中央局副书记兼晋察冀军区副政治委员　黄　敬
晋察冀边区行政委员会主任委员　宋劭文

选自中国人民大学国家和法权历史教研室编：《中国国家和法权历史参考资料（第三次国内革命战争时期解放区的政策法令选集）》，北京，中国人民大学出版社，1958 年版，第 180～181 页。

十、劳动法规

1. 彭真：《关于晋察冀边区党的工作和具体政策报告》[①] ——关于劳动政策

1941年春

（一）从政治上、文化上和组织上提高工人阶级

工人阶级在政治觉悟上、文化上和组织上的提高就是无产阶级的阶级力量和民族抗战力量的提高，在某种意义上说亦即无产阶级的阶级地位之提高或其前提。这些工作，在晋察冀边区是可以放手去作〔做〕的，困难较少。在边区比较繁杂的是劳动政策中发展经济与改善工人经济地位的相互关系问题。

（二）今天根据地劳动政策的出发点

使富农经营和整个资本主义的生产得以顺利发展，“使资本家有利可图”，同时又使工人生活获得改善，这是决定今天根据地劳动政策的出发点。就是说：一方面要增加工人的工资，改良工人的待遇，另一方面要提高劳动积极性和劳动纪律。要使工人生活的改善限制在一定的范围，使资本家尚有利可图，以保障整个生产的顺利开展。

只强调发展生产，而不愿改善工人生活的主张，是反动的剥削者的主张，是违犯抗战利益的主张，同时也是违犯资本主义生产发展自身的利益的。他们不知道或不愿知道，不

---

① 这是彭真同志在1941年春向中共中央政治局报告的一部分。

改良工人生活，工人就没有精力与时间积极参加抗战，就不会有足够的体力和精力以积极从事生产，以提高劳动的效率。一个骨瘦如柴、奄奄待毙的工人的工作效率和积极性是不问可知的。

只注意改良工人生活，无限制的〔地〕改良工人生活，而不鼓励工人的劳动积极性与纪律，不顾公私企业的经营能否继续维持，不顾根据地整个经济的生死存亡的倾向，也是错误的、有害的。它可以使边区公私企业因劳资关系的恶劣、工人工资过高、工时过短、劳动纪律过分松懈而陷于迟滞或停顿状态。这是违犯民族利益的，也是违犯工人阶级自己永久利益的。因为这样会使劳资双方因为生产停顿而两败俱伤，也会使根据地的巩固与坚持，由于生产的缩减、停顿与物质的缺乏而成为不可能。

因此，我们要坚持改善工人生活，那〔哪〕怕是细小的、局部的，但我们还必须坚持工人阶级总的远大的利益。二者是矛盾的，但又是相互联系的。离开前者，就没有后者，后者由前者所构成，但失掉后者则又会丧失一切，故前者（日常利益）必须争取，但又必须服从后者。必要时，应该不惜在某种范围和某种程度内，暂时牺牲前者以保持或换取后者。这些就是我们在今天的抗日根据地内，劳动政策决定的原则。

（三）劳动政策中的几个具体问题

第一是工作时间问题。八小时工作制，行之于平日的城市中，有它的积极作用。它可以促进资本家改良技术，引用新机器推动生产前进，也可以增加对于工人的雇佣。而行之敌后抗日根据地中，则根本不同，我们的生产工具和技术都很落后，整个工业都还是生产力极低的手工业，在敌我互相封锁的战争环境中，又根本没有可能引用机器。若实行八小时工作制，只不过促成抗战后甫在发展的少数工厂或工场手工业乃至手工业者（他有学徒）破产而已。至于十小时工作制在中央提出后，已开始部分实行。但是在十小时的工作制的条件下，能否顺利发展，目前尚无总结或调查。但以今天敌后抗日根据地的生活条件来估计，除矿工外，工作时间是不能低于十小时的。否则以我们这样的环境和技术落后的工业，断难继续发展或维持。

其次我们再看农业中的工作时间问题——农业劳动，基本上是服从于季候的。有时必须很忙（如雨后的耕耘播种，成熟后的收获），有时则又工作较少（冬季农暇）。因此，不但不能实行八小时工作制，就连十小时工作制都不能实行（同时农民根本尚无所谓几小时的观念），基本上只能是日出而作、日入而息。入夏，保持午睡制度，紧急时则在早晚延长工作时间。这种习惯看来极不科学，但既合乎农业生产的实际，便也只好采用了。去年夏季，个别地方的工会，曾在农业方面，强制实行了八小时工作制。结果不但惹起雇主极大的恶感，毫无雇佣的农民，都大谓不然。许多雇农自身也觉得难以行通，最后不得不自动停止了。

第二是工资问题。首先是实物工资与货币工资问题。在战争中物价是不断上涨的。随着物价的不断上涨，工人生活即不断地跟着下降，因而不得不继续不断地要求增加工资。这样就使劳资关系和工人生活随着物价的上涨而处于不断的动荡中。为了保持工人的实际工资有一定的水准，为了避免这种对劳资关系和工人生活的纯害无益的动荡，我们已开始实行半实物工资制（即用货币、粮食各一半以偿付工资）。这种规定获得了广大工人热烈拥护，只有一部分雇主反对，应该普遍地实行。

其次，最低限度工资问题，极难规定。各地物价不同，人民生活水准不同（有的地区人民经常吃一部分树叶，有的地方则根本不知道树叶可吃；有些地方的人民吃饭必须有菜，有的地方则很少吃菜；有的地方的人民衣服一般的很破烂，有的地方则衣服较整齐），各地劳动力供求关系亦不同。因此，根本不可能规定一种边区可以普遍实行的最低限度工资或一般工资。一般说，壮年雇农除去他自己由雇主供给伙食外，他的工资，最低限度应该能够维持一个半人的生活。因为，就是雇主也不能不承认一个雇农家里应该有一两口人靠他为生。其他老弱雇工可依此类推（技术工人则例外）。

至于雇主每年究应发给雇工几套衣服、几条手巾、几双鞋袜，只能依各地习惯保持或稍有增加，它实际是工资之一部，不能随便让雇主取消。

第三是失业问题。以今天根据地的条件，劳动保险极难实行。政府拨款救济失业工人，也是杯水车薪，很难济事，甚至有把失业工人斗争的目标引向政府的危险（实际上政府不可能有如许多的赈款）。因此，失业问题的解决基本上依靠帮助工人就业，扩大劳动雇佣（发展生产），协助工人垦荒，协助工人组织合作社（低利或免利贷款），或者动员工人参加抗日部队。

（四）调节劳资关系的自然法则——契约自由和自由竞争

一方面战争的环境，特别是敌寇的烧杀破坏，使物资缺乏、百货昂贵，工人生活日益困苦，因而不得不连续不断地要求增加工资；另一方面又使富农经营和资本主义生产的发展，遭受着严重的困难，经常陷于嬴利维艰的苦境。在这样情况下，劳资关系的调整，本来就是一件难事。加以根据地的工人几乎全部是手工业工人和雇农，政治上的短见的、狭隘的经验主义，还象〔像〕浓雾一样笼罩着他们的思想，使他们容易看到暂时的局部的利益，却不容易看到全盘的永久的利益，甚至目光如豆，只看到今天，看不到明天，见小利而忘大谋的事，是常有的。他的工资有的已经增加的〔得〕很高（即超过今天客观上的限制很多），但他们仍然嫌少；工作时间已经不长，但他们还想减；劳动纪律的松懈已使产业不能维持，眼看劳资将同归于尽，但他们尚自鸣得意。要他们稍为放弃点已到手或可以取得到的暂时利益，仅靠苦口婆心的说服，是不行的。有不少的工人是十分执拗的，长凳不能改叫条凳，油煎大头鱼必须放寸长的葱叶，否则是错误的。要改正这些人的错误，不得不借重于“必然”的鞭子，让他们从实际生活中去体验。在根据地我们不能让过左的劳动政策，影响根据地的生产。但也不能天天总是喋喋不休的〔地〕，跟在工人后面叫喊：“工资不要增加得太多”“工作时间不要减得太短”“要积极的〔地〕工作”“…………”，使一部分工人发生错觉，仿佛我们总是为着发展生产设想，工人占资本家的便宜我们心疼，以为我们是越来越右了，而给托派以挑拨离间的活动机会。因此，我们除过给工人以耐心的教育外，还必须借重于“必然”的鞭子。这支“必然”的鞭子，就是“契约自由”“自由竞争”。资本家有雇佣工人的自由，赔钱时亦有停业的自由。工人则有出卖劳动力或“告退”的自由。只要允许契约自由，则破坏或不遵守劳动纪律的工人或生活改善到资本家根本不能继续维持其生产的工人，必然会被解雇，促起工人的反省；而虐待或过分剥削工人的雇主，就会雇不到工人或受到工人的反抗。这样我们可以一面教育工人，一面领导工人斗争。经过调解仲裁，使工人复业，并提高劳动纪律。契约自由，看来是象〔像〕铁一般残酷的，实质上，对于新民主主义社会，对于今天敌后抗日根据地的经济建设，仍有它的作用，它还是必需的。

有的同志反对劳资间的“贸易自由”“契约自由”，以为这是帮助资本家陷工人于危险境遇，是右倾机会主义，怀疑党“为什么会越来越右了”。其实既承认政权是统一战线的政权，即不得不承认劳资间平等的契约自由。今天的事实，已经证明这是对的。自去年我们的“双十纲领”提出契约自由后，凡是劳动政策过左的地方，雇主纷纷解雇工人，有的雇主甚至说：“好容易把长工辞退了，这回贵贱不雇工了。”于是有许多工人暂时陷于失业，埋怨我们关于契约自由的主张。但是经过一些波折之后，工人差不多全部复工了。定北县被辞退了的二，四〇〇工人差不多全部复工，望都被辞退的工人全部复工，都订了新的劳动合同。但工人生活并未降低，只不过劳动纪律大大提高了，生产效率大大增加了。有些资本家开始作扩大营业或开办新企业的打算了。当然，部分的工人政治积极性有些低落，精神受了些打击，但是这是暂时的。过去三年多的经验证明，劳资契约一定要自由。它是今天根据地上调节劳资关系的水平仪，使资本家发展生产，也可以强制资本家改善工人待遇；它可以强制工人把暂时利益服从永久利益，把局部利益服从全局。但它并不妨害工人争取应有的生活之改善。为了工人永久利益，为了坚持抗日民主根据地，我们现在还需要坚持契约自由，纵有部分工人反对，亦在所不惜。

选自彭真：《关于晋察冀边区党的工作和具体政策报告》，北京，中共中央党校出版社，1981年版，第102～109页。

2. 晋察冀边区北岳区总工会第三次代表大会工作总结报告（节录劳动政策）

1941年3月

一、于抗日民主政权下，在政治上要发展与巩固工人阶级的优势地位，要绝对保持工人阶级已得的正当利益和更进一步去改善工人生活。但必须注意以下几个问题：

（一）劳资双方都得尊重其人格。

（二）雇工参加军队和其他抗日工作，雇主不得干涉（但应把手续交清）。

（三）劳资双方依自愿订立合同，双方都可依约解雇。

（四）任何一方有违约之事实，均可向当地工会求得正当解决，任何一方认为工会解决不服者，可组织劳资仲裁机关来调解。

1. 工人以实行半实物工资制为原则，这是指农村长工（产业部门、合作社雇用的工人、手工业、短工等不实行此原则），但得依据当地一般人民生活水准规定适当工资或以上述原则，即是矿工每日小米三斤、大洋一毛，并以具体情况增减之（特等工人酌量增加）。

（1）半实物工资制一般规定为三等标准（小米二十七斤斗，大洋以边币计）。

甲等工人：小米一石一斗至一石五斗，大洋二十五元至三十元（即有技能者）。

乙等工人：小米八斗至一石，大洋二十元至二十五元（即一般壮年者）。

碌，可斟酌减至昼班九时、夜班七时。

二、男女工人与职员于工作时间外，每日两小时学习；学习费用，每人每月两角，在工厂经费项下开支。

三、各级厂，须根据工厂人数设置工会办公室及家具设备。

第五　休假与请假

一、职员工人于政治纪念日放假休息或参加大会应改善伙食，取消节金之规定（依据总工会规定每年放假日共五天）：

（一）阳历年；

（二）“二七”纪念；

（三）“五一”节；

（四）“七七”纪念；

（五）十月二十日（总工会成立纪念）。

二、厂工会遇直属上级召集开会时，有厂方发给路费并照发工资。

三、女工于月经期间有例假三天，分娩前后例假六星期，不满两周岁的婴儿可随母到厂，每隔两小时给以喂乳时间一次，每次一刻钟。孕妇不作（做）夜工，例假期间工资照发，分娩后由工厂酌给补养费。

四、男工每月例假三天，由从厂方按工人工作情形适当分配，循环休息。

五、遇敌人扫荡停止工作时，五天以内工资照发，超过五天则其超过之日只给伙食，不发工资。

六、工人本身如因结婚或直系亲属丧葬，请假七天以内不扣工资，因事请假，由例假抵补或扣工资。

第六　疾病与抚恤

一、疾病：每人每月发给医药费不超过两角，集中使用，由厂方开支，超过两角介绍到公立医院医治；养病时不超过一月，工资照发，超过一月工资发给一半，超过三月者停发。

二、抚恤：各级厂全体职工，遇有因工作致疾而残废或死亡及被敌人残杀者，一律按其三个月的生活费（工资、粮柴、菜金）的数目发给其家属作为抚恤金。

第七　劳动纪律

一、闻号工作，不迟到不早退。

二、在工作时间内不嘻〔嬉〕笑，原则上不找人、会客（如有人找，不必马上会见者，可由厂方指定地点，待下工后再行会见）。

三、在工作时间不经许可不外出。

四、爱护机器，节省原料，不任意损坏公物。

五、工作地点及使用工具、原料不随意移动。

六、在工厂内不制私人器物。

七、同志间不互相辱骂（如有意见随时报告工会处理）。

八、在工作时间内服从管理人的指挥。

九、请假一律要经厂方许可，到期销假，过期要补。

第八　奖励与惩罚办法

一、凡职工具有下列各条之一者，经工厂管理委员会审查后，得酌给精神或物质之奖励：

（一）对生产能创造发明，经试验成功者。

（二）能改良技术，因而使生产增加或质量提高者。

（三）工作积极从未旷工，能创造最高成绩，并能起模范作用、推动作用者。

（四）能按期完成计划或超过计划者。

（五）服从指挥，遵守纪律，经公认可以为全体模范者。

（六）保卫工厂有功者。

（七）对工厂能作有效之建议而使工作进步者。

（八）对他人能督促检查，帮助其工作学习，经公认可以为全体模范者。

（九）政治开展，学习积极，并能自动学习，经测验确有进步者。

（十）能揭发厂内人员的错误缺点及不良行为者，因而及时制止者。

（十一）举止庄严，态度和蔼，生活紧张活泼，作息守时，并有高尚道德，具有事实，经公认可为全体之模范。

（十二）能捉捕敌探奸细，托派匪徒或及时报告因而捕获者。

（十三）爱护机器及工具，使其使用时间超过他人者。

二、凡工人违犯下列情形之一者，经工厂管理委员会通过，得给以适当的处罚：

（一）违犯工厂规则，破坏劳动纪律者。

（二）工作有消极怠工现象及时常旷工者。

（三）不爱护机器工具，浪费材料，损坏生产品者。

（四）盗卖工具原料，或私自送给他人者。

（五）生活上腐化堕落，有淫乱、赌博、酗酒等不正当行为者。

处理办法通过工会，采取说服教育、会议批评、开除及送交法庭等办法。

第九　附则

一、各级厂与厂工会应依以上之原则，双方协议，订立职工服务合同，经全体职工大会通过后，报告县级以上政府、工会及所属合作社备案。

二、各级社成立之工厂，均须于每年年终订立一次合同，其合同全体均应严格遵守，不得违犯。

三、本决定仅限于冀中区农村合作社各级社设立之工厂适用。

四、此项决定如与将来政府颁布之保护劳工条例有抵触者，依政府之法令。

选自《中国工会历史文献》(4)，北京，工人出版社，1959年版，第413～418页。

4. 冀中总工会关于会员会籍的指示

1942年2月

各级工会同志们：

检查各地工作情形及各地同志们的反映，关于各种失业工人、手艺工人、季候工人等参加工会的问题，在个别地区和个别干部中，对此问题模糊不清，并常常与其他团体发生一些不必要的纠纷（如争夺会员），今特作如下指示。

一、过去曾经当过工人（手艺工人和产业工人），而因战争和其他原因从城市跑回农村，或农村中的手艺工人因战争而找不到工作，这些人一般的〔地〕说可以参加工会。但是有的因失业后就改业为务农、为商或其他职业，而且改业时间已久，将来并不再想做工，这样的已不算失业工人，不能吸收参加工会；但有这样工作他仍去当工人，这些人原则上是工人，可以参加工会，但须从他个人自愿参加，工会不能加以任何强制。如其今已务农已参加农会者，除其自动自愿的〔地〕要求脱离农会而参加工会或经农会介绍到工会，工会应考查其如够工会会员条件，即可吸收到工会内做会员，而不应拒绝；但有的虽将来找到工作随时即去做，而今天他并不自动要求参加工会，在意识上并没有工人阶级的意识和觉悟，或对工会没有信仰，经工会的帮助教育而不能转变其观点者，工会不可勉强吸收这些人。

二、在农村有一些手工业工人，在事变前曾经依靠他的手艺去出卖劳动力维持其生活，事变后因战争的影响而不能经常的〔地〕去出卖劳动力，有时也出卖一些，但现时不能以此为生活资料的主要来源，这些人的前途还是依靠手艺出卖劳动而维持生活者，可以参加工会；但有的今已务农或改为其他的职业，其前途并不再以自己的手艺出卖劳动力而维持生活者，则不可参加工会。又有的有一种手艺，除自家劳作外也经常以此手艺给自己的亲朋帮些忙，而不是专靠自己的手艺去出卖劳动力以维持生活者，这些人基本上不是手艺工人，不能参加工会。

三、农村中有的与地主是租佃关系，而没有雇佣关系者，一律不能参加工会。做月工和季工者，常年出卖劳动力为生活资料来源者，基本上是工人，可以参加工会；但只在农忙时去做点零工而不依靠此为生活资料主要来源者，不是工人，不能参加工会。

四、在白洋淀地区，有些人以织席、划船为生者，有的地区工会已将这些人一律吸收参加了工会，而不加以分析与区别，致使在工会组织路线上发生了错误，今后应加以纠正。

（一）自己被人雇佣织席或以自己织席手艺出卖劳动力以挣工资而维持生活者，基本上是工人，可以参加工会。如自织自卖者不能称工人，不能参加工会。

（二）自己被人雇佣划船或捕鱼出卖劳动力而为其生活资料主要来源者，是工人，可以参加工会；但是自己的船或租船去运货、捕鱼，而不是出卖劳动力为其生活资料的来源者，不是工人，而不能参加工会。

（三）鱼〔渔〕船上被雇佣放鹰的，是工人，可以参加工会。

确定工人的原则和参加工会的条件，应以雇佣关系和出卖劳动力为基本原则。

选自《中国工会历史文献》(4)，北京，工人出版社，1959年版，第419～420页。原注："《冀中工人》第二期，1942年2月15日出版。"

5. 晋察冀边区行政委员会关于保护农村雇工的决定

1944年9月20日公布

为进一步贯彻劳动政策，提高雇工地位，改善雇工生活，以提高其抗战与生产的积极性，使雇工有工可做，雇主有利可图，以增加生产，而巩固农村团结，爰作保护农村雇工之决定：

一、劳动契约的订立，须双方自愿，公平合理，但不得与本决定相违背。契约未满期，非经双方同意，不得解除，期满续订与否应事前通知对方。

二、雇工有集会、结社、参军、参政等政治活动之自由。在日常生活与工作中，严禁打骂、侮辱、虐待雇工的行为。

三、对于雇工生活，应适当的〔地〕加以改善。

甲、成年雇工每年工资以能维持当地一般农民生活，一个人至一个半人的生活为原则（每年做工在八个月以上者，均以一年计，工资不得少于此标准）。各县可根据当地生活程度与劳力供求等实际情况，确定最低工资额。工资按实物计算，以小米或其他重要食粮为标准。半年工，季工可根据上述标准，酌量提高。月工、日工与包工，可视季节、闲忙与工作的轻重自由约定。女工、童工可参照上述标准，按其工作轻重与工作效果之大小适当定之。

乙、雇主对雇工饭食应当改善，一般可根据当地大多数农民生活程度为准，不得故意以坏饭食给工人食。关于衣被及其他日用品之供给，庙会、过节之犒劳与馈送，仍依当地习惯行之。

丙、上下工日期，由雇工雇主双方自由约定，农村节日休假，婚丧病假，依地方习惯行之。劳动节（五月一日）、七月节（七月一日）、（七月七日）均放假一日。青工在青年节（五月四日），女工在三八节（三月八日）亦各放假一日。以上假日如雇工同意工作，应发给日工工资。工人在几年来已成习惯之现行假日仍得继续实行之。

丁、雇工因工作而致伤病者，雇主应负责疗养，因工作致死者，除购买棺材葬埋外，应酌给雇工家族抚恤费，其因保卫物资参加战斗而致死伤者，除依晋察冀边区民兵伤亡抚恤办法由政府予以抚恤外，雇主亦应酌予救济。

戊、雇工生产特别积极，超过一般工作效率或一般生产量，有显著成绩者，雇主应给予适当之奖励。为了增加生产，雇工与雇主双方得在两利原则之下，自由约定增加生产者给奖，或增产分红办法。

四、雇工应遵守劳动纪律，努力生产，爱护牲畜、农具及粮食、财物。

五、雇工失业当地政府应及时救济，可贷粮贷款、组织生产运销、找工包工等。公家需用劳动时，应优先雇用失业工人。

六、雇工与雇主发生争论时，任何一方得请求调解，调解不成立时，请求仲裁。调解由行政村或区公所依晋察冀行政村调解工作条例为之；仲裁由仲裁机关依晋察冀边区租佃债息条例及其施行条例与边区行政委员会关于仲裁委员会的工作指示有关仲裁之规定为之，惟租佃债息施行条例第二十条参加仲裁机关之农会代表一人，应由工会代表一人代替之。

七、本决定公布前，雇工与雇主双方所订之契约在本年内一般不加变更，应按约执行。其太不合理者，可协商修正，发生争论时，依前条之规定调解或仲裁之。

八、各地在执行本决定所发生之具体问题，各专署、县政府得依本决定之原则精神与当地实际情况作具体之规定。

九、本决定自公布日施行。

选自《晋察冀边区行政委员会现行法令汇集》，上册，边区行政委员会1945年编印，第202～204页。

互校版本：《中国新民主主义革命时期根据地法制文献选编》，第4卷，北京，中国社会科学出版社，1984年版，第651～653页。原注："选自晋察冀边区行政委员会《现行法令汇集》上册，一九四五年版。"

6. 晋察冀边区行政委员会关于张家口、宣化公营工厂工人工资标准的通知

1945年10月26日

关于公营工厂工人工资标准，经本会召集有关方面多次研商，并经各厂工人多次讨论，兹综合各方面意见，根据适当改善工人生活，维持工人最低生活水准，并照顾各厂各业不同情形　提出新的工资标准（以小米折合）。

一、童工、女工、学徒由一百斤至二百斤。

二、普通工人由二百斤至二百八十斤。

三、熟练工人由二百五十斤至三百三十斤。

四、技术工人由三百斤至四百五十斤。

以上所提标准是比较原则的，而且是富有伸缩性的规定。在具体执行时应根据不同工厂性质、不同劳动、不同技术而定。具体说来，童工、女工、学徒应根据同工同酬原则，照顾工作熟练程度、在厂年龄、劳动轻重，由各厂自行划定；一般轻工业，如纸烟、火柴、被服等厂及橡皮、榨油厂主、普通工人与邮工、清扫工、铁路上挂钩打旗等工人，由二百斤至二百五十斤，其熟练工人由二百五十斤至三百斤，一般重工业工厂工人，如铁路、矿山、电气中的普通工人，由二百斤至二百八十斤，其熟练工人由二百八十斤至三百三十斤；印刷业技术工人工资应比一般轻工业稍高，但不得高于重工业工人。

各种轻重工业中亦有不同的工作，不因轻重工业而使所有工人工资都高于：或低于其他工业，如各厂之勤杂人员及伙夫，只能算最低普通工人，即不能高于普通工人最低工资二百斤。至于技术工人，因各厂性质之不同，技术也相差甚多，一般地说铁路、煤业、电气及其他工业中掌握复杂机器的技术工人及印刷业中之制板工人、火车之司机工人等应提高工资，但最高不超过四百五十斤，每一类内，可再分级，每级由十斤至二十斤。工资每斤小米折合边币十六元，略高于市价，一律发边币。关于煤价、布价上涨问题，一方面米价略为提高，一方面由政府全面解决燃料问题，估计以后不会涨得很高。各业工人之衣服，除邮政、清扫夫、铁路、电灯、电话工人，向来习惯有工作服者仍照发外，余均由工人自己解决，工厂发者计价从工资中扣除。工人住房一律出租金，租额应稍低于市价。所有煤炭、纸烟等配给一律取消。

此通知发到各厂后，各厂不能一般的〔地〕传达，而由各厂根据本厂具体情形提出适

合本工厂工资的标准。发动与组织工人深入讨论，根据上述原则民主评定各种不同的工资。特此通知。

选自《晋察冀边区行政委员会现行法令汇集》，上册，边区行政委员会 1945 年编印，第 205～206 页。

互校版本：《中国新民主主义革命时期根据地法制文献选编》，第 4 卷，北京，中国社会科学出版社，1984 年版，第 707～708 页。原注："晋察冀边区行政委员会《现行法令汇集》上册，一九四五年版。"

7. 晋察冀边区公营工厂劳动保护条例（草案）

1945 年

第一节　总则

第一条　本条例的基本目的，在发展生产，团结全厂职工，保护工人利益，提高劳动热忱，发扬群众英雄主义，争取边区工业品的大部或全部自给，保证战争的供应品，特根据敌后战争环境，制订〔定〕本条例。

第二节　工作时间

第二条　每日工作时间，一般自八小时至十小时，特别影响其身体健康之工业部门，其工作时间，经卫生机关检查后由工厂与工会共同协商确定。

如为工作的需要，工人自愿延长工作时间者，不受此条限制。

第三条　日夜轮班工作的，每更换一次，不得超过一周。

第四条　童工、孕妇、哺乳妇都不得打夜工。

第五条　女工在月经期间，视工作轻重及身体强弱得休息三天至五天。

第六条　女工之哺乳时间每日不超过一小时半。

第七条　女工受孕在六月以上的，每日得减少工作时间一小时；七月以上的，每日得减少二小时；产前、产后各休息一个月。

第八条　女工受孕而小产的，在三月以下的，休息二十天，三月以上的休息一个月。

第九条　除每逢星期日放假外，下列工人节日：二月七日、五月一日、七月一日、十一月七日，全体放假一天，其他假日按政府及军区规定执行。

第十条　在每日工作时间内，应按各该厂人数之多寡、会务闲忙，以及工会具体情况，给不脱离生产之工会主要干部，以一定的办公时间。

第三节　工资

第十一条　工人工资，除其个人生活所需外，以每月发小米五斤为最低工资；一般轻工业工人每月最高不得超过八十斤；一般重工业工人每月最高不得超过九十斤为一般原则（轻工业与重工业之差为十斤，轻工业中印刷、被服等技术工人最高八十斤，纸厂、鞋厂、制药厂技术工人最高七十斤）。有特殊技术、工龄较高之工人，由工厂与工会协商，其工资尚须〔需〕适当提高。

第十二条　每人工资之大小，依据其技术能力、工龄长短、劳动态度的不同，实行民主评定后，最后由工厂与职工会评定执行，一般规定工资每半年评定一次，如有特殊情况或技术进步特别快的工人，可举行临时评定。

第十三条　除发生战争时外，凡在平时加工的工资，无论实行计时制或计件制的，其加工工资除发双工资外，另增小米二斤。

第十四条　打夜工的增发夜饭一顿，每顿发粮、菜、柴金共合小米一斤。

第十五条　因战争、季候或原料缺乏等原因而停工时，工资照发，但工人得接受其他工作之分配。

第十六条　在工作时间内，例假日、工人参加上级工会或其他会议及留职学习期内工资照发。

第十七条　女工、童工与男成年工人，同工同酬。

第十八条　脱离生产之职员待遇，隶属地方系统之工厂的职员，按政府所颁布之民政干部办法待遇；隶属军队系统之工厂的职员，按军队干部待遇，炊事员按战士待遇。如直接参加劳动之职员，按工人工资办法待遇。

第四节　劳动设备

第十九条　工作室应按不同的工作性质及其需要，必需〔须〕在尽一切可能的范围内，设置防疫、防害、防险的卫生与安全的工作设备。

第二十条　工厂应为职工设置住宿设备，及其生活上所必需的卫生设备。

第二十一条　工厂应为职工设置下列卫生设备：

甲、须尽可能有驻厂医生或厂外医生定期来厂治病。

乙、按工业性质不同，每年定期检查全体职工身体一次。

丙、病人必须隔离，工厂应设一临时病号室。

第二十二条　工厂应为职工设置下列教育设备：甲、按照全厂职工技术工资总额的百分之二津贴工会，作文化教育费用。

乙、工厂得设置工会办公室。

丙、工人钻研创造，经工厂同意后，应给以物质及时间的便利。

第五节　社会保险

第二十三条　凡女工在工作过程中生育了小孩，由工厂与工会协同帮助其解决困难，由工厂投资及工人储金，举办生产，以其利润所得，设保育院，建立工人家务。

第二十四条　女工之卫生费、分娩费，按妇女干部待遇发给。

第二十五条　女工受孕后，不得做有碍健康胎儿之工作。

第二十六条　职工病假期内，经医生证明，并经工厂批准，工资照发。

第二十七条　经医生证明得职业病者，得按其病状之轻重，酌减工作时间，或调动其他工作，并适当补助其一部抚恤金。

第二十八条　因公伤亡与残废者按下列规定办理：

甲、因公死亡者，按照抚恤抗战牺牲战士办法待遇。

乙、因公残废者，按照优恤抗战荣誉军人办法待遇，其有部分工作能力，可调换其他能胜任之轻便工作，除照发工资外，其应得之优恤金照发。

第二十九条　在革命工厂服务五年以上、年龄在四十五以上的技术工人，按部队优待老兵办法待遇。

第三十条　经医生证明身体衰弱，不能继续工作的，经工厂许可后可以退职养老，退职金按优待抗战荣誉军人办法待遇。

第三十一条　外来工人家属，工厂与工会，应帮助其发展生产，适当解决困难；内地工人家属，除不吃优待粮外，其他待遇如贷粮贷款之优先权、缺乏劳力者予以代耕，以及组织土地生产等均需照顾。

第六节　奖励与处罚

第三十二条　凡职工具备下列条件一部或全部的，工厂应给予一定的奖励：

甲、在工作中成绩优良或对业务有新的创造的；

乙、在工作中能推动帮助别人，有显著成绩的；

丙、遵守政策法令、厂规、劳动纪律，热爱工厂，足称模范的；

丁、在一定期间不休工，生产上超过一定数质量的。

第三十三条　凡职工犯有下列过错之一的，工厂尽可能事先通知工会，可给予一定的处分：

甲、迟到早退、消极怠工、借故旷工的；

乙、对生产工具、原料、成品等公物不加爱护，任意浪费、遗失或损坏的；

丙、有亏公肥己、偷盗贪污行为的；

丁、有泄漏〔露〕军事、财政及其他秘密的；

戊、有违犯政府政策法令及群众纪律的。

第七节　职工会

第三十四条　职工有组织职工会的权利，职工会有保证生产任务完成，保卫工厂，教育工人努力工作、节省原料、提高生产之职责，同时有代表职工向工厂提出批评、建议、要求，评定工资、订立个别或集体的劳动合同（军事工厂不订任何合同）等权利。

第八节　附则

第三十五条　本条例只适用于无利润的公营工厂，其他公营工厂之劳动保护法另订。

选自《晋察冀边区财政经济史资料选编》（三），天津，南开大学出版社，1984年版，第15～19页。

8. 张家口市总工会目前纲领

1945年12月21日张家口市首届工人代表大会上通过

组织与团结全市工人，协同各地工友，统一行动；联合各界民主人士，为保卫人民的抗战胜利果实，彻底粉碎敌伪法西斯的残余势力与国民党反动派对解放区人民的联合进攻；拥护中国共产党，在中国共产党领导下，反对内战，保卫与建设新张家口，争取和平、民主、团结的实现，建立独立、自由、富强与统一的新中国，以求得工人阶级的进一步解放。

一、动员全市工人一切力量，增加生产，支援前线，以争取解放区军民自卫战争的彻底胜利。

二、组织工人武装自卫，保卫工人解放后既得利益；协助政府与军队，镇压汉奸残余及特务破坏活动，肃清一切危害民主政府与工人利益的坏人和一切破坏行为。

三、改善工人生活，提高工人待遇，协助政府实施保护劳动的法令，抚恤工人烈士家属，建立与健全合理的新工资制度，适当的〔地〕增加工资，废除非法剥削和压迫，保障在业，援助失业，发扬阶级友爱，举办合作事业，照顾工人家属，启发其劳动热情，发展家庭生产，进行工人子弟教育。

四、爱护革命工厂，发扬工人的积极性与创造性，逐步做到工人参加工厂管理。

五、在公私两利、劳资两利的原则下，发动革命竞赛，创造劳动英雄和模范工作者；遵守劳动纪律，改良技术，提高质量，以发展生产、繁荣经济。

六、进行工人自我教育，以提高工人的阶级觉悟和政治文化技术水平；开展工人正当娱乐，扫清敌伪统治所遗留的一切坏习气。

七、组织工人参政，联合广大农民及各界民主人士，管理国家大事。

八、拥护八路军及一切革命军人，认真优待革命军人家属，拥护民主政府，切实施行政府的政策法令，以加强军政民的团结。

选自《中国工会历史文献》(5)，北京，工人出版社，1959年版，第42～43页。原注："录自《当前职工运动的几个文献》，1946年7月晋察冀边区总工会印行"。

9. 晋察冀边区总工会关于八项组织工作决定

1946年2月

一、在公营工厂内，建立工厂管理委员会，统一行政和工会的工作，使力量更能集中（详细办法见政府关于公营工厂管理委员的条例）。

二、在一个企业单位中，只能有一个统一的工会组织。一个企业单位中的各厂（如张家口市振华毛织厂所属的各厂）可以成立分工会，分工会受全厂工会的领导。

三、在工会工作较强、工会真正掌握在工人手里的地方，可以经过工人个别介绍职员参加工会，但须经过工会的审查通过；其权利与义务和工人相同，这样，就可逐渐改为职工会。

四、张市各同性质的行业工会，建立各行业的联合工会，直接受市总工会领导；原来各区的办事处，按着具体情形撤消〔销〕或缩编。

五、各级工会设自卫队部，直属工会领导，要与各级武委会取得联系，带有全体性的活动（如开大会）时，要受各级武委会统一指挥；城市各行业工会的工人武装自卫队组织取消。

六、有女工的工厂，应建立女工部，各级工会设女工委员，通过劳动保护部，专门研究与解决女工的各种问题。为了更好的〔地〕解决青工和童工的特殊问题，在各级工会里设青年委员，通过工会宣传部进行工作。同级青联、妇联的一般工作，应通过同级工会统一领导进行，以保持工会组织的统一。

七、工会的会员，以自己所得工资的千分之五左右交纳会费。每月由会员自动交纳一次，不能在工资中先扣出〔除〕。会员贫苦，无力交纳的，经过工会同意可免交，愿意自动多交的，做〔作〕为乐捐。工会开支的账目，要向会员定期公布。

八、工会干部的提拔、升任、调动，必须经过上一级工会的批准，因特殊情形来不及请求批准的，事后要马上说明理由。

选自《中国工会历史文献》(5)，北京，工人出版社，1959年版，第74～75页。原注：“录自1946年3月2日《晋察冀日报》。”

十一、婚姻与继承

1. 晋察冀边区婚姻条例草案[①]

1941 年 7 月 7 日公布

第一章　总则

第一条　本条例根据民法亲属编之立法精神，及本边区之实际情况制定之。

第二条　男女婚姻，须双方自由、自主、自愿，第三者不得干涉。废除一切强迫、包办、买卖等婚姻恶习，禁止蓄婢、入赘、早婚及奶媳、童养媳。在本条例颁布后，任何一方均得向所在地县政府请求撤消〔销〕。

第三条　严格实行一夫一妻制，严禁纳妾、代娶与双挑及类似一夫多妻或一妻多夫之各种形式。

第二章　结婚

第四条　男女结婚年龄定为男满二十岁，女满十八岁。

第五条　男女结婚于结婚前须向住在地区公所请求登记，登记后即为有效。

婚姻不以订婚为必经之手续。

第六条　有下列情形之一者，禁止结婚：

一、男女系直系血亲、直系姻亲和八亲等以内的旁系血亲者。

① “陕西法律法规汇编版”标题多加“办法”两个字，成为“婚姻条例办法草案”。

二、患花柳病、神经病、重肺病、疯〔风〕瘫病等不治之恶疾者，但经医生证明可以结婚者，不在此例。

三、生理缺陷不能人道者。

第七条　有配偶未经离婚者，不得与第三者结婚。

第八条　寡妇再嫁，他人不得干涉。

第三章　离婚

第九条　夫妻双方自愿离婚者，须向住在地县政府请求登记。

第十条　夫妻双方之一方有下列情形之一者，他方得向司法机关提出离婚请求，经审查属实后，依法离婚：

一、充当汉奸或有危害抗战行为者。

二、有重婚行为者。

三、感情意志根本不合，无法继续同居者。

四、与他人通奸者。

五、虐待他方不堪同居者。

六、以恶意遗弃他方在继续状态中者。

七、图谋陷害他方者。

八、依本条例第六条之规定禁止结婚者。

九、生死不明过三年者（抗日军人不在此限）。

十、被处三年以上之徒刑或因犯不名誉之罪被处徒刑者。

第十一条　抗日军人生死不明四年以上者，他方得请求离婚。

第十二条　因抗日而残废者，如一方请求离婚，须征得他方之同意，但不能人道，经医生证明者，不在此例。

第十三条　凡女方在怀孕及生育期间，男方不得提出离婚，具有离婚条件者，亦须于产后半年始得提出。但女方有本条例第十条第一、二、四、五、六、七各款规定情形之一者，不在此例。

第四章　夫妻之权利和义务

第十四条　夫妻有同居之义务，夫妻之生活费用及家务之处理，由双方共同负责。

第十五条　结婚前夫妻双方之各自财产及结婚后夫妻一方以各自劳力所获得之报酬，均为各自特有财产。特有财产离婚后得各自取回，但以某种契约或双方自愿变为共同财产或变更其财产所有权者，不在此例。

第十六条　夫妻一方对他方之特有财产处理时，须先征得他方之同意。

第十七条　结婚后夫妻双方共同经管所获得之财产为共同财产。处理共同财产时，须互得同意。

第十八条　结婚后夫妻之一方既无职业又无土地财产，其同居生活及子女所需之费用，应由他方负担。但其财产所有权及管理权，得由所有者自行决定。

第十九条　结婚前双方有债务，应各自负责，但经双方同意转为共同债务者，不在此例。

结婚后为经营共同生活所负债务为共同债务，共同债务由双方共同负责。但离婚后女方无劳动力及特有财产者，则由男方单独负担。

第二十条　离婚后，一方无过失而未再婚者，并无职业财产或缺乏劳动力，不能维持生活者，得由他方给以相当之赡养费，但以三年为限，倘确实无力支出此项费用者，不在此限。

第二十一条　男女未离婚前所生子女，离婚后尚未满五周岁者，由女方抚养，已满五周岁者，应尊重子女之意思，随父随母不得强迫。但女方未再婚前，无力维持生活且缺乏劳动力者，男方须给女方以抚养子女之生活费，至女方再婚时为止。

第二十二条　女方再婚后所带之子女，由女方及新夫共同负责抚养。

第二十三条　子女满六周岁者，其教育费由父母双方共同负担。

第二十四条　子女姓氏，随父随母由子女自行决定。

第五章　罚则

第二十五条　本条例公布后，凡有买卖婚姻之行为者，除将买卖身价没收外，并处以六个月以下之徒刑。

第二十六条　禁止结婚之一方与他方结婚者，处以六个月以下之徒刑，或科以百元以下之罚金。

第二十七条　略诱、和诱、重婚者，及违犯本条例而本条例并无处罚规定者，均依照刑法之规定处罚。

第二十八条　略诱、和诱、强奸抗属者，依照刑法之规定加重处断。

第二十九条　挑拨抗属离婚者，处以一年以下之徒刑。

第六章　附则

第三十条　违犯本条例者，无论是否属于亲告罪范围，任何人均得告诉告发。

第三十一条　民法亲属编与本条例不相抵触者，仍得引用之。

第三十二条　本条例修改解释权，属于晋察冀边区行政委员会。

第三十三条　本条例有未尽事宜，得随时修改之。

第三十四条　本条例自公布之日起施行。

选自《抗日根据地政策条例汇集——晋察冀之部》，第 2 辑，1942 年版，第 89～94 页。

互校版本：

1.《中国新民主主义革命时期根据地法制文献选编》，第 4 卷，北京，中国社会科学出版社，1984 年版，第 811～816 页。

2.《陕甘宁边区法律法规汇编》，西安，陕西人民出版社，2006 年版，第 385～387 页。简称“陕西法律法规汇编版”。

2. 附：关于我们的婚姻条例

1941 年 7 月 7 日晋察冀边区行政委员会指示信第五十一号

第一，条例的基本精神

一、男女在社会上、政治上、经济上、家庭地位上，一律平等，实行严格的一夫一妻制，这是边区新民主主义社会的一种表现。在殖民地、半殖民地、半封建的社会里女子被当作一种商品而买卖，被当作一种奴隶而奴役，“三婢四妾”，成为一些特殊阶级的权利，“男尊女卑”“夫唱妇随”成为封建人物奴役妇女的“天经地义”。所有这些，随着边区新民主主义政治经济的建设，都被粉碎着！妇女解放是社会解放的一个内容，而妇女也只有在社会解放当中才能求得自己的彻底解放，边区新民主主义社会从半殖民地半封建社会的胎包之内生长出来，因而妇女也被从旧社会旧家庭的双重压迫之下解放着与解放出来，这是边区社会制度的一个产物，我们的婚姻条例正贯彻着建设新民主主义的严肃的婚姻制度的精神。

二、婚姻自由、自主、自愿，婚姻要建筑在男女双方感情意志的融洽上，这是反对封建主义的一个具体内容，在半殖民地半封建的社会里“门当户对”，被许多人当作是结婚的重要条件，“父母之命，媒妁之言”，被许多人认为是结婚的一定手续，青年被老年束缚着，儿女被父母束缚着，家庭成员被家长束缚着，所有这些，随着边区政治经济的建设都被改变着粉碎着，青年当作社会的一员站立起来了，妇女当作社会的一员站立起来了，男女婚姻自由、自主、自愿已经是今天边区真正的需要，爱情代替了“包办”，意志代替了“金钱”，这是民族革命的产物。我们的婚姻条例正贯彻着这种现实的真正的结婚离婚自愿自主的精神。

三、严肃的男女关系，培育健康优良的下一代，建设革命的社会秩序，这是边区当前以及今后的一种需要。本来，从旧社会旧制度中产生并建设新社会制度，在这一过程中，一定会发生某些混乱现象，我们需要严防混乱，反对混乱，制止混乱。婚姻的自由，必须建立在一夫一妻的基础之上，而且婚姻是两性间的一件大事，因此，必须反对婚姻上的自由主义与“杯水主义”。结婚、生育小孩是男女当事人自己的事情，也是社会的事情。因此，我们的婚姻条例，把和诱、略诱、强奸、淫乱等犯罪行为都规定以罚则，对结婚离婚都规定以一定的合法手续，对患传染病者及八亲等以内者之禁止结婚，这些都充满着建设革命的社会秩序与培育健康优良下一代的精神。

四、照顾抗战军人利益。当前我们继续进行着神圣的民族抗战，要“一切为着抗战的胜利”。在婚姻问题上对以自己的血肉生命与敌搏斗的抗战军人，应予以适当的安慰。因此，无论任何人对抗战军人之妻子施以诱奸、和奸者，一律严予处罪。在离婚问题上亦予抗战军人以适当的保障，这是我们的条例贯彻了抗日高于一切的精神。

第二，条例的重要解释

（一）血亲姻亲和亲等：

一、亲——本条例所说的亲和民法亲属编的亲一样，是指亲属而非亲族，普通所指的亲族，是指同宗之族，以男系为主。亲属之意义甚宽，不论宗亲、外亲、妻亲，全是亲属。

二、血亲——凡是有血统关系的，不论是父系母系、子系女系，统叫血亲。血亲分两种：一种是直系，另一种是旁系，兹分别说明：

甲、直系血亲。凡己身所从出或从己身所出的血亲，都是直系血亲，如父母是己身所从出，子女是从己身所出，这都是直系血亲。同时生父母的——祖父母、外祖父母，和子女所生的——孙子、孙女、外甥男女等，都是直系血亲。

乙、旁系血亲。凡与己身出于同源之血亲，就叫旁系血亲，如叔父、舅父等，都是与自己出于同源。

三、姻亲——凡是因婚姻关系而发生的亲属，统叫姻亲。姻亲有以下三种：

甲、血亲之配偶，如兄弟为血亲，兄弟之妻就是姻亲，女儿为血亲，女婿就是姻亲……等。

乙、配偶之血亲，就妻来说，公公婆婆、大伯子、小叔、大姑、小姑，就夫说来、丈人、丈母、大小舅子、大小姨子等，全属这一类。

丙、配偶之血亲之配偶，就夫说来，小舅子媳妇、小姨子的男人、妻侄媳妇等；就妻说来，妯娌、大姑小姑的男人等，全属这一类。

四、亲等的计算法，亲等是亲属远近的等级，亲等计算的标准，血亲和姻亲不同，现在先说血亲。

血亲的亲等是以血统远近为标准，直系血亲的计算方法，是从自己向上数或向下数，数到与自己算亲等的这个人为止，看是几辈，有几辈就算几亲等。兹以下图说明之：

高祖父母——曾祖父母——祖父母——父母——自己
(4)　(3)　(2)　(1)　(0)
——子女——孙子孙女——曾孙子女——元孙子女
(1)　(2)　(3)　(4)

（说明）上图注字，是自己对那些亲属的称呼，圈内数字，是亲属和自己的等级。

旁系血亲的计算法，是从自己向上数，数到同源的那个人，看是几辈，再由同源的那个人算到与自己算亲等的那个人看是几辈，这两种辈数，加在一块所得出来的那个总数，就是自己与和自己算亲等的那个人的亲等，如叔父和自己是出于同源的祖父母，从自己数到祖父母是两辈，再从祖父母数到叔父是一辈，二加为三，那么，叔父和自己就是三亲等的旁系血亲了，如下图①：

高祖——曾伯叔祖父——堂伯叔祖父——族伯叔父——族兄弟
(4)　(5)　(6)　(7)　(8)

曾祖——伯叔祖父——堂伯叔父——再从兄弟—再从侄
(3)　(4)　(5)　(6)　(7)

祖父母——伯叔父——堂兄弟——堂侄——堂侄孙
(2)　(3)　(4)　(5)　(6)

父母——兄弟姐妹——侄——侄孙——侄曾孙
(1)　(2)　(3)　(4)　(5)

自己
(0)

以上是血亲亲等的计算方法，至于姻亲也是有直系的旁系的，也有远近，不过姻亲是要看这个关系是怎样发生的，而为区分的标准，如兄弟为二亲等的旁系血亲，兄弟媳妇就是二亲等的旁系姻亲；丈人丈母，是妻的一亲等的直系血亲，是自己一亲等的直系姻亲；又如小舅子媳妇，是妻的二亲等旁系姻亲，也是自己的二亲等的旁系姻亲。余以此类推。

---

① （1）原图为竖排，为便于排版，现改为横排。

（2）“晋察冀法令版”第227页所附旁系血亲计算图中，“高祖—曾伯父祖父—堂伯父祖父”可能有误，应是：“高祖—曾伯叔祖父—堂伯叔祖父”。“社科法制版”与“晋察冀法令版”相同，特提出，供进一步探讨。

（二）关于离婚条件：

一、条例第十条第一款规定“充当汉奸或有危害抗战行为者”得离婚，此款前半一方“充当汉奸”，他方得与离婚自无问题，后半段“危害抗战行为”，则弹性很大。那么什么是“危害抗战行为”呢？这要特别注意，“行为”两字，凡是破坏军队、破坏政府、破坏革命党派团体之见于行动者以及在行动上帮助敌伪者，都是破坏抗战的行为。

二、条例第十条第三款规定“感情意志根本不合，无法继续同居者”一方得请求离婚。婚姻必须双方有浓厚的爱情，结合才能美满，感情根本不合〔和〕，对双方都会是很大的痛苦，不过这里所说的感情不合〔和〕，只指“无法继续同居者”而言。因此处理这条文时，就不能因为夫妇间一时的吵架，而准许离婚。

三、夫妇之特有财产及其使用，什么是特有财产？依民法凡属于下面情形之一者均属特有财产：

甲、专供夫或妻使用者。

乙、夫或妻职业上必须〔需〕之物。

丙、夫或妻所受之赠物经赠与人声明为其特有财产者。

丁、妻因劳力所得之报酬。

对待特有财产之使用，是属于所有者，夫或妻如果使用他方之特有财产时，必经所有者之同意。

四、离婚后赡养费问题，在条例中未明确规定一定给对方赡养费，亦未明确规定数目，原因就是要根据实际情形，才能确定赡养费及其数目。所谓实际的情形，首先就是无过失者，假如对方是图谋陷害或是充当汉奸而被离婚者，就假定是没有职业或无财产，也不给以赡养费。而是在无过失的条件下未再嫁同时无职业又无劳动者，才能给以赡养费。赡养费之给与〔予〕，比照普通人之生活费用，最多不能超过三年，但如果离婚之一方确实无力支付此项费用者，还可以不给。这原因，就是使得一切可能离婚者，脱离物质之限制，这是本条规定的基本精神。

五、买卖婚姻。买卖婚姻不单指公开的买卖，凡用彩礼聘金等变相的买卖亦包括在内。在条例公布后，有买卖或变相买卖［的］均按本条例处罚，对这种处罚是处罚实行买卖行为的，不是处罚结婚的双方，因为实行买卖的不是结婚的双方而是他们的家长或其他人的缘故。

六、略诱、和诱、重婚。

甲、略诱。凡用强暴胁迫或诡计诈术引诱的，都是略诱。略诱的目的，有为着卖钱，有为奸淫，有为结婚，因为有这样的不同情形，所以处罚也不一样，刑法对略诱处刑均有规定，如刑法第二九八条，意图使妇女与自己或他人结婚而略诱之者处五年以下之有期徒刑，刑法第二四一条，略诱未满二十岁之男女脱离家庭或其他监督权之人者处一年以上七年以下之有期徒刑等皆可引用。

乙、和诱。和诱与略诱不同，在于：第一，略诱是用强暴胁迫的手段，和诱是用诱惑的手段；第二，略诱是不必经过被诱人的同意，和诱是经过被诱人的同意；第三，略诱罪的成立在被诱人的年龄上没有限制，和诱罪的成立按刑法规定必须被诱人年在二十岁以下十六岁以上。刑法第二四一条后段规定“和诱未满十六岁之男女以略诱论”。刑法第二四〇条规定，和诱未满二十岁之男女脱离家庭或其他有监督权之人者，处三年以下之有期徒刑。和诱有配偶之人脱离家庭者亦同。

丙、重婚。凡有配偶再结婚或者同时和二人以上结婚者都是重婚。依刑法二三七条处五年以下之有期徒刑，知情相婚的也是一样。

七、告诉告发的程序：

甲、条例所定罚则及违犯本条例而犯刑法各罪的被害者或被害者之配偶，父母、祖父母、子女（以年龄在十八岁以上者为限）均得告诉，如被害者死亡或抗日军人无法告诉，检察官可代为告诉，但指定告诉或代替告诉，不能与被害被诱者之意思相反。

乙、凡违反本条例之罚则者，除以上有告诉权者外，任何个人、团体、机关皆得告发与检举。

丙、本条例罚则属于刑罚，不能与婚姻关系之民事部分同一程序同一判决，不能民事附带刑事。关于刑事附带民事，只以因刑事所发生之损害部分为限，此外亦不得附带婚姻关系（如离婚无效，撤消〔销〕等）的诉讼。

第三，执行问题

（一）法律不究〔咎〕既往。本条例自公布日施行，边区新民主主义社会从旧社会的胎包之内生长出来，在各种制度上必然带着许多旧社会的斑痣，婚姻制度也正是这样，如买卖婚姻、一夫多妻、童养媳、奶媳、入赘、早婚等，在这一条例颁布后，一定要予以廓清。但我们必须注意，我们的婚姻条例是自民国三十年七月七日公布之后才有效，不能据以追诉今年七七“以前的事实（旧社会遗留下来的斑痣），即不能拿它来算旧帐〔账〕。因此，对于今年”七七以前的所有买卖婚姻、一夫多妻、童养媳、奶媳、入赘、早婚等事实，不能因其不合理即根据条例给以处罚。对于早婚、买卖婚，任何人也不得强迫离异，当然，这并不是承认它的合法，只要当事人依法提起诉讼，是要根据条例予以合理解决的。要抓紧新制度的建设，丝毫也不要迁就马虎，不能算旧帐〔账〕，不要算旧帐〔账〕，这是在执行中应该特别注意的一点。

（二）对于离婚条件的判决，一定要根据充分的证据。由于以往婚姻的不合理现象的存在，在这条例颁布之后，离异案件，可能增多，这是应有的现象，并不是坏事，不过社会关系是复杂的（婚姻直接关系到财产关系与抗战秩序），对于离婚案件的判决，司法部门一定［要］根据充分的证据处理，不能单凭一方片面的理由，遽然决定。我们坚决反对挑唆、胁迫以及捏造事实、给对方扣大帽子，以造成离婚“口实”（并不是条件）的卑劣行为，对于这些情形，要考查清楚，予以严厉的教育，对于某些为达目的不择手段，企以陷害对方者，更应给予刑法制裁。我们特别提起各级政府特别是司法部门的同志要从政治上来认识这一问题，这是执行中应该特别注意的第二点。

（三）结婚仪式和结婚离婚手续问题，在条例中没有明确详细的规定，我们反对旧式婚姻的铺张、浪费与封建迷信的所谓“礼节”，但也并不主张取消结婚仪式，我们提倡简单朴素而又严肃庄重的，特别是具有教育意义的仪式，这不仅为了使当事人对婚姻大事的更加郑重，而且也使在社会上、法律上取得一层保障。结婚登记（向所在地区公所登记）也同样是为了取得法律保障。这种手续的履行，不是强迫的，只要事实上夫妇关系存在着并不因其未曾履行规定手续而无效。

至于双方自愿离婚者，必须按照条例向县政府请求登记，这对于提高对婚姻问题的郑重，关系很大，这是执行中应该特别注意的第三点。

（四）对抗日军人的“生死不明”一定要尽力查问。条例第十一条规定：抗日军人生死不明四年以上者，他方才得提出离婚，但是抗战已经四年，必然有许多抗战军人，因为离乡日久，音讯难通，乡里间对他发生“生死不明”的问题，因此，在执行这一条文的时候，一定要很好的〔地〕理解，今天处在战争环境，交通太困难，对抗战军人提出的离婚诉请，应再留出一年以下的时间，尽量设法探讯〔询〕（请求离婚者及政府），以期能得到抗日军人本人的音讯〔询〕。如经一年的查讯，仍无消息者，始可准予离婚，在查讯〔询〕期间，对请求离婚的一方，多方解释，晓以大义。这是执行中应该注意的第四点。

（五）反对偏“左”偏“右”的倾向。边区婚姻条例的颁布施行，无疑问的，给予旧婚姻制度以致命的打击，它是要把旧的不合理的婚姻制度与恶习根本扫清，重新建立一种新的合理的婚姻制度。但由于旧制度习惯有着深厚的社会根源与悠久的历史传统，这样一种大的改变不是一个简单事情，这是社会建设的一个内容，是一个教育与斗争的过程。一切操之过急，生吞活剥认为只要条例颁布之后，一切都会立刻变好，这种想法是不对的。我们反对滥用条文，把婚姻看的〔得〕“不算一回什么事”，忽视婚姻的严肃意义的“左”的偏向，同时我们反对向旧礼教屈服、徇私情、保守，不坚决执行条例的右的偏向。

把握条例的基本精神，坚决地、正确地执行条例，为建立合理的健康的新民主主义的婚姻制度而努力。

选自《晋察冀边区行政委员会现行法令汇集》，上册，边区行政委员会1945年编印，第223～233页。简称“晋察冀法令版”。

互校版本：《中国新民主主义革命时期根据地法制文献选编》，第4卷，北京，中国社会科学出版社，1984年版，第816～825页。简称“社会法制版”。原注：“选自一九四五年十二月晋察冀边区行政委员会《现行法令汇集》上册。”

3. 晋察冀边区婚姻条例

1943年1月21日晋察冀边区第一届参议会通过，
同年2月4日晋察冀边区行政委员会公布

第一章　总则

第一条　本条例根据中华民国民法亲属编之立法精神，适应边区具体环境制定之。

第二条　男女婚姻须双方自主、自愿，任何人不得强迫，禁止奶婚、童养媳、早婚及买卖婚姻。

第三条　严格实行一夫一妻制，禁止重婚、纳妾、蓄婢及类似一夫多妻或一妻多夫之各种婚姻。

第二章　结婚

第四条　男不及二十岁，女不及十八岁，不得结婚。

第五条　结婚应有公开之仪式及二人以上之证人，向结婚所在地之村公所或县市政府登记，领取结婚证书。

第六条　婚姻不以订婚为必经手续。

第七条　与下列亲属不得结婚：

一、直系血亲及直系姻亲。

二、八亲等以内之旁系血亲，但表兄弟姊妹不在此限。

三、五亲等以内之旁系姻亲辈分不相同者。

第八条　有下列情形之一者，不得结婚：

一、有神经病或其他重大不治之病者：

二、有花柳病或其他恶疾者：

三、生理缺陷，不能人道者：

第九条　因奸经判决离婚，或受刑之宣告者，不得与相奸者结婚。

第十条　寡妇再嫁，他人不得干涉。

第三章　夫妻之权利与义务

第十一条　夫妻互负同居之义务，但有正当理由不能同居者，不在此限。

第十二条　夫妻之生活费用及家务之处理，由双方共同负责。

第四章　离婚

第十三条　夫妻两愿离婚者，须向所在地县市司法机关请求登记，并有二人以上证人之签名。

第十四条　夫妻感情意志根本不合，致不堪同居者，任何一方得向司法机关请求离婚。

第十五条　夫妻之一方有下列情形之一者，他方得向司法机关请求离婚：

一、充当汉奸者；

二、重婚者；

三、与他人通奸者；

四、虐待压迫或恶意遗弃他方在继续状态中者；

五、因犯特种刑事罪被处三年以上之徒刑者；

六、生死不明已逾三年者；

七、图谋陷害他方者；

八、有第八条各款情形之一者。

第十六条　抗日军人之配偶，非于抗日军人生死不明逾四年后，不得为离婚之请求。

第十七条　在女方怀孕及生育期间，男女不得提出离婚，具有离婚条件者，亦须于分娩满三个月后，始得提出，但有第十五条之第一、二、三、四、七各款规定情形之一者，不在此限。

第十八条　夫妻两愿离婚者，关于离婚后子女抚养教育责任之负担，应于离婚时约定之。但纵约定由妻方负担，而妻方生活困难者，在其未与他人结婚前，夫方仍应给予抚养教育费之全部或一部。

第十九条　夫妻经判决离婚者，司法机关得为其子女之利益，酌定抚养教育责任之负担人。

第二十条　妻方无过失因判决离婚而生活陷于困难者，夫方纵无过失，亦应给予相当赡养费，但无力支出此项费用者，不在此限。

第二十一条　夫妻离婚时，得各自取回其原有财产。

第五章　附则

第二十二条　关于婚姻除本条例别有规定者外，民法亲属编关于婚姻之规定仍适用之。

第二十三条　本条例自公布之日施行。民国三十年七月七日公布之晋察冀边区婚姻条例同时作废。

选自《晋察冀边区行政委员会现行法令汇集》，上册，边区行政委员会 1945 年编印，第 219～222 页。

互校版本：

1.《中国新民主主义革命时期根据地法制文献选编》，第 4 卷，北京，中国社会科学出版社，1984 年版，第 826～829 页。原注："选自一九四五年十二月晋察冀边区行政委员会《现行法令汇集》上册。"

2. 刘素萍主编：《婚姻法学参考资料》，北京，中国人民大学出版社，1989 年版，第 32～35 页。原注："据晋察冀边区行政委员会编《现行法令汇集》上册。"

4. 晋察冀边区行政委员会关于婚姻登记问题的通知

1943 年 5 月 27 日

关于婚姻登记问题，应注意下列各点：

（一）关于结婚登记机关——在今年二月四日新颁婚姻条例中规定，结婚应"向结婚所在地之村公所或县市政府登记"主要是为了便利人民，使一般人民结婚，都可以到村公所履行登记（到县市政府登记的规定，主要是为在外籍结婚的工作人员而设），减去到区公所登记的麻烦，同时也为了减少区公所的事务，加强村公所的责任，各县应即具体布置到村。结婚登记证由县统一印发，月终将存根送区转县统计之。在这一工作由村公所负责的初期，区公所应多给以具体的帮助，并防止可能发生的"不够结婚条件也轻易予以登记允许结婚"（应着重防止的）及"机械的〔地〕坚持条件或故意与人为难"的偏向。

（二）关于结婚登记的效力（结婚与离婚应有区别）：

1. 结婚登记的效力——结婚登记是为了防止男女关系的混乱和不够结婚条件的男女随便结婚，因此特别规定男女在结婚前应"向结婚所在地之村公所或县市政府登记，领取结婚证书"，这是必须履行的手续。但如果在结婚前或结婚后不登记的是否影响婚姻效力呢？这应根据实际情形分别处理：A. 未经举行公开结婚仪式的，不登记不生婚姻的效力，并应由县按"妨害风化"治罪。因这种婚姻，很易使男女关系混乱，且会给敌人与破坏分子以造谣的口实，所以应视为无效。B. 已经举行公开的结婚仪式且合乎结婚条件的，应承认其结婚有效。因这种婚姻既合乎结婚条件且由于举行了公开的结婚仪式，在社会习惯上已取得合法地位，所以应视为有效，但仍应加以教育，使他们遵守婚姻条例的规定，向结婚所在地的村公所或县政府补行登记，取得法律上之合法地位。C. 已经举行公开的结婚仪式但不合结婚条件的，应根据实际情形正确适当的〔地〕处理（如男女不到结婚年龄的可令暂时分开，等到达结婚年龄，再行同居，违犯婚姻条例第七、第八、第九三条的规定的可强令拆散）。反对“一律强令拆散”和“置之不理”的两种偏向。

2. 离婚登记的效力——为了防止男女因一点小事即随意离婚的现象，以免影响家庭生活和社会秩序，关于两愿离婚的登记应做〔作〕为离婚成立必要的条件，不登记的，其离婚不生效力，如两愿离婚后不经登记又与第三人结婚的，应按重婚治罪。

（三）关于婚姻登记的办法：

1. 结婚登记的办法：A. 结婚登记事项除结婚登记证上所列项目外并须注意下列各项：（甲）男女双方有无亲属关系？是什么亲属？（乙）双方有无疾病缺陷？（丙）以前结过婚没有？如果结过婚的现在是否已经离婚？审查双方是否合于离婚条件。B. 男女结婚向所在地村公所进行登记时，其住于别村的一方（一般是女方）得用书面登记由当事人与住在村民政委员签名并按手印交由结婚所在村村公所审查，其住于结婚所在村之一方（一般是男的）应当面说明结婚登记事项，并在结婚登记证上签名按指印或由一方先就他方向结婚所在地之村公所登记后，再行结婚，村公所对声请结婚的男女双方，应就其登记事项详细审查合于结婚条件者即准予登记，不合结婚条件者不予登记（关于结婚年龄在游击区及早婚习惯很深的晋东北一带不必强调非达法定年龄不可，但在十四岁以下的一定要禁止，已结婚的也要强令分开，到达适当年龄，再准同居）。

2. 离婚登记的办法：A. 离婚登记机关为所在县之司法机关，在游击区县政府得授权区公所代为办理离婚登记，B. 离婚登记以男女亲自到场为原则，并应有住在村村公所之介绍信和证明人之书面证明，村公所对两愿离婚的男女不得拒绝开介绍信。希讨论执行，特此通知。

附结婚证、离婚证样式。（略）

选自《晋察冀边区行政委员会现行法令汇集》，上册，边区行政委员会 1945 年编印，第 234～236 页。

互校版本：《中国新民主主义革命时期根据地法制文献选编》，第 4 卷，北京，中国社会科学出版社，1984 年版，第 829～832 页。原注：“选自一九四五年十二月晋察冀边区行政委员会《现行法令汇集》上册。”

5. 晋察冀边区行政委员会关于女子财产继承执行问题的决定

1943 年 6 月 15 日公布

本边区自妇女运动开展以来，妇女在社会上、政治上的地位已提高很多，妇女在经济上的积极性也在逐渐提高，民法关于女子财产继承权的规定已在执行着，但在执行上因追溯过远，滋生许多纠纷。为正确执行民法关于女子财产继承权的规定，提高女子经济地位，减少民间纠纷，巩固团结，集中力量对敌，本会特作如下之决定：

一、被继承人生前有女无子，在他死亡后，他的全部遗产都归其女（不论一女多女、已嫁未嫁）继承，任何人不得强作嗣子，以分继他的遗产。但是被继承人生前承养的养子或嗣子，得依民法养子之规定取得其应继承的股份。

二、在本决定施行前，被继承人于在世时就把他的财产实行分给或赠与一部分继承人的，其他继承人在被继承人死亡后，只能对于被继承人死亡时留下的未曾分给或赠与其他继承人的财产，与其他继承人有同等之继承权，对上项已经分给或赠与其他继承人的财产，不能请求回复继承权。

三、被继承人死亡后，他的财产已由继承人之一部实行继承，且已于本决定公布以前将财产分割各自管业者，其他继承人不能对已分定之财产请求回复继承权。但是分割遗产时由于参加抗战或经营其他事业，背井离乡，消息隔绝，致继承权被侵害者，不在此限。于分割遗产时，继承人因幼小无知，致继承权被侵害者，亦不在此限。

四、被继承人仅有一子一女，或一子数女，他的儿子在他死亡后，就占有他的财产，而有继承权的已嫁女子，截至本决定公布之日止，并未提出分割遗产的要求者，其继承权视同抛弃，不能要求回复。但由于参加抗战或经营其他事业，背井离乡，不知被继承人死亡，或虽已知死亡而事实上，不能返归本籍实行继承者，不在此限。

以上视同抛弃继承权之已嫁女子，生活确系贫困者，得要求其弟兄接济其一部生活费用，遇有争议，得由村公所、抗联会调解之。

五、有继承权的寡妇，得携带她应继份内之财产改嫁，但夫家确系贫困者，得少带或不带。但是寡妇本人的财产，任何人不能阻止其带走。

遇有争议，得由区村公所协同抗联会调解之。

六、本决定于一九四三年六月十五日生效，今后及现正涉讼的女子财产继承案件，依照本决定处断。本决定所未规定者，完全适用民法的规定。

本决定施行前已判决确定的继承案件，及未经涉讼已经取得的继承权，都不予变更。

选自《晋察冀边区行政委员会现行法令汇集》，上册，边区行政委员会 1945 年编印，第237～238 页。

互校版本：《中国新民主主义革命时期根据地法制文献选编》，第 4 卷，北京，中国社会科学出版社，1984 年版，第 832～833 页。原注：“选自晋察冀边区行政委员会《现行法令汇集》上册，一九四五年版。”

6. 晋察冀边区在外工作人员声请离婚程序

1946 年 2 月 20 日

晋察冀边区行政委员会令（会法字第三十一号）

令发各部门工作人员办理离婚程序希依照执行。

据报告各部门工作人员多就自己工作地区司法机关请求离婚，需要规定程序，以免有所遗〔贻〕误，兹根据照顾男女双方权利之精神，特规定在外工作人员声请离婚程序，随文附发，希即依照执行。

此令！

附：在外工作人员声请离婚程序。

在外工作人员声请离婚程序

第一条　本边区内之人员声请与原籍或住所地之对方离婚者，由原籍或住所地之初级司法机关受理。男女双方均在外工作，在同一地区者，由工作地之初级司法机关受理：在不同之地区者，由被告人工作地之初级司法机关受理。

第二条　其他解放区之人员在本边区工作声请与原籍或住所地之对方离婚者，由声请人所属之机关负责转声请人原籍或住所地之初级司法机关受理。男女双方同在本边区工作者，由被告人工作地之初级司法机关受理。

声请与其他解放区工作人员离婚者，由声请人所属之机关负责转被告人工作地之初级司法机关受理。

第三条　其他地区之人员在边区工作声请与原籍或住所地之对方离婚者，应由声请人所属之机关审核，负责转工作地之初级司法机关受理。

第四条　受理边区以外地区人员声请与原籍或住所地之双方离婚之初级司法机关，应切实审核，并得依职权为必要之调查。

对合于离婚条件之声请人，应命其交声请状副本送达于被告人，并将声请要旨登报，使声请人负担登报费与邮寄费。

在登报最后之日，与声请状副本交到邮局之日，比较最后之日起三个月后，始得为终局判决。

声请书不合离婚条件者，应以裁定驳回之。

不服本裁定，得于五日内提起抗告。

声请人迟误言词辩论日期逾三个月或逾两次者，视为撤回声请。

撤回声请者，不得再为声请。

司法机关准许离婚之判决时，应将判决正本送达于被告，并将判决要旨登报，使原告人（声请人）负担登报费与邮寄费。

准许离婚判决确定期间为一年。

原告人接到离婚判决一年后始得结婚。

第五条　本程序规定之报纸为晋察冀日报。

第六条　本程序自令到之翌日起施行。

选自《中国新民主主义革命时期法制建设资料选编》（三），西南政法学院函授部1982年编印，第349～350页。原注：“摘自《晋察冀边区行政委员会现行法令汇集》续编。”

十二、刑事法规

1. 晋察冀边区行政委员会修正处理汉奸财产办法

1938年2月9日公布，
1939年11月1日修正公布

一、晋察冀边区行政委员会（以下简称本会）为肃清汉奸，加强抗日力量，对于没收汉奸财产，除依修正惩治汉奸条例第八条至第十三条规定办理外，悉依本办法之规定。

二、凡通谋敌国而有国民政府公布之修正惩治汉奸条例第二条所列各款行为之一者，均属汉奸，得由政府没收其财产之全部或一部。

三、没收或查封汉奸财产，应限于本人所有，不及其亲属，如系同居家属，应酌留家属生活费。

四、凡属汉奸财产不论动产不动产，政府均得没收。

五、被没收之汉奸财产属于动产者，一律集中本会，移交边区银行，充做〔作〕准备金或分赏游击队，其有笨重什物未便集中者，得由所在地县政府呈准本会拍卖，以现款集中。

六、被没收之汉奸财产属于不动产者，一律为边区公有，由本会直接管理，无租分给贫苦人民耕种或居住。其办法如下：

（一）被没收之土地房屋，经政府分配注册后，其耕种住居权即属于受分配者之贫苦人民，但不得将分配之土地房屋典卖于他人或作为抵押物。

（二）被没收之土地房屋，抗战军人家属贫苦者，有分种分住之优先权。

（三）被没收之土地房屋，其种、住以人为计算单位。某人应分种土地若干、住房屋若干，其数目由所在地之县政府或区公所规定，召集村民大会表决行之。

（四）受分种土地或分住房屋之人民，县政府应给付证据，并呈报本会备案。

（五）分配之土地房屋，其原有应纳之国家赋税，受领人仍须照额完纳，以重公帑。

（六）人民于受领土地或房屋后，如受有刑事处分之宣告者，县政府应撤销其耕种或居住权，并呈报本会备案。

七、被没收之汉奸财产，如有典当租借关系者，由县政府按照原有关系代替原主清理之，并呈报本会备案。

八、以本办法没收或查封之汉奸财产，应由执行机关造具没收或查封财产清册，呈报本会备案。

九、依本办法没收或查封之汉奸财产，须经本会核准方得执行，并由执行机关公告之。

十、本办法自公布之日施行。

选自《中国新民主主义革命时期根据地法制文献选编》，第3卷，北京，中国社会科学出版社，1981年版，第78～80页。原注："选自晋察冀边区行政委员会《现行法令汇集》上册，一九四五年版。"

2. 晋察冀边区惩治贪污暂行条例

1938年6月27日

第一条　军人或公务人员于作战期内犯本条例之罪者，依本条例处断办理，社会公益事务以办理公务论。

第二条　有下列行为之一者，处死刑无期徒刑或十年以上有期徒刑：

1. 克扣军饷者；
2. 建筑军工或购买军用品从中舞弊者；
3. 盗［卖］军用品者；
4. 借势或借端勒索勒征、强占或强募财物者；
5. 以军用舟车、航空机、马匹、驮兽装运违禁或漏税物品者；
6. 意在图利扰乱金融或违背法令收募税捐公债及擅提或截留公款者。

第三条　有下列行为之一者处无期徒刑或五年以上有期徒刑：

1. 于前条第一款以外克扣职务上应行发给之财物者；
2. 于前条第二款以外对于在管或监督之事务直接或间接图利者；
3. 盗卖侵占或窃取公有财物者；
4. 收募款项征用土地、民夫、财物从中舞弊者。

社会公益团体之财物以公有财物论。

第四条　依前二条之未遂罪罚之。

第五条　预备阴谋犯第二条之罪者，处二年以上七年以下有期徒刑，犯第三条之罪者，处一年以下之有期徒刑。

第六条　犯本条例之罪者，其所得之赃款赃物除属于公有者应予追缴外，应依其情形分别予以没收或发还被害人，赃款赃物之全部或一部无法追缴或不能没收追征其价额，经追而无力缴纳，没收其财产抵偿，但其财产价值不及应追征之价时，应酌留其家属必需之生活费。

第七条　诬陷或诬告他人犯本条例之罪者，依刑法之规定从重处断。

第八条　犯本条例之罪者，由有军法职权之机关审判，呈报中央最高军事机关核准后执行之。在作战区域因交通阻梗，或时机急迫时，得径由就近有军法权之高级军事机关依照规定程序代核，事后呈报备案。

第九条　对于前条之管辖如有争执时呈由中央最高军事机关指定之。

第十条　刑法总则、刑事诉讼法规定与本条例不相抵触者适用之。

第十一条　本条例自公布之日施行。

选自《晋察冀抗日根据地史料选编》，上册，石家庄，河北人民出版社，1983 年版，第 56～57 页。

3. 晋察冀边区汉奸自首单行条例

1938 年 11 月 17 日

第一条　本边区日益扩大与巩固，敌伪组织纷纷内向，兹为更加扩大与巩固统一战线，以争取抗战最后胜利，特予汉奸附逆者以自新机会，爰制定本条例公布之。

第二条　凡因不得已组织或参加伪军（伪保安队、伪皇协军、伪满洲军、伪警察）者，不论士兵与官长、个人与团体，其能执行下列工作之一者，均予以自新之机会：

一、我军攻击城镇或据点，伪军里应，因而收获城镇据点者，除予以抗日名义，参加抗日工作外，由本委员会呈报国民政府予以奖励。

二、官长率领士兵杀死敌伪官吏，破坏敌方重要工事、交通要道，携械来归者，一律予以抗日军人名义，加以训练后参加抗日工作，不解散其部队，不缴其械，并由本委员会呈请国民政府予以奖励。

三、下级军官率领爱国志士杀死执迷不悟之伪军首长而毅然来归者，除按其人数多寡予以适当之编制外，其余待遇与第一款同。

四、三五成群或个人带有武器来归者，除按本会收买武器办法给以应得之奖金外，并按其志愿给以适当的工作。

五、未找得反正机会，经常供给本边区各所在地之政府、部队及群众团体以敌方秘密，对敌方工作消极怠工而有证明者，于我军收复各该地区时，除优遇外，并分配以适当的工作。

第三条　凡因不得已参加伪政权而来屠杀中国同胞者，不论官级高低、个人与团体，其能执行下列工作之一者，均予以自新之机会：

一、杀死敌方官吏或执迷不悟之汉奸而毅然来归，并将敌方秘密尽量暴露者，除按其能力分配以重要工作外，并由本委员会呈请国民政府予以奖励。

二、与本边区各级政府、各部队、各群众团体有密切联系，经常供给敌情，掩护本地区工作人员，尽量庇护敌区同胞，而有具体事实表现者，随时来本地区均予优待并分配工作，或于我军收复各该地区时除优遇外，并分配以适当的工作。

三、帮助本边区作财力、物力、人力的动员或政治宣传而有具体事实表现者，其待遇与第一款同。

第四条　凡因不得已参加伪宣抚班、伪报馆、伪新民会等汉奸组织者，不论其过去欺骗同胞之罪恶，其能弃暗投明、痛改前非，从敌区来归，写诚恳的悔过书，并于其行动上证明其确系悔过者，加以教育后，分配以适当的工作。

第五条　贪图小利为敌方驱使，刺探军情或破坏电线，或有其他阴谋者，向其所在地之政府或部队自首，将敌方之秘密文件或消息报告我方，并将同伙奸细报告因而捕获者，除由当地县政府予以经济上的帮助外，并按工作能力分配以工作。

第六条　凡因一时愚昧为寇方利用后悔莫及者，其能探听敌方消息或抓拿汉奸而有一件工作表现者，有可靠保人五人或铺保两家之保证，即予以自新之机会，保证其生命财产之安全。

第七条　本条例自公布之日起实行。

选自《抗日根据地政策条例汇集——晋察冀之部》，第2辑，1942年版，第458～460页。

互校版本：《中国新民主主义革命时期根据地法制文献选编》，第3卷，北京，中国社会科学出版社，1981年版，第80～82页。原注："选自《抗日根据地政策条例汇集——晋察冀之部》。"

4. 晋察冀边区行政委员会关于严禁播种罂粟的命令

1939年2月19日

查播种罂粟，病国害民，早已悬为严禁。惟自敌寇进犯以来，厉行毒化政策，到处强迫播种。而无知愚民，竟有受其欺骗秘密偷种者。若不严加禁绝，将见生产日减、毒氛日炽，影响抗战殊非浅鲜。现值春耕将届、罂粟不日下种之期，合再重申禁令，仰该县长认真查禁，彻底肃清，倘有偷种，一经查获，即按中央禁烟治罪暂行条例严重处办。除分令外，仰即遵照，并布告该县民众一体周知为要。

选自《中国新民主主义革命时期根据地法制文献选编》，第3卷，北京，中国社会科学出版社，1981年版，第82页。原注："选自晋察冀边区行政委员会《现行法令汇集》上册，一九四五年版。"

5. 晋察冀边区稽征人员舞弊惩处暂行条例

1939 年 9 月

第一条　凡本边区征收人员舞弊者依本条例惩罚之。

第二条　征收人员有下列行为之一，查有确据者以舞弊论：

1. 征收税捐收多报少者。
2. 私用小票或自行印制税票者。
3. 填写大头小尾者。
4. 隐匿罚金者。
5. 收受商民贿赂者。
6. 征收税款出入找零，不按公布行市，希图渔利者。
7. 用其他方法侵吞税款及经费者。

第三条　有前条各款之行为者，依下列各款惩罚之：

1. 舞弊在十元以下者，处一百倍之罚金。
2. 舞弊在十元以上未满一百元者，处三年以上十年以下有期徒刑。
3. 一百元以上未满五百元者，处无期徒刑。
4. 五百元以上者，处死刑。

第四条　依前条第一款所科罚金，如实系无力交纳者，准以一元折易监禁一日。

第五条　二人以上共同舞弊者所科罚金，应连带负责，但均无力交纳者，分别易以监禁。

第六条　因舞弊所得之财物，如数追出归公，其已消失者，估价追交。

第七条　凡本条例未经规定者，应按照刑法之规定办理。

第八条　犯第三条第一、二两款者，送交就地司法机关审判，呈经本会核准后执行；犯第三、四两款者，由本会司法处审判，呈经核准后分别执行。

第九条　凡本边区行政人员兼办财政及征收事务舞弊，查有确据者，适用本条例之规定。

第十条　本条例自公布日施行。

选自《晋察冀边区财政经济史资料选编》（四），天津，南开大学出版社，1984 年版，第 212～213 页。

6. 晋察冀边区行政委员会关于堕胎溺婴案件均须依法科刑的命令

1942 年 3 月 13 日

查堕胎溺婴，不仅有违人道，且为危害民族后代的罪行，所以刑法“堕胎”“杀人”

“遗弃”三章中对于这类行为，全定有处罚明文。

在此长期抗战过程中，对民族后代的保育，不惟有关抗战，且对于建国伟业关系更大。所以今年三八妇女节，特有“奖励生育”口号的提出。那么如何保护民族后代？这也是比任何时期更值得注意的一件事情。

但是根据各地的报告，自从去秋反扫荡以后，各地妇女鉴于携带婴儿打游击的困难，因而堕胎溺婴的事情反比以前多了起来，而各地区公所与县政府，对于这种事情，有的轻描淡写，略加批评批评，有的教育几天，就算完事。这样轻纵，不啻助长了这种恶风，且将遗〔贻〕害于民族甚大，亟应严格加以纠正。

兹特规定所有堕胎溺婴事件，均须依据刑法科以刑罚，在执行过程中，再加强其教育，不得借口教育不予处罚。自通令之日起，各地新发生之堕胎溺婴事件，村长不立即报告者，由村长负责，区长对于此种案件不送县政府而私自处理者，由区长负责，县政府对此种案件不依刑法之规定科刑者，由县长负责。希即知照，并通令所属一体知照。

选自《中国新民主主义革命时期根据地法制文献选编》，第3卷，北京，中国社会科学出版社，1981年版，第83页。原注：“选自晋察冀边区行政委员会《现行法令汇集》上册，一九四五年版。”

7. 晋察冀边区破坏坚壁财物惩治办法

1942年4月1日

第一条　为保护边区财力物力，防止敌寇、汉奸、盗匪破坏，特制定本办法。

第二条　本办法所称坚壁财物者，系指因防止敌寇汉奸之破坏与掠夺而移藏于地窖、山沟及其他隐蔽处所之衣被、粮秣、公文、器具等类之一切公私财物与用土石堵塞之建筑物而言。

第三条　有下列行为之一者，处死刑、无期徒刑或十年以上有期徒刑：

一、勾结敌伪，挖掘搜索坚壁财物者。

二、明知为坚壁之军械、弹药、公文、印信、卷宗，而挖掘搜索者。

三、结伙三人以上窃盗坚壁财物者。

四、制造敌情或冒充敌伪而窃盗抢劫坚壁财物者。

五、故意焚烧毁坏坚壁财物者。

六、故意向敌伪暴露坚壁财物之处所致生损害者。

七、意图阻碍、反对与破坏坚壁工作而用文字图画向群众宣传，致生损害者。

八、窃盗坚壁财物在三次以上者。

前项一至七各款之未遂犯罚之。

第四条　有下列行为之一者，处二年以上七年以下之有期徒刑，得并科二千元以上之罚金：

一、窃盗坚壁财物者。

二、因被胁迫而引道敌伪挖掘搜索坚壁财物者。

三、侵占代他人坚壁之财物者。

四、意图阻碍、反对或延缓坚壁工作而用言语向群众宣传，致生损害者。

前项第一款之未遂犯罚之。

第五条　因敌寇汉奸变更坚壁财物之位置借口拾得而侵占之者，处二年以下有期徒刑，得科或并科五百元以下之罚金。侵占拾得之军械、子弹、公文、卷宗、印信者，加重处罚。侵占或拾得财物经动员说服自愿交出者，得减轻或免除其刑。

第六条　明知系因不法而取得之坚壁财物，而收受、搬运、寄藏、故买或为牙保者，处一年以上七年以下有期徒刑，得并科五百元以下之罚金。

第七条　故意陷害诬告他人犯本办法之罪者，处以各该条之刑。

第八条　村级以上政民干部犯本办法之罪者，得加重其刑至二分之一。

第九条　因犯本办法之罪所得之财物，得追缴原物或价额。

第十条　犯本办法之罪而向村级以上之政府自首者，得减轻或免除其刑。

第十一条　犯本办法之罪者，由有军法审判权之机关审判之。依本办法判决之案件，应于宣判后五日内缮具判决正本，并令被告人提出声辩书，连同卷宗送由边区行政委员会（冀中送冀中行署，冀北送冀北办事处）核定之。

第十二条　其他法令与本办法不相抵触者，适用之。

第十三条　本办法修改解释之权属于边区行政委员会。

第十四条　本办法自公布之日施行，必要时得由边区行政委员会修改之。

注：本办法公布后，边委会于三十年（1941）年公布之边字第三号布告第五、六两项有关坚壁之规定，已明令废止。

选自《中国新民主主义革命时期根据地法制文献选编》，第3卷，北京，中国社会科学出版社，1981年版，第84～86页。原注："选自晋察冀边区行政委员会《现行法令汇集》上册，一九四五年版。"

8. 晋察冀边区惩治贪污条例

1942年10月12日通过，
同年10月15日公布施行

第一条　本条例依据中华民国刑法及中华民国惩治贪污条例之立法精神，并参合〔照〕边区实际情况制定之。

第二条　边区各部队及各级机关团体之工作人员，犯本条例之罪者，依本条例处断之。受政府领导或指导办理社会公益事业之人员，犯本条例之罪者，亦同。

第三条　有下列行为之一者为贪污罪：

一、克扣或截留应行发给或解交财物粮饷供私用者。

二、买卖公物从中舞弊者。

三、盗窃、侵吞公有财物粮饷者。

四、侵占、私征或强募人民财物者。

五、挪用公有财物供私人营利者。

六、擅自动用或处分所保管之公有财物者。

七、浪费公有财物，供私人挥霍享乐者。

八、伪造或虚报收支账目者。

九、勒索敲诈、收受贿赂者。

第四条　犯第三条之罪者，以其贪污数目之多少及发生影响之大小，依下列之规定惩治之：

一、贪污数目在五百斤小米市价以上者，处死刑或十年以上之有期徒刑。

二、贪污数目在三百斤小米市价以上五百斤未满者，处死刑或七年以上之有期徒刑。

三、贪污数目在一百斤小米市价以上三百斤未满者，处七年以下一年以上之有期徒刑，得并科五百斤以下之小米折价的罚金。

四、贪污数目未满一百斤小米市价者，处一年以下之有期徒刑、拘役，得并科或专科三百斤以下之小米折价的罚金。

贪污实物以发生贪污行为时当地之市价计值。

第五条　前二条之未遂罪罚之。

第六条　犯本条例之罪者，其所得之财物属于公有者应予追缴，属于私人者视其性质分别予以没收或发还受害人一部或全部，无法追缴时没收其财产抵偿。但财产不及或仅及应追缴之价额时，应酌留其家属之生活费。

第七条　诬告或陷害他人犯本条例之罪者，依刑法之规定从重处断。

第八条　犯本条例之罪于发觉前自首者，除以第六条之规定追缴贪污财物外，得减轻或免除其刑。

第九条　犯本条例之罪者，由有军法职权之机关审判，呈请晋察冀边区行政委员会核准执行之。

第十条　刑法总则、刑事诉讼法之规定与本条例不相抵触者，适用之。

第十一条　本条例解释及修改之权属晋察冀边区行政委员会。

第十二条　本条例自公布之日施行。

选自《中国新民主主义革命时期根据地法制文献选编》，第3卷，北京，中国社会科学出版社，1981年版，第86～88页。原注："选自晋察冀边区行政委员会《现行法令汇集》上册，一九四五年版。"

9. 晋察冀边区行政委员会关于严厉禁止粮食资敌规定六项紧急措施的命令

1943年1月7日

粮食是决定战争胜负的重要因素，谁能掌握粮食，谁就能够坚持战争，取得胜利。日寇为了苟延其垂死的寿命，自五次治安强化运动以来，便以“确保农产”、掠夺粮食为其最中心目标。敌于强制入仓、直接抢掠与低价收买办法连续失败后，改用“高价收买”的办法，抛出大批伪钞，换取我之粮食。这种用废纸掠夺粮食的狠毒阴谋，极易迷惑与欺骗一般民众，以为“市价”很高，可以出售。奸商又乘机走私，运粮出口，以图厚利，致使敌人“高价收买”粮食的阴谋，得到部份〔分〕的收获，造成边区各地粮价飞涨、粮食外流的严重现象。如不加以有效制止，粉碎敌寇抢粮阴谋，根据地的军需民食必受严重影响。为掌握粮食，根绝粮食出口，粉碎敌寇“高价收买”的掠夺计划，特规定严厉禁止粮食出口的紧急措施如下：

一、奖励游击区粮食运入巩固区出售或存放，巩固区粮食绝对禁出封锁沟，私运粮食出封锁沟者，以出口资敌论罪。

二、划定封锁沟内五里至十里为缉私线，缉私线上的粮食，只准运入巩固区，不准运出封锁沟。其需出卖余粮或购粮自用者，在本村以内得自由买卖，出村买卖粮食者，须持该村公所之证明单（统一由县政府印发）。买粮回家者，须持集市“粮食交易所”或区公所之证明单（证件由县政府印发，统一格式），违者以贩卖粮食出口论。“粮食交易所”由贸易机关、集市派出所、商会或商救会各派一人组织之，并可吸收粮牙纪参加“粮食交易所”的工作。

三、开展群众缉私运动，缉私线上的贸易管理、公安、武装各部门，须在区公所统一指挥下，领导村公所、治安员、中队部，发动民众，组织全面纵深的缉私网，须将人犯及粮食，一并送交区公所转送县政府依下列规定处理之：

1. 奸商私运粮食出口在五斗以下，并系初犯者，粮食没收，并科以五十元至五百元之罚金。

2. 奸商私运粮食出口在五斗以上二石以下者，粮食没收，并处以有期徒刑六个月至二年（重犯者以各次走私粮食之和计算）。

3. 奸商私运粮食出口在二石以上者，处死刑（重犯者以各次走私粮食之和计算）。

4. 无知民众私运粮食出口，并系初犯者，酌情从轻处罚。

四、查获走私粮食案件之群众或团体，按粮食变价，给以百分之二十的奖金。

五、缉私线以内的巩固区粮食，自由流通，不加任何限制。

六、游击区发动民众，切实保存粮食，各村制定公约，粮食不上伪市，不准卖与〔予〕敌人。各村互相调剂粮食者，须持村公所之证明单，违者以走私论。

以上六项办法，由专署会同贸易支局，拟定各该专区实施办法，报告本会备案。在执行上述办法时，必须向群众详细解释，说明禁粮出口，在于保证军需民食，制止敌人掠夺收买。巩固区粮少，游击区粮多，巩固区粮食不准出口，不是限制游击区人民。只有巩固区粮食不出封锁沟，游击区粮食才能切实保存。只有游击区粮食不上伪市场，巩固区粮食才能有效控制，同时必须打击敌伪造谣，打击敌钞票，严防因缉私而形成滥捕滥罚及缉私人员之营私舞弊。干部人员违背上项规定者，一律加重治罪，以期收到利民而不害民，制敌而不害己。希即遵照切实执行。

选自《中国新民主主义革命时期根据地法制文献选编》，第3卷，北京，中国社会科学出版社，1981 年版，第 89～91 页。原注：“选自《晋察冀边区工作研究参考材料》下册。”

10. 晋察冀边区处理伪军伪组织人员办法

1943 年 4 月 12 日公布

第一条　为促使伪军伪组织人员及早觉悟，改过自新，并严厉镇压死心塌地、罪大恶极之汉奸份〔分〕子，特制定本办法。

第二条　本办法所称伪军伪组织人员系指下列人员而言：

一、伪军官兵。

二、伪警察及其官佐。

三、公开与秘密的敌伪特务、侦谍、情报人员。

四、伪政权团体之工作人员。

五、其他为日寇服务、危害抗战之汉奸份〔分〕子。

以上伪军伪组织人员之家属，如不参与危害抗战之活动，不得以伪军伪组织人员论。

第三条　凡系伪军伪组织人员均予以自新之路，须依下列办法请求登记：

一、自行登记。

二、由其家属代为登记。

三、由本人委托亲友代为登记。

前项登记机关为所在地县政府，必要时得由县政府委托区分所及前方部队之政治机关或武装工作队办理之，登记限期另定之。

第四条　凡经登记之伪军伪组织人员，自登记之日起，须履行下列各款规定之一：

一、脱离敌伪组织，参加抗日工作。

二、虽不参加抗日工作，须与敌伪组织永远断绝关系，并不得有危害抗战之言行。

三、因有可原之情形，不能即刻脱离敌伪，经登记机关核准后得展期脱离，但须对敌伪阳奉阴违，帮助抗日工作。

履行前项各款规定，均以有事实证明者为限。

第五条　凡履行本办法第四条之规定者，其汉奸罪行一律赦免，其生命与一切法定权益均予以保障，但侵害他人之法定权益部分不在此限。

第六条　在限定期间不履行第三条及第四条之规定之伪军伪组织人员，得由各级政府根据调查及人民之检举告发分别情节，依下列办法处理之：

一、因敌之诱迫而为敌伪服务者，褫夺全部公权，其个人之一切法定权益均不予保障。受前款之处分如悛悔有据者，得恢复其公权。

二、积极效劳敌伪，危害抗战者，依惩治汉奸条例治罪。

三、甘心事敌、罪大恶极者，依惩治汉奸条例严惩，并得交付晋察冀边区特别法庭裁判之。

四、侵害人民之生命财产者，得由人民或检察机关检举控诉，依法惩治之。

五、由抢夺勒索等非法取得的财产，政府不承认其法定权益，并得由被害人民或检察机关检举控诉，依法追还或没收其非法所得之财产。

第七条　凡罪大恶极之汉奸，不论已获未获，均得由边区行政委员会、高等法院会同军事机关及群众团体，组织特别法庭审判之。前项特别法庭之组织另定之。

第八条　凡罪大恶极之汉奸，检察机关及人民均得向特别法庭检举控诉之。

第九条　凡经特别法庭判处死刑但尚未捕获之汉奸，得由抗日军民随时逮捕，就地正法，或解送政府执行。

第十条　凡经特别法庭判决，但尚未捕获之汉奸，如自行投案悔过自新或建树抗日功绩者，得依汉奸自首条例减免其罪行。

第十一条　本办法自公布之日施行。

选自《中国新民主主义革命时期根据地法制文献选编》，第3卷，北京，中国社会科学出版社，1981年版，第97～100页。原注："选自晋察冀边区行政委员会《现行法令汇集》上册，一九四五年版。"

11. 晋察冀边区行政委员会关于法令中凡规定罚金之条文准依原定数额增加十倍的通知

1944年6月12日

查案件科处罚金，原在对犯罪者施以教育，使其思想有所转变，但近因物价昂贵，在各种刑法法令中所规定之罚金额数有时难收刑罚之效，兹决定自文到之日起，凡有罚金之条文，一律按照定额增加十倍，即原为一百元以下之罚金者，在增加十倍之后，为一千元以下之罚金。其他民事与行政案件（包括违警）之罚锾，亦准依此规定。惟在执行中，应注意防止下列偏向：

一、严防滥罚。个别县份，往往因案件不甚严重，或因囚粮数字限制，乃不从积极组织犯人参加生产求得解决，而以科处罚款完案了事。

二、不得一律向最高额看齐，罚金数额增加后，有增至数万元者，在执行时应视其犯罪情形、被告人之经济实况，以为高低标准，更不应一般的〔地〕处理。

三、在并科时更应注意到犯人生活，使其不致在出外之后感觉无法度日而生意外。

以上各点，希在执行中妥慎注意，特此通知。

选自《晋察冀边区行政委员会现行法令汇集》（下册），边区行政委员会1945年编印，第704页。

互校版本：《中国新民主主义革命时期根据地法制文献选编》，第3卷，北京，中国社会科学出版社，1981年版，第100～101页。原注："选自晋察冀边区行政委员会《现行法令汇集》下册，一九四五年版。"

12. 晋察冀边区鸦片缉私暂行办法

1945年11月21日公布

第一条 为贯彻边区禁烟法令，限制以至肃清敌寇毒化政策之遗毒，特制定本办法。

第二条 凡鸦片一律禁止私买、私卖、私自贩运或制造，违者依禁烟法（民国十八年七月二十五日国民政府公布，二十二年三月十六日修正公布施行）第六条治罪罚办。

第三条 携敌伪强迫种植罂粟所收获之鸦片，或在解放以前所存有之鸦片，其持有人应依该管禁烟督察局所定期限，扫〔如〕数交局按定价收买。逾期存有鸦片及其代用品者，依禁烟法第七条治罪罚办。

第四条 凡携带鸦片到禁烟督察局售卖者，应在该管村区公所取具鸦片公售携带证，载明姓名、年龄、籍贯、鸦片数量、起讫地点、有效期间、发证机关与负责人姓名等项，无证携带鸦片者，以私自贩卖论。

第五条 凡卫生机关、医院药用鸦片，不得向私人收买，应向该管禁烟督察局按定价购买。禁烟督察局售卖是项鸦片，除在封包上载明购用机关、鸦片数量，盖用印章以别于私烟外，并开给公用鸦片携带证，以便携带。

第六条 禁烟督察局自运或委托其他机关、商店代运鸦片者，应持有鸦片公运证，载明运输机关或委托机关、商店负责人姓名、鸦片数量、起讫地点、有效期间、发证机关、负责人姓名等项。无证运输者，鸦片没收，运输人依本法第二条私自贩运论处。

第七条 鸦片公售携带证，公用鸦片携带证及鸦片公运证，均由禁烟督察局统一印制，由各级局分发使用，一证只准使用一次，不得转让他人，或挖补涂改。违者，鸦片没收，并以私自贩运论处。

第八条 各级禁烟督察局及其所属之站卡对于违犯本办法所规定之犯罪者，得施行司法警察之职务，依一定手续，得对嫌疑犯进行检查、搜索，对现行犯并得即行逮捕。

第九条 禁烟督察局对于鸦片毒犯证据确实、情节重大须治罪者，送司法机关依法判处。其情节较轻，仅止没收或罚款者，得自行处理之。没收鸦片及罚款应开给罚没收据，以防弊端。

第十条 部队、机关、团体以及群众性之缉私小组，均得对鸦片烟犯缉私，但须送禁烟督察局或区以上政府处理。

第十一条 查获鸦片烟犯或报告鸦片烟犯因而查获者，不论群众、干部、机关、团体、部队等工作人员（禁烟督察局工作人员及专负缉私任务者除外），按查获鸦片所值提奖百分之三十至五十。

第十二条 缉私或假借缉私，施行讹诈或干涉鸦片者（?）①，依刑法从重治罪。

第十三条 禁烟机关人员，缉私得力，成绩卓著，得给以奖状、通令嘉奖等名誉奖，并得给以奖金。

---

① 原文如此。疑有遗漏，试拟为“干涉鸦片［缉私］者”，供研究参考。

第十四条　禁烟机关人员违犯本办法及禁烟法者，加重治罪。

第十五条　本办法所未规定者，依禁烟法之规定。关于罚金金额之规定，以一元折一千元计算。

第十六条　本办法自公布之日施行。

注：禁烟局查获吸食、制造、贩卖烈性毒品吗啡、高根、海洛英〔因〕及其同类毒性物或其化合质料者，应一律送交当地司法机关处理。

选自《中国新民主主义革命时期根据地法制文献选编》，第3卷，北京，中国社会科学出版社，1981年版，第189～191页。原注：“选自晋察冀边区行政委员会《现行法令汇集》续编。”

附录：转发国民政府刑事条例4件

13. 禁烟治罪暂行条例

1935年10月28日国民政府令准施行，
1938年7月22日晋察冀边区委员会新民字第35号令转发

第一条　国民政府军事委员会委员长兼禁烟总监，遵奉国民政府训令，依照中央政治会议决议案制定本条例。

第二条　本条例称烟者，指鸦片、罂粟，及罂粟种子。

第三条　意图制造鸦片而栽种罂粟者，处死刑、无期徒刑，或十年以上有期徒刑。

第四条　聚众抗铲烟苗者，依下列处断：

一、首谋或在场指挥者、处死刑或无期徒刑；

二、聚众者、处三年以上十年以下有期徒刑。

第五条　贩卖或意图贩卖而持有或运输鸦片者，处无期徒刑，或三年以上有期徒刑，得并科三千元以下罚金。其数量在五百两以上者，处死刑。

贩卖或意图贩卖而持有或运输罂粟种子者，处一年以上七年以下有期徒刑，得并科一千元以下之罚金。

自外国运入鸦片或罂粟种子者，处死刑、无期徒刑，或十年以上有期徒刑，得并科五千元以下之罚金。输出外国者亦同。

第六条　意图营利以馆舍供人吸食鸦片者，处无期徒刑或五年以上有期徒刑，得并科三千元以下罚金。

第七条　利用限期戒烟执照而供人吸食鸦片以营利者，处三年以上七年以下有期徒刑，得并科一千元以下罚金。

第八条　吸食鸦片者，处六月以上二年以下有期徒刑，得并科三百元以下罚金；有瘾者，并限期交医勒令戒绝。

自愿投戒，戒绝后而再犯前项之罪者，处一年以上三年以下有期徒刑，得并科五百元以下之罚金，并限期交医勒令戒绝。

经勒戒戒绝后而再犯第一项之罪者，处五年以上十年以下有期徒刑，得并科五千元以下罚金，并限期交医勒令戒绝。三犯者处死刑。

学校教职员、学生犯前三项罪者，依各该项最高刑处断。

第九条　帮助他人犯前条之罪者，不论主犯为初犯或累犯，处三年以下有期徒刑。

第十条　栽赃诬陷或捏造证据，诬告他人犯本条例各条之罪者，处以各该条之刑。证人、监定人意图陷害本条例各条犯罪嫌疑之被告而为虚伪之陈述或报告者，亦同。

犯前三项之罪，于该案件裁判确定前自白者，得减轻或免除其刑。

第十一条　公务员犯本条例第三条至第六条之罪者，处死刑；犯第八条至第十条之罪者，依各该条最高刑处断。

第十二条　公务员利用权力强迫他人犯本条例第三条之罪者，处死刑。

第十三条　公务员包庇或要求期约收受贿赂，而纵容他人犯本条例第三条至第六条之罪者，处死刑。

公务员盗换、隐没查获之鸦片或吞蚀禁烟罚金，或故纵本条例各条之罪犯脱逃者，亦同。

公务员包庇或要求期约收受贿赂而纵容他人犯本条例第七条至第九条之罪者，处五年以上有期徒刑；犯本条第一项第三项之罪者，所收受之贿赂没收之，如全部或一部不能没收时，追征其价额。

第十四条　本条例第三条至第六条、第十条、第十二条及第十三条之未遂犯，罚之。

第十五条　犯本条例各条之罪受六月以上有期徒刑之宣告者，褫夺公权一年以上十年以下。

第十六条　犯本条例第三条第五条及第六条之罪者，没收其财产全部［或］一部。

第十七条　本条例施行前，军事委员会委员长行营及各省市所颁禁烟法规之定有罚则者，其刑罚部份〔分〕于本条例施行之日失效。裁判时之法律有变更者，适用行为时之法律。

第十八条　死刑之执行得用枪毙。

第十九条　本条例于边远省分〔份〕，因分年禁种，尚未达到禁绝期限，及各地方贩运售吸事项系分年禁绝，经另有规定办法者，从其规定。

第二十条　本条例所未规定者，依其他法令之规定。

第二十一条　犯本条例各条之罪者，由军事委员会委员长兼禁烟总监指定有军法职权之机关审判之，或委任各级地方政府代为审判。

依前项规定所为之裁判，除依行营委任各省最高军政长官代为审核军法案件办法办理外，非经呈奉委员长兼总监核准，不得执行。

第二十二条　本条件自公布日施行。

注明：中华民国二十四年十月二十八日国民政府令准施行，中华民国二十七年七月二十二日晋察冀边委会新民字第三五号令转发。

选自《晋察冀边区行政委员会现行法令汇集》（上册），边区行政委员会 1945 年编印，第 207～210 页。

14. 禁毒治罪暂行条例

1935 年 10 月 28 日国民政府令准施行，晋察冀边区行政委员会转发

第一条　国民政府军事委员会兼禁烟总监，遵奉国民政府训令，依照中央政治会议决议案制定本条例。

第二条　本条例称毒者，指吗啡、高根、海洛因，及其化合物或配合而成之各式毒丸。咖啡精、奶糖、粉鸡那素等，经查明系供制毒品之用者，以毒品论。

第三条　制造或运输毒品者，处死刑。

第四条　贩卖或意图贩卖而持有毒品者，处死刑。

第五条　意图营利为人施打吗啡或以馆舍供人吸用毒品者，处死刑。

第六条　在民国二十四年内施打吗啡或吸用毒品者，处一年以上三年以下有期徒刑，并限期交医勒令戒绝，但被告能供出毒品来源因而破获者，免除其刑。

自愿投戒，戒绝后再犯前项之罪者，处三年以下有期徒刑，并限期交医勒令戒绝。

勒戒，戒绝后而再犯第一项之罪者，处死刑。

第七条　在民国二十五年内施打吗啡或吸用毒品者，处三年以上七年以下有期徒刑，并限期交医勒令戒绝。

自愿投戒，戒绝后再犯前项之罪者，处七年以上有期徒刑，并限期交医勒令戒绝。

勒戒，戒绝后再犯第一项之罪者，处死刑。

第八条　自民国二十六年起，犯本条例第三条至第七条之罪者，处死刑。

第九条　帮助他人施打吗啡或吸用毒品者，不论主犯为初犯或再犯，处三年以上有期徒刑。

第十条　制造贩卖或意图贩卖而持有专供施打或吸用毒品之器具者，处七年以下有期徒刑。

第十一条　栽赃诬陷或捏造证据，诬告他人犯本条例各条之罪者，处以各该条之刑。

证人、监定人意图陷害本条例各条犯罪嫌疑之被告而为虚伪之陈述或报告者，亦同。

犯前二项之罪，于该案件裁判确定前自白者，得减轻或免除其刑。

第十二条　公务员犯本条例第六条至第八条之罪者，处死刑；犯第三条至第五条及第九条至第十一条之罪者，依各该条最高刑处断。

学校教职员、学生犯本条例第六条至第八条之罪者，处死刑。

第十三条　公务员包庇或要求期约收受贿赂而纵容他人犯本条例第三条至第十条之罪者，处死刑。

公务员盗换、隐没查获之毒品或扣押之财产或故纵本条例各条之罪犯脱逃者，亦同。

犯本条例第一项之罪者，所收受之贿赂没收之，如全部或一部不能没收时追征其价额。

第十四条　本条例第三条至第五条、第十条、第十一条及第十三条之未遂犯，罚之。

第十五条　犯本条例各条之罪，其毒品或专供吸用毒品之器具，不问属于犯人与否，均没收、销毁之。

第十六条　犯本条例各条之罪受六月以上有期徒刑之宣告者，褫夺公权一年以上十年以下。

第十七条　犯本条例第三条、第四条之罪者，没收其财产；犯第五条之罪者，得没收其财产之全部或一部。

第十八条　本条例施行前，军事委员会委员长南昌行营颁布之严禁烈性毒品暂行条例，于本条例施行之日失效。

裁判时之法律有变更者，适用行为时之法律。

第十九条　死刑之执行得用枪毙。

第二十条　本条例所未规定者，依其他法令之规定。

第二十一条　供医药用及科学用之吗啡、高根、海洛因，及其同类毒性或化合物，依照修正麻醉药品管理条例办理，不适用本条例之规定。

第二十二条　犯本条例各条之罪者，由军事委员会委员长兼禁烟总监指定有军法职权之机关审判之，或委任各级地方政府代为审判。

依前项规定所为之裁判，除依行营委任各省最高军政长官代为审核军法案件办法办理外，非经呈奉委员长兼总监核准，不得执行。

第二十三条　本条例自公布日施行。

选自《晋察冀边区行政委员会现行法令汇集》，上册，边区行政委员会1945年编印，第211～214页。

15. 惩治盗匪暂行办法

1936年8月28日国民政府军事委员会公布施行，
晋察冀边区行政委员会转发

第一条　剿匪期内之盗匪依本办法审判之。

第二条　合于本办法所定各罪者为盗匪。

第三条　有下列行为之一者处死刑：

一、结合大帮抢劫者。

二、聚众抢劫而执持枪械或爆裂物者。

三、抢劫公署或军用财务者。

四、抢劫水陆空公家运输之舟车、航空机者。

五、在海洋行窃者。

六、抢劫而故意杀人或致人于死或重伤或伤害二人以上者。

七、抢劫而放火者。

八、抢劫而强奸者。

九、抢劫因防护赃物或脱免逮捕而公然持械拒捕者。

十、掳人或诱禁勒赎者。

十一、掳人强卖或强奸者。

十二、结伙持械劫夺依法拘禁人者。

十三、依法拘禁人聚众以强暴胁迫脱逃之首谋者。

十四、啸聚山泽抗拒官兵者。

十五、占据城市、乡村、铁道公署及军用地者。

十六、私枭聚众持械拒捕者。

十七、意图抢劫、煽惑、暴动，扰害公安者。

十八、意图扰害公安而放火烧毁、决水浸害，或以其他方法损坏公署及军事设备者。

十九、意图扰害公安而放火烧毁、决水浸害供水陆空公众运输之舟车、航空机，或现有人聚集、居住、执业之场所或建筑物者。

二十、意图扰害公安，以其他方法损毁前款之舟车、航空机、场所建筑物或铁道、公路、桥梁灯塔标帜〔志〕因而致人于死者。

第四条　有下列行为之一者，处死刑无期徒刑或十年以上有期徒刑：

一、结伙抢劫者。

二、包庇盗匪者。

三、意图恐吓取财、投留爆裂物，致人于死或重伤或伤害二人以上者。

四、盗取尸体勒赎或结伙携械，公然毁坏棺墓盗取殓物者。

五、于剿匪或戒严区域盗取或损坏交通通讯器材致不堪用者。

第五条　有下列行为之一者，处无期徒刑或七年以上有期徒刑：

一、窝藏盗匪者。

二、以恐吓方法取人财物者。

三、以毁坏棺墓盗取敛物为常业者。

第六条　前三条之未遂犯罚之。

第七条　预备犯本办法之罪者依下列处断：

一、预备犯第三条各款之罪者，处五年以下有期徒刑。

二、预备犯第四条各款之罪者，处三年以下有期徒刑。

三、预备犯第五条各款之罪者，处一年以下有期徒刑。

第八条　团防官兵或有查缉盗匪职责之人员犯第三条至第五条之罪者，处死刑。

第九条　犯本办法之罪者，由住在地有审判权之军事机关或已兼未兼军法官之该管行政督察专员或县长审判。

第十条　盗匪案件判决后应于五日内缮具判决正本，并令被告人提出声辩书检同全案卷证，呈由各省最高军事长官核转军事委员会核定，未经呈奉核准之案件不得执行。

第十一条　刑法总则、刑事诉讼法之规定与本办法不相抵触者，适用之。

第十二条　执行死刑得用枪毙。

第十三条　本办法以施行于剿匪区域为限，但其他各省市如仍匪患未清或有发生匪患之虑，经报由军事委员会核准者亦得适用。

第十四条　本办法施行期间暂定一年。

第十五条　本办法自公布日施行。

选自《晋冀鲁豫边区法令汇编》，边区政府1943年编印，第129～131页。

16. 修正惩治汉奸条例

1938年8月15日国民政府公布，
同年12月8日晋察冀边区行政委员会转发

第一条　汉奸案件依本条例处断。

第二条　通谋敌国而有下列行为之一者为汉奸，处死刑或无期徒刑：

一、图谋反抗本国者。

二、图谋扰乱治安者。

三、招募军队或其他军用人工役夫者。

四、供给贩卖或为购办运输军用品或制造军械弹药之原料者。

五、供给贩卖或为购办运输谷米、麦面、杂粮或其他可充食粮之物品者。

六、供给金钱资产者。

七、泄漏〔露〕、传递、侦察或盗窃有关军事、政治、经济之消息文书图画或物品者。

八、充任乡导或其他有关军事之职役者。

九、阻碍公务员执行职务者。

十、扰乱金融者。

十一、破坏交通通讯或军事上工事或封锁者。

十二、于饮食餐品中投放毒物者。

十三、惑煽军人、公务员或人民通敌者。

十四、为前款之人犯所煽惑而从其煽惑者。

第三条　包庇纵容前条之罪犯者，以共同正犯论。

第四条　明知为第二条之罪犯而窝藏不报者，处无期徒刑或七年以上有期徒刑。

第五条　故意告陷诬害他人犯本条例各条之罪者，处以各该条之刑。

第六条　本条例之未遂犯罚之。

第七条　预备或阴谋犯第一条第三条之罪犯者，处七年以上有期徒刑；犯第四条第五条之罪者，处一年以上七年以下有期徒刑。

第八条　因犯本条例之罪所及或供犯罪所用或供犯罪预备之物，不问属于犯人与否，没收之。

第九条　犯第二条之罪者没收其财产之全部，前项罪犯未获案前经国民政府通缉者，得单独宣告没收其财产之全部。

第十条　依本条例没收或查封财产之全部时，应酌留家属生活费。

第十一条　依本条例没收或查封之财产委托该管地方行政机关执行之，前项执行机关应即造具财产目录呈报中央最高军事机关。

第十二条　依第八条没收之财物应移交或通知就近兵站或当地行政机关接收，并各呈报中央军事最高机关。

第十三条　依本条例没收或查封之财产应由执行机关公布之。

第十四条　犯本条例之罪者由有军法审判权之机关或部队审判之，与管辖有争执时，呈由中央最高军事机关核定。

第十五条　依本条例判决之案件应于宣判后五日内缮具判决正本，命令被告人提出声辩书连同卷证呈送中央最高军事机关核夺，但有紧急处置必要者，得叙明犯罪事实、通用法条、紧急处置理由电请核示。

在接近地域前项案件授权于战区司令长官代核补报备案。

第十六条　中央最高军事机关对于依前条之呈核案件得行提审派员莅审或移转管辖。

第十七条　刑法总则、刑事诉讼法之规定与本条例不相抵触者适用之。

第十八条　犯本条例之罪于发觉前自首者，依汉奸自首条例办理之。

第十九条　本条例自公布日施行。

选自《晋察冀边区行政委员会现行法令汇集》，上册，边区行政委员会1945年编印，第370～372页。

十三、公安法规

1. 晋察冀边区公安局暂行条例

1941年4月10日

第一条　公安局是边区抗日民主政权维持社会治安的主管机关，是政府的组成部分。各级公安局，应在各级政府领导下进行工作。

第二条　公安局的任务，是在保卫抗日根据地、保卫抗日民主政权、保障人民权利、保障各抗日党派合法权利之下，镇压敌探汉奸，制止非法行为，维持边区抗日民主的社会秩序。

第三条　公安局的组织如下；

一、边区设边区公安局，直隶于边区行政委员会，指挥与管理全边区各级公安局。

二、冀中设冀中分局，直隶于冀中行署。冀北设冀北分局，直隶于冀北办事处。并秉承边区公安局之方针，指挥与管理各该区各级公安局。

三、专区设公安督察员，直隶于边区公安局或其分局，并受专员公署之领导，督察该专区所属各县治安工作。

四、县设县公安局，直隶于县政府，并秉承边区公安局或其分局之方针，管理全县治安工作。

五、区设正副治安员，直隶于区公所，并秉承县公安局之方针，办理全区治安工作。

六、村设治安员，直隶于村公所，并秉承上级公安局之方针，办理全村治安工作。

第四条　公安局的工作如下：

一、侦探、破获通谋敌人破坏边区军事、政治、经济、文化、交通设施，危害边区党政军民机关团体工作人员及人民的敌探汉奸。

二、肃清一切破坏抗战、破坏团结、破坏边区、破坏政权、破坏人民权利的奸细。

三、稽查户口，办理民商迁移、居住、出行的手续，检查邮电交通，盘诘来往敌占区的商贩，防止汉奸盗匪混入活动。

四、揭破敌伪阴谋，教育广大民众开展锄奸运动。

五、办理汉奸自首。

第五条　公安局的权限如下：

一、公安局依据法定手续，对于确有证据的特种刑事犯（敌探、汉奸、盗匪），有逮捕权，对于扰乱社会治安、破坏边区的非法分子，有检举拘留之权。

二、公安局无处理犯人之权，特种刑事犯应于检查完毕送交军法机关处理（普通刑事犯由司法机关处理）。

三、公安局对于特种刑事犯，不论其为机关团体（人员）或普通人民，得行使检察机关之职务，实行检举检查，并向军法机关起诉。

四、公安局对于军法机关关于特种刑事犯的判决，认为不合时，得上诉于上级政府。

五、特种刑事犯涉及武装部队人员时，公安局不得直接逮捕，应通知部队的主管机关处理之。

第六条　公安局除向上级公安局报告工作外，并应报告同级政府。

第七条　本条例有不适宜时，由边区行政委员会修改。

第八条　本条例自公布之日施行。

选自《抗日根据地政策条例汇集——晋察冀之部》，第 2 辑，1942 年版，第 454～456 页。

互校版本：《中国新民主主义革命时期根据地法制文献选编》，第 3 卷，第 374～376 页。原注：“选自《抗日根据地政策条例汇集——晋察冀之部》一九四一年四月十日。”

2. 晋察冀边区戒严检查办法

1942 年 11 月 4 日边区行政委员会公布

第一条　为镇压敌探汉奸，严密社会统治，坚持抗日根据地，除军区司令部、军分区司令部得依国民政府颁布之戒严法，随时进行军事戒严外，遇有第二条、第三条所列之情形，第四条、第五条所列之机关，得依本办法宣告临时戒严或施行检查。

第二条　得宣告临时戒严之情况列下：

一、敌蚕食扫荡前，大批派遣特务侦查刺探我方军情时。

二、为保守军事秘密配合某一战役、战斗需要戒严时。

三、发觉或侦知暴动叛乱时。

第三条　得颁布检查令之情况列下：

一、政府通缉有案之人犯，已发现其隐藏处所时。

二、清查户口时。

三、发现敌探汉奸或特务份〔分〕子活动时。

第四条　得依第二条宣告临时戒严之机关，为县政府以上之政府机关；得依第三条颁布检查令之机关，为区公所上之政府机关.

第五条　接合地区之戒严与检查，依下列之规定办理：

一、区与区接合地区之检查，由县政府为之。

二、县与县接合地区之检查与临时戒严，由专员公署以上之政府为之。

三、专区与专区接合地区之检查与临时戒严，由接合地区之县政府会同为之。

第六条　戒严地区之划分不得超过四十个行政村，非接合地区由某一县所宣告之戒严，其戒严地区并不得超过其所辖县境以外。

第七条　检查地区之划分，不得超过五个行政村；非接合地区，由某一县或某一区公所施行之检查；其检查地区，并不得超过该管或所属县境以外。

第八条　临时戒严之时间不得超过二十四小时。检查时间不得超过十二小时。

第九条　宣告临时戒严时，须会同当地驻军之团部或区队部、地方武装部、公安局组织临时戒严指挥部，以指挥所属执行戒严事宜。实行检查，亦须会同当地驻军、地方武装及公安机关组织检查委员会，以指挥所属执行检查事宜。

第十条　宣告戒严后，须将戒严之时间、地点、事由及一切处置，报告于该管直属上级，转报边区行政委员会备案。

第十一条　戒严期内所有一切人民均须停止行动、服从指挥，其有紧急或特殊事由必须通行者，亦须向执行机关声明理由，经许可并发给特许证后，始得通行。

第十二条　戒严时，执行戒严人员，对人对物均得检查与搜索，惟遇有嫌疑犯，隐藏于某机关或某团体而实行检查时，须会同该机关或该团体之负责人为之，该机关或该团体之负责人，亦不得拒绝。

依检查命令所为之检查，于检查或搜索完毕后，须立即放行，不得依第十一条之规定，停止交通。

第十三条　执行戒严及执行检查人员，对于有嫌疑之人犯，得予拘留，对于违禁物及可疑之物，得予扣留，惟须立送临时戒严指挥部及检查委员会考察。

前项人犯与物品，经临时戒严指挥部及检查委员会考察后，如认为无犯罪情形时，须立即释放与发还，如认为有犯罪情形时，须于二十四小时内送交检察机关侦察起诉。

第十四条　依本办法执行检查与搜索时，遇有拒绝检查与搜索者，得予以强制。

第十五条　戒严时，执行戒严人员，对于人民应解释戒严之意义。

第十六条　戒严时，遇有敌情，须通知群众并指定方向，掩护退却。

第十七条　第八条所列之时间届满或虽尚未届满，但得以戒严后，施行检查之情况消灭，须立即解严及解除检查，以恢复原状。

第十八条　本办法如有未尽事宜，得随时由边区行政委员会修改之。

第十九条　本办法自公布之日施行。

选自《中国新民主主义革命时期根据地法制文献选编》，第 3 卷，北京，中国社会科学出版社，1981年版，第276～279页。原注："选自晋察冀边区行政委员会《现行法令汇集》上册，一九四五年版。"

3. 晋察冀边区北岳区统一办理通行手续暂行办法

1942年3月4日公布，
同年11月1日施行

第一条　为保障行人安全无阻防止敌探汉奸活动，统一办理出行手续，特制定本办法。

第二条　部队及其所属机关、学校人员出行时，均须持有通行证，其办理手续由军区司令部统一规定办理之。

第三条　凡各级政权团体学校之工作人员出行手续均依下列规定办理之：

第一款　区级以上政权团体学校之工作人员出行时，均应持有通行证。其通行证式样由边区行政委员会（以下简称边委会）统一制定，颁发各该级政府依式印刷编号并加盖戳记发给同级政民机关团体学校领用（区公所所需之通行证由该管县政府统一发给）。

第二款　只盖团体学校机关戳记之通行证一律无效。

第四条　人民出行，须持有通行执证。其领发手续依下列各款之规定办理之：

第一款　所称通行执证为路条、通行证、商人通行证，及护照四种。

第二款　往返路程在六十里（一去三十里）以内者得领用路条。此项路条由出行人所在村村公所开发，形式不拘，但需注明事由及所往返之村庄，并须加盖村公所戳记及经手人手章或指印。限期不得超过五天，用后向原发给村公所缴销。

前项往返六十里之规定，不受县界区界之限制。

第三款　往返六十里以外者，须持通行证，此项通行证，由出行人所在区区公所向该县县政府统一领取开发，限期至多不得超过二十天，由填发机关按出行人之旅程远近决定之，只准使用一次，过期作废用后向原发给之区公所缴销。

前项规定区公所为便于人民领取通行证，应指定若干中心村庄村公所代为填发，以人民领取通行证不超过十里为原则，所指定之中心村相互距离不应超过二十里，领用通行证者，须有村公所或闾主任代表（限于未设村公所之自然村）之介绍。

第四款　往来于北岳区境内之商贩、脚户，应按颁发商人通行证办法领用商人通行证。

第五款　北岳区人民出行境外者，或境外人民入行境内者，均续持有县级以上政府或部队团级以上之护照，始得通行。

前项所称出行护照，领用人须具妥实保人二人，到所在县县级以上政府领取，每张护照只限一人使用，期限须视旅程之远近由发照机关决定之。有效期满后，须向原发给机关缴销。

护照须由签发机关之首长签字，并加盖印信。

第六款　领用通行执证人去而不返者，其所领通行执证应即向到达地之同级开发通行执证机关缴销。

第五条　检查行人通行证件之权，属于各村军民岗哨及各级公安机关。

第六条　通行证件领用人应加意保存，倘有遗失，须立即向原领机关，或遗失地点附近之公安机关，声明作废。

第七条　通行证件均不得伪造、涂改，或转借，如有违犯，依法论罪，决不宽贷。

第八条　军民岗哨发觉行人之通行证件，有伪造涂改，及其他重要嫌疑者，应向附近公安机关举发。

第九条　凡带有通行证件，并无可疑者，检查人员不得故意留难。

第十条　本办法解释权属于边委会。

第十一条　本办法自民国三十一年四月一日起施行。

附：通行证式样二纸（略）

选自《晋察冀边区行政委员会现行法令汇集》，上册，边区行政委员会 1945 年编印，第 330～332 页。

4. 宋劭文《晋察冀边区行政委员会工作报告》（公安工作）

1943 年 1 月 15 日向晋察冀边区首届边区参议会所作工作报告

我们一心一意要打败日寇，建设民主政治。可是日寇却在一心一意地想要消灭我们，破坏我们的根据地。反扫荡、反蚕食、反勒索抢掠、反奴化教育，这是一种极明显的斗争，是大家都看见过或者亲自经历过的。另一方面，还有一种反敌探汉奸的斗争，这种斗争虽然是敌我短兵相接，不止在根据地的边线，而且在我们腹地的经常的斗争，但不是多么明显，所以常常不为人所注意。我们要保障一切抗日人民的人权、财权、地权、政权，而敌寇则在杀人、放火、奸淫、抢掠奴役；并且制造大批敌探汉奸混进边区破坏我们。因此，我们要真正实现保障抗日人民的安全，就不能不严厉镇压汉奸敌探。我们的公安工作就是为保障人权镇压汉奸敌探而进行的。

敌寇在边区周围的各个城市，成立了许多特务机关，专门来对付我们。如北平的个个机关，天津的交通株式会社，太原、张家口、大同的特务机关，阳泉应县的分机关，太原的东山公馆，张家口的盛岛公馆，大同的西北公论社，唐县的大亚公司，崞县的俱乐部，行唐的长江同义山货栈，正记公司，完县惠民洋行……等等都是。敌人的特务工作，对我们进行怎样的破坏呢？

（1）组织暴动。破坏我抗日民主社会秩序。如三十一年春日寇特务机关在盂县策动汉奸头子，利用"九宫道"组织红枪会暴动；去年在龙华日历唆使佛教会（汉奸化的组织，不是真正的佛教）打刀铸剑发展到八十一盘企图暴动，未遂，被我破获等等。

（2）派遣汉奸图谋刺杀我军政负责人员，以达其"摧毁边区"的阴谋。如三十年秋打入冀中行署做书记员的汉奸骆文英，刺杀行署徐副主任（未遂，打死两个同屋的书记员）。

二十九年七月汉奸某对我四专区群众领袖王某打黑枪未中。游击区与反扫荡中派遣大批武装汉奸企图刺杀我首脑人物及人民等等。

（3）企图打入我军政民机关团体生根发芽，组织汉奸组织以瓦解我军队，破坏我政府，造谣挑拨离间我抗日人民。如二十八年初敌寇从大同派出先在北平受过特务训练，后在大同“哈秘斯”训练班训练出的女敌探郝保和，到二专区打入牺盟训练班，后来要求进抗大，被我破获。二十九年春从北平派出女特务谭威，打入平西部队，诱骗男干部瓦解部队，破坏战斗；后又到我中心地区发展组织，被我破获。又如三十一年春在陈庄破获的李保山是敌寇海州司令部训练派出来的汉奸，来边区的任务是搜集情报，组织汉奸组织，变陈庄区为“特区”，配合敌寇扫荡进行暴动，等等。

（4）收买欺骗年幼无知的儿童和一些没有民族国家思想的人，派来边区散放毒药毒菌。在我们缴获敌人的秘密文件中，它把投毒散放病菌作为毁灭我边区重要“谋略”之一，几年来我边区疫病流行，死亡数目惊人，这与敌寇的投毒放菌有密切关系。如在抗大二分校破获过在水缸里食物里投毒的汉奸；军区教导队破获过在饭食里投毒的汉奸；冀中发现敌人散放有鼠疫的老鼠，平汉沿线，及盂县、雁北各据点敌人曾向各村征要苍蝇老鼠；驻军机关团体附近曾多次发现过井水里投毒的事；等等。

（5）每次“扫荡”边区之前大量派出敌探，深入边区内部调查军情、测绘地图、调查机关驻地及军民坚壁物品地点，以作〔做〕破坏准备。这在历年战争中有数不清的例子。

（6）当我们进行统一累进税、动员战士、选举等各项大的工作的时候，有计划地散步谣言，制造失败情绪，企图离间我人民团结，破坏统一战线。

（7）在游击区、敌占区，更是花样繁多，特务、暗探密布，监视着每个村庄人民的行动，专门来调查与破坏我抗日干部和下层组织，如五台×区四十五个村庄，就有密探一百零六人，使这里的人民终日过着恐怖生活。

我们的对敌斗争是明争暗斗都有的，暗斗的花样也是一天比一天翻新。边委会成立之初，遵照军政民代表大会的决定取消了公安局，因为旧的公安局是同广大人民对立的欺压人民的机关。二十八年我们鉴于保障抗日人民及抗日机关党派团体安全、镇压汉奸之重要，遂于是年六月组织边区公安总局，于冀中冀北设分局，各县设县局，以专责成。三年半以来，公安局在镇压敌探汉奸、保障人权上做了许多工作，但在发展过程中也犯过许多错误。二十八年至二十九年一年多的过程中，由于公安局初建，缺乏经验，无形之间受了旧公安局的许多影响：乱抓乱罚，强调独立，脱离县政府的领导，使得人民不满意。三十年经边委会严厉指出其错误，并于是年春公布《公安局暂行条例》，明白规定：“公安局的任务，是在保卫抗日根据地，保卫抗日民主政权，保障人民权利，保障各抗日党派合法权利之下，镇压敌探汉奸，制止非法行为，维持边区抗日民主的社会秩序”。“公安局依据法定手续，对于确有证据的特种刑事犯有逮捕权，公安局无处理人犯之权。”此外并明白规定逮捕犯人的手续。实〔施〕行以来，错误逐渐纠正，逐渐与人民取得密切联系，得到人民的拥护。三十一年初，边区公安总局改为北岳区公安局，直隶边委会。冀中冀北分局改为各该地区公安局，直隶行署及办事处。边委会及其行署办事处一律加强对公安局的领导，使公安局的工作步入正规，取得广大人民的密切联系。

最近一年以来，公安工作是有很大的进步了，是不是没有缺点呢？严重的缺点是在执行锄奸政策中，误解宽大政策，对敌探汉奸的宽纵倾向，使得广大的游击区，敌探汉奸胆大妄为，残酷地推行自首政策，杀害抗日干部与人民；巩固区岗哨松懈，对路条的检查废止，敌探汉奸通行无阻。这是十分危险的。三十一年冬，边委会号召进行冬防运动，深入的〔地〕进行锄奸工作；但迄今收效仍不甚大。要使锄奸工作收到最大的效果必须广大人民一齐起来扑灭汉奸。

因此，必须加强对群众对干部的除奸教育，使广大人民都清楚认识敌探汉奸为害之大、敌寇阴谋诡计的多端，打破麻木不仁的太平观念，提高抗日人民对汉奸的警觉性；汉奸不是头上贴条子的，他是表面上说着花言巧语，或者迎合某些人的心理，扮着小贩、乞丐、妓女……活动的。大家一齐提高警觉性锄奸，则汉奸自然就难找藏身之所了。

公安部门必须进一步提高侦查技术，多多研究敌寇特务活动的花样，针对着敌人的阴谋，进行有效的公安工作。

选自《晋察冀边区行政委员会工作报告》，边区行政委员会 1943 年编印，第122～126 页。

5. 晋察冀边区关于逮捕搜索侦查处理刑事、特种刑事犯之决定

1943 年 1 月 21 日晋察冀边区第一届参议会通过，
同年 2 月 4 日晋察冀边区行政委员会公布

为保障抗日人民、团体、党派、军队、政权之安全及其合法权利，对于逮捕、搜索、侦查处理普通刑事、特种刑事犯之手续，特作如下之决定：

甲　普通刑事、特种刑事犯之范畴

第一条　普通刑事犯之范畴，依中华民国刑法之规定。

第二条　下列各种犯罪为特种刑事犯：

一、犯国民政府修正惩治汉奸条例之罪者。

二、犯国民政府惩治盗匪暂行办法之罪者。

三、犯国民政府禁毒治罪暂行条例之罪者。

四、犯晋察冀边区惩治贪污条例之罪者。

五、犯晋察冀边区破坏坚壁财物惩治办法之罪者。

六、其他以法律规定属于特种刑事之犯罪。

乙　普通刑事、特种刑事犯之逮捕及弹压

第三条　普通刑事及特种刑事犯之逮捕，由各级政府公安部门为之。其逮捕手续在通常情况下，应依下列各款之规定：

一、犯人为褫夺公权尚未复权之人民者，区以上之公安部门得进行逮捕之。

二、犯人为公民及村级政民干部者，须经县政府批准后逮捕之。

三、犯人为区级政民干部者，须经专员公署批准后逮捕之。

四、犯人为县级以上之政民干部者，须经边区行政委员会或其行署批准后逮捕之。

前项犯人之犯罪，仅及个人，不得株连其家属，其家属为从犯或嫌疑犯者，应按其家属身份，依前项各款之规定逮捕。

第四条　有下列情事之一时，公安部门有径行逮捕犯人之权，但须于事后呈报该管政府及上级公安部门。

一、证据确凿之敌探汉奸及危害抗战之份〔分〕子，有逃亡之虞，不及履行法定手续时。

二、敌占据点或敌伪军中派出之敌探汉奸，证据确凿，不及履行法定手续时。

三、凶犯强盗，有杀害抢劫行为时。

四、遇有实行暴动、叛变投敌之人犯，或发觉有暴动叛变投敌之阴谋，不及履行法定手续时。

五、遇有越狱逃跑或通缉在案之犯人时。

六、遇有部队逃亡之人员时。

七、遇有其他普通刑事、特种刑事之现行犯时。

第五条　有下列情事之一者，公安部门有鸣枪弹压之权，但须于事后呈报该管政府及上级公安部门：

一、犯人以武力抵抗，无法逮捕时。

二、犯人越狱逃跑，不及追捕时。

三、剿捕聚伙案犯时。

第六条　在通常情况下，人民及一切民众组织，有协助军政机关逮捕犯人之责，但无自行逮捕犯人之权。

第七条　当敌军“扫荡”“清剿”或武装汉奸滋扰时，对于证据确凿之汉奸，人民及民众组织均有逮捕之权，但须于逮捕后连同证据一并送交军政机关处理。

第八条　普通人民犯罪，牵涉现役军人者，对于现役军人之逮捕，政府机关应通知军事机关为之。现役军人犯罪，牵涉普通人民者，对普通人民之逮捕，军事机关应通知政府机关为之。

丙　普通刑事、特种刑事犯之搜索及扣押

第九条　对于特种刑事犯之身体、物件、住宅或其他处所之搜索，由公安部门为之。

有充分理由确信第三人之身体、物件、住宅或其他处所，为犯人或应扣押之物件存在时，亦得搜索之。

第十条　搜索应用搜索票，搜索票应记载下列事项：

一、应搜索人之姓名，及应扣押之物件。

二、应加搜索之处所、身体或物件。

特种刑事之搜索票，于侦查中由县以上之公安部门签发之，于审判中由军法机关签发之。

第十一条　公安部门于逮捕人犯时，虽无搜索票，得径行搜索其身体。

第十二条　有下列情事之一者，公安部门虽无搜索票，得径行搜索其住宅或其他住所：

一、于逮捕犯人时。

二、于逮捕现行犯或逮捕脱逃犯时。

三、事实足信为有人在内犯罪而情形急迫时。

第十三条　可为证据或得没收物件，或为该案应扣押之物件，均得扣押之。

第十四条　扣押物件时，应出具收据，详列扣押物件之名称、数量，付与扣押物件之所有人、持有人或保管人点收。

第十五条　扣押物件应于移送犯人时，移送审判机关，于释放犯人时发还之，依法应没收者没收之。

丁　普通刑事、特种刑事犯之侦查及处理

第十六条　公安部门逮捕普通刑事犯后，应于二十四小时内，连同证据、口供移送司法机关。但遇特殊情况时，得延长至三日。

第十七条　特种刑事案件之侦查，由公安部门为之，侦查完竣，应即向审判机关提起公诉，或为不起诉之处分。

前项侦查期间，不得逾二月，遇有特殊情形，经该管政府兼理军法官之批准，得延长二月，但以一次为限。

第十八条　普通刑事案件之审判，由司法机关为之。

第十九条　特种刑事案件之审判，由军法机关为之，犯人为现役军人者，其审判由军事机关之军法官为之。犯人为普通人民者，其审判由政府机关之兼理军法官为之。

第二十条　特种刑事徒刑之判决，须经上级政府之复核，始为确定；死刑之判决，须经边区行政委员会或其行署之批准，始得执行。

第二十一条　特种刑事犯不服原审判机关之判决，得声辩于上级政府，但以一次为限。对于边区行政委员会军法官所为之判决，不得声辩。

第二十二条　公安部门对于原审判机关所为之判决，认为不当时，须向上级审判机关提起上诉。

戊　游击区特种刑事犯之紧急处理

第二十三条　凡县政府所在地，在游击区与封锁沟线以外，因敌人封锁、交通隔阻，与专员公署或其办事处联系困难者，其所判决之特种刑事案件，得先执行，事后补报。

得适用前项规定之县政府，以由专员公署批准报经边区行政委员会备案者为限。

第二十四条　游击区武装工作队，对于证据确凿之汉奸，得径行逮捕，送交县政府处理。但因接敌太近，或解送途中案犯大声急〔疾〕呼，有被敌发觉之虞，无法带走时，得先行处理，事后补报。

第二十五条　在敌占据点线附近进行某种汉奸行为之现行犯，抗日人民均得当场逮捕，解送区公所以上之政府机关或武装工作队，先行处理，事后补报。

被逮捕之汉奸犯，有拒抗情事时，得以强力制服之，以武器拒捕时，并得当场格杀之。

第二十六条　在战斗情况下，遇有武装汉奸，经审查属实，抗日人民得当场予以捕杀，报由区公所或武装工作队转报上级政府备案。

第二十七条　凡依游击区特种刑事处理之决定处决或捕杀之人犯，县政府据报后应公布其犯罪事实。

第二十八条　凡先行处理或捕杀汉奸之案件，其补报时间，不得超过十日。

第二十九条　凡先行处理或捕杀汉奸犯之案件，如有误杀或处理不当情形，原承办人须负全责。

第三十条　本决定自公布之日施行，前颁法令与本决定抵触者同时作废。

选自《中国新民主主义革命时期根据地法制文献选编》，第3卷，北京，中国社会科学出版社，1981年版，第91～97页。原注："选自晋察冀边区行政委员会《现行法令汇集》上册，一九四五年版。"

6. 晋察冀边区行政委员会关于改变公安机构及其工作范围之决定

1943年2月12日

（一）为加强锄奸工作与厉行简政政策，特决定专区以下公安组织编制如附表，希即转令遵照改编。自三月一日起实行，并报会备案。

（二）专署、县公安科的工作范围、工作关系等规定如下：

甲、各署、县公安科为各该级政府之组成部份〔分〕，科长出席署务、县务会议，报告讨论锄奸工作，关于有关秘密的侦察工作与侦察技术等可不作报告，在北岳区公安局总的治安工作方针下，进行工作。

乙、各署、县公安科之任务，是在专员、县长及上级公安局领导之下，办理该署县范围内侦察据点工作、预审、调查、情报、社会管理、干部训练、群众锄奸等事宜，各该公安科长为同级司法机关之特种刑事检察官，担任侦察起诉。

丙、各级政府之决定，如与上级公安局科之决定相抵触时，应执行上级公安局科之决定，同时报告上级解决。

丁、关于锄奸政策方针、全面性的治安法令，由专署、县府以专员、县长行文。关于公安部门侦察敌之秘密工作方面，公安科长可以科长名义直接对上下行文。

戊、科内一般办公经费，均归各该级政府统一开支，特费开支由科长掌握，专员、县长审核，特费开支数额照前不变。

己、区治安员或派出所为区公所组成部分，治安员及派出所长与区公所之关系，与署、县公安科与专署县政府关系同。

（三）各级公安机构如上改变后，在工作中必须注意下列各点：

甲、各级政府必须加强对锄奸工作之领导，经常加以讨论与检查，各专员、县长、区长及公安干部须加强对敌伪奸特之调查研究与锄奸政策之熟悉掌握，克服过去忽视锄奸工作，将这一工作认为只是公安部门的事而政府不加过问或很少过问的现象。

乙、某些地区政府干部与公安干部不团结、闹本位的现象必须彻底肃清，应教育干部了解。这次机构之改变，是为了统一与集中对敌斗争的力量，加强锄奸工作，今后任何

“闹摩擦”、互不尊重的现象，都会削弱对敌斗争的力量，给敌寇汉奸活动以可乘之机，故于新编制实行后，政府与公安干部必须更进一步的〔地〕团结。

丙、各专员、县长对于公安科之领导，必须顾及其工作特殊性，在不违反各该级政府及上级公安局锄奸方针下，应给以更大的机动执行权，不应与其他各科同等看待。

选自《中国新民主主义革命时期根据地法制文献选编》，第3卷，北京，中国社会科学出版社，1981年版，第382～383页。原注：“选自晋察冀边区行政委员会《现行法令汇集》上册，一九四五年版。”

7. 晋察冀边区行政委员会关于加强各级公安工作指示

1943年2月23日民字第十三号

专员、各县长、县佐：

本会讨论了北岳区公安工作，认为三十一年一年当中，北岳区各级公安部门在公安组织的建设上，在执行法令的“左”“右”偏向的纠正上，与各级政府的关系上（如纠正闹独立性），工作制度的正规化上，都作出许多显著的成绩，这是由于各级公安部门工作干部的积极努力及北岳局的正确领导获得的。但同时本会亦指出北岳区公安锄奸工作中当前还存在一些重要的缺点：

一、公安部门的工作人员一年来兢兢业业的〔地〕拘于职守、墨守成规的地方多，创造性很差；反敌探奸细斗争的方式方法比较单纯，远赶不上敌寇的花样。

二、公安部门工作在各个不同地区比较一般化，抓紧重心突击是不够的。

三、侦察工作方面外围工作很薄弱，公安工作社会化、群众化还很不够，在敌伪内部展开内线工作成绩还很小。

四、各专署县区政府对于公安工作关心不够，把公安工作当做〔作〕只是公安局的工作，各级政府可以不过问的观点还残存着；公安部门把公安工作神秘化，不习惯与各方面取得密切配合的传统还有残存。

当前北岳区的形势是敌寇大块蚕食我山缘之平原地区，从曲阳、行唐地区，黄台、口头、城寨、谭庄之线积极修筑堡垒，并有继续向灵寿、平山之慈峪、南甸、郭苏、洪子店、温塘延展之势，此种阴谋至为毒辣。目前敌寇之蚕食推进实为其大规模扫荡北岳区之前奏。敌人在《论冀西军区》一文中，也特别指出冀西的重要性，最近国际形势对敌寇非常不利，同盟国的全面反攻即将展开，敌寇对此非常忧虑。敌寇企图挽救其死亡，对敌后根据地是绝不会放松的，当前进攻的重点已指向我北岳区；大块蚕食，战役侦察，深入的汉奸活动，掠夺物资，并企图使我根据地变质，打通长城岭、龙泉关、阜平、王快之线及雁北、吴王口、阜平之线，以割裂我根据地，我们必须提高警觉，肃清任何麻痹现象，粉碎敌之阴谋。

针对当前敌我斗争形势与我们工作中的缺点，公安部门的工作必须：

一、高度发挥工作创造性，了解研究敌人，有效的（地）肃清汉奸敌探。

二、工作重点应放到敌寇准备蚕食及建立沟线的地区，有效阻止敌人蚕食，阻止敌探汉奸的混入，肃清游击区敌探汉奸。

三、扩大外围工作，加强公安工作的组织领导及与各部门的联系，使公安工作社会化。

为了使公安部门工作发挥更大的威力，把公安工作提高到对敌斗争的应有的地位，本会前曾决定将专署、县的公安部门改科，以便各级政府加强对公安工作的领导，并便于全面配合；充实专区及区的组织，扩大专区的执行权，克服从前头重脚轻的毛病，以便于公安工作的深入。这里有几个问题必须着重提出，各级政府与有关部门均须切实执行：

一、专署、县公安科长、区治安员都是署县区务会议当然组成人员。署、县、区务会议要保证定期的〔地〕专门讨论公安工作，事先由公安部门负责干部准备，届时提出系统的报告，署县区务会议只讨论原则问题，不讨论技术问题，技术问题在专署、县、区的会议上不必公开，以保证公安技术的必要秘密，信件秘密同样也要保证。今后可能发生专署、县、区负责同志对公安工作事无巨细处处干涉的偏向，也可能发生公安部门干部处处依赖专员、县、区长的偏向，我们应预先防止。署、县、区的领导应着重政策的掌握与全面的工作计划，发挥公安部门的最大的积极性。改科以后，上下行文手续上也有些改变，凡属于全面性的工作布置需要其他部门宣布法令及配合的工作，由政府系统发指示，关于技术与公安部门本身执行的问题，上下级公安部门直接行文，公安部门一律不出布告，政府行文均不副署。

二、在使用干部上也可能发生相互混用的现象，今后公安部门要从公安锄奸战线上来配合其他中心工作，其他部门不得乱行拉用，致削弱公安工作。公安干部的掌握，仍归公安系统，村由区掌握，报县批准，区由县掌握，专区、县科长由北岳区公安局掌握，专区、县科员以下干部由专区掌握。以上各级应将干部变动情形，每月向上级汇报一次。委任手续北岳局、专区科长以上干部由本会加委，县科长由北岳局加委，专区公安科干部由专署加委，县区公安干部由县府加委。

三、各部门的配合问题：与工商管理部门，与民政部门必须取得密切配合，配合办法是边区、专区、县、区工商管理部门、民政部门均指定一人负责与各该级公安部门负责人接头，建立定期的联系制度，并且进行情报交换，必要时各级公安部门可以召集他们开会，在除外工作上对他们并有指导关系。

四、公安部门与司法部门的关系照旧不变，公安科长仍兼特种刑事检察官（由本会下委），特种刑事由检察官向军法官提起诉讼，由司法人员代审，不服者可提起上诉。这是检察官对军法官的关系，不是科长对县长对专员的关系。此外关于特刑问题的行文，司法部门一律不副署。

五、有重点的〔地〕总结公安工作的经验教训，特别是使区治安员、派出所的工作质量提高，须继续研究。

六、为了进一步的〔地〕开辟据点工作，决定增加各署县公安科特费，已由北岳区公安局根据各署县具体情形确定数目（另有通知），此项特费之开支由公安科长掌握，专员、县长审核。

七、各县警卫队可将一班编成为侦察班，专做侦察工作。

选自《晋察冀边区行政委员会现行法令汇集》，上册，边区行政委员会1945年编印，第348～352页。

8. 晋察冀边区村锄奸小组工作纲要

1944 年 4 月 10 日边委会世民社字第十一号密令发

一、锄奸小组的任务是：

1. 反对敌探汉奸。

2. 调查搜集情报。

3. 进行群众的锄奸教育。

4. 维持抗日民主社会秩序。

二、锄奸小组是群众性的统一战线的保卫抗日政权的锄奸组织，是村治安员（村政府的当然委员）领导下的群众锄奸组织。

三、组织编制：

1. 锄奸小组重质不重量，组员总数只应占全村人口百分之五至百分之七（视干部掌握能力、敌我斗争情况、工作基础、地面大小等条件具体决定）。

2. 锄奸小组于有组织的群众组织（工农妇青）中与无组织的人士（士绅、进步地主）中建立之。

3. 以五人至七人编为一小组，各举小组长一人。

4. 以在村工农妇青各团体内编列小组为原则，未参加各团体之人士，经二人之介绍及村治安员之批准，另编小组。

四、工作制度为：

1. 会议：

a. 小组会每半月一次，由小组长召集，检讨布置锄奸工作、治安工作。

b. 小组长联席会，半月一次，由治安员召集。

c. 全团组员大会，每月一次，由治安员召集。

2. 汇报：组员向组长七天汇报一次。

组长向治安员七天汇报一次。

五、具体工作：

1. 教育并动员群众参加锄奸工作——凡属社会治安制度的设施、敌探汉奸的活动方式方法及锄奸办法，锄奸组员要对群众经常进行解释教育，积极发动群众参加锄奸工作造成锄奸热潮。

2. 协助村治安员进行管理村内的社会治安制度，如稽查户口、留客登记、检查可疑人士，以维持社会治安，成为村治安员的有力助手。

3. 协助村治安员进行锄奸工作：

a. 随时随地积极收集村中敌探汉奸活动的材料，报告村治安员。

b. 战时协助村治安员积极进行坚壁清野，封锁消息，保护交通工具。

c. 参加战时的民兵小组，进行武装锄奸。

d. 在进行锄奸工作上，必须注意保障抗日人民的人权、财权、地权、政权。

六、锄奸组的权限：

1. 锄奸组员只能以访问、盘查、揭发、检举方法，进行锄奸工作，无进行侦察，以及逮捕、拘留、拘押、讯问人犯之权。

2. 锄奸组员应成为一切抗日人民中的积极份〔分〕子，绝无任何特殊的政治权利。

七、锄奸组员的守则：

1. 坚决抗日，热心锄奸。

2. 大公无私，忠实坦白。

3. 提高警惕，实事求是。

4. 尊重人权，勇敢负责。

5. 团结群众，发觉汉奸。

选自《晋察冀边区行政委员会现行法令汇集》，上册，边区行政委员会1945年编印，第345～347页。

9. 晋察冀边区外侨旅居暂行办法

1945年11月14日胜民社字第三号令公布

为便于外籍侨民在边区境内居住、旅行安全起见，兹制定晋察冀边区外侨旅居暂行办法公布之，凡旅居本边区境内之外籍侨民（日本、朝鲜、德国、意大利人除外），均须按此办法执行。

希即遵照！

此令。

附：晋察冀边区外侨旅居暂行办法一份。

晋察冀边区外侨族居暂行办法

一、为便于外籍侨民在本边区境内居住、旅行，并保障其安全起见，特制定本办法。

二、本办法所称外籍侨民，系指除中华民国国籍以外之各国人，及无国籍之外国人。

三、凡在边区之外籍侨民，须遵守边区政府之政策法令，并受市县以上政府之管辖。同时，外籍侨民亦得享受政府法令有关保护外籍侨民之规定。

四、外籍侨民抵达边区，均须向所住之市、县以上政府，呈验本国护照及证件，经核准后，填具请求书，领取居住证。其旅行者，发给在各该管区城内之旅行证件，但旅行范围应以各该市县以上政府所指定之区域为限。

五、在边区之外籍侨民，无论与中国人民或外国人民发生民刑诉讼案件，均须受边区当地司法机关之裁判。

六、本办法如有未尽事宜，得随时修正之。

七、本办法自公布之日施行。

选自《晋察冀边区行政委员会现行法令汇集》，上册，边区行政委员会1945年编印，第311～312页。

十四、司法审判及狱政

1. 晋察冀边区陪审制暂行办法

1940 年 5 月 15 日公布

第一条　本办法根据边区政民联席会决议规定之。

第二条　普通民刑及特种刑事案件无秘密必要者，应通知陪审组列席陪审。

第三条　陪审组就下列各团体互推陪审员三人组织之：

一、工人抗日救国会；

二、农民抗日救国会；

三、青年抗日救国会；

四、妇女抗日救国会；

五、人民武装抗日自卫队；

六、文化界救国会；

七、抗敌后援会；

八、牺盟会；

九、其他群众团体。

第四条　陪审员于审案件有下列情事之一者，应自行回避，不得执行职务：

甲、民事：

一、陪审员或其配偶、前配偶或未婚配偶为诉讼事件当事人者；

二、陪审员为该诉讼事件当事人七亲等内之血亲或五亲等内之姻亲或曾有此亲属关系者；

三、陪审员或其配偶、前配偶或未婚配偶或该诉讼事件，与当时有共同权利人、共同义务人或偿还义务人之关系者；

四、陪审员现为或曾为诉讼事件当事人之法定代理人或家长家属者；

五、陪审员于诉讼事件现为或曾为当事人之诉讼代理人或辅佐人者；

六、陪审员于诉讼事件曾为证人或鉴定人者；

七、陪审员曾参与该诉讼事件之前审裁判或公断者。

乙、刑事及特种刑事：

一、陪审员为被害人者；

二、陪审员现为或曾为被告或被害人之配偶、七亲等内之血亲、五亲等内之姻亲或家长家属者；

三、陪审员与被告或被害人订有婚姻者；

四、陪审员现为或曾为被告或被害人之法定代理人者；

五、陪审员曾为被告人之代理人辩护辅佐，或曾为自诉人、附带民事诉讼当事人之代理人、辅佐人者；

六、陪审员曾为证人或鉴定人者；

七、陪审员曾执行本案之检察官或司法警察官之职务者；

八、陪审员曾参与前审之裁判者。

第五条　当事人遇陪审员有前条情形而不自行回避者，得声请陪审员回避。

第六条　审判官或军法官如认为陪审员有应自行回避之原因者，应依职权令其回避。

第七条　陪审时应于审判期前三日通知陪审组届时列席陪审，但届时不列席者视为抛弃权利，审判官或军法官径行审判之。

第八条　前项通知应以通知书为之，通知书表式另行规定之。

第九条　陪审组收到通知书后，应出具回证。

第十条　刑事及特种刑事案件，在侦查期间不适用本办法。

第十一条　陪审员对于所陪审之案件，在事实上及法律上得陈述意见。

第十二条　陪审员在审判时发问，得经审判官或军法官之许可。

第十三条　陪审员对其陪审案件及案件之决定应保守秘密者，不得泄露。

第十四条　陪审员于言词辩论终结后三日内得提供意见，以便审判人员正确判决案件之采择。

第十五条　审判官或军法官对于陪审员提出之意见未能采纳时，得向陪审员提出解释。

第十六条　陪审员应于讯问笔录内签名盖章。

第十七条　本办法如有未尽事宜，得依需要由边委会修补之。

第十八条　本办法自公布日施行。

选自《中国新民主主义革命时期根据地法制文献选编》，第3卷，北京，中国社会科

学出版社，1981年版，第371～374页。原注：“选自《抗日根据地政策条例汇集——晋察冀之部》一九四零年五月十五日。”

2. 晋察冀边区行政委员会令——为令知自十月一日起停止征收民事诉讼费用由

1940年9月12日

各专员，各县长、县佐：

查征收诉讼费用，原为防止民事纠葛之滥讼，与司法经费之补充。边区三年来，已有健全之组织，且政治觉悟日益增高，咸能于抗战高于一切之原则下，坚持团结进步，绝少滥讼之举，是以民事案件日愈锐减。非但征收诉讼费用寥寥无几，且因所征之名目繁多，反有碍民众之涉讼。前者本会通令：停征送达费及免征抗属与赤贫者之印状纸费，已获得民间之良好反映，为更使民众彻底行使诉讼权利起见，兹决定自十月一日起再将一切裁判费（即审判费及声请费）、执行费，及抄录、缮状、挂号等费用，一概停止征收。惟已涉讼或已提起上诉而未终结之案件，仍应继续征收。此外关于状纸，亦于十月一日起，由各署县自制，售价以不超过工料费为限，当事人自备亦可，所领本会司法处之状纸，亦于是日起改为售价五分，以售完为度，不再发给其余当事人。因涉讼支出之必要费用（非政府应征者如旅费状纸等），仍应由败诉人负担，除个别口令外，希即遵照并布告民众一体通知为要！

此令。

主任委员　宋劭文
副主任委员　胡仁奎
司法处长　王斐然

选自《民事诉讼法参考资料》，第1辑，北京，法律出版社，1981年版，第396～397页。原注：“据最高人民法院图书资料室《晋察冀边区行政委员会有关政法方面的法令》。”

3. 附“报刊报道”：晋察冀缩短犯人刑期

1942年1月27日《解放日报》报道

【新华社晋察冀廿六日电】边区司法工作，自高等法院成立以来，逐渐走上正轨化办法，犯人可以受到教育、参加生产，在一定时期内与家属同居。闻高等法院正在各地安全地区建立劳动感化院。

【新华社晋察冀廿六日电】边区行政委员会，鉴于目前新的政治形势，与更广泛的〔地〕团结一切人民，集中抗战力量，顷特令各级政府减免判处徒刑人犯之刑期。其减免办法如次：（一）残余刑期不及一年者。一律开释。（二）残余刑期在一年及一年以上者，照原判刑减轻二分之一，照此规定减刑后，其刑期仍在七年以上者，一律缩减为有期徒刑七年。（三）原判无期徒刑者，减为有期徒刑八年。该令文中着重指令各级政府，应对犯人深入解释其意义，动员其效力抗战，参加生产，以符政府意旨。

选自《中国新民主主义革命时期法制建设资料选编》，第 4 册，西南政法学院函授部 1982 年编印，第 286～287 页。原注：“《解放日报》1942 年 1 月 27 日。”

4. 晋察冀边区行政村调解工作条例

1942 年 4 月 1 日公布

第一条　为巩固农村统一战线，减免人民讼累，特制定本条例。

第二条　调解以调解当事人的双方自愿为限，不得对于双方或一方强迫调解。

第三条　调解工作由各村公所之民政委员会负责进行，但对外名义是村公所。

区公所不进行调解工作，但游击区域村与县之联系困难者，区公所应调解当事人之请求，亦得进行调解。

第四条　因债务、物权、亲属、继承发生的民事纠纷，得先请求村公所（民政委员会）调解，已起诉者亦可随时进行调解。

第五条　一般刑事事件，不能进行调解，唯下列之轻微刑事事件，得应涉讼者之请求，予以调解：

（1）刑法第二三一条至二三五条之妨害风化罪；

（2）刑法第二三八条至二三九条及第二四〇条第二项之妨害婚姻及家庭罪；

（3）刑法第二七七条第一项及二八四条、二八五条之伤害罪；

（4）刑法第二九八条，第三〇六条之妨害自由罪；

（5）刑法第三〇九条、第三一〇条、第三一二条及三一三条之妨害名誉及信用罪；

（6）刑法第三一五条～三一八条之妨害秘密罪；

（7）刑法第三二四条之窃盗罪；

（8）刑法第三二四条之人相互间所犯之侵占罪；

（9）刑法第三二四条之人相互间所犯之诈欺背信罪；

（10）刑法第三五二条、第三五四条至三五六条之毁弃损坏罪。

第六条　已在司法机关涉讼的民事案件与直接侵害个人法益情节轻微的刑事案件，或已在公安局涉讼的妨害他人身体财产的违警案件，酌量情形可以在未判决或判定以前，征得涉讼者之同意，或应其请求，发交村公所限期调解。

第七条　被调解人（就是发生民事、刑事案件进行调解的人）如不住同村同县时，民事主张权利［者］与刑事被害人应到对方所在地的村公所调解。

第八条　被调解人可以委托他人代替进行调解，但调解成立时，必须双方被调解人本人到场表示同意才能成立。

第九条　村公所进行调解时，应受村长的监督，可以邀请本村其他村干部及当地公正人士帮助；区级以上的政权、群众团体干部也可以自动或被邀帮助调解，但帮助调解的人员并无任何权利与责任。

第十条　调解未涉讼的事件，调解期间不准超过七天。调解涉讼的案件和发交调解的案件，如超过限期或开庭日期，可请求展期五天，但以一次为限。已经调解的刑事事件，无论已经涉讼或未涉讼的，准许随时退出调解。

第十一条　调解成立时，应写同样的两份字据，交双方被调解人各执一份以为凭证，该字据上应写明双方被调解人的姓名、年岁、住址和调解的事件与条件①；并由双方被调解人和调解人员二人以上在字据上签名盖章，或捺左二指指印，更须加盖村公所图记。

区公所依第三条第二项所为之调解，须于调解成立后，介绍至村发给证据。

第十二条　调解不成立时，村公所应以书面写明不成立之原委，并加盖村公所图记。

第十三条　民事调解成立后，未涉讼者不准起诉，已涉讼者应由原告或上诉人向受诉机关呈验调解成立的字据，撤回原诉或上诉。刑事调解成立后，未涉讼者不准再告，已涉讼者应由被害者向受诉机关呈验调解成立的字据，请求销案。

第十四条　调解成立的内容条件如果违背政府禁令，或有碍善良风化或涉犯罪行为，应即无效。

第十五条　调解成立的字据，如果受诈欺或胁迫而立，应该自发现诈欺或脱离胁迫之日起，在六个月以内，向司法机关诉请撤销。

第十六条　调解成立的字据和审判上的和解笔录有同等效力，可以请求强制执行，但经审核无效者不在此限。

第十七条　进行调解时，不准索取收受物品上的报酬。

附　则

第十八条　调解不成立的事件应依第十条之规定：民事事件应指示或介绍直接到司法机关起诉，刑事案件应传到被告，直接解送司法机关处理。

第十九条　调解未涉讼的伤害罪时，应让犯罪人先负必要的医治责任。

第二十条　调解未涉讼的民事亲属关系的扶养事件时，请求调解的人目下无法生活时，应让对方先给付调解期间关于生活必需的物品。

第二十一条　未涉讼的民事债务、物权事件在调解以前或调解期间，可以向司法机关先请求假扣押、假处分。

第二十二条　本条例自公布之日起施行。

第二十三条　本条例得由边委会随时修正之。

选自《晋察冀边区行政委员会现行法令汇集》，上册，边区行政委员会 1945 年编印，第 319～322 页。

互校版本：《中国新民主主义革命时期根据地法文献选编》，第 3 卷，北京，中国社会科学出版社，1984 年版，第 636～639 页。简称“社科法制版”。原注：“选自晋察冀边区行政委员会《现行法令汇集》上册，一九四五年版。”

---

① “社科法制版”此处漏掉以下 30 个字：“该字句上应写明双方被调解人姓名、年龄、住址和调解的事件与条件”。

5. 附“报刊报道”：晋察冀边委会规定囚犯参加生产成绩优良者将功折罪

1942年5月7日《解放日报》报道

【新华社晋察冀五日电】边区的囚犯，最近纷纷参加生产，悔过自新。按照边委会最近公布的关于选拔监押犯参加生产的决定，凡十八岁以上、五十岁以下，已经判决、正在执行徒刑的男犯，不分犯罪性质与期限，如表现良好、身体健壮，并自愿担任采煤或其他劳作者，可入边区“自新学艺所”为特别学员。在工作期间，除得享受经济优待外，政治上凡工作积极，刑期已满者，得恢复公民资格，并有特别奖励。各囚犯参加生产时，每三月考试一次，成绩优良者，记功一次，抵徒刑一月，连记功三次者可抵徒刑六月，无期徒刑得改为有期徒刑八年。边区在押人犯，获悉抗日民主政府此种宽大政策之实施，莫不感奋万分，纷纷请求入所参加生产。

选自《中国新民主主义革命时期法制建设资料选编》，第4册，西南政法学院函授部1982年编印，第287～289页。原注：“《解放日报》1942年5月7日。”

6. 宋劭文：《晋察冀边区行政委员会工作报告》（司法工作）

1943年1月15日向晋察冀边区首届边区参议会所作工作报告

边区司法工作，也同其他工作一样，是抗日民主政治的一部分，它是在抗战的环境与民主政治的改革中建树起来的。它的特点是：

（1）司法工作是政权工作的一部分，矫正以往所谓“司法独立”脱离政治领导之弊；

（2）司法工作的中心任务是保证政府各种政策之执行，保证抗日各阶层人民的利益，对汉奸盗匪及违犯法令者予以裁判；

（3）法官必须依靠民意依靠调查研究的材料进行审判，矫正以往法官坐在家里死啃条文的惯习；

（4）对犯人用感化教育政策，反对报复主义。

我们五年来的司法工作就是本着这一方针进行的。

甲　司法工作发展概况

随着边区的开创、动委会的建立，镇压汉奸活动的工作也就开展起来。二十七年一月十五日边区军政民代表大会，决定设置边区临时高等法院，同年二月十日即正式成立。在其领导下冀中设高等法院办事处，各县设县司法处，在组织上走上了统一，使司法工作渐渐恢复旧观。但由于它较其他部门更多的〔地〕继承了一些旧的传统，强调与曲解“司法独立”，老想自成系统；不把司法工作服从于抗日民主的各种政策，形成司法与政治任务脱节的倾向；审讯案件，常机械引用“法条”，不顾及客观情况；以往司法干部“保守”“宗派”的作风也严重存在，因而形成司法部门的孤立，甚至与其他部门对立，引起一般人的某些歧视与不满。同年五月一日，经阎司令长官批准，边区临时高等法院改组为司法处，成为边委会组成部分。冀中办事处改为司法处冀中分处，县司法处改为县政府司法科。司法工作是慢慢地进步着，而最近的二年，更有了很大的转变，发挥了它在整个抗战工作中应有的作用，严厉镇压了敌探奸细及一切破坏分子，保障了各抗日阶层的人权财权。

由于边区处在敌人的包围中，和国民政府的交通联系是很困难的，而最高法院又未在边区设立分院，所以把诉讼审讯定为二级二审。二十八年四月曾一度恢复三级三审制。今天专区司法处的第二审就是裁判的最后确定。普通刑事犯处死刑的，也就由边委会代行核准。

二十八年九月以前，各县处理特种刑事案件（汉奸、烟毒、盗匪等）并不完全是呈报上级。二十八年九月各县长才依据国府颁布的《县长及地方行政长官兼理军法暂行办法》一律兼任军法官受理特刑案件，但一定要经边委会行政长官（兼军法官）审核批准，才能执行。开始时做得不很好，到三十年才入了正规，各县有“先斩后奏”的，都给了主管人以应有的惩处（如灵寿、满城、评定等县），冀中在残酷的战争环境中也严格而慎重地执行这一制度（行署主任兼军法官亲自决定），它在纠正下级工作偏向和保障人权上起了很大作用的。三十一年五月边委会又授权专署代核，因为专署更能了解具体情况，而且离县政府较近，公文往来也快一些。

旧日老百姓打官司，不要说黑钱、脏钱花不起，就是法定的讼费也难负担。穷人当是“有冤没处诉”的。边委会成立后，就把诉讼费用减少一些（如状费），但还和以往差不许多；到二十九年才正式废除一切诉讼费用，还规定各县司法干部代写状子和准许口头起诉的办法。今天民间发生纠纷，可以不化〔花〕一文钱请求政府解决了。

我们审案子，是为了把案情弄明白，那么司法人员就要向有关案情的各方面去调查、访问，搜集材料和证据，这和旧日法官拘泥“守则”不与人来往，专凭臆测断案是迥乎不同的。在审讯上，也基本上肃清了肉刑、威胁、哄骗取供的方式，除了必要时由法官坐堂讯问外，一般都是和犯人进行恳谈。有不少犯人为我们的真诚所动，自动吐露实情。个别犯人虽想利用这一点狡辩，但我们事先有了调查，就能从他的谈话中抓缝子、找材料，使他狡辩不得。（个别县审判技术差，以致放纵了犯人的现象也是有的）而且我们重证据，不只凭口供，只要把事实弄清了，就制作判决。不服判决可以上诉（民事、普刑）或提出声辩（特刑）。过去各县对特刑犯的声辩非常忽略，从三十年春季以后才成为一种正规的制度。今天除个别环境残酷不便宣判的县份外，都正式公开宣判并令被告提出声辩，让他有充分说话的机会，因此，有些判处死刑的犯人，也承认自己是应该死的。

我们的审判民刑案件都是公开的（特刑案件有线索未弄清者不公开，一般也是公开的）。从高等法院成立时起，每审讯时就邀请各有关机关团体陪审，并可当庭陈述意见。开始时曾有审判官强调审判独立，不接受陪审者意见与个别不全面考察事实、完全听从陪审意见的现象。二十九年五月边委会颁布《晋察冀边区陪审制暂行办法》，各县才成立陪审组，使这一制度发挥了它应有的作用。三十一年春群众团体干部减少，没有很多时间陪审，大都只单请有关团体，如土地纠纷请农会，婚姻问题请妇救会等。

在冀中，还实行了巡回审判，就是署县的审判官到当事人所在村或附近村庄去审讯（把一定区域的民事和部分刑事集合起来，定期到村里审判），这样不但证人的传集、证物的检查鉴定、房地的勘验丈量迅速确当，而且可以从旁面搜集证据材料，作正确的判断。审判官再以亲切和蔼的态度、排难解纷的精神给以调解，案件大都和解了（如十专署司法处审判官到清苑就审，半个月解决了二十多案，十分之七是和解的），这个办法既适合战争的环境（县署当打游击不好找），又节省了老百姓打官司［的］住宿钱。老百姓说："以前的官问案要钱还打人，现在的政府亲自跑到村里给说合事，真是再好没有了……"

我们判刑的目的不是为了"惩办"，而是为了使他改过自新。所以犯人执行过一个相当时期的徒刑后只要诚心悔过学好，就可以提前假释出去。边区的犯人这样假释的很多，出去后重犯的很少。在边委会成立四周年（三十一年一月十五日）的时候，正值太平洋战争爆发不久，统一战线更形扩大。边委会曾作了监犯减免刑的决定：凡是三十一年一月十五日以前判决确定的，都减轻其刑二分之一。执行徒刑剩余期限不满一年的，一律免刑释放。这种仁至义尽的宽大政策，使监犯受了很深的感动，纷纷联名向政府致谢，并表示决心改过，效力国家。

我们对犯人是很宽大的，但在法律的面前，人民是一律平等的，所以该处罪刑的决不能以金钱赎罪。

由于边区的司法工作正确执行了统一战线政策，老百姓从五年来切身的经验中很清楚的〔地〕看到，只有边区的司法是最公平最可靠的。有许多地区被敌寇蚕食占领，他们仍然越过层层"封锁线""沟"到抗日政府来打官司。

在敌人残酷地蚕食、清剿、扫荡中，我们的司法工作者也和人民一起，在战斗中锻炼得更加坚强，像民国二十八、二十九年的扫荡中动摇逃跑的事情，已是历史的陈迹了，今天我们的司法干部都英勇的〔地〕坚持着他们的岗位，甚至流尽最后一滴血。我们不能忘记，遭敌包围壮烈牺牲的二专署审判官孙继鱼同志、定兴审判官田晓章同志、晋深极审判官赵润民同志……我们要踏着他们的血迹发挥边区司法工作的传统，最后颠覆敌伪的统治！

上面谈过，在人民已发生纠纷时边区的政权依法公平裁判。但打官司究竟是不得已的事，关于民事和轻微的刑事，还要尽量让大家由本村人说合调解。早在民国二十九年，各地村公所都设置了调解委员会，说合了不少事情。北岳区到民国三十一年把调解工作并入村民政委员会。四月间边委会颁布了《行政村调解工作条例》，调解工作才开始走向正规。有些县份（如平山、行唐、龙华、易县等），已有了显著的成绩。（如平山朱壕是一个大而复杂的村子，过去至少每月有一两起官司，现在一般都由村说合〔和〕调解了）。

冀中的调解工作从民国三十年八月以来，就开展的〔得〕很好，调解委员会除残酷区极少数村庄外，都经过了整理和改造，村中大部纠纷都经他们调解了（估计全冀中每月调解一千六百多件）。有百分之七十以上能按行署的"修正调解委员会调解条例"制定调解成立书。调解成立的都是双方自愿，并没有诈欺胁迫的事情。在执行中，曾有少数干部预怀成见、偏袒一方，或是利用政府"民事案件不经村调解委员会调解者，不能径向县司法机关起诉"的规定（这原是为加强调解工作的），故意拖拖拉拉，不给他调解或不给他制发调解成立书或调解不成立书，使他迟迟不能起诉。针对这种现象，行署一方面把原条文修正为"民事案件当事人向村调解委员会请求调解，而调委会故意拖延逾期，仍不进行调解或调解已不能成立而仍迟延不制发调解不成立书者，当事人得径向县司法机关起诉，县司法机关不得以无调解不成立书而不予受理”；另方面注意对村干部的批评教育，有的地方（如任丘、安平、饶阳……等县）抓紧区民政助理员和不脱离生产助理员，让他们指导村调委会的干部，更收到很好的效果。这在加强村民的团结上是起了相当巨大的作用的。

当人民发生错误但还没有发展成为犯罪之前，政府还要设法及时予以纠正。三十一年十月边委会颁布了《晋察冀边区劝戒〔诫〕办法》，规定凡是没一定职业行为不检，或妨害别人抗日工作及业务，或破坏善良风俗、阻挠公益事业，但还没有到犯罪程度的，由村、区、县诚恳和蔼的〔地〕予以劝戒〔诫〕，实在劝不服，就把他的过失公布出来，改过了再撤消〔销〕。这完全是教育人，叫人学好，并没有一点“罚”的意味。现已开始执行了。

以上是边区司法工作发展概况，在发展过程中是发生过许多毛病的：二十八年以前逮捕审讯的手续一般欠完善，县区处决人犯未经上级批准者很多；处理失当者有之。二十九年以前有些县对案犯判决迟缓，有些案子拖延一年以上未经判决。司法工作一般还很被动，民间存在着一些严重问题，不多加过问。这些毛病大半都已纠正了。

乙　审判工作与监所工作

上面已经提到一些边区审判工作的特点，下边再分别从民事、普通刑事、特种刑事来谈谈：

（一）民事：

边委会刚成立的一年，民事案件非常多，这是旧政府坍台后人民没处诉冤，现在向我提请解决的结果，也是社会秩序逐渐安定的反映。敌寇的扫荡改变了这种情形，二十八年民事案件减少到只占全部案件的百分之五；二十九年占百分之六点五。但到民国三十年民事案［件］又增多起来，到三十一年据北岳区统计，已占到案件总数的百分之四十了（表一），而且在各项案件的比重上也起了不小的变化（表二）：

（表一）北岳区案件统计

案件类型	案数	百分比
民事	二三四三	四〇点〇
普通刑事	一九八七	三三点五
特种刑事	一五七八	二六点五
共计	五九〇八	一〇〇点〇

（三十一年四［月］——八月）

（表二）民事案分额〔类〕百分比

年数	债务	物权	亲属	继承
二十七年	二四	五一	一〇	一五
二十八年	二三	五〇	一四	一三
二十九年	二七	三三	二八	一二
三十年六月 至三十一年八月	一一	三四	四八	六

这里有几点值得提出的：

（1）从表（二）看出：过去民事中最多的是物权案（主要是土地问题），而以后却逐年减少。是不是边区的土地纠纷减少了呢？不是的，近年来边区人民重视自己的土地比任何时候都加深了，三十一年各地普遍发生“土地纠正案”〔过去执行错了，现在依法纠正〕即其明证。但是，由于群众团体的日益健全，大都通过农会调解或通过行政手续来处理，纠纷成案的是减少了。

（2）从表（二）看出：三十年度亲属案激增了。原来边区婚姻条例是三十年“七七”颁布的。但由于敌寇到边区的大扫荡，使这一条例没有即可〔刻〕广泛传播到群众中去。婚姻案件到三十一年初才显著地增加起来。北岳区如平山一至五月婚姻案件达一九六起（占民事的百分之五十六），同年一月至六月十三日两愿离婚经政府登记的有二六八起。唐县同年一至五月婚姻案件也有九十一起之多。冀中在双十纲领颁布后就增加起来，三十、三十一年共两年中，婚姻案件占民事案［件］二分之一以上（安平占三分之二）。这说明：旧的买卖的不自由的婚姻制度已开始动摇，合理的严肃的男女关系已在日益成长着。在三十年六月至三十一年八月北岳区一四九二起离婚和解除婚约的案件中，由女方提出的九七四起，占百分之六十五（平山更达百分之八十六，唐县达百分之八十以上），而且绝大多数的理由是“感情意志根本不合〔和〕，以致不能同居”。这说明：向来被当作奴隶的妇女已在实际行动起来争取自身的解放了。因此，只有改善婚姻制度，才能使离婚的想〔现〕象减少。我们对婚姻案件的处理一般是正确的，但也有个别县份发生机械地了解条文、割裂地运用条文，只要起诉就准离婚的偏向，以致发生个别离婚后又行同居的事情（如平山、完县等）。同时，有部分妇女“嫌贫爱富”，厌恶劳动，以及误解“自由”“解放”，也以“感情意志根本不合〔和〕”为借口提出离婚。对这一现象已在纠正着。

（3）在近来的继承案件中，女子继承的案件逐渐增多了。北岳区女子继承案件已占继承案的百分之三十八，而冀中在行署颁布《关于女子财产继承权的指示》以后，于三十一年前半年已增至一半以上（安平县女子继承案占民事案百分之七十），其中虽有个别妇女算老账，追溯得太久（按民法可追溯到民国十七年，行署指示将追溯期缩短，但有些老百姓还不了解），但一般说，这种现象表现了广大妇女已觉悟起来争取自己应得的权益了。

（二）普通刑事：

边区的普通刑事案件较抗战前减少了，约占总案数的三分之一（据不完全统计，三十年六月至三十一年八月北岳区共收案九二一〇起，特刑三〇九七起，民事三〇九〇起，普通刑事三〇三一起），而五年来又是一年比一年少。如以民国二十七年为一〇〇，二十八年就是九六，二十九年则是四三。减少的原因是：（1）大家最大的仇恨转向敌人，自家人没有什么不解之仇，纠纷减少了；（2）边区人民政治觉悟提高了，不法行为减少了；（3）调解工作的加强，许多轻微的刑事经村中调解，没有成了官司。

边区普通刑事各类案子的发展情形怎样呢？

普通刑事案件每年分类所占百分比（每年总数为一〇〇）

年数	杀人	伤害	窃盗	侵占	妨害婚姻及家庭	妨害风化	赌博	其他
二十七年	一二	三〇	一〇	四	三	五	九	二七
二十八年	二一	二一	七	五	六	七	三	三〇
二十九年	八	八	三〇	四	一三	四	五	二八
三〇年六月至三一年八月	六	七	三四	七	一三	一〇	四	一五

这里有几点值得提出的：

（1）边区成立以后，由于人民生活的改善，抗日民主社会秩序的确立，所以前二年窃盗很少，巩固地区，有“路不拾遗夜不闭户”的美称。但近年来窃盗案却激增了。为什么呢？1）敌寇几度极残酷的扫荡，实行“三光政策”及战争本身的破坏性，人民生活已很穷苦，遭灾歉收的地区，社会秩序不免紊乱，窃盗就增加起来；2）敌寇特务及不良分子乘机加紧活动；3）个别坏分子，找便宜，侵占他人财物；4）个别村干部对政策法令认识不够，敢于犯法，影响群众；5）政府对个别窃盗者的处理过分宽大。为了制止盗风增长，边委会于三十一年三月二十一日颁布了“破坏坚壁财物惩治办法”，对偷盗的要犯从严治罪，起了相当的作用。

（2）妨害婚姻家庭及妨害风化罪占不小的比例（冀中更多一些，如安平等县达刑事案总数一半以上），这主要在游击区由于敌伪淫风侵入的缘故；在巩固区主要是因为边区人民觉悟的提高，对不良习俗检举［的］结果。实际上边区的人民在这方面的犯罪不但没有增加，相反的，善良风俗是在日益发展、确立起来。

（3）伤害杀人案是大大减少了。这是由于边区人民斗争目标主要是敌寇汉奸，统一战线政策的正确执行，民主运动的开展，群众政治认识的提高，使新的社会秩序确立起来，即有私仇积怨，也很少采取伤害杀人的手段。

（4）赌博案比抗战前一般地区是少得多了。显示了边区人民是过着紧张愉快的劳动生活；但近年来游击区又有增加之势。原因是：1）敌伪赌风的侵入（赌案主要在接敌区）；2）个别地方过去对赌案处理过于宽大（冀中有只批评一下就放了的）；3）正当文化娱乐提倡的〔得〕还不够。

这些案件是怎样判处的呢？

处刑统计表（三十年六月至三十一年三月北岳区各县处刑的总计，特刑与普通刑事均在内）

人/刑	死刑	无期徒刑	十年以上	十—五年	五—一年	一年—二月	拘役
人数	一八九	〇	二七	一〇三	一六七	一七〇	八七
百分比	二五点五	〇	三点五	一三点五	二三点三	二三点五	一一点七

注：处死刑者绝大部分是特刑案件。

从上表中可以说明：除少数罪情重大的外，我们处刑是相当轻的，处无期徒刑的五年来还没有一个，五年以上的也还不到六分之一，而五年以下的徒刑和拘役占到百分之六十。因为我们觉得致成这些犯罪的原因是与旧社会制度不可分的，目前纠正的办法只〔主〕要还得从教育入手，判刑的目的是为了让他改过自新，所以都是择法定刑内之较轻者。

（三）特种刑事：

先来看看历年特种刑事案件分类统计表。

	二十七年		二十八年		二十九年		三十年六月至三十一年八月（只北岳区）		总案数
	案数	百分比	案数	百分比	案数	百分比	案数	百分比	
汉奸	一五七	七一点三六	二五五〇	八〇点四九	一三三〇	八九点七五	二一三三	七九点五六	六一七〇
盗匪	二八	一二点七二	二三九	七点五〇	五六	三点七八	四七	一点七五	三七〇
烟毒	一四	六点三六	三三〇	一〇点四一	五二	三点五〇	二一六	八点〇六	六一二
军事	二一	九点五六	四九	一点六〇	四四	二点九七	—	—	一一四
破坏坚壁清野	—	—	—	—	—	—	一八二	六点七九	一八二
其他	—	—	—	—	—	—	一〇二	三点八四	一〇二
共计	二二〇	一〇〇点〇〇	三一六八	一〇〇点〇〇	一四八二	一〇〇点〇〇	二六八一	一〇〇点〇〇	七五五一

注：1. 二七—二九年包括冀中数字，三十年六月—三十一年八月只北岳区数字，系根据二十五县之月报统计而来。

2. 破坏坚壁清野在三十一年五月前还没有单行惩治办法。

3. “其他”栏内包括反宣传秘密教门等，也有一部军事犯（如逃跑）在内。

这里有几点值得提出：

（1）汉奸案占着绝大的比重（占特刑案总数百分之八十）。这一方面说明了敌后战斗的特色，同时明确地显示了我们政权的性质是各抗日阶级对汉奸的镇压。将近四年中处理汉奸案六一七〇起，案犯约万人，对这批奸徒严加惩处以及在人民中的教育意义，在反对敌寇保卫边区的总任务上，起了怎样的作用是不难想象到的。在二十七年汉奸案还不多，一方面恐当时汇报有所遗漏，但那时敌我斗争的复杂性与汉奸特务的活跃上确是较少的；二十八年、二十九年敌寇两次大扫荡后敌人特务工作深入了，我们工作也有了新的开展，举发了很多汉奸，案子就增长起来。三十年六月以后汉奸案比例并未减少许多，而且三十一年四［月］一八月一五七八件特案中，汉奸案件一〇〇二件，说明在敌我斗争益形残酷的情势下，汉奸案特会继续增多。

政府对汉奸案处理的态度很明显：严厉镇压罪大恶极的首要份〔分〕子，争取胁从与附和份〔分〕子；积极锄奸，保障人权，这是一件事情的两方面，不能有所偏废。边府成立前后，各地曾发生“左”的倾向，忽略保障人权，双十纲领颁布后始有所转变，以后政府又颁布了《特刑案件审理程序之决定》《紧急情况下处理监押犯办法》，曾起了相当作用；近年来又发生右的倾向，形成某些对汉奸放纵的偏向，边委会又开展了冬防运动，颁发《关于封锁沟（线）外处理汉奸犯之决定》，予以纠正。但一般说五年来在掌握锄奸政策以及审讯、量刑上是有很大进步的。

（2）盗匪案不多，而且逐年锐减。这说明边区社会秩序的进步。

（3）贪污案的增长，是由于反贪污浪费运动的深入。

（4）烟毒在边区内部已经很少了，但由于敌寇毒化政策的侵袭，数字反有增加之势。

其次，来谈谈我们的监所工作：

监所是监狱和看守所的统称。在以往，一提起了它，人们马上会想到阴气森然，充满剥削、欺诈的人间地狱，然而在边区抗日民主政府下的监所，却真正是感化教育使人向善的学校。

（1）犯人是怎样生活着？犯人在监所里，一般是过着训练班似的相当规律的生活，特别自民国三十年以来，每天黎明起床、早操，早饭后上课、游戏，晚饭后劳作、休息，晚间开生活检讨会、学习讨论会。看守对犯人的打骂是绝对不许的，在一定范围内，犯人有充分的权利处理自己的事务。例如，伙食是由他们自己选举的伙食委员会管理的，在冀中，还有“悔过委员会”（相当救亡室或俱乐部）和队、班的组织。政府也尽量采纳他们的意见。注意改善犯人生活（现在是每人每日发小米一斤，柴菜金现由五分增为一角），劳作赚了钱抽百分之七十改善伙食，所以，“面黄肌瘦”的犯人是很少的，三十年冬敌占区士绅来边区参观时感动地说：“边区犯人的生活真是敌占区老百姓欣羡不得呢！”其实就是某些巩固区老百姓也相当欣羡哩。曾有繁峙某妇女，嫌丈夫不务正业吸大烟，要求政府把他关进监所，如果政府不给发粮，情愿由家中带粮，就是显例。

（2）对犯人的感化教育：以政治教育为主，中心是启发民族意识，坚定抗战信心及说明政府对犯人的态度，以促其彻底悔改。教材主要是报纸、政治课本、双十纲领冬学教材及军民誓约等。其次，识字教育成绩比较差些，但一年内一般能学会一百至三百字，最少的也会五十个。繁峙曾有一目不识丁的毒犯在监所住了四个月，会了二百多字，能管伙食账了。学习的方式五人以上的都是上课，每周至少两次，还有讨论会。

我们的感化教育是和实践密切连〔联〕系的。犯人除听讲讨论外，还经常举行生活检讨会，由犯人自己主持、互相批评。有许多老犯人和较好的犯人将自己所犯的错误及政府对他们的态度讲给新犯人，更起了不少作用。冀中曾因此而获得审判上宝贵材料或使犯人坦白吐诉。在这种民主的生活的熏陶下，犯人进步相当快，一般都能自觉地爱护政府遵守纪律。当敌探打入蔚县监所组织“开小差”时，就被犯人告发；平山、安平、定南、博野、肃宁、安国、高阳……县均曾在情况紧急时令犯人回家或高度分散活动，事后一召集，马上全部集合起来。二专署监犯遭敌包围袭击之际，除伤亡及被俘者外，也没一个乘机逃跑的。繁峙某汉奸犯被释放后，劝其亲友再莫当汉奸并亲自领他来我政府自首。定兴某犯人被释放回家（敌占区）后，在我们征运公粮时，深夜自动送消息带路。在二十八年六月以前轻微犯人经教育动员，自愿参加部队者不下二千人，每当犯人出监所特别是参加部队或提前假释时，他们都举行热烈的欢送会。谁说这不是一个政治学校呢？

（3）犯人的生产劳动：边区每年有二千多犯人从事着劳动生产。其中以农事耕作为主，其次是制造日用品，只四专署在民国三十年一年内即代耕土地二一〇〇亩、打柴五五〇〇〇斤，六专署、易县、灵寿、行唐等县设有小型工厂，从事农具制造、纺织、榨油事业，冀中则还有制草帽、鞋袜、衣服、席篓、柳筐柳篮等。

在劳动过程中，不但使犯人身体强壮、生活愉快，而且使他们养成劳作的习惯，改进了他们的品质，学会了谋生的技能。如繁峙有个好吃懒做的烟犯被释放后每天清早拾粪勤苦劳作，易县出所犯人二十九年一年内开设织布工厂的有四家。

生产劳动还获得了相当丰厚的利润，北岳区五个月（三十一年四至八月）二十县共获利四六〇〇元（不完全的统计），政府规定提取一部分（北岳区百分之七十，冀中百分之四十）改善犯人伙食。

此外，政府还规定了鼓励犯人改过向上的办法，表现良好的可以提前假释；三十一年四月边委会作了《关于选拔监犯参加采煤工作的决定》，工作积极的可记功折抵刑期，长期徒刑犯人采煤三年即认为执行徒刑期满，行于北岳区；同年春冀中行署制定《犯人保外开荒办法》，可惜正碰见敌人扫荡，没有很好实行。

除了监所之外，边区还设有感化院，三十年春改为自新学艺所，但最初由于主管人员认识的错误（已依法惩处有关人员），有名无实。从三十一年一月才大加改进，成为感化教育机关的雏形。其中学员有一半以上是受过敌伪训练和熏染的，我们则抓紧政治教育，干部与学员生活待遇完全一样，特别干部的以身作则、爱护关心、循循善诱使他们受了很深的感动，有的把几年没弄清楚的犯罪事实自动说出来。除了极少数别有用心的份〔分〕子外，逃跑及再犯错误的极少。识字教育四个月内学会六十—三百个字。十个月内生产菜两万多斤，柴五万斤。在一年中，成绩优良出所的有二百多人，其中九十四人分配到军政机关参加工作，有六十多人合于免刑条件提前出所。

五年来，我们的司法工作在保障一切抗日人民的人权、财权、地权、政治权利上是起了很大作用的；但是缺点还很多，主要的是：(1) 旧政权的司法传统与司法观念残存还很多，无论在审讯上、制判上、适用条文上，都还未能创造出一套适合新民主主义社会的体系来；(2) 司法工作还不够深入主动，民间还有不少问题，未能得到及时的解决；司法工作一般还停留在被动的〔地〕等事做的阶段；(3) 司法人员的修养一般还很差，了解全面照顾各阶层人民利益，调查研究民刑事件，还不习惯。因此，更进一步的〔地〕使司法工作服务于抗日民主政治，更进一步地群众化，保证抗日民主的各种政策之全部实现，这是我们今后应该大大努力的。

选自《晋察冀边区行政委员会工作报告》，边区行政委员会 1943 年编印，第 105～122 页。

7. 晋察冀边区法院组织条例

1943 年 1 月 20 日晋察冀边区第一届参议会通过，
同年 2 月 4 日晋察冀边区行政委员会公布

第一章　总则

第一条　本条例根据中华民国法院组织法之基本精神适应边区具体环境制定之。

第二条　本边区民刑诉讼及其他司法事务之处理，除本条例别有规定外，适用国民政府关于法院通用之一切法令。

第三条　边区法院分地方法院及高等法院。

第四条　高等法院受最高法院之管辖，受边区行政委员会之领导，在与最高法院不能联系时，人民不服高等法院所为之判决，得申诉于边区行政委员会。

第二章　地方法院

第五条　县或市设地方法院，但视环境之需要，得合数县市设一地方法院，不设地方法院及无地方法院管辖之县，暂设县司法处。

第六条　地方法院管辖之事件如下：

一、民事刑事第一审诉讼案件，但法律另有规定者不在此限。

二、非讼事件。

县司法处之管辖事件与地方法院同。

第七条　地方法院设推事若干人、书记官长一人及书记官若干人，其审判案件以推事一人独任行之。

县司法处设审判官一人或二人及书记官若干人。

第八条　地方法院设院长一人，由推事兼任，综理全院行政事务。县司法处之行政事务由县长兼理之。

第九条　地方法院及县司法处得设看守所及监狱，其组织规程另定之。

第三章　高等法院

第十条　边区设高等法院，并得于行署管辖地区，设高等法院分院。

第十一条　高等法院之管辖事件如下：

一、关于不服地方法院或县司法处第一审判决而上诉之案件。

二、关于不服地方法院或县司法处裁定而抗告之案件。

三、覆〔复〕核县司法处所处理而未经上诉，或撤回上诉，或上诉不合，未经第二审实体上审判之刑事案件。

第十二条　高等法院设院长一人，由边区参议会选举，报请国民政府任命之。其职权如下：

一、综理全边区司法行政及全院行政事务。

二、监督指挥全院一切诉讼案件之进行。高等法院院长任期二年，得连选连任。

第十三条　高等法院设下列各部门：

一、司法行政科：设科长一人、科员若干人，掌管各级司法人员之铨叙教育、司法经费、司法收入，及看守所监狱事宜。

二、民事刑事法庭：设推事若干人，审理民事刑事诉讼案件。

三、书记室：设书记官长一人、书记官若干人，掌管记录、编案、印信、文牍、统计、收发及保管证物诸事宜。

四、看守所：掌管犯人之监管教育事宜。

前项之法庭、看守所，得分设于本院管辖范围内之各行政督察专员区。

第十四条　高等法院分院之管辖事件与高等法院同。

高等法院分院之内部设置，准用前条之规定。

第十五条　高等法院及其分院之审判案件，以推事三人合议行之，但于不得已之情形下，得以推事一人独任之。

第十六条　高等法院及其分院，得设感化机关，其组织规程另定之。

第四章　检察官之配置

第十七条　各级法院各设首席检察官一人、检察官若干人，并得以各该管辖地区之地方行政长官兼任首席检察官。

县司法处设检察官一人，由县长兼理之。

第十八条　检察官之职权如下：

一、实施侦查，提起公诉，协助自诉，实行公诉，担当自诉及指挥刑事裁判之执行。

二、其他法令所定职务之执行。

第十九条　检察官服从首席检察官之指挥，各级法院之首席检察官，得亲自处理所属检察官之事务，并得将其转移于其他所属检察官处理之。

第五章　检验员、执达员、庭丁及司法警察

第二十条　高等法院及其分院，得设检验员、执达员及庭丁各若干人。

地方法院及县司法处得设检验员一人，执达员及庭丁各若干人。

第二十一条　各级法院及县司法处，均得调用其同级政府之警卫员，执行司法警察职务，其调度办法另定之。

第六章　司法行政之监督

第二十二条　司法行政之监督依下列之规定：

一、高等法院院长，监督各级法院与其分院及县司法处。

二、高等法院分院院长，监督该分院与所属下级法院及县司法处。

三、地方法院院长，监督该法院。

四、高等法院首席检察官监督全边区之检察官。

五、高等法院分院首席检察官监督该区域内之检察官。

六、地方法院首席检察官监督该法院之检察官。

第二十三条　依前条规定有监督权者，对于被监督之人员，得为下列处分：

一、关于职务上之事项，得发布命令使之注意。

二、有废驰〔弛〕职务、侵越权限或行止不检者，加以警告；其情节重大者得依法惩戒。

第二十四条　本章各条之规定，不影响于审判权之独立行使。

第七章　附则

第二十五条　本条例自公布之日施行。

选自《晋察冀边区行政委员会现行法令汇集》，上册，边区行政委员会1945年编印，第46～50页。

互校版本：《中国新民民主主义革命时期根据地法制文献选编》，第3卷，北京，中国社会科学出版社，1984年版，第377～381页。原注：“选自晋察冀边区行政委员会《现行法令汇集》上册，边区行政委员会1945年版。”

8. 晋察冀边区行政委员会关于边区司法机关改制之决定

1943 年 2 月 12 日

一、本边区司法机关除依据边区法院组织条例第十条、第五条之规定设立高等法院及县司法处外，并依照同条例第十三条第二项之规定，将各区司法处取消，另由高等法院在各行政督察专员区设立法庭，名晋察冀边区高等法院第几法庭。各专署原有之看守所，亦同样改组为晋察冀边区高等法院第几看守所。

二、未设司法处各县之民刑案件，由专员公署指定邻县司法处管辖，指定后报本会备查。

三、高等法院各法庭，对于该管区内之二审案件，由驻庭推事独任行之。但巡回推事莅庭时，得开合议庭。

四、高等法院、高等法院各法庭及县司法处印信，由本会刊发。高等法院推事、高等法院书记官长、司法行政科长、各县司法处审判官及边区自新学艺所所长，由本会委用，书记官、管狱员、看守所长及边区自新学艺所干事、分队长，由高等法院委任之。各专员县长佐对司法干部之配备及各级法院之措施有意见时，报请本会处理之。

五、高等法院各法庭及各县司法处，对于普通民刑案件因进行审判所为之文件，加盖法庭及县司法处印信，但对于司法行政事项，仍以专员及县长佐名义加盖专署关防及县政府印信行之。

六、各专员对普通刑事案件，兼任高等法院在各专区所设法庭之检察官；各县长佐对普通刑事案件，兼任县司法处之检察官。检察官均不另加委，但须加强检察工作。

七、高等法院各法庭驻庭推事及县司法处审判官，仍须代替专员及县长佐审理特种刑事案件。

八、对司法工作如有报告请示事项，依下列规定办理：

（一）县司法处应报送复判之刑事案件，报由高等法院在该管专区内所设之法庭复判。

（二）县政府所为之特刑判决，除贪污案件外，仍报送专署代核，专员所为之特刑判决，仍报本会复核。

（三）司法行政事项报由高等法院核办，但涉及特种刑事者仍报由本会核办。

九、高等法院在各专区所设之法庭及各县司法处之经费、收发、缮印文件事宜，及日常生活，仍照各区司法处、各县司法科与署、县关系之旧例办理。

十、各区司法处及县政府、县佐公署接到本决定后统于三月一日起，依照本决定实行改制。各县司法处在未奉到印信前，对于普通民刑案件因进行审判所为之文件，暂准借用所在县之县政府印，但须于右旁注明“借用”字样。

选自《中国新民主主义革命时期根据地法制文献选编》，第 3 卷，北京，中国社会科学出版社，1984 年版，第 384～385 页。原注：“选自晋察冀边区行政委员会《现行法令汇集》上册，一九四五年版。"

9. 晋察冀边区行政委员会关于仲裁委员会的工作指示

1943年4月9日

边区租佃债息条例对于租佃纠纷，规定由仲裁机关处理。对这一工作，除根据条例中之规定执行外，兹有以下指示：

一、仲裁委员会的性质与任务。

仲裁委员会是在县政府领导下解决租佃纠纷的仲裁机关，这一组织，在边区尚系创举，它的任务是根据照顾租佃双方利益、巩固团结的基本精神，对于租佃纠纷，秉公仲裁，使出租人的土地所有权、承租人的土地使用权以及双方生活均得到保障。所以仲裁机关的建立及其工作的正确进行，对于边区人民的团结，是具有重大作用的，各级政府必须重视这一工作。

二、仲裁委员会的权限及与各方的关系。

（一）仲裁与调解不同，调解可以成立也可以不成立，争议之一方如不同意调解人之意见，调解不能成立，调解机关或调解人无强制执行权，但仲裁委员会所为之裁决，则不但有强制争议双方或一方执行权，并且属于仲裁之案件司法机关不得受理，因此，仲裁委员会具有强制执行的权限，为人民解决司法机关不好处理之一部份〔分〕租佃债息问题（如条例规定）。仲裁委员会不是超政府的组织，它是属于政权的。

（二）仲裁委员会与政府的关系：仲裁委员会受县政府领导（有分会的区受区公所领导），处理争议案件，须根据政府之土地政策及有关之法令，不得作违反政策法令之裁决。代表县政府参加仲裁委员会之民政科长（区民政助理员）应定期的〔地〕在县务会议上报告仲裁委员会的工作（必要时其他委员亦可列席）。在处理仲裁案件时，参加仲裁委员会之县政府代表，事先应尽可能征求县长之意见，遇有重大争议案件并应在县务会议上讨论，县政府代表，根据县政府之意见，向仲裁委员会提出讨论，但仲裁委员会之裁决，须以会议方式依少数服从多数之原则行之，县长无强制服从己意变更仲裁委员会裁决之权（分会与区公所的关系亦同）。

（三）仲裁委员会与抗联会之关系：仲裁委员会系具有权力的机关，在人民中应建立其威信，因此抗联会应选派在群众中具有威信而能代表其团体的代表参加，不应草率从事，对于重大争议案件抗联会亦应事先讨论，将通过之意见交参加仲裁委员会的代表，向仲裁会议上提出。仲裁会议之裁决，抗联会亦无权变更，须照裁决执行。

（四）仲裁委员会与专署的关系：当事人之一方不同意县仲裁委员会之裁决，而向专署请求复裁时，专署对此种请求复裁案件之指示（通过县政府），仲裁委员会应服从执行。专署不同意原裁决之意见，仲裁委员会应即根据专署指示实行复裁，复裁之裁决，不得违反专署之指示。专署对请求复裁之案件，须重慎审查考虑。仲裁委员会之裁决，苟非违反政府之政策法令，应当尊重之，不要武断的〔地〕任意干涉。

（五）仲裁委员会本身的工作制度：仲裁委员会应视工作之繁简，建立定期的会议，审查与讨论请求仲裁之争议案件。对于请求仲裁之争议案件，须于接到请求书七日内予以审查，一个月内予以裁决，有个别事件因特殊原因不能按期裁决时，应通知当事人延期，但延期不得超过一个月。

对于请求仲裁声请书之审查（如审查是否属于仲裁范围，不属于仲裁者如何处理等）应由会议或由各委员签署意见行之，如因工作繁忙或居住分散，经委员会决议委托民政部门负责审查亦可，对请求复裁之声请书的审查（是否过期，如过期即不予转递，将该声请书批回）由掌握仲裁委员会日常工作之委员为之。

仲裁委员会的会议，超过全体委员之半数，即可开议，出席会议委员之表决，过半数的意见即可成立。仲裁委员会的工作应定期的（地）由政府民政部门向上级汇报（视案件多寡列入一月一次的部门工作汇报，或两月一次）。

（六）仲裁委员会裁决之案件及其工作情形，可以在报纸刊物上向社会公布。

三、在仲裁工作中应注意事项：

（一）村（区）的调解工作应当加强。这一工作加强后，不但可以减少仲裁事件，并且帮助仲裁之更为公允与获得社会上之公正舆论，这对于巩固地主与佃户的团结，是有好处的。民政部门对此应加强注意与领导。

（二）仲裁委员会必须认真对政府对人民负责，对于仲裁案件，必须进行细密的调查研究，很客观公正的（地）处理问题，反对任何粗枝大叶、徇私偏袒、草率从事等作〔做〕法，同时对于仲裁案件不应积压、久延不决，必须严格于限定期间处理之。

（三）在仲裁期间，或裁决后当事人不服请求复裁期间，关于当事人所争议之权益问题，仍应遵照未裁决前之权益关系执行，只有于裁决或复裁裁决后，始得根据裁决变更权益关系，以免影响生产或发生其他枝节纠纷。

（四）仲裁委员会之办公地址，设该县县政府（分会设区公所），其日常工作之掌管，由民政科长负责（分会由区民政助理员），其日常事务，如开会之通知、仲裁书审缮拟送达、案卷之保存等，均由民政部门代办；工作特别繁忙者，可抽调其他科工作较少之科员、办事员协助之（区由其他助理员或协助员协助之）。

（五）仲裁委员会受理仲裁案件必需〔须〕依照租佃债息条例第五章之规定，不能包揽租佃债息方面之民事案件，以削弱司法工作及司法机关之威信；司法机关对于非仲裁案件，不能推给仲裁委员会处理，放弃职责。

以上各点希即讨论执行，在执行过程中，有何困难与疑问，以及经验教训，望及时报会为要。

选自《晋察冀边区行政委员会现行法令汇集》，上册，边区行政委员会 1945 年编印，第 179～182 页。

10. 晋察冀边区行政委员会关于处理监押犯之决定

1943 年 4 月 15 日

目前各县监押犯人日渐增加，不但不适于战斗环境，且有碍国民生产。又根据目前北岳区人民生活水准，特别在与一般灾民生活相形对比之下，现在囚粮数目实嫌过多。为了减少监所监押犯人，节省开支，借社会群众力量促进犯人向上之心，发挥犯人力量增加生产计，兹决定：

一、下列两种人犯，在未判决前，得斟酌情形，准予保外听候传讯，以免有误农时：

甲、犯刑法第六十一条所列各罪之嫌疑者；

乙、犯刑法第六十一条以外刑之嫌疑而无逃跑或湮灭证据之虞者。

二、判处徒刑之人犯，除案情轻微且系纯由贫困所迫而初次行窃之窃盗犯，得于判决后即时回村执行，以劳役代替徒刑外，其余一律在监执行，不准未经判决，即予开释。但在执行期间，表现良好，以及无重复其犯罪行为之虞者，无论执行日期之长短，均准由村公所或其亲属保回耕作，保回期限每次以三个月为限。但出于自动，甘心事敌之汉奸，不在此限。

三、病犯无论已决未决，均尽可能的〔地〕准保回家疗养。

四、回村执行徒刑之窃盗犯及保回耕作之人犯，均无公权。保回耕作之人犯，亦须服劳役。回村执行徒刑之人犯，每月劳役不得过十日，保回耕作之人犯，每月劳役不得过五日。服劳役之事项如下：

甲、属于公家建筑、修滩、开渠等事项。

乙、为抗属及贫苦而缺乏劳动力之人民代耕（除应服者外）。

偷懒怠工劳动效率低者，上列服劳役期限得延长之。但除规定劳役外，最多不得过三日。

五、回村执行徒刑之窃盗犯，其服劳役日期与不服劳役日期均以一日折抵一日，与在监执行同，惟区公所应定期召集至区予以教育。保回耕作之人犯，期满时区公所应予以鉴定，其安心劳动无何种不良行为者准一日折抵徒刑一日，必要时并得呈请县司法处延长其假期，但不安心劳动或另有何种不良行为者不得折抵，亦不延长其假期。

六、回村执行徒刑之窃盗犯及保外参加生产之人犯，如因探亲或经营其他事业而离其本村时，须向村治安员请假。

七、不准保回耕作之人犯，应依本会法字第一一二号令从事作业。

八、回村执行、保回耕作、保回养病之各种人犯，一律不发给囚粮、柴菜金，其服各种劳役时亦不给酬，惟替私人服劳役时，愿供给其饭食者听。在监所羁押之人犯以雇送为原则。

选自《晋察冀边区行政委员会现行法令汇集》，下册，边区行政委员会 1945 年编印，第 702～703 页。

互校版本：《中国新民主主义革命时期根据地法制文献选编》，第 3 卷，北京，中国社会科学出版社，1984 年版，第 386～387 页。原注："选自晋察冀边区行政委员会《现行法令汇集》下册，一九四五年版。"

11. 晋察冀边区行政委员会通知——通知司法工作应围绕大生产运动进行由（附："组织犯人参加生产"）

1944 年 2 月 14 日

专员推事、各监所所长、县长佐、审判官：

甲、在工作中，切实照顾节省民力，以利生产。

今年的大生产运动，是全边区党政军民共同的政治任务，各部门工作的进行，均应想尽一切方法，以促进这一运动的开展。

为达此目的，在今年的司法工作中，最低限度应做到以下三点：

一、清理积案慎重羁押：组织大生产的第一个要件，是劳动力，人民因涉犯罪嫌疑羁押起来，是把劳动力废置于无用之地，人民因诉讼累身，也会降低他的劳动情绪和效率，所以司法工作，办理刑事案件，羁押人犯时，要严格的〔地〕遵守刑事诉讼法的第一百零一条第一百零七条第一百零八条第一百十条第一百十二条各规定，不要轻易的〔地〕把人押起来。办理民事时，也应当积极迅速的〔地〕予以适当的解决，以节省诉讼当事人的劳动时间，就是对于短期刑的人犯，为了他们参加生产劳动，亦应当予以适当的调解，如引用刑法第七十四条宣告缓刑，或指定相当地点在外执行，提取他的劳动工资，或准他取保回家，每月出几天劳动力给抗日军人家属作〔做〕工……总之，凡能减轻讼累，提高劳动情绪，节省劳动力，寓刑于工作的办法，要设法创造采取。

二、加强调解防止缠讼：诉讼当事人，尝因胜败的负气，缠讼不休，贻误生产甚至荡产倾家而不悔，而案外调解，则是解决民间纠纷，节省劳动力的有效办法。

三、实行就审当面受案：就审决案，不但能免去人证的往返跋涉，虚糜时日，并且因为采证方便和普及，能使案件结〔解〕决的〔得〕更较适宜，并且临时当面接收新案，能使新案的当事人，迅速得到质证，明白自己有理或无理，以便迅速结束争执。

以上三点，希望各署县庭，切实讨论执行，并创造更好的方式方法，在进行工作过程中，节省出更多的劳动力，使用到生产战线上。

乙、积极组织犯人参加生产。

大生产运动中，应使一切有劳动力的人参加生产，监所犯人只北岳区即约达千余名，过去我们对组织犯人生产，是注意很不够的，今年应从思想上彻底转变。

一、要认识犯人一般是会劳动的（成份〔分〕多系贫农），只要我们组织领导得好即可把犯人劳力充分发挥到生产中来，并有充分可能做到犯人自给自足，以减轻人民负担，同时通过生产劳动，还可改造犯人的思想意识，使［其］成为健全的公民，减少社会上的犯罪行为，并且也会附带解决了我们执行徒刑的困难。

二、我们今年必须组织犯人积极参加生产，要求争取做到监所犯人经费（粮款办公费等）全部自足自给，并使犯人锻炼成为勤勉俭朴爱好劳动的健康公民，这是今年司法部门的重要任务之一，望付以大力组织其实现。

三、在具体做法上，提出以下要点，各署县应根据当地实际情况具体计划布置进行。

1. 以农业生产为主，以佣工小手工业运输业等为辅。首先对犯人情况（体力，能力等）及本地生产条件进行调查研究，然后分别把不同的犯人，组织到适当的生产工作中来。

2. 所需要生产资金，可向政府预借，但系暂借性质，应于年终结账，由生产所得归还。

3. 在生产中要建立严格的奖惩制度，在公私兼顾的原则下，对所获利润适当处理：以纯利百分之六十作为监所基金，以百分之二十改善犯人生活，其余百分之二十作为生产奖励金，以提高犯人生产积极性。

4. 生产与教育要密切结合起来，在生产过程中教育犯人，使能改过向上；另方面用教育来巩固与提高犯人的生产情绪劳动热忱。

四、在领导上：各级政府底〔的〕负责人，应对这工作给予应有的注意，视为机关生产之一部，而加以具体领导，各级司法部门及监所人员更应把监所工作的重点放在组织犯人生产上，用大的力量来开展这一工作，并要亲自动手与犯人共同参加劳动，以影响推动犯人，至监所干部之不能胜任者，应重新调整配备。望即详加计划，做讫上报（监所犯人生产办法，可参考附件）。特此通知。

附件：　　组织犯人参加生产

在今年展开的大生产运动里，所有能生产的人，有劳动力的人，全要参加生产，全要把劳动力贡献到生产战线上。监所中的犯人，这一废置的劳动力是很惊人的，假设全北岳区平均每日监押着一千名犯人，那么这一千个劳动力，就在那里废置着，而且每日要白白消耗一千公斤粮，这对我边区是相当大的损失。所以在今年展开的大生产运动里要下决心把这一部分力量，更好的〔地〕使用到生产战线上去。

为了使犯人的生产工作，今年做〔作〕出应有的成绩来，那么对这一工作的计划上、办法上，必须加以深思熟虑。为此特发这一附件供各署、县、庭、处。作为领导这一工作的参考：

（一）应有的认识：

1. 用实际的行动来响应开展大生产的号召，这就是把一部分废置的劳动力，有组织的〔地〕，有计划地发挥到生产战线上去。

2. 把以往犯人生产中的消极态度一变为积极的态度，争取监所犯人的经费自足自给（粮、款、办公费等）以减轻人民负担。

3. 通过生产劳动，以改造犯人的品质，改变劳动观点，对劳动有正确认识，养成爱好劳动的习惯。

4. 解决执行徒刑的困难，保持刑罚的严肃性。现在我们对徒刑执行上很大的困难，除了因为处于战斗环境以外，还因为受了囚粮的限制，因而有一些犯人，比较判一适当徒刑更能收到教育的效果，但因受囚粮限制，往往就不判了，或者虽也判了徒刑，但只有宣告而无执行，结果是对已经犯错误的人，不能受到应有的教育，同时也不能借此去影响教育其他未犯罪的人，甚至引起一般群众对政府的不满，特别是对破坚案的处理，往往是随判随放，使群众说“犯罪又有什么关系”。

为了减少执行徒刑的困难，让犯人能够自给自足，参加生产是有效的办法之一。

（二）对以往犯人生产的估计：

1. 生产要项：农业佣工（包括长工短工月工等）、监所作业（小手工业）、小商业（运输贩卖）、农业生产等。

2. 领导：一般是监所所长负责，缺乏主动性、计划性，存有自流倾向。主要表现在上级对这一工作没有领导。但在部分地区，由于领导上好一些，仍有其一定的成绩。

3. 成绩估计；保证了犯人的健康，减少了政府开支，增加了犯人的谋生能力，一般说几个案件多的县份，经常羁押或坐监犯人，总是超过囚粮规定数字的，但超过的数字，并没有完全由政府多开支，而且犯人都能得到生活上的保障，这大多是由生产内补助的如五台、繁峙、盂平、平山、灵寿、易县等县（仅系报告来的）都有比较好的成绩。

4. 主要缺点：在认识上忽视这一工作。自上而下都有这一倾向，并没有把他〔它〕看做是如同审判工作那样重要，也没有把他〔它〕当成是监所工作的重点，只把他〔它〕看作了例行公事，认为可有可无。因而也没有普遍地积极地计划开展这一工作，在领导上没有注意这一工作。关于这一工作的计划布置检查总结，以及互相交换经验，可以说过去基本上就没有做过。

过去对监所作业，偏重于运销贩卖、小手工业等临时经营，而缺乏长期打算，如在农业生产上便注意得不够。

（三）犯人生产的特点：

1. 困难：

（1）防范戒护：现在的监犯中一般是特刑犯多，而在特刑犯中，一部分是汉奸犯，这种犯人逃跑的可能［性］较大，而我们在制度上，一切设备上，并不很周到，可是让他们参加生产，又必须扩大他们行动自由范围，这就使我们在戒护上须付以更大的注意。

（2）身心上的缺陷：一般犯人在他由未决到已决，这一过程中，在他的身体上、心理上精神上是多少受到一些损伤的，如心绪不安，害怕，体弱，多病等现象，会不断发生，这对参加生产是不利的。

（3）经费的限制：监所大多数没有生产基金，而在目前物价昂贵的情形下，要生产就必须垫办一些资本，要拿大一点的资本监所是拿不出来的。

2. 有利条件：

（1）我们使犯人参加生产，是要把他个人的利益与公家的利益结合起来，两者是统一的，一致的。这就是说，我们并不是从生产中剥削犯人，更不是奴役犯人，而是用他们生产的收获来改善他们自己的生活，改造他们的品质。这种事情，对犯人本身是有利益的。在这样的基础上，是能够克服以上一些困难的。

（2）犯人是一个较有组织性的力量，在领导上比较容易，因为在我们长期的感化政策下，犯人是容易接受和服从正确领导与指挥的，有这一点也可克服一些困难。

（3）多数犯人是能够出劳动力的，并且是能够种庄稼的。我们边区是一个小农经济的社会，在监犯中，绝大部分是贫农出身，这些犯人不但有劳动力，而且对农业上，并不外行。

3. 在犯人参加生产中应行注意之点：

（1）注意严密戒护：首先要使犯人不把戒护看成是专门对于他们的防范、管束，而应让他们认识到是关心他们，保障他们安全的一种措施，这就必须要在监所的干部以及工作人员从思想上很好来认识，并表现在实际行动上。其次对各种案犯要有不同的认识，不同的处理，如已决犯人的生产就可以参加室外，未决犯在原则上应当参加监内生产，对汉奸犯与其他犯人，以及对长期徒刑犯与短期徒刑犯在作业上都有所区别，但是要灵活调剂，所有这一切必需〔须〕监所干部及工作人员深入了解，具体掌握。

（2）领导管理上：应发扬自治加强管教，要使犯人的生产渐渐出于自动，就需要在规定的制度范围内，尽量让其自治，但这种自治是有限度的，因此监所干部对管理教育，要与生产劳动很好的〔地〕结合起来，及时进行。

（3）严格奖惩：规定奖惩制度对生产好的积极的不但可以得到物质上的奖励，精神上的奖誉，同时在刑期上还可于请准后适当的〔地〕予以缩短或提前假释，而对于生产消极怠工的则应予以批评，如发现起破坏作用的，应当依法审判，但监所干部及工作人员不能擅自处理，尤其不准有打骂作风。

（4）照顾体力：对轻重工之分配，应照顾犯人的体力，不要勉强，不要使犯人对增加生产认为是对他们的一种惩罚，在工作时间上，每天以平均不超过八小时为准，当然要很好的〔地〕照顾到忙时与闲时灵活地予以调剂。

（5）生产教育兼顾并重，不可偏废：犯人在执行徒刑中，所受的一切教育不仅是单纯的〔地〕为他改正所犯的错误，并且要提高他一步使其开释后，成为一个健全的公民，所以要有一定教育，例如生产、政治、时事、识字等教育，每日应有一定的时间去进行。

（6）干部及工作人员实际参加生产，和犯人共同参加生产，因为干部和工作人员全是本机关组织成员之一，对本机关的生产是有义务的，为了尽这一义务，应与犯人共同参加生产，把所得归到机关生产内去核算。这样又可以在犯人生产中起一种领导与推动的作用，更会避免使犯人把生产看成是对他的一种惩罚，因为有一部分人生产而另一部分人在旁边只监视着他们的劳动，这样就容易使其认为是惩罚，如果共同在一起生产，则犯人是会感到愉快，同时，亦可以减少其他意外事件之发生。这样做法在自新学艺所已收到很大效果，而被证实为一种好的做法。

（四）今年的犯人生产

1. 任务：

（1）保证犯人开释后，成为勤勉爱好劳动的一个健全公民，这要求在目前建设根据地上是一个急需的要求，尤其是对一些懒婆懒汉地痞流氓出身的犯人更需要下的工夫大一些。

（2）争取监所犯人经费自给自足（粮款办公费等），今后政府所发之粮款全是一种借贷性质，年终结账，由生产所得归还以减轻人民负担。

犯人参加生产，如有余时，还应尽量帮助抗属及缺乏劳力民众耕作。

2. 作〔做〕法。

（1）生产重点，以农业生产为主，伴地租地开荒包种都所〔可〕以，分别具体情况来进行。

（2）以充当农业佣工、从事小手工业、运输业为辅。

（3）利润的处理，以纯利百分之六十作为监所基金，以百分之二十作为生活改善费，以百分之二十作为生产奖励金。

（4）奖励：生产成绩作为考核犯人表现好坏的主要标准之一，成绩优良者除依照规定给以物质及精神上之奖励外（监所干部工作人员在内）并可请求政府批准，适当缩短刑期，或提前假释。

（5）经费的筹措：可以规定向政府预借半年的款项（柴菜金办公费等）作为资本，不足时可再请政府酌量借给一部。

游击区不宜进行生产者可以送自新学艺所参加生产。

（五）加强领导：各级政府应把犯人生产看作机关生产之一部加以具体领导，各级法院法庭司法处监所干部及工作人员应将监所工作之重点放在生产工作上，对于这一工作及工作人员应当予以适当必要的调整。

选自《晋察冀边区行政委员会现行法令汇集》，下册，边区行政委员会 1945 年编印，第 692～701 页。

12. 晋察冀边区司法会议结论

1944 年 3 月 22 日边委会宋［劭文］主任在边区司法会议上的结论

在这几天大会中，大家经过整风反省，一般认为改造司法工作的关键，在于改造司法人员的思想。结论只谈两个问题：

一、对民主政治的认识问题

甲、去年七月高干会议曾指出：民主是战斗的，是反法西斯的；民主与民生是不可分的，民生幸福是民主政治的内容，民主是有人民的，政权非少数人所得而私；民主与集中是统一的，民主的范围越大，集中的力量越大。我们对此应有更进一步的认识。这里须再明确指出：

什么叫民主政权？民主政权是人民意志的集中表现，政权是统治的工具。集中表现那〔哪〕些人民的意志？表现一切抗日人民的意志。我们的政权是一切抗日人民的政权，各阶级阶层人民只要是抗日的，他们的意志就都由抗日政权表现出来。但是对于敌探奸细，反共反人民特务份〔分〕子，抗日民主政权不代表这些份〔分〕子的利益。有人会问，民主政权既是集中表现人民意志的，那么地主不减租，或向农民收地，政府的态度该怎样？我们说，要少数服从多数，不是多数服从少数。有人会问，通过什么形式把人民的意志集中表现出来？我们说，通过民意机关表现出来，民意机关是民主集中制的组织，他〔它〕具有选举、罢免、创制、复决四种权力，他〔它〕的决议，他〔它〕的权力，就是人民意志的集中表现。有人会问，边区有民意机关以前，我们的政治是否民主政治？立法是否人民意志的集中表现？我们说这不单是形式上的问题，基本上要看立法与一切政治设施是否与广大人民的利益一致。边区刚一成立，就公布了减租减息条例，合理负担办法——以后逐渐发展为统一累进税，并公布了婚姻条例等，它是代表广大人民利益的，所以边区在没有成立参议会前，就已实现了民主政治。不过在成立参议会后，边区的民主制度是更加完善了。同样，在边参会成立后，边委会所公布的许多法令，如合作社办法、开展大生产运动的决定、女子财产继承权的决定等等，这些法令都是适合广大人民要求的，是集中表现。

有人会问：政权既是人民意志的集中表现，怎么又是统治工具？我们说，政权是统治工具，问题是谁统治？由广大抗日人民来统治；统治谁？统治汉奸敌探反共反人民特务份〔分〕子。这是广大人民意志的集中表现，广大人民用政权这一工具来共同对汉奸、敌探、反共反人民特务份〔分〕子实行统治。

有人会怀疑：我们一面反对统治思想，何以一面又是统治工具？看来似模糊，实际很清楚，问题是谁统治谁？我们反对的统治思想，是反对少数大地主大资产阶级统治广大群众的独裁思想，而我们对于汉奸敌探的（和）反共反人民的特务份〔分〕子是必须统治的。因此反对统治思想，加强对敌探汉奸反共特务份〔分〕子的统治是统一的，不是矛盾的。用广大人民的力量来统治汉奸敌探反共反人民特务份〔分〕子，此即所谓各个革命阶级联合的民主专政。

什么是新民主主义的法律？我们的法（纲领、单行条例、法令等）是一切抗日人民意志的集中表现，什么叫作合法与非法？凡是合乎广大人民意志的，就是合法的，凡是违背人民意志的，就是非法的，衡量合法与非法的标志是广大人民的意志。因此，法不是一个没有时间、地点、条件的东西，而是具体的东西。大家在讨论中提到“法律是神圣不可侵犯的”，应了解为广大人民的利益是神圣不可侵犯的，广大人民的利益就是法，离开广大人民利益而谈抽象的法，是不对的。

讨论中提到六法全书，是否合乎广大人民的利益？我们说有些是合乎的，但一部份〔分〕条文则不合乎广大人民的利益；因此合法观点认为是合六法全书的法，即常常会违背广大人民的利益，目前施政纲领就是我们的基本法，一切案件都应依照纲领、单行条例并根据边区人民实际生活情况来处理。

讨论中提到民法中规定“有明文者依明文，无明文者依习惯，无习惯者依法理”。所谓风俗习惯人情，是随社会性质的不同而有不同的。大地主大资产阶级的贪赃枉法、囤积居奇、欺压虐待妇女……这就是他们的习惯。两面态度，虚伪，冷酷无情……这就是他们的人情。边区抗日民主根据地经过六年来的建设，我们的风俗习惯人情，已与往昔迥异，而有了极大的变化；如广大妇女已得到自由，能离开家参加大会，参加生产，有了婚姻自由权，财产继承权；广大农民实行减租减息，不受超经济剥削；广大人民团结抗战等等。这就是我们的新习惯新风俗人情。所谓未规定法的可根据习惯风俗人情，应是根据边区现实新的习惯风俗人情，而不是根据旧时或大后方的习惯风俗人情。我们的法是从人民中来到人民中去的，我们的行政、司法，也是从人民中来，再到人民中去的，是为一切抗日人民服务的，我们就通过这样的法，来建设抗日民主社会秩序。

谈到秩序：倒退、野蛮、穷困、恐怖、剥夺人民的一切自由幸福，这就是大地主大资产阶级的秩序，就是法西斯的秩序。抗日民主社会秩序就是由广大群众斗争（对敌斗争、减租斗争、婚姻、负担等等斗争）所建设和巩固起来的自由、民主、改善生活、安居乐业的秩序，群众的意志发挥出来表现为斗争，从斗争中建设了抗日民主的秩序。这说明广大人民的意志是不可侵犯的，他们具有立法的权力。象×××所讲“老婆婆不在家，小妯娌乱出主意”是彻头彻尾的法西斯思想，对于边区广大人民是一个极严重的侮辱，在他的脑筋中，是没有人民的。也有一些人不敢正视群众斗争，看见群众斗争，自己就有点发抖害怕，或是很麻痹，参加群众大会，看见群众斗争，感到过火。这是在思想上有意无意的〔地〕对于大地主大资产阶级秩序的憧憬，或是在思想上没有把它粉碎。

司法是干什么的？司法是为一切抗日人民服务的，是贯彻政策法令的一种保证，而不是阻止其实现，也不是离开人民简单的〔地〕判案子。

讨论中提到司法是政权的一部份〔分〕还是政府的一部份〔分〕？首先须弄清什么是政权？政权包含民意机关与政府，如隔离来看就不是完整的政权。政权是把立法、司法、行政统一起来的，是统一在民意机关与政府的。据此，可明显看出司法是政权的一部份〔分〕。是不是政府的一部份〔分〕？我们应从实际出发，大家都知道，司法工作离开政府就无从司起，离开政府就会成为光杆儿。因此边参会通过的条例上即明定司法机关受政府领导，因此所谓"司法独立""审判独立"，是一种旧观点，是统治的一种表现。过去所谓"独立"，名义上似乎是为了不受牵制，为了公平处置案件，但事实上怎样呢??肯定的〔地〕讲，大后方的司法官儿无一人不贪污受贿，亦无一人不受行政独裁者的支配，所谓"司法独立"，完全是骗人的话。今年（天）政权的任务是要为广大人民服务，司法部门同样如此，目的是一个，因此所谓"独立"是错误的。

讨论中提出司法部门是否参加署、县务会议？可以参加，将列席改为出席。

乙、群众观点问题。

1. 关于立场问题：什么叫立场？立场就是站在"那里"。我们所说的群众观点是要站在群众之中，站在群众之中就是群众立场。我们的群众中，工农兵占全人口百分之九十以上，我们要站在群众之中，就时刻也不能忘记了人民中的最大多数。

怎样衡量有无群众观点呢？是要使自己适合于群众的需要，使司法工作完全适合于群众的需要，因此所谓"民不举，官不究"的思想，是站在群众头上的思想，是把自己与群众分开了的，是一种统治思想，这种思想使自己不适合于群众的需要。群众是我们的母亲，政权人员是群众喂养大的（无论政府、武装），没有群众就没有边区，只有站在群众之中，才能体验到群众的呼吸和脉搏的跳动；如果站在群众之上，必然要脱离群众，成为官僚主义。我们爱护群众，关心群众，应如儿子爱护母亲一样。"恩赐"观点是统治观点，"作〔做〕点好事，明公断案"的思想是统治思想，不是站在群众之中，而是站在群众之上。

2. 只有站在群众之中，考虑问题，处理问题，思想上行动上才能从群众出发。从个人愿望出发，就是缺乏或者没有群众观点。

"作〔做〕官不知民受苦"，这是老百姓骂过去统治者的一句话，今天我们个别干部还有此残余。比如有的判错案子并不感到难受，有的把农民使用的土地误判归地主收回，也不感到痛苦，这就是缺乏群众观点。

所谓"后法优于先法"，决定的关键要看是否从群众出发，重庆的法与人民利益不一致，纵然是昨天公布的，也不能说它"优"，也不是我们所需要的。

有人提出处理案件有同情心、仁慈心，对镇压常常感到不舒服，这是否对呢？焦点也在于是不是从群众出发。对广大人民的同情、仁慈，是完全必要的。再同时对敌探汉奸反共反人民特务份〔分〕子仇恨、镇压，也是完全必要的，为了保卫广大人民的利益，必须坚决镇压奸特。但有些人立场站得不稳，就会动摇起来，对敌奸特务也同情，仁慈起来。这是错误的，须知对敌奸特务的仁慈，就是对于广大人民的残忍，我们绝不能无原则的〔地〕同情、仁慈。

关于群众观点表现在作风上的问题：我们也只有站在群众之中，才会有大众化的民主作风。所谓大众化，就是群众立场问题。讨论中大家反省过几无例外的〔地〕都曾打过人，骂过人，判案子强迫命令，甚至偏袒地主资本家，所有这些作风，都说明我们没有站在群众之中。同时须认清群众是需要领导的，因为群众受了多少年的压迫，当他们起来斗争时，往往会出一些小毛病，所以在群众斗争方法上需要加以领导。但需要的是“导”，而不是简单的“堵”或压制，堵或压制是错误的。我们对于群众的缺点要苦口婆心的〔地〕教育说服，而不是压制、咒骂或打击群众。因此司法须与群众相结合，从实际出发，而不是从主观愿望出发。判案子、处理问题，都要多作说服解释，使群众明白。我们能否有民主作风，焦点在思想上，如只简单的纠正作风，是不成的，必须从根本上解决。

丙、几个政策问题。

必须牢记相信群众力量，依靠群众的伟大力量，镇压汉奸特务反共反人民份〔分〕子，从边区人民实际生活出发，调解人民中间的纠纷。这是司法工作的重要任务。

已往司法人员在处理特种刑事案件上，常认为这是别人的责任，采取叫我怎么办，我就怎么办的态度。这是不对的。要深刻认识除奸是为了保障人权，这是我们的责任，应与一切抗日人民共同来除奸。某些人对除奸所抱的“积阴德，作〔做〕好事”的思想，必须彻底肃清。

镇压反共特务份〔分〕子，也是为了保障人权，为了广大人民的利益。对于除奸问题、镇压反共特务份〔分〕子问题上，掌握宽大政策与镇压政策是很重要的。为了争取教育他们，把坏人变为好人，对一切误入歧途的人，只要他诚心悔过，回过头来，都可不念旧恶，予以宽宥。但对于那些依然进行汉奸特务活动罪行的份〔分〕子，都须加以镇压。在具体执行上，要掌握一定的时间、地点，掌握政策，避免偏左偏右的毛病。衡量对除奸政策掌握得是否好，就要看出发点是不是为了群众？是否对群众有利？（如冀中的单打一，集中力量打最坏的家伙，受到广大人民的拥护，相反的，在北岳区×县因杀一伪村长，致惹起村民反感，形成脱离群众）。

其次，在司法工作中要掌握土地政策，进一步的〔地〕仔细研究租佃债息条例，并根据当地具体情况，研究执行办法。对保障土地所有权与使用权，须掌握得很紧，因直接关系人民切身利益。但主要保障使用权呢？还是所有权呢？我们说两者都是重要的。我们承认私有财产，保护私有财产，因此地主土地虽然被农民种着不拿回来，而对其所有权并无妨碍。我们对保障农民土地使用权，应特加注意，绝勿马虎。关于土地所有权的问题，要改变过去“所有权是绝对的，随地主自由支配”错误的认识。必须充分的〔地〕照顾到农民土地使用权。如能掌握住这一精神，就可少出毛病。

掌握婚姻政策：一个是早婚问题。早婚对民族体质健康影响甚大，为了下一代，为了明天，我们反对早婚是正确的，但在具体情况之下，可以酌情处理，不过能不早婚，仍应坚持不早婚。另一个是离婚问题。区级以上干部离婚案件到区处理，不合适，还是到县为宜。对于离婚案的处理，一方面要照顾到给妇女解除痛苦，一方面也要照顾到农民的利益。

二、司法工作的方法问题

甲、方法就是从实际出发，不是从个人愿望出发。过去在审讯工作上从个人出发的毛病很严重，常找寻适合于自己需要的口供。今后不能再这样。

也不是从法条出发，而是从边区人民实际生活情况出发，每遇一案，首先就想起六法中的几百几十几条，是要不得的。

也不是从口供出发，不是口供上怎么写的就怎么判。也不是片面的〔地〕就事论事。因为人事关系往往很复杂，纠缠很多，如弄不清楚，而只就事论事，常会出错。

那么，要怎样呢！要从实际出发，实事求是，相信群众的力量，经过周密的调查研究工作，研究事情本身的规律，从边区人民实际生活情况出发，为群众服务。因此就要：

1. 提倡与帮助民间调解，进行巡回，就审。调解本身就是实事求是，经过群众路线的。

2. 相信组织力量，不要简单的〔地〕相信个人力量，一个县如只靠审判官，再加二十个也不成，因此主要应相信组织力量，通过各个部门来提意见，搜集材料，了解情况。更重要的是要相信团体力量，过去对团体认识很不够，认为团体反映的意见是片面的，不能代表统一战线。这种思想必须纠正。边区团体有了六年多的组织工作，组织了广大人民，是代表大多数人民的，是有力量的。他们对农民、工人、妇女……各方面的情况了解最多。通过他们，就可以得到许多材料，这是很重要的一个方法。

过去规定的一二审制度须要改革，二审对一审，边区对二审互不相涉的作〔做〕法，不是从实际出发的，今后应多帮助各县审判官，减少错误。

在审讯技术上面，也不能从个人愿望出发，而应从调查研究被审人的情况出发，只有对被审人的具体情况了解清楚，才不会犯主观主义的毛病，因此在审讯前对被审人的调查研究很重要，如被审人的性格、面目、犯罪事实等都要弄清楚。审讯就是一种斗争，被审人企图掩蔽事实，而我们却要把事实真象〔相〕挖掘出来，因此审讯要从调查研究与说服，讲道理上下工〔功〕夫而不是逼供。

在领导责任上，不是简单的〔地〕把案件审核一下，而主要是根据一定时期一定地区的某些案件，总结经验，指导全盘，特别是高［等］法院及各分庭要注意研究，也就是说司法工作要改变过去孤立的〔地〕被动的〔地〕处理案件的作风，而建立从实际出发，总结经验，加强指导的作风。

乙、司法是为政治服务的。目前应如何进行？主要作〔做〕什么呢？

1. 要与大生产运动密切结合。怎样结合？无论巩固区游击区土地纠纷都不少，会妨碍大生产，劳资、水利、婚姻……问题，也都会影响大生产的开展。敌探特务奸细对大生产的破坏，也很严重。因此，司法工作要与大生产运动相结合，要一切为了保卫大生产的胜利而积极工作。再就是和反对敌特国特的斗争密切结合起来，严防与镇压其破坏活动。

干部少，工作多，怎样使用力量？重要的办法是突破一点。每一县在进行调解、就审工作中，可以找一个案件最多的村庄作为典型村，花一月至一个半月的时间寻求调解就审的经验。这一村突破之后，就要总结经验，指导其他，再作〔做〕时就好办了。同时县还可抓紧一个区公所进行研究，研究区是怎样进行调解与调处案件的，并可从中了解为什么发生这许多问题。这样花上三个月的工夫，就会作出成绩来，就会总结出好多办法来。希望大家努力创造。

回去以后怎样办？此次会议是有收获的，但要大家都动起来，首先在认识上须要取得一致。因此大家回去后要使科员至少是科长以上干部了解这次会议的精神，和晓得怎样作〔做〕才是正确的。也许有的因为过去和其他部门关系不好，感到不好开口，但努力克服，进行自我检讨，主动的〔地〕与别人联系，提出过去的错误和缺点（主要检查自己），以及今后改进办法。等到大家同意后，也让别人检查自己，在思想准备成熟后，可请求专员县长召开署、县务会议进行讨论，把大会的精神和决议贯彻下去。

其次，司法干部应抱为广大人民服务的态度，自己必须要积极起来。对别人不抱成见，主动的〔地〕找别人谈问题，找材料。同时也把司法部门所得的材料主动的〔地〕告给有关系的部门。这样一来，别人总不致不高兴，而且是会很好的〔地〕帮助我们的。

再次，领导的责任在于掌握情况，掌握政策。我们从案件中也可以看出一部份〔分〕工作情形。案件多的地方，大体上表现出在政策的贯彻上有问题，或是在政策的贯彻中有某些障碍。案件少的地方表现出或是政策贯彻得好，或是群众没有发动起来，问题没有爆发出来。从这些材料的了解中，再从和别人的联系中，可以了解到更全面的材料，使我们在掌握政策上，纠正孤立的作风上，都会有很大好处。

此次会议的主要精神，是放在整风、转变思想上。经过这次会议后，好象〔像〕在平静的池水中扔下一块石头，打破了过去平静的局面，引起了一些波动和变化。虽然认识不同（有的提醒了，以后决心好好的〔地〕干。有的虽然打破了旧的一套，但感到以后的工作没法作〔做〕。也有的是旧的一套未打破，不过也觉得大家说的〔得〕对。也有极少数的人认识你讲的是一套，但不如我的一套对，我仍然干我的那一套），但是一般说来，这次会议对于司法人员的思想，是打开了一个门，不过思想的转变很不容易，这次会议还只是转变的开始，而这一转变更须在实际执行中去体验，随时检查自己，更进一步的〔地〕反省，打破旧的一套，对每一事情都用怀疑的眼光来看。这样作〔做〕下去，就会成功。同时希望大家的胆子，不要小起来，不要怕出错（错是谁也免不了的），要大胆的〔地〕创造。

总之，大家须〔需〕要掌握两个东西：一个是群众立场群众观点；一个是从实际出发。如对每一问题都能掌握这二点，继续考虑下去，就好搞了。

至于司法工作中的一些具体问题，如区公所调处与调解案件等，候由法院及委员会决定后另通知。

最后声明：司法工作中的许多缺点，应由委员会及法院负更多的责任，今后愿与全体司法干部共同努力，建设一套适合于新民主主义政权的司法体制。

选自《中国新民主主义革命时期法制建设资料选编》，第 4 册，西南政法学院函授部 1982 年编印，第 98～108 页。

13. 晋察冀边区司法工作报告

1944 年 3 月高等法院王［斐然］院长在边区司法会议上的报告

第一部份〔分〕 几个基本认识

甲、法律是干什么的

把书本上的理论和实际生活中的体验结合在一起，我们毫不犹疑的〔地〕说“法律是为了保护一定阶级的利益的”。在奴隶社会中，奴隶主对奴隶就有生、杀、买、卖、为所欲为的特权，而这种特权是法律上所规定了的。在那时对奴隶也谈不到什么保障人权，假设有人那样说，就会遭到奴隶主的打击和危害。在资产阶级专政的社会里和无产阶级专政的社会里，对于保护财产的法律，也绝不会是一样的。在抗日区域和敌占区域，法律也绝不会一样，而且是大相反对的——我们对事敌资敌附敌者要制裁，而敌占区域则是对抗日者、“通八路者”加以杀戮危害。（[之] 所以要举出这样浅近的事例，是因为在我们干部中，曾存在过也许还存在着敌我一家的思想，例如以前曾有过一个审判官，在审判汉奸案件时，非常犹豫，还对人这样说“反正是一样，我们落到人家手里，还不是同样任人家处置吗?”。同志们！这是什么打算？只能说是汉奸心理的反映！后来这个人，许是为了预免“落到人家手里”，便在一九四一年大“扫荡”时主动的〔地〕投敌去了）。

去年参议会所通过的十四种条例，在抗战以前，是绝不会出现的。即现在拿到中国法西斯专政的地区，不但不能施行，而且一定会遭到毁灭的。为什么？因为，抗日民主地区即实行新民主主义政治地区的法律，和中国法西斯专政的地区的法律，它们所服务的对象是不同的。我们新民主主义地区的法律是为各个抗日阶级、阶层的广大群众服务的，是保护他们的利益的，而中国法西斯专政地区的法律则是为少数的大地主大资产阶级服务的。我们的法律是消〔削〕弱封建势力，减轻剥削的；而中国法西斯专政地区的法律，则是维持保护封建势力，保护剥削阶级的。

在这里，我们应当追究清楚一个观念，就是“法律神圣不可侵犯”的说法。提出这种说法的出发点，若是为了尊重民主，为了保障抗日人民，为我们参议会民主制定的条例，拥护我们的民主立法，这种说法是可以的。因为这是尊重自己、爱护自己。但若是把法律的神圣性解释为超阶级的，无任何条件的〔地〕说它是天然最公平的，是神的意志等等，从而说它神圣不可侵犯，那是有意欺骗土豹子，企图让广大工农群众俯首帖耳的〔地〕受其压榨，任其宰割，任其出卖国家民族！例如限制异党活动办法一类的法律，便是这种东西。实际上绝不会有超阶级的法律，这正 [是] 由于没有超阶级的社会、政治。而故神其说，要说它超阶级，这是统治阶级为了维持其统治的骗人的话。我们是站在广大群众利益上面的，我们一向是被压榨、受宰割的，我们有冤屈，敢于理直气壮的〔地〕说实话，而且渴望着究明真理。还应当认清，法律并不是不变的，它应当是而且也必然是随着社会性质、政治性质的不同而演变的，说一句通常的话：它也是从无到有以至消灭过程——随阶级消灭而消灭的。所以要提到这一点，是因为有人在主张上或在实践上〔中〕表现了这种意思，仿佛认为对已有的抗战以前的法律是很完美的，是天经地义万古不变的东西了。这样想或这样作〔做〕的人，大概有两种：一种是主动的〔地〕感到了旧法对他的实惠，当然要拥护到底；还有一种则是因为在那老一套中钻来钻去，不自觉地作〔做〕了它的俘虏，丧失了独立的理性而不能自拔。这样的人，对于接受我们的新法，在实质和精神上便很差，在他适用我们的新法时，也便出于勉强，他同新法是貌合神离的。这一类的人，应努力打破旧的囚笼，不然便很难进步。

乙、新民主主义法律的几个基本特点

一、它是保护各个抗日阶级、阶层、人民的利益的，对汉奸特务破坏份〔分〕子是专政的。我们的各种条例，如最重要的租佃债息条例、县区村组织条例、选举条例、婚姻条例……等等，没有一个不是保护各个抗日阶层的利益的，绝不是为了少数人的利益的。再看我们适用的惩治汉奸条例以及我们创制的惩治贪污条例、惩治破坏坚壁财物条例等，没有一个不是为了保护广大群众的利益而对汉奸特务及破坏份〔分〕子给以镇压与制裁的。

二、它的精神是抗战、进步、团结的。这一点有阐述之必要，因为这和常说的灵活运用条文有关。例如民法第一章第一条说“民事法律所未规定者依习惯，无习惯者依法理”。第二条说“民事所适用之习惯，以不背于公共秩序或善良风俗者为限”。我们怎样适用这两条呢？冀中在五一“扫荡”之后，有些地区暂时的〔地〕被敌统治了，它对于一些问题的处理措施上，已和我们抗日根据地的地区有了差别，也是形成了一种新的习惯。现在我们恢复工作之后，在处理问题时，是依它现有习惯呢？还是依五一“扫荡”前的习惯呢？有些地区，地主对佃户实行着超经济的剥削，已成了千年古代的习惯，当我们把工作开辟到那里时，是否也要依那种习惯呢？再说依法理，法理又应当依什么标准，由什么出发，作如何解释呢？这都是问题，我们再看第二条所说“公共秩序”又当如何解释呢？如平山农民反对违法地主的斗争大会，能算有背〔悖〕于公共秩序吗？我们说这绝不是，这才正是我们的抗日民主社会秩序。但是在中国法西斯专政的地区，他〔它〕是否要加以有背〔悖〕于公共秩序的罪名呢？我想，这一定是会的。再说“善良风俗”，究竟什么是“善良”呢？嫖妓宿娼是“善良”呢？自由恋爱是“善良”？有人认为前者为合理，说后者是“世风日下”，这究竟是否对呢？把青年妇女关在家里，大门不出二门不迈的事实，和青年妇女可以集体劳动，参加大生产的现象相较，那〔哪〕一种是善良风俗呢？那〔哪〕一种是不背于公共秩序呢？我想要解决以上的疑问，保证得出正确的答复，只有贯以抗战进步团结的精神，不然，就会适用不甚，也会感到没法灵活。

三、现实的、贯彻的。这就是说它不是形式的欺骗的，而是从群众中来，是群众斗争的结晶，是大众自己的。有人说边区的各种法令下边全未贯彻下去，甚而说全执行错了。这是不合事实的。这正因为我们的一切法令是现实的，是保护广大群众利益的，是在往下贯彻了而且贯彻着；惟在这一过程中发生着一些缺陷则是事实。我们常在文件中看到“进步中的缺点”这句话，有的司法干部，不明了它的实际意义，有的便怀疑它是一种饰词、巧辩，而心里不服。现在我们应当相信所谓“进步中的缺点”确系事实，上边的说法和想法是完全错误的。我们可拿下面的一些事实来检查：大家想一想，在抗战以前，在山沟小道里，寡妇改嫁，有多带了应继份的吗？大概没有吧？可是现在已经发生了这种事实，就在我们住的村里就有一宗。再想一想，抗战以前。在山沟小道理，寡妇改嫁，有带财产的吗？大概也没有。可是继承编是什么时候颁布的呢？远在民国二十年五月五日。再追问下，从前乡村中的寡妇，是否有被其娘家或婆家卖了的事实呢？大家都会说“那不稀罕”。即以此例说来，这一寡妇多带了应继份遗产的事实，是否进步中的缺点呢？我觉得是的。有人见到了离婚案件多由女方提出，也认为是婚姻条例执行错了（当然其中也有错了的）。但是和抗战以前只见休妻卖妻而没有离婚的事实比较，自然会承认现在离婚案件的不尽适当的事实是进步中的缺点。大家再想想，更会有好多实例。所以我说，我们的法律是现实的、贯彻的，而非形式的样子货或骗人的幌子。必须看到这些，相信这些，才不会拘于形式主义（当然我们的法律也要往完整一方面发展），以旧法完整的见解，而厚古薄今。还应当好好考虑一下，亲属法多少年没有兑现。婚姻条例公布以来，在巩固区已家喻户晓，妇孺咸知，而且好多人会拿它去保障自己的权利幸福了。关于女子财产继承权的决定，虽寥寥数行，但已为广大妇女群众所掌握了。

关于贯彻不够，或执行中有缺点，虽系进步中的缺点，我们也不当忽视，听其自流下去。这需要我们付以相当的力量去克服。这正是政权工作者、司法工作者的任务。为了完成这种任务，就需要改变我们的观点，不要怪群众落后，不能接受法律知识，还需要我们在立法时力求大众化，易为群众所了解。如"继承法者强行法也"一类的东西，非责成群众去了解不可，不了解就算他们落后，那就是"化大众"的思想。事实上群众永远也了解不了那种货色，因为它只是统治者的专利品。我们在具体案件的审理中，在问题的解决中，随时不要忘记了对群众的宣传解释工作，以提高他们的法律知识。

丙、司法机构

司法与立法行政是统一的，统一于那〔哪〕儿呢？统一于人民权利〔力〕机关。政法是权力机关选举的，法院也是权力机关选举的。新民主主义的政体是民主集中制，人民权力机关选举出行政与司法人员之后，权力执行机关是政府，法院是政府的组成部份〔分〕，各级法院，受各级政府的领导。这种关系说起来好说，实践起来常不自觉地会感到不顺当，这是因为三权分立的学说，在我们脑筋中还残存着或还占有统治地位。三权分立的学说，现在因为时间关系不详细的〔地〕从理论上去批判它，只简单的〔地〕从中国实行过的看看它的实质吧：三权分立的主要内容之一是司法独立，在我们脑筋中还曾残存或还占统治地位的就是这种思想。但它所赐与〔予〕老百姓的恩惠是什么呢？便宜了那〔哪〕些人呢？在我觉得，它只是把司法工作作成了少数统治阶级的工具，而和广大群众起了些别扭。再看看以往的司法是否真正独立过呢？对某些人是独立的，而对某些人是不能独立的。北伐成功以后，民十八（?）* 曾发生过哄〔轰〕动一时的三大案件——上海烟土案、四大纲总案、东陵盗墓案——后来怎样结案的呢？说句俏皮话"天晓得"！中国法西斯专政的地区，进步人士常常失踪、常常遭到暗杀，对主谋凶手加过通缉搜捕吗？你们听到检察官对这一些案件提起过公诉吗？为什么不独立呢？为什么不行使司法职权呢？而他们偏偏还硬要说是司法独立。有人说，三权分立的坏处在于互相掣肘，这只是迂阔的说法，实质上还不是狼狈为奸，拐弯抹角的〔地〕掩耳盗铃？

再说以前司法独立的思想，曾给一些司法工作者栽上了政治上的反动根苗，他们有意的〔地〕，也有的是无意的〔地〕把法律和司法工作看成了红尘以外的产物，只替六法全书负责，大有"宇宙沉沦司法万岁"之慨，流于无条件的〔地〕为统治阶级服务的人，变成了"彻头彻尾的反动家"。大家想想，事变前的公务人员很顺从的〔地〕参加敌伪工作的恐怕法界中人是比较要多一些的。当然，这和他们的阶级出身有关，而思想上的毛病也还是原因之一。

其次司法独立中的具体内容之一，即审级间的相互独立，这也是不合于我们的政治要求的，这在前几天五法庭李推事的发言中业已谈到。试想等到一个案件已判错了。再到二审去纠正，何如事先就不让他判错？我们的政府上下级是统一的、一致的，有什么理由司法方面初审和二审就应当不一致，而且还以作翻案文章而沾沾自喜？让老百姓劳民伤财，

---

* 原文如此。

对国计民生有什么好处呢？我们在政治上不需要这样。

最后我向大家坦白一下：纠正这种独立的思想，不是一件容易事，需要经过斗争过程。即以我而论，当初并未学过法律，也未作〔做〕过司法工作，也不懂什么叫独立。但是成立法院之后，仿佛也感到是和司法处时期和政府的关系是不同了；仿佛想到既然有一颗方印，当然是个独立机关了，若不发号司〔施〕令，要它何用？于是为行文问题（这是前几天同志们都提到过的），曾在委员会中作过两次讨论，决定了司法行政的公文也由委员会发，说不出反对理由来，但心中有些不顺当。但是否在工作上有妨碍呢？考虑的并不多。后来在整风过程中，才想到这是思想意识问题，是有些闹独立性，这以后才心平气和下来。当然我并不是说，大家在领导问题上所想到的意见，出发于闹独立性，而只是说以往司法独立思想的肃清，是需要费些力量的。

关于大家在领导问题上所说的司法行政的行文问题，以后还可以提供委员会讨论，如果改一下对工作有利的话，也未尝不可；如果无此必要，则就还照现在的这样去做，这倒不是什么大问题。署县务会议，推事和审判官究应列席或出席，也可再提委员会讨论，不过我觉得最重要的还是大家应考虑一下，到署务会议或县务会议上，除了为了解全面工作以外，有哪些有关的问题要向会议报告和提付讨论的？我想是在一定时期内，处理案件当中，所发现的问题加以分析总结，以及案件发展的动向和从中所看到的问题等是应当向会议报告的。在处理案件中，应如何贯彻各种政策，是应提请讨论的。如此则你们参加会议，大家就感到很有必要，你们自己也感到必要。因此今后大家在参加署务会议县务会议的时候，事先应当把要报告和提付讨论的事项告知专员县长，请其列入议程。

还有在大家的发言中也常提到有好多法令司法干部见不到，我想这容易纠正。比如由委员会发一通知让各署县把法字的公文归庭处存卷，更建立起对法令的传阅制度，便可得到解决了。

丁、工作态度方式方法是主动的积极的

这就是说不应当是被动的、消极的、等待的。这在我们的实践中虽成绩还不显著，但是在大家的思想上都在向这方面发展着。例如有些县份，特别是案件多的县份，都在注意着与帮助着村调解工作，巡回、就审等制度也逐渐推行着，对于“民不举官不究”和“不告不理”的思想，个别同志正在对它怀疑着。这说明了司法工作是为人民服务而不是官字号的买卖，做也可，不做也可，它是对人民负责的，和以往的司法机关，只对上司负责是截然不同的。

当然在工作实践中，我们的工作方式方法还存在着很多的缺点，下一部份〔分〕还要详谈，这里姑且从略。

第二部份〔分〕　六年来对司法工作的基本估计

这一估计分为甲乙两项，甲项是主要成就和优点，乙项是主要偏向和缺点，着重要谈的是乙项，对甲项只是很概括的〔地〕略谈一些，这样做是有利于工作的改进。

甲、主要成就和优点

边区司法工作是抗日民主政治的一部份〔分〕，它在边区民主政治的建设过程中，发展与进步远落于其他部门之后，但它的进程基本上是符合于新民主主义的政治的，而且基本上是在完成着它的政治任务的，它以往，现在和将来的进步，和边区民主政治的进步是分不开的，同时它的进步，也是有助于边区民主政治发展的。现在把它的主要成就和优点，略述如下：

一、改造了与改造着与政治脱节的现象，矫正以往所谓司法独立脱离政治领导之弊（边区行政委员会工作报告——见晋察冀边区第一届参议会大会汇刊）。

二、改变了旧的司法机关的旧面目（“衙门八字开，有理无钱莫进来”），而成了真正为广大群众解决问题的机关。“有许多地区被敌寇蚕食占领，他们仍然越过层层封锁线，要到抗日政府来打官司”（边区行政委员会工作报告——见晋察冀边区第一届参议会大会汇刊）。因为“老百姓从五年来切身经验中很清楚的〔地〕看到：只有边区的司法是最公平可靠的”（同上）。

三、基本上完成了与完成着“保证政府各种政策之执行，保护抗日各阶级阶层人民的利益，对汉奸盗匪及违犯法令者予以制裁的中心任务”（同上）。

四、逐渐克服着墨守成规与老一套的办法，而在随时间、地点、条件之不同，发挥着创造性。这检查一下我们关于司法上的创制就可以看到。

五、工作方法上，也逐渐改进着，有些干部也能够“依靠民意，依靠调查研究的材料进行审判，矫正已〔以〕往法官坐在家里死啃条文的习惯”（同上）。

六、在处理刑事案件方面，基本上克服了单纯的刑罚观点。“对犯人用感化教育政策；反对报服〔复〕主义”（同上）。在无数次的战斗环境中，对监所工作的考验，说明着感化教育政策是有很大成就的。

七、干部质量是日在提高着。“今天我们的司法干部都英勇的〔地〕坚持着他们的工作岗位，甚至流尽最后一滴血。我们不能忘记，遭敌包围壮烈牺牲的专署审判官孙继鱼同志，定兴审判官田晓章同志，晋深极审判官赵润民同志……”（同上）。

这一项只谈到这里，同时希望大家能把去年开参议会时政府所提的工作报告（第一届参议会大会汇刊）详细翻阅一下。因为那里边的记载更全面一些，而且它所谈到的基本上还符合于当下的估计。这就是说，我们主要成就及优点还未超过了那时所指出的工作阶段，只是在那一基础上，略有一些进展就是了。

此外更应指明的一点，就是司法工作能有一些成就，主要靠了政府的统一领导和广大群众有组织的帮助与监督，因此今后工作的进展，更应依靠这些力量，才会有较大与较快的进步与收获。但是从另一方面应认识与考虑到，以往和现在的进步，远落于其他部门之后，也因为它的进步是出于被动，甚至是被迫者多，而出于主动者少。为什么是这样？这完全是司法干部的思想问题，在思想上赶不上其他部门，还是停留在旧的一套中，而改造思想的基本环节，则是加强群众观点。

乙、主要的偏向和缺点

这是我们今天要着重讨究的，因为我们的会议就是为了，要解决思想上的问题，主要要在这一项中来解决。根据几天中大家的发言，和日常工作中所经到与感觉到的一些事实及材料，扼要阐述如下：

一、因为对民主政治认识不够或认识的〔得〕不正确，甚至有的抱了反对的态度，所以便有的干部缺乏群众观点，而富有统治思想、正统思想、独立思想。这种错误观点和思想，都具体表现在日常对待问题与处理问题中。如：

（1）缺乏群众观点，富有统治思想，便不能为群众服务，而只能站在群众头上，去统治群众。对待问题，便不会从群众出发，更不会维护群众利益，而只能有意或无意的〔地〕去为旧势力帮拳。也正因为如此，便也感不到有主动积极的必要，便很自然的〔地〕会拥护与牢守“民不举官不究”的旧规，因而提倡民间调解，实行巡回、就审、深入调查研究等等，任凭怎样计划、布置、推动，也不会动了起来；即［使］偶尔动动，也出于支应差事，绝不能表里如一，实事求是的〔地〕为群众解决问题。

也正因如此，对于法律的适用上，也就带了先天性的偏见，总觉得我们的各种条例，不若原有的六法好，说的时候往往是说它不完整；而实际上，绝不是为了形式上完整与否，而是在实质上，我们的条例是为群众服务的，用起来总感到不惯或别扭。我这样说，绝不是无的放矢的〔地〕故甚其词，而是有事实根据的。如一般学法律的人，都懂得特别法优于普通法的原则，可是为什么有的人在问题处理时，本来用我们的条例可以解决的问题，而偏偏去死啃旧条文呢？

还有司法工作者，常常爱讲“法操”，究竟“法操”是什么东西呢？据想应当就是正义感，我们对待与处理问题时，应当怎样才是有正义感呢？我现在举一件事实请大家批判一下是否有正义感？这在一九四〇年，司法处曾办了个短期训练班，那时我还没有来，繁峙审判官陈伟同志正在处理，其中有一个在职干部，曾私议过“现在实行减租，佃户真把地主剥削的〔得〕活不下去，地主应当暴动”。同志们，这话符合事实吗？含有真理吗？这样人的“法操”该是如何呢？会不会有正义感呢？正当去年平山县案件最多的时候，偏偏就请了说以上那些话的先生去帮忙。好，在过堂时，很明显的，对地主则和颜悦色，对佃户则声色俱厉。于是不几天，司法处附近，便发现了群众反对政府的标语，在舆论上也高嚷出了“现在政府不是穷人的政府了”。同志们，这种事，是不是该归咎于群众呢？

我们还应当了解，富有统治思想的人是只站在群众之上，居高临下的〔地〕践踏群众、俯视群众的，这种人自然谈不到群众观点：可是我们虽自觉无统治思想，而只要站在群众之外的〔地〕同情群众，帮助群众，你也就不会觉得是为群众服务而是在向群众施与“恩赐”，这也不是群众观点的。前天二法庭李推事在他的发言中，提到因为自己阶级关系，便缺乏群众观点，在工作立场上便偏于“右”。这是一语道破了的话，实在值得我们警惕！因为自己“右”了，便往往感到别人偏“左”了。与此有关的，是所谓第三种人超阶级的立场，这种人是不存在的。如果不信，举一个例子，过去在政府就有这样一个人，自以为自己是既非国民党又非共产党，是纯粹的中立人物，天然的统一战线者。可是现在才显露了他原来是个反共特务份〔分〕子。在去年整风学习中，曾与法院一个同志谈话，他说“我在这段整风学习中，自觉到最大的进步是到现在才认识了没有超阶级的人”。他说完这话，非常的〔地〕快慰。这实在是一大进步，也是他应当快慰的。

（2）正统思想，确乎在个别干部思想领域中是存在的，认真说来就是中国法西斯的思想。存有这种思想的人，他对于民主政治骨子里是反对的，只是貌合神离的。这种人对于进步法令，绝对不能认真的〔地〕正确的〔地〕去执行，因为他时刻在想着“复辟”，是在无可奈何的等待“年头”。我说这话，也是有事实的。曾有一个干部这样说，“现在是老婆婆不在家，小妯娌子们胡出主意”。他心目中的老婆婆是谁呢？最奇怪的，为什么非常希望有个老婆婆不可？这也就更见到另一面的真理，就是统治思想的另一面，便是奴隶思想，他愿意广大群众作〔做〕他的奴隶，同时也甘愿作〔做〕别人的奴隶。

以前我们感到旧有的诉讼程序有些不适于我们的司法工作了。曾找那个干部起草一种切合实际的诉讼程序一类的东西，但他在背地里说过这样讽刺的话："这种创制，只有国民政府最高法院才有权，边区凭什么起草那个？"这是什么思想呢？那就是说"中国者，国民党之中国也"，这正是标准的党天下的思想！是中国法西斯的思想！请想，这样的干部能为谁服务呢？只能为中国法西斯服务。事实上他已也这样作〔做〕了，他不相信——其实是反对各级政府，破坏干部的威信，凭借了自己的职位，专作〔做〕翻案文章，在官司中只要波及村干部的，保险村干部定要败诉。他平常拘泥于诉讼程序，但对某一个村干部挨告的案子，也竟而破例的〔地〕代为受理起来，并出拘票去拘他。看看，这是为谁服务呢？

当然，这严重的错误思想在干部中占了绝对少数的。具有这种思想的人如果不能改正，那是不能再见容于新民主主义的政权工作者中的。

（3）独立思想，是宗派主义的具体表现，它发展的结果，必然要走向与各部门各方面对立，而自己陷于孤立。在大家检讨与各方面关系的发言中，推究关系之所以不好的根源，即是由于这种思想的作祟，若不将这种思想连根拔去，则所谓关系好，也只是表面皮，是一种联合联合，客气客气，外交手腕，在处理问题时，可以不要政治责任心，无原则的〔地〕迁就，以换得"和平共居"。同志们，可以好好检讨反省一下，自己所解决的问题，是否全合乎自己的主意？是否有为了换得关系搞的〔得〕好，而以问题的处理送礼的时候？是否有把问题已解决了背地里又说"这不是我的主意，问题就不应这样解决"的时候？

若不能肃清独立思［想］，虽表面上多么好，也是"尔为尔我为我"，绝不能大家成为一个整体。如能够削〔消〕除了独立思想，则对各方面有时对问题的意见虽不见得一致，甚或酿成争论，那结果也是会对工作有利的。

以上所说的三点，它的发生原因，就因为没有认清新民主主义的民主政治的实质，也没有认清新民主主义政治的政体是民主集中制，领导是统一的。

二、因为在认识上有以上的错误思想存在，在工作作风上，态度上，方式方法上，必然要有以下的缺点：

（1）官僚主义：与群众对立，摆统法者的架子，甚至于打骂当事人或犯人。大家发言中，只揭发了自己打骂人的错误，不过在认识上还多从消极方面出发，如这是法所不许的，或可以降低政府威信等。还没有认识到这是违反革命道德的事情，所以对此还应当再加以深入反省。

（2）自由主义与宗派主义：不尊重领导，不重视舆论，以内行专家自命自居，不接受批评，"笑骂由他笑骂，好官我自为之"。去年反"扫荡"中，来源县司法处受了很大损失，其主要原因是犯了官僚主义和自由主义的毛病，有些干部与各方面的关系不好，主要是因为有宗派主义的毛病。

（3）消极被动：满足于室内工作，坐在家里等官司，把"民不举官不究""不告不理"的规定，看作是非此不可。

（4）文牍主义、形式主义：舞文弄墨，不看对象，不问效能，但求形式上自圆其说，不问实质的是否正确。有的同志说，"文牍不等于文牍主义，反对文牍主义，不等于反对文牍"。这话是对的。为了反对文牍主义，更要重视文牍，要让他件件有必要，件件能解决问题。

（5）法条主义：有的同志发言中，曾说："司法工作者不用法条怎样判案？"所谓法条主义，绝不是不用条文，而且希望大家都能把条文适用得很正确适当。"有治人无治法"的思想，应为我们所反对，树立革命的法治精神，还为民主政治建设过程中所需要。可是：问题一来，不究真象〔相〕，尚未审清问明，即从法条出发，率而断案：或则但能找到法条，不问其是否符合于当前的政治，只要能用它了案，就无条件的〔地〕去运用，更或不顾条文的实质精神，割裂的〔地〕、孤立的〔地〕、断章取义，只求形式上过得去，脱离开政策去理解与使用条文，就应该反对。

有人会说，我们的条例不够用又该如向〔何〕？我想依习惯，依法理，只要能贯彻抗日、进步、团结的精神去解决，还是相当妥当的。法理以什么作依据呢？就是我们的各种基本政策和施政纲领。

（6）事务主义：包件的作〔做〕法，结一案算一案，一了百了，见树木不见森林。不去总结研究，从里边找问题，找解决问题的办法，提供政府，帮助政策的正确执行与贯彻，发生积极作用。

以上所说的主要偏向与缺点，关于思想方面的问题是主要的。思想上闹不清楚，问题便得不到解决。怎样求得思想上的正确呢？应当去研讨前一部份〔分〕总结出来的问题。

三、忽视甚至取消了对敌斗争的效用。把司法工作，局限于巩固区内，不能主动的〔地〕伸入游击区，为那里的人民解决问题。这是不能为政治服务的最明显的表现，也是限于极端被动的表现。直到现在，各级政府和司法部门，还未正式的〔地〕注意与考虑这一问题，这是领导上一个很大的错误。有的司法干部，在受理游击区案时，不若对巩固区案件的慎重，对当事人利益的关心，也远赶不上对巩固区的当事人。这是缺乏群众观点的表现，也是殖民地思想在司法工作中的反映。更有个别同志（不只司法干部），在游击区处理问题时有一种很错误很有害的想法，以为有些政策法令与那里的人民无大关系似的。这简直是表示着不要那里的群众。这一些偏向，令后应力加纠正——有则改之，无则加勉。

第三部份〔分〕　目前工作的方向与重点

解放日报社论谈林主席报告中，有以下几句话："在司法方面，提倡民间解调，诉讼手续力求简便，审判案件要照顾边区人民实际生活，根据切实调查研究，把制裁汉奸反革命当作中心，把保护群众当作天职。"（晋察冀日报二月二十七日社论）这短短的几句话作为我们目前工作的方向与重点是完全适合现实，而且完全正确的。在这里更应着重提出"把保护群众当作天职"是司法工作者不可一时或缺的政治自觉，这就是说要有坚强的群众观点，更应指出只有"照顾边区人民实际生活，根据切实调查研究"，才能不犯擅断毛病，才能打破条文主义。现在再根据当前的工作需要与我们的主观力量，提出以下的具体意见：

甲、加强与深入除奸工作，"把制裁汉奸反革命当作中心"

这是在抗战胜利以前司法工作中不变的重点，抗战越近胜利，越应重视这工作，丝毫不能大意。加强与深入除奸工作的途径，是正确的〔地〕执行除奸政策，要把除奸工作造成群众运动。公安部门在纠正神秘化与孤立主义之后，在这一工作上，将有重大的开展。司法部门要与公安部门密切结合起来，从审判工作中，扩大战果。

每一司法干部，要加强政法责任心，站稳立场。好多同志发言中，都谈到以往把特刑看作了是军法官的事情，不是自己职份〔分〕以内的事，因而也就不加注意。也有的说，“这是公安科的事，他们怎样侦查的，就怎样审讯，因而形成了有侦查无审讯”。这都是不对的。应当这样想：一个自卫队队员，既非军法官，又非审判官，仅是一个普通公民，他们还有除奸的责任，而且他们都在很好的〔地〕尽着这一责任，为什么审理汉奸案件，到了政府，却单独成了军法官的事，而与审判官无关了呢？只要是个抗日的中国人，就有除奸之责。刑事案件的审判，是保障人权的具体的体现，为什么在审理汉奸案件中就不很好去体现了呢？（现在对保障人权已有人发生着一种误解，觉得是专为被告说的，我们应当详加宣传解释，使之纠正过来。）再说站稳立场的问题，应当是什么立场呢？起码应当是抗日的立场，按职务说，又应是抗日民主政府的立场。这就是说，对于汉奸的审判，不但是尽国民一份〔分〕子的责任，而且还有对广大群众负责。因为审判汉奸案件的工作，是人民交付给你的任务，站不稳这种立场，就会有意无意的〔地〕斤斤于形式，忽略了实质，结果会形成对汉奸的同情，对广大抗日人民的残酷，对国家对民族的危害。这是“率兽食人”的行为。

有的同志批评了“单以处死汉奸数目较多者，即视为执行除奸政策，有了左的偏向，是不对的”。这是有着一面的道理的。我们绝不讳言：对汉奸是要采取镇压手段的，但这种镇压和宽大政策又是一致不背的；因此又应当认识到，多杀虽不一定是过“左”，但我们不但不主张以肉体消灭为唯一镇压手段，同时还主张尽量作〔做〕到少捕不杀的，当然这绝不能认为是对汉奸可以采取宽容放纵的态度，而是说要应当多从争取方面——感化教育着手，以完成这一政治任务。同一同志的发言中，又提到“但对于处死刑少的地方，并未考查他是否右倾了”。这的确说明了我们有的同志，在执行除奸政策上，对右倾偏向的〔是〕注意得不够的。这也很值得纠正与严防。

随着抗战形式〔势〕的演变，敌寇特务政策，也越加深入与多样化了。自去年三个月反“扫荡”以来，反共特务份〔分〕子的空前猖狂，即其证明。我们对这一新的事实，还没付以应有注意去铲除，甚至有的同志，还怀疑着这种人是否汉奸？我说这没有丝毫可怀疑的。请问反共的结果是什么？危害抗战，危害国家民族，这种行为是汉奸行为。

在发言中，有的同志提到惩治汉奸条例不适用于我们边区了，特别是第二条。这在开会以前，政府也有这样感觉。这在下一部份〔分〕，再把修正意见，具体提出。

乙、“审判案件要照顾边区人民实际生活”

这就是从实际出发，从群众利益出发，也就是实事求是，避免发生条文主义的好办法。根据大家的发言，联系到实际工作中的体验，特举例详加说明：

我们常说要灵活的〔地〕运用条文，怎样灵活呢？就是要照顾人民实际生活。能照顾到这个，自然就不会违背了政策。例如：

婚姻条例中童养媳、买卖婚姻、离婚等问题的处理，如果脱离边区人民的实际生活，就会爱之适所以害之。就象〔像〕去年春荒的时候，已订婚的女子要求到夫家过活，而有的地方竟因反对童养媳而不准。那么怎样办呢？我想，如果不因未婚前在夫家过活，而丧失了男女双方特别女方的婚姻自由，而受到夫家的虐待，并保证不违法早婚，那末〔么〕，在上述情形下，未婚以前，在夫家过上几月或几年也没有妨碍，因为反对童养媳条文的规定，其基本的精神和实质，原是怕因童养过程而确定了终身大事，断送了双方，特别是女方的婚姻自由，更为了怕女方在夫家受到非人的待遇，也为了容易早婚。又如娘家是在敌占区或游击区，婆家是在巩固区，为了避免女儿的遭受欺凌，要求在结婚前，在婆家住一个时期，也能依照上边的意见去处理又有何不可呢？这对于对敌斗争上，不是也有好处吗？

再说买卖婚姻，在陕甘宁边区的报纸上对它曾下过解释，大意是说，买卖婚姻系指由于财物关系而失却了女子的婚姻自由权利者而言。如双方之婚姻确系出于自主自愿，绝不能因中间有馈送财物的事情即一概视为买卖婚姻，所以在我们边区曾有以买卖婚姻为理由而解除婚约或离婚者颇不在少数，这样对女方，实际上也许是她的家长，固然适合了，但男方往往是贫农，则会大吃其亏，落到人财两空。如果请求退还彩礼的话，则也会遭到斥责："那是违法的，不能提它！"在司法处时期，有的下级干部，曾来信问到过这种问题，曾作过这样答复："彩礼之接受，往往与男女双方本身无关，多为其双方父母的行为，应酌量双方情形，把它当作双方家长的一种债的行为处理之。"这虽不是妥善办法，但总能补救一些。

至于离婚案件，由大家发言中，已经提到的，也有相类似的问题存在，据北岳区各县离婚案件的统计中，离婚诉讼由女方提出者占多数，而她们的丈夫又绝大多数是贫农。同志们，这是农民失掉妻室甚至拆散人家的事情啊！这种离婚原因，大半由于生活上的贫困。解决之道，并非离婚就是正确出路。在这些案件的处理中，应当切实照顾边区内人民实际生活啊！更应当深刻了解，所谓自由自主自愿，是不可能超出经济条件的东西啊！当然，在婚姻条例执行中，右倾的现象也还有的地方存在着，这也需要我们照顾。

这里应再着重指出一件事就是抗属离婚问题，在以往，我们对它注意的〔得〕很不够。这是有违于拥军政策的。陕甘宁边区曾有专门条例保护抗日军人的婚姻，我们边区只是在婚姻条例第十六条中格外的〔地〕照顾了一下。而我们在执行中，还没有很好的〔地〕慎重从事，因而有的县份发生过不应有的事情。如平山发言中所说只凭一面之词，即将现役军人的婚姻判离。又如阜平曾发生过抗属以丈夫生死不明请求离婚，后来准离了，女的改嫁之后而丈夫又回来。这我们实在对不起抗日军人！

去年一年内，行唐（恐怕各县也有）抗日军人的老婆根据第十六条的规定，提起离婚之诉的很多。我们在处理这类问题中，应格外慎重。应当通过各种关系，为她打听丈夫的实讯，另外再从优抗上、教育上给她解决物质上、精神上的困难和苦闷，绝不能抱了事态度去草率从事。

再有同抗属通奸的事情，各地都不断发生着。我们对此类问题的处理上，有时亦不够认真。今后在教育上，应使广大群众认为欺污抗属是顶大的耻辱，是犯罪的行为。在处罚上应从重处断，更要在物质上，给抗属以赔偿。今年各地都掀起了拥军热潮，我们趁此时机，在处理问题中加以注意，是可以收到较大效果的。因为爱护子弟兵这件事，已经成了抗日民主社会中广大群众的道德，也就是说将要成为这一社会中的善良风俗了。应当很好的〔地〕利用这一基础去处理抗属间的一些婚姻问题。

此外，在发言中还提到了破坚案件的处理，也应该照顾到犯者的全家生活，这也是很正确的见解。

边区的各种条例，都是从实际出发，从群众利益出发，也就是切实照顾边区人民实际生活的。最显著的如租佃债息条例，关于女子财产继承权的决定，不但实质和精神是如此，而［且］在字里行间也明白的〔地〕写了出来。但在适用时，特别在适用租佃债息条例上，便忽略了它，以致造成了佃户失掉既得利益和生活保障的事实，使土地政策的执行在个别地区，在某一时期发生了严重的右倾错误。今后要改造思想，转变观点，以免重复错误！

丙、健全村调解工作，建立区调处工作

在这几年以来，村调解工作是有些成绩的，但还很不够，尤其是发展的〔得〕不平衡。其主要原因在于领导帮助的〔得〕不够，尤在于司法干部关心这一工作很不够。例如易县、平山、龙华在这方面收到了较好的成绩，而阜平是全边区惟一的完整县，工作环境优于各县，而调解工作则甚少成绩。推究原因，是因为前几个县的司法干部注意了这一工作，而阜平则对之未加闻问。司法干部的看待工作，在思想上还存有一种毛病，就是职权的观念重于工作责任心，往往好说“这不归我们管”，于是就不去关心，于是把司法工作范围限于过堂判案的小圈子里。假设能增强责任心，就会认识到能把民间纠纷争执，得到及时适当的解决，全是属于司法性质的工作，也会是司法工作者的责任。司法工作者也常常说“我们无下级机构，工作很难深入到区村”。这是什么想法呢？这是感觉到“无下级接收自己命令时，便无法工作了”。这还是一种官僚主义的想法。今后应当把“帮助”与“辅导”的作〔做〕法视作必有的作风。能如此转变则调解工作就会健全起来。

区公所是在处理着小官司，有的区还很多。民政助理员或区长大部份〔分〕的时间忙在这里头，反把当务之急了〔潦〕草从事。但他们的处理案件是陷于自流的，因而也就难免发生一些偏向。尤其是游击区，老百姓到县政府是一件很困难的事，区里不能及时的〔地〕为他们解决问题，则对于民力上、团结上以及对政府的信赖上都会蒙受损失，尤应当授予它一定的权限，划定适当范围，由它为民众及时的〔地〕解决与处理问题。实际说来，这也是与之于民的内容，是不容忽视的事情。

“调处”是沿用的旧字眼，意思就是以调解的精神而处理之（现在区公所对于案件，不是调处而是处理。有些群众认为到县起诉是上告）。这一工作的建立，减少县司法处诉讼案，还是小事，要紧的是对群众有好处，还可以帮助调解工作，使它日益健全。但是这一工作是极〔急〕需帮助的，首先就应当把现行的各种重要法令，为区干部所了解并掌握起来，其次在工作方式方法上，也须要创造与改进，这一切都需要司法干部去帮助。

关于调处工作的内容，已草拟了一个决定，大家讨论后，交委员会再去审核（见附件）。

司法工作能深入到区村，司法干部的活动能跑出法庭，改策法令也会逐渐深入，为群众所了解掌握，同时调查研究工作也就自然会加强起来，问题的解决自然也会适当起来，干部的作风自然也就会被群众所教育、感染而改良起来。

丁、改革诉讼手续，创造新的判决书

我们的诉讼手续，大体上说是简便的，但还存有另一面的缺陷，就是非常的凌乱，有的甚至轻视它，直至不要它。这是不对的。如在发言中，有的同志曾说“为当事人和解了案子，而不为他们发和解笔录”。这不是反对文牍主义，也不是反对事务主义，而它的结果或形成对当事人不负责任，把问题办理得不结实，对当事人的权义关系不确定。

诉讼法和实体法是分不开的，是内容与形式统一的问题。有了少数统治阶级所专有的法律，必然要附带着一部限制广大群众的诉讼法，使这一套诉讼把戏，更便于把持在少数恶棍之手。我们的实体法是为大众所掌握的，也应当有一套与它相符合的诉讼法，以便于广大群众运用实体法。这一工程我们有权利去完成，而且是我们的任务。不能妄想别人去代劳。希望大家努力发挥创作〔造〕力，以完成这一司法建设中的工程！

原有判决书的内容和形式，都不适合于为大众服务的要求了，几年来我们仍沿用着它，甚至在领导上，还曾经强调过要保留它。现在为了解放司法工作，就是使广大群众能接受与领会这一工作，应对它加以改革。这里仅提出原则意见，大家可以发挥创造能力，在实际工作中，大胆的〔地〕去创作。应依什么原则呢？应当是易作〔做〕易懂——只要能会写普通（其他）明白文章的人就能作判决书，只要能看懂普通（其他）文章的人，就能看懂，不识字的人，请人为他念诵之后，不加讲解，即能听懂。

戊、认真的〔地〕巡回、就审，健全仲裁工作，与大生产运动密切结合起来

关于巡回、就审，是谈而又谈的事情了，但很少成绩，偶而〔尔〕为之，也往往出于被动。所以如此，是因为第一部份〔分〕所说的思想问题。今后要认真执行。各庭处作工作计划及布置时，一定要以此为重心，在进行工作过程中，很便当的〔地〕去帮助与辅导区、村进行调处与调解，有计划的〔地〕进行调查研究工作。在进行中，还应当深入游击区，并把工作经验及时总结向上反映。

各级仲裁工作，一般都很薄弱，有的地区甚至还没有建立起来。司法工作者，对这一工作的态度及作〔做〕法也是极不一致的，有的是抱了推事的态度，有的则是消极参加了，有的倒积极，但又形成了包办，好象〔像〕成了法庭的和〔合〕议。为了加强这一工作，除了应加强组织机构以外，最重要的就是司法工作者应改变以往不正确的态度，积极负责的〔地〕去参加，要很好的〔地〕考虑问题，详慎的〔地〕提供意见，对那些事务上手续上的技术工作，更要主动的〔地〕帮助民政科，使它作〔做〕得完密无缺。

在上述一切工作的进程中，要切实照顾总的工作任务，这也是从实际出发的重要内容，就是要照顾今年的大生产运动，而密切与之结合起来。怎样结合呢？无论除奸工作、调解调处工作，特别是巡回、就审与仲裁工作若作〔做〕得好，对大生产运动能起很大的帮助作用。反之，则也能发生一些阻力，糜〔靡〕费与分散生产力量，现在单拿巡回、就审与仲裁两件工作，加以说明：

在处理案件中，应抓住重点，就是对土地问题、劳资问题、渠道问题，要迅速妥适的〔地〕予以及时处理。在工作方法上，应当“突破一点，吸取经验”。由一案的处理中，不惟便于解决他案，且要使同一类型的案子能归于暗消，或由区村就能得到解决。这就是说，案件的处理，应起示范作用。在这一点上，以往运用的〔得〕很差，大都是作〔做〕了一件说一件，作〔做〕这件不管那件，往往是越作〔做〕事越多，纠缠不清。今后应力加改正，要先从巡回、就审和仲裁工作中取得成绩。

第四部份〔分〕　几个具体问题

为了改进司法工作，首要的是解决大家的思想问题，让大家在思想上趋于一致，然后

再在某些问题上加以改进、创制，才能收到实效。根据四天来大家的发言和前边三部份〔分〕谈到的一些意见，觉得有以下的几个问题值得提出加以讨论，其余一些较琐碎的事情，就归到另一附件（关于司法制度改进之决定草案）内去讨论，这里不再加说明。

甲、制度上的改进与创制

一、关于领导方面，在大家发言中，有一个一致的意见，是认为各级政府对各级司法部门，领导不够注意，对司法工作不够重视，多限于在某些案件的处理［上］提出意见，而在大的方面则很少指出。这种现象，在以往和现在是存在过，有的地方还存在着的。在会后必可得到纠正与改进，这里不再多谈。在此，还是应当多从自己方面检讨，于工作上更有好处。我们是否在接受领导上有独立思想的存在，而在工作上则缺乏自动主动创造的精神呢？若有的话，则应自加改正。此外，还应当闹清楚对司法工作重视与否的问题。先说各级政府对所有工作都在重视着，但这不是说，对任何部门的工作，都要付以同等的力量。这是不可能的，在完成总的政治任务上说，也是不应该的。如果司法部门的同志作如是想，也是不应该的。再说，作〔做〕每一种工作的同志，都感到自己工作的重要，这是应当的。但还应当把这一部门工作，在整个抗日工作中，［看］它究竟占了多大的比重？要很好认识清楚。我们不要象〔像〕以往我们的教员那样，当体育教员的就说体育救国，当美术教员的，就说美育救国……其次，在认识重视不重视、重要不重要的当中，还应当从开展工作方面去着想，更应当从群众出发，为群众多解决问题方面去着想。能如此，它必然会被重视起来，自然会重要起来。试问我们要开展工作，去为群众解决问题，有人拦阻吗？同志们发言中，曾说到有的行政首长不信任司法干部，这就应当很好的〔地〕检讨与反省是什么原因了。

对于司法部门上级的领导，发言中还颇有顾忌，未能直率的〔地〕谈出。在高［等］法院早就检讨过，在领导上存有浓厚的官僚主义。具体的表现及事实，全不必多说，只总的〔地〕反躬自问一下，就可以明白了。譬如关于民、财、教、实、公安等部门，都已有了适合于新民主主义政治的建树，司法工作怎样呢？我们是否能说打下了新民主主义司法工作的基础呢？肯定的答复是没有把握的，而敢于肯定的答复，却是现在的司法工作在方式与作风上基本上还是旧的司法工作、官僚政治的那一套，高等法院，在领导上应负责任。

自由主义与官僚主义是相互助长的，大家对于自由主义的表现与事实在发言中已列举了不少，这里不再重复。在此，只着重指出一点，就是今后在工作上遇到的疑难，不管是法律上的或问题处理上的，均应及时向上反映，求得正确的解答及解决。这是改进工作、充实法律的必要工作。

关于领导方面的具体问题，只提出一个，就是要创立二审对初审在审判上的领导制度，明确规定二审对初审在案件审判上有领导的权力及责任。在审判进行过程中，初审可向二审请求指示，并且可以互相商讨。二审对上诉的判决，经过一定诉讼程序，认为不当而仅系微末而非原则问题时，可径予改判（补正性的），使其更为周详完密。如有原则上之相反意见，则应把不同意见及理由提到原审，指示其另予审判。这样可以使案件的处理更为得当，也可以减少人民对政府之怀疑，更可加强对审判工作之领导及帮助。应当把以往二审初审在审判上互不负责的旧传统，完全打破。

二、建立审判上的检查会议，由民政司法部门合组会议，定期检查在该时期中对各种案件处理之得失，并着重检讨在审判中对政策的掌握及贯彻如何。

乙、监所工作（略）

选自《中国新民主主义革命时期法制建设资料选编》，第4册，西南政法学院函授部1982年编印，第72～97页。

14. 晋察冀边区行政委员会关于执行改进司法制度的决定应注意事项的命令

1944年5月29日

为转变司法作风，本会特发布《关于改进司法制度的决定》，以为今后改进司法工作之依据。这一决定的基本精神，在于：

（一）打破旧的司法工作的一套，使我们的司法工作真正是为群众服务的。进行工作要深入群众去作切实的调查研究，实事求是，肃清主观主义的作风和“明公”“清官”自命的态度。

（二）照顾本边区人民生活习惯等实际情况，把司法工作中的某些问题，以现实的办法，求得解决。

（三）由工作实践中，以创造与建立适合于新民主主义政治的人民大众法庭。

正确的工作制度和方式方法，对工作的进行是有着统一步调、提高效能的宏效的。各署县庭处对这一决定应加以深切注意，深入讨论执行。关于执行中应注意的事项，兹再分别指示于下：

1. 在决定的甲项中，其主要含义为贯彻一元化与肃清过去对审判上上下级间互不过问的错误观点，即上级审对下级审所进行之案件，虽明知不当亦不过问，致使广大群众因讼而虚糜〔靡〕金钱，浪费时日，但问题不一定得到适当的解决，其中贫苦者更不愿打官司，影响抗战团结甚大。因此，领导一元化与建立巡回巡视制度，正可以及时解决民间纠纷，增强政府威信与工作效率。

2. 陕甘宁边区马锡五同志说：“三个农民佬顶一个地方官”，因此我们的司法工作应经常进行调查研究，健全陪审，搜集材料，但审判后反应如何、作用如何，则审判上检查会议之建立，即所以找出经验，避免重复缺点，因此司法工作人员对会议上提出之意见，要虚心接受，对工作要积极勇于负责，凡一切推诿的现象都要防止与纠正。

3. 诉讼费用在边区形式上似已不存在，但无故缠讼影响对方生产，也不能不责令赔偿，此项赔偿不但在巩固区应注意妥善执行，即游击区在我巡回巡视中亦应注意及之。

总之，各级司法工作干部应深刻体会这一决定的基本精神，对广大群众提出之问题，在解决上要适当、及时，不致荒废时日，妨害生产，在工作上要争取主动，扫除过去等待被动及不告不理之严重脱离群众倾向。

附《关于改进司法制度的决定》一份。

此令。

选自《晋察冀边区行政委员会现行法令汇集》，下册，边区行政委员会1945年编印，第686～687页。

互校版本：《中国新民主主义革命时期根据地法制文献选编》，第3卷，北京，中国社会科学出版社，1984年版，第387～389页。原注："选自《晋察冀边区行政委员会现行法令汇集》下册，1945年编印第686～687页"。

15. 晋察冀边区行政委员会关于改进司法制度的决定

1944年5月31日

为了使司法工作进一步为群众服务，建立与加强司法干部的群众观点，彻底打破"民不举，官不究""明公断案"等统制思想，树立司法工作的调查研究、实事求是的大众化的民主作风，本会特作如下之决定。

甲、审判方式与领导关系

一、高等法院及其法庭建立不定期的巡视巡回与就审制度，各县司法处建立巡回就审制度与协助区村调处与调解。

二、巡回就审应采取以下的方式方法：

1. 深入调查研究

详询当地各级政权及团体干部，了解实际情况，访问附近群众，了解舆论趋向；

找人与当事人谈话，并亲自征询当事人，了解其心情与主张；

找到案件有关各方共同研究。

2. 审讯以座谈会方式行之，诉讼手续力求简便。

3. 坚持原则，坚决执行政府政策法令，照顾群众生活习惯，维护群众利益。

三、高等法院及其法庭对县司法处所受理之案件，在诉讼进行中发现其处理有失当者，应不待其判决，即时提出意见，予以纠正。

上诉案件，上一审发现判决在原则上失当者，应提出具体意见发回更审，但在下列情形下，应为补正性质之裁判或指复：

1. 仅系引律错误者；

2. 刑事案件量刑失轻失重者；

3. 民事案件赔偿或多或少者。

本项规定，复核、复判案件也准用之。

四、民事及普通刑事之重大案件，在宣示判决前，须征得行政首长之同意。

乙、建立审判上的检查会议

五、在案件审判进行中，除随时征询各部门、各团体意见及邀请本案有关各方陪审外，并建立审判上的检查制度，会议检讨在该时期中对各种案件处理之得失，并着重审判上对政策之掌握及贯彻情形，如发生偏向，须找出今后纠正办法。

六、检查会议由专员、县长（专员、县长不能主持时，可由推事、审判官主持）负责召集有关各方负责人、推事、审判官、民政科长、公安科长，在一定时间举行之（每三个月或半年一次），由法庭或司法处负责准备，每次会议召集之前，须将检讨事项通知有关各方、各庭处推事，审判官须在会议上提出报告（事先须经庭处讨论），以供出席人参考。

丙、监外执行

七、犯人离监所回村执行时，司法机关必须通知区村公所，区村公所应经常注意犯人之行动。为了达到上项管教目的，区村干部得随时与之个别进行谈话，如涉及犯罪，得送回原判机关处理。

八、游击区之案犯叛处徒刑者，得视具体情况，因地制宜，作如下之处理：

1. 送巩固区县份监所或本会感化机关执行。

2. 易科罚金，并限定其住所，予以监外执行。

3. 回村执行，指定专人负责管教，并责服抗勤或为抗属代耕。但甘心事敌之汉奸犯不得适用本条2、3两款之规定。

九、在外执行期间，重行犯罪者，应处以所犯之罪，合并前科之刑在监执行

十、司法机关对监外及回村执行之人犯，应定期检查分区集训，进行鉴定。受集训之人犯，须取得住在村公所对该犯在执行期间的表现的简短说明书。

丁、诉讼费的负担及上诉第三审之诉讼标的计算

十一、诉讼费用，由败诉人负担，但败诉人因生活困难，确无力负担诉讼费用而有证明者，得免负胜诉人之诉讼费用。

十二、诉讼费用限于下列各种：

1. 当事人之食宿费。

2. 证人之食宿费。

3. 有缮状生县份之缮状费。

食宿费以每日小米二斤计算，一日能往返者不计。

十三、诉讼当事人之一造家中富有，故意缠讼，陷他造生活困难者，除令负诉讼费用外，并得依当地工资按月判令赔偿损失。

十四、因财产权争执而涉讼，其诉讼标的物折价未逾五百斤小米者，不得上诉第三审。

戊、附则

十五、其他法令与本决定不抵触者，仍适用之。

选自《晋察冀边区行政委员会现行法令汇集》，下册，边区行法委员会1945年编印，第688～691页。

互校版本：《中国新民主主义革命时期根据地法制文献选编》，第3卷，北京，中国社会科学出版社，1984年版，第389～392页。原注："选自《晋察冀边区行政委员会现行法令汇集》下册，1945年版。"

16. 晋察冀边区行政委员会关于特种刑事案件审理程序之决定

1944年边委会第46次委员会议通过，4月15日起施行①

审理特种刑事案件，应依照下列规定办理，其他法令、条例、办法不抵触部份〔分〕仍适用之。

一、特种刑事被告，除管辖特种刑事案件机关直接拘捕者外，其他机关、团体或个人依法令逮捕后，应于二十四小时内连同被告口供、证物及所带物品一并解送或转送县公安局侦查，但在途期间不在此期限以内。

盗换隐没前列证物及物品者，以侵占或贪污论罪。如系鸦片或毒品被公务员盗换隐没者，应按禁烟治罪暂行条例第十三条第二项、禁毒治罪暂行条例第十四条第二项处以死刑。

二、羁押被告侦查中不准逾二月，审判中不准逾一月，但特殊情形侦查中得于期限未满三日前报请同级军法审判机关核准展限两月，审判中得自动展限一月，但均以一次为限。

军法审判机关拘捕被告后，有详经侦查之必要时，得于五日内连同卷证及被告所带物品一并交由公安局先行侦查。

前项期限已满，仍未起诉或裁判者，应即开释、保释、责付或限定其住址，停止羁押。

三、第一项被逮捕之被告如拘留逾限时，被告或被告之亲友得立催解案或报请公安局提案。

第二项被羁押之被告如羁押逾限时，被告或被告之亲友得立催停止羁押，或径向羁押机关之直接上级报请转令停止羁押。

故意逾限拘留或羁押被告者，受刑事制裁或行政处分。

四、案件经县政府判决者，应连同被告声辩书送专署暂代本会复核，专署如不能或难于复核者，则转送本会复核，专署应将每月复核案件于月终列表汇报本会。

五、本决定自四月十五日起施行，并得随时修正撤销，或停止适用之。

选自《晋察冀边区行政委员会现行法令汇编》，上册，边区行政委员会1945年编印，第356～359页。

互校版本：《中国新民主主义革命时期根据地法制文献选编》，第3卷，北京，中国社会科学出版社，1984年版，第392～393页。原注："选自《晋察冀边区行政委员会现行法令汇集》上册，边区行政委员会1945年版。"

---

① 原件未注明通过的年月日，推断为1944年。

17. 晋察冀边区行政委员会关于加强村调解工作与建立区调处工作的指示

1944 年 6 月 1 日

为了及时解决民间纠纷，加强团结，并贯彻简政精神，提高行政效率，应即加强村调解工作与建立区调处工作。

关于这两个工作以往都已有了相当的成绩，民间纠纷的大部份〔分〕是在区村解决，到县以上政府起诉的只是极小部份〔分〕，在减少人民讼累与上级政府讼案上，起了不小的作用。但由于以往我各级干部群众观点不够，不能事事从群众利益出发，主动地给群众及时解决问题的精神差，以致对这两个工作未能提起应有的注意，而在工作方式上对于如何通过群众来解决问题也注意不够。

关于区调处工作，前此还没有明文规定，调处权责既未划分，进行方法也少指示，因而使区公所对于这一工作的执行苦于无所遵循，以致使这一工作的开展也受到了影响。

现在要加强村调解工作与建立区调处工作，首先要加强群众观点，事事从群众利益出发，要通过群众给群众解决问题。其次，上级政府特别是县区政府要加强对于这两个工作的领导，教育村区干部使他们对这两个工作有进一步的认识，进一步的〔地〕提高他们的责任心，在工作方法上给予具体指导。关于村调解工作，县区干部可择适当村庄，指导村干部进行示范调解，动员附近村干部参观，并总结经验，介绍各村供做〔作〕参考。第三，根据事实需要，确定民政委员对村调解工作除办理必要手续外，主要负起组织调解与审查调解的责任，村中遇有纠纷发生，民政委员应劝当事人各推调解人组织调解，无必要时，自己可不必亲自参加，调解结束后，要对调解结果加以审查，如有不合政策法令的地力要劝令改正。这样一则可以减少民政委员的繁忙与照顾难周的困难，二则调解人由当事人推选也容易取得当事人的信任，使调解容易收到圆满的效果。第四，关于区调处工作另有决定，该决定暂作草案颁发，各署县可依此决定并根据当地具体情形参照执行，并可选择一二单位进行实验，研究总结经验报会，以便作最后修正后正式公布之。现将执行中应注意的几点择要指出：

(1) 调处案件的范围，要严守决定第一条的规定，特别是村可进行调解的案件，一定劝令当事人先在村进行调解，村调解有困难须〔需〕区帮助时并应派人帮助调解，非至调解确实不能成立，不可遽予调处。应由仲裁机关仲裁的案件一定要交仲裁委员分会处理，区公所不得单独调处，但在无仲裁委员分会的区，应视同其他民事案件负责调处，不可借口推诿。关涉抗属和区级以上干部的婚姻案件和通奸案件，为特别审慎，并避免区公所处理的困难，一定要交县处理。但应以直接关涉抗日军人和区级以上干部本人的婚姻案件和其本人或其配偶的通奸案件为限，至于其他家属的婚姻案件和通奸案件，应视同一般群众的案件予以调处。此外，凡第一条各款所未列的案件，固然一律要送县处理，不可越权调处，就是各款业已列入的案件，除民事案件外，无论刑事或特刑案件，如果案情比较严重，依照第五条的规定予以处罚显属不当的，也应送县处理。

（2）调处的方式要严守第七条的规定，不但民事案件应该完全本着调解的精神对双方进行说服，就是对刑事、特刑人犯也应着重教育劝导，促其改过自新，不应依靠威胁强制，迫令就范。此外无论调处任何案件，一定要注意调查研究，尊重舆论，不可贪图简单省事，单凭当事人的声辩，率而处理。

（3）调处结果除当事人依照限期声明不服的以外，即和已经确定的判决有同样效力，可以强制执行。但调处不同于审判和仲裁，不服调处的案件，经县审判或仲裁仍应做〔作〕为第一审或第一仲裁，当事人如有不服，仍可依法上诉或请求复裁，不因曾经调处而受限制。

（4）调处人对当事人应以最大的关怀热情尽量说服，使调处结果能为当事人所接受；如当事人不服调处，应即依法送县处理，不可怀抱成见、感情用事。经县处理后，不论与调处结果是否相同，均须认真执行，不可因为不合自己的意见，甚至认为有损个人的威信，便采消极抵制办法。这是违犯群众利益，破坏行政纪律的行为，是必须彻底纠正的。

最后，县区村处理问题一定要注意很好的联系。经村调解不成立的案件，到区处理时，无论是调处或仲裁，一定要先了解在村调解的情形，对于正确合适的调解意见，要尽量维持，不可轻易变更，对于不妥的调解意见，不但要纠正，而且要研究其不妥的原因，针对症结所在，给村中以教育。不服区调处，经县处理时，无论是审判或仲裁，对区调处意见，也要同样照顾。

村调解工作和区调处工作的健全和开展，一方面可以使民间纠纷及时解决，节省民力民时，巩固农村团结，一方面又可以使上级政府省出更大精力，从事于其他更重要的工作，提高行政效率。我们对这两个工作，必须注意加强与开展。

选自《晋察冀边区行政委员会现行法令汇集》，上册，边区行政委员会 1945 年编印，第 326～329 页。

互校版本：《中国新民主主义革命时期根据地法文献选编》，第 3 卷，北京，中国社会科学出版社，1984 年版，第 640～642 页。原注："选自《晋察冀边区行政委员会现行法令汇集》上册，一九四五年版。"

18. 晋察冀边区行政委员会关于区公所调处案件的决定（草案）

1944 年 6 月 1 日

一、为了适应今后艰苦环境，及时与合理的（地）解决民间纠纷，以加强团结，区公所除对村调解工作应注意领导检查，促其开展外，并得对下列案件进行调处：

甲、民事案件，但须由仲裁机关处理者不在此例。

乙、刑事案件中之普通盗窃、轻微伤害、通奸及赌博案件。

丙、特刑案件中之犯破坏坚壁财物惩治办法较轻微之罪，经该办法定明可归区公所调处者。

丁、其他法令规定区可调处之案件。

前项各款案件中，村可进行调解之案件，应先经村调解，村调解不成立时，区再进行调处。

关涉抗属及区级以上干部之婚姻案件及通奸案件，应由县处理，区不得进行调处。

二、游击区区公所对于第一条所列以外之案件，如认为关系并不太大，由区调处比较适宜者，亦得进行调处，其范围由县具体规定之。

三、区公所调处案件须与抗联及有关各方面取得密切联系，共商进行。

四、区公所调处案件时，对于民事案件之当事人不得羁押。对于刑事犯或特刑人犯亦应尽可能令其取保随传随到，如有必须羁押情事，其羁押期限不得超过二日。如在二日内不能调处者，应送县解决。

五、区公所调处刑事或特刑案件时，除应尽先令赔偿被害人所受之损害外，如有其他办法如批评、劝戒〔诫〕等，能使被告改过自新，同时对于社会亦不致发生不良之影响者，应避免处罚。如非罚不足以资儆戒时，其处罚不得超过一个月内的劳役或小米一百五十斤折价的罚款。

罚款必须掣给收据，将款送交县政府按期汇解边区行政委员会。

六、区公所调处之处罚案件，应制成调处书，发给当事人。调处书内应记明当事人姓名、住址、案情、调处结果、调处机关与调处书发出之年月日，并须加盖区公所钤记，由区长署名盖章。

七、区公所调处案件时应以说服为主，不得强迫。当事人如不服其调处时，可于调处决定后之五日内声明请求送县处理。

区公所接到当事人不服调处请求送县处理之声请后，应即介绍到县，不得拒绝或拖延。

八、区公所调处之案件，应按月或按季汇报县政府。

九、各县县政府对区公所调处工作应注意领导检查，司法处应注意指导帮助，以加强区公所调处案件之技能，而免发生偏向。

十、本决定自公布之日施行。

选自《晋察冀边区行政法令现行法令汇集》，上册，边区行政委员会 1945 年编印，第 323～325 页。

互校版本：《中国新民主主义革命时期根据地法文献选编》，第 3 卷，北京，中国社会科学出版社，1984 年版，第 643～644 页。原注：“选自《晋察冀边区行政委员会现行法令汇集》上册，一九四五年版。”

19. 附“报刊报道”：晋察冀边区繁峙监犯春节中放假十天回家省亲期满后如数归来

1945 年 3 月 25 日《解放日报》

【新华社晋察冀廿四日电】繁峙监所在旧历年节除家住敌区不能回家者外，其他犯人都给假十天，让其归家省亲，期满均如数回所。这证明在人民政府教育下，犯错误的人对政府宽大政策已有深刻认识。监所由于大家生产搞的〔得〕好，在春节那几天留所的人吃了两顿白面饺子、三次油炸糕，生活非常愉快，有些犯人说："咱们回家过年恐怕也吃不上这样好。"

选自《中国新民主主义革命时期法制建设资料选编》，第4册，西南政法学院函授部1982年编印，第339～340页。原注："《解放日报》1945年3月25日。"

20. 晋察冀边区行政委员会关于调整复核复判程序的命令

1945年12月4日

复核复判程序之规定，原为确保人民之人权财权，对此种程序之严格执行，正表示关心群众利益，对人负责之慎重态度。抗战期间，受敌寇封锁分割，时处于战争状态，为避免因公文报送稽延期日，乃授权专署（法庭）复判刑事，并秉承专员意旨代核特刑，由是刑事案件止于二级，各行署成立以来相沿未改。

胜利以来，交通日渐恢复，环境亦更为稳定，对案件审判宜更加慎重，在程序上亦应力求完善。因此，关于刑事案件复判复核及司法报告等事项，特决定：

一、关于死刑案件的复核复判，专署或法庭加具意见，送省政府或行署办理，其余仍由专署办理。

二、死刑上诉案件法庭仍判死刑时，须送省政府或行署核准，再发县执行。省政府或行署有疑难时，可再呈报本会核夺。

三、关于没收财产事，一律报省政府或行署核准。

四、各县司法工作报告，径报省政府或行署及专署（法庭）。专署（法庭）只造送法庭报告，不转送或审核各县报告。

省政府或行署汇齐各署县庭处报告，加具意见，报送本会。

张家口市地方法院判处死刑之案件，径报边区高等法院复核复判，死刑及没收财产之执行则径报边委会核准，司法月报亦径报边区高等法院核阅。

宣化地方法院判处之死刑案件，径报察哈尔高等法院复核复判，死刑及没收财产之执行，则径报察哈尔省政府核准。省政府有疑难时，可报送本会核夺。司法月报径报察哈尔高等法院核阅。

照以上决定，嗣后死刑案件，增加了一级审核，各法庭推事应以更多的时间去到各县帮助工作。各分院要具体的〔地〕了解到县，以加强领导。

以上各节，希即遵照执行为要。

此令。

（注：法庭已撤销，本件有关法庭之规定均废止。）

选自《中国新民主主义革命时期根据地法制文献选编》，第3卷，北京，中国社会科学出版社，1981年版，第534～535页。原注：“选自晋察冀边区行政委员会《现行法令汇集》续编。”

21. 晋察冀边区行政委员会关于颁发各级法院状纸与讼费暂行办法的命令

1946年1月4日

查抗战期间，人少事繁，物资困难，故遇事均力求简便，用物亦力求节约，因而各级司法案卷一般均参差散乱，检查颇感困难，偶而〔尔〕遗失（特别是判决书）即无从查核。抗战胜利后，解放区扩大，案件增多，司法工作较前更形繁杂，为了保障人民财产权益，适合环境的需要，应逐渐建立各种必要的司法工作制度（如比较健全的记录、统计，比较完善的卷宗、档案等等），以便组织事务，克服零乱现象，而达改进工作之目的。但各种制度之建立，需要一定的费用，如普遍向边区人民征收，势必增加人民负担，倘由诉讼当事人员负担一定的费用，则问题即可适当解决。因之，征收诉讼费用，正所〔可〕以减轻一般人民之负担。且讼费征得后，仍系用在整顿司法工作上，就当事人来说，亦属合乎情理。

其次，用于诉讼的征收费用，还可限制一些滥讼案件，减少人民讼累，使人民能把时间用在生产上，同时可推动调解工作的进行。此外，由于照顾了贫苦工农（如免征审判费）亦不致因征讼费，而限制工农群众的诉讼。

基上原因，兹制定《晋察冀边区各级法院状纸与讼费暂行办法》公布施行。希各级政府，特别是司法部门工作人员，详细研究讨论，慎重执行。由于此事在边区尚属试办，没有经验，实行后有何利弊？干部及群众有何意见？统希详作考查，搜集材料，于三个月后总结问题与经验，并提出改进意见，报会核办。

附：晋察冀边区各级法院状纸与讼费暂行办法

1946年1月4日公布

第一条　为保障人民财产权益，减轻一般人民的负担，提倡民间调解，减少人民讼累，特制定本办法。

第二条　诉讼状纸与诉讼用纸同，由各法院各庭处依式印制（附式样），发给当事人应用，不论刑事民事，每张按所需工料费收价。

第三条　诉讼当事人购买状纸后，得自撰缮，或报告事实及理由，请求司法人员记录。

第四条　诉讼费包括审判费、执行费及当事人因诉讼支出之费用。

第五条　民事因财产权而起诉者，依诉讼标的之金额或价额按下列标准征收审判费：

一、三百元未满者，不收。

二、三百元以上五百元未满者，十元。

三、五百元以上千元未满者，二十元。

四、千元以上一万元未满者，每千元三十元。

五、万元以上十万元未满者，每千元三十五元。

六、十万元以上五十万元未满者，每千元四十元。

七、五十万元以上百万元未满者，每千元四十五元。

八、百万元以上者，每千元五十元。

以上四至八项尾数不及千元者以千元计。

民事非因财产权而起诉者，依申请办理。

反诉与本诉标的同范围者免征，反诉标的范围较大者，按余数征收。

抗日军人家属与贫苦工农免征。如抗属与贫苦工农胜诉时，由败诉之一造补交。

第一审、第二审与申诉审审判费同。

审判费之征收用三联单（附式样），发给收据，一联由交费人收执，一联贴于诉状上，一联存查。

第六条　执行费不满千元者免征，千元以上者每千元征收十元，尾数不及千元者以千元计算。

不经拍卖手续之执行费减半征收。

诉讼费用之执行，不征执行费。

第七条　民事下列声请，征收审判费十元：

一、声请再审。

二、抗告或再抗告。

三、声请回复原状。

四、声请假扣押、假处分。

五、声请除权判决。

第八条　当事人因诉讼支出之费用，于判决时注明负担之一方，现据实际情形暂计下列几种：

一、当事人食宿费及路费。

二、证人食宿费及路费。

三、状纸费。

四、勘丈勘验费。

五、鉴定费、翻译费。

第九条　本办法得按情况之变更，由本会随时修改之。

第十条　本办法自公布之日施行。

附：状纸及司用纸格式（略）

选自《中国新民主主义革命时期法制文献选编》，第3卷，北京，中国社会科学出版社，1981年版，第535～540页。原注："选自晋察冀边区行政委员会《现行法会汇集》续编。"

22. 晋察冀边区行政委员会关于诉讼费用征收问题的通知

1946年4月24日

据冀晋行署请示称："（一）诉讼费用征收后，是否作为司法经费开支？抑系解上？解上用何手续？司法办公费是否仍由署县供给？（二）贫苦工农免征讼费，但未规定贫苦标准，不易掌握。抗属是否一般的都不纳讼费？政权团体干部及从部队调来的干部，其家属是否可援抗属例不征讼费？（三）现在署县传票及判决送达，均贴用邮票，此项邮费是否由当事人交付？抑在征收之讼费内开支？请复示！”等情，本会当以会法字第三十四号复以：“（一）诉讼费用系边区款收入之一种，应在集有一定数目时，交由财政部门转解本会，并由司法部门将讼费收据存根逐级报会备查。不准挪借与截留开支。各行署省县司法部门系各级政府的组成部分，办公费仍由各级政府统一供给，不单独开支。（二）贫苦工农免征，由各地按照实际情形具体确定，本会难以规定统一标准。抗属系指现役革命军人家属，均不纳讼费，但应严格掌握，不能把已经复员的以及其他非现役军人家属，也按抗属优待。政民工作人员及从部队调来的人员，不能援抗属例免征。同时应注意到：抗属及贫苦工农虽不纳与免征讼费，但对方若非抗属或贫苦工农而又败诉时，仍应与其他各讼费一并执行，拨归审判费。（三）邮费如系用于机关公文来往者，虽专为诉讼案件，但因已征讼费，即不再收邮费，如专为某一当事人送达文件时，可按送达费征收。此复。”因各地亦常有此类问题发生，希参考本会此项复文办理。

特此通知

选自《中国新民主主义革命时期根据地法制文献选编》，第3卷，北京，中国社会科学出版社1981年版，第541～542页。原注：“选自晋察冀边区行政委员会《现行法令汇集》续编。”

23. 晋察冀边区行政委员会通知
——关于取消法庭法院干部分工等问题的解答

1946年6月22日

接晋冀高法分院请示下列诸问题：“（一）分院干部如何分工？二审由分院受理，对人民诉讼增加困难，如何适当解决？（二）执达员的任务是什么？有些刑事案件，须经分院提审，可否设立看守所？（三）解送犯人，由何级何部门负责？（四）县长专员主任不兼军法官后，特刑案件判决，是否仍由县长署名？抑由司法部门受理？（五）边沿县份斗争复杂，不便长期羁押犯人，为慎重计，又不能轻易处理，拟恢复自新学艺所，请核示！”等情，查各地亦有类似问题存在，兹逐项解答于下：

一、分院受理二审上诉案件，取消专区法庭，旨在：（1）简化审级，缩短整个诉讼过程。（2）人力集中，可实行合议制，借以集思广益。（3）事权统一，便于照顾全面，使各地司法工作平衡发展。虽从某一点观之，是增加了上诉的一些困难，但可用以下办法解决：（1）切实加强调解调处工作，健全司法处组织，充实司法处干部，提高各级司法干部质量，俾民间纠纷能在村区县得到适当解决，减少上诉案件。（2）省高院或分院应有计划地定期地实行巡回或就审，以便人民诉讼。因此，实行新制较之专区设法庭，实更为妥善。至法院分工问题，边区法院组织条例及旧高等法院及分院处务规程，均可参考。院长除以推事资格担任审判长审理案件外，其大部分工作是处理司法行政事务，并以书记官长辅助之。推事则以审理案件、制作裁判书件为主要任务。书记官应分掌收发、记录、会计、庶务等事项。庭丁职务为：开庭时，引导诉讼人出入法庭，并照料法庭（俗称站庭），担任一切勤务（边区尚未设置庭丁，其职务事实上系由执达员兼办）。惟分工不能机械，须根据实际情形具体分配。

二、执达员原是辅助民事诉讼进行和终结的重要职员，在民事诉讼开始后，直至判决确定前，其主要任务为送达传票及其他文件，在判决确定后，直至执行终结前，则以辅佐强制执行事务为主要任务，故名执达员。但边区的检察制度还不够健全，应受检察官指挥监督办理送达传票、执行拘提、实施搜索、解送犯人，并在刑事法庭照料犯人等事务之司法警察（俗称法警）尚付阙如，在目前情形下，一时也难以设置，因此传案、提人、站堂，以及看守人犯等项职务，均需由执达员负责办理。至四名执达员如何具体分工，则须酌情确定。再者，二审案件多系印发传票，由一审代传，四名执达员，当可敷用。

关于分院可否设立看守所的问题，应以有无羁押处所以为断。凡分院（或省高院）所在地，有地方法院或县司法处所设之监狱或看守所者，即可送交当地监所羁押，勿〔毋〕庸另设看守所，否则即可设立，以应工作需要。设所者可添设看守所长一名，由执达员兼任看守职务，不另增看守员。

三、关于解送人犯问题：原则上应下级解送上级，各县司法处或省高院行署分院对于刑事上诉或应提审之在押人犯，应派执达员执行解送，如执达员不敷分配时，可商同县府或省府行署另派其他适当人员（如保安队、警察或警察队等）。至解送办法，或直接解送（俗称长解，适用于交通便利、环境平稳地区及押解重要人犯），或间接解送（俗称短解，即递解，适用于辖境辽阔、交通不便地区或不重要人犯之解送），均无不可，可由分院酌情确定。

四、县长、专员、行署主任、省府主席等不兼军法官后，审判特刑案件之职权，属于各级司法机关，裁判书即无须再由县长等署名。但关于司法行政事宜，仍须按照《关于边区司法机关改制之决定》第五条办理。

关于判处死刑案件，按照本会胜民行字第二十一号指示：“判处死刑必须一律报请行署或省府批准”。此系指各省署辖境内各级司法机关所判的特刑案件或普通刑事经一、二审判决未经上述第三审者而言。如普通刑事已上诉至三审，经本会判处死刑发回原审执行者，不在此列。

五、行署设置自新学艺所，因今日情形已与抗战时期不同，故一般的无此必要。如边沿县份因斗争尖锐复杂，遇有一时难决之人犯，而当地又不便久押时，可解送邻县或分院监所寄押。

以上统希知照——右通知

边区各级政府及司法机关。

选自《中国新民主主义革命时期根据地法制文献选编》，第3卷，北京，中国社会科学出版社，1984年版，第542～544页。

24. 晋察冀边区行政委员会关于人民法庭工作的指示

1948 年 1 月 6 日颁布

（一）人民法庭应该是人民镇压反革命及一切危害人民利益分子的工具，是把群众大会审判处决罪犯的形式提高一步的组织形式。在目前土地改革期间，人民法庭应该保卫农民，对于一切违抗或破坏土地法及侵犯人民民主权利的罪犯，必须根据人民群众的要求和意见，坚决予以处分，任何对于这些罪犯的纵容和自由主义都是错误的。同时，人民法庭的起诉、审讯与判决，必须实事求是、明辨是非，任何草率鲁莽及感情用事和主观主义都是错误的。

（二）人民法庭为要使自己成为人民手中有效的革命武器，必须遵照群众路线去进行工作，必须到群众中去搜集被告的犯罪事实与证据，及群众对被告处分的要求，加以调查研究、对证及被告的声辩，把事实弄明确后，再行判决。判决经群众讨论后，再行宣布。同时，办事必须迅速，方能适合群众的要求和情绪。人民法庭对于地主、富农罪犯的判罪与工农罪犯的判罪应有原则的区别，前者应从重，后者应从轻。

（三）关于人民法庭的组织，目前尚无经验，我们提议县设人民法庭，分区办事，巡回审判或到村就审。总之，要便利群众，要适合群众革命斗争的要求，而不要有任何官僚主义。各县可由县政府委派审判员五六人或七八人（按区之多少），各区再由农民代表会各选派（或由区农会选派，区农民代表会批准）审判员二至四人，分区组织县人民法庭审判委员会（可冠以区之次序），并在各区互选主任审判员一人，主持审判、开会，并蓄积经验。审判员应选择立场坚定，不怕镇压反革命，办事细心稳当，并为群众拥护者充任。县党、政负责人必须加强对人民法庭的领导，重要罪犯的判决须经县长批准然后执行，判决死刑之罪犯，必须经县长批准才能执行。但罪犯如对县人民法庭之判决不服，可要求复审，并可向专员公署提出声辩。凡已提出声辩者，必须等候专员公署最后判决，才能依法执行。

（四）人民法庭的工作大体可分为以下四个步骤：

（甲）检察工作：由农民团体推选之检察员，或由政府委派的检察员到被告犯罪所在村召开群众控诉会，搜集被告犯罪事实及证人、证物，并加以调查、对证、整理、起草控诉书，代表受损害人民要求对被告人处刑。此项控诉书须经农民群众审查、修改、通过后，然后递交人民法庭，并在开庭时口头起诉。这一步骤最〔至〕关重要，起诉书作〔做〕的好的，可以集中群众要求，鼓励群众情绪，提高群众觉悟，并在充分而确实的人证、物证之前，使罪犯无法狡辩。

（乙）审讯工作：人民法庭在接到控诉书后，应迅速进行预审。一切准备好了之后，即决定开庭日期、地点，发出通知，开庭时人民可自由旁听，经审判员的允许，旁听人并得发言。审判员根据起诉书审讯被告，审查人证、物证，并允许被告自己或被告的代表辩护和提出反证。审判员根据原告、被告提出之控诉与辩护及证据加以研究，然后确定罪状是否成立。如证据不足不能构成犯罪者，要再到群众中去调查、搜集材料，弄明事实，下次再审或宣告无罪。这一步骤就是弄清事实、确定罪状的工作，审判人员要实事求是，头脑冷静，不怕麻烦地辨明是非。

（丙）判决工作：第二步工作做好后，即召开审判委员会，拟定判决。宣判之前，要先与有关群众商量，征求群众意见，群众如有疑问，应向群众很好地解释清楚，群众如提出反对意见，并有新的材料，如群众的意见是正确的，就应接受群众意见，再开庭审判，委员会将原判加以修改。如果群众的意见不正确，也要很好地向群众解释，直至解释清楚，群众同意后，再开庭审判。这一步就是从拟判到宣判的工作，在这时征求群众同意，并向群众解释是很重要的。这样可以使人民法庭的工作符合群众的要求，并可教育群众，提高群众的觉悟。

（丁）执行工作：宣判之后，要按判决执行，罚款由人民法庭执行，交村农民团体处理。判二年或三年以下徒刑之人犯，一般可以交村罚劳役，但不要给罪犯以肉体上的虐待。判决超过二年或三年徒刑的人犯，一般可交县监所（或改称劳动感化院）执行强迫劳动，各行署所办之监所并可调一些犯人集中管理使用（修河修路等）。监所的管理和工作应加整顿和改善，并蓄积经验。死刑一律用枪决，由人民法庭执行。判决徒刑的人犯，我们考虑大部交村执行要好，这样可以调剂群众的劳动力，并可以减少政府管理上的困难。

（五）人民法庭绝对不准刑讯，不准舞弊。委派或选派审判人员之机关及相当的人民代表会，得按各审判人员之工作情形随时奖惩、调换。如有营私舞弊，违法失职情节重大者，应交付人民法庭审判。村农民团体在土地改革期间，对于违犯土地法之现行犯，得进行拘捕，但必须迅速报告人民法庭，并交人民法庭处理，不得长久羁押。

（六）关于人民法庭的工作，现在还缺乏经验，因此要放手让人民法庭去做，创造经验，蓄积经验。望各地随时把这方面的经验报告我们。

选自《中国新民主主义革命时期根据地法制文献选编》，第3卷，北京，中国社会科学出版社，1981年版，第544～547页。原注："选自一九四八年一月二十四日《人民日报》。"

本卷参考文献

1.《边区军民代表大会决议案及宣言》，晋察冀边区 1938 年编印。

2.《晋察冀边区第一届参议会提案集》，晋察冀边区参议会驻会参议员办事处 1943 年编印。

3. 中央档案馆编：《共和国雏形——华北人民政府》，北京，西苑出版社 2000 年版。

4.《抗日根据地政策条例汇集——晋察冀之部》，第 2 辑，1942 年版。

5.《晋察冀边区行政委员会工作报告》，边区行政委员会 1943 年编印。

6.《晋察冀边区各种政策》，1942 年晋察冀边区干部学习参考资料之一。

7. 彭真：《关于晋察冀边区党的工作和具体政策报告》，北京，中共中央党校出版社 1981 年版。

8.《晋察冀边区行政委员会现行法令汇集》（上、下册），边区行政委员会 1945 年编印。

9. 中国社会科学院法学研究所韩延龙、常兆儒编：《中国新民主主义革命时期根据地法制文献选编》，第 1～4 卷，北京，中国社会科学出版社，1981—1984 年版。

10. 刘素萍主编：《婚姻法学参考资料》，北京，中国人民大学出版社 1989 年版。

11.《晋察冀边区财政经济史资料选编》，第 1～4 编，天津，南开大学出版社 1984 年版。

12. 中共河北省委党史研究室编：《中共中央移驻西柏坡前后》，北京，中共党史出版社 1998 年版。

13. 中国审计学会审计署审计科研所编：《中国革命根据地审计史料汇编》，北京，北京工业大学出版社 1990 年版。

14.《晋察冀抗日根据地》，第 1 册（上、下），北京，中共党史资料出版社 1989 年版。

15.《北岳抗日根据地》（上、下），北京，中共党史出版社 1988 年版。

16.《晋察冀抗日根据地史料选编》（上、下），石家庄，河北人民出版社 1983 年版。

国家社会科学基金特别委托项目，项目编号：10@zh027，
项目名称：“革命根据地法律文献整理与研究”
本书得到中国人民大学科学研究基金项目“革命根据地法律文献整理与研究”
（批准号：15XNQ063）支持

革命根据地法律文献选辑

（第三辑）

抗日战争—解放战争时期老解放区的法律文献
（1937—1949）

第五卷
晋冀鲁豫边区

张希坡 编著

中国人民大学出版社
·北 京·

本卷说明

晋冀鲁豫边区位于同蒲路以东，津浦路以西，正太、德石路以南的广大地区，包括太行、太岳、冀鲁豫、冀南四个战略区，分为晋冀豫、冀鲁豫两大地区。

1937年冬，八路军一二九师进入太行和太岳山区，开展游击战争，创立了晋冀豫抗日根据地，1938年9月又开辟冀南抗日根据地。1939年年初，一一九师一部进入冀鲁豫地区，与地方党组织一起建立了冀鲁豫、鲁西、湖西三个根据地。1940年8月，成立“冀太联合办事处”(包括太行、太岳、冀南三个行政区联合政权)。1941年7月7日至8月15日，根据中共中央北方局的建议，在辽县桐峪村召开晋冀鲁豫边区临时参议会，通过中共中央北方局提出的《晋冀鲁豫边区政府施政纲领》，选举产生晋冀鲁豫边区临时参议会和边区政府委员会，杨秀峰为主席，薄一波、戎伍胜为副主席。1945年3月，分地区召开晋冀鲁豫边区第一届参议会，宣告临时参议会结束，正式成立晋冀鲁豫边区参议会。晋冀鲁豫边区历届参议会和边区政府及各行署先后制定了若干有关政权建设的组织条例和大量行政法规。1948年8月华北人民政府成立时，晋冀鲁豫和晋察冀两边区政府撤销。

目　录

第五卷　晋冀鲁豫边区

第五卷

晋冀鲁豫边区

一、施政纲领

1. 中共晋冀豫区委关于目前工作任务的决定

1939年1月

目前敌人正在作着新的战略部署，企图打通粤汉、平汉，扫荡华北，进攻大西北。同时，策动着政治阴谋，进行“反共倒蒋”，企图破坏，分裂我民族团结，瓦解我抗日民族统一战线。如近卫声明与汪精卫叛国，以及亲日派守旧分子与托洛茨基分子大肆活动，制造磨擦，企图激怒我们，进行分裂，正是目前“更加困难”条件下的一种不必要的困难。但这毕竟是当前环境中的一时现象，必定在敌人将要开始的新的进攻与全国更加团结、更加进步和积极准备打击敌人的前面，必定在我党坚决拥护蒋委员长、拥护国民政府、拥护国共长期合作的坚定的政治立场下克服。因此，我们应该与必须坚持抗日民族统一战线，坚持抗日阵地。

目前晋冀豫边区的任务是，要在坚持抗战、坚持抗日民族统一战线方针之下，从巩固中求得全区工作的全面与平衡的发展，保卫与建立模范的抗日根据地，迅速完成紧急动员工作，动员一切生动力量，准备应付严重局面的到来，准备粉碎敌人的新进攻，配合华中，保卫大西北。具体工作：

一、坚持巩固与扩大统一战线

统一战线的总方针应为一切地方的一切政策的出发点。在山西必须诚心诚意地拥护阎先生，拥护并协助山西的法令与进步的设施，诚意赞助三、五两行政区的进步，尊重与维护各级抗日政权，在群众中树立政权的信仰，站在帮助政府的立场上来向政府作各种善意的批评与改进工作的建议，积极帮助牺盟会与公道团，亲近与帮助国民党和友军。

发展社会各阶层的农村的统一战线，争取各阶层的群众共同抗日，反对狭小的观念与关门主义的做法。

建立联络机关——统一战线部，积极进行多方联络，充分利用一切可能亲近、帮助政府与友党友军。对于那些不明大义，不以民族国家为重，专事挑拨，制装〔造〕磨擦的守旧分子，应在坚持抗日民族统一战线、共同对付敌寇的原则下，说服与感化他们，鼓励与推动他们进步。我们应该站稳脚步，照顾大局，不为一时之现象所激怒。

二、一切工作为着深入，为着巩固，为着逐渐地走上统一

甲、现阶段的抗日根据地的政权建设工作

1. 拥护政府，努力帮助各级政府的民主化，实行某些部分的民选，以自上而下与自下而上的方式，协助政府求得政权的实际统一。

2. 行政工作改善与建设。〈在〉财政经济、经济建设、文化教育、邮政电报等项，应努力帮助政府整理建设，并服从与拥护〈与〉行政系统的统一领导。

3. 积极帮助政府改善工作方式与领导方式，帮助健全与加强组织机构，帮助政府进行行政人员的教育与训练。

4. 积极参加各级行政会议的工作，健全充实行政会议，准备建立参政会。

5. 对政府各项有利于抗日的法令，应拥护帮助实行，并向群众宣传解释，发动群众拥护。同时，注意研究政权工作以及各种政策问题。

乙、扩大与统一群众运动

1. 赞助各界救国筹备会的决定，全区至本年“五卅”应组织群众实数达300万左近；培养干部1%，约20 000至3 0000左近，注意培植群众领袖；动员群众参加各抗日部队至少20 000至30 000。

2. 群众运动的任务，主要为动员参战与支持战争。为此，提高群众政治地位与经济地位，“争取民主是中心上一环”。动员群众参政，改善群众生活（必须联系到参战），提高文化与政治教育，造成参战热潮。

3. 群众团体应推动做到：

（1）有经常的会议与生活。

（2）对于会员的教育与训练。

（3）积极参战。

（4）按期缴纳会费。

（5）特别注意培养民主的作风，在各种机会中给群众以民主的锻炼，使群众认识自己的力量，有机会发表自己的意见。我们的同志应特别注意向群众学习，发扬民主作风。

4. 有回民地区应注意进行少数民族工作，吸引回民群众积极参加抗日，组织回民抗日救国会，提高他们的地位，尊重回民的宗教信仰、风俗习惯，尊重他们的领袖（如阿訇），反对轻视或侮辱他们的大汉族主义的表现。在回民地区内应吸收其代表参加各级行政会议。

5. 组织各种党的专门工作机关，如工人工作委员会、青年工作委员会、妇女委员会等。

6. 尊重群众团体的统一领导，尊重群众领袖，帮助各级与各种群众团体及群众干部团结一致，发扬民主主义作风，一切经过群众路线。

丙、现阶段的武装建设工作

1. 武装的生长与领导问题：

(1) 巩固部队是部队与地方党的共同任务，地方党应积极发动群众帮助部队与动员补充，部队党要尊重地方党，倾听地方党的意见。

(2) 帮助基干部队正规化，帮助加强军政教育及各种建设工作。

(3) 部队要提高纪律、积极行动，纠正藉口经济困难纪律无法提高的错误观念，经常在指战员中讨论民运工作，尊重地方党，设立训练队培养军政干部。

2. 积极动员群众，发展群众武装：

(1) 在抗日前提下开展民主民生运动，之〔以〕便利抗战动员。特别加强农民群众的动员教育，一切教育联系到粉碎敌人的围攻、烧杀、奸淫、收买、欺骗，提高〈为〉保卫抗日根据地与保卫家乡田园的热情与积极性，提高民族自尊心。

(2) 自卫队的训练与动员：

a. 广泛地轮流不断地开办训练班，培养自卫队干部，并从中动员参加部队。

b. 加强民族革命室（救亡室），农会、自卫队在民革室进行政治文化教育。

c. 加强自卫队的军政训练，使之能够配合作战和担任各种后方勤务。

d. 成立村模范自卫队。

e. 支部、分委加强对自卫队的注意与领导。

(3) 采用各种扩军方法动员新兵。

(4) 协助政府征收抗日公粮，动员资财、粮食，准备持久战争。

丁、现阶段的敌区工作与锄奸工作

1. 敌区工作的方针是在于蓄积抗日力量，准备配合将来的军事行动，因此它的工作方法应该是多样地、秘密地、系统地进行，反对蛮干及过早暴露自己的力量。

2. 要针对敌人活动进行工作，根据敌人分配的中心点划我们的工作地区，组织专门工作组织，如敌区工作委员会等。

3. 地委宣传部与接敌区的县委宣传部，应组织敌伪宣传工作组。其任务应是：

(1) 粉碎敌人汉奸的欺骗宣传。

(2) 积极进行瓦解敌伪军伪政权的宣传鼓动。

(3) 对敌区同胞的宣传教育，同时要特别注意对敌军宣传的发行工作与各种发行网的建立。

4. 锄奸工作：

(1) 直至今天还没有系统地建立，汉奸敌探还在各地作各种活动。六中全会指示〔出〕“敌人阴谋机关有力量”，必须提高警觉性，系统建立锄奸工作与群众的锄奸教育。

(2) 锄奸运动必须依靠群众，造成群众热潮。

(3) 建议政府机关及群众团体、部队及各级组织都应建立专门锄奸组织，培养锄奸干部，设〔建〕立锄奸组、锄奸部、锄奸干事等制度。

(4) 在各种训练班、学校内，应普遍增加锄奸的课目。

（5）根据六中全会指示，对汉奸要分别处理，实施汉奸自首办法，要不满足于过去简单的群众大会公审方式，采取慎重与系统的步骤。如在各地、各团体轮流与扩大公审，给群众以慎审辨认机会，提高群众锄奸水平。

戊、坚持抗战及保卫与创造抗日根据地中的党

1. 发挥党对于各方面的领导：

（1）扩大党的公开活动，缩小并严格秘密工作，并把两者密切配合起来（必须遵守党规党法）。

（2）加强对政权与友军的协助与对游击队的领导。

（3）系统建立各级宣传工作，纠正重组织轻宣传的观念，抓紧一切时机、利用一切方式宣传党的政策及主张。

（4）提高组织的活动力，与群众密切在一起，从尊重群众爱护群众中领导群众，作群众的模范，加强支部在群众中的活动及作用。为此，应特别加强青年党员与新党员的教育训练与领导，在行动中、在群众团体各部门工作中、在救亡室中、在识字班与训练班中，锻炼与教育同志。

2. 发展党与巩固党。

纠正突击或竞赛的发展方式，特别注意发动工人、妇女、青年。支部青年与妇女党员，可设青年小组与妇女小组。提高全党的政治警觉性，严格注意奸细与破坏分子的混入与潜伏，健全各级组织生活与加强党的教育工作，从行动及对各方面的领导中使党巩固起来、壮大起来。特别是建立与加强支部工作，首先是工业中心及战略上的重要地区，做到支部能够独立领导群众参加与配合作战，能够坚持与扩大农村社会统一战线，为目前组织工作的中心任务。

3. 一切工作科学化。在工作发展的现阶段应特别注意服从与帮助统一领导，在全区工作方面一切为着统一、集中与正确配合，纠正不正确的狭隘的本位观念。工作条理化，秩序化，发挥谨严、紧张与积极的负责的事务精神及民主作风（反对事务主义与杂乱无章）。

4. 党内的民主与纪律。民主集中制的原则是：

（1）下级服从上级；

（2）少数服从多数；

（3）个人服从组织；

（4）全党服从中央（这是很重要的一条）。

全党同志，首先是干部，必须遵守党规党法。各级党校与党的训练班中，应把党规党法列入〔为〕党的建设中的一课。

5. 全党团结——由全党的团结到全民族的团结。全党的团结，干部的团结，地方党与八路军的团结，团结在政治的原则、组织的原则与工作的原则上，发扬同志间的亲爱和睦与同生死共患难的精神。

提高各级领导机关的威信。领导同志必须首先亲密团结，一切尽量从民主的讨论中求得解决。

6. 加紧学习，是当前的一个重要的政治任务。学习马列主义的原则与方法，反对引

证家与公式主义，学习中国历史，学习军事（每个同志都应学习），学习斗争与工作经验。每个同志必须阅读《新华报》（并代为推销）。努力学习，造成学习热潮，进行学习竞赛，响应六中全会上毛泽东同志的学习号召，只有“学习，学习，再学习”，提高党内马列主义水平，才能胜任地肩负今天环境下的严重任务。

选自山西省档案馆编：《太行党史资料汇编》第二卷，山西人民出版社1989年版，第10～18页。原注：“根据中共太行区党委1943年11月20日《太行党六年来文件选辑》上册刊印”。

2. 朱瑞[①]论建立晋冀豫抗日根据地

1939年1月11日

一、建立根据地是争取抗战胜利中最有决定意义的任务

中国是弱国，是被侵略者，在战争中一定阶段上土地的损失是可能的。

问题不在于我们在抗战最初阶段失了多少土地，而在于我们能不能在正面，同样，在广大失陷地区坚持持久抗战。只有不但在正面而且也在失陷地区坚持持久抗战，争取敌我力量对比的变化由相持而转入我们的反攻，才能争取抗日战争的最后胜利。

怎样才能坚持在敌后方的持久抗战？回答是：创造根据地，创造根据地，最后还是创造根据地！在敌后方创造抗日根据地——是坚持在敌后方抗战，争取战争持久，终至转入我的反攻，争取抗战胜利任务的顶点！

抗日根据地之所以重要，就是因为它：

第一，可以支持失陷地区的长期抗战，配合正面主力军作战，及呼应其他失陷地区的抗战。

第二，便于游击队的作战与机动，广大吸引钳制敌人，疲惫及消耗敌人。

第三，可以限制敌人活动，缩小敌人占领区；相反地，便利于我们的巩固发展与生聚。

第四，可以作为核心与依靠，从事组织及团集失陷地区的广大群众，得以运用失陷地区一切的物力、人力与财力，且使之不被敌人利用。

所以，在失陷地区建立抗日根据地，是十分重要与十分需要的！

不仅如此，中国抗战是长期的，而且是有阶段性的：大致先是经过敌人进攻、我们退守的第一阶段，随后转入敌我相持的第二阶段，最后在国际及敌我国内一定条件的转变之下，开始我之反攻与敌人的退守与溃败的第三阶段。因此，不但建立根据地〈的〉重要与需要，而且如何坚持巩固及发展扩大根据地尤为重要！

为坚持巩固及发展扩大根据地：

第一，要在建立根据地的斗争中，准备与敌人作持久的缠绵的胶着的与此来彼往“犬

---

① 原注：朱瑞，时任中共北方局军委书记，受中央指令为北方局驻冀豫晋省委代表。

牙交错”的苦斗。只有在不断与坚持的粉碎敌人的战斗中，才能坚持、巩固与发展和扩大根据地。

第二，一滴一点地踏实地实行民主政治，改善人民生活，实行抗战根据地一切可能的财政经济的建设，一切方法提高生产，发展经济，一切方法实施《抗战建国纲领》……在政治上，财政经济上，做成坚持持久的条件。

第三，扩大游击队，扩大与发展游击运动战，扩大游击区域，争取各根据地的联成一气，直至某些被割裂与分离的区域的打成一片。

没有这一些，根据地的坚持、巩固、扩大与发展是不可能的。

最后，中国的抗日战争，必须取得最后胜利。这一最后胜利，必须不但从不断战争、苦斗与破坏中取得，而且也要从逐次收复领土、逐步实现民主、一星一点节蓄力量、一锤一斧建设国家中完成。因此，为生聚及节蓄力量，为根据地以作反攻的根据与前进阵地，为实现胜利后三民主义的民主共和国——新中国的建设，抗日根据地之创造与建设更倍加重要，因为它将作成独立、自由、幸福的新中国之起点与因素。

二、晋冀豫区将是华北最重要的抗日根据地

在地理上，晋冀豫区是包括晋东南、豫北及冀西而成，它范围了三省毗连区域的70余县，东西阔约300公里，南北长约340公里，幅员约10万余方里。在本区内，东障太行，西峙太岳，南北盘结嵯峨巨岭，如析城、王屋、鹿台、中条、八赋诸山，在作战上说是十分险要和便于机动的。太行与太岳间，间以清浊二漳、丹河水诸流。夹河地区，土地平旷，人口繁多。连豫北与冀西，人口号称千二百万，在对日抗战上说，极利生聚与持久。

在位置上，晋冀豫区东西北三面包围着平汉、正太与同蒲铁路，极南便终于黄河。对敌人奴化政策上说，本区是敌人在华北存在的极大威胁与肱股大患。在对敌作战上说，东南西北四面的任何一面，都威胁着敌人的作战线，对任何一面的进击，都随时可以截断及麻痹敌人在华北与进攻西北的交通和运输。本区的外围，东有冀南翼中河北平原游击区，西有晋西的吕梁山抗日根据地，南有晋西南及豫北游击区，与豫中隔河呼应，尤其北有比较成熟与巩固的晋察冀边区的抗日根据地。因此，在坚持抗战上说，本区又是华北游击战的心脏与战略中枢，敌人没有剪除四围各区，想进行对本区的最后肃清是十分困难的；反之，敌人对本区的外线围攻，将遭受四围各区有力的外线的环击。这一个形势，将使敌人举措为难。当然，不是说敌人因此便不来进攻本区了；相反地，本区之重要将成为敌人进攻的主要对象与显著的目标。

在经济上，本区是产物丰富的区域。在沁瘴二水流域，号称米粮川，产米最多。太行、太岳各山随地都是煤铁和硝磺，这是根据地国防建设的动力和泉源。此外，毛、皮、绵、纱、土布、盐、药材、果木、肉类、食品……都可自给，有些还是输出的主要产物。自抗战以来，各项虽然〔虽然各项〕地方工业与生产是破坏了，但因持久战的需要，又在逐渐恢复起来（如土布、硝磺、挖煤、冶铁及各种输出事业）。在经济上，本区也是可自给自足以持久。

在政治上，本区自抗战以来，群众已广泛组织起自己的抗日救国团体（如自卫队、工救、农救、儿妇与青年、文化等组织），所组织的群众总在百万以上。地方政权除部分地区十分落后外，一般是经过改造与充实（如洗刷腐败和顽固分子，吸收了进步有为的青年和抗日积极分子、群众领袖），比较适合于领导民众坚持抗战。在晋东及冀西，大部地方政权都初步实行了民主政治（如成立行政会议），部分地实现了改善民生的法令（如废除苛杂，实施合理负担，灾难民的救济，抗属的优待，合作社的建立），区村政权部分地使用了民选制度。各地比较严肃地制裁了汉奸敌探与托洛茨基分子的阴谋活动。军队不但有中央军、晋绥军的新军（决死队）、八路军的主力，在各地并广泛生长与锻炼着地方基干游击队，组织着以数十万计的农民半武装的自卫组织——自卫队。守卫、放哨、游击、侦察、骚扰，直至小部分的决战，在近敌区及敌人间隙中不时地开展，每日都有新的战斗、新的伤亡与新的胜利。

最后，本区有了一个整年还多的坚持抗战的经验与教训，尤其有了国民党、共产党、公道团、牺盟会组织之开展和工作，有中央军、八路军、晋绥军的指挥部，以及党政军民间亲密一致与比较上模范的统一战线的团结，这些都是本区坚持抗战的最有利的条件。

因此，本区不但可能建立为坚持巩固的根据地，而且绝对重要与必须创造其为支持华北抗战的一个主要根据地。

三、为建立晋冀豫为坚持巩固的抗日根据地而斗争

自广州、武汉失陷后，敌人逐渐转移兵力进窥我西北和各个围攻我华北各抗日根据地与游击区。自去年 10 月以来，晋察冀、冀东、冀中、冀南……及鲁东、鲁西、鲁西北各区先后均陷入或正在陷入敌人进攻的烽火中。然而，由于我华北各党派军政与群众的戮力奋战，先后均给了敌人或正在给敌人以打击〈中〉。自敌人在各个区域的围攻遭受打击后，现正开始集中兵力于晋冀豫区的四围。显然，敌人目的不仅在于集中兵力企图进窥黄河，进而进攻西北，而且必然向本区作部分的或有计划的尝试，这是每个华北尤其是每个晋冀豫区的同胞应密切注意的局势。

其次，敌人的新进攻将在如下形式下保持长期的胶着的固执与顽强的姿态：

第一，敌人用广泛筑路方式一方面保持其自己的交通联络与运输，另方面增强其运动性与机动力，并保障其进退自如与对我攻守迅速的便利。

第二，占据某些最重要城镇市街、关卡隘道长期控制，以麻痹我抗日根据地，限制我的发展。同时，控制交通要道（如公路、河道），构筑必要封锁，割裂及隔离我根据地，断绝或阻塞我各区间的联络与交通，企图使我主力军与游击队窒息而死。

第三，实行烧杀奸抢，破坏我建设，灭绝我资材，实行经济封锁，以达其毒化当奴隶的征服政策。

第四，大批派遣敌探，制造伪组织，利用汉奸、托洛茨基分子挑拨离间，分化我抗日阵营与统一战线。此外，用物资的利诱，政治的欺骗，金钱的收买，散布谣言与武断的宣传，利用群众封建思想与迷信心理，组织及利用各种会门与秘密或公开封建社团进行瓦解破坏及欺骗活动，以达其政治上征服我的企图。

为应付将来战局，为配合保卫西北的抗战，为坚决及坚持地粉碎敌人对本区及其他区域的长期围攻的艰苦奋斗，创造、巩固、发展与扩大本区为坚持持久的抗日根据地，是本区 1 200 万军民的至高至上、至为迫切的当前任务！为完成这一任务：

第一，在本区，我们要建设数十万有战斗力、有政治工作、有纪律、有持久鏖战精神的基干武装，组织及训练百万以上真正能起作用的人民自卫的半武装组织——自卫队，组织及训练数百万以上的各种群众（农、工、青、妇、儿、文化等）的抗日救亡团体，并且切实建立其工作与作用，切实建立真正代表人民的县区乡各级的民主政治，实现人民的参政，实施进步法令，实行群众生活的改善，建设普及的群众义务教育，进行广泛锄奸教育与宣传，严密各级军队、政权与群众团体中的锄奸组织与工作，彻底肃清敌人的侦探、奸细与内应。这一切一切，都是我们在军政建设上必不可少的最低限度的建设。

第二，厉行自给自足的财政经济的建设。发动富户及国内外工商业家投资设厂，挖煤冶金，建设本区与各分区中小规模的造枪、制弹与炼制硝磺厂……以利抗战；奖励纺纱、织布、熬盐，发扬日用工业，组织出入口贸易，开办合作社，筹设信用借贷机关，以增加群众购买力，充实根据地内消费品，活动劳动大众的生产力……以粉碎敌人经济的奴化政策；扩大上党银行，禁绝伪币，扩充银行基金，经营附属的生产及消费事业（如工厂、商店、借贷、出入贸易等），整理税收（主要是出入口税、营业税及土地税），建立廉洁政府，裁减预算，反对浪费……以增加收入、减少支出及减轻群众负担；最后，妥当安插灾难民，救济抗日家属，恢复及开辟耕地，奖励植林，广耕菜蔬，多饲家畜牛羊……以提高及充裕根据地内群众生活与收入。这一切一切，都是我们在财政经济上持久的必不可少的准备。

第三，迎接战争形势的到来，必须进行深入广泛的抗战准备与参战的动员。我们应动员成千成万的壮丁参加基干部队，增加战斗力；储蓄百万担公粮，准备持久抗战中的食用；动员一切男女，于必要时进行空舍清野，做到不给敌人一粒米，不给敌人一滴水，不给敌人一根柴，不给敌人一条路，以困难及灭绝敌人；严密组织自卫队、儿童团、守卫、放哨、封锁、侦察，杜绝敌人一切瓦解、欺骗、侦察与捣乱的阴谋；积极各近敌区游击队与正规军的活动，打击敌人，迷惑敌人，暴露与破坏敌人一切进袭的计划。

第四，创造根据地的一切工作与建设，要求深入化，实际化、战斗化与统一化。坚持华北抗战是与敌人血肉的搏斗，一切工作与建设要在严密组织、切实教育、准确计划、踏实的工作中才能巩固与发扬其作用。坚持华北抗战又是长期的苦斗，一切工作与建设，又只有从克服战争的困难中及在战争中准备与完成。同时，在创造根据地的领导上，取得在一切工作与建设中的统一更为重要，因此，我们在创造晋冀豫根据地工作中，应向着统一的军事指挥、统一的行政领导、统一的财政经济建设及统一的群众组织与运动奋斗和迈进。

最后，各党各派的互信互谅、互助互商、精诚团结的统一战线，更为实现在晋冀豫区创造根据地，坚持本区持久抗战的最后与最高保证。

选自山西省档案馆编：《太行党史资料汇编》第二卷，山西人民出版社1989年版，第1～9页。原注：“根据中共中央北方局1944年《抗战以来选集》第二集上册刊印”。

3. 保障人民权利暂行条例

1940年5月2日晋冀豫边区太岳区第三专署颁布①

第一章 总 则

第一条 本署为安定社会秩序、巩固抗日根据地，特颁布保障人民权利暂行条例。

第二章 保障人民居住行动自由权

第二条 凡本专区人民除汉奸外，皆有居住行动之自由权，任何人不得干涉之，但私自移居敌区者例外。

第三条 凡本专区人民如有汉奸嫌疑而未加证实者，得由各该人所住村之村长副将可疑之点立即呈报区、县政府侦察，不得擅自驱逐或拘捕，违者依法惩办。

第四条 凡在县内持有村区通行证，专区内持有县通行证者，各地岗哨验明，须放行，不得故意留难。敌区或接敌区持有村区或县通行证者，亦不得故意留难或没收其财务（物）。

第三章 保障人民抗日言论出版集会结社信仰自由权

第五条 凡本专区人民除汉奸外，均有抗日的言论、出版、集会、结社、信仰之自由，任何人不得干涉与限制之，但出版刊物报章，须依照登记法按一定手续向本署登记后，始得出版。

第六条 凡抗日党派，在本区内均合法存在，人民有自由加入之权利，任何人不得干涉与限制之。

第四章 保障人民生命财产安全及财产买卖自由权

第七条 军队、群众团体均无逮捕权，亦不得假借任何名义擅行拷打、捆绑、审讯、处罚。

第八条 县政府有直接逮捕权，至于区村公所除受县府命令外，均无逮捕权。

第九条 遇有左列情形之一者，区村公所及一切人民均得即时逮捕之，但逮捕后不得私自拷打，须立即送县府审理：

（一）确有汉奸证据惟恐逃避者；

（二）持械抢劫及行凶者；

（三）持毒品等违禁物品者；

（四）逃逸人犯。

第十条 区公所仅有依照规定执行违警罚法，无处罚权，村公所仅有调解权（民事等及一般纠纷）及惩戒权（依照各种规约之惩戒非处罚）。

---

① 原件未注明颁布时间和颁布机关。“法制委员会刑法资料版”原注：“此文件选自晋冀豫边区印出的一本法令小册子，原件上未载颁布日期及颁布机关，亦找不到其他版本可资查对，故按其原样刊出。”本书编者于2014年4月从旧书摊上偶然发现一本《太岳区革命根据地纪事》，山西人民出版社1989年出版。据该书第185页刊载：“1940年5月2日山西第三专署公布《保障人民权利暂行条例》”，其介绍的要点与本条例相符，这是当时各抗日根据地最早制定的人权保障条例之一。另据该书第278页刊载：“1941年10月底，岳南办事处颁布《保障人权暂行条例》《保障客籍民权利暂行条例》”，目前尚未见到后两件的原文。

第十一条　县政府仅有依照法律法规之逮捕权及处罚权，无直接处决权，处决人犯须呈本署复判批准后执行。

第十二条　凡军队须逮捕与军事案件有关之人犯时，必须通过县政府，不得直接逮捕。

第十三条　如有违反七、八、九、十、十一、十二各条规定者，不论任何人均以反坐论罪。

第十四条　一切拘捕人犯须依法律程序于二十四小时内进行审讯。

第十五条　凡本专区人民之财产除属于汉奸者依法没收外，一律得保障其安全，如有损害其财产者，得向县府或本署控告。

第十六条　凡本专区人民均有自由处理其财产之权，但须依照政府规定办法办理之。

第五章　附　则

第十七条　本条例有未尽等处，得由本署修正之。

第十八条　本条例自公布之日施行。

选自中央人民政府法制委员会1953年9月编印《刑法资料汇编》第四辑（新中国部分），中国人民大学1955年3月翻印本，第116～119页。简称“法制委员会刑法资料版”。

4. 晋冀鲁豫边区政府施政纲领

1941年9月1日公布

晋冀鲁豫边区临时参议会，秉抗日民族统一战线之总方针，以中共中央北方局对边区目前建设十五项主张为基础而制定本纲领，于民国三十年七月二十九日大会决议通过，交由边区政府公布施行，愿我全边区各级行政人员及全体人民一致努力，为彻底实现本纲领，巩固与扩大已得之胜利而奋斗。

一、保卫边区，坚持华北抗战，坚持团结进步，为彻底实现三民主义与抗战建国纲领而奋斗。

甲、本抗战第一的民族精神，保卫边区，坚持华北抗战。

乙、本抗战团结建国方针，密切团结一切抗日党派与阶层，坚决反对分裂投降。

丙、本抗战必须力求进步之原则，加强边区之政治、军事、经济、文化各种建设，扶植与开展民众运动，增进边区根据地之巩固与发展。

二、加强与扩大武装力量，实行全民武装自卫，建立人民子弟兵。

甲、扩大与加强正规军。

乙、广泛开展游击战争，建立群众性的地方武装，特别加强青年武装的发展、训练与领导。

丙、保证抗日武装部队的满员与物质供给，改善兵役制及其他后方勤务动员。

丁、切实优待一切抗日军人家属（包括中央军、八路军、决死队及其他抗日部队），抚恤荣誉军人。

戊、增进人民与部队相互爱护的亲密关系，提高人民对于抗日部队的爱护与拥戴，建立人民子弟兵制。

三、加紧民主政治建设，逐步实现民选各级政府。

甲、实行三三制政体，欢迎一切抗日党派阶层与进步人士，参加政权工作。

乙、切实推行民主政治，普遍实行不记名的平等直接选举制度，一切抗日人民，均享有选举、罢免、创制与复决之四大民权。

丙、确定于一定期内，由村级政权开始，逐渐完成民选各级政权。

丁、一切抗日党派、团体、人民均享有集会、结社、言论、出版、居住、信仰之自由，非依政府法定手续，任何机关、团体或个人不能加以压制、逮捕、拘禁、审问、处罚、游街或任何侮辱他人人格的行为。

戊、建立廉洁政府，肃清贪污浪费。

己、发扬民主作风，对人民注重政治动员与教育说服，密切政府与人民间的关系。

庚、建立与健全司法制度，确立司法与行政的正确关系。

四、坚决镇压死心塌地之汉奸，贯彻保障人权。

甲、对无法争取的汉奸首要份（分）子，及在根据地内组织破坏叛乱之奸细分子，给予坚决的镇压，维持社会秩序。

乙、对汉奸案件的处理，只限于汉奸本人，不得株连，对于盲从胁从份（分）子采取宽大政策，欢迎其悔悟参加抗战。

丙、对敌伪军官兵俘虏，不问其被俘次数，一律采取宽大释放政策，绝不杀害，或施以任何强迫或侮辱行为，如自愿参加抗日工作，予以优待。

丁、保障一切抗日党派、团体，人民之政治自由与合法权利。

五、努力经济建设，增加边区财富，确切保障一切抗日人民财产所有权。

甲、加强对敌经济斗争，力求根据地物质资源自给自足，打破敌人的经济封锁。

乙、一切抗日人民，不问其属于任何党派与阶层，均有营业（除政府规定的违禁品外）、营利与从事于工农生产之自由，任何个人团体或机关均不得操纵、限制、没收及干涉，侵犯其土地与财产所有权。

丙、建立发展煤铁业、纺织业、造纸业及一切日常必需品的工业，改进生产工具，提高生产质量，优待各种专门技术人材（才），奖励技术发明家与劳动英雄。

丁、发展农业生产，扩大耕地面积，开发水利，改良种子、肥料、农具，开办农业试验场，提高生产技术，提倡农村副业。

戊、奖励私人企业，发展农村生产合作事业。

己、欢迎海内外人士及敌占区同胞向根据地投资发展生产事业，政府保护其安全，并予以必要的帮助。

六、对敌实行统制贸易，根据地实行自由贸易。

甲、在晋冀鲁豫边区内只收一次出入口税。

乙、发展交通运输，发展对外贸易，活跃根据地内市场，加强各根据地内物质资源与必需品的流通。

丙、抵制仇货，但除政府规定之违禁品外，一律不得没收。

丁、公营贸易机关，应以调剂市场、平衡物价、安定金融、改善民生为原则，不得操纵垄断。

戊、商人得自由加入商业联合会，并允其自由退出。

七、调节劳资双方利益，巩固阶级团结。

甲、为着调节劳资双方利益，资方应适当改善工人生活，增加工人工资，减少工作时间。工资应以实际能养活一个至一个半人为标准，工作时间除公营企业已实行八小时外，其他一般以十小时为原则。

乙、劳工应遵守劳动纪律，自动增加生产。职工会除保护劳工利益外，应从政治上教育工人，提高生产热忱。

丙、在劳资合同有效期间，劳资双方均应遵守，不得随意破坏。

丁、保护青工、女工、童工，不得令其担负足以妨碍其健康与发育之工作，并实行同工同酬。

八、加强农村阶级团结，给与农村一切贫苦人民与游民分子以生存教育的机会。

甲、切实实行减租减息，减租一般以二五为原则，减息减至一分半为标准。

乙、减租减息后，佃户应按期如数交租，债户应按期如数交息，一般不得再行拖延或减免。

丙、实行低利借贷与救济灾难民，并将没收之汉奸土地，分配或租给贫苦抗属及贫苦人民耕种。

丁、给社会游民分子以耕种土地及取得职业和享受教育的机会，对各种会门组织，实行争取团结与教育的政策。

九、逐行确立统一的财政制度，实行统一累进税。

甲、实行统筹统支，确立预算决算与会计制度，厉行节约运动。

乙、征收统一累进税，依资产及收入之多寡，规定纳税的比例。除百分之二十极贫苦人民得以免税外，其余百分之八十的人民，都有纳税的义务，但最高不得超过全年收入百分之三十为标准。①

丙②、规定在一定时期内，取消不合理田赋等税收。

丁③、改善并充实财政机构，调整金融关系，坚决打击伪币，巩固与提高边区本位币（冀钞）及鲁西地方币之信用。

十、加强文化教育建设，提高人民的文化政治水平。

甲、实行普及免费义务教育，建立与健全正规学制，大规模地举办各种学校。

乙、开展群众性的社会教育，扫除文盲，特别加强男女青年的教育。

丙、加强干部教育，实行公务人员两小时学习制度。

丁、欢迎一切文化工作者、专家、科学家、学者来根据地共同建立抗战文化教育，并

---

① 原注："原文如此，疑有讹误"。从上下文分析，"社科法制版"将本条乙项最后"百分之三十为标准"，误排到丁项的最后；同时把丁项最后的"（冀钞）及鲁西地方币之信用"，误排到乙项的最后（即两个结尾互相误排）。据查《中共党史教学参考资料》（8），中国人民大学中共党史系资料室1980年版，第368～374页，证明冀鲁豫行署《法令汇编》确有以上误排。

②③ "社科法制版"第十条出现两个"丙""丁"，第一个"丙""丁"应移至第九条。

予以优待。

戊、帮助建立与健全文化团体，奖励私人创办各种文化事业。

己、提高小学教员质量，并改善其生活待遇。

庚、建立各种印刷机关，增进各种抗战书报杂志之出版、发行与流通，特别要出版大量通俗读物。

十一、保障女权，实行男女平等。

甲、女子在社会上、政治上、经济上与教育上，完全享有与男子同等权利。

乙、实行一夫一妻的自由婚姻制，严禁蓄婢、纳妾、童养媳、租妻、合娶、买卖婚姻、强迫嫁娶以及早婚等恶习，并防范沦陷区敌人所制造之淫风侵入根据地。

丙、保护产妇，保育儿童，严禁打胎及溺婴。

丁、禁止缠足，禁止虐待及侮辱妇女。

十二、建设卫生行政，减少人民疾病死亡。

甲、逐渐建立民众医院，增进医务设备，对贫苦抗属及人民实行免费或减费治疗，奖励私人医院之建立。

乙、利用各种土产药材，改良自制药品。

丙、欢迎与培养医务人材（才），并给予优待。

丁、加强人民的卫生教育，提高人民的卫生常识，注重公共卫生。

十三、面向敌占区，开展敌占区工作，扩大抗日根据地，缩小敌占区。

甲、减免敌占区人民负担，抚恤与救济被敌寇汉奸残杀或洗劫之敌占区同胞。

乙、敌占区同胞曾被迫加入伪组织者，一经脱离，不究既往。

丙、伪军一经反正，与抗日军队一视同仁。不缴枪，不编散，并帮助其扩大，以增强抗日力量。敌军一经投诚，即予以优待，并给予工作或加释放。

丁、反对敌寇抽丁及奴化毒化政策，欢迎敌占区青年到根据地学习，并给予优待及适当工作。

十四、边区内所有各民族，在政治经济文化教育上一律享有平等自由权利。

甲、互相尊重各民族之风俗、习惯、语言、文字与宗教信仰。

乙、在民主选举中，应予少数民族以优待，反对轻视少数民族的大汉族主义。

十五、保护外国侨民，加强国际友谊。

甲、在尊重中国主权及遵守政府法令的原则下，允许任何外国人到边区游历，参加抗日工作，或进行实业文化与宗教的活动。

乙、因革命行动，被外国政府压迫而来边区者，不问其是宗主国人民或殖民地人民（如朝鲜、台湾等）①，边区政府当一律予以恳切的保护与援助。

选自《中国新民主主义革命时期根据地法制文献选编》第一卷，中国社会科学出版社1981年版，第43～50页，简称“社科法制版”。原注：“选自晋冀鲁豫边区冀鲁豫行署《法令汇编》上册，1944年版”。

---

① “社科法制版”删掉括号内6字。

互校版本：《中共党史教学参考资料》(8)，中国人民大学中共党史系资料室1980年编印，第368～374页（未注明史料来源）。

5. 晋冀鲁豫边区保护敌占区人民办法

1941年10月公布

第一条　为救济敌占区人民，反对敌人抽丁，争取敌占区青年，保护敌占区小学教员，及知识分子，而制定本办法。

第二条　各县设立敌占区人民招待所，负责招待、调查、登记及分配工作等事宜。

第三条　凡敌占区人民逃来根据地者其安置办法如下：

一、有工作能力者，由县政府负责介绍工作。

二、有专门技术者，由县政府分别介绍职业，能独立为业者，依低利贷款办法帮助之。

三、凡逃来根据地者，其子女得免费入学。患疾病者予以减费或免费治疗。

四、为防止敌人抢劫，能将粮食财物及牲畜运来根据地者，政府得设法代为保藏及饲养，其主权仍属原主。

五、敌占区人民不在根据地久住愿回原籍者听其自由。

第四条　凡安置敌占区人民所需临时救济费，由政府在地方粮款内设法筹拨。

第五条　凡敌占区人民进行武装斗争，杀伤敌伪夺获武器文件等胜利品，或报告敌伪消息、掩获抗日人员、保守抗日秘密者，应按实际环境依照褒奖抚恤民兵办法分别奖励之。

第六条　本办法如有不适宜者，得由晋冀鲁豫边区政府提经晋冀鲁豫边区临时参议会同意修正之。

第七条　本办法由晋冀鲁豫边区政府公布施行。

选自《晋冀鲁豫边区法令汇编》，边区政府1943年7月编印，第30～31页。

6. 晋冀鲁豫边区优待朝鲜人民规程

1941年10月公布

第一条　本规程依据晋冀鲁豫边区政府施政纲领第十五项之原则制定之。

第二条　凡朝鲜人民愿与中华民族携手反抗日本法西斯而来本区者，各级政府应加以保护。

第三条　凡朝鲜革命人民来居本区经过其组织系统之申请向边区政府或边区政府行署备案后恪遵边区政策法令者，得有抗日活动自由，政府当予以保护优待，并给以各种必要之帮助。

第四条　凡受日本欺骗之朝鲜人民，觉悟反正而来本区者，政府应予以收容优待之。

第五条　凡朝鲜俘虏，按照优待伪军俘虏办法待遇之。

第六条　凡未曾参加敌军及伪军伪组织之一般朝鲜人民，来本区后，政府应加以安置，适当解决其生活问题。

（一）参加抗日工作与其他工作人员同等待遇。

（二）老弱幼小无工作能力且确系贫穷无靠者，政府应予以必要之救济。

第七条　凡朝鲜人民来本区居住，从事农业耕种，以资维持生活时，对于土地租佃合于边区法令之规定者，政府得批准之。

第八条　凡朝鲜人民来本区居住从事工商业时，有经营之自由。

第九条　凡朝鲜人民愿回国从事革命工作者，经居留本区朝鲜人民革命组织之正式介绍，政府立予以保护与帮助。

第十条　凡朝鲜人民其子女如在学龄时代，得免费入本区各级学校。

第十一条　朝鲜人民经边区政府，或边区政府行署批准，得在本区创立朝鲜人学校，其民族言语、文字、宗教、风俗、习惯政府当尊重之。

第十二条　凡居留本区之朝鲜人民，向边区政府或边区政府行署立案登记后，得发行报纸杂志，凡努力推动朝鲜民族解放事业之刊物，政府当帮助其出版与寄发。

第十三条　在接敌区由政府设立朝鲜人民招待所，负责办理本规程第二、三、四、六各条所规定朝鲜人之招待事宜，按招待敌占区青年办法办理之；所需粮款由地方粮款开支，但必须经专属核准并专案报销。

第十四条　本规程经边区临时参议会通过后，由边区政府公布施行之。

选自《晋冀鲁豫边区法令汇编》，边区政府1943年7月编印，第29～30页。

7. 冀鲁豫边区保障人民权利暂行条例

1941年11月23日公布

第一章

第一条　晋冀鲁豫边区政府冀鲁豫边区行署（以下简称行署）为安定社会秩序，巩固抗日民主根据地，团结抗日民众，特颁布本条例。

第二章　保障抗日人民之居住行动自由权

第二条　凡本行政区人民，除汉奸外，皆有居住行动自由权，任何人不得干涉之，但私自移住敌区者例外。

第三条　凡本行政区人民，如有汉奸嫌疑而未经证实者，得由各该人所住村镇乡区长将可疑点立即呈报抗日县政府侦察，不得滥自驱逐或拘捕，违者依法惩办。

第四条　凡在县持有村镇乡区通行证者，各地岗哨验明须放行，不得故意留难；敌区或接近敌区持有通行证者，亦不得故意留难或没收其财物。

第三章　保障人民抗日言论、出版、集会、结社、信仰自由权

第五条　凡本行政区人民，除汉奸及有汉奸嫌疑（尚在考查（察）中者）外，均有抗日言论、出版、集会、结社、信仰之自由权，任何人不得干涉与限制之。但出版刊物及组

织结社、集会，须向抗日县政府或专员公署登记立案后，始得出版与组织之。

第六条　各抗日党派在本行政区内均合法存在，人民有自由参加之权利，任何人不得干涉与限制之。

第四章　保障人民生命财产安全及财产买卖自由权

第七条　军队（边区行署委托者例外）与民众团体均无逮捕权，但现行犯、军事犯或敌探例外，亦不得假借任何名义私行拷打、捆绑、审讯、处罚。

第八条　各抗日县政府有直接逮捕权，至于区乡镇村公所，除受抗日县政府命令，均无逮捕权。

第九条　遇有左列情形之一者，抗日部队、区乡村公所及一切人民均得即时逮捕之，但逮捕后不得私自拷打、处罚，须立即送抗日县政府审理。

一、确有汉奸证据惟恐立时逃避者。

二、持械抢劫及行凶者。

三、持毒品、违禁物者。

四、逃逸人犯及在军中之逃兵。

第十条　区公所仅依照规定执行违警罚法，无处罚权；村公所仅有调解权（民事及一切纠纷）及惩戒权（依照各种规约处罚）。

第十一条　抗日县政府仅有依照法律规定之逮捕权及处罚权，无直接之处决权。处决人犯须呈请专员公署复判后，呈边区行署批准，方得执行。

第十二条　凡军队须逮捕军事案件有关系之人犯时，必须通过抗日县政府，不得直接逮捕。

第十三条　如有违犯七、八、九、十、十一、十二各条规定者，不论何人均以反坐论罪。

第十四条　一切拘捕人犯须经法律程序于二十四小时内进行审讯，但在战争情况下例外。

第十五条　凡本行政区人民财产，除属于汉奸者应没收外，一律得保障其安全，如有损害其财产时，得向行署专员公署及抗日县政府控告。

第十六条　凡行政区人民均有自由处理其财产之权，但须依照政府规定办法处理之。

第十七条　本条例之解释权归行署。

第十八条　本条例如有未尽事宜得随时增修之。

选自《中国新民主主义革命时期根据地法制文献选编》第一卷，中国社会科学出版社1981年版，第94～97页。原注："选自《晋冀鲁豫边区法令汇编》上册，1944年版"。

8. 晋冀鲁豫边区优待日本逃战避难军民规程

1942年11月29日公布

第一条　本规程依据晋冀鲁豫边区政府施政纲领第十五项之原则制定之。

第二条　凡从敌军中及敌占区来本边区逃战避难之日本军民，由军队政府分别负责安置之。但敌探奸细不在此列。

第三条　凡来本边区逃战避难之日本军民，均以国际友人待遇之；政府负责保护。其愿参加抗日工作者，与我抗日工作人员享受同等待遇。

第四条　凡来本边区逃战避难之日本军民，均尊重其民族语言、文字、风俗、习惯；并予以生活上之保障。

第五条　凡来本边区逃战避难之日本军民，愿从事工、农、商业时，合于本边区之法令者，政府得批准之，并保障其财产之安全，及予以业务发展之便利。其具有专门技能之工程师、艺术家等，则予以格外优待与自由发展之便利。其老弱残废无工作能力者，政府得救济之。

第六条　凡来本边区逃战避难之日本军民，在反抗日本法西斯、协同中国从事打倒日本帝国主义之原则下，经边区政府或其行署批准后，得组织政治团体，创立学校，发行刊物，政府并予以各种必要之帮助；其子女如在学龄愿入中国学校时，得免费入各级学校。

第七条　凡日本军民，因反战厌战，意图逃亡，被敌人封锁、监视不能如愿者，边区军政民应设法协助其逃亡，如遇敌兵缉捕时，须主动予以保护。

第八条　在接敌区由政府设立日本军民招待所，负责办理招待事宜，其所需粮款，由地方粮款项下开支，但须经专署批准。

第九条　关于日军俘虏按第十八集团军（八路军）优待俘虏办法办理之。

第十条　抗战胜利后，凡愿回国之日本军民，皆予以充足旅费护送其回国。

第十一条　本规程经晋冀鲁豫边区政府临参会通过后，由晋冀鲁豫边区政府公布施行。

选自《晋冀鲁豫边区法令汇编》，边区政府1943年7月编印，第28～29页。

二、选举法规

1. 晋冀鲁豫边区村政权选举暂行条例草案

1943年7月

第一章 总 则

第一条 本条例依据晋冀鲁豫边区修正村政权组织暂行条例第二章第五、第六、第七各条，及第三章第二十一条制定之。

第二条 村政权之选举均采用直接平等普遍不记名投票法。

在沦陷区及游击区之村，如不能采用直接选举者，得用间接选举或推选或由县政府聘任之。

第二章 选民资格

第三条 凡年满十八岁居住本区域内之人民，不分性别、职业、阶级、党派、信仰、文化程度及居住年限，经村选举委员会登记者，均有选举权及被选举权。

第四条 有下列情形之一者，无选举权及被选举权：

一、有汉奸行为破坏抗战，经判决确定者。

二、经司法机关及军法机关判决褫夺公权尚未恢复者。

三、经政府通缉有案者。

四、有长期性神经病者。

第五条 凡属于村级之机关团体及学校，均得参加所在村之选举，与居民选举同一规定。

第三章　选举名额、选举手续及当选

第六条　公民小组视村公民之多寡，由九人至三十五人在街道范围内自由组织之，但村公民小组人数必须均等。

少数民族占村民小部份（分）者，可不受街道之限制自由组合，其不足该村法定公民小组人数者，如有法定人数一半以上时，亦得选代表一人。

第七条　村民代表会代表，以公民小组为单位于本小组内选举之，每组选代表一人，以得票最多者为当选。

第八条　代表选出后，由代表中用无记名单（投）票选举办法，互选主席，以得票最多之一人为当选。

第九条　村长副村长及村政委员，由代表会分两次选举之，先选村长副村长，后选各村政委员，村长副村长及各村政委员之候选人，即为村民代表会之全体代表（代表会主席除外）。

第四章　竞　选

第十条　村选举日期应由选举前二十日公布之。

第十一条　在选举期前公民得自由组合，提出候选名单，在不妨碍选举秩序下自由竞选。

第五章　补选及改选

第十二条　当选人因死亡或其他原因不能应选或不能继续执行职务时，得另行补选。

第十三条　村民代表会之代表，每年改选一次，遇特殊情形不能如期改选时，得声请上级政府或上级民意机关延长之。

第六章　选举机关

第十四条　村政权选举委员会由县政府任命组织之。

第十五条　村政权选举委员会至村民代表会产生时即撤销之。

第七章　附　则

第十六条　本条例如有未尽事宜，得由边区临时参议会随时修改之。

第十七条　本条例自公布之日施行，前颁布之村民代表会选举暂行条例即行作废。

选自《中国新民主主义革命时期根据地法制文献选编》第一卷，中国社会科学出版社1981年版，第291～294页。

2. 晋冀鲁豫边区参议员选举条例

1944年6月6日边区政府公布，1944年11月22日修正

第一章　总　则

第一条　本条例根据边区临时参议会临时大会决议力求普选之精神，及目前严重战争环境之具体条件制定之。

第二条　边区参议员之选举，分为区域选举及职业选举两种，在敌占区不能进行开会选举者，由政府聘请之。

第三条　区域选举，以县为单位，由各区选民选举代表五人至九人，县工、农、青、妇、文、武各团体干部各选举代表三人至五人，县政府聘请公正士绅三人至五人，组成代表会，选举边区参议员。

其因战争及工作关系，得以职业选举为主，由县工、农、青、妇、文、武各团体干部各选举代表五人至九人，各区选民选举代表三人至五人，县政府聘请公正士绅三人至五人，组成代表会选举之。

其以区域选举为主之选举，其职业选举代表之名额，不得超过区域选举代表之名额。

第四条　职业选举以军界、工厂职工、新闻界、文化界、商界、中等以上学校、少数民族及外国革命团体为单位选举之。

第五条　为保证妇女参议员当选相当名额，除参加区域选举外，得由各战略区妇救总会及分会各选举妇女代表，组成代表会选举之。

第六条　边区政府及各行署有权聘请抗战有功，素孚众望之人士为参议员，但所聘名额不得超过各战略区全体参议员五分之一。

第二章　选民及被选资格

第七条　凡在边区境内年满十八岁之中华民国人民，不分性别、职业、民族、阶级、党派、信仰、文化程度及居住年限，有公民资格者均有选举权与被选举权。

第八条　有下列情事之一者，无选举权与被选举权：

一、有汉奸特务破坏行为经判决确定者。

二、经边区司法或军法机关褫夺公权尚未恢复者。

三、经边区行政机关通缉有案尚未撤销者。

四、有神经病者。

前项第一款所称汉奸特务如已经坦白改过自新者不在此限。

第九条　政府、银行、学校及其他机关团体工作人员，凡不参加职业选举者，均于所在地参加区域选举。

第三章　选举区及名额

第十条　边区参议员以县为单位选举者，其名额之分配，依下列规定：

一、太行区：凡四万人口以下之县，选举参议员一名；四万零一人以上至八万人口之县，选举参议员二名；八万零一人以上至十二万人口之县，选举参议员三名，十二万零一人以上至十六万人之县，选举参议员四名，十六万零一人以上选参议员五名。

二、其他战略区参议员之名额，由临参会驻委会办事处召开扩大会议，会同行署根据各该区具体情况自行订定之。

第十一条　边区参议员以职业及妇女界为单位选举者，其名额之分配，依下列规定：

一、太行区：

军界（包括正规军及游击队）选举六名。

工厂职工界选举三名。

新闻界选举一名。

文化界选举一名。

商界选举二名。

中等以上学校选举教职员参议员一名，学生参议员一名。

各少数民族各选举一名，回民依人口多少选举一名至三名。

外国革命团体各选举一名。

妇女界选举五名至九名。

二、其他战略区职业及妇女界选举之名额，依第十条第二款之规定自行订定之。

第四章　竞　选

第十二条　边区参议员之选举，各抗日党派、群众团体、工厂、部队、学校及公民自由组合，均可提出候选名单，在不妨害选举秩序下得自由竞选。

前项公民组合，须有公民三十人以上之联署，并造具候选人履历名册，报请县选举委员会登记后始为有效。

第五章　当选及候补

第十三条　各县当选之边区参议员，不限于本县公民。

第十四条　边区参议员以得票最多数者为当选，次多数者为候补。前项候补参议员，在每一选举单位内，不得超过当选人三分之一，但当选人不足三人者，得设候补一人。

前项候补参议员，不享有参议员之权利。

第十五条　边区参议员因死亡或其他原因去职时，由候补参议员依次递补，无候补者应即补选。

第六章　改　选

第十六条　边区参议会每二年改选一次，遇特殊情形不能如期改选时，由大会或边区政府酌情延长之。

第七章　选举机关

第十七条　边区参议员之选举由边区政府及行署各成立总选举委员会，各县成立县选举委员会，各区成立区选举委员会。各级选举委员会由各级政府主持，并得聘请各机关团体代表、杀敌英雄、劳动英雄及当地公正士绅参加组成之。

第十八条　单独选举之各选举单位，其选举机关依下列规定：

一、军界参议员之选举，由各战略区司令部、政治部各组织特别选举委员会办理之。

二、工厂职工参议员之选举，由各战略区总工会组织特别选举委员会办理之。

三、新闻界及文化界参议员之选举，由各战略区报社及文联各组织特别选举委员会办理之。

四、商界参议员之选举，由各战略区商联总会组织特别选举委员会办理之。

五、中等以上学校参议员之选举，由各战略区各中等以上学校之教职员学生联合组织特别选举委员会办理之。

六、少数民族参议员之选举，由各战略区政府协助成立各民族特别选举委员会办理之。

七、外国革命团体参议员之选举，由各战略区各外国革命团体组织特别选举委员会办理之。

八、妇女界参议员之选举，由各战略区妇救总会及分会组织特别选举委员会办理之。

第十九条　各级选举委员会及特别选举委员会之职权如下：

一、办理选举之动员及组织事项。

二、审查并登记选民及代表之资格。

三、监督选举。

四、检查选举违法事项。

五、其他有关选举事项。

第二十条　本条例之解释权属于晋冀鲁豫边区政府。

第二十一条　本条例之施行细则另定之。

第二十二条　本条例自边区政府公布之日施行。

选自《中国新民主主义革命时期根据地法制文献选编》第一卷，中国社会科学出版社 1981 年版，第 294～300 页。原注："选自晋冀鲁豫边区政府《边区政报》，1944 年第 44 期"。

3. 晋冀鲁豫边区参议员选举条例施行细则

1944 年 10 月 20 日边区政府公布

本细则专为办理区域选举而制定，关于职业选举及其他单独选举，应由各该选举单位特别选举委员会自行制定选举办法，商得总选举委员会同意后施行之。

第一章　选举委员会

第一条　依条例第十七条、第十九条之规定，组织各级选举委员会。

一、各县成立"某县选举委员会"，各区成立"某县某区选举委员会"。各选举委员会委员之名额，依环境条件、工作需要及精兵简政原则，自行规定之。

二、各级选举委员会之组织，依下列规定：

1. 设正副主任委员各一人，秘书一人，掌理全部选举事项。

2. 设总务股：股长一人，干事若干人，分掌文书、收发、会计、庶务、招待及协助会场布置等事项。

3. 设选举事务股：股长一人，干事若干人，分掌选民或代表之登记与审查及推行选举的一切事项。

4. 设宣传股：股长一人，干事若干人，办理宣传动员，会场布置等事项。

第二条　各级选举委员会之委员，均为无给职。

第三条　各级选举委员会之会期，依工作需要自行规定之。

第四条　各级选举委员会之经费，由边区政府规定，由县政府拨付之。

第五条　依条例第三条所称"由各区选民选举代表，……"各区应以行政村为单位成立选举筹备会，由县区干部参加指导，进行选民登记及选举代表等事项（各村选举筹备会，系事务机关，不是权力机关）。

第六条　各村选举筹备会人员，由区选举委员会视工作需要自行聘定之。

第七条　各村选举筹备会于选举完毕时，应将选举结果，限期汇报于各该管区选举委员会，并派代表一人至二人协助并监察区选举委员会计算总合各村之选举结果。区选举委员会应将选举结果榜示各村。

第二章　准备工作

第八条　各级选举委员会在选举前，须办理以下准备工作：

一、制定选民或代表登记簿。选民登记簿须分别各村写明姓名、年龄及性别。代表登记簿须写明姓名、年龄、性别、住村、职业及略历。

二、派定人员审查选民或代表资格。

三、于选举前五日在选举场出榜，张贴审查合格之选民或代表，及候选人之姓名，其不合格之选民或代表，写明理由，亦同时公布之。

四、准备投票箱及选举票、入场证及签到簿。

五、选举票应编定号码，加盖同级政府印章。

六、派定票务监察员三人至五人，以便在选举时执行管理及监督工作。

第三章　选民登记

第九条　经过宣传动员后，即依条例第七条之规定，进行选民登记。条例所称年满十八岁，系指年满十八周年而言，但农村习惯过一年增一岁，不计月日多少，为了照顾青年一代，扩大民主范围，即依习惯凡年在十八岁者，均可予以登记参加选举。

第十条　各村群众团体干部（包括工农青妇文武）参加村的选举，同样履行选民登记，县区职业选举另行登记。

第十一条　凡区级以上政府行政工杂人员及专区级以上之农救、青救、武委会群众团体干部，均须在驻村履行选民登记，参加村里区域选举（县级区级工农青妇文武各团体干部参加各该系统的系统选举，各选系统代表，不参加村里的区域选举，见条例第三条）。

第十二条　依条例第十二条之规定，无论党派、团体或公民，均有提出候选人进行竞选之权。

第十三条　所提候选人须造册写明姓名、性别、年龄、籍贯、住址、职业及略历，送交主管选举委员会正式公布。

第十四条　各级选举委员会经过半数以上之通过，有提出候选人之权利。

第十五条　所提候选人，不限于所选之代表，或该党派团体之党员会员。

第十六条　候选人经选举委员会登记并公布后就开始竞选。

第十七条　候选人竞选办法如下：

一、候选人制定竞选大纲，交由主管选举委员会转交选举大会或代表大会后，即可利用冬学及各种会议发表演说，从事竞选。

二、候选人得托人代为竞选。

三、候选人的赞助人亦得协助竞选。

四、选举委员会将候选名单提交选举大会或代表大会讨论，就所有候选人中，通过该选民大会或代表大会，应选人数之半倍至一倍，作为正式候选名单。

第四章　选举与投票

第十八条　选民大会或代表大会进行选举投票事宜，须依下列规定：

一、在选举前应由大会推定发票员、投票管理员、开票员各一人，计票员二人，以便担任发票、投票、开票、计票等事项。

二、选举前应由大会主席检查到会选民或代表出席人数，其出席人数不足原登记人数过半数时，不得进行选举，否则其选举无效。

三、选举前应将票箱打开，当场当众验看后粘以封条，放在票箱所在地。

四、由发票员当同票务监察员，根据选民或代表名册依次唱名，由选举人亲自在名册上签名盖章领票，领票毕，应将领票人数和签到人数核对无误后，再行写票。其未到场领票者，应在名册上做一记号，以便检查，剩余选票，应连同名册交还选举委员会查核。

五、选举人领取选票后，应由大会主席宣布应选人数及写票办法，然后写票，不能写票者，应由主席指定代笔人代为写票。

六、采取不记名联记选举办法，假如应选当选人是五名，在选举票上即连写五名，余类推。

七、选举前应将候选名单，榜示场前，以便选举人依名单选举，其不愿依候选名单选举者，得自由选举。

八、选举人写好选举票后，即当同投票管理员和监察员自行投入票箱。

第十九条　各行政村选举代表，如因写票困难，得采用过去群众创造投豆等选举办法，但须严防发生流弊情事。

第五章　开票与检票

第二十条　投票后应依下列规定进行开票和检票：

投票管理员将票箱交给开票员，当众验明，由开票员打开票箱，将票数与投票人数及签到人数核对之，由主席宣布核对结果，开票员当场唱票，计票员即负责登记计算之。

第六章　当选人及候补人

第二十一条　计票后，依下列规定当选人及候补人：

一、以得票最多者为当选代表或参议员，当选人满额后，以得票次多者为候补参议员（不要候补代表），但如最多票数不及出席人数十分之三时，不得当选，应即举行补选。

二、当选人的姓名次序，依得票多寡排列，由大会主席当场宣布之，票数相同者，由主席当场抽签决定之。

第二十二条　选举发生下列情形之一者，开票员及监察员报告大会主席查核，得当场宣布全部或一部无效。

一、票数超过出席选举人数，无从查证者，应宣布全部选举无效，重新进行选举。

二、不用法定票纸者该票作废。

三、涂改模糊不易辨认其选举对象者，其被选人宣布无效。

第二十三条　选举完毕，由该选举委员会正式出榜当选及候补名单，并报告同级政府转边区总选举委员会备案，报告书应写明该当选人姓名、性别、年龄、籍贯、住址、选举单位、家庭状况及较详履历。

第二十四条　当选人公布后，应由选举委员会发给当选证明书。

第二十五条　各区当选代表名额，及县区群众团体干部选举代表名额，由县选举委员会依条例第三条之原则规定之。

第七章　选举规则

第二十六条　选举时，选举人应遵守下列规则：

一、不许交头接耳随便谈笑。

二、不许擅离座次来往串通。

三、不许私带票纸企图舞弊。

四、不准闲人来往。

五、不准携带武器。

六、服从主席领导。

第八章　选举诉讼

第二十七条　选举人如果确认办理选举人员有违法情事，在当选人榜示以后五日内向该管司法机关起诉。

第二十八条　选举人如果确认当选人票数不实，或落选人应该当选而未能当选时，亦得依前条之规定起诉。

第二十九条　关于选举犯罪，依刑法处断之。

第三十条　选举诉讼应先于各种诉讼之审判，以一审为止。

第九章　附　则

第三十一条　本细则修改及解释之权属于边区总选举委员会。

第三十二条　本细则由边区政府公布施行。

选自《中国新民主主义革命时期根据地法制文献选编》第一卷，中国社会科学出版社1981年版，第300～307页。原注："选自晋冀鲁豫边区政府《边区政报》，1944年第44期"。

4. 晋冀鲁豫边区政府关于边区参议员选举问题的指示

1944年10月20日

各专员、县长：

边区临参会延期已届期满，正式成立边区参议会，使本区民主政治建设进一步走上健全充实，乃是当时急待完成的工作。为此必须紧急动员组织力量，抓紧时间，认真地进行这一工作，使能顺利完成。任何轻视、冷淡、应付，把它当成一般"公事"去看待的态度，都是不对的。

关于这一工作的实施，大体上应照以下步骤进行：

首先，各级干部应对此关系重大的边区选举问题，作深刻的研究，召开各界座谈会，热烈讨论，使大家在思想上求得打通，重视这一工作，自动地积极地投入这个民主运动。县区政府在接到指示后，应抓紧时间，立即将县区选举委员会组织起来，进行办公，促进工作之开展。

其次，在各阶层群众中要作广泛深入的宣传动员（采取各种方式，主要是与冬学教育密切结合），［使］群众深刻了解此次边选之重要意义。把敌后人民生活的足衣足食，民主自由，与大后方国民党统治区域黑暗倒退的对比，用具体生动的实际材料，说明敌后新民主主义社会与法西斯专制下的大后方社会有什么根本不同。务须作（做）到各阶级人民自动积极的起来参加这次边选运动，而不应像过去那样只顾表面，不重实质的形式主义错误。

第三，要选择真正的群众领袖（如从对敌斗争与生产运动中涌现出来的杀敌英雄、劳动英雄或模范工作者），对这些人应在群众中先作广泛宣传，造成舆论，使他们能成为参议员的候选人。此外，对一部分与群众有联系，既赞成抗日，又赞成民主的真正开明士绅，也应本着三三制政策精神，使他们能被选到民主政权中来。

第四，要组织各候选人进行竞选，给予各种方便与帮助，利用各种机会（如冬学、民兵训练，集市集会等等）让竞选人发表演说，设法掀起竞选热潮，参加竞选的人愈多愈好。而履行过公民登记取得选民资格的人，在召开选举大会时，要尽量争取出席，以求达到最高的百分数。无论选举代表或选举边区参议员，选举仪式必须庄严隆重，不能轻率潦草，政府和选委会方面派人到会监督选举，选边区参议员时，县的负责人必须莅会作鼓励尊重讲话等。

第五，边区参议员选出后，要真能表现为人民服务的积极精神，深入群众，搜集民意，准备提案，以便带交边区参议员大会讨论施行。至于形式上的敲锣打鼓，骑马抬轿这种表面热闹倒是次要问题，各地各机关团体赠送匾额、贺词、锦幛等，在照顾节约原则之下可以准备，但是谁送的，送给谁，须注意标写清楚。

第六，在时间上，十二月半必须把边区参议员选举办理完毕，十二月底将召开参议员大会。因此各县各区对村选举代表一事，尤应抓紧时间，从速完成（特别区村两级，必须抓紧时间）。要注意不能耽误了今冬练兵的工作。

第七，在地区上，一、二、三、四、五、六专区，以普选为主，新区（七、八专区）与某些游击区，不能举行普选者，可以变通进行（参照一九四一年推选参议员办法权变处理）。某些敌情严重游击区与敌占区根本不能进行任何选举仪式者，则可斟酌聘请（专署建议，边府办理）。

第八，除七、八专区外，其他各专区可根据具体情况选择一县至数县同时进行县选（关于县参议员选举条例与县议会县政府组织条例，随后颁布）。

第九，边区参议员选出后，如系不脱离生产人士，来边区开会，其往返旅费由边区粮款开支（每人每日粮食若干，按制度发给，每日加发旅费十元）。

最后，本届边选，应注意几个问题：

一、在边选过程中必须坚决贯彻三三制。须知，三三制是我们的基本政策之一，只有三三制的彻底执行，才能促进各阶层同心协力，共同抗战共同建国，把革命事业办得更有成绩。特别在今天，为了进一步团结全民准备反攻力量，尤其应该严格克服过去执行三三制时偏左偏右的摇摆现象。

二、过去敌后政权关于立法、行政、司法三者的关系问题，始终未得明确合理的解决，“二权并主”的现象，“二权半”、“三权”等等之争，实际上仍然是旧民主主义“三权鼎立”思想的变态反应，这是有违于今天新民主主义政体的原则的。因此本届边区选举，必须从思想上行动上清算过去这些错误与模糊之点。为了更彻底体现新民主主义的精神，为了增强政权一元化的领导，今后无论边区参议会或县参议会都采取议行合一的原则，各级参议会为各该级政权最高权力机关，参议会闭会期间，政府委员会为行政最高权力机关，故各级参议会不另设驻委会，只设驻会议员。参议员可兼政府委员，政府委员也可兼参议员，驻会议员之任务在于执行大会交办事项，联络参议员反映民意，传达政情等。行政与司法亦需统一，高等法院院长由政府委员会中互推一人兼任，不另由参议会选举。这样当可克服过去“二权并立”、“二权半”、“三权”等等自相矛盾、互争独立的流弊。此种新精神，各级干部必须有深切的了解，广为宣传，并把它贯彻到各方面工作中去。

三、选举代表或参议员时，必须掌握从群众中来到群众中去的原则，一切经过群众路线，经过自由竞选，只要真正是人民领袖，是各阶层的优秀代表，在各阶层中有足够的威信，与广大群众有密切联系，这样的人自然会被选举出来。

四、上届参议员成绩卓著，真正为国为民在群众中有威信者，仍可当选。

五、为了防范汉奸特务的破坏活动，对本届边选，各级政府应进行合理的法律保障。

此次选举的领导方法，必须运用“一般号召与个别指导相结合”的新方法，用以创造经验，推动全盘。每一专署县府都要亲自动手，直接领导一个区的选举，从头到尾贯彻始终，创出自己一套活的经验。至于区的选举，一般的可以参加该机关所驻在区和所驻在村的工作，这样可以动员较多干部，参加实践，每个政府干部亦为选民之一员。

边府及总选委会已决定直接指导和帮助涉县二区选举工作，并派人出席其选委会，边、专、县之具体经验与意见须随时交换或在报上报道交流之。

各地接到指示后，应作充分讨论，具体布置工作，关于准备及进行情形除随时报告边府以外，关于这次边选总结，各专县务须于十二月底或明年一月上旬送来为要。

主　席　杨秀峰

副主席　薄一波　　戎伍胜

选自《中国新民主主义革命时期根据地法制文献选编》第一卷，中国社会科学出版社1981年版，第308～311页。原注：“选自晋冀鲁豫边区政府《边区政报》，1944年第44期”。

5. 晋冀鲁豫边区政府关于选举工作中几个问题的补充说明

1944年10月20日

其一，关于各县选举边区参议员的选民代表总数问题，应按条例规定，每个行政区选举代表五人至九人。此条文之具体运用，首先应照顾该区选民数目之多少，全县各区尽量做到平衡与合理，如甲区选民为五千人，规定产生代表五人，乙区选民为八千人，则应规定产生代表八人，不应一律定为五人，或一律定为八人；其次应照顾本县行政区数之多寡，如邢台县为十个区而人口密度又较小，每区可产生代表五人左右，全县代表共为五、六十人即可。又如涉县为七个区，而人口密度则甚大，每区则可产生代表九人左右，全县代表可共达五、六十人。此外，再加上县里各系统的职业选举代表，一般说每个县代表会不超过八、九十人，亦不少于五、六十人。这就是既照顾民主平等的原则，又照顾山川地区行政区划多少不均的具体情况。二者不应偏废。

其二，职业及系统选举名额略有更动，即工人选举参议员三人，军界六人。此外，关于回族参议员订（定）为三人，计七、八分区一人，四分区一人，机关一人。关于外国革命团体订（定）为二人，朝鲜一人，日本一人。

其三，选举制度，这次规定一般用票选，但几年来太行民主运动中，群众对选举方法有许多新的创造，如投豆法、投纸团、香火烧小孔等等。这些方法，是人民的发明，是我们民主政策实行的又广泛又真实又深入的反映。在根据地人民文化水平很低，不会写字不会认票的情况下，又要实行民主制度，我们创造新方法克服了许多困难。因此这些新的创造方法，在区村一级应该允许合法使用，但必须注意流弊。一般缺点是不秘密，谁选谁，谁都看出，不合于无记名秘密投票的原则；而投豆法更难于检查，豆子人人可以自带，易于舞弊，坏人可能多投几颗豆子，破坏选举。投豆对候选人有限制，如欲选举候选人名单以外的人，则豆子无处可投。投纸团的每张纸即一张选票，已经由选举机关加盖印章，团成小团，投进候选人谁的名下，即做（作）为谁一票。如果对候选人均不想选，而想选另外的人，则可在小纸团的纸上写上名字，也作为一张有效的选票。但投纸团一般也妨害秘密选举原则的。至于香火烧孔办法，与发给每人一张候选人名单，用笔划记号的方法是一样的，没有一定的认字能力是不易做好的。这些可能发生的流弊和历来存在的困难，必须我们在这次选举运动中加以防止和克服，并大胆进行更新的更好的创造。

其四，选举机关是有一定的权限的机关，各级必须依条例规定执行其职权，不进行县选之县份，县区成立选委会，村级无选委会，只成立筹备会，协助区选委会办事，筹备会没有独立的职权。至于某些县份又要进行县选，又要进行边选，则其县区村均成立选委会，统一办理县选边选事宜。

其五，选举经费，县选之县，其县选所用经费一律由该县地方粮款开支，由县政府及县选委会造预算，由县议员大会追认，依地方财政制度进行开支报销手续；至于全区各县，因进行边选所须（需）费用，决定由边区粮款开支，预算应按实支实销，每人每日平均菜金不得超过二十元，会议办公费不得超过一千元。边区参议员当选后，直至开会启程时，一切工作活动费等项，亦须一并预算妥当，实支实销。

选自《中国新民主主义革命时期根据地法制文献选编》第一卷，中国社会科学出版社1981年版，第312～314页。原注：“选自晋冀鲁豫边区政府《边区政报》，1944年第44期”。

6. 晋冀鲁豫边区政府关于县选问题的指示

1944年10月28日

各专员、县长：

一、凡办理县选之县，其县议员之选举可与选举边区参议员同时进行，都直接由各该县的公民举行普选，不必间接由代表大会产生。但不进行县选之县，边区参议员仍应采取代表大会产生方式，这样才能两面兼顾。

二、选区基本上以行政区为单位，但为照顾地域辽阔选民集中困难起见，各区可以行政村或基点村为单位（约要一千五百人为标准）再行划分，即一个或两个以上的行政村，又可合划成一小选举区，并在此小选举区内，再成立村选举委员会，办理选举事宜。

三、虽然是普选，但在议员产生上还应注意各阶层群众团体，特别要照顾少数民族与妇女方面。边区或县参议员候选人，经上级选举机关审查合格后，在各选举区公布名单时，应写明谁为边区参议员候选人，谁为县参议员候选人，并须说明其责任与任务不同等等。当候选人公布后，一方面各级选举委员会应积极推动他们到各选区发表竞选主张，进行竞选活动；一方面要尽量发动全体公民，在各种会议上讨论候选人的历史、品德及其竞选纲领等。

四、在正式选举县参议员大会上，各选区政权负责人应作简要工作报告，使全体公民批评讨论成提案（关于提案准备必须是具体的有关该区该县各种应兴应革、改善人民生活的事项，不是大而无当，不易实现的空洞口号），以便由参议员带交县参议员大会讨论，如此所谓民主运动才会深入，而人民对民主的兴趣才能提高。

五、县参议大会除选举县长及县政府各委员外，应着重讨论生产建设计划及其方案。建设计划方案应在县政府报告中先行提出，然后发动议员热烈郑重讨论，做出明确的决定，再交与县政府执行。同时还可以在会上检讨以往政府工作，提出质询，而制定法规及其他讨论事项应放在次要地位。县议会开会，以边区参议员返县之后召开较好。

六、县选在本区还属创举，是人民的一件大事，选县参议员应十分审慎，选出后又必须从各方面加以尊重。此外，选参议员时就应注意物色将来县政府委员的人选，因为议员与政府委员，可以相互兼任，从县议员中选出一部分县政府委员，是比较更好一点的。

七、关于选举中之一般问题：凡前发边民字 423 号选举指示已提及者，均可参照执行，兹不赘。

八、关于县议会组织条例及县议员选举条例，本府曾于三十一年四月十五日以边民字第八十号命令公布过，但该二项条例今已不合新的精神，因此，此次修正草案必须暂行印发，供各地参考，将来在临参会通过后再正式公布。

主　席　杨秀峰

副主席　薄一波　戎伍胜

选自《中国新民主主义革命时期根据地法制文献选编》第一卷，中国社会科学出版社 1981 年版，第 314～315 页。原注：“选自晋冀鲁豫边区政府《边区政报》，1944 年第 44 期”。

7. 晋冀鲁豫边区县议员选举条例

1944 年 11 月 22 日通过

第一章　总　则

第一条　本条例根据县议会组织条例第二条制定之。

第二条　县议员由全县公民用不记名单记投票法直接选举之。

第二章　选民及被选资格

第三条　凡在县境年满十八岁之中华民国人民，不分性别、职业、民族、阶级、党派、信仰、文化程度、居住年限，凡取得公民资格者，均有选举权与被选举权。

第四条　有下列情事之一者，无选举权与被选举权：

一、有汉奸特务破坏行为，经判决确定者。

二、经司法及军法机关褫夺公权，尚未恢复者。

三、经边区行政机关通缉有案，尚未撤销者。

四、有精神病者。

前项第一款所称汉奸特务，如已坦白改过自新者不在此限。

第三章　选举区及名额

第五条　所有全县公民不分职业，均参加区域选举，但本县地方武装（县区基干队），得单独选举县议员一人。

第六条　县议员应以区为单位，按人口多少划定选区进行选举。

第七条　各区县议员之名额，以居民一千五百人选出县议员一人为标准，但得根据实际情况，依县议会组织条例第三条之规定，斟酌增减之。

第八条　敌占区县议员如不可能进行直接普选时，得行间接选举；在间接选举亦不能进行时，由县政府商同县选举委员会聘请之。

第九条　少数民族除适用第七条之规定外，其人口达选举县议员之法定人数五分之一者，得单独选举县议员一人；如不足五分之一者，不单独进行民族选举。

第四章　竞　选

第十条　县议员之选举，各抗日党派、群众团体、工厂、学校及公民自由组合，均可提出候选名单，在不妨害选举秩序下，得自由竞选。

前项公民组合，须有公民三十人以上之联署，并造具候选人履历名册，报请区选举委员会登记后，方为有效。

第五章　当选及候补

第十一条　各区当选之县议员，不限于本区公民。

第十二条　县议员以得票最多数者为当选，次多数者为候补；遇有票数相等者，用抽签法决定之。

前项候补县议员，每区不得超过当选人三分之一；但当选人不足三人者，得设候补一人。

前项候补县议员，不享有议员之权利。

第十三条　县议员因死亡或其他原（缘）故去职时，由该区候补议员依次递补；无候补时，立即再行补选。

第六章　改　选

第十四条　县议员每二年改选一次；遇有特殊情形，未能如期改选时，得由晋冀鲁豫边区参议会决定延长之。

第七章　选举机关

第十五条　县议员之选举由各级选举委员会办理之；县设县选举委员会，各区设区选举委员会，各级选举委员会组织办法另定之。

第八章　附　则

第十六条　本条例施行细则另定之。

第十七条　本条例修正权属于晋冀鲁豫边区参议会，解释权属于晋冀鲁豫边区政府。

第十八条　本条例经晋冀鲁豫边区参议会通过后，由晋冀鲁豫边区政府公布施行。

选自《中国新民主主义革命时期根据地法制文献选编》第一卷，中国社会科学出版社 1981 年版，第 316～319 页。原注：“选自晋冀鲁豫边区政府《边区政报》，1944 年第 44 期”。

三、政权组织

1. 晋冀鲁豫边区村政权组织暂行条例

1941 年 6 月 1 日公布

第一章　总　则

第一条　本条例依据国民政府建国大纲第八、九两条之基本精神，适应本区之具体环境制定之。

第二条　村公所为行政组织上之基本单位，由村民代表会选举组织之。

第二章　村民大会及村民代表会

第三条　村民大会为村政最高权力机关，村民大会闭会期间由村民代表会代行其职权。

第四条　村民代表会于村民大会中由全村公民选出代表组织之，选举法另定之。

第五条　村民代表任期一年，得连选连任。

第六条　村民代表会设主席、副主席各一人，由代表用不记名投票法互选之。

第七条　村民代表会设秘书一人，由主席聘请之。

第八条　村民代表会之职权如下：

（一）选举并罢免主席、副主席及村公所各委员会主任委员及委员。

（二）督促并检查村公所对村民大会及村民代表会决议案执行事项。

（三）创制村公约。

（四）批准村概算，审查村决算。

（五）议决村公有财产经管及处理事项。

（六）审议村公所及各方请议事项。

（七）议决村政兴革事项。

第九条　村民大会每四个月开大会一次，村民代表会每月开常会一次，必要时得开临时会，均由村民代表会主席召集之。

第十条　临时村民大会经村公民五分之一以上之请求或村民代表会之决议召集之，必要时得推举临时主席主持会议。

第十一条　临时村民代表会经村民十分之一以上或经村公所之请求召集之。

第十二条　村民大会、村民代表会常会及临时会，均须有过半数之出席始得开会，议案之决定须出席过半数之通过。

第十三条　村民大会及村民代表会不得为违犯法令之决议。

第十四条　村民大会及村民代表会之决议送交村公所执行，遇有与上级政府法令抵触或村公所认为不当时，村公所得送请复议，复议两次仍不能解决时，由双方呈请县政府解决，在未解决前仍依原法令行之。

第十五条　村民代表违法失职时，得由其所代表之公民单位罢免另选之，但当选为村代表会主席、副主席及村委员会主任委员者，须经村民大会或村代表会罢免之。

第十六条　村民代表在会议时所为之言论及表决，对外不负责任。

第三章　村公所

第十七条　村公所为村政执行机关。

第十八条　村公所之组织如下：

（一）设村长、副村长各一人，总理全村事务，由村民代表会主席、副主席兼任，报经区公所转县政府委任之。

（二）民事委员会掌理选举、优抗、战争动员、抚恤、救灾、放账（赈）、调解土地、劳动及其他民事争讼、户籍登记及统计调查等事项。

（三）财政委员会掌理村概算、决算、公粮、合理负担、田赋征收及村公产之管理事项。

（四）生产委员会掌理生产建设事项。

（五）教育委员会掌理教育宣传等事项。

（六）锄奸委员会掌理侦察除奸事项。

上列各委员会，得因村政之发展增减或合并之。

第十九条　村公所各委员会各设主任委员一人，委员二人至六人，由村民代表会选举之，但委员不限于村民代表。

第二十条　各委员会为村公所内部分工，对外由村长负责。

第二十一条　村政会议每周开会一次，由村长及各委员会主任委员组成之，开会时村长为当然主席。

第二十二条　关于武装动员及自卫队民兵组织训练等事项，由村人民武装抗日自卫委员会掌理之，其主任委员出席村政会议，有发言及表决权。

第二十三条　为行政上之便利，人口众多之村得分设若干街，各设街长一人，由本街公民代表互选之。其村民分散为若干小村者，每村设村副一人，由本小村公民代表互选之。

第二十四条　本条例自公布之日施行。

选自《中国新民主主义革命时期根据地法制文献选编》第二卷，中国社会科学出版社1981年版，第305～308页。

2. 附［报刊评论］：敌后民主政治的伟大贡献

1941年7月14日《解放日报》

晋冀豫边区临时参议会，已于七月七日——抗战第四周年纪念日正式开幕，这不仅是敌后民主政治的新成就，而且对于全国民主政治也是一个伟大的贡献，本报谨以崇高的敬意，遥祝其成功！

晋冀豫边区，包含有太北、太岳、太南、冀南、冀鲁豫五个具有战略意义的区域，如果再加上鲁西（最近已划入晋冀豫），则其所辖地区，东自津浦、西临汾河、南起苏鲁、北迄冀晋，幅圆（员）之大，人口之多，在华北各抗日根据地中，堪称第一。

自去年五月，冀南太行两区联合办事处成立以来，在主任杨秀峰先生及副主任薄一波，戎武胜二先生的领导之下，晋冀豫区的工作已有飞跃的进步，抗日根据地也日臻巩固起来。百团大战之后，日寇对于该区曾举行空前残酷的“毁灭扫荡”，其结果不仅不能动摇该区，相反的，使该区党军政民更加团结、更加努力，以再接再厉、不屈不挠之精神，继续与敌人作全面斗争，同时强化各根据地的建设工作，向着“自力更生”的目标前进。一年多以来，晋冀豫区的成绩，已使根据地具备了新民主主义的雏形，继晋察冀之后，逐步的走向模范抗日根据地。

晋冀豫区其所以有这样的成就，基本原因在于它几年以来，在抗日民族统一（战线）的方针之下，曾经初步的开展了民主运动。在这一地区内——正如在华北其他抗日根据地中一样——一切抗日人民都获得了民主权利，有了民主自由，各种群众都有自己的组织，一切抗日人民（连地主资本家在内）的人权、财权、政权，都享有法令的保护，各级政府的机构（由乡到县），都经过了民主改造。没有这种民主运动的开展，要坚持敌后的残酷战争，要巩固根据地，建设根据地，都是不可能的。

此次临时参议会的召开，晋冀豫边区全区的民主运动，必将有更高度的发扬，必能使全区各抗日阶层、抗日党派、抗日军队、抗日团体，更加亲密团结，协力同心，共同坚持敌后的长期抗战。

经验证明：要长期坚持敌后的抗日战争，必须使山地与平原密切配合，加强山地与平原的军事、政治、经济各种联系，此次临参会的召开，使各根据地的代表人士相聚一堂，共议国事，便是加强这种联系的最具体的步骤。我们相信，今后在这种配合上，必能日臻完美，使山地与平原确实打成一片。

晋冀豫边区，因为地区辽阔，敌后交通不便，各抗日根据地的工作有许多成就与缺陷，经验与教训，都很难彼此检讨与交换，以致各区工作发展极不平衡，此次临参会的召开，必能亲切的交换经验，诚挚的揭发弱点，畅达各地人民对于政府的批评与要求，群策群力，共谋进步，先进的扶助落后的，落后的向先进的看齐，使晋冀豫边区整个的工作，走向一致与平衡。

在这次晋冀豫边区临参会中，再一次证明共产党是严格遵守自己的诺言，忠实于“三三制”的决定的。在到会参议员一百三十三人中，共产党员只有四十六人，还不到三分之一。

虽然，此次参议会是一种临时性质，但并不因此而减低其意义，因为它是全边区的最高民意机关，它享有民意机关的一切权力。我们希望晋冀豫边区临时参议会，不仅在边区的民主政治上有进一步的建树，更希望它成为全华北乃至全中国民主运动的推进机。

选自《中国新民主主义革命时期法制建设资料选编》第一册，西南政法学院函授部1982年编印，第406～408页。原注：“《解放日报》1941年7月14日”。

3. 附［报刊报道］：冀太联办主任杨秀峰向晋冀鲁豫临参会报告工作

1941年7月27日《解放日报》

［华北新华社廿二日电］冀太联办主任杨秀峰向晋冀鲁豫边区临参会所作工作报告，其内容首先指出晋冀鲁豫边区的地理环境，及边区在抗战中的重要战略地位。次说明晋冀鲁豫边区抗日民主政权的发展经过甚详。

各地区抗日民主政权的发展经过：（一）冀南抗日根据地的建立与发展：一九三七年十二月八路军奉命东进，在九个多月内，先后克复为敌寇汉奸土匪所蹂躏的五十余县，在广大的平原上，建立起冀南抗日根据地。当我军每克一地，当地各阶层的民众便共同起来组织“战地民族革命战争总动员委员会”，帮助国军抗战，领导抗日工作，解决民众要求。接着各县群众救国团体也建立起来，各县抗日人民在国军积极帮助之下，选举出了抗日的县长，建立了抗日政权。一九三八年二月，召集了第一次军政民代表大会，产生了冀南军政委员会筹备委员会，确定了重要工作方针，进行了政治、军事、经济、民运等种种建设。旋又于八月间军政民代表会议决定将筹委会取消，改组为冀南行政主任公署，公推杨秀峰为主任，统一各县政府及群众动员工作的领导。主要根据抗日建国纲领，颁布了八大施政方针，民选了专员，冀南民主政权的建设才开始走上轨道。九月间鹿主席北上，民众在国共合作旗帜下，欢迎其莅临河北，但不幸，省政府在顽固分子把持下，其一切设施皆与抗战利益背道而驰，如双专员双县长的设立，反对改善民生，反对合理负担，而实行不合理的摊派，摧残民众团体等等，因此造成了磨擦事件不断发生的基本原因。在一九三九年×月，敌人第二次大举进攻冀南时，河北省政府便脱离了河北平原。虽然当敌人进攻之际，鹿氏以莫须有罪取消了冀南主任公署，但在广大民众拥护之下，坚持了冀南抗战，开展了工作，于一九三九年“九一八”成立了冀南区参议会，以民主方式产生了冀南行政委员会及正副主任，使冀南抗日民主政权的建设进入了新的阶段。随着国内外政治形势的变化，敌人加紧对冀南政治进攻，投降妥协派首领之一石逆友三（已被中央明令枪决）倒行逆施，由暗地到公开，由局部到全面，最后发展到武装进攻抗日军。一九四〇年初，讨伐石逆友三战争胜利结束后，冀南抗日民主政权进入了初步巩固的阶段，至一九四〇年八月间冀太联办成立，冀南行政公署便在联办领导下成为全边区统一的行政组织之一部份（分）。

（二）晋东南抗日根据地的建立，是在太原失守，大部国军南退以后，在朱彭总付（副）司令直接领导之下，八路军于一九三七年十二月粉碎敌人对晋东南的八路进攻，一九三八年五月粉碎敌人的九路围攻，奠定了晋东南抗日根据地的基础。经过九路围攻的考验，在薄戎二专员领导之下，政权工作自上而下的进行改造，各县成立行政会议，政权及群众团体都有局部的发展，而逐渐走上全区的统一，坚决实行了阎司令长官的进步主张，民族革命十大纲领，减租减息，改善民生，发动群众坚持了晋东南敌后的斗争。但不幸经过和辽战斗之后，四月的秋林会议，一部份（分）顽固份（分）子从政治上破坏晋东南，进到组织上分割晋东南。他们更乘敌寇六个师团进占白晋沿线，把太岳太行两区分割之际，发动了血洗晋东南七县的十二月政变。但在广大人民一致反对之下，经过一度严重的斗争，胜利终属于抗日人民和抗日民主力量。更进一步的开展各种工作，深入的改善人民生活，实行四一减税，一分减息，展开民主建设运动，团结根据地人民的意志与力量，一致对敌。四月全区军政高级干部会议后，经冀南主署与山西三五两专署之协议，建立冀太联办，从此全区抗日民主政权由行动统一走向了组织的统一。

（三）冀太联办为适应抗战需要而产生，在形式上，它是一个各地方民选政府联合协商的机构，但为了完成其所负任务，它又不能不成为一实际的权力机关——边区最高权力机关。同时因为边区最高民意机关没有建立，所以它又担负着边区根据地一部份（分）立法的任务，于是乃有行政会议的设立，聘请本区军民领袖，士绅名流，各党派及无党派的人士共同组织之。它虽然还不是民选的政府，但因为它是由各地方民选政府自愿联合建立的，所以在实质上它是建立于民主基础之上。它采取了正副主任制，可是一切大政方针之建立，重要法令之制定，必须经过行政会议。实质上又是民主集中制。

杨主任继报告一年来工作总结。他首先指出：（一）在这个时期内，边区处在空前紧张的战斗局面中。胜利的百团大战，激烈的“扫荡”与反“扫荡”战争，敌寇的“三光主义”，“毁灭政策”，“强化治安运动”，分区恐怖“清剿”等等全面进攻，今年五月边区抗日武装的总出击，此种紧张战斗局面，使边区全体人民动员起来，一次一次的胜利，不断的巩固边区。（二）去年四月开全区军政高级干部会议，加强全区的统一工作，和加紧纠正执行政策的错误。八月联办成立，抓紧原则，深入工作，错误减少，调整了各阶层的关系，大大提高了广大人民的抗战情绪，与建设根据地的信心。（三）边区地形有山地平原之不同，在工作上有开辟迟早与发展条件之不同，联办领导各地区，近远也有不同，因此形成工作发展的不平衡性，和领导的复杂性，一年来的工作重心为：一、组织战争与领导战争，并将武装建设与对敌斗争贯彻于全年的工作计划中。二、建设统一的正规的适应战争环境的抗日民主政权。三、发展生产，整理财政，加强对敌经济斗争，改善民生。四、调整土地劳资关系，加强各阶层团结，亦即武装建设、民主建设、生产建设、财政建设等四大任务。

在过去一年内的分段工作中心和工作布置为：（一）去年八月到十二月制定施政纲领与各种基本法令，扩大生产宣传动员，配合百团大战，领导反“扫荡”，进行救济安抚恢复秩序等善后工作，召开全区税务会义，及专员县长会议，开始对全区的全面领导。（二）今年除武装建设及对敌斗争为全年工作中心任务外，一月到四月以春耕为中心，五月到八月以民主建设为中心，九月到十二月以保卫秋收，囤积秋粮，继续完成村选，与开展冬学运动为中心，同时并配合进行各种工作。

一年来工作的基本总结为：政府本年建设成绩：甲、初步健全了本身，建立了对全区各级政府的领导。乙、统一了全区基本政策与法令、财政、税收机构编制和工作计划、建立全区交通系统，确定了不同地区的工作制度的领导原则，调剂干部，交换经验，使全区行政大体上已经统一。丙、划分了行政区域和改革行政机构，使政府接近下层，适应战争环境，和减少浪费人力财力。丁、初步走上了制度化和正规化。

最后关于政策的掌握与推行，杨主任指出下列成绩：

颁布施政纲领，根据政策制定了本区各种法令，经常检查执行政策的程度。

在民主制度方面，一部份（分）地区已建立了村政委员会，特别是接受并执行了“三三制”以后，一年来晋冀鲁豫政权形式与内容起了非常大的变动，在一切工作中，更多的体现了民主的精神。

在财政经济政策方面，一般作（做）到了统收统支，整理了杂钞，扩大了冀钞市场，确定了财粮征收百分之八十的负担户，个人负担不超过全年收入百分之三十。在经济建设方面，确定农业建设为根据地基本建设，同时力求工业日用品逐渐达到自给自足，建立公营工业，提倡群众生产，奖励生产合作社，组织生产小组及小手工业等。今年春放出工业贷款一百廿万元，并免除工业生产资本的负担，奖励私人投资。

由于根据地内免税的自由贸易，使市场日益繁荣。太行太岳的集市均较一年前增加一倍。一年来全区输出输入的机构已大体建立，目前更进一步实行对外统制，今年四月间组织了全区性的经济会议，在金融方面实行货币一元化，使对敌经济斗争更形活跃。

由于采取了民主的自由的文化教育政策，根据地的文化事业一年来大有进步。在正规化方针下，进一步整顿与发展学校教育，进一步发展文化事业，深入大众，提倡新文字，扫除文盲，团结和大量动员知识分子与文化人士，参加此项工作，积极开展对敌文化斗争，反对敌人奴化文化，提高民族自信心与自尊心等。

内务政策方面，贯彻了保障人权法令，纠正了司法工作“三权鼎立”的旧观念，并依照原则确定了司法和公安的关系，保障和尊重民众团体的地位和独立性，适当处理根据地和游击区的毒品烟贩。优待抗日军人家属，及抚恤荣誉军人等种种措施，使根据地的社会秩序走上安定之路。今年三月以后，确定了人民武装组织的全民化群众化民主化，开展了本区人民武装建设的新时期。

在土地与劳动政策方面，由于土地纠纷的正确解决，使群众春耕生产情绪大大提高。减租减息工作以太行区为最好，其它地区仍不免有严重缺点。劳工保护条例颁布后，工人利益得到适当保障，生产情绪亦大大提高，但是一般私人工厂，停止对劳工保护法的实施，此则仍有待于艰苦的宣传教育工作。

在组织战争方面：百团大战时，在战地组织了战争动员委员会，组织了自卫队，民兵配合作战。在反扫荡战中，干部深入下层进行分散领导，广泛开展了人民武装建设运动，民兵参战动员，在最近一年来不仅配合正规军作战，而且在平日到处进行保卫生产保卫家乡的活动。全区人民参加热潮亦在日益高涨。

在敌占区工作方面：联办成立后，更加强调提出缩小敌占区，巩固广大根据地的口号，具体规定了争取伪军伪组织反（返）正的宽大政策，减少敌占区游击区人民的负担，优待根据地经营工商业和教育的敌占区人民，救济逃归根据地的难民，招抚土匪，实行团结各阶层各职业同胞的广泛统一战线政策。随着百团大战的胜利，敌占区工作开展获得很大成绩，但工作基础还嫌薄弱，如少数县区干部对敌伪的警惕性尚不够，亟应补正云。

选自《中国新民主主义革命时期法制建设资料选编》第一册，西南政法学院函授部1982年编印，第400～406页。原注："《解放日报》1941年7月27日"。

4. 附［报刊报道］：晋冀鲁豫临参会二次大会开幕——团结抗战争取胜利

1942年9月23日新华社太行电

［新华社太行廿三日电］晋冀鲁豫边区临参会第二次大会太行太岳会议，十八日在漳河畔某地开幕。会场中最使人注意的是孙中山先生、蒋委员长和毛泽东同志巨像前的一行大字："我们要团结得像一个人一样"。到会参议员共有申伯纯、邢肇棠、王斌堂、石璜、李大章、李雪峰等六十一人。来宾席中，除本区军政负责人外，并有朝鲜独立同盟代表团，敌占区士绅参观团及工人参观团，为大会增色不少。全体向左参谋长及殉国参议员何震、范子侠、陈默君、吕健华等深致悼念后，由申议长致开会词。他首先代表全体参议员及全区人民，向国际反法西斯战争舵手斯大林委员长、邱吉尔首相、罗斯福总统及领导抗战的蒋委员长、毛泽东同志致敬。并着重指出，民主政治是战胜法西斯建设新世界新中国的主要武器。边区临参会，已成为团结和发展民众的推动机，在将来更将成为推动全国民主政治建设的原动力。这次大会必须深刻的检讨过去一年工作，使它发挥更大的力量，并希望全体参议员广泛深入地宣传两年胜利的科学根据，以提高胜利信心。边府杨主席代表政府，申明政府是坚决执行统一战线政策与边区施政纲领的。在达到这个目标的过程中，由于目前之困难，不免有些缺点：客观方面，如战争频繁与天旱等；主要方面，贯彻政策原是艰苦的教育过程，应该做到而未做到的，希望检查批评，有些困难还得大家共同努力克服。来宾罗主任，希望进一步贯彻法令，以发动群众，以克服接近胜利的困难。他指出命令的执行，在太行太岳两区，虽有过火的偏向，需要纠正。但阳奉阴违，仍是阻碍法令执行的主要方面。同时要防止敌人奸细，利用执行中的缺点，进行破坏的阴谋。邢副议长在致答词中，亦着重指出，民主运动尚未普遍深入民众心坎，要能贯彻施政纲领，必须大家一致努力。随即选出申伯纯、邢肇棠、王斌堂、李大章、李雪峰、袁致和、石璜、陈克（女）、马绍棠、孟献德、杨珏、韩玉梅（女）等十三人为主席团。临时动议中，李大章、邓

小平共同提出的:"聘请日本朝鲜参议员,以团结抗日力量,保卫边区"案,当经大会一致通过。提交边府聘请,并即参加本次大会。谢如礼提出,以大会名义,电请蒋委员长、毛泽东先生,"代全国人民,向英美建议,迅速开辟第二战场,及将蒋委员长'七七'演辞及中共'七七'宣言,扩大宣传,团结抗战"草案。经热烈讨论后,以大会名义,拥护蒋委员长"七七"演辞及中共"七七"宣言,要求开辟第二战场。

[新华社太行廿三日电] 边区临参会第二日,到席参议员增至七十三人,交到提案一百廿余件,王斌堂在驻会委员会的一年工作报告中,认为成绩最显著的是,次第建立了三三制政权,政府执行临参会的各种决议建议。精兵简政的认真执行,使边府人员减少了三分之二,专署以下政府机关,每人要做以前两人的工作。实行保障人权,镇压特务汉奸,和发动群众的结果,使民主建设,在战争的破坏中,日益巩固。王秘书长并提出,各参议员与各级政府关系等问题,请大会商讨确定。下午高等法院浦院长报告一年来的司法行政建设,各机构作了统一的规定,聘审、就审、流动法庭等制度的建立,曾适应了敌后战争环境的需要。土地案件的比例,接着民众运动的发展,现正普遍增加。在黎城占全部案件的百分之四十三. 八。但解决实际问题案件时,还有少数司法干部,偏袒地主不照顾群众利益,害怕富农发展,曲解优先权,致妨害所有权的判决。对于落后势力与高利贷者对土地法的消极抵抗,则熟视无睹。保障人权及锄奸政策执行后的显著成效,浦院长亦有详尽报告。由于反扫荡中汉奸特务特别猖狂,四月后处决权交给专署。襄垣全县的维持会在我处决了几个首要汉奸以后,便纷纷垮台。五月反扫荡时,磁武处决了三十一个汉奸,群众大为兴奋,都说:"北山沟杀了孔志文,南山沟杀了武有存,各地维持会开了门"。

选自《晋冀鲁豫边区史料选编》第二辑,山西大学晋冀鲁豫边区史研究组编印,第290~292页。

5. 王乃堂、李之乾:晋冀鲁豫边区临时参议会二次大会太行太岳区会议的总结

1942年9月30日

晋冀鲁豫边区临时参议会二次大会太行太岳会议在战争空隙中开幕于清漳河畔,到会参议员达九十位。在各位参议员先生集中精力务期完成任务的精神下,大会自始至终,紧张活泼,会期仅十三天,即行胜利闭幕。

在这次会议上,我们感到比首次会议有了进一步的成功,同时也感到还存在着许多进步中的缺点,为了领取经验教训,发扬民主政治,兹将此次会议总结如下:

甲、大会的收获

一、扩大了民主范围,充实了民主内容,大会表现了,三三制政权更进一步的融溶团结,使边区民主政权更加巩固与发展,这表现在:

1. 发言人更加普遍:首次大会出席参议员一百五十四位,前后发言者仅五十余人,

只占全体三分之一强，此次大会出席参议员九十位，前后发言者达六十人，恰占全体三分之二。

2. 质询案的广泛与深入：首次大会没有向政府提出质询，此次大会提出质询者五十一人，质询案达一百七十八件，大小问题都关系着人民切身利益。

3. 提案比较切合实际工作：此次会议因为冀南冀鲁豫两区参议员分区召开，所收提案仅二百七十五件，较上次七百余件，在数量上是减少了，但在质量上却大都是切合目前实际需要的问题，很少夸夸其谈的八股文章。

4. 增加了国际友人朝鲜参议员、日本参议员各一人，这于扩大民主影响，增强抗战力量，有着很大的关系。

5. 敌占区士绅参观团及工人参观团先后列席会，他们临别时说："我们呼吸到民主自由的空气，这还是第一次，我们感到异常兴奋，我们一定把这民主的福音，带到敌占区，向敌占区被压榨的人民作广泛宣传"我们深刻的认识到不但是抗战保证二年必胜，就是建国也有了光明的前途。

其他来宾方面，除参观团外，有冀中军政民负责人，有本区军政机关学校首长及工作人员，有附近村庄的士绅先生，他们给大会增加了无限的光荣。同时，大会民主精神，也必定由各位来宾先生们带到各方面去，这是可以断言的。

以上无论是来宾也好，参议员也好，质询也好，提案讨论也好，以及会场上一切发言也好，坦白直爽，和气融溶，意见虽有分歧，一经讨论表决，立即成为统一的意志，表现了三三制民主政治的精诚团结光明磊落的伟大精神。

二、大会讨论了蒋委员长七七演词与中共中央七七宣言，并听了彭副总司令政治形势的报告后，对于二年胜利及战后和平问题，都得到了进一步的科学根据与坚定信心。

大会对于两大文献及彭副总司令的报告不但展开了热烈的讨论与获得了进一步的认识，并根据彭副总司令报告所指示的方针作了大会关于讨论与接受两大文献的决议，这个决议，对于团结抗战团结建国是有历史意义的，决议中有下列四要点：

1. 大会在两大文献正确方针的指导之下，不特战胜日寇的信心与决心更为提高，而且奋斗的目标也更为明确，大会当循此目标而努力迈进。

2. 大会一致认为目前的抗战，离开了中国内部的坚强团结，是无法可以战胜强大与残暴的日寇的。同样，战后伟大新中国的建设，离开了全国各党各派与各阶层的一致团结与合作，特别是国共两党的一致团结与合作，也无法可以达到和平统一建设新中国的目的。为此我们全体参议员，愿为首先和不断增强敌后与全国的团结合作而努力奋斗。

3. 大会一致认为争取时间，不放弃一分一秒钟的空隙去准备反攻力量，克服一切主客观的困难熬过今年与明年，去争取最后胜利的到来。

4. 大会一致认为要使两大文献的精神与主张贯彻到我们一切实际行动与具体工作中去，贯彻到广大群众中去，还必须努力进行以下几项工作：a. 根据两大文献的精神和主张，向全边区人民作广泛深入的宣传与解释，不但武装全边区人民的思想，并以实际行动来响应与拥护两大文献的贯彻。b. 不仅要亲密团结根据地各党派各阶层与全体人民，并加强对敌政治攻势，争取与瓦解伪军伪组织，团结敌占区人民，建立反攻力量的基础。

c. 进一步发扬敌后民主政治的建设，推行与贯彻一切进步法令和政策，以求进一步的实现三民主义，为将来建设新中国的先驱。

三、听取了政府一年来的工作报告后，质询讨论并给政府工作做成决议，对于政府切实起了监督与推动作用。

大会听取了政府工作报告后有五十几位参议员提出一百七十八件质询案，在质询案中，充满了爱护边区，关心工作，善意批评政府的空气，主要质询点是：首次大会决议的政策法令为甚么未能普遍贯彻执行？许多大户不实行减租减息政府如何办理？许多村庄大户轻小户重负担为甚么还不能公平？破坏份（分）子为甚么不予以有效的制止？除奸工作为甚么表现无能？对于抗日军人的爱护为甚么不够？个别的也有质问干部作风仍存在过左过右的现象为甚么不予以有效的纠正……等，这次质询给政府工作者增加了进一步的责任心，他们警惕了，参议会决议的政策法令，政府必须普遍贯彻执行，而后可一丝一毫粗枝大叶的地方，也是要受参议员质问的。

政府对于质询案件给了恳切而圆满的答复以后，大会又对政府工作展开了热烈的讨论，并作成决议。在决议中，大会指出了一年来政府工作的伟大成绩及还存在着的进步中的某些缺点，最后更指出政府工作今后应该努力的方向。这样，参议会尽了它监督政府的责任，同时在政府方面也受到极大的鼓舞与推动。

四、听取了驻会委员会的报告讨论了参议员的工作对于驻委会与各地参议员起了检查与推动作用。

在驻委会报告中，指出了一年来参议员的模范工作与个别的不良偏向，引起了全体参议员的注意。在讨论参议会工作的时候，展开了热烈的自我批评，深感过去未能尽到人民代表的责任，大会又确定了参议员在大会闭幕后的权利与义务，在权利与义务中，明确的指出来参议员与当地政府的关系与今后参议员工作方向，增强了参议员政治上的责任心，鼓励了参议员坚定的工作信心，这对于健全民主制度、发挥民主伟力上，是又更进一步了。

五、土地条例的修订，更进一步照顾了各阶层利益，加强了农村团结。

由共产党员池必卿等提出土地条例修订的意见，首先是永佃权的问题修订为“租地在租佃契约上习惯上于本条例修改前有永佃权者仍保留之，无永佃权者应由双方协议，订立较长期之契约，例如五年以上，遇有特殊情形时得由双方协议经村或区政权批准，可以缩短年限。”其余如多年欠租的交纳办法，典地赎回的年限，庙地的管理与处理，都有更合理之规定，处处照顾了民生，处处着眼于各阶层利益，即僧道尼姑亦都不在例外，这对于团结抗战团结建国，实具有莫大的决定作用。

以上五端不过只举其大者，其他如政府预决算之通过，统一累进税之原则决定与爱护抗日军人及敌占区工作之讨论等都供（贡）献了一些具体意见，有着很大的收获，这里不再详述。

乙、大会的优点与缺点

一、优点方面

1. 大会始终紧张活泼没有懈意：各位参议员，莅会的次日，即行开会，尤其是太岳区各位参议员，行装刚卸，立即出席大会。每日自晨至晚，大会休会时，又有小组会，十三天里，按时开会没有拖延时间，紧张忙碌，相当可观，而各位参议员不论是皓发与青年，不论是男是女，自始至终精神焕发没有倦容，故会期虽短，而解决问题却相当的多。

2. 大会发言热烈诚恳，始终贯彻民主团结精神，大会发言相当普遍，已如上述，各位参议员意见虽有不同，却都是为了团结，为了抗战，有时辩论很激烈，却不是越辩论越对立，而是越辩论越接近，浓厚的充满民主和蔼团结抗战，团结建国的精神。

3. 大会充满郑重庄严负责求是的精神，在会议进程中，无论是参议员与政府当局，每一发言都有底稿的准备，表示异常郑重，不言则已，言必负责。政府对于参议会与边区人民，参议员对于政府与选民，都具有高度的责任心，给予来宾及广大人民以极良好的印象。

4. 主席团主持大会民主态度大大进步：这表现在每次主席不主观不专断而能掌握会场情绪，迅速解决问题，并且没有主席不退出主席地位而与发言人直接谈判的现象（首次大会这种现象不时发生）。

5. 参议员小组会一般说是起了相当作用的，例如对两大文献的讨论，参议会工作的讨论……都有很丰富的收获。

6. 两个座谈会的召开，获得会外解决问题交换意见的有利机会：政府分区召集参议员开座谈会，参议员提案质询外，又提出许多宝贵材料供（贡）献政府作施政参考，闭幕后驻委会召集了全体参议员座谈会，对于驻委会及各参议员工作，又更实际的交换了许多意见，比较去年闭会即散的情形，是好的多了。

7. 大会秘书处，处理事务较为健全有序，保证大会顺利进行胜利成功：在秘书处方面设有专人收集提案，整理门类，给提案审查委员会以极大便利；总务方面，伙食保管，调度有方，给参议员生活上相当舒适，没有去年那样浪费现象；招待方面，会场管理，茶水居住都较为周挚有序，亦获得了参议员的赞许和满意；文书方面，刻印及时不误议程。凡此种种，事虽细小，可是对于保证大会进程顺利，胜利成功，都有很大关系。

二、缺点方面

1. 会前准备工作不够充分，例如驻委会未于大会前召开会详细商讨，大会一切进行事宜，虽为会期迫促所限，但亦不无缺憾，驻委会报告只偏于太行区一方面，不详细太岳区参议员的活动状况，土地条例的修订事前缺乏讨论研究，请求大会追认各案未于会前印刷出来交付各位参议员事先审查，许多新订法令未事前拟出草案……等，给了大会深刻了解与研究各种问题的一些困难。

2. 驻委会的会外活动大大不够：阔别一年余的参议员先生们，千辛万苦，跋涉数百里来此开会，在感情上应该把手言欢互通款曲以尽地主之谊，在工作上应该随时提出问题交换意见以利会议之进行。然而驻会委员并未普遍做到，也增加了大会中不必要的重复繁琐，甚至影响到延长了会议时间。

3. 主席团与参议员小组会联系不密切：小组会的讨论，一方面容易集中意见，一方面可以节省大会时间。小组会讨论结果，应该向主席团汇报，主席团应该收集小组会讨论的意见作为布置大会议程的依据，两相配合，才能收事半功倍之效。然而主席团开主席团会议，小组开小组会议，并未取得密切配合，双方都不免有浪费精力之感。

4. 提案的审查整理，不够圆满：接受了上次大会的经验教训，此次秘书处已有专人负责收集提案，分别门类以便审查，但提案审查委员会成立以后，并未召开全体审查委员会，计划统一整理方法，结果每组各拟审查整理办法，格式既不一致，取舍亦有出入，给大会在讨论时也增加了许多不必要的麻烦。

5. 民主运用方面不够灵活，值日主席小组事前准备工作差，开会时主席总结意见有时还嫌较早，致大家意见未能充分发表出来，议事规则不够细密，执行时不够切实，以致同一问题有发言至四五次者，不免多少占了他人发言的机会，凡此都证明了我们对于民主技术的运用上，尚不熟练。

6. 大会对于婚姻条例未能展开讨论：每次大会因为时间不充分，对于婚姻条例略予讨论都委托驻委会办理，一年来施行当中发生许多问题，此次会议又未获得详审考虑时间，解决其中问题，实亦不无遗憾。

7. 大会没有计划的广泛组织敌占区人民前来参观，对于临时赶到的敌占区士绅参观团与敌占区工人参观团，大会又照顾不够，重视不够，敌占区士绅先生们与工人先生们，冒着危险冲过封锁线得来根据地参加临参大会，实在是千载一时的机会，如果请他们向大会报告敌占区情形或召开座谈会征求他们对根据地的意见，这对于扩大根据地威信开展敌占区工作，有着极大的关系，可是大会会前既没有发动，已来者又没有抓紧工作，虽然敌占区士绅先生们及工人先生们临行留言表示他们对大会的满意与兴奋，但大会主动的工作实觉太差。

丙、经验教训

一、只有真正实行三三制，才能团结各党派各阶层共同抗战共同建国：

此次大会之所以成功，就是实行三三制的结果。一年来，由于战争的频繁。处境的艰苦，政府工作中不免存在着一些困难与缺点，有些人认为某些困难与缺点，是进步中的困难与缺点，只要我们继续努力是可以克服下去的，但有些人（自然是很少数的）却不是这样了解的，经过此次大会热烈的讨论，坦白的质询，大家才明白了，工作中某些困难与缺点，症结在于未发动群众，或发动群众不够，因而有些坏份（分）子便可以为逃避负担而抵抗法令，这个问题在这次大会弄清楚了，以后大家才涣然冰释，情感上更进一步的融洽，政治上更进一步的团结，由此证明：唯有实行三三制才能切实给予各党派各阶层发表意见的机会；唯有实行三三制才能切实照顾到各党派各阶层的利益；唯有实行三三制各党派各阶层间才能互相谅解，才能从矛盾中求得统一，一党专政的议会不会得到这样的成绩，不诚意坚决执行三三制，也不会得到这样的成绩。

二、只有真正实行三三制，才能督促各党派各阶层的互相进步有利于抗战有利于建国：

有人以为：他个人的意见未被大会通过，便认为三三制仍是一种形式，骨子里仍是一党领导，我们认为这种思想是不正确的，一个意见要想得到大多数人的同意，起码必须具备两个条件：第一是政治理论远大而正确，第二是切实照顾到各阶层利益，否则便不能得到大多数或全体参议员的赞成与拥护的，但如果一种意见或一种主张，不论是个人或某一党提出的，当其已经得了多数或全体参议员的同情与拥护的，那就不是某一个人或某一党派的意见，而变成了大家一致共同的意见了，而某种意见或某种主张之所以能够获得多数人的赞成与拥护，其中心关键不是别的，主要是由于他的正确，能够符合于多数人的利益，而目前最符合于多数人的利益的，便是真正三三制政治的实行。

三、越是战争期间，越需要发动群众实行三三制的民主政治：

有人说：在战争期间，不宜于民主，而借口实行其独裁政治。殊不知道风雨同舟，互助互济，乃是每个人都感到大家的利害与个人的利害是一致的。古人所谓兄弟阋于墙外御其侮，也是同样道理，唯有让群众参加到民主政治中去，群众才会知道抗战建国是自己的事，也唯有让群众能够得到个人最低生活的保障，群众才能一心一德发挥伟大力量，来积极抗战积极建国。

四、只要参议员认真的执行自己的权利，履行自己的义务，参议会才能发挥它监督政府的伟力，才能保证三三制政权的真正实现，过去的一年，有些参议员轻视自己的政治地位，放松了自己的工作，有意见不敢坦白的说出，在群众中不正确的以参议员的资格为人民服务，对于自己所推选的驻会机关，表示不重视，不肯写通信报告工作，驻会参议员也不免关门过日子，很少在社会上活动，遂形成参议会不能发挥它更大的作用，参议员没有尽到它应有的义务为人民代表而工作，由于这次大会的检讨，大家才清楚了，这只是参议员执行权利不够，履行义务也不够所致，并非参议会没有作用，并非参议员没有权利，不然的话，谁有权利在大会上来质询政府，政府又对谁来负责给我们作答复呢？以及谁有权利给政府作决议案交给政府必须执行呢？这些都是参议员有权力的铁的事实，所以我们参议员必须认清自己的政治地位，努力执行参议员的权利与义务，为人民作实现法令的模范，为群众作监督政府的喉舌，发扬群众伟力以巩固三三制抗日民主政权。

丁、结束语

此次会议纵然还存在着许多缺点，然而总起来说，扩大了民主影响，发挥了三三制政权的威力，进一步认识了三三制政策法令的真谛，增强并鼓舞了政府与参议员的政治责任心与工作上的信心，虽不敢说大家都满载而归，然而每个参议员是面带兴奋喜悦之色告别了大会，驻会同仁也都很乐观的说：“今后临参会要别开生面了。”证明了大会的收获是相当大的。

最后，这篇总结，一般的材料是经过驻会参议员讨论过的，因为战争关系，各位同仁大部已分发到各专区工作，全稿写成后，未经会内同仁审阅，如有不适当处，当由我们个人负责，特此声明。

晋冀鲁豫边区临时参议会二次大会
太行太岳区会议全体参议员敬启
九月三十日

选自《晋冀鲁豫边区史料选编》第二辑，山西大学晋冀鲁豫边区史研究组编印，第311～320页。

6. 精兵简政在晋冀鲁豫边区（署名：毛铎）

1942年[①]

边区在今年春间，依着中共中央精兵简政的指示，坚决紧缩军政民的组织机构，注意精干，使之更适合于敌后日益残酷斗争的环境，并认真的爱护民力与节省民力。如总部直属队在紧缩后，只留下原有人员百分之四，其余百分之九十六，一部分用以充实下面，一部分真正裁去。边区政府本身在紧缩后，也裁减人员百分之四十八，节省经费百分之四十六。预计至本年底，七个月内全太行区，即可节省粮食四万九千一百五十六石，及经费四百二十六万六千一百二十元（每月可节省公粮七千石经费六十万），根据实施经过情形，根据现有材料，报导于此，以供各地参考。

采取步骤

首先是部队，各机关由上而下的召集了各级干部会，进行着精兵简政的深入传达与政治动员，检讨了各组织机构，工作制度，人民负担情况。并建立了各级领导机关的整编委员会，以便专人负责，统一领导，有计划有步骤的进行。同时，更由参议会政府部队各发表了告同胞、告干部人员、告战士书（部队中还编成教材，进行深入教育，使全体军人都能透彻认识，以加重每个人的责任观念）。其主要内容，在于说明这一精兵简政的意义，是克服困难，积蓄力量，准备胜利反攻的唯一正确的道路。并号召所有干部人员战士群众，拥护认真与一致的执行，以取得这一任务的彻底完成。

为了正确慎重的实行，各方都当做了一时期的中心任务，并采取（空白了5字）时期。如冀鲁豫行署决定，以第一月为试验期；第二月为深入检查、试验总结经验教训期；第三个月为确定简政方案、彻底完成期。

如何简政

确定简政方针，是在于紧缩行政机构，健全工作制度，提高行政效率，减轻人民负担，规定政民脱离生产干部杂务人员，不得超过居民人数百分之一。所以：

在紧缩行政机构上：是裁减骈枝机关，克服头重脚轻，达到组织短小精干，适合敌后游击战争环境。因此边区政府决定，除本身统一各部预算和事务工作，减少杂务人员马匹，归并其他机关（如农场、服装厂、生产部的取消，医务所归并于太行卫生处，行政干部学校并入抗战学院等），减少人员百分之四十八外，并决定专署兼理所在地县政，如和西、平顺、涉县、沙河各县均由专署兼理。县府亦可兼理所在地的区政，但游击县份与专署兼理县份则例外。小县改为区，或二县归并一县，或由一方兼理，如邢东邢西合并为邢台，平南平北合并为平顺，武南磁县归并为武磁（武北仍为武安），各县并可依照不同情况，划分为甲、乙、丙、游击四种不同县份（如太行区甲等八县，乙等八县，丙等七县，游击十县），以便适当编制。现有区，则酌量归并以减少原有区数百分之四十为标准。对于村，一般是实行并村（个别有增加如辽县原行政村为七十二个现在增为七十八个），在

---

① 原件未注明年代，从文件内容推断为1942年。

并村时，必须照顾主村与副村，大村与小村之过去纠纷及不公平现象。纠正大压小，主欺副，以利将来工作进行。如情势不许可时，则采取联合村办法，主村设正村长，副村设副村长，或者多加不脱离生产干部来解决。各村委会，一般是由七个并为四个，即将地政工作归财政委员会，优抗工作归民事委员会，除奸工作归武委会，生产委员会仍旧。各村书记和村警均取消，由村政委员会兼理，发扬干部的劳动作风。

其他许多机构，均正在缩编。如邢台县二区已减少村干部十七个，计全年可节省经费二万二千多元。

在调整干部上，不是单纯的减员，而是加强下层更好的使用干部，提高干部质量，以一当十做到人尽其才，才尽其用。因而在原则上，是多减上层，少减下层（即是增强下层）。在干部的使用调整上，有三个原则：（一）不妨碍三三制的实行，（二）尽先留用历史久的干部及大后方敌占区来的干部，（三）不是排斥某些人，对妇女干部尤须安插。在调整时，凡民选干部，以民主方式改造撤换及取消，不能以行政方式由上而下的乱调。或者以增加副职办法，来加强其工作。如边区区法院等，在简政后，减少了人员二分之一，且提出“少用一个勤务，多添一个法官”的口号。太行中学亦决定：（一）减少杂务人员，（二）实行劳动制（不要勤务），（三）学员能自费者一律自费，（四）本身进行生产。对于编余人员的处理，除调训外，是以经营生产为安插原则。其缺乏资金者，予以补救，其办法：（一）在根据地内有家庭者，有享受春耕贷款之优先权；（二）太行区在边区建设项下，拨款五万元为工商业贷款，以贷给外来编余人员，作为经营工商业之用。

在健全工作制度提高行政效率上，是反对了组织上作风上的官僚主义，政令要由繁而简，以便下级干部人民能轻快执行，所以在深入领导上，决定专署加强对县领导，检查到区，研究到村；县加强对区领导，研究到村，其领导方式上，新的具体的办法是：

（一）区村不得出布告。（二）少下命令，命令的范围应限于：干部任免及奖惩事项，颁布条例法令，行政区划之变更，确定制度及制度以外之经费开支，强制执行之事项等。（三）确定财粮、义运、交差及荣誉军人安置制度。（四）凡有制度，有规定的日常工作，边府各科长，秘书主任，专署各科长，有机动处理之权，但处理后须向负责首长汇报。（五）政府制定重要法令政策及计划时，应事先征求下级意见以期深入，切合实际情况。（六）边府、专署及县，应建立与加强联合办公制度，以便商讨工作，避免迟缓与矛盾现象。（七）建立与健全档案及文牍制。（八）边府及专署对电报，须在一天内答复，一般公文限三天内答复，须提交会议讨论解决者，应尽量提到最近一次会议解决之。各单位于两周内清理边府成立以来之政令，以便加以研究。发现缺点及问题，予以改进。（九）发文件检查表，以检查政令执行情形。（十）一切政令、文件、布告，应力求简明通俗易于了解执行。

如何精兵

精兵的方针是提高部队质量，加强战斗实力，巩固内部力量，规定一切脱离生产的武装部队，不能超过居民人数百分之二，同时发展民兵，培养民兵战斗力，以坚持敌后战争。

其具体的精兵办法是：

第一，调整编制，一方面缩减编并某些单位，另一方面认真充实连队战斗能力。

第二，有计划地抽调一批有相当能力的地方干部，到地方军与民兵中去，以强化地方武装建设，开展群众游击战争。

第三，紧缩后方机关，减少人员马匹，规定战斗部队团以上战斗人员与直属队人员数目，应为七与一之比（即战斗员七，直属队工作员一）；团以下战斗人员与团直属队人员数目，应为五与一之比；后方机关如学校教职员，杂务人员与学员之比例，应为二与五之比；医院工作人员与修养员，应为四与六之比；工厂职员杂务人员与工人，应为一与四之比。牲口马匹亦大量减少，转入生产部门，从事耕作运输（如今春军政编余牲口共约五千匹，大都交给地方区政府借给贫苦群众春耕）。减编机构，力求经费减缩，如各修械所长联席会议讨论精兵简政实施时决议：（一）积极增加生产，以最大努力满足前线需要，各工厂非工业生产人员，每人必须完成二百元之农业生产；（二）加强节约，在经费支出上，以三变二为原则（估计可省数百万元）；（三）缩编不必要的人员，一般老弱工友及年幼学徒，亦可另组工厂；（四）奖励发明，发扬创造精神。

第四，利用战争空隙集中整训，加强政治军事文化等各方面教育，工农干部多学习，知识分子多实习。特别将文化教育成为一般战士的日常必修课；改善教育方式，使教育与实际合一。编印必要课本，逐步提高文化水平。并经常抽调干部轮训，与派优秀干部到陆军中校受训。

第五，以经营生产事业，如办理工厂作坊，工艺学校，来安插老弱战士，荣誉军人，以便从事学艺生产，半工半读。

第六，根据编余人员不同情况不同处理。如总部直属队，对于编余人员，根据四个原则处理：（一）抽调出之人员，如抗战以来，未曾正式入学，或青年战士事务工作人员，可以造就者，即送入学校学习；（二）过去住过学校，或有专门技术，而其他部门正需要者，即调赴他处工作；（三）老弱残废与有病者，分别另行安置；（四）牲口事务人员，减至最低限度，决不多留一人或一牲口。如太南军分区在第一步整编后，计全分区编余人员×××人，送往学校深造者占百分之廿七，投入生产部门者占百分之十八，介绍到武委会工作者占百分之四，遣散回家生产者占百分之五十一。预计可节省粮食十万斤，经费二十八万九千七百余元。

爱护和培养民力

爱护民力培养与节省民力，是精兵简政的中心问题，边区曾有“白天多做事，晚上少点灯”，“人人要当家，公私都节约”；“谁不了解民困，不体念时艰，谁就不算好干部”等关于厉行爱护培养民力的口号，使爱护民力的运动，在多方面，干部中，群众中，上级下级，内部外部，广泛的开展起来。关于爱护与培养民力的办法：

首先是发展生产，以增加人民收入。而发展生产中主要是发展农业，本年度的农业建设计划，是以提高土地生产量，与办水利及扩大植棉为中心，其具体计划如下：（一）普遍增加农业生产量。按照二十九年原有农作物生产量（食粮），本年每亩地平均增加三升，上地四升，中地三升，下地二升。（二）不断消灭熟荒，要求废地空地完全下种（内包括院宇、屋角、场面等地），修旱地及消灭大路两旁小路。并加紧锄地，保证青苗不荒。（三）增加耕地面积，全区共修河滩地一九、二六二亩，修整旧河滩地五、五五八亩，开荒二、五二七亩。（四）开新渠与整理旧渠（包括打井、修蓄水池等）扩大水田面积，全区增加水田一〇、三五一亩。（五）全区共植棉六〇、〇〇〇亩。每亩以十五斤净花计算，估计产量九〇〇、〇〇〇斤。（六）农业副业（包括耕畜）方面，按照三十年底原有数目，全区要求增加耕牛百分之十，驴骡百分之十，羊百分之二十，争取完成百分之三十，猪百分之十至百分之十五。此外全区平均每两人养一只鸡。关于养蚕，第六专区可根据去年原有数，要求增加蚕丝五〇〇斤，其他专区，本年只作提倡，不另具体规定。（七）植树造林方面，要求全区每人植树一株。各机关学校及地方武装集体植树每人二株。发动群众普遍建立小型苗圃（在有利条件下，每一主村，建立一个），大量培植树秧。同时进行明年造林准备工作，要求本年搜集树籽，能够播种一〇〇、〇〇〇亩，"此外，恢复禁山禁坡五分之一至二分之一"。

为了这些农业生产计划的实现，边府特令各县成立农业指导所专门领导补充农具耕畜，努力施肥，提高农业技术等。并于今年春耕中放出生产贷款一百三十万元（只太行一区）。建立水利局，颁布兴办水利办法，规定水利贷款只收七厘息，可分年还清，河滩地修竣后，五年内免除其资产及收入的负担，而较大之水渠，工程费用浩繁，民众不愿或无力修筑者，得由政府垫款兴修。如清漳涉县段，今年修滩七千亩，变旱地为水田二千亩，预计今年可能增加滩地一万亩。

关于增加工业生产，主要的是以恢复作坊发展家庭手工业，开展工业合作运动，号召热心生产人士，投资生产，兴办各种作坊工厂，并要求全区工人提高劳动热忱节省原料，提高生产质量与数量，计划在太行区除公营工厂外，（一）发展妇女纺织小组一八、二五二人，生产土布十万匹；（二）开造纸池八十八个，产纸八二、四〇〇令；（三）增加煤窑六座；（四）增加油房，保证油的自给自足；（五）组织群众熬盐二二、五〇〇斤，及群众采药，制造陶器。如武乡成立了毛笔厂，造纸社，熬盐厂，预计今年熬盐××万，又如涉县建设了一百个造纸池，年可造纸二百万张，编苇席二十万幅，编草帽十万顶。建立运输合作社及消费合作社三十个，真正群众性的合作社二十个。

其次是要军政民（民众团体）费用百分之三十，以自力更生来解决，因之军政民各机关都积极进行生产工作。以节省民力财力物力。在部队方面如××师×旅今年生产：（一）以团为单位成立农庄，选择适当人员，成立农庄生产队，专门实行垦种工作，供给部队二个月之蔬菜二、二五〇、〇〇〇斤，二个月猪肉一万斤；（二）生产全年八个月的菜金二一〇、〇〇〇元；（三）连队每人每年生产十六元，机关每人每年生产二十一元；（四）发展部队手工业，熬盐、造纸、打马掌等；（五）修筑滩池，挖掘土窑。此外又号召连以上干部每人每年节约二十元战士节约十元。在政民机关方面：（一）规定专署以上机关每人每年生产六十元，以五分之二交公，五分之三改善生活（补助教育学习经费在内），县级政府每人每年生产六十元，以三分之一交公，三分之二改善生活（补助教育学习经费亦在内）；（二）机关生产每半年检查一次，由财厅分期于七月一日至十二月一日扣留应交公之款数；（三）学校之生产，全部作为改善生活及补助办公费之用。

再次便是减少公粮负担（今年公粮比去年少征八百石）。整理各村财政，清算旧账，抵制仇货，禁烟禁毒，并严厉实行以下节约办法。

粮食节约

不报预算，不发粮票，厉行粮食日报制度，以粮食作菜换菜，或换面换大米者，就是变相贪污。实行集体吃饭，余粮按月交公；不许用饭喂猪养鸡，减少不必要的招待，严格收取粮票饭票；吃麦子自己磨面。

被服节约

厉行被服登记，无被服表者不予分配工作。规定五年一床棉被，二年一套棉衣，一年一套单衣。被服按季交公家保管，破烂者交公。

公杂费节约

墨水、变色铅笔、日记本、纸夹、洋烛、墨汁，不许报销，便条不用白纸，一个信封用四次，一张信纸用两次；旧笔换新笔，一年一个笔帽；尽量少点灯，印刷品少留空白。无故损失或损坏公物者，按价赔偿，字纸收集归公，由勤务员负责，售价提二成作奖金。旅费路粮，节余退还公家。除慰劳抗日军外，赠送品不能报销，无外宾不做宴会。手纸不用净纸。不经行政首长和机关医生批准，自己买药不准报销。提倡用火链节省火柴。私人动用公款，以贪污治罪。

牲畜节约

不合编制的牲畜，不得开支公粮公款，牲口疾病死亡，饲养人员管理人员须负行政责任，依照情节，予以批评或处分。保证牲畜肥胖无病者，饲养员半年增发两月津贴，盗卖草料者，按贪污科罚，牲畜粪归公，售价提二成奖励饲养员，牲畜鞍缰装配无故损坏者赔偿，建立牲畜使用登记制，调节劳逸。

其它节约

没收品一律归公，违者以贪污论罪。打贵重药针（如六〇六等），须经行政首长批准，少铺张（如大修房屋、添设备等）。

为了这些节约条文切实的实行，如机关部队均组织有节约委员会，以领导与开展反贪污浪费的斗争，提倡干部勤劳主义，号召干部都能先从自己做起，由日常小处着手，定期总结成绩，对于优者奖励，坏者批评和处分（不管官有多大，地位有多高）。正由于这样的严厉节约，边府已节省粮食二万石，移作减免太行区各敌占区人民负担之用了！

在节省民力方面，边政关于支差运输诸种战时勤务，亦提出“少开会多做事”，“反对滥用民力”等口号，订有抗战勤务条令，其主要内容：是除参战外，凡党政军民机关团体及公营企业合作社采购处等（军队经营者在内），一律不得用差，规定了用差机关，必须持有旅级以上政治部首长签名及经专署批准的文件，才能由县府拨差。在支差路程与时间上，规定最远七十里，往返不得超过四日，农忙时不得超过二日，规定了运输载重（如每人不得超过六十斤，牛驴骡最多不得超过一百六十斤），和必须借给支差人畜一定食用（如每人每日发小米一斤七两，牲口每日发干草最少八斤与料半斤），如不发时农民可以拒绝支差，如支运牲口损失予以相当数量的抚恤及赔偿，特别规定对于农忙时的乱要差者，不论何人均可扭送政府法办。

因目前正在展开群众游击战争，民兵大量发展与积极活动，这固然是好的方面。但民兵数量过多，活动时间太久，也会很大的妨害群众生产劳动。因而提出“劳力与武力结合”广泛发展劳动互助小组，规定民兵不得超过当地居民百分之五，民兵服务时间，每月不得超过两日，农暇时每月不得超过四日，纠正了以前民兵活动占全部生产劳动时间四分之一到三分之一（每月约七日到十日）的现象。至于民兵训练时间，武委会亦规定全年不得超过一个月，其中冬季占三分之二，其余为三分之一，农忙时停训，训练集中在一村时为半天，分散在各村为一天，早操不得超过十分钟。接敌区是以实际行动为主，三十五岁以下之自卫队训练时间，只能占民兵训练时间三分之一，即一年训练十天。此外又停止了不必要的自卫队民兵的检阅，取消了根据地内形式的站岗放哨，而实行以定期严戒，加强群众锄奸工作（如查户口等）及严格实行送信制度，以尽量减少人力负担。

总之，晋冀鲁豫边区，在党政军民全体一致，上下一心，认真坚决贯彻实行“精兵简政”之后，已获得了很大的成果，这在今后熬过困难，积蓄力量准备反攻，迎接将来的胜利上，是开始奠定着有力的基础。

选自《晋冀鲁豫边区史料选编》第二辑，山西大学晋冀鲁豫边区史研究组编印，第158～167页。原注：“《群众》第七卷十九期”。

7. 杨（秀峰）主席在太行区专员会议上的报告

1943年1月24日

甲、一年来行政领导检查

一年来行政领导有进步。如（一）部分干部群众观点提高了，开始知道深入群众解决群众问题；在这方面下级干部的进步比较快，六专署在最近抓紧了群众运动，给干部以锻炼，收效很多。（二）太行区简政后，一般的讲，头重脚轻，机关文牍主义也有某种程度的改正。其中以二专署注意到环境的变化，能及时的组织转变，成绩较多（虽然还不够），对坚持二专区工作，减少损失，起了相当的作用。（三）上下隔阂脱节的现象减轻了，从在去年下半年以来，各专署县府的总结报告，比前不仅数量增多，并且内容也较前充实了。一元化的斗争获得初步成绩，如四专区的政治攻势，三四专区的粮食斗争都做得较好，一二专区最近亦有某些进步。许多同志工作作风上比较以前紧张迅速，故任务完成上有进步。（四）高喊已久的“调查研究了解情况”，虽然还鲜成就，但在干部思想上，确也起了一些作用；一般化与片面性的沉重病症，似已获得起死回生之机，某些专署县政府表现得较明显。（五）一年来的整风有一些收获，有的专署注意到在实际行动中，给干部以锻炼，从行动中考验干部，是很对的。有的专署文件学习上，有了组织和秩序，虽还不能判断进步的程度，但有进步则也是可以肯定的。因有以上的一些进步与收获，所以我们能够坚持空前艰苦的工作，并在某些工作上，还能获得比预期较多的成绩。

可是我们千万不能忽略我们的进步还太慢，还赶不上战争环境的变化，和工作任务的要求。例如以群众运动来说，我们大多数同志的认识还是很差的，许多同志官僚主义的表现还是非常严重的，以对敌斗争来看，我们的方法方式还是十分差，我们的作风也还是十分不够战斗化。总之，我们的领导与作风，还存在着不少的必须迅速克服的重大缺点。

这些重大缺点是什么呢？可由以下三方面来说：

第一，是行政上政治领导的落后。所谓政治领导，我以为主要就是：（一）干部思想的领导，（二）研究环境变化，指示工作方向；（三）干部的政策教育；（四）贯串于工作任务中之政治任务的教育；（五）总结经验，研究规律，指导工作。

我们有明确而正确的施政纲领和各种政策，有正确的各时期的工作方针，也有总的军政民一元化斗争的明确任务与方法，可是我们从行政上去贯彻执行则是很差的，落后的。以行政上政治领导来看，存在着以下几种严重现象和问题：

（一）对干部思想领导可以说是无计划无组织的自流状态，与无明确中心与无有力办法的麻木现象。我们对干部的思想领导，一般的讲是注意不够，只有一些零星的工作与成绩。所以形成对群众运动，是干部思想长期混乱，与群众观念之模糊；对整风学习之忽视，掌握与认识不足；甚至许多同志直到现在对抗日民主政权的基本特点，和依靠广大人民的认识还都不清楚。所以发生片面的统一战线的了解，在复杂尖锐的斗争中，掌握政策的失掉方向，站不稳立场和严重的官僚主义表现。

（二）缺乏政治远见，不能掌握情况变化，预窥事变，因而不能适应环境之变化，及时提出斗争方向与工作任务，及时改变组织形式与工作方式，以适应新环境。太平洋战争爆发后，五月份反扫荡前，对彭副总司令所一再指出的根据地游击性增加之缺乏警觉，是相当严重的。直到现在我们在这方面的认识与努力，还非常不够，这表现在许多同志对环境之艰苦还缺乏深刻之认识，不说别的，即以领导上对作战经常化，还未抓紧来看即可证明。许多负责同志，对瞬息万变之环境变化，若茫然罔觉，注意不够。缺乏研究，当然不能及时提出对策，更谈不到对下指示了。老一套的方法方式，一般化的布置工作，严重的政治麻痹现象，必须痛自检讨，迅加改正。

（三）在政策教育上曾作了一些工作，有不断的进步，今天存在的大病是不深刻，不深入。大多数同志对政策的基本精神，还了解的十分差，片面的统一战线观点，不了解广大群众不发动起来，即无巩固的统一战线可言，形式主义的掌握政策，不是从正确掌握政策法令精神出发的“照顾各阶层利益”的错误观点，就是由此而来的。很多领导机关的同志，直到今天，还未深刻了解减租减息，与交租交息政策之深切意义，不了解这何以是我们的基本政治任务；甚至有许多同志，对土地政策与负担政策，都还未引起注意，置之不理，这是严重问题。政策法令，今天才开始深入到很少数的村子，尚未为大多数干部，和广大群众所掌握，也由于我们在政策教育上努力不够所致。我们是远落于下层干部与广大群众迫切要求之后了。

（四）每一个工作任务，有其一定的政治任务，从政治任务上教育干部，启发提高干部的责任心与积极性，工作任务才能完成；而我们则常是忽略这一方面，动员不够，深入不够，工作到下面变成了单纯的工作任务。因为不能从政治上提高干部的责任心与自觉的积极性，所以某些疲倦，感觉重压，和严重的行政命令作风等毛病，便随之而生。干部虽完成任务而不感觉愉快，且因此而任务本身，常是变质，如简政变成单纯减人，公债成了摊款，春耕贷款作了别用等等，是不少见的。我们的全年工作方针，各级政府很少研究讨论，即边府专署亦是极少数负责干部清楚，多数茫然。又如对政治攻势之政治意义，至今还有许多不清楚者。诸如此类的现象很多。

（五）总结工作我们作的不少，收获也天天在增多，但一般说来，从总结经验中，研究事物与工作发展规律，用以指导工作则非常之差。粗枝大叶，一般化，与为总结而总结，总结后即搁起来的现象严重的存在着。至于有计划的交流经验，现在仅在开始，而且还是零星无系统的。我们的计划和指示，吸取过去经验实在不多，不能组织经验，便很难正确预窥事变发展之前途。我们常生吞活剥的模仿他区的方案，不能根据具体环境，适当截长补短，也便是因为我们组织自己的经验不够，不会总结经验，利用经验，这是我们行政上政治领导最大缺点之一。干部政治进步慢，工作老一套是必然的。

以上简单说明行政上政治领导之落后表现。

第二，行政领导上的又一重大缺陷是组织领导上的散漫性，掌握不紧中心，一元化的组织力量发挥不够，与对各种工作任务贯彻性差。

我们的工作计划有中心，但在实施上则常抓不紧中心，不能集中使用力量，民财教建各部门闹系统，闹独立，闹垂直领导，各有一套，把零星和临时性的任务与中心任务，平列夹杂堆积，喧宾夺主，甚至还有彼此矛盾，前后矛盾的现象。这就是说计划有中心，组织实施掌握不住中心，件件重要，件件做不好；干部闹得满头大汗，弄不出结果来。因为掌握不紧中心，平均看待工作，平均使用力量，甚至彼此前后互相矛盾，直然谈不到贯彻，有头无尾“前紧后松”是必然的。

什么是一元化？一元化不一定是组织机构合一，主要是统一认识，统一步调，在一个指导方针或计划之下，执行统一的任务。一元化可能采取组织机构的合一，也可能组织工作队，但主要方式还是通过与依靠各个系统的工作，来配合统一的中心任务。就政府内各部门工作说，系统工作与中心任务并非对立，可是我们过去则常常是对立起来，因而削弱了一元化的组织实施力量，这种现象，应引起我们严重注意。

一元化的力量，在政治攻势、粮食斗争与战争领导上，已经发挥伟大作用。但政府对战争及政治攻势任务之参加努力是不够的。对群众运动之扶植，按应有之要求来讲，按整个政府来讲则尤差。对敌经济斗争是有成绩的，但在很多地区，政府各部门，不仅力量未集中，而相互牵扯推诿，错综矛盾之处犹很多。吃亏不少。尖锐复杂的斗争，要求政府各部门统一意志，统一领导，统一步调，以达到相互配合，并主动的积极的执行军政民统一的任务非常迫切，还须我们急起直追的努力。

以上是从组织实施上来讨论。

第三，作风上的最大缺点是战斗化不够。所谓战斗化，即能强而有力，雷厉风行，紧张贯彻与迅速灵活，争取时间完成任务。我们的行政组织机构庞大，动转不灵的现象仍相当严重，太平时代的一套，战时工作与平时工作截然分开，工作方法方式，都还没有适合环境要求的转变。干部不愿过军事生活，县长兼独立营长，徒具虚名，甚至不管。机关文牍主义，未彻底克服。上下连（联）系是有进步的，但解决问题迟缓，仍是严重的。特别在战争时期，上下脱节的现象，还没有创造出有效的办法来补救。某些干部在工作中，对上级指示油滑应付，不尊重不研究，缺乏高度的责任心与积极性，一般机关工作的效率低下，都值得我们严重注意。

一般的讲，行政上是缺乏强而有力与紧张活跃的战斗作风。

造成这些缺陷的主要原因是什么？

我想环境条件，工作基础，干部能力与经验固然都是因素，有程度不同的影响与限制，但不可否认的最主要的原因，还是主观的因素，这些主观上的因素是什么呢？

应该指出基本上是认识问题。分两点来讲：

（一）对于抗日民主政权的特点与基础没有深刻的了解。不必说全体行政干部，就各级政府领导干部言，也不乏有抽象的群众观念，而缺乏明确具体的群众观念者。

抗日民主政权是人民的政权，它执行人民的意志，照顾各阶层人民的利益，所以这样的政权是站在人民之中，做人民的公仆，不是站在人民之上，或站在人民之外，指挥压迫民众的政权。法令也是人民的法令，不是政府凭自己的愿望制订的法令。所谓领导人民，便是依靠人民，根据人民自身的经验和自己的觉悟与力量，启发与教育人民自动执行法令，保卫其本身和民族的利益。抗日民主政府向人民要的与“给予”人民的是矛盾的统一，并非对立的。向人民要的正是为了“给予”与保卫人民更多更大的利益。对各种工作任务必须由此出发，做正确的了解。站在人民头上的官僚政权观念必须彻底肃清，要关心人民生活，与负责解决人民的问题。这就是“群众观点”内容的基础。这虽是“老生常谈”，但是很多同志并没有深刻了解，更没有正确执行，这是一个认识上的基本问题。

（二）第二个认识上的问题是：对于领导任务的三个中心环节，没有明确的认识，与切实掌握。实事求是的钻研精神，还非常差。因而：

（1）调查研究工作（就整个政府讲）缺乏组织性与计划性，形成自流，绝大多数干部对于调查研究，克服主观片面思想，没有足够之认识，与应有的努力。检查汇报制度，没有建立起来，检查无计划不深入，报告不及时不经常。因此了解情况很差，不能细密深入的组织工作，研究经验，与掌握政策；错误偏差不能及时发现与纠正，不能把一般的政策原则具体运用到实际环境中去，以创造经验；而多是变成一般化的形式主义的，掌握政策，处理问题，这就是掌握政策的片面性之由来。

（2）干部制度还相当混乱，干部教育有计划而没有很好的实施。工作上与干部关系上片面性的缺点还很严重。整风工作流于形式，效果不大，平均主义的进行，实际是放松了高级干部，轻重倒置。对整风是改造思想的基本意义了解不够。因此我们整风工作一般是表现了教条式的无中心的毛病，干部思想改造收获不多，各级政府中许多干部行政组织观念薄弱，组织性与纪律性很差，松弛散漫的自由主义，自以为是、自成局面、政治积极性差、非政治化倾向（整风不力，不研究政策法令，不看上级指示，不总结工作，甚至不看报等）等等，相当严重，具体表现则是：对上级指示不重视，甚至不理，有的县长不看法令，下级对上级尊重不够，任意对外批评而不按行政组织提意见。各部门闹独立性，不照顾不尊重整个工作利益。其结果是什么呢？便是不能有计划的推动工作，不能有组织的使用力量，工作效率没有应有的提高，工作不能深入，执行不能迅速。我以为造成我们领导上重大缺陷的最主要原因就是这两个认识问题，这是基本的原因。

乙、大步转变我们的领导与作风，今后努力的主要方向是：

第一，根据政策原则，加强政治领导，贯彻整风精神，克服干部非政治倾向，彻底肃清官僚主义的残余观念与作风。

第二，提高了解情况的努力，深入政策研究，不但注意掌握政策，而且注意如何组织广大人民自己起来去实行政策。

第三，在组织领导上要坚定不移的坚持中心任务，贯彻本年工作方针，树立行政纪律，发扬一元化战斗的作风。

第四，贯彻简政，适当配备干部，加强下层，培养其独立工作能力，注意总结经验，逐步在实际斗争中提高干部。

要实现这个方向，便要具体的组织转变，不仅在大的方面注意，即在每个具体实际的问题上，都须研究如何贯彻这个精神。为此提出以下的具体任务：

（一）贯彻整风加强干部教育。

今后政府干部整风着重专区以上，特别是负责干部。整风的中心问题是改造思想，克服官僚主义。具体的讲是提高群众观念，克服闹独立、闹系统的个人主义，本位主义，与闹无原则的纠纷。加强民主教育，发扬民主作风，纠正片面强调民主，而忽视集中的现象。这些是在今天行政领导上值得特别注意的问题。

整风的方法，主要从实践中，从总结干部自身经验中提高干部，考验干部，克服不良倾向；特别是知识分子出身的干部，要多下去，或检查帮助工作，或加强下层机构，单纯看文件、笔记、反省、开会讨论是不够的。有不少的人笔记、反省很好，而一到具体问题上，特别是关系自身利害的问题上便现原形，因此除精读文件反省外，还必须在实际中考验与锻炼。

其次，加强干部训练，整理边区干校。在职干部采用轮回、巡回训练，及开会训练等办法。专署及县训练班，可从整理公产及地方款中增加训练名额，但必须照顾人民负担。抽调一批干部，作较长时间的学习。

（二）加强调查研究及建立检查报告制度。

首先是各级政府（县以上）要配备适当干部。各级政府的调查研究工作，在指导上适当统一与分工，提高其组织性与计划性，与政府的及各系统的调查研究部门密切配合。下级政府对上边派下去的调查人员要帮助，过去是非常不够的。发动与教育一般干部，进行个人调查研究工作（在可能范围内）。今年调查研究的中心，是土地问题，负担问题，和村政建设问题（另有详细计划）。

深入检查工作，配合中心工作，检查典型地区，研究专门问题。纠正走马看花，钦差大臣的做法。同时须纠正某些下级同志看不起及不帮助巡视人员的现象。过去边府各委员分区领导的办法，今后要活用一些。

建立总结汇报制度，中心工作一定要总结，着重总结经验与规律，不要刻板式的一套。争取定期全面总结，但由于战争环境不能作出全面总结时，地区的及部分的总结亦须作。逐级定期汇报，（综合性的和部门的）报告内容要力避一般化；平时多用写信方式报告及解决问题，上级根据总结报告，及检查结果，对下级做系统的指示，下级要讨论上级指示及决定。如此上下连（联）系才能更密切，情况了解才能更多。

述要掌握少开会的原则，开会前尽量搜集材料作充分准备，以节省会议时间，会议要扼要讨论。

运用报纸刊物指导工作，交流经验，如通过新华日报指导工作，充实边区政报、边府通讯及通报内容。各级干部要研究报纸和政报的文章，根据报纸所反映的材料检查工作，不能把新华日报当一般新闻纸看待，和对政报及边府通讯、通报等等，采取可看可不看的态度。负责干部应为新华日报和政报写文章，反映问题。

各级政府对干部举行定期报告会，报告重要法令及上级指示，及所属地区工作情形，便于干部了解情况和工作发展状况。干部了解情况增多，工作能力可提高，工作情绪可提高，也才能照顾全面，减少负责干部的日常工作，以加强研究工作。为此必须将一般工作大胆放手，由秘书主任或秘书科长去负责，提高干部的责任心，使其敢大胆解决问题，注意培养提高干部的独立工作能力，严密制度，多检查与帮助。

进行定期的政策执行检查，政府各系统各部门都要参加，这是了解情况中一个重要工作。

（三）坚定的掌握中心任务。

（1）组织机构要更加一元化，边府民教财建合一，建立联合办公制，专署及县府也应注意实施联合办公制。

各局的双重领导问题，可按以下原则解决：在不违反边府与总局的方针计划及意图，可按具体环境灵活布置。专署县府对同级各局有检查权，对各局干部应同样关心帮助，使其参加必要的会议，特别要加强政策教育。对于问题如有分歧意见，于不违反上级计划意图时，专员县长可作结论。如有与上级计划意图不同的意见，须一面按上级意见执行，一面向上级报告请示解决。但地方临时紧急措置可一面确定执行，一面报请上级批准，上级不同意时须改正。各局人员向同级政府报告工作及任免时之交接问题。各局秘密工作应向行政负责者报告，行政负责者，亦须注意保守秘密。为了密切经济部门之统一配合，各专区建立财经委员会，由财经部门负责人员组成，同级政府负责者应参加主持。此委员会为一权力机关，其决议案各参加系统必须执行，但不干涉各系统内部工作，详细条例另定。财经委员会之决议与执行，须照上述各局之双重领导原则来作（做）。

（2）为了坚决掌握中心任务，全年工作有统一的工作计划，本府各厅不另下单行部门工作计划，但可有指导帮助性质的单元的工作计划，和参考性质的补充计划。要切实注意不给下级一般的不紧急的临时任务。本府决定统一发命令给任务，方法指导由各厅分下指示。又决定除技术性质者外，不召开系统干部会议，以免与统一工作计划错综。

除个别地区特殊任务外，一般任务命令只发专署，不经各县。非通令性质的文件，不直接到县，专署接到命令，应具体布置。

围绕与配合着中心工作进行经常工作，一切工作要有中心，要敢于放松一些不紧急的工作，也敢于使用较大力量于中心工作上。但掌握中心，不是“中心唯一”，如群众运动是中心之中心，但必须在群众运动基础上推进其他中心工作，及必要的经常工作，并经过各个工作来推动群众运动的开展，不能只看到一面忽视全面。

（3）政军民各系统的配合任务。政府人员要主动的去配合，或要求配合，不要等待人家来配合自己。如配合不好，应先检讨自己，然后建议别人。纠正看不起群众团体的观念，这是群众观念不够的表现之一方面。要尊重边区临参会与参议员的工作，个别地方政府同志不理参议员，把参议员看成士绅是不对的。各级干部要将边区政报登载的尊重边区临时参议会的指示，与纠正轻视群众团体的指示连（联）系整风进行讨论。

各系统间问题尽可能就地商讨解决，不能解决时向上级反映，不要一下子就推到上级，反使问题之解决更迟延下来。以后边区级在各种中心任务上，当先取得一致，然后下令。

（四）发扬战斗化的作风。

备战经常化，平时战时工作结合成一套，争取时间坚持工作，克服等待主义，与单纯逃难现象，这问题已说的很多，今天问题在执行。

加强干部组织观念的教育，及时奖惩，以提高干部行政组织观念。强调局部服从整体，下级服从上级。必须研究法令及上级指示。唯有这样才能培养坚决贯彻雷厉风行的作风。

为适应频繁战争环境，迅速解决问题，再行加强专署权限：（1）专署不超过规定之经费开支可不报核。（2）烟毒盗匪汉奸等特种刑事案，法有明文者由专署最后核定，不向高等法院报核。但所处理之案件，仍须月终汇报。此外普通刑事干部处死刑，对事实及法律有疑难者，专署县府间意见不一致者，均须送高等法院核定。（3）专署可任免县科长，但须随时将任免理由、经过及鉴定报送本府。（4）专署对游击区敌占区工作，在不违反政策的原则下，可订定关于各种法令执行的具体办法，并报边府备案。

区公所之司法权限除处理违警罚法外，一般民事案件区可处理，县政府有纠正权。如受县政府委托，可执行行政处罚，县政府有纠正权，其处罚限制由专署规定之。

游击区及敌占区之司法权，可由县政府委托一定之人员，代表执行。

进一步简政，缩小上层，以有独立工作能力干部，加强县区，这是这次简政的基本精神，必须切实注意执行。

（五）干部问题，除前面谈到的以外，更要注意：

注意从群众斗争中培养锻炼干部，提拔干部。因此必须积极帮助开展群众组织，培养群众领袖。

切实执行干部制度，慎重调动干部，不许越权调动干部，纠正“先斩后奏”的办法，反对干部问题中的本位主义。

为了加强下层，干部降级使用是必要的（但不是确立降级使用的原则）。简政中调整干部要领取去年的经验教训，耐心的动员说服。干部调整除了加强边沿县及薄弱县区敌占区及公安工商部门外，抽调一批干部受训准备将来。

干部考核，要照顾三三制政权的特点，刻板式的表格是不好的。原则上以整风成绩及任务完成与否为标准，实行干部奖惩制度。

结　语

去年是我们工作有相当大的进步的一年，今年任务比去年更繁重，环境比去年更艰苦，但各种有利条件在增加，特别是群众基础比去年要雄厚的多，只要我们在领导上有大步的转变，不落在环境与群众的后面，能正确的掌握政策，工作一定比去年更易胜利。领导改造的方向是：

“彻底肃清官僚主义，坚决掌握中心任务，发扬一元化战斗化的作风。”

选自《晋冀鲁豫边区史料选编》第二辑，山西大学晋冀鲁豫边区史研究组编印，第168～179页。

8. 五月反扫荡中晋冀鲁豫边区政府工作的几点重要小结

1943 年 7 月 23 日杨（秀峰）主席在边府干部会报告记录

第一部分　反扫荡中政府工作表现之主要缺点及其原因

五月反扫荡是胜利的结束了，我们不作一般总结，只就政府本身工作在战争中的表现，提出几个重要问题，供大家研究。在这一次反扫荡中，我各级政府在组织与领导战争方面有的地区（如辽县黎城等地）有了进步，有的干部不但坚持了工作而且表现特别英勇，这里不拟多谈。本文目的在着重指出缺点，从下面的叙述里，可以看到自己的工作，也可以看到真理，我们应深刻加以反省讨论，记取经验教训。

在此次战争中政府工作暴露了什么严重的弱点?

第一，有的地方表现了组织瓦解和腐烂。

从具体表现上去看，在某些专区除少数县份外，一般在反扫荡战争中，政权组织不但未起它的应有作用，甚至上下脱节，看不见组织力量，有的专署或县府只剩一人或数人，单纯随部队走，不能起其应有作用，干部临时分散下去，而又无秘密后方机关联系。有的县府科员大部回家，只有外来干部坚持工作，某县的干部回家，请他回来时则答以："枪毙了也不回去，"组织机构几形同瓦解。

区一般的不能发生作用，某专区内有些区都形同瓦解，助理员大部回家，工作停顿，某区区长还要随专署向外线转移，根本未想到战时工作和自己的岗位。

情形最严重的是村。彭副总司令在作战中来电说："在南艾铺一带，作战一天找不到一个村干部"各地村庄干部逃跑成为普遍现象，干部先群众而跑，后群众而回，好一点的是王部曲，开始时集合民兵，较严重时民兵埋枪，干部逃走，最后是干部走远，找不到人。

在干部表现上，有的村干部，敌人未到时消闲自在，敌人搜山时则情绪低落，不顾工作。分遣在村里的干部，有的是"浮在山头，依靠石头，"单纯的个人逃难现象。有的干部，恐怕畏缩很厉害，还有表现不如群众的，某干部见了群众就说："我这条命可交给你了，"某干部还叫群众用石头垒起掩护他自己。有的村干部不负责任，个别的甚至犯法，如涉县石门沟的村干部，敌人退后进村时，不许群众先去，自己先进村将敌人所捣乱各户的东西未带走者，自己收了去，公粮燃烧了四五天无人理；白泉水的民兵指导员，偷盗空室清野财物；小会村干部合伙偷公安总局及工商管理局的东西，经追问后又埋在其他老百姓的窑洞内，陷害他人。这种最坏的现象虽是个别的，但是值得严重注意的。

第二，对战争领导与组织不够。

以配合军队作战而言，配合好的是个别的，一般的都很不够，个别地方有很严重的。表现在保证军队战时供给做的非常差，如×部在×县作战无粮食，到邻县去找又没有，后来从很远的另一个存粮地区驮粮回来，已耽误了很有利的作战时机，在作战中有的部队三天吃不到饱饭，有的喝不到水。许多村庄找不到干部和群众，有时找到村干部，口头上答应给找民伕抬伤兵，回头都跑走了。需要村干部找粮食时，有的便回答：“找到谁的吃谁的，找不到我不管。”有的干部对军队人员怕麻烦，涉县石门沟西峧村的村干部，两个部队人员去了，他们不许在一起藏，后来一人被敌人打死，找村长掩埋，村长竟不管，这是绝对不应有的现象。

在战争中以领导与组织群众而言，有的地方表现了漠不关心和严重脱离群众的现象。如六专区某些县份，五专区偏城和涉县固新后山永平乡一带群众在山上无人管，无粮食、水、柴的问题，无人出头组织解决，没人供给情报与组织情报工作等。一任汉奸特务造谣使群众非常不安，干部只在山头上自己顾自己。这种在战争中严重脱离群众现象的结果是：群众不要干部，不许干部与自己在一起，即使穿了便衣，语言不对也加以拒绝，个别地区还有更严重的现象，这里就不必多谈了。群众不愿和干部在一起的原因：有的地方是汉奸敌特有意策动使然，但我们必须检讨主要原因，还是我们平时对群众的帮助与教育不够没有认真发动群众，战时没有及时帮助群众解决问题脱离群众所致。

造成以上工作缺点的主要原因是什么呢？

（一）思想准备与组织准备不够。主要是对敌人今天对我的方针与目前战争新的特点战争前途等认识不够；看不到战争严重性，也看不到我有利条件，不到严重时则表现麻痹，遇到残酷环境时则觉无出路无办法。无充分的思想准备当然不会有适宜的行动组织上的准备，上述战时行政组织瓦解现象便充分说明了这点。此外有的机关在战争形势已相当严重时，仍迟迟不愿迅速分散；有的机关为图一时便利，不知适应严重战争环境，将人员尽量分遣下去，（为环境逼迫有的三次分遣，始合乎当时战争环境要求）不肯尽量分散牲口财物，以致蒙受损失。又何当不是思想准备与组织准备不够的原（缘）故。

（二）平时工作与战时工作分开。过去战争环境是不像今天这样的频繁，我们有较长的战争空隙进行工作，因而养成平时与战争时的观点与作（做）法；但在今天客观环境已起了很大变化，战争频繁空隙缩短的情形下，我们的认识则许多地方是仍停留于过去的认识阶段，平时不准备战时工作，不能战斗化，战时则一切经常的工作停顿，等待战争过去再作。这自然不能适应新的斗争形势。我们的干部常这样说：“到了战时再怎样”，都表现了这种观念。备战不经常化，临时分散人员等也都是由此而来。

（三）基本上没有贯彻简政的精神。就各级政府而言，依然是头重脚轻，没有彻底把应放下去的干部尽量充实下层，故到战时不能不临时分遣干部，因而干部对村的工作不熟悉不了解，起不了帮助的作用，感到苦闷，反而给村干部添累赘，到战时临时下去，因为自己在村内平时没有工作与群众联系，自然不会得到很好的掩护。

（四）备战工作的迟缓与作风上的形式主义。也可以说就是官僚主义作风在备战工作上的具体表现，像我们的备战工作，并没有真正做到经常化，许多地方只是有了形式上的一套。某县指挥部在战争已开始时，还没有很好的建立起来，在估计战争快到来时，某县不接受当地部队的建议，建立战时工作，还在那里单纯整风，充分表现迟缓与麻痹，有些地方指挥部、民兵、侦察情报徒有其名，当然经不起战争。某县在战后掩埋死体未认真执行，天气炎热，臭气满山谷。

（五）锄奸工作的麻木，右倾。公安机构之不健全，一般干部忽视锄奸，认为是公安机关的事。反扫荡中有的地区敌奸特务横行，对我危害颇大，并非偶然。误解保障人权而放松汉奸等等仍是存在的。

（六）领导上帮助解决下层干部的困难问题和群众在战时的困难问题不够。如村政建设：区村划大后如何领导，战时村干部如何照顾家庭，公粮如何保存而又便于取用，村长与武委会的关系等，都是应由领导方面负责帮助解决而未能及早解决的。群众在战争中有许多问题，需要帮助，而政府关心负责加以解决的十分不够。在群众未发动起来的地区，如我们能及时给群众解决一些临时急迫问题，能与群众在一起，与群众利益相结合，则我们的干部也可以得到群众的拥护的，辽县即有此经验。

（七）最后，也是最基本的问题，就是没有认真发动群众。在这一次战争中，看得十分明显，凡没有解决群众问题，群众没有发动起来的地方，一切工作都经不起战争的考验，群众在战时不能坚持斗争，干部脱离群众。相反的，在解决了群众问题的地区，群众在这次反扫荡中，都特别活跃顽强，在六专区邢西有些村庄的表现就是很好的例子，这个问题应引起大家严重注意。

第二部分　反扫荡战争提出新的经验与新的问题

根据地游击性增加，由此次战争而愈益证明，战争给了我们新经验，也向我们提出新的问题：

第一，战争即工作，平时工作与战时工作不可分离；平时工作战时化，要能经得起战争考验：战时要能坚持工作，争取胜利。因此在组织机构方面，就不能只在扫荡时，感到人太多，须要减，太不统一，须要改组，一到扫荡过后，大家又觉的人太少了，部门太简单了，不够用不顶事，这种波浪式的循环理论，季节性的苟安心理必须打破。因此在人们的思想认识上，也要有个根本的转换。在新的形势下面，扫荡与反扫荡变成了经常的；而两个扫荡之间的空隙，反而是很短的了。因此在军队工作上反扫荡时固然是一切为了反扫荡，而在平时，也要一切适合战时要求，所有工作都是为了反扫荡做具体的准备。最显著的例子，如平时最主要工作即是发动群众与武装群众，而这正是积极地准备了反扫荡；又如有计划的分遣干部，使其熟悉一定地区情况，以便战时独立支撑这块局面；调整区村仓库存粮，以便战时顺利的供应等等，都是如此。反过来说，虽在战时，只要一有可能，即要展开平时工作，如坚持抢收抢种的生产工作，运用群众斗争情绪，进行缉捕与处置特务奸细；适应需要，改造区村干部；建立应急的交通联络等，这都直接做了平时工作，或为平时工作，创造了基础条件。待到战争快到，才想起备战；战争彻底结束，才能进行善后，开展平时工作的思想已经不能存在了，我们必须有彻头彻尾的转变。

第二，劳力与武力真正结合，战时坚持生产不辍。这就必须打破民兵工作的某些形式主义，打破只有站队集合，才能出发去作战；而是要求随时随地能从生产转入作战，随时随地能够放下锄杆，拿起枪杆；民兵中有些流氓意识，必须克服，做了民兵领袖、即不愿再下地受苦的偏向，也要打破，须知每个最好的民兵，应该也是个最好的生产战士，否则他就不能在农村大众中建立起地位与威信的。为了发挥武装与生产的结合作用，区村政府在领导上必须善于掌握敌情，争取作战空隙，及时指导督促生产工作；必要时可以一部分民兵为掩护，坚持生产任务，直到完成为止，在抢收抢种，拔苗锄草等紧急性生产任务上尤其如此。地方武装或民兵还可作为生产战线上的突击力量来使用，这就必须发扬互助精神。特别是要尽可能为抗属，荣誉军人及其他缺乏劳力的孤寡小户耕种收割，以保证其不受战争影响而失掉生产时机。劳力与武力结合问题，提出很久，但大部地区不能做到。此次战争，凡是民兵生产或掩护生产的群众反映都特别好；的确，只有如此，才真能发挥民兵的特殊作用，才能够与敌人破坏我们生产，摧毁我军民生存条件的毒计作斗争。

第三，建立战时坚强的指挥，组织情报联络与群众转移。区村政权要想战时指挥坚定、顽强作战，就必须平时关心掌握基干队及民兵，战时才能依托武装坚持战争，在战争到来必须做到掌握敌情，及时下定决心，是作战还是转移。搜集情报主要靠民兵有组织的侦察活动，以及不断地与敌武装接触，但也不应轻视群众偶然的发现与传闻（当然要正确判断而不能轻信）；战时群众最大的苦恼，是敌情不明，再加上汉奸特务分子的造谣，迷惑与恐吓，便弄的走投无路了；此时谁能给他们以确实的情报，告他们以出路，及有效办法，谁即可成为群众领袖。这里还要注意随时以正确的情报揭发汉奸特务的谣言欺骗；要保持与避难群众很好的联系，甚至运用耳语“囱电话”等办法不断供给情报宣传我军胜利消息；并要保持与正规部队的联系，除配合作战外，还可取得真实的情报。其次、作战指挥系属军事范围，不详谈了。

领导群众转移与领导群众作战同样重要，没有区村干部参加，避难人民的“群龙无首”状态是可以想象的，因此像这次战争中，区村干部脱离群众，有的一个山头或一道沟里，转移到见百见千群众，而始终不见一个干部的现象，实在不能允许。区村干部绝对不许脱离群众，必须真做到与群众同甘苦共患难；要深入群众里边，随时分析群众的情绪与心理，提出适当的宣传鼓动口号，解决群众的困难问题：最主要的即是情报、粮食、柴和水。粮食要发动互助，或提出一部分公粮，分借难民；注意人名数量，保证战后归还（此次经验，群众感激万分，战后没有不还的）：柴要事先准备，最好收割后柴草不运回村，即分藏山上；水是这次战争中斗争焦点，敌人控制一切大小水源，困厄我军民，并以此威胁群众维持，这就需要事先准备，在山上凿池打水窖，以蓄水；用较大的桶罐往山上多带；特别是发动青年壮年，乘夜随民兵到山下抢水；如果组织得法，水的问题，是可能解决的。

此外如转移方向，如何隐蔽，妇女老弱小孩，应该提前转移并安置在较稳妥的地点，规定简单的隐蔽纪律与记号等，都是应该注意的。关于善后工作，也应该适应情况及时进行，“境内无敌踪”再进行善后的办法，必须纠正：如打击奸细，惩治“二土匪”，调解纠纷及一般安抚救济等，都可同时进行，以稳定与提高群众情绪。

第四，战时要更加爱护军队，加强军民一致。政府在我军到时必须自动与军队联络，保证粮水柴的供给购买，村干部民兵必须回村负责照料，保证参战动员或配合作战，县区政府建立后方，县区长及重要干部依托相关武装在境内游击，与军队切实联络，自动向军队接头，才能做到保证供给及配合作战的任务。随时随地教育群众，揭破敌奸挑拨军民关系，打击各种特务分子之侮辱军队行为，检查干部对于军队之负责情形，保护荣誉军人及伤员之安全。宣传我军胜利消息随时发动慰劳军队。保存军队失散物品，迅速掩埋光荣牺牲者不使暴露山野间。

第五，改造组织领导，更加适应战争。此次痛切的经验是临时分散干部，累赘下级；既不熟悉地方情形，下去如何工作？与其临时分遣，不如索性派到下边；因此要坚决地缩小上层，加强与充实下层，特别是区级；不但边府与专署不能庞大，县也要极力减缩，全力加强区级。平时村政建设就要强调一元化，应使村长成为战时的真正指挥者，民兵要接受村长的领导，其他农会主任，武委会主任应密切团结在村长周围，统一意志，统一行动；如果村级再各成系统，各顾个人，必至散漫无力，指挥解体。几个村子可以组成联防，战时联络情报，配合作战；县区根据干部联系的原则，应派中心干部掌握重要的联防村，以为坚持战争的交点。但联防只是工作单位，不能成为一级。县区村指挥部都要经常化，要有一套制度（如会哨、交换情报，研究敌情等）才行。

在领导上，县区要掌握全面，立在便于指挥便于联络的地带；一方面掌握营兵及其他地方武装作战，同时要极力与区取得联系，发挥指挥作用。当然事前有计划地分散中心干部，实行分区领导，更可不怕与区的联系被切断了。战时县区政府处理财粮支差，奖惩干部及司法事件之权限，均可提高，与以机动（已另有指示），以增加战时工作效能，使正规制度能在战时运用自如，而不致变成“作茧自缚”。今后领导，总的方面即是要求战斗化、群众化、一元化、简单化！因此对于领导干部就必须打破“文弱”迟缓（有的县区干部夜里走路还怕鬼！）的作风，战时才能细心研究敌情，断然下定决心（不要估计几十个“可能”成了“相对论”者！）必须在平时从思想与技术两方面教育提高干部，使之能“文”以宣传鼓动组织群众，“出谋划策”；能“武”以领导武装斗争与敌伪周旋，直至“冲锋陷阵”，这在县区干部，尤为重要。

改造领导的最后关键，在于能够发动群众与活跃民兵；只有真正执行了土地负担政策，群众经过发动，已经起来；民兵解决了战时各种困难问题（如吃粮及照顾其家庭等），战斗地活跃起来，政权才算有了依靠，战时才能顽强地坚持而立于不败的地位。此次辽黎邢台等地经验实为充分证明。

第六，开展群众性的除奸防谍及反维持斗争。此次战争，汉奸特务活动，异常严重；他们并与当地顽固破坏分子相勾结，深入我们腹地，深入群众，甚至打入我抗日组织中，敌人到后就发动普遍的维持运动。这一方面是由于过去锄奸工作的麻木、右倾，没有给奸细特务以应有的镇压，同时锄奸工作孤立狭隘，未能形成群众运动。今后锄奸防谍工作，必须与目前发动群众的中心任务联系起来，打碎各地潜伏的顽固破坏分子势力；同时斩断敌人派遣的特务奸细，特别要从落后的社会阶层着手，以至打入特务组织内部，取得全盘破获。关键在于教育广大群众，对各种特务奸细及破坏分子采取侦察监视与仇恨态度，以配合公安部门工作并为反维持斗争打下思想上的基础。战争到来，对于敌特奸细，就要无情地镇压；对于出面维持的分子，亦要逮捕处置；但不应杀人完事；必须抓紧事实，揭破维持的罪恶，斩断落后群众，依靠维持，苟且偷生的心理；对被迫受骗分子，则着重教育，从轻发落，以争取多数群众。反维持斗争，更应与反贪污，清偿债务，解决土地纠纷，救济灾难人民等经济问题联系起来，使反维持成为一种群众性的运动。过去某些地方，县区干部反对维持，而一般群众，甚至村干部都幻想维持，原谅为首分子，以致造成对政府某些不满的现象，必须极力避免与克服。

第七，展开宣传斗争，坚固思想阵地。在近来的对敌斗争中，我们的思想战是最弱的一环。本来我们是正义战，我们一切做法是与群众利益一致的，但我们有的时候竟不能在某些问题和政治上占上风，首先在薄弱区，缺乏普遍严正的社会舆论，“羞说抗日”！以参加抗日工作，抗日武装为份外不应为的事；到了战时就埋怨军队，痛恨政府，以至（致）

最后上了坏人的当，维持敌人。今后我们必须搜集具体材料（如某地维持敌人后损失更重，某些伪组织人员被杀，如各地民兵的英勇事迹，如我军的胜利消息，以至敌败我胜的根据等），以群众的言语方式，通过各种关系如小学教员，士绅，退伍军人等去宣传教育群众。要用各地减租减息合理负担的胜利事实，来揭破特务破坏分子的谣言，发动广大的基本农民群众。没有这种平时的教育，战时与群众的关系是很难得好的。在先进地区的战时，敌特奸细破坏分子也是普遍造谣，迷惑群众；我们必须注意情报供给，立刻揭破他们的欺骗；掌握群众的心理与要求，适时提出鼓动口号，以振奋群众的情绪。在方式上要纠正过去照例的公式宣传的做法。要深入群众内部，提出生动具体的实例，不拘形式的解说，才能提高群众的兴趣，取得他们的信服，收到一定的效果。

总的方面，要强化宣传工作，就要经常组织对敌的政治攻势，已另有指示，这里不详谈了。

这次战争给予我们新的经验与新的问题，还很多很多，仅举出主要者如上。我们各级政府已经过一次很大的考验，虽然也有若干成功之处，但总的来看，我们还经不起大的风雨，暴露了许多弱点与缺陷。如果在新的形势下面，想要更好地坚持打击敌人，我们便必须有所改造，不论在组织上，思想上，以至实际工作上都莫不如此。

选自《晋冀鲁豫边区史料选编》第二辑，山西大学晋冀鲁豫边区史研究组编印，第134～143页。

9. 太行区三次简政总结

1944年5月

自中央提出精兵简政后，太行区即认真周密、彻底执行了这一政策，并能根据着敌我斗争形势的变化及当前具体任务，不断地改进与发展这一政策的实施。从四二年到现在，该区已进行了三次简政，且取得了不少的宝贵经验和教训。兹特报导于后，以供各地参考。

简政的方针与办法

一九四二年初，晋冀豫边区抗战五年，人力物力消耗极大，财政经济发生着很大的困难，战争日益残酷频仍，各种组织机构许多已不适合于当前战争的要求。为着坚持敌后战争，为着积蓄力量与准备反攻，乃根据中央精简指示提出简政方针，其具体办法：第一，裁汰骈枝机关，减少脱离生产人员，确定政民全体脱离生产工作人员不得超过居民百分之一；第二，纠正头重脚轻，充实下层，提高干部质量，增强工作效率；第三，废除一切繁文缛节，建立简便工作制度，提倡朴实计算与管理的作风；第四，反对浪费，肃清贪污，节省民力。但在五月“扫荡”后，又鉴于组织机构还不够精干，不能适合于当前的“扫荡”的新形势，因而又提出二次简政，其方针是进一步的缩小上层机构，足够的充实下层，培养各地区之独立工作能力，其具体办法：第一减少边府专署两级人员四分之一到三分之一，加强县区两级；第二减少边府事务，加强专县府职权；第三着重改革机构，实施重点是强简适应战争。到四三年一月，又鉴于二次简政后，总数上虽减少了很多，然还有些机关仍比较广大，各系统强调垂直，各自为政的现象依然存在，于是又提出第三次简政，其方针是适应今后极端严重的分散游击战争的环境，加强区村工作，加强一元化的领导，用各种方法减轻人民负担，密切群众联系，加强对敌斗争。具体办法：第一大大减缩边府专署两级机构，合并性质相同机关，放弃一些次要工作，抓住中心环节，第二建立各级领导核心；第三抽调大批干部，充实下层，加强薄弱部门及游击敌占区工作。提倡干部降级使用；第四，保存培养干部，以作今后准备。

机构紧缩与行政区的划分

区村机构的改革，第一次简政是实行大区小村制，村干部大都脱离生产，但在五月反“扫荡”中，实际经验证明，这种制度不适应于残酷的游击战争，因农村战争行动，多以自然村为目标。我们村指挥部，却都放在行政村，干部也都集中于主村，于是战争一来，自然村陷于无领导的状态，行政村也困于孤立而无法坚持，且全行政村，人地辽阔，开会不易，妨碍了民主的发扬，各种问题也不能同时实现与解决。组织重叠，亦助长了官僚主义的作风。因此在第二次简政时，又改变了大区小村制。变更村组织，节省人力如和顺仪城全村二百户八百人口，村干部就有一百人，且又都不支差，说话人多，做事人少，战时互相推诿，工作无人负责，于是适当的缩小区的范围，争取村干部多不脱离生产，将村政委员会之民教合并，取消除奸委员，设立公安员，财粮仍旧，除大村庄及工作复杂的村庄设各委员会外，一般只由几个负责人组成村政委员会就可。这样实行的结果，工作效率大大的提高，且便于战争的领导和节省了民力。在三次简政时，因着重领导一元化的加强；区村机构无大变化。

县以上的机构的改革：第一次简政是着重减少人员，组织机构变动不大，第二次是为要再度缩小领导机关，减少日常事务，合并同类部门，于是专署县府民政教育合并了，财政粮食合并了，税务贸易局合并了，建设科取消了，另外为统一战时勤务工作，设立了抗战勤务科，为强有力的组织领导中心工作及强化工作上的统一与配合，又成立了办公室。这样就大大加强了中心工作之推动力量与对敌斗争。第三次简政是强调一元化的领导，各机构更进一步的调整，边府民政教育合并为第一厅，财政建设及粮食总局合并为第二厅，取消太行卫生处抗院，合并三个中学为联中，专署县府更加强化了办公室，将各科合并为第一二三科。这样实行的结果，统一领导加强了，工作也就更为有力了。

在编制区划中所发现的问题是：（一）专署兼县使专署事务增多，削弱对各县的领导作用，同对也妨害所兼县工作之深入，贻误战争，利少弊多；（二）各科林立固然不好，但只图简单混合为一，而取消了部门工作，特别是合并教育系统，取消建设系统，致对生产与教育工作，受到相当的损失；（三）简政中也未免过大强调一面，如一次简政时片面注意缩减人员，而考虑工作重点以配备干部注意得不够，更重要的是对如何加强区村工作人员分散领导群众游击战争的问题没有想到。二次简政后，根据实际工作经验，有了改正。如在敌后斗争中，山地行政村一般以直径不超过七里至八里为适宜，百户以下者为丙等村，百户以上者为乙等村，二百户以上者为甲等村，三百户以上者为特等村，村干部一般不宜脱离生产。区的范围，以十五至二十个行政村为适宜，面积一般应以一千五百平方里较恰当，村庄周密，人口集中地带，其划分当不以此为限。

人员缩减与干部调整

人员的减缩，从总的方面说，简政的如果作为一百，三次简政共减少了原有数将近百分之五十一（这只是政府行政系统的减少比例，如加上各种地方组织，民众团体学校，各种后方机关以及过去制度外之吃公粮与半脱离生产者来计算，减少比例还远过于此）。

从各级人员减少之比较来说，是着重减少上层并充实下层，第一次简政从上到下普遍减少了，区村两级变动较小，县级减少，亦较小，专署级较多，边府一级最多，第二第三次简政，主要是减少上层、例如若将第一次简政后的人数与第三次简政后的人数拿来比较，第二第三次简政村级调整了组织，人数无变化，区级在三次简政后，人数有适当的增加，比一次简政后，增百分之四二。县级在三次简政后为百分之一〇三，是比一次简政后增百分之三，专署则比第一次简政后人数又减少百分之五十七，边府又减少百分之六十六。

从干部与杂务人员的比较来说，历次减少是着重杂务人员，例如专署级一次简政后，新编制杂务人员人数，相当于干部人数的百分之六十一，到三次简政后为百分之五十；县级一次简政后，杂务人员相当于干部人数的百分之六十六，三次简政后为百分之四十。区级一次简政后杂务人员相当于干部人数的百分之四十八，三次简政后为百分之三十九。经过历次简政，各级组科中的杂务人员所占比例已经是很小了。

干部调整的基本原则是精干上层充实下层，因职设人，不因人设职，在一定条件下提倡降级使用。以边府的调整为例，派到专区的，第一次简政时为四十五人，第二次为一六四人，第三次为八十七人，派到各直属局的，第一次简政时为五十六人，第二次为七十二人，第三次为一三六人，派到学校培养的三十四人。经过历次简政，各级干部比前得到了合理的使用与调整。在调整中曾发生过如下的问题和缺点：第一是本位主义。若干机关和干部只顾自己方便，总想给自己增加或保留一些人员，口头上拥护精简，实际上托故不让调动，或者有因机关合并，将本机关的生产节约所存全面浪费。第二是个人主义。有些人对自己的马匹勤务表示抗拒不让精简，或者表现“要减都减，不减都不减”的平均主义观点，有些被减的人表示悲观消极，认为这是奇耻大辱，甚至痛哭流涕。也有轻视被减者，未被减的自豪自骄的现象。这些表现，都是说明对精简政策缺乏正确认识，在领导上思想动员也不够深入，对精简下来的人员安置不够迅速，个别不够妥当。因而精简前后，机关呈现混乱，干部情绪动盪。二次简政因着重于机构改革，干部情绪没有多大震盪。到第三次简政时，因已有两次的经验，个人主义、本位主义与混乱状态，基本上是克服了，不过还有个别同志无条件的要求到后方学习，或一味企求个人物质享受而想调到工商部门工作，但在总的方面，三次简政是进步的多了，主要的缺点是精简下来的人员没有尽可能的组织到生产里面去。

生息民力

由于人员的减少和机构的紧缩，便大大的节省了经费，也就是减轻了人民的负担，如四三年的公粮征收，比四一年就减少了将近百分之三十三。同时对人民劳动的服役，有了严格的规定，村半脱离生产的干部，每月耗费时间不得超过八天，不脱离生产的干部，每月不得超过五天，群众服役每月不得超过三天。实行的结果，以榆次十个村的统计为例，在简政前每日村公所服务人员为九十六人，简政后则为二十八人，每月共节省民力一千八百个。在支差方面，根据边府拨出牲口的统计，四一年三月到九月，共要六六、九二三头，平均每月为八、三六六头，四二年三月到九月，共为一、二九三头，平均每月为二〇六头，现在是除征收公粮时由群众运送一部分外，所有机关部队平时粮食，全由自运。各地岗哨，已由划定边防线制，代替了一般的形式岗哨，且又确定了民兵的冬训制，以求不违农时，更反对民兵只顾活动，不事生产的单纯军事主义。

在另一方面，我们各级人员，不仅大大实行节约，学习与群众同甘苦，吃糠吃菜和吃代食品，且积极的更进一步的实现党中央的开展大规模生产运动的指示。

领导作风的改进

随着简政工作的实施，政府的领导方式与作风，也得到了改进：第一是领导一元化的加强，各系统的林立与平分春色的倾向，基本上已经克服了，三权鼎立的思想也相当纠正了，同类机关合并了，一些次要工作放松了，主要负责干部能多考虑些工作领导问题与抓紧中心工作了。

第二，提高了各级政府独立工作能力，适当扩大了专署县府的权限，划清了各级职责。所以在更频繁的反扫荡与反蚕食斗争中，能够独立工作，粉碎敌人分割封锁与蚕食的阴谋，且上下职责分明，专署县府即可自己解决问题，因而就相当减少了上层的文牍主义、事务主义的作风。

第三，提高了领导质量，增大工作效率。就以边府而论，数次简政虽把一倍以上的人员减小，但工作任务并未减轻，且树立了朴实与艰苦的作风，一个人做三个至五个人的工作，同时在注意掌握政策方面也大有进步了。

第四，加强了干部劳动观念。一切自己动手，提倡节约与生产模范。简政后虽然杂务人员很少，但都能愉快的共同劳动，共同生产与做各种勤务工作。

第五，树立干部群众观点，特别是四三年北方局会议后，更强调了深入下层、深入群众，对克服政府中的官僚主义，收到了很大效果。

随着客观战争形势的变化和工作的发展、领导机关的改进，最近重新建立各级政府内建设系统与加强教育工作人员，以及政府的领导方式和作风也是不断的改善着。

选自《中国新民主主义革命时期法制建设资料选编》第二册，西南政法学院函授部1982年编印，第82～88页。原注：“《解放日报》1994年5月7日”。

10. 晋冀鲁豫边区县政府组织暂行条例草案

1944年11月1日

第一条　本条例为建设新民主主义政治，健全县政机构，加强村行政领导及适应边区实际情况而制定之。

第二条　县设县政府，但因环境之必要，得增设或专设县政府办事处，其组织法另定之。

第三条　县政府由县参议会选举委员五人至七人组织县政府委员会，并由委员会中选举县长一人，呈请边区政府备案加委。

第四条　县政府县长、委员任期均为二年，但得连选连任。在任期内有违法失职情事，由县参议会罢免之。在未届期满而升调或有其他情况不能履行固定职务者，由参议会改选，在县参议会休会期间，由边区政府委人代理。

第五条　县政府直接受专署之领导及县参议会之监督，综理全县行政事宜。县政府委员会之职权如下：

（一）决议县政各部门的工作计划。

（二）执行边区政府及主管机关令行各事项。

（三）执行县参议会决议事项。

（四）编制及处理县财政收支及县政经费预决算等事项。

（五）任免所属政务人员事项。

（六）根据边府、专署、县议会决定之法规，可制定各种施行章则等事项。

（七）推行全县应兴应革之重要事项。

第六条　县政府在县长领导之下，设秘书室、民政、财粮、教育，建设、司法等科和公安局，分管各项行政工作。

第七条　县政府各科、室、局之职权如下：

（一）秘书室掌理拟缮文件、印信、档案、收发及县府本机关会计、庶务、机关生产及不属各科事项。如为工作上之需要，得设立联合办公室及工作队，由秘书直接领导。

（二）民政科掌理选举、抗战动员、干部管理、土地行政、劳资、租佃、卫生、儿童保育、户籍区划、优抗救济、改革风俗及其他有关民政事项。

（三）财粮科掌理财粮收支、地方税收、公产、仓库管理、调剂民食等事项。

（四）教育科掌理教育行政、学校教育、社会教育、宣传工作、民教馆、图书馆、农村俱乐部、保存古迹、编修县志及其他一切文化建设事项。

（五）建设科掌理农牧、工商、矿业、水利、森林，道路、合作事业、生产运动、社会经济调查及其他经济建设事项。

（六）司法科掌理各项民刑案件及有关司法事项。

（七）公安局掌理锄奸、缉匪、侦察、审讯、维持公共安全与秩序之警务事项。

第八条　县政府得依边区政府及主管机关之命令及工作上之需要，设立各种专门性质之委员会。

第九条　县政府设秘书、各科科长、公安局长各一人，由专员公署任免之，并呈报边区政府及主管系统备案。

第十条　县政府秘书室设文书、收发、会计、庶务、机关生产各一人；联合办公室及各科均得设科员一人至四人，工作队得设队长一人，队员五人至十人，公安局设侦察、审讯股长各一人；公安队员若干人，司法科另设看守所长一人，均由县政府决定任免之，呈报民厅及主管厅局备案。

第十一条　县政府委员会每月开会一次，开会时县长为当然主席，有必要时得召开临时会议，议案之表决，少数服从多数。

第十二条　为严格执行决议，督促与检查工作，县长每周须召集秘书、科长、公安局长会议或接头会（汇）报一次。

第十三条　县长出差离职或因事请假时，可委托科长代理职务，并须呈报边区政府。

第十四条　县政府因工作之必要，得召集区村长、联席会议，开会时以县长为主席。

第十五条　县政府各种专门性质之委员会，必要时可聘请当地党、军、民众团体、士绅参加之。

第十六条　县政府须定期向专员公署、边区政府做书面报告，有关专门工作或系统工作应由该管部门向其直属各厅局做报告。

第十七条　县政府每半年应向财政厅做行政经费开支情况及边区地方财政收支报告各一次。

第十八条　县政府之印信，由边区政府制发。

第十九条　县政府各项办理细则另定之。

第二十条　本条例经边区参议会通过，由边区政府公布施行之。

选自《中国新民主主义革命时期根据地法制文献选编》第二卷，中国社会科学出版社1981年版，第298～301页。原注："选自1944年12月5日晋冀鲁豫边区政府《边区政报》，第44期"。

11. 晋冀鲁豫边区县议会组织条例

1944年11月22日通过

第一章　总　则

第一条　县议会为全县政权最高权力机关。

第二条　县议会由县公民选举之县议员组成，其选举条例另定之。

第三条　县议员名额不得少于三十名，多于八十名，依县人口多寡决定之。

有敌占区之县，应有敌占区县议员一人至五人。

县政府认为必要时，得聘县内坚决抗日、赞成民主之开明人士一人至三人为县参议员。

第四条　县议员得兼任县长及县政府委员。

第二章　组　织

第五条　县议会设议长、副议长各一人，由议员用无记名单记投票法互选之，负责召开常会及临时会。

县议会开会时，由议长主席，议长因故不能出席时，由副议长主席，议长、副议长因故去职时，应即补选。

第六条　县议会开会时，得设秘书处、议员资格审查委员会及提案审查委员会等，办理县议会开会各项事宜，其组织办法另定之。

第七条　县议会闭会期间，由议长或副议长一人驻会，办理县议会交办事项及日常工作（必要时得兼任其他工作）。

第八条　县议会除驻会议长或副议长一人外，均为无给职，但在开会期间得酌发旅费。

第三章　职　权

第九条　县议会之职权如下：

一、选举并罢免县长及县政府委员。

二、监察并弹劾县政府及其以下之政务人员。

三、制定并复决本县单行法规。

四、决定本县生产建设事业。

五、审定地方粮款预决算事项。

六、审议县政府及各方请议事项。

七、督促并检查县政府执行县议会决议事项。

八、议决县政应兴应革之重要事项。

第四章　会　议

第十条　县议会每半年开会一次，每次会期以一周为标准。

有下列情事之一者，得召开临时会：

一、经县议员五分之一以上之提议者。

二、经全县公民二十分之一以上之请求者。

三、经县政府请求者。

第十一条　县议会非有三分之二以上议员出席，不得开议。非有出席议员过半数之通过，不得成立决议，可否同数时，取决于主席。

第十二条　县议会开会时，县政府须向县议会报告工作，解答质询。

县长、各委员及各科长均可列席会议，非兼议员之列席者，有发言权无表决权。

第十三条　县议会之决议，不得与边区参议会及上级政府之决议与法令相抵触；抵触时，服从上级之决议与法令。

第十四条　县议会之决议，送交县政府执行；如县政府对决议案有异议时，应即详具理由，于开会期间送请复议，依复议决定执行之。如县政府拟请复议案，因特殊原因（如战争）或适县议会业已闭会，不能及时复议时，得请示上级政府决定之，但须报告于下次县议会备案。

第十五条　县议员在会议中之言论及表决，对外不负责任。

第十六条　县议员除在战争紧急情况下，特种刑事现行犯外，非经县议会或议长、副议长许可，不得逮捕或拘禁。

第五章　任期与改选

第十七条　县议员之任期二年，但得连选连任。在任期内，如因故去职时，由该区候补议员递补之；无候补议员时，应即补选。

前项递补或补选之县议员，以补足原任之任期为限。

第十八条　县议员任满后，依选举条例改选之。

第六章　附　则

第十九条　县议会经费列入县地方款预算内，由县政府拨付之。

第二十条　本条例施行细则另定之。

第二十一条　本条例修改权属于本边区参议会，解释权属于边区政府。

第二十二条　本条例经边区参议会通过后，由边区政府公布施行。

选自《中国新民主主义革命时期根据地法制文献选编》第二卷，中国社会科学出版社1981年版，第290～294页。原注："选自1944年12月5日晋冀鲁豫边区政府《边区政报》，第44期"。

12. 临时参议会的工作——申（伯纯）议长在晋冀鲁豫边区第一届参议会太行区会议报告

1945年3月3日

边区临时参议会，是于民国三十年"七七"四周年纪念日成立的，现在已经三年半了，它前后开了三次大会，民国三十一年"九一八"纪念日，召开二次大会，本来到民国三十二年七月，它的任期已满，但因为战事频繁，和严重灾荒的关系，事实上不能辨（办）理改选事宜，乃于当年九月十日，召开了临时大会，决定延长任期一年。

现在正式参议会成立了，临参会宣告结束，我们把临参会三年多的工作经验，作一简单的总结介绍，为边区正式参议会作参考，这是必要的，也是应该的一件事。

一、关于历次大会

毛主席说："参议会的目的只有一个，就是要打倒日本帝国主义，建设三民主义的新中国。"为要达到这个目的，参议会的主要任务，就是要以民主精神，团结全边区各党派各阶层及各民族的人民，以及驻在边区的各国际友人，实现民主政治，集中力量，准备反攻，直到最后胜利，并建立独立、自由、繁荣、幸福的新中国。

边区临时参议会一般说，是已经完成它的历史任务了。

当第一次临参会成立大会的时候，正是德国希特勒匪徒，背信弃义，大举进攻苏联，日本法西斯匪徒对国民党停止军事进攻，加紧政治诱降，对我敌后抗日根据地集中在华百分之五十以上的兵力，加紧分割封锁，实行反复抉剔扫荡，企图消灭我抗日一切有生力量，国民党反动派对敌寇不但采取了停战观战的态度，而且更变本加厉，和日寇勾搭，强化其反共反人民的罪行，制造磨擦，制造内战，制造皖南事变，制造妥协投降的藉口，危机异常严重。当时摆在全中国人民面前的严重任务，就是如何粉碎敌寇阴谋，如何加强团结，增强抗战力量，如何制止内战，制止投降，挽救民族危机。边区临时参议会就是担负着这个严重任务而诞生了。

边区临参会的参议员，原定额为一百九十七位，（鲁西还未包括在内），由于敌人的分割封锁，许多参议员没有赶到，实际出席人数为一百四十五位，在党派上有共产党、国民党及无党派的广大人士。在阶层上，有地主、富农、中农和贫农；在学历上，有留学生、大学生、中学生、小学生和不识字的平民；在经历与职业上，有国［过］去非常国会议员、省议员、县议员、县长、大学教授、中小学教员学生、文艺作家、实业家、军人、工人、农民和商人，在年龄上由（有）十八岁的青年到七十岁的老翁，在性别上有男有女，在民族上，有汉族、有回族；在宗教上有回教、基督教和天主教，在国际友人方面，有朝鲜人及反法西斯的日本人（后二者是二次大会前补选的）这些不同成分的参议员，代表了各党派各阶层各民族各界男女老少及国际友人，共商抗战建国大计，在庄严肃穆，融溶和洽气氛中，表现了真正的民主大团结。首先一致通过了通电全国，呼吁团结，呼吁坚持抗战，制止内战，制止投降。这在巩固根据地，粉碎敌寇诱降企图与国民党反动阴谋，是起着相当大的作用。

为了强化政权机构，统一行政领导，整齐对敌斗争的步调，临参会选举了边区政府委员正副主席及高等法院院长，成立了晋冀鲁豫边区政府及高等法院，为了统一各党派各阶层共同奋斗的目标，临参会制定了边区土地使用暂行条例，劳工保护条例，婚姻条例，支差条令及统一累进税则等重要法令二十余件。自边区政府成立，各种法令实施以后，边区政权机构更完整了，更加强了，行政效率更提高了。边区人民的抗战积极性，生产积极性都大大提高了。各阶层人民的关系及生活，都更加密切与改善了。这对于巩固边区，坚持抗战，也是有其相当大的决定作用的。

当三十一年“九一八”纪念日，临参会召开第二次大会时候（由于战争关系，太行太岳两区合开，冀鲁豫、冀南分别召开的），正是敌人疯狂扫荡根据地最严重的时候，也是边区工作走向更深入阶段的时候，二次大会根据当时情况，首先检讨了政府工作，为了节省民力，减轻人民负担，增强抗战力量，通过了再度精兵简政方案，并普遍建立民兵制度，为了更密切各阶层的联系，和发动群众抗战力量，适当地修订了土地使用条例，督促政府彻底进行减租减息并保证交租交息，大步开展了群众运动。这样，更进一步巩固了边区，粉碎了敌人的疯狂进攻，并大大开展了对敌伪的政治攻势，把群众的力量，一直刺进到敌人腹心里面。

当临参会召开临时大会时候（太行、太岳、冀鲁豫、冀南分别召开的），国内局势正遭遇着国民党反动派调动河防部队集中五十万大军，包围封锁并跃跃欲动地企图进攻抗日民主发源地陕甘宁边区，内战危机与妥协投降空气又形空前紧迫与严重。临时大会，为了挽救危局，再度向全国各界人士恳切呼吁制止内战，制止投降，加强团结，坚持抗战到底。同时，太行区正遭遇着连续二年的严重灾荒，汉奸和国民党破坏特务分子趁火打劫，到处造谣破坏，暗杀放毒，帮助日寇危害抗日根据地，临参会一面决定开展生产渡（度）荒运动，一面决定从加强教育上，开展防奸反特运动，从打通思想上挽救失足者上当分子，如果不是死心塌地，甘心事敌怙恶不悛的极坏分子一律实行宽大政策，决不采取镇压政策，边区政府这样实行的结果，获得广大人民的同情与拥护，挽救了许多失足上当分子，使边区人民的团结更加坚强，根据地也更加巩固。把汉奸和特务的阴谋与活动基本上打垮了。

总之，团结自己，打击敌人的神圣任务，边区临参会一般是已经完成它的历史任务了。

毛主席又说“知无不言，言无不尽，言者无罪，闻者足戒”，这是新民主主义三三制民主政权两条重要议事原则，边区临参会历次大会，基本上是遵行了这个原则的。

在第一次大会，讨论土地使用条例，达十余天之久，这是各阶层人士最注意的一件大事，每一条，每一句，甚至每一字，都要经过长时考虑，都要经过热烈辩论，最后获得一致意见，才作决议。其他条例，也都是经过这种过程而通过的。

在第二次大会和临时大会时候，边区政府报告工作以后，全体参议员，根据大会制定的法令检查政府执行状况，诚恳而热烈的提出许多质问建议与批评。如某些法令为甚么没能贯彻执行？某些人故意抵抗法令，破坏法令，政府是如何处理的？……诸如此类的质询案，每次提出一事几十件，边区政府对于各参议员的质询，都虚心的恳切的给以园满答复，有的问题，限于客观条件未能及时完成任务就详细的加以说明和解释，有的问题确是工作上的缺点，就负责保证今后加以适当纠正……最后全体参议员对政府工作作成决议，指出工作上的成绩和缺点，指出今后工作努力的新方向，送交政府执行。这样“知无不言，言无不尽”的真正民主作风，不但提高了政府人员的责任心，即全体参议员也进一步认识了民主作用［风］的伟大。在第一次大会闭幕以后，副议长宋维周（他是孙中山时代非常国会议员，当时已七十岁），很愉快地说：“民国已经三十年了，咱在国会里就没见过这样的民主，想不到在敌后抗战，才真正呼吸到民主的空气”。这并不是偶然事。这就是抗日政权诚心诚意实行三三制民主政治的感召。

在边区临参会组织条例上，明确规定临参会有代表人民执行四权——选举、罢免、创制、复决——的各项职权，因此大会一经决议送交边区政府执行，边区以下各级政府不得有所违背，如果边区政府对决议案认为不能执行时，条例上规定边区政府于五日内详具理由，将该案送回大会复议，此种复议以两次为限，如第二次复议仍照原案时，政府应即执行，无权解散参议会。这说明了我们新民主主义政权是议事与执行统一的政权，也说明了参议会是政权的最高权力机关。这和旧民主制度，是有其本质不同之点。边区临参会在开会时，是边区政权的最高权力机关，在闭会期间即将一切行政职权交给边区政府，边区政府就是边区行政最高权力机关。因为抗日政府是真正的民主政府，参议会是代表人民执行四权的最高权力机关，边区政府是由人民代表选举出来的人民领袖，原来就是一家人，人民相信政府委员是为人民服务的，不是统治人民的，用不着像旧民主主义政权中彼此互不放心，互相怀疑的那种戒心。三年来边区政府尊重人民意见，执行大会决议，也从来没有违背大会决议。因此议行合一民主集中制的新民主主义政权，在本边区是切实实现了的。这和一党专政的国民党，以国民参政会为装门面机关，或咨询机关，也有其本质上不同之点。陕甘宁边区简政实施纲要上说：“边区的参议会既然不是苏维埃时代的工农代表会议，但也不是三权分立的外国议会制，它是人民代表会议，是各级政权的最高权力机关，各级政府必须遵守执行参议会的决议，并对它负责。但在参议会闭会期间，由参议会选出的政府，就是代表人民的行政最高权力机关”。边区临参会与边区政府的关系是没有违背这个原则的。

但是边区临参会也曾有过认识上的模糊，和议事中的缺点的。

在第一次大会上，大家对新民主主义政权机关认识不清和经验不够，还存在着旧民主主义政权组织形式的三权分立的观念。当讨论临参会组织条例时候，有的参议员，认为只有临参会是代表人民行使政权的最高权力机关，政府是负行政责任，仿佛和人民有不同之立场的。当时虽然没有说出临参会与政府不是一家人的话，但在思想中都把抗日政府与临参会看成两个立场，着重在怎样监督政府，或牵制政府，对政府表示不放心，不知不觉地陷入三权分立的泥坑中，有的参议员认为临参会只是民意机关，不应该有政权的最高权力，以防止对政府工作发生牵制作用，以保持政权在战争中的领导一元化，但是把临参会看成国民党治下的国民参政会，基本上也是以三权分立的眼光来看临参会的。一种偏重临参会，不放心政府；一种偏重政府，害怕临参会，这两种意见，曾展开过激烈的争论，最后表决的是"边区临参会为本边区人民代表最高权力机关"。把最高权力，只限于人民代表本身，仿佛与政府没有什么直接关系，实际也是三权分立的观点在作怪的。正是因为大家思想中还存在着旧民主主义三权分立的模糊观念。联办正副主任原系联办行政会议委员，例应为临参会当然参议员（推选办法是这样规定的），但是其他行政会议委员都依法以参议员资格出席临参会，正副主任都以政府资格列席临参会。许多参议员当选为边区政府委员以后，而立即向大会辞掉参议员职务，这没有别的原（缘）故，也还是受三权分立的残余思想的影响。再则大会选举了边区政府委员及正副主席，成立边区政府，同时又选举了高等法院院长，成立高等法院，这也是立法行政与司法三权分立思想的具体表现，以上种种，直到召开临时大会以后，才把这个问题闹清楚，才把三权分立思想打碎，才认识到临参会与边区政府自始至终就是政府与人民为一家人，是议事与执行统一的民主集中制的政权机构了。

其次在历次召开大会期间，各地参议员利用休会的空暇或个别谈话交换意见或彼此团拜，畅述衷情。在开会时共商抗战建国大计，融溶和气，表现了精诚的民主大团结。这是好的一方面，但在个别参议员，也表现了几种不良的偏向。一种是还没有学会同别人商量问题的民主作风与"与人为善"的民主态度。一遇与自己不同的意见，就摆出不耐烦的神气，甚至当面给人以无情的打击，这是不民主的作风和不民主的态度。一次大会和二次大会都或多或少地发生过此种现象，现临时大会时才把它克服了。另一种是：还没有认清三三制民主团结的伟大意义，他们在民主政权中还自居于客位，"以己之腹，度人之心"，疑神疑鬼怀小心眼，有意见不肯当场直说，会罢以后，却背后乱说，这是对大会对人民不负责任的表现。又一种是：在大会上持着对决议不负责任或逢场作戏的态度，明知某些议案，在战争环境中难以实行，他不从实际方面考虑问题，却推卸责任说："交政府办理吧！"某些议案有人主张"东"，他就附议"东"，有人主张"西"，他又附议"西"，任何议案，他都没有意见，任何意见他都举手"附议"，以致有些不必付诸讨论的问题，因为有了附议，也必须费很多时间讨论一番。这也是对参议会对人民不负责任的表现。

总起来说，边区临时参议会的成立，在本边区还是一种创举，旧社会遗留下来的残余毒素，难免造成某些缺点与遗憾，但是团结了边区人民实现了三三制政权，坚持了抗战，奠定了建国基础，完成它历史上应负的任务，这是不容否认的。

二、关于驻委会

边区临参会第一次大会闭幕以后，成立了驻会委员会，它的任务是：办理大会交办事项，与各地参议员取得经常联系，监督政府执行大会决议，（但此种监督，不可了解为一般的制约作用）三年来，一般说，驻委会对于此种任务是尽了最大努力。

关于办理大会交办事项，如整理历次大会决议案，都一条一句一字地反复推敲以后，才送交政府。大会限于时间，讨论未竟的法令，都委托驻委会研究确定，再送交政府，如婚姻条例，统一累进税则及司法上妨害公务危害军事等治罪办法，驻委会根据大会指示原则，会同政府，再三商讨也都完成任务了。其他如审核边区予（预）决算，对于每一中心工作的号召，以及大会以前的筹备工作，驻委会都及时的尽到它的责任。

关于与各地参议员联系问题，驻委会曾编印定期通讯，内容上是报导会务概况，号召参议员配合政府工作，征集各参议员的意见，交流各参议员的工作经验，都收到相当的成绩。驻委会一再精简。驻委会议员多至五、六人，少至一、二人，除与参议员通讯联络外，也曾分发到各专区及各县访问各地参议员，更进一步取得联系，了解各参议员的工作情况，并互相检查，互相督励，讨论参议员如何才能尽了人民代表的责任。因此，驻委会与各地参议员的关系，一般说是很密切的。

关于监督政府执行大会决议方面，驻委会与边区政府的关系，历来是很密切的，政府开委员会时，驻委会都派人参加，政府有了重要措施，随时都和驻委会进行商讨，驻委会每次开会，政府都要报告执行大会决议近况，驻委会对政府工作有意见，也即时发起质询，政府每次都给以详细解释，从来没有闹过意见，也没有起过无原则的纠纷。驻委会收到各参议员反映来的问题，需要政府立即纠正或解决的，就随时函送政府或当面建议，请予处理。除非因为战争关系，或问题复杂，一时不易弄清，边区政府是没有不及时纠正与解决的。如驻委会弹劾政权干部苏复民贪污舞弊一案，政府即依法予以惩处。这说明了今天的政府是人民的政府，它为广大人民服务，对于参议员或驻委会所提意见，是十分重视的。也说明了参议员和驻委会监督政府执行大会决议，也相当的尽了它的责任了。

但由于三权分立的残余思想未能肃清，驻委会也曾有过一些错误思想和工作上的缺点的。

当第一次大会闭幕以后，驻委会成立之始，许多驻会参议员认为驻委会是代表大会执行立法权的权力机关。为了树立驻委会的威信，壮大人民观瞻，机关应该弄得相当庞大，于是挽留了许多参议员驻会，罗致三、四十位工杂人员，聘请了许多专门委员（专门委员不驻会），组织专门委员会，准备制定边区宪法。修订民法刑法等等。仿佛在边区政府行政机关以外，另成立一个独立的立法机关。不了解新民主主义的一切法令，都应该从实际出发，从群众中来，再推行到群众中去的，几个人坐在机关里，如何能够制定边区民法刑法和宪法，经过两三个月的考验，大家才感觉到这法无从立起，立法机关脱离了政府，脱离了群众、是一步不能行的。不久战争到来，许多参议员分散回家，又经精简许多工杂人员也都分配出去，机关缩小了，法更无从立起，可是两权分立的思想，并未受到打击和清算，三年来驻委会对政府工作虽然没有偏向到（倒）起了牵制作用。但在思想上总以为边区政府是行政机关，驻委会是立法机关，是议行分立的两个机关，直到临时大会以后才把这种错误思想取消了。

驻委会组织规程上，规定每月召开一次会议，这也是犯了主观主义毛病的，因为大会既将全付（副）行政任务交给边区政府，边区政府必然要对大会和边区人民负完全责任。驻委会开会究竟讨论些什么东西，在规程上没有具体规定。因为没有内容，必然不能按期开会，第一年只开了四次会，第二年开了六次会，第三年开了三次会，没有一年或半年内能够如期开会的。就这九次会议来说，也多半是流于形式主义。因为边区政府为了执行大会决议而拟定出来的各种办法，原是根据具体环境及工作经验，由政府委员会或党政军民一揽子会，经过慎密考虑而决定的，一般说是没有问题的。可是因为驻委会组织规程上有

“政府重要法令须经驻委会通过”的规定，就必须再召开一次驻委会，政府重复报告一次，驻委会重复讨论一次，然后颁布施行。在讨论时因为驻会委员不兼政府工作，又不均做群众工作，不了解具体情况，很难发表意见，于是大都是认为没有问题就通过了，这完全是一种形式主义，实际无所补益。归根结底也还是两权分立的思想作怪。三年来驻委会对政府工作，虽然没有故意地起了制约作用，却起了一种或多或少的迟缓作用，这是应该提出批判与纠正的。

关于驻委会建议政府解决问题方面，也存在着一些毛病，无论是各地参议员或人民反映来的问题，有时不免有“只看现象，不问原因，只看一面，忽略全面”的偏向。一般说各地参议员反映少数人士的意见多，反映广大群众的意见少，驻委会应该从多方面调查研究，依据法令，慎密考虑，从具体情况中，提出正确的解决方案，然后建议政府，政府才便于依法处理。可是驻委会有时忽略这一点，主观上认为一切问题都是群众呼声，这一方面固然由于会内人少，而且没有直属下级帮助调查，客观上存在着一些困难，另一方面也还存在着不负责任的思想，“交政府办理吧，咱不是执行机关，”这也是应该提出严格批评与纠正的。

驻委会不但应该办理大会交办事项，还应该通过各地参议员联系广大人民，征集广大人民意见，为充实下次大会内容，做一切准备工作。三年来，驻委会在主观上，也曾这样努力过，如定期通讯或个别通讯，要求各地参议员供给这种材料，但因为无计划，无组织，没有明确提出调查研究的具体方案，致各地参议员反映材料没有标准，不能收到应有的效果。

总之，驻委会有它的成绩一面，也有它的缺点一面，在缺点上，有它的客观原因，也有它的主观原因，所谓客观原因，就是驻委会没有确定的经常的具体工作；所谓主观原因，就是仍然存在着三权分立的思想。正式参议会成立后，驻委会究竟应该如何进行工作，还需要各位参议员慎密考虑，明白确定出来。

三、关于参议员的任务与工作

参议员在闭会期间，应该做些什么工作？在旧民主主义政权，没有具体规定，在新民主主义政权，也还在摸索创造中，当边区临参会一次大会将闭幕时，大家都感觉到参议员是代表人民执行四权而来开会的，会后应该把一切决议向选民传达，并征求选民对决议的意见。于是制定传达大纲，每个参议员都带回去，利用各种会议的机会，把大会的经过都告给他们。临参会参议员对这种工作是尽了相当努力的。但在传达总结以后，各地参议员（在职参议员例外）就感到没有什么工作。人家说：“你是个参议员，是人民的代表，应该给人民做些事情呀!”做些什么事呢？每个参议员都感到很苦恼。在职参议员除忙着岗位工作外，也不知道参议员本身应该做些什么工作。当时各参议员也都抽象的了解，参议员是人民代表应该有反映民意监督政府的责任，但如何征集民意，如何监督政府，却没有具体办法，直到第二次大会，才提出参议员在闭会期间经常工作的问题，经过大会讨论才确定了在闭会期间参议员的权利与义务，实际也就是参议员的工作纲领。在权利方面，除享有一般公民权利以外，并规定以下六条：

一、有参加县政府行政会议的权利。

二、关于县政改进及对某问题解决之意见，有向县政府提出建议之权利。

三、对于县政府施政状况有疑义时，有向县政府提出质问建议与批评之权利，对区村工作有疑义时，有提交县政府请其处理之权利。

四、参议员与县政府发生争议时，有分别报告驻委会或办事处及边区政府及行署，请予解决之权利，在未解决前，应暂依政府意见执行之。

五、参议员遇政府工作人员违法失职，构成弹劾案时，有提交联委会或办事处办理之权利。

六、参议员如有违法行为时。其关于刑事案件，依边区临时参议会组织条例第十七条处理之。其关于民事案件，政府得请参议员到案对质，依法处理，但享有不得票传拘禁之权利。

在义务方面，除应尽一切公民之义务外，并须履行下列各义务：

一、有对人民宣传并解释政府法令之义务。

二、有对政令作确实执行模范及维护政令之义务。

三、有经常征询人民意见反映驻委会或办事处及当地政府之义务。

四、政府干部推行政令如有不适当时有善意批评提出意见之义务。

五、有遵守大会工作制度按期向驻委会或办事处作报告，并供给调查研究材料之义务。

六、有领导人民执行四权之义务。

此项权利与义务通过以后，各地参议员曾经活跃一时，尤其是对政府推行政令个别的偏向，纷纷向驻委会报告，请求转函政府，予以纠正，从二次大会闭会以后，到临时大会止，驻委会接到的信件达三百六七十件，但这一时期，所反映的问题，也发生一种偏向，就是政府工作和广大人民正是飞跃进步的时期，即是（使）有些偏向，也是进步中的偏向，和旧社会肮脏龌龊的罪行，有其本质的不同。但是有些参议员仍然以旧的眼光或旧时代的法条来衡量今天的政府和人民。例如群众依法开展减租减息运动，个别的顽固地主，处心积虑，运用各种卑污手段抵抗法令，群众激于义愤，发生了打人捆人的现象，若单从现象上看，好像是群众违背法令，但若从历史上和本质上看，却是对于压迫者的一种反抗，是为了执行法令的一种义愤。打人捆人是不对的，应该从教育上纠正它，不应该从法律上制裁它，但是有些参议员却认为是暴民暴动，要求依法予以制裁。有的群众直接和某些参议员讲道理，却认为是群众污辱参议员，并说政府不保障参议员。这些意见，我们认为决不全是代表人民的意见，而似当了参议员不打算给人民服务，却想独享特权的统治人民的思想，这是不对的。个别参议员，还有回到家里干涉区村公所的工作，对人民摆出达官贵人的架子，让人民给他支差服劳役，这更是一种错误的统治思想，违背民主精神的行为。

边区政府三令五申，指示各级政府尊重参议员，在法令上规定了优待参议员的办法，这在人民的政府遵［尊］重人民的代表方面是很正确的。但在个别参议员却认为这是参议员的特殊权利，不知道人民代表是要代表人民为人民尽更多的义务，为人民当忠实的代表（勤务员），不应该存在着享受特殊权利的任何思想。这和杀敌英雄劳动英雄无条件地为人民为国家民族流血流汗，本质上是一样的。

临时大会提出了这个问题，经过详密的研究与讨论，最后总结的意见是：

“参议员的任务是代表人民管理政治的政权工作者，他是人民的代表，他也是人民的公仆，他一方面要征集人民意见，分析人民的意见是否正确，准备到参议会提出讨论，另一方面他又需要处处为人民着想，因地因时创造于人民有利益的并推动社会进步的方案，制成法令，施行全区，因此，他不是群众的尾巴，决不迁就人民的落后意识，也不是群众的上司，而脱离群众，统治群众。他应该是人民的领袖，站在群众之中，领导群众组织群众，执行政府法令（亦即是自己的决议），提高群众认识，促进新民主主义社会向前发展，他没有权力要求群众给他服务，而群众却有权力要求参议员给人民服务，他给人民办事办得好，人民就拥护他尊敬他；他给人民办事办得不好，人民有权力批评他，罢免他。”

这段总结，今天看来，原则上是对的，但是如何给人民服务，如何征集人民意见，如何做群众领袖，还是缺乏具体办法。因此，在临时大会以后，各地参议员反映私人意见的是减少了，但很少依照上述原则执行。正确的原则还停止在抽象的口头上或纸面上，现在正式参议会成立了，新当选的参议员涌进来许多杀敌英雄和劳动英雄，那么如何确定参议员的任务，如何布置参议员的具体工作，这是大会应该讨论的重要问题之一。

为了脱去三权分立的遗壳，让参议员政府人员和广大人民真正做到一家人一样，为了把正确原则体现到实际上面，我们提出参议员的任务和工作初步的意见如下：

在召开大会时，参议员是代表人民行使四权的最高政权工作者，要真能负起人民代表的责任，尽量替人民说话，做到知无不言，言无不尽；要处处为人民着想，时时刻刻为老百姓兴利除弊，要实事求是的制定适合人民利益的法令政策；要选举出真为人民爱戴真能为人民办事的政府负责人员；新民主主义民主政治尚在建设的过程中，我们要在理论上实际问题上精心研讨，以创造和丰富它的内容；政府工作虽然有显著的成绩，但也还不免发生些错误和缺点，我们要根据群众的意见，审慎周详的检查政府的工作，批评和纠正它的错误和缺点，并决定它今后施政的方针和方向；同时在议事当中，要善于商讨，学习民主作风与民主态度，以发扬团结友爱精神。我们一定要克服过去某些不民主不负责的现象。

在大会闭会期间，参议员应该是政府和广大人民中间的连（联）系人。因此在闭会期间，参议员的具体工作应该是：一面要利用各种机会，向广大人民宣传和解释参议会制定的法令及政府工作方针，使广大人民真正能了解政府是在做什么和法令的内容是怎样；一面又要随时随地与广大人民密切联系，注意人民的疾苦及新发生的问题，广泛搜集人民的意见和创造经验，考虑法令政策本身的优缺点及实施情况，并检查政府人员在工作中所发生的错误和偏同，随时向驻委会或自己选出的政府反映，以供他们的研究参考，或自行拟成具体方案，提交下次大会讨论。这样就会使政府与广大人民之间的关系，更加密切，真正做到一家人一样。同时这样也会使政府法令的实施与修正，更加正确适当。

同时参议员还要以身作则，成为执行政策法令的模范，如切实执行减租减息交租交息，倡导各种防灾救灾卫生教育等社会福利事业，发扬民主精神改造不良作风，参加劳动生产互助，创造模范家务模范区村等等。在这里我们一定要克服参议员在闭会期间无所事事的观点。要克服只让人民执行法令，而自己可以不执行法令的观点。

总之，参议员无论在开会时闭会时，他的任务和工作都是非常重要的。我们一定要时刻牢记着自己是人民的代表，是新民主主义民主政治的主人，我们一定要发扬极大的热情和高度的责任感，为广大人民服务，为创造和丰富新民主主义民主政治而努力。

选自《晋冀鲁豫边区史料选编》第二辑，山西大学晋冀鲁豫边区史研究组编印，第325～339页。

13. 晋冀鲁豫边区参议会组织条例

1945年3月3日通过，1945年4月1日公布施行

第一条　本条例为实现革命的三民主义即新民主主义民主政治，并适用本边区具体环境制定之。

第二条　边区参议会为边区政权最高权力机关。

第三条　边区参议会由边区公民选举或推选之参议员，及边区政府聘请之参议员组成。其选举条例另定之。

前项聘请之参议员，不得超过参议员总额五分之一。

第四条　边区参议员得兼任边区政府主席、副主席、政府委员及其他政府职务。

第五条　边区参议会在战争期间，特殊情况下，得由各行署区参议员分别召开大会。

第六条　边区参议员之任期为二年，连选得连任。如遇战争情况，不能改选时，得延期一年。

第七条　边区参议会设议长一人，副议长三人，由参议员用无记名投票法选举之；负责召开常会及临时会。

边区参议会开会时，由议长或副议长主席，议长副议长因故去职时，应即补选。

如各行署区参议员分别召开大会时，由各该大会选举之副议长主席，本条规定均适用之。

边区参议员开会，在议长副议长未选出前，得组织临时主席团主持会议。

第八条　边区参议会，设秘书长一人，由大会选出之，承议长副议长之命，办理会内一切事务。

如分别召开大会时，各行署区参议会各设秘书主任一人，由各该区大会选出之。职务与前项同。

第九条　边区参议会开会时，设参议员资格审查委员会、提案审查委员会。必要得设专门委员会。

前项各委员会委员之名额与人选，由大会决定并推定之。

如各行署区分别召开大会时，本条例亦均适用。

第十条　边区参议会每一年开会一次，如遇战争等特殊情况时，得延期召开。

有下列情形之一者，得召开临时会：

1. 经边区参议员五分之一以上提议者；

2. 经边区公民三十分之一以上之请求者；

3. 经边区十分之一以上县议会之请求者；

4. 经边区政府之提请者；

5. 经驻委员决定召开者。

如在战争特殊情况下，各行署区需要分别召开临时大会时，前一二三各项，按各该区各项额数计算之。

前第四五两项各行署区亦均适用。

第十一条　边区参议会非有过半数参议员出席不得开议；非有出席参议员过半数之通过不得决议。不否同数时，取决于主席。如分别召开大会时，按各该区参议员额数分别计算之。

第十二条　边区参议会之职权如下：

1. 选举并避［罢］免边区政府主席副主席及政府委员；

2. 制定并复决边区单行法规；

3. 监察并弹劾边区各级政府之人员；

4. 决定边区各种基本政策，审议边区政府各项重要计划方案；

5. 通过边区政府所拟定之预算并审查其决算；

6. 决定边区政府税收公粮之征收或减免；

7. 决定边区生产建设事业及对人民生活之改善与救济等事项；

8. 审议边区政府及各方请议事项；

9. 督促并核查边区政府执行大会决议事项；

10. 决定边区其它重要兴革事项。

第十三条　前条第一款如在各行署区分别召开大会情况下，除议长及边区政府主席副主席分区选举统一计票外，其副议长及边区政府委员，由各该区参议员大会分别选举或罢免之。

前条第二款至第十款，如在各行署区参议员分别召开大会时，在不违背边区参议会各种基本政策原则下对各该区行署政府委员及行政措施均适用之。

第十四条　边区参议会开会时，边区政府须向边区参议会报告工作，解答质询，边区政府主席副主席及政府委员，均可列席会议。有发言权，无表决权，其兼任参议员者不在此限。

第十五条　边区参议会决议案，送交边区政府执行，如边区政府对决议案认为不能执行时，应于开会期间，详具理由，送回复议，复议以两次为限，如第二次复议仍照原案时，边区政府应即执行。

前项提请复议案，如遇战争情况或大会业已闭幕，不能及时进行复议时，边区政府应先执行，如确实不能执行，得提交下次大会或临时大会复议决定之。

如分别召开大会，各行署请求复议时，本条亦适用之。

第十六条　参议员在开会时所为之言论及表决对外不负责任。

第十七条　边区参议会闭会期间，由大会选举驻会委员五人组成驻会委员会，办理大会交办事项，与各参议员联系事项，及联系边区政府，列席政府委员会议。正副议长、秘书长为当然驻会委员。各行署区由各该区参议会选举驻会委员三人到七人，成立各该区驻会委员会，其副议长及秘书主任，为当然驻会委员。任务与前项同。

第十八条　除驻会委员外，参议员均为无给职。但得酌发旅费或工作费，其额数由大会决定之。前项旅费或工作费，各行署区由各该区大会决定之。

第十九条　边区参议员，因死亡或其他事故去职时，有候补者，依次递补，无候补者，由原选举单位补选之。

前项递补或补选之参议员，以补足原任之任期为限。

第二十条　边区参议员违法失职时，得由原选举单位罢免之。其由政府聘请者，得由政府解聘之。参议员资格解除后，其违法部份（分），依法制裁。

第二十一条　边区参议员除在战争紧急情况下之汉奸现行犯外，非经驻会委员会许可，不得逮捕或拘禁。

各行署区，由各区驻会委员会决定之。

第二十二条　边区参议会经费，由大会制定预算，边区政府拨付之。

各行署区分别召开大会时，其经费由各该区大会制定预算，各该行署拨付之。

第二十三条　边区参议会之议事细则另定之。

第二十四条　本条例由边区参议会通过后，由边区政府颁布施行。

选自《晋冀鲁豫边区史料选编》第二辑，山西大学晋冀鲁豫边区史研究组编印，第392～395页。

14. 晋冀鲁豫边区政府组织条例

1945年3月9日边区参议会首届大会通过，1945年4月1日公布施行

第一条　晋冀鲁豫边区政府为中华民国敌后地方抗日民主政府。

第二条　晋冀鲁豫边区政府设政府委员四十八人，组成边区政府委员会，内设主席一人，副主席二人。

第三条　主席副主席由各区参议会共同选举，为政府委员会当然委员。其他委员由各区分别召开之参议会分别选举之。计太行区十三人；太岳区十三人；冀鲁豫区十九人。

第四条　边区政府设候补委员十二人：太行区四人；太岳区三人，冀鲁豫五人。由各区分别召开之参议会分别选举之。如各区政府委员因故不能任职时，由各区候补委员分别依次递补。

第五条　晋冀鲁豫边区政府为晋冀鲁豫边区参议会闭会期间行政最高权力机关。

第六条　为了适应战争环境，加强各区政权领导，各区得分别成立政府委员分会，组成行署，其法定人数，依各区政府委员名额为准。太行行署由边区政府兼理，不另设立。

行署设正副主任务一人，由各区参议会从各区政府委员中分别选举，报请边区政府任命之。新发展区域，或不便召开参议会者，其正副主任可暂由边区政府任命。行署组织条例另定之。

第七条　边区政府委员、主席副主席及被选举之各行署主任副主任，任期与边区参议会参议员同，但得连选连任。

第八条　边区政府综理全边区政务。对于边区行政得颁发命令，并根据参议会通过之纲领法令，制定单行条例及规程。但关于边区重大行政设施，如增加人民负担，或涉及人民政治权利事项，须经参议会之通过或追认。

第九条　边区政府委员会职权如下：

一、第五条之规定事项；

二、执行参议会决议事项；

三、边区选举事项；

四、行政区划事项；

五、任免或奖惩行政人员事项；

六、有关边区生产建设，文化教育，财政设施等重大事项；

七、边区预算决算事项；

八、关于调遣地方部队，及督促所属军警、绥靖地方事项；

九、关于社会公益事项。

第十条　边区政府委员会之决议，由边区政府主席副主席名义颁布之。

第十一条　边区政府主席之职权如下：

一、召集边区政府委员会，并为主席；

二、领导督促并检查各级政府执行参议会之决议，及边区政府委员会之决议；

三、处理边区政府日常事务及紧急事务。

第十二条　边区政府副主席协助主席执行前条职务。主席因故不能执行职务时，由副主席全权代理之。

第十三条　边区政府设下列各厅、院、部、处、局。

秘书处；民政厅；财政厅；建设厅；教育厅；高等法院；军区司令部；公安总局；必要时得设其他专管机关。

第十四条　秘书处掌理事务如下：

一、整理边区政府委员会之纪录；

二、撰拟保管并收发各种文件；

三、管理边区政府之会计及事务；

四、管理电报印信等机要事项；

五、管理对外交际等事项；

六、编制统计及报告；

七、登记边区政府各厅院部处局等职员之进退事项；

八、管理其他不属于各厅院部处局主事务。

第十五条　民政厅掌理事务如下：

一、提请任免并奖惩行政人员事项；

二、管理土地行政事项；

三、管理户籍之调查登记事项；

四、筹办选举事项；

五、管理卫生行政事项；

六、管理账实［赈灾］、抚恤、优抗、保育及其它社会救济等事项；

七、管理婚姻登记，及礼俗宗教等事项；

八、管理劳资租佃争议等事项；

九、管理战争动员及军事支差等事项；

十、管理人民各种团体之登记事项；

十一、管理取缔娼妓赌博缠足及禁烟毒等事项；

十二、管理动员人民及其他有关事项。

第十六条　财政厅掌理事务如下：

一、管理税务公款及公债等事项；

二、编制预算决算等事项；

三、管理金库收支事项；

四、关于金融监督调整及取缔等事项；

五、关于公粮事项；

六、管理财政审计事项；

七、关于公产管理事项；

八、其他有关财政事项。

第十七条　建设厅掌理事务如下：

一、关于农林、牧畜、水利、工业、商业、矿业之计划、管理、监督、保护、奖进等事项；

二、关于公营事业之指导与检查等事项；

三、关于合作事业之指导与奖进等事项；

四、关于实业团体之指导事项；

五、关于度量衡之检查监督等事项；

六、关于交通建设事项；

七、其他有关建设行政事项。

第十八条　教育厅掌理事务如下：

一、管理各级学校事项；

二、管理社会教育事项；

三、编辑图书教材等事项；

四、管理一般对外宣传事项；

五、管理文化教育及学术团体之指导与奖进等事项；

六、管理出版物之审查及登记等事项；

七、管理图书馆、博物馆及公共体育娱乐场所等事项；

八、其他有关教育事项。

第十九条　高等法院掌理事务如下：

一、管理司法行政事项；

二、处理边区三审案件；

三、审核各专县呈送之民刑案件；

四、审定没收及稽核赃物罚金等事项；

五、提请任免及奖惩各级司法人员事项；

六、教育并培植边区司法人员；

七、其他有关司法事项。

第二十条　军区司令部掌理事务如下：

一、关于地方绥靖事项；

二、关于扩大武装保卫边区事项；

三、关于地方部队统率、编制、训练等事项；

四、关于人民抗日武装之动员组织及整训等事项；

五、指导地方武装作战事项；

六、关于地方部队军需、军械、医务等后勤事项；

七、关于地方部队人员任免奖惩等事项；

八、其他有关军事事项。

第二十一条　公安总局掌理事务如下：

一、维持边区抗日民主社会之秩序；

二、关于汉奸敌探及侦察破获及缉捕等事项；

三、指导并组织人民锄奸事项；

四、其他有关公安事项。

第二十二条　秘书处设秘书长一人，承边区政府主席、副主席之命，综理秘书处事务。

各厅各设厅长一人，综理各该厅事务。

军区司令部设司令员政治委员各一人，副司令员副政治委员各一人至二人，综理该部事务。

公安总局设正副局长各一人，综理全局事务。

各厅院部处局长之人选由主席副主席提交边区政府委员会通过任命之。

第二十三条　各厅院部局在边区政府委员会决议范围内，对于主管事务得颁布命令。

第二十四条　各厅院处局各设秘书主任一人，秘书一人或数人，承主管人员之命，办理所属事务。各厅处局视事务之繁简，得分设各科、每科设科长一人、科员若干人。

高等法院设检察长一人，庭长、推事、书记各若干人。

军区司令部之编制由该部自行订定之。

第二十五条　边区政府得设调查研究室、视导室、参议室、其名额及职权另定之。

第二十六条　各厅院处部局办事细则另定之。

第二十七条　本条例经边区参议会通过后，由边区政府公布施行。

选自《晋冀鲁豫边区史料选编》第二辑，山西大学晋冀鲁豫边区史研究组编印，第396～401页。

15. 晋冀鲁豫边区县政府组织条例

1945 年 3 月边区参议会通过

第一条　本条例为进一步健全县政机构，加强区村行政领导，并适应本边区实际情况而制定之。

第二条　县政府由县议会选举委员九人至十一人组织成县政府委员会，并由委员中选举县长一人报请边区政府加委。

第三条　县政府委员会设候补委员二人至三人，由县议会选举之。如县政府委员因故不能任职时，由候补委员依次递补。

前第二条、第三条所选之委员及候补委员不限于县议员。

第四条　县长与县政府委员之任期与县议员同，得连选连任。在任期内，县长如遇他调或失职情事时，由县议会补选之，在未补选前，由边区政府委人代理。

第五条　县政府执行县议会之决议，并受边区政府及专员公署之领导，在不抵触上级政府法令下，得制定单行办法，但得经县参议会之通过或追认，并呈请边区政府审核备案。如边区政府认为有不当时，得修正或停止。

第六条　县政府委员会对上级政府及县议会负责，为县政府之权力机关，下列事项须依县政府委员会决议行之。

一、边区政府及专员公署令行之重要事项。

二、县议会之决议事项。

三、县政府各部门之工作计划。

四、县单行办法之制定事项。

五、任免或奖惩所属科员、助理员以下之政府人员。

六、讨论并处理全县生产建设、文化教育、财政设施等重大事项。

七、县财政收支预决算等事项。

八、决定全县应兴应革之重要事项。

第七条　县长为县政府委员会之代表，县政府委员会之决议事项及对上对下对内对外行文，均以县长名义行之。

第八条　县政府设秘书室、民政科、财粮科、教育科、建设科、司法科、公安局及其他专管机关，分别管理各项行政工作。

第九条　各室、科、局分管事项如下：

（一）秘书室掌理印信、档案、记录、收发、拟缮文件和县政府会计、庶务及不属各科事项，必要时得设联合办公室。

（二）民政科掌理选举、抗战动员、干部管理、土地行政、劳资、租佃、卫生、保育、户籍、区划、优抗、救济、风俗宗教及其他有关民政事项。

（三）财粮科掌理财粮收支、地方税收、公产、金库、调剂民食等事项。

（四）教育科掌理教育行政、学校教育、社会教育、宣传工作、民教馆、图书馆、农村俱乐部、剧团、保存古迹、修编县志及其他一切文化建设事项。

（五）建设科掌理农牧、工商、矿业、水利、森林、道路、合作事业、生产运动、社会经济及其他经济建设事项。

（六）司法科掌理各项民刑案件及其有关司法事项。

（七）公安局掌理锄奸、缉匪、侦察、预审、维持公共秩序之警卫事项。

第十条　秘书室设秘书一人，各科各设科长一人（必要时可增设副科长一人），公安局设局长一人，承上级政府或县长之命，综理各室、科、局之事务。各室、科、局之人选由专员公署任免之，并呈报边区政府备案。

第十一条　各室、科、局各设科员或干事若干人，承主管人员之命办理所属事务，其人员任免由县政府委员会决定办理，并呈报上级政府备案。

各室、科、局具体编制，由边区政府视各县事务之繁简另行规定。

第十二条　县政府得依边区政府及专员公署之命令及工作需要，设立各种性质之专门委员会，聘请当地军、民、党、各团体、士绅参加之。

第十三条　县政府各室、科、局之秘书、科长、局长等职务，不限于县政府委员。

第十四条　县政府委员会每月开会一次，开会时县长为主席，必要时可召开临时会议，秘书及各科、局长之非委员者，得列席县政府委员会，有发言权无表决权。

第十五条　县长因事离职时，可委托秘书或科长代理职务，并须呈报边区政府及专员公署。

第十六条　县政府之印信，由边区政府制发。

第十七条　县政府各项办事细则另定之。

第十八条　本条例经边区参议会通过，由边区政府公布施行之。

选自《中国新民主主义革命时期根据地法制文献选编》第二卷，中国社会科学出版社1981年版，第301～305页。原注：“选自太行行署《一九四六年重要文件汇集》”。

16. 晋冀鲁豫边区县议会组织条例

1945年3月24日边府及驻委会修正通过，1945年4月1日公布施行

第一章　总　则

第一条　县议会为全县人民代表机关。

第二条　县议会由县公民选举之县议员组成，其选举条例另定之。

第三条　县议员名额不得少于三十名，多于八十名，以县人口多寡决定之。

有敌占区之县应有敌占区之县议员一人至五人。

县政府认为必要时，得聘请县内坚决抗日、赞成民主之开明人士一人至三人为县议员。

第四条　县议员得兼任县长及县政府委员。

第二章　组　织

第五条　县议会设议长、副议长各一人，由议员用无记名投票法选举之，负责主持常会及临时会，议长、副议长因故去职者应即补选。

县议会开会时得设主席团，协助议长、副议长主持会议。

第六条　县议会开会时，得设秘书处、议员资格审查委员会及提案审查委员会等，办理大会各项事宜，其组织办法另定之。

第七条　县议会闭会期间，由议长或副议长一人驻会办理大会交办事项及日常工作，并列席县政府委员会（必要时得兼任其他工作）。

第八条　县议员除驻会议长或副议长一人外，均为无给职，但在开会期间得酌发旅费。

第三章　职　权

第九条　县议会之职权如下：

一、选举并罢免县长及县政府委员。

二、监察并弹劾县政府及以下之政府人员。

三、制定并复决本县单行法规。

四、决定本县生产建设事项。

五、审定本县地方粮款预决算事项。

六、审议县政府及各方请议事项。

七、督促并检查县政府执行县议会决议事项。

八、议决县政应兴应革之重要事项。

第四章　会　议

第十条　县议会每半年开会一次，每次会期以一周为标准。为（有）下列情事之一者，得召开临时会议：

一、经县议员五分之一以上之提议者。

二、经全县公民二十分之一以上之请求者。

三、经县政府之提请者。

四、经正副议长之决定者。

第十一条　县议会非有三分之二以上议员出席，不得开议。非有出席议员过半数之通过，不得成立决议，可否同数时，取决于主席。

第十二条　县议会开会时，县政府须向县议会报告工作，解答质询。县长、各委员及各科长均可列席会议，非兼议员之列席者，有发言权无表决权。

第十三条　县议会之决议，不得与边区参议会及上级政府之决议与法令相抵触，抵触时，服从上级之决议与法令。

第十四条　县议会之决议送交县政府执行，如县政府对决议案有异议时，应即详具理由于开会期间送请复议，复议之后，依复议之决定执行之。如县政府提请复议案因特殊情形（如战争）或县议会闭会，不能即时复议时，得请示上级政府决定之，但须报告下次县议会备案。

第十五条　县议员在会议中之言论及表决，对外不负责任。

第十六条　县议员除在战争紧急情形下，汉奸现行犯外，非经县议会或议长、副议长之许可，不得逮捕或拘禁。

第五章　任期与改选

第十七条　县议员之任期二年，但得连选连任。在任期内，如因故去职时，由该区候补议员递补，无候补议员时，应即补选。

前项递补或补选之县议员以补足现任之任期为限。

第十八条　县议员任满后，依选举条例改选之。

第六章　附　则

第十九条　县议会经费列入县地方款预算内，由县政府拨付之。

第二十条　本条例施行细则另定之。

第二十一条　本条例修改权属于本边区参议会，解释权属于边区政府。

第二十二条　本条例经边区参议会通过后，由边区政府公布施行。

选自《中国新民主主义革命时期根据地法制文献选编》第二卷，中国社会科学出版社1981年版，第294～298页。原注："选自太行行署《一九四六年重要文件汇集》"。

互校版本：《晋冀鲁豫边区史料选编》第二辑，山西大学晋冀鲁豫边区史研究组翻印，第402～404页。原注："民国三十四年三月二十日边府及驻委会修正通过（大会委托办理者），民国三十四年四月一日公布施行"。

17. 附［报刊报道］：晋冀鲁豫边区太行参议会胜利闭幕——刘伯承等十三人当选为边区政府委员

1945年3月29日新华社太行电

［新华社太行廿九日电］晋冀鲁豫边区太行区参议会已于十九日胜利闭幕。该会从三月二日开幕以来，众参议员听取军政负责同志的政府工作报告，并本"知无不言，言无不尽"的精神，对政府工作及国事提供意见，加以讨论，最后制定今后施政方针。至十九日乃进行选举，当选申伯纯为边区参议会议长，邢肇棠为副议长，王乃堂为秘书长，李雪峰、吕守元为驻会委员，杨秀峰为边区政府主席，薄一波、戎伍胜为副主席，刘伯承、李一清、刘岱峰、李达、罗青、孙文淑、王振华、杜毓法、郝季甄、郝海如、赵霖、胡逸云、范纶五等为政府委员，李春年、郭子安、李玉堂、孙尚志等为政府候补委员。除边参会正副议长、边区政府主席人选俟太岳、冀鲁豫两区选票来后始作最后决定外，其驻会议员，政府委员已正式选出（按晋冀鲁豫边区共辖太行、太岳、冀鲁豫三大战略地区，按照参议会颁布的边区参议会、政府组织条例，参议会驻会委员、政府委员由每个地区单独选出，参议长、政府正副主席须由三地区共同选出，故目前太行选出之正副议长、正副主席，均不为最后选举结果）。选举结束，当于十九日晚举行闭幕典礼，及政府委员宣誓就职。申议长于闭幕词中除指出大会的成就外，最后并勉励政府委员、驻会委员要忠诚为边区人民服务。希望参议员回去后，要将大会决议与政府施政方针向人民传达解释。继续将人民意见反映给常驻会，使政府和人民团结无间，以争取抗战胜利与民主政治早日实现。来宾彭女士新从大后方来边区，于讲话中以亲眼看到的工农参议员在会上积极发言事实，

痛斥蒋介石等所谓经过训政才实行宪政的胡说，并要求解放区人民继续声援大后方民主运动。从敌占区来的陈先生也说要把大会精神，带到敌占区去。七十二岁的老参议员李井田也说："我看到了大会的民主团结精神，感到兴奋，望各位参议员团结成一条心，推行民主，争取胜利。"李参议员马保更提出参议员要永远和老百姓在一起为老百姓谋利益。

《解放日报》一九四五年三月三十一日第一版

选自《晋冀鲁豫边区史料选编》第二辑，山西大学晋冀鲁豫边区史研究组编印，第351～352页。

18. 附［报刊报道］：晋冀鲁豫边区太岳区参议会揭幕

1945年3月16日新华社太岳电

［新华社太岳十六日电］晋冀鲁豫边区太岳区参议会，于三月三日正式举行揭幕典礼。出席参议员九十三位，选出牛佩琮、袁致和、聂真、罗家年、王新亭、郭清文、王稂、谢富治、赵守攻、石振明、姬德旺、杨效鱼（女）、郭述尧、武巩华、金长庚、董老人（女）、东方屏等十七人为大会主席团。袁致和先生代表主席团致开幕词，略谓："在二年中我们全区有很大发展，我们太岳区由六十万人口，发展到一百七十万。由岳北而岳南、而中条、而豫北、而条西，到今天已经发展过了黄河，为何能这样日益扩大呢？首先由于我们实行了民主政治。二年来我区民主政治设施有很大进步，军民团结一致，保卫了根据地。围困了沁源、阳城等地敌人，粉碎了敌人的'铁滚扫荡'，实行了减租减息，保证了交租交息，发动了大规模生产运动，涌现了许多英雄人物。我们在此届参议会上，还要代表人民检查政府工作，确定今后方针，检阅人民子弟兵的力量，好的要加以发扬，缺点要批评纠正，把民主政治进一步贯彻下去，把我们太岳解放区更加巩固壮大起来。"继由本区行署牛主任荫冠代表政府全体行政委员会庆祝大会胜利，并向人民代表致慰问。军区代表谢参议员（富治）讲话后，接着区党委聂真同志被邀讲话，他首先阐明了国际国内政治形势，特别指出国民党反动集团早已为人民所唾弃，他根本不要老百姓，是与人民背道而驰的，他对敌人是失败主义投降主义的。所以只有立即废止一党专政，在民主的基础上，成立新的联合政府与统帅部，才能挽救正面战场的危机，才能最早实行反攻。最后聂真同志又号召凡我们共产党的参议员同志，凡事必须与党外人士互相协商，实行民主合作，向党外参议员先生学习，虚心征求各方面的意见，成为民主团结的模范。敌占区参议员王兴老先生说："敌人企图三月亡华，我们现在已苦战九年，但河南、湖南失守的消息传来，叫人真是伤心。中央军靠不住，给四万万五千万同胞担不起这个担子来，只有八路军、新四军担得动，担得好。"参议员东方屏先生接着讲："民主就是人民要对国家大事能询问，能管理，国民党蒋介石一党专政，硬是不要我们管，但是我们要管，要废除他。解放区实行民主就能得到人民拥护，国民党实行独裁法西斯，人民就要起来反对。"日本解放同盟太岳支部参议员渡边三郎说："太岳这个自由幸福的抗日民主根据地，可以说是我们第二个故乡。我们要尽我们的力量和太岳人民共同来建设太岳抗日根据地。对日本军阀

奋战到胜利。”妇女参议员冯秀当先生说：“前几年豫北过中央军在我们村里抓了四个妇女。把衣服剥光，在奶子上拴了两面镜子，强迫她们打花鼓，临走还把她们杀死。这时我们妇女对国民党军队就抱着深恶痛恨。”全区知名的劳动英雄青城参议员石振明说：“我过去是一棵小草，今天成了大树，成了材料。这是共产党毛主席的好处。国民党中央军在的时候，老百姓牛都不如，早晚啃糠卷儿，国民党吃咱老百姓，日本人一来，就跑啦。

最后由主席宣布太岳剧协及其他团体的祝贺信，并读了士敏郑庄村全体小学生的贺信，揭幕典礼即告成。

《解放日报》一九四五年三月二十日第一版

选自《晋冀鲁豫边区史料选编》第二辑，山西大学晋冀鲁豫边区史研究组编印，第353～354页。

19. 附［报刊报道］：晋冀鲁豫边区太岳区参议会上行署牛（佩琮）主任[①]报告两年来政府工作

1945年3月24日新华社太岳电

新华社太岳廿四日电　晋冀鲁豫边区太岳区参议会四五两天，行署牛主任就一九四三年至四四年政府工作，向参议会作报告。牛主任首先以土地面积、人口、政权变化、人民生活改善上说明太岳区两年来的发展情形：一九四三年原有人口一百一十二万八千七百廿六人，面积七万八千平方里，专署三个，县廿四个，区九十一个，行政村一千五百六十个。至一九四四年底即有人口二百万（连最近新解放在内）面积十二万九千七百平方里，专署五个，县卅六个，区一百卅四个，行政村二千二百四十五个。人民生活大大改善：据冀氏秦壁第三小区的调查，在四三年减租前全小区二百九十六口人，生产粗粮八百五十八石四斗，每人为二石九斗弱。四四年减租后，全小区二百八十口人，除荒地产粮外，总产粮为九百三十五石二斗，每人平均三石三斗四升强。四四年比四三年每人平均多打四斗四升。副业收入全小区共纺花五百斤，每斤赚布六尺，共赚布四百丈，每人平均一丈五尺，全小区共赚洋十二万元。在经济变化上，阳城固隆村全村三百廿八户，四三年富农卅三户，中农五十六户，贫农二百三十九户；四四年富农七十七户，中农一百零一户，贫农一百五十户。计一年来增富农四十四户，减贫农八十九户。士敏霍家山当四二年中央军在时，由于勒索和灾荒，使全村从二百卅九户减到二百二十九户，从九百六十人减到六百九十二人，其中饿死的四十五人，卖孩子五人，抛掉孩子三人，其余都是疾病死亡，全村卖牛六十八头，驴十八头，卖老婆十个，当时没有吃的有一百七十户。四三年我军到达后，经过一年来的扶植生产，群众自己建立了合作社，到四四年七月时统计：合作社前后，四次分红十多万元，而老百姓从运输、纺织中赚得超过合作社红利十多倍，共值洋一百五十多万，可供给全村两个月的粮食。纺织妇女从廿一人，增加到二百一十人。工人生活亦大

① 牛佩琮为太岳行政公署主任。

大改善，不论农村雇工，公营工厂工人，都能保证吃饱穿暖。牛主任继续谈到对敌斗争：太岳区周围敌寇的兵力经常不下四个兵团。据一九四四年的统计：周围对我作战的敌军有一万八千三百多人，伪军一万六千余人（大都是国民党阎锡山等投敌军队组成）。周围据点碉堡三百廿个，一九四一年敌人对我千人以上兵力的“扫荡”计三次，时间为六十四天，使用兵力达二万五千人。特别是秋季“铁滚扫荡”，其阴谋更为毒辣，终为我军民粉碎，给敌人以严重打击。一九四四年敌对我区“扫荡”（并有国民党阎锡山军队配合）千人以上者七次，时间延长到七十一天，先后用兵力一万八千余人。四四年春天六十一军在敌人的协助下，抢占我汾东地区，奸淫烧杀残害人民，较敌寇有过之而无不及。二年来，我们对敌作战五千一百一十八次，毙伤敌伪二万一千八百一十四名。开辟了豫北、豫西解放区。几年来太岳人民武装建设上有很大成绩，现有民兵五万，两年对敌作战七千八百九十次，毙伤敌伪三千二百零六人。特别是全区的爆炸运动、暗窑洞斗争，更有发展和成绩。关于减租减息、交租交息政策执行情形，牛主任的报告中指出：边区土地使用条例在四一年颁布，在我区认真执行是四三年开始，现在已有百分之五十八的根据地行政村进行过减租减息交租交息的工作。并且贯彻了发展生产的政策，两年银行贷款分配比例为农贷百分之七十，工资为百分之十五，合作贷款百分之十，商业贷款百分之五。救灾方面，四三年四月到八月提出以工代赈，发出蚕丝贷款四十万元，纺织贷款十五万元，水利贷款十五万元，四四年秋又贷出九百六十五万零二百六十二元。贷花廿六万三千五百斤。捕蝗奖金一百五十万九千四百零一元七角五分。发救济粮七十八石四斗，糠五千零五十一石六斗，军政民节约救济粮四十石。群众在纺织上赚洋六百五十二万二千零卅二元。运输赚洋一百一十一万三千二百元，粮食一千三百四十四石五斗零八合。搜集代食品一百石以上，终于渡过了灾荒。奖励生产表扬各种劳动英雄，全区有九千个互助组，扩大了耕地面积。去年全区群众开荒二十四万六千四百九十七亩，增产粮一百四十万石。因群众生活改善，我们的学校教育亦有很大发展。现全区共有中学四处，学生四百零四人，教员二十二人，高小四十八处，学生四千四百七十二人，初小二千三百五十一处，学生九万二千〇九十八人。全区学龄儿童约廿万人，就学儿童占学龄儿童百分之四十六。从去年提倡民办小学以来，沁源、沁县、安泽三县共办起一百所，学生一千八百九十九名。全区冬学有三千一百三十一所，入学人数二十万。特别在岳北今年冬学有很大的进步。太岳新华日报去年一月份起，每月共发行三千八百一十八份，十二月增至八千四百三十四份。报纸已深入到敌占区。还有晓光报、中国人报及杂志等未计在内。书籍的发行、去年除小学课本外，共发出新书籍一百一十二种，自己印出三十一种，共计廿一万五千册。农村剧运普遍的发展：四专区一个专区较有名的剧团就有六十八个，他们都能搜集当地战斗、生产各方面材料，运用当地群众语言和形式，大受群众欢迎。最后牛主任在报告中又指出我们的工作还存在着不少缺点：如干部作风，领导上对具体情形了解和精确计算，还赶不上群众的需要，今后急待改进。

《解放日报》一九四五年三月三十日第一版

选自《晋冀鲁豫边区史料选编》第二辑，山西大学晋冀鲁豫边区史研究组编印，第357～359页。

20. 附［报刊报道］：冀鲁豫临参会上行署孟主任夫唐[①]报告政府工作

1945 年 4 月 14 日新华社冀鲁豫电

新华社冀鲁豫十四日电　上月十八日行署孟主任夫唐在临参会上报告政府工作。第一部分大意是该边区两年来形势的变化发展，首先谈到四三年前边区敌灾天灾的严重与边区坚持抗战的极端艰苦情形，当谈到灾区人民的饥饿及政府救灾的情形时，孟主任不禁热泪纵横，在座各参议员也歔欷不止。接着孟主任说明这些空前的灾难，并没有将我们压倒。反而被我们克服了。二年来边区扩大了二分之一，建立了十二个专署，一百一十六个县政府，五百四十二个区公所，有三万九千九百九十三村庄，人口约二千万。第二部分孟主任报告政府工作，他检讨执行上届参议会决议时指出做了五项成绩：一、加强抗战团结，调整了各阶层的利益；二、教育有了很大的发展，中小学各地都成立了，还有许多地区建立了农村剧团；三、开展了拥军优抗运动，把过去“好男不当兵”的观念转变了；四、开展了民主运动，村政权初步的得到了改造，成为群众爱护的政权；五、节省开支，把节余物质进行了生产救灾工作。在灾荒严重时，开始学会“组织起来”开展生产运动，实行变工互助，据七个专区不完全的统计，参加变工队的 10 540 人，组成 1 250 个队。参加互助组的 90 658 人，组成 16 585 个组。在合作社方面：七、八、九、十专区共有一千多个，在解决农民生活问题上，起了很大的作用。如七分区袁庄村社四组社员四十九人，做旧棉衣二十五天，赚了二十四万六千六百元。三专区常儿砦一九〇户人家，社员一九三人，资本十八万元，四十天赚了九万八千一百五十元。在农民贷款上，二年来冀南区投入生产救灾的资本约一千多万斤粗粮。冀鲁豫区灾区贷款一万万元，沙区、重灾区村庄，每家平均即有二千四百元。在冀南重灾区，政府还按季节需要连续贷种粮三、四次之多。四三年有百分之八十的麦种，是政府贷出的。为了利用农闲期发展副业，又实行了各种贷款。十九日孟主任又继续报告经济工作，指出：二年来因为平抑物价，打击伪钞，由工商局掌握着大批物质，随时抛出，以稳定物价。县局、商店、交易所、合作社组成一条经济战线，打破了敌伪的封锁，打击了敌伪奸商的囤积居奇，吸收了大批灾民到交易所，改造了交易员的成份（分）。巩固了本币，打破了敌伪到根据地来吸收物质的阴谋计划。谈到今后努力方向时，孟主任声明要强调发动群众，使群众翻身，根据地才能巩固扩大，并表示政府愿在这个方面向前努力。

《解放日报》一九四五年四月十七日第一版

选自《晋冀鲁豫边区史料选编》第二辑，山西大学晋冀鲁豫边区史研究组编印，第 371～372 页。

① 孟夫唐为冀鲁豫行政公署主任。

21. 附［报刊报道］：冀鲁豫临参会办事处赵主任明甫[①]报告临参会工作

1945年4月14日新华社冀鲁豫电

新华社冀鲁豫十四日电　冀鲁豫区参议会于上月十七日由赵主任明甫报告二年来临参会办事处的工作。赵主任指出；在二次大会后，边区由不巩固的根据地，变为坚强的根据地。第一届大会重要决议：为拥护全国团结抗战，贯彻减租减息，加强民主建设，扩大武装，节约救灾。二年由于边区军政民一致的执行了这些决议，在军事、政治、经济、文化各方面，都有很大的进步和成绩。尤其是一九四二年，敌人加紧进攻，又碰上了大灾荒，使边区遭到极大的困难。但我们在非灾区开展民主民生工作，在灾区开展生产救灾运动，终于战胜了困难，渡过了灾荒。接着又报告临参会办事处的成立与演变经过。特别指出参议员中对工作最积极的有李纪同、常秋圃、马彩三、吴哲卿、李江亭等三十二位先生。但还有个别参议员行为不加检点，如托人情说官司，甚至有的自居为特殊阶级，不执行政府法令，或明执行暗不执行。有的在群众工作上，支持了为群众所反对的顽固分子，或不法分子。有的对部分干部的偏向恶意批评，又背后乱讲或夸大干部缺点与工作偏向。最后赵主任对政府及参议员提出今后工作意见：（一）争取改组国民政府及统帅部成立联合政府与统帅部；（二）扩大解放区，整训民兵，整训正规军游击队与扩大现有部队数量；（三）加强边区内部团结，贯彻租佃法令，继续改造村政权，发扬民主精神，贯彻党政军民团结，贯彻拥爱运动。

《解放日报》一九四五年四月十七日第一版

选自《晋冀鲁豫边区史料选编》第二辑，山西大学晋冀鲁豫边区史研究组编印，第373页。

22. 附［报刊报道］：冀鲁豫参议会闭幕边府委员举行就职典礼

1945年4月23日新华社冀鲁豫电

新华社冀鲁豫廿三日电　参议会闭幕典礼与边府行政委员就职典礼，于四月十二日上午十时一并举行。全体参议员、边府委员、来宾大会职员在震耳的礼炮和悠扬的雅乐声中，鱼贯步入会场。行礼后，当由赵主任明甫致词，略谓："这次大会在军区是空前的，被选出的代表有二百六十人。其卓著的成就表现在：（一）大胆的批评了国民党的黑暗统治，提出成立联合政府议案。更有力的促进改组国民政府与统帅部的实现；（二）在边区

① 赵明甫为冀鲁豫临时参议会办事处主任。

民主建设上，总结了过去的经验，作出了带有创造性的决议，如议行合一，如政府改为委员制与实行民选；（三）对今后生产建设，提供了详尽的意见；（四）在扩大解放区方面，决定了壮大抗日武装，修补了拥军优抗法令”。主席致词后，边府委员参议会驻会议员就位，由监誓人吴哲卿老先生致词，略称：“代表全区人民对政府委员要求：（一）领导全区人民来促进很快的改组国民政府和统帅部，使抗战的胜利早日到来；（二）坚决执行大会的决议；（三）全力扶植群众运动；（四）加强民兵建设，开展生产运动。”继由徐副主任达平领导全体委员宣誓，词曰“我们要坚决执行抗战建国纲领、边区施政纲领和大会决议，忠实为人民服务，如有违犯，愿受人民严厉制裁。”誓毕，由青年参议员扬淑英、常邦国献花。继由徐副主任致答词，他说：“我们是大家选出的，工作是当面交代了我们，我们有信心，有决心执行的，我们有群众作后盾，是能够克服任何困难的，但我们还要时常警惕，不然就会出差错。我们一时一刻不能脱离群众，随时随地地听群众的批评。”接着驻会议员代表张化夷致词之后，来宾张公达先生发表我对大会的感想：第一次大会充分表现了民主精神，边区所以能渡过极严重的困难环境而有今天的发展，就是由于实行了民主。第二政府对于民众过去确实尽到了责任，最使我感动的是孟主任对政府救灾工作的报告，这种“人溺己溺；人饥己饥”的精神，在其他任何政府中是不曾有过的。其次是杨副司令员自我批评的精神的真诚恳切，这是八路军新四军所以能够得到群众的拥护，立于不败地位的政治源泉。总之大会真正做到“知无不言，言无不尽”。最后他对大家的希望是：（一）发动群众早日实现民主，要利用民众的力量去觉醒少数顽固派；（二）坚持团结抗战的方针，统一内部力量，早日消灭敌人；（三）把敌后解放区的建设经验推行全中国，使全国老百姓都得到解放。继由成安教育界耿绍吾先生讲演，他指出大会伟大的成功是：（一）民主精神贯彻到各方面和每个人的发言中；（二）议行合一的新创立，一扫过去欧美民主制度的缺点，开展中国民主建设的新途径。此后又由参议员李季月、万丹如等先后讲话，均极诚恳扼要。大会进行至下午三时，即在欢呼声中圆满闭幕。

《解放日报》一九四五年四月二十四日第一版

选自《晋冀鲁豫边区史料选编》第二辑，山西大学晋冀鲁豫边区史研究组编印，第376～377页。

23. 晋冀鲁豫边区参议会对边区政府工作的决议

1945 年 5 月

大会听了戎副主席关于政府工作的报告，和李司令员关于军事的报告，经过几天热烈讨论，一致同意。

三十年七月临参会第一次会议以后，太行区处在极端困难的环境，敌寇对我边沿地区跃进蚕食，对我腹心地区残酷“扫荡”，而太南豫北的国民党军队，又对我采取包围封锁政策，名为抗日，实则反共反人民。三十一年以后，严重的旱灾荒灾，又延续了两年，这些艰难困苦，由于政府执行了临参会通过的施政纲领，以及军民同甘共苦，上下一心，统统被战胜了，现在根据地的建设工作已经走向新的时期。

由于三十一年执行了反蚕食斗争的政策，沦陷区工作日益开展，敌伪矛盾逐渐增加，敌人有了后顾之忧和内顾之忧。一年来更由于主力兵团和民兵的积极行动，有许多敌人的据点，被打掉和逼退，太南、豫北的广大地区，在四三年国民党军队大部投敌，小部过河后，已建立起新的抗日民主根据地，现在不但根据地日益巩固，而且在逐渐扩大和发展中。

由于严格的彻底的执行了精兵简政政策，减轻了人民负担，节约了民力，做到了裁汰骈枝机关，取消叠床架屋上大下小的现象，既适应战争，又发扬了工作效能。

由于土地使用暂行条例的公布施行，现在老根据地大部地区减租减息业已贯彻，各种偏向亦已逐渐纠正，人民生产情绪，参军热情大大提高。但是老根据地部分地区和新根据地，有的执行减租不彻底，有的尚未执行，必须继续贯彻。

由于大规模组织人民生产自救，战胜了严重的旱灾，扑灭了蝗祸，这是历史上没有过的奇迹，由于在灾荒中，提出生产自救，不但使千万人民免于死亡，而且发展了农业、工业、副业、合作等事业。

由于组织起来，开展大规模的生产运动，农业方面组织互助变工，提倡深耕细作，军民一齐动手，做到了有吃有喝。工业、副业、合作也有发展，但是还不普遍，还远不如农业方面的成绩大，穿的布匹还有困难，其他文教司法工作，亦在新方针的指导下逐渐开展。

为什么能获得这些成绩呢？由于实行了革命的三民主义即新民主义，由于实行了各阶层人民代表团结负责的三三制，由于军民亲密团结，由于一切从人民的利益出发，实行了新的领导方法，发扬了新英雄主义，由于数万个干部，忠于工作、忠于人民，坚持不懈的艰苦奋斗。

三十年以前，曾经用绝大部分的力量做财政工作，对生产则注意不够，工商管理工作着重于搞外汇贸易，未与发展农业方针密切结合生产，这些是领导方针上的偏差。在某些新解放的地区，还有抓一把的现象，管理出入口贸易上的手续太麻烦。各地都还有乱没收的现象，这些又是执行中的缺点。区村干部，尤其是村干部，自私、行政命令、不民主的现象，还相当普遍的存在着。因此在各种工作的贯彻上，常常要发生偏向，在游击区、沦陷区工作的干部，一般有艰苦奋斗英勇牺牲的精神，但是由于环境关系，学习机会少，对政策了解不透彻，也常常发生一些偏向，这些是干部教育上的缺陷。

今后要在过去的基础上，更进一步的进行建设工作，为了充分发扬人民的力量，准备反攻，第一件重要事情就是生产。再经过一二年的努力，应做到丰衣足食。在农业方面，发扬劳动合作，组织互助变工，提倡深耕细作，做到耕三余一，多种棉花，争取穿衣自给。不论老新区游击区，都要动员起来。现在正当春耕之际，要整理互助组织，进行算工，把存在着的问题适当解决，还须有节约防荒的准备，并帮助贫苦农民渡过春荒，积极参加生产。在工业方面，要大大发展，经过公营私营合作社经营公私合营，逐渐做到自给自足。要解决合作社的困难，整理合作社，发展合作社，要大大发展运输队，普遍提倡副业。发展生产要做到减轻劳役负担，爱惜民力，培养民力。其次，为了做到人财两旺，提高人民自觉，文教工作要在发展生产的条件下，逐步开展学校教育及社会卫生事业，为了完成今后的任务，必须加强干部教育，贯彻民主作风，普遍开展新英雄主义运动，鼓励干部反省，进行自我批评，征求人民意见，上级则做到勤于检查，了解干部困难，从教育中帮助改造。对违法失职不知改悔的干部，则应听从人民意见，予以处理。唯有赏罚严明，奖惩得当，干部的积极性才能普遍发扬。

毛主席所提的一九四五年的任务，应成为今后工作的方针。解放区一定要扩大，军事力量一定要发展。在过去拥爱运动的基础上，更进一步密切军民关系，帮助抗属荣誉军人建立革命家务，扩大民兵，加强民兵训练。另一方面必须组织沦陷区人民，用各种办法开展反抓丁、反抢粮、反特务斗争，准备在时机成熟时，举行武装起义。

今年要加倍努力，进行各项建设工作，并为实现联合政府奋斗到底。

选自《晋冀鲁豫边区史料选编》第二辑，山西大学晋冀鲁豫边区史研究组编印，第381～383页。

24. 本届参议会的四大成功——申（伯纯）议长在晋冀鲁豫边区参议会太行区成立大会的闭幕词

1945年5月

各位参议员各位来宾：

今天我们晋冀鲁豫边区参议会太行区大会在开了十八天大会以后，胜利的举行闭幕典礼。

我们这次大会是在和平的和快乐的和秩序良好的环境里开成的。在这前后二十天的时间中，我们不担心敌情，不害怕“扫荡”，安安静静的开会。这不能不感谢我们的边区子弟兵——八路军，数年来英勇善战打击了敌人保卫了边区的赐予。周围的老百姓渡过了两年的大灾荒，经过去年大生产的丰收，生活相当的改善了。开幕的那天，有几千群众踩高跷闹秧歌热烈的庆祝我们大会的成立，真正表现了军政民一家的快乐景象。这次大会的生活和开会都比较好，都表现更有组织有秩序，特别是大会的职员、联中的同学，及各地十几个剧团给了我们极大的帮助和慰问。这些情形都表现根据地的巩固扩大和各方面工作的深入发展，也就是造成我们大会顺利成功的条件。因此在大会闭幕的时候，我首先代表本会全体参议员向本区的子弟兵八路军，军政首长，大会职员，及各地剧团，致以崇高的敬礼和谢忱。

我们这次大会是开成功了，历史和人民所交给参议会的任务，我们都顺利的完成了。这表现在以下的几件事。

第一，这次参议会本身工作是接受了临参会的三年多工作经验的。我们首先清算了三权分立的思想，确立了议行统一民主集中的政权组织形式的认识。根据这种正确的认识我们制订了参议会组织条例。使边区政权组织更合乎边区军政民团结如一家人的实际情形，更发挥了民主集中的工作效能，一扫过去政权组织形式中的矛盾现象。这对于新民主主义民主政治的实施是更进了一步的。其次这次参议会涌进了一大批杀敌英雄和劳动英雄当选为参议员，这些参议员是与广大群众有密切联系的，他们是从群众杀敌运动劳动运动当中产生出来的群众领袖；他们真能代表群众的利益，这样就使参议会成为真正的人民代表机关。有人说这些参议员土头土脑，我们说这不是坏现象而正是好现象，不是这次参议会的缺点而正是它的三三制会议的特点。因为我们根据地现在还百分之九十以上是土头土脑的农村社会，这些土头土脑的参议员，正是代表现在土头土脑的农村群众，假如这次参议会涌进来的没有这些土头土脑的人，而单是西服革履的人或都是长袍马褂的人，那么他们决不是真正广大农村人民的代表。再者这次大会充分发扬了民主团结的精神，大家毫无拘束，毫无顾忌和毫不客气的说话，真正做到了知无不言和言无不尽。同时这次的参议员虽然是代表不同党派、不同阶层、不同信仰、不同性别、不同年龄、不同民族和不同国籍的人士，但他们都能在抗战民主的共同目标下，大家融洽团结，和乐一堂；对各种问题，都能在开诚商讨后求得一致意见，很少有矛盾对立的现象，这充分表现了根据地民主团结的实质。

第二，这次大会开会，正当全世界及全中国民主运动高涨，而独夫蒋介石仍固执其独裁专制的法西斯统治的时候，正当苏美英盟军辉煌胜利和国内敌后抗战军民日益强大，而蒋介石所统率的军队，败退腐烂的时候，大会热烈的讨论了国际国内的军事政治形势，并从七八分区人民，过去在国民党统治及中央军驻扎时所遭受惨绝人寰的灾祸，具体暴露了国民党特务政策和中央军祸国殃民的罪恶，大会一致通过通电全国要求立即结束国民党一党专政和蒋介石个人独裁，立即实行民主政治，成立民主的联合政府及联合统帅部，如独夫蒋介石仍执迷不悟，拒绝上述要求，即号召全国各民主党派各抗日军队，各地方政府及全国民众自行成立全国性政治组织，以代替独夫蒋介石的统治，这对于挽救当前危机，团结抗战力量，配合盟军发动反攻，争取抗战最后胜利，争取全国民主政治实现，是有其重大作用的。

第三，这次大会对政府工作作了全面深入的检讨，对政府工作成绩，作了正确的估价，对于工作中的错误和缺点，也作了毫不客气的批评与指谪（摘），并决定今后政府施政方针，和努力的方向，这对于今后边区政府工作大大会推进一步的。

第四，这次大会产生了新的有力的边区最高行政机关，改选了边区正副主席及各政府委员，这些当选的主席和委员都是对边区开辟建设有功绩，对政府工作有经验，对群众有威信而为广大群众所爱戴的，这些人员包括共产党员，国民党员，及无党派人士，他们是能代表各阶层人民利益而为广大人民服务的。

以上这些都是我们这次大会的成绩，但是在另一方面，我们这次大会也还有些美中不足的地方，这表现在；

第一，是我们对于三三制民主政治的运用和互相学习的经验都不够，这主要表现在知识分子参议员与工农分子参议员的互相结合互相帮助的不够普遍与密切。这次大会中，妇女界的知识分子参议员和工农分子参议员，无论在大会上小组会上以及在日常谈话上，彼此互相学习互相帮助，都很积极，都很负责，发挥了很好的配合作用。其他参议员，在主观上知识分子与工农分子也曾注意了互相学习，而且有些参议员也确是有计划的互相帮助了，但由于民主运用的经验和互相学习的经验不够，知识分子参议员有时感到工农分子参议员的经验狭隘，而工农分子参议员有时感到知识分子参议员的理论空洞，致在理论与实际的结合上，未能收到应有的效果。

第二个美中不足的地方是这次大会因为时间的限制，对各种提案的讨论的比较草率，有许多提案如关于土地、婚姻、生产、建设、财政、负担等问题，都是广大人民的具体反映，若能有时间展开讨论，会更得出很多办法和宝贵的经验的。但我们却因时间短促未曾详加讨论，只是交政府斟酌办理了，补救的办法，希望新选的驻委会及政府对这次的提案多多予以研究讨论，以补本会的不足。

以上两点是美中不足的地方，但我们相信，经过这次大会的考验，接受大会的经验教训，今后是会一一克服的。

最后在大会闭幕以后，希望新当选的驻委会的驻会委员及政府的正副主席与各委员，能本着这次大会所赋予的任务，发扬抗日政府一贯忠诚努力为全边区人民服务的精神，使本边区更加巩固扩大，更加繁荣幸福。同时希望各位参议员在闭会期间真正负起政府与人民连（联）系的责任。把这次大会的决议和精神，向广大人民传达，并本着知无不言，言无不尽，言者无罪，闻者足戒的精神，经常把广大人民的意见反映给政府，使政府与人民通过参议员而更加团结一致，像一个人一样，以争取对日寇抗战早日胜利，以争取对全国的民主政治的实现。

选自《晋冀鲁豫边区史料选编》第二辑，山西大学晋冀鲁豫边区史研究组编印，第384～387页。

25. 附［报刊报道］：晋冀鲁豫边府主席杨秀峰等就职

1945年5月18日新华社太行电

新华社太行十八日电　晋冀鲁豫边区政府主席杨秀峰、副主席薄一波、戎伍胜，一厅厅长李一清、副厅长赵霖、二厅厅长刘岱峰、副厅长郝季甄；冀鲁豫行署主任孟夫唐、副主任徐达本、贾心斋；太岳行署主任牛佩琮、副主任裴丽生，及政府各委员，现已分别就职。按今年晋冀鲁豫边区参议会，分别在太行、太岳、冀鲁豫三区召开，参加选举之参议员，共四三二人。各地大会，共同选出边府正副主席，分别选出行署主任及政府委员。又浦化人当选为高等法院院长，在未到职前，由王乃堂代理。

《解放日报》一九四五年五月二十二日第一版

选自《晋冀鲁豫边区史料选编》第二辑，山西大学晋冀鲁豫边区史研究组编印，第380页。

26. 附［报刊报道］：晋冀鲁豫边区参议会上杨秀峰主席报告工作

1946年3月24日《解放日报》

［新华社晋察鲁豫十九日电］杨主席秀峰昨在边区参议会大会上作政府工作报告。他

指出过去一年是紧张艰苦的一年，自日寇投降后，国民党当局不许八路军、新四军受降，敌伪到处骚扰，国民党复大军北进，我一面继续解除敌伪武装（五个月中解放县城九十一座），一面对进攻之国民党军队再三忍让，迫不得已而自卫，上党、平汉两大保卫战之胜利，打击了国民党反动派进攻的凶焰，高树勋将军高举义旗，退出内战，也给了和平民主事业以很大推动。而八月以后我收复县城中，为国民党侵占者有二十三座之多。停战令后我严格遵守，对恢复交通的协议也积极执行，但国民党军队则仍以种种方式，撕毁条约，制造冲突，结合敌伪向我进攻。继谓：一年来群众工作方面，无论新老区均以空前规模展开了查租减租与增资运动，深入到所谓三不管地带。关于治黄（黄河）工作，杨主席提出必须照顾冀鲁豫数百万人民的利益，先修堤化险，堵口改道，并须切实救济因改道而失去土地之农民。杨主席认为取得一年来工作胜利的原因有三个：第一是边区人民子弟兵——八路军和决死队对民族国家的忠诚，为人民服务的优良品质；第二是发动群众贯彻减租，增资，改善广大群众生活；第三是全年来的生产运动，为军需民食提供了保证。而三者又以发动群众减租增资为中心环节。关于边区人民生活上升，工业经济发展情形，杨主席以平顺县为例，去年一年贫农上升达二、九六四户，平顺、黎城两县去年增产十一万石，植棉廿六万多亩，太岳扩大耕地面积十一万二千余亩，植棉四万六千四百余亩，同时还以大力恢复了新收复区之各种工业；仅焦作六河沟、峰峰三处煤矿之无利贷款即达五千万元（合法币二万万元），其他如晋城阳城之铁业、邢台之皮业、济宁之汽车修理厂、磁县、彰德之磁业等，均逐渐恢复战前水平。最后杨主席再次指出今年中心任务是继续发动群众，贯彻减租减息，开展大规模的经济建设与公私生产运动，在此基础上，普选全区县政权，成立县参议会，选举县长，减轻人民负担，已决定全区减少廿九万万元。救济灾难民（已发放五万余石），加强文化教育及办理善后复员等。

选自《中国新民主主义革命时期法制建设资料选编》第一册，西南政法学院函授部1982年编印，第413～415页。原注：“《解放日报》1946年3月24日”。

27. 杨秀峰在华北临时人民代表大会上关于晋冀鲁豫边区政府的工作报告①

1948年8月9日

各位代表先生：

我代表晋冀鲁豫边区政府报告两年自卫战争以来的工作。在未报告之前，我首先向各位代表致崇高的敬礼。这个工作报告分为以下六部分：

（一）自卫战争以来的工作方针；

（二）支援战争工作；

（三）贯彻土地改革；

（四）经济建设；

① 原注：本文系根据会议记录稿整理，未经本人审核。

（五）文化教育工作；

（六）民主政权建设。

（一）自卫战争以来的工作方针：

从一九四六年自卫战争开始到现在已经两年了，这两年中我们的政府工作方针是什么呢？扼要讲即是发动群众，壮大边区人民力量，发展生产，休养民力，减轻民负，建设边区。

根据这个总方针，我们自己来检查这两年来的政府工作是曾经努力贯彻了这一总的方针，其事实：

1. 当蒋介石违背停战协定，占领我边沿区三百多个村庄时，在四六年三四月间，我们曾采取了严正的自卫斗争。七月蒋介石大举进攻，我们坚决地动员了全边区的人民进入了自卫战争，由防御到进攻，收复了广大地区及城市，并且，大军深入了蒋管区。

2. 由减租减息到土地改革，在全区大部地区消灭了封建半封建制度。

3. 在胜利第一的原则下，相当的尽到组织人力、物力、财力支援人民解放战争，得到胜利。

4. 在大规模的战争中，我们进行了精兵简政，厉行节约，并一般的做到了不误农业生产，部分地区在组织劳力上、耕作技术上有了进步。工业一般有发展，特别是军工。

在检查贯彻总方针的实施当中，我们的缺点错误也很多，主要表现在政府中的官僚主义尚未能肃清。

这是我们自己对二年来工作的总检查，提向大会来审查。下面分别的扼要的报告各种工作情况。

（二）支援前线工作：

一九四六年七月，蒋介石动员了五十个旅，分两路向我同蒲、陇海两线地区进攻。我人民解放军和我边区人民，在坚决自卫的原则下，立即动员起来，进行了自卫战争，打击了蒋匪的进攻。从四六年七月起，靠我刘伯承、邓小平、徐向前、滕代远、薄一波、王新亭、张际春、宋任穷、陈赓、谢富治这几位将军的指挥，全体指战员的英勇奋斗，全区人民的热烈支援，到去年四月，经过了十个月的激烈斗争，在消灭敌人二十八万人之后已取得了全部主动，转入进攻以前，被敌侵占的城市、地区大部收复，并解放了蒋管区的一部分城市。七月刘邓大军横渡黄河，八月陈谢过河，在刘邓、陈谢过河时，华东野战军——陈粟大军亦进入我冀鲁豫区作战，于九月过陇海路。这三支大军进入中原之后，我区又组织了一支野战军徐（向前）兵团，这支野战军在一年来曾联合友军解放了永年、运城、临汾，最近晋中作战一个月的时间解放县城十四座，歼灭阎匪一个总部、四个半军部、八个师，毙伤俘五万五千余人，太原已成孤城。从此使我晋冀鲁豫、晋察冀与西北两解放区全部同华东、中原解放区大部联系起来，使我们有可能有条件更好的建设华北解放区，我们应该向我们人民解放军致崇高的敬意。

我们的军事胜利是与人民的参军参战分不开的，下边我就把这几方面大略的讲一讲。

先从参军方面谈。自解放战争以来，我区先后共动员新战士三十六万人，这些新战士政治觉悟很高，大多数系翻身农民，其中百分之九十九是贫雇农、新中农、中农出身，他们知道为什么作战，为谁而战。这是很重要的一点。由于这样多而且成分这样好的战士参军，我们部队不仅在数量上，尤其在质量上是大大提高了。到人民解放战争第一周年之末，我军发展增加了四倍。

从参战方面讲。自卫战争二年来，全区七十万民兵几乎全体参加了作战，只就一九四六年下半年太行太岳两区材料，参战民兵共二〇〇二九四人，作战一〇六一三次，毙伤俘敌伪团营长以下一一五九七人。去年一年全区民兵共作战一六八一九次，打死打伤炸死炸伤匪伪一八七八三人，俘旅团长以下一九六一二人，共毙伤俘敌三八三九五人，缴获大小炮一百三十九门，各种炮弹子弹六一九四一九发。

战勤方面。我们的战勤可以说基本是由人民负担的，从战争以来到现在，不算后方平时支差运输、磨面、碾米、缝衣洗衣服、修理锅灶，仅战士抬送伤兵、运输给养子弹、押送俘虏、破坏道路即用工约在一亿五千余万。二年来平均每个差力要出六十天，常备民工随军行动，多则半年，少则三个月，有的随陈粟、陈谢南征，有的渡河到陇海路接送东西，工作异常艰苦。在战勤的组织上和民力的使用上，一年来也是有很大进步的。开始是一兵一夫，后来到一比二，一比一点五，一比一，现在可以做到二比一，有的达到三比一。

人民对战争的物力支援也是很大的，仅运城临汾两次战役就共用门板四九四三九二块，大梁共用一六二一三七根，口袋三五二二七〇条。仅运城部分赔偿即用麦子一百四十四万斤，如果要全部赔偿的话，太岳全区一个夏囤还不够，人民负担之重可见一斑。

财政方面。我们的财政方面，自从日本投降平汉战役以后，四个区的财政（太行、太岳、冀南、冀鲁豫）宣告统一，实行了大项集中，小项机动，这对于支援战争起了极大作用，这是在两年来的一个经验。我们的财政收支，从解放战争以来预算逐年加大，一九四六年全区人民每个人平均负担（间接税收在外，透支在内）四斗六升，约占其总收入百分之十二；一九四七年人民每个人平均负担为五斗四升，约占其总收入百分之十四；一九四八年人民每人平均负担六斗五升，占其总收入的百分之十七。为什么我们的开支一年比一年多，人民负担一年比一年重呢？第一，由于战争形势的发展以及人民解放军的不断壮大，人数增多；第二，由于我们现在进行的战争是大规模的比较近代化的战争，从运动战到阵地战与攻坚战，消耗大。但我们和人民所付的代价是很值得的，解放了广大地区和人民。现在我区已有二十二万平方公里面积，二千八百万人口，一千八百个县，一百一十三座城市，一万万亩耕地（以上包括晋中区在内，新划给晋绥晋南十九个县不在内），并且取得了相对的安定条件发展生产从事各种建设。这里应感谢我区全体军民以及各兄弟区配合的努力，特别应感谢我刘邓、陈谢、陈粟三支大军一年来的英勇奋斗。试一设想，如果不是我刘邓大军在南线消灭了大量的敌人，并进一步把战争引向蒋管区，则我们是不可能得到这样安居乐业的。因此，我们政府今后的工作，还必须继续发扬民力，集中财力，支援前线，支援南线，最后打败敌人，这就是我们政府工作的首要任务。

其次，应该把安置荣誉退伍军人及优待革命军属工作做好（现在这个工作做得不好，其中最重要的一点就是代耕工作做得不好），以安在前线作战的军心。对这一工作的基本方针，是帮助安家、帮助生产，而不是单纯的优待。此外，我们应该把投递战士家书的工作更加重视起来。自从我们广播军人家属的信以后，军属和军人都非常赞成。

自从抗战以来，到现在，全晋冀鲁豫区军属约有九十多万户（我们还没有完全准确的数字），这九十多万户，绝大多数在平分土地和负担工作中照顾了，应该优待的优待了。四六年全区发优待粮六千万斤以上，从自卫战争以来即有八万以上的荣誉军人得到安置，这是差堪告慰我们出征的部队的。这工作虽然做了，但做得不好，今后我们要把这个工作更加做好。

（三）二年来的土地改革情况：

晋冀鲁豫边区的土地改革情况，我扼要的报告如下：

抗战以前，我区地主富农（各地不同）约占人口6%到10%上下，但他们的土地却占耕地25%到35%左右。在抗战中，经过减租减息，合理负担，统一累进税，再加上敌人的摧残破坏，土地关系有很大变化。据太行报告，老区经过四二年、四四年、四五年的减租减息运动，其结果，地主占有的土地已由25%降到6.4%，地主富农户口由6%降到4%，最少的还有降到2%的。那时，新旧中农已达到60%到80%。贫农雇农一部分已经翻身，获得了土地，建立了家务。日寇投降以后，我们在新收复区发动了广泛的反奸清算、减租减息运动，实行了合理负担办法。这一运动到一九四六年中共中央五四指示下来为止，在新区的土地上也起了相当大的变化。

中共中央五四指示的政策，是依从人民群众的要求，从减租减息到土地改革而做出来的，这个政策是彻底消灭封建地主阶级，坚决保护工商业的政策。抗战中实行减租减息是对的，是为了团结各阶层抗战。到抗战胜利之后，广大人民群众不满于减租减息，所以起来要求实行土地改革，这是从广大农村很明显可以看出来的，所以中共中央的五四指示是依从广大人民的要求和适应广大人民的要求的。那末（么），政府应该完全同意并且支持这个政策，所以我进一步的发动群众，贯彻土地改革。两年来，于紧张的战争支前空隙中，在全区大部区域内开展了土地改革运动，获得了很大的成绩。下面我把经过和计划简单的说一下。

从四六年夏天执行了土地改革，到九月，我们虽然获得了很大成绩，但也发现有“差不多”的思想，于是就提出来继续深入，并且提出“填平补齐”运动（因为那时有多得土地的，还有窟窿），这个运动普及到了全边区。直到四七年三月间，在全边区除边沿区、游击〈区〉之外，可以说土地问题大体得到解决。在广大的老区和半老区，约有二千一百五十万人口地区，已经根本消灭了封建制度，无地少地的贫雇农民大体分得了相等于平均数的土地，在这些地区，土地改革可以说已基本上完成。兹就手头的几个材料，来说明一下我区的土改情况：

太岳老区调查了八个村庄，共计二〇〇九户，土改后各阶层平均土地三．二亩，产量三．六四石。

地主二一户，	土地平均一．四亩，	产量二．〇一石；
富农九十户，	土地平均二．五八亩，	产量三．二〇石；
中农六七四户，	土地平均三．五五亩，	产量三．八二石；
贫农二二四户，	土地平均二．七八亩，	产量二．六八石。

从上面我们可以看出，地主的地比平均产量稍微少了一点，富农就不少，中农就很多。

冀鲁豫十一个村土改后土地变化调查：

地主平均土地二.四亩，新富农平均二.九亩，中农平均三.四亩，贫农平均二.七亩。

冀南夏津十九个村土改后的调查：

地主平均土地三.〇亩，　　　　平均产量三.八石；

富农平均土地四.一亩，　　　　平均产量四.三石；

富裕中农平均土地四.八亩，　　平均产量六.一石；

老中农平均土地四.四亩，　　　平均产量三.八石；

贫农平均土地三.八亩，　　　　平均产量三.八石。

从上边可以看出土改后各阶层的变化以及土地情况的变化，可以说贫雇农中90%左右的已经彻底翻了身，他们已分得一份土地、浮财、生产工具，只有10%左右还没有完满的翻身，如果你到农村里边去调查一下，你就可以了解这一部分没有完满翻身的人，多于老弱孤寡残废或外来户（是在平分土地以后才来的）。中农一般的没有动，保持平均数以上的土地，生产资本和生产工具都比较优裕，地主富农一般等于或少于平均数，对于少于平均数的、生活确实困难的，就设法加以安置。由于经济上政治上消灭了封建的束缚，广大的男女农民参加了各种活动，农村的面貌焕然一新，老实农民说话管事了。从去年秋后即转入生产为中心，结合着生产，迅速解决所遗留小部分问题的抽补、调剂、纠偏问题。这几个月来，我们的工作计划布置是这样的，凡土地改革完成的地区即行颁发土地证（现在土地证的式样在印），确定地权财权受法律保护，任何人不得侵犯。允许雇佣劳动，其条件依法令自由约定。允许确实无法自行耕耘者出租土地。废除农业累进税则，改用比例税制（现在已经实施），并按常年产量计算征收，固定负担额，以鼓励劳动增加生产。因为精耕细作，努力劳动，超过产量不加负担。现在正在极力改进战勤支差制度，平衡民力负担，明令停止一切不合理的优待（原来晋冀鲁豫边区政府与军区已经联合下了一个命令，一切干部家属不准代耕，后来得到反映也确实有些困难，如不代耕，出租或雇人不够生活。最近这个问题又略加改正，报纸上已经登出来了，不在这里多讲）。作（做）好对军属之正当代耕（刚才讲到了，对军属代耕耕作不好，结果使军属很大不满），以节省民力，增加生产。

土地改革中我们的缺点或错误的检讨。由于过去我们领导上在某些问题方面指示办法不够明确，不够具体，对政策教育、对干部、对广大群众宣传也未能深入及检查了解不够及时，问题发生一个月了甚至一个多月了才知道，又来一个时期开会检讨做总结，再下去实行又是好几个月。由于这些原因，在土改后期曾经发生过各地程度不同、原因情况不同、问题多少不同及时间长短不同的“左”倾错误，如侵犯中农，侵犯工商业，以及在某些地区杀人、打人、捕人也曾犯过错误（我们在报纸上公开宣传暴露这些问题很多，我不必在这多讲）。这些错误我们是不是曾经加以教育纠正了呢？政府对这些错误是曾陆续不断的加以教育纠正的。比如在去年秋天发现了在太行区某些地方直接杀人，我们马上打电话派人检查纠正。可是陆续不断的发生这种问题，比方学校里也发生类似三查之事，我们马上下命令不准这样。我们是曾陆续不断的加以教育纠正的，但是因为我们指示办法不够明确具体，检查了解不够及时，因此耽误一些时间。到一九四七年十月十一月间，在冶陶召开了土地会议，开了很长时间，在这个会议上得到了比较彻底的教育纠正。自那时起，采取了大力深入严肃而坚决的纠正偏向措施，在干部中群众中加强端正政策的思想教育，反对了绝对平均主义的农业社会主义思想。比如“斗富”就是农业社会主义思想，绝对平均主义，要斗中农，要斗工商业，这也都是农业社会主义思想，反对这种思想。按着中国土地法大纲，中共中央所拟定的各种政策及其介绍从前划分阶级的办法，颁行各种比较具体详细的纠偏办法。首先着重订正成份（分），摘掉错戴的各种嫌疑“帽子”，补偿中农损失，重申坚决保护工商业政策，退还错斗的工商业，安置生活困难的地主旧富农。群众中以及下级政府确实困难适当解决之问题，边府予以必要的协助。设立人民法庭，以防止乱捕、乱打及多杀人现象。废除路条制度，取缔农村中各种不应当的管制，提高群众自觉的守法纠偏行动，反对无政府状态，建立新民主秩序。在土改进行没有完全彻底的地方，今年春耕中曾发生问题，我们又宣布今年谁种谁收，并宣传生产发家，劳动致富，去掉顾虑，加强生产。今年五月间我们在此地（石家庄）又召开了全区工商业会议，历时四十多天，研究去掉发展工商业的障碍，拟定发展公私工商业之方案，此方案报纸上已经登载，有一部分已经经过两政府批准，制定了法令，号令下去，正在付诸实施。经过几个月来之努力，在中共中央毛主席的正确方针下及广大群众的自觉空前提高的基础上，偏向已大体上得到纠正，今天可以说，解放区已进入正常的建设状态。

（四）经济建设：

革命战争是长期的，消耗巨大，为保障供给，维持人民一定生活，必须恢复发展生产，同时，我们亦有恢复与发展生产的条件：

1. 从抗战到现在，经过减租减息，反奸清算，土地改革，贫雇农获得土地、生产资本和农具后，生产情绪提高，要求生产发家致富。

2. 日本投降后，我们收复了一部分中小城市和一些较大的矿山工厂，环境比较巩固与安定，也要求生产建设。

3. 我区土地广大，人口众多，物产丰富，有很好发展生产的条件。

根据这种情况和条件，在一九四六年一月，我区曾召开全区生产会议，提出以农业为主，发展副业手工业，同时尽可能恢复与举办一些大工业和交通运输等项建设事业，以求得实现自给自足的方针。七月，人民解放战争开始后，我们又提出结合战争，掌握季节，突击生产，反对单打一的思想。兹将两年来的生产建设，简述于下。

农业方面，总的方针是增产粮食，恢复战前水平。具体作（做）法，着重组织起来，在自愿结合、等价交换、民主领导的原则下，进行普遍的劳动合作互助，组织所有劳动力特别是妇女进行生产。

一九四六年，太行二十个县参加劳动互助的达 841 896 人，占总劳力之 78%。太岳四七年阳城、沁水、屯留等三个县组织起来的男劳力有 67.6%，女劳力 64.6%。冀南元朝、鸡泽劳力互助亦很普遍。战勤与生产结合上，创造了三大结合，有组织有计划的分配使用劳力，不误战争，不误生产，贡献很大。以冀鲁豫为例，一九四六、四七年战勤那样繁重的两个秋季中，没有耽误秋收、秋耕、秋种，实有赖于组织起来的力量。其次，在组织起来的基础上，我们又着重了施肥、选种、深耕细作，提高技术之提倡，有些个别地区已使科学技术与群众经验逐渐结合起来，产量达到或超过战前水平。太行平顺一九四六年产量超过了一九四五年的三分之一。同年偏城一个村贫、中、富农三个阶层调查，战前平均产量是一石一斗，四三年产量是〇．八八石，四六年一．五四六石，由于提倡特种作物，棉、蓝、麻产量逐渐增加，这对于我们工业原料有很大的影响。现在我们的棉花每年除自用外，余一亿余斤，蓝大部自给，这对于我们缺乏靛的地区有很大帮助。造林植树，一九四六、四七两年太行、和顺等十二县曾经进行了普遍的植树，两年植树四百九十余万株。在平原上也进行了一部分植树，但是，无论平原或山地造林都很不够。在农业生产方面最大的困难就是牲畜问题，抗战以来，某些老区半老区虽然亦有增加，太行十九个县的统计，一九四六年增加牲口三一七一二头，太岳屯留一九四七年增加二千余头，但全区说来耕畜之缺乏仍是严重的，按耕地的要求要差三分之一至二分之一。防灾方面，除了旱灾以外，在平原的水患也很厉害，首先是由于蒋匪破坏黄河河堤，冀鲁豫二年多以来我区黄河复堤一四二六华里，参加人数约四十万，垫土四千七百余万方，修险三十一处，共用小米一一二六七八〇〇〇斤。今年敌人进占黄河南岸，飞机滥肆轰炸，破坏了许多工程，所以今年的大汛到来可能决口，政府正筹对策。冀南治河防水二年来也有显著成绩。水利方面，一九四七年仅冀南一分区即打井千余眼，旱地变水田一万余亩，连年治河修堤颇为努力。太岳六县开渠三百余条，浇地六五四〇八亩。惟最近亢（抗）旱之后，忽又连雨，冀南各河溃决，水灾达十七县，详细正在调查。我们已经组织动员一切力量抢险救护，边府并派技术人员实地勘察，晋察冀边区并帮助派技术人员及行政人员实地勘察，而且进一步研究办法进行治河，在可能的范围之内等情况明确即行善后。事前因忙于抗旱、锄苗、补肥，对水灾疏于防范，冀南行署不但负责，本府也应负责。灾荒几乎每年全有，去年全区被灾人口约四百万，待大力救济者约五十万，去冬今春边府及行署曾拨二千余万斤粮以工代赈，生产救灾，有的地区作（做）的很好，收获很大，完全能够执行生产救灾的方针。看今年的情况，救灾所需的数目将更大。

此外，为了繁荣农村经济，补助农民收入的不足，大量组织合作社和小型的合作社，这一些事情在许多地区是很重要的工作，几年来已有很大成绩。譬如，熬硝、纺织有很大发展，淋盐、榨油、编草帽辫、刨药材、种药材等也渐次恢复。其它运输业等副业收入在农民总收入中占的比例相当大，有的达到百分之三十，一般的也在百分之十到二十左右。几年来全区的纺织特别是在山地有很大的发展，一九四七年全区纺妇有五百三十万，织布二七一六八七七斤〔尺〕，于此可见一斑。

工业建设采取了解决军需民用，达到自给自足，争取一部出口的方针，在抗战期间，手工业纺织、榨油、熬硝、造纸、皮革、制药即有小的发展。日寇投降，接收了焦作、峰峰、六河沟、石圪节等矿山及长治、邯郸等城市，机器工业即具基础。现在我们的煤、铁、农具、布匹、火柴、皮革、硝磺、火碱、瓷器、肥皂、卷烟、植物油、酒精、竹货等均自给而有余，纸张、盐、染料、药品、油、文具亦大部自给。此外，还有机器纺织厂、面粉厂、玻璃厂、洋灰厂、木料厂、磁、硝、盐酸厂、煤焦油厂等或已开工，或正在建厂，不久即可大量出产成品。公营工业自一九四六年三月开始实行企业化之后，在经营管理、职工团结、工资制度、成本减低、产品数量、质量的提高上均有进步，如军工，这二年以来已经提了三倍，一般的讲，这些工业是赚钱的。焦作煤矿在我管理时，矿工最高产量有的已能日产 1.1 吨煤，几达战前中、英资本家合办时之标准。六河沟、峰峰亦均超过日人经营时水平。私人工矿业由于我们提出劳资两利，公私兼顾，繁荣经济的政策，在一九四六年时有大发展，上党区的铁业已恢复战前百分之二十二，彭城瓷业恢复百分之三十五，后来因为受战争的影响，以及我们对工资政策坚持不够，出了一些毛病，到一九四七年曾一度消沉，自今年一月纠偏端正政策以来，又大见活跃。我们从邯郸、长治来看，最近就比较活跃。现在全区有五万产业工人（晋冀鲁豫的产业工人），这是一个很大的革命力量。

交通方面，我们曾将接受及缴获匪伪的汽车由晋冀鲁豫交通厅把它集中起来，组织了一个运输公司，并附设了一个大车运输队，这些事情，我们在工作过程中看有好处。我们还造了一批船只，恢复了运河、卫河、滏阳河的河运。一九四七年一月起，我们又修筑了一段邯涉轻便铁路，并与晋察冀联合修成德石铁路。在全区来讲，大概三千余里公路经过修理已畅行无阻。邮政从边府一级到区都建立了各级的管理机关、工作机关，管理工作同有改进，有些地区且减少了乡村。所以在交通方面我们有了这样一个小的规模，这是必要的建设。由于这样猛力的建设，使全区交通便利，货畅其流，运费平稳，使全边区的交通和物资交流上得到了好处，对战争对人民均有极大好处。

贸易金融工作上，在一九四六年我们提出独立自主，自力更生的方针，从此贸易金融工作即走上了正确的道路。在这个方针下的工作，具体的来讲，对内实行贸易自由，扶植生产，调剂物资，平稳物价的做法，这是金融贸易工作的任务。二年来我们曾经用了极大的力量，掌握季节和地域性，调剂了各地区各主要物资的价格，仅土布一项来讲，即经营了二万七千万方尺贸易额，为了调剂物资、平稳物价的目的，物价二年来总的方面来说是平稳的，但在战争时期内不可能不上涨，我们要的是平稳上涨。对外我们为了保护生产，采取了奖出限入，做到出入口平衡，甚至于出超。有些必需品我们奖励出口，有些必需品我们禁止它出口，有些东西我们限制它入口，这是我们整个管理方针。山货土产大部推销出去，顽美货、外来货受到严格的限制，其少数走私的也不占什么重要地位。总计二年来我们全边区的出超一六五九六八九七五二七元（入口走私未估计在内）。特别我们实行统一采购以来，完成了税收二万五千万斤小米，对于保证供给尽了很大力量。我们的银行采取了扶助生产，紧缩发行，摆脱蒋币的方针。在货币斗争上压倒了蒋币，扩大了本币市场。就冀钞与蒋币之比，从一九四六年一月一与四之比到一九四七年六月已提至一比十二，到今年六月已提至一比二二七元，最近已到一比五百至一比一千元。所有被我解放地区均实行了公私兼顾的办法，就是说也要照顾到群众的利益，也要照顾到本币，这样很快的变成本币市场。开展了农村信贷和城市存放款业务，二年来共贷款二百七十一亿元，对扶植农副工业生产起了很大的作用。吸收了八百多万现洋，对支援南线成效很大。

但我们在生产建设方面也曾经或多或少犯过一些错误，就其大的来讲，在农业的劳动上，两年来有很严重的形式主义、强迫命令现象，比如互助变工不自愿，计工折工不等价，甚至有许多工价不算账，合作社有的强迫结合入股。在工业方面，由于领导上缺乏计划和经验，最主要的是生产带有盲目性，经营管理都有缺点。比如说，去年我们有些工厂造大部元车，造出来没有销路，争取开煤窑，开出来卖不了，这些缺点在工商业会议上检讨了，而且登载了报纸。对于完全忠心于新民主主义的技术人员重视不够，在工资政策上有救济及平均主义的观点，用人不是讲技术，往往带救济观点来用人，在工资政策上不是按照技术做等差，而采取了救济及平均主义的观点，这是错误的。我们的银行工作曾经也有一些错误，去年十二月抽回贷款，结果把中农都抽回，曾在一个短时间内不贷给中农，对中农有些刺伤情形。这些问题，有的已早经改正，有的正在改正，当然边府要负责任。这是对于经济建设、生产各方面做这样简单的报告。

最后一部分，文化教育和民主建设。

第五部分，文化教育工作：

二年来，政府工作的重点放在进行战争，支援前线，进行土地改革，生产建设等刻不容缓的工作方面，对于学校教育建设的推进，在指导用力上是较差的，在大众文化活动方面则较有进步。

一、从边区广大人民的思想生活实际来看，广大群众的政治觉悟大大的提高了。首先由于二年来广大的劳动人民自己广泛的参加了反帝国主义、反封建主义、反官僚资本主义的军事、政治、经济的斗争，他们自己在斗争中把自己提高了。但是也由于我们着重了一般的群众文化教育活动，大批的干部与文化工作者随着战争与土地改革，深入前线、工厂和广大乡村，办冬学、民众夜校和青年补习班，与群众共同组织黑板报，组织广播台，普遍开展了群众时事教育工作。拿黑板报来讲，全区现有一五九七〇〇块（大致数字），还有广播台。另外农村剧团、秧歌队大部村庄都有，当然有些浪费，但在农民文化娱乐方面起了相当大的作用。我们的报纸更加深入群众，人民日报及各区的报纸均一直深入到村，尤以新大众报最受欢迎。从大众教育这方面来看，两年来有其成绩，但从大众教育的内容来看，识字教育由于土改中不正确的清洗教员去年减弱了，这是较严重的缺点。卫生教育与破除迷信教育也还很不够，如有的地方还闹会门，这是应该检查的。但另一切合需要的新民主主义的时事政治思想教育及某些生产教育是加强了。

二、学校教育。学校教育差，但也不是说两年来整个都差，不是这样的情况。两年来学校教育曾经过一九四六年及一九四七年上半年一度蓬勃的发展（各地不同）。我们创办了北方大学，北方大学在这两年里头团结了本地外来知识分子，培养了各种干部，成绩很大。比方讲医学院、财经学院、文教、农学、艺术等院毕业分配工作的有七百多个学生，加上行政学院与其他各学院临时调出工作的总计将近一千干部。公立（私立不在内）的中学、师范，曾增设到超过每专署一个的平均数，最多的时候全区共有四十五座，高小达七百九十三座，初小四万三千五百十一座。拿太行来说，在同一地区，初小超过抗战以前国民党统治时期六七倍，高小则超过一．六倍强，至少在这些方面应该说是发展的。两年来全区中学、师范总计参加军事、财经、工业、文教以及民政工作的在五千人以上，这一方面说明各种工作迫切需要这样多的人员，而我们学校也供应出这样一个不小的数字到各种工作岗位上去，自然，所供应的人员从质量上来看还是很低的。

可是，一九四七年各地发生什么现象呢（有的地方早一点，有的地方迟一点）？发生学校与学生数目减少的现象，以及学生文化程度低落的严重现象的情形。什么原因呢？主要是教育方针执行上的偏向，在许多中、小学轻文化，重政治，重生产，重社会生活，轻学习，教员、学生校外工作多，学校工作队化，大大影响了文化学习，为一般人民所不满，使人民不愿意送他的孩子上学，因为上学认不了多少字，读不了多少书。其次，领导上注意不够，放任自流，有的教育无专人负责，这也是一个原因。有的地区则受战争与土改的影响，如三查。

晋冀鲁豫边府在今年初对于这些偏向曾经不断发出纠正这些错误整顿学校教育的号召与指示，首先端正教育政策，就是我们执行中间禁止一般学校中实行三查，并收回被清洗之地主富农家庭的学生，对他们是依据新民主主义教育方针，使具有为人民服务的思想与一定的科学文化知识，而不是其他。对于教员除开极少数确系反动分子或破坏分子外，一律争取欢迎他们合作。应该采取这样的方针和态度，根据最近的报告，错误已逐渐改正过来。统计全区现有的公立中学、师范三十座，学生七千一百七十二人，确定公费名额三千三百四十七人，占学生总数百分之四十八。最近各行署大都召开了中学会议，除检查改正错误外，对学制、课程都有一个初步的拟定，已开始建立起正常的教学秩序（原晋冀鲁豫边府与晋察冀边委会都预备联合召集中学教育会议）。截至最近全区共有完全小学九百六十座，学生十万四千一百二十人，小学还正在恢复原状中，计全区共有初小三万八千五百七十九座，学生二百二十三万四千余人，使我们的学龄儿童应该上学这个数字还差，我们还须大大努力。在纠正偏向以后，将会很快的恢复原状并迅速发展。现在有很多村子学校应该恢复原状。

为适应华北建设需要，今后我们还需要更进一步的整顿学校教育，首先端正教育政策，改正教学偏向。其次，确立统一的、正确的课程学制，纠正漫无学习标准和修业期限的游击作风，编印各级学校教材，以求切实有效的提高学生文化水平。

最近要做的这些工作，为要达到这个要求，我想最大的一个问题，就是大力解决师资问题，还要适当的提高教员待遇及健全各级教育行政机构，以推动整个工作前进，这是目前教育工作进行的必要步骤。

第六部分，进一步的建设新民主主义的政权：

关于新民主主义政权建设和组织建设及改进政府工作方面，在过去两年中间，我们曾做过些什么工作和发生过什么问题？

这里先说新民主主义政权组织建设

第一，我们新民主主义政权包括工人、农民、独立劳动者、知识分子、自由资产阶级以及一切爱国民主人士，为此我们曾纠正了一些错误，如“工农专政”或“贫雇农当家”的错误见解（在土地改革中有些地方曾经发生过有些错误，这一点特别重要）。

第二，我们政权建设的基础和步骤是发动群众，在广大群众不断提高的基础上，逐渐的加以改造。我们是采取这个方针，那么就请求我们的代表在这个方针基础上来检查我们的政策。

第三，适应战争和生产，我们在战争中来发生产。为了减轻人民负担及适应战争要求，曾进行过三次简政，厉行节约。以边府本身而言，一九四六年春天是二百一十人，到一九四七年五月减到〈一百〉零几人，几近一半，机关的马匹大多数投入了生产。在人民解放战争开始以后，我们结合军队和各人民团体，建立了大规模的前方供应线，拿出大力建立了后勤工作，加强民兵自卫队组训工作，前方开展游击战，后方则提倡组织起来，发动一切劳动力及辅助劳力，密切结合土改与生产，组织人力物力财力支援前线，不误生产。我们派了大批干部下乡参加土改，领导生产，或到前线服务。政府组织机构也依战争形势与工作任务为适宜之变动，所以有时晋冀鲁豫边区政府人剩很少，如文书科有时就只剩文书科长一个人，当然不是长期如此。

第四，民主建政的另一重要工作，是改造各级政府作风问题。由于二年来战争、土改、生产任务之繁重及本府对各级政府干部思想教育以及及时检查帮助不够，因而在各级政府里存在着严重的行政命令、官僚主义和因此而产生的形式主义，在我们某些地方某些干部工作中间还表现了很大的发展。在区村干部中，由于我们领导上教育还不够，检查了解不够，相当多的区村干部违反人民利益，脱离群众的现象很严重。为了密切与群众的联系，克服官僚主义，所以自去年春季开始，我们曾以大力自上而下进行民主建政工作，调整组织，调训干部，特别是在去年冬天今年春天，大批的、会议式的、训练班的调训干部，从所得效果上看成绩尚好。村干部里头大多数还是好的，其中10%到20%是工作积极、作风正派、思想纯洁、能联系群众，但是还有50%到60%虽有些小毛病，可是工作是很努力的，剩下的15%到25%确实自私自利，错误较多，对于这些人，采取团结教育改造的方针，决不是抛弃他们，只有个别的人作恶多端为人民所痛恨者，那就给予必要的处分。在一年多来，我们改造作风，一般的区县政府干部经过检查，已见进步，就是下层的行政命令，官僚主义也减轻了，工作活跃了。这个工作在今年冬天明年春天还要继续进行，整饬作风，因为不去掉官僚主义，不能做到这一点，任何好的政策，在执行起来都不会使我们的工作办的好。这是政权建设工作，改造作风工作，大概如此。

今后在消灭封建，完成土地改革，新的条件之下，进一步建设我区新民主主义政权是必要的。我代表晋冀鲁豫边区政府向大会各位代表提出一点建议，我建议应该建立县村各级人民会议，并选举各级政府委员会，除少数反革命分子依法褫夺公权者外，一律有选举权与被选举权。可能时并以省区为单位，建立省区人民代表大会。县以上建立一个专为检查政府人员违法失职贪污浪费及官僚主义的检查机关。要迅速确定保护各阶层的人权地权财权的新法律。在行政组织领导上加强统一集中，严肃行政纪律，克服地方主义与无政府状态。建立以生产与战勤相结合的村级组织，改进村级各种制度，村款收支并应以法律规定，以克服浪费，减轻人民负担。再一个就是村级干部完全尽义务是不可能，应看村子大小，工作繁重程度酌量设一个到一个半人的供给名额，还酌免若干人的战勤支差任务，以解决村干部之困难并杜绝贪污营私。

由于这两个区合并问题已提到大会讨论，故我不便在我的工作报告中再提出今后的工作任务。我的报告完了。

选自《共和国雏形——华北人民政府》，中央档案馆编，西苑出版社2000年版，第95～111页。原注："根据中央档案馆档案刊印"。

四、民政法规

1. 晋冀豫区优待抗战军人家属条例

1940年12月公布

第一条 一切抗战部队之现役军人（包括中央军八路军决死队及其他一切抗战部队，但不脱离生产或半脱离生产之人民武装不在其内），凡经其所属部队之证明者，其家属均得享受本条例所规定之优待。

第二条 本条例所指之抗战军人家属，系以直系亲属（祖父母、父母、妻、子女）及向来依靠其抚养之弟妹等人为限。

第三条 凡本区各级政府、各种民众团体以及全体人民，均负有执行本条例所规定之办法优待其所在地抗战军人家属的义务。

第四条 优待抗战军人家属的办法如下：

（一）慰问尊敬表扬抗属，提高抗属社会地位，如贺节，写慰问函件，颁发奖章旗幛等，以及其他尊崇抗属之办法。

（二）给抗属与现役军人通讯往来以便利，制定抗属家信之特种图记，政府、部队、民众团体、各地兵站、邮政以及一切交通机关，应负责代为义务传递。

（三）抗属如欲前往附近部队探亲其亲属时，政府、部队、民众团体与其他机关，均应尽量设法予以照顾。

（四）对劳力不足之抗属，邻近居民应予以日常生活上之照顾，如拾粪、担水、打柴等。

（五）抗属有参加各种生产事业及获得各种职业之优先权，对于失业之抗属，各机关、各民众拨体均应尽力负责，代为介绍职业，公营或民众团体经营之各种生产事业，应尽先容纳抗属工作。

（六）贫寒抗属，有获得政府低利贷款之优先权。

（七）抗战军人之子女与依靠其抚养之弟妹等入学，及本人将来退伍后之入学，除一律免交学费外，并得依照本处颁布之优待贫寒子弟入学条例及退伍军人入学补助条例补助之。

（八）在公立医院治病得予免费治疗。

（九）在公营贸易局或合作社，及一切公营事业购买生活必需品时，得享受优待或尽先购买之权利，其办法另定之。

（十）贫寒抗属，如有诉讼事宜，得免纳诉讼费。

（十一）因家人出征而致无法继续耕种之贫寒抗属的土地，本村或附近村庄之自卫队青抗先，应以村为单位，组织经常的代耕队，负责代为耕种。

（十二）有劳动力而缺少土地之贫寒抗属，得享有下列优先权利：

甲、有垦种公有或私有之荒山荒地之优先权，但私荒土地之所有人，愿自行垦种者除外。

乙、有租种一切公地之优先权。

丙、逃亡户土地经政府处理后，按照处理逃亡户土地办法有租种之优先权，但在原地主归家后之第二年，即应按照当时当地一般租额，订定租佃契约依约交纳租粮，如原地主要求收回自耕即应将原地交还。

丁、没收之汉奸土地，经政府处理后，应尽先分给贫寒抗属耕种。

（十三）贫寒抗属得享有下列居住之优先权：

甲、政府所经营之空闲房屋，有无偿居住之优先先权。

乙、逃亡户之房屋，经政府处理后，有居住之优先权，但在原屋主归来时，应即移让一部分，找得新屋后，全部交迁原屋主。

丙、没收之汉奸房屋经政府处理后，应尽先分给贫寒抗属居住。

第五条　在前条办法全部圆满执行，贫寒抗属生活尚未获得应有保障时，政府应分别情形，予以一定粮食的优待，其每人全年毫无收入者，发给小米一石（合官称一百三十五斤），每人每年全部收入折合小米不满一石者，得补足其不满之数，每人每年全部收入折合小米已满一石者，不再予以粮食的优待；优待粮食，由各县政府呈经联办或主署批准后筹措之，每年分春秋两季发给。

第六条　凡抗战军人之妻子，除确知其夫已经死亡者外，未经对方同意，一律不得离婚，如三年以上毫无音讯者，得许另行改嫁（如已订婚而未结婚，两年以上毫无音讯者，得许另行择配），如已有三年以上未通音讯者，自本条例施行之日起算，再候一年仍无音讯得另行改嫁，或另行择配。

第七条　本条例由各县政府及各区公所负责执行之，并应组织县区村各级优待抗战军人家属委员会（简称优抗委员会），专门办理优抗事宜，委员会由政府、各民众团体、士绅及抗属代表组成之，其主任委员互推之。村优抗委员会负有详细调查本村抗属状况之责，并应造册三份，一份存村公所，二份分呈区县优抗委员会，经复查后，由县府给抗战军人家属优待证，凭证享受优待。

第八条　居住敌占区之抗战军人家属，本县县政府依据当地实际情形，竭力设法予以实际优待。

第九条　荣誉军人家属，除按本部颁布之荣誉军人抚恤条例办理外，得继续享受本条例所规定之一切优待。

第十条　凡一家中有抗属军人二人以上者，其家属应按第四条之规定特别予以优待。

第十一条　抗属军人之逃亡者，自逃亡之日起，即停止其家属之优待，其在逃亡期间，如已取得优待，应即将逃亡期间所领得之优待，照数退还；如其重新归队，则自归队之日起，应即恢复优待。

第十二条　抗战军人家属之优待证，不得转借，否则，取消其优待资格；优待证如有遗失，应迅速声明作废，请求补领。

第十三条　凡抗战军人或其家属，被褫夺公权者，在其被褫夺公权期间应停止其优待（其家属被褫夺公权者，仅限于停止其本人之优待）。

第十四条　如有假充抗战军人家属，冒领优待，一经查明应予送交司法机关，依法办理。

第十五条　本条例仅适用于现役军人家属，其他一切抗日工作人员家属不得援用优待。

第十六条　本条例施行后，凡以前各级政府所颁布之优抗条例应即一律废止。

第十七条　本条例自民国三十年五月一日起施行

（附抗战军人家属证明书样式）（略）

选自《晋冀鲁豫边区法令汇编》，边区政府1943年7月编印，第24～27页。

2. 晋冀鲁豫边区荣誉军人抚恤暂行条例

1941年3月公布　1943年5月31日修正公布

一、凡抗战军人阵亡。因伤病以致死亡，或因伤病以致残废者，均称荣誉军人。

二、凡荣誉军人，不论其属于任何部队（中央军、八路军、决死队及其他抗日部队）除其家属得继续享受优待抗战军人家属条例规定之优待外，均得依本条例之规定抚恤之。

三、凡抗战中阵亡军人，经所属部队（旅、军分区或团以上）以正式公文，并按照规定填写请领恤金单（盖有部队关防印信，及负责首长签名盖章），函请专员公署（以下简称专署）以上政府，经审核后，其直系亲属（祖父母、父母、妻、子女），得持原部队正式通知书，向所在县政府填写恤金收据，领取抚恤金一百元。

四、凡抗战中，因战斗负伤，致成残废之军人，得以下列标准，确定其等级：

甲、一等残废：（一）两目失明者。（二）上下肢瘫痪，半身不遂者。（三）两手瘫痪者。（四）截落两肢者。（五）内脏损坏，已成痼疾者。（六）不便咀嚼吞咽者。

乙、二等残废：（一）一目失明，或两目羞明。（二）口腔不便饮食者。（三）因伤头病者。（四）一手一足下垂者。（五）大小便失禁者。（六）关节滞直，不能行动者。（七）一肢截落或瘫痪者。（八）神经失常或不能言语者。

丙、三等残废：（一）一目羞明者。（二）关节肌肉收缩，运动不便者。（三）手指足趾失去过半者。（四）生殖器官失去一部或失去作用者。（五）两耳失听者。（六）言语障碍不清者。（七）面神经麻痹者。

丁、四等残废（即临时残废）：凡伤愈神经麻痹或肌肉收缩不便，须经一年始能恢复者。

五、凡残废之荣誉军人。不论现役或退伍，均须按照残废等级，发给抚养金。现役者，由原部队发给，退伍后，由政府发给。

甲、一等残废：抚恤终身，每年发抚养金一百元。

乙、二等残废：抚恤终身，每年发抚养金五十元。

丙、三等残废：抚恤终身，每年发抚养金二十五元。

丁、四等残废：每年发给抚养金十五元，至医生开明其官能恢复时，停止抚恤。

六、凡残废之荣誉军人，不能工作，经原部队主管长官审核，准其退伍者，不论其籍贯、家境贫富，一律按照下列办法供给之。如自愿不领者，经县政府呈请专署或边区政府，给以表扬之奖励。

甲、一等残废：粮食、菜金、衣服、鞋袜（与政府工作人员同）、津贴（每月两元），供给终身。

乙、二等残废：自退伍之日起，粮食菜金供给终身，前两周年全部供给，二周年后，减半供给。单衣、棉衣、在退伍之第一年内，各发一套，如因年老或其他疾病，损毁身体，致终身不能劳动者，得以特殊待遇，按一等残废供给之；抚养金仍旧。

丙、三等残废：自退伍之日起，粮食菜金供给四周年，前二年全部供给，后二年减半供给。

丁、四等残废：由部队按照老弱退伍处理，政府不负供给之责。

戊、退伍荣誉军人之供给，第一年由部队发给，周年后，得持荣誉证及供给证，至所在之县政府领取。为免除浪费或损失起见，全年可分四次发给。已领之供给，不论在任何情况下，有损失情事时，概不补发。

七、退伍之荣誉军人，愿回原籍者，应极力帮助；如不愿回原籍或不能回原籍者，得由政府设法安置，在本区之安全地带，并予以生活与工作上之监督、保护及教育。

八、抗战中有特殊功绩，积劳成疾或死亡者，得酌量情形，从优抚恤之。

九、退伍之荣誉军人，如仍有工作能力者，应在公管事业、社会事业、地方机关、或地方部队中尽先任用之。其已领得之粮款供给，由本人自行保存，未领之部分停止供给。至脱离上述部门工作之日起，未领之部分，得仍继续按期发给。

十、退伍之荣誉军人，如遇有疾病，得持荣誉证至各部队或公立医院诊治，但医院只负诊治医药之责，其余粮食、菜金、衣服，概由自备。

十一、各种残废等级之荣誉军人，每次领取抚养金时，政府应检验证明文件及伤残情形，免生弊端。如认为与原等级不符时，得随时商同军分区或军区司令部变更之。遇有遗失荣誉证者，得填具声请书，说明原荣誉证字号及残废情形，与荣誉军人姓名、年龄、原属部队暨原荣誉证颁取机关，经政府查验属实后，得补荣誉证。

十二、为了照顾荣誉军人之身体及生活起见，得免除其一切抗战勤务，及退伍后二年之统一累进税负担。

十三、在供给期间，退伍荣誉军人死亡时，按政府工作人员同等待遇，发给一定之埋葬费，但应将该荣誉军人之荣誉证、供给证及已发之供给剩余部分，分别报交专署。供给期间已满者，不在此例。

十四、如有冒领抚恤金或假充荣誉军人，冒领抚养金，或供给者，即由县政府依法处办。

十五、自本条例公布之日起，凡本府、各行署、或各专署，前所颁布之各种抚恤条例，应一律废止。

十六、本条例自公布之日起施行。

（附一）颁发荣誉证及供给证之手续：

一、荣誉军人仍在原部队工作者，谓之现役荣誉军人，由边区政府制发现役荣誉军人证，交由各部队填发。

二、退伍之荣誉军人，由部队发给退伍证，并连同前发之现役荣誉证，持向专署换取一般之荣誉证。

三、部队按供给办法所发之各项供给，应填发退伍荣誉军人供给证明书，交给本人携带，凭证向专署换取满期之政府供给证。

（附二）安置荣誉军人应注意事项：

一、本府或行署、专署，分配各县的荣誉军人，须安置安全地方，并由村长负保证照管之责。

二、荣誉军人所在县之政府，应教育与领导群众，对荣誉军人之尊重、爱护与帮助。

三、所在县之政府，应经常教育荣誉军人，俾其服从政府法令，遵守纪律，并学习技术，参加生产，以求自给自足。

四、各县应按照荣誉军人残废情况，介绍并设法予以适当工作，如种菜做鞋打手套，及可能担任之工作。

五、荣誉军人一切问题，应尽力的耐心的予以解决。

六、外籍之荣誉军人，应尽量帮助其在地方上安家落户（娶妻、种地），以稳定与固定其生活。

七、荣誉军人安置之地址，应在偏僻安全地带。

八、退伍之荣誉军人，应服从县荣誉军人及退伍军人管理委员会之领导与管理。

选自《晋冀鲁豫边区法令汇编》，边区政府1943年7月编印，第73～76页。

3. 晋冀鲁豫边区军事支差条令

1941年7月22日修正通过

第一条　凡年在十六岁以上五十岁以下之男子，及一对牙以上之驴、骡、马、牛（根据当地情形不能驮载及驾驭之牛除外）、骆驼得参加下列之服役：

第一款　参战工作——凡属下列情形之一者为参战工作与支差不同，不发价，跟随各部队行动者，三天以内自带给养，由县政府从地方粮内统筹开支，第四天起伙食由部队供给。

甲、战时运输军需品及胜利品。

乙、战时抬运伤病员及平时转运伤病员。

丙、战时带路送信。

丁、破坏敌人变通及封锁线军用工事等。

戊、修筑我军工事或交通。

第二款　支差——凡属下列情形之一者，得以支差，按规定发价。

甲、军事机关之迁移。

乙、平时军事机关运送军需品，或公用物品。

第三款　义运——凡部队及军事机关之公粮得义务运输，其办法另定。

第二条　凡党政民机关团体，及公营企业，合作社，采购处等（军队经营者在内），一律不得用差。

第三条　凡属第一条第一款甲、乙、丙、丁、戊各项情形之一者，有团级或独立营以上政治机关，按规定填写之用差证，并有负责首长签名盖章，得向县政府区村公所，直接要差，如情况许可时，须一律经过县政府。

第四条　凡属第一条第二款甲、乙两项情形之一者，必须持有旅级或军分区以上政治机关按规定填写之用差证，并有负责首长签名盖章经专属批准后由县政府派发之。

第五条　凡属第一条第二款甲、乙两项情形之一者，如遇战争紧急情况时，有旅级或军分区以上政治机关，按正式规定填写之用差证，并有负责首长签名盖章，得临时向县府、区村公所直接要差，如情况许可时，须一律经过县政府。

第六条　农忙时原则停止支差，遇特殊情况时，必须持有师及军区以上政治机关之正式证明文件，并按规定填写之用差证，经专署批准，始得支差。

第七条　批准支差之机关，应给用差机关以填好之拨差证，持此证向指定之政府要差，如超过规定天数者并须给换差证，用差部队机关应持此证，赴换差地点之县政府，或区公所办理换差，如不依此项规定换差者，原送差人得停止送差，但在战争紧急情况下，无法换差者，不在此例。

第八条　前条所指换差地点之政府，应依照换差证之规定准备民差，实行接换（如非换差得行拒绝），即非直属上级所填之换差证（如非本区之专署），亦发生同等效力。

第九条　各用差机关部队，应按规定供给食宿草料，并以人畜往返里程计日实发，其规定如下：

甲、每日每人小米一斤六两杂粮二斤及菜金二角。驴每日每头干草八斤料一斤。牛每日每头干草十斤料一斤。骡马每日每头干草十斤料一斤半。骆驼每日每头干草十二斤料二斤。

乙、支差路程在三十五里以内者按半日计算。

丙、所发之小米草料，如折发价款时，须按当地市价计算之。并须于出发前，先行发给差价全部或一部，不实行此项规定者，民夫可拒绝支差。

丁、支差供给给养或发价，不论有无回脚，均须按来回路程计算。

第十条　凡支差人畜，半途患病时，用差机关部队，除设法医治外，并须准其回家，按日发给路费。

第十一条　运输重量每日行程及牲畜折合人力等之规定：

甲、重量：每人负重不得超过六十斤。驴每头不得超过九十斤。骡每头一百四十至一百六十斤。牛马每头一百二十至一百五十斤。骆驼每头不得超过三百斤。

乙、行程：重差每日不得超过六十里，轻差每日不得超过七十里，如超过在十里以内者。应当直接送到不换差，但须按里程照加差价（依每日行程及应得差价为标准计算）。每次支差往返不得超过四日，农忙时不能超过两日，如因环境变化（战争河水等），超过规定时间者，由用差机关供给食宿。

丙、折合：普通以六十斤折合一个人力（每一人力为一差的单位）。每套大车载三百斤，只五个人力。二套大车载四百五十斤，抵七个半人力。三套大车载九百斤，抵十五个人力。一人手推车载一百二十斤，抵两个人力。二人手推车载一百八十斤，抵三个人力。每头驴载九十斤，抵一个半人力。每头骡，马、牛载一百五十斤，抵两个半人力。每头骆驼载三百斤，抵五个人力。跟一个牲口的人，抵半个人力。跟两个牲口的人，抵一个人力。跟一个牲口负重三十斤者，抵一个人力。

丁、如因山地与平原不同，而支差负重应按当地实际情形斟酌规定之。

第十二条　凡有下列条件之一者得分别减免移补其本人之支差：

甲、年在十六岁至十八岁或因体力关系不能负重者，只跟牲口或支轻差。

乙、不能走长路者，及独身商人可支短差。

丙、不脱离生产之区级干部支半差。

丁、村长民众学校中常任义务教员，患病者及工厂工人均不支差。经证明有病或在生产前后一个半月内之牲畜亦不支差。

戊、民兵每人每年出击、训练时间其中二十天，可抵支差。

己、民兵村干部因到县区开会在一日以上而误差者不补差。

庚、矿工于六天内，在家在窑各半者，支半差；在家四天者，支三分之二的差；在窑四天以上者，不支差。①

第十三条　凡支差人畜因战争而受损失者，由政府酌予抚恤或赔偿，如因用差机关管理支差人员之疏忽而致死亡人畜者，不论平时战时，除由用差机关抚恤或赔偿外，并须给

---

①　此项系按所附勘误表补填。

该负责人以处罚。

第十四条　在农忙停差时期，各专署及各县应组织差役检查队以保证执行。

第十五条　平时支差须先行通知县政府转分区公所充分准备。

第十六条　凡违犯本条令之规定，任意抓差者，准由人民扭送县政府处以七日以下之拘役，其属于部队者得送原部队处理之。

第十七条　凡全住雇工，应归雇主家内劳动力计算，支差时雇主须按支差日期每日发给小米一斤六两，或杂粮二斤及菜余五角，其所得差价交还雇主。半住雇工在自己家中支半差，在雇主家中支半差，在雇主家中支半差时，办法同上，在自己家中支差时菜余粮食由自己负担，差价归雇工。其他工人在资方支差者，办法同上。

第十八条　用差证、发差证、换差证，只准用一次，不得存欠记账，陆续使用，凡填写之日期超过半月以及有涂改者，一律无效。

第十九条　本条令施行后，凡以前各级政府所颁布之支差条令，应即一律废止。

第二十条　本条例如有不适宜处，边区政府得提经临参会驻会委员会同意修正之。

第二十一条　本条令自公布之日起施行。

选自《晋冀鲁豫边区法令汇编》，边区政府1943年7月编印，第58～61页。

4. 晋冀鲁豫边区义运军粮办法

1942年2月15日公布

第一条　本办法依据晋冀鲁豫边区临参会第一次大会议决部队以三十里地内吃粮之原则，及晋冀鲁豫边区支差条例第一条第三款制定之。

第二条　凡年满十八岁以上，五十岁以下之男子，及能负运输之畜力，均有运军粮之义务。

第三条　凡合于义运所规定之人力畜力，其义运军粮之重量、里程及时间，得依左列之规定：

甲、重量

一、人力：凡在规定以内之男子，每人每年均须义运军粮一百觔［斤］。

二、畜力：牛驴每头每年须服一百五十斤之义运勤务，骡马每头每年须服二百斤之义运勤务（挽车者仍按牲畜头数计算）。

乙、里程

凡合乎规定之人力与畜力，每人及每头每年均须服六十里之义运勤务。

丙、时间

每年一月至三月半及夏收后一个月与十一月至十二月底，均得为义运期间，农忙时期，一律停止义运。

第四条　凡属部队之后方医院及军工部之工厂，须运至驻在地；正规军及军分区级之直属机关与其基干兵团，则应运至距驻在地三十里之地区。

第五条　凡合于左列规定之人员及骡马牛驴，一律免负义运军粮之勤务。

甲、脱离生产之军政民人员及其机关之骡马牛驴。

乙、公营事业之职工及其骡马牛驴。

丙、脱离生产之教职员工及高级小学校以上之在校学生。

丁、私营煤矿工人。

戊、残废痼疾者。

己、法令另有规定者。

第六条　如违犯前列各条之规定者，民户得拒绝接受义运勤务。

第七条　各地区义运军粮之集中地点，应由边区粮食总局或行署粮食处，会同当地最高军事供给机关，于每年秋收以前，或夏收以前决定之。但部队之后方医院及军工部之工厂所驻地，得出边区粮食总局或行署粮食处，随时通知专署及县粮食局义运之。

第八条　义运军粮之事务工作，由专署及县粮食局负责组织进行之。

第九条　义运军粮遇必要时，专署或县政府，得请驻军及地方武装掩护之。

第十条　本办法由边区公布施行之。

附则：

一、本办法施行细则另定之。

二、本办法适用于太行太岳两区，冀南可参照应用。

选自《晋冀鲁豫边区法令汇编》，边区政府1943年7月编印，第61～63页。

5. 晋冀鲁豫边区义运军粮办法实施细则

1942年2月15日公布

第一条　原办法第二条所称能义运之畜力，系按照本区军事支差条令第一条所称一对牙以上之驴骡马与能驾车驮载之牛而言。

第二条　左列各项人力畜力应依据原办法第二条服义运勤务，不得援用原办法第五条要求免缓。

甲、合作社及公私合营工厂商店之职工人员（须在其所驻地区服务）。

乙、私人及公私合营煤矿之经理与职员及其驴骡马牛。

丙、长年雇工（在其雇主家服务但应照发工资）。

丁、抗属家庭。

戊、不脱离生产之政民干部。

己、初级小学校学生。（合于义运年龄者）

庚、羊工。

辛、僧道。

壬、无鞍架而有运输力之牲畜（鞍架等物由牲畜主自行设法）。

癸、有畜力而无人力者，如孤寡等可与有人力而无畜力者，配合之。

第三条　合于下列情形之一者，得援引原办法第五条，予以免缓义运勤务。

甲、经年流动做工，居无定所者（如肩挑小贩铁匠木匠钉锅匠钉盘碗匠）。专门敲猪膳马及交配牲口之人员及贩卖牲畜者，待机出售之牲畜，均免义运勤务。

乙、临产前后一月内之母畜或正在生病期间之牲畜，得缓期义运。

第四条　原办法第三条规定之人力畜力，义运之里程、重量，在计算时应根据以下各项：一、除标准数量外，零数得依据附表计算。二、里程以起粮地至交粮地计算。三、每人每次不得少于三十斤三十里；每驴每次不得少于三十里六十斤；每骡马每次不得少于一百斤三十里；每牛每次不得少于五十斤二十里。

第五条　原办法第四条所称部队之后方医院及军工部之工厂吃粮须运至驻地，系指医院之伤病员及兵工厂之工人而言。其职员及马匹则须执行距三十里地取粮原则。

第六条　原办法第六条所言拒绝接受义运，系指由民户事先说明拒绝理由，经粮站与该村村长允许；如不说明，而民户仍不服者，应即向区县控诉。

第七条　甲县或甲专署，向乙县或乙专署还粮时，其交接手续如左：

甲、甲专署运到乙专署，由总局指定；乙专署在收到粮时应与甲专署打收据，不得不接或推延迟缓。

乙、甲县向乙县运粮时，由专属指定，乙县在收到粮时，应给甲县打收据，不得不收或推延。

第八条　原办法第八条所称粮站之事务组织，直接有关义运之事项如左：

甲、粮站派夫，一律使用统一印发之义运军粮发差证（样式附后）。于民伕集中前五日通知村长转知民户以便准备（临时急需者例外）。

乙、人力畜力之组织，必须以自然村为单位，编列成队，指定或推选正副队长各一人，必要时可设分队，设分队长一人，但应尽量保持民兵自卫队之既有组织，队长应负管理民夫及与粮站站长村长接头之责。

丙、各队民夫牲口，由队长率领到起运地装粮后，持发单义运赴收粮地交粮后，取得收据，由队长持归起运粮站核对，如有错误，由队长负责追究。

丁、每次义运之人力畜力，须由粮站填表统计，以便运输力之合理的调剂分配。在每次运完时，粮站应依据附表，将各民伕欠运数计出，由正副队长交村长，以为下次派伕时之依据。

第九条　义运奖惩办法如左：

甲、奖惩均以村及个人为单位。

乙、奖励可分精神奖励（如群众前表扬登捷报等）与必要时之物质奖励。

丙、惩罚约分三款：

一、粮站收发粮时，应注意粮数之准确公平，民夫无故脱秤，超过原运粮数2%达5%者得予以批评或警告，如超过5%者，则应照脱数赔偿，情节严重者，并给予刑事处分。

二、运粮时民夫如掺和沙土水石或粃谷糠麸，经起运地点或其它方面证明属实者，除将全数更换外，并科以盗换数20%以下之罚粮。

三、动员民夫，应注意说服解释，但民夫无故抗差或逃避义运时，则须酌情处罚。

丁、除精神奖励及批评、警告、赔偿原数等惩罚外，其它奖惩办法，均须通过县政府执行之。

附：人力畜力义运里程、重量计算表：（略）

选自《晋冀鲁豫边区法令汇编》，边区政府1943年7月编印，第63～65页。

五、军事法规

1. 刘伯承关于太行军区的建设与作战问题

××年×月①

关于太行军区的建设与作战问题，我分作五个部分来讲：

第一部分　军区建设中三个先决问题

其一　军区当前的紧急任务

我们第八路军野战政治部，去年十一月十五日指示告诉我们：目前的紧急任务是，坚持华北抗战与制止内战投降；照现在茂林巨变和中共中央、中央军委以及新四军将领的文件看来，是证明当时的指示完全正确。亲日派与反共派所拟定卖国的十五个步骤，正在逐步实施，最后所谓光荣的和平，也就是我们中国亡国之日。这仅是突然事变的肇端，以后还有重大事变到来。只有中国人民紧急努力和国际的重大压力、特别是要我们人民紧急的努力，才能使其好转，但这是很困难的。

最近亲日派与反共派，在三个月前，调到华中发动内战的廿万大军，仍然进攻新四军，到处捕杀抗日民主分子，解散抗日团体，业已进到了陇海路附近。西安第八路军办事处人员在撤退中，无理被捕。日寇调动兵力从武汉北上，从徐州西进，胶济路运兵忙碌，鲁西北扫荡激烈，尤其是逼到我们眼前的太行山反复扫荡；这一些使我们抗战军民感觉到

---

① 原件未注明年代。

据日寇文件所说，他这种囚笼政策与总力战是发扬了舍克特布置在江西的碉堡政策与三分军事七分政治的办法。

其二　我们的作战

甲、破击——是对囚笼（特别是交通）与所在的敌人及其作战兵器、资材，给以破毁、夺取与打击。依照交通线的系统，有在其基本段上破击者（收效较大），有在其前锋段上破击者。

乙、反扫荡——对付因破击而引起敌人应急的扫荡，就叫反应急扫荡，对付敌人预有计划的扫荡，就叫反预计扫荡。

我们宽大的抗战区，包围了敌人占领的点线，敌人兵力少，地面宽，不敷分配。因此无论在破击与反扫荡，我们都要使劳动力与战斗力结合起来，进行全面战，以便敌人顾此失彼，特别在敌人转移兵力于此时，彼处即应自动地乘虚扩张战果，全力战即是以军事为轴心，配合以政治经济和文化的作战，详细说来，我们在武装斗争中，要同时在政治上瓦解敌人，先使敌人从伪军中孤立起来，更便敌人军阀从其军队中孤立起来，当然我们要以党确定的统战政策，三三制民主政治，团结各阶级抗战，首先消除抗战区与敌占区对立现象，以使敌人无法施其以华制华的阴谋，要同时实行经济政策，摧毁敌人以战养战的设施；并使抗战军民的经济富裕起来。同时要在文化建设上，提高抗战军民的自信心，自尊心，尤其是斗争性与顽强性，并打击敌人的奴化欺骗。这样的全力战，不但党军本身要结合一体进行，而且要结合党政民有机的配合进行，单纯的军事观点与轻视武装斗争的作用，都是不容许的。只有组织一切生动力量，进行全面战与全力战，才能打破敌人的总力战，把敌人孤立与僵卧于点线之上，如其出击扫荡，则到处碰壁扑空，如其驻止守备则被广大抗战军民严密封锁与交通破毁。

总之，无论日寇在扫荡中与驻止时，都逃不出我们小游击队接触监视游击之下，被我主力充分明瞭，而成为机动的对象，果能这样做去，敌人如不被我有时的消灭，即经常被我消耗。

其三　战术

党军战术的基本特点，就在把战术与民众对敌人的一切斗争结合运用，以发扬全面战与全力战，就在使我在技术不平衡的条件下，不断地窥破与创造敌之弱点，经常保持主动权，给以机动突然的袭击，以消灭敌人生动力量，就在具有明确坚定的政治信念与泼辣顽强的战斗作风，以达成抗战建国的战略任务。

我在这里只提出战术要解答的十个问题，作为引起军区同志发扬战术的动机：

一、游击集团的发展——游击集团依然适用并已发展，民兵普遍的组成与行动，尤其便衣游击潜伏游击小组接敌活动都足以使敌人一切行动不能出我意料之外，使我军基干部队，一切行动常能抓住敌人的弱点，我们在游击集团网中的基干部队，区有游击队，县有独立营，分区有步兵团，军区并有野战军队，这些基干部队对于本游击集团外围网的活动，必须指导与本身的机动呼息相关，只有这样，本身才能主动的辗转自如，实行机动的突击。为加强接敌侦察，保障机动起见，基干部队应派出便衣的侦察队或干部，逼近敌人，加强游击小组的活动，民兵游击小组和一切游击队的动作，都要善于伪装，神出鬼没的打麻雀仗，使用地雷，滚雷，手榴弹以掩护其阻绝设施，这样是能消耗，疲惫，迷惑阻击敌人的，甚至于把敌人吸引与迫使到我们所愿意的方向去，以适应基干部队机动的要求。基干部队应在游击集团网掩护与配合之下，保持最大的主动的机动性，或者大踏步地前进，以突击敌之弱点，而消灭之，这是主要的机动方针。或者大踏步地后退，以避免敌人对我弱点的突击，特别要避免敌人的合击游击无定，驻则靠近于敌，这样可以使敌人没有合击的对象，也没有适于合击的轴心，常有遭遇敌人的顾虑而宿营时，应在黄昏时行之。并作战斗准备，严密配置警戒，尤其是埋伏哨，在必要时，并以九分之一兵力为值班部队应急使用，各分区步兵团都应经常根据情况，预定计划，领导游击集团，以行机动，野战也应在村游击集团掩护之下机动作战，以及集结整训，无论大小，都应采取积极的，主动的，进攻作战而避免消极的，被动的受迫作战。倘不幸而陷于被动时，则应当机立断，转为主动，这是党军的特点，每个指挥员所应自勉的地方。

冀察晋军区第十七团，于去年十二月二十六日在定县塔宣村伏击火车，把敌人南下的一列火车的步兵，炮兵，全部消灭，这一机动的胜利，由于该团周围小游击队接敌侦察得力，而他又寓于积极机动，顽强冲锋所致。本师某部队，于今年一月二十七日，在韩壁遭受蟠龙敌人的袭击，苏精诚同志阵亡，其血的教训，就由于该部队距敌仅二十里，乃未派小的游击队接敌侦察，也无战斗准备，也无直接警戒，而又在电话中泄漏（露）了军事秘密，我们要把一月之间的这两个战例，要对照研究，才容易教育我们的军区与野战军。

二、以弱耗强，以强灭弱，以散耗集，以集灭散。——这就是说拿我们弱的部队去消耗敌人强的部队，为的是拿强的部队来消灭敌人弱点部队，拿我分散的部队去消耗敌人集结的部队，为的是拿集结的部队来消灭敌人分散的部队。神枪手的麻雀战与地雷战，在分散打击敌人上，作用非常之大。顽强的白刃格斗与剧烈的手榴弹投掷，在集结消灭敌人时，具有决定作用，现在我们在敌人象棋阵势上作战，必须指导某些游击集团，在宽大面积上打麻雀仗实行袭击、急击、伏击，乃至移动防御，以欺骗迷惑被箝制的敌人以掩护主力，在某一点干脆消灭敌人，游击集团在掩护主力决战之时，必须经常侦报附近敌人有无增援，并迟阻其增援之敌，以便于主力不放松一分钟的有利时间消灭所打的敌人，这在平原四战之地，特别重要，为消灭接敌区分散的便衣队起见，基干部队应在自己周围小游击队接敌侦察及其掩护之下，以多种伪装，闪电机动扑灭之。只有打得敌人小的部队不敢出动，而以大队以上的兵力扫荡时，我们根据地才易于巩固建设，野战军才易于整训作战。因为敌人出动兵力一大，接济必难，扫荡次数必稀据点间隙必宽，不但民众容易发动，而我军也行动自如了。也只有正规军大量地、不断地消灭生动力量，才能使敌军解体，才能强化我军，才能解决战略问题。

三、各分区各部队的协同动作。

各分区各部队的行动，必须自动地作有机的配合，发扬乘虚破击与扭击的作风，以使地宽兵少的敌人，在长蛇阵上顾此失彼。我们的机动，必须抓紧敌人的接合部，特别寻求敌人在邻区扫荡的伏击的部队，从其侧背给以有力的打击。

四、交通斗争——这成为今后主要的斗争。我们一定要打通自己的交通（小路），打断敌人的交通（铁路公路水路）对敌人交通不断的破击，护路沟的填平，山地荫蔽小路的构筑，平原沟道的发展，这些应成为抗战军民经常的职责，如果能把敌人交通破毁，使得敌人与我们一样都是步行走小路沟道的话，则其快速部队装甲车队骑兵空军等失其效能，接济也少来源，那我们也就容易消灭他了。交通斗争，原来是一件非常重大的事。我们对于敌人的铁路公路及其护路沟，必须破坏一次又一次，对于敌人挖断我们在山地的小路，在平原的沟道，必须修复一次又一次，敌人修破得快，我们人多修破更快，必须顽强斗争下去。敌人在扫荡时，为避免我们伏击起见，通常是走山梁与走平行小路。我们应在其必经之路上，实行削壁削路，埋地雷，投滚雷，并配合以麻雀战，以阻绝其运动，或压迫之于所愿望的方向。这些是便于我主力给以有力的打击。

五、各个破击与分进合击，——外线作战以分进合击为原则，内线作战以各个击破为原则，今天敌人的线，我们的面是互相包围着的，故两种原则，也是在交流运用。当敌人闪击扫荡某一地区时，一方面是在内线的部队，除以某些游击集团在次要方向箝制外，其主力，应首先选择击破敌人弱点的一路；另一方面，是在外线地区部队的合击，须使其与在内线部队，特别与其主力协同动作，互相呼应。以使敌人腹背受击，这样内外夹击敌人一路的良机，应选在敌人还未进到利害变换线上之前，或在其退出利害变换线之后，这样良机的选定，或取决于内线的部队；或取决于外线的部队；都看当时的情况来决定。当合击扫荡之敌，进入于利害变换线时，内线主力，应集结地或分遣地机动转移于某路的锎背，实现迂回攻击，但须预防敌人的待伏，此时外线部队的协同动作是很重要的。

为防备敌人在扫荡时毁灭抗战区的人力、物力、财力起见，居民应有现住窑洞，预备窑洞，并把粮物分开埋藏。一有警报，当地民兵与游击队，应以一部掩护老幼撤退，牲畜牵走，另一部则扯住敌人打麻雀仗，以使敌人无所施其残暴与摧毁。无论是任何部队，都有保证民兵生命财产安全的职责，因此必须将敌人的到来，与退走情形及其动向随时通知于民兵，并指示于安全地带。如当地没有民兵和游击队时，则派小部队掩护民兵撤退。

六、伏击与对付伏击——伏击的发展，有对驻止之敌实行袭击式的伏击者，有对行进中远出警戒之敌实行急袭式的伏击者，日寇“器小易盈”，常在被袭击之后，追击我军，此时的诱伏非常要紧，但敌通常在被袭击时，即张队迂回到我归路设伏者，此时或运用反伏击，或运用掩护、警戒部队袭击其设伏击部队，或避开设伏击地区，都非常要紧。

七、侦察与防谍——敌线我区互相包围已成为长久相持的斗争局面。这种局面，对于敌我的侦察自然都是便利。尤其是对我有宽大的面积，与宽大的社会基础，更为便利。不过敌人间谍的技术，比我们侦察的技术高明得多，上述种种特点，应成为我区布置侦察与防范问题估计的基础。我们能要求是，要做到敌人的耳目是聋瞎的，我们的耳目是聪明的，果能做到这样，那敌人只有裸体跳舞，到处碰壁，甚至于不敢妄动，这次冀西邢内山川区侦察工作做得较好，并破坏了敌人的间谍网，使敌人不能不放弃十二月十五号的揭露计划，今天我们的侦察工作一般是不健全的。而敌人方面特别是邯郸、石家庄、太原、沁县、长治敌人的特务机关，却正在拚（拼）命进行秘密的间谍工作，与内奸政策，他并在抗战区内，公开发动土匪与布置神道的组织，作为间谍及其第五部队的基点，平寿交界试塘的会门，黎涉交界之熊耳山的土匪，他们都为敌人散布的情报网，捣毁抗战区的秩序，制造谣言，发动骚乱。总而言之，他们都在与敌人作里应外合的工作。

我们军区与野战军，首先应在思想准备上来提高侦察与防谍工作的重要性，然后才能展开其实际工作。

我们侦察与防谍工作，应融合进行，但重点必须放在侦察的上面，特别是放在对作战要地侦察的上面。

我们一般的侦察工作，应依靠下述组织去进行；特别着重于捕获俘虏与夺取文件。

甲、依靠民兵组织，特别是潜伏游击小组的游击活动；

乙、依靠分区步兵团，县独立营，区基干队的战斗活动；

丙、依靠敌占区工作与报纸的搜集；

我们防谍工作应该：

甲、依靠于教育广大的抗战民众，善于保守军事秘密；

乙、依靠民兵的抗日戒严，实行清查户口，巡察、盘查；

丙、每一军人应深刻知道泄漏（露）军事秘密的危险，举例来说，平汉线敌人几次预先探悉我们要去进攻，他就在我们要攻之处伏击我们，或避开我们，辽县敌人预先探悉我军驻榆社北部某村，即招致太原飞机来轰炸，大家知道这种危险，才容易教会他们善于保守军事秘密，不露自己队号，不把自己行动告人，保护军事文件如保护自己眼珠一样，在被敌人捕去受威胁时，至死也不泄漏（露）秘密。

丁、当战斗间，电台在距敌十五里以内，一般不应架线，以防敌人测定电台所在，据此进攻，电话交谈，如关于军事动静，应以参谋使用的话密传达之。

戊、无论军民如发现敌人各种欺骗宣传，分化以及制造骚乱等可疑事项时，则应立刻追究，破获与防堵其来源，而除去其祸首。

八、通信联络——通信联络远未达到我们的要求，一般是由于某些干部未认识其重要性和组织能力也弱，而有些也是故意不通音信，成为他作战后的借口，除加强通信教育及其政治责任外，应严密各种通信联络的组织与发行检查。各分区并应强化电话网，把民间送鸡毛信的办法，依照递步哨的原则整理之，以使一切情报，一切文件，能适时送达相关机关。当作战时，对于野战军供给情报，非常重要，各地民兵游击小组，在发现敌情时，除飞送情报外，并应以手榴弹土炮土枪声音或步枪声追随敌人，以惊醒附近军队，各区村的要点应设置号炮、烟火和腕木（在高地设高竿，高竿顶上有一活动木棍旋转，根据旋转角度之不同规定信号）等通信，敌人从何而来，有多少，我们应如何动作，都规定成符号，先使大家知道，一得到警报时，就好照着做。

九、组成单炮机动——把夺获敌人的山炮，加强其运动力，附与步兵兵团行动，以便于在战斗中独门的机动使用，或者对于必要夺取的碉堡，即以山炮实行突然的抵近射击，以打破碉堡而夺取其资材，或者在野战中特别在伏击敌人之时，实行近距离突然的火力袭击，以诱起白刃格斗之实施，干脆消灭敌人。

十、建立工兵工作——各军分区应建立工兵连，其编成主要是爆破，使用地雷，其次是土工破路，再其次是轻便架桥，通过敌人护路沟与小河，要使工兵连成为军分区营兵民兵实行地雷战斗与破路工程通过障碍物的指导者。

第三部分　组织问题

其一　组织任务——组织任务是根据政治任务而来的，这次王副司令员在组织任务上，对于营兵民兵发展的程度，都提到了具体数字，并规定期限完成，我都完全同意。我要补充的就是在发展这数目字时，要对野战军补充若干人，并对各分区基干团也要定出补充数目。这样才把民兵，游击队，基干团与野战军的发展，达到适当的比例，方便于遂行今后严重的任务。其次就要注意经常使营兵的数量质量，由小游击队逐渐升级。不断的升为正规军，使之能担任解决战略的任务。正规军的作用必须重视，野战军的兵员补充，军区应负起责任，适时解答其要求。

党员军事化要依托军区一切组织上实施，使党员无论在作战上，训练上，或其他工作都要起模范的作用。

一切适合于军分区及其所属民兵营兵的制度，特别是政治委员制度，必须建立。没有制度，是不能领导广大的武装斗争的。

一切工作，必须具体的指示，彻底的检查，按时的结论，反对实际工作中的机会主义。

其二　组织系统——把野战军与军区的组织分开，但野战军各旅仍须划某一分区为其旅管区，使其人马资材的补给与后方设置，得依托于该分区。

军区、军分区、各县武装科、都成为党政军民相关一级的军事部，中心问题是：把党政军民军事工作结合一体的进行。我们以全面战，全力战，去抗击敌人的总力战。更非把党政军民的力量结合一体是不成功的。党政军民各有各的系统，必须使之分工合作，各机关武装委员合组为武装委员会，也就是起这种合作的作用。

但这里要说的就是：民兵，自然他不是野战军，也不是地方军基干兵副，而是老百姓半武装性质的队伍，他要在军事集中范围内要扩大他的民主程度，同时要使青抗先具有一定的独立活动的范围，发挥其积极作用，对于青年支队的成立，军分区应多多给以帮助。以前规定民兵的干部，由他们选举，再由一定的某级政府委任之，这就是调节民主与集中的意思。这是要军队的同志，不要把正规军的那套办法，呆板的运用到民兵中间去。

其三　组织工作——补齐干部，并使干部强化起来，各旅管区的旅，对于相关的军分区要供给以相当的干部，但是，主要的仍是提高本地干部。必须从政治上培养本地干部，要使他们成为与地方血肉相连的干部，这一点必须充分认识其作用。首先必须信赖新干部，有步骤地培养其工作能力。大清河北的朱占魁同志，应成为培养本地干部的目标。

审查干部特别在分散组织的军区系统上要紧的很，敌人是用尽一切方法瓦解我军和实行其内奸政策：从我内部破坏我们，以前的石家庄太原特务机关，现在的邯郸邢台特务机关，他们对于我们分遣在外的落后分子，是起了腐蚀作用的。他们的第五部队的活动，并在战斗中放冷枪，我们也有感觉的。今后敌人在这方面破坏我们，会更要加紧。我们要从政治上审查干部，首先要禁止各部乱收来历不明之人，每个干部的鉴定都制成档案。

干部要耐心教育培养，赏罚严明，特别注重在教育，不要打击，我们师政对干部犯错误者，采取了严正的教育方式，使其尽量发表意见然后说服其错误实质，作出结论。现在师政部在干部处理上，是收了很大的成效。各分区要学习这种办法。

对于分散久了未受训练的干部，特别不执行指示的干部，要调回来教育，不能姑息纵容坏了干部。

各分区各县武装部门，对于优抗问题，要随时了解其情形，提起政府行政科照法令实施。

各动员武装部门，把兵员补充归合于武装组织科内，把参战归合于宣传训练科内，都是合理的。

其四　敌伪军工作与除奸保卫工作，在分区必须加强起来。

其五　供给武器的制造，领取与向敌人夺取，特别要好好保管的问题，都必须具体计划实施。

经费照野供会议提出预算去领取，其营兵待遇一般与野战军同。不过为要启发其上进的起见，只能比野战军略低一点，例如战士津贴每月只少领五毛，分区有些不关心地方部队供给卫生的现象，必须纠正过来。

第四部分　宣传训练

其一　开展思想准备工作——思想准备，是针对敌腐蚀我们的思想战作强烈的战斗。首先要把这次会议的精神，尽一切方法深入传达下去，实行防止停止于上层。必须把文总工作展开起来，使之参加民兵教育，青救更应与文总抓紧青年的教育，野战军应依照军分区对民兵营兵教育计划帮助教育，一切宣传教材属于民兵者由动员武装部门供给，属于营兵者的由师政宣传教育部负责供给。

其二　干部教育——干部决定一切，故教育重点应放在干部教育上面，无论在军事上或政治上，都应经常注意培养其战斗的组织性，主动性，泼辣性与顽强性，发扬党军的良好的作风，王副司令员所说的教育组织我都同意，尤其是巡回教育，教育民兵非常适切。干部轮训要开始建立好的规模，先从军区军分区建立起给下层作模范，同时要为下层培养与配备教育干部，经验告诉我们，如学校无较强的教育干部，是无法实现教育计划的。下层的轮训队，最好先在军区军分区一起办一次，使规模建立后再归建制。

教育内容要注意政策教育，要注重对干部顽强性的培养，警觉性的提高，使在今后斗争的困难局面，不低头也不麻木，起其决定的作用。

其三　要在民兵中对八路军作有系统的宣传——第八路军的光荣传统及其英勇战绩，斗争故事，应向民兵作有系统的宣传，野战军每到一地应与军分区营兵民兵联欢，给以参观，以吸引其参加正规军的踊跃。

其四　军事训练——军分区各县训练部门，应按时检查整理游击战争经验，如最近青抗先，在战争中编成歌读的经验好得很，应编成教材实地演习。要教地方部队爱护武器，要培养特等射手，造成一枪一敌的神枪手，麻雀战除政治坚定地形熟悉外就靠射击准确，辽县刘二堂神枪手的故事要到处鼓励仿效，我们编的刺杀教练一书，军分区要拿去教育家家户户练习，成为风尚。地雷战斗要作到赣东北那样有力，而普遍打击敌人。

第五部分　以党为核心团结奋斗

亲日派，反共派现在随汪逆日寇向抗战军民进攻，是民族独立战争胜利道路的一个障碍。今后我们在华北的斗争，将更困难，特别有敌人的挑拨离间，只要有我们党政军民的同志，团结在党中央及中央军委朱彭总副司令指示之下，一致奋斗，才能容易战胜敌人。特别是野战军派到地方部队的同志，要尊重地方党，团结地方的同志，非常重要。部队干部，关心战士爱护干部，是党军的特点。各部同志在工作中，要从全局着想，不从本身一点着想，互相谅解，不要猜疑，以共产主义来改造知识分子意气，与农民狭隘的意识，对干部赏罚要分明，特别着重在教育说服方面，反对打击办法。团结奋斗，必能渡过这种困难局面，实现抗战建国的国策。

选自《晋冀鲁豫边区史料选编》第二辑，山西大学晋冀鲁豫边区史研究组编印，第101～116页。

2. 晋冀豫边区武委会关于边沿区人民武装工作的指示

1942年10月25日

我边沿区的人民武装是比较活跃的，在反蚕食、政治攻势中都起着重要作用，但也有过许多可以避免的失败与损失，失败的主要原因在于我们对游击战争缺乏正确认识，起着单纯军事观点的错误。如积极的武装活动是重要的，不如此便无法坚持斗争。但我们在武装活动中用的是正面硬拼硬打的方法，希望以硬拼硬打顶住敌人，形成民兵基点孤立坚持，如敌各个击破。对敌人在政治上毒辣的阴谋花样，军事上的诡诈欺骗表现麻木，无能，以老一套的硬拼硬打对付敌人的一切，忽视对敌人的政治斗争，开展经常的政治攻势（在这次政治攻势中虽有进步，但许多地方还不够积极的）当然要吃亏的。在组织上是把少数先进民兵孤立起来，忽视广泛的自卫队组织，自卫队不能给民兵以支援与配合，时间一久民兵过度疲劳、厌倦、消极下去，或脱离群众“土匪化”了。在民兵本身我们存在着单纯使用观点、忽视其建设工作，特别忽视政治工作的建立，这也是民兵不能长期坚持，产生土匪行为，破坏政策，为敌人的阴谋所乘的重要原因。

单纯军事观点另一方面的表现是把民兵的对敌武装斗争孤立起来，在民兵武装活动掩护下，进行群众工作，开展群众反维持，反特务与反对敌人的抢粮、抽丁等斗争，以配合民兵斗争，巩固民兵斗争在群众中的阵地是不够的（执行土地政策中有进步），留给敌人从群众中（特别是落后群众）分化破坏的空隙，要警惕许多地方的失败是从群众内部腐烂开始的。在这里我们要认识所谓游击战争就是群众运动的发展，群众的对敌斗争，不是单纯的军事问题，离开发动群众是谈不上游击战争的。

为纠正单纯军事观点的错误，真正开展与坚持边沿区的游击战争，有如下的指示：

（一）边沿区人民武装可以有各种适应环境的组织形式，但一般的要采取普遍的自卫队组织，在其中建立秘密的或半公开的游击小组起核心作用。放哨、瞭望、送情报、破路、填沟、配合军队作战等均由自卫队担任，游击小组则负责打游击，锄奸、向敌伪军、敌占区群众进行宣传。但这些任务都是共同的，只是执行上的分工，游击小组执行分工任务时也要以自卫队的面目或其他面目出现，以避免少数人的暴露突出。

但民兵在群众中已建立起信仰的村庄，主要是大量的扩大民兵，把自卫队中一般的队员都吸收进去，变成广泛的自卫队性的组织，原有民兵在其中起游击小组作用，不应从（重）新整编。民兵之所以显得孤立突出就因为数量太少与自卫队不起作用（是我们放弃了自卫队工作的结果），如果自卫队能给民兵有力的支援，民兵孤立现象便可克服，所以加强自卫队的工作乃是边沿区一个迫切的重要任务。

解决基点孤立的办法是强化联防，建立各村普遍的人民武装组织，反对固守基点。

（二）在武装活动上应当以支持群众团结群众对敌斗争，保卫群众利益为目的，保卫群众最积极的办法当然是积极的主动的打击敌人，特别是乘虚混入敌人据点混入封锁沟内给以突然袭击，杀害其官长或死心塌地的汉奸叛徒；捕捉哨兵；埋放地雷；或在其出扰途中扭着阻击走到那里打到那里；或割电线、撤铁轨、破公路、破封锁沟封锁墙；或打敌运输队；或截散被拉民伕、截回被抢粮食牲畜等，特别是开展地雷运动，连续不断的实行“地雷戒严”将敌人封锁于据点。只有打得他应付不暇不敢出来或少出来才是减少损失的好办法。

但对于敌人跃进的据点除采取上述办法给以围困外，还必须向敌后敌侧开展广大的面的游击运动，去捣他的老巢，不要完全被敌人吸引在一、二据点，否则仍会形成敌进我退的局面。

其次是认真的建立深入到敌占区，深入到敌据点的情报线，与普遍的有组织瞭望警戒是非常重要的，要认为是边沿区人民武装最重要的任务之一，否则不仅无法主动的打击敌人，也无法应付敌人的袭击包围。麻痹松懈是我们受包围的重要原因。

（三）开展经常的对敌政治进攻，边沿区人民武装更多的活动应当是打政治仗。对敌占区群众进行宣传，张贴布告，散发宣传品，以自己的模范行动影响他们，坚决反对土匪行为。

瓦解敌伪军，对敌伪军进行宣传（如包围敌碉堡进行喊话），散发宣传品，调查他们内部情况，利用与敌占区人民的亲戚熟人等关系让其劝自己的子弟脱离伪军伪组织，不为敌人做事。

锄奸：一方面注意隐藏在群众中的奸细分子，镇压维持。一方面是对公开敌探汉奸的镇压，认真站岗，严格盘查行人，不断的实行戒严，清查户口，使汉奸无容身之地。

（四）因此人民武装本身的建设工作，特别是政治工作的建立便很重要，进行两大文献，锄奸政策，对待敌占区人民的政策，瓦解敌伪军政策的教育，特别是从实践中给以事实的教育，在行动中政策的掌握主要在干部，有违犯政策的现象要首先追究干部。关心与考察其情绪变化，及时掌握解决他们的困难与问题。并在实际行动中进行军事教育，提高其军事技术。克服单纯使用观念。

（五）积极参加与协助反维持、反特务、执行土地政策的斗争。在这些地区各救与武委会的任务应当是统一的，每个干部都负责发动群众斗争领导人民武装的责任，各个干部的工作地区并适当的固定起来，但区武委会的领导仍然保持，人民武装工作的领导仍统一于区武委会。

选自《晋冀鲁豫边区史料选编》第二辑，山西大学晋冀鲁豫边区史研究组编印，第36～39页。

3. 关于加强人民武装工作的指示

1943年3月5日中国共产党北方局太行分局
十八师集团军第一二九师 联合训令

一九四三年，是国际反法西斯战线胜利决战与中国抗战愈接近胜利的一年，也是我们在敌后军民对敌斗争愈见残酷艰苦的一年。我们一面在进行精兵简政减轻根据地人民负担，以培养被侵略削弱的民力；另一方面应加紧人民武装建设，强化普遍的群众性的游击战争，以保卫根据地。同时我们在进一步深入群众工作加强人民武装建设中，应培养人民抗日民主的政治觉悟、军事技术，发扬人民尚武善战保家卫国的风气，这不但是养成现在游击战争伟大的力量，而且是奠定将来反攻大军组成的基础——这就是我们加强人民武装工作的目的。

这个加强人民武装工作目的之实现，不只是党和武委会的责任，而且是党领导的党、政、军、民四种组织的共同责任。因为人民武装组织有赖于政府的行政教育，有赖于军队的指挥训练，有赖于各群众团体在发动群众中充实人民武装组织，给以应有的激励与监督，取得战斗与生产密切的结合，尤其有赖地方党的坚强的政治领导与政治工作，特别是输送大批党员进去起骨干作用。这在敌后强化群众性质的游击战争，一切服从战争，争取抗战胜利的总的任务下必须如此。

一般自卫队是义务的人民武装组织，是人民武装广大的基层的组织，党和武委会对于一般自卫队，应进行一般的管理教育，给以相关的抗战勤务，这对于发挥广泛的游击战争，产生大量民兵和增强民兵的机动力与掩蔽性作用，都是很大的。有些地方人民武装误解了中央减少脱离生产人员的精兵简政的意义，只做民兵工作，而放弃了一般自卫队工作，把民兵孤立起来，甚至在民兵中选出民兵战斗队，而又放松了一般民兵工作，结果民兵数量减少，无法分头轮番服务，使得战斗勤务累积于少数之身，必然较久的脱离生产，并使得为民兵代耕的一般民兵，甚至家庭也埋怨民兵，而在游击区的民兵，则因自己孤立于一般自卫队的掩蔽之外，而遭受敌人集中的搜索与打击，这是要纠正的。

在一般自卫队的基础上，发展自愿的民兵时，必须遵照彭德怀同志所指示的三个原则：一是战斗与生产结合，二是支部掌握民兵，三是教育。

武乡、沁源群众在夏季深入减租减息之后，该两县民兵在党的领导军队的帮助一致发挥几年经验情形之下，所进行秋季反扫荡的游击战争，呈出了空前有力的雄姿。这一般是实现了这三个原则的，然而有某些地方，党的支部对民兵的领导很差，未把壮健的党员大批加入到民兵中去作骨干，政治工作也不够深入，军事训练也不够切合现实，军队帮助也很差，以及耽误生产过久，于是民兵脱离群众，干部腐化，游击无力，敌人与顽固分子又从而瓦解与篡夺之（敌人在昔阳、和顺，顽固分子在三、五两军分区），这是严重的事实，值得警惕的。

民兵一面应与一般自卫队结合，另一面应与营兵特别应与县、区基干队结合，只有这样才能组成普遍而有力的群众性质的游击战争。

第一，关于人民武装的组织工作：

（一）整理自卫队发展民兵：

党和武委会应根据一九四一年四月颁布的人民武装抗日自卫队暂行条例，尤其是在深入群众运动中，认真整理一般自卫队，及其民兵的青抗先、基干自卫队的组织，切实登记统计。（政府的户籍法应注意到人民武装组织的登记求其精确）同时在这一整理中，应根据工作进度与环境状况，定出确切的民兵发展的数目，即行发展。在工作薄弱区发动群众中，也应抓紧发展民兵，但同时应动员广大群众，照条例加入一般自卫队。现太行军区决定民兵发展的数目：在工作先进区发展到占人口的百分之六，在工作薄弱区发展到占人口的百分之四，冀南与太岳两军区民兵发展的数目，由各该军区及其武委会自行决定。

各军区所整理一般自卫队和发展民兵的青抗先，基干自卫队的各项统计，均望于“七七”以前分别报告分局和师，以便于今年度前由军区计划检阅他们组织，训练和游击的实情，将其总结报告。

（二）党必须切实掌握人民武装：

党在领导整理一般自卫队和发展民兵时，应教育全党认识人民武装，虽在政府领导之下，但这一武装组织并不是照三三制分配干部，必须由党单独地确实的掌握之，这就是武装在中国革命中的特点。只有这样才能取得巩固统一战线，保障抗日建国的完成。必须把健壮的党员尽量地、有计划地散布到自卫队中去，特别是到民兵中去，和在民兵中发展党员，使党员有一定的数目，够能成为骨干，并须把本地群众领袖培养成为干部。今年应做到武委会（武委会主任都兼自卫队长）县级以下干部，都是本地干部。必须健全政治组织，加强政治工作，尤应加强基层组织的村支部的工作，使之成为人民武装组织的堡垒。

（三）武器装备的管理必须认真建立：

人民武装组织中一切新旧武器装备，如步枪、手榴弹、地雷、土枪、土炮、刀矛等，应由武委会专人管理，有计划的指导其分布间配。（即在一个队伍内，参杂配备新旧武器）购买制造（着重制造手榴弹、地雷）、搜集、爱护、保管，和登记、检查（发带枪证），严格防止散失于敌人手中、尤其要发扬人民武装在游击中，夺取敌伪军枪弹，以发扬革命军队的传统，武器必须拿在可靠分子而能使用者的手中，一枝（支）枪也不要落在坏分子手里，游击重点必须配备较多较好的武器，这急需军分区协同武委会精细审核与严正处理的。

（四）决定增修人民武装自卫队条例和编出人民武装工作条例。

自一九四一年颁布人民武装抗日自卫队暂行条例以来，无论从指挥系统或政治系统的组织及其工作说来，都有丰富的经验：例如太行军区的基层村武委会的分工，主任除总的领导外，并掌理民兵工作，副主任掌理自卫队工作和武器粮食工作；政治指导员（村支部副书记）掌理政治工作、监察生产与纪律实施。如在游击情况中，则以武委会主任、政治指导员同村长指挥前方工作，尤其是战斗工作，以副主任同副村长各救主任指挥后方工作，尤其是战斗动员掩护群众转移工作。又如区委会主任管军事，政治教导员管政治之外，划分地区监察各村工作。又如县武委会主任是兼任政治工作组长，领导做组织统计和宣传教育工作，副主任是兼任参谋组长，领导做队务、武器、训练、作战、情报、通信工作。这些行政指挥工作是根据具体情形，适合于群众游击战争的人民武装的组织，而必须加强的。各军分区应于今年度以前整理自己的经验，一面增修人民武装抗日自卫队条例，呈师正式公布；另一面要编出一套完整的简单明瞭的人民武装的工作条例出来。

（五）群众性游击战争的组织。

根据两年以来的经验，县、区、村长和党委书记兼任县、区、村指挥部的指挥和政治主任，是组织与指挥群众性游击战争的好办法。因为县、区、村武委会的组织，即是各该指挥部的组织，各该武委会主任是兼各该指挥部的副指挥，于此可以将县、区基干游击队（县区长和县区书记，兼队长、政委）与县、区、村的人民武装，组织成为一有机的游击集团。但在这里必须注意的是：县、区、村长及党委书记应以自己三分之一的精力，做所兼职的武装工作，才能把群众性游击战争组成起来，不得以挂名兼职放弃职责。

县、区基干游击队乃群众性游击战争的基本力量，一方面要能独立担任战斗勤务，另一方面要成为民兵的模范，领导民兵作战。因此县、区基干游击队的巩固与加强其政治军事的教育，密切其与人民武装的联系，非常重要。

在敌后频繁的反蚕食与反扫荡普遍开展群众性游击战争之中，特别在反敌人千奇百怪的特务阴谋的环境之中，必须加紧抗战勤务中的除奸、防敌与对敌伪军的政治工作。过去许多地方是把除奸、防敌工作放松了的，黎城与柴关汉奸暴动的教训，要引起今后经常的警惕。必须加紧经常的备战工作，尤其加紧情报通信工作，做好炸弹粮食和卫生设备，（把村中药铺医生组成救护队）必须实行切合实际的战前演习，在战斗活动中尤须掩护前方战斗成员的家属的安全，必须启发群众认识武装斗争，乃是保卫生存的有效办法，经常勉励战斗成员奋勇杀敌效用尤大，这也是群众性游击战争的实质，必须关于分配一般自卫队与民兵的战斗勤务，调节时间以免耽误生产，在战斗情况中，以民兵掩护群众生产，尤为重要。

（六）游击区与游击根据地人民武装的组织法。

由于敌人封锁线割裂的，或由敌占区正发展或已发展的游击区，和游击根据地的人民武装组织，应根据敌我力量的对比，从对敌斗争中保护群众利益出发，而采用各种各色掩蔽形式的组织，或半公开乃至公开的形式的组织，而在游击区更要利用敌人自卫团合法的组织，在这种组织上，应着重建立秘密的不脱离生产的游击小组，和脱离生产的游击队，以八路军名义隐蔽活动，或公开活动，来配合各种斗争，使群众在保护自身利益中，认为是自己的武装而不是自身以外的侠客。

敌人抓壮丁（民族的元气），抢粮食特别在敌人造成灾荒的占领区，群众感觉绝食灭种的痛苦，极为剧烈，我们应抓紧敌人的这种暴行，繁殖与强化群众性的游击战争，但须防止过早暴露力量，遭到不应有的摧残。在这些区域的人民武装还没有选举武委会时，党应单独指导其工作的进行，不可放弃；过去某些游击区和游击根据地环境，正需要强化群众性游击战争，而我们曾放松繁殖游击战争的组织工作的。

第二，关于人民武装的训练工作。

（一）训练工作纲要。

1. 教育内容应切实扼要。

为求不妨碍生产起见，太行区规定一般自卫队受训时间每年十天，民兵每年二十天，均分为农忙期（三一八至九一八）与农闲期（九一八至三一八）举行训练。（而农忙区尤着重于下层干部训练）这样短时期的教育，其内容更非切实扼要不可。使用武器与游击战术都应根据完成各个不同的任务的需要，把现实的武器，现实的战术，联系自己的经验抓住要点，反复在实地操练，特别激发学习者自修，以求熟练，防止贪多无得，或光训不练，或光在操场打圈子，或硬搬正规战法等主观主义的办法。

2. 以干部教育为主。

根据“强将手下无弱兵”的论点，必须把干部教育成为重心，今年干部教育的内容应抓住联系整风的业务学习，作为重心。

3. 政治文化教育的实施法。

属于人民武装本身业务需要的宣传教育者，即由人民武装系统进行之，属于一般国民教育激励其爱国热忱，参加游击战争与正规军的思想者，（这种思想要长期有计划地培养，才能在今后适时召集起大量群众成为反攻敌人保卫建国的大军）则由政府教育和群众团体的教育分别实施之。

4. 军事训练的重点。

人民武装一般的军事训练，应根据各人不同勤务的军事技术和游击活动而定之，但队员训练的重点，应放在能纯熟使用一件新或旧武器的上面，（用什么就练什么）不要想样样武器都会使用。干部训练的重点，在使用武器的学习上，应学到能教所属队员，使用步枪和手榴弹，或学会一件其他武器，特别是在自己业务的学习上，要能熟习游击战术及运用战术的指挥和练法。

5. 教材的编法。

人民武装的教材就是“新旧武器的使用法”，游击战术和政治工作，应由军分区军区武委会就现有的这三种教材，加以整理和补充，交由军分区军区编审委员会（各该武委会主任参加编审委员会）审核后公布之。至于整理经验如现实战例的游击战术教材，和各县武装的军事政治工作总结教材等作用很大，应由各县指挥部或武委会编出教材，（县指挥部可酌量附设游击战争研究会，整理总结游击战争经验编教材，以指挥、主任、县干队副队长、副政委、武委会主任等五人兼任之，而以武委会主任为研究会主任）同时应以一份交该管军分区编委会。

（二）一般自卫队与民兵的训练。

1. 政治教育。

在一般自卫队与民兵中，所进行的政治教育，就是政治工作人员在各该组织中所进行的政治工作；如关于人民武装纪律的教育，除奸、防谍，对敌伪军工作、优待俘虏守则等属之，此外则在闲暇之时，指导文化娱乐工作。自卫队部和俱乐部进行唱歌，打棒球、打拳，劈刀，刺枪等活动（青抗先应起推动作用）以养成人民武装集体活动，特别是养成他们尚武善战保家卫国的风气。

2. 军事训练。

甲、民兵的训练。

在使用武器上——凡有步枪者，使全部学会打冷枪的方法（土枪亦然），向神枪手方向发展；全体民兵会使用手榴弹，三分之一会埋放地雷和石雷（克服光用地雷保家的现象），抬枪、土炮每门必须有三人以上会使用；其他无枪无炮者均必须熟练其手执武器（如刀、矛、农具之类）的使用，反对唯武器论者鄙视旧式武器的观点。凡以上新旧武器的教练，一面求得杀倒敌人；另一面求得夺取敌人武器，故除教以基本使用法外，还必须教以在何时何地何种敌情下应怎样发挥各种武器突然的最大的效能，并在附近实际地形上，假设敌情演习之。

在游击动作上——每个民兵必须学会利用地形、地物，怎样在敌火下实施隐蔽与运动；必须学会游击小组的伏击、袭击和急袭的方法，求得消灭个别的敌人，消耗集团的敌人，善于配合正规军作战，善于与敌人作交通斗争；善于掩护老弱转移；善于作情报通信工作。这些都必须在实地假想可能的敌情，进行演习。演习中注意各种武器的配合，但不是大量集中打硬仗。

乙、一般自卫队的训练。

一般自卫队主要是：担任抗战勤务，交通斗争，情报通信，掩护老弱转移，其次才是“对敌游击”。因此他们的武器也较旧式些，故对一般自卫队训练在武器使用与游击动作上，只能采取民兵训练中某些适于自己工作的部分，而主要还是加强抗战勤务（如救护、担架、带路、情报、戒严、除奸等）的训练，特别是抗日戒严中的盘哨、巡察哨、清查户口诸动作，要将基本守则联系各种情况就本村实地实施；防谍除奸的教育，亦应及时收集敌探奸细的活动方式，教以具体的对策。在敌人扫荡时，如何了解敌人行动的规律及怎样避免敌人的射击和捕捉，识别与联络记号，在各种情况下的情报通信，尤其是保障民兵后方情况通信，掩护老弱转移。此外则教以对敌游击常识。

丙、军事训练的方式方法。

（1）一般的方式——民兵的训练，应利用农作间隙实施集结训练，可以行政区为单位分期召集之，或按自然地区的划分，分期集结于该地区某点，由县、区派遣干部巡回帮助相关队长训练之，主要是由相关队长自己训练。

一般自卫队的训练则以“普遍训练为主”。即除夏收秋收忙月外每月训练一天，或半月训练一天；其训练由村干部自己训练之，或由县、区派遣干部巡回至各村帮助村干部训练之。

至于必要的专门训练如培养民兵中的特等射手，爆破事项之类，则应由县成立“专门的训练班”。

（2）分类训练与综合演习——民兵集结训练时，最好将使用各式武器的民兵如地雷、步枪、土炮……等分类集训；自卫队亦可按战时勤务分组，如情报通信组、担架救护组、除奸警戒组、游击组等分别训练，求得切合各该区、村战时的实际需要；最后定期组织切合实际的联合演习，由县、区派出干部拟出情况，并检查指导纠正之。在演习时并就便纠正其战斗动作。营兵演习尽可能配合人民武装实行之，或召集其相关干部见习；但勿妨害他们生产。

（3）战斗的锻炼——各军分区应有计划地利用接敌区域的战斗机会，或其他战斗组成时，轮番锻炼民兵武装，尤其是民兵或其干部的战斗力，但除反扫荡外，应顾虑到不逾期妨害民兵的生产任务。

（4）军分区武委会应定期检阅测验，并奖励其优秀者。

（三）干部的训练。

1. 村干部的训练。

所有新武委会干部的训练，主要是教以现实的游击动作，抗战勤务；尤其是人民武装的指挥法与训练法，和相关的政治工作。在使用武器上，为了求得比较精通，可使分工各学一门，以便分工教民兵的武装使用。总之，应以联系整风的业务训练成为重心。

村干部的训练法，一般应由县武委会成立训练班分期集训，必要时（如无教练干部等）可由分区武委会集训之。

2. 县区干部的训练。

县、区干部训练的内容是人民武装的建设，与训练群众性游击战争的组织与指挥，如游击动作、情报通信、除奸防谍及其他一切抗战勤务；又如人民武装政治工作，对敌伪工作，俘虏工作，及其他一切对敌斗争政策，都应联系当前的任务与现实的情况而熟习之。至于现有的新旧武器，各级专长一件，以便进行训练，而游击战术及其指挥法，或政治工作尤须精通。

县区干部的整风学习，特别应着重联系，上述业务训练实施之。

县区干部的训练方式，除自修外，应由军区武委会轮训之。太行军区的县、区武委会干部应于今年"九一八"前轮训完毕。

3. 军分区级以上武委会干部的训练。

军分区以上的武委会干部的学习，以自修为主。其学习内容，应根据本身业务进行；但整风学习应遵照军分区级以上党委的规定联系业务实施之。

4. 各级干部的训练，均应有步骤地进行测验和奖惩。

5. 游击区、游击根据地的训练。

各应根据当前具体情况自行决定，分布掩护的各种办法，而干部本身的训练与经过干部对游击小组的训练尤为要紧。

第三，军区、军分区如何领导与帮助人民武装工作。

人民武装工作是半群众性半军事性的组织，军区、军分区对相关武委会的领导与帮助，主要是以所属营兵在参加所在地的群众工作中，帮助他们军事工作，要防止其只使用人民武装，而不参加建设人民武装的现象发生。

（一）从组织上。主要负责解决其干部的困难，特别应不惜抽出军队中政治坚强而富有战斗经验的本地干部，到人民武装部去工作；其次是帮助其筹备武器弹药；再则应教育所属干部经常与民兵联欢，使民兵逐渐习惯和羡慕军队生活。

（二）从训练上。应分配所辖部队联系区、村，责成其根据武委会计划经常帮助人民武装的训练，并以此为日常报告内容之一；派干部协助武委会组织巡回训练组或检查组，在举办各种训练班时，如认为有吸收武委会干部之必要时，应通知其参加学习；所印教材，特别是现实的对敌斗争的军事经验，与战例等，除秘密者外，必须发给到县武委会进行训练；对县指挥部给人民武装编的教材，给以审核并交流经验。在举行各种竞技检阅时，尽可能通知武委会派民兵代表参加。

（三）从作战上。应有计划地锻炼，各县区、村民兵的战斗力，各级指挥员在每次战斗中，应照顾所在地人民武装，指挥他们游击或指导他们抗战勤务，派遣好的干部帮助之。并教育所属怎样提携民兵、爱护民兵、分给民兵的胜利品，以取得骨肉的结合。对于作战英勇的民兵个人或集团，应及时用物质奖励，并协同党、政、民用各种方式表扬之。

选自《晋冀鲁豫边区史料选编》第二辑，山西大学晋冀鲁豫边区史研究组编印，第48～58页。

4. 成立太行军区及区党委改名问题的通知

1943年10月29日

通知：

一、太行军区于本月九日正式宣布成立。李达同志为军区司令员、李雪峰同志为政治委员，张廷发同志为参谋长。

二、晋冀豫区党委于本月九日正式改为太行区党委，新钤记不日启用。

三、江明同志工作他调，区党委秘书长由毛齐华同志兼任。

太行区党委秘书处

1943年10月29日

选自《晋冀鲁豫边区史料选编》第二辑，山西大学晋冀鲁豫边区史研究组编印，第65页。

5. 晋冀豫区武委会命令——关于紧急动员对日战略反攻的工作

1945年8月15日

我全体解放区军民经过八年多的艰苦奋战，配合苏联红军及其他盟军，最后打垮日本强盗及其走狗的时机已经到来，为配合我八路军全面反攻敌人，彻底解放沦陷区，各级武委会应立即动员起来，进行如下工作：

（一）立即进行全面的战斗动员：

（1）以村或依联防为单位，召开全体民兵自卫队动员大会，宣布朱总司令第一号、第四号、第五号命令，号召大家立即动员起来，随时准备成队的配合八路军解除敌人武装。夺取敌人的武器来武装自己，准备大批的接受与管理俘虏，并担负起保卫解放区的任务，提高警惕，实行戒严，防止坏蛋分子可能的捣乱破坏及俘虏的逃亡、反抗。

（2）迅速完成一切战斗准备：整理擦拭武器，每个民兵自卫队员经常准备三天至五天的干粮；每村根据具体情况，准备一定数量的担架，改染白色衣服，准备鞋袜，安排家务，准备随时听候调动出发。

（3）完成战斗组织：以村为单位把民兵自卫队分别编成两个至三个梯队，武器工具有计划的配备，干部分别带领（武委会主任、政指、民兵队长负责带民兵，武委会副主任、自卫队队长、副村长或民事委员负责带自卫队)。第一梯队准备随时出动，二、三梯队负责维持后方治安，看管俘虏，坚持生产及为参战民兵助耕，并准备支援与调换一梯队民兵。

在参战民兵中设立爆炸小组，发扬进攻性的爆炸战，封锁围困敌占点线，如果敌人不投降，就炸垮其碉堡工事。

每村设立两个救护员（一管民兵、一管自卫队)，每联防或每区设立医生，并进行短促的救护训练，准备一些药品，以担负参战民兵自卫队的救护工作。

每村设立正副管理员，（正的管民兵，副的管自卫队)，每班民兵自卫队设立一个伙夫，准备出动时成立伙食单位。

（二）扩大民兵、整理自卫队：

(1) 放手发展民兵，在反攻动员中号召青壮年自卫队成批的参加民兵，并准备很快的动员民兵参加正规军队，因此全年民兵发展计划要尽多尽早完成，并尽量用各种武器（特别是炸弹）武装起来。

(2) 整理自卫队，重新编制，配备干部，并设法配以必要的武器，保证有组织的参战。

(3) 提早完成预备干部登记。

（三）坚持自学：

敌人是狡滑（猾）的，我们不能轻心大意，以为敌人很容易解决，并须随时准备对付国民党反动派破坏反攻，篡夺抗战胜利果实，因此应抓紧一切生产空隙，坚持自学，并趁现在秋收前的农隙，加强自学组的活动，一定要熟练自己手里的武装，学习大规模进攻敌人的战术，特别是利用地形地物与敌火下的运动，炸碉堡等。

每次行动要注意总结，从实际行动中来学习，学习模范要争取成为杀敌英雄。

各级武委会接到此命令后，要立即动员布置，敌人正准备无条件投降，这是紧急的战斗任务，我们要百倍的紧张起来，用战斗作风完成上述任务。

此令

杨殿魁

一九四五年八月十五日

选自《晋冀鲁豫边区史料选编》第二辑，山西大学晋冀鲁豫边区史研究组编印，第 98～100 页。

六、财金税粮

1. 晋冀鲁豫边区禁止敌伪钞票暂行办法

1941 年 5 月 10 日公布，1942 年 9 月 1 日修正公布

第一条　为巩固根据地金融，保护抗日本币，打击与禁绝敌伪钞票，对敌进行货币斗争，特制定本办法。

第二条　一切敌伪发行之钞票，在本区内绝对禁止携带、保存与行使；但工人工资收入及从敌占区逃来灾难民、反正及被俘伪军伪组织人员所携带之敌伪钞票，得向冀南银行分行及委托之代办机关兑换冀钞行使之。

第三条　军政民机关，因特殊工作（对外贸易之使用另订之），确有携带敌伪钞票出入境之必要者，须经政府核准，发给证明文件，始得通行。核准权限：军政民工作人员携带伪钞出入境在二百元以下者，由县政府核准，二百元以上，一千元以下，由专署核准；一千元以上，须经边区政府或行署核准。

第四条　违反前条规定，有在本区携带、保存或行使敌伪钞票者，一经查获，除予没收外，并按其保存或携带或行使之不同行为，酌予下列之处罚：

不过廿元者，处以百分之卅至五十罚金。三十元以上至一百元者，处以百分之四十至七十之罚金。一百元以上至二百元，处以一倍至三倍之罚金。

二百元以上至四百元者，处以二倍至四倍之罚金。

四百元以上者，处以三倍至五倍之罚金。

别有严重情节者，须送司法机关，按破坏抗日金融，从重治罪。

第五条　前条所处罚金，得提奖百分之二十，以十分之四奖报告人，十分之六奖查获人。无报告人，全奖查获人，每次每人不得超过二百元。公务人员按应提奖金数七成发给，每次每人不得超过一百元，余数归公。

第六条　对违法在本区保存、携带或行使敌伪钞票者，军队、公安人员、民兵、区村公所、群众团体及民众只有查获权，其没收及处罚，属县级以上政府。没收及罚金，并须制给凭单或收据（须用三联单，由县政府制发），以示证明。

第七条　公务人员如有包庇、串通、卖放、侵吞情事，按贪污渎职，从严论处，民众按诈财治罪。

第八条　敌占区民众行使何钞，不加干涉，接敌区及游击区，应按具体情况，适当划定界限，界限以外，只没收，不再处罚，或以冀钞兑换，而不没收，界限以内，仍按第四条规定执行。

第九条　前条所指之界限，应以行政村为单位，由县府划定，经专署批准，再经一定时期之宣传解释后，方得执行，并报告边府备案。

其界限应按敌占区工作之开展情形，适时变更之。

第十条　敌伪商业票据等之处理办法另订之。

第十一条　本办法公布后，以前禁止敌伪钞暂行办法即作无效。

第十二条　本办法经边区临参会驻会委员会同意后，由边区政府公布施行之。

选自《中国新民主主义革命时期根据地法制文献选编》第三卷，中国社会科学出版社1981年版，第101～103页。原注："选自晋冀鲁豫边区《法令汇编》下册，1943年版"。

2. 晋冀鲁豫边区保护法币暂行办法

1941年7月5日公布，1942年9月1日修正公布

第一条　为保护法币，防止敌伪操纵套换，特制定本办法。

第二条　本区一切交易往来，收支公款，均以冀南银行钞票（简称冀钞）为本位。行使法币时，须向冀南银行分行或其委托之代办机关兑换冀钞后，始得行使。

第三条　凡携带法币进出或通过本区者，须依照下列各款办理：

一、携带法币系过境者，须向本区边境税务稽征所或区级以上政府登记，并领取证明文件，才准通行。

二、携带法币入口，系存藏者，除向本区边境税务稽征所或区级以上政府登记，并领取证明文件外，并须向当地县政府报请登记，以资保护。

三、携带法币出口，系一般公干或旅行而非投机取巧者，须向当地区级以上政府登记，领取证明文件，方准出口。

四、如携带法币出口，系贩运入口货物，须经各级工商管理局核准，并须向银行履行登记手续。

办理前条各项之法币登记手续，概不收取任何费用。

第四条　在本区内之一般私人保存法币，只要不在本区市面行使，听其自便，不加干涉。

第五条　凡违法在本区公开交易或暗中行使法币，捣乱金融者，除法币没收外，并得按其数量多少（二百元以下者不处罚），分别予以下列之处罚：

二百元以上至五百元者，处以百分之三十至百分之五十之罚金；五百元以上至五千元者，处以百分之五十至一倍之罚金，五千元以上，处以一倍至三倍之罚金，有其他情节者，送交司法机关处办之。

第六条　前条所处罚金得提奖二成（百分之二十），以十分之四奖与报告人，以十分之六奖与查获人，无报告人者，全归查获人，每次每人不得超过二百元。公务人员按应提奖金数七成发给，每次每人不得超过一百元，余数归公。

第七条　对违法行使法币行为，军队、公安人员、区村公所、民兵、群众团体及民众，只有查获权，处理权属于县级以上政府办理。没收及罚金，均须制给凭单或收据（须用三联单，由县政府制发），以示证明。

第八条　公务人员如有包庇、串通、卖放或私行没收、侵吞等情事，按贪污渎职，从严论处，民众按诈财治罪。

第九条　本办法公布后，以前之保护法币暂行条例、保护与兑换法币暂行办法，宣告无效。

第十条　抗日政府不能经常驻在之法币区域，不实行本办法之规定，接近法币区及接敌区，法币处理办法另定之。

第十一条　本办法经边区临参会驻会委员会同意后，由边区政府公布施行之。

选自《中国新民主主义革命时期根据地法制文献选编》第三卷，中国社会科学出版社1981年版，第103～105页。原注：“选自晋冀鲁豫边区《法令汇编》下册，1943年版”。

3. 晋冀鲁豫边区生产建设公债条例

1941年9月15日公布

第一条　为加强本区建设事业筹措经费起见，特发行公债，定名为晋冀鲁豫边区生产建设公债。

第二条　本公债之用途保证以下列四种为限：（一）水利建设；（二）人民工农林畜等生产事业；（三）重要公营工业；（四）商业。

第三条　本公债定额六百万元，于民国三十年九月十五日照票面十足发行。

第四条　本公债利率定为年息五厘，自民国三十一年起每年九月十五日付息一次。

第五条　本公债定十年还清，自民国三十三年起，每年九月十五日抽籤还七十五万元。

第六条　本公债还本付息，指定由冀南银行及其他临时委托之机关为经理机关。

第七条　本公债本息基金，指定已辦（办）及新办公营事业收入及建设馀（余）利充之，由冀南银行专户储存，前项基金，如有不足时，由金库如数补发足额。

第八条　本公债票额分二元、五元、十元、三十元等四种，均为无记名式。

第九条　本公债在未还本前，不负资产负担，其利息收入，不负收入负担。

第十条　本公债债票，得自由买卖抵押，凡公务上须缴纳保证金时，得作代替品，并得为银行之保证准备金。

第十一条　对于本公债有伪造及毁损信用之行为者，由司法机关依法惩治。

第十二条　本公债本息基金之保管及每年抽籤还本事宜，由参议会政府及各有关部门组织管理委员会管理之。

第十三条　本条例经晋冀鲁豫边区临时参议会通过，由晋冀鲁豫边区政府公布施行。

选自《晋冀鲁豫边区法令汇编》，边区政府1943年7月编印，第76～77页。

4. 晋冀鲁豫边区征收出入境税暂行条例

1941年10月20日公布

第一章　总　则

第一条　本条例根据本边区贸易暂行条例原则制定之。

第二条　本边区出入境货物均须遵照本条例办理之。

第三条　本边区各地区间之贸易根据本边区贸易暂行条例第四条之规定，如通过敌人封锁线时，取得起运地点区级以上抗日政府证明者，一律予以免税。

第四条　根据本边区贸易暂行条例第七条之规定只征收一道出入口税。

第二章　税率标准

第五条　本边区出入境货物，根据本边区贸易暂行条例第六条之规定依下列各款分别处理之：

奖励出入境货物——一律免税。

征税出入境货物——征收百分之五至百分之五十出入境税。

禁止出入境货物——除特殊者外绝对禁止出入境。

前项各款出入境货物税率分类表另定之。

第三章　稽征办法及手续

第六条　运输货物出入本边区境界时须先向经过之稽征局所报请检验按章征税或免税。

第七条　货物出入境税之征收均依当时货物实际价额估价按照货物税率分类表之规定核计实施之。

前项征税如有多征情事纳税者得于纳税之日起五日内（游击区得酌量延长之）持原税照向原征税机关请求发还多征之数。

第八条　稽征机关对出入境货物税之征免均须分别填给单照，并在货物上加盖验讫戳记或粘贴验讫证，否则纳税者得拒绝缴税履行手续。

第九条　如遇特殊必要运输禁止出入境货物时须持有特种许可证，由税务总局（或税总办事处）核发之。

请求运输禁止出入境货物只限于下列各机关：

一、专署以上之政府或贸易机关。

二、师或军区以上司令部及政治部，前项特种许可证得斟酌情形注明免税或征税字样，但所征之税率不得超过最高之税率。

第十条　出入境货物为税率分类表所无者，除资敌军用或毒品外得按其性质依据具体情形比照税率分类表上类似之货物加行征税并报请上级核示。

第十一条　已完税货物自到达目的地之日起在半月以内如欲改运他处须持原税照报请当地税务分支局准予改运。

第十二条　已完税之出入境货物在邻近边境地区之重要集市自到达之日起在半个月以内如欲以一部再向他地分运者，为避免中途重征起见须持原税照向就近税务局请领分运单，但分运货物上有验讫戳记或验讫证者不适用此条。

前项分运单领到后货物必须及时起运，非因特殊情形请准缓运外，该分运单经过三日即宣告失效由发单税局撤销之。

第四章　处罚办法及手续

第十三条　税率表上规定之禁止出入境货物及其它法令所规定之违禁品非因特许运输出入境者一经查获一律没收，但如携带禁止出入境物品价值在二十元以内如食品衣料或其他生活日用品且显系自用者应处以该货物总值百分之六十罚金，不得没收，如有运输价在二十元以内生活必需品之禁止出境货物经抗日区级政府以上之证明系属自用者准予出境。

第十四条　违犯前条之规定具有下列严重情形之一者查获后除将货物全数没收外，得并科该货物总值一倍至三倍之罚金。

一、贩运同种或禁运品出入境经查获后没收在二次以上，且每次货物总值均在二百元以上者（但在本条例未公布前已开始贩运者不在计算次数之内）。

二、有确实证明以贩运禁运品为业者。

三、携带武器贩运禁运品出入境拒绝检查者（如对缉私人员有伤害情事并应送政府依法惩办）。

第十五条　凡查获鸦片吗啡等违禁品时须将人犯及物证一并送交当地县政府处理。

第十六条　查获应纳税之货物无税照或验讫戳记出入境者均以偷税走私论，除照章补税外得按情节之轻重处以应纳税额一倍至三倍之罚金，但其罚金最高额连同补税数合计不得超过该物之总值。

第十七条　查获前项无税照货物总值在二十元以内如确系不知税章者，应照章补税予以解释教育不得处罚。

第十八条　查获以伪造之印证及戳记企图脱税走私者除货物全部没收外并将人犯送政府依法惩办。

第十九条　查获已失效之税照涂改顶替冒请改运或分运未完税之货物者，除补税外处以应纳税额三倍之罚金。

第二十条　查获走私案件如有汉奸嫌疑者，应将人犯送交当地政府依法处办。

第二十一条　查获出入境货物如货多于照票者，均以匿报漏税论，除照章补税外并处以应补税额一倍至二倍之罚金。

第二十二条　各级局所处罚及没收之案件超过下列规定限度者，必须呈请上级核示不得擅自处理。

一、稽征所除总局（或税总办事处）特别赋予职权外，无处理没收权，但在二十元以内之罚款案件得依章处理。

二、支局罚款在二百元以内，没收货物总值在八百元以内者。

三、分局罚款在五百元以内，没收货物总值在二千元以内者。

第二十三条　没收或罚金案件如证据确凿运货人故意狡展不服处理者，应送当地政府依章处理。

前项政府处理案件之决定应征求原送案税局之意见，案件决定后仍应送由税局执行。

第二十四条　部队机关团体对于漏税或禁止出入境货物只有查获权，民众只有报告权，而无查获权，如有贿放或包庇走私者以贪污诈财论。

第二十五条　凡稽征人员为图利自己或第三人有下列行为之一者以舞弊贪污论：

一、包庇走私者。

二、私给未完税货物以分还单或加盖验讫戳记者。

三、填写大头小尾税照或开发白票者。

四、故意错引税率或减低估价致损失税款者。

第五章　提奖办法

第二十六条　已办结之罚金案件或没收物品业已变价后得于各该款中对民众提奖百分之三十，最高不得超过二百元，一般公务人员提奖百分之二十，税务稽征人员提奖百分之十，最高额不得超过一百元，余数一律归公，其分配办法如下：

报告人奖十分之三，协助人奖十分之一，查获人奖十分之五，但报告人或协助人为民众，查获人为工作员而无协助人或报告人时报告人或协助人得奖十分之四，查获人得十分之六。如协助人当场与查获人用同等力量时，奖金应按人数分配之。无报告人与协助人时奖金全部归查获人。

第二十七条　凡稽征人员如假他人名义冒领奖金或违章侵吞他人应得之奖金者，如经人告发查实除应将分给他人之奖金照数补偿外，并以舞弊论处。

第二十八条　凡查获不能变价之没收物品其提奖办法应随时专案呈报税务总局（或税总办事处）核示。

第六章　附　则

第二十九条　本条例有未尽事宜得由晋冀鲁豫边区政府提经晋冀鲁豫边区临时参议会同意修正之。

第三十条　本条例经晋冀鲁豫边区临时参议会通过由晋冀鲁豫边区政府公布施行。

选自《晋冀鲁豫边区法令汇编》，边区政府1943年7月编印，第44～47页。

5. 晋冀鲁豫边区田房契税办法

1942 年 3 月 20 日公布　1943 年 4 月 12 日修正

第一章　总　则

第一条　为保障人民田房等不动产之合法权益，避免与泯灭产权纠纷，特制定晋冀鲁豫边区田房税契办法。

凡在本边区境内买典田房立契之投税处罚等，悉依本办法行之。

第二条　民间田房买典契约之投税，及补换契约，由县区村各级财政机关负责督促，必要时并得进行检查之。

第二章　税率与征收

第三条　田房税契由县政府统一征收，在游击环境，得分别委托区公所办理之。

第四条　田房契税，依左列标准：

（一）买契税：按契价征收百分之八。

（二）典契税：按契价征收百分之四。除以上规定者外，不准征收任何附加或手续费。（契纸工料费在外）

第五条　征收税款一律按边区本位币，以元为单位计算之。

第三章　立契与投税

第六条　田房契税由各专署制发（情况必要时可由各县代制），式样定为三联：首联为正契由业主收执，中联为报查，每月终由县府汇齐连同田房契税月报表，呈送专署（直属县经呈边府财政厅）备核，末联为存根，留县存查（契纸式样附后）。

第七条　前条契纸骑缝上，应加盖专署关防（由县代制者可加盖县印），以昭慎重。

第八条　契纸不论买典或补换，均收纸价，每张定为一元。

第九条　人民成立田房契约，应先向县政府购买契纸，携回依法填写，在限期内，到县投税。

填写契约，如有错误时，不得涂改，应将填错契纸缴县注销，另购新契，注销之契，县政府须按月送交专署（直属县送财政厅）备查。

第十条　人民买典田房书立契约时，新书业主与说合人并产邻，同赴田房所在村公所，眼同村长书写，加盖村公所图章，并由村长农会主任签名盖章，以为证明。

第十一条　买典契约，应书写本人姓名，除机关团体外，不得沿用堂名或代名。

第十二条　书立田房契约，以一产一契为原则，不得归并不相连接之田房，合立一契。

第十三条　买契成立时，卖主应将旧契交出，并于新契内注明张数，不得隐匿扣留。

第十四条　县政府接到人民投税之契约，经审核无讹时，按章收税，在原契年月上，加盖县印，即为官契。

前项契约，应在纳税后，即时发给人民；如因特殊情形，至迟须在十日以内发给，不得久压。所纳之税款，并须先给临时收据，以资证明。

第十五条　人民投税之契约，确系先典后买者，得以原典契税款，抵买契税款；不足之数，再照额补交。但适用此条，应以典买属于一人者为限，并须将原典契呈验。

第十六条　民户因拆［析］产，将田房分开，必须各人单持一契者，应将原契呈验，分别另定新契，只收纸价，不再征税。

第十七条　买典契成立后，在未照章投税以前，不得另行转移产权。

第四章　补换契约及补税

第十八条　凡经敌寇烧毁或遭受天灾，致将原契损坏者，可取得原契残存部份（分）为凭或由村长及农会主任出具证明书，切实负责证明，得予补契。只出纸价，不再征税。

第十九条　凡田房向无契约者，业主得在布告期限内，向村公所声请立契，照章投税，不予处罚。但其契价须按现时估值，不得随意少作，违者以匿价论。

第二十条　经清丈后，因土地亩数改变，一律换契时，应将原契呈验，得予免税换契。

第二十一条　本办法实行后，凡在远年以前成立之田房契，未经投税，其契价尚不足该产时价百分之三十者，应按时价百分之三十投税，照章投税。其原买价，作为无效。

典契在法定回赎年限内者，依原典价；已逾法定回赎年限者，以买契论，同上办理。

第二十二条　本办法实行后，凡田房典契在有效时间，未照章投税，至原出典人回赎时，始发觉者，应由该承典人依法补税，不另处罚。

第五章　罚　则

第二十三条　自契约成立之日起。买契以三个月，典契以两个月为投税期限，逾期不投税者，依左列各款分别处罚：

一、逾期在一个月以上者，每月加收一分（即原价百分之一）。递加至三个月为止。

二、逾限在二个月以上至六个月者，每月加收二分。

三、逾限在半年以上者，按原应投税额三倍至五倍处罚之。

第二十四条　经政府数次布告，仍顽抗不税及契约损失或向无契约而不补者，一律按六至八倍处罚之。

第二十五条　契约投税后，发觉有匿价情事者，除勒令更换契约，补缴短纳税额外，并依左列各款分别处罚：

一、买典人按匿价部份（分），应纳税额之七倍处罚。

二、卖主出典人按匿价部份（分），应纳税额二倍处罚。

三、说合人按匿价部份（分），应纳税额一倍处罚，如系数人者，得平均负担。

第二十六条　各县办理契税补换契约之人员或村长副及农会主任，如有登记证明不实或受贿放纵串通舞弊情事，经查（察）觉后，依整治贪污办法第三条第六款分别治罪。

第六章　附　则

第二十七条　本办法实行后，以前颁布之田房契税暂行办法等，均行作废。

第二十八条　本办法如有未尽事宜，得以命令修改之。

第二十九条　本办法由晋冀鲁豫边区临参会通过后，公布实行。

选自《晋冀鲁豫边区法令汇编》，边区政府1943年7月编印，第48～51页。

6. 晋冀鲁豫边区岁入岁出审计规程

1942年4月13日颁发

第一章 总 则

第一条 为审核各级机关单位之经费开支，审计全区的岁入岁出之盈余启示，开支时须依照边府组织条例第十一条第二、第六项制定之规程。

第二条 审计为财务行政中之立法部分，一切收入非经审计核准，不准征收，一切开支非经审计审核之不准动支，违者以贪污论处。

第三条 全区岁入岁出科目确定如下：（略）

第四条 地方款岁入岁出科目确定如下：（略）

第二章 审计机关及职权

第五条 根据统收统支原则，全区财政之审计权限，边区政府在边区财政厅内设审计处，以管理之。但为适应边区政府的战争环境，还须提高工作效率，特作下列规定：

一、各行署财政处于该管区内，特代表财政行使审计职权，于财政处内特设审计科，以管理之。

二、各专署管区内，特代表财政厅或财政处行使一定限度的审计权。凡专署级（包括各局及各救会等）之一切收支（除专署本身行政费外）及县、区级悉专署审核，于专署财政科内特设审计员若干人，以管理之。

第六条 根据地方款由县政府统收统支原则，各县地方款收支审计权统一于县政府，在县政府财政科内特设审计员以管理之。

第七条 各级审计机关，审计人员除在法令规定范围中独立行使其职权外，其在行政系统上仍属于各级财政部门，由财政主管人员领导之。上下级审计机关、审计人员之间，只有工作指导关系，而无行政隶属关系。

第八条 除书面审计外并得执行现款审计与实物审计，各级审计机关审计人员有权检查，调阅各级审计范围内各级机关团体的账本、表格、凭证等，各机关、团体不得拒绝和推诿，如有疑问并须负责解答之。

第九条 审计机关审计人员，如发现各级机关团体不能按原定预算完成收入与节省开支以至有怠工浪费等事情者得提出意见或经过主管人予以警告，其情节严重者则得交付司法机关重办之。

第三章 预决（计）算及审计程序

第十条 全区岁入岁出汇总预决算按下列三步编制之：第一步，由县政府审计全县岁入岁出各科目之可能与必须数额编送专署批核。预算须于会计年度开始前三个月完成，决算于年度终了后一个半月内完成之。第二步，由专署审计全专区岁入岁出各科目之可能与必须数额编造送财政厅，行署批核。预算须于会计年度开始前三个月完成。决算于年度终了后一个半月内完成之。第三步，由财政厅审计全边区岁入岁出各科目之可能与必须数额编造，送财政厅行署批核，预算须于会计年度开始前三个月完成。决算于年度终了后两个月内完成之。

第十一条　经常收入情形征收机关及公营事业部门，须按月、按季或按工作阶段表报财政厅按岁入岁出总预算数分别审核之。

第十二条　经常开支须边区领用机关在岁出总预算数额内按规定编造，参照工作需要造报逐日经费。支付分配预算半年一次，于一个月前送专署审计机关，经核准后通知会计逐日拨付，支付命令由用款机关具领。半年经费支付分配预算中，上下月之公费可以调剂活动，但每月各项目不得互相挪用，前三个月份分配总数不得超过半年总数之半。

第十三条　编制支付计算超额报销问题（略）。

第十四条　临时开支由用款机关临时编造预算审批后领用，专署审批临时费用开支之最高权限及上下月份临时开支之调剂等另以命令定之。（略）

第十五条　行署专署审批经常与临时开支问题（略）。

第四章　地方款预决（计）算及审计程序

第十六条　地方款的岁入岁出预决算制度（略）。

第十七条　地方款的岁入岁出预决算制度（略）。①

第十八条　县财政科核准经常临时开支权限（略）。

第十九条　个别部门核准经常临时开支权限（略）。

第二十条　边区公粮及地方公粮之收支审计事宜一律按照本规程各项规定执行，有需更改者另以命令之。

第二十一条　凡机关变动及工作需要岁入岁出科目应行增减改动者以命令修正改之。

第二十二条　本规程经边区委员会通过公布实施。

选自《中国革命根据地审计史料汇编》，中国审计学会审计署审计科研所编，北京工业大学出版社1990年版，第7～9页。

7. 敌占区人民在根据地经营工商业汇款回家暂行办法

晋冀鲁豫边区政府1942年5月21日公布

一、凡敌占区人民，在根据地居住，从事工商业在半年以上，并经履行工商业登记者，得依本办法汇款回家。

二、本办法所称敌占区，以铁路线左右十五里以内，及其他敌占区据点为限。

三、汇款限每三个月一次，每次汇款不得超过以下数目：

（一）工人或店员得汇回全部工资的百分之四十。

（二）小贩得汇回红利百分之三十。

（三）坐商得汇回纯利百分之二十。

四、汇款得以等价之山货输出或向银行购用外汇，输出山货时，须按出口办法登记。

---

① 原稿第十六条第十七条完全相同，疑有误。

五、汇款时，须觅具妥实商号之保证，经所在地县区政府证明和贸易局批准后，始为有效。

六、银行对于汇款请求，如遇特殊情形时，可延期之，但不得超过一个月。

七、如请求汇款人在半年或一年一次汇款回家者，得按其汇款数目合并计算。

八、如查（察）觉假冒以本办法所规定之汇款，借做经营出入口贸易，或购买他人之寄家汇款为己用者，依其汇款数处三倍以下一倍以上之罚金。

前项罚金由县政府执行之。

九、本办法自边区政府委员会通过之日公布施行。

选自《晋冀鲁豫边区法令汇编》，边区政府1943年7月编印，第124～125页。

8. 晋冀鲁豫边区税务工商部门监察委员暂行工作规程

1942年5月25日公布

一、为了加强税务工商部门工作，于税务工商两部门，建立监察委员制度。

二、各级税务局、工商管理局、县贸易局，及大的公营商店、或工厂，由晋冀鲁豫边区政府派驻监察委员。

三、监察委员之执掌：

1. 掌握政策之执行，保证任务之完成。
2. 进行政治教育及业务教育，保证工作人员政治质量之提高。
3. 检察贪污浪费。

四、凡重要业务和敌占区工作，大宗资财之支付，如有争执时，监察委员有最后决定权，并同时呈请上级核示（民国三十一年十月十五日修正）。

五、对上级报告或对下级的指示，必须经监察委员之同意及副署。

六、监察委员对一切贪污失职，及违法行为之处理，在本部门内有最后决定权，紧急时得逮捕人犯，但须即时设法向上级报告，并将人犯送交司法机关。

七、监察委员受上级机关之领导。

八、各级监察委员，有权参加同级政府有关财政经济之各种会议。

九、各级监察委员，在不违犯上级规定之任务原则下，应服从同级政府之领导。

十、本规程经晋冀鲁豫边区政府委员会通过后，公布施行。

选自《晋冀鲁豫边区法令汇编》，边区政府1943年7月编印，第118页。

9. 晋冀鲁豫边区社会事业费支领报销手续规定

1942年8月12日公布

一、凡本区一切社会事业费之支领报销，皆依本规定辨（办）理。

二、各级社会事业费，预算报销程序，依据审计规程之规定，县级（包括区级）及专区级（专署本身除外）者，由专署批核向财厅备案；专署本身，由财厅批核。

三、各级民政部门，抗勤部门，财政部门，对社会事业费开支之初审批核，必须依据各该区社会事业费预算之分配数额，不得超过。

四、社会卫生费，由卫生机关向财厅造报预算支领报销，或根据财厅通知预算数，由专署批核。

五、阵亡军人家属请领恤金，由第三科（即抗勤科，无第三科者由第一科办理，或由秘书部门办理之）根据请领恤金单，造临时预算（附人民清单应分牺牲者姓名、所属部队、请领人姓名、住址等四项）于审计机关批准后发给，并于开支后一月内，连同“请领恤金单”及请领人之正式收据，造报计算，由专署第二科（财政科）核销。

六、退伍军人，荣誉军人之抚养金及菜金、鞋袜服装等之供给，由各专署依据其原部队之供给证明书（式样附后）及介绍信，换给供给证（式样附后）；供给证由专署统一制发，由专署抗勤科负责办理（无抗勤科者，由民政科办理）。

（一）凡安置于各县之退伍及荣誉军人，其供给由该县抗勤科或总务秘书部门，依据专署所交之供给证，通知造报半年预算。三月为一期支付报销一次或支付后以供给证领单之一联，计算报销之。

（二）任职于各机关者，其抚养金，由该机关依前项手续，预算支领计算报销之。

（三）供给证各项供给之数额，由各专署抗勤科依据规定填写（扣除之供给部份(分)）。

七、民兵褒奖抚恤费之开支，由县或专署民政科依据实际情形或上级命令，造报预算（附名单分别应受奖恤人姓名、年龄、住址、职务、受奖恤理由及金额等项），交财政部门批核开支后，于一月内编造计算，连同受奖人或其家属之正式收据，报销之。

八、政民工作人员褒奖抚恤之开支，由受奖者之任职机关，依据实际情形及前条手续办理。政民工作人员抚养金（即在职工作人员因公残废之残废金）之支领报销，依据第六条二项手续办理。

九、政民干部保健费，由各级政府民政部门协同保健委员会，依据预算分配数及颁发之保健条例，委托医生检查，应予保健者，签发保健证（一次保健时间不超过半年）。由各该任职机关总务部门，按证照发，连同原证及领据，计算报销之。

十、政民工作人员贫寒家属救济费之开支，由受救济者之任职机关，依据实际情形，登记救济证明书，经民政部门初审转财政部门核准，连同原证及领用人之单据计算报销之。

十一、产妇婴儿保健保育费。

（一）产妇保健费，由原任职机关注明姓名、职别、分娩月日、连同原人之领款单据，计算报销之。

（二）保育费由在职之女干部（婴儿之母），经过任职机关首长之证明，向各该专署或边区请领保育证（式样附后），由各专署或边府之抗勤部门或民政部门负责填发，其领销办法与第六条二项同（男干部因其妻死亡或其它特殊原因所带出之婴儿亦可照本条办理）。

十二、救灾费由县或专署民政科依据实际情形，造报预算，述明灾情及救济数额，依照第六条办法办理。

十三、凡属社会事业费之预算计算，均应单独造报，不与其他科目经费混合。

十四、本规定如有未尽或须修正事宜，另行通知。

选自《晋冀鲁豫边区法令汇编》，边区政府1943年7月编印，第79～80页。

10. 晋冀鲁豫边区游击区接敌区财粮累进负担暂行办法

1942年9月21日公布

第一条　本办法根据边区合理负担办法及统一累进税新的精神，适应游击区接敌区环境时点制定之。

第二条　本办法计算以人为单位，征收以户为单位，向财产所有人，收入所得人，直接累进计分征收之。

第三条　本办法计算收入，以土地产粮为基准，民户每人平均全年收入不达二石（一三·五斤斗）谷者免征；超过者按超过部份（分）之多寡，划为七等计分征收：

第一等——超过免征点五斗以下者，每斗以三毫计算。

第二等——超过免征点一石以下者，每斗以五毫计算。

第三等——超过免征点二石以下者，每斗以八毫计算。

第四等——超过免征点四石以下者，每斗以一厘二毫计算。

第五等——超过免征点八石以下者，每斗以一厘八毫计算。

第六等——超过免征点十五石以下者，每斗以二厘六毫计算。

第七等——超过免征点三十石以下者，每斗以三厘六毫计算。

三十石以上不再累进，每斗一律按三厘六毫计。

零数不足一斗者，按四舍五入办法计算之。

第四条　工商业、副业、利息、房租、其他临时收入，凡非粮食类者，均按实价折谷，依前条计分征收之。

第五条　土地收入中自耕、佃耕，均系毛收入性质，故一律按实收数八折计算（等于扣除五分之一消耗）；佃耕者且须扣除实缴地租，然后计分征收。工商业等均按除去消耗后之纯利计算。

第六条　各种资产一律免征。

第七条　游击区接敌区之公粮、公款得统一分派，同时起征。粮款两种形式之数量比例，得按具体环境，适当调剂之。

第八条　各县之有特殊情况者，得按本办法原则加以适当变通，但须经专署批准后执行。

第九条　本办法由边区政府公布施行之。

选自《晋冀鲁豫边区法令汇编》，边区政府1943年7月编印，第42～43页。

11. 太行区管理外汇暂行办法

1942年10月1日公布

第一条　本办法依三十一年八月十二日公布之太行区出入口贸易统治暂行办法规定之。

第二条　凡在根据地以外之商号或个人，能提取当地现金之票据（包括汇票、期票、支票存摺兑条等）视为外汇，悉以本办法管理之。

第三条　外汇之所有权，全部属于票据之持有人，但外汇之使用，则限于领有本区出入口贸易统治暂行办法所规定之入口货物凭单所开之入口货值为限。

第四条　凡输出特种出口货者，经工商管理局审查其出口之品类，价格及应登记之外汇数额交易开支等，发给外汇登记通知书，持向银行登记，经银行审查其外汇数额确系出口货金值后再令其具保对条后准予登记，由银行开给登记凭证交出口人持向原批准机关领取出口凭单。

第五条　第四条所规定之外汇登记通知书介绍书及银行外汇登记，只记载其外汇实存数目不折扣本币计算。

第六条　凡在敌占区之其他收益或普通出口货不能换取外汇声请携回现伪钞时，须先至银行取得“特种货币携带证明书”限其将现伪币带回交银行按价兑换。

第七条　除特许外不论公私商民人等，需要使用外汇票据时，均须事先依法向工商管理局领取“入口货物凭单”持向外汇交易所购买外汇（无外汇交易所之地区可向银行购买），外汇所有人出卖其外汇时亦必须在外汇交易所出卖。

第八条　前条外汇交易成立后，由买方持入口货物凭单与卖方共同向银行作交易登记，由买方照章交纳手续费，银行除作外汇转移之登记外，并于买方之入口货物凭单上加盖戳记，发给带外汇之证明文件。

第九条　外汇交易所由银行、工商管理局、公营商店、商会代表等协同主持进行之，其行情由卖方及买方协商办理，公私均不得强制。

第十条　无银行之重要出口地，外汇之审查登记，由银行委托代理机关办理之。

第十一条　使用外汇人，持票向兑款之商号兑款时，如被拒绝付款时（须有免款商号之正式述明拒付理由，并加盖该号戳记），得请银行追究登记外汇人赔偿损失，其处理如下：

一、按照路程远近由出售汇人赔偿路费。

二、依外汇票面之金额由登记人赔偿使用人以百分之十至百分之二十之营业损失（上述两项具体数目由银行会同买卖双方商定之）。

第十二条　故意登记假汇票或空头支票者，以捣乱金融论罪。

第十三条　凡在根据地内私自买卖外汇或无银行携带外汇证明文件者，以捣乱金融论。

第十四条　本办法由晋冀鲁豫边区政府公布施行之。

第十五条　本办法公布于原有各地管理外汇办法一律作废。

选自《晋冀鲁豫边区法令汇编》，边区政府1943年7月编印，第123～124页。

12. 太行行署制定财政制度——关于设立审计股的决定

1943年2月1日

一、自1943年一月一日起，各县预计算之审核权完全归专署。专署级各开支单位之预算按原则上应归行署。目前因我根据地环境不同以前，交通不便影响及时领款，可能影响工作，因此，行署决定暂时委托专署审核。但如果超过专署工作条例之外和在未规定之临时开支时仍归行署审核。

在专署财政科增设审计股，有股长一人，审计员一人，由财政科长领导。

二、为了适应环境配合审计工作和领缴方便，也同时决定各专署添设分金库，为合乎精兵简政原则，特附设在财政科内。新添出纳一人，科长兼分库主任一人，领导一切。县支库仍由财政会计兼办，一切手续按照过去规定执行。

三、审计金库制度：

甲、审计

1. 在一年开始的前两个月，根据各单位过去与下年需要开支数目，编制两份概算。到下年一月份作上年一年各单位实际开支数目之决算两份（送行署一份、留存一份）。

2. 预计算表，专署级每三月造一次计算，每次造两份。审计机关审核后，一份退还原预计算机关，一份审计机关存查。预算应在前一个月的十五日送到，计算在下个月的十五日前送到审计机关。

3. 临时预计算不定期，但时间一定要准确，要遵守制度。就是时间确定为事前半个月将预算送到，事后在十天内作出实际支出计算并报销，反对先斩后奏的办法。

4. 专署、县级、区级、各机关团体学校之经常与临时开支（包括粮食）凡合乎规定原则者归专署送核。每期的预计算各时期内，十天内各作二份备案报告表。分别科目与项目临时预计算亦应另有二份，行署核准后即退回一份。

5. 审计手续：审计员收到各级各单位之预计算，不收单据，根据其编制人数经费规定，审核批准（看计算实支理由及表式是否合格），即按预算核准数准支与准销数字，打预算通知书和准销书（通知书两联一存根二通知）。

6. 实际工作不单限于预计算上，而要事前了解事情的过程，要监督事后复查及贪污浪费等一切现象。

7. 如计算准销数超过其预算数，如批准可补通知，命令机关再令金库，如应退数也须在通知书上批明。

乙、金库

1. 各县之一切款项（指县内款项）完全交金库，其征收机关所收到之款如无特殊情形理由在一定时期内送缴金库，不得不交。

2. 支出款非经有上级之支票和同级之命令机关之命令（行署之电报）不准借支预付分文。分库暂不使金库支票到县支库领用款，县支金库更不允许随便借支。

3. 各分金库所收到之款，除根据支票命令电报拨付款外，所有存款完全交总金库办事处，因情况不允许同时也可以由银行用汇兑办法把款汇回。

丙、审计、会计、金库三者相互间关系

1. 审计是财政上的司法机关，审计机关之通知会计（代表命令机关）又能打支付命令。

2. 会计如查看某机关上月或临时开支有节余款而过期未交回金库时，有权又打支付命令于金库。

3. 金库的总库，支库如得到支付命令没有领款书不能发，反之有领款书而没有支付命令，同样不给发。

丁、各级报告制

1. 各县向专署和专署向行署每月有一次财政收支报告，必须按照会计科目详列表呈报。按照前发之报告表。

2. 归专署审计之备案报告表务要做到。

3. 如因战争环境可将收支简称电报，行署同志似这虽比过去简单，但环境不如前顺利希同志们似努力做到为荷。

选自《中国革命根据地审计史料汇编》，中国审计学会审计署审计科研所编，北京工业大学出版社1990年版，第87～89页。

13. 晋冀鲁豫边区保护现银禁使银币暂行办法

1943年4月15日修正公布

第一条　本办法遵照国民政府民国二十四年十一月三日颁布之禁使银币实行办法原则制定之。

第二条　凡本边区内之一切交易行使，一般以冀南银行钞票（以下简称冀钞）为本位币，其他银币，现银、现金均在禁止行使之列。

第三条　凡民间收藏之银币及现银、现金，应依国民政府之规定，自动持向各级政府或冀南银行兑换冀钞，保存使用，其不愿者听其自便，政府不得干涉，或没收。

第四条　凡持银币、现银、现金兑换冀钞时均照下列规定兑换之：

一、银币一元兑换冀钞四元。

二、现银一两兑换冀钞五元六角。

三、现金按照市价兑换翼钞，但清理旧债时，每两得按冀钞一千元折合计算。

第五条　凡清理旧债回赎土地等，均依照第四条各款规定计算折合（在过去已实行者均不变动）。

第六条　凡人民自动持银币、现银、现金向各级政府兑换冀钞，除照第四条各款规定兑换冀钞外，并分别予以下列奖金，但第五条之规定不得包括下列奖金计算折合：

一、兑换银币一元给予奖金冀钞二元。

二、兑换现银一两给予奖金冀钞二元八角。

三、兑换现金之奖金临时规定之。

第七条　凡持银币、现银、现金向冀南银行兑换冀钞者，按冀南银行兑换规定兑换之，并由冀南银行酌予一定之奖金。

第八条　凡查获私自买卖及行使银币、现银、现金之情事者，得送当地县政府依法处理，查获之银币、现银、现金即依法定手续由县政府没收之。

第九条　凡查获私运银币、现银、现金前往敌占区且有资敌情事者，除送当地县政府将查获之银币、现银、现金予以没收外，并得依照修正惩治汉奸条例第二条第六款及第十款分别惩治之。

第十条　妇女幼童随身佩带银属、金属之饰物，而非私售或资敌情事者，不受以上各条之限制。

第十一条　县级以上之各级政府机关，收兑没收所得之银币、现银、现金须即时悉数交金库保管之。

第十二条　凡查获没收充公后之银币、现银、现金时，得以其兑换额提给二成冀钞赏金，此项赏金之分配办法如下：

一、报告人系人民，赏十分之六，查获人赏十分之四。

二、报告人系公务人员（机关团体或部队之工作人员），赏十分之五，其余赏给查获人。

三、无报告人时，赏金全部给查获人。

四、查获人及报告人若系公务人员，其每人每次所得奖金最高额，不得超过一百元，超过之数归公。

第十三条　本办法公布后，前颁发之保护白银禁使银币暂行办法即作无效。

第十四条　本办法经晋冀鲁豫边区临时参议会驻会委员会同意后，由边区政府颁布施行之。

选自《晋冀鲁豫边区法令汇编》，边区政府1943年7月编印，第54～56页。

14. 晋冀鲁豫边区保护铜元制钱兑换冀钞暂行办法

1943年4月15日

第一条　为保护铜元、制钱、生熟铜及铜制器具、饰品，防止流入敌占区被敌伪吸收起见，特制定本办法。

第二条　凡本边区人民，持有铜元、制钱行使者，均须依本办法兑换冀钞使用，或持有生熟铜及钢制器具、饰品者，亦得依照本办法按量折价，兑换冀钞，但人民储存者，政府不加干涉或没收。

第三条　铜元、制钱、生熟铜之兑换办法如左：

一、每十文铜元四百枚兑换冀钞四元。

二、每二十文铜元二百枚兑换冀钞四元。

三、每五十文铜元一百枚，或一百文铜元五十枚，兑换冀钞四元。

四、每制钱四千文兑换冀钞四元。

五、每熟铜一斤兑换冀钞一元。

六、每生铜一斤兑换冀钞八角。

第四条　凡清理旧债回赎土地等，均依第三条各款规定计算折合。

第五条　凡依照本办法第三条各款规定兑换冀钞者，除照规定兑换外，并得予以左列奖金，但第四条之规定不得包括左列奖金计算折合。

一、每兑换铜元（十文的）一百枚，给予奖金冀钞五角。

二、每兑换二十文铜元五十枚，给予奖金冀钞四角。

三、每兑换五十文铜元二十枚，或一百文铜元十枚，给予奖金冀钞三角。

四、每兑换制钱一斤，给予奖金冀钞四角。

五、每兑换熟铜一斤，给予奖金冀钞六角。

六、每兑换生铜一斤，给予奖金冀钞四角。

第六条　凡查获违章行使兑换铜元、制钱（生熟铜器例外）者，得按其情节轻重，解送当地县政府，除查获之铜元、制钱由县政府没收外，并依法惩处。

第七条　凡查获私运铜元、制钱前往敌占区或有资敌情事者，除所运之铜元、制钱经由当地县政府没收外，并得依照修正惩治汉奸条例第二条第六款及第十款分别惩处之。

第八条　各县收兑及没收之铜元、制钱、废铜等，须随时解缴专属金库，并依次送交总金库保管。

第九条　凡查获没收后之铜元、制钱时，得照额提给二成冀钞赏金，此项赏金分配办法如左：

一、报告人系人民者，给赏金十分之六，查获人十分之四。

二、报告人系公务人员（机关团体或部队之工作人民），给赏金十分之五，其余给查获人。

三、无报告人时，赏金全部给查获人。

四、以上之赏金，查获人、报告人、每次所得不能超过五十元，其超过之数归公。

第十条　本办法公布后。前颁之保获铜元兑换冀钞暂行办法即作无效。

第十一条　本办法经晋冀鲁豫边区临时参议会驻会委员会同意后，由边区政府公布施行之。

选自《晋冀鲁豫边区法令汇编》，边区政府 1943 年 7 月编印，第 56～57 页。

15. 晋冀鲁豫边区统一累进税暂行税则

1943 年 4 月 25 日公布

第一章　总　则

第一条　本税则根据本边区财经政策和人民经济状况制定之。

第二条　边区之经常临时和地方合法开支，均依本税则向土地所有人，收入所得人，累进直接征收之。

第三条　为适应战时之需要，统一累进税之征收，定为现款和粮食两种，由边区政府命令征收之。

第四条　凡本边区之人民，合本税则之规定者，都有纳税之义务。其纳税以钱多多出，钱少少出为原则。

第五条　本税则对农业工商业之征税，依下列规定，分别计算征收。

一、农业以人口为计算单位，以户为征收单位。

二、工商业计算和征收，均以户为单位。

第六条　各种资产除耕地外，其他一律免税。

第七条　各种收入之征税和免税，依下列规定：

一、下列各种收入一律徽（征）税：

甲、地租、农业、林木、果树、山货及蒲苇竹园之收入。

乙、房租、利息和其他一切租息之收入。

丙、私营或公私合营之公司商店、行栈、作坊、工厂、矿业之收入。

丁、个人经营之小贩和小手工业者之收入。

戊、属于临时经营事业之收入。

己、自由职业和从事各业者薪给报酬之收入。

二、下列各种收入一律免税：

甲、脱离生产之抗日军人、政民工作人员、教职员、医务人员、勤务人员所得之生活费。

乙、雇工和工人及不雇工不合夥之艺匠工资收入。

丙、家庭副业及畜养（包括羊群）之收入。

丁、合于法定之合作社收入。

戊、抗战军人家属受补助之收入，及因抗战伤亡所受之抚恤收入。

己、公管事业之收入。

第二章　计算折合和扣除

第八条　本税则以“富力”为土地和各种收入之计算单位；“分数”为计算征收单位。

第九条　土地和各种收入之折合富力，依下列规定：

一、土地以每产六十市斗谷之土地，计一富力。

二、农业收入，以亩收入十市斗谷，计一富力，但以收入性质不同，须依下列规定，分别折合，扣除消耗。

甲、自营地须先按土地总亩数，每亩扣除一市斗谷，再以总产量，扣除十分之一消耗后计算。

乙、佃耕地除先以总亩数，每亩扣除一市斗谷，再按总产量扣除十分之一消耗外，并须除去其应交之地租后计算。

丙、出租地未投资生产消耗者，不扣除消耗，应按其实得之地租计算。

三、第七条第一款规定之各种收入，除农业收入外，均依纯收入计算。按当地时价折谷，除工业收入外，每十市斗谷折一富力。其收入为实物者，实物以市价折谷计算。

四、第七条第一款规定之各种收入，其属于工业性质之纯收入，每十五市斗谷，折一富力。

第三章　税等税率和累进率

第十条　本税则农业工商业之征税，须依下列累进之规定：

一、农业税共分七等，税率起码数为三厘，最高税率为二分五厘。其各税等之纳税富力（以下简称税力），累进率和税率如下：

第一税等：从开始至二个税力，累进率为一厘，税率为三厘至五厘。

第二税等：由二个税力，至四个税力，累进率为二厘，税率为五厘至九厘。

第三税等：由四个税力至六个税力，累进率为三厘，税率为九厘至一分五厘。

第四税等：由六个税力至十一个税力，累进率为一厘，税率为一分五厘至二分。

第五税等：由十一个税力，至二十一个税力，累进率为二毫，税率为二分至二分二厘。

第六税等：由二十一个税力，至五十一个税力，与进率为一毫，税率为二分二厘至二分五厘。

第七税等：五十一个税力以上，停止累进，税率为二分五厘。

二、工商业税等，共分为四等，税率起码数为二厘，最高税率为二分八厘，其各税等之税力，累进率与税率如下：

第一税等：从开始至十个税力，累进率为一厘四毫，税率为二厘至一分六厘。

第二税等：由十个税力，至二十个税力，累进率为五毫，税率为一分六厘至二分一厘。

第三税等：由二十个税力，至五十五个税力，累进率为二毫，税率为二分一厘至二分八厘。

第四税等：由五十五个税力以上，停止累进，二分八厘即为最高税率。

第四章　分数之计算与征收

第十一条　本税则所称之土地农业收入，林木等收入，其分数计算和征收之属人属地，依下列规定：

一、凡所有人之土地和一切收入，在一县内者，采取属人办法，均就其所在村，合并计算，统一征收。

二、凡所有人之土地和一切收入，在数县者，采取属地办法。均就其土地收入所在之县，立户统一计算征收。但县与县之邻村插花地，得适用本条第一款之规定。

三、凡人不在边区，土地和收入在边区以内者。计算与征收，采取属地办法，并按本条第一二款之规定办理。

第十二条　凡人在边区，收入在边区以外者，计算和征收，采取属人办法。

第十三条　前条之计算，由土地所有人，收入所得人，在所在村公所办理，但土地和收入在外县，应另立户计算者，由县办理。土地和收入，不在户主住在村者，由土地及收入所在村公所，将调查评议结果，负责介绍至其所住村办理。

第十四条　本税则所称之工商业部份（分），其分数计算和征收之属人属地，依下列

① 原注：王局长是边府粮食局局长。

的惨痛教训。所以必须加强审计监督，会计管理工作，发现问题及时指导纠正。如果审计会计工作制度不健全，必然影响指导上的不正确。审计会计部门不深入了解调查也必定要犯主观主义的错误。这一工作制度不健全也会造成财产损失。我们许多同志不够负责（局长，经理）本身就不了解这项工作的重要性，也不注意改进。所以公营企业不加强自身建设，审计会计也没尽到责任，使公营财产遭受不少损失。这一次首先要提醒大家提高认识，加强这方面工作责任，十分重要。

二、审计会计工作不好，造成以上原因有二：

1. 忽视财产，不了解财产是人民的，对人民要负责任；忽视会计审计工作在财产上经营指导上的作用，所以很多经理及会计等工作人员不注意研究新业务提出很少注意审计会计应有之组织工作，对上级办法也不研究，这就是政治责任心差的表现。

2. 不知道公营企业不是私人个人买卖，而是为人民服务。经理把会计当私人账房，会计也把经理当主人，以致好多人不执行制度，不贯彻制度，常想超乎制度之上。审计会计制度，便是体现为公营财产服务与负责这种精神的。与私人商店不同之点，就是表现在制度上。造成财产上紊乱的情形，主要是不执行制度。例如：审计会计的负责人员由总局委任，着重于政治质量。会计与出纳分开，营业与保管分开，预计算的规定以及有关一切手续的规定等，只有执行制度，才能保证为人民服务。

三、今后会计审计工作应努力的方向：

今后会计审计工作上应努力使它健全，若这一工作有了成功，我们组织建设工作便成功一半。

1. 排除一切困难与障碍，坚持贯彻制度。谁不执行制度就反对谁，要研究制度和讨论制度。以整风精神反省，全系统进行讨论，展开自我检查。审计会计人员有随时向总局报告执行制度的情形，有这种义务和直接报告的权利，否则会计审计人员要受连带处分。每月终进行执行制度检查，用书面报告一次局长，会计审计部委盖章。

2. 会计审计人员要了解交易性质，熟悉业务，经理有责任告知。交易要详明记载，不厌其烦。新交易经理应告知会计以免记错，有问题待查之交易应记档案，摘要记得详细。

3. 会计审计人员要学习、精通、掌握具体技术。

①记载技术，登账、传票、转账、制表等，文字、数字要正确工整。

②计算技术，珠算、度量衡。

③审计技术，查现金、商品、外欠、档案、财产。

4. 会计审计工作的责任。

会计工作主要是记载计算，但必须与经营结合，否则便会成了单纯的计算器、记录机。许多同志不愿作会计工作，便是由于把这一工作的灵魂未了解。

审计工作主要是检查监督，但必须精通经营与会计，否则必会成为形式主义的检查，或成为妨害经营监督。

第一章　审计的权限与职能

第一节　审计的意义

审计就是检查与监督财产变动的一种监督工作。在工商系统里的行政部门与经营部门设立的审计就是做这些事情的。即是说以上两个部门（尤其是经营部门）所有的公家财产收入或支出，以及现存的具体数目，与发生收支财产的原因与结果，必须经过专人查核的手续，使能断定财产收支事务是否合乎制度，现存财产是否正确与实在。

譬如说，当一件收支财产事件发生时，如果只凭会计员处理与记账传票，簿记员根据记账（有时会计员也兼办记账的事务），这样做下来，先不就这件事情合乎制度与否，就在记账与核算上说，也是容易发生错误的。这种错误只是由于疏忽大意而为之这件事情追其根由来，为什么事情而支出与为什么事情而收入，并在收支的时候是否合法与真实，另一个人是不能知道的，所以审计是补充这一缺陷的。一方面补助会计员的精力的不足，而另一方面即是坚决的贯彻制度，以保证公家财产的正确，这些事情，规定出来一定的手续去做，就是审计。

第二节　审计的功用

会计组织工作不健全，必会使财产紊乱，不能表现财产真实状况。那么在指导上也就不能深入了解自己的力量，妨碍事业发展，同时也影响并且直接使公家财产受到损失。所以一个新的工作到来（尤其是有关财产的工作），需要深刻研究各方面的会计手续，使工作有条不紊。这样才能使会计上记载与计算便利，不至于因手续紊乱，致使会计措手不及，□□□不正确现象发生。由于会计手续不健全，加以会计本身也不认为此，故使公家财产受到很大损失。

……

三、不执行制度，开支浩大，浪费惊人，缺乏明确的计算与实际的检查。

解决以上各种缺点，其一主要靠各级负责人及一般工作同志政治责任心加强，提高政治认识，尤其要对以上缺点有高度的认识，那是损害公家财产、削弱我们力量的。但在监督与检查财产事务上说，其二就是审计工作者的功用、通过审计监督、帮助来防止这些事情、也就是它的基本任务。所以、审计的基本功用，就是检查有关财产一切手续是否合乎制度、防止漏洞，避免贪污浪费，帮助领导，这就是审核单位财产与贯彻制度执行的责任。

第三节　审计的权限

审计机构它本身不成为一个单独的机构，它是各经营部门，行政部门机构的一个组织部分。但是在实际工作中，就是监督财产与贯彻制度。所有有关各级部门配合下的工作，财产零件，都要经过所在地审计员审计。凡超过制度规定之特殊事件必须经审计手续之事的审计，在规定制度范围内可以经事后审计，这样才能使财产正确，我们就可以及时了解自己的力量。在这一点看来，审计是帮助事业发展的。行政部门各局设审计员，局设秘书室，县设审计股，与各级县局以下之部门审计事务，委托该县所在之审计员代为办理，兹将分别掌握审计事务列下：

一、总局审计科掌握管理本局所属各行政部门与经营部门之审计事务。

二、总店及太行实业社之审计室，掌握该直辖下属各分支店或各工厂审计事务。

三、分局审计员掌握本分局所辖县局之审计事务。

四、分店审计员掌握本分店所辖支店审计事务，并负责分店所在地之事务所审计事务。

甲、总局审计科在正副局长领导下办理本局所属审计、统计、稽核事项，设科长一人，审计一人，助审一人，统计一人，稽核四人。

关于审核预（计）决算以及有关财产的事件，先由助理审计员收发之手续，后经审计员初核，拟就审核意见书，送请科长审核，无疑义时，拟就办法交审计员办理，办理后应交统计员统计数字制表，其重要案件，或特别之案件，由审计员保管，不重要或已办了之案件，由统计员保管。

设科长，认为有疑义者，签注意见，送请正副局长决定。决定后，交科办理，如暂时不能决定者，提请局务会议决定后交科办理。其处理程序仍与上述相同，遇有特殊事件，或案件内容不清者，应指派稽核员，前往稽核，案件清楚后归案。

乙、总店及太行实业社审计室，在经理领导下，办理该所辖各分支商店或所辖工厂审计与财务统计事项，设主任一人，审计一人。

关于审核预（计）决算以及有关财产之事件，先经由审计员收发文手续与初审。拟就审核意见书，送请主任审核，无疑义者，交审计员办理，办理后，统计制表。认为有疑义者签注意见送请经理决定，如不能决定或与制度不合乎，拟定具体意见与当时各级处理之实际情形，送请总局审核。

丙、分局审计员在分局长领导下办理本局所属县局及各附属事务所审计与统计事项。只设审计员一人。

关于审核计算及有关财产之事件，先经收发文手续，然后审核在制度范围内之事件，批核与填表备查。如认为有疑义者，签注意见送请局长决定，如不能决定或与制度不合之特殊事件，拟定具体意见与当时各处理之实际情形备文送请总局审核。

丁、分店审计员在经理领导下办理本分店所属支店审计与统计事项，并抽查事务所税收现金事项，只设审计员一人。

关于审核预决算及有关财产之事件，先经收发文手续，然后审核在制度范围内之事件，自行处理并制表备查。如认为有疑义者，签注意见送请经理决定，如不能决定或与制度不合之特殊事件，拟定具体意见与当时各处理之实际情形备文呈请总店审核。稽核各事务所税款（上级指定之事务所）事项只限于现金之抽查，如有移作他用，或伪报等事情呈请该管县局与分局处理。

第四节　审计的事务

审计工作事务，事前审计广义的说，为财政收支的事前监督。狭义的说即就收入或支出的会计事务未成立以前，加以监督。事前审计事务分为下列三项：（甲）预算案或收支法案之备查，以作为核签支付命令与收入事项审核之根据。（乙）预算书（包括人员编制表、经费开支标准，核准预算数）之备查，以考核各机关经费开支是否恰当。（丙）支付命令之核签，须先经审计部门核准支付机关方准付款，否则应自负其责任。

事后审计乃就工商系统所属各单位收入款项即支用经费与营业费之结果，加以审核与检查。凡所属单位之计算与决算经查核后，如无不合制度与不正确开支之行为，则给予审核证明解除经手人之责任，兹将审计事项列下：

（一）计算与决算之审核。

1. 经费开支，2. 营业费开支，3. 人员编制，4. 往来欠款，5. 库存现金，6. 商品盘存。

（二）其他事件之审核

1. 战争损失，2. 税收（只数目字之校对）3. 有价与无价财产之查核。

稽核，稽核人员应以公正之态度，用最佳之审计方法，及时掌握了解有关经济活动情况，帮助有关人员积极的防止或消极的检举揭发本系统所辖各单位负责人，及其有关财产事务人员对于制度不执行，或对政治上不负责任之行为。其目的在明瞭收支事实之真相，以其弥补事前审计与事后审计之不足，显得进而为会计制度之调整收支程序之改革，以及特殊案件之察查，购置、制造、责任之证明或解除，兹将稽核各项分别说明如下：

甲、关于审计监视事项：

1. 审计监视收支。

2. 审计监视订约。

3. 审计监视选购材料等品种。

4. 审计监视税收情况。

乙、审计部门应调查事项：

1. 调查税收制度。

2. 调查财物管理制度。

3. 调查会计管理制度。

4. 调查物价执行情况。

5. 调查经费开支制度。

丙、审计部门应检查事项：

1. 检查执行现金与实物情况。

2. 检查财产及物品保管事项。

3. 检查经费开支情况。

丁、审计应澄清事项：

1. 澄清收入、支出及结存。

2. 澄清财产物资增减。

戊、审计的审查事项：

1. 审查购置建筑案件。

2. 审查公产之租赁及出卖，战争损失情形。

己、其它情况……

第二章　审计与调查研究的关系

第一节　调查研究的重要性

我们工交系统会计审计工作部门由上至下缺乏情况的研究，也不了解没有调查就没有发言权这一真理。所以在工作中就存在着粗心大意，不求甚解，自以为是，主观主义，形式主义的作风。主要表现在由上至下财产变动与制度的执行相互关系，了解情况之差，尤其是各级经济机关对所直辖的商店、经营场（厂）所，各工厂的情况了解的更差。因此在工作中，既有主观主义，又有形式主义作风。各级机关对于执行制度如何原因不能贯彻与不执行制度的现象，以及制度是否适合各地实际情形等问题，既不调查，又不研究，以致造成上下工作脱节。进行个别访问，这样就得到许多正确……兹将调查研究的对象，调查提纲略作如下：

一经费开支制度执行的调查研究。

二投资事项事件的调查研究。

三往来交易之调查研究。

四战争损失财产之调查研究。

五局长经理会计移交之调查研究。

六其他特殊与有关财产事件之调查研究。

第三章　审计会计的关系

第一节　会计的意义

会计是一种计算、记载一个单位财产的实际情况会计开支的结果，谓之会计。

所谓会计单位，就是经济单位之意。然而这两者从本质上是不相同的，因为记载计算和整理的财物是会计的主体，财产之变动须经会计单位的观察之，故此一个经济单位往往是又有几个单位。例如一个事业是一个经济单位，其经济核算是按核算单位核算的。经营之会计之一部，由是可知，会计上有综合会计与特殊会计之区别，故一经济单位，如有多数之会计单位，则虽然事业全体对外并未发生任何经济关系，而其内部有时也得发生交易、借贷之关系。例如总、分、支店相互间之往来是一种借贷关系。

所谓会计年度，就是财物出纳管理之时间的境界。一个会计年度与其前后之会计年度是互相独立的，虽然其事业仍继续经营，然其各会计年度必须分别独立计算的。又会计年度之问题，对于营利事业单位重要，因为营利事业之会计须整理计算其财货增减，其期间所发生之损益尚须计算。故此一期间所发生损益如不与其它期间者明白划分，则无从谈论会计之目的，所以，一个会计年度终了，其一切整理记载之手续，必须结束即谓决算。

第二节　审计与会计的区别特点意义及其分工都不同

审计与会计的意义前章讲过，会计乃是一种计算记载一个会计单位上财货的变动，而整理一个会计年度的结果。而审计则是监督与查一个会计单位年度财货变动的结果。所以审计与会计不同的地方，在于分工办理上，就其审计工作从事，是根据会计组织的。而会计工作则是根据业务组织的。两者在工作任务上虽然不同，然而在工作目的上有着共同点。再说会计的目的是如何将财货计算与整理清楚，而审计则是服从会计目的保证财产计算与整理的确实与支出费用之真实准确、正确否。从这一点上看来，审计与会计的工作上之分工比较明确，这样两者才能起着牵制的作用。

审计与会计工作，两者之间的使命，都是为了财产的准确，协助事业向前发展。为要促进工作效率。审计工作者必须有会计知识与经验，而会计也必须有审计知识，这样才能使两个工作能够合理化，对于两者之工作才能向前发展。

为什么审计工作要有会计知识呢？因为它与会计是两个目的，所以会计从事工作时，要根据会计制度从事工作，有时发生特殊的交易．也须要有会计之依据，如果审计工作不知道这些事情，那末（么）就无法着手监督与检查财产事件。相应的会计工作者也要了解审计工作是做什么事情的，以利于自己处理工作中的不妥之处。

选自《中国革命根据地审计史料汇编》，中国审计学会审计署审计科研所编，北京工业大学出版社 1990 年版，第 348～353 页。

17. 晋冀鲁豫边区政府太岳行署暂行审计制度

1945年3月6日

第一章　总　则

第一条　为考核各级行政机关开支，厉行节约起见，特依据边区政府审计制度，及本区具体情况，制定本制度。

第二条　审计为财务行政之基本组成部分，一切经常与临时粮款费用，非经审计核准，不得动支，违者以贪污论处。

第三条　本区行政机关费用科目，暂定如下：

一、行政费，二、教育费，三、实业费，四、公安费，五、交通费，六、民众团体补助（或委员会在内）七、社会事业费，八、财务费，九、其它支出，十、预备费。

各级政民学机关团体，关于上述各科目之支出，均须依据本制度，编制全年预决算，送经审计机关或审计人员审核之。

民政团体（或武委会）因无专管审计机关，故其费用支出，亦由政府财政部门代行审核，或采取第二十条办法。

第四条　全区地方款之支出科目，确定如下：

一、村行政费，二、村教育费，三、民兵参战补助费，四、村财务费，五、县民事经费。

全区各村（指实行统筹统支县）亦须依照本制度，编制全年预决算，及经常与临时预决算，经审计手续审核之。

第二章　审计职权

第五条　根据统收统支原则，并受边区政府财政厅之委托，本区财务行政范围内之全部审计职权，统一于太岳行署，由行署财建处负责管理，但为适应敌后游击战争环境，提高工作效率计，各专署与统管区内，得代表行署行使一定限度之审计权，区专署级（除专署本身行政费外）及县区级各机关单位之一切粮款开支（在工作条例规定之内者）悉归专署审核。

第六条　根据地方款由县统筹统支原则，各县地方粮款收支之审计权由县政府统一行使之。

第七条　为了切实执行全年概算计划，及财粮制度起见，行署、专署、县府设立审计委员会，审查决定重大经费变动，及临时粮款开支。专县审计委员会之决定，以不超过该级政府之审计职权为限。行署级审委会七人，由边府主任及处长秘书组织之，专县各五人，以专员县长秘书科长组织之。

第八条　各级政府财政部门，得设审计人员，专司审计工作。审计人员除在法令规定范围中，独立行使其职权外，在行政系统上，仍然属于各级财政部门，由财政主管人领导之。上下级审计机关审计人员之间，只有工作指导关系而无行政隶［属］关系。

第九条　除书面审计外，并得进行现金审计与实物审计，各级审计机关、审计人员，有权检查调阅各该审计范围内各机关单位账簿、表册、凭证等，各机关单位不得拒绝或推诿，如有疑问，并须负责解答之。

第十条　审计机关、审计人员，如发现各级机关单位，不能按照原定预算开支，以至（致）有浪费或贪污情事者，得提出意见，或经过其主管人，予以警告。其情节严重者得交付司法机关查办之。

第三章　预决（计）算的审计程序

第十一条　各级机关单位，每月所必需之菜金、津贴、公杂（包括工具、纸张、印刷、书报、写信、灯油、修理、临时购置、马掌、缰绳、杂费），旅费、特别、医药、学习、生理、侦察等费及粮食、马料，均属于经常费，此项费用：

甲、一律不造经常预算，由审计人员根据各用粮用款机关之人员及经费粮食之编制，签发借粮借款通知书（样一、样二，略），由用款用粮机关开具借据（样三、样四，略），向金库或粮食机关，借支一个月经常费或粮食，每月终了用款用粮机关须编制计算表各二份（样五、样六，略），在编制范围内，据实报销。

乙、计算书经审计批准后，先分别登记粮款计算登记簿（样七、样八，略）。

经费计算留一份存查，一份发还原用款机关，照数向金库具领，审计机关并应签发支付命令，（样九略）给付款机关。

粮食计算书两份都送交粮食部门，由原用粮机关照数向粮食部门具领，审计机关并签发计算通知书（样十，略）给付粮机关。

丙、不做上月经费或粮食计算，停发下月经费或粮食，支出超过经费编制，粮食制度者，不得报销，由下月节省弥补，浪费严重者，须受行政处分。

丁、计算报销，除菜金、津贴、生理、保健、粮食应分别缮造花名册外（样十一、样十二，略），其余公杂旅费一律不要零星单据，但须经秘书检查上项开支数目，开具各项开支总数，经本机关首长批准，附计算报销之。

戊、县级各用款用粮机关，须于每月五号以前，造齐上月粮款计算，亲送同级财政部门，初审汇集，于十五日以前由会计结账交专署（财粮会计轮流携带），并代借下月各单位粮款，专署级与行署级各用粮用款机关，须于每月十五日至二十五日之间，亲到审计机关，报上月粮款计算，借支下月粮款，非遇战争紧张或特殊情况不得提前或逾期。

第十二条　各县因战争关系，不能与专署取得联系时，可留支一个月的粮食经费，但须在战争稍缓或能与专署取得联系时，迅速履行正式手续。

第十三条　各级机关单位非固定之会议、训练、服装、烤火、干部调动、荣誉军人抚恤、干部救济、民兵、干部褒恤、产妇婴儿保健及其它类似性质之费用，均属于临时费，均需按规定编制，参照工作需要，于用款用粮前十五日，造报临时预算书（样十三，十四，略），经审计核算后，按批准权依第十一条之规定，向金库或粮食部门借支，并于计算报销具领时，扣还原借款借粮。临时借支，须随每月经常计算（样十三、十四，略）另表报销，并附全部原始单据，有特殊情形，不能取得单据者，须说明理由，由主管人员负责证明，无故缺少单据或数字涂改不清者，不得报销，伪造单据，以贪污论处，非因特殊情形，不得无故拖延时间。

第十四条　专署本身之经常费及临时开支，由行署财建处审核之。

第十五条　专署级县区级之临时开支，统由专署审核，但得在命令规定数额内核准，超过额度之临时费，须转报行署审核。

第十六条　专署批准之经常及临时开支计算，须以计算备案报告表（样十五略）向行署汇报备案，每月一次，于下月十日前发出。

第十七条　村级机关单位开支之经常临时预计算，均参照第十一、十三两条办理，但其经常费之预借及计算报销，临时费之预计算编制，悉由区公所统一办理，由县审核发给之，村临时费之原始单据，先经区初审后，转报县政府复审。

第十八条　县级各机关单位，须开支地方粮款时，由用粮用款机关编制预计算，送县府审核。

第十九条　县财政科核准之经常及临时地方粮款计算数额，须按月汇报专署备案，于下月十日前发出，专署对行署关于地方款之全年计算须于年度终了后二个月内报告备案。

第四章　附　则

第二十条　个别机关部门因工作性质需要，经费应独立开支者，须编造全年支付概算，经行署批准，自行按月审计，按期具领，并于年终作决算报销。其决算报销，不得超过年度终了后一个月。

第二十一条　凡因机构变动，工作需要，支出科目应行增减改变者，以命令修正之。

第二十二条　本制度暂适用于岳南岳北区，中条区可参照实行之。

第二十三条　本制度自本年七月一日起施行，施行后，所有以前之审计规程或审计制度，即行作废。

选自《中国革命根据地审计史料汇编》，中国审计学会审计署审计科研所编，北京工业大学出版社1990年版，第11～13页。

18. 晋冀鲁豫边区政府通令
——关于审计会计出纳工作人员的优待办法

1945年5月5日

各专员、县长、二科长、并审计会计出纳等同志、各财政局长、各局、学校、机关、团体负责同志：

（一）健全财务制度是政权建设当中不可少的一部分。几年来，我们在各方面是做出了很大成绩的，如果能够克服前一段时期的混乱局面，走向正规化以及能够在一九四二年到一九四三年的灾荒范围中减轻人民负担，度过了困难。这些成绩的取得是由于我们有了一个掌握革命资财之科学，用完整的财粮制度，更由于我们执行这些制度的审计会计出纳的同志数年一日的谨慎耐心、精确计算，任劳任怨的掌握和坚持制度所致。这种工作态度，这样艰苦精神是值得学习和表扬的。

（二）但是同样不可否认的我们在这几年中无论在财政制度方面，特别是财粮工作同志的工作态度方面还是有缺点的。我们还有少数干部在思想上，存在着轻视财粮工作，认为这是单纯技术工作没前途，因此工作不安心。而另外一些同志事实上也就看不起财粮部门同志，认为他们低一等。上级领导对财粮部门同志在政治上的教育，提高工作上的帮助培养不够，因而事实上这些同志进步是不够大的。由于这些原因就影响了我们的日常工作不能更细心精密研究提高财粮会计工作人员的业务，也就影响了我们财粮制度的更加合理健全。这些现象是必须纠正克服的，过去我们已经这样做，特别经过整风运动后，大家在这方面的认识都明确了，这就需要我们提高财粮会计人员的业务，应付将来要到来的新的工作任务。学会掌握全面的经济工作，响应毛主席号召我们两三年内完全学会经济工作以备将来收复大城市后担当更繁重的工作。

（三）审计会计出纳工作是掌握管理革命资财的重要而艰苦的技术工作，是个细心且艰难的数目字的工作，因此照顾这部分同志政治学习和身体健康，特别是从事这部门工作五、六年的同志本府决定特给予优待。

1. 凡现任之政府银行，工商、公营商店之审计会计出纳工作之会计人员及各机关、团体、学校所有之总务部门会计人员均享受此办法优待。

2. 凡正式担任审计会计出纳工作在五年以上，每人每月发给优待米三斤。

3. 凡正式担任上项工作在二年以上，每人每月发给优待米二斤。二年以下者不发。

4. 以上年代计算以其担任定项工作，年代计算连续或不连续均可，但必须现任，练习会计期间不算正式工作年限。

5. 各机关负责同志应尽量使审计会计出纳之会计工作须参加住在村工作，并在工作中抽出一定的学习时间加强政治与业务学习。

6. 上项优待小米于本年五月份起领发。

以上通知遵照执行

此令

主　席　杨秀峰

副主席　薄一波　戎伍胜

选自《中国革命根据地审计史料汇编》，中国审计学会审计署审计科研所编，北京工业大学出版社1990年版，第92～93页。

19. 晋冀鲁豫边区暂行财务行政制度（摘录）

1945年7月

第一章　总　则

第一条　为确立财务行政秩序，实施统筹统支，保证军政供给，特制定本制度。

第二条　边区岁入岁出款项（以下简称边区款），粮食（以下简称边区粮），及地方岁入岁出款项（以下简称地方款），粮食（以下简称地方粮）之审计、会计、统计、出纳、保管及金库事宜，悉依本制度行之。

……①

① 此件所用“……”或“略”号，皆为原件所加。

第二章 财务行政机构及其职权

第六条 本区财务行政制度，除由各级政府行政首长及财务行政主管人员负责全面掌握外，财粮部门内应分设审计、会计、统计、出纳及保管人员或机关分司财务行政之各项工作。该机关该人员，得在法令规定范围中，独立行使其职权。上下级审计、会计、统计、出纳及保管人员，只有工作指导关系，而无行政隶属关系。

第七条 边区粮、款之审计职权，统一于边区政府，由边区政府财政厅负责管理，但为适应工作环境，提高工作效率，特规定下列权变办法：

甲、各行署财政处于该管区内得在全边区总预算规定范围内，代财政厅行使全部审计职权，及在此范围内之金库提款仓库支粮权。

乙、各专署于其该管区内，得代财政处行使一定限度之审计权，及动支仓库存粮权，凡专署级及县，区级之一切收支。悉归专署审核。但无动支金库存款权。

丙、凡能严格执行财务行政制度之县份，得由专署委托行使一定限度之审计权，凡县、区级之一切收支，悉归县府审计。但无动支金库存款及仓库存粮权。

丁、专署级及县、区级超出一定限度（随时以命令定之）之临时开支，须经其直属上级批准，对上亦由其直属上级负责。有关增加人民负担之临时收入，须经边区政府或行署决定之。

第八条 地方粮、款由县统筹统支，其审计职权及动支地方粮款权，由县政府统一行使之，但专署得根据各县之财经状况，在专区范围内，作适当调剂。

第九条 一切经常及临时费用，非经审计核准，不得开支；各级审计有权检查各该审计范围内各机关单位之账簿、表册、凭证及现存物资，各机关部门不得拒绝或推诿，如有疑问，并须负责解答之；如发现滥收滥支贪污浪费等情节，得提出意见，或经过其主管人员，分别予以警告、记过等处分，情况严重者，得交付司法机关处理之。

第十条 各级会计、统计机关或人员，应及时作出本区各种粮、款、实物之精确会计记录及报告，以考核各项预算执行程度。为保证各项会计记录或报告之精确、及时，各级会计及统计人员，应执行下列职权：

甲、政府一切收入，均须经过会计手续，取得正式会计凭证，始在法律上发生效力。

乙、政府一切支出，非经会计手续，持有正式会计凭证，不得向出纳、保管或金库部门支取。

丙、收支粮、款、实物，如发现下列情形之一者，得拒绝办理会计手续。

（1）各机关单位之一切开支，未经审计批准者。

（2）记账根据不全，或单据形式不具备者。

（3）单据上未经主管人员盖章，或文字，数字有涂改痕迹，涂改后未经经手人盖章证明者。

（4）与其他法令抵触者。

丁、有权检查及调问其下级之各种会计记录，必要时得调其下级统、会计人员，面同清算账目。

第十一条 各级政府所征收、缴获之一切现款、粮票、生金银、硬币、银元、珠宝、有价证券及公产物品，一律交县以上各级出纳部门或金库负责保管；一切征收、缴获之粮食及粮款中折收之实物，均应交仓库保管，非经审、会计手续，不得动支。如有中途扣留，或私自动用者，以贪污论处。

第三章　粮票（略）

第四章　科目及细目

第三十一条　本区岁入岁出及往来科目与细目，悉依本章之规定，审计、会计及统计统一使用之。非经边区政府批准，不得随意增减或变更。

……

第三十六条　本区岁入岁出与往来科目及细目之使用规则，依下列规定：

甲、本章第三十二条乙项第一至十二款各岁出科目及细则，行署以上各级政府审会计及统计部门使用之，专署以下各级政府只审计部门使用，其会计及统计部门，概不得动用。行署以上会计及统计部门动用此等科目及细则，须经同级审计批准，并颁发支付命令，始能动用。

乙、本章第三十三条乙项第一至十二款各岁出科目及细则，专署以上各级政府审会计及统计部门使用之，县级以下各级政府，只审计部门使用，其会计及统计部门概不得使用。专署以上会计部门使用此等科目及细目时，须经同级审计批准，并颁发支付命令，始能动用。

丙、本章第三十四、三十五条各乙项之各岁出科目（本年结亏及地方调剂粮除外），县级政府使用之，但须经同级审计批准，会计部门始能动用。

丁、除本条以上三项所规定之科目及细目外，其它各岁出科目及细则，须经财粮负责人同意，会计人员始能动用。

戊、各级会计记账时，除已有固定细目之科目外，一律按机关名称分设细目。

己、统计下级审会计报告时，凡已有固定细目之科目，均按规定之细目统计之，无固定细目者，一律按地区名称（专署按县名，行署按专署名，边府按行署名）分设细目统计之。

第五章　审　计

第三十七条　边区粮、款岁入岁出总预算及追加预算，应由边区政府根据历年收支及财政经济发展状况，并参照本区各机关部门需要情况，由财政厅编制，以边府名义送请边区参政会通过交政府执行之；地方粮款岁入岁出总预算及追加预算，应由县政府财粮部门编制，以县政府名义送请县参议会通过，交政府执行（无县议会者，由县务会议通过），但应呈报专署备案；凡有关编制总预算及追加预算之总合材料、统计数字等事宜，概由各级审计办理之。

第三十八条　边区粮、款总预算确定后，各级财粮部门应：

甲、边区财政厅应根据岁入总预算及各征收单位（包括行署及各直属征收机关）之实际情况，将全年征收任务分配给各征收区或单位。行署以下各级政府，于接到上级分配之任务后，亦应按情况逐级分配给其所属各征收单位，负责定期完成之。

乙、边区财政厅并应根据岁出总预算及供给制度，确定岁出各细目分配数字，分别交直属审计及各行署。各行署接到上级分配数字后，亦应逐级分配给其所属各级审计负责掌握之。

丙、部队开支，自行审计，边区政府只审核并分配总数。

第三十九条　地方粮、款总预算确定后，县级政府亦应参照上条办理。

第四十条　各机关单位每月所必须之粮食、菜金、津贴、公杂（包括文具、纸张、印刷、书报、邮票、灯油、购置、修理、杂费等）、路费、马干、招待、医药、生理、服装、鞋袜等开支，均属于经常费，此项费用：

甲、一概不造经常预算，径由审计根据各用款（粮食、实物）机关之人员编制及供给制度，酌量借给一个至三个月经费（粮食、实物），以备应用。每月终了，用款（粮食、实物）机关，须编制经费（粮食、实物）计算书（附样略）二份，在编制范围内，实报实销。

乙、经费（粮食、实物）计算，经审计批准后，留一份存查，一份发还原用款（粮、物）机关，照数向付款（粮、物）机关具领，审计并应签发二联支付命令（附样略），交付款（粮、物）机关，凭令付款（粮、物）。

丙、不作计算，停发经费（粮食、实物）。支出超出编制之规定，不得报销，由下月弥补，浪费严重者，受行政处分。

丁、计算报销，须附全部原始单据，有特殊情形不能取得原始单据者，须说明理由，由主管人员负责证明。无故缺少单据或数字涂改不清者，不得报销。伪造单据，以贪污论处。

戊、报销按实人数领取之粮（款、实物），须附花名单，如有捏报姓名，多报天数企图冒领者，以贪污论处。

第四十一条　各机关部门，非经常固定之会议、训练、服装、鞋袜、烤火、干部调动、荣誉退伍军人抚恤，及其它类似性质之粮、款、实物开支，均属于临时费。此项费用：

甲、均须由用款（粮，物）机关按规定编制，参照工作需要，于用款（粮、物）十日前，造临时预算表（附样略）二份，经审计核准后，即凭已核准之预算表，并开具借据，向付款（粮、物）机关暂借。

乙、付款（粮、物）机关于用款（粮、物）机关计算报销具领时，扣还原借数。

丙、临时开支，须随每月经常计算，另造临时计算表报销，如有特殊情形，须事先声明，不得无故拖延不报。

丁、各机关单位之假票、短数、超过规定之秤耗、仓耗及因保管不当以致发生腐烂、被盗或战争损失，一概不准报销，由经管人员负责。但确非人力所可抵抗者，得编造计算，经审计批准报销之。

第四十二条　各级审计掌握岁出预算，应设岁出预计算细目账（附样略）。岁入预算，不设账簿，可根据会计账表与同级会计共同掌握之。专署以上政府不设地方粮款岁出预计算细目账。此账应随时根据有关确定预算之命令、决定及支付命令存根与批准之计算表，随时登记，并结出余额。

第四十三条　为保障部队财粮供给，严格预计算审计制度，县级审计，除严格审核其审计范围内各机关单位之预算外，并应按月向专署作全县边区粮款开支总报销，其报销办法，依下列规定：

甲、于每年度开始以前，根据全县人员经费及粮食制度数额，依下列规定向专署预借三个月款项及粮食，以备全县开支：

（1）由县政府财粮科开具总借据（参看本制度第六十条），专人向专署领取专署拨粮证及专署银行往来支票，以专署银行往来支票为凭，委托分行转拨支行；并取得银行汇票，连同拨粮证，带回县府。

（2）县府会计应凭银行汇票与支行建立往来关系，并根据向专署借款之借据存根，收暂记收款科目专署细目账，根据银行收据，付县银行往来科目××支行细目账。此项银行存款，得由县政府随时以往来支票提取之。

（3）县府会计应凭专署拨粮证，由分仓库提出粮食，转存就近县府直属村仓库，并根据向专署借粮之借据存根，收暂记收粮科目专署细目账，根据村仓库存据付村仓库存粮科目××村仓细目账，此项存粮，得由县政府随时以县拨粮证提取之。

乙、县直属各单位，每月经常及临时计算经审计批准后，应依照本制度第四十条乙项之规定，签发二联支付命令，但支付命令中，应填明领发经费科目××机关细目交会计凭以支付粮款。县支付命令之总额，不能超过各银行往来存款或村仓库存粮数字。县会计记账时，应收县银行往来科目××支行细目，或村仓库存粮科目××村仓库细目，付领发经费或领发粮食科目××领款或××领粮机关细目账。

丙、县直属各单位每月临时预算经审计批准后，应按本制度第四十一条各项办理；县会计记账时，应付暂记支粮（款）科目，各该借款（粮）机关细目账，于计算报销时，收回暂支，转付领发经费（粮食）科目账。

丁、县级审计，于每月五日以前，应将其直属各单位之上月份计算，一律初审完毕，并应：

（1）根据边区粮款细目账，编制上月份全县总计划一份，并附已经县府初审批准各机关单位之计算（不附原始单据），专人送专署审核复审，其送达专署日期，不得超过每月十日。

（2）根据地方粮款细目账，编制上期（一至三月份，为第一期；四至六月份，为第二期；七至九月份，为第三期；十至十二月份，为第四期），岁出预计算细目备案表一份，于四、七、十及下年一月份十日以前送达专署备案。

戊、边区粮款总计算，应派专人赴专署报销，并携带空白领据；县会计应凭向专署领款（粮）据存根，收领发经费（粮食）科目专署细目账，凭支行收据或村仓存据，付县银行往来科目××支行细目，或村仓库存粮科目××村仓细目账。

己、年度终了，本条甲项所规定之暂借专署三个月粮款，应即转入下年，作为下年度之粮食及经费基金。

第四十四条　各专署之全区财粮报销及备案办法，应依下列规定：

甲、专署全边区款经费开支，应向行署作总报销，其报销手续：

（1）于每年度开始以前，应参照四十三条甲项之规定，向行署预借三个月款项，转存各该专区内之冀南银行分行，以备各直属单位及所属各县开支，专署收到各县借据，应付暂记支款科目各该县细目，收专署银行往来科目××分行细目账，并开具银行往来支票交给各该县，向分行取款。

（2）参照四十三条乙、丙、丁三项之规定，审核其直属各单位之款项之预计算，并编制其本身之边区款各科目总计算。

（3）专署将各县报来之边区款项总计算审核完毕后应：

①开具二联支付命令，注明领发经费科目××县细目一份交领款县，凭以向同级会计领款，并将原总计算一份，退还原领款县，一份存查，随专区科目总计算（见本项四款）呈报行署。

②专署会计应凭各县领据及支付命令付领发经费科目××领款县细目账，开具专署银行往来支票，交领款县，并凭支票存根，收专署银行往来科目××分行细目账。

（4）每月十五日以前，应根据本身及各县之款项总计算，编制全区科目总计算（详见四十三条丁项一款）三份，一份留底，二份于每月二十日以前专人向行署报销。

（5）专署向行署领款及暂借行署款转入下年办法，参照四十三条戊、己两项之规定。

乙、专署边区粮开支，不作总计算，但应向行署备案，其办法如次：

（1）参照四十三条乙、丙两项之规定审核其直属各单位之粮食预计算。

（2）专署将各县报来之边区总计算审核完毕后，应：

①开具二联支付命令，注明岁出科目及细目，交领粮县凭证向同级会计领粮，原总计算一份退还原领粮县，一份随专区岁出预计算细目备案表（详见四十三条丁项），呈报上级，一份作为记账根据，登记边区粮岁出预计算细目账。

②专署会计应凭各县领据及支付命令付岁出各科目及细目账，开具拨粮证交领粮县，并根据拨粮证存根收分仓库存粮科目××分仓库细目账。

（3）每月十五日以前应根据边区粮岁出预计算细目账编制边区粮岁出预计算细目备案表（详见四十三条丁项二款）一份于每月二十日以前，送达行署。

丙、每年四、七、十及下年一月份收到各县之地方粮款备案表后，应根据各表编制全区岁出预计算科目备案表一份；随其它报表，同时送达行署。

第四十五条　边府总结全区岁出总预计算数字，日期不得超过隔月月半；各行署向边府备案办法，应依下列规定：

甲、收到各专署借款据后，应详细审核借款数额，借给之行署会计并应根据借据付暂支科目各该专署细目账，开具金库存款支票交各专，并根据支票存根，收金库存款科目××区行细目账。

乙、将各专署边区款全区总计算审核完毕后，一份退还原专署，一份随备案表送边府，一份作为记账根据，登记预计算细目账，并应签发支付命令，填明岁出科目及细目。行署会计，应根据各该专署领据及审计支付命令，付各岁出科目及细目账，开具金库存款支票，交各该专署，并凭支票存根，收金库存款科目××区行细目账。

丙、每月二十五日以前应根据边区款预计算细目账编制上月边区款科目备案表（详见四十四条）一份，于下月十日以前，送达边府。并根据各专边区粮预计算科目备案表及本身细目备案表，编制上月边区粮岁出预计算科目备案表（详见四十四条）一份，同时送达边府。

丁、地方粮款备案应参照四十四条丙项之规定，并随边区财粮备案表于五、八、十一及下年二月十日以前送达边府。

第四十六条　上级审计机关如认为各项备案表及总计算中仍有开支不当者，得驳原审计机关，由原审计机关向原领款（粮、物）机关追还归公。

第四十七条　村级机关部门之经常与临时预计算，悉由村公所统一编制，由县审核发给村经常费之原始单据，由区审核，不［转］送县府；临时费之单据，由区审核，送县复审。

第六章　会计及统计（略）

第七章　金库仓库出纳及保管（略）

第八章　交代与接收

第一〇二条　凡因行政区域重新划分而有机关及地区合并情事，交代机关之财粮部门应按下列规定办理：

甲、交代机关应将自本年度开始至交代日（由上级确定之）截止之全部收支，移交接收机关，不得当中割断，或只交一部，接收机关亦应接收其全年全部收支。

乙、交代机关应于交代前，尽量将应收未收，应支未支及登记或往来粮款结束清楚，尚有特殊原因，实际一时不能清理者，应重新换取单据，以免事后纠缠不清。

丙、所有库存现款粮票粮数以专县（行专、边专）往来解上，其他有价或无价物资之处理办法，由上级临时以命令定之。

丁、审计部门应：

一、根据岁出预计算细目账编制岁出预计算交代表（附样）三份，二份附审计各种单据账表交接收机关，一份呈报上级，其编制办法如下：

根据预计算累计数，列入此表付方。

根据实支累计数，列入此表收方。

交代机关涉县县政府　1934 年 2 月 20 日交代

边区款岁出预计算交代表

<table>
<tr><th colspan="2">收方</th><th rowspan="2">科目</th><th rowspan="2">细目</th><th colspan="2">付方</th></tr>
<tr><th>科目实支累计数
元</th><th>细目实支累计数
元</th><th>细目预计累计数
元</th><th>科目预算累计数
元</th></tr>
<tr><td></td><td>4 000.00</td><td>行政费</td><td>特别行政费</td><td>5 000.00</td><td></td></tr>
<tr><td>20 000.00</td><td>16 000.00</td><td></td><td>普通行政费</td><td>151 400.00</td><td>156 400.00</td></tr>
<tr><td></td><td>2 000.00</td><td>教育费</td><td>学校教育费</td><td>15 000.00</td><td></td></tr>
<tr><td>说　明</td><td colspan="5">附预计算细目账壹本计算表 30 张支令存根 1—40 号 40 张</td></tr>
<tr><td>接收
机关
盖章</td><td colspan="2">主管长官
科长
审计</td><td>交代
机关
盖章</td><td colspan="2">主管长官
科长
审计</td></tr>
</table>

注：边区及地方粮款一律通用。单位（元、斤）及本位（米麦款）编制时填明。

二、根据交代表登记并结清预计算细目账（收方列入细目账之预算栏，付方列入实支栏）。

三、另造各机关实有人数马匹交代表（自制）二份，一份交接收机关，一份呈报上级。

……

五、丙丁两项交代表，均应加盖交代机关主管长官财粮负责人及审会计图章。

区域划分机关合并时之接收机关及交代与接收机关之上级，应按下列规定办理：

甲、接收机关于接到交代表后，应详细核对交代表及各项账表单据，俟完全相符后，应即根据交代表分别反收付记入审计及会计经管之各项账簿，各项交代表，应留一份存查，一份加盖接收机关主管长官财粮负责人及经手人私章，转报上级。

乙、交代机关与接收机关之上级，于接到该两机关之交代表后，应即根据双方交代表，记入有关该两机关之账簿。以结清交代机关并转入接收机关账目。

公产保管交接手续，参照上条及本条辨（办）理。

第九章　附　则

第一〇七条　本制度颁布以后，本区前颁之暂行审计、会计及金库制度，粮食审计、会计及出纳制度，区村管理公粮公款制度，仓库暂行条例和暂行实物会计及保管制度应即作废。

第一〇八条　本制度自颁布之日施行。

选自《中国革命根据地审计史料汇编》，中国审计学会审计署审计科研所编，北京工业大学出版社1990年版，第93～100页。

20. 晋冀鲁豫边区统一累进税暂行税则

1943年5月颁布，1945年7月修订

第一章　总　则

第一条　本税则根据本边区人民经济状况，为发展边区生产制定之。

第二条　边区之经常和临时地方合法开支，均以本税则向收入所得人累进直接征收之。

第三条　为适应战时需要，统一累进税之征收，定为现款和粮食两种，由边区政府命令征收之。

第四条　凡本边区人民均有纳税之义务，其纳税以钱多多出，钱少少出为原则。

第五条　本税则对农业工商业之征税，依下列规定分别计算征收。

一、农业以人口为计算单位，以户为征收单位。

二、工商业计算和征收均以户为单位。

第六条　各种资产（土地资产包括在内）均一律不征税。

第七条　各种收入之征税和免税依下列规定：

一、下列各种收入一律征税。

甲、农业、地租、林木、果树、山货、蒲苇、竹园之收入。

乙、房租、利息和其它租息之收入。

丙、私营或公私合营之公司，商店，行栈，作坊，工厂，矿业之收入（公私合营之机关生产在内）。

丁、个人经营之小贩，和小手工业作坊（雇工或合伙经营）之收入。

戊、属于临时经营事业之收入。

己、自由职业和从事各业者薪给报酬之收入。

庚、机关生产之租地、典地、买地均按其收入百分之五纳税（租地以扣除租额后计算）。

二、下列各种收入一律免税。

甲、脱离生产之抗日军人，政民工作人员，教职员，医务人员，杂务人员所得之生活费。

乙、雇工和工人及不雇工不合伙之艺匠工资收入。

丙、家庭副业（纺织、编农具等家庭手工业副业包括在内）及畜养（羊群在内）之收入。

丁、合于法定之合作社收入。

戊、抗战军人家属受补助之收入及因抗战伤亡所受之抚恤收入。

己、公营事业及机关生产之工商业收入。

第二章　富力的折合

第八条　本税则以“富力”① 为各种收入的计算单位，“分数”为计算征收单位。

第九条　各种收入之折合富力依下列规定。

一、农业收入以每收入十市斗谷计一富力，但以收入性质不同，须依下列规定分别折合扣除再生产费用。

甲、自耕地须先按土地总亩数，每亩扣除一市斗谷，再按总产量扣除十分之一再生产费用后计算。

乙、佃耕地除先依总亩数每亩扣除一市斗谷，再按总产量扣除十分之一再生产费用外，并须除去其应交之地租计算。

丙、出租地未投资再生产费用者，应按其实得地租计算。

二、第七条第一款规定之各种收入，除农业收入外，均以收入计算按当地时价折谷，除工业收入外，每十市斗谷折一富力，其收入为实物时，以市价折谷计算。

三、第七条第一款规定之各种收入，其属于工业性质之纯收入每十五市斗谷折一富力。

第三章　税等、税率和累进率

第十条　本税则农业工商业之征税须依下列累进之规定：

一、农业税共分六等，税率起码数为六厘，最高税率为五分九厘五，其各税等之纳税富力（以下简称税力）累进率和税率如下：

第一税等：从开始至一个半税力，累进率为六厘，税率为六厘至一分五厘。

第二税等：从一个半税力至三个税力，累进率为五厘，税率为一分五厘至二分二厘五。

---

① “山西大学研究组编印版”将“富力”印作“畜力”。

第三税等：从三个税力至五个税力，累进率为二厘，税率二分二厘五，至二分六厘五。

第四税等：从五个税力至七个税力，累进率为六厘，税率为二分六厘五至三分八厘五。

第五税等：从七个税力至十个税力，累进率为七厘，税率为三分八厘五至五分九厘五。

第六税等：从十个税力以上停止累进，税率为五分九厘五。

二、工商业税等共分为四等，税率起码数为四厘，最高税率为五分六厘，其各税等之税力，累进率和税率如下：

第一税等：从开始至十个税力，累进率为二厘八，税率为四厘至三分二厘。

第二税等：从十个税率至二十个税力，累进率为一厘，税率为三分二厘至四分二厘。

第三税等：从二十个税力至五十五个税力，累进率为四毫，税率为四分二厘至五分六厘。

第四税等：从五十五个税力以上，停止累进，税率为五分六厘。

第四章　分数的计算与征收

第十一条　本税则第七条第一款所称之各种收入，其分数计算和征收之属人属地依下列规定：

一、凡所有人之一切收入，在一县内者，采取属人办法，均就其所在村合并计算统一征收。

二、凡所有人之一切收入，在数县者，采取属地办法，均就其土地收入所在之县立户，统一计算征收，但县与县之邻村插花地得适用本条第一款之规定。

三、凡人不在边区，收入在边区以内者，计算与征收采取属地办法，并按第一二款之规定办理。

四、凡人在边区收入在边区以外者，计算和征收采取属人办法。

第十二条　前条之计算由收入所得人在所在村公所办理，但收入在外县应另立户计算者，由县办理，如收入不在户主所在村，但在一县境内者，由其收入所在村公所将调查评议结果负责介绍其所在村办理。

第十三条　本税则所称之工商业部分，其分数计算和征收之属人属地依下列规定：

一、凡专事经营之工商业不论其为合资或独资均得就该商业所在地，单独立户计算征收，每一工商业均以一户论。

二、凡以农业为主兼营工商业者，其工商业部分之收入按一户以工商业累进分数表计分，农业部分之收入仍按人口以农业累进分数表计分合并征收。

第十四条　本税则农业部分以人为单位计算分数，其人口计算如下：

一、不分男女老幼，大口小口，均以一人论。

二、合于第十一条第二款前段规定之情形者，所有该户收入之各县，对该户人口计算均以一户一人论。

三、脱离生产之军、政、民工作人员，教职员（小学教员在内），医务人员，杂务人员，工人、雇工均得算其家庭人口。

四、寺院教堂以一户论，其人口以实有人口计算。

五、族产以一户一人论。

六、凡财产在边区，全家人口均在边区以外，均以一户一人计算。

七、凡人在敌占区者均不计人口。

八、凡人在边区以外三年无音信者，均不计人口，但参加抗日工作者例外。

第十五条　本税则之免税点为一个富力至一个半富力，由各专署按照该地人民实际生活情况，以县为单位统一规定，其扣除办法如下：

一、一户一口者，扣二个免税点，一户二口者，扣二个半免税点，一户三口以上，每口扣除一个免税点。

二、如每人平均不足一个免税点者，概行免税。超过一个免税点者，只就其超过之部分累进征税。

三、为优待抗战军人及政民工作人员家属，凡抗战在伍军人及脱离生产之政民工作人员，教职员（小学教员在内），杂务人员，医务人员均得在其家庭内扣除一个免税点。

四、凡参加军队之在伍军人，因家内别无其他劳动力耕作土地，而不得不雇用长工者，满九个月时得在其家庭内扣除一个免税点，四个月以上者扣除半个免税点。

五、雇工在外佣工四个月以下者扣一个免税点，七个月以下者扣半个免税点。

第十六条　下列各项不扣除免税点

一、族产实际无人口消耗者。

二、工商业以户按纯收入计算不再扣除免税点。

第十七条　凡雇用工人经营土地者，工资扣除办法如下：

一、雇佣工人满九个月者，得在雇主总收入内扣除三分之二工资，零星雇用在一月以上者，按其实付工资扣除三分之二工资。

二、鳏寡孤独不论长工短工，其工资均全部扣除，其由互助组变工者，无仅于其实际所付出之粮食，作为工资计算。

第十八条　为奖增人民饲养牲畜，凡在本年内新购买或新孳生之牲畜马骡均在其总收入内扣除一石谷消耗，牛驴扣除五斗谷消耗。共同购买者，按比例扣除。

第五章　调查评议和定分

第十九条　人民纳税分数，须由县印发人民财产收入调查简表，经村切实调查评议，折合富力，计算分数并详细审查决定之。

第二十条　前条经过审查确定之纳税分数，应由村正式公布，人民如有不服时，得于五日内叙明理由请求当地政府重新调查，当地政府必须受理并应派要员复查。

第二十一条　前条复查后之决定，如人民再不服时，仍可向上级政府提起行政诉愿或诉讼。诉愿或诉讼之决定或判决即为最后决定。

第二十二条　在统一累进税征收期内，因检查或诉愿诉讼分数尚未决定者，应暂按原确定分数依限纳税，不得推延，俟分数最后决定，再行长退短补。

第二十三条　人民纳税分数每年改造一次，改造期间，以命令行之。

第六章　罚　则

第二十四条　民户财产收入经村调查评议时，凡不依限报告或故意匿报企图取巧逃避纳税者，除依法改正外，得科十元以上九百元以下之罚金，在征税以后发觉者并得追补其应纳之税。

第二十五条　在调查评议时，凡有包庇匿报行为者包庇人应受连带处分，科以十元以上二百元以下之罚金。

第二十六条　无故不依限期纳税者，除限期追交外以其逾期之长短得处以欠数百分之五到百分之二十之罚金。

第二十七条　前三条处罚权属于县政府以上之政权机关，区村不得行使。

第七章　附　则

第二十八条　本税则之施行细则另定之。

第二十九条　本税则经晋冀鲁豫边区参议会通过后由晋冀鲁豫边区政府颁布施行之。

附件一：统累进税暂行税则施行细则

第一条　本附件依据晋冀鲁豫边区统一累进税暂行税则（以下简称税则）第二十八条之规定制定之。

第二条　税则第二条称边区经常临时和地方合法开支，系指经边区参议会或县参议会或上级政府审核批准之预算而言，其未经核准之任何粮款不得向人民征收。

第三条　税则第三条称现款系指冀钞，粮食系指小米而言，征收杂粮时要折合计算。

第四条　税则第七条第一款甲项之收入征收办法如下：

一、合于下列条件者均征收入税。

甲、私田、寺庙地、族田（包括小社地、老人地、里甲地等），教堂地。

乙、可能耕种应无特殊原因故意怠荒的土地。

丙、蒲苇地、竹园地、果树地、树林地、药材山坡地、桑叶地。

二、合于下列条件者按年计算分别征税。

甲、新开荒地滩地在五年以内收入都不征税，其有特殊情形并有很多收获者，得由各专署具体规定征收收入税，但纳税收入以不超过其实际收入二分之一为限（即收获一石只能按五斗计算征税）。

乙、轮荒地收入不征税，其收获多者得适用甲项后半段的规定。

丙、新开渠旱地变为水地，第一年仍按旱地产量计算征税，第二年即按水地计算征税。

丁、荣誉军人退伍军人其本人自耕土地，以其从事耕耘土地时间计算，二年以内不征税。

三、敌人强修汽路公路碉堡封锁沟所占土地原为耕地者，不征收入税。

四、不能耕植之荒地、荒山、荒滩、房屋地址、场地护窑顶地（周围耕种，不妨害窑洞者不在内），坟地（护坟地能耕种者不在内），水渠（不属营业性），及能耕种之公地，学田收入不征税，但公地学田出租，佃地人之收入应征税，机关生产耕耘者不征税。

第五条　税则第七条第一款甲项称“地租”，系指土地所有人出租出佃或半种于他人收取定额地租或分得一定比例之收获物而言，无租土地地主方面不征税。

称“农业收入”，系指耕地总生产物除去柴草秸秆而言。

称“林木收入”系指各种树林木材出卖所得之收入，树木如砍伐自用者免税。

称“果树山货”之收入，系指果园枣、栗、柿子、核桃、花椒、药材等有大批收入者。其庭院植种之果树收入不征税。

称“蒲苇”“竹园”之收入，系指每年收获之蒲苇及随时出卖竹竿之收入，竹园不出售者不征税。

第六条　税则第七条第一款乙项称“房租”，系出赁房屋所得之收入，“利息”，系指存粮存款出放所得之息金，无租息者不征税。

第七条　税则第七条第一款内项称“公司商店行栈作坊工厂矿厂”，系指以营利为目的而非公营性质者，医院药铺以商业收入征税，其从事社会公益事业者免税。

第八条　税则第七条第一款丁项称个人经营之小贩，系指各种摊贩及流动之肩挑小贩，称“小手工业”，系指个别经营之小规模工业雇用工人或合伙经营者而言，如完全属于家庭副业如纺织编席等均不负担。

第九条　税则第七条第一款戊项称“临时经营事业”系指个人或合伙做不定期无定业之买卖收入。

第十条　税则第七条第一款己项称“自由职业”和“从事各业”系指不在公家干事之医生、律师、新闻记者、卖艺、商店、公司之经理或从事其他职业而有收入者。

第十一条　税则第七条第二款甲项，称“军政民公杂人员”系指在边区或其他区从事抗日工作者。

第十二条　税则第七条第二款己项，称“雇工”系农业雇工及商店雇员，不论长短工之工资都不征税，但为逃避负担两家互为雇工者，不以雇工论，其工资仍须计入其家庭征税。

称“工资”，系指在各种工厂、矿厂、作坊、及某些业务之出卖劳动而营生者，其半工半农或工人自集股资经营工业者，不属于工资部分之收入仍须征税，但硝矿工人，熬售之硝矿收入及缺盐地熬晒食盐收入，为奖励生产一律免税。

称艺匠指木匠、铁匠、石匠、泥水匠、铜匠、洋铁匠、理发匠、钉掌匠、编席匠、张罗匠、纺麻绳匠而言，银匠及首饰匠不以艺匠论，其收入仍须征税。

前项艺匠设铺营业或出售成品，以小手工业收入征税。

第十三条　税则第七条第二款丙项称“家属副业”系指农家利用农闲编席编筐纺绳砍柴，或妇女纺织编草帽等之收入而言，称“畜养”系指马骡驴猪羊群鸡鸭兔蜂等言。

前项马牛骡驴出卖后、不再买牲畜或无正当费用而出卖者，其卖价按收入征税。但得扣除其原买价后计算，“猪及羊群”系就一般畜养而言，如大批宰杀或贩买［卖］以营利谋生者，以商业收入论，牲畜贩之收入，亦以商业收入计算。但从敌占区向根据地贩入牲畜之收入不征税。

第十四条　前条称马牛骡驴如专事运输业时，以商业收入征税，以耕田为主利用农闲驮脚驮煤卖炭者不征税。

第十五条　税则第七条第二款丁项称“合于法定之合作社”系指合于晋冀鲁豫边区合作社组织条例，并经登记有案者，其不合于法定或未经备案时，以其经营业务之性质按工商业收入分别折合征税。

第十六条　税则第七条第二款己项称“公营事业”，系指工商管理局政府银行经营之各种工厂商店业务或系机关生产性质之商业等。

第十七条　税则第八条称“富力”为统一计算负担分数之单位。

第十八条　税则第九条第一款称“农业收入”系指战后平常年景评定之应产量（应产量须与实产量一致），其特殊因勤劳耕作致土地生产量增加，而超过应产量或战前水平者，超过之部免税，如因地边生产树胁地影响其产量者应适当降低。

第十九条　税则第九条第一款甲乙两项“扣除再生产费用”系指经营土地之农具、肥料种籽及劳力消耗，其扣除办法系依据不同之土地经营投资之大小和生产量之多少而定，如不适合个别地区时（如产两季的地），得采用先按总亩数，每亩地扣除五，再按总产量扣除百分之十五之再生产费用计算。

新修梯田应每亩再多扣除一斗再生产费用后计算富力。

第二十条　税则第九条第一款丙项称“实得之地租”其租额以约定计算，其无约定者，按分得之比例计算。

第二十一条　出租地如系半种地等形式，地主亦投资再生产费用者扣除办法如下：

一、满铺满垫半种地（即大种地）肥料耕畜农具种籽都由地主供给者，其再生产费用得在地主与佃户收入内各半扣除（即照应扣除之再生产费用各扣二分之一）。

二、半铺半垫半种地，前项再生产费用由地主与佃户各半出者，得三、七扣除地主扣十分之三，佃户扣十分之七。

三、活租地再生产费用全部由佃户出者，应在佃户收入内全部扣除。

四、其他半租地之形式、主佃双方所出经营土地之再生产费用与前项规定不合者，得依照前项辨（办）法之比例计算扣除之。

第二十二条　以耕地种植烟叶、小麻、西瓜等特殊作物之收入，以实际收入计算，再生产费用应照农业之规定，按其总收扣五分之一至四分之一。

第二十三条　为奖励种棉种蓝，其土地收入均按土地应产量计算，如植棉因天灾每亩收不到十五斤棉花时，不出负担，但估计收不到十五斤花的地，不提倡种棉。

第二十四条　山货果木收入不扣除再生产费用但评定其价格时须照顾其消费。

第二十五条　税则第九条第二款称“纯收入”系指在其总收入内扣除职员工人店伙之工资酬劳金，伙食费、运费外，所得之利润而言，工业并得扣除一部分建设费（可分年扣除）。

第二十六条　税则第九条第三款称：“工业”系指作坊而言，烟厂、水烟店、酒坊、磨坊、染坊、醋坊、豆腐坊、粉坊、香坊、不以工业论。

第二十七条　各种收入除农业收入外，折合时其谷价应由县统一规定。

第二十八条　耕地之收入，不论其所有权与使用权如何转移，均由本年收益人负担，如收益人夏季与秋季不属一人时，由实际收益人分别按其收入负担。

第二十九条　债权人所得之利息以纯收入计，债务人所付之利息，须在其收入内扣除，前项利息以实际收付数为限。债权人不收息者不计，债务人未付息者不除（政府之贷款贷粮均同样计算）。

第三十条　收入折合富力，农业部分计算到小数点第二位，其第三位小数 0.01，0.02 舍去，0.03，0.04，0.05，0.06，0.07 均作 0.05 计算，0.08，0.09 作 0.1 计算。

农业部分之分数无论每人平均或全户均计算到小数第二位。

商业部分富力计算到小数点第一位，在二十个富力以后不计小数，余均四舍五入。分数计算到小数第二位。

第三十一条　税则第十条所称税率即每个纳税富力应顶的分数，税率逐渐增高，其增高之比例即名累进率，在一定纳税富力之界限内，累进率不变，此纳税富力之界限谓之税等。

称“起码数”即每个富力应得的最低分数，称最高率即每个富力应得最高的分数不再累进。

第三十二条　税则第十条第一款称“税力”，系指总富力除免税点后应纳税之富力。

第三十三条　税则第十一条第一款称“属人办法”系指一切收入及其所有人都在边区，其分数之计算和征收应采用属人办法，即将其一户散在本县内各村之一切收入在户主所住村合并计分征收。

第三十四条　税则第十一条第二款称“属地办法”系指人在边区，而一切收入散在边区各县者，其分数计算和征收，应采用属地办法，即将散在外县之土地和收入，以县为单位，由县另立户统一计算征收。

称“插花地”系指两县村与村交界处插花之土地，此项土地，得采用属人办法计分征收，但以在一日之内能往返耕种者为限，其路途较远必须在宿作业者，仍以属地办法办理。

第三十五条　税则第十一条第三款“属地办法”系指一切收入在边区以内，而其所有人不在边区，即应按收入所在县属地计分征收。

称“人在边区”指户籍在边区，即以人在边区论，其收入应由评议会评议，用属人办法计算征收。但以实际有收入者为限，无收入者不计。

第三十六条　税则第十二条称“户主住在村”系指民户世居或固定之住籍而言，其因战争暂时迁移或住籍不定者，应由户主声明一固定之村，此项声明居住之村，即以户主住在村论，计算和征收都由该村办理。

称负责介绍、系指一户散在一县各村之收入，为由收入所在村公所负责调查评议于确定后之次日，正式抄送所有人之住在村，其不能直接送达所在村时，可送区或县转送，如有延迟，不送或遗漏介绍者，由收入所在村公所负责，区县迟转者，区县负责。

第三十七条　第十三条第一款称“专事经营之工商业”，系指专营工商业或以工商业主而言。其兼营工商业又经营部分农业时，其计算应按农工商各业不同富力之折合与分数之计算分别办理，农业人口以一户一口计算，但不扣免税点。

第三十八条　第十三条第二款称“兼营工商业者”，系指以经营农业为主，工商业为副而言，农业收入之部分，按实有人口，以农业折合计算，工商业收入部分，按工商业折合办法计算，在农业收入内扣除免税点。

第三十九条　第十四条称人口之计算，系指确定各民户计算人口，以开始进行负担调查时之实有人数为准，调查后有出生死亡之人口，于本年内不再变更，但逃亡户于调查后征收前返回边区者，得请求当地县政府改算。

第四十条　税则第十四条第一款所称之人口，系指一个生活单位共有财产之集体者而言。

第四十一条　税则第十四条第四款称“教堂实有人数”系指神甫牧师在教堂共同生活者而言，不在教堂食宿者不以人口论。

第四十二条　在外县或外村耕种土地人口之计算方法如下：

一、到外县耕种土地居住在半年以上者以实有人口计算，如不足半年者一户以一人论，如系在外县之纯佃户，得以其常住该地之人口计算，并扣除免税点。

二、在外村居住耕种自己土地或租佃他人之土地，其土地收入及人口，都是合并在原住村家庭内计算。其原住村无有财产和人口或系租佃户，自愿在耕种土地村立户计算时，得由村公所申请办理。

第四十三条　税则第十五条称“免税点为一个富力至一·五个富力”，系依据各区县经济情况与人民负担能力而规定。各县之免税点须经专署审核备案或指定。

第四十四条　税则第十五条规定免税点“按不同人口，不同扣除”，系依据人口多寡不同之生活消耗而定其扣除计算法如下（如确决免税点为一·五富力时）一、一户一口者，一·五富力乘二，即应扣除三个富力。二、一户二口者，一·五富力乘二·五，即应扣除三·七五富力。

第四十五条　税则第十七条称抗战军人，及政民工作人员、教职员、杂务人员、医务人员，系指现在在役军人与在职之工作人员而言，其已退伍或退职而不在家消耗者，在家不计算人口不扣除免税点，在家消耗者得计算人口，扣除免税点。如开小差，当年不计算人口亦不扣除免税点。

第四十六条　已与子女分居之老人，并无土地和收入受子女轮养者，其人口之计算由轮养人协商决定。

轮养之人口每人只扣半个免税点，按其轮养比例分别在各家扣除（如一户一口人轮养半口人，只多扣半个免税点，人口作一口半人计算）。

第四十七条　一、寄居亲友家中者，其与所居之家共同生活，并同样享受财产权者，在其寄居之家计算人口扣除免税点。其与所居之家，不管共同生活并不享有财产权者不计算人口亦不扣除免税点。但确系无家可归者或无财产不能自谋生活，不得不寄居者，得在其寄居之家计算人口扣除免税点。

二、童养媳由于工作关系尚未完全禁绝地区以其居住婆家或娘家之一方，满足十个月以上者，在其居住之一方计算人口扣除免税点，居住娘家在半年以上者，在娘家计算人口。扣除免税点，居住婆家满半年以上者在婆家扣除免税点，在娘家计算人口。

三、被敌捕捉之抗日军人或政民工作人员仍以在役或在职论；如在敌方失节已有证明者，即不再计算人口和扣除免税点。战争中被敌捕捉之群众，在三年以内在家计算人口，不扣免税点，三年以外者不再计算人口。

四、半脱离生产之工作人员，得在其家计算人口扣除半个免税点。

第四十八条　合于下列条件者收入计算与免税之扣除为：

一、婴儿无乳可吃在家雇用奶妈时，除扣除三分之二工资外，得在雇主家扣除一个免税点。奶母之收入免税。

二、高小学校以上公费生计算人口不扣除免税点。

第四十九条　已判决有期徒刑其生活由政府供给者，在其家不计人口不扣除免税点，其生活由其家庭供给者，在其家计人口扣除免税点。

第五十条　统一累进税之负担而系以县为单位，负担人口应以百分之八十为标准，但个别县区可超过百分之八十，或降至百分之七十。如超过百分之九十以上或降至百分之七十以下者，由署核准，报边区政府备案。

第五十一条　村进行调查评议时，其调查与评议委员会，应当慎重选举公正无私为群众服务之人士充当调查员或评议员，倾听群众意见，造成群众性的调查评议工作，人选应以“三三制”为原则，村长村财政委员农会工会妇教会代表一人为当然委员，在进行中如有不称职现象，经过群众大会罢免另选。

第五十二条　村进行登记民户土地收入及统计各项表册之纸笔等费，得由县具体规定，由地方款下开支。

第五十三条　进行调查评议要做到真实一致，其办法如下：一、土地已经过清丈时应注意调查评议土地产量之真实，由县逐级划分经济区，勘定标准亩，逐级检查防止应产量与实产量脱节，克服村本位及集体包庇隐瞒现象。

一、未经清丈土地之村，除注意一项之土地产量埋伏外，并须特别注意调查土地亩数之隐瞒。

三、工商业之收入调查，须耐心精细算账，必要时可按其经营人数，评定其每人全年之消耗，由总收入内扣除后计算其总收入。

第五十四条　统一累进税调查评议计分工作完竣后，即进行统计总结工作统计表由各县制定之。

第五十五条　本附件作各种专署县推行统一累进税之用，各专署县得依据各自之情况另定详细办法，但须经专署批准呈边府备案，与此办法有冲突地方必须经边府批准。

第五十六条　本附件如有未尽事宜得由边区政府命令修正之。

第五十七条　本附件经晋冀鲁豫边区政府委员会通过后，颁布旅行之。

选自《晋冀鲁豫边区史料选编》第二辑，山西大学晋冀鲁豫边区史研究组编印，第408～423页。简称“山西大学研究组编印版”。

21. 晋冀鲁豫边区政府通令
——统一新解放区负担办法

1945年8月29日

各专员：各县长：

一、关于新解放区负担办法，鉴于我们过去对游击区负担办法之花样过多，有时影响群众对我政策精神之了解，兹特颁布一种简易办法以供各地统一采用，至于在实施当中，各地尚可根据过去经验，及当地实际情况在税等累进上加以修改（附发新解放区暂行农业统累税简易办法一份）。

二、此办法仅实用于我过去工作薄弱或无工作之地区，至于过去对我实行之负担办法已有相当影响或初步基础地方，可仍按照过去习惯办理。

三、关于城镇内之工商业负担，由于敌人无限度的榨压与摧残，营业状况极其不正常，因之亦难确定一统一之较妥善办法，目前各地可依照各该城镇工商业之大概情况，将其全年应负担总数（粮食亦折款征收），按季分四次征派，在每次征派中，根据上次进行中的经验，对其实际资本利润情况之了解，逐渐加以改善与调整，求得公允平衡，综合几次分派之经验，以使本身有一统一的负担办法。

在这种摊派办法下，一方面依其原有出负担习惯（如按行按业分派，再以户摊款），一方面应积极宣传我之负担政策，对工商业奖励保护之基本精神，发动各行各业工商业户实行民主的会议，尽量求得合理公平。

四、城市中之自由职业者与出卖劳力为生的工人，及各种苦力均不负担。

五、对新解放区之负担比率，除贫农中农应与老区负担比率相当以外，对于富农地主，应较老区提高，以使负担取得平衡，一般富农应在25%以上，地主在40%以上，独立之工商业应不超过25%，比较规模大的工矿业，今秋“暂不负担”，另订专门负担办法后施行。

各地在对新解放区进行负担时，应着重对该地区人民经济生活（生产上的自然特点，人民生产能力、负担能力）之研究，以及人口土地之大略统计，在秋屯以后各地应作报告送到边府。

以上各点仰各地研究执行。此令

主　席　杨秀峰
副主席　薄一波
戎伍胜

选自《晋冀鲁豫边区史料选编》第二辑，山西大学晋冀鲁豫边区史研究组编印，第426～427页。

22. 新解放区暂行统累税简易办法

1945年8月29日晋冀鲁豫边区政府颁布

第一条　本办法以钱多多出，钱少少出之原则规定人民纳税之多寡。

第二条　本办法农业税以人为计算单位，以户为征收单位，工商业计算与征收均以户为单位。

第三条　农业税以标准亩为征收之计算单位，根据土地平年产量将土地分为三等，其折合办法：下地二亩折标准地一亩，中地一亩折标准地一亩，标准地二亩折上地一亩，以每户每人平均标准地之多寡，计算“分数”作为征收单位。

前项标准亩之折合，中等地每亩每年平均产量不得低于一石六斗，不得高于二石（以谷计算，旧秤十六两秤，十三斤半为一斗），由县政府视各地情形规定之。

第四条　工商业税在营业税未颁布前，暂以其资本之多少征税。

第五条　农业税人口之计算，以其现在在家人口计算，无论大小口均以一口计算，但在外参加抗日之军政民所有公杂人员、教职员、医务人员、工人、雇工均得在家内计算人口。

第六条　农业税凡在家内计算人口者，每人均扣除一亩标准地的免税点，以后再计算分数，不足一亩标准地的概行免税，超过一亩标准地者，只就其超过之部份（分）计算征税。

工商业其资本不足一万元者（以冀钞计算），概行免税，超过一万元者，只就其超过之部分征税。

第七条　农业税共分六等，以下列办法计算其分数：

第一税等：由开始到二亩标准地（扣除免税点后之亩数。以下同此），每一分地其分数为一厘。

第二税等：由二亩一分到五亩，每分地分数为一厘五毫。

第三税等：由五亩一分到十亩，每分地分数为一厘八毫。

第四税等：由十亩一分到十五亩，每分地分数为二厘五毫。

第五税等：由十五亩以上，每分地分数为三厘五毫。

第六税等：由二十亩以上，每分地分数为三厘五毫。

第八条　工商业税共分六等，照下列新法计算其分数：

第一税等：由开始到五万元（扣除资本一万元以后之数，以下同此），每一百元其分数为二毫。

第二税等：由五万一百元到十万元，每一百元其分数为五毫。

第三税等：由十万一百元到十五万元，每一百元其分数为一厘三毫。

第四税等：由十五万一百元到二十万元，每一百元其分数为二厘五毫。

第五税等：由二十万零一百元到三十万元，每一百元其分数为四厘。

第六税等：由三十万零一百元以上，每增一百元其分数均为四厘。

第九条　农村中半农半商之农户，其商业部分应合并于农业征收。

甲、农户之商业部分只就其纯利征税。

乙、其征收之办法，首先将该村标准亩相当之产量（谷市石）按当时市价，然后以此标准计算其纯利等于若干标准亩来计算其负担。

第十条　如因来不及计算分数或调查不易时，于扣除免税点后即以标准亩平均负担。

选自《晋冀鲁豫边区史料选编》第二辑，山西大学晋冀鲁豫边区史研究组编印，第428～430页。

23. 晋冀鲁豫边区政府太岳行署通令——关于各级审计会计工作上几个具体问题的指示（摘录）

1946年5月27日

各专员、县长、各专县财政科长：

我们根据边府今年三月颁发的暂行财务行政制度内之规定，在本署四月二十日召开的各专县审计会计会议上，细密地逐条加以讨论和研究，有些表式单据手续按实际工作的需要予以修改或补充。簿记组织上报销办法上又确定了具体的办法，总之，目的在整个制度更加简明易行，切合实际。使财粮管理工作逐步走上制度化科学化的道路，现将会议上研究的结果归纳为几个问题分别指示如下，希盼各专县同志切实遵照执行共同努力，求得全区财粮制度真正做到统一与健全。

壹、关于审计方面

（一）关于边区粮款岁出概算问题——过去各级政府在粮款开支上没有做概算之习惯，因此在财粮管理方面缺陷很多，以致在保证军政民供给上无通盘计划，影响工作甚大，这是必须克服的一种偏向，为此决定：

1. 专县各开支机关、团体、学校从本年七月一日起，均应根据六月底以前定之编制与供给制度，编造后半年的经常费和开支粮食数目概算各两份，在七月五日前送交同级审计部门。各县府应汇集编制全县后半年总概算二份，附县区本身及各机关原概算表各一份，于七月十五日前送达专署备案，至于有审计权之县份亦同样编造。专署根据本身及各县总概算编制全专区半年经常费和开支粮食数目概算各两份，并附带专署级与县级原概算各一份，最晚于七月二十五日前送达行署备案。

……

其次关于妇女干部生产及婴儿保育费，亦应由专县级民政部门根据同级目前实有应受优待之婴儿数目及可能在后半年内生产之预算数，按供给制度规定，编造半年概算表各三份（财粮）六月二十五日前直接送交专署财政部门，凭以编制全专区总概算各二份，对（?）原概算表各一份于七月二十五日送达行署备案。专署接到行署批准之概算后即应将原概（算）二份分别发给专县（有审计权之县）。民政及财政部门各一份。专县审计即凭批准之概算分别登记粮款细目账后逐月开支并随时结还余额。

……

（二）关于审计簿记组织问题

A. 关于粮食方面

甲、专署级审计使用粮食簿记分类账：

1. 专区边区粮岁出预计算细目账——此账应根据有关确定，全专区粮食预算之命令，决定及每月专署级边区粮细目备案表与各县边区粮科目总计算，分别登记并随时结出余额，其作用在于检查全专区预算之执行情形。

2. 专署边区粮岁出预计算细账——此账应根据有关确定，专署级各开支单位粮食预算之命令，决定及经常临时支付命令，批准之计算表随时登记并结出余额，其作用在于检查专署级预算执行情形。

3. 各县边区粮岁出预计算细目账——此账专为制度不健全县而设，分县立账。由专署直接管理，一俱（?）全，专区各县均能严格执行制度时，专署即不需要设此账（使用办法同县级）。

乙、县级审计使用粮食簿记

县边区粮岁出预计算细目账——凡能严格执行财粮制度之县份，专署委托以一定限度之审计权者，均可使用此账，应随时根据有关确定全县粮食预算之命令，决定及支付命令，批准之计算表随时登记并结出余额。其作用在检查县区级各开支单位预算之执行情况。

（以上各条可参照财务行政制度第四十二条）

丙、上级审计机关驳回之总计算超支数量如何登记细目账——凡行署驳回专署级超支粮款及专署驳回县级超支粮款数量，应在细目账各该超支之科目细目摘要栏内说明应领款及超支驳回数，然后把超支数目填入预算栏内加入余额之内，并通知同级会计部门将超领之粮款扣回。

B. 关于款项方面

甲、专署级审计使用簿记分类账：

1. 专区边区款岁出预计算细目账——此账应根据有关确定，全专区经费预算之命令，决定及每月专署级本身总计算与各县边区款科目总计算，分别登记并结出余额。其作用在于随时检查全专区预算之执行情形。

2. 专署边区款岁出预计算细目账——参照两条甲项 2 款办理之。

3. 各县边区款岁出预计算细目账——参看两条甲项 3 款办理之。

乙、县级审计使用簿记：（有审计权之县可用此账）

××县边区款岁出预计算表细目账——此账应根据有关确定，县区级各单位经常费及一定之临时费（如产妇婴儿保育费）预算之命令，决定与支付命令，批准之计算表随时登记并结出余额。其作用在于检查县区级各单位预算之执行情形。

（以上可参照财务行政制度第四十二条）

（三）关于各级每月报表问题：

甲、专署级 ……

乙、县级：（有审计权之县）

1. 每月编造全县边区款科目总计算三份（照制度第四十三条丁项办理）。

2. 每月编造全县边区粮科目总计算三份（同上）。

（四）关于供给标准问题：

1. 选举国大代表费——按各县实有代表人数，每人每日菜金二十五元，办公费五元（日期以开会时间确定），每人选票一张，用八方寸样麻纸按价计，每人每日粮食按小米一斤六两折麦计，由各县民政部门编造计算向专署报销，专署审计对此项开支用以审核并列岁出科目（行政费）细目（特别行政费）。

2. 边区参议员工作费——本年一、二月份每人每月按一百元发给，三月一日起按本署五月六日行财审字第二十三号通令执行，只按规定米数折价发给，不再发一百元（科目细目同上）。

3. 布告印刷费及招待费。

①各级政府一月后半月按本署一月二十二日行财字第三号通令规定执行。从二月一日起按五月九日行财审字第二十六号通令执行。二至五月四个月统一计算，少发者在五月份如数补发。

②专县其它各机关单位之招待费按四月一日行财审字第十九号通令执行。只发一月后半月的。

……

上项开支专署审计可以审核，除民政部门领之社会事业费外，□有调动干部之粮款开支均列入各该机关行政费内入账。

7. 会议病号医药费——专署召开县区干部会议。各级政府召开非在职人员会议之病号医药费经医生证明者实报实销。专署审计可以审核开支与会议费列同一科目细目内。

……

15. 凡有关财字令摘之各部门命令、指示，各级审计同志必须把其中有关供给标准之部分别摘录出来以便审核。

（五）关于表式单据之变更与补充：

1. 经常粮款实物计算表及临时粮款实物预计算表，按边府规定式样增设（核准（销）理由）一栏（表式已发去）。

2. 经常粮款不造预算。但在各机关借用经常粮款时，各级审计应根据机关各用粮款之借据，签发二联经常粮（款）预借通知书（式样附发）。交付粮（款、物）机关凭以付粮（款物）（参照边府制度第四十三条甲二项）。

3. 各机关预借或领取临时粮款时所用之借据由行署统一制定式样（已发），由各单位翻印使用。其使用办法是：借据上之科目及细目，由付粮（款）机关填写各用粮（款）机关，借据存根填“审收”科目付粮（款）机关细目、领据上之科目□，细目照审计机关支付命令，会计，记账科目及细目填写，但在领据存根上科目与支付命令会记，记账科目同细目填付粮（款）机关。

……

贰、关于粮食会计方面

一、总则部分

……

四、会计部分

……

2. 专署粮食会计

①岁入岁出科目全部使用，岁入科目内自己不直接征收者不过传票细目账，如□粮岁出科目，除其他支出之粮票损失细目及粮折款兑出结亏科目不经同级审计支付命令外，其他则必须有审计批准之支付命令方准使用，专署本身支出者□经过传票细目账，而且已开支之岁出科目，如粮折款支出等，则不再过传票和细目账。

以上规定希各县同志在执行过程中发现有问题时要迅速反映，以求制度之更切合实用与日臻完善。

此令

主　任：牛佩琮

副主任：裴丽生

选自《中国革命根据地审计史料汇编》，中国审计学会审计署审计科研所编，北京工业大学出版社 1990 年版，第 362～365 页。

24. 太行区审会计制度（摘录）

1947年6月25日

为了统一与贯彻边府所颁之财务行政制度，适应战争与和平两种情况，及太行区实际，和各级审会计的经验与水准，达到更准确更及时的了解掌握粮、款、鞋、实物、公产的数字，并能统一的合理的组织收支与调动。经过财政科长会议审会计会议两次的研究。在上述的精神下本：

（一）简化手续，愈下级愈简便。

（二）易于掌握，经常有精确之数字，作可靠根据。

（三）严密管理消灭混乱，达到粮账相同，款账一致，实物与账簿相符，并能上下之间，机关往来之间，均省事并便于检查。

（四）明确职责，加强工作效能。

四项标准，作如下之规定。

……

第二项：审会计职权

（甲）审计职权；

一、在目前的战争环境，交通条件下，我区各专、县市在自己管区内，得暂代财政处行使之一定限度审计权。故各级之经常费用，仍归同级政府审计批核，县级临时费开支，如系属于特殊交□，招待费用，特殊干部休养医疗费用和临时宣传印刷等费，会议费用，县须事先造具预算，送专署批核，专署市级直属机关，亦由专署市批核，在专署掌握之预备费内开支，并视用款机关之用途，分设有关开支之各科目或户名，详细分别记载之。非上述所定之费用，各专署、市不能由预备费内机动，须事先造具预算，报行署批核，严格禁止先斩后奏的现象。

二、审计制度必须严格，人员、马匹的编制及经常费的规定，各专、市、县不得变更，非有正式命令，不得报销，凡特别混乱县份，其经常费用之审计权限，可收归专署，不予委托，待其克服混乱后，再行委托之。

三、县地方粮、款由县统等［筹］统支，其审计职权及动支地方粮、款权，由县为之。地方粮、款之全年概算，送交县参议会议决定。但因处于战争环境，前线需要很多，人民负担已经很重，为使边地粮，款得到调剂，及不加重民负下，各县之地方粮、款收支概算，虽由县议会决定，但必须事先呈报专署，由专署根据全区及该县之实际情况，作最后确定。

……

第四项：审会计出纳账目组织及表格单据

一、审计账目，表格单据。

（甲）账：

（一）边区款岁出预计算科目账（边区及地方款一律通用）（样略）。

（二）边区粮岁出预计算科目账（边区及地方账一律通用）（样略）。

（乙）表格：

（1）经费计算表：（样略）

（2）粮食计算表：（样略）

（3）实物计算表：（样略）

（4）临时经费表：（样略）

（5）临时粮食表：（样略）

（6）临时实物表：（样略）

（7）经费计算备案表：（样略）

（8）粮食计算备案表：（样略）

（9）实物计算备案表：（样略）

（10）人员马匹报告表：（样略）

（11）经费科目分户分项备案表：（样略）

（12）粮食科目分户备案表：（样略）

（丙）单据：

（1）款、支付命令：（样略）

（2）粮、支付命令：（样略）

（3）实物、支付命令：（样略）

第五项：审会计出纳保管具体手续及报表日期

一、审计手续：

（甲）经常费开支：各单位于每月月底，按照编制规定内（粮、款、实物、鞋）编造计算两份，并附实有人数供给及经费，送审计部门批核。核准后，一份存查，一份连同供给证退给原机关（此证由各该机关之总务部门经管不得发给个人），并按照不同的开支性质，签发两联支付命令，一联存根，凭以登账，一联交原领机关凭支付命令开具领条。到会计部门领取之。

（乙）临时费开支。必须事先造具预算经批核后、始能作正式开支，未经事先批准者，不予报销，预算批了，凭预算开具借据。到财政、或粮食、会计暂借。待此项开支结束后，即造计算，随同原始单据，送交该管之审计部门批核，依核销数结账。

（丙）地方粮、款总预算确定后，县级政府审计部门，应参照边区之经常、临时开支手续办理。

（丁）备案手续：县级审计每月底，将直属各单位之计算批核完毕，按其科目与户名，编造全县之备案表，造两份，送专署审核备案，一份退还原机关，一份存查，由专署将各管县之备案审核完毕后，并连同专署级各单位经常、临时粮、款开支，汇集编造全专区备案表，并附全区之人员、马匹报表，各造两份，送行署备案。其行署一切手续与专署同。

（戊）地方粮、款计算与备案手续，与边区粮、款之备案同。

（己）各级审计备案日期规定如下：

（1）县向专署之边区粮、款备案期为逐月，于下月二十日前发出。

（2）专市向行署备案于下月底发出。

（3）行署向边府备案，三个月一次于（三、六、九、十二月）下月二十日前发出。

（4）服装、军鞋之备案，应按照季节之领发期，下月二十日前发出。

（5）县向专署地方粮、款备案，为三个月一次（三、六、九、十二月），下月二十日前发出。

（6）专审向行交地方粮、款备案，为半年一次，于下月二十日前发出。

第七项：交接手续

干部调动，严格执行交接制度，不论行政首长、财粮负责人、经手人，在交代手续上未曾办理完毕后，一概不得离职，交接手续如下：

一、出纳人员交接，依照出纳账之现存数字，详细查点清楚，俟现款，现粮票，现物之实存数字与出纳账完全相符后，应在出纳账之最后，交接表内，填明交接日期，共同盖章以明责任。

二、会计人员交接时，将一切所管之账簿，以及共收共付相抵之余额，逐一核对相符，并将暂记往来一切借据，与账上各户之余额相符，应在会计账之最后交接表内，填明交接日期，共同盖章。

三、审计公产人员交接时，参照出纳会计交接手续办理之，但必须将现存公产，详细列表、经共同盖章，以明责任。

四、科长之交接手续应将有关财粮账目，与现存粮食粮票现款实物，审计之预计算核对清楚，造出资财统计交接表二份，经双方共同盖章，一份存底，一份呈报上级备案。

选自《中国革命根据地审计史料汇编》，中国审计学会审计署审计科研所编，北京工业大学出版社1990年版，第28～30页。

25. 晋冀鲁豫边区级党政民学审计制度

1948年2月17日

第一条　依本年度生活待遇供给标准，清理机关生产节约支前保障供给之精神，制定本办法。

第二条　边区级党政民学一切经常及临时费用，非经财政厅审计核准不得开支。财政厅审计部门得检查各机关单位账簿表册，凭证及现存物资，了解其生活实况，各机关切不得拒绝或推诿。如有疑问，并须负责解答。如发现滥收滥支、贪污浪费等情事，得提出意见，或经过其主管长官，分别予以处理。情节严重者，得商得首长同意，会同审检厅与干部部门提交司法执行处理。

第三条　各机关于年初必须将人员马匹、自行车、电话机编制数额，制表送交行政部门（边府秘书处、中央局办公厅）审核批准后转交财政厅。财政厅依此审核各机关每月实有人数和开支。未经备案批准，机关超过编制之人员马匹等，一律不予报销。

第四条　依据生活待遇供给标准，各机关预计算报表，依下列办法。

甲：经常费：食粮、菜金、津贴、被服、鞋袜、办公杂支、报纸、医药、烤火、擦枪、电料、招待、过节、出差、夜餐、病号菜金、保健、老年之优待、技术津贴、女干部生理及牲口草料、缰掌等费，自行车修理费，均不作预算，依规定按实有人数于每月底附实有人员花名册，病号检查证、出差花名册、保健证、夜餐证明、订报单据等作计算报销。

乙：各项事业费。

1. 产妇保健、婴儿保育及抚恤埋葬依条例规定，附婴儿证及原始单据作计算报销，不作预算。

2. 临时各种费用，如会议、建筑、挖河、修路、社会教育、社会卫生、生产补助、各种奖金等，必须事先作出具体预算，送审计部门核准后才能开支，如数目较大，须先通过政务会议，或经首长批示再作预算，事后必须按实际开支附原始单据，作计算报销。

第五条　为了确实保证供给，各机关每三个月做一次总结算，以了解实际开支情况。其结算内容要具体详细，各种费用原领多少，实际开支多少，超或余，如公杂费原领数米××斤，折款×××元，开支纸、墨、笔、印刷、邮票、零星购置、修理等，实物数量及支款数。又如菜金、原领米数、款数，支出油、盐、菜、肉、柴、炭、调料实数及款数，其他各种费用同样如此结算。

选自《中国革命根据地审计史料汇编》，中国审计学会审计署审计科研所编，北京工业大学出版社1990年版，第32～33页。

26. 晋冀鲁豫行署审计制度（草案）[①]

1948年7月1日起实行

第一章　总　则

第一条　冀鲁豫行署所辖各单位，关于审计事务之处理，均以本制度办理之，各级审计人员必须贯彻执行预计决算制度，在其工作范围内有随时进行检查之权。

第二条　审计意义在于用科学的方法贯彻于改进财粮制度及精确的审核预算，防止弊端纠正贪污浪费之错误。因此各级审计人员在其主管人员领导下有事先监督事后检查之权，任何人不得拒绝与干涉。

第三条　在审计过程中，发现有情节特别严重者须要紧急措施，应通知该管负责人处理之。审计人员如与领导人意见分歧时，得一面遵照领导人意见执行，一面连署呈请上级机关批示，必要时审计人员得越级呈请解决。如审计人发现问题不报时得受严重处分。

第四条　审计人员与会计人员之关系，会计负责记载计算整理财粮，审计保证财粮制度及预计算之正确，其目的是一致的，故审计人员须要熟悉会计工作，会计人员亦应了解审计工作，相互起着推动作用。

---

① 原标题为“晋冀鲁豫边区政府、晋察冀行政委员会、冀鲁豫行署审计制度（草案）”，当时两大边区政府正在合署办公筹备成立华北人民政府，此件乃是冀鲁豫行署制定的审计法规。

第二章　审计人员任务与工作范围的确定

第五条　各级审计人员掌握各单位人数编制，审核预计（月报或季报）决算及临时追加预算，建议与改进供给制度等。

第六条　检查各单位账目报表，及经费开支得当与否，检查仓库财粮收支情况与各单位经济建设（即房屋公路水道等），监销粮柴票、监交监接。

第七条　各单位经临费开支报销（指有审计人员的机关而言），不经审计人员盖章，提出初审意见，不得呈报行署，临时费不经主管负责人批准，签名并加盖公章者，审计人员拒绝审核。

第八条　各级审计人员，对于各单位之预计算及各种报表，要随时详细核算，不得积压，并分别立卷妥慎保存，以利查考。

第九条　各级审计人员在审核中发现违犯制度开支不当，或利用职权取得不当之收入等严重现象，除一面报告行署，一面建议该部门负责人处理外，得暂时停止其开支或收入。

第十条　各级审计人员在工作范围内应进行统计工作，必须随时制具图表呈上级审阅，以作财粮管理和业务上指导与改进的根据。

第十一条　各级审计人员除审核预计算各种报表定期检查工作外，平素须就其工作范围内进行调查研究，而谋财产管理制度及审计业务之改进。

第三章　预算制度

第十二条　经常开支：河北六、八、九专署及各县行署直属单位（行署总务科、邮政局、卫生局、建院各中学、工作团武装部、区党委社会部、荣教院、指挥部等），根据编制内的现有人数供给标准，编造预算表两份（凡预算均造两份表样与计算同），每季向行署报一次。一级伙食单位，每月向其供给机关预算一次。

第十三条　临时开支。各直属单位直接由行署财政处掌握，各单位根据实际需要临时造呈预算按批准数开支。各专县根据以往开支情况半年预算一次待行署批准后，第一个月预借三分之一，下余之数陆续领取。

第十四条　社会事业粮：行署秘书处专县秘书科，根据以往开支每半年向各级财政部门预算一次。

第十五条　教育粮：行署民教处专县民教科，根据各单位所直接掌握之公费生，每半年向同级财政部门预算一次。

第十六条　河南各专署河北四专署，财粮预算每半年向行署造报一次，县专署三个月一次，各所属单位经常费一月一次，临时费与河北地区同。

第四章　经费挂借与报销规定

第十七条　河北六、八、九专署及各县财粮开支经费预借，自本年度七月一日起接归行署掌握两级财政部门（行署直属及各县）可直接掌握到下级伙食单位，不必再转一些重叠手续。

第十八条　各单位挂借财粮、根据预算核准数字，借一个半月的周转粮，此粮可保留三个月，下月报销多少再补发多少，不扣上月挂借数，待三个月预算终止，计算报销后再转换挂借手续。

第十九条　经费报销日期，凡河北各供给单位，一律实行月报制度，各直属单位于下月十五日前，各专县于下月三十日前呈报行署经审核无讹后签发核准状，即可到会计科办理手续并坚持不报销，不准挂借的原则。

第二十条　河南一、二、三、五、七及河北四专署经费报销，每二个月向行署造报一次，各县区则一月报销一次。

第二十一条　报销手续：一级报销单位（不直接归行署者）于下月五日前将计算表报送直辖上级机关审核，两级报销单位（直接归行署者）将所辖单位计算表汇综总于下月十五日及三十日前分别造报行署。报表编制一律三份，自存一份，其余连同单据一并呈送行署经审核后退回一份，留行署一份待查。

第二十二条　各单位临时费开支必须事先经主管负责人亲自批准，再向行署呈请，否则审计人员得拒绝审核不予报销。

第二十三条　各单位经临报销表，编制完竣，经审计人员初审后提出初审意见，呈送该单位主管负责人，签名盖章并加盖公章方为有效。

第二十四条　各单位预计算开支项目，必须逐项填入规定表格内，不得两项合并或添设科目，一律根据行署所发表格填写清楚，不准借故省事。

第二十五条　经费开支项目规定，后附开支报告表样三份①②③实物粮食用米，马料米、食用麦、经常柴、烤火柴、马草、折款粮、菜金、津贴、公什、医药、修理、旅费、书报、卫生、保健、马装马药、服装、鞋袜、过节、会议会餐。

第五章　交接制度

第二十六条　各县长、专县财政科长，仓库主任，主管会计人员工作调动时，必须办理交接手续，在新任人员到职二十天内，旧任人员应办理如下之手续：

1. 各种款粮之收入，以上解款粮收据存根为凭，各种支出以领款书为凭。结出余额表进行交代。

2. 金融货币及各种实物，应点验库存，造册登记。

3. 暂记往来应以暂收款之临时收据存根，及暂付款之借据为凭。

4. 报酬粮统计表，因各县仓库开支数目很大，所有单据亦很多，故必须整理进行交代。

5. 各区存粮柴种类明细表，根据各区村存柴分户账编制。原粮柴分类表，根据原分类账编制。

第二十七条　根据以上之财粮报表，与实物相符合时，可由监交人接收入同时盖章，以示交待清楚，并将此制成三份，一份送交上级备查，一份自存，一份交新任人执掌，旧任人员即可卸职。

第二十八条　接受人监交人指出不符之处，退回交代人于十五日内修正，如再不符合，仍可退回交代人于十日内清算，最后如仍不符合可交上级机关审查处理，如无贪污嫌疑款在二十万元以下粮在一千斤以下柴在五千斤以下归县务会讨论处理，呈请上级政府备案，在此数以上归行署讨论决定后即可办案，转其他科目。

第二十九条　关于行政区域划分，如系他县之区划归本县时，应将该区所存之公粮公柴存据交回本县管理，并及时报解行署，交割县份将取得接收县份之手续换回行署之原存条，如本县之区划归他县者，亦须如此办理。

第三十条　如有新县并入本县，则该县应向本县办理交代手续，交接完竣由接收县份列表报告行署备查，如两县合并为一者，应同时办理交代手续，结清账目，另立新账。

第三十一条　在交代中所发生的事务可记入新账户，如与两县旧账有关系时可在暂记往来科目中设两县往来户作为临时记载，在完毕后，往来户即可结清。

第三十二条　区与区合并时，其交接手续应与并县相同。

第三十三条　甲县之区并入乙县之区时，除由两区办理交接手续外，则乙县应向甲县出具接收手续，以便甲县呈报行署，以资交卸。

第三十四条　本制度尚系草案，希各级财政部门研究执行，如有未尽事宜，须要更改时，各单位可提出意见，行署以命令施行之。

第三十五条　本制度自本年度七月一日开始执行。

选自《中国革命根据地审计史料汇编》，中国审计学会审计署审计科研所编，北京工业大学出版社1990年版，第38～41页。

七、经济管理

1. 彭德怀：敌后抗日根据地的财政经济建设[①]

1940 年 9 月

一、财政经济建设与敌后抗日根据地的坚持必须密切联系起来

（甲）敌后抗日根据地财政经济建设的重要性

（一）抗日战争是长期的，华北敌后抗战为时更长。今后敌后战争日益频繁与扩大，需要财政经济上之支持供给亦将愈多。如兵员数目平均占人口百分之二，每兵年需按目前生活水准计算约合四百七十余元。则平均全人口每人担负九元余。如把其他杂费一起算入，即每人应负担十一元余（支差等费在外）。此尚仅就兵员计，其他政府及群众团体工作人员，至少占全人口百分之一，尚未计算在内。

（二）战争的影响。敌人破坏封锁，财政收入锐减，必需品供给已感严重困难，农业生产因日寇的烧杀而降低。

（三）综上两点，一方面坚持敌后长期战争需要强大兵力巩固保卫抗日根据地，另一方面由于环境所限如不合理解决财政经济问题，就无法供给战争，可能影响敌后抗日根据地的巩固与坚持。如敌后不能坚持，敌将利用我之人力物力财力，达其“以战养战”、“以

---

① 原注：本文是彭德怀 1940 年 9 月 25 日至 27 日在北方局干部会上报告提纲的第二部分第四章。其中谈到晋冀豫边区的经济建设计划，故列入晋冀鲁豫边区卷。

华制华”之毒计，使全国抗战增加更多困难，战争时期更加延长。

（乙）敌后财政经济建设的特点与困难：

（一）敌后抗日根据地没有战略上的相持阶段，只有战役上的相持局面。今后战役相持局面之时间势必日见缩少，战斗的时间将超过于战役相持局面的时间。

（二）敌后战争局势是犬牙交错的，千百次“扫荡”与反扫荡，“围攻”与反围攻的艰苦战争的局势。敌人用一切阴谋办法隔绝我根据地的联系，摧残我一切生产建设，建设敌之殖民地之经济，以达其“以战养战”之阴谋。

（三）我据乡村，生产落后，熟练工人及技术缺乏，资本缺乏，交通不便，科学上必需材料及工业上必需原料不易交流。

在上述诸种困难与特殊环境下，建设工业，发展农业，安定与改善民生，支持战局，是一个极端艰苦与困难的巨大工作，是历史上的创举，是党赋与我们必须完成的光荣任务。

（丙）乡村能否战胜城市问题：

（一）华北乡村经济战胜城市的条件：

1. 半殖民地城市工业经济的发展，不能全部影响乡村。乡村的农业手工业经济，还有相当大的独立性。

2. 半殖民地中国的人力物力，基本的在于乡村，不在城市。乡村的人力与农产品是中国民族解放战争人力物力的主要泉源。

3. 华北乡村不特有生活必需品，而且有游击战争的军需原料——粮食、盐、棉、麻、毛、皮、丝、牲畜、煤、钢、铁、锡、铅、硝、硫磺、木柴、造纸原料等，使我们自己能制造必需品，在乡村中独立生活。只要有艰苦的自力更生精神，就可能做到自给自足。

（二）华北乡村战胜城市的特殊政治力量：

1. 在民族解放的革命战争中，革命的动力包括全民族抗日各阶级。只要我能正确的掌握和坚持统一战线政策，就可能争取城市的各阶级阶层的多数的同情、拥护和帮助。敌人则只有汉奸帮助，完全孤立，终久必亡。

2. 华北有强大进步的党、进步的军队，在这个党及其军队中已有了一批坚持党正确路线的骨干，因此建立了近十个基本上巩固了的抗日根据地，造成了乡村包围城市的基本有利形势，特别是党政军民的一致，更形成了不可战胜的力量。

3. 华北战争不是孤立的，有全国抗战的配合，特别是有全国二百几十万友军的配合，使敌人不能集中兵力专对华北。

以上这些有利的政治条件的配合，增加了乡村战胜城市的保证。

（三）抗日战争中乡村战胜城市的新条件：

1. 城市中有一批熟练工人、技师、工程师，自愿来根据地，为抗日服务。

2. 三年来财政经济建设的经验，有了初步的、基本上的整理。

3. 培养了一批新的财政经济建设干部。

4. 在基本根据地内已有了雏形的工业建设基础。

（四）但还存在着严重现象，必须克服。

1. 还有相当多的一批干部，对自力更生、自给自足的财政经济建设与巩固抗日根据地的关系了解的不够，因此浪费人力物力，不爱惜根据地的现象，也就相当普遍的存在。

2. 有些人对抗日根据地的财政经济政策错误的了解。不懂得抗日根据地的财政经济政策最主要的是打击敌人，破坏敌之“以战养战”计划，孤立伪政权，争取城市各个阶层对根据地的拥护与赞助。他们机械的了解农村战胜城市。如不及时纠正，可能造成乡村与城市的对立，自己封锁自己。

3. 还有人站在本位主义与小团体主义立场上，去了解华北抗日根据地的财政经济政策。因此他们把自力更生、自给自足与统筹统支对立起来，把分工与合作对立起来，把邻区根据地看成与己无关，乱抓一把，破坏华北根据地的完整性。

上述严重现象必须克服，只有克服了这些现象，财政经济建设才能向前走进一步。

（五）敌据城市的困难：

1. 半殖民地的城市，平时是帝国主义的市场。帝国主义战争的发展，市场必然日趋萧条。日帝先天不足，财政经济拮据，为应付太平洋将来之战争，尚感捉襟见肘，必然无力挽救现在的萧条现象。

2. 日本浪人、奸商、军阀在占领城市内横行无忌，使中国工商业资本家的生命财产全无保障。我们如有正确的政策，不但能争取其对抗日根据地同情，甚至可能吸收这些人到根据地里面来投资。

3. 城市经济交流，依靠铁路公路，如我能经常破坏，城市孤立，城市经济势必枯竭。

4. 游击战争普遍发展，农产物、煤等日用品不能到达城市，必然影响城市居民生活。

5. 抗日根据地力求自给，农民不是城市消耗者，城市经济必更形萎缩。

二、敌后抗日根据地的财政政策

（甲）统筹统支，量入为出：

（一）根据敌后特殊环境，首先摆在每一个战略根据地内，绝对依靠财政上的统筹统支，量入为出，有计划的增加收入，节省开支，使军、政、教、建各费得到适当的开支比例，不致偏重偏废。

如不这样做，乱抓一把，出多入少，更谈不上积蓄，这样决不能持久，甚至不得不破坏统一战线，把同盟者赶向敌人，危险更大，根据地在这种情况下是不能巩固的。

（二）统一收支：

1. 政府各种收入统归金库，未经正当手续，任何人不得随便开支，干部首先要了解金库制度的重要，尊重金库权限以内的独立性。

2. 要有正确的预决算。各级政府、军队的供给机关，须组织预决算审核委员会，主要负责首长应参加这一组织，对虚报浪费应切实纠正，军队的政治机关政治委员尤须切实负责。违背制度多开支一文钱都是浪费，甚至是贪污。共产党员贪污一文钱是丧失气节，不道德的行为。

3. 收入须认真负责。各种正当收入必须认真，不使漏脱。反对为了统一收支，就不负责，不收应得赋税的现象，这实际上是反对统一收支破坏根据地财政收入的行为，结果使各种正当开支停顿，影响根据地的坚持。同时也要反对加重人民不必要的负担，因为这也将影响根据地的巩固与坚持。

（乙）根据目前实际情形，暂定的政府收入及军政费比例：

（一）政府关税收入主要项目：

1. 出入口税；

2. 逆产（汉奸财产）；

3. 田赋（暂时的将要取消）；

4. 官产；

5. 司法罚款及行政罚款。

以上各项为政府关税收入。此外村社公地、庙地、公谷（积谷）之行息，亦应由政府用作抗战期间之教育经费。庙地得留若干，供僧尼之生活费用（涉及群众宗教信仰及民族问题的，应斟酌具体情况慎重处理）。

（二）军政费之比例：

根据一切为着抗日胜利，一切为着巩固抗日根据地之原则，军费占全部收入三分之二，政费占三分之一。军人数目占全体人民百分之二，政府与群众团体工作人员及学校教员占全体人民百分之一。文武工作人员合计占人口百分之三。

（丙）确定抗日根据地的税收制度：

（一）统一的所得累进税是进步的合理的税收，是新民主主义政治制度下应采用的税收。目前敌后抗日根据地已开始建立新民主主义的政治基础，在财政上也应逐渐走上征收统一所得累进税的途径，其他一切田赋营业税、合理负担等，不合理的税收应逐渐做到取消。

（二）为了保护抗日根据地之物质资源，保证工农业之发展，打击敌之“以战养战”的经济掠夺，除了累进所得税外，在边境还需建立一种出入口税制度，按照下列原则规定税率：

1. 出入口货物，对我利大，对敌利小，仅征轻微之税或免税；

2. 对敌我均有利，斟酌需要之缓急，课以轻重之税；

3. 对敌利大，对我利小，课以重税——百分之五十至百分之百，直至禁止入口。

但要想在游击战争的环境中做到不苛征不漏税，绝不是一纸命令所能了事的，必须依靠党的支部及群众的积极性，认真的执行政策与政府法令，不依靠这些，求达不苛征不漏税的目的，是不可能的。

（三）田赋是一种不合理的税收制度。主要的表现在征收上不能按有钱出钱，钱多多出，钱少少出的原则，而是一种不分贫富按亩摊派的制度。并且实行上百弊丛生，如有地无赋，有赋无地，豪富垄断，把田赋加在农民身上，自己有地不纳赋，还要从中渔利等现象。因此我们必须建立统一的累进税制，来代替不合理的田赋制。晋冀豫区的田赋应准备在一九四一年取消，至迟也不得超过一九四二年，晋绥区亦应援例。

（四）统一的所得累进税

（丁）敌后抗日根据地的货币政策：

（一）首先要了解敌人的货币政策：

1. 吸收法币，夺取外汇，以购买军火，屠杀中国人。

2. 制造伪法币，欺骗乡愚，换取法币，破坏法币信用。

3. 在占领的点线上禁用法币，排斥法币，替伪币扩大市场。

4. 在不能完全禁用法币情况下，则贬价法币，将吸收之法币向我根据地内某些预定地点倾销，尽量吸收原料及农产品，使根据地内物资枯竭，金融紊乱。

5. 发行大量伪钞，强调通货一元化，以达其扩大通货市场，城市统制农村之目的。

（二）我们的货币政策：

1. 基本原则：

保护法币信用，使法币不为敌人吸收；

抵制敌伪币，破坏敌之经济掠夺；

调剂金融，活跃市场；

刺激生产，发展工农商业及低利借贷。

2. 做法：

发行单一的地方本位币（以战略根据地为单位），因地方本位币无外汇，敌不能利用之以夺取外汇。

严禁法币流通，使敌不易吸收。法币兑换本位币后方能行使，但私人保存法币，不加干涉。向敌区购买有利抗战之必需品或到其他抗日区域去者，经证实后，可用地方本位币向银行兑换该区通行之货币。

严禁敌伪币之流通及保存，如人民已有敌伪币，政府须限期贬价收缴。军队缴获之敌伪币，兑换本区地方票后，方准使用。

取缔一切杂钞。在一个战略区内，只准当地最高政府发行一种地方本位币，下级政府及私人企业一概不准发行钞票。

发行钞票，必须有一定之基金并发行一定量之辅币整币，以适合当地经济条件为原则。一般的在根据地内流通货币数目不得超过全人口每人三元。

（三）巩固地方货币信用：

1. 扩大我占区，缩小敌占区；

2. 量入为出，平衡收支，防止膨胀；

3. 提高出口，减低入口，努力增加生产，由入超走向平衡，由平衡走向出超；

4. 防止伪币，兑换破烂；

设立对照所，各大小市镇之贸易局，合作社均有当然之义务（商店亦可代办）。

对使用伪币者跟踪追迹，并留待质，查获制造伪币者及贩卖伪币者严格治罪，但不能将乡民不意受骗使用伪币者，认为制造伪币者，或贩卖伪币者，对受骗乡民只能留质跟踪追迹。

禁止金银流通与出口。

三、敌后抗日根据地的经济建设

（甲）敌后经济建设的重要性：

（一）我们处于敌人重重包围、封锁与后方隔绝的艰苦战争环境中。

（二）战争是长期的，乡村物质积蓄有限，单凭过去积蓄不能与敌持久战争。

（三）战争的长期严重破坏，使敌后一般生产降低。

由于以上情况，没有自力更生艰苦奋斗的经济建设，就不能自给自足，支持长期战争。一切经济建设都须作长远打算，一切只顾目前不顾将来的办法，必然要遭到严重的困难。

（乙）做到自给自足：

达到自给自足最基本的办法，就是增加各方面的生产。目前需要提出农业、工业、贸易三方面来说明。

（一）增加农业生产：

1. 消灭熟荒，开垦生荒，规定垦荒应享权利，如五年不完粮，不送租，保持永佃权，保障租额不过一定百分数等。

2. 提倡和奖励农业副产——猪、羊、牛、鸡、蔬菜、棉、麻、造林，按照具体情形，定出具体要求和增加的数目字。

3. 对于熟地须具体规定增加生产量及增加生产办法，如解决肥料、改良种子、深耕、多锄、增加水田等办法。

4. 如欲使生产品增加达具体要求，必有深入的政治动员工作，使广大人民了解，增加生产的意义，提高男女老少的生产热忱，尤需有具体的分工与精密的组织工作，同时事先必有充分的具体准备。

（二）发展工业生产：

1. 抗日根据地内必需工业品，如果得不到迅速的发展与适当的解决，不能做到出入口的平衡，就不能最终打破敌人的封锁，打断城市统制乡村的链子。

我军处在敌人包围封锁与据点密布之间，经常受到敌人威胁。交通不便，工业必需原料不易蒐集，想发展大规模工业是比较困难的。但依靠地区广大及太岳湖沼的有利地形，特别是群众的拥护，我们主要的从事于小工业及家庭工业是完全可能的。也只有小工业与家庭工业普遍发展起来，才能谈到自给自足。

2. 根据地发展工业的基本原则：

有计划的集中领导，分散去建设；

敌后是艰苦斗争的环境，发展工业，必须军、政、民互相帮助，帮助别人，就是帮助自己；

技术工具要适应环境，工厂要就原料。

改良手工业工具是目前增加工业生产的重要工作之一。

（三）正确的贸易政策：

贸易是今天我们所处的社会分配商品的必然手段，敌后贸易政策是与敌封锁及其“以战养战”计划作斗争的重要武器。要打破敌之封锁，破坏敌之“以战养战”毒计与发展我根据地内之自足经济，没有正确的贸易政策，是不可能的。

1. 对外贸易统制：

我根据地内之出口品，必须有计划的收集，向外输出，换回抗日根据地之必需品，商人运货出口，亦须换回根据地之必需品，由我统制，使敌经济势力，无法侵入。

2. 破坏敌人操纵农业品原料出口。

3. 对内贸易自由：

根据地内准许自由贸易，但不能贩卖毒品及其他违禁物品。一切限制、排斥自由营业，都是错误的。幻想以官办营业代替自由营业，必然弄到自己封锁自己。还是根本不了解自由贸易是现社会生产方式下必然存在的分配商品的手段。

组织商业联合会，平拟物价，贸易局合作社均可参加。

（四）发展各级合作社：

1. 发展各级合作社之目的在增加生产，活跃市场，平定物价，改善人民生活。

2. 加紧发展生产合作社，广泛吸收群众中之游资，参加合作事业，颁布合作事业条例，奖励合作事业的发展。

3. 反对命令主义的方式及左的倾向——如提出左的口号“村村组织合作社，人人加入合作社，一切经过合作社”，企图以合作社垄断商业，这是不对的。

（五）认真节约，反对贪污，反对浪费。

各方面节约，反对贪污浪费，严惩贪污分子。这在克服物质团难上，是非常重要的。就是站在爱护干部立场上，严厉反贪污也是必要的。不然就一定会淹没许多人，贪污是动摇的开始，政治问题与生活问题是不能分开的。

四、晋冀豫边区一九四一年经济建设计划

（甲）工业生产建设

1. 棉织品完全做到自给自足，主要的在冀南发展小规模的家庭的纺纱、织布、织毛巾、织袜工业。

2. 食盐自给，加紧路东西两区熬盐生产，提高硝价，聘请化学人材（才）改良硝盐。

3. 路西供给路东以百万斤以上的铁，供给农具之用，换棉织物、食盐到路西来。

4. 太行山区须建设大规模制药厂，一九四一年要有一百万元出产。此外还在太行山区建设一模范纱厂，每日出纱五百斤，并建设一个模范织布厂。

5. 制肥皂、制革业尽量的发展，满足自己需要，在现在基础上增加百分之四十，牙刷亦将开始制造。

6. 加强造纸工业。这是发展文化最重要的一件事情。应提高造纸技术，提倡私人造纸，尽量求得自给自足。

7. 设法创办火柴厂，不能时，制造火镰、火石，采取旧日取火的办法。

8. 创办砖瓦厂、酒精厂、硫磺厂。

（乙）农业计划（太行、太岳区）：

1. 增加粮食百分之十，副产百分之二十至三十，为达此目的：

变清浊漳河废地为水田三万五千亩；

变旱地十分之一为水田；

彻底消灭熟荒；

平均要做到一人养一只鸡，三人至五人养一猪。

奖励牧畜（牛、羊）养蚕，对家庭副业取消任何税收，每专员区组织一个畜牧场。

2. 种棉花五十万斤到六十万斤，军队种十万斤。

3. 军队生产，平均供给自己三个月。旅以上生产供给自给四个月，团以下生产供给自给两个月。主要生产是粮食、蔬菜，但亦须因地制宜，如在不能生产粮食之区，熬盐、喂猪、牧羊等均可。群众团体、政府机关、学校，工厂亦须作出同样计划。

4. 组织各级生产促进会，改良各种生产工具。

5. 组织农业试验场。

选自《晋察冀边区财政经济史资料选编》第一编，南开大学出版社1984年版，第325～336页。原注：“《解放》第7集第123期”。

2. 晋冀鲁豫边区贸易暂行条例

1941年6月10日公布

第一条　本条例为加强对敌经济斗争，繁荣根据地商业及保护商民之利益制定之。

第二条　凡本区对内外之公私商业均须遵守本条例之规定。

第三条　本区人民在政府政策法令范围以内，均有在本区域内经营出入口贸易及商业之自由，并受政府法律上之保障。

第四条　凡本区内地贸易运销一律自由并予免税，但如通过敌人封锁线时，须取得起运货物地点区级以上抗日政府之证明，违者即以［违犯］出入口贸易处理。前项通过敌封锁线之货物并须取得卸货地点政府或商联会之证明文件。

第五条　本区与其他抗日邻区间之贸易关系由双方协定办理之。

第六条　本区对敌占区之贸易为出入口贸易，视各种货物对根据地利害之轻重分为下列四类：

一、免税出入口货物：

凡非根据地所必需之大批土产，或消费有余之土产均免税奖励出口。凡军用品及人民重要必需品不能以土产代替者均免税奖励入口。

二、许可输出入口货物：

凡于根据地人民生活有利，于抗日经济无害或非供给敌人侵略战争之重要用品者，均课以较轻之税许可出入口。

三、限制出入口货物：

凡非根据地所必需之货物，输入过多有害者，课以较重之税，限制入口。凡为根据地所需要之货物，输出过多有害者，课以较重之税，限制出口。

四、禁止出入口货物：

凡重要工业原料，为根据地所需，且为供给敌人侵略战争之重要用品者均禁止出口，凡非人民生活必需品有害于根据地经济者均禁止入口。

第七条　前条许可及限制出入口货物均征收出入口税一次。

第八条　出入口货物得于必要时择其关系人民生活及根据地经济利害，特别重大者以法令规定，由政府所属之贸易机关统一或单独经营之。

第九条　为保护根据地内市场，巩固金融及平衡输出入，政府得随时制定法规管理出入口贸易。

第十条　敌占区人民来往根据地经营商业者受法律之保护，其移住根据地经营商业者并予以各种便利与优待。其规章另定之。

第十一条　凡本区内之公私商店、坐庄、货栈行商、摊贩、小贩，均须向各该地之县政府区公所履行登记领取营业证。其办法另定之。

第十二条　本条例自公布之日起施行。

选自《晋冀鲁豫边区法令汇编》，边区政府1943年7月编印，第108～109页。

3. 晋冀鲁豫边区合作社条例

1941年10月15日公布　1943年5月31日修正公布

第一条　本边区所有合作事业，均依本条例之规定办理之。

第二条　合作社之业务得为下列各款之一种或数种：

一、生产合作：系社员经营、种植、饲养、农田、水利、牧畜、造林、纺织、酿造及各种工具日用品之制造等事业者。

二、运销合作：系经营工农业生产品及山货联合运销者。

三、消费合作：系供给农村日用品者。

四、信用合作：系经营农工业生产之放款及农村储蓄者。

第三条　经营前条第二第三第四各款之合作社，其业务可不限于社员之间。

第四条　合作社之责任分左列三种：

一、有限责任：社员以其所认股额为限，负其责任。

二、保证责任：社员以其所认股额及保证金额为限，负其责任。

三、无限责任：合作社财产不足清偿债务时，由社员负连带责任。

第五条　合作社非有社员十五人以上，不得设立。但集体工业生产社，有七人以上即可设立。

第六条　合作社得受政府下列之优待：

一、工商管理局及公营机关，对合作社之生产品，减收手续费，代理推销。

二、工商管理局及公营商业机关之货物合作社有优先购用之权。

三、工商管理局对生产合作社供给原料减收手续费。

四、有向政府及银行低利贷款之优先权。

五、合作社股金储金及存款，一律免除资产负担。

第七条　社股无限，每股股金至少五元至多十元，在同一社内必须一律，社员认购股金每人至少一股，至多不得超过股金总额百分之十。

第八条　运销合作社社员认购社股除现款外可按其运销之种类，以生产品折价为股。

第九条　合作社每三个月六个月或一年结算一次，结算期以三、六、九、十二月月底为准。

第十条　合作社盈余，除弥补累积损失及付利息外分配如下：

一、公积金百分之十以上。

二、公益金百分之五以上。

三、职员酬劳金百分之五以下。

四、其余为社员分配金。

第十一条　前条社员分配金之分配标准如下：

一、合作社业务限社员者，按社员之交易额比例分配如下：

甲、生产合作社按各社员每结算期内所得之工资，或所缴生产物价格比例分配之。

乙、运销合作社，按所销各社员货物之多寡，或所得运输手续费之多寡，比例分配之。

丙、消费合作社，按各社员购买总额之多寡，比例分配之。

丁、信用合作社，按各借款社员已交借款利息之多寡，及储金社员已支付之储款利息多寡，比例分配之。

二、除生产合作社外，其他合作社业务不限于社员者按股金比例分配之。

三、生产合作社如吸收不参加劳动之社员股金时，得于社员分配金中提定若干为其红利，但至多不得超过社员分配金总额百分之二十。

四、混合经营之合作社，亦可按实际情形将社员分配金分提若干部分按股金分配，其除部分按交易额分配。

第十二条　合作社设理事、监事各若干人由社员大会选举之。

第十三条　社员大会为合作社最高权力机关，由理事会召集之，其职权如下：

一、修改社章。

二、决定本条例第二第三第七第十一第十二等条款规定之事项。

三、决定合作社业务计划。

四、审核账簿检查资财。

五、选举罢免合作社理事、监事及职员。

第十四条　社员大会开会时，不分股金多寡，每社员有一表决权。

第十五条　合作社因下列各项情形之一者，得宣告解散：

一、章程所规定解散之事由发生。

二、社员大会之决议。

三、与其他合作社合并。

四、政府解散之命令。

前项第二款第三款应有全体社员四分之三以上出席，社员三分之二以上通过。

第十六条　合作社之解散与合并均须向原登记机关重新登记。

第十七条　两个以上同一性质之合作社。或同一区县之各种合作社，为业务上的便利协作，得自由合并，或组织合作社联合社。

第十八条　本条例各条之规定，均适用于合作社联合社。

第十九条　合作社须呈请县工商管理局批准，发给许可证后，始得正式营业。县工商管理局，须于接到呈请后十五日内作准驳之批示。

第二十条　合作社不得妨害或阻碍他人经营工商业务。

第二十一条　合作社违背边区各种法令及本条例之规定者，政府得勒令其改组或解散。

第二十二条　本条例施行细则另定之。

第二十三条　本条例有未尽事宜，得由晋冀鲁豫边区政府提经晋冀鲁豫边区临时参议会同意修正之。

第二十四条　本条例经晋冀鲁豫边区临时参议会通过，由晋冀鲁豫边区政府公布施行。

选自《晋冀鲁豫边区法令汇编》，边区政府 1943 年 7 月编印，第 109～112 页。

4. 晋冀鲁豫边区奖励生产技术办法

1941年10月15日施行

第一条 为奖励生产技术之改良与发明，特制定本办法。

第二条 凡合于下列条件之一者，得依本办法奖励之。

一、对工农业生产工具或方法有所改良与发明者。

二、以本边区之原料制成代替仇货及舶来品者。

三、对各种日用必需品之制造有所发明与改良者。

四、首次引用其它地区进步之工农业工具或方法者。

第三条 凡合于前条第一、第二、第三各款之一者，给五十元以上二千元以下之奖金，合于第四款者，给十元以上二百元以下之奖金。

第四条 凡有重大发明对根据地贡献极大者，给以特别之奖金，由边区政府临时核定之。

第五条 凡受本办法第三条、第四条之奖励者，得发给奖状。

第六条 凡受本办法奖励之发明及改良，政府得公布全边区采用。如政府认为有保守秘密之必要时，得令发明人保守秘密。

第七条 原发明人或改良人对其受奖之发明或改良从事制造时，得享受晋冀鲁豫边区工业奖励办法之优待与奖励。

第八条 有正确之设计而无力试验者，得将其设计以书面详细说明，请求政府给予试验费或试验场所。试验成功后，仍得受本办法之奖励。

第九条 本办法所定奖励金、试验费及试验场所，须经边区政府批准。当县政府或专署接到关于奖励生产技术之声请书时，应在一月内调查完毕，加注意见转呈边区政府审核。

第十条 请奖人呈请奖励时，须附呈其发明品物样或图案与新方法之说明书。

第十一条 如有冒充、顶替、骗取奖励者，经发现后得追缴其奖励金。

第十二条 本办法如有未尽事宜，得由晋冀鲁豫边区政府提经晋冀鲁豫边区临时参议会同意修正之。

第十三条 本办法经晋冀鲁豫边区临时参议会通过，由晋冀鲁豫边区政府公布施行之。

选自《中国新民主主义革命时期根据地法制文献选编》第四卷，中国社会科学出版社1984年版，第654～656页。原注：“选自晋冀鲁豫边区《法令汇编》下册，1943年版，第112～113页”。

5. 晋冀鲁豫边区工业奖励办法

1941年10月15日施行

第一条　为发展根据地工业生产特制定本办法。

第二条　凡投于本边区各种工业生产之资本均免其资产负担。

第三条　凡合于下列条件之一者得依本办法奖励之。

一、大量制造或开采军用品及原料者。

二、制造输出品货物者。

三、使用土货原料制造代替仇货及舶来品者。

四、从事制造经政府特别指定之日用必需品者。

五、应用机器或改良手工业制造各种工具及日用品者。

六、其他开办各种工厂作坊及各种流动手工业者。

第四条　奖励办法如下：

一、享受政府之低利贷款。

二、减免其原料进口税与成品出口税。

三、公营贸易机关帮助运销成品及采购原料。

四、给与奖励金或补助金。

五、颁给奖状。

第五条　呈请奖励者应具声请书载明下列事项：

一、工厂作坊之名称及业务。

二、经理董事店主及其他重要职员之履历。

三、作业所在地。

四、股金目录财产目录及每月开支。

五、创设之经过。

六、制品种类每月产量及销路。

七、使用机械工具之种类及数量。

八、工资与工人生活。

第六条　前条声请书须附呈制品之货样或图案。

第七条　本办法第四条第二第四第五各款之奖励，应由专署拟具意见转呈边区政府批准，执行第一第三两款得由专署核准执行之。

第八条　凡有冒充顶替情事及日常生产质量在给奖励标准以下者，查有实据时撤销其奖励。

第九条　本办法如有未尽事宜得由晋冀鲁豫边区政府提经晋冀鲁豫边区临时参议会同意修正之。

第十条　本办法经晋冀鲁豫边区临时参议会通过，由晋冀鲁豫边区政府公布施行之。

选自《晋冀鲁豫边区法令汇编》，边区政府1943年7月编印，第113～114页。

6. 晋冀鲁豫边区林木保护办法

1941 年 10 月 15 日施行

第一条　凡本边区内公有私有之林木悉依本办法保护之，林木所有权依本边区现行土地使用条例及公产整理保管办法处理之。

第二条　本边区军队、政府、民众团体、及全体人民均有保护公私林木之义务。

第三条　公有林木非经主管管辖机关之批准，任何军政民机关团体不得采伐。

第四条　公有林之较大者，由专署呈准设置林区管理所管理之。

第五条　现有之村林及禁山得经村代表会或村政委员会之决定逐年增植扩大，并报告公产管理机关备案。

第六条　公有林、禁山村林等区域内无论旧有及新定者，只准造林不准开荒。

第七条　禁山村林必须砍伐时，须经区公所以上政府机关之批准。

第八条　机关团体部队所植之树木如在私有地内者，属于土地所有人，如在公地者，非经声明均为所在村公有。

第九条　凡本边区人民均得呈请公有荒地为造林植树之用。

第十条　公有林、禁山村林除第三条及第七条规定外，只准修伐枝条不准砍伐，其野草只准割用不准牧畜。

第十一条　为固结土壤以防水患，山间野生灌木之根一律不得掘采。

第十二条　军政民机关团体依第三条第七条之规定砍伐公有林、禁山村林之树木时，均须给价。

第十三条　凡违犯第三条第七条之规定者，按其窃取之价格处二倍以上之罚金。前项罚金属于第三条者由区公所办理，属于第七条者由县政府及专署办理之。

第十四条　前项罚金得由县政府批准拨作经营苗圃造林之用，其数目及用途应由县政府造具清册呈报专署查核备案。

第十五条　各地关于禁山及村林之公约与本办法不抵触者，均依旧适用，但处罚时依本办法第十三条之规定办理之。

第十六条　本办法如有未尽事宜，得由边区政府提经边区临时参议会同意修改之。

第十七条　本办法经边区临时参议会通过。由边区政府公布施行。

选自《晋冀鲁豫边区法令汇编》，边区政府 1943 年 7 月编印，第 114～115 页。

7. 晋冀鲁豫边区优待专门技术干部办法

1941 年 11 月 1 日公布

第一条　凡下列各项专门技术干部均受本办法之优待。

一、关于农业、造林，牧畜及农村副业等之专门技术干部。

二、关于冶金、采矿、水利、无线电制造、制药及各种其他工业部门之专门技术干部。

三、会计师。

四、医生。

第二条　合于下列条件之一现任工程师者，每月给津贴费四十元至五十元。

一、大学毕业有丰富学识并曾任技术指导工作者。

二、抗战前曾任工程师、技师及曾有所发明者。

三、有前两项同等能力者。

第三条　合于下列条件之一现任技正者，每月给津贴三十元至四十元。

一、大学专门毕业或大学肄业二年以上，有实际经验及技术指导能力者。

二、曾在工程、农业、医药、金融界服务多年，有前项同等能力者。

第四条　合于下列条件之一现任技士者，每月给津贴二十元至三十元。

一、曾在高中程度之农业学校专修科及职业学校毕业，并曾任所学专科之技术职务者。

二、大学专门肄业二年以下无实际经验而有前项同等能力者。

三、未曾受学校教育而有前项同等能力者。

第五条　合于下列条件之一现任技术员者，每月给津贴十五元至二十元。

一、曾在初中程度之农业学校、职业学校毕业并有实际经验者。

二、高中职业学校肄业成绩优良有前项同等能力者。

三、未受学校教育有前项同等能力者。

第六条　会计师及医生视其技术程度每月津贴十五元至五十元，不受第二条至第五条之限制。

第七条　除第二条至第六条之津贴外，制服、粮食、鞋、菜金、旅费等均与其他干部同。

第八条　技术干部应予以各种精神上之优待与帮助。

一、充分予以研究试验之机会及便利。

二、供给必需之图书仪器及工具。

三、免除其背粮、机关生产。

四、其他。

第九条　凡有特殊专门技术对根据地有重大贡献者，得呈请晋冀鲁豫边区政府批准特殊优待之。

第十条　公私工厂技术干部之待遇，由工厂自行规定之。

第十一条　凡属聘请技术上之专门委员，均依本办法之规定办理之，名誉专门委员视其工作日期及成绩，比照本办法送以报酬。

第十二条　凡专门技术干部在生产上及技术上之改良与发明从优奖励，其办法另定之。

第十三条　专门技术干部之待遇，均须详细开具学历，履历呈请晋冀鲁豫边区政府批准始得实行。

第十四条　本办法自一九四一年十一月起施行。

选自：晋冀鲁豫边区《法令汇编》1943年版，第116～117页。简称："晋冀鲁豫四三年版"。

互校版本：《中国新民主主义革命时期根据地文献选编》第四卷，中国社会科学出版社1984年版，第656～659页。原注："选自晋冀鲁豫边区《法令汇编》下册，1943年7月版"。

8. 太行区出入口贸易统制暂行办法

1942年8月12日公布

第一节　总　则

第一条　本办法依据边区贸易暂行条例第九条订定之。

第二条　凡出入口贸易，不论公私营业，除政府特许办理者外，均须遵照本办法办理之。

第二节　特种出口

第三条　下列货物为特种出口货：

第一款　全太行区适用者，核桃仁、花椒、羊绒、羊毛、羊皮、麻、植物油、柿饼、杏仁、瓜子、药材（免税出口者除外）、木料。

第二款　一、六分区适用者木炭、红枣、枣仁。

第三款　四、五分区适用者，黄花菜、猪、蓆子。

第四款　三、四分区适用者，鹅蛋。

第四条　凡取得"经营出入口营业许可证"者，始得经营特种出口。

第五条　凡向敌占区输出特种出口货时，须开具出口货清单，申请工商管理局批准许可，并经跟行登记外汇或期票后，发给"出口存查"。

前项汇票或期票，须有殷实商店之保证，此项保证于该项汇票或期票兑现无误后撤销之。

第三节　普通出口

第六条　凡不属于第三条规定内之出口货物，为普通出口货。

第七条　凡取得"营业许可证"者，均可办理普通出口时，应在边境稽征所登记纳税。

第四节　入　口

第八条　除特许者外，一切货物必须有入口证，方得入口，此项入口证于纳税时缴销。

第九条　办理普通出口时，须在登记纳税之稽征所缴押营业许可证领取等值之入口证。入口时，经查验货证相符，照章纳税后发还营业许可证。

第十条　凡持有第五条所规定之“出口存查”（此项存查须经出口边境稽征所查验盖章者为有效）者，得觅具殷实商保，向工商管理局请求办理入口，经批准后领取入口证，前项保证于货物入口后，持税照，经查验货无误撤销之。

第十一条　凭前条之入口证，可向银行购买外汇。

第五节　罚　则

第十二条　凡不践行第四条第五条出口手续者，除依照税章补税处罚外，并以偷漏外汇论，处以货物总值百分之五至百分之二十之罚金。

第十三条　凡购买外汇，一再推延逾期不办理入口，有盗用外汇情事者，工商管理局得向司法机关提起公诉，依法处理。

第十四条　凡不践行第八条规定之入口手续，而私运入境者，除照章补税处罚外，并处以货物总值百分之五到百分之二十之罚金。

第六节　附　则

第十五条　本办法实行细则另定之。

第十六条　本办法自边区政府公布之日起施行之，本办法施行后，前颁特种出口货统制暂行办法即为无效。

选自《晋冀鲁豫边区法令汇编》，边区政府1943年7月编印，第121～122页。

9. 太行区兴办水利暂行办法

1943年1月5日公布

第一条　为增加太行区耕地面积及扩大水田，特规定本办法。

第二条　本办法所称水利包括开渠，整修旧渠，建筑防洪堤及修河滩地，水车灌溉等事项。

第三条　凡二村以上之水利事项，如有纠纷时须服从政府之裁判。

第四条　凡较大之工程，其设计与实施，须接受主管水利机关之指挥。

第五条　修滩：

一、凡较大之防洪堤，其工程费用较大，民力不能举办者，斟酌情形，得由政府垫款兴修，此项垫款，分于三年至五年内，向河滩地及防洪堤所保护之土地所有人，视其收益之程度，征收水利款偿还之。

二、根据边区土地使用暂行条例第八十三、八十四条规定，凡公有之河滩地，如经当地县政府呈请核准修竣后，其土地所有权归修滩人所有。

三、凡河滩地所有人放弃修理者，他人得向当地区级以上政府声请重修，修竣后，根据土地使用暂行条例第七第八十条及其工程费用之多寡与当地人民之习俗，得与河滩地所有人订立五年至二十年之免纳地租契约。

四、前项修竣之河滩地，在租契期限内，其使用权、租佃权归修滩人，所有权仍归河滩地主。

五、根据土地使用暂行条例第八十八及九十条之规定。河滩地修竣后，自生产之年起，免纳五年资产及收入负担。

六、防洪堤范围内已经修筑之已成、半成、未成之小块滩地，仍归小块滩地户所有。但应视防洪堤所保护之程度与作用，小块滩地户负有滩工建筑防洪堤之责。未经修筑或洪水必经冲刷之小块滩地概归防洪堤修筑人所有。

七、修滩人所修之拦水工程物，如可能损碍附近之土地、树木、水磨、房屋、渠道等地物者，修滩人应事先勘察，并必须向当地区级以上政府声请后，始得兴修，并须对受损害者付适当之赔偿。

八、修滩人所修之拦水工程物，对附近之土地、树木、水磨、房屋、渠道等地物，有保护作用时，受保护者之所有人应按其保护之程度，受保护之面积与价值，担负一部份（分）修筑拦水工程物之责。

九、投资经营修滩者，事先应向当地区级以上政府声请后，始得兴修。

十、凡集股合修之河滩地，修成后，应“按工分地”，或“按股分粮”，按地“滩工出款”。

第六条　开渠：

一、凡下村开渠，必须占上村土地面积者，上村不得拒绝，而下村应按地付价或按亩付租。

二、下村因故退出原渠，而需另开新渠者，其理由应向当地区级以上政府声请核准后，始得兴修。

三、上下村合用之渠道，其所占土地面积之租金或地价，应由全渠之灌溉面积，按亩摊认。打水地应酌量减少。

四、每年灌溉用水，以全渠灌溉亩数，由上流开始，依次轮浇，中间如有停顿，再流水时，接续轮浇。

五、凡关乎整个渠道之工程费用，灌溉渠应按亩摊款出工，饮用渠应按人口及牲口数出工，按合理负担之比例出款。

六、春夏二季，如遇河流水量突减，各渠水量之分配。得由主管水利机关协同当地政府，临时指定轮流灌溉，不得自行拦水。

七、水磨及其他水利器械所使用之水量，在必要时，得由主管水利机关协同当地政府，令其停止。

八、凡较大之水渠其工程费能于一年内所增产量收回者，得强制兴修之。

第七条　凡兴办本办法第二条所规定之水利事项者，得向政府请求水利贷款年利七厘，贷款额较大者，得分年偿清。

第八条　凡本办法第五条第一项规定，由政府垫款兴修之防洪堤工程，于损坏失效时起，其失效部分停止归还垫款。

第九条　本办法之贷款及征收水利款事项，由主管水利机关及地方政府办理之。

第十条　本办法由晋冀鲁豫边区政府委员会通过后施行之。

选自《晋冀鲁豫边区法令汇编》，边区政府1943年7月编印，第119～121页。

10. 邓小平：太行区的经济建设

1943年7月2日

敌后抗战是一个极复杂、极艰难的斗争，我们已经胜利的渡过了整整的六年，并且已经奠定了继续坚持争取最后胜利的基础。以八路军这样窳劣的武器，四年来没有得到一个铜板一颗子弹的接济，而能战胜各种困难与强大的敌人，进行短兵相接的斗争，这不能不是一个奇迹。究竟它的秘诀在甚（什）么地方呢？如人所共知的，我们有一个毛泽东的战略战术指导原则。依据这个原则，从无数的战斗中，才创立、保卫与巩固了各个抗日根据地，才牵制了日寇在华总兵力的一半，减轻了大后方正面作战的负担。如人所共知的，我们同敌人进行了严重的政治、文化和反特务的斗争，大大的发扬了根据地和敌占区人民的抗日积极性，坚定了人民的民族自尊心和自信心。然而，还有如人所共知的，就是我们在敌后还在极端困难的条件下，进行了经济战线的斗争，而且获得了不小的胜利；也正是因为有了这一经济战线的胜利，我们才有可能坚持敌后抗战六年之久，并且还能继续坚持下去。

敌后的经济战线的尖锐程度，绝不减于军事战线。敌人对我们的经济进攻，是与军事、政治、特务进攻密切结合着的，是极其残暴的。在敌占区，敌人实行了无穷尽的人力、物力的掠夺，人民的负担超过了全部收入的二倍到三倍，粮食、金钱没有了，还不得不以家具折价缴纳负担。而人力的掠夺尤足惊人，大批壮丁被捉走服役，支差难以数计。据敌酋宣布："华北封锁沟的长径等于长城的六倍，环绕地球一周的四分之一"。这都是敌占区人民的血汗堆积起来的。因此，形成了敌占区连年的歉收和今年严重的灾荒。而敌人又利用这个灾荒挑拨人民到根据地抢粮，企图形成抗日根据地与敌占区中国人之间的严重对立。对抗日根据地，敌人实行了一面封锁、一面掠夺的政策，封锁我们的必需物资，吸收我们的有用物资（如粮食），不断的对边地蚕食和在每次"扫荡"时大肆摧毁——杀人、捉壮丁、烧房子、毁农具、抢耕畜、烧粮食、损毁青苗。敌人极尽残暴之能事，其目的则在于"毁灭抗战生存力"。在敌人这样的摧残之下，人民创伤极其深重，如不采取有效办法，一旦人民元气耗尽，一旦军需民食没有保证，敌后抗战的坚持是不能设想的。太行区就在这样的警惕下，加强了对于经济战线的注意。

敌后的经济战线，包含了两个不能分离的环节，一是对敌展开经济斗争，一是在根据地展开经济建设。没有对敌斗争，谈不上根据地建设，没有根据地建设，再谈不上对敌斗争。我们各种具体的经济政策，都是照顾了这两方面而订出的。抗战初期，我党中央和毛泽东同志，就提出了"自给自足、自力更生"的经济建设方向，六年来我们就在这个方向下进行"我们的建设"的工作，经过无数曲折，遇到过不少的困难，到现在，我们才摸索出了一条道路，这条道路使我们不仅保障了抗战的需要，保护了人民的利益，打击了敌人的掠夺计划，而且为反攻和战后建设做了不少的准备。

那么究竟我们做了些甚（什）么，并且获得了甚么经验和教训呢？

首先，我们确定了发展生产是经济建设的基础，也是打破敌人封锁，建设自给自足经济的基础，而发展农业和手工业，则是生产的重心。经验告诉我们："谁有了粮食，谁就有了一切”。战时粮食普遍缺乏。我们处在农村只能以农业生产为主，敌在城市最缺乏的是粮食的供给，我们有了粮食，不但军民食用无缺，而且可以掌握住粮食和其他农业副产物去同敌人斗争，并能换得一切必需的东西。同时只有农业的生产，才能给手工业以原料，使手工业发展有了基础；而手工业的发展，正可以推动农业的生产，正可以抵制敌货的大量倾销，实现自给自足的经济。

发展生产，不能是一个空洞的口号，而需要正确的政策和精细的组织工作。我们的减租减息和交租交息的政策，给发展生产开辟了一条广阔的道路。凡是减了租息的地方，广大劳动人民的抗战热情和生产积极性，都大大增强了。而在减租减息之外，政府还规定必须交租交息。以减租减息交租交息政策稳定各阶层的关系，加强各阶层的团结，号召各阶层人民努力生产积蓄，由自给自足向着丰衣足食的道路前进。为了达到这个目的，政府还颁布了“存粮存款不负担”，“雇工工资一半不负担”，“羊群不负担”，“负担照抗战后平年应产粮计算。多收产粮归人民自己”等等重要法令，并奖励劳动英雄和“吴满有运动”的参加者，这就是限制封建剥削下促进国民经济发展的方针。这也正是孙中山先生给我们指示出的道路。我们的工商业政策，给了发展农业和手工业以很大的便利，政府规定的工业负担是最轻的，因而手工业，特别是家庭纺织业，近年来有了相当的发展。较大工业的建设，则因为游击战争的环境的限制，几乎是不可能的。

在生产的组织与领导方面，抗日民主政府与群众团体曾经尽了很大的努力。我们的军队也积极的参加了这个战线，给人民以不少的鼓舞和帮助。农业生产，是贯穿于全年而又富于季节性的事情，严格说来，无所谓农闲时间。犁地、选地、选种、下种、选苗、锄草、夏收、秋收，还要适时的集肥、施肥（第二年的肥料头一年六月就要开始准备）——我们在春耕秋耕夏收秋收的时候，都做了巨大的工作。我们发动人民的生产热忱，反对懒汉，组织劳动力实行调剂，改良种子，解决牲畜农具的需要，发动儿童拾粪，号召妇女参加生产，调解租佃关系和主雇关系，以及发动植树、修渠、打井、造水车等事业，所有这些，无一不是非常具体的问题。同时政府每年还举办了数百万到千万的低利和无利的贷款，凡是于人民有利的事情，无不尽力提倡与实行。正因为我们注意了生产的组织与领导，人民许多困难被克服了，“增加生产、改善生活、准备反击”的口号，响遍了太行山的每个角落，获得了生产战线上年复一年的胜利。我们的军队，除了自己生产解决一部分军费之外，每到农忙时期，遍山遍野，都是穿着军服的人，同老百姓在一块劳作。而且恰恰在这样的季节，正是敌人向根据地进行带“摧毁”性的“蚕食”和“扫荡”的时候，所以他们不但要帮助人民生产，还要同民兵一块保护人民的耕种收割，这正是军民能够打成一片的理由，也正是我们军队之所以被称为“人民子弟兵”的理由。

手工业的发展还是不够的。但就现有的成绩已经大大的减少了敌占区货物的输入。这里没有外来的洋油、香烟、肥皂和奢侈品。自制的香烟等已够本区供给有余。且有部分的出品，如布匹、毛巾等棉织物和纸张，能够往外运销。我们所缺少的是食盐和火柴，来源虽并不困难，但现在也正逐渐制用“火镰”作为火柴的代用品。

去冬今春，太行区的旱灾占根据地的五分之一，而敌占区流入的灾民还有很大的数目。这是几年来最困难的关头。我们组织了巨大的救灾和春耕运动，现在大致已经渡过了难关，只要雨水不缺，人民很快就可以换过气来。我们救灾的办法，除了部分社会互济之外，基本上是靠生产。政府拿出了大批款子，贷给灾民，有的是纺织贷款，如武安一县就贷款组织了两万多妇女参加纺织生产。她们每天劳动所得，可以养活一个半到两个人的生活，妇女地位大大提高了。有的是水利贷款，今年修渠贷款即达四五万，工人全系灾民，每人每天三斤小米的工资，可以节余一部分养家。我们曾从产粮的敌占区获得粮食来低价（当市价的一半或三分之二）卖给灾民。而运输这些粮食的都是灾民，可以得到运输工资养家。合作社也到处发展起来了，在敌占区的灾民，是流离失所与大批的死亡；在抗日民主根据地，灾民比往年要苦一些，但在政府有计划有组织的救济之下，仍然充满了对敌人对自然作斗争的活力。我们的军队和政民干部，在灾荒严重区域，成了生产的主力军，专员县长司令员政治委员都亲率干部战士去帮助灾民种地，更给了灾民以很大鼓舞。现在下种拔苗已经完毕，只要雨水及时，不致形成连续性的灾荒。大批来自敌占区的灾民，得到政府和人民的帮助，解决了他们居住、粮食、农具、种子等困难，开出来的荒地，青苗已经长成了。

在组织和领导人民生产的事业上，我们也并非万事如意的。主观主义和粗枝大叶的毛病，妨碍了不少的进步。在抗战初期，曾有支差过多，浪费民力的现象，这个毛病很快就得到了克服。政府规定只有专员公署和军分区以上的机关才有支差的权力，在农时禁止支差，军队应自己背粮驮炭。这是一个很大的善政。以后我们又发现了一些形式主义和官僚主义的作风，如过多的群众会议，干部会议，乃至人民武装过多的放哨和操练，都妨碍了农民的制作。因此，曾具体规定了会议下操的时间，取消平时的岗哨。我们的干部对生产的事情了解太少，常从主观的愿望去决定问题，比如在春耕时，才提出儿童拾粪的口号，才注意到选种等工作，这是何等的荒谬？又如对发展手工业的领导，很多还是空洞的号召。忽视了群众问题的具体解决，合作运动也还不能令人满意，这些还有待于今后的努力与纠正。

其次，说到我们的负担政策。我们实行的是钱多多出，钱少少出的原则，是“量入为出与量出为入”的配合，既照顾人民的负担能力，又照顾抗战的需要。而更重要的，是使负担办法适合于奖励发展生产的需要。上面所说的“存粮存款不负担”等法令，都是为着这个目的：为减轻人民的负担。我们除了一贯的提倡节约，反对浪费，和严惩贪污（贪污五百元以上的处死刑）之外，还实行了连续两次的“精兵简政”，三十二年度公粮比三十一年度减少了百分之十六到十七，就是实际的效果。历史上最大的病政之一，是村款的浩大。我们很早就实行了以县为单位统筹统支的办法，规定村无派款权，改革了这个病政。边区临时参议会通过的“统一累进税”办法，将于今年在太行区实行，这更确实照顾了各阶层的利益。负担方面，有了扩大，完全符合中共中央规定负担人数达到总人数百分之八十的政策。统一累进税实行以后，不仅可以进一步奠定财政的基础，而且必然提高各阶层的生产热忱。

再次，我们的税收贸易政策，是采取“对外管理对内自由”的原则。争取出入口平衡是我们努力的目标。为了便利对敌斗争，我们把税收和贸易两个部门，置于工商管理局的单一领导之下，用严格的税制来保护根据地的经济，并使对敌斗争容易得到胜利。我们禁绝了一切奢侈品，限制了非必需品的输入，同时组织根据地非必需品和多余物品如药料、草帽等等的输出，以换取外来的物资。为此，我们组织了带群众性的缉私工作，给缉私者以较高的奖励，严惩舞弊营私。组织商人参加对敌经济斗争，甚为重要，所以对敌贸易不能采取政府“统制”一切的办法，而是“管理”的办法。对内尤不能“垄断”，而应采取贸易自由的办法。对于商人的投机行为，则利用公营商店及合作社的力量，加以压抑。实行这种办法的结果，大大加强了对敌斗争的力量，增加了税收。繁荣的市场，保障了人民的需用。太行太岳物价之低，在很长一个时候，为他区所不及。今年灾荒的克服，我们的粮食调剂和棉布交易起了极大的作用。当然，在这方面，我们的同志也曾发生过错误，比如一个时期曾打断对外的交易，开始时对商人作用的认识不够，以及对内的合作社统制思想，都停滞了根据地的经济建设，还有在对外贸易中，组织了过多物资的输出，忽视了掌握物资以与敌人斗争的重要，也一度使我们吃了很大的亏。而工商管理部门，热心于贸易投机，忽视了生产合作事业的发展，忽视了一点一滴地去开发输出的物资（如发动人民挖药材收买猪鬃等），都是很大的毛病。这些是我们纠正过了或正在纠正的问题。

我们的货币政策，也是发展生产与对敌斗争的重要武器。货币政策的原则，是“打击伪钞保护法币”。我们鉴于敌人大发伪钞，掌握法币，大量掠夺人民物资的危险，所以发行了冀南钞票，作为本战略区的地方本币，实行的结果，打击了敌人利用法币的阴谋，缩小了伪钞的市场，强化了对敌经济斗争的阵容，给了根据地经济建设以有力的保障。为了保障本币的信用，我们限制了发行额，大批的贷给人民和投入生产事业，取得了人民的热烈拥护，本币的信用是很巩固的。我们不断的对敌占区政治攻势以及适时的利用物资，给了伪钞以相当的打击。但是不能因此对伪币作出过低的估计，过分的估计了它的动摇程度，而做出冒险的或失当的处置。

最后，在敌占区和游击区，我们采取了“减轻人民对敌负担，保护人民的利益”的方针，作为一切敌占区政策的出发点。敌人掠夺粮食，我们就帮助人民采取武装的以及各式各样的方法打击敌人的抢粮计划；敌人要抓丁，我们就组织壮丁逃跑，并与人民共同打散集合的壮丁。诸如此类的斗争，几年来没有一天停止过。没有这样短兵相接的尖锐斗争，敌占区同胞的惨状不知变成如何的程度了。

这些就是太行区经济建设的简略介绍。从这里，我们得到了些什么经验呢？我们的经验是：第一，敌后的一切离不开对敌的尖锐斗争，我们每一点经济建设的果实，都是用血换来的。第二，没有正确的政策，就谈不上经济建设；而这些政策的订定，必须以人民福利和抗战需要为出发点。第三，任何一个经济建设的事业，没有广大人民自愿的积极的参加，都是得不到结果的。最后，第四，将大批的得力干部分配到经济战线上去，帮助他们积累经验，才能使经济建设获得保障。

今后斗争更加残酷，抗战胜利还要经历一个相当的过程。毛泽东同志告诉我们：战争、生产、教育，是敌后的三大任务。我们一切为着战争的胜利，生产正所以来保障战争的胜利，教育则为战争生产服务，把三者密切的结合起来，就是不可战胜的力量。所以，百倍加强经济建设的领导，应该是今后始终贯彻的方向。

原载同日《解放日报》

选自《晋冀鲁豫边区史料选编》第二辑，山西大学晋冀鲁豫边区史研究组编印，第228～235页。

11. 晋冀鲁豫边区的生产建设（署名：黄醒）

1944 年 2 月 25 日

甲、晋冀鲁豫区的环境

晋冀鲁豫边区包括晋东南（太行区，太岳区）冀南、鲁西、豫北几个地区。总共四十三县，这一地带山地较多，如太行的襄垣，武乡，黎城，榆社，辽县，和顺等县，全为山岳区，仅鲁西、冀南、豫北有一些交通方便的平原地，这里在华北敌后抗日根据地中占相当大的位置。但因它在敌人的包围之中，处境极为困难。

困难的地方最主要的是敌人的进攻与烧杀，数年来反复的扫荡，残酷的三光政策，清剿方法是全国抗日区中少见的。据晋冀鲁豫边区农会统计，在一九四〇年八月“报复扫荡”中，单晋中六县就被杀了一千六百余人，烧了房子三万余间。有人在平定、昔阳、寿阳三县去了四十余天，遇到的老百姓，没有一个不是家散人亡，没有一个村庄不遭敌人烧杀。例如二百余户的寿阳辅增村，经过敌人之烧杀后，其荒草长得比人还高，全村不见人影，原来的八百余居民，在这一年敌人的扫荡中，被敌人惨杀之后，只剩下来的六十四人，因受伤或不敢再在那儿居住。在昔阳以西情形更恶化，几年来五万多的居民里敌杀死拉走，再加伤病逃亡等原因，剩下的已不到一半。一九四〇年冬天扫荡太岳区仅沁县一县人民被杀者五千人占全县总人口十六分之一，房屋被烧毁者十四万间，牲口被拉走七千头，使根据地一度呈萧条气象。在一九四一年上半年，晋东南榆社、辽县、黎城、武乡、昔阳、襄陵、涉县等八县，被敌人杀死人民三千一百四十二人，烧毁粮食十一万余石，毁农具三千七百余件（五县总数），拉走牲畜一千三百余头，在前年（三十一年）春季扫荡中武乡一县，被敌杀死的就达一万〇六百八十八人。

敌人不但进行着烧杀政策，而且施行着分区蚕食政策。这种政策所给予根据地的困难一年比一年加深。

（一）军事上的堡垒政策：

在平原地区被寇分割封锁比山地更为严重，晋东南仅石家庄至安阳段以西附近，每隔四里即有一公里路，每十二里有一据点。在山地还保留一些基本区无敌人点线（如太行基区，占总面积百分之五十六点四）。公路的增筑方面，一九四一年增筑了二一二里，一九四二年上半年增筑了二五八里。据点的增筑方面，一九四一年增加了三一个，一九四二年上半年增加了二七个，这更说明了前年上半年敌对我根据地的封锁更加积极。在平原地区，敌所增筑的多是封锁沟，封锁墙与护路沟，在山地敌所增筑的主要是延伸公路，增筑据点，去年敌扫荡晋东南地区时即向我增筑一条辽县至沁县公路。

（二）地区分割，由于敌对我根据地内部分裂成许多小块，周围都建立围墙迫我军四面作战，在敌人方面则可机动自如，在我则行动困难。这种情况使我根据地在面积上时遭缩小，农工生产也遭受巨大的打击。但这些困难并不能屈服我们，我们一面战争，一面生产，在战斗中进行着经济建设和对敌经济斗争，拓出了“自给自足，自力更生”的新道路。

乙、对敌经济斗争

年来对敌斗争，越来越见尖锐复杂，成绩表现在打击敌钞及出入口贸易的掌握有了进步。敌人对我根据地经济掠夺的阴谋，是不次于其军事进攻的，尤其在粮食方面的抢劫。他们用的方式有以下几种：

(1) 公开的抢粮：每年到秋收后，敌便四处抢掠民食，如前年八月在南垂子镇，伪先锋队三十余人，挨户挖墙挖洞，抢走粮食三万余斤，同时神头村也被抢走二十余石。去年八月二十日襄垣龙镇被敌二百余抢掠整日，运走粮食二百三十大车，并用牲口载去十一驮。同时，又在潞城大量抢劫粮食，在五、六两区（敌占领区）事先敌人把一批麻袋，运给各村"维持会"强令征收。同时集中一批大军慢慢的赶在秋粮地边。不让维持会知道，命令伪军亲自下手把半生不熟的玉茭、谷子割去装上火车，运往城里。

(2) 强行勒索：在敌占领区内，抢粮的另一办法是征派，在每一"维持村"，敌人到处征粮，在大的村子里均派定人民应缴粮食二百万余斤以上，即一二十户之小村，也勒令交出四五百斤。许多贫苦农民，连麦谷麦秆算上也不够。

(3) 低价强迫收买：抢粮的阴谋，被我揭破后，敌人又改变掠夺办法，前年在正定收买麦子，以伪钞五元一斗之低价强迫收买，并分配各村数目，从事搜刮。唐县、高阳、任丘等地敌据点附近各村，更贬价定麦每斗伪钞四元。

为了保卫人民生命线，打击敌人掠夺的计划，我们的部队和民兵协力合作，攻击抢粮的敌寇，在去年七月武蟠战役中，曾粉碎了敌寇利用"沁武人治沁武"的毒计，打破了久占蟠龙抢粮七十万石的阴谋。并从积极方面，定出了保护民粮对敌斗争的办法。动员民众储藏粮食，每家人在收粮之前即找好藏粮的地点，一经收获即迅速把粮食储藏起来。其次是组织秋收队，在最易被敌人抢劫的村庄，发动村与村，户与户的互助。必要时发动根据地人民帮助抢收，抗属及缺乏人力的农户决定组织代收队代收，采取迅速的行动，以最短的时间内收割粮食。

对敌斗争另一工作是规定税收贸易政策。采取"对外管理与对内自由"的原则。为了便利对敌斗争，我们把贸易和税收两个部门，置于工商管理局的单一领导之下，用严格的税制来保护根据地的经济，并使对敌斗争容易得到胜利，我们禁绝了一切奢侈品，限制了非必需品的输入，奖励了必需品的输入；同时组织根据地内非必需品和多余物品如药材、草帽、山货等等的输出，以换取外来的物资。为此我们组织了带群众性的缉私工作，给缉私者以较高的奖励，严惩舞弊营私。组织商人参加对敌经济斗争，甚为重要，对外贸易不能采取政府"统制"一切的办法；对内尤不能"垄断"，而应采取贸易自由的办法。对于投机的行为，则利用公营商店及合作社的力量加以压抑。实行这些办法的结果，表现了对敌斗争的力量很大，增加了税收，繁荣了市场，保障了人民的需用。去年因灾荒限制，禁止了各种副食品的出口，也禁止了一批非必需品的入口。以期争取出入的平衡。同时因灾荒的克服，我们的粮食调剂和棉布交易，起了极大的作用。

此外，我们的货币政策，也是发展生产与敌斗争的重要武器。货币政策的原则是："打击伪钞，保护法币"。我们鉴于敌人大发伪钞，掌握法币，大量掠夺人民物资的危险，所以发行了冀南钞票作为本区的地方本位币。禁止伪币流入根据地，限制法币的出口。这种政策实行的结果，打击了敌人利用法币的阴谋，缩小了伪币的市场，强化了对敌经济斗争的阵容，给了根据地经济以有力的保障。

对敌斗争是配合着经济建设，和增加生产的环节，假如没有对敌经济斗争就谈不到根据地的经济建设；没有发展生产建设自给自足经济的基础，对敌的经济斗争也要落空的。所以在残酷的对敌斗争中展开了经济的生产运动。

丙、从破坏中建设起来的农村

（一）财政经济政策

抗日根据地的三三制的民主政治，它的正确的财政经济政策，给予这个地区的生产建设以极大的推动与保障，实行了合理的负担政策，我们实行的是“钱多多出，钱少少出”的原则，是量入为出与量出为入的配合，既照顾了人民的负担能力，又照顾抗战的需要。历史上最大的病政之一是村款的浩大；我们很早就实行了以县为单位统筹支配的办法，规定村无派款权，改革了这个病政。去年在太行区实行的累进税新税则，更切实的照顾了各阶层的利益；负担方面有了很大的扩大，完全符合于中共中央规定负担面达到百分之八十的政策。这一新税则的规定中是存粮存款，工商业资本，合作社资本与收入及羊群等均免除了负担，并规定雇工工资扣除一半，改善了扣除生产消耗的办法，对今后发展生产有很大的作用，而且在去年的生产中，已经发生了效果。这里只是略为限制惨无人道的过重剥削，同时并采取了帮助有利于发展国民经济的资本主义生产方式的方针。这正是孙中山先生给我们指示出的道路。工业上负担是最轻的，使手工业和家庭纺织得以发展。

其次是动员与组织劳动力：前年一年中正确解决了主雇关系问题。去年冬天已订立了雇工工资的规定，使工人的工作情绪提高了，这个规定的内容是按工人把手的好坏，勤作还是懒惰，把工资分成三等：全把手从二石三斗到三石，以二石五斗作标准；二把手从一石五斗到二石二斗，以一石八斗作标准；三把手从八斗到一石四斗，以一石作标准。另外还规定灾荒特别重要的地方，可以再低一点；要照顾孤寡和穷苦的雇主；要是顾主实在没有粮食，可以分期给，可是不能雇工家饿肚子。这个办法受到大家的拥护。近来六区磊口、泉门、店上一带，都忙着开主雇座谈会，说定了工资，这样确实照顾了主雇双方的利益，大家都能很好地相处。

关于农村中的互助劳动是提倡流传已久的变工形式，如“工队”、“工合”、“成工组”、“打拼工”等，大大节省了劳力，提高了劳动生产效率。互助组中最进步的一种是干部参加以劳动英雄或积极的劳动者为中心，以户为单位的互助组。此外，个别地方动员了妇女儿童及懒汉参加劳动，对于培养新劳动观念，密切干部与群关系，提高妇女的地位等，收到相当的效果。前年冬季即开始春耕放款，去年农业生产开始注意到贯串（穿）全年的领导，并提倡早耕早种，缩短各种主要劳作的时间，大大增加了我们应付“扫荡”的力量，在旱灾严重的地方又号召补种，在磁武一带就补种了二、一三九亩。

在土地政策方面，第一是调整了租佃关系，减租运动各地普遍的进行，因为一般农民政治觉悟已提高了。组织力量的发展，使广大的农民大众与地主协商，能求得公平合理的解决，如太岳的绵上（系新改县），减租运动的发动，就是首先由县农救会召开减租座谈会，集政府机关代表、佃户与地主于一堂，在和平争议中就将该县的减租，得到了共同满意的解决。又如沁县一区是用佃户代表会议的方式，决定了统一的减租要求，这些都是减租公平合理的原则，内容即有五点：（一）按实产是实行二五减租，活地租实行二五减租后，再要求地主按实产重新完成死租，好地租额以正产千分之三七五为准；坏地可低到百分之三十以下，山地的产量不够农本时，可免去本年租额。（二）减租后，地主不能夺地，并争取五年以上永佃权。（三）取消佃户的力役制等一切不合理的剥削。取消二东家制和地租由地主直接定约。（四）过去多年的欠租，先交二年以内的。其余分五年还清，地主不许因欠租夺地。（五）清理旧欠，收回押地。这以上的五项要求，的确体现了一面减租减息，一面交租交息的原则。为争取这些要求的实现，会议上并决定了在基点村建立佃户联席会，这样动员农民群众来实行调整，就使租佃关系逐渐走上合理的途径。

其次是减租交租工作的具体施行。新的地租，各地一般都在进行，根据实际情况具体规定，因为战后土地产量都有显著的降低，不应机械执行千分之三七五的标准，各地在灵活执行的过程中，虽也产生了租率过低的偏向，但一经发现即予纠正。同时，在保证交租与订立租佃契约上，也有很大进步。在减租法令执行较彻底的地区，一般佃户都能做到按期交租，新租契约一般的做到保证两种：一种是经常性的，由村公所及农会作保证，明确规定租佃年限和主雇双方对收回物的分配数目；一种是临时性的，例如遇歉收或受敌灾等，可订立免租或减租契约。总之，减租清债无论在先进县和薄弱县份，这一法令也却在继续贯彻中。

在农业上实行的合理负担及解决劳力调整主佃的土地政策中，已获得不少的成绩，农民的抗战积极性是提高了，而地主的抗战积极性也提高了，他们拥护抗日政府，努力经营土地，农民与地主较前团结了，今后晋冀鲁豫边区在扶持群众运动总的方向是在现有的基础上充分发挥各阶层的生产能力，以生产为中心，把群众更进一步发动起来。

（二）生产建设的成绩

从抗日民主政策所栽培茁壮的经济建设的蓓蕾，已逐渐开放了繁花累果，尽管这儿是敌人扫荡的次数最多，破坏的程度最烈的地区，但经济建设的工作，却没有逊色。农业和手工业的发展，在增加生产的热潮中获得了可贵的成绩，下面一些零星的事实就是生产建设的收获：

（一）发展农业，这可分为开荒、水利、农贷及农业指导所几项：

（A）开荒面积：在三十年晋东南共计消灭了熟荒四万三千七百余亩，开了三万三千七百余亩荒地，修滩一千三百余亩（十九县统计），连其它设计的数目在内，扩大面积十万亩以上，另变旱地为水地二万六千多亩，施肥增加五分之一（个别县）比二十九年增加农产十分之一左右。三十一年秋后到去年春季播种中，太岳全区共垦荒地（包括熟荒在内）七万五千亩，变旱田为水田一千顷，每亩增收粮食三斗即增收三万石。去年是生产情绪从来未有高涨的一年。在环境最劣的冀南，据二十八个县统计，连破坏敌人的公路、护路沟算在一起，也扩大了耕地面积八万九千余亩。到去年为止，估计连局部开荒及八月全区补种总数约在五万亩以上。每亩地增产三升粮食，在许多地方已成了农民的行动目标。在麻田春耕总结大会上有劳动英雄彭刚旦获奖。

（B）水利的工作：太行区当局为完成清漳水利工作，在前年冬季至去年春天，曾联合各团体组织水利工作队，划定区域，进行工作，决定以桃城至温村防洪堤及清泉防洪堤为主要指导工作，桃城防洪堤可修面积四百亩，需工一万六千，每年收获约值八万元，为鼓励生产起见，拨发款项十二万元帮助民众水利工作，并采以工代账办法，由林、涉县府负责组织灾民前往工作。

修堰垒边数年来，亦以去春成绩最大，去年共开小渠三四道，大渠三道，可灌地一四、八〇〇亩，滩地如能淤起，共有一九、〇〇〇亩。前年水利贷款仅四十万。去春贷款增至二百三十五万元。

（C）举办农贷：为发展生产，去年低利农业贷款已发三百万，比前年多一百七十万元。无资金及工具的农户，利息仅七厘。并可分年付清。并代垫公粮二十万斤。又贷棉花三十余万斤，合四百余万元。政府并协助人民解决了肥料，种籽，及农具的困难。大部分地区并实现了每亩上二十五担粪要求。政府筹办了大批农具，买种籽二十九万元，又从公粮中贷麦种一千石。

（D）成立农业指导所，建实验区……太行区武北、涉县、黎城、赞皇、武乡等县之农业指导所已先后成立，现在积极的建立实验区，组织特约农家，建立模范农场。实验区之主要任务为改进农业技术，散发农业贷款，训练村级生产干部，组织农业竞赛会，进行农村统计调查。特约农家之组织，按其不同的性质可分为下列（一）专为改良品种，新法栽培，改良农具，合理施肥，防除病苗害虫等方面，起了各种示范作用。（二）专为造林牧畜，进行各种优良品种之繁殖工作。（三）作各种比较简单的技术试验，至于各农业指导所直辖之示范农场，则用科学方法栽植各种重要作物，使农民随时观察，以资推动。去年实验的结果，农作物上的收获已较从前增加产量，改善品质。

（二）工业上展开“新劳动者”运动，由敌人破坏后建设起来的工业，虽然设备简陋，规模不大，但已能供给本区军民的运用，解决封锁区中物资缺乏的问题，在晋东南产煤铁丰富的攀龙、大有、洪水三县，已建立了小规模的炼铁钢厂，可能自己炼钢，其次如黎城及冀南各地的纺织厂，东阳关一带设立的印刷厂，虽在敌人的扫荡中屡经破坏，但经政府竭力帮助，仍能在废墟中复兴起来，现在技术分工的研究，和组织均有进步。去年三月以来的“新劳动者”运动，在生产上有极大推动作用。如三十一年底各厂平均劳动生产率为一〇〇，到去年六月平均为一六〇，最高为二〇五。从前年秋季以后，各厂就努力向群众化方面发展，如毛织厂就组织了一千余妇女的纺织小组。前年春将某皮革厂改组为该厂职工的合作社后，在生产上大有进步。去年五月以后，又把公营各主要工厂都逐渐改组为各职工人员的合作社，由公营转为私营，由集中走向分散，并指导他们兼营农业开荒种地，今后公营商店及银行尚须以相当资力帮助各合作社囤积相当原料和食粮，收买其成品指导其业务。

在手工业方面，一年来最发展的是纺织，次为油坊，去年上半年纺织人数据有统计者为六四、九七〇人，共贷花三二一、一一三斤，款三四、六〇四元。在灾区的纺织工作中，公营商店贷花收布发放粮食工资共赔款约一、五〇〇、〇〇〇至二、〇〇〇、〇〇〇元。现在棉花来路减少，今后要想尽一切办法，克服这困难。

印刷业也表现得不落后，尤其是职业教育家刘彩章先生在林县设立的造纸厂，制造土纸，并以科学方法将当地原料，造成各种日用纸，就以利用旧有压光纸机（压光纸面用），更为成功。三十一年五月反“扫荡”时，该工厂被敌人全部烧毁，刘先生并未因此灰心，仍抱病在太行实业总社漳北纸厂，继续试验工作，迄今试验成功者，共有仿报纸、仿油光报纸、马粪纸、牛皮纸、图画纸、考贝纸、复写纸、腊（蜡）纸等八种，质量与舶来品相差无几，仿造纸与油光纸经压光后，较劣等舶来品质量尚佳，腊（蜡）纸可印四五百张。另一方面又禁止敌区粉连纸与油光纸之进口，以保障我根据地纸业。

此外如毛织厂，卫生材料厂，制玻璃，制肥皂等轻工业也像雨后春笋般生长起来。

为了帮助农业的进步，农业工作机的制造也推动起来。这一工作开始在三十一年，普遍推广者为轻便手摇水车，可提高水位四尺至六尺，每日需工四人可灌地十六亩。现清漳河沿岸各村已普遍使用此项水车。前年十月中旬，太行区农林当局，在涉县×村开办水车厂一所，专门制造各种新式水车，以供大量运用。

（三）合作运动：合作社已开始在各县普遍发展，个别县已进于饱和，需要深入巩固。现在太行区共有四一六个社，社员七一、四二九人，股金九九九、一五二元，贷款五八三、四一五元。较有基础的地方，合作社已经发展或正在发展成为各阶层团结生产，共同克服困难的经济组织。今天合作社以混合业务者为多，约占三分之二，生产消费者约占三分之一。它在组织人民经济生活，组织生产运销，克服灾荒方面，已经显示很大的力量，已经从思想上打破群众不信任，不欢迎的态度，个别的合作社已经能代替公营商店的作用，就其社员总数和股金总数来看，显然都是微小的。但它正在一天天的在发达中。

丁、怎样为人民解救灾荒

敌祸天灾使晋冀鲁豫边区的人民，受到几十年来未有的灾荒，从去年开始边区的第五、六、十八、二十、二十一、二十二等专区均受天灾，其中最严重者为高陵，顿邱（抗战后新设县），平均只有一成光景，边区政府采取了十分负责的态度，成立太行区救荒委员会，统一领导力量，用尽一切积极救荒的办法。经过一年来的艰苦奋斗，本来可以克服了，不幸去年七月以来，太行区又遭长期干旱，如种禾苗多枯萎而死，灾区广阔，程度较前年尤甚，于是更为艰巨的救灾任务，又落在边区军民的身上，政府新的指导方针是强调生产救灾的观点，救赈工作也在政府统一领导下有计划的普遍进行。在生产救灾方面：

第一，组织灾民补种晚稻，扩大旱粮播种面积，在各县成立了低利借贷所借给灾民生产资金，并代为解决种子耕具等问题，在秋初落雨后，政府立即发动补种运动，组织一切可用的劳动力投入翻地播种的热潮中，涉县种秋菜面积达旱地总面积四分之一，西成一带完成六百亩秋菜之外，继续赶种荞麦和黍子，河南所有赤贫农家，积极开地边的地，种菜六十八亩九分，估计最低可收三万到四万斤足够吃三个月；所安北县柏林村共四千口人在雨后几天中种菜四千亩，平均每人种一亩，按每亩收获五百斤计，是可维持三四个月的生活，另外播种冬麦，扩大种麦面积，也是一个紧要的动员工作，六专区计划以全部旱地之半数种麦，这可使明年春荒减轻一半。

第二，组织灾民纺织。在政府贷款领导及合作社具体协助之下，灾区妇女有许多参加了纺织工作，据不完全统计，五、六专区各县参加纺织的妇女共四四、五三七人，纺棉花织布三一六、五〇二斤，得工资五〇〇、九三六斤米，二二五、六九八元。仅以纺织工资数，即可解决八、一三〇人半年的生活费。在纺织过程中加强了妇女的组织工作，激起了妇女的生产热情，从政治上经济上大大的提高了妇女的地位。而且在纺织热潮中涌现出了不少劳动英雄，有一人每天纺一斤花的光荣纪录，这一工作不但达到了自救的目的，并为将来的纺织手工业打了基础。

第三，组织灾民运输，发动灾民在耕种之余从事担盐驮粮运货等工作，使闲下来的人力和畜力都能赚回脚钱来养家渡（度）日，仅就二月至三月从某地至某地两条运线之统计，参加的灾民共赚脚价七〇一、七七〇斤米。政府为了保证运费皆灾民所得，特在各运输线要点设立招待站，以供给运输队的食宿，由此大量灾民也得到了生活保障，例如涉县更东村组织了六人从事运输，每人每日除吃喝外赚洋十五元，此数按根据地物价足可养活两个人，其它各处也大致相似。

第四，开渠修滩，磨麦造纸，政府拨出大批款项来组织灾民进行此种工作，开渠多采用以工代账方式，修滩和磨面多采用扶助灾民自己经营的方式。太行区共拨水利贷款二、三五〇、〇〇〇元，贷粮二〇〇、〇〇〇斤米，大多用之于开渠。

第五，移重灾区居民到轻灾区垦荒就食，例如大批遣移武安灾民到和顺区，由当地政府居民帮助灾民找荒地种菜买种籽调剂粮食，同时又号召有办法的居民每两户到三户至少要照顾灾民一户，暂时领到家中吃饭劳动，至于医生工匠等则给介绍工作。

在赈济方面所做的工作大概有以下几种：

（一）政府拨发急赈粮款（数字未详）。

（二）进行食粮调剂工作，据不完全统计，从去年十月到今六月工商方面共在五、六两专区调剂粮食九万五千余石，糠面一万八千余石（该两区是个救灾期共缺粮十万石左右）。

（三）发动社会互济运动，首先是军队政府机关的节约募捐使灾民得了很大的帮助，在前年各部队机关团体即纷纷响应“一把米”的号召，每日每人节省小米一两捐助灾民，去春彭德怀同志亲令各部队厉行食粮节约急救各地灾民，去年夏季以来总部作战科、机要科同志都自动以夜餐费捐助灾民，并号召华北全体所有机要作战技术部门都以夜餐费助赈；其次在民间发动了普遍的扶助运动，提出了“根据地是一家人，快快救济受难的同胞”，“一两米能救活一个人，一斗糠穷不了一家”的口号，在非灾区方面，“一把米一升粮”运动以及大小剧的赈灾公演等都获得优良的成绩，前一年中节约募捐之所得据不完全统计：即有小米一百二十六万余斤；再次有群众互助借粮和建设义仓，均在团结互助的原则下获得良好结果，仅涉县一县，互助借粮即达二十三万余斤，而平顺一县之义仓种谷，即有九万六千余斤，如全部启用，可供一五、〇〇〇人三个月渡灾之用。

晋冀鲁豫边区所以能运用以上种种办法解救灾荒的胁迫，主要是依靠着“人定胜天”大家动手的思想所指导创造出来的成绩，在这里面，各级政府的积极领导和各阶层人民的互助合作，又起了决定的作用。

边区政府早在去年灾象形成之后，就成立了太行救灾委员会，统一领导救灾工作，政府一面按各区灾情轻重，分别减轻人民的公粮负担（如前年五专区减轻百分之四十八，六专区减轻一万一千石，去年整个太行区减轻五分之一），劳动力负担规定少支差少开会，一面贷出大批款项扶助灾民经营各种生产。

关于各阶层的互助合作，在各地都有许多动人的模范例子，武北柏林村富户王善甫投资一万元发起组织“利民合作社”购买棉花帮助灾民纺织，××某些商号及合作社帮助人民组织运输，把盐担到山下去换粮食不取分文利息，龙阳村某富户借给偏工资本作小生意，涉县各村富户把闲地和场地借给贫苦灾民耕种，把县下编凉村在互助借粮运动中各富户纷纷报名认借，共借出一千五六百斤粗细食粮，并且富裕户所以能这样帮助贫民，一方面是由于政府的说服教育工作使他们懂得了“根据地是一家人”的民族大道理，另一方面是共产党及边区政府的政策兼顾各阶层利益，加强了各阶层团结。例如冀鲁豫职工会在去年八月末，号召全会雇工大会与雇主团结救灾，积极从事生产，甚至对向来不能按期付工资的雇主在不影响工人生活的原则下，工资也可以延期，或减少一部分。

贫苦农民对慷慨捐输借粮的富户，也很关心，例如家洛村士绅杜先生，曾两次自动借粮给贫民，后来他有八亩地眼看就要荒了，农救会干部赵担小等四十五人都自动拿锄头帮助他锄地，所以在向天灾斗争中，根据地人民更加亲密的团结起来。

戊、驻军的自力更生运动

晋冀鲁豫边区的驻军（十八集团军），几年来在粮饷弹械断绝接济的情况下实现“自力更生”运动。坚持了艰辛的敌后抗战事业，为了减少民众的负担，自己厉行生产节约来解决了物质上的困难。各级的领导者从彭副司令起，都直接参加了生产劳动。一年来生产成绩已显著的表现出来，太行区方面，在部队机关生产会议上一二九师生产部评定结果，各单位中以太行四分区成绩最好，其次是太岳一分区，各部队种地达一九三七亩，其中大部分为荒地，收获成绩，依目前年成最低估计也在一百一十万元以上，远远超过去年生产任务。在救灾补种采菜的运动中也获得了优异的成绩，计进行三百个亩的秋耕种麦工作，在年初群众春耕工作中，也有较好的成绩。生产卓著的×团，每人开荒三亩，要自给两个月的粮食，菜蔬几乎全部自给。他们除了本身的生产以外，还经常帮助居民进行农忙时期的各种劳作。如劳动英雄赵小二，就是好模范，在去年的灾区中，给人民留下了不可磨灭的良好印象。

“自力更生”的另一方面是精兵简政，节约民力，我们的口号是“白天多做事，晚上少点灯”、“人人要当家，公私两节约”、“谁不了解民困，不体念时艰，谁就不是好干部”……订了具体的办法实行粮食节约（做到“足食足兵”），被服的节约，公杂费节约的限制，牲畜及其他的节约（不合级制的牲畜不得开公粮，编余牲口贷予贫苦农民春耕）。在节约的雷厉风行中，×区最高行政机关一处就首先起模范作用，节省粮食，移作减免太行区人民负担之用。

晋冀鲁豫边区在正确的民主政策的实施下，人民抵抗了敌人和天灾的摧残。他们从生活的奴隶变成了生活的主人，军民合作，结成了一支无坚不摧的力量，用这无比的力量，开辟了经济建设的大道！

选自《晋冀鲁豫边区史料选编》第二辑，山西大学晋冀鲁豫边区史研究组编印，第270～284页。

八、文教卫生

1. 晋冀鲁豫边区强迫儿童入学暂行办法

1941年1月颁布施行

一、为实行边区施政纲领普及国民义务教育特制定本办法。

二、根据教育事业发展现状，暂定小学前四年为义务教育实施期。

三、凡八岁至十四岁之学龄儿童，除有特殊情形经当地主管教育机关之特许外，概须强迫入学。

前项以年长之学龄儿童尽先入学，逐步推行，分六年完成国民义务教育（例如：民国三十二年起第一年全村十三岁以上之儿童须全部入学，第二年十二岁以上儿童全部入学，由此类推，至第六年全部入学）。

入学人数不足者，动员邻村儿童充实之，依前项入学年限，同一学龄之入学儿童数，仍有不足者动员次低年之学龄儿童充实之。

十四岁以上之失学儿童，亦应继续强迫入学，如因在学儿童过多，教员无法照顾，得移归民众学校，或成立夜学补习班容纳之。

四、前条所称之特殊情形如下：

甲、家境贫苦，虽经优待，但事实上仍须参与劳动与业务，终日无闲假［暇］者。

乙、虽已届学龄，但身心发育尚未健全或有疾病者。

五、各村学龄儿童应每届开学前一月内，由各村小学教师协同教育委员会详细调查登记，在调查中应进行深入动员说明儿童应当入学之理由、利益以资说服。

六、儿童家长如经剀切说服又无前述特殊情形，仍不令其子女入学时，即依下列办法处理之：

甲、第一次由村长予以劝告。

乙、村长劝告无效时，即交区或交联合校长，由区长或联合校长予以劝告。

丙、区长或联合校长劝告无效时，则课以三元至五元之罚金，是项处罚权由区长、联合校长执行之。

丁、执行以上处罚如无效时，得加重处罚。

七、因处理前项事件，所得之罚金，由县保存，做（作）为小学校奖金，或购置设备用品。

八、小学为适合各地情况，得施行二部教学，小学内附设半日或全日或午校或夜校，学龄儿童有不能全日入校者得分别参加之。

九、实施二部教学之课程及时间，暂以小学暂行规程规定者为标准，但得斟酌情况减少不必要课目（如劳作、游戏、艺术）与增加必要课目（如乡土教材，实用智识）。

十、前条所称之增加或减少课程，由各县自行规定，呈请专署批准施行之。

十一、本办法经边区政府委员会通过由教育厅以命令施行之，如有未尽事宜须要修正时同。

十二、本办法只适用于各县乡村初级小学。

选自《晋冀鲁豫边区法令汇编》，边区政府1943年7月编印，第102～103页。

2. 晋冀鲁豫边区村立与私立小学暂行办法

1942年3月4日通令施行

第一条　为辅助边区国民教育之发展，鼓励村立与私立小学之创办起见，特订定本办法。

第二条　本办法所称村立小学，系以本村社产或族产收入兴办之小学，私立小学系私人出资创办之小学。

第三条　村立小学得冠以该村村名，如某某村公立小学校或某族姓字。如某氏公立小学；私立小学以冠以创办人名字或自行取名，如某某私立小学校字样。

第四条　村立与私立小学，得组织学董会负责学校管理经费之筹措及人员之聘定诸行政事宜，其组织章程得自行拟定之。

第五条　根据小学规程第二章第七条之规定，村立与私立之小学须在所在地之县政府立案，并接受县府之监督与指导。

第六条　村立与私立小学，须聘用政府检定合格之教员，政府对此等之教员有调训之权。

第七条　村立与私立小学，须按小学暂行规程中规定之课程种类与时间上课，并采用政府审定之教材。

第八条　村立与私立小学，均须遵照执行小学规程中之有关规定。

第九条　政府对村立与私立小学办理不善者，得随时取缔之。

第十条　村立与私立小学之办理优良者，政府得视其必要予以奖励与辅助。

第十一条　政府对村立与私立小学之创办人，可给予下列各种奖励：

第一项：颁发名誉奖状。

第二项：颁发名誉奖章及匾额。

第三项：建立纪念碑。

第十二条　本办法经晋冀鲁豫边区政府委员会通过由教育厅颁布施行。如有未尽事宜，得由教育厅以命令补充之。

选自《晋冀鲁豫边区法令汇编》，边区政府1943年7月编印，第101～102页。

3. 晋冀鲁豫边区国民教育视察员暂行通则

1942年9月公布

第一条　为提高边区国民教育之质量，加强检查督导工作，设立聘任视察员，特制定本通则。

第二条　视察员之聘任，由县以上之各级政府按本通则之规定行之，聘任手续如下：

一、由各级政府直接聘任。

二、由各文化机关民众团体介绍推荐经政府予以考查，合格后聘任之。

三、自行介绍取据适当保证经政府审查合格后聘任之。

第三条　凡符合于下列条件之各级党、军（军队政工人员）、民干部、各级参议员、新闻界、文化界工作同志或人士，均得聘任之。

一、对国民教育有研究或热心积极者。

二、具有初中以上之文化水准者。

三、能在一定时间一定地区坚持工作者。

第四条　各级政府聘任视察员人数规定如下：

一、教育厅（或行署）不得超过五人。

二、专署不得超过三人。

三、县不得超过其分区数。

第五条　视察员之检查督导部门如下：

一、各地之小学校。

二、各地之冬学、民众学校、民众教育馆。

第六条　视察员之职权如下：

一、检查督导小学教员之教学、宣传、学习、生活，并有提出批评及奖惩任免建议之权。

二、对小学、冬学、民校等学生，有抽查考试之权。

三、得参加各级政府有关教育问题之会议及各级学校（如联合学区）会议。

四、其他有关边区教育行政及建设上材料问题之反映。

第七条　视察员为义务聘任职，每月由各级政府给予工作津贴费如下：

一、教育厅或行署聘任者十元。

二、专署聘任者八元。

三、县政府聘任者六元。

第八条　视察员之任期一般定为一年，连聘得连任，但中途因工作转移或居住迁徙时，政府得随时解聘及补聘。

第九条　视察员之工作关系如下：

一、视察员直接受聘任政府及其专管部门之指导，但在工作中须与当地政府及其主管教育部门密切取得联系接受其意见。

二、各级政府聘任之视察员，彼此无领导或隶属关系，但上级政府聘任之视察员得由受委托及因工作需要，以联系方式，检查下级政府聘任之视察员。

三、各级视察员对有关政府教育法令制度规定内之问题，得提交或会同地方政权解决之，凡涉及原则制度变更之事项，必须视其性质范围，分别通知当地及报告直属政府处理之。

第十条　视察员之检查汇报制度如下：

一、县视察员每三月须视察所在区域国民教育部门一次。

二、视察员各视察一部门，须在该部门及本人视察日记中互相登记盖章，以资检查。

三、视察员每三月须向聘任机关做书面或口头报告一次，遇必要时并须随时以便函报告之。

第十一条　专署与教育厅聘任之视察员，其检查数量应相当于同一时期县聘任视察员检查之数量，汇报制度于每次返回原机关时以书面或口头进行之。

第十二条　视察员违反前条一三两款至两次以上不称职时，得由聘任机关解聘。

第十三条　视察员之工作守则另定之。

第十四条　本通则自通令之日施行之。

选自《晋冀鲁豫边区法令汇编》，边区政府1943年7月编印，第104～105页。

4. 晋冀鲁豫边区小学暂行规程

1942年10月1日公布

第一章　总　则

第一条　边区小学教育，均依本规程之规定办理之。

第二条　小学为实施国民义务教育之场所，依据边区施政纲领第十项规定之教育方针，以促进儿童民族觉悟，养成儿童民主作风，适应儿童身心之发展，培养儿童生活必需之知识与为大众服务之精神为目标。

第三条　小学实行四二制，初级四年，高级二年，以收满八岁至十四岁之学龄儿童为主，其在十四岁以上之失学儿童亦得入学。

第四条　为推行普及义务教育起见，初级四年得实行强迫入学制，办法另定之。

第五条　小学不收学费，为救济贫寒抗属儿童一般贫苦儿童及敌占区流亡学生，并得予以物资上之优待，其办法另定之。

第六条　基本根据地以外之地区，得依具体斗争环境，采取适当方式，推行小学教育，以启发儿童之爱国思想，民族意识，及时揭发敌伪之奴化欺骗教育。

第二章　设置及管理

第七条　小学系国民之基础教育，应由政府设立之，同时奖励私人创办，但须受政府之监督指导。

第八条　为发展小学教育，及便于辅导管理起见，初级小学实行联合校长制，每五所学校，设联合校长一人，负责辅导管理所辖学校。校长必须依托一校，并须兼课，但全县小学不满十五所者不设。

第九条　小学以高初级合并设立为标准，称完全小学。

第十条　小学之名称规定如次：

（一）由县立者称 Xx 县公立第 x 完全小学。

（二）高级单设者称 X 县公立第 X 高级小学。

（三）初级单设者得冠以所在村名称 x 县 xX 区 KX 村初级小学校。

（四）实验小学得冠以实验等字样，如 X 县 X 区 Xx 村实验初级小学校。

第十一条　小学应于每学期开始后三周内。将学校编制教职员名册，儿童名册，失学与入学儿童比较表，入学、休学、退学、转学一览表等呈报本管教育机关备案，其系实验性质者，并须于每学期将实验计划及结果，呈报主管教育机关转呈教育厅。

第三章　经　费

第十二条　小学经费由县地方经费内统筹之，非县立者由该直属部门负责。

第十三条　小学经费一律按规定具领实行实报实销，每月报销一次不另做预算。

第四章　编　制

第十四条　小学学级编制，高级班以每级学生三十人为标准，初小以六十人为标准（一个教区及一个学级者），但高初小之每个学级至少不得少于二十五人。

第十五条　初级小学，应视村庄之大小，及经常入学儿童之多寡分为甲、乙、丙三等。经常入学之儿童在六十人以上者为甲等，四十人以上者为乙等，二十五人以上者为丙等，不足二十五人者为代用小学。

第十六条　前条所称代用小学，得视教育经费之状况，设立或停办之，并可采取巡回制，教员巡回各村教学。

第十七条　初级小学得实行二部编治，视当地情形，分间日制及半日制。

第十八条　初级小学应采取单级复式教学制，如有两个班级以上之人数时，或实行二部教学制时，可将一二年级合堂上课，三四年级合堂上课，也可以一三年级合堂上课，二四年级合堂上课，并以导生制辅助之。

不足五十人之高小也可采单级复式教学制。

第十九条　一个学级之初级小学，设校长兼教员一人，两个学级以上者，每增一级增设教员一人，但经常入学儿童满六十人以上者始得分级。

第二十条　一个高级班之完全小学设校长一人，教员一员（高级班），伙夫一人，两个高级之完小，设校长一人，教员二人（高级班内有一人兼教导主任），文书兼事务一人，伙夫二人，每增一级添教员一人，伙夫一人。高小校长，均须任课，并不得少于教员任课时数三分之一。

第五章　课程及教学

第二十一条　小学教学科目及每周教学时数列表如次：（以分钟计）

<table>
<tr><td colspan="2" rowspan="2">年级
分数
科目</td><td colspan="2">低年级</td><td colspan="2">中年级</td><td colspan="2">高年级</td></tr>
<tr><td>一年</td><td>二年</td><td>三年</td><td>四年</td><td>五年</td><td>六年</td></tr>
<tr><td colspan="2">国语</td><td colspan="2">300</td><td colspan="2">350</td><td colspan="2">300</td></tr>
<tr><td rowspan="3">常识</td><td>社会</td><td colspan="2" rowspan="3">200</td><td colspan="2" rowspan="3">250</td><td colspan="2">300</td></tr>
<tr><td>自然</td><td colspan="2">150</td></tr>
<tr><td>卫生（公民）</td><td colspan="2">100</td></tr>
<tr><td colspan="2">算术</td><td>100</td><td>150</td><td>200</td><td>250</td><td colspan="2">250</td></tr>
<tr><td rowspan="2">游唱</td><td>唱歌</td><td colspan="2" rowspan="2">150</td><td colspan="2" rowspan="2">150</td><td colspan="2">50</td></tr>
<tr><td>体育</td><td colspan="2">100</td></tr>
<tr><td rowspan="2">劳作</td><td>美术</td><td colspan="2" rowspan="2">150</td><td colspan="2">50</td><td colspan="2">50</td></tr>
<tr><td>劳作</td><td colspan="2">100</td><td colspan="2">100</td></tr>
<tr><td colspan="2">总数</td><td>900</td><td>950</td><td>1 100</td><td>1 150</td><td colspan="2">1 400</td></tr>
</table>

说明：

（一）时间分配以五十分钟一节为标准，教学时，得视科目性质，分别延长至六十分钟或缩短至三十分钟。

（二）国语课包括说法、读法、写法、作法在内。

（三）社会包括历史、地理、及政治常识等，高级可分编。

（四）算术自四年级起加授珠算。

（五）初级常识课包括社会、自然及卫生，高级包括社会、自然、公民。

（六）每周总时数，得依地方情形减少或增加三十分钟至六十分钟。

小学课程标准另定之。

第二十二条　小学得视各地情形增加补充教材（如乡土教材及临时政治教材）由县或专署编辑，呈请上级教育机关审定之，但其时间分配不得超过原课程规定十分之二。

第二十三条　小学教学之原则如次：

（一）注重实物观察，生活体验，集体讨论及体力劳动与锻炼的方法基础上，进行理论与实践的统一教学。

（二）适合儿童身心发育状况，由近及远，由浅入深，由具体到抽象，并注意各科联系。

（三）以集体的启发为主，辅以自学辅导及行动上的设计教学。

（四）复式教学应尽量利用导生制。

第六章 儿童生活指导

第二十四条 小学儿童生活指导原则规定如次：

（一）注重说服方式以养成儿童自觉的遵守纪律之习惯。

（二）培养儿童之自尊心理，采取积极的鼓励，并适当的表扬模范。

（三）制定儿童公约。养成儿童集体精神。

（四）坚决废止体罚及一切有碍儿童身心发育之惩罚。

（五）养成儿童眼睛向下，实事求是，从注意周围环境乡土事物之习惯以启发其科学精神，爱国思想的习惯。

第二十五条 小学为养成儿童集体的民主生活习惯。须指导儿童组织儿童团，高年级学生并得组织学生会，参加学校内外各种社会生产活动。

第二十六条 小学须随时联络儿童家长（如召开恳亲会，进行家庭访问等），讨论关于教育儿童之各种实际问题，以取得家庭教育与学校教育配合之一致，教员应以家长之意见作为实际指导之参考。

第二十七条 小学须指导建立小先生制，推行普及教育，帮助扫除文盲，以鍜（锻）练儿童之服务精神。

第二十八条 儿童生活指导标准另定之。

第七章 设备

第二十九条 小学应有游艺场所，在根据地经费物质现有之条件下，设备（置）各种可能设备之游艺器械。

第三十条 小学儿童所用之桌凳或代用物，须力求适合儿童身长之比例。

第三十一条 小学应设备下列各种有关学校管理之簿册图表。

（一）初级小学应有：一、点名册；二、成绩考核簿；三、请假登记簿。

（二）高级小学除有以上三种外，须有：一、教职员学生及校役一览表；二、公物及校产登记簿；三、经费收支簿；四、校务会议记录簿；五、教学日记簿；六、学校沿革记录表；七、休学退学转学登记簿。

第三十二条 小学之各种公物设备，须负责加以保护，工作调动教员交替时，应履行正式交接手续。

第三十三条 小学之各种设备及其他校产，由村教育委员会负责保管，高级小学由校长负责。

第八章 成绩考查

第三十四条 小学儿童学业成绩之考查，除平时考查外，分下列三种：

（一）临时试验：每科每学期至少须有三次，其平均分数占本学期总成绩之百分之七十。

（二）学期试验：于每学期终举行之，但在毕业之一学期得予免除，而以平时成绩代之，其平均分数占本学期总成绩之百分之三十。

（三）毕业试验：于毕业时由县统一举行，或数校联合举行，其分数计算与各学期成绩之总平均分数平均之。

第三十五条　小学儿童之升级留级规定如次：

（一）初级儿童各门功课平均数在六十分以上，及主科（国语、算术、常识）有两门满六十分者得升级，否则留级。

（二）高级儿童各门功课平均分数在六十分以上，及主科（国语、算术、社会、自然）有三门满六十分者得升级，否则留级。

第三十六条　小学得举行各种成绩竞赛，县区以每年一次为原则，联合学校每学期不得超过两次。

第三十七条　小学成绩考查及儿童升级留级情形，于每学期必须公布，并报告上级与通知儿童家长。

第三十八条　各级视导人员到校时，得随时抽考儿童。

第三十九条　小学儿童之操行成绩以平时对儿童进行生活指导时所考查者为标准。

第九章　入学及毕业

第四十条　小学儿童入学年龄一般定为八岁，但得视当地具体情形灵活执行之，以男女合校为原则。

第四十一条　小学儿童入学，应由教员举行个别谈话，以考查其身心发育状况，高级学生并须举行入学试验以便编级。

第四十二条　小学得斟酌情况招收各年级插班生，插班生须履行入学测验，以便编级。

第四十三条　小学儿童，因身体或家庭之特殊情形，得请求休学一学期或一学年，期满复学。

第四十四条　小学儿童因身体或家庭迁移等特殊情形，经学校考查属实者，得准予转学或退学。

第四十五条　小学得设置借读办法，凡沦陷区儿童不论迁往何村，均得借读于该村小学。

第四十六条　借读生之待遇与原校学生同。

第四十七条　小学儿童修业期满，经考查成绩及格者准予毕业，并由当地政府主管教育机关证明，给予毕业证书。

第十章　学年学期与假期

第四十八条　小学以秋季始业为标准，但亦得实行春季始业。

第四十九条　小学自每年八月一日起至次年七月三十一日止为一学年。

第五十条　一学年分两学期，自每年八月一日起至次年一月三十一日止为第一学期，二月一日起至七月三十一日止为第二学期。

第五十一条　小学儿童每学年在校上课时间，高初级均须达到四十周。

第五十二条　小学之假期规定如次：

（一）高级小学实行寒暑假制，每学年假期（包括节日假）不得超过十二周。

（二）初级小学得适应农村劳动季节适当缩短寒暑假辅助以麦秋假制，但麦秋假日期总共不得超过四十日。

第五十三条　小学寒暑假期之起讫时间，依据前条标准，由边区教育厅每年颁布之学历中规定之，麦秋假之日期则由各县自行规定呈报专署备案。

第五十四条　各种纪念节日放假办法，于每年颁布之学历中规定之。

第十一章　教职员

第五十五条　小学教员须受主管教育行政机关之检定，否则不得任职。其检定办法另定于小学教员服务暂行条例中。

第五十六条　小学教职员得享有受训之机会与义务，其办法另定之。

第五十七条　小学教员之成绩每学年由当地主管教育行政机关考核一次，其办法详见小学教员服务暂行条例。

第五十八条　小学教员之资格年龄，进退考核等情况，每学年须由当地主管教育行政机关登记于学年开始后一个月内，向上级呈报。

其在一举期中有所变动者，并须于学期开始后一个月内，向上级呈报。

第五十九条　小学教员等级划分标准，以工作考核成绩与检定测验之成绩平均分数定之。

（一）八十分以上者为中等。

（二）七十分以上八十分以下者为乙等。

（三）六十分以上七十分以下者为丙等。

（四）五十分以上六十分以下者为代用教员。

第六十条　小学教员待遇等级以考核检定之成绩为标准。

第六十一条　小学教员之服务任用条例另定之。

第十二章　研究辅导

第六十二条　小学应以联合学区为单位，建立研究小组，研究儿童生活现象及教导方法，此项研究小组，每月至少开会一次，并得请上级教育行政机关之视导人员参加，会议可与联合学区会议合并举行之，学校教员在三人以上者得单独组织进行研究。

第六十三条　小学教员除担任教学等工作外，得享有学习之便利，政府并予以物质上之优待，其办法另行定于小学教员服务暂行条例中。

第六十四条　小学教员研究辅导着有成绩者，应由当地主管教育行政机关依照小学教员服务暂行条例规定褒奖之。

第十三章　附　则

第六十五条　本规程经边区政府委员会通过后，由教育厅以命令颁布之。

第六十六条　本规程之规定，如有不适用于各行署区者，各行署可另颁实施办法，略加变通补充，但须呈报教育厅备案。

第六十七条　本规程之施行教育厅得随时以命令指示之，遇必要时，并得以命令修正之。

选自《晋冀鲁豫边区法令汇编》，边区政府1943年7月编印，第86～94页。

5. 晋冀鲁豫边区小学教员服务暂行条例

1942年10月5日公布

第一章 总 则

第一条 本条例依据本区小学暂行规程第五十九条之规定订定之。

第二条 小学教员之任务：

甲、负责学校行政教育儿童。

乙、推行社会教育，进行扫除文盲及一般宣传工作。

丙、协助村教育委员会推动其他有关教育文化之工作。

丁、教员除本身教育工作以外，得帮助其他工作，但不得妨碍岗位工作之进行。教员只接受各级政府及其教育行政机关之命令与指示，其他机关团体不得命令。

第三条 凡年满十八岁之公民，不分党派，只要赞成抗日，赞成民主，经检定合格并具下列资格之一者，均得为小学教员。

甲、高小教员

第一款：完全师范与高中师范科毕业者。

第二款：简易师范毕业曾任小学教员一年以上者。

第三款：高中以上毕业曾任教员一年以上者。

第四款：初中毕业曾任小学教员二年以上者。

第五款：相当于中等教育之程度，曾任教员三年以上经检定合格者。

第六款：服务教育在五年以上，成绩优异获得政府之褒扬晋级令者。

乙、初小教员：

第一款：具有本条甲项各款资格之一者。

第二款：曾任教员并在三个月以上之短期师资训练班毕业者。

第三款：高小毕业曾任教员一年以上经检定合格者。

第四款：相当于高小之程度，工作积极，热心教育工作经检定后得聘为代用教员。

第二章 任 免

第四条 完全小学校长由县遴选开具履历呈请专署核委，教员由县择委或由校长推荐请县政府委任之。

第五条 初小校长教员由县政府委任或由各村遴选合格之教员呈请县政府核委。

第六条 完全小学教职员免职之权属于县政府。

初级小学教员村公所有呈请县府解聘之权。

第七条 教员之任免应在学期开始前及结束时执行之，非有特殊情形中途不得任免教员。

第八条 小学教员每次之任期一律定为一年。

第九条 委任校长或教员均给予委任状，在委任状上须载明任期，任期未满，非有下列情形之一者不得免职或解聘。

甲、有汉奸行为证据确凿者。

乙、违犯刑法证据确凿者。

丙、行为不检或有不良嗜好者。

丁、任意旷废职务者。

戊、成绩不良者。

己、身体残废或有痼疾不能任职者。

如非有前条任何一项之情形而被解职者得详具理由向上级呈请纠正。

第十条　对任期已满之校长或教员，如不再任用时应于学期结束前一个月通知之，任期已满之校长或教员下期如不愿继任时亦应于同一时间向任用机关或学校提出。

第三章　待　遇

第十一条　小学教员之物质待遇采取薪给制或供给制，原则以能维持两人之生活为标准。具体办法由边区政府教育厅按当时具体生活状况统一规定之。

第十二条　小学教员之津贴，得按高级与初秋分别等级，其标准为高级校长教员递差一元。

初级分甲、乙、丙三等，各递差一元，不及丙等之代用教员更递差一元。

第十三条　小学教员之给养津贴全年以十二个月实数发给，不得拖欠，但请假在七日以上者，发给其代理人，无故不到旷废职务者停发。

第十四条　小学教员之自修读物，得由各县教育经费项下统筹款项予以购发，暂以每年一本书一份刊物为限。

第十五条　各县对小学教员之政治生活应予必要之重视，凡有举行之政治报告或学术讲演会，在不妨碍岗位工作之原则下，尽可能允许小学教员参加。

第十六条　女教员，在生产期得援用边区产妇婴儿保健办法之规定予以优待。

第十七条　依法享受前条规定优待之女教员，在修［休］养期间薪金粮食照发，代理人之薪金粮食得另行支给。

第十八条　实行第十六第十七两条规定所需之费用，得与地方教育经费一并由县统筹。

第十九条　小学教育因公受伤或牺牲时，得按政政民工作人员伤亡抚恤办法办理之。

第二十条　小学教员在人格上有完全之自由，任何机关不得无故侮辱逮捕。

第四章　年功加俸

第二十一条　小学教员自抗战开始起，连续任职满五年者，得予以年功加俸之优待，其办法为第六年起增加原薪十分之一。以后每连续任职满二年，即照实薪增加十分之一，但增至第二十年时，即不得再增。

第二十二条　前条所称之“原薪”如遇物价腾涨，教育薪金普遍增加时，即按增加后之数额计算。

第二十三条　教员服务年限以每年暑假开始时为结算期，在每届结算时，合乎规定标准，应行加俸者，即由暑假开始之月份，实行加俸。其尚未达到规定标准者，推移至翌年暑假结算服务年限时再行办理。

第二十四条　每届办理年功加俸时，小学教员须呈交服务年限证明书，开具某年某月至某年某月在某村或某校服务，证明书上并须有该村村长或该校校长以及小学教员二人盖章负责证明。如有虚假，加俸所需之款责成该证明人等追偿。

第五章 考 核

第二十五条 检定系考核小学教员之政治与教育常识，用集体测验法每三年举行一次，但为便利新参加教育工作同志之取得合法资格，每年由县教育科举行补充检定一次。

第二十六条 补充检定合格之教员，与每三年定期集体检定合格之教员享受同等之权利，但届定期集体检定期间，必须参加此次检定。

第二十七条 检定种类分无试验检定，试验检定，不得受检定三种：

甲、具有下列资格之一者得受无试验检定：

第一款：完全师范与高中师范科毕业者。

第二款：简易师范毕业曾任小学教员二年以上者。

第三款：高中以上学校毕业曾任小学教员二年以上者。

第四款：初中毕业曾任小学教员三年以上者。

第五款：曾任小学教员五年以上，确有成绩并获得三年以内政府以褒扬令者。

以上资格之证明需有毕业文凭，如已遗失者须有服务五年以上之小学教员二人负责证明。

乙、具有下列资格之一者，须受试验检定：

第一款：曾任或现任小学教员满一年者。

第二款：曾在师范学校修业一年或其他中等学校修业二年以上者。

第三款：高级小学毕业或具有同等学力者。

丙、具有下列情形之一者不得受检定：

第一款：有妨害抗日民主之言论行动确有具体事实者。

第二款：曾受抗日政府之刑事处分者。

第三款：褫夺公权尚未恢复者。

第四款：人格破产为人不齿者。

第五款：染有不良嗜好者。

第二十八条 小学教员每年应受行政上之鉴定一次，鉴定内容以工作、学习、生活为主，表格式样，由教育厅统一制定，各县印发，高级小学或完全小学以校为单位，初级小学以联合学校为单位，并由各村教育委员参加，采取集体讨论方式。

第二十九条 凡获得下列成绩之两项时，得享受政府之褒奖。

甲、动员经常入学儿童占全村学龄儿童总数百分之八十以上者。

乙、能坚决执行主管机关之命令、指示及各种决议者。

丙、能按期完成教学计划，且有百分之八十以上学生能全部接受者。

丁、在教学管理上有所创造，并确实获得成绩者。

戊、努力协助社会教育及担任宣传工作确有成绩者。

己、努力学习，坚持学习制度，经检查确有成绩者。

第三十条 凡同时具有上条成绩之任何三项者得晋升一级。

第三十一条 凡具有下列情形之一者，应受批评之处分：

甲、动员经常入学儿童不足全村学龄儿童总数百分之三十者。

乙、不能执行主管机关之命令、指示，及各种决议者。

丙、不能按期完成教学计划者。

丁、讲授课程二分之一学生不能接受者。

戊、不协助社会教育之推行及担任宣传工作者。

己、无故离校在七日以上者。

第三十二条　凡具有第三十一条情形之任何两项者应受警告处分。

第三十三条　凡具有第三十一条情形之任何三项者应受撤职处分。

第三十四条　凡具有第三十一条情形之任何四项者取消教员资格。

第六章　附　则

第三十五条　本条例经边区政府委员会通过后由教育厅以命令公（布）施行之。

第三十六条　本条例如有未尽事宜得经边区政府委员会通过教育厅以命令修正之。

选自《晋冀鲁豫边区法令汇编》，边区政府1943年7月编印，第94～99页。

6. 北方局关于国民教育给太行分局一封信

1943年3月25日

太行分局：

我们对于目前太行太岳区国民教育感觉到有如下几点初步意见，特提出作你们参考：

一、认真的加强国民教育，是贯彻一九四三年“进一步巩固敌后抗日根据地坚持敌后群众性的游击战争，克服困难，积蓄力量，替反攻及战后作准备”的基本任务重要环节之一，一直到今天党与政府中仍然还存在若干忽视国民教育的现象。口头上虽然一般的并不否认国民教育的重要性，教育是“百年大计”是“掌握人民的思想”，但在实际中往往又被忽略，党对于教育很少去讨论检查并积极帮助解决其中的问题，干部中轻视教育工作，只愿意作党的工作，领导工作，政府中的行政工作，不愿作教育工作，认为教育工作是末流的心理，仍然相当严重的存在。因此为了进一步强化国民教育，必须首先克服党内这种忽视国民教育工作的现象。各级党的组织政府中的党团，应把国民教育当作自己经常的中心工作之一，认真的具体的指导与推动国民教育工作之进行，经常讨论检查总结整理国民教育工作的经验，把国民教育进一步向前推进，这样才能使群众在减租减息之后政治觉悟程度继续提高，不致沉醉于经济利益，与走到经济主义的偏向。我们的国民教育工作真正成为实现一九四三年基本任务重要组成部分之一。

二、对于小学教育还须积极的求得更加普及与推广，我们的意见最好能做到每一个编村有一个小学校，使广大农村尤其群众运动已经深入的地区的贫苦失学儿童与青年都有受到教育的机会，在普及小学教育中还应在中心地点增设与建立两级小学校（或完全小学校），我们认为县以下的行政区凡居民人口到达一万五千人者就应有这种两级小学校的设立，居民人口不到这样数目的区，则可由两个区联合建立两级小学校，这样来建立更广泛的小学网。虽然目前某些地区可能受到经费与人力的限制，但应成为我们前进的目标。

在适当的时期中，还应增设中学，现在太行与太岳地方的中学仍然还显得太少，我们认为大体上一个专署范围内应逐渐做到有一个中学，以便提高地方文化政治专门知识水平，与造就大批中级的高级知识分子。

三、为了普及国民教育就必须增加必要的教育经费，据我们所知，各地区有些公共财产（如庙地）应在继续深入群众运动中进一步求得解决，并应切实管理此项经费，防止贪污浪费及把教育经费移作别用等削弱教育经费的现象，这样来使学校进行一些可能的建设与设备和改善对于教育的待遇。为了减少政府的负担，在政府的监督与领导下，在某些地区（文化与经济条件较发达的地区和市镇）推动当地自筹经费自立学校的办法亦是可以采取的，而且政府对于这种文化教育事业应当适当实行奖励。

四、教员问题。根据太行的某些区域看来，还是个比较严重的问题，不少的地区小学教员是掌握在国民党手里，有的甚至是掌握在顽固或者国特分子的手里，这就是说，在这些地区的儿童与青年文化和政治思想的启蒙的钥匙交给了他们，他们变成了这些地区儿童与青年（甚至农村广大群众）文化与思想上的导师，其结果会如何，这是谁也能想像（象）得到的。因此我们必须以大力来解决教员问题，应积极的推动与协助政府开办小学教员训练班或师范学校，有计划的培养与改造旧有的师资，提高他们的政治品质与教育能力，并从这中间来鉴别他们的政治品质与能力，散布或蛰居在农村中的公正开明士绅应动员他们出来参加教育工作，对于教师我们固然一方面应去改善其物质待遇提高其社会地位，但同时还应提高其政治质量。在抗战中经过各地亲自培养出来的高小毕业的优秀分子吸收与培养他们作初小师资，亦是解决教师方法之一。此外从党的机关、政府机关、群众团体尤其文化团体干部中动员与征调一批优秀的党员知识干部去从事教育工作去当教员是非常必要的，我们必须克服不愿当教员轻视教育工作的现象。文联中的干部应尽可能的做到每一个人都有他一定的社会职业（目前最好是办小学教员训练班），不应是脱离社会职业的专门的文化工作者，同时文化工作者要真正反映现实与进行现实的写作，也只有深入到群众中去作实际的研究和体验才有可能，当教员这是最实际的具体的大众化的文化工作。

五、为了加强对于国民教育的整个领导及日常的检查督促工作，党与政府中的宣传部门应抽调得力的干部专门管理国民教育工作，政府组织中“民教合一”后在领导上不应偏重民政而放松教育，为了补救这一缺点，防止这一偏向的产生，县政府专署应设民教副科长专门掌理国民教育工作，较大的县份及专署民教科之下还可设一二个“督学”，专门担任巡视各县各区学校教育工作。“民而不教”的现象必须克服。

六、关于学制、课程标准、教学原则与方法等党与政府应根据几年来的经验，进一步加以整理，使其成为一套比较完整的合理的东西，以便今后国民教育更正规的发展。关于教育年限的问题，我们意见小学阶段目前似应以三二制为宜（初小三年，高小二年），应以实际授课时间与课程收效配合计算成绩，敌后环境较动荡，年限不能提得太高，中学阶段则采取三年制为宜，小学与中学的阶段中都可开办半年或一年的补习班，使某些对于课程学习不足或须继续升学之部分学员有获得短期补习机会。

七、此外社会教育中，我们同意分局一九四三年宣教工作指示中关于冬学运动、民革室、救亡室、俱乐部文化团体的意见，这里只感到农村旧剧班到处无条件的表演旧剧，这对于我们在群众中提倡科学民主反对封建迷信的新民主主义教育是一个极大的抵制，而且这中间常常掩盖着某些坏分子的企图，并不完全是群众的要求，我们不能放任，对于旧剧我们一方面积极的进行改造工作，主要的应动员大量的编写或改造旧剧本，经审定后发给各地农村旧剧班广为采用，并派人指导他们，但同时对于旧有剧本中提倡封建迷信传播反动思想之部分，应立即实行取缔禁止采用，通过各地政府明令规定旧剧本中那些应取缔，那些可以采用，及随时禁止未经政府审查认可之旧剧本之出演，这也是改造旧剧班、督促旧剧班进步的方法之一。

此致

布尔塞维克的礼!

北方局一九四三、三、二十五。

（转知北方局、山东分局、冀鲁豫区党委并报告中央）

选自《晋冀鲁豫边区史料选编》第二辑，山西大学晋冀鲁豫边区史研究组编印，第59～62页。

7. 晋冀鲁豫边区民众学校暂行规程

1943年4月15日通令施行

第一章　总　则

第一条　民众学校，应根据边区教育总的方针和目标以提高人民政治觉悟与文化水平，培养民主科学思想，从长期着眼来扫除文盲。

第二条　民众学校之学生，一律不脱离生产，凡识字不满一千，年在十五岁以上之男女皆可入学。

识字满一千字之男女必须动员上政治课。

第三条　民众教育与扶植群众运动，进行民主建设密切结合，并以识字达一千二百为标准。

第二章　设置、组织、领导

第四条　民众学校以村庄为单位设置之。校名即冠以村名，一村设有两校以上者，以数字列序之。如“XX村第X民众学校”。

第五条　民众学校设校长一人，教员若干人，组织校务会议，计划与领导全校教导事宜，校长教员均担任课程，校务会议闭幕后，校长主持校务。校长由村教育委员会推荐至县政府聘任之，教员由村教育委员会聘任，并得由小学教员兼任与各团体推荐临时教员。

第六条　民众学校得按学生年龄、性别、识字程度，分编班级。

第七条　民众学校以四十至六十人为限编成一班，班设班长、副班长，协助教员领导本班学习生活。

班长副班长由本班学生推选之。

第八条　班以下划分小组，以五人到七人为一组，组设组长，负责本组学习，讨论，检查与督促到校之责。组长由本组学生推选之。

第九条　民众学校由联合校长及村教育委员会负责领导，各群众团体协助之，其开办与停止，均须呈报县政府备案。

第三章　课程及授课时间

第十条　民众学校课程科目为政治、常识、识字、算术。其课程内容，以边区颁布之民众学校课程纲要为标准。

第十一条　民众学校课程比重：

1. 政治与识字配合上课，共占百分之七十五；
2. 常识百分之十五；
3. 算术百分之十。

第十二条　民众学校授课时间，每次二小时，冬季每日一次，春夏秋三季，多上夜班平均每星期不可少于二次。全年授课时间数以三百六十小时为准。

第四章　修业、毕业

第十三条　民众学校修业期限暂定为四年，高初级各二年。

第十四条　每学年分两学段，三至十月为第一学段，十一月至次年二月为第二学段，每学段终了，举行测验一次，成绩优良者升级，不及格者留级。

第十五条　修业期满考试及格者准予毕业。由村公所报请县政府发给毕业证书。

第五章　待遇及经费

第十六条　民众学校校长及教员，均为义务职，但经县政府批准，得免服抗战勤务一部或全部。如需其他待遇者得由村中按具体情况自行决定之。

第十七条　民众学校校长及教员，积极负责成绩优越者，得由政府奖励之。

前项奖励办法另订之。

第十八条　民众学校学生，一律免收学费，其课本文具则由自备，如家境贫寒，调查确是（实）无力购置者，得由村教育经费或村公产中补助或供给之。

第十九条　民众学校经费，由村款开支，开支手续及数目另订。

第六章　附　则

第二十条　凡各级政民机关（包括附属机关）团体学校，对驻在村之民众学校均有派员协助推动及担任授课（政治课）之义务。

第二十一条　民众学校，得组织在校学生，成立本村农村剧团及参加本村俱乐部之文化娱乐活动，以扩大教育效果与影响。

第二十二条　本规程自公布之日施行。

第二十三条　本规程如有未尽事宜，得由边区政府修改之。

选自《晋冀鲁豫边区法令汇编》，边区政府1943年7月编印，第99～101页。

九、土地租债

1. 关于合理负担与减租减息的意见[①]（署名：王卓如）

1939年9月

甲、合理负担

1. 对合理负担应有的认识：

山西当局曾规定有简单的原则：得利的人重重负担，有地的多多负担，有钱的多负担。又规定十一等村、二十等富户。——至于如何分配下去则在做的人。因此，我们解释成为军事共产主义可以，解释成封建剥削制度也可以，因十一等村、二十等富户就没有确定标准。因此，我们给它们作一个结论：

（1）是一种暂时的过渡时期的摊派办法，绝不能长久维持下去。

（2）没有科学根据与标准。

（3）易引起群众反对，贫富都不满意。

2. 合理负担的毛病：

（1）同等村同等富户可出不同的负担，村与村的比率不同。

（2）因合理负担没有科学根据，怎样说都可以变成合理，但实际上是不合理的，有时会按间按户来平均摊派。

---

① 原注：王卓如当时为晋冀豫省委员、党校校长。本文是王卓如在中共晋冀豫区第一次代表大会上的发言要点。

(3) 地主士绅〈的〉舞弊，贫、中农担负最重。为了避免负担，地主士绅常使用伪造地册假分家、女儿嫁雇工、名义上分地给贫家等方法，蒙上欺下进行旧的剥削。

(4) 合理负担办到稍为合理，会引起地主士绅与中农贫农的对立。贫苦群众及某些干部对富人多出不表扬、不鼓励，使富人以多出为光荣；反抱仇恨态度，因为恨他，才叫他多出。

(5) 摊派时多，收齐时少。地主士绅消极抵抗；同时没有限度，一年可以摊派无数次。空额多半是地主士绅没有拿出来，但受威胁很大，引起贫富对立，对政府失掉信仰。

(6) 可以引起村与村、封建集团与封建集团的对立。

3. 合理负担的害处：

(1) 影响农业生产，大部地主士绅把粮食藏起来烂掉，把钱藏起来。

(2) 影响社会统一战线，基本原因是由于合理负担造成了社会贫富的对立，进步政权与富人地主的对立。

(3) 影响广大群众参战。民生问题不能解决，群众就不热忱参战（政府原定负担户不超过百分之三十，但没有一个地［区］做到。一般都是百分［之］六十、七十、八十）。

{此处约损缺 23 字} 有力出力，应当很好进行宣传教育。有钱出钱、有力出力是光荣的，反对认为出钱不出力就不光荣的说法。

我们从合理负担的基础上逐渐走到谷物累进税，根据合理部分实行谷物累进税，按收入支出为标准。

在过渡期间合理负担还不能废止，但应合理进行。应当在各村组织审查委员会，以农会为主，吸进地主士绅、救亡团体参加。标准应当是：

①出不起的不出；

③不合理的要合理；

③有存粮的要出。

故不能一下子就把合理负担改为累进税，尤其在政府未明令改变前，但应实际上做到。如动员救国公粮，实际上应以累进的办法去动员，以公粮动员奠定累进税的基础。

乙、减租减息

1. 适当地实行五一减租分半减息是发动群众参战的有利条件。

要发动群众参战，必须首先团结农村无产阶级骨干及农民大众，但他们今天最迫切的要求就是减租减息，因此必须抓紧解决。

2. 抗战以来减租减息的情况。

因实际上执行得不好，今天佃农比过去要多，今天的贫农借不到钱，或者更加高利钱。有的形式上分半减息，实际上五分六分，因这〔那〕样借不到钱。

有一个人借地主 120 元钱还不起，把一所庄子 {此处约损缺 25 字}。贫雇农生活是十分痛苦的。

3. 减租减息的困难：

(1) 地主欺骗利诱，假减租。某个村子 20%佃农是种自己的地，因系卖给地主又租来的。

(2) 农民落后意识，有的替地主隐瞒，有的是过左，想借法令既不给利又不还本，但不知这一来会无人出借。

（3）农会没有力量，没有地〔把〕这个问题当作自己的问题，所谓生活改善都是空形式。有些农会被富农地主〈的〉把握，根本就□法蒙弊〔蔽〕与制压群众的要求。

（4）政权没力量，不执行新法令。

（5）党对这一问题没有充分认识，把握不紧。

4. 怎样进行减租减息斗争：

（1）广泛深入地教育，要不满足于一般号召，发动斗争。

（2）斗争胜利时应当切实做到换约、改约。召开士绅座谈会，士绅、贫雇农座谈会，要公开地换约，一齐签名盖章。不要太机械，特殊情形要特殊办理。

（3）对抗属租减故〔固〕应特别抓紧，但不应特别的多，因为反害了抗属，使他们租不到地种。

（4）规定租额，必须按地的好坏规定最高租额才能五一减税，否则租子太大，五二减还是高租，对佃户无好处。只有正确地改善生活，才能发动群众参战；只有满足群众要求，才能使群众满足我们的要求。

××　××　××

最近政府已明令改为四一减租，一分减息，各地执行应以各地实际情形确定。

选自《太行党史资料汇编》第二卷，山西人民出版社 1989 年版，第 509～513 页。原注：“原文载于 1939 年 9 月 5 日《战斗》第 21 期”。

2. 晋冀鲁豫边区土地使用暂行条例

1941 年 11 月公布，1942 年 10 月 11 日修正公布，
1943 年 9 月 29 日修补颁布，1945 年 5 月 16 日修补颁布

第一章　总　则

第一条　本条例依据现有土地关系，敌后环境及抗战建国纲领，为团结抗战，增加生产及改善民生制定之。

第二条　本条例所称土地，包括农地、房地、牧地、林地、荒地、山地、水地及一切水陆天然富源。

第三条　本条例所称土地使用，即劳力耕作、资本经营及其他使用关系。

第二章　土地所有权

第四条　下列各项土地均为公有：

一、可通航运之水道河川；

二、公共需用之天然湖沼及水源；

三、公共交通之道路；

四、无契约之矿泉地、瀑布地、古迹名胜、河滩，荒山及森林等；

五、经政府宣布公有之汉奸土地，绝户地及庙地等。

第五条　土地经人民依法取得所有权者，为私人所有之土地；但地下之矿产不在此限。

前项矿产另以条例规定之。

第六条　公私土地之所有权，均受政府法令保障，任何人不得侵犯。

第七条　公有水道河川两岸及公有湖沼地周围之私有土地，如因坍没或冲毁而变成水道河川或湖沼之一部分者，其所有权视为消灭，该冲毁部分之土地，自然恢复时，经原地主凭契约或近邻证明为其所有者，仍恢复其所有权，如须人力修复，而原地主自愿放弃修复或自冲毁后二年以内不修复者，他人有重修权，修复后土地所有权即归重修人，私人有约定者依其约定。

第八条　土地所有人得禁止他人或牲畜侵入其地内；但他人有通行权或依习惯可在其山地牧场内樵采牧畜者，不在此限。

第九条　土地所有人，如遇他人之畜牲或物品偶入其地内者允许其取出，但土地所有人因此而受损害时，得请求赔偿。

第十条　土地所有人非通过他人土地，不得到达其自己之土地者，得依习惯经过他人之土地。

第十一条　土地所有人因邻地所有人在其地界或近旁营造或修缮建筑物有使用其土地之必要时，应许其使用之，但土地所有人因此遭受损害时，得要求赔偿。

第十二条　土地所有人，于须要越界建筑房屋时，须商得邻地所有人购买其土地，如未事先协商而以越界建筑者，视为侵犯邻地所有权，邻地所有人对越界部分之土地，得要求适当之价格出卖。

第十三条　私人土地所有权之继承，以财产继承法行之。

第十四条　绝户土地依土地所有人之遗嘱处理之，无遗嘱者，由其最近亲属继承，无最近亲属或亲属间发生争执，无法解决者，由政府宣布其为族公产，无本族者，宣布其为村公产。前项公产之收益，作为举办公益事业及救济贫苦抗属之用（特别是荣誉军人及其家属）。族公产用于本族范围内，村公产用于本村范围内。绝户土地业经依法继承者，不再变更其所有权。

第十五条　区县之土地，为中华民国领土之一部分，外国人不得以任何方式取得所有权。

一、天主和耶稣教会业经依法取得所有权之土地有契约证明者，为教会所公有。其非法取得之土地无契约证明者，退归原地主，无原地主者，由政府收归公有。

二、外国宣教师以私人名义购置或捐募之土地，改为有关教堂或教会学校所公有，依照边区政府法令交纳赋税，其收益作为教会公益经费及办理教育之用。

三、通敌有据破坏边区或与中国政府断绝国交之外国人，土地由政府收归公有。

四、在本条例颁布前教会土地业经处理者不再变动。

第十六条　关于土地之水利部分，另以条例规定之。

第三章　租地与永佃权

第十七条　承租人以自行耕种，或资本经营为目的，约定交付地租使用出租人之土地者为租地，所有租地均以契约为之。

第十八条　承租人与出租人协议订立契约后，即取得租地使用权，凡承租人在租期内按期交清租额，出租人不得无故收回土地，承租人亦不得转租他人。

第十九条　租地在租佃契约上习惯上于本条例修改前已有永佃权者，仍保留之。无永佃权者，仍由双方协议，订立五年以上之契约。但无论何种租佃关系，凡具有下列情形之一者，得缩短年限，或收回土地一部或全部自耕。

1. 定有期限之契约已经满期者；

2. 承租人非因不可抗力，无故连续一年不为耕种而又不交地租者；

3. 承租［人］将地转租者；

4. 出租者确系无以为生，经双方协议同意者；

5. 承租人死亡无人继承者；

6. 承租［人］自动放弃承租权者；

7. 减租后承租人力能交租而故意不交者，但因灾荒歉收，经双方协议减付，缓付或免付者不在此限。

第二十条　出租人出卖或出典租地时，承租人有承买或承典之优先权，出租人须于一月前通知承租人，其通知手续须有村公所及村农会之证明方为有效，如有特殊情况由村公所证明，须于两月前通知。

第二十一条　出租人出卖或出典有永佃权或租约期限未满之土地，新主不得另出租他人或收回自种。但遇新主确系贫苦无以为生者，在照顾主佃双方生活原则下，得经调解收回其租地之全部或一部自种。

第二十二条　出租人因租约期满收回之租地，再行出租时原承租人有依同等条件承租之优先权。

第二十三条　出租人收回租地或承租人放弃租佃权时，均应于秋收后、惊蛰前办理之。并应于办理前三个月通知对方。

第二十四条　出租人收回租地时，承租人纵使拖欠地租，出租人亦不得扣押承租人之牲畜及其他实物，所欠之数作为债务。

第二十五条　出租人除出租土地外，不供给承租人以生产工具与生产资料，而约定一定租额者，为租种地，其地租以土地正产物收获总额千分之三百七十五为标准，但经双方协议，特别硗瘠之土地租额得低于百分之三十，特别肥沃之土地，租额得高至租地正产物百分之四十。

第二十六条　出租人对承租人耕作上必须之牲畜、农具、种子、肥料完全供给者，为半种地，其地租以土地收获物总额百分之五十为标准，但特别肥沃之土地，出租人所得为租地收获物总额百分之五十五，种子由土地产量中扣除之。出租人如仅供给牲畜、农具、种子、肥料等一部分而不全部供给者，得以第二十五条及本条前项之准则以比例规定之。

第二十七条　出租人仅出租土地，并未预先约定租额，而以比例分配租地之当年收获物者，为活租地，其地租以土地正产物总额百分之三十五为标准，承租人所得为百分之六十五，出租人所得为百分之三十五。

第二十八条　未经依法减租之一切地租一律减少百分之二十五，另定新契约。依法减租后租额仍超过第二十五条、第二十六条或第二十七条之规定者得再减至该规定，不及该规定者，依旧约定，业经依法减租者，不得再度实行二五减租。

第二十九条　地租应在秋季或夏季收获后交付之，其约定分两季交付者，按两季交付之。

第三十条　因敌灾水旱虫灾等不可抵抗之力量而致歉收时，出租人与承租人得将土地正产物实收总额按低于原有之比例分配之，其实收总额尚不足或仅足承租人所出肥料种子之所值，或其正产物全部被毁者，得免纳该年地租。

第三十一条　不占租地正当面积之树木，如系出租人原有者，其收益归出租人；但原有约定与习惯者，从其约定与习惯，如系承租人栽植者，其收益归承租人，前项树木之栽植以不妨害租地之正当生产为限。

第三十二条　地租以现金交付，因物价变动致损及出租人或承租人收益过甚者，双方均得提出改定契约。

第三十三条　承租人向出租人借贷粮食，以习惯不行息者，从其习惯，其行息者，息率不得违反分半减息之规定。

第三十四条　承租人于保持租地原有之性质及效能外，得与出租人协议或自由进行对于土地之改良，但其进行情形及所需经费应通知出租人。

第三十五条　出租人收回租地时，承租人得要求出租人偿还其租地改良所出之费用，但以尚未失去效能部分之价值为限。

前项价值由双方协议，协议不成时，由村民事委员会或农会调解之，调解无效时，得呈请县政府作最后决定。

第三十六条　承租人不论取得原出租人同意与否，均不得将租地全部或一部暂租他人，业经转租者，其转租之约定为无效，第二承租人应以原租额直接向原出租人交租，自本条例颁布之日起，三个月后仍有转租者，应受法律处分。

第三十七条　出租人不论是否出于承租人之自愿，不得预收地租或押租，违者除一律退还承租人外，承租人并得依其预交地租或押租之期间及额数，以一般交租时间为标准按月扣算利息。

第三十八条　除法定地租外，出租人不得再有杂租，小租，送工，送礼等额外索取。

第三十九条　出租人除出租土地外，使承租人无报酬捎种其土地者为额外剥削，一概禁止，自本条例颁布之日起，二个月后仍有实行捎种情事其出租人应受法律处分。

第四十条　租地之资产负担，由出租人负担之。

第四十一条　外国人在尊重中国主权，及遵守边区政府法令之原则下，经专员公署以上政府之批准，得依法租用必要之土地办理实业文化公益及宗教事业，但违反中国法令时，政府得随时撤销其租用，前项土地未经政府批准，边区人民不得自行租赁于外国人。

第四十二条　在本条例颁布前，承租人所欠地租，以下列办法清理之：

一、确系因灾荒歉收致欠者，得按灾荒实情减少或免付。

二、普通欠租在二年以内者，按二五减租计算，不得计算利息，于五年内分期偿还。其二年以外之欠租一律免交。

第四章　典地与押地

第四十三条　承典人依法交付典价，订约税契后，在典权存续期间，享有使用出典人土地之收益权利者为典地。

第四十四条　典地自立约之日起三年以内不准赎回，其三年以上三十年以内出典人得随时以原典价赎回，有约定年限者，依其约定；超过三十年者，经承典人将原典契当作卖契税契后，典地所有权即归承典人。

第四十五条　出典人赎回典地应于秋收后惊蛰前为之。

第四十六条　出典人赎回出典之土地再行出租时，须履行第二十一第二十二两条之规定。

第四十七条　承典人因改良土地所需之费用在典地赎回时，得在现存效能内，请求偿还。

第四十八条　承典人在典地上之有利建筑及土地改良，出典人赎回时，应听承典人撤回，其不能撤回或因撤回损失土地之生产效能者由双方协议归出典人收买；协议不成时，由村民事委员会或农会调解之，调解不成时，由县政府作最后之判定。

第四十九条　承典人得将其典地转典或出租于他人，但转典期限不得超过原典期限，转典价不得超过原典价。

第五十条　承典人因事实需要，而出典人暂无收回典地之能力时，承典人得将典权让与他人，典权让与后，受让人应继续原承典人与出典人之关系。

第五十一条　承典人不得出卖典地。在本条例颁布前，出卖典地业已税契者，应由承典人依出卖时地价补偿出典人之地价，如未税契者，其出卖关系作为无效。

第五十二条　出典人出卖其典地时，承佃人有购买之优先权。出典人出卖典约期限未满之土地，新主不得收回自种或另出典他人。

第五十三条　典地因天灾或其他意外，以致全部或一部消灭者，其消灭部分之承典权与赎回权均归消灭。

前项情形出典人赎回典地之余存部分时，得由原典价中扣除消灭部分之典价，承典人得修复消灭部分之土地；但所需费用超过消灭部分土地之原典价时，由双方协议解决之。

第五十四条　因承典人之过失，以致典地或其附属物遭受损失者，承典人应按损失情形负责赔偿之。

第五十五条　在本条例颁布前之一切典地，依下列办法清理之：

一、典期不明之典地在三十年以上六十年以下者，于民国三十年十一月一日本条例颁布之日起，准出典人于三年内设法赎回。逾期不赎者，即以死契论，不准赎回，其未满三十年者，概以典产论，准其依法赎回。

二、契约已载明典期者，按原契约之规定。

第五十六条　债务人向债权人不转移其土地之使用，而只抵押其土地以担保偿还债款本息者为押地。

第五十七条　押地于债款已到偿还期而未能偿还者，得依习惯继续付息，其不能付息或契约注明到期必须偿还本利者，得改为典地契约。如债务人不愿改为典地契约时，债权人得声请法院（或县政府）按市价出卖该土地，以其卖得之地价偿还其债务，剩余之地价归交债务人。

第五十八条　同一押地担保数债权者，其卖得之地价，按各债权之债务契约先后依次清偿之，上项情形在债务人破产时，依破产法处理之。

第五十九条　转押地得援用第四十九条转典地之规定。

第六十条　押地因天灾而被消灭者，债权人不得再要求押地。

第六十一条　债务人于土地抵押后，在押地上营造建筑者，债权人于第五十七条之情形下，得将其建筑物与土地一并出卖，清偿债款；但不能以建筑物之价款偿还。

第六十二条　在本条例颁布前之押地，得以下列办法清理之：

一、契约载明之利息，应减为年利率百分之十五，另换新约，不及者依其约定。

二、债务人已付利息超过原本二倍者，即作为还清，由债务人无条件收回押地，债权人因债务人未能交付利息以致收回押地者，该押地之收益，作为已交约定利息计算。

三、押地已成买卖关系或典地关系者不得变更，但未经税契者，按债务关系解决之。

第五章　汉奸土地

第六十三条　凡叛国投敌死心塌地之汉奸首要，依照国民政府修正惩治汉奸条例之规定，没收其土地，但没收其土地须经专员公署以上政府之批准。在特殊情况下得由专员公署委托县政府批准。

第六十四条　汉奸首要全家附逆者，没收其全部土地，其家属尚在抗日者，依下列办法处理之：

一、汉奸首要之子女尚在抗日，并与脱离亲属关系者，酌留土地之一部与其子女，以维持生活。

二、汉奸首要之父母或祖父母尚在抗日并与脱离亲属关系者，取消该汉奸首要之继承权，不没收土地。

三、汉奸首要之兄弟姊妹尚在抗日并与其脱离亲属关系者，没收该汉奸应分得之土地。

四、汉奸首要之妻或夫尚在抗日并与断绝夫妻关系者，没收其土地之半数。

五、以上家属以未分居析产者为限，业经分居析产者，没收汉奸个人的全部土地。

第六十五条　没收归公之汉奸土地，依下列办法处理之：

一、依次分给荣誉军人及其家属贫苦抗属及贫苦人民等，或以较低租额租给之。

二、政府如认为必要时，得将其一部或全部作为地方公产举办公益事业。

第六章　逃亡地主土地

第六十六条　逃亡敌占区或其他地区地主之土地，为逃亡地主土地。逃亡地主全家逃亡，其土地并未委托他人代为经营者，由当地政府暂行代管。

第六十七条　逃亡地主之土地，委托他人代为经营者，应依法令交纳赋税与负担。

第六十八条　逃亡地主家中留有部分人口者，不得代管其土地，但计算负担时，应依在家人口为限。

第六十九条　逃亡地主土地之地租，一律不得超过租地正产物总额百分之二十五，超过者减为百分之二十五，不及者依其约定。

第七十条　代管土地之耕种，除原承租人继续承租外，荣誉军人及其家属，贫苦抗属及贫苦人民依次有以较低租额借种之优先权。

第七十一条　逃亡地主之逃往敌占区者，一律不准其出卖或出典其土地，其逃往其他地区者，在特殊情形下，须呈请县政府核准，方允出卖或出典，违者应受法律处分。

第七十二条　逃亡地主回籍时，政府代管之土地除原承租人仍继续承租外，应将借种之土地，及地租全部发还，但须扣除应缴之赋税与负担，代管土地之发还，一律以秋后为之。

第七十三条　在本条例颁布前无租借种逃亡地主之土地，依下列办法清理之：

一、过去无租借种土地之收益，归借种人，不再追缴。

二、过去无租借种地，一律改为低租借种，由政府代管之。

第七章　公　地

第七十四条　地方政府对于管辖区内之公地，除法令另有规定外有使用及收益之权。

第七十五条　一切庙地均由主管村庄选举管理委员会管理之，并以较低租额，尽先依次租给荣誉军人及其家属，贫苦抗属与贫苦人民，及具有生产能力之机关团体耕种。

第七十六条　庙地之一切收入，除给所在僧道尼必需之最低生活费用外，其余大部或全部作为教育及公益事业之用，不归公有，其已收归公有者不再变动，如非法侵占庙地者须依法处理之。

第七十七条　为尊重国内少数民族起见，清真寺及喇嘛庙所有之土地不收归政府管理。

第七十八条　凡属公有学田，均由县政府组织教育基金委员会管理之，其地租及收益拨作地方教育经费，出租办法得援用第七十五条之规定。

第七十九条　凡属一村和数村公有之土地，为大社地。大社地由本村或该数村选出之委员会管理之，受当地政府监督，其收益作为公益事业之用途，出租办法得援用第七十五条之规定。

第八十条　属于一族或数族公有之土地，为小社地。小社地由各该族选举委员会管理之，其收益充作本族公益用途，出租办法得援用第七十五条之规定。

第八十一条　远年无主之坟地，归为公有，由当地政府处理之。

第八十二条　教会土地由当地教民选举委员会管理之，教会主持人全部逃亡无人经理者，重新选举主持人，在不能选举之情形下，政府代管其土地，俟有合法之主持人后发还之，代管期间土地之收益，作为政府公益事业之用途。

第八章　荒　地

第八十三条　凡公有之荒山、荒地、野地、河滩等或未经开垦之土地为公有荒地。除经政府保留或指定为他种用途外，人民得依法自由牧畜或开垦之。

第八十四条　下列各款之人民得为承垦公有荒地之承垦人：

一、自力开垦者。

二、合力开垦者。

三、自己劳动并雇用工人从事开垦者。荣誉军人及其家属，贫苦抗属及贫苦人民依次有承垦之优先权。荒地依限垦竣后，承垦人得向县政府领取证书，取得土地所有权，在五年内免纳赋税及负担。

第八十五条　承垦人应具承垦书，呈请县政府核准，发给承垦证书，保证承垦权利。承垦书应载明下列事项：

一、承垦人姓名、年龄、籍贯、住址、职业及家庭状况。

二、承垦人具有之劳动力。

三、承垦荒地之座（坐）落境界及面积。

四、垦竣年限。

第八十六条　承垦人自领得承垦证书之日起，即可开垦，其开竣年限，由县政府依据地质情形分别规定之，但最多不得超过二年。

第八十七条　承垦人如已满垦竣年限尚未全垦者，除已垦地外，即撤销其承垦权，但因天灾或其他意外致未垦竣者得酌量展期。

第八十八条　有契约证明为私人所有之荒地，为私有荒地，私有荒地之生荒，于本条例颁布后一年内荒地所有人不自行开垦者，他人得依法自由开垦之，但土地所有权仍属原地主，土地垦竣后，承垦人取得五年之使用权，五年期内免纳地租赋税及负担，期满后，承垦人有买典租佃之优先权。

第八十九条　土地所有人放弃耕种之熟荒，由当地政府招人无租借种之，借种期限定为一年至三年。期满后土地所有人如仍放弃耕种时，借种人得再继续借种。

第九十条　私有荒地在其开垦后免租期限内，土地所有人得不交纳资财负担。

第九章　非法地

第九十一条　凡不依法缴纳田赋、隐匿不报或非法变更土地所有权之土地为非法地，一律禁止。

第九十二条　土地所有人因托人顶免粮赋或代垫粮赋，致土地所有权发生争执者，依契约决定其所有权，无契约者经证明属实其土地仍属原有人，代垫粮赋人未收取土地收益者得凭粮赋收据，向土地所有人要求偿还。

第九十三条　土地所有人因图转嫁粮赋将土地推于承粮人者，得由承粮人税契取得土地所有权。承粮人逃亡者，土地归公，出租办法得援用第七十五条之规定。

第九十四条　凡隐匿不报、逃避赋税及负担或无契约之土地，为黑地，一律限本条例颁布后六个月内自行呈报税契，过期不报者，查出后，由政府给予相当处罚。

第九十五条　凡交付地主一定金额开垦山地后，逐年交付地主山钱，取得土地无限制使用权者，为顶地，一概禁止。现有顶地户得自本条例颁布之日起，向县政府登记税契，取得土地所有权。

第十章　附　则

第九十六条　本条例之修改权属于晋冀鲁豫边区临时参议会，解释权属于晋冀鲁豫边区政府。

第九十七条　本条例颁布后，凡以前各级政府所颁布之土地使用条例应即一律废止。

第九十八条　本条例经晋冀鲁豫边区临时参议会通过后，由晋冀鲁豫边区政府颁布施行之。

选自《中国新民主主义革命时期根据地法制文献选编》第四卷，中国社会科学出版社1984年版，第272～289页。简称“社科法制版”。原注：“选自晋冀鲁豫边区《法令汇编》第一分册，1945年版”。

互校版本：《晋冀鲁豫边区法令汇编》，1943年边区政府编印，第1～12页。最后附有"勘误表"（这一版本是1943年9月修正前的原本）。

3. 附［报刊报道］：晋冀鲁豫临参会修正土地使用暂行条例

1942年10月3日新华社太行电

［新华社太行三日电］边区临参会第十一日（廿六日），对去年临参会通过的边区土地使用暂行条例，提修正意见廿四条及新增案六件。讨论第二款末尾新增"多年田租应予免交"一节，争论颇为紧张，先后发言者，有杨振邦、罗家张等十人之多。最后通过全文改为"普通田租，在二年以内者，按二五减租，不得计算利息，于五年内分期偿还。二年以外之田租，一律免交"。对于四十四条典地年限，有的主张三年，有的主张五年，争论结果，大家同意将原文改为"典地自立约之日起，三年内不准赎回，其三年以上，卅年以内，出典人得随时以原典价赎回"。通过四十六条改为"出典人赎回出租之土地自种，或再行出租时，须履行第廿一及廿二两条之规定"。在五十二条"出典人出卖其典地时，承典人有购买之优先权"后，增加"出典人出卖典约的期限未满之田地，新主不得收回自种或另出典他人。"关于四十五条庙地处理问题，李棣华提议，将此项土地填入租给学校耕种，作机关生产。梁虹、张贯一认为，机关耕种，容易降低生产。陈幼侠根据太中开荒经验，认为决无此弊。因而发生争论，结果一致同意，在原条文内加入"租给具有生产能力之机关团体耕种"等字样。对于第廿条承租人有承买或承典之优先权问题，马子清、赵振华等主张，二月前通知承租人。齐谷生、王道德主张维持原案，仍为一月前通知。李雪峰综合大家意见，保持一个月，但加上"在特殊情形下，由村公所证明，延长至二月。"大家一致赞同通过。对于清理旧债中银钱折合问题。原提案人牛从萱认为：旧欠新还，因币价的跌落物价的飞涨，距当时借钱时币值，相距甚大，他提议按当时的米价与今日的米价折算清理，王道仁、刘南生、谢好礼等人，纷纷起立反对，认为按旧日米价折合，有碍农村团结。邢副议长主张旧欠一元，仍应以冀钞一元还债，否则违反边区本位币精神。申议长说，"战争中纸币跌价，是无法办理的事情，大后方也是一元顶一元"。李雪峰提议交政府，按各地实际情形，作适当的处理，大会进行至此，即告休会。

选自《晋冀鲁豫边区史料选编》第二辑，山西大学晋冀鲁豫边区史研究组编印，第303～304页。

4. 晋冀鲁豫边区冀鲁豫行署修正清理黑地奖惩暂行办法

1943年1月27日公布，同年4月9日修正

第一条　为保证抗日需供，彻底肃清黑地，使各阶层人民负担合理起见，特根据边区具体情形订定本办法。

第二条　未向政府投税并取得政府合法证明文件或虽有合法证明文件，而在交纳田赋公粮公款中冀图逃避与减少负担而作个别或集体隐匿一部或全部之土地，均为非法黑地。

第三条　未向政府投税并取得政府合法证明文件之非法黑地，其补契补税及处罚办法，应依照本区田房契税征收暂行办法处理之。

第四条　既无政府合法证明文件亦不负担或虽有政府合法证明文件，但为冀图逃避负担而隐匿一部或全部之非法黑地，其田赋公粮等负担之追交与处罚办法如下：

一、凡自动将其隐匿之黑地向所在地抗日县区政府报告者，为奖励自报起见，一律免予处罚，并得以户为单位根据其隐瞒黑地之多寡与具体情形，分别减免或缓征其应追交负担一部或全部。

二、一村人民将所隐瞒之黑地，集体自动向政府呈报者，除依前款办理外，并得于追交负担总额内提出百分之二十至四十作为该村合作社基金，在合作社尚未建立前，应由村组织临时保管委员会保管，且得无利贷给贫苦人民。

三、非自动呈报而系经人检举告发或经政府查出者，除全部追交其应纳负担（自第五条规定之时期起计算）外，并应酌量情形，处以追交负担数一倍以内之罚金。

四、集体隐匿之黑地，经检举或查出后，除追交其应纳负担外，并得根据具体情形，按照前款之规定处罚其主谋人与隐匿黑地最多之民户，其附从与隐匿黑地较少者，可酌予免罚。

五、如村长或村中少数管事人瞒上欺下隐匿黑地并私自享受黑地利益者，除应全部追交其历年私享部分与根据本条第三款处罚外，如情节过重时，并得送交司法机关处理之。

六、村长及村中管事人包庇民户隐匿黑地明知而不检举者，应受连带处分，但可根据情节轻重增减其连带处分之额数。

第五条　追缴负担从民国三十一年秋季公粮起计算，但非自动呈报而经检举或查出者，自民国三十一年麦季公粮起计算。如此时该地区抗日民主政府尚未建立，应自抗日民主政府建立之日起计算。

第六条　凡向政府检举或告密（村干部在内）经政府查验属实后，除保证告密人之秘密外，并得根据下列办法奖励之：

一、凡个别民户迳（径）向政府检举告发者，得提出全部罚金百分之十为奖励金，奖励告发人。

二、群众团体会员经过各自组织系统向政府检举报告并查明属实者，除应按照前款个别奖励外，并得再提全部罚金百分之四十充作该村之公益基金。

三、集体隐匿黑地中之个别民户如向政府报告集体隐匿情形，并将自己隐匿部分报告政府者，其自己隐匿部分可不追交负担与免罚外，并应受本条一二两款之奖励。

四、区级以上公务人员如有检举或查获黑地者，不得于罚款内提成奖励。

第七条　本办法于清理村负担时准用之。

第八条　本办法之修正权属于行署，如有未尽事宜得由行署以命令修改之。

第九条　本办法自公布之日起施行。

选自《中国新民主主义革命时期根据地法制文献选编》第四卷，中国社会科学出版社1984年版，第290～292页。原注：“选自《晋冀鲁豫边区法令汇编》上册，1944年版”。

5. 土地使用暂行条例太行区施行细则草案

1943年11月25日公布

第一条　凡已依照土地使用暂行条例执行减租后之土地，应将原契约作废，另订新契约，其新契约之订立，另以规则行之。

第二条　土地使用暂行条例第二十五条所称："特别硗瘠之土地，租额得低于百分之三十，特别肥沃之土地，租额得高至百分之四十。"其硗瘠及肥沃之土地标准，及其应减低与增高之具体租额或租率，得由各地依照具体情形规定之，但须呈该管县政府或专署批准，并报边府备案。

第三条　土地使用暂行条例第二十八条所称："未经依法减租之一切地租，一律减少百分之二十五"。但贫苦抗日军人家属及孤儿寡妇，因家中无劳动力出租少量土地以维持生活者，其所收租额及其他收入，平均每人在统一累进税两个富力以下者，不受本条例之限制。

第四条　遇有荒歉年成，土地收获在二成以下者，应全部免租，在七成以下者，依次按成折扣交纳，如七成七扣，六成六扣等。

如因土地特别肥沃，年成虽在二成以下，而其正产物所值仍超过其经营该项土地所需之全部消耗（包括肥料、种子等在内）者，亦应按年成折扣酌交地租。

第五条　租地经不可抗力之摧毁，不能保持原有之性质及效能时，得将摧毁部分之租额减去；如摧毁部分经佃户修复者，出租人得予以应有之报偿。

第六条　习惯上已确定为取得永佃权之租地，从其习惯。至于累世承租之土地，如在三世以上者，亦视为承租人取得其永佃权。未订立文契者，应即订立之。

第七条　自本细则颁布之日起，必须一律依法实行二五减租，并订立新契约，已往多收之租，因灾荒频繁不予追究，如于细则颁布半年以后，仍有非法收租者，除退还额外所收之数外，该出租人并应依法处罚。

对于已往减租中所发生之退租问题，业经处理退清者，不予翻案，尚属悬案未经解决者，应按本细则之规定迅予调解或仲裁之。

第八条　评定租额之产量与评定负担之产量，必须一致，不得有两个标准。交租时，应以新度量衡为标准，各地尚适用旧度量衡者，应折合计算之。

第九条　土地使用暂行条例第六十二条所称："在本条例颁布前之利息，应减为年利率百分之十五。"系指过去借贷契约而言，但今后新订之借贷契约，其利率得由双方自由约定之。但亦不应过高，形成超经济的剥削。

第十条　土地使用暂行条例第六十二条第二款所称："债务人已付利息超过原本二倍者，即作为还清。"但超过之部分，不论多寡均不退还。超过一倍在一倍半以下者，停利还本；超过一倍半，或恰为一倍半者，补至二倍即作偿清。

第十一条　土地使用暂行条例第六十二条三款所称："押地已成买卖关系或典地关系者不得变更，但未税契者，按债务关系解决之。"如于条例颁布后税契者，亦应按债务关系解决之。

第十二条　债权人抵押债务人之牲畜，如已订立契约变为买卖关系者，不再变更。如未变为买卖关系者，债权人喂养牲畜一年，顶债务人出利息一年，债务清理后，牲畜退还。但抵押期间所生产之牲畜，不再追还，有习惯者依习惯处理。

第十三条　债权人隐匿不予清理债务者，政府得强制执行：

一、原契约确系失掉，债权人须出新据，交由债务人收存，如系抵赖，政府依法处罪。

二、托病外出借故推延时日，政府须予限期清理。逾期不清理者，即强制执行。

第十四条　凡曾借敌奸以及其他非法手段讹诈之土地、钱财、杂物，被讹诈者，具有确实之人证物证，得声请清理追还。

第十五条　已予没收之土地，如须发还者，须照顾以下两点：

一、已分配抗属及农民所有者，不再变更。

二、由贫苦农民借种维持生活者，发还后得予［与］借种户建立租佃关系。

第十六条　土地使用暂行条例第六十五条第一款及第七十五、第七十八、第七十九、第八十各条所称公地之较低租额，一般可按该土地正产物收获总额百分之二十至二十五为标准。如土地有特殊硗瘠与肥沃情形时，得由当地政府与承租人协商办理，不以此规定标准为限。

第十七条　没收后之汉奸土地，应依照土地使用暂行条例第六十五条，及汉奸财产没收处理暂行办法第七条第一款之规定，尽量分配处理之。不应全部或过多收为公产，以鼓励人民热烈生产。

第十八条　土地使用暂行条例第十四及第八十条内所称之绝户土地、族公产等，得依法将其一部酌量分配给村内或族内之贫苦抗属、赤贫劳动农民及荣誉军人。

第十九条　因执行本细则而发生之争议事项，争议之任何一方得请求调解。调解不成立时，得请求仲裁：

一、得请求调解及仲裁之争议事项如下：

（一）因出租人收回土地而发生争议者。

（二）因本细则第二条之规定而发生租额应如何具体确定之问题者。

（三）因本细则第四条之规定而确定荒歉年岁之收获量者。

（四）因本细则第五条之规定而引起偿付修复资费之争议者。

（五）因本细则第七条之规定，应如何具体确定退还非法所收之地租者。

二、调解得依村一般调解关系行之。

三、仲裁机关定名为仲裁委员会。县级成立仲裁委员会，由县参议员一人，政府代表一人，县农会代表一人，司法机关审判官一人，公正士绅一人组织之，县政府代表为仲裁会议主席。仲裁事项，由全体委员合议行之，取决于多数。区级成立仲裁分会，由区公所代表一人，区农会代表一人，公正士绅一人组成之，区公所代表为会议主席。仲裁事项，由全体委员合议行之，取决于多数。

四、关于一款所列争议之各事项，径向县司法机关起诉者，县司法机关得不受理，并应发交原地进行调解，或函请仲裁机关调解或仲裁之。但非所列之争议各事项，不能推给仲裁委员会处理，仲裁委员会亦不得包揽。

五、在区仲裁之结果，当事人均认可时，由区公所制定仲裁书，加盖区公所钤记，当场发给当事人，并报告县政府登记备案；当事之一方，对区仲裁不同意时，得当场声明不服，向县请求重行仲裁，区公所须立将仲裁经过及结果报请县政府核办；县政府于接到此项请求后，须于三日内视案件。情形，或则由县进行仲裁，或则具体指示区仲裁委员会，并将原案发还，由区重行仲裁。但此种重行仲裁以一次为限。

六、县仲裁委员会应于仲裁终结后，二日内作成仲裁书，由县政府加盖县印登记备案送达于当事人。

七、争议当事人之一方，对仲裁未为不服表示，或当场认可而抗不执行，或经重行仲裁后抗不执行时，他方得依民事法规迳（径）向司法机关请求强制执行。

八、仲裁委员会之会议，超过全体委员之半数即可开议。

第二十条　本细则由晋冀鲁豫边区政府颁布施行。

选自《中国新民主主义革命时期根据地法制文献选编》第四卷，中国社会科学出版社1984年版，第295～300页。原注：“选自晋冀鲁豫边区《法令汇编》第一分册，1945年版”。

6. 太行区租佃契约订立规则

1943年①

第一条　租佃双方于执行二五减租后，即行订立租佃契约。

第二条　订立租佃契约，不得违背边区土地使用暂行条例及施行细则之规定。

第三条　租契内容，应记载下列各项：

一、承租人姓名、住址。

二、出租人姓名、住址。

三、出租地之种类、面积及坐落地点四至。

四、租种期限。

五、地租种类、地租数额和租率。

六、交租时期及地点。

七、租地费用、资本、负担分配。

八、立租约人、中证人，签押（盖章、划（画）押、按指纹）。

九、立约年、月、日。

第四条　租佃契约应写同样两纸，租佃双方各执一张。

第五条　契纸费用由租佃双方负担。

第六条　租佃契约订立后，应并送田地所在地之区公所检验，区公所检验无违背法令情事后，应在三骑缝加盖钤记，并编号列册登录，俾资证明查考。

---

① 原件未注明制定年月，推断为1943年11月25日公布《土地使用条例太行区施行细则草案》之后拟定的。

第七条　本规则由晋冀鲁豫边区政府颁布施行。

选自《中国新民主主义革命时期根据地法制文献选编》第四卷，中国社会科学出版社1984年版，第300～301页。原注："选自晋冀鲁豫边区《法令汇编》第一分册，1945年版"。

7. 晋冀鲁豫边区政府关于几个土地问题处理办法的决定

1944年10月15日

甲、收复区游击区减租清债问题

（一）凡已建立抗日民主政权之新解放区，在未被解放之前，一向为我政权力量达不到的地区，应自建立政权之日起一律依法减租百分之二十五，两面负担者减百分之十五。

（二）原为我政权力量所能进到的地区，并实行过减租法令，后因敌寇蚕食跃进□□□□侵入，又被翻案者，应再照减租法令继续减租，并补退过去已减之租，情形特殊者可经过调解，仅退一部或不退。

（三）为照顾地主佃户双方利益，凡地主按以上标准减租后，佃户应保证交租，双方均须履行契约，地主既不能无故夺佃，佃户又能改良生产。

（四）关于处理押地问题，凡前三项所述各种地区，均可依照土地条例第五十七至六十二条办理。

（五）对于抗战前旧债之清理，按一本一利和分半减息的原则，凡付利超过或恰为原本二倍者，抽回原约作为偿清，但超过的部分，不论多寡，均不再退还。超过一倍，在一倍半以下者，停利还本。超过一倍半或恰为一倍半者，补至二倍即为偿清。

（六）凡未偿清之战前旧债，如继续其债务关系时，其利率于三分以下者依其原约定，超过三分者，减至三分，新的债务关系依其约定。

（七）在游击区进行减租清债工作，应依据土地细则第十九条成立仲裁委员会办理，以便主佃双方均有正确认识，心服口服，避免"恩赐"倾向。

（八）游击区之公社之地，应租给赤贫农户，租额可低至百分之十到百分之十五。

（九）游击区没收之汉奸土地，应租给有劳动力的贫苦农户耕种，租额可低至百分之五到百分之十。

（十）游击区逃亡户之荒芜土地，由政府代管，租给贫苦农户耕种或由合作社集体耕种，租额可低至百分之十。

乙、根据地的典当地问题

（十一）出典（出当）人系因逃避负担，典当土地，在典当期间以灾荒及土地变质等原因，承典（承当）人未获应得之收益者，典当期限应延长原期限三分之一至二分之一。如出典[①]（出当）人生活困难须赎回时，除按契约执行赎地手续外，得再给予承典（承当）人原典（当）价额三分之一至二分之一之补偿。

（十二）出典（出当）人系贫苦农户，当时典出土地确因生活无着，得按原契约原典

① "社科法制版"漏一"典"字。

价赎地，不延长典当期限，但承典（承当）人在土地上所出之各种改良费用，出典（出当）人须依情酌予补偿。

（十三）承典（承当）人原系该典（当）地之佃户者，于典当期满后，得继续其租佃权，出典（出当）人不得借故夺佃。

（十四）典（当）原属租佃地，出典（出当）人是为抵抗减租而出典（出当）他人者，原佃户有继续租种之权，新承典（承当）人所有之损失，由出典（出当）人予以补偿。

丙、根据地的减租问题

（十五）佃期来满，地主无故夺回佃户土地者，应保障佃户佃权，地主应将收回的土地退还给佃户租种，如地主故意将收回土地出卖或转租与他人以破坏法令侵犯佃户佃权者，地主应从自己土地中选择同等土质与数量之土地租与原佃户，并适当赔偿夺地期间佃户之损失。

（十六）在土地细则公布半年后（土地细则在民国三十二年十一月二十五日公布），地主仍有明减暗不减，或暗中变更租佃制度（如死租变活租，随意改变租额租率等），不履行租约规定而多收佃户地租者，地主应将多收地租全部退还佃户。同时，佃户有不履行租约交租者，应将应交而未交的地租作为欠租，于今年秋后或明年麦收后分期交还地主，但因灾荒歉收，应减免者不得视为欠租。

（十七）地主以变天威胁佃户，或以“因果报应”欺骗佃户，抵抗减租者，须退出在欺哄期间佃户多交的全部地租。

（十八）减租以后，地主仍有欺骗佃户，除出租外，代其负担者，地主应将佃户代其负担之全部退回佃户，并根据当时当地利率，给佃户以适当利息。

（十九）租地产量与负担地产量，须求得一致，如因应产量高于实产量以致妨害佃户利益时，须重新评议，不及评议者，得暂按实产量交租，次年必须进行评议；如实产量超过应产量者，则以应产量出租，不得因此提升租额。

（二十）顶地（即馒头地）应归顶户，如地主乘顶户不了解法令，欺骗顶户将土地私自出卖者，地主应将顶地的全部或一部地价，归还顶户，或由地主将出卖的顶地买回退还给顶户。

选自《中国新民主主义革命时期根据地法制文献选编》第四卷，中国社会科学出版社1984年版，第292～295页。简称“社科法制版。”原注：“选自1944年晋冀鲁豫边区政府《边区政报》第43期”。

8. 一九四四年冬季以来减租运动总结（署名：若愚）

1945年春[①]

（一）减租运动的概况

冬季以来的减租运动，得到了全区的普遍的开展，取得了很大的成绩。总结此次减租

① 原件未注明年月，从内容推断为1945年春。

运动，不但对今后工作有其指导作用，而且对于过去特别是四二年以来的工作的研究也有重大作用。因为今年的减阻运动，综合了几年来的工作成果，也给四二年以来的工作做了一个实际的总结。因此，研究今年的减租运动，首先应该了解今年减租运动的基础与条件，这些基础与条件是什么呢?

第一，我们曾经经历过四二年的群众运动。四二年的群众运动，对太行区是一个历史的转折点。在四二年以前，我们曾经走过一些弯路，工作中存在着很大的盲目性。曾经在没有充分发动群众的情况下，被迫应付严重的斗争，使我们的干部与群众一时陷于苦闷的状态。中央土地政策，正打中了我们，所以四二年的群众运动开展的很普遍也很迅速、并且也创造了不少经验（如培养和运用积极分子、打堡垒、说理……等），四四年的许多经验，在四二年的群众运动的回顾中都能够找到萌芽。四二年的运动，扫清了过去的苦闷状态，给以后的工作打下了坚强的基础，也给广大的干部和群众留下了深刻的印象（也正是由于这些，所以四二年的成绩也冲昏了一部分同志的头脑，这在今年减租运动中表现得很清楚）。

但是四二年的运动，并不够深入与平衡。在四二年秋后，我们遇到了一个荒年，四三年又是荒年，当时的情况要求我们集中力量战胜灾荒，抓紧这一着是绝对需要的，所以灾荒区的减租就没有来得及深入。此外，也有很多地区虽然没有灾荒，可是长期的停留在反贪污反恶霸和清债负担的阶段，甚至发展到斗争小偷，斗争破鞋……而没有注意及时引导到减租斗争，所以减租问题解决的很不彻底。据四二年十九个县的统计，减租减息斗争，只占全部斗争次数的18%。所以我们虽然经过四二年大规模的群众运动，可是遗留下来的租佃问题还依然是很多的。

从干部思想作风上说，四二年群众运动中，代替包办恩赐作风是严重存在的，并没有真正从思想上发动了群众。所以群众虽然得到很多利益，可是思想觉悟没有显著提高，很多农民减租之后，反而觉得“亏心”，怕“变天”的思想依然存在。总之，封建思想对群众的束缚还很厉害。同时，从地主阶级方面说，四二年虽然有很大削弱，但在思想上政治上还保留其力量，甚至不久又从政治上进行进攻，如以“变天”相威吓，以迷信“良心”来欺骗。这样，四二年的成果便没有很好巩固起来，反而被地主阶级部分的夺了回去。所以在四二年以后，发生了很多新问题，如：地主夺佃、死租变活租、租地变当地、明减暗不减等等，这在今年减租运动中看得很清楚，今年最多的问题是夺佃问题。

今年的减租运动，与四二年的群众运动，有深切的历史关系。今年的减租运动中充分证明，凡是对四二年的经验教训接受好，对四二年运动估计正确的地方，取得的成绩就大；反之，凡是对四二年运动估计不正确，经验教训接受不好的地方，成绩就小。

第二，我们经过四三年以来的反奸运动与时事教育。四二年群众运动以后，地主阶级的反攻具体表现为特务的猖狂，特别是灾荒严重和内战危机紧张的时候，特务是极其活跃的，他们有计划的争取与团结在四二年受到打击的分子。大大宣传“变天”，说四二年的损失是把财产“从房子里搬到院子里”，鼓励地主阶级的复辟，这种情形，严重的威胁着广大群众，动摇着四二年的成果。当时必须打破这种特务的活动，否则根据地的秩序将受到威胁，整个的工作将遭受很大的阻碍。四三年五月“扫荡”和七月内战危机严重之后，我们破获了许多重要案件，全区开展了反奸运动，沉重的打击了特务。四三年冬季的时事教育坦白运动，更进而给“变天”思想以粉碎的打击。所以有些群众（如黄漳）反省到减租的时候说：“早知道天不会变，为什么不敢减租呢?”所以四三年以后的反奸运动时事教育和坦白运动，在我区曾经是四二年以后一个必须的步骤，也是四二年的一个补充。因为经过了这样一个步骤，所以在今年的减租运动中，一般的解除了“变天”思想的束缚，或比较容易的打破了这一束缚，群众的勇气更大了，顾忌更少了，这是很重要的一个条件。

第三，我们经过了四四年的大生产运动。四四年的生产运动，在我区是空前的，在全区普遍的生产运动中，不但克服了蝗灾，而且取得两季丰收，给干部和群众的印象也是很深的。这样，在干部和群众的思想上，便明确了减租以后的方向。这样，在今年减租之后，就不会再有方向上的盲目，不至于因贯彻减租而错乱了脚步，相反的，它更加强着生产运动。这一问题，在四二年的时候，并没有很好的解决，曾经是盲目的，经过四四年生产运动以后是完全解决了。

第四，我们经过两年来的整风运动。因为经过了整风运动，干部的思想作风得到了改造。在去年生产运动中，我们就显著的看到了新的作风生长，今年的减租运动中，新的作风更加明确，更加自觉，因此群众的发动也就更加充分。如果没有这一个条件，我们就很难克服“恩赐”作风，四二年的一套将得不到正确的批判。经过生产运动和今年的减租运动，新的作风——群众路线，已经渗透了各个不同性质的工作，这是我们整风以来的一个极大的收获，是一个基本性质的变化。

今年的减租运动，就是在上述的基础上开展起来的，所以它是综合的承继了几年来的工作成果的。在某些地区（如三分区大部及平顺），我们已经彻底结束了根据地发展的一个时期，它给以后的工作准备了雄厚的基础。

以下，让我们谈一下减租运动的概况。

去年八月会议的时候，区党委布置了冬季工作，减租运动是作为秋收秋耕以后的中心任务的。在这次会议和劳动英雄大会时，都根据实际工作的发展，着重说明了减租运动对于生产运动的作用，在一部分干部中间，明确了两个革命的思想。同时，四二年群众运动以后，遗留下很多问题，也发生了很多新的问题，客观的情况要求我们在第二个革命已经开始的目前时期，彻底完成第一个革命的任务。所以冬季工作虽然很挤，可是对于减租工作，一般都抓得很紧。秋收秋耕结束之后，各地方都首先在干部中进行了减租讨论，解决了干部中间的一些思想问题。十一月间，区党委发出了第一个减租指示，各地都开始深入个别创造经验；十二月以后，运动便广泛的开展起来。二月初区党委及时的总结了两个月的经验，发出了第二个指示，对于运动的深入与偏向之纠正，起了很大作用。

今年的减租运动，在地区上说来是很广泛的，老区、新区、游击区，差不多都开展了。

我们的老根据地，毫无例外的都经过四二年群众运动。今年一开始的时候，首先碰到的就是干部对于四二年运动的估计与四二年经验的接受有偏差。很多干部认为“所有问题在四二年都解决了，现在没有问题了”。很多干部认为“减租发动群众的面不宽，反贪污才能广泛的发动群众”，这是把四二年初期的经验固定化了。有些干部认为“不减租也能开展生产运动……”。这些，都说明四二年的群众运动和四四年生产运动，在干部思想上有极大的影响；可是对于四二年运动的缺点（不够深入与平衡，很多地区是停留在反贪污、反恶霸的阶段，甚至发展到乱斗的）。缺乏明确的了解，甚至把缺点当做经验而固定起来。同时，不懂得租佃关系是地主阶级剥削农民的基本形式，是地主阶级统治的物质基础；不懂得封建经济关系的改变，是发展大生产运动的前提条件，因而也过低的估计了四二年群众运动对于四四年生产运动的作用。这些错误的思想，严重的阻碍着运动的开展，所以在一开始的时候，不得不用很大的力量打破这种思想。当客观的事实证明这种思想是错误的时候，干部中间又产生另一种偏向，即走到另一个极端，对于四二年的成绩过低的估计，甚至抹煞四二年的成绩；因而抹煞四二年村级干部的功绩，抹煞了群众团体的力量，过分夸张了干部的缺点和农会的无力，甚至把大批村干部当做了斗争对象。所以在运动开展起来的时候，又不得不克服这一种思想偏向。今年的减租运动，由于存在这种情形，所以一般是由右到左的。凡是克服了这些偏向，正确估计四二年运动的地方，运动就开展得比较好（如平顺）；凡是连一开始的思想偏向也没打破的地方，运动就开展得非常迟缓，始终停留在几个基点上（如赞皇）；凡是打破了第一种偏向而走到第二种偏向（过低估计四二年的运动成果）的地方，便在组织问题上产生关门主义，甚至发生群众的分裂现象（如涉县）。这种情形，完全说明了历史的估计是如何重要！

在群众方面，一开始遇到的问题是："靠上边给办吧"，"农会定多少算多少吧"，"减租种地不牢靠，有些农民依然相信命运，说自己"命穷"。总之，"该不该减租"，"能不能减租"，"怎样减租"，这几个问题并未彻底解决，这也是历史上遗留下来的问题，即在"恩赐"作风之下，四二年虽然解决了很多问题，而群众思想觉悟并没有显著的提高，并没有摆脱封建的思想束缚。所以今年的减租运动，一般都是从思想问题开始，首先解决群众的思想问题。在思想问题初步解决之后，运动便迅速开展起来，群众的积极性就大为提高，这一点与四二年是一个基本的差别。问题基本上解决完毕之后，一般都有一个总结起来的阶段，一方面解决干部群众的关系问题，扩大组织成果，一方面转入生产运动，把群众的思想觉悟更加提高，当然，今年的运动依然是不平衡的，还有一些地区，问题并没有彻底解决。

七、八分区（新区），在去年秋收前后，就开始了减租运动，这里的工作中更加明确。这些地区一开始遇到的，便是群众要求清算历史问题。新区群众在国民党及恶霸的封建统治下，经过极度的摧残，造成极端严重的灾荒，我军进入之后，群众连血账都顾不得算，第一个问题便是求生。所以我们进入之后的第一个措施，便是施行急救，开展生产渡（度）荒。当群众刚刚喘过气来的时候，便马上要求算这些历史账，要求出气。所以运动一开始，最多的问题是反恶霸，算"政治霸地"，要求政府处决那些过去杀人的坏家伙；甚至有些地方，群众自己起来把他们打死（当然群众自己打死是不好的）。不过从运动的发展上看，有几种不同的情形：一种情形是一开始就号召减租（减息），群众一起来，也是反恶霸。但是当群众出了一口冤气之后，便马上转入减租（减息），向地主阶级进行政治与经济相结合的大斗争，反恶霸不成为一个阶段。另一种情形，即把反恶霸反贪污拖得太长，实际上形成一个阶段，不能迅速转入减租，这种情形，往往使运动发生混乱，或陷于停滞。第三种情形，即一开始就是减租，不过这只是少数村庄，从许多地方的经验看，当群众发动起来的时候，情绪是非常激昂的，可是反了最大的恶霸，出了一口冤气的时候，会表现一时的冷静。在这种时机，如果抓得住，便能够迅速转入减租（减息），继续开展轰轰烈烈的运动；如果不迅速转入减租，就会一直乱斗争下去，发生混乱，或使运动陷于停滞，这和四二年的经验是一致的。所以反恶霸在新区是必须的，但不应成为一个阶段，应该一开始就号召减租，在减租运动中进行反恶霸的斗争。

今年的减租运动中，不但在土地关系上有了很大的变动（这些材料将另行发表），而且不管新区老区，都注意了解决思想问题，提高了群众的思想觉悟。注意了干部的作风问题，改善了干部与群众的关系，所以减租的成果也一般是巩固的。

（二）基本总结

今年的减租运动中，解决了一个基本问题，即解决了群众路线的问题。这一点是贯串（穿）着今年减租运动的各个方面的。当然，这并不是说每个地方都执行了群众路线，而是说群众路线在今年减租运动中具体化了，再不是一个抽象的概念了。在四二年群众运动的时候，我们曾经十分强调“劳动者自求解放”的口号，但是四二年并没有解决了这一问题，而是在整风运动以后的今年，我们才找到了答案。

什么是群众路线呢？概括的讲，有两件事是必不可少的：即是掌握群众思想与掌握积极分子，这两件东西是基本的。群众的发动，离不开群众的思想觉悟，当群众还没有认为减租是必要的和正当的时候，他便不会积极的行动起来，在这种情形下去进行减租，就必然是“恩赐”的，而不是群众自己的行动，反之，如果群众已经觉悟起来要求减租的时候，我们的减租号召才是群众的呼声，我们才真正代表了群众。但是群众的觉悟程度永远不会齐一的，永远是有积极、中间与落后之分的，掌握了积极分子，才能使领导有所依托，才能经过积极分子，团结中间的，提高落后的，才能掌握与统一群众的思想，团结群众的阵营，使运动成为一个统一的群众运动，所以掌握了积极分子，掌握了群众思想，才能够掌握运动、进退自如。了解了这点，就可以知道群众路线与自流主义绝无丝毫相同之处，而某些地区，恰恰是把群众路线了解为自流主义，所以结果依然是“恩赐”的，或者使运动自生自灭。凡是真正执行了群众路线的地方，即尽管运动中也发生了一些偏向，可是群众却表现着蓬勃气象。说明这一问题之后，我们才能谈到以下的几个基本经验：

一、唤起农民的阶级自觉，解决农民的思想问题。

地主阶级对于农民的封建统治，是一个完整的东西，不但有其经济基础，而且有其上层建筑，即农民在思想上、道德上、习惯上，都在封建束缚之下，认为地主的封建统治是当然的合理的。几年来的工作，我们基本上打破了封建统治，但是并没有达到应有的程度，特别是思想上、道德上、习惯上，农民依然是觉悟不够的，封建束缚依然是严重的。这样，也自然妨碍了封建的经济基础之削弱与减租成果的巩固。如果不打坏封建的思想道德的传统因袭，就不会真正发动群众，也不会彻底遏制地主阶级的反攻。

从今年减租运动中，我们可以看到农民对于减租的看法是摆脱不开传统因袭的。农民一般认为交租是应该的，“地是人家地主的，人家不租给咱地，咱怎么能活呢”？即使他愿意减租，也是想沾些便宜，而不是以为应该，所以减租之后也以为是发了外财，他的心情上好像是做了亏心事、好像偷了人。所以他对于减租并不是理直气壮的，这是农民的一个基本思想。基于这一思想，他便把一切委之于命运，同时，只看见地主有力量、政府有力量，而抹煞了自己，所以在减租时心理上十分矛盾，又想减，又不敢减，依靠上级，等待“恩赐”。这一个思想问题不解决，群众自己的减租运动就无从开展。

根据这种情形，今年减租运动中，各地方都是依托冬学，首先进行思想教育，引导群众进行反省，解决“谁靠谁活”的问题，从而解决“该不该交租”的问题。

为了解决这一个问题，一般的做法是引导农民，结合自己的亲身经历，进行反省：“穷人是怎样穷了的？地主是怎样富了的”？“地主是怎样压迫咱们的”？围绕着这些问题，群众便会从自己生动的历史事实中，找到了“穷根子”。他们会比我们知识分子出身的同志更懂得社会，更懂得科学，很多地方把这样的群众反省叫做“访痛苦”、“倒肚子”、“诉痛苦”……在这样的反省中，你可以听到可歌可泣的故事，同时，阶级的同情心与对地主阶级的憎恨会油然而生。经过这样的反省，特别是经过最受剥削最受痛苦的群众的反省，群众的阶级觉悟便会大大提高，和地主之间的阶级界限便会明显的划分开，“该不该交租”的问题便会得到解决。让群众自己根据反省的材料去讨论，自然的结论是“不该交租”。在这样的时机，再引导群众根据抗战的环境去讨论，群众会了解对地主的某种让步是需要的，即本来不该交租，但是因为要抗战，地主投靠了敌人对大家不利，所以应该交一些租，换取地主和我们一道抗日。这是当做对地主的让步来交的，但是这种让步是对抗日有利，亦即对群众有利的，群众懂得了这些之后，自然就会理直气壮的起来减租，也会挺起腰来和地主说理，而且也一定能说倒地主。

在这样的反省讨论过程中，一定会发生很多争论，出现许多不同的意见，所以在群众之间说来，也是一个严肃的思想斗争。因此，在反省讨论中，必须掌握积极分子，组织典型反省，逐渐克服不正确的意见，求得群众思想的一致。

今年的减租运动中，各地都普遍的采取了这种反省的方法，一般都取得很大收获。但是也有些地方，走向形式主义。认为开会哭了才好，不哭便不算成功，所以有的干部每逢群众开会，就自己先哭，甚至有的同志开会时，心里想着他父亲死时候的情景，以求能够哭了。为什么产生这样的形式主义呢？因为脱离了一定的目的和一定的内容。必须确定在反省中要解决的问题是：“谁靠谁活”，“地主是怎样富了的？穷人是怎样穷了的”？“该不该交租”？脱离了这些内容与目的，就必然产生形式主义。

二、掌握政策，执行法令。

当群众思想上觉悟起来的时候，就迫切的要求行动，如果思想反省拖得太久，群众就会产生疲倦情绪，所以在思想反省运动达到高潮的时候，就应该发动与领导群众行动。当然在这样的时机，群众的要求往往是过左的，所以应该进行一些统战教育（也即是阶级政策的教育）——法令政策的教育。而这样的教育，也必须结合群众的切身利害，结合群众的切身经验，使群众了解如果使地主活不下去投靠敌人，对抗战对自己都是不利的，这一点群众很了解：在群众愿意对地主有一些让步的基础上，进行具体的法令教育。

法令教育，必须结合实际问题，用实际举例来说明法令。在思想反省达到高潮的时候，各种问题都会暴露出来，应该把这些问题分别类型，选择典型，拿每类问题的典型来说明解决的办法。这样，群众便会三五成群的自己计算自己的问题如何解决。这一着是很必要的，因为群众要求行动的时候，往往是不了解政策法令，经过这样一个教育，群众便有了武器。

群众既解决了思想问题，摆脱了封建的思想束缚，又拿到了法令的武器，那末（么）行动起来的时候，便有理有法，便完全可以使地主折服。正因为如此，所以今年减租运动中，出现了说理斗争，有些地方提出“说倒了比打倒了强”，同时也真的把地主说倒了，这是今年减租运动中的特点之一。

必须明白肯定，当群众行动起来的时候，掌握政策是十分重要的。必须了解，当群众行动起来的时候，左的现象是很难完全避免的，当然，这并没有什么可怕，不应该惊慌失措，可是也绝不应该任其自流，发展下去。左不可怕，是因为我们完全能够纠正，如果一任其发展下去，那就会使运动陷于混乱，失掉广大群众的同情，和地主阶级趋于破裂。今年的减租运动中，也发生过不少偏向，如要求地主“扫地出门”、算老账以及打人现象，个别新收复县份甚至打死人（恶霸）。这些偏向，大体都求得了纠正，而且取得了纠正偏向的经验，

怎样才能使偏向发生的少一些，或顺利的克服呢？

第一，法令教育要深入，要使群众把法令作为斗争的武器，而不要成为约束群众的东西。在我区，干部和群众中间，很多人是把法令认为一种约束的，因为四〇年各种具体政策和新法令公布的时候，在群众和干部中间的思想教育是不够的，而在法令的施行上，也确实着重了约束的作用。四二年群众运动中间，发生了一些偏向，在后来纠正偏向的时候，很多地方又重复了历史错误，简单的拿法令来套，有些县份甚至普遍的从群众手里倒出东西来，这样也给群众和干部一个印象——法令只是约束群众的。由于有这些历史的影响，所以法令的制约作用很突出，而其主要的方面——武器作用却被模糊起来。如果法令教育深入，群众便会拿法令来计算自己的问题，互相讨论问题的解决办法，这样就能够发扬其武器作用。反之，如果事先不加教育，问题弄错了，再拿法令的大帽子去压，那就很不好。

第二，纠正偏向，不应该是简单的由上而下由外而内的，应该发扬群众正确的方面，发扬群众的阶级意识，承认农民行动之合理，然后诱导群众自己向地主让步。只有承认群众行动之合理，才能使群众愿意让步，而不伤害群众的热情，而且群众的让步只应该是经济上的，在经济上让步的时候，思想上政治上仍然应该是进攻的（之后，应在政权的民主上吸收好的地主参加，从政治上团结之），任何时候要保持群众思想上的清醒。这样，地主就不会借机反攻，运动的成果会很巩固。例如黎城减租运动后，许多地主都无法生活了，为了纠正偏向，召开了一个地主和农民的联席会，在会议上双方展开了争论，农民在道理上法令上完全把地主折服了，然后自动的向地主在经济上让了步，结果农民地主双方都满意。又如八分区为了防止打死人（该杀的由政府明正典刑），对于过去被地主、恶霸迫害而死，而为群情激愤，要求报复杀人的事件，召开追悼会，举行公祭，让那些地主、恶霸参加，有的还给立碑，甚至披麻戴孝，使群众在政治上完全占了上风，然后处理具体问题的时候，就会比较冷静，也会对地主有适当让步。这样，双方也都满意。

第三，当运动发生混乱情形的时候，宁可把斗争暂停一下。再进行一段思想教育，让群众冷静一下。这不等于运动的中断，而是运动的转换，即由斗争行动，暂时转入思想教育，准备更好的斗争行动。平顺、壶关都采取过这样办法，而且收到了很好的效果。

第四，在斗争热闹的时候，应注意个别份子捏造问题，这种问题是常常发现的，如果不辨真假，把假问题当真问题来解决，便会伤害政治影响，而且引起纠纷发生混乱，鉴别捏造问题，应该经过群众，无论谁的问题，提出之后，应经过一番酝酿再解决。凡是在大

会上提出来事先未经酝酿的问题，不要在大会上立即解决，经过群众讨论酝酿，便会辨别真假。如果发现捏造问题，就应经过群众自己的组织，进行适当的批评。

三、团结自己，巩固胜利。

任何的群众运动，在运动的过程中必须取得组织上的收获，这样，才能巩固已得胜利，并且有阵地的从一个运动过渡到另一个运动，也才能够逐步的提高群众，扩大运动。在减租运动的每一个步骤中，也必须注意组织问题，注意阶级团结的教育。特别是在总结起来的阶段，阶级团结的教育与扩大群众组织，更应该成为主要的题目。为此目的，很多地方提出“组织起来有力量”，“农民是一家人”，有些地方提出“一条心，干到底”，“大家都是穷朋友”，在这些口号之下，来团结群众，解决群众之间的问题。

必须了解，农民与农民之间的问题是很多的，农民行动起来的时候，不但要求解决与地主之间的问题，同样也要求解决相互间的问题，并且往往是更多的照顾自己的利益而较少照顾阶级团结的。如果农民之间的问题解决不适当，甚至采取斗争方式，那么一定会形成混乱局面，紊乱了阶级阵营，模糊了阶级觉悟，而使地主钻了空子，使减租不得贯彻。今年的减租运动中，这种偏向也是发生了的，有些县份半数以上的斗争对象是中农，这种情形就必须造成混乱，四二年的经验已证明这点。那末（么）怎样克服这种偏向，求得阶级团结呢?

第一，必须在思想反省、阶级自觉的基础上，明确斗争目标，把农民相互间的问题，归结到地主阶级身上。事实上地主阶级的封建统治也确实是产生农民相互倾轧的重要原因。为了说明这个道理，平顺曾提出“大鱼吃小鱼，小鱼吃虾虾，老根是地主”。这是群众的语言，群众的了解，在实际生活中，群众知道“地主经过你来剥削我”的道理。斗争目标明确了，阶级阵营才不至于乱。

第二，解决农民相互间的问题，必须采取协商的方式，除非是特殊情形（例如按经济地位讲是农民，但政治地位讲是地主阶级的代理人，这样的人，已经不同于一般的农民），一概不应该采取斗争的方式。如果违反这一原则，就会形成群众的分裂现象。例如涉县某村，有很多席工，这些贫苦的席工，把一点点土地都租出去了，这次减租中间，普遍的打击了这些席工，有一部分挨了斗争。这样，不但没有发动了群众，而且分裂了群众，把工作更搞坏了（以后应由法令规定，工农群众相互间的问题，不适用租佃条例）。

第三，必须克服关门主义和排斥中农的倾向，把农民组织在一个共同的组织之中。这样，就便于经过农民自己的组织解决相互间的问题，这样，农民相互间的问题，在性质上说就是农会内部的问题，就便于采取协商的方式来解决。如果组织上关门，排斥中农，就一定会造成宗派对立的现象，没有问题也闹出问题来。反过来说，农民之间的问题采取协商的方式来解决，也正好是为了阶级的团结，求得阶级组织的巩固与扩大。

第四，斗争的经济果实之处理要公平合理，这一方面不公平，就往往会引起一些内部的磨擦而形成宗派对立的现象。

除了解决农民之间的关系问题之外，干部与群众的关系问题也必须解决，这样，才能使阶级的团结有了保证，胜利才能完全巩固。今年的减租运动中，群众普遍的提出了干部问题，这是一个好现象，说明群众是要求民主的，但是也正在这一问题上容易出毛病。如果处理不适当，往往会打击了干部，予破坏分子以可乘之机。所以处理这些问题的时候，必须十分慎重。应该了解，我们的村级干部和群众的关系上，确实存在着很多问题，而问题的产生，主要是由于干部的作风不好，行政命令，缺乏民主精神，对群众态度不好，甚至有些贪污腐化的行为。但另一方面，也必须足够的估计，我们的干部基本上是好的，真正的坏分子是很少的。他们大部分是在群众运动中生长起来的，给群众办过事，有一定的群众基础。即使群众在某些问题上对他们有意见，但只要提起干部的历史功绩，和其错误性质，只要改悔，群众依然是爱护他们的。根据这种情形，我们的方针应该是改造干部作风，密切干部与群众的关系，而决不能是简单的撤换或打击。那么当群众提出了干部问题的时候，应该怎样处理呢？

第一，在群众提出了这一问题的时候，首先应该给干部一些思想准备，使他们经得起群众的批评，有勇气来正视自己的缺点。要使干部了解，群众把意见讲出来是好的，只有讲出来才有可能共同解决，而不讲出来并不等于没有意见。群众对你提意见，你正确接受和改正了，群众会更加拥护你，你会更加有威信。在干部中做了动员之后，可以组织干部与群众共同反省，先让群众尽量发表意见，那（哪）怕是发牢骚也可以，总之要充分发扬民主，然后由干部进行自我批评，同时发扬群众中的正确意见，诱导群众的自我批评，最后解决了提出来的问题。这样，干部与群众的关系不但不会恶化，反而会更加亲密起来。

第二，在解决这些问题的过程中，必须使群众从历史的反省中明确的了解，我们的干部与过去的统治者有根本的区别，我们的干部是为群众服务的，有些缺点和错误，多是服务的方法问题，而过去的统治者却根本是压迫群众的，是维护剥削阶级的利益的，所以即使他还和气，也只是压迫群众的方法还巧妙一点而已。因此，对待现在的干部，就不应该采取对待统治阶级的办法，而应该是批评干部，爱护干部。

第三，经过上述工作之后，应该进行一次选举，大部分干部一定能够连选，也可能有少数干部落选。对于这些落选的干部，必须进行一些安慰鼓励，发扬其优点，指出其所以落选的原因，要他努力向上，即使这些干部真不好，这些工作也是必须做的。

第四，问题处理完毕之后，仍然应该召开一次干部会或支部会，最好是结合支部整风，组织干部的批评与自我批评，树立“人民勤务员的思想”，巩固整顿作风的成果，对于落选的同志，要给予具体的帮助，使他们知所自爱，努力改正自己的缺点与错误。

在今年减租运动中，这一方面的收获也是很大的。例如平顺，全体干部的百分之八十是得到改造的。

如果农民的相互关系、干部与群众的关系及干部的作风问题得到了解决，那么团结自己巩固胜利就有了保障，从减租运动过渡到生产运动也就有了坚实的基础。

四、由第一个革命到第二个革命。

第一个革命（减租减息）基本上结束之后，必须迅速转入第二个革命（大生产运动），当然在第二个革命中间，仍需继续完成第一个革命的任务。

第一，由第一个革命转入第二个革命的时候，应该在干部思想上明确几个问题。首先，减租之后，生产运动是否会自然到来呢？这一问题在某些干部思想上是糊涂的，必须使我们的干部了解，减租之后，生产运动并不会自然到来，必须加以领导才行。如四二年群众运动之后，虽然好多地方也减了租清了债，群众的生产情绪也提高了，然而四三年并没有来一个大生产运动，甚至个别地区，生长了游荡习气。四四年的生产运动也不是自然到来的，而是由全党的努力得来的。但是也必须使干部了解，减租运动之后，确实给生产运动准备了基本条件，只要加以组织与领导，大规模的生产运动就一定会开展起来。

其次，必须使干部了解，减租与生产是两个不同性质的运动，两个不同的革命。第一个革命是破坏封建的生产关系，而第二个革命却是建立新的生产方式——个体经济基础上的集体生产。第一个革命是解决农民与地主阶级的生产关系问题，第二个革命却是树立农民相互间的新的生产关系。所以第一个革命必须采取斗争的方式来达到，而第二个革命却必须采取自愿的原则。因此，减租运动中的一套，决不能原样搬到生产运动中，如某些地方把减租运动时期的组织形式，完全用到生产运动中来是错误的。

第二，减租运动结束的时候，应该有一个总结起来的阶段（这是任何运动所必须的，这样才能用群众自己的经验来教育群众，逐步引导群众革命化，并巩固运动的成果），在总结起来的阶段，巩固并提高群众思想上组织上的成果，并启发群众从前途上安排自己，订立安家计划，使群众了解“组织起来是由穷变富的必由之路”，也是“抗战胜利必由之路”。

在生产动员中，必须解决群众思想上所顾虑的问题，如“割了谷子露出豆子，割了豆子露出茬子”及“圪塨户”等怕斗争的思想，不想生产等待救济的思想，都应该加以克服。我们经过四四年的生产运动之后，已经有很多具体事实足以打通这些思想。

第三，应该检讨过去的互助经验，纠正过去不公平的情形，特别是欠工不还的情形（这是比较多的），应该加以清算，这样才能吸引群众参加。同时，也应该从具体计算中，说明互助的好处。

第四，必须帮助群众解决生产中间的困难，从解决困难中加以组织，事实上有许多困难也只有组织起来才容易解决。比如减租运动之后，有些群众得到土地，在这一点上，生产条件是改善了，可是也往往产生新的困难——缺少牲口，没有种籽……在帮助解决这些困难中，是可以组织群众的。

第五，应该发现与培养积极分子，运用群众原来的组织基础。减租运动中的积极分子，在生产运动中不一定都积极，可是一定有一部分仍然是积极分子。必须应用这一批积极分子，发现新的积极分子，经过他们去组织群众。同样的，对于减租运动中的群众组织，也必须加以巩固扩大，并运用这一组织来组织互助。四四年生产运动中，农会是起了很大作用的。当然，绝不能够把原来的农会小组变成互助组，而是经过农会的活动，使群众在自愿的原则下互助起来。

进入生产运动之后，领导上应该注意互助组织的巩固。减租之后，群众的生产情绪提高了，生产运动会表现热烈的景象。但是绝不要为这种热烈的景象所冲昏，这中间会多少有些假象。因为有些群众，减租中得到一些利益，组织互助的时候不好意思不参加，可是心里却有所顾虑，如不随时注意巩固，当利害冲突的时候，就可能发生变故。巩固之道，主要在于掌握组织政策与民主制度。

五、游击区的减租问题。

今年减租运动中，在某些游击地区也是成为运动的，这在全区说来是第一次。

从今年游击区的减租运动中，证明凡是经过抗日发动，确实树立了抗日秩序的地方，减租成为运动是可能的，反之，就不能成为群众性的运动。因为在游击区，敌人的威胁比较严重，那里的第一个问题是共同对敌，这一点比根据地要明白的多，现实的多。所以当抗日秩序还没有确立的时候，地主阶级敢于以勾结敌人来威胁群众，群众本身也有所顾虑。可是当抗日秩序已经确立的时候，即对敌问题已经解决了的时候，抗日反奸是谁也不敢公开反对的，而且群众有办法对付敌人。这样，地主便不敢凭借敌人的力量，因为如果那样做，他要受到群众严厉的惩戒，这样，减租的群众运动才有可能。今年有些地方是过左的（如给地主戴高帽子游街。敌人搜索村子，群众在山沟斗争地主等），可是也证明了这一点。

另一方面，也必须了解，如果减租运动发生严重的过左现象，甚至使地主阶级活不下去的时候，已经确立的抗日秩序也是会被破坏的（例如四三年寒王镇发生过左现象，我们三四个月不能通过公路），所以斗争中分寸的掌握十分重要。

其次，游击区租佃关系很复杂，除地主出租土地外，也有很多农民出租土地。因为在游击区受敌人的摧残很严重，有些贫苦农民，不能安心生产，在家不能生活，所以把所有的土地出租，自己到外边去做工。这些租佃关系，绝不能与地主出租的土地同等看待。根据上述情况，游击区的减租应注意以下几点：

第一，在政策上应该比根据地尺度更宽一些，以便团结对敌（如二分区提出一五减租，即减原租百分之十五）。而且只减地主富农的租，凡是农民出租的土地，一概不加干涉。在方式上说，应该采取协商的方式，说理的方式，并宣传减过之后将来即不按根据地的减租规定再减，进行反复劝说。一般不采取大会斗争的方式，乱斗的情形更应预加防止。

第二，因为游击区受敌人威胁比较严重，所以就是工作好的地方，群众的观望态度依然是很明显的，所以突破一点很重要。同时，必须充分发扬政权的旗帜作用，表示给群众撑腰。

第三，游击区减租结束的时候，也要有一个总结起来的阶段，在这一阶段，要教育群众和地主，团结对敌，团结生产。而且在减租运动整个过程中，依然要把敌情了解与对敌斗争放在首要之地位，以免遭受打击。

去年冬季以来的工作，一般比较繁忙的，所以各地的减租运动，都是结合其他工作来进行的，所以减租运动的实际执行，是比这里所说的更为复杂的。同时，也有某些地方，在减租运动中进行了反奸斗争，或发生过其他波折（如地主利用群众对义运之某种不满转移群众视线，反对干部，利用打蝗中的缺点和错误反对干部，破坏减租……），所以整个运动的进行往往是曲折的。但是这里所讲的几个基本经验，却是普遍的，共同的。只要掌握了这些，就会在复杂的情况中贯彻了减租、发动了群众，及时的转入生产运动。

选自《晋冀鲁豫边区史料选编》第二辑，山西大学晋冀鲁豫边区史研究组编印，第251～269页。

9. 太岳区地权单行条例

1945年3月25日参议会通过，同年4月15日公布

第一章　总　则

第一条　本条例根据边区政府施政纲领及本区实际情况制定之。

第二条　本条例所称地权包括农地、林地、牧地、荒地、宅地、坟地、矿地、藏地、盐地及一切水陆天然富源之所有权。

第三条　依保证人民土地私有制的原则，凡合法土地所有人，在法令范围内，对于其所有土地，有自由使用、收益或买卖、典当、抵押、赠与、继承等处分之权。

第四条　为确实保障全区人民土地合法所有权，得由政府举行土地验契登记，其验契登记办法，由行署另定。

第五条　凡业主实有土地，因过去未经确算丈量，致超过当日契约所载之亩数，经证明确非侵占他人之土地或公地者，据实呈报、税契，不予追究。如超过之部分故意搁置、荒芜，已过二年不予经营者，政府得收归公有。在本条例颁布到达后，限一年内一律税契。在税契后，查明仍有隐匿不报土地，其隐匿不报之部分，充公或处罚之。

第六条　土地验契登记后，如地权发生转移、分割、增减、坍没及其他变动者，须于一年内向当地政府申请重新税契登记，或换契登记。

第七条　自本条例颁布后，如因河道改变，土地面积发生变化时，仍按原契约所载亩数，各归各主，不以河心计算，但被水冲坍之土地，原地主在五年以内不修复时，别人可以修复，土地所有权则归修复人。

第二章　公地公荒

第八条　凡属下列各种土地均为公有：

一、军事工事及要塞区域的土地。

二、公共交通的道路。

三、公共需用的河流和其他天然水源地。

四、凡不属于私有的矿产地、盐池、荒山、森林、名胜古迹等。

五、依法没收归公的土地。

六、其他未经人民依法取得所有权的一切土地。

凡公有土地，除法令有特别规定者外，一般由当地县政府统一登记管理，其所有权属于边区政府。

第九条　有下列情形之一者，得呈请政府领取公地或公荒，并可依法取得所有权：

一、留居本区的荣退军人和抗日军人家属，及退休政民工作人员和政民工作人员家属（以下简称工属），没有土地耕种者。

二、回回等少数民族人民，愿在本区境内居住，而无土地耕种者。

三、外来灾民、难民、移民或本区人民，愿从事自力耕种而无土地者。

公地公荒是否发给或发给多少，都由县政府根据具体情况决定之。但第八条所载一、二、三、四各项公地，除荒山外不得发给。

第十条　在公荒很多并经政府指定的区域，人民所开荒地得依法取得所有权。

第十一条　部队、机关、学校，团体及公营企业，得依法领取公地荒地使用，但所有权仍属于边区政府。

第十二条　由于建筑国防工事与修筑交通道路，以及举办其他公益事业，经太岳行署批准后，政府得租用、征用、收买或以其他土地交换任何人民或团体所有的土地。

第三章　汉奸土地地权处理

第十三条　凡叛国投敌死心塌地之汉奸首要，依照地区政府惩治汉奸条例之规定，没收其土地，地权归公。但没收其土地，须经专员公署以上政府之批准。在特殊情况下，得由专员公署委托县政府批准。

第十四条　汉奸首要全家附逆者，没收其全部土地。其家属尚在抗日者，依下列办法处理：

一、汉奸首要之子女尚在抗日，并与脱离亲属关系者，得酌留土地之一部分与其子女维持生活。

二、汉奸首要的父母或祖父母尚在抗日，并与脱离亲属关系者，取消该汉奸首要之继承权，不没收土地。

三、汉奸首要之兄弟姐妹尚在抗日，并与脱离亲属关系者，没收该汉奸应分得的土地。

四、汉奸首要之妻或夫尚在抗日，并与断绝夫妇关系者，没收其土地之半数。

五、以上家属以未分居析产者为限，业经分居析产者，没收汉奸个人的全部土地。

第十五条　没收归公之汉奸土地，依下列办法处理之：

一、依次分给荣退军人及其家属、贫苦抗属、贫苦工属及贫苦人民，由政府发给契约，取得地权，或以较低租额租给之，地权仍归政府。

二、政府如认为必要时，得将其一部或全部土地，作为地方公产，举办公益事业。

三、已被政府没收土地之汉奸，向政府坦白悔过后，政府可由公地中酌给一部分土地，并登记发给契约后取得所有权，但不得退回其原被没收后已分配之土地。

第四章　逃亡地主土地之地权处理

第十六条　逃亡敌占区及其他地区地主之土地，为逃亡地主土地。逃亡地主全家逃亡，其土地未委托他人代为经营者，由当地政府暂为代管，地权仍给其保留。

第十七条　逃亡地主家中留存部分人口者，政府不得代管其土地。

第十八条　逃亡地主逃亡敌占区者，一律不准其出卖或出典其土地。其逃亡本区以外其他地区者，须呈请县政府核准后，方允其出卖或出典。

第十九条　逃亡地主回籍时，政府代管之土地，除原承租人继续承租外，并酌量发还其地租。

代管土地之发还，一律于耕作物收获后为之。

第五章　庙地社地之地权处理

第二十条　地方政府对所管辖区域内之庙地社地，除法令另有规定者外，有使用及收益之权。

第二十一条　凡不属于一村或数村，一族或数族之一切庙地，又不属于一切僧道尼自己劳动所得之土地，其庙地所有权概归边区政府，得由县政府设立或委托主要村庄选举管理委员会管理之。并得以较低租额，尽先依次租给荣退军人及其家属、贫苦抗属、干属、贫苦人民及具有生产能力之机关团体耕种，必要时政府亦得分配之。

第二十二条　庙地之一切收入，除给所在僧道尼留必须之最低生活费用外，一部作为教育基金，其余作为公益事业之用。地权已收归公有，并且已分配者不再变动。如有非法侵占霸占者，须依法处理之。

第二十三条　为尊重国内少数民族起见，清真寺及喇嘛庙所有之土地不收归政府管理或公有。

第二十四条　凡属公有学田，均由县政府组织教育基金委员会管理之，其地租及收益拨作地方教育经费，出租办法得援用第二十一条之规定。

第二十五条　凡属一村或数村公有之土地，为大社地。大社地由本村或该数村选出之委员会管理之，或由该村及该数村公民自决处理，但须受当地政府之监督。地权未经分配者，其收益作为公益事业之用。出租办法，得援用第二十一条之规定。

第二十六条　属于一族或数族公有之土地为小社地。小社地由各该族选举管理委员会管理之，或由其一族或数族公民自决处理之。地权未经分配者，其收益作为本族公益事业之用。出租办法得援用第二十一条之规定。

第二十七条　过去已经归公之大小社地，均不得变动。在本条例颁布前，未经一族一村或数族数村群众公决非法出卖之社地，如经过多数群众请求收回，政府得批准以原价赎回或无条件收回，责令出卖人赔偿或退回土地。但须照顾其目前之经济状况，及本人已否死亡，及年代久远等情形，酌量处理，其已转卖者，应由出卖人负责赔偿，不再退地。自本条例颁布后，凡大小社地之出卖，必须经过当地政府批准。

第二十八条　远年无主之坟地，归为公有，由当地政府处理之。

第二十九条　教会土地，由当地教民选举委员会管理之。教会主持人全部逃亡，无人管理者，重新选举主持人，在不能选举情形下，政府代管其土地，待有合法之主持人后发还之。代管期间土地之收益归政府公益事业之用。

第六章　私有荒地之地权处理

第三十条　有合法契约证明为私人所有之荒地，为私有荒地。私有荒地之生荒，于民国三十年底边区政府土地使用暂行条例颁布到达后一年内，如荒地所有人不自行开垦者，他人得依法自由开垦之。但土地所有权仍属于原地主。土地开垦后，承垦人取得五年使用权。三年以内免纳地租，五年以内不出负担，期满后，承垦人有买典租佃之优先权。

第三十一条　土地所有人放弃耕种之熟荒，由当地政府招人无租借种之。借种年限定为二年。在无人借种情形下，借种期得延长三年。期满后土地所有人如仍放弃耕种时，借种人得再继续借种，至土地所有人收回为止。收回土地应在作物收获后为之。

第三十二条　私有荒地，在其开垦后免租期限内，土地所有人得不交纳资产负担。

第七章　非法土地之地权处理

第三十三条　凡隐匿不报，或以欺诈、威胁、侵占、霸占等非法手段取得土地所有权者，为非法地，一律禁止。自本条例颁布后，如经群众告发，并有确实证据时，该原有土地人得向政府申明要求赔偿或退还土地，如土地已转卖者，应行赔偿，不再退还土地，在退还或赔偿时，应根据双方经济状况，先在照顾贫苦人民利益原则下，酌情处理之。

第三十四条　土地所有人因托人顶免粮赋或代垫粮赋，致土地所有权发生争执者，依契约决定其所有权。如无契约者，经证明属实，其土地仍属原有人。代垫粮赋人，未收取土地收益者，得凭粮赋收据向土地所有人要求偿还。

第三十五条　土地所有人因图转嫁粮赋，将土地推予承租人者，得由承租人税契取得土地所有权。承租人逃亡者，土地归公。出租办法，得援用第二十一条之规定。

第三十六条　顶地或包山梁地，自边府土地使用暂行条例颁布到达后，地主如无契约证明者，顶地户或包山梁户，可向当地县政府登记税契，取得土地所有权。地主如有契约证明者，依佃租关系论。

顶地或包山梁，如系大小社地，无契无约者以公地论，有契有约者，由该社群众公决处理。

选自《中国新民主主义革命时期根据地法制文献选编》第四卷，中国社会科学出版社1984年版，第302～309页。原注："选自太岳行署《太岳解放区现行法令（第一辑）》"。

10. 太岳区租佃单行条例

1945年3月25日参议会通过，同年4月15日公布

第一章　总　则

第一条　本条例根据边区政府施政纲领，及合理调整租佃关系，发展农业生产之原则制定之。

第二条　本条例适用于本区内土地租佃关系。

第三条　本条例所称之地租如下：

一、定租（亦称死租）：按照土地面积计算所定之租额，是谓定租。

二、活租（即按地分粮）：出租人只出土地，承租人自备一切生产工具，就地上收获正产物双方按成分配者，是谓活租。

三、夥（伙）种：出租人除出土地外，并供给承租人各种生产工具，或肥料种子之一部或全部，就地上收获物双方按成分配者，是谓夥（伙）种。

四、安庄地：出租人除出土地及全部生产工具外，并借给承租人粮食、窑房等，或采取定租，或就地上收获物双方按成分配者，是谓安庄家。

五、包山梁（或顶地）：凡交付地主一定金额，或不交付金额，开垦山地后，逐年交付，甚或逐年增加给地主山钱或梁租，取得土地无限制使用权者，为包山梁或顶地。

第四条　本条例所称土地副产物，指柴草及在地边沿单独点种之农作物而言，其他依各地习惯行之。

第五条　各县在本条例范围内，得按当地实际情况，制定有关租佃的单行办法，呈报太岳行署核准施行之。

本条例颁布前，一切有关减租法令，与本条例抵触者，均按本条例规定办理。

第二章　减　租

第六条　出租人应依本条例所规定减收租额，不得多收或法外增租。

第七条　定租（死租）：依照战前租率，根据现在常年产量，计算应交租额，实行减租，减租率不得低于百分之二十五。减租后，最多不得超过正产物收获量百分之三十五；超过者减为百分之三十五，不足者听之，不准加高租额。

（说明）定租减租计算法。例如每亩产量为一石，租额为四斗，其租率则为百分之四

十，现在每亩产量因战争降为八斗，按原租率百分之四十计算，其租额应为三斗二升，从三斗二升内减去百分之二十五。减租后，应交租额即为二斗四升，其租率为百分之三十。

第八条　活租（按地分粮）：按原租额减百分之二十五至四十，减租之后，出租人所得最高不得超过正产物收获量百分之三十，土地副产物皆归承租人。

（说明）活租地租应与当地定租地租维持大致相同的租额，共减租多少，随当地租额，以土地好坏而定。在减租之后，若出租人所得不到三成时，就该照数给租，若超过三成时，减为三成。

减租计算法举例如下：假定原租额是四六分（主四佃六），而减租率假定是百分之三十，则出租人应分二成八，承租人应分七成二。

有些地方把活租混同于夥（伙）种，这是错误的，关于夥（伙）种的减租方法，不适用于活租。

第九条　夥（伙）种：按原租额减百分之十至二十，减租之后，出租人取得最多不得超过百分之四十。土地副产物分法依其约定，无约定者依习惯。

（说明）夥（伙）种减租多少，看原租额高低、出租人所供给的生产工具和肥料种子多少而定。供给多的少减，供给少的多减，减租之后，若出租人所得不到四成时，即照数给租，若过四成时，减为四成。

第十条　安庄地；按原租额减百分之十至二十，减租之后，出租人所得最多不得超过收获量百分之四十五。土地副产物亦随正产物双方按成分配。出租人对所借粮食、窑房，不得收取利息及租金。

（说明）安庄地减租多少，看原租额高低及土地年成好坏而定，土地年成好的少减，土地年成坏的多减。减租之后，若出租人所得不到百分之四十五，即照该数给租，若超过四十五时，减为四十五。

第十一条　包山梁、顶地；有正式契约者，按第七条之规定实行二五减租。如继续开山荒者，依开私荒之规定，三年不出租，五年不负担。

第十二条　以上第七至第十条之定租转种安庄地，如系水地、园地等，少减租与减租算法相同。减租后，出租人之所得，比旱地各增高百分之五，譬如旱地减租后之租率为百分之三十五，水地、园地可增至百分之四十。但由承租人改良之水地、园地不得增高。

以上定租、活租、夥（伙）种，安庄地、包山梁之减租率，各地区得根据本条例第五条作较详细规定。

第十三条　第七条至第十二条所称之原租额，指实行减租以前实交租额而言。禁止作任何借口，抬高原租额。

（说明）各地曾发生出租人以种种借口，提高原租额。如粗粮地租改为细粮地租，虚报土地，重量土地（这些办法都是名义上未抬高原租额，实际上把租额抬高）来对抗减租，都应当在禁止之列。

第十四条　在实行减租之后，新成立的租佃关系，其租额不得超过本条例第七至十二条规定之减租标准。

（说明）减租后新议之地租，不应当比当地减租后之租额高。定租、活租、夥（伙）种、安庄地，包山梁出租人所得，均不得超过本条例规定之标准。

第十五条　因天灾人祸致收成减少或毁灭时，承租人得与出租人商议，减付或免付应出地租。

（说明）本条所说天灾人祸，指灾荒、战争等不可抵抗者而言。各地区得依照本条例第五条，统一规定减免办法。

第三章　交　租

第十六条　承租人应依本条例减租后之租额交租，不得短少。其有能力交租故意不交者，出租人有请求政府依法追交之权。

第十七条　地租一律在耕作物收获后交纳，禁止预收地租之一部或全部及收取押租。

第十八条　承租人如因收获减少，而确系极贫或遭遇意外，无力交清地租时，得与出租人协商，缓期交纳之，出租人对欠租不得作价行息。

（说明）本条所说意外，指疾病、死亡、失盗、战灾等意外变故而言。

第十九条　地租应交之谷物，依双方约定，其细粮杂粮折算办法，以（依）当地习惯。交租通用当地之斗，禁止大斗收租小斗交租。

第二十条　谷物地租易为货币，货币地租易为谷物，须经双方协商同意，始得行之。

第四章　租佃契约及佃权

第二十一条　租佃契约不论为书面或口头，应觅具见证人，或经当地村长证明之。在本条例颁布前所订立之契约，有与本条例相抵触者，应依本条例规定办理，其在本条例颁布后订立之契约，与本条例抵触者无效。

第二十二条　出租人不得任意收回租地，有下列情况之一者，始得收回租地：

一、定有期限之契约，已经期满，或为不定期限之契约，由出租人收回其租地，确系自耕或雇人耕种者。

二、承租人非因不可抗力之阻碍无故继续一年不为耕种，而不交地租者。

三、承租人将租地转租从中图利者。

四、减租后，承租人力能交租而故意不交者。

五、承租人死亡，无承继人者。

六、承租人自动放弃承租权者。

（说明）在出租人援用本条第一款“因自耕收回租地时”，必须照顾第二十三条的规定。关于转租的解释，见下第三十六条。

第二十三条　在抗战时期，出租人依法收回租地时，应顾及承租人生活。如承租人实系贫苦而无力生活者，由政府召集双方予以调剂，得延长佃期或只退佃一部。但如出租人确系为生活所迫，非典卖土地不可者，不在此限。

第二十四条　出租人依据第二十二条一款收回租地时，须于本年耕作物收获后为之。并须于收获一月前，经过村公所通知承租人。在上述情形下，承租人仍须交纳本季地租。

第二十五条　出租人典卖其租地于他人时，原承租人以同一价格，有承典承买之优先权。

（说明）出租人出典出卖租地与他人时，应先尽承租人。在这里卖方不得故意抬高价格，买方亦不得故意压低价格。

第二十六条　出租人典卖其租地与他人时，该承典承买人若非自耕，又非雇人耕种者，原承租人有依原约继续承租权。

第二十七条　出租人典卖其租地与他人时，须于耕作物收获后为之，并须于收获一月前经过村公所通知承租人。

第二十八条　非双方同意，租佃之一方不得将死租改为活租，或作其他类似变更。

（说明）任意变更租佃形式之行为，不但破坏租佃契约，而且可能妨害农业生产之发展，影响主佃生产，故加禁止。

第二十九条　禁止借口自耕，收回租地暗行出租，或任其荒芜，以及假典假卖等行为。事后发觉者，原承租人仍得继续承租其土地。

（说明）出租人口称自耕，但暗行租给别人，或口称自耕，收回土地之后，又将自己另一土地出租，或是收回之后，无力耕种，或是口称典卖给另一农民，实际是租给他（假典假卖），这些都是侵害承租人佃权之行为，故加禁止。

第三十条　租佃契约期满，出租人仍将土地出租时，承租人有以原契约继续承租权。

第三十一条　一般原则上废止永佃权，但永佃权在租地契约上、习惯上，于民国三十年十一月一日边区土地使用暂行条例颁布前已有永佃权者，应保留之。

第五章　其　他

第三十二条　民国三十年年底边区政府法令到达该地以前的欠租，一律免交。

第三十三条　开垦他人之生荒地者，三年免付地租，三年期满，再按本条例纳租。

第三十四条　承租人得在耕地上进行耕地改良，出租人不得反对。承租人将荒地变为漫沟地时，五年不出租，在上述耕地改良有效期间，出租人不得收回土地。

（说明）所谓耕地改良，就是“增加劳力资本之结果，致增加耕地生产力，或耕作便利者”。例如，把中地修为上地，旱地修成水地，都是为了提高农业生产，应当鼓励承租人进行耕地改良。

第三十五条　由于出租人投资进行耕地改良，致土地产量提高时，得酌情增加地租。

（说明）本条用意同于上条。增加地租多少，看土地产量增加多少而定。

第三十六条　禁止包租、转地，从中图利。

（说明）承租人将租地之一部，以原租额让租给别人，或将租地附加上一部生产工具与人夥（伙）种、安庄地，不算转租。只有租进土地，又定租、活租出去，从中取利，方加禁止。

第三十七条　于应收正租外，出租人不得索取任何额外报酬与无偿劳动。

第三十八条　贫苦抗战军人家属或贫苦工属及贫苦孤寡，因丧失劳动力出租少量土地为生活者，得不受本条例之限制。

第三十九条　经政府代管之逃亡地主土地，除原承租人继续承租外，荣誉军人及其家属、贫苦抗属工属及贫苦人民，依次有以较低租额租种之优先权。

第四十条　在本例颁布前，无租借种逃亡地主之土地，以下列办法处理之：

一、过去无租借种土地的收益，归借种人不再退交。

二、过去无租借种土地，一律改为低租借种，由政府代管之。

第四十一条　故意违反本条例之规定者，按情节轻重，由司法机关处理之。

选自《中国新民主主义革命时期根据地法制文献选编》第四卷，中国社会科学出版社1984年版，第310～318页。原注："选自太岳行署《太岳解放区现行法令（第一辑）》"。

11. 太岳区关于典地、旧债纠纷、押地问题之处理办法

1945年3月25日参议会通过，同年4月15日公布

关于典地处理办法

第一条　承典人依法交付典价，订约税契后，在典权存续期间，享受使用出典人土地之收益权利者，为典地。

第二条　典地由双方自愿约定期限，无约定者，三年以内不准赎回。在三年以上六十年以内，出典人得随时以原典价赎回，有约定年限者，依其约定。超过六十年者，经承典人将原典契当做卖地税契后，典地所有权即归承典人。

第三条　出典人赎回典地应于耕作物收获后为之，并须于收获一月前，经过村公所通知承典人。

第四条　出典人赎回出典之土地，出租时，承典人有承租之优先权。

第五条　承典人因改良土地所需之资用，在典地赎回时，得在现存效能内，请求补偿。

第六条　承典人在典地上之有利建筑及土地改良，出典人赎回时，应听承典人撤回，其不能撤回，或因撤回损失土地之生产效能者，由双方协议，归出典人收买。协商不成时，由村民事委员会或农会调解之，调解不成时由政府判定之。

第七条　承典人得将其典地转典或出租于他人。但转典期限不得超过原典期限，转典价不得超过原典价。

第八条　承典人因事实需要，而出典人暂无收回典地之能力时，承典人得将典权让与他人。典权让与后，受让人应继续原承典人与出典人之关系。

第九条　无约定年限之典地，自立约之日起，不满六十年者，承典人不得出卖。在民国三十年底边区政府土地使用暂行条例颁布前，出卖典地业已税契者，应由承典人依现时地价，照数补偿。如未税契者，其出卖关系作为无效。如已根据边区政府土地使用暂行条例第十四条之规定，执行出卖并已税契者，不在此限。

（说明）在补偿地价时，得照顾双方家庭经济状况，酌情处理之。

第十条　出典人出卖其土地时，承典人有购买之优先权。出典人于一月前通知承典人，其通知手续，须有村公所及村农会之证明方为有效。

第十一条　典地因天灾或其他意外，以致全部或一部消灭者，其消灭部分之承典权与赎回权，均归消灭。前次情形，出典人赎回典地之余有部分时，得由原典价中扣除消灭部分之典价，承典人得修复消灭部分之土地。但所需费用超过消灭部分之原典价时，由双方协议解决之。

第十二条　出典人抽回甲地，出典乙地时，原承典人有承典之优先权。

第十三条　因承典人之过失，以致典地或其附属物遭受损失者，承典人应按损失情形

负责赔偿之。

第十四条　典地回赎时，如因典价发生货币折算纠纷，应根据双方家庭经济状况，酌情处理之。

关于旧债处理办法

第一条　抗战以前旧债（富户借有公款者不在此限）的偿还办法，依下列各规定：

一、计息标准，不得超过一分半。付息超过原本一倍者，停利还本，付息超过原本二倍者，本利一概免付。

二、如系押地□钱者，除按上项规定清理债务外，其所押土地，债权人无处分之权。

三、如债务人因天灾人祸无力履行契约者，或债权人无其他产业，依存款为生，而债务人又比较富裕者，发生纠纷时得由区村政府召集双方当事人调处之。

四、如债权人以变天思想威胁，不将原地抽给债务人，或企图隐匿者，债务人可声请政府给作证明，以后发现，原契作为无效。

五、如原契约遗失，双方可声请政府另补换一契，原契作为无效。

第二条　旧债清偿时，如因货币折算发生纠纷，应按债务性质与双方经济状况，在照顾贫苦人民利益原则下，酌情处理之。

关于押地处理办法

第一条　债务人向债权人不转移其土地之使用，而只抵押其土地，以租出偿还债款本息者，为押地。

第二条　押地于债款已到偿还期，而债务人不能偿还者，得依习惯继续付息，其不能付息，或契约注明到期必须偿还本息者，得改为典地契约。如债务人不愿改为典地契约时，除为债务人留必需生活费外，政府得责令债务人指定该原押地收益，依清债办法分期偿还。同一押地，担保数债权者，债权人亦可声请政府责令债务人以押地收益，按上述办法，依债务契约先后不同比例分期偿还之。

第三条　转押地得援用典地处理办法第七条转典地之规定。

第四条　押地因天灾而被消灭者，债权人不得要求押地。

第五条　在边区政府民国三十年颁布之土地使用暂行条例到达前之押地，得依下列办法清理之：

一、契约载明之利息，应减为年利率百分之十五，另换新约，不及者依其约定。

二、债务人已付利息超过原本两倍者，即作为本利还清，由债务人无条件收回押地。如债权人因债务人过去不能交付利息，以致收走押地者，得就将该押地之收益，作为已交利息计算。

三、押地已成买卖关系，或典地关系者，不得变更。但未经税契者，按债务关系解决之。

四、如因债务关系被迫形成让地情形，亦未税契者，仍按债务关系处理之。

选自《中国新民主主义革命时期根据地法制文献选编》第四卷，中国社会科学出版社1984年版，第319～323页。原注：“选自太岳行署《太岳解放区现行法令（第一辑）》”。

12. 晋冀鲁豫边区政府颁布施行中国土地法大纲补充办法（草案）

1947年12月28日

一、大纲第三条所称：“废除一切祠堂、庙宇、寺院、学校、机关及团体的土地所有权”，包括教堂的土地在内。

二、大纲第四条所称，“废除一切乡村中在土地制度改革以前的债务”，不包括商业买卖的债务关系。

三、大纲第六条所称：“按乡村全部人口”系指该乡村实行平分土地期间现有人口而言。除按大纲第十条（甲）项之规定：“只有一口或两口人的贫苦农民得由乡村农民大会酌量分给等于两口或三口人的土地”外，统按当时现有人口，平均分配。

四、大纲第六条之补充：

（甲）民国三十四年以来所开之生荒地，应属于开荒主所有，不在平分之列。

（乙）富裕中农的土地，得在抽多补少，抽肥补瘦的原则下，酌予抽出，但不得动其浮财及房屋。

（丙）逃荒户、移民只能确定在一个地方分一份，不得两头重分。

（丁）逃荒户在外无音讯者，依法分给土地，不分浮财，该项份地由村农会保管，暂给雇农、贫农及其他贫民耕种，不出租金，只纳负担。但留地以三年为期（从分地之日算起），逾期不归者，该项份地即另行分配。在期限内，归来分地者，如其现住地在解放区，须由该地农代会证明。

（戊）清真寺的土地，在各该乡村全部土地平均分配的原则下，由回民自行处理。

五、大纲第七条之补充：地少人多之地区，经平分后，雇农贫农仍不足维持生活，在自愿原则下，可采移民办法解决之。

六、大纲第八条之补充：

（甲）地主兼城镇出租房屋者，其出租之房屋得一并没收分配之。一般以分给该城镇贫民为原则。分配办法由该城镇人民代表会（或其委员会）决定。如与乡村发生争议，可会同县农民代表会（或其委员会）解决之。如该项房屋系承租人用以经营工商业者，则没收分配后，其与承租人之关系，应依租佃房屋之习惯办法处理之，原则上，不影响工商业之经营。

（乙）自反奸清算以来，干部所多占的果实必须退出。

七、大纲第九条（甲）项之补充：山林、桑林、竹林、水利、苇地、果园、池塘、湖沼、莲地等，由各地农民公议，可分者平分，若平分不利于经营者，可采取合股办法经营之。

八、大纲第九条（乙）项之补充：

（甲）政府已开采或准备开采之矿山地不分，已发现之矿山，政府暂时不开采者，可分给农民经营，俟需要开采时，即行收回，由当地政府给农民另行调剂土地，并适当补偿其生产的损失。

（乙）旧有铁路沿线之附属公地、准备即时兴修铁路之用地、现有农场、公共建筑、公园、陵园以及指定的公路、河道等土地，概不得分配。此项用地，由有关之各级人民代表会（或其委员会）与政府共同确定之，任何人员不得借口擅自留地。

（丙）河滩地、沙地、义地等，由县区农民代表会（或其委员会）处理之。

九、大纲第十条（乙）项之补充：家居乡村的失业工人无法维持生活者，得经该工人现住地政府之证明，回原籍分地。

十、大纲第十条（丙）项所称“人民解放军”，包括解放战士在内。

十一、大纲第十条（丙）项之补充：

（甲）凡自抗战以来在前线战斗中牺牲的烈士（包括人民解放军军人、民兵、民工及其他人员），本人仍应与农民分得同样一份土地和财产。

（乙）准备安置荣誉军人及退伍军人之土地，由行署统筹保留，不得分配，但其数量不得超过该行署区土地总量千分之一。此项留地，暂由所属县农民代表会（或其委员会）交给贫苦农民及其他贫民耕种，不出租金，只纳负担。

十二、大纲第十一条之补充，土地所有证之样式，由晋冀鲁豫边区政府统一规定，由各行署照式印制，交各县政府负责填发。

十三、大纲第十三条之补充；各级人民法庭的组织条例，由晋冀鲁豫边区人民代表大会制定之。

十四、大纲第十六条之补充：

（甲）本条所称“土地业已平均分配的地区”，系指其分配情形符合于中国土地法大纲原则与精神的地区而言。如尚有非法多占、肥瘦不均，致贫苦农民不足维持生活情况者，仍须检举重分或加以调剂。

（乙）在中国土地法大纲公布以前，土地业已平均分配的地区，地主富农如有虽劳动而仍不能维持生活者，得依法补给土地。

十五、本办法在必要时，得随时修改之。

十六、本办法自公布之日施行。

选自《中国新民主主义革命时期根据地法制文献选编》第四卷，中国社会科学出版社1984年版，第443～446页。原注：“选自1947年12月31日《人民日报》”。

13. 太行、太岳行署发出布告——严禁破坏土地法

1948年1月

（本报消息）中国土地法大纲和边府实施土地法大纲补充办法公布后，边区广大农民，特别是雇贫农民十分高兴，衷心拥护，并准备立即彻底实行。但有不少地主富农及一切不法分子故意曲解土地法大纲，挑拨雇贫与中农的团结，转移、隐蔽与分散财产，变卖与浪费非法获得的斗争果实。这些破坏土地法大纲的罪恶行为，严重的违害了农民利益，

太行行署特为此发出布告，指出：（一）土地法大纲是根据农民的要求，彻底废除封建性的半封建性的土地剥削制度，满足缺地少地雇贫农民的要求。地主富农不得故意曲解、挑拨或进行转移财产及其他破坏活动。违者经政府查之有据，定当严加惩处。（二）中农的土地财产，只富裕中农多余的土地可以协商方式，由其自愿抽出，其浮财及房屋内财一律不动。其他中农的土地财产，一律不动。下中农并可分得斗争果实。不要听信斗争中农的造谣、挑拨，所有中农均应起来反对这些造谣和挑拨的行为，安心生产节约，并保持与雇贫农民的密切团结。（三）干部多占的斗争果实，在平分土地时必须将多占部分全部退出。在未进行平分土地前，不得转移、卖变、破坏或浪费。违者除平分土地时仍须将多占部份（分）照数退出外，并按其情节轻重，给予处罚。（四）对以上各项违法行为，所有农民，一经发现后均有权利向各级政府提出控诉，各级政府定当据实查究。区村干部不得压制这种人民民主权利。违者以违背土地法大纲论罪。

太岳行署也于十三日发出布告，决定：（一）在实行土地法大纲期间，严格禁止一切违法卖变、分散、转移土地财产等不法行为。（二）不论任何个人机关或团体，不得为着妨碍公平分配之目的而任意宰杀牲口、砍伐树木，及破坏一切农具、水利、建筑等。（三）如有上述违法行为者，一经查出，除土地财产一律没收（平分时分给无地少地农民）外，买卖人员都要送交人民法庭依法严惩。（四）一切农民、农会、贫农团特别是贫农雇农立即警惕起来，严密监视地主富农的这些不法行为，如若发生此重（种）情事，应一面干涉，一面立即向当地县区政府与农会告发，以粉碎这些不法份（分）子的阻碍破坏。（五）各地政府、农会应接受农民的告发，并对任何非法份（分）子予以严惩。

选自《中国新民主主义革命时期法制建设资料选编》第二册，西南政法学院函授部1982年编印，第295～296页。原注：“《人民日报》1948年1月17日”。

14. 冀南行政公署布告
确定地权发展生产①

1949年2月26日

我区经过各乡农民运动、土地改革，封建半封建剥削制度已根本上消灭，土地已大体实现平分，广大农民得到了必要的生活资料和生产资料，解除了封建束缚，这就造成农村人民生产情绪的高涨与生产发展上空前的有利条件。人民革命战争又处在即将胜利的紧张关头，大力发展农业、工业及手工业生产，以保证军需民食，便成为我区最基本最重要的任务。只有发展生产才能有力支持战争，只有发展生产才能使人民发家致富，克服困难。为此特公布下列事项：

一、凡土地改革已经完成的村庄，立即确定地权财权，今后绝不再行平分。无论实属何阶层（土地改革前的地主，旧富农在内），各人的土地财产归各人所有，任何人不得侵

① 副标题系编者所加。

犯，并保障其自由处理的权利，如买卖、赠送、转让、分家、嫁娶带产等。旧文契一律作废，政府颁发土地财产所有证（简称土地证），由各户收执，作为土地财产所有权的合法凭据。对不从事生产、游手好闲的二流子，一时难望改好者，由村公议，其土地证可由村政府暂代保存，待其转入劳动后再行发给。凡土地业已抽补的地区（或村庄），应即发土地证，固定地权。土地尚未抽补的地区（或村庄），保障“谁种谁收”，使劳动收获不受土地变动的影响。

二、因大城市相继解放，各种工业逐渐恢复，工业原料需要大量供给，这就有利于恢复与发展农业生产和广大农民的发家致富。今特号召各地农民应在可能条件之下多种棉花、花生、芝麻、大麻子等经济作物，政府负责组织产品的推销，并保证有高于五谷杂粮的利润。

三、为恢复与发展农业生产，提高产量，必须实行深耕细作，制造与改良农具，保护与增殖耕畜，提倡养猪打圈，积肥泡粪，选择优良品种，防治各种灾害，发展水利，变旱地为水田，提倡农村人民以自愿结合与等价两利为原则，进行合作互助。妇女应积极参加农业劳动，进行同样工作的应与男子享受同等权利。凡积极生产并推动别人生产之劳动英雄，勤俭模范，组织与领导群众生产有显著成绩之政民干部（包括村干部），及对生产工具，耕作方法有特殊发明和改良，或产品特殊优良之群众与干部，政府将分别予以表扬或奖励。

四、一切敲诈、盗窃、抢劫及偷砍树木、割削青苗等破坏行为，均属违法，定予严惩。

五、凡因老弱孤寡废疾（包括无劳动力的烈军工属）而不能耕种自己的土地者，均允许出租，其地租收入不得认为封建剥削。租额多少，暂由业佃双方自由约定。

六、地主劳动满五年，旧富农停止其剥削满三年者，即可取得劳动人民成份（分）。但如有不安心生产，蓄意报复，阴谋破坏者，一经查（察）觉，当予严惩不贷。

以上各项，仰我全体人民遵照。

选自《中国新民主主义革命时期根据地法制文献选编》第四卷，中国社会科学出版社1984年版，第446～448页。原注：“选自《冀南政报》，第二期，1949年3月25日”。

十、劳动法规

1. 现阶段中职工运动的任务[①]（署名：赵国强）

1939 年 9 月

绪　言

我的这个发言范围并不广泛，只根据我们这个晋接豫抗日根据地范围内来说。〈所〉在今天新的形势下，现阶段中职工运动的任务在巩固根据地、准备反攻力量上，它具有着伟大作用。

首先说我们本区的职工的数量，不算四条铁路，只在本区范围内有 30 万以上，仅豫北一带就有 10 多万。假若将本区工人与家属算在一齐〔起〕，那有百万之数，占全区人口 1/10 之量。在今天讲，巩固根据地准备反攻是有很大一个力量。所以，在今天来团结全区工人阶级，经过工人的团结，团结全区人民坚持敌后抗战，是有着重大意义。

在雪峰同志报告［中］说“建立党的工人骨干”，又说“深入群众运动是巩固根据地中心的一环”，我认为非常正确。我来说，开展深入的职工运动为深入群众运动有力的保证。因此，可见职工运动在巩固根据地准备反攻的阶段，地位是更加重要。

其次，我这个发言至〔只〕限于今后工作上的，虽过去有两年的工作，不能充分贡

① 原注：赵国强当时任晋冀豫区总工会主任，本文是赵国强在中共晋冀豫区第一次代表大会上的发言。

献；同样，因时间关系有关发言之材料更不能更多提供。我这个发言分四个大任务：

一、适当地改善工人生活，激发广大工人生产、参军热忱，巩固社会统战

甲、争取适当改善工人生活

1. 改善工人生活的困难：

首先，本区的工人大多数是在敌人点线区工作，在今天已被占领。本区之内小工厂、矿厂、作坊同样被敌人轰炸与摧毁，使之生产降低，工人失业，广大工人无处谋生。

其次，一般的地主资产阶级的自私自利与顽固分子的阻碍，也使改善工人［生活］增加困难。例如，过去在降〔绛〕县、长治、长子、潞城、和顺、武乡开始给工人改善时，〈在〉那些地主们矿主们总是威胁工人，如工人们要求改善生活，他们就解雇不用，甚至于用势力压迫工人，这样有的工人就不敢提出要求来，有的经过几次斗争才解决。还有顽固分子他又想取利又来破坏，如沁州公道团长就是这样，工人建立了个生产合作社，他就想把持，但在工人手里，没有办法，他尽量给破坏名誉，甚至扣押机器，由〔从〕2月以至［到］敌人进攻时还是破坏着。

2. 怎样克服困难，进行对工人［生活］的改善：

首先，工会是以争取民族解放的立场，光明正大的态度，来领导工人要求改善工人生活。总之工人眼光远大，一切为了抗战。

其次，尽量说服那些开明的较进步的地主、资产阶级用最大的努力来改善工人生活。这种例子，在本区内实际上作了很多。如襄垣、潞城、高平、翼城、长子等地煤矿，全表［现］了这些资产阶级有点开明，这些地方的劳资关系也较好，工人生活也有了改善。

再次，组织工人参加生产运动。这在本区也有了开展，如合作社与工厂在本区以〔已〕普遍建立，特别五区，虽没有大的成绩，也部分地改善了工人生活。

3. 改善工人生活的标准：

在本区，工人生活有了改善，尤其煤矿工人，［工资］确比过去增加了。我们［说］够不够呢？还差得远，大部雇工还〈有〉未改善呢。例如，晋东这几县我统计过，在数目字上有 4/5 雇工增加工资，根据这次检查工作，在辽县××村雇工就不知道改善。〈同时〉有一个雇工，已在他的主人（地主）驯服［下］多年，假若提出要求恐怕主人不要了，所以他对他的主人说，“如有人问你（地主），就说给我增了工资，再说我有吃就行，要钱没处花去”。〈我们〉这样看来，这种雇工［生活］改善确实我们要坚苦深入地去作，不要像那召集个大会〈上〉说一说，给工人改善了工资，其实工人他不了解。所以，定出个标准并不正确，可以具体环境〈的〉去作，煤矿工人每日由五分至两角，手工业工人五分至一角，雇工每月可按 1/4 之数，提出标准灵活地去做。

乙、进行适当的斗争

1. 斗争的原则是教育、锻炼、团结广大工人，扩大和巩固工会组织，争取资方进步，加强劳资团结。

本区须〔许〕多工会是斗争中建立起来的，在斗争中教育了干部锻炼了干部，团结了广大工人来拥［护］工会，壮大了工会；同时用工会的工人团结力量争取了资方进步，加强了劳资团结，例如潞城、襄垣、长子等煤［矿］。可是近来有个别的工会同志在劳资团结中进行了个人利益工作，如长子县负责的。这个我看来是非常不对，可能走到脱离工人

出卖工人阶级利益的。

2. 进行斗争原则和方法：

进行斗争首先在政治上占优势，事先造成个舆论动员。这个过去在同蒲路与高平等［地方］，每逢斗争之先在群众中鼓动开，然后进攻。

其次，有计划地组织和领导工人进行斗［争］，反对代替包办。特别在斗争前后与斗争中，时刻估计斗争的变化，同时加强工人群众、尤其干部与活动分子的教育，这种教育不仅提高能力，而［且］坚定他们的斗争的胜利信心。尤其在胜利与失败［时］，更要进行教育工作，以避免斗争中发生不好的现象。

再次，利用谈判方式，非不得已时进行怠工罢工。

最后还要注意的，以契约防止资方的反攻。这个是在长治给我们一个经验，有一个煤矿是在罢工胜利后〈来这个煤矿〉机器发生了事故，随〔遂〕停工修理，后开工时矿主就不要以前在工会之工人，同时前罢工条约他不承认，后经过斗争才恢复原有的工人。所以，这给了我们一个经验，只〔即〕在斗争后必订劳资契约，以防资方反攻。

3. 帮助农民进行民生斗争，争取民选村长。

这项工作我们在高平一带作得最普遍，在农村中建立工人组织，并须与农民结合起来。〈所〉在高平反摊派不公反合理负担，不仅改善了农民生活，也改善了工人生活。同时，抓紧了几［起］贪污事情反对坏村长，在反贪污斗争中改造了村政权。在高平虽做得不够，［但］小部分改换后大部的没有改换的对群众组织有了惧怕，无形中给他们一个大大教育。所以，在高平工会也建立起来，农民组织也充实起来。

二、普遍深入生产建设，加强对敌经济斗争，巩固抗日根据地

本区经济建设在工会的建立开始后就有了工作，尤其今年总工会成立后，特［别］在那几种关于□□建设决定文件散在全区后，虽不深入，但普遍有了开展。这不能不是工会号召与推动下之收获。工会它本身用了最大努力各方进行，如向士绅借款建立了工厂，有的士绅自已拿出［款］来给工会交给工会去办工厂，有的劳资合办〈的〉合作社，有的工人自已筹款建立工厂与合作社，有的向政府借资开办了工厂与合作社，有的在工会推动下进行了生产建设，所以得到了今天的建设的初步基础。

其次，在巩固抗日根据地自给自足上有了初步的进行。如手榴弹、手枪、大枪的自造，磺铁硝矿的开辟，布匹纺织部门的建立，如农村生产开始进行。这些不但冲破了敌人经济封锁而调剂了根据地的金融，同时部分地改善了工人生活，对敌经济斗争起了它的作用。

甲、扩大工厂及合作社的建设

1. 首先，各县工委同志应有计划地领导各县工会普遍地建立工厂及合作社。

我们说，过去在各县党［组织］的领导下作了点工作，［但］严格地说，各县工委同志注意得不够，进行得不普遍。特别［应］注意的［是］，各县工委同志抓得不紧而没有广泛开展起来，主要的［由于］没有中心无有计划的做法。所以，今后希望各县党［组织］很好帮助工委同志进行。

2. 统一并掌握各县的小工厂及合作社。

我们要将生产很好地开展，必求其统一，只有在统一之下才能广泛地推动。同时，在

今天我们应限制资本家之发展，要以工会出来领导（把握全县生产），这是非常必要的，只有这样才能发挥工人的作用。现如高平、阳城就是由工会领导。

3. 争取掌握政府的工厂。

在我们这个区，是有进步的政权，同时工会对经济建设［所起的作用］在各方提高了工会的政治威信，一般说对政权相当有点信仰。在实际上，我们工会同志对建设还没有起应有的作用，假若我们真要掌握过来没有能力支掌〔撑〕，而被顽固分子夺取，真有点冤死人，所以我们说今天正须要注意它研究它，并且还要支掌〔撑〕它，自然而然地政权的也能到我们手来。

4. 研究一个合作社，成为模范合作社，以推动一般。

我们研究合作社在民干会上提出很多经验教训，但是在今天还没有按照那些经验去作。而在晋东一带，合作社的干部有常识的占全区第一位，还是经过相当训练的，但是还未改变合作社□有的态度，例如辽县有一个区还是那种商店式官僚习气。我认为这是防〔妨〕害合作运动的开展同时创造不出模范的。

乙、普遍地开展乡村生产建设

今天来开展生产建设，只有在乡村才能存在，尤其在敌后根据地更须建筑［在］乡村中。就是敌人占领城镇我们在乡村建立经济网来封锁敌人，以冲破敌人之经济封锁。

1. 村生产合作社：

这主要适合农村需要而设立，如面粉、油房、农具工厂、各种作坊。现在我们已开始在襄垣、壶关、平顺等地建立。

2. 村借贷、运输合作社。

这个村借贷在〔对〕村生产建设是有很大帮助［的］，同时将〔使〕村中失业者能维［持］其生活，更能提［高］生产量。在我们这个区太南较普遍，晋东已开始建立中。次其〔其次〕运输合作，这个主要［是］调剂农村物贷〔资〕，周转金融，就是能将甲地之生产转到乙地，并将乙地之特产转回甲地。在我们这区阳城转运盐，长子转运过粮食并转［运］过棉花，但是作得不甚好。

3. 提倡农村副业，并组织合作：

我们在乡村开展生产建设，只有提倡农村副业，在〔有〕农村副业的发达才可开［展］乡村生产建设。同时，提倡农村副业必须组织农村合作社，经过农村合作社推动农村副业的开展。所以，在今天乡村建设是非常重要。

丙、在战争中坚持生产建设

我说在战争中坚持生产，主要条件是政治保证，这个政治保证是工会的组织，因它是个组织，进行工作是有计划有系统［的］，不至于混乱。〈所〉在这次战争中，有一县给我们很大教训，别说人的安存，连机器也损失不小；相反地又有一县不同，虽表现混乱，但没有什么损失。所以这个经验给了我们［教育］，我们应事先〈要〉有准备，〈关于〉笨重的移到山里或埋藏（暂时的），轻便的分散各地，或与乡村结合，到农村中建立，最好组织武装保护与掩护退走。

三、开展敌占区职工运动，蓄积力量准备反攻

甲、开展敌占区职工运动的意义

发展敌占区工作是有战略意义［的］。同时，敌占区（点线区）职工数量人口是最多，在敌人占领区全是工业区，如石家庄、太原、榆次、磁县、贯〔观〕台、临汾等地，而〈在〉我们开展敌占区群众运动，职工运动是第一位。在现阶段来讲，准备反攻，在敌人心腹埋伏炸弹，是我们重大的任务。

在过去虽有点基础，没有大的收效。同时对敌占区工作没有政治远见，［存在］只重军事观念，再者也没有很好地研究敌区工作，更没有系统联络工作，最后感觉干部是缺乏，因此没有很好作（做）起来。

乙、敌占区职工运动的趋势及特点

在二年来，敌国经济困难，增加剥削，方法更要残酷，对人民行动限制压迫更加严重，尤其对〔使〕中国工人生活更加恶化，由此造成了工人反日情绪高涨，反日事件增多之趋势。如赵城300工人暴动，正太路工人帮助破坏铁路的事件很多，闻喜栗元站工人帮助冲防线，平汉路工人坏破〔破坏〕沙河桥，这全是给日本增加困难。同时敌人怕工人的团结，进行分化〈政策〉，利用流氓工人制造工人之不团结，又有汉奸、托匪、顽固分子挑拨是非，我们［须］大大努力。

丙、发展敌占区职工运动的任务

1. 掀起敌占区职工反日运动。

2. 在改善工人生活［的］斗争基础上，开展工人对敌伪的政治斗争。

3. 建立敌占区职工组织。

4. 通过中国进步的职工去争取日本在华做工的工人，建立中日工人联合组织，共同反对日本帝国主义。

丁、如何进行敌占区职工运动

1. 研究敌占区职工生活与要求。

2. 确立工作基点及工作部门。

3. 选择训练专门干部。

4. 研究现有的工作，总结经［验］教［训］，作为今后开展工作的引线。

5. 利用敌占区灰色形式进行职工组织，同时建立核心——基本工会组织。

6. 建立党对敌占区职工工作的领导系统，加强领导。

7. 要有独立的经费与预算。

四、巩固扩大职工组织及组织工人武装

甲、巩固工会组织

1. 用各种方法使工人过组织生活。主要在工厂、合作社、矿山等民革室进行活动。在我们这区，每个矿山全有民革室，同时还有负责教员，□没有多大收效。

2. 培养基本工会的干部，加强基本工会的领导，进行经常的教育工作。这个基本工会是［在］煤矿、工厂、工人较多的村庄等。

3. 发动组织工人进行经济斗争。在我们这个区域有过斗争的工会，一般说干部是坚定，组织较巩固，同时工人也信仰工会。

4. 建立模范的县区工会与村支部，推动一般工作。

乙、扩大工会组织

主要的是开展薄弱地区的工作，如豫北等地。

丙、组织工人自卫队、游击队，武装工人

这个例子很多，如同蒲路是在对局长斗争下建立起武装，在长子、潞城等煤碳〔矿〕是在斗争［中］建立起来，最近高平游击小组是在战争来时建立。在保卫生产中也能建立武装。

丁、加强工人的阶级教育

在今天，加强工人阶级教育［很重要］，尤其在本区工人的特点上看，落后性，在教育上我说是个艰苦的工作。可是我们要建立、培养工人的骨干，只有艰苦进行教育。提高他们的文化水平是非常重要的。

1. 加强干部的教育：

首先，开办工人干部训练班；其次，上层工会对下级进行个别教育；再次，直接帮助下层发动与领导斗争，在斗争中进行教育；最后，干部们自动地建立学习制度，加强自己。

2. 对会员教育：

首先，在民革室与识字班进行教育；其次，组织工人［识］字班；再次，是在实际工作中进行阶级教育，如斗争中教育。

选自《太行党史资料选编》第二卷，山西人民出版社1989年版，第514～525页。

2. 晋冀鲁豫边区晋东南总工会关于会员权利义务的决定

1940年5月

总工会为了巩固组织，深入工作，加强工作效能，关于工会会员的权利义务有以下决定，务使每一个会员深刻了解，并能认真执行，千万不要忽视。

甲、工会会员的权利：

一、会员有选举权与被选举权。

二、会员有民主自由，有权讨论工会工作，并向工会提出意见和批评。

三、会员有困难问题时，可以向工会要求帮助和解决。

四、工会会员不准任何人随便逮捕、捆打、惩罚，如果违犯法令时，在一般情形下，政府可先通知工会，然后逮捕之，但在紧急情形下可先逮捕，然后通知。

五、会员有参加工训班受训之权，并可向出版的刊物投稿，发表自己的意见。

六、会员在工人合作社购买东西，可以受优待。

七、会员如犯错误受到批评不服时，可向上级声明或控告。

乙、工会会员的义务：

一、会员必须执行工会决议，服从工会纪律。

二、会员必须过工会会议生活，并缴纳会费。

三、会员必须增加各种政治活动，提高民族意识与阶级觉悟。

四、会员必须参加工会工作，宣传解释工会一切主张。

五、会员应介绍工人参加工会，扩大工会组织。

选自《中国工会历史文献》（4），工人出版社1959年版，第504～505页。原注：“《太行工人》第二期，1940年5月30日出版”。

3. 晋冀鲁豫边区晋东南总工会关于工会组织纪律的规定

1940年5月

工会为着引导广大工人群众向民族解放与阶级解放的目标前进，必须有一定的革命纪律。

第一，会员必须遵守工会的章程和一切决议。

第二，会员坚决不做汉奸或工贼，忠实于民族解放和阶级解放事业。

第三，会员要按期缴纳会费，爱护工会，不作破坏与捣乱工会的事情。

第四，会员不贪污，不吸大烟、料面等毒品，不赌博，不做偷窃及一切不正当的行为。

第五，会员以自觉遵守纪律为原则，如果违反纪律，得按错误的轻重，分别给予以下之处分：

一、说服教育；

二、劝告；

三、警告；

四、定期开除会籍；

五、永远开除会籍。

各级工会干部，接到这个决定后，应提到工会小组，展开激烈深入的讨论，作为一个教育材料，务使每一个会员，深刻了解，并能认真执行，如有不了解的地方或补充意见，可来信给总会。

选自《中国工会历史文献》（4），工人出版社1959年版，第506～507页。原注：“《太行工人》第二期，1940年5月30日出版”。

4. 晋冀豫区职工会工作纲领

1941年9月10日

一、领导全区职工，坚决抗战，团结、进步、争取民族与阶级解放：

甲、领导全区职工，坚持抗战，团结、进步。

乙、驱逐日本法西斯出中国，建设新民主主义社会，争取民族与阶级解放。

二、巩固扩大职工会组织，团结职工，团结人民：

甲、广泛吸收各业工人与职员，扩大职工组织。

乙、建立与健全各业工人组织系统。

丙、发扬民主，建立与健全各种制度，创造模范职工会，巩固职工组织。

丁、争取华北工运统一。

戊、团结职工，团结人民，巩固扩大抗日民族统一战线。

三、加紧教育，发动学习，极力提高职工政治文化水平：

甲、经常进行新民主主义教育。

乙、建立与健全学习制度，普遍造成自动学习的热潮。

丙、开展职工新文化运动，扫除文盲。

丁、加强职工民族与阶级意识，克服经济主义及帮口行会思想。

戊、大量培养与训练工运及各种抗战建设工作的职工干部。

已、极力提高职工政治、文化、技术水准，使职工会真正成为工人阶级的革命学校。

四、普遍改善职工生活，彻底实现劳工保护条例：

甲、研究与及时改善各业职工政治、文化、经济生活。

乙、提倡卫生，关心职工健康。

丙、安插与救济从敌占区来的职工。

丁、彻底实现劳工保护条例。

五、创造新民主主义劳动者运动，加紧根据地生产建设：

甲、高度发扬劳动热忱，遵守劳动纪律。

乙、研究与改造技术，奖励发明，增加生产。

丙、组织生产竞赛，创造新民主主义劳动者运动。

丁、加紧根据地生产建设，实现边区三年实业建设计划。

六、开展敌占区工运工作，扩大巩固抗日阵地：

甲、培养职工干部，深入敌占区开展工运工作。

乙、运用各种适宜的方式方法，组织与教育职工。

丙、逐日增长与集蓄力量，扩大巩固抗日阵地。

七、参加民主运动维护新民主主义政权：

甲、参加民主运动，提高职工政治地位。

乙、彻底执行一切政策法令，实现晋冀豫边区政府施政纲领。

丙、输送优秀的职工干部，参加政权工作。

丁、维护新民主主义政权。

八、发动职工参军，参战，除奸，保卫自己，保卫生产：

甲、发动职工参加抗日军，参加营兵与民兵。

乙、扩大巩固工人连、工游队、矿工基干队、工人纠察队。

丙、加紧除奸工作，肃清汉奸、敌探、亲日派。

丁、武装保卫自己、保卫生产，保卫根据地。

选自《中国工会历史文献》(4)，工人出版社1959年版，第559～561页。

5. 晋冀鲁豫边区劳工保护暂行条例[①]

1941年11月1日公布施行，
1942年12[②]月10日修正公布，1944年1月17日修正公布

第一章 总 则

第一条 本条例为发展战时生产，提高劳动热忱，保护劳工与增进劳资双方利益，巩固抗日民族统一战线，根据抗战建国纲领之原则及敌后实际情况制定之。

第二条 凡属本边区之工人（工厂工人、作坊工人、矿场工人、运输工人、手艺工人、店员、学徒、雇工、牧畜工人及家庭之佣[③]工等）与资方（厂主、作坊主、矿场主、商店主、师傅、雇主等）均适用本条例。

第三条 凡本边区之工人，均享有言论、出版、集会、结社、参军、参政及抗日之自由。

第二章 工 资

第四条 工资标准，一般依照各地生活状况，除工人本身外，以再供一个人至一个半人最低生活之必需费用为标准，但得[④]在双方协议自愿原则下增减之。

第五条 不同部门之工人，其工资应依照当地当时生活状况，以及技术劳动效率等[⑤]条件，由劳资双方协议规定之。

第六条 工资之支付，分为货币与实物两种，由劳资双方协议规定之。

第七条 工资之支付，除劳动[⑥]合同另有规定者外，均依下列各项之规定：

一、以年计工者为年工，得分上工、麦收、下工三次支付。

二、以季计工者为季工，得分上工、下工两次支付。

三、以月计工者为月工，得分上工、下工两次支付。

四、以日计工者为日工，得按日支付。

五、计件工资，得按工作情形及工作所需之劳动时间支付。

六、工厂以外之计件工资，与厂内相同。

第八条 劳动[⑦]合同内规定之工资，资方不得借故减少或拖欠，工人亦不得在合同之外有额外要求。

第九条 凡法定或习惯之休假、例假，工资一律照发。

---

① 本条例是在中共中央《论政策》发布后，根据中共中央关于劳动政策的指示精神制定的，是抗日根据地具有代表性的劳动保护条例之一。

② “西南函授版”将“十二月”误作“二月”。

③ “晋冀鲁豫四三年版”正文印作“雇工”，其勘误表改作“佣工”。

④ “晋冀鲁豫四三年版”正文漏一“得”字，勘误表已补上。

⑤ “晋冀鲁豫四三年版”正文漏一“等”字，勘误表已补上。

⑥ “晋冀鲁豫四三年版”正文两处将“劳动合同”误作“劳资合同”，勘误表已订正。“社科法制版”上述各处皆未按勘误表订正。

⑦ 同上。

第三章　作息时间

第十条　工作时间：

一、公私工厂、矿场及作坊工人，每日工作时间以十小时为原则。但地下矿工工作时间不得超过九小时。其因地方情形或工作性质必须延长工作时，至多不得超过十一小时，并须按照增加钟点增加工资。

二、一般手艺工人、商店店员、运输工人及学徒之工作时间，除双方协议规定者外，得依习惯行之。

三、农村雇工、牧畜工人及家庭佣工，其作息时间依习惯行之。

第十一条　例假：

一、凡逢“五一”、“七七”、“双十”等节日，均放假一日。其他旧历各节（如春节、端阳节、中秋节及其他各节日等）及新年元旦各依其习惯行之。

二、工厂、作坊、矿场、运输业在“二七”纪念日应放假一日。

三、女工在“三八”妇女节，童工在“四四”儿童节，青工在“五四”青年节，雇工在八月二十日农民节，应各休假一日。

第十二条　在例假、休假时间内，经劳资双方同意，继续工作时，除原工资照发外，应依照当时当地之日工工资增发之。

第十三条　在工会或农会担任工作者，须利用工余时间从事会务工作。在会务工作特别繁忙时（如训练、重要集会、会议等），可向资方请假（在农忙时须尽力避免）。但此项假期，全年不得超过十五日。请假时间工资照发。

第十四条　工人结婚或直系亲属婚（子女、弟妹）、丧（祖父母、父母、夫妻、弟妹、子女）、重病等，得向资方请假，但每次不得超过五日，全年不得超过十五日。在请假期间工资照发。超过十五日者，其超过之假日不发工资。其他因重大事故必须请假时，得依习惯行之。

第四章　劳工保护

第十五条　绝对禁止打骂、虐待、侮辱工人、资方并不得因工人之过失，私行惩处或扣除工资。

第十六条　劳资双方发生纠纷时，得由工会或农会会同双方代表进行调解，调解无效时，得呈请政府处理之。

第十七条　严格取缔资方不依法令规定额外剥削工人（如无代价的延长工作时间，代替工人购买物品从中剥削，以及各种有害生理卫生的奴役劳动等）。

第十八条　工人如携有子女在工厂作坊或雇主家中工作者，可按其子女之劳动能力给以相当之工资。如无劳动能力者，得依其子女之抚养食用，酌减其工资。

第十九条　凡工厂、矿场工人之教育金，应由资方负担，其数额应为工人工资总额的百分之二，由各该厂工会保管。

第二十条　工厂、矿厂应切实注意清洁卫生，如工作有碍工人健康及安全者，须有必要之卫生防护设备。

第二十一条　工人患有疾病，经医生证明需要休息，其病期在一月以内者，除工资照发外，并应由资方出医药费，但至多不得超过相当二市斗小米之市价。其病期逾一个月者，医药费可停止补助，至于工资续发与否，得按当地习惯由劳资双方协议决定之。

第二十二条　工人因工作致伤，除工资照发外，其治疗费应全部由资方负担。

第二十三条　工人因工作致残废而尚能做轻微工作者，资方除负责为之治疗外，应增发一个月至三个月之工资作为抚养金。

第二十四条　工人因工作致残废而不能继续工作者，资方得按工作时间长短、技能强弱、残废程度，发给三个月至一年之工资作为抚养金。

第二十五条　工人因工作致死者，资方除给以埋葬费（相当四市斗小米之市价）外，并须给其家属以抚恤金。此项抚恤金以三个月至六个月之工资为限。如当地习惯超过规定者，依习惯行之。

第二十六条　工人因工作致遭敌奸捕捉或杀害者，资方得酌予其家属以救济费或抚恤金。

第二十七条　工厂、矿场、作坊因战争停工在七日以内者，工资照发；在七日以外一月以内者，发半数；超过一月者停发。厂内计件工资，须依其平时每日所得工资之平均额折发。

第二十八条　一、凡全住雇工，应归雇主家内劳动力计算支差时，雇主须按支差日期每日发给小米二斤或杂粮三斤及莱金五角，其所得差价交还雇主。半住雇工，在自己家中支半差，在雇主家中支半差，在雇主家中支差时，办法同上。在自己家中支差时，菜金、粮食由自己负担，差价归雇工。其他工人在资方支差者办法同上。

二、凡手工业工人，除出卖劳动力时不支差，亦不补差外，余时均须支差。

三、工厂工人不支差。矿工于六天内在家在窑各半者，支半差；在家四天者，支三分之二的差，在窑四天以上者不支差。

第二十九条　青工、女工与童工之待遇：

一、凡年在十六岁以上十八岁以下之青工及童工（十二岁以上十六岁以下者为童工），其工作须以不妨害其身体之健康与教育为原则。

二、十六岁以上十八岁以下之工厂青工及童工，每日工作时间须较成年工人减少一小时至二小时。

三、青工、女工与童工，如与一般工人做同样工作，且效能相等者，应给以同等工资。

四、女工在月经期间，应给以例假一日，工资照发。

五、女工在分娩前后，应给以两个月之休假，工资照发。

六、女工带有哺乳婴孩者，每日应给以适当之哺乳次数与时间。

第三十条　师傅对学徒须加紧技艺教育，不得隐瞒不教，绝对禁止打骂、虐待、侮辱。学习期间不得超过二年。在学习期间，应由师傅发给衣服，期满后，如继续为师傅工作者，应发给工资。

第三十一条　关于失业工人之调查、登记、救济事宜，由各级政府会同当地之工会或农会负责办理之。

第五章　劳动合同

第三十二条　劳资合同之缔结以劳资双方自愿为原则。期满后任何一方均有宣告解除契约之权。

第三十三条　劳资双方如中途因故解除合同时，须经双方同意方为有效。一方不同意而对方认为仍须解除合同时，须报告工会或农会调解，调解无效时，得呈请政府处理之。

第三十四条　劳资之一方，有不履行合同者，他方有提出解除合同之权。但不得无故退工或解雇。

第三十五条　资方如因天灾、敌灾或其他变故无力继续经营其事业时，应于七日前通知工人，另找工作，但资方有支付能力时，须发给工人以一定之解雇金，其数额以半个月至一个月之工资为标准。

第三十六条　在劳资合同有效期间，工人要求参加抗日军队，或因参加行政工作必须退工时，资方不得留难，其工资以发至离工之日为止，如已预支工资，工人须负责偿还(不能一次偿还者，得由双方协议订定字据，分期偿还之)，或另找代工。

第六章　职工会

第三十七条　工人有组织职工会之权利。

第三十八条　职工会得代表工人提出各种要求及代表工人同资方订立集体合同。但应采（用）协议方式，不得强迫资方接受所提出之条件。

第三十九条　资方如有打骂、虐待、侮辱工人等情事，职工会得代表工人提出抗议及解决办法。

第四十条　劳资双方发生纠纷时，职工会得参加调解。

第四十一条　职工会应教育工人提高劳动热忱，保障劳动纪律。

第四十二条　职工会有代表工人向政府提出要求之权利。

第七章　附　则

第四十三条　本条例之修正权属于晋冀鲁豫边区临时参议会。解释权属于晋冀鲁豫边区政府。

第四十四条　本条例颁布后，凡以前各级政府所颁布有关劳工保护之条例，应即一律废止。

第四十五条　本条例经晋冀鲁豫边区临时参议会通过后，由晋冀鲁豫边区政府以命令颁布施行之。

选自《晋冀鲁豫边区法令汇编》1943 年 7 月版，第 15～20 页。简称“晋冀鲁豫四三年版”。

互校版本：

1.《中国新民主主义革命时期根据地文献选编》第四卷，中国社会科学出版社 1984 年版，第 659～667 页。简称“社科法制版”。原注：“选自晋冀鲁豫边区《法令汇编》下册，1943 年版”。

2.《中国新民主主义革命时期法制建设资料选编》第三册，西南政法学院函授部 1982 年编制，第 232～238 页。简称“西南函授版”。在标题下注明“1943 年 9 月 29 日修补公布”，在文字上与上述版本有些不同。

附注："社科法制版"第667～675页还刊登《修正晋冀鲁豫边区劳工保护暂行条例》（1944年1月17日修正），并注明"选自晋冀鲁豫边区冀鲁豫行署《法令汇编》上册，1944年"。经核对，系按1943年7月版勘误表予以订正，与本条例相同，只是将第24条"发三个月至一年之工资"作为抚养金，改为"一个月至三个月之工资"。

6. 太行区第一届劳动英雄大会宣言

1944年12月7日

全区父老兄弟姊妹们！

我们二百零六个人，是从全区各个乡村、工厂、部队和机关里选举出来的男女劳动英雄。我们这次来开会，是为了交换经验互相学习本事，好在明年更好的闹生产。在开会期间，李司令员、李政委、戎副主席，亲自到我们住处看望我们，和我们握手，问寒问暖地关心我们。许多首长同志和太行联中的同学们，都很亲切地招待我们，给我们演戏，请我们吃饭，待我们像亲兄弟姊妹们一样，真使我们感激极了。回想从前咱们受苦的人，被人看成牛马一样，整年整月的受苦受压迫，谁也想不到会有今天这样好光景。自从共产党八路军来到咱这里，打走鬼子实行了减租减息，帮咱穷人翻身。在去年那样灾荒年月，又帮咱想出了渡（度）荒自救的办法，拯救了多少人的生命！今年的蝗灾若不是共产党边区政府打早的提出打蝗号召，开展军民结合的打蝗运动，今年秋天那还有这样的好收成？想想从前，看看现在，共产党八路军抗日民主政府，处处为咱老百姓着想，我们怎能不感激他们呢?！现在大会要闭幕了，让我们向全区首长们说句实心话吧！你们说的话，我们句句都爱听，你们所说的事，都是摸着我们心事计划出来的。请你们放心吧！我们一定照着你们的话办，件件都做到，好好生产，把大家都组织起来。

这次大会共经过十七天的讨论，可真使我们开了眼界、长了见识，使我们懂清了只有跟毛主席共产党走，受苦的人才有光明前途，只有实行毛主席组织起来的号召，就一定能由穷变富。这次来开会，使我们知道了前两年太行山东边闹灾荒，多亏太行山西边的乡亲们同志们辛辛苦苦和敌人斗争，从敌占区买了粮食运送到东边来救灾，才救了咱们东边老百姓的性命，今年一年闹蝗灾，若不是东边乡亲们打得紧，费了一千多万工，把蝗虫消灭，那么太行山西边的庄稼就要大大受蝗虫的害。这就使我们懂清了"根据地原来是一家"。从今后咱们再不要分什么垮子爪子的闹界限了。太行山是连成一片的。咱们太行山的老百姓的心也要连在一起才对，咱们今后一定要好好团结起来！

这次来开会，也使我们知道了八路军不但能打仗，保护咱们的生产，他们还会生产，替咱们老百姓分担苦处。就如去年灾荒时，八路军和咱们一样吃野菜，减少食粮，今年蝗灾时，他们又帮咱们打蝗。他们是处处为咱们老百姓设想，只拿今年军队完成了三个月粮食自给的事说吧，就减轻了全太行区咱老百姓十万多石的负担，这是多大的一回事呀！不是只有共产党的军队才会这样关心咱们吗？国民党军队不是正相反的天天打骂我们吗？这也就使我们明白了"八路军和咱们也是一家人"，没有八路军就没有咱们根据地，没有八路军和咱们一样受苦生产，咱们也不会有好光景。今后一定要军民共同抗日共同生产，求得过好光景，最后把日本鬼子打出去。

这次讨论组织起来的经验，也使我们知道了“能人背后有能人”，各地都有各地的好处，就如太行山东边的同志们，大家多是从生产渡（度）荒中组织起来的，他们成年的辛辛苦苦，踏踏实实、不断克服困难的精神和等价交换的办法，值得咱们太行山西边的同志们学习。从另一方面说：太行山西边一带像武乡、榆社的同志们，经过减租减息后，领导生产的奖励制度，改造懒汉的办法，也是值得咱们太行山东边的同志们学习的。而像边沿区把战斗与生产结合组织起来的办法，他们的战斗作风又是咱们腹心地区的人民都要学习的。因为咱们是处在敌后战争环境中，只有时时注意把战斗与生产结合起来，并向杀敌英雄学习，才能保卫生产，发展生产！

我们今年在毛主席组织起来号召下，开展了大生产运动，打了八百二十万石细粮，安置了三万余灾难民，组织了两万个互助组（拨工队），参加的人有十四万多，在秋收秋耕中又发展到二十万人，收成比往年增加了，日子过的也有劲了。这些都是咱们在共产党八路军和边区政府领导下自家努力生产的结果。可是我们不能忘记两年来灾荒的难处，不能忘记敌人还没有赶出中国去，我们明年更要加紧生产，多打粮食，更要把生产与战斗好好结合起来，保护生产，发展生产，准备反攻力量和建设新社会基础，那么我们今后要努力办到些什么事呢？

第一，要广泛发展互助组，发动妇女参加农业生产，改造懒汉，巩固拨工队和劳动互助社：咱们全区人口×百万，而互助起来的才有二十万，真太少了。今后咱们要按各个地方各个时候不同情形大大的发展互助，就是临时的变工也好，慢慢再把它搞成经常的互助组，一个组要发展成为几个组或是一个队，要从一个村的互助推动几个村都组织起来。这样逐渐的把全劳力、半劳力都组织起来。

我们要发动妇女们参加农业生产，首先男人们要懂清没有广大妇女参加农业生产，要想做到足衣足食，准备反攻也是办不到的。男人们，大家都要学习黎城赵起仓的办法，首先打破男人轻视女人劳动的坏习惯，再动员自己家，自己组妇女参加生产，做出成绩，影响全组或全村。女人们就要学习榆社郝二蛮，她和男人一样劳动，她组织全村二百零八户，秋收时互助组发展到三十个，组织了妇女一百七十八个，她受全村拥护，成为全县的第一名劳动英雄。也还要学习郭凡子组织全村大脚妇女开荒、运输，增加家庭收入的办法。妇女和老弱不能做重活的，可以做辅助的轻活。

我们还要改造懒汉参加生产，因为懒汉的懒就是咱们大家的累赘，他们是咱们全家或全村求进步、过好光景的拖后腿的人，咱们都要学习武乡李马保的办法，变坏人为好人，组织他们参加生产。

巩固拨工队劳动互助社是个要紧的事，最好的办法是学习偏城张喜贵用劳力入股，用工票计工折工实行严格的等价交换，互助互利。领导上要发扬民主，领导人要涵厚、耐心。使用工票要有界限，不能当冀南票用来买东西或流通到外村去。互助社里的一切制度办法都应该按家庭为单位，要把互助社发展得更好，就是要把安家计划做好，使家家有利、家家方便。无论互助社互助组，都是从事农业集体劳动的组织，不能代替包办行政工作，它和运输救灾结合是可以的，但和其他综合业务合作社，却还不同，目前还不应该把它们硬统一起来。

第二，要彻底实行减租减息，扶助贫苦农民，咱们经过这次开大会，可看得明显啦，不减租减息粮食打下还不够人家的，那（哪）有心思闹养种，看人家武乡经过减租减息互助就容易闹起来，生产也起劲。另外不用说咱们七、八分区，就是五、六分区没有彻底减租减息的地方，也只是从渡（度）荒中组织起来的，今后要想巩固现有互助组织和发展互助，不彻底减租，困难还是很多。我们认为凡未彻底减租减息的地区的乡亲们，要赶快团结起来，把减租减息的事情办好，办彻底。根据各地的经验，减了租以后的有些穷苦的人还是没有种籽没有农具，除了政府贷款外，还要大家团结，在互助中互相调剂。只有这样，咱们穷人才能生产，才有劲儿大大闹生产。

第三，深耕细作，兴修水利，整理土地。深耕细作，就是多耕多锄多上粪，和改善耕作方法，这就要学习武乡李马保村做到三耕三锄，动员全村旱地上粪达一百二十担，把全村地边都修齐了。他村响应政府号召，进行秋耕，翻豆茬地，在田间选种，请好把式讲耕、锄技术，结果今年他组有地二百六十九亩，打粮四百四十石，超过原产量一百四十二石。咱们今后还要推行温汤浸种，推广一六九小麦和金皇后玉茭，开旱渠，打旱井，修储水池，防备旱灾。

第四，多养牲口，发展牧畜：咱们太行区连年战争，畜力损失很多，今后要多养牛养驴养骡，这就要学习平东徐山玉村，去年只有五十多头牲口，五百只羊，今年牲口增加了七十多头，羊增一千二百只。方法是好好照养骡驹牛犊，并到敌占区去买。全区还要学习黎北郭金泰养羊的办法，防止畜瘟。

第五，多种棉花，发展纺织：咱们太行区棉布不够穿是一件大事，明年一定要完成政府种棉计划，多多种棉，纺织虽然在救灾中已有了很大发展，可是还不够，需要普遍提倡，纺织品的质量也须要再求提高，一面解决咱们军民穿戴的困难，一面还可以提高妇女在经济上的地位。

第六，办好合作社，发展运输事业和家庭副业：办好合作社，大家都要按沙河王典的方针去做，他的方针是“能让老百姓都发了财，就是好合作社”。还要学习他动员赤贫户割白草，割荆条，组织赤贫户运输，组织懒汉生产的办法，扶助了赤贫，扩大了股金。去年他还组织了三十万斤棉花入口，调剂了市场，加强了对敌斗争。

明年我们还要发展运输事业，把农业劳动与运输事业结合起来。要多养鸡养猪养蜂养蚕，要推广林北申九华老先生养山蚕的办法，把全区养猪数目增加四倍。

第七，植树造林：全区要学习黎北王同会改造柴山造林办法，他说：“将来反攻后，盖房子要木料，现在就要着手造林”。他把全村一百七十亩柴山，划成七个区，有计划的砍柴修树，这样五年后可长成一万五千株成材的树。也要学习左权县左文才相信苗圃植树方法，自己十年来养活七百棵核桃树，今年又帮助本村种了一千二百棵，并专门开了一块好地做苗圃，他计划五年把荒山庄变为绿林。

第八，实行节约、举办义仓、防荒防蝗：古话说“年年防荒”，咱们太行山区的乡亲们更要“不要去了疮疤忘了疼”，要多多注意节省粮食，举办义仓，救济赤贫。保证一开春就刨蝗卵打蝗蝻，长期打算，今年做的好，明年可以少受害。

第九，我们的工厂，明年要大大发展民办公助的纺织业，造纸业，要求成品质量提高。煤矿厂要学习梁来元同志，多创造新办法。增加产量，与农业互相结合。在军需工业上，今后要提高质量增加数量，大家要学习甄荣典同志努力生产、增加成品、爱护工厂、节约原料的精神，要学习柴栋梁同志提高技术，把新劳动者运动大大开展起来！

第十，我们的部队机关生产，明年还要搞得更好些，在机关生产上要学习郭瑾同志把机关生产合作社化，公私兼顾，彻底实行了滕杨方案，改善了机关生活，扶植了贫苦群众。在今年各机关商业生产都赔钱，而他却由五万元基金发展到一百万元，群众称他为“活菩萨”。在部队上要学习李青山同志在任何环境下保证部队有饭吃的艰苦作风。咱们今年还要创造出如何灵活的实行班排连的相互变工及群众互助，把战斗与生产更好的结合起来！

最后我们这些人还只是全区许多英雄中的一小部分，要办到以上这些事，只有我们全区乡亲们男女劳动英雄们大家都组织起来，一齐努力才行。我们决不会辜负全区父老希望和首长们的关怀，我们都有决心把上面说的事情，首先在自己的家里、队里、组里、工厂里、机关部队里和山村里实行起来，争取把自己的家、组、工厂、部队、村子，发展为模范家庭、模范组、模范工厂、模范连队，我们决心这样做，和大家共同把事情办好！不但要把根据地都办好，还要帮助敌占区同胞生产。

古话说：“众人是圣人”“人多办法高”，我们这些人知识还少，力量也小，没有什么了不起，过去我们也是同大家在一起学习的，今后大家对我们有意见，也请随时提出，我们还要向大家学习，凡事咱们大家商讨。“于大家合适，于自己也就合适”了！雪峰同志说：“英雄事业群众作风”，我们觉得只有群众作风，也就会完成群众事业，造成更多的英雄，我们来自群众中，将永远和群众在一起。永远是向群众学习，永远跟共产党走，学习毛主席的方法，不断的改进工作，也就把自己改造了，同时大家都得到改造。

民国三十三年十二月七日

选自《晋冀鲁豫边区史料选编》第二辑，山西大学晋冀鲁豫边区史研究组编印，第78～84页。

十一、婚姻继承

1. 晋冀鲁豫边区婚姻暂行条例

1941年8月13日临参会大会原则通过，
同年12月20日驻委会修订通过，1942年1月5日公布施行

第一章　总　则

第一条　本条例根据平等自愿，一夫一妻制之婚姻原则制定之。

第二条　禁止重婚、早婚、纳妾、蓄婢、童养媳、买卖婚姻、租妻及伙同娶妻。

第二章　订　婚

第三条　订婚须男女双方自愿，任何人不得强迫。

第四条　男不满十七岁，女不满十五岁者，不得订婚。

第五条　订婚时，男女双方均不得索取金钱或其他物质报酬。

第六条　订婚时，男女双方须在村级以上政府登记方为有效。违反前三条规定之一者，不得登记。

第三章　解除婚约

第七条　订婚后男女双方有一方不愿继续婚约或结婚者，均得请求解除婚约。

但对抗战军人提出解除婚约时，须经抗战军人本人同意，倘音信毫无在二年以上者，不在此限。

第八条　解除婚约时，须向区级以上政府声请备案。

第九条　在本条例施行前所订之婚约解除后，曾收对方之金钱财物者，应如数退还。如

一次不能退还时，得订定契约分期偿还，倘确实无力偿还，而对方亦非贫穷者，不在此限。

第四章　结　婚

第十条　结婚须男女双方自愿，任何人不得强迫。

第十一条　男不满十八岁，女不满十六岁者，不得结婚。

第十二条　结婚须向区级以上政府登记，并须领取结婚证明书。

第十三条　直系血亲、直系姻亲及八亲等以内之旁系血亲，不得结婚。

第十四条　凡有神经病（如白痴、疯癫等）、花柳病及遗传性之恶疾者，不得结婚。

第十五条　寡妇有再婚与否之自由，任何人不得干涉或藉此索取财物。再婚时其本人财物可带走。

第五章　离　婚

第十六条　夫妻感情恶劣，至不能同居者，任何一方均得请求离婚。

第十七条　夫妻之一方有下列情形之一者，他方得请求离婚。

一、未经离婚即与他人有订婚或结婚之行为者；

二、虐待压迫或遗弃他方者；

三、妻受夫之直系亲属虐待，至不能同居生活者；

四、生死不明已逾三年者；

五、患花柳病、神经病及不可医治之传染病等恶疾者；

六、被处三年以上之徒刑者；

七、充当汉奸者；

八、吸食毒品或有其他不良嗜好，经屡劝不改者；

九、不能人道者。

第十八条　抗战军人之妻（或夫），除确知其夫（或妻）已经死亡外，未经抗战军人本人同意，不得离婚。五年以上毫无音讯者，得另行嫁娶。

第十九条　离婚时须向区级以上政府请求，经审查批准，领得离婚证明书，始得离婚。

第二十条　离婚后女方无职业财产，或缺乏劳动力，不能维持生活者，得由男方给以相当之赡养费，至再婚时为止。但女方有第十七条六款至九款情形之一者，不适用前项之规定。倘确实无力支出此项费用者，不在此限。

第六章　子　女

第二十一条　男女离婚前所生之子女，离婚后，尚未满四周岁者由女方抚养，已满四周岁者由男方抚养，其另有约定者，从其约定。但女方未再婚时，无力维持生活者，男方须给女方抚养子女之生活费，至女方再婚时为止。

第二十二条　女方再婚后所带之子女，由女方及新夫共同负责抚养。

第二十三条　禁止杀害私生子。私生子之生父，经其生母指出证明，其生父须负责带领，与正式子女有同等地位。

第七章　附　则

第二十四条　本条例之解释权属于晋冀鲁豫边区政府。修正权属于晋冀鲁豫边区临时参议会。

第二十五条　本条例经晋冀鲁豫边区临参会通过，由晋冀鲁豫边区政府公布施行。

选自《晋冀鲁豫边区法令汇编》，边区政府1943年7月编印，第20～22页。

互校版本：《中国新民主主义革命时期根据地法制文献选编》第四卷，中国社会科学出版社1984年版，第834～837页。原注："选自晋冀鲁豫边区《法令汇编》下册"。

2. 晋冀鲁豫边区婚姻暂行条例施行细则

1942年4月26日公布

第一条　关于婚姻事件，在边区婚姻暂行条例施行前发生者，经男方或女方申请控诉时，得适用边区婚姻暂行条例及本细则。

第二条　在边区婚姻暂行条例施行前所纳之妾，可随时向对方要求离去，并得要求生活费用。其数量之多寡，发生争执时，由司法机关酌定之。

第三条　在边区婚姻暂行条例施行前所蓄之婢，得随时要求离去，主方不得索还身价。

第四条　在边区婚姻暂行条例施行前之童养媳，不得虐待，未至法定结婚年龄，不得结婚。其自愿另择配偶者，得随时请求解除婚约。

男方不得索还婚礼与金钱，并不得讨要在童养期间所消费之一切生活费用。

第五条　兼祧以重婚论，在边区婚姻暂行条例施行前兼祧之妻，得随时要求离去，并得要求相当之赡养费。

第六条　经女方提出解除婚姻后，如与他方订婚结婚仍有买卖情事者，任何人均得告发，并应从重处罚。

第七条　不得结婚之亲属解释如下：

（一）直系血亲——父母亲与子女，祖父母与孙子女，外祖父母与外孙子女等。

（二）直系姻亲——母亲与女婿，公公与儿媳等。

（三）八亲等以内之旁系血亲。

甲、辈分相同者——兄弟与姐妹，堂兄弟与堂姐妹，从兄弟与从姐妹，族兄弟与族姐妹等，但表兄弟姐妹除外。

乙、辈分不同者——舅父与甥女，姨母与外甥，伯叔父与侄女，姑母与侄子等。

第八条　夫妻离婚后，如双方追悔，仍愿再行同居者，准予同居。但须向区①级以上政府再行登记。

第九条　男方不得与孕妇或乳婴之产妇离婚。如有具备法定离婚条件者，应于生产一年后提出。

第十条　不能人道而可治愈者，不能作为离婚理由。

第十一条　夫妻之一方如系荣誉军人，地方亦不能因残废提出离婚；但性器官残废不

---

① "诉讼资料版"为"区"，"法令汇编版""社科法制版"为"村"。据考察最初为"村"，后改为"区"。

能人道者不在此限。

第十二条　神经病者经医生证明可以治愈根除者，不能作为离婚理由。

第十三条　夫妇离婚后各得携回本人私有财产。但双方因过共同生活而已享用者，不得要求追偿。

第十四条　离婚后之子女，除依法定及约定教养者外，仍有争执时，依下列规定处理之：

一、四周岁以上之子女，如男方不适合教养者，仍归女方教养。四周岁以下之子女，如女方不适合教养者，得归男方。

二、双方拒绝，或争索教养子女者，判归有适合教养条件之一方。

第十五条　两愿离婚者，须男女两方亲自向区级以上政府登记，领取离婚证书。如因离婚发生纠纷，应由司法机关处理。

第十六条　订婚、结婚及离婚，均须纳证书费两元。

第十七条　本细则如有未尽事宜，由晋冀鲁豫边区政府随时修改之。

第十八条　本细则自边区婚姻暂行条例施行之日施行。

选自《晋冀鲁豫边区法令汇编》边区政府1943年编印，第23～24页。简称“法令汇编版”。

互校版本：

1.《中国新民主主义革命时期根据地法制文献选编》第四卷，中国社会科学出版社1984年版，第842～844页。原注：“选自晋冀鲁豫边区《法令汇编》下册”。

2.《民事诉讼法参考资料》第一辑，法律出版社1981年版，第485～486页。原注：“据南京市人民法院一九四九年十一月编印《司法工作参考资料汇编》”。

3. 晋冀鲁豫边区婚姻暂行条例

1942年1月5日公布，1943年9月29日修订颁布

第一章　总　则

第一条　本条例根据平等自愿、一夫一妻制之婚姻原则制定之。

第二条　禁止重婚、早婚、纳妾、蓄婢、童养媳、买卖婚姻、租妻及伙同娶妻。

第二章　订　婚

第三条　订婚须男女双方自愿，任何人不得强迫。

第四条　男不满十七岁，女不满十五岁者，不得订婚。

第五条　订婚时，男女双方均不得索取金钱或其他物质报酬。

第六条　订婚时，男女双方须在区级以上政府登记方为有效。违反前三条规定之一者，不得登记。

第三章　解除婚约

第七条　订婚男女双方，有一方不愿继续婚约或结婚者，均得请求解除婚约。但对抗

战军人提出解除婚约时，须经抗战军人本人同意，倘音信毫无在二年以上者，不在此限。抗日军人订婚后，多年有音信但不能回家结婚，而女方年龄已超过二十岁，可请求解除婚约，但在此项修订办法颁布后，女方年龄已达二十岁者，得延长一年。

第八条　解除婚约时，须向区级以上政府声请备案。

第九条　在本条例施行前所订之婚约解除后，曾收受对方之金钱财物者，应如数退还。如一次不能退还时，得订定契约分期偿还。倘确实无力偿还，而对方亦非贫穷者，不在此限。

第四章　结　婚

第十条　结婚须男女双方自愿，任何人不得强迫。

第十一条　男不满十八岁，女不满十六岁者，不得结婚。

第十二条　结婚须向区级以上政府登记，并须领取结婚证明书。

第十三条　直系血亲，直系姻亲及八亲等以内之旁系血亲，不得结婚。

第十四条　凡有精神病（如白痴、疯癫等）、花柳病及遗传性之恶疾者，不得结婚。

第十五条　寡妇有再婚与否之自由，任何人不得干涉，或借此索取财物。再婚时其本人财物可带走。

第五章　离　婚

第十六条　夫妻感情恶劣，至不能同居者，任何一方均得请求离婚。

第十七条　夫妻之一方有下列情形之一者，他方得请求离婚。

一、未经离婚即与他人有订婚或结婚之行为者。

二、虐待、压迫或遗弃他方者。

三、妻受夫之直系亲属虐待，至不能同居生活者。

四、生死不明已逾三年者。

五、患花柳病、神经病及不可医治之传染病等恶疾者。

六、被处三年以上之徒刑者。

七、充当汉奸者。

八、吸食毒品或有其他不良嗜好，经屡劝不改者。

九、不能人道者。

第十八条　抗战军人之妻（或夫）除确知其夫（或妻）已经死亡外，未经抗战军人本人同意，不得离婚。四年以上毫无音讯者，得另行嫁娶，其业经四年以上毫无音讯者，自本条例施行之日起，一年内仍无音讯时，得另行嫁娶。

第十九条　离婚时，须向区级以上政府请求，经审查批准，领得离婚证明书，始得离婚。

第二十条　离婚后，女方无职业、财产，或缺乏劳动力，不能维持生活者，得由男方给以相当之赡养费，至再婚时为止。但女方有第十七条六款至九款情形之一者，不适用前项之规定。

倘确实无力支出此项费用者，不在此限。①

---

① “民诉资料版”无此行16字。

第六章　子　女

第二十一条　男女离婚前所生之子女，离婚后，尚未满四周岁者由女方抚养，已满四周岁者由男方抚养，其另有约定者，从其约定。但女方未再婚时，无力维持生活者，男方须给女方抚养子女之生活费，至女方再婚时为止。

第二十二条　女方再婚后所带之子女，由女方及新夫共同负责抚养。

第二十三条　禁止杀害私生子，私生子之生父经其生母指出证明，其生父须负责带领，与正式子女有同等地位。

第七章　附　则

第二十四条　本条例之解释权属于晋冀鲁豫边区政府，修正权属于晋冀鲁豫边区临时参议会。

第二十五条　本条例经晋冀鲁豫边区临时参议会通过，由晋冀鲁豫边区政府公布施行。

选自《中国新民主主义革命时期根据地法制文献选编》第四卷，中国社会科学出版社1984年版，第838～841页。原注："选自晋冀鲁豫边区《法令汇编》第一分册，1945年版"。简称"社科法制版"。

互校版本：《民事诉讼法参考资料》第一辑，法律出版社1981年版，第482～484页。原注："据南京市人民法院1949年11月编印《司法工作参考资料汇编》"。简称"民诉资料版"。

4. 附［政策研究］浦安修：五年来华北抗日民主根据地妇女运动的初步总结

1943年4月

几年来华北抗日民主根据地之妇女工作已积蓄了相当丰富的经验，但缺乏研究总结，致使工作不能提高一步。我这个报告，因时间仓促，材料不充分，及主观能力之限制，难免还不充实，且妇女运动中之某些具体问题尚未涉及：我只是将妇女运动的成功与失败的主要经验教训作了初步的研究（其中可能对成功方面的经验提到的较少），向诸位同志提出，以为诸位同志研究妇女工作引玉之砖，使今后工作获得进一步的开展。

第一部分　华北妇女运动发展概况

一、华北妇运在不同时期之发展情况

第一时期　一九三八——一九四〇年初

一九三八年以前，曾有过零星的向妇女宣传工作。

在第一时期为大量发展妇女组织及动员妇女参战。此时期，根据地已开辟，开始进入建设各种工作。各种群众组织均成立，妇女组织亦普遍地自上而下的成立起来，村中妇女组织形式凌乱。在敌人残暴的奸淫烧杀行为下，妇女抗战热情很高，各地妇女组织均曾发动过广泛的募捐慰劳军队运动；动员妇女劝说丈夫儿子参军，组织妇女代替男人站岗放哨逐步组成妇女自卫队；成立妇女识字班，在妇女中间进行政治文化的启蒙工作，同时进行过很少的反对虐待妇女及阻碍妇女出来参加抗日活动的斗争；号召妇女放足。这些组织的成立及工作的推行，多依靠行政力量用强制方式进行的。一般方法为打锣开会上课，开办农村妇女训练班，从这里面曾涌现出一批积极分子。在抗战初期，迅速的大量的组织妇女必须依靠行政力量，不可能一点一滴的去做。这种在行政力量下推动农村妇女走出家门口，是比较便利的，妇女参加社会活动有了合法的权利。对于从来两耳不闻政治的农村妇女生活起了很大的变化。工作开始时，一般说来有两种妇女在妇救会中活动积极。一种是由于妇女对妇救会怀疑，许多老年妇女去代替青年妇女活动，在逐渐的使一般人士了解妇救会的任务，及妇救会工作内容，提出解决妇女切身问题后，青年妇女的活跃代替了老年妇女。一种为村中非常风流的妇女，社会人士所认为名誉不好的"破鞋"，她们在村中敢于说话行事，也较易接受新思想，我们也争取了她们去帮助妇救会的工作，通过她们也将"男女平等"、"妇女解放"等名辞传播于农村，使之影响了一般妇女。这些妇女的风流行动及流氓作风也阻碍了广大妇女参加妇救会，使人们误解妇救会。但也不可否认"破鞋"在抗战初期还是起了其一定的作用。在工作中应注意改造她们，否则她们即将不适合工作之要求，并会受淘汰。这时期的参战动员工作，确作出了很多成绩。

第二时期　一九四〇——一九四一年

在这时期，妇女运动以改善妇女生活做（作）为主要内容，在领导干部中已认识到发动妇女必须适当地改善妇女生活，妇女开始所提多为虐待问题；各地区妇救会已注意领导妇女进行反虐待斗争，但对于妇女所提出之婚姻问题，由于无合法根据，还不敢大胆解决。

此时期之前半时期，首先是进行了反对公婆丈夫虐待的斗争，这些斗争都是合法又合理的，所采取的方式多为开群众大会，批评，向政权请愿，处罚，一般都是容易胜利的。在从没有解决过妇女问题的村中，应选择虐待妇女最典型，最易得到农民同情的例子，用召开群众大会的方式来斗争，并可邀附近村庄的人来参观，以扩大影响。对于虐待妇女致死的人，可带凶手到各村开群众公审大会，然后处决。这种镇压作用是很大的。在此时期，从解决问题的目的上看，则有许多方式是幼稚的，将斗争了解为狭隘的开群众大会及处罚，单纯从报复观点出发，如群众所谓之"丢人败兴"而已。并没有达到争取大多数人士同情，及教育广大群众，启发妇女觉悟的目的。对于虐待妇女最凶最顽固者，应予以严厉的镇压制裁，但不可超出人情之常，或带侮辱人格之举动，这最丧失社会人士的同情。某些地区在解决妇女这些问题时，不考虑为什么要斗争，斗争谁，用什么方式解决更合适呢？常常形成为斗争而斗争，拿斗争当儿戏，不是群众自觉的行动，而是干部包办代替的行动。甚至使一些青年妇女并没有因斗争而有了较好的待遇，反而不敢反抗了。不过，这些斗争，对广大妇女群众及农民的影响是非常大的，在强力压制下，虐打妇女的现象逐渐在减少了。

改善妇女生活工作中，其次即发动妇女参加生产，认为这是组织妇女的基本途径。动员妇女参加农业生产（主要劳动）在许多地区成立了生产小组，互助组，但多属形式空洞的组织。强调妇女单独的集体耕种，只有少（数）妇女参加这种生产劳动，而且妇女脱离家庭者参加农业生产并没有改善妇女的生活及地位，相反的，促进了家庭对妇女及妇救会的不满。不过改变了妇女劳动的观点。在副业生产上尤其纺织业有了很大的发展。

妇女识字班在各地区普遍设立起来，某些地区的妇女识字教育之成绩很好，真正能帮助妇女在政治文化上的启蒙。但一般的只能做到识字班是解决妇女问题的场所，这在客观上的困难，如没有适当的教育，妇女本身之家事牵累，而主要还是由于我们在领导上未加以研究出改进的方法，以此与从事教育工作同志共同讨论，共谋如何进行妇女文化教育工作。

妇女自卫队工作，活跃了一部分青年妇女，而多数妇女对此有反感。

在整理巩固妇救会的组织时，有许多地区走了弯路，将过去的组织，完全否认，大量洗刷，从（重）新建立，一般表现了“左”的关门倾向。使妇救会的组织基础大为缩小。

后半时期直至四二年，则以婚姻问题为主，妇女在提出反对虐待问题后，很快的即会提出婚姻问题要求解决。政府颁布了婚姻法令，则有了合法根据，妇救会将解决婚姻问题当作团结妇女的主要工具，许多不合理的婚姻得到解决。但由于领导上未注意研究各地具体情况，而平均强调婚姻问题，在工作基础较差的地区，农民表示不满意。而且，农村妇女当听到妇女解放之初期，常以性的紊乱即是“妇女解放”，使妇女的注意力放到浪漫这方面，加以我们对婚姻问题之帮助教育不够，因此使社会上对妇女不满，工作亦更增多阻碍。

第三时期　一九四一——一九四二年

当各根据地坚决执行中央土地政策，发动群众斗争中，许多同志以为农民发动起来，青年与妇女也自然会跟着发动起来；或以为只要农民发动，妇女可置之不理等错误观念之产生，各地妇女工作一般遂陷于停滞状态，妇女干部也表现不安心妇女工作。

二、对华北妇女运动的估计

从不同地区的妇救会组织状况，妇女生活、思想及农民观点之变化来看。

第一种地区，所谓先进区，农民已经发动，且进行了较深入的阶级教育，妇女也有较好的发动。

a. 妇救会成为真正团结妇女的一种组织，妇女一般的是自觉的参加妇救会，妇救会在群众中有威信（农民也认为妇救会起作用），能作有组织的活动，如解决妇女问题时要在妇救小组中讨论，对政府的号召，及农民斗争，妇救会可发动会员积极参加，完成（像扩军、优抗、反贪污及减租斗争、冬学），会员有组织观念，能交会费，多属青年中年妇女，干部已转变了强迫命令的作风。妇救会之组织较严密。

b. 妇女基本上解除了打骂虐待的痛苦，自由婚姻可以实行，社会上认为是合理的。妇女在思想上也有了许多改变。由于在妇女群众中进行了土地劳动法令的教育，所以在基本妇女中间具有阶级觉悟，对妇女解放则认为应经济独立靠自己努力，妇女要自己劳动生产，改变了劳动是耻辱的观点，尤其青年妇女的打破了命运观念，相信命运是自己创造的。一般青年妇女能识百字左右。对财产继承权之要求还不迫切，农民对此，则在政治上同情，但不愿实行。

c. 农民能了解妇女也是个人，不应“小看妇女”，不应打骂压迫妇女，而且男人应该帮助女人求平等，当然，农民对妇女的态度，离开完全从封建思想中解脱出来还很远。

这种村庄，在各地区说来都是属于极端少数，而且参加妇救会者在妇女中间也占少数，如辽县泽城村一百余妇女，妇救会员只四十二人。

第二种地区，在农民与妇女的发动上与第一种地区相同，但缺乏经常深入的教育，群众的觉悟程度不够。因此表现出：

a. 妇救会的干部能积极工作，但不能做有组织的活动，会员与非会员之界限划分不清楚，组织不够严密。村中妇女积极份（分）子并不多，妇女了解妇救会能解决问题，但对于拥护八路军，及完成政府之号召则不积极。

b. 妇女的生活与思想之变化与前种地区是相似的，但在妇女中间未进行过妇女本身如何受压迫的教育，一般基本妇女群众之阶级觉悟差。

c. 农民对妇女的态度："女人不顶事"，"女人做错了事还应该挨打"，没有自觉地感到妇女是人应享受做人的权利。

第三种地区，占大多数。农民已发动，但未吸收妇女参加，妇女仍未活跃起来，很少解决过妇女问题；或者，农民的减租清债是靠干部包办所解决，群众并未真正发动起来。

a. 妇救会工作不经常，不能主动的工作，干部认为是公家事，采取敷衍态度，全村妇女都是妇救会员也都不是，组织松懈，往往政权及农会代替妇救会工作。许多妇女不清楚妇救会是干什么的？妇女以识字班上课是种负担，妇救会缺乏支部的领导帮助。

b. 妇女公开受打骂虐现象减少，但暗中精神虐待还很多，妇女问题的解决多属虐待问题，进一步提出离婚问题则还不易获得顺利解决，农民不同情。但寡妇与离婚后之妇女可自主结婚，闺女自主结婚舆论不同情，妇女参加社会活动较过去自由。妇女本身的觉悟很差，认为男女平等只有尽义务上的相同，才能求得权利上的平等（男人作甚，女人也作甚），一般对自己的前途还是相信命运。

c. 农民则以为不打骂妇女是法令上的规定，所以不敢打骂，甚至以为"将妇女提的太高了"，他们要求女人在尽义务上的事情多作些，才是男女平等，否则男女是不能平等的。老年妇女对青年妇女不满。

第四种地区，妇救会已建立，但未进行过工作，是个空架子，农民的发动很差，妇女的生活及观点之改变很少，甚至在极少数地区尚是生荒地带，妇女仍在受着野蛮的非人待遇。

从以上所列各种不同地区的情况及工作发展概况来看，说明五年来妇女工作有了很多成绩，妇女对抗战有了相当大的贡献，妇女的生活已有了某种程度的改变，农民也同情妇女解放，妇救会成为团结妇女的组织，但必须指出各地工作发展还极不平衡。一般说起来，各地只是团结组织了少数青年中年妇女，在成份（分）上则以中农为多。而广大农村妇女基本上尚未发动起来。从领导上检讨这几年来的工作，则在抗战初期以动员妇女参战为发动妇女的方针，是正确的，但我们将参战的政治口号拖得时间太久了，使群众感到厌倦，对妇救会冷淡。因为群众的抗日热情，若不与其直接的切身利益联系起来，则不可能巩固持久。而且也不可能进一步的提高群众的觉悟程度，使其了解革命前途的远景与我们共同前进。我们的同志却单纯埋怨妇女落后，满足于动员工作的数字成绩，只向妇女作片面的需索，这与妇女工作者对妇女运动存有某些不妥当的思想有关联。（一）认为妇女解放与民族解放的利益是一致的，妇女解放须从民族解放斗争中去求得，因此妇女应全力参加抗战，妇女的切身特殊要求应压抑下去，遂强调妇女应片面的屈从家庭社会之束缚，不

第五卷
晋冀鲁豫边区

了解若不去解决妇女的切身问题，则不能逐渐提高其觉悟程度，且无可能参加抗战活动。这与某些人说工人阶级与民族解放利益是一致的，则工人就不应再有其社会上的特殊要求一样。这是一种偏见。（二）对妇女所受封建束缚，了解得非常抽象。我们的干部多为知识分子出身，从未体验过这种家庭封建束缚之痛苦，以及这种束缚所加与妇女的限制是如何深重！以为妇女可无阻碍的参加社会活动。因此我们的某些同志就无法了解改善妇女生活及妇女反封建礼教的斗争是件必要的事情！甚至认为使妇女从封建束缚中解脱出来的许多具体工作，是很容易的且是庸俗的事情，不了解这既是反封建势力斗争的一部分，是个政治任务。在领导上还值得提出注意的，平均主义与形式主义的作风，这表现在不研究各地区的具体情况，只根据主观的愿望，一般的作出工作计划；空洞的号召多于具体的组织工作。满足于数字的成绩，及铺张的形式的会议而不问真实的效果。如婚姻问题的普遍强调；放足工作亦应是个细致的组织工作，要有步骤，并告诉妇女放足的方法，而我们则以为有了政府的法令、提出了号召则工作可坐待胜利。这种不切实际的作风，给我们工作以很大损害。我们应学习耐心的细致的具体工作的方法。

第二部分　关于发动农村妇女

一、关于妇女运动的目的及其内容

现在有某些同志，对妇女工作表示无信心，无兴趣，甚至不知妇女工作究竟应做些什么。因此，在研究华北妇女工作以前，有必要将一般的妇运目的及其内容加以讨论。

妇女问题，妇女运动的产生，并不是由于人的主观愿望所制造出来的，是由于妇女所处之社会地位来决定的。妇女占人类的半数，但没有“人”所应享受之权利，使妇女不能贡献其所具备的能力给社会，社会上缺少了一批有生力量，对于社会是一种损失，尤其是处在艰苦抗战中妇女没有得到应有的发动，会增加我们的困难。世界上除苏联以外，各国妇女均受着束缚与压迫，而在半封建与殖民地性的社会中，妇女所受到的压迫尤深。因此研究妇女问题，从事妇女运动，就是要研究妇女在社会上所占地位之具体情形，及如何才能使妇女有做人的权利，如何才能使妇女以其最大的能力贡献给社会，使妇女成为社会的有用人，以便推向社会前进。

妇女问题所包括的内容主要为：1. 无政治地位，即使在有资产阶级形式民主的国家中，虽经多年斗争，仅仅获得在法律条文上承认妇女有参政权，但也只限于少数有产者之妇女。2. 社会上无地位，如妇女从事职业的范围狭小；无受教育的权利；无财产继承权；社会上的娼妓制度是合法的，妇女成为商品，特别成为地主资产阶级男子的娱乐工具。3. 妇女在家庭里，是处于从属地位。婚姻是当作一种职业看待，许多婚姻是为了金钱利益的相互交换，而且片面的贞操道德使妇女更感到痛苦，男子则可从其他方面换求安慰。

以上诸问题是妇女的基本要求。妇女问题是私有财产社会制度上的矛盾之一，解决妇女问题须从社会问题着眼，不能单从妇女本身观察。

所以，妇女运动的目标应是：争取妇女在政治经济社会地位上的平等权利，将前面所提出之诸问题均予以解决。除此以外，还必须将压在妇女身上的家庭压迫（喂小孩、做饭、缝衣、洗衣等琐碎的家事）予以解决，这种家庭琐事的缠绕，使妇女很难实际上享受那些在法律上所规定的权利。这才是彻底的妇女解放，是妇女运动的最终目标。而这些问题的解决必须在建立社会主义时，因为无产阶级专政的社会才能给全体人民以民主的权推碾，喂牲畜等，这些是经常工作，除此以外，妇女还要纺织，参加农业劳动——拾送粪，锄地，锄草，拔苗，送饭，收割，打场，播种，收山货（除犁地外之劳作妇女都能作），一般妇女只能参加辅助劳动，妇女的负担并不轻，正是从事于一种最琐碎最使脑筋迟钝化的事情，但妇女却没有享受作（做）人的权利，他们的劳动被认为是无价值的，在家庭里，在社会上均无地位。具体表现在以下几方面：

（一）妇女可以被其丈夫、婆婆及叔伯打骂。这在乡里农民看起来是天经地义的道理，是习惯法，是男人应有的权利，而且有着许多成语在统治着农民的思想，如："好了是要的，恼了是打的"，"女人是棵葱，三天不打就长上来啦"，社会上并没有将女人当做人看，妇女不生孩子，则对家庭无"功劳"，会被人轻视，男人们不喜欢妇女在街上走，这也可以成为打的借口，往往不一定有借口，即可以打的。若以平等态度对待老婆，则被人视为怕老婆。婆婆常以一种疑忌报复的心理对待媳妇，在习惯上则以打骂媳妇是应该的。这种打骂常是很野蛮无人性的，如将女人的衣服脱光，用香来烧，或吊在梁上用麻绳来抽打。农民认为打死女人是用不着负责偿命的。

（二）妇女可以被其丈夫及其他亲属出卖，如丈夫卖自己的妻子称为活人妻，妇女自己还不知道时即已被人卖到他家作媳妇，贩卖妇女像商品一样的合法。

（三）家庭经济权利是被男人掌握着，妇女既无财产继承权，又无支配日常生活上的经济权利。妇女无零用钱，购买东西须经男人认为是正当的用途才得购买，这使一些妇女感到很苦恼，她们常要把孩子及自己收拾得漂亮些，而自己无经济权。妇女特殊的病非常多如月经、白带，但农民不重视的，使妇女病了无法医治。妇女娶过后三年内不给（新）衣穿，一般家庭妇女很少能穿全新衣服（当然此与穷困有关），许多家庭中吃两样饭，妇女吃得坏些。

（四）妇女在婚姻上无自主权利，婚后虽不满意，也不得提出。寡妇在人们眼中看来，地位更是低，凡是其近本家均可将其出卖。

（五）妇女对社会上所发生的事情不得过问，男人谈话时，妇女不得插嘴，妇女只许片面的服从男人，如有些农民不懂卫生常识，在性生活上常给妇女许多痛苦。

（六）妇女不得受教育，几个小学的统计，女孩子读书占极少数，农民认为："老婆家识字能顶个什"。妇女须被迫缠脚，使妇女活动范围减少，见识亦少。

从妇女的生活状况中，可说明下面几个问题：

第一，各阶级妇女的生活均属于这种范围以内，因此，各阶层妇女是受着共同的压迫，有着共同的要求——男女不平等，婚姻不自由等。

第二，妇女虽有共同要求，但又因有年龄区别，如婆与媳（所谓千年媳妇熬成婆，即是指婆对媳之严苛），所以不同年龄的妇女中间又有矛盾的。

第三，妇女与男人在地位上不平等，在经济上是从属于男人的，妇女将随着其男人生活的升降而升降，因此，妇女与其家庭经济利益是一致的。不过，妇女在年轻又未生育前，与其娘家关系更密切，中年妇女有了孩子则又不同。

第四，妇女的阶级意识之深浅，常以其家庭地位，劳动情况，与家庭关系来决定的。妇女一般的剥削经验是少的，被剥削之痛苦了解亦不深刻，只是怨天尤人。而不当家的地主富农妇女，不参加劳动，家庭地位低，其阶级意识往往比较模糊。

第五，由于长时期的束缚压迫，使妇女将社会上一切轻视妇女的思想，当作自己的思想行动标准，不易相信自己有反抗的力量，怯懦，因此一般妇女的斗争性弱。

第六，由于妇女的生活圈子狭小，养成其小气、嫉妒、琐碎、脑筋迟钝，较农民还自私。

第七，妇女受着严格的管束，顾虑多，社会活动范围又小，因此造成其感情丰富，不容易看到自己的出路，人生观是消极的，善哭，易自杀。

以上这些问题，告诉我们在工作中应注意妇女这些特点，以免工作中造成错误。

2. 不同阶层，不同年龄的妇女生活特点及其要求

第一，青年妇女

一般青年妇女多不当家，对家庭经济状况不清楚，在家庭地位不高，她们喜爱自由，单纯，热情，关心婚姻问题，愿参加社会活动，爱文化娱乐生活，要求进步，接受新思想快，但人情世故少。

贫农青年妇女，由于生活穷困，必须参加地里劳动，且为增加家庭收入，须（需）要更多的操作，夫妇间易于反目吵架，她们的婚姻多属男大女小。自己丈夫穷困，若丈夫又无能，则不安心于其家庭。她们有一般青年妇女的特点，喜活动，愿意学习，但不能误时间。

中农青年妇女。她们除有一般青年妇女的特点外，在行动上比较自由，封建礼节之束缚较少，家庭待遇上较平等，与男人及公婆可以随便谈话。她们也参加农业劳动。对于村中所发生的群众斗争不很关心，生活上不发愁，有闲暇，可以作些针线作为自己零花钱。

富农地主青年妇女。对于未婚之女儿管束较松。媳对长辈之礼节特别多，家庭地位很低，行动不自由受拘束，在待遇上不如其丈夫及长工，吃两样饭，婚姻多为妇大男小，不能满足其生理要求，感到苦恼。她们喜爱装饰，轻视劳动及贫穷人家，不与人来往，她们的阶级地位及物质生活使其易安于现状，觉悟慢，进步有限。但若对婚姻不满，或家庭待遇很坏，则要求自由活动及要求进步迫切，其阶级意识亦较模糊。

第二，中年妇女，多已当家，生儿养女，对自己的婚姻已安心不另作打算，他们的人情世故较多，家庭约束少，喜管事，对家庭生活采取积极经营的态度。政治上进取心小。

贫农中年妇女，生活穷困，参加劳动多，没有时间参加妇救会活动，她们只与同阶层人来往，性情较老实直率。

中农中年妇女，行动自由，能接近各阶层妇女，善于活动，易于接受新的思想，自己也劳动，一般希望有孩子，丈夫不要有外遇，婚姻不满者性的关系乱。

地主富农中年妇女，她们的家庭生活向来是不求人，只有旁人来求她们，使她们孤傲，不与人来往，她们当了干部表示对妇女生活不关心，亦无勇气去解决问题，她们满足自己的生活，认为人穷是由于懒惰。

第三，老年妇女，一般的在思想上是非常保守的，长期的生活，使其思想凝固，不易改变，如对于男女平等问题则怀疑，对于社会上的新现象，归咎于命运。掌握家庭经济之老年妇女则更吝啬琐碎。地主富农老年妇女，不参加劳动，希望儿孙媳妇孝顺，家庭和睦，但对媳妇要求甚苛，甚至有嫉妒儿媳心理。中贫农老年妇女，有时还须参加劳动，一般因娶媳不易，对媳爱惜，无儿孙者，感觉后世无依靠之苦，希望得到精神上的安慰。

3. 农民与妇女的关系

农村妇女运动的内容是复杂的，有阶层、年龄、性别上的矛盾，但基本上应掌握并处理农民与妇女的关系。几年来的经验证明未正确的处理农民妇女的关系，曾使工作遭受若干损失，走了些弯路，妇女工作中产生了各种偏向。

一种是妇女主义偏向（妇运孤立主义）。什么是妇女主义？妇女主义即是将妇女从家庭中孤立起来看，与其周围的人物不联系，强调了妇女与家庭（农民）矛盾，站在片面的狭隘的妇女利益上解决问题，造成两性间及青老年间的对立，或者过分夸大了妇女的主观能动性，或者要求在目前妇女即彻底解放，这样，就使妇女运动脱离了农民运动而陷于孤立。这种妇女主义是几年来妇女运动中的主要偏向，其具体表现在那（哪）里呢？

如解决妇女问题时，只片面的直观的看到妇女的眼前暂时利益，而忽视了妇女在社会上无地位的真实情况（离开家庭往何处走），忽视了妇女对家庭经济利益之一致性。我们的干部当遇到丈夫虐待妻子，妻子向妇救会申诉时，不研究具体情况即召开群众大会斗争，处罚金或徒刑，或即鼓励女方离婚，这是一种充满主观幻想的幼稚作（做）法。在妇女的心里是希望得到调解或批评，使其更好的过下去，若处以罚金则是损害了其家庭经济利益，若处以损害其人格的举动——戴高帽游街，则男人被人轻视，对于老婆并不光荣的，家庭亦埋怨女方，女方对此种措施也未见得满意，其在家庭地位不一定会改善，妇救会则脱离群众。社会上的阶级矛盾是基本不可调和的，妇女与农民的矛盾，经过我们适当的工作是可以解决的。这就须（需）要农民有生活的改善，民主政治的觉悟的提高，但不是立即可以做到的。一方面须靠法律上的强制，及妇女自觉的反抗，另一方面须使农民在实际斗争中了解妇女的力量，了解妇女是自己同阶层中最好的朋友，并进行民主教育。这样，农民是可以逐渐觉悟妇女与男子是应该平等的。这几方面不可缺一，仅靠合法的保障是做不好的，强调妇女与农民的矛盾，不去争取农民同情，则易使妇女孤立，并产生妇女对男女平等的误解对男子的报复心理。妇女主义也表现在过分夸大妇女的主观能动性，而提出过高的要求。如一九四〇年各地提倡妇女参加农业劳动中之集体开荒，修滩，造妇女林，妇女园，强调妇女自卫队工作，妇女武装操练等。妇女参加农业劳动对于改变妇女的劳动观点（劳动是耻辱）有帮助，但忽视了农村是个体小农经济，是以家庭为生产单位，妇女为其家庭的一份（分）子，我们使妇女的劳动脱离家庭，而妇女本身所应负之家庭操作并不可减少，又不能增加其家庭财富，这对于妇女是种痛苦的负担，有的妇女参加集体开荒回来，非常疲倦，但家人则对其笑骂，这种作（做）法遭到妇女与农民的反对。妇女主义也表现在妇女运动的进程未能与农民运动相适应。我们必须了解农民是农村社会经济之主持者，妇女运动的口号须依照农民的觉悟程度来提出。在工作初期，农民尚未发动，生活未改善时，应以“家庭和睦”为中心口号，男女平等为宣传口号，我们不要轻视这口号，以为调解家庭纠纷是件琐碎庸俗的事而拒绝去作，这种想法是不对的。反对虐待妇女，倡导家庭和睦，这往往成为妇救会团结组织妇女的入手处（当然不是绝对的），在家庭和睦的口号下，正可以解除妇女不少的痛苦，并易获得各种人士的同情，尤可得到老年妇女的同情，我们应以通俗语言去说明和睦的好处，这种和睦不是要妇女片面的屈从，而是双方相对让步下的和睦。这个口号在以后仍有用处。但在许多地区，农民尚未真正发动起来时，过早地强调了婚姻自由，甚至将婚姻问题作为唯一的工作。农民的经济政治地位均未改善，妇女的婚姻观点也不会改变的，妇女为求自己生活有保障，必然与贫苦农民离婚，这样，使贫苦农民对婚姻法不满，畏惧妇女离婚，因此设法阻碍妇女参加社会活动，这也便于地主欺骗农民共同结合反对妇女运动。当农民已发动起，此时可以提倡婚姻自由，反对买卖包办婚姻，及着重提出妇女应参加生产为中心口号，这时农民的经济政治地位已有某种程度的改善，妇女经过农民斗争后，政治觉悟亦有某种程度的提高，婚姻观点将随着客观环境的变动而改变，农民也同情反对买卖包办婚姻。将妇女参加生产劳动与婚姻自由，男女平等联系起来讲。当民主政治已相当牢固建立起来时，农民已得到民主权利，具有民主觉悟的程度，而大多数妇女的政治觉悟亦提高，妇女的能力亦逐渐得到锻炼，因此，妇女参政的口号才是中心口号，过去有些地区不根据妇女觉悟程度及妇女能力，以及农民觉悟程度，无条件地要求妇女参政达到一定的数字，将妇女参政只了解是参加选举或形式上占了一定位置即满足，从过去的情形来看，这是失败的。有些妇女是被"党保证选上"，自己感到无信心，甚至感到无此必要，在工作上表现了无能，不积极（与我们不注意培养也有关），而农民觉悟程度又未提高，支部同志则采取袖手旁观，不帮助，以便撤换，遂给人们以妇女参政是无能的口实。对于妇女情绪上也是个打击，妇女财产继承权一般是个宣传口号，妇女长期无继承权的习惯，使妇女感觉是应该的，甚至认为继承财产于情面上过不去，在农民觉悟程度不高时，则也不同情财产继承权。因此，妇女继承财产，须（需）要大多数妇女有自觉的要求，且须向农民进行教育，使他们了解妇女财产继承权可以防止与破坏土地集中，对农民有好处，若能取得农民的赞成与同情方可以行得通。强制执行对妇女无益处，过去在冀中强迫执行，则发生家庭不和睦、溺女婴等情形，这种妇女主义运动只能引导到男女对立，将援助妇女解放的劳动阶级之男子赶跑，必使妇女运动孤立陷于停滞，我们应争取同情妇女解放的一切男子，尤其要争取劳动阶级的男子成为妇女解放的朋友。如地主不赞成妇女参政，妇女财产继承权，但在反对溺婴，缠足上是赞成的，我们则应团结他们在社会上倡导。

一种偏向是妇女运动的自流论及阶段论。这是由妇女主义的几点发展而来的。妇女主义是主观的蛮干，是行不通的，当妇女群众表现了消极，冷淡，干部的情绪跟着群众的情绪变化，也表现了沮丧无信心，但不去认真的反省自己的工作，却借口妇女工作使自己不进步，要求离开妇女工作岗位，妇女运动的自流论亦在此时最流行，认为农民发动，妇女自然就发动起来，妇女工作可不必作，使妇女工作陷于自流或停顿，这是强调了妇女与农民与家庭的完全一致性，忽视了妇女的特殊要求，甚至有的同志对妇女所受的非人待遇，竟熟视无睹。所谓阶段论，即是认为必须先把农民运动彻底做好，然后再进行妇女工作，将农民工作与妇女工作之间划（画）上了不可逾越的界限。在根据地开辟之初期，群众运动开始做时，以农民为中心，但并不是说要放弃青年妇女工作，而且群众运动深入时期，妇女工作的比重也更提高。自流论与阶段论都是取消妇女工作的思想。因此在发动农民时，一般均忽视动员妇女参加，不了解农民发动还不能等于妇女发动，仅仅可以说是具备了发动妇女的有利条件，妇女与农民只是在经济要求上一致，而农民在经济要求上满足后并不能解除其全部的封建思想束缚。因此，妇女所要求的有独立人格，与男子有平等待遇，有自由活动等问题，当农民的政治觉悟尚未提高时，则其褊狭的心理将不能容忍，如××村支书即不赞成其老婆出外参加开会。妇救会是代表着妇女的特殊要求，有人说可以取消妇救会，这只是从个人爱好出发，而抹杀了广大妇女的特殊要求。有人怀疑在农民运动中发动妇女参加的问题，甚至说这是个复杂事情，在下面行不通，实际上是怀疑妇女的力量无作用，包括着一种利用群众的观点在内，我们必须了解：中国妇女是最受压迫与束缚，最容易同情革命，最容易跟着共产党走，我们还应从团结群众从积极教育群众着眼，不能只看到目前群众的力量及作用。妇女是包含了无限潜在力量，但由于数千年长期的压迫是不容易团聚自己的力量，这正有赖于党的耐心教育与启发，我们若拒绝这批力量，那将等于拒绝了一大批能跟我们一道前进建设我们事业的群众，这是不允许的。在农民运动中发动妇女参加是否可能呢？许多经验告诉我们是可能的而且应该的。从解决妇女受虐待的具体问题上去启发妇女援助农民减租斗争，我们应启发贫苦妇女的阶级觉悟，将妇女受虐待的原因与阶级制度联系起来，将参加农民斗争与妇女本身地位提高联系起来，并告诉她们社会知识（如一般法令等）使其关心社会上所发生的问题，并愿积极参加，这可以推动妇女走向社会活动，也是开始发动贫苦妇女群众方针之一，同时这于农民利益是一致的，可得到农民的同情。对地主富农妇女，应在妇女受共同压迫的要求下号召妇女要团结、互助，去动员她们同情农民的要求。地主富农家庭中的妇女有当家与不当家、有地位与无地位之分，对不当家无地位之妇女，应从其本身痛苦生活谈起，掌握其与家庭之矛盾，使其同情并帮助农民斗争。如当减租时，可动员她们将地主之动向态度告诉农民，劝其家长执行政府法令应该减租等。如进行合理负担斗争时，可动员妇女调查家中财产之真实情况，还可以抓住妇女的富于感情慈悲心去打动她们（如将佃户与地主生活作一比较）。她们认为穷困是由于不劳动，我们应将男女平等精神连及阶级平等去讲以改变其观点；向她们介绍苏联妇女生活，将民主政权所给予妇女的利益向她们解释并与过去的妇女生活作比较，使其了解只有跟着劳苦大众走才有出路，使她们劝导其夫或父实行农民的要求。这样，使地主感觉自己是孤立的，对其精神打击很大。而且各阶层的妇女统一战线也可因此而建立起来。当农民得到经济利益后，应向其进行教育，指出斗争的果实是由于大家的团结，尤其也是妇女与农民共同奋斗得到的，向农民指出，妇女与农民同是受压迫者，应相互帮助，号召农民对妇女应平等看待妇女，不应打骂老婆，不应吃两样饭，向农民说明妇女在家庭中的操作是有价值的，妇女有理由得到平等的待遇，以改变她们“老婆家顶个什”的观点。在解决妇女问题时，则可争取农民的同情与帮助，当地主封建势力受到削弱时，其家庭中的妇女也敢于提出问题，我们可说服农民加以援助，如涉县之例。群众运动是整体的，在村级具体实行时，应在党的支部统一领导下，运用各种力量，使各种群众团体的工作得到相互配合，这样才能使各群众团体的工作更有力，也使整个群众运动更有力量，各自搞一套，互不配合，或互相混淆，反会减低工作效能。

妇女运动中的以上两种偏向，均是思想上的主观主义所造成，缺乏实事求是的精神，缺乏对实际情况的了解，都是喜欢从主观愿望的观点出发。如妇女主义即是轻视妇女被封建束缚的具体情形，或者某些女同志对自己所作工作即应超出其他工作之上，这种先锋思想也是妇女久受压迫的心理反应，于是即易产生妇女工作的速胜希望，如太行区过去提出的“新时期”，以及某些地区对工作所采取的铺张形式作（做）法。这种希望不能达到，遂要求离开工作岗位，这正是小资产阶级逃避困难的最好办法。后一种偏向则也表现了对于妇女被封建束缚造成的困难所吓倒了，在工作中还须要大家进行了解具体情况，调查研究工作，与今天的整风联系起来。

四、根据地中的婚姻与家庭问题

1. 农村家庭的特点及其变化

农村的家庭是封建宗法社会中的家庭，多属大家庭，以家长为全家的统治者，全家中人与人间有着一定的等级制的不可潜（僭）越的关系，如夫妇关系就是一种经济关系（为维持共同生活）及性的关系（传后代）。妻子处于绝对服从的地位，他们一般都是不和睦的"同床异梦"的夫妇，婆与媳关系亦多半不和睦，妯娌关系中纠纷极多，主要是为了经济问题，他们彼此都要消耗不少精力于此。

这种大家庭制度使大家均感到痛苦，互相浪费，生产不积极，积蓄私产，其中矛盾最多。在今天的土地政策与负担政策推行下，便大大削弱了地主封建势力，使其土地分散，这样，也促使大家庭崩溃，纷纷成立小家庭，婚姻政策也是助长小家庭的成立，许多妇女常是策动分家最力者。这种变化可以破坏封建宗法社会之礼教统治，对于妇女说来，则可免除那些无谓纠纷及礼教压迫的痛苦。

2. 农村中的婚姻问题

农村中的婚姻为买卖包办婚姻制度，其表现的形式：（1）结婚多不由男女双方之志愿决定，而是凭双方家长及媒人之意志来决定的，一般均是找门当户对的，但也须合八字，在女家则多愿找家境较富裕者，在男方则愿找会管家贤惠，这些是双方家长的要求，婚前双方均不许见面。（2）普遍早婚（一般自十三——十五岁）地主富农家多为男小女大，有相差十余岁，妻为夫之保姆，中农相差无几，贫农为男大女小，尤以贫农女儿出嫁为早，主要由于穷困。这种婚姻制度将女子变为商品，因此发生很多不合理的怪现象，如伙婚、续婚、相婚、卖活人妻、共妻，甚至个别地区还有地主超经济的封建剥削——初夜权。（3）结婚目的，男女为传后代，主持家务，所谓"女人不养儿生女，不抵二升糠"，说明旧社会评定女人的价值地位与生孩子有很大关系。女方是为了找生活上的依靠。（4）在贫穷家庭的婚姻就必须是买卖，女儿的婚价与其年龄俱增，所以贫农多娶年岁小的女儿，地主富农家庭则认为买卖婚是丢人的事，他们讲究送彩礼，如送衣服首饰。女家对男家之送礼多少并不在乎。

这种婚姻制度所造成的结果：一般是夫妇不和，如富农家庭之男小女大（七——十九岁），这对于青年妇女是件很苦恼的事，男人长大，则女人已衰老，夫妇关系不易巩固，在他们是性的问题。在贫苦农民家庭，则男大女小感情不易好，以及常因贫困生气吵架。社会上所谓："米面夫妻，无米无面两分离"，因此，一般人同情由于男人无能维持不住生活的夫妇离婚。

不合理的婚姻制度，固然使双方都痛苦，但女方较男方更痛苦，如不和睦的夫妇常常不讲话（有继续几年者）或打骂女人，而男人的活动范围大，可以在外面发泄闷气找到安慰，女人却不得随便出外活动，只得生闷气和哭（女人患胃病者多亦由此原因）。夫妇不和睦易造成男女性关系之紊乱，这种性乱可以说是农村婚姻制度的另一方面。过去我们将有这种行为的女人称为破鞋，似乎将这种行为的责任单纯推在女方，而且将她们与营业性的娼妓混同起来，影响我们在工作中对这些妇女的关门（心）。在实际工作的过程中，使我们逐渐了解这种性乱在各阶层与各种年龄之间有着不同区别：富农家庭的妇女由于管束始动摇，但无新的可遵循，会形成混乱。如性的关系混乱，除从卫生方面进行教育，指出淫乱生活会毁坏身体，妨碍生产及斗争意志外，还应在农民中树立新道德观念：为个人需要享受，致妨碍别人夫妇，及使自己老婆或丈夫痛苦。都是不道德的事情，应本“己所不欲勿施于人”的精神去进行教育。对于抗属更应加强教育，对于她们应强调守贞操是革命的是光荣的。另方面，可提倡男女青年正当的共同的娱乐活动，以便使男女自然接触的机会加多，打破男女间隔阂的神秘观念，男女间的隔阂则会增加畸形关系之发展。

E. 婚姻法的执行不可机械。如有的结婚、还差两岁才到法定年龄，但轿子已抬到门口，硬去禁止举行婚礼，这会遭到人们的反对，甚至对已结婚者又强迫离婚。对童养媳之处理，应看童养媳是否受虐待及是否为其本人之意见来决定解决的方法。有的童养媳是为了无爹娘依靠遂到婆家，且对其亲生儿女一般看待，则不应干涉。有的童养媳娘家借口新法令不得蓄养童养媳，即挑唆其女提出离婚，而为达到再卖女的目的。因此，我们须分别具体情形来处理。我们不要以为有了良好的法令，就等于工作胜利，良好法令距离胜利还远，还需要我们艰苦耐心的宣传教育与组织工作，才能使人民自觉的执行。

F. 在某些地区发生妇女在离婚后，被村干部之本位思想——“好女不出村”所把持，这是不对的。主要还是忽视妇女有独立人格意志而产生的，应教育农民。

五、妇女群众组织工作问题

1. 妇救会（妇联会）的性质、任务及村级妇救会组织问题。

妇救会的性质：妇女受着共同压迫，有着共同要求，参加妇女运动者应为全体妇女，所以妇救会应是一种阶级联合的组织，是有着最广泛的社会基础。其中虽有年龄与阶层中之矛盾；但在某种程度上是可以得到调和的。如婆与媳间是有矛盾的，这是在长期历史上所形成的长者统治幼者的等级关系，经过我们的调解是可以达到“和睦平等”的目的。我们应了解老年妇女的心理：希望得到尊敬，因此我们要大大提倡“敬老爱幼”的口号，对于老年妇女让她们回忆年青（轻）时的待遇并施以平等民主的教育。但我们在工作中常是以不民主的侮辱的方式对待老年妇女，这既不可能教育老年妇女，也不可能教育青年妇女，恰恰助长其报复心理。这样就会失掉人们的同情，老年妇女仇视妇救会，造成青老年的对立。经过我们耐心的工作，老年妇女是会赞成妇女运动的。因此，我们应该强调妇女的团结。各阶层的青年妇女应成为妇救会的主要力量，她们在许多行动中均易表现先锋积极作用，这不但是为了现在，而且也是为了将来。但决不可以宗派主义去对待其他妇女。

妇救会的任务：帮助妇女解决其一切困难问题，维护妇女利益，同时并响应政府的号召，执行政府的法令。

村级妇救会的组织，要适合农村妇女生活的散漫及其家庭操作之烦琐情况，因此，没有必要去过严格组织生活，不可固定化，应按工作需要来决定。组织形式要简单，在村中一般只设妇救会小组，可因工作需要设立临时性的组织。妇女自卫队应取消。妇救会之工作内容，应经过详细研究妇女在不同季节的劳作，来决定不同期间的工作内容。比如，在妇女农忙时，我们偏去强调上识字班、开会等，这就使妇女感到妇救会是种累赘。我们的工作应适应其操作，并帮助妇女的操作或生产能更便利的进行。

2. 目前组织工作中的问题

A. 妇救会存在着相当严重的宗派关门倾向，这表现在：一种是处理婆媳问题时，偏祖青年妇女，对老年妇女采取狭隘的报复方式，这必然排斥了老年妇女参加妇女运动。其次，将党内的一套作风拿到妇救会中来实行，如有的村妇救会规定会员入会条件非常严格——名誉好、成份（分）好、家庭关系好；在北岳区有的村庄规定必须有两人介绍，家无顽固人；再次，许多地区对“破鞋”采取打击，甚至如湖西妇联提出“开展反破鞋斗争中整理组织”，这是由于不了解农村之风俗习惯，不了解妇救会的性质。过去在武乡×村所展开之反破鞋斗争，在斗争会上引起彼此之攻击，无结果而散，许多妇女要求退出妇救会。我们不能根据主观愿望去工作。对于性乱现象，虽应纠正，但应从各方面着手进行教育，绝非在群众大会上所能解决，尤其不能只从妇女方面进行工作。这样，只有使妇救会的组织日益缩小。妇救会的宗派关门主义，从思想上检讨，则表现了狭隘的片面性、绝对化，如强调了青年与老年之矛盾，强调了青年的要求，忽视了老年的要求，强调了破鞋的缺点，忽视了破鞋产生的原因，以及农村的一般性关系。

B. 过去许多地区的妇救会将整理巩固组织的工作当作一种单纯的技术工作，因此将整理工作单纯寄托在订纪律，强调交会费，登记名册，开小组会，或者将旧会员完全洗刷，重新吸收，这种为整理而整理的工作，并没有收到什么效果，反而使妇女对妇救会望而生畏，更疏远了。其结果就使大多数妇救会至今仍表现了松懈无力，因此，我们今后对妇救会的整理巩固工作，主要在于深入了解妇女发掘问题，帮助其解决问题，动员妇女参加生产，充实妇救会工作内容，把重点放在真正发动妇女自觉斗争的基础上。并注意改造妇女干部之作风，须知妇女向来被人统治，且过去村中无民主习惯，今一旦居于领导地位，极容易染有统治者的官僚命令作风，这种作风使妇女群众颇为厌恶。民主作风之建立，除向妇女进行民主教育外，还应在解决问题时，善于运用妇救会的组织力量。

六、女党员工作

1. 现在情况：从几个地区挑选出来看，则知女党员之发展以一九三九、四〇年较多，最近一二年已放松，几陷于停滞。在有女党员的支部中，女党员占男党员十分之一还弱，占妇女人口之比例数更少，有的支部至今尚无一个女党员。在发展女党员中，有些是为了掩护，求得工作的便利而拉夫进来的，甚至连她本人都不知道。对于女党员之教育非常差，不使她们过组织生活，以致一些女党员对党的认识模糊，她们不参加妇救会工作，不参加任何活动，与群众的水平没有差别，脱离妇女群众。支部同志则借口：“老婆家不顶事”或“不易接近妇女”来拒绝发展女党员，教育女党员。这样，我们就不能吸收从农民运动与妇女运动中涌现出的农妇积极份（分）子入党，使我们不能继续巩固妇女运动已得阵地。

2. 目前我们还应大量发展妇女党员，这应引起各级党委的注意，并适当的说服教育支部同志那种对妇女的歧视观念，发展女党员某些条件可较男党员稍微低一些，具体条件，还须在工作中实践来及时修改。支部应规定女党员必须参加妇救会的工作，吸收其参加社会上的活动，女党员与男党员有受教育之同等权利。

3. 为加强妇女运动的领导，现在还有必要恢复县以上之妇女运动委员会为各级党委工作之一部份（分）。妇委会之任务为：了解具体情况，研究妇女问题，妇女运动，并帮助党委总结妇女运动经验，并可督促检查女党员之发展教育工作情况。但不可形成过去那样妇女党的独立系统，应一切通过各级党委的领导去做。

妇委会之建立，应视当地工作发展情况如何来决定，并应吸收同级党委之一参加。党委亦应吸收妇委委员参加一般性质的党委会议。

分区及支部之妇女干事，均应根据当地工作之需要及干部之条件来决定是否设立。

第三部分　今后工作方针

为使妇女运动不停留在少数中农青年妇女身上，继续发动广大农村妇女，则今后应以组织妇女生产工作作为妇女运动发展的方向，各地区应贯彻中央“三八”决定。在妇女群众中间应着重民主教育并与民族教育联系起来。启发妇女所处的不平等地位的觉悟程度，及介绍苏联妇女的幸福生活，以启示妇女对妇女解放的前途的远景。

根据各地区的不同情况，在继续发动妇女群众时：（一）在农民已发动，且有了民主觉悟程度，妇女也有某种程度的发动，妇救会在群众中有威信的地区，则应大量进行妇女副业生产（根据具体情况，定（订）出具体工作计划，不可只有一般号召）。创造模范农家——平等、和睦、劳动。（二）在农民虽已发动，但未深入，妇女问题开始解决，妇救会的组织尚松懈不巩固，则应从组织妇女参加生产中，解决妇女问题，以家庭和睦争取农民对妇女运动的援助。（三）农民尚未发动，妇女亦根本未发动区，则应从动员妇女参加农民斗争中来解决妇女问题，启发妇女觉悟程度，并引导妇女到生产方向。（四）在已有生产工作地区，而妇女问题并未解决过，妇女仍完全处在封建束缚的待遇中，则应从民主教育中启发妇女与农民的觉悟程度，去解决妇女问题，并使妇女积极参加农民斗争。

选自《晋冀鲁豫边区史料选编》第二辑，山西大学晋冀鲁豫边区史研究组编印，第188～219页。

5. 冀鲁豫行署关于女子继承等问题的决定

1945年5月31日施行

本边区第三届参议会交议各案及本署提议各案，业经行政委员会根据边区实际情形讨论决定，兹将司法问题的各决议通令施行。

（一）女子继承问题：

1. 遗产继承女子与男子有平等之权利，唯中国一般社会情形多系男子与父母同财共居，以家庭为经济单位，因而在遗产分配上，应按各该家庭情况参照男女双方在家庭中所尽之义务与所享之待遇，具体研究其分配比例，不应一律平均，以符合男女真正平等之精神，如女子夫家较富，娘家较穷，分配遗产时女子于自愿之原则下，得对其兄弟等加以照顾，其甘愿抛弃继承者，政府亦不加干涉。父母生前与男子分割财产时，亦应按照前述原则分给女子。

2. 配偶双方之遗产有相互继承权，有子女者与子女共同继承，无子女者由一方全部继承，如男方死时尚未继承者，寡妇与子女均有代位继承权。

3. 此办法颁行前已经分割或已开始继承，未逾三年者，女子得要求重新处理之。

（二）女子对其夫家之财产管理与寡妇及离婚妇女带产问题：

1. 为提高女子在其夫家的地位及发扬家庭民主，女子出嫁后对其夫家之财产确定其与男子有共同管理之权利。

2. 寡妇再嫁：

(1) 无子女者其在男家所继承之财产，准根据具体情况带去一部或全部。

(2) 有子女者在男家继承之财产及其个人之财产，均留一部给其子女，如其子女随走，得将其财产全部带走。

(3) 寡妇再嫁时如在男家及娘家均未取得继承财产者，得要求男方给与一部妆奁费。

3. 离婚妇女其自已私产无子女者得全部带去，有子女留于男方者应酌留财产。

选自《中国新民主主义革命时期根据地法制文献选编》第四卷，中国社会科学出版社1984年版，第845～846页。原注："选自冀南行署《法令汇编》第一册，1946年版"。

6. 晋冀鲁豫边区涉县县政府通令——关于修改婚姻暂行条例第五章第十八条与执行参议会关于妇女类提案第十五条

1945年7月31日

顷接边府通令关于修改以前颁布之婚姻暂行条例第五章第十八条规定"抗日军人之妻（或夫）除确知其夫（或妻）已经死亡外，未经抗战军人同意，不得离婚，四年以上毫无音信者，得另行嫁娶"。经边区参议会提议认为，由于战时环境交通阻塞，抗日军人远离家庭邮寄困难，四年期限太短，为了安定军心，提高抗日军人情绪，兹将原规定四年改为五年，又优待抗属第六条规定，"三年以上毫无音信者，得许另行改嫁……"应即作废。

又边区参议会关于妇女类提案第十五条中有关男女双方为欲造成由对方提出离婚之意图，男方故意虐待女方或女方故意浪费财物逼使对方提出离婚，若遇此种情况应使有意造成离婚之一方给对方以适当赡养或损失赔偿以决（绝）流弊。

仰令遇有此种案件，即遵照这种精神办理与执行为要。

选自《中国新民主主义革命时期根据地法制文献选编》第四卷，中国社会科学出版社1984年版，第845页。

7. 冀南行署关于处理婚姻问题的几个原则

1946年7月

1. 干部婚姻：

以威胁、利诱、欺骗等手段制造条件者，原则上不准离，如实际上不得不离，经尽量动员无效后，应在财产上多多照顾对方。

2. 群众婚姻：

甲、男大女小者是贫苦之家，虽已构成离婚条件，也应尽量动员不离，若女方坚决离时，可斟酌双方富力赔男方一部损失。

乙、男小女大者多是富贵之家，离婚条件即便勉强些，也可尽量离。

丙、过失之一方提出离婚时原则上不准离。

3. 灾荒婚姻：

甲、有夫之妇为灾荒所迫，另嫁他人者，不以重婚论，

乙、□□或其□□迫于灾荒，为图生存将女方出卖他人者，不以买卖人口论，但意图营利借贷发财者例外。

丙、女方为生存自救，经原夫同意，自行卖身改嫁者，原则上动员仍归原夫，但后夫所受之损失由原夫负责偿还一部或全部。

丁、女方由原夫出卖，或恶意遗弃改嫁者，由女方自择。

4. 非法婚姻：

甲、重婚者须离其一。

乙、对以往的重婚及以往强迫、拐骗、买卖等非法婚姻，原则上不告不理，但应通过群众启发其自觉。

丙、不经离婚手续即与他人结婚者，基本上动员其归前夫，但应考虑，年限长短，有无新生子女，以往感情的好坏，今后的婚姻前途及其他影响。

5. 对战士婚姻问题：

为照顾军人利益，女方提出离婚时，原则上不准离，若适合离婚条件，动员仍不通时，要拖延时间办理离异。

6. 灾荒期间出卖或赠与他人的孩子，怎样处理?

甲、原则上应归原籍，但须考虑生父母与养父母双方对小孩以后教育与前途。

乙、由小孩自择时，可根据孩子是否有辨别是非能力而定。

丙、根据双方富力，由父母酌偿养育费一部。

选自《中国新民主主义革命时期根据地法制文献选编》第四卷，中国社会科学出版社1984年版，第882～883页。原注：“选自冀南行署《法令汇编》第一册，1946年版”。

8. 晋冀鲁豫边区工作人员离婚程序

×年×月[①]

第一条　凡本边区内一切机关团体部队及其他脱离生产之工作人员诉请离婚者，均适用本程序。

第二条　诉请离婚之被告在本边区住居者，由被告住所地之第一审司法机关受理。

① 原件无制定年月，推断为解放战争时期。

被告在本边区工作者，由工作地之第一审司法机关受理。

第三条　诉请离婚之被告，在其他解放区住居或工作者，应由原告所属之机关负责，将原告之书状函转被告住所地或工作地之第一审司法机关受理。

第四条　诉请离婚之被告不在解放区住居或工作者，应由原告人所属之机关切实负责，审核后，附具体意见转送原告工作机关所在地之第一审司法机关受理。

第五条　司法机关受理离婚案件，得以职权为必要之调查，如原告之诉显无理由者，得传唤被告，迳（径）以裁定将原告之诉驳回，不服前项裁定者，得于十日内抗告。

第六条　原告起诉应具备副状送达被告，令其答辩。

被告不在解放区住居或工作者，原告应尽速设法通知被告的答辩。

第七条　对于不在解放区住居或工作之被告自起诉状副本付邮之日起，逾六个月，经原告证明或释明其确已收受送达而不为答辩者，司法机关得于指定特别代理人为其利益陈述意见后而为判决。

前项期间如因路途过远或交通特殊困难时，受理机关得酌予延长之。

第八条　判决应送达两造。

准许离婚之判决，如被告不在解放区住居者，自判决正本付邮之日起，经过一年被告不表示异议即得确定。

但原告能证明或释明，被告确已收受送达而不表示意见者，自被告收受送达之日起六个月不表示异议即为确定。离婚判决未确定者不得离婚。

第九条　司法机关受理离婚事件，尤应尽量调解，夫妻双方有和谐之望者，并应酌定期限休止诉讼。

第十条　本程序规定之邮寄费由原告负担。

第十一条　民事诉讼法与本边区法令及本程序不相抵触者适用之。

第十二条　本程序自令到之日施行，不溯既往。

选自手抄件。原注：录自“《冀南行署法令汇编》(一)”。

十二、刑事法规

1. 晋冀鲁豫边区毒品治罪暂行条例

1941年7月15日施行

第一条　本条例称毒品者，指吗啡、高根、海洛英及其他化合物或配合物而成之各种毒品（如俗称机器泡、金丹、料面、白面等）。

第二条　制造毒品者，处死刑，没收其财产全部或一部。

第三条　以运输毒品或包庇运输为常业者，处死刑或无期徒刑，但确系初犯，数量极少，或被胁欺骗而为运输者，得减轻其刑或科三千元以下之罚金。

第四条　贩卖毒品者，处死刑或无期徒刑，并没收其财产全部或一部，或并科罚金，但被胁迫贩卖数量极少者，得减轻其刑。贩卖毒品之经纪介绍人与正犯同。

第五条　吸食毒品者，勒令登记，自民国三十年九月一日开始在村公所登记。凡吸毒犯年在二十五岁以下者，限三个月戒绝；二十五岁至四十岁者，限六个月戒绝；四十岁以上者，限九个月戒绝。过上定期限仍吸食者，处以一年以下劳役，并酌科三千元以下之罚金；三次犯处以远地一年以上之劳役，并酌科三千元以下之罚金，三次以后再犯者，处死刑。

第六条　帮助他人犯本条例第二、第三、第四各条之罪者，按正犯之刑减轻之。帮助他人施打吗啡或吸用毒品者，不论初犯或再犯，处七年以下有期徒刑，并科一千元以下之罚金。

第七条　犯本条例第三至第四条之罪，而能供出毒品制造所或其主要犯，因而破获者，得减轻其刑，未经查获而自首者，得免除其刑。

第八条　栽赃诬陷或捏造证据诬告他人犯本条例之罪者，处以各该条之刑。

证人、鉴定人意图陷害本条例各条犯罪嫌疑之被告而为虚伪之鉴定者，亦同。

犯前二项之罪，于该案裁判确定前自首者①，得减轻或免除其刑。

第九条　公务员犯本条例第二条至第五条之罪者，依各该条最高之刑处断，学校教职员亦同。

第十条　公务员包庇或要求期约收受贿赂而纵容他人犯本条例第二条至第六条之罪者，处死刑。

盗换隐没查获之毒品者，亦同。

盗换隐没扣押之财产者，以贪污论罪。故纵犯本条例各该条之罪犯脱逃者，以各该条最高刑处断。

犯本条第一项之罪者所收受之贿赂没收之，如全部或一部不能没收时，追缴其价额。

第十一条　本条例第二条至第六条、第八条及第十条之未遂犯，依法处罚之。

第十二条　查获毒品或专供制造毒品或吸用毒品之器具，均没收销毁之。咖啡精、乳糖粉、鸡那素等，查明确系专供制造毒品之用者，亦同。

第十三条　犯本条例各条之罪受六个月以上有期徒刑之宣告者，褫夺公权一年以上十年以下。

第十四条　本条例施行前所颁禁毒法规之定有罚则者，其刑罚部份（分）于本条例施行之日失效。

第十五条　本条例所未规定者，依其他法令之规定。

第十六条　供医药用及科学用之吗啡、高根、海洛英及其同类毒性物或化合物，依照麻醉药品管理条例办理，不适用本条例之规定。

第十七条　本条例自民国三十年七月十五日起施行。

选自《晋冀鲁豫边区法令汇编》，边区政府 1943 年编印，第 133～134 页。

互校版本：《中国新民主主义革命时期根据地法制文献选编》第三卷，中国社会科学出版社 1981 年版，第 122～124 页。原注："选自晋冀鲁豫边区《法令汇编》下册，1943 年版"。

2. 晋冀鲁豫边区惩治盗毁空室清野财物办法

1941 年 10 月 20 日公布施行

第一条　凡为备战所埋藏之一切公私财物为空室清野财物。

前项财物被盗毁时均适用本办法。

---

① 晋冀鲁豫原件此处误作"囚首者"，"社科法制版"改为"自首者"。

第二条　盗毁空室清野财物，除追还赃物或赔偿外，其情节轻微者，处以两月以下劳役，得并科一百元以下罚金。

第三条　对连续犯或捏造敌情致民众逃避而乘机窃取空室清野财物及情节严重者，依刑法窃盗罪加重处罚之。

第四条　泄露军用品或公家物品致受损失，或直接盗取者，依刑法窃盗罪加重处罚。

第五条　凡勾结敌人盗毁空室清野财物，使他人受有损失时，处以死刑或十年以上有期徒刑。

第六条　有看管空室清野财物负责之人，而自己盗取者，依下列各款处断：

一、合于第二条之规定者，处一年以下有期徒刑。

二、合于第三、第四两条之规定者，加重其刑二分之一。

三、合于第五条之规定者，处死刑。

第七条　向敌伪自动告密空室清野财物，因而遭受损失，或虽无损失经证明告密属实者，均以汉奸论罪。

第八条　因敌伪扰乱未及携带埋藏而弃置之财物，经人拾得而坚不退还者，依侵占论罪。

第九条　凡教唆或帮助他人犯盗毁空室清野财物之罪者，依刑法之规定从重处罚之。

第十条　本办法之执行权属于县级以上政府。

第十一条　本办法由边区临参会通过，边区政府公布施行。

选自《晋冀鲁豫边区法令汇编》，边区政府1943年编印，第136页。

互校版本：《中国新民主主义革命时期根据地法制文献选编》第三卷，中国社会科学出版社1981年版，第105～106页。原注：“选自晋冀鲁豫边区《法令汇编》下册，1943年版”。

3. 晋冀鲁豫边区惩治贪污暂行办法

1942年2月11日公布

第一条　为整饬纪律，节约物资，根绝贪污，树立廉洁政治，特制定本办法。

第二条　凡边区一切政民人员，如有贪污情事，依本办法处理之。

第三条　凡有下列行为，贪污达五百元以上者处死刑：

一、没收克扣公款、公粮、公产者。

二、购买军用品器材及一切物品，从中舞弊者。

三、盗卖公粮，公物、公产以自肥者。

四、凭藉势力勒索、强占、敲诈财物者。

五、以公用舟车马匹等运输力，装运违禁物品或漏税物品者。

六、受贿、卖放、徇私、包庇者。

贪污公粮、公物、公产之价值以时价折算。

第四条　贪污不足五百元者处以下列徒刑或劳役：

一、三百元以上未满五百元者，处五年以上十年以下之徒刑。

二、二百元以上未满三百元者，处三年以上五年以下之徒刑。

三、百元以上未满二百元者，处一年以上三年以下之徒刑。

四、五十元以上未满百元者，处六个月以上一年以下之徒刑。

五、不满五十元者，酌处六个月以下之徒刑或劳役。

第五条　未经上级同意，浮派粮款，擅自增加人民负担者，依第三、第四两条之规定，其将浮派粮款贪污中饱者，得将两罪合并惩处之。

第六条　凡第三条、第四条、第五条之未遂罪，按本刑减轻惩治之。

第七条　各级政民人员发生贪污情事，依法惩处时，其直接上级须受理连带处分。

第八条　教唆或帮助他人贪污者，以从犯论。

第九条　诬陷或诬告他人犯本办法第三、第四、第五各条之罪者，依刑法之规定从重处理。

第十条　犯本办法之罪者，其所得之赃款，赃物除属于公有者应予追缴外，并应依其情形，分别予以没收，或发还受害人赃款赃物之全部或一部，无法缴还得没收其财产抵偿，但其财产价值，无论是否足够抵偿其应追惩之价额，均应酌留其家属必须之生活费。

第十一条　依本办法例外处理之案件，非经边区高等法院或该院明确委托代核之机关核准，不得执行。

第十二条　连续贪污之行为以一罪论，其贪污数目合并计算之。

第十三条　在抗日政府成立前之贪污行为不得追诉。

第十四条　本办法经临参会通过后由边区政府颁布之。

第十五条　本办法自颁布之日施行之，凡在本办法颁布前之各种临时惩治贪污之规定均属无效，惟其与刑法及刑事诉讼法不相抵触者，得适用刑法及刑事诉讼法规定。

选自《晋冀鲁豫边区法令汇编》，边区政府1943年编印，第131～132页。

互校版本：《中国新民主主义革命时期根据地法制文献选编》第三卷，中国社会科学出版社1981年版，第107～109页。原注："选自晋冀鲁豫边区《法令汇编》下册，1943年版"。

4. 晋冀鲁豫边区司法罚金及没收赃款保管解缴处理暂行办法

1942年3月25日公布

第一条　凡依法判决科罚罚金及没收赃款赃物之保管解交，除法令别有规定者外，均依照本办法办理之。

第二条　各级司法机关之司法罚金及没收之赃款（包括拍卖赃物之款及赃物租出之租息在内），一律按月交由各该级政府之财政部门，按金库制度保管之。

甲、财政部门保管此款，须单立科目，并予有关方面以四联收据，一存于收款机关，一交于交款机关，一呈上级财政机关，一呈高等法院。

乙、财政部门保管此款，按月向上级解交，每年总结报告。

丙、各级司法机关本身亦须单立账，于每款加以说明，按月逐级上报，每年总结报告一次。

丁、高等法院与财政厅，分院（司法处）与行署财政处，每年将总结对账清算。

第三条　各级司法机关之司法罚金及没收之赃款、赃物，须予有关方面以收据，施用三联单制，另立账簿（一与被罚或被没收的人，一呈高等法院备案，一存原机关）。

第四条　没收之赃物，除违禁品（如毒品、鸦片、武器［弹］药等）外，其余应按下列各款处理：

甲、没收汉奸财产，须经专署以上政府之批准，始得处理。

乙、没收之一般日用品，应依当地市价拍卖之，并可予军政机关、荣誉军人、贫苦抗属及本案出力人员，以购买之优先权。

丙、没收土地，依边区土地使用暂行条例处理之。

丁、上述拍卖权、处理权，属于县级以上之政府。

第五条　没收赃物之违禁品，须递级呈交高等法院各行署司法处，分别存销之，其呈缴办法如下：

甲、凡毒品鸦片类，须于呈交书中，注明种类数量（毛重或净重）等项。

乙、凡武器类，须于呈交书中，注明种类、件数、枪号、子弹数、附件等项。

丙、凡赌具，淫具及其它违禁品类，均须注明种类及数量。

第六条　所有罚金及没收之赃款赃物（包括违禁品）之动用存销权，属于边区政府及高等法院。

第七条　各级政府人员，未经上级同意，擅自动用罚金及没收之赃款赃物者，由上级司法机关依法处分之。

第八条　本办法经边区政府委员会通过后，公布施行之。

选自《中国新民主主义革命时期根据地法制文献选编》第三卷，中国社会科学出版社1981年版，第109～111页。原注："选自晋冀鲁豫边区《法令汇编》下册，1943年版"。

5. 晋冀鲁豫边区查获烟毒奖金处理暂行办法

1942年4月23日公布

（一）民国三十年十二月一日起试行之《晋冀鲁豫边区查获烟土暂行办法》，自五月一日起正式废止。

（二）关于今后罚金提成奖励破获人，为更广泛的开展群众性反毒除奸运动，特制定新办法如下：

甲、凡查获烟土、毒品案件，得给予奖励。

乙、奖励由各该案罚金项下提出，但最多不得超过罚金额百分之十（每一烟毒罚金案，均提成由司法机关保管之）。

丙、给奖由提成内支付，但不一定每案均奖。其受奖标准，应以本案意义之大小，查获时费力之多寡，赃物之数量，酌定其受奖之标准。

丁、每案奖金数目，十元以上，百元以下，不得超过。

戊、奖金收受人，应为各该案之破获人（包括告发人及抓获人），司法机关处理案件有功人员得另外给奖，给奖办法，另以命令定之。

己、奖余颁发，改正过去每案结束发奖一次之制度。每月月终、由各级司法机关，拟具应受奖人之名单，奖金数目等，会同各级行政长官商酌决定。确定后，司法机关通知破坏人具领之。

庚、奖命之分配，可以机动调剂（过去大案无奖、小案有奖，是不很合理的），奖金分配之后，如仍有余额，得交金库保存，金库另立科目登记保管。

辛、奖金分配之精神。应照顾一方面鼓励缉毒，另一方面要防止干部腐化之原则。

壬、关于抓获罪大恶极之大汉奸大盗之奖金及重要逃犯之悬赏，不在提成之内，其给奖办法，由县级呈准专员批准后，由金库支付，其数目由专员决定之。金库对于奖金之支付，另立“奖金”科目登记支付之。

选自《晋冀鲁豫边区法令汇编》，边区政府1943年7月编印，第134～135页。

6. 冀鲁豫边区汉奸财产没收处理暂行办法

1942年8月1日施行

第一条　凡经司法机关判处死刑及没收财产之汉奸犯，其财产没收处理，悉依本办法行之。

第二条　汉奸之财产分为动产、不动产、日用品、解上品四类。

（一）动产包括：现款，存款，有价证券，工商业投资，牛，羊，牲畜，粮食，衣服，棉纱，布匹，山货果实，农具（犁、锄、镢、锹等）。

（二）不动产包括：土地，房屋，池沼，井窖等。

（三）日用品包括：日常生活必须用品，如食具（锅、碗、盆、筷），用具（烟袋、笔、墨），陈列品（衣箱、桌、椅）等。

（四）解上品包括：成品（工厂、商店、森林），贵重品（金、银、珠宝、古玩、玉器、首饰、钟表、绸缎、皮貂、药品、书籍），军需品（枪械、子弹、铜、锡、机器、火药、硝磺、电料、通讯器材），违禁品（鸦片品、毒品、烟具、赌具、伪钞、法币、禁止书报）等。

第三条　汉奸全家附逆，或其本人无家属者，其财产全部没收之。

第四条　汉奸本人尚有父母未行继承者，没收其本人全部自置产及个人衣物。

第五条　汉奸已行继承者，没收其财产大部，酌留一部予其无辜配偶或子女，但日用品不没收。

第六条　汉奸与其兄弟姊妹等同财伙居者，按股均分，没收其应得份。

第七条　没收之汉奸财产，依下列办法处理之。

（一）没收之动产、不动产等，尽量分配予参加反蚕食斗争、除奸斗争中之抗属、荣誉军人、赤贫农民、斗争积极之贫苦干部、报告人、抓获人、出力干部等一部或全部。

（二）没收之动产、不动产、日用品等，因事实不能分配者，拍卖之，拍卖所得之款，分配予上述群众，或以一部购买民兵使用之武器弹药，或作为社会救济之用。

（三）不动产土地房屋等之分配，依土地房屋分散情形，不限于分配予一村。

（四）没收之土地，政府认为必要时，得将其一部或全部作为地方公产，依土地使用条例第六十五条处理之。

（五）没收之解上品，不得分配，解缴专署以上之政府处理之。

第八条　凡分配予群众之财物，并发予给予证，政府保障其所有权，其中土地房屋等另立契约，向政府税契。

前项受领者，有违法反动行为，或受领时为抗属而参军人已逃亡者，政府得将不动产部分或全部撤回，另行分配之。

第九条　汉奸所欠之公粮、公款，应尽先在被没收之财产内扣除之。

第十条　汉奸所持之债权，如系贫苦人民，应将契约作废，本息停付；如系富有者，应由政府代行债权，向债务人追还。

第十一条　没收汉奸财产之处理分配权，属于县级以上之政府，但必要时可委托区公所办理之，其各种手续，另以命令定之。

第十二条　本办法与边区政府过去颁布之法令有抵触者，暂行适用本办法之规定。

第十三条　本办法由边区政府委员会通过后，颁布施行之。

第十四条　本办法如有未尽事宜，由边区政府委员会随时修正之。

选自《晋冀鲁豫边区法令汇编》，边区政府1943年编印，第137～139页。

互校版本：《中国新民主主义革命时期根据地法制文献选编》第三卷，中国社会科学出版社1981年版，第111～113页。原注：“选自晋冀鲁豫边区《法令汇编》下册，1943年版”。

7. 晋冀鲁豫边区惩治盗毁空室清野财物补充办法

1942年8月9日

（一）凡在战争期间，为饥寒所迫，窃盗少数粮食、衣服，以救济其本人及家属者，除赔偿外，得科以一百元以下之罚金。战后自首并自动赔偿原主损失者，得免除其刑。

（二）凡以窃盗为常业或屡犯、连续犯窃盗空室清野财物者，处死刑。

（三）虽初次窃盗，但在战争时期并非为饥寒所迫，而乘机窃盗空室清野许多财物，借以发扫荡财者，处死刑。

（四）组织他人窃盗空室清野财物者，处死刑。

选自《晋冀鲁豫边区法令汇编》，边区政府1943年编印，第137页。

互校版本：《中国新民主主义革命时期根据地法制文献选编》第三卷，中国社会科学出版社1981年版，第114页。原注："选自晋冀鲁豫边区《法令汇编》下册，1943年版"。

8. 晋冀鲁豫边区政府晋冀鲁豫边区高等法院关于对根据地人民、敌占区民夫等抢劫盗毁食粮田禾处理办法的通令

1942年10月19日

今年的反"扫荡"与反"扫荡"战争，粮食的争夺，将构成为战争的主要内容，兹为保护根据地食粮起见，特决定如下：

（一）对根据地人民抢劫盗毁食粮田禾，不论已经埋藏，或尚未埋藏，甚至尚未收割之食粮、田禾准援用《晋冀鲁豫边区惩治盗毁空室清野财物办法》及法字一二三号命令颁布之《盗毁空室清野财物补充办法》论刑定罪。但贫苦灾民确为饥寒所迫，由于政府之救济不力而发生之偶然抢掠粮食行为者，应从轻议处或教育说服。如有破坏分子从中挑动利用确有证据者，得分别具体情形按惩治汉奸特务破坏分子或按惩治盗毁空室清野财物论罪。

（二）敌占区民夫，为敌驱使抢劫盗毁食粮田禾，其正在抢劫盗毁行为实施中者，准援用法行字一四七号对于现行犯之处理办法处理。其已被捕者，县或区级政府须进行教育（时间长短依当时具体情况决定），揭破敌寇阴谋，宣传二年胜利①，并应进行组织工作，发动民夫揭破其中最坏分子，依其具体行为，援用《惩治汉奸条例》或《惩治盗毁空室清野财物办法》及《补充办法》论罪。对一般民夫，采取追回原物，教育释放，劝其不受敌人欺骗利用，以逃跑方法反对敌寇，并告其在敌占区宣传根据地实况，不得轻于援用《惩治盗毁空室清野财物办法》之规定而一概论罪。因一般民夫系在敌人压迫强制下，来根据地进行破坏工作的。伪警察、伪自卫团、伪杂务人员，不持枪者，依一般民夫办法办理，其中特别坏者，可以汉奸及特务分子论罪，一般持枪者以伪军论。

（三）对于被俘之敌伪军（伪警察、伪自卫团，凡持枪者以伪军论），非有抗拒及暴动脱逃情事，一律不得杀害，其重要分子妥送当地军事机关处理。

（四）伪宪兵、伪新民会、伪宣抚班人员，不论持枪与否，一般应以特务分子论，其中较好者，可以教育争取。

（五）伪警察持枪者以伪军论，其不持枪者，一般注意争取教育，其中最坏分子，人民最痛恨者，可以汉奸论罪。

选自《中国新民主主义革命时期根据地法制文献选编》第三卷，中国社会科学出版社1984年版，第407～408页。

---

① 原文如此。

9. 晋冀鲁豫边区危害军队及妨害军事工作治罪暂行条例

1942 年 10 月 31 日颁布

第一条　有下列行为之一者处死刑、无期徒刑或五年以上有期徒刑：

一、捕杀抗日军人及其家属者。

二、煽惑抗日军人逃叛通敌者。

三、组织暴动、捣毁机关、抢劫军用品、公用物者、或杀伤抗日军人者。

四、乘战争混乱迫害军队伤病员者。

五、组织鼓动群众进行破坏军事，实施有据而情节严重者。

六、解除抗日军人之武装及破坏军用品者，但如因抗日军人违反抗日戒严之规定，或有持械非法行为而依法解除其武装者，不在此限。

七、经常制造有利于敌之谣言，破坏抗日军威信及抗日秩序与主动挑拨离间军民关系者。

八、勾结敌伪陷害抗日军人有据者。

第二条　有下列行为之一者，处一年以上五年以下之徒刑：

一、殴打辱骂抗日军人或恶意毁谤军事或政工人员者。

二、乘危急状况下对军人作非法要挟者。

三、故意传播谣言者。

四、偷盗军用品及军用材料者。

第三条　凡犯本条例第一、第二各条之罪行得视为现行犯，不论军民均可随时随地拘捕之，但须送交县政府处理。

第四条　对违犯本条例之行为的治罪，得适用刑法总则之规定。

第五条　本条例自颁布之日施行。

选自《晋冀鲁豫边区法令汇编》，边区政府 1943 年编印，第 139～140 页。

互校版本：《中国新民主主义革命时期根据地法制文献选编》第三卷，中国社会科学出版社 1981 年版，第 114～115 页。原注：“选自晋冀鲁豫边区《法令汇编》下册，1943 年版”。

10. 晋冀鲁豫边区妨害公务违抗法令暂行治罪条例

1942 年 12 月 25 日公布

第一条　妨害公务有下列行为之一者，处死刑、无期徒刑或五年以上之徒刑：

一、聚众骚扰捣毁政府机关者。

二、绑架杀害公务人员及其家属者。

三、对公务员执行职务时，聚众施行强暴胁迫而致公务员于死或重伤者。

四、窃盗政府机密文件或印信者。

第二条　妨害公务违抗法令有下列行为之一者，处五年以下三年以上之徒刑或两千元以下千元以上之罚金：

一、以强暴胁迫或诈术阻止公务员执行职务或煽动公务员弃职逃亡者。

二、以强暴胁迫或诈术阻止扰乱政府之集会者。

三、毁坏或窃盗公文书或重要公物者。

四、冒充公务人员骗征粮款或敲诈人民者。

五、恶意造谣、曲解、破坏或抵抗法令超过违警行为者。

第三条　妨害公务违抗法令有下列行为之一者，处三年以下一年以上之徒刑或千元以下三百元以上之罚金：

一、冒充公务员招摇撞骗者。

二、制造行政纠纷或调唆他人词讼者。

三、以声色货利诱惑公务员腐化堕落贻误职务者。

四、减租减息后故意不退还文约者。

第四条　第一、二两条之未遂犯罚之。

第五条　第一条至第三条之累犯加重处罚。

第六条　本条例经晋冀鲁豫边区临时参议会通过后，由晋冀鲁豫边区政府公布施行。

选自《晋冀鲁豫边区法令汇编》，边区政府 1943 年编印，第 140 页。公布日期为 12 月 25 日。

互校版本：《中国新民主主义革命时期根据地法制文献选编》第三卷，中国社会科学出版社 1981 年版，第 116～117 页。原注："选自晋冀鲁豫边区冀鲁豫行署《法令汇编》上册，1944 年版"。公布日期为 12 月 10 日。

11. 晋冀鲁豫边区妨害婚姻治罪暂行条例

1943 年 1 月 5 日颁布

第一条　本条例依据中华民国刑法妨害婚姻罪之原则制定之。

第二条　有下列行为之一者，处五年以下一年以上之徒刑，得并科千元以下之罚金：

一、贩卖妇女者。

二、霸占他人妻女者。

三、煽动抗战军人家属离婚或退婚成为事实者。

四、勒索财物妨害寡妇再嫁者。

五、虐待妇女有据者。

六、抢亲者。

七、蓄婢或纳妾者。

八、重婚者。

第三条　有下列行为之一者，处一年以下之徒刑，得并科三百元以下之罚金：

一、买卖婚姻者。

二、勒索财物妨害婚姻者。

三、妨害寡妇再嫁者。

四、挑拨他人夫妇不和而鼓动离婚者。

五、与有配偶之人通奸者。

六、租妻或合伙娶妻者。

七、强迫不到结婚或订婚年龄之男女结婚或订婚者。

八、不经本人同意，而强迫其结婚或订婚。

九、妨害成年男女自愿结婚或订婚者。

第四条　第三条第五款非其配偶不得告诉，但其配偶纵容、原宥或自知悉之日起逾六个月者无告诉权。

第五条　本条例自晋冀鲁豫边区婚姻条例颁布之日起发生效力，不溯及既往。

第六条　本条例经晋冀鲁豫边区临时参议会通过后，由晋冀鲁豫边区政府颁布施行。

选自《晋冀鲁豫边区法令汇编》，边区政府 1943 年编印，第 141 页。

互校版本：《中国新民主主义革命时期根据地法制文献选编》第三卷，中国社会科学出版社 1981 年版，第 117～118 页。原注：“选自晋冀鲁豫边区《法令汇编》下册，1943 年版。”

12. 晋冀鲁豫边区政府晋冀鲁豫边区高等法院联合通令——关于群众运动中罚款处理办法的决定

1943 年 3 月 4 日

一年来各地区群众运动蓬勃发展，已获得相当伟大成绩，但在某些地区，在罚款的处理上，或者一律收为政府收入，使群众已受之损害，未能获得赔偿，或者一律分给群众，使群众发生经济主义，又使政府应得之收入受到相当影响，或者胡乱开支，形成浪费现象，或者分派欠妥，造成不公纠纷。兹为正确扶植群众运动，纠正一切凌乱现象起见，特对群众运动中罚款之处理，作如下决定：

一、凡由群众运动中检举之不法事件，认为有处罚之必要时，罚款在本币（冀钞）一千元、赔偿退粮在小米四石以下，经受县政府特别委托之区公所核准，或罚款在本币一千元、赔偿退粮在小米四石以上，经县政府以上之司法机关核准者得处罚之。

凡罚款退粮都须经区公所或县以上之司法机关处理，不得擅自处罚。

二、凡因违反法令，侵害他人利益之罚款、退款、退粮，依下列情形处理之。

甲、凡胁持群众维持敌人之粮款，在摧垮维持后得由主动维持份子赔出，其全部或一部发还原出粮款之人民，其因维持敌人行为依法判处之罚款，以七成作政府收入，三成奖给反维持的群众。

乙、凡恶霸侵占敲诈群众之粮款，由该恶霸照数赔出，发还原受害人。其因恶霸行为，而引起群众反对，由政府科处之罚款，以八成作政府收入，二成奖给反恶霸的群众。

丙、凡贪污之粮款，由该贪污犯照数纳出，其缴出之贪污粮款，以下列三种情形处理：

①贪污之粮款，属于村中社中公产公款者，仍留存于村中、社中，作公益、救济、优抗、购买枪械之用。但动用此项款项，须经村某种委员会多数通过，再经县政府核准，方得动用。

②贪污之粮款，属于浮派多收，擅自增加人民负担性质者，照原数退交原出粮款人。其当时未出粮款人，不得分派给退粮退款。

③贪污之粮款，属于应缴上者（即该犯按上级分派数额征收，但未将征收全数缴上之粮款），以八成缴公，二成奖给反贪污的群众。其因贪污行为由政府科处之罚金，以八成作政府收入，二成奖给反贪污的群众。

丁、凡因逃避负担隐瞒财产，应补缴之粮款，依下列情形处理：

①因其本人隐瞒财产，逃避负担，遂致增加其他负担户之负担额者，其应行补缴之粮款，依当时负担户之负担比例，退给负担户。

②因其本人隐瞒财产，逃避负担，遂致减少政府收入者，其应行补缴之粮款，以八成缴公，二成奖给揭发隐瞒的群众。

至于因其逃避负担之行为，而受处罚之行政罚款，以八成交公，二成奖给反对逃避负担的群众。

戊、凡因不减租、不减息及额外剥削之收入应行退还之粮款，全数退交各佃户、债户。

己、凡属侵害他人利益之罚款、退款、退粮，上述各项无明文规定者，由区公所转呈县政府，根据本决定之精神，规定具体处理办法处理之。

三、凡经群众大会揭发之汉奸、特务、窃盗、烟毒、危害军队等罪行之罚款，以八成作政府收入，二成奖给积极揭发的群众。

四、凡未经群众运动之民刑案件之罚金，除有特别规定者外，悉作司法收入，不予奖金。

五、凡本决定系有明文规定，而认为有发给奖金或分给群众之必要者，得由县政府呈明事实及具体处理办法，呈请专员公署核准后，始得发给（应防止奖金主义、毫无中心的什么都给奖的倾向）。

六、凡经政府判处之徒刑易科罚金时，其所易科之数额、不能援上述规定提奖或分派。

七、各项罚款，以处罚本币为标准，不得处罚粮食及其他实物。但属于退粮及赔偿群众之损失性质者，不得受此项限制。

八、本决定自令到之日起，一体遵行。凡在本决定到达之日前所有经群众处罚之粮款，须由区公所或县政府负责督促清理之。其已清理者，呈报专署备案，其未清理者，迅为清理。

九、本决定到达之日，前于三十一年九月十一日，本府本院所发法行字一三五号《关于罚款办法的指示》宣告作废。

以上各项，仰即通令所属，妥为传达解释，严格执行，并将执行结果汇报上级，是为至要，此令。

选自《中国新民主主义革命时期根据地法制文献选编》第三卷，中国社会科学出版社1981年版，第119～121页。

13. 晋冀鲁豫边区冀鲁豫行署关于村政权人员贪污之处理的指示

1943年3月12日

为了完满解决反贪污斗争，开展群众运动，加强农村团结，巩固农村抗战力量，本署对村政权人员贪污之处理，特作如下之指示：

一、本指示所提出之办法，适用于民主民生工作开展之基本区，至于接敌区及变质地区等，各级政府可根据实际情形，并参照本指示斟酌适当处理。

二、处理权的规定：

甲、区级以上政府，对反贪污斗争案件，有处理权及拘押权，但区公所拘押人犯不得超过二十四小时（上级委托者例外），如在抵押期间不能解决者，应即将全案转送县政府处理之。

乙、村政权人员无论村长或管帐（账）人员，如有发生贪污行为时，群众及群众团体有告发权及算帐（账）权，无处罚权及拘押权。但属于倒粮范围内，不须处罚或拘押既可解决者，可不经政府，由群众自行处理。如遇贪污案情重大，且贪污者将有畏罪潜逃（的可能，而又）不及报告政府究办时，可以强制贪污者到政府，并要求处理，亦不得擅自拘押及处罚。

三、处理原则：

甲、为执行政府法令及行政纪律，村政权人员贪污亦应受到应有的处分，唯目前我边区所有村政权，大多数未经改造，不应不教而诛，故除对罪大恶极者予以严办处，一般的应从宽处理，可不援用惩治贪污条例“贪污五百元以上者处死刑”之规定，而对贪污者，主要为撤消（销）其职务，改造村政权，给群众以民主教育，退回赃物，以改善人民生活。并对贪污者一方面给予自新之路，另一方面又不能使其重新登台，再来压榨群众。

乙、注意农村统战，加强农村团结，故处理此项案件，一定要慎重，要照顾各阶层利益，并根据广大群众的真正要求，及贪污者的实际贪污行为，来决定对贪污者处罚的轻重，以处理后贪污者无话可说，及广大群众心满意足为宜，任何过左过右都易为敌人乘机对我进攻与破坏，会妨害农村团结及抗战工作的。

四、处理办法：

甲、根据上列原则，除对罪大恶极者予以严惩外，对一般贪污人员应从宽处理，即撤消（销）其职务并予以适当的处分，且令其在群众大会上承认自己的贪污事实及犯罪行为，向群众道歉，保证自己今后安分守己，不得有报复及破坏抗战的行为，必要时应令其觅寻保人，具结保状。

乙、退回贪污赃物全部或一部，分别交还政府及各该村群众。

丙、必要时得处以六倍以下之罚金或罚粮，在决定罚款或罚粮的数目时，对群众中的习惯公约，如见一罚五，见一罚十等，政府应适当尊重，作为处罚的参考，以照顾群众情绪，基本上应按贪污者对群众压榨的大小，恶霸贪污轻重，个人挥霍及购置田产多少，个人有财产若干，社会舆论如何，群众真正意见怎样，处理后的政治影响，及贪污者今后前途的估计等具体情况来决定处罚数目之多少，至于浪费公物或公粮无论数目多少，是否退回应视实际情形及群众真正意见来决定。

五、退出赃物及处罚款粮的处理：

甲、赃物的处置，原则上是贪污政府［者］仍全部归还政府，贪污全村群众者，应全数归还全村群众，以作举办公益，增加生产之用途。

乙、处罚粮款的处置，原则上全数归政府处理，但在群众要求下，可以提出一部或全部拨给该村作举办生产公益之用。

丙、农村对退回赃物及政府拨给处罚物或粮的处置：

（一）提出一部分给本村民兵自卫队，购买枪刀、手榴弹之用。

（二）提出一部分举办生产建设事业，如组织各种合作社、生产小组，及低利借贷、春耕掘井、旱苗种子之用。

（三）提出一分举办全村公益事业，如开办夜学、救济灾民等之用。

（四）如在广大群众中一致要求分用赃物，且劝导无效时，可以提出三分之一至二分之一按原来收敛办法分给群众应用。

（五）以上各项及处置办法，应视各地实际需要来决定，如急需武器自卫者，可以拨一大部分或全部作购买武器之用，如急需作生产建设者，可拨大部分或全部作生产建设之用。

以上各项希各专员、县长、办事处主任，务要切实根据当地具体情形，深入讨论执行为要。

选自《中国新民主主义革命时期根据地法制文献选编》第三卷，中国社会科学出版社1981年版，第125～127页。原注："选自晋冀鲁豫边区冀鲁豫行署《法令汇编》上册，1944年版"。

14. 晋冀鲁豫边区冀鲁豫行署查禁假鲁钞暂行办法

1943年5月26日公布

第一条　本办法为适应抗战需要，粉碎敌伪以大量假鲁钞（简称假票）破坏我根据地金融制定之。

第二条　凡制造、贩卖或明知为假票而行使者，均以本办法治罪。

第三条　凡制造假票者，处死刑，并得按其情节之轻重没收财产之一部或全部。

第四条　凡贩卖假票或明知其为假票而行使者，依下列之例处断：

一、千元以上者处死刑、无期徒刑或十年以上有期徒刑，得并科三倍至五倍之罚金。

二、五百元以上千元未满者，处五年以下三年以上有期徒刑，得并科三倍至五倍之罚金。

三、百元以上五百元未满者，处三年以下有期徒刑，得并科或易科一倍至三倍之罚金。

四、不满百元者，得斟酌情形进行教育或予以轻微之处罚。

第五条　犯前条之罪自首者，得减轻其刑，因自首而破获制造、贩卖之机关或人犯者，减轻或免除其刑。

第六条　凡知有制造、贩卖或行使假票之机关或人犯向政府或银行及工商管理局告发因而破获者，依下列规定予以奖励：

一、破获制造假票机关或人犯者予以特殊之奖励。

二、查获假票在五百元以上者，予以百分之五至百分之十之奖金。

三、查获假票在百元以上者，予以百分之五之奖金。

第七条　凡查获之假票，不论属于何人，一律没收烧毁。

第八条　本办法如有未尽事宜由本署修正之。

第九条　本办法自颁发之日施行。

选自《中国新民主主义革命时期根据地法制文献选编》第三卷，中国社会科学出版社1981年版，第128～129页。原注："选自晋冀鲁豫边区冀鲁豫行署《法令汇编》，上册，1944年版"。

15. 晋冀鲁豫边区冀鲁豫行署关于处理因灾荒买卖人口纠纷的规定

1944年10月14日施行

自去年灾荒以来，买卖人口现象非常严重，有将自己女孩卖出做婢、做妾、做童养媳者；有把自己男孩卖出做养子者；有把自己的老婆卖出做妾、做婢或与别人为正式夫妻者；也有的妇女未经自己及其丈夫允许被婆家或娘家卖出者；还有的妇女自愿离开家庭，到非灾区逃荒另找了配偶的。今者灾荒已过，纠纷日多，因之影响我抗日人民间的正常关系与社会秩序的安宁。兹根据当前的实际情形，适当地处理此种纠纷，特作如下规定：

一、凡因灾荒出卖自己的女儿做人之婢妾者，其买卖关系无效，除准卖方随时领回外，并由买主拿出三百斤以下之小米，作为该女之赡养费。为童养媳者准卖主随时领回，如男女双方已到结婚年龄，甘愿结婚者，政府亦不加干涉。

二、凡因灾荒将自己尚未成年出嫁之女儿出卖，已与买主成为正式夫妇关系者，如男女均到法定结婚年龄，在双方同意下得保持其夫妇关系，双方家庭不得妄加干涉。

三、因灾荒丈夫出卖其妻，或其妻商得丈夫同意，自行离家，另与买主成为夫妇关系者，其去留由妇女自择。

四、因灾荒未经妇女本人及其丈夫之同意，被婆家或娘家卖出者，其买卖关系无效。经该女人或其丈夫之要求得恢复其原来之夫妇关系。

五、因灾荒将自己之子女卖出做养子女者，其买卖关系无效，其买时所出之款粮改为借贷关系，由卖主按其原数偿还。

六、妇女以灾荒为借口，而擅自离开家庭另与他人结婚者，准原夫告诉，以妨害婚姻论罪。

七、以买卖人口为业和将已出嫁之女又卖给伪军伪人员当妻妾者，依法从重治罪。

八、夫妇串通或与娘家串通，以放鹰为业，卖出又跑回者，经买方告发除应受刑事处分外，卖方并应赔偿买方之损失。

九、凡现存男女关系，并非正常现象者，任何一方得请政府解决之。

十、以上一、四、五、六、八各项规定，请求人得向被告居住所在地抗日政府起诉，如被告居住敌占区且为我诉讼力量所不及者，像第四项规定是娘家卖出的，应由其娘家酌情赔偿损失（用调解方式），但对其他各项的请求则着重解释或仲裁。

选自《中国新民主主义革命时期根据地法制文献选编》第三卷，中国社会科学出版社1981年版，第129～131页。原注：“选自冀南行署《法令汇编》”。

16. 太行区战时紧急处理敌探汉奸暂行办法

××年×月[①]

第一条　为保障战时军民和公私资财之安全，凡战时捕获之敌探汉奸，得依本办法处理之。

第二条　有下列行为之一者，得视为现行犯，无论军民得随时拘捕送区指挥部处理：

一、充当敌探刺探军情者。

二、隐藏向敌通报之秘密电台电话者。

三、打黑枪或以其他武器实行暗杀抗日军民者。

四、投毒药毒害抗日军民者。

五、给敌机或敌人指示目标者。

六、带领敌人搜山或挖掘公私资财者。

七、给敌指认我抗日干部或向敌报告干部群众转移地点及公私资财所在地者。

八、放火焚烧食粮资财及房屋者。

九、杀害抗日军民者。

① 原件未注明制定年月，可断定为抗日战争时期。

中认为："判了等于不判"的看法需加以纠正。在执行徒刑时，现在全区大多数地区情况稳定，在监狱未正式成立前，即羁押各该县看守所执行；少数环境动荡地区可在该县境比较安全地址（看守所住该地亦行）进行管理教育；如该境整个是游击动荡环境（如获嘉、温县等），可送专署进行管理教育或由专署指定该区较安全之县境代为管理教育，其解送手续，由专署具体规定之。

（七）对于战犯囚粮基本上应责令该犯自供，有些边沿地区看守所缺乏生产基础，囚粮缺乏，应积极从生产上想办法，确实无办法而又羁押人犯过多时，可呈报专署转呈本署，作为明年分配囚粮名额之参考。对于过去已经释放者原则上不加追究，如果罪大恶极或发现新的证据时，群众仍存在着不满须要重新处理者，亦应该通过群众路线（群众检举、联名告发等），然后斟酌情节予以适当处理。

以上意见只作一般的提出，未必完全适应你地情况，希望各地研究讨论并具体执行。

选自《中国新民主主义革命时期根据地法制文献选编》第三卷，中国社会科学出版社1981年版，第200～202页。原注："选自太行行署《一九四六年重要文件汇集》"。

18. 太行行署关于处理伪军伪组织人员的原则及执行中应注意事项的指示

1946年4月8日

顷奉边府指示：由于日寇投降，和平局面的初步实现，新解放区有不少伪军伪组织人员急待处理，为适应需要，在处理原则上，暂作决定如下：

一、首要分子及危害群众利益罪大恶极者，应从严治罪，及酌量没收其财产全部或一部，并褫夺其公权。

二、一般人员对群众无重大危害者，应以下述规定从宽处理：

1. 家在新解放区者，一般应不治罪及不褫夺其公权。但个别人员，为群众所愤恨，或犯有他罪，经群众追诉者，仍应治罪，并酌情予以夺权处分。

2. 家在老解放区者，一般应在一定时期内褫夺其公权，罪恶比较重大者，并得酌量治罪。但部分人员，参加伪军伪组织系为生活所迫，或有不得已情形，或对抗日工作有贡献，为群众原宥者，得免于治罪或夺权处分。

三、凡被褫夺公权之伪军伪组织人员，改悔有据，经群众同意者，得恢复其公权。

四、夺权与复权均应经县以上有司法权之机关批准，否则不生效力，在执行以上决定中，应注意下列几点：

1. 要贯彻群众路线。政府的任何裁判想在广大群众中真正发生效力，必须贯彻群众路线，否则广大群众认为应处罚的我们不处罚，广大群众认为该原谅的，我们予以处罚，则裁判必定脱离群众，得不到教育犯人，及教育群众的作用。所谓群众路线，当然也不是群众说啥是啥，不问政策法令，听其自流，或作群众的尾巴，是说我们要以积极负责的态度，掌握政策法令，通过群众来处理问题。伪军伪组织人员中，实际情况异常复杂，我们在处理时，不能机械主观，应依靠群众，掌握政策。上述原则，按照具体对象作适当处理。

2. 要遵照法定手续，我们处理伪军伪组织人员，应遵照法令上规定的手续。如判处死刑，必须经行署核准始能执行；没收财产须经专署；夺权与复权须经县以上有司法权之机关，不能乱行决定。至于群众反奸控诉运动，有时令伪军伪组织人员出款出东西，或系对群众财产损失的赔偿，或系对群众精神损失的抚慰，其性质均系民法上之损害赔偿，不是群众对他们的处罚。个别地区把它当作群众对于斗争对象的受处罚，是不对的。因而认为处理伪军伪组织人员，如按照法定手续，即妨害群运，也是不对的。我们不能把处理问题的群众路线，与把问题交给群众，自己站在一方面不闻不问，听其自流，混同起来，二者是有严格区分的。

3. 处理具体问题时，要向群众作详细的解释。在处理具体问题时，如伪军伪组织人员系为生活所迫，或确有其他不得已的情形（如为敌伪抓捕逼迫等情），或对抗日工作有贡献时（如两面派，或曾经帮助掩护抗日工作人员等），在处理时要向群众作详细的解释，酌量功罪，予以处理。其功多罪少，经群众原宥者，政府亦可从宽免予处分。不应简单从事。不问参加伪军伪组织系出于自愿或胁迫，不问对我抗日工作有无贡献，一样看待。我们应按具体情况，有功有罪及罪恶大小，情节轻重，予以不同之处理。不能一概而论。

以上各点，仰即研究执行，如本指示与关于群众运动当中特殊问题处理办法之规定有抵触之处，应以此为准，并希将执行中所发现的问题，及时反映本署为要。

选自《中国新民主主义革命时期根据地法制文献选编》第三卷，中国社会科学出版社1981年版，第202～204页。原注："选自太行行署《一九四六年重要文件汇集》"。

19. 晋冀鲁豫边区高等法院关于特种案犯运用刑法的指示

1946年6月12日施行

近来，某些不法之徒，到处横行，无孔不入地大施其破坏和平民主之能事，各级司法部门处理此种案件苦于没有现成法条可以援引，后经我们研究，此种案犯横行的目的主要是在于破坏和平民主建设事业，尽管他们犯罪手段千变万化，其性质上实与刑法分则中内乱罪之罪质相同，对于此种犯罪一般即应依照刑法分则第一章内乱罪之条文治罪，其原条文为：

第一百条　意图破坏国体，窃据国土，或以非法之方法变更国宪、颠覆政府而着手实行者，处七年以上有期徒刑，首谋者处无期徒刑。

预备或阴谋犯前项之罪者，处六月以上五年以下有期徒刑。

第一百零一条　以暴动犯前条第一项之罪者，处无期徒刑或七年以上有期徒刑，首谋者处死刑或无期徒刑。

预备或阴谋犯前项之罪者，处一年以上七年以下有期徒刑。

第一百零二条　犯一百条第二项或一百零一条第二项之罪而自首者，减轻或免除其刑。

这里我们应该明确认识，各阶级民主联合的政治制度应是我们现在的国体，解放区地方性的联合政府是被公认的合法政府，在全国性联合政府未成立、宪法未颁布前，政协所通过之和平建国纲领也即是我们过渡时间的国宪，不容以任何非法之方法变更或阻挠其实现的。了解了这精神，则对于意图破坏而有组织有计划地以非法之方法着手颠覆解放区各级民主政府（地方性联合政府）及破坏和平建国纲领及有关之一切政策法令者，其为国家民族罪人，应以内乱罪惩治之，是无可怀疑的。

抗战期间我们一向施行的以教育为主、镇压为辅的宽大政策，着重于感化与争取，如确系胁从或盲从份（分）子，悔改有据或其情节为人民所原宥者，应减轻或免除其刑；如确系首谋份（分）子或情节严重为人民所最痛恨者，得处死刑或无期徒刑。这与刑法分则对于内乱罪的科刑精神是一致的，今后仍应依此精神办理。但是值得我们注意的是：此种犯罪其手段是多式多样的，全部刑法所列犯罪，几乎大都被他们采用为犯罪手段，兹依刑法分则概举如下：

一、违背或废弛职务，滥用职权枉法裁判或泄露秘密等（第四章渎职罪）。

二、对公务员施强暴胁迫或公然聚众施强暴胁迫或因而置公务员于死或重伤等（第五章妨害公务罪）。

三、以强暴胁迫、贿赂、诈术、妨害或捣乱选举等（第六条妨害投票罪）。

四、公然聚众施强暴胁迫恐吓会众，妨害合法集会（如破坏群众运动）、煽惑他人犯罪，煽惑军人逃叛（瓦解军队）、冒充公务员滥行职权等（第七章妨害秩序罪）。

五、聚众以强暴胁迫抢劫或纵放依法拘禁之人脱逃等（第八章脱逃罪）。

六、藏匿人犯及湮灭证据等（第九章）。

七、意图使他人负刑事处分而为伪证及诬告等（第十章伪证及诬告罪）。

八、放火决水，妨害救灾，妨害交通，制造、贩运或持有危险物，妨害公共企业，损坏设备及违背成规，制毒、贩毒、下毒、散布传染病菌等（第十一章公共危险罪）。

九、伪造货币者（第十二章）。

十、伪造有价证券等（第十三章）。

十一、伪造度量衡等（第十四章）。

十二、伪造文书、印文及行使等（第十五章）。

十三、破坏烈士陵园及其他公共纪念处所等（第十八章侵害坟墓尸体罪）。

十四、妨害农工商生产（第十九章妨害农工商罪）。

十五、制造或贩运鸦片及开设烟馆供人吸食等（第二十章鸦片罪）。

十六、杀人（第二十一章杀人罪）。

十七、伤害人之身体健康或聚众斗殴或故意以重病传染他人致伤害人之身体或致人于死等（第二十三章伤害罪）。

十八、非法拘禁，强暴胁迫，妨害安全，或不法搜索等（第二十六章妨害自由罪）。

十九、侮辱、诽谤、散布流言谣言等（第二十七章妨害名誉及信用罪）。

二十、妨害秘密（第二十八章）。

二十一、窃盗者（第二十九章）。

二十二、抢夺强盗，及强盗放火，强奸，掳人勒赎，甚至故意杀人等（第三十章抢夺强盗罪）。

二十三、公务上之侵占等（第三十一章侵占罪）。

二十四、诈欺背信等（第三十二章诈欺背信及重利罪）。

二十五、恐吓及掳人勒赎等（第三十三章）。

二十六、收受、搬运、寄藏赃物等（第三十四章）。

二十七、毁坏公私文书、公共建筑及矿坑船舰等（第三十五章毁弃损害罪）。

此种犯罪与一般犯罪不同，主要的在其犯罪之目的与动机，即所谓特别之故意，其动机与目的如果确系有组织有计划地故意颠覆政府、扰乱社会治安、破坏和平民主各种设施者，即可以刑法内乱罪章之条文治罪，否则依刑法一般犯罪法条判处之。如其犯罪方法或结果之行为犯他罪名者（如特务、杀人、打黑枪等）应比较其他条文从重处断。

总之，司法工作者对于每一案件，应加强调查研究工作，求得案情的真相，权衡犯罪轻重，掌握法律的精神与实质，不冤枉一个可以教育争取的人，也不放松一个罪恶严重的坏人，我们应该坚定的站在人民大众的立场，学会在合法斗争中善于运用法律，保卫人民政府，保卫人民利益，也就是说保卫一切和平民主建设事业，才不愧为为人民服务，给人民当勤务员的司法工作者。

关于处理此种案犯及死刑核定，仍应依特种刑事诉讼程序办理。

以上指示希即研究执行，在执行中发生之困难问题，并希随时反映以便研究。

选自《中国新民主主义革命时期根据地法制文献选编》第三卷，中国社会科学出版社1981年版，第191～195页。原注：“选自1946年冀南行署《法令汇编》”。

20. 晋冀鲁豫边区惩治贪污条例

1948年1月10日公布

第一条　为维护人民利益，根绝贪污，整顿纪律，特制定本条例。

第二条　本边区各级机关、团体、工厂、学校、公私合作社，及其他受政府领导或指导办理公营或公益事业的一切人员，犯本条例各罪的，都按本条例治罪。

第三条　有下列行为之一的为贪污罪：

1. 在土地改革中，侵占或窃取群众斗争果实及依法应行交公之古董、图书等物者；
2. 缴获敌人物质应交公而私行留用者；
3. 凭借政治地位或职权，勒索、强占、敲诈或受贿者；
4. 吞没或盗卖公物、公粮、公产者；
5. 买卖公物从中舞弊者；
6. 浮报、冒领、克扣、截留应发给或解交的财物粮款者；
7. 挪用公有财物供私人营利或享受者；
8. 其他利用职权对公有财物营利舞弊者。

第四条　犯本条例各罪依贪污数目多少，影响大小，照下列规定办理：

1. 贪污数目相当于七千斤小米市价以上的，处死刑、无期徒刑或十年以上十五年以下的有期徒刑；

2. 贪污数目相当于五千斤小米市价以上不满七千斤的，处五年以上十年以下有期徒刑；

3. 贪污数目相当于一千二百斤小米市价以上不满五千斤的，处三年以上五年以下的有期徒刑；

4. 贪污数目相当于七百斤小米市价以上不满一千二百斤的，处半年以上三年以下的有期徒刑、劳役或撤职；

5. 贪污数目相当于百斤小米市价以上不满七百斤的，处三月以上半年以下的劳役或撤职记过；

6. 贪污数目不满一百斤小米市价的，撤职记过；

7. 贪污实物或现款，均以发生贪污行为时当地的小米市价计算。

上列各项处分，得按情节轻重，酌量加重或减轻。

第五条　教唆他人贪污，照正犯治罪；帮助他人贪污，照从犯治罪。

第六条　集体贪污以其负责人为主犯，其余依情节分别照正犯或从犯治罪。

第七条　犯本条例各罪的人，所贪得之财物，其属于公有者，追缴归公；属于群众者，缴还群众；属于私人者，发还受害人；无法追缴的，按贪污数目多少及其家庭情况，没收其财产全部或一部以为抵偿。

第八条　凡在本条例公布以前之贪污行为，于本条例公布后三个月内坦白自首者，除按第七条酌情追缴其贪污财物外，得减免其刑。

第九条　犯本条例各罪的贪污人员，应由发生贪污所在地之县级人民法庭审判，但在土改期间得由犯罪所在地之区村临时人民法庭审理。被告人如对判决不服，准许上诉，经二审判决后，不得再行上诉。

第十条　在土地改革期间，区村临时人民法庭判处死刑，须报请行署区人民法庭批准；判处徒刑，须报请该管县级人民法庭批准，始得执行。违反上项规定擅自执行者，依情节由具有该案批准权之人民法庭议处。

第十一条　军人犯贪污罪，除侵占或窃取群众斗争果实应交人民法庭依本条例处办外，其余由军事法庭依军法处理。

第十二条　任何人均有权揭发报告贪污人员，但栽赃诬陷的，以诬告罪处罚。

第十三条　本条例颁布施行后，所有本府及所属各级政府以前颁行的惩治贪污法令一律作废。

第十四条　本条例如有未尽事宜，得随时修改之。

第十五条　本条例自公布之日施行。

选自《中国新民主主义革命时期根据地法制文献选编》第三卷，中国社会科学出版社1981年版，第195～198页。原注：“选自1948年1月11日《人民日报》”。

21. 晋冀鲁豫边区破坏土地改革治罪暂行条例

1948年1月15日晋冀鲁豫边区政府公布

一、中国土地法大纲业经本府于民国三十六年十二月二十八日接受公布。自本条例公布之日起，任何人如仍有违抗该大纲而犯有本条例所定各罪者，不论任何人一律交由人民法庭依本条例审判之。

二、破坏土地改革治罪法，分为当众批评警告、撤销公职（撤销政府或机关、团体、合作社等职务，开除军籍，开除法团会籍）、定期取消公民权、定期劳役及死刑五种，由各级人民法庭按照真实罪状及具体情况判处之。

三、蓄意破坏土地改革而有下列行为之一者，处死刑：

（一）带头组织反动武装或勾结反动武装，对农民实行倒算，杀害农民，或有其他重大危害农民利益者。

（二）带头组织封建迷信团体或利用封建迷信团体，实行暴动，而有杀害农民或其他重大危害群众利益者。

（三）有意向农民报复而杀害农民或干部者。

（四）重大强占或贪污果实，坚拒不退，反而破坏或杀人灭口者。

（五）带头聚众或以武装干涉农民运动而置人于死，或有重大破坏行为者。

四、前条各种犯罪行为之次要分子或包庇帮助者，处一年以上五年以下的劳役；一般胁从或盲从分子，按情节之轻重，予以一年以下的劳役或其他处罚。

五、反对土地改革，而有下列行为之一者，按情节轻重，处三年以下的劳役或其他处罚：

（一）阴谋破坏土地改革而造谣串通，确实有据者。

（二）阴谋制造农民内部纠纷而挑拨离间，确实有据者。

（三）利用群众制造假斗争者。

（四）以金钱财物或其他不正当利益，贿赂他人包庇者。

（五）经农民大会或农民代表会决议，应退出多占或贱买之果实，口头承认而实际不退者。

六、企图妨碍土地财产公平分配而有下列行为之一者，处二年以下的劳役或其他处罚：

（一）宰杀牲畜者。

（二）砍伐树木者。

（三）破坏农具、水利、建筑物或其他物品者。

（四）偷盗、强占、隐瞒、埋藏、分散、贩卖或私相授受各种应分配之物品者。

七、侵犯农民及其代表的民主权利而有下列行为之一者，处二年以下的劳役或其他处罚：

（一）侵犯农民及其代表在各种会议上对各方各级干部批评或弹劾之自由者。

（二）侵犯农民及其代表在各种相当会议对政府及农民团体中一切干部选举或罢免之自由者。

（三）对农民大会或农民代表会决议，故意违抗或阳奉阴违造成错误罪行者。

（四）有关政府公粮、预算、参军、参战等重要问题的方针和计划，拒绝经农民大会或农民代表会讨论，而独断独行造成错误罪行者。

八、利用职权，对群众果实及应交公之财物有强占窃取之行为者，按一月十日本府公布之惩治贪污暂行条例治罪。

九、对本条例所举各犯罪行为，任何人有权揭发检举。其未经揭发检举而很快坦白自报者，可减免处罚。

十、栽赃诬陷他人犯本条例各罪者，按所举之罪处罚。

十一、犯本条例之罪判处死刑而不服第一审判决者，准予上诉至第三审为止。

十二、犯本条例之罪判处死刑者，非经行署区人民法庭核准不得执行。判处一年以上劳役者，须经县人民法庭批准。

十三、本条例自民国三十七年一月十五日公布生效。

选自《中国新民主主义革命时期根据地法制文献选编》第三卷，中国社会科学出版社1981年版，第198～200页。原注：“选自1948年1月17日《人民日报》”。

22. 太岳区惩治滥用浪费民力暂行条例

1948年6月15日

第一条　为了爱惜民力，培养民力，长期支持人民革命战争，减轻人民负担，特制定本条例。

第二条　除边沿区，游击区另有规定外，在本区境内，应严格取缔听差、送信、看井、看钟及站岗放哨等杂项勤务。

第三条　区村除依法执行上级命令外，无直接征调、动用民力权。

第四条　凡违法滥用民力，有下列情事之一者，由县级以上政府分别予以应得之处罚：

（一）违犯太岳区人民服勤试行办法草案及用勤制度，而私自强抓硬要民力者，得就地逮捕，军籍人员送军分区、军区，地方工作人员送县级以上政府，酌情处以二年以下之有期徒刑。

（二）动用民力搞生产者，除没收其所运或劳作物资，并按当地市价，补偿群众工资脚费损失外，应查明事实责任，处主犯以一年以下之有期徒刑，或易科一万元至十万元之罚金。

（三）召开各种会议或各级机关、团体、公营企业、工厂等之迁移，非法使用民力者，除按当地市价补偿群众脚价工资外，应查明事实责任，予主要负责人以批评、警告、通报各地及其它行政纪律之处分，部队及医院之迁移，须根据太岳区人民服勤试行办法草案之各项规定执行。

（四）藉口“动员”而非法动用民力者，亦适用本条例第三项之处分。

第五条　严格禁止浪费民力，如有下列情事之一者，应分别情节大小，予以批评、警告、记过、撤职查办等行政纪律之处分。

（一）用勤人员，对所运物资不作精确计算，虚报多要浪费民力者。

（二）拨勤人员，不认真审查，精确计算，造成浪费民力者。

（三）带勤人员，因组织领导不力，致遭不应有之损失者。

（四）因情况变化，不及时通知拨勤机关，造成浪费民力者。

（五）对任务打折扣，或私自更替人畜力而影响任务完成，造成浪费民力者。

第六条　取缔勤务积弊，如有下列情事之一者，分别予以适当之处分：

（一）凡因拨派不公，假公济私，徇情包庇者，除被包庇者酌情补勤外，包庇者分别情节轻重，应受行政纪律之处分。

（二）凡在服勤期间，逃避勤务或逃跑者，对主谋煽动份（分）子，分别情节轻重，处以二年以下之有期徒刑。一般附和者，予以批评、教育外，应令其重归前线服勤，但不得扣除其勤工。

（三）凡因逃避勤务而隐瞒年龄或集体捏报，隐匿劳力、畜力、车辆、船只者，适用本条第一项之处分。

第七条　工人、商人出勤取得证明后，任何人不得藉故阻拦、扣留或重派勤务。

第八条　凡不定期结算，公布勤帐（账）者，应受批评、警告、记过之处分。

第九条　遇有滥用、浪费，包庇、隐瞒、逃避勤务等非法情事者，无论受损害人或其他任何人，均有向各级政府控诉之权利。

第十条　本条例自七月份起暂行，如有未尽事宜，由太岳行署随时修正之。

选自《中国新民主主义革命时期根据地法制文献选编》第三卷，中国社会科学出版社1981年版，第204～207页。原注：“选自1948年6月15日太岳行署《太岳区战勤工作奖惩办法》”。

十三、公安法规

1. 晋冀鲁豫边区公安总局晋冀鲁豫边区高等法院关于公安司法部门工作关系的联合指示

1942年7月30日

兹为求得司法、公安两系统配合之密切，工作之提高起见，特决定双方应行注意之点于下：

（一）凡经公安系统侦查起诉之案，在侦察阶段，应广为搜罗证据，证据充足，然后起诉解送。同时在起诉之时，应连同一切物证，人证等证件，一并附送。个别地区证据不足，即行起诉，或仅一纸达案公文，即行解送，致使司法部门无法了解，因而不免有处置失当之虞。

（二）公安机关移交案犯时，不仅提起公诉，并须提出处刑具体意见（死刑或有期徒刑几年），司法部门负责同志如觉不妥，应与公安部门交换意见，如双方意见不能一致，司法部门可呈请行政负责同志作最后决定。

（三）在工作上双方应取得密切联系，交换工作经验，警惕孤立主义的有害作风。

（四）凡公安部门布置之眼线、内线人员，经司法部门扣押后，如有公安督察长或公安局长之书面证明，得迳（径）行释放，宣告无罪。但公安部门如有循私、包庇，故将犯罪人员指为布置之内线人员者，督察长、局长负责。

以上各点，仰即在工作中注意执行为要。

选自《中国新民主主义革命时期根据地法制文献选编》第三卷，中国社会科学出版社1981年版，第402～403页。

2. 晋冀鲁豫边区户籍暂行条例

1942年9月28日公布

第一章 总 则

第一条 为掌握边区户籍与人事之变动，保障人民生命财产之安全，防止敌特汉奸之活动，维护抗日根据地之社会秩序，特制定本条例。

第二条 边区人民之户籍登记，依本条例行之。

第三条 户籍之籍别以县为单位。

第四条 边区之抗日人民，以下列规定，定其户籍：

一、在一县内有住所而在他县别无本籍者，以该县为本籍。

二、子女除别有本籍者外，以父母之本籍为本籍。

三、妻以夫之本籍为本籍，赘夫以妻之本籍为本籍。

四、一人不得同时有两本籍。

第五条 已有本籍而在他县有住所者，以该县为其寄籍，一人不得同时有两寄籍。

第六条 敌占区人民有充分证明者，得在辖区内设定本籍或寄籍。

第七条 户籍之编造以一家为一户，虽属一家而异区者各为一户，僧道或其他宗教徒之寺院，以一寺院为一户，商店之取得营业证者，视为一户，寺院之主管人，店铺之经理人，在本条例上之地位与家长同。

荣誉或退伍军人持有安插命令在某一县村安家者，得为一户，不受第四第五两条之限制。

第八条 除部队政权机关群众团体及其附属机关外，凡未经户籍登记之人民，除另有规定外，不得享受居住行动之自由。

第九条 抗日根据地人民无迁徙到敌占区之自由。

第二章 组 织

第十条 为推行国民户籍工作，行政村设户籍主任一人，由民事委员一人兼任之，街或闾设户籍员一人，视村之户数定其多寡，平均以十五户至三十户设一户籍员。

第十一条 户籍主任除直属于民政系统外，应接受公安局、区公安干事之监督。

第十二条 户籍主任与户籍员之职务：

一、对户籍之设定增加减少，消灭、转移等动态，进行户籍登记，统计本籍、寄籍户数、人口、性别、年龄、职业等，并掌握户口变动之原因。

二、进行人事登记，统计出生、死亡、结婚、离婚、分居、迁徙、逃亡、纠纷等事项。

三、监督检查登记不确或未受本村登记外来人之活动。

七、寄籍者，应于备考栏内注明之。

八、住居年限栏内，应填写住居年数，如系寄籍，则填寄居年数。

九、职业栏内，如无职业应填无字。

十、宗教栏内，须将信奉宗教种类分别填明。

十一、教育程度，指曾否读书（或粗通文字）及在何学校肄业或毕业而言。

十二、调查时，虽系他往仍应填注（如职业、外出或出征、被俘、逃亡、当伪军等），但须将所在地及事由注明于其他事项栏内。

十三、曾受刑事处分，素行不正，形迹可疑，及非家属之杂居等情事，应由调查员查明填注于其他事项栏内。

十四、表示有职业与无职业之统计，应就二十岁以上，六十岁以下之范围内分别计算。

十五、各户须依户籍法所定，于本街闾范围内，找五户户主为之保证，签名盖章，或指印方为有效。

十六、每户各占户籍表一页，若人口众多之户一页不能填注者，得分项数页，但须注明某户第几页。同居佣工两栏，如无有者可注销，亲属栏不足用者，同居佣工栏可以改为亲属栏依次填之。

选自《晋冀鲁豫边区法令汇编》，边区政府1943年7月编印，第31～35页。

3. 晋冀鲁豫边区违警处罚暂行办法

1942年10月23日公布

第一条　为安定社会秩序，处罚违警行为，特制定本办法。

第二条　违警行为之处罚如下：

一、劳役：一日以上，二月以下。

二、罚金：一元以上，一百五十元以下。

赌博罚金十元以上，五百元以下。①

三、训诫。

第三条　如有下列行为之一者，处二月以下五日以上之劳役，或一百五十元以下三十元以上之罚金：

一、对战时空室清野动员及备战工作消极违抗者。

二、对于战时勤务（引路、送信、运输、岗哨等）违抗逃避者。

三、战时不听村指挥部指挥，而暴露目标者。

四、当面侮辱或恶意污蔑政权干部致影响政府威信者。

五、藉端滋扰公营事业或其他机关团体者。

① 此处乃按“社科法制版”。“1943年晋冀鲁豫版”为“十元以上一百五十元以下”（与第四条有矛盾）。

六、故意侮辱、虐待、歧视荣誉军人、抗属或孤寡者。

七、对军政人员伪购物，故意抬高市价者。

八、毁坏抗战阵亡将士纪念塔、纪念牌（碑）及其坟墓者。

九、拾得武器及军用物品隐匿不报者。

十、战时明知路径而不告知军政人员者。

十一、窝藏明知为嫌疑人犯而不报告政府者。

十二、积极或消极抵抗清查户口者。

十三、戒严时期行路携带涂改或伪造之通行证者。

十四、戒严时期不带通行证而不服检查者。

十五、当水火及一切灾变之际，经政府令其防护救助抗不遵行者。

十六、毁损明暗沟渠水窖水井，或经政府督促而不行浚治者。

十七、打架斗殴扰乱社会秩序者。

第四条　赌博者得科以十元以上五百元以下之罚金，情节更严重送县究办。

第五条　有下列行为之一者，处一月以下劳役或一百元以下之罚金，或训诫：

一、当敌搜山时，大声叫喊，或空袭时不迅速隐蔽而暴露目标者。

二、亲见奸徒破坏军用电线、投放毒品、测绘地图而不报告者。

三、发现尸体不报告政府，而私行埋葬或移置他处者。

四、无论平时或战时拾得非空室清野物品而不报告政府者（拾得空室清野物品而占有者另以侵占论罪）。

五、传播谣言经劝诫不改者。

六、采折他人之树木或蔬菜果实者。

七、偷取他人之食粮、田禾、菜果而情节较轻微者。

八、牵引牲畜践踏他人之田禾者。

九、纵放羊群入地上山而损坏树苗或林木者（以失主损害不大为限）。

十、在他人地内私掘土坯或搬运垒地石块者。

十一、故意损害他人物品者。

十二、售卖伪造药品者。

十三、售卖有害卫生之物品或饮食物者。

十四、醉酒滋事者。

十五、演唱政府禁止之戏曲或淫词滥调者。

十六、调戏侮辱妇女或当众有猥亵行为者。

十七、不依政府放足限期，而令二十五岁以下女子缠足，或不放足之家长，或无家长而不肯放足之本人。

十八、诬告他人违警或伪造证人者，或收买强迫他人写保状者。

第六条　违警有下列行为①之一者，不处罚：

一、未满十三岁者。

---

① “1943年晋冀鲁豫版”为“行为”，“社科法制版”改为“情形”。

二、神经病者。

以上两项须通知其抚养人或监护人自行管束。

三、因保护自己或他人紧急危难出于不得已者。

四、因人力或天然所迫无力抗拒致违警者。

五、违警未遂者。①

第七条　违警行为于未发觉前自首者，得减轻其处罚，或易以训诫。

第八条　累犯加重处罚之。

第九条　因违警行为致毁损或消失物品者，除依法处罚外，并得酌量赔偿受害人。

第十条　违警犯，人民均得告发，村公所有拘传权，传到即行送案，拘留不得超过二十四小时，区公所以上政府有处罚权。

第十一条　劳役于判定后，由区公所通知村公所登记存册，于下列情形时服役：

一、轮值以外之个人支差。

二、有关人民共同需要之工役。

三、政府兴办之工役。

四、优抗需要之劳役。

第十二条　罚金由区公所制定违警罚金三联单，一联（收据）付给受罚人，一联（报查）于月终连同罚款汇交县府，一联（存根）存区备查。

第十三条　训诫注意采用说服或当众承认错误等方式，不许以近似侮辱之方式（如游街、戴高帽、吊打等）行之。

第十四条　本办法自公布之日施行。

选自《晋冀鲁豫边区法令汇编》，边区政府 1943 年版，第 142～144 页。简称“1943 年晋冀鲁豫版”。

互校版本：《中国新民主主义革命时期根据地法制文献选编》第三卷，中国社会科学出版社 1981 年版，第 270～274 页。原注：“选自晋冀鲁豫边区冀鲁豫行署《法令汇编》上册，1944 年版”。简称“社科法制版”。

4. 太行行署关于公安司法关系及城市管理分工的指示

1946 年 2 月 20 日

抗日战争结束，全国人民争取民主和平的斗争，也已取得重大成果，目前已开始进入和平民主建设的新阶段，所有关于处理人犯权限，及城市管理分工，随着形势的变化，亦须明确确定。为此，边府特颁发边法民公字第一号联合指示，关于公安司法关系与城市管理分工问题，确定如下办法：

① “1943 年晋冀鲁豫版”无此项规定。“社科法制版”转印自冀鲁豫行署 1944 年版《法令汇编》有此项规定。

一、关于捕人权限问题：

1. 除公安司法机关以外，任何人无捕人权。一般的拘捕和处理权在县，在逮捕人犯时，必须由公安司法部门派人持拘捕证进行。

2. 重大现行犯，人人得而捕之，但无处理权，并须立即送交县级机关处理。

3. 区公所无捕人权，区在受到县的委托时，可以直接逮捕，但无拘留和审理权，捕获后应将犯人连同证据材料一并送县处理。如有不当，应由捕获人负责。

二、关于司法、公安部门关系：

1. 公安局代行司法部门的检察权，因此公安机关得执行其看管询问之职权，不限于二十四小时拘留权，须预审清楚，以检察机关资格向司法机关起诉。

2. 公安局除依照违警法处理违警范围以内的案件外，无判决权，判决权属于司法机关。

三、现有人犯处理及生活待遇问题：

1. 对现有特务汉奸案犯及伪组织人员，原则上不采取大的集中训练，但仍须个别小型的集中感化教育。

2. 犯人生活，原则上自给，不愿自给者可以强行自给。既不能立即释放，又无法自给者，政府可以斟酌情形，供给一部，同时组织其生产。一般的应迅速处理，本地犯人可找保释放，还乡服役，外籍的可以尽量转回原籍处理，政府可以给一定的必要的路费。

3. 较大案犯不够处极刑条件者，如需要从政治上感化教育争取时，在生活上必须加以适当的照顾，各级财政部门得准予实报实销。

四、关于城市管理的分工问题：

1. 城市户籍工作，卫生工作，由民政部门主要负责，公安部门配合进行检查。

2. 复杂场所（如戏院、电影院、妓院、旅馆等）的行政管理，由市政科负责，公安机关进行检查。

3. 城市属于违警范围以内的案件（如小偷、斗殴）概由公安局处理，其构成刑事案件者，则由司法部门处理。此类案件如涉及特务问题时，则应扣押公安局询问，最后送司法机关处理。

4. 城市以内，属于捐税事宜，公安局不负责任，由财政机关负责。

以上所示各点，应即详加研究执行，并转饬所属遵照执行。

选自《中国新民主主义革命时期根据地法制文献选编》第三卷，中国社会科学出版社1981年版，第550～552页。原注："选自太行行署《一九四六年重要文件汇集》"，简称"社科法制版"。

编者注："社科法制版"第三卷，第548～550页还有一件《晋冀鲁豫边区关于公安司法关系及城市管理分工的指示》(1946年3月5日行署转布)，内容与此件相同，只是删去最后一行。据推断，本文件系先以太行行署名义在2月20日发布，后又于3月5日由晋冀鲁豫边区政府发布，在全边区施行。

十四、司法审判与狱政

1. 附［报刊报道］：晋冀鲁豫边区政府高等法院通令（清理案件办法）

1941 年 9 月 26 日《解放日报》

【新华社晋冀鲁豫二十五日电】边区政府及高等法院顷通令所属各机关，指示清理案件之紧急处理办法，俾使各该机关在战时能正确执行政策，保障人权，与镇压汉奸、敌探及特务机关的活动。该办法中特别指出，凡证据不足及不能证明有犯罪行为者，一律开释。因民事而受管束者，即时保释，轻微犯及已判处徒刑而患有疾病碍难行走者，一律保释。已判处死刑之大汉奸及其他要犯，如因交通不便，尚未接到高等法院指示者，得由行政、司法、公安负责机关，集体决定，执行枪决。该办法中又规定，各专员有批准处决之权，并可委托能掌握政策之县长有执行处决之权，但必须经县长承审员和公安局长共同决定。

选自《中国新民主主义革命时期法制建设资料选编》第四册，西南政法学院函授部 1982 年编印，第 233～234 页。原注：“《解放日报》1941 年 9 月 26 日”。

2. 附［报刊报道］：晋冀鲁豫边区高等法院公布抗日民主司法建设

1941 年 9 月 30 日《解放日报》

【新华社晋冀鲁豫 28 日电】此间晋冀鲁豫边区高等法院，颁布告全边区各界民众，略称：本院受国民政府最高法院管辖，边区临时参议会监督与边区政府领导，但在审判上，独立行使职权，管理全边区149县司法行政事宜，并逐渐推行新民主主义政权之司法建设，为粉碎敌寇“以华制华”之毒计，本院首要任务着重于镇压死心塌地之汉奸，对压迫附逆分子，采取争取感化教育方式，同时切实保障所有抗日人民之人权、政权、财权、以维持社会秩序，增强战斗力量。本院司法人员不仅要廉洁奉公，努力学习，并注重调解民事纠纷，加强人民团结，一切诉状不论格式，文盲准许于口诉，以便减少民众痛苦。如司法人员有非法行为，准许人民随时向上级控诉，本院以法惩罚，不稍姑息。

选自《中国新民主主义革命时期法制建设资料选编》第四册，西南政法学院函授部1982年编印，第232～233页。原注：“摘自《解放日报》1941年9月30日”。

3. 晋冀鲁豫边区高等法院组织条例

1941年10月15日公布施行

第一章　总　则

第一条　本条例根据国民政府公布之法院组织法及敌后特殊情形制定之。

第二条　晋冀鲁豫边区高等法院（以下简称本院）受国民政府最高法院之管辖，晋冀鲁豫边区临时参议会之监督，及晋冀鲁豫边区政府（以下简称边区政府）之领导。

第三条　本院独立行使其司法职权。

第二章　职权及组织

第四条　本院设院长一人，由晋冀鲁豫边区临时参议会选举之。

第五条　本院院长之职权如下：

一、管理边区司法行政事项。

二、监督及指挥本院一切诉讼案件之进行。

三、审核地方法院及县司法机关案件之处理。

四、没收及稽核赃物、罚金。

五、对司法人员违法之惩戒。

六、对司法人员培养及教育事项。

七、犯人处理事项。

八、对于边区政府及晋冀鲁豫边区临时参议会报告事项。

九、管理其他有关司法事项。

第六条　本院管辖之事项如下：

一、关于司法行政事项。

二、关于重要之刑事第一审诉讼案件。

三、关于不服地方法院第一审判决而上诉之案件。

四、关于不服地方法院之裁定而抗告之案件。

五、关于非讼事案件。

第七条　本院设置下列各部门：

一、司法行政处；

二、检察处；

三、民事法庭；

四、刑事法庭；

五、书记室；

六、看守所。

第八条　本院设秘书长一人，承院长之命佐理第五条所规定之职务。

第九条　本院得设巡回法庭，其组织及工作另定之。

第十条　本院得设劳动感化院，其组织及工作另定之。

第十一条　本院司法人员由院长呈请边区政府任免之。

第三章　司法行政处

第十二条　司法行政处下设一、二、三科，处设处长一人，承院长之命管理全处事务，各科各设科长一人，科员若干人，承主官之命管理各科事务。

第十三条　司法行政处管理之事务如下：

一、关于边区各级司法人员之铨叙事项。

二、关于边区各级司法人员教育训练事项。

三、关于边区各级司法机关之司法收入及司法经费事项。

四、关于边区各级法院之看守所、劳动感化院事项。

第四章　检察处

第十四条　本院检察处设检察长一人及检察员若干人，由院长呈请边区政府任命之，独立行使其检察职权。

第十五条　检察长之职权如下：

一、执行检察任务。

二、指挥并监督检察员之工作。

三、处理检察员一切事务。

四、分配并监督检察案件之进行。

五、决定案件之裁定或公诉。

六、指定检察员莅庭陈述对于案件处理之意见。

七、对高等法院判决如有不同意见，有权向边区政府提出控告，边区政府接受其控告可组织特别法庭或交还高等法院复审。

第十六条　检察员之职权如下：

一、关于案件之侦查。

二、关于案件之裁定。

三、关于证据之搜集。

四、提起公诉，撰拟公诉书。

五、协助或担当自诉。

六、为诉讼当事人或公益代理人。

七、监督判决之执行。

八、在执行职务时，如有必要得请当地驻军或公安队协助。

第五章　法　庭

第十七条　本院民事庭及刑事庭各设庭长一人及推事若干人，独立行使其审判职权。

第十八条　庭长之职权如下：

一、执行审判事务。

二、指挥并监督法庭推事之工作。

三、分配并监督审判案件之进行。

四、公审案件之决定。

五、强制执行之决定。

六、审判之撤销或判决。

第十九条　推事之职权如下：

一、关于案件审判事项。

二、关于案件之调查事项。

三、关于证人之传讯及证物之检查事项。

四、关于案件批答事项。

五、关于案件之判决及撰拟判决书。

第六章　书记室

第二十条　本院书记室设书记长一人，主任书记及书记员若干人，服从院长之领导，执行其职务。

第二十一条　书记员于法院开庭审判时执行职务者，服从庭长及推事之指挥。

第二十二条　书记员随从检察处或法庭执行职务时，应服从检察长或庭长之指挥。

第二十三条　书记室在书记长指挥监督下执行职务如下：

一、本院之庶务、会计、生产事项。

二、案件收发、登记、分配及保管。

三、撰拟及缮写文件。

四、编制报告及统计。

五、掌管记录。

六、整理卷宗。

七、典守印信。

八、保管证物。

九、管理图书。

第七章　看守所

第二十四条　本院看守所设所长及看守员，服从本院领导，执行其职务。

第二十五条　本院看守所设武装卫队。

第二十六条　看守所在所长指挥监督下执行职务如下：

一、犯人之收押、检查、点验及看管。

二、登记及保管犯人之财物。

三、计划及实施犯人之教育。

四、组织及分配犯人之工作劳动。

五、考查犯人之活动。

六、登记犯人之出入。

第二十七条　被处徒刑或拘役之犯人，羁押于看守所者，准用监狱法之规定。

第二十八条　看守所规则另定之。

第八章　附　则

第二十九条　本院经费之编制及司法人员之待遇，另定之。

第三十条　本条例修正权属于边区临时参议会，解释权属于边区政府。

第三十一条　本条例经边区临时参议会通过后，由边区政府公布施行。

选自《中国新民主主义革命时期根据地法制文献选编》第三卷，中国社会科学出版社1981年版，第394～400页。

4. 晋冀鲁豫边区司法罚金及没收赃物赃款保管解缴处理暂行办法

1942年3月25日公布

第一条　凡依法判决科罚罚金及没收赃物款赃之保管解交，除法令别有规定者外，均依照本法办理之。

第二条　各级司法机关之罚金及没收之赃物（包括拍卖赃物之款及赃物租出之租息在内），一律按月交由各该级政府之财政部门，按金库制度保管之。

甲、财政部门保管此款，须单立科目，并予有关方面以四联收据：一存于收款机关，一交于交款机关，一呈上级财政机关，一呈高等法院。

乙、财政部门保管此款，按月向上级解交，每年总结报告。

丙、各级司法机关本身亦须单立账，于每款加以说明，按月递级上报，每年总结报告一次。

丁、高等法院与财政厅，分院（司法处）与行署财政处，每年将总结对帐（账）清算。

第三条　各级司法机关之司法罚金及没收之赃款赃物，须予有关方面以收据，施用三联单制，另立帐（账）簿（一与被罚或被没收的人，呈一高等法院备案，一存原机关）。

第四条　没收之赃物，除违禁品（如毒品鸦片武器弹药等）其余应按下列各款处理。

甲、没收汉奸财产，须经专署以上政府之批准，始得处理。

乙、没收之一般日用品，应依当地市价拍卖之，并可予军政机关荣誉军人，贫苦抗属及本案出力人员，以购买之优先权。

丙、没收之土地，依边区土地使用暂行条例处理之。

丁、上述拍卖权，处理权，属于县级以上之政府。

第五条　没收赃物之违禁品，须递级呈交高等法院各行署司法处，分别存销之。其呈交办法如下：

甲、凡毒品鸦片类，须于呈交书中，注明种类数量（毛重或净重）等项。

乙、凡武器类，须于呈交书中，注明种类、件数、枪号、子弹数、附件等项。

丙、凡赌具淫具及其他违禁品类，均须注明种类及数量。

第六条　所有罚金及没收之赃款赃物（包括违禁品）之动用存销权，属于边区政府及高等法院。

第七条　各级政府人员，未经上级同意，擅自动用罚金及没收之赃款赃物者，由上级司法机关依法处分之。

第八条　本办法经边区政府委员会通过后，公布施行之。

选自《中国新民主主义革命时期法制建设资料选编》第三册，西南政法学院函授部1982年编印，第352～354页。原注："选自冀南行署法令汇编（一）"。

5. 晋冀鲁豫边区高等法院对总结月报制度的指示信

1942年4月

太岳行署、太行各专署、县府：

（一）关于过去的总结月报制度，经过我们检查之后，发现许多严重的缺点。这些缺点可分别说明：

1. 月报表相当多（有民刑事收结、刑事收结、法收各款、羁押人数、没收等月报表），而且内容烦琐，如月报表列写姓名、案由、判处结果、及援用法条等。目下战争频繁，县级案件太多，司法干部太忙，因此月报表成为空洞的形式主义，报表者不是应付公事，便是索性不理，或者视为工作上的苦恼。

2. 月报表的分析，充满着司法八股的老一套，写的人感觉苦恼，看的人不能一目了然，也感相当头痛，不合乎简单明了的原则，不能起统计调查的作用。

3. 过去总结，一年一次，各级人员做总结时，势须用较长时间翻阅全年材料（而这些材料，又往往因战争缘故分散存藏），在工作上感到异常不顺，同时在本院方面，也不能够及时地了解各地区工作情况，及时地指导工作，这对于工作的改进和提高，都是有妨碍的。

因之，今后决定将各种月报表一律取消，将月报表中上级需要了解的统计数字，并入总结报告中。总结报告改为四个月总结一次，一年三次，于四、七、十二各月底进行。

（二）总结报告的内容，应依地区不同，条件不同，工作发展不同而自行拟定，过去由本院颁发总结提纲，各级像填表式的填写，往往使总结成为党八股化、一股［般］化的东西，这是不很好的，但有些项目，也必须列入（不论那一县）。

1. 各种统计表。

2. 各种制度执行情形。

3. 工作上的优缺点及经验教训（要具体）。

有些项目可以灵活列入，主要看有无实际内容，这里只供参考。

1. 四月来本县（或本区）环境的特点。

2. 从处理案件中所发现的问题。

3. 工作中感到的困难。

4. 看守所问题。

5. 对工作及领导上的意见。

6. 典型案件的处理及反映。

总之，总结报告，基本精神要确实简要，各县同志应本此精神去做，不必拘束于一般的形式。至于专署级的总结报告，其伸缩性可以更大一些，多多发挥在总结报告本身的创造性。

（三）司法工作总结报告各县于五、八、一三个月十日以前，缮写二份送呈专署（太岳区各县送行署）。专署留一份存查研究，另一份连同专署本身司法工作总结报告，于各该月二十日以前送呈本院。

（四）为了系统地了解并指导各地工作，本年度各专署各县不论已否做过月报表或总结，全区一至四月的总结报告仍须送呈。这对已做月报表的地区似乎多加了一层麻烦，但便于统计调查一九四二年度之工作及研究了解各地区情况上，仍有它重大的政治意义。

（五）今后总结报告，要作为考核干部的工作之一，本院保证一定要研究并加以指导，条件允许的话，可能编行一种简单的总结汇报。因此各专署、县，亦须保证按时送呈，并保证确实、简要（做到简单、明了、具体、扼要的程度），到五、八、一月底，各县、各专署尚未送呈者，本院即下令催要，催要仍无故不做，或藉故推诿者，须受纪律上的处罚。

（六）为便于保管装订，各地总结报告一律订为粉连纸十六开的册子，字用横写。

院长　浦化人
民国三十一年四月

选自《长治审判特刊》，山西省长治市中级人民法院编印，2009 年第 2 期，第 31～32 页。

6. 晋冀鲁豫边区高等法院通令
——执行刑事简易诉讼程序由

1942 年 5 月

太岳行署：

太行各专署、县府：

为适应敌后战争情况及予民便利起见，特制定刑事简易诉讼程序如下：

（一）简易诉讼适用的范围：

甲：最重本刑在三年以下有期徒刑、拘役或专科罚金之罪，但干部贪污、渎职、通敌罪，刑法 第一百四十三条、第一百四十条、第一百八十六条、第二百七十二条第三项、第二百七十六条第一项之罪，依通常审判程序办理。

乙：侵占罪

丙：欺诈罪

丁：赃物罪

戊：烟土罪

己：妨害婚姻家庭罪

庚：赌博罪

（二）一审司法机关，依被告之自白或其他现有证据，足以判定被告有犯罪事实者，得经以处刑命令定罪。

（三）处刑命令所科之刑，依刑诉四四二条规定为“以六月以下有期徒刑、拘役或罚金为限”，现扩大为以三年以下有期徒刑、拘役、三千元以下之罚金为限。

（四）为处刑命令时，得并科没收或其他必要之处分。

（五）处刑命令样式如下：

晋冀鲁豫边区××县承审处处刑命令

×字××号

被告姓名，年龄，性别，职业，住所或居所

右列被告……（下述犯罪事实和证据）……本处依简易诉讼程序，特以命令处刑如左。

应适用之法条，及处刑（处刑包括所谕知之主刑，从刑或刑之免除，易科罚金折算之标准，缓刑之期间等），自处刑命令送达之日起，十日内得声明不服上诉。

中华民国××县（印）

年 月 日

××县县长（印）

承审员 （印）

本件证明与原本无异

书记员 （印）

（六）处刑命令送达后，十日内声明不服，得上诉二审司法机关。凡有下列情形之一时，处刑命令即为确定，与判决有同一效力。

甲：处刑命令送达后，经过上诉期间者。

乙：上诉法定期间虽未经过，被告已舍弃上诉权者。

丙：被告虽已声明上诉，但其后又撤回其声明者。

丁：上诉的申请虽未撤回，但经承审机关，认为该申请为不合法而以裁定（批示）驳回者。

（七）（原件缺漏）

（八）简易诉讼程序在太行太岳区一般的均适用。但边沿地区为求工作之便利，得向本院请示要求扩大适用范围，本院得另以命令定之。

（九）本院通令发往各级组织各两份，一份有卷备查，一份交承审员（或司法科长）

自存参用。

此令

院长　浦化人

中华民国三十一年五月

选自《长治审判特刊》，山西省长治市中级人民法院2009年编印，第25页。

7. 晋冀鲁豫边区高等法院通令——对于流动法庭组织职权的决定

1942年5月13日

太行各专署、县府：

兹为加强薄弱区工作，特设置流动法庭，分在各地流动巡回，现特将流动法庭之组织、任务及职权等，决定如下：

（一）流动法庭定名“晋冀鲁豫边区高等法院流动法庭”。

（二）流动法庭受本院院长之指挥及监督，直接向本院院长负责。

（三）流动法庭设庭长兼检察员一人，负责领导、指挥、监督该庭之工作。

（四）流动法庭之任务如下：

甲：受理第一审诉讼事项。

乙：代表法院受理第二审诉讼事项。

丙：检查并帮助县及专署级司法机关之工作。

丁：（残缺）

（五）各县及专署如积压案件太多者，得由主管长官商得流动法庭庭长之同意，转移一部分案件，交由流动法庭受理之。

（六）流动法庭之职权：

甲：流动法庭独立行使其职权。

乙：流动法庭对于其本身受理第一、二审刑事判决，凡未满期七年徒刑、未满万元罚金之案件，有最后决定权。七年以上徒刑及死刑、万元以上罚金之案件，须征求检察长核准。但在战争波及地区，庭长对于七年以上徒刑及死刑，万元以上罚金之案件，有最后决定权（惟需征求专员或县长意见。专员或县长意见与庭长意见不同时，以庭长之意见为决定）。

丙：流动法庭庭长兼检察员，将县及专署正在审判、羁押之案件，得施行检察权，对县及专署判决不同意之判决，得提起上诉或非常上诉，但在战争期间对于死刑之决定，凡在专署及县审判之案件，最后决定权仍属于专员（惟需征求流动法庭庭长之意见。庭长与专员意见不同时，以专员之意见为决定）。

丁：流动法庭庭长因某种案件侦捕上工作需要时，得要求专员或县长指派公安队员或地方武装协助之。

戊：流动法庭得指挥区、村（政）权进行送达、传案等工作。

（七）流动法庭判决徒刑之案犯，交由管辖地县或专署司法机关执行之。

（八）流动法庭管辖不固定。

上述各项决定，仰即确实执行注意为要。

此令

院长兼检察长　浦化人

中华民国三十一年五月十三日

选自《长治审判特刊》，山西省长治市中级人民法院编印，2009年第2期，第34页。

8. 晋冀鲁豫边区政府、晋冀鲁豫边区高等法院关于执行决定之审级制度的命令

1942年5月21日

太岳行署、太行各专署县府：

自边府及高等法院正式成立之后，关于全区审级制度，虽有明文确定，但因只是确定其原则，并未使原则更加具体化，所以形成审级上的长期凌乱。在下级不知如何是好，或者敷衍塞责，一切诿之上级（个别地区，甚至连判一两个月徒刑案件，亦呈送法院核判），或者孤行独断，一切均不呈报，或者剥夺诉讼人上诉权利，使错误判决无法纠正，或者藉口情况紧急而任意滥杀人犯。而在上级则整日埋头于文牍之中，或系吹毛求疵，或则“准予照判执行”例行一套，繁忙于日常司法事务，忽略对政策上之指导掌握。如此情况欲求加强司法工作，实际上必流于形式主义的呐喊。

为了纠正这种审级上的凌乱现象，为了适合目前扫荡加多的情况，特决定具体办法于下，仰即切实执行：

（一）确定审级制度的原则。A. 适合“便民”原则，提倡上诉权，使群众有冤苦的，不服判决的，有上诉权利。B. 适合“简政”原则，减免不必要的手续。

（二）确定民事为三级三审，刑事为三级二审（刑事有特殊情事，如素有功劳的干部被处死刑时，得提起非常上诉救济之，但基本上仍是三级二审）。

（三）太行区县政府为一级（一审），专署为一级（二审），高等法院为一级（一审、二审或三审）。兼县之专署，对所兼县所辖县，均为第二审。直属县（辽县）为第一审，高等法院为第二审。

（四）一审机关对刑事案件一年未满之徒刑，千元未满之罚金，过上诉期间，被告不提起上诉者，判决即作为确定，不送二审机关复核复判。

罚金之计算系指专科、并科罚金而言，易科罚金之数不算在罚金内。

（五）一审机关对刑事案件一年以上十年以下之徒刑及死刑，千元以上之罚金，过上诉期间，被告不提起上诉者，判决须送专署（二审机关）复核复判，然后判决作为确定。

（六）二审机关（专署）受理刑事案件一年以上十年以下之徒刑及死刑、千元以上罚金

之上诉，二审判决后为终审，不送高等法院复核复判，但提起非常上诉者例外（见第二条）。

（七）无论平时或战时二审机关的专员对所受理（包括复核复判上诉）刑事案件有最后决定权，但须经专署司法科长、公安督察处长与专员集体讨论（指七年以上徒刑及死刑），并于执行后连同卷宗记录（讨论会的）呈送高等法院备案。如有判错杀错等情，由专员负主要责任。

（八）在战争情况下及有非常必要时，一审机关（县政府）对呈送复核复判之刑事案件，得先行执行，或不待核判到达即行执行，但执行须经承审员、公安局长与县长集体讨论（指死刑），并于执行后连同卷宗记录（讨论会纪录）呈送专署转高等法院备案（呈送时专署得签注意见或附复核复判）。如有错误情事，由县长负主要责任。

（九）上诉期间，特刑为五日，普刑为十日，民事为二十日，以当事人收到判决书之日起算。

（十）各级对本令有疑难问题，请示高等法院解释答复之。

（十一）太岳区审级制度由太岳行署参考本令，根据该区具体情况酌定之，并呈报高等法院备案。

（十二）前联办司法处及本府或高等法院过去所颁布之与本令有抵触之一切规定，一概作废。

选自《中国新民主主义革命时期根据地法制文献选编》第三卷，中国社会科学出版社1981年版，第400～402页。

9. 晋冀鲁豫边区高等法院训令——确定业务学习内容由

1942年7月26日

太行各专署、县府：

关于司法干部业务学习，业经本院第十六次院务会议通过，兹特通令于下：

（一）业务教育以边区政府施政纲领、边区土地暂行条例、边区劳工保护暂行条例、边区婚姻暂行条例、中共中央关于抗日根据地土地政策的决定（随文附发）作为业务教育的主要教材，抗日民主政权基本政策，及刑法作为补充参考材料。

（二）至九月底学习完毕，双十节前后，本院颁发试题，举行测验。

（三）必须正确认识，学习是提高工作，提高自己，迎接二年之后伟大局面的主要因素之一。这次确定教材分量虽少，但均系极端重要，每个司法干部起码应当深刻了解的东西。所以分派确定的少，是要求在少的范围内，深刻的精，因此任何粗枝大叶，浮浅表面的学习方式，必须反对。

（四）各级司法干部的政治学习，应以“七七”中共两大文献与二十二种文件为主要内容，其学习进度，学习计划，学习检查，与各该机关（专署或县）其他干部一同进行，学习领导由各该级行政首长领导之。此外尚须经常注意研究讨论时事问题，新华日报所载重要论文。

（五）业务学习的组织与领导，由司法科长及承审员领导之。

（六）业务学习成绩，作为考核干部工作的内容之一。

此令。

附发　中共中央关于土地政策的决定一份（略）

院长　浦化人

中华民国三十一年　七月　二十六日

选自《长治审判特刊》，山西省长治市中级人民法院2009年编印，第21页。

10. 晋冀鲁豫边区高等法院关于执行死刑合议制度变通办法的决定

1942年8月10日

太行各专署、各县府：

查法行字第一〇四号命令（确定审级制度）及第一一二号命令（扩大专署及县之司法职权）均曾规定，无论平时或战时，决定死刑案件时，须经专员、司法科长、公安督察处长；或县长、承审员、公安局长之合议，始得执行。复查各级政权，专员、县长与公安机关、司法部门战时多不一同行动，平时亦有时因下乡、检查等关系，难能举行合议，似此情形，三人合议制度颇有加以变通补充办法之必要，兹将具体决定如下：

（一）战时经公安机关侦讯完毕（或由其他机关、团体或公民捕获而有确实证据者），专员、县长批准后即可执行。

（二）平时经司法机关侦讯完毕，如公安机关负责人员因故不能出席参加合议时，经专员、县长之批准，即可执行。

（三）但如合议制度有可能举行时，仍应尽量遵照前令指示，举行合议决定之。

以上变通办法，仰遵照执行为要。

选自《中国新民主主义革命时期根据地法制文献选编》第三卷，中国社会科学出版社1981年版，第403～404页。

11. 晋冀鲁豫边区太行区[①]民事诉讼上诉须知

1942年9月10日颁布

第一条　本须知根据民事诉讼法第三编及敌后特殊情形订定之。

第二条　民事诉讼本区暂定为三级三审制度，审级如下：

① “晋冀鲁豫1943年版”标题漏“太行区”3字，勘误表已作更正。

一、县政府为一级一审机关。

二、专员公署为二级二审机关。

三、高等法院为三级三审机关。但对边区直属县兼行二审机关职权。

第三条　对于民事诉讼须依审级进行，未经第一审判决之案件，不得上诉于第二审机关，未经第二审判之案件，亦不得上诉于第三审机关。

第四条　对于第一审之终局判决，得上诉于管辖之第二审机关，对于第二审之终局判决，得上诉于第三审机关。

第五条　当事人于第一审或第二审判决宣示或送达后，得舍弃上诉权。

第六条　提起上诉应于第一审或第二审判决送达后二十日内为之，但因战争关系，未能进行上诉者，其受战争波及之时间，不在二十日计算之内。

第七条　对于第一审终局判决提起上诉，应以上诉状表明下列各款事项提出于原第一审机关。

一、当事人及法定代理人。

二、对于第一审判决不服之程度，及如何废弃或变更之声明。

三、新事实及证据。

第八条　对于第二审终局判决提起上诉者，应以上诉状提出于原第二审机关为之，上诉状内应表明上诉理由，并填具关于上诉理由之必要证据。

第九条　对于第一、二审判决之上诉不经原审机关迳（径）行送呈上级审判机关者，视为不合法。如系邮寄者，受理机关批交原审机关，转令当事人补正一切手续；如系面呈者，得退回上诉人，令提出于原审机关。

第十条　提起上诉如逾上诉期间，原第一、二审机关得以裁定驳回之。

第十一条　上诉有其他不合法之情形而可以补正者，原第一、二审机关得通知上诉人定期补正。如不于定期内补正者，可认为系意图延滞诉讼，原第一、二审机关得就原判决宣告假执行。

第十二条　上诉人提起上诉状时，须依被上诉人数目，抄具上诉状缮本，一并呈交原审机关。原审机关分别将缮本送达被上诉人并呈送管辖机关，其上诉状有不合法情形须要补正者，一并令上诉人补正之。

第十三条　凡上诉人只具上诉状，未附缮本者，原审机关得令补正之。

第十四条　被上诉人收到原审机关送达之上诉人上诉状缮本后，得就其上诉理由、事实提出答辩状，送递原审机关转呈管辖机关。

第十五条　上诉人于终局判决前得将上诉撤回，但被上诉人已为附带上诉者，应得其同意，撤回上诉者，丧失其上诉权。

第十六条　对于第三审之判决不得上诉，但认为援用法律错误，或发现诉讼新材料时，得声请再审。

第十七条　第三审一般为法律审，第三审法院以第二审判决确定之事实为基础，如诉讼当事人认为二审机关认定之事实有错误时，得向二审机关请求再审。

第十八条　第三审之判决得不经言词辩论（即传讯）为之，但法院认为必要时不在此限。

第十九条　本须知如有未尽事宜，得随时由边区政府修正之。

选自《晋冀鲁豫边区法令汇编》，边区政府1943年版，第144～146页。

互校版本：《中国新民主主义革命时期根据地法制文献选编》第三卷，中国社会科学出版社1981年版，第404～407页。原注："选自晋冀鲁豫边区政府《法令汇编》下册，1943年版"，简称"社科法制版"。

12. 晋冀鲁豫边区政府、晋冀鲁豫边区高等法院关于司法工作在扶植群众运动中及适应战争环境的几点指示

1942年9月15日发布于《边区政报》

第一，目前边区各地群众运动，正在澎湃发展，兹为配合群众运动的发展，巩固群众运动的成果，以发动群众起见，特作如下指示：

（一）各级司法干部，首先在思想上须正确认识司法工作是整个抗日民主政权构成部份（分）之一，更必须认识今日政权工作"一元化"的意义及必要。因此，有些干部认识上存在之"三权鼎立"的残余潜在意识，强调垂直系统的工作作风，以及要求"多独立些"而轻视行政领导的畸形现象，必须根本廓清。若不廓清这些思想和认识，政权工作一元化，便不能很好的做到，会直接间接妨碍发动群众和对敌斗争工作。

（二）在另一方面，有些行政领导干部，亦必须克服"司法干部是特殊的"，或轻视司法干部的认识与偏向。在领导上，专员县长对司法部门领导，要保持经常多多接触，其领导关系，一如对民政财政部门一样，不得偏视，并要负责帮助，关心司法工作、学习和生活，一切政务会议要让司法部门同志出席，任何一个时期的中心工作，要使司法部门知道。政府与司法部门，要尽可能地住在一村或附近（敌情紧张地区需建立后方机关者例外），最远最好不超过十里之外。过去个别地区双方距离有达三、四十里的，以致客观上使司法部门与各方联系十分不便，工作上陷于孤立进行的现象，必须努力纠正并克服。

（三）在工作上，凡是经过群众斗争的案件（如减租减息，反贪污等）到政府解决时，司法干部应很好倾听群众团体及各方面的意见，了解真实情况，依法作正确之判决。必要时组织群众团体陪审制度，典型案件甚至可进行公审，反对单纯引用法条，不了解真实情况，不能依法作合理判决脱离群众的举动。在案件未宣判前，凡经过群众斗争的案件，司法干部必须与专员或县长商酌解决办法，专员或县长在会议时有最后决定权。

（四）对已判决之案件，刻下群众大会有要求更改判决者，政府应斟酌受理。凡能进行复审者，尽量复审解决，如认为不能复审解决者，向有关各方善意解释，依法行字第一〇四号命令规定之审级制度，依级上诉。二审机关（专署级）接得上诉后，根据具体情况，必要时上诉期限虽过仍应受理，如实属无理好讼者，则过期不理。受理者除应依法传讯当事人，调查事实外，并应郑重考虑县级政府及群众团体所提意见，慎重作适当解决。

第二，目前边区形势的另一特点，即为扫荡与反扫荡战争的频繁，边沿地区敌人夺袭

的增多，兹特将目前司法工作．在这方面应行注意之点，再指示于下：

（一）区村职权应酌予扩大，一般民事案件，尽量由区村调解，调解不成立，再向县诉讼，现已决定区长有处理违警罚法之权。

（二）看守所羁押人犯，应力求减少，在平时打下战时基础，临时分散大批自新人，或带着大批案犯转移，都不是很好办法。

1. 首先在羁押时应慎重考虑，除了在裁判确定前有逃亡或湮没证据之可能者，应予羁押外，一切无原则的羁押人犯（如某地因被告质问或态度不好即羁押人，某地因不给看守所送柴羁押人等）应予纠正。抗粮抗款户的羁押，不必一律集中在县，尽可能地羁押于区。一切刑事案件，在侦查中的关系人（非主犯）尽可能令讨保候讯，不必一一羁押，这样可以减少大批押犯。

2. 在确定裁判时，应依照本院法行字第九十三号指示，多科罚金，少判徒刑，较轻微的汉奸，亦得并科罚金，即使判徒刑的案件亦应斟酌犯人财力，明文规定易科办法，俾其交纳罚金，减少羁押人数。过去个别地区，以为多科罚金、少判徒刑是单纯的经济观点，今日必须从敌后根据地扫荡频繁上，对此原则作新的认识。

3. 在徒刑执行中的自新人，应尽量调到各机关、团体服役（但汉奸嫌疑犯不能轻易用于机关内服役），以减少羁押人犯，并节省各该机关、团体杂务人员。惟调外服役者，往往易于逃亡，应在服役前责令讨保，保证该犯不逃亡，不犯法，尤须经常注意教育，提高其政治觉悟。

4. 不能调外服役在徒刑执行中的自新人，应在平时即令缴纳保状，具保人担保其在战时遣散中不再犯法，并担保其在战争结束后，仍来受刑，如此则情势紧张时，即可执行“战时假释”办法，将自新人遣散，以求轻便。但须注意，战争结束后，须立即通知假释之自新人，返回继续受教育与参加劳役。如战时假释，战后不理，会使群众不满，影响政府威信。

5. 在徒刑执行中，而又不能调外服役之外籍自新人，或敌占区自新人，平时亦应尽量令其交纳保状，情况紧急时，尽可能分散于本地自新人家中，该犯粮食菜金由本地自新人暂垫，政府担保战后归还，其办法与上项同。

以上办法，如能确定执行，则战时看守所所带之案犯，可以减少至最低限度，不致重复某地看守所被敌全部俘虏之惨痛教训。

（三）各地没收之赃物，须及时清理，作为经常的备战工作，个别地区战时带着大批赃物转移，或临时埋藏，极易于致损失，应作为经验教训之一，而立即纠正。

（四）各地司法干部，多因工作繁忙，生活极不规律，今后为应付残酷战争，对于本机关（县及专署）早操、爬山、跑步、射击、掷手榴弹等军事锻炼，必须参加。

（五）战争到来之后，各级行政负责人对于司法干部之使用，某些同志须打破司法干部特殊化的传统认识，一般的情况下，只留承审员或科长一人，随机关转移，处理战时案件。其余司法干部，则分散区村使之帮助战争工作，其使用一如对民财等系统干部使用一样。即使这些干部，对于战争的锻炼还差，能力经验贫乏，亦不应使其在战争中客观上成为“逃难”，而应与其他较强干部一起工作，俾其能深入群众，了解问题，锻炼自己，而对机关本身，亦可收轻便之利。

以上两大问题的指示，各级于接得本文后必须立刻深刻讨论，讨论指示中所指示各节，何者能在当地适用，何者不能适用，何者尚须补充等等，并望将讨论结果，报告法院为要。

选自《中国新民主主义革命时期根据地法制文献选编》第三卷，中国社会科学出版社1981年版，第410～413页。原注："选自1942年9月15日晋冀鲁豫边区政府《边区政报》第12期"。

13. 晋冀鲁豫边区高等法院对执行《太行区民事诉讼上诉须知》的指示

1942年12月2日

太行区各专署、县府：

《太行区民事诉讼上诉须知》颁布已将三月。在执行过程中，各地不无偏向。兹将执行时应行注意之点，指示于下：

（一）个别同志感到《民事诉讼上诉须知》的规定颇有复古之嫌。个别群众团体同志，亦感到手续麻烦，不合简单化的原则。因之，阳奉阴违者有之，因群众团体提议而不执行者亦有之。这是一种错误的认识。

《民事诉讼上诉须知》的颁布，乃系针对过去司法程序凌乱现象所发，此种凌乱现象，易于产生脱离群众结果。比如甲与乙因土地涉诉，经县判甲胜乙败，后乙不服县判，直接上诉于专署，专署调卷传讯，然后下判。这样程序产生两个不良内容。

1. 各级司法组织，以县级为最能接近群众，愈上则愈差。当县级判决此案时，必多方调查材料，倾听各种意见，然后下判。到专署（二审）后，倾听原地各方意见则比较困难。唯一办法，在于核阅县卷。但我们县卷怎样呢？往往许多材料，并不能一一收罗归卷，卷宗内容非常简单。专署根据这样卷宗，听讼下判，便容易脱离群众。

2. 上诉人不经县府直接上诉于专署，专署调卷，县府送卷，公文往返，延费时间，致许多上诉案件不能及时解决，群众埋怨，政府麻烦。此种现象，在二审机关即已严重，到三审机关则更严重（因三审多系书面审理，在二审传讯对质时，被上诉人尚有口头申述机会，三审则完全依靠卷宗及上诉人诉状，其脱离群众，较二审更易）。为了纠正此种现象，乃有《民事诉讼上诉须知》的颁布。我们各级同志必须正确认识它的意义与重要，并向其他同志解释，贯彻法令的执行。

（二）民事诉讼上诉须知的几个重要原则，必须紧紧掌握。

A. 上诉状应向原审机关提出。因为只有原审机关看到上诉人的上诉状，才能了解上诉状中的虚伪之点，然后连同卷宗、其他材料（包括没有收入卷宗中的材料）、对本案上诉意见及被上诉人答辩状等，一并寄呈上级核夺。

B. 上诉人提起上诉后，一定须依被上诉人数目，抄具缮本。因为只有这样，才能使被上诉人有充分时间，对新事实、新理由提出答辩。否则被上诉人对上诉黑漆一团，仅凭传讯时临时辩答，容易使不善于打官司的一方败诉。这是基于照顾被告利益必要的措置。

（三）原审机关须严格注意，慎行引用等十条、第十二条剥夺上诉人上诉权利。我们应当提倡上诉权，对于上诉人呈送上诉状不合法时，应多方设法予以补正机会。一般来说，太行区文化落后，群众没有法律常识，极易不合法令规定。所以我们应当加以法令教育，不能一味驳斥，以致剥夺上诉权。对于如何便于群众熟悉程序上必要手续，平顺原承审员曾创造一个办法，他们在每一个民事判决或裁定之后，都这样写明“第一，如不服本判决，得于收到判决之日起二十日内向第四专署提起上诉。第二，上诉状须交到本府，由本府代转。第三，除了上诉状，同样抄具缮本几份，以便发给被上诉人。上诉状缮本，也交本府”。这个经验很好，值得各地学习。

（四）《民事诉讼上诉须知》中第十四条，对于被上诉人提出答辩状的时间，没有加以限制。各地在执行时，一般的可以在缮本后面通知被上诉人，于接到缮本之日起，十天内提出答辩状。其案情复杂者可以酌量延长至二十天。并须通知被上诉人，届时不送答辩状，即算弃权。并通知答辩状亦送呈原审机关。这样可以避免因被上诉人迟迟不交答辩状，延推诉讼时间的弊病，藉以照顾上诉人的利益。

以上各节，仰即在执行中，具体确实注意为要。

代院长　马　起

民国三十一年十二月二日

选自《长治审判特刊》，山西省长治市中级人民法院编印，2009 年第 2 期，第 14 页。按：此件正文有许多文字上的错误，已按该书第 12 页影印原件校正。

14. 晋冀鲁豫边区高等法院通令
——颁发业务学习测验题目由

1942 年 12 月 11 日

各专署司法科长、科员、书记员
各县府承审员、帮审员、书记员同志：

为了了解诸同志在这一年中对于业务学习的状况，整风运动的成就，特拟定测验题目十三个，务于十二月底（至迟一月十日）以前答出，其具体注意之点如下：

（一）科长、科员、承审员，十三题择答十题，帮审员，书记员十三题择答七题，能全答出更好。

（二）答题要深刻、详尽、不要啰嗦。

（三）抄题、写上级别和名字。

附发　测验题目十三个（原影印件略）

院长　浦化人

民国三十一年　十二月　十一日

选自《长治审判特刊》，山西省长治市中级人民法院 2009 年编印，第 22 页。

15. 晋冀鲁豫边区高等法院关于执行核案新决定的命令

1943 年 1 月 20 日

兹为适应“简政”原则，加强专署级核案责任，提高干部能力起见，对于法行字一〇四号核案部分，特重新修正决定如下：

（一）凡一审机关（县级）平时判处死刑之刑事案件，均须送专署复核复判。凡一审机关战时先行执行之刑事案件，亦均须于事后送专署核查备案，不得以任何藉口，不送专署核查。

（二）二审机关（专署）对于一审机关送核或备案之特种刑事案件处死刑者（如汉奸、特务、盗匪、烟毒等案），如认为事实无误，同时有国民政府特种法规及边区单行法令足资援用科刑者，可迳由专署批驳，核准或修正，无须再将全案案卷转呈本院核查。

惟二审机关，须于每月月终，将全月审核死刑，逐案详为填具死刑审核登记表，连同各该案判决正本，一并呈报本院备案。

（三）二审机关（专署）对于一审机关送核之刑事案件，有下列情形之一者，仍须将全案卷宗等文件，立即呈送本院核查复判，在一般情况下，不得先斩后报。其情形如下；

甲、普通刑事之处死刑者（如杀人犯罪等）；

乙、干部处死刑者（不论特刑或普刑）；

丙、对于处死刑之案件事实或援用法条，认为有疑难者；

丁、二审机关与一审机关对认定事实及其他有争执者。

（四）一审机关（县级）认为二审机关核案情形有不当者，得再行提出意见或补充材料，连同卷宗等物再送二审机关，转呈本院作最后决定。

（五）凡法行字第一〇四号决定，除核案部分由本令略有修正外，其余各部分，如审级之规定，上诉制度，会议制度，专员县长负责制度，平时战时专员县长司法权力问题等，仍行照常适用，不得因本令之修正，遂行凌乱。

（六）各专署对本令有疑难问题时，可请示本院解释之。

选自《中国新民主主义革命时期根据地法制文献选编》第三卷，中国社会科学出版社，1981 年版，第 408～409 页。

16. 晋冀鲁豫边区高等法院工作报告

1943 年 9 月 12 日向边区参议会报告一年来太行区的司法工作

一、一年来对于司法工作的思想领导

自高等法院于民国三十年九月一日正式建立，在这整整二年中，是司法工作逐渐走向正轨的二年，如果说，在第一年度，本院的领导，是着重在复核死刑，与各专县组织、制度、干部等规模方面的建设。那么，在第二个年度，本院的领导，便是在已有的基础上，着重于司法工作的思想领导。

一年来对于司法工作的思想领导，有那（哪）些主要方面呢？

（一）明确认定法制主义

由于本区司法工作建设较晚，同时，司法上所援用的一切法令，还不大齐备，以及少数干部不大深入研究法令，在某些地区，遇有缺乏可资援用法令的事件，在判决时，遂不免有因人而异，因事而异的现象。本院为了纠正此种现象，于去年九月总结了各地工作后，遂初步提出“新民主主义的司法，应是法制主义”。并规定“有法律者从法律，无法律者从法理”的原则。具体化为“本边区有单行法者，从单行法，无单行法者，从与政策不相抵触之旧法，无旧法者从法理”。更明文提出抗日民主政权的法理，即是抗日政策的精神及原则。到今年三届司法会议时，更对“法制主义”作了详尽讨论，反对脱离政策的法条主义及人治主义。这一基本方针的明确树立，对司法工作的革新，有重要意义。

（二）树立群众化的司法观念。抗日民主政权的司法工作，和旧日官僚政权的司法工作在本质上的区别，就前者是人民的，而后者则是脱离人民或压迫人民的。我们太行区的司法工作，自冀太联办开始初步建立以来，努力向群众化的目标奋斗，太联办期，及高等法院成立后的第一个年度，规定了若干制度，如废除讼费，废除状纸格式，建立陪审制度，就地审判制度等等，但在司法部门中，对于正确的、系统的群众化观念的树立，却是不够的。实质上，仍未脱离官僚主义的巢穴。

高等法院于去年九月，即明确提出：“所谓群众化的司法观念，即是要面向事实，审察民隐，关心群众利益，解决群众痛苦”，不离开政策法令，不无原则的采纳片面意见，就必须反对过去官僚政权传统的判决主义（即一判了事）。

一年来，在这方面有若干的进步。比如对于群众运动中所检举揭发的案件，一般都能够掌握政策的原则，合乎法令的规定，并与接受群众的呼声，正确结合起来，这种典型的例子，是很多的。较之一年前有明显进步。再如对于以实事求是的态度在解决痛苦方面，也有显著进步。比如对于一个被家庭翁婆虐待的妇女要求离婚，而又不够离婚条件的，在处理方法上，可以分为不同三个时期：

1. 最初的方式，是不够离婚条件，干脆不准离婚。这是公事公办的官僚政权的传统作（做）法，这种方式的结果实际上，有时助长了对妇女的虐待。

2. 第二个时期的方式是，着重调解，由男方和家庭保证以后再不虐待妇女，暂时不准离婚。或者是着重处罚，以虐待妇女为理由，政府处罚男方家庭，以资警戒，暂时不准离婚，实际上妇女痛苦仍未解决，如果是男方家庭受了处罚的，其对妇女结恨愈深，虐待还会更厉害。

3. 第三个时期的方式就遇到了：①由男具结保证，以后再不打骂虐待女方。②翁婆虐待儿媳者，教翁婆与儿子分居，允许儿子和媳妇组织小家庭。③保证妇女在生活上与其他家人生活相等。④妇女具结保证以后与丈夫和睦，尊敬翁婆。⑤丈夫到娘家去迎接老婆。这样一来，才比较真正解决了家庭纠纷。在太行太岳，都有经过这样圆满解决的模范例子。

以上演变说明司法工作对于真正解决群众痛苦与群众观念的加强，有了实际的表现。

处理其他民刑事案件中，如土地、婚姻、物权、盗窃、烟毒等类似情形很多的。

（三）发扬“实事求是”的精神纠正唯心思想。

司法部门由于干部的薄弱，旧司法“自由心证”的传统，相当严重，比如将法律上认识问题的，“自由心证”成为主观愿望，机械的搬用法令“成为法条主义”，缺乏调查研究，只看表面，不问实质；或只看局部，不看全面，诸如此类，给予工作的损害是不小的。

本院自去年开始，即提出司法工作“科学化”的口号，积极提倡“实事求是”反对一切形式主义的思想，在今年三届司法会议开会时与整风结合曾深刻严格的检查了工作中形式主义表现的若干典型。

一年来，已获初步的收获。比如：

1. 对于调查研究工作，对于侦讯工作是加强了，过去认为司法工作只是审判二字，审一审，判一判就完了，现在则公认为审问不过是侦察方式之一种，而主要办法还要靠对案件的深入调查研究工作，这样一个认识上和工作上的转变，就使主观认定，脱离实际的倾向，大大的减少了，同样也使若干善于组织口供的人，逃不脱政府的法纲。比如近半年来，全太行区人命案件，达一百〇八件之多，但大多都能破了案，并且都能侦察出案件的始终因果。

2. 过去单纯机械的运用法条来判讼断狱的事情，已经一般地减少了。比如在过去第一个年度，各地区不分时间、地点、条件、滥行应用婚姻条例第十六条而判决离婚的，是很多的。第二个年度，这种不分时间、地点、条件的引用婚姻条例第十六条来判决的，大大减少了。很多干部已能把“家庭和睦”的方针，与法令具体结合起来。

3. 对于认识问题的方法，已经能够比较多方面的看问题，从实质上看问题。比如一年来若干组织严密的诬陷大案（如襄垣荀娃栽赃案，涉县苗寿子诬告案）能够水落石出，对于小偷，已经能够认识这是一个严重的社会问题，而必须从各方面联系来解决，过去那样单纯的，认为只要司法上判刑处罚即可止偷的想法，也比较减少了。

以上三项是本院在思想领导上的主要方面，一年来由于思想领导的加强，在实际工作中，却有比较重大的收获。当然这种收获的原因除上面所说的思想领导比较加强外，还由不少参议员先生提供宝贵的意见，全区的整风运动，和边府、专县领导进步，全体司法干部的努力所致。但缺点还是多的，特别对于“实事求是”的运用到实际工作，还仅仅是在开始。

二、一年来司法工作的进行情况

根据“晋冀鲁豫区三十二年度行政工作方针”本院确定最近司法工作方针是“贯彻执行法令，确实保证抗日人民权利，促进各阶层团结，厉行除奸反特务，安定抗日秩序，推进司法工作中的民主制度”。

根据这一方针，确定本年度中心任务：一为适应战争环境，贯彻简政，加强战时除奸。一为迅速处理案件克服积压现象，提高对土地劳动问题之注意，克服过去重刑事轻民事的现象，并组织自新人劳动。一为深入广大人民法令教育及加强干部教育。兹将进行情形，择要报告于下：

（一）为适应战争环境，贯彻简政，和加强战时除奸工作。

1. 为了适应频繁残酷的战争环境，贯彻简政，需要进一步的调整机构，使上层机构，更加精干，下层组织，更加有力。本院于本年二月间，进行第三次简政，从去年二十一人的编制，缩减为八个人的编制，如以现在编制人数与高等法院刚成立时四十九人的编制比较，计减缩了百分之八三点九，与去年此时编制比较，计减缩了百分之六二。现在八个人的编制，因过去坚强一些的干部，均已分派各地，新来干部又弱，所以在工作上多靠干部日夜加工，及利用自新人工作，才能完成任务，作（做）到一个人作（做）两三个人的事。将某些工作，交与专、县二级以求工作上的迅速及时，适合战时环境，在组织上取消民事庭，刑事庭，检察庭，看守所，而合并为审检处，行政处与教育处三个工作部门。

在专署级方面，编制人员，比去年减缩了三人，减缩了百分之三〇的编制（去年专署司法科十人），一般也取消了受理一审案件的工作，在司法上完全成为民、刑事的二审机关，但在专署的职权上是扩大了。过去专署级在战争时间，才有死刑处决权的。二月以后修正为平时对于特种刑事案犯，也付与死刑处决权。这种处决权的行使，主要由专员负责，事后呈报高等法院审核备案，对于普通刑事之处死刑者，干部犯罪处死刑者，及对事实法令有疑难者仍须呈请高等法院审核后，才能执行。这一司法上职权的扩大，主要是由于战争频繁残酷，战争的空隙非常之短，某些边沿地区，更不时在敌寇袭扰状态之中，平时战时就很难严格区别。为适应此种情况，所以将战时权利扩大到平时方面。

在县一级，编制人数，没有变动。有的因工作需要，组织更扩大一些（如涉县）。

在区一级方面，由于战争的频繁及分割，有职权上划分为三种地区，一般区公所只有对民事诉讼调解及违警罚金，行政罚金之权，委托区公所（即因地区特殊区干部比较坚强，由县府命令委托者）除具有以上权利外，对违反法令侵害事件，有处罚一千元以下罚金之权。游击区区公所受县政府特别委托者，有处理部份（分）刑事案件之权，据边区政府与高等法院规定，其处理部份（分）刑事案件之权，限于最重本刑在徒刑二年以下，罚金在一千元以下之案件。如超越此种标准者，仍须送县处理，在司法上不算一级。

总之，为适应频繁残酷的战争环境，更进一步的贯彻简政，调整了机构。半年来事实证明，由于上层机构的精干，下层组织的有力，使审级更加分明。领导上更为加强，工作更为深入，对人民更为便利，特别今年五月反“扫荡”的经验证明，专署权力的扩大，对除奸工作的及时、迅速、社会秩序的安定有很大作用。

2. 同样为了适应战争环境，对各地看守所也作了轻便的组织工作。去年以来，各地区即提出看守所社会化的目标。但缺乏严密的组织工作，和完善制度的保证，所以一般并未收到应有的效果，反而在社会上引起“不杀即放”的影响。今年本院吸收各地经验，具体执行了“自新人回村服役暂行办法”。明文确定自新人之各种服役义务，区村干部之领导监督制度审处之考察奖惩办法，以及各种手续。这样施行以来，不但使各地看守所顿时减少若干自新人，节省大量囚粮，并且使各地村庄，对于优抗、支差、义运等义务劳动，公益劳动，增加了若干劳动力，这一办法对于减少战时囚犯逃亡现象，已经起了相当作用。据太衍区不完全的统计，在第一个年度，因战争而逃亡的案犯是四十八人，在第二个年度，则减为二十一人，计减少百分之五七。

另外，由于对看守所自新人战争教育的强化，所以在少数地区，每到战争到来，忠实勇敢的自新人和法警，均组织到战争前线上去。若干自新人，手执武器或做侦察警戒工作（如涉县、武安县）或捕捉汉奸敌探（如五专）或配合民兵伏击袭扰敌人（如五专、黎城、林北等）直接成为群众性游击战争的一员。甚至有因参加战争不幸为敌所俘，坚决不为敌服役，而饱受敌寇荼毒的。

（二）关于迅速处理案件避免积压，提高对于土地劳动问题之注意，克服过去重刑事轻民事的现象。并组织自新人劳动工作方面：

1. 过去解决土地问题，由于重刑事轻民事的一般倾向，往往长期积压，以致影响群众生产，今年则一般都能够配合春耕的中心工作，将所有土地诉讼案件，提前突击解决，于春耕之前，即判决完竣，兹以五专署为例，总计在四月份以前所解决的土地纠纷共为一七三件，四月份以后，共为四二件。这就使群众生产，不因土地纠纷解决失时而有所影响。其他如对于一般民事案件、普通刑事案件，及轻微的特种刑事案件，在处理上贯彻不违农时的精神，尽量照顾群众生产工作，迅办快结，以节省人民缠讼时间。或减少传讯，施行就审。利用夜间举行审讯，或执行假释，缓刑回村服役等办法，以增加农村劳力，再如对于贫困因灾荒而提起离婚的妇女，则说服其参加生产，学习“马杏儿”，并有时帮助其生产（通知村中救济或贷款……），对于因贫困因灾荒而偷窃的小偷除予以必要处分外，亦同样组织其参加生产工作。

2. 组织自新人生产方面，太行区各地看守所羁押之自新人，经常在八百人以上，这是一个很可观的数目。如果能够有严密的组织，及正确的领导在生产战线上是很可以发挥一些效果的。本院今年三月，紧急指示，提出生产任务的重要，指示各地区对于案情轻微、已经判决，而表现良好的自新人，放春假秋假各两个月（假期算在徒刑之内）以增加生产，并指令各地除可以放春假秋假者外，其不能放假的，组织参加承审处的机关生产工作，及当地群众的春耕工作，现在据报告各地区看守所自新人生产，除进行织席、缝衣、做鞋、搓绳、打柴、磨面、榨油、喂猪、磨豆腐、修屋（涉县看守所一座规模比较宏大的房屋，完全是自新人修的，原料木石，均未开支分文，费工八百余）等工业生产。在农业生产方面，据太行区二十个县不完全统计，计种地三一〇点二亩，代耕二六八点二亩，开荒一八〇点六亩、其他种类不明者五一三点五五亩，总计为一二七二点一五亩。如开荒一亩以六个工折算，耕地一亩以十个工折算，代耕一亩按一个工折算，共计折工八七〇六个。其他如帮助群众开渠等生产，仅武东一县，就组织了九百个人工。例如以每个工五元计算，则节省民财四五〇〇点〇〇元，这还只是部分材料数字，保持犯人健康，培养劳动习惯，纠正过去坐黑屋空消耗的不好现象，在监狱改革上也是一大进步。当然犯人性质不同，以上各种办法便不能一律实施，如汉奸犯便不能轻给与自由也。

（三）关于加强教育工作：

1. 对于加强教育工作的主要目标，是着重在在职干部的教育，为了贯彻这一任务，本院于今年三次简政时，特专设教育处，以负责掌管这一工作，一年来除通过如开会、核案、指示、鉴定、书面测验等方式实施外，并在领导机关，着手初步研究新民主主义的司法理论，编刊“司法通讯”以指导工作，交流经验，作为教育各级在职干部的主要工具。并设立司法干部训练班，吸收志愿做司法工作的学员，及抽训在职干部以培养教育干部。

2. 加强广大人民的法令政策教育，司法工作原来就主张“刑其无刑”的，可是如何使法律惩罚与教育工作结合起来，都是一贯做得不够，几年来开一个公审大会，贴一张布告的老一套法，实际上这只限于少数处死刑的案件。一年来由于提倡法律惩罚与教育工作相结合，指出“宣传政策法令不只是宣传家的任务，而且是每个司法干部的天职”。并指出“每一个案件，都是最生动最现实的教育材料”。在这种不断的指示号召下，各地区已经逐渐能够冲破老一套的做法，创造了一些生动新颖的方法。比如过去民事案件是没有开会公审过的，今年则若干比较典型的土地案件，也召开群众大会公审，诈欺案件，也进行公审了。过去若干特种刑事案件，只是在执行前公审一次的，现在则对于比较典型的大案，创造了轮迴（回）公审办法（武安一个特务案，组织了十四次轮回公审，参加村庄八十一个，参加群众达一万人以上，区村干部五百人以上）。过去对于执行死刑是只在执行地点贴一张布告，现在则对于比较典型案件的布告，同样要在通衢大道重要村庄张贴多份，过去布告文字叫广大群众看不懂的司法八股体裁，现在则在文字上力求简明通俗接近群众了，过去对于判决只是送达给当事人的，现在则遇有典型案件的判决，有制成简单通俗的通令，印发到各区村公所、各学校传达讨论的，一年来在这样不断的创造新的教育方法下，使对当事人的法律惩罚与对广大群众的法令教育，有机地结合起来，在深入广大群众的政策法令教育方面，是有不少收获的。

以上是一年来对于三个中心工作的进行情况，和所获得的一些成绩，当然工作缺点还是很多的，比如简政后本院和专署对下级的领导，还欠缺深入，战时司法手续，还不够严密敏捷。对于配合生产任务，贯串（穿）于一切案件还做得不够深刻及时，对于组织自新人生产，也不够严密普遍，对于干部教育以及群众教育，有计划的去做，还仅在开始不久。

三、由司法案件上看社会问题

由司法工作来看社会问题，最近时期有如下的特点：

（一）半年来刑事民事案件均比过去多，尤其是特种刑事案件。兹以太行区本年一至六月冬天各县受理民刑事案件数目，与去年同一时期比较，可以看出其增减率的多少。

时期	民事	普通刑事	特种刑事
31 年 1—6 月	一二八三件	一三六四件	二〇八一件
32 年 1—6 月	一二六八件	一五一四件	二八一六件
增减率	1.2%（减）	21.3%（增）	35.4%（增）

从以上比较数目，可以看出一个轮廓。实际上三十二年度一至六月的数字，要比上表多（因武乡、潞城、沙河、邢台四县报告未到），所以其百分比也比上表要大。单以上表所举比例数，以特种刑事案件增加最多，增加率达三五点四%，比去年增加三分之一强。增加的主要原因是汉奸特务案件的增加（其他特种刑事案件，如贪污、烟毒、均有下减趋向），这一方面说明敌寇特务政策及国民党反动派破坏边区的猛烈，另一方面也说明了我民兵在捕捉汉奸上起着巨大作用，和抗日政府除奸防谍工作比较进步。普通刑事从上表来看，增加率不大，民事且有下降趋向，但实际数目也并不如此，因为普通刑事中的小偷案件，民事中的离婚案件，百分之七十以上是在区一级政权处理的，上表所举数字，只是县级所处理的，如专区级所处理之小偷案件，婚姻案件统计起来，则今年与去年比较，当增加百分之一百以上。从这里可以看出案情严重，反映在社会上的变化。同时也可以看出人民对抗日政府的信仰也比较提高了，特别在区民事案件激增上更是如此。

（二）由于灾荒的严重，反映在司法上的是离婚数字的陡然增加，大批的离婚案件，大都是经过区一级处理的。据现在材料中，可以略举数则，以为说明。如平顺三区从四月份到六月份共处理离婚案件八十余件，涉县四区三月份共处理民事案件一百零一件，其中离婚案达四十四件，武安一区，自六月份至七月份底，便处理离婚案件一百三十一件，武乡六区一个月曾处理离婚案件四十余件。临城孟家庄一个小村，四月份要求离婚便有十四起。这些数目字，虽非全区统计，但一般的趋向，是可以看得出的。

因灾荒而离婚的原因，是很复杂的，大多数离婚案件，当其提起离婚时，表面上都是提到灾荒的严重，生活无法。但实际上很多不仅如此。其中一部份（分）是“借题发挥”，或者平时另有外遇，或者平素感情不和，或者受人挑拨，这种现象，如没有正确的原则处理，则必然引起严重的后果：其影响——一为大批穷苦农民，从此失掉老婆，而妇女也同样会受种种影响（如家庭不睦子女牵挂之精神刺激，助长依赖观念等）。一为形成社会秩序的紊乱。

本院确定因灾荒而离婚的处理原则，为“一般的不允许离婚，只有感情真正恶劣到极点的，才可离婚”，提倡组织调解，强调要从当事人口诉，及委托干部调查中，弄清实际内容，勿为表面假象所迷惑。并着重与生产救灾联系，说服鼓励妇女参加生产劳动，发展“马杏儿方向”，说服男方照顾与尊重妇女，并组织男女双方各自提出劳动义务，发动生产竞赛，同心协力，战胜灾荒。对于必要救济者，组织亲友互助，或政府实行救济（如以工代赈，移民垦荒）。根据这样办法，可以处理的较确当。据武安一区（典型灾区）报告，在六、七两月中，因灾荒要求离婚，经政府调解仍行同居者八十九件，调解后，男女均参加劳动生产，一般的都能生活下去，并未饿死一人，个别的且比要求离婚前关系和生活更好一些。

（三）由于灾荒的继续与发展，自今年四月份以后，小偷数量之多，及地区蔓延之广，已成为社会上最严重的问题之一。据各地反映的材料中研究，所有小偷，绝大多数是贫苦农民或灾荒民，少部份（分）是农村流氓，所偷的东西，主要是瓜果、菜蔬、田禾、也有偷公粮和衣服的，但为数不多。偷盗的范围，大多数系偷盗野生植物，盗毁空舍清野财物的，也很少。

偷窃的原因，多数系因灾荒压迫，但也有不事生产劳动，以偷窃为主要谋生方法的。也有因抽吸鸦片毒品而偷窃的（在游击区多），也有浪荡流氓，因家庭经济不独立而偷窃的（青年人多），更有窃盗风普遍，浑水摸鱼，企图发财而偷窃的（中等农民多）。还有受了国民党特务怂恿，进行破坏性偷窃的。由于小偷之风的普遍与横行影响所及，形成缺乏明确的法律，所以在处理上是比较紊乱的。

本院认为小偷问题是一个社会问题，不是单纯的司法手段所可解决的，必须从加强生产救荒工作入手，配合宣传教育工作，才可以收到应有的效果。在处理小偷的办法上对于因灾荒及饥饿所迫，初犯或偶尔窃盗田禾、瓜果菜蔬者，以边区违警罚法科罚，对于窃盗衣服食粮者，以刑法窃盗罪论处。所科罚金无力缴纳者，可以减轻，或到秋后缴纳。如在缴款期间再不偷人者，可以豁免。对于连续犯，如组织极贫的，有偷盗嫌疑或可能的人，成立劳动小组，进行给人收割、种地、开荒、采摘树叶等等劳动，用集体方式，以求生活的解决。或利用农村习惯，改善“看青”办法，或规定上地时间集体同去，互相监视等等，以减流氓破坏份（分）子之趁机作恶。

对于不事生产劳动，以窃盗为常业者，因吸烟毒品而窃盗者，企图发财而窃盗者，在一定条件一定地区提出典型罪犯，处以死刑，以为镇压。对于受特务份（分）子指使，进行破坏性偷盗者，偷盗者本人，受严惩处，其幕后指使者，以危害抗日根据地从重论罪。

此外，对于各村用以科罚小偷的“社约”准备明令禁止使用（因科罚太重）。而代以边区违警罚法，中华民国刑法，及村禁约，以贯彻法治精神。并严令禁止村中吊打滥罚现象，以保障人权。

（四）自今年五月反扫荡战争，庞、孙叛国投敌后，太行区国民党特务机关，即展开猛烈活动。几个月以来，各地区破获国民党特务活动之多阴谋之毒殊堪惊人，如武乡萧芳亭案，路城常建邦案，左权羊角案，蔴田案，武安柏草坪案，涉县西戍案以及若干正在审讯侦查中的大小案件，其勾通敌伪，破坏抗战的种种罪行，根据司法上所得材料（国民党特务份（分）子的供词及文件等）约略言之，有下面数种：

1. 布置广大特务网，发展特务组织，接受敌寇特务机关指令，进行一切罪恶活动。

2. 掌握发展会门，组织暴动。扰乱社会秩序。

3. 布置特务份（分）子，窃盗文件，侦查军情，袭击军政机关，暗杀军政人员。

4. 策动维持资敌，战时引敌挖掘资财，捕杀干部。

5. 破坏军事设备，破坏生产建设，组织投毒，毒害广大人民。

6. 打入抗日军队内部，组织叛乱，瓦解部队。

7. 打入抗日政权腐化抗日干部，组织投敌。

8. 打入群众武装组织，破坏民兵，掌握武装，组织投敌内应。

9. 制造各种谣言，威胁群众，破坏团结，以各色各样方式，破坏各种中心工作。

10. 假借八路军，抗日政府名义（破坏团结）骚害人民，挑拨军民团结，破坏政府威信。

根据一年来特务案件所得材料证明太行区国民党党务工作，在特务份（分）子武誓彭领导下，已完全变成特务工作，而且公然接受日本特务机关指挥，执行日本特务机关计划，领取日本特务机关的金钱，国民党特务机关，与日本特务机关，无论在本质上或形式上已经没有丝毫区别，而成为一个组织了。

当然这不是说太行区每个国民党员都成为特务份（分）子了。而是说这个组织已经与敌特合流，可能有很多国民党员还不清楚，有的在受欺骗受威胁而不得不听从指挥，我们相信还有的不甘心当汉奸不满意这个汉奸化的组织的。

司法上处理破坏抗战，无耻事敌的特务份（分）子，有三项原则：

1. 绝对不株连牵涉任何一个好人或奉公守法的国民党员，相反，要更加团结真正爱国的国民党员。

2. 争取教育一时意志薄弱参加特务组织，或被威胁、欺骗参加特务组织的一切动摇份（分）子，以及虽有罪行而能诚恳自首的一切特务份（分）子。

3. 坚决镇压罪恶滔天，死心塌地为广大人民所痛恨的特务份（分）子。

以上三项原则是根据司法工作上保卫抗日根据地，以及保障人权的基本任务确定的。而具体执行中，须贯彻“法治”精神。注意教育，正确镇压与运用宽大政策。

上面所报告的一年来司法工作仅及大端，希各位参议员先生多多批评指正。

选自《中国新民主主义革命时期法制建设资料选编》第四册，西南政法学院函授部1982年编印，第56～70页。

17. 晋冀鲁豫边区太岳区暂行司法制度

1944年3月1日公布施行

第一章 法 庭

第一条 抗日民主政府法庭组织：

一、县政府组织第一审法庭，县长兼庭长，司法科长为主审，科员或书记一人为帮审。

二、专员公署组织第二审法庭，专员兼庭长，司法科长（或副科长）为主审，科员一人为帮审。

三、行署组织第三审法庭，在正副主任领导下，司法处长（或秘书）为庭长，科长一人为主审，科员一人为帮审。

第二条 县政府、专署、行署均得临时组织公审法庭，公审有关群众性之重大案件。公审法庭之组织：

一、庭长一人（各级政府行政首长担任）。

二、主审一人（司法部门负责干部担任）。

三、公诉一人（由公安机关负责干部担任。民事案件不设）。

四、人民代表一、二人（由参议员或群众团体代表中推选）。

第三条 专署，行署必要时得临时组织流动法庭，实行就审。流动法庭之组织：

一、第二审流动法庭之组织：经专员委任司法科长（或副科长）为庭长，科员一人为主审，对专员直接负责。

二、第三审流动法庭之组织：经正副主任委任司法处长（秘书或科长一人）担任庭长，科长或科员一人为主审，对正副主任直接负责。

第四条 县政府司法科长、科员可以下乡就审，调解案件，下判必须经县长批准。

第五条 除法令别有规定外，其他任何机关，团体，部队在本区内不得组织法庭。

第六条 第一审法庭之职权：

一、有受理一切初审案件之任务，但下列之案件例外：

1. 区长级以上之抗日干部犯罪，应受刑事处罚者，第一审法庭没有处理权，只可调查、扣押，送交专署处理。

2. 区助理员级抗日干部犯罪，应受刑事处罚者，有处理权，但非经专署批准不许执行。

3. 抗日军人犯罪，应受刑事处罚者，第一审法庭只可调查、扣押，送交军事机关处理。

4. 参议员犯罪，应受刑事处罚者，除现行犯外，不许逮捕、扣押、审问、处罚，第一审法庭只可调查材料，送交行署转请临参会太岳办事处研究处理。现行犯一经逮捕，应即呈报行署，不许擅自处罚。

二、对于判处死刑案犯，有紧急处决权（紧急情况指：敌人扫荡、奔袭或暴动、哗变等突然事变而言），除特殊委托外，平时非经专署批准，不准执行。

三、对于自己判决之案件，在未上诉前，有再审权。

四、对于区村处罚调解之案件，有纠正权。

五、经专署特殊委托之县，对证据确凿之汉奸、土匪、小偷，经行政会议决定后，在平时亦可先杀后报，但县长（兼庭长）负主要责任。

第七条　第二审法庭之职权：

一、有受理不服第一审判决上诉案件之任务，认为事实不明者，可以发回第一审再审。

二、不论平时战时，对于死刑案犯有处决权，对各县紧急处决之犯人有备案权，对各县呈请之就地正法、判处死刑、死刑保留有批准权。

三、对于第一审受理案件认为不妥当者，有提审权，对于第一审判决之案件认为不妥当者，有纠正权。

四、区助理员级抗日干部犯罪，应受刑事处罚者，有批准权。

五、区长级以上干部犯罪，应受刑事处罚者，有受理权，但非经行署批准，不得执行。

六、专署本身及直属机关、学校区长级以下干部（区长级干部不在内）犯罪，该受处罚者，有处理权。

七、对于证据确凿之汉奸、土匪、小偷的先杀后报权，可以委托比较遥远并能掌握政策之县。

八、对于自己判决之案件，认为不妥当者，有再审权。

九、县与县之间因案件管辖发生争执，有指定权。

第八条　第三审法庭之职权：

一、有受理不服第二审法庭判决再上诉案件之任务，如认为事实不明者，得发回第二审法庭再审。

二、对于第一、二两审法庭判决之案件，认为不妥当者，有纠正权。对于第二审法庭受理案件，认为不妥当者，有提审权。

三、区长级抗日干部犯罪，应受刑事处罚者，有批准权。

四、县长级以上抗日干部犯罪，应受刑事处罚者，有处理权，应报边区政府及高等法院备案。

五、行署本身及直属机关、学校一切工作人员之犯法，该受刑事处罚者，有受理权。

六、第三审法庭判决之案件，不准上诉，但自己认为不妥当时，有再审权。

第九条　公审法庭之职权：公审法庭对于群众要求，有答复解决的任务。不能决定之问题，不要肯定答复，应研究成熟决定后答复。其答复在政策法令上如果没有原则上之错误时，上级法庭应尊重其决定，不必多所变动。但发现重大错误，应即时纠正。各级行政首长（即庭长）应负完全责任。

第十条　流动法庭之职权：

一、专署流动法庭之职权：

1. 有代表专署处理上诉案件之权，但下判应同县长讨论决定。如认为问题重大，难于决定时，可以带回专署，同专员研究，用专署第二审名义正式下判。人民不服专署流动法庭判决，可以上诉第三审法庭。

2. 对各县未判决之案件，可以帮助第一审解决，不准代替。

3. 专署流动法庭判决之案件，应汇报专员，对专员直接负责，专员不同意时，即得另判更正。

4. 专署流动法庭下判，可以借用县印。

二、行署流动法庭之职权：

1. 有代表行署受理再上诉案件之权，但下判应同专员讨论决定。如认为问题重大，不能决定者，可带回行署，同正副主任研究后，用行署第三审法庭名义正式下判。人民不服行署流动法庭判决，可以请求行署第三审法庭再审。

2. 有代表专署受理在县上诉案件之权，但下判应同县长共同讨论决定。人民不服此项判决时，可以再上诉于行署第三审法庭。

3. 有代表专署受理第一审法庭在县判处死刑案件之复判权，但须事后通知专署备查。

4. 对于第一、二两审受理案件，可以帮助解决，不准代替。

5. 行署流动法庭，不论受理上诉复判或再上诉案件，均应向正副主任汇报，对正副主任直接负责。如正副主任不同意时，即得另判更正。

6. 行署流动法庭下判，可以借用专署或县政府关防。

第二章　起　诉

第十一条　承认公诉、群众起诉、自诉均为合法的起诉方式。各级法庭在自己的职权范围内，应按起诉方式之不同，予以适当受理，受理后应即进行登记。

第十二条　公诉方式：

一、公安机关向法庭起诉案件：

1. 关于除奸案件及破坏根据地的重大政治性案件，均应经过公安机关侦查起诉。不经公安机关起诉，法庭可以拒绝受理。

2. 法庭对于公安机关的起诉，有受理任务，不得拒绝。但对于起诉材料不够具体，可以送还公安机关补充侦查一次。

3. 公安机关起诉时，应用起诉书。除严守秘密之文件外，并应将犯人及有关案件之一切材料（如口供、证物等等）送法庭处理。

4. 公安机关对于除奸案件的处理，可以提出具体意见，但不能强求法庭采取。

5. 法庭处理除奸案件，应与公安机关交换意见，公安机关对法庭处理如有意见，可即向法庭提出。法庭认为所提意见正确时，应即再审另判。

6. 公安机关对于法庭的判决仍有意见，可于五日内向同级法庭请求送上级法庭复判。

7. 法庭对于公安机关要求送复判之案件，应将一切卷判材料呈送上级法庭复判，由上级法庭决定。

8. 第三审法庭判决，公安机关不能上诉。

二、一般机关、团体、部队向法庭起诉之案件：

1. 法庭对于一般机关、团体、部队起诉之案件，有受理任务，但无具体事实和材料，法庭可以拒绝受理，让其搜集材料去。

2. 法庭处理此种案件，对起诉机关、团体、部队不负责任，但案件如果关涉起诉机关本身者，法庭判决后，应将处理情形通知起诉机关。起诉机关对判决如有意见，可于七日内向法庭提出请求复判，或上诉于上级法庭。上诉者应通知原审法庭，让原审法庭给上级法庭送卷宗材料。

三、司法干部自行起诉之案件：

1. 司法干部对于违反法令政策之事件，认为有处理必要时，有起诉权，但应尽量地启发群众告诉。

2. 司法干部自行起诉之案件，对各级法庭直接负责，法庭对起诉者不负责任。

3. 人民不服法庭此项判决时，仍有上诉权。如系第三审法庭判决，可以请求再审一次。

第十三条　群众起诉方式：

一、群众请愿：

1. 对于群众请愿，各级政府首长应负答复责任。属于司法问题者，交法庭处理。

2. 关于司法问题，经群众请愿，即以群众起诉论，法庭只有受理任务，无拒绝权利。

3. 法庭对于群众起诉问题，应对群众全体负责，判决后，用公布方式将处理情形向群众公布。

4. 群众对法庭判决有意见时，应于七日内向法庭提出，法庭庭长应负责答复，或予再审，另判公布。

5. 群众对再审仍有意见，即以上诉论，法庭应将卷判及所有意见、材料呈报上级法庭处理。

二、群众团体代为起诉之案件：

1. 群众团体代表群众利益，将群众问题介绍到法庭，法庭只有受理任务，无拒绝权利。

2. 法庭对于此种案件，不但对群众负责任，而且应对群众团体负责。判决后，除给双方关系人送判外，并应给群众团体送判决一份参考。

3. 群众团体对法庭判决有意见时，可于七日内提出。法庭有答复责任，认为有再审必要者，应即再审。

4. 群众团体对于再审判决仍有意见，有代表人民上诉权。上诉时应通知原审法庭。

第十四条　自诉的方式：

一、面诉：即人民亲自到法庭告诉。

1. 法庭对面诉人负责，只要告诉的有道理，即应受理，并立即确定审判日期。用传票传案解决。审判日期之确定，从受理之日起，县不得过十天，专署不得过二十天，行署不得过三十天。

2. 认为告诉的没有道理，法庭可以劝其不告回去。但人民一定要告，只得受理，法庭没有拒绝受理之权。

3. 第一审法庭认为应回区村调解者，可以介绍到区村去调解。但经区村调解不了，法庭应即受理，不准三番五次形成推延现象。

二、状诉：人不到案，只用状纸向法庭告诉。

1. 法庭对于状诉有答复责任，可用批示方式答复，不负受理责任。

2. 认为告诉有道理，批示时通知其于一定日期到案面诉，然后予以受理。不到案者，即不认为起诉。

3. 认为告诉无道理者，批示时指出无道理之点，劝其休告。但一定要告者，仍须亲自到案面诉。

4. 状诉一经本人或委托人到案，即以面诉论，法庭即认为受理。

三、代诉：本人虽不到案，委托别人到案代理起诉者，与本人到案面诉同。但代理起诉与代表群众起诉应当分开。代理是私人关系，代理个人；代表则是群众团体代表广大群众，卫护群众利益。

第十五条　隐名密报，不认为起诉方式，法庭无受理任务，亦无答复责任。但认为情节真实者，可以进行调查，查明处理。

第十六条　法庭有使用传票、拘票、押票、释票之权。

第十七条　传票使用法：

一、传票是法庭召集原被告到案审问的通知文件，一切案件都可使用。

二、原告有传唤被告的责任，法庭的传票可以交付原告去传被告。若原告不愿意直接去传，可以转交村公所代为传唤。

三、原告到案时，应将传票交还法庭。若传票没有送达，由原告自行负责，另行去传。

四、传票通知后，到审判日期，被告到案原告无故不到，可等待一天，原告仍然不到者，认为原告放弃告诉，可以停止审判。

五、传票通知后，到审判日期，原告到案，被告无故不到，亦可等待一天，仍不到者，二次再传。再传不到者，认为被告放弃出庭辩论权。民事案件，可以缺席判决，刑事案件可用拘票逮捕。

六、原被告都传到之后，应即进行审问，至迟不得过一天，以免原被告久候。

第十八条　拘票使用法：

一、拘票是法庭逮捕犯法人的文件。

二、下列犯人可逮捕：

1. 汉奸、特务、土匪嫌疑。

2. 犯罪之事实重大，有逃跑可能者。

3. 有犯罪事实，住敌占区、游击区，估计传不到案者。

4. 有犯罪事实，传不到案者。

三、拘票必要时，可以捆绑犯人强迫送案，但不许任意拷打残杀。

四、用拘票逮捕犯人时，可以作必要的检查，搜索犯罪证据，但不许任意捣毁家俱，窃取财物。

第十九条　押票和释票的使用法：

一、押票是法庭往看守所扣押犯人的文件。看守所没有法庭押票，不准押人。

二、下列犯人可以扣押：

1. 汉奸、特务，土匪嫌疑。

2. 犯罪之事实重大，有逃跑危险者。

3. 犯罪事实相当重，找不下保人者。

三、情节轻微，有家口，有房地，能讨保之嫌疑人，没有逃跑危险者，可以令其讨保在外候审。

四、扣押案犯，至迟要于二日内审问一次，不准押着不理。在外讨保候审者亦同。

五、释票是法庭从看守所开释犯人的文件，看守所没有法庭释票，不准放释犯人（战时别有规定者例外）。

第二十条　对起诉错误者之处理态度：

一、不属司法案件，应归别部门解决之问题，法庭应介绍到别部门去，不得置之不理。

二、不属本级法庭受理之案件，应归上级或下级法庭者，介绍到上级或下级法庭去，不得置之不理。

第三章　调查研究

第二十一条　调查研究是法庭搜集材料、了解具体案情的必要方法，有下列几种：

一、审问原被告；

二、传证人证明；

三、勘查实际情形；

四、审查证物、赃物；

五、征求群众和群众团体反映意见，并动员他们搜集材料；

六、讨论、分析、研究。

第二十二条　怎样审问原被告：

一、审问工作是主审和帮审的任务（共同审问或单独审问）。

二、审问的方式有：

1. 自由讲述——法庭人员应用启发的方式略致询问，让原被告尽量地发挥其自己意见，保证人民在法庭上辩论自由。

2. 追询实情——对隐瞒实情，虚伪讲述之人，可以用此种方式。但被审问人如果坚决不说，法庭可以根据其他材料决定，反对唯口供主义。

3. 双方或多方辩论——双方或多方争执的问题，应用此种方式审问，才能了解问题的实质和矛盾的多方面性。

三、人民在法庭有自由辩论权，审问人员不许任意限制。一般案件之处理，都应经过一次审问。一次审问明白者，亦不必三番五次只管问。

四、人民在法庭上，不论贫富、男女，一律平等，没有等级。

五、法庭应尊重人民人格，绝对禁止跪拜、打骂以及非刑拷打、强迫供述的方法。

六、审问人员应用诚恳动员的方式，教人民自行讲述，反对威胁、利诱、欺骗等不正派的官僚方法。

七、如系群众问题，群众可以派代表出庭辩论。

八、审问人员应将审问情形作成笔录：

1. 审问笔录应由主审或帮审亲自写作。

2. 写笔录之时间，在审问时或审问后都行。

3. 审问笔录不拘形式，问答式、记要点式都行。

4. 笔录应将下列事项记明：

(1) 每个被审问人的姓名、性别、年龄、籍贯、住址、职业、家庭状况、学历、经历；

(2) 问题发生的时间、地点、原因以及发展的过程；

(3) 被审问人的意见；

(4) 其他需要记明的材料；

(5) 审问的日期。

5. 笔录内容一定要真实，不准虚伪、捏造和夸大或缩小其事。

6. 笔录写成之后，应立即给被审问人诵读一次或让其看过。承认笔录，盖捺指印，方为有效。如被审问人拒绝盖指印，应说明理由。

7. 审问人员亦应在笔录上签名负责。

第二十三条　法庭于必要时，可以传证人证明。无必要时，反对滥传人证。证人到庭可用审问方式审问，如能证明者，法庭应令具结，保证其证明是实，不致虚伪。

第二十四条　勘查实际情形，法庭对于某些事件发生的地点环境，以及一切具体现状，需要亲自勘查，才能了解实情（勘查亦可委托其他干部代理）。

第二十五条　法庭对于案内的赃物、证物、尸体等，都应详细的经过审查。虽细小之物品，如针如线或片纸只字，有时都能研究出问题。必要时，可请专门科学人材（才）检验。

第二十六条　法庭应重视群众反映，采纳群众意见。

一、对于重大疑难案件，法庭人员应到群众中广泛征求群众和群众团体意见，并动员他们搜集材料，以达彻底了解案情。

二、群众团体对于群众案件向法庭提出意见，法庭应郑重考虑。必要时，可共同研究讨论。

三、群众对于案件向法庭提供意见，法庭亦应郑重考虑。

第二十七条　法庭对于案情材料搜集齐全后，应进行讨论研究。

一、不论任何案件都应经过法庭讨论决定，由庭长、主审、帮审参加，最后决定权属于庭长。

二、处死刑案件经法庭讨论决定后，并应经各级政府之行政会议通过。需要紧急处决之死刑案犯，可以召集临时会议，由各级行政负责首长召集司法科长、公安局长讨论决定。最后决定权属于行政首长。

第二十八条　在调查研究的过程中，一般民事案件，以及某些刑事案件，法庭认为可以和解者，亦即进行调解。民事案件的解决以和解为最好方式。

一、调解的两个原则：

1. 反对无原则的调解——在不违反政策法令的原则下调解，才不至于解决错误。无原则的调解，是和事佬的态度。

2. 反对无条件的调解——和解时，一定要有适当的条件，没有条件的调解，也是和事佬的态度。必须有适当的条件，才能保证解决适当。

二、和解必须取得原被告双方同意，有一方不同意调解，亦不能成立和解。强迫和解，实际等于裁判。

三、和解成立后，和解双方应书立和解合同，即算有效。最好请求法庭备案，并加盖关防。

四、和解的效力。和解成立后，有决定意义，双方都应遵守和解决定，不得反悔。如双方都同意变更，可以自行撤销，另成立和解。否则，任何一方不能变更和解。

五、原被告自行和解之案件，可以请求法庭撤销告诉。

第二十九条　起诉以后，未判决确定以前，双方或多方争执之财物，法庭有暂时处理权，可以指定任何一方保管、使用或处理，等正式判决确实以后，照判执行。

第四章　案件处理

第三十条　法庭对于案件的实际情形了解之后，除和解者外，应即讨论决定处理办法。

第三十一条　处理刑事案件，应着重于处罚教育运用之适当，不但教育犯罪本人，同时亦教育一切公民，达到保卫抗日社会秩序之目的。对犯罪人之处罚，应按下列具体情况决定：

一、犯罪目的；

二、犯罪行为（俗称罪状）；

三、破坏公益的程度（包括国家、民族、群众公共的利益）；

四、犯罪的次数；

五、群众的反映；

六、犯罪本人的条件（性别、年龄、成份（分）、职业、政治文化水平、嗜好、神经病等）；

七、犯罪后的态度（如自首、自白、不坦白等）。

第三十二条　处罚教育之种类和顺序：

一、生命处罚（对罪大恶极、不堪争取教育，需要铲除者之处罚杀之，亦为教育别人）。

1. 就地正法——只限于罪恶昭彰、住敌占区或敌据点之死心塌地汉奸及为群众所痛恨之土匪，不能逮捕送案者，经县长呈请专员批准，可以就地正法。不经过法庭审问，人人得而诛之。若该犯以后改悔学好，县长可以宣布撤销。

2. 判处死刑——即一般经过法庭审问，判处死刑之罪。

二、财产处罚（对经济观念不正确，为发洋财犯罪者之处罚）。

1. 没收财产——一部或全部。一部只限于土地、存粮、存款。

2. 罚粮——一石至五百石。

3. 罚款——一元至五万元。

三、身体处罚（需要比较长期教育者之处罚。无此目的者，不必判徒刑）。

1. 徒刑——一月至三年。

2. 劳役——一日至二年。

四、褫夺公权教育：（在政治上破坏根据地者之处罚）。

1. 无期褫夺公权——可以减免复权（减免复权办法另定）。

2. 有期褫夺公权——一年至十年（亦可减免，其办法另定）。

五、针对教育（灵活地运用到各种犯人之处罚）。

1. 处罚保留。

（1）死刑保留：保留期间一年至五年，对死罪、无期徒刑但可以争取者之处罚。

（2）身体处罚保留：保留期间半年至三年。

2. 损害赔偿。

（1）物质赔偿（赔东西、赔款等）。

（2）精神赔偿（慰问、道歉等）。

3. 承认错误（向群众自行宣布）。

4. 讨保（别人保证）。

5. 具结（自己保证）。

6. 和解（有和解必要，有原则，有条件，能够和解者）。

7. 其他对症下药的教育办法（以不违反政策法令，又尽人情为条件。否则禁止）。

第三十三条　处罚教育之善于应用：

一、灵活地运用各种刑罚法令（不拘泥法条，不抹煞法令）。

二、适合犯人的客观需要（该杀者杀，该罚者罚，该放者放）。

三、适合群众和环境的需要（适合群众需要，不迁就落后意识，要分清地区，要认清时间，随着客观环境变化而变化）。

四、各种处罚之使用。

1. 各种处罚可以同时使用，或先后并用。

2. 不能并用之处罚，例如死刑与徒刑不能同时并用，亦不能先后并用。各种死刑亦不能并用。

3. 不能单独使用之处罚，例如死刑保留单独使用，有时会形成没有处罚的现象，可与其他处罚教育、徒刑、罚款、讨保、具结等并用。其次，如单纯的使用褫夺公权终身，也不很好。

第三十四条　处理民事案件，着重于正确地解决人民间之一切矛盾与纠纷，使符合于进步政策法令之精神与广大群众之要求。因此，首先要分清：

一、双方的阶级关系，问题的矛盾所在。

二、谁的要求合政策法令，谁的要求不合政策法令。

三、谁的要求对抗日有利，能增加根据地生产，谁的要求不是。

第三十五条　解决民事问题的办法如下：

一、要符合事实，而且能够实现。

二、要多方面的照顾，不要顾此失彼（但这种照顾，一定是站在进步的一方面，照顾另一方面，不是没有立场的照顾）。

1. 照顾了这个阶级，还得照顾那个阶级（一面要减租，一面要交租等）。

2. 照顾了这个政策上的原则，还得照顾那个政策上的原则（一定要保护妇女利益，不准丈夫虐待；一面要照顾基本群众利益，不让他们大批地失掉老婆等）。

3. 照顾了今天，也要照顾明天（今天法庭不准离婚，并要保证明天夫妻和好等）。

4. 照顾个人，也要照顾全体（群众要求退租，改善生活；地主退得过火，又要影响统战等）。

三、要具体明确，不要笼统含糊。

四、要细密周详，不要粗枝大叶。

五、最好能使双方都满意法庭的解决办法。

第三十六条　处理案件办法，经讨论决定后，立即作成判决书。判决书之格式如下：

一、法庭名称（机关与法庭之名称）。

二、受裁判人（记原被告之性别、年龄、住址，不写成份（分））。

三、判决（处理的具体办法）。

四、判决根据（解决的实际理由及根据）。

五、判决日期（用中华民国年、月、日，不要写西历）。

六、法庭人员签名盖章（用县长兼庭长、主审、帮审之名义）。

七、附注意见（如准上诉或不准上诉等意见）。

八、盖用关防。

第三十七条　判决书之要求：

一、内容要符合事实，不要虚伪夸张。

二、文字要简明通俗，语句适当，不要多说废话，刺激别人，并要少用法律术语、典故和谁也不懂的形容词之类。

三、要缮写清楚，禁用自己创造下的怪字（如国字写成口字）。

第三十八条　判决书应缮写清楚，校对真确，给原被告每人发一份（判处死刑案犯不发），不要宣判仪式。若原被告在场，法庭应将判决内容和法令政策的精神，进行解释教育，因为法庭对人民有宣传政策法令的责任和义务。

第三十九条　关于群众斗争案件，人数过多，无法下判者，可改用公布代判。

第四十条　法庭为教育广大群众或答复广大群众的要求，可以采取公审。

一、为教育群众之公审：

1. 刑事案件之公审，着重动员犯人自动地向群众说明他过去的错误和现在觉悟的经过。不承认的罪犯，不必公审，否则给群众一种模糊的影响。

2. 民事案件之公审，应以典型案件为限，着重新法令政策之宣传。无意义之案件，不必公审。

3. 以上两种公审方式，可以设置法庭，但不要死板的用审问方式，而应采用教育群众方式。

二、关于群众斗争案件，除用公布方式代判外，必要时可以采取公审方式，征求群众意见，答复群众要求，解决群众问题。这种公审方式可采取一般群众大会方式，不用法庭设备。

第五章　复判与上诉

第四十一条　为贯彻保障人权精神，对死刑案犯实行复判制度。第一审法庭判处死刑之案犯，除特殊规定外，均应送第二审法庭复判，未经第二审判庭批准者，不得执行。送复判之手续如下：

一、征求死刑人之辩护意见，并将其意见作成笔录。

二、将案内一切材料订成卷宗。

三、将判决书照抄一份。

以上笔录，卷宗、抄判三种，为送复判之必要文件。否则，专署得拒绝接受。

第四十二条　第二审法庭复判时，应掌握之要点：

一、其罪是否真确；

二、其罪是否该杀；

三、注意个别地区环境与个别人的特殊条件；

四、不必要在小的地方吹毛求疵，贻误大体；

五、不要粗枝大叶审查，冤枉不该杀之人。

第四十三条　第二审法庭对于复判案件认为适当者，有批准权，认为处理欠当者，有改判权，认为处理错误或事实不明者，有发回再审权。批准与改判之案件，可用复判确定书，连同原卷发还第一审法庭执行。发回再审之案件，应用指令具体指明其错误与疑问之处，连同原卷发回第一审法庭再审另判。复判案件之决定，不需要专署行政会议决定。

第四十四条　第一审法庭对于第二审法庭复判有意见时，可以向第二审法庭正式提出，请求重新考虑，不准私自变更或拒绝执行。

一、对于第二审法庭批准处死刑之案犯。认为杀之过当，可以说明理由，提出具体意见，请求改判。

二、对于第二审法庭改判之案件，认为和实际情形不符或改判欠当者，可以说明理由，提出具体意见，请求恢复原刑或另予变更。

三、对于第二审法庭发回再审之案件有意见时，亦可补呈理由，请求另行复判，但不要坚持错误，固执成见。

第四十五条　第二审法庭对于各县所提意见（关于复判案件之意见），应详细考虑，认为正确时，应另行复判，认为意见不正确者，可用命令驳回。

第四十六条　第一审法庭对于第二审法庭二次驳回之案件，应当执行，有错由专署负责。但认为确系第二审法庭错误时，可以呈请第二审法庭提审。专署有提审任务。

第四十七条　第一审法庭在紧急情况下（或经专署特殊委托之县）处决之死刑案犯，事后应将卷宗、抄判补送第二审法庭备案。第二审法庭认为处理适当者，应准备案；认为处理欠当者，一面批评，一面备案；认为处理错误者，不准备案。三次不准备案者，县长应受刑事或行政处分。但对第二审法庭不准备案有意见时，可以补充理由，正式提出，请求另予备案。二次仍不准备案者，不得再提意见。

第四十八条　除死刑案犯一律享受复判权外，其他任何案件，人民都有自由上诉权。

一、上诉日期：一律定为七日，从判决送到之日起算。因特殊情况耽误者，可以延长。

二、上诉手续：

1. 应通知原判法庭停止执行。

2. 应亲自到上级法庭去上诉。

其他一切手续与第二章之起诉同。

第四十九条 原判法庭接到人民不服判决之上诉通知（书面口头都行）后，应即将卷宗和意见送交上级法庭去处理。

第五十条 上级法庭接到下级法庭卷宗和判决后，应听候上诉人到案上诉。逾一月不到案上诉者，应以放弃上诉论，将原卷发达原审法庭照判执行。

第五十一条 人民不服下级法庭判决，向上级法庭告诉，上级法庭应即按照第二章起诉之一切规定受理之。

第五十二条 上级法庭认为事实不明、需要调查者，可以提出具体意见，让原审法庭代为调查，或发还原审法庭再审。发还再审以一次为限，不准三番五次发回。

第五十三条 上级法庭对于下级法庭之判决认为适当者，可以维持原判；认为欠当者，可以部份（分）变更原判；认为错误者，可以全部撤销原判，另行判决。不论维持、变更、撤销，都应以判决书为之。判决后，并应将判决书抄一份送原审法庭参考。

第五十四条 原审法庭对于上级法庭如有意见，可以向上级法庭正式提出。

第六章 执 行

第五十五条 判决确定之案件，才能开始执行，未经确定之案件，不准执行。所谓判决确定指：

一、就地正法、判处死刑之案件，经专署批准；

二、紧急处理之案件，经行政会议或县长、司法科长、公安局长讨论决定；

三、处罚保留案件，经法庭重新讨论，决定执行；

四、其他案件（不论民刑事），过上诉期间，而不上诉者；

五、第二审法庭判决之死刑案件，经行政会议决定，需要紧急处决者，经专员批准；

六、第三审法庭判决之死刑案件，经行政会议决定，需要紧急处决者，经正副主任批准。其他一切案件，经正副主任批准，即为确定。

第五十六条 刑事案件确定后，应归各级法庭自行执行，但必要时可以委托下级法庭执行，下级法庭亦可委托区公所执行（将具体执行办法，填具执行书，发交委托机关）。

第五十七条 各种处罚教育之执行办法。

一、就地正法之执行——经专署批准后，县府应给地方武装、区村政权秘密布置，人人得而就地抓杀。对于死心塌地之大汉奸，必要时，可以悬赏抓杀。但误杀好人者，应负过失杀人罪责。

二、判处死刑案犯之执行：

1. 除战时或紧急情况可以用绳绞、刀杀外，平时一律用枪毙，不准使用过于残酷之方法。

2. 不论何时杀人，不要集中，一般的每次不可超过五个人（同一案犯在五人以上者例外）。

3. 执行死刑案犯最好绑到犯罪所在地执行，以便教育当地群众（大案可以专门召集群众大会）。

4. 执行后，应通知其家属领尸；无人领尸者，亦应设法掩埋。

5. 执行后，应贴布告，宣布罪状，罪状要符合事实（不宣布阶级成份（分））。

三、没收财产：

1. 除死心塌地汉奸全家逃亡者，没收其全家全部财产外，一般没收财产，只没收其个人所有土地、存粮、存款，其他零碎小东西不没收。其个人财产与家属财产混合者，就其应得份没收之。没收财产不得损害第三人之权利。

2. 没收财产，应配合当地政权登记执行。

3. 没收之土地、存粮、存款，除法庭依法处理外，一律都应交财政部门处理。

四、罚粮、罚款之执行，除法庭依法处理外，一律交财政部门处理。

五、徒刑之执行，一律送看守所禁闭教育，不执行完毕或减免完毕，不准任意释放（减免办法另定）。

六、劳役之执行，主要是罚苦工，强迫劳动。以回村服役为原则，不能回村者，送各机关、团体、部队劳动（其办法另定）。

七、褫夺公权之执行，从判决之日开始起算，如果与徒刑合并者，从看守所释放之日起算。褫夺公权开始之日，应即通知其所属县、区、村政权登记，并布告该村群众周知。

八，死刑保留之执行，在保留期间，重复以前错误或另犯他种更大罪行者，经法庭重新讨论决定，即可执行枪毙，不经法庭另到手续，其保留即为无效（事后报专署备查）。过保留期间，其罪刑即归无效。

九、身体罚保留之执行，在保留期间，如果重复错误或犯其他重罪者，法庭重新讨论决定后，应即开始执行其处罚，其保留即归无效。过保留期间，其罪刑即归无效。

十、其他针对教育，可按具体情况运用。

第五十八条　第二、三审法庭判决确定之民事案件，可以将具体执行办法，填成执行书，发交第一审法庭执行。第一审法庭判决确定之案件，可以将具体执行办法填成执行书，指挥区村公所执行。

第五十九条　各种民事案件判决之执行办法。

一、不动产之转移，主要的是转移所有权；所有权之转移，应按税契手续办理。

二、动产之转移，可由区村公所政权用强制执行办法强迫交付。

三、人事案件之执行，应用动员说服保证的方法达到执行目的。必要时，可用禁闭方法强迫执行，但禁闭至多不超过半个月。

第六十条　本制度自公布之日实行。

选自《中国新民主主义革命时期根据地法制文献选编》第三卷，中国社会科学出版社 1981 年版，第 413～438 页。原注：“选自太岳行署一九四四年《司法工作》第五期交流增刊”。

18. 一个杀人案件的介绍
——晋冀鲁豫边区高等法院刑事覆判判决书

1943 年 6 月 29 日

被告　郭有则　女　22 岁　壶关道安村人

　　　郭贵法　男　37 岁　壶关道安村人

上列被告因通奸预谋杀害本夫事件，经本院覆判如下。

主文

郭有则、郭贵法因通奸盗用军火“地雷”，预谋杀害郭怀兴，并危及边区治安等行为，均处以死刑，褫夺公权终身。

事实

郭有则系本案被害人郭怀兴之妻、于民国二十三年结婚，三年前即公开与郭贵法勾结通奸，二人企图设法结为夫妻，遂屡起谋害本夫郭怀兴之心，及至本年二月初六，即决定谋杀之计，当晚由郭有则秘赴其娘家哥处（他哥任村武委会主任），盗取地雷一枚，交付郭贵法携带，自己拿着木板等物，于深夜人静之时，二人秘将地雷埋伏在郭怀兴送粪所经之路口，待其路过炸死，以完成结婚之愿。翌日郭怀兴果中其计，地雷踏响，重伤数处，左眼被炸失明，虽未毙命，已近残废。后经壶关县政府破获，判处极刑，送本院覆判，是为本案之事实。

理由

政府为什么判了他们的死刑？

1. 主要的是扰乱边区治安，危害广大群众：郭有则、郭贵法二人将地雷埋伏于路口，埋放时间（自埋好到爆炸）达六小时之多，埋放地点适为必经之要路，虽主观企图仅在炸死郭怀兴个人，但客观上随时有炸死我广大群众及军政人员之危险。特别壶关乃边沿地区，敌寇奔袭出扰，我方军民均须夜间转移，军队攻击敌人，亦须夜间行军，设若不幸在我军民转移或行军之际，取道经此，地雷爆炸，则杀害之大，尚堪设想？其方式之毒辣，罪行之结果，已与一般的普通杀人案，有基本之区别。

2. 通奸预谋杀人：该犯等通奸数年之久，本夫郭怀兴一贯隐忍不言，竟更一步生谋害之心，亲将地雷埋于郭怀兴路过之处，待其炸死，以便结婚。虽郭怀兴身伤未死，但该犯等共同埋放地雷，共同预谋杀人之行为，供证确凿，已完全成立。

3. 盗取军火危害抗战：时值根据地物质困难之际，尤其军火制造不易，该犯等竟偷盗杀死敌人之军火，杀伤自己人民，不但消耗我们之军火，而且杀伤我抗日人民，破坏军事工作，危及抗战。

总之，本案判处之根据及理由，因其杀人方式之毒辣，波及范围之广，罪行可能危害边区之大，不能简单认为普通刑事之杀人未遂，而即以此论罪之定刑。此为本案量刑之重要关键，必须充分说明之。

至于用地雷杀人，虽法无明文，但根据边区危害军队及妨害军事工作治罪条例之精神，从重论处，处以死刑，则毫无疑问。合以刑法第二百三十九条、第二百七十一条、第一百八十七条及边区危害军队及妨碍军事工作治罪条例第二条第四款、刑法第五十一条第二项，第三十七条，和刑诉法第二百九十一条之各规定，覆判如主文。

高等法院军检处

审判长推事　杜青史

推事　梁朝俊

书记　李朴

中华民国三十二年六月二十九日

选自《中国新民主主义革命时期法制建设资料选编》第二册，西南政法学院函授部1982年编印，第339—341页。原注："选自《晋冀鲁豫边区司法通讯》创刊号"。

19. 晋冀鲁豫边区冀鲁豫区区调解委员会组织大纲

×年×月[①]

第一章　总　则

第一条　为杜绝争论，减少讼累，并本息事宁人精神，决定区设区调解委员会（以下简称区调委会）。

第二条　凡住在各该区之公民有关民事及有期徒刑二年以下之轻微刑事（如斗殴轻伤者）诉讼，均得声请区调解委员会调解之。

第二章　组　织

第三条　调委会由各该区长及群众团体一人，公正士绅一人，三人共同组织之，并以区长为主任委员。

第四条　两造当事人各得推选一人参加调解。

第五条　调解人应具备下列各款资格。

一、中华国民年在十八岁以上者。

二、有正当职业者。

三、品性端正、素孚众望者。

第三章　职　权

第六条　调解限于第二条所规定之诉讼案件，凡汉奸、烟毒、盗匪以及其他重大刑事案件，应由县政府处理，调委会不得进行调解和私行拘留管押。

第七条　调委会调解案件，不得违背进步法令及现行法令为原则。

第八条　调解已合法成立，当事人于调解后不得以未经同意为理由推翻之。

第九条　调解成立与县政府确定判决有同等效力，当事人一造若不遵行，他造得声请强制执行。

---

① 原件无制定年代，推断为抗日战争时期。

第十条　调解人如有违背职务或徇私等情，当事人于调解笔录内，得拒绝签名盖章。

第十一条　调解不成立，调委会应将调解之详细经过，呈送县政府，不得限制其起诉。

第四章　附　则

第十二条　调委会办事细则另定之。

第十三条　本组织大纲如有未尽事宜得呈请行署修正之。

第十四条　本组织大纲自公布之日起施行。

20. 冀鲁豫区区调解委员会办事细则

×年×月

第一项　调解须以说服方式取得双方当事人同意为原则，不得用任何强迫命令、威吓等方法。

第二项　区调委会不是一审机关，不另设专人负责，除主任委员由区长兼任外，所有聘任委员均不脱离生产，遇有调解事宜，微小案件由主任一人出席亦可进行调解，民事重大案件须经过全体委员进行调解，但日常事务主任委员可以主持之，不脱离生产委员之伙食准由区内特别粮项下开支。

第三项　主任委员因公外出由该区公所民教助理员代行职权。

第四项　调委会遇有声请调解者，主任应即询问声请事实理由，随时记录，详细注明各当事人姓名、住址、职业，并着声请人盖章或按指印，有书状者亦得询问详查，是否有正当理由及合于调委会组织大纲第二条所规定之案件。

第五项　下列事件认为不能调解：

1. 禁治产事件及宣告死亡事件。

2. 经提起反诉之事件。

3. 认其声请调解关系出于不正当之目的者。

4. 依法律关系之性质、当事人之状况或其他情事认为调解显无成立之望者。

第六项　下列案件无须调解：

1. 支付命令之声请（系属督促程序）；

2. 附带民事诉讼。

第七项　声请调解人声请后，除有特别事故外，最多不得超过三天即应进行调解。

第八项　进行调解时不得用开庭形式，不论调解人及当事人均以座谈形式为之，由主任先宣布进行调解程序，然后依次发言，其调解程序如下：

1. 由主任主持会场，宣布开会。

2. 由主任临时指定委员一人当记录。

3. 先由原声请调解人陈述事实及理由，次由被声请调解人答辩，然后由双方之证人发言，但在双方发言时，他方不得中间插言，倘调解人对当事人之陈述有疑义时，可提出质问。如当事人在发言过程与案中无关及强暴不良之语，准由主任制止其发言。

4. 当事人发言及调解人无疑问后，由调解人商定调解办法，说明调解，即征求当事人之意见，如双方同意，即可制做（作）调解笔录，由当事人及调解人署名盖章或按指印。

5. 调解笔录要点由记录高声宣读，经各调解人及当事人证明无误，由区公所保存备查。

6. 进行调解时，各当事人不得随便退席。

7. 调解成立后，由区公所制做（作）调解笔录正本，送达各当事人每人一份收执。

第九项　调解结果如有利害关系之第三人，得通知其参加。

第十项　调解以两次为限，每次不得超过一天。

第十一项　当事人如预先不声明理由无故第二次不到场者，即认为调解不成立。

第十二项　当事人自推调解人，其伙食由各该当事人供给，但区级以上干部不得被推为调解人。

第十三项　调解不得征收任何费用。

第十四项　调解人不得收受报酬，违者以贪污论罪。

第十五项　本细则解释权属于行署。

选自《中国新民主主义革命时期根据地法制文献选编》第三卷，中国社会科学出版社1981年版，第645～649页。原注："选自《晋冀鲁豫边区政府冀鲁豫行署法令汇编》"。

21. 太岳区一九四五年政府工作报告（节录司法工作部分）

1945年

一、司法工作：

贯彻司法工作民主作风，是一届一次参议会的决定，根据这个方针，我们进一步改造了司法工作，改造后更加适合人民需要。

在扶植群众运动上，克服了个别司法干部的旁观主义应付态度，纠正了用司法权力代替群众运动的偏向，使司法工作对群众运动的态度比较正确。不仅敢大胆的负责的积极的扶助群众运动，而且也不包办代替，是在显示群众力量的条件下，帮助群众翻身，把政府法令政策真正实现到群众中去！

对刑事案件，改看守所为教育所，推广并发展了高辉同志的审判方式，创造出"审讯处罚教育合一"的新办法，具体执行了感化为主处罚为辅的原则，变看守所为特种学校，不象（像）监狱。

对民事案件，建立"相信群众，依靠群众，让群众自己解决自己问题"的观念，贯彻以调解为主审判为辅的精神，把许多民事案件，交由农会冬学互助组解决，变农会冬学互助组为群众自己的法庭，沁源县处理民事案件，有个比较：

	调解的	判决的
一九四四年	四五	三五
一九四五年	八七	八

在八十七案的调解中，实行就审，下乡通过群众调解者二十三案，在政府里调解者六十四案，大部份（分）案件是人民自己调解了，沁源城关镇一年内，解决土地问题即达六十余件之多。

领导方法上，第一，我们不平均使用力量，主要力量放在扶植群众运动上边；第二，先实验后推广，看守所的改造，先由行署晋城实验，然后推广到全区；第三，多表扬少批评，表扬好的典型，推动一般。高辉审判方式提倡后，看守所达到了很大的改造，吕秀峰调解方式提倡后，进一步使司法工作群众化。

这就是我们司法工作在贯彻民主作风上一年来转变的主要特点和成就，具体经验分述如下：

（一）司法工作扶植群众运动问题

由于司法干部起初对扶植群众运动认识上存在着许多不正确的思想，如一、不给群众运动泼冷水，不干涉群众运动，就是扶植。二、三三制政权司法工作，积极的扶植群众运动不合适；三、新解放区群众的诉苦反奸运动，有碍社会秩序的维持，或和宽大政策相抵触。由于这些思想问题的阻碍，对群众运动采取旁观应付态度，不敢大胆的积极的负责的去扶助，不认为扶助群众运动就是自己工作的职责。还有些个别的司法干部认为对于汉奸特务破坏分子及一些违犯法令的地主，由政府司法机关予以处办即可。何必又经过群众运动呢？经去年九月司法科长会议之后，大家从思想认识上，明白了解放区的新法令是代表着广大人民的利益，没有广大人民自动的起来为实现新的法令而斗争，光靠几个司法干部或政权干部扣人处罚，是没有多大力量的。一个县政府每天办上一二件案子，一年只能办大约几百件案子，但群众诉苦复仇与减租减息的事件则是几千件几万件甚至更多，他是对于敌伪汉奸统治与残酷封建统治的一个历史的清算与改造，要由几个政府干部与司法干部去做，就经过几年或十几年也搞不完。而且如果群众觉悟没有提高，没有自动的起来控诉清算，就是调查也调查不清楚，因此司法干部以至政权干部必须协同农会启发群众领导群众提高其觉悟，使其自动的大胆的普遍的为获得自己的利益与民主自由而积极组织起来进行斗争，才能使新的法令得以彻底实现，大家根据这一认识，才把过去对群众运动的应付旁观态度，改为积极的扶持领导态度，关于宽大政策与维持秩序问题，大家也从思想上认识到群众所破坏的是敌伪汉奸统治的旧秩序，破坏了他才能建立起新的民主自由的秩序，对于宽大政策的偏向也散了检讨，自此之后，新解放区的司法干部，结合群众反奸控诉运动，惩治汉奸与战争罪犯，许多司法干部开始有了改造。群众对政府的司法部门也开始有了新的认识，政权与群众的关系也在进一步的密切着。

（二）教育所的工作（略）

（三）由群众自己解决自己的纠纷

仅凭政府少数的司法干部解决人民一切纠纷，是不可能的。阳城收复后，群众打官司的案件特别多，仅民事案件，即把四五个司法干部忙的顾不过来，只有相信群众，依靠群众，让群众自己解决自己问题，才能解决这个问题。过去有些干部认为群众了解法令少，办法差，害怕群众自己解决不了自己的问题。其实，群众对自己的问题了解的最清楚，有时不用调查，都比司法干部了解的清楚，自己解决自己的问题更比我们解决的合乎人情。

士敏县杨树庄贾培鸿的嫂嫂要和他哥哥离婚，嫌他哥哥落后不进步，当不了村干部，他哥哥不愿意，说他不够离婚条件，经互助组里一讨论，大家都批评培鸿嫂嫂爱吃爱穿不劳动，上次派你作军鞋你说我的鞋还等别人做，自己落后还嫌别人，批评的培鸿嫂嫂无理说，培鸿哥哥作了自我批评，承认参加民兵不起劲，以后好好干，互助组里规劝后，两口回去不离婚，现在培鸿哥哥当了村武委会主任，培鸿嫂嫂也学好能劳动。

士敏县的许多离婚问题，土地问题，县政府都介绍到各村的冬学去讨论解决。

就群众现有的组织，解决自己的纠纷，把工农青妇各团体，冬学互助组各组织，都变成群众自己解决自己纠纷的法庭，这就是最好的办法。我们应当向这方向来提倡。不必定要成立一个什么调解委员会，徒有虚名，不起作用。

调解为主，审判为辅，主要的应让群众自己调解，没有经过调解的民事案件，应尽量介绍到区村去调解。群众调解不了的案件，以后由政府处理。当然政府也是尽量的调解，调解不成，再用判决。

让群众调解，不要强调固定形式。如有些地方给群众制定一定形式的调解证明书，群众不会填；或给区村制定民事案件调解登记簿，执行不通，其实最好多用民间方式，如群众爱用合同，用合同就好，双方各执一张，要比调解书方便得多，群众认为找个保人就行，就可找保人解决问题。其他繁冗手续，更无强调必要。

选自《中国新民主主义革命时期法制建设资料选编》第四册，西南政法学院函授部1982年编印，第111～114页。

22. 太行区司法工作概况
——徐平处长在太行区司法会议上之总结报告

1946年5月

一、八年来司法工作的历史发展情况

太行区八年来的司法工作，可以分三个阶段来说明。

第一阶段，从一九三七年事变起，到一九四一年九月边府成立时止。在这一阶段，开始时是战争爆发，旧的司法人员均逃亡或投敌。冀西、晋东司法工作是完全垮台。只山西三、五行政区，还有些人员存在。这时候交通断绝，犯罪突然增多，日寇与伪组织制造了大批的汉奸特务犯、烟毒犯、盗匪犯。人民生活，颠沛流离，民事案件反而减少。司法上的手续，完全是一套旧的作风，这一阶段的特点是：

（一）司法程序与战争环境相矛盾。由于敌后战争频繁，因此要求处理案件及时迅速。而一套旧的程序手续，则不能适应战争环境，特别是敌后无后方作战，敌寇扫荡频繁的战争环境。比如死刑须经过秋林二战区司令长官部核准，在核准过程中，往往费时很长，扫荡已来，按手续制度既不能执行，按实际情况又不便带案，诸如此类情形是很多的。

（二）旧的法令与环境不适应。旧的法律是和平时期的法律，进入战争情况后，有许多新的犯罪，而旧法律没有规定。有许多犯罪，虽有法律规定，但在科刑上有的执行困难，有的不很合理。如罚金来说，战后处罚金二十元不及战前的一毛。

（三）司法干部作风与群众要求相抵触。解放区施行了民主制度，因此群众要求真正能办事能解决问题给人民作主的司法机关。但干部受了旧司法的传统，脱离群众，官僚主义作风严重存在，因此不能满足群众要求，甚至与要求抵触。

（四）司法界思想混乱工作苦闷。那时候在干部思想上，由于面临着一个新的战争环境，经验缺乏，还不明嘹（了）敌后司法的工作方向应向那里去发展，也不明了战争要求的一元化领导关系是如何进行？因此在工作上表现了无法可司，实际上是无法不司。

第二阶段自一九四一年九月高等法院成立至一九四三年底止，是旧的司法转向新的司法的过渡时期。此时晋冀鲁豫边区政府正式成立，颁布了许多适应敌后环境的单行法令。在运用法令上，已逐渐统一。高等法院建立后，有了统一的机构，取消了不必要的制度，如讼费状纸等。同时也建立了些新制度，如陪审就审口诉簿。司法制度，司法机构也逐渐统一。至一九四二年以后，敌寇扫荡更频繁，庞、孙投敌后，根据地敌特与国民党特务，积极进行破坏活动，对敌斗争更形尖锐。加以连续二年的大灾荒，窃盗、离婚事件增多。从四三年开始的减租减息的群众运动，也带来了若干新的问题，此时领导上提出了司法工作群众化的方向，要“面向事实，深察民隐，倾听群众意见，解除民间疾苦。”这时候工作上的特点是：

（一）领导上所提出的方向有些地方，在认真的进行。如下乡就审，连（联）系群众，在作风上有新的民主化作风在萌芽。但另一方面由于干部思想尚未彻底改造，所以领导上所提出的方向，还不能整个贯串于工作中，在群众运动中表现脱离群众的情形还很多。

（二）严重的社会问题与政治斗争，冲破了单纯运用法律解决问题的观点。四三年汉奸窃盗案达一万多件，如每案均依法科刑，财死刑之多，不仅形成恐怖状态，且将深陷敌人以华制华阴谋。在这时候，遂开始了解到要根除犯罪，不是简单惩罚所可解决，必须从思想上解除其犯罪原因（如对汉奸特务案）。从各方面解除其犯罪根源（如帮助窃盗犯生产自救），再如因灾荒而要求离婚的，从表面上看，既属双方同意，自然依法可以允准，但是如果这样去办，则大批穷苦农民，将失掉妻子，大批穷苦妇女，将立刻无法生活。正因我们看到这一点，所以一般因灾荒而离婚的，我们不采取依法批准的办法，而采取运用各种生产自救，政府救济的办法，来巩固夫妻情感，这许多政治斗争，社会问题的处理，就使我们死扣法条、单纯惩罚的观点有所变动。

（三）在群众反奸反恶霸减租减息运动中，由于我们对运动的认识不够，以及官僚主义作风的存在，所以大多数同志在客观上不能保护农民的翻身运动，致使司法工作与群众运动脱节。

（四）经过上级领导机关一再的指示，刑讯逼供是一般取消了，但因在侦查审讯中，不能结合群众，不能走群众路线，因此，就产生单纯追求侦查技术与审讯技术的观点，好多同志看福尔摩斯小说，希图从这方面解决侦查案件方法。

第三阶段从一九四三年底大整风运动到现在。这一阶段情况上有了变化，经过普遍而深入的群众减租减息运动，以及大生产运动，刑事案件减少了，民事案件大量上升。一般干部经过整风，思想与观点起了变化，对于旧司法传统的观点、方法、作风等问题，一般经过了思想上的批判，有了为人民服务的决心，能够真正为老百姓解决问题，在群众运动之中，司法工作能够进一步与群众运动相结合，因此工作面貌为之一新，同时也创造了一套新的东西，民事上调解为主审判为辅的方针，使原被告双方满意，增进了人与人之间、阶级与阶级之间的团结。刑事上开始运用教育为主惩罚为辅的方针，看守所管理着重感化教育与民主管理。在解决民刑事的方法上，能走群众路线。正因为如此，所以各地产生了好多宝贵经验，但这些经验的特点是原始的，分散的，还没有经过研究分析与取舍，还没有在全区广泛运用起来。这就是我们开会前的情况。

二、处理民事诉讼的基本经验

几年来我们在处理民事诉讼的过程中，各地区有许多宝贵的经验，并且涌现了一个处理民事纠纷的正确方针与正确路线。现在把这些经验、方针、路线问题，综合报告于下：

（一）调解民事诉讼的提出及其情况与效果

在四二年之前，一般民事案件是很少的，而且因为战争环境的影响，大多数人存在有重刑轻民的观点。四二年之后，在老解放区，民事案件逐渐增多，从四四年开始，民事案件和刑事案件的比例，便已逐渐相等。这时候经过大整风运动后，干部思想已起了很大变化，为群众服务的观念更明确的建立起来，同时在实际工作中，有些问题，单纯的审判判决，客观上表现解决不了问题。比如有些离婚案件，根据法令虽判决不让离婚，但女方坚不与原夫和好，并不回家，甚至制造种种事件，造成家庭不和，男方痛苦。在这两个条件结合之下，各地方开始试行了和解方式，结果使许多民事案件得以适当解决，真正给人民彻底解决了纷争困难。边区政府及高等法院在这样情况之下，于四五年春乃颁布了民刑事调解条例，使调解工作更具体化，明确化，制度化。调解工作遂更进一步的展开。据四五年统计：磁县调解民事案件占总案数目的九九％，涉县七〇％，平顺六三．八％，井陉五五％。而且在司法部门影响下，大部区村也展开了调解工作。平顺四五年后半年，五个区即调解了人民纠纷问题三百三十六件，几占纠纷案件的全部。

调解工作，一般的是通过两种形式而进行的。一种是法庭调解。另一种是庭外调解。大体上案件单纯，事由一致，一经审讯，案情即易明了的，法庭调解可以办到。但案件复杂或带有历史性的纠纷，一时不易明案情，我们即采用庭外调解的形式，如对家务纠纷、夫妻关系等不易解决的问题，就到村里组织家庭会议来解决，或是结合群众实行调解。有的地方，在我们的倡导和影响之下，还建立起许多群众性的调解组织（村调解会），并且起了很大的作用。

调解工作的效果怎样呢？根据各地方普遍的经验，一般民事案件及轻微刑事案件，经过调解确实给群众解决了问题。从前用审判方式用强制力解决不了的问题，人民或者缠讼不休（如债权、物权纠纷），或者消极抵抗不执行判决（如人事纠纷），经过调解之后，当事人双方均能心悦诚服接受调解方案。而且经过调解之后，人与人之间的关系，比诉讼前更团结了。以往人民因为诉讼而引起的“一场官司十年仇”的传统习气，是不复存在了。这真正发挥了法律的团结作用，做到了排难解纷，息事宁人，省工省费，与民谋利的目的。广大的群众，对于我们的调解工作，是以高度的热情来歌颂和拥护的。许多地方群众到司法科去说：“科长，我有个问题，给我解决解决吧！”群众到司法科不是来打官司，而是来请给他解决问题，这是群众对调解工作最真挚的拥护。

（二）提倡调解的法律根据

我们提倡调解，是为了调解能够真正给人民解决问题，能够增强人与人之间的团结关系。有人曾经提出这样问题说：“你们这样强调调解，固然对老百姓是好的，但是不是脱离了当前的法律根据呢?”对于这个问题，首先在认识上应该明确法律的本质和作用。一般说来，在阶级社会中，法律是执政的阶级，用以维持统治的一种工具。它代表着一定的阶级利益，绝不是旧学者所谓法律是超阶级的东西。我们解放区政权，是以绝对大多数人民为基础的抗日民主统一战线的联合政权，因之，我们的法律，一方面是保护绝对大多数人民民族民主利益的工具，它对侵犯民族民主利益的汉奸特务起一种打击作用。次一方面我们的法律，又是保护绝对大多数人民民主利益的工具，它对侵害广大人民经济政治利益的封建势力，它又起一种斗争作用。此外，在另一方面我们的法律，又是调节广大人民之间相互关系的准则，它对广大人民之间的一切纷争又起一种团结作用。我们解放区法律的特点，不是像一般法律一样保护一个阶级，压迫另一个阶级。它是保护赞成抗日民主的各个阶级利益的。所以在各个抗日民主阶级之间，特别在广大人民之间，如果有了纷争，应该很好的发挥法律的团结作用。调解方式便是改善阶级与阶级之间、人与人之间团结关系的最好方式。

次之，我们提倡调解民事，因为民事纠纷是个人与个人之间利害关系的纷争，它没有对社会的危害性。所以只要双方当事人自愿和解，调解是应该提倡的。对于轻微刑事案件，我们也规定可以和解（如我们对打架斗殴，让打的人向被打者赔礼道歉，小偷的退赃赔礼等）。

（三）进行调解纠纷首先必须解决的两个问题

进行调解纠纷，有两个基本问题是必须首先解决的。第一个是立场问题。就是说我们是站在什么立场上去工作，是为人民服务呢？还是其他呢？几年经验证明，没有充分为人民服务的精神，是不能进行和解的。因为调解比判决困难的多。判决只要弄清是非，便可下判结案，至于当事人同意不同意，那是不问不闻的。调解则不然，调解必须双方同意，甚至多方同意，才能成立。所以有时一个案子如用审判方式，开庭两次，用三五天，就可结案。调解则可能开多次庭，用一两个月才能打通思想，各方同意。这不是件易事，如果没有充分为人民服务精神，那就不可能克服困难，使调解成功。从历史上检查，在四四年以前，我们在民事案件上，和解很少，但是经过四四年大整风后，我们同志为人民服务的观念明确加强了，调解案件，也就大大增多了。

第二个是作风问题。如果不能克服官僚主义，放下司法官官僚架子，也办不到和解的。所以在作风上，我们的态度，必须诚恳，耐心，细致。如果态度不诚恳，老百姓望而生畏有话不说。如果不耐心细致，而急躁粗疏，嫌麻烦，那么对当事人及其他人的话便不能倾听，虽提出调解方案，也是不能调解成功的。这样你虽有好的动机，但作（做）法不对，就不会有好的效果。

这两个问题，虽然听来，好像是有些老生常谈，但这都是最基本的，如果这两个问题不能解决，虽然有许多好的方法，也是空的。过去的法学家旧司法人员，也提倡调解，说调解可以息事宁人，但他们只能写在纸上，甚至只能成为一种美妙的幻想，就是没解决了立场和作风问题。

（四）调解纠纷应注意的几个环节

甲、初步的个别谈话，是准备调解的开始，个别谈话的目的，主要是为了了解纷争本身，明确是非，以便能够提出调解方案。此外也须要了解周围情况，各种联系，当事人的特点与个性等等，以便准备将来用许多方法，并组织其他力量，进行调解。另外还必须了解他们的思想症结，如一个离婚案件，是男的虐待女的引起的呢？还是女的另有外遇受人挑拨引起的呢？了解了思想症结，才能设法打通思想。

乙、必须善于掌握原则，并善于运用原则。调解不是无原则和解，不是折衷主义、不是打浆糊。明确是非以后，任何问题均应有原则。比如对婚姻问题，是照顾穷苦农民呢？还是照顾妇女自愿呢？一般说可以根据具体情况，灵活运用。如磁县解决灾荒中一个穷人老婆，因为生活无法，嫁了人，去年反攻后男人又找到女人非仍要成为夫妇不行。他们在处理时，首先掌握照顾贫苦群众的原则，耐心说服动员让女方仍回前夫家里，但女方坚决不愿，说服无效，这时第一个的原则不成功，便掌握第二个婚姻自由的原则。经过对男方的说服教育，最后让女方再嫁的男人，给前夫赔偿一些东西，结果调解就成功了。但灵活的运用原则，不等于放弃原则。掌握第二个原则，也不等于放弃第一个原则。如果放弃第一个原则，在调解方案中便不会有后夫赔偿前夫东西一项，这两个原则有时这个为主，那个为辅，有时又那个为主，这个为辅。

但是，在另一种类型的案件中，原则便必须坚持，不能灵活变动，比如租佃问题中减租减息的原则，便必须坚持下去。因为当前的问题，是地主不减租的问题，而非农民不交租的问题。所以必须教育地主，实行减租，不能丝毫灵活变动这一原则。

丙、运用各种方法，增进双方情感。增进双方情感是消除双方对立情绪，使双方能初步接近的基础。没有这一步，就不能教育说服当事人，就不能进行调解。诉苦，倒苦水，承认错误，安慰，送东西，都是增进双方情感的办法。平顺一个妇女被外人挑拨八次请求离婚，被政府扣押起来，后来男人给女人送被子，送东西，探望安慰，女人被感动的大哭起来，觉得自己良心有愧，这样就打下将来夫妻重新和睦的初步基础。

丁、打通思想是调解的中心一环。单有情感上接近是不能完全解决问题的。因为或者这种接近程度还不足进行调解，或是虽然可以接受调解，但不够巩固，因此必须打通当事人思想。怎样打通当事人的思想呢？

第一，打通思想，不是政治说教，空洞的政治动员解决不了问题。打通思想，应该发扬当事人思想上的积极因素，如正直、爽快、前进心等，个人品质中好的方面。用此来克服他坏的方面。如平顺一个妇女干部，自与人通奸提出离婚后，大家就不拥护她了，但她觉得当干部光荣，怕当不上干部，我们就把她思想上的这一积极因素，经过教育发扬后，她就自觉的认识到自己的不对，问题也就解决了。

第二，打通思想，应该是隐恶扬善，但又适当指出本人的缺点。磁县一件叔姪（侄）争产的案件，叔叔拿的是假文书，我们没有当面谈，个别与他谈出，他脸红了，自愿与姪（侄）儿让步，把问题适当调解了结。我们对于双方好处，应该本扬善精神公开的指出，以促进双方互相认识。对于缺点也应该指出，但也本隐恶精神，不一定要当面指出。不批评当事人的缺点，他不容易改正自己的错误，接受调解方案。可是当面批评，易助长对方仇恨与对立，所以还是个别的谈好。

第三，打通思想，应该用实际办法，解决问题，单纯口头上照顾不行。比如前边所举磁县调解灾荒中婚姻纠纷问题，对于前夫（穷人）你只口说照顾，而最后没有一笔赔偿费给他，他的思想也是通不了的。所以解决问题，必须要拿出实际才行。

第四，打通思想，需要组织各种力量，协同进行，单纯司法干部去进行，时间上既不够分配，力量也不够有效。组织各种力量中，如组织自己的同志，当事人自己，或他的亲戚朋友等等，经验证明，均是很有效的，如婚姻问题中，让男人给女人打通思想（对女的承认错误，提出保证等等），或是组织当事人最相信的亲友，来作规劝，这对打通思想，是值得很好注意运用的一种方法。

戊、调解中不但要解决当前问题，而且应该争取解决根本问题。如平顺解决一个离婚案件，不但调解他们夫妻在目前不离婚了。而且用算帐（账）方法，使女方了解有了外遇的害处和损失，使女方醒悟过来，把外遇关系也坚决打断。而这个妇女从此转变为个很好妇女，把一个不和睦痛苦的家庭转变为和谐的生产劳动的好家庭。

己、调解方式应灵活运用。榆社许多调解成功的案件，在方式的运用上，有时当庭调解，有时不成功又到群众中调解，有时群众中调解不成功，又用法庭调解。所以调解方式，必须是根据具体情况，灵活的运用与适当结合。

（五）调解纠纷中的群众路线问题

几年的经验证明调解工作如果要成功的话，走群众路线是达到调解的主要方法。首先从法庭调解来谈，要了解案情，不能单靠当事人的口诉、呈状或言词辩论，必须从群众中去深入调查研究，才能明了案情真象（相）。因为当事人往往不愿表达事实真象（相）。如一个离婚案件，明明实际是受外遇的挑拨，但她的理由却是什么虐待呀！感情不好呀等等。如果我们不能在群众中调查，不倾听群众意见，就永远无法弄清是非。另外要调解成功，打通思想，也必须组织群众力量，才能解决思想问题。在工作中，我们有些法警，几句话也能打通当事人的思想，我们的周围群众、亲友，我们都应该向他们询问考查，用以明了案情的真实情况，并组织他们，规劝说服当事人解决当事人思想，使调解达到目的。因此法庭调解，就必须倾听群众意见，从群众中了解是非，依靠并组织群众，打通当事人思想。

庭外调解的群众路线，那就更其重要，可以从下列几方面来谈：

甲、首先要从群众中明确是非。如榆社有个土地案，被告系一村干部，他拿着一张税过契的文书，说原告确曾将地卖给他了，有人证，有物证。后来我们亲到村里召开了老人会，才证明原告从祖上种这地到如今，并未出卖过他人。同时并发现这个村干部拿的文书，是在全村换契时，他把人家的契，乘换契机会，改成了自己的名字。这说明不从群众中去调查，是非就不能分清。

乙、在调解中要善于发现积极份（分）子，并善于使用积极份（分）子。黎城在处理一件缠讼很久的家庭纠纷，我们发现老大是诚实明理，一心想把家庭搞好，经过对他教育鼓励，他在家庭会上说："父亲在时，家好人和，父亲死后，七嘴八舌，家务一天不如一天，都是我这做老大的不好，古人说，若要义，哥哥让兄弟，我今天什么都不说了，大家说怎便怎。"这一席话，感动了全家，大家都说："大哥这样仁义，我们为什么不能忍让？"一场纠纷就很圆满的调解好了。如果在这个案件中，不善于发现积极份（分）子不能使用积极份（分）子，那纠纷就不知延长到什么时候。

丙、集中群众智慧，能够创造调解办法。群众智慧集中起来，比我们的方案，正确而合理的多。襄垣一个债务纠纷，曾经在敌我两方政权都打过官司，但问题解决不了。我们提出的调解方案，债务人拒不接受。最后在庭外调解，群众提出一个方案比我们方案，正确而又合理，债务人再不拒绝，并且说："如果早是这样解决，就不用麻烦这么久。"从这一案证明集中群众智慧，是能解决问题的。

丁、依靠群众力量，能够解决问题。武乡一个妇女，因男人疑她有外遇。她感到这是对他的侮辱，同时男人宣称要趁她养孩子时苛刻死她。她向政府提出离婚要求，在法庭中经过几次说服动员都不行，后来到村里进行调解，群众都说她是好人，男人乱说不对，她这时觉得面子虽然光荣了，但女人仍怕男人还再苛刻她，群众又保证男人以后一定对女人好，问题就解决了。所以庭外调解，群众能明确是非，有积极份（分）子帮助，有智慧提供，调解工作，就会做得更好。

调解纠纷不走群众路线，经验证明，不但疑难的历史性案件、考证不易的案件，不易调解，即普通案件，也不易调解。只把调解工作，限制在最窄狭的法庭调解范围之内，那便不能贯彻真正为人民服务的目的。

（六）发扬群众性调解中的问题

庭外调解是在我们干部主持之下走群众路线的调解，除此之外，为了把调解工作更广泛普遍起来，我们应当发扬群众性的调解，在本区民间是旧有调解习惯的，如兄弟分产，请亲戚本家等在和谐空气中来解决，这种群众自己调解自己问题的习惯，应该发扬。所讲发扬，就是我们如何组织领导的问题。

群众性调解的组织问题。现在是有榆社、黎城两种组织形式：

榆社村调解委员会的形式，是以村干部为骨干，吸收一些公正人士、劳动英雄等人，成立固定的调解委员会。根据检查，这类调解委员会，凡是有对调解工作积极份（分）子为骨干的地方，调解便起作用。否则，平平常常，只具形式而已。

黎城村调解工作的形式，是以村民事主任为调解主持者，不成立固定的组织，以不同纠纷，吸收不同的人物来参加调解。比如对一个家务纠纷，可能请他们亲友参加调解。对一个租佃纠纷，则又可能请农会干部参加调解，根据检查凡是民事主任质量好的便起作用，否则，也平平常常。

榆社型：优点是能将任何积极份（分）子（干部、劳动英雄、公正人士、群众），可以网罗到调解组织之中。缺点是人员固定，无论调解什么纠纷，都是这几个人，调解时调解人的范围就不够广泛。此种形式如果在群众尚未发动，村政权尚未改造的地区，易形成封建势力操纵的现象，如山西过去之息讼会，实际上是封建势力压迫人民的工具。如果在虽已发动群众但民主生活不充分地区，也会形成干部操纵现象。

黎城型：优点是人员不固定，调解时调解人的范围比较广泛，更富于群众性。缺点是骨干只限于民事主任一人。此种形式，无论在群众尚未发动地区，或民主不够充分地区，只要民事主任比较好，一般不易产生操纵现象。

除了群众性调解组织而外，群众性调解的领导问题，也是一个重要的问题。发展群众性的调解，不是让自流，而应有正确的领导。根据黎城经验，要加强对村的领导，首先要打通区干部思想。打通思想，基本上从建立村调解工作。对人民有利的政治观点出发，但也必须从解决区干部工作上困难出发（区干部对调解纠纷困难是不了解下情，无人提供材料，如建立村的组织后，村对区可以提供情况材料）。这样他才会了解到建立群众性调解组织的作用，来积极帮助建立与领导，并选择积极份（分）子放在适当岗位。如黎城打通区干部思想后，马上各区便把一批好村干部积极份（分）子都调到村民事主任岗位上。

其次，在领导上，必须注意明确村民事主任的职权范围，确定与各方面（村长群众团体等）的工作关系。并经常帮助，检查，灌输政策法令教育，提高其能力，鼓励其情绪。如果没有组织领导工作，群众性的调解，就不能发展起来。

（七）调解纠纷中，应注意的几个偏向

甲、动机不纯正的调解。调解不是为群众服务，而是为了装门面，为了凑数目字，或者是为了糊里糊涂了结难解决的案件，这种动机不纯正的调解，往往产生许多坏结果。

乙、形式主义的调解。为了形式上走个调解手续，并不能耐心的进行说服教育，调解不成，一判了事。

丙、无原则的调解。调解不掌握原则，而是采取折衷主义、打浆糊的办法调解。有的地方，调解地主和农民的一件案子，对农民说："你吃个亏吧！要不你怎能赔得起人家打官司。"对地主说："你让个步吧！不让步可是不行。"这就是无原则的和解。

丁、不民主的调解。不是打通当事人的思想，说服当事人来接受调解，而是硬提方案，让当事人接受。

戊、群众斗争性的调解。在调解时，把发展群众性调解，认为召开群众斗争大会，企图斗争一下，就可解决问题。或者是想借上群众力量，压迫一方接受自己的意见。武乡一个矿工，女人要求和他离婚，我们并未经过教育说服，就召开群众大会，斗争女人，女人在群众压力下，暂时没离婚，但男人却因此而气焰高涨，认为有群众给作主，甚也不怕，不久之后，便把女人的腿也打坏了，所以依靠群众进行调解，并不是发展斗争来调解纠纷。

（八）今后处理民事纠纷的方针与路线

根据全区几年来的经验，我们调解为主的方针是正确的。因为这确实能解决人民纠纷，改善人与人之间的关系，确实与人民有利。但这并不是说所有民事案件，百分之百的都能调解。一般说，大部份（分）能调解，但不等于全部份（分）能调解。经验证明，有些案件，有些顽固当事人，不用法律强制力，也解决不了问题。所以调解为主不等于不要审判。审判为辅的方针，经过考验也是对的。

无论调解审判，群众路线是主要的方法。这就是说，我们要调解成功，必须要关心群众疾苦，倾听群众意见，依靠群众力量，特别更应发展群众性调解工作，使调解纠纷广泛的开展，才能解决人民之间的纷争，才能真正贯彻为人民服务的目的。

三、司法工作与群众运动（略）

四、处理刑事案件经验

几年来我们司法机关，处理了好几万件刑事案件，单四二年到四五年四年之中，我们就处理了三五三一三件刑事案件。在这几年的工作中，我们对处理刑事案件，曾形成一个正确的方针和路线，也积蓄了很多宝贵经验，现分别报告于后：

（一）处理刑事案件之方针的发展情况

根据几年来解放区一般犯人的犯罪，一般说有三种类型：

第一种是政治性人为的犯罪。日寇特务机关以及国民党特务机关，利用了人民中升官发财，自私自利，愚昧落后，贪生怕死，贫困饥饿，报复顽固等弱点，曾制造了大批的汉奸、特务，来破坏解放区各种建设，危害解放区人民生命财产。但这些汉奸、特务，大多数犯罪是被动的，受人支配的，所以我们叫做人为的犯罪。这与主动的，由犯罪者本人思想指导下的犯罪，有实质的区别。如果没有日本帝国主义的侵略，解放区便不会有如此之多的汉奸特务，如果没有国民党反动派反共反人民的特务政策，解放区也不会有如此之多的特务。而且从几年统计数目上来看，什么时候敌我斗争最尖锐的时候。汉奸案便会增多。如一九四二年敌人开始治安强化运动，全区汉奸案便增至二六八一件。四三年庞孙投敌，国民党特务与日本特务合流，全区汉奸案便激增至七八五七件。到四四年敌人渐处于劣势，全区汉奸案便减至一七七九件。从案件增减上显然表示了犯罪的客观原因。

第二种是贫困的犯罪。太行山农村是最贫瘠的农村，加以敌伪残酷掠夺，连年天灾袭击，就造成普遍的饥饿贫困。因之犯罪现象日增，从卖子女，卖妻子，溺婴，伪造，贩卖烟毒，诈欺，窃盗，直至充当汉奸特务，多与穷困有直接关系。几年来经过我们政府减租减息，农民所受剥削是减轻了，同时政府又号召组织起来，领导生产运动，人民生活改善了，社会财富也增加了，贫困减少，犯罪也就减少了。兹以窃盗案为例，一九四二年全区窃盗案为一三一七件，四三年因灾荒袭击，盗案就激增至二一九二件，到四四年因减租减息运动展开，农民所受剥削减轻，窃盗案便减至一四二一件，到四五年大生产运动开展，人民生活改善，窃盗案更减至五一六件。

第三种类型是封建恶果的犯罪。太行山在事变之前，是最封建落后的地方，重男轻女有历史的悠久传统。首先是溺婴结果，就形成男多女少现象。次之是封建婚姻制度，就形成男女关系混乱现象。于是表现在犯罪上是贩卖人口，妨害家庭，妨害婚姻，通奸、强奸、诱拐、人命杀伤，各种案件之多。甚至因奸情而窃盗、诈欺、贪污、伪造等等罪犯，而离婚案件之多，也是与封建婚姻制度、男女关系混乱，有直接的因果关系的。

从以上的分析和研究，说明了犯罪的主要原因是客观原因（即社会原因），次要的原因，才是主观原因（生理原因）。因为人是社会的一个成员，他并非离开社会而孤立的。在私有社会制度之下，他受着社会制度、环境、伦理、思想等影响，便成为犯罪的主要因素。

根据我们对犯罪的认识出发，我们解放区从开始建立之际，便明确提出宽大政策的口号，而且在边区施政纲领上明文规定出来。几年来在执行宽大政策中，我们取得了些什么经验呢？

甲、首先告诉了我们单纯的严刑峻罚是解决不了问题的。由于我们个别同志思想上曾存在有刑罚万能的观点，有治乱世用重典的思想，所以在某些问题上，便曾采用了严刑峻罚主义。但经验证明了单纯的严刑峻罚是解决不了问题的。四三年武安柏草坪特务杀害我干部案，曾处决了五个特务，释放了八个特务，在司法同志思想上觉得谁不怕死，这下便解决问题了，但被释放的特务，因没有进行教育，回去之后，第三天上便又到左权羊角一带下毒，毒伤群众多人。在太谷处理毒犯也有这样经验，太谷曾罚一个毒犯三十万元，觉得这样严重的处罚，他可以洗手不干了。但这个毒犯出去后却对人说："三十万算什么，多跑两趟就赚出来了。"与此相类的许多典型材料，都在充分的说明离开教育单纯的严刑峻罚是解决不了问题的。

乙、次之，在执行宽大政策中，我们曾获得了巨大的效果。宽大政策对稳定社会秩序上，会成为重要工具之一。襄垣收复后，曾捕获汉奸犯四八〇人，我们教育释放者四二〇人，占百分之八七点五，处决者六人，占百分之一点三，这种实际行动的表现，粉碎了敌伪反动份（分）子对我之诬蔑造谣，使人心惶惶的新解放区，很快稳定起来。同时宽大政策在对敌伪斗争上也起了很大作用。我们各地方对捕获之汉奸、特务、伪军曾教育释放了很多人。如武安在县城解放后，我们只处决了五个罪大恶极的汉奸，对其余汉奸犯则采取宽大精神教育释放了。这种实际行动，曾感动了好多伪军家属，有许多伪军家属自动的到峭河伪军杨四子部，劝导伪军回家，在一个月以内，杨部有一百余人跑回武安。诸如此类的情形在昔阳、襄垣、辽县、武乡等地宽大政策在对敌争斗中实际起了瓦解敌伪阵营的作用。在各种效果中尤其重要的是宽大政策本身，对于一个犯罪者思想的转变，往往起一种重要的感动作用。根据各地经验，许多犯人被拘捕以后，从自己罪行衡量，以为一定活不了或者起码也是好几年徒刑。但我们执行宽大政策明确宣判以后，大大出乎犯人意料，有许多犯人宣判后感动得流出泪来，觉得今天政府确实是治病救人，自己再不改过自新，不但今后法律所不允许，而且良心上也说不过去。我们从许多自新人思想调查中，发现我们宽大政策，在对不少自新人思想的转变上，起了重要的关键作用。这是在各种效果中最重要的一种。

丙、继之，在执行宽大政策中许多经验也告诉我们：宽大必须与教育相结合，才能真正的解决问题。宽大不等于无原则的释放，四一年保障人权条例颁布后，许多同志把宽大认作释放，对于许多汉奸特务犯，并未进行教育就单纯的释放了。结果这些汉奸特务份（分）子就钻了我们宽大政策的空子，今日放，明日再干，汉奸特务就大为猖厥（獗），而广大群众对我们之宽大政策也就由不满而对抗起来。这是历史上严重的教训。另一方面的经验也证明宽大必须与教育相结合，才能彻底解决问题，太谷一个大毒犯王臭娃，经过教育后他反省出因自己贩毒，致本村吸毒者自杀冻饿而死的六十多人，他感到自己损人利己的严重，当时交出剩余烟毒，保证再不作此违法行为，以后果然就不再贩毒了。林北、磁县、左权、和顺、黎城、平顺等地，对于许多窃盗犯，也是进行了思想教育，然后本宽大精神从轻处理，并进一步的组织他们进行生产（如参加互助组，组织生产队），结果成千成百的窃盗犯是被改造了，许多惯偷、屡犯，变成勤劳生产的人。这就说明了宽大是不能离开教育的，否则，那就非徒［劳］无益，反而有害。

丁、最后，在执行宽大政策中许多经验也告诉我们：宽大教育也必须与惩罚正确的结合，才能获得更好的效果。宽大教育并不等于放弃刑罚。四三年平顺盗犯很猖獗，因为我们强调教育，结果在社会上就造成民主政府不办穷人的传说，以致窃盗犯的范围，从偷窃民间粮食衣物，更扩张到盗窃公粮军粮。后来我们处办了几个结伙窃盗军粮的犯人，并在处办时召开了群众大会，进行了广泛的教育宣传，以后窃盗案件便逐渐减少了。这就说明了在惩罚宽大教育的结合上，必要的惩罚是不能放弃的。另外在宽大与惩罚的性质上，宽大本身固然离不开教育，而惩罚的目的，也不是单纯为了惩罚犯罪者本人，而是带有教育群众，教育犯罪者本人充分意义的。如武安公审一个特务案件，曾进行了十四次轮迴（回）公审，教育了一万以上群众，五百以上村区干部，结果提高了群众对特务份（分）子的警觉，掀起了群众自觉的反特务运动。又如在黎城对一个村干部把持婚姻案件，判决后政府把判决书发到各村民校讨论，以教育干部，教育群众，结果几年来黎城干部把持婚姻案件就很少了。这说明惩罚本身的教育意义是很重要的。

根据以上一些主要经验：在刑事政策中单纯的严刑峻罚是解决不了问题的，必须认真的执行宽大政策，才能收得巨大效果，而在执行宽大政策中，宽大并不等于无原则释放，他（它）又必须与教育相结合，教育也不等于放弃刑罚，更须要与惩罚相结合。因此在四三年之后，领导上根据这一些经验，将宽大政策更进一步的明确化，提出我们教育为主，惩罚为辅的处理刑事方针。这个方针经过这次会议的检查，证明了完全是正确的。

（二）实事求是的侦查与群众路线的结合问题

任何一个刑事案件，侦查工作是很重要的。根据几年来的经验，在侦查中倾听群众意见，走群众路线曾获得了伟大的效果。因为群众是最广大的，眼睛最雪亮的，所谓“十目所视，十手所指”，各种犯罪，都脱不过群众。即使群众没有目击犯罪，但群众又是最智慧的，他了解犯罪者各种历史关系，他从许多征兆疑点所推测的犯人，往往都非常中肯而正确。封建社会许多贤明官吏都懂得这一点，他们在自己智穷力竭之后，便不得不依靠群众，去化装私访。根据我们几年来经验，许多疑难大案，无头命案，都是经过群众弄清的。如林县合涧镇有人从街上厕所中捞出一个腐烂的人头，这样一个疑难大案，但是经过群众一研究之后，三五天内便破了案，捕获了兇（凶）手。又如襄垣师荀娃栽赃诬告案，有人证物证，犯罪者布置的很周密，但是一经在群众中侦查，便真像（相）大白。诸如此类疑难大案，经过在群众中侦查弄清了的是很多的，在我们解放区很少破获不了的案子，不论案件本身如何复杂，只要能深入群众，倾听群众意见，便可以获得线索，把群众的智慧集中起来，要比福尔摩斯更正确的多。

怎样倾听群众意见呢？总结各地经验应该首先倾听区村干部意见，因为干部对当地情形总比别人更了解深刻一些。然后应该倾听与案件有关人物的意见，因为这些人的意见，往往有很多材料，不应丝毫忽视的。此外，还应搜集各种人物的意见，这些人物从各个不同角度提供材料意见，就会使案件的真像（相），更易为我们了解，广泛倾听这三种人的意见，是缺一不可的。有些同志只倾听干部意见，觉得这就是走了群众路线，根据检查有时这种作（做）法，就会发生毛病。在侦查案件中倾听干部意见，可以说是重要的，但并不等于是唯一的。主要的仍然应该深入倾听群众的意见。在这一问题上，我们应该珍贵过去经验，在思想上明确起来。

在侦查中单是倾听群众意见还是不够的。经验告诉我们倾听群众意见也必须与实事求是的侦查结合起来，才能更有效的弄清案件真像（相）。武乡李云焕自杀案，墨镫村群众均认为是自杀，而马堡村群众则认为是被伊夫杀害，只因当时县司法科只注意搜集群众意见，未能认真的勘验尸体，以致无法弄清楚案件真象（相），而作了错误判决。及至专署司法科感到必须重新验断，二次开棺勘验时，才弄清事实（徼倖［侥幸］当时气候凉爽，尸变不大，否则也无法弄清的），这是一个群众反映不一致而以实事求是的侦查勘验解决问题的例子。从这个例子说明实事求是的侦查，是如何的重要。

从另一个典型材料来看，沁阳武有香杀人毁尸案，群众一致反映是他杀害的，但是缺乏有力的证据，也不能定案。最后我们司法科长乃亲自到村勘验毁尸地址、血迹、足踪等等，并访问其家中雇工等人，案情遂获得有力证据，被告也就无法掩饰狡辩，而群众反映也得到了确实证明，这就说明离开实事求是的侦查勘验，是不容易解决问题的。

根据我们许多成功的失败的经验来看，倾听群众意见与实事求是的侦查，二者是不可偏废的。从前许多缺乏群众观念的人，因为不能倾听群众意见，只注意侦查技术，结果是解决不了问题的。但是我们有些同志，因为反对旧的一套，只在强调群众路线，连侦查勘验都否定了，结果有些问题也解决不了。我们说，只有实事求是与群众路线结合起来，才能更有效的弄清案件之真像的。

（三）分析研究各种材料的立场、观点、方法问题

一个刑事案件的材料是很多的，如群众反映的意见，所勘验的证据证物，犯人的自白，反省，口供，表现，以及他的历史特点，家庭情况，社会环境，当地各种条件等等。这些材料往往纷歧复杂，互相矛盾，不经过分析研究，就无法区别那些是真的和假的，那（哪）些是主要的与次要的，因之，也就无法使案件得到正确的处理。

怎么样分析研究呢？总结各地经验：

（甲）立场要公正严明，要富于怀疑精神，不要先入为主，先肯定罪状然后再找材料。这样先套个圈子，再在圈子以内收集材料，往往易于发生错误。一个民事案件，要是弄错了，对人民的损害还有限，但一个刑事案件关系人民的生命、财产、自由、名誉、稍一不慎，就损害很大。此外，一个法官审判案件是应从实际出发的，不应从感情出发，不要使个人好恶爱憎的感情，夹杂在处理问题之中。我们太行区的法官，从没有因贪污受贿而失去立场的，但是我们许多同志有一个弱点，一见某种狡猾虚伪的人就讨厌，一见汉奸特务就愤恨，因为个人情绪的支配，有时就不够冷静，不够客观，因之，有时就免不了有些偏差。这是从许多经验证明了的。

（乙）我们分析研究材料的观点，要正确、科学，总结各地经验：

第一，不要机械的看问题。不要认为过去坏的人，现在必坏。过去坏的人，可能现在也坏，但也可能现在不坏；在这件事情坏的人，未必对任何事情都坏。举一个例子来说明。磁县一个雇工半夜闯进地主儿媳的房中，企图强奸那个地主的儿媳，被家里人发觉了，次日就把这个雇工捆起，打了一顿，并且用女人的臭鞋打了几下。这个雇工就跑到区上报告，说地主企图报复（因在减租增资运动中，雇工曾斗争过这个地主），故意诬蔑殴打。当时一般村区干部都认为是地主打反攻，但女的（地主的儿媳）坚决指定是雇工强奸未遂。区里当时就派个通讯员把雇工和女的都送县司法科处理。到了县里后，雇工仍然说是地主企图报复，故意诬蔑，以便殴打泄愤。女的也变了口供，说雇工并未强奸她，而是她婆母的设计，教她如何半夜叫喊，如何说雇工强奸等等。当时县府许多同志都认为这案是地主反攻，主张以诬告论罪。那时承审员再三考虑，觉得这事相当可疑，因为这个地主虽然剥削佃户、雇工，对群众运动也有些不满，反攻报复也有充分可能，但这个人是个旧知识份（分）子、封建旧礼教的习惯很大，很爱面子，他要报复反攻，什么方法都可用，何必偏要以自己儿媳被人强奸这样一个有伤体面的事来报复呢？而且女的在区上那样坚决，到了县里又马上这样变化，当中一定有问题。于是详细的讯问，结果弄明了，原来从区上往县政府送案的这一天，因路远曾在半路上住了一宿，这一宿中通讯员、女的、雇工三个人曾同住一屋，半夜里通讯员与女的通奸，被雇工发觉，女的为了怕雇工声张，暴露她的行为，除让雇工奸淫一次外，并答应到县以后伪造口供，而出事的那天夜里，雇工确

曾到女的屋里，企图奸淫，这就是事实真象（相）。这就说明了过去坏的，未必现在也坏，那个事情上坏的，未必这件事情上也坏。如果这个案子机械的看问题，则势必要错误的。

第二，不要从形式上看问题。一个刑事案件有时形式与实质可能是一致的，但有时形式与实质就可能不一致。所以研究分析问题，主要应从实质上来看，不要从形式上来看。比如在四三年时普遍的窃盗公粮案，其中有许多案件，从形式上看是窃盗，但实际上是特务份（分）子鼓动教唆穷人来窃盗的，他的目的在于断绝军食，破坏颠覆解放区，实质是汉奸犯，而形式上是窃盗教唆犯。如果我们不能从实质上来看问题，就最容易为表面假象所迷惑而陷于错误。

第三，经验告诉我们，也不要片面的来看问题。古谚说："兼听则明，偏听则暗"，不只是审讯案件应该如此，就是分析研究材料也必须全面的来看问题，才能得出正确结论。今年林北一个老婆婆因穷困而上吊了，她丈夫因怕伊妻娘家侄儿借故滋事（从前伊妻娘家侄儿，因他骂老婆，曾吊打过他），乃暗将伊妻尸体秘密埋在后院，后来被发觉了，县里认定系他勒死髮妻，理由是既非谋杀，何必隐尸？单从这片面的隐埋尸首，便认定系谋杀，以杀人罪论处。后来经过高等法院驳回重审，才把案件弄清。县里初次所以错误，就由于分析问题的片面，没有把整个案件的全部材料，如死者生前穷困状况，悲观情绪，死时准备（洗了脸，换衣服等），群众反映，尸体验断，老汉（伊夫已六十多岁）个人特点，以及供词矛盾，夫妻关系，亲戚关系等等全面的分析研究，仅仅以隐埋尸体，口供承认的片面材料，便率尔定案。这个例子就告诉我们如不从全面的看问题，而片面的观察问题时，就往往容易发生错误。

第四，经验也告诉我们，不要孤立的看问题，任何一个案件，均与被告本人的历史特点，以及当地各种历史条件，有连（联）系关系。如果离开这些材料，孤立的只从案件本身来分析研究，也容易发生偏差的，涉县处理一个打伤荣誉军人的案子时，政府曾接到该村许多干部群众对那个被告的诉状，区村干部也反映被告是如何之坏，政府乃判处被告二年徒刑。后来经过一个时期，才了解该村干部的生长原有两个时期，被告系工作开辟时期的第一批干部，工作积极，抗日有功，但因教育不够，有些盛气凌人，脱离群众现象，于是在民主运动中，乃生长了第二批干部，按革命品质上来说，第二批干部并不及第一批干部，同时第二批干部中也还有些人是被当地上层人物所支配的，因之第一批"下野"了的干部就看不起第二批干部，二者之间，矛盾很大。被告（第一批的干部）打了荣誉军人后，现在干部乃抓住被告这个错误，尽力发动群众来攻击，并利用爱护荣誉军人冠冕堂皇的招牌，在区干部面前扩大反映被告错误，县里审判同志正因为对这些问题了解不够，没有连（联）系被告本人的历史特点，当地的各种历史条件，只孤立的从殴打荣誉军人这一点来看，同时对于群众意见，干部反映也只是从形式上来看，没有从透视到问题的实质，所以对被告量刑就重了一些，这就说明孤立的看问题也是易于使案件发生偏差的。

第五，经验也告诉我们，不要简单化的看问题。一般社会上的案件，本来是非常复杂的，尤其在解放区，敌我政治斗争异常尖锐，因之，就使许多案件更其复杂化了。如果我们粗枝大叶简单化的看待问题，结果就必然要发生错误。比如涉县一个女人，为了要和丈夫离婚，在奸夫帮助下弄来一枝（支）手枪，一个伪军臂章，都放在顶棚之上，然后跑到政府告发她丈夫与敌伪勾结，政府派人搜索后，果然搜出手枪臂章等物，如果这个案子要简单化的看待，则人证物证都很齐全，这个男人就要被认定为汉奸罪犯。可是当时我们审判同志并未这样简单化的认识，他从被告（男的）告发后的态度，告诉人（女的）告诉的态度，以及奸夫的历史情况和当前情况来分析，并详细的调查讯问，结果弄清了是个栽蔑［赃］诬告案子。从这个案件说明了把许多问题都简单化的看待，是易于发生错误的。

综合以上的经验，我们分析研究各种材料的观点，必须是辩证的观点，从问题的实质上，各种关系的连（联）系上，全面的，深入的看问题，才是科学的正确的观点。

（丙）几年来我们在处理各种案件中，广泛倾听了群众的意见，解决了不少案件，但是群众意见也是很复杂的，由于其出身立场之不同，政治觉悟之不同，与被告关系之不同，对事物认识之不同，是非常纷歧复杂的。所以对于群众意见，也必须加以分析研究，在分析研究群众意见中，经验告诉我们：

第一，要研究分析究竟是干部意见？还是群众意见？这是很重要的。前面曾谈过搜集征求干部和群众意见？是均不可缺少的，但在我们工作中，有时往往就把干部意见，当作群众意见。林县就有这样经验，一个汉奸案子，村干部写来一封信说此人如何之坏，列举了许多材料，并说全体群众主张如何如何等等，及至后来判决确定到该村宣判执行时，全村群众都不同意，最后才弄清那封信的反映只是那个干部个人意见，并非群众意见，后来更审改判，群众才同意了。从这个具体经验中，就告诉我们当搜集到一些意见反映之后，第一件事情，首先便应分析研究是干部意见呢？还是群众意见？

第二，如果系干部意见，那就要研究是干部本人意见呢？还是受别人影响而反映的意见？在我们经验中，我们曾发现虽然表面上是干部意见，但实质上他是自觉的或不自觉的反映着某些人士的意见。如果系干部本人意见就要进一步研究，这个干部为什么有这样意见？他与被告关系如何？干部本人政治觉悟如何？为人又如何？如果系受别人影响而反映的意见，更要进一步研究他是受群众影响？还是受另外一种人物影响？他是自觉的？还是不自觉的？他是有企图的？还是公正的等等，前面所举涉县打荣誉军人一案，就很充分说明了干部意见是如何的复杂。

第三，如果是群众意见，那就要研究是那些群众？是老年人？还是中年人？是男的？还是女的？是上层人物？还是工农群众？这些人与被告的关系又如何？是情感接近？还是有宿仇宿怨？抑还是无恩无怨的一般关系？此外还应该研究这个地区的群众，究竟是经过民主运动以后，政治觉悟提高了的群众呢？还是群众未经发动，被封建势力（人物、思想）所统治的群众？抑还是民主运动不彻底被人操纵的群众？在我们经验中证明了群众的意见是很复杂的。一般说群众的意见是接近客观，比较正确的，但有时从恩怨出发，有时被人操纵利用的情形，也是不少的。比如元氏一个汉奸特务案子，他在审讯时曾供出其特务首脑、后台老板等人，当时我们政府因该等犯罪证据还不充分，故未立即拘捕，这些特务份（分）子知道自己已被供出，遂利用当时群众与干部反奸复仇运动的热情，发动群众，要求将那个汉奸特务犯带回村里斗争，企图利用群众对汉奸特务愤激情绪，将那个汉奸打死，以便灭口，当时群众和干部就受了这些特务份（分）子的愚弄，派代表，派民兵到政府提案。因为我们对该村情况比较了解，经过分析研究之后，认为群众是受了愚弄，当时再三解释，群众却不能接受，最后经过深入的工作，那些特务份（分）子向群众坦白了自己阴谋之后，群众才恍然大悟，这就说明群众意见是怎样的复杂。

走群众路线，并不等于群众说啥是啥，完全正确，作群众尾巴。群众的意见，必须经过科学方法的分析研究，然后才能确定那些意见是正确的，那些是错误的。那些是主要的，那些是次要的，那些是参考的。不能区别这些问题，就无法真正走群众路线。

（丁）除了分析研究群众意见以外，我们在分析研究各种材料中，还须要分析研究被告本人之历史、特点、家庭状况、个人环境，以及他之自白、反省，本案证据证物，连同群众意见，一并进行研究。在研究当中来澄清材料，发现矛盾，鉴别真伪，然后才能确定犯罪行为。经验证明：只有在公正严明的立场之上，运用科学的观点方法，来进行周密的分析研究后，所认定的犯罪，才是客观的，正确的。

（四）量刑执行中掌握法令与群众路线的结合问题

在侦察审讯阶段，我们走群众路线，是为了弄清案件的真象（相），在量刑以及执行阶段，为什么也要走群众路线呢?

首先，我们是为了真正维护群众利益。凡是刑事案件，一般说都是侵害群众利益的，因之，在量刑上就必须倾听群众意见，以维护群众利益。根据许多经验，群众意见对我们量刑裁判是否正确，是个很好的考验。比如四〇年保障人权条例颁布后，因为我们执行上发生了偏向，把许多罪恶重大汉奸都无原则的释放了，当时群众意见是反对的，后来证明是我们错了。四二年武安对一个杀人案子，我们判决了四个人死罪，群众当时也不同意，现在来研究，那个案子确实也有些量刑太重。从许多经验证明，群众意见，真正代表着群众的利益，我们是民主政府，是人民的公仆，因之，在量刑裁判时，倾听群众意见就丝毫不容忽视。

次之，在执行时走群众路线，也就是为了教育群众。任何一个案子如果公开执行，经验证明，对群众的教育意义是有很大作用的。比如我们处理许多汉奸特务案子，当犯人思想打通之后，他向群众自白其罪恶行为，这就使群众对汉奸特务背叛人民国家罪行，有了进一步的认识。政府向群众宣布对他的处理，这就使群众对于何者宽大，何者惩罚的法令政策有了认识。在执行中走群众路线，既可教育群众认识犯罪来源（如敌伪制造之犯罪，不良思想支配之犯罪等等），提高其政治觉悟；又可教育群众认识犯罪醜恶，有所警惕；更可教育群众懂得法令政策，以建立法治国家。所以我们解放区对任何案件执行，均采取公开方式，走群众路线，而不采取任何秘密方式，原因就在于此。

最后，在执行中走群众路线，也为了依靠群众，教育犯罪者。许多地方经验证明，当执行时走群众路线，群众对于这个自新人犯罪的思想、动机、犯罪行为，犯罪后态度等等都了解以后，群众今后对他便会很好帮助教育他不再重犯错误。在太行区成千成百的窃盗犯，妨害家庭犯，烟毒犯，汉奸犯，特务犯等，在群众的帮助教育下，转变过来。如果在执行时不通过群众，不走群众路线，群众不了解他的思想罪行，群众就无法帮助他，也无法教育他。

根据以上许多重要意义，所以我们在重刑执行时，就必须走群众路线。有的同志曾提出这样问题："走群众路线，是否可以不要法令了呢?"我们说：群众意见是代表群众利益的，法令政策也是体现群众利益的，二者是统一的，不是矛盾的。群众舆论是公正的，法律也是公正的，二者也是统一的，而不是矛盾的。但是在实际工作中，有时候群众意见与法令就矛盾起来了，矛盾的原因，归纳起来，有以下四种：

第一种情况是由于我们对法令不熟悉，援用法令错误以致与群众意见矛盾起来。如黎城一个武委会主任，打死一个窃盗犯，本来是过失杀人，但是我们司法同志以一般杀人论罪，判了武委会主任死刑，按法律规定，过失杀人最重本刑才二年徒刑，但我们判了死刑，于是在执行时群众舆论便大为反对。

第二种情况是由于我们对案情了解不够。本来很严重的案子，我们认为系轻微案件，或者本来是轻微案件，我们认为是严重案件，由于认识错误，于是量刑失当。因为群众比我们了解深刻，所以对于我们的处理办法，便矛盾起来。一般说这种情况是比较多的。

第三种情况是由于群众对案情了解不够，或者看问题有错误。因之，与我们处理办法矛盾起来。这种情况一般说是不多的，但并不是没有的。前面所举元氏那个汉奸特务案子，就是这种情况。

第四种情况是由于法令本身有毛病。比如惩治贪污条例，规定贪污五百元以上者处死刑，按立法时币值与实物衡量，当时平均一元五角钱一斤米，五百元可以买两石五斗五升小米，现在因物价昂贵，一斤米平均须八元，五百元只买四斗五升小米。如果有个干部现在贪污了五百元钱，我们依法判以死刑，群众一定不同意，觉得处刑太重，不近人情。这是法令本身的毛病。

根据以上的分析，那么当群众意见与法令矛盾起来的时候，我们便应该从各方面考虑。考虑我们对于法令援用是否确当？是否有张冠李戴的错误？以致量刑失当？同时也考虑自己对于案情，是否已彻底了解？如果发现群众与自己的对案情的了解有所悬殊时，不要轻易决定，应该很好的重新侦查，重新分析研究。经过重新细密的分析研究之后，如果系自己援用法令错误，或者系自己对案情了解错误，便应该自动纠正，如果确实证明自己的认定正确，没有错误，那就应该考虑法令条文是否有缺点？是否与当前情况不相适应？同时也应该考虑群众对案情是否了解正确？是否看问题观点方法有些偏向？是否对法令政策不够了解？如果发现是法令条文的缺点，便应该请示上级政府，经过上级政府解释或补充以后，经验证明是可以解决问题的。如果是群众意见错误，便应该打通群众思想，进行教育，使群众能够同意接受我们的判决。磁县一个杀人案子，群众主张以被告偿命，但在法理案情上，都不能判被告死刑。一部分群众对我们判决抵抗，我们同志乃运用各种方法，对群众进行思想教育，在打通群众思想以后，群众是愉快的，接受了我们的判决。其他许多经验都证明，群众是最接近真理的，只要能克服官僚主义者一判了事的作风，对群众进行思想教育，群众意见是能够和法令统一起来的。

总之，在量刑与执行中，掌握法令必须与群众路线结合起来。不能单顾法律条文，不顾群众意见，也不能只顾群众意见，放弃法令，二者是有机的结合，不是矛盾的对立。不仅理论上应如此认识，而且也是许多实际经验证明了的。

（五）今后处理刑事案件的方针与路线

根据我们几年来的工作经验，我们处理刑事案件之教育为主、惩罚为辅的方针是正确的。在这个方针指导下，我们改变了司法机关对人类社会的作用，在以前司法机关对犯罪者的单纯惩罚，一般说是一种消极作用。但现在我们采取了教育为主的方针，它就起了一种积极作用。刑事政策的目的，是为了减少犯罪，以保卫人民利益。在太行区由新方针的施行，我们就获得明显的效果，几千个犯罪者，经过教育之后，都已成为奉公守法的人民。累犯是很少的。刑事案件是逐年下降的，这里举几个具体统计来说明：

	四三年	四四年	四五年
汉奸	七八五七	一七七九	二六五二
烟毒	一五七一	四二九	二四四
窃盗	二一九二	一四二一	五一六
贪污	六〇六	二三二	二三八

从以上统计数字来看，除了汉奸案在四五年数字增加外（增加原因是由于反攻后解放了广大地区，大批汉奸被检举之故），其余均是下降趋向。由于刑事案件减少，太行区社会秩序的稳定，是历史上几千年来空前的。在老解放区已成为“夜不闭户”的景况，而司法机关对人民利益的保卫，社会秩序的稳定，由于新方针的实行，起了很大的积极作用。所谓“刑期无刑”这句名言，在从前只是一个美妙的理想，现在则获得了达到这个理想的一个方针——教育为主，惩罚为辅。

同样的，根据几年来经验，证明了我们群众路线的方法也是正确的。因为经过群众路线，确实体会了群众意志，保卫了群众利益，也确实经过群众智慧，弄清了许多疑难大案，也确实经过了群众力量，解决了许多问题。

我们教育为主、惩罚为辅的刑事方针，群众路线的方法，并不是简单轻易而来的。它是从实际工作中，摸索了千百次，经过了无数成功的失败的经验。总结出来的东西，我们今后应该更进一步的丰富它，发展它。

单有正确的方针，没有正确的方法，方针是空的。单有正确方法，没有正确的方针，方法是收效很微的，必须二者结合起来，才能发挥伟大效力。

选自《中国新民主主义革命时期法制建设资料选编》第四册，西南政法学院函授部1982年编印，第117～148页。

23. 太行区监所建设工作

1946年[①]

一、几年来看守所建设的历史发展情况

太行区看守所及监狱工作的发展，是经过了几个不同的历史时期。

从抗战开始到四一年，这一阶段看守所的管理方法，仍然沿用着旧的方法，作风是旧的作风，这时因战争关系，一方面看守所环境从高墙深垒的所在，转移到分散流动的农村中来，另一方面旧的看守人员，均已逃亡投敌，新的看守人员，又都是农民出身，因此在管理方法上，强调纪律及戒具。同时沿用旧的方法，在犯人中布置内线。戒具与内线成为当时主要管理方法。至于教育工作则根本谈不到什么，管理人员（看守所长、法警）对犯人视若奴隶，打骂歧视贪污剥削现象相当普遍，案犯逃亡数目也颇为不少，这是这一阶段

① 此乃徐处长在1946年太行区司法会议上的总结报告的组成部分。

的监所情况。

四一年高等法院成立后，首先提出监狱管理民主化的口号。并改称犯人为自新人，宣布禁止虐视打骂，剥削自新人的行为，严惩了违法干部多人，其中有看守所长二人处以死刑。颁布了看守所的放假制度，以解决自新人困难。并规定自新人回村服役办法，提倡劳动生产，解决看守所物质困难。民主制度开始建立，黑暗现象从此逐渐消灭。但生产工作，还未普遍发展，教育工作还处于形式主义（如上课识字等）的阶段。

经过四四、四五年，全区大生产，大整风运动的影响，看守所生产建设，教育建设，是取得了很大成绩。看守所的民主生活，也大大发展起来，在许多地方的看守所中，自新人有管理自己生活的权利与自由。有思想、言论、集会（各种生产技术，文化学习的组织）、出墙报、批评管理人员的自由。生产成果，很多地方做到自给自足，不开支公粮，在敌后战争频繁残酷的环境中，看守所自新人自给自足，在历史上是个奇迹。有的地方并且亲自动手，修理监狱。据三十四个县统计，现有土地二一〇五、五亩，生产基金一、四一七、〇七〇元。同时大都是赤手起家，黎城从一百五十元基金开始生产，现在发展到三十多万元的基金。这样，生产结果，不仅增加了社会财富，减轻了人民负担，并且解决了自新人的衣食困难，奠定了看守所教育建设、卫生建设的基础。

在教育工作上，主要进行了思想教育。从自新人思想上来改造他，因而许多罪犯，经过教育得到改造，汉奸、特务、盗匪、流氓、小偷，有一千人以上，被改造为奉公守法、勤劳生产的人。有的竟成了劳动英雄，模范干部，互助模范，参战模范等优秀人物。现在仍有八百余人，正在改造中。过去在战争中，也曾经涌现了许多动人的典型事件，有的看守所被敌包围冲散，但后来又一个不少的自动集合回来；有的自新人被敌俘去后，又设尽办法，仍然逃回看守所来。

几年来各地在生产、管理、教育上，创造了许多宝贵经验、重要教训。而且也逐渐涌现出一条新的方针，新的路线。现在分别总结于后。

二、看守所和监狱的任务问题

看守所的任务是什么呢？按照一般的说法，看守者看守住犯人逃跑不了之谓也，因此看守所的任务，主要是管理犯人，高墙深垒，纪律森严，便是管理方法。这样认识的人，有他的理论基础，他认为犯人是危害了国家社会人类利益的犯罪者，在未判刑以前，应该严格看守，以免逃逸，或湮没证据。既判刑以后，便应该褫夺自由，从精神上、肉体上给以惩罚，用处罚来达到惩戒的目的。

我们的认识与旧的看法不同，我们认为一个自新人，一方面他是危害国家、社会、人民利益的犯罪者，但另一方面他又是不良社会制度下的牺牲者。他的犯罪行为，固然对社会人民有害，但他的犯罪思想，则又是受社会影响而形成的。因此对于一个犯罪者不仅是惩罚的问题，主要是从思想上教育他改造他的问题。所以看守所不仅是看管自新人的所在，而且主要是个非常尖锐复杂的思想斗争场所，是个治病（思想病）救人的地方。

从这样认识出发，看守所的主要任务，便在于进行思想教育，使犯人认识自己犯罪的思想及其思想来源。次要任务才是看守犯人，勿使其逃逸或湮没证据。监狱的主要任务，也在于进行思想教育，使自新人在认识自己犯罪思想后，进一步改造其思想，次要任务才是褫夺自由的惩罚作用。

我们几年来监所建设的经验，充分证明了一个真理。即当我们把看守所或监狱的次要任务当作主要任务，甚至当作唯一任务来进行工作时，我们的管理方法、工作作风，便相似于旧的监所森严的管束，无理的压迫，甚至黑暗的剥削等现象，都会接踵而来。而实际工作效果，最好的成绩，也不过是跑不了案子而已，反之，如果我们在指导观念上明确起来，把思想教育当作主要任务，看管工作仅是次要任务，则在工作上收到巨大效果。许多犯罪者经过思想教育，思想上觉悟之后，倾吐坦白了犯罪，千百个自新人经过思想教育之后，改造了他们的思想，成为奉公守法、勤劳生产的人，甚至成为许多优秀人物。这是基于两种不同认识而产生的两种不同效果。

在四三年的时候，我们曾经提出看守所的三大工作系生产、管理和教育。有些地方曾把这三个工作，平列起来，结果是生产、管理与教育脱节，工作上受到一些影响。我们现在应该明确，看守所和监狱的生产工作，不是为了罚苦工，生产的目的是为了教育，不是为了惩罚，这与国民党统治下的集中营，有本质上的区别，监狱和看守所的管理工作，也是为了教育，不是为了单纯管束，这与旧政府的监狱看守所之旧式管理，也有本质上的不同。我们所提出的生产、管理、教育三大工作，不是孤立的，平列的，而是有机的结合，生产是为了教育，管理也是为了教育，进行思想的感化教育，是监狱看守所工作的中心一环。

三、监所生产工作问题

（甲）生产的目的是什么？看守所的生产，是四二年提出的，那时是为了减轻人民负担，解决看守所本身困难。几年来经验证明，生产工作是看守所一切建设的物质基础，是解决自新人困难，稳定其情绪的办法。尤其重要的经验，是生产工作在改造教育自新人中，发挥了巨大的作用。因为每个自新人意识的好坏，如勤谨、正派、积极，或者是懒惰、自私、虚荣、投机、消积等等，都可以在生产中随时暴露出来。同时每个自新人的情绪变化是积极愉快？还是消积苦闷？抑还是抵抗对立？也会在生产中表现出来。这样我们便可以根据他的思想实际，进行教育。如平顺一个自新人，原系村里一个干部，作（做）工作也很踏实努力，但是有个缺点，好在上级面前讨好，扩大反映别人缺点，因此很多人都讨厌他，后因一些小的错误，送到司法科来，在看守所生产中也是很努力，但仍然好扩大别人缺点，弄得全体自新人都反对他，他也很苦闷。后来我们司法科长就针对他的思想，连（联）系他的历史，进行教育，他才恍然大悟，自己的基本缺点原来就在于好打击别人，抬高自己，甚至此次犯错误，都与此种思想有密切关系，一通百通，把历史上自己许多解不开的问题，都突然通了。又如平顺一个贪污犯石松山，他的出身是一个不事生产的小知识份（分）子，在开荒中手上磨起了很多水泡，他痛苦的很，我们司法科长就和他说："你的贪污，就是贪污的这些水泡这些痛苦。"经过他反复的反省，他说："我贪污的粮食，都是群众用水泡血汗痛苦换来的，群众生产粮食如此不易，而我轻轻易易就贪污了，真是难过的很。"他的思想，就因为这样被打通了。

同时，生产对自新人的另一教育作用，则在于锻炼他之劳动观念，树立他今后正确的生活方式。据我们研究，太行区自新人中有百分之八十以上是社会上的不劳动者。这些人严重的寄生意识、流氓意识是和他犯罪思想分不开的。因之，如何从积极方面培养他的劳动意识，是教育工作中重要的一个内容。根据我们许多地方的经验，有很多自新人原来都是不事生产的流氓、无赖、懒汉，但经过在看守所生产以后，首先在思想上他了解到劳动生产是光荣，不劳动而享受是耻辱，同时看守所生产以得改善了他自己的生活，解决了他衣服鞋袜的困难，这就更加从实际上鼓舞了他的生产情绪。这样生产一个时期，他的劳动习惯便可逐渐养成，迨至出了看守所之后，便会在整个社会上提倡奖励劳动生产的空气下，变成一个勤劳务正的人。全区千百个窃盗犯，在从前都是些流氓懒汉，现在大都变成为很好的劳动者，其转变的关键，一方面在于对犯罪思想的打通，另一方面则尚在于劳动观念的树立与劳动习惯的养成。

根据几年来经验及效果来看，在看守所和监狱中进行生产，主要目的仍在于教育自新人，次要的目的，才是解决看守所困难，减轻人民困难。因之，假使说今后看守所的物质条件不困难了，生产是否还须（需）要呢？我们说为了通过生产，教育自新人，生产还是必需的。而且我们的生产方向还应该向农业手工业方向发展，因为只有农业手工业才能考验自新人的意识，锻炼其劳动观念，做投机买卖，单纯以营利为目的，发展各种投机营业，对自新人的教育上，不仅无从考验自新人的思想，锻炼其劳动观念，而且相反会助长其投机思想。所以做投机买卖在今后是应该取消的。

（乙）生产工作必须与教育工作紧密结合起来。许多经验证明，从一个生产任务开始，直到结束，必须贯串教育工作。在一个生产任务开始时，一般动员须与个别谈话相结合。一般动员在于说明生产目的，鼓励自新人的生产情绪，个别谈话则为打通个别人的思想。没有一般动员，自新人不了解生产的目的，不了解生产对他的利益，就会发生毛病。黎城让自新人磨面，事先没有动员，自新人不了解磨面目的，结果屡次捣鬼，虽定出严格的纪律，问题还不能解决。襄垣自新人，因不了解生产意义，于是磨洋工现象便形成了，所谓“早晚三顿饭，松紧一天工”，具体反映着动员不深入的结果。没有个别谈话，个别自新人会消极怠工破坏生产。黎城在去年进行生产时，个别自新人的思想未打通，认为自己不久就可出去，何必给别人生产。因为这一个人的坏影响，许多自新人都觉得春季下种，秋季才收，生产果实已不知落在谁手，都消极怠工起来。后来经过个别谈话，打通思想，生产任务才顺利完成。

在生产过程中，要注意及时检查，发现问题，及时纠正。纠正方法在于一般奖惩与个别教育的结合。没有一般奖惩，不能鼓励情绪，没有个别教育，奖惩就不巩固。武西自新人申占标生产不积极，我们初则孤立他，待他稍有转变，就不断鼓励他（精神的）奖励他（物质的），但是由于他的案子没有解决，暂时的奖惩，只能起一种刺激的作用，不能解决根本的问题，所以过一个时期，生产情绪便又低落，最后直至在生产空隙中进行了对他的思想教育，解决了他的思想问题，他才真正积极起来。这就说明在整个生产进行中，只有一般奖惩忽视教育工作，也是解决不了问题的。

在生产任务结束之后，一般总结也须与个别教育相结合。一般总结，在于继续巩固情绪；个别教育，则在于对积极份（分）子进行鼓励或教育；没有对积极份（分）子的教育，他便会自高自大，脱离群众，或者因鼓励不够而消积起来。

（丙）生产工作中，除了必须与教育工作结合而外，也须与民主制度相结合。经验证明，生产运动中单纯的教育工作，而没有民主制度的保证，也是很难完成任务的。

在一个生产任务开始，经过一般动员之后，必须将生产计划提交民主讨论，从邢西经验来看，只有经过民主讨论，才能把领导上的计划变成自新人自己的计划，这对今后让自新人根据各个不同情况，机动的掌握计划，有很大作用。同时计划中不很正确的地方，也只有经过民主讨论才能得到合理的正确修正。而且经验也充分证明，生产计划，一经讨论，就会在讨论中发现积极份（分）子，成为今后生产的骨干。

生产过程中要发挥民主生活，如开检讨批评会，会上要发扬民主精神，法警自新人地位应平等。在生产中法警也应该和自新人一同生产，否则会激起自新人的反感，辉北法警生产时，只是站岗，自新人便发生反感，影响到都不好好生产。同时及时奖惩，也须经过民主讨论，对谁奖惩，只有经过民主讨论，才能公平正确，这就是要从群众中来，评分记工，同样应该经过民主讨论，五专经验是明显的例证。

生产结束时，总结会议前后，也必须发扬民主讨论。评定奖惩人员，民主才能公平正确。分配生产果实，民主才能防止坏份（分）子的挑拨，讨论生产经验，民主才能丰富正确，这是许多地方经验证明了的。

（丁）生产果实的分配，应根据什么原则来处理呢？这是一个很重要的问题，处理不妥当，是会有很大坏影响的，根据各地经验，首先必须贯彻“取之于彼，用之于彼”的原则。经验证明，如不消灭剥削，生产是搞不起来的，这就必须解决某些同志对自新人农奴式的看法，才能贯彻这个原则。

看守所组织起来生产，与农村组织起来生产，是有性质上的区别。农村组织起来，是建筑在自愿的个体经济基础之上，劳动是权利，所以生产所得完全归于个人。他的原则是集体劳动，个人享受。看守所的生产，是在强制的基础上结合起来，劳动是义务，因此生产所得，主要应归于集体享受。他的原则是集体劳动，集体享受。这是问题的一方面，但在另一方面自新人又是来自现社会的，私有社会有私有观念，为了照顾现实问题，抽出小部份（分）归于个人，也是必要韵。过去我们对于这一观念不够明确，因之产生一些毛病。或者主要的归了个人（如倒二八分红制），或者全部归了集体，结果都与工作有不好影响，今后根据大部归集体，小部归个人的原则，分红制度还是需要的，但是如果公私分红数量不妥（如公二私八公三私七的倒二八制到倒三七制），这就影响了我们的原则。如果公私分红的数量妥当，私二公八或私三公七，这样分红一方面并不影响集体享受的原则，另一方面分红又可以刺激生产情绪，还可以解决自新人的衣服鞋袜等困难。分红在技术上是有困难的，如自新人流动性大，有的能分（农工商业）有的不能分（如义务劳役），同时利润不一，农少商多，但困难是可以克服的，榆社主张平衡评分，农业以劳力，工业以技术。统一评分，义务劳役亦应评分，然后实行工票制，克服流动性大的困难，这样定期结算，实行分红，某些技术上的困难就可以克服，今后在看守所生产基础薄弱的地方，更应该提倡分红，分红制度并不与奖励制度抵触，分红在性质上是应得的，奖励则是额外的，奖励不能代替分红，分红也不必取消奖励。

生产果实具体的如何分配？公积金一般的不超过百分之二十，我们生产的目的，是为了改造自新人，不是发展资本主义无限制的扩大再生产，因此公积金额数不要太多。除了公积金之外，可依二八或三七分红，其归公部份（分），应依取之于彼用之于彼的原则，改善自新人生活，补助贫苦自新人，增加所内卫生教育设备或作奖励金。在这几项中，主要的应改善自新人的生活，这才符合集体享受的原则。

四、民主管理问题

近几年来，我们实行了民主管理制度。现在从效果上来检查，自实行民主制度以来，首先是黑幕不容易发生了，打骂贪污等等现象杜绝了。左权在未施行民主制度以前，伙伕偷米，自新人知道却不敢说，自施行民主制度，让自新人自己管理自己的生活后，伙伕便不敢再偷米了。同时，在其他地方，由于民主制度的实行，自新人敢于提出意见，所以个别法警看守的打骂自新人行为也消灭了。次之，在生产教育各个运动与工作中，大大发扬了自新人的积极性，因之，许多积极份（分）子发现了，成为各个运动的骨干。复次看守所的奖惩也由于民主制度的施行更公平正确了。更重要的是民主制度对于教育工作的作用，由于民主制度的实施，许多自新人的思想变化，都敢于暴露，这样使我们可能针对他的思想情况给以教育。另外民主制度本身也是一种教育，使许多自新人养成了民主习惯。自民主制度施行之后，自新人思想上减少了恐惧情绪，逃亡的情形也减少了，自新人感到大家管理大家，是每个人的责任，许多特别坏的自新人，在看守所无所施其破坏煽动伎俩，看守所也就更加巩固了。

（甲）看守所在什么范围内，可以运用民主呢？首先要在生活上自新人有管理自己生活的权利。左权成立了自新人生活管理委员会，领导上只居于帮助指领地位，是获得了很好的成绩。

其次，自新人有组织俱乐部、选举俱乐部委员的权利。有组织各种学术团体（如拳术、文艺）的权利，有批评干部法警的权利。有思想自由，信仰自由，出版墙报，建议与批评看守所各种建设的权利。

（乙）民主与集中又如何结合呢？我们说：民主管理，在实质上是加强管理，是集中群众集体来管理，是变少数人的管理为多数人的管理，而非放弃管理。是集中群众力量辅助领导，而非放弃领导。在民主与集中的关系上，民主与集中是结合关系，在民主的基础上集中，在集中的指导下民主，比如组织团体选举人员，这是民主，但选举出人员或组织起团体，均应经过批准，这是民主基础上的集中。

因为自新人与任何一个公民不同，所以看守所内的民主，与所外人民的民主，就有很大的区别，集中指导下的民主成份（分）就更大一些。如我们看守所纪律是先由领导上订好，然后民主讨论执行，自新人的编组是集中指导下进行的，但自新人又可自由选举他们的组长，这是集中指导下的民主。

（丙）在看守所内可否使用戒具与秘密自新人（内线）呢？历史经验证明，戒具是起不了什么作用的。使用戒具首先是使自新人发生了恐怖对抗情绪，造成了逃亡条件。五专与和顺的事实，是充分说明了这点的。如以戒具作为教育工具，其作用不及群众运用思想斗争的方式作用更大。如果以戒具作为防御工具，往往先引起案犯的警惕，戒除了我们的警惕，反造成逃亡的条件。所以使用戒具是好处少而坏处多的。武乡自新人不带戒具，有一次被敌人冲散了，但后来又自动回来了。不进行思想教育，单纯靠戒具，是不解决问题的。

至于使用内线自新人问题，在形式上虽然是秘密的，但时间一长实际上必然暴露。这种秘密自新人一经暴露，就会形成孤立，而受其他自新人的欺骗，结果他的汇报、反映、都成了假象，反使我们不清醒起来。四二年时武西自新人夜间大家偷下铐子。其他自新人都知道，就是那个秘密自新人不知道。因为大家发觉了他是内线，所以共同对他欺骗和蒙混。使用秘密自新人的办法，同样是好处少，坏处多。这种作（做）法是民主未施行以前必然现象，这是旧式管理无能的管理办法。假使用民主的方式来管理，民主就可以代替镣铐，发扬民主生活，整个自新人的行动、思想、就都会表露出来，这就用不着内线的汇报。

（丁）在施行民主管理制度的时候，根据各地经验，有几个问题，是需要特别注意的：

1. 极端民主化的倾向。不认识民主与集中的关系，就会产生这倾向的。涉县把自新人请假出所外的纪律，也让自新人民主讨论自己决定，以致发展到极端民主化的坏倾向上去，使民主管理工作遭受很大损失。

2. 法警看守的对抗情绪。法警是站在自新人头上管自新人的，这是一般人历史上的传统思想。这种传统思想如不打通，法警感到大权旁落，情绪上便会发生对抗，工作上便会消极怠工，就不能很好的进行民主管理。涉县在施行民主制度的时候，没有注意到必须首先打通法警思想，明确民主与集中的关系，进行对法警的民主教育，所以当自新人发展到极端民主倾向的时候，法警就说："让民主吧！我没权了，我不管"。

3. 自新人小集团现象。在未施行民主制度以前，自新人当中是不容易产生小集团的。民主制度一经施行，由于每个人都有充分发言权，所以便互相袒护，互相对立。黎城看守所有所谓四大天王，有旧自新人的对立（由于旧自新人摆老资格，过火批评新自新人，以致引起新自新人的反感），有不同性质案犯的对立（由于对同一类案犯互相原谅，其他类犯严格批评而引起）以及以地区为中心的集团、以人为中心的集团等等，这都是在有了民主生活以后，必然发生的现象。这些现象造成了自新人之间的许多矛盾，对改造自新人有很大影响。我们应该在未形成小集团现象以前，很好的防止，既经形成以后，要及时的纠正。

4. 坏份（分）子利用民主攻击领导的现象。这也是必然的现象，我们不能害怕坏份（分）子钻民主空子，就否定了民主。我们应该了解情况，客观的研究，如果真是自己的缺点，就要勇敢纠正自己的缺点，在群众面前，纠正自己缺点，并非削弱领导威信，相反的是提高领导威信。但对坏份（分）子的阴谋，要使大家讨论，明确是非，在群众面前揭发坏份（分）子的阴谋，这样就使坏份（分）子孤立起来，无法施其伎俩。

（戊）如何领导自新人中的积极份（分）子？积极份（分）子的标准，主要条件要能连（联）系群众，脱离群众的首先就不够条件。同时积极份（分）子要在各种工作上能起模范作用（但不是一个积极份（分）子在任何工作上运动中，都是积极份（分）子），能遵守纪律。只有具备以上标准，在看守所中才能起骨干作用，与桥樑作用，而领导上才能通过积极份（分）子，了解情况，推动工作。

积极份（分）子的产生，应该是从群众中自动的涌现。因为他是真积极、假积极，群众是看得清的，这是一种产生的方式。另一种方式就是领导上从各种工作中发现的积极份（分）子，但这种积极份（分）子，也必须为群众所承认拥护。过去我们往往由领导上指定积极份（分）子（即领导观念上认定某人是个积极份（分）子），容易为群众所不拥护，他自己也容易自高自大，脱离群众，而我们有时也会把假积极者误作真的积极份（分）子。据我们许多经验，积极份（分）子凡在各个运动环节中涌现出来的，是最可靠的，凡领导上所发现者，能加以培养与教育、又为群众所拥护的积极份（分）子，也是能起作用的。凡是主观认定，群众并不拥护之积极份（分）子，工作上就要产生偏向。

看守所的积极份（分）子，如果领导上，教育不够，或者掌握使用中有偏向时，他比农村中的积极份（分）子，更易脱离群众。因为原来思想上就有严重毛病（犯罪），虽有转变，但还不巩固，所以就更需要抓紧教育，一方面多鼓励其积极的一面，另一方面还必须经常批评其缺点，不能认为他是积极份（分）子，教育就可以放松，或者只有鼓励，没有批评。一个积极份（分）子可能贯彻始终，但也可能中途蜕化，我们不能认为一直都是积极份（分）子。在使用积极份（分）子时应发挥他自动模范的一面，在政治上他与其他自新人，应一律平等，不能有所悬殊。无论在任何情况下，他不能代替管理，作（做）法警与所长的某些工作，也不能当作所长与自新人间的一级，否则会脱离群众，成为了二所长二法警。这是十分重要的问题。我们有些积极份（分）子的垮台，与我们在领导掌握使用的不妥当是有很多关系的。

（己）管理人员在民主管理制度下，应持什么态度呢？根据我们经验，对自新人的态度，应该是和蔼诚恳的。冰冷冷的官僚衙役架子，会使自新人畏惧，有话不敢讲，和蔼诚恳才能使自新人敢于接近。同时对自新人又须亲切、关心的。经验证明，亲切关心的态度，往往成为感动自新人，引起他思想转变的关键。黎城自新人出去看戏，晚间回来时，法警已把他们屋里火生得暖烘烘的，一个女自新人感动的说："在家里也没人这样关心我，今天政府这样待我，我再不学好，那是没良心了。"尤其是在案情上关心他，劝导、安慰他，这对自新人精神上的安慰，使他解除烦闷，接受我们之思想教育，有很大关系。此外管理人员也还必须是正派严肃，不在政治上严肃，而只是嘻嘻哈哈，感情拉拢，会被破坏份（分）子麻痹利用。行为不正派，会使坏份（分）子抓住弱点，进行破坏。有些看守所的管理人员曾发生过这样问题，这是一个教训。

综合起来说，管理人员对待自新人的态度，应该像医院里医务人员对待病人的态度一样，既和蔼诚恳、亲切关心，又正派严肃，才能在民主制度管理下，发挥他的作用。

五、监所教育工作问题

（甲）教育工作的目的是什么呢？我们应该明确我们的教育不是为教育而教育，历史上我们曾有过这样阶段，在四一、四二年时，我们只单纯让自新人识字读报，实际上自新人心里想的是一套，我们教育又一套，脱离自新人思想实际，教育就变成形式主义的教育。所以形成这种教育方式，主要是由于目的性不够明确，很多同志只知道看守所要进行教育，但为什么要进行教育，怎样去教育这些问题，便不够明确，于是糊里糊涂的去进行教育，当然收不到什么效果，甚至使教育起了反作用。如四一年时沙河给自新人讲惩治汉奸条例，结果引起许多汉奸犯的恐怖，造成看守所暴动。另外我们的教育也不是为了获得材料，能够定案而教育。若是这样目的，显然目的是不正派的，实质上是骗供性质。有这样目的之同志往往以追出材料为满足，对于进一步的如何改造他，则丝毫不会考虑，甚至容易产生其他偏向，许多假坦白现象，就从这里产生。根据以上经验，我们进行教育的目的，不是为教育而教育，也不是为了获得材料而教育，而是为了治病救人，改造自新人的思想而进行教育的。

（乙）教育工作包括些什么范围呢？有以下几种：

现实教育。看守所的一切现实生活，对自新人都是起教育作用的。比如看守所的民主生活，首先就是一种现实教育，林北自新人刘石头，从流氓、懒汉，转变为劳动英雄的转折点，就是由于民主生活的感动。此外我们的宽大政策，对自新人也是一种感动，许多自新人思想转变的开始，是由于我们宽大政策感动了他。其他如干部诚恳艰苦的作风，看管人员亲切关心的态度，都会感动了许多人。这一切现实生活对自新人一般起很大感动作用，促成其思想斗争以致开始转变。

劳动教育。劳动生产是对自新人的一种改造教育，通过生产，可以树立自新人的劳动习惯，祛除其寄生思想。这种教育的作用，一般在自新人思想有了初步觉悟和转变之后，便更能发挥其意义。

社会教育。我们不主张把自新人关在监所之内完全与社会隔绝，今天解放区的社会是新的社会，在社会上处处有教育意义，所以社会上一些有关教育意义的重要活动，应该让自新人有参加的机会。黎城让自新人参加劳动英雄大会，看“血泪仇”等等富有意义的戏剧，结果在自新人思想转变上，收到很大的效果，这种社会教育是不可忽略的。

此外时事教育，文化教育，也是很重要的。解放区许多犯罪案件，是由于变天思想的影响，因此进行时事教育，使自新人了解世界的动向，人民力量的强大，这对许多因变天思想而失足上当犯罪的人，有很大作用。在文化教育方面，根据许多经验，进行识字教育，远不及讲一个名人传、烈士传，起的作用大。襄垣对一些汉奸犯讲了几次历史上民族英雄的传记，使许多汉奸大受感动，觉得自己实在无以对祖宗先烈。这就说明文化教育不一定是识几个字这样呆板的内容，他应该是多样的与机动的。

在各种教育中，尤其重要的是思想教育。当然，从广义的范围来看，各种教育都是思想教育，但这里所指的思想教育，是指打通自新人思想而言。各种教育是要互相结合进行的，不能把他孤立起来，但思想教育是主要的重心，各种教育都围绕着这一重心，为重心服务。

（丙）进行打通思想教育，必须解决的两个问题。进行思想教育并不是一件易事，他的困难复杂，千变万化，不经其事的人，很难具体了解的。在进行思想教育中，有两个基本问题必须解决的，这两个问题说起来有些近乎“老生常谈”，但它都是最基本的问题。这两个问题如没有解决，或解决的不彻底，就是有怎样宝贵的经验，到了自己手里也是空的。这两个基本问题：

第一，必须反对官僚主义的作风，官僚主义高高在上，不能接近自新人，不能了解自新人的情况，不能诚恳耐心的进行教育。我们在四三年以前为什么不能进行思想教育，主要的就由于有官僚主义的作风存在，次要的才是对思想教育方法体验不够，所以不能这样去做。以后经过大整风运动，我们有了改造自新人为人民服务的观念，克服了官僚主义，有了深入下层，侮人不倦的精神。才创造了许多经验，获得了伟大成果。

第二，必须了解思想教育是细致而又耐心的工作，是微妙的复杂的工作。千千万万的人，有千万个不同的思想，所以不能搬运一套死的办法，而是要根据具体的人，采用具体不同的办法来进行，这就必须反对粗枝大叶、急躁、不耐心的作风，教条化的看待经验。要善于创造新的方法，才能胜利的去完成任务。

（丁）进行打通思想应该注意的几个环节。根据各地经验综合起来，一般自新人思想的打通，有个一般的过程，其中有几个重要环节：

第一，在初入看守所时，一般自新人的规律，在思想上是混乱苦闷的状态，他的思想集中在如何掩饰犯罪，是处于思想上的防御阶段，情绪上则对抗悲观，仇视政府。这时我们的对策，应通过对他生活上的关心照顾，安定其情绪，通过监所的民主生活（如别的自新人中觉悟份（分）子之坦白，政府对别的案犯之宽大等等），解除其恐怖与对抗情绪。这时候应该注意，不要对初进看守所的犯人，便叫他反省，因为这时他的思想并未觉悟，而是处在防御阶段，时候不到，反省不出真实东西，勉强反省下的假材料，反使以后难以转弯。同时，这时也不要叫别人讨论他的问题，以免引起对别人的对立。

第二，在情绪初步安定之后，领导上应通过个别谈话，了解他的历史、个性、特点、周围社会情况，采用各种不同方法，促起他思想开始斗争（谈话的方法问题以后专谈）。但应注意：谈话重心，不要集中在案件上。谈话不要成为审讯方式，不要录供。态度要诚恳而不虚伪。许多经验告诉我们，这几个问题如果注意的不够，自新人的谈话，便不会深刻真实，对进行打通思想的下一个步骤，便形成障碍。

第三，经过个别谈话的促进，自新人在思想开始斗争以后，这时候自新人的表现是精神恍惚，情绪沉闷。这时候我们应该抓紧火候。继续发扬他思想上的积极因素（如珍贵自己的前途，对犯罪的忏悔，对我们之感动等），以生动具体为他所熟习了解的事实，证明我之宽大政策，以扫除戒心。同时须组织力量（自新人、法警、亲友）帮助他解除疑虑。此时便可提出问题，让他反省。有了初步材料后，应继续提问题、继续反省。对于必要的人（如个性很强，反省不彻底的人），在必要的时候（领导上提了几次某一问题，他都敷衍塞责的时候），可以组织座谈会。让他报告一下自己的反省，别的自新人诚恳的提些意见，以促进他的反省进度。

在这时候应该注意：火候的抓紧很重要，自我思想斗争如不抓紧，一旦思想中消极因素（不相信政府，防御、敷衍以至更严重的对立仇视等）占了上风，再要促起思想斗争就很困难。同时这时候虽已提出反省，但仍以错误大小，时间长短，自觉快慢，接受深浅，有不同类型，领导上切忌急躁。更应该注意的是关于座谈会问题，组织座谈会并不是一般经验，可以人人如此，只有在特殊情况下，才可采用这一方式。同时组织座谈会时领导同志（司法科长）最好不参加，对其他自新人也不要事先布置，不要使座谈会，成为斗争会，否则反易引起他本人情绪对抗，造成以后进行思想教育的困难。

第四，思想觉悟到一定程度时候——这是以反省错误为标准，反省到一定程度，就可进行宣判。等到下判后，应该进行一些前途教育，解决其悲观情绪，拿别人假释减刑等具体事实来鼓励，并把别人转变的模范例子，对其进行教育。更须（需）要的是要继续帮助他彻底认识其坏思想的根源。此外还必须灌输一些新的思想，培养其新的观念。

这时候应注意不要因为宣判了，就不再管了。在反省到根本思想的时候，可能连（联）系谈到其他的问题，反省出一些其他材料，但我们应该鼓励他，不能因此而又批评他，或给他加刑，一般在原则上，判决以后，不应更改，否则就会影响到其他自新人的彻底坦白与深刻觉悟。

（戊）打通自新人思想的几把重要钥匙，在和自新人进行个别谈话的时候，除了了解其历史、个性、特点及其周围连（联）系以外，对促起他的思想斗争，有几个重要办法，现综合于下：

第一，唤醒其历史自觉。这有两种办法：一种是根据他的阶级出身，让他详追自己为什么穷了？这对因懒惰、浪荡、吸毒、吸烟而破产的人，很有作用。另一种是寻找祸根，详追自己为什么就犯了罪？这对因意志薄弱受人愚弄利用而上当犯罪的人，也很有作用。这些人一旦思想通了，便会忏悔万状，痛哭流涕而坦白自己的一切罪恶。

第二，唤醒其现实自觉。范围是很广泛的，如拿家庭的溺爱教养政府真正关心的教育之比，从唤醒其对政府的感情以其个人在新旧社会不同生活不同地位之比，敌我之比，以唤醒其良心上的觉悟，或以家人相互之比，拿其家庭父兄妻子、亲友、好的人物对比其现状。个人历史之比，以其历史上之好坏对比其现状。用这些办法，可以使其从现实中觉悟过来。

第三，唤醒其前途自觉，从前途上唤醒其觉悟，使其有新生的希望，一有希望便有改造的可能。

第四，针对思想症结，给予解决。有许多自新人经过谈话启发以后，他一切都可想通，但有时对某些形成他犯罪的客观事物，总是通不了，这就形成思想上的症结。如武西一个妨害公务犯申占标的问题，由于区村干部对他婚姻问题处理不妥，他就反对政府，造谣破坏各种工作。经过思想上的启发以后，他也认为自己是犯了罪不该反对政府，但是对于区村干部处理他的婚姻问题，他无论如何想不通，这就形成了他思想上的症结，遇有这种情况，我们就须很客观的研究这些事物，要有勇予（于）正视现实的精神，如果错误的一面在于自新人本身，则应该反复的用不同办法，打通其思想。如果错误的一面在于他人，则应该很好的引导这个症结，给予解决。如武西对申占标的思想症结，一方面我们也同意他的意见，觉得区干部在手续上有些缺点，另一方面就和他研究当时情况，区干部即不批准他妻和他离婚，他们还能不能和好？经过这样办法，他也觉得区干部虽有些独断，但当时情况，他们夫妻间确实不能和好了，这样他的思想症结，才算解决，并开始了转变。

第五，针对积极因素，给以发扬。每个自新人思想中，有积极因素，也有消极因素，当消极因素（自私、忌嫉、落后、报复等）占了上风时，便形成犯罪，可是当积极因素占了上风时，便可以克服消极因素，所以对自新人性情直爽，为人公正，愿起家发家，具有前进心，忏悔心，自尊性等因素，应给予不断的发扬，克服其消极因素，正气助长之后，邪气便可克服。

这些经验，应根据不同对象，结合运用，灵活运用。我们监所的教育工作，就会更取得宝贵的成绩和经验。

六、自新人回村服役的几个重要经验

在四三年时，我们为了适应战争形势，减少看守所案犯，规定自新人处刑在五年以下徒刑，改悔有据，群众不大反对者，可以回村服役。这个办法的提出，实际上是监所管理教育工作，适应战争，经过群众管理，群众教育，走群众路线来改造自新人的一种新的创造。现在根据全区十九个县的统计，共回村服役的自新人二五七二人，其中百分之八十以上的自新人，均得到了改造，甚至有比在看守所内转变的还好。这是我们监所教育管理工作，走了群众路线所取得的重要效果。在几年的工作中，我们也取得了一些重要的经验，现报告于下：

（甲）凡是回村服役的自新人。必须先在看守所初步打通其思想，消灭其对政府，对村干部的对抗情绪，认识其错误，然后才可回村。单从合乎规定来检查，不从思想上检查是否够回村服役的条件，马虎放回，对于改造教育自新人就没有什么作用。黎城女自新人杨仙风（通奸罪），在她思想上认为捉贼要赃，捉奸要双，当时没捉住双，就受法律处分，是不应该的。这个问题她没打通，就让回村服役了，结果回去后又发生通奸行为，并对村干部不满等问题，群众也反映我们让她回去的不对。

（乙）回村服役的基本目的，是要在群众中教育改造他，因此，回村服役必须在群众已经发动，村政权已经改造的地区，才能使自新人回村服役。黎城自新人李兰田成为参战英雄的原因，就在于经过群众教育，群众实际生活实际斗争的影响所致。如果在地区上不加区别考虑，一律看待，普遍运用，则自新人回村之后，不但对他毫无教育意义，并且反易发生许多偏向。经验证明了如果群众没有发动，村政权没有改造地区，自新人回村服役是没有什么好处的。

（丙）自新人回村服役后，并不等于脱离了监所的领导，因此司法部门必须勤于检查。检查要到群众中去检查，要经过向村干部的询问，考察中去检查，一方面检查自新人有无进步，另一方面也检查村干部对他的教育使用情况。不检查就会发生两种偏向，一种是回村了自流起来，毫无人过问，等于没事情了。另一种是变成了村干部的农奴，成天的在村里支差服役。

（丁）除了勤于检查之外，还必须进行定期会议。会议的目的，在于考察奖惩，相互影响，作用在于经过会议，鼓励他们的前进情绪。黎城在四五年六月召开了一次回村服役〔自〕新人会议，到会的五十三个自新人中，表现不好的有九人，占百分之一六·六，到十二月开会时，五十一个自新人中，没一个不好的了。当时我们司法科同志，觉得很奇怪，以为或者是村干部有些包庇，于是连夜派人分四路出发，到各村群众中去调查，结果真是没有一个不好的。后来自新人在会议上表达其思想，原因就是前半年开会时，我们曾对好的自新人进行了表扬奖励减刑，坏的自新人加以处分批评，好的自新人本人的一切情况，如群众和干部看得起呀，自己如何努力呀等等，在会上起了生动具体的示范作用，这就推动了大家的上进心。所以召开定时的会议，对改造回村服役自新人是有很大作用的。

（戊）在领导开会时候有几项内容，是必须有的。在开会时必须经过详细的考查，然后再进行奖惩。同时还须要解决回村服役自新人中的糊涂思想（如对村干部的错误看法等问题），解决自新人本身的困难问题（如村干部派差过多，或对之歧视等问题），都必须从思想上，或实际上予以适当解决。另外更重要的还须帮助他们制定（订）生产计划，如参加互助，订安家计划，确定努力方向等等，这不仅表示我们对他们的关心，而且有了下次会议检查其工作的标准。同时如他们能参加群众生产运动，客观上会在群众中，生产中改造其意识。

今后战争状态虽已消除，但根据群众中改造自新人的效果经验，这一制度今后仍可适用，并应提倡的。

七、监所建设的方针

我们监所建设的目的，在于治病救人。因此感化教育，民主管理，便是我们的工作方针。这一方针是根据新三民主义理论（即新民主主义）原则提出的，而又经过几年来丰富了，发展了的。经验证明了一个真理，即只有在这样方针之下，才能达到治病救人的目的。政协宪草原则上规定："改良监狱管理"，我们的方针与经验，将在将来改良监狱管理这一工作上，起很大的推动作用。

选自《中国新民主主义革命时期法制建设资料选编》第四册，西南政法学院函授部1982年编印，第309～330页。原注："摘自1946年——徐处长在太行区司法会议上的总结报告一"。

24. 太行行署对一起典型案件的处理通报

1946年1月9日

各专员、县长：

专县司法科长：

去年一月份，涉县司法科曾经在群众运动中处理了会里村刘成先侵占别人地基的案件。这一案件的处理是以群众观点、群众路线的作风解决的。从这里启示出，司法工作者在处理案件中应该怎样地去依靠群众、扶植群众、掌握政策，也就是说我们如何走群众路线的典型材料。

介绍这个材料的目的，在于启发同志们注意如何对典型案件、典型工作材料的整理研究与方法。这个典型案件材料本身具备着发生、发展、群众情绪以及处理的全过程，所以我们才能看出这个案件的处理是怎样走群众路红［线］的。但是这个材料还是不够完整与细密。如进行调查研究时是怎样进行的，方法对象等以及打通村干部的思想又是用什么具体办法，什么话语启发了干部的思想。这些重要关节没有详细的整理出来是一个很大的缺陷。

司法会议的时期已经快到了。在会上我们要经过同志们对几年来工作历史的检讨研究，特别是要从典型材料的研究中总结整个司法工作的历史发展。这个典型材料的介绍认识起个抛砖引玉的作用吧。

附涉县群众运动中一个典型案件的处理介绍一份。

主任　刘岱峰

涉县群运中处理刘成先侵占案件的介绍

案件的起因

会里村民刘成先，中农成份（分），原籍庄上，后居会里，已有两代。民国十九年的时候，他买到一块地基修盖房子（即现在住的地方），那时他父兄还没有死去，也未曾分过居。修房的时候是由他父兄经手修的，以后分家时，这房子即分给了他。房后是渠道，房西为道路，房东是地。前边左边接连着村民江大嘴的地基，右边是村中社房。

三十四年正月间，村中群众在民校提出，他修盖房子的时候，侵犯了江大嘴的地基共一分七厘。经过群众斗争后，要处罚他，让他包损失大洋二万九千七百元，小米五石四斗二升五合，水地一亩。

案件的纠纷经过

这件事发生后，刘成先不服村上群众让他包赔别人损失的处理，但是全村群众也坚持着非让包赔损失不可，粮款数目不让一点。刘成先就到县政府告状，请求县政府依法解决，村里也派出江得宁等四个代表，拿着住村工作同志的信到县府请愿，同时区公所也写来信提意见，让县政府给群众圆满的答复。

县政府接到这个案子时，正是全县群众运动发展到热烈的阶段，同时，某些地方在运动的前期及发展中也不断发现些偏向的时候。这时县政府司法科觉得如依照群众代表的要求处理，刘成先不服，县里也感到有些不适当。如刘成先（不）照数包损失，不但群众代表不接受，就连边区村干部也不赞成。

后来县司法科的同志就对群众代表和刘成先分别作了一番解释工作，让他们暂先回去，听从县府派人到村里解决。县司法科的同志计划等县里开过干部会议以后，干部们在思想上对进一步地深入发动群众，经过群众掌握政策、克服偏向等问题得到统一认识以后再进行处理。在这期间该村群众代表曾两次来县催促，经司法科的同志耐心说服回去了。

二十多天以后，司法科长蒋孚民同志协同四区区长温良同志亲到会里村进行解决，决定先作一番调查研究。先了解刘成先的家庭情况、平日为人以及这事情发生的根源，看是全村群众的公议还是少数人的经济观点或是报复行为。

调查的结果和真情

刘成先平时在村里并不是强横霸道的人。他哥哥过去当过保长，盖房子的时候确实侵占了别人的一分七厘地基，但也是为了水渠出水，大家都方便的缘故。这还是他哥办的事情。这次群众斗争他，是因为去年春天灾荒时，村里贫苦人家去采他门前大槐树上的叶子，刘成先不高兴，产生意见。冬学占的地方离他们家厕所很近，大家大小便时不注意，弄了个乱七八糟，刘成先又说了许多闲话，引起很多人的不满，所以才发生了这件事情。

问题是怎样处理的

蒋孚民同志和温区长了解了实际情况后，首先会同住村工作同志以及村干部，实际勘验了刘成先的房坑地基，以事实证明了，刘成先除为水渠出水方便占了江大嘴的一分七厘地基以外，没有侵占其他人的。晚上召集了村里主要干部和运动中的几个积极分子召开了会，孚民同志用启发诱导的办法，让大家检讨这个问题是否处理得合适。讨论中间又进行了政策法令的教育。讨论的结果，村干部感到这个问题处理得有些过失，需要重新处理。第二天又扩大了几个干部（开会），蒋孚民同志即提出自己对这个问题的处理意见和刘成先负赔偿侵占别人地基的理由与款项数目。村干部思想打通，意见一致了，孚民同志又找到刘成先，和他进行了个人谈话，帮助他反省自己过去不好的地方，特别是侵占别人地基，虽说是为了出水方便，但预先不和人商量是强行不说理。刘成先（认识到）修房子虽是父兄办的事，但现在是分给了自己，自己是应该负责。这时刘成先对群众让他赔退粮款、水地心上还是不满意，可是想到自己有不对的地方，（所以）愿意承认错误。孚民同志得到了这两方面的意见以后，又想办法经过村干部分别向群众进行说服解释工作。又经过群众自己讨论，都认为以前让刘成先包赔的太多，同时刘成先也向群众承认了侵占别人地基的不对，结果，（以）刘成先包赔四千元钱的损失结束了这一案件。

从这里我们可以看出涉县蒋孚民同志在处理这一群众斗争的案件中有这样几个特点：

一、他不把群众运动中的案件孤立起来看成是一般案件，在接收案件以后初步了解了案件的性质（不是地主与农民的问题），以后采用了耐心说服的办法，先让群众代表与刘成先回去。等干部会议后，对整个群运的思想指导有了统一认识以后才进行处理的。他不是冒冒失失、大惊小怪地自来一套批评与纠正。

二、经过调查研究了解案情以后，采用了启发诱导的方式，先打通干部思想，进行了政策教育。又经过干部来说服群众，打通群众思想，通过群众来纠正偏向，不是用包办代替、行政命令的办法，来解决问题。

三、处理问题，既照顾了群众情绪，又提高了干部与群众的认识和觉悟。

四、使刘成先认识到自己的错误，愿意向群众认错，问题得到了较适当的解决，消除了村干部的仇视心理，使坏份（分）子也不敢乘机来向群众反攻。

这个案件的处理告诉我们，司法工作应当如何结合群众力量走向群众路线的道路。

民国三十五年一月九日

选自《长治审判特刊》——庆祝建国六十周年迎接全国革命老区法院论坛召开，长治市中级人民法院机关刊，2009 年第 2 期，第 45～46 页。

25. 晋冀鲁豫边区关于审级及死刑核定的暂行规定

1946 年 2 月 12 日施行

一、一般民刑案件以县（市）政府为第一审机关，专员公署为第二审机关，行署为第三审机关。

二、区长级以上干部（包括政民各机关团体干部，凡其负责职务相等于区长一级者均属之，下同）犯罪案件，以专署为第一审机关，行署为第二审机关，高等法院为第三审机关。

三、有下列情事之一者，经边区政府认为必要时，高等法院得迳（径）行受理之。

1. 经下级政府声请者。

2. 经当事人声请具有相当理由者。

3. 边区政府以职权认定者。

四、县（市）政府或专署所判处之死刑案件，非经行署核定后不得执行，但如遇特殊情况，行署得授权专署执行。

五、对于区长级以上干部所判处之死刑案件，非经高等法院核定后不得执行，但经高等法院授权之行署，不在此限。

选自《中国新民主主义革命时期根据地法制文献选编》第三卷，中国社会科学出版社 1981 年版，第 548 页。原注："选自《冀南行署法令汇编》第一册"。

26. 冀南区民刑事调解条例

1946年2月20日公布

第一条　本条例为使民间调解纠纷，减少人民讼累制定之。

第二条　凡民事一切纠纷（土地、婚姻、债务、继承，劳工……）均应厉行调解。

凡刑事除下列各罪不许调解外，其他各罪均得调解。

1. 汉奸特务罪；
2. 盗匪罪；
3. 杀人罪；
4. 贪污渎职罪；
5. 危害军事罪；
6. 妨害公务罪；
7. 妨害选举罪；
8. 逃脱罪；
9. 藏匿人犯、湮没证据罪；
10. 伪造公文印信罪；
11. 破坏货币及有价证券罪；
12. 伪证罪；
13. 妨害水利罪；
14. 破坏交通罪；
15. 伪造度量衡罪；
16. 烟毒罪；
17. 其他破坏社会秩序罪；

第三条　民事及许调解之刑事，其调解方式如下：

1. 对双方所争执之事物，须评议是非，明确权利。

2. 一方向另一方赔礼道歉，或赔偿损失、抚慰金或其他习惯上平气息争之方式（但以不违背善良风俗，不涉及迷信为限）。

3. 双方无条件之和解。

以上各项方式得用其一，或并用之。

第四条　调解之进行，先在所在村进行，其形式有两种：

1. 民间自行调解，由双方当事人出面，或当事人之亲族出面，邀请地邻亲友或群众团体评论曲直，就事件情节之轻重，提出调解方案，劝导双方息争。

2. 由双方当事人之一方，申请村公所调解，由村长、农会主任（或其他村干部）召集双方当事人之亲友地邻或民众团体，或其他有关人员，开调解会，大家评议曲直，就事件情节之轻重，提出调解方案，劝导双方息争。

第五条　前条所列调解如不成立时，或调解后十日内一方对调解方案不同意时，得由当事人双方或一方申请区公所依法调解之。

区公所接受调解事件后，得邀当地民众团体、公正士绅，当事人之亲友地邻、本村干部协助调解，或由区干部单独调解。

第六条 区公所进行之调解如不成立时，或调解后十日内当事人之一方又对调解方案不同意时，得由当事人双方或一方，向县政府正式起诉。

县政府接受状报后，认为仍有调解之必要时，仍须进行法庭调解，或指定双方当事人之亲友邻居、区村干部在外调解。

县政府主持之法庭调解或在外调解，如当事人不同意不能成立时，县政府得依法判决之。

第七条 县政府所为之判决如当事人不服时，得上诉于所属的专员公署。

专员公署接诉状后，认为仍有调解之必要时，得进行法庭调解，或指定双方当事人亲友邻居、区村干部在外调解。

专署主持之法庭调解或在外调解，如当事人不同意不能成立时，专署得依法判决之。

第八条 专员公署所为之判决，如当事人不服时，得上诉于冀南行署。

冀南行署受诉以后，认为有调解必要时，仍得进行法庭调解，或指定在外调解，调解不成立时，依法判决之。

第九条 调解必须双方当事人同意，始能成立。

第十条 无论是政府人员、民众团体或地邻亲友，均不得对当事人强迫压抑，并不得有从中受贿舞弊情事，违者处罚。

第十一条 调解人之间如对调解方案有不同意见时，不以多数少数付表决，而应从双方当事人同意与否为内定。

第十二条 各级政府主持之调解，邀请或指定调解人时，调解人之人数不限，但应具备下列条件之一者，始得被邀请或指定为调解人。

1. 对双方当事人所争执之事件熟悉者。

2. 对双方当事人所发生之事件曾在场目睹者。

3. 急公好义、为人正直公平者。

4. 当事人所属之民众团体负责人。

5. 曾参与调解，对争执事件作过调查研究的干部。

第十三条 在法庭外调解成立之事件，应由调解人制成和解书，交双方当事人收执为据，如其事件已属司法机关有案者，应另写一份和解书，交请司法机关核批销案。

第十四条 和解书应具下列各项：

1. 双方争执之简要事由。

2. 调解之结果。

3. 实是双方同意和解，并无强迫压抑事情。

4. 双方当事人姓名、签字盖章或指印。

5. 调解人姓名、签字盖章或指印。

6. 调解年月日。

7. 调解地点。

第十五条　由法庭调解成立者，应由法庭录具两造同意之条件与供词，朗读后，由当事人签字盖章或指印存卷，一面制作和解书，送达双方当事人收执为据，即将讼案注销。

第十六条　本条例自公布之日施行。

选自《中国新民主主义革命时期根据地法制文献选编》第三卷，中国社会科学出版社1981年版，第649～653页。原注：“选自冀南行署一九四六年七月《法令汇编》第一册”。

27. 太行行署命令——执行新审级制度及新审核制度

1946年5月13日

各专员、市长、县长：

各地方法院院长、县司法处长（科长）：

兹奉边区政府高等法院法行字第四号通令规定之审级划分，并参酌本区具体情况，特对本区之审级制度及汉奸特务犯死刑核定制度，作如下之规定：

一、为适应今后新的形势，此后民刑案件，除汉奸特务犯采取审核制度外，一律励（厉）行上诉制度。

二、审级之划分如下：

（甲）市地方法院及各县县政府或县司法处为一审机关，受理一切民刑事第一审案件，为第一审判决。

（乙）专区地方法院为第二审机关，受理管辖区内各该县不服第一审判决而上诉之民事案件，为第二审之判决。

（丙）高等分院为三审机关，受理不服第二审判决而上诉之民刑事案件，为终审之判决。

高等分院对直辖市地方法院（邢台市、长治市）施行二审机关职权，为二审之判决。

据边府及高等法院之规定，高等分院受理三审案件，限于民事诉讼中诉讼标的物不满本币一百万元者，刑事诉讼中最轻本刑不满有期徒刑五年者。如民事诉讼标的物在本币一百万元以上者，刑事诉讼最轻本刑在有期徒刑五年以上者，不服第二审判决者，由边区高等法院受理之。

（丁）刑事诉讼上诉期间为十日，民事诉讼上诉期间为二十日。

三、汉奸特务犯死刑核定制度如下：

（甲）汉奸特务犯经一审机关判决后，凡裁判刑不满五年有期徒刑者，该犯不提起申辩时，判决即作为确定；提起申辩者，一审机关得斟酌案情，作再审或维持原判之判决。

（乙）汉奸特务犯，经一审机关判决后，凡裁判刑在五年以上不满十年有期徒刑者，无论该犯是否提起申辩，需将卷宗判决及申辩书（不提起申辩者不附申辩书）送呈地方法院核准，始得执行。

（丙）汉奸特务犯经一审机关判决后，凡裁判刑在十年有期徒刑以上者，或无期徒刑、死刑者，需将卷宗、判决、申辩书（不提起申辩者不附申辩书）送呈地方法院初步审核后转呈高等分院核准，始得执行。

（丁）凡汉奸特务案因当地情况复杂，斗争尖锐或其他特殊原因，需要及早执行之案件，经专署专员核准后即可执行。但须于事后由地方法院将卷宗、判决等呈报高等分院核准备案。如有错误，由专员负完全责任。

此项规定不能一般援用，只有在极特殊情况下，对极特殊案件，由专员决定，方可援用此项规定。如在适用上有错误时，亦由专员负完全责任。

（戊）汉奸特务犯之申辩期间，限五日内书面写成申辩书。

以上各项规定，如与过去颁布之审级制度、审核制度有抵触者，悉依本规定执行，仰即严格遵守，切实执行为要。

此令

主任　李一清

民国三十五年五月十三日

选自《长治审判特刊》，山西省长治市中级人民法院2009年编印，第27页。

28. 太行区地方法院暂行工作条例

1946年5月20日

第一条　为适应目前新的形势，特于行署所辖各分区、专员公署所在地及行署直属市，设置地方法院。

第二条　地方法院内部领导关系，本扩大自诉范围及一元化领导精神，统一于院长领导之。

地方法院与行政之领导关系，本一元化领导之精神，统一由专员或市长直接领导之。

第三条　地方法院管辖区域与各专员公署管辖之行政区域同，市地方法院管辖范围为本市。

第四条　地方法院工作任务如下：

一、领导监督各该管辖区内司法工作之进行事宜。

二、受理不服各该管辖县第一审判决之民刑事上诉案件，直属市地方法院受理第一审民刑事诉讼案件。

三、审核上级指定之特种案件。

第五条　地方法院设院长一人，审判长一人（院长兼）检察官一人，推事、书记官各若干人，视事务之繁简，以命令定之。

第六条　院长职权如下：

一、综理本院司法行政事务。

二、管理所辖区域内全面司法工作之进行事项。

三、综理本院检察事项之进行。

四、监督与指挥本院一切诉讼案件之审判事宜。

第七条　审判长职权：

一、执行审判事务。

二、指挥监督推事工作。

三、分配监督审判案件之进行。

四、公审案件之决定。

五、审判之撤销或判决。

六、初步审核决定上级指定之案件。

第八条　推事职权：

一、关于案件之审判调查事项。

二、关于案件之批答事项。

三、关于案件之判决及撰拟判决书事项。

第九条　检察官职权：

一、执行检察职务，协助自诉。

二、对危害人民利益之犯罪无自诉人者，或其他无检察权之机关（如区公所），而送来之检举案件进行公诉。

三、监督本院刑事判决之执行，对本院刑事案件判决不同意时，得提起上诉于高等分院。

四、审核案件。

五、领导本院及所辖各县监狱看守所工作之进行事项。

第十条　书记官职权：

一、开庭时执行职务。

二、掌管笔录，整理卷宗，编制统计及文牍等事项。

第十一条　案件之配受，由院长核阅后，批受推事或检察官处理之。

第十二条　推事受院长领导，在配受案件后，无论合议或单独处理之案件，均应随时向院长汇报审判进行之情况，拟判后须送院长核阅。

第十三条　检察官对不起诉处分案件，所拟之不起诉处分书，由检察官署名，但应送院长核阅。起诉书由检察官署名，遇有对本院处理之案件发生意见时，须向院长直接提出。

第十四条　书记官对本身应负之司法行政事务，直接受院长领导，在审判检察工作上，受推事、检察官之领导。

第十五条　地方法院一切对外行文，除裁判书由推事副署，不起诉处分书由检察官署名外，其余文件，一律以院长名义行之，一律盖用法院印信。

第十六条　院长外出时，由院长指定推事或检察官一人代理职务。

第十七条　推事、检察官承院长之命，得随时赴所辖各县巡视检察工作。

第十八条　地方法院及院长，均受各该管区（专员或市长）之直接领导。

第十九条　地方法院对有关下列事项之处理，须经专员或市长之同意后，始得执行之。

一、有关群众运动案件之处理。

二、十年以上有期徒刑之判决。

三、所辖区域内司法干部之配偶[1]调动与升迁。

四、特种刑事案件之初步审核。

五、对管辖区重要命令指示之颁布。

六、其他重要事项认为有会商必要者。

第二十条　院长与专员、市长意见遇有不同时，以专员市长意见为确定意见并执行之，但院长可直接向高等分院报告请示解答之。

第二十一条　凡属区长级司法干部，任免调动时，由专员与市长连署发布命令或委任状。

第二十二条　凡属司法与行政有关之重要命令及指示，由专署与法院会衔颁发之。

第二十三条　本条例有未尽事宜，经太行行署得随时修正之。

第二十四条　本条例由太行行署公布施行。

民国三十五年五月二十日

选自《长治审判特刊》，山西省长治市中级人民法院编印，2009 年第 2 期，第 10 页。

29. 太行行署关于执行新审级制度应注意事项的指示

1946 年 5 月 23 日

一、新审级制度总的精神，在于适应目前新的形势，保障被告或当事人的民主权利，提倡上诉。因此今后除汉奸特务案采取审核制度外，一律厉行上诉制度。这样便扩大了一审机关职权，同时也加重了它的责任。各级同志决不要因为不复核复判，就马虎从事，想重就重，想轻就轻，草率人民权利，观念上必须明确：责任加重，是为了更好为人民服务，更好保障人民权利，希各级同志认真执行。

过去我们有些同志，由于民主作风不够，游击习气的存在，怕人家上诉，常以拖延办法，久悬不决，不下判决。即便下判，也很马虎，不谕知上诉，甚至还威胁当事人不准上诉，这都是不对的。我们作判制度，不是为判决而判决，更不是为对付上诉而判决，而是为保护人民利益而判决，稍一不慎，客观上就损害了人民利益。因此，今后不但不能剥夺被告或当事人上诉权、声辩权，相反应很好帮助他们上诉与声辩，方可以表示我们新民主主义政府的司法不同于旧司法，而是真正的民主政府。同时在上诉中也可以通过上诉促进业务学习，提高工作，提高自己，都是有益而无害的。

在另一方面，我们在思想上还须严重警惕另一个偏向，即认为今天提倡上诉了，马虎一点也不要紧，反正上诉后上级可以纠正。这种思想，在原则上是对人民不负责任的思想，一切都推往上级，自己马马虎虎，这不是一个革命者应有的态度。

总之，在执行新审级制度中，每个干部思想上，第一，应该明确提倡上诉是发扬民

---

① “配偶”，疑为“配备”之误。

主，因之，剥夺被告及当事人上诉权的不民主思想须要纠正。第二，取消一般的审核制度(除汉奸特务外)，是加重了我们的责任，因之，绝不能以为从此就可草率从事。第三，提倡上诉，不等于减轻自己的责任，因之，绝不能把一切都推往上级，马马虎虎。我们解放区一切工作，在全国将来都要起示范作用，司法工作各界人士，都非常重视。因之，我们应该发扬革命责任心，负责地坚决地树立新作风，严格执行上诉制度。

二、执行审级制度应注意一些具体问题：

1. 民刑事每案处理后，必须写判决书，民事调解后，应写调解书，不起诉处分，应写不起诉处分书。

2. 判决书、调解书、不起诉处分书都要分别送达，并填写送达证，回执存卷，以便稽查。

3. 判决书写明上诉或声辩期限，并注明上诉机关（因高等法院与分院受理权限不同，应详细注明）及上诉地址。送达时应谕知被告或当事人于法定期间上诉，如有询问或异议时，都要很好答复与解释。

4. 民事上诉时，应谕知上诉人缮写两份上诉书，以便送达被上诉人提出声辩，如仅呈送一份者，司法机关应照抄一份，送达被上诉人，并谕知声辩。

5. 普通刑事及汉奸特务，处徒刑者应采取宣判方式，宣布其罪行。

三、死刑是否送达，这是我们工作中一个比较具体的困难，从保障被告权利来讲，是应该送达的，但在今天情形下，完全采取送达方式，事实上有些困难。兹根据工作环境、工作条件，提出以下办法：

1. 汉奸特务犯是政治上犯罪者，其狡猾比一般人要多。因此判处死刑者，原则上不送达判决，但应将犯罪事实（即判决认定之事实）详细抄录送达，并作解释，让他提出声辩，但（因）送达事实，他虽不知处刑结果，很可能意识到自己罪重。因之，应注意看管，最好个别管押，以免意外，同时对其他犯人亦可免少波动。如果问到处刑结果时，只好从旁解释使他安心。

2. 普通刑事处死刑者，在腹心地区，工作条件又好，看守工作又有基础，自新人思想教育也好，一般要经过送达手续，但在看守上也应加注意。游击区对敌斗争尖锐，环境不好，判处死刑者，亦采取送达事实方针，不宣布其罪刑。

四、上诉以法定刑（即法律上所定的刑罚，如杀人者处死刑、无期徒刑或十二年以上有期徒刑是）为标准，审核以裁判刑（即判决时所定的刑期，如某人因窃盗处有期徒刑二年是）为标准，不属于高等分院受理范围。而上诉之案件，应经由高等分院转呈高等法院，参照附表，由二审机关确实掌握执行。

五、普通刑事虽不经过复核复判手续，但上级司法机关有权随时抽查确定之判决。

六、第一审机关呈送高等分院审核之案件，专署地方法院应详细研究、提供意见，克服承上启下，等因，奉此，不负责任的文牍主义倾向。

以上各点，希加研究执行，执行中遇有困难，随时报告，以便研究改进为要。

选自《中国新民主主义革命时期根据地法制文献选编》第三卷，中国社会科学出版社1981年版，第552～555页。原注：“选自太行行署《一九四六年重要文件汇集》”。

30. 冀南区诉讼简易程序试行法

1946年8月1日试行

（一）民刑通用诉讼程序

第一条　人民诉讼不论民事刑事，可用口诉或状诉，必须经过村区调解，如对调解不服，即可向县府起诉，应按审级进行，其审级如下：

一、县政府为第一审机关。

二、专员公署为第二审机关（处理干部案件例外）。

三、行署为第三审机关。

第二条　起诉应向被告所在地之第一审机关为之，如管辖不明或有争执者，应向上级请示，指定管辖机关。

第三条　人民以口头起诉时，应将口诉内容制作笔录，其笔录上应记明下列事项：

一、原告和被告的姓名、年龄、籍贯、住所、职业，如系法人，其名称与所在地。

二、说明为什么诉讼，刑事应说明被告的犯罪事实，民事应说明请求的目的。

三、把理由说出来，把证据举出来。

四、在笔录后写上口诉人的姓名、盖章或按指印。

五、最后写上口诉的年月日。

第四条　政府受理诉讼后，认为有批示之必要时，须用书面批示，具状人如对批示有不服时，自接到批示之日起，七日内得提起抗告。

第五条　审问人员应将审阅情形制作笔录，并注意下列事项：

一、笔录应由书记员当庭记录（式样附后）。

二、每次审讯完毕后，应将笔录向被讯人诵读一遍，或让其看过承认无讹，令其按指印，方为有效，如当事人无理拒绝盖指印者，应记明其事由。

三、指印一律用右食指。

四、审问人员应在笔录后签名盖章。

第六条　政府于必要时得传讯证人，令其具结（式样附后），保证其证书属实，如有虚伪，应负责任。

第七条　政府在调查研究的过程中，对民事案件及轻微刑事案件应设法进行调解。

一、调解方式：

1. 庭外调解成立后，方向政府呈递和解状，撤销原诉，其双方所立字据，只生一种契约上之效力。

2. 当庭调解成立后，应令其具结划（画）押，并制发和解书，此和解书与判决书有同等之效力（式样附后）。

二、调解原则：

1. 不违背政府法令。

2. 不许强迫命令。

第八条　刑事判处在徒刑一年以下，罚金在五千元以下者，可用处刑命令。民事诉讼标的在五千元以下者，可用简易判决（式样附后）。

第九条　刑事处两月以下之拘役或一千元以下之罚金，民事诉讼标的在二千元以下者，原则上不得上诉第二审。刑事处一年以下之徒刑或五千元以下之罚金，民事诉讼标的不过五千元者，原则上不得上诉第二审。

第十条　民事上诉期限为二十天，刑事为十天。如无特殊理由逾过上诉期限者，不得上诉。

第十一条　与案情有关系之司法职员对于案情之处理涉及嫌疑者，应自行回避，或依当事人之声请回避之。

第十二条　诉讼公文用纸，应有一定尺度（尺度另定），诉讼文件要用卷宗及一定格式，其应注意之点如下：

一、诉讼公文必须用墨笔自右向左直行书写清楚。

二、诉状、笔录、判决、批示及其他一切有关案情之文件，均应编号归卷。

三、卷内笔录判决等文件增删处，应由增删人盖章，以明责任。

四、卷内当事人姓名、地名，要查问明确，写成一律。

第十三条　送达文件必须有送达证（式附），送达人将送达证带回附卷。

第十四条　无论民事刑事，经政府判决后，除有特殊情形外，均须宣判，并向当事人送达判决书，每人一份。

第十五条　对于判决不服提起上诉者，应注意下列事项：

一、对终止上诉之判决，不得上诉。

二、对一审或二审之判决不服提起上诉时，民事应于二十日内，刑事应于十日内，向原判决机关声明不服，并说明不服理由，其迳（径）向上诉机关提起上诉者，亦认为合法。

三、原审判机关应根据上诉人之声请，连同原卷送交上诉机关审理，其迳（径）向上诉机关起诉者，由上诉机关调卷审理。

四、第三审机关接到上诉人书状后，得代抄副状送交被上诉人，提出答辩，认为无传讯之必要时，即行书面审理（判决式附）。

第十六条　上诉第二审案件，应尽量采取言词审理。但案情轻微，根据上诉人的口诉或诉状与第一审判决书对照研究，显无新的理由，原判既合法又合理，应劝其不上诉，如仍不服，可调卷复核，若有出入者，可准其上诉，倘无新的理由，可将原诉驳回。

第十七条　上诉书状应注意下列事项：

一、两造当事人及代理人之姓名、住址、职业。

二、对原判不服之程度及请求之目的。

三、新理由及证据。

第十八条　为第二审判决或第三审判决，均应于理由栏内叙明原判是否合法及上诉之有无理由（式附）。

（二）民事诉讼程序

第十九条　民事尽量采取就审制度，应先将就审地点及日期通知原被两造及有关人等。

第二十条　传唤当事人须有传票（式附），除由法警传唤外，可将传票由原告带回转交村公所代传被告。

原被两造均经过村公所同时到案。

两传不到得用拘票，一再拘传不到得缺席判决。

第二十一条　民事诉讼采取双方或□□言词辩论审理方式，应注意之点如下：

一、原被两造均须到庭，先由原告陈述起诉要旨，再由被告辩论，务使两造把理由说完，除违犯法庭秩序外，在陈述理由上，法庭绝对不限制其言论。

二、讯问证人，可用个别审讯方式，必要时须令具结。

第二十二条　把案情审理明白，调查清楚后，再进行最后调解，如不成立即根据法令的规定进行判决（式附）。

第二十三条　民事暂不收讼费，但胜诉人因诉讼所受之损失，得请求败诉人酌情赔偿。

第二十四条　民事案件经判决后，败诉人不上诉及终止审级之案件，应迅予执行。

第二十五条　有下列各款情形，审判机关得以职权宣示假执行。

一、有时间性而妨碍生产者。

二、上诉显无理由，故意拖延诉讼及将来执行发生困难者。

第二十六条　执行权属于第一审司法机关，依判决主文执行之，并可

委托区公所或村公所协助执行。

（三）刑事诉讼程序

第二十七条　刑事有公诉，私（自）诉之分。

一、公诉：

甲、一切公诉案件任何人均有检举告发之权。

乙、汉奸政治犯须经公安机关侦查，向司法机关提起公诉。

丙、未经公安机关侦查起诉者，送交公安局进行侦查，其侦查不具体或材料不充实者，得再行侦查。

丁、公安机关移交侦查完毕之案件，应将被告人及有关案情之文件以书面送交司法机关。

二、私（自）诉：

甲、告诉人得用口诉或状诉，政府受理后得以口头或书面答复之。

乙、匿名书信不认为起诉状，只可作为调查材料。

第二十八条　传唤当事人得用传票，经传唤故意不到者，得用拘票，被告有羁押之必要者，得用押票。提审或开释时，须用提票（式样附后）。

第二十九条　案情重大有逃亡之虞者，得迳（径）行拘捕，需要搜索证据时，得经过村公所协同为之。

第三十条　拘捕不获，得用通缉票（式附）通知各级政府协助缉捕之。

第三十一条　受理案件后，得进行调查勘验。

根据调查材料进行审讯。

审讯时应以诚恳态度，动员启发犯人坦白，严禁刑讯，并不得用威胁利诱欺骗等方法。

第三十二条　审讯被告犯罪事实证明者，应为有罪之判决，被告犯罪事实不能证明，或证明后不应受刑事处分者，应为无罪之判决。(式附)

第三十三条　一案有数被告，又系同一犯罪行为，均为共犯，应分别罪行轻重，一次判决，用一卷一判一次呈报。

第三十四条　判处十年以上有期徒刑之案件，逾上诉期不上诉者，原判决机关应将卷判送请行署复判执行。

判处五年以上有期徒刑之案件，逾上诉期不上诉者，原判机关应将卷判送请专署复判执行。

第三十五条　判处死刑者，经上级批准执行。

如上级认为有提审之必要时，得迳（径）行提审，认为量刑不当，有复判之必要时，得迳（径）行复判，认为有更审之必要时，得发还更审。

本条第二项前条适用之。

第三十六条　受有期徒刑之宣告者，经确定后送监狱执行，但有下列情形之一者，得停止执行：

一、怀胎七月以上者。

二、现患重病者。

三、心神丧失。

第三十七条　判处死刑怀有胎儿者，呈请上级产后执行。

第三十八条　刑事案件受害人于刑事诉讼程序中得提起附带民事诉讼，请求判令被告赔偿其损害部分。

第三十九条　本法自民国三十五年八月一日起试行。

第四十条　本法之修正权及解释权属于冀南行署。

（附一）处理民刑案件的九项注意

第一，对人命案件，要立刻逮捕凶手，同时赴尸场勘验，搜索证据，对案内证物、尸体伤口等痕迹，应详细审察（虽细微之物有时亦能研究出问题），必要时还可请专门人才鉴定。

第二，对重大疑难案件，要深入下层多方调查，广泛听取群众和群团意见，必要时还可化装密查。

第三，对于各方反映材料，均应详加调查，切忌听取一面之词，或先入为主的偏差。

第四，在每次开庭审理之前，要将诉状（或口诉笔录）、调查材料及反映材料等项，详细对照研究，拟定讯问重点及审讯方法。

第五，对当事人态度要和蔼严肃，循循动员启发，纵其顽强，也要耐心说服，不要讽刺谩骂，暴躁或轻佻，更不要装腔作势的摆官僚架子。

第六，处理民事案件要将群众要求与法令精神结合起来，细心考虑，并注意下列原则：

一、双方阶级关系，起诉的基本原因。

二、先照顾劳苦大众利益，再照顾其他阶层利益。

第七，处理刑事案件在以教育为主、处罚为辅的方针下，不但教育犯人本人，同时在影响上亦即教育群众。对犯人之处罚，应根据下列几种情况决定：

一、犯罪之动机。

二、犯人之素行（包括出身、成份（分）、职业、政治、文化水平）。

三、破坏公益之程度（包括群众切身利益及国家民族利益）。

四、犯罪之次数。

五、群众的反映。

六、犯人的经济条件。

七、犯人之性别、年龄。

八、犯罪时之环境。

九、犯罪后之态度（自首、坦白、悔悟或顽强（抗））。

第八，对被告提出有力之事实，应就其证明方法及调查途径，逐层追究。被告自白犯罪事实，仍应调查其坦白之必要证据，详细推鞫是否与事实相符，以防作伪。

第九，无重大犯罪嫌疑及无逃亡之虞的犯人，一律取保不羁押。取保方法：

一、妥实保人，保外候讯。

二、交纳保证金，在外候讯。

三、责付保人，在保人家中候讯。

四、经群众保回监督教育。

（附二）　司法收入的征解手续

一、司法收入须登稽核簿（式附），该簿于县长或司法科长调换工作时，列入交待文件之内。

二、稽核簿编号由县府办公室盖用县骑缝印，皮上注明页数，交司法科使用。

三、司法科将一切司法收入随时登入稽核簿，月终合计总数，经司法科长审核，并在数目字上盖章，连同收据存根请县长核阅盖章。

四、县司法科于每月五号前将上月司法收入造表呈报专署（照稽核簿抄，不另列底稿）。

五、司法收入须备四联单（式附），编列号数盖印使用，经手员随时将新收的各项司法收入填写联单，第一联扯给交款人，第二联随款交财经科，第三联于每月月终裁下，装订成册，皮上写明单据张数、号数、款的总数，盖用县印，总数上并由计算人员盖章，随同司法收入月报表及财科收款书，备文呈交专署。

六、专署每三个月将各县呈报之司法收入数目汇总呈报行署。

专署本身征收之司法收入按县解交手续，三个月报解一次。

选自《中国新民主主义革命时期根据地法制文献选编》第三卷，中国社会科学出版社1981年版，第557～566页。原注：“选自《冀南区诉讼简易程序试行法》单行本”。

31. 太行行署关于重新规定审级审核制度的通令

1946 年 8 月 11 日

为着适应目前斗争形势的要求，并为未来的和平民主新时期的来临作准备，特将本区审级审核制度加以变更，并重新规定如下：

一、确定民刑事案件，均为三级三审制，审级之划分如下：

1. 市地方法院、县政府或县司法处为第一审机关。

2. 专署为第二审机关。

3. 行署为第三审机关，为本区域内民刑事案件终审机关。

行署对直辖市地方法院（邢台市、长治市）施行二审机关职权，为终审判决。

二、刑事案件除汉奸、特务、恶霸案件外，一律厉行上诉制度，在宣判后，应本提倡上诉精神对被告尽量启示其上诉，除上诉者依一般上诉手续逐级上诉外，为照顾被告不愿上诉或其他情况起见，并以下列规定补充之。

1. 刑事案件经一审机关判决后，凡裁判刑不满五年有期徒刑者，该犯不提起上诉时，判决即作为确定。

2. 刑事案件经一审机关判决后，凡裁判刑在五年以上不满十年有期徒刑者，一审机关在宣示判决后，过上诉期间该犯不提起上诉者，需将原案卷宗判决送呈专署核准，始得执行。

3. 刑事案件经一审机关判决后，凡裁判刑在十年有期徒刑以上者（包括无期徒刑及死刑），该犯不提起上诉时，需将卷宗判决送呈专署初步审核，后转呈行署核准始得执行。

刑事［诉讼］上诉期间为十日，民事诉讼上诉期间为二十日。

三、汉奸、特务、恶霸犯，一般不予上诉权利，但为保障被告利益起见，采用审核及申辩制度补救之，具体规定如下：

1. 汉奸、特务、恶霸犯经一审机关判决后，凡处刑在五年以上不满十年有期徒刑者，该犯不提起申辩时，判决即作为确定，提起申辩者，一审机关须斟酌案情，作再审或维持原判之判决。

2. 汉奸、特务、恶霸犯经一审机关判决后，凡处刑在十年有期徒刑以上或无期徒刑及死刑，无论该犯是否提起申辩，需将卷宗、判决、申辩书（不提起申辩者不附申辩书）送呈专署核准后，始得执行。

惟专署须于每月终将本月内所核准之死刑案犯，分别详细填写死刑审核登记表，并连同判决正本，送呈行署审核备案。

3. 凡汉奸、特务、恶霸案，因处于斗争焦点之边沿地区，或群众翻身运动急剧开展地区，在情况复杂，斗争尖锐，工作上要求更为迅速时，而干部（主要是县长）能够正确掌握我政策及路线的条件下，由专署授权于县，经县长核准后，即可执行，须于事后，由一审机关将卷宗、判决等呈报专署核准备案。如有错误，由县长负完全责任。

此项规定遇有情况变化，或其他情节，专署认为必要时，得以命令撤回之。

4. 汉奸、特务、恶霸犯之申辩期间，限五日内书面写成申辩书。

以上各项规定与法秘字23号命令颁发之新审级审核制度有抵触者，一律依本令规定办理之，仰即严格遵行为要。

选自《中国新民主主义革命时期根据地法制文献选编》第三卷，中国社会科学出版社1981年版，第555～557页。

32. 太行行署对司法调解工作的指示

1947年5月7日

各专员、市县长，各专市县司法科长：

土地改革运动完成以后，由于阶段［级］关系、社会情况的变化，反映在司法工作上，也起了空前的绝大变化。

由于填平补齐运动、反奸运动、以及群众觉悟的影响，使小偷、奸特、烟毒、贪污等等刑事案件大大的减少了（但不是完全没有），这是目前工作的特点之一。

另一方面，由于生产手段的分散，农民伙院、伙牛、伙驴等生产手段的伙有，庞大农民之间相互依存性的增加，就使农民在日常生活上不断发生一些新的纠纷。如左权十九个村一至三月份三个月统计，土地纠葛与物权争执，还有新性质的债务纠纷即达85件，这标志着运动更加深入。从性质上看，都是农民与农民的问题；从问［题］本身来看，又都是枝节小事；从其影响上看，这些纠纷虽系枝节小事，但却相当大地影响农民的生产情绪，广大农民要求所有纠纷得到合理解决，特别要求把这些纠纷解决在他的村里，这是目前工作的另一重要特点。

此外，由于农民翻身后要求成家立业的建家思想，以及广大妇女要求解放的反封建思想，农村中婚姻关系目前正处于非常动荡状态。婚姻问题、家庭问题的纠纷，不但数量惊人，而且千奇百怪、五光十色，这是目前工作的第三个特点。

根据广大人民的需要及工作的发展，在今年一月本署颁发之一九四七年政府工作指示中，便明确指出“在生产上、财产上、生活上的一切纠纷，应由农民自己来解决……司法工作应注意总结发挥这一方面的创造”。方针是明确的，但我们怎样来进行这一工作呢？春季以来，各地同志是在用着三种不同的方式。

第一种方式是坐机关的方式，坐在机关里等待农民来打官司，被动地处理问题。结果由于社会情况的变化，“官司”不多了，具体的事务工作也少了，结果工作松懈，干部陷于苦闷；或者虽然不坐机关，也下乡组织调解工作，但由于在方式上脱离中心，专搞系统，与其当前工作脱节，结果群众不欢迎，干部（区村）无兴趣，调解工作到处碰壁，同样是打不开局面，干部陷于苦闷。

第二种方式是专搞中心工作，放弃系统的作（做）法。由于放弃系统的工作，或者由于不懂得如何在中心工作中建立系统工作，结果在司法工作上成绩不大，以致信心减低，情绪动荡，系统工作局面同样处于打不开的状态。

第三种方式是中心工作与系统工作结合的作（做）法，在中心工作（生产运动或翻身运动）中建设系统工作，系统工作与中心工作同样有显著成绩，系统工作局面打得开，工作在大步地发展。

以上三种方式，第三种方式乃是工作的正确方式。为此，我们特指示各地，发扬并运用这种方式。司法部门同志，除留少数同志主持机关工作（审讯、教育、领导看守所）外，其余应尽量参加到中心工作中。由于工作的不平衡性，在工作中的做法，可以有以下几种：

（一）在调解工作已有很好基础，在翻身生产运动中曾起了相当大的作用之地区（如榆社等），于今年夏秋二季，应着重在村调解人员之作风教育、经验总结，并于适当时期（最好在夏末秋初）召开村调解委员大会，以典型推动一般，争取全县调解工作的平衡发展。参加中心工作，应本此目标选择基点（工作有基础之村）或选择一个行政区，深入地进行工作，创造发挥中心工作与系统工作结合的经验。

（二）在调解工作一般只有组织形式而不大起作用的地区，参加中心工作，应选择基点，着重在研究探讨未起作用原因，并培养村干部调解能力，树立调解旗帜，并于适当时期召开村调解委员大会，以推动全县调解工作的进展。

（三）在调解工作没有基础的地区，或边沿地区，应采取点滴工作的方式，在参加中心工作中，发现并诱导群众自己解决自己纠纷。在一定程度时，根据群众思想及需要，适当提出组织调解组织（只在本基点），并进一步帮助新成立之调委会，做出成绩，取得经验。然后在适当时期（最好在秋末）之扩干会议上提出问题，推动全县调委会的组织。

（四）在四七年之新解放区或新收复区，司法干部应参加到反奸、复仇、翻身运动中，点火撑腰保障广大农民利益，促进农民团结，积累农民自己解决问题的经验，使其于运动结束后，能建立调解组织。

不论在那（哪）种地区，在作风上应大胆放手，农民纠纷让农民自己解决，领导上只居于诱导、帮助地位，不要拘手束足，也不要包办代替，同时领导上要随时随地注意调查情况，研究问题，总结经验。在力量的使用上，凡参加中心工作之同志，应定期下去，定期回来，回来后互相汇报研究，确定下一段工作上之做法。

以上指示，望即根据具体情况，认为［真］研究执行为要。

主　任　李一清
副主任　杜润生
民国三十六年五月七日

选自《长治审判特刊》，山西省长治市中级人民法院编印，2009 年第 2 期，第 39～40 页。

33. 太行区平顺县政府对调解工作的指示

1948 年 7 月 16 日

各区政府区长、民助、秘书、村长、民事主任：

我县经过土地改革运动，封建剥削制度大体消灭，土地大体实现平分。今后的任务主要集中一切力量，恢复和发展农工业生产，组织互助合作，开展大规模生产运动，以全力支持解放战争，争取全国的解放胜利早日到来。这是今后的中心任务。

在司法工作上，经过历年的土改运动，农民生活逐渐改善，农民觉悟空前提高，使小偷、奸特、烟毒、贪污等刑事案件大大减少（但不是完全没有）。

另方面又由于土地财产之分散，农民伙分院、地，伙走厕所，伙喂牛驴等，广大农民之间相互关系复杂，使农民在日常生活上不断发生一些新的纠纷。如四、五、七三个区几个村的统计，半年发生伙喂牲口纠纷 88 件，伙走厕所 20 件，争地界 38 件，争房院 19 件，伙使农具纠纷 15 件，共计 180 多件。司法科半年调解新的债务问题 12 件，多系合伙生产及合伙买驴的纠纷。这是目前司法调解工作主要内容之一。

此外农民翻身后要求成家立业，广大妇女要求解放。家庭民主、男女平等、婚姻自由等形成农村婚姻关系、家庭问题等纠纷数量惊人（五个区半年统计离婚 118 件，解约 133 件，结婚 581 件。司法科半年处理婚姻案件 33 件），这是目前司法调解工作的另一个主要内容。

这些问题都相当大地影响农民的团结，所以迅速合理地解决这些纠纷，使农民安心生产，成为目前很重要的任务。

但是，由于前半年在基点村实验民主整党，出了偏向，部份（分）党员干部群众发生了误解，造成疑虑不安，消极躺倒，生产工作垮台，问题积压很多无人过问（如池底发展出了人命），造成组织起来开展生产运动的严重障碍。

所以今后司法工作方向与具体作（做）法应该是：

1. 加强农民团结，顺利开展生产运动，必须加强司法调解工作。一方面，在农民生产上、财产上、生活上相互引发的一切纠纷，应由各村调委会组织与领导农民自己起来调解自己的问题。团结各阶层人民开展生产运动。另方面，以司法力量镇压非法份（分）子的行为、反革命份（分）子造谣破坏等活动，保障农民的一切合法土地、财产权，保障有关战争、生产节约的各种政策法令切实之实施，确保军民后方的安全秩序。这是目前司法调解工作的总方针。

2. 恢复与改造调委会的组织。为了实［适］时合理的解决问题，使区、村各系统干部集中精力领导大生产运动，以往调解组织应重新恢复与改造。各系统主要干部除村长外都不参加调委会，仍以村的民事委员会为核心，在村长领导之下进行调解工作。村长为调委会主任委员，民事主任为副主任委员，再选土改生产运动中有威信、态度好、大公无私、耐心、善于调解人民纠纷的农民。大村五至七人，小村三至五人（必须有妇女参加），组成调委会，分工参加到各生产组织中。再民选一定数量的调解员，专负调解纠纷之责，把生产工作与调解工作结合起来。在调解纠纷中，农会会员有了问题，会同农会主席调解。妇女有了问题，会同妇女干部解决。这样问题会解决得适当些。

3. 调解工作的方向——既然纠纷的大多数是农民与农民之间的问题，在调解时必须是农民与农民调解为最合适。俗话说一年官司十年冤，现在政府虽不是衙门，但一到村公所双方面的思想情绪就不一样了，私下调解就……关系到区到县，那就更劳民伤财，仇气更大，甚至有时就不是争问题，“为争一口气，卖了堂前地”的现象就会出现。所以发扬农民自己起来调解纠纷是非常重要的。最近二区韩家村恢复与整顿调委会，检查与了解前半年问题，27个农民自行调解26件，这是很好的，值得大家学习。

4. 调解工作与中心工作的关系——调解工作是个社会工作，是个思想教育工作。农村一切纠纷调解得好，给中心工作扫除障碍，使中心工作——生产运动顺利开展，这是唯一的目的。因此在调解每一问题中必须与发动群众进行大生产运动的思想相结合，即调解一个问题必须从发动群众生产上着眼，问题解决好坏必须检查是否对生产有利。这样看来每个县区干部为了生产运动搞好，就必须无条件地起来，自动当一个群众的调解员。

5. 调解工作的立功标准。①调解民事要耐心，态度和气最要紧。②双方自愿理说真，反对强迫和压制。③处理问题要挖根，团结生产一条心。④争取问题不出村，一年四总结，争取立大功。具体立功标准由区、村结合生产自订。

6. 贯彻调解工作的具体作（做）法——在区村干部思想上，现在感到问题多，难解决。各区接到这个指示后，由区负责同志在中心工作接头会议时，根据这个指示和根据各村的这种情况说明这一问题的重要及解决办法。依据典型，创造经验及时交流，推动全区。副区长、民助要召开一次全区村长及民事主任会议，具体研究出这个指示执行的步骤和办法，建立汇报制度，月终负责总结向县汇报一次。为了推广经验，有了典型材料应及时汇报，以便通报全县区。秘书负责登记婚姻及解决零星案件，月终连各基点调解问题登记表一并统计报县。

村接到指示后，由各系统负责干部和民事主任先研究，后民主讨论。讨论内容：①先让群众分组讨论调解方面如何作（做）到节省民力、民时、民财，集中力量团结搞生产，使群众认识了搞好调解对自己有利。②如何调解纠纷，把生产搞好，争取模范组、队与村。③看调委会人员是否能给大家办事。结合讨论模范调解员条件审查一次，不称职者重新改选。

今后调解制度：①发生问题先由组与队调解。②各组与队调解了问题要详细向调委会汇报，便于登记立功。③调解问题必须分清敌我，明确立场，农民问题一定不能用斗争封建的办法到大会斗争。④讨论出今后如何少发生纠纷或不发生纠纷。⑤各村找一本废书依法表格登记。⑥调解问题月终总结报区。

总之，这一工作的进行一定在不妨碍中心工作的原则下抓紧研究布置，恢复与健全全区调委会，以互助组队、纺织组队结合调解小组，把半年来农业生产中、纺织工作中、日常生活中、广大农民相互之间、干部与干部之间、干部与群众之间所发生的一切新旧纠纷，结合当前生产运动，结合个别访问，开展群众性……解决，把问题发现出来，用一、二夜时间座谈解决，达到团结生产的目的。不但顺利的开展当前运动，而对今冬生产运动也打下基础。二十五号总结报县，以便八月初召开副区长、民助司法会议上作研究。

民国三十七年七月十六日

选自《长治审判特刊》——庆祝建国六十周年迎接全国革命老区法院论坛召开，长治市中级人民法院机关刊，2009年第2期，第42～43页。

34. 太行第三区行政督察专员公署指令
——迅速组成裁判研究委员会①

1949 年 4 月 13 日

各县市长、司法科长：

顷奉华府法行字第三号通令内开“研究案情决定判罪，得由该政府级各负责人组成司法委员会，但必须有审判负责人参加研究决定”之规定，因各地名称不一致，现此令一律改为裁判研究委员会。

裁判研究委员会，以司法机关负责人为主任委员，主审员、县长、公安局局长及选聘之其他民众团体主要负责人为委员，委员可以固定，但如开裁判委员会时，对于该项案件关系不大的委员可不参加，出席委员已足五人即得开会。

裁判研究委员会研究司法机关已经审理后的列刑及五年以上有期徒刑的重大刑事案件及有关政策原则，需要慎重考虑决定或请示的民事案件（如分家继承案的标准原则）其余如五年以下有期徒刑的刑事案件，及法有明文规定或政策原则显然不待研究即可决定的民事案件，均由司法机关拟定处理意见，经行政负责人核准即可确定之判决。

选自长治市中级人民法院机关刊《长治审判特刊》，2009 年 6 月出版，第 19～20 页。

35. 太行第三行署对清理积案的指示

1949 年 5 月 12 日

各县市长、司法科长：

对清理积压案件，我专远在三七年十一月司法会议时已作了动员与布置，除个别县份作出清理（初步）外，其余各县市对这一工作，只作（做）了些准备，尚未着手进行清理，按我国［专］积压案件尚属不少，有的县份，押所监所案犯就有百名左右，即便少的县份，也有积压案犯不下二三十名之多，并其未决案犯均都超过半数，由于这样情况，摆在目前紧迫的任务，即是如何有效地去清理积案的问题了，这一工作是我市［专］司法上的最细致最艰巨的工作任务，须赖我们司法干部最大的努力去完成，并做出成绩来。根据我专实际情况，以长治县为重点，取得经验，推动与普遍全专，力求在六月十目前将清理积案工作进行完毕，六月二十五前作出清理积案总结来。

一、清理案犯的精神：

应从新民主主义国家利益着眼，不放纵一个坏人，对重大案犯决不马虎处理，同时

---

① 副标题系编者所加。

也不积压一件应解决而拖延不决的事，不冤抑一个应宽大而未给以宽大的人。因之在清理债［积］案中，这个基本精神，仰我司法干部切实掌握与执行。

二、如何清理案犯：

清理案犯进行，应以未决犯已决犯并重，已清理特种刑事犯为主，普通刑事犯为次。

三、进行清理时应注意的问题和条件：

1. 案犯量刑时的条件变化情形，如土改中与土改后的变化。

2. 案犯在监所的改造程度。

3. 释放后对社会的影响。

4. 犯罪情节及犯罪行为的轻或重，主动的还是被动的，累犯个犯，都要察其动机手段与结果如何。

5. 刑期执行的长短。如是未决犯，视其在押日期的长短。

6. 各县如押之特务、反革命犯，应慎重处理，则不应轻易减刑或释放或减轻其原来剥夺公权之处分，即便有可变更地方，也须通过各县的裁判研究委员会，经过讨论合议，然后作出处理意见，呈报专署，由专署审核附具初步意见，转报行署，最后核准，始得执行之。

7. 清理案犯，必须研究其犯罪的材料，提出应如何处理之理由，不得马虎笼统。

8. 在清理时如释放案犯较多，会涉及到与可能引起社会的误解或治安问题时，各县得事先研究释放步骤，及必要的对付方法，报署核准后执行之。

四、改判问题：对已决犯这次在清理中，为求施刑准确，轻重得宜，应将现有案犯重新复核一遍，根据复核结果，做如下处置：

1. 有确实反证，证明原判根本错误者，应予平反（即是纠正的意思），宣判无罪开释。此种现象在我专尚属不多，然有一件，即应迅予平反。望我司法干部，认真作□出，不应以为过去量刑不当有所犹豫，要知道只有这样大胆平反，相反的更能说明我们在掌握政策上是正确的，对本身不仅是个提高，而且对我们的民主政治也有所发扬。

2. 过去量刑较重或过重者，均应减轻或释放。

3. 判罪时所采之证据，迄今仍未能证明其确属真者，应改为无罪之判决。

4. 一部分罪行能确定，一部分罪行不能确定者，其不能确定的部分，应宣告无罪，其确实部分应依法判处。

5. 原判决量刑较轻者，一般不再变更，但如发现新罪行或因原审判确系失□（出）很大者，可撤销原判，另行适当判刑。

6. 在群运中执行政策发生偏向之行为，如打人、吊人、打伤人、打死人等一般不追其刑事责任，其已判罪者，应予改判，个别显系挟嫌报复者不在此限。

五、减刑：对判决无错之案犯，刑期执行已够三分之一后，有下列情形之一者，得由原判机关减刑，转呈行署核准执行：

1. 经常遵守规则纪律者。

2. 对错误坦白真实且有清楚认识者。

3. 主动积极从事劳动，能完成任务或超过任务者，学习经常且能帮助别人者，其它适合于减刑之条件者。

六、假释：对减刑之案犯，在减刑后，凡合乎假释条件者，应予假释。对较轻微的一般普通刑事案犯，在减刑后所余刑期不满一年者，认为无继续执行之必要时，得教育释放之。

假释的条件如下：

1. 对所犯罪刑，有深切之认识与改悔有据者。

2. 无期徒刑执行愈八年以上者，有期徒刑逾期二分之一者，但半年以下有期徒刑不在此限。在假释时，必须由原审司法机关，具备理由，报请行署，俟核准后，才能执行。

七、继续执行：

1. 无论其罪行轻重，毫无悔改之表现者。

2. 罪行特别重大之案件，其情节无可原谅者，例如一般因职务犯罪外，且主动地酷刑□□，危害人民，破坏革命组织与工作者。符合以上两项情节之一者，得继续执行，不得擅自假释。

以上对已决犯之处理办法在执行时，除报行署核准外，并须注意案犯本身及有关之村庄群众进行教育，以免对政府有“畸轻、畸重”的思想错觉。

八、对回村执行案犯之清理。这次都须由县按上述规定，进行清理之，但应在对已决犯未决犯清理之后，然后进行（但积案不多的县市，即可先进行），按各县实际情况，计划先后，着手清理。其方法采用事前整理登记回村服役之案犯材料，并向群众调查与了解他们回村后之表现及广大人民群众对他们处理的意见，进行分批审查处理。这类案件多属犯罪轻微，一般不应再送其归所执行。不过对个别坏份（分）仍应收押执行。回村服役已逾其刑期者不再追归。经过此次清理，区村一律不得再行羁押人犯（但按行署司法会议后决议的区村职权问题，所扣现行犯可依照各县之传达执行之），这与此次清理后之区村不得羁押人犯基本上是不矛盾的。

以往（抗日时期）案犯回村服役，在某种案件下是有其必要性，但流弊甚多。因村干部新旧交替，案犯借机蒙混，部分群众对某些案犯的故意庇护及人事关系、宗派观点等，容易形成回村服役之案犯苦乐不均的现象，失去处刑作用与目的，故对回村服役之案犯，除加强管理教育定期审查外，接令后再不允予援用回村服役之方针。

九、工作步骤。

1. 先进行清理没证据羁押、时间已久的。

2. 后清理证据不足不能确定有犯罪行为的。

3. 然后再清理证据充足可以起诉或判处的。时间为接令之日起至六月十日为进行阶段，六月二十五日为总结阶段，各县可根据实际情况、羁押案件与羁押案犯之多寡，分批审查，分别清理。

十、工作进行的基本方式方法，以重点推进到一般进行为原则。

十一、领导问题。主要以县为清理单位，行专级须组织力量加强指导，使检查与具体帮助指导相结合，目的在于慎重、迅速、准确地完成清理工作计划。

十二、清理积案登记表。各县町按照三十八年三月十八日行署法行字第三十六号指示附登记表样式，大小宽窄长短均以油光纸油印，不得随意更动之。

十三、工作制度。各县市对清理工作进行之情况，可依你县市实际情形先作书面报告

（报告你县清理工作计划），后作总结报告，报告中应分析情况，说明问题，随时发生之困难问题及时报告，以便即时解答。

以上规定，仰接令后，立即开始进行，期按时完成。

副专员　任映岺

中华民国三十八年五月十二日

选自长治市中级人民法院机关刊《长治审判特刊》，2009 年 6 月出版，第 32～34 页。

本卷参考文献

《晋冀鲁豫边区法令汇编》，晋冀鲁豫边区政府1943年7月编印。

晋冀鲁豫边区冀鲁豫行署《法令汇编》1944年编印。

晋冀鲁豫边区政府《边区政报》1944年编印。

太行行署《一九四六年重要文件汇集》。

《中国新民主主义革命时期根据地法制文献选编》第一、二、三、四卷，中国社会科学院法学研究所韩延龙、常兆儒编，中国社会科学出版社1981—1984年版，北京。

《中国新民主主义革命时期法制建设资料选编》第一、二、三、四册，西南政法学院函授部1982年编印。

《长治审判特刊》，长治市中级人民法院2009年第2期——庆祝建国六十周年迎接全国革命老区法院论坛特刊。

《太岳区革命根据地纪事》，山西人民出版社1989年版，太原。

《晋冀鲁豫边区史料选编》，山西大学晋冀鲁豫边区史研究组编印（未注明出版年月）。

《中国革命根据地审计史料汇编》，中国审计学会审计署审计科研所编，北京工业大学出版社1990年版，北京。

《刑法资料汇编》第四辑，中央人民政府法制委员会1953年编印，中国人民大学1955年翻印本。

国家社会科学基金特别委托项目，项目编号：10@zh027，
项目名称：“革命根据地法律文献整理与研究”

本书得到中国人民大学科学研究基金项目“革命根据地法律文献整理与研究”
（批准号：15XNQ063）支持

革命根据地法律文献选辑

（第三辑）

抗日战争—解放战争时期老解放区的法律文献
（1937—1949）

第二卷

陕甘宁边区（上）：第Ⅱ分册

张希坡 编著

中国人民大学出版社
·北 京·

目　录

第二卷　陕甘宁边区（上）：第Ⅱ分册

第二卷

陕甘宁边区（上）：第Ⅱ分册

七、粮食法规

1. 陕甘宁边区征收救国公粮条例

1937年10月1日公布

第一条　边区政府征收救国公粮，保证抗日需要，争取抗战胜利，特颁布本条例。

第二条　救国公粮由边区政府划一征收，各级政府除按照本条例规定数量征收外，不得另立名目重征或附加。

第三条　凡边区人民，均须按本条例，缴纳救国公粮。但经本条例规定免收或有特殊情形，经县政府批准发给免粮证者得免纳公粮。

第四条　征收救国公粮以每年秋收后，每人平均实际收获量为征收计算标准，但缴纳时，应以家为单位，将全家人口应缴数量，合并缴纳。

第五条　每人应缴救国公粮数量依下列规定计算：

一、每人一年内所收各种粮食，合计不满三百斤者免收。

二、每人一年内所收各种粮食，合计在三百斤以上到四百五十斤者，收百分之一。

三、每人一年内所收各种粮食，合计在四百五十一斤到七百五十斤者，收百分之二。

四、每人一年内所收各种粮食，合计在七百五十一斤到一千零五十斤者，收百分之三。

五、每人一年内所收各种粮食，合计在一千零五十一斤到一千五百斤者，收百分之四。

六、每人一年内所收各种粮食，合计在一千五百零一斤以上者，收百分之五。

第六条　凡出租土地依靠收租生活之地主，其每人所收租粮不满三百斤者收百分之一，三百斤以上者按照第五条之规定加倍征收。佃户按照第五条之规定减半征收。

第七条　本条例所称之斤以十六两计算，各地量衡不同者，于计算收获量及缴纳公粮时，均照此标准折合计算。

第八条　本条例对此计算收获量及征收救国公粮数量，概以干谷子为标准，谷子以外之别种粮食，照当地当时市价折合谷子计算，如愿用法币折合缴纳者，概按当地当时干谷子市价计算。

第九条　救国公粮之征收手续、日期及保管支配办法，概由边区政府以命令行之。

第十条　自本条例公布后，凡边区人民，应以家为单位，将家长姓名、全家人数、全家合计收获量、每人平均收获量、每人应缴公粮数量及全家合计应缴公粮数量，自动呈报乡政府登记。

第十一条　救国公粮以区为单位征收，由缴纳人送至区政府指定地点。

第十二条　应缴之公粮，应在规定期限内，一次缴足，由经收机关发给收据为凭。

第十三条　救国公粮收据，由边区政府财政厅统一印发，并盖边区政府财政厅之印信为凭，经经收机关签名盖印后发生效力。

第十四条　全区公粮征收完毕后，如发现有下列情形者，分别给以处罚：

一、隐瞒不报者，加倍征收。

二、呈报不实，以多报少者，其少报部份（分）加倍补征。

三、不按照规定期限缴纳者，除迫令照缴外，另照应缴数量加征百分之三十。

第十五条　本条例自公布之日起实行。

附注：

一、第六条所指之地主，系指主要依靠出租土地而收租生活之人民。孤寡老弱残废，因缺乏劳动力而出租土地之人民，除少数例外，一般不当作地主，得按照第三条及第五条之规定办理。为优待抗日将士家属及边区工作人员家属起见，不论他们的土地是否出租，其应缴之救国公粮均按照第五条规定征收，有特别情形者，按照第三条规定办理。

二、第六条所指之佃户，系指自己没有土地或只有很少土地，主要依靠租种地主土地为生活之人民。

附件（一）《征收救国公粮附则》12条（略）；（二）《救国公粮保管分配条例》12条（略）。

选自《抗日根据地政策条例汇集》陕甘宁之部（中），1942年版，第473～476页。

互校版本：

1.《陕甘宁革命根据地史料选辑》第二辑，甘肃人民出版社1983年版，第36～38页。简称“甘肃史料版。”

2.《陕甘宁边区政府文件选编》第一辑，档案出版社1986年版，第19～21页，简称“档案文件版”。

3.《陕甘宁边区法律法规汇编》，三秦出版社2010年版，第307～308页。

2. 陕甘宁边区党委边区政府　关于征收救国公粮的决定

1938年10月30日公布

目前抗战形势已处在最紧急的严重关头，这表示在：敌人一方面已攻陷广州、武汉；另方面大举围攻晋、冀、鲁、豫、察各个抗日根据地，最近必然要用更大的兵力向西北的中心城市——西安以及整个西北进攻。边区是西北可靠和有力的抗日根据地之一，因此动员一切力量，保卫和巩固边区成为保卫西安、保卫西北、保卫中国之当前中心任务。同时也是直接为的不使日寇杀戮边区人民，奸淫边区妇女，抢掠边区财产的有效办法。为了达到保卫边区的神圣任务起见，特决定在边区内，经过最广泛的政治宣传动员，征收一万石救国公粮（细粮），并期以最大的努力于本年十二月底完成之，以为充实抗战的粮食供给，迎击日寇进攻之准备。这一任务顺利完成的保障，必须是经过深入的宣传解释，使每个边区人民知道：今天拿出少数粮食给政府，便是为的保护自己的一切。尤其是各级党和政府及每一抗日群众团体实际工作的努力，对于完成征收救国公粮之任务具有决定的意义。因此，各级党和政府，必须于接此通知后，立即进行以下工作：

（一）召集征收救国公粮的动员会议，以期有组织的动员起来。其方法：

甲、庆环、关中、定盐三个行政分区，各为一个单位，由分区党委和行政专员公署共同召集县委书记、县长及区长的联席会议，讨论各县区的动员工作。

乙、神府、靖边，以县为单位，由各该县委县府共同召集区长、区委书记的联席会议，讨论全县及各区的动员工作。

丙、延安，延长、延川、安定、安塞、保安、甘泉、固临、富县等九县，由边委边府于十一月三日召集各该县县长、县委书记的联席会议，讨论各该县的动员工作。十一月二日前一定到延安。各该县并准备于十一月十号以内在县召集全县区长、区委书记联席会议，讨论各该区动员工作。事先通知各区，以便在边区会议回去后即行开会。

丁、各区应于区长联席会议后，立即召集党的区常委会和政府的区议会，讨论该区各乡动员工作。区议会开完后，各乡分别召集乡代表会议支部会议讨论动员工作，直至各乡代表主任及党小组长召集村群众大会和党的小组会议，讨论进行征收公粮的实际办法。

（二）各级会议中应讨论以下事项：

甲、报告讨论本年征收公粮意义及其宣传办法，并要发扬去年征收公粮优点，纠正其弱点和错误。

乙、估计各乡今年收成之丰歉，讨论出征收之大概数量。在村民大会中要讨论到各家应出的数目，并于盐池及某些遭到冰雹及天寒等灾区，应讨论决定减收或免收的办法。

丙、说明一定缴纳小米、黄米、麦子为原则，不准有掺和沙土杂粮，糠秕潮湿诸弊端。

丁、必须根据规定的斗、秤，不得短少。

戊、决定交纳地点。

己、充分说明要发动群众自动缴纳。反对强迫命令，防止以多报少或贪污等现象。

（三）推动各级群众团体，从组织上动员以求得深入到每个群众中去。

（四）为了集中力量来完成征收救国公粮的紧急任务，边区议会的召集，再展期至二十八年一月十五日举行之。

以上各项通知，各级党委和政府，望于接到后立即执行之，并随时报告边区政府为要。

边　区　党　委
边　区　政　府

选自《陕甘宁革命根据地史料选辑》第二辑，甘肃人民出版社1983年版，第79～81页。

互校版本：《陕甘宁边区政府文件选编》第一辑，档案出版社1986年版，第93～95页。

3. 陕甘宁边区政府给庆环专署的指令
——准予所拟救国公粮折扣办法、斗量斤数及征收标准

1938年12月7日

令庆环分区行政专员马锡五

呈一件，呈请将征收救国公粮粗粮折合细粮之规定数及斗量之标准斤数，准予改适当地情形由。

呈悉，查所拟折扣办法，斗量斤数及征收标准，尚属可行，准如所拟办法，但不必另制条文公布，尚希将征收实情按期呈报为要。

此令。

代主席　高自立

附：庆环分区专员马锡五的呈文

呈为呈请事：

案奉：钧府十一月十一日关于征收救国公粮麦米折合杂粮及斗量之规定内开：“（一）今年征收救国公粮，米麦折杂粮之规定：绿豆、豇豆一斗二升折米一斗，荞麦生子一斗五升折米一斗，玉米、黑豆、蔓豆、小豆二斗折米一斗，高粱二斗五升折米一斗。（二）每征收一百石救国公粮，麦米折杂粮至多不得超过十石。（三）征收救国公粮斗量以三十斤为标准，斗由各分区财政特派员及各县第四科制定之。制斗价格以后准予向财政报销”等因。奉此，即在政务委员会讨论，各委员谓：该规定按陕北及直属县出杂粮多县份制定，其要义于增多征收细粮减少杂粮为标准。斗量亦然，即防舞弊之端。查庆环分区主产为麦米。而杂粮次之，杂粮较米麦价值还高。另外如按该规定之折合法，反将农民今年收获量减少，而妨碍征收增加，恐任务难以完成。其次斗量在庆环分区一般习惯常用之斗，以四十斤为标准，由分区仓库早已统一制定，如要再行更改，不啻经费消耗，而在征收中之计算，恐一般干部难以算清。为适应当地情形增加征收数量，政府与民众不互相占优计，拟定以下之折扣办法：（一）斗量以四十斤计，由分区统一制定。（二）杂粮折扣时，以谷子、糜子为标准，玉米以一斗三升折合谷子一斗，高粱荞麦一斗五升折谷子一斗，豌豆、绿豆、蔓豆、小豆六升折谷子一斗，麻子八升折谷子一斗，黑豆、黄豆八升折谷子一斗，麦子五升折谷子一斗。（三）征收以米麦为标准。

查此种单行折扣办法，实适合当地民众之要求及增加征收数量，理合陈明办法，仰祈钧府标准备案，在庆环施行，以便征收是荷！谨呈

边区政府代主席高

庆环分区行政专员　马锡五
一九三八年十一月二十四日

选自《陕甘宁边区政府文件选编》第一辑，档案出版社1986年版，第103～105页。

4. 陕甘宁边区政府训令——粮食禁止运输出口

1939年10月19日

令各级政府：

查日本帝国主义迭次炮击宋家川，虽遭我痛击，迄未得逞；但边区为西北之门户，民主的抗日根据地，敌人进攻边区之企图，并未取消。为着保卫西北，保卫边区必须屯集相当之粮食，而今年收成不佳，一部分县区遭受霜冻，又一部分县区则受旱灾，边区内粮食如仍继续出口，影响抗战前途及民食甚巨，为保证坚持长期抗战中之粮食供给起见，特规定禁止出口与调剂民食办法如下：

（一）边区内粮食除送邻区之赈粮一万元购粮三万元外，一律禁止运输出口，尤不得运往敌区。

（二）在边区内相互调剂之粮食，凡购买运输须取得当地乡政府之介绍，出售粮食须取得区乡政府之证明。

（三）凡偷运出口之粮食，一经查获，当地政府得予以扣留报告县政府处罚。

（四）为避免浪费粮食，应动员人民不准蒸酒熬糖。

此令

主　席　林伯渠
副主席　高自立
中华民国二十八年十月十九日

选自《陕甘宁边区法律法规汇编》，陕西人民出版社2006年版，第239页。

5. 附［政策研究］：关于土地牲畜粮食中的一些问题（署名“焕南”）[①]

1940年8月9日《新中华报》

边区农村里，除地租、伙种，安庄稼，调份子等问题之外，尚有一些问题，也许我知

① “焕南”即谢觉哉的字。

道的还少或不详细，但这些问题都和农民的切身生活有关，应帮助他们合理解决，促其进步。下面是我提的意见，供农村工作者参考，并希读者能供给一些实际材料和经验以补我所不及。

隐瞒的土地。在登记土地时，以多报少，加以分配土地时，有的地方分配马虎，群众又不知道土地的重要（现在知道重要了），登记时候，有的地主富农用蒙混的法子把已分配的土地收回了。因而个别地区致有的人占领较多土地，有的人缺乏土地的现象，虽然离分配土地的时间还不久。

解决办法：土地自分配后又经过登记，地权已经确定，不容许再变更。变更就似乎重分土地，会使农民惊慌，影响生产。只能用“限租”，奖励垦荒，累进税，及帮助雇贫农解决困难等办法，使土地分配不匀的现象，贫富不均的现象，逐渐减少。至于地主用舞弊方法收回已分配的土地，那就不论有好久，一经发觉，即须把它没收，归还原分得的人或收归公有。理由是停止土地革命时，边区政府曾明令布告：已没收分配的土地不得变更，地主回来，只能另给以和一般农民相等的土地。又凡地主占领未登记的土地，亦应按照土地逾期不登记即归公有的命令，将其收为公有。

荒地。边区荒地颇多。有有主的荒地，有无主的荒地，有种几年荒几年的荒地。习惯：租垦荒地，三年后起租；起租后地主随时可收回。有的地方，贫农没有地种，而有地的要荒了，以休养地力，不肯出租。

解决办法：政府可制一垦荒条例：规定无主的荒地，垦熟后即归垦者所有。有主的荒地，五年后起租，垦者有永租权，但所有权仍属地主，垦者不得买卖，如垦者弃地他往，地仍归地主。轮荒的地，如有人要求租种，地主不得拒绝；另一方面要提倡储肥施肥，使大家知道轮荒不如每年耕种之有利。

公地。乡村存在的公地，一般规定的租额很低（每垧二升），个别不好的干部租种公地，而把自己的地出租，得到较多的租子，这是极不好的。

解决办法：查过去分地时，每乡存有公地，叫做“红军公地”，准备未分得土地的红军退伍，愿在苏区住家的，分给他；未分时由代耕队代耕，收下的粮食，优待外籍红军。现应当照原来宗旨，八路军外籍战士退伍后愿在边区种地的，有分得公地的优先权。在未分给时，应租把外来难民及缺地农民，租额应与一般法定租额一律，以免个别不良分子图占便宜，每年收的租子，由县府统一收藏，作优抗之用。

典地。典地的事还不多，但已经有了。贫苦农民因债务或意外灾祸，把自己的土地典出，候有办法时赎回。俗话说：“典地千年活，卖地当日死”。但近发现有“五年不赎，地归典主”的典约，这是富农乘人之急，变相收买土地的残酷办法，应予禁止。典进者多为富人，但也有典种过久，彼此贫富已有变动，而典的时候币价高、现在币价低，用同量的纸币赎回地去，将使典地者大吃其亏，这就应该斟酌情形，补给钱水。

借粮。陕北的高利贷，不仅见之于钱，尤其见之于粮。政府已有令限制钱息——年利最高不得超过一分五，（有些地方没完全实行），而粮息仍是猖獗。春借秋还，有借一石还二石的，借一石还一石五斗的；个别狡猾的人说借粮不要息，实际，借时粮贵，把粮算成钱，还时粮贱，把钱换成粮，一元钱可得六七角的利。那些春夏缺粮的以及本来无粮的外来移民，不能不上他圈套，还要做出“感激涕零”的样子。

解决办法：消极的，颁布粮息限制令，可比钱息稍高一点，但最高不得超过二分。积极的，一、设备荒仓，过去设在省县，由官管理的叫常平仓，设在乡村完全由民管理的叫积社仓，这是一件历史上有意义的事，应该把它恢复。青黄不接时没饭吃的人，可向备荒仓借谷，秋收归还，只取点子消耗的息，每石五升至多一斗。二、办粮食调剂局，由公家经营，目的在平抑粮价，使囤粮的人无从居奇。（内战时办过，颇有成绩）三、提倡私人储粮。边区交通不便，加上没有抵抗天灾的设备，纯粹“靠天吃饭”，储蓄粮食是每个人民要注意的事。储粮比储货币好得多，法币在荷包里天天跌价，囤里粮食是不会的。家家都有余粮，粮利自然低了。

牲畜剥削。一、牛租：没耕牛的租牛耕地，一只值一百四五十元的牛，租耕一年须牛租谷二石，租者还要担负租耕时间的饲养。二、伙喂牛驴：有钱的买一母牛（驴），给无钱的人喂，生小牛（驴）二人均分。如三年生产二小牛，卖九十元，出本的可干得四十五元。又或买小牛给人喂，本钱四十五元，喂一年可卖百五十元，除去本二人均分，其利亦厚，喂者可使用，且有粪可拾。三、伙喂猪：有钱的买小猪给人喂，猪长得快，如买二小猪本四五元，四个月后可卖二十多元，出本的可赚上十元，这剥削很厉害。四、伙喂羊：富有者把母羊给人喂，契约上规定：“见利两家均分，如损伤老本，好羔顶母，绒毛各得一半”。如伙一百羊，生一百羊羔，剪绒毛一百八十斤，两家各得羊羔五十只，绒毛九十斤，（有的地方绒毛全归伙子，）羊粪归伙子。这比伙喂别的牲口的伙子为有利。

解决办法：消极的，区乡政府，应讨论各地牲畜剥削情形，定出适当办法，不要以为是过去成规，一点不可变。因为牲畜剥削，情状复杂，不能由边府下一个统一的法令，各地都能行得通的。积极方面，办法可多。我所见的几个调查，边区中农与贫农的分界，主要标帜（志）是，中农有牛（驴），贫农没有牛（驴）或只有一腿牛（驴）两腿牛（驴）。富农则多是有几头牛，一般富农都有羊，一头牛能耕二十垧地，一个人只能耕六垧地，因此，不得不受“伙种”“牛租”……等剥削。没有牲畜就没有畜粪，地力被榨，生产量少。所以扶助贫农，应从发展他们的牲畜入手。办法：一、提倡集股买牛，叫犁牛合作社。江西苏区石水乡无牛群众，曾创出这个办法，那里租牛种一石谷田（江西的石）要牛租谷五升，他们（无牛的）就每家按田谷一石出谷二升去买牛，一牛可耕田八十石，每石二升得谷四石，可买半头壮牛，有一百六十石的田出谷，就可买一头壮牛，明年再出二升，即可完全解决。我们应告知农民学这办法，政府指导他们怎样集股，怎样合喂合用，（但要注意经过他们自己的同意），准备两年或二年即可都有牛用，有牛粪，而且大牛还要生小牛。二、公家可低利贷资给犁牛合作社，但主要应靠社员自己集资。三、公家办牧场，把牛驴羊租给贫雇农喂。目的一在改良牲畜的种类与管理，二在便利贫雇农，使他们逐渐能自有牲畜而不在乎赚钱。

为着发展农村经济，解除农民困难，区乡政府和党部应经常讨论这些问题，广征群众意见，定出适当办法。只有这样，才能建设模范的新民主主义经济的农村，大家过着好的生活，而没有甚（什）么不公平的现象。

选自《陕甘宁革命根据地史料选辑》第二辑，甘肃人民出版社 1983 年版，第 114～118 页。原注：“民国二十九年八月九日《新中新报》”。

6. 陕甘宁边区政府为征收九万石救国公粮致各专员县长指示信

1940年11月3日

各分区专员及各县县长同志：

九万石救国公粮的征收运动开始了，边区政府特给你们以下列指示：

一、要有军队，才有边区；要有军粮，才有军队。

边区是全国唯一光明的地区，也是唯一抗日的坚强堡垒。边区二百万人民的幸福，是军队创造的，同时靠着军队保护，边区的幸福，才能不受日寇和反动分子摧残。边区人民和军队像血和肉一样分不开。军队保护人民，人民供给军队。必须使人民懂得“要有军队，才有边区；要有军粮，才有军队”的道理。宁可自己少吃一口，不能要军队饿肚皮，没气力打仗。某些地区的人民，爱护军队的情绪不高；个别工作人员，也有对军队漠视的。这种现状，不能容许存在，必须设法克服。

二、九万石粮，并不算多；边区人民，负担得起。

去年征粮五万二千多石，今年要收九万石，并不是今年吃的兵加多，而是军饷有限，物价高涨，驻扎边区的军队，非全靠边区自给不可。边区军队是老百姓的军队，除打仗外，还同老百姓一样种菜、纺织、修路、起房子，但是，粮食问题，必须老百姓替他解决，老百姓也应该替他解决。

在边区民主政治与和平环境下，老百姓经济是发展了。耕地扩大比前三年要多三分之一，粮产增加到五分之二。如果照古时最轻的税：“十一而税”，拿收获量十分之一供给军队，至少可收二十多万石。那我们还要不了这多，何况今天是战争时期，多出点粮好？让敌人来杀我好？谁都不愿意敌人来，因此就得多出粮养军队。大家记得：内战时，后方人员比前方将士吃得差；听说苏联革命时，后方人民，每天吃三四两面包，军队却吃得饱饱的。当然，我们并不需要这样。

九万石粮，并不算多，边区人民，负担得起。我们对民众负担的能力与热忱，要估计足够；对完成任务，要有信心。没信心，是要妨碍任务的完成的。

三、懂得，就交得起劲；不懂得，就不愿交。

有人说：“边区政府的动员命令，常常沿途打折扣。到了乡村，只剩下伸着手问老百姓要东西。”这是忘记了宣传，忘记了毛主席告诉我们的：“政府命令与政治动员的配合。”老百姓对政府对八路军本来很拥护，但你不说清楚，他怎能懂得？如果他懂得了在日寇反共分子的包围下面，他的家乡连自己生命是怎样危险，懂得中华民族和日寇是势不两立，懂得八路军在英勇打仗，生活又怎样艰苦，那要他“毁家”也情愿，何况只交些多余的粮？所以，宣传工作十分重要。县、区、乡各民众团体、各学校、各驻军的政治机关，都应有宣传队；报纸上写文章，剧团演征粮的剧；多开群众会、积极分子会，说明理由；造成竞送军粮的热潮。不懂得，就不愿交；懂得，就交得起劲！

四、不怨多出，只怨不平；大家来议，自然公平。

送粮给八路军吃，谁都愿意。有的地方，因为个别干部耍私情，或者调查不清楚，致有贫的出得多，富的反而出的少；或者收获一样，而交粮不同。这一来，老百姓就不高兴了，打算多出的也缩头了。我们必须做到“负担合理”，粮多的多出，粮少的少出（按累进法），贫的不出，应免交的免征。要做到这样，除区、乡政府注意调查外，主要靠发动老百姓自己来议，能召开乡参议会的地区，须开会，有议会常驻委员会的，须经过常驻会讨论；乡村多开村民大会，听取大家的意见，反对“宣传固定”的蠢办法，反对干部耍私情。大家来议，自然公平。公平，大家就愿意多交。

五、强迫命令，“弄巧反拙”；这类方式，硬要不得。

有些人想要走直路，不向老百姓说清楚，即指派谁出多出少。谁知老百姓也硬，压他出，偏不肯出。不止一次的经验告诉我们：强迫命令，每每不能完成任务，甚至要闹出乱子来。因此，必须肃清过去曾经发现过的强迫命令作风。只有在多数人民同意下面，用群众力量，对那些少数“一毛不拔”不肯负国家义务的人，才能施以强迫。

六、及时检查，多写报告；好的发扬，坏的纠正。

这次征粮，一方面要完成任务，另一方面要在征粮过程中，提高人民对军队的爱护，改进下层政治机构，发扬人民民主热忱，所以我们选派了工作团，又召开了县长联席会，说明了很多道理。但是实行时，还得深刻注意：某些区、乡做得好，就得发扬给其他区、乡学样；如有不好（如不宣传，强迫命令，或某地本歉收，定要征足等），立时发觉纠正。因此，县、区、乡应该经常检查，同时区、乡至少五天须向县报告一次，县向边府报告也是一样。县和边府接到报告，应立即研究给以答复，不要使好的经验不能推广，坏的发展到严重现象。

七、破坏分子，给他打击；当众揭穿，人人喊打。

送军粮，打鬼子，三岁小孩都明白的。然而包围边区的反共派、顽固派、特务机关，必然要想法来破坏，这是他们一贯的伎俩。必须注意这些家伙的鬼（诡）计，随时在群众中揭穿，使大家知道这些家伙造的谣言和奸细勾当，无非是想破坏抗战，破坏边区。这样，人人就会对这些家伙仇恨，“老鼠过街，人人喊打”，不夹着尾巴走，就会被人打死。

此外，关于收粮技术问题，如满三十斤为一斗，仓库要修好，粮要干要碾净……等，都已知道，不再说。

选自《抗日根据地政策条例汇集》陕甘宁之部（中），1942年版，第465～468页。

互校版本：

1.《陕甘宁边区政府文件选编》第二辑，档案出版社1987年版，第485～489页，附有“各县市征粮数目的分配表”（略）

2.《陕甘宁革命根据地史料选辑》第二辑，甘肃人民出版社1983年版，第127～130页。

7. 附［政策研究］：谈谈征粮问题（署名：觉哉）

1940年11月7日《新中华报》

军队要吃饱才能打仗

九万石救国公粮，是一件大事，也是件难事。

延安的老百姓回答说："自然有点难，但是，八路军不吃饱饭怎成？为着保卫边区不被日寇和反动分子侵入，老百姓只得将就点。"

边区是全国第一个光明的、自由幸福的地区，过去是军队争来的，今天和以后还得靠军队来保护。军队和老百姓如血和肉一样分不开。如果军队吃不饱饭，没有气力打仗，那我们的土地房屋牛羊妻室儿女都要遭难。遭日寇和反共分子的难。所以我们宁可自己少吃一口，不能使军队饿肚皮。

九万石是拿得出来的。

孔子说过："百姓足，君孰与不足。"边区在民主政治下，农村经济发展了，老百姓家家有钱、有粮、有牛羊。耕地扩大了比三年前的三分之一，因为深耕的原（缘）故，粮食出产增加五分之二还多。吃是吃不了的。如果照古代最轻的税："十一而税"，即是说人民拿出收获量十分之一来供给军队打仗，恐怕可收到二十万石以上。政府并不要那样多。所以我们应该估计：九万石粮是拿得出来的。

举个例子：革命前此地羊税每头羊年收二角，那时羊毛一斤值洋二毛。我们今年为要解决八路军寒衣（大家知道八路军是没有领到国家足够的饷，每人每月平均只法币六毛二分，不够买一双草鞋）。开始征收白羊每只毛四两、黑羊每只毛二两，平均每只毛三两，比前只五分之一，还说是"战时负担"！

历史上"毁家纾难"的人为着救国，不惜倾家供应国家，受到人人称赞。听说苏联革命时，后方的人每天吃六两面包（半磅）或者三两面包（四分之一磅），有时还吃不到，打仗的将士必须吃饱。假如中国有这样的时候来，也非如此不可。不是兵士饱，就是自己死。幸而我国尤其是边区，幸运得很，并不需要毁家，也不需只吃半饱，只多拿出几颗粮食，就可打走敌人，保卫自己，那又何苦而不为？

收公粮须注重宣传

边区老百姓爱护军队，有他的传统的。内战时期，老百姓和军队在一块，军队到老百姓家里如回了家，老百姓见了军队也象（像）亲人一样。这情形大家还记得。但是，时过境迁，不免有的人忘了，许久没有听到炮响，（其实炮每天在响）以为世界还很太平。对于黄河对岸日寇的积极进攻，边区四周反共分子军队的包围，宣传极不够，自然不易认识边区目前环境的危险、恶劣。此次收公粮，必须抓紧宣传，使大家懂得军队和自己的切身关系。军队吃不饱穿不暖，等于没有军队，至少打仗不起劲。那末（么），我们的田地牛羊甚至性命都保不住。懂得这是抗战时候，敌人和我们拚（拼）死活的时候，军队在流血，我们应该多流汗。懂得现在军队生活是苦的，有了饭没有菜，有了夏衣没有冬衣，老百姓应该爱护他帮助他，这是我们的责任。各县区乡，各民众团体，各学校，各驻军政治机关，各剧团，都要大做宣传。相信宣传做得普遍而又深入，不仅粮易收足，对于平常工作也必能大有改进。

不怕出多，只怕不平

依据过去的经验，老百姓常常说："为着打鬼子保卫边区，要我更多出些，我愿意。但是某某比我好，为什么他出得那样少，我不服。"的确，有同在一乡收获一样的人，甲村的出得多，乙村的出得少。个别的干部耍私情，包庇亲戚朋友，或者自己名下放轻些。这是要不得的。这次，必须纠正这些毛病。除在有参议会常委会及可能召集乡参议会的地区，须经过民意机关讨论外，还得开乡的活动分子会及村民大会，大家提出意见，在群众热烈赞成的负担合理的原则下，完成任务。要知道"宣传固定"的办法，结果并不一定好。

强他出不出，不强他出偏要出

"一个老汉被指定出一斗公粮，他大发牢骚；经过仔细说服，他即自动报缴五斗"。老百姓少有听到政治宣传，情绪不免有些低落，说服是必要的。但也有的不是不知道，却有点拗性。高兴，他出十石八石都可以，勉强他，就不服气。只要造成了拥护军队的群众热潮，你争先，我不愿落后，九万石军粮，可以马上办到。

这里，并不是说一点强迫也不能用，个别不明大义的确很有钱而"一毛不拔"的人，不能让他不尽应尽的义务。不过，要是在大多数人压力下面，强他缴粮，使他不敢不出，而不是单纯的用政府权力。

三天一报告，随时纠正缺点

这次征粮，有两个目的，一是完成或超过九万石任务；二是要把征粮运动作为提高群众对政治认识和对军队爱护的运动。比如某乡民众能出来说话，纠正过去征粮的不好现象，那就确立了那乡正规民主制的基础。农民认识民主，不是民主名词，而是解决他的切身利害。又如在乡村提高了军队地位，以后扩兵优抗也易办些。这是好的方面。另外还须知今年某些地区收成确实不好，同时干部中锦标主义，强迫命令的作风，仍严重存在。如果在缴粮过程中不随时检查，难保不发生违犯民众利益，造成严重现象的事。这是坏的方面。好的发扬，坏的纠正。各地工作应每天口头汇报，区乡应十天向县报告一次，县应半月向边府报告一次，重要的事，可打电报。我们不应当把征粮工作孤立着，认为与经常工作无关。

选自《陕甘宁革命根据地史料选辑》第二辑，甘肃人民出版社1983年版，第131～134页。原注："（民国二十九年十一月七日《新中华报》）"。

8. 陕甘宁边区政府为完成征收九万石公粮致各专员县长第二次指示信

1940年12月16日

各专员、县长同志们：

征收救国公粮进行一个多月了，你们坚决地执行县长联席会议的决定及第一次边府指示信，已经得到了很多成绩，改变了过去一些不适用的工作方法与方式，创造了很多新的办法，特别是民主方式及纠正干部要私情等。这在延安县首先得到了伟大成绩，一万一千五百石的任务（注意：延安只三万五千多人口!）已经胜利完成，进行到送粮的阶段了。

但是，根据各县的报告（连延安也在内），或多或少总有些弱点，弱点少的，完成任务的把握就多；弱点多的，完成任务的把握就很不够。有些什么弱点呢？

一、动员不普遍，不深入，有的尚停滞在干部中，群众还不知道征粮事的真象（相）。有的连干部都不了解，没有使干部都懂得，以致干部不敢向老百姓讲征粮；有的没把征粮意义说深刻，只讲军队要粮，应该出，没讲为什么应该出；有的宣传总是老一套，使得老百姓厌烦："讲什么，反正是要粮"……这就使得我们在动员阶段上不能使每个老百姓都当真的动。

二、有些地方墨守旧法，照例开会，照例宣传，照例分配，照例由支部来个"固定"，不能创造新的宣传方式，不能大胆地运用民主。结果少数工作人员拼命的干，多数群众站在外面看，任务是不会好好完成的。

三、部分的干部落后于群众，逃避工作，不实报自己的收获量，包庇亲戚朋友等。这样的干部，不但不能推动工作，反而阻碍工作的开展。因此，为着顺利地完成征收救国公粮的任务，特再给以如下的指示：

一、怎样才是有信心？

除个别县外，一般都有了完成任务的信心。信心不是空洞的东西：1. 要认识深刻，懂得这是战争拼生死的时期："没有军队，就没有边区，没有军粮，就没有军队。"2. 要估计正确，老百姓有没有能力负担和愿意负担。据延安、固临的报告，老百姓的收获量和热忱，都出乎工作人员的意料之外。3. 要认识困难，粮数比去年多，收成又不大好，个别老百姓仍是落后……等，有信心不是说没有困难，而是说要认清困难，有决心有办法去克服它。

二、怎样去做宣传？

干部懂得了，还要老百姓懂得，第一次指示信上说："宣传工作，十分重要。"怎样宣传法？除一般开会报告，组织宣传队、演剧外，还要有各种各样的办法。比如延安动员小学生宣传他的"大大"，那些做"大大"的看见儿子能宣传了，很欢喜，同时又说不过他的儿子，于是自己也积极了。动员"移民"做宣传，他们说：边区真好，我们那里苦到怎样，我们虽穷，也要出点。这就使得本地老百姓大为感动。工作团下乡不是长篇大论，而是坐着拉闲话，闲话的煽动力比演说台还大。宣传不只是对着男人，还要对着女人（动员妇联来做），免得男人虽懂得了，婆姨又来拉脚。"不懂得，不愿意缴；懂得，就缴得起劲。"要老百姓拿出更多的粮，没有真正深入的宣传动员，是不可能的。

三、怎样运用民主？

大家懂得了，是第一步，大家来做，是第二步。如果只要大家懂得，不要大家来做，那仍是不能发扬大家的积极性。延安征粮的成功，主要是依靠民选的、以乡为单位的征粮委员会。上十家选出一个委员，真正民选，没有所谓"保证"。当选的有党员，有非党员，有富人，有穷汉。他们是征粮的，又是出粮的，他们都很积极，认定缴粮是人民的责任，他们有权利向不公平的、要私情的干部进行斗争。事实证明：以前乡上调查本乡收获量若干的、经过征粮委员会的自动报告，一般都增加三分之一甚至二分之一，而自动缴粮，达到平均为所报收获量十分之一以上。民主方式力量的伟大，就是如此。延川、安塞都在开乡参议会，也很有效力。延安的征粮委员会与未改选的乡参议会一道开，效力更大。

民主要有形式，更要有实质，不要怕群众，只有群众起来自己来干，力量才大。这里并不是说政府不要领导，政府应该把握住正确的政策，使之不发生过左过右的现象。但不是去把持他，包办他。

四、怎样才是模范干部？

干部除努力工作外，还须自己起带头打冲锋的作用。固临安太区订了个“干部公约”，有两条：1. 不准随便离开工作。2. 自己家里的收获量实报。这一来，大大影响了群众，说：“今年不同了，区长、乡长都实报，我们须得实报。”在征粮会上干部缴得多，群众也就报缴得踊跃。有些应免征的也定要缴一点。

“干部决定一切”，要抓紧干部的模范作用，反对那要私情、不正确的干部。

五、抓紧时间完成。

必须抓紧时间。上次县长联席会议上，决定征粮工作，明年一月结束。现在已是十二月中旬，除延安县大部分完成和部分地方开始征收外，其他县区有的还仅仅上层动员，有的才开始到乡村去。如不抓紧时间，拖下去，将会影响整个征粮结束和其他工作的开展。因此，望注意抓紧征粮整个的时间外，还要注意到在征粮中每个阶段的时间把握（由动员到调查统计，到征收入仓）。

六、注意粮的质量。

粮要干要净。去年有些地区收的粮，要再碾才能吃。再碾，一斗只剩下九升，如果都是这样，就会大大影响军粮。因此，征粮工作进行到最后，必须“打气”，“加油”，粮要干净，仓库要向阳、紧密。

最后，重复上次指示信上的几句话：“强迫命令，弄巧反拙；这类方式，硬要不得。”“及时检查，多写报告，好的发扬，坏的纠正。”我们必须在征粮工作中改革坏的方法，创造好的方法。

此外，已见诸征粮通讯的和报上的，都希望同志们注意参考。

选自《抗日根据地政策条例汇集》陕甘宁之部（中），1942 年版，第 468～471 页。

互校版本：

1. 《陕甘宁革命根据地史料选辑》第二辑，甘肃人民出版社 1983 年版，第 143～146 页。

2. 《陕甘宁边区政府文件选编》第二辑，档案出版社 1987 年版，第 530～533 页。

9. 附［政策研究］：陕甘宁边区三年来粮食工作的检讨（曹力如）

1940 年 12 月 26 日《新中华报》

一、“人马未动，粮草先行”。这句话，说明战时粮食工作的重要。在今天的民族抗战中，粮食工作的重要性，更是不用细说的。陕甘宁边区粮食工作，是适合了这种需要与意义的，它用统筹供应的制度，无论军队与机关公务人员，和被服经费一样，一律采用发给办法，即每人每日，依据生活必须，发一斤半或一斤四两，使我们不会分散精力，为了自己日常生活，去作打算，使他们能更多的安心的做他们应负的抗战工作。为了这个需要，在边区政府财政厅，有统筹支配的粮食局组织，各县区有粮食股及仓库的设立。这项工作，三年多以来，在中国共产党正确指示之下，在边区政府直接领导之下，与边区人民的热烈拥护下，以及粮食工作人员的努力，基本上完成了粮食工作的任务。

二、具体的成绩表现在：

年度	征收公粮数
二十六年	一三，八五九石
二十七年	一五，九五五石
二十八年	五二，二五一石
合　计	八二，〇六五石

1. 保证了军政粮食的供给，没有遭受过粮食的恐慌。不仅如此，当绥吴清等县行政未统一对边区之前，曾捐助过绥德等五县粮食二百石，并代采购粮六百多石，作为救济该区域灾难民之用。对警备区驻军及河防部队，亦有计划的源源不绝的供给了×千多石粮食。至于对友军方面，在粮食的供给上，也无不尽力帮助。如骑二军过境时，使他们顺利的行军，而且他们感到，在所经过的地方，没有见到过如边区对他们粮食供给的周到（曾见二十八年十一月十五日本报）。在定边为供给友军的粮食，曾成立了粮食采买处，抽调人员，专司其事，只要他们知会一声，都无分彼此的一样供应，除上述代买捐助等粮食及二十九年度拟买之×万石不计外，三年来，征收救国公粮及经粮食局购买之粮食如下表：

购买食粮数

二十六年	缺
二十七年	九，〇三六，〇二六石
二十八年	八，五四八，八六七石
合　计	一七，五八四，八六七石

总共征粮及买粮计九九，六四九，八六七石（每石以三百斤计）。

三年来，军事机关、留守兵团及在各驻在地经党政协助购买之××万石，尚不在此数内。历次征收救国公粮及购买粮食，都是得到全边区广大人民的热烈拥护与积极赞助完成的。例如二十六年度计划征收一一，九〇〇石，实收一三，八五九石，超过一，九五九石；二十七年度计划征收一〇，七五〇石，实收一五，九五五石，超过五，二〇五石；二十八年计划征收四八，八〇〇石，实收五二，二五一石，超过三，四五一石。三年共超过计划一〇，六一五石。在交纳当中，各地方都有不少超过条例值得发扬的模范例子。在买粮当中，同样也得到了伟大的人民的赞助完成的。

2. 在运输方面，保证了粮食不至间断，就陕甘宁边区这样一个交通极不便利的地方，无论在冬季的大雪中，在夏秋两季的大雨中，公路便道被阻滞相当长久的时期中，也没有发生过间断的现象。这的确是一件不容易的事，这说明在粮食的运输上，是有步骤的作了事先的计划的。这个区域内，运输工具，唯一依靠的是牲畜，而牲畜中又唯一主要的是毛驴子。在不完全的统计中看来，二十八年七、八，九、十四个月当中，在延安、甘泉、靖边、安塞、志丹、延安市等六个县市中，动员了牲口四千五百二十头。二十九年一月至八月的八个月当中，在延长、安定、延川、固临、志丹、延安、甘泉、安塞、关中、富县、延安市等十一个县区，动员了牲口一万五千二百头。上面共计十二个月中，只运输粮食，动员了牲口一万九千七百二十头。运输的天数，共计一一三，四六〇天以上。

这个数目中，给留守兵团××万石的运输与绥德运输，以及各分区县在自己范围内的运输粮食所动员的还不在内。此外给友军方面的运输（粮食弹药），经过军运代办所的数目，尚不少于此数，这里不讲。这些动员运粮的牲口，其运费只是发给草料费及人的伙食费，不只是人民对于抗战的一项义务动员，同时也是党政的一宗巨大组织工作。没有人民的拥护与党政的动员，及粮食工作人员的组织，是不能够完成的。

3. 边区人民，在粮食问题上的困难，也给了一正确的解决。三年来，适当的提高了粮食价格，而这种提高粮价，正是站在农民利益方面提高的。是为了使农民能以少数粮食出卖，便可换得需要的日常用品。谷贱伤农的现状消灭了，农家粮食存积，也就更多了。从前因为粮食卖不出去，便大量的酿酒熬糖等等，以至浪费不少，一遇年馑，则因没有粮食存积，于是到处饿死人。现在浪费粮食的倾向，已经禁止了，同时，粮食的操纵，也消灭了。

从前有人囤积居奇，一遇机会，粮价便飞涨。现在因为实行了调剂，有计划的采买，并在延安市设立粮食合作社，不让私人投机垄断，粮价没有比其他地方那样暴涨。这对于农户以外的人民生活上，也给了一很大的帮助；不止如此，在金融上能稳定法币的信任。例如延安市数年来，粮价平均为：

二十六年以前每石约十五元至二十元（均以四十五斤斗计）

二十七年　每石约四十三元

二十八年　每石约六十七元

二十九年　每石约六十八元

另外在重庆，则在一年当中，粮价就增高二十一倍。如：

二十八年秋　　每石约十元

二十九年夏　　每石约一百六十五元

二十九年秋　　每石约二百五十元

二十九年冬　　每石约四百二十元

4. 在粮食的生产与采买征收工作上，党政军民发动了广大的生产运动，增加了收益——每年增产数十万石粮食。依据了各个地区的产量，与抗战工作上的需要，适当的做了计划，即是粮多的地方，我们多买多征收一些；粮少的地方，少买少征收，甚至不买不征收，使各地粮食，不至发生过多或过少的悬殊现象，使农民中的粮食感不到过剩或缺乏的危险。为此办法的实现，除延市粮食合作社外，粮食局已计划在各产粮丰富的区域的市镇交通大道上设立粮站，按市价收买或平价出粜，以收普遍调剂之效。

5. 开始深入的检查了下级的工作，部分发现了县区仓库工作中存在的严重缺点，并给了初步的纠正。在各级政府中，管理粮食工作的干部，有了整理与补充，并且开始训练其干部。在工作制度上，也有了进步，原来各仓库只有一本旧式的粮食收支的日记帐

（账），现在逐渐做到全用新式帐（账）簿。在粮食支付的预计算方面，也做到和经费一样能按制度办理。计算上都有了单据。会计方面，是有了比较清楚的收支数字，对粮食的统筹工作，给了相当的便利。各县二科及各仓库，一般的能按月报告工作情形，本年五月份召开了一次仓库主任联席会。七月份又开办了一次仓库训练班，提高下级做粮食工作的干部。各级做粮食工作的同志，也能够提出与请求同级党政机关予以帮助指导，边区粮食局也建立了巡视制度，在直属各县已派员巡视过一次到三次。总之，这一切都是在边区改进了，正向着有秩序的方向前进中。

三、虽然有以上的这些成绩，但还非常不够，还存在着以下缺点：

1. 粮食的质量不好，无论在征粮和买粮中，总免不掉有糙米及潮湿的现象，而且这种情形很普遍，虽然有个别地方是做到质量的纯洁，但总和起来，仍是一个极大的损失，例如各机关部队领到的粮食，如果经过碾细一遍，都是九折甚至八五折，拿三年来粮食局经手共征粮买粮九九、六四九，八七六石，按九折则应少掉九、九六四，九八七六石（原文如此），每石以五十元计，则应损失粮款四九八、二四九·三八元。收粮时，潮湿的部分，在干燥后要折量还不在内。如果每年军粮，全部以十万石算，那我们就要每年少掉一万石粮，损失公款五十万元，这方面三年便要损失一百五十万元。在历次征粮买粮之先，边区党委边区政府都严格指出过，各地方党政也响应这一号召，但在执行中，却没有引起大家一致的注意。当然做粮食工作的同志们抓的不紧，应负直接的责任，也是我们今后工作的一个严重的教训。

2. 运输工作，虽然保证了不间断，但同样我们也有要加考虑的地方，例如我们把固临、延川、保安、甘泉、安定等县的粮食，运到延安，当地粮价，是每斗五元。各该县距延安由二天到四五天不等的路程，每斗每天发给路费三角五分（运粮时发给六角五分，空返时发一角），如果是四天则为一元四角，即每斗粮运到延安与延安粮价比较，就很不合算，延安现在市价四十五斤斗，每斗价洋六元八角，合三十斤斗，每斗价洋为四元五角三分多，加上运费，则每斗为五元九角三分，就是说把各县区（较近的县份）的粮，运到延安比每斗原价（五元）多出九角三分，比延安市的粮价要高一元四角。因为延安市的粮食，供不应求，所以须要依靠组织运输，但我们在这方面，为了眼前的急需，没有研究能否在这上边节省一笔款。我觉得会可能省出一笔款的，我们把买粮事，尽可能放在延安，把粮价略为提高，即可节省部分经费，又可避免群众的运输负担。例如在固临县，有的农民，不愿接受公家的津贴送粮来延安，而宁肯每斗粮贴四元到四元五角雇人送来，这方面如果能更好的调剂组织，不仅可能省钱，而且可以节省人力。

3. 存在着不少的严重的贪污浪费粮食的现象，是应严格纠正的。在深入的检查之后，在志丹、延川、固临、延长、安定、华池等七个县，十七个区的统计，贪污亏空的粮食有二〇四·一〇石之多，每石五十元合洋则为一〇，二五〇元。其他县虽还未检查，也不会完全没有这种现象。就以发现的主要就有以下的形式，用大斗收入，用小斗支出，把公粮掠为己有。如志丹县四区仓库主任高明顺用这种办法贪污有三十石多；八区的仓库主任金永彪用这种办法贪污有三石多；安定南区仓库主任出粮时把斗底围小；延川禹居区仓库主任杨某和区长冯学德用这种办法共同贪污了三十多石等。共同舞弊，伙分贪污粮款的。如志丹五区仓库主任和区级干部有组织的偷卖了二石五斗，得洋一百零八元，大家分用；延川禹居区贪污的三十多石也是这样；延川永胜区仓库主任和区长贪污五石余；固临县保安队管理员等三人前后偷卖机关生产粮食廿一石等。空收账簿，虚报损失。如志丹县四区仓库本来长粮十石，到二科长调换后，以为人家不知道，反报告说：短少了二十六七石；八区的金永彪收公粮时，把自己与亲戚应出的空收一笔款，又随时拿公粮的麦子给他的亲戚；延安东一区仓库主任给他亲戚空打两石粮食的收据等。用卖粮款做私人生意，在买粮时乘机渔利或少给群众的粮价。如志丹四区在今春天未落雨时，代公家定买了若干粮食未付粮价，及至天落了雨，粮价下降，他们就另找农户买粮，粮价还是按以前的报公家，这其中赚了一部分钱去了；如延川县仓库主任，刘竟成拿自己保管的款做生意；志丹八区仓库克扣卖粮人的零头；六区仓库主任袁正春，把应给群众的几分或几角扣下，总计有廿余元之多等。至于因贪污了数目不对的，可以用许多方法支吾。例如华池县水气台区短粮十四石七斗，向上级报告是说老鼠吃了十二石七斗，另外坏了四石等的说法。这些例子，可以不必多举。没有发现的一定还不会少，既发现了的，如上所述情形，虽然有不少已给了必要处分与纠正，然而我们应当抓住这点，作为教育全体粮食工作人员的最好材料，同时应当研究以后如何消灭这种严重现象。至数目字的前后差错，亦不少发生。如关中廿八年度，在检查后和原先报告数字，相差五百多石。

上述贪污等现象，说明我们粮食工作在制度上还欠完备，还欠周密，给他们这样一个空隙，另外我们在干部的配备与选择上，也是一个缺点，这些都是值得我们今后改进的。

四、今后的粮食工作，除上述应改进外，我认为应急切执行的有以下几点：

1. 各级党和政府，必须加强对粮食工作的领导，据我们检查各县以下党政机关，很少专门召集过讨论粮食工作的会议，甚至从来就没有讨论过粮食工作的。以后必须把这项工作，认为是最重要的党政工作之一，定期开会讨论。具体帮助他们的工作，现在就须检查，并且把已发现的毛病，给以适当的处理，不应当把他（它）看成仅仅是粮食局的工作。

2. 撤调贪污的和实在不适合这项工作的干部：把做粮食工作的干部，看做是重要工作的干部，一样要审查教育。各县区要供给这样的干部，一般不得把这方面好的干部随便调换，使工作上减弱，对领导或伙同仓库贪污舞弊的干部，同样要给以纪律制裁，并应当指示他们在领导上应负的责任。

3. 保证粮食质量好，这点只靠仓库是不成的，各级党政以至于群众团体，都应当把它当作自己工作任务。再次征粮或买粮时，要切实了解这点的损失很大，要保证动员群众不再交粗糙潮湿的粮食。

4. 边区粮食局，应当对如何保证粮食质量好，及如何使运输上的合理，这方面应加以细心的研究。对粮食的购买方面，在各县市镇上，多采用粮站的形式购买，可能减少在农村分散收买的麻烦。

5. 各仓库成立管理委员会，并且成为经常的组织，每年粮食发完之后，做仓库工作的干部应保存，不应分散或他调。

最后粮食工作的这些成绩，是应作为我们今后工作的经验。同样，存在的缺点，也要针对纠正，作为我们今后工作的教训。虽然是初步检查材料，但希望各县的同志，加以研究，加以检讨，必然会有更多的益处的。二十九年九月十八日于延安。

选自《陕甘宁革命根据地史料选辑》第二辑，甘肃人民出版社 1983 年版，第 119～126 页。原注：“民国二十九年十二月廿六日《新中华报》”。

10. 陕甘宁边区政府征收救国公粮的第三次指示信

1941 年 1 月 7 日

各专员、县长同志们：

征收九万石救国公粮运动，绝大（多数）地区已经顺利的完成了。而且不仅完成了任务，在征粮运动中，提高了民众对抗战的认识，发现了民众中很多积极分子，部分的改造了下层政治机构。尤其值得称赞的是进一步的加强了民主制的实施基础。民主不是空谈，须和具体事实联系。民主选出的征粮委员会，他是征粮的，同时也是出粮的，这是民众直接管理国事的一端。另一方面，若干工作人员从实际经验中认识了民主作用的伟大，增加他们对于施行民主制的信心。

但是，我们工作中不是没有弱点，也许有弱点还多。且不讲个别做得不大好的县区，就是做得好的县，也有出粮不公平的，出得太重的，干部要私情的。有的民主只是形式，没有真正发扬民众的公意。有的虽然民主了，而因事先调查不确，解释不清，致个别的人仍然抱屈。这些虽然是个别的县，但一经发现，就要不厌烦的即刻去改正。弄错了，公开认错。在没有发现时，就得虚心去听取群众的呼声，看有没有做得不好的事。这就叫做检查，检查定要到民众中去，仅仅凭工作人员的报告，是不够的。

在某些新收复区，收成不大好的区，政府分配他的征粮数本来较少。在这些区，一方面，深入的进行宣传，另一方面，要根据客观的实在情形，要照顾到各阶级的不同利益。完成任务是重要的事，留下好的政治影响，是更重要的事。任务不能百分之百的完成，虽然不好，但如不能在征粮中留下好的政治影响，做推动整个工作的张本，相反，留下坏的影响，那不好的程度比不能完成任务要大的（得）多。

边府第一次指示信上说：

“这次征粮，一方面要完成任务，另一方面要在征粮过程中，提高人民对军队的爱护，改进下层政治机构，发扬人民民主热忱……”

这就是上面说的，完成任务是重要的事，留下好的政治影响是更重要的事。而且只有政治工作做得很好，任务才能胜利的完成，各县长各专员各工作团的同志，坚决的执行了这一指示，得到很大的成功。但仍望到底不懈在送粮入仓阶段中：不断的检查，不对的纠正，大胆地纠正，不怕麻烦地纠正。

征粮工作完结时，各县要做一详细的检讨。这个检讨，是征粮工作的总结，同时是开展与改变其他工作的开始（例如利用征粮工作中民主的经验充分准备进行乡县参议会的改选，利用民众爱戴边区和军队的热忱，来开展生产运动等）。

其他已见诸上次指示的，不再说。

选自《陕甘宁革命根据地史料选辑》第二辑，甘肃人民出版社 1983 年版，第 154～155 页。

11. 陕甘宁边区政府关于庆阳教堂与大地主不缴纳公粮事的指令

1941年1月26日

陇东分区行政专员　王维舟　马锡五

一月十三日呈一件，为呈报庆阳教堂与大地主避不缴纳公粮之对策祈鉴核由。

（一）庆阳县三十里铺教堂不缴纳公粮，你们的对策是可以的。对于其神父及会长等，要用道理去说服他，除将征收公粮意义解释明白外，还要说明，在国际平等友谊的原则下，我们对友邦侨居人士应保护其安全。但是他们也要尊重我们的主权和法令。政府的征收救国公粮，既是我们主权以内的事，又是政府法令，同时也是一般人民都应缴纳的，对他们并无二致，对其传教自由更无任何妨害。对争取在教堂影响下的群众，发动斗争时也特别要更具体的说明这个道理，并说明他们的粮食是从我们的土地和人民劳动所得来的，使人民了解他们的抗缴公粮是不对的。至该教堂恐系特务营垒，那就要加强侦察，搜集证据，向人民揭发，以人民的力量驱逐之。

（二）庆阳城内大地主逃避缴粮，你们所拟的办法是可以的。但是在执行时应注意到工作方式。就是说要等于运用民主的力量压制他，而不是政府指定要他出多少，而是经过群众大家讨论议定要他缴纳。此外，还可以利用较为开明的绅士或其他地主去说服他，争取他回来，争取他出粮。万一固执不通，那就发动其佃户将存粮送交政府。

主　席　林伯渠

副主席　高自立

选自《陕甘宁边区政府文件选编》第三辑，档案出版社1987年版，第39～40页。

12. 陕甘宁边区禁止粮食出境条例

1941年4月23日

第一条　本条例之目的在于：一、防止边区粮食外流资敌；二、战胜日寇、汉奸、亲日反共派对边区粮食的破坏与封锁；三、保证全边区部队、机关、人民的食粮供给制定之。

第二条　自本条例公布后所有以前关于禁止粮食出境法令一概废止。

第三条　凡边区所有粮食不问属于原料或制成品（如面粉），一概严禁私运出境。

第四条　凡因军事或其他特殊需要须运粮出境者，无论军政民均须申请边区粮食局核发粮食出境许可证，然后凭证运送出境。分区则由专员公署核发此证。

第五条　友区军政民须购买边区粮食出境者，必须直接申请边区政府，经边区政府核准，由边区政府粮食局发予粮食出境许可证后，凭证出境。未经核准而私擅运出边区者，得扣留处罚之。

第六条　以上两条之运出人，于申请粮食出境许可证时应说明其出境理由、数量、运出地点、粮食种类。

粮食出境许可证由边区粮食局制定格式，分区据此印发之。

第七条　凡运粮食入境者，一律不受任何限制。

第八条　友区军政民须运粮通过边区境域者，入境前须取得区县级以上政府之粮食过境证明书，方可进出边区。

此项粮食过境证明书由财政厅粮食局制发其格式，各分区专员公署或县政府自行照样印发之。

第九条　边区内部粮食流通绝对自由，各级政府不能予以阻止。

第十条　凡边区边境各地区一律均须以下列方法进行查禁：

一、边界各行政村长与自然村长负责动员、领导各该全村人民，盘查哨一体注意查禁。

二、组织乡查禁粮食出境委员会，负责各该乡之查禁工作。以乡长、粮食委员会主任、自卫军连长、各种群众团体代表组织之。会期不定，于必要时召集之。

三、组织区查禁粮食出境委员会，负责各该区之查禁工作。以区保安助理员、粮食委员会主任、自卫军营长、税务机关代表、抗敌后援会主任组织之。每月至少召集会议一次。

四、区级以上政府，不另组织查禁委员会，但负责督查各级查禁粮食出境委员会之查禁工作。

五、其他各地方部队，各群众团体，各公务人员，得随时注意查禁之。

第十一条　各负责查禁之人民、机关、部队等，对于无边区粮食局许可证或无粮食过境证明书而运粮出境者，必须将人粮一并扣留，押送区政府或县市政府法办。或遇有所持文件与实际运出之粮食数量或种类等不符者，亦应予以押送区级以上政府法办之，均不得自行没收处理。但所运粮食数量如果超过文件所载明者，可以不问。

第十二条　各该受理政府，如查明所扣留粮食确系私运出境者，将其粮食全部没收，人送县司法机关依法判处之，如查明所扣留之粮食，数量超过粮食出境许可证或种类不符等情，得斟酌实情，没收其超过粮食，并斟酌实情法办其人。

第十三条　查获违禁出境粮食之有功人民、机关、部队等，县政府得以相当于没收粮食百分之四的现款奖励之。以百分之六十的粮食充公入仓并呈报边区粮食局备查。

第十四条　区乡级的政府、驻军、人民团体查获私粮食或与证明文件不符之粮食，均须即将人粮送县府处理，其没收所得领取第十三条规定之奖金，而没收之粮食统由县府支配。拨归仓库①，并报县粮局。各查禁机关、人民、部队，不得任意没收，不得私自处理所没收的粮食。

第十五条　各级公务人员对禁粮出境如有徇私舞弊或借故敲诈从中贪污者，依法

① “三秦法律法规版”将“库”误作“军”。

严办。

第十六条　本条例如有不适合之处，得由边区粮食局呈请边区政府修改公布之。

第十七条　本条例自公布日施行。

选自《陕甘宁边区政府文件选编》第三辑，档案出版社1987年版，第149～151页。

互校版本：《陕甘宁边区法律法规汇编》，三秦出版社2010年版，第235～236页。简称“三秦法律法规版”。

13. 陕甘宁边区政府关于推行粮票制度的训令

1941年6月25日

令各厅长、专员、县长

为训令事：本府粮食局于四月推行一种粮票制度，其办法，用途具见于该局三十年四月十七日通知中，兹将其原通知照录如下：

本局为实现粮食节约，便于在职在伍人员出发至其他机关、部队及群众中吃饭，并为不使群众吃亏起见，特发行粮票麦米两类；麦票分六两、八两、十两、一斤、五斤、十斤、三十斤；米票分四两、八两、十两、千斤四两、五斤、十斤、三十斤，共十五种。自本年四月二十日起在全边区各机关，部队与群众中使用，除票面规定者外，使用粮票时并得遵守以下各项之规定：

（一）在职与在伍人员，因公至其他机关、部队与在群众中吃饭，均分别依照粮局规定之支粮数量，付粮或付给相当于规定支粮数量之粮票。

（二）无论机关、部队与民众如收有在职在伍人员付给之粮票，随时可持粮票向边区各地属于本局系统之仓库兑粮，各该仓库得照票面所载数量照付粮食局时，取粮人须开收条证明。

（三）边区民众之收有在职在伍人员付给之粮票者，得以此项粮票抵作交纳公粮或农业税之用。

（四）本局发行之粮票限于前三项规定之用途，不得用于市面一般之流通。

（五）凡有违犯上述各项之规定而操纵粮票投机营利者，经司法机关检查属实得全部没收之。

（六）各机关、部队均得严格执行上述各项之规定，并向群众广为解释，以确保粮票之信用，特此通知。

希见令后转饬所属各级政府机关、学校及群众一体执行为要！

此令

主　席　林伯渠

副主席　高自立

选自《陕甘宁边区政府文件选编》第三辑，档案出版社1987年版，第327～328页。

14. 附［报刊评论］：论征公粮公草

1941 年 10 月 15 日《解放日报》社论

关于今年征收救国公粮的问题，经过多次慎重的讨论已大致决定了。为了保证明年度军政机关与各抗日人民团体的粮食供给，以及筹划发展边区运输事业所必需的骡马草料，同时，偿清本年人民借粮，决定今年征粮二十万石，征草二千六百万斤。其征收办法亦与过去不同，起征点降低到一百五十斤，同时限制最高额不得超过收获物百分之十及其剩余粮百分之三十，使全边区百分之八十以上的人民都能负担抗日经费。

站在抗战与革命的立场上，我们完全拥护政府这一正确的决定。

今年公粮数目的增加，是政府充分的吸收了去年的经验教训而决定的。去年实收救国公粮九七，三五〇石，但据事实的证明，与实际需要相差甚远，以致今年发生严重的粮食恐慌。根据政府的统计：除公家自己生产及买的粮食外，又两次向人民借粮将近五万石。那么，今年征粮二十万石，除去偿还借粮五万石，其余的粮食仅够明年吃用。这是政府对人民的最低要求。

近来日寇犯我郑州，企图策应冀南敌军渡河西窥，我们为了配合友军保卫西北，保卫边区，更有加强武装力量的必要，那么，今年公粮的增加更有其重大的意义了！

征收公草，虽然在边区尚属创举，但其重要性是不亚于公粮。大家知道，抗战以来日寇占领了我国许多盐区，使得晋豫陕各友区向来依靠潞盐、淮盐为食的人民断绝了接济，增加了我们供给食盐的任务，同时，边区又是经济落后出入口不平衡的区域，为了发展边区经济，亦须奖励土产如食盐等物输出，但要解决这些问题，还有一个先决的条件，就是要首先解决交通运输的困难。在边区目前的物质条件之下，我们既没有可能发展汽车运输，当然只有依靠骡马大车来作主要的运输工具，然而骡马非有草料供给它是不行的。过去事实已经告诉我们：由于沿交通大道的草料既昂贵又缺乏，使得运盐工作发生很多困难，驮盐的人民，应赚钱的反而赔本。因此，明年政府准备有计划有组织的来进行这一工作，一方面征收公草，一方面在交通大道增设站店，供给公私骡马的草料，推动运输事业的发展，从而解决供给友区食盐与发展边区经济的两大任务。

现在我们看一看今年公粮公草的负担是不是重呢？如果单从边区土地革命后几年以来的负担数目字比较，它是加重了些，但和革命前比较仍是轻的（得）多。边区人民革命前的负担，根据本报现有的材料，其最重的要占全年收入百分之六十七，革命后的负担，除了每年征收救国公粮一次外，没有任何附加。今年是最多的一年，其最高额亦不得超过收获物的百分之十及剩余粮的百分之三十，大后方的田赋，今年也改为征收实物。据悉：四川一省要征粮四千八百万市石，按四川七千万人口计算，平均每人负担将近七市斗，边区人口为二百万，今年的负担，平均每人一斗粮和十三斤草，拿边区和大后方比较，仍然是不重的。

上面是从革命前后及边区内外去作比较，我们再看一看现在边区人民的负担能力究竟怎样呢？边区近几年来的经济建设，在政府有计划的推动之下，是得到了相当大的进展。

最明显的表现在农业上：去年的粮食产量为二百六十万石，耕地面积较革命前增加了百分之三十以上。如果今年政府开荒六十万亩与增粮四十万石的计划完成，那么今年的粮食产量应该达到三百万石左右，而今年征收的公粮，只占本年开荒收入的一半，这对于人民的生活当然不会有什么妨碍的。

起征点的降低，也有它的重大意义。去年征粮的起征点为每口四百五十斤起码，这一标准的缺点是出粮的人数少，使有钱的人负担较重，今年的起征点改为一百五十斤，同时，又将最高额限制不得超过剩余粮百分之三十，这一变动，不仅是数目字上的，而是政府正确地执行了新民主主义的财政政策——合理负担。

今年的征粮征草快开始了，我们拥护政府正确的决定；同时我们号召全边区二百万父老兄弟诸姑姊妹来共同实现这一决定！这是边区人民光荣的任务。陕甘宁边区人民负担着民族解放的重大使命，同时又有高度的政治觉醒（悟）。根据过去对政府缴纳公粮的成绩——每次都是超过了政府的计划数，我们相信一定可以完成任务的。

最后，我们对于政府粮食工作者要提供一点意见：过去征收的公粮，据说由于保管方法与支领手续的欠完善，发生了老鼠吃、虫咬、腐烂以及有些机关浮报冒领等等不应有的浪费现象。今年虽然政府已经根据过去的经验，制定了一套关于征收、保管、运输、支领比较周密的办法，但我们仍然希望粮食工作者要能切实地执行，不要使从人民手中“粒粒皆辛苦”得来的救国公粮，以后有一颗浪费，而且这样更可以鼓舞人民缴纳公粮公草的热忱。

选自《陕甘宁革命根据地史料选辑》第二辑，甘肃人民出版社1983年版，第270～272页。原注：“民国三十年十月十五日《解放日报》社论”。

15. 陕甘宁边区第二届参议会关于税收工作的决议

1941年11月

目前的税收制度，还有着下列几项重要缺点：

1. 因为缺乏普遍的关于居民财产和收入的调查，各级政府在分配公粮等负担时，只好靠概括的估计，以致未能使负担完全公平合理。

2. 个别地方的区乡工作人员，在分配负担时，未按人民现在的财产等第和收入状况，而按过去或分配土地前的经济情况。

3. 部分的工作人员，假公济私的要私情，破坏政府税则。

4. 个别地方的负担集中在少数人身上，致使一部分人民负担过重。

今后税收制度必须根据下列规定改善：

1. 明年度普遍进行公私财产和收入的调查，建立税收制度的科学基础。

2. 不分地主、佃农、自耕农或雇主、工人，除极贫者外，均应按照现有的财产等第或所得多寡缴纳累进税，负担人口应在百分之八十以上。

3. 累进税率应力求适合各阶层人民的经济情况，起征点不应过低，致使真正无力负担之赤贫户强纳负担，同时累进最高率亦不应过高，致使负担集中在少数人身上。

4. 在乡村中负担分配之权，即规定各户负担等第与数额之权，属于乡参议会或村民大会，任何其他机关，不得越俎代庖。

5. 一切有徇情舞弊行为之公务人员，应受行政处分或法律制裁。

6. 非得本会或本会常驻会之批准，不得增加人民负担，或作临时的财力物力动员。

7. 一切财力物力动员工作，由各级政府负责主持进行，本会特委托边区政府依照上述原则制定农业统一累进税则与实施办法，交本会常驻会批准后，颁布实行之。

选自《陕甘宁革命根据地史料选辑》第二辑，甘肃人民出版社1983年版，第278～279页。

16. 陕甘宁边区政府一九四一年度征收救国公粮条例

1941年11月25日公布

第一章　总　则

第一条　本条例为保证抗战食粮供给任务之完成，并使人民负担合理，按累进原则，征收救国公粮制定之。

第二条　救国公粮，由边区政府统一征收。各级政府应按本条例规定数量征收，不得藉故重征或附加。

第三条　凡边区内从事农业及副业，或出租土地获取租粟之人民，均有遵照本条例完纳救国公粮之义务。

第四条　边区政府按军粮之需要，及估计收成实况，决定本年度征收公粮总数为二十万石。征收比额米麦占百分之七十，杂粮占百分之三十。

第二章　征收范围

第五条　凡人在边区，资产收入在边区以外者，征收公粮完全采取属人主义。凡资产收入在边区，人在边区以外者，征收公粮完全采取属地主义。一家[①]分居两地时，应以其每一地区之收获为标准，分别征收之。

第六条　下列各款为救国公粮征收范围：

一、以耕种所得之一切农产物。

二、以出租土地，或耕牛所得之租金或租粟。

三、未纳其他税收之农业副产所得之纯收益。

第七条　农业副产所得纯收益不包括下列四项：

一、羊子所得。

二、牲口驮盐所得。

三、已纳商业税之营业所得。

① “陕甘宁之部”“档案文件版”此处为“一家”，“甘肃史料版”空缺两字标作“○○”。

四、种棉所得。

第八条　征收救国公粮，不论农产物或其他收益金均得折合细粮缴纳之。

第九条　救国公粮主要征收下列各种：

一、小米、黄米、麦子。

二、其他杂粮：如包谷、高粱及各种豆类，由粮食局按需要指定地区亦可征收之。

第十条　杂粮折合小米之折合率（仅限本年度适用）如下：

一、大米八升折合小米一斗。

二、麦子一斗四升折合小米一斗（陇东关中等地可按规定之折合率折合，以麦为征收本位）。

三、荞麦二斗，折合小米一斗（陇东关中以麦为征收本位时，以荞麦二斗折合麦子一斗）。

四、包谷、高粱、黑豆、黄豆，二斗折合小米一斗。

五、豌豆、蔓豆、绿豆、扁豆以一斗五升折合小米一斗。

六、棉花籽六十斤折合小米一斗。

七、苜蓿籽五升折合小米一斗。

八、其他如油籽、麻子、枣子等不收，

九、公粮概不折钱征收。

第十一条　凡租佃土地或租牛务农者，计算收益时，须除去地租或牛租。

第三章　征收标准

第十二条　各县征收救国公粮之起征额，每口为一百五十斤，但绥、米等情形特殊地区，得斟酌实地情形降低。

第十三条　累进征收救国公粮，以每户每口全年平均所得细粮多寡为计算标准。其百分率，另表附后规定之。

第十四条　各县征收救国公粮，平均征收率，应依据各个经济区特殊情形规定之。

第四章　减征或免征

第十五条　有下列情形之一者，其征粮起征额得提高至二百一十斤，不足此数者免征。

一、贫寒之抗日军人之父母妻子。

二、贫寒之抗日残废军人本身，及其父母妻子。

三、凡有下列情形之一者，其收获量不超过一百八十斤者免征。

1. 鳏寡孤独无依靠者。

2. 残废或患病失却劳动力者。

第十六条　因遭灾疫或匪患损失财物或牲畜者，得酌量减征或免征之。

第十七条　凡移边区居住之难民、贫民，经专署或县政府，依据边区政府优待难民贫民之决定，准予免除抗战动员之负担者，得减征或免征。

第五章　调查登记

第十八条　凡居住陕甘宁边区从事农业，或出租土地、耕牛者，按年须将人口、土地、牲畜及每年收获等数量分别陈报乡区政府登记，登记内容及数量是否确实，应由乡政府交乡参议会审核评定。

第十九条　为便利进行调查登记起见，得以乡为单位，组织乡级征粮委员会，进行调查登记事宜。

第二十条　各地乡级参议会评定每户耕地之土地等级，估定每一等级之标准收获量时，须以下列各款为估计标准：

一、耕地土质。

二、劳动力。

三、牲畜力。

第六章　入　仓

第二十一条　本年度之救国公粮，应于十一月开始入仓，至三十一年一月三十一日（旧历腊月十五日）以前全部入仓。

第二十二条　各级政府应负动员征收及监督公粮入仓之责，粮食局与各县区仓库负管理之责。

第二十三条　缴纳公粮人以户为单位，应依期将应缴纳之救国公粮，扬净晒干送至指定之仓库，过斗交讫，掣取财政厅制发之收据凭执。本条例所称之斗以三十斤为准。

第二十四条　公粮全部入仓后，各县应将收粮实数详报粮食局，转报财政厅备案。

第七章　奖　惩

第二十五条　人民中如有踊跃应征，起模范作用者，县政府得分别给予奖励。

第二十六条　应征公粮人民，如有违犯下列情事者，得分别予以处罚：

一、报告不实，企图不缴或少缴者，其隐瞒部分加一倍征收之。

二、无正当理由逾期不缴者，加倍征收之。

三、教唆他人抗缴者，处六月以上一年以下之徒刑或一百元以上一千元以下之罚金。

四、聚众持械拒缴者，首谋处死刑，从犯处一年以上五年以下之徒刑。

五、公务人员如有违犯前列各项者加倍处罚。

第二十七条　公务人员中之工作积极著有成绩者，财政厅得分别给予奖励；如有违犯下列情事者，分别予以处罚：

一、徇情袒私致有幸免，或冤出情事经告发查有实据者，处半年以上一年以下之徒刑。

二、私自增减公粮数目，经告发查有实据者，处半年以上一年以下之徒刑。

三、贪污受贿经查有实据者，依惩治贪污条例处罚之。

第八章　附　则

第二十八条　去年公粮未入仓者，限于十二月底以前一律催收入仓。逃亡绝户经查明确实者，应呈请财厅豁免，无故抗不缴纳者，加倍处罚。

第二十九条　各县征收公粮公草之办公费，由县政府斟酌实地之情形规定，但每乡至多不得超过二十元。

第三十条　征收公草办法另订之。

第三十一条　本条例经边区参议会常驻委员会通过，由边区政府命令公布之日起施行。

第三十二条　本条例修改解释之权属于边区政府。

附：征收救国公粮累进税率表

每口平均所得细粮斗数	每口平均所得细粮斤数	征收公粮百分率	每口平均所得细粮斗数	每口平均所得细粮斤数	征收公粮百分率
五	一五〇斤	五	一八	五四〇斤	一八
六	一八〇斤	六	一九	五七〇斤	一九
七	二一〇斤	七	二〇	六〇〇斤	二〇
八	二四〇斤	八	二一	六三〇斤	二一
九	二七〇斤	九	二二	六六〇斤	二二
一〇	三〇〇斤	一〇	二三	六九〇斤	二三
一一	三三〇斤	一一	二四	七二〇斤	二四
一二	三六〇斤	一二	二五	七五〇斤	二五
一三	三九〇斤	一三	二六	七八〇斤	二六
一四	四二〇斤	一四	二七	八一〇斤	二七
一五	四五〇斤	一五	二八	八四〇斤	二八
一六	四八〇斤	一六	二九	八七〇斤	二九
一七	五一〇斤	一七	三〇	九〇〇斤	三〇

此表一律以斗为单位不用小数点。

选自《抗日根据地政策条例汇集》陕甘宁之部（中），1942年版，第408～415页。简称“陕甘宁之部”。

互校版本：

1.《陕甘宁革命根据地史料选辑》第二辑，甘肃人民出版社1983年版，第280～285页。简称“甘肃史料版”。

2.《陕甘宁边区政府文件选编》第四辑，档案出版社1988年版，第279～284页。简称“档案文件版”。

3.《陕甘宁边区法律法规汇编》，三秦出版社2010年版，第314～317页。

17. 陕甘宁边区政府一九四一年年度征收公草办法

1941年11月25日公布

第一条　本办法依据陕甘宁边区征收救国公粮条例第三十条之规定制定之。

第二条　边区政府按需要决定本年度征收公草二千六百万斤，一律以谷草为标准。谷草缺乏之地区，可酌量折收部分糜草、麦草或野草，但谷草须占全部公草百分之四十。

第三条　征收公草以斤为计算单位，平秤十六两为一斤。

第四条　杂草折合谷草之折合率：

苜蓿一斤折合谷草一斤。

麦草、糜草一斤半折合谷草一斤（关中陇东等地区可按规定之折合率折合，以麦草为征收本位）。

芦草、白草二斤折合谷草一斤。

茅草、蓑草（驴尾巴草）、冰草、昔杞草二斤半折合谷草一斤，其他牲口不吃之草一概不收。

马兰草一斤折合谷草一斤，但只限于延安、甘泉、安塞、安定四县征收。

第五条　征收公草须以便利将来使用为原则，划定适当地区收集之。

第六条　人民缴草务须捶净晒干，腐朽霉烂或潮湿者概不接收。

第七条　征收公草时，各县应按实地情形，确定征收标准与比额征收之。

第八条　公草须于一九四二年一月三十一日以前一律收齐。

第九条　公草管理及运输办法另订之。

第十条　本办法自公布之日施行。

选自《抗日根据地政策条例汇集》陕甘宁之部（中），1942年版，第415～416页。

互校版本：

1.《陕甘宁革命根据地史料选辑》第二辑，甘肃人民出版社1983年版，第287～288页。

2.《陕甘宁边区法律法规汇编》，三秦出版社2010年版，第318页。

18. 陕甘宁边区粮食局组织规程

1941年11月25日公布

第一章　总　则

第一条　本规程依据边区财政厅组织规程第四条之规定制定之。

第二条　边区粮食局，为边区粮食行政执行机关。

第三条　各分区之专署粮食处、各县政府第五科，为各该管区之粮食公草行政机关，凡有关粮食公草事件，粮食局对其得以命令行之。

第二章　组　织

第四条　粮食局设局长一人，副局长一人。

第五条　粮食局内设下列各室科：

秘书室。

视察室。

第一科。

第二科。

第三科。

第四科。

第六条　秘书室设主任秘书一人，秘书三人至四人，科员若干人，视察室设视察主任一人，视察员若干人，各科设科长一人，科员若干人，必要时得设副科长一人。

第七条　各室科得因事务之繁简分股办事，各股设主任一人。

第八条　主任秘书、视察主任、秘书、科长由局呈请财政厅委任，转呈边区政府备案。视察员、股主任、科员由局委任，呈报财政厅备案。

第九条　粮食局得因需要组织特种委员会。

第三章　职　掌

第十条　正副局长，承财政厅正副厅长之命，综理边区粮食行政事宜。

第十一条　秘书室之职掌如下：

一、关于公文之撰拟、复核、缮印、校对、收发、保管事项；

二、关于机要事务之处理，及典守印信事项；

三、关于审核与撰拟各种粮食法规章则事项；

四、关于各种工作计划与报告之审查与汇编事项；

五、关于边区粮食问题范围内，各种材料调查统计与研究事项；

六、关于粮食问题向外宣传文件之撰拟与编辑事项；

七、关于局务会议之通知与记录事项；

八、关于工作人员之学习教育及考绩事项；

九、关于本局庶务事项；

十、关于不属其他各室科之事项。

第十二条　视察室之职掌如下：

一、关于边区各地粮务行政之辅导检查事项；

二、关于仓库之建筑与修缮及账簿手续之稽核事项；

三、关于粮食问题之调查与建议事项；

四、关于各地粮务行政人员之考察事项；

五、关于其他有关视察室职掌事项。

第十三条　第一科职之掌如下：

一、关于粮秣之收集储藏与支付事项；

二、关于仓库之建筑与修缮事项；

三、关于仓库度量衡之统一与监制事项；

四、关于粮草账簿票据、各种表报之稽核、登记与编造事项；

五、关于仓库人员之考绩事项；

六、关于其他有关第一科职掌事项。

第十四条　第二科之职掌如下：

一、关于粮务费之收支、保管事项；

二、关于粮食、草料计算之审核与汇编事项；

三、关于会计制度之建立与会计工作之指导事项；

四、关于其他有关第二科职掌事项。

第十五条　第三科之职掌如下：

一、关于各地粮食收成、市价、运输之调查统计事项；

二、关于平粜工作之计划、执行与指示事项；

三、关于平粜处之建立与督导事项；

四、关于平粜投资之设计与扩大贸易事项；

五、关于粮食进口、出口之策划与调剂事项；

六、关于粮食生产量之提高，及战时节约之计划与倡导事项；

七、关于其他有关第三科职掌事项。

第十六条　第四科之职掌如下：

一、关于利用民力运输粮食之计划与指导事项；

二、关于运输季节之利用及粮食布置与转运事项；

三、关于运输队之编制、指导与教育事项；

四、关于公营粮食运输站之设立、指导与饲料之采集事项；

五、关于粮食运输工具与运输方法之改进事项；

六、关于其他有关于第四科职掌事项。

第四章　附　则

第十七条　粮食局办事细则及有关粮食之各种规程办法另订之。

第十八条　本规程如有未尽事宜，得随时提请财政厅转呈边区政府修改之。

第十九条　本规程自公布之日施行。

选自《抗日根据地政策条例汇集》陕甘宁之部（中），1942年版，第419～423页。

互校版本：

1.《陕甘宁革命根据地史料选辑》第二辑，甘肃人民出版社1983年版，第292～295页。

2.《陕甘宁边区政府文件选编》第四辑，档案出版社1988年版，第285～288页。

3.《陕甘宁边区法律法规汇编》，三秦出版社2010年版，第117～118页。

19. 陕甘宁边区粮食局办事细则

1941年11月25日公布

第一章　总　则

第一条　本细则依据陕甘宁边区粮食局组织规程第十七条之规定制定之。

第二条　本局各室科之办事悉依本细则之规定。

第三条　本局之办公以集体为原则，但因特殊情形经局长许可者得另室办公。

第四条　本局每日办公时间规定八小时，得按季节规定作息时间，凡工作人员均不得无故迟到或早退。如有重要工作必须即日完成者，则在休息时间内仍须继续工作。

第五条　本局之一切公务上之秘密未经许可者，任何人不得对外随便谈论，或发表论文。①

第二章　分　工

第六条　本局正副局长承边区政府财政厅厅长之命，综理全局对内对外事务。

第七条　本局除视察室外，其他各室科分股办事如下：

一、秘书室设文书股、统计股、庶务股、人事股。

二、第一科设管理股、会计股。

三、第二科设财务股、审核股。

四、第三科设调剂股、平粜股。

五、第四科设内务股、运输股。

第八条　秘书室主任秘书承正副局长之命，综理本室一切事务，秘书受主任秘书领导，兼掌各股事务，科员分属各股办事，受主任秘书及股主任之领导。

第九条　视察室视察主任承正副局长之命，综理视察室一切事务，视察员受视察主任之领导，执行视察任务。

第十条　各科科长承正副局长之命，综理各该科一切事务，股主任受科长之领导，分掌各该股事务，科员分属各股，受科长及主任之领导办事。

第十一条　处理文件程序如下：

一、每日外来之公文函电，先经传达室用对内送文簿登记件数，送交秘书室内收发签收，其挂号或正副局长之亲收信，另用对内挂号送文簿登记件数，送内收发签收，无论普通文件或挂号文件传达室概不拆封。

二、内收发收到来文后即拆封，用收文登记簿登记编号摘由，再登入送阅簿，送主任秘书处理。机要文件或正副局长亲收信不拆封，用呈阅簿登记，呈正副局长检阅。

三、主任秘书批注处理办法后，其应交各室科拟稿或签注意见者，由内收发用送文簿登记送各室科收发签收，应归档者，送材料室签收之。呈正副局长者，用呈阅簿登记，呈正副局长核阅。凡由秘书室拟稿或签注意见之文件，则送秘书签收。

四、各室科收到文件后，用各室科之收文登记簿登记，分交各股拟稿。其应签注意见呈请正副局长批示然后拟稿者，由各室科呈阅簿径呈批示。

五、各室科拟成之稿，登入核稿簿内，经科长核稿后，再送交主任秘书履核转呈正副局长判行。

六、正副局长判行后，发还各室科编号，用各室科之送文簿送秘书室文书股签收，再分别缮写、校对、盖印。

七、文稿经过缮写校对盖印后，将正文与底稿分别交由收发及材料室签收。

八、内收发收到发出文件，用发文登记簿编号摘由封口，再用对外送文簿登记交传达室向外递送，其挂号文件或发各机关首长之亲收信，另用对外挂号送文簿递送。

九、材料室收到归档之文件，用归档收文登记簿登记编号摘由，分别项目放入卷宗。凡每一案件办理到一段落时，即将其先后往来文件装订成册，登入档案总登记簿，妥为

① “陕甘宁之部”为“论文”，“甘肃史料版”印作“〇文”。

保管。

十、各科要向材料室调阅文件时，由各科室之股主任以上负责人开条盖章调取，并由材料室随时登入调卷登记簿，候归还后再于簿内注销。

十一、各室科文件须小心保管以免遗失，如过办公时间则应将未办文件妥为收藏，不得随便放置。

十二、凡有关机要文件经手保管者，不得随便给第二人传阅，他人非经保管者许可亦不得随便翻阅。

十三、各室科往来传达文件，凡登记于送文簿者，须由收件人点清件数，然后签收，否则如有缺短由收件人负责。

十四、各室科待办文件，凡规定期限须按时办妥，其无时间性之例行文件中有特殊情形者，不得积压过两日以上。

十五、内收发送主任秘书之文件，每日按上午九时下午二时送两次。呈正副局长之文件，每日下午四时送一次，重要文件随到随送。

第十二条　本局各室科对正副局长负责，不得用各室科名义直接对外，但为求得日常工作上细小事务执行之便利，正副局长特许者不在此限。

第十三条　本局各室科之间如有商办或通知之事件，由各室科随时用口头或通知簿通知之。

第三章　会议及报告

第十四条　本局设下列各种会议：

一、局务会议。

二、全局工作人员会议。

三、各室科室务或科务会议。

四、各室科联席会议。

第十五条　关于下列事项得召集局务会议：

一、全局工作之布置计划与决定及检查事项。

二、各项重要事务之研究与处理事项。

三、局务会议，正副局长主席，主任秘书、秘书、视察室主任及各科长参加，必要时正副局长得指定其他人员列席。

第十六条　关于下列事项得召集全局工作人员会议：

一、传述国内外之时事，或政府之政策及本局工作上之各种决定事项。

二、需要全局工作人员之讨论研究与处理事项，全局工作人员会议，正副局长主席，全体工作人员参加。

第十七条　关于下列事项召集各室科室务及科务会议：

一、传述本局工作上之各种决定事项。

二、各室科工作之布置、计划、检查与决定事项。

三、其他有关各室科事务之研究与处理事项。各室科会议由各室科负责人主席，各室科之全体工作人员参加。

第十八条　各室科之间，如有比较重要之事项必须联合一室或一科以上开会讨论者，得召集各室科联席会议。各室科联席会议，由各室科负责人及其他有关人员出席参加，必要时得请正副局长出席指导。

第十九条　局务会议每星期开一次，全局工作人员会议每月开一次，由秘书室负责召集。各室科室务或科务会议，每半月开一次，由各室科负责人召集。各室科联席会议，不定期，由各室科临时召集。以上定期会议，于必要时亦得临时召集之。

第二十条　各种会议其讨论内容，须事先由召集人用口头或用书面通知出席人员，以便准备意见。

第二十一条　各种会议之决议事项，须作成记录。局务会议及全体工作人员会议之记录，呈报边区财政厅备查，并传各室科知照。各室科会议与各室科联席会议之记录，呈正副局长核阅。

第二十二条　本局每月之工作计划及工作报告，由秘书室按期汇编呈送财政厅备核。

第二十三条　各室科之每月工作计划与工作报告，须按期书面编拟，交由秘书室汇编全局工作计划及报告。

第二十四条　本局所派赴各地之视察人员，须随时随地向正副局长作书面报告。

第四章　值　日

第二十五条　本局每日设总值日一人，由主任秘书视察主任各科科长轮值，其掌管事项如下：

一、处理与传达不在办公时间内本局所发生之各项事务。

二、正副局长不在局时，接待各机关因工作会晤正副局长之人员。

三、管理一日内本局人员作息之时间。

四、登载本局一日内之大事记于值日簿。

第二十六条　本局除视察室外，各室科均设值日员一人，由各该室科股主任与科员轮值，其掌管事项如下：

一、处理与传达不在办公时间内各该室科所发生之各种事务。

二、督促与检查各该室科人员一日内之按时作息。

三、登载各该室科一日之大事记，并向总值日汇报。

第二十七条　总值日与值日员在其值日之时间内，如星期或假日。非有特殊原因，并委托他人代理呈经正副局长批准者，不得擅离职守。

第二十八条　总值日与值日员之时间，以本局所规定之作息时间为标准。每日从起床时开始执行职务，晚间就寝时职务终了，即将值日移交第二日轮值者接收。

第五章　请　假

第二十九条　本局工作人员如因事因病请假者，须照下列之规定：

一、半天以内向室科负责人请假。

二、一天以内者，书面向各室科负责人请假。

三、一天以上者，书面由各室科负责人转正副局长请假。

第三十条　请假人员非经各室科负责人或正副局长核准，不得擅离职守。

第三十一条　请假人员超过所限之时间而不能归局者，一日以内须口头向室科负责人说明理由，一日以上须用书面呈请正副局长续假。

第六章　附　则

第三十二条　本局各室科之办事细则另定之。

第三十三条　本局因公出外人员之出差规则及支领旅费规则另定之。

第三十四条　本细则如有未尽事宜得随时修改之。

第三十五条　本细则自呈请财政厅核准之日施行之。

选自《抗日根据地政策条例汇集》陕甘宁之部（中），1942 年版，第 425～432 页。简称“陕甘宁之部”。

互校版本：《陕甘宁革命根据地史料选辑》第二辑，甘肃人民出版社 1983 年版，第 299～305 页。简称“甘肃史料版”。

20. 陕甘宁边区各级机关、部队编造粮食马干支付预计算规则

1941 年 11 月 25 日公布

第一章　总　则

第一条　为使边区各级机关、军队之粮食、马干统筹统支起见，制定本规则。

第二条　凡支领公粮、公草之机关、部队，均须依照本规则编造预计算。

第三条　粮食局为粮草预计算初次审核机关，财政厅为最后核定机关，各专署粮食处、各县政府第五科应负初次审核该管区域内机关、部队之预计算之责。

第二章　编造方法

第四条　粮食支付预计算，暂定中央一级与边区一级机关按每月度编造一次，军委所属系统与分区直属县之各机关，按每季度编造一次，但须将各项数目分月列报。

第五条　预计算分经常门与临时门。在编制规定范围内人员马匹粮草之支付，应列入经常门，不在编制规定范围内人员马匹粮草之支付，均应列入临时门。

第六条　粮食支付预计算与公草支付预计算须分别编造。

第七条　预计算内人员马匹每日支领粮食应依下列之规定计算：

一、普通工作人员及学生每人小米一斤三两。

二、武装部队每人小米一斤八两（后方军事机关每人一斤五两）。

三、小孩：

1. 六〈个〉月至两周岁，每天小米四两。

2. 两岁至四岁，每天小米六两。

3. 四岁至五岁，每天小米十二两。

四、受优待人员之粮食依照政府之规定办理。

第八条　各种公用牲口，每日夜应领之草料规定如下：

一、驮骡战马，草十斤，料一升五合。

二、平常骡马，草十斤，料一升。

三、驴子草六斤，料六合。

四、骆驼草十斤，料一升。

五、牛草十一斤，料一升。

第九条　临时被调集训之在职在伍人员及其携带之公马，均应由原机关、部队发给粮食票持用，非在职在伍之被调人员马匹，其粮草由主持集训机关编造临时预算。

第十条　各级机关之粮草支付预计算，均须照粮食局规定之表式编制之（表式另行规定制造）。

第三章　编审程序及时限

第十一条　各机关、部队，按规定时间，编造预计算书，缮具两份，逐级送经该直属主管机关审核汇编总预计算书两份，加盖印记，由最高负责人签字后，送缴粮食局汇审送财政厅核定。

第十二条　每月度预算书限于前月二十日送达粮食局，计算书限于下月前十日送达粮食局，季度预算书限于前季末月二十日前送达粮食局，计算书限于下季首月十日前送达粮食局。

第四章　附　则

第十三条　不论任何机关、部队，如不按期编造预计算，粮食局概不发给粮食。

第十四条　财政厅与粮食局因审核预算，有向各机关调查人员之权。

第十五条　本规则自公布之日施行。

选自《抗日根据地政策条例汇集》陕甘宁之部（中），1942年版，第432～434页。

互校版本：

1.《陕甘宁革命根据地史料选辑》第二辑，甘肃人民出版社1983年版，第306～308页。

2.《陕甘宁边区政府文件选编》第四辑，档案出版社1988年版，第300～302页。

21. 陕甘宁边区粮食局各级仓库组织章程

1941年11月25日公布

第一条　本章程依据陕甘宁边区粮食局组织规程第十六条之规定制定之。

第二条　粮食局所属各级仓库，为边区粮食收支保管机关。

第三条　粮食局所属仓库，得以事务之繁简及容粮之多寡分设以下各等级：

一、甲等仓库——设于各分区县市之中心地点，仓库容量在一千石以上者。

二、乙等仓库——设于各县人口集中之地区，仓库容量在五百石以上不满一千石者。

三、丙等仓库——设于人民缴粮便利之地区，仓库容量在不满五百石者。

第四条　各级仓库以便利交通，及工作之督导或直属粮食局（称直属粮库），或隶属各分区专署及各县政府。

第五条　各级仓库组织如下：

一、甲等仓库——设主任一人，会计一人，过斗员一人。

二、乙等仓库——设管理员一人，过斗员一人。

三、丙等仓库——设管理员一人。

以上规定人员均系专任，不得兼代他职。

第六条　直属仓库之工作人员，得以事务之繁简，由粮食局酌量实地需要任用之。

第七条　各级仓库之执掌如下：

一、关于公粮之检收、入仓，保管及发放事项。

二、关于仓库之设计、修建、检查及保护事项。

三、关于各种粮票之核算、登记，及报销事项。

四、关于收支粮食账簿之登记、核算、及表格编造事项。

五、关于仓库经费之开支、审查及报销事项。

六、关于统一使用斗秤之执行与检查事项。

第八条　直属仓库受粮食局之领导与监督，执行职务。仓库工作人员，由粮食局直接委派。隶属各专署各县政府之仓库，应受所属专署粮食处，或县政府第五科之领导与监督，执行职务。仓库工作人员由专署或县政府任用，呈报粮食局备案。

第九条　各级仓库管理办法另订之。

第十条　本章程如有未尽事宜，得由粮食局呈准财政厅随时修改之。

第十一条　本章程自公布之日施行。

选自《抗日根据地政策条例汇集》陕甘宁之部（中），1942 年版，第 423～424 页。

互校版本：

1.《陕甘宁边区政府文件选编》第四辑，档案出版社 1988 年版，第 298～299 页。

2.《陕甘宁革命根据地史料选辑》第二辑，甘肃人民出版社 1983 年版，第 296～297 页。

3.《陕甘宁边区法律法规汇编》，三秦出版社 2010 年版，第 119 页。

22. 陕甘宁边区粮食局各级仓库管理办法

1941 年 11 月 25 日公布

第一章　总　则

第一条　本办法依据陕甘宁边区粮食局各级仓库组织章程第九条之规定制定之。

第二条　粮食局各级仓库，悉依本办法执行职务。

第三条　凡仓库之裁撤或设立，须经粮食局核准，始得实行。

第四条　各专员各县长，对所属境内之仓库，均负有监督指导与保护之责。

第二章　职　权

第五条　直属仓库，直接受粮食局之领导，及当地政府之监督执行职务。

第六条　隶属各分区专署各县政府之仓库，受专署粮食处或县政府第五科之直接领导，及当地行政长官之监督执行职务。

第七条　各级仓库主任承直属上级长官之命，综理该仓库一切事务，其他职员受仓库主任之领导，分掌仓库事务。

第三章　管理程序

第八条　当公粮布置完毕时，各级仓库应即开始检收公粮入仓，收粮时，应办理事项如下：

一、凡缴来公粮务须注意检查。如发现有掺假拌水，或粮食质量太差时，仓库管理人，应拒绝接收，并说服使其调换，经说服无效，故意抵赖捣乱者，仓库管理人有将其送交行政机关依法惩办之权。

二、检查合格之公粮，应用粮食局统一制发之斗，公平过斗，记数入仓。

三、公粮入仓后，应即照数填写征粮收据，并以一联撕付缴粮人执据，如应征粮数一次不能全缴，仓库管理人应告诉缴粮人下次缴粮时，须带来征粮收据，以便继续填注。

四、征粮收据须经仓库主任核阅盖章后始得发给缴粮人，并须在缴到粮数上盖章以防假冒。

缴粮人如发现收据所列粮数，与实缴数目不符时，应随时提出追问，使其改正，否则事后如有差错，仓库概不负责。

五、收粮时间，各级仓库应按旬将征粮收据之第二联随旬报书一并呈送或转呈粮食局核送财厅注销。

六、仓库收粮完毕后，仓库管理人，征粮工作团员，当地行政长官，应共同签名，将收粮实数汇报粮食局与财政厅备查。

第九条　公粮入仓后，仓库管理人，应负保管全责，其应遵守事项如下：

一、注意仓库之空气流通，方向朝阳，门户严密，清洁卫生，谨防粮食之霉烂、鼠患、虫害、盗窃等事发生。

二、存库公粮之消耗比率，不得超过存粮全数千分之一，因转运之消耗率，亦不得超过百分之二。

三、仓库管理人员，应经常注意检查粮食，如发现有鼠粪或虫迹时，应立即设法防止，以免损害。

四、粮食如有意外灾害或损失，仓库管理人应立即向直属上级呈请查办，不得隐匿迟过三日。

五、仓库管理人，如未奉到粮食局之正式支粮证或粮票时，绝对不得将公粮出借，任何机关、部队亦不得随便挪借。

仓库如未接到粮食局或专署及县府之命，不得将公粮移地存放。

六、凡仓库人员均须经常住宿仓库所在地，不得擅离职守，当地行政机关亦不得予以调派其他兼职。仓库管理人员，如有不遵守上项之规定者，得以过失之轻重，依照仓库工作人员奖惩规则分别惩办之。

第十条　各级仓库支付粮食手续如下：

一、凡持有正式支粮证，或粮食局制定之粮票，经审核无疑者，始得照数支付粮食。如支粮证或粮票有涂改，及缺短号码与图记模糊者，不得支付。

二、仓库如认为支粮人行（形）迹可疑时，有令其觅保或找人证明之权。过路人员支取大宗粮食者，应令其先向当地政府接洽，经证明无疑时，始予支付。

三、仓库支粮以细粮为标准，但发粮时，得以实有杂粮，依照折合表折合之。如仓库接到支粮证或粮票，而无存粮或存数不足支付时，仓库负责人应向支粮人解释，请其向发票机关，更换粮证，或由仓库负责人向直属上级请示解决办法。

四、仓库认定支粮证或粮票无疑时，应即用粮食局统一制发之斗，公平过斗，照数发给。

五、将粮支付后，仓库管理人，应将收回粮证或粮票盖“发讫”图记注销，并登记入支粮簿内。

六、仓库管理人应于每晚将本日支粮数目核算一次，每旬将收回之支粮证第二联及粮票随同旬报书呈送或转呈粮食局（隶属专署或县政府之仓库，经过所属专署粮食处或县政府第五科转呈）。

七、凡机关、部队派遣之领粮人员领粮时，均须当面验收，领得后归领粮人自行押运，运输沿途短少粮食，仓库概不负责。

第四章　附　则

第十一条　仓库管理人员须了解当地实际情况，经常注意仓库之安全，必要时得商请地方政府派遣武装保护，或呈准迁移之。

第十二条　各级仓库，应向所属上级派遣之巡视人员报告工作，并接受其检查。

第十三条　各级仓库使用之各种簿记表册，均由粮食局统一制定之。

第十四条　本办法自公布之日施行。

选自《抗日根据地政策条例汇集》陕甘宁之部（中），1942年版，第443～447页。

互校版本：

1.《陕甘宁革命根据地史料选辑》第二辑，甘肃人民出版社1983年版，第321～324页。

2.《陕甘宁边区法律法规汇编》，三秦出版社2010年版，第239～240页。

23. 陕甘宁边区粮食局各级仓库修理标准暂行办法

1941年11月25日公布

第一条　陕甘宁边区粮食局为使粮食不受损害特制定仓库修理标准办法。

第二条　边区各级仓库之修理标准，悉依本办法之规定。

第三条　仓库修理办法如下：

一、经常修理，包括补修库房，及防鼠、防虫、防霉，防盗等设备事项。

二、临时修理，包括改建，或增辟窑洞、房屋、及换仓底，或临时发生必须修理事项。

第四条　各级仓库修理费支领办法如下：

一、经常修理费，每年请领一次，需要多寡应由各仓库按时编造预算，呈请粮食局核发。

二、临时修理费，仓库如有临时需要修建费时，须先编造预算，呈请粮食局批准后始得开支。

第五条　本办法自公布之日施行。

选自《抗日根据地政策条例汇集》陕甘宁之部（中），1942年版，第456页。

互校版本：《陕甘宁革命根据地史料选辑》第二辑，甘肃人民出版社1983年版，第334页。

24. 陕甘宁边区粮食局各级仓库经常费暂定开支准则

1941年11月25日公布

一、伙食费：

粮食　每人每日支小米一斤三两。

菜金　每人每日伍角。

二、办公费：

直属仓库　每月十伍元。

甲等仓库　每月十二元。

乙等仓库　每月八元。

丙等仓库　每月六元。

三、津贴费：

仓库主任及管理员　每月三元伍角。

会计员　每月三元。

过斗员　每月四元。

丙等仓库管理员　每月四元。

四、烤火费每年每人发三个月，每月规定二元。

附：仓库工作人员待遇办法

一、衣服　每人每年发给单衣两套，棉衣一套，衬衣一套。

二、鞋　过斗员每年发给四双，其他人员每年发给三双（每双以十五元作价）。

三、仓库人员因公致病或伤亡者之抚恤，悉依运输人员抚恤办法办理之。

选自《抗日根据地政策条例汇集》陕甘宁之部（中），1942年版，第442～443页。

互校版本：《陕甘宁革命根据地史料选辑》第二辑，甘肃人民出版社1983年版，第319～320页。

25. 陕甘宁边区粮食局运输规则

1941 年 11 月 25 日公布

第一条　本规则依据陕甘宁边区粮食局组织规程第十六条制定之。

第二条　凡粮食局所属之运输队，及各级仓库运输粮食，悉依本规则办理之。

第三条　凡粮食因运输之损耗量，最大不得超过全数之百分之二。

第四条　运输人员须遵守事项如下：

一、经指定地点运输时，不得违抗或藉词推诿。

二、在运输途中，不得自由行动或藉故回家。

三、运输公粮之损耗量，不得超过第三条之规定限额。

四、运输粮食不得无故短少或克扣盗卖。

五、不得侵犯群众利益，及有招摇撞骗等不法行为。

六、未经粮食局长之允许，不得兼管副业，或为人捎带货物。

七、运输期间，如无特殊原因（大雨大雪时），不得中途停留迟误时间。

八、不得克扣马乾（干）或无故损坏马匹装具。

第五条　运输人员，如有违犯前条之规定者，得以情节之轻重分别予以惩戒，有涉司法范围者，除行政处分外，其违法部分，移送法院裁判。

第六条　运输人员如有克扣或盗卖公粮情事，经查获实据时，除令其偿还公粮外，并着予处分。

第七条　本规则自公布之日施行。

选自《抗日根据地政策条例汇集》陕甘宁之部（中），1942 年版，第 439～440 页。

互校版本：《陕甘宁革命根据地史料选辑》第二辑，甘肃人民出版社 1983 年版，第 315～316 页。

26. 陕甘宁边区粮食局运输人员待遇抚恤办法

1941 年 11 月 25 日公布

为加强运输力量，并提高运输队之纪律起见，特定此办法。

第一，待遇：

1. 每人每两月发给鞋一双。

2. 每人每年发单衣两套，衬衣一套，棉衣一套；皮大衣每人一件，每件需保用三年。

3. 运输人员出差旅费，每人每天规定一元，因公患病在病假期间（不得超过半月）其伙食费照给，但入病院疗养者不在此例。

4. 运输人员在队时，每人每日菜金规定为五毛。

5. 运输人员家庭生活不能维持时，得按照抗日家属优待之。

6. 运输队员津贴，每人每月规定三十元（干部不在此例）。

第二，抚恤：

1. 运输人员因公致疾，不能工作者，除送院休养外，津贴按月照给。

2. 运输人员因公死亡者，除酌给埋葬费外，并呈请财政厅给其家属酌予恤金。

选自《抗日根据地政策条例汇集》陕甘宁之部（中），1942年版，第457～458页。

互校版本：《陕甘宁革命根据地史料选辑》第二辑，甘肃人民出版社1983年版，第336页。

27. 陕甘宁边区征粮工作团工作纲要

1942年11月25日公布

一、征粮工作团的任务——为了保卫边区，争取抗战与革命的最后胜利，供给抗战军队、政权机关必需的粮草，特由财政厅组织征粮工作团分赴各县协同各级政府，依边区政府所检定之各种征粮征草条例，进行工作，保证征粮、征草任务全部完成。

二、征粮工作团的组织——财政厅按照各个经济区为单位，派特派员领导各县征粮工作团，进行工作，各地征粮工作团同时受当地行政长官之领导，配合地方干部执行任务。各级组织如下：

1. 县——设征粮工作团，布置、指导、督促全县征粮、征草工作。

2. 区——设征粮大队，负动员完成全区征粮、征草任务之责。

3. 乡——设中队，负动员完成全乡征粮、征草任务之责。

4. 行政村——设小组，负动员完成全村征粮、征草任务之责。

团设正副团长各一人，大队、中队，设正副队长、中队长各一人，小组设组长一人，均由各单位工作人员推举之。

三、工作步骤：

1. 宣传——首先进行宣传工作，使群众了解征粮、征草为抗战救国中人民应尽之义务，宣传时须注意事项如下：

甲、注意地方化、群众化——不论文字的、或口头的宣传，主要是为了使群众了解道理，踊跃输将，所以必须做到通俗、普遍，不要用人民解不下的公式、理论，同时外边干部要和地方干部融洽携手去干，才能干好。

乙、号召群众参加宣传工作——地方上的小学教师和学生群众参加宣传工作起的作用是很大的，因为他们了解地方情况，容易接近深入群众，我们一定要吸收他们参加工作。

丙、宣传要具体、深入——把征粮宣传大纲，及各种宣传品，一定要有计划的深入民间讲解，若只在墙壁上张贴几张标语，或讲一篇大道理就了事的宣传办法，收效是很有限的。

2. 调查——在征粮的过程中，要注意调查工作，老百姓是不愿轻易把他实在的田产收获告诉人的，为了减少这一工作的困难，就得采用以下几个办法：

甲、深入群众中调查——从进步的公正地方人士中找材料，从群众互相斗争中找材料。

乙、号召地方人士参加调查工作——邀请地方公正人士协同各级参议会，担任这一工作，改变把调查工作，当成政府的专责，只知用片面的秘密方式去进行的工作方法。

丙、虚心研究调查材料——研究以往调查工作的经验，把当地政府已有的材料，及地方同志了解的情形，和临时调查的材料，得出对比的适中数字。

3. 动员征粮——动员征粮中之主要问题，就是“公平”二字，要达到公平就得注意下列各点：

甲、发扬民主——坚决反对政府包办摊派的方式，一定经过参议会、评议会的审核与群众大会的讨论，再开始征粮。

乙、党政工作人员起模范作用——地方干部应当影响自己的家庭、亲戚踊跃应征，给群众作模范。

4. 动员入仓——征粮工作团不能把公粮数目分配了就认为工作团的任务完成，必须监视粮食入仓，并派干练同志帮助每个仓库，检查接收公粮入仓。关于公粮入仓应注意的事项，可参照仓库管理办法规定各项执行。

5. 检查总结工作——征粮工作团一定要待公粮全部入仓，才算工作完结。作检查工作总结时，要注意以下各点：

甲、检查公粮公草实收确数，并由工作团负责人当地行政长官，造表汇报财厅与粮食局。

乙、检查工作应注意群众反映的意见，和实际故事的记载，只凭主观的论断方式写出的工作总结，是没有用的。

四、征粮通讯工作：

1. 每个工作团，应指定通讯员一人，专门收集各地征粮征草工作中发生的具体问题，群众的反映及各个团员的心得和意见，随时汇编报告，寄送财厅整理后，登报发表。

2. 各县有报纸的地方，征粮通讯员，应经常供给以征粮工作中的实地消息与问题，扩大宣传，激发民气。

五、工作团应注意遵守事项：

1. 注意在工作中的学习，注意学习总结工作中的经验教训。

2. 按时召开会议，讨论工作问题，检查团员之工作表现。

3. 按月给财政厅作工作报告。

4. 服从地方党政首长之指导与批评。

5. 团员不得随意接受民众之招待及应酬。

六、工作成绩：

工作团或团员，工作积极，如期完成任务或特著成绩者，财政厅得酌予奖励，无故不能完成任务者，应受行政上的责备与处分。

选自《抗日根据地政策条例汇集》陕甘宁之部（中），1942年版，第453～461页。

互校版本：《陕甘宁革命根据地史料选辑》第二辑，甘肃人民出版社 1983 年版，第 336～339 页。

28. 陕甘宁边区各级粮食机关会报规则

1941 年 11 月 25 日公布

第一条　本规则依据陕甘宁边区粮食局组织规程第十六条制定之。

第二条　各级粮食机关之会议制度及工作报告，均须依本规则办理之。

第三条　各级仓库之会议制度如下：

一、仓库工作人员会议，每两星期一次，由仓库主任召集商讨仓库一切问题。

二、直属仓库主任联席会议，每半年一次，由粮食局召集之。

三、隶属各专署、各县政府之仓库主任联席会议，每三月一次，由专署粮食处或县政府第五科负责召集之。

以上各种会议，必要时均得召集临时会议。

第四条　隶属专署或县政府之仓库主任联席会议，记录应随时呈送粮食局备核。

第五条　各级粮食机关，应将每月工作情形及粮食收支实况，按月报告上级，直属仓库之报告，应缮写两份，一份呈送粮食局，一份仓库存查。隶属各专署各县政府之仓库，须缮造三份，一份自存，二份呈送专署粮食处或县政府第五科，粮食处或第五科审核后，以一份存查，一份连同月报附送粮食局存核。其报告内容应具下列事项：

一、各种粮食收支报告表。

二、缴销收回支粮证及粮票。

三、经费开支报告表。

四、一月内所发生之重大事件，及处理办法。

五、仓库工作人员之考勤（工作学习与生活）。

第六条　各级仓库每月工作报告之寄出日期，须遵照下列之规定：

一、直属仓库须于每月五日之前，寄呈粮食局。

二、隶属专署或县政府之仓库，须于每月三日之前，寄呈专署粮食处或县政府第五科。

三、县政府第五科或专署粮食处，须于每月七日前寄送粮食局。

四、粮食局须于每月十日之前，汇编总报告送财政厅。

第七条　各级粮食机关，应按旬将粮食收支实况及重要工作问题，报告直属上级，报告书须于次旬第一日寄出。

第八条　本规则自公布之日施行。

选自《抗日根据地政策条例汇集》陕甘宁之部（中），1942 年版，第 440～442 页。

互校版本：《陕甘宁革命根据地史料选辑》第二辑，甘肃人民出版社 1983 年版，第 317～318 页。

29. 陕甘宁边区仓库工作人员奖惩规则

1941年11月25日公布

第一条　本规则依据陕甘宁边区粮食局组织规则第十六条制定之。

第二条　陕甘宁边区各级仓库工作人员之奖惩，悉依本规则之规定办理。

第三条　奖励办法如下：

一、传令嘉奖；

二、记功（三次记一大功）；

三、记大功；

四、升级；

五、越级擢升。

上述奖励办法得与物质奖励并用之。

第四条　惩戒办法如下：

一、警告；

二、记过（二次记一大过）；

三、记大过；

四、降级；

五、革职。

凡涉及司法范围者，除行政处分外，其违法部分移送法院裁判。

第五条　凡具下列各款之一者酌予奖励：

一、能依照法令规定按时完成工作任务者。

二、服务仓库工作二年以上著有成绩劳绩者。

三、仓库保管得法存粮消耗不满千分之一，或因转运消耗不满百分之二者。

四、仓库每年修理费用不满规定数目，而仓库完善者。

五、对仓库工作有正确建议，经采纳实行著有成效者。

六、发现同事中之违法、贪污情事，能及时向上级报告，并经查有实据者。

七、工作积极著有特殊成绩者。

第六条　凡具下列各款之一者酌予惩戒：

一、不能遵守规定按期报告或报告不实经查出者。

二、账簿不清、单据不实，经查有实据者。

三、染有不良嗜好，经劝告不能戒除者。

四、工作消极，玩忽职务者。

五、擅离职守，或私意移地储放粮食者。

六、存粮消耗比率在千分之一以上，或因转运消耗在百分之二以上、而无特殊原因者。

七、发觉同事贪污，隐匿不报经查出者。

八、收发粮食不用粮食局规定之标准斗秤，而擅自更换削改者。

九、擅自出借或盗卖粮食经查有实据者。

十、仓库长粮隐匿不报企图私扣者。

十一、保管不慎因而损坏粮食，或遗失粮证粮票者。

十二、企图苛诈，故意向缴粮人民为难，经告发查有实据者。

第七条　凡受本规则奖惩者，功过得分别抵销（消），但涉及司法范围者除外。

第八条　凡有奖惩事件，均由粮食局酌定以命令行之，并呈报财政厅备案。

第九条　各级粮食管理机关之主管，得随时向直属上级提出关于所属人员之有事实证件及适用条款之请求奖惩意见，转呈粮食局核办。

第十条　本规则自公布之日施行。

选自《抗日根据地政策条例汇集》陕甘宁之部（中），1942 年版，第 424～431 页。

互校版本：

1.《陕甘宁革命根据地史料选辑》第二辑，甘肃人民出版社 1983 年版，第 309～311 页。

2.《陕甘宁边区政府文件选编》第四辑，档案出版社 1988 年版，第 302～304 页。

30. 陕甘宁边区粮食工作人员移交规则

1941 年 11 月 25 日公布

第一条　本规则依据陕甘宁边区粮食局组织规程第十六条制定之。

第二条　各级粮食工作人员更换，或仓库裁撤时之移交，悉依本规则办理之。

第三条　各级粮食工作人员未遵照本规则办理移交或移交手续未清者，不得擅离职守或就任新职。

第四条　本规则适用范围：

一、粮食局局长、及各室科队长。

二、各分区专署粮食处长、各县政府第五科长。

三、直属仓库主任、会计员。

四、隶属专署或县政府之仓库主任、会计员。

第五条　监交人之派定：

一、粮食局局长、专署粮食处长、县政府第五科科长移交时，监交人由财政厅派定。

二、粮食局各室科队长及直属仓库主任与会计员移交时之监交人，由粮食局派定。

三、隶属专署或县政府之仓库主任、会计员移交时之监交人，由直属上级机关派定之。

第六条　移交事项如下：

一、钤记及各种戳记；

二、各种粮食收支账簿及四注清册；

三、各种票据存根及单据登记表；

四、已办及未办之事件；

五、财产公物等登记表；

六、现存粮食之检交；

七、经费收支结存表。

第七条　各级工作人员移交限期如下（自新到任算起）：

一、粮食局局长，不得超过十日。各室科队长，不得超过三日。

二、粮食处长、第五科科长，不得超过五日。

三、各级仓库主任及会计人员，不得超过七日。

第八条　凡工作人员在任身故移交未清者，其移交事项应由该故员之直属上级呈请粮食局会同派员负责分别办理。

第九条　移交清楚后，监交人与新旧任必须会同呈报直属主管机关备案。

第十条　卸任人员在取得新任印结书（移交印结书格式附后），经呈请主管机关核准备案后，移交手续始告完毕。

第十一条　移交人员如有亏欠公款情事，监交人及接交人有责成其赔偿之权，如不能偿还时，监交人与新任应会同呈报直属上级依法惩办。

第十二条　本规则自公布之日施行。

兹　收　到

（仓库主任）图记×颗

卸任主任×××移来小米××石

黑豆××石

粮票×张合×石

……………………

业经接收清楚，所具印结是实。

新　任

中华民国×年×月×日

选自《抗日根据地政策条例汇集》陕甘宁之部（中），1942 年版，第 437～439 页。

互校版本：《陕甘宁革命根据地史料选辑》第二辑，甘肃人民出版社 1983 年版，第 312～313 页。

31. 陕甘宁边区禁止粮食出境修正暂行条例

1941 年 11 月 25 日公布

第一条　本条例修正一九四一年四月二十三日边区政府公布之陕甘宁边区禁止粮食出境条例制定之。

第二条　本条例之目的在于：（1）防止边区粮食外流资敌，（2）战胜日寇汉奸亲日反共派对边区粮食的破坏与封锁，（3）保证全边区部队、机关及人民的粮食供给。

第三条　凡边区所有粮食，不问属于原料，或制造品（如面粉）一概严禁私运出境。

第四条　凡关军事或其他特殊需要，须运粮食出境者，无论军政民须申请边区政府财政厅核发粮食出境证明文件，然后凭证运送出境。

第五条　友区军政民须购买边区粮食出境者，必须直接申请边区政府，经核准后，由财政厅发给粮食出境证明文件，方得凭证出境，凡未经核准而擅自运出边区者，得扣留处罚之。

第六条　以上两条之运出人于申请粮食出境许可证明文件时，应说明其出境理由、数量、运出地点、粮食种类。

第七条　凡粮食入境者，一律不受任何限制。

第八条　友区军政民须运粮食通过边区境域者，入境前须取得县级以上政府之粮食过境证明信，方可运出边区。

第九条　边区内部粮食流通绝对自由，各级政府不得予以阻止。

第十条　凡边区边境各地区一律均须以下列方法进行查禁：

一、边区各行政村长与自然村长应时刻注意，如遇有偷运粮食出境者，应即报告区乡禁粮委员会查禁之。

二、边界各区乡组织查禁粮食出境委员会，负责各该区之查禁工作。以区乡政府自卫军、农会等负责人组织之。

三、县政府不另组织查禁委员会，直接负责督导检查各级查禁粮食出境委员会之查禁工作。

四、需要时县政府得组织查禁队，派赴各交通要道巡查。

五、其他受县政府委托之各地方部队、各群众团体、各公务人员，得随时注意查禁工作。

第十一条　各负责查禁之人员、机关、部队等，对未持财政厅许可文件，或无粮食过境证明信，而运粮食出境者，必须将人粮一并扣留，押送县市政府法办，或遇有所持文件与实际运出之粮食之数量或种类不符者，亦应押送县级以上政府法办，均不得自行没收处置，所运粮食数量如不超过文件所限者应即放行。

第十二条　边界各县政府，得按边界实际情况，允许友区贫苦人民，购卖五升以内之自用粮食不在查禁之列。

第十三条　各该受理政府，如查明所扣留粮食确系私运出境者，应将其粮食全部没收，人送县司法机关依法判处，如查明所扣留之粮食数量超过粮食出境许可证或种类不符时，得斟酌实情没收粮食之超过部分，并给人以处罚。

第十四条　查获违禁出境粮食有功者之奖励办法如下：

一、受委托之部队、团体、公务人员之查获者，给以相当于没收粮食之百分之二十现款奖励之。

二、各县组织之查禁队查获者，由各县政府酌予奖励，但至多不得超过没收粮食之百分之十。

第十五条　各县没收之粮食均须缴入仓库，并随时将没收数量，呈报财政厅与粮食局备案，绝对不得擅自动用。

第十六条　各级公务人员，对禁粮出境，如有徇私舞弊或藉故敲诈从中贪污者，依法严办。

第十七条　本条例如有未尽事宜得由财政厅呈请边区政府随时修改之。

第十八条　本条例自公布之日施行。

选自《抗日根据地政策条例汇集》陕甘宁之部（中），1942年版，第416～418页。

互校版本：

1.《陕甘宁革命根据地史料选辑》第二辑，甘肃人民出版社1983年版，第289～291页。

2.《陕甘宁边区法律法规汇编》，三秦出版社2010年版，第237～238页。

32. 陕甘宁边区平粜处章程

1941年11月25日公布

第一条　陕甘宁边区粮食局，为调剂边区粮食，防止年荒，救济灾民，加强抗战力量起见，特组织陕甘宁边区平粜处（以下简称平粜处）。

第二条　平粜处现设于延安市，各地以工作的需要，得设立分处。

第三条　平粜处由粮食局呈请财政厅出资办理，概不收民股。

人民如有自愿办理平粜事业者，平粜处应予以粮食购卖，及运输上之便利与帮助。

第四条　平粜处设主任一人（必要时设副主任一人），承粮食局正副局长之命，综理全处事务。

第五条　平粜处应以事务之繁简，设干事若干人，承主任之命办事。

第六条　平粜处为了解各地情况，得派员赴各县实地调查，搜集一切有关材料。

第七条　平粜处粮食出纳使用之斗秤，一律遵照粮食局统一制产之斗秤为标准。

第八条　各地平粜处工作人员之奖励或惩戒，均依陕甘宁边区仓库工作人员奖惩规则办理之。

第九条　本章程自公布之日施行。

选自《抗日根据地政策条例汇集》陕甘宁之部（中），1942年版，第421～422页。

互校版本：

1.《陕甘宁革命根据地史料选辑》第二辑，甘肃人民出版社1983年版，第298页。

2.《陕甘宁边区政府文件选编》第四辑，档案出版社1988年版，第299～300页。

33. 陕甘宁边区粮食局统一使用斗秤暂行办法

1941年11月25日公布

第一条　陕甘宁边区粮食局为使各级仓库、粮站收支公粮使用斗秤统一起见特制定本办法。

第二条　各级仓库、粮站，收支公粮，均须使用粮食局统一制发之斗秤。

第三条　粮食局制发之斗秤，均刻有“粮食局”字样。

第四条　粮食局制定之斗以细粮市秤三十斤（十六两）为每斗标准。

第五条　凡公粮收支，一律以小米为标准，如改缴或换支其他什粮时，须按征粮条例第十条之规定折合之。

第六条　各级仓库，粮站所领之斗秤，如有损坏，应随时呈请补发，不得私自制造。

第七条　本办法自公布之日施行。

选自《陕甘宁革命根据地史料选辑》第二辑，甘肃人民出版社1983年版，第335页。

34. 陕甘宁边区公草管理办法

1941年11月25日公布

第一章　总　则

第一条　本办法依陕甘宁边区征收公草办法第九条制定之。

第二条　凡公草之收集、保管、支付，悉依本办法之规定办理。

第二章　管理机关

第三条　边区粮食局为管理公草之执行机关。

第四条　各专署、各县、区、乡政府、村主任，负收集、保管、支付公草之责，关于公草事务，应接受粮食局之命令。

第三章　收　集

第五条　公草应收集于以下各地区：

一、常驻部队、机关较多之地区。

二、交通要线、运输站口之市镇。

三、设有供给站、骡马大店之村庄。

第六条　收集公草时应注意事项如下：

一、检查缴来公草。缴纳公草务须捶净晒干，如有腐朽、霉烂，或过于潮湿者，可拒绝接收。

二、送来公草，如非谷草者，应按照征草办法之规定折算接受之。

三、公草过秤一律以十六两为一斤之平秤计算。

四、公草检收后，应即填写收据，并以一联撕付缴草人执据。

五、征草收据由财政厅制定格式各县照印使用（收据格式附后）。

六、公草收齐后，各县政府应即将征草实数及存放情形，详报财政厅与粮食局。

第七条　各县收集公草，须斟酌实际情形，以便利将来使用为原则，划定适当地区，动员人民运送集中，并按需要配合运输站，设若干草站。

第四章　保　管

第八条　各地草站，县政府得以工作上之需要设管理员一人，受当地行政长官之监督、领导，专负公草保管支付之责。

第九条　保管公草应注意遵守事项如下：

一、选择干燥向阳地点放置，草堆上应护盖泥顶，草堆下挖掘沟道，以防风雨。

此项工作应动员当地人民完成之。

二、每个草堆应有确实斤数，并登记帐（账）簿内，以便查核。

三、公草存储之损耗率，不得超过百分之十五。

四、管理人员应经常检查草堆，如发现有潮湿、腐朽现象时，应即阳晒，以免损坏。

五、管理人员如未奉到上级命令或正式草票时，绝对不得将公草出借。

六、公草如有意外灾害或损失，管理人员应立即向上级呈报查办，不得隐匿迟过三日。管理人员如有不遵守上项规定者，得以过失轻重，分别给予惩戒。

第五章　支　付

第十条　边区各级机关、部队、团体、学校之公用牲口，经财政厅核准后，均得支用公草，但用于营业上之牲口，一概不得支用公草。

第十一条　各种牲口每日夜每头之草食量规定如下：

一、骆驼、骡、马草十斤。

二、驴子草六斤。

三、牛草十一斤（均以十六两为一斤计算）。

第十二条　管理人员支付公草时，应匀配所有各种杂草发给之，如无谷草时，得全部发给野草。

第十三条　支用公草之部队、机关、团体、学校之主管机关，应于公草征收之前，编造全年需草概算书，送达粮食局，汇转财政厅核准后，交由粮食局支付之。

第十四条　粮食局得按实际情形整拨给驻军或较大机关，以半年至十个月内所需之公草，交其各自负责管理，自管后，如有损失，粮食局概不补发。

第十五条　各支草主管机关，应按时编造支付预算，送交粮食局汇转财政厅核准交由粮食局执行。各机关、部队、团体，工作人员出差骑乘之牲口，所需之草票，由粮食局发给小型限期草票供给之。

第十六条　公草管理人员须接到正式草票或县政府之命令，始得将草支给，收回之草票，应随时注销，并按旬送缴上级机关顺次序转送粮食局。

第十七条　支领公草，一律由领草机关或人员自行运输，凡无县级以上之政府动员命令者，一概不得擅自动用民力。

第六章　附　则

第十八条　各级政府应经常派员检查所属存草地区之保管情形，报告粮食局。

第十九条　本办法如有未尽事宜，得呈准边区政府随时修改之。

第二十条　本办法自公布之日施行。

（收据格式省略）

选自《抗日根据地政策条例汇集》陕甘宁之部（中），1942年版，第447～451页。

互校版本：

1.《陕甘宁革命根据地史料选辑》第二辑，甘肃人民出版社1983年版，第325～328页。

2.《陕甘宁边区政府文件选编》第四辑，档案出版社1988年版，第294～297页。

3.《陕甘宁边区法律法规汇编》，三秦出版社2010年版，第319～320页。

35. 陕甘宁边区粮草料票领发使用办法

1941年11月25日

第一章　总　则

第一条　本办法依陕甘宁边区粮食局组织规程第十六条制定之。

第二条　凡领用公粮、公草之机关、部队、及各级管理粮草机关，对于粮票草票之领发、使用、保管，悉依本办法之规定办理之。

第三条　粮票草票，均由财政厅统一制发。

第二章　票　类

第四条　粮票分下列两种：

一、支粮证　供给各领粮单位支领粮食时执据，支粮证共分四联，票面分："十石、五石、二石、一石、五斗、二斗、一斗及不定额八种"。

二、小型粮票　即饭票供给机关客饭，或出差人员之吃饭持用，及发给支粮机关粮食尾数时用之。

第五条　草票分下列两种：

一、支草证　供给各支草单位支领公草时执据，支草证共分三联。

二、小型草票　供给出差人员骑乘之牲口食草使用之。

第六条　小型料票　供给出差人员骑乘之牲口食料使用之。

第三章　领　发

第七条　粮食局应估计每月所需之粮票、草票、料票数量，按月预先向财政厅请领，月终时，将全月支付粮、草、料票数详报备核。

第八条　支粮证、支草证领发手续如下：

一、各领粮草单位，应按月预先编造预算，送粮食局审核，转呈财政厅批准后，始得照数缮填支粮证或支草证发给。

二、支粮证、支草证须经过粮食局正副局长之审核盖章后，方为有效。

三、支粮证上之粮额，皆以细粮为标准，但各支付粮食机关，得以实存粮食情形匀配杂粮，按折合标准折合发给之。

四、经领支粮证，或支草证人员领票时，须当场审查票面各项，如有不符时，应立即提出纠正，否则事后如有差错，发票机关概不负责。

五、支粮证或支草证发出后，发票人员应随时分别登记粮（草）票支付帐（账），以备查核。

六、支粮证或支草证交付经领人时，发票人须令其在粮（草）票发行帐（账）上，签名盖章，或出具收据。

第九条　小型粮票、草票或料票，由各机关、学校、部队按需要向粮食局请领，或以支粮证调换之粮票、草票、料票，仅限于工作需要上使用；各级机关如请领过多，粮食局有减发或拒发之权。

第四章　使　用

第十条　支粮证使用手续如下：

一、四联支粮证，粮食局除将一联存查外，其余三联交付支粮机关执据，支粮机关或经领人接到支粮证后，应加盖机关印记及私人名章，持向指定粮食管理机关，办理领粮手续。

二、各级管理粮食机关（专署粮食处，县政府第五科），接到支粮证后，应即审核批注发粮仓库，以第四联存查，第二联第三联撕付支粮人持向指定仓库领粮。

三、仓库接到支粮证时，应即依照仓库管理办法规定之支付手续，发给粮食，将支粮证收回，盖“付讫”章后，以第三联存查，第二联按旬送交直属上级核转粮食局审核，送财政厅注销。

直属仓库接到支粮证，发给粮食后，应将支粮证之第三联存查，第二联送缴粮食局核送财厅。

第十一条　支草证使用手续如下：

一、三联支草证，粮食局应将一联存查，二联交付支草机关加盖印记及经领人名章，持向指定之公草管理机关支领公草。

二、各公草管理机关，接到支草证将草发给后，应将收回之草票二联加盖“付讫”章，一联存查，一联按时送交粮食局审核转财政厅注销。

第十二条　小型粮票、草票、料票，由粮食局发出，按原注明之地区、时间行使，方为有效。如至限期各机关领到之票不能用完的，可于下月十日以内，向粮食局调换新票，如过期限不换时，即行作废。

各仓库、各公草管理机关，收到小型之粮票、草票、料票，均应按时送交直属上级转送粮食局核销。

第十三条　各种粮票、草票、料票，如有下列情事者，拒绝支拨：

一、粮草料票上不盖财政厅关防，及粮食局长之图章者。

二、粮草料票超过限定时期，或非指定之支粮仓库者。

三、涂改粮草料票或票面模糊不清者。

四、不盖支粮（草）机关印记，及经领人名章者。

五、持票人与票面所写经领人姓名不符者。

第五章　附　则

第十四条　各级粮食公草管理机关对于各种票证，应妥加保管，绝对不得遗失，或短少，如有遗失时，应即呈报直属上级查办。

第十五条　本办法自公布之日施行。

选自《抗日根据地政策条例汇集》陕甘宁之部（中），1942年版，第452～455页。

互校版本：《陕甘宁革命根据地史料选辑》第二辑，甘肃人民出版社1983年版，第330～333页。

36. 陕甘宁边区政府布告——减少公粮公草数量及废除羊子税

1942年4月2日

为了扩大边区的春耕运动，提高民众的生产热忱，边区参议会常驻会第五次会议决定：今年（三十一年度）全边区的公粮只征收十六万石，公草只征收一千六百万斤，公粮要比去年减少四万石，公草要比去年减少一千万斤。这个决定，现已送交本府，本府绝对依照，彻底执行，并保证不再向民众借粮和用官价买粮。另外为了发展畜牧事业，增加羊子数量，又在本府第十七次政务会议决议：从今年起，全边区的羊子税，全部废除，就是应该征收的一百多万元的羊子税，也不再向民众收了。这个决定，也一定切实执行，不稍迟延。希望全边区二百万民众，在政府的新决定实行之下，努力春耕，胜利的完成今年的生产计划！除过命令各级政府遵照外，特此布告。

主　席　林伯渠

副主席　李鼎铭

选自《陕甘宁边区政府文件选编》第六辑，档案出版社1988年版，第15页。

37. 陕甘宁边区政府关于确定三十一（1942）年度征粮草数和废除羊子税命令

1942年4月3日

为了扩大春耕运动，提高民众生产情绪，边区参议会常驻会第五次会议决定："三十一年度全边区公粮为十六万石，公草为一千六百万斤"，这个决定现已送交本府，本府绝对依照执行，并且保证不再向人民多收公粮和借粮。另外为了发展牧畜事业，增加羊只数量，又在本府第十七次政务会议决议："从今年起，全边区的羊子税，完全废除，不再征收。"这个决定，也一定切实执行。除布告民众周知外，希望遵照执行，并转所属各级政府，各税收机关一体遵照。另外附发宣传要点一份，并希详加研究，根据这个要点，向民众宣传解释，使得在政府减轻民众负担的命令实行之下，能更大的提高民众的生产热忱和完成春耕计划才好，此令。

附：宣传要点：

一、关于减征公粮公草方面：

1. 要把政府这次减征公粮公草的命令和以前扩大春耕的命令配合起来，向人民宣传解释，使人民在政府给他们减轻负担后，要更积极的努力春耕，完成今年的生产计划。

2. 要向人民说明，去年征粮征草多的原因，是为了还借粮，为了保证抗日军队的马草，今年不但减少公粮公草征收的额数，而且保证不再向人民借粮，和用官价卖粮。另外军队的马草，如果征收的不够供给，也决定拿钱向人民购买，不再征收。

3. 要向人民说明，在全边区的公粮公草的数量减轻之下，今年各县所负担的公粮公草数目，也自然会减少，而且去年重的，今年更会多减少，稍重的也要减少一些。另外更要纠正人民间“打的多收的多”的错误心理，并鼓励其生产热忱。

4. 要向人民说明，政府今年不但减少征收公粮公草，并且决定在春耕时期，借一部份（分）公粮公草给没吃的人民。

二、关于废除羊子税方面：

1. 要向人民宣传解释政府废除羊子税，不仅是为减轻人民负担，而且是为了发展牧畜事业，要鼓励人民多养羊、养牛，养猪。

2. 要向人民说明，羊子养的越多，人民的羊毛、羊皮、羊粪也越多，羊毛、羊皮多了卖钱多，羊粪多了，可以多下地，多收庄稼。

3. 要向人民说明，羊子税废除后，其他的税也不增加，并要切实的纠正人民中间的“牛也要征税”的谣言，激发人民的生产情绪。

4. 要向人民说明，宰杀母羊、母猪是不对的，应该尽量的保护，只有人民都能保护母羊、母猪……牧畜事业才可以发展。

选自《抗日根据地政策条例汇集》陕甘宁之部（中），1942 年版，第 461～463 页。

互校版本：

1.《陕甘宁革命根据地史料选辑》第二辑，甘肃人民出版社 1983 年版，第 398～399 页。

2.《陕甘宁边区政府文件选编》第六辑，档案出版社 1988 年版，第 21～22 页。

38. 陕甘宁边区政府颁布夏收征粮暂行办法的命令

1942 年 7 月 24 日

各专署各县：

今颁布夏收征粮暂行办法，凡夏征各县，应即依照遵行。此令。

主　席　林伯渠

副主席　李鼎铭

附：

夏收征粮暂行办法

第一条　为使夏收地区及部分夏收地区人民缴纳公粮便利，并调剂部队及机关之麦食起见，决定今年夏收后预征部分公粮（以下简称夏征）。

第二条　夏征公粮，包括在本年度十六万石公粮总数之内。

第三条　夏征地区之划分：

一、夏收为主之地区，如关中，陇东两分区。

二、夏收占全部农产量百分之三十以上之地区，如富县、固临、延长、延川等县（延安、安塞、甘泉等县因特殊需要，酌量征收少量麦子）。

第四条　夏征公粮分配标准：

一、夏收为主之地区，一律以麦为本位，一次布置本年度应征公粮之全数。部分以秋收为主之县区，可以延长征收入仓期限。

二、夏产占全部农产量百分之三十以上之地区，根据当地军粮需要与麦收情形，夏收后预征本年度应担公粮之一部分，余数秋收后征收。

第五条　直属各县，预征公粮一律征收麦子，不收杂粮。

第六条　夏收为主之地区，其征收公粮之范围、标准及办法，悉依三十一年度征收救国公粮条例执行。

第七条　夏收预征部分公粮之地区，其征收范围以户为单位，分配预征公粮数目不得超过纳粮户去年应征公粮之半数以上，亦不得妨害人民夏秋间之粮食需要。

第八条　部分夏征地区由乡政府登记各户之种夏地亩及收获量，依第七条规定征收之，必要时得交由乡参议会审核评定，然后征收。

第九条　直属各县夏收公粮应于八月一日开始布置，随时征收，至九月三十日以前，务须全部入仓。关中、陇东可酌量实际情形延长入仓期限，但至迟须于十一月底全部完成。

第十条　交纳公粮人以户为单位，应以期将交纳之公粮扬净晒干送至指定之仓库，过斗交讫，掣取财政厅制发之收据凭执，该项收据，即为三十一年度正式公粮收据。

第十一条　夏征公粮，概不折合，麦子一斗等于细粮一斗。如过期迟交者，一律按照征秋折合率改征细粮。

第十二条　夏征公粮全部入仓后，各县应将收据实数，详报粮食局转报财政厅备案。

第十三条　夏征县区可依据本办法及当地实际情形，订定具体细则执行。

第十四条　去年各县尾次及借给群众之公粮，须于夏征以前，全部催收入仓。收到旧粮应发给去年公粮收据，不得以夏征新制收据混用。

第十五条　本条例经过边区参议会通过，由边区政府公布施行。

第十六条　本条例修改解释之权，属于边区政府。

选自《陕甘宁边区政府文件选编》第六辑，档案出版社1988年版，第260～262页。

互校版本：《陕甘宁边区法律法规汇编》，三秦出版社2010年版，第322页。

39. 陕甘宁边区三十一（1942）年度征收救国公粮条例

1942年7月31日公布

第一章　总　则

第一条　本条例为保证抗战食粮供给任务之完成，并使人民负担合理，按累进原则征收救国公粮，修正三十年度征收救国公粮条例制定之。

第二条　救国公粮由边区政府统一征收，各级政府应按本条例征收，不得任意重征或附加。

第三条　凡边区内从事农业及副业或出租土地获取地租之人民，均有遵照本条例完纳救国公粮之义务。

第四条　边区政府按军粮之需要，力求减轻人民负担之原则，决定本年度征收公粮总数为细粮十六万石。

第二章　征收范围

第五条　凡资产收入在边区，人在边区以外者，征收公粮完全采取属地主义。一家资产散布在边区各县者，征收公粮完全采取属人主义。一家人口分居两县时，应以其每一地区之收获为标准分别征收之。

第六条　下列各款为救国公粮征收范围：

一、以耕种所得之一切农产物。

二、以出租土地或耕牛所得之钱租或物租。

三、未纳其他税收之农业副产或副业所得之纯收益。

第七条　征收救国公粮不论农产物或其他收益金，均须折合细粮征收之。

第八条　救国公粮征收种类：

一、以小米、黄米、麦子为主。

二、包谷、高粱、黑豆、荞麦等杂粮，由粮食局按需要规定比额通知各县征收之。

第九条　苜蓿籽、棉花籽、油籽、麻籽、枣子及其他未经指定之杂粮一概不收。

第十条　救国公粮以小米为本位，各种粮食之折合率，由粮食局按照各地区之具体情形规定。

第十一条　凡租佃土地，或租牛务农者，计算收益时，须除去地租或牛租。

第三章　征收标准

第十二条　各县征收救国公粮之起征额每口以细粮五斗计，起征率为百分之五，以下每递增一斗，即按次累进百分之一，递增至三石再不累进，最高征收率为百分之三十。

第十三条　累进征收救国公粮，以每户每口全年平均所得细粮多寡为计算标准，以户为征收单位，凡雇用长工者，将雇工计算于雇主家口之内，其征收累进率另表附后规定之。

第十四条　不论任何农产物或收益金，应一律按当时当地粮食市价折成细粮并入收获量内计算征收之。

第四章　减征或免征

第十五条　抗日军人直系亲属及退伍残废军人和直系亲属（父母妻子），每口收获量在七斗以内者免征。

第十六条　有下列情形之一者，其收获量不超过六斗者免征：

一、鳏寡孤独无依靠者；

二、残废或患病失却劳动力者。

第十七条　因遭灾疫或匪患而损失财物或牲畜者，得酌量减征或免征。

第十八条　凡移居边区之难民贫民，应依据边区政府优待难民贫民之决定，准予减征或免征，并应严禁下级工作人员及老户利用各种名目逼迫新户缴粮，以利移民政策之推行。

第五章　调查登记

第十九条　为使负担公平合理，各级政府在征粮前应对人民之经济实况进行调查登记，调查登记工作，以行政村为单位，由乡政府在各村成立工作组主持之。

第二十条　凡居户之家长，须遵照工作组规定之办法进行登记，如有登记不实者，工作组有采用清丈土地，盘量粮食，查阅帐（账）目等办法进行调查之权，人民不得拒绝。

第二十一条　为使调查实确，征收合理，各乡得以行政村为单位成立评议委员会，评议会由村民会议选举五至七人组成之，评议员中之不称职者村民会议得随时罢免之。

第二十二条　评议会评定之材料数字，向村民公布讨论后由工作组呈报乡政府提交参议会审核评定。

第二十三条　乡参议会评定每户收获量时须以下列各款为估计之标准：

甲、耕地土质；乙、劳动力；丙、牲畜力；丁、年成丰歉。

第二十四条　全乡登记完毕经乡参议会审核确实后，由乡政府负责呈区政府转呈县政府存查。

第六章　征收入仓

第二十五条　公粮征收时期依各地农产收获情形规定如下：

一、夏产为主地区于夏收后一次征收；

二、夏产占全年农产量百分之三十以上地区，于夏收后预征一部分，其余秋收后征收；

三、秋收为主地区（占百分之七十以上）于秋收后一次征收。

第二十六条　乡参议会为决定分配全乡各村公粮负担数字之最高权力机关，行政村村民会议（家长会议），为决定分配全村每户公粮负担数字之最高权力机关。

第二十七条　在征收数字确定后三天内，纳粮户如有充分根据认为负担不公者，得申请乡参议会重行调查与评定，但经最后评定，须得遵照执行。

第二十八条　本年度救国公粮入仓期间由财政厅规定之。

第二十九条　交纳公粮人以户为单位，应依期将应缴纳之救国公粮晒干碾细送至指定之仓库过斗交讫，掣取财政厅制发之收据凭执。

本条例所称之斗以粮食局统一制发之斗而言。

第三十条　公粮全部入仓后，各县应将收粮实数详报粮食局转报财政厅备案。

第七章　奖　惩

第三十一条　缴纳公粮具有下列成绩之一者，县政府得分别给以奖励：

一、踊跃应征如期缴清而所缴之粮又属纯净者；

二、协助政府催促本村欠户全部缴清者。

第三十二条　奖励得以下列标准：

一、合乎前条第一款情形者，由该管县政府给以奖状，

二、合乎前条第二款情形者，除由该管县政府给以奖状外，并得登报予以赞扬。

第三十三条　应征公粮人民如有逾期隐瞒或抗缴者，依下列各款处罚：

一、无故逾期半月以上至一月不缴者，经乡议会审查属实，处以百分之五至百分之十之加征；

二、教唆他人不缴者，处以十元以上一千元以下之罚金。

第三十四条　公务人员征粮工作积极著有成绩者，由财政厅分别给予奖励，如有徇私舞弊致粮户有多出少出或收受贿赂或侵吞公粮，查有实据者，照刑法渎职侵占各罪办理。

第三十五条　本章各条有关司法部分送当地司法机关办理之。

第八章　附　则

第三十六条　凡本条例规定之税率不适合当地经济情形者，得另定单行累进税率征收，但须呈请边区政府批准。

第三十七条　各县征收公粮之办公费，由财政厅斟酌各地情形分别规定之。

第三十八条　征收公草办法夏收征粮办法及本条例之施行细则另订之。

第三十九条　本条例由边区政府公布施行，咨送边区参议会备案。

第四十条　本条例修改解释之权属于边区政府。

附征收救国公粮累进税率表（三十一年度适用）（省略）

选自《陕甘宁革命根据地史料选辑》第二辑，甘肃人民出版社 1983 年版，第 400～405 页。

互校版本：

1.《陕甘宁边区政府文件选编》第六辑，档案出版社 1988 年版，第 277～282 页。

2.《陕甘宁边区法律法规汇编》，三秦出版社 2010 年版，第 323～325 页。

40. 陕甘宁边区政府关于粮食问题的命令

1942 年 8 月 14 日

中共西北中央局七月二十四日关于粮食工作的决定，兼顾军民，保证政府粮食统筹供给任务之完成，至为綦要，本政府完全同意这一决定。希望各级政府机关及学校部队，务须切实遵照执行，除关于本年征收公粮公草问题，另有专案决定，并颁发条令指示外，兹将有关节省粮食与克服困难渡过难关的问题，比较具体地规定以下事项，并希切实执行。

一、为贯彻精兵简政，凡各机关各部队超过整编委员会规定以外的人员马匹，如未经本政府批准，概不批发粮食。

二、为使本年粮食供给，不再发生中断，并保证政府不借粮不以官价买粮的诺言，各机关各部队的粮食决算，绝对不许超过规定预算。

三、各机关各学校的干部人员调动，必须双方会商粮食局转移粮食，以免双方预算重领，浪费粮食。

四、各机关各部队临时召集之会议或训练班及住院病员与休养干部，均由原机关携带粮食或向粮食局兑换粮票，一概不许另列预算，重领粮食。

五、各分区各县举办之不脱离生产人员的训练班，凡未经呈报本府批准者，一概不许编列粮食预算，支用公粮。

六、延安公用牲口过多，所需马料占全边区公有牲口所需之百分之四十七，统筹供给，事实困难，且以公粮采取分拨关系，粮食局更无力调剂供给，只好折合细粮由各单位自行调剂，各机关各部队有因调剂马料超过的粮食，应以牲口放青期间节余之马料调剂弥补。部分机关因调剂麦食超过的粮食，亦由自行调剂解决，政府概不补发。

七、为补救公草之不足，各机关各部队的牲口，应尽量采取放青，并大量收割储存青草，以备冬季公草不能供给时之需用。

八、秋季农忙，有运输力量的各机关各部队的食粮，应尽量自运。凡由各县转运的粮食，沿途损耗每斗在二合以内的应由收粮机关负责，超过二合以上者，超过部分由发粮机关负责补偿。

九、本年政府粮食困难，粮食局去年所欠各机关之粮食，即应遵照西北局决定，一律停止发还。至各机关各部队在去年超支的粮食尚未报销者，一概不准补报支粮。

选自《陕甘宁革命根据地史料选辑》第二辑，甘肃人民出版社1983年版，第406～407页。

41. 陕甘宁边区政府三十一（1942）年度征收救国公粮条例细则

1942年10月24日公布

第一条　本细则依据边区政府卅一年度征收救国公粮条例（以下简称救国公粮条例）第三十八条之规定制定之。

第二条　根据边区政府政务会第卅二次会议决议，“各县征粮以一概不许附加为原则，如各县因教育经费及救济费等必须开支，须附加公粮者，必须先将附加数额及理由具文呈请边府审查批准始行征收，如未经批准而自行附加者，以违犯政令严惩”。

第三条　称副业者系以农业为主，其他未纳营业税之小手工业、小商业、畜牧业、自由职业等为副而言，小手工业包括磨坊、油坊、染坊、毡坊、粉坊、炭窑、磁窑、砖瓦窑等，小商业包括店、栈、脚户、摊担走贩等流动营业，畜牧业包括养蜂、养蚕、养猪，及牧马、牧羊、牧牛、牧驴等事业，自由职业者包括阴阳生、经纪人、医生等。

称农业副业者，系指果树、烟叶、花生，及其它农业特产，如镇原之茴香，合水之辣子，三边之甘草等。农户耕种必须之牛驴不得算为副业。

第四条　地租系指土地所有人将土地出租，所得的租粟（物租）或租金，统称地租。安伙子调份子所得的获益，应和地租同样计算为收入。

第五条　救国公粮（条例）第五条规定一家资产散布在边区各县者，征收公粮完全采取属人主义，执行办法：各县在调查征收中，如查出有地主在外县居住的财产，应将资产数量收获情形备函报告地主所在的县政府，当地县政府应根据报告按照条例征收公粮，并将征收情形随时函复，以防隐匿偷漏。资产收入在边区，人在边区以外者，征收公粮采取属地主义，其代管人则应负责代缴应纳公粮。没有代管人者，则由区乡政府代管，并代缴应纳公粮。一家人口分居两县时，各县应以其每一地区的收获为标准，分别征收之。但一家人口在本县内分居两地则应汇合调查材料合并计算，向其主要住家一次征收之。

第六条　纯收益系指总收入内除去开支消耗后所得的盈余。

第七条　细粮凡扬净晒干没有谷糠合粮食局公斗足卅斤的小米，才够细粮的标准。

第八条　折合细粮征收的农业副产或其它收益金，应按其实在盈利部分折算，不应将成本部分折合在内，如畜牧的羊、马只能算其繁殖的收获，不算原来的羊马成本，羊以十只以上成群者计算，猪以两头以上计算。

第九条　起征额系指公粮征收的起码数量，未满这个数量的，概不征收救国公粮。

第十条　计算一家人口，不论男女老少凡在一家共同生产消费者，都应包括在内，但另立门户已纳税之商号人员，及长年在外募工为生的，均不得计算在内。

第十一条　救国公粮条例第十四条之计算收获量折合标准，应由各县政府规定经参议会通过后，统一公布执行，并呈报财政厅备案。

第十二条　抗日军人或退伍残废军人之直系亲属，系指他本人的父母、妻子、儿女而言。抗战阵亡将士及现役之抗日官兵，不论八路军及其它友军，均受抗日军人之优待。

第十三条　救国公粮条例第十五条及第十六条分别规定起征额，未满七斗者免征，如满七斗以上者，一律按累进率征收，不得随意减免。

第十四条　救国公粮条例第十八条所指难民、贫民，系以边区政府一九四二年二月颁布之优待移民（难民）实施办法第二条规定之范围而言，由甲县迁移乙县逃避负担者，仍应照章缴纳公粮。

第十五条　各村工作组系指乡政府在各行政村临时建立的征粮小组，人数三人至五人不等，其任务为调查、征收、入仓、总结等征粮工作。

第十六条　依据救国公粮条例第十九条规定，应行调查登记项目如下：

（一）户主姓名；（二）是否抗属及其证明文件或根据；（三）全家人口；（四）雇工几人；（五）劳动力多少；（六）耕地若干（两种分类：一种以土质分类，如山、川、原等；一种以农产物分类，如麦地多少？谷地多少?）；（七）农产收获（米若干?）；（八）其他副业副产收入（果树、烟草、芦苇、养蜂、养蚕、牧畜、药材、家庭手工业收入等）；（九）牛租、地租、伙种、份子之收入与支出；（十）去年缴纳公粮多少？（十一）夏征出多少?（限于夏征各县）

第十七条　评议委员会由行政村村民大会或家长会议选举产生，其主要职责为：（一）审查调查材料；（二）评议应征、免征、减征等项；（三）评定各应征户应征数字；（四）帮助乡政府及乡参议会重新调查或重新评议。

第十八条　评议会对村民大会负责，征粮工作完成后即行结束。

第十九条　救国公粮条例第廿三条列举之耕地土质，系指各种土壤不同的山地、原地、川地而言，劳动力系指在家有耕种能力的人而言（劳动力有全劳动力与半劳动力之分），牲畜力系指主要劳动工具——耕牛耕驴而言。

第二十条　公粮征收分配数经最后确定后，应由乡政府填写经征通知单，通知纳粮人，遵照按期缴粮。经征通知单内容如下：

（一）户主姓名及住址；（二）征收公粮数字；（三）入仓地点和收粮仓库；（四）送粮期限；（五）乡长签名盖章。

第二十一条　公粮征收完毕，乡政府应依照粮食局发出之花户帐（账）填写两份，一份送收粮仓库照数收粮，一份留存乡政府随时检查督促公粮入仓。

第二十二条　夏征各县因根据麦产情形分配公粮户有负担不平衡者，应于秋征时加以调整，按照每户经济实况及全年收获量评定应征公粮总数，夏征已实交公粮数全部扣还。

第二十三条　征粮期限规定为三个月，自十一月一日开征，三十二年一月卅一日止，公粮必须全部入仓，（至迟亦不得超过阴历十二月卅日）。

第二十四条　各乡村在送粮期间内，应适当组织和调剂运输力，并以区乡为单位由工作组检查收据，督促送粮。

第二十五条　各地公粮应向需粮地点或需粮方向集中，但最远路程不得超过两站以上（160 里）。

第二十六条　粮食局统一制发之斗，系指其容量合小米三十斤（平秤）为标准。

第二十七条　征粮期间，各县政府应每半月向财政厅粮食局将征粮情形，作书面报告一次。

第二十八条　救国公粮条例第三十三条第一款处罚部分，应作公粮收入之一项，统归仓库保管。

第二款关于罚金之规定按情节轻重处罚，但不得超过被教唆人应纳公粮数的价格。

第二十九条　本细则有未尽事宜，边区政府得随时修改之。

第三十条　本细则自公布之日施行。

选自《陕甘宁革命根据地史料选辑》第二辑，甘肃人民出版社 1983 年版，第 408～412 页。

互校版本：《陕甘宁边区法律法规汇编》，三秦出版社 2010 年版，第 326～328 页。

42. 陕甘宁边区政府三十一（1942）年度征收公草办法

1942 年 10 月 25 日公布

第一条　本办法依据《陕甘宁边区政府卅一年度征收救国公粮条例》第三十八条，及依据去年经验，修正《三十年度征收公草办法》制定之。

第二条　边区政府为减轻人民负担，决定本年度征收公草一千六百万斤。

第三条　为保证供给各地驻军机关及运盐运粮路线马草之需要，并避免公草之损耗浪费起见，决定本年度征收公草以需草地区并所征之草能供给需用者实行征草，不需草地区，或因交通困难，不能供给需要者，一律折收代金，代金价格由粮食局根据需草地区草价规定，并随时补购，以保证公草之供给。

第四条　为减少公草之损耗浪费起见，本年度公草一律以征收谷草为原则，个别缺乏谷草、或产麦占百分之四十以上需草较多的地区，经粮食局同意后得根据具体情形酌收部分麦草。

第五条　经本府命令指定征收马兰草的县区，其实征数目应由全部应征公草内抵还，非经指定的县区，不得收马兰草。

第六条　征收折合率规定如下：

麦草二斤折谷草一斤（只限产麦占百分之四十以上地区）。

苜蓿一斤抵谷草一斤。

第七条　各县公草之调查征收及集中，应与秋征公粮同时进行，并于旧历十二月以前全部结束。征收代金应随时解交粮食局以供随时购草之用。

第八条　公草集中办法，在需草地点周围四十里以内者，由人民直接送给需草单位，或集中于指定之运粮运盐站道；超过四十里以外可能转运供给者，县政府应指定适中地点集中，由领草机关部队接收自运，估计将来需草的方向，在一定的地区内，也可征收部分公草，在征收完全后，交由乡村政府负责集中保管，或寄存民间。

第九条　缴纳公草务须捶净晒干，腐朽霉烂或潮湿者概不接收，故意掺土夹石者，应以土石之重量加倍罚草。

第十条　《卅一年征收救国公粮条例》有关第七章奖惩部分，亦适用于征草。

第十一条　本办法自公布之日起施行。

选自《陕甘宁革命根据地史料选辑》第二辑，甘肃人民出版社 1983 年版，第 413～414 页。

互校版本：《陕甘宁边区法律法规汇编》，三秦出版社 2010 年版，第 329 页。

43. 陕甘宁边区财政厅秋征指示信（第二号）

1942 年 11 月 7 日

各专员各县长暨征粮工作团同志：

各县的征粮工作，在各级党和政府的积极领导推动之下，大部分已进入了宣传调查阶段，这个阶段的工作，关系政策的贯彻及整个征粮工作的成败，是具有决定作用的。为了保证条例正确执行，并使征收工作能够公平能够顺利进行起见，本厅特对这个时期的工作，指出以下几点；

（一）纠正干部对调查登记的错误观点，反对摊派办法

调查登记是执行政策，保证人民负担合理的先决条件。因而征粮条例第十九条规定：“各级政府在征粮前应对人民之经济实况进行调查登记”。同时根据去年征粮的经验也证明：“调查愈彻底，征收、入仓就愈顺利”。但是在各县不少的干部里面，还存在着相当浓厚的不愿调查的思想，及对调查研究工作很多的错误见解：有的贪图简单省事，懒于调查，主张“民主摊派”；有的干部，因自己经济地位上升（许多贫民变为中农，中农变为富农），认真调查就和个人利益发生矛盾，因而反对调查，主张“层层摊派”，以维护他们个人的私利。

这种自私自利的思想，夏征当中，在延长六区曾经发生过，现在我们一定要严加注意和纠正。另外有些干部认为调查是好的，但以为调查之后，按条例征收完不成任务，结果还得民主摊派，调查等于白费。这种认识过去曾经是阻碍调查工作的一大借口，但是这种说法是没有根据的。因为：第一，既然没有进行认真的调查，就无从说明执行条例不能完成任务。第二，万一不能完成任务，征粮条例上已经指出可以适当的变更税率。又有些干部认为文化不够，很难调查，其实调查工作做得好坏，并不取决于文化程度的高低。很多地方干部，熟悉本地情形和人民生活状况，进行调查，最为便利，也容易确实。所谓困难，就是登记计算等技术上的问题，只要和识字的干部配合起来，就可以解决困难，这些藉词推宕，忽视调查的干部，也要各级政府多加说明，说明民主摊派做得好，比较简便，可以提高群众的情绪，也可以使群众满意，但是如果没有调查，只靠群众会上讨论，干部很难掌握，容易发生极端民主，或者民主发扬不够的现象，按条例征收，虽然麻烦但更严密，更合乎于政策的要求，并随时帮助他们解决困难，使他们参加并深入调查工作。各县最好就试验地区，做出调查确实征收公平的实例，教育干部，提高他们对调查研究工作的信心和认识。

（二）精密的进行调查登记和研究工作

调查登记是细密的组织工作，事先要有充分的准备：（1）周密确定调查登记项目，可能的条件下应制印表格，规定庄稼收获标准与副业副产的折合标准等等；（2）适当配备干部，如识字的和不识字的，本乡本村的和外来的应互相配合；（3）对干部进行必要的训练，如研究条例，学习计算百分率，研究调查、登记、统计的方法。其次在工作中要利用：（一）要依靠忠实的干部，发动他们首先实报，劝亲友实报，提供确实材料；（二）充分发挥评议会的作用，发动评议员自己实报，分工调查，按期汇报；（三）号召群众参加调查工作，利用实报者与谎报分子的矛盾，发展民主斗争；（四）正面登记与侧面调查密切配合。一方面严格的要求群众自动向政府陈报登记，一方面进行侧面调查，双方配合，充实和修正材料。审判式的官僚登记，侦察式的秘密调查，以及只听片面之词，人云亦云的尾巴主义，都要防止纠正。其次，县政府应正确处理材料，指定专人负责整理研究，得出适当的累进征收标准和办法，以保证任务完成。最后，各级政府与征粮工作同志，必须要有最大的耐心，坚持的精神，踏实的工作，才能作出成绩。县征委会应该严格掌握时间，在适当时间召集区长会议，检查各区调查成绩并总结经验，及时派员协助工作较差的区，进行复查，甚至重新登记。去年有些县份，在调查登记过程中，不及时检查总结，以致调查工作不能普遍确实。今年我们应该注意纠正这一缺点。

（三）宣传条例，激发群众热忱

“解释清楚，调查顺利”。为要开展调查登记，必须先从宣传做起。条例本身就是最好的宣传材料，只要群众了解条例对于自家的好处，就愿意调查。说明条例按每口细粮多少征收，那些人口多的家庭，就愿意调查。说明牲口只算繁殖的所得，耕种必须的牛，驴不征，那些有牲畜的人民就不会隐瞒。说明起征点与最高率，那些过去因为目标大和欺小户而吃了亏的人民，就愿意调查。因为估计摊派是一向不顾及人口，而且将一切牲口折价征粮的。各级政府与征粮同志，应择取征粮条例上的要点，用通俗的语句和实例，向群众宣传解释。并随时倾听老百姓的反映，检讨本县本区本乡过去征粮的缺点，和一些不公平不合理的事实。一方面可以教育干部，改进工作，一方面可以鼓励群众提意见，群众提意见愈多，调查愈能确实。去年各县征粮时，把宣传和调查分开，发生只宣传不调查和只调查不宣传的现象，增加了调查工作上不少的困难，今年我们应该注意纠正。

宣传调查时期，是一个复杂的斗争工作过程，希望你们以坚强的信心，必要的时间，注意吸取过去的经验教训，踏实去做，只要调查工作做得好，你们的征收工作也会顺利进行的。

厅　长：南汉宸

副厅长：霍维德

选自《陕甘宁革命根据地史料选辑》第二辑，甘肃人民出版社1983年版，第423～426页。

44. 陕甘宁边区财政厅秋征指示信（第三号）

1942年11月30日

各专员县长并转征粮工作团同志：

依靠你们和全体征粮同志的努力，各县的宣传调查工作，已经深入农村，整个征粮工作即转入征收阶段。“掌握政策，执行条例，公平合理完成任务”，这就是征收阶段工作的基本要求和目的。为了达到这个要求和目的，特提出以下几点意见，以供参考执行。

（一）总结调查确定执行条例的具体办法。

今年各县征粮的步骤，多半采取先行调查然后才分配各区负担数目，并决定征收标准，这种办法当然比较实际，但正确具体的办法，还要决定于精确的调查工作，因之研究总结调查材料是征收工作中的第一件要事。执行这一工作必须注意：

甲、根据最近得到固临县的报告及延长县人民的反映，今年很多老村的调查材料，比较实在收获量还相差很远。各县不仅要研究各区的调查统计材料，而且要要求去到各乡村的调查干部提出每乡村的调查材料和去年的调查材料核对，详细研究，整理出比较确实的材料作为征收的根据。

乙、决定执行条例及其实施细则的具体办法时，不仅顾及地方实情，更须坚守累进原则，本着发展国民经济，增加生产的财政政策，纠正无原则的降低起征点或提高最高率，并防止副业连年、畜牧连大牲口一概折算，或是折算标准过高的现象。

丙、对于条例第四章的优待办法，应分清移难民和躲避负担的“滑头分子”，分清抗属和工属，严格注意纠正老户排挤、欺压新户的现象，并防止对不应出粮的新户用“慰劳欢迎”等名词强迫出粮的恶劣办法。

丁、在决定征收方式时，应查明每一区乡调查工作的深入程度，分别给以具体的指示和帮助，调查欠确实的区乡应该进一步在征收中发动群众评议，按累进原则征收，严格防止“层层摊派”、“包办”、“宣传固定”等方式的残余复活。

总结调查工作的最好办法是召集区乡长及派到乡村做调查工作的干部开联席会议，研究讨论，定出征收标准与办法，然后县征委再派员到各区乡协助征收工作。如果不可能，就要派坚强干部去各区召开乡长联席会议，传达县征委会决定，指导征收工作，绝对不可放任，听由各区自流的进行征收。

（二）发动群众参加评议，执行条例必须通过民主。

这是征收阶段中最主要的工作，是达到公平合理的关键。利用民主要注意：

甲、加强评议会，把调查阶段积极的分子吸收进去，自私的分子罢免出去，给评议会以实权，干部只负领导而不是包办代替。应该首先评议评议员和干部自己的负担，慷慨出粮，给群众做好榜样。

乙、执行条例第廿七条规定办法，在村民大会前三天公布农户的应征粮数，激发群众正面提意见，使负担更臻合理。

丙、防止个别干部评议员藉口执行条例，“算下多少出多少”的压抑民主行为。必须向群众耐心解释条例的内容与计算累进率的办法，使群众也会计算。同时又要防止民主评议时过分强调评议会的职权（实施细则第十七条），说“评议员评下的就算数”的压抑民主现象。必须向群众解说条例第二十一条的规定；评议员不公，村民大会可以罢免。但也必须防止极端民主乱斗一阵。

延安试验乡三次评议修正，两次大会讨论的办法是值得参考的。

（三）准备仓库草站，组织群众炕谷碾米。

征收是一个紧张而短促的阶段，为使粮草入仓入站简便迅速，各县必须及早与收粮收草机关及仓库草站，商洽手续，准备斗秤，准备花户账、通知单、公草收据，适时使用。草站应该委托真正负责任的人经管，谨防因草站不用脱离生产人员管理，使公草损坏或账目不清的流弊产生。每年因炕谷碾米来不及，常影响公粮入仓，今年各县应在征收的会议上就及早号召，具体布置，尤其在粮食供给急需的地区更要认真进行。

（四）抓紧群众热情，随即送粮入仓。

各区乡在征收过程中，就要计划分配干部，征收完毕立即分工负责催粮，将征收组织改为催粮组织。在征收的村民大会上就要将畜力、人力分别组织送粮、碾粮、送草小组，将花户账立即填送仓库。经征通知单立即分发给花户，通知单上按出粮多少，规定交清公粮的日期，以便检查催送。注意防止杂粮过多或者太少的偏向，随时设法保证收到适当比额的杂粮，以便马料和食粮兼顾供给。县征委应抓紧这一时机，立即派出巡视小组到各区协助督导工作，给一个多月在乡村里朝夕辛劳的征粮人员增添新的力量，一鼓作气造成送粮热潮。严格纠正征收完毕便即放松工作的老一套打算和作风。

厅　长：南汉宸

副厅长：霍维德

选自《陕甘宁革命根据地史料选辑》第二辑，甘肃人民出版社1983年版，第433～436页。

45. 附［政策研究］：关于三十一（1942）年度征粮条例的几项解释（署名：常黎夫）

1942年11月12日《解放日报》

关于征粮征草工作，边区政府颁发了三十一年度的征粮条例和征草办法。现在征粮工作已经开始，我想把条例办法中的几个重要问题向征粮工作的同志解释一下：

关于累进税率

在征粮条例里，税率是最关重要也比较复杂的问题。今年我们把起征点从五斗改为六斗。为什么要更改起征点呢？根据我们的调查，一般贫民的收入和生计是比较微薄艰辛的（他们终年劳碌，所获粮食不敷供给家庭父母妻子食用时），多半还要打短工，贩炭，卖柴，依靠这些副业补助生活。所以我们对他们应当格外照顾体贴一点才对。况且今年的公粮总数减少了四万石，提高起征点，减轻贫农负担更为必要。

有些同志说：现在调查的不确实，大家都有隐瞒粮食的，所以降低起征点也没有关系。如果把这个说法当成降低起征点的理由，那是不能成立的。因为调查的不确实不只限于贫农一个阶层，相反的中农富农地主兼营的副业副产比较多，对他们的调查更不容易确实。因此，调查工作的不确实，这种说法只能作为变动税率一般的参考，绝不能片面的作为降低起征点的理由。又有些同志说：起征点提高，征收面积就要缩小，会影响公粮任务完成的。这种说法也是不能成立的。根据我们的了解，只要调查工作做得精细踏实，六斗起征并不会改变百分之八十的人民负担救国公粮这个原则。比如曲子本年负担救国公粮数目是八千五百石，比去年增加了五百石，开征之时许多地方干部都怀疑按条例不能完成任务，但经过进行调查之后，证明按条例完全可以完成任务。例如该县土桥区二乡分配的任务是二百二十五石一斗，据调查全乡一百五十七户，一千〇二十九人，种田一万〇二亩，收获量约一千五百三十石，平均每人有粮一石四斗八升，按条例共应征二百二十七石三斗。又该县马岭区三里桥村分配数目是五十石，而据调查所知，全村有二十五户，二百八十八人，种地一千〇十二亩，收获量约四百十五石，平均每人有粮一石六斗九升，按条例共应征七十二石六斗，超过原定数二十二石六斗。这些事实都可以证明六斗起征，对于公粮任务的完成不会有大的影响，况且提高一斗起征，缩小征收面积的这个贫农阶层，人数既不多，负担的粮食更是微少的很，事实上对完成任务起的作用很小。

根据去年直属各县的调查材料，贫农占负担面百分之十八（七斗以下的称贫农），中农占负担面的百分之六十三（八斗至一石五斗称普通中农，一石六至二石称富裕中农），富农地主占百分之十六（二石三以上的）。由此可见占公粮征收面最大的是中农（这是因为边区里中农占了主要角色的原（缘）故），所以完成任务的主要作用也在他们身上，如果个别地区情形特殊，按条例不能完成任务时，就得着重在累进率上想办法，比方征粮条例中税率表上从六斗起到三石，都按百分之一的税率累进，如果根据当地实际情况，把收获较多阶层的税率稍加提高，他们多出一点粮食也没有多大妨碍，可是公粮的征收数量就大大的增加了。但变动税率也不能过行急进，并要经边府批准。要知道累进税率的基本精神，是本着统一战线的原则出发的，起征点是照顾贫农利益的，最高点是照顾地主和富农利益的，累进率则是调解各阶层利益的，因此如必变更税率时，就要把握住照顾各阶层利益的这个统一战线原则，根据当地具体情况把起征点，最高点和累进率联系起来，精密的有限度的加以变动，为了慎重起见，须得事先呈请边区政府批准，然后执行。去年绥德等地降低起征点为三斗，加重贫农中农负担，引起多数人民不满，延安等县提高税率最高点有至百分之五十以上的（南区有一户人家收三十石征公粮十八石），这虽然不是普遍的现象，但亦足以影响富农的生产情绪。这两种相反的倾向，都不合乎原则，今年应该注意纠正。

关于征收公草

去年征草着重于负担公平这一点，所以采取了普遍随粮征收的办法，所征的草没有和供给需要联系起来。因使需草较少的陇东、绥德、关中等分区及各县偏僻地区，公草过多，损失霉烂浪费实大，引起人民对我们很大的不满。但延安、靖边等需草较多地区，则公草缺乏，东拉西补，仍然不能支持八个月的需要，牲口普遍的放青三个月，甚至有部分牲口，要带到旁的地方，就草而食，这样增大了各部队各机关在供给上很大的困难。至于公草在运输上给人民和机关部队所增加的困难则更多。有了上述的经验教训，所以今年政府在征草办法上首先规定："本年征收公草，以需草地区并所征之草能供给需用者，实行征草，不需草地区或因交通困难不能供给需要者一律折收代金"。这说明了征草为的是保证公用牲口及一定的运粮运盐路线马草的需要，不需要草或交通困难供给不便的地区，宁肯多费些手续折成代金，再在需草地区补买。这样做去，虽然本年所征的一千六百万斤公草，尚不足明年全部需草的三分之二，今后马草供给，当然还有不少困难，但起码我们可以做到所征到的公草，绝不至于损失浪费。

在公草集中办法上面，我们也改用新的办法，规定在需草地点周围四十里以内的公草，由老百姓一直送到收草机关，这个路程可以一天往返，老百姓既可以省花盘费，同时又可避免转运的麻烦和损耗。在四十里路外，距离需草机关部队所在地点一站路以内，县政府仍可指定适中地点，收集周围数十里以内的草，把草集中之后，就由领草机关部队自运，不再要老百姓转送。比如延安及各直属县的草距离延安四十里以内的草一律直送延市，四十里以外的草，在牲口一天能往返的限度内，尽量送到靠近延市的草站，距延市一站甚至两站的交通方便地区，我们也指定几个草站。希望各县尽可能征草送站，以减轻明年延安马草供给的困难，不可能送到草站的或需草较少的地区（如绥德、安定、延川等地区），才采用补救的办法折收代金。征收代金的县份应把该县的草价事先报告粮食局，粮食局根据各县情形及购草地区的草价，规定适当的征收公草代金价格，通知各县遵照执行。这样可以保证买回应征的公草数目，同时可以照顾人民利益，避免各县自订标准，发生流弊。总之，征草是一件更繁杂的工作，在集中保管和支拨等工作上，都要细心。不细心，不用力，就搞不好。

关于杂粮折合率

去年因为折合率定得太笼统，形成一部分杂粮较多或公家牲口较少的地方，杂粮过多，影响食粮调剂困难。如绥德去年公粮中黑豆占百分之四十，按折合二斗顶细粮一斗收进来，但绥德今年市价黑豆二斗五升也换不到一斗细粮，另外一部分杂粮出产较少或公用牲口过多的地区，收入杂粮过少，以致马料供应异常困难，如延安市场上每斗细粮只换黑豆一斗二升，换苞谷一斗四升（十月份以前的市价），但我们的折合率与绥德同样规定二斗黑豆或二斗苞谷折合细粮一斗，无怪老百姓不交杂粮。因有上述经验，所以政府在今年条例中规定："各种粮食折合率，由粮食局按照各地区之具体情形规定"。我们根据这个决定，曾在五科长联席会议及来延县长座谈会上商讨过这个问题，并已分别地区规定折合率，通知以各县遵照执行。决定的标准是这样：

绥德分区及志丹等县产杂粮较多，马料需要很少，所以把杂粮折合率稍微提高（今年绥德分区二斗二升黑豆折合细粮一斗，比去年提高二升），以免杂粮过多。不过限制杂粮只靠折合率还不够，同时必须要各级政府与征粮同志，根据粮食局估定各县征收杂粮的比额，宣传老百姓搭配送粮，并通知仓库人员在收粮时随时检查，必要时加以限制，因为我们的折合率还要照顾老百姓的利益，不能过于提高，比如规定的折合率，绥德黑豆二斗二升折细粮一斗，按现在市价，二斗五升黑豆才抵一斗细粮。

延安、安塞、甘泉等县产杂粮较少，我们的马料需要过大，所以把杂粮折合尽量降低，鼓励老百姓多交杂粮，以保证明年马料的供给（需要过大，困难还不能完全没有），为了保证这一工作的完成，各县还得根据具体情形灵活执行。比如产杂粮过少或收成不好的县份（这样的县份今年很少），当各乡公粮分配就绪后，还要向群众多加解释，要求他们搭配送给我们所需的杂粮比额，因为我们要顾及整个的粮食供给预算。降低折合率只能做到和市价折算相等的程度，还不能过于降低，给送杂粮的人以更大的便宜；另一方面今年杂粮收成很好的县份（如安塞、延川、甘泉等县）还要注意到防止：因为我们的杂粮折合率降低，发生杂粮过多的危险。现在蟠龙、安塞等地的杂粮价格逐渐降低，小米价格不断上涨，将来如果杂粮和细粮的价格相差过大，各县应该随时报告粮食局考虑，必要时请示政府修改折合率，适当调剂。否则，死守一定的折合率，仍然会使杂粮过多或增加仓库收粮许多麻烦和纠纷的。

关于优抗等问题

优待抗属和优待难民移民的工作，去年各县都做得不好，所以今年政府在条例中特别强调这一工作，希望各县征粮同志务要认真执行，同时要弄清楚优待抗属的目的，是为了使前方的抗日战士和后方的留守部队的家眷，有人照顾，可以安心作战，过去有的地方把政府工作人员的家眷也和抗属混为一谈，这是不对的。凡是参加抗战部队的家眷不论八路军和任何友军都应一律享受优待，不分彼此。优待难民移民的目的，是为了扶助奖励从边区外来到边区的贫苦人民，及边区内绥德分区各县和神府等县的人民移居延安、甘泉、安塞、志丹等县，从事农业的开垦，使他们得以安居乐业，发展生产。有些边区内的老百姓，想逃避负担，从这一区搬到那一区，这种人不能叫作难民移民，不应该享受优待。

最后，本年征粮条例关于调查、民主两项着重指出并规定有具体办法，这自然是执行条例的基本关键，其实施要点及执行步骤，南厅长在二十四日解放日报上及去年征粮总结中已说得很详细，这里便不再重复。现在征粮已经开始了，征粮的同志们应该研究条例，学习把握原则，认真深入调查，了解情况，把条例具体化，那工作自然可以做好了。

选自《陕甘宁革命根据地史料选辑》第二辑，甘肃人民出版社 1983 年版，第 427～432 页。原注：“民国三十一年十一月十二日《解放日报》”。

46. 陕甘宁边区1943年度救国公粮公草征收条例

1943年7月23日公布

第一章　总　则

第一条　本条例为征收救国公粮公草，保证战时粮秣供给，并使人民负担公平合理，修正三十一年度征收救国公粮条例及征收公草办法合并制定之。

第二条　除延安、绥德、庆阳三县依照边区政府决定本年试行农业统一累进税外，其他各县悉依本条例征收救国公粮公草。

第二章　征收范围

第三条　下列各种收入为救国公粮公草征收范围：

一、耕种土地所得之农产品。

凡租佃土地或耕牛务农者，只征收其除去地租或牛租的收入部分。

二、农村副业。

小手工业——只征收其除去原料成本及生产消耗费以外之净利部分。

畜牧业——只征收其繁殖及出卖皮毛收入部分（以市价六折计税折粮），羊繁殖十只以下者免税，十只以上者，就其超过数计征。

三、地租房租及畜租之所得。

第四条　下列各种收入免征：

一、移难民三年以内各种农产品及其副业之收入。

二、长脚或短脚运盐部分的收入。

三、新种棉花三年以内之收入。

四、纺织业之收入。

五、抗日军人直系亲属及退伍残废军人和直系亲属（父母妻儿），每人平均超过起征点二斗以内的收入。

六、鳏、寡、孤、独或失却劳动力其本人超过起征点二斗以内之收入。

七、农户养猪之收入。

第三章　征收办法

第五条　各县公粮征收之前，务须普遍进行彻底调查，然后按累进税率配合民主评议进行征收之。

第六条　本年征收救国公粮之起征点规定如下：

一、绥德分区以五斗起征，起征率为百分之三。

二、直属分区、三边分区，及陇东、关中一部分征米地区，均以六斗起征，起征率为百分之四。

三、陇东、关中两分区的征麦地区，均以八斗起征，起征率为百分之六。

各地农户不足以上规定者免征。

第七条　征收救国公粮之累进率依下列规定：

一、每人平均收入五斗细粮（以下简称平均×斗）征百分之三。

二、平均六斗征百分之四。

三、平均七斗征百分之五。

四、平均八斗征百分之六。

五、平均九斗征百分之七。

六、平均十斗征百分之九。

七、平均十一斗征百分之十。

八、平均十二斗征百分之十二。

九、平均十三斗征百分之十三。

十、平均十四斗征百分之十四。

十一、平均十五斗征百分之十六。

十二、平均十六斗征百分之十七。

十三、平均十七斗征百分之十八。

十四、平均十八斗征百分之十九。

十五、平均十九斗征百分之二十。

十六、平均二十斗征百分之二十二。

十七、平均二十一斗征百分之二十三。

十八、平均二十二斗征百分之二十四。

十九、平均二十三斗征百分之二十五。

二十、平均二十四斗征百分之二十六。

二十一、平均二十五斗征百分之二十七。

二十二、平均二十六斗征百分之二十九。

二十三、平均二十七斗征百分之三十。

二十四、平均二十八斗征百分之三十一。

二十五、平均二十九斗征百分之三十三。

二十六、平均三十斗至三十五斗征百分之三十三。

二十七、平均三十六斗至四十五斗征百分之三十四。

二十八、平均四十六斗以上者征百分之三十五。

第八条　救国公粮累进税最高率至百分之三十五即停止累进。

第九条　征收救国公粮按户为单位，以每户人口平均粮数为计算标准，人口计算标准，人口计算依下列规定：

一、不分男女老幼，均以一家实有人数计算。

二、收入在边区、人在边区以外，或收入在本县而人在他县者，均以一人计征。

三、雇工计算于雇主家口之内，同时计算在本家人口之内。

第十条　征收救国公粮公草采用属人属地办法，依下列规定进行。

一、凡一家收入散布在本县以内者，就其居住之乡，合并计算，统一征收。

二、凡收入散布在边区各县者，应在各县分别立户，就其收入所在乡征收之，但在两县交界，未出二十里以外者，仍按属人征收。

三、凡一户分居两地或两县者，均按两户分别立户征收。

四、凡收入在边区，人在边区以外者，征收公粮公草采取属地主义。

第十一条　为避免公草之损耗与浪费起见，征收公草以需草地区并所征之草能供给需要者，实行征草。不需草地区或交通困难不能供给需要者，可折收相等于应征草价之代粮，征收代粮数目及折算标准由粮食局与各专署商定之。

第十二条　为使公粮公草之征收公平合理，应继续往年民主评议方法。乡政府或行政村之评议会，应由人民推选公正无私熟悉地方情形之党政干部、劳动英雄，及能照顾各阶层利益的人民代表组成之，其职权如下：

一、协助政府进行调查；

二、审查各村户之调查材料；

三、审查应征免征及计算征收事宜；

四、照顾实际情况，调整贫富、大小户间之应征数目；

五、检查并纠正漏税逃税重征之现象。

第十三条　各户公粮负担数目经评议会决定后，须经各村村民大会或乡参议会通过实行。

在征收数字决定后五天内，纳粮户如有充分根据认为负担不公者，得请求评议会重行调查与评定，但经最后评定，须得遵照执行。

第四章　奖　惩

第十四条　征粮工作中发现之模范工作者，各级政府应以其成绩之大小分别给予奖励，成绩特著者，可呈请边区政府奖励褒扬。

第十五条　经复查后尚有隐瞒土地、收入，虚报人口，意图减轻或逃避负担者，除追缴其应纳公粮外，得科以五升以上、一石以下之处罚，但以不超过其应征数额为限。

第十六条　不按限期纳粮者，除限期追交外，得以下列规定处罚之：

一、借故欠交之公粮全部或一部，逾期一月者，得处以所欠数百分之一至百分之五的加征。

二、逾期二月者，得处以所欠数百分之六至百分之十的加征。

三、逾期三月者，得处以所欠数百分之十一至百分之二十的加征。

第五章　附　则

第十七条　救国公粮以小米为本位，各分区应征杂粮比额与折合率，由粮食局与各分区专署商定之。除陇东、关中产麦地区外，本年公草一律征收谷草，不收杂草。

第十八条　各县公粮公草限至三十三年一月二十日以前（即阴历腊月二十五日）均须全部入仓入站，并将入仓粮草实数、种类，呈报边府备查。

第十九条　本条例由边区政府公布施行。三十一年颁布之《征收救国公粮条例》《征收公草办法及实行细则》，即行作废。

选自《陕甘宁边区政策条例汇集》续编，1944年版，第232～239页。

互校版本：

1.《陕甘宁革命根据地史料选辑》第一辑，甘肃人民出版社1981年版，第329～

334 页。

2.《陕甘宁边区政府文件选编》第七辑，档案出版社 1988 年版，第 286～291 页。原注：“选自《陕甘宁革命根据地史料选辑》第一辑，甘肃人民出版社出版”。

3.《陕甘宁边区法律法规汇编》，三秦出版社 2010 年版，第 330～332 页。

47. 陕甘宁边区农业统一累进税试行条例

1943 年 9 月公布

第一章　总　则

第一条　本条例为使人民负担公平合理，并发展边区生产，依据“陕甘宁边区施政纲领”第十三条之规定制定之。

第二条　农业统一累进税就人民之土地与收入合并征收，并应战时之需要，得以粮食、马草二种形式征收之。

第二章　征收范围

第三条　凡已耕或可耕之土地，均须征收土地财产税。

第四条　下列土地应予免征土地财产税：

一、荒地、荒山、荒滩、坟基地无法开垦者；

二、森林地、畜牧地无收益者；

三、居住之房基地；

四、移难民新开荒地三年以内者。

第五条　各种收入之征税与免税依下列规定：

一、下列各种收入征税：

甲、土地耕种所得之农产品；

乙、农村付（副）业之收入；

丙、地租、房租及畜租之所得；

丁、长脚户非运盐部分之收入；

戊、畜牧业之收入；

己、森林药材之收入；

庚、未纳其他税收之临时经营事业收入。

二、下列各种收入免税：

甲、农村中长短雇工或调份子所得之工资与工粟；

乙、贫苦抗工直系亲属及因失去劳动力退职退伍人员之收入；

丙、鳏寡孤独无所依靠，仅能维持其最低生活之收入；

丁、移难民三年以内各种农产品之收入；

戊、党、政、民机关及军队、学校之农业收入；

己、纺织业之收入；

庚、其他经政府法令特许免税之收入。

第三章　计税标准

第六条　农业统一累进税以公斗为计税单位。

第七条　农业统一累进税之土地财产税以土地常年产量为计税标准。

第八条　凡出租土地依边区租佃条例执行减租者，其定租、活租，安庄稼等土地财产税本为常年产量百分之十五，夥种者，土地财产税本为百分之二十，但租率在百分之二十以下者，土地财产税本为百分之十，租率在百分之十以下者，土地财产税本为百分之五。

第九条　凡自耕地以其常年产量百分之十为土地税本。

第十条　农业统一累进税之各种收益税本，依下列规定计算：

一、农业收益以常年产量计税，农业收益自耕地应减常年产量百分之十的生产消耗，佃耕地除减去生产消耗外并减地租计税；

二、农村付（副）业及长脚户非运盐部分之收入以纯利八折，畜牧业以市价六折折粮计税，

三、第五条一款丙、己、庚各项收入以实收入折粮计税。

第四章　起征点、累进率与最高率

第十一条　农业统一累进税之起征点依下列规定：

一、绥德分区以五斗起征、起征率为百分之四。

二、延属分区三边分区及陇东分区之华池、环县均以六斗起征，起征率为百分之五。

三、关中分区及陇东分区除华池环县外均以八斗起征，起征率为百分之七。各地农户每人不足以上规定者免征。

第十二条　农业统一累进税之累进率依下列规定计算：

一、每人平均五斗细粮累进率为百分之四；

二、平均六斗细粮累进率为百分之五；

三、平均七斗细粮累进率为百分之六；

四、平均八斗细粮累进率为百分之七；

五、平均九斗细粮累进率为百分之八；

六、平均十斗细粮累进率为百分之十；

七、平均十一斗细粮累进率为百分之十一；

八、平均十二斗细粮累进率为百分之十二；

九、平均十三斗细粮累进率为百分之十三；

十、平均十四斗细粮累进率为百分之十四；

十一、平均十五斗细粮累进率为百分之十六；

十二、平均十六斗细粮累进率为百分之十七；

十三、平均十七斗细粮累进率为百分之十八；

十四、平均十八斗细粮累进率为百分之十九；

十五、平均十九斗细粮累进率为百分之二十；

十六、平均二十斗细粮累进率为百分之二十二；

十七、平均二十一斗细粮累进率为百分之二十三；

十八、平均二十二斗细粮累进率为百分之二十四；

十九、平均二十三斗细粮累进率为百分之二十五；

二十、平均二十四斗细粮累进率为百分之二十六；

二十一、平均二十五斗细粮累进率为百分之二十七；

二十二、平均二十六斗细粮累进率为百分之二十九；

二十三、平均二十七斗细粮累进率为百分之三十；

二十四、平均二十八斗细粮累进率为百分之三十一；

二十五、平均二十九斗细粮累进率为百分之三十二；

二十六、平均三十至三十五斗细粮累进率为百分之三十三，

二十七、平均三十六至四十五斗细粮累进率为百分之三十四；

二十八、平均四十六斗细粮以上者累进率为百分之三十五。

第十三条　农业统一累进税最高率至百分之三十五即行停止累进。

第五章　计算与征收

第十四条　农业统一累进税计算与征收之属人属地依下列规定：

一、凡土地所有人之土地与收入均在其本县者，就在其所在乡合并计算，统一征收；

二、凡土地与收入散布边区境内各县者，均在各县分别立户，就土地与收入所在乡征收，但在两县交界而未出二十里以外者，仍按本条第一款征收之；

三、凡一户居住两地者不论其土地已否分开，均按两户分别征收，不适用本条第一、二款之规定；

四、凡土地与收入在边区而人在边区以外者，征收采取属地主义。

第十五条　农业统一累进税之计算与征收，土地所有人，收入所得人，其土地与收入在本乡者由乡政府为之；如在本县以内者，由区政府为之；属于前条第二款情形者，由区政府或县政府为之。

第十六条　农业统一累进税以户为征收单位，以每人平均粮数为计算标准，人口计算依下列规定：

一、不分男女老幼均各以一人计；

二、凡家庭在边区者，按家庭实有吃粮人数计；

三、凡土地与收入在边区、而家在边区以外者，每户均以一人计；

四、寺院教堂以一户计，其人数按照当地政府登记之实有人数计；

五、凡雇用长工者，雇工算入雇主家庭人口之内。

第十七条　“农业统一累进税调查简表”由边区政府印发，每户两张，以户主自行填报为原则。乡政府就各户所填之土地与收入，加以审查后，一张存乡政府，一张呈区政府转县政府核查。县、区、乡政府按各农户填报简表，得分别统计，呈报上级政府备查。

第十八条　农业统一累进税之征收依边区政府命令行之。

第六章　调查与审议

第十九条　乡政府根据各户主填报之“农业统一累进税调查简表”进行调查折算，如有填报不实企图减低负担者，得丈量土地，盘查粮食，查阅账目。

第二十条　乡区政府于农业统一累进税征收时得组织审查委员会，其审查事项如下：

一、乡审委会审查事项：

甲、本乡各户之土地，产量，人口，副业收入之填报与折算是否确实，以及户与户、村与村之间是否公平合理；

乙、应报区之土地、产量、计税，有无错误。

丙、起征点，累进率，以及属人属地之计算，是否合乎规定。

二、区审委会审查事项：

甲、各乡之土地登记、产量确定，有无隐瞒情事，以及乡与乡之间是否公平；乙、各乡产量计算与经区政府改算计税有无错误；丙、审查第一款丙项所列事项。

第二十一条　乡级政府，按各农户应纳农业统一累进税税额经审查折算后，即通知纳税人，纳税人如有不服时，得于十日内叙明理由连同证明文件，向乡参议会请求从新调查评议之。

第二十二条　纳税人对调查评议之决定均不服时，得请求区政府复查之。

第二十三条　纳税人对于区政府之复查决定仍不服时，得向县政府提起行政诉愿，县政府之判决即为最后决定。

第二十四条　纳税人在农业统一累进税缴税期内，因调查、评议、复查，其税额尚不同意时，应暂按评议或复查后确定之税额，依限缴纳，俟税额最后确定时，再行结算找补。

第七章　罚　则

第二十五条　凡不按期填报或少报土地、收入，虚报人口，意图逃避税额者，除追缴其应纳税额外，得科以一斗以上一石以下处罚，但以不超过其应纳税额为限。

第二十六条　不按限期纳税者，除依限追交外得以下列规定处罚之：

一、借故欠交全部或一部逾期一月者，得处以所欠数百分之一至百分之五之加征；

二、逾期二月者，得处以所欠数百分之六至百分之十之加征；

三、逾期三月者，得处以所欠数百分之十一至百分之二十之加征；

第二十七条　前项处罚悉由县政府为之。

第八章　附　则

第二十八条　本条例之实施细则另订之。

第二十九条　本条例经边区政府明令公布之日试行。

选自《陕甘宁革命根据地史料选辑》第一辑，甘肃人民出版社 1981 年版，第 352～359 页。

48. 陕甘宁边区农业统一累进税试行细则

1943 年 9 月公布

第一条　本细则依照《陕甘宁边区农业统一累进税试行条例》第二十八条之规定制定之。

第二条　所谓“可耕之土地”，系指地质可以耕种，且土地所有人具有能力耕种而不耕种的土地。这种土地，无论是庙田、社田、寺田以及人民之私田，都应该征收土地财产税。

第三条　所谓“荒地”“荒山”“荒滩”，系指不能耕种或未经开垦之土地。凡懒于耕种而致土地荒废者，仍按可耕地计税，但因劳动力缺乏，致使土地荒芜，土地所有人得向其土地所在地之乡政府请求免税。

第四条　所谓“坟墓地”，系指葬埋人的坟穴地而言。但为祭祀用的坟会地，不得看做坟墓地，仍须征收土地财产税。

第五条　所谓“畜牧地”，系指专为畜牧牲口之草地，无论自用或租给别人，只征土地财产税，不征收益税。

第六条　所谓“农产品”，系指土地上所收获的五谷杂粮，但其所种瓜菜专为自食者免税。

第七条　所谓“农村副业”，系指农村中之小手工业，包括毡房、粉房、油房、磨房、染房、炭窑、磁窑、砖瓦窑等作坊。

第八条　所谓“长脚户”，系指经常驮运的人，他的生活，主要靠驮运来维持，但驮运公私食盐的收入，概于免税。

第九条　所谓“牧畜业之收入”，系指家庭中所养之骆驼、马、骡、驴、牛、羊等当年繁殖牲畜以及出卖皮毛之收入。

羊繁殖十只以下者免征；十只以上者，得就其超过的数计税。

第十条　所谓“森林之收入”，系指果树林、木材林等之收入，庭院种植之果木树，其收入免税。

第十一条　所谓“未纳其他税收之临时经营事业”，系指不开铺子、不立字号，只偶然作投机商业，未纳商业税的事业，这种事业的收入征税。

第十二条　所谓“移难民”，系指合乎边区政府优待移难民垦荒条例第二条规定者而言，不论其本人以自力耕种，或以资本雇人垦荒按政府所规定年限者，其土地财产税与农业收益税，一律免征，但为逃避负担，由此地迁移他地之农户，不得以移难民论。

第十三条　所谓“直系亲属”，系指父母妻子与年老失去劳动力之祖父母以及未成年之弟妹。

第十四条　所谓“纺织业”，系指经营纺纱织布的事业，无论人民以自力劳动或雇佣工人从事纺织，其收入一律免税。

第十五条　所谓“公斗”，系指粮食局统一制发的三十斤的公斗。

第十六条　所谓“土地常年产量”，系指土地平年之收获细粮而言，土地常年产量之确定，应注意下列条件：

一、山、湾、塌、台、条、塬、川、水等之土地种类；

二、黄、胶、绵、砂之土质；

三、崖、坎、阳、背、中心地带之土地位置；

四、土地耕种人之家庭经济状况，即顾及有无耕牛、工具、种子总收获多少的影响。

第十七条　所谓“土地财产税本”，系指征收土地财产税时所依据的底本。这个底本是以土地常年产量的百分之五至二十，折成细粮数来计算。例如：某农民有山地十垧，其常年产量为三石，如果他是自耕农时，则其土地财产税本应为常年产量的百分之十即三斗，此三斗细粮不是他实际所拿出来的税额，而是征收这个农民的土地财产税时所依据的底本，从这个底本内，再按累进率算他应出的税。

第十八条　所谓“收益税本”，系指征收农业收益税时所依据的底本，这个底本是以农业常年产量及副业收入（六折或八折）折成细粮数来计算。例如：某农民有山地十垧，其常年产量为三石，如果他是自耕农时，除减去百分之十生产消耗三斗外，则其收益税本为二石七斗。此外，他还开一粉房，年终获利三万元，打八折为二万四千，如粮价每石一万元，则折成细粮二石四斗，那末（么），这个农民的农业收益与副业收入税本共为五石一斗，再从五石一斗内计算他应出的税。

第十九条　折算土地税本与收益税本时，均算至小数第二位为止，其余四舍五入，如五合以上按一升算，四合以下就不要了。

第二十条　所谓“生产消耗”，系指经营土地所费种籽、农具、肥料、牲畜的消耗。

第二十一条　夥种地之土地财产税，由地主完纳，夥种户除生产消耗，地主不除。安庄稼地之土地财产税，由地主完纳，其生产消耗，安庄稼户与地主各除一半。

（附）1. 换种地之土地财产税由土地所有人完纳，但在双方自愿原则下，可以就地完纳，收益税则由收益所得人完纳。

2. 无地租的土地，无论地主与佃户概不纳土地财产税，但计农业收益税时，佃户不减生产消耗。

3. “捎种地”，系指雇主以其土地之收入作为雇工工资之土地，其土地财产税与农业收益税均由雇主完纳，但须减去生产消耗。

4. 出典之土地，其土地财产税由承典人负担，但出典时其土地财产税之负担另有约定者，得依其约定纳税。承典人如将土地转租或转佃时，仍由原承典人纳土地财产税。

5. 休种地之计税规定如下：

一、凡地质瘠薄，其收获量不及每年生产消费，而在他地另行开垦荒地者，其土地财产税与农业收益税，仍以原税本计税，其所开之荒地，无论土地财产税农业收益税，均予免税。

二、如地质瘠薄，其收获不及每年生产消费，同时又无荒地耕种者，其土地只征土地财产税不征农业收益税。

第二十二条　所谓细粮，系指扬净晒干没有谷糠之小米而言。

征粮时均以细粮为征收本位，其他杂粮须依照粮食局每年各地区域杂粮折合之规定计算之。

第二十三条　“农业统一累进税条例”第十五条一款所称“所在乡”，系指纳税人居住之乡而言。

第二十四条　所谓土地与收入在本县以内其计算与征收得由区政府为之，系由土地所有人与农业收益人将其散于本县各区之土地与收入，分乡填报，汇交本人居住之区政府。该区政府俟接到其他区政府（即土地与收入所在地之区政府）关于该人的土地与收入调查后，即就前项填报之土地与收入，加以审查，如果与调查结果相符，即就填报之土地与收入，计算征税，如果前项填报与调查不相符时，则由县政府复查，纠正后，再转其本人居住之区政府计算征税。

第二十五条　乡政府调查土地所有人不在本乡之土地与收入时，须通知土地所有人派人参加之。

第二十六条　凡土地所有人不在边区者，其税由该户土地收入之经营人交纳之。

第二十七条　祠堂、公社、坟会、公会等土地之土地财产税与农业收益税，均各以一人计税，但其税额以不超过其总收入之二分之一为限。

第二十八条　一家人口分居两处以上者，得分别计税，但重报人口以虚报人口论，应按“农业统一累进税试行条例”第二十五条之规定处罚之。

第二十九条　已与子女分居之老人，其自有土地收入者，应另户计算，其无土地收入而受子女轮养者，其人口之计算由轮养人协商决定之。

第三十条　寄居亲友家中的人，如果他与所寄居之家共营生活，并与其家属同样享有财产权时，应在其所寄居之家中计算人口，如果他与其所寄居之家不营共同生活，又不享有财产权时，则不在其寄居之家中计算人口；但是如果他确实无家可归，又无产业不能自活时，得在其所寄居之家中计算人口。

第三十一条　在填写征收“农业统一累进税调查简表”时，各户均按当时实有吃粮人口填写；填表以后，无论人口有无增减，在未到改变税额期间，一律不得变更。

第三十二条　乡区审查委员会，设委员五人至七人，由区县政府指定专人并聘请公正人士组织之，乡长区长为乡、区审查委员会当然主席。

第三十三条　审查委员会在审查期内，如认为某村某户之土地与收入填报不实时，得请求同级政府派员重新调查纠正之。

第三十四条　“农业统一累进税”第七章之处罚，应作为公粮收入，统归仓库保管。

第三十五条　本细则有未尽事宜，边区政府得随时修改之。

第三十六条　本细则自批准之日施行。

几个例子的计算。

现有张、李、王三家，都是五口人，各有地一〇〇垧，其土地常年产量都是四十石。

张某的土地全部出租，收租子十石，其计税办法如下：

租额占土地常年产量百分之廿五，所以他的土地税本为四十石的百分之十五，即是六石。六石土地税本，加租子十石，共十六石，这十六石就是张某的总税本。以五人平均之，每人是三石二，三石二的税率是百分之三十三，十六石的百分之三十三是五石二斗八升，这五石二斗八升就是张某所出的税额。

李某的一〇〇垧地完全自种，其计算办法是：

土地常年产量四十石，加土地税本四石，减生产消耗四石，他的总税本是四十石，以五人平均之，一人是八石，八石的税率是百分之三十五，四十石的百分之三十五是十四石，这十四石就是李某应纳的税额。

王某佃种一〇〇垧地，出租子十石，计算办法是：

土地常年产量四十石减生产消耗四石，再减租子十石，即得王某的总税本二十六石，以五人平均之，一人是五石二，五石二税率是百分之三十五，二十六石的百分之三十五是九石一斗，这九石一斗就是王某所出的税额。

选自《陕甘宁革命根据地史料选辑》第一辑，甘肃人民出版社1981年版，第345～351页。简称“甘肃史料版”。

互校版本：《陕甘宁边区政府文件选编》第七辑，档案出版社1988年版，第335～340页。简称“政府文件版”。

49. 陕甘宁边区三十三年度救国公粮公草征收条例

1944年11月8日

第一章 总 则

第一条 本条例为征收救国公粮公草，保证战时粮秣供给，并使人民负担公平合理，修正三十二年度救国公粮公草征收条例制定之。

第二条 除依照边区政府决定试行农业统一累进税之县区外，其他各县区悉依本条例征收救国公粮公草。

第二章 征收范围

第三条 下列各种收入为救国公粮公草征收范围：

一、耕种土地所得之农产品：

凡租佃土地或耕牛务农者，只征收其除去地租或牛租所收入的一部分。

二、农村副业：

小手工业——只征收其除去原料成本及生产消耗费以外之净利的一部分。

畜牧业——只征收其繁殖及皮毛收入的一部分（以市价六折计算），羊繁殖在十只以下者免征，十只以上者，就其超过数计征。

三、地租房租及畜租于减租后实际所得的部分。

四、对以上各种收入以本年所得者为限。过去存粮及积蓄不得征收公粮。

第四条 下列各种收入免征：

一、移难民三年以内各种农产品及其副业之收入。

二、长脚或短脚运盐部分之收入。

三、新种棉花三年以内之收入。

四、纺织业之收入。

五、抗日军人、退伍残废军人及其直系亲属，每人平均超过起征点二斗以内的收入。

六、鳏、寡、孤、独或失却劳动力者，其本人超过起征点二斗以内之收入。

七、农户养猪之收入（粉房、槽房等养猪收入应计入作坊收入内征收）。

第三章 征收办法

第五条 征收救国公粮，凡在征收范围以内的收入，不论农业收获或副业收入均应折成细粮计算。

第六条 征收救国公粮按户为单位，以每户人口平均收入细粮数为计征标准，征收累进率依下列规定：

一、每人平均收入五斗细粮（以下简称平均×斗）征百分之三。

二、平均六斗征百分之四。

三、平均七斗征百分之五。

四、平均八斗征百分之六。

五、平均九斗征百分之七。

六、平均十斗征百分之九。

七、平均十一斗征百分之十。

八、平均十二斗征百分之十二。

九、平均十三斗征百分之十三。

十、平均十四斗征百分之十四。

十一、平均十五斗征百分之十六。

十二、平均十六斗征百分之十七。

十三、平均十七斗征百分之十八。

十四、平均十八斗征百分之十九。

十五、平均十九斗征百分之二十。

十六、平均二十斗征百分之二十二。

十七、平均二十一斗征百分之二十三。

十八、平均二十二斗征百分之二十四。

十九、平均二十三斗征百分之二十五。

二十、平均二十四斗征百分之二十六。

二十一、平均二十五斗征百分之二十七。

二十二、平均二十六斗征百分之二十九。

二十三、平均二十七斗征百分之三十。

二十四、平均二十八斗征百分之三十一。

二十五、平均二十九斗征百分之三十二。

二十六、平均三十斗至三十五斗征百分之三十三。

二十七、平均三十六斗至四十五斗征百分之三十四。

二十八、平均四十六斗以上者征百分之三十五。

第七条　本年征收救国公粮之起征点规定如下：

一、绥德分区以五斗起征，起征率为百分之三。

二、直属分区、三边分区及陇东、关中一部分征米地区均以六斗起征，起征率为百分之四。

三、陇东、关中两分区的征麦地区，均以八斗起征，起征率为百分之六。各地农户不足以上规定者免征。

第八条　救国公粮累进税最高率至百分之三十五即停止累进。

第九条　征粮计算每户人口，依下列规定：

一、一般农户不分男女老幼，均以一家实有人数计算。

二、雇工计算在雇主家日之内，同时又计算在本家人口之内。

三、收入在边区而人在边区境外者，按一口人计算。

第十条　征收救国公粮公草采用属人属地办法，依下列规定进行：

一、凡一家收入散布在一县以内者，采属人办法，就其居住之乡，合并计算统一征收之。

二、凡收入散布在外县者，采属地办法，就其所在县份分别计算征收之。

三、凡一户分居二地者（吊庄子等）按两户分别立户征收。

四、凡收入在边区而人在边区境外者，采属地办法征收。

第十一条　为便利各分区公粮之调剂，及避免公草之损耗、浪费起见，得在指定地区征收一部分公粮代金。在不便供给地区，征收公草代金或公草代粮，即将公粮按价折收现金，公草按价折收现金或粮食。征收代金，代粮数目及折算标准，由粮食局与各分区专署商定之。

第十二条　为使公粮公草之征收公平合理，乡政府应负责切实深入调查，按累进计征，同时辅以民主评议及村民民主讨论，乡或行政村之评议会应由人民选举公正无私，熟悉情形之人士组织之，其职权如下：

一、协助政府进行调查；

二、审查各村户之调查材料；

三、协助政府进行计算征收事宜；

四、协助政府执行征粮条例之规定；照顾农户具体情况，评议调整个别农户间之应征数目。

第十三条　各户公粮负担，经计征评议之后，须即宣布，以供村民研究，广采群众意见，然后提出（交）村民大会或乡参议会通过，实行征收。

在征收数字决定后五天内，纳粮户如有充分根据，认为负担不公者，得请求评议会重行调查评定，但经最后议定，即须遵照执行。

第四章　奖　惩

第十四条　征粮工作中调查确实，认真执行条例之规定，征收公平、入仓迅速，有足为模范之工作人员及评议员，各级政府应依其成绩之大小分别给以奖励，成绩特别者，可呈请边区政府奖励表扬。

第十五条　对征粮调查有隐瞒土地、收入、虚报人口，意图减轻或逃避负担者，除追交其应纳公粮外，得科以五升以上，一石以下之处罚，但不超过其应征数额为限。

第十六条　不按期纳粮者，除限期追交外，得以下列规定处罚之：

一、借故欠交公粮之全部或一部，逾期一月者，得处以所欠数百分之一至百分之五的加征。

二、逾期二月者，得处以所欠数百分之六至百分之十的加征。

三、逾期三月者，得处以所欠数目百分之十一至百分之二十的加征。

第五章　附　则

第十七条　救国公粮以小米为本位，各分区应征杂粮比额与折合率，由粮食局与各分区专署商定之。

除陇东、关中产麦地区外，本年公草一律征收谷草，不收杂草。

第十八条　各县公粮公草限至一九四五年一月三十一日以前全部入仓入站，并将实收数目、种类呈报财厅备查。

第十九条 本条例由边区政府公布施行。一九四三年颁布之救国公粮公草征收条例，即行作废。

选自《陕甘宁边区政府文件选编》第八辑，档案出版社1988年版，第404～408页。

互校版本：《陕甘宁边区法律法规汇编》，三秦出版社2010年版，第333～335页。

50. 陕甘宁边区农业统一累进税条例（草案）

1945年

第一章 总 则

第一条 本条例为使人民负担公平合理，并发展边区生产，据陕甘宁边区施政纲领第十三条之规定制定之。

第二条 农业统一累进税就人民之土地与收入合并累进直接征收之。

第三条 农业统一累进税以粮食、现款、马料三种形式征收之。

第四条 农业统一累进税之征收，依边区政府命令行之。

第二章 征收范围

第五条 土地财产税之征税与免税依下列规定：

一、凡已耕之土地均须征土地财产税。

二、休耕地、房基地、森林地、坟墓地、畜牧地、荒地、荒山、荒滩均予免征土地财产税。

第六条 各种收入之征税与免税依下列之规定：

一、下列各种收入征税：

甲、土地耕种所得之农产品。

乙、农村副业之收入。

丙、地租、房租及畜租之所得。

丁、运输业之收入。

戊、牧畜业之收入。

己、林木药材之收入。

庚、未纳商业税之临时经营事业之收入。

二、下列各种收入免税：

甲、农村中长短工或调份子所得之工资与工粟。

乙、教职员之米贴、农村医生以及投入合作社之红利收入。

丙、贫苦抗工直系亲属及因失去劳动力退职退伍人员之收入。

丁、鳏寡孤独老幼残废无所依靠仅能维持生活之收入。

戊、复员与移难民在政府规定免税期内各种农业品之收入。

己、部队、机关、学校、民众团体之农业收入。

庚、纺织业之收入。

辛、其它经政府特许免税之收入。

第三章　计税标准

第七条　农业统一累进税以小米为本位、公斗为计税单位。

第八条　农业统一累进税之土地财产税与农业收益税皆以土地常年产量为计税标准，未能进行土地丈量的地区，以实收获量为计税标准。

第九条　凡出租土地依边区租佃条例执行，减租者其定租、活租、伙种、安庄稼等土地财产税本为常年产量（或实收获量）百分之七点五。

前条定租、活租土地财产税本之规定，如因各地租率高低不一，其土地财产税本之计算最高不能超过租额四分之一。

第十条　凡自耕地以其常年产量百分之五为土地税本。

第十一条　农业统一累进税之各种收益税本依下列规定：

一、农业收益以常年产量计税，农业收益自耕地应减常年产量百分之二十五作为生产消耗，自耕地除减去生产消耗外，并减地租计税。

二、农村副业、运输业及牧畜业以纯利六折折粮计税。

三、第六条丙、己、庚各项收入以实收入折粮计税。

第四章　税　率

第十二条　农业统一累进税之起征点依下列规定：

一、绥德分区以五斗起征。

二、延属分区、三边分区及陇东分区之华池、环县，均以六斗起征。

三、关中分区及陇东分区除华池、环县外，均以八斗起征。

各地农户每人不足以上规定者免征。

第十三条　农业统一累进税之税率如下：

一、每人平均税本五斗者，累进率为百分之三。

二、每人平均税本六斗者，累进率为百分之四。

三、每人平均税本七斗者，累进率为百分之五。

四、每人平均税本八斗者，累进率为百分之六。

五、每人平均税本九斗者，累进率为百分之七。

六、每人平均税本十斗者，累进率为百分之八。

七、每人平均税本十一斗者，累进率为百分之九。

八、每人平均税本十二斗者，累进率为百分之十。

九、每人平均税本十三斗者，累进率为百分之十一。

十、每人平均税本十四斗者，累进率为百分之十二。

十一、每人平均税本十五斗者，累进率为百分之十三。

十二、每人平均税本十六斗者，累进率为百分之十四。

十三、每人平均税本十七斗者，累进率为百分之十五。

十四、每人平均税本十八斗者，累进率为百分之十六。

十五、每人平均税本十九斗者，累进率为百分之十七。

十六、每人平均税本二十斗者，累进率为百分之十八。

十七、每人平均税本二十一斗者，累进率为百分之十九。

十八、每人平均税本二十二斗者，累进率为百分之二十。

十九、每人平均税木二十三斗者，累进率为百分之二十一。

二十、每人平均税本二十四斗者，累进率为百分之二十二。

二十一、每人平均税本二十五斗者，累进率为百分之二十三。

二十二、每人平均税本二十六斗者，累进率一为百分之二十四。

二十三、每人平均税本二十七斗者，累进率为百分之二十五。

二十四、每人平均税本二十八斗者，累进率为百分之二十六。

二十五、每人平均税本二十九斗者，累进率为百分之二十七。

二十六、每人平均税本三十斗至三十四斗者，累进率为百分之二十八。

二十七、每人平均税本三十五斗至四十斗者，累进率为百分之二十九。

二十八、每人平均税本四十一斗以上者，累进率为百分之三十。

第十四条　农业统一累进税最高率至百分之三十，即行停止累进。

第五章　计算与征收

第十五条　农业统一累进税以户为征收单位，以每人平均粮数为计算标准。

第十六条　农业统一累进税之人口计算依下列规定：

一、男女老幼均各一人计。

二、凡家庭在本边区者，按家庭实有吃粮人数计。

三、凡雇有长工或调份子，其人口计入雇主家庭人口之内。

四、现役军人及公务人员均得算入其家庭人口之内。

五、凡土地与收入在本边区而家庭在边区外者，每户均以一人计。

六、寺院教堂以一户计，其人口按照当地政府登记之实有人数计。

第十七条　农业统一累进税计算与征收之属人属地依下列规定：

一、凡土地所有人之土地与收入均在其本县者，就其所在乡合并计算统一征收。

二、凡土地与收入散布本边区境内各县者，均在各县分别立户征收之，但在两县交界而未出二十里以外者，仍按本条第一款之规定。

三、凡一户居住两地者，不论其土地已否分开，均按两户分别征收，不适用本条第一、第二款之规定。

四、凡土地与收入在边区而人在边区以外者，征收采用属地主义。

第十八条　无租之土地，不论承租人自行耕种，或转安转伙，其土地财产税承租人完纳。

第十九条　伙种地之土地财产税由地主完纳，伙种户除生产消耗，地主不除；安庄稼地之土地财产税由地主完纳，其生产消耗安庄稼户除百分之二十，地主除百分之五。

第二十条　承租人将所租之有租土地或与他人伙种或安庄稼者，其土地财产税由原业主完纳。

第二十一条　农业统一累进税之计算与征收，土地所有人收入所得人，其土地与收入在本乡者，由乡政府为之，如在本县以内者，由区政府为之，属于前条第二款情形者，由区政府或县政府为之。

第二十二条　凡无劳动力之贫苦农户，或因疾病死亡人、牲畜而致负担能力减弱者，得酌情予以减免。

第六章　调查与审议

第二十三条　农业统一累进税调查表由边区政府制发，每户一张，以户主自行填报为原则。

第二十四条　各县市于农业统一累进税征收时，得以行政村或自然村组织评议会，评议各农户土地产量、人口、副业等填报是否确实。

第二十五条　乡政府依据村评议会评定，乡审查委员会审查后之调查表，进行计税并送交乡区审查委员会复查之。

第二十六条　乡区分别组织审查委员会，其职权如下：

一、乡审委会审查事项：

甲、本乡各户之土地、产量、人口、副业收入之填报与折算是否确实以及户与户、村与村之间是否公平合理。

乙、起征点累进率与属人属地之计算是否合乎规定。

丙、计算有无错误。

二、区审委会审查事项：

甲、各乡之土地登记产量评定，有无隐瞒情事以及乡与乡之间是否公平合理。

乙、审查第一款乙、丙两项所列事项。

第二十七条　各农户之税额经乡区审委会审查，区公署确定后由乡政府于村民大会公布之。纳税人如有不服时，得于十日内叙明理由连同证明文件向乡人民代表会请求重新调查评议之。

第二十八条　纳税人对乡人民代表会调查评议之决定不服时，得请求区公署复查之。

第二十九条　纳税人对区公署之复查决定仍不服时，得向县政府提起行政诉愿，县政府之审判即为最后决定。

第三十条　纳税人在农业统一累进税交纳期内，因调查、评议复查其税额尚不同意时，应暂按评议或复查后确定之税额依限交纳，俟税额最后确定时再行结算找补。

第三十一条　县、区、乡政府将审查后之农户调查表，分别统计，并呈报上级政府备查。

第七章　罚　则

第三十二条　凡不按期填报或少报土地，收入，虚报人口，意图逃避税额，除追交应纳税外，得科以一石以下之处罚，但以不超过其应纳税额为限。

第三十三条　不按期限纳税者，除限期追交外，得以左列规定处罚之：

一、藉故欠交全部或一部逾一月者，得处以所欠数百分之一至百分之五之加征。

二、逾期两月者，得处以所欠数百分之六至百分之十之加征。

三、逾期三月者，得处以所欠数百分之十至百分之二十之加征。

第三十四条　前项处罚由县政府为之。

第八章　附　则

第三十五条　本条例施行细则另订之。

第三十六条　本条例由边区政府公布施行之。

第三十七条　本条例公布后，民国三十三年农业统一累进税试行条例即行作废。

（一九四五年）

选自《陕甘宁边区政府文件选编》第九辑，档案出版社1990年版，第439～445页。

51. 陕甘宁边区农业统一累进税施行细则

1945年

第一条　本细则依照陕甘宁边区农业统一累进税条例第三十五条之规定制定之。

第二条　听谓“休耕地”系指地质瘠薄续耕数年后需歇数年才能继续耕种之土地。此种土地之休耕年限由各县根据实际情况规定，在休耕年限以内者，免纳土地财产税，超过休耕年限而仍不耕种者，仍需交纳土地财产税。

第三条　所谓“坟墓地”系指埋葬人的坟穴地而言，如为祭祀用的坟会地，不得看作坟墓地，仍须征收土地财产税。

第四条　所谓“森林地”系为树木之栽培而未耕种谷物之土地。

第五条　所谓“荒地、荒山、荒滩”系指不能耕作或未垦之土地而言，其因怠于耕作而致荒废或为抬高地租宁愿荒芜而不出租之土地，不得视作荒地论，但因劳动力缺乏而致荒废之上地，准予免纳土地财产税。

第六条　所谓“农产品”系指耕种土地上所收获的一切生产品而言，种植蔬菜专为出卖之土地，仍以常年产量计税，但其标准另行规定。

第七条　所谓“农村副业”系指农村中之粉房、油房、磨房、染房、毡房、炭窑、瓷窑、砖瓦窑等各种作坊及雇伙计生产之小手工业主而言。如以自力生产或给人揽工之小手工业工人如木匠、石匠、毡匠等，其收入免税。

第八条　所谓“畜租”系指牲畜所有人将牲畜租给他人使用所得之租金或租粟而言，但以变工形式变来之人工，不得以畜租论。

第九条　对于土地、房屋、牲畜租入人计税时，须由其收入内抛除其所出之地租、房租与畜租。

第十条　所谓“运输业之收入”系指依靠驮运维持生活之一部或全部而未纳商业税者而言。

第十一条　所谓“畜牧业之收入”系指牧畜之骆驼、马、驴、牛、羊等之繁殖与皮毛之收入，但家庭耕畜之繁殖免税。

羊繁殖十只以下者免税，十只以上者得就其超过之数计税，其它牲畜就当年实有繁殖数计税。

第十二条　所谓“林木、药材之收入”系指出卖果实、药材、砍伐之木材等所得之收入。

第十三条　所谓“未纳商业税之临时经营事业”系指不开铺子，不立字号，经常或偶作走水生意而未纳商业税之收入。

第十四条　计算副业收入之会计年度依照当年政府命令行之。

第十五条　所谓“直系亲属”系指父母妻子与年老失去劳动力之祖父母及未成年之弟妹。

第十六条　所谓“移难民”系指合乎边区政府优待移难民垦荒条例第二条规定者而言，不论其本人以自力耕种或以资本雇人垦荒，在规定年限内其土地财产税与收益税一律免征，但为逃避负担由此地迁移他地之农户，不得以移难民论。

移难民优待年限以种地时间计算，如春季移来的，就从那一年计算，秋冬季移来而未能赶上种庄稼的，那一年就不能计算在内。

第十七条　所谓“纺织业”系指纺毛线、棉纱、织布事业，无论其以自力劳动或雇佣工人从事纺织，其收入一律免税。

第十八条　所谓“土地常年产量”系指当地各种类、各等级土地平常年头之收获量。

第十九条　确定常年产量时应注意下列事项：

一、在未实施土地清丈前，首先应根据当地具体情况确定土地的种类，如山、川、塬、水地等，在每一种类土地中再划分为若干等级，以区别土地质量之不同。

二、将各种类土地质量不同的以及一般农户对土地的作物情况不同的地区划分为不同的经济区，这种经济区的划分不受原行政区域（区或乡）的限制。

三、根据该经济区一般农户在平常年头均能达到的产量，确定各个经济区每一等级土地常年产量的标准。

计税时在同一经济区内，每户都以此常年产量标准计税，生产条件较好及勤劳之农户，其实产量超过常年产量标准者，超过部分概不计税。

第二十条　所谓“土地财产税本”系指征收土地财产税时所依据之底本，例如甲户出租山地五十亩，其常年产量为十石，收租子二石，土地财产税本为常年产量的百分之七点五，即七斗五升，但七斗五升已超过其实收租额的四分之一，其土地财产税本应以实收租额的四分之一即五斗，以此五斗计算其应纳之土地财产税。

第二十一条　所谓“收益税本”系指征收农业收益税本时依据之底本，这个底本是以土地常年产量及副业收入折成细粮数来计算的。例如某农户四口人佃耕山地五十亩，常年产量为十石，交租子二石，其农业收益税本之计算应为十石扣去二石租子，再扣去常年产量百分之二十五的生产消耗（二石五斗），再每人扣除免税点四斗，剩余之三石九斗即为其农业收益税本。

第二十二条　折算税本与计算税额时，均算至升为止，其余四舍五入。

第二十三条　所谓“生产消耗”系指经营土地所费之牛料、籽种、农具、肥料及一部分劳动力之消耗而言。

第二十四条　农业统一累进税土地常年产量之确定，税本之计算及税额之征收均以细粮为本位，三十斤公斗为单位。所谓细粮系指扬净晒干没有壳糠之米麦而言。

在以麦为主产品之地区，以麦为本位，在以糜谷为主产品之地区，以小米为本位。

第二十五条　已与子女分居之老人，其有收入者，应另立户计算。其无收入而受子女轮养者，其人口之计算，免税点之扣除，由轮养人协商决定之。

第二十六条　伙雇之雇工，其免税点之扣除，由伙雇户商量决定之。

第二十七条　半工之免税点在雇主及雇工家各除一半。

第二十八条　寄居亲友家中之人，如果他与所寄居之家共营生活，应在其所寄居之家计算人口，并扣除免税点，其与所寄居之家不营共同生活者，仅能在其所寄居之家扣除免税点，而不能将人口计算在内。

第二十九条　脱离生产之合作社人员，其以身份股份所得之收入免税，但不得在其家庭中计算人口及扣除免税点。

第三十条　公费学生得在家中计算人口，但不扣除免税点，自费或半自费之学生得在家中计算人口并扣除免税点。

第三十一条　所谓“所在乡”系指纳税人居住之乡而言。

第三十二条　所谓土地与收入在本县以内，其计算与征收由区公署为之，系由土地所有人与农业收益人将散在本县各地之土地与收入分乡填报，汇之本人居住之区公署，该区公署得到关于该户土地与收入，调查后加以审查，如果与调查结果相符时，即就填报之土地与收入计税，如与调查结果不符，送由县政府复查纠正后，再转其本人居住之区公署。

（一九四五年）

选自《陕甘宁边区政府文件选编》第九辑，档案出版社1990年版，第445～449页。

八、经济管理

1. 陕甘宁边区政府建设厅春耕总结的检查提纲

1938 年 4 月 10 日

本厅为了彻底了解春耕动员中各县春耕工作的成绩与弱点，并为更使夏耕秋耕秋收领导上的加强起见，决定在六月底总结边区春耕动员工作，希各县按此提纲详细检查，限六月卅日前报告本厅，以便参考。

检查要点如下：

由一月至六月春耕工作情况：

（一）领导方面：

一、由县至区乡建设委员会与春耕委员会是否健全，没健全的是某些区乡？

二、建设委员会，春耕委员会吸收些什么人参加？开了几次会？讨论了些什么工作？

三、乡、区、县的报告制检查制是否建立？几天检查与报告一次？是否能按期执行？

四、没建立起检查报告制度的有几区几乡？为什么原因？

五、县、区、乡各群众团体对于春耕动员做了些什么工作？收到成绩否？

六、春耕短期训练班全县训练了多少干部？这些干部在春耕中起了些什么作用？

（二）劳动组织整理情形：

一、原有劳动组织分类有几种？组数队数人数多少？作用如何？

二、今年扩大了几种劳动组织？组数队数人数多少？作用如何？

三、全县有多少没劳动力的抗属工作人员家属？给他们的代耕情形如何？他们有什么意见否？

四、全县有多少人（老、成、少、童）没参加组织？是否还有不劳而食的人？

（三）春耕中困难问题的解决情形：

一、耕牛的困难如何？短多少？怎样解决的？现在是否还短吗？某区某乡多少？

二、农具的困难如何解决？现在还少吗？某区某乡短多少？是什么？

三、种籽是否发生过困难？是否解决了？不能解决的原因是什么？是什么种籽？

（四）开荒修水，植树情形：

一、全县今年春开荒多少？川地山地各多少？某区某乡最多？

二、全县原耕地有无荒芜？荒了多少？某区某乡最多？什么原因？

三、全县能修水地的地有多少？已修成水地多少？某区乡最多？

四、全县种植树木多少？某区乡没种植？是什么原因？

五、对于原有森林做了些什么保护工作？

（五）种植夏秋田及瓜菜情形：

一、全县种了多少夏田？是那（哪）几种？各多少？

二、全县种了多少瓜菜？是那（哪）几种？各多少？

三、什么时候早粮瓜菜可以吃上？估计能吃多少时候？

四、全县秋田种了多少？是那（哪）几种？各多少？

五、全县种了多少棉花？多少麻子？某区乡种的最多？

六、夏田是否开始锄草？锄了几次？秋田现在能否动锄？

（六）发展畜牧情形；

一、全县有多少牛、驴？牝牛、草驴多少？今年余下多少小牛小驴？现在已下了多少？小牛、驴死亡的多少？

二、全县有多少羊？下羔羊多少？今年下了多少羊羔？能成多少？

三、发展畜牧有什么具体计划和互相调剂？是否执行过？得到成绩否？

四、今年从边区以外买入牛、驴、羊否？有多少？

五、边区内地羊，驴、牛卖出境外多少？什么原因？本地是否还有卖母羊、挖肚羊等事情发生？在某区乡？某处商人收买？政府怎样处置？

（七）对于夏种秋收秋耕准备情形：

一、全县准备种多少荞麦？荞麦种籽有否困难，如何解决？荞麦地翻过几次，翻了多少？

二、冬麦准备种多少？各政府是否动员了群众多种冬麦吗？群众信心如何？冬麦种籽是否短缺？短多少？准备怎样调剂？

三、秋收工作是否准备与动员？秋收有什么困难否？如何解决？

四、群众粮食是否够吃？某区乡有存余多少？某区乡又短欠多少？是否进行了调剂？

五、全县群众准备种了多少秋菜？那几种最多？

六、对于秋天的开荒工作有无准备？全县荒地多少？准备开多少？开荒有什么困难否？如何解决？

以上检查提纲，希各县接到后立即讨论，根据各县的情形拟出各县的检查大纲发到各区进行检查，各县在六月二十日前检查完毕报告本厅，并特别注意对于夏耕秋收秋耕工作，应在检查中做详细的讨论布置，报告前来为要。

此致

敬礼！

边区建设厅

选自《陕甘宁革命根据地史料选辑》第二辑，甘肃人民出版社1983年版，第51～54页。

2. 陕甘宁边区建设厅致各县夏耕工作的指示信

1938年6月15日

在坚持持久抗战的神圣任务之下，为了大大发展农村生产与解决粮食的困难，边区政府以紧急的战时动员号召与抗战动员密切联系的春耕播种工作现在快要结束了，而现在夏耕工作又迫在眉前，为了胜利的完成本年战时春耕任务，除以县为单位立即由乡、区依次举行春耕总结外（区、乡在六月廿日以前总结完，县在六月底以前结束完），亟应积极的开展布置夏耕工作，只有夏耕工作很好的进行才能巩固与发展春耕工作的成绩，也才能使秋收有保障的得到美满的收获，各级政府务须以战斗的精神来完成夏耕的任务。

甲、在组织方面：

（一）县以下区乡春耕委员会继续领导夏耕工作。

（二）巩固与加强各种劳动组织如劳动互助社、妇女生产组、义务耕田队时，使在夏耕过程中更提高他们的积极性，以集体劳动的方式，来完成特殊中心任务，其具体办法有如下各条。

1. 将春耕中各种劳动组织严格的予以检查，是否起着实际的作用，并将检查的结果分别登记，优良者益加勉励，使之更加发展，其成绩不好者须予以严格的批评、纠正，使其彻底转变。

2. 关于义务耕田队更须严格分工，真正建立起工作内容，绝对不许发生怠工敷衍了事，以致发生抗工属田禾荒芜，减少粮食收获的恶劣现象。

乙、夏耕中的中心工作：

（一）完成夏秋田的锄地任务，并保证川地锄草三次，山地锄草二次。

1. 锄草时不仅把表面上的草锄尽就算完事，还须将锄深入土中，使禾苗的根能在地下尽量伸展，尽其营养作用，使所结的实皮壳转薄，实质肥厚充实，（锄过草的田禾，若和未锄过草相比较，收获的数量虽然相同，但实质上则相差甚远）。

2. 锄草时须将草根翻起，暴露在日光下，使之不得再生。

3. 利用劳动互助社的组织，实行集体劳动，完成除草任务。

（二）消灭禾鼠，坚决与损害侵袭禾苗的害虫等作斗争，采取下列的有效的方法来进行这一工作：

1. 诱捕——如发现禾鼠的地方，可于种地的四周置放夹以毒药芳香的食物毒死它，同时在种地的四周内察看其居穴，用土很坚实的塞住，使其不能出来，死在洞中。

2. 施药和捕捉——捕捉害虫方法颇多，如灯诱、喷施杀虫剂等等，但因客观的条件，一时难办到，只好暂时采取习用上容易办到的方法前来施用：

（甲）有虫害的植物上，可将烟叶熬汁洒上消灭之。

（乙）以人工捕捉之，特别是各处所种的菜，尤宜注意捕捉，其方法也很简单，只要每天一早趁菜虫上升吃菜时，用簸箕扣入菜之下部，然后用手或小小的棍子将菜一拂，而虫尽跌入簸箕内了，如此不须几天即将捕捉干净，此法适宜早晨，而不适宜强大日光下，因菜虫多数一动，则拳（蜷）卷落地，不易拂在簸箕内，在早晨时，菜叶上尚有湿露粘住，则虫不易散落于簸箕外。

（三）尽可能的施用追肥（即在禾苗发育生长中施用腐熟的人畜尿，但注意不要用新鲜的，否则毒害禾苗），助长禾苗发育而期丰收。

施追肥即在植物生长发育中，而施以肥料，这种施肥，将腐熟的人畜尿，冲水浇在每棵的植物根上，其效能很大，能使植物成长迅速，早期结实与收割。

（四）加紧管理政府公地，领导群众首先锄好。

（五）在夏耕初期应督促多种短期糜、谷、荞麦，完成扩大耕种的计划，并应早日筹备收割夏田。

（六）继续推动春耕中有连续性的工作，如兴修水利，切实依照前令发展畜牧、保护森林等。

（七）与春耕中有连续性的植物，须发动群众按当地实际情况及时播种，不使延误时期减少收入。

（八）实行间植，增加收入，如已种玉米地中，可将豆类等作物于每项（行）中间种下，这样能以较小的种地面积，增加产量。

（九）继续发展春耕中的比赛精神，群众种植的热情。

以上各条，希各级政府建设委员会召集会议，按实际情形具体讨论，从组织上、政治上动员迅速按期完成任务，无限企盼之至。致抗礼！

选自《陕甘宁革命根据地史料选辑》第二辑，甘肃人民出版社 1983 年版，第 61～63 页。

3. 陕甘宁边区政府建设厅秋收动员训令

1938 年 9 月 10 日

现在快到秋收的时候了。我们今年的春耕工作，得着各级党政及群众团体干部的努力推动与广大群众热烈的响应参加，又加上雨水的调匀，生长的繁茂，丰收是可期的。这种伟大的成绩是我们在春耕过程中的努力的结果。但是这成绩完全要依靠我们的秋收工作来保证。假使秋收工作做得不好，春耕的努力便是白费了。我们可以说，春耕工作完全是为了秋收，秋收工作是给春耕一个总的结束。因此，更需要你们加强秋收的领导，在群众中造成一个热烈紧张的秋收运动，来积极的开展与布置这一工作。我们要在不浪费一粒粮食的口号下：

“按时收割与提早打碾储藏，以防风霜鼠鸟的损害！”

（一）各级政府怎样来领导这一工作？

1. 各级党政军及群众团体，应彻底地讨论秋收工作，加强领导。根据当地情形做出具体计划。并动员党政军及群众团体的工作人员和地方部队参加秋收种树等工作。

2. 将区乡的夏耕委员会，转变为秋收委员会，专门领导本区乡的一切秋收事宜。

3. 加强各种劳动组织，使其能在秋收中起核心作用。动员能够劳动的群众全数参加秋收工作，不使一个有劳动力的站在秋收以外。对于劳动力（人力、牛力）要很好的调剂，保证每家的庄稼能按时收割、打碾与储藏。这里应特别着重抗属的庄稼，责成义务耕田队按时收割，提前打碾储藏。

4. 修理补充秋收工具，如镰、绳、链架、担等，合作社应协助群众购买，以备收割之用。

5. 发动群众，按时收割。为了防止风冻的损害，宁可以提早收割，提早打碾，并发动群众多多准备仓库，打条囤改良保护贮存粮食的办法。

（二）与秋收配合的工作：

1. 大量开荒。在秋雨丰润下，尽量发动群众利用秋收前后农闲时间大量开荒。在边区秋季开荒是一个增加次年粮食产量的重要工作。应该比春季的开荒更加热烈。

2. 兴修水地。水地更可以增加粮食的收成，利用秋收前后的农闲时间，发动群众合伙兴修。特别是安塞、保安、延安、华池等地政府，应当集中目标有计划的进行。于必要时，本厅得派员协助。

3. 多种冬麦。动员群众准备麦地、麦种、肥料、在适宜种冬麦的地方多种。增加麦子的产量。

4. 植树。在秋季（旧历八月—九月）应尽量植树、种桑、插柳、种桃杏、核桃等。对于旧有树木，不论自然森林或人工栽植都应严加保护。

5. 发展畜牧，特别注重大量的养牛、养羊、养驴等等，对于防疫工作尤应注意。在秋季多准备冬天遇雪时喂牲畜的草料，冬日好好照护饲养，以免来年春季生疫病与疲毙。母羊及羔羊禁止出口与宰杀。

6. 发展农村副业。提倡开始（办）油坊、糖坊、磨坊、多养鸡、养猪以改善人民生活。

（三）在秋收工作中应注意的事项：

1. 秋收工作应该与一切抗战动员工作很好的联系起来。须知秋收工作为抗战动员工作中主要的一环。政府应该尽量的少开群众会议，以免妨碍秋收工作。

2. 秋收工作不仅是政府的工作，与其他各团体都有关系。应协同其他各团体详细讨论，进行这一工作。

3. 在秋收动员中各县政府应以乡为单位，做彻底的统计调查工作。按照建设厅所制定之农村经济各种调查表进行调查。限十月底一律填好送来。

4. 建立报告检查制度。随时将下面的情形反映到上面来。规定县一级半月给本厅报告一次。

以上各项指示，务希彻底遵照执行为要。

此令！

选自《陕甘宁革命根据地史料选辑》第二辑，甘肃人民出版社1983年版，第69～71页。

4. 筹备陕甘宁边区农业竞赛展览会进行计划纲要

1938年9月15日

（一）组织：

1. 在边区一级成立筹备会。

2. 筹备会人选由政府在下列各机关聘有威信能负责之同志及各部门有关与有经验专门技术之同志担任委员。

（1）政府各机关——建、教、民、财四厅及市府军警等机关。

（2）鲁迅艺术学院及各剧团等。

（3）抗敌后援会及其领导下之团体：总工会、青救、妇联、农会、文协。

（4）边委。

3. 在县市一级应组织“征集参加竞赛物品委员会”，人选由各组织上推选，其任务根据政府所发之指示信及筹委会印发之宣传大纲进行下列工作：

（1）进行扩大宣传工作，激发鼓动群众，使其积极送陈品参加竞赛。

（2）征集登记保管送陈物品。

（3）送陈产品者以产品之多少，每县可自行选举代表一人至三人携带物品，由二科长领导，于大会前一周来延报到，正式参加竞赛会。

（4）积极号召欢迎农民赴会参观或自携珍贵产品参加竞赛。

（二）筹委会成立后首先进行计划下列各项工作呈交政府讨论通过执行之：

（1）竞赛进行计划纲要。

（2）宣传大纲。

（3）发给各县市的指示信。

（4）支配经费预算书。

（5）筹委会组织系统表及推定负责人选。

（6）商定动员方式及进行步骤。

（7）其他事项。

（三）筹委会组织系统：

（1）设主任一人，副主任一人，总揽领导全筹委会事宜。

（2）正副主任下分设三股，股设股长，各股又分组设组长。

（3）总务股分五组——1. 文书组；2. 征集保管组；3. 交际组；4. 会计庶务组；5. 警卫组。

（4）设计布置股分三组——1. 设计组；2. 布置组；3. 宣传组。

（5）宣传动员股分三组——1. 艺术组；2. 编辑出版组；3. 宣传组。

（6）各股以事之繁简，得以名单提交委员会聘请干事协助工作。

大会名誉会长、副会长及评判委员等得由筹委会预先提出名单聘请，其他评判筹备事项统由总务及设计、布置两股办理，并得先行向机关函征奖品备置奖章等。

（四）会议分下三种：

1. 筹委会——由主任召集，出席者为全体筹备委员，必要时得邀请有关干事列席。

2. 股务会议由股长召集，出席者为本股各组长及全体干事。主任副主任得列席股务会议，必要时可邀请有关股长列席。

3. 干事会议——由主任召集，出席者为各股长及组长。

会期——上列各种会议必要时得随时召集之。

（五）竞赛展览会内容分下列各部门：

①农产部——普遍广征各县各种粮食作物及工艺原料作物，分下列三类：

A. 生长特异优良成熟之苗株（全株或全穗）。

B. 各种作物之种籽。

C. 棉麻烟菜等各种制妥之原料品。

②园艺部——分三类：

A. 各种蔬菜及种籽。

B. 各种瓜类及种籽。

C. 各种果品。

③畜产副业部——分三类：

A. 畜类：

牛　三边分区定边特种优良蒙古之牛三头（牝牡及没用者各一头，淳耀特种优良大黄牛一头）。

骡　淳耀特别优良之骡子二头。

马　盐池、定边两县各选送良马两匹。

驴　淳耀优良大叫驴一头。延长、延川各送优良大草驴一头。保安送标准优良骟驴一头。

骆驼　盐池、定边各送标准骆驼一头。

羊　淳耀优良的白间羊一只，盐池优良白滩羊十只，保安优良白绵羊十只，华池优良山羊十只。

猪　华池送优良肥美大猪两头。

鸡　直属九县各送优良鸡两只。

狗　延安市送优良大狗五条。三边各送牧羊狗二条。

鸭、猫、兔均在延市选送。

B. 畜产品：毛织品如毛衣、毛裤、毛袜子、毛手套、毛围巾、毛背心等，毛毯子、毡子、毡袜子、羔皮及羔衣大羊皮及皮衣羊毛羊线。

C、副业：茧、丝、蜜脂（延安、安塞、保安等县）、药材（延安市）。

④林产狩猎部分三类：

A. 木材：甘泉、延安、安塞、保安、华池县有山林处，选送各种贵重木材，裁锯小块标本。

B. 林产品：各种野果如樱桃、野核桃、木瓜以及各种果仁、干果等。

C. 狩猎品：三边的狐皮、豹皮、扫雪。华池、保安、甘泉等县的野鹿皮、鹿角、野猪皮、狼皮、豹皮、水獭皮。

⑤农产制造部：

三边各县畜产品如奶皮、酥油捞蛋子等。延安、延川的棉织物。甘泉的豆干、豆丝。其他各县农产制造品如酒、醋、酱油、腌菜、油类粉糖及其他农产制造品。上列各项送陈产品除牲畜已指定数目外，其他送陈产品数量已详列指示信中。

凡关于边区的农民个人生活的叙述和具体的乡村政治和经济、军事、文化发展的文章及照片等，亦征集送陈展览之列。

（六）大会举行日期暂定十一月初与边区一级议会同时举行，会期一礼拜。

（七）各县展品除指定者外，倘仍发现有价值之产品如牲口及其他农产品亦可鼓励送陈参加竞览会。

选自《陕甘宁革命根据地史料选辑》第二辑，甘肃人民出版社 1983 年版，第 72～76 页。

互校版本：《陕甘宁边区政府文件选编》第一辑，档案出版社 1986 年版，第 84～87 页。

5. 陕甘宁边区劳动互助社暂行组织规程

1939 年 3 月公布

第一章 总 则

第一条 本规程为调剂边区劳动力，养成农民群众互助劳动习惯，提高劳动热忱，增加农业生产而制定之。

第二条 劳动互助社，直接受乡政府之领导。

第二章 社员及组织

第三条 凡属边区农民，无论男女老少，只要赞成并能遵守本社一切规定者，均得加入本社为社员。

第四条 本社以乡为组织单位，每村或联合几村组织小组。

第五条 本社全体社员大会推选委员三人，组织执行委员会办理全社事务，执行委员会互推一人为主任负责，每小组设组长一人，主持该组事务。

第六条 本社对于社员中之老年及儿童，得按其工作技能与速度单独编组。

第三章 劳动互助

第七条 本社社员需要其他社员帮助劳动时，须在五天以前报告小组长，按照其需要设计帮助之。

第八条 本社社员，实行劳动互助后，须将其工数报告小组长登记，小组长在每半月应作工资结算一次。

第九条 组与组之间，或村与村之间，实行劳动互助后，由各小组长将该组所作之工数，报告本社执行委员会登记。

第四章 工 资

第十条 本社决定社员工资时，须根据下列三个原则：

（一）工资数目不得超于一般之工资。

（二）工资多少应随农忙和农闲而不同。

（三）对于不能担任主要劳动妇女及儿童，其工资可较低，但不得少于男社员或成人社员工资三分之一。

第十一条 牛工可抵人工，每个牛工抵人工多少，应视牛力之大小而定，但最高不得超过三个人工。

第十二条 本社结束工资，每半个月计算一次，每月终必须总结清楚。

第五章 优待抗属

第十三条 本社应尽量吸收抗日军人家属加入本社为社员，并有享受互助之优先权。

第十四条 非抗属社员帮助抗属社员劳动时，工资作八折计算，但抗属社员帮助非抗属社员劳动时，则工资应照一般计算。

第十五条 抗属社员互相帮助劳动时，计算工资和工数与一般相同。

第六章 会 期

第十六条 本社会期分下列四种：

（一）社员大会每三个月开会一次，若无重要问题讨论时可以停开。

（二）执行委员会十五日或二十日开会一次，由执行委员会自行决定。

（三）小组会每月开会一次。

（四）小组长联席会不定期。

执行委员会和小组会遇必要时，均得召集临时会议。

第七章 职员任务

第十七条 执行委员会半年改选一次，小组长三个月改选一次。

第八章 经 费

第十八条 本社社员不缴纳社费，若社内需要笔墨纸张时，由执委会随时募捐之。

第九章 附 则

第十九条 本规程有不适宜处，由边区政府修改之。

第二十条 本规程经由边区政府委员会决定颁布施行。

选自《抗日根据地政策条例汇集》陕甘宁之部（下），1942年版，第638～641页。

互校版本：《陕甘宁边区政府文件选编》第一辑，档案出版社1986年版，203～205页。

6. 陕甘宁边区人民生产奖励条例

1939 年 4 月 1 日公布

第一条　凡属陕甘宁边区人民对于生产运动具有特殊成绩者，均得以本条例呈请奖励之。

第二条　奖励分四种如下：

甲、劳动英雄奖章或奖状。

乙、农具或耕牛。

丙、日常用品。

丁、奖金。

第三条　各农户凡具有以下成绩之一者，即得奖励之：

甲、一年中增加耕地面积十二亩以上者。

乙、发展牛或驴两头以上者。

丙、发展羊十五头以上者。

丁、开辟水田十亩以上者。

戊、在原有耕地上增加收成至百分之二十者。

己、植树六十株以上者。

庚、对其它副业发展有特殊成绩者。

辛、参加合作社股金至二十元以上者。

第四条　得奖多寡，按其成绩大小由边区政府决定之，只要具有第三条各项之一者，即可享应得之奖励。其成绩特优者，由政府特别给奖。

第五条　请奖期间自八月一日起至十一月止。发奖期间十二月一日起发完为止。

第六条　请奖手续，由请奖者报告乡政府，按第三条所列成绩审查确实登记后，由乡政府呈报区政府，区政府呈报县政府，县政府呈报边区政府。按级审核合格后，由边区政府分别等第奖励之。

第七条　本条例自公布之日起施行之。

选自《抗日根据地政策条例汇集》陕甘宁之部（下），1942 年版，第 620～621 页。

互校版本：

1.《陕甘宁边区政府文件选编》第一辑，档案出版社 1986 年版，207～208 页。

2.《陕甘宁边区法律法规汇编》，三秦出版社 2010 年版，第 305 页。

7. 陕甘宁边区通讯站暂行章程

1939 年 8 月 10 日公布

第一章　总　则

第一条　本站定名为陕甘宁边区通讯站（以下简称本站）。

第二条　本站专为收递边区范围内，或附近边区八路军驻扎地各党、政、军、民一切信函、文件、书刊、刊物等事宜而设立之。

第三条　本站暂不收递银钱包裹等物，收递文书，分普通、挂号二类。

第四条　本站收递各项文书，暂不收费。

第二章　组织关系

第五条　本站直属边区政府民政厅管辖之。

第六条　本站每月向边区政府民政厅作工作报告一次，应负工作上的完全责任。

第七条　本站行政人员，由边区政府民政厅任免之。其他通讯员办事员等之任免亦当事先得民政厅准可后执行之，或事后报告备查。

第八条　本站组织系统如下：

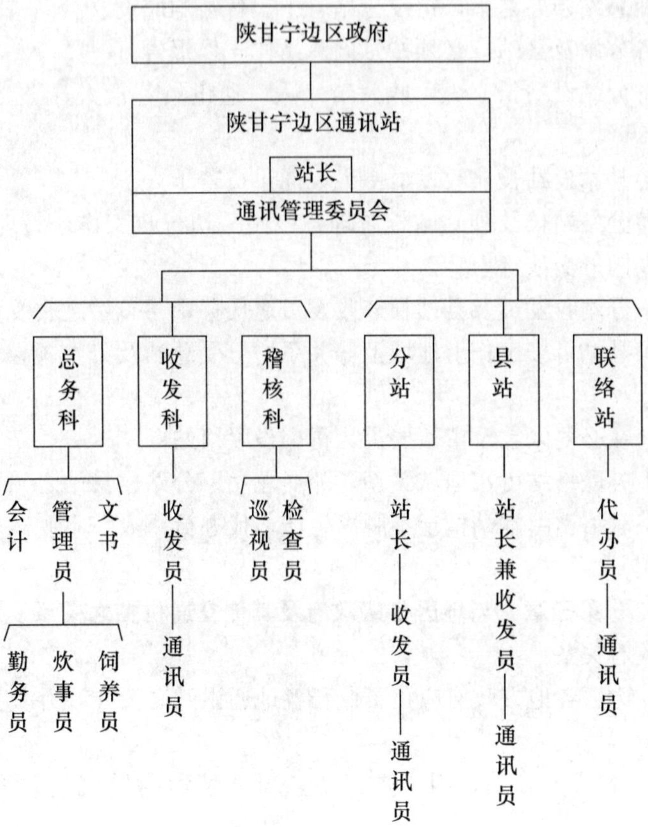

甲　总站

第九条　总站领导通讯站一切工作，设站长一人，必要时设副站长一人。

第十条　总站站长下，设一通讯管理委员会，由五人至九人组织之，开会时总站长为通讯管理委员会当然主席，其中委员由民政厅在总站各科长、分站、县站站长，工作人员俱乐部主任，通讯员代表中选任之。

第十一条　通讯管理委员会每月举行会议一次，检讨全站一切有关通讯各工作，遇必要时，得临时召集之。

第十二条　总站站长总理一切行政工作检查督促全盘工作之进行，及对外交涉之一切事宜。

第十三条　总务科设科长一人，科员若干人，办理一切信函文件报告统计，文书会计庶务等事宜。

第十四条　收发科设科长一人，科员二至三人，办理收发一切信函文件诸事宜，领导通讯员若干人投递本埠及各地之信件。

第十五条　稽核科设科长一人，下设巡视员二人至三人，代表本站出外巡视各属站之工作情形，另设检查员一人至二人，经常检查经过本站递之违禁物品文书等事宜，巡视员及检查员得将所得各项情形，报告本站，以便具体领导，切实督促及纠正各属站及属员之工作进行。

乙　分站及县站

第十六条　在总站领导之下，得设分站若干，各县均应设立县站。

第十七条　各分站及县站，必须按月向总站作工作报告。

第十八条　各分站设站长一人，收发员一人，通讯员若干人，必要时可设杂务员一、二人。

第十九条　各县站设站长兼收发员一人，通讯员若干人。

第二十条　各分站站长及县站站长总理各该站一切行政工作。管理各该站经费收支，各项统计报告，及向外交涉等事宜。

第二十一条　分站收发员及县站长兼收发员之任务，与总站之收发员同。

第二十二条　县站可按工作上地域上等关系，分受总站及分站领导。

丙　联络站

第二十三条　在必要区乡及市镇要道，得广设联络站。

第二十四条　各联络站可按地域关系，分受总站、分站、县站之领导。

第二十五条　联络站由本站指定不脱离生产之代办员一人，不脱离生产之通讯员若干人担任。

第三章　与地区各级政府及其他交通机关之关系

甲　与各级政府关系

第二十六条　边区各地方政府应负责监督各地通讯站之工作，并负责解决各地通讯站之困难。

第二十七条　本站各分站，因人数过少，可依情形附设就近政府内，或其附属机关内。

第二十八条　通讯员途次遇病，就近政府与人民，应即速设法通知附近之通讯站。

第二十九条　通讯员如途次遭遇意外，就近政府应负完全责任予以适当处置，并通知本站。

乙　与各兵站之关系

第三十条　为优待抗日战士与后方人员或家属之通讯便利起见，本站可收递抗日军人前后方各处函件，并与各地兵站发生密切联系。

第三十一条　凡本站收到寄往前方之信件，即随时送交就近各兵站，各兵站应妥为转递前方。

第三十二条　凡由前方寄来边区之信件，就近兵站可转交本站，即由本站负责按址投递。

第三十三条　寄往前方之信件，暂不挂号。

第三十四条　本站与兵站间每次收递之信件总数，应备登记簿互盖印信备查。

丙　与中华邮政之关系

第三十五条　凡寄往外埠各信件，寄件人按中华邮政章程，贴足邮票，本站可代送给附近邮局。

第三十六条　凡寄往外埠之挂号快件及航空邮件，贴足邮票，本站亦可代送附近邮局，寄发单据退回寄件人。

第三十七条　距邮局较远而有本站设立之地域的外来邮件，邮局可送交本站代为投递。

第三十八条　外地寄来之挂号及快件，本站亦可代递，但不代取包裹及汇款。

第三十九条　本站概不代售邮票及收取邮资，邮票由寄件人自备。

第四章　寄递函件规则

第四十条　本站收寄边区党政军民一切信函文件，保障投递便利，函件安全达到目的地。

第四十一条　凡由本站收递之函件，均盖有年月日圆戳凭证，如有误时可以函询。

第四十二条　凡送交本站投递之一切信函、文件，无论普通挂号，概不收费，但每件最重不得超过十斤，必须由寄件人包捆牢固后交来，大批重件送交本站后，本站得分批投递，如寄件人感觉迟缓误事时，可由寄件人自行雇脚力一次驮运之。

第四十三条　包裹银钱及贵重物品等，暂不收寄。如寄件人将银钱及贵重物品等自行封在信件内，有遗失时，本站概不负责。

第四十四条　凡送交本站之一切函件，皆须由寄件人于函件封面书明收件人之详细姓名住址及寄件人之详细姓名住址，以便本站按封面所书之姓名住址送交收件人，如收件人不在，即按原寄件人之姓名住址，退还寄件人查收。

第四十五条　凡封面字迹不清，或未书明寄件人或收件人之详细姓名住址之函件，本站无法投递时，该函件即存站候领，过三个月限期后，如无人前来领取时，本站有自行处理之权。

第四十六条　凡投递函件时，须由寄件人负责固封后，送交本站，不封口信件，一概不收. 如有要密函件，由本站用火漆凭印封口。

第四十七条　凡党政军机关及各团体有要密公文投递时，必须用牢固信封封好，并于信封左上角写明“挂号”字样，由各该机关及团体首长于封面证明及盖印后，送交本站挂号投递，并由本站发给挂号执据，保证有回执，回执必须盖有收信机关条章或本人私章。万一有遗失时，本站即负责函告寄件人，声明遗失及其原因，作具体之处理。

第四十八条　凡党政军机关及各团体与群众之函件，送交本站投递后，因故不需投递时，可于出班以前，由寄件人填具撤件书，书名盖章后撤回，未经发件站负责人许可，不得自行撤回。

第四十九条　本站赴各地之通讯员，每日出班一次，时间为上午六时出发，每次负重最多不得超过四十斤。

第五十条　凡送交本站之一切函件，皆须依照本站之出班时间递送，不得要求提早或延迟出班时间。

第五十一条　本站收寄函件时间，平信随时可投入信柜，挂号由下午二时至六时止，寄件人须按时前来，以便按时封发投递，过时不收（特殊情形例外）。

第五十二条　本埠通讯员每日出班二次，上午九时一次，下午三时一次。

第五章　通讯纪律

第五十三条　本站一切工作人员，应遵守下列之通讯纪律：

（一）不得违反本站规定之寄递函件规则收递函件；

（二）不得私自拆阅任何机关及他人交寄之函件；

（三）不得私将寄递函件，交给非收寄人拆阅；

（四）任何函件，不得延迟三日不递送；

（五）任何函件，不得无故扣押；

（六）不得无故遗失寄递之函件，因故遗失，必须立即报告收发站收发员转报总站备查；

（七）不得贩卖及私带任何违禁物品。

第五十四条　本站一切工作人员如违犯通讯纪律时，应按情节轻重，分别给以如下之处分：

（一）劝告；

（二）即刻批评及警告；

（三）会议批评及警告；

（四）撤换工作；

（五）罚做苦工；

（六）开除；

（七）受法律制裁。

第五十五条　处罚之权限，第五十四条一、二、三各项，各站站长或由站长指定之代理人，得施行于通讯员及其他属员，但执行四、五各项处分时，必须经过总站长之核准，执行六、七各项处分时，必须经过边区政府民政厅之核准。

第六章　待遇及经费

第五十六条　本站一切经费，经边区政府审核发给。

第五十七条　本站应向边区政府民政厅按期作预算及决算。

第五十八条　本站按各地生活程度，按月发给各工作人员与边区公务人员同等之津贴及生活费。

第五十九条　本站一切工作人员，得享受与边区公务人员同等之待遇。无劳动力之家属，应享受代耕之优待。

第七章　附　则

第六十条　本站采用各种执单、表格、挂号、清单等程序另定之。

第六十一条　本章程经边府民政厅公布施行。修改之权仍属于民政厅。

选自《抗日根据地政策条例汇集》陕甘宁之部（上），1942 年版，第 151～159 页。

互校版本：《陕甘宁革命根据地史料选辑》第一辑，甘肃人民出版社 1981 年版，第 45～53 页。

8. 陕甘宁边区各县查禁仇货委员会组织规程

1939 年 10 月 19 日

第一条　本规程依据禁止仇货取缔伪币条例第六条之规定制定之。

第二条　各县得组织查禁仇货委员会，定名为某某县查禁仇货委员会。

第三条　委员会以五人组成之，由各县政府第二科、保安科、保安大队部、后援会及商会或商民等各选派一人为委员，以第二科科长为主任委员。

第四条　委员会得依据禁止仇货取缔伪币条例之规定，在各县政府领导之下推动禁止仇货运动。

第五条　为检查仇货便利计，各县政府得按照当地情形于各重要市镇重要地点派遣检查员一人至二人设立检查站，专门执行检查工作。

第六条　各检查站有需要武装协助时，得由保安大队酌量派出之，如保安队不敷派遣时，得由县政府咨请驻防当地之警备兵团派遣之。

第七条　凡经检查站检举或经人民及机关团体告发之仇货，经委员会之审查属实后，得扣留或封存，并即呈请县政府转呈财政厅批准后即行正式没收之。

第八条　经没收之仇货得由查禁仇货委员会评价拍卖之，其所得之价金，除查禁仇货委员会暨检查站与奖励所开支外，一律充作抗日经费。

第九条　对检查仇货出力人员及告发之人民与机关团体，得酌予奖励，由委员会讨论将应奖人员及办法呈请县政府批准奖励之。

第十条　本规程自公布之日起实施之。

选自《陕甘宁边区政府文件选编》第一辑，档案出版社 1986 年版，第 402～403 页。

9. 附［报刊报道］：陕甘宁边区第二届农工业展览会参观记［节录］署名：“郁文”

1940 年 3 月 8 日《新中华报》

边区概况一览部

大会展览品共分边区概况一览、农业、工业三个主要部门。为了先对边区作一个轮廓的了解，我走进了边区概况一览部。里面悬挂着近百种的统计表格，农业生产、文化教育、经济建设，一年年惊人的进展，从高涨的曲线，庞大的数字中鼓舞了所有热心边区事业的人们，并启示了全国广大群众。

现在我仅仅将边区教育、商业的发展及边区人民生活的改善情况，向大家作一介绍。由于过去陕北文化的落后，因而相当的阻碍了其他各部门工作的发展，于是“提高群众文化水平”，“启发群众”，“消灭文盲”成为边区施政的一个主要工作。几年来边区当局动员了一切力量，利用了各种文化教育的方式，使边区群众文化教育工作获得了相当成绩。虽然边区在现在仍存在着百分之九十的文盲，但我们从过去，从边区发展的过程中来看边区教育工作的成绩，这是绝不可忽视的。从前边区平均一百人中还不能找到一个识字的人，现在平均一百人中已经有十个人能识字一千以上。一九三七年春天，整个边区学校仅有三百二十个，学生五千六百人。现在学校已成立了八百八十三个小学，男女学生二万〇四百一十四人，同时设有民众夜校五百九十九个，学生共八千二百四十一人，半日学校二百五十五个，男女学生三千九百八十六人。所有这些成绩是在边区当局的领导下，在所有来延安文化人的协助下建立起来的。在边区各地都可见到，利用着各种民间的形式充实了抗战的新内容的漫画、歌曲及戏剧，这种一切为了群众的工作精神是堪称全国模范的。

关于边区的商业，过去因为居于不同的政治环境下，致民众生活疾苦，商业衰颓。几年来由于边区民主政治之实施，群众生活的普遍改善，人民购买力提高，于是私人商业及群众的消费合作社空前发展。计在延安一地，一九三五年商店仅只二十七家，店员一二七人，至一九三九年商店增至一四九家，店员五六九人，假定一九三七年的资本累积为一百，一九三九年则资本累积为五一六·四。现在三千元至五万元的商店已为数不少，甚至有十万五百万的私人大商业家，由此可以见到边区商业的发展盛况。此外在群众间为了免受商人的剥削，各县各机关，各界人员均成立了自己的消费合作社，总计边区消费合作社，在一九三九年共一一〇社，社员七万二千〇八十三人，历年股金、公积金、营业状况日见扩大，这也可说是边区人民生活改善的一个铁的证明。

至于边区人民生活改善的实际情况，过去到过边区的人一定可以想象到：边区人民憔悴的面色，褴褛露体的服装，兵灾，匪患，人民饥寒交迫的疾苦生活。现在则大不相同，部分中农以至个别贫农均上升为富农，大部贫农已升为中农。边区高副主席亲自调查安塞四区三乡东营村、西营村及二乡石茆村三村人民生活状况；西营村于一九三七年全村只七十五人，耕地面积四九二亩，收粮七十三点五石，一九三九年只八十四人，耕地面积九六六亩，收粮一五〇点五石。东营村一九三七年全村只四十一人，耕地三五四亩，收粮五十四石，一九三九年只五十人耕地七二六亩，收粮一一六石。石茆村一九三七年全村共五十五人，耕地三五四亩，收粮四十五点二石，一九三九年共六四人，耕地四六五亩，收粮九十三石。由每年食粮收获的增加证明了边区人民的生活是普遍的改进了。同时根据延安南区第一乡的报告：一名张达万的老百姓，前为贫农，家有六口，共二人劳动种地三十余垧，收粮廿余石，但当交纳租税，公粮、利息后所余不过五六石，因此家中经常不得一饱。但现在呢？他自已有地六十垧，骡子两头，马一匹，羊七八十只，已变成小康之家了。在边区人民中，中农及富裕中农成为了边区经济与人民生活的主要特征。

边区工人生活也大大提高，工资一般增加在一倍以上，不但失业现象不会存在，并有时感到劳动力不足的现象，因而边区以外的居民时常一批批前来边区要求工作。

从边区概况一览室内陈列的表格中，使我兴奋的感到边区几年来各方面飞跃的进步。先进的政治力量，发动了边区人民高度的生产热忱，开发了荒瘠的山野，发掘了丰富的物产，并提高了广大民众的民族意识，坚定了抗战胜利的信心。虽然边区经济发展，人民文化程度对全国说来仍是一个落后的地区。但我们深信，有先进的政治领导，有热心边区事业的国人的协助，边区一切定能走上全国模范的道途。此次大会送会展览品共达六千余件，较去年农展品数目增加两倍以上，这也可说是边区一年来经济建设成绩的有力反映。

农业部门的展览品

农业展览品，这是大会展览品中一个最丰富的部门，其中包括了边区各地的特产：

一、谷物类

谷子是边区人民主要食粮，种植面积占全边区耕地三分之二以上。近年来，边区耕地面积大量增加，据边区当局的统计，全边区五年来种地面积与粮食产额的数字；一九三六年种地面积仅只八百一十八万六千三百亩，至一九三九年则扩大至一千〇〇四万三百一十九亩，兴修水利则由一九三七年的八百〇一亩扩大至七千二百九十三点二亩。因而食粮产量剧增，一九三六年食粮收获仅达一百〇三万四千三百〇一石，至一九三九年则增加至一百七十五万四千二百五十八石，特别在毛泽东同志生产运动的号召下，动员了所有边区的人力物力积极参加了生产，去年全边区开荒数字达一百〇八万一千九百七十二亩之多。只边区党政军学各机关人员参加（群众生产不在内）生产之粮、菜、草之总值便达一百一十六万四千八百二十三元四毛四。这是全边区人民很可引为自豪的，因为事实上增加战时生产口号只有在边区将它变成了现实。

边区所产食粮种类复杂，其中谷子共七十余种，糜子三十余种，三边产的豆类共七十余种，其他志丹的荞麦，关中、庆环分区的小麦高粱等，各种杂粮几乎应有尽有，甚至连产于南方的稻米，在甘泉、志丹、新正一带也都有一个相当的产量。展览品中陈列之谷穗长一尺五寸许，粒粒肥大。在粮食陈列中，最特别要算是豆菽类。据说征集送来的有八百余家，而不同的种类品种，亦将有七十余种，可谓极尽观止矣。

二、棉花

延川延长固临所产之棉花，棉质优良，每年产量可供本县三年之用，但对整个边区之供给仍嫌太少。现在纺纱工业合作社已在这三县普遍的建立，成为边区纺织工业原料的主要产地。但为了更大量的发展边区的纺织工业，以求得边区的自足自给，据各农业专家在各地进行的长久调查工作，结果认为除以上沿河三县外，关中地区也适于种棉，现边区当局正努力于推进植棉工作，在展览大会上便可见到铅印的植棉小册，内容为根据气候与土壤各方面证明边区某些地区植棉的可能，以奠定人民植棉的信心，同时并具体的指出与解决了选种、种棉、施肥、培土、间枝、收获种种问题，内容详细具体，不但鼓励了边区棉业的种植，并给了广大群众以一般作农常识的教育。

三、菜蔬果品

菜蔬果品在边区产量也多，如延川的枣、梨，赤水新正之石榴，关中的核桃、苹果，等等，在陈列的展览品中特别引人惊异的是十几个重量卅余斤的南瓜，群众们热烈的围拢起来鉴赏与研究着，因为这不仅是一种重量惊人的特别产品，其中实含有着许多关于农作种植的宝贵经验与教训。

洋芋、白菜、萝卜为边区人民的主要菜食，其他如番茄、木耳、金针、发菜等边区亦均有出产。现边区农校正从事各种农作物的试验与改进，在此次展览会上如南方之丝瓜，茼蒿，及美国之玉米等均已试验成功，此外如畜产之改良及牛肉乾（干）、牛乳粉等食品的制造也获有相当成绩，虽然边区农校仅是工作的开始，但他（它）实负有着改进边区农业的重大任务。我们深信，在农校各农业专家的研究与改进下，边区农业的发展是有着光明的前途的。

四、林业

边区境内因分布着横山、梁山、桥山诸山，因而有丰富的自然林。在华池宁县牢山一带，林木参天，绵亘数百里，松柏高耸云霄。据康伯先生谈，树林面积最低有二十五万方亩，以每亩长树十株计算，共二百五十万株，最低可出木材五千万立方市尺。

林木种类包括杨、榆、杉柏等，此次大会所陈列之木材约达五十余类，内檀、桐、松等颇为世人所珍贵。边区当局特为在大会中提出开展群众中以乡为单位的造公林保护森林的运动，并计划组成林业合作社，进行划区护林管理。几年来的边区造林事业相当发展，据三年来的统计：一九三七年植树数目为二十九万二千五百三十五株，一九三八年则增至四十八万二千八百五十二株，到一九三九年便达到一百三十九万二千一百六十株之多。在今春，边区当局正在计划着发动一个全边区的造林运动。

五、狩猎

由于边区地广人稀，山脉绵亘，森林葱郁，故野兽很多，如狼、虎、豹、狐、山羊、鹿、兔、野猫等，昔日有人专以狩猎为生。展览室内陈列有豹皮、狼皮，狐皮等三十余种，内扫雪皮、水獭皮价值珍贵。陕北狐产为稀种，因产居沙漠地带，故毛乾质绵，颇为著名。现边区人民以狩猎引为副业，边区输出以皮货为大宗。

六、畜牧

边区牧畜因近草原，所以相当发达，如三边的羔羊，关中的同羊，关中的黄牛，三边的走马，绥、米、华池、保安种的驼驴，淳、耀之骡子，及定、盐的骆驼均为国内名产。特别是羊毛、羊皮、驼毛的产额闻名于全国，每年输出价值巨万，历年畜产事业亦日见扩大发展。最近一年之统计边区牛数量由十万二千六百七十六头，增至十二万三千九百六十三头，马由一千〇五十三匹，扩大至一千五百二十四匹；骆驼由一千二百五十四个，增至一千三百二十九个，驴由七万〇八百一十头，扩大至九万七千四百〇七头；骡子由一千四百二十八头，扩大至二千〇四十头。其中最多的要算羊的发展。一年中由七十六万一千四百六十四头，增至一百〇一万二千七百八十六头，倘每年每羊以产毛二斤计算，则每年羊毛出产量达二百余万斤，成为陕北毛织业发达的天然有利条件。展览会中有能日行五百里之走马，苏联种名贵之紫羔羊，关中的大黄牛，虎角蒙古种牛，白毛猪等百余头，其他野禽野兽亦近百余头。

七、药材

药材在边区出产近百余种，如麻黄、铁心、甘草、大黄、党参、关参、秦艽、知母、车前子等，只甘草一种每年产量千万斤以上，为边区输出品之第二位。现边区当局正由专家从事研究炮制成药，以补西药之不足。药材展览室内陈列着两棵特大的甘草，一名甘草王，一名甘草龙，重约数斤，形如树，据群众谈：“这种甘草必经多年生长，颇不易得”。

在这两棵甘草上，一标价三百元，一标价五百元。另外还陈列有赤水县送来的珍贵药材独角莲、红花等。

所有各展览室内不但陈列了优等的产品，并陈有劣等及病态之农产。在农览室四壁上配合了各种陈列品，悬挂着各种科学的画图，如栽培法，接木法，植物病态等等图表，负责各展览室招待员，以和蔼的“诲人不倦”的态度为参观者解释着一切问题，并详细的周到的将一九四〇年开荒百万亩，增加细粮十万石，改良畜牧增加牛驴羊四十万头的生产计划，传达到群众中去。从一些实际的材料中，群众们有系统的获得了许多宝贵知识，他们更具体的知道边区一年来各方面的进步，群众生活的普遍改善，粮食的增加。同时从招待员中，他们也获有了许多农作知识，植物病态及治疗法，蔬菜栽培法等等，给了广大群众生产上一个很大的鼓励。人群中一个老年的农民兴奋地说：“这是我第一次的进学”啊！

工业部门的展览品

边区目前工业建设多系手工业性质。几年以来边区工业在边区政府的提倡与经营下获得了很大的发展。全边区私人手工业，竟增至一倍以上。假若说边区工厂工业的发展在一九三六年为一〇〇，资金也为一〇〇的话，到一九三九年工厂则增至百分之五三三、四，资金为百分之五三四。这的确是一件惊人的成绩。近一年来，边区新形式大众企业日渐兴起，此种工业系由政府同人民共同管理，主要的采取了生产合作社的形式。据边区当局的统计，边区生产合作社的发展一九三七年生产合作社仅只一座，社员七十余人，股金六二三元，一九三九年则增至一四六座，社员二万八千五百三十一人，股金四万二千三百三十八元四（内贷款一万九千四百元）。此外以工代赈的办法，边区当局以赈委会所颁发边区难民的十万救济金创办了制革，难民纺织等工厂，在展览会上都可见到他们的精良的出品。

轻工业

会场内有两个窑洞，专事陈列了工合的出品，门前悬挂着全国工业合作委员会美籍顾问艾利先生，及工合延安事务所主任曹菊如同志画像。边区工合是在边区政府的直接领导与全国工业合作委员会的协助下建立起来的。其中包括了十余个性质不同的生产合作社，所有出品供给了边区广大人民的需要，部分的作到了自足自给。据工合延安事务所的调查，其所属各社每月出品，计铜扣三百罗，线袜一百打，皮大衣三十件，棉军衣四千套，中山服七十套，麻纸五百刀，染布二百匹，毛呢卅匹，洋布六二〇匹，土布二一〇匹，土纱五三〇斤，棉鞋一〇〇〇双，夹鞋二〇〇双，墨水一五〇两，毛线七十斤，油灯二百盏，饭锅四百支，公文箱一百个，粉条五〇〇斤，麻油一五〇〇斤，瓷碗五〇〇〇个，肥皂七〇〇〇条，粉笔四百支，牙粉九〇〇包，盆瓮一五〇个。这或者不算是一个什么惊人的生产数字，但假若我们晓得了各社只有四〇〇九〇元的资金（贷款在内），及二百七十八个住社工作社员，那么这个不大的生产数目，同外面拥资千百万的工厂出产来比较，恐怕比例数字不知要超过多少倍。

关于下面的陈列品是特别值得介绍一下的

一、肥皂、牙粉、粉笔、墨水、浆糊。这是光华化学工业合作社的出品。抗战后，物价高涨，部份（分）日用品来源断绝，光华化学工业合作社为了供给人民的日用品的需要，为了减轻人民负担，利用了边区所产原料，制造了上列的出品，现已大量销售于边区市场。由于此厂所用原料来源百分之九十七、八取自边区（外货占百分之〇·七，其他各省占百分之一·五），故物价低廉，同时出品品质优良，很得到了各界的欢迎。

二、药品。止咳丸、补脑丸、八路行军散、保婴丸、痢疾丸、平胃散、调经丸、胜利茶、退热散、痧症丸等十余种，这是光华制药合作社采取了边区丰富的药材，由专家炮制成品，经广大人民试验，均认为除病有效，研究中药并利用中药以代西药之不足，这是边区进行已久的工作。在另一室内陈列有八路军卫生材料厂各种的出品，最惊奇是他们制有各种注射剂，提炼的西药及各种中药膏丸等，这是延安八路军后方军医新的创获，值得大为称赞的。现在八路军卫生部尚正从事试验中药的提精及西制等等问题，以便战时行军的携带，当西药来源困难的今日，这也是全国医学界一个值得研究的问题。

三、植物油灯。系油灯工合出品，因为煤油价格高涨，燃麻油又灯光太暗，于是有植物油灯的发明。展览室内陈列植物油灯燃烧着，放射着强烈的白光，上面标价壹元二毛。据工合人谈，燃植物油灯，二两小麻油可燃六个钟头。这虽只是一件用品的发明，但对经济的节省起有很大作用。我们希望能将他（它）推用到全国去，以补煤油的不足。

四、纸张。为振化制纸工业合作社出品，现正积极改良。成品陈列有稻草纸、麻纸、麦杆（秆）纸、糜草纸、破布纸、马蓝纸、画图纸七种，现在延安出版之新中华报、解放报、中国青年、中国妇女等报纸杂志所用纸张，大部份（分）由此合作社供给。但因系使用土法制造，缺乏轧纸机器，故纸面不光，产量仍供不应求，现该厂正积极从事于新的设备，在不久的将来当有新改进。

五、蓝球、足球、皮鞋。球类在边区，在八路军内是一个不可缺少的运动品，但抗战以来球类涨价几倍，购买困难，现鞋靴工业合作社已能自己制造。鞋靴亦然。过去边区只能制作帆布鞋，现在制有各种球鞋、皮鞋、较诸布鞋质坚，价格也相当的低廉。

六、毛呢。边区有大量毛产，因而毛织工业应大大发展。现毛织工合出品已有很好的成绩，如土布、人字呢、斗文布、毛巾、市布等均系本地原料，自弹自织，所出毛呢并可制作西装，很可与外货相颉颃。

七、空军服（皮）、航空帽，虽然这些出品现在因销售较难，产量不大。但因为皮革在边区具有大量出产，所以前途很望发展，其他如毛呢马裤，军装线袜在被服工业合作也有相当的产量。

八、农具。在边区农业的热烈的发展中，农具成为了生产过程中一个主要问题。边区当局特为设立了一农具工厂，专制各种农作工具。该厂不仅能制造一般边区用的农具，如锄、镐、铧等等，同时还拟制造新的改良的各种应用的农具，此外还能修理配合各种机器用的另件等等。这一工厂的建立在生产运动过程中起了重大的作用。我们希望着农具工厂在不久的将来，并应研究创作出一批新的适用的农作器具，以利边区农业的发展。

九、皮衣与布匹。边区有大量的皮产，为了利用这个有利的条件．边区当局也特别成立了制革工厂，虽然只有很薄弱的资金，虽然缺乏机器不得不采用小规模的科学法来制造，但所有出品已博得了来延参观的中外人士的赞许。令人感到惊讶的在穷僻的边区，竟能制出这样好的皮衣来，此外并有皮包、篮球、皮手套、枪套、图囊、背包、子弹袋、航空衣、航空帽等。布匹在难民工厂也有一个相当可观的产量，在大会之陈列品便有四十九种之多，染色五十余种，并出有各色棉线毛线，可供打织毛棉线衣裤背心等。据云只织布机二十架，每架能织布三百至四百匹，计一年来之产品有呢布六千三百四十八匹（可作西装用），毛巾一千五百二十八打，袜一千八百三十四打，毛衣四百九十四件，又如线背心、围巾等均能制作。

此外边区沿河三县固临、延川、延长以及关中各县纺织手工业异常发达。农村妇女除治理家务外多从事纺织手工业生产，每天每人能织布二丈五至三丈左右，生产总量大有可观。

重工业

重工业的基础在边区是相当薄弱的，但在边区薄弱的重工业中能制作出相当重要的机械，如工业局领导下机器厂出产的制造机器与枪械的平铣床、锉刀机、钻床、车床等，机器厂具有着各种工作的基本机器，可以制造修理机器及武器之大部机件，同时各种工作机都具有着轻便的特点，不但搬运便利，同时装置简易，其机器可用牛马曳引发生动力，不必使用燃料，随处都可装置使用，这一特点对于目前战时环境是特别适合的。“一颗手榴弹是怎样造成的?”在另一个展览室内陈列着手榴弹各种制作过程的机器与模型，车床身，闸床身，酒精蒸溜盘，酒精蒸溜锅，手榴弹壳……各种机件也同样属有轻便的特点。在四壁上并制有各种科学图表，陈列品中还有一付（副）木制联动机器模型。此次参加农工展览之重工业部门虽仅只边区之一部份（分），但从仅有的这些重工业可以见到这些小的重工业成品已是日后大的国防工业建立的雏形。

印刷工业

边区在全国新文化的建立上与先进政治的思想的传播上起着巨大的作用。在延安出版了各方面的政治、军事、文化的报纸杂志，如新中华报，解放报，中国青年，中国妇女，军政杂志，中国文化，国防卫生中国工人……及各种有关抗战的，及马列主义的书籍。但边区的印刷条件是相当困难的，边区只有两个印刷工厂：边区印刷厂及八路军政治部印刷所。在展览会上他们也专辟了房间，陈列着他们工作的收获。从排字至出版，自工厂工人的工作到工人的学习与日常生活，使所有参观的人认识了他们在艰苦的工作环境中，向困难英勇搏斗的姿态。一个工人告我说：油墨太贵了，他们将延长出的太粗不能使用的油墨加以改造。花边也涨价了，一个铸字部工作同志发明了自制花边的办法，他们是绝不会向困难低头的。再请看一看他们的成绩：“边区印刷厂”在一年中出版了解放报二十八万五千九百册，新中华报四十五万四千九百份，中国妇女一万册，中国青年一万二千五百册，马列主义书籍三十万三千二百册，并代印了其他书籍六万二千余册，在这个不满百人的小小印刷厂中创造了这样多的成绩，是相当惊人的，“边区印刷厂”的学徒在三个礼拜可学会排字，十五个比较熟练的排字工人一月内最多能排到一百二、三十万字，我惊讶的问到“边区印刷厂”代表赵鹤同志：“为什么在边区有这样工作成绩?”他简明的回答了这个问题：“简单得很，就是因为在外面是替别人作工，在边区是替自己作（做）事。在民主、自由的政治环境下，工人劳动自觉性提高了，谁又不加劲干呢?”从这里我开始了解了在边区各种更高工作效率的基因。

矿产

边区有着丰富的宝藏，首先延长石油居全国第一，并闻名于世界，过去曾由外人投资开采，结果失败而去。现在边区当局仍在小规模的实行开发。当外货来源几近断绝的今日，在现代工业中占有重要价值的石油，是亟应设法大量开采的。

次为煤矿。边区煤矿在全国居第二位，现在盘龙、瓦窑堡等地仅由人民以土法从事开采，故产量不大。现边区当局为了解决边区燃料问题已在延安附近开一煤矿，闻不久即将大量出煤，但苦于缺乏机器，仍以人工开采，这的确是一个比较困难的问题。

再为定盐分区的盐产，产量相当宏大，曾有盐池七个，以澜泥池、黄场堡为最，现除两个已不再产盐外，余则每年可产盐十余万驮，但因交通不便，每年销售仅四万余驮，故当地盐民存盐在三年以上，而内地则盐价昂贵，甚至购买感到困难，这是一件多么矛盾的事。闻边区当局将一面设法扩大食盐产量，一面便利交通以广盐的销售。

在边区，国防工业的建立与矿产的开发。有着许多便利条件。不但在边区有丰富的工业原料与天然的矿产，并且具有着先进的政治环境，虽然边区的经济条件异常困难，但我们深信，这一困难条件在国内外热心抗战，热心边区事业的人民经济上、技术上各方面热烈的帮助下，边区国防工业建立的前途是光明的。

经过一年来边区当局对生产的倡导，边区工农业大大发展了，同时大批劳动英雄出现在工农的行列中。在此次展览会后，边区当局特准备大批奖品以资鼓励。我们深信边区工农业在政府的努力领导下，将定有更飞速的发展。

选自《陕甘宁革命根据地史料选辑》第二辑，甘肃人民出版社1983年版，第91～104页。原注“民国二十九年三月八日《新中华报》”。

10. 陕甘宁边区党委政府关于本年（1940）度经济建设计划的决定

1940年4月12日

为着继续发展边区经济，更加改善人民生活，确保战时经济自给起见，特依据边区的条件，及去年生产的成绩与基础，决定本年度经济建设任务于后。

一、发展农业生产

（一）动员全边区农户，扩大耕地一百万亩，特别在新旧耕地上，实行改善农作法（改良籽种，增加肥料，发展灌溉，增加锄草等），以提高产量，期在本年收获量上比去年增加粮食二十万石。此项扩大之耕地，由建设厅根据实际情况，分配数目于各县，并督促实行。

（二）在适宜种棉区域，动员农户增种棉五万亩，由政府发给农户棉种，秋收后由政府购置轧花机帮助农民合作轧花，保证农户如因种棉受有损失，政府弥补之。并动员农户广种油麻，保证今年至少种三十万亩，以增加棉花、棉油、麻油之产量。

（三）广泛造林。应在本年新造林一百处，每处要植树一千株以上，各级区政府应与人民划定造林地区，解决树秧或树种之需要。并施行对新旧森林之保护，颁布森林保护条例，宣传全体人民遵守。

（四）发展水利，应由建设厅选定便利修水地之区域，兴修水地至少二万亩，并同时发动农民打井修堤，务使发展水利比去年有更多的成绩。

为防范旱灾起见，应宣传农民多选耐旱地域下种，多种特能耐旱之庄稼，并多留荞麦籽种，以防万一。

二、广泛发展牲畜

应使本年牲畜指数，能发展到二百万头，即本年应增加四十万头。

为完成这一任务，必须奖励农民添买牲畜，切实禁止宰杀母牲，及母牲出境，严禁挖肚羔。对一般牲畜出境，应切实课营业税，以限制出境。发展牲畜防疫，减少牲畜死亡，改善管理，增加饲料，以利繁殖。

三、发展手工业生产

（一）广泛发展家庭纺织事业，以增加棉毛织产品，政府应购置新式手工纺织机，发给各纺织家庭，并物色与培养指导人材（才），开办训练班，指导家庭妇女利用新式纺纱机。

（二）健全已有之生产合作社，使各生产合作社产品增多，品质改进，成本减低，营业活跃等。并组织新的生产合作事业。

（三）健全边区各工厂，使产量增加，品质改进，成本减低，管理健强（全）。并增加织毛工业，以发展毛织出品。

（四）在延安、安塞增开煤窑，以增加燃料，解决燃料供给。

四、发展消费合作社与信任合作

（一）健全与扩大原有消费合作社，完全使之成为群众的合作事业，以发展交换，便利人民购买，抵制投机剥削，同时应切实纠正消费合作社中贪污、亏损、投机营利、强迫加入等坏倾向。加强对合作事业的指导与检查。

（二）发展信任合作，实行低利借贷，首先在某些健全的消费合作社内，设立信任部，逐渐扩充信任合作社。

（三）取缔一切冒牌的合作社，凡沿用合作社的名义者，应经过边区合作联社检查合格者，才允许（沿用）合作社名义，以名符（副）其实。重新颁布合作社条例公布施行。

五、发展交通运输

（一）继续改善边区公路，保证畅通无阻。将边区所辖公路之桥梁、涵洞加以检查，其应整修者一律修理，其应添建者应添建之。所有不合公路条件之坡度，须加以削平，应行改线者，须加以改线。并将东门外之河床桥建设完成。健全民众义务养路队之组织和工作，以加强公路之保护。

（二）建设由延安至曲子，由曲子至盐池之大车道。改善边区内之便道，务使因路狭致牲口跌死之坏现象消灭之。

（三）组织人民增加大车及牛、马、驴、骆驼等运输工具，以发展运输。

六、要吸收外来难民和贫民到边区来，以增加人口。但是要使外来难民和贫民乐意在边区居处，就必须给予优待，那些不愿将多余的荒地分给难民使用，而让地主富农残酷的去剥削难民贫农的倾向应纠正。应分配难民和贫民以土地，并在三五年内免缴救国公粮。应纠正强迫外来难民和贫农服兵役，强迫劳动服役等的倾向，必须给予外来难民和贫民以一切民主权利。政府应颁布优待移在边区居住的难民和贫民的优待条例，以使其受到实际利益。

七、最后要提高警惕性，因为汉奸、反共分子，反动豪绅地主，他们不让我们发展经济，不让我们改善人民生活。必然从各方面来破坏经济建设。或是制造谣言，欺骗群众，或是组织土匪，捣乱经济建设。或是制造磨擦，阻碍经济建设，或是混入政权，组织对经济建设怠工等。对于这些破坏行为，破坏分子，应予以有力的打击，以保障党的经济建设任务的顺利成功。

八、对全县全区全乡的土产具体计划与动员，应由各级党与政府共同以全力进行之，并必须经常检查与讨论。

选自《陕甘宁革命根据地史料选辑》第二辑，甘肃人民出版社1983年版，第105～108页。

11. 林伯渠主席在经济自给动员大会上的报告

1940年12月3日

各位同志：

今天是边区中央局召集我们延安党政军民学工作同志开这个经济自足动员大会。会议形式虽很简单，但它的意义是很伟大的，现在边区中央局叫我把明年经济自给计划作一报告。

我想我的报告可以简单一点，因为以后会将具体的计划传达到各部门去，也有许多中央同志要在这个会上给我们指示。最值得我欣幸的是朱总司令最近曾到过我们边区各地各工厂参观过。贡献给我们很多宝贵意见，对于我们明年的生产建设是有很大作用的。因之，我今天的报告，只简单的说一些。

我分三点来讲：（一）为什么我们要加紧经济建设做到完全自给？

大家知道，我们的经济建设是建立在自力更生的基础上的，两年来努力的结果，已做到半自给了，现在我们的任务是要完全自给。这种自给不同于过去那种自给自足的自然经济，因为它是一种向前发展的运动，这种自给也不限于机关学校部队，而是要做到整个边区的完全自给。

生产运动自毛泽东同志号召以来，两年来有很大的成绩，在各方面都解决了许多问题。在这里它不但教育与锻炼了许多干部，使体力劳动与智力劳动密切的结合起来，而且在对群众的影响上，在政治上也有很大的意义的。它使得群众获得实际的经济利益，提高了生产的热忱，认识了中共的领导究竟是不同的。其次，它影响了全国，去年六月间在重庆也开了一个生产会议，可以说是受了我们的生产运动的推动而召开的，而且它在全世界上也有很大的影响。因此取得许多国际友人的同情与赞助。现在我们的完全自给计划是要更扩大这些成果，奠定抗日政权的物质基础。

我们党和群众的关系不但建立在政治上，而且表现在经济上的联系，新民主主义的经济是具有新的前途的，我们正向这个方向前进着，它的前途一方面是扫除资本主义发展道路上的障碍，但也可能争取非资本主义的前途，过去边区有些地方曾经过了土地革命的斗争，现在我们正建立新民主主义的经济基础，现在的经济自给，是要向新民主主义的经济更前进一步。

和平的三年来，边区人民休养生息的问题，政府是注意到了，而且相当解决了。我们的经济是要适应环境，并能够适应环境的。由于目前日本帝国主义的经济封锁加强了，由于国内投降反共分子对边区的一切外来的经济来源切断了，因此我们遇到了抗战以来空前的困难，也要求我们用自己的力量去摆脱一切的困难与压迫。这样使得我们原来缓期进行的自力更生政策，不得不转为急速的自给自足政策。这就是说我们不能满足于适应环境，还要切实做到改造环境。

这就是党和政府今天特别着重的响亮的提出这个问题的理由，也是要同志们认识与注意的理由。

（二）边区是否可以做到完全自给？

对于这个问题我们的回答是肯定的。过去和现在都有许多实例增强我们自给自足的信心，我们也有这样的条件。

国内战争时代我们经常被大军包围，我们不但能冲破严密的经济封锁，而且改善了人民的生活，现在的情形无论如何要比那时候好得多。

我们党所领导的军事力量在敌后坚持抗战，他们不但把抗日政权建立起来了，军事上坚持下去了，而且经济上粉碎了敌人的封锁，也改善了人民的生活。在敌后还能如此，我们自然不成问题的。

边区在三年中人民生活大大的改善了，因为政府与军队是他们自己的，他们来帮助我们的经济建设，是一定可以而且必定愿意的，征收救国公粮的逐年增加，就是一个证明。

边区政府的艰苦奋斗，节约奉公的精神，是全中国所没有的，这种节省的政府，还不能在财政经济上达到自给吗？

我党建立了统一战线，它的政策得到了全国人民的信任，今天的经济建设也一定能得到人民的拥护与帮助的，因为它是从人民利益出发的。

（三）我们的任务是什么与怎样来完成它？

经过边区中央局讨论的和党中央批准的经济自给自足计划，将要在边区实行，在这里我只简单的说几点。

第一，全边区二百万人民中，部队和工作人员占×十分之一，全面的自给当然是为了人民和工作人员，但首先是占全边区人民×十分之一的工作人员的自给。每年每人担负着一五〇—三〇〇元的生产任务，分配起来时当然有的还要多，有的则恐怕要少。在这总的比例为×十分之一中，军事系统占×分之×，党政占×分之×，如何分配这任务于三方面呢？军队生产占总生产的三分之二，党政生产占总生产的三分之一强。同时政府已准备投资，这投资数目，军队一半，党政一半。生产的单位及任务大概就是如此，详细具体的讨论，留给各机关去。

第二，我们生产进行中需要有组织。现在各级都组织了财政经济处和财政经济委员会，军事机关由叶季壮同志领导，中央机关由邓洁同志领导，边区一级党政军学亦有财政经济处，由曹力如同志负责，严密的组织自然是需要的，但还要加强指导检查，并依靠各该单位同志的热心与努力。只有这样才能完成任务。

第三，我们要在经济建设财政收支上进行必要的具体工作。

一、经济建设由这三单位来担任。他们在农牧、工业、商业、矿业、交通事业都已经有详细的计划，并且对特别的生产有特别的计划，如盐和煤油的生产，都有特别计划，而且已获有很大的成绩。

二、其次在财政收支上，我们也已经有一个计划，如怎样量入为出，同时用得适当。甲、关于财政收入，我们不但依靠×十分之一的在职工作人员身上，而且是建筑在二百万人民的合理负担的税捐上，——今冬向商人募四十万元的寒衣代金，延安即完成了九万元，而且商人都很高兴。乙、其次建筑公营事业上——我们以国家的力量或私人的合作力量上去进行。我们在公营事业上确收了很大成绩。如军队在盐、煤的生产的收入上，使我们解决了许多困难。丙、金融事业上——银行应将资财很好的应用到各种事业上，一方面可使各种企业发展，另方面可以增加财政收入。

三、在粮食保证上，明年我们要保证完成三大任务：（一）保证各机关军队的给养；（二）调查民间粮食；（三）增加生产。

四、占边区人口×分之一的党、政、军在职工作人员，他们要起模范作用。推动与提高边区人民生产热忱，应该了解所谓经济的自足自给，不是狭隘的“各管各”的自给，而是全面的工作人员和人民的自给，机关工作人员应在推动此工作中起模范作用。

古书上说的：“食人者治于人，食于人者治人”这种封建的落后的观点，必须纠正。我们不是脱离群众的官吏，而是民众中的优秀代表，因此，要和大众一起去完成自给的任务。

选自《陕甘宁革命根据地史料选辑》第二辑，甘肃人民出版社1983年版，第138～142页。

互校版本：《陕甘宁边区政府文件选编》第二辑，档案出版社1987年版，第511～514页。

12. 附［报刊报道］：一九四一年陕甘宁边区的经济建设概况（署名：朱凤熙）

1941年1月21日《解放日报》

边区去年经济建设的任务，是准备由半自给走上自给，打破敌人的破坏和反共分子的封锁。奠定新民主主义经济的基础，保证抗战部队的给养，增加政府的财政收入，满足人民的迫切需求。二百万人民在边区各级政府这一致的目标下，辛苦一年了。

农牧事业

农业中首要的任务是增加粮食，而增加粮食，主要靠开荒和改良农作物。去年开荒，除定边、盐池二县外，共计四三四，三一二亩，其中甘泉、延川等县，都超过原定亩数；当然，在这数字中，并未将农民因“移种”“轮种”而抛弃的熟地除外。但是我们若将八路军留守兵团所开的荒地列入（仅金盆湾一地便有数万亩），则与原定垦荒五八〇，〇〇〇亩的计划相较，是绰绰有余的了。

绥德、米脂一带荒地极少，但富甘各县平川上却普遍存着荒地，因此调剂人力，便成了农业中的重要工作。去年内移居民（指边区外及警备区向关中、陇东、延安等地内移）有八，五二七户，二七，七四四人，各县向外移的不过五八〇户，一，九六三人。延安县在移民工作上用了极大的力，解决了居住、用具、籽种的各种问题，移居人民也最多（计一一，六八四人），延川等县强迫“二流子”从事生产，这都是值得表扬的。

第一次发动植棉，设立专门委员会，编印说明书，派员指导，依目前不完全的统计，已植棉三二，九九〇亩，其中最多的是延长县，已有一一，〇四六亩以上，据估计，若无冰雹破坏，棉籽更能早发，五万亩的计划，是不难完成的。

本来在边区扩大农产物的方法，不外“扩大耕地”和“改良作法”，但是对于后者，我们做得实在是太少，不仅没有发动深耕、选种、施肥，有些地区连锄草也都忘记动员（如庆阳），灭虫只有个别地区进行（延安）。原定五，一〇一亩的水利计划，不过完成二，九七四亩，据试验，某些地区若在这方面加以注意，可以提高生产量至二三倍以上，因此，怎样改变农民的“旧传统”，在改良作物上多加工夫，确是今后经济计划中的大问题。

去年全年，牛增加二五，七一五头，驴三，〇七八头，羊二五六，七六六头，虽然绝大多数是靠自然的繁殖，志丹、靖边、盐池等地因草料的缺乏，也死去不少，但边区政府在三边设立牧场，延安等地设立兽医所，安塞、甘泉发生兽疫时，派人医治，发动植苜蓿草一六，八七一亩。不能否认，在这方面的确是进行了很多的工作。

林务方面：去年植树七二四，九七二株，创立了林场，公布法令，初步克服了“植树即破坏树”的现象。

总的说来，去年边区的农业，确有一些发展，虽然志丹、甘泉等地遭受天旱，但庆阳、合水等地，却因雨量充足，增产百分之三十，不过所得的成绩还是不够，尤其是如何改良农作物，值得今后大大的注意。

工矿

边区矿业，最多是盐。财政税收主要的来源也是盐。去年原定产量一百万驮，实产六十万驮，原定销量四十万驮，实销二十五万驮左右，老百姓都说：“这是自有盐池以来没有过的数目”，这数字得来不是容易的，许多打盐士兵和人民的脚板都被盐水泡烂了。

运盐是边区的一件大事，除镇原等九县外，计运公盐二七，八四七驮，私盐五一，二八一驮，绥德、曲子等县都尽了极大的努力，甘泉县并创建了许多方法使运盐不影响农事，但是这一工作在今年必须加以很好的检讨，如道路、草料、盐票、收发都必须有新的规定，克服去年的某些不合理的现象。

工业中心主要为纺织业：去年土布生产为一万四千匹，毛毯二万床，难民工厂每月出布五百匹，毛毯二千至三千床，绥德纺织厂出布四百匹，就是小型的团结工厂也提高到二百五十匹的数字，妇女纺织小组也有飞跃的进展，除延安、安塞不计外，警备区便有七，三七二人，她们每天收益平均由十二元至二十四元，这是边区将来大量发展手工业的端倪，如何使唧唧之声，充满边区的大村小巷，是今后经济工作的重要任务。

造纸工业，月出一百八十令，节省四千余万元。皮革约出三万张，弹毛机、织布机、纺织机、大车、铧、肥皂都能大量的自造。

总的说来，我们有纺织厂四十，化学厂十，造纸厂十一，木厂八，各种工业都有发展（尤其是纺织业），但这发展远不够满足客观的需要（如关中平均三个人方有铧一页）。资金既不充分，工人动员的也太少（下半年不过仅只动员二百人），更重要的，我们没有掌握住发展工业的“重心”——手工业和私人工业，这是值得今后注意的。

交通运输

边区的交通事业，主要是修筑大车路，去年计筑四七五公里，骡马店增加到三十多个，工程处在这方面“颇费苦心”，但是这成绩——离我们所要求的还远，正像朱总司令所说，我们不仅要大大建筑路，而且要养路，不仅要修大车路，而且也要修筑山间的小路，的确，路，在边区说来是“输血管”，我们不仅要“大动脉”“大静脉”，我们还需要许多“微血管”，需要这些“血管”组成密密的网，便利“血球”在“全身”的周流。

合作事业

生产合作去年有极大的发展，十五县发展二十二所，资金实有五四五，七五二元，学徒五三二人，营利三二三，一九〇元，消费合作社，计一二一所，分布七县，扩大资金三二七，五一五元，合计资金一，二七七，六二七元，营利二，二三一，六四二元，经手货物，计八，〇〇〇，二四二元。这些合作社中，以延安南区合作社办得最好，资金约四万元，南区一千余户都已加入，净利三万余元，火柴、盐、布等，都实行廉价，减少群众负担不少。尤其在办理合作事业上，创造了许多新的方法，使别的地区（如甘泉）的合作社相继模仿。

我们的合作事业，部分的满足了人民的需要，减轻了人民的负担，组织并教育了人民，虽然还带有一些商业色彩。不过我们万元以上的合作社，仅寥寥二三，五千至一千元的也不过十五个。

许多机关的消费合作社都停止经营了，大量的公家资金涌入生产，解决了行政需要的供给。此外，贸易局更在各个市场上有力的转动着他的轮舵——管理公营商店，大量运销土产，实行了廉价运动。

总的说来，去年的经建工作，在各方面都有一些成绩，尤其突飞猛进的工业，比如一九三九年，不过二十一个工厂，四〇年便有三十五个，去年上半年达到九十八个，下半年竟超过了一百多个；垦荒、移民、交通、合作都在继续的向前发展。以地区讲，延安县的移民，庆阳县经济计划的具体布置，安塞县的全面发展，绥德、甘泉县的努力……这些都是值得继续发扬并保持的。

我们去年的经济建设计划，有些地方还嫌不够明确，如到底以工业抑农业为主，以发展私人抑公营事业为主，以轻重工业抑家庭手工业为主，都没有仔细的说明，以致造成许多工作中的“偏差”，忽略了农业和手工业的发展，没有积极的去帮助私人实业。而计划不周到之处，亦复不少，如规定纺织数时，未在织机数上考虑，规定驮盐数时，未将沿途草料供给量加以调查，这种情形，都给我们以后许多教训。

检查的不深入，指导与要求的脱节——以及正规工作制度的未曾确立，组织和人事制度的不健全，使我们的经济工作，遭受损失不少，应当提出批评的，有些县的〇〇〇人员，在执行政令中异常马虎，该完成的任务没有完成，生产资金，移作他用，甚至该出席的会议不出席，行政效率异常低劣（如保安、合水），这种工作中的游击作风，以后一定要彻底克服。

选自《陕甘宁革命根据地史料选辑》第二辑，甘肃人民出版社 1983 年版，第 363～367 页。原注：“民国三十年一月二十一日《解放日报》”。

13. 陕甘宁边区森林保护条例

1941年1月29日公布

（一）本条例为了培养、改善及巩固生产工作的基本条件，特制定本条例公布施行之。

（二）凡属本边区境内之森林或树株，无论其为公、私所有均得享受本条例之保护。

（三）凡属下列保安林性质之森林或树株，任何人不得砍伐或危害之：

1. 为预防风沙、雹、霜、急雨等为害之森林或树株。
2. 为防止雨水冲刷、农地崩陷、山洪冲淤、河岸塌塞等之森林或树株。
3. 为保护交通路线、桥梁以及灌溉系统水渠等之森林或树株。
4. 为直、间接保护牧畜、农垦及其他副业之森林。
5. 为保持水土、调节气候，及有益公共卫生之森林。

（四）凡下列生产林性质之森林或树株，非经政府之许可不得砍伐或危害之：

1. 凡生产军事工业材料者；
2. 凡生产普通工业材料者；
3. 凡生产特殊建筑材料者；
4. 凡生产化学工业原料者；
5. 凡能影响其他生产事业者。

（五）凡一般的砍伐木料、锯板、烧炭、采薪等，无论公［有］私有林，均须依照砍伐树木规则手续进行，方能取得砍伐权。其规则另定之。

（六）凡私有林木，非经该私有主允许并价买，任何人不得砍伐或危害之，但以领有森林登记证者为限，并须依照砍伐树木规则进行之。

（七）无论在公私有林内，绝对禁止引火之行为。如必须引火时，须先得该地森林保护负责机关之同意并须事先准备有防止超越之防火线，否则不准引火。又如延烧他人山场时，引火人须负责赔偿其损失。

（八）本条例除林务机关直接依据进行外，得于各级政府组织森林保护委员会负责执行之。森林保护委员会规则另订之。

（九）凡保护森林树株有卓著之成绩者，分别奖励之。凡有违背三、四、五、六、七各条者，分别处罚之，或停止其砍伐权若干时日。此项奖励规则另订之。

（十）本条例自修正公布之日施行，其一九四〇年四月二十四日本府公布之森林保护条例即作废。

选自《抗日根据地政策条例汇集》陕甘宁之部（下），1942年版，第629～630页。

互校版本：

1.《陕甘宁边区政府文件选编》第三辑，档案出版社1987年版，第43～44页。

2.《陕甘宁边区法律法规汇编》，三秦出版社2010年版，第212页。

14. 陕甘宁边区植树造林条例

1941 年 1 月 29 日公布

（一）本条例为发展植树造林、调节气候、保持水土，并改善各项生产因素而制定之。

（二）本条例的中心任务，为迅速完成各地各个气候据点上的植树造林工作。

（三）各地造林计划，先由各该地区乡政府或林务机关勘察制定，交县政府或边区林务局审核，认为完满后方得执行。

（四）凡公地上的植树造林归公有，私地上的植树造林归私有，但植后均须遵守保护条例。

（五）如私人土地，政府认为有植树造林之必要时，得作价征用或换用之。

（六）凡私人土地如急斜、过碱、砾瘦等不能农耕者，政府亦得动员植树造林。

（七）每年植树造林时期，分为春秋两季举行，其造林计划须于春前一次决定之。

（八）为发展适宜的优良树木，解决树苗需要，得由县政府筹划土地，采集树种，建立苗圃，培育树苗为公共之用，或无价发给群众使用。此项苗圃工作由林务机关协助指导之。

（九）凡住宅附近，道路两旁，沿河近岸，不在造林计划内者，均由当地居民担任植树任务，由当地政府监督施行。

（十）凡在边区之部队、学校、社团热心造林而获有成绩者，分别奖赏之，此项造林计划及地区，得与当地政府或林务机关商定之。

（十一）凡人民努力植树造林获有成绩者，或当地政府对公共造林与督导人民植树造林有优良成绩者，得呈请边区建设厅奖励之。

（十二）本条例自修正公布之日施行，其一九四〇年四月二十四日本府公布之植树造林办法即作废。

选自《抗日根据地政策条例汇集》陕甘宁之部（下），1942 年版，第 628～629 页。

互校版本：

1.《陕甘宁边区政府文件选编》第三辑，档案出版社 1987 年版，第 44～45 页。

2.《陕甘宁边区法律法规汇编》，三秦出版社 2010 年版，第 213 页。

15. 陕甘宁边区砍伐树木暂行规则

1941 年 1 月 29 日公布

（一）本暂行规则依据陕甘宁边区森林保护条例二、三、四、五条制定之。

（二）凡公私有林砍伐树木均照此规则行之。

（三）凡各机关、部队、学校、群众需要砍伐树木时，未入山以前的十天前，先将砍伐树木的数量（分板材、圆材、薪炭等）砍伐地点、人数、时间详细开列，通知建设厅或附近县区政府。

（四）如有军事上之急需，当不在此规则限制之内，但须视其需用之性质而决定其砍伐法。

（五）由建设厅及附近县区政府派出森林保护员与砍伐树木的各部分的负责人商定砍伐办法（地点、树类、期限、人数等）并先共同入山号定应砍树木，通知当地乡政府与周围群众，方得令砍伐人员入山砍树。

（六）凡未经过以上二条的手续，自由入山乱砍树木的，各级政府各个群众得劝止其砍伐，并速即报告建设厅处理。

（七）下列各项性质树木禁止砍伐：

1. 离交通线及市镇八里以内，及村庄三里以内的树木；

2. 有防风、防水、护岸、防塌及水源有关树木；

3. 林产上有利益及保护垦牧有利益的树木；

4. 不可成块成片的砍伐（限于疏伐及间伐）；

5. 不合于砍伐树木需要的目的。

（八）下列各项性质树木可以砍伐：

1. 太密的相互压迫的；

2. 生态不良的有病的；

3. 老的、死的、有碍树木发育的；

4. 不妨害林产收益的；

5. 经过保护负责方面同意号定的。

（九）此暂行规则由建设厅核定呈边区政府备案施行，如有未尽善处，得由各方提出修改之。

选自《抗日根据地政策条例汇集》陕甘宁之部（下），1942年版，第631～632页。

互校版本：《陕甘宁边区政府文件选编》第三辑，档案出版社1987年版，第45～46页。

16. 陕甘宁边区林务局组织规程（草案）

1941年7月9日边区政府公布

第一条　为使边区林务之发展和巩固，特设立陕甘宁边区林务局。

第二条　本局隶属于建设厅，为统一管理边区林务机关。

第三条　本局的职责如下：

（一）关于公私有林之保护、管理、监督事宜；

（二）关于全边区护林，造林及其开发利用之设计、实施、指导、奖励等事项；

（三）关于保安林、经济林的编置调节事项；

（四）关于林业、林政、森林教育的调查研究推行事项；

（五）关于林垦、气候、水工及树木之研究、培养事项；

（六）关于森林技术及林务工作人员的训练、编制事项；

（七）其他关于林务行政事项。

第四条　本局对于各县市之林务有指导监督之权。

第五条　本局设正副局长各一人，综理本局及领导所属林务部门工作。

第六条　本局设秘书一人，办理全局机要及来往文件，下设收发、会计、文牍各一人。

第七条　本局设技术、事务两科，各设科长一人，科员若干人。

第八条　本局设技士校［技］正若干人，办理技术工作。

第九条　本局为推行林务及实应事实的需要，得设立林政管理处、林场、林产制造厂、苗圃等附属机关，并得添设森林警察。

第十条　本局各部门办事细则及其执掌规程另订之。

第十一条　本规程自边区政府公布之日施行，如有未尽事宜得随时呈准修改之。

选自《陕甘宁边区政府文件选编》第四辑，档案出版社1988年版，第23～24页。

互校版本：《陕甘宁边区法律法规汇编》，三秦出版社2010年版，第126页。

17. 一九四一年的陕甘宁边区经济建设计划

1941年2月20日

陕甘宁边区经济建设的方针，在于使边区由半自给的地位，发展到自给自足的地位，以供应抗战和民生的需要，摆脱经济上对外的依赖性，打下新民主主义的经济基础，并与敌人的经济破坏与经济封锁作斗争。

因此，继续开展边区的经济建设，就必须更进一步的、有计划的、广泛开展农、工、商业，增加边区生产，以便在长期抗战中保证抗日部队的供给，与满足人民日常生活必需品的要求。并在开展民众经济，增加人民收入的基础上，来增加政府粮食的、财政的收入，以保证政府经费上最低限度的需要，以便更进一步从军事、政治、经济和文化各方面来提高与巩固边区，并更进一步来改善人民的生活。

根据上述方针，在数年来边区经济建设成绩的基础之上，一九四一年的经济建设，在于完成如下的任务：

（甲）农业方面——总的任务是，普遍提高粮食产量，发展牲畜；局部推广种植棉麻，有计划的开发森林，广泛发展水利，扩大耕地，以达到粮食确保自给，增加纺织及其它工业原料为中心。为此目的：在农业方面——开荒六十万亩；并在现有耕地约二千万亩的基础上，改善农作法，达到平均每亩提高产量至二升细粮，求得全边区增加粮食产量四十万石。这样，使边区在特殊气候与抗战环境之下，能做到“耕三余一”，则三年耕而有四年之食。在适宜种棉地区，推广植棉五万亩，估计最低限度收皮花五十万斤，棉籽一百万斤。在适宜种麻地区，推广种麻，预计种小麻四十万亩，大麻三十万亩，纤维麻三万亩。边区政府为了帮助种植棉麻之农户购买种籽工具，投资二十万元；对于种植棉麻之农地，最初二年免收农业税。为着吸收移民，开垦荒地，增加边区人力起见，边区政府投资十万元，作为补助移民购买工具籽种及食粮之用。为着帮助农民发展水利，提高收获量起见，边区政府投资二十万元，以资广泛凿井及建筑一部分水利工程之用。

在林务方面——边区森林面积虽不算小，但因分布不匀，故对于农业气候之改善，与经济建设之需要，均感不足。因此今后之林务，主要是在没有森林的地方，建造气候林；有森林的地方，施行有计划的保护与开发供给工业及生活的原料。为此，边区政府投资十万元。在必须造林之区域，集中力量在三年之内，做出必要之成绩，纠正过去有名无实的普遍植树造林的倾向；同时组织边区林务局及旋木和锯木厂，专司林务管理及开发森林富源，发展经济。

在畜牧方面——估计边区现有羊子约二百万只，牛二十万头，驴十五万头。一九四一年应发展羊子一百万只，牛五万头，驴五万头，同时政府还动员、组织、奖励人民向边区以外买进牲口。并且帮助农户加强防疫，改良品种的工作。

（乙）工业方面——总的任务是以大量发展食盐产销，提高石油及纸张生产，广泛发展纺织为中心，为此目的：

第一，在食盐方面——产量上在于明春完成二千亩盐田，期能于一九四一年内产盐二百万驮，在一年之内，最低限度能推销至八十万驮以上。为着减轻人民负担，扩大食盐推销起见，政府拟设法减低盐价，减轻盐税。

第二，在纺织方面——正在筹备或已经成立之二十三个纺织生产合作社及各地纺织厂，以纺织为主；政府大量收集羊毛与棉花，并广泛发动妇女纺纱，以供给各合作社及工厂之用，务求提高产量，至五月能产土布六千匹以上。边区难民纺织厂及绥德难民纺织厂同样以织为主，发动民间妇女与机关人员纺织，以供给其生产，以便提高产量，求得一九四一年最低限度能出产布一万四千匹，毛呢三千匹，毛毯二万床，并改进质地，减低成本费。

第三，在制革方面——新华制革厂在一九四一年最低限度应产毛皮二万张，马具革二千张，面革一万张，并力求质地改进，减低成本。

第四，在纸张方面——一九四一年内各纸厂应出产对开印刷纸八万五千刀，证券纸一万二千刀，为最低任务。

第五，矿业方面——利用手工方法，扩大石油产量，最低限度应比去年提高三倍。建立炼铁厂，部分解决铁的需要。政府投资五万元，扩大采煤业，增加煤炭生产。

第六，工具生产方面——农具工厂和机器厂取得合作，以生产工业工具为中心；同时，设立木工厂，专门制造大车，纺线车，廉价出售，以便利运输与纺织的发展。

第七，化学工业方面——化学厂除继续改良品质，扩大销路外，应研究以脂肪油制造蜡烛使用以代替洋烛。建立染料厂，利用植物制造染料，以供纺织制革之用。

（丙）商业方面——总的任务应发展商业和消费合作，组织对外贸易，发展对外交换。同时必须建立边区交通运输线，便利货物的调剂与运输。为此目的：

第一，公营商业方面——与各工厂和合作社取得密切联系，进行推销边区工业成品，收买土产，组织对外贸易，换进边区的需要品，以供人民的需要，并替工厂购买原料。公营商店同样向政府登记并遵章缴纳营业税。

第二，私人商业——政府对私人商业提倡保护，并且帮助其发展的政策。尤其欢迎边区以外及华侨等实业家、商业家来边区投资。政府颁布投资条例，予外来投资给以奖励与保护。但政府采取适当的办法，抑制商人的操纵投机，实行平买平卖。

第三，合作社——合作社是人民自己的集体经济，它的任务是发展交换，便利人民购买，抵制商业资本的过多剥削，从经济上组织教育人民，并起发展工业农业的桥梁作用——它可以发展成为边区新民主主义经济的核心。为着推进合作事业的发展，除发动人民广泛参加外，政府必须加强领导，同时以二十万元贷与合作社，使其资金比较充足，活动范围更加扩大。

第四，运输事业——为了商业的发展，必须使运输交通更加便利，为此，边区政府投资二十五万元，并广泛动员民众，从事修理、建筑必要的道路，组织运输队，建立交通站。

为了完成上述任务，除依靠边区政府的领导之外，主要的还依靠民众积极性的发扬，党政军民的亲密合作与全国人士的各方面的帮助。我们相信，在取得这些条件之下，是能够胜利地完成任务的。

选自《陕甘宁革命根据地史料选辑》第二辑，甘肃人民出版社 1983 年版，第 162～165 页。

18. 陕甘宁边区政府关于贸易局工作的决议

1941 年 5 月 1 日

一、贸易局的性质

贸易局是具体执行政府贸易政策，实际从事贸易，并有计划领导各机关、部队，公营商业和消费合作社及团结私商的机关，在照顾全局，使政府贸易政策能完满实现上说，它等于政府的行政部门，但在实际业务上说，它和普通贸易机关毫无二致，它是执行政府贸易政策的实际机关，而即以其执行实际贸易，达到政府贸易政策的普遍实现。

二、贸易政策及其目的

新民主主义的贸易政策，在抗日的战时情况下，是以有计划的调剂对边区之外的贸易，以保护边区之内的贸易自由与流通的发展，它反对私人资本垄断，同时也不赞成用国家资本或权力来垄断或统制。因此总贸易局在营业上，只是整个边区公私商业的一部分，并无什么特权。但贸易政策服从于边区的自给自足的经济政策，以边区之有，易边区之无，以输出边区外所必需的物品，来换入边区内所必需的物品，一方面达到输出入平衡，一方面防止市场操纵，不妨碍自由，又非放纵自由。这是需要贸易局能起调整作用，这就是新民主主义贸易政策的特点。

三、贸易局的组织

1. 贸易局由建设厅直接领导；2. 总局与分局得设立贸易委员会；3. 光华商店系统名义不改变，实际上改为贸易局的一部分，举凡人力财力物力均属贸易局。

四、贸易局的任务

在上述政府贸易政策之下，贸易局的任务：

1. 保证党、政、军、民必需品的供给，因此应经过贸易局本身各分局组织，经过各地合作社，经过其他关系，收集土产，组织土产输出，以输入边区必需品与法币，同时刺激各种土产品的生产。

2. 与银行及公私商店保持密切联系，以便吸收各方面的投资，大量增加资本，大量发展商品流通。特别是要协同各方面来发展与组织运盐工作，争取食盐大量运销出去。

3. 立即建立贸易上的据点：一种是出口货多的地方，一种是土产产量多的地方，抽调干部首先在这些地方进行据点的建立。不建立据点，局限于延安一隅，就不能完成发展运销与调整市面的任务。

4. 在打破反共分子的经济封锁，及发展贸易营业上必须与私商尤其和各种消费或生产合作社，建立经济上统一战线，并用共利合作精神才能达到，你对于他有帮助，然后对于你也才有帮助，无远见，图近利，只求利己，不顾损人，假官势，不征求同意……的办法，均须严格防止。

5. 物价上涨，在战争期间，一般的说是不可避免的。但为了调剂市场，平抑物价，保持比较边区外低廉的水平，贸易局要在各重要地区设立评价委员会，防止囤货居奇，同时贸易局必须做到真正能够保证必需品的供给，要随时向价低的地方购买必需品，又随时抛售出去。

6. 贸易局在领导公营商店的贸易行为上，在目前又要做到从政策上督促、纠正各公营商店因本位主义而发生的竞买的倾向，并开始抛售光华商店的存货，解决党、政、军一部分需要，在将来贸易局要加强本身力量，能经常以低于市价的必需品供给市场消费，做到这样各公营商店逐渐成为不必要，公营商店的人力物力财力或转入工农业，或产盐和运盐的生产中去，或转入贸易局方面来。

7. 贸易局要贯彻政府贸易政策，必须与党中央特别是军委的生产系统，保持密切关系，争取各方面在人力（干部）财力（投资）上协调与帮助，同时要与公营企业、合作社建立密切联系，以便吸收前者的制成品（毛毯、皮革、西药等）之输出，经过后者收集土产。

8. 贸易局对外贸易的推动与扩大，首先在于明了边区内外市场情况，生产消费量、价格路线、运销等具体情况，才能拿得起，放得落。因此，必须深入地经过各种公私关系，进行调查统计工作，并出版刊物，以供参考。

贸易局应根据上述决议，立即起草贸易局组织章程、工作计划，送呈本府政务会议核准施行。

选自《陕甘宁边区政府文件选编》第三辑，档案出版社1987年版，第239～241页。

19. 陕甘宁边区推广运销食盐奖惩办法

1941 年 6 月 20 日

第一条　陕甘宁边区人民或机关、团体、公务人员，对于参加或督导推广运销食盐有功或有过者，依本办法奖惩之。

第二条　奖励分下列两种：

一、名誉奖，如明令嘉奖、登报表扬，或给予奖状、奖章或奖旗。

二、物质奖，如一元以上五百元以下的物质或奖金。

第三条　人民以驮牲参加运销食盐，以具有下列各条件为得奖起码标准：

一、一户之牲口，能够从事运输的，全部参加了运盐；

二、以运输为业的牲口，全年参加运盐至八次以上，其运输的路程，每头牲口每次不少于往返二十站（即一年之内每头牲口往返运至一百六十站）；

三、以半耕地、半运输为业的牲口，全年参加运盐至四次以上，其运输的路程，每头牲口每次不少于往返二十站（即一年之内，每头牲口往返运至八十站）；

四、每次运输的路程不及往返二十站，但次数增加与总路程相符合（长年运输的牲口达到一百六十站，半从事运输的牲口达到八十站）；

五、应运输之食盐，已依照边区政府之决定运足。

第四条　奖励办法于下：

一、符合第三条各条件者，予以名誉奖；

二、符合第三条各条件，有三分之一的次数直接运至边区以外销售的，每头牲口每次奖一元至二元的奖金（毛驴一元，骡牛一元半，骆驼二元）。有三分之二的次数直接运至边区以外销售的，每头牲口每次奖二元至四元的奖金（毛驴二元，骡牛三元，骆驼四元）。全部直接运至边区以外运［销］售的，每次每头牲口奖三元至六元的奖金（毛驴三元，骡牛四元半，骆驼六元）。

三、超过第三条运输的次数及每次不少于往返路程二十站，得每次每头牲口予以二元至四元的奖金（同上）。

第五条　人民以大车或牛车从事运盐，其奖励办法于下：

一、以全部大车或牛车参加运盐，在一年之内运输三次，每次运输的路程往返至二十站以上者，给以名誉奖。

二、以全部大车或牛车参加运盐，超过三次及每次路程往返不少于二十站者，每次每驮（以一百五十斤为一驮，按所运的驮数计算）予奖金一元

第六条　前三条（第三、第四，第五条）的奖励办法，同时适用于机关、部队和合作社。

第七条　各级政府公务人员，督导人民推广运销食盐，具有下列条件者，为得奖起码标准：

一、依照边区政府之决定将其所属之人民各户能运输的牲口，一律参加运销食盐，其运输次数及路程均符合决定之数者。

二、在其所属境内之运盐道路旁之骡马店，均依照决定加以整理，或添建并能保证其草料供给者。

三、所属区域应运公盐已照数运足者。

第八条　各级政府公务人员奖励办法于下：

一、符合前条第七条各条件者，予以名誉奖。

二、乡政府超过第七条第一项规定十分之一至二者，予以奖旗及五元以上三十元以下之奖金；超过十分之二至五者，予以奖旗及五十元以上百元以下之奖金。区政府超过规定十分之一至二者，予以奖旗及五十元以上百元以下之奖金；超过十分之二至五者，予以奖旗及一百元以上二百元以下之奖金。县政府超过规定十分之一至二者。予以奖旗及一百元以上二百元以下之奖金，超过十分之二至五者，予以二百元以上五百元以下之奖金及奖旗。

三、乡政府超过第七条第三项公盐数目十分之一至二者，予以奖金十元至二十元，超过十分之二至五者，予以二十元以上五十元以下之奖金。区政府超过十分之一至二者，予以三十元以上五十元以下奖金；超过十分之二至五者，予以五十元以上百元以下奖金。县政府超过十分之一至二者，予以百元以上二百元以下奖金。超过十分之二至五者，予以二百元以上至五百元奖金。

四、在各该县、区、乡以内，有十分之二或十分之五的牲口，将食盐直接运销至边区以外者，得予以五十元以上五百元以下的奖金。

第九条　给奖期间，规定一九四二年二月由各乡统计报告区，区统计报告县，县统计报告边区政府，依本办法评定奖励之。

注：人民应得的奖励，由边区政府直接发给得奖的人民。公务人员应得的奖励，由边区政府发给各该级政府，由该级政府酌量分发有功的公务人员。

第十条　运盐次数于本年六月起开始计算，截止一九四二年一月底为止。

第十一条　凡人民对运销食盐有下列情形之一者，分别予以惩办：

一、能从事运输食盐的牲口或大车，拒绝依照政府的决定参加运盐者，每头牲口处以二十元以上百元以内之罚金，每辆大车罚以百元以上千元以下罚金。

二、阻止他人从事运销食盐者，以刑事犯论罪。

第十二条　公务人员有下列情形之一者，分别予以惩戒。

一、对组织人民推广运销食盐怠工，致毫无成绩者，以违抗命令议处。

二、对组织人民推广运销食盐不尽职责，致不能完成任务者，以玩忽职务议处。

第十三条　本办法自公布日起施行之。

选自《陕甘宁边区政府文件选编》第三辑，档案出版社1987年版，第316～319页。

互校版本：《陕甘宁边区法律法规汇编》，三秦出版社2010年版，第512～513页。

20. 陕甘宁边区贩卖纸烟惩治办法

1942年1月公布

（一）本办法根据本府第三次政务会议议决之禁止贩卖纸烟决议案订定之。

（二）从本年一月十五日起，各种纸烟，概不得进口，如发现有偷运进口者，由各地税局负责查缉，除将纸烟全部没收外，科以从价三倍到五倍之罚金。

（三）从本年三月一日起，所有商店概不得出卖纸烟。如有违令偷卖者，由各该地税局公安机关负责查禁没收，并视其出卖香烟多寡，处以从价三倍到五倍之罚款。凡经公安机关没收之纸烟，一律交税局，如当地无税局者，则交县金库，如当地无金库者，则交贸易局。

（四）各地军民均负有帮助政府禁止贩卖纸烟之任务，如发现有偷运及私贩纸烟情事，均须立即报告该地税局及公安机关，予以查缉没收，按章处罚。税局及公安机关并得提罚款十分之三给报告人，以资奖励，但报告人不得私自予以没收处罚。

（五）过往客籍人士准许携带自用香烟百支，超过者没收之，转口纸烟税率从一月十五日起提高到百分之八十。

（六）税局公安机关所没收之纸烟及罚款，概交当地财政机关作为财政收入。

（七）为便利商民起见，凡在一月十五日以前进口之香烟，在二月底以前仍未能卖出者，得交各该地贸易局代向边区外出卖，并向贸易局科以一定之手续费。

（八）本办法所指之纸烟，系指外来之五福、仙岛、风车、前门、炮台及其他牌或无名牌之纸烟，至于水烟、曲沃烟、兴隆烟、旱烟及土制烟丝不在禁止之列。

（九）本办法自公布日生效。

选自《抗日根据地政策条例汇集》陕甘宁之部（上），1942 年版，第 173 页。

互校版本：《陕甘宁革命根据地史料选辑》第一辑，甘肃人民出版社 1981 年版，第 144～145 页。

21. 陕甘宁边区三十一（1942）年度经济建设计划大纲

1942 年 1 月

根据第二届参议会通过的“五一施政纲领”，经济建设各项提案，边区经济建设的总方针，是以继续发展农工商业，提高边区生产，推广食盐运销，平衡输出入贸易，繁荣商业，便利交换，以供应抗战民生的需要，从经济上巩固提高边区，更进一步改善人民生活为目的。依此方针，必须是：

第一，贯彻以农业为主，广泛发展私人经济的政策。

甲、发展农业生产，增加粮食产量二十万石。推广植棉，扩大棉地至十五万亩。加强牲畜保护，发展牲畜指数。

具体办法，主要是广泛提高劳动生产热忱，鼓励农民积极从事耕种，在原有耕地上根据各个不同地区，分别采取各种有效方法提高产量。在直属各县荒地众多的区域，组织移民，举行耕牛贷款，以增加耕牛，求得三十一年开荒六十万亩，以扩大耕地面积。兴修靖边杨桥畔、富县葫芦河、安定杨家园子等处水利，以发展灌溉，提高产量。

扩大东地区沿河各县植棉，三十一年预计推广棉地面积至十五万亩，希望能收净花一百五十万斤至二百二十五万斤，棉籽三百万斤至四百五十万斤。在明年扩大基础的前提下，建立三十二年度能推广植棉至三十万亩，以完成边区棉花全部自给的任务。

为达此目的，必须在政治上动员农户，配合政府在经济上的保证和优待，分配各有棉地的农户以一定的土地用于植棉，如植棉不及种粮的利益，政府予以弥补，棉地继续免征公粮，有优良成绩的予以奖励，缺乏棉种的，政府帮助调剂。无力购买棉种的，予以贷款帮助之。并准备以十五万元用于推广植棉的经费。其中大部分作为贷给棉户兴修小块水地，以及备办肥料等之用。

乙、保护牲畜繁殖，发展牲畜指数，求得在三五年之内，使边区缺乏耕牛的农户均有足够的耕牛，并发展羊子至五百万只。增加农户的副业收入。具体办法，主要是发展牲畜防疫，减少瘟疫，组织农村的防疫机关，专门负责防疫工作，实施防疫条例。提高中药兽医，加强病畜治疗，减少牲畜死亡。明年推广种苜蓿三万亩，增加优良饲料，解决草荒，增进牲畜营养，以利繁殖，举行牲畜登记，节制牲畜外流，重申保护母牲禁令，严禁宰杀母牲和出境。

丙、切实开展林务工作，有效地进行造林护林，以利水土保持，供应木材需要。应在急于造林地区，建立苗圃，培育树苗，以便有实效地造林。建立乡村民众的护林团体，组织热心公益和有声望的人士参加，对于任意破坏森林树木的，林务管理机关应向司法机关提起公诉，给予任意破坏的分子以法律上的制裁。同时应有计划的实验，提倡林业的开发，及供给木材薪炭的需要，并发展挖煤，增加燃料，代替林木的消费。

丁、推广食盐运销，准备明年运销三十万驮。其中以十二万七千五百驮为义务公盐，由全边区人民按照家庭经济之不同，酌量分别负担运输多寡。每驮以运足十站为原则，由政府每驮发给草料津贴二十元，从一月份起，按月运足十分之一，在十个月内运完。政府供给沿途骡马店的草料，并分别路线规定最高价格，按照规定供给运盐脚伙。在适当地址建立转运站，实行短程转运，在人民自愿原则下，组织运盐合作，以减少人力和畜力的浪费，并避免过于妨害农业生产，以及牲畜的过分损失。改善盐务局、税局和公盐收发处的工作，做到随到随发、随收，避免留难，加发公盐卤耗等。

以十七万二千五百驮为私盐，由人民自由运销，并由政府将全边区各线骡马店设立完备，调剂草料价格，增凿水井，发展转运，修通延安至定边、延安至靖边、安定至靖边的大车道，增加木工厂制造大车以发展车运，减低运费，便利人民运销。并在放青时节，有计划号召农户参加运盐，以增加副业收入。

戊、发展家庭工业和生产合作。家庭工业，主要着重发展东地区和关中的纺织，首先求得普遍发展，进一步加以改进提高。组织采买棉花，推销土布和弹花的合作，以便利供销。继续开办妇女纺织训练班，培养指导纺织的妇女干部，发展直属县和三边陇东各地的家庭纺织，特别是发展纺纱以供给工厂与合作社的需要。

生产合作社，主要是健全原有的基础，在原有基础上加以提高，从提高技术，健全管理来提高产量和质量。除一般的加强生产合作社的指导外，特别应抓紧基础较好的各社，并予以资力上的帮助，使已有的机器均能开工。继续发展生产合作，应着重于造纸，制造纺织工具、运输工具、掏煤等合作，以供应经济上的需要。

己、贯彻商业自由政策，继续发展私人商业。组织商人运销土产，对外交换必需品，打破完全依赖法币的倾向，对于资金不敷的小商人和运销土产出境的商人，由银行酌量予以资金周转的帮助。并使商业与运输联系起来。纠正商人中高抬物价、投机取巧的自杀政策，奖励或津贴私商运销边区药材出境。

太平洋战争爆发后，海外华侨必然大批回国经商，应积极欢迎海外华侨来边区投资，颁布优待华侨投资办法，帮助在延华侨兴办工商实业，造就便利华侨来边区投资的基础。

扩大消费合作社为合股商业公司的性质。股金不加限制，按股分红，社员不加区域限制，自由加入。民主权按股享受，每一股一个表决权。提高职员待遇，以发扬积极性和创造性。合股公司负一般商店的义务。此种合股商业公司的发展依靠于：（一）股东间按股享受民主；（二）实行正确的商业政策，直接组织土产向外交换进必需品，不囤积居奇，多中取利，取得广大人民来公司举行交换；（三）政府在资力上、交通运输上予以帮助；（四）与运输合作、生产合作密切联系起来。

第二，在“分散经营，统一领导”原则下巩固发展公营经济，合理进行生产自给。

甲、有计划的健全公营工业，提高产量和质量，保证公用布匹、纸张、煤油和肥皂的自给。具体办法，提高技术，加强管理，减少消费人员，充实生产人员，加强工人教育，实行十小时工作制，减少假日，提高劳动纪律。各同业工厂，实行互助合作，在政府统一领导下，逐渐在自愿原则下分别组织纺织业、化学工业、机械工业、采矿冶金工业等各种调整委员会，统筹人事、技术的调剂，生产供销的筹划，技术改进的研究和试验等，以收互助互利的实效。但事业的隶属关系和损益仍归主办机关享受，对于已经成为工厂生产性质的工业（生产者已经完全脱离其他职务，专为工厂生产），应给予一定的固定资金，任其独立周转。工厂不能无限制的经常要求增加资金，主办机关也不应轻易提取资金来解决一时的困难，以使其有计划的发展。需要增加资金的，应酌量增加，以扩大其事业。实行经济核算制度，以使其从各方面改进生产，但经济核算制度，并不是为了投机取利，或解除自供自给的任务。相反，是要更合理的，更经济的来加强保证自供自给的任务。

新增设公营工业，主要是炼铁，铸金和火柴、洋灰、染料的制造等。这些工业，均非独立能办成的，应集中技术，统一试办，并从小而至大。

乙、加强贸易管理，调整公营商业。

依据对内商业自由，对外贸易调剂的原则下，抓住组织食盐输出，棉花布匹输入为中心，以平衡输出入贸易，保证主要必需品的供给。切实与私商联合，建立更多的贸易路线，保持经常输出入的交换。但对外贸易的管理，并不禁止私商对外输出土产与输入必需品。而是输出的土产是边区需要输出的，输入的必需品，是边区必须输入的。对于某些土产（如甘草药材），因销路滞钝，难于获利的，必要时应实行津贴制，以奖励私商输出。

公营商店，应举行调查登记，实行必要的调剂，有基础、有发展便利的，应加以健全和扩大，并在自愿原则下，进行采购和推销上的合作，但不妨害分散经营的积极性。对于某些有名无实，又无健全和发展希望的应予以取消。所有公营商店，均应遵守商业贸易和金融政策，靠投机取巧、囤积居奇的商店，应予以取缔。

丙、合理的进行生产自给，依据三十一年度财政统筹统支办法的规定，生产自给所占的地位，仍是很重要的。原则上应当是：（一）主要依靠农业和手工业生产，商业只准县政府和独立团以上的机关统一经营，其余均不准做生意；（二）依靠在职人员利用空暇时间，或有计划的抽出时间兼顾生产；（三）不准动员人民的劳力和资力，或拉扯公款为自给资本；（四）领有公费的运输牲口，只有完成了运输粮草自给外，才准出去赚运费。

具体的生产任务是：各机关部队的蔬菜、肉食完全自给。除绥德分区外，县、区、乡工作人员再自给粮食一月半。绥德分区自给棉鞋、单鞋和洗脸巾。上述任务依然是明年自给的巨大工作，须有大的努力才能保证自给。因此建设厅应成立生产自给科专门指导此项工作。各机关亦须有专人负责才能完成。

第三，一千万元资金的分配：

甲、农贷五百五十万元；乙、合作事业一百万元；丙、公营工业一百万元；丁、交通运输一百五十万元；戊、商业投资一百万元。

（详细分配数字从略）

选自《陕甘宁革命根据地史料选辑》第二辑，甘肃人民出版社1983年版，第377～382页。

22. 陕甘宁边区盐务局组织规程草案

1942年1月公布

第一条　本规程依据陕甘宁边区财政厅组织规程第十三条之规定制定之。

第二条　边区盐务局为边区盐务行政之执行机关。

第三条　盐务局设正副局长各一人，承财政厅正副厅长之命，综理全局一切事务。

第四条　盐务局内设下列各室科：

一、秘书室；

二、第一科；

三、第二科；

四、第三科；

五、第四科。

第五条　盐务局下设各分局。

第六条　上列各室科局得依事务之繁简分股办事。

第七条　秘书室设秘书一人，助理秘书一人，科员若干人；

各科设科长一人，主任科员、科员各若干人；

推销处设主任一人，处员若干人；秘书、助理秘书、科长、分局长应由局呈请财政厅委任，主任科员、处员、科员由局委任呈报财政厅备案。

第八条　秘书室之执掌如下：

一、关于盐务局各种文件之撰拟、复核、缮印、校对、收发与保管事项；

二、关于工作人员之调动登记与勤惰考核事项；

三、关于工作人员之学习指导事项；

四、关于盐务范围内一切材料之搜集、整理与研究事项；
五、关于各种报告之审查与汇编事项；
六、关于局务会议及全体工作人员会议之召集与记录事项；
七、关于《盐务通讯》之编辑事项；
八、关于印信典守事项；
九、其他不属于各科执掌事项。
第九条　第一科之执掌如下：
一、关于食盐生产事务之计划、组织指导事项；
二、关于盐质之检查、研究与提高事项；
三、关于盐户之调查与登记事项；
四、关于盐田、盐井、盐台、盐湜之管理与盐田工程之设计事项；
五、关于盐田纠纷之处理事项；
六、关于盐工队之指导与管理事项；
七、其他有关第一科执掌事项。
第十条　第二科之执掌如下：
一、关于盐务款项之出纳、经营与报告事项；
二、关于盐务局经费预算决算之编造事项；
三、关于盐务系统内各种帐（账）簿单据表册之审计事项；
四、关于盐务系统会计制度之建立与检查事项；
五、关于盐务局财产之调查、登记与统计事项；
六、关于盐票之经领、保管与分发事项；
七、关于盐本之核算与发放事项；
八、其他有关第二科执掌事项。
第十一条　第三科之执掌如下：
一、关于盐场保护事项；
二、关于缉私工作之领导与盐犯之处理事项；
三、关于缉私武装之指挥事项；
四、关于运输问题之研究与改进事项；
五、关于运输机关之设置与指导事项；
六、其他有关第三科执掌事项。
第十二条　第四科之执掌如下：
一、关于局内公物之购置、保管与分发事项；
二、关于局内工作人员生活之供给与处理事项；
三、关于什务人员之教育与管理事项；
四、关于盐场房屋之建筑、修理与保管事项；
五、其他有关第四科执掌事项。
第十三条　各分局之执掌如下：
一、关于食盐推销之计划、经营与管理事项；

二、关于食盐产销之调查统计与出纳报告事项；

三、关于食盐之整理、保管与发放事项；

四、关于盐税之经收、登记、统计与汇缴事项；

五、关于食盐票照之经领、保管与核发事项；

六、其他有关食盐推销处理执掌事项。

第十四条　盐务局因与地方军政机关之联系，必要时得在定边城内设立办事处。

第十五条　盐务局之办事细则及有关盐务之各种规程办法另订之。

第十六条　本规程如有未尽事宜，得随时提请财政厅转呈边区政府修改之。

第十七条　本规程自呈请边区政府批准公布之日施行。

选自《陕甘宁边区政府文件选编》第五辑，档案出版社1986年版，第141～144页。

互校版本：《陕甘宁边区法律法规汇编》，三秦出版社2010年版，第121～122页。

23. 陕甘宁边区政府命令——颁布陕甘宁边区义务运输公盐实施办法

1942年2月1日

各专员各县市长

各盐务局长税务局长：

查“三十一年度运输公盐办法”，本府已经在三十年十二月十五日持字第578号命令公布实施了。现在为了使人民运输公盐的任务，更能公平合理的完成起见，特再制定“陕甘宁边区义务运输公盐实施办法”四十七条，经第九次政务会议通过，公布实施，望各级政府及盐务税务机关于接到本办法后，务必参照前项办法详细研究切实遵行，以利公盐运输工作之进行为要！

此令

主　席　林伯渠

副主席　李鼎铭

附：陕甘宁边区义务运输公盐实施办法

（一）总则

第一条　本实施办法依据边区政府持字第578号命令的原则制定之。

第二条　各地区各住户应负担运输公盐多寡，系根据边区政府决定应运公盐之总数，适当分配于各级政府，由乡政府以行政村为单位适当分配于各住户。

第三条　凡边区人民除下列情形之一，得免除公盐义务外，其余均有按照家庭经济之不同，分别负担运输公盐多寡之义务。

甲、现役抗日军人家属，其经济收入仅仅够维持其家庭普通生活者。

乙、鳏、寡、孤、独，其经济收入仅是维持本身普通生活者。

丙、移入边区之难民，居住年限不满二年，其家庭经济尚属贫农者。

丁、其他确因家庭经济贫困，无力负担者。

戊、边区政府另有命令免除公盐义务负担者。

（二）区域负担之分配

第四条　各县、市、区、乡和行政村应负担运输公盐数量多寡，视该区域人口之多寡，人民负担能力之高低为分配负担数量之标准，其分配方法如下：

甲、各分区暨直属各县市，各应负担公盐数，由边区财政厅提出分配意见，经边区政府批准公布之。

乙、分区所属各县，各应负担公盐数，由专员公署召集县长联席会议讨论分配之。

丙、县所属各区，各应负担公盐数，由县政府召集区长联席会议讨论分配之。

丁、区所属各乡，各应负担公盐数，由区政府召集乡长联席会议讨论分配之。

戊、乡所属各行政村，各应负担公盐数，由乡政府召集行政村主任联席会议提出分配意见，交乡议会讨论通过之。

第五条　各级政府分配所属下一级政府应运公盐之总数，以上一级所分配之数目为标准，没有边区政府之命令，不得增加或减少。

（三）人民负担公盐之分配

第六条　一行政村之人民，应负担运输公盐多寡，系根据乡政府分配该行政村应负担数为标准。

第七条　居民各户各应负担公盐多寡，由行政村主任召集村长和家长联席会议，先将居民中合于第三条各款者除掉，然后将应负担公盐义务之居民以行政村为单位，按照家庭经济之不同，分成甲乙丙丁……若干等第，凡家庭经济相同者列为同一等第，然后将全行政村应运公盐数，适当分配各个不同等第各负担多寡，各居户又将本等第应运之公盐数，适当分配于各住户。

第八条　前条所指家庭经济相同者，系指农户在农业和副业上，商民在商业和副业上，长脚户运输和副业上，地主在租息和副业等收入上，与人口比较收入相同者，则为家庭经济相同。

第九条　行政村主任将全行政村住户各应运公盐多寡分配后，即将分配之名单报告乡政府审核，经乡政府批准后，即为正式确定并公布名单于各自然村。

（四）公盐运输办法

第十条　人民全年应运之公盐，须于十月份以前分次运足，只准提前，不准推迟。

第十一条　人民运输公盐，得依据各地之不同情形，采取下列各种方法运输之。

甲、单独运输方法。凡住户应运之公盐，在数量上便于独自运输的，由乡政府发给公盐领盐证，自行向盐池起运，运交公盐收发处，取得收据和报查，再将报查交给乡政府。举例：如一户全年负担运公盐三驮，该户自己有牲口，有人力，自愿一次运完，或是负担公盐六驮，而愿分作二次或三次运完，这种居民，可用独单自运。

乙、以乡为单位合作运输方法。凡一乡之居民应运之公盐，愿意各自出其所有，例如有牲口的出牲口，有人力的出人力，有粮草的出粮草，有钱的出钱，组织成合作社，专门替社员运输公盐，乡政府发给合作社的公盐领盐证，合作社直接向盐池起运，运交公盐收发处，取得收据和报查，再将收据交与应运已运之人民将报查交回乡政府。但此项合作社的运输力量，须有足够在十个月内能将社员应运之公盐全部运完。如力量有余，则替非社员运公盐或管其他运输事业亦可。

丙、由乡政府摊派人力和牲口运输方法。凡人民应运之公盐，既不便单独运输，又未能组织合作社，则采取由乡政府轮流指派居民中的牲口和人力去运输，运盐所费的草料、伙食、工资等，由应运公盐之居民分摊负担之，公盐运交之后，将收据交与出运费之人民，将报查交乡政府，但此项所花之运费不宜高于一般长脚户之运费。

举例：如运公盐一驮，花了草料、伙食、工钱为二百二十元，政府发还了津贴二十元，尚欠二百元，则负担公盐一驮的，应出运费二百元，负担半驮的出运费一百元，其余类推。

又如全乡一年应运公盐一百驮，乡政府决定作四次运完，即每次运二十五驮，每驮花费二百元，则居民全年负担公盐一驮的，一次应出运费五十元（一驮四分之一），全年负担公盐半驮的一次应出运费二十五元，余类推。

丁、雇用本乡长脚户代运方法。凡人民应运之公盐，甲乙丙三种方法均未采用，而该乡有长脚户的牲口，愿意揽运人民之公盐，则由应运公盐之人民，各自出备运费，委托该乡之长脚户代运，由乡政府发给长脚户的公盐领盐证，长脚户向盐池领盐，运交公盐收发处，取得收据和报查将收据缴交委托运盐之人民，将报查缴交乡政府。

戊、以区为单位组织合作社运输方法。凡一区所负担全年应运之公盐，其数目不超过五百驮，欲以四次运完（或八次），则每次只要运一百二十五驮（或六十二驮半），便可完成任务，假如有八十个牛或骡子（或四十个），每次便能运足一百二十五驮（或六十二驮半），在这种情形下，可采取以区为单位，组织公盐运输合作社，受区政府之监督，专替全区各乡运输公盐，其运费由全区各乡应运公盐之人民分摊负担之。

己、在本乡以外由乡政府雇人代运方法。凡人民全年负担之公盐，其数量不超过三十斤，加入合作社也不方便，在本乡雇人捎运也不方便等，得采取缴纳运费交乡政府，由乡政府在本乡以外雇人代运，或乡政府将运费缴交区政府，由区政府雇人代运之。

第十二条　人民应运之公盐，每驮以运足十站（往返二十站）为原则，如运交地址不敷十站者，应补足（例如每驮只运五站，则以两驮算一驮，其余类推），超过十站者，超过部分每十站得抵一驮（例如运盐十驮，每驮运了十二站，则十驮等于十二驮），其余类推。

第十三条　每驮公盐于运交公盐收发处后，由公盐收发处依照边区政府规定，按站发给津贴费。

（五）征收代金

第十四条　凡有下列情形之一要求缴纳代金者得征收代金。

甲、边区政府决定该区域得征收代金者。

乙、有人力无畜力或有畜力无人力，或人力畜力均缺，又无法雇人代运者。

丙、负担之公盐数量不及一驮，又无法与人合作运输者。

丁、有人力畜力，但因确有重大原因而不能运输者。

戊、商人不能离开营业去运盐，又无法雇人运输者。

己、在职公务员，不能离开职务，又无法雇人代运者。

第十五条　每驮实征收代金多寡，由财政厅公布数目，人民按照规定缴纳之。

第十六条　人民缴纳代金直接送到乡政府，乡政府按照行政村主任报告该户应运公盐之数目征收代金，代金交到后，由乡政府填发以收据。

第十七条　征收代金的公盐，不发给公盐领盐证，已发给者立即收回，不发给每驮应发的津贴费。

（六）领盐交盐手续

第十八条　领取公盐，由财政厅发给"公盐领盐证"，由人民直接向盐池领盐，运交边区建设厅所指定的公盐收发处或转运栈。

第十九条　下级政府应运公盐数，由上一级政府发给其"公盐领盐证"。下级政府向上级政府领取之"公盐领盐证"，均须出具收据以备考查。

第二十条　人民应运之公盐，须交到指定的公盐收发处，取得收据和报查，再将报查缴纳乡政府作为已运之凭据。

第二十一条　各级政府应运之公盐，须将领取之"公盐领盐证"，全部换成公盐收发处所发的报查，汇缴上一级政府取得上一级政府的总收据，任务才算终结。

第二十二条　人民领运之公盐如中途搀和坏盐或杂质或保管不慎，致被雨水浸湿者，公盐收发处得拒绝收受。

（七）发盐与收盐手续

第二十三条　盐务局：

甲、人民持有公盐领盐证者应随到随发，如同一时拥挤，至迟不得超过二小时。

乙、每驮公盐除发足平秤一百五十斤外，另每驮加发卤耗十五斤，此项卤耗仍须缴交公盐收发处，但海运过一站得准予照下列办法减除卤耗。

丙、由盐池起运后在三站以内，每站得除卤耗二斤。

丁、盐池起运后三站以外，每站得减除卤耗一斤。

戊、照数发给公盐发票，以免税局留难，并便于转运站栈或公盐收发处验收。

第二十四条　公盐收发处：

甲、人民运到之公盐，应随到随收，如因一时拥挤，至迟亦不得超过二小时。

乙、过秤要公平，不准故意压秤，或发生其他舞弊情事。

丙、发给人民以收据和报查，并须字迹清楚。此种收据，必须是贸易局所制发的三联收据，不得用别种收据代替之。

丁、按照规定按站数发给人民以津贴。

第二十五条　盐务局和公盐收发处之秤由财政厅发给，或校准，以收发一致。

（八）转运

第二十六条　为着便利人民转运，得由建设厅在适当地区建立转运栈，由接近盐池之各县直接从盐池将公盐运到转运栈，再由离盐池较远之各县从转运栈运到公盐收发处，以减除人民之长途运输。

第二十七条　转运公盐计算办法，按盐池转运栈，或转运栈至公盐收发处之站数多寡计算。例如由盐池至转运站或转运栈至公盐收发处为三站，则运盐十驮，祇折实为三驮，又如从盐池到转运栈或转运栈到公盐收发处为四站，则运盐十驮，砥折实为四驮，其余类推。

第二十八条　人民无论向盐池起运公盐，或在转运栈转运公盐，均须持有财政厅所发之公盐领盐证，于领取公盐后，并须取得盐务处或转运栈之发票。盐务局和转运站之发票，彼此应在颜色上，或式样大小上有显明的标识，以便利公盐收发处易于区别何者属于盐务处运来的，何者属于转运栈运来的。

第二十九条　转运栈或公盐收发处，收到人民运来之公盐，须给运盐人以收据和报查，转运栈和公盐收发处之收据和报查，彼此应在颜色上，或式样大小上有显明的标识，以便易于区别。

第三十条　公盐收发处，收到人民运来之公盐，须在收据和报查上注明从盐池起运的或是从某某转运栈转运来的，以便利清算之。

第三十一条　转运栈发出转运之公盐，每站每驮发卤耗一斤。

第三十二条　各县负担运输之公盐，何时或是否采取转运，由建设厅命令规定之。

（九）督运与检查

第三十三条　各级政府对于运输公盐工作，除由主管长官主持计划外，应有技术专管人帮助之；此项技术专管人，专署和县政府应有一至二人，区政府应有一人，乡政府除由乡长负责外，应指定不脱离生产的委员或参议员一人帮助之。

第三十四条　各级政府运输公盐的技术专管人的工作事项如下：

甲、经常检查所属下级政府的运输公盐工作，随时收集材料报告主管长官。

乙、按期向上级政府作工作报告。

丙、收发并保管公盐领盐证。

丁、接受有关运输公盐的请求和指示，并提出解决和执行意见交主管长官批准实施。

戊、接受下级政府缴上的公盐报查并汇集缴送上一级政府。

第三十五条　组织人民选择农暇时间与放青时期，有计划的运输以避免妨害农业，并减少人民运费负担。

第三十六条　各级政府应经常派出得力干部随同运盐人民督运，帮助人民（解决）在沿途所遇到的困难，向人民进行宣传解释，提高人民运盐热忱，并了解盐务局和公盐收发处的工作，检查转运栈和骡马店的工作，并将所得情形随时报告上级政府。

第三十七条　有计划的组织供给所属境内骡马店和转运栈之草料及调剂草料价格，提出规定草料官价之意见报告上级政府。

第三十八条　指导人民组织公盐运输合作社，并帮助解决合作中的困难。

第三十九条　各级政府如发现运输公盐的牲口中有下列情形之一者，应禁止参加运盐，以免损失牲口，浪费人力和妨害农事。

甲、有胎之母牲，或产后不满三个月之母牲。

乙、清明时前两个月之耕牛。

丙、老弱牲口，不能驮重一百斤者。

（十）损失及其赔偿

第四十条　人民运输公盐之牲口，因下列原因而致损失，经查明属实者得由政府酌量予以赔偿。

甲、在途遇不治之瘟疫，或急症而致死亡者。

乙、在边区内遭遇土匪流寇力不胜防而致损失者。

丙、在边区内被军政拉差而致损失者。

第四十一条　非前条所属的损失，政府概不负赔偿责任。

第四十二条　运公盐人民，因下列情形，而致损失人力、财力，经查明属实者得由政府酌量赔偿之。

甲、领盐人持有领盐证，盐务局不能按时发盐致耽搁时间至一天以上者。

乙、公盐收发处，于公盐到达后，不能按时收受，致耽搁时间至一天以上者。

丙、被军队或政府拉差，致误日工者。

（十一）奖惩

第四十三条　公务人员对于领导人民运输公盐，有下列功绩之一，经财政厅、建设厅审查属实者，得呈请边区政府分别予以奖励。

甲、提前完成任务者。

乙、按时报告工作，任务又按期完成者。

丙、组织运输公盐得法，致减轻人民运费负担，又能按期完成任务者。

丁、组织得法、致牲畜人力没有浪费者。

戊、按期完成任务，领盐交盐手续均办理妥善者。

己、因组织得法，而超过完成任务者。

第四十四条　公务员对于领导运输公盐，有下列渎职行为，经查明属实者，应分别予以惩戒。

甲、贪污舞弊，徇私爱面者。

乙、玩忽职务，致运盐任务不能依限完成者。

丙、对上级指示怠工，致浪费人民畜力、人力等者。

（十二）附则

第四十五条　盐务局发盐规则，转运栈收盐发盐规则，公盐收发处收盐规则另订之。

第四十六条　本实施办法经边区政府公布施行之。

第四十七条　本实施办法如有未尽事宜，得呈请边区政府命令修正之。

选自《抗日根据地政策条例汇集》陕甘宁之部（下），1942年版，第542～552页。

互校版本：

1.《陕甘宁边区政府文件选编》第五辑，档案出版社1986年版，第145～154页。

2.《陕甘宁边区法律法规汇编》，三秦出版社2010年版，第343～347页。

24. 陕甘宁边区交通运输局发展私人交通运输企业投资暂行办法

1942年2月26日

第一条　本办法系为发展边区私人经营之各种交通运输企业而制定之。

第二条　投资范围包括骡马店、大车、鞍架、毛口袋、制造厂、兽医院以及其他一切交通运输事业。

第三条　有下列情形之一者，始得要求投资：

（一）某地区内对某种事业极感缺乏有愿开办者；

（二）某地区之某事业，供不应求，有私人要求扩大其该项事业者；

（三）某企业已经成立，经理颇有成绩，客观迫切需要，而该企业人又欲发展苦无资金周转者。

第四条　请求贷款人，必须拟出详细计划，经由县政府审查证明，介绍至交通运输局批准后，始得领取之。待该款到达县政府后一个月内必须交给预定之私人企业，逾此期限，如发现此人不妥及有其他情形又无法处理者，得报告交通运输局。

第五条　在资金发给私人二个月内，必须开始营业……

第六条　交通运输局对所投资之私人企业，不取分文利息，但该企业必须完成合同上所规定之全部任务。

第一项：关于骡马店：

（一）必须能容纳一定数量之人畜，并经常囤积一定数量之草料。

（二）代脚户出卖货物其所收佣钱不得多于二分。

（三）草料及伙食价格，不得超过买价百分之一百四十。

第二项：关于大车、鞍架及毛口袋制造厂者：

（一）必须在一定期限内完成一定数量之大车、鞍架、毛口袋等物品。

（二）可与指定之合作社订立合同，按月供给其出品多少，按市价九五折出售之。

（三）其出产品之卖价，不得高于一般市价。

（四）在不妨害资金流通下，各制造厂得将其出品之一部预先卖给运输合作社，定期还钱，以便于运输事业之发展。

第三项：关于兽医院者：

（一）必须有一定程度之兽医技术及一定数量之医药设备。

（二）必须负责诊治经过该地区的运输队牲畜之病症，其医药手术费不得高于一般私人经营医院的规定。

第七条　投资期限为一年，有特殊情形者得延长之。

第八条　接受投资之私人企业，每半年向交通运输局报告营业状况一次。

第九条　各企业所得之利润，必须拿出半数作为该项事业之扩大基金。

第十条　该项贷款决不能挪作其他企业之用，如发觉此类情事除将贷款全部收回外，并须交还月利五分之利息。

第十一条　接受投资之企业，如遇天灾人祸及其他人力所不能预防之损失，交通运输局可酌情再给予相当数目之资金以继续其业务。

第十二条　本办法自建设厅批准之日起施行之。

选自《抗日根据地政策条例汇集》陕甘宁之部（下），1942年版，第578～580页。

互校版本：《陕甘宁革命根据地史料选辑》第二辑，甘肃人民出版社1983年版，第 392～393 页。

25. 陕甘宁边区政府命令——公布关于邮务问题通令

1942 年 3 月 20 日

查十八集团军朱彭总副司令，于一月十四日所颁布的关于邮务问题通令一件，本府认为该通令内容颇适用于边区，且对于边区境内邮政与金融兑换都有帮助，故决予采纳施行，现特明令公布，务希各级政府各军警机关与人民团体切实遵行为要。

此令

附关于邮务问题通令

主　席　林伯渠

副主席　李鼎铭

附：关于邮务问题通令

根据敌后抗战特殊情形，今由本部与军邮当局协商，规定办法如下，特此通令各地各级军政负责同志，切实执行。

（一）邮务系有关抗日战争，并带有国际性质之国家企业，各地军政当局，应尊重邮务章规，及其行政与工作系统，并给以充分之业务便利与妥善之保护。

（二）一切邮政员工，不得有违犯当地军政法令行为。

（三）一般邮件检查，应即停止，仅为防止汉奸活动有检查必要时，可依照邮章，采用迅速捷便之方法，在邮局办理之。验讫邮件，应依章加盖戳记；检查应以当地收寄，及落地邮件为限，除敌我区来往邮件外，一切直封套袋转口邮件，不得中途拆封检查。一切邮政公事，不在检查之列。

（四）为便利邮务之进行，各地邮局售票汇兑，得以法币为本位，按照市价，收授当地地方银行纸币，并由银行依规定比值，负责兑换，以免邮局因币值不一，遭受经济损失，或工作困难；但邮政员工不得发生不利当地金融情事。

（五）为安定各地服务邮政员工生活计，如当地银行币值高于法币时，其全部薪津应以当地货币这本位发放，该项开支所需款项，由邮局以一比一之比值，用法币向银行兑换之；如当地银行币值低于法币时，邮政员工薪津发放，仍依法币为本位，并得按市价向银行兑换之。

（六）各地政府对邮政员工之人权、政权、财权、地权与集会、结社、言论、出版、居住、信仰之自由，应依法给以保障。凡属邮政员工，若非现行犯，不得即行拘捕，以免影响邮务之进行，如果嫌疑重大，必须拘押时，亦应允许军邮视察，保释候审。

（七）遇有紧急敌情时，军政当向应即时通知邮局，并尽量予以运输之便利与保护。如因敌情严重，各地邮局无法购得粮秣时，当地政府或部队应设法代借或代购，以保障邮政员工之生活。

（八）各地区军邮视察或局长，为维护邮件之安全或开辟邮路之必要，得请求当地驻军或政府，给以协助保护。

（九）遇有特殊情形，上述某项原则，需要变通办理时，得由当地军政与军邮当局，为紧急之权宜处置，并报告军邮总视察，如需要为根本之修改时，仍由本部与军邮负责人办理之。

国民革命军总司令　朱　德
国民革命军副总司令　彭德怀
第十八集团军政治部主任　王稼祥
一月十四日

《陕甘宁边区政府文件选编》第五辑，档案出版社1986年版，第337～339页。

26. 陕甘宁边区政府、十八集团军总司令部布告——禁止拆毁庙宇和砍伐树木

1942年4月15日

各处庙宇，本是旧日社会建筑之一，在今天或设学校，或作工厂，都有很多用处；植树造林，也是边区今天的一个要政，调节雨量，改变气候，都要靠它。我们都应该加意保护才是，但是近来竟有一部分人，对于旧有庙宇，任意拆毁，对于树木森林，任意砍伐，象（像）这种情形，不但引起民众不满，并且违背政府法令。为此布告军民人等，以后不得任意拆毁庙宇和砍伐树木，倘有违犯，定要严厉惩罚，此布。

总司令　朱　德
主　席　林伯渠
副主席　李鼎铭

选自《陕甘宁边区政府文件选编》第六辑，档案出版社1988年版，第107～108页。

27. 陕甘宁边区政府关于技术干部待遇问题的批答

1942年5月9日

建设厅高厅长、霍副厅长：

四月十五日呈悉。所呈技术干部待遇标准及津贴表，经提交第十九次政务会议通过照准，已转令财厅遵照，自四月份起按表发给，希即造具预算向该厅领取为盼。此批。

主　席　林伯渠
副主席　李鼎铭

附：

边府建设厅呈文

林主席、李副主席：

关于技术干部待遇，过去没有统一的标准，或多或少会影响技术干部的工作情绪，因

此本厅拟定技术干部待遇标准，以求划一；并商得中国共产党中央组织部同意召集中央军委各有关部门开会加以讨论，以求在延安技术干部的待遇能有同一标准，已经各方同意，兹将技术干部待遇标准及根据此项标准所拟本厅技术干部之津贴表一并附呈，请予审核批示，并令知财政厅启四月份起按上列津贴表发给津贴。

此致

敬礼

建设厅厅长　高自立

副　厅　长　霍子乐

四月十五日

技术人员待遇标准

一、为什么要有技术人员的优待问题？

a. 志愿来边区工作的技术人员是为革命而来，是自愿艰苦奋斗献身革命事业和非技术人员同样工作、同样生活。

b. 政府对技术人员的优待乃是重视科学重视知识分子，即“施政纲领”第十四条所提出“尊重知识分子，提倡科学知识……欢迎科学艺术人材（才）……”的实施。

c. 政府为了减少技术人员对生活上的分心，使能更有时间发挥其特长和多年修养的技术，更能多贡献其力量于革命事业。

d. 为了争取外来技术人员，故对于聘请的技术人员及特殊技术者，不仅要优待，而且要和边区以外的待遇一样或更高。

二、目前存在着什么问题？

a. 待遇不统一（应有统一的原则办法）。

b. 对于技术人员等级问题（应有等级和定等级的明确规定）。

三、技术人员待遇意见：

A. 等级：共分为四级，聘请者及特殊技术者不在此限。

一级：

1. 专门以上学校毕业，并在所学习专门技术工作中服务五年以上者。

2. 有七年以上的专门技术经验，并自修专门技术理论相当于专门以上学校毕业的程度者。

3. 其他经审查合格者。

二级：

1. 专门以上学校毕业，并在所学习之专门技术工作中服务二年以上者。

2. 高级职业学校毕业，并在所学习之专门技术工作中服务五年以上者。

3. 有六年以上的实际专门技术经验，并自修专门技术理论有相当基础者。

4. 其他经审查合格者。

三级：

1. 专门以上学校毕业者。

2. 专门以上学校肄业二年以上，并在所学习之专门技术工作中服务二年以上者。

3. 高级职业学校毕业，并在所学习之专门技术工作中服务三年以上者。

4. 初级职业学校毕业，并在所学习之专门技术工作中服务五年以上者。

5. 有六年以上的实际专门技术经验，并自修专门技术理论有初级基础者。

6. 其他经审查合格者。

四级：

1. 高级职业学校毕业者。

2. 专门以上学校肄业二年以上，并略有实际经验者。

3. 初级学校毕业并在所学习之技术工作中服务三年以上者。

4. 有五年以上实际经验并自修专门技术理论略有基础者。

5. 其他经审查合格者。

B. 待遇：(聘请者及特殊技术者另定之)

1. 津贴：

a. 一级　九十一——百元

b. 二级　七十一—九十元

c. 三级　五十一—七十元

d. 四级　三十五—五十元

2. 衣服（一、二、三、四级同）每年发给单衣两套，衬衣一套，棉衣一套，单鞋两双，棉鞋一双，手巾两条，被褥各维持一床，其质量与一般工作人员同。

3. 住宿：在各该机关、农场、工厂等有可能时按以下原则：

一级独住一个宿室；二级二人住一个宿室，三级及四级与一般工作人员同。

4. 出差：应有牲口驮行李或代步。不设专用马。

5. 饮食：与一般工作人员同，尽可能有勤务打饭打水等。

6. 其他：(技术人员特别需文化及政治食粮之供给)。

书报供给：

①解放日报：一级一人一份；二级两人一份；三级三人一份；四级四人一份。不足以上人数者酌量发给，由本机关购送。

②书籍，一般书籍与解放日报同。

③尽量给予听报告的机会。

注：发白面发菜金自己做饭吃的办法是最妨碍工作的。再如发钱自己解决生活问题则是一种增加私生活负担的办法。

选自《陕甘宁边区政府文件选编》第六辑，档案出版社1988年版，第151～154页。

28. 附［报刊报道］：中共中央西北局奖励二十二位生产英雄，毛泽东同志为受奖者题词

1943年2月3日《解放日报》

一、西北局奖励廿二位生产英雄

［本报特讯］西北局最近召开之高级干部会议，对边区党务、政治、军事、文教均会

加以缜密讨论，对经济工作的讨论，尤为周密详尽。西北局为提高干部对于经建工作之认识，鼓励干部尽力工作起见，特于闭幕之前，就近年来领导国民经济建设及公营经济事业成绩昭著而又刻苦奉公、在群众中有信仰之干部选拔王震等廿二名，予以隆重奖励；而对三五九旅、延安县委县府及延安县南区合作社三单位更予以团体的奖励。三单位及廿二名受奖同志姓名及其主要成绩，均由西北局书记高岗同志亲自在大会宣布，一一上台受奖。由林伯渠同志授奖。团体奖品为西北局赠送之红绸锦旗；个人奖品则除毛毯外，更有由毛泽东同志亲笔逐一题字之奖状，尤为珍贵。授奖之时，全场掌声如雷，得奖者均极欢忭，并公推王震同志代表答词。他首先说：此次授奖，由西北局领袖高岗同志宣布成绩，由林主席亲手授奖，仪式隆重，令人兴奋。王同志随即阐述廿二位劳动英雄获得成绩的原因。他说："这是由于毛主席、朱德司令提出了在长期抗战中发展生产，克服困难的正确方针，毛主席号召我们要自己动手，朱德司令亲身指导实行屯田政策；这是由于中共西北局和边区政府的正确政策；这是由于广大干部、战士和人民热烈地响应毛主席、朱总司令的号召和拥护西北局和边区政府的经济建设政策。我们今天的成绩，表现了广大干部、战士和人民的积极性和创造性。我们谨领了光荣的奖品。这个光荣，是在党的正确政策指导下，是干部和群众努力的结果，但是我们的工作还不免有许多缺点，在兴奋鼓舞之余，我们当更加努力，求得克服缺点，坚决去执行新的经济建设的任务，深信今后将获得更大的成绩。"在同一会议上，高书记更将贪污腐化干部王华亭等八人之犯法违纪行为当场宣布，均将依法处罚，党内并将审查其党籍，分别给予开除及严重警告的处分。大会以边区党与非党技术人员、工程师等干部中应奖应惩者尚多，特提议政府军队再行分别奖惩云。兹将三单位及二十二名受奖同志姓名、职务、主要成绩、锦旗题字、毛泽东同志手书奖词及贪污腐化干部之劣迹分别胪列于后：

西北局赠三单位锦旗题字：三五九旅：发展经济的前锋。延安县委县府：发展经济的模范。延安县南区合作社：模范的合作社。

二、毛泽东同志为受奖同志题词

（名次依地区排列）

王　震同志：有创造精神。

何维忠同志：切实朴素，大公无私。

晏福生同志：坚决执行屯田政策。

罗　章同志：以身作则。

黄静波同志：坚决执行党的路线。

刘秉温同志：善于领导群众。

王丕年同志：善于领导群众。

惠中权同志：实事求是，不尚空谈。

刘建章同志：合作社的模范。

王世泰同志：忠实，努力，不夸不骄。

杨　林同志：坚决执行党的政策。

范子文同志：机关生产的模范。

胡起林同志：无限忠心。

马文瑞同志：密切联系群众。

马锡五同志：一刻也不离开群众。

王维舟同志：忠心耿耿，为党为国。

李丕福同志：面向群众。

习仲勋同志：党的利益在第一位。

文年生同志：生产教育，两者兼顾。

任成玉同志：为群众谋福利。

贺晋年同志：艰苦奋斗，不屈不挠。

罗成德同志：不怕困难。

三、受奖单位主要成绩介绍

三五九旅　一、坚决执行了党的农业第一的政策，开垦了二万五千亩土地，辛勤建设了南泥湾，解决了一部分粮草及各种用品。二、建设了各种工业如纺织、肥皂等共约十种。三、建立了六百多匹运输牲口及四十七间骡马店。四、除粮食外，去年全部开支自给百分之六十七点五五，内中经常费自给百分之九十六点一六。五、全旅生产计划、生产制度与供给制是统一的。六、节约有成绩、有制度。

延安县委县府　一、五年来（一九三八至一九四二）共安置难民三万八千人。二、积极组织开荒，组织劳动力（如札工、变工、集体工、强迫二流子生产等），五年来开荒三十四万余亩，超过原有熟地数。三、领导了南区合作社及其他各区合作社，今年全县合作社扩大股金数占全边区合作社扩大数之半。四、一九三七年有羊八千头，现有羊六万头。五、一九四一年首先运盐，去年八千驮运盐任务亦能较早完成。六、机关生产办法好，有成绩。

南区合作社　冲破成规，与群众密切联系，建成了新型的模范合作社。至去年七月止，拥有社员一、一一二户，股金二百万元，现有资财值五百万元，工作方式活泼，经营获利得法，能为群众解决问题，亦能帮助政府工作，确尽了联系公私经济的任务。

四、受奖诸同志职务及主要成绩介绍

王　震　三五九旅旅长兼政委，成绩见三五九旅条。

何维忠　三五九旅供给部长前兼政委，成绩见三五九旅条，特别在工矿业方面领导深入，切实朴素，大公无私。

晏福生　前三五九旅×团政委，积极领导完成了开辟南泥湾的艰苦任务，各业生产成绩好，制度严格，管理生产人员严格。部队生活水准提高，供给充裕，以食油论，每人每天即可食油五钱。两年来该团补充被毯一千七百条，现有锄头千余把，其他可以想见。

罗　章　现任三五九旅供给部政委。为人极刻苦，党性强，原任旅锄奸科长时，积极领导该科及军法处四、五十人积极生产，他已年近四十，却亲自率领部下锯木板，捞柴，远路背米，拉炭，由绥来延不骑马，自背行李小米，急行到达。由于他的刻苦领导，改善了机关生活，予人影响甚大。

黄静波　清涧县长。一、一九四〇至一九四二年开荒六、九六四垧，组织二流子生产有成绩。二、一九四一至一九四二年全县植棉四千垧，收净花八四、〇〇〇斤，恢复了全县纺织，除人民自用外，今年可出口小布七万丈。三、恢复了蚕丝业，一九四二年收茧二万斤，植桑三万株。四、植果树、牧畜、合作社亦有发展。

刘秉温　延安县长。成绩见延安县委县府条。

王丕年　延安县委书记。成绩见延安县委县府条。

惠中权　靖边县委书记。一、二年增修水利七千亩，发现并推广了水浸地办法，去年试修一千亩。二、注意牲畜繁殖，前年组织群众割草五百万斤，去年培养草园子四千亩，种苜蓿二千亩，牲畜有草，繁殖骤见容易。三、合理解决了靖边地主农民间地权纠纷。四、积极培养经建工作干部。五、机关生产得法，有成绩。

刘建章　延安南区合作社主任。成绩见南区合作社条。

王世泰　边区保安司令员。一、遵［尊］重法令，执行政策最坚决。如一九四〇年遵守边府法令停关所开之商店，交出自己生产所收获之粮食，如一九四一年以一排优秀战士拨予建设厅纸厂，又拨给了军委后勤部廿五名干部，如一九四二年补助生产薄弱机关五十五万元，并遵守党的号召首先大量向盐业公司等处投资和拨调干部。二、贯彻实行了团以下只进行农业、副业、手工业生产、小规模运输业，其他工厂商业大运输业统一由司令部管理的政策。三、今年经费均能自给大部，服装自给一部，粮食自给小部。

杨　林　保安司令部供给部长，成绩见王世泰条。

范子文　西北局秘书处长。机关生产最好。一、由一九三九年的一千五百元生产基金，六匹牲口，发展到现在有农场三处，木炭厂、磨房、屠房、小木铺各一座，运输牲口十六匹，羊子二百只，积蓄了相当生产资金。二、一九四二年上半年，除粮食外，各项支出自给百分之七十五。三、一九三九至一九四二年收获细粮一百零五石，菜十四万斤。四、机关伙食较好，补充日用品甚多。

胡起林　延安县政府四科科长。一、对难民移民安置工作特别关心，有办法，积极领导着新民乡的建立，从一九四一年初到一九四二年底，该乡由六十九户四百三十七人增至六百六十八户二千二百十一人。二、强迫二流子生产和提倡变工札工都是他首先提出来的。三、前年运盐，任务艰巨，他亲自去领导的一个区，在全县做得最好，办法最多。四、工作积极，凡工作均能妥当完成，虽有肺病不肯休息。五、注意调查研究，工作细致。

马文瑞　陇东特委书记。主要为坚决完成了前年陇东运盐六万驮的艰巨任务，办法较多，而所发生的问题最少。并曾亲自到曲子、环县两县督运。

马锡五　陇东分区专员。成绩与马文瑞同，曾亲到两县督运，并曾亲自到三边视察沿路情况。

王维舟　三八五旅旅长。一、亲自寻找地址，建立了大凤川农场。二、部队经费自给大部。三、维护法令，领导生产干部严格。四、注意节约。

李丕福　华池县长。一、一九三八年至一九四一年全县开荒十四万亩。二、前年组织群众运盐二万驮，应运公盐四千四百驮，完成后超过三百驮。去年组织群众运盐及公盐任务亦完成。三、指示合作社前年为群众代卖铧七百页。去年调剂荞麦种三十石。四、机关生产办法好。

习仲勋　关中分委书记、专员兼××旅政委。统一领导关中党政军民，巩固边区，使人民安居乐业发展生产。关心群众，在群众中有威信。在他七年如一日的刻苦领导之下，关中人民生活显著提高，现民众平均每人收麦四石。他在提高劳动力推广硷小麦种荞麦方面均有成绩。

文年生　警备一旅旅长。一、由极少基金，刻苦经营，现有运输牲口二三五四，骡马店十九处，纺织工厂一所，商店三所。二、经费自给百分之八十。三、领导积极，生活艰苦。

任成玉　赤水县委书记。到赤水工作三年以来：一、纺织业全县由四百把纺线车发展到三千五百把，由七十四架织布机发展到七百架。二、安置难民三百户，开荒三千亩，在群众中发现修堰地办法，二年试修三千亩，增产粮三、四百石。三、以农工办法解决机关自给任务，种地三百亩，设立了木厂、盐店、骡马店、油房、皮房。

贺晋年　前警一团团长。一、去年夏季解决三边若干违反法令、破坏金融事件，能贯彻党的指示，有成绩。二、去年部队自给二百万元。

罗成德　三边分区专员。一、积极帮助前年军队机关在盐池打盐的巨大工作，帮助解决了食粮、用具和盐坝。二、去年组织三边群众运盐二万驮，去年三边设草店九处，境内运输草料不缺。三、强迫二流子百余人参加工厂和打盐。四、拥军积极，能掌握政策。

选自《解放日报》1943年2月3日第一、二版。

29. 陕甘宁边区政府命令
（为令调查历年来农业生产中的劳动英雄予以奖励）

1943年2月9日

各专员、各县市长：

为了更进一步提高边区人民的农业生产热忱，发展吴满有运动，实现本年农业生产计划起见，各县可参考本府二十八年四月一日公布之《陕甘宁边区人民生产奖励条例》，调查历年来农业生产中的劳动英雄应予以奖励。其奖励办法可先择最优良者于春耕期间即给奖，其余如暂时来不及普遍奖励时，得经调查登记后于本年各分区应举行之农展会时给奖。

目前必须给奖的最优良者应具有《陕甘宁边区人民生产奖励条例》第三条（一）（二）（三）项条件之一以上，并须热爱边区，在抗战负担上起模范作用者为合格。给奖时应召集附近之居民开群众大会举行，并将受奖励者的姓名、略历及受奖诸条件，在全县利用各种会议上，或民众组织中作宣传，以扩大其影响。奖品以农具为限，所需之经费，由县政府造具预算连同名单呈报专署审查，再报告建设厅批发为要。

此令！

主　席　林伯渠
副主席　李鼎铭
建设厅长　高自立
副厅长　霍子乐

选自《陕甘宁边区政策条例汇集》续编，1944 年版，第 178 页。

互校版本：

1.《陕甘宁边区革命根据地史料选辑》第一辑，甘肃人民出版社 1981 版，第 253 页。

2.《陕甘宁边区政府文件选编》第七辑，档案出版社 1988 年版，第 78 页。

30. 陕甘宁边区物资局组织暂行规程

1943 年 2 月 14 日

陕甘宁边区政府颁布物资局组织暂行规程的命令

1943 年 2 月 14 日

边区物资局叶局长：

陕甘宁边区物资局组织暂行规程已经本府二月三月第四十次政务会议修正通过，兹特明令颁布，希即依照规定，正式进行建立机构，配备干部，以便开展工作为要。

此令

主　席　林伯渠

副主席　李鼎铭

选自《陕甘宁边区政府文件选编》第七辑，档案出版社 1988 年版，第 80 页。（注："档案文件版"有此命令，"三秦法律版"则无。）

陕甘宁边区物资局组织暂行规程

第一章　总　则

第一条　为统一管理边区出入口贸易、物资、物价，保证财政实物供给及辅助边区国民经济之发展，设立边区物资局。

第二章　任务与职权

第二条　物资局的任务：

一、管理与加强出入口贸易；

二、稳定金融平抑物价；

三、协助财政保证实物供给；

四、加强管理物资与商业；

五、辅助国民经济之发展。

第三条　物资局的职权如下：

一、管理许可检查物资之输出输入；

二、有管理全边区之商业及规定物价之权；

三、有规定商品质量标准及检验之权；

四、对输出入物资有优先购买及推售权；

五、有管理贸易口岸之权；

六、有建立边区内外商业情报、商业据点与商事联络之权；

七、有管理检查扣留检举全边区商业通讯权；

八、有趸积及取缔趸积输出入物资权；

九、有专买专卖及统购统销输出入物资权；

十、有投资公私企业之权。

第三章　组织及编制

第四条　组织机构应力求简单化、企业化，以求办事敏捷并能顺利的完成其工作任务。

第五条　物资局的组织机构计分总、分、支三级。

一、总局总揽全局行政与企业之事务；

二、分局负责分区或应设分局地区行政与企业事务；

三、支局负责各设立支局地区行政与企业事务。

第六条　总、分、支的组织机构如下：

一、总局之组织机构：

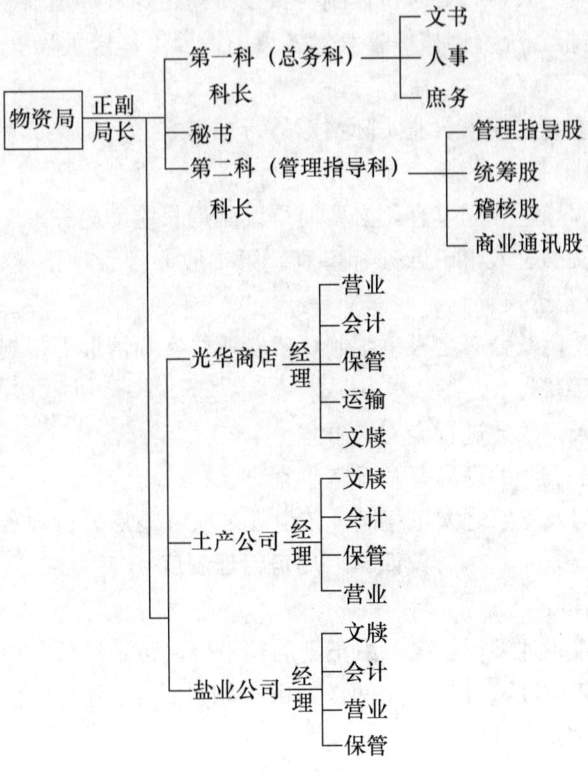

二、分局之组织机构：

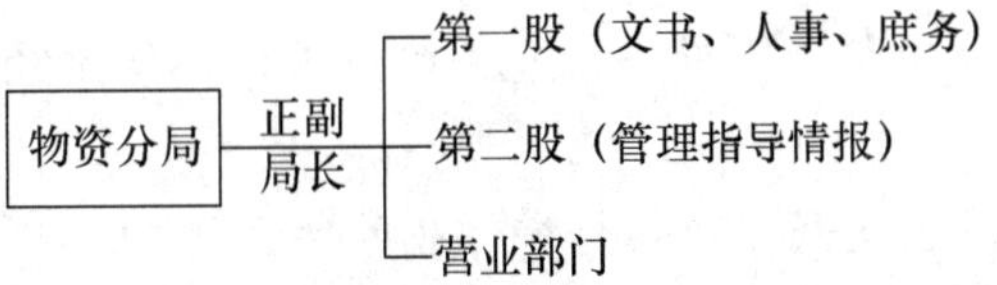

三、支局之组织机构：

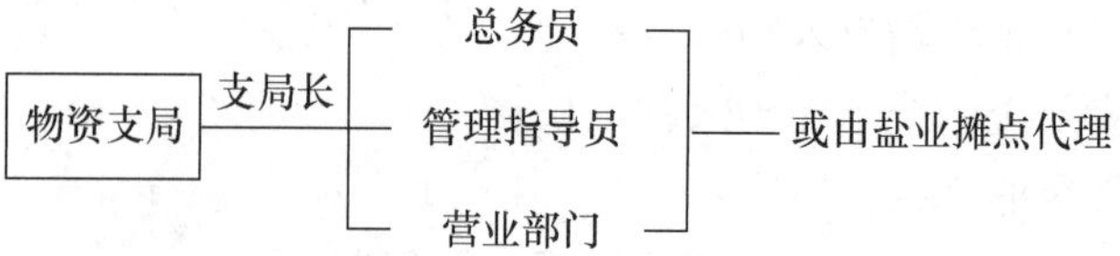

四、各企业单位之总、分、支公司及店之组织须依各单位业务之性质及范围，另行规定之，由物资局审核批准，呈请边府备查。

第七条　物资局之人事编制：

一、总局之人事编制。

1. 设局长一人总揽全局政务业务。

2. 设副局长一至二人协助局长领导全局政务业务。

3. 第一科设科长一人必要时得设副科长以协助之，领导全科事宜，下置科员三人分掌文书人事庶务等事宜。

4. 第二科设科长一人，必要时得设副科长以协助之，领导全科事宜。下设科员四人，分掌管理、指导、情报、统筹稽核等事宜，各科内得因工作繁重程度，设股长一人，必要时设副股长一人。

5. 各企业之人事编制须依营业实际情形另行规定之。

二、分局之人事编制。

1. 设局长一人领导全分局事宜，必要时得设副局长协助局务。

2. 第一股办理文书、人事、庶务等事宜。第二股办理管理指导、情报等事宜，各股得因工作需要设股员若干人。

3. 各企业之分公司及分店之人事编制，依营业之实际情形另行规定之。

三、支局之人事编制。

1. 设支局长一人，领导进行全支局事宜。

2. 设助理员若干人，助理局务及日常事宜。

3. 各企业支公司及支店之人事编制，依营业之实际情形另行规定之。

第四章　局务管理制度

第八条　会议制度：

1. 总局局务会议每月举行一次，由正副局长主持，正副科长各单位经理参加之。

2. 总局各科科务会议，每月举行两次，由正副科长主持，科内全体人员参加之，必要时得与其他各科开联席会议。

3. 分局局务会议每月举行两次，全分局人员参加之。

4. 支局局务会议每月举行四次，全支局人员参加之。

5. 各企业单位之总公司及店每月举行业务会议两次，正副经理及正副科长及指定之科员参加之。

6. 各企业单位之分支公司及店，每月举行业务会议四次，均须全体人员参加之。

7. 各级会议必须依规定日期举行之，以利工作之推进。

第九条　工作报告制度：

1. 总局工作每三个月总结一次，包括政务及业务向财政经济办事处及边区政府呈报。

2. 总局各科及分支局，每月总结工作一次，向总局呈报。

3. 各企业单位及其分支店，每月总结工作一次，由总公司及店汇集向总局呈报。

4. 各级工作总结，必须按期呈报，以便检查，而利进行。

第五章　附　则

第十条　本条例呈经边区政府批准后实行之。

第十一条　本条例如有未尽事宜，须经边区政府修改之。

选自《陕甘宁边区政府文件选编》第七辑，档案出版社1988年版，第80～85页。简称“档案文件版”。

互校版本：《陕甘宁边区法律法规汇编》，三秦出版社2010年版，第123～125页。简称“三秦法律版”。

31. 陕甘宁边区物资局物资登记办法

1943年3月公布

第一条　物资局为了解物资动态，以便调剂物资，特在各重要县市口岸税务局内设置登记员一人（可由税局发票员或稽查员兼任），受各税务局长之督导，担任货物登记工作。

第二条　凡属出入口及过境货物，必须办理登记手续后，方能成交及过境，货物登记与税务局之货物检验应同时为之，以减少商人和脚户之麻烦。

第三条　所有出入口及过境货物举行登记后，有税货物即在税票上加盖登记戳记，无税货物即给予登记证。此项登记证，概不收费。

第四条　货物登记时，须由货主自行负责照料。

第五条　登记员须依照物资局之指示规定，按期或随时向物资总局或分支局做工作报告，以资研究。

第六条　登记人员于办理登记时，要力求简单迅速，不得借故延误货运，更不得有敲剥取利行为，违犯者准许货物脚户向物资局或当地政府控告，并从严惩罚。

第七条　本办法呈经边区政府批准公布后施行之。

选自《陕甘宁边区政府文件选编》第七辑，档案出版社1988年版，第158页。

32. 陕甘宁边区物资局货物登记所货物登记证使用办法草案

1943年3月公布

1. 本办法依据陕甘宁边区政府批准之物资局货物登记办法拟定之。

2. 登记证共分出、入、过境、转入及转出五种。

出入口过境登记证，是在边区边境口岸之登记所颁发。

转入及转出登记证是在边区境内各个商业据点之登记所颁发。

3. 无税货物亦须至登记所进行办理登记手续，否则不予在边区境内通行。

4. 凡入境货物，须在边境货物登记所完清登记手续，然后持入口登记证至该地税局完税，无登记证之货物，税局不予办理完税手续，并不予放行。

5. 凡欲出口之货物，在起运地点之登记所领取出口证，凭证至税局完清纳税手续，否则税局不予完税，亦不予出口。

6. 凡过境货物，须在入口处之登记所完清登记手续，领取边境证，凭证至税局完税，始准持证入境通行。否则税局不予完税，亦不予入境。

7. 入境货物，到达目的地后，即在该地登记所进行登记，登记员在证上批“转出”二字，并在证上加盖戳记，始准持证到市销售。

8. 入境货物，到达目的地后，不愿在该地出售且欲转运他处者，凭原登记证到该地登记所换取转出登记证，然后到达税局完清纳税手续，才准运往他处，但到市销售之主要货物（花纱、布、文具、纸张、通讯器材、医务用品、五金器材），凡欲运往他处者、在必要时，物资局得采取允许制度，此项允许制度，须经总局批准后行之。

9. 入境货物到达目的地后，若一部分货物不愿在该地出售而欲转运他处者，其转出之一部分货物，必须经过第八条之转出手续后准运往他处。

10. 边境货物凡欲在边区境内出售者，在销售地点先经批准持过境证到该地之登记所换取转入登记证后，准到市销售，若只售一部分者，除销售部分给予转入证外，其余过境货物，即在原过境证上注明数量，并加盖戳记。

11. 出口货物在未运出边境时，即愿在边区境内出售者，必须持出口证至销售地点之登记所，换取转入登记证，始准持转入证到市场销售，若只销售一部分者，除销售一部分给予转入登记证外，其余出口货物，即在原出口证上注明数量并加盖戳记。

12. 进口过境及出口货物，在入口及起运地点之登记所及税局者，当到达有登记所及税局地方，即补行登记，并持证完清纳税手续，否则不予放行。

13. 凡进入口及过境持证之货物，在未到达目的地点的旅途中，通行无阻，各地登记所见证后，即作为过境货物进行登记（转出货物作为转出过境进行登记），并在证上加盖戳记放行，不另发登记证，防止重复发给登记证，以便商人重复套取外汇。

14. 对入口及转入必须详细分清，决不能把转入作为入口，以便再来套汇。

15. 登记证在路上通行的有效期间与税票同。

16. 登记证用二联单，凡须发给货主以登记证，即将货物填入此联单内，一联给货主，一联自存，但须填明出入口过境、转入或转出等字样，不发登记证之货物填入日报表内。

17. 报告：

甲、表报格式附后；

（一）登记所将每日之出、入口、过境转入及转出货物，向当地物资分、支局表报一次，各地之物资分、支局每五日向总局表报一次，延市登记所直向总局每日表报一次。

（二）各地之物资分、支局向总局表报时，须将五日内出、入口过境转入及转出之货物分别填写，不准混淆，并在表上写明出入口，过境转入转出之货物字样，登记所每日向直属物资分、支局表报时亦同。

乙、各登记所随时用口头或文字向当地物资分、支局报告工作情形，各地物资分、支局暂定五日向总局报告一次，延市登记所直向总局报告，以便吸取工作经验，逐渐改善工作。

18. 附注：

甲、在边界设立之登记所，同时带有商业据点登记所之性质者（如关中之柳林），货物入口到内地销售时发给入口证。若入口后即在该地商业据点销售时，除发给入口证外，并在证上批“转入”二字，以便货主凭证到市场销售货物，但在表报上应填入口，同时又填“转入”，以了解入口货物情形与商业据点的物资动态。

乙、除边境各重要口岸应设登记所外，其他庆阳市、绥德市、张家畔等商业据点，应依据当地实际情况而设立。

丙、允许证是各商业据点管理主要货物转入转出之证据，不对外使用。

选自《陕甘宁边区政府文件选编》第七辑，档案出版社1988年版，第159～161页。

33. 民国三十二（1943）年度陕甘宁边区技术干部优待办法

1943年3月12日

Ⅰ 总　则

一、凡边区各级政府各机关、医院、工厂的医务与农工等经建及电讯机要等技术干部均按本办法优待之。

二、分类及待遇标准则按：

1. 实际能力；

2. 现任职务；

3. 服务年限。三者为主要根据。

三、本办法仅限于在职的医务与农工等经建及长期担任电讯机要等技术干部，且非工资制者。

四、关于资历一节，主要根据其实际知识和能力而非机械的看出身。

Ⅱ　分类标准

一、甲类：

1. 医务部门——凡在国内外正式医校专科毕业参加实际工作三年以上获有成绩与创造且现任领导工作之医生、专门药物学校毕业工作三年以上获有成绩之药剂师。

2. 农工等经建部门——凡国内外大学专科或专门学校毕业之土木、水利、工程、机械、电机、纺织、染色、化学、地质、矿冶、农、林、牧等专门技术人员参加本行实际工作五年以上获有成绩、确有设计指导能力，现任本行技术或行政领导工作者。

3. 电讯机要工作部门——凡连续任职五年以上之机要电讯工作人员，而现任机要电讯部门中之指导研究工作，且确有特殊成绩者。

4. 其它——凡在上列部门参加技术工作，在十年以上，深有经验、确有设计指导能力现任本行技术上、或技术行政上的领导工作，经审查合格者。

二、乙类：

1. 医务部门——凡在国内外普通医校毕业参加工作三年以上，获有成绩之医生、专门药物学校毕业，工作三年以上之药剂师，专门学校肄业或普通药物训练班毕业，参加工作五年以上之司药及在正式护士、助产学校毕业、工作五年以上之助产士、护士，且获有成绩者。

2. 农工等经建部门——凡在国内外大学专科或专门学校毕业、参加工作三年；高级职业学校毕业或大学专科肄业，参加工作五年获有成绩，且具有独立工作能力者。

3. 电讯机要工作部门——凡工作三年以上之报务员、机务员、译电员、具有独立工作能力，担任部分负责工作或上列各种机要人员，工作在五年以上，具有独立工作能力，而非负责者。

三、丙类：

1. 医务部门——凡在国内外普通医校肄业、工作三年以上，具有独立工作能力之医生，经药物训练班、助产训练班，护士训练班毕业，工作三年以上之司药、助产、护士、且具有工作能力者。

2. 农工等经建部门——凡在国内外大学专科或专门学校毕业已参加本行技术工作者，高级职业学校毕业或大学专科肄业，参加上作三年者。

3. 电讯机要工作部门——凡独立工作三年以上之译电员、报务员、机务员（包括小电台之队员与报务主任）均属之。

四、丁类：

凡属丙类所规定各种资历以下技术干部均归入丁类。

Ⅲ　待遇标准

一、甲类——津贴自二斗至三斗小米价。

二、乙类——津贴自一斗至二斗小米价。

三、丙类——津贴自六升至一斗小米价。

四、丁类——津贴自一升至六升小米价。

五、伙食——甲类干部按供给部门之规定，一律发给小灶费，同居共餐之妻子可发同样之小灶费；乙类以下干部则按一般大灶伙食待遇，有特殊情况者，另由上级批准。

六、所任工作特别容易脏污衣服，或随时需要清洁者，每年发工作衣一套，每月发肥皂一条。

七、除上列六项规定外，其他待遇与一般干部、战士人员同（每人每年发棉鞋一双、单鞋两双、棉衣一套、单衣两套）。

Ⅳ　附则

一、技术干部提调负责工作但仍属于掌握技术工作者，则仍受此条例优待，如兼负行政工作且仍实际参加技术工作者得按原有规定酌量增加。

二、带病工作经医生证明者，则另发病员补助费，或保健费。

三、凡参加晚间工作，则另发给夜餐费，每人每晚按面小秤半斤、菜五元计算之。

四、本办法由边区政府公布实行。

选自《陕甘宁边区政府文件选编》第七辑，档案出版社1988年版，第132～134页。

34. 陕甘宁边区财政厅关于技术干部优待办法的通知

1943年3月26日

民国卅二年度陕甘宁边区技术干部待遇办法已经边区政府批准，现随通知附来，请即依照执行，关于米价、第一季每斗按一百五十元，第二季按三百元计算。

关于技术干部的审查请各单位按下列系统进行，并请将审查后属各类干部的人数及金额通知本厅，以便核发经费。

一、边区系统——医务部门由民政厅批准，经建部门与电讯机要部门由建设厅批准。

二、中央系统——由中央管理局汇（会）同有关机关批准。

三、联防司令部系统——由联防后勤部汇（会）同有关机关批准。

边区财政厅

三月二十六日

选自《陕甘宁边区政府文件选编》第七辑，档案出版社1988年版，第134～135页。

35. 陕甘宁边区政府为奖励劳动英雄的命令

1943年4月3日

陇东、关中、绥德、三边专员：

为激励边区人民高度生产热忱，广泛开展生产运动起见，目前各地若已发现特殊好的劳动英雄，可由各县政府将他：

一、历年来发展生产专业的详细情况，值得为群众学习的优良成绩和特点；

二、为附近乡村群众中所拥护爱戴的具体事实；

三、对各种抗战负担的态度；

四、在拥军拥政工作上（不仅限于今年的）模范行为，等等材料，整理成书面报告，先经你们审查认为合格者，可以将是项材料和审查意见，呈报本厅，以便呈请政府奖励。

关于一般条件较差，不值得提为全边区群众学习的劳动英雄，则可由县府或专署给以适当奖励。此令

林伯渠

李鼎铭

高自立

霍子乐

选自《陕甘宁边区政府文件选编》第七辑，档案出版社 1988 年版，第 174 页。

36. 陕甘宁边区政府关于主要公营工厂本年度生产任务的命令［摘要］

1943 年 5 月 1 日

根据各工厂现有设备与劳动力，制定今年生产计划，随令公布，须即切实完成并力求超过。当设备有改进，劳动力有增加时，由建设厅另行拟定增加计划。各工厂厂长及全体人员，务必贯彻此次工厂会议之精神及其决议，彻底检查工作，总结经验，务必实行领导一元化，统一全厂人员思想与生产任务的完成，并克服官僚主义，改善工厂的管理，务必实行经济核算，反对贪污浪费，节省生产成本，并具体地开展赵占魁运动，增加生产，提高质量；务具体考察每个干部和人员，实行奖惩，并清洗破坏分子，克服各种各式的自由主义。

附民国卅二年公营工厂生产计划

（一）难民纺织工厂全年应产：半洋布 1 554 匹，土布 1 206 匹，毛布 3 850 匹，毛巾 44 137 条。

（二）边区纺织工厂全年应产：半洋布 2 080 匹，土布 3 080 匹，毛布 620 匹，毛巾 130 000 条。

（三）兴华纺织工厂全年应产：半洋布 420 匹，土布 903 匹。

（四）纬华毛织工厂全年应产：毛布 400 匹，毛呢 100 匹，毛线 12 000 磅。

以上各纺织厂的产品应依照如下之标准：半洋布每匹长 104 尺，宽 2 尺 5 寸，重 12 斤至 12 斤半，经纱 1 880 根，纬纱每寸 50 根。双经单纬土布每匹长 104 尺，宽 2 尺 5 寸，重 12 斤半到 13 斤，经纱 1 400 根，纬纱每寸 42 根。双经双纬土布，每匹长 104 尺，宽 2 尺 5 寸，重 13 斤至 13 斤半，经纱 1，400 根，纬纱每寸 32 根。毛布整理后长 104 尺，宽 2 尺 2 寸，重 14 斤半至 15 斤，经纱 1 680 根，纬纱每寸 32 根。毛呢整理后长 104 尺，宽 2 尺 2 寸，重 20 斤半至 21 斤，经纱合经 800 根（单经 1 100 根），纬纱每寸 30 根。毛巾长 1 尺 8 寸，宽 9 寸，每打重一斤半。

（五）振华纸厂全年应产纸 660 令。

（六）振华分厂全年应产纸 2 072 令。

（七）利华纸厂全年应产纸 562 令。

（八）宝丰纸厂全年应产纸 147 令。

（九）延园纸厂全年应产纸 650 令。

以上各纸厂产纸的标准，必须达到匀净、光滑、坚韧。

（十）新华化学厂全年应产肥皂 36 万条，并求得质量更加改进，其他副产品亦应适当地提高产量，改进质量。

选自《陕甘宁革命根据地史料选辑》第二辑，甘肃人民出版社 1983 年版，第 450～451 页。

37. 陕甘宁边区战时管理进出口货及过境物品暂行办法

1943年5月27日颁布

第一条　本办法为抵制仇货、发展生产、管理边区疆界进出口及通过边区之物品制定之。

第二条　凡进出口货物分为允许、特许、禁止三种：

一、允许进出口物品（附表甲乙第一类），须在进出口当地物资局或其委托机关登记、检验、领取允许证。完纳税款后自由出售。

二、特许进出口物品（附表甲乙第二类），须事先向物资局申请，经批准领取特许证后方得出入口。

三、禁止出口物品（附表甲乙第三类），由物资局、税局严行检查，违者没收。

第三条　凡过境物品不得当地物资局或其委托机关之批准，不得在中途出售，违者没收之。

第四条　根据不同时间及不同地区之情况，需要禁止或解禁止出口物品，物资局得随时用命令行之。但须在实施前宣布，各地物资分（支）局有需要禁止或解禁之物品，须事先报经总局批准后施行。

第五条　进出口及过境物品之检验，由税务局依物资局物品登记证使用办法办理。

第六条　本办法自边区政府批准之日施行。

附表甲　第一类　允许入口货物

轻工原料机件类：

棉花、缝衣机、棉纱、弹花机、棉线、弹毛机、竹子、榨油机、纺纱机器、札花机、纺毛机、各种机器配件、织袜机

印刷器材类：

石印机、油墨（各色）、铅印机、石印药水、腊（蜡）纸、石印药纸、钢笔板、薄型纸

食品类：

酥油、白糖、鲜鱼、红糖、干鱼、各样调料、咸鱼

牲畜类：

驴、羊、骡、猪、牛、骆驼

杂用类：

针、刀、顶针、杓、火柴、锁、洋铁钉、铁锅、犁、剪子铧、梳子、铁皮、草帽

文具纸张类：

毛笔、钢笔尖、晋恒纸、墨、钢笔杆、各色有光纸、复写纸笔帽、磅纸、各色铅笔、砚台、玻璃纸、钢笔、钉书机、考具纸纸夹、东昌纸、雪花纸、复写笔、本贡纸、新闻纸、回心针、毛边纸、牛皮纸

第二类　特许入口货物

五金器材类：

铁、锡、水银、铅、金、钢、银

军工器材类：

火药、钢（板或条）、瓦斯、硫黄、炸药、防毒面具、锰、钾三酸（硝、硫、盐）、燐及各种化学原料含有爆炸性质之制成品与各种重工业机器以及上述各种军用制品

医务类：

麻醉药品、砒、药膏、甘油、针药原料、水药、酒精、粉药医疗器材、中药

通讯交通器材类：

电线、无线电、电池、马达、橡皮、电机、通讯配件、各种交通配件、交通制成品

棉织类：

土布、各色洋布、毛巾、机线袜子、市布、棉织带

杂用品类：

牙膏、竹制日常用品、香烟、牙刷、洋腊（蜡）、茶叶、钟表、各种颜料、土酒、眼镜、水烟、火纸

油类：

机器油、滑油

第三类　严禁入口货物名称

棉织物：

斜纹布、印花布、围巾、各种棉织绸缎、冷布、标布、头绸棉织洋呢华儿被单被面及各种奢侈制品

毛织物：

毛织呢绒、毛衣、毛织毕几、毛线、毛织哈喇、毛毯及各种奢侈品

丝麻织物：

丝麻手帕、丝麻带子、麻布、丝麻缕绢、丝绒、窗帘、丝麻手套、夏布、桌布等奢侈品

草编物：凉席

皮毛类：各种珍贵皮衣

食品类：

各种瓜果糖果、海菜虾米、鲍鱼、糕点罐头、尤鱼海参、干贝等

服饰类：

雨水、绒皮鞋帽、胶皮鞋帽、缎呢鞋帽、布制鞋帽

化装（妆）品：

香皂、各种面油、各种化学化装品、香水、头油、电镀各种饰品、香粉、蜜水

用具类：

各种玩具、玻璃料器、冰铁制成品、化学器具、伞扇、藤制品、洋瓷碗、盆及各种洋瓷制成品

杂用品类：

信纸信封、香、洋酒、宣纸、纸炮、牙粉、油纸、黄表、纸烟咀（盒）、各色手工纸、各种年货、镜子、锡箔、诲淫书画

附表乙　第一类　允许出口货物

食盐、毛裤、各种杂皮、甘草、毛袜、蜂蜜、毛垫子、大黄毛毡、羊绒、黄青、毛口袋、肥皂、石膏、毛手套、粉笔、石碱春羊毛、精盐、毛衣、二毛皮、毛被套、毛毯、皮革成品、地毯

第二类　特许出口货

粮食（关中陇东）

石炭（关中）、丝、麻油、老羊皮、普甲油、清油、秋毛、特甲油、麻、木材、羯羊

第三类　严禁出口货物

粮食（关中、陇东以外之地区）、军工器材、猪、母羊、牛、骡、驴、马、骆驼、通讯器材、金、银、铜、铁、锡、铅及其制成品，印刷器材、土布、棉花、土纱、文具纸张、羊油。

选自《陕甘宁边区政府文件选编》第七辑，档案出版社1988年版，第236～240页。

互校版本：《陕甘宁边区法律法规汇编》，三秦出版社2010年版，第260～262页。

38. 陕甘宁边区关于召开劳动英雄、模范工作者大会及生产展览大会的决定

1943年7月18日边区参议会常驻议会第十一次
政府委员会第五次联席会议通过

一、召集边区劳动英雄模范工作者大会及边区生产展览大会的意义

去年是边区生产运动大发展的一年。与此相适应，我们在去冬召开了劳动英雄大会与生产展览大会。这两个大会，在边区建设上起了推动的作用。在劳动英雄大会上有一百八十个从生产运动涌现出来的劳动英雄出席，他们交换了生产经验，显示出劳动人民的团结和进步，改变了某些人们贱视劳动的心理，劳动英雄受到尊敬和奖励，鼓舞了他们的生产情绪。生产展览大会则把一年生产的全貌和成果，用实物、表格、数字、图画等形式表示出来，成为最生动的生产经验总结和生产知识的教育。在两个大会的精神传播和劳动英雄们的积极推动之下，今年的生产运动已表现出进一步发展的趋势。劳动力组织起来的，在许多地方，超过去年一倍至三倍，开荒超过一百万亩，植棉达到三十万亩，合作社有空前发展，实现民办公助和以生产为主的方针；工业生产有新发展，并提出全面自给的奋斗目标；特别是军队的生产运动蓬勃展开，全体指战员为完成十万石细粮而奋斗，军队又实行广大群众性的练兵运动，军队政治工作亦有了大的改进。同时，与生产运动相辅而行的，又掀起了群众性的文化运动和卫生运动，而司法、行政、金融、贸易、税务等各方面的建设，也都有所改进，并有许多新的创造。这一切都指明，不仅边区生产运动进一步发展了，而且在生产运动发展的基础上，又展开了政治、军事、文化、卫生、司法等全面性的

建设运动。在这全面性的建设运动中，从各方面产生出更多的劳动英雄和模范工作者。这种新的情况，要求我们在今年召开比较去年更全面的劳动英雄、模范工作者大会和生产及各项工作展览大会，借以团结所有的劳动人民及各阶层、各部门的工作人员，全面的检阅我们的建设事业，总结各项建设工作的经验，发展创造精神，以便更加推进和提高今后边区的建设事业。因此，决定今冬与二届参议会第二次大会同时召开边区劳动英雄、模范工作者大会和边区生产及各项工作的展览大会。

二、关于劳动英雄及模范工作者大会

讨论事项

在今年劳动英雄、模范工作者大会上，我们提议应当讨论全边区全面的建设问题，应包括政治、经济、文化、军事等各方面。关于政治的，其最要者，为如何进一步团结全边区各阶层人民，推广民主和三三制，特别是如何增强分级民主的实施。关于经济的，其最要者，为如何于预期内，完成每家余一年粮；如何于预期内，达到布、铁等工业必需品完成自给；如何推广植树，于五年至十年内做到每户至少植树百株；如何做到每家都设厕所积肥料；如何推广水利建设，以防荒旱；如何改造和推广合作社，以组织广大人民的经济文化生活等。关于文化的，其最要者，为如何在数年内，做到每人至少识一千字，以消灭文盲，如何实现每区一个医务所，或卫生合作社，每乡一个医生，以与疾病作斗争。关于军事的，其最主要的，为如何进一步加强自卫军，以准备反攻力量，如何进一步改进拥军优抗工作，以巩固部队；如何进一步加强整军工作，以增强主力军的战斗力量等。这些问题，我们希望全边区劳动英雄，各界人民和各方面工作干部都做充分的准备和讨论，以便在开会时能根据各项具体情况，提出具体意见及实施方案。

召集办法：

甲、边区劳动英雄及模范工作者大会为边区各项建设工作的代表会议。去年劳动英雄大会上，曾发现有个别不能担当劳动英雄称号的分子，或是临时拉人来参加，这是不对的。因此，应首先确定此项大会的参加者是边区各项建设事业中的积极组织者与各种政策的彻底执行者，而在人民大众中有威望、有信仰、为人民大众所公认的英雄与模范人物。

乙、今冬边区劳动英雄及模范工作者大会的名额，定为四百五十名。现按目前边区建设情况，在各项建设事业所占人数的比重上，规定如下：农业百分之二十弱，工业百分之十三点三，文化百分之十六弱，军事百分之十点二，合作运输百分之八点四，财政金融贸易百分之八点四，卫生保育百分之六点六，行政百分之十点六，保安百分之三点六；司法百分之二点七。

丙、在四百五十名代表名额中，群众与机关部队两者在各项建设事业中的人数比例为：

农业：群众百分之七十五点五（六十八名）
部队机关百分之二十四点五（二十二名）

工业：群众百分之三十一点五（十九名）
部队机关百分之六十八点五（四十一名）

文化：群众百分之五十八（四十二名）
部队机关百分之四十二（二十名）

军事：群众百分之五十六（二十六名）

部队机关百分之四十四（二十名）

合作运输：群众百分之六十八（二十六名）

部队机关百分之三十二（十二名）

财政金融贸易：群众、机关合共三十八名

卫生保育：群众、机关、部队合共三十名

行政：机关部队、群众、合共四十九名。其中一般行政、机要、文书工作的模范人员三十五名，模范通讯员、通讯工人及伙夫，马夫、勤务等为十四名。

保安：群众、机关合共十六名

司法：群众、机关合共十二名

按各分区，各系统分配则是：

延属分区：九十三名（包括分区所辖部队机关）

绥德分区：七十一名（包括分区所辖部队机关）

陇东分区：六十三名（包括分区所辖部队机关）

关中分区：五十五名（包括分区所辖部队机关）

三边分区；五十二名（包括分区所辖部队机关）

中直军直系统：二十三名（包括所属学校、工厂、警卫团等）

联司系统：四十八名（包括不属分区管辖之直属各旅）

边区系统；四十六名（包括党政民机关、延大、公营工厂、保卫团等）

丁、上项劳动英雄与模范工作者，从工、农、兵、学、商各事业部门召开全体人员会议选举。选举办法：以各分区为单位，不属分区管辖之部队、机关以延安党、政、军三大系统为单位，召开各该单位的劳动英雄与模范工作者会议，按规定各项劳动英雄及模范工作者之名额及标准（标准另行公布）选举出席全边区劳动英雄及模范工作者代表大会之代表。在此项选举之前，须由各大单位所属各小单位选举代表出席各大单位之会议。各大小单位之选举，必须严格遵守各项劳动英雄与模范工作者的标准，慎重从事，宁缺毋滥。各阶层各党派的人都有选举及被选举权利。

三、关于边区生产及各项工作的展览会

内容：

今年的展览会，以生产为第一位。但不是单纯的生产展览，而是边区全面建设工作的展览，应包括生产、财政、贸易、金融、文化、卫生、司法、行政、军事及人民生活等项。

办法：

鉴于去年生产展览会计划与组织性不足，展览品缺乏中心，缺乏条理，场面过大，及竞尚珍奇等缺点，今冬的展览会必须：

甲、各分区，以及党政军各系统，应组织筹备会，指定专人负责，八月上旬定出调查统计与实物征集的具体计划，发动各事业机关及各项建设中劳动英雄与模范工作者热烈的讨论，吸收他们参加调查征集工作。同时，边区政府即应组织总筹备会，统一领导，分工筹备。

乙、此项展览会是对边区各项建设事业中的政策实施作检讨和评判的一种场所，要有明确的中心，每件展品均须以表现政策及其实施结果为目的。如农业上劳动力的组织，农作法的改进，工业上产品质量的提高；文化与卫生上群众性秧歌戏剧的创造，民办学校的介绍，群众识字运动与医药卫生运动在群众中的开展；军事上练兵的进度与民兵的组织；合作社的民办公助，生产为主，自由入股，按期分红等情形；金融贸易上的保护经济发展政策；司法上的着重民间调解等。不论实物、材料、图表，都必须是典型的，并且有好的和坏的两种典型，以资比较，又要能说明边区各项建设事业的历史发展过程。切忌现象罗列及专尚珍奇的偏向。

丙、展览布置，必须精干、明确、朴素、实际。并要避免展品的堆积与重复现象，分部（各建设部门如工业、农业、金融、贸易、政治、军事、文化、卫生等）分类（每一建设部门中之种类，如工业中的纺织业、矿业、化学业等）展览，讲究组织与艺术的结合，以达生动具体，使观众一目了然。

四、会期

边区劳动英雄、模范工作者大会与生产及各项建设工作展览大会，准备在十二月一日开幕。各分区，各系统，务于秋收后十一月内召开各大小单位的展览会，同时召开各大小单位的劳动英雄与模范工作者大会，选举出席边区劳动英雄及模范工作者大会之代表，于十一月三十日前到达延安。至两种大会的详细计划与布置，另指定筹备委员会主持之。

参议会议长　高　岗

副　议　长　安文钦　谢觉哉

边区政府主席　林伯渠

副　主　席　李鼎铭

选自《陕甘宁边区政府文件选编》第七辑，档案出版社1988年版，第281～286页。

互校版本：《陕甘宁革命根据地史料选辑》第二辑，甘肃人民出版社1983年版，第509～514页。

39. 陕甘宁边区运输合作社奖惩办法

1943年8月14日公布

第一条　本办法为发展运输合作社，便利食盐运输与对外统销，保证合作运输利得制订之。

第二条　凡具有以下三条件的运输合作社，均可得到政府的奖助：

一、以运盐为经常的主要业务；

二、运盐不走私；

三、运输路线受盐业公司的调动。

第三条　奖助办法如下：

一、如因盐价跌落，影响亏本，致不能维持存在，政府可给以贷款，或酌量予以津贴。

二、已成立的运输队，如因流动资金缺乏，不能运盐，政府可给以短期借款。

三、如因在边区内受军事差役损失，致不能维持业务，政府可予以津贴。

四、遭受天灾及其他祸患非人力所能抵抗，致不能维持存在，政府可贷款或酌予救济。

五、得享受政府规定平价草料的优待。

第四条　凡领导发展运输合作社，达到如下的标准者，可受到政府名誉（奖旗或褒（奖）状）或物质（棚帐或毛口袋）的奖励：

一、一年所赚运费，发展牲口在原有数五分之一以上者。

二、一年运盐次数至少达十次，每次单程八站以上，平均驴驮在一百五十斤，骡马驮在二百二十斤以上者。

三、脚夫每人赶骡马三头以上，或毛驴四头以上，并管理饲养有良好成绩，全年损失最小者。

四、受盐业公司调剂运盐路线者。

第五条　凡有下列情形之一者，应受到政府的惩罚：

一、运盐走私者。

二、故意损伤牲口及合作社财产，或故意使营业遭到亏蚀者。

三、贪污浪费，假公济私者。

四、消极怠工，致使合作社受到损失者。

第六条　本办法经边区政府批准施行，如有未尽事宜，得随时呈请边区政府修改。

选自《陕甘宁边区政策条例汇集》续编，1944年版，第199～201页。

互校版本：

1.《陕甘宁革命根据地史料选辑》第一辑，甘肃人民出版社1981年版，第335～336页。

2.《陕甘宁边区政府文件选编》第七辑，档案出版社1988年版，第297～298页。

3.《陕甘宁边区法律法规汇编》，三秦出版社2010年版，第438页。

40. 陕甘宁边区通讯站通讯工人待遇办法

1943年9月26日[①]公布

一、凡本站通讯工人（包括本市及各路线的工人）的工资一律以小米计算，按各当地市价折发现款。

二、凡本站通讯工人到职后，经考核分为一、二、三、四等，每月发给小米六斗五升

① 公布日期，“陕甘宁续编”“甘肃史料版”标作“9月26日”，“档案文件版”第321页刊有边区政府于1943年9月29日发布的“战字第777号”命令，但第323页却标作“9月26日”。从该书第320页“战字780号”命令，标作“1943年9月29日”，依此推断“战字第777号”，应是“1943年9月26日”。

到九斗五升（计一等九斗五升，二等八斗五升，三等七斗五升，四等六斗五升）衣食绳担，均各自备，本站一律不予供给。

三、凡本站通讯工人，工作满一年而成绩优良，经考核确实者，按照通讯工人奖惩办法予以奖励，成绩一般者，按年加月薪小米二升半，如工作不力，经考核确实者，按照通讯工人奖惩办法予以处罚。

四、本站规定每年考绩二次，第一次在六月底，第二次在十月底。

五、本站供给油布，信袋、送信挂包等，按需要规定使用时间，在规定之使用时间内不再发给（特殊情形另外），夜班灯油夜餐费，亦按需要供给之。

六、凡本站通讯工人之家属与政府工作人员之家属受同样优待。

七、本办法自公布之日施行。

选自《陕甘宁边区政策条例汇集》续编，1944 年版，第 175～176 页。

互校版本：

1.《陕甘宁革命根据地史料选辑》第一辑，甘肃人民出版社 1981 年版，第 342 页。简称“甘肃史料版”。

2.《陕甘宁边区政府文件选编》第七辑，档案出版社 1988 年版，第 323 页。简称“档案文件版”。

41. 陕甘宁边区通讯站通讯工人奖惩办法

1943 年 9 月 26 日公布

一、凡本站通讯工人在工作中合乎以下条件一条或数条，经考核确实者，予以奖励：

（一）能提早到班，连续三次以上者；

（二）不误班，不积压信件者；

（三）工作负责，不遗失信件者；

（四）爱护公物，能节约公费者；

（五）对工作积极提出改善办法者；

（六）能帮助别人，发扬友爱者；

（七）努力学习，有显著进步者。

二、凡应予奖励之工人，分别情形给予以下之奖励：

（一）口头或传令嘉奖；

（二）口头或登报表扬；

（三）记功（三次升级）；

（四）物质奖励；

（五）提高待遇。

三、凡工作成绩特别卓著，经考核确实者，除本站予以奖励外，并呈报政府予以奖励。

四、凡本站工人在工作中表现不力，有以下一条或数条，经考核确实者，予以处罚：
（一）无故或借故误班，而积压信件者；
（二）对工作不负责任，遗失损坏信件者；
（三）有意损坏公物者；
（四）私自贩运货物者；
（五）不安心工作，并影响别人者。
五、凡应予处分之工人，分别轻重给予以下之处罚：
（一）口头批评；
（二）开会批评；
（三）警告；
（四）罚薪；
（五）降级。
六、凡有意破坏信件，偷拆信件，私带信件者，送司法机关处理。
七、本办法自公布之日施行。

选自《陕甘宁边区政策条例汇集》续编，1944 年版，第 172～174 页。

互校版本：

1.《陕甘宁革命根据地史料选辑》第一辑，甘肃人民出版社 1981 年版，第 343～344 页。简称“甘肃史料版”。

2.《陕甘宁边区政府文件选编》第七辑，档案出版社 1988 年版，第 321～323 页。简称“档案文件版”。

42. 陕甘宁边区政府关于边府系统生产检查的决定

1943 年 9 月公布

本府直属系统的机关生产（延大、自然科学院等学校在内），今年除个别部门外，一般没有获得应有成绩。主要原因，在于没有真正做到首长负责，自己动手。兹经政务会议决定于即日起进行彻底检查，为使这次检查获得良好结果，特有如下之决定：

（一）检查的目的是发现成绩和缺点，法令政策执行的程度，总结经验，改变领导作风，以达彻底地全面地改造各机关学校生产之目的。

（二）检查应该同时照顾机关学校的一般生产状况，各种生产（农、工、商、运输及其具体单位）的专业情况与个人生产情况的三个方面，都要是历史的（主要是今年的）全面的，都要找出典型（好的和坏的）。要收集具体生动的实际材料，避免空洞无物或只是简单的数目表（不是不要数目表）。

（三）检查应该是自上而下又是自下而上的，即是领导与群众结合的；应该实行首长负责（各机关学校的主要负责人，各直接管理生产的干部，各生产单位的负责干部），自己动手（各机关学校主要负责人要负责领导生产检查，自己动手检查一、两个生产，最后的结论由他动手），又应该发动所有管理生产和直接参加生产的人员积极参加检查，报告情况，提出意见和批评，因此要有全体的动员。还应该各机关互派代表参加检查，检查某一专业时，组织其他同业派代表参加。

（四）力争十月十日前检查完毕，十五日将结论及材料送总生产委员会。因此应该立即开始检查。

（五）此决定由各机关学校最高首长保证执行。

主　席　林伯渠

副主席　李鼎铭

选自《陕甘宁边区政策条例汇集》续编，1944 年版，第 206～207 页。

互校版本：《陕甘宁革命根据地史料选辑》第一辑，甘肃人民出版社 1981 年版，第 365～366 页。

43. 陕甘宁边区统一购买土棉实施办法

1943 年 9 月公布

一、统一购买土棉区域，以固临、延川、延长三县为范围，该三县所产之土棉除人民留足自给一年用棉外，其余均归公家收买，以保证公用。

二、依照各该县植棉面积和可能收获量，及除去各该县人民自给所需外。准备购足平秤五十五万斤。其分配如下：

固临　二十三万斤；

延川　十七万斤；

延长　十五万斤。

三、统购土棉以县为单位，由县政府负统购总责，完成各该县统购之数量。并须于一九四四年一月底以前只（至）少购足半数，五月底全部购足。

四、凡人民卖给公用之棉花，除按市价付给现金外，并增加百分之五为奖励金（例如人民照市价卖给公家棉花一千元一斤，另外由公家发给奖励金五十元）。此项市价以县为单位，由县政府按照当地适中市价统一规定之，并呈报建设厅备查。但不得压低市价，亦不得故意抬高。

五、为着防止金融波动，奖励发展生产起见，凡人民负担之公粮和公盐，得改用棉花交纳，双方均按市价并对棉花予以百分之五奖励金（即公粮和盐按照市价计算，棉花除按市价计算外，另给百分之五奖励金）。另外人民出卖棉花所得之价款，应尽量帮助人民设法购买牲口，发展耕牛及运输力量，或购成其他实物，以免大量现金分散农村，影响金融波动。

六、收买之棉花以能用于纺织之净花为限。如果棉农有以脚花出售，藏起好花者，各级政府应予以宣传解释，负责给以纠正不得妨碍公家供给。籽花因限于储存困难，只能收买极少部分，以免损失。

七、各县应购之棉花，由县政府根据各植棉区之种植面积及收获量，斟酌分配应购之一定数量，委托各合作社或区乡政府代买，送交就近之收花站，由收花站每斤发给酬劳费七元（此款由公家支付）。如农民直接送到收花站或小贩收买后送到收花站出卖，照给酬劳费。

八、委托适中地址之合作社或区乡政府机关代理收花站，其所需之办事人员及一切开支，均由该受托机关自备，公家按每斤棉花发给手续费八元。如开支有余即作为该机关自给生产之收益。

九、合作社或区乡政府及收花站代收之棉花，不得有任何掺杂掺旧或打潮等舞弊行为，违者从严惩办。

十、收花站收买之棉花，必须找到适当之窑洞或房屋妥为保存，不得有所损失，其因保存不慎而致损失者，归该收花站赔偿。

十一、为了防止土棉走私，保证统购任务完成起见，在统购期间，该三县棉花，只准在该三县内流通，经统购机关收集之棉花，如转运至其他地区时，须有县政府之放行证，否则以走私论，但县政府发给放行证，仅限千统购机关之棉花。非统购机关所收买者，不得发给放行证。

十二、各县政府及代理收花机关所领购棉专款，不得挪作别用，违者应予惩罚。

十三、帮助延川、延长两县之统购工作，由建设厅负责。帮助固临县之统购工作，由物资局负责。

十四、建设厅或物资局派到各县帮助统购工作之干部，统归各该县政府领导，由县政府分配其工作，但以帮助接收、保管、打包、转运等检查工作为主。

十五、棉花的收进发出，均以十六两平秤为标准，不得有大秤进、小秤出及压秤等舞弊行为。

十六、各县对于统购工作之进行，应作成工作计划，分别报告本府建设厅及物资局审核。以后应按月、按旬作工作报告。

十七、本办法所未规定者，统依照九月三十日战字七七九号之命令办理。

选自《陕甘宁边区政府文件选编》第七辑，档案出版社1988年版，第324～326页。
互校版本：《陕甘宁边区法律法规汇编》，三秦出版社2010年版，第283～284页。

44. 陕甘宁边区政府指示信（关于利用公盐发展运输合作的指示）

1943年10月2日

延属、陇东、三边、关中分区各专员、各县长：

明年度公盐任务，已经本府于战字七八一号命令公布。为了减轻人民负担，由今年十万驮减为明年八万五千驮，为了保证公家供给，由今年完全征收代金改为明年完全（除绥德分区）征收实盐与代粮代棉等实物，为了发展运输合作，允许各分区提前征收和利用公盐代金。

根据本年各县组织运输合作的经验，正确利用公盐代金，是政府提倡运输合作、发展运输力的良好办法。为了发挥利用公盐代金发展运输合作的经验，特作如下指示，希各分区各县根据具体情况，研究实施之。

（一）明年公盐负担，除绥德分区外，准许各县提前于本年秋收后，按照各县运交公盐地点的市价征收代金，作为发展运输合作之用。各分区所属各县公盐须运交于下列各地之盐业公司：

延属分区——子长、延川送延水关，延长送凉水崖，固临送临镇，甘泉送甘泉，富县送富县，其它各县送延安。

三边分区——定边、盐池送陇东，靖边、吴旗送延安。

陇东分区——全送陇东。

关中分区——全送关中。

其中子长、延川、延长、固临及关中等县，交盐地点超过来回二十站以外者，应由各分区择定约等于来回二十站之地点的市价，折收代金，将来交纳实盐时，亦按来回二十站计算驮数（例如运盐一百驮，来回二十四站，则抵一百二十驮）。

（二）利用公盐代金之各县注意一方面照顾政府财政需要，必须按本府规定分四、八两月份各交足半数，不得藉故延误。一方面照顾人民负担能力，凡经济条件可能全部提前交纳的，应尽量争取全部提前交纳，不可能全部提前的，准其只提前交一部分；完全不可能提前交纳的，不得勉强提前，准其于明年四月八月分期交足。此外，各分区或各县征收和利用代金时，对本府所规定的公盐驮数、斤数及按市价折收之原则，不得自由变更，如因特殊情形须作变更时，须事先呈报本府批准。

（三）利用公盐代金，要发挥代金对于发展民间运输合作的作用，防止仅仅以代金购买牲口，而不进一步以代金发展运输合作的倾向。凡尚未建立运输合作的区域，应以代金与长短脚户及农户合作，组织公私合作或民间合作的运输事业，并且争取代金占少数，群众股金占多数，以吸收更多的人民及其资金和牲口参加合作。凡已经建立运输合作的区域，应以代金扩大与巩固原有的合作运输队，并发展新的合作。总的方向是力求达到每百人中有三头牲口的运输合作，各专署各县应根据这个方向去具体计划。

（四）为了争取长脚户及农户积极参加运输合作起见，各级政府应从各方面支持运输合作，使之有利可图，保证实现公私两利，并且私利多于公利的原则。

（五）利用代金要抓紧时间，宜早不宜迟，宜快不宜慢，否则交盐期限到来，失掉利用的机会。所有代金均应用于发展运输力，不准挪作其他用途。

（六）为了便利人民提前交纳，与奖励人民生产，并保证公家供给需要起见，各县提前征收公盐代金时，得尽量宣传群众以粮食、棉花、棉纱、秋毛等实物代交。其交纳之实物，除按着市价计算外，另给人民以奖励金。奖金数目棉花和棉纱相当于其价格的百分之八（据本府战字第七八一号命令，人民照规定期间缴纳代棉代纱者，给奖励金百分之五，此处是指提前缴纳者增给奖励金百分之三，合共百分之八），粮食和秋毛相当于其价格的百分之五。各县政府收到之实物，须一律交由财政厅支配，财政厅按所收之实物价值，发给该县边币或必需品，作为发展运输合作之用，再由各县于明年四、八两月交纳实盐给财政厅，并运交第一项所指定地点的光华盐业公司接收。

（七）巨大公盐代金的利用，必须有周密的计划和办法，尤须有坚强的干部去管理，才能收得应有的效果，并防止损失。因此各分区各县如何利用公盐代金及以什么人去管理，必须迅速研究出妥当办法，并作成周密计划报告本府。此致

敬礼！

主　席　林伯渠
副主席　李鼎铭
建设厅长　高自立
副厅长　霍子乐　高长久

选自《陕甘宁边区政策条例汇集》续编，1944年版，第202～205页。

互校版本：

1.《陕甘宁革命根据地史料选辑》第一辑，甘肃人民出版社1981年版，第367～369页。

2.《陕甘宁边区政府文件选编》第七辑，档案出版社1988年版，第351～353页。

45. 陕甘宁边区劳动英雄与模范生产工作者大会及其代表的选举办法

1943年10月公布

一、为着总结生产经验，扩大生产教育，准备明年进一步发展边区生产起见，决定举行各分区劳动英雄和模范生产工作者大会，及全边区劳动英雄和模范生产工作者代表会。

二、劳动英雄和模范生产工作者大会，以分区为单位举行，会期定为三天至五天。由专员公署召集之。全边区劳动英雄和模范生产工作者的代表会，以全边区为单位，会期定为五天至七天，由边区政府召集之。

三、劳动英雄从农村、工厂、合作社、部队、机关和学校内直接从事农业、工业、妇纺、运输、打盐、合作等生产事业的生产者中选出，模范生产工作者从工厂，合作社、部队、机关和学校内直接管理生产的干部中选出。

四、劳动英雄及模范生产工作者之选举，属于农村的，依具体情况以自然村或行政村为单位，召集居民大会选举之。属于部队的以连为单位，召集全体指战员大会选举之。属于工厂和合作社的以厂或社为单位，召集全体职工大会选举之。属于机关的以机关为单位，召集全体工作人员大会选举之。属于学校酌以学校为单位，召集全校职员及学生大会选举之。

五、劳动英雄及模范生产工作者依前项办法选出后，须由直属主管机关审查加注意见汇报专署。此项审查加注意见及汇报工作，属于县政府管辖范围者由县政府负责。属于边区主管而驻在该分区之机关、学校的，由该分区主管机关负责。属于各警备旅者，由各旅政治部负责。属于留司直属者，由留司政治部负责。属于中直、军直者，由中央管理局政

治处负责。属于边区党、政、民直属者，由建设厅负责。

六、各分区劳动英雄及模范生产工作者大会，如因数量过多，无法召集全体到会时，得由专署酌量调剂之。

七、全边区劳动英雄及模范生产工作者代表会之代表，由分区劳动英雄及模范生产工作者大会选举之，代表名额规定一百五十名至二百名，其分配如下：

延属分区（驻军在内）：三十六至四十四名。

陇东分区（驻军及抗大在内）：二十三至二十八名。

三边分区（驻军在内）：十八至二十二名。

绥德分区（驻军及军事学校在内），二十六至三十一名。

关中分区（驻军在内）：十八至二十二名。

中直军直系统（包括所属学校、工厂、警备团）：十二至十八名。

边区系统（包括党政民机关、西北党校、行政学院、延大、公营工厂、农场保卫团等）：十五至二十五名。

八、出席代表会之劳动英雄代表，必须具备下列条件：

甲、从事农业、工业、运输、打盐及纺织等生产之一而积极生产，成绩特出；

乙、推动他人生产，并获有成绩；

丙、恪守法令政策，拥护政府和军队，热爱边区。

九、出席代表会的模范生产工作者代表，必须是直接领导或管理生产事业干部，并具备下列条件：

甲、对领导管理生产负责，又有办法，因而获有优良成绩；

乙、积极参加生产、学习，并有创造；

丙、恪守法令政策，并能反对违法舞弊行为。

十、凡驻在分区所辖境内之部队、机关及学校，无论其是否为专署直接管理，但劳动英雄和模范生产工作者及其代表之选举，以及召集会议，均归专署管理。

十一、凡移难民多的区域，应注意选举移难民中之劳动英雄。转变最好的二流子，亦得被选为劳动英雄。

十二、劳动英雄及模范生产工作者之开会日期，由专员公署规定，但须于十一月十号前将出席全边区劳动英雄及模范生产工作者代表会之代表选出，并将代表之姓名、年龄、性别、住址、略历等，报告本府。

十三、劳动英雄及模范生产工作者大会的经费及奖品由各分区自备。

十四、出席全边区代表会之代表到会日及手续另行通知。

选自《陕甘宁边区政策条例汇集》续编，1944 年版，第 184～187 页。

互校版本：

1.《陕甘宁革命根据地史料选辑》第一辑，甘肃人民出版社 1981 年版，第 374～375 页。

2.《陕甘宁边区政府文件选编》第七辑，档案出版社 1988 年版，第 360～362 页。

3.《陕甘宁边区法律法规汇编》，三秦出版社 2010 年版，第 152～153 页。

46. 陕甘宁边区政府建设厅指示信（关于选举劳动英雄和模范生产工作者及其代表的指示）

1943年10月21日

边区政府决定各乡区及全边区于今年生产展览会期间，分别召开各分区及全边区劳动英雄和模范生产工作者大会和代表大会，总结今年生产运动成绩和经验，讨论明年进一步发展生产的办法。关于选举和开会办法，都在边府十月七日的命令和选举办法上规定了，为着贯彻命令和办法的实施，特就有关诸问题提供下列意见。藉供参考。

（一）今年的生产运动，在公私生产各方面均创造了大批劳动英雄和模范生产工作者，在他们之中，有的已经发现了，并经过党政的奖励与发扬，这是必需的。但因以前无统一标准的规定，及未经选举等原因，故有的尚未被发现，这是一个缺点。这次选举，就是要把所有符合边府规定标准的劳动英雄和模范生产工作者，经过选举都发现出来，加以发扬。同时在选举以前，已经受过奖励，而未经过选举的，在这次选举中，亦要依照选举办法规定，加以选举，目的是使他们的模范作用能够发扬，并藉此避免滥竽充数，就是说，凡是符合政府规定标准的不论已被发现或未被发现，均应在这次选举中选举出来，但如果不符合规定标准的，即使已经受过奖励，也不应选举，藉以提高劳动英雄和模范生产工作者的质量。

（二）选举劳动英雄和模范生产工作者及代表，应符合党政经济政策，农业生产占第一位，均应着重选举农业上的劳动英雄，但又应兼顾各分区的特殊经济，如三边，应注意打盐运盐和畜牧及水漫地；陇东应注意运盐和畜牧；延属应注意运输合作，移民与东三县之植棉；绥德分区应注意改良耕作方法与妇纺；关中分区应注意修堰地、硷畔地与移民等。要公私生产兼顾，但私人经济占第一位，故名额上人民中劳动英雄应占半数以上，公家生产中的劳动英雄和模范生产工作者不能超过半数，其中军队又占第一位，军队应占半数。这种照顾是必需的，没有这种照顾就不能发扬生产战线各方面的劳动英雄和模范生产工作者的创造作用。

（三）大会的作用，是为了发扬劳动英雄和模范生产工作者的创造作用，总结他们的生产经验和收集他们对今后发展生产的意见，以达到“集中起来，坚持下去”的目的。因此，大会应切实注意将各项生产中的劳动英雄和模范生产工作者的创造和经验，系统的组织起来，并由他们在大会上报告，或发言，再加以讨论充实，添上领导机关原则方针意见，作成议案，作为今后指导生产的办法（例如为了加强今后改良耕作方法，即在耕作方法最有经验的劳动英雄中收集意见，领导机关帮助把他们的意见组成几个问题，再在大会上报告，经过讨论充实后，再添上领导机关的意见，即作成议案在大会上通过）。

大会上领导机关的一般号召的报告，应求少而精，有中心，使会议开的（得）生动活泼。组织与领导开会的同志，最重要要有向大会学习的精神，不是以学习的精神去领导开会，会议就不会开出成绩来。因为到会的人都是有创造、有经验的生产者，值得学习的。但应注意他们虽有创造和经验，但不一定能完全讲出来，因此领导开会的同志，又应采启发与问答式的方法，去组织他们发言或报告，使他们最有价值的创造和经验均能报告出来，以发挥其作用。

（四）选举出席边区代表大会的代表，除了人民中劳动英雄应占半数及有各种生产中的劳动英雄和模范生产工作者外，并应选举他们之中比较最有创造和经验的为宜，使代表大会能收到更大更多的成绩。在成分上应更多注意选举贫农和中农，富农应注意选举在革命后发展起来的。

（五）劳动英雄和模范生产工作者的选举，是生产运动中的重要教育工作，因此，选举时应尽量做到有广大群众参加，例如利用集市以及自卫军集训等机会来进行选举，被选出的劳动英雄，应将其名单及对生产贡献的功绩，用口头的，或画报壁报等方式加以公布与表扬，以扩大教育与宣传，对于当选的劳动英雄，党政工作人员应派代表到他们家里道贺，乡政府讨论生产动员时，应召集他们参加，并经常检查他们的生产工作，发扬他们的创造与模范作用，使他们成为推进生产的骨干。劳动英雄并得分别为乡的、区的、县的、分区的、全边区的五级，可以在选举后实行升降，好的上升，不好的下降，以提高劳动英雄在农村中的地位，使他们受得人民应有的尊崇，对于出席分区大会与边区代表大会的劳动英雄，应发动人民和机关欢迎欢送招待，以提高他们的积极性。

（六）出席边区劳动英雄和模范生产工作者代表大会的代表，应于十一月二十四以前到达延安，向边区政府生产展览会筹备处报到，二十五日边区生产展览会正式开幕，二十六日代表大会正式开幕。到会代表往返路费由各分区自行解决，开会期间食宿由边区生产展览会筹备处负责。代表来时，应以一个分区为单位集合出发，专署应派妥人负责率领，其集合出发日期由专员公署规定。并须将出发日期，经过地点通知有关县、区政府准备欢迎与招待。此致

敬礼

高自立
霍子乐
高长久

选自《陕甘宁边区政策条例汇集》续编，1944 年版，第 180～183 页。

互校版本：《陕甘宁革命根据地史料选辑》第一辑，甘肃人民出版社 1981 年版，第 370～373 页。

47. 陕甘宁边区三十二年度驮运公盐暂行办法

1943 年 11 月 24 日

第一条　本年度驮运公盐统依照本办法之规定办理。

第二条　本年度全边区公盐总数为十万驮，各分配区分配数目列表附后。

第三条　为照顾各地特殊情况及财政需要，在人民自愿原则下，可改征代金一部或全部。

第四条　公盐驮运分为两期：第一期从一月份起至四月底交足半数，第二期从五月起至八月底全数交足，不得拖延。

第五条　为奖励驮实起见，凡交纳代金者，每驮边币一十元，凡运交实盐者，每驮只收一百零五斤，但须交本府所指定之收盐机关。运交实盐所出之盐本盐税及一切运费均归负担公盐人自备，政府不予任何津贴。

第六条　为防止就地卖盐交纳起见，凡运交实盐人民，须持有盐务局所发之公盐证及税票，方能以一百零五斤交抵公盐一驮，否则收盐机关得拒绝收盐。

第七条　交纳代金或食盐之人民，于交纳后须取得收款或收盐机关之两联收据，一联自己留作凭证，一联送交当地政府审查无错，公盐交纳手续才算完备。

第八条　政府委托陕甘宁边区盐业公司为收盐机关。运盐人民可向延安市及富县之茶坊、合水之西华池、富西之张村汩四处盐业公司交纳。未经委托代收公盐之机关，一般不能代收公盐。

第九条　收盐机关斤秤统以边区市秤（十六两）为标准。

第十条　公盐盐质不得低于市面出售之盐。如人民所交公盐低于市面出售盐质者，收盐机关得拒绝收盐。

第十一条　收盐机关过秤要公平，不得故意压秤或发生其他舞弊情事，并应随到随收。如人民因收盐迟误或其他舞弊受有损失，经查出或告发后该收盐机关须受严厉之处分。

第十二条　收盐机关须将收到公盐数目及交盐人民姓名县份，按月列表，关附公盐收据存根及公盐证税票，一并送交财政厅查核。

收盐机关代卖盐交款手续与清算办法另定之。

第十三条　各县市政府每月须将公盐驮实与征、收代金数目按月列表二份并附收据送报专署，专署留表一份，其余一份及收据送财政厅查核。

第十四条　各级政府收到公盐代金须依照下列规定，按时解库，绝对不准私自挪用。

一、金库在十里以内三日解库一次；

二、金库在十里以外、款在三万元以内者，七日解库一次，但款在三万元以上者，仍须三日解库一次；

三、距离金库过远或有特殊情况者，得按具体情形临时决定之。

第十五条　凡各县市政府按期完成公盐任务，并将实盐或代金及时交到收盐机关与金库者，得按下列规定予以奖励：

一、按期完成全部任务者，按完成数千分之五给奖；

二、六月底完成一二两期全部任务者，按完成数千分之十给奖；

前项奖金以县为单位发给。县府可根据各区乡运交成绩，酌量发给奖金，但凡个别区乡政府按期或提前完成任务而全县并未完成者，不发奖金。

第十六条　凡未清理下列手续之一者，概不发给奖金；

一、不能按月列表报告驮实及征收代金情形者；

二、每月表报未附收盐机关与金库收据或其他手续尚有欠缺者。

第十七条　凡各县市政府督运公盐与征收代金不力或私自挪用代金，不能按时入库者，财政厅得其情节轻重，呈请边区政府分别予以处分。

第十八条　本办法自公布之日施行。

区域	全年任务数	第一期完成驮数	第二期完成驮数
延属分区	40 000 驮	20 000 驮	20 000 驮
三边分区	13 500 驮	7 000 驮	6 500 驮
陇东分区	18 500 驮	9 500 驮	9 000 驮
关中分区	9 000 驮	4 500 驮	4 500 驮
绥德分区	20 000 驮	10 000 驮	10 000 驮
合计	101 000 驮	51 000 驮	50 000 驮

选自《陕甘宁边区政府文件选编》第七辑，档案出版社 1988 年版，第 510～512 页。
互校版本：《陕甘宁边区法律法规汇编》，三秦出版社 2010 年版，第 348～349 页。

48. 附［政策研究］：陕甘宁边区组织劳动互助的主要经验和今后工作

1944 年 2 月 11 日《解放日报》

全边区大约四分之一的劳动力已经组织在劳动互助中间来了，这是去年生产运动的最重要的成绩之一。但是我们的目标是在几年之内把全边区的几十万劳动力全部组织起来，在一九四四年我们就要把全边区的百分之五十以上的劳动力组织起来。这是一件艰巨的工作，而且在工作过程中我们会遇到许多新的困难。我们能不能实现这个任务呢？我们完全有实现这个任务的客观条件。因为组织劳动互助的政策不但符合于全体劳动农民群众的目前利益，而且也符合于他们久远的根本利益；因为我们已经有了去年一年的工作基础；因为经过不久之前闭幕的边区劳动英雄代表大会，全边区军民的生产热忱更在继续高涨；因为有去年许多劳动互助收到极大成绩的事实证明，绝大多数的农民群众比过去任何时候都更加了解了劳动互助的利益。因此，任务能否完成，完全决定于我们的工作。

去年一年，我们积累了许多组织劳动互助的经验。边区许多地方的工作有很大收获，但是有些地方的工作则比较落后，我们有许多成功的经验，也有不少失败的经验。总的说来我们组织劳动互助的成绩在各地区还是不平衡的，我们的工作还是有许多缺点的。如何推广成功的经验，克服缺点，工作落后的地区赶上工作先进的地区，工作先进的地区再把工作大大推进一步，这是今年组织全边区百分之五十以上劳动力的任务的关键。

第一，我们的干部必须彻底认识组织劳动互助的工作在今天的重要意义。因为发展生产的中心关键是组织劳动力，而组织劳动力的首要工作是用变工队一类形式，组织最广泛农民群众的劳动互助。组织劳动互助不但是在今天条件下提高农业生产的唯一有效方法，而且它是分散的小农业个体经济逐渐集体化的第一个步骤，它是人民群众得到解放的必由之路，由穷苦变富裕的必由之路。因此，组织劳动互助是建设新民主主义经济的最重要的工作。此外，只有劳动互助这种能为群众谋得物质利益，适合群众要求的组织才是真正有力量的群众组织，经过它我们就可以团结和教育广大的农民群众，使他们在生产中认识自己组织起来的力量，使他们觉悟到组织和团结的必要，把他们团聚在党和政府的周围。任何在组织劳动互助的工作上不调查、不研究、不肯深入的刻苦的工作，或则强调客观困难任其自流进行，或则不顾具体条件强迫命令的倾向，都是不关心群众利益，缺乏群众观点，脱离群众的官僚主义的倾向，是我们所应当坚决反对的一种最恶劣的倾向。只要我们的一切干部都从思想上彻底解决了这个问题，那我们就有保证可以在今年达到组织全边区百分之五十以上的劳动力，在几年之内达到组织全边区的全部全劳动力和半劳动力的目的。

第二，如何进一步发展和组织劳动互助？一年的经验证明：我们所必须遵守的第一条原则是根据群众的自愿。这就是说，必须是根据具体情况（劳动力的强弱，土地的多少，住址和耕地的距离等等条件）是可能组织到一起，而且组织到一起会对生产有利的时候才把他们组织起来。不是一开始就一定要把全村全乡都组织起来，而是首先由群众自己觉得合得来的自愿的结合，逐渐把他们组织起来。在群众还不愿进行长期的大规模的互助的时候可以先从临时的小规模的两三家的互助作起。在个别农村群众根本不愿组织时可以先作（做）好一个队一个组，拿这样的现实例子使他们知道劳动互助的好处而使他们自愿的参加。边区农村流行着各种各样的旧有劳动互助形式，大多数农民都有劳动互助的习惯，也了解劳动互助的好处，所以利用旧的各种互助形式就最容易为他们所接受，可以收到事半功倍之效。凡是这样组织起来的劳动互助就能提高生产，它才是巩固的。边区去年的劳动互助绝大多数是这样组织起来的，所以他们收到了伟大的成绩。

另外，我们也有不少相反的例子。如绥德的义合区开始曾提出以乡为单位组织变工大队，行政村为排，议员小组为班，以下为小组。其他区也发生不管条件如何抄名单组织成，只追求数目字的倾向。再如曲子县春耕时期名义上组织了五百廿九个变工，六千七百九十四个劳动力参加，而实际只是变了二千六百多个人工，三千三百多个牛工。镇原的一百廿七个变工队实际上只有三分之一变过工。合水、华池也有许多形式主义的变工队。定边四区的个别乡单纯由政府命令有牛的农户向外变牛工。赤水、新正也曾发现过这样的例子，有的干部要每村成立一个班子，说："硬任务非完成不行"！结果他一走班子立刻垮台，有的强迫组成班子后第二天一早农民各人到各人地里去了，连找人也找不到。其他地方还有个别的强迫组织变工，因为农民不肯好好劳动，效率反而减低了一倍，结果也是几天垮台。有的是不管农民是否接受一定要叫"××队"、"××社"，结果农民还以为是动员义务劳动的组织。总之，凡是这样强迫命令，抄名单，不顾具体条件，不管农民是否接受而组织成的劳动互助都是不起作用的，甚至障碍生产的。去年这种形式主义的组织大部分已经纠正改组了，但是可能还有一部分存在着，这种作风也可能今年又在个别地方复活，这需要我们及早防止，而且对旧的不起作用的组织，也要根据农民自愿的原则重新加以改组。

在组织劳动互助工作上的另一个倾向，就是任凭农民自流的进行而不积极的来倡导帮助。去年春天志丹、甘泉等地都曾有过这种倾向，有些干部以为农民在春天没有变工、札工的习惯，就不能倡导。绥德分区也发生过以为本地土地分散就不能提倡劳动互助的想法。但是事实证明：只要我们做了工作，任何地方都可以成立劳动互助，而且都可以收到成绩。

这种倾向产生的原因，是由于有些同志还不肯深入地调查研究，不肯耐心的刻苦的工作，不会依靠群众中的积极分子，克服农民中的部分落后意识，不会抓住一点，作出成绩，来帮助全面。这种自流主义的倾向也是障碍劳动互助发展的主要原因之一。

发展和组织劳动互助的另一个重要工作，是选择适当的领导人。他应当是了解情况，联系群众，有威信而又处事公平的干部或是群众中的积极分子。有了这样的领导人就能使劳动互助很顺利的进行，一切困难都容易解决。各地的劳动英雄都应当在进一步组织劳动互助中发挥他们的作用，成为当地农村劳动互助的领导人或积极参加者，藉着他们团结更多的群众。

第三，劳动互助组织起来之后不是就万事大吉了，而是还需要我们不时的检查，不断的帮助，使其巩固和坚持下去。若是发现原先组织的不妥当，领导人不适合的时候，就要及时的重新配备。例如安塞卫家塌的变工队在组织好之后，发现编组时把几家不团结的农户编在一组，住在东边的到西山开荒，住在西边的到东山开荒，经过重新编组和划分荒地，后来又不断的检查才收到成绩。再就是任何劳动互助在进行中都会发生许多的困难和或大或小的纠纷，只有不断的检查和及时解决问题才能坚持下去，不然也会中途散伙。例如赤水睛门子的唐将班子和淳耀县政府领导班子，本来都是很有成绩的班子，后来因为包头打骂工人等等问题发生矛盾，乡政府和县政府未及时解决，班子因而瓦解。这都证明，劳动互助虽是对于农民有利的，但是个体经济和集体劳动的矛盾还是时刻存在着，若是党和政府放松对它的领导，它就不能坚持下去，就会全功尽弃。去年我们已经有四分之一的劳动力组织在劳动互助中间了，今年我们还将增加许多新的劳动互助，如何使这些劳动互助坚持下去，这就是我们各地党、政干部必须注意的第三个问题。

第四，劳动互助组织起来之后，应当逐渐的来提高它，民间旧有的劳动互助形式中间许多不合理的成份（分）应当逐渐的加以改造。边区各地的农民群众去年在实行劳动互助中都有一些新的创造和对旧习惯的改造。例如关中分区对唐将班子的改造和对搭庄稼的提高，吴旗县对请牛对之发展与对伙格牛之提倡，都是较有成绩的。其它地区则一般对于群众这些创造缺少及时地加以吸收、综合与推广，对于民间各种旧有互助形式的调查研究的还不够。总的说来，我们对这个工作作的还是很少的。现在对这个问题提出以下几点供各地同志参考：

（1）建立劳动纪律问题。过去的变工队因为规模狭小，所以没有一定大家必须遵守的纪律，去年由于劳动互助范围之扩大，有一些变工队自己订立了劳动纪律。但是这只限于很少数的变工队，大多数变工队还是没有的。变工队若是没有一定的劳动纪律，不但不能进一步提高工作效率，且也难坚持长期不散。今后应当把各地变工队自订劳动纪律的办法，推广到所有的变工队中去，由参加的农民民主讨论决定共同执行。

（2）计工问题，去年有些劳动互助组织发明了“折工”（例如凡不足一个全劳力的，一天折成七成或五成）和“包工”（按地计算工资）等等办法。这些办法的好处是使得劳动日的计算更为精密与合理，能提高劳动热忱，能扩大劳动互助，把劳动力强弱不等的也可以编成一起，这些办法根据农民自愿是可以逐渐推行的。

（3）逐渐扩大劳动互助规模问题。经验证明：凡是规模太小而只限于亲族关系之间的劳动互助组织并不能真正发挥集体劳动的效能，所以凡是有扩大的可能条件，而且扩大了会有利于生产的时候，应当说服农民加以扩大，或者是把几个小的变工队联合成一个较大的变工队，在不同的农作上再把他们划分为不同的小组，这是最好的一种组织方式。

在土地很分散的地区，目前还是以小规模的变工队为主。不过应当从短期的临时的变工逐渐过渡到长期的永久的变工。可以试行提倡农民之间相互自愿的“兑地”。绥德分区一类地方可以大大提倡“并地种”、“抽牲口”一类形式。

（4）进一步提高劳动效率问题。群众的劳动互助的劳动效率和劳动强度是否还可以再加以提高呢？根据边区部队开荒生产的经验，这是可能的。例如部队开荒的纪录最高达到每人每天六亩二分，一般平均每人每天开荒一亩至二亩，群众开荒的纪录则相差很远。由于各种条件不同，我们虽然不盼望群众的劳动效率也能达到部队的标准，但在改进劳动互助的制度和办法之后，群众的劳动效率和劳动强度一定还能再提高一步的。去年已有成绩的劳动互助组织，今年应当研究如何进一步提高农作技术，改良工具以及使用风车一类较复杂的工具。

（5）劳动互助发挥更多作用问题。劳动互助是群众农业生产的组织，但是它一办有成效，就不但能在各种农业生产活动上组织群众，它还能在拥军拥政，自卫动员，文化教育各方面团结群众。去年我们有许多这样群众创造的例子。今年应当加以大大发扬，把劳动互助变成真正从各方面团结群众的组织。

（6）劳动互助和合作社的联系问题。劳动互助就是农民的农业生产合作社，它应当和当地的合作社取得最密切的配合和联系，互相帮助发展。去年边区的合作社，只有延安县南区合作社曾以十四万元无利贷给了十一个变工队、札工队，其它合作社再没有对劳动互助的直接联系。今年各地的合作社应当把帮助本地的劳动互助当作自己的重要工作之一。各地的劳动互助也应当在消费，农产品出售、信用等等方面与合作社取得联系。

（7）取消各种剥削问题。札工和唐将班子在各地都比从前发生了变化，最有成绩的是关中对于唐将班子的改造，札工的功德主和班子的包头所抽的空工或抽的“佣钱”，在关中的许多班子也一律取消了，不过这个办法还是不应当普遍实行的。这里的问题不在于抽空工是否是一种剥削，而在于禁止抽空工将很少有人愿当功德主或包头，将影响到札工和班子不能发展，这反而是不利的。所以札工和班子的改造一般应当只取消其各种额外剥削和迷信及不合理的制度，抽空工暂时还不必干涉（若功德主或包头自愿不抽空工，不抽钱的当然也不必干涉）。此外在人工变牛工（或驴工）比率太高的地方应当规定适当的比率（也不太低），而且更进一步组织人工和牛工的互变。

第五，上面的叙述已经充分说明了没有党的领导，边区就根本不会有去年的劳动互助运动。各地农村的党员都是劳动互助的积极参加者，有的就是劳动互助的直接领导人，经过他们的模范作用才团结了广大的群众，收到去年这样的成绩。今年要达到组织全边区百分之五十以上的劳动力的目的，必须是依靠农村的支部和党员起更大的作用。今后各地农村支部工作的中心应当放在变工队、札工队和唐将班子等等劳动互助组织上，经过这些劳动互助组织来领导农民群众的生产，来团结最广大的农民群众。农村的党员不但要积极参加劳动互助成为劳动互助的领导者，而且要为着提高劳动效率，改造旧的劳动互助组织而奋斗，他们应当有牺牲一些私人利益顾全大家利益的精神，他们应当发挥革命的友爱互助的精神，他们应当在劳动互助中间排难解纷成为群众的核心。在去年我们有无数这样的模范例子，各地农村的支部应当在参加劳动互助中，用这些具体例子来教育党员。

解决了上面这些问题，我们就一定能完成今年组织全边区百分之五十以上的劳动力的任务。

现在春耕期间已经迫近，各地应当不失时机的联系布置春耕，作按户计划的工作，进行组织农民的劳动互助。有了去年这样好的工作基础和群众这样高涨的劳动热忱，只要我们很好的接受去年的经验，加强党的领导作用，我们今年一定会收到更多更大的成绩。

选自《陕甘宁革命根据地史料选辑》第二辑，甘肃人民出版社 1983 年版，第 469～476 页。原注“民国三十三年二月十一日《解放日报》”。

49. 陕甘宁边区政府指示信（为指示推广种植洋芋）

1944 年 2 月 26 日

各专员、县（市）长：

为了“备荒自卫”，要想各种办法使边区多增加粮食产量，做到“耕三余一”两年完成。今年在广泛的群众生产运动中，除有荒地区域，多开荒、扩大耕地面积及普遍深耕细作，提高粮食产量外，推广种植洋芋，也是增产粮食的重要办法之一。在边区各地都能种洋芋，且利益甚多。

一、洋芋产量大，一亩地的粮食，平均只能收细粮二斗左右，一亩地的洋芋，至少能收五百斤，多的能收到一千五百斤左右，可顶细粮五斗到一石五斗。

二、一般不太适宜种其他庄稼的阴坡沟呱地，均适宜于种洋芋。

三、洋芋亦可储藏，蒸煮晒干，经久不坏，荒年可以作粮食，丰年也可以多调剂饭食，节余谷糜（洋芋干饭可省一半米），以备荒年。

四、洋芋是长年最好的蔬菜，蒸、煮、煎、炒，还可以制粉，可调口味，增加饭食，于身体营养也好，同时夏洋芋虽收成较少而成熟早（收了还可以种秋菜），“处暑”（阴历七月初五阳历八月二十三日）前后，就可以吃上，青黄不接的时候，可以起调剂粮食的作用。

种洋芋利益很大，业经边府决定，本年全边区最低要增种洋芋三十万亩，并尽可能求得超过，同时应以精耕细作，求得每亩产量六百斤至一千斤。兹据各分区报告，除保持原有洋芋种植面积外，延属、绥德两分区准备每人平均新增种半亩，陇东分区新增种八万三千亩，关中分区新增种六万三千亩，除照准以上四个分区所提增产数量外，三边分区亦应根据该分区具体情况订定本年增种面积。

在洋芋的耕作和储藏上一般应注意下列问题：

一、洋芋可分夏洋芋和秋洋芋两种，夏洋芋种得早，收得早，但不宜储藏，产量亦少，宜少种。秋洋芋收成大，宜储藏，应多种。

二、洋芋要选产量大的籽种。要按各地气候和土质的不同，多施适宜的肥料，要多锄，锄的时间要适当，力求精耕细作，增加产量。

三、要适时收藏，秋洋芋迟至寒露（十月八日）前后，地冻以前就要收藏，免得冻坏。

四、洋芋储藏的办法，一般可以做到的有两种：一种是窖藏法，一种是晒干储藏法。窖藏不论是用土窑或土窖，最主要的应注意：（一）要通风，使水气能够发散，并要随气温的变化，经常注意通风口的关闭和开放。（二）要凉爽，不可太暖。太暖洋芋长芽；也不可太冷，太冷洋芋受冻。不可潮湿，潮湿会腐烂。在洋芋储藏前，应铺开晾干水气，经过选择，僵皮、受冻和已破烂的洋芋，必须拣出，免得腐烂。如管理得好，可以储藏一个对年。晒干储藏法，或是生洋芋切片晒干储藏，或是蒸熟切片晒干储藏，储藏中应经常保持干燥，这样可以经久不坏，是最好的"备荒"长期储藏办法。

关于推广洋芋办法，各地亦可因地制宜，多可采取，一般的应注意下列各项：

一、首先要干部认识：推广种植洋芋，是今年增产粮食的重要办法之一，是为了"备荒自卫"，并要将推广种植洋芋的利益，向群众宣传解释清楚，表扬愿意多种洋芋的群众，发动和帮助群众多种洋芋，并以种秋洋芋为主。

二、各级政府，应拟出增种洋芋的具体计划，俾便检查。

三、调剂洋芋籽种，缺乏洋芋籽种的农户，用借籽、换籽、或买籽等办法，进行调剂。

四、为了提高每亩洋芋的产量，要宣传和发动群众，注意选种、选择土地、多上粪、勤锄、多拥土、适时种、适时收藏的工作。

五、有发现过去种洋芋多、产量特别高、储藏办法好的农户，可以酌情给予奖励和表扬，并介绍其具体经验。

六、可以组织调剂妇女、老汉、儿童等的劳动力，进行削洋芋籽、下种、锄草、拥土、收藏洋芋等工作。

推广种植洋芋，是本年增产粮食中一个新的任务，各级政府必须有切实的布置具体的检查，及时发扬优良经验，纠正缺点。

主　席　林伯渠
副 主 席　李鼎铭
建设厅厅长　高自立
副 厅 长　霍自乐
高长久

选自《陕甘宁边区政策条例汇集》续编，1944年版，第206～211页。

互校版本：

1.《陕甘宁革命根据地史料选辑》第一辑，甘肃人民出版社1981年版，第432～434页。

2.《陕甘宁边区政府文件选编》第八辑，档案出版社1988年版，第81～83页。

50. 附［报刊评论］：为达到经济上的完全自给自足而奋斗

1944年4月4日《解放日报》社论

边区政府决定今年只征收公粮十六万石。比去年少征二万石，比前年少征四万石。边区政府的这个决定，已经经过本报的披露，传达给每一个边区公民。

往年，边区不仅人民的衣服和日用品不能自己生产，就是粮食也要靠外面输入。一九四〇年起，边区被封锁起来了，我们面临着饿死冻死的严重危险。但是我们不怕危险，我们用自己动手的方法来克服困难。特别是经过去年一年伟大的生产运动，边区的农业生产大大发展，民众方面组织起来生产，增加耕地面积一百万亩，增产细粮十六万石，部队方面生产细粮三万石，机关学校方面仅延安一地就产粮六千石。到了今年，经过了劳动英雄大会，生产的发展更为蓬勃，大家为备荒和准备反攻，为“耕三余一”两年完成而奋斗。军队方面，则提出了生产十万石细粮的任务。这样一来，我们边区的粮食不但够吃而且有余了。边区政府今年的征粮决定，反映着我们在粮食战线上的巨大胜利。边区政府的十六万石征粮决定，说明在新民主主义政权下，边区人民越是努力生产，负担就越加减轻，这毫无疑义将更加刺激今年的生产，提高一百五十万人的生产热忱。

我们去年的生产成绩是很大的。去年的生产运动证明了，有了共产党，有了民主政权，就有了足够的条件可以把“贫瘠”变为“丰足”。

但是，虽然去年我们有了很大的成绩，还绝对不能自满。我们虽在粮食方面能够自给，还未能做到日用品的自给。我们还要输入大批的棉、布、铁、火柴、纸张、染料、玻璃、瓷器，甚至连竹筷、梳子都要输入。去年产盐运盐都有很大的成绩，但还换不回这许多必需品。我们去年种棉十五万亩，收花一百七十万斤，这也是一个很大的成绩，但光就这一项来说，我们还只能自给三分之一到一半。因为我们在经济上不能完全自给自足，因此，我们的经济不能独立，我们还要受封锁的害。去年下半年的金融波动，边区经济吃亏不小，根本原因，就在这里。

要把边区经济建设搞得更好，今年除了在粮食方面做到丰足有余，要继续产盐运盐，以交换日用必需品外，还要大大发展边区人民必需品的生产，以便在短时间内达到经济上的完全自给自足，达到出入口的平衡以至出超。如果能够做到这样，边区的金融和物价将更会稳定，人民的生活将更加安定。

经过几年来的实践和调查研究，我们应该说，边区不但不是“贫瘠之区”，而且是一个蕴藏丰富、经济发展大有前途的地区。边区有广大的土地，有盐，有铁，有煤，有煤油、有牛羊、有药材、有林木，还有银、铜、雄黄、硫磺等多种多样的矿产。运盐从前是被认为不可能的，我们去年做到了。植棉从前也是被认为不可能的，而我们去年所收的棉花就足以自给三分之一到一半了。我们土制的“大光牌”毛巾，比外来货好得多，可以用一年以上，价钱只及外来货的一半。我们的土制“玻璃灯罩”，一打的价钱比外来货一个还要便宜些。我们的土制“丰足牌”火柴，比外来货又便宜又好。染料方面，陇东种蓝已经试验成功，黄河沿岸各县也可以种蓝，用草木根叶制造的染料已经发明了多种。煤铁方面，近年来新开的矿并不少，炼铁亦已成功。纸张方面，去年一年质量亦皆有进步。其他小工业，如蒸制骨粉、代乳粉、香烟等等，也在发展起来。以边区的富藏，来做到边区一百五十万人的自足自给，应该是绰有余裕的。

边区除了有极丰富的原料以外，现在还加上了新民主主义的合作经济，这是以前从来没有过的。这种新民主主义的经济制度，与革命以前的半殖民地半封建的经济制度大不相同，足以保证生产的顺畅发展。劳动者不是越生产越穷苦，而是越生产越能过好日子。一方面是原料丰富，另一方面是有了合作经济，我们就有充分的信心，来为边区经济的完全自给自足和争取出入口的平衡而奋斗。

凡是边区军民要用的东西，大的到棉、铁、火柴、染料，小的到竹筷、梳子、缸缸盆盆，我们要一齐动手，来寻找原料，研究制造方法或者找代用品。除了公营的工厂作坊和矿山之外，要大大发展家庭手工业。要奖励各种大大小小的发明和发现。我们全边区九百多个合作社，都要转变到以组织人民的生产为主要业务。要准备大量投资和奖励私人投资。要向广大人民灌输科学知识和技术知识，大家来发现富源，开发富源，利用富源。

凡是边区已经能够自己出产的物品，我们要宣传全体军民，尽先购买使用自己的出产品，这样就可以刺激生产的发展，并且价钱也便宜。我们希望边区的制造家，把自己的产品公布出来，让大家知道，以便购买使用，同时希望不但要求品质优良，而且价钱不要定得高，一定要比外来货便宜很多，才对于经济的发展有利。

凡是能够输出的物品，如盐、羊绒、麻油等，也要发展，以其换取必要的外来货物。

只有生产，才能解决经济问题。去年，我们美美的生产了一年，其结果，大家丰衣足食了，边区政府今年征收十六万石公粮的决定，把负担也减轻了。现在，我们还要为着达到边区经济的完全自足自给，拿出我们的智慧，拿出我们的技术和劳力，来更加努力的生产，我们就能过从来未有的好日子。

选自《陕甘宁革命根据地史料选辑》第二辑，甘肃人民出版社 1983 年版，第 498～501 页。原注：“民国三十三年四月四日《解放日报》社论”。

51. 西北局关于争取工业品全部自给的决定

1944 年 5 月 29 日

（一）为了坚持长期抗战，准备反攻力量和克服一切对边区经济封锁的困难，并保证边区军民丰衣足食的生活，我们必须努力发展国民经济。近年来农业生产已有很大发展，但工业品仍极缺乏，因此我们必须努力发展自给工业。同时，只有工业发展，才能改造社会面貌，才能建立在经济上不依靠外力而独立自主的边区。自党中央提出自己动手发展自给工业以来，边区公营工业和民营工业都有了新的发展，特别在这次边区工厂代表会议上，看到我们公营工业有着显著的进步。过去在几乎没有什么工业基础的边区，现在已建立了纺织、造纸、兵工、机器制造、炼铁、制革、被服、火柴、肥皂、玻璃、制鞋及基本化学工业等八十余个大小公营工厂。这是在边区经济建设上全体党员与党外的技师及全体职工多年奋斗的结果。

（二）西北局特指出上述发展成绩与前年高干会上毛主席关于边区经济财政问题的指示，及去年三月工厂联席会议的成就是不可分离的。因为毛主席给我们指示了发展工业的正确方针，工厂联席会议在接受毛主席和高干会精神之下，曾经正确的开展批评和自我批评，彻底检查了工业主管机关的领导及工厂的工作，克服了官僚主义作风，清除了某些混入工业机关中的破坏分子，纠正了职工中的经济主义，改造了工厂管理及支部工会工作，实行了公营工厂领导一元化，开展了赵占魁运动和工厂整风运动。这就是去年各公营工厂能够完成和超过边区政府所给予的生产任务底重要原因。因此西北局完全同意此次工厂代表大会对去年工业生产成绩的估计，同时也同意大会对某些工厂管理干部脱离群众的官僚主义作风的批评。各工厂党的领导干部及全体党员已有成绩及经验应当继续发扬，力戒骄傲自满。至于受到大会批评责备的干部和党员，应虚心接受批评，力求改正。

（三）为了完成今年西北局高干会提出二、三年之内在各分区自给的基础上完成工业品全部自给的任务，西北局认为必须继续发展公营工业和民营工业，因此各级工业领导部门及各工厂党的组织应当执行下列任务：

1. 各级工业领导部门应责成机器制造工厂及化学工厂，帮助解决炼铁、火柴、纺织、印刷的某些机器装备，及技术改造。首先做到布匹、铁、火柴的全部自给。并有计划地调剂原料，组织供销，禁止边区工业原料需要品出口，在贸易上保护边区工业的发展，使各工厂生产继续发展不致中断。为此，必须克服不照顾整个边区工业发展的本位主义倾向。今后各工业管理部门，应在党政及西北财经办事处统一领导之下，发展我们的工业，并提倡全边区军民使用边区土产工业品。

2. 要达到工业品全部自给，仅靠公营工厂是很难完成这个巨大任务的。必须有计划的发展合作和民营纺织、造纸、煤矿、瓷器等工业（特别是民间纺织业的发展，使老百姓做到自纺、自织、自穿，同时发展纺纱配合公营纺织的发展）。奖励边区内地主商人创立工业，并欢迎边区以外的工商业家来边区发展工业。为了解决民营工业资金的困难，同时来集合民资民力，首应采取合作社形式，政府得借予工业贷金。凡私人资本经营工业，只要他不违犯政府法令及劳动政策，政府应予以协助，并对其企业的发展予以法律上的保障。为了解决技术的困难，各工业机关及各工厂应给予帮助，并派出一定技术人员指导民营工业的发展。

3. 目前工业品的产量，虽然比去年有了极大的提高，但工业品的质量是不好的。因此为“质量好、产量高、成本低”而斗争，应当成为工业建设中的重要口号，为实现这一斗争口号，及高岗同志在工厂代表大会“为工业全面自给而奋斗”的口号，各公营工厂应实行领导一元化，各工厂支部及工会应与厂长一致来完成工厂生产任务。应实行企业化，企业化是发展工业的一个重要关键，必须切实而有步骤的实现，克服工厂组织机关化的现象。建立工厂管理制度，应动员工厂所有党员去领导全体职工为提高质量发展产量而斗争的群众运动。只有依靠广大群众的力量才能把产品质量提高。必须使全体职工认识：质量不好就等于浪费，同时无法抵抗外来坏工业品倾销，也不能保证出入口的平衡。

4. 在工业生产战线上的一切党员干部，应当尊重党外技术干部，学习掌握工业技术，克服不学习技术的偏向，纠正保守技术的行会主义思想。西北局并号召一切有工业技术的党员干部及一切技术人员归队，回到本行来。政府应奖励技术的发明。各工厂与经济机关，应有研究技术的组织与设备，以便改进工业技术，促进边区工业的发展，提高产品质量，顺利的完成工业自给的任务。

5. 各公营工厂党的组织应继续领导和坚持赵占魁运动，在职工中建立新的劳动态度，发扬劳动英雄的革命品质，学习与熟练自己业务的技术，使赵运与提高技术改善产品质量相结合。使每个职工自觉的为革命工厂贡献出他的劳动力，公开他的技术，教会大批学徒，自觉的为工厂节省原料，爱护工具。使全体职工把工厂看作是自己的家庭一样，在竞赛中继续创造出各业的劳动英雄。

6. 各公营工厂的领导干部及党员必须联系群众，依靠职工群众的力量来改善工厂的生产与管理，并经常照顾职工生活及日常困难。有计划的组织职工互助储蓄，发展文化娱乐工作，处处关心职工技术学习和文化的提高。使职工在劳动过程和实际生活中体现到革命工厂的利益同工人阶级利益的一致。在毛主席指示的“公私兼顾”原则下，根据各厂具体情况，来试行公私合作。以便在统一的意志下，为完成工业品自给而奋斗。

7. 各公营工厂党的组织，应当注意吸收在生产中的劳动英雄，及职工中的积极分子入党，并有计划的引进对工厂有技术贡献的职工，及有管理工厂才能的党员，参加公营工厂的管理。

各级党委应研究并督促各级工业管理部门党的组织，将本决定在各公营工厂党的组织及全体职工中传达讨论，并实施之。

选自《陕甘宁革命根据地史料选辑》第二辑，甘肃人民出版社1983年版，第502～505页。

52. 陕甘宁边区各县（市）商会组织章程草案

1944年6月19日

第一章　总　则

第一条　本会定名为“陕甘宁边区××县（市）商会”。

第二条　本会以团结本县（市）各阶层商人，参加抗战建设，共谋商业发展，及全体商人福利为宗旨。

第二章　会　员

第三条　凡在本县（市）设有固定地址经营商业之商店、号、行、坊、栈、庄或临时贸易之商人（指常住本县之临商），均得为本会会员。

第四条　凡上列规定商店、号、行、坊、栈、庄或商人，均须于开业前，报告本会登记，成为本会会员。

第五条　会员如有违反政府法令，扰乱金融，抬高物价及囤积居奇等事情者，商会有干涉与处罚之权。

第六条　会员之权利义务如下：

一、权利：在本会范围内有选举权、被选举权、复决权，有向本会提出诉愿及请求救济权，有享受本会所举办之一切有关商人福利事业之权利。

二、义务：有交纳会费，遵守章程，服从决议之义务，有帮助其他会员解决一切困难之义务，有参加本会各种动员工作之义务。

第七条　凡商店、号、行、坊、栈、庄及经营临时贸易之商人，如欲停止营业或迁徙他县（市）时，应于停业或迁徙一月前，报告本会，履行退会手续，并解除会员之权利义务。

第三章　选　举

第八条　本会依据民主选举原则，吸收各阶层会员，组织商会委员会。

第九条　本会采取普遍、直接、平等、无记名投票选举制。

第十条　凡本会会员年满十八岁，不分阶层、党派、营业性质、男、女、宗教信仰、民族、财产，及文化程度之差别，均有选举权及被选举权。

第十一条　会员有下列情形之一者，不得参加选举与被选举。

（一）有破坏商民公共利益之嫌疑者。

（二）经法院判决，剥夺公权，尚未恢复者。

（三）患神经病者。

第十二条　选举前应由本会委员会，商请当地政府派员协同组织选举筹委会，进行民主审查事宜。

第十三条　选举时，得先由各业商人，分别讨论提出候选人名单，交选举筹委会公布，经商人大会投票选举之。当选委员会之委员，依三三制精神，大、中、小商人各占三分之一。

第四章　组　织

第十四条　本会最高权利（力）机关为全体商人大会，大会闭幕时，由本会委员会代行职权。

第十五条　本会委员会由七人至十一人组成之，并得设候补委员一至三人，遇委员出缺时，由候补委员递补之。

第十六条　在委员会下，按具体情况，得分设若干小组，由组员推选正副组长各一人。

第十七条　委员会各委员分工如下：

（一）会长、副会长，由委员中互相推选之。

（二）会长负责掌理本会对内对外一切事务，并检查督促各委员工作。

（三）副会长协助会长办理内外一切事务，会长因公外出或因故不能执行职务时，得代行会长职权。

（四）组织调查委员，负责整编商人小组，了解商人及商业情况，与进行统计等工作。

（五）宣传教育委员，负责筹划及主持商人中之宣传教育及有关会议，并领导文化娱乐工作。

（六）调解委员，负责调解商人中有关商业之一切纠纷，及清算帐（账）项等工作。

（七）卫生建设委员，负责计划并实施商人中之卫生建设工作。

（八）总务委员，负责召集会议，管理会内一切总务事项，对外联络交际及办理不属于其他委员之工作。

第十八条　本会于必要时，得聘请或雇用干事若干人，分别协助各委员工作。

第十九条　本会委员任期一年，连选得连任。

第二十条　本会会长、副会长及委员一般的定为义务职，必要时可酌予补助其费用。干事待遇由委员会决议规定之。

第二十一条　本会一切经费开支，于会费项下动用之。

第五章　会　议

第二十二条　商人大会例会，每季一次。如有三分之一会员提议或委员会认为必要时，得召开临时大会，讨论选举、议案、税务、动员等重大事项，作出决议，交委员会执行，并听取委员会之工作报告等。

第二十三条　委员会例会每月一次，会长或委员二分之一上以提议得召开临时会议，讨论大会交办事项及其他日常工作或临时发生之事件。

第二十四条　小组会例会，每半月一次，必要时小组长得召开临时会议，讨论委员会交办事项，及执行办法，并征求组员意见。

第二十五条　组长联席会，得由委员会临时召开之。

第二十六条　其他各种会议，由会长及有关委员临时召开之。

第六章　附　则

第二十七条　本会办事细则另订之。

第二十八条　本章程如有未尽事宜，得随时修订之。

第二十九条　本章程自公布之日施行之。

选自《陕甘宁革命根据地工商税收史料选编》第五册（1944—1945年），陕甘宁革命根据地工商税史编写组、陕西省档案馆编印，陕西人民出版社1987年版，第86～89页。

53. 西北局关于贯彻合作社联席会决议的决定

1944年7月9日

（一）这次合作社联席会及其决议，指出合作社在最近两年中的发展和进步，又检查了过去合作社工作中的缺点，规定组织群众生产和贯彻民办公助为今后合作社的基本方向，并提出各种实际任务，都是正确的。各级党的机关，均须依照各地合作社工作的实际情况，加以详细研究和讨论，把这次合作社联席会决议当作今后指导与帮助合作社工作的基本方针，并用一切力量和有效方法保证其实现。

（二）合作社是在私有财产基础上，各阶层人民大众联合经营的经济的文化的卫生的社会公益事业的组织，是目前我们组织人民生产，实现耕三余一，全面自给，丰衣足食的基本形式，是全面的经济文化建设的杠杆。在最近两年合作社的发展和创造中，已经非常清楚的显示出这种意义，凡是党的机关懂得合作社的重要并加以积极领导的地方（如安塞、靖边、延安、绥德、富县、华池、新正等地），合作社工作就有进步和发展。相反的，凡是不懂得合作社工作的重要而在领导上表示忽视的地方（如甘泉、延长、盐池、环县、葭县等地），合作社工作就表现落后和不大发展。西北局特指出今后各地党的领导机关应把合作社的领导放在极重要的地位上。而凡是对合作社领导忽视的地方，必须立刻检讨领导合作社的工作，并加以有效的改正。

（三）合作社今后应采取正确的发展方向，放手发展，大量发展，以适应目前边区发展生产的要求。但这种发展，必须坚决采取从下而上的群众自愿的原则，绝不应用从上而下的由行政命令的方法来组织，更须坚决反对强迫摊派股金的办法。现在的实际情况证明：凡是用前一种办法组织起来的合作社，是与群众有密切联系的、巩固的和发展的，凡是用后一种办法组织起来的合作社，则是脱离群众的、不巩固的和不发展的。如果我们能从群众的实际需要出发，对所办事业做了具体的调查研究，找到群众信仰的积极分子出来号召和组织，党政从旁加以帮助，则真正民办的合作社就会出现。如果这个合作社入股退股是自由的，能按期分红，又为群众做了有利的事，则这个合作社就会更加巩固和扩大。一个地区如果有了这样一个合作社，经过奖励和推广，则临近地区许多这样的合作社又会发展起来，这就是安塞、绥德、靖边、延安等地所采取的发展合作社的办法，各地都应学习。

（四）合作社是为广大群众服务的民营组织，而今天组织人民生产发展边区经济，就是合作社为群众服务的基本方向。只有进一步发展生产，人民的文化卫生公益事业，才有物质基础，才能随经济的发展而发展，同时反过来又刺激推动经济发展。因此，合作社发展的主要方向，就应是广大农村，而不应集中在城市，有些地方把区乡合作社合并到城市或集中一处是不妥当的，是会脱离群众而妨碍合作社发展的，应即改正。

（五）合作社是人民大众的，同时也是各阶层的，我们对愿意以自己人力财力或智力参加合作社并做有益边区事业的各阶层人士，不是拒绝，而是欢迎，特别是对贸易有经验的商人和对地方事业热心的士绅，更在欢迎之列，并要切实向他们学习经营工商业的知识，团结全边区的人力财力物力智力来建设边区。这一点应在党政各级干部及合作社干部中加以说明，并向广大群众及各阶层人士宣传。

（六）今后党必须加强对合作社干部的教育和领导，党应有计划的调动最好的群众最有信仰的干部到合作社工作，大的合作社党可以派指导员去进行政治工作，以加强合作社。一切在合作社工作的党员都要精通业务，县区乡党的会议应吸收同级合作社负责党员参加，而合作社理事会开会时，地方党政负责同志亦应出席参加，以达到互相结合互相学习的目的。

（七）合作社是真正适合边区情况的综合性的群众组织，它的工作就是真正实际的群众工作，因此各级抗联会干部应一律参加到县联社或中心合作社中去，切实参加合作社工作，精通业务，并虚心学习如何为群众谋利益及如何在群众经济文化的利益上把群众组织起来。

（八）贸易公司必须团结合作社，依靠合作社，更进一步与合作社建立密切联系，帮助合作社发展，特别在调剂棉花，供销土布，运销土产，供给必需品问题上应有计划的帮助合作社。

（九）各地党领导合作社进行各种任务时，必须都从实际出发，详密调查当地情况，具体研究每项事业的实现办法，多和群众讨论，并取得他们赞同，然后实行。必须坚决反对不合实际的主观主义和只求表面的形式主义做法，这是实现合作社联席会决议的极重要的条件。

选自《陕甘宁革命根据地史料选辑》第二辑，甘肃人民出版社 1983 年版，第 506～508 页。

54. 陕甘宁边区货物出入口登记办法

1944 年 7 月颁布

一、根据边区政府战字第七二三号命令及物资局第一次颁布之统一登记工作办法草案，并依据目前实际情况的需要重新修正登记工作办法如下：

二、边区境内各税务局、税务所及其代理之征收机关，须一律进行货物登记。

三、无论应税与无税货物，均一律进行登记（内地市场间之水果、蔬菜、鸡、鸭及鸡蛋等可不登记）。

四、凡应税之各种货物，不论边产边销，出境，甲种入境，乙种入境及转运，一律以税证为凭，并加盖“登记”戳记，不另发给登记证，无税之各种货物，则一律填写登记证，交运货人持执，以便通行。

五、登记证之使用办法规定如下：

1. 登记证之种类，根据货物流通情形，分为以下六种：

甲、入境甲种货物登记——凡货物由边区外直接运进边区销售者；

乙、入境乙种货物登记——凡外区货物运进边区，而又直接运往外区销售者；

丙、出口——凡边区所产货物，运往外区销售者；

丁、转口——原为甲种入境货物，而又出边区销售，或原为乙种入境货物，而又在边区销售者，谓之转出口或转入口；

戊、境内转入——在边区境内市场间流通之货物，从甲地运进乙地者，在乙地即称为境内转入；

己、境内转出——在边区境内市场间流通之货物，由甲地运往乙地者，则甲地即成为境内转出。

2. 登记证之颁布规定如下：

甲、甲种入境及乙种入境之登记证，均在边境之第一税务机关登记发给。

乙、出口、转口、境内转出登记证，均在货物起运地之第一税务机关登记发给，应税货物，不另发登记证。

丙、境内转入，不另发证，仅在原证上加盖“转入”章记。登记时即填入“境内转入”项内。

3. 境内转入，境内转出，只在各地区之较大商业地方进行，由各分区分局斟酌具体情形，指定设立登记之。

4. 有税货物及无税货物（包括入境、出境及边产边销）办理完税登记手续后，始准运行。

5. 甲种入境货物，已在第一税务机关登记入境，该货物到达目的地后，不在边区销售，而又欲运往外区者，必须在当地税务机关登记及办理税务手续后，换取转口证，始准运行。

6. 乙种入境货物，凡欲在边区境内出售者，须先在出售地点经税务机关之批准及办理税务手续后，持乙种入境之登记证，换取甲种入境之登记证。如只销一部分，其余拟运往外区者，仍须在原证上，注明数量，并加盖戳记。

7. 出境货物，在未运出前，又欲在境内销售者，须持原出境登记证，至当地之税务机关登记，并经批明“转入”字样，加盖戳记，始准销售。如只销一部，其余仍拟出境者，则在原出口登记证上，注明数量，加盖戳记（统计时，须注明该货系原出境而转入的）。

8. 在边区境内市场流通之货物，如绥德运延市布一百匹，延市填境内转入，后又不在延市销售或只销一部，其余一部又运往关中，则仍须至当地税务机关，换取境内转出证，始可放行。

9. 经批准特许进口之货物，登记证或税票上应予注明。

六、登记工作之报告制度如下：

1. 重要之市镇地区，由分局指定，每五天报告一次，将登记报告表送交县局，由县局作统计，送交分局，分局再作总的统计，分别送交当地贸易分公司及总局各一份，直属县局寄总局及当地贸易支公司（境内转入与境内转出不作总表）即将原登记地之统计表寄上。

2. 一般之地区，每月报告一次给县局，县局统计送分局，再由分局做总的统计送总局并附各县之月报表一份，分别送当地贸易分公司及总局，直属县局直接寄总局。

3. 登记证，统计表之样式，由总局统一规定。

4. 统计表内之单价，分外区单价，以法币为标准，境内市场的单价，以边币为标准，统计时的平均价格，应据一般的高降多数，为平均标准。

5. 日报表，每天填具作为登记存底，留在原所原局备查。

七、注意事项：

1. 登记时，应严格注意，分别清楚，“入境甲种货物”，“入境乙种货物”，“出口”，“转口”，“境内转出”，“境内转入”等项目，以免重复和混淆。

2. 登记统计表内，所列各项，均须一律填写清楚。

3. 统计表务须按时寄发，以免失去时效。

4. 统计表备考栏，须说明当时当地贸易情况，如什么进口（或出口）货多货少是什么原因等。

选自《陕甘宁革命根据地工商税收史料选编》第五册（1944—1945 年），陕甘宁革命根据地工商税史编写组、陕西省档案馆编印，陕西人民出版社1987年版，第166～168页。

55. 修正陕甘宁边区战时管理进出口及过境物资暂行办法

1944年

第一条　本办法为管理边区出入口贸易及通过边区之物资，便于有计划的进行对内对外贸易，争取出超，并实行保护边区生产而制定之。

第二条　凡进口货物分为允许、禁止两种；

一、允许进出口物资（附表甲乙第一类），须在进出口当地税务机关登记查验，领取登记证，完纳税款方能出入。

二、禁止进出口物资（附表甲、乙第二类），由税务机关严行检查，发现这些物资到达边境时，先予以制止，如不听制止，仍然偷运时，则没收之。

第三条　凡过境物资未得当地税务机关批准，不得在途中出售，违者没收。

第四条　根据不同时间不同地点之情况，需要禁止或解禁之进出口物资，贸易公司得随时呈报边区政府批准后实行，但须在实行前公布之。

第五条　进出口过境物资之查验，由税务机关依物资登记证使用办法及税局检验规则办理之。

第六条　本办法自边区政府批准之日实行。

选自《陕甘宁革命根据地工商税收史料选编》第五册（1944—1945年），陕甘宁革命根据地工商税史编写组、陕西省档案馆编印，陕西人民出版社1987年版，第260页。

56. 修正陕甘宁边区战时管理出入口过境物资暂行办法的几点说明[①]

1944年

一、本年四月经与财政厅商量同意决定，并经边区政府批准物资出入口登记检查等管理办法，具体实施，由税务机关负责进行，并已于今年五月将各地登记所移交税局。因此，本办法修正草案第五条改为进出口及过境物资之检验，由税务机关依物资登记证使用办法及税局检验规则办理之。

二、为了进出口物资管理手续的简便与税工人员执行上的便利，本办法修正草案仅将进出口物资分为二类（允许与禁止），原特许一类删掉。

① 原件印作“修正战时管理出口入过境物资……”

三、根据本年贸易方针，一方面尽可能增加出口物资，另一方面对于不需要或可生产代替品或可以节约的外产品，不许其进口或限制其进口，以平衡出入口贸易，实行贸易上的保护政策，争取出超。因之，本办法修正草案附表所列，允许进口货物较前颁附表是减少了，严禁进口之货物增加了。另方面出口货物增加了，严禁出口之货物也减小了。

四、为了物资管理上的便利，附表所列货物多用列举式的。

五、允许入口货物中，如清油、生熟碱、羊毛等原为边区出产者可禁止进口。其所以允许进口的理由，是在于经营转口生意，或制成成品代替其他物品（如以毛代棉），或制成成品出口，以发展边区手工业及作坊。

六、严禁进口货物中遇公用时，由贸易公司设法指定某一公司在某一地点、某一时期，有计划、有限制的采购之。

选自《陕甘宁革命根据地工商税收史料选编》第五册（1944—1945 年），陕甘宁革命根据地工商税史编写组、陕西省档案馆编印，陕西人民出版社 1987 年版，第 265～266 页。

57. 陕甘宁边区奖助实业投资暂行条例

1945 年 3 月 28 日颁布

第一条　陕甘宁边区政府为奖助边区内外各界人民投资，发展边区经济，增长抗战力量起见，特规定本条例。

第二条　凡自愿投资边区经营第四条各项实业之人民，无论家在边区内外，或回国华侨，一律依照本条例予以奖助。

第三条　投资人须遵守边区一切法令。

第四条　下列各项事业欢迎投资：

（一）农业：如建修水利、推广植棉、建立牧场、发展蚕桑及其他农业与副业。

（二）工业：如掘煤、炼铁、造瓷、榨油、制盐、纺织、造纸、制革及其他工业。

（三）运输业：如驮运队、大车队、人力车及其他运输业。

（四）其他实业：如办生产合作社，开设药材、土布、皮毛等公司，及骡马店、轧花行等事业。

第五条　奖助办法如下：

（一）投资人利用城镇公共地基建筑作坊、店栈、宿舍及其他有关实业需要之工程，其地基三年免收或减收租金。并由县市政府发给准予建筑之凭证。

（二）修建水利所增加之农业收益，或推广植棉地亩，三年免收公粮。

（三）经营工业、运输业，三年免收营业税。

（四）经营炼铁、造瓷、掘煤、榨油、运输等实业者，如因意外遭受损失，而该业主人愿继续经营者，得呈请该管县市政府转呈边区政府酌量予以帮助。

（五）投资人如因资金不足，又不愿或不能招股合作者，得呈请该管县市政府转呈边区政府酌量予以贷款之协助，但此项贷款数量，不得超过投资人投资总额三分之一。

（六）投资人出产之成品及所需之原料，得享受政府减税或免税之奖助，如因原料采购困难或成品滞销时，得商请贸易公司酌量调剂之。

（七）投资人如遇天灾或遭意外致损失生命或财产，妨碍继续营业时，得呈请该管县市政府转呈边区政府酌量救济之。

第六条　除前条规定奖助外，投资人如有需要其他奖助，亦得向该管县市政府呈请核办之。

第七条　投资除享受第五条、第六条之规定奖助外，并享受边区人民所享受之民主自由权利及受一般法律之保护。

第八条　投资人在边区经营之事业，如中途不愿继续在边区经营时，得自由结束，其依法所有之土地房屋，亦得自由处置。

第九条　呈请奖助之投资人须照下列规定向该管县市政府呈请之。

（一）投资人之姓名、年龄、职业、籍贯、住址。

（二）经营实业之种类、名称及营业所在地。

（三）投资总额（如系合股，每股股金若干，股东若干）。

（四）经营时间及原有计划。

（五）呈请奖助事项。

第十条　接受前条呈请之县市政府，应即加以审查，认为确实有兴办或维持该项事业之必要与条件时，应予以登记备案。其所呈请奖助事项，依照本条例属于该管县市政府有权执行者，得由县市政府执行，无权执行者，则由县市政府转呈边区政府核办之。

第十一条　本条例由边区政府公布之日施行，如有未尽事宜，由边区政府修改之。

选自《陕甘宁革命根据地史料选辑》第二辑，甘肃人民出版社 1983 年版，第 515～517 页。

互校版本：

1.《陕甘宁边区政府文件选编》第九辑，档案出版社 1990 年版，第 41～43 页。

2.《陕甘宁革命根据地工商税收史料选编》第五册（1944—1945 年），陕甘宁革命根据地工商税史编写组、陕西省档案馆编印，陕西人民出版社 1987 年版，第 426～428 页。

3.《陕甘宁边区法律法规汇编》，三秦出版社 2010 年版，第 439 页。

58. 陕甘宁边区物资管理暂行规章

1945 年 4 月 26 日

第一条　本规章修正三十三年公布之物资管理办法制定之。

第二条　依据边区抗战与建设之需要，将边产与外来之物资分为准允进、出、过境与禁止进、出、过境两种。准许进出过境者，依税务章程办理登记纳税手续，禁止进出过境者，依本规程处理之。

第三条　凡禁止出境物资，如无证明文件，一概不得运出边境。禁出物资见附表一。

第四条　凡禁止过境物资，未经边区政府批准者，一概不得准许过境。禁止过境物资见附表二。

第五条　为争取必需品进口及人民携带自用品便利起见，规定禁止入境物资中之一部分物品，在必需品一定之比额及数量内，准许纳税搭配进口，或特许携带入境。准许搭配进口及因自用特许入境之禁进物资名称及比额和数量见附表三。

第六条　未经准许搭配之禁止入境物资，一概不许入境。禁止入境物资见附表四。

第七条　凡违反第三、四、五、六各条之规定者，由主管机关分别情形处理。

第八条　不论公私行栈，有包庇偷运或销售禁止出入过境物资情事者，一律处理货价百分之五至十的罚金。

第九条　物资之没收权属边区政府及专员公署，必要时备专署得指定县（市）政府或县（市）税务局代为处理没收事宜。非指定者不得进行没收。凡查获之违禁物资属于税务部分者（如伪造票照、花证……等），其没收权仍属税局。涉及司法范围者，人送司法机关处理。

第十条　县以下各级政府及其他机关、团体、军队，除受税务局委托者外，一概不得擅自检查货物。凡受委托之检查机关查获违禁物资时，须一律送交税务机关处理（如属于没收者，则由该税务机关送交专署，或专署指定之税局与县府决定）。并照章向该税局领取奖金。

第十一条　凡专署指定之代理机关没收之物品，一律交税务分局保管，由该分局按季解交专署。没收品中可以出境销售者，由专署按市价五折，卖给贸易公司运出销售（但以能运出边区易于销售为原则）。不能运出销售者，则指定私营商店限期拍卖。卖得之款除扣去用费奖金外，其余以半数归专署，作为补助地方经费，半数交税务分局解交金库。

第十二条　本规章如有修改之必要时，由财政厅与贸易公司，随时呈报边区政府批准修正之。

第十三条　本规章颁布后，从前颁行之物资管理办法及搭配、保证过境各单行办法等，即行废止。

第十四条　本规章自财政厅公布之日施行。

选自《陕甘宁革命根据地工商税收史料选编》第五册（1944—1945年），陕甘宁革命根据地工商税史编写组、陕西省档案馆编印，陕西人民出版社1987年版，第442～443页。

59. 陕甘宁边区物资管理暂行规章执行办法

1945年4月26日

第一条　本办法系根据陕甘宁边区物资管理暂行规章第十条之规定制定之。

第二条　凡报运禁进物资（包括搭配品）过境或入境转为过境，或责令过境销售者，均须取保，保证过境，其办法如下：

一、在入境之税务机关取具妥保，填写保结，上税割取过境保证票运输。

二、至指定之出境税务机关报验，货票相符者，由出境局、所在保单联上加盖戳记，注明“货票无讹”字样，交商寄回销保。

三、凡运进之重要军工器材，而带有禁运物资（指非搭配物资）者，其禁运物资得酌情减收过境税，具保保证过境。

第三条　凡准许搭配进口之物资，均得与必需品之棉花、布匹、纸张、五金（铣除外）、军工化学器材等，按总值之搭配率纳税入境。

如搭配之物资超过所必需品之搭配率时，得拒绝进口或令其具保过境，或准其将货暂存税局（须填详细收据，并当面封存，以免日后纠纷），俟下次带进必需品时，再继续搭配。

第四条　凡运输禁止物资，合于下列情况者，一律令其退回或拒进，拒进之物资，尽可能盖以“拒进”之章记（盖章办法必要时另订）。

一、报请运输禁出物资出境者。

二、因特殊原因并无走私及资敌用意，而运输少量禁出物资出境者。

三、报请禁过物资过境者。

四、报请禁进物资（指非搭配物资）入境，而无意转为过境或不能具保过境者。

五、报请超过规定搭配量之搭配物资，既不愿取保过境，又不愿由贸易公司作价收买，也不愿暂存，俟下次进行搭配者。

第五条　凡运输禁进物资（包括搭配物资）进口，合于下列情形者，得由贸易公司按货物原价（外区购买地之价）七折收买或强买之。

一、不愿过境又不愿退回者。

二、无力继续过境或退回并急需款项情愿出卖者（如已取保过境在中途无力继续运出而卖与贸易公司者，贸易公司得出据交给该面寄回原发票局报销）。

三、自报超过搭配量之搭配物资，情愿出售者。

四、私运搭配物资（包括已在市场销售的）入境者。

第六条　凡运输禁进物资（包括搭配物资）合于下列情况者，一律处以该货市价半倍至二倍之罚金。

一、保证过境之物资，过期回单尚未寄回者。（由保人负担罚金）

二、保证过境物资，在出境时货票不符者。

三、保证过境属于搭配物资，在境内有销售行为者，除处罚外，仍责令二次具保出境。

第七条　凡运输禁出物资，合于下列情况者，一律没收。

一、屡运禁出物资出境有据者。

二、私运粮食××以上，棉花××以上，食盐××以上，在边境二十里内经查获者。

三、私运粮食××以上，棉花××以上，食盐××以上，并无专署证明文件，在边境五十里内，经查获者。

四、私运禁进（指非搭配物资）或禁过物资入境者。

五、凡禁进物资（指非搭配物资）经保证过境，而在境内有销售行为者。

六、中途出售保证过境物资（指搭配表中之物资）经查获后，二次再令其保证过境，而又私行出售者。

第八条　凡运输禁运物资（包括搭配物资）在未到达边境第一税务机关前，不得认为企图偷漏而作走私之处理。

第九条　本办法得根据物资管理暂行规章由贸易公司协同税务总局呈准财经办事处及财政厅随时修改之。

第十条　本办法自公布之日施行。

选自《陕甘宁革命根据地工商税收史料选编》第五册（1944—1945 年），陕甘宁革命根据地工商税史编写组、陕西省档案馆编印，陕西人民出版社 1987 年版，第 444～446 页。

九、文教卫生

1. 陕甘宁边区各县教育经费管理暂行办法

1939年8月15日边区政府公布

一、各县依照“陕甘宁边区各县教育经费筹措暂行办法”所得之教育经费，概照本办法保管支配之。

二、各县教育经费，由各该县政府第二科保管，第三科支配，由教育经费管理委员会审核，教育厅批准。

三、各县教育经费管理委员会以五人组织之，该县县长、县政府第二科科长，第三科科长，县委宣传部长及群众团体代表一人为委员，以县长为主任，第三科科长为副主任。

四、教育经费管理委员会之职权如下：

1. 规定应募教育经费之数量。

2. 计划与推动筹募教育经费事宜。

3. 计划改善教产保管及扩充教产。

4. 审核全县教育经费之支配。

五、每年向群众劝募教育经费时，管理委员会得临时组织教育经费劝募委员会，进行募集事宜。

六、各县根据“陕甘宁边区各县教育经费筹措暂行办法”所得之教育经费，不得移作其他用途。

七、各县根据“陕甘宁边区各县教育经费筹措暂行办法”所得之教育经费，应归各该县使用，不得转移他县。

八、各县教育经费，由经费管理委员会经收，除该会委托代收外，各机关、学校不得经收款项。其前已经收者，应交于教育经费管理委员会。

九、各县开支教育经费，不论经常费或临时费，必须由县政府第三科编制预算，经经费管理委员会审核，呈请教育厅批准后，方可动用。

十、各县开支教育经费已经预算批准后，如有增加，应事先编制追加预算附具说明，经经费管理委员会审核，呈请教育厅批准后，方可动用。

十一、各县教育经费管理委员会须依照教育厅批准之预算，按时发给经费。

十二、各县教育经费管理委员会征收经费，须制备三联收据（一联给出款者，一联存管理委员会，一联报教育厅）。

十三、各县教育经费管理委员会须将每月收支情形，按月造表连同单据呈报教育厅审核。

十四、各县经费管理委员会应按月造报之表件如下：

1. 四柱清单（旧管、新收、开支、实存）。

2. 单据粘存簿。

十五、凡未列入预算又未备案呈请之开支，概不准报销。

十六、各县教育经费管理委员会须备下列各簿随时登记：

1. 现金出纳簿。

2. 暂时金簿。

3. 收入分类簿。

4. 支出分类簿。

5. 基金收支分类簿。

6. 其他。

十七、本办法自公布之日起施行。

十八、本办法如有未尽事宜，得由三县以上之提议，经边区政府议决通过后修改之。

选自《陕甘宁边区政府文件选编》第一辑，档案出版社1986年版，第319～320页。
互校版本：《陕甘宁边区法律法规汇编》，三秦出版社2010年版，第203～204页。

2. 陕甘宁边区政府命令——实施普及教育暂行条例

1940年3月29日

兹制定陕甘宁边区实施普及教育暂行条例公布之。

此令

主　席　林伯渠

副主席　高自立

陕甘宁边区实施普及教育暂行条例

第一条　陕甘宁边区政府为发展与提高边区文化教育特制定本条例。

第二条　本条例遵照中国共产党陕甘宁边区第二次代表大会关于发展边区教育，提高边区文化实施办法第一条之规定。

第三条　七岁至十三岁未入学之学龄儿童，不分性别、成分，均应一律就学，读毕小学学［课］程。

第四条　学龄儿童有疾病或特殊原因，不能入学者，其家长得向当地县政府请求准许缓学，有痼疾者得免学。

第五条　贫苦抗属子女，及贫苦子女无力入学者，当地县政府得酌量采用下列优待办法：

甲、酌量减除抗战动员之义务劳动；

乙、由当地互济会酌量救济；

丙、升入高级小学之学生，供给一部分或全部伙食。

第六条　现有学龄儿童，得由县政府依其年龄及家庭状况与儿童多寡规定先后入学之次［秩］序。

第七条　实施普及之办法，依下列规定：

（一）由县政府依据具体情形定出各区应入学儿童数字，领导区、乡政府分别召开学龄儿童家长会议讨论执行；

（二）党政机关及群众团体之工作干部，应首先送子女入学；

（三）规定应入学之儿童，而家长不送其入学者，应先向该家长进行说服教育；

（四）经说服教育无效者，得由当地政府强制执行之；

（五）对普及办法有运用不当或执行不力者，家长有建议及监督之权；

（六）踊跃送子女入学，并积极动员其他儿童入学有特殊成绩者，得予以奖励。

第八条　县、区、乡各级政府人员积极进行普及教育工作者，应予以奖励。

第九条　本条例如有未尽之处，经三县以上之提议，由边区政府修改之。

选自《陕甘宁边区政府文件选编》第二辑，档案出版社1987年版，第148～149页。

互校版本：《陕甘宁边区法律法规汇编》，三秦出版社2010年版，第205页。

3. 陕甘宁边区民众教育馆组织规程

1940年11月1日公布

第一条　各县市设立民众教育馆依照本规程办理。

第二条　各县市设立民众教育馆（以下简称民教馆），应由县市政府开具下列事项，呈报教育厅核准备案：

（一）名称（某县［市］或某县，某镇民众教育馆）。

（二）馆址（在什么地方，面积大小利用旧屋或新建）。

（三）设备（馆屋、图书、娱乐器具等）。

（四）干部（在当地聘请或请由教育厅委派）。

（五）筹备经过（如何筹备，规模大小，负责人为谁）。

（六）计划（开馆后工作计划）。

第三条　民教馆为进行社教之机关，其任务为消灭文盲，宣传政治常识科学常识，发展经济建设，提倡卫生，破除迷信，组织与提高群众文化娱乐工作。方法如下：

（一）开放阅览室，出借图书。

（二）出版通俗小报，画报或墙报。

（三）开办夜校，半日校，领导识字组。

（四）组织与领导民众娱乐，如歌咏队、群众俱乐部、群众晚会、剧团等。

（五）配合当地政府进行经济建设的宣传和动员工作。

（六）办理公共体育卫生事宜。如开辟并管理体育运动场，组织各种球队，国术团及其他体育团体，动员群众举行清洁卫生运动等。

（七）进行各种节令集会的标语宣传，街头演讲、时事报告等。

（八）设立“代笔问字处”，代民众写信写春联等，并供民众来质疑问字。

（九）其他社会教育活动。

第四条　民教馆分设下列各组：

（一）事务组：办理关于文书、经费、购买、招待等事项。

（二）阅览组：管理图书报章及阅览室工作，编制社会调查统一计等事项。

（三）教育组：办理关于开办夜校、半日校，领导识字组等事。

（四）宣传组：办理关于编辑、出版、集会、时事报告等事项。

（五）娱乐卫生组：办理关于群众娱乐及体育卫生等事项。

以上分组得按工作开展情形与职员多少，适当扩大或缩并。

第五条　民教馆设馆长一人，由县市政府荐请教育厅核委，或由教育厅委派，干事若干人由县市政府委派，或由馆长荐请县市政府核委。民教馆在初开办时，得先设馆长干事各一人，以后工作开展再行增设干事。

第六条　民教馆各部门，应尽量吸收当地不脱离生产的热心分子参加工作，并应与当地小学校取得密切联系，推动当地社教工作。

第七条　民教馆长主持馆务，干事分任各组工作，按月举行馆务会议，计划与检查每月工作。

第八条　民教馆每月须向县市政府呈送工作计划及工作报告，每年六月、十二月应由县市政府转向教育厅呈报半年工作概况。

第九条　民教馆之经费由各县市政府自行筹集。

第十条　民教馆内设备娱乐器具、图书、报章、杂志等，除在发给经费内开支置备外，得接受群众之自愿捐助。

第十一条　民教馆办事细则，由馆长拟定，呈请县市政府核准备案。

第十二条　本规程自公布之日施行。

选自《抗日根据地政策条例汇集》陕甘宁之部（下），1942年版，第704～706页。

互校版本：

1.《陕甘宁边区政府文件选编》第二辑，档案出版社1987年版，第482～484页。原注："选自《抗日根据地政策条例汇集》（下）"。

2.《陕甘宁边区法律法规汇编》，三秦出版社2010年版，第127～128页。

4. 陕甘宁边区政府关于推行新文字的决定

1940年12月25日公布

为着普及文化、消灭文盲起见，边区政府，对于新文字有以下的规定：

（一）从民国三十年一月一日起，新文字跟汉字有同样的法律地位，凡是上下行公文、买卖帐（账）、文书单据等，用新文字写跟用汉字写一样有效。

（二）从民国三十年一月一日起，政府的一切布告法令，汉字和新文字两种并用。

（三）从民国三十年一月一日起，各县给边区政府的公文，用新文字写的，一样有效。

选自《抗日根据地政策条例汇集》陕甘宁之部（下），1942年版，第713页。

互校版本：《陕甘宁边区政府文件选编》第二辑，档案出版社1987年版，第540～541页。

5. 陕甘宁边区政府令
——为实施义务教育暂行办法事

1940年12月

兹制定陕甘宁边区实施义务教育暂行办法公布之。

此令

主　席　林伯渠

副主席　高自立

教育厅长　周　扬

副厅长　丁浩川

附：

陕甘宁边区实施义务教育暂行办法

第一条　陕甘宁边区政府为逐步普及义务教育特颁布本办法。

第二条　儿童八岁至十四岁为受义务教育年龄，不分性别均应受义务教育。

第三条　义务教育年限暂定为初级小学三年。

第四条　具备下列两项情形之县或区即实施义务教育：

一、三分之二以上学龄儿童的家庭经济力能供给子女入学；

二、当地能筹措实施义务教育后所需之教育经费二分之一以上。

第五条　义务教育之实施，分于六年内逐步推行，至第六年起开始普遍的义务教育。分年推行办法依下列规定：

一、第一年，十三岁及十四岁之学龄儿童全数入学；

二、第二年，十二岁以上之学龄儿童全数入学；

三、第三年，十一岁以上之学龄儿童全数入学；

四、第四年，十岁以上之学龄儿童全数入学；

五、第五年，九岁以上之学龄儿童全数入学；

六、第六年，全部学龄儿童入学。

第六条　儿童已达规定入学年龄而家庭贫苦无力供给入学或已经入学而家庭无力继续供给者，由当地乡、区、县政府调查属实后，酌量采用下列办法予以补助：

一、减少或免除其家庭之义务劳动；

二、县政府给予救济或发动群众予以救济。

第七条　儿童已达入学年龄而有下列情况之一者，得呈请当地县政府核准缓学。

一、家中劳动力缺乏，一时确属无法补救者。

二、家中仅有学龄儿童二人，已有一人在小学肄业而确属无力同时供给两个儿童入学者。

三、患有重病在两个月内不能恢复健康者。

缓学以一年为限，但次年仍不能入学者，得续请缓学。

第八条　学龄儿童患痼疾或残废者经政府调查属实准予免学。

第九条　儿童已达规定入学年龄，经动员说服而家长仍不送儿童入学者，由县政府依下列规定处罚之：

一、富户处以二十元以上，五十元以下之罚金。

二、中户处以十元以上，二十元以下之罚金。

三、贫户处以五元以上，十元以下之罚金，或五日以上十日以下之劳役。

经处罚后仍须限期入学，其再有违抗者，得拘留其家长至儿童入学后释放之。

前项罚款用以补充该县义务教育经费，由县政府管理，动用时须呈请教育厅核准。

第十条　学龄儿童虽未达到第五条规定之入学年龄，仍应尽量动员入学，其已入学者，未至初级小学毕业，不得无故中途退学。

第十一条　各县应依照本条例之规定，按入学儿童数量与分布状况及现有学校状况，拟定全县推行或几个区推行之。实施义务教育具体计划呈报教育厅作督促考核之标准。

第十二条　各县区乡政府对实施义务教育工作应切实负责，其推行工作著有成绩者，由教育厅呈请边区政府奖励之，其推行不力，不能按预定计划完成任务者，应由直属上级予以申斥或记过处分。

第十三条　儿童家长踊跃送子女入学，或积极动员其他儿童入学，热心协助推行义务教育者，由县政府呈请教育厅转呈边区政府奖励之。

第十四条　本办法自民国三十年一月一日起施行。

注：

1. 动员儿童入学时，以动员说服为主，处罚为辅。

2. 富户、中户、贫户依乡市参议会评定。

选自《陕甘宁边区政府文件选编》第二辑，档案出版社1987年版，第548～550页。

互校版本：《陕甘宁边区法律法规汇编》，三秦出版社2010年版，第206～207页。

6. 陕甘宁边区政府指令
——准予公布《国医国药奖励优待条例草案》

1941年9月16日

令民政厅　厅长　刘景范　副厅长　李华

查该厅所呈《国医国药奖励优待条例草案》尚属可行，准予公布。

此令

主　席　林伯渠

副主席　高自立

国医国药奖励优待条例草案

第一条　本条例依照边区施政纲领第十五条增进边区国医国药建设制定之。

第二条　凡边区国医国药上设施其奖励与优待悉依照本条例办理。

第三条　国医执行医疗业务者称医士，执行制药业务者称药师。

第四条　医士、药师参加边区国医研究会得享受法律上付与之权利。

第五条　医士、药师执行业务者，由国医研究会审查登记，申请边区卫生处发给业务证书。

第六条　国内外医士、药师愿在边区举办国医学校或制药厂者，边区政府得保护之，财力不足者补助之。

第七条　医士、药师愿脱离生产参加医疗机关或公营药厂工作者，享受技术人员之待遇，其家庭生活得按抗日军人家属优待之。

第八条　医士自营药店或其他业务兼执行医疗业务，热心社会卫生防疫工作者，当地政府得视具体情况减少或免除政府法定之义务负担。

第九条　医士、药师在医药上有发明创作者，政府得奖励之。

第十条　凡公私药店制造“膏丹丸散”须由领证医士、药师监制，其成品精良者，所在地政府得奖励之。

第十一条　捐资兴办医药事业者，由当地政府呈请边区卫生处给奖。

第十二条　奖励给予细则另订之。

第十三条　本条例由民政厅呈准边区政府公布施行之。

选自《陕甘宁边区政府文件选编》第四辑，档案出版社1988年版，第181～182页。

互校版本：《陕甘宁边区法律法规汇编》，三秦出版社2010年版，第282页。

7. 陕甘宁边区各县教育经费暂行条例

1941年12月17日公布，1942年1月1日施行①

兹制定《陕甘宁边区各县教育经费暂行条例》，自三十一年一月一日施行之，特此公布，此令

边区政府主席　林伯渠

副主席　李鼎铭

陕甘宁边区各县教育经费暂行条例

第一章　总　则

第一条　各县教育经费之筹措管理，依本条例行之。

第二条　各县教育经费，以统筹统支为原则。

第三条　各县属于教育经费之资产，县政府应切实负责保障不被侵占，对教育经费之开支，应负责保证不被拖欠或亏短。

第二章　来　源

第四条　各县教育经费之主要来源为下列各项：

（一）各县旧有教育资产之收益。

（二）各县政府第二科所经管之一切土地、房屋、森林、牲畜、矿产等公产，自民国三十一年起全部拨作教育资产，其收益作为教育经费。

（三）各县寺庙、祠会之土地、房产、牲畜、树木、现金等，除已拨作当地学校校产者外，经调查属实，提请县参议会讨论拨一部或全部作教育经费。

（四）各县每年所运公盐，除完成边区财政厅规定数额外，其超过数额所得之盈利，全部拨作地方教育经费。

第五条　前条所列各项收入，如不敷全县教育经费开支时，由县政府会同参议会常驻委员会拟定筹划办法，呈请边区财、教两厅核准执行之。

第六条　各县教育资产及政府公产之被隐埋或被侵占者，限于民国三十一年六月前全部调查清楚，进行登记经管并呈请财、教两厅备案。

第七条　凡属第四条一、二、三各项之教育经费资产，不得变卖动用，应依下列办法适当经理，以其收益作教育经费开支。

（一）田地、房窑应妥为租赁，在任何困难下不得出售。

（二）森林、牲畜（如羊），应设法培植，令其发展，非属必要出售者，不得出售。

（三）基金及各项收入现款。可投入生产事业，但收入款作投资时，应以不妨碍开支需要为原则。

---

① “陕甘宁之部”标作“1942年1月1日公布”，“政府文件版”标作“1941年12月17日”公布，命令中规定“1942年1月1日施行”。

第三章 经 管

第八条 凡属教育资产之田地、房窑，机关部队需要耕种或租赁，应缴纳地租和房赁，其数额标准不得少于一般标准百分之八十。

第九条 各县教育资产，任何机关或私人不得侵蚀霸占。如发现侵蚀霸占时，除由政府责令赔偿外，并依法惩处。

第十条 政府不得已收用教育资产时，应按时值另行抵偿。

第十一条 教育经费之经管支配，由县政府设教育经费管理委员会负责，县教育经费管理委员会组织规程另定之。

第四章 开 支

第十二条 各县教育经费必须用于地方教育事业，任何私人和机关团体均不得移用或滥借。

第十三条 各县教育经费之开支，应依规定之开支标准及确定之会计制度办理，开支标准及会计制度由教育厅颁布之。

第十四条 教育行政人员之经费，应由所隶属之机关开支，不得在教育经费内开支。

第十五条 各县所设学校之有校产者，县政府应确实统计清楚，依其实际不敷数补助之。

第五章 附 则

第十六条 本条例如有未尽事宜或有须修正者，得经三县以上之提议，由边区教育厅转呈边区政府修正之。

第十七条 本条例自民国三十一年一月起施行。

选自《抗日根据地政策条例汇集》陕甘宁之部（下），1942版，第722～725页。简称“陕甘宁之部（下）”。

互校版本：

1.《陕甘宁边区政府文件选编》第四辑，档案出版社1988年版，第372～374页。简称“政府文件版”。

2.《陕甘宁边区法律法规汇编》，三秦出版社2010年版，第208～209页。

8. 陕甘宁边区县教育经费管理委员会组织规程

1941年12月27日公布

第一条 为管理县教育经费，在各县组织教育经费管理委员会（以下简称管理委员会）。

第二条 管理委员会委员定为九人至十一人，以下列人员充任之：

(一）县长（二）县政府第二科科长（三）县政府第三科科长（四）县参议会常驻参议员一人（五）县群众团体代表一人（六）小学教师联合会代表一人（七）地方热心教育素有声望之人士三人至五人。

上项代表由各群众团体互选，由县政府聘任之。管理委员会之各委员纯系无给职，有必要者得呈请边区教育厅核准津贴之。

第三条　管理委员会之任务如下：

（一）管理全县教育经费之收入与支配；

（二）经营保管全县教育资产；

（三）协助县政府筹划整集教育资产；

（四）协助县政府筹划每年所需之教育经费；

（五）稽查县教育经费之开支。

第四条　管理委员会设正副主任各一人，负责召集会议及处理日常事务，正副主任由各委员互选之，但县政府第三科科长不得当选。

第五条　管理委员会每三月应开会一次，必要时得召开临时会议。

第六条　管理委员会设专任会计一人，负责保管本会一切财物、帐（账）簿及收租、收款等事务，教产丰富之县，得增设收帐（账）员一人。

第七条　管理委员会所管教育产业，得委托区、乡政府或其他机关、团体负责代管。

第八条　管理委员会须备下列各簿随的登记：（一）现金出纳簿，（二）收入分类簿，（三）支付分类簿，（四）教育基金登记簿，（五）教育产业登记簿。

第九条　管理委员会所管一切田地、房屋之座（坐）落、数量，均须分别登记清楚，凡出租之田地、房屋，均须有约据作为凭证。

第十条　管理委员会发给县政府第三科之经常、临时各费须取得领据，以资查考。

第十一条　管理委员会一切收入，均须填用二联收据，一联付予缴款人，一联存查。

第十二条　管理委员会之补修房屋、生产经营、会内办公、会计及收账员之生活供给等费，由本会收入款项内直接开支，办公及生活费之标准由委员会酌定之。

第十三条　管理委员会于每年度末，须将县三科下年度支付预算及本会下年度收入预算汇呈教育厅备案。

第十四条　管理委员会之收支情形，务须公开，每半年总结一次，总结后，编造报告表三份，一份公布，一份呈报教育厅备案，一份存查（表式另制发）。

第十五条　管理委员稽核县政府三科之收支时，有权查考其各项帐（账）簿。

第十六条　管理委员会如发现教育经费有支配不当或报销不实等现象，应即予以纠正，于必要时并得径呈县政府或边区政府依法彻究。

第十七条　县政府第三科所属各机关之个别人员对教育经费发生舞弊时，管理委员会有权控送司法机关追究惩办。

第十八条　管理委员会有制止私人或机关挪用或侵蚀霸占教育资产之权，于必要时并得径呈县政府或边区政府依法裁断。

第十九条　管理委员会对于县教育经费，如有整理改善办法，得建议县政府参照办理，必要时并得径呈边区政府教育厅核办。

第二十条　管理委员会，应由县长依第二条之规定织织成立，并应于成立之后一月内，将委员姓名、履历、现职等项，开具清册，呈报边区教育厅备案。管理委员会遇有缺额时，应随时依第二条之规定补之，并呈请教育厅备案。

第二十一条　本规程如有未尽事宜，经三县以上之提议，由教育厅呈请边区政府修改之。

第二十二条　本规程自公布之日起施行。

选自《抗日根据地政策条例汇集》陕甘宁之部（下），1942年版，第727～729页。

互校版本：《陕甘宁边区政府文件选编》第四辑，档案出版社1988年版，第441～443页。

9. 陕甘宁边区防疫委员会组织条例

1942年6月2日公布

第一条　陕甘宁边区防疫委员会（以下简称本会）直隶边区政府，统一管理全边区防疫工作。

第二条　本会对于边区各机关、各级卫生机关执行防疫事务有指导扶助之责。

第三条　本会在执行防疫事务之时，得统一支配各级卫生机关之人力物力（包括人员药品器材等）于工作完毕之时复员。

第四条　本会执行委员由边区政府聘委十一人担任之，就中推选五人为常务委员。

第五条　本会置主任常务委员一人，秘书一人，就常务委员中推选之。

第六条　本会主任常务委员，综理日常事务，召开并主持常执委会，秘书协助主任常务委员处理日常工作。

第七条　本会常务委员会每半月召开一次，执委会每月召开一次，遇有必要时得由主任常务委员召开临时会议。

第八条　本会置下列各股：

（一）总务股，（二）防疫统计股，（三）环境卫生股，（四）宣传教育股，（五）医务治疗股。

第九条　总务股掌下列事项：

（一）关于防疫经费之出纳及预决算之编造事项；

（二）关于分配撰拟文件事项；

（三）关于本会法规之汇编事项；

（四）关于本会庶务及不属其他各股之事项。

第十条　防疫统计股掌下列事项：

（一）关于防疫接种之推行事项；

（二）关于各种检验工作，及生物制品之制备事项；

（三）关于传染之报告调查统计及通告事项；

（四）关于检疫站巡回防疫队之设置及指导视察事项；

（五）关于隔离消毒设施之指导监督事项；

（六）关于疫区之死亡报告及调查统计事项；

（七）关于防疫设施之监督事项。

第十一条　环境卫生股掌下列事项：

（一）关于饮食商店、摊担、机关、厨房之检查管理纠察事项；

（二）关于各地水井，河水改良消毒及公共饮水站之设置管理事项；

（三）关于街道、公共场所及各机关清洁之督促管理事项；

（四）关于下水道之改良管理及垃圾处理事项；

（五）关于粪便管理，马粪处置及厕所设计事项；

（六）关于防鼠、捕鼠设施之计划及督促奖励事项；

（七）关于虱蚤等害虫防治事项；

（八）关于尸体处置及疫区病舍消毒事项；

（九）关于敌机撒下毒物之消毒事项；

（十）关于其他有关环境之卫生事项。

第十二条　宣传教育股掌下列事项：

（一）关于各种防疫运动之组织及发动事项；

（二）关于各种文字、图画宣传之设计编辑及出版事项；

（三）关于各种防疫报告，防疫晚会，展览会及防疫训练班组织事项；

（四）关于各种防疫人员之业务教育及培养事项；

（五）关于其他有关防疫宣教事项。

第十三条　医务治疗股掌下列事项：

（一）关于防疫医院及隔离治疗设备之筹划及技术指导事项；

（二）关于医务技术人员之征集分配事项；

（三）关于支配现有医院之床位收容传染病事项；

（四）关于治疗用品及药品之分配筹借事项；

（五）关于其他有关防疫上之医疗事项。

第十四条　各股设正副股长各一人（暂由各委员兼任之）于必要时得由各卫生机关征调人员协助各股工作。

第十五条　延安市四十华里内之防疫工作，由本会直接领导，分东、南、北及西北四个防疫区，各区得设防疫分区委员会，其组织规程另订之。

第十六条　各行政分区及各县得由专员公署及各县政府分组各区县防疫委员会，其组织规程另订之。

第十七条　本条例如有未尽事宜，得随时由边区政府修正之。

第十八条　本条例由边区政府颁布施行。

选自《陕甘宁边区政府文件选编》第六辑，档案出版社 1988 年版，第 180～182 页。

互校版本：《陕甘宁边区法律法规汇编》，三秦出版社 2010 年版，第 108～109 页。

10. 陕甘宁边区政府关于整顿边区各直属学校的决定

1942年6月25日第二十六次政务会议通过[①]

边区各直属学校设立有先后不同，但它们底（的）具体目的与实际领导，多缺乏明确规定。学校制度、课程、教员标准、学生资格、教材及经费等项，都存在着许多问题，亟待解决。本府认为在政府执行精兵简政之际，对于各直属学校，亦应加以整顿，为此特决定：

（一）明确规定各学校底目的与领导：

甲、延安师范（边师），绥德师范，关中师范（二师），定边师范（三师），富县师范（四师）为培养全边区地方国民教育师资的中级学校。

乙、米脂中学，陇东中学为继续小学教育，培养边区青年知识分子的中级学校。

丙、新文字干部学校，为培养新文字运动基本干部及语文研究人材（才）的中级学校。

丁、保育院小学，为普育战时被难儿童的完全小学。

以上各校由教育厅直接领导。

戊、行政学院，为培养县区二级的行政干部的学校，由［边区］政府委员会直接领导。

己、边区职业学校，为培养工业、农业行政工作人员，工农技术人员及商业技术人员的中级学校，由建设厅直接领导。

庚、警政学校，为培养边区警察及地方锄奸保安人员的学校，由保安处直接领导。

辛、边区医药学校，并入医科大学，为培养各县区医药卫生人员的学校，委托医大办理，毕业后由边区政府分配工作。

（二）以上各学校，凡归并他校者，应即着手办理归并手续，其他各校应即进行以下各项工作：缩简行政组织，建立正规制度，学生举行甄别试验，按程度重新编班，补填入学志愿书。凡资格不合，程度不够或自己志愿与学校目的相违者，以命令退学或转入其他学校为原则。

（三）各师范、中学从本年秋季起，一律按照教育厅规定之《师范规程》及《中学规程》办理，其他学校亦应依照学校目的，拟定具体规章及学则，作今后办理的准绳。初中、初师，完小毕业学生，方得录取；高中、后师，初中、初师毕业学生，方得录取。务求短小精悍，宁缺勿滥，注重实效，克服过去滥收学生，只求数量，不重质量的倾向。

（四）学校设备，应尽量就现有基础，利用边区物质，逐步作必要的改善。必须做到教室有桌凳，寝室有铺板，有必要的卫生设备、运动器具，及必要的报纸、杂志、参考图书。克服过去因陋就简，草率从事现象。学校经费，需调节合理，一方面保证教学进行，政府当逐步使各学校经费独立，确定经费完全供给，并供给足够。克服过去学生打窑洞、背柴、挑水、做饭，大部分时间从事劳动生产现象。必要的生产，由学校组织委员会，设生产科负责。另一方面，使边区有限财力收到最大效果，各学校开支用度，竭力撙节，克

---

① 原注：应为第二十五次政务会议通过，此处有误。

服过去因管理不当而有的浪费现象。

（五）教员质量，应设法提高，现任各校教员，可根据新的标准分别审查。不足的名额，宜慎重选拔，政府当设法调补。教学时间较久又卓著成绩之教员，得予以奖励。教员待遇，学生伙食，应力谋改善。秋后教职员，一律改薪金制（由教育厅规定之），以实物计薪，并规定按劳绩晋级办法。

（六）学校课程的设置，要根据学校性质，以“学以致用”的原则，适当配备。文化课、专门课、政治课的比例，应依各校情况决定。中学师范课程，详细列入中学师范规程。其他各校课程，亦应列入各校学则。各种课程的内容标准，广征专家意见，根据边区历史的、地理的具体环境及抗日根据地的实际需要，拟定各种必要的课本，教科书及参考书，应由各主管机关有计划的购置编印或翻印。

（七）教学要理论与实际一致，教的内容要适合边区的实际需要，要教学做合一，所教所学都应是要用要做的。教的要多用启发、辅导、实验，学的要自动、虚心、实事求是。教员要随时作在职学习，提高自己的政治认识，学术水平，改进教学方法，并多采实际材料，丰富教学内容。学生要团结互助，养成正确的集体生活与集中的民主作风。

选自《抗日根据地政策条例汇集》陕甘宁之部（下），1942 年版，第 684～686 页。

互校版本：《陕甘宁边区政府文件选编》第六辑，档案出版社 1988 年版，第 229～231 页。

11. 陕甘宁边区国医国药奖惩条例草案

1943 年 3 月 9 日国医研究总会制

第一条　为改进国医国药保障人民健康，特根据一九四一年所颁布之条例重新颁布本条例。

第二条　凡边区国医国药上之奖惩，悉依本条例办理。

第三条　为取缔巫神、二流子医生及鼓励国医研究精神，特规定国医考试条例（详见国医考试条例）。

第四条　凡参加边区国医研究会之执行业务医生，得由政府斟酌减免其救国公粮等负担。

第五条　医士自营药铺有热心社会卫生及防疫工作者，当地政府得奖励之。

第六条　医士药师有创造灵效药方及著作者，得由政府奖励之。

第七条　国内外医士药师愿在边区举办国医学校、制药厂及其他有关国医事业者，政府得辅助之。

第八条　为尊重医生处方，保障人民生命，特规定各国药铺不得违犯下列事件：

一、不得卖假药，或有顶替冒充；

二、取药分量不得私自减少；

三、取药负责，不得检错或遗漏。

第九条　凡药铺须严格遵守第八条各项，如有违犯第八条，经人第一次告发者，得受警告。第二次被告发者，除严重警告外兼处罚金。公营商店受加倍处罚，第三次被人告罚（发）者，除处罚金外暂停止其营业；如屡告不改者，得由公安局封闭之。

第十条　凡有国药铺炮制精良，货真价实，并遵守第八条各项者，当地政府得奖励之。

第十一条　本条例由民政厅呈请边区政府公布执行之。

选自《陕甘宁边区政府文件选编》第七辑，档案出版社1988年版，第181～182页。

12. 延安大学关于延大、鲁艺等校合并的通报

1943年5月15日

兹奉西北中央局决定，延大、鲁艺、自然科学院、民族学院、新文字干部学校等五校合并，总名称仍称延安大学，内暂设社会科学院、鲁迅艺术文学院、自然科学院、民族学院等四院，除自然科学院暂仍住原址，编制人员暂仍照旧外，其余各院均业经编整就绪，校址设桥儿沟，校部设办公室，由宋侃夫同志任秘书长，刘披云同志任社会科学院院长，周扬同志兼任鲁艺院长，刘春同志任民族学院院长，自即日起一切对外事宜除自然科学院暂仍单独负责外，概用延安大学名义，并即使用延安大学、延安大学所属各院及校部办公室新钤记。特此通报。

延安大学校长　吴玉章

副校长　周　扬

《中共中央西北局文件汇集》1943年（一），中央档案馆、陕西省档案馆1994年11月编印，第337页。

13. 西北局关于延安大学机构变动的决定

1944年4月7日

四月七日西北局委员会决定：

（一）延安大学与行政学院合并，作为边区政府设立之大学，培养为边区服务的人才，仍名延安大学。以周扬为校长，王子宜为副校长，由林老及政府党团领导。

（二）原延大所属之民族学院迁移三边，由三边地委领导。

（三）原延大所属之中学部与延师合并，名延安师范，由延属地委领导。

（四）前方来之朝鲜学生由延大接收。

（五）以后各分区干部子弟住学校问题由各分区自设办法解决，不送延安。

西北局办公厅

选自《中共中央西北局文件汇集》（1944 年），中央档案馆、陕西省档案馆 1994 年编印，第 67 页。

14. 陕甘宁边区政府指示信——关于提倡研究范例及试行民办小学的指示

1944 年 4 月 18 日

各专员、县长：

过去边区小学教育，比较革命以前，是有了很大的进步，但，还从旧教育里面遗留下许多缺点，特别是在教育方针不能完全适合边区社会和群众的需要，首先，在教育内容方面，它不拿边区人民实际生活中的经验与问题来教育学生，相反的是拿了繁杂的非农村所迫切必需的课程来作为教授内容，结果，叫学生脱离生产，脱离家庭，学生回到家里，不能“照顾门户”。完小毕业后，即有轻视劳动，不愿务农的心理。女生进了完小，就有对家庭不和，闹离婚等现象，其影响所及，妨碍群众生产发展，破坏家庭关系，对于当前边区生产建设的要求是相矛盾的。因此，很多地方群众，不愿送子弟入学，使普及教育消灭文盲的工作，受到很大的限制。这些事实，经过去年整风以来，渐渐被各级政府及干部所认识。在个别地方，教育方针，教育内容，开始有了新的转变，如绥德分区提出：“学校和劳动、社会、政府、家庭结合”的方针，并已开始向着新的方向有所改革。其他地区，个别学校，从去秋以来，也开始注意到教育内容与生产和家庭相结合，如延市完小，从去年下半年起，四年级以上学生添教记账法，写信，写路条，写契约，珠算，并提倡学生写字，注意劳动，鼓励学生回家后帮助家庭工作；有礼貌，孝敬父母；春节时闹了秧歌，参加了延市防疫宣传；这一切都得到了初步的成绩，取得了群众的赞扬，今春延市群众均纷纷送子弟入学，改变了过去对学校的态度。又如延安县最近教师联席会上，也提出“生产和教育结合”的方针，富县第一完小，子长第一完小，均提出了一定的生产任务：使生产和教育结合，其他地方也有同类现象。这一切说明了边区小学教育已向新的方向转变，这是非常可喜的现象。从这里，我们又得到一个证明：只要我们想到群众，为群众打算，适合群众的需要，我们的学校就可以办得好，群众也就一定欢迎我们的学校；自然，在今天，我们这样的转变，还没有普遍，并且仅仅是开始。

其次，在学校形式方面，过去边区的小学，也是不适合边区群众需要的。因为抄袭旧的一套制度，课程，学校很难普遍设立，一个乡甚至一个区以上才有一所学校，多数学生都要离家住校，既不能参加家庭的生产，还要加重家庭的经济负担，又因学校的活动家庭不得而知，年限久长，更造成了家长们很大的怀疑，以为儿童一进了学校，就变成了“公家人”，这样，大多数的家庭，就不愿或不能送儿童入学，大大限制了边区教育的普及，加以我们的教师程度也不够高，对于农村的群众缺少联系，县、区政府也缺乏经常的领导，所以，我们的学校，很不容易办好，我们只知道政府来办学校，而不知道真正发动群众的力量，根据群众的意志，来办群众自己的学校，由群众来决定学校的形式与内容。过去也有个别地方有民办小学，但，那里的政府常常给限制，或者听其自流，不加以指导，现在，我们应该来一个大的转变，把大多数的甚至全部的小学交给地方群众自己办，政府则在物质上予以补助，在方针上加以指导。在这个方针之下，将来应做到每村都有一个民办的村学，在村学的协助下来办冬学、夜学、识字组，以达消灭全边区文盲之目的。这种新形式的民办公助的小学，在今年的延市、延安县，已经开始出现了，他们已经创造了许多宝贵的经验，我们应该加以发扬。

各级政府应该注意所属小学教育的改革，提倡研究各地范例，奖励优良学校，教师，发现教育英雄，搜集材料，总结经验，并将这些材料提供今年下半年准备召开的国民教育会议，以期制定彻底改革的方案，于明春普遍的实行。其次，应本民办公助的方针，提倡人民自办小学，每县至少试办一处，并将现有公办小学逐渐转变为民办小学，这是今年上半年各级政府对于国民教育应严加注意之点。关于民办公助的方针，还提出以下几点说明：

（一）民办小学的形式与这一方针执行的步骤，一般按各地具体情况决定，不求一律。目前各地人民要求开办小学甚多，据已有的事实，新开办的有完全民办，有公私合作的。一般普小，人民如要求改为民办，而群众确有能力接办时，应即改为民办，逐渐达到自中心小学以下，均归民办。

（二）关于民办小学的学制、教育内容等，应尊重群众的意见，按群众自己的需要，学制的长短，上课时间（是整天或半天，一年上几个月的课），均不求一律。课程科目可同意群众的要求，废除暂时不急需的科目，如群众只要教识字，写字，珠算，不教其他的东西，也可以允许他（在原则上我们希望还能教些乡村日常生活上学生可以接触到的政治生产知识）。教材如群众不愿意用我们的课本，而要求教“百家姓”“杂字”等书，我们可以和他们商量，并代他们编写旧形式新内容的东西（教厅拟专为这类学校编出新课本）。但是，过于陈腐的东西，则应声诉群众，这些娃儿学不得，学了在今日也无用处。教师也可以让群众聘请他们最信任的人，只要是好人，年纪大些也无妨，政府则应给以指导和帮助；群众要求我们代聘教师，我们可以介绍人给他们。其他如学生名额不必加限制，十个八个都可以；最近有的县政府提出要上三十名额及一定的设备，才允许人民办学，那是不适当的。在校址选择、经费、教员待遇等等，完全可以让群众去决定。

（三）民办不能和公助分离，不能听其自流，以为这样可以减轻我们的责任，恰恰相反，我们更要加强领导。在开始民办时，县一级更要多加注意，要有人经常负责督促，检查，帮助，随时解决群众的困难，纠正不应有的偏向；但直接的切实的领导要逐渐责成区长、乡长。今后检查民办小学，应是区长、乡长行政工作之一部分，县一级的总其成。这样，民办小学才能办好，并有发展。区、乡干部过去对于教育素不过问的现象，必须加以纠正，在民办公助方针实行之前，各专署、县政府，首应在政务会议上详细讨论，并召集区、乡干部开会，讨论本指示，并将这一指示传达下去，务使每一干部彻底了解，以达到今后各地小学教育有彻底的转变。此致

敬礼！

主　席　林伯渠
副主席　李鼎铭
厅　长　柳　湜
副厅长　贺连城

选自《陕甘宁边区政策条例汇集》续集，1944年版，第248～252页。

互校版本：

1. 《陕甘宁革命根据地史料选辑》第一辑，甘肃人民出版社1981年版，第438～441页。

2. 《陕甘宁边区政府文件选编》第八辑，档案出版社1988年版，第133～136页。

15. 陕甘宁边区政府关于各中等学校今后招生标准的指示信

1944年5月8日

各分区专员：

为使各中等学校具体实现“提高现任干部和培养未来干部的双重任务”，各校今后招收学生的标准，地方干部应重于完小毕业生，工农穷苦子弟应多有入学机会，同时亦须照顾其他阶级子弟。各校公费生名额，原有规定，现在略有改变，公费制度之外，如绥德分区可酌设自费生。兹将各校公费生名额以及现任干部调训学生和完小毕业生应占之比例等重新规定于后：

（1）延安师范公费生最高额以四百名为原则（连同学校工作人员在内，延大中学合并时其名额不在内，但必须留数十名额预备接收延安附近完小毕业之干部子弟），地方干部调训的学生应逐渐增加到一半名额（没有一定工作经验的不能列为地干班学生），同时延属各县完小毕业生，各县可按其工作需要就地设训练班，经过一时期工作再行升学。

（2）绥德师范、米脂中学两校公费生名额（工作人员在内）共定为八百名，以地方干部及完小毕业学生各占二分之二为原则，过此名额可设自费生或半自费生；其办法可由绥德分区按具体情况自行规定。

目前两校须从高年级学生中调出一百五十人，内五十人由绥德分区专署分配工作，一百人送交民政厅分配。绥德师范地方干部学生在最近至少须再扩充五十名，将来两校地方干部学生须达到四百名。

（3）关中师范公费学生名额为二百名，地方干部学生及学校工作人员共八十名，完小毕业学生一百廿名。

（4）陇东中学学生名额定为二百五十名，完小毕业生八十名，地方干部学生连同学校工作人员一百七十名。

（5）三边师范学生名额定为一百六十名，地方干部学生应占二分之一，完小毕业生连同学校工作人员占二分之一。

绥德、延属两分区完小毕业学生较多，应鼓励他们进工厂学习生产技术或到卫生机关或学校学习医药技术，以养成为工业和人民卫生事业服务的能力。现在有多少学生愿意学习上项技术，即希调查并报告教育厅为要。

此致

敬礼

主　席　林伯渠

副主席　李鼎铭

教育厅长　柳　湜

副教育厅长　贺连城

选自《陕甘宁边区政府文件选编》第八辑，档案出版社1988年版，第174～175页。原注："选自《陕甘宁边区教育方针》第15～17页，陕甘宁边区政府办公厅编印，一九四四年七月出版"。

16. 附［工作报告］：关于文教工作的方向——李鼎铭在陕甘宁边区第二届参议会第二次大会上的报告

1944年12月6日

各位参议员先生们：

关于政府的全部工作，林主席已作了总报告，我完全同意。这里，我只讲边区文教工作的方向问题，分三个阶段来说明：过去是怎样，现在是怎样，今后应该怎样做。

先讲过去情形。抗战以来，边区人民发展与巩固了新民主的政治和经济，新民主文化也有了许多发展，但我现在不准备来讲过去的成绩，而想着重说我们的缺点，一方面，人民的文化生活，从广大领域看，情形是很落后的。例如医药卫生问题，由于旧社会遗留给边区人民的迷信、愚昧和不卫生的习惯，疾病与死亡威胁着广大群众，某些地区，婴孩死亡率达百分之六十，成人百分之三，牲畜的死亡率也很严重。医药缺乏，全边区仅有中医好坏千余人，兽医五十余人，在机关部队的西医二百余人，中药铺及保健药社四百余个。这种情形就使得巫神称霸。全边区共有巫神二千余人，利用迷信，招摇撞骗。又如教育方面，文盲占人口百分之九十以上。在农村的文艺方面，封建的东西还占着优势。这些情况既便利了迷信的盘踞，又妨碍了新民主文化的发展。另一方面，文教工作机关的领导曾经是有毛病的。例如教育问题，干部教育是开展边区文教工作与提高边区一切工作的决定因素，却曾经被忽视。边区以农业为主，劳动力不足，村庄分散，但是小学教育却曾经采用过不切实用的制度。吴旗赵老沟小学教员刘保堂的正确方法，曾被忽视。社会教育徒具形式，没有针对人民生活的迫切需要。又如大部分文艺工作者，忽视了为群众所欢迎的抗战剧团、民众剧团、烽火剧团，以及刘志仁式的民间革命艺术家们的正确方向。特别严重的，是对大批人畜死亡现象，迄未加以实际的注意与解决。这就是说，主观上或者努力不够，或者犯了错误，与边区的实际和人民的需要脱节，致使封建文化有了残存的余地，而群众迫切需要的生理上与心理上的拯救和解放工作，则受了阻碍。过去文教工作中的缺点，大概就是这样。

关于文教工作的现状。一九四二年以后，特别是一九四四年，发展生产，群众的物质生活改善了，文化需要与人财两旺的要求也被提出来了；实行整风，干部的思想打通了，为人民大众服务的认识加强了，这样就开辟了一个新的局面。

卫生方面，今春延属部分县瘟疫流行，大批医生下乡，引起注意，四月间毛主席提出中西医合作，开展群众卫生运动。分别召开了卫生防疫会议，举行了卫生展览会。参议员常驻会与政府委员会联席会议也强调了卫生工作，并通过了提案。卫生运动由此开始兴起，出现了许多群众卫生的模范工作者，发现与培养了窦家湾等八个卫生模范村，王恩甫等许多卫生模范家庭。医药工作也开始推广，开办了张清益等十八个助产训练班，训练出三百五十九个助产员，部分地已在为人民服务。新建了不少医药社与卫生合作社，部分地已在和人民群众真正结合，群众称为救命合作社。组织了三边、关中、富县、延川等地的医药研究会和召开医药座谈会，发现了很多模范医生，公开了很多秘方。三边更首先实行中西医合作，开始打破了门户之见。崔岳瑞以医药破除迷信，收到了很大效果。陈凌风以自制兽疫预防针与治疫血清，扑灭七县牛瘟，巩固了群众的生产。这些就是说，不论在领导机关，人民群众本身与卫生医药部门，都动起来了。这自然还只是开始，离普及程度还是很远的。

教育方面，已经开始把干部教育放在第一位，去年确定六个中等学校为中级干部学校，培养未来干部，这是一方面；设立地干班，进行在职干部教育，提高现任干部，这是又一方面。中等学校人数已由一九四一年的一千四百三十六人增至今年的一千七百七十二人，地干班（附设于中等学校）人数已由一九四三年上期的三十二人增至今年下期的三百二十人。最近文教大会根据环县、合水、赤水、延长、甘泉、葭县诸完小历年毕业生出路统计，担任工作及升学的占总数百分之七十二强，基本上是带干部性或干部准备性的学校，进一步确定完小主要任务亦为培养干部。中等学校与完小，教育内容已有改进，由脱离边区到与边区实际结合。绥德分区肃清了反动派的影响，真正走上民主的道路，尤其是一件大事。地干班与在职干部的学习，已着重提高文化。缺点在于：一九四四年若干学校过分强调生产，妨碍教学。部分教员仍以个人嗜好作选教材根据，不切实用，教学方法和管理方法还亟待改进。在职干部教育（文化教育、政策教育与业务教育）的注意，一般说，尚属非常不够。

群众教育的改革和开展，也已经有了新的成绩。例如小学教育，提出民办公助政策后，民办村学大量出现，形式开始适应分散的农村环境，学制开始打破旧的一套，教学方法开始联系实际。例如米脂高家沟村学即如此：教育时间分全日、半日两班，农忙即放假；教材内容有生产、卫生、政治等常识，形式有歌曲、故事等；没有一定的年限，学到能写会算就毕业。公立中普小方面：一部分在内容上已有改造，一部分如赤水、固临两县之多数已转为民办，若干集中者已分散为村学。旧式私塾开始改造，私塾改造得比较彻底的是镇原贾其昌私学，正向新村学转变。又如社会教育（不脱离生产的），正在大量普及，全边区已兴起了大批的读报识字组、夜校和半日学校，参加人数达三万四千余人，以民教民为主，识字与读报配合进行。有家庭识字教育，有专门的妇女识字组织，有识字教育与职业教育的结合。有以小学为核心建立起来的，采用夜校、早班或识字组的形式，团结居民，进行教育。有以生产组织为基础建立起来的，安塞马家沟、淳耀白塬村、华池城壕村等地即如此，是变工队又是识字组，并且由此推动了其他工作。这就是说，大人与小孩，男人和女人，适应各地具体情况与各人具体条件，组织形式是多种多样的。缺点在于：尚有部分地方对识字教育应根据群众自愿与需要的原则认识不足，发生形式主义的毛病，尚有部分小学未进行改造，或改造很少，仍为群众所不满。

报纸方面，已有六百多块大众黑板报，是现有条件下几经摸索到的群众办报的最好形式，群众因此实际享受了出版自由的权利。识字不多，可以用纸条或“捎话”通讯的方式在黑板报上发表言论，这可说是新闻学上的新创造。如桥镇乡黑板报，已成为教育群众、推动工作的有力武器。两个婆姨吵架，规劝不下，有人说“你们再吵吧，再吵马上要你们爬黑板报”这两个婆姨就悄悄地走开了。一个二流子听说会上黑板报，跑到编辑委员会请求免登，立誓改邪归正。工农通讯员已发展至一千一百多人，丰富了报纸的内容，加强了与群众的联系，因为他们都是各种工作的实际执行者。又提高了他们的能力，加强了对工作的信心，因为要写稿，就得调查研究，总结工作的全部过程，就得想办法，就会有办法。读报组已有一万多人参加，不仅推动生产和卫生工作，“农民不出门，能知天下事”，把闭塞的农民开始改造为先进的农民。缺点在于：只扩大数目字的形式主义与锦标主义倾向，已有发生。

文艺方面，自毛主席明确指出新民主主义文艺主要地应为工农兵服务的方向后，开始了转变。今年春节，延安文艺工作者组织秧歌队大批下乡，宣传生产劳动，军民关系，自卫防奸，敌后斗争等，受到群众的热烈欢迎，称为“斗争秧歌”。另方面，发现、推动与进一步提高了群众艺术家（如刘志仁、杜芝栋等），影响与改造了旧秧歌（如驼耳巷区的道情班子等）。缺点在于整个看，民间文艺基本上仍是旧东西占统治地位，全边区共有秧歌九百九十四队，旧的六百一十八队，占百分之六十三·一八，新的仅七十七队，占百分之七·七五，其他属于半新半旧。至于旧戏班，还很少改造。

虽然还有上述缺点，但是从总的方面看来，不论在卫生、教育、报纸、文艺各方面，都已有了新的高涨。文教工作的总方针开始真正实现了，这就是为边区，为边区人民。文教工作开始成为群众性的运动了。这就是依靠群众，群众象（像）在政治上、经济上一样，在文化上也逐渐站稳了。

在人民群众方面是如此，在部队、机关、学校方面，更是如此。

留守兵团战士的文化，已有显著的提高。据去年春季统计，识一百字以上的百分之二十九，一百字到五百字的百分之二十七，五百字以上的百分之二十，能看能写的百分之二十四。今年当更有提高。

工厂工人，直属机关学校杂务人员的文化教育，个别已有新的进步。例如知识分子与工农交朋友，进行分散的识字教育，组织春节宣传队，深入农村，推行卫生方针等等。但还不普遍，不深入，不经常。根据几个机关学校的统计，杂务人员的文盲与半文盲一般还在百分之七十以上，工厂工人中为数亦不少。基本原因在于首长不负责与行政上不重视，在于主管机关与文教工作的领导机关不注意，工厂领导上不帮助。从思想上解决这个问题，及从组织上贯彻这一工作，已经是时候了。

最后，关于今后应该怎样做的意见。全面看，文教工作还只是初步走上正确的道路，群众对文化的自觉要求，还只是开始，客观情况的严重性（惊人的死亡率，百分之九十以上的文盲，大量的迷信与不卫生等等），还没有减轻。今后的任务就在于：在不妨碍生产和服务于生产的条件下，开展卫生、教育、报纸、文艺的大规模群众运动，在五年至十年之内，坚决消灭严重的人畜死亡现象与男子四十岁以下，妇女三十五岁以下的文盲，普及卫生习惯，普及新民主文化，消灭封建迷信在群众文化生活中的优势。为此就须在已有的基础上进一步做到以下各项：

第一，政策方面：由于是一个反对一百五十万人民头脑里的敌人的困难斗争，孤军奋战，必然失败。必须实行广泛的统一战线政策，联合一切可以联合的中间力量，团结、帮助与改造他们，使之与我们并肩向封建文化的残余进军。反对投降封建残余的倾向，又反对打倒一切的倾向。其次，由于是一个在陕甘宁边区、在农村环境、地广人稀、劳动力不足等等落后条件下进行斗争，忽视群众的需要与自愿，必然失败。必须坚持民办公助的政策，以村庄为单位，使群众乐于接受，乐于普及。纠正民办仅为解决经费、民办就不要公助（对学校的具体帮助与对教育方针的领导）、大量民办后连少数好的公办也取消等等的错误认识，又纠正命令“民办”等等的错误做法。

第二，实际工作方面：（一）救命第一，党政军民学各界必须针对各地具体情况，进行群众中的卫生教育：提高妇女的卫生常识，尤为中心环节。一切部队机关的西医必须兼为群众服务；帮助、研究、改造中医中药。对一切中医劝其公开秘方与经验，劝他们努力学习科学，改进自己的业务。扩大医大的边区名额外，还须开办中医训练班，护士司药训练班，增设各级学校的卫生课程。进行崔岳瑞运动，在群众自觉基础上改造巫神与破除迷信。进行改善牲畜的饲养管理教育，组织牲畜疾病的预防治疗，建立牲畜保健的专门机关或专门工作，开办兽医训练班。各分区、各县应做出具体的卫生医药工作计划，列入地方施政总计划中。

（二）继续有效的深入群众教育运动，改造旧学校。应分清缓急，首先消灭农村中组织起来的积极分子与乡村干部的文盲。应建立据点，各地的学校，县以下的各级政府、合作社以及模范变工队都有推广识字的责任。应重视冬学，将冬学与自卫军冬训配合，并与平时的夜校或识字组等联系起来。应利用民间所有组织形式（如庙会、教堂等），进行各种社教活动。

（三）大量推广读报。各地尚未进行读报的识字组、变工队、合作社、妇纺组等，应尽可能组织读报。各市镇与较大的村庄，应在可能条件下创办真正起作用的大众黑板报。各地应组织工农通讯学习组，将通讯、业务、文化学习与读报工作结合起来。各纸厂应按实际需要增加产量，以便增加报纸份数，并供给其他的纸张需要。各地通讯站的效率应加强。

（四）努力发展新文艺，同时大量利用人民群众熟悉的各种民间形式，加入新内容，逐渐改造和提高之。秧歌社火是普遍最重要的形式，秧歌短剧更为最能表现群众生活和最能达教育目的的形式，应成为中心环节。春节活动外，并应注意平时的文艺生活。各分区剧团或文工团应成为执行新文艺政策，推动群众文艺运动的支柱。

（五）要做好这些工作，关键在于干部。因此培养边区知识分子与有文化的工农干部，在今天就成了头等重要的任务。为此，必须办好地干班与进行各种规模较小的干部训练，分区至少办好一个中学，县至少办好一个完小。

第三，政策确定与实际工作提出后，就要靠首长负责，党政军民学一齐动手。象（像）建设民主政治与发展生产一样，万众一心，努力前进，我们新民主文化的建设前途是光明的。

这些就是我们对于今后边区文教工作的基本意见。文教大会曾经通过了关于文教工作的决定，将提请参议会批准。希望各位参议员对文教大会各项决定和我的发言，详加讨论，共同努力，争取边区从文化落后地区变为文化先进地区。

选自《陕甘宁边区第二届参议会第二次大会撮录》，陕甘宁边区第二届参议会常驻会编印，1945年5月，第17～25页。

互校版本：《陕甘宁边区政府文件选编》第八辑，档案出版社1988年版，第458～464页。

17. 陕甘宁边区卫生行政系统大纲（草案）

×年×月

第一条　本大纲系根据“全国卫生行政系统大纲”及边区实际情形制定之。

第二条　陕甘宁边区卫生事业，概属于边区政府民政厅管理之。

第三条　陕甘宁边区政府民政厅设立卫生处，执行全边区卫生计划。卫生处组织条例另定之。

第四条　各县市卫生行政隶属于县市政府及公安局。受民政厅之直接指挥与监督，并设卫生所执行全县市之卫生计划。卫生所组织另定之。

第五条　各县市之卫生行政人员，得由该行政首长选定，呈请民政厅核准聘任之。

第六条　各县市政府因特别情形未能建立卫生所者，其经常职务暂并入政府第一科管理之。

第七条　凡隶属边区政府之区域、市镇，机关、部队、学校、工厂中，因工作需要与可能，得设立卫生所或卫生员。

第八条　为便于推进卫生运动，在边区各级政府系统与必要之机关、部队、学校、工厂中，根据实际情形组织卫生委员会，其组织条例另定之。

第九条　边区卫生处按实际需要与可能，得设立训练班、药厂、休养所、医院等卫生设施，其院、厂、所，训练班等章程另定之。

第十条　本大纲自公布之日起施行。

选自《抗日根据地政策条例汇集》陕甘宁之部（上），1942年版，第160页。

互校版本：《陕甘宁革命根据地史料选辑》第一辑，甘肃人民出版社1981年版，第458～459页。

18. 陕甘宁边区卫生处组织条例

×年×月

第一条　本条例根据边区卫生行政系统大纲第三条制定之。

第二条　陕甘宁边区政府民政厅卫生处（以下简称本处），承民政厅之命，掌理全边区卫生行政事宜。

第三条　本处设处长一人，综理本处行政事宜；副处长一人，辅助处长执行本处行政事宜。

第四条　本处处长副处长由民政厅任免之。

第五条　本处设秘书一人，承处长副处长之命，办理不属于各科之文牍、应酬事务。

第六条　本处在必要时得聘请技正若干人，承处长之命，办理一切卫生技术事项。

第七条　本处分总务、医政、保健三科，各设科长一人，科员若干人，分别掌理各项行政事宜。

第八条　本处总务科掌理事项：

（一）关于收发、分配、撰拟、保存文件事项；

（二）关于典守信印事项；

（三）关于本处经费之预决算及会计事项；

（四）关于编译出版品事项；

（五）关于其他一切事物事项。

第九条　本处医政科掌理事项：

（一）关于公立私立医院药房之监督事项；

（二）关于医师药师等资格之审定及监督事项；

（三）关于药商及药品制造之监督事项；

（四）关于药用植物之培植及药品制造之奖励事项；

（五）关于麻醉药品、毒剂药品及毒剂物之取缔事项；

（六）关于医药设施之研究事项；

（七）关于其他一切医政事项。

第十条　本处保健科掌理事项：

（一）关于传染病之检验及防止事项；

（二）关于卫生情况调查统计事项；

（三）关于卫生行政人员之训练事项；

（四）关于各项卫生设施之指导监督事项；

（五）关于饮食品用具之检查设计事项；

（六）关于医药救济事项；

（七）关于其他一切保健防疫事项。

第十一条　本处按实际需要可任用若干事务人员。

第十二条　本条例自公布日起施行。

选自《抗日根据地政策条例汇集》陕甘宁之部（上），1942年版，第162页。

互校版本：《陕甘宁革命根据地史料选辑》第一辑，甘肃人民出版社1981年版，第477～478页。

19. 陕甘宁边区卫生委员会组织条例

×年×月

第一条　本会组织条例，根据边区卫生行政系统大纲第八条订定之。

第二条　本会设委员七人至十五人，由边区政府民政厅聘任党、政、军、民有经验与有关系之人员充任之，卫生处正副处长为当然委员。

第三条　本会委员均不脱离其本身工作，本会附设于民政厅。

第四条　在本会各委员中，推选主任一人，负责召集会议及推动全盘卫生工作。

第五条　本会有检讨边区卫生行政设施计划，及督促边区卫生处实施之权。

第六条　本会每三个月开会一次，遇必要时得临时召集会议，由主任负责召集之。

第七条　本会决议案，须得谘请卫生处执行之。

第八条　本会主任得向卫生处搜集施行之实况在会议报告。

第九条　本会于原规定之委员外，每届开会时得延聘专家及有关系的各高级公务员，列席指导之。

第十条　凡陕甘宁边区内，重要市镇区域，各级政府及其他机关，在必要时得设卫生委员会，其委员数额及会议情况等，均按各实际环境另行规定之，一般的应以现有之各俱乐部卫生委员会为基础。

第十一条　本条例自公布之日起施行。

选自《抗日根据地政策条例汇集》陕甘宁之部（上），1942年版，第161页。

互校版本：《陕甘宁革命根据地史料选辑》第一辑，甘肃人民出版社1981年版，第479页。

20. 陕甘宁边区保健药社暂行章程

×年×月

第一章　总　则

第一条　定名：本社定名为保健药社，各地分社定名为保健药社××分社。

第二条　宗旨：本社为发展地方医药卫生事业，受各卫生机关及制药厂之委托，推销中西药品器材。并采集中西药材原料，尤其提倡采集土产药材，以利保健工作。

第三条　本社系药品消费合作社性质，欢迎一切团体及个人入股为股东。

第四条　本社得依业务之发达与环境之需要，在各县、区、镇，成立分社。

第五条　本社各社社务，绝对遵守行政法规，受当地卫生行政机关之检查。

第二章　股　东

第六条　一切团体或个人，按章交纳股金，遵守本社章程，经股东董事会批准者，均得为本社股东。

第七条　凡入股股东，于入股时取得股票一张。

第八条　本社股东自愿退股者，应提出申请退股书，连同股票，一并交管理委员会退出之。

第九条　凡股东有下列情事之一者，股东大会或股东代表会决议，得予以除名：

（一）不遵守本社社章者；

（二）有妨害本社社务业务之行为者，

（三）有犯法之行为涉及本社名誉者。

第十条　出社股东，可随时取去半数股金，其余至结算时期退还全部本利。

第三章　社　股

第十一条　本社社股与定额，每股股金为十元，每一股东至少认购一股，多则不限。

第十二条　本社社股，转让他人时，必须通知股东董事会及管理委员会，否则，概不承认。

第四章　组织及职务

甲　总社

第十三条　本社总社每年开股东代表大会一次，其职权如下：

（一）选举总社股东董事会；

（二）制定及修改本社章程；

（三）检查本社一切业务之进行情形；

（四）规划本社社务业务之兴革。

第十四条　本社总社代表大会闭会时，选举三人至五人组织总社股东董事会行施（使）职权。总社股东董事会每三个月开会一次，其职权如下：

（一）规划本社整个社务；

（二）检查本社整个业务；

（三）讨论本社社务业务上一切提案；

（四）批准本社股东之进出；

（五）聘请及任免总社分社之各主管职员。

第十五条　总社成立一管理委员会，由正副主任及总社其他职员三人至七人组织，呈请总社股东董事会批准后行之。

第十六条　管理委员会每月举行会议一次，其任务如下：

（一）规划社务业务之进行；

（二）检查社务业务之状况；

（三）任免社内事务人员；

（四）处理各分社提出之问题。

第十七条　总社设正副主任、秘书、会计各一人，巡视员及司药若干人，由股东董事会议定聘任之。杂务人员若干人，由正副主任任用之，必要时亦得聘任医生若干人。

第十八条　本社正副主任综理社务业务，向股东董事会经常作报告，副主任商承主任佐理一切社务。

第十九条　秘书承正副主任之命，办理本社文牍、收发、营业、统计、典守印章、及本社一切事务事宜。

第二十条　会计员承正副主任之命，办理本社社务、经费收支、营业账项、及银钱出纳等事宜。

第二十一条　巡视员承正副主任之命，经常巡视各分社社务业务。

第二十二条　司药员承正副主任之命，分别掌理收集、采买、保管、及销售药品药材等事宜。

第二十三条　各杂务人员在秘书指示之下，分别办理一切事务事宜。

乙　分社

第二十四条　本社各分社股东大会每年开会一次，其职权如下：

（一）选举各该分社之股东董事会；

（二）选举参加总社代表大会之代表；

（三）检查各该分社社务业务之进行情况；

（四）规划各该分社社务业务之兴革；

（五）向总社代表会提供改进社务业务意见。

第二十五条　本社各分社全体股东大会选举三人至五人组织分社股东董事会，在不与总社整个规划抵触及在各该分社范围内，其职权及会议时间与总社股东董事会相同。

第二十六条　各分社设主任一人，由总社聘任之，分社主任得视社务之需要，提请总社批准聘请会计一人，司药员若干人。必要时，亦得设医生若干人。

第二十七条　分社主任综理各该分社事宜，并对总社负绝对责任，经常向总社作社务之报告。

第二十八条　分社会计承分社主任之命，管理该分社业务经费事宜。

第二十九条　分社司药员承分社主任之命，任务与总社司药员同。

第五章　业　务

第三十条　本社之业务如下：

（一）购买国外药品材料，冲破敌人封锁，经过化验销售，防止奸徒捣乱；

（二）提倡采集土产原料器材，供给各卫生机关，克服战时困难；

（三）零售批发各项药品及医药用物，以保民命；

（四）辅助卫生运动之开展，经常对人民作卫生知识之宣传与教育；

（五）辅助地方行政机关，团结人民进行卫生保健事业。

第三十一条　本社每月月终结账一次，每半年结算一次，并由管理委员会公布业务盈亏之账项。

第三十二条　本社如有盈余，其分配比例如下：

（一）以百分之三十作为发展业务之公积金，而裕民生；

（二）以百分之二十作为发展医药教育及其他公益事项之公益金；

（三）以百分之二十作为本社职员奖金，奖励办法另定之；

（四）以百分之三十作为红利，按股均分，满十元以上者亦可将此入股为股金。

第三十三条　本社结算后，如有亏损，除以公积金抵补外，其不足之数，按股分担负责。

第三十四条　本社股东、抗日军人、及其家属吃药，一律九折。

第三十五条　本社业务人员，纯为卫生慈善事业服务，故其衣、食、住等项，仅求维持与人民同等之日常生活，其具体开支，按各地实际情形另定之。

第三十六条　本社按职务技能，发给津贴，其数目另定之。

第六章　附　则

第三十七条　本社各分社之各种工作规则，在不抵触本章程范围内另定之。

第三十八条　本章程经股东代表大会通过，呈请卫生行政机关登记后施行。

第三十九条　本章程如有未尽事宜，得依法修正之。

选自《抗日根据地政策条例汇集》陕甘宁之部（上），1942 年版，第 164～169 页。

互校版本：《陕甘宁革命根据地史料选辑》第一辑，甘肃人民出版社 1981 年版，第 479～485 页。

十、土地租债

1. 陕甘宁边区土地所有权证条例

1937年9月制定，1938年4月1日公布①

第一条　本条例所称土地，包括农地、林地、牧地、房地、荒地、水地及其他水陆天然富源。

第二条　下列土地，不得为私有：

一、可通运之水道；

二、天然之湖泽而为公共需用者；

三、公共交通道路；

四、矿产地②；

五、盐地；

六、公共需用之天然水源地；

七、其他属于公共性质之土地。

第三条　凡属第一条所定土地及其定着物之所有人，必须依本条例向当地县政府领取

---

① “甘肃史料版”标作“1937年9月24日公布”。“档案文件版”标作“1937年9月20日”，并注明：“此条例1938年4月1日公布。”“社科法制版”和手抄本皆标作“1938年4月1日公布”。

② “社科法制版”和手抄本为“矿产地”，“甘肃史料版”和“档案文件版”印作“矿泉地”。

土地所有权证。

第四条　凡未照本条例在规定期限内领取土地所有权证之土地，概作为公有土地。

第五条　土地所有权证，为土地所有权之唯一凭证，在土地所有权证颁发后原有关于土地所有权之各种契约，一概作为无效。

第六条　土地所有权证由边区政府统一印制由各县政府盖印颁发后，即发生效力。

第七条　凡属私有土地每一段土地颁发土地所有权证一张。

第八条　土地所有权证载明下列各项：

一、土地种类；

二、土地坐落；

三、土地面积；

四、土地四至界限；

五、每年平均收获量或收益（农地收获量以十六两秤，三十斤斗为标准计算，其他土地以收益计算）；

六、土地等级；

七、定着物情形；

八、所有权来历；

九、所有人之姓名、籍贯、住址、成分等。

第九条　土地所有权证每张应缴纳费额依下列之规定：

一、农地：

（甲）面积二垧以下者五分；

（乙）面积五垧以下者一角；

（丙）面积十垧以下者二角；

（丁）面积十五垧以下者三角；

（戊）面积二十垧以下者五角；

（己）面积二十一垧以上者一元。

二、林地、牧地、荒地：

（甲）面积五垧以下者五分；

（乙）面积十垧以下者一角；

（丙）面积廿垧以下者二角；

（丁）面积卅垧以下者三角；

（戊）面积四十垧以下者五角；

（己）面积四十一垧以上者一元。

面积单位，得以各地习惯名称为标准，但计算费时，仍以每一习惯单位等于一垧。

三、城市房地：

（甲）面积五方丈以下者一角；

（乙）面积十方丈以下者三角；

（丙）面积二十方丈以下者五角；

（丁）面积二十一方丈以上者一元。

四、乡村房地：

（甲）十方丈以下者一角；

（乙）廿方丈以下者二角；

（丙）卅方丈以下者三角；

（丁）卅一方丈以上者五角。

第十条　各县颁发土地所有权证时，事前应公布本条例及开始颁发日期，自开始颁发之日起，二个月内，各土地所有人，均须依法领土地所有权证，如有特别情形者得申请展期。但至多不能超过六个月，如在六个月后尚未依法领取土地所有权证之土地，即照第四条之规定作为公有土地。

第十一条　土地所有权证颁发后如有错误、遗漏或呈报不实，及其他纠葛情事，得于六个月内，提出声明或控诉。

第十二条　土地所有权证因损坏请求换给者，应将损坏之原土地所有权证，缴呈当地县政府，即照换给，并照第九条之规定另行缴费。

第十三条　土地所有权证因毁灭或遗失请求补发，应由土地所有人缮具申请书载明第八条所列各项，并说明毁灭或遗失原因，取具四邻及乡长之保证书，除照第九条规定缴费外并备公告费三角，缴呈当地县政府查对原土地所有权证存根无误，登报在当地公告三个月后，得补发之。

第十四条　土地如因出卖或其他事故，请求转移土地所有权之全部或一部分时，应由出让人与承受人合具转移所有权申请书，并将原土地所有权证缴呈当地县政府，即照换发，并照第九条规定缴费。

第十五条　凡请准开垦公有荒地自行耕种者，得申请发给土地所有权证，但开垦后，不继续耕种，仍任其荒芜三年以上者，得收回其土地所有权证。

第十六条　本条例修改解释之权，属于边区政府。

第十七条　本条例自公布之日施行。

选自《抗日根据地政策条例汇集》陕甘宁之部（下），1942年编印，第662～664页。标明“1938年4月1日公布”。

互校版本：

1.《陕甘宁革命根据地史料选辑》第二辑，甘肃人民出版社1983年版，第32～35页，简称“甘肃史科版”。

2.《陕甘宁边区政府文件选编》第一辑，档案出版社1986年版，第9～12页，简称“档案文件版”。

3.《中国新民主主义革命时期根据地法制文献选编》第三卷，中国社会科学出版社1984年版，第191～194页，简称“社科法制版。”原注：“选自《抗日根据地政策条例汇集——陕甘宁之部》下册，1942年版”。

4. 手抄本未注明出处。

5. 《陕甘宁边区法律法规汇编》，三秦出版社2010年版，第288～289页。标明“1937年9月20日公布”。

2. 陕甘宁边区政府布告——关于处理地主土地问题

1938年4月1日

地主回乡从事耕种，对其土地债务的处理，本政府在去年曾有布告在案，但以为时已久，诚恐各界了解不周，兹再重申公布于下：

（一）在已分配了土地的区域，地主回来，乡村人民应表示欢迎他们来一致抗日，可在属区乡村公地内分配他以和农民一样多的土地和房屋。但已没收了的土地不应还原，分配了的房屋不得翻案，已取消了的租债不许再索取。如乡村公地当地已分配完者，得在他乡内给以每人应得的份地。

（二）地主回来，与其他群众一样受到政府的保护，但须遵守法令，不得有欺压群众及损害抗战之行为，违者依法处办。此布。

选自《抗日根据地政策条例汇集》陕甘宁之部（下），1942年版，第664～665页。

互校版本：

1.《陕甘宁边区法律法规汇编》，陕西人民出版社2006年版，第145页。

2.《中国新民主主义革命时期根据地法制文献选编》第四卷，中国社会科学出版社1984年版，第194～195页。原注："选自《抗日根据地政策条例汇集——陕甘宁之部》下册，一九四二年版"。

3.《陕甘宁边区政府文件选编》第一辑，档案出版社1986年版，第59～60页。

3. 陕甘宁边区政府关于边区土地、房屋、森林、农具、牲畜和债务纠纷问题处理的决定

1938年6月15日公布①

第一条　凡是在国内和平实现以前，属于边区所辖之区城，其地主之土地、森林、房屋、农具和牲畜等，无论其已否分配，均在已被没收之列，任何人不得推翻既成之事实。

第二条　凡属在国内和平实现以前，曾被没收之土地、房屋、森林、农具和牲畜等，其所有权，已经分配给人民者，属于人民个人，分配给团体者，属于该分得之团体，被没收而未分配者，属于当地全体人民。任何人不得推翻此种事实。

第三条　所有权属于当地全体人民的土地、森林和房屋，其处理权交于当地政府，由当地政府根据多数人民的意见处理之。如有个人占据属于全体人民公有之土地、森林和房屋全部或部分者，应收回交还全体人民。

第四条　凡是违反第一、第二两条之规定，而无代价的向农民强迫收回之土地、森

① "甘肃史料版"注明"1938年6月15日公布"，"法律法规汇编""档案文件版"注明"1938年6月9日"。

林、房屋、工具和牲畜等，其收回之部分，应一律无代价的归还原分得之农民，其未收回之部分，应一律停止收回。

第五条　凡是本人之土地被没收之后，未分得一份土地者，或是在分配土地时本人不在家而未分得者，现在要求分配土地时，得由本人申请政府要求分配土地，经政府调查属实并认为可以时，得分与不超过当地农民分得之平均数量以上之一份土地，其土地位置，由政府指定之。

第六条　凡是在国内和平实现以前不属于边区之地域，而在和平实现以后，新划归边区管辖，其土地尚未没收和分配者，不得举行没收和分配。

第七条　凡是曾经被废除之债务，放债主不得向欠债人取偿，其已取偿者，应归还当地政府，由政府根据多数人的意见处理之，其未追偿者应一律停止追偿。

第八条　凡是违犯以上第一至第七条某一条或全部者，政府得以破坏统一团结，破坏土地财产所有权之罪，分别轻重依法审判之。

陕甘宁边区政府主席团

选自《陕甘宁革命根据地史料选辑》第二辑，甘肃人民出版社1983年版，第59～60页。简称“甘肃史料版”（未注明史料来源）。

互校版本：

1.《陕甘宁边区政府文件选编》第一辑，档案出版社1986年版，第71～72页。简称“档案文件版。”最后署名：“陕甘宁边区政府主席团。”

2.《延安地区审判志》，陕西人民出版社2002年版，第319～320页。最后署名“陕甘宁边区政府主席团”。

4. 陕甘宁边区土地条例

1939年4月4日公布

第一章　总　则

第一条　本条例为适应抗战建国之需要，根据国民政府颁布土地法之基本原则，与边区土地改革（此地所称土地改革，指在苏维埃时期土地经过平均分配而言）之实际情形而制定之。

第二条　本条例所称土地，包括农地、林地、房地、荒地、山地、水地及一切水陆天然富源。

第二章　土地所有权

第三条　确定土地私有制，人民经分配所得之土地，即为其私人所有。土地改革以前之旧有土地关系，一律作废。

第四条　凡在土地改革后分得土地之人民，须持有土地改革时期之分地证，或民国二十六年后边区政府之土地登记证，其未经没收和分配之土地，则须持有惯例管业证，经政府验明登记者，始为取得土地所有权。

第五条　关于土地所有权之证明，以持有边区政府颁发之土地所有权证为准。

第六条　凡边区人民取得土地所有权者，有完全使用与支配其土地之权。

第七条　属于私有之土地及其定着物（可供工业用之矿产除外），在合法手续下，得将其所有权转移于他人（如出卖等）。

第八条　凡过去宣布没收而未经分配之土地，作为公地，其支配权属于边区政府，由当地乡政府管理之。

第九条　家在边区境内而无土地之退伍抗日军人，得向县政府申请领取公地，经县政府允许，边区政府批准登记后，该退伍抗日军人即取得所领土地之所有权。

第十条　下列各种土地不为私人所有：

（一）可通运输之水道；

（二）公共需用之天然湖泽；

（三）公共交通道路；

（四）矿产地；

（五）盐地；

（六）公共需用之天然水源；

（七）其他属于公共性质之土地。

第十一条　凡有卖国行为，经法院宣布撤销其本人土地所有权者，其本人土地即属公地，由当地乡政府管理之。

第三章　土地登记

第十二条　土地有下列情形之一者，须向县政府申请登记：

（一）一切未经登记之土地；

（二）土地所有权全部或一部转移于他人者；

（三）土地有分合增减坍没或其他变更者；

（四）土地分割为独立地段者；

（五）土地全部或一部并于其他土地者。

第十三条　土地登记不合手续，政府得宣布作废，另行登记。

第十四条　土地登记时，如有意图隐瞒报称不实，或侵占他人土地者，政府得酌情处罚之。

第四章　土地使用

第十五条　土地使用以土地私有制及尊重各种合法之契约合同为根据。

第十六条　凡可使用之土地，需尽量使用之，无故任其荒芜废弃者，土地所有人，应受相当之制裁。

第十七条　土地出租时，业、佃双方须定合同，除保证业户利益外，须保证佃户使用土地之一定年限及租额之不至过高。

第十八条　有下列情形之一者，政府得征收人民之土地：

（一）交通道路所必经者；

（二）军事上需要者；

（三）公共之建筑。

第十九条　政府征收人民土地时，需按该人民之实际情形，兑换其他土地，或予以地价。

第五章　土地行政及裁判

第二十条　在乡政府内设立土地委员会，处理该乡土地问题。

第二十一条　凡因土地纠纷起诉者，其裁判权属于各级法院。

第二十二条　凡逃门绝户无人继承之土地，由乡政府土地委员会呈报县政府处理之。

第二十三条　土地纠纷未经解决之前，其土地管理权属于耕者所有，如有强行收租或阻止耕种者，酌情惩处之。

第二十四条　凡用欺骗威胁手段强占他人之土地者，一经查出，依法予以制裁。

第二十五条　凡不依法登记土地或私自转移土地所有权，经人告发查明属实者，由政府处罚之。

第六章　附　则

第二十六条　本条例修改与解释之权属于边区参议会。

第二十七条　本条例经边区参议会通过后，由边区政府公布施行。

选自《抗日根据地政策条例汇集》陕甘宁之部（下），1942年版，第658～661页。

互校版本：

1.《中国新民主主义革命时期根据地法制文献选编》第四卷，中国社会科学出版社1984年出版，第186～199页。原注："选自《抗日根据地政策条例汇集——陕甘宁之部》下册，一九四二年版"。

2.《陕甘宁边区政府文件选编》第一辑，档案出版社1986年版，第224～226页。

3.《陕甘宁边区法律法规汇编》，三秦出版社2010年版，第290～291页。

5. 陕甘宁边区政府给庆环专署马专员的便函——关于解决土地问题

1939年4月29日

马专员锡五同志：

兹据环县县长杨玉亭四月一日所呈之该县三月份工作报告书，除已另有指令外，对于土地问题尚须特此告知。案查边区土地法令于边区参议会通过，已于《解放报》六十八期之《陕甘宁边区第一届参议会特刊》中颁布。是以凡一切土地问题之处理，均应基本上依据这一法令为原则。因此关于该报告中所呈之问题应如此解决为合法：

（一）荒地之登记：查土地法第五章第二十二条"凡逃门绝户无人继承之土地，由乡政府土地委员会呈报县政府处理之"。据此，即无主之荒地政府有处理之权，自可由政府查明数目，登记为公田，以后根据需要再去处理。至该县呈内云有主之荒地亦拟由政府登记为公田，实与法令有违，政府不能无故取消人民之土地所有权。

（二）在改革前人民转移其土地所有权（即典当）与豪绅地主，而经分给其他人民所有者，或豪绅地主的土地所有权转移与人民者（即典当），查土地法第二章第三条“确定土地私有制，人民经分配所得之土地，即为其私人所有，土地改革以前旧有土地关系，一律作废”。据此，该所拟办法尚属妥当。

（三）一般典当土地之纠纷问题，除以上两项尚未包括者，在解决时政府应始终站在维护大多数基本农民利益之立场上，去按照实际情形，在不抵触土地法令下去灵活解决之。此点最为主要，应特为注意。

（四）该县前次报告中曾有调整阶级关系一项，述及解决豪绅地主土地问题中有“除由公地调剂外，尚由群众自愿分一些地给地主”。此点应特别注意，不然即可形成地主夺回土地之变象［相］办法，应即纠正之。凡豪绅地主无土地者，概由政府酌量分给，若无公地，可着其向群众租种之。

（五）土地登记：除已分配者完全登记外，暂不一般普遍的登记，人民要求登记时，可临时个别登记。

以上数项，仰即转饬该县遵照为要！

此致

敬礼

主　席　林伯渠

副主席　高自立

选自《陕甘宁边区法律法规汇编》，陕西人民出版社 2006 年版，第 148～149 页。

6. 陕甘宁边区绥德分区减租减息暂行条例草案

1940 年制

一、本条例根据警区临时参议会通过之减息减租案制定之。

二、本条例所称之地租为秋夏收成后之粮租。

三、本条例减租之标准租额，以本年主佃双方约定之租额为标准，此后租额不得增加。

四、减租比率列下：

1. 丰年按标准租额减百分之二十五（即一石给七斗五升）。

2. 平年按标准租额减百分之四十（即一石给六斗）。

3. 歉年按标准租额减百分之五十五（即一石给四斗半）。

五、歉年普通耕地收成在三斗以下免租。

六、土地特别薄瘠之区，虽丰年每垧收成亦不过三斗者，其免租标准按各地具体情形另行规定。

七、伙种土地应按收获量分配之，除子种外地主得四成，佃户得六成。“如子种牛料由地主出者（俗称安移）则地主得四成五佃户得五成五”。

八、禁止主佃双方以任何文约规定押租或转租。

九、佃户应按本条例规定之数交租。

十、地主不得无故收回租地或更换租户。

十一、凡典卖土地其买主所买土地如非自种，不得无故更换租户。

十二、借贷金钱者，其利率不得超过月息一分五厘。

十三、借粮食者，年息不得超过十分之三。

十四、本条例自呈准边区政府核准公布之日施行。

（附注）本条例虽已经临时参议会常驻委员会通过，现正向边府请核中，在未经核准公布前，本条例谨作解决问题之参考。

选自《陕甘宁边区法律法规汇编》，陕西人民出版社2006年版，第150～151页。

7. 第八路军驻绥米佳吴清警备区司令部、陕甘宁边区绥德分区行政督察专员公署 关于执行减租减息条例及解决土地问题纠纷办法的指示信

1940年[①] 11月30日

甲、减租问题

减租减息条例是根据警备区临时参议会通过的改善民生案制定。经常驻议员会议通过并经呈奉陕甘宁边区政府批准公布施行的。这一减租减息条例的施行是实行了抗战建国纲领中的改善民生原则，调整了阶级关系，加强团结，壮大抗战力量，更是适合于陕甘宁边区的抗战时期的施政方针。因此应该热诚拥护与保证彻底执行的，可是根据近日的反映，各地对于执行此项条例，尚多忽视，因此发生下面的许多问题：

一、地主以收回耕地威胁佃户使其不敢减付租粟。

二、地主虽按条例收租粟，但又另外提出地租以外许多苛刻条件，增加佃户的负担，例如向佃户要求代耕几垧地（不付工钱）要佃户补出耕牛驴的股金，或增加牛料（绥德亢家沟某地主向佃户要八升牛料）或有的地主将地伙种出去，秋收时□□□看地户收割，要求地户共同负担雇人所用的酬劳等不合理现象。

三、由于上述的情形佃户不明条例的规定，感到明年没地耕的威胁，而自动地向地主提出以“老东佃关系”的感情，情愿照旧付租以求得明年的继续有地种。

四、个别佃户抗租，或于条例规定的减租率以外又再减付租粟，如绥德某地佃户按平年一石减付为六斗又折扣减为一斗八升。

五、个别投机分子利用机会私向地主约定不给减租甚至增租而企图夺取耕地。

上面这些现象发生的主要原因是一部分地主与个别佃户不明大义只顾私人利益，妨碍

① 原件只注明“十一月三十日”，未标明年代，从内容看是在1940年公布“绥德分区减租减息条例”后发出的指示信。

整个政令的推行，同时也因为各级行政人员未能深入地向群众宣传解释，以致许多佃户未能明白条例上的具体规定，因而发生了这许多问题。现在我们要求各级行政人员，特别是联保干部及保甲长各级农会对于减租问题的处理必须：

一、向农民作深入的宣传解释，将条例说成通俗的语句，务使每个人都能清楚地了解。

二、宣传解释的要点：

（一）地主不能无原因而收回耕地或更换租户，即是如果没有特殊情形佃户已按条例规定数交租，且积极努力生产的，地主不得收回耕地。

（二）地主不得向佃户提出条例上所规定的租额以外的任何条件，增加佃户负担（如上述的情形）。

（三）减租的标准租额，是以今年约定的租额作标准，此后不得增加。

（四）佃户应按条例规定之数交租。

（五）减租率：平年一石给六斗，歉年一石给四斗半，伙种的四六分。

三、各级农会应开会讨论减租条例并发动会员保证执行，反对增租夺佃。

四、如果不按条例收租或无故更换租户的，各保长应负责合理解决，多收的必须退还，要严格执行。条例的规定有不服的应向上级报告。

五、除了解决已发生的问题外，并应随时注意检查各村减租问题的处理情形，有不对的随时纠正，各保长应将各保佃户付出租粟数目、地租数目、地主姓名，详细地逐一登记下来，作为将来解决纠纷的根据。

六、米脂、吴堡两县平年歉年地区的划分，应由各地方政府会同农会，根据实情妥慎划定公布，并报告上级备案。

乙、土地问题

绥德东区及清吴的一部，最近关于土地的归属问题发生纠纷，现规定下列几个原则，望各级工作人员灵活地根据这个原则处理之：

一、以今年春季处理土地问题时的决定为根据，不得再变更，归了的就归了，说明是调剂耕地而租给的就作为租地解决。

二、如双方发生争执时必须找到当时处理土地的经手人，农会主任，民运干事或其他负责人的证明，作为解决的根据，如有文件证明更好。

三、今春归了的土地准许现在得地人自由处理（无论原来是典得的或买得的），原地主不得干涉。

四、如非上列三个原则所能包括的土地问题纠纷，应以会议方式商议，公平合理解决或呈请上级指示。

望各地农救会及各级行政干部详为研究讨论，根据这个指示参酌各地实情灵活处理以求达到平息纠纷，民无怨言，至为殷盼！

此致

司令员兼专员　王　震

副　专　员　马豫章

十一月三十日

选自《陕甘宁边区法律法规汇编》，陕西人民出版社2006年版，第154～155页。

8. 陕甘宁边区绥德分区行政督察专员公署关于陕甘宁边区政府土地、房屋等纠纷问题处理的决定、高等法院第二十二号命令的补充办法

年　月

因分区地区特殊，边府与高等法院之规定中有部分难于实施，故特制定补充办法，呈请边府高等法院批准执行。

甲、关于"土地典权回赎办法"项

自本条例公布之日起，一年之中，凡典权期限，虽已在三十年以上，但未超过六十年者，仍予抽赎。一年后，则实行典权三十年为限之规定。

说明：因边币跌价，过去之典地，大致均已抽赎，如至今尚未抽赎者，大多均为最贫苦之人，为保卫这种赤贫人之利益，故再延缓一年。

乙、关于"债务纠纷处理办法"项

一、民国元年以前之账债，一律废除。

说明：民国元年说明之账债，一律废除，这是何绍南事变后，我们宣布的。如现在再将人民已得的果实推翻，这于人民对我们的政治影响不好，并要引起极大纠纷，况且债权人也的确早就不希望再收这笔旧债了。

二、不论债权债务人之任何一方，在经过土地革命地区宣布废除旧债者，则债权债务关系，不得再行恢复。

丙、关于"原契约内银元米粮制钱计算办法"项

一、民国二十四年十一月三日以前之银元大洋，每元折合边币二十元，银子每两折合二十六元（较银元加十分之三）。

说明：民国二十四年十一月三日，国民政府颁布禁止使用银元时，银元与法币的价格，相差不远，边币价未跌，物价未高。币价变动得最大，是在抗战之后，所以要把银元与法币价额比例相差得大，是在民国二十六年，应以此划为价格悬殊之期。倘如此说来，则法币与边币的价格在三十年一月一日颁布禁止法币在边区行使时，边法间之差额也不大，又应择何时为分界，相当困难，所以只能以何时颁布命令，即以何时为划界。第二，二十四年至二十六年间之典地者，大多为地主与贫农，地主之地，在边币跌价后，尽行抽回，现在未抽者，大概为贫中农，如以币位作高期拖下两年（即在二十六年），这只是对当时典地，现今尚未抽赎之贫中农吃亏。第三，二十四年典地至今犹未抽赎者，或欠债未还者，大概是贫中农，所以银元价值尽照市价折合，是大亏穷人，事实上也就不叫他抽了。第四，银元在兑换所，并无挂牌市价。第五，分区政权新成立时，曾规定银元与法币价格相同，去年县参议会通过银元一元，折合边币三元，今忽作七八十元（市价），变动相差太巨。第六，倘真以市价，则二十四年以前之典地旧债，将无人抽还得起，故折中办法作贰拾元。

二、民国二十四年十一月三日以后到三十年一月一日以前，其间不论任何货币，均作为法币，其与边币之折合，以交换所之市价为标准。

三、民国三十年一月一日以后，则不论写成任何货币，一律作为边币计算（因此时边区已宣布禁止行使法币）。

四、关于粮（指典及借债。欠租不在此例），则以当时之市价，作成当时法定之货币，再以货币照本条例规定之折合率折算成边币。

五、制钱折合率如下：

民国五年以前者，每千文折合边币二十元（等于银元一元）；

民国六年至十年者，每千文折合边币十四元；

民国十一年至十五年者，每千文折合边币七元；

民国十六年以后者，每千文折合边币四元。

丁、关于“边区土地房屋等纠纷问题处理的决定”

分区应以二十九年春天事变为界，不应以“国内和平”为划界；在事变中，已在被“归地”之列，任何人不得推翻既成之事实。

说明：分区在国内和平之后的何绍南事变时（二十九年春）土地有一次大变动，即所谓“归地”运动（就是土地革命中分得土地，在革命失败后被地主收回，二十九年政变，农民又自己向地主收回革命时分得之土地）。

戊、凡关于回赎典地须偿还旧租者，仍照民国二十九年绥德分区专署之规定

一、民国二十三年以前所欠之旧租一律作废。

二、民国二十三年以后至二十八年：

（一）每年交足约定租额之一半者，即根据过去政府的规定认为已交清，不得再收；

（二）依约定租额未交足一半者，在半数内之欠额为欠租额；

（三）在进行过土地革命的地区，二十三年至二十五年之租粟，不论拖欠若干一律无效；

（四）上列各项的欠租，偿还时每年均以边币三元折价。（原款定为一元）。

己、关于“拼地”的处理问题

二十九年拼得之地，所有权仍属于地主，佃户有永佃权，依减租条例之规定纳租。

说明：当二十九年春，何绍南事变时，土地革命区农民自动起来归地，无地可归之农民，乃向地主富农强行拼地种，此种地谓之“拼地”。

庚、附则

一、凡边府及高等法院之决定及命令，以及本办法所未及规定之一切有关土地债务等问题，适用分区过去规定之各种暂行办法，如同一问题，各种条例间有冲突时，其适应之先后次序如下：

（一）补充办法；

（二）高等法院二二号命令；

（三）边区政府的决定；

（四）减租减息条例；

（五）关于旧债赎地暂行办法；

（六）土地问题暂行调解办法。

二、本办法经边府批准后公布实行之。

选自《陕甘宁边区法律法规汇编》，陕西人民出版社2006年版，第156～159页。

9. 陕甘宁边区地权条例（草案）

1941年[①]制定

第一章 总 则

第一条 本条例根据国民政府颁布之土地法基本原则与边区土地条例，边区施政纲领第六条第十条规定制定之。

第二条 本条例所称地权，系包括农地、水旱地，林地、牧地、园地、荒地、宅地、墓地、旷地及一切水陆天然富源之所有权。

第二章 土地所有权

第三条 确定土地私有制，凡领取政府颁发之地权证，取得私有地权之业主，对于其土地，有完全买卖、处分、收益、使用之全权。

第四条 在经过分配土地之区域，确定地权之根据，为依法取得边区政府曾经颁发之土地所有权证与分配土地以后依法转移土地之契约。

第五条 在未经过分配土地之区域，确定地权之根据为合法取得土地之契约。

第六条 宗教地、族地、社地、寺地、学地已经没收分配者，其地权即为分得土地人所有；未经没收分配者，其地权仍属于原业主所有。

第七条 退伍留居边区之抗日军人或抗属，无地耕种者，得申请当地政府领取公地或公荒，依法取得其地权，并得享受取得土地之优先权。

第八条 分配土地时期外出之业主仍回边区居住，其原有土地，未经没收分配者，其地权仍属于原主，已经没收分配者，得申请当地政府领取公地或公荒，并依法取得其地权。

第九条 外来灾民、难民、移民及边区境内之人民，愿从事耕种，而无土地者，得向当地政府领取公地或公荒，并依法取得其地权。

第十条 前列第七条、第八条、第九条，申请领地之数量，由当地政府依据当地具体情形决定之。

第十一条 为鼓励垦荒增加生产，在边区内公有生荒甚多之区域，所有自力开垦之荒地，得依法取得其地权。

第十二条 凡机关、部队、学校、团体及公营工厂，得依法申领公地或公荒，但地权仍属于公有。

第十三条 墓地之耕地部分地权属于业主，其坟场则属于坟主，业主不得任意更毁或

① 原件未注明制定年代，推定为1941年5月发布《陕甘宁边区施政纲领》之后拟定的。

迫迁原有坟场，原有坟场建筑物及树木不得毁损。

第十四条　在他人土地上之建筑物（如房屋、窑洞，水井等），主权属于建筑主，其地权仍属于地主，双方得依照租佃条例办理。

第十五条　下列各项地权，不得为私人所有：

（一）军事工事及要塞地；

（二）公共交通之道路；

（三）公共需用之天然源地；

（四）名胜古迹；

（五）法令禁止私有之其他土地。

第十六条　下列各项地权，不得为私人所有，但得依法取得其使用权：

（一）矿产地。

（二）盐地。

第十七条　凡未经人民依法取得私有地权之土地以及不属于宗教地、族地、社地、寺地、学地者，均为公有土地，其地权属于边区政府。

第三章　地权处理

第十八条　凡经确定地权之土地，均须重新登记，过去一切凭证，经领得地权证后一律作废，如有隐匿不愿登记者以公地论。

土地登记办法另行制定之。

第十九条　凡遗失契约之土地，得由四邻及年长人士证明确非侵占他人土地或公地者，经政府考察属实后，得发给地权证。

第二十条　凡业主实有土地，超过过去凭证所载之数量，经证明确非侵占他人土地或公地者，得照实际报登记，不予追究，但在重新登记后查明仍有隐匿不报之土地，其隐匿不报部分充公。

第二十一条　地权有下列变动情形之一者，须于一年内向政府申请登记：

（一）地权转移他人者；

（二）土地分割为独立地段者；

（三）土地全部或一部分并于其他土地者；

（四）土地有分合，增减、坍没及其他变动者。

第二十二条　地权之继承权，得依被继承人之意志或遗嘱支配之。如被继承人无上项决定或遗嘱时，得依下列规定配合边区内习惯法施行之：

（一）夫妻有相互继承权；

（二）嫡系卑亲属有同等继承权；

（三）养子女之继承权与婚生子女同。

如无前三项情形者，即依边区内习惯法办理。

第二十三条　业主外出，其土地由亲属或代理人代管，无人代管之土地，由政府代管招人耕种，待业主归还时发还其土地及地租。

第二十四条　凡经法院判处没收其本人财产者，其本人土地之地权，即收归公有。

第二十五条　依据下列各项需要，政府得备价征用或租用私有土地，或以其他土地兑换之：

（一）国防工事；

（二）交通道路；

（三）改良市政；

（四）其他以公共利益为目的之事业，经政府批准者。土地征用或租佃办法另行制定之。

第四章　附　则

第二十六条　本条例解释之权属于边区政府。

第二十七条　本条例经边区参议会通过，由边区政府公布施行之。

选自《抗日根据地政策条例汇集》陕甘宁之部（下），1942年版，第665～669页。

互校版本：《中国新民主主义革命时期根据地法制文献选编》第四卷，中国社会科学出版社1984年版，第220～225页。原注："选自《抗日根据地政策条例汇集——陕甘宁之部》下册，一九四二年版。"

10. 陕甘宁边区土地租佃条例（草案）

1941年11月公布①

第一章　总　则

第一条　本条例根据国民政府抗战建国纲领改善民生之原则并适应边区实际情况制定之。

第二条　各县、市在不违背本条例原则下，得按当地特殊情况制定单行租佃细则，呈报边区政府核准后施行之。

第三条　本条例适用于边区内之公私租佃关系。

第四条　本条例所称土地，包括耕地、荒地、市地及其与土地有关系的房屋耕牛等。

第五条　本条例所称租佃，系指下列各种：

（一）租种地；（二）伙种地；（三）安庄稼；（四）开荒地；（五）房屋、耕牛及建筑物的地基租赁等。

第六条　边区惯行之调分子捎地种等制，则属于雇佣关系，不在本条例范围之内。

第二章　租种地

第七条　凡租种地按当地习惯，以收获量比例计租者（活租制），无论山、川、平原、荒、熟、水、旱，各地均依土地之质量分等给租，但最高租额，不得超过如下列之规定；

（一）上地，水地不超过收获量百分之二十五，川原地不超过收获量百分之二十，山坡地不超过收获量百分之十八。

① 原件无公布日期。"政府文件版"注明："此乃考证时间。"

（二）中地，水地不超过收获量百分之二十，川原地不超过收获量百分之十八，山坡地不超过收获量百分之十五。

（三）下地，水地不超过收获量百分之十八，川原地不超过收获量百分之十五，山坡地不超过收获量百分之十。

第八条　凡按面积计算者（死租制），得按当地习惯的垧亩或堆埒[①]为单位，斗以当地习惯的斗计算，租额可按被租地前三年平均收获量与前项优劣地的比例作标准规定之。

第九条　凡边区租佃土地，必须自力耕种，禁止包租转租之剥削。

第十条　凡未分配过土地之区域，以租佃双方约定原租额为标准，减租百分之二十五，但遇荒地或承租人受灾害影响歉收时，当地政府可召集租佃双方，以仲裁形式调解之。

第三章　伙种地

第十一条　凡伙种地以当地习惯，生产工具，应由租佃双方负责，所收获之粮食、柴草等，应按租佃双方所出之牲口、劳动力之比例约定分配，不超过租四佃六之原则。

第四章　安庄稼（招门客）

第十二条　安庄稼租额，依粮食、柴草收获量，租佃双方约定，不得超过收获之一半。

第十三条　租方在安庄稼时，必须供给佃方足够耕作需要之耕牛、农具、籽种、草料、肥料等物，农具因耕作损坏，耕牛因耕作生病，由佃方修补与医疗，佃方如无房屋居住，由租方供给之。

第十四条　租方在安庄稼时，必须借给佃方足够之粮食，收获分配后借一还一，其已用之牛、料、种籽、租佃各负一半。

第十五条　安庄稼之佃户，如遇疾病时，可雇人耕作收获，其工资、伙食，由租方垫付，在佃方收获应分粮内扣除。如全数扣除，佃方不能维持生活时，则可分期缓至下年清还之。

第十六条　佃方脱离安庄稼时，借粮须还清，如因事无力还清者分期还之。

第五章　开荒地

第十七条　新开老荒地者，耕作三年不出租，三年后得照第七条之规定出租。

第十八条　开荒后承租人因故不能耕作时，在免租期内，可以转租他人耕种，但租额也不能超过第七条之规定。

第十九条　开垦私人或公家之荒地，必先征得荒地地主或主管机关之同意。

第二十条　凡在开垦区开垦者，依照垦区之规定。

第六章　房屋耕牛建筑物的地基

第二十一条　房屋租金由房主与住户按当地经济发展情形，以合同规定如下：

（一）交通便利商业发达之城镇，营业店铺房屋或窑洞，大间每间每月租金不能超过二十元，小间每间每月不能超过十五元。

---

① “社科法制版”印作“堆埒”，指以田间土埂为界。其他版本将“埒”印作“土”字旁加“寻”或“尋”，一般字典查不到。

（二）普通城镇之营业店铺房屋或窑洞，大间每间每月不能超过十元，小间每间每月不能超过八元。

（三）城镇住家房屋或窑洞，人间每间每月不能超过八元，小间每间每月不能超过五元。

第二十二条　房窑大小标准如下：

（一）房子一丈宽二丈深以上者为大间，一丈宽二丈深以下者为小间。

（二）窑洞九尺宽二丈深以上者为大间，九尺宽二丈深以下者为小间。

第二十三条　房屋破坏之赔修费用，由房主住户双方各半支付之。

第二十四条　凡租赁他人地基而建筑房屋或其他场所者，应给地主地租，但不得超过第二十一条房屋租金额百分之二十。

第二十五条　凡在私人或公家土地内建筑房屋或其他场所时，必先征得地主或主管机关之同意。

第二十六条　耕牛租粒如下：

（一）每具牛每年可耕地三十垧以上者，租粒不得超过粗粮七斗（以三十斤斗计算）。

（二）每具牛每年可耕地五十垧以上者，租粒不得超过粗粮一石二斗。

（三）每具牛每年可耕地七十垧以上者，租粒不得超过粗粮一石八斗。

第二十七条　耕牛草料全由佃方负责。

第二十八条　耕牛在耕地时，如因疾病耽误耕作或遇瘟疫死亡者，佃方不负赔偿之责，牛租可按已耕地数量宜减之。

第七章　租佃契约

第二十九条　双方约定缔结租佃契约者，须依本条例为依据，以字据为之，并得聘请合意之公证人。

第三十条　契约经合法成立，双方均应受其约束履行之。

第三十一条　租粒租金按年期交清者，出租人不得中止契约，另行招租，但关于耕作地承租人，后因缺乏劳动人不能耕作或出租人收回自己耕作者，不在此限。

第三十二条　招租承佃其耕作地牛具，应以收益季节后次期作业前之时日为之，如系房屋应以定期支付租金之末日为止，但均应于一季前或一个月前通知之。

第八章　租佃罚则

第三十三条　承租人对法定租额不得短交或拖欠，如无故不交者，出租人有向当地司法机关诉追之权。

第三十四条　承租人因受灾或确系无力不能按时交纳者，得依照实际情形缓期交纳之，出租人不得按本作价行息。

第三十五条　凡有剩余耕地拒绝租出任其荒芜者，每年每垧罚粮一斗。

第三十六条　凡有荒地自己不垦又拒绝他人开垦者，每年每垧罚粮八升。

第三十七条　由出租人违反本条例，加重租额者，将超过法定租金，归还承租人。

第九章　附　则

第三十八条　凡租佃双万过去订立之契约与本条例抵触者无效。

第三十九条　凡专员公署县市政府过去制订关于租佃之单行法令，与本条例抵触者废止之。

第四十条　本条例经边区参议会通过，由边区政府公布施行之。

选自《抗日根据地政策条例汇集》陕甘宁之部（下），1942年版，第669～674页。

互校版本：

1.《陕甘宁边区政府文件选编》第四辑，档案出版社1988年版，第305～310页。简称："政府文件版。"

2.《中国新民主主义革命时期根据地法制文献选编》第四卷，中国社会科学出版社1984年版，第225～231页。简称："社科法制版。"原注："《抗日根据地政策条例汇集——陕甘宁之部》下册，一九四二年版"。

3.《陕甘宁边区法律法规汇编》，三秦出版社2010年版，第520～522页。

11. 陕甘宁边区债务条例（草案）

1941年11月公布

第一条　本条例为保障人民债务权力而制定之。

第二条　凡债务关系除适用民法债篇外，依本条例处理之。

第三条　凡合法成立之债务，受本条例保护。

第四条　禁止高利贷及一切剥削行为之债务。

第五条　凡经过土地革命之区域，在土地革命①前之债务一律废止，以后之债务依当事人之约定，债务人须偿还之。

第六条　凡未经土地革命区域之债务，依当事人之约定，债务人须偿还之。

第七条　债息以月息一分五厘至二分为准，不得超过之。

第八条　本条例公布以前之债息超过第七条规定者，以该条为准，减息偿还之。

第九条　债务人因天灾人祸无力履行债务时，得向债权人请求止利还本。

第十条　债权人按照上项请求后查明确系事实时，得按情节给以减息或免息还本。

第十一条　债务约定期满，债务人请求缓期时，不得有加利作本行息之行为。

第十二条　债务人不得借故赖债，如有借故赖债之行为者，债权人得向司法机关控诉。

第十三条　凡违反本条例第四、七、十一、十二条之规定者，视情节轻重处罚之。

第十四条　各分区专署在不抵触本条例原则下，得制定有关债务单行法令呈准边区政府核准施行之。

第十五条　债务纠纷应由乡仲裁员调解之，无效时向司法机关申诉之。

第十六条　本条例经边区参议会通过，由边区政府公布施行之。

---

① 原注：土地革命指苏维埃时期。

选自《延安地区审判志》，陕西人民出版社2002年版，第331页。

互校版本：《陕甘宁边区法律法规汇编》，三秦出版社2010年版，第526页。

12. 附［法律释义］：关于土地问题一些名词的浅释（署名：育才）

1942年4月5日《解放日报》

一、“公地、私地，佃租地、伴种地”——“公地”是公共社团的土地，包括族地（一姓一族的土地）、社地（一村或数村的土地），庙地（庙宇土地），学地（办学校用的土地）等等。“私地”是私人所有的土地。“佃租地”是地主只出土地，租佃户出一切农本（如种子、农具、肥料及人工）的耕地。“伙种地”（或夥地）是地主出地和全部或一部农本，农民只出劳动力或出一部农本的耕地。这种耕种方式，由于各地的习惯及主佃关系的不同，五花八门，不一而足。

二、“钱租制、物租制、活租制、定租制”——“钱租制”就是货币地租，战前在商品经济发展地方，多通行之，一般较物租为重，战后票子跌价，多已改为实物地租。“物租制”就是实物地租。“活租制”是事前不定每亩地的地租多少，只定一定的租率（又对半分，或四六、三七分），收获后才按约定的租率分配农产（如对半分者则为主佃各半，余类推）。“定租制”又名铁租制，就是不论年成好坏，收获多少，地租都是不变更的。因此，有些地方，定租的租率，普通多把当地若干年的平均收成为租率的标准，故一般较活租为低。一般的说，“活租制”的支付方式多取实物，“定租制”过去则多取货币来作支付的方式，近因货币跌价，也多改实物了。

三、“额外报酬”——这是除约定的正当租额之外，地主强向农民所要的东西，或农民“自愿”孝敬地主的礼物（如帮工，租鸡，田信米，看苗酒席或酒钱等等）。过去这种剥削极为厉害，现在农民已经真正组织起来的地方，已逐渐被取消，但有些地区，还是如昔一样的猖獗。

四、“永佃权”——这是“许退不许收”的权利，就是说，只准农民退种不耕，不准地主收回土地的权利。这种权利的来源：一是农民世代耕种这块土地，习惯上成为永佃，二是原来的土地不大好，经过农民的努力改良（如开垦、施肥、深耕等），已经逐渐好起来，并且在立约之时，就约定有永佃权；三是江、浙等地的所谓“田底田面制”，按这种制度，地主占土地的所有权，农民则占有该土地的使用权，无论所有权如何转移，使用权都不得变更。这三种情况，普通各地都有一种或二种以上，但据河南南阳来的同志说，他们家里是没有永佃权的。不过，这只是个别地方，不能代表河南全省。

五、“土地税”——是它以财产的资格而缴纳给政府的一种赋税，在还没有实行统一累进税的区域，则采取田赋（即粮银）的形式来交纳。孙中山先生是主张按地价抽税的，蒋介石先生在其交国民党九中全会的“土地政策战时实施纲要”中，也主张：私有土地应由所有人申报地价，照价缴纳百分之一到五的土地税。

六、“典地”与“押地”——根据“民法”第三编第八章九一一条解释，所谓典地就是土地的所有人把自己的土地典与承典人，承典人支付一定的价格（普通是地价的一半，有所谓“典地一半价”之称）占有出典人之土地而使用及收益之权。在契约期间，出典人不付利息，承典人收典地或自耕收租，收租抵息。又据“民法”第六章八六〇条，所谓“押地”就是土地所有人向有钱（者）借钱，收土地作为付息还本的保证。假如到期不付息或还不起本钱，承押人就强收所押之地归为己用。事实上，有许多押地，不一定经过抵押的手续，而是由于穷人向高利贷者借点钱，或赊了商人点货，一时还不了债，就被高利贷者商人夺地作为抵押。一般的说，战前出典人，出押人多是贫寒之家，承典人，特别是承押人多是富有者。不过不能一般而论，有些地方（如山西、河北），中农，或上升的贫农既缺乏土地，又买不起土地，因而也有用比较少的钱来“典”入一些土地作为耕种者。陕北的某些地区（如绥德米脂），在内战时，地主富农怕自己的土地被分配，很多有典出土地。战后，华北各地，由于种种原因，地主富农也有典出一些土地，或用假“典”的方式，来逃避正当的负担。总之，押地，特别是典地问题，非常复杂，详细说来，可成专书。

七、“死契活口”与“抽地换约”——前者是通行华北各地的一种卖地方式。按这种方式，是在卖地之时，在地契之外，约定若干年之内可以回赎。而约定的方式，又可分为口头与书面两种：采用书面者，是在卖契之上，另附条“限几年之内回赎，不赎即抽条作绝”，采用口头者，则在口头上约定几年可以回赎。有的地方叫做“死契活卖”（晋西北）。后者是战后已实行减租减息后流行的名词。按各地区的减租减息条例，多规定，典当地在多少年内者出典人可以原价赎回典地，如出典人一时无力赎还，得立契约，按年行息（一分或分半），抽回典地。这样一来，许多地区都被出典人以一张空契抽收了。后来各地政府，为了“各抗日阶层的利益，已上［下］令停止这种办法。中央根据各地的经验，所以更明确规定不得用抽地换约的办法。”

八、其他——上面只就各地通行的名词简单一提，关于其他如“当头制”，“假甲制”，“钱粮地”，“什粮”，“小租”，“大捎”，“小捎”，“安庄稼”，“调分子”，“顶地”，“写地”，“小包粮”，“压山钱”，“接地”等等，因限于篇幅，或只通行于一个地方，有机会时再谈。

选自《华中抗日根据地财政经济史料选编》第一卷，档案出版社 1984 年 7 月版，第 563～565 页。江苏省财政厅、江苏省档案馆、财政经济史编写组合编。原注：“按一九四二年四月五日延安《解放日报》刊印”。

13. 陕甘宁边区政府关于典权、债权等法律问题的批答

1942 年 6 月 17 日

高等法院院长李木庵：

呈悉。据该院以定边、清涧等县请示之各种法律问题，如：土地典权之期限，未经过土地斗争之地区，在革命以前之债务，及革命前以银元计算之典权及债权，均应如何规定及处理，并由该院逐项拟具意见转呈到府。在现在三三制政权底下，又在立法过渡期间，

所拟具之意见，尚属合乎法理人情，且亦与中央政策无违，自属可行，但须说得具体、明确，以便下面执行。仰即转饬遵照，并转饬所属一体遵照为要，此批。

主　席　林伯渠

副主席　李鼎铭

附：

陕甘宁边区高等法院呈文

边府林主席、李副主席：

近据定边、清涧等县迭呈请示下列之法律问题：

一、土地典权之期限（即时效）在边区单行法规未颁布前是否按国府民法之规定（时效三十年）抑按当地习惯（地点千年活）处理。

二、未经过土地斗争之地区关于革命以前的债务是否全部废除，抑是废除一部分（即无力偿还之贫户）抑或全不废除。

三、革命前以银元计算之典权及债权，现在回赎或偿还，是否按实银计算，抑按法币折算。

以上三问题本院以为根据钧府二十七年六月九日“关于边区土地……和债务纠纷之决定”第二条及第七条之规定，凡经土地分配之区域，其土地之典权及一切债权一律废止，自不生任何纠纷问题，但在确未经土地分配之区域，（一）其土地典权之期限除依照双分契载（如曾立有典约，载有期限者）及当地正当习惯外，一般应参酌国府民法物编之规定（三十年），但在特殊情形时，又须依据中央土地政策决定之精神，同时照顾出典及承典双方之生活。（二）关于债务纠纷，参考二届参议会通过之债务（条）例草案第二条，除一般适用国府民法债编外，应依据土地政策决定附件二之原则，根据其具体情况依法减息，或免息还本，不论债权人为何方，一律本土地政策之基本精神，处理时，双方之生活均应予以合理之照顾。（三）关于革命前契约所载银元之折算一节，似应照法币折合边币为合于情理。

惟因事关立法及政策之具体运用，未敢擅专，特请钧府详示，以便转饬遵照。

此致

敬礼

代院长　李木庵

六月十日

选自《陕甘宁边区政府文件选编》第六辑，档案出版社1988年版，第218～219页。

14．陕甘宁边区政府关于庄基纠纷处理办法的批答

1942年7月28日

高等法院院长李木庵：

呈悉。据称：“庄基为土地的附着物，且为耕种者所必需，凡是农场，均必为庄基的

设置，是庄基与土地为不可分离之成分，而土地之分配，当然包括庄基在内，方合实际”等情请求解释到府，旋经提交第二十七次政务会议决议：（一）庄基已经分配者仍归分得人所有，未经分配者不再分配；（二）新正县所请应由法院依据此原则查明办理。合行抄录原案令饬转行遵照办理。此批。

主　席　林伯渠

副主席　李鼎铭

附一：陕甘宁边区高等法院呈文

1942 年 6 月 29 日

边府林主席、李副主席，

兹据新正县地方法院来呈请示关于该县庄基纠纷之处理办法，略称：“在土地分配时各地庄基未经明确分配，故至今仍各保原状，致现因庄基之典权问题屡起纠纷，若按庄基未经分配论，则原日出典人仍有回赎权，但事实土地既经分配，庄基多为群众所占用，倘许地主赎回，群众势必无居住之所，殊有未当。按之施政纲领第十条及保障人权财权条例第四条，关于此种纠纷亦无明文规定，职院深感无法处理”等语。查庄基为土地的附着物，且为耕种者所必需，凡是农场均必为庄基的设置是庄基与土地为不可分离之成分，而土地之分配当然包括庄基在内方合实际，惟事关法令解释之统一，特转呈钧府明文指示，俾便转令各县一体遵照。

此致

敬礼

代院长　李木庵

六月二十九日

附二：陕甘宁边区高等法院命令

——关于庄基纠纷之处理办法转饬遵照由

1942 年 8 月 6 日

绥德县司法处裁判员、地方法院曹院长：

兹据新正地方法院兼院长郭存信请示庄基纠纷之处理办法，经本院转呈边府在案，刻奉批字第二七九号批答内称：经提交第二十七次政务会议决议：庄基已经分配者，仍归分得人所有，未经分得者，不再分配等因，合行转饬各该院处一体遵照。

此致

敬礼

代院长　李木庵

选自《陕甘宁边区政府文件选编》第六辑，档案出版社 1988 年版，第 264～265 页。（只有批答与附一）

互校版本：《陕甘宁边区法律法规汇编》，陕西人民出版社 2006 年版，第 164 页，增加附二。

15. 陕甘宁边区绥德分区减租减息暂行条例的补充办法（草案）

1942年9月28日

分区减租减息条例，自公布执行以来，收到相当效果，但严格检查，并未彻底实行，一方面由地主佃户（主要是地主）之破坏，干部执行不严格，另方面由于条例之尚不完备，兹修订补充办法如下，呈请边府批准公布执行之：

一、每年年成之规定：

（一）各县之年成，由专署政务会议议决，明令公布规定之。

（二）各区乡之年成，由县政府委员会或县务委员会议决，经各该县县参议员常驻会通过，呈请专员备案明令公布规定之。如各村级之收成遇有很大悬殊时，可呈县府照规定之手续为之。区乡政府无规定年成之权。

（三）在年成未公布之前，地主不得先行收租或分伙，特殊困难之地主，可先行借贷一部分。

二、地主有下列行为之一者，得以情节之轻重照多收之粮，加以一倍之五倍之处罚，或科以三月以下之生产：

（一）以假典假卖收回租典地者；

（二）有意换地取利者（把租典地收回自种又将另一块自种地租佃给第三人者）；

（三）收现租者（不论新旧租佃地均不得在秋收之前收现租）；

（四）明减暗不减者（即双方议定对外说减了，其实未照条例减收与伙分者）；

（五）收取额外地租者（除应收之地租伙分处，不得另外再约定要多少果菜蔬菜柴炭人工等）；

（六）非法要挟者（用种种之非法手段来恐吓要挟使租户交租子和伙分者）；

（七）故意抬价欺骗者（地主典卖土地时故意用高价通知原租典产使用租典户不要，再用低价典卖给第三者）；

（八）订立违反政府条例之契约者（例如写明“与政府法律无关”，“秋收全数交清”，“要地就还”等契约）。

三、租佃户有下列行为之一者，依情节之轻重，得追交其原短数或加一倍至五倍之处罚或罚以三月以下之生产：

（一）有力缴纳而故意不按政府之规定交足者；

（二）故意用高租高价或其他非法行为从中攫取他人之租佃地者；

（三）地主违反政府法令之规定，向其佃户多收多分，佃户既不拒绝，又不向政府报告者。

四、对于减租减息条例第十条之解释：

（一）地主确为真典真卖而新典主买主又为自种，并不致原租典户不能维持生活者。

（二）承租承佃人在二年内无故不耕者；

（三）力能付租而故意不付者。

五、抽卖地之手续及优先权：

（一）抽赎租佃地必须在秋收前两个月通知原佃户（此项本年度不执行）；

（二）关于土地抽赎、租佃买之优先权，在同一价格之下方存在，如滥用优先权，有意压低市价者，则取消其优先权，现将优先权之顺序及范围规定如下：

1. 户内（但只限于五服之内，出五服者，不得享有优先权，五服之内，又以其亲疏为序）。

2. 原租户佃户。

（三）关于土地之抽赎，租佃买卖，均须村乡长签名盖章方得生效，村长必须将该地之一切关系查清，以免事后发生纠纷，并经得借故收取任何手续费或从中舞弊作梗。

六、本办法之处罚，送县政府司法机关执行之。

选自《陕甘宁边区法律法规汇编》，陕西人民出版社 2006 年版，第 170～171 页。

16. 附［政策研究］：减租中的佃权问题（署名：柴述凡）

1942 年 10 月 27 日《解放日报》

（一）

为什么陕甘宁边区某些地区的减租还不能令人满意？为什么减租交租的政策还没有能够普遍彻底正确地实现？此中重要原因之一就是各地过去对于佃农的租地还没有认真地切实地予以保障，在法令上还没有保护佃权的具体有效的规定。

根据调查，因为地主任意扯佃（收回租地或变更佃户）而影响到佃农的生活的事实，在个别地区往往是很严重的。例如在边区某地的一个自然村，在这个村子里共有农户四十七户，自有耕地一百四十五垧，租种地五百五十四垧。据不完全的统计，今年春，地主藉故扯佃的全村有一百垧租地，牵涉佃农九户。在这一百垧租地和九户佃农中，因扯佃而当时就无法维持生活的租地五十八垧，佃农五户。就是说，在这个村子里十分之一的农户因为地主扯佃而无法维持生计，这对佃户是一个极重的打击。再据调查，扯佃的理由并不是由于真正收回自耕，或必要的典卖，而什九是由于佃农依减租法令减租，或是拖欠少数地租，无力缴纳。有一个佃农把自己仅有的一头耕驴出卖了缴租，而地主仍嫌缴的太少，把地收回去了。

有些地方对于地主扯佃，曾作了法令的限制。象（像）绥德分区于民国廿九年临时参议会通过的减租减息暂行条例，就规定着地主无故不得收回租地或更换租户。但是地主方面，可以以任何借口来收回租地，都可以解释为“有故”。这样的笼统规定还不能真正的起保护佃权的作用。

佃权永远是和减租问题联结在一起的，也可以说减租和保护佃权是一件工作的两个方面。正因为各地对于佃权没有积极有效的保护办法，所以少数土地所有者就可以借扯佃来威胁佃农不敢减租，有的就收回租地改为“伙种”或是“活租”，有的甚至使用种种不法手段来侵犯农民的佃权，以达到破坏减租的目的，象（像）是假典假卖，口称收回自种，暗中出租，口称收回自种，又将另一块土地出租等等。自然作（做）这种事的是极少数不顾大局的分子，一切抱正义感与珍重各阶层团结的人——包括多数地主在内，对于这些行为是鄙视的。

已经很清楚了，不解决佃权问题就无法彻底实行减租，也就不能发动广大农民的抗日积极性与生产热忱，因为农民在时刻失地威胁下是不敢减租的。

佃权不稳定，对于农业生产的发展，是一个严重的障碍。佃农因为租地随时都可以被人拿去，所以对土地经营的兴趣淡薄，不肯好好的培养地力和施行耕地的改造，这样影响到收获的低降，妨碍了边区经济的进一步发展与各阶层人民生活的进一步改善。这一笔损失是无法计算的。

（二）

所谓佃权就是佃农对于所租土地的使用权。这种使用权应当受到法律的保障。地主收回租地应当受到一定的限制。今年一月廿八日中共中央关于抗日根据地土地政策的决定附件上说："在租佃契约及习惯上有永佃权者应保留之，无永佃权者不应强迫规定。"这里说的"永佃权"可以看作"佃权"的一种，但是它又与一般"佃权"有区别，这是一种特别约定的租佃关系或租佃契约。所谓永佃权，就是佃农对于租地有永久租佃之权，地主虽欲自耕也不能扯佃，地主卖地只能卖"田底"，佃农仍保有"田面"，佃农对于"田面"（即永佃权）并且可以转让出卖，这种永佃权在边区很少存在。民国廿九年富县临时参议会曾通过了一个实行"永租制"的决议，但也没有真正行开。在边区农村中，"永租制"这一名词并不很流行。可以说边区一般不存在着永佃权的习惯。

定有期限的租佃契约，在期限未满前，自然和有永佃权的租地同样，地主不能收回。至于期限已满的租佃关系，或是不定期的租佃关系，佃农也是应当享有"佃权"保护的。中共中央土地政策的决定附件上说："无永佃权之地及契约期满之地，出租人有依约处置之自由，包括转让、出典、出卖、自耕及自雇人耕种等项在内，但在抗战期间，地主收地，应顾及农民生活，并须收获前三个月通知承佃人。原承佃人太穷苦者，由政府召集双方加以调剂，或延长佃期，或只退佃一部"。

现在我们进一步从边区农村习惯和法理上考察这个问题。

边区各地的租佃习惯："伙种"、"活租"和"安庄稼"几种租佃形式大部分是不定期限的，且是比较短期的，至于边区各地最主要最普遍的租佃形式还是"租种"（即定租制），租种的契约大多数也是不规定期限的，但实际上都是比较长期的，象（像）警备区常常有数十年至一二百年的佃户。这类佃户虽然不享有永佃权，但是在人情上和一般舆论上都认为地主是不应该任意扯佃的。可以说，在边区习惯上，租种是一种比较带固定性的一种租佃形式，而且已得到佃权的承认，地主不能不顾佃农生活，任意处置他们的租地（自然这种佃权和永佃权还有区别）。

在边区的租佃法令上，对这种佃权还没有正式的规定，不过照国民政府的法令，这种佃权的成立已经有了充分的法律根据了。民国廿一年颁发的保护佃农办法细则上说："佃农如能完全履行其义务，除地主收回自耕，或土地所有权移转于自耕农时，出租人不得任意扯佃。"再在土地法第一八〇条上规定着：凡是不定期限契约的租地，只有在出租人收回自种或承租人积欠地租达二年的总额等等七项情况下才能扯佃。

可见，无论从人情、法理、习惯各方面来讲，地主因为佃户拖欠了少数地租或是依法减租而要扯佃或更换佃户都是说不通的。

（三）

现在根据边区各地习惯和中央土地政策的决定（这个决定已经得到了边区各阶层人民的普遍拥护），提出以下保护佃权的原则，来和研究边区土地问题的同志们商讨：

一、一般租地，佃农享有一定的佃权，对于地主扯佃加以一定的限制，但地主真正收回自种，或雇人耕种，还是允许的。

二、实行地主依法收回租地必须于收获前三个月通知佃农的办法，以便佃农有时间另租耕地。另一方面在这种情形下，佃农也应当照缴本年地租。

三、佃农拖欠少数地租，或确是贫苦无力缴租的，地主只能诉追地租不能扯佃。

四、佃农无故不耕，或力能缴租而故意拖欠多数地租，或将租地转租取利情况下，地主可以扯佃。

五、租地出卖，佃农应当有购买的优先权。

六、土地若非典卖给自耕农，佃农还有继续租种权。

七、地主或佃农的一方面不能任意改变租佃形式（如由“租种”改为“活种”或“伙种”）。

八、若是因为扯佃而严重影响到佃农的生活时，应由政府召集双方调剂之。

九、对于假典假卖等，侵害典权的不法手段，应当严厉处罚。

十、永佃制自然是一种更合理的租佃契约，但在今天边区，对于一般租地还不宜强作永佃权的规定。但为了奖励生产，在下列情况下还应当赋予佃农以永佃权：

1. 开垦他人荒地的。

2. 佃农对于租地施行“特别改良”，以致增加了耕地的生产力与耕作便利的（例如由旱地修成水地，下地修成上地）。

选自《陕甘宁革命根据地史料选辑》第二辑，甘肃人民出版社 1983 年版，第 418～422 页。原注“民国三十一年十月二十七日《解放日报》”。

17. 陕甘宁边区绥德分区行政督察专员公署命令——为解释和补充各项条例由

1942 年 11 月

各县区长：

查自坚决彻底执行减租减息条例以来，各县已热烈进行，近据各地检查委员会之反映，有下列数问题，亟待解决，兹经专署第五十五次政务会议议决如下：

一、减租减息暂行条例草案第三条：“……以主佃双方约定之租额为标准……”该条所称之“本年”是指民国二十九年，因该条例为二十九年所订，即换新租户亦应以二十九年为标准，不得再增加。

二、本年度之平年，与去年不能相比，故分区一般地规定为“下平年”五成交租；如有特殊收成好的，与去年相仿者，仍可六成交租，其余如有作为歉年等等可仍由各县慎重规定，呈报专署核准（总使主佃双方均不吃亏为原则）。

三、关于土地的变动，各级行政及司法机关，应坚决执行，减租减息暂行条例补充办法的第（四）项第一款之规定，并应多多考虑区乡级干部之材料及意见。

四、抗工属仍应一律照减租减息条例之规定执行，如遇有因执行减租少收而致生活不上之贫苦人民及抗工属，则可在互济、优抗代耕种方面设法补起，并应严格责成乡村长切实负责，县区干部检查使贫苦人民及抗工属不致减租而受冻饿。

五、减租减息暂行条例补充办法第（五）项下抽卖地优先权先后顺序之规定，应改为：

（一）原租户佃户。

（二）户内。

六、各县对于条例之任何规定随意作原则之变更，变更时必须得专署之核准，即因时间促迫而自行变更者，亦须立刻呈报专署。

上列六项之规定，仰各该县切实遵照执行。

此令

兼专员　王　震

副专员　曹力如

选自《陕甘宁边区法律法规汇编》，陕西人民出版社2006年版，第165页。

18. 陕甘宁边区土地租佃条例（附说明）

1942年12月9日边区政府委员会第三次会议通过，同年12月29日公布，1944年12月边区第二届参议会第二次大会通过①

第一章　总　则

第一条　根据边区施政纲领，为合理调整租佃关系，发展农业生产，特制定本条例。

第二条　本条例适用于边区内一切土地租佃关系。

第三条　本条例所称之地租如下：

一、定租（亦称死租）：按照土地面积计算所定之租额，是谓定租。

二、活租：即指地分粮，出租人只出土地，所需生产工具概由承租人自备，就地上收获正产物由双方按成分配者，是谓活租。

三、夥种：出租人除出土地外，并供给承租人各种生产工具之一部或全部，就地上收

① 1944年12月第二届边区参议会第二次大会通过时，只是删去“草案”二字，其他未加改动，故1944年版不再重印。

获按成分配者，是谓夥种。

四、安庄稼：出租人除出土地及全部生产工具外，并借给承租人粮食、窑房等，就地上收获双方按成分配者，是谓安庄稼。

第四条　本条例所称土地副产物，指柴草等而言。

第五条　各县市在本条例范围内，得按当地实际情况，制定有关租佃单行办法，呈报边区政府核准施行之。

本条例颁布后，一切有关租佃法令，有与本条例抵触者，均照本条例规定办理。

第二章　减　租

第六条　出租人应依本条例所定减租额收租，不得多收或法外增租。

第七条　定租（死租）依照当地减租法令或当地现行减租额给租。在未经分配土地区域，一般减租率，不得低于二五。

第八条　活租（指地分粮）按原租额减百分之二十五至四十，减租之后，出租人所得最多不得超过收获量百分之三十。土地副产物，皆归承租人。

（说明）活租的地租，应当和当地定租的地租维持大致相同的额数，它的减租多少，随当地定租额及土地好坏而定。在减租之后，若出租人所得不到三成时，就照该数给租，若超过三戌时，减为三成。

减租计算法举例如下：假定原租率是四六分（主四佃六），而减租率假定是百分之三十，那么出租人应分二成八，承租人应分七成二。

有些地方把活租混同于夥种，这是错误的。关于夥种的减租办法，不适用于活租。

第九条　夥种按原租额减百分之十至二十，减租之后，出租人所得最多不得超过收获量百分之四十，土地副产分法，依其约定，无约定者依习惯。

（说明）夥种减租多少，看原租额高低、出租人所供给的生产工具多少而定，供给多的少减，供给少的多减。减租之后，若出租人所得不到四成时，即照该数给租，若超过四成时，减为四成。

第十条　安庄稼，按原租额减百分之十至二十，减租之后，出租人所得最多不得超过收获量百分之四十五。土地副产物亦随正产物由双方按成分配，出租人对所借粮食及窑房，不得收取利息及租金。

（说明）安庄稼减租多少，看原租额高低及土地年成好坏而定，土地年成好的少减，土地年成坏的多减。减租之后，若出租入所得不到百分之四十五时，即照该数给租，若超过四十五时，减为四十五。

以上定租、活租、伙种、安庄稼的减租率，各地区得根据本条例第五条作较详细之规定。

第十一条　第七条至第十条所称原租额指实行减租以前实交租额而言，禁止以任何借口抬高原租额。

（说明）各地曾发生过出租人以种种借口抬高原租额情事，如将粗粮地租改为米租，虚报土地，重量土地等等。这些办法，都是名义上未抬高租额，实际上把租额抬高，来对抗减租，都应当在禁止之列。

第十二条　在实行减租以后，新成立之租佃关系，其租额不得超过本条例第七条至第十条规定之减租标准。

（说明）减租以后，新议之地租不应当比当地减租以后的租额高。定租、活租、伙种、安庄稼出租人所得，都不得超过本条例规定之标准。

第十三条　若因天灾人祸致收成减少或毁灭时，承租人得商请减付或免付应交租额。

（说明）本条例所称“天灾人祸”，指灾荒、战争等不可抗力而言，各地区得依照本条例第五条统一规定减免办法。

第三章　交　租

第十四条　承租人应依本条例所定减租后之租额交租，不得短少。其有力能交租而故意不交者，出租人有请求政府依法追缴之权。

第十五条　地租一律在收获季节终了后交纳，禁止预收地租之一部或全部，及收取押租。

第十六条　承租人如因收获减少而确系极贫或遭遇意外无力清交地租时，得与出租人协商缓期交纳之，出租人对欠租不得作价行息。

（说明）本条所称“意外”，指疾病、死亡、被盗等意外变故而言。

第十七条　地租应交谷物，依双方约定，其细粮杂粮折算办法，依当地习惯。

交租使用当地通用之斗，禁止大斗收租与小斗交租。

第十八条　谷物地租易为货币，货币地租易为谷物，须经双方协商同意始得行之。

第四章　租佃契约及佃权

第十九条　租佃契约不论为书面为口头，应觅见证人，或经当地乡长证明之。在条例颁布前所订立之租佃契约，有与本条例相抵触者，应依本条例规定办理；其在本条例后订立之契约，与本条例抵触者无效。

第二十条　出租人不得任意收回租地，有下列情况之一时，始得收回租地：

一、定有期限之契约已经期满，或为不定期之契约，由出租人收回其地确系自耕或雇人耕种者。

二、承租人非因不可抗力，无故继续一年不为耕种，而又不交地租者。

三、承租人将租地转租，从中图利者。

四、减租后承租人力能交租而故意不交者。

五、承租人死亡，无承继人者。

六、承租人自动放弃承租权者。

（说明）在出租人援用本条例第一款因自耕收回租地时，必须照顾到第二十一条的规定。

关于转租的解释见下第三十三条。

第二十一条　在抗战期间，出租人依法收回租地时，应顾及承租人生活。如承租人实系贫乏而无力生活者，由政府召集双方予以调剂，得延长佃期或只退佃一部。但如出租人确系为生计所迫非典卖土地不可者，不在此限。

第二十二条　出租人依据第二十条第一款收回租地时，须于本年作物收获后，次年作物耕种之时日为之，并须于收获后一月内通知承租人。

在上述情形下承租人仍须交纳本季地租。

第二十三条　出租人典卖其租地于他人时，原承租人依同一价格有承典承买之优先权。

（说明）出租人出典出卖租地，应当先尽承租人，在这里卖方不得故意高抬价格，买方也不得故意压低价格。

第二十四条　出租人典卖其租地于他人，该承买承典人，若非自耕及非雇人耕种者，原承租人有依原约继续承租权。

第二十五条　出租人典卖其租地时，须于秋收后春耕前之时期为之，并须至迟于立春前一个月通知承租人。

第二十六条　非得双方同意，租佃之一方不得将定租改为活租，或作其他类似变更。

（说明）任意变更租佃形式之行为，不但破坏租佃契约，而且可能妨碍农业生产之发展，影响租佃生活，故加禁止。

第二十七条　禁止借口自耕收回土地暗行出租，或任其荒芜，以及假典假卖等行为。

（说明）出租人口称自耕，但暗行租给别人，或口称自耕，收回土地之后，又将自有另一土地出租，或是收回之后无力耕种，或是口称典卖给另一农民，实际是租给他（假典假卖），这些都是侵害承租人佃权的行为，故加禁止。

第二十八条　租佃契约期满，出租人仍将土地出租时，原承租人有依原契约继续承租权。

第五章　其　他

第二十九条　民国二十八年年底以前欠租一律免交。

（说明）边区减租之实行一般在民国二十九年，故规定二十八年以前欠租免交，在已经分配土地区域，因多年欠租早已免除，且租额甚低，故不适用本条。

第三十条　开垦他人之老荒地者，三年免付地租，三年期满，再按本条例纳租。

第三十一条　承租人在租地上进行耕地改良，出租人不得反对。在上述耕地改良有效期间，出租人不得收回土地。

（说明）所称耕地改良，按国民政府土地法的解释，就是：“增加劳力资本之结果致增加耕地的生产力或耕作便利者”。例如把中地修成上地，旱地修成水地都是。为了提高农业生产，应当鼓励承租人进行耕地改良。

第三十二条　由于出租人投资进行耕地改良，致土地产量提高时，得酌情增加地租。

（说明）本条用意同于上条。增加地租多少，看土地产量增加多少而定。

第三十三条　禁止包租转租从中图利。

（说明）承租人将租地之一部，以原租额让租给别人，或将相地附加上一部生产工具与人伙种、安庄稼不算转租。只有租进土地又定租、活租出去，从中取利，才加禁止。

第三十四条　于应收正租外，出租人不得索取任何额外报酬及无偿劳动。

第三十五条　抗日军人家属及贫苦孤寡，因丧失劳动力出租少量土地为生活者，得不受本条例之限制。

前项所称少量土地，以每人平均五垧以下为限。

第三十六条　故意违犯本条例规定者，按情节轻重，由司法机关处理之。

第六章　附　则

第三十七条　本条例经边区参议会通过，由边区政府公布施行之。其解释之权仍属于边区政府。

选自《抗日根据地政策条例汇集》陕甘宁之部（续编），1944年5月编印，第120～128页。

互校版本：

1. 选自《陕甘宁边区第二届参议会第二次大会撮录》，1945年5月第二届参议会常驻会编印，第56～65页。附有“说明”，但标题无“附说明”三字。

2.《中国新民主主义革命时期根据地法制文献选编》第四卷，中国社会科学出版社1984年版，第212～220页。附有“说明”，简称“社科法制版”。原注：“选自《陕甘宁边区第二届参议会第二次大会摘录》。一九四五年版”，简称“社科法制版”。

3.《陕甘宁革命根据地史料选辑》第一辑，甘肃人民出版社1981年版，第227～234页，附有“说明”。简称“甘肃史料版”。

4.《陕甘宁边区政府文件选编》第六辑，档案出版社1988年版，第428～433页。注明：一九四二年十二月九日第三次政府委员会通过，十二月二十九日公布，附有“说明”。

5.《陕甘宁边区政府文件选编》第八辑，档案出版社1988年版，第476～480页。注明：“一九四四年十二月边区第二届参议会第二次大会通过”，没有附“说明”。

6.《延安地区审判志》，陕西人民出版社2002年版，第336～339页。

19. 陕甘宁边区高等法院命令
——关于典权债权银币折算处理办法由

1942年12月26日

各县市地方法院暨各县司法处：

查关于土地典权时效问题，因过去无明文之规定，各县市处理此类案件时曾发生诸多困难，本院曾以第二二号命令规定典权时效及延长典期办法通令在案，但恐在执行中间只知机械地引用时效期间之规定，而不知酌量双方当事人的经济生活实际情况，对时效期间予以伸缩难免不发生偏向之虞，唯典权时效问题有关土地政策政府将有土地条例统一规定颁发在土地条例，未颁发前遇此类案件应参照中共中央土地政策决定，当地优良习惯，以及双方当事人之经济生活实际情形处理。对本院第二二号命令内（甲）项之规定应停止援用。

关于银元折算办法，本院已于命令第二二号明白指示，唯当时银币与边币之比值相差不远，尚可援引，而在近数月来，银币与边币之比值相差过巨，此后边币市价的动荡仍难预计，若仍照边区货币兑换，所民定的市价折合边币于债务人经济生活状况未能适合执行时，自不免发生困难，嗣后处理此项边币折合银币案件时，应根据政府的政策，当时当地情况，以及双方当事人经济生活的实际情形，予以酌量折合办理，不必拘泥兑换市价。查国民政府民法第二一八条“损害非故意或重大过失者，如其赔偿致赔偿义务人之生计有重大影响时，法院得减轻其赔偿金额”之规定，亦可参考援引作法理之根据。

关于债务纠纷处理问题，边区政府已有规定，关于边区土地、房屋、森林、农具、牲畜和债务纠纷问题处理的决定，本院第二二号命令亦曾言及，日后遇有特殊情形，无明文援引者，应随时具报来院请示。

以上各节除分令外希各遵照

此令！

代院长　李木庵

选自《陕甘宁边区法律法规汇编》，陕西人民出版社2006年版，第172页。

20. 陕甘宁边区绥西办事处对于回赎典产债务中几个问题处理办法草案

1942年12月

关于回赎典产债务等问题，边区政府及绥德专署均有条例规定，但是绥西在处理问题中仍然发生一些特殊问题，条例上尚未规定，所以本处召开七次政务会议，决定下列几条办法写成草案，作为各区临时解决此类问题之参考，同时正呈请边区政府及绥德专署核示中。

一、回买民国二十九年以前（新政权成立前）之典产，如有典主强制出典人时，所欠租票添写在典约上以阻止典产之回赎者，应属无效，出典人得仍以原典价回赎典产。

二、民国二十五年前，所欠租粟，应予免交。二十六年至二十九年所欠租粟的处理办法，待上级决定后，再行通知，但典主亦不得以先行清偿租粟为借口阻止回赎。

三、民国二十五年以前及二六年至二九年之借粮，亦应依上条办理。

四、民国三十年以后之典产，应按出典时典价，合成当时粮食数量再以现在粮价将当时粮食数量折合为边币回赎之。

五、民国二十九年以后（新政权成立后）必须保证减租也必须保证交租，个别贫苦农民或灾难民无力交租者，经乡政府查实乡参议会通过后，可予免租。

六、民国三十二年起，凡属双方情愿之借贷利息，任群众自行决定，政府不予干涉（本办法在未经核准之前仅作解决问题之参考）。

选自《陕甘宁边区法律法规汇编》，陕西人民出版社2006年版，第173页。

21. 陕甘宁边区绥西办事处为彻底执行边府土地租佃条例草案及补充指示

1943年1月

边区政府最近颁布的土地租佃条例草案给你们寄来，区上留两册各乡发一册，区级干部收到后加以讨论执行。在乡长联席会议上对土地问题的通知向同志们做一次报告然后讨论。

这条例的每一部分都很重要，特别关于第八条第三十三条……问题分析不够，在今年的执行过程中多少有未尽适当之处，今后应按照该条例施行（今年已分或未分的伙子仍照原来指示执行），现根据绥西具体情形补充以下各点：

一、绥西现今指的伙耘大部分都是指的活租，今后的活租不得与伙种混淆。

二、为了坚决执行减租、交租政策保障佃权，本年应特别注意条例的第二十一条。如地主要收回土地时，必须是在减租影响了他的生活及抽地不影响佃户的生活的条件下，政府考虑允准，不得随意乱抽，否则得严行处分。

三、过于贫穷及因无劳动力不得出租出伙的住户或抗工属□□□□。[①] 一般能维持生活的抗工属们应□□□□。

四、民国二十八年以前的欠租一律免除，二十九年以后的欠租□□□□无力付交者，可经过区乡政府考察，提交乡参议会讨论决定少交或免交，所欠部分，地主不能再行索要。

五、民国二十八年以前的欠租如有地主把他写在典约作为典价□□□□。

选自《陕甘宁边区法律法规汇编》，陕西人民出版社2006年版，第173～174页。

22. 附［政策研究］：陕甘宁边区的土地租佃形式

1943年1月23日《解放日报》

流行于陕甘宁边区各地的土地租佃形式，大致可以归属于两类：一为租种类，一为伙种类。这两类土地租佃形式的基本不同点在于：在前一类各种租种形式下，出租人方面只出土地，其它一切生产工具皆由承租人置备；在后一类各种伙种形式下，出租人除出土地之外，还供给生产工具之一部或全部。很明显的，在前一类租佃形式下，出租人是以土地所有者的资格与拥有各种生产工具的承租人——土地上的生产者——相对待，在后一类的租佃形式下则是出租人以土地所有者，兼一部或全部生产工具所有者的资格与承租人相对待。因而在前一类租佃形式下出租人所得是纯粹形态的地租，在后一类租佃形式下，地主所得不是纯粹形态的地租，而是地租与一部分他所投入的生产工具的利息的总合。这是两类不同性质的租佃关系。

更进一步，可以把租种类分为定租、包山租、活租三种，把伙种类分为伙种、安庄稼两种。现在就按这个顺序——定租、包山租、活租、伙种、安庄稼来加以叙述。

（一）定租

就全边区范围来说，占绝对优势的租佃形式就是定租。定租本是租种的一种。但因它流行之广与影响之大，于是有些地方（例如绥米警备区）就把租种这个名称狭义地来代表

① 原注：原文件破损，字迹不清，故用□号代替。

定租。定租在边区民间多称为死租或死租子（我们认为还是定租这个名称较为适宜）。它命名的由来是由于：第一，它的地租是按土地面积（垧或亩）来计算的；第二，不管收成丰歉，应当交纳议好的一定的地租，在这两点上定租正是与活租相对立的。

边区的定租绝大多数采取实物地租形态，这与边区内商品经济还不甚发达这一事实是相适应的。自抗战后，由于货币的贬值，不但阻滞了实物地租向货币地租的转化，而且使得一些货币地租改取实物形态。据我们了解，在陕北地区历史上未曾有过货币地租很发达的时期，在今天也只有少数瓜菜地、“坟会地”（宗族祭田），及靠近城镇的租地上，偶尔发现货币地租的例子。虽然如此，在边区各种租佃形式中，定租还是唯一存在的采取货币地租形态的一种租佃形式。

定租的条件、习惯，在边区各地亦无明显差别，而在租额上则有极大的悬殊。根据较可靠的典型调查及其它材料，可以下列数字来把它表示出来：1. 在绥米一带定租租额约占平年收获量的百分之三十五至百分之四十。2. 清涧、安定、直属县东地区各县，定租租额约占平年收获量的百分之十五至百分之二十。3. 再次为延安、安塞诸县，定租租额约占平年收获量的百分之十左右。4. 志丹、环县等地定租租额约占平年收获的百分之五至六。5. 关中、陇东有些地方和安定、清涧相近，有些地方和直属县西地区相近，其中有些地方租额也高达收获量的百分之三十或其以上。因为边区各地通行的土地面积计算单位和斗的不统一，所以我们只能列出其定租租额所占收获量的百分数来作为比较。这些数字虽然不是精确统计，但租额的不一致与悬殊之大是可以很清楚地看出来的，最高与最低可以相差到七、八倍，这是由各地各种条件的不同所产生出来的，而地广人稀或地少人多，是构成这种悬殊的最重要原因。以上都是按中等地平年计算，若是遇到歉收，则定租租额在全收获量中所占比例自然还要大得多。以边区的土地质量与收获量而论，某些地方的定租租额还是很重；它障碍着农民生产热忱的提高与农业生产的发展，也是一目瞭（了）然的事实。

定租不但是边区内占绝对优势的租佃形式，而且是大地主、中地主出租土地所采取的主要形式。因为在定租之下，地主可以一切不问，只管到期收取定额地租，无论多少土地，都可以无限地定租出去。大地主、中地主土地较多，定租还是一种最便利的形式。在这种形式下的租佃关系，无疑的主要是地主与农民间的关系。因此，在边区实行减租交租政策，定租是必须首先注意与研究的对象。再进一步考察，则发现在边区内经过土地分配地区的定租与未经分配地区的定租，所含的阶级关系，是有某些不同的。在经过土地分配的地区，依靠地租为生的阶级已经不存在了。即使有的话，也只是个别的，租佃关系比较稀少，而出租土地的是各阶层的农民。据边府一九四〇年延、甘二县抽查，十四个村庄，三百九十五户的调查，定租出土地三〇三垧，富农租出三垧，中农租出一九一垧，贫农租出一〇五垧。我们可以从此看到一个轮廓：出租土地的多为劳动力丧失，或不足的各阶层农民及一部分抗属工属。租入土地的为土地不足的各阶层农民，租入土地以扩大生产。这种阶级关系和未经土地分配地区显然不同。因此，抽象地一般地对待定租是不对的。

此外，在各种租佃形式中，定租的租佃关系往往是比较长期的、固定的。边区定租虽多为不定期限契约，但在某些地区，数十年的佃户则为常见之事，在习惯上，定租的某种限度的佃权，是早已成立的。

边区各地，对定租的减租办法大致有三种：1. 规定每垧（或每亩）减几斗或几升；2. 按原租额减去几成；3. 按年成不同规定不同的减租率（这现在只有警备区实行）。在警区文告上把上述第三种减租办法叫做“活租制”，这是不很适当的。因为：1. 这样容易和边区早已存在的活租相混淆；2. 这个办法虽打破了定租的“不管收成丰歉交纳议好的定额地租”一点，但是它还没有打破“按土地面积计算”一点，实际上这个办法是按土地面积与收成丰歉混合计租的一种形式。定租的名称还是应当保存的。

去年二月发布的中共中央关于抗日根据地土地政策的决定，其中规定：“定租因天灾人祸其收成之全部或大部被毁时，得减付或免付地租”，新的边区土地租佃条例根据这个决定也有同样的规定。在这个条例实行之后，可以说在边区原来严格意义的定租将不复存在了。

（二）包山租

包山租可看作定租的一种而又与之相区别。承租人向出租人租得土地，每年交纳约定的地租，不因收成丰歉改变，在这一点上，是与定租相同的。其不同的地方，则是租地面积不是按垧（或亩）计算，而是指定某一架山甚至几架山或一大片土地，它的面积自数十垧达数百垧，其中往往有一部分荒地。

包山租的承租人，或是租进自种，或是租进之后转租与别的农民。后一种包山租是有包租转租剥削性质的。

由于这些特点，只有在荒地较多，土地辽阔，人口稀少的地区，如直属县，关中、陇东某些地方，包山租才较为流行。象（像）绥米一带土地缺乏的地方，根本没有这种租佃形式。在直属县市过去包山租本来还较为多些，但现在已经大大减少，只部分存在着。例如在延安县的金盆区，直到今天这种形式还是较发达的。据传同治年间的变乱，陕北农业生产遭到了很大的破坏，多数耕地荒芜，无人耕种，外来移民无处安插，租地遂多取包山租形式。以后随着人口的增加和农业生产的发展及近年来政府对移民的帮助，这种形式也就日趋衰退了。

包山租的租额没有一定标准，一般是比较低的。

（三）活租

活租就是一般所谓分租，本属租种的一种，而在计租方法上，与定租恰恰相反：第一，它的地租不是按土地面积计算，而是按收获量由租佃双方按成分配。因之第二，它的地租的绝对量也就不是固定的，而是随着年成丰歉收获多寡、租佃双方的收入为比例的增多或减少，这是活租命名的由来。往下就可看到，这种计租方法的特点正是伙种类各种租佃形式所共具的。

在对于土地和生产工具的关系来看，活租与定租、包山租丝毫没有不同的地方，都是农民自己置备了生产工具，向地主取得土地使用权，缴纳一定的地租，其不同仅在如何计算地租一点上而已。

在边区内只有在靖边县的几个区活租才占到统治地位，这是因为靖边一带经常歉荒，收获不定的缘故。在直属县市其它县这种形式极为稀少。可是在警备区和关中这些地方，活租也占到相当大的比重（它在这里是被混称作“伙种”了）。它的租额在靖边是二八（租二佃八）或“一九五”（租一五佃八五分），但在绥米关中等地却高到租四佃六或对半分，可见它的租额是很高的。

在活租形式下收获的多少直接影响到地租多少，故而收获量是地主所必须关心的一件事。在进行收获与分配的时候，地主必须亲自去派人监督，因之活租的土地比较多为近地、好地，而这一形式之大量采用，也受到一定限制。在未经土地分配地区，采取活租的多是小地主、中地主。

活租在边区某些县，如靖边的老百姓，把它叫做活租或活租子，有些地方把它叫做“指地分粮”，这也很完全确切地表示出活租的特点。“指地”是地主只出土地，“分粮”是收获物由双方按成分配。但在边区大多数地方的农村，把活租也叫做“伙种”，把二者在名称上与观念上完全不加以区别。例如近来报纸上所载的减租中所发生的“租种改为伙种”、“改租为伙”，实际上绝大多数指的是把定租改为活租。

这种混乱不仅反映在报纸上的纪事和某些农村调查上，同时也反映在各地减租法令与土地政策上。大多数地方对出租人只出土地的活租与出租人出一部分生产工具的伙种一样看待，这当然是很不合理的。举绥德的活租为例，原来伙种多数是对半分，分区暂行减租减息条例规定减为四六分，而活租也就以伙种的名义同样减为四六分，这就是说，地主若采用活租，在减租后还可得到收获之百分之四十的地租，若同一土地采取定租的话，在减租之后，地主所得最多不过收获物的百分之二十五，这两者的差额是很大的。再根据调查，各地定租执行减租法令的还比较多些，而伙种（包括活租在内）则绝大多数未执行减租。由此可见，地主采取活租可以得到加倍的地租，从边区实行减租以来，在各种租佃形式中剥削是最重的。这就是说明了为什么自去年以来地主将定租改为活租的现象普遍地发生于陇东、警区、富县等地区了。

最近发布的边区土地租佃条例，对于活租规定了与伙种不同的减租办法，而且使之与定租维持大致相同的地租标准，这是完全正确的。根据这个条例，就应在边区内对地主只出土地的“伙种”，今后应当一律改称为活租。这不但为科学地进行农村调查工作所必需，尤其为正确执行减租交租政策所必需。

（四）伙种

伙种——在这个名称下概括很多种类的农业经营方式，而不能算作真正伙种的。像是：①活租，这是租种的一种，已见上面的分析。②农民中间关于耕地、生产工具，劳动力的互助与调剂，其中并不含有土地租佃关系，有些地方也把它叫做“伙种”，其实这种经营方式不属本文范围，这里不准备加以谈论。③安庄稼，它虽属于伙种类，但是这是一种独立的租佃形式，也留在下节叙述。

以上三者过去都把它们叫做伙种，我们认为都不十分恰当，那么什么才是伙种？

伙种是出租人除土地外还供给各种生产工具的一部分，在庄稼收获后租佃双方按成分配的一种土地租佃形式。这里必须说明：伙种的条件是极端复杂的，比如各种生产工具（主要是畜力，肥料、种籽三种，农具则通例由承租人置备），出租人可能供给其中的一种或数种，而每种生产工具，又可能供给其一部或全部。再就是收获的分配，粮食绝大多数是对半分，也有少数是租四佃六分，这还比较简单。柴草的分配条件可举出五种：1. 对半分；2. 全归出租人；3. 全归承租人；4. “跟粪走”——即归出肥料方面；5. “跟牛走”——即归出畜力方面。种子的供给及归还条件则可以举出四种：1. 两家分担；2. 谁出还谁；3. 出租人出，不还；4. 承租人出，不还。耕畜饲料的供给及归还条件也可以举出同上四种。这一些条件的结合可以作出无穷的数学的排列。可见，就是按照上面的定义，伙种本身还不是简单的一种租佃形式，而是由许多种租佃形式所构成的。

伙种，在边区各地都很普遍，它主要是流行于中农与贫农相互之间，土地有余而劳动力不足的中农贫农和另一土地不足而劳动力有余的中农贫农合作，一方出地，一方出力，经营所得，双方平分。至于各种生产工具，多数是由双方共出，农具则由出力方面供给。在未经土地分配地区也有些小地主，中地主采取伙种的，但从全边区范围来看，伙种主要是中农贫农相互之间的关系。在边区的伙种是和小土地所有与小农业生产相联系着，它是带有小自耕农民中间合作性质的一种租佃关系（部分的是中小地主与农民间的租佃关系）。

由于伙种的上述特点，所以每件伙种关系的土地面积一般是很小的——一、二垧、三、五垧，达到十垧极为少见。

往下就可以看到伙种这两个特点，正是与安庄稼相反的。在这里，我们可以顺便提及一点，就是对于伙种的性质的估计，曾经有人认为是："伙种与调分子相近，都是一种雇佣劳动……是属于富农剥削的"，或说，"伙种是封建剥削的变相"。这两种正相反对的看法，同样都是没有把握到问题的本质，似乎不必多加说明了。

（五）安庄稼

安庄稼或称安伙子，是伙种租佃形式的一种，也是边区各种租佃形式最后的一种。在这种形式下，出租人不但租给承租人土地，而且要供给他以各种生产工具——畜力、肥料，农具以及供给他和他的家属的吃用粮食、耕畜饲料、种籽以至住窑洞用具等等。在作物收获后双方按议好的成数分配，承租人把借的粮食、种子、耕畜饲料归还。

安庄稼和各种租佃形式的区别是很明显的，但它和伙种的区别则是颇不容易的一件事。过去许多地方把安庄稼与伙种完全混同，有人以为伙种与安庄稼的不同只是在吃借粮一点上，因此加以区别是必要的。我们认为安庄稼应当列为一种独立的租佃形式，理由是：

1. 安庄稼的条件性质与伙种有显著不同。在伙种之下，出租人所供给是生产工具之一部，在安庄稼之下，出租人就必须供给生产工具之全部，如果说在伙种之下，生产工具只是比较次要因素的话，那么在安庄稼之下，生产工具的意义就大大增加了。此外安庄稼的出租人还应当借给承租人以必需的吃粮——他本人和他家属的生活资料。如果说在伙种之下出租人是以土地所有者兼部分生产工具所有者的资格与承租人相对待的话，那么在安庄稼之下，出租人是以土地所有者兼全部生产工具与生活资料所有者的资格与承租人相对待。在这里出租人所取得的地租是他租出土地的地租与所投下的全部生产工具与生活资料的利息的总合，其中所含的生产工具、生活资料的利息的成份（分）比起伙种大大增加了。

2. 从土地面积上观察，伙种土地面积一般是五垧以下，安庄稼则最少是一个全劳动力或两个劳动力配合上畜力所能耕种的土地——二十垧上下至四十垧，因为不如此，承租人将不能维持他本人与他家属的生活。

3. 最后从级阶内容上观察，伙种主要是中农贫农相互之间的租佃关系，而安庄稼则是富农、地主（也有中农）与一无所有而携有家眷的贫农之间的租佃关系。

从以上可以明显看出安庄稼与伙种之间不仅是量的差别，而且是质的不同。吃借粮是安庄稼的一个重要特点，而且在今天解决移民生活问题，它更具有特殊的意义，但不能把它当作区别安庄稼与伙种的唯一因素。只举出一点，在某些地区有少数安庄稼农民不吃借粮，但是仍不妨碍我们把这种关系当作安庄稼，就完全明白了。

边区各地安庄稼在借粮上，都是借一还一，或是借一公堆上还二（即在未曾分配的收获物中还二——在对半分的条件下，这总归是一样的）。过去有人以为借一公堆上还二是对本对利，是最重的高利贷剥削，这样计算上的错误曾经影响了一个时期借粮和借窑——生产者和他家属的生活资料是安庄稼的出租人“投资”的一部分，它的利息已经包括在出租人所得地租总额中了（出租人所分得的粮食加上承租人的无偿劳役）。不错，借粮可以看作剥削手段之一，但是想从“还一”“还二”中搜寻“剥削”是会徒劳无功的。

作为安庄稼的另一特点是安庄稼的承租人（边区各地把它叫做伙子），对于主家担负着各种无偿劳役。据米脂一个伙子说的：“有担水、扫院、挖炭、生火、请客、送客、喂猪、打狗、种瓜、种菜、讨租、送粮等等。”伙子的老婆孩子也往往帮助主家作些家庭操作，伙子实际带有佣人使役性质。这样安庄稼的地租不但是取实物形态，而且有一部分采取劳役形态了。少数伙子把这种劳役从习惯和双方“感情”出发，认为是理当效劳（多数安庄稼的双方是有亲友或介绍关系的），而其本质应当说是伙子对主家借粮借窑所支付的利息和租金，或被剥夺了生产手段的农民对生产手段所有者所不得不支付的劳役地租。不过这种情况，在经过土地分配地区也有不同，在那里，大多数伙子对主家不担负什么劳役，而且担负劳役的安庄稼关系是日渐减少着。

总括起说，安庄稼的土地、生产工具、粮食各方面的关系，乃是土地租佃，耕畜农具租贷与粮食借贷的一种混合的剥削关系。若是撇开这一切，再从一个新的角度来观察，主家拿出土地、生产工具甚至劳动者的生活资料，这与富农式经营的“投资”是很相似的，最后的按成分配收获物也和富农式经营的调份子形式上几乎完全相同。因此，在一定意义上说安庄稼是接近于富农式经营，尤其是调份子的一种租佃形式。许多富农往往今年采取雇工或调份子，明年采取安庄稼，后年又采取雇工或调份子，也可以说安庄稼是租佃与雇佣的一种中间的过渡形式。在经过了土地分配，自耕农占绝对优势，大土地所有已经消灭的地区，安庄稼所含的富农式经营的意义更加明显更加重要了。

那么，怎么样来区别安庄稼与雇佣？有一种意见认为伙种、安庄稼、调份子“都是雇佣剥削方式，都是资本主义富农剥削。不过，由于边区经济的落后，使这许多剥削方式中不可避免地包含着某些封建剥削的残余”，这是不对的。因为：

1. 安庄稼并不包含劳动力买卖关系。

2. 无论雇佣或调份子，雇农都是以一个劳动者的资格参加到主家所经营的农业经济单位中去，在主家的支配与监督下，进行生产，向主家取得一定的工资（不论这种工资是货币是实物，是固定是不固定的——收获后按成分配）。安庄稼则是农民向主家取得土地与各种工具的使用权，自己成为一个小生产者的农业经济单位，独立地进行生产，他是他自己劳动力的支配者，在收获之后，向主家交纳地租，在这点上——尤其在土地关系上，安庄稼是与其它各种租佃形式完全相同，而与雇佣则毫无相同之点的。

3. 无论雇佣或是调份子、雇农本人吃饭都是由主家管，而安庄稼的伙子吃的粮虽是由主家借给，但是后来还要归还，这和吃自己的饭是一样的，在这点上，它又是比较和其它各种租佃形式相同，而不与雇佣相同。

因此，我们认为安庄稼基本上属于租佃范围，而不属于雇佣范围。

安庄稼普遍于警备区等地，在直属县尤为盛行。它的租额一般是对半分，少数为倒四六（租四佃六），其剥削并不谓轻，在这种意义上，对安庄稼加以某种限制，是有必要的。但应注意在地广人稀的移民区域，安庄稼对安置移民与发展生产有极大作用。例如延安县一九四二年移民1 009户中，有466户是安庄稼的，就是说近一半的难民是靠安庄稼来安插。移民的土地、农具、耕牛、种籽以及全家的吃住等等问题，在安庄稼之下，都可以立刻得到暂时的解决。移民政策在边区发展农业生产上是一个极重要的政策，而安庄稼则是解决移民问题的一种很好的方式。在移民区中，安庄稼的移民既有了立足之地，自己挖窑洞，开荒地，一、二年后他就可以独立门户了。因此安庄稼这个优点，为其他一切租佃形式甚至雇佣、调份子所不及。在今天奖励移民政策下，在移民区应当介绍当地农户与外来移民安庄稼，说服他们多给移民帮助，在租额上过分限制反而是不利的。

现在把各种租佃形式列成下表来综合地加以说明：

一、租种类：1. 定　租——按土地计租
　　　　　　2. 包山租——按土地计租
　　　　　　3. 活　租——按收获计算
二、伙种类：4. 伙　种——按收获计算
　　　　　　5. 安庄稼——按收获计算

各种租佃形式分为租种伙种两类，是从租佃双方对于土地和生产工具的关系这一基本点出发，若是按计租方法也可以分为另外的两类，其中活租本应属于租种类，但在计租方法上它却和伙种类相同，这也就是为什么许多人把活租与伙种混同的原因。

单从租佃双方对于土地的关系来看，各种租佃形式都是没有区别的，若从对于生产工具的关系来看，则有很大的不同。前三种租佃形式——定租、包山租、活租的生产工具完全为承租人所有，伙种的生产工具是由出租人供给一部分，而安庄稼则完全由出租人供给。

在各种租佃形式之下，出租人对生产过程的关系，由于对于生产工具的关系及计租方法的不同，遂亦各有不同。定租和包山租因为出租人既不供给生产工具，地租又是固定的，因之他对于整个生产过程——从耕种到收获是可以毫不过问的。在活租之下，出租人既不供给生产工具，但收获的多少却直接影响到地租，因而他不能不过问。此外他还必须监督承租人以全部收获来和他分配。伙种和安庄稼出租人成了生产工具的全部或部分的所有者，连土地一起计算的话，他的“投资”增加了，收获的多少也就更为他所关心，他又须时刻留意着承租人合理地使用他的生产工具。不过这种不同，基本上并没有改变出租人从生产过程游离出来这一事实，甚至安庄稼的出租人和富农式经营的主家成为全生产过程的领导者与组织者一点，还是根本不同的。

从各种形式下的阶级关系来看，虽然在边区内不同的地区往往有不同的内容，然而可以大体上指出：定租包山租是标本的大地主、中地主出租土地的形式，活租多为小地主、中地主所采用，伙种以中农贫农相互之间的关系为其特征，而安庄稼则为富农或地主与贫农之间的一种租佃关系。

在人事关系上，安庄稼和伙种形式的租佃双方常常是有直接间接的亲戚、本族、朋友、乡邻关系的，最少也必须承租人为出租人所信赖或是有人担保。因为不如此，出租人就不放心把他的耕牛等等交给别人使用，而且他又怕承租人在分配收获时隐瞒（陕北农村有两句话很生动地表示出这一种关系：1. “宁伙过年，不伙种田”，2. “伙子不偷，五谷不收”），这种关系在定租下是不大常有的。土地差不多成为出租人承租人中间的唯一联系带。伙种、安庄稼则有其他种种关系使他们联系着。进一步研究为什么定租执行减租的比较多，伙种、安庄稼、活租是差不多没有执行减租，这里可以回答一部分了。

今天，在边区内执行减租交租的政策，应当根据边区内各地区的农业生产、土地关系、阶级关系的特点，此外应当对各种租佃形式本身也有一些分析。比如每种租佃形式下出租人是否供给生产工具或供给多少，每种租佃形式下所藏的阶级关系是什么，每种租佃形式在发展边区农业生产上的作用是怎样的，等等，类此问题都应当成为我们决定政策与执行政策的基础，而这点也就是我们研究这个问题的动机。

选自《陕甘宁革命根据地史料选辑》第二辑，甘肃人民出版社 1983 年版，第 436～449 页。原注：“民国三十二年一月二十三日《解放日报》”。

23. 陕甘宁边区绥德分区行政督察专员公署通知（有关减租减息问题）[①]

1943 年 3 月

各县县长、主任：

前发关于土地租佃条例的指示信中，第（五）项第四条之规定：“关于民国元年以后至二十八年底以前之借粮及典粮（欠租已作发）即以当时市价折成当时法定之货币，再以货币照专署过去所规定之折合率折成边币，民国二十九年以后的借粮及典粮仍以粮食偿还之。”

查专署过去所规定之折合率，是银洋一元折边币三元，白银每两折边币四元，到现在似嫌太低，兹改为银洋一元折合边币二十元（凡民国二十四年十一月四日以前，票据契约上所写之大洋，均一律作为银洋），白银每两折边币二十五元。

民国二十四年十一月四日以后至二十八年底以前之法币可增加一倍，再依市价折合边币（即是一元法币作为两元法币，再来折算）。

关于制钱的折合率，亦改为如下：

民国五年以前者，每千文折合边币二十元（等于银洋一元）。

---

① 本副标题为编者所加。

民国六年至十年者，每千文折合边币十四元。

民国十六年以后者每千文折合边币四元。

其余之一切，均仍照过去之规定，凡已行解决之争议，不得再事翻案，特此通知。

专员　袁任速

副专员　杨和亭

选自《陕甘宁边区法律法规汇编》，陕西人民出版社 2006 年版，第 174～175 页。

24. 陕甘宁边区绥德分区行政督察专员公署指示信——指示今年夏租处理办法

1943 年 7 月

各县长、主任：

边府租佃条例草案规定："地租一律在收获季节终了后缴纳"。今夏收即将终了，现将夏租处理办法指示如下：

一、年成规定：今年夏收，一般定为平收年。个别不及或超过平年标准地区，政府得斟酌具体情形，减免之，但得呈报本署备查。

二、原约定交夏租者，始得征收夏租，未约定交夏租者，不得征收夏租。

三、租种时原属秋田，后因佃户改良土地，变为夏田者，不得征夏租。

四、极其贫穷的农民，及贫苦抗工属和因无劳动力将土地出租者，不在减租之例。

五、交租成数：

（一）定租（死租）。要原租额减交十分之三，即应交一石者交七斗。

（二）活租（指地分粮）。地主得十分之三五（一石收三斗半）佃户得十分之六五（一石得六斗半）。

（三）伙种。地主得四成伙子得六成，草牲口得十分之八，劳动得十分之二。

（四）安庄稼。地主得四成五，伙子得五成五，草同伙种分法。

（五）调份子。按旧日习惯分。

（六）麦子、豌豆、扁豆，每垧收成不够一斗半者，免交（伙种安庄稼得将牛料子种分得）。但土地特别薄瘠，平年收成就不够一斗半地区，得酌量处理之。

（七）夏收不好改种秋田者，秋收后仍得按照秋收规定交租。

特此指示！即致

敬礼！

专员　袁任远

副专员　杨和亭

选自《陕甘宁边区法律法规汇编》，陕西人民出版社 2006 年版，第 175～176 页。

25. 陕甘宁边区土地典当纠纷处理原则及旧债纠纷处理原则

1943 年 9 月 14 日公布

陕甘宁边区政府命令——颁布《关于土地典当纠纷处理原则》及《关于旧债纠纷处理原则》

高等法院：

各专员、各县长：

近查民间典当回赎与旧债偿还方面，常起纠纷，而各地政府和司法机关在处理这类纠纷时，尚缺乏共同原则，其现行办法中也有不当之处。因此，特依据边区实际情况，并兼顾出典人与典权人及债权人与债务人的双方利益，制定《土地典当纠纷处理原则》与《旧债纠纷处理原则》，各级政府及司法机关在处理这类纠纷时，应遵照本原则并依照具体情况执行之。本文件发至区署为止，并向乡政府口头传达。在执行中如发生困难，须随时具报本府，以审核。

此令。

主　席　林伯渠

副主席　李鼎铭

关于土地典当纠纷处理原则

（一）典权之处理依下列原则：

甲、在土地未经分配区域，其土地上存在的典当关系皆为有效，出典人得依约回赎。

乙、在土地已经分配区域，其分配以前土地上的典当关系，随土地分配而消灭，原出典人不得回赎。

丙、凡土地分配不彻底的区域，因而发生典当问题的纠纷时，应在便利农民取得土地的原则下，酌情处理之。

（二）典当时效的处理，有约定者从其约定，无约定者，从民间习惯。

（三）在出典人依法回赎典地时，如承典人一方确系自己耕营而又生活贫苦者，得由区乡政府召集双方予以调剂，或展期回赎，或回赎一部分，或回赎后仍租给原承典人耕营。若双方同样贫苦者，则依契约处理。

（四）典地回赎时，如因典价的货币折算发生纠纷，应按双方的经济情况酌情处理之。

（五）土地出典人出卖其出典土地时，承典人有承买优先权；如承典承租非属同一人时，其承买优先权，应视典佃双方经济情况具体处理之，出卖人须声明其出卖土地之最后价格于优先权人，尽优先权人承买，如优先权人声明不愿依最后价格承买，才得由他人承买。出卖人不得高抬价格，承买人亦不得故意抑低价格，如出卖人虚价欺骗优先权人时，除优先权仍然存在外，出卖人并应受到违法的处罚。

（六）三十二年公布之“租佃条例”优先权行使时所引起之纠纷，依本原则处理之。

关于旧债纠纷处理原则

（一）曾经宣布废除旧债的区域（不管土地分配彻底与否），不准再行索还，居住于其他区域的债权人不得向居住于上述区域的债务人索取已经宣布废除的旧债。

（二）在土地未经分配区域，抗战以前旧债（富户领存公款者不在此例）的偿还办法，依下例各款规定：

甲、计息标准不得超过一分半。付息已超过原本一倍者，停利还本，付息已超过原本二倍者，本利一概免付。

乙、如系指地揭钱者，除按上款规定清理债务外，其所指土地，债权人无处分之权。

丙、如债务人实因天灾人祸无力履行契约者，或债权人无其他产业依存款为生而债务人又比较富裕者。发生纠纷时，得由区乡政府召集双方当事人调处之。

（三）旧债偿还时，如因货币折算发生纠纷，应按债务性质与双方经济情况，在照顾贫苦人民的利益的原则下，酌情处理之。

选自《陕甘宁边区政策条例汇集》（续编），1944 年编印，第 134～136 页。

互校版本：

1.《陕甘宁革命根据地史料选辑》第一辑，甘肃人民出版社 1981 年版，第 339～341 页。

2.《陕甘宁边区政府文件选编》第七辑，档案出版社 1988 年版，第 313～314 页。

3.《中国新民主主义革命时期根据地法制文献选编》第四卷，中国社会科学出版社 1984 年版，第 203～205 页，原注：“选自《陕甘宁边区重要政策法令汇编》一九四九年版”。

4.《延安地区审判志》，陕西人民出版社 2002 年版，第 355～356 页。刊有 1943 年 9 月 14 日“战字第 775 号命令”。

5.《陕甘宁边区法律法规汇编》，陕西人民出版社 2006 年版，第 182～184 页。

26. 陕甘宁边区土地登记试行办法

1943 年 9 月公布

第一条　本办法为确定土地所有权，实行农业统一累进税，依据“陕甘宁边区地权条例（草案）”第十八条制定之。

第二条　凡在边区境内置有土地房屋者，均须依照本办法向土地所在地之县市政府进行登记，领取土地房屋所有权证。

第三条　凡机关、部队、学校、团体及公营企业所使用之公地、公荒，一律须向当地县市政府登记，其未分配之公地、公荒，均由该管乡市政府调查呈报县市政府登记统一管理。

第四条　申请土地房屋登记者，应分别陈报下列事项：

一、业主姓名、年龄、原籍、现住。

二、座（坐）落、名称、等级、种类、面积及其四至。

三、当年应得收益（以细粮为标准）。

四、土地附着物（如沟条坬坡树木水石等）。

五、土地来历及凭证件数。

六、其他。

第五条　申请登记上地房屋者，应按下列规定呈验契约凭证：

一、凡已实行土地登记之区域，须缴验边区政府二十六年以后颁发之土地所有权证及登记后合法转移之契约。

二、凡经分配土地而未经土地登记者，须缴验二十六年以前土地改革时期之分地证及分地后合法转移之契约。

三、凡未经分配土地之区域，须缴验合法取得土地之契约。

四、各种契约及凭证如有遗失或毁坏时，须缴验土地四邻及村长证明文件，经考查确实者。

五、红军公地、政府公地及已宣布没收而尚未分配之公地，须有区乡政府之证明文件。

六、凡已分配之土地房屋屡经地主反复收回者，其土地房屋所有权之确定，应依民国二十七年边区政府布告第一款之规定，在确保农民分得土地的所有权的原则下处理之。

（附）民国二十七年边区政府布告第一款：

在已分配了土地之区域，地主回来，乡村人民应表示欢迎他们来一致抗日，可在区乡村公地内分配他以和农民一样多的土地和房屋。但已没收了的土地不应还原，分配了的房屋不得翻案，已取消了的租债不许再索取。如乡村公地当地已分配完者，得在他乡内给以每人应得的份地。

七、房屋窑洞申请登记时得依照本条之规定处理之。

第六条　农民合法分得之土地房屋，在土地改革时期，未领得分地证，或具有分地证，土地所有权证而与实有数额不合者，经证明确实，准予报实登记。

第七条　灾民、难民、移民及退伍军人与自力开垦农户，领有政府公地公荒准予私有者，须具有政府发给之证明文件呈验登记。

第八条　凡有合法地权之地主居住于边区境外者，应由代耕人或租种人代为申请登记。无代耕人或租种人者，应由当地政府查明地主住址，通知其依限期办理登记。无代耕人或租种人同时又不知地主住址者，暂由当地政府代为登记，俟原业主回时，其所有权仍归原业主。

第九条　土地房屋所有权证，由边区政府统一制印交各县市政府颁发：凡土地房屋所有者，须按其段落处所（每段落处所领取一张），分别领取土地房屋所有权证。

第十条　土地登记之计算单位规定如下：

一、农地、荒地、牧地、森林地、园地等，以当地习惯垧或亩计算；

二、房屋以间数，窑洞以孔数计算；

三、院落地基以方丈计算，或以原来四至为界。

第十一条　土地房屋登记后，如地权有所改变（移转、分割、合并、增减、坍没等）须于一年内呈验原登记证附有关契约，按本办法第四条规定，申请政府再行登记。

第十二条　土地房屋所有权证，如有遗损或错误，应呈验原有契约或四邻证明，叙明理由。经村长证实，申请县市政府审核补换、

第十三条　农地登记时，须依照其种类和质量划分为三等九级：

一、水地为一等地，划分为上中下（一、二、三级）。

二、川塬地为二等地，划分为上中下（四、五、六级）。

三、山地为三等地，划分为上中下（七、八、九级）。

第十四条　申请登记土地房屋者，须依照下列规定缴纳登记费：

一、农地：

甲、水地之登记手续费每张细粮七合。

乙、川塬地之登记手续费每张细粮六合。

丙、山地之登记手续费每张细粮五合。

二、房基地之登记费，每张细粮一升。

第十五条　凡典出土地或房屋者，仍由原业主申请登记，如原业主无力缴纳登记费者，暂由承典人代为缴纳，俟原业主赎回时，其登记费如数归还。

第十六条　在进行土地房屋登记时，各县市得以行政村或自然村成立临时评议会，凡一切有关土地房屋登记之申报事项，须经评议会评议后，再交乡政府审查后进行登记。

第十七条　土地房屋所有者，对评议审查如有异议时，得提请区政府复审，复审再不服时，得向县市政府提起申诉。

第十八条　凡登记土地房屋者与他人发生地权纠纷时，应依据“陕甘宁边区地权条例(草案)”及其他现行土地法令由乡政府或区政府调解之。

第十九条　申请土地房屋登记，如有企图隐瞒，陈报不实，伪造证据，霸占他人土地者，得分别酌予罚金或没收其隐瞒部分。

第二十条　本办法修改解释之权，属于边区政府。

选自《陕甘宁边区政策条例汇集》(续编)，1944年5月编印，第129～133页。

互校版本：

1.《陕甘宁革命根据地史料选辑》第一辑，甘肃人民出版社1981年版，第360～364页。

2.《陕甘宁边区政府文件选编》第七辑，档案出版社1988年版，第240～243页，原注：“选自《陕甘宁革命根据地史料选辑》第一辑，甘肃人民出版社出版。”

3.《中国新民主主义革命时期根据地法制文献选编》第四卷，中国社会科学出版社1984年版，第205～209页，原注：“选自《陕甘宁边区政策条例汇集》续编”。

4.《陕甘宁边区法律法规汇编》，三秦出版社2010年版，第292～293页。

27. 陕甘宁边区土地登记办法说明

1943年9月

第一条　(原文见陕甘宁边区土地登记办法草案，以下均仿此。)

登记土地有三个目的，首先是为了确定土地所有权平息土地纠纷，使农民安心于土地的经营和改良，盖边区大部分地区是经过土地改革的，旧的契据凭单已经失效，新的分地证或登记证大都残缺不全，有的有地无证，有的有证无地，尤其如清涧等反复红白地区，最易发生地权争执，引起纠纷，妨碍生产，因此登记土地所有权是政府给予人民在法律上的保障。土地登记的第二个目的，是为了实行农业统一累进税，依地质好坏，区别土地等级，统计各阶层土地分配，借作征收农业统一累进税的参考的根据。这样不但减少每年对土地调查的麻烦，特别是使负担更趋公平合理。

发展农村经济也可以说是登记土地的总目的，因为保障地权确定地质其基本精神都是贯彻着发展农村经济的，我们的登记土地其中心的意义就是如此。

至于其办法的根据，原系依据地权条例第十八条制定的，但因地权条例未经政府正式颁布，仅仅是一个草案，而二十八年颁布的土地条例正是边区的土地法，如该条例第二章、第三章的内容都充分地说明着需要有手续法（即本办法）成其全，所以我们的依据不是前者而是后者。

在第一条中有部分同志主张在确定土地所有权下面增添“及土地质量”五字，其理由认为登记土地不仅仅是确定土地所有权，而且是确定土地质量，不确定土地质量，便无从定等级，没有定等级，便和实行农业统一累进税失却联系，而且也违反了毛主席“根据土地数量”，“按质分等征收农业统一累进税”的指示。同时本办法关于土地分等在以下第十三条中已明确规定了，为了前后贯通呼应合拍，在总则中更有提起“土地质量”的必要。

第二条　确定土地所有者向政府登记而不是使用人向政府登记，如典当地、租佃地，都是由出租出典出当者向政府登记，这是明确的规定土地所有权。

不论人在边区内或边区以外，而于边区境内置有土地者，均须向土地所在地之县市政府进行登记，这是属地主义的办法，亦是历年征粮证明最好的办法。例如居住于米脂的一个地主，在米脂县有一部分土地，在绥德县有一部分土地，则土地登记时，由地主向绥、米两县分别登记。但两县交界的地方，甲乙两县人民互在他县有土地者，应采取属人主义办法，将来拟定实施细则时当有详尽的规定。

第三条　登记土地是全面的，除私地外，所有公地亦需要登记。但在公地登记中，有一部分是机关部队等所领用的土地，这部分土地虽然亦须登记，但其所有权不属于领用的机关和部队，因此其登记手续同未分配之公地一样，仍归各级政府统一登记。

关于这一点地权条例第十二条有明确的规定。

第四条

一、坐落系指着落的方向，名称系指习惯上称呼的土名，种类系指土地的类别，如水地、川地、山地等。

二、常年应得经济收益和每年平均经济收益相似，但有其区别：所谓常年者系指平常的年成（一般以八折年成估计），“每年平均”这句话含意模糊很难确定起讫年月即三年的平均数抑五年或十年？所以我们采取前者而不是后者，常年“应得”而不是指常年“实得”，所以指“应得”者，是说明同样的土地在当时当地一般对土地经营的劳动水平（如播种、施肥、锄草……）而产生的收益，而决不是根据勤户特别加工的所得或个别懒户故意荒芜的所得来规定收益多寡，简单的说，不是以特殊作标准，而是按一般为根据。

战争时期，物价变动剧烈，所以常年收益，应当以主要农产物（也就是人民主要生活资材）细粮为标准。

三、依本条陈报内容，于土地登记完毕后，可以作出下面几种正确的统计：

（一）各县土地质量的比较（依土地等级统计）；

（二）各县土地分配现状；

（三）各县常年应得收获量；

（四）各县土地种类的统计（水、川、山……）。

以上各种统计对于我们农业统一累进税的实行和农业生产的指导都是有重大帮助的。

第五条　登记土地应当呈验契约凭证，但呈验契约凭证应当根据不同情况提出不同要求，按土地条例的规定和我们对取得土地所有权形式的分析，认为边区一般的有下列三种基本情况：

一、在二十六年以后经过土地登记的地区，这种地区可能有下列几种情况：

（一）有土地所有权证。

（二）土地所有权证遗失但有过去的分地证分单，惯例管业证。

（三）土地登记后又经过地权移转，具有各种移转的契约。

（四）土地所有权证或其他契约有部分或全部遗失。

二、经过分配土地而未经土地登记的地区，这种地区可能有下列几种情况：

（一）分地证完全具备。

（二）分地以后又发生地权移转。

（三）完全无分地证。

（四）无分地证也无旧有契约。

（五）分地证与土地不合。

三、在未经分配之地区，这种地区可能有下列几种情况：

（一）有一切惯例管业证。

（二）其管业证有部分或全部遗失。

（三）因自然或人为而发生土地变动，但并非地权移转。

（四）土地革命时契约全部烧毁而尚未宣布没收土地。

第六条　本条例根据地权条例草案第七、第九、第十一等三条而产生其所以区别于第五条者有其性质和处理上的不同。

第七条　土地登记证应当每段落一张，以便利其买卖和转让，并加强人民对土地所有权保障的印象。

第八条　在土地的计算单位上，我们迁就地方上的习惯，例如关中、陇东通用亩分，我们就采用亩分，在绥德、三边、直属分区通用垧堆的，就采取垧堆，但每县每一习惯单位无论垧亩大小应当一致以便利统一的折算，而了解各县真实的土地面积（其具体折算见土地所有权登记证）。

边区地广人稀，人民土地观念薄弱，土地计算，不能按照科学的方法，尤其在测量技术的落后条件下，绝不能抄袭国民党的土地清丈办法。因此不但计算单位要迁就当地的习惯，就是计算方法，还需要采取民主评议来补助。

第九条　土地登记的目的固然有三个，但在今天说来，应当以服务于农业统一累进税为主要目的。今年农业统一累进税要多取普遍试办，土地登记是配合着农业统一累进税共同进行的。因此其期间应当在三十二年度内，并且不得超过三个月。

那么三个月是否可能？如果让其自流地申请登记，就是规定三年也完成不了，只有在配合统一累进税调查下和征粮工作同时进行，动员和集中一切力量，才有完全实现的可能。

第十条　为实行农业统一累进税，土地登记在今年是一个突击的工作。但以后应当把这一工作变作政府的经常制度和人民的家常习惯。凡土地登记后，地权一发生变动，就应申请政府重行登记，这样在人民方面可避免土地的无谓纠纷，在政府方面可掌握土地的变化实况而便利计税参考。

第十一条　土地所有权证如有遗失或损坏，又无原有契约者，须有土地四邻证明，这不同于抽象的“公正人士证明”是比较可靠的办法。

所有权证遗失或损坏，不管有无原契约，均须经行政村主任证明，这一方面是加强行（政）村主任的责任，说明了工作的重心是加强在下层的机构上，另一方面下面接近群众容易监视洞悉弊端，可防止霸占土地等奸顽行为。

第十二条　（从略）

第十三条　这里所指的土地事实是指农民一般开垦经营的农地，我们分等级的唯一标准，是采取按土地收益之多寡计算，共分为十五级，其根据的理由如下：

一、适合农业统一累进税的要求，我们登记土地主要是为实行农业统一累进税，农累税的课税对象，又以土地及土地收益为主要，按收益定土地等级，我们就可以达到这个目的。

二、要精确又得便利。专员县长联席会议有主张二类七等十五级的划分办法，也有主张依土地种类（水地、山地、塬地、坡地……）质量的差别定等式逻辑，前者固然精确，但计算困难，后者既不精确又不便利，都不合于边区的具体条件。因此我们主张不分类，等级重床叠屋的繁重，而直截地分成十五级，并规定每递增一斗，即提晋一级（例如每垧地产一斗者为第一级，二斗者为第二级……）组与组之间，只距一斗，级距短，差距少，真正达到既精确又便利的原则。

三、根据边区产量多寡划级，一般的说，关中陇东土地肥沃，经营得法，产量较高，三边靠近沙漠地带，土地贫瘠，产量较低。我们分级是按照边区各地最低最高及普通产量规定的，大概每垧地产量一斗以下或一石五斗以上者是占绝少数，下面是各地产量比较表：

边区各地土地产量比较。

警备区土地产量

水上地：年产三石粗粮

水中地：年产二石粗粮

水下地：年产一石五斗粗粮（水地二年收三次）

川上地：年产二石粗粮

川中地：年产一石五斗粗粮

川下地：年产八斗粗粮

山上地：年产一石粗粮

山中地：年产七斗粗粮

山下地：年产五斗粗粮

山下下地：年产二斗粗粮

直属分区及华池、吴旗每垧山地等于警备区山地三垧，水地川地也比警区要好。

关陇分区山地一垧等于直属分区山地一垧半，水地川地也比直属分区要好。

盐池定边山地三垧等于警备区山地一垧，水地川地亦比警区坏。

四、收益多少与地质好坏及地价高低是分不开的，如果纯粹从农业经营上着眼（以出产细粮为标准），虽然因自然条件与社会条件的不同有一些差别，但在边区说来，这种差别是有限的（在边区按地价定级更行不通）。

第十四条至第十七条　土地登记费划为地方财政收入的一宗。但我们收费极低，不是纯粹从财政观点上着点，且印刷纸张费完全由财政厅财务费项下开支，不取分文，这充分说明了我们是以不妨碍人民登记的积极性为原则。

土地登记费按土地种类及等级〈参考经济收益〉分别规定，这样比较公平合理。

农地交费按级分为三等，每垧最低三元，普通六元，最高九元。如以亩为单位的关陇分区，就改为每亩一元、二元、三元，简单易行，所以有半费免费的规定是贯彻政府优待抗属、新来移难民及不妨碍人民登记之积极性为原则，以保障土地登记。

我们进行土地登记是经常的工作，废除了旧政权税契的办法，但具备着税契的优良作用，人民缴了登记费，也就是合法地完成确定所有权的具体手续，人民自然欣予乐从。如绥德分区人民之积极要求土地登记并非无因也。

第十八条至第二十三条

一、土地登记任凭人民自填申报，必然产生很多流弊，为使土地登记实确，杜绝地权纠纷，其积极办法，就是组织区乡审查委员会，逐级审查，特别加重下级政府的责任。

二、人民诉愿以县市政府的决定为最后决定，这是为了加强土地行政处理的迅速有效。

三、现行土地法令包括边区政府历次关于处理土地问题的布告，陕甘宁边区地权条例（草案）、租佃条例（草案）、优待移难民条例及各分区各县关于土地问题的单行条例等等。

第二十四条至第二十八条（从略）

第二十九条　二十七年颁布之陕甘宁边区土地所有权证条例为土地登记办法的前身，应当作废。

选自《陕甘宁边区法律法规汇编》，陕西人民出版社2006年版，第178～182页。

28. 西北局关于进一步领导农民群众开展减租斗争的决定

1943年10月10日

（一）自去年秋季西北局颁发关于彻底实行减租的指示以来，各地减租运动已有显著的进步，其主要表现就是有些地区（如葭县的店镇、城关、乌龙、通秦寨等区，米脂的河岔、卧羊、桃花峁等区及印斗区八乡，绥德的义合、沙滩坪等区，以及合水和镇原的个别区乡）已经发动农民起来，成立各种群众组织，进行减租斗争，使减租开始成为集体性和群众性的运动。凡是这类减租进行得彻底的地方，群众生产热忱大大发扬了．政治觉悟大大提高了，群众减租后自动实行变工扎工，修畔溜崖，多施肥，多锄草，增加生产，同时群众更加拥护我党我军及边区政权，积极参加自卫动员工作和锄奸工作。热烈响应政府每一号召，推行各项建设。这些经验，说明在边区未分土地区域，减租运动实是发动群众积极性的锁钥，是这些区域各项工作的中心环节。在这些区域不谈减租减息，只谈民主选举；不把减租减息当做中心，而把民主选举当做中心的思想观点是极端错误的。但是这种发动群众起来进行减租斗争的地区，在边区内未经分配土地区域的减租运动中还占少数，多数地区是只凭少数干部党员和群众中积极分子推行减租，而不发动广大群众。他们把减租不看做是农民的群众斗争，而看做是党和政府对农民的恩赐。在这类地方，虽然也可以减一些租，但不会彻底。因此，这种恩赐的减租是错误的，是不能够发动广大群众参加各种建设事业和保卫边区积极性的。至于有些地方对减租工作仍旧漠不关心，不查不问，或少查少问，不发动群众，只由政府检查一下执行程度就算完事，因而不但不能发动群众积极性，而且连恩赐的减租也不能实现，则更是错误的。

（二）检查各地减租运动是否贯彻，首先应当以发动群众的程度为标准，故今年秋季以后，在还没有实行减租或实行得不彻底的地方，党应继续领导和组织农民的减租运动，必须达到把群众真正发动起来，进行减租斗争。党的指示和政府法令，都是为了协助和领导农民进行减租斗争，故应使之配合与推动减租斗争，而不是代替群众的减租斗争。应经过党的组织和群众中的积极分子去广泛的发动农民，召开租户会议，成立群众组织（组织名称如农会、减租会、租户会、减租保地会等均可），经过这种组织，团结以行政村、以乡直到以区为单位的所有佃户和农民，开群众的减租大会，进行集体的减租斗争。由群众议定（一定要由群众议定）实施减租的具体办法，用群众力量揭发和打破地主对抗减租的各种反攻，并处罚顽固的地主，最大限度地发动广大群众的积极性。

（三）在发动群众减租的斗争中，对地主阶级应当是又团结又有斗争的政策，反对有些同志对地主只团结不斗争的错误思想。这些同志生怕在减租中得罪地主，为了迁就地主，就不去发动农民，结果使减租运动不能贯彻，农民的积极性不能发扬。去年秋季以来，所有发动群众进行减租斗争的经验都证明：如果不同某些顽固地主进行斗争，则农民积极性就不可能发扬，减租就不可能贯彻；但是只要发动广大农民群众和某些顽固地主进行斗争之后，就不但可以贯彻减租和发动农民的积极性，而且决不会破裂农村统一战线。相反，会使农村统一战线开始得着广大群众力量做基础，达到扩大和巩固之目的。因此，今后凡在未实行或未彻底实行减租的地区，都必须发动农民起来向某些顽固地主进行斗争，以发动农民群众积极性和保证减租能彻底实行。不要害怕群众斗争闹得过火，就不敢大胆的放手去发动群众，这种畏首畏尾的倾向是错误的。但当群众起来时，放弃党的正确领导，让群众斗争自流的发展下去，对地主进行无区别无限度的过火斗争，在斗争中忘记了团结的一面，也是必须防止的。

（四）在农民减租斗争中建立起来的群众组织，党必须加强对其领导，使它能发挥更大的作用和力量。它不仅领导群众的减租斗争，而且能扩大到领导群众其他各种切身利益的事业（如生产、防奸等），获得广大群众的喜爱，成为党团结农村基本群众的有力组织，并协助乡村政权工作，成为乡村政权在群众中的支柱。党对这些群众组织的领导，应注意保持其群众团体的性质，不要把它与乡村政权相混淆。因此以行政组织形式（如某些地方的减租检查委员会等）来代替这种群众组织是不对的；同样，以这种群众组织来代替乡村政权（如某些地方已发生的）也是不对的。同时，这些群众团体的工作方式，也应当与政权工作方式加以区别。这些群众团体的工作方式应采取民主讨论的方式，避免少数人专断和命令的方式。

（五）在群众减租运动中，必须是具体和灵活的执行边区政府《土地租佃条例》的各项规定，并把它做各地减租运动的一般标准和合法武器。必须指出：减租的主要对象是未分土地区域，把租佃条例机械的搬到已分土地区域照样实行是错误的；减租主要是减地主的租，而在农民互相间及有特殊情形的（如鳏、寡、孤、独及抗、工属等）土地租佃关系中也漫无区别的照样实行减租是错误的；减租率应根据各地土地收获量及租额等不同的具体情形灵活规定，不应当无区别的一律规定或机械的执行二五减程（如陇东及关中某些区域把过去已经规定和实行了的三七减租和对半减租改为二五减租是错误的）。对各种不同的租佃形式，在租佃条例所规定的原则下都要实行减租，不是只减定租，而不减或少减活租和伙种。目前特别注意把活租与定租及伙种严格区别，并认真照减。按租佃条例所规定，过去的欠租一律认真免除，禁止和反对某些地主讨取欠租，并发动群众进行勾帐（账）换约运动。地主因减租而无理收回农民佃地，应实行“翻地”；地主违背减租法令而强行讨取之超额租粮，应实行“退粮”；地主对佃户之一切额外剥削，应严格禁止。各地并应依照租佃条例原则，并参照当地具体情况，规定统一的单行减租条例，以切实贯彻减租运动。

（六）在发动农民减租运动中，保障农民佃权是一个极重要的步骤。过去经验证明，保障佃权不仅是制止地主威胁农民反对减租的主要手段和发动农民敢于进行减租斗争的前提。而且是提高农民生产情绪，改良农作法和增加生产不能缺少的条件，因此，今后必须由群众力量和政府法令加以确实保障，反对地主假典、假卖或任意撤佃等破坏农民佃权的行为。但是保护佃权并不等于“土地完全不准动了”，应当了解：在减租运动深入之后，土地变动乃是不可避免的现象，且是土地由不生产者向生产者手中转移的趋势。要认识这是一个进步。当地主有正当理由出卖土地时，党的政策不是不准地主卖地，而是扶助农民买得土地，保障佃农对于购买土地的优先权，使之能买得土地。如因农民购买土地发生佃权纠纷时，应由农会或租户会等群众团体适当的自行调解之。此外，还可提倡农民的信用合作事业，以扶助农民买得土地。

（七）凡在农民减租斗争深入的地区，必须立即计划和组织明年的生产运动，发动每乡每村以至每家农户开荒、积肥、修崖、溜畔、修水利、改良农作法，以及推广使用运输等事业的准备工作，把减租运动与生产运动结合起来。同时又必须抓紧群众积极性的增长，用显著生动的例子，去向广大群众揭露国民党反动派进攻边区和破坏边区的特务活动罪恶，在群众中进行时事教育和阶级教育，增强他们对国民党反动派及日特国特的无限仇恨心，号召他们积极起来参加自卫军整训工作，努力学习打手榴弹和其他武器的使用，在本乡本村清查坏人，展开群众锄奸运动，为保卫边区和保卫群众自己的革命利益而积极斗争起来。凡农民减租斗争告一段落之后，即应过渡到这种自卫动员和反奸运动上面来。把这两种群众斗争结合起来，更进一步发扬群众积极性，切实巩固党的政权，并使这些地区的工作走上全面的和彻底转变的道路。

（八）在今年秋季以后的减租运动中，党的领导必须真正具体实现，把一般号召与个别指导结合起来，把领导核心与广大群众结合起来。在未减租的各县，都应有计划的先在一两个中心乡村去发动群众的减租斗争，做出榜样，去影响推动其他地区，取得经验，去指导帮助其他地区，然后推广成为普遍的群众的减租斗争。坚决克服只有空洞的一般号召而没有个别的具体指导；只有领导核心行动而没有广大群众行动的领导方法，这将是今后展开与深入减租运动的重要保证。

选自《中国新民主主义革命时期根据地法制文献选编》第四卷，中国社会科学出版社1984年版，第186～191页。原注："选自《减租减息文件》"。

29. 陕甘宁边区绥德分区专员公署关于减租工作指示信

1943年10月

秋收已到，各地必须认真执行减租交租，务求贯彻。合理调整租佃关系发展农业生产的政策。现在就本分区执行减租工作指示如下：

一、分区过去曾对土地租佃问题发过一些暂行条例和补充办法等（如警区当时参议会通过的《减租减息暂行条例》，如去年专署所发《关于减租的补充办法》）。而去年边府已有《边区土地租佃条例草案》颁布，自后，对土地租佃问题一概改照边府条例规定处理。

二、过去分区各地对活租、伙种、安庄稼三种租佃形式混淆不清，边府条例第三条对这三种形式的分别，已有明确说明，现再按分区实际具体情形补充说明。

（一）活租——指地分粮。凡出租人只出土地，所需生产工具概由承租人自备，就地上收获，正产物（粮）由双方按成分配的，叫做活租。又出租人除出土地外，还出一部分或全部籽种或肥料（或籽种肥料都出）的也叫做活租。

（二）伙种——出租人除出土地外，还出全部牲口、肥料、籽种农具的，或者还只出牲口不出肥料籽种农具的，或者还只出肥料籽种农具不出牲口的，都叫伙种。

（三）安庄稼——出租人除出土地及全部牲口肥料籽种农具等生产工具外并借给承租人粮食窑房等才叫安庄稼。出租人出土地和全部牲口、肥料、子种、农具等，而不出借粮食窑房的，还算做伙种。

三、今年分区各地年成一般属次平年，依据边府土地租佃条例第五条决定，定租（即死租）一般按原租额减百分之五十，即原租粟一石交五斗，但各县仍有一些地区收成特好或特差，得由各县县政府委员会（或县务委员会）斟酌情形具体确定这些特殊地区地租的减免办法（或比五成较高或比五成较低或全免）呈报专署批准后施行。

四、今年分区各地的活租伙种和安庄稼，其正产物（粮）分配法规定如下：

（一）活租——出租人得百分之三十，承租人得百分之七十，即三七分（一些受旱雹等灾收成特歉，属于荒年的，出租人免分）。

（二）伙种——1. 出租人除出土地外，还出牲口籽种肥料和农具的，得百分之四十，承租人得百分之六十，即四六分。2. 出租人除出土地外还出牲口（但不出肥料子种农具等）或者还出肥料籽种和农具（但不出牲口）的，出租人得百分之三十五，承租人得百分之六十五，即三五六五分。

（三）安庄稼——出租人得百分之四十五，承租人得百分之五十五，即四五五五分。

五、活租、伙种、安庄稼的地上副产物，草归出牲口的，柴三分之一归出劳动力的，三分之二归出肥料（粪）的。

伙种安庄稼籽种牛料的处理依习惯。伙种安庄稼借粮，在分配收获后，由承租人照数偿还（一斗还一斗）。

六、上述定租的原租额系指民国二十九年春以前所定的租额而言。

民国二十九年以后，所有出租人用种种借口来增加了的租额，或者用改粗租作米租，虚报土地重量土地（原来三垧当做四垧）等办法来抬高了的租额都不能作为原租额，而须按民国二十九年春当时定下的土地垧数租额，依率减交。至于民国二十九年以后已经改变租户的，土地地租也要查明民国二十九年当时原租人所出的租额作为标准依率减交。

七、在执行减租中必须注意边府土地租佃条例第三十五条，贫苦抗工属和贫苦孤寡老弱残废，因丧失劳动力出租少量土地（每人平均五垧以下的）可不受上条之限制。至于一般中农以下出租少量土地的，其地租的减交也宜斟酌主佃双方情形调解处理。

八、水地苜蓿地的地租炭窑地租及房窑房租等，得斟酌具体情形处理，不必按一般地租减免办法处理。

公地学田的地租，亦不必按一般减租率照减，应分别其土地好坏租额大小，其比一般同样土质的地减租后的地租高出的，减去其高出之数，其比一般同样土质的地减租后的地租还低的或同样的，不减。

九、边府土地租佃条例，已规定民国二十八年年底以前的欠租，一律免交。所有将民国二十八年年底以前的欠租作为借粮写在租约上的，或写在典约上作为添价的也一律作废。至于民国二十九年以后将应减之租额作为欠租，或作为借粮，或做典价，同样一律作废。

十、凡租约有以下情形之一的，应换立新约。

（一）民国二十九年以后加粗租改细租，重量土地……而立的租约（按二十九年春的原租换立新约）。

（二）约上有收欠租写做借粮的，借粮作废换立新约。

（三）原租地已分开租种，而还只有一张老约的分立新约。

（四）和边区租佃条例有抵触的换立新约。

现拟一新约样式作为参考：

立文约人△△△今租到△△△名下，地名唤△△△，△△地△△垧△△并有△△在内，同人言明，长年出租粟粗粮（细粮）△石△斗△升△合，秋收后按政府法令缴纳，特此立约为证。

立约人：
中证人：
代笔人：
中华民国　年　月　日

所有租佃真约，都须乡长监证签字，乡政府盖章，方作有效。

而以后租佃关系的改换，亦须经过乡政府。

十一、地主因自种或雇人耕种，或典卖土地而收回租地时，应按边府土地租典条例第二十一条，在保护农民利益照雇地主的原则下，妥善处理之。既须保护农民佃权，也要照雇农业经济发展和土地变动。

十二、如有故意违反边府土地租佃条例和政府法令，而屡诫不听的，送交县上司法机关依法处理之。

十三、各级政府干部必须好好研究边府土地租佃条例，所有有关土地租佃的法令和这个指示，把它和各地实际具体情形联系起来研究，不熟悉条例法令和按实际情形联系运用便不能妥善处理土地租佃问题，这是过去工作中缺点产生的一大原因。同时各级政府干部应将这些条例法令的内容和意义，深入传达到群众中去。利用各种集会个别谈话等方式，细细向农民宣传解释，向地主解释，务使人人知道减租交租政策懂得减租交租法令，自觉遵守，互相监督，只要发动群众起来自觉执行减租交租法令，才能贯彻，

十四、现在各地正在秋收中，推动和检查减租的工作，实不可迟缓，各级政府干部，应以积极认真的态度坚决执行减租法令。不要以为命令一发万事大吉，必须深入到村庄中、农户中去推动去检查减租的执行，并且把推动减租和反汉奸特务工作密切配合，不要因反奸而放松了减租，更不要因减租而放松反奸斗争。

各地各级政府于接到这指示后，应即传达讨论布置，并望于旧历十月初，将执行情形做一初步总结报告专署。

此致

敬礼

专员　袁任远
副专员　杨和亭

选自《陕甘宁边区法律法规汇编》，陕西人民出版社2006年版，第184～186页。

30. 陕甘宁边区绥德分区专署关于旧债赎地暂行办法（只作参考尚未正式颁布）

1943年

一、旧债

（一）民国元年以前的账债一律废除。

（二）民国元年以后账债：

1. 债主已得过的利息与本数相等或超过时，只还本不还息；

2. 债务人从未付利或付过一部分者，在清还时可酌量实情，利息至多不能超过本数。

（三）在经过土地革命区域的旧债已经宣布过废除者，不得再恢复其债权债务关系。债权人系在未经过土地革命的区域，不得向已经过土地革命区域的债务人要旧债。在土地革命区域的债权人，也不得向未经过土地革命区域的债务人要旧债。

二、典地回赎问题（此条不适用于去春归地区域）

（一）回赎期限参照国民政府民法典权三十年及人民习惯（典地千年活）。现对于典权年限规定为六十年，即是在六十年以内者凭典约钱到归赎。

（二）因回赎典地须偿还旧租者规定如下：

1. 民国二十三年以前所欠之旧租一律作废。

2. 民国二十三年以后至二十八年：

（1）每年交足约定租额之一半者，即根据过去政府的规定认为已交清不得再收。

（2）依约定租额未交足一半者，在半数内之欠额为欠租额。

（3）在进行过土地革命的地区，二十三年到二十五年之租粟，不论拖欠若干一律作废。

（4）上列各项的欠租偿还时，每斗均以一元折价。

选自《陕甘宁边区法律法规汇编》，陕西人民出版社2006年版，第187页。

31. 附［政策研究］：保障佃权是贯彻减租交租的关键

1943年12月28日《解放日报》社论

在边区未经分配土地的区域，只有认真实行减租交租政策，农村中各阶层的团结才能够增强，农村中的抗战热忱与生产积极性才能得到更大发挥，边区的农村经济建设也才会进一步发展。所以，今年减租交租政策的实行，应当看作是这些区域各项工作的中心。

现在减租交租的运动，据各地消息来看正在开展，并且获得了初步的成绩；但是为着贯彻各地政府的减租交租法令，还有一个问题必须郑重地提出，这个问题就是保障佃权问题。可以说，这个问题是贯彻减租的重要关键，正如保障地权是保证交租的关键一样。

从各地的消息中，我们可以看到：一方面，还有极少数不明大义的地主，藉故扯佃，威胁农民不敢实行减租。有些人用了种种办法来欺瞒政府，抵抗减租，如象（像）施用假典假卖、抽回土地，或者名为收回自耕，实则暗中出租，或者公开收回这一块地自耕，而又将另一块地租出，和变定租为活租等。有些人，甚至不顾人情，任意胡为，如象（像）去年绥德某地有家佃户，地租按四六交，而竟被收回土地，并在腊月廿六日把佃户赶出窑外，逼得佃户痛哭流涕，无家可归。另一方面，佃农们却担心着“今年减租，明年没地种”；“减租倒好，没地种事大”；“不敢减，减了租就不要咱种地了”。这些现象，正是说明农民的佃权还没有得到象（像）地主的地权一样的切实保障。

可是保障佃权，正和保障地权一样，于情于法于理，都是有其充分根据的绝对必要的事。

就情而论，边区过去的租佃关系，契约虽不定期，但在实际上是比较长期的、固定的。绥米一带有几十年甚至几百年的佃户，就是明证。这些佃户，虽然在法律上并未享有永佃权，但在传统习惯和人情上，地主不能不照顾到佃户生活，而任意抽回土地的。

就法而论，民国二十一年，国民政府曾颁布保护佃农办法细则，其中规定：佃农如能完全履行其义务，除地主收回自耕，或土地所有权转移于自耕农时，出租人不得任意抽佃。今年，边区各地政府也都颁布了保障佃权的补助办法。

就理而论，边区政府已在施政纲领上明确规定，保证地主的人权地权财权，其目的是为着团结抗战，为着提高生产。但如对于佃农的佃权无确切保障，则上述的目的还是不能达到的。如果只保证了地主的地权，不保证佃农的佃权，则不仅减租交租法令无从贯彻，而且对于提高农民生产热忱，发展边区农业经济，也有极大的阻碍。因为在租地随时会被地主抽回的情况下，农民对于土地经营的兴趣就冷淡了。反之，倘若佃权有了保障，农民没有失地的威胁，那就可以安心经营，一心一意地进行耕地、修水利、施肥料，下功夫从各方面增加地力，提高生产，使每亩地多打几升粮食。这样，农民生活自然就会好些，地主的租额也就有了保障，农村中各阶层的团结就会更好，对于抗战事业亦就会有更多的贡献。

为着有效的保障佃权，贯彻减租交租政策，必须由政府订出保障佃权的具体的有效的办法。据悉，关于租佃条例，边区政府正在拟订。我们希望能早日颁布，并且希望边区各界人士和党、政、民工作人员，对保障佃权的严重意义，有共同一致的了解。认真保障佃权和贯彻减租交租政策是密切联系着的，倘若佃权没有保障，则减租交租政策就不能够贯彻到底。

选自《陕甘宁革命根据地史料选辑》第二辑，甘肃人民出版社 1983 年版，第 452～454 页。原注：“民国三十二年十二月二十八日《解放日报》社论”。

32. 陕甘宁边区地权条例草案

1944 年 1 月边区政府委员会第四次会议通过，同年 2 月 23 日公布

陕甘宁边区政府命令——为颁行陕甘宁边区地权条例草案由

（战字第八二号，中华民国三十三年二月二十三日）

查陕甘宁边区地权条例草案，业经本府委员会第四次会议通过，应予颁行。此条例颁布后，收入《抗日根据地政策条例汇集》中之《陕甘宁地权条例（草案）》应废止之，其他一切土地问题的法令，如与本条例有抵触者概依本条例行之。今后一切有关地权问题的处理，概以本条例草案为准则。分区专员、县长于收到本项条例草案后，务要认真研究，切实执行，并将实施情形随时报告本府为要。

此令！

附：陕甘宁边区地权条例草案一份

主　席　林伯渠

副主席　李鼎铭

第一条　本条例根据边区施政纲领及边区实际情况制定之。

第二条　本条例所称地权，包括农地，林地，牧地，荒地，宅地，墓地，矿地及一切水陆天然富源之所有权。

第三条　依保证人民土地私有制的原则，凡合法土地所有人在法令限制范围内，对于其所有土地有自由使用、收益和处分（买卖、典当、抵押、赠与、继承等）之权。

第四条　在土地已经分配区域，土地为一切依法分得土地人所有；在土地未经分配区域，土地仍为原合法所有人所有。

第五条　为厘定边区人民的土地所有权，由边区政府颁布土地登记办法①，举办土地登记。土地登记时②，土地所有人须分别呈交下列之证明书状：

一、在土地已经分配区域，为依法取得边区政府所发的土地所有权证，分地以后依法转移土地之契约，或分地时之分地证或补分凭证。

二、在土地未经分配区域，为合法取得土地之契约。

三、如上述契约或凭证因故遗失或毁坏，或在土地革命中未及③颁发分地证者，则须交验当地群众团体或分地时工作人员之证明文件，或土地四邻公正人士及村长之证明文件，经考查确实者。

第六条　土地登记时，凡业主实有土地因当日未经真确丈量，致超过过去凭证所载之数量，经证明确非侵占他人土地或公地，而又为自行经营者，得照实呈报登记，不予追究。如超过数量部分，故意④搁置荒芜，不予经营者，政府得收归公有。

前项土地在登记后，查明仍有隐匿不报之土地，其隐匿不报部分充公。

第七条　土地登记后，地权有下列变动情形之一者，须于一年内向当地政府申请重新登记：

一、地权发生转移者；

二、地权分割者；

三、土地有分合、增减、坍没及其他变动者。

第八条　凡属下列各种土地，均为公有：

一、军事工事及要塞区域的土地；

二、公共交通的道路；

三、公共需用的河流和其他天然水源地。

四、凡不属于私有的矿产地、盐池、荒山、森林、名胜、古迹等；

---

① “陕西法律法规汇编版”将“土地登记办法”印作“土地所有登记办法”。

② “陕西法律法规汇编版”将“土地登记时”印作“办法登记时”。

③ “陕西法律法规汇编版”漏一“及”字。

④ “陕西法律法规汇编版”“三秦法律法规版”“政府文件版”漏“故意”二字。

五、依法没收归公的土地；

六、其他未经人民依法取得所有权的一切土地。

凡公有土地，除法令有特殊规定者外，一般由当地县、市（等于县的市）政府统一登记管理，其所有权属于边区政府，任何个人或团体不得侵占。

第九条　有下列情形之一者，得呈请政府领取公地或公荒，并可依法取得土地所有权：

一、留居边区的退伍抗日军人和抗日军人家属，没有土地耕种者；

二、蒙、回等少数民族人民愿在边区境内居住，而没有土地耕种者；

三、外来灾民、难民、移民或边区人民愿从事自力耕种，而没有土地者；

四、在分配土地时期外出的业主，现在回边区居住，而他的土地已经没收分配，现无土地耕种者。

公地、公荒是否发给和发给多少，都由县政府根据具体情况决定之；但第八条所载一、二、三、四各项公地，不得发给。

第十条　在公荒很多并经政府指定的区域，人民所开荒地，得依法取得其所有权。

第十一条　部队、机关、学校、团体及公营企业，得依法领取（不得自由圈地）公地、公荒使用，但所有权仍属于边区政府。

第十二条　合法土地所有人不在当地时，土地可以由他的亲属或代理人代管；没有代管人时，可以由政府代管，并招人耕种。在他本人回归时，须发还其土地，并酌量发还其地租。

第十三条　由于建筑国防工事，兴修交通道路，进行改良市政工作，以及举办其他以公共利益为目的而经边区政府批准的事业，政府得租用、征用或以其他土地交换任何人民或团体所有的土地。

第十四条　本条例颁行后，收入于“抗日根据地政策条例汇集”中之“陕甘宁边区地权条例（草案）”应即废止之。其他一切有关土地问题的法令或条例与本条例有抵触者，概依本条例行之。

第十五条　本条例由边区政府公布施行。俟下届参议会追认之，其解释之权属于边区政府。

选自《陕甘宁边区政策条例汇集》续编，1944 年编印，第 116～119 页。

互校版本：

1. 《陕甘宁革命根据地史料选辑》第一辑，甘肃人民出版社 1981 年版，第 425～428 页。

2. 《陕甘宁边区政府文件选编》第八辑，档案出版社 1988 年版，第 70～73 页。简称“政府文件版”。附有边区政府于 1944 年 2 月 23 日颁布本条例的命令，指出：本条例草案业经本府委员会第四次会议通过，应予颁布。收入《抗日根据地政策条例汇集》中之《陕甘宁边区地权条例草案》应废止之。今后一切有关地权问题的处理，概以本条例草案为准则。

3. 《延安地区审判志》，陕西人民出版社 2002 年版，第 358～359 页。

4. 《陕甘宁边区法律法规汇编》，三秦出版社 2010 年版，第 295～296 页。简称“三秦法律法规版”。

5.《陕甘宁边区法律法规汇编》，陕西人民出版社2006年版，第187～188页。附有“战字第八二号命令”全文。简称“陕西法律法规汇编版”。

33. 陕甘宁边区子洲县司法处通令——为通知货币折合令各区参照执行由

1944年11月10日

各区长：

现在秋去冬来，各区关于赎地、抽产、房租、还账、投资、伙喂牲口、货币折合等问题颇多。查以上诸项高等法院分庭最近已议定草案，又经县府政务会通过，决定采用。现通知于后，希各区参考执行是荷！

（附折合等草案于后）

一、钱折银洋——民国十年以前每一吊五百文钱合银洋一元。十年至二十年每两吊钱合银洋一元。二十一年以后每五吊钱合银洋一元。

二、银元折边洋——每一元银洋按市价折边洋的百分之二十至五十偿还。

三、银子折边洋——每银一两折银洋壹元四角（因银洋重七钱二分，故每银一两折银洋一元四角。不限年代）。

四、法洋折合——民国二十七年底以前法洋一律以银洋算（即法洋一元顶银洋一元）二十八年五元法洋合银洋一元，再按市价百分之二十至五十以折合交还。二十九年以前按当时粮食折合再以五成至十成交付为标准（以双方生活及典年月迟早为根据）。

五、以粮承典者，抽赎时原还粮（以约契为准）。

六、按资营业工折合亦依前一、二、三、四条为标准。

七、伙喂牲口——以现价去本百分之十至三十外，长利两家均分，或原定本以当时米价折合，交原定价物价的五至十成交本外，增利两家均分。

八、房租——乡村每窑一孔一年租米为五升至一斗半。城市每窑一孔一年租米为一斗至二斗。商号出赁以原赁价涨至五成至十成，房则两间或三间顶窑一孔。

九、以前诸项仅供折合之用，借钱不在此例。

十、本草案自通知日起，参考施行。

（注）1. 此草案只能作参考根据，不算成文规定。各地试用时，以实际情况及人民生活习惯之需要得灵活应用之。

2. 此草案在试用中，有不足之处可呈请修改之。

3. 房租、营业、伙喂牲口、货币折合等，如属私人商号，双方同意者，不受此草案之限制。

此草案希各区切实参照执行是荷。

此令

县长　谢怀德

选自《陕甘宁边区法律法规汇编》，陕西人民出版社2006年版，第190页。

34. 陕甘宁边区政府公函——函请边参二届二次大会追认边府公布之土地租佃等条例

1944年12月8日

边区参议会第二届第二次大会主席团：

边区政府委员会第三次会议通过三十一年十二月二十九日边区政府公布之“陕甘宁边区土地租佃条例草案”；政府委员会第四次会议通过三十三年二月二十三日公布之“陕甘宁边区地权条例草案”；及三十三年三月二十日公布之“修正陕甘宁边区婚姻暂行条例”，现检送上述条例各一份请查核并提交大会审查为荷！

敬礼！

上述三个条例已编列边区政策条例汇编续集中，该书已发给各参议员，请查阅，不再另印。

主　席　林伯渠

副主席　李鼎铭

选自《陕甘宁边区政府文件选编》第八辑，档案出版社1988年版，第465页。

35. 陕甘宁边区地权条例

1944年12月边区第二届参议会第二次大会通过①

第一条　本条例根据边区施政纲领及边区实际情况制定之。

第二条　本条例所称地权，包括农地，林地，牧地，荒地，宅地，墓地，矿地及一切水陆天然富源之所有权。

第三条　依保证人民土地私有制的原则，就合法土地所有人在法令限制范围内，对于其所有土地有自由使用、收益和处分（买卖、典当、抵押、赠与、继承等）之权。

第四条　在土地已经分配区域，土地为一切依法分得土地人所有，在土地未经分配区域，土地仍为原合法所有人所有。

第五条　为厘定边区人民的土地所有权，由边区政府颁布土地登记办法，举办土地登记。土地登记时，土地所有人须分别呈缴下列之证明书状：

一、在土地已经分配区域，为依法取得边区政府所发的土地所有权证，分地以后依法转移土地之契约，或分地时之分地证或补分凭证。

二、在土地未经分配区域，为合法取得土地之契约。

---

① 本条例对1944年2月23日公布的《地权条例草案》第5条、第15条有所修改。

三、如上述契约或凭证因故遗失或毁坏，或在土地革命中未及颁发分地证者，则须缴验当地群众团体或分地时工作人员之证明文件，或土地四邻公正人士及村长之证明文件，经考查确实者。

第六条　土地登记时，凡业主实有土地因当日未经真确丈量，致超过过去凭证所载之数量，经证明确非侵占他人土地或公地，得照实呈报登记，不予追究。前项土地在登记后，查明仍有隐匿不报之土地，其隐匿不报部分充公。

第七条　土地登记后，地权有左列变动情形之一者，须于一年内向当地政府申请重新登记。

一、地权发生转移者；

二、地权分割者；

三、土地有分合、增减、坍没及其他变动者。

第八条　凡属下列各种土地，均为公有：

一、军事工事及要塞区域的土地；

二、公共交通的道路；

三、公共需用的河流和其他天然水源地；

四、凡不属于私有的矿产地、盐池、荒山、森林、名胜、古迹等；

五、依法没收归公的土地；

六、其他未经人民依法取得所有权的一切土地。

凡公有土地，除法令有特殊规定者外，一般由当地县、市（等于县的市）政府统一登记管理，其所有权属于边区政府，任何个人或团体不得侵占。

第九条　有下列情形之一者，得呈请政府领取公地或公荒，并可依法取得土地所有权：

一、留居边区的退伍抗日军人和抗日军人家属，没有土地耕种者；

二、蒙、回等少数民族人民愿在边区境内居住，而没有土地耕种者；

三、外来灾民、难民、移民或边区人民愿从事自力耕种，而没有土地者；

四、在分配土地时期外出的业主，现在回边区居住，而他的土地已经没收分配，现无土地耕种者。公地、公荒是否发给和发给多少，都由县政府根据具体情况决定之；但第八条所载一、二、三、四各项公地，不得发给。

第十条　在公荒很多并经政府指定的区域，人民所开荒地，得依法取得其所有权。

第十一条　部队、机关、学校、团体及公营企业，得依法领取（不得自由圈地）公地、公荒使用，但所有权仍属于边区政府。

第十二条　合法土地所有人不在当地时、土地可以由他的亲属或代理人代管；没有代管人时，可以由政府代管，并招人耕种。在他本人回归时，须发还其土地，并酌量发还其地租。

第十三条　由于建筑国防工事，与修交通道路，进行改良市政工作，以及举办其他以公共利益为目的的而经边区政府批准的事业，政府得租用、征用或以其他土地交换任何人民或团体所有的土地。

第十四条　本条例颁行后，收入于“抗日根据地政策条例汇集”中之“陕甘宁边区地权条例（草案）”应即废止之。其他一切有关土地问题的法令或条例与本条例有抵触者，概依本条例行之。

第十五条　本条例由边区政府公布施行。

选自《陕甘宁边区第二届参议会第二次大会撮录》，1945 年 5 月版，第 52～55 页。

互校版本：

1.《中国新民主主义革命时期根据地法制文献选编》第四卷，中国社会科学出版社 1984 年版，第 209～212 页。原注：“选自《陕甘宁边区第二届参议会第二次大会实录》一九四五年七月版”。

2.《陕甘宁边区法律法规汇编》，三秦出版社 2010 年版，第 297～298 页。

36. 陕甘宁边区土地租佃条例

——1944 年 12 月边区第 2 届参议会第 2 次大会通过

第一章　总　则

第一条　根据边区施政纲领，为合理调整租佃关系，发展农业生产，特制定本条例。

第二条　本条例适用于边区内一切土地租佃关系。

第三条　本条例所称之地租如下：

一、定租：（亦称死租）按照土地面积计算，所定之租额，是谓定租。

二、活租：即指地分粮，出租人只出土地，所需生产工具，概由承租人自备，就地上收获农产物，由双方按成分配者。是为活租。

三、伙种：出租人除出土地外，并供给承租人各种生产工具之一部或全部，就地上收获，按成分配者，是谓伙种。

四、安庄稼：出租人除出土地及全部生产工具外，并借给承租人粮食、窑房等，就地上收获，双方按成分配者，是谓安庄稼。

第四条　本条例所称土地副产物，指柴草等而言。

第五条　各县市在本条例范围内，得按当地实际情况，制定有关租佃单行办法，呈报边区政府核准施行之。

本条例颁布后，一切有关租佃法令，有与本条例抵触者，均照本条例规定办理。

第二章　减　租

第六条　出租人应依本条例所定减租额收租，不得多收或法外增租。

第七条　定租（死租）依照当地减租法令或当地现行减租额给租。在未经分配土地区域，一般减租率，不得低于二五。

第八条　活租（指地分粮）按原租额减百分之二十五至四十，减租之后，出租人所得最多不得超过收获量百分之三十。土地副产物，皆归承租人。

第九条　伙种按原租额减百分之十至二十，减租之后，出租人所得最多不得超过收获量百分之四十，土地副产分法，依其约定，无约定者依习惯。

第十条　安庄稼，按原租额减百分之十至二十，减租之后，出租人所得最多不得超过收获量百分之四十五。土地副产物亦随正产物，由双方按成分配。出租人对所借粮及窑房，不得收取利息及租金。

第十一条　第七条至第十条所称原租额指实行减租以前实交租额而富，禁止以任何借口抬高原租额。

第十二条　在实行减租以后，新成立之租佃关系，其租额不得超过本条例第七条至第十条规定之减租标准。

第十三条　若因天灾人祸致收成减少或毁灭时，承租人得商请减付或免付应交租额。

第三章　交　租

第十四条　承租我应依本条例所定减租后之租额交租，不得短少，其有能力交租而故意不交者，出租人有请求政府依法追交之权。

第十五条　地租一律在收获季节终了后交纳，禁止预收地租之一部或全部，及收取押租。

第十六条　承租人如因收获减少而确系极贫或遭遇意外无力清交地租时，得与出租人协商缓期交纳之，出租人对欠租不得作价行息。

第十七条　地租应交谷物，依双方约定，其细粮杂粮折算办法，依当地习惯。交租使用当地通用之斗，禁止大斗收租与小斗交租。

第十八条　谷物地租易为货币，货币地租易为谷物，须经双方协商同意始得行之。

第四章　租佃契约及佃权

第十九条　租佃契约不论为书面为口头，应觅具见证人，或经当地乡长证明之，在条例颁布前所订立之租佃契约，有与本条例相抵赖者，应依本条例规定办理，其在本条例后订立之契约与本条例相抵触者无效。

第二十条　出租人不得任意收回租地，有下列情况之一时，始得收回租地。

一、定有期限之契约，已经期满，或为不定期限之契约，由出租人收回其地确系自耕，或雇人耕种者。

二、承租人非因不可抗力，无故继续一年，不为耕种而又不交地租者。

三、承租人将租地转租，从中图利者。

四、减租后承租人力能交租而故意不交者。

五、承租人死亡，无承继人者。

六、承租人自动放弃承租权者。

第二十一条　在抗战期间，出租人依法收回租地时，应顾及承租人生活。如承租人实贫乏而无力生活者，由政府召集双方与以调剂，得延长佃期或只退佃一部。但如出租人确系为生计所迫非典卖土地不可者，不在此限。

第二十二条　出租人依据第二十条第一款收回租地时，须于本年作物收获后次年作物耕种前之时日为之。并须于收获后一月内通知承租人。

在上述情形下承租人仍须交纳本季地租。

第二十三条　出租人典卖其租地于他人时，原承租人依同一价格有承典承买之优先权。

第二十四条　出租人典卖其租地于他人，该承买承典人，若非自耕及非雇人耕种者，原承租人有依原约继续承租权。

第二十五条　出租人典卖其租地时，须于秋收后春耕前之时期为之。并须至迟于立春前一个月通知承租人。

第二十六条　非得双方同意，租佃之一方不得将定租改为活租。或作其他类似变更。

第二十七条　禁止借口自耕收回土地，暗行出租，或任其荒芜，以及假典假卖之行为。

第二十八条　租佃契约满期，出租人仍将土地出租时，原承租人有依原契约继续承租权。

第五章　其　他

第二十九条　一九三九年年底以前欠租一律免交。

第三十条　开垦他人之老荒地者，三年免付地租，三年期满，再按本条例纳租。

第三十一条　承租人得在耕地上进行耕地改良，出租人不得反对在上述耕地改良有效期间，出租人不得收回土地。

第三十二条　由于出租人投资进行耕地改良，致土地产量提高时，得酌情增加地租。

第三十三条　禁止包租转租从中图利。

第三十四条　于应收正租外，出租人不得索取任何额外报酬及无偿劳动。

第三十五条　抗日军人家属及贫苦孤寡，因丧失劳动力出租少量土地为生活者，得不受本条例之限制。

前项所称少量土地，以每人平均五垧以下为限。

第三十六条　故意违犯本条例规定者，按情节轻重，由司法机关处理之。

第六章　附　则

第三十七条　本条例经边区参议会通过，由边区政府公布施行之，其解释之权仍属于边区政府。

选自《陕甘宁边区政府文件选编》第八辑，档案出版社1988年版，第476～480页。
互校版本：《陕甘宁边区法律法规汇编》，三秦出版社2010年版，第523～525页。

37. 陕甘宁边区土地房屋登记暂行办法

1944年

第一条　本办法为确定土地房屋所有权，实行农业统一累进税，依据陕甘宁边区地权条例草案第五条制定之。

第二条　凡于边区境内置有土地房屋者，均须依照本办法向土地房屋所在地之县（市）政府进行登记，领取土地房屋所有权证。

第三条　凡机关、部队、学校、团体与公营企业所使用之公地公荒，一律须呈报当地县（市）政府登记；凡未分配之公地公荒，均由该管乡（市）政府调查呈报县（市）政府登记统一管理。

第四条　各县（市）于进行土地登记时，应以丈量为主，与就地民主评议等办法辅助之。

第五条　申请土地房屋登记者，应分别陈报下列事项：

一、业主姓名，年龄，原籍，现住。

二、地名，种类，等级，方向，面积及其四至。

三、常年产量（以细粮为标准）。

四、附着物（如树木、水石、碾磨、畜圈、草棚等）。

五、出路、水道与场院。

六、来历及其凭证。

七、其他。

第六条　凡申请登记土地房屋者，均须按照下列规定呈验契约凭证：

一、在土地已经分配区域，呈验依法取得边区政府前颁发之土地所有权证，分地后依法移转之契约，分地时之分地证或补分凭证。

二、未经分配区域，呈验合法取得土地之契约。

三、如上述契约凭证，因故遗失或毁坏，或在土地改革时未领得分地证者，须呈验分地时之工作人员之证明文件，或土地房屋四邻及村长之证明文件，经考查确实者。

第七条　凡已分配之土地房屋屡经地主反复收回者，其土地房屋所有权之确定，应依一九三八年边区政府布告第一款之规定，在确保农民分得土地所有权的原则下处理之。

选自《陕甘宁边区法律法规汇编》，三秦出版社2010年版，第294页。

十一、劳动法规

1. 陕甘宁特区党委关于工会工作的指示信

1937年7月17日

各级党委、各级工会工作同志：

半年来边区工会工作是有不少的进步：在组织方面，陕北与陕甘宁区域大部的建立了县、乡工会的组织，与建立了对下层经常的领导关系；全区会员发展到一万五千人以上；神府与关中两分区及周围友军区域内也已经开始了组织工作；关中工会已吸收工人三千多人；陕甘宁经过省工人代表大会，改选与加强了省工会的组织及领导；陕北的第二次工人代表大会和全边区工人代表会正在动员与筹备中。所以，边区工会已由散漫的无组织的情况，转入有组织的状态。此外工会内部的文化教育、改善工人生活及参加春耕运动、帮助红属等日常工作，许多地方能够进行，并收到相当成绩。但是，另一方面我们从边区半年来有利的环境与边区工会任务的严重和边区工人固有的积极性来检查今天边区工会工作时，仍然是远落在应有成绩之后，还是一切工作中落后的一环。主要的弱点是：（1）没有建立工会自己经常的文化教育工作，使工会成为教育工人的学校。会员还有不知自己的权利与义务的现象，以致莫能进一步提高工人的积极性。在各个战线上起应有的作用。（2）在组织上还存在着散漫的形式的现象，未走到健全的有力量的程度；（3）各种工作没有真正深入工人群众中去，来发扬过去土地革命中工人的积极性。边区工会工作的这种落后，固然有着在客观上边区工人阶级非近代产业工人的特殊性的原因，但主要的是由于党对工会工作的帮助与领导不够，所以这就要求我们提高对工会工作的注意，以克服我们工会工作中的一切弱点。

在目前转变与创造边区为全国抗日的民主政治的模范地区的总任务下，更加需要提高边区工会的任务与作用。目前边区工会的中心任务就在发扬工人在过去土地革命中的积极性与工会的组织力量而能在政治生活中、经济建设中起坚强的先锋的作用，并使工会成为教育工人的学校与改善工人生活的工具，以达到工会真正成为边区民主的人民政权之有力支柱，工人群众成为抗日的民主政治的模范公民。为要实现上述的任务，各级党委应当推动各级工会工作同志应立即加紧进行如下的具体工作：

一、动员整个工会组织与所有工人群众，积极参加现在的边区民主普选运动。这需要各级党委采取具体步骤，推动工会有计划的深入的向工人群众进行宣传解释与组织工作，提高工人参加竞选运动的热忱。在党提出政府选举候选名单时，同时要注意提出工人领袖争取当选，以保证优秀的工人分子参加到政权机关中来，这是巩固边区政权的必需条件。

二、加强文化教育工作。为提高工人的阶级觉悟与政治水平，文化教育工作应该是边区工会的主要的日常生活。但在过去没有作（做）到这一点，尤其是因边区工人阶级的特殊性（散漫与残存农民意识），与目前地主豪绅等同样参加选举享有民主自由的环境下，这一工作更加重要。所以各地应有计划的开展这一工作（首先应着重于工人集中的地方），除动员工人参加一般的识字运动外，应利用俱乐部、各种会议，进行文化政治的阶级教育与国难教育，使工人成为有知识的高度觉悟的革命队伍。

三、不放松保护工人利益，改善工人的生活，并应将这一工作看作工会主要的工作之一。因为工人的生活不能改善，权利不能保障时，工会的一切工作将是空的，所以我应根据各地方实际情形，一方面动员工人积极参加经济建设，在改良生产技术、增加生产中改善工人生活；他方面要利用政府法律保护工人已得利益，在不妨害统一战线的原则下，不放弃工人改善生活及争取民主权利的斗争（在统一战线区）。这样，只有这样，才能提高工人参加政治、经济生活的积极性。

四、健全与改善工会组织和生活，这是使工会有力量能起作用的必需条件，因此在今后：（1）实行各级工会由工人大会与代表大会的按期选举，首先在目前召集的全边区工人代表大会，各地应抓紧动员选举代表的工作，改变委派制度，使工会领导机关能够坚强而有威信。（2）彻底整顿工会的基础——乡、区工会组织，在民主化的基础上活跃其日常生活，克服过去的贫弱现象。（3）举办流动的或短期的工会干部训练班，培养工会工作干部。

边区工会工作是我边区党最基本的工作之一，我们要坚决的克服过去没有能加强组织工会工作的倾向。要加强对工会工作的领导，首先须保证上列各点工作胜利的完成。所以各级党委今后应：（1）建立党对工会正确的领导关系，就是要加强工会中的党团工作，经过它来领导工会工作，及时召集党团会议来讨论与指示其工作，经常检查与督促其工作。首先着重上面指出的工作，纠正包办工会工作与工会和党混淆起来的现象。（2）配备较得力适合于做工会工作的干部做工会工作，以便有力的推动工会工作。（3）各级党委除按期讨论工会工作外，应帮助工会解决困难问题，与工会工作同志发生密切联系。只有这样多方面的加强对工会工作的领导，才能转变与推动工会工作，使工会成为边区民主政权的有力的依靠，并在抗日民族革命战争中发生骨干作用。

选自手抄件。原注："选自《党的工作》1937年7月第37期"。

2. 陕甘宁边区总工会抗战期间工作纲领

1938年4月

（一）广泛动员全边区工人，积极参加抗战，保卫边区，保卫西北，保卫全中国。

（二）拥护国共两党亲密合作，拥护国民政府及蒋委员长领导抗战到底。

（三）赞助全国职工运动之统一与普及，以加强抗日民族统一战线使之巩固与扩大，增强抗战力量，坚持抗战到底，争取全国抗战的最后胜利。

（四）普遍的建立与健全工会的组织，吸收边区全体工人加入工会，发展工会民主，提拔和培养干部，使之积极参加工会工作，使边区工会成为全国工人统一组织的一个坚强的组成部分。

（五）提高工人劳动热忱，改良生产技术，提高生产效率和质量，积极参加边区战时经济建设，发展国防工业。

（六）实施国防的职工教育，普及抗战知识，提高边区工人的政治认识和文化水平，消灭文盲。

（七）改良边区工人生活，加强劳动保护工作，组织和安插因战事失业的工人，参加抗战工作。

（八）关于劳资争议，工会应采取适当方法使之合理的解决，俾能集中力量共同抗日。

（九）广泛的发展工人参加自卫军，组织游击队，训练边区工人军事知识和技能，开展抗日游击战争。

（十）领导农业工人，并协助农民改良农业生产，发展农村经济，协助农民组织与武装，提高农民的民族意识与抗战积极性。

（十一）广泛开展边区工人生产合作运动。

（十二）动员全边区工人，积极参加政府及抗日军队的一切抗日工作，并选择积极的工人干部，送交政府及抗日军队分配工作，以便上下一致的协同动作，击退日寇。

（十三）动员工人积极进行肃清汉奸，尽量揭穿托洛茨基，叛国分子捣乱工人运动，加深工运分裂的企图与汉奸作用，要把托洛茨基、叛国分子赶出工人运动，巩固后方。

（十四）在全国工人统一组织的领导之下，联合世界各国职工团体共同抗日。拥护全世界职工保卫和平，保卫民主，反侵略战争的统一战线。

选自《抗日根据地政策条例汇集》陕甘宁之部（上），1942年版，第238～241页。

互校版本：《陕甘宁革命根据地史料选辑》第一辑，甘肃人民出版社1981年版，第1～2页。

3. 陕甘宁边区总工会章程

1938年4月工人代表大会通过

第一章 总则

第一条 本会定名为陕甘宁边区总工会。

第二条 本会以团结全边区工人、职员、雇农，拥护工人的利益，争取民族和工人的解放为宗旨。

第三条 本会加入全国性的工人团体与全国工人联合。

第二章 会员

第四条 凡具下列资格之工人团体，经本执行委员会之通过，不分派别信仰，均得加入本会为会员。

（一）边区产业工人的工会。

（二）边区店员手工业工人的工会。

（三）边区农村工人雇农的工会。

（四）边区苦工运输工人的工会。

（五）边区职员工会联合会。

（六）边区各县及各地方性的工会。

（七）边区及边区附近的其他工人团体。

第三章 本会代表大会及执行委员会

第五条 本会最高权力机关，为全边区工人代表大会，由本会所属各工会按照会员人数为比例选举代表组织之。

第六条 本会代表大会，每二年由执行委员会召集一次，必要时经执行委员之通过或会员团体三分之一以上的请求，均得召集临时代表大会。

第七条 在代表大会闭会期间，本会执行委员会为最高权力机关，本会执行委员会由代表大会选举执委五十七人、候补执委九人组织之。

第八条 本会执行委员会全体会议，每年召集一次，由执行委员会互选九人组织本会常务委员会。总揽和处理本会一切经常事宜。

第九条 本会常务委员会，互推正副主任各一人，并分设各部：

（一）组织部。

（二）文化教育部。

（三）劳动保护部。

（四）青工部。

（五）女工部。

（六）抗战动员部。

（七）秘书处。

各部设部长一人，干事若干人。

第十条　本会各选任委员职员，任期一年，但得连选连任。

第十一条　本会实行民主集中制，一切决议以多数同意为通过。

第四章　经　费

第十二条　本会的收入如下：

（一）本会所属各会员团体，须向本会缴纳会费，其数目相当于各该工会收入之百分之十至百分之三十。

（二）政府对本会之津贴。

（三）临时向会员群众所募之捐款。

第十三条　本会经费每月向各会员公布一次。各团体会员随时可组织委员会审查本会经费及帐（账）目。

第五章　附　则

第十四条　本章程经代表大会通过后，即发生效力，其修改之权，属于本会代表大会。

选自《抗日根据地政策条例汇集》陕甘宁之部（上），1942 年版，第 241～244 页。

互校版本：《陕甘宁革命根据地史料选辑》第一辑，甘肃人民出版社 1981 年版，第 3～5 页。

4. 陕甘宁边区农业工人工会（雇农工会）的章程

1938 年 4 月

第一章　总　则

第一条　本会定名为陕甘宁边区农业工人工会。

第二条　本会的主要目的：

（一）团结全边区农业工人的力量，以求得中华民族独立解放自由幸福。

（二）组织全边区农业工人，并努力争取与保护其经济生活及文化上的利益。

第三条　本会加入边区总工会及各地方工会联合会，同非边区的农业工人建立联系，并准备加入全国的农业工人总会及其他全国性的工人的组织。

第二章　会　员

第四条　凡是被雇在边区（与边区附近）农业中服务的下列几种工人雇农，以出卖劳动力为生活资料的唯一来源或主要来源的，承认本会章程者，不论年龄、性别，不分党派、帮口、行会及民族和宗教信仰，均须加入本会为会员。

（一）各种田庄（稻田、麦田、高粱、食粮、果园、芋田、菜园等）以上的长年工、季候工及零工；

（二）畜牧工人（饲养牛、马、驼、羊、鸡、鸭及兽等工人）；

（三）林业工人（砍木工人、掘甘草工人、木炭工人）；

（四）各种垦殖场上的耕田工人（如开荒等）；

（五）农村的家庭雇工（伙夫、挑夫、脚户工人、娘姨等）；

（六）其他生产农业原料手工企业中的工人，如掘炭、盐工、窑工、磁工、弹毛、织毛、制毡、鱼（渔）业等工人（如过去这些工人还没有独立组织的），失业的农业工人及分得土地的农业工人，其产业虽然现在很大，出卖自己的劳动力，亦得加入本会为会员。

第五条　在边区的下列几种工人，虽是现在被雇在农业中工作，亦不得加入为本会会员：

（一）一切宗教机关负责的和尚、道士、牧师及阴阳家（但被雇在宗教机关服务的工人不在此列）；

（二）剥削与压迫工人的工头、包工头等；

（三）一切汉奸、卖国贼、托洛茨基、叛国分子。

第六条　凡会员入会，须到乡工会填写自愿书，经过乡工会委员会的审查及大会的通过，但处理入会手续不得超过两星期通知本人。

第七条　凡本会会员有下列情形之一者，得开除其会籍，但须得工人大会的通过，区工会的批准；

（一）屡次违犯本会章程决议，经过三次以上的劝告和警告而不能改正者。

（二）吞得公款经过审查确实者。

（三）无故继续在三个月以上不缴会费者（但有特别情形经过工会免纳者在外）。

凡会员受开除不服从者，得向上级工会控告。

第八条　凡本会会员均有选举及被选举权，参加会议，向本会建议及享受本会所举办的一切事业的利益之权。

凡本会会员均有缴纳会费、遵守章程，服从决议及参加本会各组织内工作的义务。

第三章　各级组织

第九条　本会的基本组织是乡工会，凡有会员十五人以上之乡或农场企业的乡工会委员会，由会员选举三人至七人（由工人人数多少来决定）组织之，并由委员会内选一人为主任。会员不到十五人之乡或农场企业，可与邻近乡村企业来共同组织乡工会，乡工会以下按村庄来组织小组，小组由会员选举一人为组长。

第十条　凡有三个乡工会委员会以上的区，即可成立本会在该区的委员会，由全区的会员大会或代表大会选举三人至五人组织常务委员会，内举一人为主任委员。

第十一条　凡有三个区以上的县，即可组织本会在该县的委员会，由该县的代表会选举十五人至二十一人组织之，并由委员会选举五人至七人组织常务委员会，内举一人为主任委员。

第十二条　凡有三个县以上的地方，即可成立本会在该地的分区工会办事处，委员会委员举五人至七人组织常务委员会，内举一人为主任委员。

第十三条　凡有未到三个乡工会的区，可联合邻近几个区共同组织一个区委员会，凡不到三个区委会的县，可联合邻近几个县协同组织一个县工会委员会。

第十四条　本会的最高权力机关，为本会全边区农业工人代表大会。代表大会闭会期间，本会执行委员会即为本会的最高领导机关，本会的执行委员会，由全边区工人代表大会选举三十七人组织之，并由全边区委员会选举七人至九人组织常务委员会，并由常务委员推正副主任各一人。

第十五条　本会各级委员会，均设候补委员，其人数须在正式委员会四分之一以上，正式委员缺席时，即由候补委员补充之。

第十六条　本会之县区以上的各级委员会，均设下列各部办事：

（一）秘书处：管理文书、庶务、会计等事宜。

（二）组织部：管理会员的登记、干部的分配及巡视员工作等。

（三）劳动保险部：管理合同的签订、劳动的保护、劳资纠纷、合作社及社会生活的调查统计、职业介绍等。

（四）抗战动员部：管理一切抗战动员事项。

（五）文化教育部：管理本会学校、俱乐部、报纸及文化教育事项。

（六）青工部：管理青工学徒一切事宜，由本会青年会员选举委员会经各级委员会批准管理之。

（七）女工部：管理女工一切事宜，由本会女工会员大会选举委员会经各级委员会批准管理之。

上列各部均须设部长一人，各部之下有各部委员会，各部委员会由各部任命，并得上级各部的批准，各部得视事务的繁简，设副部长、干事、办事员若干人。

乡工会委员会，设组织委员、文化委员、劳动保护委员、抗战动员委员各一人，不设各部。

第十七条　本会边区工人代表大会，每二年召集一次，县的工人代表大会，每年举行一次，区的会员大会或代表会，每六个月举行一次，乡工会的会员大会，每一月举行一次，均由各级委员会召集。

第十八条　本会边区委员会全体会议，每半年召集一次，县的全体会议每三月召集一次，区委员会全体会议，每一月召集一次，均由各级常务委员会通知召集之。

各级的常务委员会及乡工会委员会，每星期召集一次，均由主任召集之。

本会的会员大会、代表大会、各级委员会，如遇有特别事故，均得召集临时会议。

第十九条　本会的边区委员会与分区委员会，每二年改选一次，县委员会，每年改选一次，区委员会，每六个月改选一次，乡工会委员会，每三月改选一次。

第四章　组织原则

第二十条　本会以民主集中制为原则：

（一）本会各级委员会的委员及代表会的代表，均由选举产生。

（二）本会的各种重要问题，在未决议前，凡是本会会员，均可自由发表意见，参加讨论，但以多数的赞成而通过后，少数须服从多数，一致执行决议。

（三）本会的下级组织，须服从上级的一切决议和指挥。

第五章　经　费

第二十一条　本会的经费有下列几行收入：

（一）会员常月费：1. 各个土地并且自己耕种土地的产农与受人雇用之雇工，每人每月收小米五两；2. 工钱工人每人每月照工资总数收百分之一。

（二）向雇主征收的工会文化教育与办公费，在工资以外征收百分之二，但雇主是贫农者不收。

（三）会员的特别捐，经过边区总工会的通过之后，得向会员征收特别捐，其数量临时决定之。

（四）有失业及疾病残废等会员，须经本会乡工会的通过及区工会委员会的批准者，得免收或减少会费，在军队中服务的会员在机关中服务的而完全没有收入的会员免收会费，会员的常月费，经过边区执行委员会的决定，得一个月征收三个月以内的月费。

第二十二条　在乡工会委员会以下会员的月费，全由小组长负责征收，或工人选举会费征收员收集之。

第二十三条　本会的经费须统一分配。

第二十四条　本会的基金，由边区代表大会选举保管委员会保管，不得边区执行委员会全体会议的通过，不得动用基金。

第二十五条　各级委员会的帐（账）目，须按月向会员公布，并报告上级，凡本会会员均有权随时选举委员审查本会机关的一切帐（账）目和经费。

第六章　附　则

第二十六条　本章程经边区农业工会全体会议的通过后，发生效力，只有全边区代表大会有修改本章程之权。

本章程解释权，属于边区执行委员会。

选自《抗日根据地政策条例汇集》陕甘宁之部（上），1942年版，第251～257页。

互校版本：《陕甘宁革命根据地史料选辑》第一辑，甘肃人民出版社1981年版，第14～20页。

5. 陕甘宁边区店员手艺工人工会章程

1938年4月

第一章　总　则

第一条　本会定名为边区店员手艺工人工会。

第二条　本会的主要目的：

（一）团结全边区店员手艺工人的力量，为民族独立自由幸福而斗争。

（二）努力争取并保护全体店员手艺工人经济生活与文化生活上的利益。

第三条　本会加入边区总工会及全国性店员手艺工人总工会，以取得与全国各业工人联合，本会各级组织应加入各该地方的工会联合会。

第二章　会　员

第四条　凡是以出卖劳动力为生活资料的唯一来源的下列几种工人店员，承认本会章程者，不论年龄、性别、民族和派别、信仰，均得加入本会为会员：

（一）一切在城市与乡村中，沿门卖工的手艺工匠与学徒。

（二）一切被雇在手工坊中工作的手艺工匠、助手、学徒和工役。

（三）一切在私人商店及贩卖机关服务的工役和学徒。

（四）其他手工企业中的工钱工人（如织布、纺纱工厂等）和学徒（如果这些工人还没有独立工会的组织）。

失业的店员与手艺工人，及革命前的手艺工人店员，在分得土地后，虽然现在很少出卖自己的劳动力，也得加入本会为会员。沿门卖工的手艺工人，如果带了学徒的，必须依照工会及政府所定办法待遇学徒，才能加入本会为会员。

第五条　下列几种人，虽然被雇在边区工作，也不得加入本会。

（一）一切汉奸卖国贼、托洛茨基、叛国分子。

（二）剥削与压迫工人伙计的工头、老板、包工头。

（三）一切宗教机关的负责人（如道士、和尚、牧师及阴阳家、堪舆家等。但被雇在宗教机关服务的工人不在此列）。

第六条　凡会员入会，须到本会支分会委员会填写申请书，经过支分会委员会的审查及支分会大会的通过。

但办理入会手续。至多不得超过两星期通知本人。

第七条　凡会员有下列情形之一者，得开除其会籍，但须经过支分会大会的通过及区城市委员会的批准。

（一）屡次违犯本会章程决议，经过三次以上的劝告和警告不能改正者；

（二）吞没工会的公款经过审查确定者；

（三）无故三个月以上不缴会费者。凡会员受开除会籍的处分不服者，得向上级委员会控告。

第八条　本会会员均有选举权、被选举权、参加会议及向本会建议及享受本会所举办一切事业的利益之权。

凡本会会员均有缴纳会费、遵守章程、服从决议及参加本会各级组织内工作的义务。

第三章　各级组织

第九条　本会的基本组织是支分会委员会，支分会委员会按照下列几种方式组织之：

（一）凡有会员十五人以上之企业、作坊、工厂、商店，即以工厂、作坊为单位，成立本会在该工厂、作坊、商店中的支分会，由会员大会选举三人至七人（由工人人数多少来决定）组织之，并由委员会推举一人为主任。

（二）会员不到十五人之工厂、作坊、商店或人数超过十五人，在附近有几个同一生产的工厂、作坊、商店，则应联合附近几个同一生产的工厂、作坊、商店中的会员，来共同组织一个支分会委员会。

（三）在城市的手工作坊与店铺及手艺工人，应按职业来组织支分会（如刨烟支分会，米业支分会，布业支分会等），每个支分会之下至少须有会员十五人以上。

（四）在乡村中的手艺工人，凡有手艺工人的会员在十五人以上的乡，即可成立本会在该乡的支分会。在店员人数较多的城市，可单独成立一个店员支分会，店员支分会下可再按店员的职业来成立小组（如布匹店员小组、米业店员小组等）。如有店员不到十五人之市镇，店员可与手艺工人共同组织支分会，凡有会员不到十五人以上之乡，可联合附近几个乡来组织一个支分会。在店员手艺工人很少的地方，如果那里有农业工人工会的组织，店员手艺工人可加入农业工人工会，同样在农业工人很少的地方，那里没有农业工人工会的组织，农业工人可以加入店员手艺工人支分会。

在支分工会下如有必要时，可再按职业和村庄来组织小组。

第十条　凡有三个支分工会之市镇或区，即可成立本会在该市镇或区工会委员会。由全区会员大会或代表会选举五人至十三人组织之。并由委员会选举三人至五人组织常务委员会。内选一人为委员会主任。

第十一条　凡有三个区及市镇委员会以上的县，即可成立本会在该县的委员会。由县代表会选举九人至二十一人组织之，并由委员会选举五人至七人组织常务委员会，内举一人为委员会主任。

第十二条　凡不到三个支分工会之区，可联合附近几个区来共同组织一个区工会委员会。凡不到三个市镇及区工会之县，可联合附近几个区来共同组织一个县工会。

第十三条　本会最高权力机关，为本会全边区代表大会。代表大会闭会期间，执行委员会即为本会最高权力机关。本会执行委员会，由全边区代表大会选举三十一人组织之。并由执行委员会选举五人至七人组织常务委员会。由常委会互推主任一人副主任一人。

第十四条　本会各级委员会，均设候补委员，其人数须在正式委员的四分之一以上。正式委员出缺时，即由候补委员递补之。

第十五条　本会之区及市镇以上的各级委员会，均设下列各部办事：

（一）秘书处：管理文书、庶务，会计等事；

（二）组织部：管理会员的登记、干部的分配及巡视工作等；

（三）抗战动员部：管理一切武装动员事宜；

（四）劳动保护部：管理订立合同、劳动保险、合作社及社会生活的调查统计．职业介绍等事宜；

（五）文化教育部：管理本会的学校、俱乐部、出版报纸及一切文化教育事项；

（六）青工部：管理青工学徒一切事项，由本会青年会员选举委员会（经各级委员会批准）管理之；

（七）女工部：管理女工一切事宜，由本会女工会员选举委员会（经各级委员会批准）管理之。

上列各部，均设部长，之下有各部的委员会，由各级委员会任命，得上级各部批准。各部得视事务之繁简，设副部长，干事及办事员若干人。各级委员会，设立各种临时的委员会，办理各种临时发生的事务，支分会，设组织委员、文化教育委员、劳动保护委员、青工委员、女工委员各一人，不设各部。在本会及县、市、区工会之下，店员工人比较集中地方设立店员部，由加入本会的店员会员选举三人至五人组织委员会管理之。

第十六条　本会全体代表大会，每二年举行一次，县的代表会，每年举行一次，区或市的会员大会及代表会，每三个月举行一次，支分会会员大会，每月举行一次。均由各级委员会召集之。

第十七条　本会执行委员会全体会议，每半年召集一次。县市委员会全体会议，每三个月召集一次。区委员会每月召集一次，均由常务委员会通知召集之。各级常务委员会及工会，每星期召集一次，由主任召集之。本会的会员大会、代表大会、各级委员会，如遇有特别事故，均得召集临时会议。

第十八条　本会执行委员会与县市委员会，每年改选一次，区及支分会委员会，每半年改选一次。但得连选连任。

第十九条　本会组织实行民主集中制，其原则如下：

（一）本会各级委员会的委员及代表会的代表，均由选举产生，选举人有随时撤换自己的代表之权；

（二）本会的各种重要问题在未决议以前，凡是本会会员均可自由发表意见参加讨论，但以多数的赞成而通过后，少数须服从多数，一致执行决议；

（三）本会的下级组织，服从上级组织的决议和指挥。

第四章　经　费

第二十条　本会的经费，有下列几种收入，

（一）会员常月费，按照会员每月所得工资抽百分之一，但最低不得少过铜元十枚（对学徒的会费，抽工资的百分之一，亦不得少过二枚）。

（二）向雇主征收的工会办公费在工资之外，每月征收工资的百分之二。

（三）会员的特别捐，经过执行委员会的通过之后，得向会员征收特别捐，其数目临时规定。

（四）政府及其他革命团体的捐助与津贴。失业的与残废及生疾病的会员，完全没有收入者，经过本会乡工会的通过及区委员会的批准，得免收或减少会费。会员担负政府及其他抗战团体工作，未领工资者，得减少或免收会费，军队中的会员免收会费。

第二十一条　乡工会干事委员，负责征收会费，或者由小组组长负责征收之。

第二十二条　本会的经费须统一分配。

第二十三条　本会基金，由全体代表大会选举保管委员会保管之。不得执行委员会会议通过，不得动用其基金。

第二十四条　各级委员会的账目，须按月向会员公布，并报告上级。凡本会会员均有权随时选举代表向委员会审查本会一切机关的经费和账目。

第五章　附　则

第二十五条　本章程经全体代表大会通过后，发生效力。只有全体代表大会有修改本章程之权，本章程的解释属于执行委员会。

选自《抗日根据地政策条例汇集》陕甘宁之部（上），1942年版，第244～250页。

互校版本：《陕甘宁革命根据地史料选辑》第一辑，甘肃人民出版社1981年版，第6～13页。

6. 陕甘宁边区政府令
——公布延安市职业介绍暂行办法

1940年5月24日

兹制定延安市职业介绍暂行办法公布之。

此令

主　席　林伯渠

副主席　高自立

附：

延安市职业介绍所暂行条例

第一条　在职业介绍法规未公布以前，凡代谋工作以图调剂劳力之供给与需要者，得依本条例组织职业介绍所。

第二条　职业介绍所介绍职业之范围如下：

一、凡来本市之商店店员、手工业、产业之雇工与雇员；

二、本市各公私机关、团体或家庭之雇工或雇员。

第三条　职业介绍所自开始设立日起，即呈请本市政府登记公布施行之。

第四条　职业介绍所登记规则另定之。

第五条　年在十四岁以上之中华民国国民（土匪、汉奸外），具有下列条件之一者，得开姓名、年龄、性别、习惯、技能及其希望，得向本所请求介绍之。

一、有某一种职业技术知识或技能者；

二、有相当体力及经验愿为劳工者。

第六条　请求介绍雇佣者，就本条例第二条范围向本所请求介绍之。

第七条　本所应就第五、六条规定之请求事项登记簿册，依次介绍，并将簿册陈列登记处以备后观。

第八条　雇佣条件由当事人自定之，但因双方之请求，本所得代为协定。

第九条　请求介绍职业之工人，对于职业选择、雇佣条件及其他有关事项有所询问时，职业介绍所应详细答复之。

第十条　本所介绍职业至所在地域出外者，应有本所之证明，市政府方可发给护照。

第十一条　本所应与当地救济失业有关机关（如民政厅、互济会、市一科）取得密切关系。

第十二条　本所应将劳工供给需要，及其介绍之实况按期呈报市政府及市工会。

第十三条　本所概不收任何手续费。如雇佣者发生事端，有考查仲裁之权，如事体重大者，得呈请地方法庭处理之。

第十四条　凡各地来之工人，须向本所登记。如未经本所登记工人、学徒或某种职业之知识或技能者，如发生任何事端，本所绝不负责；如经查出，本所有权呈报市政府与市工会，以破坏本条例论之。

第十五条　本所成立之日起，不分公私机关、团体及农工商号，不得私自雇佣工人和学徒，就已有之工人学徒，得向本所报告登记之。

第十六条　凡在本市作（做）工工人和学徒，得由双方协定订立集体合同或工折，须经工程处批准，但市工会有检查盖章之权。

第十七条　凡在本市作（做）工工人之工资，由工程处协商规定，工人亦不得乘机抬高工价，但有特别技能工人之工资不在此例。

第十八条　本条例有未尽事宜，由市工会协同市政府提出意见修改之。

选自《陕甘宁边区政府文件选编》第二辑，档案出版社 1987 年版，第 243～245 页。

7. 陕甘宁边区劳动保护条例（草案）[①]

1940年边区总工会草拟，未曾公布实施

第一章 总 则

第一条 本条例为保护工人，提高工人热忱，发展战时生产而制定之。

第二条 本条例劳动之规定，以雇佣劳动者为限。

第二章 工作时间

第三条 工人每日实际工作八小时[②]，青年工人工作六小时。

第四条 工人为帮助抗战需要，自愿多做义务工作者，不受前条之限制。[③]

第五条 雇主不得要求工人做额外之工作，如确因工作过忙，雇主要求工人增加额外工作时，必须先得工人之同意。

第六条 采用昼夜轮班制者，所有工人班次，至少每星期更换一次，本条例所称夜间工作是指自下午十时起至第二天上午六时止。

第七条 孕妇、哺乳妇禁止做夜间工作。

第八条 工人休假以星期日及政府通知之纪念日为标准。

第三章 工 资

第九条 工人工资不得低于最低工资率，最低工资率以所在地之生活状况为标准，由工会、雇主、工人共同言定之。

第十条 学徒在学习期内，应分期规定工资或津贴，并按工作情形酌量增加。

第十一条 包工工资由集体劳动合同内规定之。

第十二条 工人工资或津贴以当地十足通用货币付给。

第十三条 工资之支付规定日工按日发给，月工每月分两次发给（论件计者同），季工、年工由工人与雇主商定，但不能延欠至两个月。

第十四条 女工、青工与男工做同样工作者，即给同等工资。

第十五条 因雇主修理机器、缺乏原料、违背政府法令或其他过失而致停工者，其停工期间之工资照发。

第四章 女工青工

第十六条 十四岁至十八岁者为青工。

---

① 这一条例是由陕甘宁边区总工会于1940年4月决定草拟的初稿，未经参议会审议，边区政府也未正式公布。特别是在内容上还存在“左”倾政策的残余，与1940年12月中共中央《论政策》中的劳动政策不相符合，故被搁置。1942年收入《政策条例汇集》仍作为未定稿留作研究参考，有的认为系1942年颁布，是一种误解，很显然，是把《政策条例汇编》出版的年代，误作公布时间。因此不宜作为抗战时期劳动立法的典型代表，而应以其他抗日根据地依照党中央《论政策》发布后制定的劳动条例作为代表性的劳动立法文献，如1941年11月公布的《晋冀鲁豫边区劳工保护暂行条例》。

② 1940年12月25日中共中央发布的《论政策》明确规定：“在中国目前的情况下，八小时工作制还难于普遍推行，在某些生产部门内还须允许实行十小时工作制，其他生产部门，则应随情形规定时间”。但是，边区总工会拟定的这一草案仍然规定“工作八小时”，这是与中央劳动政策相违背的。因而证明本条例是在中央“论政策”发布之前拟定的。1941年之后，未作进一步修改，而以其他文件相代替。

③ “人大法权史版”、“西南函授版”、“西南法制史版”与“人大劳动法版”第四条皆注明“残缺”。

第十七条　凡工作特别劳苦，或笨重，或有害工人身体健康以及需要在地下工作者，均不得雇用妇女及未满十八岁者从事工作。

第十八条　女工生产前后给假两个月，工资照发，小产者以病假论。

第十九条　哺乳妇女在工作时间内普遍停工休息时间外，每隔三小时应有二十分钟哺乳时间，此项休息时间计入工作时间内。

第五章　学　徒

第二十条　在学习期间之工人称为学徒。

第二十一条　学徒学习期限，应按照职业性质分别规定，但最多不得超过三年，倘技术特别进步者，得缩短其学习年限。

第二十二条　学徒除得有津贴外，雇主应供给被褥、衣服、鞋袜等用物。

第二十三条　严禁对学徒虐待或任意打骂。

第六章　工人权利

第二十四条　工人得自由组织工会。

第二十五条　雇主应担负工会办公费，及工人文化教育费，其数目规定为全部工资百分之二。

第二十六条　工人得在工会之下参加各种文化教育组织，其学习训练时间应在工作时间以外。

第二十七条　工人参加工会或其他会议，经由该会之证明雇主不得阻止干涉，工资照发。

第二十八条　工人工作六个月以上，而被征调到抗日军队服军役者，雇主须预先付给一个月之工资。

第二十九条　雇主不得无故开除工人，如因故开除工人时，须先得工会同意，并给予退工津贴及路费。

第三十条　工人因公得病或受伤，医药费由雇方供给，休假期间工资照发，并得保留其原有工作地位。

第三十一条　工人因工作而致残废，丧失其全部或一部分工作能力者，雇方应给残废津贴，其津贴数目，以残废部分之轻重为标准，最少不得低于半年之平均工资。

第三十二条　残废部分之轻重由政府设立医院或政府指定之医生鉴定之。

第三十三条　工人因病死亡家庭无力葬埋，雇方须负责葬埋费。并须调查死亡者家庭状况，酌量给以抚恤金。

第三十四条　工人因工受伤死亡者，雇主应给该工人两年之平均工资，抚恤其遗族。

第七章　安全与卫生

第三十五条　各企业各机关必须采用适当的设备，以消灭或减轻工人之危险及预防危险之事件发生，并保持工作场所内之卫生。

第三十六条　当地主管机关，应对各企业时常检查，凡发现其建筑设备损坏致有立即危害工人身体健康或生命之可能程度，得命令该企业即停工修理。

第三十七条　按工厂实际工作情形之需要（如油厂、矿窑、机器、印刷厂等），厂方当按期供给工人肥皂、围裙、油布、内衣、便帽及冬季皮衣等，按各种生产工厂不同情形而分别具体规定之。

第八章 集体合同及劳动合同

第三十八条 无论集体合同或劳动合同所订条件与本条例所规定之条件抵触者，皆不发生效力。

第三十九条 雇主不得要求工人做与合同内所规定工作无关之其他工作，但在特殊情形之下先得工人同意者不在此例。

第四十条 各企业变更业主时，不得废止原订之合同，但双方均有权提出重新审议，在新合同未成立前原合同仍属有效。

第四十一条 劳动合同在限期未满以前，经双方同意得废止之。

第四十二条 无论集体合同或劳动合同经当地工会之要求均得解除之。

第九章 管理规则

第四十三条 各企业商店内之劳动人员有五人以上者，为整理内部工作秩序起见，得制定内部管理规则，该项规则应得工会之同意，并于确定之后宣示于各劳动人员方生效。

第四十四条 内部管理规则对于劳动者及管理员之责任，以及违犯规则所负责之范围及负责办法，应有详细之规定。但不得与本条例各该项企业商店内现行有效的集体合同劳动合同有所抵触。

第十章 解决争执及处理违法案件之机关

第四十五条 凡违犯本条例及集体合同之一切条件均归法院审理之。

第四十六条 各企业商店与被雇人间，因各种劳动条件之问题，发生争执和冲突时，各级政府得到当事人双方同意时，得进行调解及仲裁，但在发生重大争议时，得不经同意进行仲裁。

第四十七条 在公有企业机关以及合作社企业中，得由管理部及职工会各派同等数目之代表，组织劳资争议委员会，其职权如下：

（一）评定该企业或机关中工人职员应得工资之额数。

（二）解决管理部与工人职员间因争执（执行）本条例及集体合同所发生之一切争执。

（三）劳资争议委员会的决定，须得双方同意，如不能解决之案件，即提请政府仲裁机关或法院处理之。

第十一章 附　则

第四十八条 本条例修改之权属于边区参议会。

第四十九条 本条例解释之权属于边区政府。

第五十条 本条例自边区参议会通过后由边区政府公布施行。

选自《抗日根据地政策条例汇集》陕甘宁之部（下），1942 年版，第 648～653 页。

互校版本：

1.《中国新民主主义革命时期根据地法制文献选编》第四卷，中国社会科学出版社 1984 年版，第 643～649 页。原注："选自《抗日根据地政策条例汇集——陕甘宁之部》下册，1942 年版"。

2.《中国国家与法权历史参考资料》现代史部分第三辑，中国人民大学国家与法权历史教研室 1954 年编印，第 96～102 页，原注："选自《抗日根据地政策条例汇集》"，简称

“人大法权史版”。

3.《中国新民主主义革命时期法制建设资料选编》第三册，西南政法学院函授部1982年编印，第227～232页。简称“西南函授版”。

4.《中国法制史参考资料汇编》第三辑，西南政法学院法制史教研室1982年编印，第319～324页。简称“西南法制史版”。

5.《劳动法教学参考资料》（一），中国人民大学法律系1986年编印，第50～55页，原注：“选自《抗日根据地政策条例汇集》”。简称“人大劳动法版”。

8. 附：陕甘宁边区总工会关于起草《边区劳动保护条例草案》等问题的决定的摘录①

1940年4月22日陕甘宁边区总工会第三次执行委员扩大会议通过

四、关于保护工人利益的决定

（一）各级工会须切实深入的关心工人的生活，并对工人困难问题即速设法正确解决。

（二）总工会研究起草《边区劳动保护条例草案》请求政府审定公布实行之。

（三）总工会研究起草《劳动合同条例》，以便帮助城市、农村长年工人订立劳动合同，征收文化教育费。

（四）建立城市工人的集体包工制，克服包工头剥削工人。

（五）切实帮助政府建立工人职业介绍所，解决外来工人的困难。

（六）要求政府适当地增加工厂工人的工资，提高工人生活。

六、关于二次代表大会筹备工作的决定

（一）二次代表大会时间，定于明年（1941年）2月7日开幕。

（二）责成总工会常务会负责筹备工作，并制发《边区各级工会暂行选举办法》，限于今年八月起至十二月底选举完毕。

（三）二次代表大会的主要议程：

1. 总结与检查一次代表大会后的工作与确定今后的工作方针。

2. 改选领导机关。

3. 推动全国的工人运动的进展与工运的统一。

选自《中国工会历史文献》(4)，工人出版社1959年7月版，第157～158页。

9. 陕甘宁边区战时工厂集体合同暂行准则

1940年11月1日边区总工会印发，以供公营工厂参考之用

第一章 总 则

第一条 本合同之基本目的，为发展战时生产、保护工人利益、提高劳动热忱、便利

① 此标题为编者所加。此乃陕甘宁边区总工会第三次执行委员扩大会议决定的摘录。

双方工作进行。

第二条　本合同规定以工厂工人、学徒、职员为限。

第三条　本合同只适用于政府办理之工厂。

第二章　工作时间及例假

第四条　每日工作八小时。①

第五条　如遇抗战需要，经过工会及工人自愿作义务劳动者，不受前条之限制。

第六条　厂方如因工作忙时，需要工人及学徒在规定时间外作额外工作者，须另给额外工资，每人均以六小时作一全工计算，自愿作义务工作者例外。额外工作原则上不得继续超过一星期，如因抗战急需而工人赞同之下者不受此限。

第七条　日夜轮班者，每一周或四周更换一次。

第八条　夜班工作时间以八小时为限。

第九条　未满十六岁之童工及孕妇、哺乳妇禁止作夜工。

第十条　除每逢星期日休息外，下列日期为例假日：一月一日、二月七日、五月一日、七月七日、十月十日，以上各休息一天，阴历新年休息三天。

第十一条　工人继续工作满一年，事假未超过十四天，病假不过十四天者，得休息二星期，继续工作半年，事假未超过一星期，病假未超过一星期者，得休息一星期，有旷工者不得享受此项权利，例假期间，因工作急需而加工者，工资加倍。

第三章　工　资

第十二条　工人最低工资十六元，最高工资不得超过四十元，伙食衣服在内（有特殊技术者，可另行估价）。

第十三条　工资之大小，根据技术之高低与熟练程度以及劳动热忱，由估价委员会估定，经厂务会议议决公布（估价委员会由工务科长及技师、工会生产委员、工会组织委员、工会主任等组织之）。

第十四条　估价委员会除临时估价外，规定六个月集体估价一次。

第十五条　厂方如因原料缺乏而致停工者，工资照发，但厂方得另行分配工人以其他适当之工作。

第四章　学　徒

第十六条　学徒之学习期限，暂定为一年至二年，每半年为一期。

第十七条　学徒之津贴，初期至少一元，以后每期增加五角，如用工资制，则不得超过津贴的总和，但得按技术进步速度之快慢，或缩短或延长之，每期升级及毕业，则经过规定之技术测验规定之。

第十八条　学徒领津贴者，其待遇与机关部队工作人员同。

第十九条　学徒期限满后，按第十三条办法规定其工资。

第五章　职　员

第二十条　工厂职员，原则上按照机关部队办法待遇。

第二十一条　由工人提升职员者，仍照其原来工资支给。

---

① 与中共中央1940年12月发布的《论政策》所定八至十小时工作制，不相符合，因而未正式实施。

第二十二条　在生产方面负责之班长、股长、主任等，凡不脱离生产者，除估定其工资外，再由厂方津贴二元至三元。

第二十三条　专门技术人员待遇，按政府规定之办法办理之。

第六章　待　遇

第二十四条　厂方应按工人全部工资（津贴）之总额百分之三，津贴工会作文化教育用费与办公费。

第二十五条　厂方应为工人设备俱乐部及工会办公室之场所。

第二十六条　厂方应设备厨房及厨房内必须用具，并供给伙食管理员炊事员及运输上之便利。

第二十七条　厂方应供给工人宿舍内必须卧具，如床铺、桌、凳及公共灯火。

第二十八条　在工作时间内，工人参加上级工会或其他重要会议，经由三人团准许者，在开会时间内之工资照发。

第二十九条　厂方如解雇工人或学徒时，须在十天前通知工会，以便提出意见（工人自动辞退时，亦须在十天前通知厂方）。如工会同意解雇时，应由厂方发给一个月的工资，作为解雇金，如违犯法律而被解除与自动辞退者，不在此例。

第三十条　女工分娩前后给假一个半月，工资照发。工作不满半年者，工资只发一半，假期照给，因分娩而致病或小产者，以病假论。

第三十一条　妇女分娩津贴及小孩津贴，按照中央秘书处本年八月二十日关于保育工作的通知，领工资者减半发给，领津贴者全数照给。

第三十二条　二十九、三十一两条之规定，自进厂之月起，已满六个月者，得有此享受权，自进厂起日，未满六个月者，则酌量津贴之，但至少不得低于三分之一。

第三十三条　婴儿哺乳时间，上下午各两次，每次十五分钟，此项哺乳时间，计入工作时间内。

第三十四条　在工作上之必需用品，如袖套、围裙、肥皂等，概由厂方设备（注：此项设备，视工作之需要具体规定之）。

第三十五条　工人或学徒因病医治或住院者，医药费概由厂方负责，病假在一个月内者，工资照发，病假至二个月，发给工资一半，病假至三个月，发工资三分之一，三个月以上，停止发给工资，但医药伙食仍由公家设立之医院负责，并由厂方每月发给一元至三元之津贴费及衣服，病愈时必须保存其工作地位。

第三十六条　工人治病或住院，必须由政府建立之医院或指定之医生检查诊断决定之，如自请医生或自购药品者，其费用厂方概不负责。

第三十七条　工人病假在一天以上者，须经医生证明，如无医生之证明者，作事假论。

第三十八条　工人或学徒因病死亡，而其家属无力埋葬者，应由厂方负责埋葬之，并须调查死亡者之家属状况，酌量给予抚恤金。

第三十九条　工人或学徒因公受伤而不能工作，厂方除负责医药费外，应发给其原有工资至病愈时为止；并由厂方酌给一定之保养费，学徒以最低限度之工人工资计算，但最高不得超过其一个月之工资额。

第四十条　工人因公受伤而致残废失其一部分工作能力者，应分配其适当之轻便工作，保持其原有工资；失去全部工作能力者，除发给其半年之平均工资外，应照政府颁布之抚恤条例办理之。

第四十一条　残废之轻重，由政府设立之医院或政府指定之医生鉴定之。

第四十二条　工人因公死亡者，厂方除负责埋葬外，应按政府劳动保护条例给予抚恤金。

第七章　附　则

第四十三条　厂方及工会代表双方会同签订合同时，须根据本准则为原则即得有效；签订合同时，应缮写三份，分存于本工会、总工会及厂方。

第四十四条　签订合同后，如一方认为须更动时，得提出讨论重行改订之。

第四十五条　本准则只暂行通用于陕甘宁边区之公营工厂或与政府有关系之工业合作社，俟边区劳动保护条例颁布后，再行改订之。

第四十六条　总工会完全同意各工会要求把八小时工作制改为九小时，加工六小时作为一工改为七小时作为一工。

第四十七条　本准则根据不同的工厂及不同的生活环境得伸缩之。

第四十八条　本准则之解释权，属于陕甘宁边区总工会。

选自《抗日根据地政策条例汇集》陕甘宁之部（上），1942 年版，第 257～262 页。

互校版本：

1.《陕甘宁革命根据地史料选辑》第一辑，甘肃人民出版社 1981 年版，第 61～66 页。

2.《中国工会历史文献》(4)，工人出版社 1959 年版，第 164～168 页。原注：“《中国工人》第十一期，1940 年 12 月 1 日出版”。

10. 陕甘宁边区政府训令——令民政厅酌情办理在该厅添设劳动部及社会保险局

1941 年 2 月 24 日

令民政厅厅长刘景范

顷据建厅呈报增加工人工资决议案内第九项称：“鉴于边区工业之不断发展，工人数量之日益增加，为着实行劳动保护，及解决劳动纠纷起见，有建立劳动部及社会保险局之迫切需要。立请在民政厅添设此项组织，以加强劳动保护工作”等情。合令该厅长斟酌情形办理为要！

此令

主　席　林伯渠
副主席　高自立

选自《陕甘宁边区政府文件选编》第三辑，档案出版社 1987 年版，第 80 页。

11. 陕甘宁边区工厂工会章程准则

1941年7月

第一章　总　则

第一条　本会定名为×××××工会。

第二条　本会会址设于××××。

第三条　本会的宗旨：

（一）团结厂内全体职工的力量，为民族和工人的解放而斗争。

（二）执行政府之各项劳动法规，提高劳动纪律，增强劳动生产率，保障职工利益，并改善职工生活。

（三）提高职工政治、文化、技术水平，消灭文盲。

第四条　本会直属×××工会领导。

第二章　任　务

第五条　本会之经常任务如下：

（一）发动与组织职工，积极参加抗战建国之事业；

（二）缔结修改或废止劳资间之集体合同；

（三）协助政府监督及检查劳动法令之执行；

（四）协助政府举办劳动介绍所、社会保险及会员之职业介绍；

（五）代表职工参与一切劳资争议之谈判及政府之调解仲裁；

（六）出版报纸刊物，设立学校、图书馆、俱乐部，进行职工之文化政治技术教育；

（七）组织生产、消费、购买、信用等合作事业；

（八）调处职工间之纠纷事件；

（九）提供参议会及政府关于颁布或改废各种劳动法令之意见，并依法推选政府所属之各级劳动社会保险机关及检查机关之职员；

（十）维持在公私工厂及企业中之劳动纪律。

第三章　会　员

第六条　凡属本厂职工承认本会章程者，不论年龄、性别、党派、民族、宗教、信仰，均得加入本会为会员。

但下列之人不得加入本会：

（一）雇主或其代理人；

（二）剥削工人之包工头；

（三）一切宗教职业家；

（四）经法庭判决褫夺公权者。

第七条　凡会员入会，须有会员一人以上之介绍，经本会委员会的通过。但办理入会手续，不得超过一星期。

第八条　凡本会会员得自由退出工会，但必须预先通知本会，办理退会手续。

第九条　凡本会会员有下列情形之一者，经会员三分之二以上通过，得开除其会籍：

（一）屡次违犯本会章程决议，经三次以上的劝告或警告不能改正者，

（二）吞没工会的公款，经审查确实者；

（三）无故在三个月以上继续不交会费者（但因特殊情形经工会免纳者例外）。凡会员受开除会籍的处分不服者，得向上级工会申诉。

第十条　凡本会会员，均有选举及被选举权，为本工会及上级工会职员、参加会议、向本会建议及享受本会所举办的一切事业（如学习、合作、互助等）的利益之权。

第十一条　凡本会会员，均有交纳会费、遵守章程、服从决议、参加本会工作的义务。

第四章　组　织

第十二条　本会最高权力机关，为全体会员大会，大会闭幕期间，本会委员会为最高权力机关。

第十三条　本会委员会，由全体会员选举××人组织之，并设立候补委员×人，正式委员出缺时，即由候补委员递补之。

第十四条　在委员会下，按生产部门成立小组，每小组设组长一人。

第十五条　本会委员会设主任一人及下列各股，但得按工作之繁简增减之：

（一）秘书：管理文书、庶务、会计等事宜；

（二）组织股：管理会员入会登记、调查统计及编制小组等事宜；

（三）文化教育股：管理文化教育、宣传、出版及俱乐部、图书室等事宜；

（四）生产股：管理提高职工的劳动热忱、执行劳动纪律及研究提高生产技术、组织生产竞赛等事宜；

（五）劳动保护股：管理合同、合作、互助及一切工人福利事宜；

（六）青工股：管理青工学习、保护青工健康及一切青工生活事宜；

（七）女工股：管理女工之健康及一切女工生活事宜。

第十六条　本委员会及各股办事细则另定之。

第十七条　本会定期会议，分为下列几种：

（一）会员大会每三月召开一次，如有会员三分之一以上连署请求或委员会认为必要时，均得召集临时大会。

（二）委员会每一月召开一次，如有委员三分之一以上请求或主任委员认为必要时，均得分别召集临时会议。

（三）小组会每半月召开一次。

第十八条　本会定期会议，均规定于生产时间之外举行，但必要时取得厂方同意临时决定之。

第十九条　本会委员会每半年改选一次，但得连选连任。

第二十条　本会组织，实行民主集中制，其原则如下：

（一）本会委员会的委员及参加上级代表会的代表，均由选举产生，选举人有随时撤换自己的代表之权；

（二）本会的各种重要问题，在未决议以前，凡是本会会员均得自由发表意见参加讨论，但以多数的赞同而通过后，少数须服从多数，一致执行决议；

（三）本会服从上级的决议和领导。

第五章 经 费

第二十一条 本会经费有下列各种来源：

（一）会员入会费，每人不得超过其一天之工资；

（二）会员经常月费，按照所得工资百分之一征收之；

（三）向厂方劝募补助工会文化教育与办公费，但其总额不得超过工资总额百分之三；

（四）本会举办之合作社所得盈余×分之×；

（五）其他捐助与津贴。

第二十二条 本会之基金及经费，除办公费用外，不得用之于职工福利无关之其他用途。

第二十三条 本会经费收支，须按月向会员公布，并报告上级。

凡会员有十分之一以上的请求，得随时推选代表审查本会的经费及帐（账）目。

第六章 附 则

第二十四条 本会章程，经会员大会通过，并呈边区政府备案后经×××工会之批准，即发生效力。

第二十五条 本章程如有未尽事宜，得由全体会员大会决议，经义×××工会之批准修改之。

第二十六条 本章程解释之权，属于本委员会。

原编者注，这个准则是边区总工会起草，提供边区各工厂工人讨论实行的。

选自《抗日根据地政策条例汇集》陕甘宁之部（上），1942年版，第234～238页。

互校版本：《陕甘宁革命根据地史料选辑》第一辑，甘肃人民出版社1981年版，第105～110页。

12. 陕甘宁边区关于公营工厂工人工资标准之决定

1941年9月公布

最近由于物价高涨，各项生活必需品，如米、布匹、菜蔬、肉类、鞋袜等均较“五一”前价格为高。因此，“五一”前所规定之工资标准，已不足以安定工人生活。为确实保障战时工人生活，增强劳动效率，刺激工业技术之改进，特对产业工人工资标准重新作如下之决定：

（一）以每个工人生活所需为最低工资，工资之高低依工人之技术程度、劳动强度决定之。

（二）工资之发给，采用实物与货币混合制。

（三）厂方按月供给工人以下列食物：

小米四十五斤（十六两秤，以下均以十六两秤计）、盐一斤、油十二两、肉一斤、柴八十斤，调和碱等钱三角，及足够吃饭之普通菜（例如洋芋每日不少于半斤，白菜、萝卜、每日不少于一斤，菜干每日不少于四两……等）。

上列食物，得按当时当地市价，以货币于月前发给之。

（四）厂方每年四月发一套单衣，七月发一套衬衣，十月发一套棉衣。三套衣服得折合难民工厂甲字洋布五丈五尺发给之，并发棉花一斤半。如工人工作不足一年即行离厂，而未领足按年平均每月所应得之布者，由厂方按周年应得之布折算补给。

其超过按年平均所得之布者，亦得折算由工人工资内扣除之。

（五）三、四两条所规定之食物衣服供给办法，不论工厂职员或工人，一律适用之。

（六）除上述之实物工资外，轻工业工人每月发给十五元至五十元之货币工资；重工业工人每月发给二十五元至七十五元之货币工资。

（七）工厂工作人员之工资，依照下列规定：

1. 工作人员如系技术工人者，仍按技术工人待遇发给工资。

2. 普通工作人员，除实物工资外，按月发给十五元至三十元之货币工资。其领津贴者，发给五元至十元之津贴。

3. 能独立担负全厂成本会计之会计人员，按月发给二十元至三十元之货币工资。

4. 技术职员按月发给三十元至百元之货币工资。技术职员由厂方调作行政工作者，仍领原工资，其自愿充任行政工作者，按普通职员发给工资。

（八）工人家属具有下列条件之一者，得由厂方按保育条例之规定负责供给：

1. 在工作过程中生育之子女；

2. 有妻子之工人入厂时，根据劳动合同厂方允许其带妻子者；

3. 政府送交工厂工作之革命军人或其家属带有妻子者。

（九）为统一工厂之开支，前条关于供给工人家属之经费，得由厂方造具预算，边区工业局所属工厂呈报建设厅批准开支，军委所属工厂呈报后方勤务部批准开支，中央所属工厂呈报中央财经处批准开支。

（十）工人妻子有六岁以下三个小孩者，得脱离生产专抚育小孩，由厂方供给其衣食住，不发零用钱。工人子女在七岁以上而不送学校读书者，厂方不予任何补助。

（十一）工人因病请假在半月以内者，计件工资之工人发给同等工人之最低工资，计时工资之工人照发原得货币之工资；请病假在半月以上一月以下者，均发三分之二，在一月以上一月半以下者，均发三分之一，一月半以上者不发货币工资。

（十二）残废军人在厂工作，如厂方因故需要解雇时，边区工业局所属工厂须先呈报建设厅批准，军委所属工厂须先呈报后方勤务部批准，中央所属工厂须先呈报中央财政经济处批准，否则不得解雇。

（十三）未受代耕优待之工人，得由政府酌量减免税捐及义务动员。

（十四）本决定只适用于公营性质工厂之工人。

（十五）本决定经呈请陕甘宁边区政府批准，从九月份起实施之。

选自《抗日根据地政策条例汇集》陕甘宁之部（下），1942年版，第653～655页。

互校版本：《中国新民主主义革命时期根据地法制文献选编》第四卷，中国社会科学出版社第1984年版，第640～642页。原注："选自《抗日根据地政策条例汇集——陕甘宁之部》下册，1942年版"。

13. 陕甘宁边区战时公营工厂集体合同准则

1942年5月

第一章 总 则

一、本合同之基本目的，为发展战时生产，提高劳动热忱，改善工人待遇，便利双方工作之进行。

二、本合同规定以工厂工人、学徒为限。

三、本合同只适用于公营工厂。

第二章 工作时间及例假

四、每日工作十小时。（未满十六岁之童工与孕妇，每日工作八小时。）

五、厂方如因工作过忙时，需要工人与学徒在规定时间外做额外工作者，须发额外货币工资（三天），每工均以八小时作全工计算。自愿作义务工作者例外。额外工作原则上每周不得超过十五小时。

六、夜班工作时间与日班同。日夜轮班者，应每周更换一次（自愿者不在此限）。

七、未满十六岁之童工与孕妇、哺乳妇，禁止作夜工。

八、除每逢星期休息外，下列日期为例假日：新年节休假一天，旧历年节休假三日，京汉工人惨案纪念日（二月七日）、国际劳动节（五月一日）、抗战纪念日（七月七日）、中华民国国庆日（十月十日），以上各休假一日。节假或纪念日如遇星期，不再补假。星期日作工以十小时计（发货币工资三天，计件工资按件计算）。

九、工人在厂工作一月内无病假、事假、旷工及无破坏纪律情事者，给奖工一天（三天货币工资）。

第三章 工 资

十、工资之大小，根据技术之高低与熟练程度以及劳动热忱（按件工资之大小，根据成品之数量、质量以及原料节省）；由估价委员会估定，经厂方批准公布。（估价委员会由厂方负责主持，协同工会聘请或选举若干工人组织之。）

十一、估价委员会除临时个别估价外，集体估价的期限由各厂与工会依照各厂具体需要决定之。

十二、厂方如因原料缺乏而致停工者，工资照发，但厂方得另行分配工人以其他适当之工作。

第四章 学 徒

十三、学徒之学习期限为一年至三年（视其工作繁简决定期限）。

十四、学徒之升级，须经过技术测验，合格者方能升级。

十五、学徒期限满后，经技术考试合格为工人者，按第十条办法规定其工资。

第五章 职 员

十六、工人、学徒由厂方调其他部门或行政工作者，其工资不得少于原来工资。自愿充任行政工作者，按普通职员发给津贴。

十七、凡不脱离生产而兼任生产班长、股长、主任等兼职者，除应得估定之工资外，再由厂方每月酌量津贴小米一升至五升。

第六章　待　遇

十八、厂方应按工人职员全部货币工资总额百分之六津贴工会，作为文化教育用费及工会办公费。

十九、厂方应为工人设俱乐部及工会办公室之场所。

二十、厂方应供给工人集体宿舍的必要用具，如床铺、桌凳、灯火等用具。

二十一、在工作时间内，工人参加上级工会会议及其他重要会议之代表，经由厂方允许；在开会时间内工资照发。

二十二、厂方解雇工人或学徒时，须在十天前通知工会，以便提出意见。（工人如自动辞退时；亦须在十天前通知厂方。）如工会同意解雇时，应由厂方发给一月工资作为解雇金。但在厂工作来够六个月者，则解雇金只酌量时间长短发给之。但工人违犯法律与工人自动辞退者，不在此列。（军火工厂不受此条之限。）

二十三、残废荣誉军人在厂工作，如厂方因故需要解雇时，边区工业局所属工厂，应呈报建厅批准；军委所属工厂，应呈报后勤批准；中央所属工厂，须先呈报中央管理局批准。否则不能解雇。

二十四、如工人家属仅因家境困难，得呈请政府酌量减免税捐及义务动员。其减免办法、请政府制定公布之。

二十五、工人有下列情形之一者，得由厂方按保育条例之规定负责津贴：

（一）在工作过程中生育之子女。

（二）依据劳动合同，厂方允许工人带妻子者。

（三）主管机关命令准带之家属。为了统一开支，前条关于供给工人家属之经费，得由各厂造具预算呈请各直属上级批准开支。

二十六、女工分娩前后，共给假两个月，工资照发。但工作不满半年者，工资只发一半。因分娩而致病或小产者，以病假论。

二十七、女工在厂工作分娩及小孩之津贴，按政府之规定发给。

二十八、女工有六岁以下三个小孩者，得脱离生产，专门抚育小孩，由厂方供给其衣、食、住，不发另用费。工人子女在七岁以上而不送进学校读书者，厂方不予以任何帮助。

二十九、婴儿哺乳时间，每三小时一次，每次不得超过半小时。此项哺乳时间，计入工作时间内。

三十、工人、学徒因病医治或住医院者，医药及伙食费，概由医院或厂方负责。在此时间，停发工资。但病假在十天以上者，由厂方酌量予以津贴。

三十一、事假一律不发工资（扣货币、伙食，但在四月以内，事假在半月以上者，并扣除衣服费）。

三十二、工人、学徒因病死亡，而其家属无力埋葬者，应由厂方负责埋葬，并调查死亡者之家属状况，酌量予以抚恤金。

三十三、工人因公受伤而致不能工作者，厂方除负责医药费外，应发给其原有工资至病愈时为止，并由厂方酌给一定的保养费。但最多不得超过其一月工资额。

三十四、工人因公而致残废失其一部分工作能力者。应分配其适当轻便工作，保持其原有工资。失其全部工作能力者。除发给其半年之平均工资外，应照政府颁布之抚恤条例办理。

三十五、工人因公死亡者，厂方除负责埋葬外，并按政府劳动保护条例予以抚恤金。

第七章　劳动纪律及管理规则

三十六、职工会有维持劳动纪律之责。劳动纪律章则由边总拟草，政府批准，各厂具体制定之。

三十七、厂方为整理工作秩序，得制定管理规则。此项管理规则不得与劳动合同有所抵触，并须取得职工会之同意，宣示予全体职工。

三十八、职工和厂方，必须履行集体合同、劳动合同、劳动纪律、管理规则等所载之各项规定。如职工学徒不遵守劳动纪律及管理规则时，厂方则按其情节之轻重，予以劝告、警告、记过，直至解除其劳动契约。如有捣毁厂方设备、侵害工厂之财产法权时，厂方得将其送司法机关，请求依法制裁。如厂方不履行前述规定时，工人得报告工会、上级主管机关处理，如报告仍不能解决时，得向司法机关控告。

第八章　附　则

三十九、厂方及工会双方代表签订合同时，须根据本准则为原则，方得有效。签订之合同，须缮写四份，分存工会、厂方及双方上级。

四十、签订合同后，如一方认为需要更改时，由一方提出讨论，经双方同意后得重新改订之。

四十一、本准则由陕甘宁边区总工会提出，呈请边区政府批准实施之。

选自《中国工会历史文献》(4)，工人出版社1959年版，第205～210页。原注：“(1937.7—1945.8)中华全国总工会中国职工运动史研究室编。”

14. 陕甘宁边区《关于公营工厂的工资制度及其实施办法的暂行准则》

1944年7月13日边区政府核准

陕甘宁边区政府批答
——公营工厂工资制度及制造费核算等应予照准

（1944年7月13日）

高厅长、霍副厅长、高副厅长：

六月三十日工字第7号呈送之“关于公营工厂工资制度及其实施办法准则”，经本府第七十九次政务会议决议：准予作为暂行准则施行。

此批

主　席　林伯渠

副主席　李鼎铭

附一：陕甘宁边区建设厅工字第7号呈文

林主席、李副主席

关于公营工厂工资制度，根据五月二十八日厂长联席会议讨论意见，业已整理为一正式材料，兹将“关于公营工厂的工资制度及其实施办法的准则”（附全面工资标准规定之根据）及“制造费核算”（前已送上）各一份送上，请予核示公布，因各工厂屡次催询，尚请从早发表，以便工厂按照执行。至此项文件，事前已送各有关方面核阅退回，均无意见。

此致

敬礼

厅　长　高自立

副厅长　霍子乐

高长久

六月二十六日

附二：《关于公营工厂的工资制度及其实施办法的暂行准则》

一、总　则

（一）公营工厂工人劳动的性质，在目前战争的条件下，是雇佣性，同时又是义务性的。雇佣性——为了保障战时工人的生活，所以必须以工资来做（作）为劳动的报酬；但为了保证战争供给的需要及建设革命家务，工人又必须以新的态度来贡献自己的劳动，所以又有其义务性。

（二）工资制度，不简单是一个工人与工厂的关系问题，而是一个有关工厂全部生产组织的问题。因此在公营工厂中的工资制度，一方面要照顾工人生活，另一方面尤其要照顾工厂的经济核算——增加产量，提高质量，减低成本为基本原则。

（三）关于工资制度的采用，应依各种具体不同的生产条件来决定，在同一工厂内部，可以同时实行几种不同的工资制度。

（1）凡工厂有副业生产可以调剂资金，保证供给，并有合作社等一类的消费组织，或附近有市场，可以解决工人日常生活的需要，以及工厂能有一定的流动资金，便于定期支付工资者应尽量采取全面工资制。

（2）凡工厂有精确的盘存制度，便于经济核算，定期计算利润，同时产品的种类比较固定，以及原料的供给可以经常者，应尽量采用工厂与工人合作制。

（3）凡工厂可以部分采用全面工资制或可以部分实行合作制者应尽先分别部分实行之，不宜全厂固定地只采用一种工资制，其余尚缺乏上述条件，不能实行全面工资制或合作制者则仍采用半供给性的实物与货币混合工资制。

（四）关于工资支付的形式，亦应依照各种不同的生产情况来决定，在同一工厂内部，可以同时采取几种不同的形式来支付工资。

（1）凡分工比较固定，原料可以经常供给得上，便于经济核算者在规定严格的质量标准及检查验收制度之下，应尽量采用计件制，不能以个人为单位计件的，在上述条件下可尽量采用小组集体计件制。因原料供给经常困难，产品种类极不固定，分工时常变动，不易核算计件工资者，则取计时制。但在计时制中，有某一时期或某一项产品，可以计件给资者，亦可以穿插以计件制。

（2）在计时制中，亦应规定每种产品之产量与质量的标准，凡工人在一定时间之内，达到此项标准者，给予其本身应得之计时工资；超过规定标准者，按其超过的数目，给以按件工资——是谓按时计件制。但工厂采行此制时，必须根据工厂需要及各工人之具体的技术情况，去规定其超过数量之最高点，以保持一定质量下的产量为原则。

（3）在计件工资中的累进办法，只限于合乎一定质量标准者，才给予累进工资，否则不予累进。累进计件工资的起累点必须高于全厂一般平均的产量，而不应从一般较低的产量起累。

（4）凡未采取合作分红制的工厂，除依上述各种制度及形式支付工资外，应尽可能实行定期分红或奖金的办法。其原则为：

甲、全厂完成或超过全年所规定的任务者，由各主管机关预先规定一定比率的红利或奖额。

乙、工人的奖金，应按其全年的产量、质量、技术上的进度与创造——全年请假日数（包括事假、病假及旷工）及其厂令，先由厂方工务人员提出初步意见，经民主讨论后，最后再由厂方决定分等发给之。

丙、各种分红或奖金的最高额不得超过各该职工全年平均一个月之全面工资。其有特殊情形者，须经各该主管机关之批准。

（五）工人工资标准的高低，应依各厂所在地之最低生活水准（依各厂所在地与其接近的中心地区主要物品（如米）的折中物价为准），及每一工人平日产量、质量的高低为基础。但最低工资之规定，必须足以维持一个工人本身最低生活（即不少于当地党政工普通工作人员的供给标准）为原则。

（六）同一产业职业及同一性质之间的工资，及计时与计件之间的工资，不应过分悬殊。非技术工人与技术工人，新工人与老工人，手工业工人与一部分机器或军火制造业工人，一般普通工人与带有危险性的工人，其工资待遇，一方面要互相照顾，一方面又不应绝对平均。一般的说，一部分机器或军火制造业及带有危险性的工人的工资待遇，不宜低于一般普通技术工人的工资。

二、实物货币混合工资制的实施办法

（七）工厂每月供给全厂每一职工以下列伙食标准：

小米45斤（平秤16两，下同此）　　石炭30斤

调料　折米2合　　菜蔬30斤

青油1斤　　肉2斤

盐1斤

一部分机器及军火制造业（指兵工厂、实习厂及制磷制酸等）的职工待遇，除油、料与上项标准相同外，其余标准另定为小米按以上标准发三分之二，另依粮局的标准发麦子三分之一、肉二斤。

（八）工厂每年供给每一工人与学徒以下列衣服及用品：

单衣二套　　棉衣一套

单鞋二双　　棉鞋一双

毛巾二条　　　肥皂六条

领布者不另发缝工及衣线，棉衣不收回，棉被不补充。

所有工厂职员及技术干部的棉衣，一律规定两年一套发给，其余实物待遇与工人同。但其经常参加工房生产者，不在此限。

一部分因生产条件易使衣服糜烂的职工（如制酸、磷等工人）其服装供给标准另定之。

凡职工如有不愿意领取实物，或不需某一项实物者，经厂方之许可，得依厂方所发实物之质量标准，按当时当地市价，折成货币工资发给之。

（九）工厂每月依下列标准发给工人以货币工资：

(1) 一般工厂工人的工资标准（纺织、被服、造纸、印刷、化学、陶瓷、皮革等厂皆属之，军工系统之一般工厂如瓷窑、玻璃等厂亦属此类，下同此。）每月最低八升，最高三斗。

(2) 一部分机器及军火制造业工人的工资标准（指兵工厂、炼铁厂、铁厂、石油厂及工艺实习厂等）每月最低一斗，最高四斗。

(3) 货币工资每月须按政府通知之米价标准发给，如工资因故移至下月发给者，下月的物价下降时，依原来发工资时的米价折算；下月物价上涨时，依上涨后之米价折算发给之。

(4) 混合工资制中的计件工资，一般的按照各厂最高的工资标准及最高产量、质量标准推算每件产品之单位工资。

三、全面工资制的实施办法

（十）全面工资所包括的范围，统一规定如下：

(1) 凡有关职工生活的直接间接的经常开支（包括伙食、伙食管理费用、衣服、肥皂、毛巾及宿舍中的灯油、木炭等等），在规定全面工资的范围时，皆应计算进去。有关集体的开支，平均在每一个工人的全面工资内扣除，个人开支，按各个人的消费量扣除。

(2) 凡有关工厂直接或间接制造费用的消耗（包括工衣、围裙、袖套等等）以及一般习惯上不计价值的物质待遇（如职工宿舍、及宿舍内部的设备等等），一般社会性的文化设备及卫生设备及其经常开支等项，皆不得列入全面工资范围。

(3) 个别特殊的待遇费用（如股长津贴、老弱残废及病人的伙食津贴、个别家属小孩的津贴补助等等），应在全面工资范围之外。

(4) 各种定期奖金（月终及年终的）以及临时奖金等项亦不得列入全面工资范围。

(5) 其他。

（十一）全面工资的标准，统一规定如下：

(1) 计时工资的标准：

一般工厂中之工人，每月最低七斗四升六，最高九斗五升六。

机器及军火制造业之工人，最低八斗四升六，最高一石一斗四升六。

(2) 计件工资的标准：

全面计件工资，应根据全厂中等以上的平均工资及全厂中等以上的产量及标准质量为标准，来规定计件的单位工资。

四、关于职员、技术干部、学徒及事务人员等之工资待遇的规定

（十二）公营工厂之职员（包括厂长、科长、科员等等）一律与工人同样以工资待遇之。

（1）完全脱离生产的职员：

在混合工资制中，除前项规定的实物工资外另给货币工资最低为八升，最高不得超过该厂一般技术工人之中等工资。

在全面工资制中，一般工厂的职员，最低为六斗七升八；机器军火工厂等的职员，最低为七斗六升八；最高的不得超过该厂工人的中等工资。

（2）由工人或学徒调任行政工作者，若其原来工资待遇高于调任后之职员工资待遇时，得按原来工资待遇发给之，否则概以职员工资标准待遇。但自愿者不在此跟。

（十三）凡脱离生产的专门技术干部（包括工程师、技师等）经主管机关及建设厅之认可者，得依下列标准待遇之：

在混合工资制中，除前项规定的实物待遇外，每月另给货币工资；最低为一斗，最高不得超过该厂工人的最高工资额。

在全面工资制中，最低为七斗五升六，机器军火等工厂为八斗四升六。最高不得超过该厂工人的最高工资额。

（十四）凡在生产中负领导责任的技术工人（如股长、组长等）因工作而影响其本身之工资收入者或其工作时间超过一般之规定者，厂方得按具体情形，每月斟酌给予适当之津贴。

（十五）学徒的工资待遇：

（1）在混合工资制中的学徒，除衣食待遇与一般工人相同以外，每月依下列情况，分别待遇之。

学徒期限规定为一年以内者，每月二升到四升；

学徒期限规定为一年以上者，每月四升到八升。

（2）全面工资中的学徒待遇标准：

一年以内者：一般工厂中的学徒为六斗七升六到六斗九升六；

机器军火等工厂中的学徒为七斗六升六到七斗八升六；

一年以上者：一般工厂中的学徒为六斗九升六到七斗三升六；

机器军火等工厂的学徒为七斗八升六到八斗二升六；

但学徒之最高工资，以不超过各该生产部门工人的最低工资为原则。

（3）学徒到厂，被服应由自备，其有缺乏者，工厂得酌情借给之。于学徒期满后，厂方得分期扣除其所借之衣物。

（4）学徒期限，须按掌握某项生产技术所必须的时间具体规定之，逾期尚未掌握技术者，得斟酌延长其期限。其有很快掌握技术者，经过一定产量、质量标准之测验，得提前升为工人，按其产量质量之程度，给予应有之工资待遇。

（十六）工厂一般事务人员（包括伙夫、马夫、运输员等）之工资待遇如下：

混合工资制者：六升至二斗；

全面工资制者：七斗一升六至八斗五升六（兵工厂等为八斗〇六至七斗[①]四升六）。

---

① 原文如此，可能是“九斗”。

此外，厂方得尽量以合作分红或节约奖励的办法，按工作之勤惰及具体成绩表现，给以适当之优待。

五、关于例假、事假、病伤假及因故加工或停工期间之工资待遇等之规定

（十七）凡于例假节日加工，全面工资制之计时者，按其所作上时（十小时为一工）之多少（一工或半工）加给之；计件者，按平日计算方法发给之；混合工资制的例假加工，按该月每日平均货币工资之三倍发给之。

凡于平日加工者，以八小时为一工计，其工资计算办法，与例假加工者同。加工除给以加工工资外，原则上不再予以任何待遇，凡自愿为抗战作义务工者，不在此限。

（十八）工厂所有职工学徒，凡请事假者，一律按下列规定办理：

（1）混合工资制中的事假，一天以内者，只发伙食，停发货币工资；一天以上者，厂方得扣除伙食与货币工资，四个月内事假在十五天以上者，厂方得扣除其衣服及用品费。

（2）全面工资中的事假，一律不发全面工资。

（3）凡未经准假而擅离职守者，概以旷工论。除照扣其原有之全部工资外，厂方得给以批评或处分。

（十九）凡职工学徒有病，一律须经医生证明，方准予病假工资待遇，其办法规定如下：

（1）职工病假，一概不发工资，只予伙食及在厂方现有条件下之医药费用，但病员住院或就医，非经工厂指定之医生或医院者，以及花柳病患者，其医药费用概不负责。

（2）凡职工有病在七天以上者，厂方并得依照具〈体〉情形，酌量给以保健津贴费。

（3）凡职工病情较轻，能部分参加生产或工作者，厂方得分配以适当之工作；其因病过久，在三个月以上而不能在厂工作者，由厂方转请各该主管机关处理之。

（二十）凡因工受伤，经该生产部门的主管人员及医生证明，必须休息者，照原来工资发给至病愈时为止。但轻伤能工作者，得由厂方分配以适当之工作，仍取原来之工资。

（二十一）凡职工每月充事假、病假旷工者，月终发工资时，得加给该日之平均工资一天（混合工资者，以货币工资之三天折给）。

（二十二）凡工厂未实行合作，亦无定期分红奖励制者，每年于年终（或十月革命节）时，应依每一个职工之具体情形分别给以奖励之，其给奖原则为：

（1）全年产量质量之情况；

（2）技术进度及劳动态度之情况；

（3）团结互助，大公无私，舍己为人之情况；

（4）厂龄之多少；

（5）全年假、旷之多少。

其具体奖惩办法由各厂根据本身情况制定之，但最高奖额之规定，不得超过各该职工全年一个月之平均工资额。个别特殊情形者，经各该主管机关允许后，不在此限。

（二十三）厂方如因原料缺乏而致停工者，工资照发，但厂方得另行分配工人以其他之工作，如不接受工作者，则不发工资，并以事假处理之。

（二十四）因原料质量过坏而影响计件工人之工资收入时，经厂方考察其确实情形后，为期在一月以上者，依每人平日产量之平均工资发给之；为期在一月以上者，厂方得斟酌情形，将原来计件工资的单位标准，分别具体调整之；都以不过予影响工人生活及工厂成

本核算为原则。

（二十五）凡因规定之会议（在厂内或厂外而停工期间之工资），概以开会前一月之每日平均工资发给之。

（二十六）凡因修理工具而停工期间之工资，本人参加修理或厂方另予分配工作者，工资照发，按该月每日所得之平均工资计算之。但工具之修理，必须经过各该主管技术人员之认可。

六、关于估价制度的规定

（二十七）全工职工工资之估价，原则上规定每年一次。每次估价时必须根据每一职工之具体工作成绩，来决定工资之升或降或不升不降，而决不是每逢估价时，即一般无条件地增加工资。但有特殊情况者，厂方于中途得临时个别估定之。

（二十八）所有职工工资之估价必须先由厂方工务主管人员提出初步意见，经估价委员会之讨论，最后再由厂方分别具体核定之。但必须在本准则规定之各项标准以内，其有因对工厂有特殊贡献，或其产量质量皆优于一般最高标准者，其计时工资之最高额，可以不受最高工资标准之限制，但须经由各该主管机关及建设厅之最后批准，方得增加。

七、关于职工家属、女工、及老弱残废的工资待遇问题

（二十九）职工家属，原则上一律不予供给，工厂应尽量发动与帮助其参加副业或正业之生产。其因能力或身体关系，实在完全不能参加生产，或其在厂工作之职工工资收入，实在不足维持生计者，厂方应予以适当之津贴。

（三十）职工子女因父母工资全部收入无法维持生活者，厂方应予津贴补助。但最多不得超过政府对一般小孩供给标准。

（三十一）女工产前产后，共给产价四十五天，其待遇按产前三个月之平均工资发给；其余生产费用，原则上概由自己处理，因工资过低及丈夫亦无力照顾者，得申请工厂酌量予以津贴补助。小产视月份之多少，经医生检查后，决定其休息期，在休息期中，工资照小产前三个月之每日平均工资发给。

（三十二）凡职工老弱残废者，一般的不予以计件工资，但其在某项工作上之生产能力并不低于一般职工者，不在此限。在计件工资中，不能完成一定产量，因而不能维持生活者，厂方得予以适当之津贴，但最高不得超过一个计时工人的中等工资。

八、附　则

（三十三）本准则自颁布之日起生效。

选自《陕甘宁边区政府文件选编》第八辑，陕西省档案馆、陕西省社会科学院合编，档案出版社 1991 年版，第 293～304 页。

15. 陕甘宁边区公营工厂工资暂行办法

1945 年 5 月 8 日

一、以下工资之支付仍以小米为本位。

二、以下各节之衣服日用品项，设因布价上涨，所规定数量之米不足购进所规定数量之布，则不足之米数，概由工厂补足（布贴）。工人职员有家属者，得以其工资之小米五升折成布二尺按布之市价发给（家属布贴）。（以下布概指一尺二寸宽之中等四八布，下简称布）如遇规定数量之米足以购入规定之布时，则不予津贴，概以小米支付。

三、以下第一类工厂指实习厂，兵工厂，炼铁，邮电气材料厂，油厂等类工厂。第二类工厂指纺织、造纸、被服、陶瓷、印刷、皮革、火柴、玻璃、卫生材料、酒精等类工厂。

四、第一类工厂工资支付办法：

（1）伙食每人每月按下述标准由公家供给：

小米三十斤（平秤十六两、下同此）、面粉十五斤、菜三十斤、石炭三十斤、油一斤、肉三斤、盐一斤、调料折米二升。

（2）衣服日用品（包括有色单衣两套、棉衣一套、单鞋两双、棉鞋一双、毛巾两条、肥皂六条）平均每人每月折合小米三·九二斗（等于布一五·六六尺）发给。

（3）杂费（包括灯油、扫帚、窗纸、木炭、火柴）按每人每月一升为标准由公家供给。

（4）除上述两项外，工人按其技术水平，质量产量，劳动态度规定每人每月由工厂给付工资二斗至八斗。

（5）学徒除按以上伙食、衣服、日用品、杂费标准供给外，并按其学习时间长短及进步程度另给津贴八升至一斗八升。

（6）机工、钳工、动力工人因每月增发肥皂一块，每年增发单鞋一双，故其衣服日用品平均每人每月折合小米四·〇五斗（等于布一六·二一尺）发给。

（7）红炉、翻砂、炼铁炉工人因每月增发肥皂一块，每年增发单鞋一双，故其衣服日用品平均每人每月折合小米四·一九斗（等于布一六·七七尺）发给。

（8）三酸工徒（现有十八名）因其生产影响健康，故特规定每人每月另发保健费以肉二斤为标准，衣服日用品则每年增发单工衣两套，单鞋两双，故平均每人每月折合小米五·七六斗（等于布二三·〇五尺）发给。

五、第二类工厂工资支付办法：

（一）计时工资制者：

（1）伙食每人每月按下述标准由工厂供给：

小米四五斤、菜三十斤、石炭三十斤、肉二斤、油一斤、盐一斤、调料折米二升。

（2）衣服、日用品及杂费与第一类工厂支付办法同。

（3）除上述两项外，工人按其技术水平，质量产量，劳动态度规定每人每月由工厂给付工资一斗五升至六斗。

（4）学徒除按以上伙食，旧衣服日用品，杂费标准供给外，并按其学习时间长短及其进步程度另给津贴六升至一斗四升。

（5）机工与实习工厂或兵工厂性质相同者，伙食按该厂一般伙食标准供给，其余待遇与第一类工厂相同。

（6）造磷工徒（现有十三名）因其生活影响健康，故特规定每人每月另发保健费以肉三斤为标准，衣服日用品则每年增发单工衣一套，单鞋两双，故平均每人每月折合小米四·九八斗（等于布一九·九一尺）发给。

（二）计件工资制者：

（1）单位工资按中等工资及平均以上之产量推算，超出平均产量若干为度，由各厂会同其直属主管机关按其生产状况（技术设备、产量、质量）具体决定之。

（2）中等工资定为每月一二·〇〇斗。

（3）计件工资之衣服日用品费用按每人每月折合小米三·九二斗（等于布一五·六尺）计算，布价上涨时，布津贴与前同。但工人收入低于八·二一斗者，则布贴办法按每斗米折五·二升，加上布一·九二尺为准照布、米之市价发给。

（4）若因原料或其他生产条件限制，致使工人收入低于八·二一斗者，应由厂方负责补足至八·二一斗。

六、技术干部、职员、事务人员待遇：

（1）伙食一律按各厂伙食标准供给，但有特殊情形之干部及技术干部除外。

（2）衣服日用品按以下标准发给：

（一）技术干部、事务人员与工人待遇同。

（二）职员以每年棉衣半套，单衣一套，单鞋两双，棉鞋一双，手巾两条，肥皂六条为准，平均每人每月折合小米二·三六斗（等于布九·四二尺）发给。

（3）特殊者例外。

（4）津贴按以下标准发给：

（一）技术干部二斗至八斗，但有特别专长或对边区工业有特殊贡献者得另给以各种优待。

（二）事务人员一斗至五斗。

（三）职员八升至四斗。

七、每月布、米价概以每月财政厅颁布之延安市米价为准。

八、全年工作日定为三百日。

九、本暂行办法自三月一日起实行。

注：本办法为暂行办法，颁布后希各厂职工详加研究，向各直属主管机关提出意见，以为日后重订工资准则之参考。

选自《陕甘宁边区政府文件选编》第九辑，档案出版社1990年版，第114～117页。

16. 陕甘宁边区抗战期间工会组织条例（草案）

×年×月

第一章　设　立

第一条　凡边区工人，以团结工人力量，保护工人利益，提高抗战热忱与生产热忱，加强抗战力量为目的，根据本条例组织工会。

第二条　规定在一定区域内，有同产业或同职业之工人十五人，即得组织工会。

第三条　工会得按产业、职业及地区为单位设立之。

第四条　凡按产业成立之工会，如工人不足十五人者，得联合附近两个以上同性质之产业组织工会。

第五条　凡按地区成立之工会，以村小组为最基本组织，边区工会为最高领导机关，其组织系统如下：

边区工会
- 市工会
- 县工会（直属县）
- 分区工会——县工会

——区工会——乡工会——村小组

第六条　凡一乡工会会员，不足法定人数十五人者，得联合附近两个以上之乡成立乡工会，三个以上之乡工会成立区工会，若不足三个乡工会之乡，得联合附近几个乡成立区工会，区、县以上类推。

第七条　各工会得联合成立统一之组织，由各县工会联合成立边区总工会，边区以下各级工会，联合成立各级联合工会。

第八条　凡工会必须参加统一之组织。

第二章　组织及章程

第九条　工会以民主集中制为组织原则。

第十条　工会应设下列各部处：

（一）组织部；

（二）文化教育部；

（三）劳动保护部；

（四）青工部；

（五）女工部；

（六）抗战动员部；

（七）秘书处。

第十一条　各级工会代表大会，召集期限规定如下：

（一）边区工会代表大会，二年一次；

（二）县工会代表大会，一年一次；

（三）区工会代表大会，半年一次；

（四）乡工会代表大会，三个月一次。

第十二条　工会章程应载明下列事项：

（一）名称；

（二）目的；

（三）会址；

（四）组织；

（五）会员之权利及义务；

（六）职员任期；

（七）会期；

（八）会员入会、退会及开除；

（九）经费；

（十）章程变更之规定。

第三章　任　务

第十三条　工会之任务如下：

（一）进行各种工人武装组织，如自卫军、交通队、破坏队、运输队、救护队等。

（二）建立各种工人教育文化娱乐事业，如俱乐部、座谈会、图书馆、阅报室、读报组、识字组、工人训练班、工人学校、出版刊物等。

（三）代表工人订立各种合同。

（四）调解劳资间或会员间之纠纷事件。

（五）代表工人到法庭为代理人或证人。

（六）建立各种改善工人生活之事业，如各种生产合作社、消费合作社等。

（七）向政府建议，颁布或修改各种劳动条例，并监督其实行。

（八）代表工人，要求资方修改有损工人利益之合同。

（九）答复政府关于劳工事项之咨询。

（十）调查工人家庭生活状况，并编制劳工统计。

（十一）派代表参加各种抗战动员组织及会议。

第四章　入会退会及开除

第十四条　工人得自由加入工会或退出工会，其入会退会之手续，由工会会议决定之。

第十五条　工人有重大过失，经会员大会之同意，得开除其会籍。

第十六条　工会对于未加入会之工人，不得歧视。

第五章　经　费

第十七条　工会得向资方筹助工会办公费及文化教育费。

第十八条　工会得向会员征收会费，其数目及征收办法，由工会就其实际情形决定之。但不得超过会员所得工资百分之二。

第六章　联合与解散

第十九条　为争取工人运动之统一与普遍，加强工人在抗战中之先锋作用，边区工会得自由与全国各级工会联合，及加入全国性之工人团体。

第二十条　工会有破坏抗战及民族统一战线之行为时，政府得以命令解散之。

第七章　附　则

第二十一条　本条例有不适宜处，得随时修改之。

第二十二条　本条例自公布之日起施行。

选自《抗日根据地政策条例汇集》陕甘宁之部（下），1942年版，第230～234页。

互校版本：《陕甘宁革命根据地史料选辑》第一辑，甘肃人民出版社1981年版，第450～454页。

十二、婚姻继承

1. 陕甘宁边区婚姻条例

1939年4月4日公布

第一章　总　则

第一条　本条例根据民权主义之根本精神与陕甘宁边区之实际情况而制定之。

第二条　男女婚姻照本人之自由意志为原则。

第三条　实行一夫一妻制，禁止纳妾。

第四条　禁止包办强迫及卖买婚姻，禁止童养媳及童养婚（俗名站年汉）。

第二章　结　婚

第五条　男女结婚须双方自愿，及有二人之证婚。

第六条　结婚年龄，男子以满二十岁，女子以满十八岁为原则。

第七条　结婚之双方得向当地乡政府或市政府请求结婚登记，发给结婚证。

第八条　有下列情形之一者，禁止结婚：

（一）直接血统关系者；

（二）患花柳病、麻疯病、神经病、疯瘫病等不治之恶疾，经医生证明者。

第九条　有配偶者，未经离婚，不得重为结婚。

第三章　离　婚

第十条　男女双方愿意离婚者，得向当地乡政府或市政府请求离婚登记。发给离婚证。

第十一条　男女之一方有下列情形之一者，他方得向政府请求离婚：

（一）有重婚之行为者；

（二）感情意志根本不合，无法继续同居者；

（三）与他人通奸者；

（四）虐待他方者；

（五）以恶意遗弃他方者；

（六）图谋陷害他方者；

（七）不能人道者；

（八）患不治之恶疾者；

（九）生死不明过一年者，但在不能通信之地方以二年为期；

（十）有其他重大事由者。

第十二条　凡男女之一方，根据第十一条之理由请求离婚，经乡或市政府考查属实准予离婚者，应通知他方，他方接到通知后无异议表示，方得发给离婚证，他方有异议表示时，则由法院审查其异议，判定准予离婚与否。

第四章　婚姻与子女及财产关系

第十三条　男女离婚前所生之子女未满五岁者，由女方抚养。已满五岁者，随父或随母须尊重子女之意见，父母不得强迫。

第十四条　女方未再结婚，无力维持生活时，归女方抚养之子女生活费，由男方继续负担，至满十六岁为止。

第十五条　女方再婚时带去之子女，由新夫负责抚养教育。

第十六条　非结婚所生之子女，经生母提出证据，证实其生父者，得强制其生父认领，与结婚所生之子女同。

第十七条　非结婚所生之子女，得享受本条例所规定之一切权利，不得抛弃。

第十八条　结婚前男女双方原有之财产及债务得各自处理，结婚后男女双方共同经营，所得财产及所负债务得共同处理之。

第十九条　离婚后，女方未再结婚，因无职业财产或缺乏劳动力，不能维持生活者，男方须给以帮助，至再婚时为止，但最多以三年为限。

第二十条　凡违犯本条例者，得由当事人向法院控告。或由检察机关提起公诉给以应得之制裁。

第五章　附　则

第二十一条　本条例解释之权属于边区政府，修改之权属于边区参议会。

第二十二条　本条例经边区参议会通过后，由边区政府公布施行。

选自《抗日根据地政策条例汇集》陕甘宁之部（上），1942年编印，第135～138页。

互校版本：

1.《陕甘宁革命根据地史料选辑》第一辑，甘肃人民出版社1981年版，第40～42页。

2.《陕甘宁边区政府文件选编》第一辑，档案出版社1986年版，第221～223页。

3.《中国新民主主义革命时期根据地法制文献选编》第四卷，中国社会科学出版社1984年版，第804～807页，原注："选自《抗日根据地政策条例汇集——陕甘宁之部》上册，1942年版"。

4.《延安地区审判志》，陕西人民出版社2002年版，第326～327页。

5.《陕甘宁边区法律法规汇编》，三秦出版社2010年版，第534～535页。

2. 陕甘宁边区党委组织部关于执行婚姻法规的通知

1940年3月24日

近来我们干部中间，有个别的同志对婚姻问题太不注意，以致破坏边区政府颁布的婚姻法规，引起群众极大的不满，破坏党在群众中的威信。为了纠正过去的缺点，并保证以后再不发生婚姻中的不良现象，就（现）决定以下的办法。

一、结婚的对象务必以没有夫或妻的为原则。所选择的条件，也应该是对革命有认识的，最好要能参加革命工作的人。

二、任何一个干部的结婚，必须经过首长的批准。而且首长对他已经批准的结婚同志，要负完全责任，保证不违犯（反）婚姻法规。

三、干部中现在如有两个女人（或男人）的同志，务必要和其中一个离婚。

这样，方能合乎婚姻法规，才能消除群众的不满，才能很好的建立起党在群众中的威信，并把正确的婚姻制度教育我们的同志。今后如在干部或党员中再发生违反婚姻法等事情，应受党的纪律和政府法律的制裁。

边区党委组织部

选自《中共陕甘宁边区党委文件汇集》（1940—1941年），中央档案馆、陕西省档案馆1994年11月编印，第39页。

3. 附［社会调查］：从七十六个妇女结婚年龄说起
——妇女早婚调查

1942年2月1日《解放日报》

一群娃娃结婚

到延安县，访问中区五乡七十六个已婚妇女，其中有完小的十七个女学生，女冬学的十九个学生，农村里四十个中年老年妇女。从这些妇女的谈话中，发觉了一些值得注意的问题，首先就是早婚问题。

在七十六个妇女中，不满十八岁（十二岁—十七岁）结婚的，有六十三个，超过全体的十分之八，满十八岁以后结婚的，只有十三人，尚不及十分之二，这些妇女结婚时，生理上并没有成熟，当时有月经的仅仅只有二十三人，其余还都是未成年的娃娃，这真是一群娃娃的结合。

谁是“月下老人”

早婚制度形成，还远在革命以前，追根溯源，“月下老人”的“功劳”，不能不“归功”于当时地主资产阶级的统治。这种统治为什么能造成这样罪恶的制度呢？革命以后为什么不能迅速铲除呢？根据上述七十六个妇女的谈话，大约有下列三个原因：

第一，从我们所调查的妇女来看，不满十八岁结婚的女子，几乎全体都是生长在中农以下的家庭，而十八岁以后结婚的，大部份（分）生长在富农小商人的家庭，至少也是富裕中农的“独养女”，中农以下的一群人，在革命以前，都是受着地主资产阶级残酷的剥削，贫穷破产，无以为生，再加上当时的妇女，是“靠着男子汉”的寄生虫，没有参加生产的机会，没有任何地位，因此从“娘家”来看，养一个迟早是“婆家人”的女子，是赔钱的蠢举，早些嫁出去，既可减轻家庭的生活负担，又可以收入一笔女儿身价；从“婆家”来看，买媳妇是论岁计价的，娶一个小媳妇，不仅买价低廉，而且还可以早生几个娃娃，增加家庭生产劳动力，同时还多了一个“缝衣补烂、推磨煮饭”的劳动者。早婚制度，就是在这样的经济基础上生长发展的。

革命以后，农民经济发展了，生活改善了，“没吃没穿”的事情，已经是历史上的陈蹟；就是妇女们的社会地位也一般的提高了，然而她们还没有普遍的参加生产，在“娘家”看来，养一个只是消费的“婆家人”是不合算的，“婆家”呢？在经济发展的现况下，急迫的要求增殖劳动力，早娶媳妇，是一件有利的事情。

第二，也同样因为在革命以前，农民贫穷破产，合家男女老少，只能蛰居在一个破窑里，蜷卧在一个土坑上；十三四岁的小女子在生理上还没有成熟的时候，就具备着性的知识，发生了性的欲望，当我问起年老的母亲为什么那样早嫁女儿的时候，有些老婆子，拍着我的肩轻轻地说“等不得，留在家里坏名声”。革命以后，农民一般的文化卫生常识提高了，改善住宅的经济能力，也开始具备了，然而比较合理的住宅设备，还没有真正建立起来，正常的两性教育还没有普遍施行。

第三，革命以后，早婚制度所以能够残存，除掉上述两点原因外，革命前所遗下来的传统的积习，也不能不是一个原因。在谈话中，许多妇女说“祖传几代，都是那么早结婚的”，这条金科玉律，现在虽然已逐渐被否定，然而转风移俗，并不是几年的事情。其次，革命以后，某些落后的家长，为了卸却供女儿上学的责任，为了阻止女儿“到公家当干部”“闹离婚”，也愿意把女儿早早嫁出去。

改革的基础

从上面的情形看来，那么陕甘宁边区二届参议会所通过的婚姻条例上规定女子十八岁结婚的条文，在下面行得通吗？也就是说改革早婚制度，有没有一定的社会基础呢？据上述七十六个妇女的材料来看，那我的答复是肯定的。为什么呢？

第一，从边区整个社会来看，那些使早婚制度残存的因素，在目前已经具备了克服的物质基础，而且已正在克服的过程中。例如妇女们在家庭的地位，目前虽然最多数还只是寄生者，但是妇女生产正在发展，妇女独立的地位正在培植，再如农民的文化水平正在提高，卫生常识，两性教育也在进行，甚至改善住宅的设备，也已开始，尤其关于自由婚姻的正确的认识，纠正某些专“闹离婚”的过左行动也已提在妇女工作的日程上。因此我们相信，在边区整个社会建设发展过程中，妇女生产逐渐普遍，妇女地位日渐提高，早婚现象，可以随着减少，以至于最后的消灭。

第二，根据当前妇女本身的觉悟及切身经验来看，提倡十八岁结婚，逐渐消除早婚的现象，也完全可能的。根据我们征求了上述七十六个妇女的意见（其中有十一个未表示意见），她们中主张不满十八岁（十四岁—十七岁）结婚的只有十三个，不及全体的十分之三，主张满十八岁以后结婚的（十八岁—二十五岁）有五十二个，几达十分之八；而且这里不仅包含着农村里比较进步的女学生（三十六个完小冬学的女学生中有二十八个赞同女子十八岁结婚），同时还有着一般的农村妇女（二十九个农妇中，十九个赞同女子十八岁以后结婚）。

当我问到她们为什么主张女子十八岁以后结婚时，好多妇女都这样说“小小的，啥也解不下，受气的大!”一个五十余岁的老婆子，那么痛苦的回忆她的过去：“当我十三岁出嫁时，啥也解不下，白天公婆打，晚上汉子辱角［骂］，那光景真不是人过的。我女娃儿就要大了才出嫁，头生的十九岁才出嫁，二生的十七岁还没有问下（订婚）呢!”这是妇女们新的进步新的觉悟，也就是改革早婚制度的社会基础。

上述一些材料，是从妇女工作比较深入的地区（延安中区五乡），比较进步的妇女群众中获得的，这些材料可以反映边区农村中新生的进步的妇女的意见，和整个边区大多数群众的意见，还有相当悬殊，笔者草拟此文时，仅仅希望由这些材料，引起边区妇女工作者行政工作者的注意，进一步深入调查研究，提出改革早婚制度的正确的完整的意见。

选自《中国新民主主义革命时期法制建设资料选编》第三册，西南政法学院函授部1982年编印，第54～58页。原注：“《解放日报》1942年2月1日”。

4. 陕甘宁边区政府批答——第一届参议会婚姻条例仍然继续有效

1942年2月4日

高等法院院长雷经天

呈悉。根据新法尚未颁布，旧法当然有效之原则，第一届参议会所通过之婚姻条例，既经颁布施行，在第二届参议会所通过之婚姻条例未公布以前，该条例暂时继续有效。

此批

主　席　林伯渠

副主席　李鼎铭

附：高等法院关于可否沿用第一届参议会通过之婚姻条例的呈文

查二届参议会通过之边区婚姻条例，尚未正式公布，未便沿用，在此过渡期间，本院及所属司法机关处理婚姻案件是否可暂仍沿用第一届参议会通过之婚姻条例，理合请示祇遵。

谨呈

边区政府　主　席　林

副主席　李

院长　雷经天

二月一日

选自《陕甘宁边去政府文件选编》第五辑，档案出版社 1986 年版，第 172 页。

5. 陕甘宁边区高等法院命令
——买卖婚姻款是否没收问题令知照由

1942 年 8 月 7 日

绥德县司法处裁判员、地方法院曹院长：

关于赤水县请示经查出之买卖婚姻款是否没收问题，经边府第二十九次政务会议决议如下：

查婚姻上自愿以备之聘金不能认为是买卖婚姻行为，嗣后对于婚姻之出备聘金，无论多寡及自愿与否处理之原则为：

（一）非亲告不理；

（二）经告发不合婚姻条例亦不应以没收聘金为手段。合行录案转饬各院处一体遵照

此令

代院长　李木庵

选自《陕甘宁边区法律法规汇编》，陕西人民出版社 2006 年版，第 219 页～220 页。

6. 陕甘宁边区政府命令
——关于严禁买卖婚姻的具体办法

1942 年 8 月 11 日

高等法院院长李木庵

民政厅厅长刘景范：

案据赤水县县长王振喜六月二十日以严禁买卖婚姻问题请示办法到府，当经提交第二十九次政务委员会会议决议："在边区婚姻法尚未颁布以前，对于婚姻习惯上由男方出备财礼于女方，外表近似买卖婚姻者，应采取以下办法：（一）非经当事人亲告，法院不得受理；（二）即经亲告而成为诉讼，法院只审查婚姻本质上有无瑕疵，有瑕疵至不能成为婚姻者，应认为无效，否则，所纳财礼虽多，仍无碍于婚姻之成立，财礼不能予以没收。

但如贩卖妇女与他人作（做）妾或婢，或令操娼妓营业之行为，不属于婚姻范围之内，自不能援以为例”各在案。查所谓婚姻有瑕疵者，如：重婚、未达法定结婚年龄、女方不同意及有威胁、抢夺、诱骗情形等均是。事关统一办法，除令民政厅、高等法院外，合行令仰该院厅遵照，并转饬所属一体遵照。此令。

主　席　林伯渠

副主席　李鼎铭

附一：赤水县政府呈文

林主席、李副主席：

本府二届二次议员大会通过严禁买卖婚姻一案，本府即速下令各属下级一体知照。但在暗中偷卖、偷买仍然发生。现查出有拿七八千元偷买的，还有一两万元偷买的。经公家查出后，这婚姻款是否公家没收，还是怎样处理，望来答复！

敬礼

县长　王振喜

六月二十日

附二：高等法院对于赤水县询问买卖婚姻价款应否没收问题的意见

婚姻制度的改善，是要随一般的教育文化生活的提高，方能得到实际的效果，如果文化教育生活，尚未达到某一阶段，而骤然绳以严峻的法律，就会发生以下的事态：

（1）公布的法律与隐蔽的事实，有完全处于相反的趋势，结果，不合法的事实，并不能减少，而法律徒成为扰民之具。

（2）尤其是在边区的环境，与顽区相接近，政府取缔检查如果过严，一般无知的人民，容易对政府引起不满，无形中发生一种远心力，离避边区，去到顽区作婚姻买卖行为，所谓为丛驱爵，是值得注意的。

（3）婚姻上的聘礼，在法律上势难予以一定数目的限制，富家多出，贫家少出。目前边币贬值，一万元边币，合之从前现银，不过值得三、四百元，表面数目虽大，实际上不过够办衣物首饰数事，我们如果硬指为是买卖婚姻的代价，是不足以折服人的。

基于上列的事态，我们在审判上关于这类的事件，是采取以下的适应方法：

（1）是以非亲告不理为原则。

（2）如果发生纠纷，成为诉讼，法院只审查他们的婚姻本质上有无瑕疵，如男女婚姻资格，是否重婚，年龄是否相当，女方是否同意，手续是否合理，是否威胁、抢夺、诱骗。如婚姻本质上无瑕疵，聘礼数目虽多，亦是有效。如有瑕疵，即应宣告婚姻无效，聘礼返还不予没收。（但贩卖妇女与人做妾或婢或操娼妓营业的行为，这不是婚姻问题，除外。）

这是法院现时的适应办法。因此，我们对于赤水县这次提出的婚价款目应否没收问题，是主张以下列二办法为宜：（1）不干涉。（2）不没收。

李木庵

七月十三日

选自《陕甘宁边区政府文件选编》第六辑，档案出版社1988年版，第295～297页。

7. 陕甘宁边区高等法院命令
——关于买卖婚姻之处理转令知照由

1942年8月20日

县地方法院院长、县司法处裁判员：

接边府战字第四四〇号命令，里面说："案据赤水县县长王振喜六月二十日以严禁买卖婚姻问题请示办法到府，当经提交第二十九次政务委员会会议决议：在边区婚姻法尚未颁布以前，对于婚姻习惯上由男方出备财礼于女方，外表近似买卖婚姻者，应采取以下之办法：

（一）非经当事人亲告，法院不得受理；

（二）即经亲告而成为诉讼，法院只审查婚姻本质上有无瑕庇至不能成为婚姻者，应认为无效。否则，所纳财礼虽多，仍无碍于婚姻之成立，财礼不能予以没收。但如贩卖妇女与他人做妾或婢或令操娼妓营业之行为，不属于婚姻范围之内，自不能援以为例。各在案查所谓婚姻有瑕疵者如：重婚、未达法定结婚年龄、女方不同意及有威胁抢夺诱骗情形等均是"，合行抄录原文转饬各院处一体遵照。

此令

代院长　李木庵

选自《陕甘宁边区法律法规汇编》，陕西人民出版社2006年版，第222页。

8. 陕甘宁边区高等法院命令
——发给离婚证须注意事项由

1942年8月21日

各县县长、裁判员：

倾接边府审判委员会命令，第六号内称："查婚姻案件，既经司法机关判决，当事人一方向行政机关请求发给离婚证者，必须问明他方是否提起上诉（民事诉讼条例颁布后，上诉期间既已规定或无须此手续），其已提起上诉者，必须问明是否已经判决，如声明提起上诉，或已提起上诉而尚未判决，均不得发给离婚证，除令民政厅外，合行令仰该院知照，并转饬所属一体知照为要此令"等因合行转饬各院处知照。

此令

代院长　李木庵

选自《陕甘宁边区法律法规汇编》，陕西人民出版社2006年版，第222页。

9. 陕甘宁边区政府审判委员会命令——离婚案件上诉期间或上诉未经判决不得发给离婚证

1942 年 8 月 21 日

民政厅厅长刘景范，副厅长唐洪澄：

查离婚案件，既经司法机关判决，当事人一方向行政机关请求发给离婚证者，必须问明他方是否提起上诉（民事诉讼条例颁布后，上诉期间既已规定，或无须此手续）。其已提起上诉者，必须问明是否已经判决。如声明提起上诉，或已提起上诉而尚未判决，均不得发给离婚证。除令高等法院外，合行令仰该厅遵照，并转饬所属一体遵照为要。此令。

委员长　林伯渠

副委员长　李鼎铭

选自《陕甘宁边区政府文件选编》第六辑，档案出版社 1988 年版，第 313 页。

10. 附［社会调查］：清涧的婚姻习俗（署名：洪彦霖）

1942 年 11 月 3 日《解放日报》

清涧的婚姻习俗，虽曾经过了革命的洗礼，但还带有浓厚的古风，兹根据本县东地区情形，作一扼要的叙述。

以前，青年男女的婚姻，完全由父母媒妁包办，很小的时候，甚至当未出生时，就由父母包办订婚。

在这里，媒人不是专门的职业家，这一角色是由双方的亲朋（男人）扮演的，他不赚钱，只是在婚事讲成后得四碟（二十四个）蒸馍，并在娶过后又得四碟蒸馍或再加一条肉。不过他在双方面前所说的话，事后全不负责。有时双方不专凭媒人的话，自己也进行侧面调查，有时男方的家人去女方看人，但不能公开去看，须藉做买卖或他事来达到目的。近来城市中的未婚夫有亲自去看未婚妻的，但也要“转个弯儿”；乡下的青年已约有一半左右要过问自己的婚事了。

亲家对象的选择，是注意以下几个问题：（一）是否门当户对，一般好人家，决不愿与吹手、轿夫、衙役、拉“叫驴”的[①]、窃贼、娼妓、巫神、产婆等人家结亲（即使其前辈有过此类职业的，也不与结亲），而且决不与有狐臭之家订婚，官宦书香门第，多财经商之家，最受欢迎。结亲时若不遵守“门当户对”原则，同族人也要抗议。（二）双方子女本身条件如何。（三）对方家中光景怎样，女方还注意男方兄弟多少，因为兄弟多了，将来新郎就分不到多的财产，同时依惯例，同姓不结婚，但同姓不同宗却可以；此外，不

① 拉“叫驴”的，即以专养与母驴交配的公驴为职业之人。

许结“倒回亲”，即姑女不能嫁舅子，所谓“同血不结婚”。

买卖婚姻中的财礼，以前是白洋三五十元至百多元，少至十几元的亦有，目前财礼洋自一千元到七八千元，甚至有给价值一万元的布疋来代替的。给布的原因，是怕政府没收现洋。不花钱订婚的，不到十分之一。一般说来，富家订婚，索财礼就少，越是贫家，索财礼越多，因而很穷的人家，男人就“问不下婆姨”。

婚事讲好以前，必须由男方请阴阳算“八字”。讲好以后，男方择吉日送财礼钱“过亲布”（若新娘年少，则给红布）、手镯、耳环等。这以后，还要择吉日送衣料二件及酒肉，与女方谈判结婚日期。在订婚后，男方的人若偶然见到了未婚的新娘必须赠她“肚肚”（肚褡）等物。

解约与离婚，以前是绝不允许的，就是现在也不能马虎；有的地方在女方许了亲事以后，男方就送去十来个蒸馍，“骗了馍馍许不了亲”，即女方收馍后不能再向他人许亲，又有句古话：“养女怕的口不牢”即言切忌将女儿轻许他人，但一许后，即不能翻悔。有些时候，女方翻悔了，男方就动员本族人去“抢亲”。在结婚以后，“女儿重自嫁”，“男儿自退妻”，都是决（绝）不允许的，“男不能嫌贫爱富，女不能跳门出户”；在妻有异志的情况下，有这样的话：“小豆跳死锅里烂，怨你母亲许给我了”；“大财小礼娶的，誓不能离开我身”；在夫逼妻的情况下，则有：“活着指个门，死了指个坟”。

在“不许嫁野汉”的禁语下，私生子是不受社会保护的，那婴孩将被称为“有娘无老”的“蛮杂种”。

这里没有蓄婢之习；童养媳则只是在这样情况下，即已订婚但不够婚龄的少女，如因贫父母无法抚养，可由婆家预先迎来抚养，仍留办；（长大以后，如未婚夫家不喜欢她，仍可卖给他人为媳，赚回财礼）也有不预先迎来，而由未婚夫家送粮给娘家帮助抚养。

“有女无子可招婿”，但不管是入赘或招婿要取得双方族人的同意，因为“儿女婿”大多要“卖姓”为岳父之子，有继承权，必须得双方族人允许。

结婚年龄，富家较早，男人十五六岁就结婚，贫穷的则迟到二十多岁，一般男女婚龄约在十六七八岁左右。结婚的日期必须由阴阳选择，首先要找个吉月，如果一年内找不到好日子，那就可在腊月二十三至除夕那几天迎娶，那几天什么也不忌，叫做“两年不属关”，是“乱婚”的日期。有诗为证：“腊月争迎妇，秋冬祭赛频”。

吉日以前，男女双方都要给新人准备新衣服，女方还要准备箱、灯、脸盆等作嫁奁；快到吉日时，新郎家就聘请亲朋，村人作办事人，发出请客帖子，接到帖子的人，早个把月就给新郎送礼。以前礼钱至少二百文，即二十个铜元，最多的是一两元白洋，现在一般地最少四元，多则不等，要注意的是礼钱忌给单数。

到了吉日，新郎家就派客人与族人率花轿与毛驴三匹（一匹骑人——新郎的嫂或婶；一匹驮铺盖，另一匹空毛驴准备给女方驮嫁奁）到女方“迎人”去，富家还雇有吹手。到了新娘家，她家中即放纸炮三个或派小孩三人来迎接。这时，她家院内有桌子，桌上放酒具，男方代表（新郎之叔或兄）在桌前将毛驴背上的新铺盖交给女方代表——新娘之父或兄。然后女方招待客人进窑饮酒。路近的，男方客人当日即回，但要在新娘家用两顿饭（河捞、蒸馍，富家则加上“八碗”）；路远的次日才回，要在她家用四顿饭，起身时，女方将嫁奁拿出绑在驴背，由新郎的外家人（舅父或表兄弟等）拉回，然后新娘父将她抱进花轿中，女方派人送亲，人数倍于男方迎亲的人数。

这时，新郎家窑门顶上放有“避邪”的弓箭，挂着采布，窑门侧放大桌，旁放一炕桌，大桌上放酒具，地上放芦席，席上放两三条毡，大桌上放一斗小米，米内插有天地牌位，尺、秤（秤钩上有猪尾巴及糕二片）、箭、铜铲、织布机上的竹篦及黄表纸（敬神用的）。花轿来到后，在鼓吹声中，停落在大桌旁的炕桌上，迎人的那个女人（即新郎之嫂或婶）拉新娘出轿，两新人在毡上同拜天地，磕头八下，天地拜毕，就把斗内的黄表纸烧掉，新郎抱斗，新娘握斗边，二人在毡上行走进洞房。这时新郎的父或兄穿着长袍在院内给新娘家来客“把盏”作揖，事毕，引他们到另窑吃糕喝酒。

晚上，出一妇女或老年男人给一对新人“上头”（结发之礼，即把二人头发梳在一起，今该礼残余仍存在），这时并端进来一碟菜给二人各喂一口，又倒酒一杯，二人各饮一口。“闹房”的人，限于新郎的姐夫、弟弟、祖父等数人。当晚，两新人互赠毛巾或钱作贽见之礼。

这一天禁忌与注意以下数点：（一）男方去女方迎人之人数，必须是单数（加上新娘可成双数）。（二）当日新郎母及其他未婚女子、寡妇不能去见新娘。（三）当日狂风暴雨也必须将新娘迎回，万一为遽变所阻，必须捉住一个鸡让新郎抱一下，算是“仍在吉日完婚”。（四）结发礼以前，新娘不准解手。（五）当日花轿停落朝那一个方向，要由阴阳卜定，办事人是否合格，要由阴阳按“生属”加以审查。（六）当晚灯要点到天亮，富家还点蜡烛。（七）有的地方，儿女少的家庭，当新娘到家时，新郎的父母要拿枕头来抱一下，叫做“抱儿女”，以祈将来“多子多孙”。（八）当晚一对新人必须拉话，否则，“将来生下的儿女会是哑的”。（九）当晚禁忌性的行为。

次晨，天刚亮，就给新人送“儿女扁食”[①] 十二个或二十四个，“吃了会多生子女”，吃完后才洗脸，洗脸毕，新郎拿个熟鸡蛋剥去皮，在新娘脸上轻抹一下，然后拔去她脸上一根或几根汗毛，表示她已是成人。早饭后，新人祭祖，族人同跪叩，祭毕，开始“见大小”——在院内放桌，上置酒具，新人站在下位，由媒人及较他们年长的长辈与同辈亲朋给新人“放钱”（钱数须是双数），由新人行礼答谢。

下午，送亲的女方来客即引新娘回娘家，叫做“接回门”。过一点来钟，新郎亦偕祖、兄、叔、姐夫等人到岳父家，次晨到岳父村内每户拜谒，岳父陪去，由每户请吃饭，拜谒毕即随同新娘及岳父母到自己家中，岳父母住一晚即回，新娘在他家住八天以后，又到娘家住七天后回夫家，这叫做“对七对八”。

现在城里已有采用新式或半新半旧的婚礼的，但乡下还沿着旧习，只是繁琐细节，较前减少，有的人为节省起见，有把两天喜事在一天内“过”完的。

在夫妇生活及岳婿家关系上，有如下习惯：（一）在婚后三年内，新娘到娘家玩后，必须于单日回夫家；第一年与第三年的正月十五，不能在娘家住（忌娘家灯）。第二年正月十五须在娘家住（忌婆家灯），但每年的正月二十三日必须在夫家住。（二）夫妇同到岳父家，不能同窑睡。（三）女婿到岳父所住村内经营农、商，不能住岳父或其同族人的房子。（四）女婿到岳父家，不能替他家挑水。（五）女儿不得在娘家分娩。（六）每年正月

---

① 扁食，即水饺。

初七以后，女婿要到岳父家拜年，拿挂面送岳父母。（七）过清明时，两家互送“子推”（即大馒头）。（八）到了六月，女婿可到岳母家领一顶草帽。（九）婚后养第一个孩子，要请岳母来家中住一个月。

如果女儿被她丈夫或公婆殴打无法调停时，娘家的人就会汇集远近族人（亲戚不能参加）来动武，这时婿家人必须藏匿由他人出来调处；若女儿被打死或被逼跳崖死，非经岳父家派人验看后，不得擅动，这时岳父家更少不得要集合族人来动武，婿家人也要藏匿，须请本地有声望的人向岳父家来人讲和，许以厚葬，讲好以后，由女婿给岳父家全体来人叩头赔罪，把盏奉酒，并杀猪羊待客。

在这里，寡妇是可以重婚的，寡妇重婚仍须由她娘家作（做）主，找媒人说合，说成后，还须同寡妇的公婆商量，允许在她的第二次卖身价中抽出若干给婆家。婆家族中人有故意阻止者，须暗中纳贿。

寡妇重婚，没啥仪式，只在她走的那一天，要给先夫烧“分离纸”，走的时候，媒人与新夫拉一毛驴来接，她起身时，新夫又给她一些钱，村中人有来看她起身的，她就要撒钱给观众中的妇女与小孩，这时，除一般和平观众外，还有村中的“黑皮”（流氓）前来一把拦住，喝到：“村中媳妇户中女，望那（哪）里走?”① 这时必须拿钱贿买，以前因怕这种障碍，寡妇出走常于夜间偷走，近因政府禁止，黑皮已不多见，寡妇可在白天安心另适了。

到新夫家后，不行礼，不祭祖，只是主人待客人吃两顿饭。

寡妇重婚后，前生的儿女较大的不随她，较小的随她在新夫家抚养，俟大了回来，或规定带几年回来。重婚后她即不回前夫家，但她以前生下的儿女却可常去看她，称呼她的新夫为“叔叔”，她在新夫家再生下儿子，与以前的儿子相称为“隔山弟兄”。如果她在新夫家不再生儿女，她亡故后，在新夫家同意下，前夫的儿子即要索回与前夫同葬，如她在新夫家又生下儿女，就要发生抢葬以至械斗。

独子而富俗之家，丧子后，其家即不愿让寡妇出走，而要替她“招夫”，这叫作：“有媳无儿可招子”，即把招来的人当作儿子看待。不过招子与被招，都须得本族人的允许，否则决不可能，招夫一定要招外姓的，不能招本族内的人。

被招的人，分不卖姓（最多）、半卖姓（次之）、卖姓（最少）三种，这，事先要讲好，要得双方族内人允许。

不卖姓的，即不改原姓不改族籍，多是以前已生有子女的，年老时仍回本族内住，生下的儿女，按一般规定的条约，除第一个儿子不回本族外，其余都要回本族，他（被招之本人）不能参加寡妇家的祭祀。

半卖姓的，名字上要有两个姓，且须将自己原姓放在第二位，生下的儿子，第一个归寡妇家，第二个回本族，其余由母亲作主决定，留在寡妇家的儿子，有继承权。祭祖时，他（被招之夫）只能帮忙办事，不能跪拜，年老时是否回本族，由他自己决定。

卖姓的，则完全当了人家的儿子，以后即不回本族，要一改姓，本人即有继承权，身亡后可与寡妇同葬，如果寡妇前夫无子，必须要找一人替前夫顶门，分一半财产给那个顶门的人。

---

① 村中媳妇户中女，即言未嫁女子，同族之人均可管束；村中媳妇，全村人均可管束。

招夫时，也没啥仪式，只是主人要招待客人吃两顿饭：河捞、蒸馍，被招之人，也要给寡妇前夫族中近房人一些钱，给她的公公一些钱或衣料，并给她娘家一些钱（娘家的人有的不收受）。

最后，附赘几句；带着浓厚古风的旧习俗，在农村中尚甚根深蒂固，移风易俗，是一件非常艰苦的长时期的工作，我们一方面要深刻而细致地了解研究各种农村中的习俗，由政府逐步地以法令禁止最不合理的某些旧恶习（如禁止“黑皮”横行及其他对寡妇重婚之限制）。另方面，必须向群众进行长时期的教育工作，指出繁琐旧习的劣点，介绍以新的简单而进步的礼节风习，只有这样，才能胜利地逐步达成改进社会习尚的目的。

选自《中国新民主主义革命时期法制建设资料选编》第三册，西南政法学院函授部1982年编印，第58～65页。原注：“《解放日报》1942年11月3日”。

11. 陕甘宁边区婚姻暂行条例第二次修正草案

1942年12月

第一条　男女婚姻以自愿为原则。

禁止包办、强迫及买卖婚姻。

禁止童养媳、童养婿及站年汉。

第二条　实行一夫一妻制，禁止一夫多妻或一妻多夫。

第三条　少数民族婚姻在不违犯本条例原则下，得尊重其习惯法。

第四条　男女结婚应向当地乡或市政府申请登记，领取结婚证。

第五条　有下列情形之一者禁止结婚：

一、患花柳病及其他不治之恶性传染病者；

二、以诈术或强暴胁迫使一方无意志之自由者。

第六条　与下列亲属不得结婚：

一、直系血亲；

二、旁系血亲八亲等以内者；

三、姻亲五亲等以内辈分不同者。

旁系血亲中之表兄弟姐妹，不受前项第二款限制。

第七条　男女婚姻不必先经订婚，如有订婚之行为，不得违反第一条之规定。但男未至十八岁，女未至十六岁者不得订婚。

第八条　订婚后如有一方要求解除婚约者，得向政府提出解除之。

第九条　男未至十九岁，女未至十七岁，不得结婚。

第十条　男女双方自愿离婚者，得向当地乡或市政府申请登记，领取离婚证。

第十一条　男女之一方，同与他方感情意志根本不合，无法继续同居者，准予离婚。其有下列情形之一者亦同：

一、重婚者；

二、与他人通奸者；

三、图谋陷害他方者；

四、不能人道者；

五、患不治之恶疾者；

六、以恶意遗弃他方，在继续状态中者；

七、虐待他方者；

八、男女一方不务正业，经屡劝无效影响他方生活者；

九、生死不明已达三年者；

十、有其他重大事由者。

第十二条　女方在怀孕期间，男方不得提出离婚，具有前条离婚条件者，亦须于女方产后一年始得提出，但经双方同意者不在此限。

第十三条　抗日军人之配偶，或其未婚妻之解除婚约，其办法另定之。

第十四条　男女离婚前所生子女未满七岁者，由女方抚养，已满七岁者，随父随母须尊重子女之意见，父母不得强迫，但得承认父母子女之关系。

第十五条　女子离婚后未再结婚，而无力维持生活时，归男方接济子女之教育费，由男方继续负担。已经结婚者，其子女之教育费由新夫担任，如其子女愿随生父者，生父得领回之。

第十六条　非结婚所生之子女与结婚所生之子女，享受同等权利，不得歧视，经生母证实生父者，政府得强制其生父负责其教养费。

第十七条　离婚时，男女双方各取回其自己所有之财产，但离婚前男女双方有共同经营之财产者，得依据双方情况处理之。

第十八条　凡结婚离婚违反本条例者，得由当事人诉经当地司法机关讯实予以分别准驳，如涉及刑事范围者，应以刑事处理。

第十九条　本条例由边区政府公布实行，其解释之权属于边区政府。

选自《陕甘宁边区法律法规汇编》，陕西人民出版社2006年版，第223页～224页。

12. 陕甘宁边区婚姻暂行条例第二次修正草案解释及实施办法

1942年12月

一、凡以彩礼名义而图利或以劳力代彩礼者（如站年汉），都是买卖婚姻。但结婚时男女双方互送的纪念品，不得当作彩礼。

二、要禁止买卖婚姻，为便于检查起见，应举行登记制度，就是说，于本条例确定后，凡已订婚或正在议婚的一律要举行登记，如发现有买卖婚姻，没收其身价百分之二十至六十，其余归还出钱的本人，至于所没收的款项，即作为当地公益事业之用。若系他人告发，在男方所在地者，办理男方所在地公益事业，在女方所在地者，办理女方所在地公益事业。对于卖妇女的人，应酌情处以罚金或劳役，但男女婚姻，只要双方本人自愿，仍应认为有效。以劳力代彩礼的买卖婚姻，已提供的劳力，继续提供时，应给予工资，如果不能达到结婚的目的，即已提供的劳力，亦应照给工资。

三、强迫婚姻，在社会上如抢婚、骗婚，对于抢婚者应予处理。但婚姻仍尊重当事人的自愿。对于骗婚的处理，除处罚骗者外，婚姻不能认为有效。

四、凡已经纳妾的，只要不发生问题，不必加以干涉，如发生问题，其妾之一方的婚姻应认为无效。招夫养夫也是采取不干涉态度。但发生问题时，司法机关得酌情处理之。

五、童养媳、童养婿及站年汉，已经存在的不必干涉。但乡政府应该加以监督，免得幼年男女受虐待，若到了结婚年龄，是否结婚，完全听男女双方自由。

六、直系血亲，如父母子女，祖父母孙子女是。旁系血亲八亲等内之亲属，如同曾祖父母之辈分相同或不同之亲属是，姻亲五亲等以内辈分不同之亲属，如伯母之弟妹或嫂嫂、娘家之侄孙子女是。

七、具有离婚条件者不必赔偿损害，但遇特殊情形时，法院得酌量处理。

八、对于非婚生子女，除法律予以保障外，如果该生母愿意送人者，可听其自愿。不愿送人，直接可送区乡政府处理，区乡政府得接收之。然后或转送他人。但得替该生母保守秘密，如遇有杀害亲生子者，得依法处罚之。

九、夫妇同居经营的财产，离婚后本应平均分配，不过事实上怕行不通，故给法院以酌量处理之权。

选自《陕甘宁边区法律法规汇编》，陕西人民出版社2006年版，第224～225页。

13. 陕甘宁边区抗属离婚处理办法

1942年12月9日边区政府委员会第三次会议通过，1943年1月9日[①]公布

一、抗日战士之妻五年以上不得其夫音讯者，得提出离婚之请求，经当地政府查明属实，或无下落者，由请求人书具亲属凭证允其离婚。

二、政府应认真实行优抗办法，保证抗属物资生活，并在政治上提高其爱护抗日军人之认识，帮助抗属与战士通讯，当发生抗属请求离婚时，必须尽力说服，如坚决不同意时，依照规定年限手续准予离婚。

三、抗日战士与女方订立之婚约，如该战士三年无音讯，或虽有音讯而女方已超过结婚年龄五年仍不能结婚者，经查明属实，女方得以解除婚约，但须经由当地政府登记之。

四、军队政治机关，应提高战士对于婚姻问题之正确认识，经政府或司法机关登记判决离婚者，须劝说战士执行之。

五、实行战士在一年半内允许一月假期回家制度，由各旅将例假战士籍贯登记清楚，

① 关于本办法的公布日期，各种版本说法不一。“陕甘宁续编”、“延安审判志”、“甘肃史料版”标作“一月九日”，“社科法制版”标作“一月十五日”；“档案文件版”标明：“一月十七日”由陕甘宁边区政府、第十八集团军后方留守处联合发布命令，颁布本办法及《军民诉讼暂行条例》等四个文件。

按县份编制起来，派人率领回乡，如期率领回队（此办法只适用于家在边区的战士），地方政府，应同负保障归队之责。

六、凡在本办法施行前已经政府或司法机关登记判决之抗属离婚案，依法有效，不得撤销之。

七、关于抗属离婚，本办法未规定者，依照“陕甘宁边区婚姻例”办理之。

八、本办法自公布日施行之。

选自《陕甘宁边区政策条例汇集》续编，1944年编印，第162～163页。简称“陕甘宁续编”。

互校版本：

1.《陕甘宁革命根据地史料选辑》第一辑，甘肃人民出版社1981年版，第235～236页。简称“甘肃史料版”。

2.《中国新民主主义革命时期根据地法制文献选编》第四卷，中国社会科学出版社1984年版，第807～808页。原注：“选自一九四三年二月十四日《解放日报》”。简称“社科法制版”。

3.《陕甘宁边区政府文件选编》第七辑，档案出版社1988年版，第35～36页。简称“档案文件版”。

4.《延安地区审判志》，陕西人民出版社2002年版，第348～349页。简称“延安审判志”。

14. 陕甘宁边区高等法院批答
——批示寡妇招夫事件处理方针

1943年6月26日

绥德分区高等分庭庭长乔松山：

六月十四日呈悉关于寡妇招夫问题，兹逐项答复如下：

一、寡妇招夫已成为各地公认有效之习惯，法律上亦无禁止之明文，而且在社会实际生活特殊情况下，寡妇有时实有招夫之必要，至主张血统之说为宗法社会之残余，不应与以保持致阻碍社会大同之进化。

二、守节立嗣之举，亦为宗法社会之残余，不应予以保持，寡妇无子，如不改嫁而招夫或不招夫而选择亲房之子立为己子，又或与亲房不睦而抱养他房或外姓之子，均应听寡妇之自主，不能加以强迫，亲房人等不能对寡妇财产有所觊觎，而主张不合社会进化的守节立嗣之说，宗祧承继的狭隘观念，已为新社会所不容，故新派法律只有财产承继之规定，而无宗祧承继之规定（参考国民政府民法继承节各规定）。

三、寡妇本人与家族不睦，不愿择立嫌怨之子为嗣，而又劳动无人，生活无助，致与亲族人等日益形成对立者，此或为寡妇本人对于家族关系不善处理所致，是为其待人接物之本身问题，尚不涉其法律范围。

四、寡妇因有老弱之累，不能改嫁，坚决主张招夫以活全家者，此项情形自可招夫，寡妇当自主之权。

五、为人后者，死亡无后，遗有寡妻，其寡妻愿改嫁者，听其改嫁，不愿改嫁而愿承守其夫之遗产者，听其自便。寡妇有自由处分其财产之权，将来寡妇对于其身后的财产承继人可由寡妇自主指定，即法律上所谓指定承继人，如寡妇生前未预先指定承继人，死后财产无人承继者，再由亲族会议处分其遗产，参考国民政府民法继承篇。

以上各项寡妇问题，关系社会政策，亦须斟酌实际情况，灵活处理关于此类案件，最好进行调解，使之平气息争，如调解实不成立，方得依据社会政策及实际情况为之判决。

此批

代院长　李木庵

选自《陕甘宁边区法律法规汇编》，陕西人民出版社 2006 年版，第 226～227 页。

15. 修正陕甘宁边区婚姻暂行条例

1944 年 3 月 20 日公布

第一条　男女婚姻以自愿为原则。

第二条　实行一夫一妻制，禁止一夫多妻或一妻多夫。

第三条　少数民族婚姻，在遵照本条例原则下，得尊重其习惯法。

第四条　结婚年龄男须满十八岁，女须满十六岁以上。①

第五条　男女结婚，得向当地乡（市）政府申请登记，领取结婚证。

第六条　有下列情形之一者，禁止结婚：

一、患花柳病及其他不治之恶疾者；

二、略诱行为者。

第七条　已订婚之男女，在结婚前如有一方不同意者，可向政府提出解除婚约，并双方退还互送之订婚礼物。

第八条　男女双方自愿离婚者，得向当地乡（市）政府申请登记，领取离婚证。

第九条　男女之一方，有下列情形之一者，他方可向政府请求离婚：

一、重婚者；

二、与他人通奸者；

三、图谋陷害他方者；

四、患不治之恶疾或不能人道，经医生证明者；

五、以恶意遗弃他方者；

① “陕甘宁续编”、“延安审判志”、“西南函授版”、“法律法规汇编版”、“档案文件版”第四条明确规定最低婚龄（比 1939 年的规定男女各降低两岁），本条例全文共十六条。但“甘肃史料版”与“社科法制版”皆缺少第四条规定的内容，因而全文只有十五条。

六、虐待他方者；

七、感情意志根本不合，无法继续同居者；

八、生死不明已过三年者；

九、男女一方不务正业，经劝解无效，影响他方生活者；

十、有其他重大事由者；

第十条　女方在怀孕期间，男方不得提出离婚，具有离婚条件者，亦须于女方产后一年始能提出（双方同意者不在此限）。

第十一条　抗日军人之配偶，在抗战期间原则上不准离婚，至少亦须五年以上不得其夫音讯者，始能向当地政府提出离婚之请求。当地政府接到此项请求时，须调查所述情况确实，始得准其离婚。但抗属之丈夫如确已死亡、逃跑、投敌或另行结婚者，不受此限制。抗日军人与女方订立之婚约，如男方三年无音讯或虽有音讯而女方已超过结婚年龄五年仍不能结婚者，女方得申请当地政府解除婚约。

第十二条　男女离婚前所生之子女未满七岁者，由女方抚养，已满七岁者，随父随母须尊重子女之意见，父母不得强迫，但得承认父母子女之关系。

第十三条　女方离婚后未再结婚，而无力维持生活时，归女方抚养的子女之教养费由男方继续负担，已结婚者，其子女之教养费归新夫负担。如其子女愿随生父者，生父得领回。

第十四条　非结婚所生之子女，与结婚所生之子女享受同等权利，不得歧视。经生母证实其生父者，政府得强制其生父负责教养费。

第十五条　凡结婚、离婚，违犯本条例者，得由当事人诉经当地司法机关，讯实予以分别准驳，如涉及刑事范围者，以刑事处理。

第十六条　本条例由边区政府公布施行，其解释之权属于边区政府。本条例颁布之后，一九三九年四月四日公布之“陕甘宁边区婚姻条例”即行作废。

选自《陕甘宁边区政策条例汇集》续编，1944 年版，第 159～161 页。简称“陕甘宁续编”，全文共 16 条。

互校版本：

1.《延安地区审判志》，陕西人民出版社 2002 年版，第 360～361 页。刊有 1944 年 3 月 20 日发布的“战字第 816 号命令”。简称“延安审判志”，全文共 16 条。

2.《陕甘宁边区政府文件选编》第八辑，档案出版社 1988 年版，第 94～96 页。简称“档案文件版”，全文共 16 条。文前刊有边区政府于 1944 年 3 月 20 日以“战字第 816 号”发布的命令，指出：本修正条例业经本府委员会第四次会议通过，现予颁行，至于民国二十八年四月公布并收入《抗日根据地政策条例汇集》中之婚姻条例应废止之。凡今后处理婚姻纠纷案件（特别是抗属婚姻问题）应以本条例为依据。

3.《中国新民主主义革命时期法制建设资料选编》第三册，西南政法学院函授部 1982 年编印，第 49～51 页，全文共 16 条。原注：“《解放日报》1944 年 4 月 4 日”。简称“西南函授版”。

4.《陕甘宁边区法律法规汇编》，三秦出版社 2010 年版，第 537～538 页。简称“法律法规汇编版”。全文共16条。

5.《陕甘宁革命根据地史料选辑》第一辑，甘肃人民出版社1981年版，第435～437页。简称“甘肃史料版”。全文共15条。

6.《中国新民主主义革命时期根据地法制选编》第四卷，中国社会科学出版社1984年版，第808～811页。全文共15条。原注：“选自《陕甘宁边区政策条例汇集》（续编）一九四四年版”。简称“社科法制版”。全文共15条。

16. 陕甘宁边区高等法院指示信——关于夫妇感情不和请求离婚的案件如认为实在不能共同生活者应由区公署介绍至县司法处处理切勿片面劝说制止免生意外事端由

1944年9月30日

各分庭兼庭长、各县兼处长：

嗣后关于夫妇感情不和，生活上不能继续同居，向区乡政府请求离婚的案件，如双方关系实在不能改善时，应由乡政府或区公署介绍到县司法处处理，勿得片面劝说抑制，以免发生意外事件。兹将延长县郝维秀因离婚未遂用绳勒死其妻一案，经过事实叙述于后用以教育。希即通知各区乡遵照。

经过事实：

被告郝维秀绥德人，于民国十九年同母携妻移住延川，二十六年其母病亡，二十七年妻又病故，所遗一女四岁亦于二十九年死去，遂将家中牲畜尽行变卖回绥德办家，办的麻家沟李文华之妻（活人妻），娶过后始知被媒蒙骗，不是原来看过的女人，因之夫妻感情不甚和睦。同年六月移住延长县一区五乡流水河务农，据被告人称：其妻是个傻子，不会做衣做饭，三十年腊月生一男孩亦不知关心爱护，遂于三十二年四月间死去，从此夫妇关系更为恶化，时常争吵，自住延长流水河后，被告人郝维秀曾先后向区乡工作人员请求与其妻离婚三次均被劝回。第一次是二十九年七月向乡指导员钟培仁请求，第二次是三十一年正月向乡长请求，第三次是同年五月又向乡长提出，此时因小孩不能离奶，再未坚决继续请求，待小孩死后，在三十二年古［历］十一月二十日晚夫妇间又发生口角，吵了一会，被告就用双手卡住其妻贺氏的脖子，复用细绳勒死，第二天向乡政府报告其妻得羊毛疔病死，经乡政府派自卫军连长协同全村群众检验郝贺氏脖子上有绳痕手踪，遂将报告逮捕送县究办，经讯数次，自认勒死其妻不讳。

查此案未发生前郝维秀因妻白痴，曾向该乡乡政府请求离婚三次，均未得到适当处理，遂有勒死惨剧之发生。白痴男女原为不幸之人，依法不得与人结婚。应将此指示信发由区乡干部讨论，对夫妇间感情不和的离婚案件须纠正其矛盾，改善双方关系，否则介绍到县司法处处理，切勿片面地只以劝说制止，免生意外。今后对于类似此种的案件如认为实在不能成全者，应准其离婚，但离婚后被离婚人之生活务须设法使其家属或亲族予以维持，如无上项关系时，亦应另谋其他办法给以适当安置，切不可置之不理使其生活发生问题。

此致

敬礼！

院长　雷经天

选自《陕甘宁边区法律法规汇编》，陕西人民出版社 2006 年版，第 229～230 页。简称“陕西法律法规版”。

十三、刑事法规

1. 陕甘宁边区政府惩治贪污暂行条例

1938年8月15日公布①

第一条　边区所属之行政机关、武装部队及公营企业之人员犯本条例之罪者，依本条例处断。

凡群众组织及社会公益事务团体之人员犯本条例之罪，经所属团体控告者，亦依本条例处理。

第二条　有下列行为之一者，以贪污论罪：

（一）冠［克］扣或截留应行发给或缴纳之财物者；

（二）买卖公用物品从中舞弊者；

（三）盗窃侵吞公有财物者；

（四）强占强征或强募财物者；

（五）意在图利贩运违禁或漏税物品者；

（六）擅移公款作为私人营利者；

（七）违法收募税捐者；

① “档案文件版”“延安审判志”“三秦法律法规版”标作“1938年”。“甘肃史料版”标明“民国二十七年八月十五日公布”，早期抄件注明：“录自《新中华报》1938年8月15日第4版”。

（八）伪造或虚报收支账目者；

（九）勒索敲诈，收受贿赂者；

（十）为私人利益而浪费公有之财物者。

第三条　犯第二条之罪者，以其数目之多少，及发生影响之大小，依下列之规定惩治之：

（一）贪污数目在五百元以上者，处死刑或五年以上之有期徒刑；

（二）贪污数目在三百元以上五百元以下者，处三年以上五年以下之有期徒刑；

（三）贪污数目在一百元以上三百元以下者，处一年以上至三年以下之有期徒刑；

（四）贪污数目在一百元以下者，处一年以下之有期徒刑或苦役。

第四条　前第三条之未遂罪罚之。

第五条　犯本条例之罪，除依照第三条之规定处罚外，应追缴其贪污所得之财物，如属于私人者，视其性质，分别发还受害人全部或部分，无法追缴时得没收犯罪人财产抵偿。

第六条　犯本条例之罪，于发觉前自首者，除依第五条之规定令其缴出所得财物外，得减轻或免除其处罚。

第七条　犯本条例之罪者，由地方法庭审判，呈边区高等法院核准后执行之。

第八条　本条例解释之权属于边区政府。

第九条　本条例自公布之日施行。

选自《陕甘宁革命根据地史料选辑》第二辑，甘肃人民出版社 1983 年版，第 64～65 页。简称“甘肃史料版”。

互校版本：

1.《陕甘宁边区政府文件选编》第一辑，档案出版社 1986 年版，第 111～112 页。原注：“见 1938 年 8 月 15 日《新中华报》”。简称“档案文件版”。

2.《延安地区审判志》，陕西人民出版社 2002 年版，第 321～322 页。简称“延安审判志”。

3.《陕甘宁边区法律法规汇编》，三秦出版社 2010 年版，第 508 页。简称“三秦法律法规版”。

2. 陕甘宁边区抗战时期惩治汉奸条例（草案）

1939 年

第一条　本条例为彻底肃清汉奸，保障抗战胜利及巩固边区而制定之。

第二条　本条例所列举之犯罪行为，无论任何人民，凡在边区以内者，均适用之。

第三条　凡有下列行为之一者，即以汉奸论罪：

（一）企图颠覆国民政府所属各级政府，阴谋建立傀儡伪政权者。

（二）破坏人民抗日运动或抗战动员者。

（三）进行各种侦探间谍，及一切秘密特务工作者。

（四）组织及领导土匪活动扰乱者。

（五）施放信号，显示敌人轰炸或射击目标者。

（六）组织领导军队叛变或逃跑者。

（七）宣传煽惑人民，组织领导叛乱者。

（八）谋害党政军及人民团体之领袖，或其负责者。

（九）诱逼人民以供敌人使用，侮辱凌虐或毒害人民生命者。

（十）拖枪逃跑哗变投降敌人者。

（十一）藏匿贩运及买卖军火意图叛乱者。

（十二）以粮食军器资送敌人者。

（十三）破坏交通、妨碍交通运输者。

（十四）破坏货币、紊乱金融财政者。

（十五）捏造或散布谣言者。

（十六）乘机纵火抢劫者。

（十七）以文字图画书报宣传，或以宗教迷信破坏抗战者。

（十八）有意放纵汉奸份子逃跑者，或诬捏别人为汉奸者。

第四条　犯第三条各款之罪者，视情节之轻重，判其有期徒刑或死刑，并没收本犯之全部财产，或处以罚金。

第五条　教唆放纵或协助犯第三条各款之罪者，与本犯同罪。

第六条　第三条之未遂罪罚之。

第七条　犯第三条各款之罪，经政府认为确实是被胁迫而构成从犯者，得减刑。

第八条　犯第三条各款之罪，未经发觉而自首者，得减刑。自首条例另定之。

第九条　犯第三条各款之罪，在事先告发能防止或破获者，得减刑或免除其刑。

第十条　犯第三条各款之罪，年龄在十四岁以下八十岁以上者，得减刑或免除其刑。

第十一条　本条例解释之权属于边区政府。

第十二条　本条例修改之权属于边区参议会。

第十三条　本条例经边区参议会通过后，由边区政府颁布施行。

选自《抗日根据地政策条例汇集》陕甘宁之部（下），1942 年编印，第 779～780 页。

互校版本：

1.《中国新民主主义革命时期根据地法制文献选编》第三卷，中国社会科学出版社 1981 年版，第 55～57 页，原注："选自《抗日根据地政策条例汇集——陕甘宁之部》下册，1942 年版"。

2.《陕甘宁边区政府文件选编》第一辑，档案出版社 1986 年版，第 494～495 页。原注："时间是依据《抗日根据地政策条例汇集》补的"。

3.《陕甘宁边区法律法规汇编》，三秦出版社 2010 年版，第 511 页。

3. 陕甘宁边区抗战时期惩治盗匪条例（草案）

1939年

第一条　本条例为肃清盗匪，巩固后方治安，保护人民利益而制定之。

第二条　凡以抢劫为目的，有下列行为之一者即以盗匪论罪：

（一）聚众持械抢劫者。

（二）以暴力强夺他人财物者。

（三）掳人勒赎者。

（四）藏匿贩运及买卖军火者。

（五）窝藏或俵分赃物者。

（六）伤毙人命者。

（七）乘机强奸妇女者。

（八）纵火焚毁房屋者。

（九）破坏阻塞交通者。

（十）袭击或抗拒军队者。

（十一）抢夺军队或自卫武器者。

（十二）勾引军队为匪者。

第三条　犯第二条各款之罪者，视情节轻重，判处以徒刑或死刑，并没收本犯之全部财产或罚金。

第四条　凡教唆庇纵或协助犯第二条各款之罪者，与本犯同罪。

第五条　第二条之未遂罪罚之。

第六条　犯第二条各款之罪，经政府认为确实是被威逼而构成从犯者得减刑。

第七条　犯第二条各款之罪，未经发觉而自首者得减刑。

第八条　犯第二条各款之罪，在事先告发能防止或破获者，得减刑或免除其刑。

第九条　犯第二条各款之罪，年龄在十四岁以下八十岁以上者得减刑。

第十条　本条例解释之权属于边区政府。

第十一条　本条例修改之权属于边区参议会。

第十二条　本条例经边区参议会通过后，由边区政府颁布施行。

选自《抗日根据地政策条例汇集》陕甘宁之部（下），1942年编印，第777～778页。

互校版本：

1.《中国新民主主义革命时期根据地法制文献选编》第三卷，中国社会科学出版社1981年版，第57～59页，原注："选自《抗日根据地政策条例汇集——陕甘宁之部》下册，一九四二年版"。

2.《陕甘宁边区政府文件选编》第一辑，档案出版社1986年版，第492～493页。

3.《延安地区审判志》，陕西人民出版社2002年版，第329～330页。

4.《陕甘宁边区法律法规汇编》，三秦出版社2010年版，第510页。

4. 陕宁边区惩治贪污条例（草案）

1939年

第一条　边区所属之机关部队及公营企业之人员，犯本条例之罪者，依本条例处断之。凡群众组织及社会公益事务团体之人员，犯本条例之罪，经所属团体控告者，依本条条例办理。

第二条　有下列行为之一者，即以贪污论罪：

（一）克扣或截留应行发给或缴纳财物者。

（二）买卖公物，从中舞弊者。

（三）盗窃侵吞公有财物者。

（四）强占、强征或强募财物者。

（五）意图营利，贩运违禁或漏税物品者。

（六）擅移公款，作为私人营利者。

（七）违法收募税捐者。

（八）伪造或虚报收支账目者。

（九）勒索敲诈收受贿赂者。

（十）为私人利益，而浪费公有之财物者。

第三条　犯第二条之罪者以其数目之多少及发生影响之大小依下之规定惩治之：

（一）贪污数目在一千元以上者，处死刑。

（二）贪污数目在五百元以上者，处以五年以上之有期徒刑或死刑。

（三）贪污数目在三百元以上五百元以下者，处三年以上五年以下之有期徒刑。

（四）贪污数目在一百元以上三百元以下者，处一年以上三年以下之有期徒刑。

（五）贪污数目在一百元以下者，处一年以下之有期徒刑或苦役。

第四条　前第二条之未遂罪罚之。

第五条　犯本条例之罪，于发觉前自首者，除依第六条之规定令其缴出所得财物外，得减轻或免除其刑。

第六条　犯本条例之罪，除依照第三条之规定处罚外，应追缴其贪污所得之财物，无法追缴时，得没收其犯罪人财产抵偿。

第七条　贪污之财物，如属于私人者，视其性质分别发还受损失者全部或一部份（分）。

第八条　犯本条例之罪者由司法机关审理执行。

第九条　本条例修改之权，属于边区参议会。

第十条　本条例解释之权，属于边区政府。

第十一条　本条例经边区参议会通过后，由边区政府颁布施行。

选自《抗日根据地政策条例汇集》陕甘宁之部（下），1942年编印，第773～775页。

互校版本：

1.《中国新民主主义革命时期根据地法制文献选编》第三卷，中国社会科学出版社1981年版，第59～61页。原注：选自"《抗日根据地政策条例汇集——陕甘宁之部》下册，1942年版"。

2.《陕甘宁边区政府文件选编》第一辑，档案出版社1986年版，第497～499页。

3.《延安地区审判志》，陕西人民出版社2002年版，第328～329页。简称"延安审判志"。

4.《陕甘宁边区法律法规汇编》，三秦出版社2010年版，第509页。

5. 陕甘宁边区政府对环县政府的指令——关于惩处豫旺县土匪越境破坏的问题

1939年2月21日

令环县县长杨玉亭：

据呈报该县毛井区耿湾区边界土匪扰乱各节阅悉，兹指示如下：

一、毛井区六乡，竟有豫旺县二区公所派来一名义乡长，进行苛捐杂税剥削群众等情。这样的名义乡长，应即加以驱逐，于必要时可以逮捕加以惩办。

二、豫旺县二区长白学士带骑兵十余名，作包围区政府势，将群众的豌豆一石余喂马，未给分文等情。此等行动，如同盗匪，嗣后如再有此等侵入边区滋扰事件发生，应以武装制止。

三、豫旺二区有周秉林、刘生德二匪，捣乱行政组织，抢劫群众驴头，奸淫妇女等情，此等匪类应即痛剿，勿稍宽纵。

四、耿［湾］区六乡，虽经匪徒缪福禄、耿子平摧毁耿区政权，捉杀工作人员；惠安堡之孙保长趁此机会夺去该区六乡寺儿掌四个村庄，派款收捐，勾串匪股抢劫驮户等情。应酌量情形，一方面发动群众表示反对派款收捐；一方面时常派遣部队弹压，若匪徒肆扰即行清剿，以期恢复组织。

除函宁夏省政府饬属严行制止外，合行令仰该县遵照办理。

此令

林伯渠
高自立

选自《陕甘宁边区法律法规汇编》，陕西人民出版社2006年版，第90页。

6. 陕甘宁边区政府禁止仇货取缔伪币条例

1939年6月10日公布

第一条　凡陕甘宁边区所辖境内各地禁止仇货取缔伪币，均依照本条例办理之。

第二条　凡敌国出产之一切商品，无论其以敌国商标或冒充友邦及中国商标者，不得买卖之。

第三条　凡非仇货，但贴有敌国或伪政府之印花及标记，或夹带反宣传之文字者，亦不得买卖之。

第四条　凡属敌国或伪政府之货币，不得使用之。

第五条　边区人民不得以任何物质供资敌人及伪政府，并不得以硬币或法币向敌人或伪政府作一切交换。

第六条　凡在边区之边界地方，得由各县政府与当地地方部队合组检查站，进行检查仇货工作，其他机关或部队，非经检查站不得擅行检查，检查站之组织条例另定之。

第七条　检查出认为应没收之仇货，须报告边区财政厅批准，所有没收之仇货，全部交财政厅处理之。

第八条　凡违犯本条例第二条及第三条者，得将其货物全部没收，并得按情节之轻重，给以有期徒刑之处分或科以罚金。

第九条　凡违犯本条例第四条及第五条者，得按情节之轻重处以有期徒刑或死刑或科以罚金。

第十条　凡隐藏暗地运入之仇货而经检举者，除运货人得受第八条之处罚外，其隐藏货物者，亦受同等之处罚。

第十一条　凡有私人而假冒检查机关名义私行检查藉故苛索者，或检查机关人员营私舞弊私自放行者，一经查（察）觉，均得分别以法惩治之。

第十二条　凡地方人民或在职公务人员缉获仇货解送检查站者，或事先报告检查机关因而缉获者，均得酌量奖励之。

第十三条　本条例自颁布之日起施行。

选自《抗日根据地政策条例汇集》陕甘宁之部（下），1942年编印，第574～575页。

互校版本：

1.《中国新民主主义革命时期根据地法制文献选编》第三卷，中国社会科学出版社1981年版，第61～63页，原注："选自《抗日根据地政策条例汇集——陕甘宁之部》下册，1942年版"。

2.《陕甘宁边区政府文件选编》第一辑，档案出版社1986年版，第282～283页。

7. 陕甘宁边区处置破坏抗战分子暂行条例

1941年①

第一条　本条例根据边区施政纲领第七条之原则，为维护民族抗战建立革命秩序而制

① 原件未注明制定年代，根据第一条"根据边区施政纲领第七条之规定"，推断为1941年"五一施政纲领"发布后拟制。

定之。

第二条　凡以破坏抗战为目的进行各种破坏行动有实据者，即以破坏抗战论罪。

第三条　凡破坏抗战分子，无论逮捕与否，如能诚意改悔而有具体表现者，不论其过去罪恶如何，一律实行宽大政策争取感化转变并给以政治上生活上之出路。

第四条　对绝对不愿改悔之破坏抗战分子，按其犯罪行为以下列各款分别处置：

一、以武装袭击抗日政府机关及人民团体者，首犯处死刑或十年以下五年以上有期徒刑，从犯处七年以下三年以上有期徒刑。

二、用种种方法瓦解抗日部队组织拖枪逃跑领导哗变暴动者，首犯处死刑或十年以下五年以上有期徒刑，从犯处七年以下三年以上有期徒刑。

三、组织盗匪侵扰抗日根据地破坏治安秩序，杀人抢掠，纵火强奸者，首犯处死刑，或十年以下五年以上有期徒刑，从犯处七年以下三年以上有期徒刑。

四、潜入抗日党政军民机关团体窃取机密，刺探消息，收集情报者，首犯处死刑或十年以下五年以上有期徒刑，从犯处七年以下一年以上有期徒刑。

五、组织秘密团体，进行破坏活动，图谋放毒、行刺、绑架、掠夺者，首犯处死刑或十年以下五年以上有期徒刑，从犯处五年以下一年以上有期徒刑。

六、制造谣言，颠倒是非，挑拨离间，作破坏抗战团结之宣传阻碍抗日政策法令之执行者，首犯处十年以下五年以上有期徒刑，从犯处五年以下一年以上有期徒刑。

七、隐藏在抗日根据地内，甘充敌探奸细，破坏交通，勾引落后分子，叛变或响应敌人进攻者，首犯处十年以下五年以上有期徒刑，从犯处五年以下一年以上有期徒刑。

八、利用公开工作地位，进行破坏抗战建设者，首犯处十年以下五年以上有期徒刑，从犯处五年以下一年以上有期徒刑。

九、用种种方法占领抗日根据地之领土，企图推翻抗日政权及欺压人民侵犯人民利益，首犯处十年以下五年以上有期徒刑，从犯处五年以下一年以上有期徒刑。

十、违抗命令，破坏抗战动员，逃避抗战工作者，首犯处七年以下三年以上有期徒刑，从犯处三年以下半年以上有期徒刑。

第五条　破坏抗战行为如有在本条例未规定者，得参照第四条各款之规定酌量处刑。

第六条　凡有第四条各款之犯罪行为，如证明确系被迫胁从者，得减刑或免刑。

第七条　凡教唆帮助或庇纵窝藏破坏抗战分子者，与正犯同罪。

第八条　破坏抗战分子未遂犯有实据者，得按既遂犯之刑减轻之。

第九条　凡已判罪之破坏抗战分子，在争取教育过程中而能悔悟转变有具体表现者得减刑或免刑。

第十条　破坏抗战分子经争取教育悔悟自新后又复进行破坏行为而有实据者照原律加重治罪。

第十一条　本条例之解释权属于边区政府。

第十二条　本条例经边区政府颁布后施行，再交边区参议会通过承认。

《陕甘宁边区法律法规汇编》，三秦出版社 2010 年版，第 499 页。

8. 陕甘宁边区破坏边区治罪条例

1941年[①]

第一条　本条例为保卫及巩固边区坚持长期抗战，争取最后胜利，根据陕甘宁边区施政纲领而制定之。

第二条　凡以破坏边区为目的，而有下列各款之行为者，均以破坏边区论罪。凡以破坏边区为目的之行为，按其情节照本条例规定各条论罪。

第三条　凡以破坏边区为目的，而下列各款之行为者，犯下列各款之一者，处四年以上五年以下有期徒刑，其绝对坚决不愿悔改者处死刑：

一、破坏边区为目的，指挥武装部队或组织土匪袭击边区陆军，摧毁边区各级政权机关者。

二、以破坏边区为目的，实行杀害边区公务人员或边区民众者。

三、以破坏边区为目的，煽惑边区军队、居民实行叛乱者。

四、以破坏边区为目的，侦查、试探、偷窃边区军事机密者。

第四条　犯下列各款之一者，处三年以上五年以下有期徒刑：

一、以破坏边区为目的，组织各种秘密反动团体进行活动者。

二、以破坏边区为目的，混入边区军队机关团体学校进行破坏工作者。

三、以破坏边区为目的，实行藏匿或贩运军火意图叛乱者。

四、以破坏边区为目的，实行破坏边区交通、仓库及各项经济建设者。

第五条　犯下列各款之一者处二年以上四年以下有期徒刑：

一、以破坏边区为目的，组织或领导边区军队或居民实行逃跑者。

二、以破坏边区为目的，实行抢掠边区居民或摧毁边区村庄者。

三、以破坏边区为目的，故意包庇窝藏破坏分子在边区内活动或放纵破坏分子逃跑者。

四、以破坏边区为目的，冒充边区军队或机关团体人员进行破坏活动者。

第六条　以破坏边区为目的，犯下列各款之一者，处一年以上三年以下有期徒刑：

一、以破坏边区为目的，实行破坏边区居民之各种抗战动员者。

二、以破坏边区为目的，假借各种宗教迷信煽惑边区居民阻挠政府命令者。

三、以破坏边区为目的，有意诬陷他人破坏边区者。

四、以破坏边区为目的，伪造军队、机关、团体、学校之公私印章文件进行破坏活动者。

第七条　以破坏边区为目的，犯下列各款之一者，处半年以上二年以下有期徒刑：

一、以破坏边区为目的，以文字图画作有碍边区之宣传，或捏造事实散布谣言，使边区居民发生恐慌影响者。

二、以破坏边区为目的，故意扰乱边区金融者。

---

① 原件无制定年代，推断为1941年“五一施政纲领”发布后拟制。

三、以破坏边区为目的，威胁利诱边区居民而反抗边区政府者。

四、以破坏边区为目的，在军队机关团体、学校内搜集情报者。

第八条　犯以上各条之未遂罪罚之。

第九条　犯以上各条款之罪从犯减轻其刑。

第十条　犯以上各条款之罪未经发觉而自首者，得减轻其刑。

第十一条　犯以上各条款之罪得酌斟情形褫夺公权一年至五年。

第十二条　本条例经过边区参议会通过，由边区政府颁布施行。

选自《陕甘宁边区法律法规汇编》，陕西人民出版社2006年版，第94～95页。

9. 陕甘宁边区逮捕反革命分子暂行条例草案

1941年①

第一条　本条例为制止反革命须遵合法手续以适应保障人权之原则制定之。

第二条　凡逮捕反革命分子均以本条例之规定。

第三条　本条例无正条或其他法令无特别规定者不得进行逮捕。

第四条　凡图谋破坏抗战危害民族利益有利于敌人之行为者，以反革命论罪。

第五条　逮捕反革命分子职权属于保卫锄奸之公安机关与司法机关。

第六条　地方政府人员遇有反革命分子图谋不轨之报告者，得将报告原文转移公安机关或司法机关执行侦查或逮捕。

第七条　军队人员遇有反革命分子潜伏活动之报告者，依照前条办理之，但戒严期间或战时不在此例。

第八条　地方政府和军队人员发现现行犯之反革命分子证据确实，恐其脱逃，得报由主管长官批准施行逮捕，于二十四小时内即将人犯及证据移交公安机关或司法机关处理，不得故意留难或虐待。

第九条　民众团体，不得逮捕反革命分子，违者以擅捕论罪，但证据确实而有反革命之行为者，得将证件报告公安机关或检察机关处理。

第十条　遇有下列情形者，须经由该上级主管机关负责人批准签字始得逮捕。

一、乡村公务人员中之反革命分子须由县长批准签字。

二、区级公务人员中之反革命分子须由专员批准签字。

三、县级公务人员中之反革命分子须由边区政府主席批准签字。

四、军队公务人员中之反革命分子须由越级以上之长官及政委批准签字。

第十一条　通常时期对反革命分子有必要执行逮捕时，应携带逮捕机关文书或证件通知本人，但如有机关负责具保者，不得拘留或扣押。

第十二条　紧急时期，预防反革命分子有危险之行为时，地方政府及军队得有该长官

① 原注：未注明制定年代，推断为1941年11月《保障人权财权条例》公布后拟制。

命令执行紧急处分，但逮捕后即刻移交公安机关或司法机关办理。

第十三条　凡执行逮捕反革命分子之人员，得搜查家屋证据，但犯人财物须据实点验呈报，以便交还本人，不得私行吞没或毁损。

第十四条　凡逮捕之反革命分子，一律加以优待，不得仇视。

第十五条　本条例经参议会通过边区政府公布施行。

第十六条　本条例应行修正时，由边区政府修正之。

第十七条　本条例公布一月后，有效施行期限为一年，是否延长与废止由边区政府决定公布之。

选自《陕甘宁边区法律法规汇编》，三秦出版社2010年版，第501页。

10. 附［学术研究］：（陕甘宁）边区刑罚的特点（署名：朱婴）

1941年10月25—26日《解放日报》

“一切决定于地点、时间与条件”，这句话应用到任何事物方面都是对的，当然法律也不在例外。

边区是共产党领导长期抗战的根据地，不论就那方面说，都有它的特殊的情形，司法工作为政权工作中最重要的一环，而司法工作所执行的法律便有它的不同的地方，这是一定的，我们只就边区所采用的刑罚来讲，就是一个很明显的例子。

大家都知道，照一般刑法所规定，所谓刑罚一项，可分为以下几种：

（一）死刑；（二）无期徒刑；（三）有期徒刑；（四）拘役；（五）罚金；（六）褫夺公权；（七）没收。前五种是属于主刑的范围，后二种是属于从刑的范围；可是我们边区现在有很大的变更，一、无期徒刑已经废止了；二、照刑法所规定，有期徒刑为二月以上十五年以下，就是说，有期徒刑最高可达到十五年，而我们边区则把最高缩短为五年；三、拘役已改为苦役。这些变更的理由在那（哪）里呢？现在分别说明于下：

一、废止无期徒刑的理由：一个人犯了罪。既然还不到排斥于社会的程度，那么，只有给他一个相当时期的制裁，即是在有期徒刑中加以教育，然后等到刑期满了，便恢复了他的自由，仍在社会上做一个好的公民；若既不采这种办法，偏要在死刑的下面定一个无期徒刑，虽然犯罪者的生命还没有断绝，而终身与家庭社会都脱离了关系，这究与死刑何异？而且在旧社会的监狱，犯人既不参加生产，还需要国家担负一个人的终身给养，这与国库亦有很大的损失；总而言之，无期徒刑不论在国家或个人都没有什么好处。同时我们对于犯人是采取教育政策的，教育一个时期后，便要他再在社会上服务；若无期徒刑使犯人永远没有出狱的时候，即令教育出了又有什么用呢？自然，我们也不否认有赦免及假释的机会，但那究竟是极少见的。此外，犯人既感到终身无恢复自由的机会，很容易养成自暴自弃的心理，这与刑事政策的本旨也不相合。何况在资本主义的国家，也不是没有先例，如：葡萄牙，墨西哥、巴西等国家老早就把无期徒刑废止了。这是站在社会的观点来说明也应该是如此。另外，我们中国现在是坚持长期抗战的时期，而这种长期究竟长到什么程度，照敌人的顽强态度来看，至少不是短时期所能解决的，总而言之，我们一定要把敌人赶到鸭绿江对岸，才算是我们的抗战任务终了，既然如此，不论在前方或在后方都需要大批的不断的人力补充，这是一定不够的；如果采用无期徒刑，判决一个人，就是消减了一分抗战的力量；而这一个人假如在判决后还有两个到三个子女的生产率，这样总平均计算起来，社会上人口损失的数量，真令人有不可以想象的地方。因此，即是站在抗战的政策上来讲，也是非主张废止无期徒刑不可的。

二、有期徒刑最高度减低为五年的理由：既然不主张无期徒刑，但有期徒刑太长了是不是主张呢？同样的是不主张的；譬如刑法规定有期徒刑最高为十五年，那么，我们就要问：一个人要到了满十八岁以上才正式负刑事责任，假如一个人从这时候起犯了罪，判他十五年有期徒刑，等到期满出狱的时候，已经三十三岁了，他的一生去了一半不说，而从十八岁到三十三岁这一个阶段，正是他的学问事业建立重要基础的时候，以后便如明日黄花究嫌失时了，这是不是使社会上牺牲了一个人，与无期徒刑究竟何异？反正不论在那（哪）一个年龄入狱，十五年的徒刑是失去了人生的很长的一个时期，于国家、个人都没有好处的，所以特把有期徒刑最高减低为五年。

三、拘役改为苦役的理由是：拘役是把犯人拘禁起来而令服劳役，苦役是不拘禁犯人而令服劳役，从文字上来看，就已经很明白的告诉了我们，不拘禁的理由在那（哪）里呢？是因为这种轻微犯罪，在拘禁中一来怕染上其他犯人的恶习，二来丧失了犯人的体面，很足以减低以后向上奋进的情绪，纵然在监狱中可以施以教育，但为时既暂，是不会收到何种效果的；所以凡这种轻微的罪犯。只有不拘禁而令其服一定的劳役比较有效些；同时也不必在一定的地方，经法院判决后可以送到他处服役，服役中又可以由甲处调到乙处，这是苦役与拘役不同的地方；至于期间的长短，照刑法规定，拘役为一月以上二月未满，不过有时也可加到四个月，而我们边区所施行的苦役，则为六个月，因为拘役只是要使犯人在丧失自由中受到痛苦就够了，而苦役是要使犯人在丧失自由中受到一个相当时期的教育；所以苦役的期限比拘役规定得要长些。

照这样说来，边区现在所采用的刑罚只有六各，虽然有期徒刑与苦役在名称上与刑罚没有多大不同，但已经起了或变量变质的作用。兹为了明了起见再列举于下：

边区所采用的刑罚：一、死刑；二、有期徒刑；三、苦役；四、罚金；五、褫夺公权；六、没收。

上面所列六种刑罚中，关于罚金一项，边区也有他的不同的地方，照刑罚所规定罚金分为四种；一、专科罚金；二、选科罚金；三、并科罚金；四、易科罚金；总的说起来，这种刑罚边区是很少采用的；因为我们对于刑罚，主张采用教育主义，而怎样施行教育，只有在从刑的执行上才能达到目的，若采用罚金刑，虽然使犯人在财产上受到损失，而为什么不应犯罪，及犯罪应收到怎样的后果，犯人本身还是不知道，或者因为财产受了损失，为了弥补起见，可能再走到同样的犯罪方面去。这是一。其次，我们不论对于那个阶层，在今天团结抗日的时候，都是一例看待的；就罚金刑的本身来说，只有在有钱的人面前才能发生作用，而对于工人及贫苦群众是无法可以施行的。也就是说：罚金是专为有钱人而设的，再换一句话说，有钱的人可以拿金钱赎罪，而工人及贫苦群众犯了罪，则只有硬受徒刑的执行，这又好像是说：徒刑是专为贫穷人而设的，这当然是不合于新民主主义的政策，也不合于真正的三民主义的本旨。所以边区对于罚金刑，不论如上面哪一种罚金，都是很少采用的；因此，外面罚金当作司法收入的重要部门，而边区并不是如此。由于这样的原因，上面所述四种罚金中最后的易科罚金，所采用的方式与一般的方式也不同。一般的方式只要有犯人的请求也可处以易科罚金。而这里虽有犯人请求，一定要经法院斟酌实际情况，譬如一个犯人非要在徒刑的执行中不能纠正错误，一定要使其受徒刑的执行；这样一来，关于罚金刑的宣告，并不是完全以犯人的资力为标准，而是以犯人的犯罪情况为标准，这样就打破了因穷富不同而异其处罚的缺点。

或者有人要这样问：边区刑罚，既是很进步的法律表现，为何对死刑还保留着呢？当然，我们也不否认资产阶级的法学者曾主张废止死刑，事实上如荷兰、挪威、瑞士、葡萄牙已经废止过了，可是较发达的资本主义国家，无论如何是不能废止死刑的。这没有什么奇怪，在两个阶级斗争最尖锐化的国度，资产阶级为了镇压无产阶级起见，无论如何不肯放弃其唯一法宝，即是给无产阶级以生命威吓；而到了更疯狂的时候，不仅仅是公开的死刑，如暗杀，活埋，甚至把几十人或几百人连在一起用机关枪扫射，这都是资产阶级惯常干出来的勾当。死刑对于统治者既有这样的重要，所以法国当一八四〇年把死刑废止了以后。经过四十年仍在一九〇六年终被国会否决；反过来说：假如是无产阶级掌握了统治权的国家，资产阶级仍不免时常企图反动，这时如果只顾唱高调而主张废止死刑，无产阶级的政权便有被反动派推翻的可能；所以也不客气的要拿死刑来镇压反动派，这就是说："以其人之道还治其人之身"的一种办法。然而究竟与反动统治者不同；他虽然不主张废止死刑，他却反对暗杀活埋，他却反对把几十人或几百人连在一起用机关枪扫射的这种残酷行为；他判决一个犯人死刑，一定要根据法律，一定要向群众宣布。他的采用死刑是为了保护无产阶级，但另一方面也是为了要使得资产阶级同样的要走到革命的大道上去，换句话说：就是为了教育或拯救资产阶级，再换一句话说：也就是为了整个社会的幸福，我们只看苏联从十月革命以后对于反动派的处决，正是不折不扣的说明了这一点。现在我们边区是新民主主义政权的根据地，它既不是资本主义式的也不是社会主义式的，它是联合各党各派各阶层而对付当前共同的敌人（日本法西斯强盗）它不需要一个阶级镇压另一个阶级，可是民族的敌人如汉奸敌探或企图破坏边区的坏分子，如果到了万分无可争取，也只有采取排斥于社会的办法，因为不如此，转而使得整个民族都要蒙受其灾害；所以边区对于一个犯人的判处死刑，一定是要到万分的无可争取，一定是大多数群众的要求；虽然是这样，而仍需加以十分审慎，因此，边区对于判处死刑的数目字上，差不多到了零号，在去年以前全边区二十余县，判处死刑的全年还没有超过一百人，以后就大大的减少了；今年从施政纲领颁布以来，几个月中还没有听到关于判处死刑的消息。这说明了什么？这说明了我们虽然不主张废止死刑，而事实上等于废止死刑，同样也是说明了社会再往前进。死刑终有废止的一天的。

选自抄件，原注："录自1941年10月25、26日《解放日报》第四版"。

互校版本：

1.《中国新民主主义革命时期法制建设资料选编》第二册，西南政法学院函授部1982年2

月编印，第235～240页。原注：“《解放日报》1947年10月25日”。简称“西南函授版”。

2.《陕甘宁边区法律法规汇编》，陕西人民出版社2006年6月版，第98～102页（未注明史料来源和作者）。简称“陕西法律版”。

编者注：

“陕西法律版”第101～102页，在“死刑终有废止的一天的”之后，还多出下列内容，一并刊出，供研究参考：

上面说死刑是一个阶级镇压另一个阶级，但是今天的中国死刑的作用不应该是如此的，因而我们边区所以采用死刑，只是对付危害民族的败类，但还需加以尽量争取，这是我们这里要重复地加以说明的。

现在就要问边区的刑罚既然有这样大的变更而所收到的效果究竟怎样，我们不讲别的，我们只把边区政府最近所出的工作报告《边议丛书》中关于司法方面的记载，抄一段来看便可知道大概了。民国二十七至二十八两年全边区判处的刑事案如下表：

民国二十七年至二十八年判处刑事案件统计表

刑　期	二十七年	二十八年	合计
教育释放	409	376	785
六月以下苦役	345	474	819
一年以下徒刑	233	84	317
二年以下徒刑	108	47	155
三年以下徒刑	49	22	71
四年以下徒刑	31	4	35
五年以下徒刑	24	12	36
死　刑	83	46	129

这里可见边区罪犯训诫后即释放所占全数32.2%，六月以下苦役的占33.7%，徒刑占22.3%，死刑只占5.3%，而处役刑还可提前假释。

当然上面的记载还是根据二十七、二十八两年的材料，而从二十八到现在当然又有很多的不同，就是说处重刑的更加减少，处轻刑的更加增多，譬如上表中二十七年处死刑的有83人，二十八年便减少到46人，这就是很明显的标志。拿今年的情形来讲，法院每天都有被释放的犯人，可是并不是每天都有新收的犯人，说句俏皮话：可以说是“收入大大的减少，而支出大大的加多”，将来达到监狱空虚并不是什么很难的事。

另外边区的刑罚，既然贯彻着教育主义的精神，不论在役刑或苦役的执行中都是加紧犯人的教育，这样又收到怎样的效果呢？

随便举几个例子来讲便可证明这一事实的正确性。

有几个期满出狱的犯人，他们在出狱时，对于看守所有很多的留恋，其详情特分别叙述如下：

一、苏字通，陕西人，曾在中学毕业组织群众作反宣传，判了一年徒刑，期满释放后，仍写信要回到法院工作，他的意思在外面找不到适当工作，而且也受不到好的教育，感觉很苦闷。

二、千在武，河南人，农民，犯××罪判了三年徒刑，期满释放后，他愿留在法院工作。

三、苏仲远，陕西人，农民，犯××罪，判了三年徒刑，在这三年，他由一字不识的人而现在能看报能写家信，并学会了做木匠活，满期后，愿再在法院帮助工作一时期，他自己说："我很感激看守所的。"

从上面这些事实看来由于边区刑罚特别的改进，也就收到了很多特别的成绩。

11. 陕甘宁边区破坏金融法令惩罚条例

1941年12月18日公布

第一条　本条例依据本府三十年十二月一日坚字第七二号颁布巩固金融法令制定之，凡违背该法令所规定之条款者，依本条例惩罚之。

第二条　凡在边区境内买卖不以边币交换作价者，以破坏金融论罪，其钱货没收之。

第三条　在边区境内故意拒用边币者，按其情节轻重处以一月以上六月以下之劳役，或科以一千元以上一万元以下之罚金。

第四条　凡在货币交换所以外为私行交换货币之营业者，其货币全部没收之。

第五条　意图破坏边区金融进行货币投机事业以牟利者，其货币全部没收处以一年以上二年以下之有期徒刑，并科以五千元以上十万元以下之罚金。

第六条　如恃强胁迫兑换法币或以不正当之手续藉故没收法币及故意提高法币者，一经告发除依法赔偿被害人损失外，得视其情节处以三月以上一年以下之有期徒刑。

第七条　犯本条例之罪者，得由当地公安机关负责查获，移交司法机关处理之。

第八条　犯本条例之罪者，凡商民人等均得据实报告告发或扭送公安机关或司法机关，其没收之款，提十分之三奖励报告人，十分之三奖励查获人，所余之数报解边府充公。

第九条　如有挟嫌诬告者，以诬告论罪，处以二月以上一年以下之有期徒刑。

第十条　因犯本条例之罪涉及其他刑事责任者，按数罪并科论。

第十一条　本条例自公布之日起即发生效力。

选自《抗日根据地政策条例汇集》陕甘宁之部（下），1942年编印，第488～489页。

互校版本：

1.《陕甘宁革命根据地史料选辑》第二辑，甘肃人民出版社1983年版，第345～346页。

2.《中国新民主主义革命时期根据地法制文献选编》第三卷，中国社会科学出版社1981年版，第63～64页。原注："选自《抗日根据地政策条例汇集——陕甘宁之部》下册，1942年版"。

3.《陕甘宁边区法律法规汇编》，三秦出版社2010年版，第514页。

12. 陕甘宁边区政府致边区参议会常驻会公函——改最高徒刑为十年希查复

1942年3月24日

边区参议会常驻会高议长安、谢副议长：

查边区最高判刑原为五年，为适应边区施政纲领公布后，宽大政策之政治需要，现经本府第十三次政务会议决定：

“边区最高徒刑定为十年。因为有许多案子，如判死刑殊觉太重，有失宽大之意；如判五年又嫌太轻，影响人权财权保障；故最高判刑定为十年。”

此项决定，是否适当，相应函达，并希见复为荷！

此致

敬礼！

陕甘宁边区政府主席　林伯渠

副主席　李鼎铭

选自《陕甘宁边区政府文件选编》第五辑，档案出版社1986年版，第347页。

13. 陕甘宁边区政府命令——令边区高等法院将最高徒刑由五年改为十年

1942年3月31日

各厅处会长官及各专员县长：

查边区最高徒刑原为五年，为适应五一施政纲领公布后之政治需要，现经边区政府第十三次政务会议决定：“边区之最高徒刑定为十年。因为有许多案子如判死刑殊觉太重，有失宽大之意，但如判刑五年又嫌太轻，影响人权财权之保障，故改定最高判刑为十年”。复经边区参议会常驻会第五次常〈务〉会通过在案，除命令高等法院遵照外，希即知照为要。

此令

主　席　林伯渠

副主席　李鼎铭

选自《陕甘宁边区政府文件选编》第五辑，档案出版社1986年版，第369页。

14. 陕甘宁边区政府、十八集团军总司令部布告——禁止拆毁庙宇和砍伐树木

1942年4月15日

各处庙宇，本是旧日社会建筑之一，在今天或设学校，或作工厂，都有很多用处；植树造林，也是边区今天的一个要政，调节雨量，改变气候，都要靠它。我们都应该加意保护才是，但是近来竟有一部分人，对于旧有庙宇，任意拆毁，对于树木森林，任意砍伐，象（像）这种情形，不但引起民众不满，并且违背政府法令。为此布告军民人等，以后不得任意拆毁庙宇和砍伐树木，倘有违犯，定要严厉惩罚，此布。

总司令　朱　德

主　席　林伯渠

副主席　李鼎铭

选自《陕甘宁边区政府文件选编》第六辑，档案出版社1988年版，第107～108页。

15. 陕甘宁边区政府关于死刑判决及执行程序的指示信

1943年4月9日

各专员：

关于死刑判决及执行之程序，须依下列之规定请注意执行，并转告所属各县遵照为要。

一、一般死刑案件，必须报告高等法院审核，转呈本府审委会批准后才许执行。

二、除军法处另有规定者外，与在作战捕押时因抵抗逃跑，或其他紧急情况中被击毙外，各下级政府，不得擅自处决死刑。

三、在剿匪中，或其他情况中，因群众急切要求处决人犯时，亦当急电报告本府批准。

此致

敬礼

主　席　林伯渠

副主席　李鼎铭

选自《陕甘宁边区法律法规汇编》，陕西人民出版社2006年版，第126～127页。

16. 陕甘宁边区禁烟禁毒条例（草案）

×年×月

第一条　本条例依据国民政府颁布禁烟禁毒各种法令并参酌边区特殊情形而制定之。

第二条　本条例在陕甘宁边区范围内适用之。

第三条　本条例所称之烟毒分类如下：（1）鸦片（2）吗啡（3）高根（4）海洛英（5）各种烟毒配合或化合丸药。

第四条　凡有下列行为之一者，即以违犯禁烟禁毒条例论罪：

（一）吸食或注射烟毒者，但因治病经政府指定医生证明者不在此例；

（二）种植鸦片烟苗者；

（三）制造吸食或注射烟毒之器具者；

（四）抗拒禁烟禁毒职务之执行者；

（五）帮助或庇护他人吸食注射及买卖贩运烟毒者；

（六）买卖或贩运烟毒者；

（七）设立传布烟毒之商店机关者。

第五条　凡吸食或注射烟毒者，由政府公布登记后限期戒绝，特分别规定如下：

（一）三十岁以下者，限期登记后三个月内戒绝；

（二）四十岁以下者，限期登记后六个月内戒绝；

（三）六十岁以下者，限期登记后一年内戒绝；

（四）六十岁以上者，限期登记后二年内戒绝，倘因年老力衰经政府指定医生证明者不在此例。

第六条　凡不登记或登记后不在此限期内戒绝者，即作为违犯第四条第一款之罪处半年以下之徒刑或苦役（六个月），并科百元以下之罚金，仍照第五条之规定限期戒绝。

第七条　违犯第四条第二款之罪处一年以下之徒刑或苦役，并科二百元以下罚金。

第八条　违犯第四条第四款第五款之罪，视情节轻重处一年以上三年以下之有期徒刑或科二百元以上五百元以下之罚金。

第九条　违犯第四条第六款之罪，视其买卖及贩运价值，分别定其刑罚如下：

（一）烟毒价值在十元以内者，罚一个月以下苦役，并科十元以下罚金；

（二）烟毒价值在十元以上者，罚六个月以下苦役，并科一百元以下之罚金；

（三）烟毒价值在五十元以上一百元以下者，处一年以下有期徒刑，并科二百元以下之罚金；

（四）烟毒价值一百元以上三百元以下者，处一年以上三年以下有期徒刑，并科五百元以下之罚金；

（五）烟毒价值三百元以上五百元以下者，处三年以上五年以下有期徒刑，并科一千元以下之罚金；

（六）烟毒价值在五百元以上者，处死刑，并没收其家产。

第十条　违犯第四条第七款之罪，视情节轻重处一年以上有期徒刑至死刑，并没收其全部财产。

第十一条　凡直接或间接受日寇之主使以烟毒政策危害民族生机者，按惩治汉奸条例论罪。

第十二条　违犯第四条各款之未遂罪罚之。

第十三条　违犯第四条各款之罪，经判处罚后仍连续重犯者，即加重处罚。

第十四条　凡收受贿赂纵容他人犯第四条各款之罪，依第六条至第十条之规定加重处罚。

第十五条　凡诬告他人违犯第四条各款之罪者，依照第六条至第十条之规定加重处罚。

第十六条　违犯本条例之罪，经法庭判决一年以上有期徒刑者，褫夺其公权。

第十七条　凡为医药所需用之烟毒，经向边区政府呈请批准者，不受本条例之限制。

第十八条　凡经查获之烟毒及其器具一律没收，除供医药用外，均销毁之。

第十九条　凡能协助政府禁烟禁毒政策之执行侦查告发破获烟毒者，由政府给以奖励。

第二十条　边区各县设立戒烟所，其组织规程另定之。

第二十一条　戒烟所将配制戒烟药丸发之。

第二十二条　本条例解释之权，属于边区政府。

第二十三条　本条例修改之权，属于边区参议会。

第二十四条　本条例经过边区参议会通过后，由边区政府颁布施行。

选自《抗日根据地政策条例汇集》陕甘宁之部（上），1942 年编印，第 174 页。

互校版本：《陕甘宁革命根据地史料选辑》第一辑，甘肃人民出版社 1981 年版，第 470～472 页。

17. 陕甘宁边区破坏边区治罪条例草案（修正案）

年　月①

第一条　本条例保卫边区安宁秩序维护长期抗战政策争取最后胜利依据陕甘宁边区施政纲领而制定。

第二条　凡以破坏边区为目的之行为按之情节照本条例规定各条办理之。

第三条　凡以破坏边区为目的如下列各款之此，予以三年以上五年以下之长期教育使之改变其恶意。

一、指挥武装部队或组织土匪袭击边区陆军诋毁边区各级政权机关者。

二、实行杀害边区公务员或边区民众者。

---

① 原件无制定年代，从内容分析，制定于抗日战争时期。

三、煽惑边区军队或民众实行叛乱而有显著事实者。

四、组织各种秘密团体实行聚众为反对边区政权者。

五、实行破坏边区交通仓库工厂各项经济建设者。

第四条　以破坏边区为目的犯下列各款之一者予以两月以上三年以下之特定教育使之改变此错误。

一、冒充边区军队或机关团体人员进行破坏活动者。

二、实行破坏边区居民之各种抗战动员者。

三、刺探军事情报者。

第五条　犯前两条规定之事实者系从犯得减少其教育期间。

第六条　未经觉悟而自首者得减少其教育期间。

第七条　主犯将剥夺公权一年至五年。

第八条　本条例经陕甘宁参议会通过由陕甘宁边区政府颁布施行。

选自《陕甘宁边区法律法规汇编》，三秦出版社2010年版，第500页。

十四、公安法规

1. 出入特区边境护照使用条例

1937年12月陕甘宁特区政府公布

一、凡出入特区边境的任何公民以及在职的公务人员必须持有特区政府保安处的护照，方准出入特区边境。

二、领取护照的手续：

（一）有各革命团体主要负责人介绍及各县区政府主席之介绍。

（二）有三家商店担保。

（三）有二家住户居民担保。

（四）经过上述手续之一者均可领取护照。

（五）如查出领护照人有汉奸行为者，担保人须负绝对责任。

三、携有特区政府保安处护照者须随时受沿途检查站之盘问和检查。

四、持有此项护照者不得私带任何违禁物品与武器。

五、持有此项护照者不得涂改、添写或遗失，如因特殊情形遗失的，须立即呈报本处并登报声明。

六、持有此项护照者不得转借他人使用。

七、持护照人如（违）犯此条例时，各处检查站有扣留查办之权。

八、在职军人一律使用第八路军之护照，并应遵守本条例之规定。

特区政府主席　林伯渠

特区保安处处长　周兴

选自《陕甘宁边区政府文件选编》第一辑，档案出版社1986年版，第37～38页。原注："见1937年12月15日《新中华报》"。

互校版本：《陕甘宁边区法律法规汇编》，三秦出版社2010年版，第172页。

2. 陕甘宁边区政府命令
——公布《陕甘宁边区民众锄奸委员会组织条例》

1939年3月5日

兹制定《陕甘宁边区民众锄奸委员会组织条例》公布之。二十六年十月颁布之《陕甘宁边区锄奸委员会组织条例》应予作废。

此　令

主　席　林伯渠
副主席　高自立

陕甘宁边区民众锄奸委员会组织条例

甲　总则

第一条　本条例为组织民众，实行肃清汉奸、敌探、土匪以及一切企图破坏抗战建国，破坏边区政权和人民利益之阴谋活动，而制定之。

第二条　确定民众锄奸委员会为人民自愿协助政府进行锄奸保卫工作之民众抗日团体。

乙　组织

第三条　民众锄奸委员会以乡（市同）为单位组织之，直接受乡政府之管辖（市同）。但工作上由保安处系统指挥之。

第四条　民众锄奸委员会以乡一级（市同）之工会、农会、妇女联合会、自卫军和少先队等团体，各推出代表一人组织之。

第五条　民众锄奸委员会在委员中公举主任一人，负责召集会议，准备提交会议讨论事项，经常接受上级指示和小组工作报告，并指导督促和检查小组工作，答复小组请示等；宣传干事一人，负责进行小组教育及对居民进行锄奸保卫之宣传事宜；组织干事一人，负责发展组织，编制小组，审查组员，统计组员等事宜。

第六条　凡边区人民未经褫夺公权[①]者，均有权自愿加入锄奸小组。

第七条　凡自愿加入为锄奸组员者，得由民众锄奸委员会按其性别，年龄分别组成青年组、成年组、老年组、妇女组、儿童组等。每组以三人至十人为限，公推组长一人负责之（但人口稀少的村落，得不分年龄等，组织混合小组）。

第八条　民众锄奸委员会之委员，如有不称职者，得请该选出之团体撤回，另行选派之。

第九条　民众锄奸委员会如有共同违反法令，破坏抗战建国或损害人民利益等行为

① "政府文件版"将"褫夺公权"误作"递夺公权"。

者，得由乡政府请示上级机关解散并究办之。

丙　权限

第十条　民众锄奸委员会发现有下列阴谋活动及违法行为者，须立即报告保安处系统：

1. 进行汉奸、土匪活动者；
2. 为日寇刺探报告军事、政治、经济情形者；
3. 组织非法团体者；
4. 造谣、欺骗、破坏抗战建国者；
5. 破坏农、工、商各种生产消费事业者；
6. 泄漏（露）抗日军事或政治上之秘密者；
7. 发放信号引导敌机轰炸者；
8. 破坏道路、桥梁、电线及其他抗战交通者；
9. 破坏抗日之机关、团体或武装部队者；
10. 进行反对政府之宣传活动者；
11. 贩卖或私藏军火者；
12. 窝藏或勾通土匪者；
13. 搞［敲］诈或盗窃财物者；
14. 贪赃枉法者；
15. 谋财害命者；
16. 聚众赌博者；
17. 横暴凌弱者；
18. 贩卖鸦片毒物者；
19. 拐骗妇女和儿童者；
20. 其他破坏政府法令者。

第十一条　民众锄奸委员会如发觉第十条所列各项之犯罪行为，有酿成叛乱或伤害人命，或企图避罪潜逃而不能追究者，得实行逮捕，送至军警或保安机关处置。

第十二条　民众锄奸委员会认为需要临时增加警戒，执行盘查或清查户口时，得报告乡政府，指挥当地自卫军或商同当地驻军执行之。

丁　附则

第十三条　民众锄奸委员会及所属各组员均为义务职，不脱离生产，不支取生活费。但因特别事故，耗费较多之时间，甚至影响生活者，政府酌量津贴之。

第十四条　民众锄奸委员会所属之组员，因进行锄奸保卫工作，而至牺牲受伤害者，政府得以抗日军人优恤之。

第十五条　民众锄奸委员会及所属组员，对锄奸保卫有特殊功绩者，政府得在精神上或物质上奖励之。

第十六条　民众锄奸委员会之委员及所属组员，如有利用锄奸保卫工作做掩芦（护），阴行非法活动，应受严厉处罚。

第十七条　本条例如有未尽事宜，得由边区保安处呈请边区政府随时修改之。

第十八条　本条例自颁布之日起实行。

选自《陕甘宁边区政府文件选编》第一辑，档案出版社1986年版，第181～184页。

3. 陕甘宁边区抗战时期戒严条例（草案）

1939年

第一条　本条例为适应抗战，巩固后方，防止汉奸敌探之活动，维持边区之治安而制定之。

第二条　遇必要施行戒严时，得由边区政府委员会命令边区保安司令员依本条例之规定宣布戒严。

第三条　戒严地域分为两种：

（一）警戒地域，指战争时受战事影响应警戒之地域。

（二）接战地域，指作战时攻守之地域。

警戒地域或接战地域于必要时，得区划布告之。

第四条　边区保安司令员于宣布戒严之后，应将戒严之情况及一切处置，随时迅速呈报战区司令长官及边区政府。

第五条　接近作战地域内犯下列各项者，军事裁判机关得自行审判，或交法院审判之：

（一）偷盗军情，泄漏（露）军事秘密者。

（二）进行破坏抗战之活动者。

（三）煽动部队哗变者。

（四）企图颠覆抗日政权者。

（五）破坏有关军事运输、国防要道者。

（六）阴谋破坏者。

（七）捣乱地方治安者。

第六条　宣告戒严时，保安司令员有执行下列事项之权：

（一）得停止破坏抗战之集会、结社及取缔破坏抗战之新闻、杂志、图画、告白、标语等。

（二）得拆阅邮信电报，如认为于抗战及军事有妨碍者，得扣留或没收之。

（三）得检查出入境内之车辆、驮载、旅客等。

（四）寄居于接战地域内者，必要时得检查其居住房舍，或令其退出。

（五）因作战不得已时，得征用或破坏人民之不动产，但应酌量补偿之。

第七条　在戒严区域内民间之食粮物品可供军用者，得施行调查登记，必要时得禁止运出，或加以征收，但应给予相当价额。

第八条　戒严之情况终止时，应即宣告解严，自解严之日起一律回复原状。

第九条　本条例自公布之日施行。

选自《抗日根据地政策条例汇集》陕甘宁之部（下），1942年编印，第775～776页。

互校版本：

1.《中国新民主主义革命时期根据地法制文献选编》第三卷，中国社会科学出版社1981年版，第274～275页，原注："选自《抗日根据地政策条例汇集——陕甘宁之部》下册，1942年版"。

2.《延安地区审判志》，陕西人民出版社2002年版，第327～328页。

3.《陕甘宁边区法律法规汇编》，三秦出版社2010年版，第173页。

4. 陕甘宁边区检查行旅办法

1942年2月7日公布

第一条　本办法为保卫边区与安定地方秩序而制定。

第二条　检查的范围如下：

（一）出入边区境内之车辆、驮兽；

（二）出入边区境内之行旅及其携带物品；

（三）在边区境内行旅认为有检查之必要者。

第三条　检查有下列情形之一者应扣留之：

（一）敌探汉奸及其他犯罪嫌疑者；

（二）现行犯；

（三）违禁品；

（四）反动刊物及文件；

（五）漏税物品；

（六）私带我军政机关之秘密文件或地图等；

（七）假造路条护照或其他证明文件者；

（八）无正当理由而拒绝检查者。

第四条　往来边区境内行旅经检明无第三条所列之情形，虽无通行手续得予放行。

第五条　往来边区境内行旅，有下列情形之一者，得免予检查：

（一）持有正式路条护照或其他证明文件者；

（二）持有十八集团军或边区政府免查证者；

（三）经十八集团军和边区政府通知者。

第六条　持有第五条所指手续之一者，当地检查机关如认有第三条之证据者，检查员得检查之。

第七条　执行检查机关如下：

（一）陕甘宁边区保安处所属之检查站、哨站；

（二）经保安处委托之军警机关。

第八条　检查机关如扣留第三条之人犯，应于二十四小时连同证物送当地县市政府保安科或边区政府保安处侦查属实后，分别转递司法机关或军事机关处理之。

第九条　检查人员对于被检查人之财物不得损毁没收，应妥为保存归还，但属于犯罪之嫌疑之证物不在此限.

第十条　检查人员有特殊功绩者，由保安处呈请边区政予以物质上或精神上之奖励。如因执行职务受伤或牺牲者，以边区抗日军人抚恤条例抚恤之。

第十一条　检查人员有假公济私挟嫌陷害者，以渎职论罪。

第十二条　本办法呈经边区政府政务会议通过公布施行。

选自《抗日根据地政策条例汇集》陕甘宁之部（上），1942年编印，第149～151页。

互校版本：

1. 《陕甘宁革命根据地史料选辑》第一辑，甘肃人民出版社1981年版，第155～156页。

2. 《陕甘宁边区法律法规汇编》，三秦出版社2010年版，第176页。

5. 陕甘宁边区警察服务规程

1942年2月9日

保安处各专员公署县市政府：

陕甘宁边区警察服务规程，已经本府第九次政务会议决议通过，现在随令颁发希望依照实行，并转令所属警保人员，一体对于这个规程加以研究，切实执行为要！

此令

主　席　林伯渠

副主席　李鼎铭

附：陕甘宁边区警察服务规程

第一条　本规程所称警察包括公安局保安科警卫队而言。

第二条　警察执行职务除其他法律别有规定者外，依本规程行之。

第三条　警察在公安保卫机关长官指挥监督下，办理职务内一切事务。

第四条　警察应严格遵守下列约言：

警察人员，抗日当先，拥护政府，保障民权，巩固边区，镇压敌探；

缉捕盗匪，肃清汉奸，维持秩序，注重治安，友敌分清，是非明辨；

提高警惕，组织务严，不徇情面，锄暴安良，奸不漏网，民不含冤；

奉公守法，矢勤矢廉，斗争学习，革命模范，凡我同志，誓守约言。

第五条　守望警察在执行职务时应遵守之事项：

（1）在守望时间应庄重严肃不得依墙靠柱或擅离岗位；

（2）遇有紧急事故不能离开岗位时，应鸣笛通知取得援助或交代其他警察办理；

（3）换班应遵守规定时间，接替人未到以前不得径自离去或擅自休息；

（4）会场守卫应遵照会场规则执行之。

第六条　巡逻警察在执行职务时应遵守之事项：

（1）在巡逻时间应注意观察，不得轻浮疏忽，漫不经心，亦不得随便行走，敷衍了事。

（2）无命令或公文不得擅人民房进行搜捕，但追捕现行犯、逃犯或紧急救护者不在此限。

（3）巡逻范围不逾越本管区域，但遇毗邻之他管区域或两管边界内发生事故时，通知他管区共同处理。

（4）遇有可疑人物或事物，应加详细盘问，不得随便放过，果系不法应即扣留送究，但认为关系重要时，应先报告长官核办，不可轻率从事。

（5）遇暴徒盗贼及其他应行逮捕之人犯，应即加逮捕，如力量不足应付时得鸣笛求援。

（6）遇有迷途幼童或遗失之牲畜、物品，应妥为保护招领，如无认领之人送长官核办。

（7）遇有遗弃尸体或路毙时，应即检视形状惟不可变更其位置，报告长官核办。

（8）遇有疯人醉汉或危急之病人，应急加监视或救护并通知其家属领回，如无认领之人，报告长官核办。

（9）巡逻警察应将本管区内户口之确数、住民之身家品行及其职务并经济状况等，时常注意，遇有新变动时，应登记报告。

（10）遇有由他处移住本管区域或自本管区域移住他处者，登记报告。

（11）巡逻警察对于本巡逻区内下列各款之人及处所，应随时加意视察并预防危害。

①曾经徒刑之执行或经宣告缓刑者；

②素行不正者；

③收入不敷浪费无度者；

④一户内有多数非常家属杂居者；

⑤茶馆菜馆旅店及其他公共场所。

第七条　守望及巡逻警察均应相互联系以资协助，必要时得化装便衣执行职务。

第八条　守望及巡逻警察于交通道路上发现堆积或腐烂之物品，足以阻碍交通，妨害卫生者，应立即除去或告知当地住户除去之。

第九条　守望及巡逻警察遇有行人询问道路或他事时，如非职务上所应拒绝者应恳切告知。

第十条　守望及巡逻警察遇有人民因灾难请求救护时，须立即应允其请求，或虽未请求一经风闻，亦应尽力设法救护。

第十一条　守望及巡逻警察不得无故妨碍行人及营业。

第十二条　守望及巡逻警察发现道路、桥梁、水道及其他公共之建筑物破坏壅塞，或有破坏壅塞之虞时，应速告知当事者修理。

第十三条　凡指挥行人、车马或调解行人争吵斗欧（殴），均应和平劝导，不宜稍涉威胁。

第十四条　夜间发现人家门户未关锁者应速告知其住户。

第十五条　发现火灾应即鸣警笛俾众周知，并尽力息（熄）灭，消防人民集合时，应防止混乱及乘机窃盗情事。

第十六条　发现敌机空袭时，应鸣警笛俾众隐蔽，并防止混乱拥挤及乘机窃盗情事。

第十七条　对于前列各条以外之违警及犯罪事件，亦应随时预防及纠查，即发生后应斟酌情形逮捕送究，或报告长官核办。

第十八条　警察人员捕获人犯时，应先行搜缴其犯罪所用之证物，然后送长官核办。

第十九条　警察人员如闻他处警笛时，应即识别方向迅速驰援，不得借故延误。

第二十条　警察人员遇有当场不能解决之事件，报告长官办理。

第二十一条　警察人员使用警械时，应遵守之事项：

（1）警察执行职务时所用之器械为棍刀枪；

（2）警察执行职务非遇必要时不得使用刀枪，下列情形为必要时：

甲、警察在生命身体受危害之胁迫非使用刀枪不足以抵抗或自卫时；

乙、警察所获之人或物受危害之胁迫非使用刀枪不足以保护时；

丙、要犯逃脱或拒捕非使用刀枪不足以制止或应付时；

丁、暴徒扰乱治安非使用刀枪不足以镇压或维护时。

（3）警察使用刀枪如非异常紧迫，应事先警告，如对方表示畏服，应即停止使用；

（4）警察使用警械应注意勿伤及对方致命部位，更不得伤及旁人；

（5）警察使用警械后，不论伤人与否，应将经过情形报告长官查核。

第二十二条　警察人员须将每日工作情形及意见详实报告长官考核。

第二十三条　警察人员在执行职务中，如能遵守本规程著有成绩者酌量奖赏之。

第二十四条　警察人员在执行职务中，如违反本规程贻误职务者分别处罚之。

第二十五条　本规程自公布之日起施行。

选自《抗日根据地政策条例汇集》陕甘宁之部（下），1942年编印，第758～762页。

互校版本：

1.《陕甘宁边区政府文件选编》第五辑，档案出版社1986年版，第219～223页。

2.《陕甘宁边区法律法规汇编》，三秦出版社2010年版，第177～178页。

6. 陕甘宁边区违警罚暂行条例

1942年2月23日公布

第一章　总　则

第一条　本条例为维护陕甘宁边区抗日民主革命秩序，保障社会人民安宁，特根据国民政府违警罚法及边区实际情况制定之。

第二条　凡违警者依本条例办理之。

第三条　凡违警涉及刑事部分者，移送司法机关办理。

第四条　凡违警而为下列各款情形之一者不罚：

（一）年未满十三岁者；

（二）心神丧失者；

（三）因救护自己或他人紧急危难出于不得已之行为者；

（四）凡为人力或天然力所迫无力抗拒者。

前项第一款、第二款之违警者，应告之其父兄或抚养人，监护人责令自行管束。

第五条　因违警处罚后六个月内，在同一管辖地方再犯者，加本罚四分之一处罚，三犯以上者，加本罚二分之一处罚。前第四条第一项第一款、第二款之违警者，于告知其父兄抚养人或监护人后，六个月以内在同一管辖地方再犯者，处其父兄、抚养人或监护人以应得之罚。

第六条　违警行为同时涉及本条例所列二款以上者分别处罚。

第七条　二人以上共同实施违警行为者，皆为正犯，各科其刑；帮助正犯者为从犯，得减本罚四分之一处罚。

第八条　唆使他人实施违警行为者，为造意犯，准正犯论。唆使造意犯者，准造意犯论。

第九条　唆使或帮助从犯者，准从犯论。

第十条　违警之罚则为主罚及从罚，主罚、从罚得并科之。

主罚之种类如下：

（一）拘留——十五日以下七日以上。

（二）罚金——十五个工资以下一个工资以上。

（三）训诫——以言词为之。

从罚①之种类如下：

（一）没收。

（二）停止营业。

（三）勒令歇业。

前项第二款罚金所指工资，以发生违警时当地最低工资计算。此办法对违警罪之任何身份者均适用。

第十一条　前条所列各款罚则依下列所定执行之：

（一）拘留，于公安机关留置之，在拘留期内得指定场所令其从事劳作。

（二）罚金，于判定后五日以内完纳，若逾期不完纳或无力完纳者，每一人工资者拘留一日，其不满一个工资者以一日计算。

（三）没收，对于违警所用之物或因违警所得之物分别没收之，但没收物如属于违警人以外之权利人者返还原主。

（四）停止营业，其期间十日以下。

（五）勒令歇业，于累犯同一违警行为者适用之。

第十二条　因违警行为致损失或减失物品者，除依法处罚外并得酌令赔偿。

第十三条　违警者于未发觉前向公安机关自首者，得减本罚四分之一或二分之一处罚，或以训诫行之，但本条例有规定者不在此限。

向被害人自首经公安机关审讯者亦同。

---

① “三秦法律法规版”印作“四罚”，多一“四”字，漏一“从”字。

第十四条　审查违警者之素行心术及其他情节，得酌量加重或减轻本罚四分之一或二分之一处分。

第十五条　依第六条之规定处罚者，拘役不得过三十日，罚金不得过三十个工之工资。

第十六条　因罚则之加减，拘役不满一日，罚金不满一个工资者，得免除之。主罚免除者，不免除没收。

第十七条　本条例所称以下以上者，俱连本数计算。

第十八条　受拘留之处置于拘留期间过半后，确有悔悟实据者得释放之。

第十九条　违警之现行犯，巡警人员得不持传票迳（经）行传案，但违警者实有事务在身，确知其姓名、住址，无逃亡之虞者，不在此限。

第二十条　因违警之嫌疑，经公安机关传讯者，自传票到达之日起，须于三日以内到案，若逾期不到，得迳（径）行判定处罚。

第二十一条　违警之起诉、告诉、告发、自违警行为完毕之日起以六个月为限，逾期不得起诉，告诉或告发。依本条例处罚者，自判定之日起满六个月后尚未执行者免除之。

第二十二条　时间以二十四小时为一日，以三十日为一月。

时间之初日不计时刻，以日计，最终之日阅全一日。

第二十三条　拘留或劳役者之释放，于期满之次日午前行之。

第二章　违警罚之类别

第二十四条　妨害安宁之违警行为，有下列各款之一者，处十五日以下之拘留或十五元以下之罚金：

（一）散布谣言，煽动人心，其情节较轻者；

（二）无故在群众中施放炮仗者；

（三）未经政府及军事机关允许制造或贩卖火药者；

（四）不听劝告，暴露有妨碍防空所规定之目标者；

（五）在人烟稠密之处及会场公务机关近旁燃放烟火者；

（六）发现火药及一切能炸裂之物，不报告公安机关者；

（七）当水火及一切灾变之际，经公务机关令其防护救助，抗不遵行者；

（八）疏纵疯人、狂犬或一切危险之兽类奔突道路或入人家第宅及其他建筑物者。

第二十五条　妨害秩序之下列各款违警行为有第一款至第四款之一者，处十五日以下之拘留或十五个工资以下之罚金，有第五款至第八款之一者，处十日以下之拘留或十个工资以下之罚金，有第九款至第二十款之一者，处以五日以下之拘留或五个工资以下之罚金：

（一）无故乱放警号者；

（二）未经政府许可私自测绘军事要隘或摄取影片尚无其他不轨企图者；

（三）违背法令法规经营工商业者；

（四）旅店确知投宿人将有刑法上重大犯罪之举动或确知投宿人已有刑法上重大犯罪行为不秘密报告公安机关者；

（五）婚姻、出生、死亡、迁移及其他人口增减不依法令，法规报告公安机关者；

（六）建筑物之建筑修缮不依法令规定者；

（七）旅店及其他供人住宿之处所，不将投宿者之姓名、年龄、籍贯、住址、职业及来往地方登记者；

（八）死出非命或发现来历不明之尸体，未经报告公安机关勘验，私行埋葬或移置他处者；

（九）房屋及一切建筑物势将倾圮，由公安机关督促修理或拆毁而延宕不遵行者；

（十）无故砍伐公树、毁坏路旁植木或机关设置之布告牌者；

（十一）无故损坏古物或风景培护物经禁止不听者；

（十二）无故毁损公堂，庙宇及一切公众营造物情节尚轻者；

（十三）在学校、博物馆、图书馆及一切展览会场聚众喧哗，口角纷争，不听禁止者；

（十四）不遵守一切会场规则，无故扰乱会场者；

（十五）于禁止出入处所擅行小便者；

（十六）潜伏无人住居之屋宇或窑房者；

（十七）深夜无故喧哗吵闹者；

（十八）借端滋扰铺户及其他营业所者；

（十九）经政府评定价格之物加价贩卖者；

（二十）茶馆、酒肆及其他游戏场所之主任或经理对于公安机关所定时限外，尚听他人逗留者。

旅店及其他供人寄宿之处所，六个月以内在同一管辖地方违背前项第七款至三次以上者，得勒令歇业。违犯第十九款，其加价所得之金额没收之。六个月以内在同一管辖地方违犯第十八、十九款二次以上者，得令停业，三次以上者，得酌量情形勒令歇业。

第二十六条　妨害公务之违警行为有下列各款之一者，处五日以下之拘留或劳役或五个工资以下之罚金：

（一）无故损坏公务机关或公务员张贴之布告文件者；

（二）无故逗留公务机关及其他办公处所喧哗不听禁止者。

第二十七条　妨害交通之下列各款违警行为有第一款至第三款之一者，处十日以下之拘留或劳役或十个工资以下之罚金，有第四款至第十一款之一者，处以五日以下之拘留或五个工资以下之罚金：

（一）无故损坏电线，电杆，妨碍传递，其情节较轻者；

（二）无故损坏邮务专用物件，或妨碍邮件递送，其情节较轻者；

（三）各种车辆不依规章登记标号，或违章设置者；

（四）于公众聚集之处或弯曲小道，任意驰骤车马或争道竟行不听阻止者；

（五）于私有地界当交通之处，掘挖沟井，坑穴或建筑墙围等不听阻止者；

（六）未经政府允许于路旁开设店棚者；

（七）于道路横列车马或堆积木石、薪炭及其他物品妨碍行人者；

（八）损坏道路桥梁之题志及指引注意之标识等类者；

（九）无故损毁或熄灭路灯者；

（十）在市场街路任意将冰雪、尘芥、瓦砾、秽物等类抛弃堆积阻碍通行者；

（十一）于示令禁止通行之处擅自通行者。

第二十八条　妨害风化之违警行为有下列各款之一者，处以十日以下之拘留或十个工资以下之罚金：

（一）游荡轻薄，行为不检者；

（二）僧道巫婆及江湖流丐强索人民钱物者；

（三）公开演唱有伤抗战民主精神之戏曲者；

（四）于道路或公共处所为类似赌博之行为者；

第二十九条　妨害卫生之违警行为有下列各款之一者，处以五日以下之拘留或十个工资以下之罚金：

（一）未经政府允许售卖有毒质之药剂者；

（二）于人烟稠密之处晒晾或熬煎一切发生臭气之物品不听禁止者；

（三）以符咒邪术医治疾病者；

（四）投掷污秽于供人所饮之净水或井水者；

（五）图谋不正之利益，搀杂有碍卫生之物质于饮食物内，经公安机关警告仍行售卖者；

（六）混卖不真药品或深夜逢人危急拒绝卖药者；

（七）经公安机关指令应加复（覆）盖之饮食物不加复（覆）盖陈列售卖者；

（八）于道路市场或公共处所任意倾倒秽物或便溺者；

（九）受市政督促不洒扫街道者；

（十）于人烟稠密之处或路旁不入厕所随意便溺者；

六个月以内于同一管辖地方犯前项第一款、第五款、第六款二次以上者，应令停业，三次以上者勒令歇业。

第三十条　妨害他人身体财产之违警行为有下列各款之一者，处以十五日以下之拘留或十五个工资以下之罚金：

（一）加暴行于人或以秽亵物污人身体未至伤害者；

（二）以不正之目的施催眠术者；

（三）无故解放或驱散他人所有牛马猪羊及其他一切动物者；

（四）强买强卖物品书类迹近要挟者；

（五）无故损坏他人店铺招牌及一切合理告白者；

（六）践踏他人田园之农产物或牵入牛马者；

（七）采折他人树木，花卉或菜果者。

第三章　诬告、伪证、湮灭证据等之违警罚

第三十一条　诬告他人违警或伪为见证陷入处罚者，处十日以下之拘留或十个工资以下之罚金。

前项之违犯于该案未判决前自首者，免除其罚。

第三十二条　因由［包］庇违警之人而有下列各款情形之一者，照前条之规定处罚：

（一）故意湮灭其违警之证据或捏造伪证者；

（二）藏匿违警之人或使其脱逃者；

前项第一款之违警于该案未判决前自首者免除其罚金，第二款之违犯于该案未判决前自首者得减其罚。

第四章　附　则

第三十三条　违警行为在本条例施行后者适用之。

第三十四条　本条例自边区政府公布日施行。

选自《抗日根据地政策条例汇集》陕甘宁之部（下），1942年编印，第762～771页。

互校版本：

1.《中国新民主主义革命时期根据地法制文献选编》第三卷，中国社会科学出版社1981年版，第261～270页，原注："选自《抗日根据地政策条例汇集——陕甘宁之部》下册，1942年版"。

2.《陕甘宁边区法律法规汇编》，三秦出版社2010年版，第179～182页。简称"三秦法律法规版"。这一版本的标题为《陕甘宁边区违警罚条例草案》(1942年3月21日)。

7. 陕甘宁边区公布延安市自卫武器暂行持用条例

1942年11月30日

第一条　凡延安市民、党与政府机关、民众团体、学校、公营工厂、商店及其他工作人员为自卫之用，经过公安机关允准，得持用自卫武器。

第二条　自卫武器包括一切大刀、矛、炸弹、手枪、驳壳枪、步枪、机关枪及其他可以自卫之武器。但自卫枪支、子弹及炸弹等，必须经过公安机关之登记，发给持用执照者，始得持用。

第三条　持用自卫武器之持用人必须申请理由，经一定机关负责人之介绍，始能得到公安机关之允准。凡市民须有两名保证人，经乡长之介绍。凡机关、团体、学校、公营工厂、商店及其他工作人员，须经过其主管机关最高首长之介绍。介绍人对被介绍人之持用理由及其品质应负责任。

第四条　持用自卫武器之持用者于第一[①]次获得执照后，遇枪弹损坏消耗等情况，应向公安机关报告，公安机关得随时检查或重新登记之。

第五条　持用自卫武器之持用者，须依法令听从卫戍公安机关指挥。战时其武器得临时征作军用。

第六条　自卫武器之转用，未得公安机关之允准，不得进行。

枪弹转用，必须换执照。

第七条　自卫武器使用之适当与否，持用人负全责。

第八条　未经公安机关之允准，不得制造、贩运、买卖自卫武器。

第九条　除为组织民兵配合军队作战者外，军用武器禁止转为自卫武器。

① "三秦法律法规版"误作"十"。

第十条　违犯上列第一条至第六条者得没收武器，并将人犯处一日至一月之拘役。

第十一条　违犯上列第七条至第九条者，依私营军火和刑法之相当条款论罪。

第十二条　在首次登记自卫枪弹发执照时，发现私买偷盗军械军火等情事者，应究查之。

选自《陕甘宁边区政府文件选编》第六辑，档案出版社 1988 年版，第 412～413 页。

互校版本：《陕甘宁边区法律法规汇编》，三秦出版社 2010 年版，第 194 页。简称“三秦法律法规版”。

8. 陕甘宁边区调整军政民关系维护革命秩序暂行办法

1942 年 12 月 9 日边区政府委员会第三次会议通过，1943 年 1 月 15 日公布

一、地方党政人民应尊重抗日军人权利，军队个别违反纪律的军队人员，得由地方治安扭送军事机关处理，其他地方党政人民不得逮捕，或轻侮打骂，只能问清其本人所属番号，报告其上级处理之。

二、军队应尊重地方党政人员，除现行犯外，如发生地方党政人员有违反法令行为时，军队不得直接逮捕，或轻侮打骂，只能问其所属机关及职责，报告上级处理之。

三、尊重人民权利，绝对禁止非法绑人、罚款、打人、骂人行为。

四、在有地方公安机关的地区，处理地方违警事件及维持革命秩序的责任，一般由地方公安机关担负之。

五、地方驻军对于地方治安警卫部队，一般不干涉其日常工作和行政，不干涉其行使职权，但是在作战指挥上，警卫部队应受驻军统一指挥。

六、在战争戒严时；军事侦探犯，军队有直接逮捕处理之权，但该项人犯如系地方党政人员，须随时通知该党政机关负责人协同处理之。

七、地方警卫治安部队，对于一般士兵违犯地方治安及军风纪行为，有约束之权。

八、一般军民诉讼问题，按照边区政府及留守处所颁布的“军民诉讼暂行条例”办理。

选自《陕甘宁边区政策条例汇集》选编，1944 年版，第 147～148 页。

互校版本：

1.《陕甘宁革命根据地史料选辑》第一辑，甘肃人民出版社 1981 年版，第 237～238 页，简称“甘肃史料版”，公布时间标作“1 月 15 日”。

2.《陕甘宁边区政府文件选编》第七辑，档案出版社 1988 年版，第 32 页。简称“档案文件版”。公布时间标作“1 月 17 日”。

3.《中国新民主主义革命时期根据地法制文献选编》第三卷，中国社会科学出版社 1981 年版，第 364～365 页。简称“社科法制版”。原注：“选自一九四三年二月十四日《解放日报》”。公布时间标作“1 月 15 日”。

4.《陕甘宁边区法律法规汇编》，三秦出版社 2010 年版，第 183 页。公布时间标作“1 月 17 日”。

9. 陕甘宁边区保安处及其各级组织之组织规程（草案）①

1943年1月26日

第一部分 性质与任务

在党的组织上它是西北中央局的社会部，在政权形式上它是陕甘宁边区的保安处；它是在西北局和边区政府领导下的锄奸保卫领导机关。

凡属西北局统辖下的党内反奸斗争、边区政权下的保卫工作及边区留守部队的锄奸工作，均集中在西北中央局社会部（边区保安处）领导管辖。

西北中央局社会部（边区保安处）的任务是在保卫党，保卫革命武装，保卫抗日民主政权，及保障人民权利的原则下，进行防止、镇压与肃清敌探奸细之阴谋活动及破坏行为，以达到巩固革命秩序，保障社会安宁之目的。

第二部分 西北中央局社会部（边区保安处）的组织

一、西北中央局社会部设部长（保安处长）一人，在中央社会部、西北中央局及边区政府领导下综理本部工作。设副部长（保安处付（副）处长）一人，襄助部（处）长处理部（处）务。

二、西北中央局社会部（保安处）在正副部（处）长之下设秘书室及社会、治安两局。秘书室设秘书主任一人；社会、治安两局设局长一人（必要时得设副局长一人），在正付（副）部（处）长领导下，综理各该室、局日常工作。各室、局为便于工作之进行，得依工作性质分科办事，各科设科长一人（必要时设副科长一人），在各该室、局领导下综理各该科主管的工作。

三、秘书室于秘书主任之下设机要、行政秘书各一人，及文书、材料研究、干部教育、总务四科，其组织与任务如下：

（一）机要秘书——在机要秘书之下设助手二人至三人，在正付（副）部（处）长的指挥领导下进行下列工作：

1. 绝密文件之保管、登记与撰［拟］。

2. 重要会议之记录与整理。

3. 特费之会计出纳、审核、预算和外勤生产之审查。

4. 密码之编制、保管及电报之翻译。

（二）行政秘书——办理日常工作的接洽、招待及其他临时工作。

（三）文书科——于科长之下设科员四人至五人（内有一人管理内收发工作）及外收发一人。本科的工作如下：

1. 印信之保管。

---

① 原标题为《西北局社会部（边区保安处）及其各级组织之组织规程（草案）》，西北局社会部与边区保安处系一个机构，两块牌子。

2. 公文之撰［拟］。
3. 文书之缮印、校对、监印。
4. 公文函件之收发、保管、登记。
5. 本部图书保管和分发。
（四）干部教育科——于科长之下设科员三人至五人。本科的工作如下：
1. 边区锄奸保卫工作干部之选择及分配。
2. 边区锄奸保卫工作干部之成绩之考核与功过登记。
3. 边区锄奸保卫工作干部之材料之保管、审查、研究与统计。
4. 边区锄奸保卫工作干部之保健与抚恤。
5. 本部（处）干部训练班之管理及教育计划之制定与实施。
6. 本部（处）在职干部教育计划之拟定与实施。
7. 本部（处）总支党务工作的管理。
8. 有关边区锄奸保卫工作干部问题的处理。
（五）材料研究科——于科长之下设科员五人至七人。本科的工作如下：
1. 锄奸政策之研究、解释与材料之汇编。
2. 有关锄奸保卫工作法令条例之研究与制定。
3. 锄奸教育材料之编辑与供给。
4. 本部（处）定期工作报告之研究编制。
5. 档案之管理。
6. 其他有关材料研究及部（处）长临时交办的研究编写工作。
（六）总务科——设正副科长各一人（副科长专管生产），设科员五人至七人，及杂务人员若干人，并领导卫生所及招待所。本科的工作如下：
1. 组织与领导本部的生产工作。
2. 本部（处）衣食用品、办公用具及马干草料之置备、运输与供给。
3. 本部（处）预决算之制定与会计出纳。
4. 本部（处）房舍之建设与修缮。
5. 本部（处）武器弹药之保管与出纳。
6. 本部（处）杂务人员之管理教育。
7. 干部招待及卫生医疗。
8. 其他有关本部（处）生产供给的工作。
四、社会局于局长之下设情报、侦察、预审三科。其组织与任务如下：
（一）情报科——于科长之下设科员七人。本科的工作如下：
1. 情报人员的搜集、派遣、培养与管理。
2. 情报之收集、研究与汇编。
3. 情报政策之研究。
4. 敌、友区及我区书报、刊物之收集，吸取公开情报。
5. 从敌人内部了解敌人在我区之活动。
6. 敌、友区社会情况及各阶层人士对我党政策的反映及其政治动向的收集研究。

（二）侦察科——于科长之下设科员六人。本科之工作如下：

1. 边区级机关、学校、团体保卫委员会的工作管理及直属网的领导。

2. 履行侦察批准手续与进行反革命嫌疑分子之侦察布置与取消。

3. 反革命嫌疑事件及人物之登记统计。

4. 侦察案件材料之整理研究。

5. 在具体案件中注意物色情报及反侦探人才供给情报科。

6. 对边区各地侦察工作的情况了解、研究、检查及指导工作的拟办。

（三）预审科——在科长之下设科员九人（预审五，记录三，执行一），及看守所长一人，看守员二人，并附设警卫队。本科之工作如下：

1. 依法进行反革命犯之逮捕。

2. 犯人之看守、教育及押解。

3. 犯人之预审、口供之记录与研究。

4. 依法代表国家（以正付（副）处长名义）向司法机关提起公诉。

5. 犯人物品之登记与保管。

6. 犯人所供线索之整理。

7. 特别法庭之组织与进行（其详细办法另商之）。

8. 对边区各地预审执行工作的检查、了解、研究，并拟办指导事宜。

五、治安局于局长之下设治安、检查、保卫三科。其组织与任务如下：

（一）治安科——于科长之下设科员六人。本科的工作如下：

1. 管理各分驻所。

2. 户口调查、登记、检查。

3. 警察之管理训练。

4. 旅店检查登记。

5. 社会调查（人物、地理、工农商业、三教九流以至文化活动……等），及一般社会治安案件侦察调查（包括便衣、警察、包打听）。

6. 警案之处理。

7. 其他有关社会治安的工作。

（二）检查科——于本科之下设科员五人（并领导直属检查站、邮电检查所）及便衣人员若干。本科的工作如下：

1. 行旅检查。

2. 邮电检查。

3. 护照、路条之印发、保管、审查、核发及注销。

4. 办理潜逃犯之通缉与捕拿。

5. 自卫武器之登记、检查、给照及依法收存保管。

6. 违禁品之检查和扣留。

7. 边区主要交通线之便衣盯梢。

8. 各地哨站之检查管理事项。

9. 对边区各地检查工作的检查、了解、研究和拟办指导事项。

10. 其他有关检查工作的事项。

（三）保卫科——于科长之下设科员三人至五人，下设警卫大队，由科长兼任队长。本科的工作如下：

1. 警卫队的管理及文化、政治、军事教育之进行。

2. 公开警卫与秘密警卫。

3. 主要首长特务员的审查工作。

4. 武装缉捕与武装侦察。

5. 其他有关警卫的工作。

6. 对边区各地警卫队的管理教育及警卫工作研究指挥之拟办。

六、本部（处）规定每二周举行部务会议一次，遇必要时得由部（处）长决定临时召集。

（一）部（处）务会议的任务如下：

1. 研究锄奸政策，决定工作方针。

2. 定期的工作汇报、日报与总结。

3. 上级保卫机关的工作指示、命令或报告的传达、讨论与布置。

4. 有关边区锄奸保卫工作政策法令的制订（定）与审查。

5. 重大案件之讨论、处理与总结。

6. 有关敌人特务活动的具体情况通知或开调查会。

7. 锄奸保卫工作干部之奖惩。

（二）部（处）务会议由本部正副部长、局长、秘书主任、联政锄奸部长组织之，部（处）长为当然主席，负责决定会议之召开与通知。

（三）部（处）务会议必要时得召集：

1. 西北中央局主要负责人。

2. 中央社会部。

3. 政府党团书记。

4. 政府的主席。

5. 联防司令部主要负责人。

6. 本部各科长。

（四）本部（处）各室、局、科在工作需要时，得召集室务会议、局务会议或科务会议，其办法由各室、局自行酌量拟定，呈请部（处）长核准后施行之。

（附：本部处组织简表）（略）

西北中央局社会部（边区保安处）组织简表（略）

第三部分　地委级以下的各级保卫组织

一、地委社会部（分区保安分处）

（一）地委社会部（保安分处）在性质上是西北中央局社会部（边区保安处）驻分区的代表机关，又是分区党政机关的组成部分，因此，地委社会部（保安分处）是在当地党政领导下代表西北中央局社会部（边区保安处）领导辖区各县及驻军的锄奸保卫工作。

（二）为了把地委社会部（保安分处）的力量集中在对下面的领导上，应尽量设法将直接管理的业务及一般的公安工作减少。地委社会部（保安分处）的任务如下：

1. 贯彻上级社会部的命令、指示与决定。

2. 检查与总结辖区各县保安科的工作路线。

3. 反映敌区军事、政治、经济、社会各方面的情报与边区内部的情报。

4. 布置分区级保卫机关本身的业务。

5. 履行侦察、逮捕、审讯、看守等各种制度及规定。

6. 辖区锄奸、保卫工作干部的考核与教育。

（三）地委社会部（保安分处）设部长（对外是保安分处处长）一人，必要时设副部长（对外是保安分处副处长）一人，下设干事三人至五人，受正副部（处）长之命进行本部（处）日常工作。

（四）地委社会部（保安分处）设警卫队四班至五班，必要时得酌设便衣若干人。

（五）地委社会部（保安分处）设看守所长一人，由警卫队队长或指导员兼任。

（六）地委社会部（保安分处）设部（处）务会议，由正副部长（保安分处正副处长）、警备旅锄奸科长、外勤负责人组织之，必要时得邀请当地党政军负责人之有关者参加。会议的主要内容是：

1. 研究锄奸政策与上级指示，并具体布置执行。

2. 处理与审查重大案件。

3. 总结本部（处）与辖区各县保安科、驻军锄奸保卫工作。

4. 其他有关分区锄奸保卫工作中之重要问题。

地委社会部（处）务会议一般的规定每一月举行一次，必要时得由主席临时召集。

二、县委社会部（县保安科）

（一）县委社会部（保安科）是该县党政机关的组成部分，在地委社会部（保安分处）及该县的党政领导下综理该县的锄奸保卫工作。

（二）县委社会部（保安科）在西北中央局社会部（边区保安处）的总的任务下，其具体任务如下：

1. 研究党的政策与上级社会部的指示，领导全县锄奸保卫工作，并随时将工作情形呈报地委社会部（保安分处）及西北中央局社会部（边区保安处）。

2. 调查登记反动嫌疑分子，及有关锄奸治安的社会材料。

3. 网员的组织与教育管理。

4. 布置案件侦察。

5. 军事、政治、社会情报之收集反映。

6. 搜集与培养情报力量。

7. 内奸的追查与处理（最后判决归司法机关）。

8. 配合军队打击敌探，肃清土匪。

9. 哨站检查的管理和教育。

10. 区乡锄奸保卫工作的领导管理。

11. 警卫队的管理教育。

12. 镇压造谣捣乱、破坏秩序的反动分子。

（三）县委社会部（保安科）设部长（即保安科长）一人，必要时得酌设副部长（副科长）一人，下设干事三人至五人。

（四）县委社会部（保安科）设警卫队二班至四班，由部（科）长兼任队长；另设副队长及指导员各一人，负责管理教育；必要时得酌设便衣若干。

（五）县委社会部（保安科）设看守所，所长由警卫队副队长或指导员兼任。

（六）县委社会部（保安科）设部（科）务会议，其会议内容由部（科）长决定之。

三、区级不在党委设置社会部门，只在地处边境或环境复杂之区在区公署内设保安助理员，在该区党政领导下代表县保安科管理该区各乡的锄奸保卫工作。在不专设保安助理员之区，其工作指定其他助理员一人兼理。无论其为专任或兼任，均应定期向县保安科会［汇］报工作。保安助理员除经上级保卫机关批准委托及特殊紧急情况外，无逮捕、审讯与管押人犯之权。

四、乡政府设治安委员会或治安委员，由自卫军连长兼任，在该乡指导员、乡长及区保安助理员（无论其为专任或兼任）领导下，领导公开的治安小组及秘密的保卫网，并定期向助理员汇报工作。在必要的地方（如县保安科所在地或环境复杂的乡），乡治安委员会或治安委员得由县保安科直接领导。关于乡级以下群众锄奸组织、任务及领导等之详细办法，另以专门条例具体规定之。

五、在边区重要市镇，经边区保安处之批准，得设立公安局，在该地县以上保卫机关领导下负责该市镇社会治安工作。关于公安局组织的详细办法，另以专门条例具体规定之。

第四部分　工作与职权

一、县级以上的保卫机关（保守处、分处或科）负有该管地区锄奸保卫工作之完全责任（包括地方的与驻军的锄奸保卫工作）。

二、县级以上保卫机关有依超一级批准之原则布置或取消侦察反革命分子之权，其具体办法另定之。

三、县级以上保卫机关有依照西北中央局关于逮捕反革命人犯之规定逮捕反革命分子之权。

四、县级以上之保卫机关有依法预审、拘押及代表国家内司法机关提起公诉之权，但在预审中不得使用肉刑；其正审与判决权属于司法机关，保卫机关无权代替。遇有重大机密案件，得由上级保卫机关指定组织特别法庭审理之。

五、县级以上的保卫机关有派遣情报人员及反侦探人员深入敌区工作之权，但须经一定机关之批准。其办法另定之。

六、各级保卫机关有守卫机关、警卫会场、维护电讯交通、通缉在逃人犯、镇压武装汉奸、会同驻军肃清土匪之权。

七、各级保卫机关有进行社会调查、户口登记、建立革命秩序、维持社会治安之权。

八、地方保卫机关在执行其工作任务［中］遇本身力量不及时，有请求驻军派队协助之权，驻军不得借故推脱或拒绝。

九、保卫机关有进行行旅、户口及邮电检查之权。

（以上规定系指一般情况而言，遇有特殊或紧急情况，如反革命现行犯、逃跑犯、经军政机关通缉有案之人犯，或在战斗情况下，任何机关或人民对反革命犯均有权作紧急处置，不受上列规定限制，但须于事后补办各种手续；如有诬害执行人，依法定罪）。

第五部分　与各方面的关系

一、保卫机关与党委的关系

（一）社会部（保安处、分处及科）是党委的一个组成部分，应绝对服从党委的领导，执行党的政策，定期与随时向党委书记汇报工作，并应经常供给情报，听取指示。社会部部务会议应请党委书记出席指导。

（二）党委应随时检查社会部（保安处、分处及科）对政策的执行，并指示其工作，纠正其错误。该地锄奸保卫工作或成绩的好坏，首先应由党委负责。

（三）上级社会部（保安处、分处及科）关于锄奸政策的指示或决定，应以党委名义经过党委的审查批准后以社会部（保安处、分处及科）名义行之。

（四）党委应经常注意选拔优秀干部供给社会部门。

（五）党委对当地干部及群众中的不良倾向（如贪污、腐化、反党思想……等）及其他可供锄奸保卫工作参考的材料应随时通知社会部；对其工作有关的各种会议，应尽量通知社会部长参加，使社会部更多的了解各方面的情况。

二、保卫机关与政府的关系

（一）社会部（保安处、分处或科）主要的是在党领导下进行其工作任务，但在公开的政权组织形式上是政府的一个组成部分，又必须服从政府的领导，执行政府法令，定期汇报工作。政府对保卫部门的领导是：

1. 监督其对政府法令的执行。

2. 地方治安工作。

3. 保卫机关一般性的工作检查与总结。

4. 保卫工作中可以公开的具体问题。

5. 日常的行政问题及工作的督促。

（二）凡有关上列各项的工作问题，保卫机关应随时向政府报告并定期总结。

（三）凡有关上列各项的工作问题之对外行文用保安处（分处或科）名义行之，必要时用政府名义行之，由保安处长、分处处长或科长副署。

（四）保卫机关之部（处）务会议有关上列各种问题，必要时应邀请政府主要负责人出席指导。

（五）政府应负责供给保卫机关得力干部，并保证其工作的长期性，不应轻易调动或临时给以其他任务。凡保卫机关公开干部之任免，经保卫机关请求与同意，由政府以命令行之。

（六）政府应负责解决保卫机关工作中的困难问题，尽量发动政府力量配合其工作。

（七）凡有关锄奸保卫工作或可供参考之材料，政府应随时通知保卫机关。

三、保卫机关与党团的关系

（一）党委给保卫机关的工作任务，党团应在政府保证实行之。

（二）保卫机关在具体案件或问题的处理中，应依照规定经过党团书记批准执行。

（三）保卫机关应定期与随时向党团书记汇报工作；党团对保卫机关的工作有检查权。

（四）保卫机关的重要会议应邀请党团书记参加指导。

四、保卫机关与军队的关系

（一）在党的领导一元化的原则下，当时［地］驻军的锄奸工作在政策领导上应统一在党委的社会部（保安处、分处或保安科），受社会部的指示、领导，但在具体的技术问题上，军队锄奸部门得自行灵活运用。

（二）军队锄奸部门应定期向社会部（保安处、分处或科）反映情况，报告工作；军队锄奸部的重要会议应通知社会部派员参加；军队中如果发现有重大反革命案件时，应随时呈报社会部。

（三）社会部与军队锄奸部间之工作关（联）系，应通过各级军队首长及政治部进行之，但在技术或其他具体问题无须经过军队首长及政治部时，得直接进行工作联系。

（四）保卫部门如临时需要军队配合时，军队有派遣武装协助之义务。

五、保卫机关上下级的关系

（一）上下级社会部（保安处、分处或保安科间）关于日常工作中的具体问题得直接上下行文，以求敏捷迅速。

（二）下级保卫机关应根据上级保卫机关的方针路线进行工作，执行上级保卫机关的命令指示，并定期向上级保卫机关报告工作。

（三）下级保卫机关的重要会议，应邀请上级保卫机关主要负责人莅会指导，但以地理条件许可者为限。

选自手抄件单行本（未注明史料来源）。

10. 陕甘宁边区自卫武器登记给照暂行条例

1943年4月25日公布

第一条　凡陕甘宁边区人民及公务人员为自卫之用，置备自卫武器者，均须依本条例办理登记，领取执照。

第二条　本条例所称自卫武器，系指步枪、马枪、驳壳枪、手枪、手提机关枪、炸弹、土枪、土炮、猎枪而言。

第三条　自卫武器分为公用私用两种：

一、凡政府机关、警察、警卫队、税警、法警及警卫员，为警卫而持用之武器，为公用自卫武器，长枪由该主管机关造具清册，呈报上级机关备案，并报治安机关存查，短枪应依本条例办理登记领照手续。

二、凡部队及军事机关之短枪（手枪、驳壳枪）亦为公用自卫武器，应依本条例办理登记领照手续，其步枪、马枪、炸弹、机关枪，可由各该部队及机关自行登记，规定烙印办法。

三、凡边区人民、公务员、自卫军，为自卫而持用之武器，为私用自卫武器，私用自卫武器，又分公有私用与私有二种：凡以私资购置者为私有，否则为公有，其登记烙印领照手续，依本条例办理之。

第四条　私用自卫武器之登记烙印领照手续如下：

一、由武器持用人觅具妥保二人，填具保证书连同登记申请书，由乡政府介绍送呈区政府，经区审查属实，转报县（或市）治安机关办理之。

持用人如系公务人员，则由所属机关主管人员负责介绍将申请书、保证书、径送县（或市）治安机关，办理登记领照手续。

二、县（或市）治安机关，于接到申请书及保证书后，经复查无讹，即将申请书、保证书所列各项，分别详细记入登记册内，并呈报分区治安机关备查。

三、县（或市）治安机关于申请登记期满后，定期派员前往适中地点，进行检验烙印，给照手续，并将检验情形，呈报分区治安机关备查。

四、枪支护照由陕甘宁边区保安处统一制定转发各县，加盖县印，填发持用人。

五、土枪、土炮、炸弹，须登记不给照。

第五条　凡有下列情形之一者，不准置备自卫武器，不予登记，其已登记给照者，得随时缴销之：

一、有破坏抗日政党、抗日政府、抗日军队和抗日人民之行为者；

二、曾被褫夺公权尚未满期者；

三、工作职务上非重要负责干部者，或无保护他人义务及强制执行之必要者；

四、所处地区无置备自卫武器之必要者。

第六条　已登记烙印给照之武器、其使用与保管、须依下列各款办理：

一、武器及弹药不得随意转借他人；

二、不得使用是项武器进行勒索、抢劫及其他违法行为；

三、遇军政和治安机关检查时，须随时将武器及执照一并呈验，不得藉故推拖；

四、如遇有意外，武器遗失时，须立即将执照缴销；

五、枪配子弹或炸弹数目，遇有消耗或补充时，须随时报告治安机关登记；

六、凡公枪私用者，须经当地县级以上党政机关主要负责人之批准，持枪人在调动或离职时，应将自卫武器交原机关保存不得带走；

七、武器须出卖或转移时，须由新旧持用人联名会呈治安机关，报告转移情形缴销旧照，请发新照，倘有甲县转移乙县时，须由新旧持用人联名会呈甲县治安机关销案，并由甲县治安机关将武器转移情形函知乙县治安机关，新持用人再依照本条例第五条各款向乙县治安机关请领新照。

第七条　凡持用自卫武器有违法情事者，依下列各款办理：

一、以武器接济反革命者，除没收其武器外，并与反革命同罪，保证人应负连坐责任；

二、有武器无执照或抗拒检查者，没收其武器，并以私藏军火论罪；

三、武器与执照不符者一并没收之。

第八条　自卫武器已经治安机关核准登记并给执照者，即受政府法令之保护，无论何人及军队不得藉故没收之。

第九条　武器执照限用一年不得涂改和转借，期满时，呈请换发新照或延期，如有遗失，亦须将详情随时呈报治安机关宣告作废，并补发新照。

第十条　自卫武器得临时征作军用，其持用人并须依法受当地卫戍治安机关之管理指挥。

第十一条　除经治安机关特许者外，禁止私自制造、埋藏、贩运、购买自卫武器。

第十二条　凡擅将公有或军用武器变为私用武器而私相授受或买卖者，以盗卖军火论罪。

第十三条　凡携带武器过境，持有军政护照并与护照所载武器弹药数目枪支种类号码相符者，不受本条例之限制。

第十四条　本条例自公布之日施行。

选自《陕甘宁边区政策条例汇集》续编，1944年编印，第259～263页。

互校版本：

1.《陕甘宁革命根据地史料选辑》第一辑，甘肃人民出版社1981年版，第311～314页。

2.《陕甘宁边区政府文件选编》第七辑，档案出版社1988年版，第199～202页。

3.《陕甘宁边区法律法规汇编》，三秦出版社2010年版，第193～194页。

11. 陕甘宁边区颁发通行证护照规则

1943年4月颁布

一、为维护边区革命秩序及便于军警查验起见，特制定本规则。

二、确定全边区党政民所使用之边区内通行证式样如下：（略）。

三、通行证规定由县（市）政府保安科（公安局）统一印发，凡住在各县（市）之机关、学校、团体及公营工厂、商店，所用之通行证，一律到各该县（市）政府保安科（公安局）领取。领取手续由各县（市）政府保安科（公安局）自行规定之。

四、人民需用通行证，由村长介绍到乡政府领取。

五、各机关、学校、团体，应指定可靠人员负责保管及填发通行证，以免发生弊端。

六、凡各机关、学校、团体、公营工厂、商店之人员及人民，因公事或私事须离开所在县（市）外出者，必须携带通行证，否则各检查哨站有留难之责任。①

七、凡属边区机关、学校、团体人员出边区以外者，必须携带边区保安处所制发之护照，否则边境军警及检查哨站有扣留之责任（携有八路军旅部以上护照者例外）、护照式样如下：（略）。

八、除以上规定之通行证护照及军人由军事指挥机关另有规定之军人护照外，禁止其他私制之路条护照在边区内通行。

九、本规则自颁布之日起施行。

附：护照、通行证样式（略）

---

① “陕西法律法规版”第六条与第五条重复，漏掉第六条全文。

选自《陕甘宁边区政府文件选编》第七辑，档案出版社1988年版，第206页。

互校版本：

1.《陕甘宁边区法律法规汇编》，陕西人民出版社2006年版，第331～332页。简称“陕西法律法规版”。

2.《陕甘宁边区法律法规汇编》，三秦出版社2010年版，第185页。

12. 陕甘宁边区保安处审讯工作基本条例

1943年12月25日

为了正确的进行审讯工作，分清案情的是非轻重，实行对犯人的感化争取方针，并防止某些偏向，西北局社会部根据各分区暨各县市反奸斗争具体情况，特规定审讯工作基本条例于下，望各地各级保卫机关务必切实遵行。

（甲）审讯工作上必须严禁的事项：

一、凡未有确实证据，及未被审讯证实确有反革命之人犯，审讯人员不得只凭主观推测肯定其为反革命分子。

二、严禁“车轮战”的审讯方式——即派人轮班审讯，不准犯人休息，拖得犯人精神失常，而勉强得到口供的方式。

三、严格禁止肉刑及任何变相肉刑的行为（如罚站，罚坐，不准睡觉，不给吃饭，罚冻，罚晒太阳，拔胡子，抓头发，限制开水吃，限制大小便等等）。

四、禁止假枪毙、假刀杀、假刑审（如假电刑及法庭上摆列许多刑具等）、假刑声（如法庭隔壁房内假的施刑声音等）等威吓犯人的行为。

五、禁止指供的审讯行为。不得指出人名，指出事实，或随便安罪名叫犯人承认。

六、严禁打骂及一切侮辱犯人之行为（如捆、吊、打耳光、拳打脚踢、谩骂、污辱、唾面等）。

七、不得专门利用犯人生理上的变化（如女犯在月经中所引起的生理与心理变化）与身体上的弱点（如犯人病中病后所引起的生理与心理变化）当作审讯工作的便利。

八、不得轻信口供（不是不信），应注重证据，辨别口供的真、假、轻、重、大、小。

九、对犯人供词不得增加或减少，必须保持犯人口供的原状。

十、在审讯过程中，如犯人实行夺枪、逃跑、自杀、打骂审讯人员、喊反革命口号，或公开发表反革命言论等行为时，审讯人员有权当场设法严厉制止，并给以适当处分，但不得伤害其生命。

十一、严禁接受犯人及犯人亲属朋友的任何私情、贿赂及苟且行为。

（乙）审讯工作上必须执行的事项：

一、审讯工作必须实行调查研究，注重证据，实事求是的方法，以劝导、严肃的态度进行之。

二、审讯人员在整个的审讯过程中，必须耐心周密的进行调查研究工作，亲身阅读犯人的各种有关材料，如各种证明信、犯人有关的谈话材料及整风笔记、生活日记、来往信件、文章小说、保卫机关的侦察材料及一切证据等等。从犯人一切现有的和可能搜集的各种材料中去研究他的全部历史，研究他与各方面的联系，研究案情的性质与证据的真实性，审讯人员在未研究材料前，不得正式进行审讯（侦察性的谈话除外）。

三、在进行审讯某一案件时，审讯人员必须亲自或派人到犯人有关的地方去进行调查，开调查会，研究材料。

四、实行监狱侦察制度。派自己的干部及利用犯人进行狱中侦察，搜集犯人在狱中的日常表现、心理变化、各种活动、企图、动向等一切材料。

五、实行侦察审讯制度。在未正式审讯时，必须首先进行侦察审讯工作，从犯人的口中调查他的历史，了解他的个性、心理、平时表现、他对法庭的企图、他的长处与弱点、假象与本质等等，作为正式审讯的准备。

六、审讯人员要细心的将各方面的材料加以研究，发现矛盾，找出中心和关键，记写审讯笔记准备审讯。

七、必要时实行陪审制度，在正式审讯时由一人主审，一人或二人陪审。

八、必要时（实行）审讯会议制度，凡参加某案审讯的主审及陪审人员，必须在每次审讯前召开审讯会议，共同研究材料，商讨案情，定出审讯计划，决定此次审讯的目的、策略、方法、态度。在审讯后，要共同研究口供，辨别真伪，写出审讯人对此次口供的判断，及下次审讯的方针。

九、实行劝导的与严肃的审讯方法。用宽大政策与恳切态度去感化犯人，以动摇犯人的思想，必要时用必要的材料（或人证，或物证，或事实，但不是把所有的证据都拿出来）去进攻犯人，以打破犯人的狡辩。审讯中禁止（甲）项一切违禁行为，同时也应反对审讯工作中的自由主义（即是完全跟着犯人口供转，自己无主见，或把案情拖延很多处理）。凡证据确实，而坚不承认的犯人，不能任意认为是无罪的分子，而应以各种适当方法去攻破其强辩与狡猾的企图，最后应按罪分别轻重处理。

十、审讯人要搜集一切反证，允许犯人提反证，反驳是非，讲清道理。在审讯结束，犯人不服时，允许上告。

十一、每次审讯，无论正式审讯或侦察审讯，要有记录，发问和答供都要如实记上，不得虚写一句一字。

十二、每一审讯口供，必须交该人亲阅（如不识字的要一句一字念给他听），并签名画押；犯人对口供某些不同意的地方，应允许其修正。每一案件在审讯终了时，主审与陪审人须根据确实证据与侦察审讯中证实的事实，提出意见书（共同签名盖章）说明该犯有罪无罪、罪大罪小，及如何处理之意见，呈交上级核阅。

（丙）审讯工作上必须遵行的事项：

一、凡参加审讯工作的人员，必须有奉公守法的精神，必须认识这是对革命最负责的工作，不能丝毫夹杂任何主观片面和感情的作用，应自觉的遵守审讯工作的一切条例与一切纪律。

二、凡违犯（甲）项严禁事项者，按其轻重给以处分。

三、建立检查工作制度与总结工作制度。在一定时期内，保卫部门应召集会议，检查与总结某一时期、某一案件的审讯工作经验，从实际工作中去教育本机关与各机关参加审讯工作的干部。一切保卫工作人员都必须有最高度的从实际中学习的精神。

四、审讯人员应绝对遵守秘密，凡不能使犯人晓得的秘密材料，审讯时不得暴露；对审讯无关的人员，不得泄露和谈论任何有关案件的一切秘密，违者应以犯法论。

五、陪审人员须在主审人问话完毕时方能发问，记录员不得在审讯时插话，不得任意增减供词。

六、整理口供送交上级时，必须将犯人的履历、逮捕的根据、审讯的方法、犯人变化的过程、主审人对供词的判断等记载上去。

选自手抄件（原件未注明史料来源）。

13. 陕甘宁边区为公布防奸公约的指示

1944 年 1 月 17 日

各专员、县（市）长：

边区防奸工作，一年来由于各级领导机关同广大人民密切结合，展开了群众运动，坚持了宽大政策，所以能给予敌伪及反共特务政策以严重的打击，从各地组织内部及群众中间，清查出许多暗藏的特务破坏分子，同时在各级干部和各地群众中涌现出许多积极分子，象（像）阎开增、冯光琪、张丕谟类型的防奸英雄和模范人员。一年的经验证明了，只有广泛的群众防奸斗争，才能处处打击特务暗害分子，巩固我们的政权，保障边区人民自由民主，丰衣足食的生活，过去某些人忽视发动群众起来进行防奸斗争的观点是错误的。各级政府及其保安部门，应当很好的总结这些经验教训，切不可满足于现有的成绩，必须认识特务破坏不仅是普遍的，而且是长期的，今天边区内部隐藏的汉奸特务并未完全揭发，而且敌人和反共特务机关还在继续派遣，因此，防奸斗争是既普遍而又长期的斗争，必须更广泛的组织群众，继续坚持防奸运动。为此，边区特公布防奸公约，号召全体人民，无分男、女、老、少，一律遵守，努力参加防奸工作，协助政府保卫机关进行盘查、警戒、捉汉奸、打土匪、彻底检举特务，防止反共分子一切破坏活动。各级政府应将此公约普遍发到所属居民及当地所有机关、部队、学校、工厂、团体、商店等，尤其注意在居民群众中进行宣传解释，给群众以防奸教育，使他们既能提高警觉性，积极参加防奸斗争，又能保护好人，防止诬陷。务须切实做到家喻户晓，人人遵行。各级政府人员及保安人员，尤须注意掌握政策，分别是非轻重，并应随时检查各地执行情形，发现模范，批评落后，纠正错误、奖励正确的积极分子，以加强防奸力量，而达彻底肃清汉奸特务破坏之目的。

主　　席　林伯渠
副 主 席　李鼎铭
保安处处长　周　兴
副 处 长　刘海滨
刘秉温

（附）陕甘宁边区人民防奸公约

男女老少　人人防奸
肃清特务　汉奸敌探
消灭土匪　反共点线
严密户口　加强哨站
发现嫌疑　查究根源
经常报告　保卫机关
保护好人　防止诬陷
被敌欺骗　争取向善
顽固不化　依法严办
保护生产　巩固政权

选自《陕甘宁边区政策条例汇集》续编，1944年版，第254～256页。

互校版本：

1. 《陕甘宁革命根据地史料选辑》第一辑，甘肃人民出版社1981年版，第423～424页。

2. 《陕甘宁边区政府文件选编》第八辑，档案出版社1988年版，第48～50页。

十五、司法审判及狱政

1. 陕甘宁边区政府关于召开全边区司法人员联席会议的通知

1937年11月

一、定于十二月一日召开全边区司法人员联席会议，各县裁判员、书记员务于十一月三十日以前来到法院，准时出席，在开会期间，裁判员的工作由各县县长代理。

二、现在司法干部非常缺乏，法院为培养司法干部起见，各县可另选派一人与裁判员、书记员同时来法院受训，但特规定须合下列的条件：（一）共产党员。（二）政治上坚定，并且忠实。（三）能看文件及作报告。（四）过去做过保卫局或裁判部工作的更好。

三、裁判员、书记员并受训人员来时路费由各县自己负责，回去的路费法院发给。

四、受训人员的伙食、讲义、笔、墨、纸等费，由法院供给，被褥、衣服、碗筷及其他个人必须的用品，由受训人员自备。

选自《陕甘宁边区政府文件选编》第一辑，档案出版社1986年版，第35页。原注："见1937年11月4日《新中华报》"。

2. 陕甘宁边区看守所规则

1938年

一、凡看守人员及在押人均须遵守本规则。

二、在审讯没有全案终结的期间在押人应安心静候审讯和检查同时在押人应虚心反省积极帮助检查的进行以求得很好的解决，不要悲观失望谩骂捣乱。

三、本所分配在押人工作时不得借故拒绝，在工作中不得偷闲延时或敷衍了事。

四、本所发给之一切公物如笔墨碗筷书报等均须切实爱护使用，出所时必须点交清楚，不得随便携走或损坏。

五、凡住二人以上的窑洞每日应有一人值日担任督促内务清洁与公共卫生的责任。

六、实行卫生

（一）十天洗衣服一次

（二）剃头剪指甲每半月一次

（三）每月洗澡一次。

（四）晒太阳及放风每天一次（雨天例外）

七、在押人应充分利用时间学习文化政治，同窑洞住的应互相帮助共同研究。

八、每晚各窑洞须开检讨会一次，检查本日生活并正确的开展思想斗争，但不得涉及本人案情的互相交换。

九、同窑洞居住的在押人应发扬友爱互助精神，绝对禁止吵嘴打架或无原则的纠纷。

十、晚上闻熄灯号后一律就寝不得谈话与熄灭灯光，就寝时不得戴帽及用被毯蒙头以便哨兵交班时点验。

十一、白天除午睡外不得任意睡觉（病者例外）。

十二、不要在窑内大声谈笑引吭唱歌，晒太阳时亦然。

十三、每日早上或晚上大便一次，按时进行不得噪杂混乱。

十四、凡购置物品应以节省为原则，每半月一次遇特殊情形时须经批准方可。

十五、收到物品后必须亲自签字、打收条交看守所以便存查。

十六、不准对外边的任何人及在押的同案关系人公开的秘密的通讯（包括口头的文字的），如系本身问题有要求写信给本处负责人时亦须经看守所负责传递。

十七、不许试探别窑或邻窑的动静以及秘密互相传递东西。

十八、窑内禁止带入违禁物品或含有危险性之器具。

十九、凡有意图谋脱洞或自杀者应加法论罪，同窑者如遇此项事情发生有制止及报告责任并得酌情减轻处分，否则按同谋论罪。

二十、在押人可随时向看守所提出关于工作上的意见，如未经正式采纳时不必重复。

二十一、在押人不应借故为难哨兵，对哨兵有意见时可提供看守所。

二十二、任何人未经看守所不能随便来往送东西，同时分配工作亦须经过看守所。

二十三、哨兵在看守时间有监督在押人实现和遵守本规则的全权责任，但不得随意打骂在押人。

二十四、如哨兵放弃职责或发生弊端时得按情节轻重处罚。

二十五、本规则自公布之日起施行。

选自《陕甘宁边区法律法规汇编》，三秦出版社 2010 年版，第 507 页。

3. 陕甘宁边区高等法院组织条例

1939年4月4日公布

第一章 总 则

第一条 本条例根据国民政府公布之法院组织法制定之。

第二条 边区高等法院受中央最高法院之管辖，边区参议会之监督，边区政府之领导。

第三条 边区高等法院独立行使其司法职权。

第二章 组 织

第四条 高等法院设院长一人，由边区参议会选举，由边区政府呈请国民政府加委。

第五条 高等法院院长之职权如左：

（一）管理边区之司法行政事宜；

（二）监督及指挥本院一切诉讼案件之进行；

（三）审核地方法院案件之处理；

（四）没收及稽核赃物罚金；

（五）对司法人员违法之惩戒；

（六）司法教育事项；

（七）犯人处理事项；

（八）管理其他有关司法事宜。

第六条 高等法院管辖之事件如下：

（一）关于重要之刑事第一审诉讼案件；

（二）关于不服地方法院第一审判决而上诉之案件；

（三）关于不服地方法院之裁定而抗告之案件；

（四）关于非讼事件。

第七条 高等法院设置下列各部门：

（一）检察①处；

（二）民事法庭；

（三）刑事法庭②；

（四）书记室；

（五）看守所；

（六）总务科。

第八条 高等法院设秘书一人，承院长命令，处理司法行政之技术事宜。

第九条 高等法院之司法人员，由院长呈请边区政府任命之。

---

① “甘肃史料版”和“档案文件版”、“延安审判志”皆误为“检查处”，应与第三章“检察处”相一致。

② “甘肃史料版”误为“厅”。

第十条　高等法院得设立巡回法庭，其组织及工作另定之。

第十一条　高等法院设立劳动感化院，其组织及工作另定之。

第三章　检察处

第十二条　高等法院检察处，设检察长及检察员，独立行使其检察职权。

第十三条　检察长之职权如下：

（一）执行检察任务；

（二）指挥并监督检察员之工作；

（三）处理检察员之一切事务；

（四）分配并督促检察案件之进行；

（五）决定案件之裁定或公诉。

第十四条　检察员之职权如下：

（一）关于案件之侦查；

（二）关于案件之裁定；

（三）关于证据之搜集；

（四）提起公诉、撰拟公诉书；

（五）协助担当自诉；

（六）为诉讼当事人，或公益代表人；

（七）监督判决之执行；

（八）在执行职务时，如有必要，得咨请当地军警帮助。

第四章　法　庭

第十五条　高等法院民事法庭及刑事法庭，各设庭长[①]及推事。独立行使其审判职权。

第十六条　庭长之职权如下：

（一）执行审判事务；

（二）指挥并监督本庭推事之工作；

（三）分配并督促审判案件之进行；

（四）公审案件之决定；

（五）强制执行之决定；

（六）审判之撤销或判决。

第十七条　推事之职权如下：

（一）关于案件之审判事项；

（二）关于案件之调查事项；

（三）关于证人之传讯及证物之检查事项；

（四）关于案件之批答事项；

（五）关于案件之判决及撰拟判决书。

第五章　书记室

第十八条　高等法院书记室设书记长及书记员，服从法院院长之领导，执行其职务。

---

① “社科法制版”将“庭长”误作“厅长”。

第十九条　书记员于法院开庭审判时执行职务者，服从审判员之指挥。

第二十条　书记员随从检察处或法庭执行职务者，应服从检察长或庭长之指挥。

第二十一条　书记室在书记长指挥监督下，执行之职务如下：

（一）司法工作人员任免之登记；

（二）案件之收发、登记、分配与保管；

（三）撰拟缮写文稿；

（四）编制报告及统计；

（五）掌理记录；

（六）典守印信；

（七）保管证物；

（八）管理图书。

第六章　看守所

第二十二条　高等法院看守所设所长及看守员，服从法院院长之领导，执行其职务。

第二十三条　高等法院看守所设武装警卫队。

第二十四条　看守所在所长指挥监督下执行之职务如下：

（一）人犯之收押、检查、点验及看管；

（二）登记及保管人犯之财物；

（三）计划及实施人犯之教育；

（四）组织及分配人犯之工作或劳动；

（五）考查人犯之活动；

（六）登记人犯之出入。

第二十五条　被处徒刑或拘役之人犯羁押于看守所者，准用监狱法之规定。

第二十六条　看守所规则另定之。

第七章　总务科

第二十七条　高等法院总务科设科长及科员，服从法院院长之领导，执行其职务。

第二十八条　总务科在科长指挥监督下执行之职务如下：

（一）会计事项；

（二）庶务事项；

（三）生产事项；

（四）其他不属于各部门之事项。

第八章　附　则

第二十九条　本条例修改之权属于边区参议会，解释之权属于边区政府。

第三十条　本条例经过边区参议会通过后，由边区政府颁布施行。

选自《陕甘宁边区政策条例汇集》续编，1944 年版，第 43～49 页。

互校版本：

1. 《陕甘宁革命根据地史料选辑》第一辑，甘肃人民出版社 1981 年版，第 34～39 页。简称“甘肃史料版”。

2.《陕甘宁边区政府文件选编》第一辑，档案出版社1986年版，第217～221页。简称“档案文件版”。

3.《中国新民主主义革命时期根据地法制文献选编》第三卷，中国社会科学出版社1981年版，第353～358页。简称“社科法制版”。原注：“选自《抗日根据地政策条例汇集——陕甘宁之部》上册，一九四二年版”。

4.《延安地区审判志》，陕西人民出版社2002年版，第323～325页。简称“延安审判志”。

4. 陕甘宁边区党委、边区政府、边区保安处、边区高等法院关于目前各县司法干部补救办法的意见

1939年5月21日

××县委转××同志：

目前新区司法工作最感困难的，便是缺乏适当的干部，以至各县均一再要求边府解决，而边府一时也无适当人可派遣。可是在新区之司法工作，不但不能因此便置之不理，反之在新区更有其重要性，更其应当加强、注意。故不能不在没有找到适当干部以前，另图积极的补救办法。

依照国民政府的组织，县政府的司法工作是由县长兼理。有专设司法处的只是某些一等县，因此在新区没有专设司法处之前，司法工作亦可暂由县长兼理。不过我们的问题并不是兼与不兼的问题，而是县长或是因事忙，来不及兼顾，须得有专人负责；或是因司法常识与经验缺乏，恐弄出错误，这是今天新区需要司法干部的主要原因。现就此原因提供以下意见，作为各新县之参考。

（一）把新区的司法工作，暂分为三部分，一部分重要的刑事犯，如汉奸、土匪，阴谋破坏军队与政权，组织暗杀等等一类之刑事案件，应由军法处管理，如无军法处之县，则委用县长兼军法官名义受理之（县长忙时，由承审员或科长秘书代办），一部分一般的刑事犯，如偷窃、斗殴、奸占等等，及当事人提起诉讼的民事案件，即由县政府受理。一部分民事或轻微刑事的案件，如债权、婚姻，烟赌以及一般纠葛等等，即尽量用人民调解方式解决，在乡政府（或保公所）组织诉讼调解委员会，由乡长或保长，其他群众团体代表、乡议长（代表主任）、自卫军连长、锄奸主任组织之，以乡长为调解主任。如果调解不成立，准由当事人起诉。

采用以上分工，既可解决问题，又可更便利镇压汉奸、土匪，又能与人民打成一片，因为军事法庭去对付汉奸、土匪与危害分子，其效力更大，用人民调解的方法去解决一般的民事纠纷及轻微的刑事案件，更能表示新政权的民主主义和与人民的关系。同时可以纠正过去有些区域用捆缚两造来打官司的倾向。

（二）在新区的司法工作，与保安科的工作更应有实际的配合，首先要注意的，即是保安科公开判决案件时，应分别由军法处，县政府或人民仲裁的形式去执行，以免统一战线政府对于保安科的工作发生某些怀疑（如果保安科有某些汉奸反动分子，不便当地判决

的，即可交边区保安处处理）。

同时司法机关处理案件，应一律公开判决（即审判公开），判决什么犯人可交政府委员会讨论，不使其他无党派的委员怀疑，如果在县政府委员会不能通过，即可呈报边区高等法院请示，同时估计到被审判的犯人，如准备工作未达到可以公开判决之先应多作准备工作，以便公开判决时不致受到阻碍。

（三）判罪根据，尽量找国民政府的成文法为根据（如国民政府所公布施行的民法、刑法、海陆空军刑法、惩治汉奸条例、战时军律、禁烟禁毒条例等），若为国府成文法所无者，亦可根据边区的单行法令。在判决书上或布告上，应引用法律条文。案件判决之后，仍应报告高等法院备案与批准，然后再执行，以昭慎重。

高　岗
林伯渠
雷经天
周　兴

选自《陕甘宁边区政府文件选编》第一辑，档案出版社1986年版，第259～262页。

5. 陕甘宁边区政府指示信（关于传达政府委员会第四次会议关于改善司法工作的总结并指示执行的具体任务）

1941年3月18日

各专员、各县（市）长：

边区政府委员会第四次会议的总结，已经明确的指示出关于改善司法工作的方向，兹特依据政务会议的决定，着各专员县（市）长及各级司法机关执行以下的具体任务：

一、各级司法工作人员，除参加专署或县政府讨论政府的一年工作报告总结时，需要专门研讨关于改善司法工作的部分（见二月八日解放日报），遵照政府指示的原则逐项检讨过去的司法工作，总结经验教训，并拟订新的计划，限于三月底以前将研讨的经过及对司法工作的意见，汇集报告高等法院。

二、责成各专员并各县（市）长清理所属监所人犯，并检查监所工作，其办法如下：甲、关于清理犯人方面，应依下列原则：（一）凡属二流子性质的过犯，如犯赌博、偷窃、卖淫和抽大烟等，而非反革命行为者，应一律准予具保释放，交由乡（市）政府约束改造；无保的，即由乡（市）政府或群众团体领回。（二）一般案情轻微的刑事犯（破坏边区的反革命犯、匪犯及杀人犯不在此内），在守法中表现悔悟改正者，可准予保释。其刑期或残余刑期在一年以下者，由县（市）政府直接处理，一年以上至两年者，则须呈报专署分庭批准。（三）其他刑期或残余刑期在两年以上，而因特殊情形认为可以保释者，则须呈报高等法院批准。（四）凡属过去分配在各机关生产或工作的犯人，刑期已满者，须宣布释放，刑期未满者。依前（一）、（二）两项原则清理，均须通知犯人本人及其所在机关。乙、关于监所工作情况者，应注意：（一）关于犯人的生活待遇情况，（二）犯人的生产时间和生产情况；（三）犯人的教育时间和教育情况；（四）其他情况；（五）征求犯人的批评和意见（要照实记录呈报）。丙、清理和检查均须于三月底至迟四月十日以前完成，将详细材料寄边府审查研究。各专员，各县（市）长，务须向边府提出改善监所工作的意见。

三、清理案件：甲、重新审查破坏分子经手的案件：（一）先审查刑事案件，后审查民事案件。（二）如发现有重大错误的，即另行改判，给以平反。（三）搜集破坏分子在司法工作中进行破坏的材料。乙、结束积案：（一）在清理案件期中，将过去积压的民刑案件审理清楚，完全结束。（二）如有特殊原因未能如期结案的，应呈报备查。本项工作统限于五月底完成。清查案件的材料，随时报告高等法院。

四、搜集审判经验。每个分庭，每个司法处，每个地方法院，均须将自己的审判经验用具体判例作为材料写出来，寄给高等法院，此项工作须于五月底以前完成。

五、调查民刑事调解经验。区政府（例如柳林区房文礼区长的调解工作就做得好）、乡政府、行政村主任、自然村长或劳动英雄、或其他公正人士，热心调解民间民刑事纠纷足为范例者，每县至少调查搜集二个以上的经验，详细写出，于六月底以前寄高等法院。

以上工作关系于边区司法工作的改进，非常重要，各专员及各县（市）长，兼管司法工作，务须亲自负责领导督促，按时完成，勿得延误，是为至要。此致敬礼！

主　席　林伯渠

副主席　李鼎铭

高等法院院长　雷经天

选自《中国新民主主义革命时期法制建设资料选编》第四册，西南政法学院函授部1982年编印，第234～236页。原注：“摘自《陕甘宁边区政策条例汇集》续编”。

6. 陕甘宁边区高等法院对各县司法工作的指示（节录）

1941年5月10日

第一，关于各县司法组织的问题

边区的司法制度是采取三级三审制，第一级初审是地方法院，第二级复审是高等法院，第三级终审是边府审判委员会。现在边区还没有建立地方法院，管理第一级初审的就是各县的裁判员。

各县司法的组织，最低限度要有裁判员主持审判事务，检察员负责调查、检验，书记员负责记录抄写，看守员负责管教犯人，通信员（法警）负责传递拘捕，分别执行司法工作的任务。

各县的司法干部，对于司法工作都有一定的职责，故不应任意调动，或随便分派出去做其他的工作，以致妨碍到司法工作的进行。因为司法干部在行政上和工作上都直接受高等法院的领导管辖。

各县裁判员的审判是独立的，但为着加强对于各县裁判员工作的领导，在各县成立裁判委员会，裁判员所处理的案件，都应经过裁委会的讨论。但对比较重大的案件的判决有不同意［见］的时候，可由裁委会将不同的意见直接报告高等法院作最后的决定。

边区的司法工作要深入群众，要在群众中建立司法工作的基础。在此次的选举运动中，应在各乡选出人民仲裁员和人民检察员，组织人民法庭，经过人民法庭，调解乡村民众的一切纠纷。一方面可以减少诉讼的案件，另一方面可以保障边区革命的秩序。

第二，关于建立革命秩序的问题

毛主席说过，"边区的革命秩序还做得不够。"我们需要建立革命的秩序，首先就以法律保障人民的权利。

我们在边区必要做到真正尊重人民的权利，边区就不会再有对群众打骂威胁、任意拘捕捆绑、滥用刑讯以及随便砍伐树木，侵占土地房屋、敲诈勒索的事件发生。这样才能够真正地建立革命的秩序。至于破坏革命秩序、违犯法律行为的罪犯，必须要拘捕处罚的，这完全是属于司法的职权范围，我们也应该有明确的规定：

（一）人民非有政府命令无私擅逮捕任何罪犯之权。

（二）团体、学校或机关（司法、治安机关除外）得自行处理本团体、学校或机关违犯纪律规则之事件，但不得有逾越违警法或刑法以上处理，如有触犯法律的现行犯可送交当地司法机关。

（三）乡长、区长在特殊的情形得下命令逮捕一切刑事犯。但必须于逮捕后二十四小时以内将犯人连同有关的证据材料解送司法机关，不得自行判决处罚。

（四）县裁判员或检察员得下命令逮捕一切刑事犯，负责审判，但判决死刑的案件，非经呈报高等法院批准，不得擅自执行。

（五）县保安科逮捕犯人，必须得县长的同意批准。

（六）军队逮捕非军人时，必须先行通知当地政府会同执行。

第三，关于案件处理的问题

边区司法工作的目的，一方面是防止人民与政府的利益受到侵害，另一方面是教育争取已经违犯法律行为的罪犯。因此在司法机关从受理案件一直到判决，一切必（都）要便利于诉讼当事人，即判决以后，亦当尽一切的可能帮助犯人的转变。

侦查案件，由检察员负责。案件经过检察员侦查结果，如认为罪案成立，即向裁判员提起公诉；如认为罪案不能成立，即将案件裁定撤销。

审讯案件由裁判员负责，主要的是采取解释说服及探问方式，绝对地禁止使用刑讯，诱骗漫骂亦不许可。倘审讯没有得到具体的口供，则搜集各种切实的证明。既无口供，又无证据，也不能够提出充分犯罪的理由，无论如何重大的案件，亦不能凭空定案。

案件经过侦查审讯，得到了相当的结果，由裁判员根据法律向裁判委员会提出对于案件处理的意见，经裁委会讨论判决，再交裁判员宣判。

各县判处死刑的犯人，在平时必要（须）先行呈高等法院，得到高等法院的批准，始准宣判执行。但在战争环境的特殊情形之下，可由当地最高负责的人员批准即可执行。

边区判刑，采取宽大的政策。对于罪犯凡能够争取的，应尽一切的可能争取。……因此，在边区非至不得已，绝不应随便轻（易）判死刑，但因政治条件或群众关系必要（须）判处死刑的时候，我们亦绝对不许宽纵姑息。

第四，关于犯人的问题

最好在各县裁判员的领导管辖之下，另设立一个看守所或监狱。

为着加强犯人的管理，在看守员的监视检查之下，可以将犯人分别组织起来，由犯人自己管理自己，互相帮助，互相保证，互相检讨，互相批评，纠正日常思想意识和行动表现错误的倾向，注意改善生活和待遇，不准对犯人施以打骂，提高犯人的情绪，并减少其肉体与精神上的痛苦，使犯人能够自觉地守法，免至发生悲观失望或盲动冒险的行为。高等法院采取这些新的方法管理犯人颇有效力，各县也可以照着去做。

教育犯人是争取犯人的先决条件，没有教育就不能够争取，故对于犯人的教育是非常重要的。

在边区要实现自足自给的经济政策，提高生产是重要工作的一部分，善于组织和使用犯人的劳动力参加生产，对于提高生产有很大的帮助。

选自《陕甘宁边区政策条例汇集》续编，1944年版，第750～758页。

互校版本：《中国新民主主义革命时期根据地法制文献选编》第三卷，中国社会科学出版社1981年版，第359～362页，原注："选自《抗日根据地政策条例汇集——陕甘宁之部》下册，1942年版"。

7. 雷经天：陕甘宁边区司法工作报告

1941年[①]

同志们，我今天来报告边区两年来的司法工作情形，这一报告包括下面几个问题：

一、边区司法制度的基本精神；二、施政纲领所指出的任务；三、边区司法组织问题；四、工作制度和领导问题；五、边区的法律问题；六、诉讼问题；七、犯人问题；八、边区司法工作的检讨；九、几个答复的问题。

一、现在我来讲第一个问题。同志们都晓得陕甘宁边区是共产党直接领导的政权，这个政权要实现新民主主义，因此我们的司法制度也要是新民主主义的司法制度。什么是新民主主义的司法制度呢？这首先要说明法律的阶级性的问题，也就是说什么是法律的问题，这一点同志们都很清楚：法律是阶级统治的工具。资产阶级的法律是资产阶级对无产阶级的统治，封建社会的法律无条件的绝对的保护地主阶级的利益，而社会主义社会的法律也是没有疑义的替无产阶级的利益服务的。这些都说明法律是阶级统治的工具。

那么什么是新民主主义的法律就很容易了解了，新民主主义的法律就是真正保护各个抗日阶级的利益的法律，也就是说新民主主义的法律就是各个抗日阶级的联合专政，这点既不同于资产阶级的专政也不同于无产阶级的专政，它是各个抗日阶段的联合专政。

为什么呢？这由于中国革命的需要，如果不是这样就要和今天中国革命的性质相抵

① 原件未注明报告年月，从内容推断，是在1941年5月1日中共边区中央局提出《陕甘宁边区施政纲领》后作的。

触，因为抗日一方面是人民的义务，同时也是人民的权利，那么参加抗日的各阶级的人民不但能得到这个法律的保护，而且是这个法律的制订者和执行者，这就是新民主主义的法律，也就是我们边区执行的法律，这个法律的特点表现在下列各方面：

第一，表现在这个法律真正平等的精神：这里的平等与资产阶级的“平等”是迥乎不同的，这有它理论上的根据，资产阶级的法律显然是□□□□□□①

第二，□□□□□□

第三，这个法律是真正民主的：这由于执行这个法律的是人民的真正代表，而这个代表执行的又是各抗日阶级及抗日人民所制定的法律，所以它表现了真正民主的精神，同时这个民主又扩大了历史上民主的范围，所以如此，乃由于这个法律是新民主主义的法律，是各个抗日阶级的联合专政的，是保护各抗日阶级人民的利益的，此外民主还表现在工作方式上，这就是说我们的工作态度不是独裁的、秘密的，而是民主的、公开的，特别不同的一点就是人民可以派代表参加审判，例如开公审大会由群众参加直接发表意见等。

第四，法律是和政治有密切的联系的：法律是政治的一部分，是服务于政治的，因此司法工作是在政权工作的整个领导之下执行政治任务的。否则，就会使司法工作和整个的政权工作脱离开来，就不能完成整个政治工作的使命，这是法律和政治的关系，也是司法工作的政治目的，我们边区的司法工作正是表现了这一特点的。

第五，边区的司法目的在于进行教育和争取犯人的转变，为了这个我们对犯人实行了教育、争取、感化、说服等韧性的宽大的政策，就是说，我们对犯罪的人不但一般的实行宽大政策，着重教育，处刑很轻，而且我们对于所有犯罪的人，除了真正不可争取，和不可救药，严重至于非得排斥出社会的而外，是决不处以死刑的。这样，就说明了我们的司法目的。在这里，我们在法律观念上，不但反对报复主义，而且在法律任务的执行上也同样的反对报复主义，然而，这里不容有这样的结论：以为实行宽大政策，就不应给犯人以处罚，这是完全错误的。因为我们的宽大政策，其目的是为了争取犯人的转变；要争取犯人的转变却非给犯人以教育不可，要给犯人以教育，就要给犯人以处罚，不过我们的处罚在观念上不是报复的，而是教育的，争取的，这就是给犯人所以处罚的由来。我们为了能真正的达此目的，我们在论罪处刑判案的时候，我们不仅了解其犯罪的主观原因，而且要了解其客观原因，这样教育才有效，争取才有可能，否则都是徒劳无益的。

上述几点是我们边区司法工作的特点，也就是我们边区司法工作的基本精神，这些问题要同志们去深刻的探讨，因为我们是做司法工作的，如果对这个特点了解的不够，就会发生出偏向，甚或错误来，希望同志们给它很大的注意！

二、五一施政纲领中所指出的任务。这是一个很重要的问题，只有彻底了解了这个任务之后，我们才能对今天的司法工作有一个正确的尺度，不然将会失掉掌握问题的中心。这个纲领究竟指出了一些什么任务呢？我们现在简单的谈谈：

（一）“保证一切抗日人民（地主、资本家、农民、工人等）的人权、政权、财权”，这是在施政纲领中所明白指出的，这说明了什么呢，这就是说我们不但要保护无产阶级的利益，就是地主、资本家的利益，我们也是保护的。但是有一个条件：要他是抗日的不是

① 原件破损。

反革命的，否则，哪怕他是工人、农民，一律不能享受此法律的保证，相反的，他的人权、政权、财权在此法律之下是被剥夺的。

（二）不特如此，我们还“保障一切抗日人民的言论、出版、集会、结社、信仰、居住、迁徙之自由权。”这一点，我们是和外面的所谓“言论出版、集会、结社……之自由”完全不同的。外面的自由是假的，欺骗人的，我们则不然，我们的自由是真的，实际的。也可以说外面的自由就是不自由，我们的自由是说一不二的自由。这一点是很明的，用不着□□□□□□□

（三）“除司法系统及公安机关依法执行其职务外，任何机关部队、团体不得对任何人加以逮捕、审问或处罚。”这一点，我们要切实的做到，过去在这一点上有很多疏忽的地方，是由于我们还没有真正肃清残余的游击主义作风的原因。当然，在特殊情况之下，比如关于现行犯的问题，我们也不应该那样的机械的处理。重要的是我们要向着这一方向迈进，我们要绝对的奉行这一原则。特殊的情形还是可以例外的。

（四）“人民有用无论何种方式，控告任何公务人员非法行为的权利。”这一权利我们一定要给人民以保证。因为这一点在历史上还没有先例，这对于民权的提高，对于人民诉讼的便利和政治的影响都是很大的。我们丝毫不能疏忽。

（五）“改进司法制度”。我们改进司法制度的目的是为了更适合革命利益的要求，革命工作的要求和革命人民的要求。

（六）“坚决废除肉刑，重证据不重口供。”废除肉刑在我们边区是早经宣布废除了的，然而由于我们执行的还不够，所以我们有提出来特别警惕大家的必要。就是说从此后，我们绝对不得再用肉刑了，重证据不重口供这一点我们以前做的也不够，今后也要给予很大的注意。再解释一点，所谓重证据不重口供，不是完全不要口供的意思，倘口供是正确的、真的、实际的，那我们为什么不要呢？

（七）“对于汉奸阴谋破坏边区的分子，除绝对坚决不愿改悔者外，不问其过去行为如何一律施行宽大政策，争取教育、感化转变，给以政治上与生活上之出路。并且不得加以杀害、侮辱、强迫自首或强迫写悔过书。”而对于一切叛徒、反共分子阴谋破坏边区的汉奸分子亦是同样的政策。但是，这里要注意所谓宽大政策，绝不要了解为放纵政策，也就是使我们的宽大政策是有目的、有条件、有限度的，否则就是对宽大政策的不了解。

（八）“厉行廉洁政治严惩公务人员之贪污行为。”

（九）“禁止任何公务人员假公济私的行为。”

（十）“共产党员有犯法者，从重治罪。”为什么这样做呢？这不特因为共产党员都是无产阶级优秀的先进战士，而且由于这个纲领是我党提出的，正因为如此，我们为了能够号召更多的人民参加这一大的运动与斗争，使这个纲领能够迅速的、普遍的、更加彻底的实现，我们共产党员，每一个布尔什维克都应该是实现这一纲领的先锋与模范。由于如此共产党员有犯法者从重治罪。

不特如此，就是我们的友党以及全国各先进抗日党派所颁布的，有利于抗战有利于革命有利于中国人民的政治纲领，我们也以同样的态度与精神使之实现的。例如国民党颁布的抗战建国纲领，以及抗战以来各抗日先进党派颁布的各种进步的政治纲领，在执行上我们没有一点表示（落）后于人的行动，老实说，我们共产党人都是积极的模范的执行者。

（十一）土地与债务问题。这一问题在施政纲领中是这样指出的：“在土地已经分配区域，保证一切取得土地的农民之私有土地制，在土地未经分配区域保证地主的土地所有权及债主的债权。惟须减低佃农租额及债务利息。佃农则向地主缴纳一定的租额，债务人须向债主缴纳一定的利息，政府对东佃关系及债务关系加以合理的调整”，这是很明白的。我们不但要顾及到农民的利益，同样的也要顾及到地主的利益，总而言之：一切抗日阶级及抗日人民的利益我们都是给以坚决的保护。在这一点上，要克服我们在观念上和行动上过左过右的不良现象，因为这对于我们政策的实现都有很大的不利的。

（十二）“保证私有财产实行自由贸易，反对垄断统制”。同志们一定要问我们共产党人，为什么要保护私有财产呢？这一问题很简单，因为我们今天的革命不是无产阶级革命，而是新民主主义革命。新民主主义革命不但不废除私有财产，而且要保证（障）私有财产。至于实行自由贸易，反对垄断统治的问题也是很显然的。这正因为我们的革命是新民主主义革命，所以我们为了革命的胜利，为了坚持长期战争，为了把日本帝国主义赶出中国，我们在经济上没有一个长期的准备，显然是不可能的。这就是所以实行自由贸易反对垄断统治的由来。

（十三）“维护法币巩固边币。”

（十四）“救济灾民、难民。”

（十五）“保护女工、产妇、儿童。”

（十六）“调节劳资关系，适当的改善工人生活”。怎样调节劳资关系？为什么要调节劳资关系？也和上面讲的一样，因为我们今天的革命要求如此，如果不这样，就不合于这个革命的要求，事实也就等于破坏革命，因为我们今天的抗战是全国各阶级人民的事，如果我们只注意到工人、农民的生活改善，而不顾及地主、资本家的利益，就会发生劳资间的冲突，这是有害于抗战的。因此，我们对于劳资双方的利益不是偏重于一方面的，而是一方面顾及到工人的利益，另外也顾到资本家的利益，只有这样对于抗战才会有利。

（十七）婚姻问题我们还是“坚持自愿的一夫一妻制”。

（十八）关于民族问题我们是以“民族平等的原则尊重蒙回民族的宗教、信仰与风俗习惯”，反对大汉族主义的思想，明白的说我们要在法律上尊重蒙回民族的宗教、信仰与风俗习惯。

（十九）军民关系问题我们是以“增进军队与人民间的团结”为前提的。

（二十）加强优待抗日军人家属的工作，彻底实行优待条例。关于优待抗日军人家属的问题，我们不仅优待八路军的家属，对于友军在边区的家属也是同样的优待。过去许多区乡级的干部对于本区本乡甚至本县的干部或工作人员的家属优待的比较好，而对于离开县、区、乡较远的军人家属或工作人员家属一般都比较冷淡，这是不对的，我们要克服这一缺点。

（二十一）对俘虏实行宽大政策。关于这一点，毛主席给我们这样指示，他说：在这个问题上我们要仿效诸葛亮七擒孟获的办法；我们再说明一点就是宽大政策的问题，同志们要注意这里的宽大政策和前面所说的宽大政策是有所不同的，前面的宽大政策为了要争取犯人与教育犯人，还是给犯人以惩罚的，这里的宽大政策，虽然也是为了争取与感化俘虏和瓦解敌军，却是不给俘虏以任何处罚的，不特如此，而且要给予优待，这正如施政纲领第 20 条所指出："对于在战斗中被俘之敌军及伪军官兵不问其情况如何，一律实行宽大政策，其愿参加抗战者收容并优待，不愿者释放之，一律不得加以杀害、侮辱、强迫自首或强迫其写悔过书。其有在释放之后又连续被俘虏者，不问其被俘之次数多少，一律照此办理。国内如有对八路军、新四军及任何抗日部队实行攻击者其处置办法仿此"。这就是这一宽大政策的最好说明。

（二十二）游民问题。在这一问题中我们要"纠正公务人员及各业人民中对游民分子加以歧视的不良现象"。我们要保证给这些流氓无赖的游民分子以耕种的土地，而且要给予参加教育的机会，这是很重要的一个问题。

上述各条，就是施政纲领所指出的任务，这里面有关于经济方面的，军民方面的，社会政策方面的，司法政策方面的……所以这一纲领是非常重要的，特别在我们司法工作者方面，有更加重要的意义，因此我们的任务比任何一方面都要重要，因为这个就是我们今后工作的方向，所以我们做司法工作的同志，对于这些指示是丝毫不能忽视的。

三、司法组织问题——边区司法组织的原则是三级三审制，但事实上边区只有二级审，各县裁判员为第一级，受理初审案件。高等法院为第二审机关，但法院有时也受理第一审的案件。特别在去年受理的第一审应判之案件为最多，我们知道边区是属于国民政府的一个行政区域，他（它）的行政机构是按全国行政区域组织而组织的。所以边区的司法机关也是同其他地区的相同，我们的高等法院相当于省的高等法院，是直接受国民政府最高法院领导的。可是因为最高法院放弃对我们的领导，因此形成了边区只有二级二审的现象，如果最高法院能够真正对我们用民主的方式来领导，那么我们还是他们司法组织的一个构成部分，那么国民政府最高法院对我们放弃领导，我们边区是否可以另组织一个最高法院吗？现在还不需要，我们现在的组织不是死守旧规而是以工作和组织的适当为原则，我们的组织是看工作的需要而组织的，同时我们的组织是以人民的需要和工作的适当而设立的，并非采取空架子的组织。另方面，我们现在因为司法人员的缺少，以致就这现有的组织内人员还非常不充实，例如各县的司法人员太不健全，甚至有好几个县连裁判员也没有，工作只得由县政府来承担，一些县份连书记员也没有，至于检查（察）员更谈不上。在一个县的各区有调解委员会，可是这种调解委员会的大半是有名无实的组织，裁判员对这个组织根本就没管，自然更谈不上领导。这足以证明裁判员对这个调解委员会的联系是如何得了。我们的裁判员虽然大都是工农干部，但他们大部分是经过长久锻炼的都是经历过苏维埃运动的，所以他们虽没有高深的文化理论，但都有丰富的实际斗争经验，因此一般案件的处理都还正确，现在的裁判员即是过去的裁判部长，在苏维埃时省县区都是裁判部，中央司法部是审判才独立起来。那时法院的内部组织还是非常简单，只有三部分：

（一）法庭——虽然名义上分开民事、刑事两个法庭，但只有两个推事，实际上是分不开的，分配到谁的案子，是刑事的这个法庭就成了刑事法庭，案子是民事的这个法庭就成了民事法庭了。

（二）检察处——在县区的检察处是独立的，但在边区检察处是属于法院的一个部门，以前只有一个检察员工作，今年春李木庵同志派来领导这一工作才开始走上正确的途径，管理整个司法行政的。那时区上为初审，县为终审，一般的事情在区上便可解决，如区上不能解决的事才送到县判决，在县上判决后便作了终审。在陕甘宁苏区改制后，这个司法组织也就跟着改变了，将裁判部取消改为裁判员，县上为第一审司法机关，于1937年的7月12日便成立了高等法院①，这个法院领导各县裁判员，作为第二审司法机关，当那时就规定了我们的司法制度是三级三审制，那时的一个法院仅有几个人员工作，事情还是非常之多，那时法院是属于政府领导的，直到第一届参议会以后，法院的领导□□□□□□。

（三）行政问题：如干部的教育、犯人的领导管理统计等工作。无论在干部的分配上、司法案件的批答等工作上都采取分工制度。但在领导上是集中的，这就所谓“集中领导分工负责”的办法。法院自1938年起就有每月的月终报告，这个报告是给边区政府委员会的，法院有些问题还是受政府委员会领导的。再关于本院的会议制度：有科长以上的会议，这个会是讨论司法行政问题，时间不一定一月一次至二次；有全体工作人员会议，在这个会议上讨论工作上和生活上诸琐碎问题。另外各部门还有工作布置和工作检查会议，以上是对本院的领导。至于对各县的领导，在各县每月除少数几个县不能经常有月报外，其他各县都有月终报告，我们在这个月终报告上批答一切问题。各县的裁判委员会有一月开一次的，也有半个月开一次的，有些大的问题在裁判委员会上讨论解决之。各县现在一般的缺乏一定的办公时间，还都是有事就做的办法。在将来成立地方法院后，一定要改变这个作风的，集体办公的制度只有本院是实行了的，现在已经证明了集体办公对工作是有很大的效力的。

（四）报告工作——

1. 各县对法院的指示不予以深刻的讨论和执行，有时法院的指令到县上是不被重视的，致许多令查复的案子延迟了许多时间，如绥德查胡尚池的案子等，甚至有些县对令文采取不理的态度。

2. 报告的内容不依照规定——如将民事刑事混为一起报告。

3. 请示的案情写不清楚——有些县呈报案件将案情写不明白以致了解不到全案的情形，批答时不一定能够很正确，如固临、清涧都有这样的情形。

各县的报告能够按月送来的，如地方法庭、延长、延川、固临等。有两个月报告一次的，如靖边、神府等，一年都不报告一次的，如新正、镇原等；报告内容较好的，如合水、曲子等。还有些报告的用语使人看不懂，如固临的报告中常用“蛮婆”等。

4. 书记室、总务科、秘书处等部门，总而言之由于人员的缺少工作都做的不够。看守所的人犯增加了，但工作人员和警卫人员还差的很多。

四、工作制度和领导的问题□□□□□□

选自《陕甘宁边区审判史》，陕西人民出版社2007年版，第237～243页。原注：“原件共九个问题，只收录前四个问题”。

---

① 1939年底雷经天院长“两年半工作报告”中讲：“1937年7月9日成立高等法院。”

8. 附［政策解说］：陕甘宁边区司法会议第五日——谢秘书长报告司法政策

1941年10月12日

［本市讯］昨为边区司法会议第五日，上午十时，边府谢秘书长至该会报告司法政策，主要内容为：（一）司法是建立革命秩序最重要的工具。（二）司法是制裁人的又是保护人的。（三）司法上的制裁，不是报复。（四）边区司法已有很多成绩，但还有弱点。（五）今后怎样做：要建立正规的司法制度，制定成文的法律，充实干部与人材（才），司法要服从于政治，司法工作者要懂得政治，懂得政策，司法要服从于抗战，要适合于战争要求，司法工作者要着重在具体的事实上学习，要从对于标本例子的研究到法律理论的学习，要吸收旧的创造新的。报告后各组即进行讨论。

选自抄件，原注："录自1941年10月13日《解放日报》第四版"。

9. 附［学术研究］：（陕甘宁）边区的司法（署名：海燕）

1944年10月

边区司法政策的基本点是：保护各个抗日阶级的利益。这种司法政策，一方面纠正资本主义国各阶级在法律面前虚伪的平等，而代之以真正的实质的平等，规定法庭代表人民进行审判，案件绝对公开，另方面剥除司法表面上超乎政治，实际上则受政治决定的伪装，而清楚规定法律是服务于政治的，法庭要受各该同级政府领导，直接对人民对政府委员会负责。因此，人民对司法不满，可对各级参议会与政府控告，或依法改选法官。根据着这种司法政策，对于犯人采取政治感化教育，毫不采取报复与严惩手段；在审判制度上，实行了三级三审制，调解委员制，人民法庭制，公审陪审与巡回审判制等；在诉讼上，取消了讼费及官僚手续，群众团体可以代诉；在判决上，重证据禁刑讯，不以金钱赎罪，改正者提前假释；在狱政上，尊重犯人人格，犯人自管生活，教育犯人学习识字和技能，以及发动犯人生产等。……新司法的精神和制度，已由胚胎而生长，人权保障的光明，已普照于边区。

边区的司法精神和制度如此，边区法庭所处理的案件又怎样呢？让我们先从刑事案来看。（为供研究，特列详表。）

刑名	1939年	1940年	1941年上半年	合计
汉奸	28	15	1	44
土匪	48	85	24	157
破坏边区		99	29	128

破坏部队		21	3	24
破坏动员		27	1	28
逃跑	88	126	33	247
贪污	84	115	36	235
鸦片	360	644	153	1157
赌博	164	230	303	697
破坏法令	56	91	68	215
盗窃	104	175	150	429
诈欺	29	34	16	79
伤害	60	53	54	167
杀人	15	45	26	86
渎职	20	34	9	63
诬告	15	21	23	59
赃物		12	27	39
侵占	18	15	18	51

刑名	1939 年	1940 年	1941 年	合计
违犯军纪	24	8	4	36
妨害自由	24	70	33	127
妨害婚姻家庭	35	56	56	147
妨害风化	24	40	27	91
妨害名誉信用	3	9	6	18
妨害秘密		7	2	9
妨害国币	18	15	9	42
妨害秩序	1	19	1	21
伪造文印	4	10	3	17
伪造度量衡	2		1	3
隐匿犯人	25	11	3	39
损坏	2	6	3	11
公共危险	1	2		3
遗产		1	1	2
总计	1 304	2 106	1 143	4 553

这些刑事案件，以二十余县的两年半时间来说，是比别的地方算少的了。而汉奸（土匪）案之达 201 件，自然一方面说明边区还处在遭人破坏之中，同时也说明了边区司法能为革命服务。鸦片贪污等案，正说明看过去遗毒之不易根绝与边区政权在克服这些恶习上的努力。

值得注意的是，在这些案件之中，自诉案如盗窃、侵占、杀伤等，仅占百分之二十左右，而以诉案则达百分之八十以上。这种现象不但表明了边区人民文化提高，犯罪减少，同时也表明了大家关心公众利益，能够检举告发，而司法机关也能够积极侦察，并非“不告不理”。

光是看案情是不够的，我们要进一步了解案件的解决。要根据什么解决案件呢？应该是教育犯人，使其认识错误，把犯人从错误中挽救出来。

边区司法正是这样做了的，这见之于下面的一些具体数字：

刑期	1939 年	1940 年	1941 年上半年	合计
无罪释放	6	59	84	149
教育批评	414	407	213	1 034
驱逐出境		12	8	20
被夺公权				
罚金	69	119	122	310
没收	34	63	15	112
半年以下徒刑	547	894	507	1 948
一年以下徒刑	102	230	104	436
二年以下徒刑	53	124	36	213
三年以下徒刑	13	67	17	97
四年以下徒刑	5	10	10	25
五年以下徒刑	12	30	15	57
死刑	49	91	6	146
其它			6	6
总计	1 304	2 106	1 143	4 553

这，完全可以说明边区司法的精神，是在于“训诫犯人与改造犯人”。（处徒刑者还是可以提前释放。）一个出狱了的犯人对我说过：“年轻时老犯错误，尔格解下了许多道理，学会了生产技术。”使犯人能够这样改变，不能不说是边区司法的特点。

了解了刑事案，同时又来看看民事案件，那将更有趣的可以得出民主政权建设下的某些结论，而落后的陕北，逐渐是在进步之中了。

案件	1939 年	1940 年	1941 年上半年	合计
债务	85	85	72	242
婚姻	48	85	71	204
土地	110	114	87	311
继承	15	18	9	42
物权	15	27	30	72
总计	273	329	269	872

两年半中，全边区的民事案仅只八七二件。土地案件增多的原因，是统一战线后。地主农民之间发生纠纷，同时亦反映出土地问题在某些地方还须调整。至于婚姻问题增多的本质，可以说是边区妇女在逐渐抬头，在向封建的束缚反抗了……

再从收结案件的统计来看，1939 年度收民刑案一六一三件，结一四七八件。1940 年度收民刑案二一七一件，结二〇七〇件。1941 上半年度收民刑案一一二九件，结一一〇八件。这又说明边区司法没有官僚的费时耗财的营私舞弊的作风，而是根据证据，尽速判决了的判决案件，也因司法精神的高洁与司法人员的朴实，而很少不妥当者。

边区司法的介绍，简单就止于此。关于边区司法的各种问题以及犯人生活等；待以后再谈。

附注：本文统计材料根据边区高等法院书记室本年十月一日新制之《民国二十八年至三十年六月民刑案件统计表》。各年案件均新加整补，其中民刑统计并经重新分类编排，故各表均较政府工作报告所发表之数字稍多。

选自抄件，原注："录自1941年10月13、14日《解放日报》第四版"。

10. 附［学术研究］：对于边区司法的几点意见（署名：鲁佛民）

1941年11月11日

边区司法的优良传统，在中国法制史上建立了不少奇绩，如废止无期徒刑，最高徒刑只有五年，此其荦荦大者；其他如诉讼不受讼费，开庭询问不拘形式，执行徒刑多多采取假释狱的办法，这都是很明显的事实。但亦不无缺点，如适用成文法律还未习惯，无司法行政机关，及检查［察］制度不健全，任用司法干部未正规化，这都是要亟待纠正的，谨述鄙见如左：

一、适用法律的标准与范围：现在是新民主主义的政治，所以司法就是新民主主义的司法，新民主主义的司法是什么？

（甲）巩固抗日民族统一战线，在这个政策下，要保护民族全面利益，除汉奸破坏分子外，地主资产阶级皆在保护之列，举例来说，地主与资本家应减租减息，但另一方面也应交租交息。

（乙）资产阶级旧民主主义的司法大部分适用，但关于与工农无产阶级的权利利益根本不相容的部分除外。

（丙）社会主义的司法适合于中国现代国情的，某些部分也可以采用。

根据以上三点，新民主主义的司法，是保护各阶级利益的，同时吸取旧民主主义的及社会主义国家的司法，并保存过去十年苏维埃运动司法优良传统与特点，这是我的新民主主义的司法的一个概念。

一部分同志狃于保守习惯，总以为边区是特殊情形，资产阶级的法律多不适用，至少要大大的加以修改，因此企望着仍保留过去游击主义的作风，或抄袭社会主义国家的法律，不知中国社会经济既不相同，而过去的工作也是另一时期的产物，这那里能适合于当前的环境？又有一部分同志习于旧民主主义的法律，把过去十年苏维埃运动关于法律方面的优点，未曾加以详慎的研究，所以每遇到适用法律的当儿，总是各执一辞，莫衷一是。

为了解决这个困难问题，最好是我们边区能自制一套法律（如民法、刑法、民诉、刑诉），但因人力物力受了限制，一时恐不易办到（法典不是急就章）。不过即是制出一套法律，也不能出上述范围，所以我的意见，为了“避重就轻”划出一个适用法律的标准与范围，这个划定的权，应由边区政府提出，通过，再以命令颁布。自然在另一方面还是要起草各种实体法与手续法，以便在下届参议会通过施行。这件事从表面看起来，好像是无关重要，但其实在立法史上是一个划时代的工作，这是每一个同志都不应忽视的。

兹拟一个具体的决定方案如下：

边区政府，为国民政府一部分，是一个完整的地方政府。所以国民政府颁布的法律（民、刑、民诉、刑诉）一般可以适用，但边区为保存过去优良传统，凡所颁布或尚为草案的单行条例，都有优先采用的效力。另外社会主义国家的法律，只要适合于中国的社会经济状况，并且与中国现代国情不相违背，同样的也可酌量采用。

二、单独设立所谓司法行政机关。

所谓司法行政，包括以下各个部门：

一、任免各级司法人员；

二、监狱领导与监督；

三、训练司法干部；

四、处理行政诉讼；

五、管理公务人员惩戒；

六、解释法令。

根据以上政务之繁琐，实有单独设立司法行政机关之必要，这是仿照国民政府司法院的制度，再考一般的立宪国家。关于司法机构方面，法院是审判机关，裁判保持独立，但都有司法行政机关统辖于其上：惟苏联最高法院是采选举制，然仍对最高会议主席团负责、亦对苏联最高委员会负责（苏宪六十五条）是法院之上，仍有领导机关。边区法院虽受边区政府之领导，然政府无此专管机关，所以有设立司法行政机关之必要。不过于此有一疑问，就是高等法院院长既是民选，司法行政机关负责人，还是由民选？还是用任命？若是用任命，那么，就不宜领导民选机关，这是很明白的。正因为如此，所以我的意见，以为应谋一个解决的办法：（一）司法行政机关负责人，由政务委员兼任，政务委员是民选的，再者说，法院受政府领导，政府授权于司法行政机关，领导法院，在法理上没有什么说不通。本来边区政府与国民政府中央相隔辽远，它本身就带有地方政府及代表中央一部分政权的两重性质，那么，与司法行政部相类似的司法行政机关，由边区政府授权，即是以其代表中央一部分政权的任务而行使的；何况整个中央政府，在理论上应由民意所产生，这种司法行政机关，如经参议会通过，亦是由民意所产生，在法理上，更是圆适而妥当。（二）采用一般的司法制度，院长不另行选举，只有政务委员兼，因为政务委员亦是民选的缘故。至于个别同志误解司法独立，即是不受其它机关干涉，这是大错而特错的，其实所谓司法独立，并不是一切司法权归于一个机关，便算是独立，如果真是这样，我们只问法院单单办理审判一方面的事，尚恐有迟滞积压之虞，而况加上些司法行政问题是把多方面的工作，一股脑儿推倒法院身上，叫它包办。不但一般立宪国家，无此法例，假令人治的活，得其人，亦免不了“丛挫”，“纷扰”；若不得其人，那就“弊端百出”，“不堪设想”了。根据以上两种理由，所以我主张应设立司法行政机关，而机关的名称，究竟为“处”或为“委员会”，再待商定。

三、实行检查［察］独立制度：

我主张检查［察］独立，这并不是一个新奇的说法，我们中国从采用检查［察］制度以来，虽然有某些变更，但一向都是独立的。就拿先进国家苏联来说，关于检查［察］制度，也是独立的（苏宪一一三条一一四条）且把检查［察］职权提得很高。因为，只有这样，才能保障社会主义的胜利发展，当然，也许有人要笑我这是“老生常谈”，可是这正说明了它的历史性和它的在司法制度方面的不可改易性。要知道这种制度，经过了多少血和教训而演变过来的，十八世纪法国革命成功后，便设立检查［察］制度，与审判部份（分）分开，这是适合于革命的民主的需要而设立的，藉以防止审判机关的武断专行。我们今天，只有接受这种成果，而加以改良，断不能再回到十八世纪的黑暗泥坑中去。有人想把司法行政集中于法院，并想把检察权亦集中于法院，以一事权而免纷歧，其实把检察行政范围划归法院管辖，检察官单单担任检察事务，这会使得检察之独立制度，受到障阻的。可是我亦并不是主张完全学习苏联，因为苏联的检察权，是庞大无论的，我们边区的政治经济，今天还不到那种程度，我只是赞成，把检察权独立，另一方面，在某种程度上，稍稍加以扩大而已。

我们再看看边区司法工作的情形。

（一）司法干部对于法律知识素质研究和修养；

（二）一般干部未能吸收过去司法上工作中的宝贵遗产；

（三）对边区风俗习惯，未能彻底了解；

（四）了解案情，侦察案情，各面的技术，不够得很；

（五）狃于过去游击作风（不正规化），蹈常习故，保守老的一套，不求进步；

（六）成文法不够用，民法尚可援引比附，刑法则不然，处理案件，处处遇到棘手。

从这样看来，以这样薄弱的司法工作，更不能使检察权独立而随时加以帮助或救济。

四、任用法律专门人才：

本来司法工作，不是很简单的工作，一定对于学识经验都有很丰实的准备，才能不负民众所托。所以，从来对于司法人员的限制很严，就其教育过程来讲：学法律的比学政治经济学的年限往往要长，譬如政经系三年可以毕业，而法律系非有四年不可，这因为法律是一种更细密的学科，了莫从事，是不能得到何种成绩的，而毕业后，还须经过法官考试，及格，然后再派到实际工作中去学习后补，若干年后，方能补得一个正式法官，所以从民国成立以来，一般行政工作，只有司法工作，比较完善。当然，我并不是说，今天边区一定要仿效那样严格的限制，是说现在边区实行统一战线，友区的专门人才进边区的不少，不妨尽先试用，一则可以收“借材（才）”之效，一则专门人材（才）能用其所学。我的意见应该把大部分的专门人材（才），集中高等法院，使能展其所长，然后逐步正式设立各地下级法院。一方面把各县现任司法干部调回受长期训练，毕业后，仍派往各县充当法官，一方面，使专门人材（才），经过了实际的练习，一定能培养出一部分比较有相当修养的高级司法干部，这岂不是一举而两得吗？

现在这种专门人材（才），听说分散于各机关团体的不少，而因为受了本位主义的限制，即从组织上也不易调动，这易［亦］急须要纠正的。或者有人顾虑到外来的人，不甚可靠，这是一种因噎废食之谈，我们今天实行进步的新民主主义，我们要大胆一点，同时也要大量一点。反对关门主义的倾向。

临了，我要声明几句，我的法律知识和经验，都十分不够，不过把我平日所感觉到的，提出来说一说，希望硕学通家，赐予批评和指导，同时也是一种“抛砖引玉”的微意吧了。

十一月十一日

选自抄件，原注：“录自1941年11月15日《解放日报》第三版”。

11. 陕甘宁边区高等法院通令——地方法院及县司法处之编制由

1942年1月13日

各地方法院院长、各县裁判员：

兹据边区整编委员会决定，除绥德延安市已成立地方法院外，并在陇东庆阳及关中新正各设立地方法院，规定地方法院之编制为八人：院长兼庭长一人，综理全院司法行政兼理法庭之审判事宜；推事一人，审判第一审民刑诉讼案件并兼行检察职务；书记员二人，掌理口供笔录文牍缮校统计档案事项。看守所长一人，法警二人，公差一人，看守所的警卫武装由保安科负责。其他各县，则在县政府下设司法处，三边分区之定边县规定司法处人员为三人，裁判员一人，书记员二人（一司检察职务，一司口供笔录文牍缮校统计档案等职务）。余延安、清涧、延川、靖边、环县、志丹、安塞、户县、曲子、延长、合水、安定、新宁、镇原、吴堡、淳耀、固临、华池、甘泉、盐池、赤水、同宜耀等县规定司法处人员为二人：一为裁判员，一为书记员，原裁判员下设之看守所取消，归并于保安科。原有之检察员取消，由裁判员兼行检察职务。仰各该县即行按规定编制，并具报备案为要。

此令！

选自《陕甘宁边区法律法规汇编》，陕西人民出版社2006年版，第36页。

12. 陕甘宁边区政府批答——司法人员不能以查获给奖

1942年3月19日

高等法院雷院长：

三月十一日呈文悉，现批示如下：

司法机关人员不能视为查获人，故不能给奖。理由如下：

（一）案破坏金融法令惩罚条例第七条规定：犯本条例之罪者，得由当地公安机关负责查获移交司法机关处理之。似此，则查获人以公安机关为主。

（二）司法机关人员既负有审判之责，如按查获人待遇给奖，恐生流弊。

（三）司法机关人员如按查获人受奖，被处罚者及一般人民将给以不好的批评。

此批

主　席　林伯渠

副主席　李鼎铭

附：高等法院关于查获破坏金融法令之奖励金应给何人的呈文

林主席、李副主席：

据本月三日甘宗县裁判员王宜亭呈称，“查破坏金融法令惩罚条例第八条规定：‘没收之款十分之三奖励报告人，十分之三奖励查获人’本处近受理两案，报告人已给奖励，但查获人不知是指何人。是否司法机关可以受奖……”。因此问题有关法令之解释。为此具文请予核示，以便转饬该员示遵。

此致

敬礼

院长　雷经天

三月十一日

选自《陕甘宁边区政府文件选编》第五辑，档案出版社1986年版，第333～334页。

13. 陕甘宁边区政府委员会第二次会议议决案（关于司法工作的提案）

1942年4月10日

（五）关于司法部分

案由：

加强边区司法工作的领导，借以减轻人民讼累案。

理由：

在边区实行“三三制”政权的初期，边区各级司法机关的组织，未臻健全，司法工作的干部能力较差，加以边区各种单行法令的制定颁布，尚欠完备，以致司法审判极感困难，而人民诉讼，纠缠不清，这种情形，实给人民以最大的痛苦，为着切实整理边区的司法工作，在目前最主要的问题是如何能够做到“断案公平”减轻人民的讼累，兹拟出几条办法是否有当，请公决。

办法：

一、由县府负责加强对于人民仲裁工作的领导和教育，使乡政府的人民仲裁委员会，真正能够为人民排难解纷。因为以当地人民所信仰的公正人士处理当地的事件，一般的是比较亲切和正确的，只要仲裁的适当，人民自然不会再诉讼了。

二、区政府对于当地人民争讼控告的事件，应负责进行调解，由区政府指定一个区助理员兼负调解人民争讼的责任，或由区长直接负责也可以。

三、各县的司法处是县政府组成的一部分，裁判员所负的司法工作一方面虽受高等法院的管辖，另一方面也应受县长的领导，县长对于司法案件的处理，必要负责，裁判员的审判工作，县长须直接的给以指示，因为县政府是第一级的审判，倘若能够“公平”处断，使当事人心悦诚服，上诉的案件就少了。

四、各级司法机关为着能够迅速的传递案件，按期审讯和判决，必要增设法警，司法机关可以直接派遣法警负责传递，以免周折耽误，惟有这样，司法工作的进行和人民的诉讼方得到方便。

五、无论是仲裁调解或判断案件，必要合于“天理”“国法”和“人情”，因此，引用法律必要合理，必要合于当时当地的实际情况，这才是正确的。高等法院应以过去正确的判例，作为教育司法工作干部的教材，给司法工作干部审判案件时有所准绳。

提案人

高等法院　雷经天

决议：

通过。通令高等法院、各专员县府。

选自《陕甘宁边区政府文件选编》第六辑，档案出版社1988年版，第104～106页。

14. 陕甘宁边区政府关于派公正干部切实调查群众控告案件的命令

1942年6月25日

各分区专员、各县县长：

今年来，人民到本府来告状的特别多，大多数是告区乡干部办事不公，或者贪污自私，再或者随便的捆绑拷打人民等，还有一部分是为了婚姻、土地等案不服高等法院的判决，特到政府提起上诉。这由于两种原因：一、下级干部的工作多少总有些缺点，二、人民的知识一天天发达，他们有什么意见，敢于向政府提出，他们知道要求上级政府来保护自己利益，这当然是一种很好的现象。不过本府办理案子，还是依靠各专署及各县政府的调查，假如调查不确实，或者呈复不根据调查的材料，那末（么），本府办理案子就不会得出正确的结果。这样，一方面损害政府的威信，一方面使得个别的不良干部更加放肆，这是一种脱离群众的行为。所以以后凡遇本府要各专署及各县政府调查的案子，各专署及各县政府一定要负责，一定要派公正的人去切实调查，中间不能有丝毫袒护或者敷衍了事的情形。有的老百姓说：“政府官官相卫。”我们要深深的拿这句话来警惕自己，我们要做到真正大公无私，要为人民解除一切的痛苦。另一方面也要特别迅速。若是调查或者呈复不确实，将来一经本府查出，只有依照公务人员惩戒办法给以一定的处分，望你们注意，并把这意思向所属干部详细传达，千万为要。此令！

主　席　林伯渠

副主席　李鼎铭

选自《陕甘宁边区政府文件选编》第六辑，档案出版社1988年版，第232～233页。

15. 陕甘宁边区政府关于设立审判委员会受理第三审案件的命令

1942年7月10日

民政厅厅长刘景范
高等法院院长李木庵：

查边区为一地方行政区域，则凡关于人民诉讼事件，只应设立高等法院受理第二审，至于第三审案件，应由重庆最高法院受理；不过边区与重庆相隔甚远，事实上不服第二审判决者，再向重庆提起上诉，绝少可能。依保障人权财权条例第十八条规定："边区人民不服审判机关判决之案件，得依法按级上诉"云云，所谓按级，当然系指自第一审至第三审而言，若如上述情形，仍只到第二审为止，而该条例之精神无法贯彻。事实上人民不服高等法院判决的案件，来本府上诉的已不少，不设置一定机关，无法办理此类案件，现为事实上的急需，不能不采取临时办法解决。本府特于第二十五次政委会提出在边府内暂设一审判委员会，以委员五人组织之，下设秘书一人，经全体讨论通过，并决定林伯渠、李鼎铭、刘景范、贺连城、毕光斗五人为委员，以林伯渠为委员长，又派朱婴为秘书。以后凡遇有第三审上诉案件、行政诉讼案件及死刑复判等，均由审判委员会负责办理。此外，现在边区司法逐渐走向正规化，一切诉讼案件，均应由司法机关受理，其他如民政机关，仅能负调解责任，调解不成即应移送司法机关，不得自为审判，致紊组织系统，切切为要。除令高等法院，民政厅外，合行令仰知照，并转饬所属一体知照。此令。

主　席　林伯渠
副主席　李鼎铭

选自《陕甘宁边区政府文件选编》第六辑，档案出版社1988年版，第248～249页。

16. 陕甘宁边区政府审判委员会组织条例

1942年8月22日公布

第一条　本会依边区实际情况，根据保障人权财权条例第十八条人民有按级上诉权之规定而组织之。

第二条　本会设委员五人，推定一人为委员长，一人为副委员长。设秘书长一人，承委员长、副委员长之命，掌理关于本会诉讼文件之草拟并保管印信事宜。设秘书一人，书记官一人至二人。

第三条　委员长、副委员长由边区政府主席、副主席兼任，其余委员由政务会议在政府委员中聘任之。秘书长及秘书，由委员会提出，政务会议通过委任。书记官由委员会委任之。

第四条　委员长、副委员长之任期与政府主席、副主席之任期同。其余委员任期三年，期满以前条之规定改聘，但得连聘连任。

第五条　本会之职权如下：

1. 受理不服高等法院第一审及第二审判决之刑事上诉案件，及受理不服高等法院第二审判决之民事上诉案件；

2. 受理行政诉讼案件；

3. 婚姻案件；

4. 死刑复核案件；

5. 法令解释。

第六条　本会定每月开会一次，必要时，得临时召集之。

第七条　依第五条各款规定，须经委员会讨论通过，但刑事案件徒刑在五年以下，民事案件诉讼标的物，其契约成立于三十年一月以前，价格在法币二千元以下者，三十年一月以后成立契约，价格在边币一万元以下者，得由委员长，副委员长负责处理。

第八条　委员长因故不能办理案件时，由副委员长负责处理。

第九条　委员长、副委员长负责处理之案件，开会时应向全体委员报告。

第十条　本条例于法院组织法颁布后失其效力。

第十一条　本条例经政务会议通过，咨请边区参议会备案，边区政府颁布施行之。

选自《中国新民主主义革命时期根据地法制文献选编》第三卷，中国社会科学出版社1981年版，第362～364页，原注：“选自一九四二年八月二十五日《解放日报》”。

互校版本：

1.《陕甘宁边区政府文件选编》第六辑，档案出版社1988年版，第314～315页。附有1942年8月22日以战字第466号公布的命令。

2.《延安地区审判志》，陕西人民出版社2002年版，第335～336页。附有1942年8月22日“战字第446号公布令。”

17. 陕甘宁边区高等法院命令——指示判决书送达当事人时注明上诉期间及原审声明不服由

1942年10月17日

各县地方法院院长、司法处裁判员：

查近来各县上诉案件，上诉人不先向原审机关声明不服，往往径来本院上诉，且多逾越上诉期间，迨至本院行文调卷辗转时日，诸多不便。嗣后各院处判决之案，于当庭宣判之日，应告知当事人之上诉期间，以及应先向原审机关声明上诉，并须于送达当事人之判词后书明“如不服判决，应于十（二十）日内（民事二十日刑事十日）来本院（处）声明上诉，以便将案卷解送高等法院审理”字样，俾当事人有所遵循，是为至要。

此令！

代院长　李木庵

选自《陕甘宁边区法律法规汇编》，陕西人民出版社2006年版，第70页。

18．陕甘宁边区高等法院命令——羁押被告人应注意事项由

1942年10月17日

各县地方法院院长，县司法处裁判员：

各院处对于刑事被告人非有下列之情形不得滥行羁押。

一、无一定住所者；

二、有逃亡之虞者；

三、有湮灭证据或串供之虞者；

四、案情重大者。

除上列各款外，如系寻常案件情节较轻之被告人，可准其交保候讯，无须羁押。仰即知照

此令

代院长　李木庵

选自《陕甘宁边区法律法规汇编》，陕西人民出版社2006年版，第70页。

19．陕甘宁边区高等法院通令——关于取消裁判委员会建立看守所司法助理员人民仲裁员等问题之指示由

1942年10月22日

令各县县长、裁判员：

查边区司法会议曾决定取消裁判委员会，看守所分立。区设司法助理员，乡设人民仲裁员脱离生产等问题。但这些问题，均须待第二届边区参议会通过后始能决定，现在仍维持原状不予变更，诚恐各县弄不清楚，兹再明令如下：

一、裁判委员会暂不取消。

二、各县看守所如已同保安科分开单独设立的，照旧不变；如尚未设立而各县又能自行解决人员武装问题者，则可以设立，如不能自行解决人员武装问题则暂不设立。

三、各区司法助理员暂不设立。

四、人民仲裁员暂不脱离生产。未建立人民仲裁员之县，应即速建立。

五、各县犯人衣服问题由各该县自行设法解决。

仰即知照

此令

院长　雷经天

十月二十二日

选自《陕甘宁边区法律法规汇编》，陕西人民出版社 2006 年版，第 38 页。

20. 陕甘宁边区高等法院命令——通令取消裁判委员会由

1942 年 11 月 12 日

各县县长、裁判员：

查各县之裁判委员会系沿袭苏维埃时代之组织，由县委书记、县长、裁判员、保安科长、保安大队长组织而成。已不适合现时之三三制政权形式，早于去年边区司法会议时宣布取消，而各县仍有尚未废弃者。兹再明令将裁判委员会取消。所有比较重要复杂之案件即由县政府委员会讨论决定。

此令

代院长　李木庵

选自《陕甘宁边区法律法规汇编》，陕西人民出版社 2006 年版，第 39 页。

21. 陕甘宁边区政府命令——不应随便抽调司法干部

1942 年 11 月 18 日

各厅、处、院、各专员、各县长、各县委会主任：

顷据高等法院院长李木庵呈称："顷据合水县裁判员赵生英呈称：'查本县裁判处只有二人，司法书记员唐廷璧同志已于七月间参加选举工作，暂由监所抽调犯人，由职监督，帮助书写事宜。现在征粮工作开始，经县委扩大会议决议，裁判员亦参加征粮，赴乡帮助工作。裁判员职务，着暂由保安科长李正廷兼代办理。此系全盘工作，伟大任务，自当帮助完成，已于十月九日交代手续。唯查去年征粮，史裁判员四月余未能视事，致案件积压，群众诸多不满。本年案件繁多，在此时期中，一切司法事宜，固由兼代人员负其全责，犹巩［恐］发生案件积压等问题，职当不负责，理合呈明，仰祈鉴核。'等情。复查该县前任裁判员史文秀在其给本院之两年工作报告亦称：'在这两年中间，有一半以上时间，常在乡村做行政动员工作。'并提议：'司法干部不要随便调派其他工作，以便专门处理司法事件。因为根据以往的经验，司法干部一出去工作，司法工作就可以说停止了，人民告状没人管，对政府不满。固临县裁判员杜振清报告中亦称：'于三月十一日因政府将职分配到临镇做特产工作十多天，因到县府即继续召开区长联席会，讨论总结征粮征草工作，进行了七天才闭会，于四月初旬，书记员又病了五、六天，同时县第二届参议会会期将届，又将职调在筹备会大会总务处工作，直至五月一日始闭会。'各等语。查各县裁判员因参加行政动员工作，致妨害了审判事宜，几成普遍现象。因此，诉讼人民对于办案子迟滞，多所责难，致整个政治方面，亦不无连带之影响。拟请政府通令各县县长，以后裁判员应否参加行政动员工作，须视该县诉讼事件之繁简以为决定。如案件较繁之县，裁判员以不派作他项行政工作为宜，免致案件积压，增加人民诉讼上之痛苦。是否有当，请予裁夺示遵。"等情。据此，查司法工作，为政权工作中重要之一环，如司法工作无成绩，政权工作，亦必倍形减色。则各该县凡担任司法工作之干部，如非万不得已时，不应随便调做其他行政工作，致使诉讼事件无人专门负责，以至引起当事人不满。切切为要。此令。

主　席　林伯渠

副主席　李鼎铭

选自《陕甘宁边区政府文件选编》第六辑，档案出版社 1988 年版，第 393～395 页。

22. 陕甘宁边区高等法院命令——通令取消仲裁员组织由

1942 年 12 月 8 日

各县地方法院院长、县长、裁判员：

查各县人民仲裁员之组织或未建立或已建立，尚无工作，值兹简政之际，特通令取消仲裁员之组织，所有人民纠纷问题，可由当事人所住之乡村地邻、亲友出为调解，无须专设固定机关，特此通令，希各查照转令办理为要。

此令

代院长　李木庵

选自《陕甘宁边区法律法规汇编》，陕西人民出版社 2006 年版，第 38～39 页。

23. 陕甘宁边区刑事诉讼条例草案

1942 年

第一章　总　则

第一条　陕甘宁边区刑事诉讼进行程序依本条例办理。

第二条　刑事案件其受害主体附属于国家者外，其他属于私人者，得许其调解，另以条文定之。

第三条　司法机关对刑事被告人之处刑，除应顾到边区地方治安外，须同时顾到边区生产劳动力及其受刑人家庭生计。

第四条　司法机关对于刑事被告人除犯重罪嫌疑及有逃跑或串供湮灭证据之虞者外，不得滥行逮捕与羁押。

第五条　实施侦查审判之人员不得只注意被告人之不利，同时对于其有利者亦不得忽视。

第六条　诉讼当事人或关系人均得以书面或口头为陈诉，如以口头陈诉者，应取具供词并签名盖章或指印。

第七条　公安机关及县市区乡政府，对于司法机关之传拘、搜索、扣押、勘验、调查等，有协助之责任，各司法机关应相互协助。

第八条　刑事案件在侦查中不公开。

第九条　讯问原被告证人及关系人，均应作成笔录，向受讯人朗读，如有错误予以更正并命其签名盖章或指印。

第十条　司法机关对于诉讼送达各项文书不收送达费。

诉讼人民向司法机关请求抄录许可发阅之文件，不收抄录费。

第十一条　案件由犯罪地或被告所在地之司法机关管辖。

案件当牵连数司法机关者得互商合并一同级之司法机关管辖，有争议时呈请上级指定管辖。

第十二条　上级司法机关因诉讼进行之便利或必要时，得以职权指定下级管辖之机关。

诉讼当事人亦得向上级司法机关声请移转管辖，其准驳由接受声请之上级批示之。

第十三条　司法机关对于管辖内之事件，如有急迫情形，得于管辖外为必要之处分。

第十四条　审判人员与原被告有亲友关系者应自请回避，亦得由当事人声请其回避。

第十五条　被告因拘捉或逮捕到案者，应及时讯问，至迟不得超二十四小时，如无应羁押之情形者，于讯问完毕后，即予释放交保或责付其亲属。

第十六条　原告或被告均得向法庭请求用亲属为辅佐人到庭辅佐陈述。

第十七条　刑事被告于侦查完毕后得选任有法律知识之辩护人到庭辩护。

第十八条　刑事案件在侦查审判中得为搜索扣押勘验之必要措置。

第十九条　关于案内事物及证据得选任有特别知识经验之人为之鉴定，亦得嘱托其他相当机关为鉴定。

第二十条　证人与原被告有血亲或姻亲关系或订有婚姻者，得拒绝证言。

讯问证人应先告以作证之义务及伪证之处罚。

第二十一条　传讯证人如有事实上之障碍不能到场或有其他必要情形得就其所在地讯问之，或嘱托证人所在地之司法机关代为讯问，亦得命该证人以书面陈述签名盖章或指印。

第二章　第一审程序

第二十二条　左列各罪应由法院或公安机关实施检举：

（一）内乱罪；

（二）外患罪；

（三）汉奸罪；

（四）盗匪罪；

（五）破坏边区罪；

（六）故意杀人罪；

（七）妨害秩序罪；

（八）妨害金融罪；

（九）妨害公务罪；

（十）伪造公文信印罪；

（十一）渎职罪；

（十二）妨害工农政策罪；

（十三）破坏交通罪；

（十四）妨害水利罪；

（十五）妨害选举罪；

（十六）脱逃罪；

（十七）烟毒罪；

（十八）公共危险罪；

（十九）有习惯性之犯罪；

（二十）违反政府法令罪；

（二十一）政府依必要政策命令检举之罪。

第二十三条　犯罪之被害人及其亲属均得为告诉。

第二十四条　亲告罪如左列：

（一）凡直系或旁系血亲和奸之妨害风化罪下列人等始得告诉：

1. 本人之直系血亲尊亲属。

2. 配偶或其直系血亲尊亲属。

（二）有配偶而与人通奸或有配偶而重与人为婚姻及略诱有配偶之人脱离家庭之妨害婚姻及家庭罪配偶始得为告诉。

（三）略诱妇女意图与自己或他人结婚或为猥亵或奸淫之妨害自由罪，被略诱人之亲属亦得告诉。

第二十五条　亲告罪告诉人无论在判决前判决后均得可撤回其告诉，对于共犯之一人撤回者，其效力不及于相奸人。

告诉撤回者被告人除相奸人外，如在押，应撤销其羁押。

第二十六条　亲告罪自知其事实之日起，一年后不得告诉。

第二十七条　除亲告罪外其他犯罪任何人或团体，知其犯罪嫌疑者，得为告发，公务员因执行职务知有犯罪嫌疑者应为告发。

第二十八条　犯罪人自向公安机关或司法机关陈明其犯罪事实者，为自首。

第二十九条　告诉、告发、自首，均得用口头或书面向公安司法机关为之。

第三十条　公安机关对于检举或接受告诉、告发、自首之案，应将证据及被告人、自首人移送司法机关办理。

第三十一条　原告犯罪被告为其被害人者，得提起反诉。原告如系故意诬告未经被告提起反诉者，法庭得以职权办理之。

第三十二条　除二十二条所列各罪外，其他犯罪之受害主体属于私人者，得准原告以书面或口头撤回其告诉或告发，以口头撤回者，应取其供词签名盖章或指印，被告人如在押者，撤销其羁押。

前项得准撤回之案，原告人未经撤回，法庭审查案情以调解为宜者，得进行调解，其调解方式另以条例规定之。

第三十三条　讯问原告应命其将诉追之事实及其请求之目的详为陈述，并命其提出证据，讯问被告时应命对原告诉追之事实详为答辩，并令其提出反证。

第三十四条　讯问被告应出以恳切态度，不得用威胁詈骂非刑逼迫或利诱诈欺及其他不正之方法，应予以辩明犯罪嫌疑之机会。

第三十五条　证物应令被告辨认，如系文书被告不了解其意者，应告以要旨，卷宗内之笔录及其他文书可为证据者，应向被告宣读或告以要旨并令其答辩。

讯问终结前应问被告有无最后陈述。

第三十六条　被告之自白与事实相符者，得为证据。

第三十七条　法庭未判决前对于案情办法若有疑问，得请示上级予以解答。

第三十八条　案情复杂者，应予审判前为必要之调查。

调查得派员或审判人员亲自到地调查。

第三十九条　法庭认为证据已充分明白或被告真实自白符合事实者，得不再调查。

第四十条　被告人畏罪逃匿者，得据原告人之请求呈请通缉。

第四十一条　被告犯罪已经证明者，应宣科刑或缓刑之判决。

免除其刑者，应宣告免刑之判决。

不能证明被告犯罪或其行为不罚者，应宣告无罪之判决。

第四十二条　案件有左列情形之一者，应为免诉之判决：

（一）曾经判决确定者；

（二）时效已完成者；

（三）被告就他罪重刑之判决已经确定，因其于执行之刑无重大关系，认为本罪毋庸科刑者。

第四十三条　无管辖权之案件应为管辖错误之批示并同时移转于应管辖之机关。

第四十四条　判决书首主文除应记载主刑从刑或刑之免除外，如有以徒刑劳役易科罚金或以罚金易服劳役者，应记载其折算之标准，如宣告缓刑者，应记载其缓刑之时间，如宣告没收者，应记载其没收之物。

其次为事实及理由关于轻微案件之判决书，其事实理由可并为一栏，只记明其要旨、亦得以命令代判词，判词文字须力求通俗。

第四十五条　羁押之被告，经宣告无罪、免诉、免刑、缓刑之判决者，应予以释放或交保。

第四十六条　判罚金之案，被告人如能觅其妥保限期遵交罚金者，应不羁押。

第四十七条　扣押物未经宣布没收者，应即发还，但在上诉中遇有必要情形者，得继续扣押之。

第四十八条　当事人在上诉期内不上诉者，视为确定。

第三章　上诉程序

第四十九条　不服第一审判决之原告人、被告人或其父母配偶及其辩护人等，得于接受判词之翌日起算，十日内向原审机关声明上诉，亦得径向上级机关上诉，在原审机关声明上诉者，应将卷宗证据呈送上诉机关，径向上级审上诉者，应得向原审调取卷宗证据。

第五十条　一案有多数被告人，仅少数被告人上诉者，上级审应就全部被告人审判。

一人犯数罪，仅就一罪上诉者，上级审应就全部各罪审判。

第五十一条　上诉逾期之案，法庭审查原判内容实有冤抑或处刑失当者，得依再审程序，更为处理，如原判并无冤抑而处刑亦属适当者，法庭应予以解释。

第五十二条　上诉审认上诉为有理由者，应撤销原判自为判决或发回原审更为审判，如认为无理由者，应将上诉驳回。

第五十三条　不服高等法院分庭判决之案，呈经高等法院加以复核，如原判实有不当者，得发回原审更为审判，亦得变更原判自为判决。

第五十四条　上诉得撤回。

上诉人屡经传唤无正当理由不到场，视为撤回上诉，以批示送达上诉人，此项视为撤回上诉之原上诉人得于接受批示之十日内来案声明迟误不到之事由准予回复上诉。

第五十五条　上诉审之审判除本章别有规定外，适用第一审之规定。

第四章　再审程序

第五十六条　刑事判决确定案件发现原判实有错误或处刑失当者，为受判决人之利益或不利益，均得提起再审。

第五十七条　为受判决人之利益声请再审者，由受判决人及其亲属向原审机关或上级机关声请再审虽于刑罚执行完毕或已不受执行时亦得为之。

为受判决人之不利益声请再审者，由原告人向原审机关或上级机关申请之，但于判决确定后，经过两年者不得为之。

第五十八条　上级审发现下级审判确定之案有再审理由者，得命令下级原审机关再审，亦得由上级提审再审。原审机关发现判决之案有应再审者得以职权自为再审。

第五十九条　再审适用各该再审机关之审级程序。

第五章　执行程序

第六十条　第一审判决确定之案，由原审机关照判执行。上诉审判决确定之案，除由上诉审执行外，亦得命原审机关或其他机关照判执行。

亲告罪在判决后撤回者，免其执行，但和奸罪之相奸人不在此限。

第六十一条　执行机关对于徒刑劳役之执行，制作罪刑通知书附具判词或节录判词连同受刑人送监狱执行。

第六十二条　判决死刑案件确定后，如是经高等法院判决确定者，应将该案卷宗证据呈送边区政府审核，如系高等分庭或直属地方法院县司法处判决确定者，送由高等法院核具意见呈转边区政府，如是各分区县司法处判决确定者，呈经主管高等分庭核转高等法院拟具意见转呈边区政府。

第六十三条　边区政府查核各级司法机关判决死刑确定之案，认为处刑适当者，予以照准，但得依政策之必要对于原定之刑分别减轻或免除，亦得于案内共犯中之原叛徒刑者加重至死。

第六十四条　受死刑之宣告如在心神丧失中，应报由边区政府命令停止执行。受死刑宣告之妇女怀孕者，于其生产前其停止执行。

同前二项停止执行者，于其疗愈或生产后应呈报边区政府，在未得覆准明文不得执行。

第六十五条　徒刑及苦役之执行除法律别有规定外，于监狱内分别拘禁以学习与工作，但有必要时亦得分配于狱外服役。徒刑苦役人犯工作之分配须视其体力之强弱，不得妨害其健康，经常工作每日以六小时为度，另以两小时为教育时间，教育课程以政治文化及改善心性为主，工作时间有必要时得伸长或缩短。

第六十六条　罚金之执行如无力交纳者，得按当地工资易服劳役。

第六十七条　判词主文有未宣告未决前羁押日期抵除徒刑者，执行时仍须以一日算抵徒刑一日。

第六十八条　受徒刑苦役之宣告或易服苦役而有左列情形之一者，得由执行员分别案情酌量停止执行，候疗愈或事故消灭后执行。

（一）心神丧失者；

（二）怀胎七月以上者；

（三）生产未满一月者；

（四）既罹疾病恐因执行不能保其生命者，第一款及第四款情形执行员得将受刑人送入医院或其他适当处所。

第六十九条　没收及追交之判决，依执行员之命令执行之，如受执行人确是生计艰难者，得由法庭决定减免其交纳额。

第七十条　伪造或变造之物，于发还时应将其伪造或变造之部分除去或加以标记。

扣押物应交还者，其受还人所在不明或因其他事故不能发还者，司法机关应公告之，自公告之日起六个月内无人申请发还者，以其物收归国库。

第七十一条　缓刑之宣告应撤销者，由该管司法机关决定之，呈报高等法院。

第七十二条　执行徒刑苦役之人犯除汉奸、破坏边区、人命盗匪及其他有政治问题者外，如其家庭生计确是无法维持者得由区乡政府呈请该管司法机关予以假释。

第七十三条　执行员，法院以推事任之，其他司法机关由审判员任之。

第六章　附带民事诉讼

第七十四条　刑事被害人在刑事诉讼进行中得附带提起民事诉讼，对加害之被告请求回复其损害，未经请求附带民事诉讼者法庭得问明本人是否附带请求赔偿损害，记以笔录。

附带民事诉讼应提起在第一审及上诉审均得为之。

第七十五条　法庭对于附带民事诉讼之提起得为附带判决，但如情节复杂须经过调查程序者，得命其为独立之民事诉讼，另为民事审判或和解。

第七十六条　附带诉讼判决之执行准用民事诉讼执行之规定。

选自《延安地区审判志》，陕西人民出版社2002年版，第340～345页。

24. 陕甘宁边区民事诉讼条例草案

1942年

第一章　总　则

第一条　陕甘宁边区民事诉讼进行程序依本条例办理。

第二条　民事案件，法庭应照左列各原则处理之：

（一）私益服从公益；

（二）局部利益服从全部利益；

（三）少数人利益服从多数人利益；

（四）一时利益服从永久利益；

（五）富裕者提携贫苦者；

（六）有文化知识者帮助文盲无知者。

第三条　法庭办理民事案件，以耐心调解解决双方当事人之实际问题，使之止争息诉为主要任务，不得拘守一判不再理之形式。

第四条　司法机关得派审判人员流动赴事件发生之乡、市，就地处理。流动审理时，审判人员应注意当地群众对于案情意见之反应为处理之参考。

第五条　民事案件判决后，双方当事人复经调解成立者，其效力不受原判之拘束。

第六条　区乡政府对于司法机关有协助之责任，各司法机关应互相协助。

第七条　本条例称处理者，指说服调解与判决。

第八条　司法机关对于人民诉讼，不收诉费，不收送达费及抄录费。

第九条　民事案件，由被告居住所在地之司法机关为第一审管辖。同一诉讼数司法机关有管辖权者，得向上级请示指定管辖，上级亦得以职权指定管辖，无管辖权之案件，移转于应管辖之机关。

第十条　审判人员与当事人有亲友关系者，得自请回避，当事人亦得申请其回避。

第十一条　当事人得委任代理人诉讼，明定代理权限。

第二章　第一审诉讼程序

第十二条　当事人之声诉，得以书面或口头为之。以口头声诉者，法庭应作讯问笔记，由当事人签名盖章或指印。

第十三条　法庭对原告应陈述之事实与证据及其请求目的，须逐项问明，当事人对于他告提出之事实与证据及所主张之理由，应为答辩。

第十四条　法庭受理案件应予调查。法庭得派员调查或审判人员亲自就地调查，不得嘱托其他机关团体代为调查。

当事人所声明之证明，为法庭认为不必要者，得不为调查。

第十五条　讯问证人须先告以作证之义务及伪证之处罚。

证人因事故不能到庭或有其他必要情形时，得就其所在地讯问之，或嘱托证人所在地之司法机关代为讯问，亦得由法庭许可，证人以书面陈述并应签名盖章或指印。

第十六条　法庭审查案情，辨别其争点之所在及其是非曲直后，应即依据事理及策略，提出调解方案，向双方当事人个别开导，劝其让步息争，并须于案卷内记明调解经过。调解方式及程序，另以条例定之。

第十七条　法庭经耐心调解不成立时，始得依据事实及策略为之判决。

第十八条　原告人得撤回其诉之一部或全部。

第十九条　当事人一造屡传不到法庭，得依到案之当事人一造主张而为缺席判决。

前项缺席判决法庭应将到案当事人一造所提出之主张及证据通知未到案之对方当事人限期答复，如逾期不答复者，始得缺席判决。

如未到案之一方于缺席判决后到案声明障碍事由请求复回诉讼者，法庭得更为处理。

第二十条　法庭对于案内关联之权利义务事项，得以职权为之处理不以当事人声请为限。

第二十一条　当事人于讯问时，为诉讼标的之舍弃或认诺者，法庭应本其意而为舍弃或承诺之判决或予以和解。

第二十二条　债务人或义务人，如确系生计艰难，法庭得以职权为减轻其偿还额或履行额之判决。

第二十三条　土地窑房争买事项，法庭应以职权调查双方对于土地窑房孰为需要，而为斟酌调剂之判决。

第二十四条　法庭得斟酌农时之必需或双方当事人之同意，酌定中止诉讼之日期，前项中止诉讼期满后，法庭应续为该案之讼之处理。

第二十五条　债务人有逃亡之虞，而又无保可交者，法庭得以债权人声请宣告假执行查封其财产。

第二十六条　无理缠诉者，法庭得依当事人声请，或以职权判令败诉人，赔偿胜诉人自起诉日起至执行完毕之日止每日因诉讼所需之费用。

第二十七条　债务人声请破产者，法庭得依其声请，用公示程序，催告各债权人于一个月内来公示机关申报权利予以判决。

第二十八条　判决书主文事实理由各项，用通俗文字记明之，但简易案件其事实理由栏只记明要旨，不必分栏记载，亦得以批示代判词。

第二十九条　判决书内应盖司法机关之印信，审判人员应签名盖章，分别送达当事人。

送达当事人之判决书，应记载上诉期限及指定上诉之司法机关，逾期不上诉者，视为确定。

第三章　上诉程序

第三十条　对于第一审判决不服者，应于接收到判决书翌日起，二十日内得以书面或口头向原审机关声明上诉，亦得向该管之第二审机关径行上诉。

原审机关对于声明上诉人，取其供词附卷连同卷宗证物，送交第二审机关。当事人直接上诉于第二审机关者，由第二审机关向原第一审机关调取卷宗证物。

第三十一条　逾期上诉者，法庭查明原判确未解决问题者，应准其回复上诉。

第三十二条　上诉审接受上诉案件，应先进行和解，如和解实不成立，不得判决，依据事实及策略为之。认上诉为无理由者，予以解释驳回其上诉。

第三十三条　第一审原判，对于事实点未经调查明确，而此项调查以原审机关为便者，第二审机关得将该事项，发回原审机关更为处理。

第三十四条　第二审机关，发现案内有未经第一审机关判决部分，应即并为处理。

第三十五条　不服高等分庭判决上诉之案，送由高等法院加以复核，如案内实际问题尚未解决者，应予更行处理。

第三十六条　上诉人于判决前，得将上诉撤回。

第三十七条　上诉人经屡传不到而又不声明事由者，视为撤回上诉，以批示送达两造。

前项视为撤回上诉之原上诉人，得声明迟误不到之事由，准其回复上诉。

第三十八条　上诉人由判决而终结者，书记员应将判决正本附入卷宗，送交原第一审机关执行，非由判决而终结者亦同。

第三十九条　除本章别有规定外，准用第一审程序之规定。

第四章　再审程序

第四十条　凡判决确定之案，在一年内如发现原判实有错误，案内实际问题未解决者，当事人得提起再审之诉。

第四十一条　上级审发现下级判决确定之案，合于再审情形者，得命令下级原审机关再审，亦得由上级提案再审。

原审机关发现判决确定之案有再审理由者，得以职权自为再审。

第五章　执行程序

第四十二条　判决确定之案，由原审机关审判员照判执行，或由上级机关以职权发交下级机关执行，执行机关亦得嘱托其他机关执行之。

第四十三条　当事人有不履行确定判决之义务者，执行机关得用强制力执行之，但判决确定之案，经调解人在外调解成立，呈经原判机关销案者，停止其执行。

第四十四条　查封拍卖债务人之动产或不动产，应酌留债务人及其家属生活费用与其必要之生活器具，由执行机关酌定之。债务人职业上所必须之物应酌留为债务人职业上之使用。

第四十五条　拍卖动产或不动产，由执行机关评定价额，当众拍卖，拍卖之卖得金，除偿还债务外，有余者返还债务人。

第四十六条　拍卖动产或不动产成立之后，司法机关应给予权利移转之书据交买得人收执其由案内，债权人买受者亦同。

第四十七条　共有物之拍卖，应将价额通知其他共有人优先买受，如共有人不买时，再由他人买受。

第四十八条　关于婚姻事件之执行，如系为夫妇同居之判决，得将男女双方各交其家长亲属或村长劝导之。

第四十九条　关于继承财产或共有物分割之执行，由执行机关将其财产总额核算分割，给予证明书。

第五十条　执行债务案件，经调查债务除必要生活费外，实无财产可供执行者，执行机关得发给凭证交债权人收执批明，俟日后发现债务人别有财物或其经济能力恢复时，再予执行。

选自《延安地区审判志》，陕西人民出版社2002年版，第345～348页。

25. 陕甘宁边区军民诉讼暂行条例

1943年1月15日公布

边区过去军民诉讼管辖，因无明文规定，致发生不少纠纷。为了使今后在执法中实现军民关系的改进，特规定以下条例，以便共同遵守。

第一条　边区军民诉讼管辖之区分，悉依本条例办理之。

第二条　军民双方诉讼属于民事范围，婚姻、土地、财产、债务、嗣续等之案件，无论原被告属于何方，概归司法机关处理。

第三条　军人犯普通刑法之罪，应归司法机关处理。

第四条　军人违犯政令军纪，如嫖、赌、吃鸦片等，地方治安机关得扭送军事机关处理。

第五条　普通民人违犯军法，如勾引军人逃跑叛变及刺探军情等，在战时由军法机关处理，在平时由司法机关或锄奸机关处理。

第六条　军人及民人之现行犯，如叛变、抢劫、殴伤人等，军政机关均得按情节轻重及当时环境予以扣留或逮捕，但须于二十四小时内将人犯连同所携带之物品分别送交应受理之机关。

第七条　军人与民人同案共犯之事件，属于军法者，概归军法机关处理，属于普通刑法者，概归司法机关处理。

第八条　治安机关对非现行犯之军人，不得逮捕及解除武装，军队对非现行犯之民人，亦不得逮捕。

第九条　司法机关处理军人违犯普通刑法案件时，应通知直接主管机关或上级机关派员参加审判。军法机关处理民人违犯军法案件时，亦应通知司法机关派员参加审判。

第十条　军民诉讼遇有重大案件，或必要时，将由边区最高行政机关及最高军事机关会商组织临时军民诉讼委员会，无论该案已未经第一审判决，均得由会提审。判决后，呈最高行政机关及最高军事机关会核，即为终审。军民诉讼委员会之组织，司法机关二人，军法机关一人，以资深者为主任委员。

军民诉讼委员会关于军民诉讼程序，适用军事诉讼程序。

第十一条　军民诉讼案件之处理，司法机关传讯之原告或被告系属军人时，应通知其主管机关或上级机关。

军法机关处理军民诉讼案件，其传讯之原告或被告系属民人时，应通知当地政府后，送向民人之住所地为之。

第十二条　司法机关关于军民诉讼案件之诉讼程序，适用通常民刑事件之诉讼程序。军法机关关于军民诉讼事件之诉讼程序，适用军事审判程序。

第十三条　本条例经陕甘宁边区政府公布执行之。

选自《中国新民主主义革命时期根据地法制文献选编》第三卷，中国社会科学出版社1981年版，第365～367页。原注："选自一九四三年二月十四日《解放日报》"。

互校版本：《延安地区审判志》，陕西人民出版社2002年版，第349～350页。

26. 附［谢觉哉日记摘抄］告状的状词，判案的判词，都是说明道理，要使人一看就懂①

1943年2月8日

偶阅审判委员会判决书，觉得：

告状的状词，判案的案词，都是说明道理，使人一看就懂，而且心折。

状词，还要有要挟官厅不得不信的作用。前清禁讼师，有官司赢了却要究办讼师的事，即是说官被讼师所挟持，不能不听讼师之理，理输了，想泄忿（愤）。有一本记载许多有名状词的书，书名忘记了。有因祖坟被掘告状的，被告有势力，告了三次，官不敢准，讼师为作状词云："为屡控不准，不准莫准事，民祖坟被某掘三次，民三控，三不准。民不控，民归，亦掘伊祖坟三次，伊必控，准不准？"

这就使得官厅没有法子了。前清状词有格式，不得过三百字，所以状词文字另有风格，非专学习不能为。"主语很要紧，主语得力，下文就易办。"宣侠父②同志被国特捉去暗害了，前年我代其妻金琳同志作状词，全文忘记了。其主语为："生要见人，死要见尸；死则请宣布罪状，生则请明令释放事。"我想接了这张状子的人，一定"啼笑皆非"。不过，现在的官厅比过去的官厅脸厚，他的回答是："不理"。

讼师，是保护人的。人之恶讼师，在于挑唆词讼从中渔利。现在律师要钱比过去讼师凶，而技术常比过去的讼师劣。社会上还不能没有词讼，为要使词讼速结，冤屈得伸，对于做状词是应该研究的，特别是做律师的人。

判词，要剖析现微，合情合理，使败诉者不能不心服。上控案子，总是原判失当，或者判得虽对而说得不清，遂致两造都受上诉的累。从前有才的官，喜用四六判词。乔太守乱点鸳鸯谱的判词说："……夺人妇人亦夺其妇，两家恩怨，总息风波"，"独乐乐不如众乐乐"，"三对夫妻，各偕鱼水。"上联说理，下联说情，不服的也自然服了。现在当然不要这样掉文了，但呆板地引用"第几百几十条"也不是老百姓愿意听的。我意断案要应根据条文，做判词则应通俗地说明道理。状词上提到的应给予回答，没有提到的也应替他想到。务要判词出来，人人拍手，同时也就是一种实际的社会教育。

① 原日记的标题是"状词""判词"。"新华月报版"根据内容，改为现标题。

② "新华月报版"将宣侠父夫妇姓名隐去，改为"一个同志"。

还有，“判词”也很有用。告状的每每架虚。常常一个批词，使控者心怯，很容易在下面调解了，双方免得讼累，造福不浅。若法院只能写出“候传案集讯”等批语，不仅表现司法者无能，且要使人民多受些“讼累”的苦痛。①

选自《谢觉哉日记》上卷，人民出版社1984年版，第396～397页。

互校版本：《中国新民主主义革命时期法制建设资料选编》第三册，西南政法学院函授部1982年编印，第351～352页。简称“西南函授版”。原注：“《新华月报》1978年11期”，简称“新华月报版”。

27. 陕甘宁边区高等法院分庭组织条例草案

1943年3月29日公布

陕甘宁边区政府命令——颁布《高等法院分庭组织条例草案》

1943年3月29日

高等法院院长、各分区专员：

兹制定高等法院分庭组织条例，暂以草案颁布。除延属分区不另设高等分庭外，其他分区须即依照组设！并在高等分庭设立后，除延安市地方法院外，其他分区境内原设之地方法院一律取消，并希依照办理！所有组设高等分庭及取消地方法院情形，仍应详细具极［报］为要！

此令

主　席　林伯渠
副主席　李鼎铭

选自《陕甘宁边区政府文件选编》第七辑，档案出版社1988年版，第154～155页。

陕甘宁边区高等法院分庭组织条例草案

第一条　为便利诉讼人民上诉起见，得于边区政府所辖各分区内之专员公署所在地，设置高等法院分庭，代表高等法院受理不服各该分区所辖地方法院或县司法处第一审判决上诉之民刑案件，为第二审判，但延安分区得不设高等分庭。

第二条　前条应设置之高等分庭，得设置于专员公署内。

第三条　高等分庭之管辖区域，与各该专员公署所辖之行政区域同。

第四条　高等分庭设庭长一人，推事一人，书记员一人或二人，视事之繁简定之。

第五条　高等分庭庭长推事，由高等法院呈请边区政府任命。

第六条　高等分庭庭长，综理庭内行政事务及审判事宜。

第七条　高等分庭拟判刑事三年以上徒刑案件，应将所拟判词连同原卷呈送高等法院复核。高等法院对前项复核案件，应为下列指示：

一、事实点尚须调查者，为更行调查之指示；

二、法律点有错误或量刑失当者，为纠正之指示；

① “西南函授版”有几处错漏，现按《谢觉哉日记》人民出版社版予以补正。

三、事实无讹，科刑适当。与法无违者，为如拟判之指示。

第八条　除前条外，高等法院如发现各分庭民刑判案有重大错误时，得为纠正之指示，或令该分庭复审。

第九条　高等分庭应将受理判处民刑案件已结未结件数及案件处理内容，月填表呈高等法院查核，表由高等法院制定颁发。

第十条　高等分庭处理民刑诉讼案件之程序，除本条例所规定外，悉依边区民刑诉讼条例之规定。

第十一条　高等分庭对外一切行政文件，由庭长名义行之，裁判书由推事付署，概用分庭①铃记。

第十二条　高等分庭关于行政处理问题及诉讼程序问题，法律适用问题，有须质疑者，呈送高等法院核示之。

第十三条　不服高等分庭判决之案依法得上诉者，由分庭将案卷及判决书呈送高等法院加以复核。如原卷有错误，应由高等法院予以纠正；如无错误，应由该院对当事人予以解释。经纠正或解释后，如当事人仍不服，即呈送审判委员会核办。

第十四条　高等分庭得设法警一人或二人，由专员公署警卫队拨用。应羁押之人犯，羁押于高等分庭所在地之地方法院或政府之看守所。

第十五条　本条例由边区政府公布施行。

选自《陕甘宁边区政策条例汇集》续编，1944 年编印，第 96～98 页。

互校版本：

1.《陕甘宁革命根据地史料选辑》第一辑，甘肃人民出版社 1981 年版，第 264～265 页。

2.《陕甘宁边区政府文件选编》第七辑，档案出版社 1988 年版，第 155～156 页。简称“档案文件版”。

3.《中国新民主主义革命时期根据地法制文献选编》第三卷，中国社会科学出版社 1981 年版，第 367～369 页。原注：“选自《陕甘宁边区政策条例汇集》续编，一九四四年版”。

4.《延安地区审判志》，陕西人民出版社 2002 年版，第 350 页。

28. 陕甘宁边区县司法处组织条例草案

1943 年 3 月 30 日公布

陕甘宁边区政府命令——颁布《县司法处组织条例草案》

1943 年 3 月 30 日（战字第 720 号）

各专员、县长：

兹制定县司法处组织条例，暂以草案颁布，希即依照组设，并将组设情形具报为要！

此令

主　席　林伯渠

① “档案文件版”将“分庭”误作“公庭”。

副主席　李鼎铭

县司法处组织条例草案

第一条　陕甘宁边区所辖各县，除设地方法院者外，概由各县司法处受理辖内第一审民刑诉讼案件。

第二条　县之司法区域同其行政区域。

第三条　县司法处设处长一人，审判员一人，书记员一人。

第四条　县司法处处长由县长兼任，审判员协助处长办理审判事务。如诉讼简单之县分得由处长兼任审判员。

第五条　县司法处处长，审判员，由高等法院呈请边区政府任命。

第六条　县司法处得设法警二人，由县警卫队拨用。

第七条　审判员在处长监督下，进行审判事宜。对于司法文件，由处长名义行之，但裁判书，由审判员副署，盖用县印。

第八条　司法处受理民刑案件，如系下列各案，经过侦讯调查后，须将案情提交县政府委员会或县政务会议讨论，再行判决。

一、民事案件诉讼标的物其价格在边币一万元以上者，婚姻，继承，土地案件与政策有关，或与风俗习惯影响甚巨者；

二、刑事案件中之案情重要者；

三、军民关系案件之情节重大者。

第九条　司法处办理民刑案件之程序，悉依边区民刑（事）诉讼条例之规定。

第十条　县司法处关于行政处理问题，诉讼程序问题，适用法律问题，有质疑者，呈由该管高等法院分庭核示，如分庭仍有疑问者，转请高等法院核示。

第十一条　不服县司法处第一审判决上诉之案件，以高等法院为第二审，各分区设有高等法院分庭者，以该管分庭为第二审。

第十二条　司法处关于应羁押之人犯，羁押于各该县之看守所，对于人犯之教育、工作、生活各项事宜，审判员承处长之命，得随时到所视查之。

第十三条　刑事判决之短期人犯，得在所内执行，长期人犯送监执行。

第十四条　民事案件需用执达员者，由法警办理之。

第十五条　本条例由边区政府公布施行。

选自《陕甘宁边区政策条例汇集》续编，1944年版，第99～100页。

互校版本：

1.《陕甘宁革命根据地史料选辑》第一辑，甘肃人民出版社1981年版，第266～267页。

2.《陕甘宁边区政府文件选编》第七辑，档案出版社1988年版，第164～165页。

3.《中国新民主主义革命时期根据地法制文献选编》第三卷，中国社会科学出版社1981年版，第369～371页。原注："选自《陕甘宁边区政策条例汇集》续编，一九四四年版"。

4.《延安地区审判志》，陕西人民出版社2002年版，第351～352页。

29. 陕甘宁边区政府命令
——颁布《修正边区政府审判委员会组织条例》

1943年3月30日

审判委员会：

陕甘宁边区政府审判委员会组织条例草案，已予重新修正，兹行颁发，即希依照办理并将办理情形具报为要！此令。

主 席 林伯渠
副主席 李鼎铭

修正陕甘宁边区政府审判委员会组织条例草案

1943年3月30日颁布

第一条 本委员会之设立，为受理不服高等法院第一审判决及第二审判决得依法上诉之刑事上诉案件，及受理不服高等法院第二审判决得依法上诉之民事上诉案件。

第二条 本会设委员五人至七人，委员长副委员长各一人，设承审推事一人，承委员长副委员长之命，审理关于本会一切诉讼案件。

第三条 委员长副委员长由边区政府主席副主席兼任，其余委员由政府主席聘任，承审推事由主席委任。

第四条 本会判决重大案件，须经委员会讨论通过，但刑事案件徒刑在五年以下，民事案件诉讼标的物，其契约成立于民国三十年一月以前，价格在法币五千元以下者，及三十年一月以后成立之契约，价格在边币一万元以下者得由正副委员长负责处理。

第五条 委员长副委员长负责处理之案件应于开会时向委员会报告。

第六条 所有本会一切文件，经承审推事拟稿送副委员长委员长依次复核。

第七条 民刑事判决书裁定书除正副委员长及委员署名外，承审推事得连带署名。

第八条 本条例由边区政府公布施行。

选自《陕甘宁边区政府文件选编》第七辑，档案出版社1988年版，第166～167页。

30. 陕甘宁边区高等法院公函——为函请主持设立各分区高等法院分庭及裁撤地方法院事宜并希见复由

1943年4月4日

绥德分区袁、杨专员：

查各分区地方辽阔与延安距离过远，交通不便。为便利诉讼人民上诉起见，就各专员公署所在地，设置高等法院分庭，受理所辖各县第一审判决上诉之案，并制定高等法院分庭组织条例，经政府第四三次政务会议通过颁行。各分庭庭长推事人选，亦经政府政务会议通过，计绥德分区高等法院分庭庭长乔松山，推事史文秀；陇东分庭庭长马锡五，推事石静山；关中分庭庭长张仲良，推事尚缺；三边分庭庭长罗成德，推事陈思恭，各在案。同时各分区原设之地方法院，除延安市者外，其余如绥德、新正、庆阳各地方法院一律裁撤。亦经政府政务会议通过，兹特将高等分庭组织条例抄发，即由各分区专员主持设立分庭事宜及裁撤地院事宜并将设立及裁撤日期具报，以便转呈政府备查。至关中分庭推事人选，俟整风完毕再行会同民政厅提出相当人员送请政府审查派用。又各分庭书记员，可由各专员遴选报本院备查。又被裁撤之各地方法院所有已结未结案件、人犯、卷宗等，概归所在地之县司法处接收办理，又各分庭应用之钤记亦由各专员就近刊刻启用具报，其文如“绥德分区高等法院分庭钤记”字样，其他陇东、关中、三边等分区之高等法院分庭钤记均仿此。除公函外，相应函达，即希查照办理，见复为荷！

此致

敬礼

代院长　李木庵

选自《陕甘宁边区法律法规汇编》，陕西人民出版社2006年版，第42页。

31. 陕甘宁边区政府关于死刑判决及执行程序的指示信

1943年4月9日

各专员：

关于死刑判决及执行之程序，须依下列之规定请注意执行，并转告所属各县遵照为要。

（一）一般死刑案件，必须报告高等法院审核，转呈本府审委会批准后才许执行。

（二）除军法处另有规定者外，与在作战捕押时因抵抗逃跑，或其他紧急情况中被击毙者外，各下级政府，不得擅自处决死刑。

（三）在剿匪中，或其他情况中，因群众急切要求处决人犯时，亦当急电报告本府批准。

此致

敬礼

主　席　林伯渠

副主席　李鼎铭

选自《陕甘宁边区政府文件选编》第七辑，档案出版社1988年版，第182页。

互校版本：《陕甘宁边区法律法规汇编》，陕西人民出版社2006年版，第126～127页。

32. 陕甘宁边区绥德分区行政督察专员公署高等分庭命令

1943 年 4 月 13 日

各县长、主任、裁判员：

案奉陕甘宁边区政府战字第七二一号命令内开：“兹规定高等法院分庭组织条例暂以草案颁布，除延属分区不另设高等分庭外，其他分区须即依照组设。在高等分庭成立后，除延市地方法院外，其他分区境内所设之地方法院一律取消，并希依照本令有组织高等分庭取消地方法院情形，仍应详细具报”等因，奉此，除遵即组织成立分别呈报备查及分行外，合行令仰该县长、主任、裁判员知照。说明附后。

此令

专　员　袁任远
副专员　杨和亭
庭　长　乔松山

附说明：地方法院既奉明令改组为高等分庭，以后凡二审案件，各县自应以兼司法处名义呈报分庭直接处理，毋庸呈待专署转达。

民刑诉讼程序均得一次递进，不得参阅。

第一审由县长裁判员副署判决之，第二审由庭长推事副署判决之。

附发高等分庭组织条例草案一份。各县司法月报自四月份起，须呈由分庭汇赍高等法院（均于第二月五日以前呈至分庭以便汇齐转呈）。

选自《陕甘宁边区法律法规汇编》，陕西人民出版社 2006 年版，第 43 页。

33. 陕甘宁边区高等法院指示信——实行调解办法改进司法工作作风减少人民诉讼由

1943 年 6 月 8 日

各高等分庭庭长、各地方法院院长、各县司法处处长：

我们边区司法事宜就实际的需要，已建设新的调解制度，政府已制定民刑案件调解条例。因此司法工作的作风也要随之而革新。从前审判人员是专以听断为能事的，其结果只是将受理的案件用一纸判决书送达当事人后，即为了事。如不服者听其上诉，适成其为推事主义将事情推了出去就算完毕。其实败诉的一方仍是要争一口气，要争个人的面子，不服判决，提起上诉，问题并未解决。在当事人因缠讼而耗时费财，固蒙不利，即在司法机关案件未能减少，案牍频繁，这种专以听断为能事的司法工作作风，在实际上是没有什么利益，从过去经验上的调查研究，觉得我们边区今后的司法工作作风有革新的必要，就是不要专以听断为能事，而是要以能替诉讼人民解决实际纠纷问题，从事调解。使得双方当事人平气息争。减少讼累为主要任务。

我们边区新的司法政策（调解政策）凡是民事案件，一律厉行调解。法官接受此项案件，务须先经过调解手续，不得草率遂下判决。至刑事案件，我们的政策是采半干涉主义，与资本主义国家的司法制度对刑事案件采绝对干涉主义者不同。例如刑事案件中除内乱罪、外患罪、汉奸罪、盗匪罪、掳人勒赎罪、聚众骚扰罪、杀人罪（过失杀人除外）、贪污渎职罪、伪造公文书罪、伪造假币罪、脱逃罪、藏匿犯人罪、湮灭证据罪、伪证罪、公共危险罪、烟毒罪、妨害农工公益罪（妨害农工个人私益者除外）、伪造度量衡罪、妨害选举罪、破坏政府法令罪、破坏公物罪，以及有习惯性之犯罪等。这些犯罪不得调解，必须依法制裁。其他犯罪如伤害罪、妨害自由罪、妨害家庭罪、妨害婚姻罪、侮辱罪、略诱及和诱罪、妨害名誉罪、妨害风化罪、妨害私人秘密罪、侵占私人财物罪、诈欺罪、赃物罪、恐吓罪、遗弃罪、诬告罪、毁损罪，以及其他受害主体属于私人之犯罪等，这些案件均可试行调解。

民事案件的调解方式，就当事人所主张的权利义务各条件中，以及所请求的目的中，想出方法，使双方均能让步，承诺息事。至刑事案件调解的方式，或由加害人向被害人赔礼认错，或赔偿损失，或给被害人抚慰金，或赔酒席之类。凡在民间习惯上可以平气息争之方式，只要不违反善良风俗，及涉及迷信者，均可采用。照此调解，于受害人可获实利，比较徒处加害人以苦役、徒刑、拘束其自由，一方减少社会上生产劳动力，一方增加双方仇恨。此于刑事政策上是有极大关系的。我们审判人员，要研究此项政策，对于上列得以调解的刑事被告人，要留心考察其品质、知识、职业、生计等。如其平日是务正业的，并非恶劣或二流子之类，而其家庭生计又全赖彼一人维持者，偶一触犯刑章，可以利用调解方式进行调解。不必遽科以刑罚。如伤害罪，由加害人赔偿被害人损失，或给以医药费，或给以抚慰金，并向被害人道歉认错。又如初犯窃盗罪，要加害人返还赃物。如赃物已消失，不能全部返还者，则令其作价返还。并令其向被害人悔过。如此办理，在被害人可回复其损失而获到实益。在加害人自知错误，能以自新，以后不至再犯。如系累犯，无改善希望。或与被害人无实益者，自应依法制裁，毋庸调解。全在法官斟酌实际情况，得受害人的同意，以及刑事政策上的实益，灵活运用，分别办理。

调解可由审判人员直接调解。亦可由法庭指定当事人之邻居、亲友或民众团体从事调解。由法庭直接调解者，审判人员务须先将案情全部了解，得出是非曲直之所在，复须了解当事人之心理，以及当事人的生活情况，酌定调解方案。耐心说服，获得双方当事人的自愿承诺，不可加以强迫和压抑。如初次调解承诺后，复又翻异者，亦可再次进行调解，法官要耐得烦，忍得气，态度要庄正诚恳，要苦口婆心，不可存躁急和厌恶的心理，自能得到成功和减少诉讼的效果。无形中替诉讼人民增进福利。以后各司法机关的司法人员对于应行调解的案件不经过调解程序，进行判决，致令当事人挟气不服来上级上诉者，上级仍须将原案发回原审机关更行处理，解决问题。不要以为已经判决，即为了事，此点务要注意。

由法庭调解成立之案，法庭须记录双方当事人承诺的条件，当场朗诵无讹。由双方当事人署名盖章，或指印，存卷。再照此双方承诺的条件制作调解笔录，并书明系双方。

各自情愿并无压抑强迫字样，送发双方当事人收执为据。此项调解成立之案，即可照调解笔录内容条件执行。如调解实不成立，法庭始得据理判决。

指定当事人邻居、亲友在外调解成立之案，由调解人代写和解书。亦须将双方承诺的条件，逐项写列，并书名系双方各自情愿息讼并无压抑强迫字样，由双方当事人及调解人签名、盖章或指印，呈送法庭请求销案。法庭查核调解内容条件，当事人对于条件内容履行完毕，或有担保，可能履行而无翻异者，案内被告人如在押时，可问明受害人及调解人意见，予以保释销案。和解笔录格式，随函附发。

调解是边区司法政策的新制度，是教育人民服理向善，维持人类和平，增进社会生产，于公于私均有利益。可是在实行当中，法官是要多费心力，多费唇舌，有时比判决还要麻烦，但是我们要贯彻此项政策。我们不要怕难，要耐心设法与人民解决实际问题，不可感情草率判决，逼令败诉的一方挟气上诉，增加讼累。今后各审判人员办案的成绩，即以每月案件调解成立的多少，列为政绩标准之一。

接到此次指示信后，各审判人员应该好好加以研究，切实体会执行。以期边区司法达到减少诉讼的目的，同时并将调解的实际情形，有何困难，有何经验，有何心得，在案件收结月报表之说明栏内填写，报告本院以便统计研究。编录各人经验，印发各司法机关参考。借以相互地交换知识增进技能，使整个的边区司法工作得以愈加改进。是为至要。

敬礼

李木庵

三十二年六月八日

选自《陕甘宁边区法律法规汇编》，陕西人民出版社 2006 年版，第 338～340 页。

34. 陕甘宁边区民刑事件调解条例

1943 年 6 月 11 日[①]颁布

陕甘宁边区政府命令——颁布《陕甘宁边区民刑事件调解条例》

1943 年 6 月 12 日（战字第 756 号）

各专员、县、市长，各高等分庭庭长，县司法处处长：

本府为提倡民间调解纷争，减少诉讼，特颁布《陕甘宁边区民刑事件调解条例》，希各级干部，特别是司法干部，应详研究，耐心执行，以达减少诉讼，增人民福利之目的。

此令

主　席　林伯渠

副主席　李鼎铭

---

① “陕甘宁续编”“社科法制版”“甘肃史料版”“调解资料版”皆标作“六月十一日颁布”，“延安审判志”“档案文件版”所载颁布令为“六月十二日”。“法律法规汇编版”标作“六月十日”。

附：边区政府办公厅就《陕甘宁边区民刑事件调解条例》中错误和遗漏事的通知：

各专员公署、县（市）政府暨区、乡政府：

边区战字第七五六号命令公布的《陕甘宁边区民刑事件调解条例》，内中有几处错误和遗漏的地方，希依照附列正误表改正：

正误表①

条数	行数	错误或遗漏	改　正
第三条	（三）项	善良风俗∠者为限	善良风俗及涉及迷信者为限 ·····
第三条	第四行	但调解人新简易 ×	但调解人就简易 ·
第七条	第一行	人员或∠地邻	人员或民众团体地邻 ····
第九条	（二）行	第五条所列 ×	第三条所列 ·
第十条	第一行	受第七条规定 ×	受第八条规定 ·
第十条	第一行	和解书后，应 ××	和解案件，应 ··
第十一条	第二行	邻居、亲友∠在外	邻居、亲友或民众团体在外 ·····
第十一条	第五行	事人亲友∠调解	事人亲友或民众团体调解 ·····

原注：∠遗漏符号　×错误符号　·改正符号

再，这个条例，对于减少诉讼，增进人民福利，有很大的意义，各县可以再翻印一些，发到村级去，以便广泛宣传。特此通知。

六月十七日

选自《陕甘宁边区政府文件选编》第七辑，档案出版社1988年版，第258页。

附：　　**陕甘宁边区民刑事件调解条例**

第一条　本条例为使民间调解纷争、减少诉讼制定之。

第二条　凡民事一切纠纷均应厉行调解，凡刑事除下列各罪不许调解外，其它各罪均得调解：

（一）内乱罪；

（二）外患罪；

（三）汉奸罪；

① 有的翻印版本，未按正误表改正。

（四）故意杀人罪；

（五）盗匪罪；

（六）掳人勒赎罪；

（七）违反政府法令罪；

（八）破坏社会秩序罪；

（九）贪污渎职罪；

（十）妨害公务罪；

（十一）妨害选举罪；

（十二）逃脱罪；

（十三）藏匿人犯及湮没证据罪；

（十四）破坏货币及有价证券罪；

（十五）伪造公文印信罪；

（十六）公共危险罪；

（十七）伪证罪；

（十八）妨害水利罪①；

（十九）破坏交通罪；

（二十）伪造度量衡罪；

（廿一）妨害农工政策罪；

（廿二）烟毒罪；

（廿三）其他有习惯性之犯罪。

第三条　民事及得许调解之刑事，其调解之方式如下：

（一）赔礼道歉或以书面认错；

（二）赔偿损失或抚慰金；

（三）其他依习惯得以平气息争之方式，但以不违背善良风俗及涉及迷信者为限。

前项所列方式，得用其一或并用之，但调解人就简易之事态及双方当事人之意志进行无条件之调解已足成立者，得不拘用前项所列各方式。

第四条　前条调解之进行，得由双方当事人各自邀请地邻、亲友，或民众团体，从场评议曲直，就事件情节之轻重利害提出调解方案，劝导双方息争。

第五条　前条所列调解不成立时，得由当事人双方或一方申请乡（市）政府，区公署，或县（市）政府，依法调解之。

前项乡、区县（市）各级政府接受调解事件，必要时，得邀请当地各机关人员及民众团体公正士绅，从场协助调解。

第六条　前两项之调解，如其事件已系属司法机关者，无论在侦查、审判。上诉、执行程序中，均得力之。

第七条　调解须得双方当事人之同意，调解人无论是政府人员，民众团体，或地邻亲友，均不得强迫压抑，并不得有从中受贿舞弊情事，违者处罚。

---

①“档案文件版”“法律法规汇编版”漏掉“妨害水利罪”。

第八条　在法庭外调解成立之事件，应由调解人制成和解书交双方当事人收执为据，如其事件已系属司法机关有案者，应另写一份和解书送司法机关，请求销案。

第九条　和解书应具下列各项：

（一）双方争执之简要事由；

（二）调解成立之方式，即本条例第三条所列各款调解方式；

（三）实是双方同意和解，并无强迫压抑情事；

（四）双方当事人姓名，签字、盖章、或指印；

（五）从场调解人姓名，签字、盖章、或指印，代书人同；

（六）调解年月日；

（七）调解地点。

第十条　司法机关接受第八条规定已系属司法机关之和解案件，应①即予以审查，如属本条例第二条规定不得和解之案件，应以批示驳回；如是本条例第二条规定许以调解之案，应即将原案准予撤销，用批示录送双方当事人；如案内被告人在押者，在押人对于调解条件如已履行完毕，或未履行完毕，而无翻异之虞者，法庭询明被害人或权利人及调解人之同意，将在押人予以保释。

第十一条　系属法庭之案，得由法庭以职权依据本条例之规定进行调解，或指定双方当事人之邻居亲友或民众团体在外从事调解。由法庭调解成立者，应由法庭录具两造同意之条件与②供词，朗读后，由当事人签名盖章或指印存卷，一面制作调解笔录，送达双方当事人收执为据，即将讼案注销。由法庭指定当事人亲友或民众团体③调解成立者，依第八条、第九条、第十条各规定办理。

第十二条　本条例由陕甘宁边区政府公布施行。

选自《陕甘宁边区政策条例汇集》续编，1944 年编印，第 256～270 页，简称："陕甘宁续编"。

互校版本：

1.《陕甘宁革命根据地史料选辑》第一辑，甘肃人民出版社 1981 年版，第 317～320 页。简称"甘肃史料版"。

2.《延安地区审判志》，陕西人民出版社 2002 年版，第 352～354 页。

3.《中国新民主主义革命时期根据地法制文献选编》第三卷，中国社会科学出版社 1981 年版，第 630～633 页，简称"社科法制版"。原注："选自《陕甘宁边区政策条例汇集》续编，一九四四年版"。

4.《人民调解资料选编》，群众出版社 1980 年版，第 239～242 页。原注："选自一九四四年陕甘宁边区政府办公厅编《陕甘宁边区政策条例汇集》续编"。简称"调解资料版"。

5.《陕甘宁边区政府文件选编》第七辑，档案出版社 1988 年版，第 255～259 页。简

① "档案文件版"第 258 页"正误表"已将"和解书后，应"更正为"和解案件，应"，但正文仍印作"和解书后，应"。"社科法制版""调解资料版"皆误作"司法机关之案件的和解书后"。

② "档案文件版""法律法规汇编版"漏掉"条件与"3 字。

③ "社科法制版""甘肃资料版""调解资料版"皆漏掉"或民众团体"5 字。

称“档案文件版”。

6.《陕甘宁边区法律法规汇编版》，陕西人民出版社2006年版，第340～342页。

35. 陕甘宁边区高等法院命令——为令知对于案情请示须专案呈报，不得仅凭填造案件调查表之批回，即视为呈报核准之依据由

1943年11月5日

各分庭、地院、各县司法处：

每月填报民刑案件调查表，此不过为统计材料之用。此项统计之目的，在于明了各地的诉讼事件的多寡，借以比较过去同一时期的诉讼事件是否减少。而诉讼中如刑事案件，究竟是犯何种罪名的为多，及何种人犯罪为多，犯罪原因何在。又如民事案件，究竟土地争执原因，是所有权的争议，或是典权争议，或租佃争议等。婚姻案件，或是图利转卖，或是因贫不能生活，或是间离引诱等。各种诉讼争执，都是社会的病态，所以要把它统计出来，借供政府行政方面及司法方面作改进社会之参考，其用意在此。所以案件调查表之填报不是作为各司法机关呈报案情，请示核准之用。因表内所填各案事实，甚为简单，看不出案内实际问题，而且有的在表面上，所填报的简要事实，往往与案内实际问题不同，上级依据调查表的表面所列事由批回备案，以为完结，其实案内问题多未解决，当事人业已上诉，又经上级变更，致与备案的批回相矛盾，因此发生疑问。此项疑问，想各司法机关当必同有此感。为此明白令知，现在按月填报的案件调查表是只为统计材料之用，至对于案情请示办法，须详叙事实或意见，专案呈报以凭核示，不得只凭填造调查案件表的批回，即视为对案情业已呈报获准之依据。希即遵照办理为要。

此令！

代院长　李木庵

选自《陕甘宁边区法律法规汇编》，陕西人民出版社2006年版，第72～73页。

36. 陕甘宁边区高等法院指示信——注意调解诉讼纠纷由

1943年12月20日

各高等分庭庭长、各县县长各地方法院院长、各县裁判员：

查司法工作，除维护国家法益外，其他民事全部及刑事伤害、侮辱、毁损及侵占私有财物等罪，则在解决其诉讼纠纷。而纠纷之解决，尤以调解办法为最彻底，既可和解当事人之争执，复可使当事人恢复旧感，重归于好，无芥蒂横梗其胸，无十年不能忘却之恨。是调解诉讼办法，不仅减少人民讼累一端，且含有不少的教育与感化意义在内。本院于三

十二年六月八日曾指示实行调解诉讼，改进司法工作在案。顾遵示改变司法作风，着重调解，而收效果者，虽已不少，然仍有沿习不改，惯于用判决形式。此在胜诉者一方面固可无事，无求矣。而在败诉者一方面则挟一时之气，缠绵屡讼，或乘机借端另诉。往往一事之争，经年不决。双方受损，公私均蒙其不利。旧的社会，司法人员对于讼案，只有形式上之裁判。当事人自动和解，亦须请示系属机关。今不需要一审推于二审，二审推于三审之形式裁判。要为人民解决实际之纠纷问题，不能再有判决自判决，问题自问题，两相脱节现象之存在。凡我司法人员，处理案件，须耐心细讯详推，明其真情，明其曲直，并明其肇事之根源。而后以理折服，以理开导，晓以利害，劝以是非，使归结于和解一途。一次、两次不能解决，仅可展缓时日，留当事者以融解醒悟之机。所谓耐心云者，即当事人以气争时，待毕其词，再为说服或折服。态度要和平，始终要如一，勿矜才，勿生气，寓教育感化之意于处理案件中。人非草木，总有回心化悟之时，则不难真正解决问题，而为之和息讼争。倘仍有固执不悟，无理而争持不休者，亦不过少数中之少数，此时再予以合理判决。此在无形中自可减少许多诉讼。总之我们边区的司法工作作风，要以能替人民解决实际问题为主，不以判决形式为重。司法人员能多尽一分心力，社会即多蒙受一分福利。不可沿用旧时代一判完事的老办法。我们要转变旧的观念，实行新的策略，因特重为函告，注意调解。以其普遍实施。普遍减少讼累＋以其符合于新民主主义的司法政策，凡以后上诉的案件，与呈报的案件，应调解而不予调解，原卷内未有和解记录与调解方案时，即证明司法人员未劝导当事人和解。违背政策，应仍发回重新处理，进行调解。切希遵照办理为要。

敬礼

李木庵

选自《延安地区审判志》，陕西人民出版社2002年版，第357～358页。

37. 一九四三年边府工作报告[①]
（只选录司法工作部分）

1943年

（五）改进司法工作，使之完全符合于保卫边区民主政权与人民权益的需要

我们历来认定，边区司法工作应确立在下面两个原则之上：（1）司法与行政一致，司法机关受政府直接领导。（2）司法机关审判案件，要根据边区政府的政策、法令，照顾边区人民的实际生活，不抄袭旧型法律。边区政权是边区人民自己的政权，因此，“司法独立”就完全失去它原有的积极意义，边区的司法工作就应该在政府统一领导之下进行。在新民主主义政治下，边区人民的生活比旧时完全改变了样子，而边区政府的政策、法令则是人民利益的集中表现。因此，大地主、大资产阶级专政的法律就根本不能适用于边区人民。

① 原编者注：此件未编号，未有领导签署，仅供读者参考。

我们司法机关审判案件时，就只能根据边区人民的实际生活及其集中表现的政策、法令。

这是边区新民主主义司法基本特点，也就是边区司法工作的正规化。

二届参议会以前，边区司法工作已初树规模，但缺点仍多，重要的如：必要法规不完备，因此司法机关判案的依据不足，地方上任意逮捕罚款的现象还未能完全纠正；此外，司法机关本身也未能熟悉人民的生活，未能总结司法工作的经验，也有闹独立性的毛病。这些缺点，表现出边区新民主主义的司法工作还在创造过程中，正规化还不足。但总的方向是正确的。

二届参议会通过了边区施政纲领，通过了保障人权财权条例。这是边区新民主主义政治的总结和发展，也就是边区司法工作向前发展的更完善的依据。

二届参议会后，某些人误解或故意曲解二届参议会的精神，他们戴着旧司法的眼镜，夸大边区司法工作的缺点，否定它的新民主主义的实质及其初步的正规化，主张代之以他们熟悉的旧型法律，不加选择或不加改造的代之以所谓“司法专门人才”。在他们负责的岗位上，就完全按照这一套办事，以致人民的正当权益遭到损害，坏分子的破坏行为反而获得宽容，关起来的人多是普通老百姓，没有把汉奸特务当作制裁中心。司法干部中则坏人得势，好人反而吃不开，老干部都被排挤。被暗害分子窃踞的个别环节中，这种情况更为严重。

去年冬，边区政府委员会第三次会议鉴于司法机关中已经发现的不健康状况，着重指出：“边区政权既是人民自己的政权，则行政与司法的分立也就没有意义，司法工作应该在各级政府统一领导之下进行”。依此原则，实行了专员兼高等法院分庭庭长，县长兼县司法处长，人民称便。“司法独立”的倾向，实际上已大体纠正。同时经过大半年来对法院系统的工作检查与干部审查，暗害分子已有发现，坏作风已加揭发。

今后的问题，一方面要彻底纠正被侵入的坏作风，另方面要在正确传统的基础之上，发扬新的创造，使司法工作完全符合于保卫边区民主政权与人民权益的需要。

一、提倡并普及依双方自愿为原则的民间调解，以减少人民诉讼到极小限度。民事一般推行调解，刑事除汉奸、反革命破坏罪外，大部分也可适用调解。区乡政府应善于经过群众中有信仰的人物（劳动英雄、公正士绅等）去推广民间调解工作。边区政府已经颁布的《民刑事调解条例》的推行情况，应即检查，总结经验。

二、确定两级两审制。县司法处（或地方法院）对县政府（或市政府）负责，进行初级审判；高等法院及其分庭对边府负责，履行终审职权。

三、司法机关的法律根据，必须是边区施政纲领及边区政府颁布的各种现行政策法令。禁正援引与上述纲领、政策、法令相抵触或形式相类似而实质相乖离的任何法律条文。边区现行法令不足，一方面应一根据历年经验，将好前判例加以研究整理，发给各级司法机关参考；又方面由主管机关着手起草符合于新民主主义精神与边区实际的民刑法与诉讼程序。

四、司法机关审判案件时，须切实照顾边区人民的实际生活，切实调查研究案情的具体情况，分别其是非轻重。审判人员须具备充分的群众观点与对敌观点，不冤枉一个群众，不逃脱一个坏人。

五、诉讼手续必须力求简单轻便，判决书必须力求通俗简明，废除司法八股。

六、民事，非因特殊原因不得拘押当事人。刑事案情轻微者，可以斟酌情形交保或缓刑。一般二流子性质的过犯，以不羁押为原则，交由乡市政府与群众负责约束改造之。立即着手清理各地监犯，其有可以送回当地约束改造者，即行交保释放。今后，必须严格禁止非法押人罚生产的行为。

七、重新审查暗害分子经手判决的案件，坏分子被纵容或好人被冤屈者，实行平反。

八、在劳动与教育并重的原则下，整理与改良监狱工作。

九、司法干部，尤其是领导人员与审判人员，必须选择忠实于新民主主义，愿意切实联系群众与公正不私的干部充任之。同时加强他们的政策教育与业务教育，养成新民主主义司法的熟练人才。

选自《陕甘宁边区政府文件选编》第七辑，档案出版社1988年版，第458～461页。

38. 陕甘宁边区政府命令——关于边区审判改为二级审判制

1944年2月15日

各专员、县长、市长
各法院院长、司法处长：

边区政府委员会第四次会议已决定边区司法审判改为二级制，准此，本府审判委员会着即取消，以后凡民刑诉讼，即以高等法院为终审机关。望即遵照执行，并随时转告上诉当事人为要。

主　席　林伯渠
副主席　李鼎铭

选自《陕甘宁边区政府文件选编》第八辑，档案出版社1988年版，第67页。

39. 陕甘宁边区政府指示信（关于传达政府委员会第四次会议关于改善司法工作总结并指示执行的具体任务）

1944年2月18日

各专员、各县（市）长：

边区政府委员会第四次会议的总结，已经明确的指示出关于改善司法工作的方向，兹特依据政务会议的决定，着各专员县（市）长及各级司法机关执行以下的具体任务：

一、各级司法工作人员，除参加专署或县政府讨论政府的一年工作报告总结时，需要专门研讨关于改善司法工作的部分（见二月八日解放日报），遵照政府指示的原则逐项检讨过去的司法工作，总结经验教训，并拟订新的计划，限于三月底以前将研讨的经过及对司法工作的意见，汇集报告高等法院。

二、责成各专员并各县（市）长清理所属监所人犯，并检查监所工作，其办法如下：甲、关于清理犯人方面，应依下列原则：（一）凡属二流子性质的过犯，如犯赌博、偷窃、卖淫和抽大烟等，而非反革命行为者，应一律准予具保释放，交由乡（市）政府约束改造；无保的，即由乡（市）政府或群众团体领回。（二）一般案情轻微的刑事犯（破坏边区的反革命犯，匪犯及杀人犯不在此内），在守法中表现悔悟改正者，可准于保释。其刑期或残余刑期在一年以下者，由县（市）政府直接处理：一年以上至两年者，则须呈报专署分庭批准。（三）其他刑期或残余刑期在两年以上，而因特殊情形以为可以保释者，则须呈报高等法院批准。（四）凡属过去分配在各机关生产或工作的犯人，刑期已满者，须宣布释放，刑期未满者，依前（一）、（二）两项原则清理，均须通知犯人本人及其所在机关。乙、关于监所工作情况者，应注意：（一）关于犯人的生活待遇情况；（二）犯人的生产时间和生产情况；（三）犯人的教育时间和教育情况；（四）其他情况；（五）征求犯人的批评和意见（要照实记录呈报）。丙、清理和检查均须于三月底至迟四月十日以前完成，将详细材料寄边府审查研究。各专员、各县（市）长，务须向边府提出改善监所工作的意见。

三、清理案件：甲、重新审查破坏分子经手的案件：（一）先审查刑事案件，后审查民事案件。（二）如发现有重大错误的，即另行改判，给以平反。（三）搜集破坏分子在司法工作中进行破坏的材料。乙、结束积案：（一）在清理案件期中，将过去积压的民刑案件，审理清楚，完全结束。（二）如有特殊原因未能如期结案的。应呈报备查。本项工作统限于五月底完成。清查案件的材料，随时报告高等法院。

四、搜集审判经验。每个分庭，每个司法处，每个地方法院，均须将自己的审判经验用具体判例作为材料写出来，寄给高等法院，此项工作须于五月底以前完成。

五、调查民刑事调解经验。区政府（例如柳林区房文礼区长的调解工作就做得好）、乡政府、行政村主任，自然村长或劳动英雄，或其他公正人士，热心调解民间民刑事纠纷足为范例者，每县至少调查搜集二个以上的经验，详细写出，于六月底以前寄高等法院。

以上工作关系于边区司法工作的改进，非常重要，各专员及各县（市）长，兼管司法工作，务须亲自负责领导督促，按时完成，勿得延误，是为至要。

此致

敬礼

主　席　林伯渠

副　主　席　李鼎铭

高等法院院长　雷经天

选自《陕甘宁边区政策条例汇集》续编，1944年编印，第271～273页。

互校版本：

1.《陕甘宁革命根据地史料选辑》第一辑，甘肃人民出版社1981年版，第429～431页。

2.《陕甘宁边区政府文件选编》第八辑，档案出版社1988年版，第68～70页。

40. 附［报刊评论］：马锡五同志的审判方式

1944年3月13日《解放日报》评论

一月六日林主席在《边区政府一年工作总结》报告“关于改善司法工作”中曾经说到：“提倡马锡五同志的审判方式，以便教育群众。”

什么是马锡五同志的审判方式呢？

这里有几个具体的判例：

华池县温台区四乡封家园子居民封彦贵，有女儿名叫捧儿，民国十七年许与张金才次子张柏儿为妻，尚未过门。三一年五月，封彦贵见女儿既已长大，而现时聘礼又复大增，遂企图赖婚。一面教唆捧儿以“婚姻自主”为借口要求与张家解除婚约，一面却以法币二千四百元，硬币四十八元暗中许与城壕川南源张宪芝之子为妻。被张金才得悉告发，经华池县府判决撤销后一次之婚约。三二年二月，捧儿赴赵家珮子钟聚宝家吃喜酒，遇张柏儿亦到，由第三人介绍，虽未当面谈话，捧儿已表示愿与结婚。但同年三月，封彦贵复以法币八千元，硬币二十元，哔叽四匹另许庆阳新堡区朱寿昌为妻。张金才得悉后，即纠集张金贵等二十人，携棍棒为武器，于三月十三日深夜闯入封彦贵家，封姓惊恐四散，遂将捧儿抢回成婚。封彦贵控告到县，经判决：张金才徒刑六个月，张柏儿封捧儿婚姻无效。当时封张两造均不同意，附近群众亦感不满。适值马锡五同志赴华池巡视工作，经上诉前来。受理后，首先详询当地区乡干部，了解了实际情况；其次又问了附近许多群众，了解了一般舆论趋向；下来就派平日与封捧儿接近的人去与谈话，再亲自切实征求她的意见，了解了她是不愿与朱姓结婚，她说：“死也要与张柏儿结婚的”。全部真相既明，于是协同华池县上同志举行群众性的公开审理，将与此案有关的人一并集合起来，审明：封姓屡卖女儿；张姓以张金才为首，张金贵为次，纠众抢亲属实。以后复征询封捧儿对婚事意见，与前无异。最后征询到场群众对全案意见，一致认为：“封姓屡卖女儿，捣乱咱政府婚姻法，应受处罚。张家黑夜抢亲，既伤风化，并碍治安，使四邻害怕，以为盗贼临门，也应处罚，否则，以后大家仿效起来，还成什么世界”。群众特别关心的，就是张柏儿、封捧儿两人的婚姻问题，认为一对少年夫妇，没有问题，不能给拆散。至此，一切都弄明白了，于是判决：张柏儿与封捧儿双方同意结婚，按婚姻自主原则，其婚姻准予有效，但不论新式旧式，均应采取合法手续，黑夜纠众实行抢亲，对地方治安及社会秩序妨碍极大，因之科处张金才、张金贵等以徒刑，其他附和者给以严厉之批评；封彦贵以女儿为货物，反复出卖，科苦役以示儆戒。群众听到这一判决后，十分高兴，认为入情入理，非常恰当。各当事人听到这一判决后，受罚者也表示自己罪有应得，胜利者（如张柏儿、封捧儿）更是皆大喜欢。尤其重要的，是因此用最生动的实例当场教育了群众，教育了工作人员。

这是一件婚姻纠纷案。

合水县五区六乡王家庄王治宽，父在时买得高姓之地一块，计四段五亩，约据上写明东南北三面俱靠王统一家的地，西面为庄窑。王治宽企图霸占王统一家的一亩打粮场地地基，遂故意歪曲方向，把南面说成西面，因此发生土地纠纷，当时区乡干部及四邻群众出面调解，认王治宽为无理。王治宽不服，告到合水县府，县司法处只凭呈状所说，未往实地调查，致将场地判归王治宽所有。王统一不服，上诉分庭，双方辩论，各有各的道理。马锡五同志即派石推事赴当地实际调查，石推事在马锡五同志的审判精神之下，就协同县、区、乡许多干部及约据上所写有关房亲与证明人，四邻居住的老年人等共二十余人（出卖人已经不在），一面展开约据，对照方向仔细丈量段数亩数，同时征询老年人及四邻意见，一点一滴加以研究。这时群众首先发言，干部接着发言，王治宽理屈词穷，遂出面承认自己的占地错误，自请处分，于是群众都哈哈大笑起来。结果经解释说服，土地仍归王统一，双方互请吃了饭，王治宽并给王统一装了烟（农民敬人土俗），取和了事。一般群众一致欢呼："真是清官断案。"

合水县五区六乡丑家岘子丑怀荣拥有丑家梁山地；同区二乡丁家北堡子丁万福拥有川子河及附近山地。原来地广人稀，大家对土地都不很重视，八路军到来实行生产自给后，才注意起土地来。丁、丑双方都企图扩大土地面积，于是丁姓从川子河山上向北发展，丑姓从丑家梁山上向南发展，双方接触，发生冲突。民国二十七年涉讼至宁县政府（友区政权），丑怀荣借助于该县保安队长（侄女婿）之势，得县府发给补契承业执照一纸，不仅把丑家梁山地，而且把丁万福老业川子河及附近山地二百四十多亩完全断给。丁姓不服，上诉平凉高等法院（友区政权），并于当地杀猪请客，以金钱笼络得力士绅及法院官吏，结果不仅收回川子河及附近山地，而且连丑家梁丑姓土地与坟墓一并归其所有。群众纷纷议论："贪赃枉法，徇情舞弊，两家都无理，谁有面子能抵事，谁有金钱能抵事。"二十九年，我合水政权建立，丑姓又告诉前来。当时因百废待举，无暇详为研究，暂仍原状。去年经马锡五同志指派分庭石推事前往就地勘查，当经会同合水县人员至当地召集了四邻七、八人，公正士绅与老年人四人，一个个慢慢的谈，两天后才将以上情况谈清。第三天，召集群众及干部廿余人，勘验地形一天。然后先与干部讨论，再征求一般群众及公正人士之意见。最后即以石推事与区长为首，另外再在下面干部及积极群众中组织了一批人，正式分头出面进行调解。揣测双方心理，将川子河及附近山地判归丁姓，丑家梁山地判归丑姓。双方都乐意接受调解，并同意了这一判决。于是划了疆界，订了息讼契据，数年争论未决的土地纠纷，遂于四天内彻底解决。当事人与一般群众都说："政府处理案件，真正适合人心。"

这是两件土地纠纷案。

这就是马锡五同志的审判方式。

第一，他是深入调查的：以前举婚姻案来说，他不象（像）华池县初判那样，不调查不研究，片面地认为张金才抢婚不当，于是一切都无理，不征询婚姻当事人意见，不追究封彦贵以女儿为财物反复高价出售之错误；以前举第一件土地纠纷案来说，他也不象（像）合水县初判那样，不调查不研究，轻信呈状，草率判决，使狡黠者反获胜利。因此，他就能抓住案件关键，就能从本质上，而不是从现象上解决问题。他真正做到了林主席报告内所说的："切实照顾边区人民的实际生活，切实调查研究案情的具体情况，分别其是非轻重。"我们今天的司法工作主要依靠初审，但现有负责初审的干部一般能力较弱，阅历较差，要克服这一缺点，就必须使司法干部多下乡锻炼，多联系群众。关起门来把玩旧型法律教条，是无补于事的。

第二，他是在坚持原则、坚决执行政府政策法令、又照顾群众生活习惯及维护其基本利益的前提下，合理调解的，是善于经过群众中有威信的人物进行解释说服工作的。是为群众、又依靠群众的。马锡五同志说："真正群众的意见比法律还厉害（所谓'三个农民老，顶一个地方官'）"。这在前举三个判例中都表现得很明白。因此，他就能抓住所有人心，就能在当事人的内心，而不是表面上解决问题。他真正做到了林主席报告内所说的："依双方自愿为原则的民间调解。"

第三，他的诉讼手续是简单轻便的，审判方法是座谈式而不是坐堂式的。不敷衍，不拖延，早晨，晚上，山头，河边，群众随时随地都可要求拉话，审理案件。华池婚姻案，最初就是封捧儿在路上碰到马锡五同志，拉住他，在一棵树下告的状。而马锡五同志自己，每年总要往各县巡视工作数次，在巡视过程中，必严密检视监狱，查问犯人，遇有可以改造者，即令交保释放，以便增加我边区劳动力，增强生产。因此，他是真正"民间"的，而不是"衙门"的，真正替人民服务，而不是替人民制造麻烦的。

一句话：马锡五同志的审判方式——这就是充分的群众观点。

这就是马锡五同志之所以被广大群众称为"马青天"的主要原因。

选自1944年3月13日《解放日报》第一版。

互校版本：《马锡五与马锡五审判方式》，法律出版社2013年版，第251～255页。

41. 陕甘宁边区政府命令——为在各分区、县设立监狱看守所由

1944年5月11日

各分区专员、县长
高等分庭庭长、县司法处长：

过去分区以下之司法机关，无监狱及看守所之设置，对于犯人之管教诸多不便。本府有鉴于此，兹决定：各分区设立监狱一所，各县设立看守所一所，均直属于分庭及司法处领导，各分区监狱用典狱员一名，各县看守所用看守员一名，均由各该专署及县政府分别委派之，警戒人员仍由警卫队担任。上项监狱、看守所设立及人员委派妥善后，应即分别呈报高等法院及民政厅备案。除外，更须注意下列三事：

1. 凡罚苦役在六个月以下者，留县看守所；判徒刑六个月以上、三年以下者，送分区监狱；三年以上者，送高等法院监狱。

2. 监狱、看守所内，要经常注意清洁卫生，室内要干燥，光线充足，空气流通。

3. 对犯人着重教育感化，不得有虐待行为，犯人在管教期间，帮助他们自觉的守法，帮助他们订出个人生产及学习政治文化的计划，对犯人之生活，如饮食、起居、疾病等，亦须经常关切之。

以上仰即遵照执行为要！

此令

主　席　林伯渠
副主席　李鼎铭

高等法院院长　雷经天

选自《陕甘宁边区政府文件选编》第八辑，档案出版社1988年版，第178～179页。

42. 陕甘宁边区政府指示信
——关于普及调解、总结判例、清理监所的指示

1944年6月7日

各专员、各县长：

各高等分庭庭长、各县司法处处长：

向你们提示下列各事：

（一）关于调解

调解可使大事化小，小事化无；增加农村和睦，节省劳力，以从事生产。

调解的方式：最主要的是群众自己调解，因为他们对事情很清楚，利害关系很密切，谁也不能蒙哄谁，占便宜、让步、都在明处。绥德西直沟村主任郭维德会调解，几年来没有人向政府打过官司，成为民间调解的模范村（见五月八日解放报）。这样的村子，不仅没有为争讼而费钱费时，而且大家必然和睦，肯互助，坏人坏事自然少，生产可以提高。各地要学习西直沟，学习郭维德。要号召劳动英雄，有信仰的老人和公正人士参加调解。会调解，调解有成绩的人，应受到政府的奖励和群众的尊敬。要选拔出调解英雄，因为他为人民做了好事。百分之九十以上甚至百分之百的争执，最好都能在乡村中由人民自己调解解决。

其次，群众团体调解。群众团体是群众自己的组织，群众自己选出的领导人，应该对群众有威信。而群众团体把调解争讼作为自己的业务之一，也会更增加其威信，更能和群众密切联系。定边抗联成立了调解委员会，各界称便（见五月二十三日解放报）。各县群众团体要学习它的办法。

第三，政府调解：各级政府尤其是乡政府、区政府，不仅应接受人民调解的请求，且要去找寻（派人去调解、指定双方当事人的邻友调解、工作人员下乡，遇到事就应调解）或调来调解。某县府一科会调解，有了信用，原被两方常打伙儿来请求调解，一块儿坐下，一科的同志弄清了情况，替他们提出适当的解决法子，当面商讨，求得双方都能同意。各县县府都应这样做。不过县府调解，还不如区乡，一则老百姓免多走路，二则区乡政府知道情况要多，所以区乡政府更要把调解看做是自己的一件主要工作。

第四，审判与调解结合即马锡五同志的审判方式：马锡五同志审的一件婚姻案两件土地案（见三月十三日解放报），奥海清同志审的土地案（见四月二十三日解放报），都是负审判责任的人亲到争讼地点，召集群众大家评理，定出双方都愿意接受也不能不接受的法子。是审判也是调解。这方式的好处：政府和人民共同断案，真正实习了民主；人民懂得了道理又学会了调解，以后争讼就会减少。要发扬这方式，重大又复杂的案子，定要这样做。还有一种方式，即调解条例第十一条载的："法庭以职权依据本条例之规定进行调解；或指定双方当事人之邻居亲友在外从事调解，"也要推行。

调解应注意之点：

（1）要虚心听取群众意见，像郭维德同志说的："群众是面镜子，什么事都能照见"。

（2）要善于转变当事人情绪，凡争多是"一时之气"，气一平，什么都好说，郭维德同志很懂得这点。

（3）主持调解的人要能提出各方面都顾到而又恰当的解决办法，这个能力，只要一练习就都能有。

（4）调解结果要取得双方当事人的完全愿意，不可有稍微强迫（万一当事人不同意调解，要告状，不应阻止他）。

（5）要随时注意积极方面，如郭维德同志因调解口角而改造一个懒婆姨，白炳明同志因调解争窑而改善两家戚谊。（以上均见上报）。

调解办法，现只能提出这些，望各地多搜集例子、经验（好的坏的），供给我们。在提倡调解进程中，可能发生偏向，即强迫当事人服从调解，以争取调解数字上的锦标。这很要不得，要注意防止。

（二）关于审判

调解，以自愿为原则，审判则带强制性，但审判得好，赢的输的都会自愿的服从。审判与调解是一件事的两面。马锡五同志的审判方式，是与调解结合的。这是一个大原则，为群众又依靠群众的大原则。在此原则下，审判上有许多问题，我们要注意研究和创造，各级政府尤其是司法部门，必须遵照调解为主、审判为辅的方针，以及马锡五的审判方式，在实践中运用，发挥和积累新的经验。遇有模范判例足资表扬的，须详细报告上来，以便传开去，大家学习和参考。

另方面，为了发现缺点，总结教训起见，各级政府需要督促司法审判人员检查与反省审判工作中有无下列毛病，即：不搜集证据或搜集了不研究，不要口供或有口供不研究，就轻率断案的？有无主观上先肯定而逼供的？有无忽视群众意见不加研究的？仅注意被告不利方面，不注意其有利方面的？对判案不负责任，只说"你不服、上诉"的？审讯照定式问话，不去找寻案中症结的？是否有过忽视人权自由权——变相刑讯，处刑失重，随时拘押的？是否有过不照顾边区工农大众实际生活或缺乏群众观点与对敌观点的？检查时要根据具体判例研讨，得出其不好处及所以不好的原因来，并提出改正办法。各分庭各司法处须与接到此信后二个月内，把检查出的判例，至少四个以上（不论好的坏的）送给我们。这是教育自己改进工作的武器，切勿忽视。我们得到报告，一定加以研究，并给你们回信。

（三）清理监所

二月十八日指示信，各县清理监所，要在四月完成。现还有很多县没来报告。除未完成的要急完成，已完成的要速报告外，各级政府要注意被释放人的处理。志丹县放二流子性质的犯人，经过说服，都自动做了生产计划，找了保证计划完成的保人，政府替他们解决了生产上的困难（见四月二十三日解放报），这做得很好，是对人民负责的态度。犯人是人，且多是社会上不幸的人，对他们关心应该多，各地要学习志丹县的办法，帮被释放的人搞家务，督促他们向好路上走，不再犯罪。

在监所的犯人，一方剥夺其自由，一方要尊重他的人格，改善他的环境，才能激发他的上进心羞恶心。如有监所不卫生、待遇劣、甚至打骂捆绑的现象，就要严格纠正。关于监所工作的详细办法，俟研究各地监所情形后，再写信给你们。

关于清理监所的报告，应依据二月十八日指示信所列各项，特别是监所的设备待遇及犯人对于监所的意见，依实写出。已有报告来而未提及这些的，应写，以便研究。

上面只是最近感到要说的几件，望很好的根据各地情形讨论一下，随时把你们的意见及实际情形报告高等法院。

致

敬礼

主　席　林伯渠

副主席　李鼎铭

高等法院院长　雷经天

选自《陕甘宁边区政府文件选编》第八辑，档案出版社1988年版，第201～204页。

互校版本：《中国新民主主义革命时期根据地法制文献选编》第三卷，中国社会科学出版社1981年版，第634～636页。只选录“一、关于调解”。原注：“选自《陕甘宁边区重要政策法令汇编》，一九四九年版”。

43. 雷经天：陕甘宁边区高等法院两年半工作报告（1942至1944年上半年）

1944年9月30日

一、实施精简及组织情况

第二届参政会后，于1942年1月进行第一次整编，本院行政干部由32人减为22人，计缩减1/3。总人数111人。在组织机构上：取消了检察处，实行审判与检察合一；生产部门在编制上与行政部门分开；归并秘书处、书记室及总务生产各科，改设秘书室，下分一、二、三科。各县亦裁去检察员、司法通讯员，看守所与保安科的看守所合并。在延市、绥德、庆阳、新正四县设立地方法院。

1942年6月雷院长调中央党校学习，李木庵同志代理院长后，在本院设立执行处及法警班，原劳动生产所改为边区监狱，取消县之裁判委员会、乡之人民仲裁员。8月边府设立第三审司法机关——审判委员会。

1943年4月，实行第二次整编，编前本院人数共153人，按整编规定人数为86人，但因有编余未处理者，故编后尚有101人，亦较原数缩减1/3。在组织方面，本院取消一、二、三科，改设人事秘书、书记室、供给处。各县改组县司法处，由县长兼司法处长；裁撤绥德、庆阳、新正三县之地方法院，除延属分区外，在各分区设立高等法院分庭。

1944年1月雷院长复职后，2月改供给处为总务科、人事秘书改为政务秘书。5月各县司法处设立看守所，各分庭下设立分监。3月边府取消审委会，7月本院成立研究室。

二、人事更动及干部问题

1942年6月，雷院长调延安中央党校学习，任命李木庵同志为代理院长。1944年元旦李代院长去职，雷院长复职。

1942年以前，边区司法干部由本院直接管理，自1943年起，改由民政厅统一管理。

在1942年下半年，对干部使用方面曾发生偏向：轻视地方的工农干部，重用外来的知识分子干部。而在整风审查干部当中，在司法机关里面，发现一些坏分子在司法工作中进行破坏的活动。

1943年政府考核干部，在司法干部中成绩优良者，如：延安市地方法院院长周玉洁、绥德高等分庭推事史文秀、三边分庭推事陈思恭、志丹裁判员奥海清，均获得政府的褒奖。还有如延川裁判员王××、吴旗裁判员张××，镇原裁判员于××等工作很坏，均行撤职处分。

干部教育方面，本院及县级司法干部，除参加一般的干部教育外，关于业务教育，本院于1942年曾设有法律研究组，研究边区现行政策法令，对县仍继续采取函授法：每月由本院出题交各县司法干部写作，写好后寄院批改后发回，后来整风学习紧张，同时本院精简后无干部专管，遂形停顿。迄今年讨论研究林主席报告中关于改善司法工作部分，边府2月18日关于清理监所整理判例总结经验等的指示信，采取用调解条例马锡五审判方式的案例来教育干部（政府已编发“调解为主，审判为辅”的小册子），并恢复过去的出题函授办法，由本院出有关实际工作的问题，由各该县司法干部讨论后做成结论报院。在延大设有司法系，培养司法干部，本院在职干部也参加听课。

三、建立制度

（一）审级制度

1942年以前，高等法院管辖延安市及其他县份的第一审案件颇多，在审级管辖上不规范。自1942年起，第一审与第二审即严格的分开，高等法院一般的只管辖第二审案件，而将应属于第一审管辖之案件，均移转第一审。如延安市各机关所发生的案件，过去均直送高等法院处理。本院住安塞李家沟时，延安市各机关送案常不送往本市地方法院，而送李家沟。因此分清审级和管辖，提高第一审司法工作职权和地位实有必要。但至1942年下半年以后，又走到另一个偏向，即机械的执行审级的管辖，老百姓跑到司法机关告状，常常因管辖错误用裁定原告之诉驳回的司法八股。最初判决书或裁定书之“主文”内只有“原告之诉驳回”，“事实”内只说明未经第一审审理，依诉讼法某某条之规定，判决如主文。老百姓接获判决书，莫名其妙常有来问者，后来始在主文内添一项“本案应向某某司法机关起诉”。至今年手续更简便，原告口头起诉，若不属于此处管辖，便可口头告诉他应到哪里起诉，给他介绍，也用不着什么裁定或判决书。1942年8月后，曾一度采三级三审制，成立审判委员会，但因其不便利人民，徒增讼累，故于1944年3月经政府决定取消，并确定在国民政府未承认边区以前，采用两级两审制，并以再审制度来补其不足。

（二）诉讼手续之建立

1941年底到1942年上半年，给各县训令，规定了上诉期间（民事15日、刑事10日），未决羁押的日数折抵徒刑，及关于检验、录供、没收、送达等手续。

1942年下半年后，关于上诉制度在执行过程中，发生了偏向，如在宣示判决时，不采取对当事人的解释说服，而是法官当庭宣读判决书，简单的问一问当事人服不服，采取5分钟宣判，“不服上诉去”的“推事主义”。这所谓审判独立的官僚主义（各级独立，自为审判，我判如此，你不服上诉，在未上诉以前，上级法院是不能干涉下级法院的审判的，只有在上诉后，才能为维持或撤销原判决），没有真正为诉讼当事人解决问题。

在上诉期间，机械的执行上诉期间的规定，凡上诉逾期，即予以驳回，不问其内容事实，问题之解决与否。

在判决书上还专门刻一图戳，载明若一方当事人不服判决，“应于接获判决书之翌日起××日内向本院声明上诉，以便将案件转送审判委员会”。这似乎是唯恐当事人之不上诉，唯恐上诉案件之太少似的。

大小案件均制作判决书，应用文言，讲究形式，要拿出“拜得客”，这种司法八股，是不合群众需要的。

此外诉讼手续方面，尚有：死刑案件，呈报高等法院核转边府批准。关于羁押被告人应注意事项的规定，尤其是关于民事一般的不押，轻微刑事及二流子过犯不押的规定，均属新的制度。

（三）高等分庭及县司法处之设立

由于边远县份当事人到延安上诉不易，花销大，虽不服判决，亦无可如何。过去即有到专署上告，而专署亦有受理或改判或批回，再审理者。关中陇东专署曾有设立高等法院分院之请求，遂于1943年4月，各分区（延属除外）成立高等分庭，专员兼庭长，各县司法处亦由县长兼处长，以避免“司法独立”之倾向，而建立一元化的领导。这样以加强第一审，而便利人民上诉。实行以来，人民称便，高等法院之上诉案亦为之减少。

（四）建立调解制度

调解制度是1943年建立的。远在这时以前，凡是民事案件亦均经过调解，调解不服再判决，各乡亦有人民仲裁员之设立，乡、区政府曾设立调解委员会，但刑事还是采取干涉主义，不许调解。到1943年，始由政府颁布调解条例，规定除妨害国家公益诸罪外，刑事亦须调解。除少数县份执行较好外，其他各县还是以判决为主。直到今年第四次政府委员会林主席报告以后，“调解为主，审判为辅”的新方针始行确立。在这新方针号召之下，绥德西直沟村的民间调解模范郭维德被发现了。群众团体也组织调解委员会（如定边抗联会）很受群众欢迎，绥德县司法处推事白炳明合理调解穆家楼村孙怀喜与朱生有发生的争窑讼案，使双方化怨为喜，全村群众都说调解得好。边区劳动英雄吴满有、申长林，镇原劳动英雄安兆申都积极为群众调解纠纷。

富县有个吴殿夫是该县道德区五乡二村人，曾任过乡苏维埃主席，是老革命，平素为人“吃亏在前，借低还高”，敢说公道话，能服倒人，人称他吴三哥。他常说“吃亏吃亏，人在一堆，人有一亏，天有一补”，话很平常，人都爱听他的。在去年一年当中，调解的大小纠纷近30来件。

合水县的和事佬，他们常以历史故事来解劝争权夺利的双方。如举争权夺利的秦始皇，为了保卫自己的家天下和长生不老，筑万里长城，找长生不死的灵芝草，不知苦害了多少百姓，而今天长城尚在，可是秦始皇的天下呢？或者以“美不美，泉中水，亲不亲，一乡人”来说服乡邻的争议。若家庭不和，弟兄闹分家，便以“大家拾柴火焰高”来劝他们和气合作，如果闹得非分不可，为财产之多寡争执时，便以“好男不吃分家饭，好女不穿嫁时衣”的道理来开导他们，要独立生活，不要依赖家庭。如遇离婚问题便以“衣服是新的好，人是旧的好”，“三人合一心，黄土变成金”，“烈女不嫁二丈夫”，“好马不满双鞍架”等道理去和解。

民间和解广泛推行，司法干部深入农村，新的优秀干部不断涌现（如绥德之白炳明、淳耀柳林乡之房文礼、房殿有，赤水之任君顺）。这使司法工作的面目，蔚然改观。惟司法机关在调解当中，有的过分迁就当事人，或初根据一方的请求，这样处理，继又根据他方的请求那样处理，忽东忽西，出尔反尔，或原判本无差错却迁就一方当事人的意旨，又令变更原判，重新调处，致当事人反复上诉纠缠不已。

此外有的机关还不会运用调解，小问题也送到司法机关解决。

（五）推行马锡五审判方式

马锡五方式的特点是：走出窑洞，深入农村，调查研究，依靠群众，掌握政策，照顾人情，调解为主，审判为辅，解决问题，不拘形式。这种新的方式，使摸索数年的新民主主义的司法制度有了实际内容。把马锡五审判方式推行到各县司法工作中去，已变为实际。如延安市地方法院已把这方式当作一种经常应用的制度，赤水审判员任君顺运用这方式在前半年解决了 89 件案子，都得到群众的好评，使他成为关中分区司法工作中优秀的干部。他能勇敢的承认自己的缺点，认为过去工作中的主要缺点，是在把案件稍微弄清楚后，要拿到办公室来判决，而现在掌握新的方针，转变新的作风后，就能更加注意调查研究，耐心的调解说服，他说：“解决案子要召集群众，发扬民主，群众力量就比办公室力量大得多，像过去解决不了的案子，现在拿到群众中去就容易解决。”再如新宁县裁判员崔士杰，淳耀县裁判员任运峰，绥德县司法处推事白炳明，陇东分庭推事石静山都是马锡五审判方式的实行者。关中张副专员，合水王县长也都深入农村，或调解旧案或解决新争。

（六）改造司法月报

过去一个时期，司法工作报告曾改为填写处理案件的表格，但整个案件的办理过程，及被告的小史表上全无，不能看出问题来，故改为书面报告，特别注意关于典型案件和范例的写法。

（七）刑期的改变

最高徒刑原为 5 年，于 1942 年改为 10 年。

四、办案概况

办案统计及说明

两年半来共处理民刑案件 4 008 件（民事 1 897 件，刑事 2 111 件）。今年上半年是 622 件，如全年以 2 倍计，为 1 244 件，比较 1942 年之 1832 件减少 1/3。这表现了整个边区的进步，这是实行了党中央（宽）大政策及其他各种正确政策法令的结果，特别是司法方面之普及民间调解方针收到了减少诉讼的实效。

民事 1897 件中其处理比例比较如下：

类别 / 百分比 / 年度	判　决	调　解	撤回诉讼	其　他
1942 年	72 强	18 弱	［6］弱①	4
1943 年	43 弱	40 强	15 强	2
1944 年	29 弱	48 强	14 强	9

民事以土地、婚姻较多（土地占 33%强，婚姻占 28%强）。今年上半年土地是 87 件，婚姻 92 件，一年以二倍计，以 1944 年为一百相比较，列表如下：

类别 / 百分比 / 年度	土　地	婚　姻
1942 年	113	139
1943 年	176	116
1944 年	100	100

土地案在 1943 年约增加 1/3。这由于边区经济发展，政治进步，土地负担轻，人民生活改善，人们看重土地的利益。过去谁也不争之荒山地界，现也发生了争执；土地自由买卖频繁，争买争优先权增多；在旧社会永远不能翻身之穷典主，现因生活好了，有余钱剩米要回赎原典地，再因有的地区政权、地权几经变动，土地分配了后又被地主收回，在新政权下又经过归地并地，又未发给所有权证，发生纠纷颇多。或因币价跌落，粮价高涨，昨日典，今日抽，引起争议不少，但由于地权条例之先后两次颁布，土地登记之逐渐办理，土地典当处理原则之确定，减租保佃运动之彻底，特别是民间调解的实行，故 1944 年减少了 1/3 有余。

婚姻案件，由于克服某些偏向，采取正确的婚姻政策（处理离婚慎重，买卖婚姻非亲告不理等）及实行调解之故，在逐年减少中。

刑事之处理比较如下：

刑事 2 111 件中 1942 年为 1 004 件，1943 年为 774 件，1944 年上半年为 333 件。如以 1944 年全年为一百则 1943 年为 116 强，1942 年为 150 强。

其中以破坏抗战案件减少较多，这显然是去年防奸运动胜利的结果，贪污、逃跑案件亦由于整风之思想改造，丰衣足食之物质保证及坏人大减的关系，亦有所减少。其他烟赌、窃盗、奸拐、诈骗等亦随二流子改造运动减少了。

类别 / 百分比 / 年度	判　决	调　解	撤回诉讼	其　他
1942 年	96 强	0.4 弱	2.1 强	0.5
1943 年	89 强	5.7 强	3.5 强	5
1944 年	78 强	12 弱	4 强	6

①　原件数字空缺，按左右计算应为［6］。

五、两年半来办案之回顾

办案中存在着的问题及解决过程

许多重要的大问题已经在今年检查工作报告里说到，并由政府作出了决定，如法律使用问题，审判人员观点问题等兹不再赘述，这里只提出其他的几个问题。

一个是离婚问题，过去处理殊欠慎重，或一时感情不好，夫妇稍有斗殴即判离婚，群众有不满的呼声说："穷人以后不会有老婆了，只有有钱人才能把老婆养活得住"，"边区什么都好，就只离婚不好"，"公家没一点王法，把那些要离婚的打得赶回去几个，她就再不敢了，这样离得穷人都没老婆了"。固临县称：更乐区政府自1938年起到今年（指1942年）止，共解决离婚的有25件，平均一年有5个离婚。介绍来县离婚的还在外，按区域说来，该区是全县最小的一个区，这说明了对执行婚姻法不慎重，不顾及人民的生活习惯，引起老百姓对婚姻自由反对。再如友区宜川县富云乡云岩街居民郭照运和他妻斗殴数次，他妻就偷跑到我区以后，她男人跟踪追到这里向政府告下，经县政府解释女人再三不回去，结果政府判决离婚，但男人死也不离，最后政府把男人押了一夜才离了，发给离婚证书。这说明了对于统一战线区域的风俗习惯、他们的环境不顾，只顾到边区的婚姻自由，没有顾到统战区的影响问题好坏。

婚姻自由还须服从当前的政治任务，在"抗日高于一切"原则下，应保障抗日军人的婚姻，过去对于抗属离婚仍有偏重婚姻自由提高女权的偏向，致引起部队对抗属离婚之不满，影响军政关系。自高干会后始行改变。本院于12月15日给各县关于处理离婚的指示信，叫不要机械的搬用婚姻自由原则，援引"感情不和"条文如无充足理由不许离婚。并要各县讨论收集意见报院。这时在一件左润儿与王银锁离婚案划出了政策的改变，此案曾经两审判决离婚，上诉审委会，经林主席批示，因系抗属不准离异，并将判决书印发各县作为教育材料。1943年1月政府颁布"抗属离婚处理办法"，此后一般的都已纠正了偏向。吴堡县报称："对抗属离婚一方面予以解释说服要她了解抗日的重要，抗属的光荣，另一方面发动人民予以生活上的优待，加强代耕工作，因此安定了不少抗属"。对普通群众的离婚一般的是不给离。因男方不务正业，感情不好，女方要求离婚者，便与改造二流子联系起来。如新宁刘发儿爱赌钱怕做活，因而其妻对他不满意没好感，所以刘发儿常打刘氏，两口不和气，刘氏到县府告状要求离婚，县府便把刘发儿找来批评一次，劝解他，给他订出三个条件：一、再不准打刘氏；二、再不能要赌博；三、计划今年开荒15亩，限古历3月20日完成任务。给他做了生产的具体计划，保证要做到耕二余一，犯以上条件要离婚，由李单公担保，并给女人解释回去了。后来刘发儿很好，改变了二流子作风，执行了以上三个条件，在正月里便和人家打工，参加班子搞柴火送粪很积极，再没要赌，后开荒按期完成任务，群众都说他改邪归正了。可是这女人也是个二流子，和别人打游击，不安心在家做饭做活，跟刘发儿寻事，因而又告起来。县上给刘氏不正当行为以批评，给订了三个条件：不再打游击，在家积极做活做饭，学习纺线，不能给刘发儿寻事，两口互相亲爱。这样结束以后，当地群众都称赞裁判员是清官，一致拥护这样的解决。这说明处理这类问题要从问题发生的根源着手解决，才能彻底解决问题。群众常言说："见官司说散，见婚姻说成"。新宁县从基本上改造了两口二流子，使他们婚姻从恶劣变为好转，得到了群众的欢迎与拥护，说他们是清官。

近年来发生抗日军人回来要老婆问题的颇多。有好几件竟实行抢婚甚至发生惨案（如冯升堂为抗日军人，为要老婆打死李云山一案）殊堪注意。对这类案件主要的还应照顾到军人的利益，采取调解办法。抗属如未经过任何手续私自结婚，应予撤销仍归前夫，如已经过合法手续离婚的，便不必判回军人，或者虽然经过合法手续但不合乎事实者（如证明死亡等）亦应判回军人。同时对抢婚之违法行为亦应予以制止。

对老百姓妇女跑出家庭参加工厂或当保姆闹离婚的，一般的仍不准。惟在政策开始转变时，对女方坚决不回家者，便采取由男方强迫拉回去的办法，这种办法未免过当。人家一定要参加工作，予以阻止强迫赶回家庭是不对的。同时没有彻底说服他，送回去也不好好过日子，好在马上转变过来。如王玲离婚案，经两审判决不准离异，王玲在杨家岭当保姆死不回去，男方雷风成又屡摧执行，但执行不通，若采取拉送办法，女的要寻死觅活，只好向男方解释不准她离婚是可以的，但我们无权阻止人家参加工作。

有的地方对够离婚条件之案则采取调解，由女方赔偿损失，给男方帮助钱，但此办法有的滥用，即不按双方经济情况，对应该离婚而无过失之女方也一定要她赔钱，甚至赔的钱够另办一个老婆，似乎形成变相的买卖婚姻，这也是不对的。我们认为赔不赔钱应视情况决定，如确实需要赔偿不能使男方人财两空时，这不能算是买卖婚姻。因按诸情理自应顾及双方的利益，绥德分区曾有过这种偏向和反映，经本院于今年 9 月指示办理。

对公家人与老百姓间的婚姻纠纷，还得顾及群众影响，如户县高振宣与雷金莲离婚案，就其事是够离婚条件，但因雷金莲与抗联主任边海成结婚不合，同时群众影响不好，故撤销雷金莲与抗联主任的婚姻。

一个是买卖婚姻问题。过去对买卖婚姻处理上亦有欠缺之处，常作为刑事办理——没收彩礼，罚苦役，但这是由来已久的习惯，非一时所可禁止。新宁老百姓说：“禁止买卖婚姻倒也同意，那要普遍人民执行开才能行，不然友区讲的是买卖，我们讲的是恋爱，友区把我们的女儿恋爱去，我们向人家求婚便要掏钱买，这是不公平的。再就是我若把女儿让人家恋爱去，但给我的儿子找媳妇是恋爱不到的，非钱不行，所以这个自由恋爱是难办”。赤水县于 1942 年 6 月请示边区政府，8 月由边府决定，买卖婚姻非亲告不理，即经亲告不合婚姻条件，亦不应以没收聘金为手段，当由本院先后两次通令各县司法机关照办，现已一体执行了。

一个是土地典权问题。本院曾于 1942 年 6 月发布关于典权时效及银元折合的命令，系搬用旧型民法典权时效 30 年等等的规定，未顾及“地典千年活”之习惯法，同时亦与政策不合。因出典人多系穷家，典权人多系富户，时效太短，穷人无权赎回，此正合富有之典权人欲占为已有之愿望。关于银币折合问题，当时命令上规定按银行定价折合，当时硬币 1 元折边币 20 元，现在折合 1.2000 元，如果典价系 1 000 元银币，在今天便要合 200 美元，贫穷人如何回赎得起。盐池县在 1942 年下半年处理过这样一个案子：李恒珍家于民国十五年因生计困难将房屋一处典给宣姓，典期 3 年，宣姓又转典给姚紊文，18 年期满时，李怀珍因遭灾荒贫不能赎，以后又迭遭年荒，八路军来后生活渐好，储下几百元，1938 年想赎回，但姚紊文一算除典价款补修费 1 400 元外，光利息就该 1 200 元，故无法赎回。1942 年秋又交涉回赎，但典权人以要还白洋来为难，企图占有，李怀珍起诉后，典权人辩称典期已过无权赎回，如果要赎当时拿了银元还银元，拿米还米，拿布还布，盐池县裁判员曾为之调解，要李怀珍给姚紊文白洋 1 000 元，按银行定价折合边币 40 000 元回赎，但李怀珍拿不出这笔巨款，不同意，该县便根据本院命令，依照国府民法物权篇九二三条之规定（典期逾二年不赎典权人取得所有权）判决李怀珍无权赎回。这是不顾双方经济情况机械用旧型法律，这是不了解姚紊文重利盘剥一步步巧取豪夺之实质，李姓 1938 年想赎时，但姚姓东算西算就算了 2 600 元之多（单利息就是 1 200 元。据李姓只承认典价 500 元，借款 200 元及其他东西合共不过 1 000 元），其目的在于使李姓无法回赎，果然不差，李姓没办法。1942 年，又要回赎时，姚姓虽没明说“典期已过 13 年你没回赎权啦”，但他向你要银元米布料，知道你拿不出来，这样可以达到取得房权的目的，直到打官司姚姓始将他的一贯目的公开作为理由辩诉——典期已过无权赎回。这说明不顾实际硬搬旧法是如何的错误。好在三个月之后，经检查出来，即于 1942 年 2 月由本院发布命令废弃 9 月间于典权及银元折合之命令，而要各县参照中央土地政策决定、当地优良习惯以及当事人之经济生活处理。关于银元折算，因银币与边币比值飞涨，金融动荡不定，不能按银行定价折算，而应根据政策、当时当地情况及当事人经济状况而定。

一个是检查和总结经验问题。过去本院只忙于内务，流于事务主义，对县司法工作情况不熟悉，从来很少或没有派人下去检查巡视，一月单凭一纸的报告，很形式的，不能发现问题。而下面的司法工作者都有“人皆有上级我独无”之感。就是说，县上其他各科都经常有上级派人来，下级有什么问题能得到讨论和解决，这样能提高他的工作信心，但裁判员哩？心里感觉到的问题没处谈，和县长谈吗？县长那样忙就是谈，县长还是叫咱看着办，工作的对不对自己也不清楚，这怎么能提高他的工作信心？这是在领导一元化以前的情形。领导一元化后情形当然好些，但“政府不研究不讨论司法工作，而司法工作干部对本身工作采取马虎态度”，还是常事。自去年冬进行过一次比较深入的检查后，发现了问题，总结了经验，如派员到绥德、延川等地检查，发现坏分子孙敬毅办的案件，偏袒坏人冤屈好人，发现了延川县裁判员王××办案糊涂，主观主义。同时各县实行检查司法工作，使司法工作的实际情形能得到全面的彻底的反映，因而使边区政府能根据这些实际反映，做出了改善司法工作的新方针。这方针解决了历年来许多纠缠不清的巨大问题——审级问题、调解问题、法律根据问题、审判人员观点问题、审判方式问题、二流子型的罪犯问题、犯人的劳动与教育重点问题。这是几年来司法工作经验的宝贵总结，是新民主主义司法的实际内容，在这正确的方针指导之下，确使司法工作的面貌为之一新：调解逐渐普及了，马锡五审判方式广泛推行了，审判人员观点转变了，办案公平合理了，群众呼声变好了。这说明正因为过去检查很少或不深入，不善于总结和积累经验，因而使工作未得到应有的进步。但一经深入检查取得经验之后，便有飞跃的进步。我们今年陆续派员到志丹、富县、延安、安塞、固临、清涧、绥德、延长一带，或检查工作，或就地解决案件，实行马锡五方式。各分区亦召开所属县审判员会议，讨论司法工作，此外并收集各县审判及调解经验典型案例，这当中有很多的经验，正待我们研究总结。

六、过去和现在还未解决或未彻底解决的问题

（一）办案迟缓及缠讼问题

在参议会后，政府三个月的工作报告里即指出“司法工作没有迅速解决人民的问题”。这次延属党外人士座谈会，也有这样的反映：“处理案件不迅速，耽误生产，费用又多，

有的民事案件只须政府一句话，有三五天就能判决，但延迟到十天半月才能结案，冬春天还不要紧，夏秋时就太妨碍生产”。（延川）“过去不管什么案子，来了一压十天半月不给解决，从今年刘推事去过后，才转变好了”。（安塞）“犯人到县上，范裁判员亦不很快的问，能很快结的案子，他亦拖到半月 20 天才判决。”（甘泉）各县有的自己的工作报告里亦有，这样的检讨考其原因有如下几点：

一是组织机构上的问题。县上传人调证都是区、乡代传，但区、乡政府他们本身工作已忙不过来，对此稍带货不免积压延误。有的把传票都弄丢了。这由于司法处未按照组织条例专设法警，无法直接下乡传人调证。再地区较大，或案件较多之县，一个月书记员确是搞不办。下乡调查吗？家里的事又放下了，而且调查也不是一天半天的事，只有靠区乡调查，靠区乡供给材料，但区乡常常供给材料不及时不充分。再当事人往往你来我不来，三传两传不到，若有法警直接传唤，更加有效，可免去由区乡代传遗失传票送达不到之弊。对故意调皮抗传不到之当事人亦可强制其到案。如庆阳县称：“群众告到的案件，无人传唤，有些被告相当顽皮，三次两次传不到，胡借口使得原告等得不耐烦，对法院就埋怨起来”。合水县称：“因为没有建立司法检查员和通讯员，使判决一个案子感到材料及证据的不足，有时来不及调查，就只有凭主观判断，原被告也不能很快的传来，致有的案子拖延时间很长”。其他各县亦均有添置书记员或检查员、调查员之建议。

一是过去重判决而轻调解重惩办而轻教育。民间调解未推行，刑事还一律不许私了，区乡也未负起调解责任，大小案件都介绍到县上，案件多自然办得慢。如合水县称“受害主体属于私人者，经控告，原告不提调解，政府也未予以调解，即予管押判罪”。安寨县办一个案子通常在半月以上，甚至有到看守所四五十天而未进行审问者。查其原因“第一是犯人多，忙不过来，下面不解决问题，大小罪犯都往县上送，看守所经常不下 20 人，讯问一遍就得相当时候……”（安塞县报告）。延安市 1942 年报称：“本市人口集中，案件繁杂，人少事多，积案越积越多，看守所人满之患，虽经办案人埋头苦干亦难清理……”这正由于不了解司法工作的任务在于“把制裁汉奸反革命当作中心，把保护群众当作天职”。于是不管大小刑事二流子过犯送来必押，押必罚，有的是劳动者偶然的错误，不免妨碍其生产及影响家庭生活，林主席报告确定轻微刑事及二流子过犯不押，普及民间调解，实行马锡五审判方式之后，从基本上去减少民间诉讼，这解决了办案延迟的主要问题，在各地已引起了一个根本的转变。今年上半年案件已有显著的锐减，但个别审判人员还不免拘守“民事可以调解刑事不能调解”的陈旧观点，有的区乡还根本不知道有过民刑事调解条件［例］，或不切实为人民解释问题（或案子来了略问一下就下判断，不服就介绍到县上；或因上下级联系不够，对县上改判的案件，感到不尊重他们的意见，影响他们的威信和不敢放手大胆去解决问题，采取顺水推舟的态度；或他们感到无押人罚人的权，因而采取不大管和不好好和解的态度）。民间调解还没普及，调解方针还未深入农村，群众中还有没人敢出来调解怕惹人的现象，“旧社会老百姓能自己了结自己的事情，革命后大小事情都要经过政府”的传统看法，还在群众的脑筋中，因而普及民间调解减少诉讼以克服办案延迟的现象，仍有待我们努力。有些机关也不了解轻微刑事不押的方针，小问题也送到司法机关来。

一个是对保障人权问题认识差。二届参议会颁布之保障人权财权条例规定有：“接收犯人之检查，或公安机关应于24小时内侦讯”，“司法机关审理民刑案件从传到之日起，不得逾30日必为判决之宣告”。这两条，司法重视不够，或主观上曾一度重视过，但由于减少诉讼的基本问题没解决——民间调解，二流子不押，审判方式等，致积案很多，人力有限再怎样埋头苦干也没办法执行。如延市1942年报告中称：“案件不能按月清结，诉讼当事人大为不满，计超过审限者有65件”。他们亦用尽方法减少诉讼如：增加推事，在办案上分别缓急轻重，抓住中心的进行调查审讯，将复杂之判决书改为简易判决书，嫌疑而无证据之案不受理，审判与执行分开，初步试行和解等。但由于整个司法方针尚未转变，民间调解尚未推行，大小案件还是押，这些减少诉讼之基本问题没解决，故很困难执行“审限”、“24小时的审讯”之规定。但往往有些不能迅速解决之案件，是由于忽视保障人权所致。如艾克让的案子本来是王虎城偷了刘耀三商店的布，偷藏于艾克让窑内，艾克让本人并不知道，以后破案查出，就说艾某窝赃，收案时没问就押起了，审讯时已发现艾克让不知道，也没即时释放，结果押了6个月。定边县1942年报告里也称，一般的说过去对于案件处理是不够迅速的，更一方面是因为材料不充足，另一方面主观上不很快去办也有关系，群众呼声不满，说政府解决案子不快，有碍他们的生产，使他们生活困难，同时也使我们的案件累积拖欠，以后更不易解决。如对于何违元、樊国乡、郭子南债务案，去年4月收案到今年现在还未能解决；有些案件到宣判时，其羁押日数折抵刑期即已期满了。又如乔木匠、康汗刘、陈志孝等窃盗案件，案情简单事情也不大，都由一月份拖到三月份才解决，还是三人，这就妨害了他们的生产，使得他们的家庭生活发生困难。再如王玉兴、何维良杀人1案，从去年8月押到今年9月，未很好去审讯及调查材料，致到今年审讯时发生了困难，事实是他做的，但时间长了，怎么问他，死也不承认；萧皮匠、李得胜窃盗嫌疑一案也因未能及时积极的调查解决，也管押了两三个月才宣布无罪释放。这是对人权保障不够的。安塞县也是“发生问题必提人，人来必押”，一押就是半月以上，甚至有到看守所四五十天而未进行审讯者。

一个是材料证据不充分。区上有些较复杂的案子，只送来犯人或附简单的介绍信，没有具体的材料，或者区乡供给材料不及时不充分，往来写信拖延时间，因县上办案主要的靠区乡供给材料，人力有限不可能出差调查，就是实行马锡五方式，也只能个别案件那样做，大部分案件还是要靠区乡供给材料，有的因为调查很少，问过来问过去还是那几句话，得不到真实情况。

一个是司法干部帮助行政动员工作问题。1942年合水县史裁判员报称：“两年中间有一半时间常在乡村做行政工作”，“司法干部一出去司法工作可以说停止了，人民告状没人管，对政府不满”。这次延属党外人士座谈会，延川县亦建议：“司法人员不下乡搞其他工作，免得妨碍案件及时的处理。”

一个是缠讼问题。缠讼的原因有二：一是过去的司法机关只知道按律审判，判决不服就上诉，没有真正彻底的为当事人解决问题，故一再上诉。如胡兆林与胡兆业宅基纠纷一案，分庭判决：共六七尺，以三分之一归胡兆林（因紧接羊圈）以三分之二归胡兆业重新树立界石。但胡兆业又上诉本院，胡兆业之子（中央印刷厂杂务人员）屡来本院纠缠，表示同意羊圈归胡兆林，但空地无论如何不让，当时本院又迁就胡兆业之子的意旨，又以命令着分庭变更原判，分庭似未便再理，便令县司法处办理，司法处调解不成，又介绍到分庭，分庭又着其到延听讯，本院又以所争咫尺之地，按律在国币千元以内，不能上诉第三审，又批回分庭解决，直到现在未见分庭呈报，不知解决与否。如郝迎禧与张桂岗离婚案，黄思成离婚案，上级审均以逾上诉期间之法律为理由，驳回上诉，而未顾及事实上是否需要，实际问题之解决与否。如郭怀礼诉刘成业、杨亮儿伤害一案，第一审延长县司法处在处理手续上有欠妥处，如人死了在验尸埋葬，应通知死亲到场，并要从厚葬殓，使死者亲属满意气平，这本是风俗人情，但延长县对郭怀礼之女自杀验尸埋葬一事，却不设法通知其亲属，致郭怀礼始终不满，认为县上他们不找我就埋了，这娃娃一定不是好死的，不信挖出看，没有，我就什么也不说了，他要求挖出看，重新验尸。还有把人命案认为政府绝对干涉，一切有政府法办，私人用不着管，因而也不传讯及征询原告郭怀礼之意旨，宣判时也未找他来，这完全当作公诉案件来处理，不与自诉人以发言权。

此外的原因是当事人方面的顽固，好讼或因现在官司好打，不花钱，反正到上面讨论讨论，不见黄河心不死。

（二）调查研究精通业务问题

在过去固有不少好的审判员，善于调查研究，能掌握审判技术，如新宁县处理王西贤、王西安杀人一案，审讯很详细周到，就在小的一点上也注意，因它可以证明问题的真假，每次审讯后，便详细研究口供，收集同案犯人口供的差异点，加以研究，再准备第二次的审讯方式及方向。在同案的诸被告中选定目标（选薄弱的，一块经验很少的人）突破一点，再击破其余，审判员在审讯中先了解各被告对问题的坦白程度及互相间的关联与矛盾，发现了王西贤与王西安弟兄的尖锐矛盾，利用这矛盾发动攻势，使其互相攻击，以发现新的材料，反映全部案情。如王西贤供出另一无头命案。或利用犯人问犯人，或直接劝，或谈话间说出真情来。

而一般的审判员还是坐在窑洞里审判，只凭当事人的口供，缺少实地调查，以“听断”为能事，不免口头上是“重证据，不重口供”，实际上还是“重口供不重证据”。由于缺乏调查研究而办错之案件亦不在少数。如合水 1942 年 5 月唐子光与张仲光土地案，根据地主唐子光有买契，约上有官印，便认定买卖行为成立，而且家长对外订立契约应有效，因而判决唐子光买得张仲光之兄（仲棋）的地 105 亩，取得所有权，实际是张仲光之兄（仲棋）被唐子光诱赌输钱迫使仲棋偷卖家产 105 亩。该县裁判员只看见契约上有官印就认为有效，不想想无亲房户内签押，或无说合人，只表面的认为家长订约有效，而不想想张仲棋好吃好赌之人，岂无可能盗卖家产？特别是毫不向约载之说合人或代书人做调查，致流于错误。

其他有对口供不研究，对区乡正确意见不采纳，审讯不问被告历史，相信犯人假话，不分别是非轻重，凭主观臆断。如延川前审判员王××，即是典型，人称之为“糊涂官”、“半脑子”。

自从马锡五审判方式运动推行以来，调查研究，蔚为风气。好的案例层出不穷，但粗枝大叶不用脑筋的作风还在某些审判人员中残存着。如曲子县称：“过去下乡调查收集材料只是心中记下，缺少笔录，因此所调查的材料卷宗上没有，嗣后无法查阅。在审讯的口供上，很少研究。审讯前缺少准备，有时把犯人叫到法庭才看口供，缺少事先研究口供的习惯。审讯时也是照式问答。收集群众意见不够，引用法令有些机械。”其他各县也都有或多或少的类似情形。如安塞县，这次审讯，不照顾上一次口供，如盗窃犯杨生旺，共审问 9 次，前后口供矛盾有五六处，而未加追问驳斥；对赌案杜挂花不实事求是，只听说她在 3 年前有毒死本夫之嫌疑，但既无证据，又没人告状，而裁判员都对此特别感兴趣，紧紧追问，毫无结果。这些离开本题的不必要的审讯，影响到案件的迅速解决。如延安市地方法院的推事，还是对口供不研究，凭脑子记下的写处理意见书。审讯时照例问答，不多用脑筋多想办法，宣判时不详为解释，拿判决作为对当事人的一次深刻教育。

（三）保障人权财权问题

自参议会后，颁布保障人权财权条例两年半来，基本上已经执行了，表现在边区人民生命、身体、财产、名誉及各种自由权利，都有了保障。在人权方面逮捕、审问、处罚之权统一于司法机关、公安机关，乱捕乱罚的现象是很少了，各区乡逮捕人均经过县政府有一定的手续，如拘票等。区乡拘捕现行犯规定于 24 小时内送县办理，有的区上提出问题："有些刑事案件我们认为须要解县，但群众要求在区上解决，因此要把被告多押几日，就超过了上级规定在区上管押 24 小时的原则"。延安市地方法院于 1942 年通知各机关"凡原各机关送来人犯如无具体材料或证据本院概不收押"，事实上也照这样做。在财权方面边区人民之地权、财权、债权俱已获得充分保障，边区人民过着安居乐业丰衣足食的生活。在另一方面对于侵害人权、财权的分子，却都要受法律的制裁。如刚在此条例颁布之后不久，因还未普遍的深入到各界中去，而不免还发生违犯保障人权条例的现象，以学疗命案为典型，均依法予以制裁，以妨害自由论罪。林主席在国民参政会上的报告里也指明保障人民财权，是边区民主政治的辉煌成就，但我们并不自满，在这项工作中还有很多缺点及执行不够的地方。

某些区乡还有乱罚乱捕的现象，佳县乌区二乡高家寨村在去年防奸运动中，不经过县上就押了 6 个人。区上权责各县规定不同，吴堡县规定区上可以罚金，米脂规定区上可以罚半月生产，有的阻拦人民到司法机关控告及管押民事被告，或私行拷打窃盗嫌疑之人。

个别军队与附属机关人员不遵守政府法令，在下边捆绑人打人罚人，如绥德督察处人员薛克明私行检查缉私捆绑人，罚洋 2 万余元。定边任子雄有偷盗大光毛织厂手榴弹嫌疑，大光厂即私刑拷打。

司法机关亦有个别滥押变相刑讯逼供现象，人犯送到"24 小时内审讯"制度、"审限"制度未办到（前已述及），死刑案件关中还有"先斩后奏"现象。

（四）办案方面的今后意见

办案迅速。

第一，要在机构方面充实，按照县司法处组织条例的规定设法警 2 人。但现在一般县司法处并未专设法警，而是找区乡代传案子。拘提事项拨用，由于区乡传人调证延误，致办案迟延，诉讼人民花销大，耽误生产时间。因此今后直接归司法处调度指挥专司传拘、提人、值庭、找保、伴随、勘验、搜查及给以调查。某几点简单材料的任务，并由司法处给以业务上的教育。

案件较多或地区辽阔之县可增设书记员一人，帮助进行调解工作。有了法警可直接派警下乡传唤，比找区乡代传要快得多。如训练得好法官少操心干琐事，而集中力量办案。

第二，贯彻"调解为主，审判为辅"的方针。

为此必须：

区乡政府负责将群众的纠纷交给群众自己解决，吸收劳动英雄公正人士年老长者参加，使成为民间调解之核心，推动民间调解工作。非此就没人敢出头调解，怕惹人，怕调解不成反有挑讼之嫌，这种阻碍调解普及的现象便可克服。

贯彻执行民刑事调解条例，普及民间调解方针，责成县区乡政府宣传到老百姓中去，改变他们“旧社会能自己了结事情，革命后一切经过政府解决”的看法，以便给民间调解扫清思想上的障碍。

废除区乡按级调解制度。如富县规定一切纠纷先经过乡上调解，不服再经过区上，不能调解再介绍到县上，越级报告县上不受理。因而发生某些区乡干部武断，乡区强制服从，私刑拷打，不准起诉，而当事人冤莫由申的现象。米脂县去年 9 月，县区两级检查司法工作联席会上常生温同志讲：“在区上发生一般民事问题都要有乡上的介绍信，区上才可受理，否则仍推回乡上解决。这是说明工作的正规化。”清涧县城关区调解工作也是“我们非有行政主任的介绍和材料是不接的”。这种不便利诉讼的制度美其名曰“正规化”，这样的正规化是不需要的。所以我们是民间调解的方针，老百姓愿意找谁就找谁，他觉得村主任不能解决问题，直接找乡政府也可以，觉得乡政府有某些不便，直接到区上县上都可以，找群众团体如工会、商会、妇联、名流士绅、劳动英雄乃至任何个人都可以。因之规定一个“按级调解”便完全没有意义。再我们是两级两审制，地方法院或司法处为第一审，区乡不是审级，只能进行调解，人家没按村乡区各级层层上告，县区乡各级政府不能以此为理由驳回。区乡政府有调解之义务，无驳回之权利。县司法处是第一审，司法机关是专管诉讼的起码机关，区乡只是调解诉讼，人民没经过区乡来司法机关告状，并无不合，正应受理不受理是不对的。司法机关的审级制度，搬用于区乡是错误的（如按级上诉，不能越级控告，未经第一审而到第二审告状，这不合诉讼程序应该驳回）。很明显的，富县兰裁判员是把高等法院这一套搬用之于县、区、乡，把两审制弄成个多级多审，区乡不是调解而是判决，甚至不是判决而是命令（因判决还准许上诉，再怎么不服也绝不能吊打）。

其次与这个联系的区乡村各级层层介绍制度亦需要取消，以便利诉讼人民，因诉讼当事人一般都是同村或同区乡，户口花名该管区乡是清楚的，因此用不着介绍信。为了在诉讼方面给人民以最大的便利，使案件进行加速起见，司法机关应让那些不带介绍信的诉讼人民进来打官司。我们是准许口头诉讼的，如果一方面准许口头诉讼，而另一方面没有介绍信便不受理，那就是不了解自己的责任。至于说为了要下级供给材料，但有些问题双方一谈便可处理，便用不着“非有行政村主任的介绍和材料不接”，就是县司法处也不能因为没有材料不接收案件，可以笔录其口头诉讼，或传人调证、审讯，或委托区乡供给材料，或派人调查，或实行马锡五审判方式，或批回区乡处理，或移转管辖，或驳回原告之诉，总之不管怎么样一定要受理。

责成区乡切实负责为人民解决问题。

首先要明定区乡政府之权责。凡违警及轻微刑事二流子过犯，由区乡自行处理（调解或约束改造）。查刑事案件中以斗殴伤害案件占第一位，尤以斗殴为多，这本是违警案件，在城市应由公安局或保安科处理，在乡村应由区乡政府处理，这在保障人权财权条例上亦规定有“区乡以下政府对违警以外任何案件，仅可进行侦察及调解，绝无审问拘留与处决权”。这说明区级以下政府对违警以内案件可以自行处理，但是否有审问拘留与处决权，条文上未明确规定，但根据施政纲领：“除司法机关及公安机关依法执行职务外，其他任何机关、部队团体不得对任何人加以逮捕、审问处罚。”又根据林主席报告“轻微刑事及二流子过犯不押”方针，则区乡政府对违警及轻微刑事二流子过犯亦不能逮捕审问处罚，但可以实行调解或以行政权力约束改造，如编入变工队等。这样明确规定权责后，则轻微刑事二流子过犯违警案件自不会集中到县市司法机关，而案件可以减少一个不小的数目，以克服目前存在着的区乡不切实负责为人民解决问题，顺水推舟的或随便押人罚人的现象。

其次要加强县司法机关与区乡的联系，让他们在职权以内去解决问题，区乡对调解不服的案件应让其有到县司法机关起诉之自由，并负责为县司法机关供给材料，提出意见，同时县上也要尊重下面的意见，若基本上没有错误，即可照样解决，若需要重新调解或改判亦可通知原区乡，讲明原因以使他们得到教育，因区乡有这样的呼声“过去经过区乡处理的一些问题，一到县上就翻了，区上感到上面不采纳下面的意见就不同意”，甚至如安塞县有这样现象：

司法处不放心下面解决问题，有案必提人。乡上认为问题可以在下面解决的，县上一定要提。如今年3月间四区二乡集赌事发，赌犯都跑掉了，该乡乡长为动员春耕，声言问题可以在乡上解决，保证不往县上送。王世英听到消息就跑回来，这时区上接到县上提二乡赌犯的信，通知二乡乡长，乡长将情况向区长反映要求在乡上处理，区上转司法处请求司法处，答复是要人，终于将王世英解县，王世英对乡上大为不满，感觉到受了乡长的欺骗，他说：“我真傻，自己钻进黑风洞里了。”由于司法处对区乡不信任的结果，形成两种现象：一是下面解决了的问题，不给上面报告，一是区乡不解决问题，大小问题案件都往县上送，这是由于审判人员还存在着“民事可以调解刑事不能调解”的陈旧现象。

第三，调查证据收集材料要迅速。有些案件须派人或亲身调查者，应尽速进行，否则证据湮灭，便难搞了。如“安塞县招安窃盗案，没有在发生问题即行到当地调查，以致犯人都刑期满出监，而尚未弄清案情真相”。命令区乡调查或委托其他机关团体调查之件，区乡或其他机关团体要尽先尽速办理。因我国人民缺乏民主生活，守法习惯差，这种旧社会的遗产边区人民一下子还不能改掉，因而往往对司法机关命令或委托办理之件等闲视之，不了解你迟延几天他迟延几天，于整个案件进行速度，于当事人之痛苦有多么大的影响，此后对法院指挥或委托办理之件均应尽先尽速办理。这点是我们边区今后必须做到的。

第四，是切实执行保障人权财权条例上关于“审限”及“24小时内审讯”的规定。

首先审判员要在思想上切实认识这一问题的重要。必须认识人民自由权利之不可侵犯性。保障人权与民主政治之不可分割，切实执行保障人权之政治意义政治影响。必须认识，所以要实行“24小时内审讯”制度，在于防止滥押错押或押起长久不管或羁押很久，结果无罪释放；所以要实行审限在于使案件进行迅速以免当事人花销大，耽误生产，遭讼累之痛苦；在于重证不重供，侦查审讯应在审限以内进行，如若超过审限必须再押审讯的，应说明理由，在于保障人身自由以免长系囹圄之苦。

在制度上司法机关负责人及审判员必须检查未决羁押月报表，检查每个刑事被告的羁押日数，视其超过审限与否，如已超过，而尚需羁押侦讯者，亦应注明延长羁押的次数及理由，应经常检查未结案的收案日期及未结原因，以便注意对在押犯人的情形迅速给以解决。

第五，减少缠讼案子至最低限度。

首先要第一审公平合理的切实负责的为人民解决问题，必须实行调查研究，实事求是，分别是非轻重，重证据不重口供，重实际不重条文，重调解不重判决，重说服不重强制。

其次纠正过分迁就当事人的偏向，公说公有理，婆说婆有理，一方面要求这样，另一方主张那样，不根据事理而作无原则的迁就，就是不能解决问题。必须根据事理，根据政策，不是无原则的调和主义；必须耐心说服，但不是过分迁就；必须慎重果断，但不是主观武断。调解是使司法机关更得群众拥护，更有威信，更有力量，而不是使它变为懦弱无能，软弱无力。

再上级审对下级审调解判决之案，如无大的不合或错误之处，不要轻易取消判决，或命令重审或发回重新调解，不要根据一方的请求命这样处理，又根据另方的意旨叫那样处理，忽东忽西，出尔反尔，几次的判决调解，又几次的命令更改，致影响当事人，儿戏判决，轻视司法，横竖不服反复上诉。

最后必须对当事人之无理要求，顽固不化，予以适当而严正之指出，对气焰嚣张无理取闹胡缠者，必须予以适当的处理。

七、监所工作

（一）监所组织概况

边区的监狱与看守所在 1942 年以前没有严格的划分，只是为了管理教育和生产的关系，在高等法院曾分别未决犯在看守所，已判决的即大部分转人劳动生产所（在延安南三十里铺），组织各种农工业的生产。各县则不论已决未决的人犯都在一块，而且是与保安科共同一个看守所。1942 年 9 月高等法院才将劳动生产所正式的改名监狱，派李育英同志为典狱长，同时调一部分犯人参加财政厅的鞋厂工作，去年又调刘汉鼎、党鸿奎同志，前后继任典狱长。今年 3 月以财政厅鞋厂迁延安而又分开，恢复原状。对各县监所于 5 月间，更根据实际需要，决定在分区设立监狱，各县司法处另设看守所，与保安科看守所分开。并规定凡判苦役 6 月以下的人犯，留县看守所或保外执行。刑期 6 月以上，3 年以下者，送分区监狱。3 年以上者送高等法院监狱，以便管教。

在边区监所的组织机构，是非常简单的，除高等法院监狱和看守所，过去组织上略较完善外，其他各分区监狱县司法处看守所则是最近才成立，监狱有一典狱员，看守所有一看守员，警卫由分区及县警卫队担任，一切均在草创时期。即高等法院监狱，亦只有 1 个典狱长，下设教导员、看守员、会计保管员、生产及伙食管理员等 5 人，如教导员还是典狱长兼。看守所是 1 个所长 1 个看守员，警卫系由保卫团派一个排分担。所以在人犯的管理教育，主要依靠他们的自治组织，即每 10 人编一个小组，组以上设一队部，设正副队长，并组织有俱乐部，凡犯人的生活教育劳作等项工作，均由犯人的组织自行管理，并通过俱乐部推动之，监所工作人员，则只加以监督及总的领导而已。

监所人犯的住处一般的是窑洞，设备上尚不完善，尤其各县较差，如延安县的看守所，黑暗潮湿，臭气熏人，实不适当。从今年春天检查监所工作以后已逐渐在改进中。至边区监所对犯人不是单纯拘束其自由，给以惩罚，而主要是帮助他认识自己的罪行，改正错误的思想意识和不正确的观念，及早成为社会上一个好公民。所以采用各种教育鼓励方法来感化争取，求得真正达到化敌为友，变反革命为革命，及改造社会之目的。

边区现有 29 个县 1 个市，除延安市地方法院看守所合并高等法院不另设外，高等法院有监狱和看守所各 1 所，分区监狱 4 所，一共有监狱 5 处，看守所 30 所。根据本院及各县监所的报告材料，这二年半来（1942—1944 年上半年）边区每月管押的人犯平均数目如下表：

类别 / 人数 / 年份	本院		各县		合计	说明
	未决	已决	未决	已决		
1942 年	24	145	202	172	543	1. 各县材料到不齐，缺几个县，实数当较表上稍多； 2. 从 1943 年起，高、地两院数字合并在一起，未决犯几乎全是地方法院押的。
1943 年	65	151	259	140	615	
1944 年上半年	35	158	145	72	410	
1945 年 6 月底实押	19	142	130	57	348	

我们从上表每月人犯平均数字来看，1943 年因干部参加整风学习，对案件办理的比较迟缓，所以未决犯较多。1944 年上半年则以清理监所、改变调解为主的方针后，未决犯便减少了。只有本院监狱因各县将重要犯人均送来，集中教育较多外，一般的全边区在这二年半中，管押的已决未决人犯，平均每月最多的是 1943 年，为 615 人，今年上半年则降低至 410 人。就这一点，我们可以说明边区实行了新民主主义政治，使边区人人有饭吃，有衣穿，有工作做，过着安居乐业的生活。因此犯罪人数减少到一般了。

（二）犯人的管理教育

在边区的监狱和看守所对于犯人的管理教育，历来是本着犯人管教犯人的方针，建立一定的汇报会议及检查制度。

用犯人他们的集体力量，互相督促，互相帮助，互相劝勉而达到管教之目的。因之为了鼓励犯人生产学习情绪，1942 年的 9 月间我们颁行了犯人奖惩条例及保外服役办法，并针对着犯人不同的情形和毛病，用个别的集体的或发动犯人斗争规劝等方式方法，适当的进行对他们的管理教育，同时我们更根据发展生产的政策，当农忙时准许家庭缺乏劳动力，罪刑较轻的人犯请假回家耕作，如万海青。或有的允许将家移住监狱附近，而由监狱帮助其生产，使能兼顾犯人家庭的生活，如雷发春、白风清等在监狱附近垦荒耕作，自谋生活。用这样方法感动他们守法安心，转变的更快。不过还有些监所工作人员，对边区司法采取教育争取犯人的政策认识不够，仍学旧监所对付犯人的一套惩罚办法，在高等法院看守所即发生有戴手铐、捆绳子、肩石头、举木杠等非刑的处分犯人事。在各县也有，富县、延安、安塞等县同样发生对犯人带镣、用绳子捆、打骂等现象。此外还有管理制度不严密、警戒松懈，如高等法院监狱和看守所在 1942 年和 1943 年两年当中，曾逃跑过犯人 15 名，今年看守所还因到边区门诊部看病逃跑了犯人张崇茂 1 名。在各县，如富县今年生产中因警戒少，竟先后逃跑了陶帮才等 7 个人犯。定边县有盗窃犯郭长胜等把小刀带进监内挖洞企图逃走，虽然有的被发觉，或走了又被捉获，但也说明我们管理犯人上仍有严重缺点存在着。

其次我们对犯人的教育，主要从生活、文化、政治三方面进行。不过在1942年的时候，除生活教育即从犯人劳动生产及日常生活中考查锻炼改变他的思想意识以外，对文化课依靠犯人教犯人，不能够真正的负起责任来，政治课选教材如马列主义、中国革命问题、整风文件等不能根据犯人程度切合其要求，文化课也是上新文字、语句、词类及中国史话等，没有系统的去教，领导上又抓得不紧，收效很微，甚至有一个时期将墙报也停止了。如监狱参加财厅鞋厂做工的犯人，为了加工，几乎把对他们的教育停顿，一个月最多上三四次课。在看守所亦平均每天占一点多钟的教育时间。对分散在各地的农场、炭场、木场的人犯，则只能于每旬汇报或前往检查工作时给以指示，大部分是依靠其自习。各县也对犯人教育多是自流的，没有一定计划和经常性的。

去年7月开始，我们配合党的整风学习，进行了犯人的坦白运动和审查工作，经过深入的动员解释，有好多个重犯能将他从前在法庭上未讲过的话现在都坦白了。如张彦岐说他为匪破坏边区前后曾烧杀死20余人。王印生原来只判他是逃跑罪，而坦白说出他曾在西安集中营受训被派进八路军，进行破坏暗杀工作的。闫模兆说他是日本派来的汉奸，曾毒杀过3个人等。我们都根据宽大政策，对有政治问题或没有政治问题的犯人，都分别给他们以政治上思想上的教育，把他们改造过来。如给讲中国抗战与同盟国反法西斯战争的道理，八路军与新四军抗战情形，国民党统治区人民生活与边区的人民生活比较，边区的民主建设及劳动英雄故事等以坚定其抗战民主立场，劳动的信心，并对革命有一个明确的认识，使他们将来出狱入社会能步人正确的光明大道，不致再失足犯错误。

从今年3月间我们检查监所工作后，便根据以往缺点逐一纠正，建立一定的管教制度。规定监狱或看守所，每日至少要有3小时的教育时间，分早上1小时，晚上2小时。上两次课，方法上须：1. 从最切身，最平常的问题讲起，用浅显的道理启发他们的思想和认识；2. 看重现实生活与守法相联系；3. 讲课要讲解与讨论兼施，每周文化课6次，政治课4次（包括时事报告）及生活检讨会1次，并调派强的看守人员，以加强这一工作。教材方面除临时选解放日报及群众报上的一些材料外，并计划编写适合教育人犯的课本，因此近几个月来有好多人犯对学习情绪增高，进步也很快，如张朋羽和张随堂他们以前一字也不识，自从守法以来，他们对学习很认真，单就最近3个月来，张朋羽已写会了300个生字，张随堂写会500多个生字，并能打领条写简短的信，只要有时间他们就在地上写，复习上课教下的生字，不懂就问人。不过也有不好的，要督促他学习，还总是推诿，如刘海成、师占堂等守法已都在2年以上，但认得的字不够50个，原因是他们学会后不再去温习，过几天就忘了。

各县对犯人的教育也是从今年检查监所工作后，才定出每日一定的教育时间来，如盐池县从今年3月15日起，对犯人的教育每天上课一点至两点钟，每两星期报告时事一次。材料即三边群众报内容，着重生产知识与边区民主建设等方面。所以今后对犯人教育必须司法人员从思想上了解到它的重要性，责由司法处拟定计划，切实执行，并定期检查，彻底纠正以前自流或不经常的现象。

（三）犯人的生活待遇

边区犯人的生活除了身体不得自由外，在不违反守规则秩序的规定范围内，可以过着有限度的民主自由的生活，如他们自己组织俱乐部，进行各种活动，每日有一点半钟的自由阅读书报（能看懂的人参加）及游戏娱乐（下棋拉胡琴等）的时间，每周开一次娱乐晚会，有演剧、歌唱、讲故事等，还有墙报。除1942年至1943年中间停止过一个时期外，每月出刊墙报两期，大家都可以自由投稿，发表意见，不能写的由能写的来代笔，除旧有书报外，今年我们还买了一批小册子，如《刘志丹》《转变二流子》《刘二起家》等书，颇得他们欢迎，争相借阅或学的去唱。他们整个生活时间的分配，原则上规定生产6小时，学习3小时，娱乐1小时半，睡眠9小时，其他3餐饭3小时，三次解手（看守所）1小时半，共24小时。当然还按季节需要有所伸缩，如星期日、年节、纪念日则照例也放假。

待遇上按照政府的规定和一般工作人员差不多，甚至某些犯人比工作人员还要多，如伙食每日3餐，食粮1斤8两（工作人员1斤3两），菜1斤，每月油15两，肉1斤，面食一次（有时增多），开水每天送2次至3次，以需要而定，不加限制。衣服在边区各县看守所，因为限于拘押判苦役6个月以下的犯人，在短时间内一般的规定不发衣服（有特殊情况的还设法解决）。各分区及高等法院监狱均规定每年同一般工作人员一样的发给，没有被毯的也尽可能的补发，或在犯人中设法调剂。其他参加农业生产者还另发给草帽、草鞋、旱烟等（指高等法院犯人）。劳作有优良成绩者给以奖金。如犯人有病时除给诊治外，还另给优待食“病号饭”。有许多犯人在监狱中还余存了许多东西，如犯人任回春在3年守法中，现有单衣6套（内有2套新的），生产中（在财厅鞋厂加工时）得的奖金，制了一套灰布褥子、棉被里子，有布鞋3双、单鞋1双，1件毛衣，1条毛围巾，2双毛袜，毛衣换来旧皮大衣1件，洗脸巾2条，肥皂1条，由此可见一斑。

在卫生方面，我们虽然也规定犯人室内每日打扫1次，室外环境卫生由一专人每日打扫，每月理发1次，每半月或1月洗澡1次，衣服每礼拜换洗1次，每天洗脸洗足，并由俱乐部卫生干事推动检查。但普遍经常还不够，如去年看守所从城内移家时没铺草，就地摊铺，致缺少被褥的犯人发生泻吐，有10余人之多。这两年半来病死的犯人即有9名（多数是送医院后死的），这是今后应注意的。

各县在这方面做的也是比较差的，所以安塞有些犯人说：“他们的伙食去年前半年还好，以后就差了，半年内只吃肉两次（有一次是过年吃的），年节吃过一次糕，平时一天两顿都是生腌菜。去年冬天，有7个犯人穿单裤过冬，冻的不敢出门。保安科长还下令叫带出去生产。犯人不洗脸不洗衣服，窑洞晚上不点灯，睡炕冬天不烧火，只铺糜草，跳蚤特别多……”富县监犯有的一天喝不到水。子洲县的犯人说：“我们的伙食不知是多少，每天很少菜吃，喝开水也不多，吃的饭是剩饭多，尤其警卫队光吃当中的干饭，锅上面底下的是我们的……”镇原县犯人马金山说：“从去年10月到今年2月，尽吃酸菜不知怎闹的。”固然也有延川、子长、甘泉等县是对犯人生活待遇较好些。但也说明我们对犯人生活各方面还注意的不够，今后我们对犯人应关心他们的生活和困难，尽可能减少他的精神上的痛苦，不要以为犯人就是应该受些“罪”的。因为我们要教育感化争取犯人，假使我们不多方去注意关心他们生活上的痛痒，则会引起他们的不满和对抗心理，如此就难以来接受我们对他们的教育，难以完成改造他们的任务。

（四）犯人的生产

犯人参加劳动生产是我们对犯人三种教育方法之一：其意义不但增加边区战时财富，而主要是培养了人犯的劳动观念及生产知识与技能，因为在边区的任何人犯，其根本病根是旧社会不劳而食的剥削思想，因之建立人犯的劳动观念，是改造犯人的重要工作之一环，故在监狱中必须从其劳动生产中考察其行动表现及对错误认识转变之程度以外，更训练其劳动习惯与生产知识及技能，使之出监后能保证自求生活，同时还解决了守法中自己的消耗。这对政府以至社会都是有利的。所以我们对犯人生产是这样组织的，在未经判决的犯人其心意未定，则以集体的纺织手工业生产为主。已经判决送入监狱后，则按其生产特长及个别人犯之具体情况参加各种生产，将选一部分有生产特长的且比较可靠的犯人，调入其所特长的生产部门，从事固定性的生产。如农场、鞋厂、木厂、炭场等。一般的人犯若因体质弱或残废不能参加重劳动，而又无其他生产特长的则只参加纺线。其他身体强可参加重劳动的，平时除参加纺毛外，到农忙时则整队去农场参加开荒、锄草、收秋等工作，或临时有其他生产需要时（如种菜、烧炭等），则全部或一部分参加做灵活。如高等法院监狱和看守所在1942年—1944年两年半当中，犯人参加生产劳作的统计如下：

参加人数 / 生产类别 / 年度	农业	工业							小计	副业	合计
		纺织	木工	铁工	伐木锯板	缝衣	做鞋				
1942年	42	30	2	2		2	40	76	76	14	132
1943年	44	47	2	2		1	80	132	132	15	191
1944年上半年	19	30	2	1	10	1	13	56	56	4	79

注：副业指畜牧及烧木炭。

另外在这两年半中间还建筑新土窑23孔，修理旧窑42孔，建筑房屋12间，修理旧房10间，及礼堂1座，工房1所，所用人力约70 412个工，其他临时修路、打围墙、打水井等尚未计在内。

在各县也是根据犯人的情形，已决未决或案情较重，分别来进行生产。据子长县报告，去年该县犯人给工厂打麻绳1 602斤，赚洋16万元。修理号舍六间，可省工资10万元。做木箱4对赚洋12万元。做纺车9辆赚1.3万元。此外还有尽义务给警卫员做纺车10辆，给抗大做纺车4辆，完小配桌凳100件，做黑板架子2个以及零星分配给各机关做临时工等。富县也是去年一年犯人开荒100亩，种熟地25亩收粮17石，草8 000斤，菜1万斤，帮助机关生产105个工，修房20间，垒石墙40尺，打土墙23丈，修理房子20间，帮助其他机关垒石墙50丈，打土培［墙］23丈，修理房子21间，建礼堂1所，共折工费7.7万元。烧木炭7 000斤值市价7.5万元，砍柴20万斤可节省11万元，其他砍木椽等20万元，总计全年生产收入共计1 400 000元，做到粮食部分自给。

当然在生产方面我们是有成绩的，锻炼改造了犯人，建立了他们的劳动观点。同时解决监所及机关的部分自给，而在这中间也发生很多缺点。如有时生产时间多将教育时间占去，影响了对犯人的教育。对生产没有一定的计划性，有些县份犯人生产仍是自流的，并由于对犯人关于生产认识的教育不够，致有些犯人有雇人生产的事实（绥德分区）。有的情绪不高，故意破坏，锄庄稼去大苗留小苗，开荒隔一镢挖一下，损坏工具等坏现象（富县），深值得我们今后注意的。

（五）清理监所释放二流子犯人

我们的司法工作是服从于一定的政治形势的，今天边区处在抗日战争的环境下，需要增加人力发展生产，准备反攻，因之改造二流子是我党和政府目前主要政策之一。林主席在去年政府工作总结报告中关于改进司法工作方面即指出，刑事案件轻微者可以斟酌情形交保或缓刑，一般二流子性质的过犯，以不羁押为原则，交由县市政府与群众负责约束改造之。立即着手清理各地监犯，其有可以送回当地约束改造者，即行交保释放等。所以边区政府于今年 2 月 18 日便根据这一方针，指示各分区及各县进行清理人犯及检查监所工作。同时本院监狱和看守所也遵照着进行，并分别派员前往延属各县协助，在这清理检查过程中，对监所工作方面关于犯人的生活待遇、管理教育和生产的情况，监所设备并犯人对监所的批评和意见等，都一一吸收了。如管理教育生产制度的缺点，对少数民族犯人的生活习惯等，已作为我们今后改善监所工作的基础。对释放二流子性质的犯人方面，是先将在押的犯人进行登记，逐一谈话了解他们的家世，犯罪事实，及守法表现等，然后提到审查会或县政务会议上审查讨论通过。如决定释放的便分别令其找保或交由区、乡政府约束改造，或由地方上劳动英雄、公正人士保回，负责监督或送回原机关分配工作。总之都按犯人的具体情形和条件订出生产计划，并由他们提出纪律，保证完成任务。举一个例子如志丹县赌博犯刘生富对他的生产计划和纪律是这样的：

甲、生产计划

1. 种熟地 30 垧——麻子 10 垧，谷子 8 垧，荞麦 5 垧，以上每垧保证收粮 2 大斗。玉麦 2 垧，大小麻子 3 垧，黑豆 2 垧，以上每垧收粮 1 斗 1 升。共打粮 5 石 6 斗。

2. 开荒 7 垧，每垧打粮 2 斗，共打粮 1 石 4 斗。荒熟地总计打粮 7 石零 5 升。

3. 保证每垧熟地施肥 10 袋。

4. 锄草：糜谷 2 次，玉麦等 3 次。

乙、纪律：

1. 我今后不赌博，并保证我不犯赌博，如果发生向政府报告。

2. 不卖大烟，不偷人，不犯政府其他法令，如果再犯，政府可以一枪把我打死了。

3. 保证生产计划完成。

就按照这样释放了人犯。本院监狱和看守所计有 87 人。各县呈报到的有 239 人，另有因债务管理的民事被告 2 人，一共 328 人。我们将这些释放的人犯罪名列表如下：

罪名 / 释放人数 / 机关	赌博	拐卖	吸鸦片	通奸	诱骗	造伪文书印文	妨害自由	伤害	诬告	贪污	逃跑	违犯法令	杀人	抢劫	诈欺	窝藏	收买赃物	妨害名誉	妨害工农	破坏部队	破坏抗战	总计	备考
本院	3	36	5	8	2			1	1	2	6	2	1	5	1	2			4		8	87	
各县	46	54	25	28	8	6	1	9	2	8	3	13	10	9	4	5	2	1	1	1	3	239	
合计	49	90	30	36	10	6	1	10	3	10	9	15	11	14	5	7	2	1	5	1	11	326	另有民事被告 2 名

上表所列释放人犯罪名其中虽有杀人犯、抢劫犯和破坏抗战犯，但多系从犯或未遂犯。基于守法表现好，或家庭需要劳动力，而为之假释的。从这释放二流子犯中间，人民更了解我们的党和政府是处处为人民谋福利，希望大家好，都成为一个能劳动的健全公民，有利自己有利抗战和民族国家。如环县就有一般群众，对这次清理释放二流子人犯的反映说："公家管理二流子犯是为了教育他们转变好，能生产，过好光景，并不是为给公家做苦工。这次放回的诸犯就是实例。"释放了的犯人如子洲县的李现宗说："我年轻浪荡，沾染嗜好，致使倾家荡产，人人看不起我，政府这次教育改造了我，胜似我的重生父母，我以后要好好生产，再不吸烟，以免有负政府之美意。"而同时使边区增加这 300 多人参加到生产战线上来，更大的发挥其能力，对边区的经济，对抗战的资源，都是更有利益的，也是我们做到，将一切可能利用的力量，都用之于民族国家社会的解放事业上。

公元 1944 年 9 月 30 日

选自《陕甘宁边区审判史》，陕西人民出版社 2007 年版，第 243～265 页。

44. 附［政策解说］：习仲勋："贯彻司法工作正确方向"——在绥德分区司法会议上的讲话

1944 年 11 月 5 日《解放日报》

一、把屁股坐得端端的

司法工作是人民政权中的一项重要建设，和其他行政工作一样，是替老百姓服务的。这样，就要一心一意老老实实把屁股在老百姓这一方面坐得端端的。旧司法机关的屁股就不在老百姓这一方面坐，是坐在少数统治者的怀里。他们可以贪赃枉法，鱼肉人民，认熟人，认面子，认亲戚朋友；有钱有势的，囤积居奇，贩卖毒品，反逍遥法外；万千无辜老百姓，却充满着监狱。与其说他们是解决纠纷，不如说他们是制造纠纷。这是旧司法的一套，这一套在我们这里吃不开。我们的司法方针是和政治任务配合的，是要团结人民，教育人民，保护人民的正当权益。越是能使老百姓邻里和睦，守望相助，少打官司，不花钱，不误工，安心生产，这个司法工作就算做得好。过去检讨警区司法工作，曾有个别司法工作者，硬搬六法全书，侵害过老百姓不少的利益，值得我们今后所有人员大大地警惕！

二、不当"官"和"老爷"

我们司法工作者，既是为老百姓服务，就应该站在老百姓中间，万不能站在老百姓头上。中国这个社会，老百姓怕"官"怕"老爷"，是见惯了的，（"官"和"老爷"也喜欢老百姓怕他们）但在我们这里，假如有一个司法人员，仍然是"断官司""过堂"板起面孔，摆起架子，叫人家一看他，是个"官"是个"老爷"，那就很糟糕。如果说，要怕的话，就只能是对于敌人汉奸是如此的，对于一般老百姓，我们是用着和蔼的态度，耐心地说服。当着一方有意见，有冤屈向你上诉时，应该细心地听，等到他讲完了，然后根据实际的情况，慢慢地向他解释。决不能未调查未研究，在主观上首先对于某一方面，就存有了一种成见。这种存有成见的做法，往往只看到表面，看不到实质，会把案件搞错。所谓秉公处理，不仅限制于观点上，尤应孜孜讲求于对人的态度。

三、走出衙门，深入乡村

司法工作，如果不从团结老百姓教育老百姓方面着眼，只会“断官司”“写判决书”的话，即使官司断得清楚，判决书写得漂亮（实际上不可能办到），则这个“断官司”和“判决书”的本身，仍将是失败的，因为它和多数人民的要求相差很远。要达到上项目的，必须普及民间调解运动；我们司法工作人员，必须有走出衙门，深入乡村的决心（但是这不是说到乡村里去睡觉，而是从思想上工作上去深入），必须如此，才能把我们司法政策贯彻得好，才能使司法工作同人民取得密切联系，才能把像王德彪、郭维德、刘玉厚、马相明等调解模范团结在自己周围，这样就不会对司法工作有棘手、忙迫、或枯燥之感。千百事件整天发生在人民中，最适当的解决办法，也就在人民中。绥市五区开了两天群众会，解决了一百九十件人民纠纷，米脂银城市群众会，只一星期的时间，解决了三百一十七件人民纠纷。这些存在着的纠纷，一通过人民，就会解决得最快，孤独地依靠我们司法干部去处理，那就需些年月！我们不要以为自己比老百姓高明，其实不然，新的创造要在老百姓中寻找。这次各县发现的十七位民间调解模范，他们的作风和调解艺术，有很多地方，值得我们干部学习。至于调解委员，这个组织形式是很好的。县、区、乡、行政村，都可成立，但必须是“民办公助”。“公办”和无工作内容的，非但不能组织，既已组织起来，亦应取消，以防流弊。

选自《陕甘宁边区高等法院史迹》，陕西人民出版社2004年版，第62页。

45. 陕甘宁边区司法概况

1944年

目录

十三、三三制在司法机关的实行

一、边区的司法权

政权是一个整体，司法权只是政权的一部分。在边区政权的领导是统一于边区政府的；第三次政府委员会着重指出："边区政权既是人民自己的政权，则行政与司法的分立也就没有意义。司法工作应该在各级政府统一领导下进行。"因此，在高等法院的组织条例上就明白的规定，高等法院受边区政府的领导；并实行了各分区专员兼高等分庭庭长，各县县长兼司法处长，这是边区领导一元化在政权工作中的具体表现，说明司法服从于政治。所谓司法脱出政治的"司法独立"，在边区是不适当的。

边区的政权，是实行民主集中制的。边区高等法院院长，由人民代表的边区参议会直接选举，同时也受政府的委任。因为他执行司法的任务，要受边区人民的监督，要对政府负完全的责任。

二、边区司法的任务

主要有下列四点：（一）保卫抗日政权——边区新民主主义的政权，是抗日民主的政权，是全边区人民所拥护赞成的，边区的司法，以法律来保卫抗日的政权，如同军队以武器来保卫抗日的政权一样。一切日寇汉奸以及任何反革命进行破坏抗日政权的份子都要受到边区法律的制裁。（二）保护抗日人民——这里所谓抗日的人民，不论是边区的人民或者不是边区的人民，只要他是赞成抗日拥护抗日的，在边区境内都受到边区法律的保护。至于反对抗日破坏抗日的人，在边区就认为是罪犯。（三）保持社会秩序——边区是抗日民主的根据地，敌人用尽一切方法利用种种机会派遣敌探汉奸间谍特务潜入边区进行扰乱社会秩序和治安的活动，企图使边区的社会混乱来破坏抗日工作。凡是一切扰乱社会秩序和治安的行为、对敌有利对抗日有害的行为必要加以制止。切实保持边区社会秩序和治安的安宁，更大的发挥边区人民抗战的力量。（四）保障抗战胜利——中国在抗战的非常时期，一切都为着抗战的胜利。边区的司法工作也是为保障着抗战的胜利。总起来讲，边区的司法任务其实就是一个，要把日寇赶出中国去，求得中华民族的自由和解放，中国的人民得到安居乐业和进步。

三、审级制度

边区原是地方的政权，在国民政府还没有明令承认边区以前，边区的司法审判仅有县的司法处与边区高等法院两级，凡不服县司法处（或延安市地方法院）判决的案子，可向边区高等法院提起上诉，如果不服高等法院判决的案子，当事人可提出新的理由向原审法院申请再审，也可以向边区政府申请审查，批回原审法院再审，因为边区的司法审判主要的是能够彻底解决问题。不采取"一事不再理"的主张，故原审机关可以负责再审，倘若当事人请求要向重庆国民政府最高法院申诉，我们绝对不加以限制。不过从边区高等法院成立以来，这样的事还没有发生过。另外边区为了便利人民的诉讼，在各分区成立了高等分庭，就近接受各分区所属人民的上诉案件，不服分庭判决的，同样适用再审程序。

四、检察制度

司法的检察制度，是一个很好的制度，因为它以国家的权力来保障法律的执行、保障人民的法益，这在一般比较复杂的社会里面是很重要的，在边区过去也曾有一个时期建立过检查［察］制度，但现在暂时取消了，原因是：（一）边区是处在战争的环境，司法的组织与手续，以简捷为适当，审理案件要能够迅速解决，免致耽延时间。（二）边区的社会组织比较简单，经过革命后，对人的政治压迫及经济剥削的制度逐渐得到合理的解决。（三）边区的案件，对于受害的主体不属于国家及社会公共利益的，均准许进行调解，不采取刑事的干涉主义。（四）边区施政纲领第六条规定“……人民有用无论何种方式控诉任何公务人员非法行为之权利”，这就是说边区人民如受到侵害，均可以直接向司法机关控告，即使没有检查［察］机关的帮助，也不至于受到压迫。（五）公安机关对于侵害国家及社会公共利益的案件——如破坏边区的犯罪行为——可作为代表国家的原告人，提出公诉，边区的群众团体也可以协助人民的诉讼。（六）边区法院对司法工作负完全的责任，它不只是审判，同时也可以检举，这就是说实行“审检合一”制，在边区现时没有检查［察］制度，对于边区的司法工作没有任何的妨碍。

五、审判方式

边区的审判方式是多种多样的，但只有一个共同目的就是为政府和老百姓适当的处理案件，正确的解决问题。现将我们采用过的审判方式，分述于下：（一）法庭的审判，完全采取法官与当事人谈话的方式，以劝说解释代替了严厉斥责的旧式审判。这样使当事人对法官消除了怀疑恐惧的心理，就不会发生对抗隐瞒的态度。才能使当事人尽量陈述真正的事实。尤其是对刑事被告更应如此。（二）马锡五同志的审判方式，这是采取调解与审判结合起来的。案件在什么地方发生，法官就到当地群众中间去进行调查，共同讨论，提出双方能够接受公平合理的解决办法，这样的审判，一方面可以洞悉案情，一方面马上就可以解决问题。人民更感便利。（三）群众参加的公审，就是法庭遇到对群众有特殊教育意义的案件，就召集群众大会，举行公开审判，这种审判，群众得选派代表陪审，群众得发表意见，但判决是由主审与陪审共同商讨，按法律决定，以具体案件的审判来教育群众，给群众以更深刻的法律观念。

六、诉讼程序

为了便利于人民，边区的诉讼程序很简单。根据几年来边区诉讼的经验，最近制定了一个边区人民诉讼条例草案。经过边区政府审查讨论以后，就可以颁布。这个草案的内容，与一般的民刑诉讼法有许多不同的地方：（一）不着重诉讼的形式，因为边区过去在封建军阀的统治之下，文化非常的落后，成年人识字的并不多。经革命后，边区的文化才逐渐的提高起来。所以人民诉讼用书面告状也好，用口头告状也好，司法机关同样的都要受理。（二）边区的政权是人民自己的政权。边区的司法机关是完全替人民服务的。人民向司法机关告状，除自己使用的旅费及败诉赔偿外，没有任何的司法费的负担，因为边区的司法机关没有什么讼费、送达费、抄录费、申请费、检验费、状纸费等等的征收。至于收受贿赂的行为，即使是最轻微的东西，也绝对不允许。（三）司法的管辖虽有规定，但因人民法律的知识缺乏，即使诉讼管辖的错误，司法机关仍应受理，将案情问明白以后，再帮助当事人移转管辖，免使人民对诉讼失望。（四）上诉期限在判决时即明白宣告，但过期申请上诉的，司法机关不能够一下就批驳拒绝。受理后可发回原审机关重审，不服再向第二审上诉，免使人民因交通的阻碍或因生产时间的忙迫而失去上诉的机会。（五）民刑案件除重大的刑事案件规定不许调解者外，各级司法机关，在受理案件的时候，首先必要经过调解程序，如调解实在不能成立，才得依据法律或合理原则予以审判。（六）民事本来是不告不理的，就是说当事人不请求，法院即不替他主张，但在边区一般人民还没有什么法律知识，他自己应得到的权利，往往不知道请求，如果法院看到了人民受到伤害，仍然要尽到为人民谋利益的本旨。（七）司法机关是为人民解决实际问题的，一次未能解决，第二次还是要替他解决，不是只要判决了就不管，所以“一事不再理”的办法，在边区是不适用的。

七、法律的根据

边区判案的法律根据，有三种标准：（一）国民政府现行的法律，基本上在边区依照实际的情形采用，但必须不违背以下的四个原则，即 1. 适合抗战团结的需要；2. 适合民主政治；3. 适合边区的历史环境；4. 适合广大人民的利益。如国民党第一次全国代表大会宣言，孙中山先生的建国纲领，抗战建国纲领，都是很好的基本法则。还有民刑法的部分，禁烟禁毒治罪暂行条例，战时惩治汉奸条例，惩治贪污条例，这些为着国家人民着想的法令，也还值得参考。至于危害民国紧急治罪法，限制异党活动实施办法，图书杂志新闻的检查办法，取缔销售共产书籍办法，保甲条例，保甲连坐法等，这些剥夺人民自由，危害人民利益的法令，正与边区的民主政治恰恰相反，当然在边区不能施行。（二）边区现行的地方法令，这完全是适合于边区需要经过人民代表的参议会制订出来的。在基本的法令上有施政纲领，政纪总则，保障人权财权条例，政务人员公约等。关于保卫边区的有政府处理边界纠纷保护抗日救国团体防止汉奸土匪阴谋活动的文告。关于土地的有土地条例、土地租佃条例。关于婚姻的有婚姻条例，抗属婚姻处理办法等。（三）政策及习惯。边区的法令还不完备，如果没有适当的法令可以援用或参考的时候，处理案件则依据政府的政策及边区人民良好的生活习惯，再逐渐的制订更完备的法令。

八、边区的刑罚

边区的刑罚是比较宽大的，边区施政纲领第七条规定：“……对于汉奸分子，除绝对坚决不愿改悔者外，不问其过去行为如何，一律实行宽大政策，争取感化转变，给以政治上生活上之出路，不得加以杀害、侮辱、强迫自首或强迫其写悔过书，对于阴谋破坏边区分子，例如叛徒分子，反共分子等，其处置办法仿此。”因此边区已经实行了废除无期徒刑，有期徒刑的最高刑期只有十年，拘役改为苦役，罚苦役的根本不拘，苦役期最长为六个月。至于死刑的判决非常慎重，非至万不得已，决不轻易判处死刑。故凡判决死刑的案件，必须经过高等法院审核拟具意见送请边区政府政务会议讨论通过批准后方得执行。罚金不许滥用，司法机关不以罚金作为一种收入。只有鸦片、赌博、侵占、损害公共利益的犯罪行为才依据犯罪者的经济情况酌量科以罚金。褫夺公权，也不常用，也只有破坏边区罪，而犯罪者始终顽固不化者，始宣告褫夺公权的从刑，作为刑满释放后一定时期内的考查，但只要改悔转变，即可宣告复权。在边区判刑以后，犯人在守法中，表现很好，即准许保外服役，离开监狱放出来参加生产，有些则提前假释回家或分配工作。有些刑期未满，即宣告减刑释放。这完全是以犯人认识错误及其改悔转变的程度为标准决定。还有属于二流子一类性质——如吸食鸦片、赌博、窃盗等罪犯，不是屡犯而愿意改悔的，一般的不判刑期，经过批评教育，由犯罪者提出保证，拟订个人的生产计划，实行自己劳动生产，即予开释，交所在的地方政府监督管束，帮助改造，使成为一个很好的劳动公民。这一切办法都是为着保护抗战建国的人力，增加抗战建国的力量。

九、辩护人及代理人

边区现在还没有律师执行业务，但边区诉讼手续简单，司法机关又尽一切可能给人民以诉讼的便利，当事人不感觉到诉讼的困难，没有律师的协助也能够顺利的进行诉讼，不致受到任何阻碍，倘诉讼当事人要求辩护人或代理人出庭协助，只要有当事人委托的证件，法庭同样的承认他的地位。此外人民团体对于所属成员的诉讼，经当事人的请求，也可以派代表帮助出庭辩护或代理进行诉讼，这在边区是允许的。

十、政治犯的处理

一般的所谓政治犯，有两种解释，一种认为有反共思想的就是政治犯，那边区就没有什么政治犯。因为在边区的思想是自由的，即便有不同的政治意见，都可以提出来讨论。如只是思想上认识的错误，绝不能作为罪犯看待；一种认为有进行破坏共产党、破坏边区、破坏八路军、破坏抗日行为的是政治犯。这样的政治犯实际就是刑事犯。公安机关有权检举逮捕侦查。如认为有罪，即向司法机关提起公诉，由法院根据犯罪事实，审理判罪。

十一、监狱管理

边区的监狱，固然是惩罚犯人的场所，同时也是犯人的教育机关，在教育中使其认识错误，改正错误，走上正确的道路来，务求达到感化转变争取犯人的任务。我们对于犯人的教育可以分为三种，一是生产教育，使他们在守法期间，实际参加劳动生产，一方面改正他们轻视劳动的错误观念，从劳动生产中锻炼他的思想意识。另一方面提高他的生产技能，保障出狱后能够自己生产，解决自己的生活。二是文化教育，提高他们的文化程度，增加他们的社会常识。要他们识字、算数、写作墙报。有些努力学习的犯人，他们原来是不识字的文盲，但经过一两年在监狱中的教育，就可以读报、记账、写信，这对他出狱后的工作，有极大的帮助。三是政治教育，提高他们的政治认识，主要的是给他们讲时事讲中国抗战与同盟国反法西斯战争的道理。讲边区的政策、法令，讲他们犯罪的根源及改正的道路等。有些文化程度较高有阅读能力的犯人，也可以自己阅读政治理论的书籍，自己研究，使他们更清楚认识中国革命的前途及其个人努力的方向。犯人在监狱的领导之下，建立自治的组织，自己管理自己，各个小组经常召开生活检讨会，检讨每一个人日常的思想行动，如有错误的表现，即给以批评纠正。犯人有什么意见和要求经过小组长的监狱报告解决。或由犯人开斗争会提出进行思想斗争，再给以适当的处理。倘若犯人继续有犯罪的行为，即向法院控告，由法院重新审判，增加刑期。如果犯人在守法中表现很好，能够认识错误，改正错误，对于学习生产都很努力，即给以奖励，虽刑期未满，经监狱考查，可报告法院批准提前释放，恢复自由。犯人在狱中可以会客写信，可以举行娱乐晚会。如有特殊的原因，亦准具保请假回家。至保外服役的犯人，更可以把妻子接来同居，行动再不受拘束。犯人的生活，供给标准是同工作人员一样的，因劳动需要，还另增加粮食，保证犯人能吃饱。犯人有病，有医生给治，病重的可送医院，现在边区医院就有两个犯人，可以说犯人的身体一般都是很健康的，精神也是很愉快的。正因为如此，过去曾有过逃跑的犯人，出去一年以后，还转回监狱来，承认错误。犯人守法期满释放以后，有些回家去努力生产，成为劳动模范，有些自愿留法院工作，有些即在监狱附近自己开荒生产，成为一个特殊的犯人新村，这是边区的一个奇迹。

十二、司法干部

边区的司法干部，大多数是经过革命斗争从群众中产生出来的，不限于学历及文化程度，但必要具有一定的条件，这就是忠实于革命，忠实于国家和人民，忠实于抗战事业，真正能够为人民解决问题，得到人民的信任。至于法律的知识与司法工作的经验，即在实际工作的过程中培养训练出来，使成为一个更合格的司法干部。过去法院曾办过三期司法训练班，现在延安大学设有司法系，即是专门培养训练边区司法干部的学校。外来学过法律的知识分子，只要愿为边区的司法工作服务，一样的可以充当边区司法干部。如前代理高等法院院长李木庵，就在福建当过地方法院院长，在北平、南京执行过律师业务，因为年老体衰，辞职休养。现在法庭庭长乔松山是北平法专毕业的，在南京监察院当过主任书记官，这都是在边区司法工作中负主要责任的。

十三、三三制在司法机关的实行

边区的政权是实行三三制的，司法机关也同样的适用三三制，这就是说共产党员也好，其他党派的人士也好，无党无派的人士也好，只要是决心共同抗日的，能够为边区的政府和人民做事，也可以参加做司法工作，如高等法院的法庭庭长乔松山，他是一个国民党员，抗战后国民政府撤退，才从南京回边区，民国三十年被选为边区第二届参议员，三十一年即被委充绥德地方法院院长，三十二年调充高等法院的法庭庭长。其他的非党人员在边区司法机关里面服务的更多。这是最明显的例子。

总之，边区的司法工作，正在草创的时期，法令制度虽尚欠缺，但我们有一切都是为着国家和人民服务的精神，有一切都是为着驱逐日寇出中国、争取抗战胜利的方针，在中国共产党的正确领导之下，一定能够完成自己的任务。

选自《陕甘宁边区审判史》，陕西人民出版社2007年版，第265～271页。

46. 陕甘宁边区高等法院法庭、地方法院法庭审讯暂行规则

1944年

第一条　本规则为便利进行审讯起见而制定之。

第二条　当事人到庭候讯应以持有传票为准。

第三条　承办讼案推事除传票未到期或已逾期者外，应准时开庭。但未到期或已逾期之传票，如遇该推事未审讯其他案件者，不在此限。

第四条　提讯在押人犯及起诉或口头传唤者，不适用前二条之规定。

第五条　当事人报到后，先在候审室等候传讯，不得到处自由行动。

第六条　宣布开庭后，当事人由法警引至指定座位入座，非经推事命令或准许，不得离开座位，或走出法庭。

第七条　审讯当事人之其他还未经传讯者，不得走近法庭窃听。

第八条　违反第五条至第七条规定，法警依职权禁止之。

第九条　当事人不得在法庭滋闹及任何不法行为，违者得予以刑事上之处分。

第十条　当事人请求以代理人代为陈述或辩护者，得准许之。

第十一条　推事讯问后，认为有逃跑或串供之虞者，得临时拘留或指定住所。

第十二条　法庭审理民事案件时，得准允旁听，但应遵守下列规则：

一、不得扰乱法庭秩序。

二、不得对当事人有任何暗示及一切帮助行为。旁听人于审讯时，用书面[1]，审讯休息中或审讯后，用书面或口头提意见者，得准许之。

刑事案件可以公开审理者，适用前二项之规定。

第十三条　审讯笔录，经朗诵后，当事人无意见或有意见而在笔录上加以注明，但不得拒绝签名盖章或按手印。

第十四条　审讯后，认为尚不能终结之案件，应由推事告知当事人以再讯日期，但是否再讯，尚须与负责人磋商或会议讨论者，另外定期传唤。

第十五条　审讯或宣判后，当事人无理纠缠不可离庭者，经解释无效后，得由法警强制离庭。

第十六条　凡重大案件，认为有教育意义者，应在群众中组织临时法庭举行公审，其公审规则另定之。

第十七条　本规则如有未尽事宜，高等法院随时修改之。

第十八条　本规则经高等法院院务会议通过后施行。

选自《延安地区审判志》，陕西人民出版社2002年版，第361～262页。

47. 附［报刊报道］：新民主主义的司法工作（摘录）署名：林间

1945年1月13日《解放日报》

一、司法工作中的特点（略）

二、马锡五的审判方式

马锡五的审判方式，是边区司法工作中的新方向，是司法工作中的群众路线。他的审判方式和特点，可归纳为八点，这就是：

（一）走出窑洞，亲自到发生事件的地方解决纠纷。

（二）不片面地听信当事人的供言，要深入群众调查，搜集材料，多方研究。

（三）倾听群众意见，坚持原则，掌握政策法令。

（四）经过群众中有威信的人做说服解释工作。

（五）分析了解当事人的心理，征询其意见。

（六）采用集体自我教育方式，邀集有关人到场评理，提出处理意见，共同断案。

---

① “法律法规汇编版”漏掉“用书面”三字。

（七）审案是座谈式的，不拘何时何地，不影响群众生产。

（八）态度恳切，做到双方自愿，使自觉地认识错误，决心改正，而乐于接受判决。

在马锡五同志倡导下，这种新的审判方式，在全边区司法工作大大地被运用和发展着。

三、对犯罪新的教育（略）

选自抄件，原注："原载《解放日报》1945年1月13日第四版"。

48. 附［报刊报道］：陕甘宁边区高等法院监狱犯人生活

1945年1月16日《解放日报》

入监就是入学

犯人进监狱，虽然被限制了自由，但是他们所过的教育生活来说，入监就是入学。

一进监，首先是"个别谈话"，就是负管教责任的（典狱长、教导员、看守员）问进监的犯人，对法庭判决，有没有什么意见？并随即告诉监狱的守法规则，劝勉安心守法、积极改造自己的错误。然后就编号编组，每组约七、八人，组长是由转变较好、能积极帮助别人的犯人担任，管理各个组的是劳作队部，也是由转变得好的犯人担任，一人任队长，一人任文书，直接受看守员的领导。犯人一到组上，睡的是他们习惯了的热炕，穿吃和一般工作人员一样，住的号房，除在门上多开了碗口大一个圆洞外，和一般人住的房子没有不同的地方。

三大课程

犯人有三大课程的学习：第一，是生活教育，又分两方面：一是日常生活教育，一是劳动生活教育。前一种，是每天晚上开小组检讨会，定期开自由演讲会，或管教者随时召集大家讲话，来改变犯人不良好的思想行为；后一种，是使犯人参加生产，如设有农场、菜园、板厂、炭厂、纺毛、畜牧等，以培养犯人劳动思想习惯，更打下了犯人出监后有生活技能的基础。第二，是政治教育，由管教育者上政治课，讲边区建设、政府政策法令，各个犯人犯罪的原因和改正的方向。谈时事及抗战必胜民主救国的道理等，使犯人了解中国革命前途及他个人应走的道路和努力的方向。第三，是文化教育，教识字、讲卫生、学算术、阅书报、写墙报和社会常识等，以增加犯人文化知识。

犯人俱乐部的活动

犯人在不违反守法规则下，还过着一定的民主生活。俱乐部就是由犯人完全民主选举设立的"由犯人大会选举主任一人，干事五人分任文娱、墙报、卫生、伙食、生产等工作"。文娱干事，主持并推动文化教育及日常娱乐生活和晚会的演出等，墙报干事，主持通讯、出刊墙报，卫生干事，管理公共及个人卫生，伙食干事，搜集意见，改善伙食。在监狱设有俱乐部一所，并设有图书室，每当吃完晚饭，犯人在俱乐部里，或走棋，或看书报、或拉胡琴、或打扑克，使你看了，会想不到这是在监狱守法的犯人。

“都是为了咱们好”

监狱主要是改造犯人成为新民主主义社会的良好公民，对犯人生活待遇上，决不为难。如回民马文海不吃猪肉，就给他另做菜饭；女犯郭兰英的小孩由法院供给一切，送在沟门南区合作社民办小学读书，犯人郑中华的婆姨来看望，要求住在监狱附近，监狱就帮助他们安家，并准归宿假。又如犯人白士云，准他回家办丧事。有了病由监狱卫生所医治或送医院等等，犯人见到这样的事实，都感动的说：“都是为了咱们好，再不学好，良心上也过不去呀。”

犯人转变的例子

李树明，抗战前在肤施县保安队当队长，经常带队伍在城外抢老百姓，抢过红军家属陈九儿家二斗麦子，并将陈九儿绑走，在途中命令士兵将陈九儿枪毙。廿六年红军进驻延安，陈九儿母亲向延安市地方法院控告，法庭以李树明系拖枪投诚，从宽处以徒刑三年，李在监狱中，努力学习，诚心改过，因之仅两月，即假释出来，在高等法院当伙夫。工作中负责，埋头苦干，不久即调升伙夫班长。二十八年，法院生产总结会上，他当选为劳动英雄，院长奖给他红绸奖旗，他说：“我从这时就下定决心为革命奋斗到底。”工作更积极。学习上，原来一字不识，现在也开始能写读了。不久又调升为保管员，由于他工作吃苦在前，处处为人表率，又升任安塞农场付（副）主任，现在又是安塞农场的主任。他说：“我过去糊里糊涂，现在明白了，只有共产党，才是真正为人民谋利益的。”

卢丁荣是延安市的老二流子。常常弄得家里没米下锅。为赌钱偷东西被公安局抓过十几次。三八年偷驻军付（副）官处的东西被捕了，因为他常偷赌，不改，附近群众痛恨他极了，要法院枪毙他。法院为了长期教育他。判了五作徒刑。初进监，身体瘦弱不堪，啥也不会，在监狱教育下，身体慢慢也锻炼得强壮了，下决心学好，学会了纺线、砍柴、种菜、煮饭、转变得较好了。便常准他回家住宿，婆姨生了娃。一九四三年病了，准他回家养病。法院常送米送面送钱给他，并帮助请医生。今年提前释放了他，并帮他订生产计划，他现在在家里种了些地，又帮（受雇）公家煮饭，成为一个健壮有为的公民了。他说：“我永忘不了法院，永忘不了共产党给我这种好处。”

选自《中国新民主主义革命时期法制建设资料选编》第四册，西南政法学院函授部1982年编印，第335～338页。原注：“《解放日报》1945年1月16日”。

49. 陕甘宁边区政府批答
薛张氏为争继承权上诉案应予驳回

1945年1月24日

子洲县薛张氏：

你呈毛主席的一个状子收到了，经过本府把前后案情审查之后，认为高等法院在三十二年六月十九日之再审判决书，尚无不合。因为：

第一，你要求叫你的儿子给二门承嗣，判决书上已指明：“二门薛钟氏死后，所遗财产由请求再审人薛张氏之子薛应起继承”。

第二，你谈薛应贵私造假账一节，已由高等法院当面算清，写在判决书上是：“薛应贵应补出大门应出之一份费用二十八元五角四分，按当时粮价折合粮食一石四斗二升七合算还薛张氏”。正因为薛应贵私造假账，法院曾禁闭了他二十九天。

第三，丧礼存余，判决书上也说：“葬费存余七元一角由薛应贵交薛张氏收领。”

第四，薛应贵拿用二门的东西，判决书上说，“细粮一斗五升，锅三口，小盆一个，罐子两个，应如数返还薛钟氏承继人薛应起所有”。

第五，你说薛应贵打过你，抢收粮食十垧，拿去眼镜被褥和杂粮二石一斗等，由高等法院传讯李风旺，吴薛氏（尽是你指定的证明人）证明和派员调查过，无实据，因此判决书上说：“薛张氏请求薛应贵赔偿在二门土地内抢割粮食一节，应毋庸议”。

第六，卖窑、卖地、赶羊事，系新事实，应根据上项情形，高等法院再审判决书是对的。你全家人移并延安可托人至原籍接受赔偿的东西。至你坚持要法院传讯薛应贵来延，不让他过安然日子，显系不是对事而是“赌气”。因此，上诉碍难接受。

此批

主　席　林伯渠

副主席　李鼎铭

毛主席对薛张氏呈状的批示

林主席酌办。

毛泽东

一月三日

附：

薛张氏给毛主席的呈状

具呈民妇薛张氏，年四十六岁，绥德三皇峁薛家崖人，为缘民世居绥德，氏夫弟兄四人，身为老四，民夫老二无子，就将妇二子应起承嗣为子，民国二十七年二月，氏妇二兄病逝，妇子应起即遵理举行安葬，并合厝在兄三世老人，事毕要薛应桂等清账，谁料薛应桂私造假账，霸占二门遗产，妇云为老人事，理应争先恐后，应桂辱及将妇痛打一顿，后寻当时的联保主（任）种明雄，保长薛杨光、蒋照提等，都是他出钱贯起的，随时抢收妇高粱二垧、糜子一垧、谷子一垧、杂豆六垧，都把青苗犯了，奈妇无寻先说话人，而种明雄早受薛应桂贿赌，言妇子坏种不要顶门，将妇押到三皇峁五天，幸有妇娘家张忠堂，张忠富、张忠尧不允才放了，押妇之意图，私办其十月把门把偷抢妇米麦绿豆二石一斗，丧礼账可收的十二元八角，所有用具一并拿去，抢劫东西无数，不信现在家还有很多，那时的办公人，都是何派专到农村吃卖法，薛应桂为吃遗产，又同李风旺赶我羊一十五个、眼镜一付（副），又把老二的地卖到薛恩桂名下，价洋一百零八元，捉薛照法说合，遗产食完才叫妇子顶门。又民国二十九年，妇赁王克先的窑四孔，还通我知偷买偷卖是薛应桂出钱，薛照安上名，他买此窑专为把我赶出门外，六月十五日，猛雷大雨把妇母子赶到水渠夜宿，薛应桂欺我并非一端工作，至此不由泪珠笔墨齐下，受人打骂还是妮子，眼看实难翻身，幸于民国三十年，高司令把妇引上明路，三十一年诉延高等法院，各方考查，尤其今年七月法院亲往妇家，把上写之事件件都查是实，并把应桂做的假账扣到法院，调查材料堆若盈天，不开庭审问造假账、打叔母、抢东西还不提案有何道理，难妇几载来延，家事一扫而空，今后生活如何维持，无法因恳毛主席传案调审，实法判决，合实之主，妇感谢无急矣。

被诉人　薛应桂绥德三皇峁薛家崖人

一月十日

林伯渠为薛张氏呈状事给毛主席的复函

1945年1月29日

毛主席：

交下子洲县薛张氏为争继承权的呈状收到。当经审查高等法院及过去审判委员会的案卷，并找薛张氏面谈两次，认为高等法院对这个案子的判决，尚无不合，薛张氏确系固执己见缠讼，除予薛张氏批答外，特抄附批答全文，请察核。

谨复并致

敬礼！

林伯渠

选自《陕甘宁边区政府文件选编》第九辑，档案出版社1990年版，第13～16页。

50. 陕甘宁边区政府关于对镇原县余长延等匪犯处理的批答

1945年4月22日

雷院长：

镇原县余长延等土匪案，本府同意处余长延以死刑，马文标、马金山以徒刑（徒刑期由高等法院决定）。至李占荣匪犯，要镇原县司法处再行审查：一、这些匪犯有无政治背景；二、李占荣是否著名匪首或惯匪；三、该犯供称“马占才系去年八月间被赵老五打死的”，是真是假？又称“抢了当过保长期侮人的人”，是真是假？否则为甚这样说；四、再次慎重的征求当地回汉人民意见，看处该犯以死刑或徒刑较适合。上项情形由镇原县审查清楚后，提出意见呈报高等法院复核后再转呈本府另行核夺。

其次应指示该县司法处及建议该县县政府做到：一、对过去当过土匪备有案的，应要他们具连环保，并应具体地帮助这些人从事生产，解除嗜好，在生产过程中，解决他们的困难，以转变他们。二、加强地方自卫军的组织和训练，加强人民中的政治教育，加强防奸，以正风纪。

此批。

主　席　林伯渠

副主席　李鼎铭

附一：

转呈陇东马专员关于教育释放匪犯由

林主席、李副主席：

关于陇东镇原县匪犯余长延、马文标、马金山、李占荣罪行一案，本院于三十二年十二月十六日拟具审核意见连同卷宗材料送请钧府复核在案。据陇东分庭转来镇原县三十三年八月份司法工作报告称：马专员审判本案对该犯等教育释放，本年一月十二日，本院召开司法座谈会时，据马专员称：余长延、马文标、马金山、李占荣等犯，在守法期间表现很好，劳作方面亦很努力，教育释放该犯等后，回民均深为感动而欣幸，该犯等亦均积极，查该犯等均系回民，在旧社会不良习俗下习染殊深，致构成犯罪事实。今对该犯等教育释放，不但争取到该犯等彻底转变，同时可影响到该县回民普遍向善之心。因此，本院同意马专员对本案之处理。据情转呈，请予备查。

此致

敬礼！

院长　雷经天

三月十日

附二：

陕甘宁边区高等法院死刑审核意见书

被告人余长延男性，年三十六岁，镇原县三岔区人（回民）。

李占荣男性，年三十六岁，镇原县三岔区人（回民）。

马文标男性，年三十二岁，镇原县三岔区人（回民）。

马金山男性，年二十五岁，镇原县三岔区人（回民）。

上列匪犯余长延、李占荣、马文标、马金山等四名，镇原县政府以该犯等屡次抢劫、罔有悛心、应分别予以镇压，呈请陇东高等分庭，拟处余长延、李占荣两犯以死刑，马文标、马金山两犯徒刑各一年半，经该庭转赍本院，请核前来，兹拟具意见如次：

本案事实：镇原县第一股回民土匪，以余长延为首，该匪过去是兵痞，因在友区历次开小差，抢劫人，避住边区，初不知情，被举为乡长，仍抽空就到友区抢人，如去年八月间，同罗明海、马占才、杨文贵到屯心县皮条沟，抢人烟土五百两，九月初到固原县川屯心县边区三交界处，抢友区民人李国保、郝宝祥的骡子一头，马褥子一件，皮鞋一双，法币一千三百元，及羊毛皮袄等物，回到三岔，才被政府逮捕管押。李占荣犯在民国二十四年同田海儒、杨百华抢人一次，共五百元，分赃一百五十元，第二次路遇马四等抢了人，分赃货五两，第三次同马文标，马金山、杨生德，马占保（杨生德、马占保漏网）在马渠梁上抢劫客商刘百英、刘廷芳等烟土九十二两、法币八千元，布夹袄一件，白布褡裢三个，眼镜三副。马金山、马文标两犯，原与在逃之马占保伙买一枪，准备抢人，经袁科长谈话后，将枪交给县政府。本年阴历八月十六日同杨生德、李占荣、马占保等，从三岔马占保家出发，到友区地八岔原（距三岔六十里），掏的马玉昌藏枪两枝（支），子弹七十发，回转至马渠梁上，遇见商人刘百英、刘廷芳等，即行抢劫，走二十里分赃。

审核意见，根据上列事实，余长延自逃住边区后，匪性不改，时到友区抢人，并自备枪枝（支），领导为匪，教育无法，应处极刑。马金山，马文标两犯，初经谈话，自愿交枪于政府，继被马占保诱惑，又为匪抢劫，意志无常，恶根不尽，镇原县拟判处徒刑各一年半，似宜加重其刑为三年，以便长期教育。李占荣之罪恶，较马文标、马金山两犯虽重，而较余长延尚轻，马渠原之抢劫，杨生德为首，其他两次，亦非首犯，拟改判为有期徒刑八年，以示首从有别，轻重有分，寓宽大于镇压。复按镇原县呈词及三岔驻军函件之表示，三岔地处边境，汉回杂居，良莠不齐，友区回匪，往往逃住该地，群众影响因以不佳。在执行本案时，拟从袁星光同志之请求（在三岔写信给康县长）在三岔召开群众大会，公审该犯等后，分别执行。又镇原县在本案处理卷内，无判决书及布告，除令该县分别制成（马水鱼（友区）、余长延现年三十六岁，过去是兵痞，流氓出身），呈院备查外，合并声明。

以上所拟，是否适当，合应检同原案卷宗材料并呈钧会鉴核示遵，以便批答该县遵照。

谨　呈

审判委员会委员长林伯渠，副委员长李鼎铭。

代院长　李木庵

十二月十六日

选自《陕甘宁边区政府文件选编》第九辑，档案出版社1990年版，第98～102页。

51. 陕甘宁边区高等法院指示信
——关于三十三年下半年各庭处院月报总批答之一由

1945年4月30日

各分庭庭长、各县（市）司法处处长、地方法院院长：

各庭处院月报以陇东分庭月报较好。关于比较复杂的案件，都有发生经过、办理过程、分析研究、事实认定等写法，周到详细，并能提出问题总结经验。比如：

一、订婚问题。原文称："在陇东，婚约（订婚）是广大群众多年的习惯，我们对婚约是否承认和有效？而在群众反映中说：中国俗话，先嫁由爹娘后嫁由本人"……因为子女在小时……他们没有具备全权识别能力，不懂是非好坏，须要有个代理人来帮助。绝大多数父母还是要给子女寻个好家庭找个好对象，如果单纯靠子女自己去找，一方面在现在社会习惯下，一个青年子女不好自己去亲找，另方面即使自己一时看见好也不一定真好，后来又要发生许多问题（如闹离婚等），所以他们意见："婚约问题还是可依群众之习惯，这种习惯也不是不善良的……在现在革命过渡时期，婚约问题尚可承认……但在自由婚姻中……如果解除婚约或离婚，一方退聘礼钱财，一方去人得财，不使人财两空，遭到群众坚决反对以至脱离革命。"

他们这问题是针对着《修正陕甘宁边区婚姻暂行条例》第六条提的。该条原文是："已订婚之男女在结婚前如有一方不同意，可向政府提出解除婚约并双方退还互送之订婚礼物"。关于前半段在婚前一方不同意，可以提出解约一节，这是照顾了婚姻自由原则，但另一方面，如果男女本人没有意见，不提出解约政府却也并不干涉，因为这个问题是边区社会、经济、文化落后的产物，是由来已久相沿成习的历史传统，只有在边区经济文化提高到一定程度之下，这种风习才会完全消灭的，所以过早地提出废除一切包办婚姻，是行不通的，但完全迁就这个落后的习惯也是不对的。

再该条仅谓："一方不同意可向政府提出解约"，至于是否应当解除，政府或法院必须考查一番，看情形决定。如女方确有自主能力，才能准她；如是女方并无自主能力受人挑唆，借口婚姻自主，实要另外卖钱，当然不能准许。

关于该条下半段"并双方退还互送之订婚礼物"一节，如是包办订的婚，批准解约时便应退还聘金彩礼，不使人财两空，这是对的，如是自由恋爱订的婚，一方自愿赠送他方之礼物，则解除婚约时便要看情形决定：公家人与公家人间的解约，则事前彼此送些东西也不一定要退还，不能机械执行法令而必须照顾实际情况，要做到"法情兼顾"。

至于离婚方面的"一方退聘礼钱财或赔偿，一方去人得钱不使人财两空"的办法，据绥德吴堡等县总结报告材料，离婚多系女方提出，理由多不充足，男方多系穷苦人家，若让其脱离，穷人受苦汉不容易再办到婆姨，若不让离，破镜不能重圆，女方死也不肯回家，为了顾及双方利益，自以由女方退出聘礼钱财，或赔偿男方损失，如为适当，这作为调解办法还可以，但不是一切离婚案件在判决离婚时，却硬要赔钱帮米，果真够离婚条件，便不必赔钱帮米，因为在一定条件下的婚姻自由是有的，而且婚姻法上并没规定要赔偿钱财或退出聘礼，不要把这种办法到处使用，致被认为是变相的买卖婚姻。

二、土地问题。"在过去土地手续十分马虎，如按照'旧式契据'山地四至马虎，互相包括……要政府从新确定登记，无论如何须将四至彻底弄清，免得农村常年斗殴纠纷，造成不团结之现象"，现政府已颁布地权条例和土地登记办法草案，并已在某些地区试行，如果尚未进行登记地区已发生纠纷者，在判决之后或在原约批明详细的四至或另附说明，盖县印作为证件以息后争。

三、遗产分割问题。在这里连年发生不少的继承纠纷案，如弟兄们发生分家不公，今天斗殴要求政府从新分配家产，这中间困难很多，因为在多年过程中他们经营方面变化多端，今想推翻旧的既成事实，从（重）新搞的公道要费很大的力量。目前对此种案件之处理，应该是调查清楚，确系没有分过而当事人的一方确系贫苦，无法从事生产者，可以用调解方法使之取得一些财产，若非以上特殊情形，一般的不必受理，因为这是民法中的时效问题，现正研究中，尚不能提出具体办法。

敬礼

代院长　王子宜

选自《陕甘宁边区法律法规汇编》，陕西人民出版社2006年版，第230～231页。

52. 陕甘宁边区高等法院指示信
——关于三十三年各庭处院月报总批答之二由

1945年5月

各分庭庭长、各县（市）司法处处长、地方法院院长：

一、某些案件处理过轻，唯既已处理，姑作罢论，兹举数例，希各注意：

（一）子洲县吴继业诉胡徐氏虐待其女致死一案，缘被告胡徐氏之子胡玉银与吴继业之女堆儿，自三十年结婚后，感情还可以，唯婆母胡徐氏生性刁蛮，对生性懦弱的媳妇堆儿，常加打骂，堆儿在娘家又遇三个后继母，因此心中时时苦闷，去年古历七月十五日，胡徐氏为家务与老汉争吵淘气，负气不管家事。次日晨，媳妇堆儿问婆婆：做什么饭，徐氏没好言答复，出口就骂，用手镯在堆儿的头上打了几下，堆儿回家将早饭做好，中午上吊死了。经该县验尸，头上有紫伤一处，右肩有伤一处，下额有伤一处，手腕有紫征伤一处，脖项有绳印。本案经该县调解无效，后又转托人协同区乡干部调解了：除穿戴及柏木棺材外，由胡徐氏给原告吴继业孝布十个，赔偿诉讼损失费边币十万元，对胡徐氏严格斥责后释放。

查胡徐氏常年虐待堆儿，无顾打骂，用手镯击伤头部数处，致堆儿怨愤自杀。此种婆婆虐待儿媳致死行为，乃旧社会封建家庭遗留之恶习，边区各地时有发生。对此封建余毒，应坚决反对严予制裁。该胡堆儿虽系自杀，但与胡徐氏之一贯虐待即当天之打骂伤害，实有直接关系，胡徐氏当不能辞其咎。应按伤害罪加重科刑，本案应科三年有期徒刑并酌量赔偿原告之损失，并可在该村乡公审，以教育群众而儆后效。该县完全调解，以柏木棺材葬殓并赔偿吴继业孝布十个、诉讼损失费边币十万元，实不妥当。一方面，命案不准许调解，对社会有不良影响，或者产生视命案如同儿戏；或者以为有钱买得人头落地；另方面，过重的金钱赔偿，如不影响被告家庭经济，当然可以；再如被害人一死，家里生活没有办法，多赔偿些也满需要，但原告吴继业是中农家庭，比较富裕，他并不依赖伊女生活，因此这种过多的赔偿，是不需要的，毫无疑义成了买罪钱，以金钱买罪，法所不许，当事人自行私下和解，尚可通融，而已经起诉，即应法办，又由官方调解，未免看轻命案。

（二）延长县王英诉杨玉龙过失杀人一案，被告杨玉龙没学过医，只是在兵站当过文化教员，后因病退伍。有王英之子王恩义，于去年八月间患痢疾，九月十三日病更厉害，送请杨玉龙医治。杨看病后开了药单。抓药时因药材不全没有抓起（齐），王英要求杨玉龙想其他办法。杨即拿三颗蒜捣烂和三两陈醋合起来叫病人喝下，未过半点钟，病人腹痛剧烈，一点钟后即毙命。杨玉龙逃跑。后王英在该县城里遇见杨玉龙，即行起诉。经该县召集保健药社四位医生研究，结果认为治痢疾是有这个方子，不过王恩义久病体弱，用蒜太多，杨玉龙太不慎重，应注意而不注意。经该县调解，由杨玉龙帮助王英三万元。

本案被告杨玉龙触犯过失杀人罪，除酌量赔偿损害外，应处以一年有期徒刑。

（三）延川县郝庆隆伤害一案，被告郝庆隆系阴阳，常以迷信方术治病，去年四月间，有刘尚智之妻染病甚重，肚腹膨胀，被告即用菜刀一把烧红，白布一块，黄表数张，在病人肚腹打治，病人旋即死亡。被告经该县拘捕，死主请免治罪，于是该县管押四天，由被告在集市反省迷信骗人，后批评释放。

查阴阳巫神一类在农村害人不浅，被告借迷信治病伤害病人致死，触犯过失伤害致死罪，应处以三年徒刑。

（四）子洲县高祖前窝藏土匪一案，被告高祖前自三十一年正月起，即开始容留土匪有张孝宽、张铁弹在他家住宿。二三月间，有政治土匪李金兴、张海清等五人来过一次，八月间，有土匪折克全（他的朋友）同李金兴来看他，给他三十元钱。三十二年六月，土匪折克全、李金兴来他家，派他到槐树岔打探是否有八路军，如有，扬土为号。后该犯探明该地确有军队，并有进剿土匪模样，他即扬一把土打信号，放走土匪。九月间，李金兴等五名土匪来他家住，第二天抢了李家沟。十月间，他在高砭驮炭，遇见李金兴等匪，没有报告政府，后又给土匪出主意一次，抢了董应光。去年二月，土匪薛明珠等四人在他家住宿，抢了牛乃和，拉了牛二票子。该县判处徒刑六个月。

查被告高祖前一贯窝匪，前后七八次之多，并充当土匪，坐探两次，应按盗匪罪惩处。姑念其居住边界，畏惧匪患，情尚可原，应处以二年有期徒刑。

今后命案除应专案呈报请示以昭慎重外，一般起诉命案不能调解，应由司法机关依法判决。

二、命案因未经勘验致发生不应有的诉讼纠纷。

（一）延川冯有禄诉永远区府枪毙其子冯昌一案。三十二年冬整风时，永远区府于腊月初七日找冯昌谈政治问题。谈至鸡鸣，人已疲乏，搞了些肉和馍吃，就在区府睡觉，熟睡之际，冯昌乘机逃跑，行到三乡石洞河，落崖毙命，到十日，始发现尸体，该乡政府报告区上后，即将该尸体领回掩埋。去年四月，死者之母控告该区府枪毙其子，声称身有枪伤，要区府抵命，经县府解释不依又到处上告。后经本院会同延属专署派员前往处理，据原告死主称：检验是枪伤，依法制裁，不是枪伤，怨他自己愿死了，就不告了啦。后到死者坟地验尸，时过半年，尸已腐烂，当验得膛骨碎烂，确系落崖身死，但尸主始终不满判决。本案如果事先经过尸亲到场勘验，这种纠纷便不会发生。

（二）吴旗县慕玉林诉武录杀害其女嫌疑案。被告武录与慕玉林之孙女于四三年自由结婚，平日夫妇感情尚和好，不意慕氏突于去年阴历五月二十二日晚，其夫武录出外变工时，暴死。是晚，武录从蔡涧曾回家送绳一次（卖猪儿换了两根皮绳），但他回家并未到其妻住室，只将皮绳放在另一个窑里就走。第二天得知死讯后，即邀其妻娘家父亲前来看验，项带毛裤带一根脖子勒伤一处，经娘家父亲同意出丧葬埋。后死者娘家祖父慕玉林听人传说其孙女死因不明，既不像吊死，又不像打死，遂于人埋了三月之后，方来告诉。经调查结果，确系上吊自杀，自杀原因，系该妇神经不健全，带傻，有狐臭，先与贾正德结婚，后贾嫌其腋臭，与之离异，旋与武录结婚。初时，武录因贫娶妻不易，感情甚笃，久而渐厌其病，情感稍疏。该妇自恨身患疾，既见辜于前夫，悔为后夫所不幸，感前途暗淡，遂寻自尽。

查该案如事先经过检验，则不会有这一场官司。同时慕玉林只是听人传说来告的并无具体事实和证据，该县不应擅将武录拘押，以致冤枉系狱十五个月之久。当时应先令区乡查报或派员调查，或先传唤被告到案讯问一番，如无具体事实和证据，应认为不必要羁押，便可令具保候讯，随传随到，以重人权。按保障人权条例第八条规定“逮捕人犯应有充分证据”，该县听信原告一面之词，并无实据，则加捕押，已为不当，经过初步侦查讯问后，仍未发现具体事实或证据，即应撤销羁押，将被告保释，不应一直老押下去，妨害人权殊甚。

今后必须：

1. 遇有非病死或可疑为非病死者之起诉案件，该管司法机关应速相验，如发现有犯罪嫌疑，应继续为必要之勘验与侦查。

2. 勘验必须尸亲到场，并征求尸亲意见。

敬礼

代院长　王子宜

选自《陕甘宁边区法律法规汇编》，陕西人民出版社2006年版，第128～130页。

53. 陕甘宁边区高等法院批答——关于三十三年下半年各县月报内总批答之三由

1945年年初[①]

各分庭庭长、各县（市）司法处长、地方法院院长：

关于三十三年下半年各庭处院月报兹再指出如下：

一、个别县份报告案情太简单不具体。如定边县所填（案情摘要）一栏都是几句话就了事，甚至像土匪这样一类案子，也是如此，譬如杨德清土匪一案，在（案情摘要）栏内写道：（该犯不务正业，过去和尚万海一块抢人，被高控海队伍将尚捉去，该犯逃来定边，被获本府。）在（刑名）栏内填了（苦役五个月）。关于抢人的时间、地点、人数、枪支，实施抢劫情形，抢的财物数目等详细过程，通没叙说，希注意纠正。

二、甘泉县请示：（判处苦役在监内时间是否计算）查未判决以前的羁押期间，应该一日抵一日，若有剩余，即执行此剩余刑期。若刚好相等，即作为刑期执行完毕，应予释放。若已超过也以期满论。如延安县程项、鲁加荣制造迷信（红鞋女妖精）借以诈财一案，第一被告程项逃跑。第二被告鲁加荣，该县业已羁押十个月，故只判苦役二十日，这不对，应该按其罪行判决。如应判十个月以上或一年以下徒刑，便正式明白宣告这样刑期，然后将其未判决以前羁押的日数十个月折抵徒刑十个月。执行时，只执行其残余刑期，若残余刑期是一月，或两月，即执行一月或两月，期满即行释放。

三、统计部分：

（一）收结表上（新收件的案由）（旧管件的案由）一栏应该填明某某因何事一案。如甘泉县只填案由（婚姻案）（妨害抗战案）难以明了，应该加上原被告姓名，如（杨万和买卖婚姻案）（孙彦昌破坏抗战案）。子洲、庆阳、镇原等县亦有同样情形，均希此处更正。

（二）若干刑事罪名案不恰当，如子洲县胡徐氏虐待击伤儿媳致胡堆儿自缢案，应归人伤害罪，不必另列（虐待致人命）一项罪名。马海宽打伤李长安应归入伤害类。乔万金吸食鸦片应归人（烟毒）类，该县通归人（违犯法令）类，是不恰当的。表格上规定之（违犯法令）一项，系指违犯普通刑法以处之某些特别法令，如运粮出境，地主违法收租，及其他表格上所未规定之违法行为等。

---

① 原件无年月，此乃根据内容所作推断。

（三）凡被告被判两种刑，在罪名处置表上只填其主要的一种，不应两种都填上，致数目不符。如子洲县姜鸣非烟毒罪案，判处烟土没收批评释放，该县在（批评）及（没收）两栏各填一人，致总数本是一人，结果成了二人。

（四）表格互有联系，相关数目应一致。镇原县十二月份收结月报表载：

案由	旧管	新收	已结	未结
民事	6	5	6	6
刑事	6	3	4	5
合计	12	8	10	11

按本表，旧管数加上新收数再除去已结数，应等于未结数。但该县所填民事已结件数，横竖都不符合，民事旧管新收共十一件，除去已经六件，应为未结五件。但却未结六件。

经核对：（旧管件的案由）栏，已结民事一件，刑事三件。（新收件的案由）栏，已结民事四件，刑事三件，共是已结民事五件，刑事六件，与前表数目仍不符。又处理案件表上的数目又另是一样。如：

民事：婚姻一件、债务二件、物权一件，共四件。

刑事：贪污渎职一件、烟毒一件、窃盗一件、伤害一件，其他一件共五件。

看：同一个月的已结件数就有三种数字，民事有六件—四件—五件，刑事有四件—五件—六件，究竟结了几件？搞不清楚。希该县转主办人员查对更正。

（五）未决羁押表上的（开除）与入监出监表的（出监）应区别开来。开除是指未决犯的无罪释放，罚金或没收后释放，转监执行苦役或徒刑、死亡、逃跑及其他羁押原因消灭时的开释等，这些都是开除理由。凡转监执行苦役或徒刑，就应登记在大监表上。至于出监，是指监犯由于“刑期执行完毕”、“假释外役”、“解送他监”、“死亡”、“逃跑”等原因，这些是出监的类别，也是出监原因，而离开监狱“开除”中包括的释放与出监的释放有未决犯与已决犯的不同，释放的理由和原因不同，须注意区别开来。尤其开除与出监最明显的不同点，即：“开除”是指未决犯从看守所开除能到监狱执行苦役徒刑。看守所是羁押未决刑事被告，监狱是监禁已决执行苦役或徒刑的犯人，刑事被告一经判决苦役或徒刑，即转解监狱执行。不过在各县，监所未分开，但须在登记注册上分别开来。

四、去年志丹缺九个月的月报，新正缺一月至六月份，三边分庭缺六个月，希将该时期内处理的比较复杂重要的案子汇集具报，其余简单小案只在统计表上填数目字可也。这种权宜办法他县不得援以为例。再如有某些月份处理案件亦希来函说明。

此批

代院长　王子宜

选自《陕甘宁边区法律法规汇编》，陕西人民出版社2006年版，第131～132页。

54. 陕甘宁边区监狱守法规则

1945年5月2日

第一条　本规则为帮助守法人认识与转变错误，及改正一切不良之生活习惯，以便走上正确之道路而制定之。

第二条　守法人有意见，应向行政或会议上提出，不得暗地对负责人谩骂指责及采取一切对立之行为。

第三条　每周按号各开生活检讨会二次，全体开生活检讨会一次。

第四条　每晚守法人有事时，向该号组长汇报，组长转由队长向看守员汇报，但遇有紧急情形或必要时，亦得随时直接向看守员或监狱长汇报。

第五条　守法人应服从看守员，哨兵之警戒指挥。但遇有哨兵打骂或侮辱守法人行为时，得于事后提出意见。

第六条　守法人有病，应由该号组长报告哨兵，哨兵转报告看守所或看守员，经医生检查证明后加以治疗；如系传染性病或重病应即转入病房。但经医生证明为伪装者，得予以适当之处罚。

第七条　对外或外头信件或购入物品，应服从看守员或哨兵之检查。

第八条　守法中不得有下列各种行为：

一、暗藏违禁物品；

二、守法人中互相不团结；

三、未经允许私自调换财物；

四、妨害卫生。

第九条　不得互相交谈案情监内守法人不得与监外守法人无故接近及传送消息；违反前项之规定，依情节轻重处罚之。

第十条　夜间吹休息哨后，应即熄灯就睡，睡后不得谈话。

第十一条　男守法人对女守法人不得有调笑或其他不正当之行为，违者予以处罚。

第十二条　本规则所称处罚，依监狱管理规则第十条之规定。

第十三条　本规则经高等法院院长批准后实行之。

选自《陕甘宁边区法律法规汇编》，三秦出版社2010年版，第504页。

55. 陕甘宁边区政府通令
——通令各级政府切实废止肉刑，改进司法工作

1945年5月22日

各级政府：

自从施政纲领第（七）条规定：“改进司法制度，坚决废止肉刑，重证据不重口供”

的方针公布之后，数年来边区的司法工作确有进步。但由于部分干部缺乏群众观点，缺乏调查研究、实事求是的精神，因而各县用刑逼供，捆打人民实事，仍时有发生，这种违反边区施政纲领及政府法令政策的行为，实为我民主政治中的严重缺点。

清涧县发生这样一件事，“八月初一日晚，王六儿、刘过斌在清涧师家园子公家店里偷布一驮（二捆），当晚清涧县政府保安科将王六儿捕获，交出布一捆，在找寻另一捆时，王六儿趁机逃跑。刘过斌做贼心虚，自动到乡政府报告王六儿给他的布在脑界上地窑子里。经乡政府报告到县府，保安科派王安祥带领警卫队员前去寻布时，刘过斌又生贪财念头，不说真实藏布地方，胡乱指点应付。经盘查解释，交出一部，尚短十八匹隐藏不交（此布后来才全部交出）。再加追问，便诬称师张锁、郝二成、郝高月、师老命等四人知道并同伙偷布。该保安科当将师张锁等四人一齐捕拿到县，科长刘光荣，科员惠志升先后审问，因无口供，便乱用刑法，捆吊烤打，四人中师张锁捆打较重，将右手伤坏，已失作用。真实案情直至最后又将王六儿捕获，才知偷布者确系王六儿与刘过斌二人，师张锁等四人都系刘过斌诬称供”。此案最后虽经本府调处，给师张锁以抚育费使其一面调养残伤，一面经营生产。给予保安科长刘光荣、科员惠志升撤职处分，以示警惩而结案。但清涧县保安科同志这种滥用职权，侵害人权的错误行为是相当严重的。我们边区为民主政治实施地，决不容有此项不法刑讯现象的发生。兹为教育大家，特将此案通令各级政府，希即以此为戒，检讨自己，教育干部切实注意遵守法令，不得再有随意捕人捆打滥权刑讯之事，如有故犯，一经本府查实，必予以应得之罪，绝不宽贷，望各勉惕为要。

此令！

主　席　林伯渠
副主席　李鼎铭

选自《陕甘宁边区政府文件选编》第九辑，档案出版社1990年版，第126～127页。

56. 陕甘宁边区高等法院指示信
——本院规定各县司法处办理杀人案件的程序及应注意之点，指示遵照由

1945年7月25日

各分区分庭庭长、并转所属各县司法处处长及审判员：

在本院审核杀人案件的当中，常常遇到些困难，就是原审材料不够具体和明白；因此，要往返调查，就拖延了结案时间，甚至即是几次调查仍弄不明白，不得已只有据现有材料定案。而后来清理的结果，不是判决错误，就是偏轻偏重。虽然这只是极少的情形，而究竟是我们司法工作中的缺点，我们大家应负责任的。现在为了纠正起见，特将怎样办理杀人案件的必要手续，介绍给你们，望你们注意。

一、凡一地方发生了命案，当地区乡政府要立刻报告县司法处，县司法处处长或审判员要立刻带同书记员法警亲往尸所验尸，不得轻易委托别人或不负责的人。

二、验尸时一定要被害人亲属到场；有证人的证人到场；及区乡长村主任等参加，同时要召集群众公开举行。而负责检验的人，这时不可怕脏怕臭或摆架子，一定要当场监视，有时甚至要亲自动手。如遇尸体腐烂，为避免臭气起见，带手巾渍以重量酒精掩着鼻子，没有酒精，上好烧酒亦可。

三、验尸时要特别详细，凡伤的部位、大小、深浅及致命伤与非致命伤都要弄明确，随即录于尸格。又尸体的任何部分都要检验，如头发内、口腔内、耳孔内、鼻孔内、腋窝、肛门、妇女阴户内都是。再如尸体的面貌颜色、表情、姿态；有特别标志的，特别标志，及所穿的衣服、鞋袜，何布何色，或新或旧；尸体的方位；尸体周围的环境等都不可忽略。

四、被告逮捕后，马上就要审讯，要多审讯几次，要详细深入；因此，凡与本案有关系的人，不管有无犯罪责任，都要加以审讯或传问（作成笔录）。如系群众意见，应择要将他们的姓名、性别、年龄、职业与说话根据记录下来，并要签名盖章或按指印。又每次审讯前，一定要弄清楚这次审讯的中心是什么；怎样审讯法；被审讯的人是狡猾，是老实，是强硬，是软弱；这些表现状态都要加以研究。而审讯后，被审讯的人如果能看笔录，就把笔录交给他（她）看一下，否则，就读给他（她）听，如有要更正的地方，就在所要更正的旁边注明，然后在笔录末尾写明“右笔录经当庭朗读（或阅看）当事人表示没有错误”等字样，免得后来否认（一切审讯笔录都应如此）。

五、杀人凶器，应将其名称及轻重、大小、利钝，犯人自己所有或他人所有等各情形记录下来并妥为保管。

六、故意杀人，自然要经本院或转报边府审核后确定，即使过失杀人或自杀，也应同样报告，因为这样可以使本院了解全边区的社会情形，以便在司法政策上妥谋对付之方。

七、凡杀人案件发生，被害人亲属应报由司法机关听凭依法处理，不得私自报复，或如一般恶习纠众到加害人或其近族家中，随意滋闹捣毁，以至盘踞不住，如有这样情形，应先加以劝说开道，不听的话，应即依法论罪。

以上七项，总括起来说，有以下几种程序，即勘验、侦查、审讯及报告。自然这只是很简单的列举几点，而详细办法，一方面本院拟编《勘验学》小册子，另一方面各司法机关负责人，如遇有此类案件，应多加以研究。兹为急需起见，除制印简明尸格一纸，随文发下外，望各该县司法处一体遵照为要。

此致

敬礼！

代院长　王子宜

选自《陕甘宁边区法律法规汇编》，陕西人民出版社2006年版，第76～77页。

57. 陕甘宁边区刑事诉讼条例参考材料

1945年

第一　通缉及逮捕

第一条　被告逃亡或藏匿者，得通缉之，通缉应用通缉书，记载姓名性别及其他足资辨别之特征，并犯罪事实及特定处所暨获后应解处所。

第二条　通缉应以通缉书通知辖内各司法机关警察机关区乡政府，必要时得登报或布告之。

第三条　通缉经通知或布告后，司法机关或警察机关、区乡政府，得进行逮捕。

第四条　现行犯不问何人得径行逮捕。于二十四小时内解送司法机关或公安机关转送司法机关。

犯罪在实施中或实施后，即时发觉者为现行犯。有下列情形之一者以现行犯论：

一、被追呼为犯人者。

二、因持有凶器赃物或其他物件或于身体衣服等处露有犯罪痕迹，显可疑为犯罪人者。

被告抗拒拘捕或逃脱者，得用强制力拘捕之。但不得逾必要之程度致危害其健康及生命。

被告因拘提或逮捕到场者，应即时讯问，至迟不得过二十四小时，如无应羁押之情形者，于讯问完毕后，应即释放。

第二　羁　押

第一条　讯问被告有第二条所定之情形者，得羁押之，但认为不必要羁押者；得命其具保或责付。

第二条　羁押被告应用押票记载姓名、年龄、性别、籍贯、住所、案由及羁押理由，应羁押之处所。

第三条　执行羁押由司法警察将被告解送指定之监所，由监所长验收后，应给回证交原警带回交案附卷。

第四条　监所对于在押人之管束，只以维持羁押人之目的及监所之秩序所必要者为限，不得虐待及凌辱。

在押人非有暴行或有逃亡自杀之虞者，不得束缚其身体。如为束缚身体之处分，由监所长命令之，并应报告主管司法机关查核。

第五条　案件经上诉者，被告在押时间，如已逾原审判决之刑期，应即停止羁押，先行保释。

第三　搜索及扣押

第一条　对于被告之身体物件及住宅或其他处所，于必要时得搜索之，对于第三人之身体物件及住宅或其他处所，如有藏匿被告或应扣押之物之重大嫌疑之时，亦得搜索之，搜索应保守秘密，并应注意受搜索人之名誉。

第二条　搜索应用搜索票记明应搜索之被告或应扣押之物及应搜索之处所、身体或物件。

搜索除审判人员亲自实施外，得由司法警察或公安警察执行。

第三条　有下列情形之一者，司法警察或公安警察虽无搜索票得径行搜索被告之住宅或其处所：

一、因逮捕被告或执行拘提羁押者；

二、因追缉现行犯或逮捕脱逃犯者；

三、有事实足信为有人在内犯罪而情形危迫者。

第四条　可为证据或得没收之物得扣押之。

第五条　邮电或电报机关或电务人员，所持有或保管之邮件有下列情形之一者，得通知该机关负责人扣押之。

一、有相当理由可信其与本案有关系者；

二、为被告所发或寄交被告者。

第六条　扣押由审判人员亲自实施者，可不用搜索票，如命司法警察或公安警察扣押者，须持搜索票执行。

第七条　被扣押之物，应制作收据，详记物之名目，付于所有人或持有人，保管人。

扣押物应加封缄，或其他标帜（志），由扣押之机关或公务员盖印并得命人看守。易生危险之扣押物，得毁弃之。得没收之扣押物，如不便保管或有丧失危损之虞者，得拍卖之，保管其价金。

扣押物无再留之必要者，不待案件终结，发还原主，如系赃物，尚无第三人主张议权者，应发还被害人。

第八条　因搜索或扣押，得开起锁扁封缄或派人看守，或为其他必要之处分。

夜间不得搜索，但有危迫情形或得经居住人之同意者，不在此限，屋宅之搜索，应命住居人或邻居人在场。

第四　勘验

第一条　法院因明查证据，及犯罪情形，得实施勘验；勘验得为下列之处分：

一、履勘犯所或其他与案情有关之住所；

二、检查身体；

三、检验尸体；

四、剖解尸体；

五、检查与案情有关之物件；

六、其他必要之处分勘验，应作勘验笔录，必要时，得绘图摄影。

第二条　行勘察时，得命证人及鉴定人到场。

第三条　勘验或剖解尸体，须先查明尸体有无错误，剖解尸体，应命医师或检验员行之，填具尸格。

因检或剖解尸体，得开棺及发掘坟墓，允许其死者配偶或其家属邻里在场。

第四条　遇非病死，或可疑为非病死者，该管法院，应速为相验，如发现有犯罪嫌疑，应继续为必要之勘验与侦查。

第五条　勘验得嘱托其他管辖地内之司法机关为之。

第六条　验伤应验明受伤部位之深浅、大小、长短、颜色及肿瘦形状，有无损骨，填写清楚……

选自《陕甘宁边区法律法规汇编》，陕西人民出版社 2006 年版，第 73～75 页。

58. 陕甘宁边区高等法院通令（第五号）
——重新规定办理刑案件的手续①

年　月

令各县裁判员：

各县裁判员对于办理民刑事案件的手续多不完善，令特重新规定如下：

一、裁判员受理的民刑事案件，如是当事人自诉者，应当有原告人的诉状（原告人不会写诉状的可让他自己口诉由书记员代他记录起来作为诉状），如是公诉的案件（由检察机关或检察员告发的），应有检察机关（如保安科）或检查员的公诉书作为根据。

二、每次开庭审问案件的笔录，必须写明下列的内容：

（一）原告人的姓名（自诉案件）或原告机关的代表（公诉案件）；

（二）被告人的姓名；

（三）开庭审问的日期和时间；

（四）出庭的职员（裁判员、检察员及书记员）；

（五）问答的内容；

（六）被审人签名并指印。

三、在审讯中必须要问明以下的主要内容：

（一）被审人的姓名；

（二）年岁；

（三）籍贯；

（四）住址；

（五）成分；

（六）职业；

（七）家庭状况；

（八）工作经历；

（九）被捕原因及被捕的经过；

（十）犯罪的情形；

（十一）有关的人物；

（十二）本案的证据；

（十三）疑点的质问；

（十四）其他。

四、口供记录的字句要清楚详细，绝对不许随便敷衍，更不得潦草简单得使人看不懂，凡人名地名物名及数目字项前后一致，如果发现前后不符的，必须追问清楚，说明前后不符的原因。

---

① 副标题乃编者所加，原件无制定年月。

五、每次审问案件之后，应由书记员负责将记的口供笔录，详细整理，整理完毕即交裁判员检察员看过，修正补充，如有错误，裁判员检察员纠正之……

选自《陕甘宁边区法律法规汇编》，陕西人民出版社2006年版，第78页。

59. 陕甘宁边区高等法院监狱管理规则

年　月

第一条　本规则为便于教育改造守法人而制定之。

第二条　在规定管理范围内建立守法人的自治组织，其职责如下：

一、清洁卫生的管理督促；

二、生产学习的任务保证；

三、维持自治公约和所内的纪律规定；

四、调解互相间的意见与争吵；

五、召集生活检讨大会。

第三条　看守人要领导帮助守法人的自治组织。

第四条　守法人入监时所带财物（除日用品外）应由看守员当面点收，并出具收据代为保管。出监时照数发还，如有损失，保管人员赔偿之责；但由于不可抗力而致损失者，不在此例。

第五条　守法人物质品的待遇，照规数量发给，不得折扣。

第六条　对守法人不得有随意捆绑打骂及凌辱等行为。

第七条　看守人的私人生活，不能随意支配守法人去做，对女守法人不得任意调笑及任何不正当行为。

第八条　看守人不得收受守法人的任何钱财礼物。

第九条　每日要检查守法人所住的号室及门户墙壁等，以防不测和意外。

第十条　每晚熄灯时及集体学习与工作开始和完毕，都要进行点名或报数。

第十一条　守法人接见外人时，看守人不得离开。如有违犯接见规则情形，得立即阻止。出入信件物品看守人需要亲自检查，如有违犯规则时，予以扣留登记保存。

第十二条　对守法人的学习生产，好的要经常检查发扬，并保证给予规定的分红奖励。

第十三条　守法人如有违犯规则，按情节轻重予以下列各种处分：

一、打扫公共卫生；

二、于工作时间外加工或分配较重的工作；

三、扣除应得奖励或红利之全部或一部；

四、刑事处分。

第十四条　本规则自高等法院公布之日实行。

选自《陕甘宁边区法律法规汇编》，三秦出版社2010年版，第506页。

60. 陕甘宁边区高等法院在押人犯服役奖惩暂行办法

年　月

第一条　凡高等法院监狱看守所及其他生产部门之在押人犯或脱离警戒人犯其服役奖惩悉依本办法办理。

第二条　服役人犯具有下列个优点者，除依照监所规则奖励外，并给予一定数量之奖金。

一、埋头苦干不贪懒者。

二、服从组织，遵守纪律，不妨害他人工作，不讲坏话者。

三、不浪费或窃取材料及生产品者。

四、能积极提出关于增长生产率之意见或方法行之能收实效者。

第三条　奖金类别如下列：

一、照生产产品数量为下列之给奖：

（一）按照服役成品所得之纯收益给予百分之五至十之奖金；

（二）超过生产最高标准之服役成品按纯收益给予百分之二十至四十之奖金。

二、不能以生产产品数量给奖者按照服役之努力及成绩每月给予二十元以上一百元以下之奖金。由服役生产产品所得之纯收益内提奖。

以上一项两者奖金按月计算得并奖之。

第四条　人犯服役对于劳动技术或强度之提高及其他有关生产率增长之具体方式或方法有所创造，使生产有特殊发展者，给予三千元以下，一百元以上之特别奖金。

第五条　前第三条奖金最高额不得超过普通工资百分之三十。

第六条　生产最高标准应按照各服役部门一般人犯技术之熟练程度及劳动强度确定之。

第七条　各服役部门之奖金及生产最高标准之确定，为使公平合理，得征集服役人犯之意见，但最后须经各服役部门会议通过，此项会议须有专管生产三科同志参加或经三科同意。

第八条　各服役部门所采用之奖金及生产最高标准经确定后，应向该管服役人犯详细传达及解释，并随时倾听服役人犯之意见，以便修正。

第九条　服役人犯奖金之计算、登记、保管等事项，各服役部门应派适当人员负责，并须设置必要之簿式及制度。

第十条　奖金得酌量人犯之需要，按市价计算，给以实物。

第十一条　各服役部门人犯成绩最优、获奖最高者，应互相通报，俾资激励。

第十二条　服役人犯所得之奖金除购置日用必需品及补助家庭生活费或作其他正当使用外，应由各服役部门保管，释放时发还之。

第十三条　如人犯服役有消极怠工或其他不良行为者，得按情节之轻重给予下列惩罚：

一、批评（包括个人及小组批评）。

二、全体讨论斗争。

三、停止或撤销奖金之一部或全部。此项所称一部或全部分月、季、年三种视其情节轻重定之。

第十四条　服役人犯如不爱护工具，致工具有损坏时，得酌量情形命赔偿此工具价格之一部或全部。此项赔偿得在其应得之奖金内扣除。

第十五条　各服役部门实施惩罚时，仍须按照循循善诱，诲人不倦之精神，尽量采用谈话、说服、批评等个别教育。

第十六条　实施第十三条，第三款惩罚，应经各该部门会议通过。如被惩罚人犯不服，得向本院申诉。

第十七条　各服役部门工作人员对该管人犯之服役，应勤加督促与考核，此项督促与考核，作为各该工作人员考绩之一。

第十八条　为了解人犯之服役情况，三科及执行处应派员至各该服役地视察，并帮助或协同各服役部门解决关于服役上之困难问题。

第十九条　本办法在实施中如有疑义，由院长解释或决定之。

第二十条　本办法如有未尽事宜，得随时呈准院长修正之。

第二十一条　本办法自院长批准之日起施行。

选自《陕甘宁边区法律法规汇编》，三秦出版社2010年版，第502～503页。

61. 陕甘宁边区监所保外服役人犯暂行办法

年　月[①]

第一条　高等法院各分区各县监所执行徒刑或易服徒刑之刑事犯人，非依本办法不得保外服役。

第二条　在执行刑期中之人犯，具有下列各款情形者，得免具妥实商店或妥实个人保外服役。

一、徒刑已执行二分之一以上者。

二、守法中表现良好，有转变错误之实据而无逃亡之虞者。

第三条　前条第一款之规定如残余刑期不满三月，该人犯一时无保可觅而又合于第二款之情形者，得由该司法机关负责人查核情形，免其具保手续。

第四条　保外服役人犯须经监所负责人详加审查，核对保状后，方得保外服役。

第五条　破坏边区犯及杀人犯中群众所极端愤恨者，不得保外服役。累犯认为不是转变者亦同。

第六条　保外服役人犯之管理教育由服役地之行政负责人兼任之。

---

① 原件无制定年月，推断为抗日战争时期。

第七条　主管监所应定期派员至各服役地巡视，为犯人管理教育之执行，得随时加以检查与督促。

第八条　保外服役人犯如表现不好，或有逃亡之虑者，主管监所得撤消保外服役之处分。但此项通知得事先通知该管服役地之负责人。

第九条　服役地之负责人遇有前条情形，应随时通知该管监所，或将人犯送回。

第十条　保外服役人犯以其残余刑为服役期间，其服役期间终了时，即为执行刑期终了。但假释者不在此例。

第十一条　本办法解释之权属于高等法院。

第十二条　本办法有未尽事宜，由高等法院修改之。

第十三条　本办法经高等法院院务会议通过之日起施行。

选自《陕甘宁边区法律法规汇编》，三秦出版社2010年版，第498页。

62. 陕甘宁边区司法会议议事规则

年　月

第一章　总　则

第一条　边区司法会议开会时，由大会主席团主持。

第二条　本会人员出席过半数者，始得开会，出席人员过半数赞成之事项，得议决成案。

第三条　本会之开会休会及闭会，由主席团宣告之。

第四条　出席人员在会场之席次，由大会秘书处编定通告之。

第五条　大会秘书主任应列席会议，并配置一切人员办理会场事务。

第二章　议　事

第六条　本会设置提案审查委员会，其审议结果应以书面报告主席团，由主席团提出于会议讨论。

第七条　经审查委员会审查之提案，由主席团编入议事日程提付会议讨论。

第八条　临时动议，由主席团于议事日程所列各类讨论完毕时，径付会议讨论，但时间不容许时得由主席团提付下次会议讨论。

第九条　讨论之进行，依议事日程所定之顺序，有必要时得修改之。

第十条　出席人员对议事日程所列之议题，欲发言时，应先通知秘书主任，否则俟先已通知者发言完毕后再行发言。

第十一条　凡关于提案之说明质疑或答复，其发言时间，由主席团依情形定之，违反其规定时间者，得终止其发言。

第十二条　提案提出须有二人以上之附议。

第十三条　会议时，讨论结果，如有数种意见，其表决之顺序由主席团以情形定之。

第十四条　凡表决由主席团决定，以举手起立或投票分之，必要时得举行反表决。

第十五条　全体出席人员有共同维护会场秩序之责。

第十六条　出席人有违背本规则妨害会场秩序，得予以警告或制止，情节重大者，得以情形提交大会议决通过给以惩戒。

第三章　旁　听

第十七条　本会议允许旁听但旁听人员须先向大会秘书处取得旁听证始许入场。

第十八条　在会议中主席团认为必要时得宣告旁听者退席。

第十九条　旁听人员对于议题讨论不得发言。

第二十条　旁听人员得在会场记录。

第二十一条　旁听人员不遵守会场规则者，大会秘书主任得通知其退出会场。

第四章　附　则

第二十二条　本规则之解释及修改属于大会主席团。

第二十三条　本规则自公布之日施行。

选自《陕甘宁边区法律法规汇编》，陕西人民出版社 2006 年版，第 43～44 页。

63. 陕甘宁边区司法会议组织条例草案

年　月

第一条　为着检讨和改进边区之司法工作，特组织边区司法会议。

第二条　本会议由边区高等法院院长召集之。

第三条　本会议每年开会一次。

第四条　本会议以下列人员组织之：

一、高等法院院长、检察长、庭长、推事、检察员、秘书、书记长及各科科长。

二、地方法院院长、庭长及主任检察员。

三、各县司法裁判员。

四、保安处处长。

五、延安市公安局局长。

六、八路军后方军法处处长。

七、八路军锄奸部部长。

八、中国新法学会代表。

九、延安各学院法律学系代表。

第五条　本会议开会时得请边区参议会议长及边区政府主席出席指导。

第六条　本会议由大会选举主席团三人主持之。

第七条　本会议由大会组织秘书处管理一切内务。

第八条　本会议之决议案得汇呈边区参议会及边区政府采择施行。

第九条　本会议之会议规则另定之。

第十条　本条例经边区政府公布施行。

选自《陕甘宁边区法律法规汇编》，陕西人民出版社 2006 年版，第 45 页。

64. 陕甘宁边区司法会议会场规则

年　月

一、出席人员及旁听人员进入会场须在会场签到处分别签名。
二、除警卫员外进入会场不得携带武器。
三、在会场内按照大会秘书处指定座位入座。
四、主席宣布开会后不得任意喧哗。
五、出席人无故不得迟到早退。
六、在会场中报告讨论及提议之事件，未经主席团公布者，不得任意向外宣布。
七、必要时主席得令旁听人退出会议。
八、本规则得适应需要随时修改之。

选自《陕甘宁边区法律法规汇编》，陕西人民出版社2006年版，第45页。

65. 附：马锡五审判方式为革命根据地司法工作树立了一面旗帜——1944年《解放日报》关于各地开展学习马锡五审判方式的报道（目录）

（1）志丹县府审判员奥海青是模范司法工作者——调查研究适合民情，合理解决问题
1944年4月23日《解放日报》
（2）淮南天高办事处实行马锡五审判方式，深入调查解决陈胡两姓纠纷
1944年5月23日《解放日报》
（3）边府指示各分区司法工作多多采用民间调解，审判要学习马锡五同志的方式
1944年6月14日《解放日报》
（4）陇东马专员调解土地纠纷公平合理，潘氏兄弟经劝告后重新和好
1944年6月18日《解放日报》
（5）山东滨海实行马锡五审判方式，解决远年土地悬案
1944年6月18日《解放日报》
（6）在马锡五同志教育下，陇东分庭推事石静山判案切实公正
1944年6月19日《解放日报》
（7）马锡五审判方式与民间调解风行各地，合水王县长深入农村调解群众土地纠纷
1944年7月21日《解放日报》
（8）关中各县司法工作开始走向普及调解，优秀的调解工作者不断涌现
1944年8月17日《解放日报》

（9）一个优秀的审判员——赤水任君顺同志虚心学习改进工作

1944年8月17日《解放日报》

（10）张副专员赴赤水亲为群众调解旧案

1944年8月17日《解放日报》

（11）贯彻保障人民民主自由权利——陕甘宁边区高等法院检查工作，召开推事审判员联席会议

1945年10月20日《解放日报》

（12）绥德分区举行司法会议，号召以调解的好坏典型教育群众

1944年11月1日《解放日报》

（13）陇东高等分庭处理案件多用调解方式，镇原处理案件多未下乡调查

1944年12月19日《解放日报》

（14）马锡五同志出巡审案经验——调解与审判结合，经过有威望人士调解，开群众会，教育区乡干部处理案件

1944年12月20日《解放日报》

参见《马锡五与马锡五审判方式》，法律出版社2013年版，第201～219页。

陕甘宁边区高等法院判决书（案例选录五件）

66. 一、黄克功杀害人命案

1937年10月11日

（一）陕甘宁边区高等法院刑事判决书刑字第二号

被告：黄克功　男性　26岁　江西南康人，前抗日军政大学第六队队长

右被告因逼婚不逐杀害人命案件，经检察机关提起公诉，本院公审，特判决如左：

主　文

黄克功实行逼婚不遂杀害人命罪，应[1]判处死刑。

事　实

黄克功所枪杀的刘茜，女性，16岁，山西定襄人，陕北公学的学员。初在太原求学，在卢沟桥抗战后，愤暴日侵凌，感国难严重，于本年[2]八月间，决然舍弃家庭学业，冒险

① 判决书抄件影印版是“杀害人命罪，应判处死刑”，“延安审判志”也是“应判处死刑”，其他版本有的印作“杀害人命罪，立判处死刑。”

② “高等法院史迹版”误作“去年”。

间道来到延安城，即进抗日军政大学，在第十五队为学员，学习工作，均极努力。当时黄克功适任抗大第十五队队长，遂得与刘茜认识，通信来往，渐涉恋爱，感情尚好。九月间，陕北公学成立，所有抗大第十五队全体人员拨归公学。但不几日，黄克功仍复被调回抗大转任第六队队长，刘茜留在公学学习，二人关系开始疏离。嗣后黄克功向刘茜追求不已，送钱赠物要求结婚，而刘茜感觉黄克功过于纠缠，发生反感，曾经表示拒绝，并给以劝诫与批评。黄克功失望，更听信谗言，以刘茜在公学已另有爱人，去信责备，同时更迫切地要求结婚，但刘茜绝不愿意，亦不给以答复。黄克功认为失恋是人生莫大的耻辱，忘却自己是革命队伍中的干部，放弃十年革命斗争的光荣历史，不顾当前国家民族的危难，陷于恋爱第一主义的泥坑中，不能自拔，遂萌杀害刘茜之动机，藉以泄愤。于十月五日晚饭后，带备白郎宁手枪，偕同抗大训练部干部（事）黄志勇到公学去访寻刘茜，在公学前适与刘茜相遇并有她的同学董铁凤等数人，黄即招刘茜走向河边散步，刘不能拒，离开她的同学同黄克功偕行，适天已入黑，黄志勇先行分手回校，尚见黄克功与刘茜仍留在河边谈话。黄即再向刘谈判，要求公开宣布结婚，刘予以严厉抗拒。当时黄克功即拔出手枪对刘威胁恫吓，刘亦不屈服，黄克功感情冲动，失却理智，不顾一切，遂下最后毒手，竟以打敌人的枪弹，对准青年革命分子的刘茜肋下开枪，刘倒地未死，尚呼求救，黄复对刘头部再加一枪，刘即毙命。黄克功于谋杀事毕后，即回校，取水洗足，企图湮灭血迹证据，即自行解下外衣及鞋子浸洗，才去校部会［汇］报。回来复将手枪擦拭，并在刘茜过去谈恋爱的信上加填十月四日的日期，藉作反证掩饰。陕北公学董铁凤等，因刘茜一夜未归，翌早（十月六日）即到黄克功处询问，黄神色怆忙，假作不知，迨后群众在河边发现刘茜的尸体，特向陕北公学当局报告，并在当地捡获白郎宁手枪弹壳两颗，弹头一颗，转报法院检验。在刘茜身上，右肋[①]下有枪伤，入口污黑色，无出口，左耳背有一枪伤，弹穿脑门，血液模糊，左腿有伤痕两处，紫黑色，实属枪杀毙命，此项杀人行为，黄克功实为凶犯，证据确凿，当经抗日军政大学当局，将凶犯黄克功拘押，捆送法院，该凶犯黄克功自己承认杀人不讳，复经检察机关侦察起诉。

理　由

（一）蓄意杀害刘茜的犯罪行为，该凶犯黄克功既已直供不讳，更加以检察机关所提出各种确凿证据证明，罪案成立，已无疑义。（二）值兹国难当头，凡属中国人民均要认清日本帝国主义及其走狗——汉奸才是自己国家民族的死敌，我们用血肉换来的枪弹，应用来杀敌人，用来争取自己国家民族的自由独立解放，但该凶犯黄克功竞致丧心病狂，枪杀自己革命的青年同志，破坏革命纪律，破坏革命团结[②]，无异帮助了敌人，但无论他的主观是否汉奸，但客观事实确是汉奸行为。（三）刘茜今年才 16 岁，根据特区的婚姻法令，未达结婚年龄，黄克功是革命干部，要求与未达婚龄的幼女刘茜结婚，已属违法，更因逼婚不遂以致实行枪杀泄愤，这完全是兽性不如的行为，罪无可逭。[③] 无论刘茜对黄克功过去发生如何极好的感情，甚至口头允许将来结婚，在后因不同意而拒绝，亦属正当，

---

① “延安审判志”误作“左肋”，与该书 72 页验伤单不符。

② “延安审判志”漏掉以下两句：“破坏革命纪律，破坏革命团结”。

③ “高等法院史迹版”印作“罪不可赦”。

绝不能以此藉口加以杀害。（四）男女婚姻应完全是出于自愿的结合，条件或不适宜，亦可正式分离，绝不许任何的强迫，黄克功与刘茜的关系，最高限度只不过是朋友相恋，即使结婚，各人仍有其个人的原因。（五）凶犯黄克功对刘茜实行杀害以后，浸洗衣鞋，擦拭手枪，湮灭证据，复在刘茜信上假造时日，捏造反证，更对学校法庭讯问的时候，初尚狡赖，推卸责任，这适[①]足以证明黄克功预蓄杀人的计划及对于革命的不忠实，这些表现实为革命队伍中之败类。本院根据以上种种理由特为判决如主文。

本案经检察机关代表胡耀邦莅庭执行职务。

中华民国二十六年十月十一日

高等法院刑庭　审判长　雷经天
陪审员　王惠之　李培南
周一明　沈新发[②]
书记官　袁　平　任扶中

（二）陕甘宁边区高等法院布告　刑字第二号

宣布凶犯黄克功枪杀刘茜的罪状：

黄克功，男性，年二十六岁，江西省南康县人。案查该凶犯于十月五日黄昏在延安城外东关河边地方，因逼婚不遂逞凶枪杀陕北公学女生刘茜一命[③]，经检查（察）[④] 机关侦查，证据确凿，提起公诉，本院举行公审，该凶犯在法庭上已直供不韪（讳）。此种罪恶行为，本院认为该凶犯黄克功为着个人的恋爱不达目的，竟忘却自已过去为革命艰苦斗争的光荣历史，不顾目前抗日救国的重大任务，破坏红军的纪律，违犯革命政府的法令，自私自利，以最残忍的手段杀害革命青年同志。当兹[⑤]暴日侵凌，国家危急，民族的革命战争正在紧张的时候，对于此种在革命营垒中的败类，应给以严厉的制裁，以维革命的纪纲。本院根据该凶犯黄克功犯罪的事实，特判处死刑，当即验明正身，执行枪决。

此布

中华民国二十六年十月十一日
院长　董必武　雷经天　代
监印　任扶中
校对　王济文

录自《西北政法学院学报》1982年试刊第一期，第63～65页，简称“西北政法版”。原注：“原件存陕西省档案馆”。

互校版本：

1.《陕甘宁边区高等法院史迹》，陕西人民出版社2004年版，第92页。所附判决书影印件，简称“高等法院史迹版”。原注：“抄自内蒙古自治区法庭《司法文书与公文写

① “高等法院史迹版”误作“这些足以”。
② “陕甘宁判例版”误作“沉新发”。
③ “高等法院史迹版”影印件为“刘茜一命”，其他版本有的加一“案”字。
④ “高等法院史迹版”影印件将“检察”误作“检查”。
⑤ “高等法院史迹版”影印件为“当兹暴日侵凌”，“西北政法版”和“陕甘宁判例版”皆印作“当前暴日侵凌”。

作》，1984 年第 1 期，系手抄件；第 96 页《布告》系原件的复印件”。

2.《陕甘宁边区判例案例选》，陕西人民出版社 2007 年版，第 9～14 页，简称“陕甘宁判例选。”

3.《延安地区审判志》，延安市中级人民法院审判志编纂委员会编，陕西人民出版社 2002 年版，第 317～319 页。简称“延安审判志”。

（三）附：黄克功枪杀刘茜案，检察官侦查时验伤单

刘茜，年十六岁，山西定襄人。

左耳后有伤势一处，弹穿脑门。

右肋背后有枪伤一处，弹未出。

左膝盖及下腿有伤痕，呈黑色，稍带紫，皮未破。

左脚腕上有伤一处，皮未破，暗紫色。

左手指有伤一处，皮未破，暗紫色。

法院检察官　徐世奎

书记员　任扶中

选自延安市中级人民法院审判志编纂委员会编《延安地区审判志》，陕西人民出版社 2002 年版，第 72 页。

67. 二、吉思恭汉奸案

1938 年 3 月 27 日

陕甘宁边区高等法院刑事判决书

被告：吉思恭，又名尔悌，别号云僧，化名马克志，男性，现年二十四岁，陕西华县赤水西北乡小涨村人，无正当职业。

公诉机关：保安处。

上列被告因汉奸罪经逮捕后送由检察机关侦查明白提起公诉，本院举行公审大会判决如下：

主文

吉思恭汉奸罪应判处死刑。

事实

被告吉思恭秉性下流，曾于浙江杭州医药讲习所毕业，当过医生、教员，均以贪污及行为不正被除职。后来就受了日本特务机关的雇用，于民国二十五年九月在西安混进太和团的组织，开始其汉奸的活动。是年冬绥远的抗战爆发，被告即直接受日本特务机关的派遣在绥远进行侦探破坏工作，曾经逮捕，后被解脱。去年卢沟桥事变，全国抗战以后，该被告返回西安，复加入日本组织之“地舆[①]研究社”，每月受日寇津贴三百元，继续进行

① “陕甘宁判例选”误作“地与”。

汉奸工作，替日寇宣传灭亡中国的口号，破坏抗战。在西安、三原、富平、渭南各地散布抗战失利，前线溃败的谣言，淆惑听闻，恐吓学校当局，禁止学生下乡作救国工作，阻挠群众参加抗战；随时随地带备妇女衣物，以为化装侦探潜逃之用，经常怀着白沙（纱）布为敌机空袭时作信号，并在沿陇海路各重要地区侦查地形，摄影绘图暗送敌人，指示敌人轰炸进攻的目标，更复四处宣传破坏抗日民族统一战线，分裂国共两党亲密的合作与全国的统一团结，使日寇更易于达到吞灭中国的企图。此外，凭空虚构事实，毁损全国抗日最高领袖蒋委员长的威信，企图削弱抗战的领导力量，又假冒第八路军政训处处长与共产党员的名义招摇撞骗，迫诱妇女做其汉奸的助手，有意的借此破坏八路军与共产党员的政治影响，其目的正是为着执行日寇所指示的任务。上述种种犯罪事实，经检察机关侦查明白，证据确凿提起公诉，复于公审大会上该被告亦当庭对其犯罪行为供认不讳。

理由

被告吉思恭甘作汉奸，出卖国家民族的利益，是中国人民的公敌，帮助日寇消灭中国，执行汉奸种种行为，是日本帝国主义最忠实的走狗。当此全国抗战正在严重的时候，此种叛变国家民族的汉奸分子不能不依法严惩，以伸公愤而照炯戒，基此理由，依照军事委员会颁布惩治汉奸条例第二条之规定，特为判决如主文。

中华民国二十七年三月二十七日

公审大会法庭

审判长　雷经天

陪审员　成仿吾　莫文骅

书记员　袁　平

选自《陕甘宁边区判例案例选》，陕西人民出版社 2007 年版，第 122～123 页。简称“陕甘宁判例选”。

68. 三、延安学生疗养院人命案

（一）1942 年 1 月 7 日《解放日报》报道

“学疗”发生人命案总务科长等违法押人刘世有半夜气绝身死

［本报讯］学生疗养院于日前发生人命案，死者为学疗运输员刘世有。兹探得经过情形如下：

一月十九日学疗运输员刘世有自卅里铺运炭归来，途中与管理员李德成口角冲突，李德成当被殴伤。晚间回院后，李德成向该院总务科长白占山、秘书李延德声述冲突经过。后白占山、李延德分别向李德成、刘世有谈话。惟刘世有不接受批评，以至声称愿停止工作。白李二人无法解决，竟指使管理员杜湛将刘世有捆押，拟第二天送运输大队部处理。前半夜刘世有吵骂不休，至后半夜则静无声息，伴守人杨永和、王玉华颇觉有异，乃往视，则刘已气绝身死。虽经医生急救无效。经检视死亡原因或系图脱假死以致真死，因无其他痕蹟云。

闻管理局已派员前往调查，并拟报法院审理。按边区施政纲领及边区人权财权保障条例均规定：非司法系统及公安机关不得侵害人体自由，擅自捕押人。该总务科长等竟违法押人，而未善为处置，以至发生人命案。

（《解放日报》1942 年 1 月 23 日）

（二）保障人权（论“学疗”人命案）

小言论

“除司法机关及公安机关依法执行其职务外，任何机关部队团体不得对任何人加以逮捕、审问、处罚……”，这是二届参议会通过，经边区政府命令公布的《保证人权财权条例》规定得极明白的。

但是，在延安，却发生了不幸的“学疗人命案”：学疗的总务科长、秘书和管理员，竟然把运输员刘世有捆押起来，以致酿成人命大案。

从这事件里，我们看出，我们有的同志还不懂得尊重人权、保障人权，乃是建立革命秩序的起码条件，还不晓得，随便捆人押人是应该肃清的“游击作风”之一。

这类违法事情，在边区恐怕不只这一件。我们愿意唤起社会人士严重注意它的揭发与纠正。让我们共同努力于革命秩序的建立与巩固！

（《解放日报》1942 年 1 月 27 日）

（三）“学疗”人命案一审判决

王玉华杨永和处徒刑四年　有关各犯亦经分别判罪

［本报讯］关于“学疗”人命案发生情形，曾载上月二十三日本报。惟事实经过有出入处，现已经延安市地方法院侦查明白，于七日正式判决。刘世有並（并）非“图脱假死以致真死”，实系被捆致死。有关各犯已经分别判罪。兹将经过情形及判决理由志后：缘学疗运输员刘世有于一月十九日自卅里铺运炭归来。途中与李管理员发生口角冲突，李被殴伤。返院后，李遂将经过报告总务科长白占山，面请示刘副院长。当时，刘副院长要白占山斟酌处理。白乃一面命管理员杜湛准备绳子，一面找刘世有谈话。刘世有最初未承认错误，后来方被说服，拟就此了事。而杜从旁将谈话情形秘告副院长及李秘书长（德成），说刘世有不承认错误。李秘书长遂授意杜湛叫捆起来送运输大队。刘世有被捆后，刘副院长李秘书长又来加以批评。同时，李秘书长传令郝树国翌晨出发运炭。郝以身体有病，被叫四次未去，李秘书长又命令把他捆起来，並要总务科长处理此事。总务科长命令管理员及饲养员王玉华、杨永和将刘郝二人监押于空窑洞中，因恐逃跑，双手反缚，头颈捆上绳子，系于破窗棂上。后来，郝见刘疼得惨叫，郝表示承认错误，被放松，而刘则破口大骂仍缚如旧。因夜间天寒冰冻，由于被捆血脉不通，又加以运炭疲劳过度，刘世有［遂］昏倒，绳勒颈上，窒息气绝。十一时左右发觉，李秘书长仍未提起注意。后来经刘副院长及医生检查诊视，业已无救。本市地方法院几次审讯，判决王玉华、杨永和处以有期徒刑各四年。杜湛处有期徒刑一年另（零）六月，白占山处有期徒刑一年另（零）三个月。刘副院长应受行政上处分。关于死者葬埋费及家属抚恤费，由学疗付出边币一千五百元。家中小孩由公家负责培养，免费入学，帮助生活。

（《解放日报》1942 年 2 月 12 日）

（四）杨永和不服判决向高院提出上诉

（本报讯）学疗命案，已于本月七日由延安市地方法院审判，详情已志十二日本报。兹悉杨永和本人对延市地方法院当庭宣判四年有期徒刑，认为与事实大有差异，而于刑事责任之确定尤为不合。据闻杨之捆绑，由于总务科长白占山之命令，並（并）在发觉致死征兆时，曾立即报告秘书李延德。故捆绑之因与致死之果，一则由于总务科长之命令，再则由于李秘书之漫不关心，对于杨永和则不能有构成过失或准过失之责任。现杨永和已依法选任孙孝实、庄健两同志为第二审级之辩护人，经向高等法院提出上诉。

（《解放日报》1942年2月28日）

（五）高院定期开审“学疗”上诉人命案

（本报讯）学疗人命案上诉消息已志上月廿八日本报。兹探得高等法院业已重新调查案情，详细侦查完竣，定于本月十九日（星期四）午后一时，在该院刑事法庭开庭审理，传唤人证，通知辩护人出庭，届时即将热烈进行辩论。

（《解放日报》1942年3月17日）

（六）“学疗”命案判决之研究

孙孝实

一月十九日所发生的学疗命案曾经引起延安各界人士深切的关怀和注意。这不仅因为人命攸关激动人们的同情，而且是在边区施政纲领与边区人权财权保障条例公布以后发生的违反法律的特出例子。对于本案认真切实的处理，在提高边区人民的法治观念一点来说，确是含有深刻而严重的教育意义，同时也使司法机关本身的工作更能向前推动一步。所以凡是关心边区法治的同志们，都密切地注视延安市地方法院如何来进行本案的审理和判决。

二月廿三日收到延安市法院的判决书，内载管理员杨永和，王玉华各处徒刑四年，总务科长白占山、秘书李延德各处徒刑一年零三个月，管理员杜湛判处徒刑一年零六个月。我自受理杨永和的辩护人后，即往学疗调查，分别侦讯刘潍、李延德、白占山、杜湛、赵风岗等，并察看犯罪地点及犯罪经过，才发现延市法院判决书内所引事实与当时真象（相）颇有未尽吻合之处，法理方面尤有值得我们提出商榷者。谨将研究所得举出，以供司法当局及社会人士参考。

（一）论刑事责任：刑事责任之原则以有无故意或过失为断。今杨王之捆绑刘世有完全由于秘书科长之命令；发现致死之征兆又报告秘书请求处理，其无故意或过失，自属至明之理；按杨王均系下级职员，自有服从行政组织之义务，至于执行命令之结果，当由下令者负其全责。况该管理员文化程度很低，没有法律常识，缺乏审查上级命令是否违法之能力，自应适用刑法第二十一条第二项而不适用同项但书之规定。① 今原判并未提及行政上之隶属关系，将秘书科长与管理员等置于平等地位，忽略了管理员在执行上级命令时已经丧失自己自由的意思能力。似此由于下令者的意思能力而生之行为与结果，不能由该管

① 1935年南京国民政府公布的《刑法》第二十一条第二项规定：“依所属上级公务员命令之行为，不罚。但明知命令违法者，不在此限。”

理员负责为当。因之原判于刑事责任之认识，实有重大之错误，以致令下级职员对于上级行为代替负责。

（二）论致死因果联络关系。捆绑之因致死之果其间是否有直接的密切的因果联络[系]，固为确定本案罪责之核心问题；而下令捆绑者之意思表示又为发生捆绑之原因，亦不可置之不论。今刘世有之死，乃原（缘）于下令者之意思连续而生的结果，其间并不因执行者之着手实施而中断，如执行命令超过一定程度，其超过部分，自当由着手实施人负责，毫无疑义。今原判称："应负妨害自由致死之责者，厥惟被告杨永和王玉华两人，因其初妨害自由者虽有被告李延德、白占山、杜湛等人负责，然其行为均不是以为发生致死之原因。"这完全是孤立地来看。不说致捆之因，只说致死之因，这完全从形式上来看。谁下手捆人，谁负致死之责，这完全机械地来看。不去说明其致死内部的联系，所以判定秘书科长只负妨害自由之责，而由管理员等负妨害自由致死之责。

（三）论共同正犯之成立。共同正犯以有主观的意思一致与客观的行为分担之统一为其成立要件。举例来说：某甲有杀害某丙之意思，某乙只有伤害某丙之意思，某日甲乙二人共遇丙于途，甲以刀砍其头，乙以棍打其腿，某丙遂死。若论其责任，则某甲负杀人之责，而某乙负伤害之责，此为近代刑法学者所公认之理，实无争论之余地。今杨王二人并无共同之犯意，自应按其实行程度分别负责。杨系捆手，乃为由于执行命令而生之当然的措置，王系于胸前颈下加绳并拴于窗子之上，容或有过当之处，此两人执行程度，显有差别，自应分别论罪科刑，实不能成立共同正犯而引用刑罚[法]第二十八条①作为判罪之根据。而原判称："且为杨永和绑手腕，被害人不至于因昏疲而俯身倒下，再非王玉华将绳经过胸前，即令俯身倒下亦不致勒及喉头而致死，两人之责任实无轻重之分"一语，不知究是何所依据？

（四）论教唆罪之成立。教唆罪以立于平等地位之一方，挑动他方实施犯罪行为而成立。秘书科长与管理员是立于行政上之隶属关系，上级之意思表示则为命令之下达，本无所谓教唆也。今原判称："假使杜湛不去院部报告，李延德或不致施行教唆捆绑"，的确是忘记了行政上的服从关系。因为杜湛之报告秘书，乃是他分内的责任，李延德之决定捆绑正是行政命令之下达，怎么能说秘书是施行教唆捆绑呢？

（五）论科刑轻重。刑事处罚是达到刑法目的之手段，而科刑的轻重又为是否公平合理达到刑法目的之重要问题。故立法者谨慎将事，特定科刑标准作为司法者斟酌损益之根据。今科长秘书之智识程度责任关系与管理员等均有不同，自应慎为量处，方为尤当。而原判称："不觉溢于法外，尚不无可原"。"听被害人直接往院部谈话可能不至恃逞个性闹成僵局"。"再非杜湛转述秘书一语，亦可能由白占山与被害人越谈越和"。既然犯法，就该按照情节论罪，有什么"不无可原"之处呢？"可能""亦可能"这种字句完全是主观的推测，其意义极端不确定，为什么引用在判决书上，作为理论的根据呢？这种用语好像是刑名书吏办案惯用的手法，在我们实行民主法治的今日，是应该根除的。

上述几点都是和本案直接有关法理问题，法院组织与工作制度问题，司法人员的学识与经验问题。虽说一般都与司法制度有密切关系，但由于本题与篇幅的限制，在此不能详

---

① 1935年南京国民政府公布的《刑法》第二十八条规定："二人以上共同实施犯罪之行为者，皆为正犯"。

说，以后有机会当另文及之。

（《解放日报》1942年3月18日）

（七）“学疗”人命案经高等法院宣判对地方法院原判予以改变

（本报讯）学疗人命案之各罪犯，已于本月二十二日，在高等法院宣判，前地方法院判决书撤销。计秘书李延德宣判三年徒刑，总务科长白占山二年零十个月，王玉华、赵凤岗各判两年，杨永和一年零十个月，杜湛宣告无罪释放。

当开庭时，各犯均坐于庭上。庭长任扶中[①]宣读高等法院接受处理此案经过后，即宣判各犯徒刑，一面並转知各犯谓：如不服时，在十天内仍可向边府审判委员会上诉。杨永和辩护人孙孝实、庄健以及不服上诉之杨永和聆听宣判后，均表示服从庭上判决。

（本报讯）学疗人命案其经过，前曾刊登本报。兹再根据侦讯所得情形摘要志下：卅一年一月十九日，学疗运输员刘世有和保管员李德成，同往三十里铺运木炭，中途发生口角，继而动武，刘将李打伤。回家后总务科长白占山，责刘世有不应打架伤人，刘当时态度强硬，白遂命勤务员张永玉，叫管理员杜湛拿绳来绑刘世有。此时刘态度稍转软杜湛亦未动手。白占山当时命刘世有于明日（即一月二十日）往朱家沟运炭，限当日去当日回来。刘世有允去，惟谓不能当日赶回。杜湛将此情形，报告秘书李延德。李闻悉即已有捆刘世有之意，並（并）拟将刘于明日（一月二十日）送管理局运输大队处理。杜湛将情形转告白占山，白遂下令将刘世有捆缚。刘捆缚已毕，李延德又复与白占山商议运炭事，白叫运输队员郝树国前来，郝因已就寝不允起床。白叫人屡召亦未见来。李延德遂怒下令，命杨永和，王玉华，赵凤岗绑郝树国前来。郝当时全身赤体被挟来，白占山命人取衣服穿上。李延德谓：“谁不工作就将谁捆起”。郝树国于此时亦被捆起。是时天正下雪，气候颇冷。此两人由杨永和，王玉华，赵凤岗等带下，郝树国禁于白占山住室右下方第一窑洞内，刘世有禁于第五窑洞，两人都各吊与（于）窗上。此时刘世有大绑，郝树国小绑。王玉华提议两人应绑为一样，遂将刘世有亦改成小绑。在场之赵风岗，杨永和表示同意，杜湛亦未反对。赵风岗并说：“要捆紧就捆紧”，遂由王玉华，杨永和进入窑洞，王玉华改绳，杨永和反缚刘世有之手，王玉华继以绳子在刘右胳膊上缠绕一周，一面並（并）将攀在左肩上与捆手腕之绳一并接连系于窗上。杨等事后把情形报告白占山说：“该刘郝两人都小绑起来了，走不掉”。白占山当时问绑得松紧？王玉华说，“比以前绑我时，松得多了”。以后白占山遂命杨等分班看守。不久刘世有痛哭带叫，惟不认错误，以至捆绑未放松，未几即停止叫喊。郝树国经指导员马龙谈话后，承认错误，马命杨永和放松。当夜杨永和、王玉华、赵风岗分班看守刘、郝两人。惟至十一时，在窑门外叫刘世有时，刘已不应，启门后见刘已倒地。杨永和将此情形，告知秘书李延德，並（并）商议请医生，李谓：“刘世有主要是疲乏。”当命杨解绳喂以开水，並（并）命让刘世有卧地休息，不必深夜去麻烦医生。当时刘世有仍有气息，曾由裴长云用棉花塞在刘鼻孔上呼气。待以后再请医生来时，则刘世有已绝气矣。此案初由地方法院处理，杨永和、王玉华各判四年徒刑，李延德，白占山各判一年零三月，杜湛六个月，因杨永和不服上诉，案件由高等法院历经侦察半年，始于昨宣判。

---

① “西南函授版”误作“任林中”。

（《解放日报》1942 年 7 月 25 日）

选自《中国新民主主义革命时期法制建设资料选编》第二册，西南政法学院函授部 1982 年 2 月编印，第 329～337 页。

互校版本：《解放日报》1942 年 1 至 7 月相关报道。

69. 四、陕甘宁边区高等法院陇东分庭婚姻上诉案（“刘巧儿”之原型）

1943 年 7 月

【陕甘宁边区高等法院陇东分庭刑事附带民事判决书】第三号①

上诉人　封彦贵【男性　华池县温台区四乡封】家塬子人，农业

被上诉人　张金才【男性　华池县悦乐区张】湾人，农业

张金贵　同上

被上诉人为聚众实行抢婚一案构成犯罪事实，上诉人不服华池县司法处民国三十二年五月三日之所为第一审判决，提起上诉，本庭判决如左：

主文

1. 原判决撤销。
2. 张金才聚众抢婚罪，判处有期徒刑二年零六个月。
3. 张金贵实行抢婚罪，判处有期徒刑一年零六个月。
4. 张得赐附和抢婚罪，判处苦役三个月。
5. 张仲　　同上
6. 张老五　同上
7. 封彦贵实行出卖女儿包办婚姻，判处苦役三个月。
   封彦贵出卖女儿法币柒仟元没收。
8. 封捧儿与张柏婚姻自主有效。

事　实

缘上诉人封彦贵之女儿（捧儿）小时于民国十七年同媒说合，与张金才之次子（张柏）为妻。后于三十一年五月间，该封彦贵见女儿长大，藉女儿婚姻自主为名，遂以法币贰仟肆百元、硬肆拾八元，将捧儿卖于城壕川南塬张宪芝之子为妻，被张金才告发，经华池县府查明属实，即行撤销。谁料该封彦贵复以本年三月以法币八千元，哔叽布四疋，硬币二十元经张光荣做媒，又卖给新堡区朱寿昌为妻，于三月十日在封家订婚，当即交法币七千元、布两疋、棉花三斤。另外，于本年古（历）二月十三日适有新堡区赵家洼子钟聚宝过事时，该封彦贵之女儿捧儿前赴该事，而张柏亦到。男女二人亲自会面谈话，捧儿愿

① 本判决书系根据原判决书复印件翻印。括号【】内者，系原件残缺部分，现为试补件，仅供参考，下文中括号内也是补缺部分。□为字迹不清。原件为自右向左的竖排体。

与张柏结婚，就是被父母包办出不了恶劣家庭环境，而张柏亦非常爱慕捧儿，二人当时已商议决定结为夫妇关系。于是张柏就回家告诉他父张金才。其后张金才听到封彦贵将捧儿许与朱寿昌之消息，即请来张金贵及户族张得赐、张仲、张老五等，连儿子张柏共二十人，于三月十八日下午从家中出发，到当天二更后到封彦贵家，人已睡觉。首由张柏进家将捧儿拖（拉）出。时封姓家中人见来多人，遂让将捧儿由张姓抢劫前去。及天明时已回张家成了婚姻。当日封姓控告华池县府，经华池县司法处判决张金才徒刑六个月，捧儿与张柏婚姻（无效）。（封彦贵对华池县的判决不服），上诉本庭。经调查一般群众对华池县处理此案（皆不同）意，□□本庭判决□□

理　由

基上事实，捧儿与张柏之婚约，虽系于民国十七年经父母之包办，但在该地一般社会惯例均如此。其后因边区政权建立后，封彦贵藉妇女婚姻（自主）之说，将女儿简直当作法宝营立（利）工具，如二次卖给张宪芝之子，后又卖给朱昌寿（按：应是朱寿昌），企图到处骗财，引起乡村群众不满，应受刑事处分。□□张金才既然与封姓结成亲眷，不论封姓怎样不对，须得以理交涉或控告，不得结合许多群众黄夜中实行抢婚。张金贵更不应参加抢婚。与该犯等竟大胆地做出抢劫行动，而使群众恐慌，于社会秩序形成紊乱现象，所以对该犯应以刑事论罪。而封彦贵以女儿当牛马出售，且系法币数千，此类买卖□□，应予没收。至于封捧与张柏本质上双方早已同意，在□□男女婚姻自主原则下，应予成立。而华池县初审判决，□□系极端看问题，只看现象，不见本质，对封姓过于放纵，对捧儿张柏自主婚姻，尚未真正顾到，所以该判决应予撤销。

基上结论，封张两造之行为，均属违法。一则以女儿当货物贩卖，一则胆敢实行抢劫，合依刑法第一百五十条及刑法二百九十八条第一款之规定，受到处罚。特依刑事诉讼法第三百六十一条第一款，以及婚姻法第五、六两条之规定，判决如主文。

右当事人对本判决如有不服，得于送达之翌日起，在十日内提起上诉，由本庭转陕甘宁边区高等法院核办（驻延安）。

兼庭长　马锡五
推　事　石静山

中华民国三十二年七月一日作成

□□证明与原本无误。

书记员　陈夷

（中华）民国三十二年七月一日

×　×

编者注：

关于本判决书所引之法律，因当时处在全民族抗日战争时期，实行第二次国共合作，在司法审判方面，原则上适用边区政府制定的法律法规。如边区法律无具体规定者，有选择地适用国民政府的相关法律。

（一）“刑法第一百五十条”系指1935年《刑法》，第一百五十条规定：“公然聚众施强暴胁迫者，在场助势之人，处一年以下有期徒刑，拘役或三百元以下罚金；首谋及下手实施强暴胁迫者，处六个月以上五年以下有期徒刑。”

（二）“刑法第二百九十八条第一款”规定：“意图使妇女与自己或他人结婚而略诱之者，处五年以下有期徒刑。”

（三）“刑事诉讼法第三百六十一条第一款”规定：“不服地方法院之第一审判决而上诉者，应向管辖第二审之高等法院为之。”

（四）“违反婚姻法第五、六条之规定”系指 1939 年颁布的《陕甘宁边区婚姻条例》，该条例第五条规定：“男女结婚须双方自愿。”第六条规定：“结婚年龄男子以满二十岁，女子以满十八岁为原则。”

附：陇东分区高等分庭呈文　　　法字第五三号

中华民国三十二年七月十一日

事由：为呈请对封张婚姻案之处理批答由

附件：判决书一件

李院长：

关于六月份报告中有华池县民封彦贵与张金才为儿女婚姻纠纷案，业经本庭处理（详见判决书）。在一般群众中认为此案处理适当，不过有几点问题，似觉疑虑：1. 没收七千元聘礼法币如何？2. 对张金才张金贵之处分是否过重了，他们家属要求减轻，是否可以？请指示为盼！此致

敬礼

兼庭长　马锡五

×　×

批答

陇东高等法院分庭马兼庭长：

七月十一日呈文已悉。据请示华池县封彦贵与张金才的儿女婚姻纠纷一案，经核该庭对封捧儿与张柏的婚姻认为有效，并处封彦贵苦役三月一节，尚属适当。至聘礼已交过之七千元及布疋棉花应否没收，须视朱家是否善意第三人。如朱家明知前与张家订婚而经张金才告发县府撤销过复又与之订婚，则当予以没收。否则应予还【退】；惟须强令将硬币交兑换处兑换边币，连同布疋棉花退还朱家，免使其损失过大。

所有张金才张金贵等率众黄夜抢婚，固属扰乱社会秩序，惟以乡民无知，出于一时情感冲动，婚姻既承认有效而对其犯罪行为亦可从宽处理。即应查明张金才等平日行为如何，如确属善良，则当提前假释或宣告缓刑，以示宽大，而资教育。

此批。

代院长　李木庵

七月二十六日

编者说明：

本案的判决书、呈文及批件，皆录自甘肃省庆阳市档案馆存的复印件。据该档案馆称：该判决书原件已上交，现存何处，不得而知。另据“刘巧儿”原型人物封捧儿（封芝琴）于 1991 年 1 月 9 日给张希坡的来信说：她保存的判决书在“文化大革命”中已丢失，只记得封家被罚苦役为公家挖了一个窑洞，张家挖了七个窑洞，即被释放。

互校版本：《陕甘宁边区判例案例选》，陕西人民出版社2007年版，第80～83页。但错字、漏字较多。

附影印三件：

1. 判决书（第一页）
2. 陇东分庭呈文
3. 边区高等法院批答

70. 五、陕甘宁边区高等法院婚姻上诉案（侯丁卯与侯张氏离婚案）

1942年9月28日

陕甘宁边区高等法院民事判决书①

上诉人：侯丁卯，男，年二十七岁，庆阳曹家嘴，农。

代理上诉人：侯贤儒，男，年六十二对，同上。

被上诉人：侯张氏，女，年二十五岁，同上。

张明，男，年三十岁，庆阳西川晢家寨子，农。

右上诉人因婚姻涉讼一案，不服庆阳地方法院于民国三十一年七月二十九日所为第一审判决提起上诉，本院判决如下：

主文

上诉驳回

事实

缘张明之妹侯张氏于民国二十二年，经媒说与侯贤儒之次子丁卯结婚，婚后侯张氏始知侯丁卯为神志不清之傻子，且有羊羔疯。初冀请医诊疗，病可痊愈，时经九年，医诊无效，侯张氏以侯丁卯有不治之神经错乱病，不堪同居，要求离异，诉于庆阳地方法院，经判决侯张氏与侯丁卯离婚，侯丁卯不服，由其父侯贤儒代理上诉，主张侯丁卯年轻力壮，并无不治之病，果今后无子，亦可以侯丁卯之侄为嗣。并诉张明从中唆使侯张氏诉请离婚，图另嫁贪财，要求废弃原判。经本院传讯两造，侯丁卯不识五以上之数（在庭上数六个凳子为八件），不晓自己之年岁（二十七岁说十岁），不知农时（说正月可以种谷粟子），更不知男女之乐（同床各睡，不识房事），神经错乱，傻而且有羊羔疯不治之恶疾。侯张氏以其空有夫妻之名，不能享天伦之乐，坚主离婚，自属人情之常，侯贤儒谓为由于张明唆使，另嫁图财一节，殊属无据。案经讯明，记录在卷。

理由

查侯丁卯神经错乱，不识五以上之数，不知自己年龄，更不知男女之乐及夫妇之情，且患羊羔疯病，……上诉人谓丁年轻力壮，并无不治之病，显属遁词，而欲以侯丁卯之

---

① 此件与该判决书第101～103页影印判决书原件对照，有多处错字丢字，如“侯张氏”误为“侯张明”或“侯张”，其兄“张明”误为“侯张明”。“侯丁卯”误为“侯丁”。皆已如实修正。

侄与侯张氏为嗣子，亦何能弥补侯张氏终身幸福之缺陷，侯张氏已苦等九年，侯丁卯病愈无望，叹青春瞬逝，悲前途之渺茫，要求离婚，实出诸衷心，更何得指为张明之唆使图财。原判依边区婚姻条例第十一条第二款、第八款之规定，判决侯张氏与侯丁卯离婚，于法于情均无不合。本件上诉为无理由，故依民事诉讼法第四四六条第一款判决如主文。

中华民国三十一年九月二十八日

民事法庭
庭　长：任扶中
推　事：王怀安
书记员：李仲民

选自《陕甘宁边区高等法院史迹》，延安中级人民法院编（主编张世斌），陕西人民出版社2004年版，第104页。

71. 附：法学研究与法学教育动态

（一）中国新法学会昨举行成立大会警区士绅参观团亦全体参加

1941年6月9日

【本报讯】筹备已久之中国新法学会，于六月八日下午二时在杨家岑礼堂召开成立大会，警区士绅参观团亦全体参加，大会由张曙时同志报告中国新法学会成立意议（义），雷经天同志报告筹备经过，后吴玉章、范文澜、何思敬等同志先后对旧法学之本质力予揭露，并对新法学实质详为阐述。当即通过宣言简章，并选举张曙时等十三同志为该会执行委员，至下午六时宣布散会。

《解放日报》1941年6月9日

选自《中国新民主主义革命时期法制建设资料选编》第四册，西南政法学院函授部1982年编印，第262页。

（二）新法学会开始研究工作

1941年6月30日

【本市讯】新法学会开始研究工作，分宪法、行政法、民法、刑法、商法、诉讼法、劳动法、租税法、土地法、法院组织法等组，听各会员自由选择参加、刻已发出通知徵（征）求各会员之意见，以便编组云。

《解放日报》1941年6月30日

选自《中国新民主主义革命时期法制建设资料选编》第四册，西南政法学院函授部1982年编印，第262～263页。

（三）业余法律学校本月内开学

1942年4月3日

【本市讯】在建立革命新秩序和普及法律知识的要求下，中国新法学会特创办业余法律学校。定于本月十九日暂假公安局举行开学典礼。正副校长由张曙时李木庵两同志担任，朱婴同志负责教务工作，该校分高级初级两班，上课时间是每星期三、六两次，每次三小时，学业期限为三年。又闻，新法学会定每月举行两次学术讲演。

《解放日报》1942 年 4 月 3 日

选自《中国新民主主义革命时期法制建设资料选编》第四册，西南政法学院函授部 1982 年编印，第 263～264 页。

（四）新法学会主办业余法律学校开学

1942 年 4 月 20 日

【本报讯】新法学会主辩（办）的业余法律学校，于十九日假延市公安局举行开学典礼，谢老、柳湜、贺连城、张曙时、雷经天、李景林等均出席参加，学生计有五十余人，多为有志法学青年，校长张曙时致词后，来宾讲话至为热烈。教员李木菴、朱婴均相继说话，并宣布教育计划，及员生公约。该校暂时分为高初级两班，高级上民事法，初级上行政法，五月份起除上课外，每月举行两次公开讲演，聘请何思敬，艾思奇等担任。

《解放日报》1942 年 4 月 20 日

选自《中国新民主主义革命时期法制建设资料选编》第四册，西南政法学院函授部 1982 年编印，第 264 页。

（五）延（安）大（学）行政学院开学

1945 年 4 月 17 日

【本报讯】延大行政学院预科已于本月九日开课，现有新旧同学三百五十余人，其中边区籍智识分子由去年二十余人增至一三〇人。该校教育方针仍本原定之理论与实质联系及研究自由、思想民主的精神，使指导和自学结合，讲授和研究结合，实习以能配合教学进程为依归。在课程内容上，行政学院仍分思想、政策、业务三部分。延大预科的重心在文化补习，分文、理二科，文科学国文、常识一年，期满可升行政学院或鲁艺，理科着重数理，期满后进科学院。

《解放日报》1945 年 4 月 17 日

选自《中国新民主主义革命时期法制建设资料选编》第四册，西南政法学院函授部 1982 年编印，第 264 页。

国家社会科学基金特别委托项目，项目编号：10@zh027，
项目名称：“革命根据地法律文献整理与研究”
本书得到中国人民大学科学研究基金项目“革命根据地法律文献整理与研究”
（批准号：15XNQ063）支持

革命根据地法律文献选辑

（第三辑）

抗日战争—解放战争时期老解放区的法律文献
（1937—1949）

第七卷
华中区

张希坡 编著

中国人民大学出版社
·北京·

本卷说明

1938年1月，新四军军部成立后，立即向敌后挺进到苏南、皖东、鄂中各地，逐步创建了华中抗日根据地。按军事斗争形势，划分为苏南、苏中、苏北、淮南、淮北、皖中、浙东、苏皖等八个战略区。建立了七个行政公署和一个办事处，20个专员公署，140多个县政府。随着抗日形势的发展，各地行政区划及其名称经常变动。首先扼要介绍一下各主要抗日根据地的发展演变情况，然后按部门法分类、以年月先后为序，列举各种法律法规及文献史料。

淮南抗日根据地

1938年秋，新四军一部挺进皖东，至1939年5月，成立新四军江北指挥部，建立了津浦路东和津浦路西两块游击根据地。1940年4月和8月，分别成立路东和路西两个联防办事处。1943年2月，撤销以上两个联防办事处，成立淮南行政公署（方毅为主任），下设路东、路西两个专员公署。该根据地位于长江以北，淮河以南，运河以西，淮南铁路以东苏皖两省边区。1942年后，新四军军部和中共中央华中局驻在此地，是华中抗日根据地的指挥中心。

淮北抗日根据地

1938年以后创立的豫皖苏边游击根据地和皖东北游击根据地，最初沿用安徽第六区行政督察专员公署名义，至1941年8月，统一成立淮北苏皖边区行政公署（刘瑞龙为主任）。该根据地位于陇海路以南，新黄河以东，淮河以北，运河以西的津浦路两侧的豫皖苏三省交界地区。是华北抗日根据地及八路军与华中抗日根据地及新四军的接合部。

苏北抗日根据地

1940年8月，八路军第五纵队到达江苏淮海、盐阜地区，10月与新四军会师，后改编为新四军第三师。同年11月成立苏北临时行政委员会，1941年3月改为苏北行政委员会（管文蔚为主任），1942年5月苏北行政委员会改组为苏北行政公署。下辖淮海、盐阜两个行署，18个县政府。该地东起黄海，西至运河，北达陇海路，南迄宝应、盐城一带。

苏中抗日根据地

1939年春，新四军挺进纵队到江苏中部，建立了以黄桥为中心的抗日根据地。皖南事变后，中共中央华中局决定，在盐城、宝应一线以南，长江以北，黄海以西，运河以东划为苏中区，1943年5月成立苏中行政公署（季方为主任），是物产丰富的抗日根据地。

苏南抗日根据地

1938年5月，新四军第一、二支队先后到达江苏南部，逐步建立了茅山抗日根据地。1943年3月，成立苏南行政公署（江渭清为主任，后为朱可靖）。下辖四个专员公署，15个县政府。地处南京、上海、杭州之间的长江三角洲，是著名的鱼米之乡。

皖中（又称皖江）抗日根据地

1938年4月，新四军第四支队东进皖中地区，开展游击战争。1941年皖南事变后，将游击纵队与皖南突围部队合编为新四军第七师，张鼎丞任师长，曾希圣任政委。1942年7月成立皖中行政公署（吕惠生为主任），下辖皖江、沿江、和含三个专署，16个县政府。包括安徽滁河以南、大别山以东，江苏省的津浦、溧水以西，大江南北的广大地区。

浙东抗日根据地

1942年夏成立中共浙东区党委，谭启龙任书记，同时成立三北游击司令部，接着成立浙东行政公署（连柏生为主任）。下辖四个专员公署，14个县政府。地处浙江东部杭州湾两岸、沪杭甬之间，东濒东海，北达黄浦江东岸。

苏皖边区

抗日战争胜利后，1945年11月，将抗战时期的华中抗日根据地所辖苏中、苏北、淮南、淮北四块根据地合并，称作苏皖边区。划分为八个行政区。包括江苏32个县、安徽18个县、河南3个县，首府为两淮（淮南、淮安）市。边区政府主席李一氓。在解放战争后期隶属于华东解放区。

目　录

第七卷　华中区

第七卷

华中区

一、施政纲领

1. 中共苏皖区委为坚持江南敌后抗战之政治纲领

1940年4月

中国共产党苏皖区委为坚持敌后抗战，创造敌后抗日根据地，准备反攻，收复一切失地，彻底实行三民主义，我们宣布如下的政治纲领，要求全江南人民本此方针，团结一致，共同奋斗。

第一，实行民族主义，坚持江南抗日战争，驱逐日寇出江南，驱逐日寇出中国。

（一）拥护蒋委员长团结抗战到底。

（二）打倒卖国贼汪精卫，肃清汪逆余党。

（三）严惩汉奸，严惩通敌亲汪的投降派。

（四）拥护国民政府，摧毁敌人一切御用的傀儡政府和傀儡组织。

（五）坚决收复敌后失地，恢复中华民国的领土和主权。

（六）停止党派磨擦，严禁地方械斗，巩固团结，一致抗日。

（七）严惩甘心附敌的伪军，奖励伪军官兵反正抗日。

（八）肃清破坏抗战之土匪，安定抗日后方。

（九）奖励一切有功的抗日将士、官吏和人民。

（十）保护一切援助与同情中国的友邦人民，欢迎朝鲜、台湾与日本革命志士参加抗日战争。

第二，实行民权主义，结束一党专政与腐败的官僚统治，实现敌后抗日民主政权。

（一）实行总理遗嘱，努力唤起民众，保护与扶助抗日的民众运动。

（二）保护人民抗日言论、出版、集会、结社之完全自由。

（三）拥护宪政运动，实现民选政府与地方自治。

（四）严惩贪官污吏、土豪劣绅，奖励公正士绅与爱国名流学者积极为国服务。

（五）实行国民参政会决议，承认有保护一切抗日党派合法存在的权利。

（六）保护人民武装抗敌自由，扶植一切人民抗日自卫武装。

（七）实行国难时期的普及教育，发展抗日文化事业，提高民族觉悟，启迪民权思想。

（八）保护爱国青年，培养并选拔爱国青年参加政府办事。

（九）实行男女在政治上一律平等，保护与扶植妇女解放运动。

（十）保护一切抗日人民生命财产之安全与居住行动之自由。

第三，实行民生主义，发展抗战经济，改善民生，破坏敌伪一切经济。

（一）严禁资敌，禁用寇币、伪钞，禁止毒品输入，发展经济游击战争，破坏敌伪一切经济经营。

（二）改善民生，实行减租减息减税，增加工人工资，实行八小时工作制，救济失业工人，改善与提高教职员生活待遇。

（三）没收敌人和汉奸的财产，充作抗战经费。

（四）优待抗日军人家属，改善抗日战士生活，抚恤抗日伤亡将士与人民。

（五）保护中国商业，提高农业生产，振兴工业，发展合作事业，以裕民生，以利长期抗战。

（六）调剂食粮，抑平物价，严禁奸商垄断操纵渔利。

（七）实行合理负担，有钱出钱，有粮出粮，奖励输财救国。

（八）整理赋税，平衡收支，杜绝贪污浪费，实行财政公开。

（九）赈饥恤贫，救难防灾，安定人民生活。

（十）严正军队纪律，实行军民合作。

选自《苏南抗日根据地》，中共党史资料出版社 1987 年 9 月版，第 116～117 页。中共浙江省委党史工作委员会、江苏省档案馆编。原注：“据江苏省档案馆所存档案”。

2. 中共江苏省京沪线东路特别委员会关于坚持东路抗战十大工作纲领

1940 年 5 月

一、拥护中央政府、拥护蒋委员长领导抗战到底；坚持东路抗战，发展广泛游击运动，摧毁汪逆南京政府及其各地伪政权，争取最后胜利，[为] 实现三民主义的新中国斗争到底。

二、承认各抗日党派、各抗日团体的合法地位，实行亲密合作，保障人民的一切抗日言论、出版、集会、结社、罢工之自由，来巩固扩大抗战力量，以肃清投降分裂倒退的思想与行为。

三、一切抗日人民，凡年在18岁以上的，不分阶级、性别、信仰，一律有选举权与被选举权，用普选、直接选举产生各县民主政权，完成地方民主自治的基础。

四、由各抗日党派、抗日军队、抗日民众，选派代表组织东路最高临时行政机关以统一东路抗战工作的领导。

五、在东路最高临时行政机关领导之下，由各抗日军队派遣全权代表组织东路临时最高军事指挥机关与政治领导机关，以统一作战计划、统一政治工作，建立坚强的抗战军队。

六、帮助抗日有功的进步军队，改造压迫民众、军纪腐败的军队，普遍发展人民抗日自卫武装。

七、做好统一累进税，实行合理负担，禁止粮食出口，抵制仇货，评定物价，严防奸商操纵，没收汉奸财产，充实抗战经费，与救济贫民。

八、实行免费教育，普及抗日建国教育，使凡年在6岁以上的，不分阶级、性别，皆有享受教育之机会。

九、抗日军人及其家属，在政治上、经济上、教育上享有特别优待权利。

十、保护人民利益，实行增加工资、减少工作时间，救济失业工人，保护女工、童工，改善工人待遇，减租减息，发展农村产销合作社事业，提高职员、教员待遇，保护地主、厂主、商人等的合理权益。

选自《苏南抗日根据地》，中共党史资料出版社1987年9月版，第118～119页。中共浙江省委党史工作委员会、江苏省档案馆编。原注："原载《江南》2卷5期"。

3. 津浦路东各县人权保障条例

1941年1月津浦路东各县临时参议会通过，津浦路东各县联防办事处公布施行

第一条　为保障路东抗日人民的自由与安全，根据国民政府颁布之法令及敌后方事实之需要，制定本条例。

第二条　境内人民不通敌，不破坏抗日军不违反政府法令者，一律保护其身家生命财产之安全。

第三条　本条例公布前，有曾违及政府法令行为或嫌疑者，如已悔悟，一律不咎既往。

第四条　境内人民除汉奸外，一律依本条例充分保障其宗教信仰、言论、出版、集会、结社、居住、迁徙之自由。

第五条　境内人民除汉奸外，不分阶层、党派、贫富、性别、职业及宗教信仰，其政治地位一律平等。

第六条　除紧急戒严时期逮捕处决人犯，依照紧急戒严令另行规定外，其余逮捕处决

人犯，一律依本条例之规定。

第七条　地方司法诉讼由县政府承审员审理，以联防办事处司法机关为上级机关。汉奸案、盗匪案犯由各县保安分处处理，以联防保安处为上级机关。各县县政府各保安分处判决案件，如有不服，得于五日内向联防办事处或联防保安处提请上诉。

第八条　联防办事处及保安处判决案件，如有不服，得于五日内提请公审，再行判决即成定案，不得再行抗辩。

第九条　境内人民有身家不受侵犯之保障。除紧急情况外，非经县政府或县保安分处之批准及有充分人证物证，不得逮捕、拘禁、审问、处罚。

第十条　人民因犯罪嫌疑，被逮捕拘禁者，其执行逮捕拘禁之机关，至迟应于二十四小时内移送审判机关。本人及他人并得请求于二十四小时内提审。

第十一条　违警案由区署依违警法律处理，被处理人如有不服，得向县政府控告。

第十二条　区级以下政府对违警案以外任何案件，仅可进行侦查研诉及调解，绝无审问拘留与处决之权。

第十三条　人民提起诉讼，受权机关绝对不准收受任何费用。

第十四条　对拘禁之人犯，不得有任何之勒索。

第十五条　对拘禁之人犯，绝对禁［止］肉刑及带有侮辱性质之处罚。

第十六条　人犯发生疾病，轻者应为疗治，有性命危险者，应予保释疗治。

第十七条　人犯财务应登记保管，不得侵害。

第十八条　除重大匪犯及紧急情况外，犯人不得上镣铐等刑具。

第十九条　判处死刑案犯人，必须经联防办事处批准，始得执行。

第二十条　军政人员违反本条例之规定，侵害人权者，被侵害人或他人得提出控告，依案情轻重，应处以反坐之罪名。

第二十一条　本条例修改与解释之权，属于临时参议会。

第二十二条　本条例经临时参议会通过，由联防办事处公布施行。

选自《新中华报》，1941 年 4 月 3 日第一版。

4. 津浦路东各县保障人民财产条例

1941 年 1 月津浦路东各县临时参议会通过，津浦路东各县联防办事处公布施行

第一条　为保障抗日人民之私有财产起见，特根据国民政府颁布之法令及敌后方事实上之需要，制定本条例。

第二条　凡土地、房屋、债权及其他一切合法之私有财产，有营业证或契约经政府验明登记者，一律依法保障其所有权，任何人不得侵犯。

第三条　私有财产其私有主有自由使用支配权，其继承人有继承权。

第四条　私有之土地、房屋、金钱等，得以契约借出租出。其当售卖或借给他人，政府应保证其三七分租、分半给息之合法收益。

第五条　三七分租、分半给息等之改善人民生活之规定，无论主方、他方、债权人、债务人，均有遵守之义务。

第六条　关于一切典当田地纠纷、主佃纠纷、债务纠纷，统由政府依照三七分组、分半给息之规定，予以调理，双方不得违抗。

第七条　抗战前借出之旧债，一律停息，分期还本。

第八条　逃亡敌区之业主地租，其家产无人主持，又未指定人代管者，得由政府代管，但于其归来时，为须发还，否则得向上级政府提出控诉。

第九条　人民之财产权及其合法收益遭受侵害，被侵害人得提出控诉。

第十条　非罪大恶极之汉奸，经联防办事处判决没收其财产者，任何人不得对人民私有财产进行没收或危害。

第十一条　经没收分配之汉奸财产，其产权属于分配所得人，由政府发给营业执照。

第十二条　下列之土地，不得变成私有：(1) 可通运输的水道；(2) 公共需要之天然湖泽；(3) 公共交通道路；(4) 公共需用之天然水源；(5) 矿产地；(6) 其他属于公共性质之土地。

第十三条　有下列情况之一者，政府得征收人民之土地及房屋，但须按实际情形酌给价款：(1) 交通道路所必经之土地房屋；(2) 公共之建筑；(3) 军事上需要者。

第十四条　私有财产之转移，应向政府呈请登记。

第十五条　本条例修改与解释之权，属于临时联防参议会。

第十六条　本条例经联防参议会通过，由联防办事处公布执行。

选自《新中华报》，1941 年 4 月 27 日第一版。

5.　津浦路东各县联防办事处抗战时期施政纲领

1941 年 2 月公布

(一) 总　则

第一条　本纲领谨遵奉总理遗教三民主义，最高领袖蒋委员长抗建主张，抗战建国纲领为最高原则。并依据安徽省战时施政纲领，参酌路东实际环境与条件而制定之。

第二条　本纲领以坚持抗战、反对投降，坚持团结、反对分裂，坚持进步、反对倒退，促进宪政运动，贯彻抗战建国国策，争取中华民族胜利解放为总的方针与目标。

第三条　本纲领是为镇压伪奸在路东之阴谋、破坏、骚扰，解除人民痛苦，推动路东一切抗建工作为具体任务。

(二) 民政部门

第四条　号召路东各县，坚持抗战，赞成民主之一切人士，不分阶层、党派、宗教、信仰，集中力量，推进抗建工作。

第五条　彻底肃清汉奸、土匪、扑灭伪政权。

第六条　开展宪政运动，实行民主政治。采用直接平等的普选制，健全民主集中制的政治机构，培养人民自治能力。

第七条　建立各级民意机关，协助并督促政府，执行抗建国策。

第八条　给人民以言论、出版、集会、结社、信仰、居住、迁徙与通讯之自由。

第九条　广泛开展民众运动。组织工、农、商、学、青年、妇女、儿童及文化界等之抗敌团体，积极参加抗建工作。

第十条　厉行廉洁政治，肃清贪污，并调整各级行政机构，使其合乎抗日民主的要求。

第十一条　建立便利人民之司法制度，并保障人民检举告发任何工作人员罪行之自由。

第十二条　严格执行工作预计，工作检查与各级会报制度，并慎密考核干部。

第十三条　确立男女平等权利，提高妇女在政治上、经济上之社会地位。

第十四条　保育儿童，设立托儿所，严禁溺婴、虐待儿童。

第十五条　优待抗日军人家属。

第十六条　抚恤老、幼、孤、寡，救济难民、灾民。

第十七条　厉行卫生运动，设立民众治疗所，保障人民健康。

第十八条　严禁烟赌，厉行废娼等，革除社会不良风俗，提高抗战道德与优良风尚。

（三）财政经济部门

第十九条　确定私有财产权，保护路东各县人民私有财产。

第二十条　实行八小时工作制度，按当地生活程度，酌加工资，并禁止无故解雇工人。

第二十一条　工人因工作伤亡，雇主应津贴医药费或抚恤费。

第二十二条　改善女工、童工待遇，严禁包身工作。

第二十三条　改善租佃关系，保障佃权，禁止无故欠租；实行三七分租，取消一切附租及义务劳役等。

第二十四条　禁止高利贷，普遍成立农民资金所。

第二十五条　开荒垦地，兴修水利，改良耕种，增加农业生产。组织春耕秋收运动。

第二十六条　严禁耕牛出口，奖励畜牧。

第二十七条　开展造林运动并保护森林。

第二十八条　发展手工业，奖励私人投资。

第二十九条　保护商人自由营业，严禁奸商垄断投机。

第三十条　奖励合作社事业。

第三十一条　实行统一累进税，废除苛捐杂税、非法摊派及摊派式的保×[①]经费。

第三十二条　严密建立检查、调剂、禁止仇货销售及资金物品之输出。

第三十三条　实行救国储粮，充实抗日军粮，并防荒歉。

第三十四条　彻底处理公款、公产、庙寺及合作社等。

第三十五条　保障抗战经费之开支，厉行有效之开源节流办法。

---

① 原注：原文如此，“×”疑是“甲”字。

第三十六条　建立廉洁之财政系统，严格执行预算决算之审计制度。

第三十七条　调剂金融，防止法币、现金、硬币外流，严禁敌伪钞票流入。

（四）文化教育部门

第三十八条　展开新启蒙运动，提高科学文化教育，树立三民主义之教育，创造中华民族之新文化。

第三十九条　提高人民政治军事文化水平，发扬民族自信心和自尊心。

第四十条　普及教育，创办各级学校，改订课程，编审教材。

第四十一条　实行普及免费之儿童教育，消灭文盲。

第四十二条　提倡简体字，推进新文字运动。

第四十三条　提高生产教育，培养科学技术人才。

第四十四条　培养抗战人材（才），加强干部教育。

第四十五条　扶植并奖励人民之抗战文化教育事业。

第四十六条　发展出版事业，大量发行抗战书报。

第四十七条　培养新闻干部，发展新闻事业。

第四十八条　开展戏剧、绘画、音乐、体育等运动，提倡人民正当文化娱乐。

（五）军事部门

第四十九条　建立各县模范营，发展与健全人民抗日自卫军，抗日青年队，加强政治、军事、文化之教育与训练。

第五十条　以政治工作与总力（?）① 部之配合，实行兵役与抗战动员。

第五十一条　彻底消灭奸伪、土匪、敌探之活动，巩固抗日后方。

第五十二条　广泛发展游击战争，建立巩固抗日根据地，缩小敌之占领区，配合国军作战。

第五十三条　建立敌伪军工作，瓦解敌军，争取伪军反正。

（六）附则

第五十四条　本条例修正与解释之权，属于路东各县临时联防参议会。

第五十五条　本条例经路东各县临时联防参议会通过，由联防办事处公布执行。

选自《淮南抗日根据地财经史》，安徽人民出版社 1991 年 12 月版，第 279～284 页。原注："选自《六大以来》（上）"。

6. 淮北行署施政纲领

1941 年 10 月②

本边区行政公署正式建立之际，正值国步艰危之时，为了团结我淮北苏皖边区全体抗

---

① 原注：原文如此，"力"疑是"队"字之误。

② 原注：1942 年 10 月为编者判定。但依据 1942 年 10 月刘瑞龙的政府工作报告说："去年 10 月召开成立大会，宣布施政纲领。按此该纲领应是 1941 年 10 月公布。

日人民，进行根据地的政治军事经济文化建设巩固与发展我苏皖边区，以便坚持敌后的长期抗战，特根据总理遗教三民主义，国民政府抗战建国纲领，及中共中央抗日民族统一战线的原则，及本边区的具体情况，制订如下纲领，作为本署今后施政准绳，愿我苏皖边区三百万同胞，所有抗日军队，抗日人民，同心戮力，共赴时艰，为实现此纲领而奋斗。

（一）团结边区各抗日阶级各抗日党派集中一切人力物力财力智力，保卫苏皖边抗日民主根据地，坚持苏皖边区长期抗战，坚持团结抗战政策，与边区内外各抗日党派各抗日军队，各抗日团体机关，保持亲善关系，反对任何投降分裂倒退行为，以便准备反攻，达到收复失地驱逐日寇出中国的目的。

（二）巩固与扩大抗日军队，保障其兵员补充与物资供给，实行参战动员，发动民众参加抗日军队，参加各种抗战勤务，优待抗日军人家属，动员民众协助抗日军，并配合抗日军队作战。

（三）武装抗日人民，扶助民众抗日自卫，建立地方基干武装，普遍组织人民抗日自卫队，切实肃清土匪，禁烟禁赌，以确保根据地内部的治安，建立与巩固抗战的后方，广泛的开展抗日游击战争，扩大我占区，缩小敌占区。

（四）实行抗日民主政权中三三制的原则，改造基层行政，建立各级民意机关，实行各级政府民选，树立民主政治的新作风，一切抗日人民（包括地主资本家工人农民等），抗日党派，都有民主参政权利，保障一切抗日人民的人权财权及言论、集会、结社、出版、信仰、居住、迁移之自由，对一切案件除司法系统及公安机关，得依法执行外，任何机关团体不得自由捕人罚款，对违法之公务人员，任何个人或团体均有权向上级控告，对私人之土地、房屋、财产，不分贫富，一律加以保护，并保证出当承当买卖之自由。

（五）整顿财政税收及地方公产，废除苛捐杂税，实行合理负担，统一收支，厉行节约，铲除贪污腐化，建立廉洁政治。

（六）实行减租减息，增加工资，减少工作时间，解除各种对渔民船户之不合理待遇，救济灾民难民，切实改善人民生活，扶助工农运动的发展，确定佃农及债户有交租交息之义务，工人执行劳动纪律，努力生产，以调剂东佃劳资关系，贫富互助，合力抗战。

（七）保护商人自由营业，奖励盐运，奖励各种抗战必需品之进口，取缔奸商居奇垄断，禁止操纵物价，欢迎各地实业家来边区投资，取缔伪币，维护法币，巩固边币，保证金融之流通。

（八）增加工业农业之生产，实行春耕秋收动员，兴修水利，开垦荒地，举办合作事业，及低利借贷，发展手工业。

（九）实行新民主主义教育，普及小学教育，发展社会教育，推进抗日文化运动，提高人民的政治文化水平，提高抗战胜利信心，与不胜不休之决心，提高民族气节，及发扬民族自尊心。开办各种训练班，培植抗建人才，实行教育经费独立，救济各地失学青年，改善小学教师待遇。

（十）确定男女平权，提高妇女在政治上经济上社会上之地位，保护女工农妇儿童，禁止蓄婢，禁止虐待童养媳，废除买卖婚姻，实行双方自愿的一夫一妻的婚姻制度。

（十一）健全司法系统，改善司法制度及诉讼手续，严禁敲诈勒索，改善监狱制度，废止肉刑，严厉肃清敌探奸细，加强锄奸工作，对被捕汉奸土匪份（分）子除坚持不愿改过者外，一律采取宽大争取感化、转变政策。

（十二）争取伪军伪组织人员转为祖国抗战服务，赞助敌伪区人民的抗日运动，对被俘敌伪军一律采取宽大政策。不得杀害，对各地会门帮口，秘密结社，实行团结与争取教育政策。

选自《华中抗日根据地财政经济史料选编》第一卷，档案出版社 1984 年 7 月版，第 284～286 页。江苏省财政厅、江苏省档案馆、财政经济史编写组合编。原注："按《淮北苏皖边区三年来的政府工作》单行本 1942 年版刊印"。

7. 修正淮海区人权保障条例

1941 年 12 月 23 日

第一条　为切实保障淮海区抗日人民之权利，奠定民主政治之基础，特依据国民政府抗战建国纲领制定本条例。

第二条　凡本区人民除勾结敌伪，破坏抗日，违反政府法令者外，一律依法保护。

第三条　本区人民无阶级、性别、宗教、信仰、地域之分，其政治上法律上的地位一律平等。

第四条　本区人民有信仰、言论、出版、集会、结社、居住、迁徙及从事职业之自由。

第五条　本区人民有参加任何部队、机关及自治团体之自由。

第六条　本区人民身体、财产、名誉以及其他权益受侵犯时，均有依据法令向主管机关控诉之权利。

第七条　本区人民非依法律不得逮捕。

区乡政府为保安处逮捕人犯时，应于二十四小时内解送主管司法机关处理之，其因远道不及解送时，至迟不得超过四十八小时。

第八条　本条例经淮海区参议会通过，交由淮海区行政公署施行。

第九条　本条例自公布之日起施行。

选自《中国新民主主义革命时期根据地法制文献选编》第一卷，中国社会科学出版社 1981 年版，第 108～109 页。原注："选自淮海区专员公署《淮海区单行法规（草案）》"。

8. 目前政治形势及今后施政方针（节录）
——魏文伯在津浦路西联防临时参议会第一届第二次大会上的报告提纲

1942 年 5 月

各位先生、各位议员：

一、自去年"九一八"开第一次临参会到现在在国内外和我们这地区有些什么变化?

（略）

这七月来我们路西的情况及其前途演变又是怎样呢？

第一，由去年九月参议会闭幕不久，反共军于十月十三日占领广兴集向民主政府与新四军步步进逼作无理的进攻，当时民主政府与新四军在自卫原则之下，不得不起而自卫于界牌集周家岗战斗，路西反磨擦战争又开始了，反共军之残暴行为，馀痕遗迹，迄今目击心伤。如昌议员竹亭房屋之被焚，人格之被侮辱（禁闭罚款），凡所到之处，抢掠皆空。民主政府与新四军受人民之重托，负有保护之责，为顺应人民之请求，不得已采取自卫而有大桥之战斗，致使反共军疯狂气焰削弱，阻止前进。虽然一度进扰藕塘，而终因恐惧民众与民主政府之制裁，方立即退走，而民主政府与新四军为团结抗战仍采取退让，致全椒、合肥民主政权，迄未恢复，欲使其觉悟共同抗日，同时因国内外局势变化及日寇在路西分区扫荡，不利于反共军向我方进攻，遂成为今日相持局面。但抗日民主政权边区土匪横行，如牛匪登峰到处捐款，绑票勒索，乱杀人民，捕杀我政府工作人员，王回岗之被烧，马参议员之被杀害，朱家湾之抢劫。此次新四军道经祈家岗附近袭击社［杜］集敌人，而牛匪阻挠牵制种种罪恶，言之不尽，民主政府与新四军为民请命，安定地方，并为马参议员复仇，歼除匪类，挽救数万人民于水深火热之中。

第二，定凤怀自一月以后，日寇向我进行两次扫荡，建筑据点，打通定寿公路，缩小我政权区域。但由于我军政民，艰苦奋斗，英勇牺牲的精神，取得柏家围子战斗空前之胜利；正因为军政民有力配合，阻止敌人，尚未打通定寿公路，但以敌人据点增加，伪匪乘机活动，少数分子动摇叛变，而接近敌伪据点民众情绪低落，这无疑义增加定凤怀地区某些困难，而这些困难还是可以克服的。

第三，无论敌继续南进或北进，而巩固其已有地区，保障其物质资源与兵员的补充，对敌后抗日根据地的扫荡，是不会放松的。我们主要是团结路西各党各派各阶层，发动一切人力、物力，以准备粉碎敌人的扫荡与集结力量争取反攻阶段的到来，同时也不能忽视反磨擦自卫战争的准备。

二、参议会七个月来工作概况

（一）由于第一次临时参议会的成立，根据三民主义抗战建国纲领的原则，订立保障人权、财权及改善人民生活诸法令，比较推进人民民主的观念，对民主政府进一步的认识，并推动县参议会的成立（定远县、定凤怀）。

（二）在反磨擦自卫战中，参议会为主张正义、团结抗战之旨，曾分途各地召集各界座谈会，电请中央并向各方呼吁，制止进攻我民主政权区，反对排除异己。

（三）除在职或参加民众团体工作各议员已有固定工作外，还有各个参议员个别帮助政府经常工作，如争取敌伪，推行公债，生产建设，扩军工作等。

（四）马议员之光荣牺牲，这是我们路西参议会最光荣而又最痛心的一件事，我们曾为马参议员在王回岗开过追悼大会，又上坟公祭一次，抚恤其家庭六百元，并通电全国公请中央惩办祸首，特出专刊纪念其抗战事业［迹］以垂后世。

（五）但因路西经常处在反扫荡及反磨擦自卫战中，使参议会驻会议员分散各地，未能集中力量有计划、有组织进行工作。

（六）因个别议员以家庭生活的牵制，影响驻会经常会务。

（七）有个别不明大义贪污腐化，动摇分子，背叛民主政权无耻的行为，遭受政府法律上的制裁，如林增寿之被判处极刑。

三、今后施政方针

（一）团结抗日民主政权区内各社会阶层，各抗日党派，发挥一切人力、物力、财力、智力为保卫抗日民主政权，粉碎日寇扫荡，继续坚持路西敌后抗战巩固抗日根据地，争取中国抗战最后的胜利，驱逐日本帝国主义出中国。

（二）坚持抗日民主政权区外抗日党派抗日军队及全体人民的团结，反对磨擦分裂，破坏民主政权区的行为。

（三）扩大地方武装，提高部队的战斗力，保障其物质的供给，肃清土匪，保卫人民，并改善兵役制度及其他后方勤务的动员制度，使人民公平负担，同时加强抗日自卫军青年队的组织与训练，并加强优待抗日军人家属的工作，彻底实行优待条例。

（四）普遍深入的发动群众，组织并充实各种民众团体，改善民众生活，尊重民众团体独立性，推行国民抗战教育，实行公民登记，划分区域，准备乡选，改造政权机构，成立各县正式参议会及路西正式参议会，订立各种法律、条例，切实实行法治。

（五）发展农业生产，实行春耕秋收的群众动员，增加生产，奖励私人营业，发展合作事业，扶助手工业的发展与敌伪作经济的斗争，使我根据地巩固与建设工作顺利的完成。

（六）保障一切抗日人民的人权、政权、财权及言论、出版、集会、结社、信仰、居住之自由权，厉行廉洁政治，严惩公务人员之贪污，禁止任何人假公济私、敲诈勒索，破坏抗日民主政府法令之行为。

（七）严防敌伪活动，加紧锄奸工作，保护抗日民主政权，并将锄奸工作变为群众性的。

选自《淮南抗日根据地》，中共党史资料出版社 1987 年 10 月版，第 196～199 页。《淮南抗日根据地》编审委员会编。原注：“津浦路西联防临时参议会第一届第二次大会《大会专刊》1942 年 5 月”。

9. 津浦路西保障人权财权条例

1942 年 5 月津浦路西联防临时参议会第一届第二次大会通过

第一条　本条例以保障路西人民之人权财权，不受非法之侵害为目的。

第二条　路西一切抗日人民，不分民族、阶级、党派、性别、职业与宗教，都有言论、出版、集会、结社、居迁以及思想信仰之自由，并享有平等之民主权利。

第三条　保证路西一切抗日人民的私有财产权，及依法之使用及收益自由权（包括土地房屋、债权及一切资产）。

第四条　租佃及债权债务双方需遵照政府法令，实行减租减息，交租、交息，一切租佃债约的缔结，须依双方自愿。

第五条　路西人民之财产住宅，除因公益，有特别法令规定外，任何机关、部队、团体，不得非法征收、查封、侵入或搜捕。

第六条　除司法机关及公安机关依法执行其职务外，任何机关、部队、团体，不得对任何人加以逮捕、审问、处罚，但现行犯不在此例，人民利益如受损害时，有用任何方式控告任何公务人员非法行为之权。

第七条　司法机关或公安机关逮捕人犯，应有充分证据，依法定手续执行。

第八条　非司法或公安职权之机关、军队、团体或个人，拘获现行犯时，须在二十四小时内连同证据送交有检查职权或公安机关依法办理。接收犯人之检查或公安机关，应于二十四小时内侦讯。

第九条　逮捕人犯，不准施以侮辱殴打及刑讯逼供，审判采证据主义，不重口供。

第十条　司法机关审理民刑案件，从传到之日起，不得逾三十日必为判决之宣告，被当事人不受稽延讼累，但有特殊情形，不能及时审判者，不在此例。

第十一条　司法机关受理民事案件，非抗传或不执行判决及有特殊情形时，不得扣押。

第十二条　除戒严时外，非现役军人犯罪不受军法审判，如军人与人民发生争讼时，刑事案件在侦察（查）完结后，军人交军法处，非军人送司法机关依法裁判，民事诉讼则由司法机关办理。

第十三条　人民诉讼，司法机关不得收任何费用。

第十四条　被扣人犯之财物，非经判决，不得没收，并不得掉换或任意损坏。

第十五条　区乡政府对该管区居民争讼事件，得由双方当事人之同意为之调解，如不服调解时，当事人得自由向司法机关申诉，不得拦阻或越权加以任何之处分。

第十六条　区级以下政府，对违警以外任何案件，仅可进行侧察及调解，绝无审问扣留与处决权。

第十七条　路西人民不服审判机关判决之案件，得依法按级上诉。

第十八条　各级审判机关，判决死刑案件已逾上诉期限如不上诉者，须呈报联防办事处审核批准，方得执行。但有战争紧急情形不在此限。

第十九条　路西人民曾因反对路西民主政权逃亡在外者，自愿遵守路西法令返回路西，一概不究既往，并受法律之保护。

第二十条　本条例解释权属于路西联防办事处。

第二十一条　本条例经路西临时联防参议会通过，由联防办事处公布施行之。

选自《淮南抗日根据地》，中共党史资料出版社 1987 年 10 月版，第 209～211 页。《淮南抗日根据地》编审委员会编。原注：“津浦路西临时参议会第一届第二次大会《大会专刊》1942 年 5 月”。

10. 中共苏皖区委苏南施政纲领

1943 年 3 月 18 日通过

为坚持苏南敌后抗战，粉碎日本帝国主义的扫荡、清乡，贯彻精兵简政，开展民主运动，进一步巩固建设苏南抗日民主根据地，克服一切困难，准备反攻力量，以争取抗战之最后胜利，建立独立自由幸福的新中国，中国共产党苏皖区委特于苏南区行政公署改选之际，根据孙中山先生的三民主义、总理遗嘱、中国国民党抗战建国纲领及中共中央抗日民族统一战线政策，向我苏南全体人民提出如下之施政纲领：

一、团结苏南敌后各社会阶层、各抗日党派、各抗日军队及敌占区同胞，发挥一切人力物力财力智力，坚持与友党友军团结，加强国共两党合作，为保卫中国、配合全国反攻、驱逐日本帝国主义而战！

二、提高抗日武装部队的战斗力，巩固充实主力，加强发展地方武装，保证抗日部队之物资供给，改善后方勤务的动员制度，减少人民支差，以增进军民团结，并积极组织与训练民兵，健全其领导系统，以广泛开展敌后游击战争。

三、尊重与爱护一切抗日军人，加强优待抗日军人家属工作，抚慰荣誉军人（伤病员及残废军人）及阵亡将士家属，切实执行优抗条例，务使新四军及一切友军在根据地内的家属得到物质上的保障与精神上的安慰。

四、开展民主运动，贯彻三三制，在各级民意机关及政府中，共产党员只占 1/3，其他各抗日党派及无党无派的人士占 2/3。改造与健全基层行政，逐步民选各级民意机关及政府，裁缩骈枝机关，增强行政效率，厉行廉洁政治，严惩贪污浪费，禁止任何公务人员假公济私之行为，实行俸以养廉之原则。

五、保障一切抗日人民（地主、资本家、农民、工人等）之人权、财权、物权及言论、出版、集会、结社、信仰、居住、迁移之自由权，除司法系统及公安机关依法执行其职务外，任何机关、部队、团体、个人均无权逮捕、审讯、处理及侵犯他人之一切权益（但在敌人扫荡时及特殊情形之下，经政府授权者不在此例），而人民则有用无论何种方式控告任何公务人员非法行为之权利。

六、确立司法制度，改进诉讼程序，废除肉刑，重证据、不重口供。对于汉奸、伪军、伪组织人员、叛徒及一切阴谋破坏团结抗战的分子，除对坚决不愿改悔者必须施以坚决镇压外，其他愿意悔过自新者，应不问其过去行为如何，一律施以宽大政策，争取感化转变，给以政治上与生活上之出路，不得加以杀害、侮辱、强迫自首或强迫其写悔过书。

七、发展农业生产，改变生产技术，实行春耕秋收之群众动员，适当解决贫苦农民耕牛、农具、种子、肥料等困难，兴修水利，奖励耕种，增加农产品收入，并积极发展农村副业。

八、坚决执行中共中央的土地政策，保障地主的土地所有权，债主的债权，佃农的佃权，实行减租减息，保证交租交息，合理调整人民的租佃关系与债务关系。

九、发展工业生产及商品流通，奖励私人企业，保障其私有生产，欢迎外地及敌占区的资本家、富豪、士绅同胞来根据地内投资、经营工商业，并给以保护，如不愿居留时，可自由处理与携带其财物。推广合作事业，扶助手工业的发展，对内实行自由贸易，反对垄断，对敌实行统制贸易，管理出入口货物，严防敌伪吸取我物资与破坏我金融，加强对敌伪经济斗争。

十、调节劳资关系，适当改善工人生活待遇（包括雇工），工业部门工作时间以 10 小时为原则，农民工作时间仍依照习惯，同时劳工应遵守劳动规律，提高劳动生产率。

十一、实行合理的税收制度，居民中除极贫苦者应予免税外，务使大多数人民均能负担抗日经费，禁止乡保私行派款，健全财政机构，严格实行统筹统支、独立预决算及会计制度，厉行节约，调整金融关系，坚决禁止伪币，保护法币，巩固惠农币①之流通，以利经济之发展与财政之充裕。

十二、推行国民教育，改善小学教员生活，实施社会教育，加强干部教育，实行在职人员两小时学习制度，尊重知识分子，提高科学知识与文艺运动，欢迎科学、艺术人才，保护流亡学生与失业青年，允许在校学生之民主自治权利。

十三、依据男女平等原则，从政治经济文化上提高妇女在社会上之地位，奖励妇女参加生产，发挥妇女抗战与生产的积极性，保护女工、产妇、儿童，坚持自愿的一夫一妻制，妇女依法有财产承继权。

十四、救济灾民、难民，使其取得职业与参加教育的机会，对各地会门组织，实行争取、团结与教育的政策。

十五、对于在战斗中被俘之敌军及伪军官兵，不问其情况如何，一律实行宽大政策，其愿参加抗战者，收容并优待之，不愿者，释放之。一律不得加以杀害、侮辱、强迫自首或强迫其写悔过书。凡有对新四军及任何抗日部队举行攻击者，其处理办法仿此。

选自《苏南抗日根据地》，中共党史资料出版社1987年9月版，第244～246页。中共浙江省委党史工作委员会、江苏省档案馆编。原注："据江苏省档案馆所存档案"。

11. 华中局致浙东区党委：同意成立浙东行政委员会及其纲领之指示

1943年12月29日

（一）成立浙东敌后临时行政委员会是迫切需要的。但要以坚持敌后抗战，实行民主，推进敌后抗战文化教育，发展工商农业以及改善人民生活等等作为号召。

（二）同意以连柏生为主任，罗克为行政，黄源为文教，并选择几位地方上进步人士（包括开明士绅与各抗战的首领）。谭何两同志也当参加为委员，能起大的号召作用。杨思一是否也要参加，望你们考虑。

（三）全浙东敌后区政权机构之建立，可用召集浙东各县人民代表举行各界临时代表会议形式决定之。临时会议之代表可用政治部公函聘请或用谭何名义聘请之，但需包括工、农、商、学，士绅各阶级比较有地位、有声望的人士。临时代表会议除了推选临时行政委员会各委员及政府主任外，并可选举数人成立浙东参议会筹备委员会，负责筹备召集正式参议会之工作。在临时与过渡时期中，各县行政人员可用上级行政机关（全浙东敌后区政权机关）聘请和委派方式行之，一待减租减息运动起来，依靠群众的基础来进行各县各区乡政权进一步的改选。

① 原注：惠农币，指苏南抗日根据地惠农银行发行的抗日货币。

（四）要调选一位党性强的同志任财政处长。

（五）关于政治纲领，只说到根据抗建与十大政纲基本精神及适合浙东敌后具体环境颁布之，作为浙东敌后党政军民整个抗战与民主的人民目前斗争目标。

（六）纲领内容应包括下面各条意思：

1. 坚持抗战，建立敌后各阶级各党派联合抗日的民主政府。

2. 团结一切抗日人民与抗日党派团体为共同事业而巩固团结并奋斗到底，誓达驱逐日寇出浙东及浙江各地。

3. 组织与武装人民，坚持敌后抗日斗争。

4. 肃清根据地内汉奸与破坏抗日、进行反共反人民的特工分子。

5. 实行抗战与民主的普及教育，提高人民抗敌胜利信心。

6. 实行保障人权、财权、地权，协助根据地工商业自由发展。

7. 发展农业生产，实行减租减息，增加工资，改善人民生活。

8. 废除苛捐杂税，以公平负担原则下建立一定的抗战税收制度来保证抗战经费。

9. 建立公粮制，保障敌后抗战机关与部队给养。

10. 救济难民灾民，实行优待抗属。

选自《浙东抗日根据地》，中共党史资料出版社 1987 年 6 月版，第 83～84 页。浙江省委党史资料征集研究委员会、浙江省档案馆编。原注："原件存中央档案馆"。

12. 浙东敌后临时行政委员会施政纲领

1944 年 1 月 15 日公布施行①

本委员会为进一步加强浙东敌后抗战力量，以达坚持浙东敌后抗战、粉碎敌寇侵略阴谋、增进人民福利、与最后收复失地之目的，特根据总理手订三民主义及其遗嘱，中国国民党抗战建国纲领，中国共产党抗日救国十大纲领，及浙江省战时政治纲领之基本精神，并适应浙东敌后具体环境之需要，拟订本施政纲领，自即日起坚决实施之。

（一）团结浙东敌后及大后方各地一切抗日军队、抗日党派、抗日机关团体、各阶层抗日人民，发挥一切人力物力财力智力，共同为坚持抗战反对内战，保卫浙江收复失地，驱逐日寇争取抗战最后胜利，建设革命三民主义的（新民主主义的）新浙东新中国而奋斗到底。

（二）健全各级抗日行政机构的组织与领导，筹组各级参议会建立浙东敌后各阶层人民各党派联合抗日的民主政府，为摧毁伪政权，粉碎日寇伪化浙东的企图，建设与坚持浙东敌后抗日民主根据地而努力。

（三）拥护新四军及一切坚持团结抗战爱护人民之军队，保障其物质供给改善兵役制度及其后方勤务工作，增进军政民的亲密团结，并加强地方人民抗日自卫武装，健全其组

① 1944 年 1 月 15 日在四明山成立浙东敌后临时行政委员会，颁布《浙东敌后临时执行委员会施政纲领》。

织与领导。

（四）保障一切抗日人民的人权政权财权及言论出版集会结社信仰居住迁移之自由权，人民有控告任何公务人员非法行为之权利。

（五）厉行廉洁政治，严惩公务人员之贪污行为，同时改善公务人员待遇，实行俸以养廉原则，保障一切公务人员及其家属必须之物质生活。

（六）协助根据地内工商业之自由发展，奖励私人企业、保证私有生产、欢迎外地投资、发展人民的合作事业、协助山货的推销，扶助手工业的发展，以达到根据地内日用品自给自足抵制日货之目的。

（七）实行春耕秋收的群众动员，协助解决贫苦农民农具肥料种子的困难，协助山民解除兽患、开展水利、消灭灾荒，开辟荒地，以发展平原与山区之农业生产，并禁止粮食向根据地外流、调节根据地内各地之食粮，以保证根据地内全体军民之粮食。

（八）实行减租减息，改善农民生活，同时保证交租交息、保障业主合法权益。

（九）调节劳资关系、适当的改善工人生活，救济失业工人，同时保证劳动纪律、提高劳动生产率。

（十）废除苛捐什税，以公平负担，建立一定抗战税收制，居民中除极贫苦者应予免税外，大多数人民均应负担抗日经费，以保证抗战用费，并建立公粮制以保证敌后抗战机关部队之给养。

（十一）实行抗战与民主的普及教育、改善中小学教师待遇、提高其文化政治水平，改进学校教材、推行社会教育、奖励抗日书报之出版发行、提高科学知识与文艺运动、欢迎各地科学艺术人才来根据地工作，给予教师及公务人员以学习进修之机会、开办各种短期训练班、允许在学学生以民主自治权利，普遍提高人民政治认识及文化水平、加强抗战胜利信心。

（十二）拟订并实行优待抗日军人及其他抗日工作人员家属酌办法，务使新四军及一切抗日军队机关人员在根据地内的家属得到物质的保障与精神上的安慰。

（十三）推行卫生行政、建立医药设备、欢迎医务人才，以达减轻人民疾病痛苦之目的。

（十四）加强对敌伪政治攻势、欢迎并优待反正伪军伪组织人员。

（十五）肃清汉奸及破坏抗战进行反共反人民的特工分子，同时提倡坦白运动，实行宽大政策，坚决废除肉刑、重证据不重口供，除怙恶不悛、绝对坚决不愿改悔者、在人民一致请求下，必须予以必要制裁外，一律争取感化，给予政治上与生活上之出路，不得加以杀害、侮辱、强迫自首，或强迫其写悔过书。

（十六）优待俘虏，对战斗中被俘之敌军及伪军官兵，不问其情况如何，一律实行宽大政策，其愿参加抗战者，收容并优待之，不愿者释放之，一律不得加以杀害，侮辱、强迫自首，或强迫其写悔过书，其有在释放之后又连续被捕者，不问被俘之次数多少，一律照此处理，对于其他进攻抗日部队者，其处置办法仿此。

（十七）欢迎大后方及敌占区各地青年及抗日的各党派各界人士，来敌后根据地参加各项军事政治经济文化事业，共同为发展浙东敌后抗日力量推行民主运动，而一致努力。

（十八）团结根据地内外各会门组织、协助其合理解决会门人员之生活、提高其民族意识与抗战热情、共同为坚持浙东敌后抗战收复失地复兴中华而奋斗。

（十九）切实救济本地及外来之灾民难民、帮助灾民难民进行生产工作发扬互助精神。

（二十）依据男女平等原则，从政治上经济上提高妇女在社会上的地位，发扬妇女在政治上经济上的积极性，实行自愿的一夫一妻婚姻制。

选自《浙东抗日根据地》，中共党史资料出版社1987年6月版，第85～87页。中共浙江省委党史资料征集研究委员会、浙江省档案馆编。原注："原件存浙江省档案馆"。

13. 苏中区施政纲要

1944年苏中行政公署制定

一、坚持抗日民族统一战线政策，团结本区各阶层人民各抗日党派及敌战区同胞，为建设与巩固苏中抗日民主根据地，粉碎敌伪扫荡、清剿、清乡，积极准备反攻，胜利完成抗战建国大业。

二、保证本区一切抗日人民有参政权财产权及言论、出版、集会、结社、信仰、居住之自由权，除司法系统公安机关得依法执行其职务外，任何机关、部队、团体及个人不得对任何人加以逮捕审讯处罚及侵犯他人之一切权益，但在敌伪扫荡、清剿、清乡特殊情况下，经政府授权者，不在此例。

三、保证本区抗日部队之物资供给，组织地方游击队及不脱离生产之民兵自卫队，以开展群众性游击战争，并切实推进参军拥军运动，优待抗日军人家属，抚恤荣誉军人及阵亡将士，亲密军民团结。

四、民选各级民意机关及实行三三制，裁汰骈枝机关，增强行政效率，厉行廉洁政治，严惩贪污腐化、借公济私之行为，人民有用任何方式控告任何公务人员非法行为之权利。

五、改进司法机构，坚决废除肉刑，重证据不重口供，实行人民陪审制度，就地审判，简捷诉讼手续，改善监狱行政，实施感化教育，对汉奸伪军伪组织人员及叛徒破坏分子等，除坚决不悔者，予以镇压外，其他一律实行宽大政策，给以自新之路。

六、彻底实行减租减息，保证交租交息，合理调整主佃关系与债务关系，提高与发展农业生产及手工业，扶植合作事业，奖励私人企业，欢迎外地投资，管理对外贸易，防止敌伪吸收根据地内物资，发行抗币，严禁伪币在根据地内流通。

七、调整物资关系，实行十小时工作制（农民工作时间则依照习惯），提高劳动纪律，增强劳动生产率，适当增加工资，改善工人生活。

八、合理征收公粮赋税，实行统一累进税制，使大多数人民皆能按其土地、财产及所得之多少，担负抗日经费，健全财政机构，统筹统支，确立一般预决算及审计制度。

九、推行抗日民主之国民教育与社会教育，实施乡学区学县学专门学校大学之新学制；取缔奴化伪化教育，彻底扫除社会之颓风恶习，改善教育生活，改进私塾教学，保障教育经费，确立公务人员每日至少2小时学习制度。

十、依据男女平等之原则，从政治经济文化上提高妇女之社会地位，发挥妇女在经济建设上之积极性，保护女工产妇及儿童，提倡剪发放足，实行自愿的一夫一妻婚姻制。

十一、救济灾民难民，使其参加生产，取得职业与教育的机会，对各地会道门组织，实行争取团结与教育政策。

十二、开展对敌斗争，坚决打击敌伪的伪化政策，减轻或免除敌占区及接敌区人民之负担，设法保障其生命财产，其不堪敌伪蹂躏而来根据地者，予以慰问及安置。

十三、争取伪军反正，对集体反正者，决不强迫改编，保证其物资供给，与其他抗日部队平等待遇，团结其共同抗日，对俘虏之敌伪官兵，概不杀害，加以教育后一律释放之，其自愿参加抗日工作者，给予适当工作并保护其安全。

选自《苏中抗日根据地》，中共党史资料出版社 1990 年 4 月版，第 337～338 页。中共江苏省委党史工作委员会、江苏省档案馆合编。原注：“原载 1944 年 11 月刊印的《苏中行政公署法令汇编》”。

14. 苏中区人权财权保障条例

1944 年苏中行政公署公布

第一章　总　则

第一条　为切实保障本区人民之人权财权，不受非法侵害，加强对敌伪斗争，以建立抗日根据地革命秩序，奠定民主政治之基础，特根据本区施政纲要，订定本条例。

第二条　本区人民一切有关人权财权问题，均依照本条例处理之。

第三条　凡本条例未规定者，在不违背本条例基本原则之下，得采用其他法令。但其他法令涉及人权财权部分，与本条例相抵触者，应以本条例为依据。

第四条　本区人民曾因反对抗日民主政府逃亡在外者，自愿遵守本区法令返回本区，一概不咎既往，并受法律之保障。汉奸伪军经履行法定手续反正自新者，亦适用①本条例。

第二章　人　权

第五条　本区一切抗日人民，不分种族、阶级、党派、性别、职业与宗教，其政治上法律上一律平等。

第六条　本区一切抗日人民，有言论、出版、集会、结社、居住、迁移、信仰及抗日自卫之自由。

第七条　本区一切抗日人民，有身体不受侵犯之权利。

第三章　财　权

第八条　保障一切人民及法人之私有财产权，有依法使用、收益及处分之自由权。

第九条　租佃及债权债务，双方须本团结互助之精神，实行减租减息，交租交息。一

① “苏中版”将“亦适用”印作“变适用”。

切租佃债约之缔结，须依双方自愿。

第十条　为改善工人生活，提高生产效率，须普遍实行增加工资，保障劳方之生活要求及提高劳动热情，保障资方之营业利润。

第四章　人权财权之保障

第十一条　本区人民之财产住宅，除因公益有特别法令法规外，任何机关、部队、团体或个人，不得非法征用、查封、侵占或搜查。

第十二条　本区人民，除司法机关或公安机关依法执行其职务及军队在作战期间对妨碍或破坏战争任务之执行者，得作紧急处置外，任何机关、部队、团体或个人不得加以逮捕、审讯或处罚。但现行犯及汉奸敌探不在此例。

第十三条　司法机关或公安机关逮捕人犯，应有充分证据，并依法定手续执行。

第十四条　司法或公安以外之任何机关、部队、团体或个人，如拘获现行犯或汉奸敌探嫌疑犯时，须于 24 小时内，连同证据送交有检查权之司法或公安机关依法办理。如因交通不便或紧急情形得延长送交期限，但接受犯人之司法或公安机关，应于 24 小时内质讯。

第十五条　逮捕人犯，不准施以侮辱、虐待、殴打及刑讯逼供，审判重证据不重口供。

第十六条　司法机关受理民刑案件应迅速处理，俾当事人不受积延讼累。

第十七条　司法机关受理民事案件，非有法律依据不得扣押。

第十八条　除戒严时间外，非现役军人不受军法审判。军人与人民发生争讼时，刑事案件在侦查完结后，军人交军法处，非军人送司法机关依法裁判。民事诉讼由司法机关办理。

第十九条　人犯之财务，非确属赃物或供犯罪之用，并经判决者，不得没收、调换或任意损坏。

第二十条　区乡政府对居民争讼事件，得由双方当事人之同意为之调解。如不服调解，当事人可向司法机关申诉，不得拦阻或越权处分。

第二十一条　各区乡政府对任何案件，仅可进行调解，决无审讯、拘留与处决权。

第二十二条　本区人民不服审判机关判决之案件，得依法按次上诉。

第二十三条　各县（第一审）审判机关，判决死刑案件已逾上诉期限而不上诉者，除因战事紧急情形外，须经专属以上政府之审核批准，方得执行，违者以杀人论罪。

第二十四条　在夫妻间、婆媳间、父母子女间及工商业中师傅与学徒间，严禁一切打骂或虐待之行为，并严禁堕胎溺婴情事。

第二十五条　不论任何公务人员如有非法行为或失职渎职情事，致使人民之人权财权遭受损害时，任何人得以任何方式，向县以上任何一级政府控告之。

第五章　人民之抗日自卫权

第二十六条　为镇压日寇汉奸特工对人权财权之破坏，本区人民有抗日自卫权。

第二十七条　本区抗日人民得依法自动组织脱离生产或不脱离生产之抗日自卫武装及购置武器弹药。

第二十八条　上项人民武装与武器弹药，须向政府登记，接受政府军事机关之统一领导与指挥。

第二十九条　凡依据组织之人民抗日自卫武装及其武器弹药，任何机关、部队、团体或个人不得非法侵犯、改编、解散或收缴。

第三十条　本区人民遇有敌伪盗匪绑架或烧杀淫掠情事，有直接抗击或逮捕之权。

第三十一条　被敌伪盗匪劫掠之人民财务，经任何机关、部队、团体或个人夺回后，应全部发还原主，不得任意处分或有所需索。

第六章　附　则

第三十二条　本条例解释及修正之权，属于苏中行政公署。

第三十三条　本条例如有未尽事宜，本区人民得向本署提出修正之建议。

第三十四条　本条例自公布之日施［行］之。

选自《华中抗日根据地财政经济史料选编》第三卷，档案出版社 1986 年版，第 300～303 页。原注“按 1944 年 11 月《苏中行政公署法令汇编》刊印”。

互校版本：《苏中抗日根据地》，中共党史资料出版社 1990 年 4 月出版，第 370～373 页。原注：“按 1944 年 11 月刊印《苏中行政公署法令汇编》。”简称“苏中版”。

15. 浙东地区施政纲领——中共浙东区党委为浙东各界临时代表会而提出，经中共中央华中局批准

1945 年 1 月 24 日

为进一步巩固发展浙东抗日民主根据地，发展抗日民主的政治军事经济文化建设，以达成坚持浙东抗战，准备反攻力量，配合盟军，驱逐日本帝国主义，解放数千万同胞之目的，中共浙东区党委乘浙东敌后临时行政委员会召开浙东各界临时代表会之际，特根据孙中山先生手创革命三民主义及中共中央抗日民族统一战线政策与“十大政策”之原则，向我浙东各界同胞，提出如下的施政纲领。凡我浙东行政机关内之共产党员，应遵照此纲领坚决实施之，并号召全浙东共产党员为此一纲领的实现而奋斗。

1. 团结浙东各社会阶级、各抗日党派、各抗日团体，动员并发挥一切人力、财力、物力、智力，共同为坚持浙东抗战保卫浙东抗日民主根据地，准备反攻力量，配合盟军驱逐日本帝国主义；解放数千万同胞，建设三民主义即新民主主义的新浙东新中国而战。

2. 反对法西斯主义的政令与失败主义者的军令，以及一切投降主义者背叛民族投降敌寇的阴谋活动。并动员人民的力量，促成由国民党、共产党、其他抗日党派及无党派人士，在民主基础上，召集国事会议，组织联合政府、联合统帅部，以便团结并统一全中国一切抗日力量，停止敌寇进攻，为争取抗战最后胜利而奋斗。

3. 巩固与扩大新四军及各地区人民抗日武装力量，并提高其战斗力，保障其物质供给，改善兵役制度，实行参军拥军运动与拥政爱民运动，以增进军政民之亲密团结。同时，加强地方人民抗日自卫军及民兵之组织与训练，广泛开展群众性的游击战争，粉碎敌寇“扫荡”，破坏敌人吸收我国人力、物力、财力，实行“以战养战”的阴谋计划；摧毁

伪组织，扩大解放区，使被敌奴役的同胞，迅速回到祖国怀抱。

4. 切实执行抗日军人家属优待条例，务使新四军及其他一切抗日军队与机关人员在根据地内之家属，得到物质上的保障与精神上的安慰。

5. 改造各级旧有行政机构实行民选，组织各级参议会，建立各阶级、各党派及无党无派人士联合抗日的民主政府。确定共产党员在政府机关中只占三分之一，以便各党派及无党无派人士，均能参加各级民意机关之活动与行政之管理。在共产党员被选为某一行政机关主管人员时，应保证有该机关之职员三分之二为党外人士充任。共产党员应与党外人士实行民主合作，不得一意孤行擅权包办。

6. 厉行廉洁政治，严惩公务人员之贪污行为。同时改善公务人员之待遇，禁止任何公务人员假公济私之行为。共产党员有犯法者，从重治罪。同时实行俸以养廉原则，保障一切公务人员及其家属必需之物质生活。

7. 保证一切抗日人民（地主资本家工人农民等）的人权、政权、财权、地权，保障人民言论、出版、集会、结社、信仰、居住、迁移之自由权。除政府机关，或政府委托军队政治机关，依法执行其职务外，任何机关、部队、团体，不得对任何人加以逮捕、审问或处罚。而人民则有用法律程序与手续以及其他方式控告任何公务人员非法行为之权利。

8. 建立司法制度及各县区乡（镇）调解委员会，正确处理各地民刑案件，肃清汉奸及破坏抗战反共反人民反民主的特工活动。提倡坦白运动，坚决废除肉刑，重证据不重口供。对汉奸分子除绝对坚决不愿改悔。死心助敌者，给予必要制裁外，其他不问其过去行为如何，一律实施宽大政策，争取感化转变，并给予政治上与生活上之出路，不得任意加以杀害，侮辱、强迫自首，或强迫其写悔过书。对于一切阴谋破坏我抗日民主根据地之分子，例如革命叛徒，反共分子等，其处置办法仿此。

9. 遵照中共中央土地政策，彻底实行减租减息政策，保障农民的人权、政权、财权、地权，以改善农民生活，提高农民抗日与生产的积极性。同时在实行减租减息之后，必须实行交租交息，保障地主的人权、政权、地权、财权，以联合地主一致抗日。政府对佃业关系及债务关系，均应本抗日民主之原则，合理调整。

10. 发展农业生产，动员广大群众开展春耕秋收运动，开垦荒地，兴筑水利，改善与提高农业技术，解决贫苦农民农具肥料种子的困难，协助山民解除兽患，爱护与调节劳动力，提倡各种劳动互助组织，奖励劳动英雄，增加土地生产的收获量，保护与培植森林，发展畜牧业及其他农村副业。严禁食粮资敌，调节根据地粮食，以保证根据地内全体军民之粮食供给。

11. 建立并发展根据地之工业生产，保障私有生产，欢迎并奖励私人开设工厂投资各种工业，并建设公营事业；提倡部队机关人员的农工业生产运动，实行各种民办公助、公私兼顾之办法，发展人民合作事业。反对敌伪统制政策。协助盐海产品运销，改善盐渔民生活。发展手工业及纺织业，向着根据地自给自足经济方向发展。

12. 实行商业自由流通，保障私人商业之发展，反对统制、[垄]断、操纵、抬高物质[价]；严禁敌区毒品及奢侈品之输入，奖励必需品之输入；协助山货及土产运销，开拓对外贸易路线，以繁荣根据地之商业。

13. 调节劳资关系，保障工人雇工生活必需的改善。工作时间以不超出十小时为原则；工资按生活程度酌量增加；救济失业工人。同时工人必须遵守劳动纪律提高劳动生产率，使资方有利可图，以发展根据地生产增强抗战力量。

14. 废除一切苛捐杂税，实行合理的收税制度，征收统一的公粮田赋及统一的进出口货物税，务使居民中除极贫困者应予免税外，均须按照财产等级或所得多寡，实行程度不同的累进税制度，使百分之八十以上人民均能担负到抗日经费。实行统一收支，建立预决算制度，厉行节约运动，反对贪污浪费，保证财政收支平衡。同时健全财政经济机构，加强对敌经济斗争的领导，打破敌伪及反动派之经济封锁，调剂金融，抵制伪币，发行地方抗币，以利根据地经济之发展与财政之充裕，保证抗战经费之供给。

15. 实行抗战与民主的普及教育，创办各种学校，及各种短期训练班，吸收抗日青年、知识分子及失学失业与流亡青年，训练培养抗建人材（才），编制抗战民主教材，务使学习与抗建实践生［产］相联系。给与在学学生及教职员有参加各种抗战工作及课外正当活动的自由。同时改善各级学校教师的生活，提高其政治文化水准。推广抗日书报，奖励自由研究科学知识，尊重知识分子，提倡科学与文艺运动，欢迎各地科学艺术人材（才）来根据地工作。推行卫生行政，建立医药设备，欢迎医务人材（才）参加地方卫生事业，以达减少人民疾病痛苦之目的。

16. 依据男女平等之原则，从政治上经济上提高妇女在社会上的地位。开展妇女教育，发扬妇女在政治上经济上的积极性。爱护女工童工及产妇。实行基于男女双方自愿原则的一夫一妻婚姻制。

17. 切实救济本地区及外来之灾民难民，发扬人民互助精神协助灾民难民进行生产工作。欢迎沦陷区及大后方各界人士来根据地居住，或参加各项抗战工作及建设事业。

18. 展开对敌伪军伪警伪组织的政治攻势，向其指出德日必败，中华民族抗日战争与民主运动一定胜利的光明前途，宣传我之宽大政策，促其早日回头觉悟，回到抗战道路。欢迎与优待伪军伪警伪组织之反正人员，并给予物质上精神上之奖励。援助沦陷区、游击区遭受敌人摧残压迫渴望解放的同胞，帮助他们组织起来，准备在时机成熟时举行武装起义，配合军队的进攻，里应外合，驱逐日本侵略者，解放沦陷区的兄弟姊妹。

19. 对于在战斗中被俘之敌军及伪军伪警官兵，不问其情况如何，一律实行宽大政策，其愿参加抗战者，收容并优待之，不愿者释放之，一律不得加以杀害、侮辱、强迫自首或强迫其写悔过书。其有在释放后，又连续被俘者，不问被俘之次数多少，一律照此办理。对于其他进攻新四军及各地方抗日部队时之被俘者，处理办法仿此。

20. 安定根据地内社会秩序，团结根据地内外各会门组织、启发其民族意识与抗战情绪；使其走向抗日民主的正轨道路。

21. 在尊重中国主权及我根据地政府的法令原则下，允许任何外国人到我根据地游历，参加抗日工作，或在根据地进行各项抗日与文化宗教的活动，并给予其便利与保护。

选自《浙东抗日根据地》，中共党史资料出版社1987年6月版，第138～142页。中共浙江省委党史资料征集研究委员会、浙江省档案馆编。原注："原件存浙江省档案馆"。

16. 浙东区党委秘书处转发华中局来电

1945 年 8 月

顷接华中局来电照转于后：

一、苏联参战，日本投降，沪宁杭三角地区群众均普遍发动，对国际与全国影响，及反内战均起极大作用。

二、各地党委及武工队，应即依照当地具体情形，在下列口号下，广泛发动群众。当地以群众起义方式夺取敌伪土顽武器，夺取据点，消灭伪军、忠救、国顽各种别动队，建立民主政权。大量武装民众，以达完成控制这些地区，以准备应付内战。

甲、欢迎新四军解放一切沦陷区。

乙、缴除敌伪武装，武装人民自己。

丙、摧毁敌伪一切政权，建立中国人民的民主政权。

丁、没收敌军食粮与罪大恶极汉奸卖国贼资财，立即救济工人、农民及一切贫民，逮捕大汉奸卖国贼交人民公审，对一切反正自新的伪军保证其生命财产。

三、上海、杭州、南京在我军未到达前，即令以上述口号，首先在工作集中地广泛号召工人斗争，在敌投降与城市混乱，以便发动群众夺取伪军、伪警武装，武装工人自己，普遍广泛成立工人武装自卫队、纠察队。建立工会组织，摧毁敌伪政权，成立民主政权。立即没收大汉奸敌军粮食，救济工人、贫民，以工人地区为基础，继续向全区发展，为达此目的，浦东、浙东、江南部队，应派部分主力出发或隐蔽方式，迅速进入工作地区，作为组织领导发动斗争的核心。

四、对各阶层，可以用新四军代表和新四军新派市政府名义与各界接洽，依靠工人与城市贫民基本群众的发动和基础，在彻底肃清敌伪建立民主政权，恢复民主秩序口号下，建立各阶层广泛的统一战线。

五、群众初期发动的阶段，必然会产生过左的倾向，这是不可免的。但各地党与群众干部必须正确掌握政策，以免造成秩序混乱，侵害各抗日阶层人民，以免陷自己于孤立，以致失败。

六、上述各点由江苏、浙东、苏中立即转达有关地区，立即进行。

选自《浙东抗日根据地》，中共党史资料出版社 1987 年 6 月版，第 168～169 页。中共浙江省委党史资料征集研究委员会、浙江省档案馆编。原注：“原件存浙江省档案馆”。

17. 浙东区党委关于敌寇投降敌后形势与今后工作的指示

1945 年 9 月

（一）敌寇投降的原因

1. 苏英美三国会议圆满结束，进一步巩固了同盟国的团结。日寇企图拖延战争的时间，挑拨同盟国团结，等待时机，以求生存的阴谋已经失败。

2. 日寇对国民党的诱降反共，由于其本身失败，英美对国民党的援助，人民的反对，以及国民党无把握发动反共内战，日寇的反共计划看看失败，因此挑拨国内团结的阴谋亦未全部实现。

3. 由于美机大举轰炸日本本土，国内损失惨重，人民厌战，反战情绪高涨，日寇愈打愈弱，困难日增，胜利信心完全丧失。

4. 苏联对日宣战，迅速攻入伪满，是迫使日寇迅速投降最主要最直接的原因。

（二）投降后可能发生的影响

1. 全世界法西斯堡垒已最后肃清，法西斯残余分子仍要结合各种反动势力继续活动，但今后只能隐蔽的在地下活动。

2. 伪方失掉依靠，只有反正、投降两条路，现在正动摇于国顽与我们之间。同时敌占区经济发生困难，人民生活困难，社会秩序暂时呈现纷乱。

3. 国民党反动派过去消极抗战反共反人民，现在必然要配合国际帝国主义集中全力，积极向我争夺抗战果实。

4. 全世界全中国人民为民主斗争的胜利信心空前提高，人民武装力量要迅速扩大与发展，各弱小民族的解放运动也要空前高涨。

（三）发展趋势与前途

1. 全世界正以更快的速度向民主团结的道路前进：

①全世界人民的公敌法西斯已被打倒，人民已经减除了一重最重的压迫。

②苏美英的团结基本上是不会分裂的。由于苏联力量的强盛，英美人民对苏联的同情，全世界人民都反对反苏战争，以及苏联党领导的正确，苏美英的团结仍能保持与巩固。

2. 远东的民主势力要迅速增长，今天我党已与苏联红军蒙古军队联成一片，占有半个中国的地位，敌后解放区我军在解决日寇武装后，力量也要大大增加。各弱小民族如朝鲜、缅甸……等都将获得解放，沉默的远东将跟着民主的欧洲前进。

3. 今后中国一定要实行民主，建立民主联合政府。由于我军力量的壮大，全国人民众心所向，国民党反动派虽欲倒退阻止进步也不可能，尤其是中国的解放区，除本身打成一片外，还要与苏联、外蒙打成一片。

4. 浙东金萧地区由于根据地建设的时期太短，军事力量不够控制全面，而且处于顽我斗争的前哨阵地，与浙西联系还不够顺畅，不能不要有短时期艰苦与困难。但我们依靠广大人民对我党我军的拥护，我各个地区的武装发展与存在，浙西我军随时随地给我支援，反动派浙西失败，信心与力量均遭重大损失，因此我们能胜利的坚持斗争，克服一切暂时的困难，而取得部分力量的发展。

5. 可能产生三个前途：

①由于我党我军及中国人民的共同努力，因此中国人民获得胜利。

②自己在努力抗战，果实反为反动派获得，中国人民就要继续受反动派专制统治的压迫。

③反动派与我们势均力敌，斗争就要尖锐而长期，但胜负总要分明，以今天条件来

看，以第一个前途为大。

（四）目前形势的特点

1. 敌伪武器尚未完全解除，仍须以军事进攻配合政治进攻来完成这一任务，即使在敌伪武装解除后，法西斯残余势力还勾结反动势力，企图死灰复燃。

2. 反动派尚未完全肃清，正乘机大肆活动，企图同我争夺胜利果实。

（五）今后任务

1. 方针：解除敌伪武装，迅速发展与扩大武装力量，继续团结民主势力，肃清法西斯残余，打击反动派，建立人民的民主政权。

2. 工作原则：

①以先解决伪军为主，因为伪军战斗力量薄弱，情绪动摇，容易取得胜利。

②解决敌伪军，应找取敌伪军最薄弱，我们本身力量最有把握的一环解决之，从而影响与动摇敌伪其他据点。

③要认识占有地区为次，占有力量为主。收缴敌伪军武装是主要，因为只有开展武装力量才能巩固与扩大地区。

3. 工作方法：

①加强对敌伪顽、人民、民兵的宣传工作。

②正式的通牒（向我们主要的打击对象）并与敌伪进行具体谈判，促使敌伪向我投诚反正。

③立即动员民兵自卫队，暂时脱离生产，配合地方主力，包围封锁敌伪据点，展开政治攻势与军事进攻，及解决与消灭之。

④通过现有投诚我军的日本朝鲜士兵去进行敌军工作，并要他们教育部队全体同志学习日语口号。

⑤向敌伪军普遍散发归来证。

⑥优待敌伪军，严禁杀害或侮辱。成立专门编写、管理编审教育敌伪军俘虏的机构，并及时利用新来敌伪军去进行对敌工作。

⑦普遍彻底破坏敌交通线，阻止敌伪军集中逃跑。

4. 建立总的领导机构，成立行动委员会，统一领导。

5. 要防止可能发生的倾向：

①以为抗战已经彻底胜利，而降低自己的警惕，忽视反动的力量与阴谋的极端乐观倾向。

②以为浙东浙西联系还未畅通，浙东局面还未完全打开，敌寇失败，反动军队就要深入，我们要遇到严重困难，而忽视我们现有力量与有利条件的悲观害怕的错误感想观念。

③过低估计敌人的抵抗力，以现在军事上轻进［敌］冒进的冲锋主义；但同时亦应注意把敌人估计太高的畏惧心理。

④不了解今天一天的工作是平时十天数十天工作一样重要，是决定今后抗战果实落于谁手的决定性工作，不认识抓紧时机的重要性与突击工作。

（六）我们的困难与有利条件

（一）困难：

1. 对于敌寇突然投降，过去思想上准备不够，因此影响目前工作与物质上的准备不充分，一切都临时做起。

2. 部队太少，战斗力不强，不能解决多数敌人。

3. 过去敌伪军工作做得差，影响今天不能获得很大成果。

4. 浙东局面还未打开，与各根据地的联系仍存在着一些困难，人民对我展开斗争的信心不够高。

5. 此地处于顽我斗争的前哨阵地。

（二）有利条件：

1. 大部分敌军在我根据地周围，有利于我们就近解决或打击。

2. 大部分人民均有了组织，尤其是数千民兵，可以配合我军作战。

3. 反动派比我们还要做得差，并且浙西失败损失很大，要调大军来是困难的。

4. 一般我们日鲜士兵可以帮助我们做瓦解敌军工作。

5. 苏联外蒙古是世界民主势力的增长，有助于国内的团结。

浙东区党委

选自《浙东抗日根据地》，中共党史资料出版社 1987 年 6 月版，第 174～178 页。中共浙江省委党史资料征集研究委员会、浙江省档案馆编。原注：“原件存浙江省档案馆”。

18. 苏皖边区政府李一氓主席谈施政方针

1945 年 12 月 10 日

［新华社华中分社讯］苏皖边区政府成立后，各地人民莫不兴奋异常，并对今后各项行政设施寄予无限关怀。兹为明瞭边区政府目前施政方针，本社记者特走访边府李主席，承接见发表谈话如下：

边区政府是经过淮南、淮北、苏中、苏北四个地区的参议长与行署主任联席会议产生的。因为华中政权向未统一，这还是一个临时的政权领导机关，带过渡性质，还要等正式的边区人民代表会来产生正式的民主的边区政府。最近将要开会的边区临时参议会，也属于过渡性质的，他的任务在于协助政府，团结人民，推行民主，以及筹备正式的边区人民代表会。因此，目前边区政府的工作，还向着（一）把四个地区的政令法令制度逐渐的统一起来。在这方面，我们重行组织了若干统一的政府工作部门的机构，如货物管理局，盐务管理局等，我们已调整了某些应行改变的行政区域，我们已统一了专员公署的顺序和组织，我们已颁布了某些统一法令。（二）把民主工作作进一步的推进。虽然边区政府与边区参议会是过渡性质的，但现属之八个专员区，是早在六七年来已经形成了，并有很大的民主工作的成绩，如像减租减息，发展生产，改善人民生活，普及文化教育，实行优待抗属，保证军需供给，组织和动员人民的反“清乡”与反“扫荡”，进行乡村选举，团结各阶层人民等等。此后边区政府将以更大的努力，使上述各项民主政策，作全般的步骤，一致的更大规模的更有效的推行。（三）把苏皖边区巩固起来，不管目前形势怎样，将来局势有何种变化，我相信苏皖边区目前的七十个县（旧治五十三县）必将以民主政治的制度来存在的，绝不容许恢复旧的反民主的反人民的统治。因此政府本身必须以更大的力量来巩固这个区域，协助华中军区司令部，加强一切军事设施，保卫边区，保卫民主。同时，动员一切人民力量，反对反人民的内战，保卫和平，以求得边区的和平建设更加在经济上，文化上，政治上发展起来。

无疑问的，我们和华北其他的解放区一样，是全中国民主建设的楷模，是我们八年来与敌伪艰苦斗争的成果。解放区的存在与否的问题，是全中国民主政治的成功与失败的问题，解放区工作的好坏的问题，是全中国民主工作的成就与无成就的问题。边区政府与全苏皖的人民有责任保卫民主，推进民主，与全国解放区，全国民主人士及全国人民共同完成全国的民主事业。

选自《华中抗日根据地财政经济史料选编》第四卷，档案出版社 1986 年版，第 123～124 页，原注："按 1945 年 12 月 10 日《新华日报》华中版第一版刊印"。

19. 苏皖边区临时行政委员会施政纲领

1945 年 12 月 31 日苏皖边区临时参议会第一次大会通过

本府正式成立之际，正值抗日战争胜利结束，国内和平尚未实现之时，全边区以及全国人民迫切要求和平，而国民党反动派犹在一意孤行，发动内战，向我边区以及全国解放区人民进攻。本府为团结全边区人民，贯彻中国共产党新民主主义之主张，及和平、民主、团结之正确方针，加强本边区之政治、军事、经济、文化建设，保卫与进一步建设本边区，配合全国的民主运动，促成全国性的联合政府早日实现，特根据民主统一战线的原则及本边区具体环境制定本纲领，作为各级政府及全体人民奋斗目标：

一、保障人民的人权、财权及公民权，凡爱好和平、赞成民主之各阶层人民及各党派人士，都有言论、出版、集会、结社、信仰及居住之自由，以期团结全边区人民，集中一切人力、财力、物力，建设本边区，粉碎反动派之进攻计划，援助反动派统治区之人民民主运动，争取全国和平民主早日到来。

二、巩固与扩大人民自卫武装，加强民兵之组织与训练，实行拥军优抗，亲密军民关系，保障其兵源补充与物资供给，以巩固军心，提高士气，保卫解放区人民利益。

三、加强民主建设，普遍开展民主运动，贯彻三三制政策，民选各级政府，废除保甲制，健全各级人民代表机关，实行人民管理政权，加强干部民主政治教育，树立民主廉洁的作风。

四、贯彻改善民生政策，扶助工农运动的发展，实行减租减息、交租交息，保障佃权及资本家与雇主，要增加工资与减少工作时间（每天九至十小时为标准），工人与雇工要执行劳动纪律与提高生产效率，以期调剂东佃劳资关系；没收汉奸财产，救济灾民难民。

五、增加工业农业生产，提倡垦荒、植棉、造林，加强水利建设，普遍组织劳动互助，提倡深耕细作，改良生产技术，扶助纺织及其他手工业，发展奖励举办机器工业，发放生产贷款，欢迎外界投资，保护私人经营，发展商业贸易交通事业，调剂物资流通，力求本边区人民生产自给。

六、实行财政收支统一，确立预决算及审计制度，提倡节约，严惩贪污浪费分子，按照人民负担能力，实行合理的税收制度，逐步废止公粮田赋，准备改征统一累进的农业税与营业税，巩固边币信用，稳定币值、物价，实行金融投资，扶持工农商业及合作事业。

七、提高人民政治文化水平，普及成人教育，提倡民办学校，改进小学私塾，开展民间文化活动，兴办各种专门学校，改订学制课程，救济失业青年，改善教师生活，促进文化教育界民主团结，扶助文化教育团体之建立及出版事业，保障学术研究，奖励科学发明，优待专家学者及技术人材（才），进行卫生教育，开展公共卫生事业，提倡卫生合作事业，减除人民疾病痛苦，进一步发展新民主主义文化卫生建设工作。

八、改进与健全适合于人民需要的司法制度，严惩汉奸，清除危害人民的特务土匪，加强区乡调解工作，减少人民诉讼，简捷诉讼手续，改善监狱行政，加紧编审各种民主法规，厉行禁烟、禁赌、禁毒，确立民主秩序，保障人民安居乐业。

九、确立男女一律平等，改善妇女生活，开展妇女教育，扶助妇女生产，鼓励妇女参政，提高妇女社会地位，保护女工、农妇、产妇，实施儿童保育，实行一夫一妻的自愿婚姻制度，严禁蓄婢、纳妾、溺婴、强婚，帮助妇女在政治上、经济上、文化上、社会上求得解放。

十、主张民族平等，实行各民族在政治经济上一律平等，尊重其宗教信仰与风俗习惯，在尊重本边区主权与政府法令的原则下，欢迎外侨进入本边区游历与参加民主工作，凡因参加革命，被本国政府压迫而来边区之外侨，政府一律予以恳切保护与帮助，以发扬革命的民族友谊。

选自《中国新民主主义革命时期根据地法制文献选编》第一卷，中国社会科学出版社1981年版，第64～66页。原注："选自一九四六年一月一日《新华日报》华中版"。

20. 豫皖苏边区行政公署训令各级政府切实保障人权，严禁乱抓乱打肉刑逼供

1948年5月

［本报讯］豫皖苏边区行政公署顷训令下属各级政府切实保障人权，原文称：查保障人权，为我解放区建立民主秩序主要政策之一，执行以来，已得到广大人民的拥护与良好的政治影响。惟近来各地政府注意不够，随便抓人，肉刑拷打，侵犯人权等事件屡有所闻，致使某些不了解我之政策者恐惧、逃亡，或参加土顽与我对立。此种现象如不及早纠正，其危害所及将不堪设想！为此，特根据本区情况，明确规定保障人权的具体办法六条如下：

一、县政府无杀人权，倘需处决者，县可将罪犯材料、口供及处理意见报告专署，经专署批准后执行，但现行犯除外（如持枪抵抗及战场作战等）。政治犯的处理，一律须报

告行署及军区，专署及县府无处理权。

二、逮捕案犯，地方必须经区以上机关研究批准，禁止乱抓乱捕。

三、部队逮捕案犯，必须有团、营以上的证明文件，通过当地政府后执行；倘有少数人员违犯保障人权的规定，政府应先行说服，说服无效时，可将其人员送回原部队处理。

四、县区地方武装及翻身队（民兵），普遍进行保障人权政策教育，严禁乱抓乱打现象。

五、凡经逮捕之案犯，应以教育启发与搜集材料的方法进行审讯，禁止肉刑逼供以及变相肉刑（如不给饭吃、关禁闭等）。

六、凡按规定逮捕之案犯，区政府扣押一般不得超过四十八小时（两昼夜），如属罪大恶极群众所痛恨者，为了发动群众，必须延长扣押时间时，须经县政府批准。

选自《中国新民主主义革命时期根据地法制文献选编》第一卷，中国社会科学出版社1981年版，第107～108页。原注："选自1948年5月14日《雪枫报》"。

二、选举法规

1. 津浦路西乡选暂行条例

1942年5月津浦路西联防临时参议会第一届第二次大会通过

第一章 总 则

第一条 本条例根据三民主义建国大纲之民主选举原则，及敌后抗战具体情况订定之。

第二条 采取普选无记名之投票制度，选举乡政权之负责人，以便彻底实行民主政治。

第二章 选举资格

第三条 凡居住境内之人民，年满十八岁者，无阶级、党派、职业、性别、民族、宗教、财产与文化程度之区别，经登记取得公民资格者均有选举权与被选举权。

第四条 有下列情况之一者，不得参与选举与被选举：

1. 有通敌行为，经政府通缉有案者。
2. 违反政府法令，剥夺公民权尚未恢复者。
3. 破坏抗战部队有据者。
4. 患精神病者。

第三章 选 举

第五条 为便利选举进行，得设置选举委员会。

第六条　以自然村为单位，划分公民小组，人数十五人至四十五人，如村庄较大，人数超出四十五人以上者，得分为二组三组不等，惟同村各组人数必须平均，不足十五人之村应联合邻近村庄组织之。

第七条　由公民小组提出候选人，经乡民大会普选，产生乡代表，由代表内互推乡行政委员掌管本乡行政。乡行政组织法另订之。

第四章　职　权

第八条　乡民代表会，为乡最高权力机关，其职权如下：

1. 选举与罢免乡行政委员。
2. 讨论与决定本乡工作计划及一切应新（兴）应革事宜。
3. 督促与检查乡行政委员会工作。
4. 讨论与执行上级政府给予之任务，及一切法令命令、训令、指示等。
5. 审核人民向乡民代表会提出之提案，并定期向本乡民大会报告行政工作。

第九条　各代表对其原推选之公民小组直接负责并领导之，各小组公民如发现代表违反民众利益时，可用民主方式，随时撤换其代表资格。

第五章　竞　选

第十条　为确保政权民主化，各抗日党派阶层，可自由进行竞选运（活）动，并得组织选举联盟，协助推进选举工作。

第六章　改　选

第十一条　乡代表任期六个月，期满依照规定，重新改选，连选得连任之。

第十二条　乡代表如有违法渎职行为，经乡民三分之一以上请求，或上级政府指示，得随时召集乡民大会改选之。

第七章　经　费

第十三条　乡民选举所需经费，由各乡选举委员会，拟定预算，送请各该县县政府核准支付之。

第八章　附　则

第十四条　本条例解释权，属于津浦路西联防办事处。

第十五条　本条例经津浦路西联防临时参议会通过后，交路西联防办事处公布施行之。

选自《淮南抗日根据地》，中共党史资料出版社 1987 年 10 月版，第 207～211 页。《淮南抗日根据地》编审委员会编。原注：“津浦路西临时参议会第一届第二次大会《大会专刊》1942 年 5 月”。

2. 盐阜行政公署区选举委员会组织法

1942 年①

第一条　为指导市乡民主选举事宜，得组织区选举委员会。

---

① 原件无制定时间，推断为 1942 年。

第二条　区选举委员会以下列人选组织之。

（一）区农救会代表三人（如系市镇区即改为一人）。

（二）区工救会代表一人（如系市镇区即改为三人）。

（三）区青救会代表一人。

（四）区妇救会代表一人。

（五）教救会代表一人。

（六）商救会代表一人。

（七）地方公正士绅二人。

（八）区署除区长外，得派代表一人为主任委员。

第三条　区选举委员会之下，得在其所属各市乡分设办事处，进行选举事宜，由区选举委员会派员一人，会同该乡政府及各民众团体之代表（其人数及分配标准，按区选举委员会之规定）共同组织之，以区选举委员会之派员为主任，其下设宣传、组织、总务等股。

第四条　选举委员名单，应呈报县政府批准，始能宣布成立，进行选举事宜。

第五条　凡有选举权之公民，一律分区登记，将所登记之公民姓名、年龄、职业，详细公布之，并将十八岁以上而无选举权者姓名及其原因详细公布，以便人民讨论争辩，以至上诉。

第六条　选举委员会应划定选举区域，协助政府召开人民大会，解释民选重要性，与民选的伟大意义，使选民踊跃参加选举会议，并同时责成所选出席市乡之代表向政府反映人民意见，改善政府工作，收集各抗日团体及抗日领导机关所提出之候选名单在全市乡内到处公布，使人民得事先讨论与考虑，以便届时选举适当之人，充当市乡代表大会代表。

区选举委员会办理全区选举完毕，并在区代表大会开幕时，报告各市乡选举经过，以后即宣布结束。

区选举委员会应负责规定选举区域，决定并通告选举大会日期，开会时检查到会选民在半数以上，始能宣布进行选举。若选民到会少于半数或只有半数，均不合法，应停止选举，改期进行。若连开三次均不足半数者，即认为未到会之选民自动放弃选举权，在最后一次（即第三次）选民大会虽然到会人数仍不足半数，仍应按照市乡组织法进行选举事宜。

第七条　本组织法之修正权，属于行政公署。

选自《中国新民主主义革命时期根据地法制文献选编》第一卷，中国社会科学出版社1981年版，第387～389页。原注：“选自1942年5月盐阜区行政公署《市乡政府暂行组织法》”。

3. 苏中区县以下各级代表会（县为参议会）组织法选举法（草案）

1943年苏中区行政委员会制定

第一章　总　则

第一条　为彻底实现民主政治、吸收广大人民参加政府工作，使政府能确切代表人民利益并为人民所监督管理，特制本组织法与选举法。

第二条　乡区定名为某乡或某区人民代表会（简称某乡代表会或某区代表会），县称某县参议会。

第二章　组　织

第三条　乡镇代表会由居民 60 人推选出席乡镇代表一人，乡镇代表会以 20～40 乡镇代表组织之。

第四条　区代表会由各该区所属各乡镇代表大会选举 40～70 区代表共同组织之。

第五条　县参议会之参议员，由县属各区代表大会选举 120～180 之参议员组织之。

第六条　各级代表会（县参议会）开幕时选举大会主席团若干人主持大会事宜。

第七条　县参议会之正副议长及驻会委员由县参议会选举之。

第八条　县参议会于大会闭幕期间，设驻会委员 3 人～5 人（正副议长在内）组织驻会委员会，处理日常事宜。

第三章　职权

第九条　各级代表会、参议会之职权如下：

一、选举与罢免其同级行政委员与行政首长。

二、选举与罢免出席上级代表会或参议会之代表。

三、审核与通过本（乡、区、县）之施政方针。

四、讨论与法定本（乡、区、县）一切应兴办之事宜。

五、审核其同级行政机关所提出之预决算。

六、监督与弹劾其同级行政机关之各级公务人员。

七、听取其同级行政机关之工作报告并检查之。

八、讨论执行上级政府之一切法令及指示。

九、审查与讨论人民及各民众团体之提案。

十、定期向人民作工作报告，并负责向其选民传达上级政府之一切重要法定及各种法令。

第四章　任期及会期

第十条　乡代表会每半年改选一次，区县每年改选一次。

第十一条　各级代会及参议员连选得连任。

第十二条　代表及参议员在任期内如有不能代表其选民利益或违法行为时，得由其选民撤回改选之。

第十三条　乡镇代表会议每月一次，区两月一次，县 6 个月开会一次。

第十四条　有下列情形之一者各级代表会或参议会得召集临时会议：

一、选民三分之一以上要求者；

二、代表或参议员三分之一以上要求者；

三、同级行政机关之要求并得上级批准者；

四、上级政府通知召集者。

第五章　乡镇区县代表选举法

第十五条　凡年满18岁之男女居民均有选举权与被选举权。

第十六条　凡有下列情形之一者无选举权与被选举权：

一、受刑事处分者；

二、褫夺公权尚未恢复者；

三、汉奸；

四、患神经病者；

第十七条　各级选举均以不记名选举法选举之。

第十八条　各级选举以无记名票选为原则，但区乡得以举手选举之。

第十九条　各级代表之产生：

第一项　乡代表

一、凡满居民60人得选举代表一人；

二、按自然村分区选举之。

第二项　区代表

一、凡满300居民者选代表一人；

二、代表由各乡镇代表大会产生之。

第二十条　凡各区县地方武装一律有选举权与被选权，区级地方武装满100人～150人产生区代表一人，县级武装每300人选举参议员一人。

第二十一条　由各级代表大会及参议会选举各级行政委员会委员及行政首长，呈请上级政府核委。

第二十二条　各级代表之任期

一、乡代表之任期为半年；

二、县区任期为一年。

第二十三条　本条例之修改权属于苏中区行政委员会。

选自《苏中抗日根据地》，中共党史资料出版社1990年4月版，第242～245页。中共江苏省委党史工作委员会、江苏省档案馆合编。原注："据江苏省档案馆所存档案"。

4. 盐阜区区级政府选举法

1945年①

第一章　总　则

第一条　为实行民主政治，使人民依照盐阜区区级政府组织法行使选举权与被选举权，建立民主政府，并管理政府，监督政府，充分发挥民主精神，特订立本选举法（以下简称本法）。

---

①　原件无制定时间，推断为1945年。

第二条　区公民代表及区长、区行政委员、候补委员等之产生，均依照本法之规定选举之。

第三条　前条人员之选举，以普遍、平等、不记名投票选举法进行之。

第四条　凡有半数以上村镇业经实行新村制，成立村镇公民代表大会者，得依本法进行区选。

第二章　公民与区代表名额

第五条　凡合于盐阜区村政府选举法（以下简称村选举法）第二条、第四条之规定者，一律享有选举权与被选举权，合于该法第二章第五条各项规定之一者，不得享有本法之权利。

第六条　区公民代表大会代表之产生，由村镇公民大会选举之，其办法如下：

（一）普通代表依地区普遍选举之，其名额按各该村镇人口比例规定，凡满一百个公民应选举区代表一人，但零数在五十一以上者，得增选代表一人。

（二）区队可选举公民代表二人至四人。

（三）凡未实行普选之村镇，可推选或聘请代表一人至三人。

（四）凡接敌区之乡镇可推选或聘请代表三人至五人。

第三章　选举机关之组织

第七条　为指导并办理区选事宜，应按民主原则组织区选举委员会（以下简称区选委会），该会设正副主任各一人，委员九人至十三人，由县政府派员至各该区召开各阶层联席会议，推定人选，呈准上级政府组成之，并在县政府领导下行使职权。

第八条　区选委会以下列人选组织之：

一、区政府代表一人。

二、区农救会代表三人。

三、区工救会代表一人至二人。

四、区青救会代表一人。

五、区妇救会代表一人。

六、区教救会代表一人。

七、区商救会代表一人至二人。

八、有威望之开明士绅二人至三人。

九、区队代表一人。

第九条　区选委会下，分设总务、登记、宣传、选举四股，各股设股长一人，由区选委员互推兼任之，并得视工作之需要，增聘干事若干人。

第十条　区选委员会工作要点如下：

一、统计该区公民及居民数。

二、宣传选举意义及选举方法。

三、召开村镇公民会议，选举区公民代表大会之代表。

四、决定各该级选举日期、地点，于选举五日至七日前通知之。

五、汇集候选人名单、履历，经审定合格后，并在各村镇公布之。

六、维持竞选秩序。

七、制发选票。

八、召开区公民代表大会，进行选举区政府委员。

九、呈请上级政府遴派监选人及投票、开票管理员（不得遴派本区域内人民及行政人员）。

投票管理员职务如下：

1. 鉴别投票权。

2. 分发选票。

3. 解释投票方法及手续。

4. 点数到会代表总数。

5. 维持投票秩序。

开票管理员职务如下：

1. 计算投票数目。

2. 检查选票之真伪。

3. 维持开票之秩序。

监选人职务如下：

1. 监察投票手续是否合法。

2. 宣布投票有无效果。

3. 公布当选人之当选票数。

4. 宣布选举结果。

第十一条　区选委会于选举完竣后即宣告结束。

第四章　选举办法

第十二条　凡公民在一次选举中，只限有投选一票之权。

第十三条　本法第六条第二款所规定之区队公民代表，由区队军人大会选举之。

第十四条　本法第六条第三、四二款所规定之区代表，如为环境所限制，未能实行会议选举者，得由区选委会会议决定聘请之。

第十五条　区选委会应将候选人名单，竞选期限，选举日期，选举场所，分别先期公布，并请县政府派员监选，方得进行选举。

第十六条　在正式选举以前，区选委会应召开预选大会一次，候选人、区公民代表及区聘请之代表均应出席，候选人得在会上自由发表竞选演说，各代表亦得对候选人发表意见，并提出重要议案。

第十七条　出席决选会之区代表，须超过半数，始能选举。如不足半数者，应改期举行。若连开三次均不足半数，其缺席之区代表，即作为弃权，得依本法迳（径）行选举。

第十八条　选举用票选，或在选票上载明候选人姓名，由选举人就中圈选之，但区选委会得依据本区人民文化水平与具体情况，采用豆选或其他适当办法选举。

上项选票或代替品，应由区选委会制定，当场发给区代表备用。

第十九条　区长、区行政委员及候补委员，由区公民代表大会就候选人中选举之。选举进行时，先选区长，次选区行政委员八人至十人，余以票数多之二人为候补委员。

第二十条　凡得票相等者，应再付表决，以得票多者当选。

第二十一条　当选之区长、区行政委员、候补委员应于选举完竣后，由区公民代表大会呈请县政府转呈行政公署备案加委，方为有效。

第五章　候选人

第二十二条　区长、区行政委员及候补委员候选人之提出，规定如下：

一、区级群众团体可各提出候选人一名至六名。

二、区队可提出候选人一名至二名。

三、士绅候选人可在士绅座谈会上提出一人至四人。

上述候选人之比例，由区选委会临时规定之，其总数不得超过当选人总额之三倍。

第二十三条　候选人之提出，原则上以区为单位，不受本村镇之限制。

第二十四条　候选人提出后，名单交由区选委会审定，并须编号及将其详细履历于选举前五日公布，方得生效。

第二十五条　候选人在不妨害社会秩序与不违背政府法令范围内，得自由用口头、书面或邀开会议发表竞选政见，作公开之竞选活动。

第六章　附　则

第二十六条　关于选举纠纷，应由区选委会转请司法机关处理之。

第二十七条　办理选举人员如有受贿舞弊，选举人或各团体得于选举结束后十日内起诉。

第二十八条　选举人或落选人确认为当选人票数不实，或落选人所得票数应当选而未当选者，得于当选人公布五日内起诉。

第二十九条　凡机关、团体或个人发现有违法竞选贿选，以及捣乱会场、破坏、造谣之行为时，得提起控诉。

第三十条　有下列情形之一时，其选举无效。

一、选举人名册因舞弊涉及该区选举人达三分之一以上，经判决确定者。

二、办理选举违背法令，经判决确定者。

第三十一条　有下列情形之一者，当选无效。

一、当选人之当选票数不实，经判决确定者。

二、系以贿选或其他非法手段当选，经判决确定者。

第三十二条　选举无效，上级政府应拒绝加委，或收回委令，区公民代表大会应即依法改选，或由候补委员递补之。

第三十三条　本法解释权属行政公署。

第三十四条　本法经盐阜区临时参议会第二次大会通过，由行政公署公布施行，如有未尽事宜，人民得向本署建议，以明令改正之。

选自《中国新民主主义革命时期根据地法制文献选编》第一卷，中国社会科学出版社1981年版，第380～387页，原注："选自盐阜区临时参议会第二次大会《法令及提案决议》，1945年5月"。

5. 盐阜区村政府选举法

1945 年①

第一章 总 则

第一条 为实行民主政治，使人民得依照盐阜区村政府组织法行使选举权与被选举权，以建立民选政府，并管理政府，监督政府，充分发挥民主精神，特订定本选举法（以下简称本法）。

第二条 村长、村行政委员及公民小组长之产生，均依本法规定产生之。

第三条 上述人员之选举，以实行普遍、平等、直接、不记名投票选举法进行之。

第二章 公民资格

第四条 凡年满十八岁之人民，无论其为本地居民或外籍居民，在公民登记前，即在该村居住或营业已满三月以上，经公民登记取得公民资格者，不论男女、阶级、党派、宗教信仰、教育程度之差别，一律享有选举权与被选举权，现任工作人员得随工作移转取得所在地公民资格。

第五条 凡人民有下列情形之一者，不得享受第四条所规定之权利。

（一）叛变投敌，或有其他破坏抗日行为者。但反正或自新经政府一定时期之考察，恢复其公民权者，不在此限。

（二）受刑事处分，褫夺公权，未经期满恢复者。

（三）被宣告禁治产者（如神经病，白痴等）。

第三章 村选委员会

第六条 凡进行村选之村，在进行村选前，应设立村选委员会，以领导村选工作，并适当解决村选中所发生之各项问题，村选完毕后，即行结束。

第七条 村选委员会应以区政府派至各该村进行村选之干部召开全村各阶层联席会议，按民主原则产生之，并须经区政府批准后，方能行使职权。

第八条 村选委员会以七人至十一人组织之，内设正副主任委员各一人，下设宣传、组织、总务三股，必要时得增聘干事若干人协助工作。

第九条 村选委员会各股职权规定如下：

（一）宣传股，负责宣传民选意义、选举办法，并在选举过程中发动竞选，报道消息，以造成选举热潮。

（二）组织股，负责村界之划分或调整，户口之调查与登记，公民之审查、编组与公布。

（三）总务股，负责村选时之会计、庶务、收发、联络、招待等一切事务工作。

第十条 村选委员会之委员及干事均为无给职。

---

① 原件无制定时间，推定为 1945 年。

第四章　公民登记与公布

第十一条　公民登记由村选委员会办理，按自然村庄集体登记之。

第十二条　公民登记后，村选委员会应分有公民权者、无公民权者及有问题尚难确定其公民权者三种，分别公布之。

第十三条　公民名单审查公布后，应由村公民大会讨论，最后确定公民资格。

第十四条　公民外出、贸易、旅行，时间在三个月以内，不能亲往登记者，得由其家属或本人书面请求登记，其效力与亲往登记者同。

第十五条　公民得按自然村庄划分公民小组，以十九人至二十九人编为一小组，每组设组长一人。

第五章　候选人

第十六条　村长及村行政委员候选人，由各公民小组、各人民抗日团体就各村选委员会规定之分配名额，分别推选之。

第十七条　候选人之多寡，应以当选人之多寡决定之，但其数目不得超过应选人数之三倍。

第十八条　候选人名单公布后，在不妨碍社会秩序范围内，得自由到处发表竞选政见，公民亦得对各候选人发表意见，表示拥护和反对。

第六章　选举办法

第十九条　每个公民小组，应就其本组中，提出三个小组长候选人，举手表决一人为小组长，如小组长当选为行政委员，则由该组另选之。

第二十条　村行政委员，应由村公民大会直接选举之。凡得票相等时，应再付表决，以求得票多者当选。

第二十一条　选举用票选，或在选票上载明候选人姓名，由选举人就中圈选之，但村选委员会得依据当地人民之文化水准、具体情况，采用豆选或其他办法选举。

第二十二条　村选委员会应将提出之竞选日期、候选人名单、选举日期、选举场所，分别先后公告，并呈请区政府派员监选。候选人名单及其详细履历，应于选举前三日公布之。

第二十三条　出席选举大会之公民，必须达到会数三分之二时，方得进行选举，否则应改期选举，若连开三次均不足三分之二，缺席公民即作为自动弃权，得依本法迳（径）行选举之。

第二十四条　当选之村长及行政委员，应于选举完毕后，由该村选委会报区转县政府加委后，方能行使职权。

第七章　附　则

第二十五条　办理村选人员如有受贿舞弊，选举人、落选人或各团体于村选结束后三日内起诉，但以一审终了。

第二十六条　凡机关、团体或个人，发觉其有违法竞选、贿选以及扰乱会场、破坏、造谣之行为时，得提起诉讼。

第二十七条　本法之解释权与修正权属行政公署。

第二十八条　本法经盐阜区临时参议会第二次大会通过，由行政公署公布施行，如有未尽事宜，人民得向行政公署建议，以明令修正之。

选自《中国新民主主义革命时期根据地法制文献选编》第一卷，中国社会科学出版社1981年版，第389～394。原注："选自盐阜区临时参议会第二次大会《法令及提案决议》，1945年5月"。

6. 苏中区人民代表会议代表选举条例（草案）

1945年7月4日

第一章　总　则

第一条　本条例根据苏中区人民代表会议组织法订定之。

第二条　凡居住苏中区之中华民国人民，年在十八岁以上，不分阶级、党派、职业、男女、宗教、民族、财产、文化程度之差别，除有下列情形之一者外，均有选举及被选为苏中区人民代表会议代表之权。

一、有汉奸行为经政府缉办有案者。

二、在抗战期间受刑事处分，褫夺公权尚未复权者。

三、有重大精神病及吸食毒品（鸦片、吗啡、海洛因）者。

第三条　抗日军人为武装公民，有选举权及被选举权。

第二章　名　额

第四条　苏中区人民代表会议正式代表名额为二〇七人，候补代表三十九人。其候补代表之产生，各选举单位按照应选正式代表五分之一，零数不足按三舍四取办理，以得票次多数者充任之。

第五条　苏中区人民代表会议代表名额之分配，按照解放程度、人口、地区及交通等条件规定如下：

一分区　正式四十二人　候补八人

三分区　正式四十二人　候补八人

四分区　正式四十三人　候补八人

五分区　正式二十八人　候补五人

六分区　正式二十人　候补四人

苏中军区直属部队与直属机关、工厂、学校　正式十四人　候补二人

苏中各群众团体　正式六人　候补一人

沙沟市　正式二人

共产党　正式五人　候补一人

各抗日党派　正式五人　候补一人

第六条　各分区应根据实际情形，将应选出之代表名额，分配各县及分区直属单位。

第三章　选　举

第七条　苏中区人民代表会议代表之选举，除另有规定者外，以县为单位，采用无记

名投票间接选举方法。

凡已成立县参议会及参政会之县，由县参议会或参政会召开临时全体大会选举之。如参政会不及召集者，得召集参政员，各抗日群众团体、机关、部队代表，举行联席会议选举之。

未成立县参政会之县，由县政府召集各团体、部队、机关代表，举行各阶层联席会议推选之。

情况特殊之地区，不能进行选举或推选者，得由该分区专员公署或县政府聘请之。

第八条　苏中及分区直属机关、工厂、学校之选举，采取无记名投票复选法，得分别或联合举行之。

第九条　分区部队代表之选举，得单独举行，其名额包括在分区名额以内。各县部队与民兵代表，参加各县之选举。

第十条　各分区专署在规定名额内得聘请沦陷区人士担任代表，但其名额，一、三分区不得超过二人，四、五分区不得超过三人，六分区不得超过五人。

第四章　竞　选

第十一条　各县举行选举时，得举行公开竞选，各抗日党派、群众团体及有公民五百人以上联盟之个人，均得单独或联盟提出候选人名单及竞选政纲，向主持选举之机关登记，进行竞选。

第十二条　苏中人民代表会议代表之候选人及被选举人，均不限于当时出席选举会之代表或县参议员、参政员。

第十三条　竞选运动受法律保护，在不妨害选举秩序下，任何人不得加以干涉或限制。

第十四条　凡以威胁、利诱、舞弊等方法妨碍选举自由者，不问当选与否，除制止其行动外，其当事人与参与人，均由政府依法惩处。

前项案件，人民有告发权，但选举诉讼之处理，应于苏中区人民代表会议开幕以前终结。

第五章　选举机关与经费

第十五条　苏中区人民代表会议代表之选举，由苏中筹委会主持之。各分区由专员公署邀请群众团体、抗日党派、部队代表组织选举委员会。苏中直属机关、工厂、学校单独组织选举委员会进行选举。

第十六条　选举经费按照县参议会办法，由各级选举委员会拟具预算，呈请核准后支付之。

第六章　附　则

第十七条　本条例由苏中区行政公署颁布施行，如有未尽事宜，得以命令修正之。

选自《中国新民主主义革命时期根据地法制文献选编》第一卷，中国社会科学出版社1981年版，第394～398页。原注：“选自1945年7月7日《苏中报》”。

7. 苏皖边区乡镇选举条例

1946 年 5 月颁行

边府为统一全边区基层行政机构及推行地方自治起见，特制订乡（镇）组织条例及选举条例之原则，训令各行政区遵行。条例原文如下：

一、为统一各行政区之乡（镇）组织及选举工作，特制定本原则，各行政区制定乡（镇）组织条例及选举条例时，应顾及本行政区之具体情况，但不得与本原则相抵触。

二、确定乡（镇）为地方自治之最基层的一级政权组织，乡（镇）以下不应设立另一级政权组织或类似一级政权的组织。

三、确定乡（镇）自治单位管辖范围之标准如下：

甲、乡村人口稠密之地区，以一千五百人至二千五百人口为一乡，人口特别稠密之地区，至多不超过三千人口。

乙、乡村人口稀少之地区，以一千至二千人口为一乡。

丙、集镇和城市人口更集中之地区，以三千人至五千人口为一镇。

四、乡（镇）的最高政权组织形式，是乡（镇）公民大会。在乡（镇）公民大会中选出乡长副乡（镇）长各一人（并为当然行政委员）及行政委员五人至九人，组织乡（镇）行政委员会，成为乡（镇）公民大会闭会期间的最高政权机关。在行政委员会下设乡政府，处理日常工作。

甲、乡（镇）公民大会每半年举行一次，必要时经乡（镇）行政委员会之决定或本乡（镇）公民百分之五之要求者，得由乡（镇）行政委员会召开临时公民大会。乡（镇）公民大会之职权是：（一）选举与罢免本乡（镇）正副乡（镇）长及行政委员；（二）听取和检查本乡（镇）政府工作报告；（三）听取乡（镇）政府传达上级政府之重大决议，及听取和讨论乡政府执行该项决定和命令的计划；（四）讨论与决定本乡（镇）重大应兴应革事项。

乙、乡（镇）行政委员会每月举行一次，必要时得由正副乡长或委员三人以上之要求召开临时会议。乡（镇）行政委员会之职权是：（一）具体讨论执行公民大会之决议；（二）讨论与执行上级政府之日常工作指示；（三）吸收人民反映，研究讨论与举办本乡应兴应革事业（属于全乡范围的，关系重大的，须经乡民大会讨论）；（四）向公民大会报告工作。

丙、乡（镇）政府及乡长的职权是：（一）执行本乡（镇）行政委员会的决议；（二）处理行政委员会之日常工作。

五、乡（镇）行政委员会之选举，各地应根据普遍、平等、直接、秘密、不记名投票的原则，考虑本地区人民的文化水准等条件，由各行政区订定选举的具体办法。

六、凡进行乡（镇）选之地区，在选举前，应设立乡（镇）选举委员会，统一领导选举工作，由本乡各机关、团体、学校及士绅代表联席会议，按民主原则选举七人至十一人组织之，并由选举委员中互推正副主任委员各一人，领导选举委员会工作。选举委员会之职权；

甲、进行乡（镇）选举的宣传动员，号召人民参加选举；

乙、登记公民，组织人民审查公民；

丙、组织竞选，支持选举；

丁、总结选举工作，向区政府报告。

七、凡年满十八岁之中华民国国民，无论其为原籍居民或外籍居民，在公民登记前，到达该选举区域，经公民登记，取得公民资格者，不分男女、阶级、党派、宗教信仰、职业、教育程度之差别，一律享有选举权与被选举权。但凡有下列情形之一者，不得享有选举权与被选举权：

甲、叛国投敌，尚未经本乡人民通过及政府恢复公权者；

乙、受刑事处分，褫夺公权，未经期满恢复者；

丙、被宣告禁治产者（如精神病、白痴等）；

丁、吸食鸦片毒品尚未戒除者。

八、凡进行乡（镇）选之乡，必须进行公民登记，并由乡（镇）选举委员会将具有公民权者、无公民权者及尚难判定其有公民权者三种分别公布，通过人民讨论，确定公民资格。

九、为发动竞选，鼓励各法团、各阶层提出候选人进行公开的竞选活动，乡（镇）选举委员会应将以不超过应选人三倍之候选人名额，于选举前五天合理地分配给各法团、各阶层自行推出候选人进行竞选。

十、在选举中，如有贿赂舞弊或妨碍选举等违法行动，得于选举结果公布后十日内，依司法审理程序，向司法机关提起诉讼。

十一、通过各乡（镇）之选举运动，必须达到下列目的：

甲、全体人民受到民主教育，加强人民管理政权和政权为人民服务之观念；

乙、检查政府工作，发动人民批评政府工作，改进政府工作；

丙、讨论本乡应兴应革的重要建设工作。

十二、正副乡（镇）长及行政委员任期各为一年，连选得连任。如经本乡（镇）公民大会之讨论决定，得临时改选正副乡长及行政委员。

选自《中国新民主主义革命时期根据地法制文献选编》第一卷，中国社会科学出版社1981年版，第413～416页，原注：“选自1946年5月9日《新华日报》华中版”。

三、政权组织

1. 淮南路东区党委关于根据地建立以来的总报告（节录）

1941 年 12 月 25 日

第一部份（分）　路东根据地概况

（一）地形人口物产及革命历史：

路东根据地位于长淮运河津浦之间，东西狭处约一百三十里，宽处约二百里，南北长约二百里，西部之盱来嘉多山地，东部有高邮宝应邵伯川三湖，北邻洪（泽）湖，其他一般是起伏地。人口战前为百七十万，现我统治区约八——九十万，一般未经过大革命与土地革命洗礼，南京失守后陷于敌后，三九年五月，我军进入抗战，四〇年五月，全部政权建立。物产以稻、麦、黄豆、玉、蜀黍为大宗，是纯农业区域，副产品以猪为大宗，鸡及鸡蛋次之。

（二）根据地建立过程：

我军还击顽固派胜利后，全地区无顽军，即集中地方工作干部着手自上而下建立政权，并尽量发挥政权的力量，动员人力、物力、财力供给新四军，并以之统治人民，同时运用行政力量，建立了四个独立团及各县模范营连，群众工作虽也同时着手作，但成绩不大。今年二月扩军后，因国内第二次反共高潮降低，敌又未来扫荡，政权机构（按那时条件说）之建立与运用已达到相当高度，足以保证新四军之给养，并为群众运动准备了更有利条件，乃以大力进行群众工作，到今年十月止，农抗已发展到十万人。妇女、儿童、工人、青年团体也发展到三万余。地方党员×千，地方武装脱离生产的发展到×千多，民兵发展到×万四千多。一般说来，此时期为突击群众工作特别是农抗工作时期，地方武装及民兵亦有相当大的发展。今年十月后，提出了大规模军事动员（主要是发展民兵与巩固地方军），巩固农抗，大量发展妇女、青年、儿童组织，发展党，加强党性，开展民主运动的任务。此时期工作进入了全面开展的性质与阵容，与从前各时期之集中力量于个别部门工作者已大不相同，这表示着根据地已面临到最后巩固与全面细密组织工作的程度。估计如无敌情与同盟军之重大不利变化，到明年二月底，各部门工作即可大致规模齐备，再加上边区及敌后外围军与两面派政权两面派伪军工作之开展，湖沼地带小海军之建立，路东根据地即可成为独立坚持游击战争的战略单位了。

（三）执行党的政策中的偏向：

甲、在土地政策上，三七分租，地主出种子，取消租草，退还押板，……这一套一起付之实行，再加上评租委员会里农民占优势，确使地主受打击过大，因为过去很多是事实上的倒三七。但因群众工作发展不平衡，一般并未将全一套一起付之实行，而是陆续实行，群众未发动地区仍有四六或对半分租者。一般说来，受打击最大以至于困难生活下去的是失去劳动力与缺乏生产资本的小地主，这种人既不能自耕又无力雇工耕种，本质上说来，这种人不能算做地主，实际上是失去了劳动力的中农或贫农。其次，受大打击的是大地主，一般中小地主因通常自耕三分之一以上，且可作贩粮、贩盐、开磨房等生意，生活可维持。因先进地区三七分租已实行四季，且换旧领田纸为新合同，故三七分租难再改变，地主们亦认为是政府法令无改变可能，我们拟向农民提议，改农民出种子，仍照昔例，由主佃双方估租，评租委员会或取消，或只负调解与纠正错误之责，对退还押板等采取分期退还办法，并准中小地主抽田一部分自耕，如农民同意，即可提交参议会讨论通过实施①，（减）息比华北办法为更向债权人让步，比北伐时国民政府公布年利二成相差不多，老债还本与一本二利则根本取消债务两点，对债权人之不法利益打击大些。

乙、在锄奸政策上逮捕及杀人过多，特别是对中小地主及知识分子小学校教职员之参加暴动阴谋及从前参加过 C.C. 复兴与其外围组织者，往往轻易加以逮捕，致多树敌人，妨碍对知识分子及中间分子之争取。司法制度迄未有系统的建立，滥捉、滥打、滥押、滥罚（甚至滥杀），还是不断发生。九月以后，这些错误得到很大纠正。

丙、在军事政策上，经过行政扩大地方军，一扩再扩，如高邮自去年十一月至今年六月，续扩六次，加之从区乡到县的过渡过快，引起群众害怕，特别是雇工贫农，常被行政上作为扩军对象，在基本群众中有“新四军什么都好，就是常扩军”的议论。② 正规军及地方军，在动员归队中，有的捆人，捉家属，有的甚至将所有当过兵，作过公务人员回家的，都在归队之列，引起群众不满，个别高中生及税务人员因此逃到敌区。

丁、在政权政策上，区以上共产党员占绝大多数，区以下之乡保政权则已近于三三制。

---

① 两种版本皆注明“此处原文残缺”。从上下文看，此处似漏一“减”字，即“减息比华北……”。

② “淮南根据地版”删略下列字句。

戊、在交朋友工作上，长期的存在着以革命者、统治者自居的作风，不了解党的统一战线政策的重要性及现实性，不懂得人情世故，不懂得如何从政治上从待人接物上去联系与提高当地知识分子、中小地主、商人、士绅、游民，在当地知识分子中吸收党员之少，也是反映这一事实。

己、但是我们认为路东根据地对党的政策之执行，基本上是正确的，比如土地政策之执行，保障了我们发动与组织广大农民群众，锄奸政策之执行，保障了对于汉奸、敌探及顽固地主、特工分子之镇压，军事政策之执行，保障我们扩大了上万的正规军地方军等。

庚、群众运动新起地区，农民及农民干部很容易过火，见到地主眼就红了，只知打不知拉，只照顾自己，不照顾人家，只知道开会大斗，不知道调解。

（四）各阶级地位之变动，其相互关系，及其对敌、对顽、对我之态度：

甲、路东原为多匪之区，现在根据地上夜不闭户，此事得到全体人民之拥护。

乙、我之财政税收政策正确，商人发财，农民对内负担轻，对外油、粮、猪、鸡可以出口获利。

丙、农民得到了三七分租，分半给息，赎当田，合作社、借贷所、换领子等经济利益，一般不仅有饭吃，而且有鱼吃，又得到了民主权利，积极性大提高，就是怕当兵，这一方面是由于政治觉悟还未提到应有高度，另外则是扩军中错误的结果。

丁、雇工有些积蓄的都变为贫农，新雇工工资提高赶不上物价飞涨，工抗组织落后于农抗，工人生活改善及政治觉悟之提高，更加不平衡些，但照总农抗决议办法，对工人生活之改善，不比彭德怀同志所说工资以养一个半人为标准的为低。

戊、贫农有饭吃，少数青黄不接的，由借贷所合作社或经过农抗借些粮，即可度过难关，靠山的贫农，今年已很少人上山砍草，政治地位大提高，有的贫农在与地主吵嘴时，大声说："你看我这身衣服，打官司你也是要输的。"但因田少，生产资本缺乏，上升很慢，并缺乏参加政治生活的时间。

己、中农特别是佃中农经济上大向上，在文化上经济上都比贫农便于参加政治活动，免除了从前地主、豪绅、地痞、流氓、行会、高利贷对他的剥削压迫侮辱打骂。在生活未大改善时，怕出伕优抗，现在也说："新四军对我们太好了，出几个伕子算什么呢?"

庚、富农特别是佃富农大向上，根据地初建立时，有因怕共产卖了牛搬家的，一般说不高兴出伕、优抗，现在有买了田变为地主的，有承当田自种的，三七分租他得益处最大，政治地位不如中贫农，对减息、增工资借粮等，持相当反对态度。

辛、小地主之失去劳动力与生产资本者，客观上是中贫农，对三七分租大不满，希望得到救济，一般中小地主在自耕这一点上，是拥护我之财政税收政策的，三七分租中吃了亏，对主二佃一公粮认为歧视他，如能将土地政策中错误纠正一些，取消主二佃一的征收公粮办法，再正确执行三三制，则可安心拥护我。

壬、大地主政治上、经济上受打击最大，为两次暴动之组织者，投敌不愿，盼顽不来，亦不敢再冒然反对我，群众已看不起他们，现甚苦闷，唯恃造谣以稍微控制群众积极性的发动。在现在国际形势下，如我能击退顽军进攻，并执行正确政策与交朋友工作，其大部亦只好与我合作。

癸、经过两次反扫荡及逃亡地主回头，证明在对敌斗争上，全体人民是几乎完全一致的，只有坚决性的程度之分，并无抗日与不抗日之别。在对顽斗争上，就不同了，一般的说，农民当然不愿顽来，而仍怕他来，先进地区青年农民不怕老农怕，群众工作初建立地区，贫农不怕中农怕，中小地主于此正在分化中，但同情我之中小地主亦怕顽固派再来，不断的进一步靠近我，大地主是反共军的衷心欢迎者，其中一部份（分）是坚决的内应者。

第二部份（分）　各部门工作分类报告关于政权工作的报告

这里的报告，包含有两个内容：即是政权建设和财政工作，详细数目字不在此述及，可参阅材料上的统计。

一、关于政权建设方面

（甲）政权建设的三个时期：第一个时期是前年反磨擦战斗（半塔守备战）起，至第一次联防会议（一九四〇年五月），这时期的外部环境，是顽固派被打跑，但还没有全部赶出淮、宝地区，秦庆霖依然在蒋坝，我们的任务是：从联防办事处起至各乡镇全部搭起了政权的架子，建立了领导机关，这时期的特点是：（一）政权虽已全部建立，但是只有形式，缺少实际的内容，政权的下层机构全部未更动，全部把持在旧的乡保长手中；（二）在新四军胜利的余威之下，镇压住了反动破坏分子，然而特务、散兵、游勇依然活动，恐吓人民，（三）广大民众抱住观望态度，对新四军能否在此立足生根表示了很大的怀疑和不信任。这时期我们迅速建立革命秩序，安定民心，争取逃亡地主、地主回归，建立了办事处，八个县政府及下层的区乡政府。自第一次联防会议及省委第一次扩大会议以后，政权的建设则进入第二个阶段，这个阶段的客观环境的主要特点是：（一）大地主企图推翻我们政权的阴谋暴动大失败，勾引苏北军重新占领路东的计划破产，苏北我军的大胜利，李守维失败更给以失望的打击，七月扫荡时希望鬼子打跑新四军，又成泡影，因此中小地主开始倾向于我，大地主亦暂时匿迹不动；（二）基本群众对我政权开始表示信任，斗争初步发动，此时政权工作的主要内容是：1. 撤换坏的乡保长，提拔一些进步分子充任，部份（分）的在人的方面改造了政权；2. 加强财政工作，建立财政系统。突击公粮，以便应付我军在物质上的需要；3. 突击军事动员，首先是利用行政系统，行政力量扩大正规军，以便应付我军在人的方面的需要，二月扩军是最典型的表现；4. 公布改善民生的几种法令，利用行政的力量来强制主佃双方执行，造成开展群众运动的初步条件，此时行政工作的方法和方式上，不仅没有脱离旧政权的组织形式，工作方法，保甲制度等一套，而且是尽量发挥旧政权效能，其程度差不多达于极点，利用旧形式，装进新内容，利用旧的政权组织和方法，来完成新的革命的任务，二月扩军便是最具体的例子，这在当时是不得不如此，因为我军把根据地打开之后，把政权建立起来，就希望能在物质和人的方面给以补充，时间不容许我们建立新的一套组织和方法，大多数的干部又没有经验，在人民的合法观念之下，因此当时不得不利用保甲制度这种旧的机器来完成我们新的任务。在当时是必要的，是不得不如此的；此时在政权工作中产生了严重的官僚主义和政权由工农包办的二种倾向，几乎侵蚀了全部的行政部门。可是旧的政权组织形式和其效能越尽量发挥，矛盾一展开，坏的一方面暴露得也越显明；保甲制度之不合理，旧政权组织形式之不合敌后需要，就看得很清楚了：（一）行政组织的层数太多（五级制），层床垒屋命令不易下达，即是下达了亦变了质，革命的任务常以不正常的手段来完成，例如扩军中的强迫、命令、收买与保甲的摊派等，民情不易反映；（二）旧的行政区域太大，在干部能力弱的条件之下，不易掌握，政令不易推行；（三）保甲制度的组织形式，既没有代表制，又没有民意机关监督，又无定期轮选，行政人员易于胡作乱为，好干部容易腐化，结果是打倒了旧官僚，产生了新官僚，在乡村中养成了一批新的特权阶级；（四）各级政权机构建制不统一，头大脚小，不能承上启下，这些缺点曾给我们工作上更大的祸害，这一阶段的末期，在工作较先进的地区，如盱眙与直属一区（半塔集等），已经逐渐废除了甲和乡这两级的组织，其他地区，即使名义上尚未废除，在实际上已逐渐失去了效能，此时期缩小行政区的工作，曾给予工作的开展上以很大的好处，在经验上证明区域较小的单位，工作均开展得快些。

此时期政权民主化方面，我们进行了全边区参议会的召集，而参议会结束之后，便是驻会委员会的工作，参议会和驻委会的工作，给予我们这些经验：A. 必须明确的认清参议会的性质，政府应绝对服从参议会的决议，凡关于立法的事，必须经过参议会的讨论，善于征求他们的意见，原则的坚持与局部的让步，否则代表们会认为我们愚弄民意，当了傀儡。在我们有正当理由和良好态度之下，条例不怕不会通过的。B. 驻会委员会应建立日常工作，以免他们无事可做，久了就被我们利用，这一时期工作上主要的缺点是民主化方面不够，没有建立各级的民意机关，尤其是乡一级政权的上层（区以上）的主要负责人，差不多清一色的共产党员的包办，表现不能和人家共事，而乡以下大部份（分）掌握在旧乡保长手里，形成这种缺点的主要原因、在主观上是没有经验和被保甲制度的效能的现象所迷惑，群众工作还未大开展，不能自下而上的来改造政权。转入于第三时期是在今年九、十月群众工作大开展之后，此时除了个别地区外，大部份（分）尚未有完整的经验，唯感觉有以下问题：（一）彻底废除多级制，保甲制，实行三级制，划小乡（二千人至二千五百人），乡级彻底民主化，举行公民登记，划编公民小组，三个月一轮选，人人可为乡级干部；（二）扩本区的组织，区内设科，以便承上启下；（三）把经济、会计、财政区别开来；（四）建立司法制度。

（乙）政权的组织系统，除了最高民意机关联防参议会外，便是联防办事处，办事处分民政、财经会、宣教、农工、粮食等五部份（分），在此届参议会拟改为民政、经建、宣教、农工、审计、司法等七部份（分），办事处的负责人由参议会选举之。县级组织大约同上，区级是督导机关或行政机关尚未固定，正研究中，乡保级之行政委员会分为行政、财政、经济、教育、调解、优抗、后勤、军事、粮食等九个委员（只有三分之一地区实行了）。各委员之产生，在保级是由民众代表会选出，乡级大部份（分）不是民选，依据直属一区之经验，行政委员以保级最有作用，有实际工作，而乡级因地区太大，故均挂名而已。除乡保行政委员会之外，设乡公所，以正副乡长办事员二人等组织之，估计六个月之后，全部行政机构可完全彻底民主化，一如华北先进地区然。

二、关于财政工作方面

这里所说的财政工作，主要的是说明下列几个主要的内容：即货检、公粮与税务等三项，政权建立之后，我们因为在工作上，而尤其是财政工作上没有经验，因此不得不全部抄袭安徽省政府的老一套办法，还不能有我们自己的新的一套，经过这一年来的工作，获得了一些新的经验之后，才算逐渐形成一套新办法（统计另阅材料）。

A. 关于货检工作：

货检工作应当具备着这样两种机能：对外能和敌人的经济侵略政策做斗争，对内能够保护着自己工商业的发展，一切的货检的工作的布置，应当从这里出发，只能从这里出发才能得着人民的拥护，而且也才能解决财政问题，一年来经验证明了只从财政需要的观点出发来解决货检工作，只是舍本逐末，不仅根据地的实业保护不了，而且连财政问题都无法解决。

开始我们承继安徽省政府的办法来布置检查网，几个月后我们便感觉到这种办法包含有很大的缺点，因为他依据行政区域的单位而划分，而货检处的布置，主要是根据对敌封锁，对敌斗争与交通要道封锁线的划分，应当以敌伪据点周围为转移，以对敌斗争有利为转移，因此我们就开始不以行政县份为单位，而以对敌封锁上需要（如据点附近交通线等）为单位，其宽度不过六十里，其纵深不过三十里，便于缉私、联络、检查与领导等，把单位划小，便于去接近下层，经验证明了我们这个意见是正确的，其次我们又发现从量征税的不合理（如一个茶杯固定征二角钱税），因为法币的跌价，物价的飞涨，使我们税收在质的方面日益下降（虽然数量不变），在开始定进口税的时候，一般是以百分之五为原则，以后法币跌价，物价飞涨，无形中变成了百分之一的税率，因此我们又规定从价征税（即规定每个货物征物值百分之几，随物价之涨落而增减），最后我们又发现了利用货检网来与敌进行商战，在一禁一放的方法下，争取农业商品高价的出售，打破工业品与农业品交换过程中的剪刀形。在根据地没有工业不能自给自足的条件下，商战是有特殊的意义的。

B. 关于公粮工作：

开始我们对公粮工作的重要意义估计不足，以为吃的靠公粮，用的靠货检，直到敌伪扫荡，货检工作暂时停顿之后，才了解到公粮工作在整个财政工作是有三分之二的位置。因为在敌后多变的环境之下，正常的税收工作是较为困难的。从今年午季起，公粮工作便比较完备起来，这里主要的经验是：1. 公粮征收的前提条件是评租工作，因为评租能求出总的收获量，而总的收获量的求出便等于解决了整个公粮工作的三分之二。2. 边区游击区以款代粮，一方面避免敌人抢劫，另方面又便于缴纳，人民是很愿意的。3. 公粮的支付必定要严守一定的手续，才能做到统支统筹。

C. 关于税务工作：

这里所指的税务工作是田赋和杂税。一年来税务工作主要的经验有下列数点：①用动员方法来征税，向群众要钱自然是一件困难的事，但是只要加点动员因素，困难就变成容易了（高邮曾有数千人集体完粮）；②改赋征粮，避免法币跌价所来的打击，其原则是征总收获量的百分之二，运用统一战线，今年春季征契税时组织一个合于三三制的征收委员会，使契税征收工作收到极大的便利。

一年来我们中心曾不能不放在财政工作上面，在部队急切需要补充给养的条件之下，是不得不如此。今后应加重注意于经济建设与建立健全的会计制度，这是我们的突击方面之一。

群众工作报告

（一）组织概况（数字见统计表）。

（二）大发展的三个时期：甲、自去年五月至去年九月。此时期路东情况之基本特点，为根据地从建立走向初步巩固时期。其具体事实为：七月间镇压了以大地主为首的暴动，八月间从蒋霸打走了秦庆霖，九月间胜利的进行了第一次反扫荡，在苏北反磨擦中消灭了李守维。此时间（特别是在开始数月）内所提大刀阔斧建立群众组织的口号，事实上还不成熟，因为在群众看来，新四军是否站得住还是大问题，尽管我们自以为是大刀阔斧，群众并不承认我们刀之大斧之阔。因此，我们虽然依靠着新四军的力量，与运用着政府法令、外来干部、群众的先进份子去开展群众工作，但最大多数群众仍是怀疑观望（亲眼看到过胜利反磨擦的地区如半塔则好些），而况我们正忙于政权建立与充实工作，拿不出足数干部去作群众工作，力量又配备使用得不好，各级党的工作干部未集中力量于群众工作，空忙于所谓照顾全局。此时期实际工作上表现是：三七分租是由外来干部用政府命令去实行，而且阳奉阴违，无外来干部之处则根本不执行。虽然五月间即建立了总农抗、总妇抗、总青抗，但都是空架，对工作少推动作用，部分地主、流氓混充了理事长，连党内出现了老人支部，外来干部还是根据地未建立时办兵差的作风，但究竟也给群众一些好处，吸收了些积极分子，展开了群众工作中的一些矛盾，使外来干部得到了些经验，半塔等少数地区还真正发动了部分工农。乙、自去年十月到今年三月，此时期路东情况之基本特点，为根据地内部基本上已得到安定，但外部有激烈的反磨擦战时期，其具体事实为路西桂军向我进攻，皖南事变等，此时期内主要集中干部力量于扩军等军事动员工作，且无夏秋收之好条件，工作又偏重于深入乡保，不懂得大刀阔斧之实际运用，因此群众工作的成绩不大。只半塔、竹镇、铜城、西高庙等少数地区因经过了一次秋季分租的深刻斗争与保有相当数量的群众工作干部，群众是多少真正发动起来了，高邮地区经过了赎当田的斗争。军事动员中也大大提高了群众的觉悟程度，但群众运动不但缺少全路东的，而且缺少全县的规模。丙、自今年四月到今年十月：此时期路东情况之基本特点为根据地内部更形巩固，外部虽有顽军不时向我华中根据地进扰，但全国形势则已结束了第二次反共高潮，五月扫荡只几天时间且规模不大，因此这一时期基本上是和平环境，又包括了夏收秋收两个富于乡村斗争的季节。此时群众已经更信赖新四军之强大，群众工作干部的经验也多些了。但夏收工作中组织上之收获仍不大，这在客观上是由于夏收时间太短，又横加上一次扫荡，主观上仍然还未学会如何去运用大刀阔斧的手段，以及工作中之抓不紧，与严重的官僚主义疲倦现象。秋收中有近将十万人的发展，旧有组织也得到加强与改造，这在客观上是由于秋收时间长（两个多月），斗争内容丰富，主观上是由于干部加多了，经验已得到总结，大刀阔斧有了具体内容，领导上采取了新的办法，能做到抓得紧，纠正错误快，解决问题快。发展仍是不平衡的，地区上不平衡，各种群众团体也不平衡，但已经打下了很快走向比较平衡发展的基础，因为农抗大发展与初步巩固了，武装群众不难，建立妇女儿童组织也容易了，妇女是他的老婆，儿童是他的孩子。

（三）大刀阔斧建立群众组织的经验教训：甲、新四军是大刀阔斧的主要前提，其次，就是抗日民主政府及其法令，群众团体的领导机关（如总农抗）及其决议，群众武装，外来干部（在很长时期，群众认为是新四军的代表），……总之，一切有实力、有号召力、有威信的东西，都是大刀阔斧的前提条件，这些东西的消长，在客观上决定着大刀阔斧的可能性的多少。在地主阶级存在的条件之下，只是有了强大的共产党领导的军队，还不足以保障农民敢于起来斗争和组织，下层政权的改造，外来干部（本地知识分子干部有同等作用）在乡保领导，政府法令及群众团体领导机关决议，都是不可少的。乙、我们在大刀阔斧具体运用中的主要内容，第一是斗争，特别是改善民生的斗争，否则绝不可组织起广大群众。但在方式上应以调解为主，只开大会斗争顽固对象。另外须抓紧季节性的斗争，最好是夏收秋收，其次如春荒、减债、赎当田等，都有一定时间，此外群众要求当然随时都有，但总不如这些要求来得普遍。第二是利用行政力量颁布法令说服地主、调解争议、召集群众会议与鼓舞群众。第三是联系到群众的迫切要求，传达政府法令与群众团体高级机关决议，来启发与坚定其斗争勇气与胜利信心。第四是发动地方干部，号召先进的帮助落后的，挑选群众中的积极分子，组织突击队，到邻近乡保开辟与整理工作，在发展上收效很快。第五是发动竞赛，要把干部与群众都卷入竞赛热潮，使大家争先恐后。

（四）细密组织工作问题：甲、自今年三月胡服同志来电指示路东根据地工作已入正规，提出细密组织工作的任务后，个别地区（如半塔区）的群众工作即在这方面努力摸索，因当时就路东整个地区来说，群众工作主要是大发展，且根本缺乏细密组织工作经验，故创造不够，在群众工作已发展之先进地区陷于相当停滞状态。乙、秋收后大发展已有相当规模，特别是农抗，因此细密组织工作的任务，在群众团体中的要求大提高了。丙、目前我们强调保（最下层组织）内的细密组织工作，具体内容有三个：①具体分工，不使一个人的职务是挂名的。②研究与解决小的但是带有普遍性的问题。③把保一级各种组织民主化，培养每个人可以成为保级干部。丁、使细密组织工作不限于组织工作本身，例如在执行政策上，在调查研究上，在斗争中，在教育工作中，都应该逐渐从粗枝大叶向着细密化组织化走去。戊、不仅在下级组织，不仅在个别部门进行细密组织工作，而且要在各级组织、各个部门进行细密组织工作，要把各种组织、各个部门所担负的不同任务，组织得互相配合与联系起来，为一个共同目标——为完成党的总任务而斗争。

边区工作报告

（一）边区工作的开始：在根据地刚建立时，凡为以前顽固派统治地区者，悉数变为我统治区，所以我在那时期能统治的地区为最大，我在那时因忙于恢复秩序建立政权，敌人对我尚未注意，伪军尚不很多，所以那时的边区相当安静，随着我根据地的逐渐发展和巩固，敌人注意，伪军增多，敌伪开始向我边区侵占，我占区就逐渐缩小，直至去年八月敌人大举扫荡，很多地区被沦陷（直到现在还有许多地区未收复），如来安、嘉山已大部变为敌占区和游击区，边区斗争激烈展开，边区工作才真正开始建立起来。

（二）边区工作发展过程：这主要是根据嘉山、来安两县的经验，因为在路东的边区工作，这两县是较好的，它们已有一套由敌占区，到游击区，再到我占区，由敌人的一面派，到两面派，再到我之一面派一般比较完整的过程，这个过程需要用三个时期来说明之。

第一个时期：这一时期的基本特点，是少数干部打游击，因为在这个时期，敌伪力量太大，我方力量太小，我们无政权和武装，群众动摇，不敢靠近我们，但总有少数的先进分子，愿意坚决的同我们一道进行与敌伪斗争，因为曾被我们统治了一个时期，曾进行了一些地方工作，我们就依靠这少数的先进分子为骨干，发给他们少数枪支（三支五支不等），行政上给他一个名义（一般的都是乡长），他们的工作，第一个就是打游击和扩大武装。第二，就是恢复政权，和争取两面派。第三，坚决保卫群众利益，尽可能帮助群众解决困难问题，向群众宣传。第四，进行统一战线工作（边区的地主、士绅和流氓等），但要坚决打击个别坏蛋分子，由于武装的扩大（一般的到二三十人），政权的恢复，群众积极性提高，就进一步组织半脱离生产和不脱离生产的群众武装组织，和敌伪斗争，少数人的游击变成为群众的游击战争，边区工作就转入到：

第二个时期：这个时期的基本特点，就是群众打起来游击战争，我方力量生长起来，和敌人（主要是伪军）进入比较大规模的残酷斗争中，在这时期中，由于我们对伪军的争取、瓦解与杀伤，再加以敌伪与伪军内部的矛盾，伪军人数和力量逐渐减少和削弱，这就更加孤立了敌人，群众游击战争压倒了伪军，把伪军逼到敌据点内，平时不敢出来，这时边区工作，就进入到：

第三个时期：这个时期即边区巩固了的时期，如边区能向外扩展，则边区之一部就变成了中心地区，那是另外的问题了，来安、嘉山在数月已经进入了这一时期。

（三）几点经验教训：a. 边区工作是以武装为主，配合政权和民运工作，这三者在边区工作中，必须是互相配合，同时并进，三位一体，缺一不可，缺少了那一样，边区工作都是搞不成的，所以边区工作发展的过程，就是武装斗争，政权工作，群众运动同时发展的过程。b. 边区工作发展的过程，主要就是我方群众游击战争增长，与敌方伪军力量削弱的过程，所以边区工作中，应该以伪军为斗争的主要对象，应该用争取、瓦解、打击、杀伤等方法，去削弱伪军，这也就是孤立与打击了敌人。c. 边区工作的开展必须有中心地区为依靠，边区的巩固，必须有很好的敌占区工作的配合（这一方面的工作最弱），边区群众武装的游击战争必须得到主力军（从新四军到县区常备武装）的支持与配合。d. 边区斗争情况最复杂多变，矛盾最多，须要有文武全才，能打会拉的干部主持。e. 争取伪军与建立两面派政权及军队的客观根据，在敌情一方面，是要看某些点线是敌所必守或必争的，某些不是，我们认为应该在敌所必守或必争的点线周围或两旁，决定一缓冲地带，即依此向伪军伪组织提议互不侵犯（即是说我不侵入此地带，他亦不要越过此地带），经提议后，我即守信用，彼如来犯即还击，一直斗争到他承认此主要条件。如此等点线周围或两旁没有伪军伪组织，我可主动的组织外围军灰色政权，即革命的两面派军队及革命的两面派政权。f. 对来犯之伪军（特别其成份（分）不好的），在战场上如不缴枪，即可尽量杀伤，以打破其浑水摸鱼发洋财的心理，但一经俘虏即须尽量优待。

农村支部工作报告（略）文化教育工作

一、工作概况见统计。（略）

二、几点说明与经验教训：

A. 关于吸收地方知识分子，根据地建立初期，吸收地方知识分子的主要障碍，主观上是不信任地方知识分子（反磨擦以后和大地主暴动的影响），客观上则是因根据地是从反磨擦当中建立的，地方知识分子很长一个时期存着新四军是否合法，是否能站长久一个疑问，他们不愿即刻出来参加我们的工作（少数革命知识分子例外），根据地逐渐巩固以后，吸收地方知识分子的最大障碍则是津贴问题了。我们的干部不善于与地方知识分子共事，办学校训练班吸收地方知识分子，则以行政学院、中小学教师暑期讲习会这种名义与形式吸引力大，运动会、歌咏、戏剧团体对知识青年吸引力很大，出我们意料之外，有一部分知识分子可以首先要他出来做小学教师，然后逐渐争取他参加政权及其他工作。

B. 关于训练干部：训练干部中我们强调学习的目的，主要更好的完成当前任务。把训练班变成一个完成当前任务的突击队，或是在训练班前先把学生分发出去突击工作，然后在学习期间加以总结，或是一边学习一边实习，或是在学习期满后编为突击队出发工作，这样的训练班战斗性比较高，但是教课的人，就必须是做实际工作的人，专门化的教员比较不合适。

C. 关于小学教育：①小学教师几乎完全是地方知识分子，其中一大部分是旧的，要改革小学教育，使教学的内容符合抗战民主的要求，必须编印一套小学教材，供给教师和学生，并经常注意供给小学教师以新的材料，路东各小学三年级以上的学生大部分能懂得持久战一些问题。②教育行政系统不健全，县以下各级政府没有专人管理教育，县政府第三科往往只有一光头科长，或者加上个把科员，实际上不能照顾整个小学教育，必须充实县级宣教科，成立县以下各级行政教育小学系统，过渡的办法在各县成立中心小学，责成各中心小学、中学、师范学校负辅导周围各小学之责，组织小学教师抗敌协会，新教育研究会，起了小［学］教师间相互推动、观摩、研究的作用。③因为小学教师待遇菲薄，社会地位不高，一部分小学教师向财经工作转化，一部分小学教师改业经商，这对于小学教育是一个问题，后来我们即改给小学教师粮食以养活一个半人为原则，颁发教育奖金奖励成绩优良的好小学教师，并极力提高小学教师的社会地位，如参议员中设法有小学教师的代表，并经过教师讲习会，小［学］教师抗敌协会等组织，加强他们的教育，提高他们的兴趣。④农村失学儿童还占极大多数，主要原因是他们家庭要留他们在家中参加劳动（放猪放牛），这一方面要更改小学制度，如实行半日学或夜校，一方面还要靠学校以外的组织（如儿童团）以补不足。

D. 关于正规中学：①我们实行免费教育制度，在起初反而引起一部分的怀疑，不敢来读书，害怕要当兵，过了一学期后，才打破这种怀疑。②联中成立最初惟恐人不来，因此形成重量不重质，学生中甚至于有逃避兵役的中富子弟。第二阶段提高了质缩小了量，程度差的送进小学。第三阶段质更提高了量也更大了。③创办正规中学，不能完全搬取旧中学一套，也不能完全仿效抗大或一般训练班的一套，必须创造新的一套，从学校组织、学制、学年、教学内容到教学方法、学生活动都必须创造，我们试验用四年制，高初中各二年，课程方面，政治课和普通课不能偏废，学生应具备一般的常识，我们要求初中毕业学生对一般政治问题的了解可赶得上乡级，高中毕业学生对一般政治的了解可赶得上区级干部，学校放假改每年三次，即麦收前、秋收前、及年假，麦秋收前放假，一方面解散学校准备反扫荡，一方面组织学生回乡参加麦秋收突击工作，年假指旧历年。

第三部份（分）　一般的经验教训

一、我党在建设根据地中的四个武器及其相互影响：（甲）新四军是路东根据地之母，因此，根据地建设过程中的一切斗争都集中其中心点在新四军身上，敌顽打击的主要对象是新四军，绝大多数人民之是否相信与拥护抗日民主政权及其相信与拥护之程度，群众是否敢于起来斗争并组织起来，主要也是看新四军与顽敌——特别是顽之力量对比如何，敌伪只在少数边区对群众是一个威胁，但是大多数人民已不相信敌之能亡中国，顽在中心地区群众中的影响还是存在的，因此群众逐渐觉悟到，有新四军才有一切。反转来战争要求及军纪上的缺点，也会引起人民的各种程度的不满。（乙）抗日民主政府是新四军最应急的助手，在群众没有起来之前，自上而下委派的政权，只要有党的掌握与领导，它就可以利用各种的办法，弄兵、弄钱、弄粮、弄枪，供给新四军使他（它）能专心抗战与进行反顽战争。它又是群众团体最亲近的助手，与新四军之粗枝大叶者不同，它的组织是深入到乡保与普及于整个统治区，它的法令有传统的尊严，为任何人民所必须遵守，它的改善民生的法令，它对于案件的审理与判决，它有权力召集群众开会，它的首长可以出席致词，并可当场奖励与打击人，这对于群众运动的大开展，是绝不可少的。但是，因为它还是一架旧机器，不过只是换了一些人去干，因此它的没有民意机关监督的首长制度，它的命令强迫作风，它的腐化贪污，统统带到群众团体及党内去了，带到干部的思想意识中去了，它在群众组织的大发展上帮助了它，它又给予了这些组织的巩固以更多困难。（丙）群众团体是新四军与抗日民主政府长期动员人力、物力、财力进行战争的最后的保证，它可以使人民出兵、出钱、出粮、出枪、出力劳而不怨。因为群众团体开始是而且经常主要是以群众日常利益保卫者的面目出现的，它是群众的慈母，与新四军抗日民主政府之一边为他们作好事、一边向他们要东西（而且常通过命令强迫）者不同。但是强调了保卫群众利益与强调了群众团体独立性的一面，一味迁就群众的落后意识，就要妨害了军事动员与革命利益。（丁）党是军政民的政治领导者，是最高组织，没有了党则军政民各自为政，形成行会主义，不能够互相配合，分工合作去完成共同的政治任务，干部的思想意识也极易堕落，但是把领导党的方法去领导民众是不对的，把党看成统治阶级并开始官官相维起来更错误。

二、组织领导上的几个经验：（甲）在新地区新干部的条件之下，组织领导似乎比政治领导还困难些，这一则因为党中央及其各局经过电台可经常在政治上指示全国，二则因为开辟新地区工作总是知识分子干部多。但是组织领导以政治领导为前提，具体的政治领导当然是很困难的，必须在政治上按本地区敌我力量及战争的大小变化，在中央总的政治方向下，善于提出当前任务，就是说，善于把中央所给的任务具体化，善于一步一步的很有节奏的去实现此任务，善于把本地区的当前任务再具体分配到各地区与各部门去，并且责成各地区党与各部门党把任务变成更具体简要的计划，并使各地区各部门的每一党部每一干部甚至每一党员晓得自己所要完成的任务，是与国家现势与世界现势有关的，是党的总任务之一部分，这样才能使每一个干部重视与安心自己的工作。（乙）划实验区以及在每一个带有普通性的任务与问题上面作样给大家学习，在具体领导上说，是远胜于开几个大会或进行几多次个别谈话，远胜于文字上、口头上、会议上的批评督促。（丙）划小单位，减少级数是重要事情，否则叠床架屋，上级的指示不易下达，越往下越走样子，下边的情况不易反映，越向上越不具体。秋收以后在群众工作中，路东实际上是三级制，省委直接领导区（县委中党与群众工作干部也到区里工作），区直接领导保，县与乡不起大作用，但是，在全面工作开展起来之后，这种办法是不行的，省与区的责任太繁重了，我们意见是今后县以下改为三级制，把县区乡（最下层）都划小，如此则干部易于提拔，又能抓得紧。（丁）在各种组织未建立起来之前，党不要机械的强调照顾全局，地区党委（特别是分区委）应该集中力量去进行群众工作，不脱离生产武装工作，党的工作。如此方适合于时间支配及干部工作能力。否则党是去忙于参加各部门会议，顾此失彼，一无所成，弄得灰心丧气。我们的巡视团（事实上是突击部队）干部还较弱而工作成绩比区委好得多，这是主要原因。（戊）除了划中心区、乡、保作实验区外，各上级党委应该经常有人

（首先是在要完成一个新的大任务时）到下边去帮助工作，其方式是以到各种组织之最下层检查工作为主，以便于发现一些小的但是带有普通性的问题，以便于很快纠正错误与搜集经验。（己）上下级的联系必须密切迅速，我们的办法是省委与分区委之间，有经常通讯员二人轮流跑，每个分区委及其每个委员每周（现改每两周）向省委写工作报告或通讯一次，这样既可督促工作，又可帮助他们养成想问题的习惯，提高其政治发展与组织能力。并规定分区委以上每个单位每两月必须有人到省委报告工作一次，区、乡到保则是多向下去，而不是常常叫不脱离生产的干部向上跑。（庚）竞赛是完成任务重大武器，不论是先进的与落后的人们，上进的心理是共同的，利用竞赛常能发挥最高度的积极性，收到意外效果，但群众性的竞赛须具备几个条件，我们秋收竞赛的条件是：①民生的改善与群众阶级觉悟的提高。②干部有了些群众工作经验。③有简单明（了）的工作计划。④在报纸、党刊、杂志及会议上面表扬成绩。这种有具体计划的竞赛，又是认真检查工作的前提。我们已经相当广泛的运用这个武器，但是还未向党及群众作总结，运用得还缺少系统，有时滥用，有时忘了用。（辛）不能机械地学样子，比如检查工作，脱离生产的干部，应该多叫他到上级来检查，不脱离生产的干部，上级就应多到他那里去检查，比如照顾全局，省委可以既照顾主要方面，又照顾一切部门，但县、区就不一定如此，到支部就又可能照顾全局。（壬）工作内容日益增加，组织必须日趋完备，一人照顾几个部门实际工作的一把抓办法，工作绝不能作好，须力求分门别类，专人负责，层层节制。

三、干部问题：（甲）我们总存在着某种程度的关门主义与狭隘作风，越向下去越难纠正，首先是对于当地知识分子之吸收不够，造成各部门干部上极大困难，九月间才发现了盱眙、高邮、六合等县级干部完全根据保安处的片断材料，即认为当地知识分子过去多是与C. C、复兴有联系，现在还有的参加暴动阴谋，因而不敢接近与争取他们，一般的则过分地强调了当地知识分子之在顽我之间动摇与其落后性，这些估计，不论按其阶级成份（分）讲来，不论按国内外现势及路东根据地建设的日益成功看来，基本上是不对的。（乙）在各部门工作中，都已表现出，一些低能的外来干部，压住了本地干部向上发展的现象，在乡保政府及群众工作中，已经表现出，当地最老一批工农干部压住了新干部向上发展的现象。他们忘记了自己当初也是不大行，是经过锻炼与学习才变得能作工作了，他们过于强调人家不能作更多工作，凡事非自己出马包办不行。（丙）在大发展的条件之下，必须舍短取长，按不同工作放手任用不同政治条件的干部，过于重德，则将无人作事。（丁）在先有根据地、先有政权而后有群众工作与地方党的条件之下，党性锻炼倍加困难，干部党员中之官僚主义、腐化、贪污等——最易发生成长，再加以敌顽奸细活动，使县区级干部极难健全。特别在路东外来干部比较少而又不精与未能吸收大批当地知识分子干部的条件之下，县、区级干部之少与县、区级组织之不健全，限制了路东工作的更快发展。（戊）乡以下及群众工作武装工作干部基本上应使用工农干部，抽出不适宜于群众工作的知识分子，干部去作机关工作文化教育工作等。可解决干部问题中很大一部分困难。

第四部份（分）　小　结

路东根据地已经作了不少工作，按战争的长期性与大量使用民力来说，改善民生是基本问题，而路东根据地上，在统一战线所许可的范围之内，已经尽量地把民生改善了，三七分租、分半给息、老债还本、赎当田、拨田给贫民种、加工资，这些都是实行得相当普遍与相当彻底的，群众的积极性已经普遍发动，再加强组织及教育，再配合以良好的统战工作及民主运动，各种军事动员任务是不难完成的。新四军、新民主政权、农抗会及党都有相当高的威信，如能善于使用，民力是用之不竭的。

选自《华中抗日根据地财政经济史料选编》第一卷，档案出版社1984年7月版，第98～123页。江苏省财政厅、江苏省档案馆、财政经济史编写组合编。原注："按1942年出版《真理》第8期刊印"。简称："华中史料版"。

互校版本：选自《淮南抗日根据地》，中共党史资料出版社1987年版，第149～170页。《淮南抗日根据地》编审委员会编。原注："《真理》第8期"。简称"淮南根据地版"。

2. 华中局军分会关于精兵简政的通知

1942年9月26日

自从党中央提出精兵简政政策以来，我华中许多地区已开始筹划和进行这项工作，但还有些地区并未确切进行，同时在某些开始进行精兵简政的地区，又因缺乏正确深入的政治动员与精密的计划，故在工作中尚未获得显著的成绩，而且部分干部对精兵简政的认识仍然发生一些错误偏向，如把精兵简政看作为克服困难的一种消极方法或视精兵简政只须以一纸训令即可实现，甚至个别干部和个别工作部门间有因执行精兵简政而发生不团结的现象。为了克服对精兵简政的一切误解与偏向，为了确切贯彻中央的指示，关于精兵简政的计划和步骤特有下列的通知：

（一）精兵简政必须进行深入的政治教育与动员，必须使党政军民一切干部和群众了解今后敌后的严重困难与斗争的复杂和曲折，而精兵简政则正是克服困难积蓄力量准备将来胜利反攻的唯一正确的出路，了解精兵简政不是简单裁兵减员拆台散伙，而是充实主力加强部队战斗力量，做到以少胜多，短小精干；了解精兵简政正是为了关心民族，照顾群众利益，进一步依靠群众，建立军民血肉不分的联系，不致造成人民负担过重，与民争食的困境。只有从思想意识上使一切干部对精兵简政有正确了解，才能最高度启发其在执行工作中的积极性与自觉性，同时也只有依靠于干部的自觉，而非简单依靠上级的命令，精兵简政始能确切贯彻。

（二）要有精密的计划和步骤，在实施精兵简政时应当分期进行。如第一期为政治教育与动员，其主要步骤是部队和地方党政自上而下进行政治教育与动员，克服一切错误偏向，由各师政治部各区党委将中央精兵简政指示，晋冀鲁豫的经验，并根据本通知研究拟就精兵简政报告提纲，由负责同志分别到各旅团各地委县委作口头传达，领导各级干部深入研究和讨论党中央指示与报告，务使全党全军都知道中央精兵简政指示的正确。如第二期为调查研究与计划布置，其主要步骤为发动部队及地方党政自下而上进行调查检讨，及各自讨论执行方案，各师司令部及各区党委可组织巡视或考察团，会合各级领导机关调查检讨各级机构工作制度和人民负担情况，建立各级领导机关的编整委员会，并指定专人负责统一领导。各旅团各地委县委，经过一定时间切实调查检讨后，可分别召集精兵简政干部会议，订出自己的精兵简政具体方案，交上级审查批准（在各旅各地委干部会议前各师各区党委当根据中央指示原则配合各部具体情形，预先提出各部应当减缩的大体比例和数目字，作为其检讨标准是必要的）。如第三期为确定全部方案，总结与交换经验及彻底完成计划，其主要步骤为分别召集各师各战略单位与全军全华中精兵简政会议，最后确定全部方案，训令各地全面执行。关于这点在将来华中建军会议中，当有具体讨论和规定。

（三）在计划精兵简政中当注意下列基本方针，即在精兵方面应注意在提高部队质量与加强战斗实力的原则下，调整编制，缩减编并某些单位，充实连队，规定战斗人员与直属队人员数目及比例（连队六与一之比，直属队四与一之比），严格紧缩后方机关，减少人员马匹，抽调一批有相当能力的地方干部到地方军及群众中工作，在简政方面应注意在紧缩行政机构，提高行政效率的原则下，裁减骈枝机关，合并单位，达到各级短小精干适合敌后游击战争环境，严格遵照政民脱离生产干部及杂务人员不得超过居民百分之一的规定，减少大批杂务人员马匹及伙食单位，克服行政机关庞大脱离群众现象，加强下层机构使政权进一步依靠群众。

（四）在精兵简政中干部的调整及编余人员的处理应当特别审慎注意。抽调大批有工作经验的干部到党校抗大学习，不得降级使用，抽调大批可以造就的事务人员及杂务人员送入学校学习，对有专门技术的人材（才）应调到其他部门工作或给以进一步学习机会；对一切编余人员及老弱战士与荣誉军人亦当有计划地安插，如经营各种生产事业，一切对编余人员采取漠视和轻视的态度，都等于犯罪。

（五）爱护培养和节省民力，是精兵简政的中心问题，切实计划开辟各根据地敌后边区整理财政税收，发展生产事业，厉行各种节约运动，严格注意公粮保管及分配。关于以上各种问题，晋冀鲁豫边区精兵简政计划中，均有具体规定，望各地参考执行。

（六）华中局及军分会为了全盘讨论并确切规定全华中精兵简政方案起见，特规定于□□，举行华中建军会议，盼各师各区党委根据本通知切实布置工作，收集材料，限令□□内完成精简政治动员，□□完成精简调查研究，决定具体方案，应将全部材料和方案提到建军会议作最后决定，预计明年一月至二月完成华中全部精简工作。

（七）各战略单位应以精简工作为冬季的中心工作任务，不得有任何忽视，或藉口拖延现象，并按月向此间作报告，以便转报中央并交换意见，以利工作进行

选自《华中抗日根据地财政经济史料选编》第一卷，档案出版社 1984 年 7 月版，第 81～83 页。江苏省财政厅、江苏省档案馆、财政经济史编写组合编。原注：“按 1942 年出版《真理》第 10 期刊印”。

3. 淮北苏皖边区三年来的政府工作

1942 年 10 月刘瑞龙同志在淮北边区二届参议会报告

各位参议员先生，各位同志：

今天本席仅以一个人民公仆的资格，报告我们淮北苏皖边区成立以来，主要是行政公

署成立以来的政府工作，照旧社会惯例，一个管账的每年须要向他的老板报告账目，账目如果清楚便继续连工，否则就要讨论讨论，研究研究。在这个报告中我秉着有什么说什么的精神，据实以报，还望各位听的时候能够加以更多的注意，是否有花账，是否有账目不清的地方。

淮北苏皖边区的抗日民主政权，从二十九年三月成立迄今，已有将近三年的历史了。最初我们沿用着安徽第六区行政督察专员公署的名义，到去年九月，局势开展，邳睢铜、宿东地区划归淮北，淮宝地区亦连成一片，事实上淮北地区已包括原江苏第五、第七、第九三个行政区之各一部，连同原安徽六区之大部，如再沿用旧名，似已名实不符，同时以当时专员公署来领导这较大的局面，亦颇多不便，故由新四军军部正式确定组织淮北苏皖边区行政公署，并委兄弟为主任，刘玉柱为副主任，于去年十月初召开成立大会，宣布了施政纲领，确定了施政计划。至今恰满一年。认真总结这一时期的工作，研究他的经验教训，作为今后工作借镜及参证，把工作继续向前推进，是完全必要的。

我的报告分以下的三部分：

第一部分　淮北苏皖边区抗日民主政权的成长

一、根据地建立的根据

淮北苏皖边区抗日民主政权的产生发展，和淮北抗日民主根据地的产生发展是完全分不开的，有根据地，才有政权，有政权，才能建设根据地。

有人问：在我们淮北地方，有什么必要建立抗日民主根据地和抗日民主政权呢？在事实上，法律上，又有什么根据呢？我们要首先回答这个问题。

我们的回答是肯定的，根据地的建立，抗日民主政权的建立是完全必要的。它之必要是因为这里是敌人的后方，是在抗日战争烽火中，为了民族国家为了抗战的利益，为了淮北地方人民的利益。

大家都知道：抗战前淮北地区，特别是灵璧泗县一带，地处苏皖两省边界，一般大人先生们是向来不加重视的，抗战一起，淮北地区的战略地位，才大大提高起来，它包括了六万七千平方里的面积，它有三百几十万的人口，较之新疆一省二百万人口，外蒙古九十万人口，陕甘宁边区一百万人口，都要多的多。它挨着敌人今天的动脉，陇海、津浦铁路，它接近敌人今天侵华的心脏：徐州、蚌埠、南京。铁路两边便是国军防地，日寇千方百计要利用这一地区，作为进攻大后方的依托，企图掠夺这一地区的人力物力，实行其以战养战以华制华的毒辣政策，敌人的这种企图，从他占领周围各据点的时候起，就天天打算着的。假若这么大的地区，这么多的人口，平白落在敌寇手里，听日本帝国主义汉奸汪精卫去摆布，那这个地区抗战的困难，人民的痛苦，是不堪设想的！现在张楼、盱眙、淮阴城内的人民过的生活，是很好的榜样。

当初徐州沦陷时的地方情景，真是所谓："十八路反王，七十二路烟尘。"敌骑纵横，匪伪遍地。在那种情况下，这个地区的共产党、国民党，一切爱国人士，全体抗日人民的共同意志：是不能让敌人猖狂下去，要建立抗日武装，建立抗日政权，要把淮北地区保持在中国人民手里，不能让我们的地方成为敌人进攻中国的根据地，而是要把它成为我们今天打击敌人将来反攻敌人的根据地！就在这种共同意志之下，当时共产党新四军的同志和国民党同志盛子瑾先生以及今天在座的许志远先生等亲密合作共同开辟了这一地区的工作，经历了不少的艰难困苦，但也得到了很多成就，不幸中途发生障阻，子瑾先生竟不为当时的上峰所谅，率部离皖东北而南去，剩下的仅是张爱萍同志领导下的几个团，以及一部分地方武装。这时谣言四起，土匪蠢动，敌伪亦跃跃欲试，想把已成的抗日局面加以破坏，在这个时候，新四军并没有袖手旁观，他们挺身而出，广大人民并没有听天由命，他们揭竿而起，共同建立了抗日民主政权的新秩序，进行抗日民主根据地的各种建设，坚持敌后抗战到现在。这种态度，这种行动，是完全对的，完全必要的。

有人问：这种做法有什么根据呢？首先是上面所说的事实。其次，我们是在中共中央变敌后为前线的指示之下进行的。我们是在蒋委员长的昭示之下进行的：委员长告诉我们："要人人敌忾同仇，步步设防，予敌人以打击，变敌后方为前方。"他说："为今之计，舍举国一心，人人振奋，随时随地与敌人作殊死周旋之外，别无可以自全之道。"他又号召我们敌后人民："务各乘势崛起，当仁不让，援匹夫有责之义，奋死中求生之图。"他又曾昭示我们："我们目前进行的是中华民族历史上最伟大的事业，我们要对得起世代子孙，因此不仅前线将士要负责，沦陷区敌人后方的人民，也同样要负责。"蒋委员长这许多指示，都是说得很明白的，我们中国历史上，也曾经有过无数次人民自动武装，执戈卫国保卫地方的义举。

根据这些，我们在敌后，在淮北苏皖边区建立根据地，建立抗日民主政权，开展游击战争，打击敌人，实行抗战建国纲领，实行三民主义，这样不仅足以振奋敌后广大不死的人心，也大大提高了全国军民的抗战情绪。至于我们在敌后一切新的进步的设施，告诉全中国人民以新中国的远景。对于战后新中国的建设，更不是没有贡献的。为了全国的抗战利益，为了苏皖人民的利益，都应当这样做，这就是我们的结论。

二、成长的过程

淮北根据地与政权的产生与发展，曾遭遇到不少的挫折和困难，这是由于开始时候，抗战已进入相持阶段。敌人对大后方的战略进攻停止，敌人在其点线的秩序已渐次建立，汪逆的中央，亦于同时告成，这样，敌寇就有可能在敌后广大农村中，进行疯狂扫荡，特别是新四军八路军所在地。加以当时国内反共逆流高涨，坚持抗战的方针虽未改变，但许多反常的不合理的事情到处发生，其中尤以皖南事变为最。这种逆流也同样波及淮北。这就使抗日民主政权根据地的建立遭遇了很大的困难，淮北军民曾经以武装斗争对付敌寇的扫荡，而对国内逆流，则采取了团结自卫的一贯方针。我们也就在与敌寇汉奸的斗争中，在克服重重困难中巩固和发展了淮北根据地，巩固和发展了淮北的抗日民主政权。这个过程分作三个时期来说：

第一时期，盛子瑾先生带着部队出走，当时地区很狭小，只有泗县的一、三、四、五、六，五个区，地方秩序很紊乱，三里一队长，十里一营长，吊打勒索，无恶不作，洪泽湖大部匪化。我们在青阳召开了第一次的各界代表大会，组织了军政推进委员会，恢复了专员公署及泗县县政府的工作。五月一日，敌寇出扰，经车门山小店子、宋庄，而抵达半城，又经崔集青阳而窜回泗县。敌寇刚去，我们的"朋友"又继之以来，曹庙、界头集、金镇，共住反共大军三千余，直打到朱湖、新行圩、新河头等地。部分土匪亦受其指挥，高铸九自称九路军，竟进扰到生元、半城、宋庄等地。当时我们曾屡次呼吁和平，要求团结一致，和平协商但均无效。不得已只好自卫，经刘大庄、许圩子等战斗后，自卫战争随之结束我军进攻张楼保卫麦收之后，敌寇又来胡桥扫荡，有名的胡桥战斗发生。后来又在双沟等地发生战斗，均将敌寇击退。土匪肃清了，地方秩序始告粗安。专员公署颁布了“三斧头”即：一、肃清土匪，二、保障人权，三、合理负担。对巩固抗日秩序起了很大作用。群众运动也就是这时开始的。这一时期大致是八个月，算是开辟时期。

第二时期，前年十月以后，主力大部东进，仅留八路军二旅之第六团及地方武装二千余人。敌伪乘机大举扫荡，前后两次，头次汽车四十余辆，二次五十多辆，由南至北，青阳建立了据点。土匪亦乘机骚扰，高铸九之所谓九路军以及孙乃香、李成五、陈小瞎子等辈，亦纷纷蠢动。

这时我们的抗日民主政府号召全边区人民实行武装自卫，号召全边区各党派亲密团结，坚持这个地区的抗战，政府人员首先亲临前线。结果是局面坚持下来了，皖东北并没有伪化、匪化，皖东北仍是中国人民的，仍然是抗日的民主的地区。三个月的坚持斗争中，党政军民、各阶层、各党派、抗日人民表现了许多英勇奋斗的模范。

第三时期，从去年收复青阳起到现在。去年二月，九旅部队由张爱萍、韦国清二同志率领返回皖东北，收复了青阳，四师十旅由刘旅长康政委率领东来，与九旅一起肃清了洪泽湖数十年不能肃清的匪患。这是我们地区的两件大事。

此后宿东、邳睢铜其他地区工作，亦先后获得开展，淮宝地区在二师同志奋斗之下，肃清了土匪，开展了局面。这样就使过去偏于皖东北一隅的局面，扩大而为一整个的淮北苏皖边区，环境之稳定为从来所未有。群众亦已发动，地方军初步建立，行政公署正式成立，开始有计划的进行根据地的建设，开展了全新的局面。

在这过程中尽管敌寇想尽办法，企图缩小我地区，然而我们没有缩小，而且扩大了，尽管敌人企图消灭我根据地，然而我们没有被消灭，而且发展了。现在所包括的范围，以过去行政区言：则有苏皖二省的十六个县的县境，以新的行政区言，则有十四个县的单位，九十多个区，七百多个乡，人口一百九十五万，面积占全地区百分之六十，约四万余平方里。已经成为华中抗日民主根据地之一，而且是华中敌后抗战主要据点之一。

关于我们抗日民主政权建立的经过，它所走的道路，大致就是如此。

三、新的环境

今天我淮北根据地，正处在一个新的斗争环境之中。它与全国一样，胜利是在不久的将来，希特勒和日本的败局，已毋庸置疑。然而敌人愈接近失败，则它的阴谋毒计亦愈厉害。特别是因为徐海蚌埠一带，是敌人的退路所在，他必然要努力确保，必然要进一步从军事扫荡，政治进攻，经济掠夺与封锁等各方面，与我斗争。我们地区在今后一年半或二年内将更加困难，我们决不能存侥幸心理。目前边区各地敌正一再进行蚕食。这种小规模的行动，正是为了一个大行动，是以后进行大规模进攻之前奏。敌人始终没有放弃伪化我地区的计划。尤其去年十二月伪苏淮特区成立以后，这种行动更为积极。有计划的进行调查研究与特务工作。整顿伪军，收买小麦，挖封锁沟，修筑公路，割裂我根据地，逐步蚕食我根据地。我们已走过了三年艰苦的路程，但今后还存在着困难，我们必须万分警惕，愈益胜利，就愈需要有所准备，我们必须反对太平观念，孙子所谓：“毋恃敌之不来，恃我之有备也。”所谓有备无患，正是这个意思。我们必须加紧准备，全体抗日人民，抗日党派，以及抗日军队，抗日政权，必须亲密团结，再接再厉，准备粉碎敌之任何进攻，使淮北苏皖边区，始终是中国人民的，使这个抗日民主根据地的抗日民主政权，不仅在抗战中起其积极作用，而且将来在新中国的建设中，也能起它的模范作用。

第二部分　坚持淮北抗战的三年

一、政府工作的基本方针

我们在敌后，做了一些工作，它是根据着什么方针进行的？我们所处的环境时间和条件，决定了我们的方针。

今天是抗战的相持阶段，全国正积极准备反攻，我们处在敌后的苏皖，处在抗日民主根据地里面。因此团结边区各方面的抗日力量，并发展这力量，保护根据地广大人民，坚持敌后抗战，以此来配合全国，准备反攻，以争取最后胜利，这便成为我们的基本方针。实现这个方针，我们就必须实行统一战线政策，照顾各阶层的人民利益，以便团结各阶级，各党派，我们就必须实行民主政治，而不是一党专政，以便提高和启发人民抗战的积极性。所有这些，都在行政公署施政纲领中具体规定出来了，这个纲领是根据着孙中山先生三民主义的原则，根据着中国国民党抗战建国纲领，以及中国共产党的抗日民族统一战线政策制定的。一年来，这个方针成为我们一切设施的准则。归纳起来，实行三民主义，实行抗战建国纲领，实行中共统一战线政策，发动群众，团结一切抗日力量，保卫根据地，坚持抗战，配合全国，争取抗战胜利，并为战后新中国建立基础，这就是我们的纲领，我们所根据的方针，我们一切工作的出发点。

下面便是一年来行政公署各方面的工作情形，其中与专员公署有关的部分，也附带提及。

二、抗战动员

敌后根据地内，武装斗争占头等重要地位。我们只有在与敌伪进行继续不断的武装斗争中，才能生存，敌寇依靠着武力压迫与蹂躏中国人民，我们也只有依靠武装来反抗敌人，若离开武装斗争，一切都将成为空谈，没有武装斗争，就没有根据地，就没有抗日的秩序，就谈不到任何建设。一切为了保障战争的胜利，是抗日民主政府的基本任务，这方面我们做些什么呢？

我们动员了几批新兵参加了新四军主力，新四军是国家的，也是人民的军队。是国民革命军的一部分。转战大江南北，已五周年，我们根据地之创造与坚持，主要的依靠就是新四军。如果没有新四军，也就没有淮北根据地。说新四军是我们根据地的产婆和保姆，并不为过。从物质上，人员上补充新四军，使之日益坚强壮大，更好的担负抗战任务，这是我们全边区政府和人民的共同任务。

从抗日民主政权建立以来，零星的补充不计外，较大补充有两次。第一次在专员公署时代，曾动员新兵二百余，从地方武装中动员五百余，计七百余人，参加新四军的三师八旅，（当时的八路军二旅部队）。第二次在去冬，又动员了三千七百九十六人参加新四军四师和二师的五旅，较原定计划之三六五〇人，完成了百分之一百零四，一般成份（分）还好，百分比如下：

雇工——百分之二十七。

贫农——百分之五十八。

中农——百分之一·三。

富农——百分之〇·六。

其他——百分之十三。

这里可以看出绝大部分是参加生产的工农，对新四军战斗方的提高，有很大意义。去岁冬季扩军任务，所以能完成的原因：

由于我们执行了正确的政策，我们提出了“三不四要”的口号：不强迫，不收买，不欺骗，成份（分）要好，年纪要青，身体要强，来历要明。根据这个政策，进行了政治动员，举行了各种动员会议，用说服动员的方式，人民完全在自愿的基础上，参加部队，这是与强拉壮丁完全相反的政策。

在这个工作中，党政军民一致努力，依靠群众，依靠着各阶层人民的热烈赞助，特别是边区以至各县参议会诸先生的奔走呼号，尽了很大的力量，此外还由于扩军运动的进行较有组织，正确的估计了可能参军的人数，规定了计划，确定了步骤方法，深入说服解释，灵活的方式方法，特别是许多同志在扩军中的努力积极，使扩军任务不仅胜利完成，而且得以超过。许多扩军英雄涌现出来，有老先生，有参议员，有行政人员，有群众工作同志，有小学教师，有工人和农民。尤其值得表扬的是我们的妇女同胞，真正做到了“母亲教儿打东洋，妻子送郎上战场”的地步。直属区陶洼保朱大嫂，淮泗陈大娘，樊集区樊大娘，泗宿石大嫂等，都把自己的儿子送来入伍，泗宿徐大嫂，淮泗陈大嫂等都动员了自己的丈夫参加抗日军队，泗南陈庄保妇救小组长动员大儿子不成，又动员了二儿子入伍，在这个运动中创造了许多新的工作办法，不少干部学会了如何做群众工作，干部确实提高了一步，给地方工作的发展以很大的推动，这个运动发展到邳睢铜，也获得了不少成绩。

为了前方将士能够安心作战，我们进行了优抗工作，组织了代耕队，仅泗南、泗阳、盱凤嘉、直属区四个地方，一年内帮助代耕达一万二千七百亩之多，泗灵睢县政府和群众团体宣布“不让抗属有一寸土地放荒”。另外将慰劳抗属，成为一种制度，中秋节自动送菜送月饼，合作社优待抗属，直属区抗属有割湖草的优先权，抗属的一切困难，均设法帮助其解决，今春救济抗属，共计粮食五七四石，钱五六九四元，获得利益的，共计五千零二十二户，一万二千三百五十九人，对友军家属，不论韩德勤李品仙等部，均一律予以优待。

为了发动人民配合和帮助主力战斗，并创造更有利的条件，我们改造了这个地区的地形，当初曾遇到很多困难，大家都不愿意毁炮楼、平砦墙、挖路，政府曾在初期采取了强迫的办法，现在大家知道重要了，蟠龙山拆庙的结果，使敌人不能安设据点，新行圩子战斗时，敌人相离不远，而我们能得路沟帮助而安全转移，目前各地有些仍未挖者赶快挖，未彻底挖者必须彻底挖。

为了使敌人不能实现其以战养战的妄图，抢劫不到我们的资源，全边区举行了坚壁清野的演习，部分县已有成绩，如泗灵睢、泗南，不仅基本区内人民知道要藏粮食，甚至不少边境人民及敌伪区人民，也有将粮食运到根据地内来的。

各地担架运输等后勤组织，都已建立，他保证部队在战时及平时粮食给养及军需品的运输及伤病员的接送。部分地区有递步哨和情报网的组织。黑塔战斗中我们的自卫队长，冒着炮火向主力报告敌人的住地，结果打垮了敌人。泗灵睢小杨圩子战斗中，为主力运粮食运伤兵。五旅在三岔战斗高良涧战斗中，都得到人民的帮助。这就是抗战动员的第一件工作。

其次关于地方军的建设，行署一开始成立，就注意了建立地方基干武装，及民兵的工作。去年十月成立军区司令部，由军部委任赖毅同志任司令，刘子久同志为政委，刘作孚同志为政治部主任，白浪同志为参谋长。军区成立以来，地方军的建设，得到很大成绩，目前已有独立一团、五团、七个独立大队，以及边区的直属的保卫营，各县之警卫队，以及区乡队等，较之一年前已扩大至五六倍之多，有了相当的规模。在组织上，除军区外各县建立了总队部，有了专门的领导机关，过去分散零乱各自为政的现象，基本上已告克服，并且在统一指挥统一领导下，配合主力，坚持了边区的游击战争。我们的地方部队，独立团队，及部分的县区队，已经改变了或正在改变着它们的面貌，走上进一步巩固的道路：坏分子洗刷了，干部调整了，这便大大提高了部队的质量，建立了军政教育制度和工作制度，克服了散漫无组织的现象，办理了训练班、教导队，培养了一批中下级军政供卫干部，和部分低级技术人才。军政纪律经过切实的整饬，建立了地方军的新作风：会行军、会侦察、会袭击、群众化、地方化，成为所有地方部队中指战员努力的目标。小规模的兵工厂的建立，加强了部队的装备。

这样就使原来不敢打仗的现在敢打仗了，不仅敢打仗，而且会近战、肉搏，会攻据点，会顽强守备了，这是一个很大的进步。我独立五团仅仅三个排，在××的守卫战斗中，打破了一百多敌伪的几次冲锋，击毙敌人“太君”，得到了胜利，海郑公路熊码头战斗中，敌已冲入我阵地，我伏兵四起，几分钟内，敌全部被我消灭，独一团六连，排副韩成喜，战士徐子宽，在熊码头战斗中，冲入敌室，击毙敌数十余人，手榴弹全部用完，又用大刀砍死敌人十余名，又如十余岁战士梁得才，在洋河战斗中，未消耗一粒子弹，用刺刀刺死敌人十余。二次战斗，不幸受伤，他说宁可把我丢了，可不要丢了枪，爱护武器，甚于自己的生命。一年余的战斗，地方武装中已逐渐锻炼出一些模范的部队，和英勇无畏的战士和干部。

关于武装民众方面：我们是遵照军部规定，以及我边区的实际情况进行的。凡十六至五十岁的人民，不论性别、阶级与信仰，均有参加武装自卫的权利与义务，规定基干队每保三十至五十人，每乡五十至一百人，现大部已建立。大多数区乡有普通自卫队，部分区乡有妇女自卫队，青年自卫队组织。他们在各县配合了主力及地方军作战，起了很大的作用。以淮宝一县而论，自卫队已有二万以上，系边区最多而较整齐之一县。而战斗中起作用最大者，则为泗灵睢县，即以今年四月份计，地方民兵作战三十余次，毙伤敌伪军中队长以上十余名，自己无甚伤亡。关于民兵及自卫队工作，本来打算设立专门领导机关，因种种原因，目前暂归农救会领导，过去曾有建立武委会的决议，现在决定等各地自卫队健全之后，再行成立。

三、政权民主化

政府要团结各阶层人民，参加抗战，政府本身的民主化是先决条件。我们淮北的抗日民主政权和其他根据地一样，是根据着孙中山先生三民主义原则，也即是新民主主义原则，进行着本身建设工作的。这个新原则确定：抗日民主政权，是抗日的，而又赞成民主的人的政权，它是所有抗日而又赞成民主的人，用来对付日寇汉奸反动派的，它是抗日的各阶层人民对于日寇汉奸反动派的专政。他和地主资产阶级专政有区别，他保护地主资产阶级的利益，但不单单保护地主资产阶级的利益，他（它）和工农专政有区别，他（它）保护工人农民利益，但不单单保护工农利益，他（它）是各阶级的联合专政，所以它的任务就不得不是：

一、团结地主和农民，资本家和工人，一致反对日本帝国主义对中国的侵略。

二、保护各抗日阶层人民的利益。

三、改善工农生活。

四、镇压汉奸反动派。

各阶级各阶层人民之间发生了纠纷，一方面要满足工农的要求，同时要照顾到地主资本家的利益，抗日民主政府是各阶层人民利益的保护者，因此政府中的成份（分）应当有地主资本家的代表，但不尽是地主资产阶级阶层，应当有工农代表，但不单是工农，而是各个抗日阶层都有权派自己的代表参加，他的具体表现是三三制。为了充分发扬民主，在组织形式和制度上采取了委员制，代表会议制，同民主集中制，它由民选产生，民众亦可以罢免他，一切取决于民众。

他（它）和老百姓的关系，和过去的官僚政治也不同，官僚政治是少数人专政，多数人无权。抗日民主政权是多数人民有权，而少数要服从多数，完全为老百姓谋利益的，而不是象（像）过去官僚衙门专一剥削人民，它要和民众建立最亲切的联系，而不是远离民众的，它是为民众服务的公仆，而不是压迫人民的奴隶主，这便是抗日民主政权在进行本身建设时所根据的原则。也就是和过去官僚政治绝对不同的地方。

淮北抗日民主政权的建立，开始是沿用旧的形式，工作人员全部，不是委派的便是聘请的，谈不上选举，民意机关只有一个军政推进委员会，后来缩小，在专署成立了一个参议室，去春才成立边区临时参议会。边区行政公署成立后，才提出成立行政委员会，各县区乡保也成立行政委员会，成立县区参议会，个别乡保实行民选，废除保甲，这便是我们边区政权本身发展的经过，从旧的政权形式走向新的形式的路程。这段路现在还未走完，政权本身组织的各方面，都还处在过渡阶段，表现了过渡阶段的特色。

参议会除边区外，有八个县临时参议会，区里有建立的，个别乡也有组织了参议会，一般还是政府聘请的谘议机关，但他（它）的权力已不仅限于谘议，边区区县已有决定地方法规之权。边区行政公署成立后，它尊重参议会的这种权力，经参议会通过的法规议案共有一百五六十件，现在很多参议会，已不单纯是谘议机关，已经有相当权力，但还不是完全的权力机关。他（它）还不能有像经过人民普选出来的参议会那样大的权力。今天的参议会还是从谘议机关到权力机关的过渡，他（它）与最高权力机关（如人民代表大会）还有相当的距离。当然第二届边区参议会与第一届是迥乎不同了。如果说第一届更多的带着过渡的性质，那第二届参议会已经在更多的执行权力机关的责任，不仅通过法规，还要选举政府，不仅有立法权，而且有选举权，以产生的情形论，同孙中山先生所规定的人民代表会议尚有区别，但在执行的权力上，已然相仿，当然他（它）今天还没有完全去掉这种过渡性质。

现在各级行政机构，行署下面有十四个县，九十个区，七百多个乡，在邳睢铜灵有邳睢铜灵办事处，政权的形式基本区同游击区不同，基本区是按行政公署颁布的新编制组织的，边区仍旧，而游击区某些乡公所，甚至还有用联庄会名义出现的，这也是一种因时因地制宜的办法。

基本区政权的名称同产生手续，有许多同过去相同的，区长以上是委任而不是选举，但乡以下大部经过选举产生，政府中还存在着首长制，但又有行政委员会的组织，一切重大事项不取决于首长个人的独裁，而取决于会议，会议上决定了大政方针，由负责人去执行，负责人的职权不是独裁，而是会议的主持者，在会议通过了的方针之下，他（它）有解决临时发生问题的权力。这又是政权从委任制到选举制，从首长到委员制的过渡。至于基层行政，边区保甲制还存在，但中心地区划乡之后，有些已直接改代表制，有些添设行政委员会，及建立保民大会制度，这又是从保甲制走到人民代表会议制的过渡。

这种旧政权到新政权的过渡，在淮北边区人民政治生活上，是进步的而不是退步。

从政权组织成分来看，根据统计：行政机关干部一三零六人，共产党员三七九人，非党员九二七人，党员占百分之三十一，外来干部一二七人，地方干部一一七九人，外来干部只占百分之十一·五，这里包括国民党知识分子，地主士绅等，我们这里各党、各派、各阶级都有参加政治生活的权利，这是事实，而并非徒托空言。

诚然，我们在三三制的执行上还有缺点，这是由于开辟地区时环境动荡所致。当时抗日民主政权是否站得住，还属疑问，许多人才不能来，政府也不易发现，共产党员不能不多做一些事，这现象在今天要设法克服，大批党外人士已参加工作，有职无权，有权无职的现象，已经改正不少，这的确是一个过程，我们热诚希望大家踊跃参加政府工作，共产党员决不愿阻塞贤路。

关于基层行政的改造，从划小行政区域，废除保甲，减少机构级次，乡以两千人口为度——因为仅仅从人事改革而不从制度改革，固然聊胜于无，但还不够。中国过去的大县大区大乡制，是政权民主化的最大障碍，这些区乡全部是根据过去封建势力统治人民的要求划分的，不合情理已极，江苏的地飞到安徽，安徽的地飞到江苏，推行政令上极感不便，就以中国各省论，也是划的犬牙交错，互相牵制，便利于君主统治，便利于封建势力的人事相互拉拢，不打破这点，政权民主化便要发生很大困难。而县区乡的范围一大，从来没有参加过政治生活的工农劳苦大众很难出头，划小之后，老百姓可以学习管理国家大事，过去县、区、乡、保、甲五级，政权脱离群众，天高皇帝远，老百姓有冤无处诉，现在改成县、区、乡三级，不仅政权深入群众，双方打成一片，而且敌后环境，也以单位缩小才便于推行政令。至于保甲制，同样是封建统治，官僚政治的基础，抗日民主政权的法令推行到保，就要打折扣，甚至化为乌有，就因为过去威吓压迫，保甲制还可以，今天要说服解释保甲制便不行了，所以废除保甲制，推行新政制，完全是合乎民主政治需要的。

为了慎重从事，今春各县以区为单位进行了实验，结果在组织方面，获得相当成绩，最大缺点是还未能由此发起广大群众参加民主运动的热情，这和中国政治过去的不民主以及今天边区群众的觉悟程度，组织程度有很大关系，而工作同志把民主运动与老百姓当前实际生活脱节，则是最大原因。但这次实验却肯定了我们可以而且应当这样改造的，现在随着区也划小了，划好的乡有五百多个，乡长多经选举产生，新乡长中有很多是群众团体的负责人，改选以后，乡下有两种不同的论调，有人说："政府更接近群众了。"有人说："新政权人员一字不识，能干什么？"事实证明了后一种说法不对。这批新工作人员很多富有创造性和积极性，这次土地查报中，日以继夜，东奔西走，天下雨，坵牌不能插，他们提出了很多土法子比洋法子还有用，（鼓掌）两个乡长做的事，比过去十个保长作的还多，官僚习气不打破不行，乡公所没伙伕没通讯员，乡长不作群众工作就没办法，当然有些同志本身，还不了解，觉得人家看不起自己，便求政府给他以自由行事的特权，我们解释给他听：政府威信是建立在接近人民帮助人民上面，只要真替老百姓办事，人家自然看得起你。有些同志家庭困难，老婆不许他出来，大有“民主不起”之叹，须要大家帮忙代耕，代替照料家事，帮助解决困难。

我们政府在其工作作风上，也有很大的改变。当政权开始建立时，即举战斗民主廉洁六个字互相勖勉，并作为我们建立政府作风的标准。

战斗，是针对目前战斗环境和过去旧政权一切繁文缛节，官样文章，生活散漫……等等提出来的。旧政府的作风，决不能应付目前环境。需要简便，轻装生活集体化，政府人员直接参加战斗，这些我们这里都做了。

民主，是针对旧政权上令下从，没有讨论，没有动员，把老百姓看成奴隶，官气十足……等等提出来的。我们提出要集思广益，大问题会上讨论，决定前征求意见，执行后寻求反映，政府人员深入群众，这方面我们做到一部分，但也有缺点，虽不象（像）过去的“堂上远如百里，堂下远如千里，君门远如万里。”也还有脱离群众的现象。

廉洁，是针对旧政权的不廉洁，中国政治的贪污遗毒提出来的，过去贪污是制度使然，一做官，用钱地方就多，上司要巴结，否则官不能做，私人方面要应酬，否则会有人说坏话。再加以个人生活腐化，职业无保障，作一任县官，就得养老钱同子孙的生活费都打算上，逼的做官的人，不得不贪污。同时找钱地方也多，县长兼财政、司法、税务、兼军法官，缉私提四成，田赋提二五，这都是找钱的门路，当然如果只拿这几笔法定的钱，那真是安分守己的好官了。而我们这里，取消了薪给制，建立了生活津贴制，上司不要巴结，同事不要应酬，职业有保障，生活不腐化有饭吃，有事做，找钱的地方没有，贪污的门基本是封锁了，制度改变了，贪污分子也还有，只是个别的了。旧政权下要做一个好人很困难，新政权下要做个坏人是不成功的，边区规定贪污五百元以上者处死刑，因这受罚的，可以举出好几个。

各地区有时地方人士给政府人员送礼，这是出于感情，我们不好阻挡，但爱之适以害之，最好还是不要送，有钱可多办些地方公益事业。

四、财政

淮北抗日民主政权一开始就在财政经济工作方面订出了下列方针，保证抗日部队的给养，保证抗日人民的生活，同时要与敌人的经济掠夺作斗争，粉碎敌人以战养战的政策，使我们能够抗战下去，而使敌人没法支持下去，三年以来，我们是遵循着这个道路做的，到今天才算是初具规模。

边区财政工作，完全是白手成家干起来的，当盛子瑾先生离开时，只留下二万四千元泗县流通券和五百元法币，而泗县流通券，在战斗中老百姓挤兑，一概不用，几千人的部队和几千的工作人员，要吃饭穿衣，在在需款，而当时一切均未就绪，财政困难，只靠少数税收。因此，只有实行两个补救办法，一是打汉奸，一是由富户乐捐，但所得无几，军队和政府，依然过着困苦的生活，当时新四军的四总队七天没吃盐，夏天穿棉衣，吃饭只是高粱馒头灌开水。

前年五月反扫荡之后，才着手整理，财政上确定财政政策，禁止乱抓乱罚，决定经费以税收为主要来源，建立财政机关，确定制度，但收入只能维持伙食，衣服还靠着发行公债和食粮出口，当时老百姓说洪泽湖是金湖银湖，我们也曾有开发洪泽湖之议，但因为财政基础薄弱，心余力绌而罢。

财政工作的认真整顿及有系统的开展，还是去年行政公署成立以后的事，一年来财政设施情形如下：

（一）实行统筹统支，建立了正规的收支制度，主要是从这几方面进行的：

省县款正式划分：将货检税、盐税、特税全部及田赋、契税各百分之五十，划归省款，主要是供给主力与边区各机关开支。另将牙税、屠宰税、烟酒税全部及田赋契税各百分之五十，作为县款，不能相互挪用。这样不仅保证主力部队的供给，并促起各县政府对财政税的注意，对于地方税收的增加，起了很大作用，地方税收入是增加了，但这不是增加在人民身上，而是漏税现象减少的结果。

实行了统一的预决算制度，这是统筹统支的前提，过去许多政府工作人员，对于收支数目大都是不怎样知道的，县长不知道他那一县中的收支情形。一年来我们建立了会计工作，确立了预决算的制度，实行量出为入，量入为出，去年十月间颁布了会计程序，预决算编造办法，确定会计科目，账目格式，各种经费预算标准……等等，财政处会计科长王青锋同志，在这方面曾用了不少心血。

建立了审计制度：为了监督财政收支之是否合法合理，今年五月以来，边区一级建立了审计制度，行政公署曾一度建立了审计处，因实行简政现改为财政处之审计科。由于审计工作之加强，在今年一月至六月的半年中，节省了经费开支达五万元，由于检查审核的严格，不仅教育了各级人员，使他们知道节省经费与爱护公物，也大大减少了贪污浪费现象。

建立了金库制度：为了统一保管各项收入，边区设立了总金库，各县设分金库，提出："一切收入归金库"的口号，未得负责机关的批准，不得动用分文，惟这一制度在实行上，尚未达到完善地步。

（二）财政收入；边区财政收入的主要来源是货检税，我们在主要的交通要道，建立了检查网，按行政单位建立检查机关，为了有效的防止资敌物品外流，与争取我必需品进口，我们曾组织了缉私武装，个别地方成立了群众性质的缉私小组，在对敌伪作经济斗争上有很大作用。

税率分三种：第一种是必需品，基本上是免征的，最高征百分之三，第二种是一般的日用品，如糖等，征百分之五至百分之八；第三种是非必需品，如香烟及化装品等，征百分十二至百分之十五，另外有些货物是禁止入口或禁止出口的，则征百分之二十至百分之三十，主要是使我们老百姓能取得日用必须品，禁止敌人必需品的输出。

行政公署成立以来，各种货物的税额是增加了，税率并没有增加，这是法币跌价物价腾涨中很自然的现象。可举出三种事实来说明：如布疋去年九十六元一疋，收税三元，现在七百二十元一疋，收税二十一元，另外减少了的，如牙膏，去年十元一打，按从价百分之六收税六毛，现在一百零六元一打，收税四元，只达到从价百分之三强，再如翠鸟牌香烟去年十五元一条，收税二元，合百分之十二，现一条一百元收税十五元，合从价百分之十五。因此如果说修改税率是增加了人民负担的话，那末，只是增加了吸烟人的负担，其他民众并没有增加负担，有少数人说："苛捐杂税多，连小鱼小虾也收税"这种说法是没有根据的。我们税收机关，对于成船装到敌区去的小鱼小虾，是收税的，但绝没有对那些内销的小鱼挑子收税的法律，如有的话，那就是非法征收，各地民众可向政府举发。

地方税曾经先后整理了两次，先顺次整理牙税、屠宰税、田赋、契税，后来契屠牙各税一齐整理，整理的目的，一是统一税率，一是规定纳税手续使他简单化。整理之后，地方税是增加了，和前边所说一样，并没有增加人民的负担。

田赋在去年才开始开征，二十八年、二十九年、三十年田赋，一次征收。税率很低：每亩八分、一角、一角二分。去年淮宝田赋改征实粮，根据土地每年平均收获量，划分等则，平均征百分之二，全县收二万石，折时价约五百万元，由于今后战争环境，田赋改粮将为我主要收入之来源，必须在全边区实施。我们实行田赋改粮，不仅是遵奉国民政府行政院的法令，而且也根据于边区的实际情况，因为我们收入增加的比率，远远赶不上物价增涨的比率，我们非从田赋上想办法不可，当然并非从此增加田赋，而是将田赋整理得更合理些。这就必须以精确的土地调查登记做根据，苏皖交界，土地纠纷太多，此次举办的土地查报一方解决这种纠纷，一方也是使今后民众的负担，更能公平合理。有人说：“土地查报是为了要分田地。”这是无稽之谈，有行政公署施政纲领为证。有人说：土地查报后人民负担要加重，一亩要完一斗五升粮食，这也是不会有的事情，民众负担有一定限度，过此则不仅民不聊生，政府也要垮台，无穷尽的负担，政府决不会出此下策，人民也出不起，淮宝田赋改粮后，没有增加负担的例子，可作证明。

（三）支出情形：这里我只报告一年来全部支出的比例数。

一年来总的各项支出比例如下表：

项　目	百分比
军事费	七四·三八
教育费	六·五五
行政费	五·八二
财务费	三·五〇

地方全部经费支出中，教育经费占百分之二五·五四。

一个政府的政策，就其财政收支上可以看出来，这里说明我们用钱：第一用在抗日上，第二用在教育上，这也就是抗日民主政府政策的具体证明。（鼓掌）

（四）食粮方面：开始是派粮，个别地方有时形成吃大户，二十九年（一九四〇年）午季开始征收公粮，连同今年秋季共计征六次，始终没有固定标准，每次对于农民或地主都有些偏轻偏重，去年富户重，穷人讨便宜了，今年午季农民叫苦，另外总数和标准有毛病，有时顾了标准，顾不了总数，有时顾了总数，顾不了标准，主要因为对情况估计不实在。今天秋季公粮征收分十级，一般反映认为较合理，每人收获五斗起征百分之三，每人五斗以下免征，到每人十石以上者，才征百分之十五，富户未加重，而穷户却减轻了，午季征一斤公粮，随征一斤公草，秋季改为征一斤公粮，随征二斤公草，地主不分草者免征。

关于公粮的用途，主要是吃，有些同志看了我们运了一批食粮出口，以为别有用途，实在不然，为什么出口呢？因税收不够做今冬部队和政府人员的棉衣，借卖了一部分公粮，买布来做棉衣的，这些公粮准备由田赋补还，所以我们卖的不是公粮而是田赋，今秋全边区，共计只出口五万石，现在已禁止出口了。

过去粮食工作管理很差，无一定的会计制度，无形中开了贪污粮食的大门，运输保管之不善，亦损失不少，现在逐步改善中。

（五）经济建设：我们的经建方策施政纲领中写得很清楚：

“增加工业农业生产，实行春耕秋收动员，兴建水利，开垦荒地，举办合作事业及低利借贷，发展手工业。”

我们的目的，在于使边区经济能够繁荣起来，使边区能够自足自给，打破敌人的经济破坏企图，日本帝国主义汉奸汪精卫正用尽一切力量来破坏我国农村经济，当日寇未退出中国之前，其破坏与掠夺的行为是不会终止的，我们便是要在这里斗争环境中，建设我们的农村，而建设农村经济的重心，是发展农业生产。

在恢复和发展农业生产方面，我们从去年发动春耕运动起，经过今年春耕救荒运动，夏收运动，秋耕互助等等，获得了不少的成绩，显然，农业生产，在抗日根据地。不是向下，而是进步的，向上发展着的。

淮水之祸与黄水之祸，在过去从未解决，今天我们边区正是双祸临门，我们谈不到导淮，但我们曾用一切可能疏溶内地的各小河道。为了振兴水利，成立全边区水利委员会，各县亦有同样的组织，挖了不少河道，中以安河第一次流溶工程为最大，计全长三十里，每天四千人，共挖一个月，合十二万工，直接受益地区三十里长，二十里宽，六百平方里，约共三千二百四十顷地。（鼓掌）今年安河两岸麦子特好，不是偶然得来的。另外泗灵睢县修潼河堤三十里，淮宝挖山阳沟，勺驼沟，乾甯河，古老圩河，志河，出水河，外圩河、张玉河等，这些水利工程，都用了很大力量，还有正计划着挖的如溧河，已经计划好了，因雨水停止，但政府到现在还保留这个计划的，宿东地区在敌人的包围中间，而我们政府今春还动员民众挖了八十里河道，使那里今年也得了丰收。（鼓掌）另外我们动员民众挖了很多塘，栽了许多树木，奖励开荒，扩大耕地面积，提倡多种食粮棉花，造成自足自给的经济基础，如今春泗宿县即种棉四十五顷，在播种时政府用贫富互助办法，帮助贫苦农民解决缺少耕牛与种子的困难，在夏收时提倡快收快打，并动员军队和政府人员帮助割麦……在在都说明了我边区全体军政民在发展边区农业上的决心和努力。

边区工业还在实验提倡阶段，工作自去秋开始，我们创办了淮北工厂，这个工厂分纺纱、织布、化学、被服、造纸、纺纱机器制造六部，自去年十二月至今年八月九个月来的出品，计有

布	一三三五疋
毛巾	三五二条
白纺纱	五六七四五斤
纸	八二八刀
肥皂	四一〇条
土碱	四〇斤
墨水	二五斤

出品上只解决了部分的需要，在全部供给上还不能起决定作用，但在培养干部，研究技术，培养工人，收集经验，吸收敌占区失业工人，散布影响……等等方面，确起了些

作用。

在淮北工厂影响下，各县亦有开办工厂者，惟始终没有成为一种群众运动，这是边区工业发展中最大的缺点。

我们的商业，曾经过敌人的严重破坏，双沟、蒋坝、归仁集、均被敌人烧得不成样子，盐路中断，各业凋零，抗日民主政权建立之后，由于秩序安定，土匪绝迹，民生改善，商业在逐渐恢复中，许多小村庄如罗岗、墨地，现在都变成了集镇，小贩子增多了，货物流通的程度，也比从前增加了。

由于我边区政府采取了贸易自由与保护商人的政策，敌占区商人也来我边区内地经商了，单××一地一年中便有七十七家敌占区资本较大的商人移入我根据地经商。（鼓掌）

为了调剂根据地内部的物资供给，平衡物价，并与敌伪进行经济斗争，成立了淮北贸易局。最初只是商业机关，有计划的输入我们的必需品，输出我们过剩的土产，在今年午季主持了统制食粮出口的工作，在××地方成立了平衡物价的交易所，现在已经开始从单纯的商业机关走向统制贸易的机关了。

改善人民生活，减轻人民负担，给农村经济的发展以很大的推动，过去一年中我们边区在这方面，曾获得如下的成绩：

一、根据国民政府实行二五减租的法令及本地习惯，规定对半分改三五、六五分，四六分改三七分，三七分改二五、七五分（淮宝县因情况特殊一律实行三七分租者例外），并把钱租改粮租，废除陋规，减租后成立新契约，规定减租和交租办法，调整了东佃关系，前年部分减租，去年减租不彻底，今年减得比较彻底，今年减租者只有三十九个区，一百九十六个乡，一万九千二百四十户，减退租粮三万一千三百六十六石，经减租后之佃户，平均每人多收得一石六斗粮食。（鼓掌不断）

二、我们实行了减息，国民政府法令的规定是利息不得超过五分，根据此原则，我们规定对高利贷即所谓大头利政府不预保障（如“悬租”“见风长”“头里跑”“集头钱”等都是非法的高利贷），保障普通利贷，奖励低利借贷，在减息工作上淮宝县较有成绩。

三、我们实行了增加工资，改善工人待遇，最初我们规定工人工资照原资加三成，但仍不能解决工人的生活问题，今天普遍实行了钱资改粮资。规定：

大领——七百斤至一千斤

二领——五百斤至七百斤

小伙计——二百斤至五百斤

女工手工业工人工资，也由钱资改为粮资。

工资这样规定高不高呢？不高。现在工资虽比未改粮资前增加了四倍，但与战前比，只合战前工资的百分之八十，有些还不到，因此这种规定，劳资双方大多数是同意的。但有少数人认为“政府未免太多事了”说“政府只须规定改粮资的原则便行了，不应该再规定具体等级及数额，数额多少，应由劳资双方自己商量订定去。”劳资双方应当自由订定契约，这是对的，可是因为中国习惯，一件新政，往往因为只定了一个原则，再让他自流下去，实际便等于取消了（笑）。所以政府仍然要定一个最低限度的工资额，不能订得太高，因为工资多还决定于另外几个条件：一是工人技能，一是老板经济能力，一是劳动市场的供求情况。我们相信有了政府工资的规定，再根据这些条件，规定当时当地的工资数目，是天理国法人情所容许的。有人说现在政府是实行“慢共产”，说增加工资和减租之后，又查报土地，看看不久就要分田地了，今年三七分租，明年二八分，后年一九分，大后年就归佃户了。今年工资一千斤粮食，明年就是一千二百斤，后年就是一千三百斤了！（全场哄笑）……在我们乡村里，许多纠纷从何而来，都是从“杞人忧天”来的，忧的什么呢？忧的是“慢共产”（全场哄笑鼓掌）政府绝对不会这样干，自有其三年以来的事实在自有其郑重宣布的施政纲领，在一切都照顾东佃劳资双方利益的政策，是绝不会因为“慢共产”的谣言而有所变更。减租交租，减息交息改善工农生活，提高工农生产的政策，还要继续贯彻下去。

四、实行贫富互助，救灾救荒，今春发动救济春荒运动，在行署与边区参议会驻会委员联席会议上规定救荒借贷利息，麦后六月底还本付息，计借麦四千三百七十六石，借款三万三千四百五十元，受利者共一万八千〇九十五户。（鼓掌）

五、实行了禁烟（鸦片）、禁赌，以提高农村生产力，政府去秋即布告取缔抽头聚赌，并劝告烟民戒烟，原有烟民一千三百五十八名，已戒绝二百九十四名。

六、解决湖草问题，公私草滩由农救会承包三七分草，改善了湖边数十万老百姓的生活。

至于边区民众负担的减轻，可从下列事实中说明它：抗战以前，江苏安徽两省，原有苛捐杂税四十多种，抗日民主政权建立后，完全取消了，现在每保民众负担和民众全部收入作比较，在敌伪区，每保民众负担为全部收入的百分之一七·七，在旧政权时为全部收入之百分之二六·六，在抗日民主政权地区为全部收入的百分之一三。在泗南某中等户，有地七十亩，年收五十石粮，从前每年出捐税十石，占全收入百分之二十，现出公粮四石，不过占百分之八（鼓掌），这些民众负担的减轻，无疑的将助长了农村经济的发展。

为了稳定边区金融，我们和敌汪排斥法币的政策进行了斗争，今年三月，汪奸伪中央公布：规定法币和伪币的比价，以伪储币为本位币，实行法币贬价，先七七折行使（即法币壹圆当伪币七角七分），后七折，后六六折，后六折，五五折，五月间对折（一元法币当伪币五角），六月初正式公布京沪与苏浙皖三省法币限期兑换中储票，六月二十二日以后，一律停用法币，用者没收法币，以致法币价值更跌，二个月以前，法币一元只当战前三分三厘，现在比两月前又降低了。

太平洋战争未爆发以前，敌寇曾以各种办法来收买和夺取法币，我国民政府曾通令各战区禁止法币出口，为什么现在敌人又拚命排斥法币呢？因为那时可以夺取中国的外汇，而自香港失陷之后，敌寇即有大量法币，亦无法到外国买到东西，又因我国通货膨胀，法币本身贬值，战前法币发行四十万万，五年来发行至二百万万，中国如以四万万人口计，则平均每人手内得保持五十元，上海一地即有××万，敌人各占领区亦有法币××万万，敌汪如不设法，他们的经济命脉，始终是抓在我们手里，所以便想出一条发行伪币，排斥法币计策来，一面停止法币在敌区使用，腾出伪中储券活动的地盘，一方面用各种办法将法币推到大后方与我根据地内使用（但根据地是首当其冲）。以贬值的法币，换取我之物资，这样下去只有使我地区法币愈来愈多，物价愈上涨，而我们到敌区却买不到东西，这是敌汪摧毁我抗日民主根据地最狠毒的方法，结果只有弄得我们民不聊生。我们和敌人的金融斗争，今天已到了短兵相接的时候，假如我们一不留心，就要影响全局，根据地就很难保住。

本年五月初，我们窥破了敌人这种破坏法币的阴谋，曾召开了一次座谈会，商讨对策，后来由行署正式决定发行边币，以边币作边区的本位币，收兑法币，逐渐做到停止法币在边区的流通（但对人民保存法币仍不干涉）以便有效的限止敌汪所吸收法币挤进来，一面劝告老百姓将法币到敌伪区买货，换进有用的东西，以减少人民因敌汪排挤法币所遭受的损失，并可加强敌占区的法币流通量，使敌人排挤更加困难，如果边币发行不多，法币流出了，而边币不够流通，则提倡以货易货，另外再由商家依法发行本票；至于伪币，不管军票，联银券或中储券，一律禁止在边区内部行使。这些办法完全是为的使老百姓不致在经济上蒙受无谓的牺牲。也许有人说，不准伪币在边区内流通，那末（么）为什么边境税局又兑换伪币呢？这是为了我们边区内地的商人可以兑换到伪币到敌占区去买货，是为了便于商业资本的流通。至于边币的信用问题，我们是以根据地全部财政收入作准备金的，我们的财政收入，大过边币发行数量的五六倍，所以我们有把握保持边币的稳定。

有人说政府排斥伪币是对的，但输出法币是不对的，输出法币是破坏法币，我们实在不敢戴这项大帽子，（笑）我们的输出法币，和敌汪的排斥法币，完全是两件事。我们输出法币，正是为了巩固法币。敌汪排斥法币，就是为了缩小法币在敌区流通的地盘，我们的输出法币，正是为了粉碎汪逆的阴谋，不仅保持法币在伪区的地盘，并且可以争取敌占区的资源回来，以剥削和打击伪币，这是今天巩固法币最重要步骤。我们正式警告汪精卫说：你要缩小法币的地盘，我们要扩大法币的地盘，你要把法币向我们地区排，我们就要向敌伪地区排。（鼓掌）我们输出法币在今天完全是正确的，和去年国民政府公布的允许法币出口的政策是完全符合的，汪精卫想叫我们根据地垮台，我们则要巩固根据地，汪精卫想叫我们民不聊生，我们则要保障民生的安定，（鼓掌）至于我们发行边区地方本位币，也是根据全国第二次金融会议的决定。以地方币作为法币与伪币斗争的外围力量，发行边币是完全符合于金融国策与全国抗战利益的。

我们为了有组织的与敌伪进行金融斗争，成立了淮北地方银号，以彭师长、邓政委、刘子久、刘玉柱、雷明、陈醒、资凤、谢胜坤和兄弟共九人为董事，并举兄弟为董事长，雷明同志为副董事长，陈醒同志为经理，资凤同志为副经理，成立开始，发行一元票一种，继续发行五元十元票两种，因发行数量少，不够边区内部流通，又因法币价格续跌，决定提高边币价格，七月间边币与法币以一对二之比率使用（边币一元当法币二元）十月间以一对三之比率使用（边币一元有法币三元）。

现在边币发行额是：

一元票——三十二万

五元票——五十三万

十元票——一百三十万

共计二百一十万元（至双十节止）

预计到今年底可发行到五百万（合法币一千五百万元）发行方针，不是依靠发行边币作为开支手段，而主要的是用在发展生产，调剂金融上面，现在已放款项计有：

农业放款　　百分之五十

商业贷款　　百分之二十

工业贷款　　百分之二十

合作社放款

其他贷款

共计放款一百一十一万五千元，合法币三百三十四万五千元。（鼓掌）

上列放款，全系信用放款，不用于生产者，马上将款提回，除放款外，还预备举办汇兑，根据地与根据地汇兑，根据地各县间汇兑，现在各县都相继成立分号，或兑换所，以便各地民众兑换边币。

六[①]、文化教育

抗日民主政府对于文化教育的基本态度，是保护它而不是摧残它，是发展它而不是毁灭它，是启发民智而不是使人民继续愚昧下去。

我们要发展的是什么文化教育呢？我们所要发展的文化，是新民主主义的文化，即民族的，科学的，大众的文化。

行政公署施政纲领的第九条写着：

“实行新民主主义教育，普及小学教育，发展社会教育，推进抗日文化运动，提高人民的政治文化水平，提高抗战胜利信心与不胜不休之决心，提倡民族气节及发扬民族自尊心，开办各种训练班，培养抗建人才，实行教育经费独立，救济各地失学青年，改善小学教师待遇。”

这就是我们在文化教育方面各项工作的根据。

先谈一谈学校教育：

过去边区教育，在苏皖两省是最落后的，抗战前据大致统计，在现时我统治区的范围内，只有完小四十所，初小一百六十所，短小三十八所，共二三八所。敌人来了以后，完小只有七所，初小只有二十三所，短小全部被破坏，共被破坏二〇八所，只余三十所。二十九年抗日民主政权建立，我们在半城举行了第一次教育行政会议，当时统计全边区只有五十二所小学，即恢复了二十二所。去年春共有小学一〇九所，即恢复了七十九所。去年秋共有小学三五八所，恢复了原来数目，而且又超过了一〇二所。（鼓掌）今夏有完小六十七所，中心小学十一所，私小三十五所。初小五三二所，及边区泗南、淮泗、淮宝、泗宿等实验小学，全边区共有小学七二五所，（内邳睢铜一七八所）一〇一〇班，三万四千九百六十九名小学生，一千二百十四名小学教师，边区小学比战前多了三倍多，即多了四八七所班次多六九二班，小学生多二万多。（掌声不绝）现在边区失学儿童是大大的减少了，以淮宝一县来说，共有学龄儿童四二一九六名，已入学九一三二名，失学三一八二〇名，入学儿童占全部学龄儿童百分之二十一强，即百人中有二十人已入学。（鼓掌）如果拿每个学龄儿童都入学的标准来比，当相差悬远，但如果拿战前本边区或现在的敌占区来比，则我边区的教育是发达多了，如在战前××教育统计：入学儿童只占学龄儿童百分之十八，那边区小学教育在数量上还算是比较多的了。（大鼓掌）

中学教育方面：有淮北中学，邳睢铜灵中学，淮宝中学，淮泗中学，泗五灵凤中学，泗阳公学，宿东古北正风中学补习班，以及萧铜的几个中学补习班。淮北中学有学生六百

① 原文缺“五”。

余人，在敌后方是比较少见的一个中学，全边区共有中学生一千七百余人，而汪精卫在安庆办的中学二十二所，只有学生七百余人。

我们中小学所以能够办起来，就是因为我们曾经确定了正确的教育方针，曾经用了尽可能的精力财力人力来办教育的缘故。教育经费即占全部地方经费支出的百分之二十五。（鼓掌）我们还派了很多的干部来参加教育工作，这是基本条件。

我们对于边区能够做教育工作的和已经做过教育工作的同仁，采取了正确的态度，不管那一党那一派，只要是赞成抗日民主的，愿意为抗日民主教育服务的，均一律延聘敦请，不仅网罗了边区原有的人才，而且招请了敌占区的师资前来，有些塾师及青年知识分子，不能胜任教师者，我们开办了训练班，训练他们，为了吸收敌占区的青年和师资人才到边区来，我们还规定了优待敌占区知识分子的办法。

为了使教师安心于自己的工作，提高了师资的待遇，规定完全小学教员每月薪金为一百斤食粮，实验小学校长为一百一十五斤食粮，初小教员九十五斤食粮，特别是敌占区带家属来者，每月津贴其家属食粮从四十斤到×十斤，如成绩优良者，并津贴教员本人十斤，较之敌伪区例如上海小学教员，每月薪水伪中储券八十元，合本地法币一百六十元，只能买米二十六七斤，和我边区相比，实有天壤之别。最近实行精兵简政，教育处拟裁并小学，师资待遇，还可能继续提高。

我们教育所以能办得起来，还由于做到了教育经费独立，行署未成立以前，只有泗县公学款产四千余元，一年来已整理出公学款产土地一千六百二十三顷，加上淮泗牛刀粪本地×千×百×××顷，每年收入二十三万五千五百六十六元，粮食一千五百五十四石，在整理公学款产中，教育处江处长，刘副处长，边区参议会吴副议长，曾用了很多心血。（鼓掌）

在学校初办时，反动派谣言四起，有人说：办学校是为了抽壮丁，有人说：上了两年学，便要送到华北去，吓得老百姓不敢送儿童入学，另外，老百姓自然还有些困难，因劳动力缺乏，必须小孩子在家放牛割草等等。我们教育处的工作同志，只好一方面广为宣传解释，说明谣言之无稽，及政府提倡教育的本意，另外在学校本身的教育内容方面，提倡与生产联系起来，学校里劳作课，过去教做泥人泥马，现在一部分学校已在提倡学生下课以后，先生带着学生到野外割草，学生回家时，带着一篮草回家，结果，家里人非常高兴，我们就是这样实行了教育上的革命。（鼓掌）在私塾里，顶砖头，打戒板，跪鸡蛋，我们是反对的，我们把私塾里的好东西教给小学生，打算盘、记帐（账）、写信、写对联、写契约、学劳动、学应酬，不使学生成为肩不能挑担，手不能提篮的废物，我们的目的，不在于培养一批无用的“白面书生”而是培养一批既懂得抗战建国，同时又能够参加生产劳动的新公民。教学上我们进行了新的创造，例如小学校里，有不少最调皮的小学生，上课时画鬼脸，在旧的学校里一定要用体罚，要用打，现在我们将调皮学生集中组织一个组，以最调皮的学生当组长，结果大家都不调皮了。（鼓掌）

我们对于青年，不采取劳动营、集中营等等束缚青年的办法，今春开全边区青年反法西斯大会的时候，有人恐吓青年说：“你不能去呀！那里有万人坑，你去要活埋掉你。”（笑）结果证明了，我们这里既没有集中营，也没有万人坑，青年到这里来，真是如同到了自己的家园。（鼓掌）我们创办淮北中学，最初估计只有到一百多学生，谁想到现在竟来了六七百人。

地方人士的热心赞助，多方帮忙，也是边区教育事业迅速发展的重要原因，现在我们可以看到，那（哪）里地方人士帮助较大，那（哪）里的教育也办得较好，杨景许老太太自动捐地三顷，兴办淮北中学，就是许多捐资兴学者之一。（鼓掌）

在社会教育方面：是以民众学校和农村俱乐部为据点的。全边区有小先生九千个，办了七期艺人训练班共二一〇人，另外还办了冬学师资训练班，大众阅报处四十一处，我们在社会教育工作中，主张把教育和生产结合起来，我们在这方面做得还很不够。

在训练干部方面：办了行政学院，职业学校，卫生职业学校，行政学院训练了八百二十八人，职业学校百余人，卫生职校六十余人。此外去年训练师资二百人，今年暑期小学教师集训共七百人，在各中学附设师范班，专门培养师资。

边区的出版工作，由于抗日民主政府的培养，得到相当发展，如人民报、大众、淮北青年、团结报等等，所有宣传抗日民主的进步刊物，在我地区俱能够尽量出版，畅行无阻。

七、保安司法

为了要安定我地区抗日秩序，保证各阶层人民的合法权利，抗日民主政府一开始，就注意了保安司法问题，专署时期，还没有专门机关，行政公署建立后，成立了保安处，司法处，后来司法处改为高等法院。

行政公署在自己施政纲领第十一条上确定着：

“健全司法系统，改善司法制度，及诉讼手续，严禁敲诈勒索，改善监狱制度，废除肉刑，严厉肃清敌探奸细，加强锄奸工作，对被捕汉奸土匪份子除坚决不愿改过者外，一律采取宽大争取感化转变政策。”

这就是我们政府在保安司法方面采取的方针。

最初保安工作曾为一部分人士所不了解——为什么要保安？因为不安，不安由何来，从敌汪和土匪那边来，敌伪土匪是不安的种子，保安机关的责任，就在于铲除这些不安的种子，保护边区人民的安全，敌寇汉奸和中国人民的斗争，有明火执仗的公开的一面，还有秘密的杀人不见血的一面，即是特务活动，这种特务活动，不是青面獠牙使人望而生畏，而是装着和蔼的，亲善的，美妙的面孔，叫你于不知不觉之中，上他的圈套。日本和汪精卫的特务工作，都有丰富的经验，特别是日本。有着自己的一套，中国的一套，和德国的一套，还向苏联学到一套，东北四省的沦陷，日本大特务土肥原起了很大作用。

敌寇对我地区的特务活动，是有组织进行的，它有健全的领导机关：南京敌中国派遣军参谋处第二科主管调查侦察我军事情形，特务机关主管调查我边区的政治经济情形，宪兵队则主管镇压敌占区一切抗日活动，以巩固其统治。除敌寇之一套完整的系统外，尚有华北新民会及华中汪精卫所组织的特务情报组织，以辅助日寇耳目之不足。

敌人派遣的特务，主要是安内线，混到我政府和部队里面来做工作，表面很积极，实则秘密活动，打听我方的情报，收集我们的文件（如淮安敌人以十万元收买我们秘密文件，淮安城内敌人宪兵队，有我们区以上的干部名单）。刺杀我们的干部，做破坏工作，煽动叛变，还派出一些比较低级的汉奸做游动侦探，如今夏收麦时，在半城一天就查住了四个从睢宁来的汉奸，前天在行政公署附近还破获了一个汉奸，另外还派人来秘密活动，成立“暗据点”，组织情报机关，制造土匪，如青阳破获的刘明山案就是。敌人的特务，真如水银泻地，无孔不入，最近敌人派来我边区组织万国道德会，黄沙道、金沙道、花篮会等，现我们已下令取缔，并追究其首领，敌人还通过这一特务分子大造谣言，如春耕运动时，敌人说生产出来的食粮，都归新四军，我们扩军，敌人造谣说要抽壮丁，不久以前，假冒中国共产党名义，出版“建设报”专门污蔑中共和破坏国共的团结用心险恶之至，敌汪对特务活动，所有方法，都用尽了，我这里所说的，不过千分之一、二。

我们的锄奸政策，是什么呢？

（一）我们对于敌伪这种特务活动的方针，是丝毫也不放松的扑灭它，铲除敌人的特务组织和奸细分子，只有除掉这批坏蛋，才能保卫广大人民。

（二）我们的口号是：打击真正的敌探奸细，不放过一个敌探，不错杀一个好人，不放松一个敌人，也不制造一个敌人，这便是保安司法工作的两方面，有其锄敌人的一面，也有其保好人的一面。

（三）我们的政策是分别轻重首从，我们锄奸工作的火力，是集中在对付敌探，对付汉奸，对付主犯。

（四）裁判上，重证据不重口供，以人证物证为处理案犯的主要根据。

（五）宁错放，不错杀，宽猛随形势而适当运用之。

（六）依靠广大人民的锄奸组织“当地无鬼不生灾”，地方有鬼地方人治，地方人治地方鬼，不仅有权利，而且有义务，大家都要帮助保安处和敌探奸细作斗争。

一年来我们破获了很多案子，有的是敌探，有的是汪精卫派来的，有的是来组织暴动的，有组织叛变的，有准备刺杀的，有偷盗文件的，有放毒的，有“私通外国的”，有拖枪逃跑的……这里有一个例子，证明敌探胆子太大了，如我洪湖大队政委高峰同志，有一个过去的同学，经过敌人特务机关派到临淮头，和高峰同志谈了两三个晚上，以金钱来收买高峰同志，结果是请他到保安处来了，这就是汉奸周庆生。（鼓掌）又如青阳刘明山要想当伪军大队长，经常替泗县敌人送情报，但也该他倒霉，他偏偏要想个“压寨夫人”，想霸占人家的“有夫之妇”，要暗杀人的丈夫，结果，被破获了。（鼓掌）

我们对于周庆生，刘明山，应该采取什么态度呢？我们杀他，对不对呢？如果我们让他们放手活动，因而失去了青阳，失去了洪泽湖，我们的边区广大人民又将会怎样呢？

此外，我们在淮泗、泗阳，破获了四十多起组织叛变的案子，在邳睢铜我们抓住了一批日本探子，再者，如吴亚氏，待人接物原来是很好的，但其心不善，暗中想颠覆我抗日民主政权，所以我们绝对不能宽恕！（鼓掌）

在犯人管理方面，我们尽力要把监狱变为生产和教育的地方，我们审讯时，是不准用体罚的，我们更没有挖过什么“万人坑”，活埋过一个人，像汉奸反动派污蔑的那样，我们杀一个人，都考虑了多少天，甚至于几个月，我们对于敌探、汉奸、土匪、反动分子，只处决其首要分子，其他都采取宽大的政策。有人说：“乱世要用重典。”尤其是边区，但我们政府是始终反对了这种不分青红皂白的观点。我们杀人是杀其罪大恶极不可以教育者。不杀则有害于国家者则杀之，杀一人能救活数十人数百人数千人者则杀之，这就是所谓：“杀一儆百”大家说杀，则杀之，决不轻杀，绝不错杀。我们杀了九十几个匪犯中，有八十几个是匪头子，我们宁可让老百姓说我们宽大，不让老百姓说我们政府是杀人的

"阎王殿"。（长时间的鼓掌）

我们锄奸保安政策的基本观点，和它的具体实施，就是如此。

抗日民主的司法工作，在我们淮北地区历史还不长，这对于我们更是一件新事情。我们一方面要以国民政府所颁布的法令为边区法令的基准，另一方面又必须根据边区的战争环境，制定单行法。而执行的办法手续，还须我们自己去创造。

一年来司法工作的成绩是：

（一）建立了司法系统，边区设高等法院，徐风笑同志为院长，县设承审员，区乡设调解委员会。本来依照一般司法行政的规矩说，高等法院应归国民政府司法行政部来领导，但因地处敌后，交通阻隔，故暂归行政公署领导，以收协同一致之效。

（二）建立了司法制度

一、首先建立了检察制度，惟汉奸敌探案由保安处侦查，再提交高等法院审判，此种制度，自去年七月间开始。

二、审判制度：现以二级二审制，代替过去的三级三审制，各县承审员为第一审，高等法院为第二审。关于内乱外患罪，以高等法院为第一审，特别法庭为第二审。另因特殊情况，设立巡迴法庭，高等法院并附设地方庭，专审地方各首脑机关交送的或直辖区案犯，在审判上，各地主要的缺点是：手续不迅速，文件用语太深，引用条文不熟练，需要今后改进。

三、执行制度：关于民事，由行政机关执行，关于刑事检察由保安机关执行，死刑要枪毙，徒刑放入看守所内。因环境关系，不便于长期徒刑，因此我们颁布了案犯管教暂行办法，刑期最长为六年，扩大罚金与劳役范围，在徒刑期间，更注重教育，不准虐待，饮食和一般机关部队吃的一样。现在正进行生产教育，高等法院组织犯人打席子，制香烟，织袜子，并成立文化班，教犯人读书识字。即是本着把监牢变为学校和工厂的方针来做的。我们的目的在于使犯人能够学得技能和知识，从基本上改造他们，使他们出去之后，能够变成一批对国家民族有益的人物。（鼓掌）

（三）在司法政策上：首先是实行保障人权，禁止乱打乱罚，禁止使用肉刑。在这一方面，除加强对干部的教育外，并在实际上对违反政策者予以法律之制裁，如淮泗县之乡长徐爱真，保农救主任薛玉发，泗南县之乡长黄鉴，都因妨害人权而被判了罪，薛玉发且因案情重大被处死刑了。

对诉讼当事人上诉权，是异常尊重的，惟在紧急情况下才准县政府紧急处置，并呈报备查。

在处理盗犯时，严与宽都有一定，一切以是否于抗日有益为最高准则，不是一杀完事。张献忠在四川时说："天生万物以养人，人有何德以报天？"结论是"杀！杀！杀！"（笑）我们是不能那样做的，我们是宽不能放掉烧、杀、奸、淫的匪首，严呢？也不能连一个偷鸡摸狗的小毛贼也把它杀掉，使人民无所适从。

诉讼手续务使其简单化，免除诉讼费用，并利用文化犯人，为人民撰诉状，不取报酬。把过去中国司法机关那手续繁复，出口要钱，使人民为一件案子积年累月纠缠不清，以至倾家荡产的种种弊制，一扫而空。

一年来，司法处受理案件四五五件，高等法院受理一九二件，共计六四七件，其中最多者为盗匪案件，占总数百分之三五·八，共二三二件，案犯人数三三三名，处理情形是判徒刑者一六一名，占百分之四八·四，处死刑者七六名，占百分之二二·八，教育释放者九十六名，占百分之二八·八。

抗日民主政权下的司法工作，与过去的司法工作有什么不同呢？

（一）在司法人员的操守方面：过去司法人员两袖清风的固属为数不少，如现任边区高等法院书记官长沈老先生，过去是泗县老承审员，曾在盛子瑾专署任财政科长，到现在依然清贫，实不可多得。（鼓掌）然而，过去司法人员中，刮钱自肥者也实在太多了，那（哪）里还谈得上品格操守呢？但是我们今天边区司法工作同志，却绝大多数是热心爱国的人士，在经验和手续上也许不丰富不熟练，但绝不会贪污，绝不贪赃枉法，绝不敢受贿要钱。

（二）在诉讼程序和诉讼费用上，过去诉讼是一、二、三、四审，每一审都要钱，什么撰状费，抄录费，送达费，执行费，都在法律上规定的，非给不行。另外，还有警察的敲诉，住旅馆、吃饭、请客，一审比一审增加，四审时比一审要花四倍钱，很多老百姓受冤打官司，官司未打了，财产房屋早都光了。所以有“衙门朝南开，有理无钱莫进来。”朱子家训上说：“讼则终凶”这些说法，都是从这种黑暗的司法制度中产生出来的。过去法律上虽然规定着保障人权财权，但是要有钱才能有保障，结果，绝大多数老百姓的权利，仍是没有保障的。

我们改三审制为二审制，对于盗匪案可以特别审判，司法机关，义务撰状，审民事案件重事实，审刑事案件重证据，另外实行民众调解制度，不经过调解者不审理。在司法上，不收任何费用。

（三）在调查事实和侦探犯罪方面：过去民事有三个办法：一是履勘，二是讯问证人，三是鉴定证物；刑事方面：一是履勘，二是讯问证人，三是搜索证物，四是化验证物。现在抗日民主政府的司法机关在可能的范围内，除接受了以上办法外，并开辟了新道路，主要还依靠老百姓，依靠群众团体，依靠地方士绅，工作人员的反映，作为我们审判时的根据。

（四）案犯的管理；过去犯人坐监，裤带小刀不准带，笔墨不准带，限制口粮，不让吃饱饭，现在则完全相反，我们教他们写字，组织文化班，给他们麻打草鞋，让他们吃得和我们一样。

以上四方面是和过去旧政府司法机关不同的，我们吸收了过去好的东西，废除了过去许多坏的东西，我们自己还创造了一些新东西。

八、团结各阶层辅助民众运动

在团结各阶层人民方面，我们解决了这样几个具体问题：

第一，逃亡地主问题，据去年统计，此地有一六七个地主逃亡，连各县尚不止此数，当时行政公署同边区参议会就确定方针，挽救这一现象。提出不咎既往，不算旧账的口号，请逃亡地主回来，经过一个时期劝告解释，大家回来了，有一部分人还不敢和政府见面，等到政府给予担保，才相信。

第二，对各党派，在不通敌，不破坏抗日军队，不违反政府法令，三个条件下，政府保障他的安全，和普通公民一样，享受公民权利。

第三，对会门帮口、帮会问题，在边区是一件大事，过去此地是匪区，老百姓为了打匪，组织帮会，开始是自发的，但今天的情形很复杂，敌人采取利用会门的政策，边区现有会门名目共二十三种，政府对帮会采取就事论事的态度，帮助中人，只要作了好老百姓，与其他公民享有同样权利，我们同时劝告他，这种迷信是不好的，希望他们参加抗日团体，如果发生违法行为，依法处理，但这并不因为他是会门，而是因为他们违法。

第四，对各种宗教如佛教、回教、耶稣教、天主教、人民有信仰之自由，只要在抗日的前提下，你在礼拜堂祷告上帝也可，在如来佛面前烧香请求保佑打胜日本也可（笑），政府不反对也不提倡。今天问题在于敌人利用宗教，所以当和尚、道士、牧师、都不犯法，但如果损害抗战，则政府也要依法处理，不是因为他信仰某种宗教，而是因为他违法，我们希望他们联合一致，参加抗日。

第五，对回民，边区回民弟兄很多，回汉信仰不同，他们信谟罕麦德，念可兰经，只吃反刍的动物，我们对他们的宗教习惯，绝对尊重，政府军队都不能有侮辱回民的举动，回民与其他公民一样享受各种权利，教育上政府要给以便利，××地方已办有伊斯兰小学。回民居住处可以选回人当乡长，我边区参议员中即有好几位是回民，这就是抗日民主政权对回教的态度。(鼓掌)

第六，对敌占区人民，凡地主在敌区，土地在我地区者，可以收粮收租，并带一定限度的粮食出外，向边区内放债，只要不是过高的利息，尽可以来收债，政府予以保障，欢迎敌区商人到根据地投资，欢迎敌区技术人员知识分子青年来做工作，青年可以免费读书，工作人员，可以优待，并津贴其家属，对边区情形不了解者，欢迎他们来参观。今夏敌区穷苦农民到边区割麦的有两三万人，政府参议会，群众团体帮助安插介绍职业，结果每人除吃用外，还带一二石麦子回去了。(鼓掌)

在辅助民众运动方面——我们不只是“开放”民运，而且帮助动员和组织起来。因为抗日战争是包括一切力量的斗争，抗战胜利“不仅取决于兵力，还取决于民力”。工农占人民绝大多数，所以毛泽东同志才说：“抗日战争。实质上是农民战争。”孙中山先生有远见于此，才提出工农政策。今天行政公署才在施政纲领上提出“切实改善人民生活，扶助工农运动的发展”。以便“调剂东佃劳资关系，贫富互助，合力抗战”。

由于政府的辅助，以及群众团体本身的努力，边区民众组织计有三六个区农救，二七〇个乡农救，二十七万会员；九个区工救，一〇七个乡工救，一八七二四个会员；十个区妇救，五九个乡妇救，五八一一五个会员；二十五个区青救，八十六个乡青救，二二一六四个会员；工农青妇救，共计会员三十六万八千八百四十人（鼓掌），依边区一百九十五万人说：占百分之二十四强，依边区可能组织起的人数说，占百分之三十二，此外群众团体的系统，也建立起来了，总农救在去年冬天成立，总妇救在今年三八节成立，总青救在五四成立，总工救在最近成立，群众团体已有他（它）自己的系统，自己的工作和生活制度。

组织后的效果很明显，群众参加抗日的积极性，帮助军队的积极性，大大提高，去年扩军中，工农青妇救都创造出模范的例子，动员自己会员参军，参加自卫队，参加担架运输，协助政府，征粮缉私，都起了很大作用，春耕借粮大都有借有还，在保护老百姓利益方面，打更放哨，检查坏人，禁赌禁烟，这都为大家所称道，这就是群众团体在各方面所起的作用。（鼓掌）如泗南潘大娘送两子从军（鼓掌）淮宝李大娘帮助军队，泗五灵凤樊大娘动员三人从军（鼓掌）某地农救会查烟一二〇两（鼓掌）泗南模范乡动员五个战士归队，（鼓掌），淮泗动员二十六名雇工参军，（鼓掌），这一切都是群众团体所给予军政的帮助，这说明广大民气的发扬，使军队抗日政权的巩固，都得到更坚实的基础。

为什么民众运动能在抗日民主政权下得到发展，原因是这个政权不是怕老百姓，反对老百姓，而是要老百姓，爱护老百姓。抗战开始，有人怀疑是否要民众运动？有人怕民众运动易发难收，但抗日政权不然，它给老百姓以组织自己的权利，不但给予组织，还给予帮助，政府给予群众团体以各种便利，政府尊重群众团体的独立性，这就是抗日民主政权下群众能够发展的原因。

九、敌伪工作

因为我们在敌人包围中，四围都是据点，不但要用枪来斗，还要打入他们内部分化瓦解他们，敌人的残暴政策，长期陷入中国战争，不能解决，国内人心不满，经济枯竭，敌兵厌战，敌伪矛盾日深，老百姓对敌人仇恨日强，这些都是我们进行敌军工作的有利条件。

敌军工作主要是瓦解政策，发展他们的反战思想，告诉日本工人农民，他们在反对军阀财阀上面和中国人民的利益是一致的，日本弟兄有很多前进的，他们在来中国前或到中国后，就不赞成侵略中国，他们愿意同中国弟兄在一起反对日本军阀，大会上的后藤勇同志，就是以日本先进战士的资格，来参加抗日战争的。（鼓掌）

对伪军主要争取他们，为祖国抗战服务，许多迫于敌人淫威，未到反正时机，我们也原谅他们，他们可以明投日本，暗保中华“人在曹营心在汉”，反正过来的，不咎以往，俘虏过来的，一般是教育释放，有人以为放的太多，捉来杀掉，不就完了吗？不知如果捉了就杀，只有使伪军更坚决的同我们打，而宽大为怀的政策，就是以使他们更加动摇瓦解走到反正的路上来。

一年以来，我们得到效果是伪军反正二九三名，伪分队长以上十五名，伪乡长以上十七名，带枪二七一名（鼓掌），当然这数目还不大，但这一影响是很大的。

十、总结起来，淮北苏皖边区抗日民主政权，这几年做了那（哪）些事情

第一，在淮北建立了抗日民主根据地，保护了老百姓的生命财产，不受敌伪摧残蹂躏，武装了广大人民，初步建立了地方军的基础，帮助了新四军的人员补充，并保证了它的物资供给政府团结广大人民配合了新四军，坚持了淮北的抗战，使敌人不能为所欲为。

第二，安定了社会秩序，肃清了土匪，使老百姓能过安稳的日子，过去泗东五区人民有“亡区之痛”，洪泽湖小丑跳梁，现在是完全肃清了，这几年中我们消灭的土匪，共计七十九股、二三〇〇人之多，（鼓掌）很多过去当过土匪的，现在也改邪归正了。

第三，民主改善，社会经济繁荣——取消了苛捐杂税，减轻了老百姓的负担，实行了减租减息，增加工资，禁烟禁赌，保护商业，发展农业，举行春（耕）夏收秋收运动，救济灾荒，开办水利，这就是使得边区农业，逐渐恢复并有向前发展之趋势。

第四，政权民主化，吏治澄清，人民有了民主权利，全边区最高民意机关参议会的建立，行政系统的整顿健全，基层行政经过初步改造，建立了政权的新作风。

第五，广大人民的觉悟程度，组织程度，文化水平，都提高了，民众运动都有大发展，人民不是听天由命，而是向敌面对面进行战斗，这种英勇的例子很多，在此不重

复了。

以上五件，就是政府两年中所作的工作，（鼓掌）抗日民主运动的旗子，经过这些工作，已高高的在淮北苏皖边区树立起来，在这里发展了抗日进步的力量，这个力量配合其他各个根据地，坚持了华中敌后的抗战，（鼓掌）然而要我们做的工作还是很多路还相当长，现在我们还不能自夸，倘若有人称此地为天堂，我们不敢接受，但如有人说这是地狱，还不如敌伪区好，我们也是不敢承认。这里只是中国人民所能自由居住的地方，这是一切赞成抗日赞助民主的人们能够自由生存的地方，比其他先进的抗日民主地区，这里都相形见绌，但比起那些倒退落后的地区，还是要好一些，这倒不是自夸，而是老百姓公平的裁判。

这些成绩是怎样得来的：

甲、饮水思源。我们首先不能不归功于八路军、新四军，没有他们对人民的帮助扶持，就不会有抗日民主政权同根据地，陈军长、刘政委、张副军长、饶代政委，都曾亲到临这一地区指示工作，此外直接主持此地工作，还有过去的黄师长、现在的彭师长、邓政委、吴主任等，倘若没有这许多负责同志来领导，也就不会有今天的根据地，这里一切的成绩与部队各首长的英明指导，以及指战员的英勇战斗是不可分的。（鼓掌）

乙、其次我们应归功于各阶层各党派的亲密团结精诚互助，许多父老兄弟，士绅名流，从开始到现在，都是患难与共，即是逆流泛滥之时，他们对抗日民主事情，仍是抱了无限热诚，他们有的仗义疏财，有的解囊兴学，有的动员扩军，有的领导乡里抗战，给了抗日民主政府以最大的帮助！（鼓掌）例如朱轩老先生蒋老先生等。（鼓掌）在座的青阳陈静山先生，当青阳沦陷后到处奔走呼号在石集组织人民，同敌人抗战（全场大鼓掌，要求陈先生起立识面，主席请陈先生起立，大家鼓掌欢迎）。此外积极帮助军队政府的例子还很多，这里有个名单，我来宣读一下，（宣读名单，每读一人，大会鼓掌）我们所以能创造局面，父老士绅各界人民团结合作有很大的关系，没有这一点，就不会有今天的政权和今天的秩序。

此外，我们这里还有同盟会的先进田丰老先生，还有任崇高老先生，都是以六七十岁的高龄，不辞辛苦，共同创造根据地，（鼓掌）此地有国民党的同志许志远先生、徐合璧先生、王迺汉先生，前边二位过去就与张爱萍同志、刘玉柱同志共同工作，今天又在一起展开了国共两党亲密合作的新气象。（鼓掌）至于广大人民工农群众的发动和组织，对于根据地的各项建设则起了推动全局的伟大作用，它的意义，以及几年来的实际成果，职在上边已经详细的说明了，总之，千百万人民的发动与坚固团结，是抗日民主政权最可靠的柱石。

丙、归功于中国共产党的领导，中国共产党中央给我们以正确的政策，使我们能够团结全体人民，向日本强盗进行不屈不挠的斗争，这三年的成绩，说明中国共产党所提的政策，是完全适合中国国情的，没有共产党的领导同政策的正确执行，抗日民主根据地同抗日政权，也是不会存在和开展的。

丁、要感谢其他抗日民主根据地的配合同帮助，鲁南、苏中、淮南、盐阜、淮海围绕在我们周围，由于他（它）们的坚持抗战。在配合上，经验上，都给我们很大的帮助与便利，没有这一点，工作也得遭到更多困难。

戊、应归功于蒋委员长领导全国坚持抗战，这对我们地区的坚持有很大意义，没有全国的抗战，就不会有敌后根据地，没有全国对抗战的坚持，也很难有敌后根据地的坚持，一方面我们在敌后牵制敌人，使它进攻大后方遭受困难，另一方面，大后方的坚持，也给我们工作以有利条件。

己、最后应归功于全体工作人员的努力奋斗，他们以最少的待遇，作更多的工作，创造出许多模范例子。许多同志在这一斗争中，为了国家民族的解放，而贡献了自己的生命，流尽最后一滴血，三年中统计政府工作人员牺牲了四十七人（区级十人，乡级三十七人），其中推进委员会副主任委员一人，中学校长一人，科长二人，区长五人，乡长十七人，工作团员九人，税务员三人，农救会主任三人（此时宣读牺牲同志名单，全场沉默，空气敬肃，宣读后，全体肃立，静默志哀），这其中很多见危授命的例子，喻尊霞，朱比沙等七位同志在袁圩子工作，伪军俘获走后，迫他们投降，他们宁死不屈，终于慷慨就义了，（鼓掌）管镇区长魏长延、区员吕冰同志被敌人包围，弹尽牺牲，周道锡同志与敌人作战，子弹用尽，以最后一弹结束了自己的生命，安河口的税务员，奉上级命令，坚持岗位，被俘不屈牺牲。（鼓掌）这些同志，在艰难困苦中，不折不挠、至死不屈的精神，是后死者所当引为模范的。

以上所举六点，就是几年以来能够建立并坚持苏皖边区的基本条件。

我们收获虽多，但毛病缺点还是不少，今天我们还在敌人包围中，敌伪还在同我们进行残酷的斗争，如果不及时看见自己的缺点而加以纠正，我们就很难坚持，我们应当时刻警惕。

甲、军事工作方面：我们处在敌后，如果说军事第一，我们最差的恰恰是军事工作。这表现在对主力的帮助爱护不够，优抗问题，还没有妥善解决，地方军还弱，边区周围的群众性游击战争还开展的不广泛，有些地方对武装群众工作的自流现象很严重，自卫队很少起作用的，后方勤务工作，进行缓慢，发生这些现象的原因，是由于很多同志的太平观念，认为敌人不会扫荡，可以长此过太平日子。

乙、在财政经济工作中，系统有了，制度建立了，可是税收工作还没真正上轨道，个别人员不遵守法令，如法令规定小鱼小虾内销不收税，个别人员竟向小担子征税，规定屠宰税收，某些人因私受礼，就减少税收，打税票，有大头小尾，发票多，填存根少写，粮食不按规定，随便多收，甚至包庇走私，纵放粮食出口，发生这些现象的原因，是由于政府监察不周到，同时没有及时纠正，现在贪污犯罪的，有几个还坐在高等法院里，老百姓任何人发现贪污行为，都可以向政府控告。另有缺点，是计划不够周密，如同去年预借公粮，因为工作开展，部队增加，今年又预借公粮，难免老百姓啧有烦言，征收公粮标准也不固定，季季要改，关于劳役负担问题，有时工资伙食不按规定发，派差时劳逸不均，未能很好调剂，财政支出不节省，浪费现象相当严重，县政府办公费一月一九二元，淮泗上月用了九百元，泗五灵凤用了二三〇〇元，精兵简政尚未成为自上而下的运动，经济建设也还没有成为群众性的运动，淮北工厂，虽有相当成绩，但还停在实验方面，没有发动广大群众参加。

丙、改善民生方面：一方面法令执行得不彻底，另一方面表现在执行中，对各阶层的利益照顾不够，以借粮这件事本身来说，当初是师部，参议会，行政公署，共同决定的，借粮本身是人情，穷人不能坐以待毙，有粮出借与人也是人情，所以应以人情来处理，自己有余粮，看到人奄奄一息，而不帮忙，虽不犯国法总不合人情，另一方面，借粮应讲清道理，不成功时也要向政府说明，所发生一些过左行为，如扒粮食吃大户等，于情于理，也都不合。政府当时应及时召集双方凭情度理，秉公解决，下级政府没有及时向上级反映，部分反映上来的，行政公署也未能及时解决，这是政府的缺点。今秋收成不好，明春又成问题，我提议各区乡成立生产救荒委员会，事先预防，认真调查，免得发生借粮卖钱吃喝赌钱的事，群众团体要教育会员，免得发生过左行为，政府要及时调解，迅速反映。至于减租加资，各地明减暗不减，明加暗不加的事，应及时处理。

丁、政权民主化尚未贯彻，在三三制的执行上，党员与非党员共处，要尊重党外人士的意见，这一点虽较过去为好，但仍不够，政府对群众的态度，还有旧的官僚政治的残余，同志们没有办法解决问题，就出于罚人捉人押人，像泗南征收救国公粮中，罚了一千多户，淮泗规定瞒一罚三，这不仅不足以提高行政的威信，适足以降低它。就是行政公署本身也有缺点，第一届行政委员会自成立迄今未召集一次会议，这是应由我负责的。

戊、我们有法治，但不严格，这表现在下级干部不尊重法令，上面执行纲纪不严，工作中发现乱抓乱罚的现象，处理司法保安案件时，下级同志，常以捕风捉影的材料为根据，而不根据具体事实，报告某人罪名为杀人勒款但没指出具体时间地点人证物证，甚至枪决人后，查出罪不至死的，金锁镇某同志提出四大杀（勾结土匪者杀，同志被匪杀时不救护者杀………），这样匪区百姓，应杀的太多了，对人的生命权，毫不重视，对人在社会上的名誉地位生命财产，看成儿戏，把政府工作看成特权，县长联席会上曾决定随便取消别人生命权的，自己的生命权，也将要在法治面前失掉，某些同志，明知故犯的由自己负责，多数的还是由于教育不够，纲纪不严，所以人家批评我们有治法无治人，我们应当承认，大会上要通过关于人权财权的法规，就作为以后基本法令，“王子犯法，庶民同罪。”政府人员犯罪同样要受政府法律制裁，没有什么特别的“政治保障”。

己、文化教育方面：现在小学教员的质量很差，社会教育还没大量开展，这一点是我们亟需（须）克服的。

旧政府遗留下来的官僚主义，上面决定不能传达到下面，群众的痛苦不能反映上来，上下隔着一条鸿沟，命令主义，不民主等现象，这是官僚主义的产物，另一个就是游击习气，在动荡不定的环境中，养成“吊儿浪当”的作风，自以为特殊人物，不守纪律，这是完全不对的。这两点给我们工作以很大损害，我们要以大力纠正它。

第三部分　准备度过今后艰苦的两年

我们的道路就是进一步团结边区各党派各阶层，进一步发展和积蓄抗日民主的力量，来保卫边区，巩固和扩大边区，以坚持敌后抗战，度过今后两年，争取最后胜利，不仅使边区成为坚持抗战的阵地，反攻时的有力据点，而且成为建立新中国的先进区域，为达到这一目的，就必须坚决同敌人在军事上政治上经济上文化上等等方面进行斗争，今后斗争将更残酷，而残酷斗争之后，所获得的胜利，也不是过去所可比拟的。

下面提出几项具体工作：

第一，武装民众，建立地方军，今天全边区军事建设中心，要放在建设人民武装上面，政令能推行得到的地方，都要组织起基干自卫队同普通自卫队，不仅边区要组织，即在基本地区也要组织，号召广大人民防匪自卫，保家救国，巩固抗日秩序，提倡尚武精神，把民兵系统建立起来，已组织起的要切实整顿，加以训练，今冬要开展民众武装自卫的运动，抗日防匪保家乡，这是每一公民的权利与义务，要真正做到"寓兵于农"。要巩固与发展地方军，在积极活动打击敌人中，锻炼与壮大自己，积极开展游击战争。要帮助主力，爱护主力，尊敬主力，把新四军看成自己的队伍，切实进行优抗归队运动。要训练大批地方干部，领导武装，发扬过去的战斗作风，政府人员要领导地方武装作战。

第二，完成各级政权的民主化，在淮北地区建立新民主主义的新秩序，对各级政权要切实进行改革，今后一年中应完成县参议会的改组。及县区乡行政机关的民选，到三届边区参议会时，就应进行普选了。政权机关不但有形式上的三三制，而且要实质上的三三制，真正选贤任能，认真建立各级行政委员会的工作，特别要加强乡的领导，培养新的干部，边区今后须要行单行法规，根据三民主义，抗战建国纲领，国府法令来制定，以便更好的保障各阶层人民的利益，确立边区的法治。

第三，加强根据地各方面建设，使适应今后战争的需要。

甲、财政方面——健全财政机构，整顿税收机关，健全各级财政经济制度，改善公粮缴纳及保管方法，完成土地查报田赋征收，整理县经费，实现自足自给。

乙、经济方面——主要是发展农业生产，冬耕和春耕要有组织的进行，切实完成水利计划，工业方面，发展家庭纺织工业，使得手工业群众化，实行保护商业，加强贸易局工作，发展群众中的合作事业；发展银行业务，提高银行与敌伪进行金融斗争及调剂生产资金的作用，一定要贯彻改善民生，以提高人民生产的积极性，从各方面打破敌人经济封锁。

丙、文化教育——继续提高小学的质量，加强现有的中学，普及社会教育，使识字与政治教育配合联系统一起来，从思想上来改造人民，使全边区人民都有准备的，有信心的，更积极的去与敌伪斗争，以度过今后难关，这是当前很重要的一着。

丁、司法工作——很好的培植司法人才，健全司法机构，实行巡迴（回）审判及人民代表陪审制度，普行义务撰状，取缔土讼。

戊、民政工作——完成户口调查，中心地区的禁烟禁赌工作，建立边区的卫生行政工作。

己、贯彻精兵简政工作，实行节约，反对浪费，严惩贪污，适当调剂民力负担力求减轻。

庚、训练政权各方面工作干部，特别训练地方干部，区以上在行政学院训练，乡以上干部在各县轮训。

以上这些任务，需要依靠广大人民的力量去完成，所以必需（须）扶助群众团体，完成组织人民大多数的任务。同时注意敌伪的破坏，提高警觉性，加强除奸工作，整顿锄奸机构，动员广大群众认真粉碎敌探汉奸的组织及其活动。

第四，敌伪工作——展开对敌伪的政治攻势，从各方面进行宣传工作，使到处都知道希特勒和日本必然失败的前途，以瓦解敌军，争取伪军，深入敌占区活动，在敌占区活动的部队，要严格遵守政策，要给敌区人民以好的印象，边区工作要加强，边区工作做好了，敌伪区工作也就好作了。

第五，巩固边区内外的抗战团结，同心同德，群策群力，渡过今后难关。

甲、各党派各阶层，根据抗日民主的原则，进一步的团结，政府要更好的调剂各阶层的利益和关系，更好的扶助民众团体。

乙、同各根据地建立亲密关系，我们也愿同友区建立亲密联系，互相配合，打击敌人。

以上五大工作，就是今天新情况下提出来的，要大家讨论决定，并向全边区人民宣布，动员人民一致实行，只有这样，抗日根据地才能巩固，抗战才能坚持，直到最后胜利。（鼓掌）

第四部分　对各位参议员质询的答复

各位参议员先生：

今天兄弟代表边区行政公署答复两天来各位的质询，此次各位参议员先生以人民代表的资格，就各项关系国计民生的问题向政府提出质询，在淮北边区还是第二次，这是二届参议会发扬民主最具体的表现，提出质询的参议员，共六十四位，论职业有农、工、商、学、兵，论性别有男有女，论年纪有老有少，特别是几位女参议员热烈的发言，充分表明我边区人民的政治生活，有了很大进步。问题范围，包括有军事、政治、文化、经济、财政、民运等等各项都提出了，除质询外还有批评，并且对今后工作，也提出了很多宝贵的意见。

各位先生不歌功颂德粉饰太平，而以认真负责的态度，反映真情，说老实话，一片爱护根据地爱护抗日民主政府爱护抗日民主事业的真诚，很自然的流露出来，虽然个别质询中，容或与实际情形有些出入，各位参议员对问题的看法，也容或有些不同，但无论如何，是为了改进我们工作，而不是藉端攻击，这一点精神上是完全一致的，我代表行政公署对各位参议员先生直率坦白正确的批评，完全接受，并表感谢，这对我们今后工作的改进有很大意义，同时也感到很大惭愧和歉意。抗日民主根据地建立已近三年，行政公署成立也一年多了，许多地方还未能满足各界人民的愿望，未能适应抗战形势发展的需要，这是我们亟需努力的。兹将二天来质询各点，分几个问题，答复如下：

第一，关于保障人权财权及其他合法权益问题——这是各位质询中最关心的。因为只有各抗日阶层人民的人权财权及其他的合法权利真正得到保障而各得其所，才能最大限度的发扬各阶层人民的抗战积极性，这也就是实行民主的先决条件，是政府的首要责任，各位就这一点提出质询和批评，是完全必要的，行政公署一开始成立即注意这一问题，并努力去做，就其施政纲领及各项具体设施都可证明，这都是全边区人民所一致赞成的，而足以引起怀疑的是在执行保障人权财权过程中发生了很多缺点和毛病。

这次各位提出最多而政府最应负责的就是保障人权的问题。例如个别地方还有乡长押人吊人的现象，泗南双沟镇长召集开会时罚老百姓下跪，洪泽县某区长对参议员的不当举动，淮泗司法人员吊人犯，改善民生以后工人对老板，老板对工人都有不正常的举动；农抗会员被反动分子暗害，还未迅速处理，这些现象完全是不正常的，这说明政府在保障人权方面，还有很大缺点，政府对这些事情，决不姑息，而应调查清楚，对犯法的人依其犯法轻重，分别处理，我们过去已经办了一部分，这次还希望各位先生继续提出，只要是事实一定处理，各阶层人民同样要受到政府的保障，人民应守法，政府更要守法，政府人员如果犯法，则知法犯法应该罪加一等。参议员是人民代表，在法律上应有特定的保障，假如有些事情，关系到参议员本身，应该依特定程序处理，不得任意拘捕，兄弟本提议这次在参议会组织条例中要明白规定，这次洪泽县×区长打参议员是错误的，应该受到严厉的处罚，政府决不能根据个人意气而打人罚人押人，一切应根据政府法令办事，法律首先要制裁政府人员这种违法行为，以后再有这一类问题，希望各参议员先生毫不客气，向所属的政府报告。

关于保障财权方面——最大还是借粮问题。的确有不少人在这个问题上发生了对保障财权的怀疑，贫富互助借粮救粮救济春荒，本来无可非议，济困扶危，是中国传统的美德，也是政府应该领导与奖励的，但一定要根据借贷自由的原则，今年在借粮中，个别地方发生硬借，坐吃，甚至扒粮的行为，这是与政府法令相抵触的，是不合乎借贷自由的原则，当然个别的为富不仁，见死不救，也是一因，参议员先生也曾提到，我就不再提了，这里政府所负的责任就在于未能及时反映这些情形，有些地方反映上来又未能及时纠正，致借粮中强借现象延长二十余天之久，妨碍了富户的合法权益，而另一方面还有不少贫苦人民尚未切实救济到，这是政府应向全边区人民道歉的，希望各位参议员先生向老百姓传达，今后如再遇到灾荒，政府应保证不致再有象（像）今春的强借行为，否则政府一定更严格的执行法令，我想广大群众及其团体一定能尊重政府法令的。

借麦种同样要根据借贷自由的原则，为了田地不至于抛荒，我们提议原来老板出种的照旧，东佃一样贫寒的，以及自耕农困苦的，可以由政府帮助设法，至于实在没有麦种的向有户借时，要根据借贷自由的原则。

周汉波先生提出逃亡户周朱氏粮食问题，政府在过去关于这一点已有决定，逃亡地主可以回来收租，或委托别人代收，可以带定额粮食外出，供自己支用，周朱氏的粮食，泗灵睢×乡长擅自动用，是错误的，决派人彻查按规定处理。我们不但保障根据地内地主的生活，也欢迎逃亡地主联袂归来，如实有困难，暂住伪区，政府不仅体谅他，也设法使他们能生活下去。

许藻修先生说，某佃户讲："产权是什么？产权是穷人的。"这话要说清楚，这块地原来是穷人的产权即属于穷人，那块地原先是富户的，产权即属于富户，产权原先属谁现在还是谁的，保障各抗日阶层人民的合法产权，这是今天抗日民主政府的基本政策之一，超过了这个范围，无论穷霸富富霸穷，都是不对的，被侵害了产权的任何一方面都有权向政府提出控告，以保护自己的利益。

关于改善民生，是人民在法令范围内应有的权利，但今天很多法令还未切实保障实现，这是政府应向工农劳苦同胞道歉的，边区今天佃东雇主遵行法令的模范固然很多，但不遵行法令，减租明减暗不减，增加工资明加暗不加的也很不少，邳睢铜个别地方甚至还进一步加租了。增加工资后不惟雇工待遇不改善反而受虐待，佃权不唯没有保障反而纷纷抽地，这种不正常的情形，既不合乎天理人情，也违背了政府改善民生的本意，我们承认过去没有尽责，我提议关于减租增加工资未作的，在未颁布法令以前或法令虽颁而当时尚未推行到的区域，旧账一概不算，在颁布后或颁布时已推行的地区，一概照章补加补减，改善民生是为大家有日子过，要双方好，所以在不同的地方，不同的情况下，对不同的对象，要有不同的分寸。但这不能曲解成为可以根本不做，这只是程度上的伸缩，改善民生的方针，一定要贯彻，法令是一定要执行的。

有人怀疑政府减租增加工资，是不是有限度的，是不是“今年三七，明年二八”，我们向边区老百姓担保，绝对有限度，希望劳资东佃双方订立新契约，双方共同遵行，政府法令的基本原则，决不轻易变更，过去之钱租因币值跌落而形成租额太低的，可以依照行政公署减租法令中“钱租改粮租”的条例改订。

保护佃权的问题，这次大会也有提案，希望能够有完美的规定，政府要求各地实行减租以后，佃户应提高生产，增加工资以后，工人应努力劳动，同时要依法交租交息，减息中不退条子的，如果旧条子遗失了，可以另补新条子，到政府备案申明旧条子作废。

今后如果再发生明减暗不减明加暗不加的事，工人农民可以向政府控告，同时工人农民不交租不生产，老板也有权利控告，政府有接受并处理这些案件的义务和权力。

关于改善民生过程中，个别群众团体发生些过火的现象，曾引起了一部分人对群众团体权力范围程度的疑问，群众团体有动员老百姓参加抗战参加政权的权利，学习文化的权利，保卫自己利益的权利，他没有抓人罚人押人的权利，这是政府的事，如果发生这些行为，便是违法，任何人都可向政府提出控告，我希望群众团体要加强对会员的教育，至于有些蓄意破坏群体（在淮宝甚至勾结敌伪军破坏减租），我们说群众团体是合法的，参加与否是每个人的自由，也是人民合法权利之一，如果有破坏抗日群众团体，不让人民参加，则也是违法的行为。群众团体可以向政府控告，至于勾结敌伪破坏减租，则根本以勾（沟）通敌伪论罪。

经过改善民生后，东佃劳资双方关系，应是更加亲密，一致团结，而不再是恨鼻子根眼睛的，东家照章减租，增加工资，佃工照章努力生产，群众团体更好的处理各方面纠纷，各方面对群众团体也要更加爱护扶持。

各位所指出的上列各项缺点都是事实，其所以发生，一方面是政府未能切实负责，另一方面也是由于旧社会的病态，这是过渡时期中所不能免的，但防微杜渐同事后及时纠正的工作太差了，这是政府应负责的所在。

第二，关于军事工作，这里又从帮助主力及武装民众方面谈一下：

政府有很大缺点，表现在爱护和帮助主力极其不够，主力逃亡战士个别区乡公所竟扣留在地方工作，这是不对的，应动员归队。至于具体规定，政府要同四师商量进行办法，希望各参议员先生也负责在地方造成舆论。许多抗属困难还未切实解决，这种情形不能继续下去，否则会影响部队，某些主力抗属的优待不如地方抗属，个别地方部队待遇超过主力，这都是不正常的，今年秋耕要切实组织代耕队，不使抗属地上有一寸抛荒，其他优抗办法，大会上已有提议，至于地方政府同主力部队的关系问题，应当了解主力部队就是自己的部队，有了主力部队才有根据地，应当善于爱护帮助解决困难，主力愈巩固发展，根据地也就愈巩固发展。抗日的胜利，抗日人民的安全，也才更有保障。

武装民众方面——陈荫南先生提出清理过去转移枪支问题，登记清册，开具收条，使每一枪支都用在武装民众自卫防匪方面，我们认为这是对的，应当照办。

有的先生提出可否买枪，并且可否请匠人造枪，我们认为私人可以买枪，但要向政府登记，登记之后，政府完全负责，保障其所有权。请匠人造枪也可以，但要报告政府核准，手续要弄清楚。

枪支是否可以借？可以，只要为了自卫防匪，有枪出枪，有人出人，守望相助，是应该的。

关于坏人枪支问题，这里要补说明白，只有通敌为匪的才算坏人，这些人枪支必须收缴，如果不通敌为匪，而是抗日防匪，政府绝对保障，不收缴这些人的枪支，（鼓掌）但政府为了统一抗日防匪的行动，有调动指挥各地枪支及武装组织的权力。

各位提出禁赌，清理游民，肃清敌探奸细，是清除匪源的治标要着，当然治本还在彻底改善民生，这是对的，关于禁赌，摆赌诱赌的要处罚，泗宿县×乡长摆赌问题，由狄县长负责查处。

清理游民问题，高等法院已有提案。

清除敌探奸细很重要，敌探奸细惟恐边区不乱，需要全体人民注意，积极参加锄奸工作，摧毁敌探奸细特务的组织和他们的破坏活动。

至于自卫队的名实一致问题，现有的各地自卫队要积极活动，加强军政训练，真正负起抗日防匪保家卫国的责任，现在尚无组织的，要迅速普遍组织起来，自卫队干部要很好选择。

冬防时期快到，各地需要做准备工作。

第三，一些具体问题：

一、政权组织形式问题——葛荫先生提出抗日政权的组织形式，要符合三权鼎立的原则，这就牵扯到政权组织原则中权能分立与权能合一问题了。而新民主主义政权的特点，应是权能合一的，权能分离是旧的民主主义的特点，这问题在法学研究会上可以详谈。

陈节厂先生提出，乡保是否可组织经济审查委员会，每月公布全乡经费收支的数目，向人民报告，由人民审核，我认为这是对的，这是杜绝贪污的一种好办法，应当立即实施。

二、粮食问题：

石剑秋先生所提出的预防粮荒禁止粮食出口，这是对的，我们已经通知各地禁止粮食出口，但这一问题不能机械规定，我们要求参议会付（赋）与政府以调剂粮食的权力，在不妨碍民食供给的条件下，可将一部分粮食出口换入人民的供应必需品，为防止粮食无限制流入敌伪区，要求各地民众严行缉私，一面监督政府人员是否有暗地作弊的事，另外要和形形色色的偷运者们作斗争，至于不分青红皂白一律没收，也要防止，没收要按政府规定。

雇工出公粮是不对的，雇工不应出公粮。

各地征粮标准，要根据各地情形，根据收获量决定出粮总数，如果有不确的地方也可修正，主要以百分比为标准，而不是一定要完成总数，总数可以超过，也可以不足，反对单纯追求数目字，乱加人民负担的事。

公粮田赋分合问题——一般不合为好，因性质不同，田赋是土地税，有地权的人才负担，公粮是所得税，而公粮较之田赋更带有暂时性。

三、洪泽湖周围土地问题——很复杂，因有熟地生荒，草滩，水影子地几种，所以历来纠纷不好解决，这次提出制定单行专门法规是对的。学田减租问题——政府规定要减租，但下面或许有蒙蔽，如果查出，一律照减，抗属种的学田，不应转佃给旁人。

土地查报管业执照补契漏报等在提案中讨论，至于今年度是否实行田赋改粮问题，已交的不再变动，未交的依新章交粮。

四、渔民救济问题——我们已放了一万元的贷款，以后还可帮助，至于具体数目，可以由渔民团体同县政府商量决定。

草民去年和滩主二八分未出公草，今年三七分反而出公草，这对草民是不合理的。所以决定取消洪泽湖草民的公草负担，洪泽湖县政府如果因此收入减少，由行政公署补助。

公船可以按市价加价，价格多少由县政府同船抗决定，由政府出布告，如果政府军队人员不照章付价，可向政府及部队主管机关控告。

五、民力负担问题——这里趁便谈及，民力负担在战争时说，较之平时不能算不重，淮北边区较之淮南也还重，较之敌占区大后方则轻，就是较之战前民二十五六年时，洪泽湖周围几县人民负担也轻，我的报告中所说人民负担减轻，就是根据这种事实提出的，苛捐杂税额外勒索贪污营私等等的取消，对一般的人民说，的确是减轻了一笔很大的负担，当然极少数人，过去因为种种特殊原因，负担可以少出或不出，现在要出了，所以觉得重，以大多数人说负担是减轻了。

今天临时增加了一种公粮负担，这是今天抗战的需要，若没有这，那就很少了。虽然如此，政府对现在人民的负担，还是极力在减少，精兵简政增加生产，减少脱离生产人员，严惩贪污，都是为了这原因（泗南精兵简政结果，裁减干部136名，原有杂务人员234名，裁减192名，其中59名调区队工作，其余回家生产了）。

六、边界上政策执行问题

贺醴泉、臧及锋二先生提出边区工作，十分之八靠政策正确，这是对的，坏的游击队要切实整理，这事由政府会同四师商同处理，提出要加强边区领导，加强干部，不要漠不关心，把边区当皮外肉，这是完全不对的。关于金锁镇区长在政策上的错误问题，由县政府处理。

七、教育方针问题——对私塾是改良它，劝私塾先生同小学合作，帮助私塾进步，发课本给他们，训练塾师，用各方面力量推行新民主主义的教育，今天我们不是打破私塾先生的饭碗，而是要他们为新教育服务。

当前还不能就实行强迫教育，而是实施义务教育，劝服人民来受教育，许多老百姓并不欢喜小孩子作一世文盲，而是受生活的压迫，少一个人就减少一个人的劳动，我们一方面劝解他们送儿童来，一方面要改变我们的教育方法，建立半日学校，多讲农民中用得到的东西，甚至半日教育，半日生产，如拾草打柴等，这样人民就会踊跃送子弟入学。

校中除掉教育处颁行的课本同补助读物外，对有些天资特别好的课外研究，应当奖励，但课外读物要合乎抗日民主的要求，如文天祥的正气歌，岳飞的满江红，鲁迅及其他革命文学作品等，但不要造成个人好高骛远的习气。

八、参加群众团体资格问题——有人提出凡参加劳动的农民，都有参加农救会的权利，不应有财产之限制，这是完全对的，与总农救的规定是一致的。

九、有人提出从汴河到溧河挖一段沟，本席完全赞同，全边区都应注意，振兴水利工作，不可丧失今冬明春的时机。

十、妇女权利问题——抗日民主政府是主张提高妇女的政治、经济、社会地位的，妇女与男子有同等的参政权，根据今天淮北边区的比例，参政员当中占百分之二十的女参议员，各级政权中也要有一定比例的妇女参加工作。

这里有人提出丈夫不学好，妻子可否分家，在法律上本有“禁治”的规定，男子不学好，女子就可管家。

关于重婚问题，法律本有规定，但与抗日民主根据地的一夫一妻政策并不怎样符合。民法一〇五三条“对于前条第一款（重婚者）第二款（与人通奸者）之情事，有请求权之一方于事前同意，或事后宥恕，或知悉后已逾六个月；或自其情事发生后已逾二年者，不得请求离婚。”这就是默许重婚，三妻四妾便从这里找到根据，至于这一法律根据妇女同胞是否同意，还须讨论，（笑）重婚是不合理的，但今天也不能说凡有两个妻子的，都要让出一个，重新择配。（笑）倘若这已造成较长时期的事实，而且双方能够妥处，政府也不过问，不算旧账。（笑）但如果一方受到虐待，不能一齐生活，政府也不能坐视不问。

十一、关于非党干部参加政府工作问题，路井理先生提出非党干部参加政府工作，深浅都感困难，这说明共产党员中还存在着严重的宗派主义，最近中共中央提出整风，宗派主义就在被整之列，关于共产党员如何与非党人士民主合作共同工作，毛泽东同志曾向全党指出了下列的原则：“共产党员必须倾听党外人士的意见，给别人以说话的机会，别人说得对的，我们应该欢迎，应该跟别人学习，别人说得不对，也应该让别人说完，然后慢慢加以解释，共产党员决不可自以为是盛气凌人，自己是什么都好，别人是什么都不好，决不可把自己关在小房子里自吹自擂，称王称霸，除去小人汉奸以及破坏抗战与团结的人们[①]，没有说话的资格以外，其他任何人都有说话的自由，那（哪）怕说错了也不要紧的。国事是国家的公事，不是一党一派的私事，因此共产党员只有对党外人士实行民主合作的义务，而无排斥别人垄断一切的权利。”这就是共产党员应采取的态度，不如此就要受到共产党内同人民的批评，党员本身应痛自改正，党外人士还需要监督这些党员，这才是毛泽东同志所说的内外夹攻治病救人的办法。

第四，建立严格的法治——建立正规的严格的法治，才能更好的保障各阶层人民的利益，才能更好的团结各阶层人民坚持抗战，我们这里不能说没有法治，我们的施政纲领，各种法规办法，都是为边区人民所赞同的，政府也是如此作，缺点是执行得不彻底，法治中呈现着弱点，一面由于各级干部学习经验不够，另一方面，就是上级政府教育不够，纲纪不严，固然干部犯法为法纪所制裁，贪污杀人等案子，近来共计五二件，有处徒刑的，也有枪毙的，有党员也有非党员，但还有许多事件，未能及时处理。

今天严格纲纪，贯彻法治是必须的，从何着手，本人感到有几件事，特提出商榷。

一、制定适合淮北边区的单行法规，除施政纲领，政府各种组织法，保障人权、财权、工商业、土地、婚姻等条例外，还应规定一些重要的细则，如今此次大会所提出的危害抗日民主政权案件处理办法，司法案件处理办法等，关于押人、罚人、捕人，那（哪）

① 这段引文出自1941年11月6日《在陕甘宁边区参议会的演说》，但与1991年人民出版社出版《毛泽东选集》第三卷第809页在文字上有些出入，应是：“除了勾结日寇汉奸以及破坏抗日和团结的反动的顽固派，这些人当然没有说话的资格以外，……”

一级机关有此权力，经何手续，都有规定，即属于细则的一类，有了原则又有办法，政府人民一致奉行。

二、加强政府人员的教育，加强他们的法权观念，懂得奉公守法，我们有一批热情很高的青年干部，学识经验各方面都还未成熟，政府对这批干部要负责教育，另外还希望地方长者，名流士绅，大家以爱护青年干部的心情，来教育他们，帮助他们了解地方情况，帮助克服工作困难，而我们的青年干部也应敬老尊贤，虚心向长者学习，老辈教育后代，后代向老辈学习，这是人类延续社会事业发展的自然规律。

三、严整纲纪、不以姑息爱人，依法处理违法人员，大会上所提出的违法渎职人员，今后即查明办理，有的先生提出："已经撤职的干部，不应立即任职，应加以教育"，这是很对的。

四、任何人都要守法，在法律面前，大家一律同等，任何人不能轻视谁，任何人有受法律保障的权利，也有守法的义务，男女老少贫富党员非党员都是如此，党员公务人员犯法后，一律受处分。

五、最后依靠人民的监督——依靠人民行使其权力，这是贯彻法治的基本条件，否则再好的政策也要出错，纲纪法规的力量有时而穷，独有人民的监督是无穷的力量。

政府人员自上而下的守法精神，人民自下而上的监督，上面严格执行，下面密切监督，党外监督，党内检查，这样上下照顾，内外夹攻，才能建立严格的巩固的法治。

我的答覆就是如此，挂一漏万的地方还多，希望各先生在讨论时多多提出意见。（鼓掌）

选自《华中抗日根据地财政经济史料选编》第一卷，档案出版社1984年7月版，第287～347页。江苏省财政厅、江苏省档案馆、财政经济史编写组合编。原注："按《淮北苏皖边区三年来的政府工作》，1942年版单行本刊印"。

4. 淮北苏皖边区第二届参议会对政府工作报告之决议

1942年10月26日

淮北苏皖边区第二届参议会，听到边区行政公署刘主任瑞龙同志的工作报告，及刘主任瑞龙刘副主任玉柱二同志对质询答覆以后，一致认为过去三年中所采的施政方针是正确的，同意过去三年中边区政府在军事、政治、财政、经济、教育、司法、保安、民运等各方面的设施，同意政府过去工作成绩的估计及其对缺点的批评，对于报告中所提出的今后边区政府施政方针，边区二届参议会一致同意，并号召全边区人民协同政府努力实现之。

选自《华中抗日根据地财政经济史料选编》第一卷，档案出版社1984年7月版，第283页。江苏省财政厅、江苏省档案馆、财政经济史编写组合编。原注："按《淮北苏皖边区三年来的政府工作》单行本1942年版刊印"。

5. 苏南敌后抗日民主政权的建设
——樊玉琳在苏南县长联席会议上的报告

1943年3月18日

苏南地区正式建立抗日民主政权，经过了整整两年。不过在两年以前，自从新四军进入苏南后，有许多地方已在逐步的进行政权工作。

过去各地区的政权工作，没有建立统一的领导机构，不容易搜集材料，同时，苏南地区很大，要在很短的时间内详细说明是很困难的。所以，我的报告只是简单的大体上把它分成三个部分来讲：一、苏南敌后抗日民主政权建设经过；二、政权工作成绩及优点、缺点；三、主要的经验教训。

一、苏南敌后抗日民主政权建设经过

一、苏南的一般概况。

苏南地区是很大的，详细的分析起来，各地有不同的情形。在这里只能对苏南一般情形作报告：

（1）苏南的地位，北面有长江、京沪铁路，西面有京芜铁路，包括有芜湖、镇江、丹阳、苏州以南的几个县，东南至苏（州）嘉（兴）铁路，西南至石臼湖，南至宜兴、溧阳国民党统治地区，包括太湖、滆湖、长荡湖、石臼湖、固城湖以及丹阳的练湖。这个地区包括有江宁、当涂、溧水、溧阳、金坛、镇江、丹阳、句容、武进、宜兴、无锡、吴县等12个县的范围。在这12个县中除太滆区的几个县，我不清楚外，有原来金坛一、二、三、四、五、六区，丹阳一、二、三、四区，镇江二、三、四、六区，句谷一、二、三、四、五、六、七区，江宁一、四、五、六区，溧水一、二、三、四、五区，当涂五区，溧阳二、三区，武进二区。除太滆、横山地区外，共包括34个旧行政区，连横山办事处的三个地区在内，共37个行政区。

在地形上说，可以分做水网地区，平原地区，丘陵山区。譬如太滆、金坛、长滆、当涂，多半是水田，河流多，可以说是水网地区。丹阳、镇江（即旧丹阳二区）及句容一区一部分地区为平原，水不多，山也少，一般可说是平原地区。除此以外江宁、溧水、溧阳、句容及其他地方，丘陵起伏，并且有茅山、青龙山、瓦屋山等也在此地区中心，所以说是丘陵山区。按方向说，茅山东南方向大多为水网地区，茅山东北方向为平原地区，茅山西南方向为丘陵山区，一部分是水田，一部分是丘陵地。

其次谈到交通情形，这个地区在“七七”事变前交通比较便利，因为北面有长江，有京沪、京芜、苏嘉铁路，其次县与县之间又有公路，如京杭路①、溧武路、京建路、镇句路、句丹路、金丹路，都是“七七”事变前的公路。抗战以后又筑了一些小的支路，敌人控制了点与线，交通就不便利，而我们又是以茅山为中心地区，因此我们的交通更不便利

① 原注：京杭路：南京—杭州；溧武路：溧水—武进；京建路：南京—郎溪（建平镇）；镇句路：镇江—句容；句丹路：句容—丹阳；金丹路：金坛—丹阳。

了。除铁路外，还有河流，大的河有秦淮河、香草河，茅山有青龙河、漕河（就是运河的一部分），平时都可以行驶船只，到现在还有许多河流控制在我们手里。所以水路运输交通还算便利。

（2）其次谈到本地区的人口、民情、风俗习惯、人民生活、特性等。

关于人口照现在统计，除太滆外，茅山地区有 4 662 万人。路南地区有 30 916 万人。共计 77 536 万人。这人口是指在我们的控制及半控制区内的人口，即是向我们纳粮、缴税的人口（敌占区人口未算在内）。简单的说，这是我们能控制的人口，而不是这个地区的整个人口。

在民情、风俗习惯方面，一般说苏南地区人民是驯良的，但因过去交通比较便利，抗战前的江浙两省尤其是江南，是国民党统治的中心。由于交通较便利，控制力强，因之人民较开化些，也老于世故些。江南人一般说是比较狡猾的。至于风俗，大多数人到现在还很迷信，每一地方每个村子都可看到，特别是在旧历年时大多数烧香敬神的。

谈到人民生活，苏南在全国说是鱼米之乡，最为富庶。但据抗战前的调查资料，有一半人家是负债的，大多数人是困苦的，所谓富庶还只是少数人而不是一般的人。根据土地占有情形来看，除了丹阳、镇句两区土地较为分散（自耕农多，自耕农占 90%左右，包括自己有田，又代种别人的田的在内）以外，溧水、溧阳、句容的土地比较集中，其集中程度以句容延福乡为例：该乡占有土地 1 000 亩以上的地主有三家，100 亩以上至 1 000 亩内的地主有四家，这七家田亩占全乡土地 80%以上，换句话说，全乡的土地就为这七家所有，其余人家大都是佃农。溧阳西岗区，占有土地 1 000 亩以上的地主有三家，500 亩以上至 1 000 亩内的地主有四家，总的说起来，除少数地区土地分散外，其余都较集中，人民生活亦艰苦。但抗战以后人民生活改善了些。过去负债的占 50%，抗战后虽没有统计，但借债户数已减少了。过去田抵给人家，后来也赎回来了。为什么呢？因为过去佃农多受地主盘剥，抗战时地主跑了，没有人借债，农民负担也减轻了。另一方面新四军进入苏南，在其减租减息政策主张的影响下，高利贷减少了。过去高利贷高到什么程度呢？如今年夏天借 2 元谓之青苗债，3 个月后，还一石稻，稻价是 4 元。没有稻还，再过 3 个月到第二年春天按当时稻价计算每石 6 元，如再还不出，到麦收时再加 1 元，说是 2 分利息，实际上是 2 成息，还不出的即出麦 2 石，到秋天卖麦种时即为 14 元。此外借米、借酒，花样很多。自从新四军来后，这种高利贷少了，人民减少了一层剥削。我们又提出了二五减租。过去收租时，请地方上与地主有关系的人来分租，佃农吃亏，经减租后，人民生活改善，更有一部分人冒险做生意赚钱，生活亦有改进。

至于这个地区人民的特点，苏南因交通便利，读书人多，一般比较文弱，斗争性不强。同时因为富裕，生活也较腐化，每一村庄都有茶馆，每个镇市都有酒店，茶馆是赌博的地方，苏南人好赌。此外还有烟馆，抽大烟的人很多，虽然曾经禁过，而抗战后反更盛行。

苏南地区另一个特点是土匪多，特别是靠近山的地方，如茅山、瓦屋山、镇江附近的山，土匪是普遍的现象。原因是：山区出产少，生活困难。同时山地过去是荒芜的，田地是后来开拓的，集中在少数人手里，佃农收获既不多，又要缴租，一年忙到头不能维持生活，又因为保守性不愿远行，只有做土匪。

此外苏南地区封建组织很多，最盛行的是帮会。帮会在抗战前就有，抗战初期由于中央军纷纷败退，社会秩序紊乱，土匪多，帮会头子横行。人民为保全生命财产，不得不参加帮会，就茅山地区几个县说，当时成年壮丁（男的）80%参加帮会，拜老头子。在苏南普遍的是青帮，红帮少。除帮会外，还有几种封建组织形式，主要的是刀会，抗战前也有，如溧水地区刀会曾暴动过，叫大刀会。镇句地区的小刀会也暴动过，烧房子一烧几十村。溧阳地区刀会与军队开过火。抗战后由于没有人组织地方武装，没有军队领导他们，又自发的把过去的刀会恢复起来，以防匪而自卫。后来，各地（镇句）有了地方武装，有了新四军，刀会便自行解体了，只有少数的封建统治强或与敌人有关的还存在。

文化教育情形，苏南在抗战前，学校较普遍，如句容有120多所学校，但到底多少人识字尚无统计。抗战后，因没有教育行政机关领导，社会秩序紊乱，学校便停办了。后经我们提倡恢复，据现有统计：丹阳有72所、镇丹有14所、茅东有62所、溧阳有100所、句容有25所、镇句有12所、江宁有6所、溧水有5所，共有学生7 000余人，照我们以人口比例，没有受教育的还相当多。至于质量，因为今天的环境困难，真正能起教育作用的还很少。一般的只能起识字作用。学校虽有我们领导，但是由于过去注意不够，教学内容也没有很好的改善。茅东县150多个教员中，只有3个是党员，执行抗战教育的还是少数。关于社会教育，由于群众团体办墙报、俱乐部，有许多地方经过军队发传单，进行宣传教育，人民的政治水平比以前提高了。抗战前，各县虽有民众教育馆，实际上没有起什么作用。现在我们的政府军队常移动，正式受教育的人虽少，而一般人民的政治认识、民族意识都提高了一步。

这些大体上是苏南的一般概况。

二、各时期演变及政权建设的方针。

苏南政权建设可分三个时期：第一个时期，1938年5月—1940年5月；第二个时期，1940年5月—1941年5月；第三个时期，1941年5月—1943年（现在）。

第一时期：1938年5月新四军进入江南，当时江南情况极度紊乱，因为敌人从1937年底占领南京后，苏南国民党各级政权及各地军队都已撤退。除敌人不断烧杀、抢掠外，还有土匪扰乱，整个苏南都很紊乱，在无政府状态下，人民不能安居。自从新四军进到苏南，社会秩序逐渐恢复。当时正当国内团结一致，国共关系比较好的时候，新四军在政治上取得很大胜利，军事上有卫岗战斗、新丰战斗，又打句容城，使敌人不敢下乡抢粮。受国民党委任与鬼子勾结的土匪部队如朱永祥、陶××①，他们都有枪（陶××有2 000支枪，朱永祥亦有数百支枪），先后被我解决。土匪势力因之瓦解。新四军在一般人民中威信很高，新四军在苏南是合法的，同时提高了人民抗战的信心。当时的情况如此。我们的方针，是一面打击敌伪，一面恢复社会秩序，安定地方，同时进行政权建设工作。陈军长②打电报给三战区，国民党派来各县县长，我们并帮助他们恢复了政权，拨给他钱和枪，我们还配合了中央军作战，如铜马桥战斗。我们除帮助他们外，并在军事上自己建立威信，开展敌后游击战争。他们的政府，虽经我们帮助建立起来，但他们作威作福，不以

① 原注：原文如此。
② 原注：陈军长，即陈毅。

抗战为前提，不爱护群众，领导群众抗战，反而凭借政权，抓人罚款，因此在群众中没有建立威信，相反的与人民对立，是孤立的。但我们始终是帮助他的。

第二时期：自1940年5月到1941年5月，中经一年，事情却很多，有横山事件、西塔山战斗、皖南事变。当时国际形势是贝当法国战败，德国疯狂的时候。因为法国贝当投降，英美想讨好于日本，对日本采取妥协政策，英美对日本提出折衷办法瓜分中国。中国处在东方慕尼黑危机中。国际上德意均劝投降，日本则诱降。国内形势呢？亲日投降派积极活动准备投降，汪精卫粉墨登台，组织傀儡政府，苏南形势也随着起变化，因此也发生事变。国民党镇江县长庄梅芳公开解决我们的独立营，杀死营长马峰及其全家（小孩子在内），贺甲战斗，我们退下的伤员被杀，杀我们的侦察员。句容县长并捏造是非，向冷欣诬告我们。敌人对苏南地区也加紧控制，建立很多据点，如上党、西肠、延陵、丁庄铺、大蒲干等。国际上逼降劝降，国内投降派活动，苏南国民党各县政府制造磨（摩）擦，向我进攻。中央军由溧阳楔入茅山磨（摩）擦，进攻新四军，发生西塔山战斗。

当时，苏皖区党委扩大会提出过建立抗日民主政权的号召，但没有建立由上而下、有系统的政权机构，因为我们仍然希望国民党顽固派能够觉悟，团结抗战。西塔山战斗后，他们在茅山地区政权撤走了，乡保一级没有人也不愿接受他们领导，要求我们领导。我们即以群众团体的组织来建立政权，成立镇（江）句（容）丹（阳）金（坛）四县抗敌总会。金（坛）、溧（阳）地区成立西南区抗委会，三游击区成立江（宁）当（涂）句（容）溧（水）四县抗敌总会，利用群众团体领导机构名义来领导政权。国民党在敌后由公开活动转入秘密活动。我们当时响应党的号召，领导政权。特点是：群众团体性质，没有在区以上建立政府。人民自发的要求民主，如西旸区长是委的，人民要求改选区长，我们也同意。根据这些事实，我们一方面响应党的号召，一方面应人民的要求，便开始领导政权。

第三时期：1941年5月到现在是在民主政权建立过程中。正当皖南事变后，国际、国内广大人民和进步人士都反对分裂，反对投降。英美亦感到国民党不对，英美也不愿意中国分裂，因其要中国牵制日本。国内各党派亦反对皖南事变，因为国内战争，是中国莫大危机，将使全国继续抗战遭到相当困难。全国人民根本是反对皖南事变的。在皖南事变中，新四军部队受到一部分损失。国民党在苏南配合日寇在敌后驻扎扫荡，实行敌顽夹击，想把苏南新四军来一个一举消灭，但我们仍然坚持了这个地区。我们经受着极度的困难，即使是茅山和溧阳地区曾经一度受到很大的艰难挫折，我们不但没有离开原地斗争，而且发展了太滆地区、长滆地区。我们的主力，又回到茅山地区，打开茅山地区的新局面，建立整个敌后抗日民主政权。国民党由于过去与人民对立，是孤立的。虽然经过皖南事变，但是他们仍然没有能够进到茅山敌后，在溧武路以北仍然是隐蔽活动。

当时我们的方针是根据国内形势确定的，反对投降，反对分裂，反对倒退，对国民党顽固派的军事进攻，采取坚决的自卫反击，克服时局逆转，争取时局好转。自上而下的建立政权。当时在这个地区内，成立两个行政专员公署：一为第五行政专员区，下辖句容、镇江、江宁三个县政府与丹南行政办事处；一为第六行政专员区，下辖武南、金坛、溧阳、溧水四个县政府和宜武锡三县行政委员会。成立两个专署及各县县政府、各区区公所（专署在1941年5月15日成立）。在这两年中，又新成立了横山、太湖两个办事处，乡、区方面重新分化。原来的第五行政专员区与第六行政专员区为了统一，曾于1941年10月合并，成立苏南行政专员公署，事实上范围太大，一个专署领导全面，在今天敌人封锁环境下不可能。后又分为两个地委领导。县的方面亦有变动。如茅山地区分为茅东、金坛、丹阳、镇丹、镇句、句容6县。当时镇丹地区尚未恢复。区也有增加，因为区管辖范围划小，便于领导，又有新开辟的地区，现在金坛有九个区，丹阳有五个区，镇丹有四个区，句容有四个区，茅东有七个区，溧水有四个区，溧阳有五个区及其他各县共有47个区，增加了13个区（包括另外划的与后开辟的）。在47个区中，我们全控制的有18个区，半控制的有29个区（不包括横山、太滆地区，因未报统计）。

这三个时期情况的演变和政权在各个时期所采取的方针不同，完全是根据客观环境和苏南民众要求而逐渐建立的。否则，第一时期，在茅山地区无政府状态时为什么不建立政权呢？第二时期在国民党对我们制造磨（摩）擦后为什么不建立政权呢？为了尽一切努力争取团结抗战，我们只领导区乡，没有建立县以上的政权。第三时期，皖南事变后各方面要求民主时，我们开始建立抗日政权机关，但在两个行政专员区的上面，还未建立统一的政权领导机构。我们是在各方面适应抗战需要及人民要求来建立各种政权的。我们的方针是根据各时期的情况特点来确定的。

二、政权工作成绩及优点、缺点

一、政权工作的收获及成绩：

第一，开展了苏南敌后抗日民主政权，有系统的建立了政权机关——两年前5月15日正式成立了两个行政专员公署及7个县政府，其中3个是等于县政府的办事处或3县行政委员会。当时，成立了34个区公所。区以下乡保也有了组织，有人负责。这个政权机关，不仅在形式上组成，且都能各尽其责的工作，使无政府状态变为有政府状态，使人民有了人权、财权、地权的保障。区级以上的人员，大半从开始就经过推选及委任的方式换过了。区以下一般的用原有人员，到现在说乡一级也逐渐换改了。保一级也同样更换了不少，所以现在的政权，9县、47个区，350个乡都建全了。已能更进一步负责了。

第二，在政权建设后，能够开展统一战线工作，能团结广大人民，除少数汉奸外，大多数人民都团结在抗日民主政府的周围，根据地内共有77 536万人（太滆未统计），包括社会各阶层的人。在国民党县政府领导下，在我们抗日民主县政府未成立前，在四县抗敌总会领导时，一般的人以为四县抗敌总会不是正式的领导机构，不是正规的政府。因此，人民心理上还有另一个正统的政府。自从我们的行政专员公署成立，有县政府、区公所，一般人民心理有了转变，他们认为苏南敌后有新的政府成立了。但在开始，人民尚采取旁观态度，因为另外还有个国民党的政府存在，敌伪并有个伪政府，敌后有3个政府形式。他们怕伪政府威胁，故均观望不前。经过我们宣传解释，说明敌后政府的重要性及抗日民主政府的组织与方针，使大多数人了解我们的主张与政策，了解抗战时及抗战后民主运动的趋势，因此为我们做工作的很多。茅山地区各县政府的科长，多为地方上的中上层人员，区一级的股长也都是中上层的人多。至于乡保，在政府未成立前，都推三推四的不肯做，政府成立后，肯帮助我们工作，现在不仅不推诿，并且争做我们的保乡长。一般人都想做点事，不能扛枪打敌人，为抗日民主做点事也是好的。这是政府能运用统一战线政策团结人民抗日的结果。起初对我们漠不关心，是由于对过去政府的印象不好。过去政府是政府，人民是人民。除收捐纳税外，政府与人民无关系。他们便以对过去政府的态度对我们。但由于我们政策正确，照顾广大人民利益，如减租减息，开会时邀请群众来参加，使广大群众人权得到保障。他们认识到我们的政府与国民党政府和敌伪政府都不同，而拥护我们各种政策的执行。

第三，保证了苏南地区军政人员的给养——公粮田赋的征收虽属财经部门，但也是政府的一部分。这种征收不是盲目的，而是根据各个不同地区的情况，实行比较合理的征收，这个财政征收，也能使人民很踊跃拿出钱来了。他们知道拿出来的钱是归公的，是用于抗战的。过去地方纳粮有 10 年拖欠不清的，现在田赋也好，公粮也好，我们定一个期限就能按期完成。这一方面是因为我们的工作认真，同时也是人民高兴拿出来，一般人民对抗战有很深的认识。

根据财政收入与人口比例，现在茅山地区平均每人负担 41 元，路南地区每人平均负担 11 元，慰劳品除外。茅山地区从 1939 年开始征收，路南地区则在以后。

第四，帮助了扩大主力部队，建立地方军和民兵，保卫了地方。扩军工作，虽然没有统计，但尽了很大的努力。四十六团大部分是各地扩军来的。此外并组织了很多民兵配合主力，打击敌人，保卫地方。

第五，开始发动了生产建设运动。去年茅山地区发动种棉花，解决了部队的冬衣。过去茅山地区不种棉花，多半向外购买。又如开河筑坝工作，也取得了人民的信仰，使人民理解政府是为人民打算的。句容四区人民过去对新四军冷淡，自从帮助他们筑坝以后，部队经过时，他们表示很亲切。可惜生产工作，还没有广泛开展。

第六，恢复了学校，推动了人民认字运动——各县政府的文教科专门负责文教工作。两年中恢复 289 所学校，共有学生 7 543 人。一般的民众教育也做了些。

政权工作成绩不能尽述，这里只讲一些比较大的成绩。所以能获得以上成绩的原因：

第一，党的领导正确。抗日民主政府在党的领导下，一切政策的应用，均经过各级党委明确的指示，工作没有什么错误。

第二，工作人员的努力。一般行政工作人员作风与过去不同。过去是坐在家里“等因奉此”办事，现在是埋头苦干，脚踏实地干工作。

第三，武装部队的帮助。政府所以能建立能工作，全靠有武装力量，否则，便谈不到什么工作。新四军来到苏南时，到处是土匪，经过新四军打击敌伪，清除土匪，环境开始安定。皖南事变后，我们又在武装保护下建立政府。

第四，广大人民的拥护。过去政府强迫人民拥护他，人民还不是心悦诚服的，而今天是在敌伪进攻，更艰苦、更复杂的条件下，能获得很大的成绩，不能不归功于人民的拥护。

二、政权工作的优点：

第一，抗日民主政府，一般说是建立在广大人民的基础上。不象（像）过去的政府，操纵在少数人手里。政府坚决执行了一切为抗战、一切为民族、一切为广大人民利益的原则。人民对政府也有很深的认识，而拥护政府的主张，与政府有密切的关系。过去人民中发生纠纷都找地方上大先生、封建头子来处理。自从抗日民主政府成立后，不论大小事，他们都直接找政府调解，政府一般的也能听取各方面的反映，接纳各方面的意见，作为施政参考。

第二，基本上开展了民主运动，执行了抗日统一战线政策。民主是抗日民主政府的基本原则。今天虽因种种困难（如公民登记手续未办妥），不能直接间接由人民选举政府，但政府的一切设施都曾经地方人士同意，或经参议会讨论后实行。县有县参议会，区有区参议会，这种参议会是由地方中上层和群众团体代表组成的。政府尊重他们的意见。为了更广泛的听取和采纳各方意见，政府并经常召开各种座谈会，士绅会，以发扬民主精神。不但开展了民主运动，同样还执行了党的统一战线政策，团结各阶层人士参加抗战工作。苏南地区有中心区、边区、敌伪统治区，但不论在任何地区，我们的工作都能进行。这是运用统一战线政策，争取两面派的成绩。直溪桥、宝堰等据点内都有我们的乡保长，人民向我们纳税。刀会过去反对我们，经过争取后，他们在某些方面也能觉悟起来，倾向我们，为我们工作。我们并能教育改造土匪变为良民，使他们不再抢掠民财，甚至组织好武装保卫地方。

第三，发展了地方武装，发动了地方武装参加主力部队。目前苏南的部队，四十六团大都由地方武装上升的。四十八团也有地方武装参加。四十七团是地方武装产生的。由于我们的同志认识到今天的斗争主要的是武装斗争，每一地区行政工作人员，都设法扩大并巩固武装。由没有武装到有武装，由地方武装变为主力部队，再由地方军正规化主力化。环境紧张时，政权机关并能带领武装去打击敌人。如最近敌人扫荡茅山地区，麦溪区长每天带区大队埋伏打击敌人，使少数敌伪不敢下乡。其他各区亦能带领武装与敌伪作顽强的斗争。

第四，政府工作人员基本上是廉洁、公正、英勇顽强的。政府所以能得到广大人民信仰，除以上原因外，更因为政府工作人员公正无私，不偏不倚，除少数人外，大多数都能廉洁奉公。不仅如此，且能在任何环境下坚持斗争。在皖南事变后也好，在塘马战斗也好，在敌人驻扎扫荡时也好，在一切艰难困苦环境下，都能顽强斗争。如第五行政专员巫恒通被俘后，痛骂敌伪，不吃东西，不饮水，敌人将他的儿子带来软化他，他不为所动。绝食六七天，到第八天牺牲了。此外，如徐思柏、林心平等都是临死不屈。在税收工作方面，两年来税收人员损失了三四十人，而他们仍然前仆后继的工作。如江宁税务所所长被敌人打得要死了又爬起来，回来后扶着拐棍工作。这许多牺牲、被捕、在工作中百折不挠的同志，不仅是政权工作上的骄傲，也是全党和全体政权工作人员应该学习的。

第五，党政军民关系上基本是密切的。自成立抗日民主政府以来，政府与党，政府与军队的关系是密切的，没有发生相左的意见。军队到一个地方，政权工作人员马上帮助他处理一切事情。同样环境紧张时，军队也掩护政权工作人员。至于政府与党的关系，党有什么决定交给政府党团讨论后执行，没有丝毫讲价钱或推诿的现象，同时政府有缺点，党也直接指导或纠正。党亦能听取政府的建议。皖南事变时，苏南虽无正式政府，有许多同志过境，政工人员都能积极设法帮助其打埋伏，化装，送过封锁线。

第六，政府工作人员工作积极性提高了。在精简原则下，县政府只有十余人，主要的只有三四个干部。区公所连杂务人员在内只有七八人。人员减少而工作加强了，工作效能提高了，且不管一切困难地工作。如茅山地区敌人扫荡两星期，各部门仍照常工作，没有人后退，没有人离开工作，财经工作人员仍能继续收税。不论环境如何变化，各县各区仍坚持原地斗争，使人民情绪稳定，使部队给养不困难。

上面说的是优点。

三、政权工作的缺点：

细细检讨，我们缺点还多。产生缺点的原因，总的说是我们未能正确地掌握党对政府工作的原则。

第一，对党的决定和指示执行的程度不够。党的决定经过政府党团研究后，公开执行时，还不能百分之百的完成它，还不能尽一切努力去完成这些决定和指示。在某些问题上，我们还不能认识清楚，如在统一战线环境里，我们不能去领导群众，不了解党的政策，就是一切工作不能彻底进行的原因。区以下工作人员是不能掌握党的政策的。

第二，政权基本上是巩固的，区以上的政权控制在我们同志手里，区以下乡的政权，有许多还控制在封建势力手里。这样我们政权是凌空的，基础是不稳固的，环境一有变就垮台。如丹阳二区有20个乡，区公所建立后，各乡都普遍进行工作，但区长不会做统战工作，与上层搞不好，打击上层，他们逃到敌伪那边去了。区公所不能存在，经过一星期后全体乡长都变成伪乡长，公粮收不到，工作人员也不能立足。又如句容三区，区公所建立很久，但乡保长仍为友方政府所统治，乡长是两面派，保长完全是他们的，为他们建立通讯机关。环境好时，我们力量超过他们时，看不出什么，环境一变，政权马上跟着起变化。所以改造基本政权，是不能因循下去的。我们改造基本政权时，问题就发生了，因为他们对上面不在乎，对下面却抓得很紧。我们将政权移到进步或开明的人手里，地方士绅就用各种方法进行破坏。他们表示进步，来活动做乡保长。各县基层政权是改造了，但没有完全真正地实现，如茅山地区还有几个区的基层政权，没有得到切实地改造，以致县政府里清一色，区一级有少数同志，乡一级我们的同志就很少了。

第三，深入的调查研究了解情况与掌握政策不够。首先谈调查研究，过去有的县不知有多少乡，县长不知道乡长的党派背景，顶多了解几个特殊的。苏皖区党委曾发出表格调查，到现在都没有送来。两年来各县情况没有统计，只能估计，有时前后两张表格填的数字不同，不能决定谁是谁非。这是由于过去政权工作者多少是官僚式的，不了解下情，做工作是应付。由于没有调查研究，对情况便不了解，如茅东县有特工活动不知道。丹阳县有国家青年党受敌伪指使混进我们地区活动，我们的事情敌人很快就会知道，而我们却很麻木。这次敌人扫荡前，我们在延陵举行两万人的大会，特工在街上活动。第二天敌人来后，看见这批人公开活动才恍然大悟。如果我们预先看见大批特工活动，估计环境有变化，便不会有多大损失。政府要能对各方情况了解，工作才会顺利。同样对于一个地区的物产、人民生活也没有了解，一切都凭估计。至于掌握政策也是不够的。我们主持一个地区政权，就是领导一个地区的人民。如果不能正确掌握政策，即犯过左过右的毛病。如延陵的贡友三自从新四军到延陵后，他即多方帮助，组织常备队，公开反对敌伪。我们的区长嫌他多管事，怀疑他，打击他，他跑了。没几天他带鬼子下来占领延陵、西旸、麦溪等地。后来我们打进去，抓住他的做自卫团长的儿子，老头子急了，要求不杀他儿子，要多少钱都可以。我们不要钱，要他见面。见面后他大哭后悔，后帮助我们。伪乡长也都来自首，愿意帮助我们工作。只要我们能掌握政策，就是敌人到处筑据点也没有关系。又如邱山地区刀会头子蒋永庚是个三面派，有一次请友方、我们王伯划及伪政府人员吃饭，友方见有伪政府人员生气走了，王伯划也跟去到客栈。友方怂恿其捉蒋永庚，王伯划即去抓他，抓来后罚款四千元平分。王伯划走了，友方又将款退还给蒋永庚，说明这是新四军的意见，蒋永庚生气。这是我们的同志不了解我们的政策。又如我们财经部门大处不管，小处抓得很紧，老百姓扛一斗米要收税，大商人五船六船的运不管。不了解我们的经济政策是与敌人作斗争，而不是与自己的人作斗争。

第四，开展民主运动，发扬民主精神不够。参议会本为民主机关，却有人说是："二话机关"。因为同志们把议案预先弄好，开会时读读通过，大家举手而已。因此会也不开了，就是开，他们也不说话。如果我们预先征求他们的意见，由他们提出办法，就不致如此。我们应大胆的讨论，以民意为依归。

第五，政府法治精神差。政府以人为中心，不以法为中心。而政府为执法的机关，无法律做依据，自然就不好了。规定县、区不能杀人，县、区不照做。丹阳一个县杀七个人，区公所杀人，过去也不报。一方面没有定法律，一方面有了规定，政府也不执行。

第六，各种制度的建立不健全。每月的会议汇报制度不能执行，县对行政专员公署不常汇报，区对县也很少，乡对区更谈不到。经济上会计制度不健全，经三令五申，到今天还有几个月的帐（账）不清楚。溧阳县有30万元的帐（账）未算清，溧水县则有黑帐（账）、白帐（账）之分。过去地方武装有八九个月不算帐（账）的。去年的田赋到今天未算清的也有。镇句县政府每个月欠100万元。政府的制度较其他一切部门都差。

第七，领导不统一，有各自为政的现象。财经部门与行政上不能配合，一方面财经人员闹独立性，他们归财经处管。一方面政府对他们少帮助。税收机关也是同样的，如洪天寿县长接任，税收人员就在后面村子上大赌一千一万的，他不去管，以致税收一天天降低。

第八，政权机关对群众团体尊重不够。这种现象虽不普遍，但相当多，原因是群众团体的同志比较单纯，政府工作人员便看不起他们。

第九，工作作风上还有官僚主义倾向。我们对群众还不十分接近，群众感到政府虽然是民主的，但说话还不容易。有些同志生活也不严肃，区级干部有赌钱的。他们不晓得尊重自己，做人民的模范。

产生这些缺点的原因：

第一，专员公署与各县联系不密切，布置工作不具体。

第二，行政工作人员经验少，又不研究改进工作。

第三，各个机关的联系与领导不明确，自我批评精神差。

三、主要的经验教训

一、不了解情况，就不能估计形势，不能掌握政策。茅山地区自皖南事变后恢复以来，一个很长的时间没有变化，可以说是黄金时代，但我们始终不敢大刀阔斧的工作，老以为环境不允许，常常为敌人的谣言所骗。由于对情况不了解，以至工作受束缚，拖延了下去。如改造基层政权工作，就没有彻底做。总以为敌人要来摧残，故工作无大收获。而皖南事变时，局势非常严重，但我们都认为这是一时的现象，因此能坚持下去。所以不管环境如何变化，只要我们了解当时环境特点，总可以顺利坚持下去。

二、只有正确开展抗日民族统一战线工作，执行三三制，才能发扬民主，团结各阶层抗战。皖南事变时，句容地区我们抗日统一战线工作做得好，士绅始终帮助我们，认为我们是为国家、为民族的，不象（像）镇、丹等地区上层反对我们，使我们不能立足。同时，我们在口头上交朋友还不行，更需要大胆的实行三三制。他们的能力也许不强，但影响却很大。不仅要实行三三制，在接敌区还要执行党的两面派政策，否则，工作就不能顺利。如镇江县刘洪奎，他杀过我们的人，后来经我们争取，又为我们做事，最后因其危害人民，我们就将其解决了。

三、要适当的改善群众生活，为群众利益打算，领导群众进行生产，帮助群众解决生产中困难。起初群众对我们不了解，虽经口头宣传，还不能收到实效，必须实际帮助他们。去年减租运动，改善了群众生活，秋收后群众起来了，改造基层政权时，他们参加竞选。这班基本群众过去对我们是漠不关心的，因为我们帮助他们，他们才拥护政府，陈庄筑坝就是一个例子。

四、武装斗争是建立政权、维护政权、坚持斗争的主要条件。今天我们处在敌后，需要武装斗争来建立政权。政权工作同志必要时要能领导武装斗争，过去有许多经验值得学习。武装力量不到，政权不能存在。茅山地区打开后，政权就大摇大摆的出现。今天在敌后，只有武装才能掩护政权。

五、要灵活运用政策，工作才能顺利开展。过去横山大刀会反对我们，有过武装冲突，因此我们用武装去征服是不可能的。后来部队又去进行说服工作，使他们认识自己的错误，重新和我们合作。又如刘洪奎叛变我们，我们苦口婆心的说服他、教育他，后来他不改悔，而且有投降敌人的证据，那么就应该断然的解决他。这些都是对的。要讲究策略，对政策不能乱用瞎用，应巧妙的运用。

六、政权工作人员如自高自大，工作定遭损失。如有这种态度则对外不能进行抗日统一战线工作，对内不能团结干部，同时一切横的关系也不能联系好。我们如不虚心工作，自高自大，不仅是个人损失，工作也要受很大的损失。

七、如果不建立制度，则陷于紊乱无组织状态。过去财经部门工作关系搞不好，主要的是没有建立制度。有了制度，工作才有规律，有进度，沿着轨道前进。否则不仅形成各自为政，而且是盲目的。经济上则趋于紊乱，工作无法统计。

八、大胆提拔和培养地方干部，以巩固政权、坚持原地斗争。任何工作，地方干部多，工作便顺利。因为地方干部有他的固有的社会关系。外来干部须经很长的时间才能建立。同时地方人士的家乡观念，也不易与外来者十分密切。自然地方干部有些也不适合我们的要求，但我们要耐心教育培养，克服宗派主义倾向。

九、要求得中心地区的巩固，一定要开展边区工作。过去的政权工作多半集中于中心区，少注意边区是不对的。如西旸我们的工作都集中在那里，西旸被敌占领，就感到困难。

十、一切工作、一切政策的执行，只有在党的正确领导下才能顺利完成，因为党对一切工作指示是正确的，对一切情况估计是正确的。只有坚决服从党的领导，不管在任何地区、任何环境，不管环境变化到如何程度，工作总能坚持下去。

选自《苏南抗日根据地》，中共党史资料出版社1987年9月版，第247～364页。中共浙江省委党史工作委员会、江苏省档案馆编。原注："选自江苏人民出版社《新四军在茅山》"。

6. 苏南行政区各级参政会组织条例

1943 年 4 月 10 日公布

第一章　总　则

第一条　为团结一切抗日阶层党派之力量，坚持敌后抗战，实行民主政治，准备反攻，争取抗战之最后胜利，特根据抗战建国纲领及国民政府颁布之参政会组织之基本原则与苏南行政区之实际情况制成本条例。

第二条　苏南行政区各级参政会为代表抗日人民之各级民意机关。

第二章　参政员

第三条　凡苏南行政区境内赞成抗日与民主之居民，年龄在 18 岁以上，不分男女、财产、党派、宗教信仰，无下列情形之一者，皆得选聘为各级参政会之参政员：

一、剥夺公权者；

二、有不良嗜好者；

三、禁治产者（如精神病白痴）；

四、受现政府刑事处分者。

第四条　各级参政员之产生，采取民众直接选举和政府聘任两种方法。选聘条例另订之。

第五条　各级参政会参政员额规定如下：

一、苏南行政区参政会参政员额 90 人；

二、各县参政会参政员额视各该县区域之大小、人口之多寡决定之，至少 35 人，至多 70 人；

三、各区参政会参政员额视各该区区域之大小、人口之多寡决定之，至少 15 人，至多 25 人。

第三章　组　织

第六条　苏南行政区设立苏南行政区参政会，各县设立县参政会，各区设立区参政会。

第七条　各级参政会设立议长 1 人，副议长 1 人或 2 人，由全体参政员大会推选之，主持参政会一切工作。

第八条　各级参政会于大会休会期间设驻会委员会，驻会委员由全体参政员大会推选之，在大会休会期间处理会日常事务及参政大会移交案件。驻会委员会名额如下：

一、苏南行政区驻会委员 6 人至 9 人；

二、各县参政会驻会委员 3 人至 6 人；

三、各区参政会不设驻会委员；

四、正副议长为当然驻会参政员。

第九条　各级参政会开会时设立秘书处、提案审查委员会及各科专门委员会，分别执行工作。其组织办法另订之。

第四章　职权与义务

第十条　各级参政会之职权如下：

一、有讨论并通过各同级政府提出施政方针及施政计划之权；

二、有听取各同级政府工作报告及提出询问之权；

三、有批评各同级政府一切设施之权；

四、有审查各同级政府经费预决算之权；

五、对改善人民生活及应兴应革事项有积极建议之权；

六、有筹备各同级参政会之权；

七、有向人民宣传解释政府施政方针、各种政策及特殊设施之义务；

八、有发动并团结全体人民共同抗战之义务。

第十一条　驻会委员会之职权如下：

一、得派代表参加各同级政府行政会议；

二、督促并检查各同级政府对参政员大会决议之执行及执行程度；

三、得随时向各同级政府建议与批评；

四、对现任之行政人员之贪污、舞弊、渎职、违法行为有检举、弹劾之权。

第五章　会　议

第十二条　各级参政会会期规定如下：

一、苏南行政区参政员大会每年开会 1 次；

二、各县参政员大会每半年开会 1 次；

三、各区参政员大会每三个月开会 1 次；

四、各级参政会驻会委员会会期另订之。

第十三条　各级参政会遇有下列情形之一者得召集临时参政会大会：

一、各同级政府请求并经驻会委员会决议者；

二、经全体参政员 1/3 以上之请求者；

三、经全体抗日人民 1/10 以上之请求者；

四、经驻会委员会之决议得上级参政机关之同意者。

第十四条　各级参政会全体参政员大会及驻会委员会均以出席 2/3 以上之参政员方能开会，讨论提案时以到会 1/3 以上赞成方能通过。

第十五条　各级参政会开会时各同级行政军事首长均得列席，有发言权和表决权。

第十六条　各级参政员在会议中之言论对外不负责任。

第六章　任　期

第十七条　各级参政会为临时民意机关，俟民选参议会正式产生后即行结束。

第十八条　各级参政会成立后，应协同各同级政府及抗日民众团体筹备各级参议会。筹备期间暂规定如下：

一、苏南行政区以 1 年为限；

二、各县以 1 年为限；

三、各区以半年为限。

第十九条　各级参议会筹备时期，如遇特殊情况须延长者得延长参政会之时间。

第七章　经　费

第二十条　各级参政员均为无给职，在开大会时，得视路程远近酌给车马费。

第二十一条　正副议长、驻会委员得视各地经费实际情形及生活程度，酌给津贴费。

第二十二条　各级参政员大会及驻会委员会经费，筹备委员会及驻会委员会分别编造预算，提交参政员大会通过，交由各同级政府发付之。

第八章　附　则

第二十三条　本条例由苏南区行政公署以命令颁布之。

第二十四条　本条例如有未尽事宜须经苏南区参政会讨论交苏南行政公署以命令修改之。

第二十五条　本条例自公布之日施行。

选自《苏南抗日根据地》，中共党史资料出版社 1987 年 9 月版，第 265～269 页。中共浙江省委党史工作委员会、江苏省档案馆编。原注：“据江苏省档案馆所存档案”。

7. 苏南区行政公署暂行组织法

1943 年 5 月 1 日公布

第一章　总　则

第一条　为加强并统一苏南区行政领导，增进行政效率，推行抗战法令，实现民主政治，巩固与建设抗日民主根据地，特设立苏南区行政委员会。

第二条　本行政区管辖范围：包括旧吴县、武进、无锡、江阴、常熟、太仓、昆山、丹阳、镇江、金坛、句容、江宁全部，溧阳、溧水、宜兴、高淳、芜湖、宣城、当涂县之一部。

第二章　组　织

第三条　行政区之最高权力机关为行政区参议会。

第四条　行政区最高权力之执行机关为行政区行政委员会。

第五条　行政区行政委员会设正、副主任各一人，委员 13 人至 21 人，由行政区参议会选举之（在参议会未召集前暂由各县县长联席会议推选之）。

第六条　行政委员会设立政务机关，称行政公署。

第七条　行政公署下设秘书、民政、财经、文教四处及一法院、一公安局。

第八条　秘书长、各处处长及法院院长、公安局局长，由行政委员会推定之，行政委员会委员得兼任各处、院、局长。

第九条　行政公署按事务需要得聘任顾问、参议、咨议若干人，以资正副主任之咨询。

第十条　行政公署根据目前苏南敌后斗争形势及精兵简政政策，内部组织以精干为原则，各处、院、局视事务之繁简由各处、院、局长提出、经行政委员会通过后得分科办事，各科设科长一人、科员若干人，秉承长官之命办理各科事务，各处院局于必要时经行政委员会通过后得设立各种专门委员会。

第十一条　行政公署为便利管辖各县政务，得酌量情形委派专员代表行政公署管理两县至六县工作。

第三章　职　权

第十二条　行政公署得根据行政委员会决议，对本行政区颁布命令及制定各种单行法规条例。

第十三条　正、副主任对行政委员会负责总理计划、指导、检查、考察全区政务及行政人员之任免。

第十四条　秘书长秉承正、副主任之命掌理下例事项：

一、关于全区设施计划之草拟事项；

二、关于机要事项；

三、关于综合文件事项；

四、关于典守印信及收发文件事项；

五、关于会计庶务事项；

六、关于警卫事项；

七、关于调查统计事项；

八、关于其他不属各处、院、局事项。

第十五条　民政处处长秉承正、副主任之命掌理下例事项：

一、关于户籍土地管理事项；

二、关于民生改善及社会救济事项；

三、关于禁烟禁毒及卫生行政事项；

四、关于战时动员及优抗抚恤事项；

五、关于租佃劳资纠纷之处理事项；

六、关于选举及行政区域划分事项；

七、关于婚姻登记事项；

八、关于各级行政人员升迁调补考核事项；

九、其他有关民政事项。

第十六条　财经处处长秉承正、副主任之命掌理下例事项：

一、关于财政预决算之编制及审核事项；

二、关于赋税征收事项；

三、关于公粮征收之计划、收集、保管、运输、支付事项；

四、关于经费签发、现金保管及全区收支之会计事项；

五、关于公债募集及还本付息事项；

六、关于公学款产之管理经营事项；

七、关于地方财政之监督指导事项；

八、关于调剂金融、管理贸易及查禁敌伪币事项；

九、关于水利、合作、生产建设及民食管理调剂事项；

十、其他有关财经事项。

第十七条　文教处处长秉承正、副主任之命掌理下例事项：

一、关于学校教育事项；

二、关于社会教育事项；

三、关于干部教育事项；

四、关于文化事业之提倡管理及学术奖励事项；

五、关于抗战宣传及敌伪奴化教育之取缔事项；

六、关于教科书及一般出版物编审事项；

七、关于师资培养及地方教育之辅导事项；

八、关于地方抗战事迹及民情风俗采集编纂事项；

九、关于教育专款之筹措支付事项；

十、其他有关文化教育事项。

第十八条　公安局局长在正、副主任指导之下掌理下例事项：

一、关于防奸、防谍、防匪事项；

二、关于维持社会秩序事项；

三、关于保障民权事项；

四、关于刑事检查事项；

五、其他有关公安事项。

第十九条　法院院长在正、副主任指导之下掌理下例事项：

一、关于保障民权事项；

二、关于保障国家法令之执行事项；

三、关于审判民刑上诉案件事项；

四、关于司法人员之考核事项；

五、关于巡回法庭之组织事项；

六、关于第一审司法案件之考察事项；

七、关于已决徒刑犯人之劳动感化事项。

第四章　任期与会议

第二十条　正、副主任及行政委员任期两年，期满由行政区参议会改选之，连选得连任。

第二十一条　行政委员会每月举行会议一次，由正、副主任召集之，非委员之秘书长、处长、院长、局长，首席顾问、首席参议、首席咨议得列席会议。

第二十二条　行政公署署务会议每半月举行一次，各处、院、局长出席，由正、副主任召集之。

第二十三条　各处、院、局会议每周一次，科长以上出席，由处、院，局长自行召集之。

第五章　附　则

第二十四条　本组织法如有未尽事宜得经行政委员会之提出，经行政区参议会之通过修正之。

第二十五条　本组织法由行政公署公布施行。

选自《苏南抗日根据地》，中共党史资料出版社 1987 年 9 月版，第 273～277 页。中共浙江省委党史工作委员会、江苏省档案馆编。原注："据江苏省档案馆所存档案"。

8. 附：回忆苏南各县县长联席会议及其他有关的情况

欧阳惠林①

1985 年 3 月

苏南各县县长联席会议，在苏南敌后抗日民主政权建设史上是一次重要的历史性会议。为使大家了解这次会议的重要意义，我想分以下几点加以叙述。

一、苏南各县县长联席会议前的苏南敌后抗日民主政权建设的发展历程

1938 年 5 月新四军进入苏南敌后，我们成立了统一战线性质的各界抗敌自卫委员会（皖南宣、当、芜地区称抗战动员委员会），但没有立即建立党领导下的抗日民主政权。当时，苏南社会秩序极度混乱，新四军的首要任务，着重于广泛地开展游击战争，从军事上打击日寇，镇压汉奸，剿除那些勾结日伪，残害人民的土匪武装，恢复社会秩序，安定地方，并积极发动群众，组织群众，武装群众，参加抗日斗争。那时，抗战初期，处在日寇战略进攻阶段，国共两党刚重新合作，关系尚好，我们没有建立党领导下的抗日民主政权，而主要的是恢复原乡、保组织，争取原乡、保长，参加抗战工作。我们还让国民党江南行署派出县长在我军解放的地区内重建国民党的县、区政府，并给以各方协助，仁至义尽，原冀推动国民党的进步，与我党亲密合作、团结抗战。

但是，国民党派出的县区长在敌后根本不以民族国家利益为重、爱护人民、加强国共合作，相反的与人民对立，大肆进行反共活动，处处破坏团结抗战。随着抗战进入战略相持阶段，日寇占领武汉后，由军事进攻为主的方针，转而采取以政治诱降为主的方针。国民党适应日寇的需要，1939 年 1 月召开国民党五届五中全会，确定政策重点从对外转为对内，制定了一整套反动的"溶共""防共""限共""反共"的具体政策，先后颁发了《限制异党活动办法》、《沦陷区防范共党活动办法》等反动文件。自此以后，苏南国民党军队和在敌后的国民党县长、区长的反共活动变本加厉，不断制造磨（摩）擦事件，逮捕、残杀新四军指战员和我地方民运工作同志，策动反动刀会暴乱、派遣部队投降，进行反共活动，以至公开的武装进攻新四军，时局迅速逆转，投降、分裂、倒退的危机，日益严重。当时，苏南敌后出现的这种种反共反人民的严重现象，乃是全国反共高潮的一个组成部分，是国民党准备投降的重要步骤。为了坚持抗战，反对投降；坚持团结，反对分裂；坚持进步，反对倒退。中共中央于 1939 年"七七"抗战两周年发表了宣言，1940 年 1 月 28 日发出了《克服投降危险力争时局好转》的指示。1940 年 2 月 1 日，中共中央又作出《关于目前时局与党

---

① 1943 年 3 月 18 日召开苏南各县县长联席会议，通过《苏南施政纲领》宣布成立苏南区行公署，江渭清为主任，欧阳惠林任秘书长。

的今后任务的决定》，明确提出要巩固与扩大各个抗日根据地，在这些根据地上建设完全民选的没有任何投降反共分子参加的抗日民主政权。接着，1940 年 3 月 6 日，中共中央又发出《抗日根据地的政权问题》的指示，进一步强调建立、巩固与发展敌后抗日民主政权，作为强固抗日进步势力，抵抗投降倒退势力，力争时局好转，克服时局逆转的重要任务之一。指出“国民党反共顽固派极力反对我们在华北、华中等地建立抗日民主政权，而我们则必须建立这种政权”。这种抗日民主政权，必须实行三三制的原则，就是说要“根据抗日民族统一战线政权的原则，在人员分配上，应规定共产党员占 1/3，非党的左派，进步分子占 1/3，不左不右的中间分子占 1/3。”“必须保证共产党员在政权中占领导地位”。

1940 年 4 月，苏皖区党委和新四军江南指挥部召开了联席会议，着重讨论了党中央上述的决定、指示。在联席会议通过的《为坚持江南敌后抗战之政治纲领》中提出了：“实现敌后抗日民主政权”和“拥护宪政运动，实现民选政府与地方自治。”虽然，我们在建立敌后抗日民主政权的认识上前进了一大步，但是，我们对于建立这种政权的重要意义和提法上还是不够明确的，主要是我们在思想上存在某些顾虑，以为苏南紧靠国民党后方第三战区，顽强我弱，耽（担）心影响与恶化国共两党关系。因此，联席会议结束后，在实际工作中，我们没有及时从上而下建立党领导下的县以上抗日民主政权，打出抗日民主县政府的旗帜。只是把原来各地抗敌自卫委员会改成为几个县联合的抗敌总会，或者成立这种几个县联合的抗敌总会，作为控制政权性质的领导机构，代行县政府的职能。但是，群众看待这种抗敌总会，还是“不正规”的，不能算是正式的政府。那时，我们只能在我军控制区内成立区以下各级抗日民主政权，委派出我们的区长、乡长，把基层政权转到我党领导下和进步分子手中。

苏南敌后县以上各级抗日民主政府的建立，是在 1941 年 1 月皖南事变以后。皖南事变后，我们对国民党顽固派采取了政治上、军事上的全面反击。1941 年 1 月 22 日，江南人民抗日救国军（后改编为新四军第六师）政治部发布命令：决定在苏南敌后从上而下成立江南行政委员会、专员公署、县各级抗日民主政府。首先在京沪铁路以北的东路地区各地成立了专员公署和县政府，委派我们的专员、县长。抗日民主政府实行三三制原则，吸收非党人士参加。其条件：（1）不与敌伪勾结；（2）拥护抗日民主，不反共；（3）接受共产党领导。同年 3 月 15 日，江南行政委员会筹备委员会在东路地区召开了会议，确定将苏南全区划分六个行政专员公署，其在京沪铁路以北的有四个，京沪铁路以南的有两个：即在茅山、江句地区为第五行政专员公署，在太滆、长滆、两溧地区的为第六行政专员公署，均于同年 6 月 15 日同时成立。由于同年 7 月 1 日，日寇汪伪宣布在东路地区清乡，随后，新四军第六师师部及十八旅部队奉命渡江，转移到苏中地区，京沪铁路以北的四个行政专员公署地区划归苏中管辖，实际上在苏南敌后，只剩下京沪铁路以南的第五、第六两个行政专员公署。同年 9 月，第五行政专员巫恒通被俘，英勇就义，接着中共路西北特委书记陈洪负伤被俘。11 月华中局批准将路西北特委与苏皖特委合并，并将路西南特委西部的溧水、溧阳、金坛三县委划入成立新的苏皖特委，将五、六两个行政专员公署合并改称苏南行政专员公署，成为苏南抗日民主政权的最高领导机构，归苏皖特委领导。1942 年 5 月，苏皖区党委决定撤销苏皖特委，将其原属敌后茅山地区的各县成立茅山地委和原属国民党统治区的组织成立广郎中心县委外，其余溧水、溧阳、江宁、横山四县直接由苏皖区党委领导；原太滆特委（亦称路西南特委）辖区不变，改称为太滆地委。经过这次组织辖区的调整后，苏南行政专员公署只保留一个名义，对外号召，发布政令，实际上专员公署办事机构已被撤销，专员朱春苑调到华中局党校学习。各县县政府的工作领导分别由所属地委负责。溧水、溧阳、江宁、横山四县政府则由苏皖区党委直接领导。同时，苏皖区党委决定，成立苏南财经处，作为苏皖区党委主管财经工作的业务部门，由苏皖区党委直接领导，负责苏南全区财经工作，保证军队的供给。

以上是苏南敌后抗日民主政权建立及其简要的发展历程。

二、苏南各县县长联席会议情况及召开前后的苏南斗争形势

1942 年初，刘少奇同志在华中局第一次扩大会议上做的工作总结报告中，曾提出“继续坚持华中敌后抗战，完全巩固各根据地，加强与聚集力量，以便在适当时机反攻敌人，争取中国抗战的最后胜利与中国人民的彻底解放”的总方针、总任务和九项具体措施。其主要中心是加强军事工作和放手发动群众，大力巩固和深入华中抗日根据地的建设。为了大力巩固和深入建设苏南敌后抗日根据地，苏皖区党委根据华中局第一次扩大会议的精神，结合苏南实际情况，强调了要放手发动群众，实行减租减息，确立基本群众的优势，大力巩固与发展抗日武装力量，加强民主建政工作，改造基层政权，建立县区两级参议会，扩大抗日统一战线等等决策。那时，苏南敌后环境仍然紧张，敌顽我三角斗争错综复杂，地区被分割，环境不稳定，各地工作发展不平衡的种种原因，因此，苏皖区党委在 1942 年 5 月调整组织辖区，撤销苏皖特委时，没有考虑到公开宣布撤销苏南行政专员公署，另行成立苏南区行政公署（原在东路地区成立的江南行政委员会，因清乡已无形解体），而是仍然保留苏南行政专员公署名称，采取名存实亡的办法，做（作）为当时苏南敌后抗日民主政权的最高领导机构，以待将来适当时机，条件成熟，再行成立苏南区行政公署。

1942 年，仍然是苏南敌后斗争紧张、尖锐、复杂的一年，也是我苏南抗日根据地进一步恢复、巩固与继续发展的一年。经过这一年的斗争，我们向西恢复了横山地区，向北恢复了上党地区，向东重新打开了太湖地区局面，并相继成立了横山、上党、太湖等地县一级抗日民主政权。同时，我们加强了边区工作和敌伪军工作，向敌后之敌后进军，也取得较好的进展，活动地区扩大了，两溧地区已成为苏南敌后一个比较稳定的后方基地，苏南的领导机构一年多来一直驻在这个地方。当时，苏北地区的发展任务基本上已经完成，主力部队已发展到相当数量，人民的人力财力物力的负担已达到一定的饱和状态，其主要任务应是以深入巩固根据地的建设为主。加之，日寇加强对盐阜地区的大扫荡和积极准备在苏中地区清乡，整个苏北地区斗争形势转趋严重，主力部队需要适当分散，而苏南地区又有较好的空隙，因此，新四军军部决定，苏中主力一部分渡江南下，同时，也是为今后向东南沿海敌后发展作（做）好准备。

1943 年初，新四军第一师二旅奉命由苏中地区转移来苏南，与十六旅合编。随后，一师教导队、苏中党训班、一旅教导队和三旅教导队相继由苏中渡江南来，连同十六旅教导队在溧水地区合编成立“抗大”第九分校（对外称特务团），大大增加了苏南抗日武装力量，提高了干部群众对坚持苏南敌后抗战，争取最后胜利的信心。为了适应新的形势需要，全面地进行苏南抗日根据地的政权建设，加强敌后抗日民主政权工作，统一行政领导，以利于坚持敌后长期抗战，准备反攻力量，经苏皖区党委研究，认为需要成立苏南区

行政公署作为苏南敌后抗日民主政权的最高领导机构，曾经报请华中局并得到批准。鉴于苏南位于长江以南，紧靠南京，是华中根据地的南翼，敌顽夹击形势严重，斗争尖锐，处境孤悬，必须贯彻“精兵简政”原则，苏南区行政公署与苏皖区党委实行机构合一，即一套班子，两块招牌，行政公署正副主任由苏皖区党委正副书记兼任，其他各处、局长亦由苏皖区党委和十六旅的有关部门负责干部兼任，这一建议，也得到华中局批复同意。

采用什么方式产生组成苏南区行政公署及其委员会？原拟召开苏南各界人士代表会议产生，但是，当时正值日伪军在苏南敌后分区进行轮流大扫荡，并宣布在茅山地区东部与太滆地区北部开始清乡，同时，南边国民党顽固派亦积极从其后方的皖南浙西抽调主力，增兵苏南，扬言要进攻我溧水中心区，形势比较紧张。我们考虑：由各县通过民主协商方式推选各界代表，手续繁琐，时间来不及，如果不召开会议产生，就宣布成立苏南区行政公署，手续亦不够完善。于是，决定召开各县县长联席会议，通过总结两年来苏南敌后抗日民主政权建设的经验，确定今后如何进一步加强与巩固抗日民主政权建设问题，选举产生苏南区行政委员会。

苏南各县县长联席会议，于1943年3月18日在深水小蒋家小学里召开。我们选择这一天，是因为3月18日是巴黎公社纪念日，同时紧接着苏皖区党委扩大会议之后进行的。小蒋家小学，当时四周没有民房，是孤立的一座两进的平房。平房前进，进大门左手一间是教室，右手一间是休息室兼宿舍，后进为并排两间教室，一排玻璃窗，光线明亮。苏南各县县长联席会议是在左手一间教室里召开的。这次会议，名为苏南各县县长联席会议，实际上只有京沪铁路以南各县抗日民主政府的县长参加，京沪铁路以北的地区，当时已划归苏中领导，没有人来参加。即使是京沪铁路以南各县，也没有全部到齐，如太滆地区的武南、锡宜武、太湖三个单位都因日伪军扫荡、清乡，滆湖、长荡湖东西交通被阻而未能来出席。现时回忆，记得当年出席会议的人员，各县县长有：溧水曹明梁、溧阳陈练异、金坛薛斌（副县长）、句容凌康、镇句洪天寿、镇丹包建华、丹阳马玉亭、茅东徐公鲁、横山童超（副主任）、江宁陆纲（县委书记、县长为钟国楚兼）和吴仲超、李坚真、樊玉琳、李建模、陈立平、欧阳惠林、蒋铁如、樊绪经以及有关干部20余人。苏皖区党委书记兼十六旅政委江渭清出席了会议。会议由苏皖区党委副书记邓仲铭（邓振询）主持。会议开始由茅山保安司令樊玉琳作了题为《苏南敌后抗日民主政权建设》的报告。然后到会同志就樊玉琳的报告和苏皖区党委提出的《苏南施政纲领》、《苏南区行政公署暂行组织法》（草案）进行了讨论。会议一致同意樊玉琳所做的报告，完全拥护苏皖区党委提出的《苏南施政纲领》并在今后工作中坚决贯彻执行。会议还原则通过了《苏南区行政公署暂行组织法》（草案），决定成立苏南区行政公署。这个暂行组织法由将成立的苏南区行政公署修订后公布。最后，会议推选出江渭清、邓仲铭、王必成、吴仲超、魏天禄、李坚真、欧阳惠林、朱春苑、樊玉琳、李建模、张之宜、诸葛慎、蒋铁如13人为行政委员，江渭清为主任，邓仲铭为副主任，组织苏南区行政公署，不再另设立各分区的行政专员公署，行政公署直接领导各县的工作。

苏南各县县长联席会议后，根据会议通过的《苏南区行政公署暂行组织法》的规定和实行“精兵简政”原则，组成了苏南区行政公署，确定先设立四处一局，各处、局长由苏皖区党委和十六旅有关部门负责人兼任，其秘书长兼文教处长欧阳惠林，民政处长朱春苑，财经处长李建模兼，副处长为樊绪经，公安局长张雍耿兼。《苏南区行政公署暂行组织法》经过修改后于1943年6月1日公布。

三、三点情况的解答

1. 关于《苏南敌后抗日民主政权的建设》的报告由樊玉琳做的问题，这个报告是在邓仲铭主持下讨论，要我参加执笔而最后由邓仲铭定稿的。原定由邓仲铭作报告，但他坚决不肯，认为由地方干部出面做报告为好，当时苏南行政专员朱春苑不在苏南，被调往淮南华中局党校参加整风学习，遂决定改由樊玉琳做。虽然樊玉琳当时不是专员而是茅山保安司令，但是他是地方干部，新四军进入苏南敌后，就在党领导下的镇句丹金四县抗敌总会做政权工作。他在地方干部和社会人士中影响较大，由他代表做报告比较合适。

2. 关于樊玉琳做的《苏南敌后抗日民主政权的建设》的报告中，有关苏南敌后抗日民主政权建设几个时期的划分，与我1982年10月21日在新四军和华中抗日根据地研究会召开的镇江年会上的发言：《苏南敌后抗日民主政权建设概述》一文中对时期划分，有些不同的问题。樊玉琳的报告中，将苏南敌后抗日民主政权的建设分为三个时期：即“第一时期，1938年6月到1940年5月；第二时期，1940年5月到1941年5月；第三时期，1941年5月到1943年3月”。在我的发言中，是把“从1938年5月新四军进入苏南敌后到1940年3月为第一个时期。”“从1940年3月到1941年1月为第二个时期。”“从1941年1月到1943年3月为第三个时期”。“从1943年3月到1945年10月为第四个时期”。我把它划分为四个时期，除了把苏南各县县长联席会议以后增加为第四个时期以外，至于前三个时期的划分，每个时期在年月起迄方面略有不同。这是因为樊玉琳的报告，阐述苏南敌后抗日民主政权建设的范围，只限于京沪铁路以南的地区。而我的发言中，是就整个苏南包括京沪铁路以北的地区在内的敌后抗日民主政权建设范围而言的。京沪铁路以北东路地区专署、县两级抗日民主政府，是在皖南事变后1941年1月就开始建立的。而京沪铁路以南的地区建立专署、县两级抗日民主政府的时间则推迟到1941年5月。所以，我是以前者1941年1月作为第二、第三两个时期划分的年月起迄的界限；而樊玉琳报告则是以后者即1941年5月作为第二、第三两个时期划分的年月起迄的界限。另外，我的发言中，把第一第二两个时期划分年月起迄，是以1940年3月苏皖区党委与新四军江南指挥部党委联席会议颁发《为坚持江南敌后抗战之政治纲领》，提出“实现敌后抗日民主政权”作为年月起迄的界限，而樊玉琳报告则是以1940年5月国民党镇江、句容等县政府被挤走，我们将四县抗敌总会代行县政府职能作为年月起迄的界限。所以，我们在起迄年月时间上略有不同。这仅仅是技术上的差别，而无本质的不同。就整个苏南范围而言，我认为我在发言中所划分的四个时期还是比较适宜的。

3. 关于《苏南施政纲领》中，有一段话称：“中国共产党苏皖区党委特于苏南区行政公署改选之际……向我苏南全体人民提出如下之施政纲领”的问题。苏南各县县长联席会议前，苏南并没有成立苏南区行政公署，为什么在《苏南施政纲领》中称为改选之际？这是因为在皖南事变以后，1941年4月1日，我们在东路地区曾成立江南行政委员会，作为当时苏南敌后抗日民主政权的最高领导机构，下辖六个行政专员公署（其中四个在京沪铁路以北，两个在京沪铁路以南），后因日伪清乡，六师师部和十八旅部队奉命转移到苏中地区，京沪铁路以北地区划归苏中领导，江南行政委员会亦随之结束。苏皖区党委在向苏南各县县长联席会议提出的《苏南施政纲领》中所称的“苏南区行政公署改选”，主要是为了表示这次新成立苏南区行政公署是继承江南行政委员会为第二届政府（当时全国各战略区的政权，统一称行政公署）。基于上述的同样原因，在1943年5月1日颁布的《苏南区行政公署暂行组织法》中第二节也写有：“本行政区管辖范围：包括吴县、武进、无锡、江阴、常熟、太仓、昆山……”在内之字样，实际上当时苏南区行政公署管辖京沪铁路以南的苏南敌后地区。到1943年10月以后，我们向南发展，苏南区行政公署还包括有皖南之广德、朗溪和浙西之长兴在内。

1985年3月

选自《苏南抗日根据地》，中共党史资料出版社1987年9月版，第496～505页。中共浙江省委党史工作委员会、江苏省档案馆编。

9. 苏中区党委关于建立党对政府的正确领导及积极改造政权的决定

1943年6月15日

党必须掌握和领导政权，改造政权，建设象（像）样的民主政府，这是全党的任务。

列宁曾教导我们：一切革命的基本问题，就是政权问题。这就是说，我们革命政党和革命人民的基本目的，就在夺取政权、掌握政权，使政权为我们服务，作为我们打倒敌人建设新社会的武器。我们有政权，革命就可以成功；我们如没有政权，革命就不会成功，因此，我党必须掌握政权、领导政权。掌握政权不只是掌握旧政权，而是打破旧政权的机构，以适应一定团□[①]新的政治要求。苏中抗日民主政权区以下的机构尚未普遍彻底进行民主改造，而各级政府尚未能成为象（像）样的民主政府，为完成华中局所给予我苏中党的任务，削弱封建势力在政治上的优势，把工农及进步的民主势力提高到统治地位，改造政权以建立象（像）样的民主政府。区党委除以前指示外，特作如下决定：

一、建立党对政府的正确领导

在苏中根据地中，各级党委对其同级政府一般的已实行了领导，在地委以上，党对政府的领导关系是比较正确的。但在县区级党对政府的领导，还存在不正常现象或发生偏向：主要是党包办代替政府的工作，使政府无权，威信不高；偶尔还有不注意对政府的领导，听其自然的现象。而党政不分，军政不分的情形，在党统一领导后，尤其严重的存在着，甚至发展着。党为建立对政府的正确领导必须做到：

1. 政府中的党团和党员应无条件的坚决服从和执行党和同级党委的政策、决定和指示。而党委对其同级政府的领导，则是通过政府中之党团或政府中的党员（无党团者）。党在形式上、组织上不能直接命令政府，指挥政府。政府之服从与接受同级党委的领导是通过政府中的党团或党员来实现的，不是政府直接接受党委的领导。

① 原文如此。

2. 党委对政府党团或党员的正确领导是政策上、政治方针上、原则上的领导，不是事无巨细，必须经过党委，特别不是事事包办代替，只有党委而无政府，使政府毫无权力的事务主义的领导。政府除通过党团或党员接受党的政策上、原则上的、大的方向上的领导外，有其独立的组织系统和独立的工作。以为党统一领导核心建立后，一切推诿于党委和核心，失去独立工作是不正确的。但政府中的党团或党员，如在原则、方针、政策上不通过党委或不能保证党的路线、政策和决定在政府中实行更是极端错误的。

3. 党的政治路线、政策和主张，在政府中或民意机关中的执行和实现，是经过政府中的党团或党员，把党的路线、政策和主张用民主的方式提交政府委员会或参议（政）会中讨论、通过，变成政府或民意机关的决议和法令，使其付之实行。党团或党员必须普遍深入耐心的说服政府中或民意机关中的非党人士，赞成和通过党的政策、决定和主张。党的领导是靠党的主张的正确和党团或党员的宣传和说服，而不是依赖任何压制和违反民主的活动。如果党的路线、政策、决定和指示，经过党团和党员的再三说服和解释，尽了一切民主的努力，在政府或民意机关中都未能争取到大多数，未能予以民主的通过时，党应绝对服从政府的或民意机关中的民主决议，坚决拥护和执行，不能以党的权力任意加以改变或否认。这是建立像样的民主政府主要条件。

4. 区委书记兼区长或下级政府对上级政府有关行政工作上的请示，应直接向政府或行政负责人请示，不应向党委或党的负责人请示，以致使党委或党的负责人包办一切，而行政和行政负责人无事可做，威信建立不起来，甚至士绅人民公开向党委、党的负责人请示和接洽，而不找政府和行政负责人，这种不正常的现象必须纠正。

5. 党委关于政府的决定必须由政府正式公布或以命令行文。党委不能直接命令下级政府或以党的通知代替之，致造成党政不分现象（军队亦同）。

6. 政府中工作之党员，如党须加以调动、撤换时，必须由党委决定后，经政府中工作的党员以行政人员的资格向政府辞职，政府批准或由政府直接以命令执行之。党委不能直接以党的命令，不通过政府任意调动之。

7. 党委应加强对政府中工作之党员干部的领导和教育。党委尤应注意党对政府正确领导和党与政府工作关系的建立，经常进行检查教育，随时纠正偏向和错误。

8. 政府中党员或党团对党委不正确的领导，如代替包办或不予领导等现象，应向党委提出建议和批评，但不得藉口拒绝党委之正确领导和决定之执行。

9. 党委对政府的法令和决议应号召和领导党员热烈的拥护和坚决的执行，党员在服从政府法令、遵守政府的决议上应做人民的模范。

10. 党员犯罪时，无论是在政府中工作的党员或一般党员均应服从政府依法办理。不妥当时，党委可向政府提出意见和批评，但不得包庇护短，不让政府依法处理，或发生党外严、党内宽的错误现象。

二、改造政权问题

1. 党对改造政权的认识：

各级党、特别是县、区、乡级的党，对改造政权的认识有很多不正确的地方：如认为在反清剿、反清乡环境中，基层政权不能改造，以为改造后使被改造的乡保长会背我向敌，甚至投敌，影响坚持；或认为改造的条件不具备而机械的等待条件；或者认为现在的乡保长还好，不必加以改造。因为对彻底改造政权的认识不够，所以迟疑不决，不能坚决的进行改造，一年多来没有完成华中局给予我们的任务，这是主要的原因之一。

经过这次四分区，特别是南通反清乡斗争的检验，证明我们决心大胆的大量改造政权，不但不会使被撤换改造了的乡保长叛我投敌，影响我坚持，而且使他们更加依靠我们，对我们坚持对敌斗争，在反清乡斗争中起了极大的作用。因此，各分区、各县为加强我坚持斗争的有利条件，争取反清乡斗争的胜利，在今后必须经常的、大胆的决心有计划的改造基层政权。但同时必须适当的运用策略，采取一定的步骤，防止因改造基层政权而造成乡保长的恐慌与消极怠工不利的情形。

2. 改造基层政权的办法：

苏中行政公署在改造乡镇政权的指示信中指出四种方式，我们再从改造的意义上和方法的不同上，特指示三种办法以为补充：

（一）机构的改造即从基层政权的组织机构上加以改造，这就是说把过去建立在个人负责的乡、保、甲制度改造为民主的乡政府制。这包括行政公署指示信中前三项的办法，即①正规民主新乡制；②半正规的民主新乡制；③组织临时的乡镇政府。

（二）人事的改造，即撤换贪污腐化和落后不求进步的旧乡保长，委任或民选新的进步的乡保长或加派副乡长等。

（三）加强训练乡保长、从思想上、政治上改造他们。这在过去的苏中以及最近的南通县政府均做出极大的和显著的成绩。各县区应争取时间，加紧对现有乡保长的政治及思想的教育，办三天到五天的短期训练班，讲课内容主要为：①坚持斗争的问题；②乡保长的职责；③乡级党政军民的正确关系；④各种重要政策，如锄奸、土地等政策。

3. 在改造政权工作中，支部的领导及工作：

无论实行哪一种方式的改造基层政权，除非那个乡没有党的支部组织，如有支部的话，则决定的作用是在支部的领导和工作。所以关于支部在改造乡政权中的领导和工作特指示如下：

（一）支部应作具体周密的调查研究工作。如客观的环境和困难，封建势力或其他党派的力量，我主观力量，党、农抗会及谁占优势的问题，群众的意见，群众领袖等。如系民选则应调查民选的条件，确定宣传动员口号，选举时间，有无竞选，哪些人竞选等。

（二）支部应具体讨论改造政权的问题，确定改造的计划，无论是实行正规的民主选举或其他改造办法，支部对政权的改造都要具体加以讨论。如是否要改造？如何改造？提出什么改造动员的口号？提出什么人或哪些人做选举人？如何布置？如何从组织上保证改造的胜利？如何领导会议等？

（三）支部在改造政权以前，要整理组织。如支部进行审查党员，清洗不良分子，吸收些好的成分，健全会议制度，加强党的教育等。支部整理完后，并须整理农抗会及民兵等组织，以巩固组织，检阅和整齐我们的力量和阵容，对党员和我党所领导的群众来讲，是一次很好的教育。

（四）支部确定政治宣传动员的口号和办法，深入而普遍的进行动员。首先是党内动员，又分干部动员（如支部小组长等）和一般党员的动员。其次是群众动员，如有组织的群众动员，农抗会、民兵等的动员，行政的动员。通过行政系统进行动员等，能开保公民大会的可以开保公民大会，小乡应开乡公民大会的争取开公民大会（须视情况决定之）。

（五）改造政权中的组织工作，组织公民或人民的讨论。如系民选则先组织区乡选举委员会，组织公民小组，经过组织选举代表，选举乡政府和各种委员会。特别是选举前有计划的发展党，使党在各个角落里均普遍的有组织。行政上，选举区以居民 60 人划一区，即以我党的组织为依据，保证每 60 人中最好都有我们的党员，以便在选举代表时可以选出我党党员，以从组织上保证选举的完全胜利，这是决定选举胜败的最主要一环。

（六）在我党占优势地区，保证一定选举我党党员为代表；在我党势力薄弱的地方，保证能争取进步人士当选，孤立封建势力，以保证选举的胜利。

（七）在竞选中，我党提出之候选人，为了提高其威信，使能在选举中得到胜利，可用候选人之名义进行一些改善人民生活之活动。如救济春荒、生产建设、灭蝗、减租等等。候选人皆应踊跃参加，以博得广大群众之拥护。

（八）为使民主教育更加深刻，在选举过程中的民主教育是非常必要的。如选代表、选主任代表、预选及正式选举等等，都是最生动、最具体的民主教育机会。支部应抓紧这些机会很好的领导和进行事前事后的教育，防止和克服包办，压迫人家等不民主现象。

（九）支部必须经过组织，动员全支部都积极活动起来，不要只是几个干部忙。并通过多种组织，如农抗、民兵、行政等动员会员和人民，以造成热烈的民主运动。

（十）支部须开四次支部大会：

1. 讨论改造的计划，具体布置工作；
2. 预选前；
3. 正式选举前；
4. 选举总结经验。

（十一）在基层政权改造后，党应领导建立各种民主会议制度，养成民主作风，以高度发挥民主精神。

（十二）公民小组的活动问题，我们的材料和经验很少，只能提出一面由小组长传达政府的法令和决定，向居民宣传解释和执行的范围；一面反映或代表人民向政府提出建议或批评。

各级党委接此决定后，应具体讨论，切实执行，随时将具体经验报告区党委，以便总结为要。

选自《苏中抗日根据地》，中共党史资料出版社 1990 年 4 月版，第 220～226 页。中共江苏省委党史工作委员会、江苏省档案馆合编。原注："据江苏省档案馆所存档案"。

10. 苏中行政公署组织法

1944 年

第一章 总 则

第一条 为加强并统一苏中区行政领导，增进行政效率，推行抗战法令，实现民主政治，巩固抗日民主根据地，特设立苏中区行政公署。

第二章　组　织

第二条　行政公署为全苏中政务机关，应受苏中参议会之监督。

第三条　行政公署为委员制，以行政公署委员会行使职权，设委员 21 人～31 人，候补委员 5 人～7 人，组织行政委员会，由苏中参议会全体参议员大会选举之。行政公署设正副主任各一人，由苏中参议会在委员中选举之。

第四条　行政公署正副主任为行政委员会正副主任。

第五条　行政公署设立下列各处院局：

一、秘书处

二、行政处

三、财政处

四、文教处

五、高等法院

六、法制委员会

七、公安局

第六条　行政公署于必要时，经行政委员会通过，得增设专管机关，或专门委员会，其主任委员由行政委员会委员或专家担任之，其下设委员 9 人～13 人，由行政会议决议，行政公署聘任之。

第七条　秘书处设秘书长一人，各处设处长一人，高等法院设院长一人，法制委员会设主任委员一人，公安局设局长一人，综理各处院局事务，于必要时，得设秘书、副处长、副院长、副主任委员，副局长佐理之。

第八条　秘书长、各处处长、高等法院院长、法制委员会主任委员，公安局局长，由行政委员会通过，行政公署任命之，行政委员会委员得兼任各处院局长。

第九条　行政公署按事务需要，得聘任顾问谘议若干人，以资正副主任咨询。

第十条　各处院局视事务之繁简，得设秘书 1 人～2 人，并分科办事，每科设科长一人，科员办事员各若干人，办理各科事务。

第十一条　行政公署为便利管辖各县政务，得根据实际情势，委派专员，设立专员公署，管理两县以上工作，其组织法另订之。

第三章　职　权

第十二条　行政公署受国民政府之管辖，综理全苏中之政务。

第十三条　行政公署对于苏中行政得颁发命令，单行法规，但关于增加人民负担，确立行政区域及重要行政设施，须经苏中参议会之核议或追认。

第十四条　行政公署对于所属各机关之命令或处分，认为有违背法令、逾越权限或其他不当情形时，得以命令停止或撤销之。

第十五条　行政公署之职权如下：

一、执行国民政府委托事项；

二、执行苏中参议会之决议案；

三、全苏中民主选举工作；

四、办理本法第13条第14条规定事项；
五、通过全苏中行政经费预决算；
六、任免县长以上一级行政人员；
七、训练教育与奖惩所属行政干部；
八、改善人民生活及调整业佃劳资关系；
九、筹划地方公营事业及合作事业；
十、关于苏中行政实施或变更事项；
十一、关于重要案犯处决事项；
十二、总结各项行政工作向上级报告；
十三、其他经行政委员会讨论决议之事宜。

第十六条　行政公署主任之职权如下：
一、对内为行政委员会主席，对外为行政公署首长；
二、负责执行上级命令与苏中参议会之决议；
三、召集行政委员会并代表行政公署执行其决议；
四、领导与督促全苏中行政机关切实执行政务；
五、定期向行政委员会苏中参议会及上级报告工作；
六、处理行政公署日常工作与紧急措施。

第十七条　行政公署副主任佐理主任执行一切职务，主任因公外出或因故不能执行职务时，由副主任代理职务，正副主任都因故不能执行职务时，由行政委员互推一人代理之。

第十八条　各处院局长秉承正副主任之命办理各该处院局一切事务。

第十九条　秘书处之职务如下：
一、综核与草拟文件；
二、典守印信及机要文件；
三、管理行政公署决议之通知与记录；
四、办理各种统计图表与报告事宜；
五、领导分配缮写校对印刷与收发文件；
六、管理教育工作人员与杂务人员；
七、主持行政公署内部会议事宜；
八、登记行政公署各处院局职员之进退及办理考绩事宜；
九、其他不属于各处院局之事宜。

第二十条　民政处之职务如下：
一、举办民主建设工作；
二、领导与推行各分区县行政工作；
三、考核奖惩分区县区各级行政人员；
四、办理户籍清查统计及婚姻登记；
五、改善人民生活实行减租减息增加工资及调整劳资业佃关系；
六、严禁烟毒，设立戒烟机关，取缔烟民及贩烟犯；

七、赈灾抚恤优抗及其他社会救济事宜；
八、整饬民风礼俗；
九、关于卫生行政与公共医疗设施事宜；
十、关于土地行政事宜；
十一、关于行政区域划分变更事宜；
十二、举办民众团体登记；
十三、关于其他民政事宜。
第二十一条　财政处之职务如下：
一、举办生产建设，繁荣农村经济；
二、研究改良农作物、家畜、家禽以增进农业生产；
三、兴办农村于工业、小规模手工业；
四、举办水利，兴修堤坝，疏导河沟，提防水灾；
五、编造全苏中行政经费预决算；
六、办理收支、会计、保管粮赋及其他捐税征收事宜；
七、办理土地田亩调查登记及契据征验事宜；
八、保管公产学产逆产及分配应用；
九、调整企业，查禁伪币；
十、调节粮食，严禁偷运资敌；
十一、控制物资，管理进出口贸易；
十二、筹设公营事业，组织与领导合作事业；
十三、发放农贷，提高农业产量；
十四、关于其他财政事宜。
第二十二条　文教处之职务如下：
一、掌理学校教育与社会教育之行政事宜；
二、管理指导文化教育学术机关团体；
三、编审教科书，补充教材与出版图书；
四、抗敌宣传及取缔敌伪奴化教育；
五、检定师资，培养师资及辅导地方教育；
六、保管地方古物名胜；
七、采集编纂抗建事迹及民情风俗，改良风俗习惯，提倡新道德；
八、管理图书馆及公共体育场娱乐场所；
九、管理教育款产，编造全苏中教育经费预决算；
十、其他文化教育事宜。
第二十三条　高等法院之职务如下：
一、掌理司法行政事宜；
二、拟定单行民刑法规；
三、审查各级民刑案件之处理；
四、受理民刑第三审案件，公审案件；

五、管理与教育罪犯及劳役；

六、领导各分区司法工作，组织巡回法庭；

七、保障人民合法之权益；

八、取缔讼棍，举办律师登记；

九、惩治贪官污吏、渎职枉法，以清吏治；

十、其他有关司法事宜。

第二十四条　法制委员会之职务如下：

一、拟订单行法规；

二、审核行政公署所属各级政府之单行法规；

三、解释所属各级政府对于行政公署所订单行法规之质疑；

四、编印政府公报与单行法规；

五、其他有关法制事宜。

第二十五条　公安局之职务如下：

一、侦察缉捕汉奸、敌探、托匪、土匪、特工之破坏活动；

二、搜集敌伪情报与通报；

三、办理汉奸、敌探、托匪、土匪、特工等自新工作；

四、开展人民锄奸运动，组织锄奸工作；

五、审查干部及一切工作人员，提防奸徒破坏刺探；

六、管理司法机关委托侦察案情，逮逋（捕）人犯；

七、保卫治安、维持地方秩序；

八、办理违警事宜；

九、其他有关公安事宜。

第二十六条　各处院局办事细则另订之。

第四章　任期与会议

第二十七条　行政公署正副主任，行政委员会委员，候补委员任期为 2 年，期满依法选举之，连选及［得］连任。

第二十八条　行政公署正副主任或行政委员会委员、候补委员有渎职枉法行为，经苏中参议会参议员 2/3 或人民 1/20 检举，得由苏中参议会多数参议罢免之。

第二十九条　被罢免之正副主任或行政委员候补委员应由苏中参议会于一个月内正式改选之。

第三十条　行政委员会每月开会一次，由正副主任召集之，开会时行政委员不得派代表出席、至非委员之秘书长、各处处长、副处长、院长、副院长、法委会正副主任委员、公安局长、副局长，得列席会议。

第三十一条　行政公署署务会议，每半月开会一次，由正副主任召集之，秘书长各处院局正副处院局长，法委会正副主任委员出席，科长以上人员得列席会议。

第三十二条　各处院局法委会每周开会一次，科长以上出席与议。

第三十三条　各县县长行政会议每年召开一次。

第三十四条　本法所规定各种会议期间，在必要时得临时召集之，或因工作需要，得不定期召开专门会议。

第五章　经　费

第三十五条　行政委员会委员及各委员会委员除脱离生产专任行政工作者为有给职外，余为义务职，在开会期间得酌发车马费。

第三十六条　行政公署经费由财政处编造预算提交行政委员会通过支付之。

第六章　附　则

第三十七条　本法如有未尽事宜得随时命令修正之。

第三十八条　本法自公布之日施行。

选自《苏中抗日根据地》，中共党史资料出版社 1990 年 4 月版，第 339～345 页。中共江苏省委党史工作委员会、江苏省档案馆合编。原注："原载 1944 年 11 月刊印的《苏中行政公署法令汇编》"。

11. 苏南行政区农民救国会组织条例

1944 年 2 月 15 日公布

第一条　以组织团结农民，提高农民政治地位，保障农民利益，改善农民生活，增加生产，积极参加抗战与民主建设为宗旨，制订本条例。

第二条　凡赞成第一条之宗旨而具有左列条件之一，不分性别、年龄、党派、信仰，按自愿原则均可参加农民救国会（以下简称农救）为正式会员：

一、耕种他人之田地者；

二、自耕自种者；

三、出卖劳力帮人耕种者；

四、部分自耕部分雇人耕种者；

五、从事农民解放事业者。

第三条　会员享有如下之权利：

一、有选举权、被选举权、发言权、表决权、弹劾权、罢免权；

二、享受本会所办各项与农民有益之事业优先权；

三、享有政府贷款救济之优先权；

四、有向本会请求帮助解决困难之权。

第四条　会员应尽如下之义务：

一、宣传本会宗旨，发展会员；

二、参加会议生活，缴纳会费；

三、服从会规，执行决议；

四、积极生产，增厚国力。

第五条　农救会以民主集中制为原则，会员大会或代表大会为最高权力机关，闭幕时为各级农救会执行委员会。

第六条　农救会组织系统，县农救会——区农救会——乡农救会——保（村）农救会。

第七条　保（村）农救会为基本组织单位，凡有会员 15 人即可成立，由会员大会选举 5 人至 7 人组织保（村）农救会执行委员会，会内设主任及组织、文化娱乐、生活改善、武装自卫等组，均由执委兼任，任期三个月。如会员过多时，保（村）农救会下可按地区及性别划分小组。

第八条　凡有三个以上保农救会，即可成立乡农救会；三个以上乡农救会即可成立区农救会；二个以上区农救会即可成立县农救会。

第九条　县区乡各级农救会由各级代表大会选举 7 人至 11 人组成。各级农救会执行委员会会内设正副主任务一人，及组织、文化娱乐、生活改善、武装自卫等科（股、组），均由执委兼任，任期半年至一年。

第十条　主任及各部门职权。

一、主任负责召集会议，计划督促检查全盘工作，并领导各部门处理日常工作；

二、副主任辅佐主任工作；

三、组织科（股、组）负责管理会员登记、干部配备、征收会费及有关组织方面各种事宜；

四、文化娱乐科（股、组）负责管理识字班、俱乐部、出版墙报，及有关宣传教育各种事宜；

五、生活改善科（股、组）负责管理计划，发展农村经济、生产合作社、借贷所及有关农民生活改善各种事宜；

六、武装自卫科（股、组）负责协助政府及自卫队进行人民抗日自卫工作。

第十一条　各级执行委员会委员，乡、保（村）以不脱离生产为原则，县区视工作之繁简规定脱离生产干部人数。

第十二条　保（村）农救会会员大会每月一次，乡代表大会三月一次，区代表大会半年一次，县代表大会一年一次，必要时得召集临时会员大会或代表大会。

第十三条　各级农救会执行委员会会议日期，由各级农救会执行委员会另订之。

第十四条　经费来源：

一、会员缴纳会费及特别捐；

二、热心农民运动者捐助；

三、政府补助。

第十五条　会员须遵守农救会纪律，服从政府法令，参加会议，缴纳会费，努力工作，执行农救会一切决议，如有违反上列纪律者，得视情节轻重予以批评、警告、开除会籍等处分。

第十六条　本条例自公布之日施行，如有未尽事宜得随时修正之。

选自《苏南抗日根据地》，中共党史资料出版社 1987 年 9 月版，第 329～331 页。中共浙江省委党史工作委员会、江苏省档案馆编。原注：“选自江苏人民出版社《新四军在茅山》”。

12. 浙东敌后临时行政委员会组织系统图（草案）

1944年1月

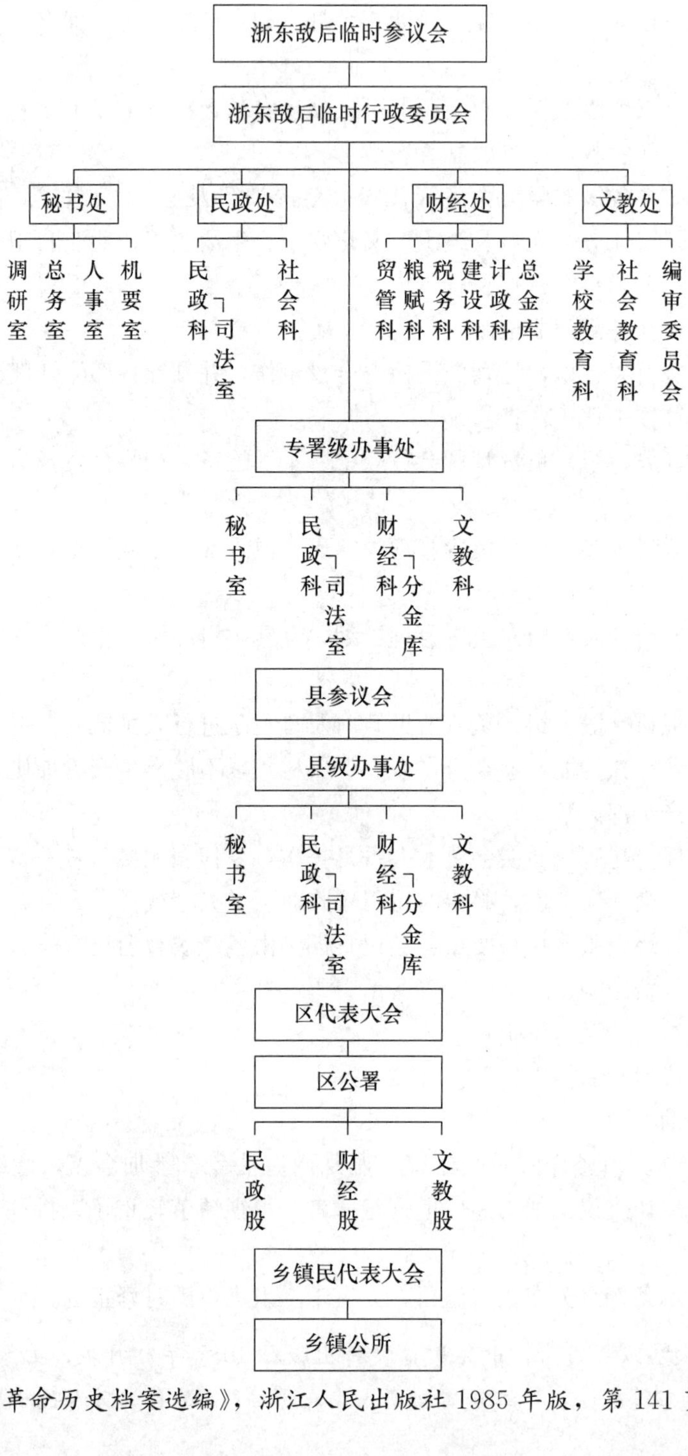

选自《浙江革命历史档案选编》，浙江人民出版社1985年版，第141页（原件为横排版，稍有变通）。

13. 连柏生在浙东行委扩大会议上的总结报告

1944 年 6 月 20 日

（一）行委会成立经过：

反顽战争第一阶段结束，在一月十五日成立行政委员会①，那时三北敌伪势力控制较强，活动地点限正在山区沿山一带，土顽宋庆云部相当活跃，当时同情我人士都以为我们站不住脚了，为我们可惜，顽固派暗暗庆幸，顽政［权］在敌伪据点附近秘密活动甚烈。在这时，我军正式宣布改为新四军，各县办事处已不适合于当讨环境，就一律改为行委会办事处。当时我们的方针可以分为二个阶段：

1. 集中力量争取南山自卫战争胜利。

2. 在前方战斗以后，方针为：巩固三北，坚持四明。

总的任务：建立抗日民主政权，掌握旧政权下层机构，控制乡保，坚持四明，争取自卫战争的胜利；在三北争取反敌伪斗争的胜利。

工作：

1. 颁布行委会施政纲领。

2. 建立区以上各级行政机构，南山建立姚慈虞办事处，三北建立慈镇姚虞办事处。前者为县级，后者为专署级。

3. 调整各乡镇保甲机构，订颁战时行政工作规约，工作人员守则。

4. 颁布一般法令——战时工作条例。

5. 健全交通工作。

6. 救挤贫民、抗属。

7. 统一财政收支，计划增加生产。

8. 结束三十二年下学期学校工作，准备三十三年度开学工作。

9. 组织各级参议会。

（二）半年来主要成绩及缺点：

成绩：

1. 建立了区以上的抗日民主政权机构。

2. 掌握了旧政权下层机构，建立了工作威信，奠定了新政权初步基础，限止了顽政权活动，打击了伪政权——在山北建立了十个区，在南山建立了十一个区（后减为七个区），在山北建立了三个县，在南山建立了四个县。当时顽政府拟来建立区署，我们不允许，没有成功。

3. 抢运伤兵，疏散物资，掩护工作人员，尤其是保证了党政军的给养，收到款项为三千三百六十七万零五百六十二元（一到五月份）。

4. 坚持了阵地，保存了干部。

---

① 浙东行政委员会成立于 1944 年 1 月 15 日。连柏生为行政委员会主任。

5. 团结了各阶层人士，照顾了各阶层利益，救济了灾民、难民。

6. 配合了军事斗争，恢复了慈镇地区的政权。

7. 建立了自卫武装。

为什么有这个成绩呢?

1. 有共产党的正确领导。

2. 执行了正确的政策：

①提出了“团结抗日，反对内战”的口号，以团结各阶层，唤起了他们的同情。

②财政政策上打击了部分敌伪的掠夺，进行了局部生产活动，减低了部分人民的负担。

3. 全体工作人员的艰苦奋斗，特别是南山罗白桦、严式轮、朱之光三同志，三北张光同志。

4. 由于军队的英勇战斗并配合。

5. 由于地方上有工作基础配合。

6. 由于各阶层人民的拥护。

7. 有办事处原来的工作基础。

8. 敌伪顽内部及相互的矛盾，给了我们坚持到胜利的客观条件。

缺点：

1. 威信还并不很高，［群众］认为比顽政权好，但他们正统观念还打不破。

2. 配合军队战斗的任务还不够。

3. 政治攻势上还不够广泛而深入。

4. 政策执行上还有缺点，对中间分子要求过高，方式方法上还有缺点，如象（像）对二六市镇长大量应付敌伪，要打击［而］不打击。

5. 可以改造的乡保长却没有改造。

6. 在锄奸政策上，在个别地区、时间还没有依照一定手续处置人犯。

7. 财政政策的执行上，各地区还有些一般化的毛病。

8. 团结抗战与民主工作还做得不够。

9. 对乡保人员之争取与运用不够。

10. 缺少调查研究，对各处情况了解不够。

造成缺点原因：

1. 不能很好依照计划工作。

2. 人员不健全，没有行政工作经验，事务主义，处理事情不冷静，不客观。

3. 对政策指导帮助不够。

4. 各方面不能有计划的配合。

5. 一般人民觉悟程度不够，部分人士对共产党政策还有点成见。

（三）经验教训：

1. 只有在共产党的领导计划之下，只有实行共产党的政策，一切抗战建国的大业才有胜利完成的保证。

2. 没有党政军民有力的配合，一切党政军民工作一定会遭到困难，做不好。

3. 必须根据各地具体情况，而改变组织形式，而随环境变化再为改换，而斗争方法仍需随时改变。

4. 没有深刻调查研究与对政策的了解，对工作上容易犯一般化或过“左”过右的毛病。

5. 一定地区、一定时间只能有一个中心，党政军民各工作都必须围绕在它的周围。

选自《浙江革命历史档案选编》，浙江人民出版社 1985 年 4 月版，第 206～209 页。杭州大学历史系、浙江省档案馆合编。

14. 附［报刊报道］：浙东敌后临时行政委员会扩大会圆满闭幕

1944 年 7 月 24 日《新浙东报》

本报讯：浙东敌后临时行政委员会扩大会于上月十五日正式开幕至二十五日圆满结束。

确定今后方针任务

大会详尽总结了半年来的施政工作，并确定今后行政工作的总方针为：继续团结浙东敌后一切抗日的各阶层人士各党派各团体坚持敌后的抗战，缩小敌伪区，巩固与扩大抗日游击根据地，并逐步的改造与加强原有区乡镇机构使之成为抗日的廉洁政府，并向建立各阶层各党派共同抗日的民主政府的目标而努力。根据这一总方针，大会确定今后具体任务是：

（一）摧毁一切坚决助敌破坏抗战之伪组织。

（二）一切政权机关必须战斗化，领导人民随时准备配合军队进行反“扫荡”反“清乡”斗争。

（三）经常进行广泛的深入的群众动员，加强人民抗日的政治的军事的教育，提高其抗日情绪，发展普遍的群众抗日武装斗争。

（四）逐步的加强与改造各地政府，使政府更进一步的与当地人民相结合。

（五）各级政府应注意优待抗日军人家属的工作并妥善规定荣誉军人的优待办法。

（六）继续保证抗日军队及各机关人员最低限度的物质给养，并尽可能做到人民公平合理负担的原则。

（七）积极准备组织领导今年的秋收运动，号召各阶层人民武装保卫秋收，发扬佃业双方互助互让团结对敌伪的精神，公平合理的解决业佃一切纠纷。

（八）号召人民努力开展生产运动，适当改善民众生活。

（九）开展反贪污反浪费斗争，提倡廉洁节约运动。

（十）在抗日民主前提下，保障人民言论集会结社出版之自由，保障各阶层人民之人权财权地权。

（十一）继续改善小学教育事业及教职员的生活，开展社会教育，使之适合于敌后抗战之需要。

行委会的成立经过

缘当去年十一月下旬浙东内战开始前后，由于友党军政当局一贯执行反共反人民错误政策，结果造成一部分旧政府的官员竟勾结敌伪，破坏我抗日军民的抗日活动，压榨人民，成为挑动内战的工具，致使敌伪便于乘机出扰“扫荡”、“蚕食”，长伪化势力，使我抗日地区陷入混乱状态，我军为坚持抗战，维持地方治安，安定民生，乃于民众要求与热望下，于本年一月十五日于南山茭湖地方正式宣布成立浙东敌后临时行政委员会，颁布临时施政纲领。根据浙东敌后抗日游击战争的军事条件，先后建立七个县级办事处，十七个区署，并在非常艰苦的环境之下继续维持抗日行政工作。

半年来的艰苦奋斗

半年来各地艰苦奋斗的工作情形，此次到会代表有详细报告。在四明方面，因国军节节进攻，战祸连绵五月有余，民众遭友军之迭次浩劫，其苦痛之深，诚属旷古未闻，我各地抗日政府在此艰苦境况中，仍本团结抗战之方针领导与动员广大民众坚持四明山抗战事业，半年多来，该地各界人士在国军反共反人民的刀枪面前，守正不阿，不论乡镇保长地方士绅，不论工农学商，除个别反共特工份（分）子死心塌地帮助反共内战或动摇投敌者外，均一致团结反对内战协助抗日军坚持抗战。如鄞奉县，在内战进入第二阶段时，敌伪乘机增筑了五个据点，并时刻出外骚扰，国军公开连（联）络伪十师进行“清剿”，家家户户不论男女老幼一概遭受软禁、保甲连坐，大小要道严行封锁、暗埋地雷，险要之处连绵建筑碉堡工事，并经常包围村庄抢劫勒索。我该地民众在倾家荡产之余，有遭受酷刑敲打达三十次以上者，有遭受无故逮捕惨杀者，妇女有被轮奸达十五次以上者，其数目已不能统计。而我民众并不因此而有移正义之心，反而进一步依靠我军及抗日政府，并予以各种有效援助。某地保长不顾危险通过重重封锁亲自送饭十七天，某士绅为呼吁团结遭受国军逮捕达四五次，反而更加坚强。某地某农民自动为我军救护伤兵，在火线上来去五六次，结果惨遭国军击毙。我当地政府工作人员为人民利益，誓死坚持原地斗争，克服一切困难，继续维持地方治安，为民牺牲者亦不下十数人。其中如章水区区长徐婴被国军逮捕后，临死前犹为民众抗争，梅园乡女乡长陈晓云亦遭受国军杀害。其他如李敏、袁春妍女士、严培远先生等均为抗日事业而流尽最后一滴血。在三北方面，敌伪亦乘内战之机，加紧“扫荡”、“蚕食”，逐步缩小我抗日地区，破坏我地方群众组织。但我抗日政府仍然进行对敌斗争。如余上办事处所辖地区在内战中敌伪增加了十个据点，步步深入我腹地，进行不定期的“扫荡”、“奔袭”、突然包围合击，以及利用一部分特工、流氓与投降敌寇后的旧政府及其党政人员对我根据地进行各种破坏，企图离间我军政与民众的亲密关系，我工作人员始终能继续坚持原地斗争，贯彻地方施政工作，终于在党政军民密切配合下，取得了逐步胜利，打击了伪化势力的伸长。该区我政府工作人员光荣牺牲者达十六人之多，乡镇长及农会干事殉职［者］共计十八人，先后遭敌逮捕者连民众共计一百二十八人。其中如王镇汉等受敌伪逮捕后犹顽强不屈痛骂汉奸无耻，就义时康（慷）慨激昂沿途对民众宣传、感动沦陷区人民，激起民族仇恨。又如中河兰塘两乡长亦先后惨遭不幸，光荣殉职。其他各县均在空前紧张环境中进行自己的工作。号召帮助人民［的］春耕生产、文化教育及反对敌伪的奴化政策等地方事业，博得广大人士的热烈同情与拥护。

半年来的主要成绩

总结我浙东敌后行委会在此半年中施政工作的主要成绩，在于坚持了浙东敌后的抗日阵地，限制并缩小了伪政权的活动，改造了一部分消极抗战的旧有腐败行政机构，团结了各阶层人士并一般的照顾了各阶层人士的利益，部分改善了民众的生活，协助军队，担负了后方的勤务工作（如交通、情报、担架、运输），保证了军队及各机关的给养。所以获得这些成绩的主要原因，乃由于行委会正确执行共产党抗日民族统一战线政策和党政军民的密切配合，以及我全体行政工作人员的不畏艰苦、卓绝英勇奋斗的结果。

检讨缺点　总结经验

大会对于半年来施政工作中的缺点，进行了严格的检讨与自我批评。大会指出由于浙东敌后地区斗争的紧张复杂性，及友党友军不断对我抗日人民的压迫摧残，致使各阶层人士还未能积极参加抗日行政工作，由于行委会成立时间不久及干部的缺乏，故今日行委会领导下之各级政府尚未能迅速成为各阶层各抗日党派的民主政府。在施政工作上尚存在着如下的几个主要缺点：

（一）广大各阶层人民的抗战民主力量还没有更广泛地动员起来。

（二）部分乡村级基层机构尚未健全改革，且尚有个别贪污等不良现象之存在。

（三）各级政府对周围具体情况的了解还不够。

最后连主席并总结半年来经验教训如下：

（一）只在（有）正确的执行共产党抗日民族统一战线团结民主的政策，一切抗战建国的工作任务，才有顺利开展胜利完成的保证。

（二）没有党政军民有力的配合，一切工作的进行及抗战的坚持是不可能的。

（三）必须根据各地的具体环境与形势，灵活运用政权的组织形式与坚持斗争的方式方法，政府的组织应随环境形势的变化而变化，工作才能做得好。

（四）没有深刻的调查研究工作，就不能有正确的政策，没有正确的政策，就不能团结一切抗日力量坚持艰苦的敌后斗争。

（五）在一定地区一定时期内政府只能有一个工作中心，其他一切工作都要围绕着这一中心进行，才不使力量分散。

出席大会代表名单

此次会议出席者除行委会主席连柏生、委员兼文教处处长黄源、委员兼四明特派员罗白桦、委员张文碧、委员朱人俊及财经处副处长陆慕云、民财处副处长张志飞、秘书张蓬外，尚有宁奉县严式轮、宁慈县朱洪山、姚南县朱之光（陈科长代）、上虞县陈山、慈镇县戚铭渠、慈姚县吴建功、余上县张光七位县的主任，以及各单位列席代表等共计二十余人。会议开幕后第一天请谭政委报告目前政治形势，第二天至第五天由各县报告施政工作，第六天至第十天由连主席总结后继续展开检讨，并讨论关于秋收工作、自卫武装、乡村行政机构等问题多项（由大会讨论后再由行委会决定），末了布置今后工作，散会。

选自《浙江革命历史档案选编》，浙江人民出版社 1985 年 4 月版，第 220～225 页。杭州大学历史系、浙江省档案馆合编。原注：“原载 1944 年 7 月 24 日《新浙东报》”。

15. 浙东敌后临时行政委员会通令
（本会在《新浙东报》公布的法令布告均完全有效）①

1944 年 9 月 1 日

查新浙东报为浙东敌后唯一适应抗战需要之报纸，浙东书局为本会直接经营之浙东敌后唯一推行抗日出版事业之企业，对浙东敌后抗战之坚持，民主政治之推进，国民文化之提高，敌伪欺骗奴化宣传之打击，至为重要。凡我各地县办事处、区署及乡镇公所，统须加以重视，负责协助推广，按照下述办法，切实执行：

第一，本会各项法令布告等，在新浙东报上公布者，均完全有效。

第二，各区署应指派专员担任该区之浙东书局特约发行员，负责各该区之新浙东报及书局发行事宜。

第三，各乡镇公所应指定专员，担任该乡镇之浙东书局推销员，负责各该乡镇之新浙东报及书籍发行事宜，并指定乡丁一人，兼任发报工作。

第四，各保至少须推销新浙东报一份，各初级以上学校及较大之商号均须预定一份。

第五，各乡镇公所应负责在各该地区之市集、要道等处，张贴新浙东报每期至少五份。该项报费，准予在各乡镇事业费内支付报销。

第六，各地县办事处文教科长、督学、区署文教指导员，应负责经常督促上项工作，并协助解决各项困难。

除分令外合行通令各地县办事处区署及乡镇公所一体遵照办理为要。

此令

主席委员　连柏生
民政处长　罗白桦
文教处长　黄　源
中华民国三十三年九月一日

选自《浙江革命历史档案选编》，浙江人民出版社 1985 年 4 月版，第 283～284 页。杭州大学历史系、浙江省档案馆合编。原注：“原载 1944 年 9 月 4 日《新浙东报》”。

16. 连柏生在浙东临代会上的一年施政报告（摘要）

1945 年 1 月 22 日

浙东敌后临时各界代表大会第二日，临时行政委员会主席连柏生向大会作民国三十三年份施政工作报告。连主席于简略说明一年来国际、国内及浙东环境变化后，就详细叙述

① 副标题是编者所加。

浙东抗日政权建立经过：三十二年十一月浙东内战发生前后，浙东各县旧政府勾结敌伪，破坏抗战，挑动内战，敌伪则乘机扩张伪化势力，使我抗日地区沦入混乱状态。我军于民众要求与热望下，由三四五支队办事处会同各地各民众团体，于三十三年一月十五日，在四明山成立浙东敌后临时行政委员会，颁布临时施政纲领及抗战公约等草案，并着手建立区级以上的抗日的廉洁政府。于四明山的慈南、姚南、虞东地区成立姚慈虞办事处，下辖慈南、沿江、梁弄、大岚、虞东等五个区署、在鄞西地区成立鄞县办事处，下辖武陵、古林、章水、鄞江、栎社等五个区署，三北地区则于一月二十七日成立专署级的慈镇姚虞办事处，下辖庄市、庄桥、龙山、慈城、丈亭、浒山、中和、临山、马诸、崧厦等十个区署。

行政委员会成立不久，即移三北［办］公，对于四明地区两个县级办事处的领导颇感不便，因此于三月间建立了四明地区特派员办事处，并于特办之下重新建立姚南、鄞奉、上虞三个县级办事处。鄞奉办事处辖章水、鄞江、栎社、亭下四个区署：姚南办事处辖沿江、梁弄、大岚三个区署；上虞办事处辖虞东一个区署，而慈南、武陵、古林三个区署则由特办直接领导，其后成立鄞慈办事处管辖之。对于三北地区，因慈镇姚虞办事处干部太少，机构不够健全，同时因环境关系，十个区署的直接领导亦确有困难，因此，于四月间撤销慈镇姚虞办事处，而建立了慈镇、慈姚、余上三个县级办事处。慈镇办事处辖庄市、庄桥、沿山、龙山四个区署。慈姚办事处辖庵东、丈亭、浒山三个区署。余上办事处辖中和、临山、马渚、崧厦四个区署。新嵊地方，由于当地抗日军民之要求，于十一月间成立嵊新人民抗日自卫办事处。对于浦东会稽地区之正式行政机构成立较缓。今年一月初，浦东应军民请求，建立了淞沪专署，成立南汇、奉贤、川沙三县政府。至此，连主席总计行委会领导下行政机构称：

“现在我们有四个行政区（三北、四明、浦东、会稽），十四个县，四十四个区，三百七十二个乡，三千七百八十个保，人口二百二十八万八千九百二十人，面积一万一千五百另六万方公里。”

接着连主席着重指出一年来政府工作之方针与任务在于：团结浙东敌后各阶层人士、各党派、各团体，反对内战，坚持浙东敌后抗战，巩固与扩大抗日根据地，缩小敌伪区，逐渐改造现有的乡保机构，使其成为抗日廉洁政府，并向建立抗日民主政府的方向发展。“根据这一总的方针任务，一年来依据各时期的特点，组织与领导了反内战运动、宪政运动、春耕运动、保卫秋收运动及冬季三大运动（生产运动、冬学运动、民主运动）。”

继即报告关于民政、财政、文教三大工作状况。

首先，民政工作方面：动员与武装民众，对敌伪进行反蚕食、反维持、反应付的斗争，结果使根据地扩大了六十三个乡，使我占优势的基本地区之内、敌伪的“政令”已完全不能推行，大大削弱了游击区的伪化程度，伪政权政令的推行已经缩小到仅仅在其军事直接威胁的范围了。普遍实行二五减租，适当改善雇工生活，大大提高了农民抗日与生产的积极性。关于民主训练与实施，主要是反复地进行了抗战民主的教育，局部地调整了乡保行政人员，创建了新型的乡镇机构，使得“昔日萎靡不振、腐败无能、妥协动摇的乡镇公所一变而为朝气蓬勃、积极负责，坚决抗日的乡镇公所，”此外并举办民主实验乡，以为今后其他乡镇改造政权的示范，及筹备与召开此次浙东各界临时代表大会，奠定创造新民主主义新浙东的始基。

其次，财政方面：连主席指出，去年由于战争频繁，支出浩大，加上反动派与敌伪之封锁、破坏、抢劫、勒索，致人民经济与财政收入，陷入十分困难境地。我政府当即组织与领导人民反对敌伪与内战军负担，同时宣布旧政府所收的内河税、内河船捐、行会取缔税与应变费等十余种苛捐杂税，一律废除，确定新政府收入为粮赋、货物税、抗卫捐，并规定粮赋征收一年一度，对于赤贫、抗属及荒歉则予减免，并规定人民负担标准，最多不超过收入的百分之三十。我们所征货物税依据反封锁政策，按照货物性质或则免税、轻税或则禁止、重税，并坚持一物一税制度，港口收过后，在根据地内即可自由通行，不再重征。对于政府财政支出，为军事经费占百分之七十六，行政费占百分之十四·三，辅助费（文化经费、民运经费、工商借贷及救济）占百分之九·七，都用在抗战与地方福利事业，这与旧政府完全不同。但今年财政收入虽然完成，而因受法币伪币跌价影响，使收支不能平衡，而人民所受损失，更不可胜数。因此．连主席着重指出：今后必须发行本位币，稳定根据地金融，举办农贷与工商业贷款，发展生产；军队政府机关，亦须生产解决部分的供给，减轻人民一部分负担。

再次，文教方面：确定“社会教育重于学校教育，成人教育重于儿童教育，干部教育重于群众教育”的新方针，开办鲁迅学院，解决干部问题，成立社教队，改造民间艺人，推进社会教育，均有显著成绩。

最后，连主席讲述一年来各地艰苦奋斗的工作情形称：在四明地区因国军节节进攻，战祸连绵五月有余，民众遭国军之迭次浩劫，其苦痛之深，诚属旷古未闻。如鄞奉县在内战进入第二阶段时，敌伪乘机增筑了五个据点，并时刻出外骚扰，国军公开联络伪十师进行“清剿”，家家户户不论男女老幼一概遭受软禁，保甲连坐，大小要道严行封锁，暗埋地雷于险要之处，连乡建筑碉堡工事，并经常包围村庄，抢劫勒索。我该地民众于倾家荡产之余，有受酷刑敲打达三十次以上者，有遭受无故逮捕惨杀者，妇女有被轮奸十五次以上者，而我民众并不因此而有移正义之心，反而进一步与我新四军及新政府打成一片，并予以各种有效援助。某地保长不顾危险通过重重封锁，亲自送饭十七天；某士绅为呼吁团结遭受国军逮捕达四五次，反而更加坚强；某地某农民自动为我军救护伤兵，在火线上来去五六次，结果惨遭国军击毙。我当地新政府工作人员为人民利益，前后牺牲者亦不下数十人，其中如章水区区长徐婴被国军逮捕后，临死前犹为民众抗争；梅园乡女乡长陈晓云亦遭受国军杀害。其他如李敏、袁春妍女士、严培远先生等均为抗日事业而流尽最后一滴血。在三北方面，敌伪亦乘内战之机，加紧蚕食扫荡，逐步缩小我解放区，但我行政人员仍坚持原地斗争，如余上办事处所辖地区内，内．战中敌伪增加了十个据点，该区我新政府工作人员牺牲者达十六人之多。乡镇长及农会干事殉职者共计十八人，先后遭受逮捕者连民众共计为一百二十八人，又如：□塘、中河两乡长亦先后光荣殉职。秋收时期慈东地区敌人建筑飞机场，加强控制，据点林立如梅花桩，而我该地工作人员始终坚持不懈。

至此，连主席总结行委会一年中施政成绩说：一年来行委会首先领导了各级政府及敌后各阶层人民展开了对敌伪的尖锐斗争，对过去许多乡镇人员所采取的对敌伪妥协苟安应付的错误思想给予了纠正，坚定并提高其抗战的胜利信心与对敌斗争的积极性，行委会——各级政府采取了适应游击战争环境的工作方式，实行军事化、战斗化，在紧张的战斗环境中始终与人民在一起，领导人民进行坚壁清野反“扫荡”反清乡斗争，保卫人民生命财产，组织并扩大了人民抗日自卫武装，支持了新四军抗日与保卫人民利益的军事斗争，使其得到必要的粮食、物资、人员的补充及各项后方勤务工作上的援助，而取得了这一年来的对敌斗争胜利，阻止了敌伪扩大奴化伪化我地区的企图，并缩小了敌伪活动地区。其次，行委会在自己艰苦的环境中，对个别地区人民所受烧杀抢劫损失过重之处犹能及时进行了必要的救济及其他善后工作。个别地区在春耕中能适当解决了人民一部分生产上困难，进行了春耕借贷，发展了人民合作事业，部分的完成了帮助人民解决生活困难改善人民生活的任务。最后，一年来行委会及其他各级政府，随时随地虚心地征求着地方人士意见，热忱的聘请各界热心的抗日人士共同来担负政府的工作。在各种会议上发扬了有话必说、大胆发言的民主精神。在行委会管辖地区，只要不违背抗日利益，人民的言论，集会，结社，出版自由是完全有保障的。

然而行委会这一年来工作中，也还存在着不少缺点，在广大人民中抗战的动员以及深入普遍的抗战教育方面，在领导人民武装阻止破坏敌伪的蚕食与其加于人民的各种压榨，减轻人民负担，改善人民生活方面都还做得很不够。行委会对其所属各部门、各级政府各乡镇机构在政治上与实际工作上的领导与检查督促、具体帮助还很薄弱。在一般行政人员与下层财经工作人员的工作作风上，还残存着部分的脱离群众的官僚主义作风。各级参议会与各级行政机构之民主化的建设至今还未能按照预定计划顺利的进行。显然的，行委会工作离开理想还很远。产生这些缺点的原因，除了主观上缺乏经验、干部不够之外，更重要的则是客观环境与时间的限制（内战达半年之久）。至此，连主席结语：“希望到会代表对政府的施政工作多多讨论和批评。”

选自《浙东抗日根据地》，中共党史资料出版社 1987 年 6 月版，第 133～137 页。中共浙江省委党史资料征集研究委员会、浙江省档案馆编。原注：“原载 1945 年 1 月 26 日《新浙东报》”。

17. 谭启龙在浙东临代会上的演说[①]

1945 年 1 月 24 日

各位先生，各位代表，各位同志：

大会已经开了三天。这次大会到会代表虽然人数不多，但从地区上说，包括了全浙东，四明，三北，金萧，鄞奉沿海，浦东，宁波；从政治上说，有共产党员，有国民党员，有其他党派和无党无派的人士，从阶级上说，有工人代表，有农民代表，有地主等各阶层的地方人士。在今天这样的环境下，各位代表从不同的地区，不同的政治信仰，不同的环境，不同的阶层，大家不避严寒，不辞劳苦，不怕艰难危险，冲过了敌人的封锁线，

① 1945 年 1 月 21—30 日，召开浙东各界临时代表会，谭启龙代表中共浙东区党委在会上做了演说，连柏生做了一年施政报告，大会通过《浙东地区施政纲领》以及临时参议会与各级政府组织法、惩治汉奸条例、惩治贪污条例等。

通过反动派统治的地区，从四面八方赶来开会，我们大家的目的都只有一个，就是要求得抗战胜利，要赶走日本帝国主义，建设三民主义的新浙东，新中国。因为大家的共同敌人，是德、日等法西斯，尤其是日本帝国主义，它威胁着我们全民族的生存。因此，我们必须首先赶走日本帝国主义者。我们的目的不仅赶走日本帝国主义，而且还要建立一个真正名符（副）其实的民族独立，民权自由，民生幸福的新中国。

自从敌寇侵入浙东，我大块土地沦入敌手以来，已经将近四年了。我各阶层人民不但在敌人控制下，不断的遭受到抢掠、烧杀、奸淫的痛苦，而且在一年前，还遭受到国民党反动派制造内战的灾难。无论在会稽，在四明，人民都普遍遭受到严重的浩劫。由于新四军指战员的英勇作战，由于我们大家共同努力的结果，终于粉碎了敌伪疯狂的"扫荡"、"蚕食"、伪化的企图，打破了国民党反动派大军的围剿，保卫了这块土地，建立起抗日民主根据地，使祖国的大旗仍飘扬于敌后，使数百万同胞已从水火中拯救出来，开始呼吸到自由民主的新鲜空气，使我们今天在这里能够举行这大会，我个人感到非常兴奋。可是我们应该知道，今天能得开这样的会，我们是花了许多代价的。几年来，在艰苦斗争的过程中，我们牺牲了许多共产党员，及部队团级干部以下的同志，地方上无数热血的青年，受压迫，受拘捕，受刑戮，有的现在还在大后方坐集中营，坐牢监；地方上的人士也不断的遭受惨杀、威胁及逮捕。如果没有大家共同的努力，今天我们要开这样的会是不可能的。我们应该感谢他们，向他们致敬。我首先代表浙东共产党，代表我们的全体同志，向残废的军人，地方上奋斗的人士，以及远道来此开会的各位先生致以热烈的革命的敬礼，并庆祝大会的成功！庆祝新浙东的诞生！

今天我准备向各位讲三个问题：第一，浙东共产党奋斗的经过，以及我们在过去究竟为人民做了些什么？第二，目前时局及今后浙东敌后的斗争形势。第三，浙东党与各阶层人民今后应该做些什么？怎样做？

第一，浙江共产党，它同全中国共产党一样，自产生到现在已有二十几年了。在这个斗争过程中间，为达到建立真正的民族独立，民权自由，民生幸福的新中国的这一个目的，我们浙江党曾经参加了一九二五年到一九二七年的大革命，与国民党共同进行过胜利的北伐。我党的领袖之一——周恩来同志就是浙东人，在大革命时，他是军队的党代表和黄埔军校的政治部主任。后来因蒋介石及国民党反动派实行"清党"，许多党员遭受了惨杀与压迫以至于牺牲，党被迫在浙闽赣边进行了艰苦的十年斗争。在这十年中，我们执行的政策，并未超过孙中山先生的革命三民主义的范围，博得大多数人民的拥护。这些人民至今仍以最大希望寄托在我们身上。"七七"抗战开始以后，浙东党坚决执行了我党中央的抗日民族统一战线政策。为了团结合作抗战，我们把军队集中，听从政府的指挥，离开了这些地区，开到南京、芜湖、无锡、上海一带坚持抗日斗争，建立江南抗日的根据地。现在坚持苏中敌后抗战的新四军一师师长粟裕同志，就是当时党和军队的领导人。我们留在浙江党的领导者刘英同志，在抗战初期，曾同黄主席建立了很好的关系，在抗日民族统一战线的基础上，展开了当时浙江蓬勃的抗日群众运动，到处人民起来为保卫自己的家乡而参加各方面的工作。今天在座的各位先生中，如吴山民先生，郭静唐先生在那时期，就是和我们共产党人共同工作的。但是，到了一九三八年，特别是一九四〇年以后，由于全国形势逆转，由于亲日派的积极活动，浙江当局执行了反动政策，使这一个团结抗战的群众抗日运动遭受了严重的摧残。在我党的帮助下建立起来的政工队，兵工厂，防御工事，都给反动派摧毁掉了。九年来，我们的党员在国民党反动派的压迫下，遭受到严重的摧残，党的领袖刘英同志遭受反动派惨杀，我们的共产党员以及许多热血救国的地方进步人士，抗日爱国的进步青年，备受逮捕，惨杀，驱逐。一直到今天国民党的集中营里，还关着许多共产党员和爱国青年，他们都是为了要达到上面所说的建设新中国的目的而奋斗的，他们忍受了一切的压迫，尝遍了人间的苦味，甚至流尽了最后一滴血。自从敌人进占浙东后，党在反动派的限制下，在人家丢弃的土地上，动员群众，组织群众，武装群众，夺取敌人的武器来武装自己。三年来，我党不断在敌伪的“扫荡”、“蚕食”、“清乡”及国民党围剿进攻之下，处于一无武器，二无援助，三受人家压迫的条件下，顽强的进行了斗争，建立了今天这一支浙东人民的抗日武装——新四军浙东游击纵队。虽然它的力量还不够大，但这几年来，为了保卫地方保卫人民，曾尽了一部分责任。我们曾进行了多次艰苦战斗，解放了二万多平方公里的土地，抢救了二百万以上在敌伪势力范围内过着水深火热生活的人民，使他们在自由的土地上呼吸着新鲜的民主的空气。到现在已建立了大大小小的八九块抗日游击根据地，直接威胁绍兴、宁波、杭州、上海各大城市，对将来配合太平洋的盟军登陆有很大作用。我们在这些地区内，也进行了唤起民众，组织民众的工作，提高了他们抗战情绪与信心。组织了×万群众，×万人民抗日自卫队与民兵，他们都能拿起武器同敌人作斗争。我们在这些地区里，坚决执行了孙中山先生的三民主义。几年来虽然地方人士因为一方面对我们的认识和了解还不够，另一方面受了各方面压迫，还不敢大胆来参加我们的工作，但我们仍能和他们共同商讨，而且得到他们的帮助。我们执行了减租减息，又保证了交租交息，保护了农民的利益也保护了地主的利益，使各阶层人民都能过最低限度的生活。这一切我们虽不应说自己对中国抗战对浙东人民有贡献有功劳，但亦告无罪。我们看到今天许多人民还在受敌伪及反动派军队与政府之压迫，深感自己还没有对地方对人民尽到应尽的责任。就以现在我们的工作来说，我们也不应自满自足。我们深知自己还存在许多弱点与毛病。比如在对敌伪的斗争上讲，特别是去年自卫战争中，人民遭受敌伪多次的“扫荡”，受了大量的损失，我们还没有好好的尽到保障的责任，还没有能把广大的人民组织起来。我们部分党员及工作同志在执行我党的主张与各项具体政策方面，还不能切实地照顾到各阶层人民要求和利益。例如减租减息，有的减的太多，有的还未减过。今天的政权，也由于种种条件限制，没有做到应有的民主，使其发挥更大的作用。个别党员与政府工作人员或军队中同志，在工作方式方法上，在对付（待）地方人士的态度上，还缺乏民主精神与民主作风，缺乏同党外人士和衷共济亲密合作的精神。部队中尚有许多违犯群众纪律，强迫、打骂群众等现象，还不能虚心接受各界人士对我们的意见与要求。在我们各个机关中还存在着宗派主义的偏向。我们需要发扬自我批评精神，揭露自己的缺点，在广大人民监督下纠正自己缺点。但我必须向各位声明，我们浙东的党还年轻，我们党员大多数新从旧社会中出来，参加我们工作的时间还短。由于旧习惯，旧传统，旧生活的遗留，这些缺点一时还难完全消除，还需要长期的锻炼。不过我们的同志为国为民的心是赤诚的，他们对革命是热情的，虽然有弱点存在，在长期的斗争中，在党的教育下是能够克服的。这里希望各位代表各位先生一方面加以谅解，一方面能尽量本着毛泽东同志提出的“知无不言，言无不尽”的精神，尽量的提供意见，尽量的批评。我代表党欢迎各位的批评，因为只有在这样的批评下，我们党才能进步，如果不接受人民的批评，结果不免要同独裁的政党一样，要趋向死亡。同时希望各位了解我党的主张，研究我党的主张，把我们的利益与生活同我党的主张联系起来，善意的向我们提出改进的意见，帮助我们进步。其次，我们各级党的负责同志及政府工作的党员，应该进一步的研究党的政策，正确执行党的政策，发扬为人民大众工作的精神，多多反省自己的缺点，改造自己，尤应遵照毛泽东同志的指示："必须听从党外人士的意见，给别人以说话的机会，别人说得对的，我们应该欢迎，应该跟别人学习，别人说得不对的，也应该等别人说完后，慢慢加以解释，我们共产党决不可自以为是，盛气凌人，自己是什么都好，别人是什么都不好。"虚心地接受人家的意见，切实改进自己的缺点，纠正我们的毛病，切不可自以为是，自高自大。因为我们不是一个小团体小党派，而是有广大群众的政党。一个群众的政党，只有在与其他党派及无党派人士团结一致：和衷共济，亲密合作，互相帮助，互相推动，党才会有力量，脱离了群众就无法生存。因此党在各方面的工作，都应遵守这原则。这就是我要向各位讲的第一个问题。

第二，目前时局及今后浙东敌后的斗争。这次大会开幕，正值国际国内与浙东的斗争环境在极大的变化中，在欧洲反法西斯战争已到了最高阶段，也就是最后胜利的阶段。东线苏联红军已把德寇完全驱逐出国境，并解放了芬兰、罗马尼亚、保加利亚、南斯拉夫、波兰、匈牙利、捷克等国的全部或一部分，现正在联合这些解放国家，向德国本土及其最后一个盟国——奥地利，进行最后的胜利攻势。西线英美盟军自去年六月开辟第二战场后，由于法国人民及法国解放军的配合，解放了法、比、荷这些国家，最近从西方深入德国本土——莱茵区之工业中心，并击退了德寇的反攻。现在东西盟军均在德国本土上进行胜利的最后攻击，以彻底摧毁法西斯统治。据一般观察家估计，可能很快攻到柏林。德国内部人民反希特勒斗争，德寇奴役下的人民反德游击战争，以及各解放国内反法西斯的民主运动正如怒潮般的开展着，罗马尼亚、芬兰、匈牙利、保加利亚、波兰、南斯拉夫以及意大利，建立了民主斗争阵线，法国也正在建立民主政权。苏、美、英之间的团结合作，是在继续进步中，虽然他们在对付各解放国的内政问题上，尚存在某些不同的意见，但均不致影响共同争取战争胜利与战后合作之大势，大部分问题均已在反对法西斯与民主的立场上获得了解决，新的三国元首会议，不久将可举行，这次新的会议在人类历史上将有新的决定。全世界民主阵线，以苏联为首是更形扩大了。法、苏已签订了二十年的和平友好协定。因此我们可以看到，欧洲反法西斯斗争将如毛泽东同志在"一九四五年的任务"一文中所说："打倒希特勒今年就可实观。而国际新民主主义运动更已成为不可动摇的发展趋向。"

在远东，美军在太平洋的防御转入反攻以来，取得了许多重大的胜利，其攻势现仍在继续加强。最近美军在吕宋岛大举登陆，冲破了日本海军的最后防线，也切断了日本的海上交通线。盟军距离我国海岸仅七百里了，尼米兹将军"打到中国海岸"的日子将要实现。美国飞机亦大举出动，轰炸敌国本土及我沿海一带工业中心及交通线，破坏敌人的后方。英国亦已加强远东的兵力，最近在缅甸阿拉干登陆，印军亦在缅甸发动攻势。这说明了英、美盟军已逐渐迫近了我国的沿海，登陆作战已为期不远，反攻日本正在加速进行。在日本方面，由于德寇的败北、海上战争之失利、海上交通线的被切断和本土遭受轰炸、国内经济危机的加深、人民反战运动的发展，使日寇临到最后的危机。去年以来，虽然在中国正面战场上取得了局部的胜利，但没有改变其失败的形势。日本帝国主义还是要挣扎，为了挽救其危机，它已经打通了从东京到新加坡的大陆交通线。毛泽东同志在“一九四五年的任务”中指出：日寇有继续向西北西南进攻的可能，目前它正在积极调整部队，准备这一攻势。贵州、柳州敌人的撤退，并非表示它已没有力量，而是表示它将准备新的进攻。在陇海线、平汉线，它正集中大批兵力准备向西安进攻。随着军事进攻，日寇正在施行其政治阴谋活动，叛将方先觉返渝，南京伪六中全会对重庆的宣言，声称南京、重庆间主义相同，反共一致。这一切都应引起我全国人民最大的警惕与注意。

目前我国抗战形势是处于两个极端相反的境况中；正面战场节节败退，沦陷区大大的扩大了，大后方的危机更形严重，敌人已打通长达六千里的大陆交通线，东南各省次第陷为敌后。半年来，失掉一百五十个城市，二十多处盟国飞机场，盟国舆论一致责备，财政恐慌，民生凋敝、民情激愤、民心惶惶，千百万人民无处藏身；各地土匪烽起，少则百余人，多则二万以上，这类土匪有坚持到十余年无法解决者；军队毫无斗志，遇敌即溃，因而使各方人士对国民党大感失望。这一切造成了敌人继续进攻的有利条件，拖长了抗战胜利的时间。造成这样严重危机的主因，是由于国民党统治者一贯进行反共、反人民、反民主，实行专制独裁政策的结果。

另一方面，在敌后的战场上，八路军、新四军，八年来（尤其是一九三八年武汉失守以后）在敌人三分之二侵华兵力的“扫荡”、“强化治安”、“高度清乡”、“三光政策”之下，在军队毫无补给，没有任何外援的条件下，不但胜利地坚持了斗争，而且建立了华北、华中、华南十余个抗日民主根据地，抗击了三分之二以上敌军及全部伪军，解放了九千万同胞。半年中军队由四十七万增至六十五万以上，民兵发展到二百五十万以上。敌后战场所以能够坚持发展并取得胜利，成为抗战胜利决定因素，主要的原因就是由于它坚决的执行了孙中山先生的革命三民主义，也就是新民主主义政治，及其各项民主政策，团结了敌后各界人士，高度发挥了人民的人力、物力、财力、智力的伟大的力量，就是执行了毛泽东同志的正确道路。

在我国内部方面，毛泽东同志在“一九四五年的任务”上（中）指出，是仍然处在不团结的状态，各界热烈希望的国共合作，但谈判至今仍然没有结果，一直到最近罗斯福代表赫尔利先生到延安，我们与赫尔利先生议定一个国共合作协定的草案（如何建立联合政府与联合统帅部问题），并派周恩来同志随赫尔利先生带到重庆，仍遭到蒋之拒绝。虽然谈判之门至今未闭，但如毛泽东同志所说的，单是谈判是不能解决问题的。中国今天抗战的力量被反动派制造分裂的情况，使中国目前时局形成这样显著的特点，就是一个法西斯化的中国与一个民主的中国明显的对立着。

国民党政府（法西斯化的重庆政府），虽还保持着传统的合法地位，但它正在向着腐化崩溃没落的道路上下降。在腐败无能的政府统治下，军队崩溃不堪，在国内外的军政威信已完全丧失。中国在国际上的地位一落千丈，军队由于不断的降敌、叛变，数字已降到不足二百万（连杂牌军在内），中央军的战斗力不断下降，甚至如胡宗南、汤恩伯等都说：国民党无能抗日，反共都无希望。弄得重庆及国民党统治地区人心惶惶，各界人士包括工商业界、大学教授，以及许多国民党员对蒋及国民党均感失望。各党派各阶层人士及青年学生的抗日民主运动正在迅速发展中。他们对国民党失望，把希望寄在共产党身上。如大后方的宪政座谈会，纪念鲁迅大会等都表示了学生、青年及全国人民要求民主、要求改组政府、改组统帅部的迫切愿望。国民党政府虽然换了几个人，但仍然坚持独裁的立场，固执其为人民所不满的一党专政及其失败主义的政策，拒绝了我党及全国人民的共同要求——改组政府及统帅部，组织联合政府、联合统帅部，以及一切有利于抗战团结民主的建议。在这样的情形下面，如果敌军一旦继续向西南西北进攻，必然有许多地方要继续沦陷，国民党将继续溃退，而且可能发生投降的危险。对于这种可能的情势，我国人民必须有清楚的认识，并且有高度的警惕。

另一方面，在中共领导下的敌后新生长的民主的新中国则正在上升着，它控制着中国的主要交通线及中心城市，拥有六十五万久经考验的正规军与游击队，九千万人口，二百五十余万民兵，在那里执行的政策，正是符合人民的愿望、人民的要求；那里所执行的政策，不仅为敌后人民所拥护，而且符合于全国人民及英、美盟国的要求，获得了全国人民与英、美盟国的同情与拥护。英、美政府与人民正把它作为反攻日寇的主要力量之一，全国人民亦在热望共产党出来挽救中华民族的新危机。因此共产党的威信在国际地位上也空前的提高了。这样的情形很明显的说明了目前中国人民需要民主，英、美人士也希望中国民主，中国如不民主，就不能阻止敌人的进攻、挽救目前的危机。这就是目前国内时局的主要特点。这一形势说明专制独裁中国一定走向没落，民主中国一定走向胜利，这是客观形势发展的必然趋势，任何人是不能阻断的。

在浙东方面，由于盟国军队在太平洋的胜利及其在中国海岸登陆的日期更形逼近，浙东地位日趋重要。因为浙东是处于东南沿海，而温州、象山港、杭州湾，则是盟军登陆作战的重要战略海岸。日本为了救死，必然要加强沿海的控制，以防盟军的登陆，因此，敌人从去年十一月以来，进占温州、福州、三门湾、象山港、龙山、澉浦、观海卫之控制即为其防止盟军登陆之重要步骤。今后敌人对沿海控制当更加强，甚至可能向浙赣内地发动新的进攻。而国民党第三战区由于仍执行重庆反共，反人民、反民主政策，各方面压制抗日运动，如会稽山地区临时参议会通过了反共“清剿”的决议案。由于国民党一贯执行这些政策，三战区军队的战斗力日趋下降，亦同其他战场一样毫无斗志。如日寇去年十月间进犯金衢、温州、福州，军队不但没有丝毫的抵抗，而且所经地区，抢劫一空，人民生活恶化，土匪烽起，军队忙于剿匪，愈剿愈多，如果敌人进攻，浙东沦陷区将会不断扩大。在这种情势下，我浙东地区人民的责任，将日益重大。东南半壁河山的抢救，有赖人民自己的努力。我们必须认清国民党的腐败无能，不能把中国之命运寄托在国民党身上，应当依靠人民自己掮负起挽救东南半壁河山与解放数千万同胞，抢救中华民国之光荣责任。由于浙东地区战略重要性的增加，我们今后各方面对敌斗争将日趋尖锐，敌伪在军事上对我三北四明等地之“扫荡”、“清乡”、“蚕食”将更加紧，敌人在沿海之兵力可能增加。在政治上将更采取怀柔政策，欺骗麻痹，挑拨离间，威胁利诱等办法来破坏我抗日阵营；经济上敌人将更加强对我之封锁、抢劫、烧杀等破坏政策，文化上更要实行奴化伪化教育。敌人对我采取军事、政治、经济、文化各方面的进攻，我们必须团结一切力量，才能击破它。因此我们今后的对敌斗争，是全面的、艰苦的、复杂的。同时国民党在其反动政策没有改变前，对我敌后民主运动，决不会放弃其破坏政策。我们的斗争是艰苦的，但我们必须认识，这是胜利前面的困难，是可以克服的。今天我们克服的条件比之去年有利得多，我们用不着恐惧，我们有信心担负起解放同胞的责任。因为我们知道敌人的困难比我们多，兵力不够，战斗情绪低落，反战情绪高涨，伪军伪组织更为动摇，人民对反动政策更为不满，这一切就是我们客观的有利条件。这就是我要讲的第二个问题。

第三，浙东党和各阶层人民今后应该做些什么，怎样做？根据以上的浙东形势来看，全浙东人民的责任是很大的。毛泽东同志提出的一九四五年十五项任务，凡在共产党领导下的各根据地都要执行。今天，我们第一要打破敌人对我浙东的军事上、政治上、文化上，全面的进攻；第二，必须巩固与发展我们已经建立起来的这块根据地，并同其它根据地取得联系；第三，要扩大解放区，动员浙东敌占区、解放区、大后方人民，团结起来、武装起来，用各种方法，促成联合政府、联合统帅部的建立；第四，要加强我们的经济基础，改善各阶层人民生活，组织生产运动，增加生产，组织劳动力。在上述诸任务中，中心任务又是武装斗争，只有开展并加强武装斗争，并取得胜利，才能从各方面准备力量，配合盟军反攻敌寇，克服宁波、杭州等大城市，驱除日寇出中国，建立新民主主义的浙东，这是我们人民大众今后应做的事。

如何才能完成这些任务呢？如何才能打破敌人的进攻，巩固解放区呢？总结一句话，就是要团结全浙东一切力量，发挥与动员浙东所有的人力、财力、物力、智力，才能完成这个任务。因为抗战建国的事，决不是一个党派一个军队就能包办的，必须由各党、各派及真正抗日的各阶层人士、工人、农民，大家不分党派，不分阶级，不分贫富，不分信仰，一致团结起来，结成坚固的抗日统一战线，共同为着一致的目标而努力奋斗，这样才有胜利的把握。

我们共产党的主张，就是要团结全浙东的一切力量，要和各抗日党派各阶级合作，只要是中国人，不是汉奸，只要它（他）能实行民主，爱护人民，我们都要联合一致，共同为建设浙东民主抗日事业而奋斗。我们这种主张，过去是如此，现在是如此，今后还是如此，是始终不变的。

如何才能团结一切力量，动员发挥一切人力、财力、物力，智力来共同奋斗呢？这就需要我们坚决执行孙中山先生的革命三民主义，即毛泽东同志的新民主主义。这一革命的三民主义，在目前，第一就是要打倒日本帝国主义；第二，要给大家有说话、开会、组织团体，出版书报的自由；第三、要使大家有饭吃、有衣穿、有事做、有书读。

如果这些权利只有少数人的享受，大多数人没有饭吃、没有衣穿、没有事做、没有书读，要打走日本帝国主义，是不可能的，要建立新的中国更是不可能的。

三年来，以事实来证明，我们是执行了我党这一政策的，因而我们在浙东敌伪的“扫荡”“清乡”与反动派包围夹击之下能够生存、发展，壮大为今天的局面。我们在华北地区执行得更好，因此他们的根据地更巩固，部队更发展、更壮大。在大后方因为没有执行三民主义，敌人到处可以进攻，国民党到处后退。我们浙东地区在今天还执行得不够积极，比起华中、华北来还相差很远，今后我们要坚决的向着这条道路上走。

三民主义即新民主主义，具体的表现在政治、军事、经济、文化各方面是如何的呢？首先在政权方面，我们主张建立各抗日党派，各阶层联合抗日的民主政权，这是一切赞成抗日民主的各党派、各阶级对敌寇、汉奸的专政。为此，我党提出了三三制的政策。什么叫做三三制政策呢？就是党决定：共产党员在各级政府机关中只占三分之一，其他三分之二应由其他党派及无党派人士参加。使各界人士都有参加政府机关及民意机关的机会，共产党员在选为行政机关的主管人员时，应保证该机关有三分之二的党外人士充任其他职务。共产党员是不能一意孤行，不能包办。三三制是使各阶层人民都有说话机关和做事机会。这一制度是完全适合中国现在国情的政策，不是一党专政的政策，而是多党及一切人民对汉奸、敌寇专政的政策。现在华中、华北就是这样干的，我们浙东也将这样干。过去由于环境关系，我们还没有很好的做，以后我们遵照这样做，希望各阶层人士都来参加政权机关的工作。

在土地问题上，我们主张要发挥抗日民主与生产积极性。必须扶植十分之八以上的农民，实行减租减息政策，保证农民的人权、地权、财权、政权，以改善农民生活，提高农民的抗日民主的积极性；另一方面也执行交租交息，保障地主的人权、地权、财权、政权，使之也有饭吃、有衣穿。过去我们在工作上有些地方已经做了，也有些地方做得不够且有某些缺点，今后我们要秉着这个政策去做，不但如此，而且要发展生产运动，开辟荒地，增加生产收获量，只有如此，才能团结各阶层，充实我们的抗战力量。

在劳资问题上，我们主张提高工资，减少工作时间，适当改善工人生活，但同时保证工人遵守劳动纪律。工人应提高生产效率，使资方也有利可图，这样才能大家有饭吃。在工业方面，奖励并保障私人企业，鼓励各界投资，发展各种合作社事业，在民办公助公私兼顾的原则下，尽量发展各种生产事业。我们浙东有盐有棉花，只要各界努力，不到二年就可以自给。

现在我们向大会提出的施政纲领，就是为了发挥并集中一切人力、财力、物力、智力，以便合力抗日，合力建国。这是坚持抗战，保卫、巩固、扩大抗日民主根据地，准备反攻力量的具体政策。这些政策，在其他根据地执行中，已有许多经验证明其正确性。我们如能遵照其他根据地执行这些政策的经验，好好的执行这些政策，就能动员一切力量打破敌寇的任何进攻，也能巩固发展我抗日民主根据地，更能从各方面准备力量配合盟军驱逐日寇，争取最后胜利。

提出此纲领后，我们所有的共产党员，尤其是参加政府工作的党员，必须遵守纲领办事，要很好的研究这个纲领，了解纲领的内容实质，在实际工作中坚决执行这个纲领。根据这个纲领来检讨自己过去的工作，有没有不符合纲领的地方，不符合的，要纠正，要克服。同时希望各界代表，党外人士深刻的研究我们的纲领，了解我们的主张是不是符合大众的利益。我们的纲领的精神是真正为了大多数人民的利益，照顾了各阶层的利益，丝毫没有自私自利的观念。希望大会很好的研究，讨论和了解，更希望各界代表尽量的大胆的向我们提出具体意见。

最后我要申明一点：这一个纲领的提出，因为时间紧迫，还没有得到上级的批准，请大家将讨论意见集中起来，交给我们，以充实其内容。这就是我要讲的第三个问题。

同志们！我们还年青（轻），我们今后在工作中，在执行政策中，可能发生些偏向与毛病，我们一方面号召全党在整风中克服这些毛病与偏向，责成所有党员坚决执行这个纲领；另一方面也要求各界人士号召人民，共同为此纲领的实现而奋斗，并经常给我们以批评，使浙东抗日事业办得更好，使抗日早日胜利，建国早日成功。

选自《浙江革命历史档案选编》，浙江人民出版社1985年4月版，第439～453页。杭州大学历史系、浙江省档案馆合编。原注：“原载1945年1月31日《新浙东报》”。

18. 浙东各界临时代表会宣言

1945年1月31日

浙东历史上第一次真正的人民代表会议——浙东各界临时代表会，从一月二十一日至三十日开了十天会议，今天当大会隆重闭幕的时候，我们特向浙东全体人民，并向全国同胞与全世界反法西斯人士，慎重宣告我们的决定与意愿。

这次大会实到浙东各地、各界、各党派、各阶层代表一百零八人，新四军浙东游击纵队何司令与浙东敌后临时行政委员会连主席委员向大会做了详细的工作报告，大会代表畅快的提出了各种质疑与批评，党政军各部门主管人做了认真的解答与自我批评。对浙东新四军与行委会坚持浙东抗战、解除人民痛苦的艰苦业绩，大会表示深厚的感谢与敬意。大会仔细研究了浙东抗日民主事业的已有基础与当前任务之后，一致决议正式成立浙东临时参议会与浙东行政公署，当场选举了参议会的参议员，驻会委员与正副议长，及行政公署委员会的委员。大会代表全浙东人民，以负责的精神，把管理政权的责任与权力担负了起来，并责成临参会与行政公署，按照当前浙东的环境与需要，把浙东民主政治的机构很快的建设好。大会号召全浙东各阶层、各党派、各界人民，一致团结在临参会与行政公署的领导下面，并很好的监督它、帮助它，认真负起国家主人翁的责任，使这个新生的浙东人民政权得能日益坚强壮大。

大会听取了中国共产党浙东区党委的代表谭启龙先生的演讲之后，对区党委提出的浙东地区施政纲领的精神，一致决议拥护，并接受这一施政纲领作为今后浙东一切施政方针的依据。当四年前敌寇侵入、人民深陷水火之时，浙东共产党毅然挺身而出，领导人民进行武装自卫，建立了浙东人民的子弟兵——浙东新四军，四年来流血牺牲，不辞艰险，乃能造成现在浙东解放区的光明景象，今天环境稍稍安定，中共浙东区党委就及时推动召开这次人民代表会议，提出了抗日民族统一战线的三三制政权的施政纲领，诚恳的号召与帮助其他党派及无党无派的抗日人士来共同参加政府工作，这种大公无私的民主精神，与反动派祸国殃民的独裁政治适成明显的对照。大会认为中共浙东区党委所提出的这个施政纲领是团结与发动全浙东人民抗日力量、坚持浙东抗战、解放浙东人民的唯一正确道路，大会号召我浙东各党各派各阶层人民，彻底改变一切做客与旁观的想法，积极的参加浙东抗日民主政权的建设工作，加强各党各派间与广大人民间的亲密合作，共同为了实现这一施政纲领而奋斗。

大会经过热烈的讨论一致通过了三十四年度施政方向，临时参议会与各级政府组织法，惩治汉奸条例，惩治贪污条例，扩大主力军与地方军，广泛建立自卫队与民兵，发行抗币，实施新民主主义的教育新方向……等等重要提案。这些提案决议都是当前浙东迫切而重要的任务，大会责成临参会与行政公署，必须负责很好完成，并号召我浙东全体人民，经常加以检查督促，务使防止一切可能残存的“决而不行”的官僚作风。

这次浙东历史上第一次人民代表大会的胜利结束，临参会与行政公署的正式民选建立，施政纲领与各种重要提案的通过，已使新民主主义的新浙东的建设前进了一步。然而摆在我们面前的仍然是万分艰苦而伟大的斗争。大会号召我浙东解放区全体军民，要根据毛泽东先生指示的今年解放区的十五个任务，以及此次大会的各项决议，来大大加强各项抗日工作，进一步巩固与扩大浙东解放区，解放区的人民比了大后方与沦陷区的人民都要幸福得多，我们的责任也更加艰巨，我们必须更好的负起这个责任。大会号召浙东反动派统治地区的青年们与其他各界，一致起来，响应大后方各地的民主爱国运动，你们并应到敌人占领的地方去打游击，及准备在一切敌人可能到的地方就地抵抗。大会向浙东沦陷区同胞致以深切的慰问，你们应该加紧组织起来，准备在时机成熟时举行武装起义，里应外合来争取你们自己与祖国的自由解放。大会特别宣告一切伪军伪组织人员，中国的抗日民主事业一定胜利，日寇一定灭亡，中国新专制主义者一切反共反人民的罪恶政策也一定要失败，愿你们及早回头觉悟，参加抗日民主事业，我们一本宽大政策，不咎既往，如有执迷不悟、死心塌地做汉奸者，不但抗战胜利之日，国法不容，本大会已通过惩治汉奸条例，并责成行政公署进行调查登记，宣告国人，严予制裁。

当此大会闭幕之时，苏联红军离开柏林已只有杭州到上海这一段短短的路程，西线盟军的行动也在加强起来，美军收复吕宋岛的战事正在顺利进行，世界反法西斯民主阵线日益巩固扩大，新民主主义的新世界的出现，已为时不远，我们感到无限的兴奋。但中国国内国民党腐败无能的一党专政尚未结束，正面战场与大后方的危机更为严重，解放区军民的责任是日益加重了。我浙东全体抗日军民，誓必追随我国与世界一切反法西斯人士之后，再接再厉，为促成全国民主的联合政府的成立，为坚持浙东抗战、准备反攻力量、配合盟军、驱逐日寇、收复宁波、杭州、上海、南京各大城市，为彻底消灭一切法西斯、建立新民主主义的新浙东新中国新世界而奋斗到底。

谨此宣言。

选自《浙东抗日根据地》，中共党史资料出版社1987年6月版，第150～152页。中共浙江省委党史资料征集研究委员会、浙江省档案馆编。原注：“原件存浙江省档案馆”。

19. 附［报刊报道］：浙东行署为适合斗争环境重划县界

1945年2月28日

本报讯：浙东行政公署委员会为使行政区域更适合于当前斗争环境，特于二十四日第三次委员会上依据代表大会决定之原则，重新划分县界，决定于四明地区设南山、鄞县、上虞三县政府，及嵊新奉办事处。南山县辖沿江、梁弄、大岚、陆埠四个区；前三个区原属姚南，陆埠区则以原属鄞慈之慈南区并并入原属慈西丈亭区之江中、黄思、赫浦三乡而成。鄞县辖古林、武陵（原属鄞慈）、鄞江、章水、栎社（原属鄞奉）五个区。上虞县暂不分区。嵊新奉办事处辖里东、上东、下东、新北、奉西五个区。三北地区设镇海、慈溪、余姚三县。镇海县辖龙山、沿山、庄市三个医。慈溪县辖丈亭（划出江中、黄思，赫浦三乡归属南山县陆埠区）、观城、庄桥（原属慈镇）、浒山（旧余姚属）四个区。余姚县辖马渚、临山、中和及崧厦（旧上虞属）四个区。闻此项决定，系属战时措施，一俟抗战胜利结束，将再考虑恢复旧界或重行厘定。

选自《浙江革命历史档案选编》，浙江人民出版社 1985 年 4 月版，第 481 页。杭州大学历史系、浙江省档案馆合编。原注："原载 1945 年 2 月 28 日《新浙东报》"。

20. 盐阜区区级政府组织法

×年×月

第一章 总 则

第一条 为实现普选，贯彻民主政治，建立新型的民主区政府，特订定本组织法。

第二章 管辖区域

第二条 为便于下情上达，政令贯彻，区之管辖范围及人口规定为：

一、每区管辖村镇从十五至二十四。

二、人口以一万二千至一万五千为限。

三、面积纵横一般不超过十五至二十华里为限。

四、区界之划分应尽可能适应自然界限。

第三条 接敌区或人口过于稀散之地区，为适应特殊环境之需要，其面积人口，得另行规定之。

第三章 组 织

第四条 区成立区公民代表大会，由该区各村镇公民选举区代表组成之，设正副主席各一人，负责召开区公民代表大会。

第五条 区置区政府，受县政府之领导，并领导所属村镇政府。

第六条 区政府为委员制，以区行政委员会行使职权。

第七条 区行政委员会设委员九人至十一人（其中区长一人），候补委员二人，由区公民代表大会选举之，其选举法另订之。

第八条 区长为区行政委员会之主任委员。

第九条 为便利推行工作并符合简政原则，区政府暂设民政、财经、文教、公安等四个区员及民政办事员与收发员各一人，必要时（视工作需要）得增设之。

第十条 区政府得视工作需要，设立各种经常的或临时的委员会，如优待抗日军人家属委员会、文化教育委员会、水利建设委员会等。

第十一条 区政府之民政、财经、公安、文教区员，得由区行政委员互推兼任之，或由专门业务所限制，得由上级政府委派之。

第十二条　区政府所属之各种工作委员会委员，经区政府委员会会议决定，由区政府聘请之。

第十三条　区行政委员因病或因故不能工作者，遗缺由候补委员递补之。

第四章　职　权

第十四条　区公民代表大会为全区人民最高权力机关，应受县政府之领导，其职权如下：

一、选举与罢免区长及区行政委员。

二、选举与罢免出席县公民代表大会（即参议会）之代表。

三、讨论与决定本区政府工作方针及一切应兴应革事宜，但与上级政府之政令决议相抵触时，应服［从］上级政府之决定。

四、听取区政府工作报告并检查工作。

五、稽核区政府财经收支。

六、讨论上级政府重要政令之具体执行，如认为不切合本区实情，得向上级政府提议更改，在上级政府未作新决定前，仍依照执行，不得随便变更。

七、弹劾本区行政人员之违法渎职事宜。

第十五条　区政府之职权规定如下：

一、讨论与执行上级政府之政策法令及区公民代表大会之决议案，但区公民代表大会之决议案与上级政府之政策法令相抵触时，应以执行上级政府之决定为原则。

二、办理所属村镇民主选举事宜。

三、掌管所属各部门工作及村镇行政设施。

四、管理所属行政人员考绩及任免、训练事宜。

五、办理战时动员及后方勤务事宜。

六、管理本区公营事业与公有财［产］。

七、向上级政府及区公民代表大会报告工作。

八、其他与区政府有关事宜。

第十六条　区长之职权规定如下：

一、对内为区行政委员会之主席，对外代表区政府。

二、执行上级法令指示与区公民代表大会及区政府之决议案。

三、领导与检查区政府各部门及各委员会之工作。

四、领导与督促所属村镇行政工作。

五、总结区行政工作，向区政府委员会、区公民代表大会及上级政府报告。

第十七条　区员受区长之领导，分掌民政、财经、文教、公安各项工作。

一、民政区员应办理下列事宜：

1. 户籍之登记管理。

2. 所属村镇之民主选举。

3. 关于禁烟、禁毒事宜。

4. 扶助工农，改善人民生活。

5. 社会救济、抚恤事项。

6. 战时后方勤务事项。

7. 推动人民拥军优抗。

8. 办理匪伪自新事宜。

9. 调解地方纠纷。

二、财经区员应办理下列事项：

1. 编造区村镇预决算。

2. 调查登记田亩土地及垦荒过户、什科（?）等事宜。

3. 管理公产、学产、逆产及其收支事项。

4. 征收、保管、支拨公粮公草。

5. 征解田赋、契税等事项。

6. 查禁粮食军需资敌及其他对敌经济斗争事项。

7. 关于生产建设及各种合作社事项。

三、文教区员应办理下列事项：

1. 管理并辅导本区初干学校、村学及其他文化教育事项。

2. 改良风俗习惯及破除迷信及开展公共卫生保健事项。

3. 关于宣传事项。

4. 关于奴化复古教育之取缔事项。

四、公安区员应办理下列事项：

1. 保卫地方治安，维持社会秩序。

2. 进行防奸教育，领导群众除奸活动。

3. 执行违禁法中所规定的职权。

4. 缉捕盗匪、奸探及刑事犯，解县公安机关侦讯后交由司法机关审讯。

第十八条　区政府之各种委员会，其工作内容另订之。

第十九条　区政府各部门之工作细则，由区行政委员会议讨论订定，呈准县政府执行之。

第五章　任期与会期

第二十条　区长、区行政委员及候补委员，其任期均为一年，期满应重行选举，连选得连任之。

第二十一条　区长及区行政委员，如有渎职行为，经区民代表三分之一之检举，区民代表大会即应集会，举行罢免投票，经半数以上之通过，予以罢免。

第二十二条　区长、区行政委员有企图叛变，卷款携械，弃职潜逃或其他重大政治阴谋者，上级政府得随时予以撤职或逮捕之紧急处置。但应于紧急处置后三日内说明案情，通知区民代表大会，由大会决定递补人员或定期重行选举。

第二十三条　区长、区政府委员有不称职者，或因工作上之需要另有任用者，上级政府得以命令调动或撤换之，但需同时说明原由，通知区公民代表大会，由大会决定递补人员或定期重行选举。

第二十四条　区民代表大会对上级政府根据本法第二十二条、第二十三条规定之处理有不同意见时，得向上级政府或参议会提出建议、质问或抗议，经上级政府或县参议会答复后，仍有不服时，得越级提出控诉。但在建议、质问或抗议、控诉未得最后结果前，应执行上级政府之命令。

第二十五条　区公民代表大会之例会，每三个月举行一次，遇有特殊事故得临时召集之。

第二十六条　区政府之各种会议规定如下：

一、区行政委员会议以区长、区行政委员、候补委员组成之。每一个月开会一次，候补委员有发言权，无表决权。

二、区务会议以区长、区员、办事员及区政府各种委员会之主任委员组成之，每半个月开会一次。

三、区行政会议以区长、区行政委员、候补委员、区员及各村镇长组成之，每一个月开会一次。

四、区政府视工作之需要，得不定期召开各种专门业务会议，如财经会议、文教会议等。

上列各种会议，遇必要时，得临时召集之。

第六章　经　费

第二十七条　区长、区行政委员、候补委员、区员、办事员及各种委员会之委员，凡脱离生产专任行政工作者，为有给职，其余为无给职。

第二十八条　全区全年之行政经费收支，由区政府按期编造预决算，经区民代表大会通过，呈请县政府核发之。

第二十九条　区政府在经通过之总预算中的每月经领费之预决算，应经区行政委员会审核后，呈县政府领取与报销之。

第七章　附　则

第三十条　本法解释权属行政公署。

第三十一条　本法经盐阜区临时参议会第二次大会通过，由行政公署公布施行，如有未尽事宜，得随时以命令修改之。

选自《中国新民主主义革命时期根据地法制文献选编》第二卷，中国社会科学出版社1981年版，第421～428页。原注：“选自盐阜区临时参议会第二次大会《法令及提案决议》，1945年5月印”。

21. 盐阜区市乡政府组织法

×年×月

第一章　总　则

第一条　为切实改造下层行政机构，便利抗日人民监督行政，便利政府接受人民意见，造成政府与人民的密切联系，以充分发挥抗战力量，彻底实现民主政治，争取抗战建国之最后胜利起见，根据抗战建国纲领，改革行政机构，实行民主政治之原则，特制定本组织法。

第二条　改革违反民主原则的保甲制度，建立抗日人民代表会议的市乡民主制度。

第二章　市乡政府管辖范围

第三条　农村为乡，市集、城镇为市，划定市乡范围依地区人口密度而定，同时顾及集会与领导之便利，其主要原则如下：

（一）人口稠密之农村地区以一千人到二千人为一乡。

（二）人口极稀散之农村地区应以一千人左右为一乡。

（三）符合一项人数之大自然村庄可划为一乡。

（四）小村庄则联合若干村以上合为一乡，为来往方便与领导便利，纵横以不得超过五里为宜。

（五）市集或城镇人口在一千人以上，五千以内者，均为一市，超过五千人以上者得成立市区政府，其下按市面街道或自然界限划成若干市政府。

第三章　市乡代表会及市乡政府之组织

第四条　市乡代表之产生，划每一自然村庄或市镇街道为一选举单位，先按居住公民人数编为若干小组，每组推选代表一人，公民小组之组成，以二十五人至四十五人为原则。

第五条　市乡代表大会，由市乡区域内各公民小组选出之代表组成之。

第六条　市乡政府由市乡代表大会选举五人至九人组织市乡行政委员会，并于其中选出正副市乡长，即为该委员会正副主席。

第七条　各市乡所辖各自然村与街道有代表三人以上者，得成立代表组，互推主任代表一人，其代表不足三人者，应联合附近村庄或街道之代表组成之，以协助市乡工作。

第八条　每一市乡之代表，必须负责代表其本组公民之意见，并为该选区居民服务，若该代表不能称职，或有违法及损害人民利益者，经该组公民三分之一请求撤换时，得由区政府派员会同该市乡长召开该组公民会议，另选代表补充之。

第九条　市乡政府名称，应以市乡政府所在地之乡村或市镇原来地名称之。

第十条　市乡行政委员会之下，按各乡实际情形之需要，应设立各种经常委员会协助工作。

甲、市乡政府下得设如下经常委员会：

一、民政委员会；

二、教育委员会；

三、生产委员会；

四、自卫委员会；

五、财政委员会；

六、调解委员会；

七、合作社委员会；

八、优抗委员会；

九、公粮委员会。

乙、市乡政府必要时得设立各种临时委员会，如水利委员会，清查田亩委员会，劳动互助委员会，救济委员会，等等。各种经常委员会之主任委员，由市乡行政委员会各委员兼任之，其他各委员及临时委员会委员，均由市乡行政委员会决定聘请之。

第十一条　市乡政府组织系统如后。(附表从略)

第四章　职　权

第十二条　市乡民代表大会为该市乡之最高权力机关，其职权如下：

（一）选举与罢免市乡行政委员会。

（二）选举与罢免出席区代表大会之代表。

（三）讨论与决定本市乡之工作计划及一切应兴应革事宜。

（四）监督与检查市乡行政委员会工作。

（五）讨论如何执行上级政府一切重要法令及指示。

（六）审核人民向市乡民代表会所提出之提案，并定期向本市乡民大会报告市乡行政工作。

第十三条　市乡行政委员会的职权如下：

（一）执行上级政府之命令指示。

（二）执行市乡民代表会决议案。

（三）拟定本市乡行政工作计划及编制预决算。

（四）向市乡代表会定期报告工作。

（五）向人民传达政府法令，并负责收集人民意见，转呈上级政府。

第十四条　正副市乡长的职权如下：

（一）对外代表市乡行政委员会。

（二）对内主持市乡政府日常工作。

（三）负责召集市乡行政委员会。

（四）负责召集市乡民代表大会。

（五）推动主任代表与各代表协助市乡政府工作。

（六）负责指导所属之市乡自卫队及各种委员会工作。

第十五条　市乡行政委员会所属各委员会之工作任务：

甲、民政委员会：

一、负责办理本乡土地及户口之调查登记。

二、关于协助办理本乡选举事宜。

三、关于禁烟禁毒事宜。

四、关于人民风俗习惯之改进事项。

五、关于筹划及改进本乡人民之公共卫生事项。

乙、自卫委员会：

一、负责动员十八岁至四十五岁人民除残疾外，一律参加自卫队，并组织十八岁至二十三岁之青年加入青年队（或称青抗先）及十八岁至三十五岁之强壮男子参加模范队（或称基干自卫队）。

二、经常注意利用人民空闲时间，领导自卫队上操、上课，藉以提高军事技术、政治认识。

三、组织游击小组与组织脱离生产之游击队进行抗敌游击行动，以担负保卫家乡任务。

四、经常担负后方勤务，如戒严、放哨、防匪、维持地方秩序，以至动员主力抗战部队，帮助担架运输修筑工事（拆桥、挖路、阻河、破坏敌人交通等工作）。

丙、教育委员会工作：

一、宣传人民送儿童与青年上学，负责组织与领导市乡小学校。

二、组织市乡俱乐部，进行有益于人民身体及抗战之娱乐，并进行宣传抗战时事，提高人民民族自尊心与抗战胜利信心。

三、开办男女识字班、补习学校与夜校等，开展识字运动，提高人民文化水平，进行消灭文盲工作。

四、筹办学校，在政府协助下解决经费困难。

丁、生产委员会工作：

一、团结本地工农商学各业有经验有学识之人士，研究发展本市乡生产事宜。

二、计划发展本市乡内增加生产事业，如开矿、熬盐、垦荒、改良耕作、加强生产、研究肥料、改良种子、兴办水利、预防水患、建设风车等，以利农事。

三、创办各种手工生产事业，如纺纱、织布、做鞋、榨油、研粉，以及其他可能兴办的工业。

戊、财政委员会工作：

一、协助区财政股征收各种赋税。

二、筹划捐募征集工作。

三、登记公产，筹划市乡内学校教育经费。

四、协助生产事业，推进市乡经济建设。

五、关于构造市乡经费之预决算及其他有关财政事项。

己、公粮委员会工作：

一、宣传人民按合理负担原则，执行政府所颁布办法，助理征收公粮。

二、计划收藏与管理公粮，保证公粮不致损坏，并不得有贪污吞没公粮行为。

三、遵照上级政府所发支付公粮凭证支付公粮。

四、在市乡长指示下动员民夫运送公粮。

五、执行政府禁粮出口法令，以免粮食资敌。

庚、调解委员会工作：

一、团结市乡秉公无私而有威望人士，依据政府法令原则，担负调解本市乡人民一切纠纷。

二、保障人权财权，反对各乡（?）无理横行。

三、帮助人民向市乡政府以至上级政府申诉冤曲（屈）。

四、调解委员会委员应洁身自好，不得有受贿违法行为。

辛、乡合作社委员会工作：

一、发起组织全市乡消费合作社、生产合作社、信用合作社及运输合作社等工作。

二、组织市乡粮食合作社，调剂人民粮食，救济饥荒。

三、指导合作社经营事宜，监督各合作社人员日常工作。

四、合作社账目，必须定期审查，开展反贪污及（对）一切破坏合作社行为作斗争。

五、以物质或名誉奖励尽职之模范合作社工作人员，定期分给社员红利，同时保证以百分之五十之红利充实合作社基金，发展合作社事业。

壬、优待抗属委员会工作：

一、调查登记抗属户口，切实研究改善优待抗属工作。

二、组织优待抗属慰问娱乐会，收集抗属意见，切实解决抗属困难。

三、组织优待抗属代耕队，帮助抗属生产，并动员比较富裕或愿意帮助抗属人士，在自愿自动原则下，捐赠物品优待抗属。

四、教育人民尊敬抗属，提高抗属社会地位（如抗属到合作社买卖，应有先买先卖的优先权）。

五、减少抗属应征公差，其劳动力缺乏者完全免派，但参加各种抗会与自卫队等，应照常不变。

第十六条　市乡政府下各种临时委员会之主任委员，得列席市乡行政委员会议，有发言权无表决权。

第十七条　市乡代表会各主任代表职权如下：

一、主任代表接受市乡长委托，协助市乡工作。

二、代替正副市乡长通知市乡代表到会。

三、团结本自然村代表在市乡政府指导下，推行本村市乡工作。

第五章　会期与任期

第十八条　市乡民代表会会期：

（一）常会每一个月开会一次。

（二）经代表三分之一请求时，得由正副乡长临时召集之。

（三）上级政府重要指示应由市乡民代表会讨论执行时，得由正副市乡长召集之。

（四）市乡行政委员会规定每十天开会一次，必要时得临时召集之。

（五）公民小组会，规定一月开会一次。

第十九条　各市乡代表、市乡行政委员及正副市乡长任期为六个月，期满依照规定从（重）新改选，但得连选连任之。

第二十条　市乡行政委员会及正副市乡长有渎职违法行为，上级政府得随时予以撤换，并召集市乡民代表会改选之。

第二十一条　在本市乡有重要事故，涉及全市乡者，市乡长得召集开全市乡民众大会报告和讨论之。

第六章　经　费

第二十二条　行政委员会及各委员会委员、主任均为义务职。

第二十三条　正副市乡长经常主持市乡行政工作者，照政府工作人员给以津贴，并按月发给菜金、公粮。

第二十四条　市乡政府事务繁重时，呈报上级政府批准后，得设文书一人，津贴、菜金、公粮照发。

第二十五条　市乡政府办公费，由上级政府决定之。

第七章　附　则

第二十六条　本组织法公布日起开始实行。

第二十七条　本组织法由本行政公署制定公布，如有未尽善事宜，得随时以命令修改之。

选自《中国新民主主义革命时期根据地法制文献选编》第二卷，中国社会科学出版社1981年版，第428～436页。原注："选自1942年5月盐阜区行政公署《市乡政府暂行组织法》"。

22. 盐阜区村政府组织法

×年×月

第一条　为实现普选，贯彻民主政治，建立新型的民主村政权，特订定本组织法。

第二条　村政府为抗日民主政府基层组织，是人民直接管理政府的机关。

第三条　村政府之基本任务为：

一、建立人民武装，坚持抗战。

二、拥军优抗。

三、进行各种战时动员工作（如打坝、破路）。

四、征收公粮、公草、土地税，保证抗日军人给养。

五、贯彻减租减息、增资法令。

六、维持抗日秩序（如锄奸、防匪）。

七、发展农村生产。

八、调解民间纠纷。

九、办理民众教育及卫生保健等事。

十、举办各种公益事业。

十一、执行上级政府法令。

十二、其他有关村政府建设事项。

第四条　村政府管辖范围规定如下：

一、全村人口以四百人至八百人为限。

二、纵横面积一般以一华里为标准。

三、村之划分尽可能适应自然界限，以一个大自然村为行政村，如不足者则以邻近小舍（庄）附入。

四、接敌区或人口疏散之地区，为适应特殊环境之需要，其面积人口，不受本条一、二款之限制。

第五条　村政府组织如下：

一、村公民大会由全村公民组成之。

二、村行政委员会，由村公民大会选出七人至九人及候补委员二人组织之，并由村行政委员中选出正副主任委员各一人兼任正副村长。

三、村镇公民小组长会，由村各公民小组长组织之。

四、村政府于特殊需要时，得设专门性质之工作委员会。

五、村行政委员因病或因故不能工作者，遗缺由候补委员补充之。

第六条　村镇公民大会为全村镇最高权力机关，其职权如下：

一、选举与罢免村镇长及村行政委员。

二、选举与罢免出席区公民代表大会代表。

三、讨论与决定本村政府工作方针及一切应兴事宜，但与上级政府之政令决议相抵触时，服从上级政府的决定。

四、听取村政府工作报告，并检查其工作。

五、讨论上级政府重要政令之具体执行。

六、弹劾本村镇行政人员之违法渎职事宜。

第七条　村行政委员会职权如下：

一、执行上级政府之政策法令及一切指示。

二、执行村镇公民代表大会决议案。

三、掌管本村各委员工作及本村行政设施。

四、向上级政府及村镇公民代表大会定期报告工作。

五、向人民传达政府法令，并负责收集人民意见转呈上级政府。

六、召集全村公民大会及公民小组长会议。

第八条　村长职权如下：

一、对外代表村政府。

二、对内主持村政府日常工作。

三、负责召集村行政委员会。

四、执行村行政委员会之决定。

五、督促与领导各委员工作。

第九条　村政府各委员职权：

一、后勤委员办理下列事项：

（一）负责组织领导打坝、破路及其他战争动员工作。

（二）组织与分配人民担架运输事宜。

（三）对人民进行拥军教育，并办理日常拥军事宜。

（四）动员逃兵归队。

二、财粮委员办理下列事项：

（一）调查登记田亩土地及垦荒过户、什科等事宜。

（二）征收、保管、支拨公粮公草，并结算其账目。

（三）协助区政府催征土地税、契税等事项。

（四）查禁资敌粮食、军需物品，及对敌经济斗争事项。

三、教育委员办理下列事项：

（一）发动与辅导人民办理村学。

（二）负责本村抗日民主生产等宣传及群众教育工作（如开办夜校、冬学、各种座谈、演讲及展览等会）。

（三）报告时事及解释政府法令。

（四）提倡正当娱乐，改良风俗习惯。

（五）破除迷信，发动卫生保健运动。

（六）筹划本村文教经费。

四、公安委员办理下列事项：

（一）侦察、盘问、检举敌探、汗（汉）奸、盗匪及一切非法分子。

（二）进行防奸教育，领导群众锄奸活动。

（三）负责教育自新分子。

五、调解委员办理下列事项：

（一）调解民间纠纷。

（二）教育人民息讼。

六、优抗委员办理下列事项：

（一）调查登记全村抗属，切实办理优抗工作。

（二）执行政府优抗法令。

（三）教育人民尊敬抗属，帮助抗属，提高抗属社会地位。

（四）帮助抗属生产及筹办抗属救济事项。

（五）组织抗属会，加强抗属教育。

七、生产委员办理下列事项：

（一）调查人民农业副业状况。

（二）组织群众换工小组及办理合作社。

（三）帮助群众解决生产困难。

（四）研究改善农工业技术。

（五）推动人民种棉植树。

第十条　村长及各委员任期：

一、村长及村行政委员及候补委员，任期为一年，期满重行选举，连选得连任。

二、村长及村行政委员，如有渎职行为，经村公民三分之一之检举，可召开村公民大会，举行罢免投票，经半数以上之通过，予以罢免。

三、村长、村政府委员有企图叛变，卷款携械，弃职潜逃，或其他重大政治阴谋者，上级政府得随时予以撤职或逮捕之紧急处置。但应于紧急处置三日内说明案情，通知村公民大会，由大会决定递补人员，或定期重行选举。

四、村长、村行政委员有不称职者，或因工作上之需要，另有任用者，上级政府得以命令调动或撤换之，但须说明情由，通知村民大会决定递补人员或定期重行选举。

第十一条　村政府各种会议：

一、村公民大会之例会，每二月至三月举行一次，遇有特殊事故，得临时召集之。

二、村行政委员会议，每半月开会一次。

三、村公民小组长会议，每月召开一次。

四、村行政扩大会，以村长、村政府委员、村政府之各委员会委员或干事组成之，并可吸收各救（?）干部、中队长、指导员、小学教员、士绅等参加（即一揽子会形式），其会议时间临时决定之。

第十二条　村政府经费：

一、村长、村政府委员均为无给职。

二、村政府每月之办公用品，由上级政府统一规定发给之。

第十三条　本法解释权属行政公署。

第十四条　本法经盐阜临时参议会第二次大会通过，由行政公署公布施行，如有未尽事宜，得随时以明令修改之。

选自《中国新民主主义革命时期根据地法制文献选编》第二卷，中国社会科学出版社1981年版，第437～442页。原注："选自盐阜区临时参议会第二次大会《法令及提案决议》，1945年5月印"。

23. 忍痛告别浙东父老兄弟姊妹书

1945年9月30日

浙东父老兄弟姊妹们：

正当日寇投降、抗战胜利，理应聚首狂欢的时候，我们却要忍痛向你们告别了。

自从三十年春宁绍弃守，敌伪猖獗，我军转战采浙四年多来，孤悬敌后，艰苦奋斗，未尝一日稍懈。自日寇投降后，政府当局对于受降地区的不公平待遇，各界人士与本军指战员，表示非常愤慨。但我们本中共中央八月二十五日对目前时局宣言的精神，一再竭力说服自己的指战员，奉令退让，尽量避免与国民党军队之冲突。现在国民党军队已进驻宁波、绍兴、余姚各城市，虽然敌人尚未缴下武器，而"肃奸"、"剿匪"之声已甚嚣尘上，各界人士，忧心如焚，群情惶恐，奔走相告，内战危机，迫在眉睫。当此千钧一发之际，中共中央与本军军部，为避免内战，力求全国和平建国的新时期早日到来，乃毅然作最大的忍耐与让步，命令我浙东新四军与抗日民主政府即日起全部退出浙东。

父老们！兄弟姊妹们！八年抗战，我们中国人民的牺牲是空前巨大的，现在抗战胜利结束，全国疮痍满目，百废待兴，人民实在不能再遭受战祸了，中国的内战是必须想尽一切办法来避免的。因此，虽然浙东解放区是我们与大家四年来共同流血流汗艰苦［奋斗］从敌伪手中夺回来建设起来的，我们对这块年青的抗日民主根据地具有无限的热爱，对于浙东的父老兄弟姊妹具有真正骨肉之情。我们实在不愿离开你们，任何人也没有理由要我们离开，只是为了委曲求全，相忍为国，中共中央与本军军部才不惜这样决定。我浙东新四军与民主政府工作人员，对于中共中央及本军军部这种大公无私的伟大精神完全拥护，并已决定即日坚决执行从浙东撤退的命令。

现在我们马上就要走了，对于浙东解放区的地方治安与行政管理，我们已派人去请浙东国民党军政当局迅速前来接收。我们很知道，我们走后，各位的处境将有很大的变动。这几天我们行军所经各地，许多父老姊妹与我们同志谈话时，大家不禁潸然泪下，当各位知道我们决定全部离开你们的时候，你们的心情我们是能够想象的。四年来我们朝夕相处，携手抗战，互相依偎，度过了艰难的岁月，此情此景，是忘不了的。这四年中，各位父老兄弟姐妹所给我们的许多帮助与教育，我们更深深铭感，没世不忘。今天我们只有要求各位冷静下来，压下你们的感情，来理智地认识你们今天新的处境，大家多想办法，来保护人民自己的利益。虽然以后的政府与军队，其作风与我们有所不同，但只要你们大家能团结一致，同心协力，那末（么）我们在此时的一些进步设施，你们是能够继续做下去的。关于军队纪律的严明，官兵关系的平等，军民合作的融洽，民主精神的发扬，政府工作的廉洁，社会教育的推进，人民集会、结社、言论自由的保障，以及发展农工业生产救灾备荒，保障自由贸易，废除苛捐杂税，减租减息，交租交息……这些都不是共产党一党一派的私事，而是有利各阶层人民的，是建设新中国的必由之途，我们希望各界同胞及政府当局仍本精诚团结互助互让精神，一致继续贯彻。其中一部分你们应大胆劝导当局加以采纳维持，一部分则是可以靠了你们自己的力量来继续进行的。现在毛主席正在重庆谈判，重庆、成都、昆明各地的中国民主同盟、实业家、文化界、妇女界、青年学生，都在积极起来说话了。经过四年解放区民主生活锻炼的浙东人民，我们深望，在我们走后，你们能继续加强各阶层人民的团结，加强自己的各种组织与团结，争取浙东的政治逐渐走向开明。这是我们对各界的期望，也是我们对来接收防区的国民党当局的要求和期望。

回忆四年来，我们虽然为抗战为地方尽了自己主观上最大的努力，但由于对敌战争频繁，环境紧张多变，政府不能体谅，使我们许多想做的事情不能完全做好，特别是对地方福利建设的事业做得更少。我们的干部，都很年轻，热情感人，经验不足，照顾各阶层要求有所不周，许多工作未能尽满人意。比如，减租减息，有些地方减得太多，有些地方则仍然明减暗不减，在惩办汉奸工作中，有些地方有乱抓人乱杀人的毛病，有些地方又对坏人太宽容了……这一切，以后只有靠各位大家团结，互相商量，互相让步，大家检讨改正，切莫发生成见仇恨，使坏人可以从中挑拨利用。当此离别前后，四年来我们在浙东一切活动，历历在目，虽不无建树，但缺点亦实不少，内心深感不安，现在只有在今后新的岗位上，更努力、更负责、更虚心的为国家为人民继续奋斗，来报答你们四年养育之恩，来满足你们对我们深厚的期望与关心。

军令倥偬，我们还有不少伤病员同志与残废的荣誉军人不能随军撤退，分布在各地，同时还有少数人不及集中，或行军掉队的，拜托各位父老兄弟姐妹给予帮助关怀，保障他们的安全与生活。此外，我们的指战员与工作人员在浙东的家属，以及其他抗日军人家属，有许多都是生活困难的，他们的儿子、丈夫或父亲，为了国家与人民的事业，而背乡离井，对他们的生活及安全，亦恳请大家继续多多照顾。

亲爱的浙东父老兄弟姊妹们！我们四年来同生共死的朋友们！我们要握手分别了。我们深知，我们的路途是艰辛的，我们走后你们的处境也是艰辛的，我们的双眼已经湿润了。我们巴望我们的退让能够换得全国的和平，能够减少人民当前的损害，我们将能在独立、民主、富强的新中国的自由空气中，再回来与各位畅谈衷情。

最后，今后如有机会与环境许可，万望不要忘了随时告诉我们你们的近况，因为我们每个指战员与工作人员，都非常的关怀着你们。

祝福你们的康宁！

祝福民主的新浙东、新中国早日降临！

中国共产党浙东区〈党〉委［员会］书记　谭启龙
新四军浙东纵队司令　何克希
副司令　张俊升
张翼翔
政治委员　谭启龙
政治部主任　张文碧
浙东行政公署主任　连柏生
副主任　吴山民
王耀中
率全体党员、指战员与工作人员同启
中华民国三十四年九月三十日

选自《浙江革命历史档案选编》，浙江人民出版社 1985 年 4 月版，第 646～649 页。杭州大学历史系、浙江省档案馆合编。原注："原载 1945 年 10 月 1 日《新浙东报》"。

24. 江南新四军北移告别民众书

1945 年 11 月 1 日

亲爱的父老兄弟姐妹们：

几年以来我们在你们亲切爱护与支持下坚持了抗战，建立了根据地，和你们一道过着民主自由快乐的生活。我们和你们的联系，正同血和肉一样的密切。但是现在我们却要忍痛向你们告别了。在别离之前，我们想着向你们讲几句话：首先让我们对你们表示衷心的感激。因为没有你们的爱护和帮助，我们将一事无成，同时，我们要向你们道歉。因为我们过去在保卫你们利益的事业上，还有许多做得不够，做得不好。因此我们只能用今后的加紧努力，来报答你们了。那么为什么我们不能好好的老和你们在一起，忽然要和你们分手呢？你们知道，我们的抗战是胜利了，我们现在要什么呢？我们要和平、民主、团结。我们不要什么呢？不要内战和独裁。但是已经宣布投降的日本帝国主义和汉奸，都还在和我们作对。他们偏偏在用全力来挑拨内战，破坏团结，阻挠民主。中国国内一些没心肝的反动分子，竟和他们心心相印，与他们合流合作起来残害和欺骗同胞。以中国人民的利益为利益的共产党，是不能看着这样的严重危害的。他要彻底打击敌伪和反动派的阴谋，要求得和平团结的实现，就向全国指出和平、民主、团结的大道。毛主席并应蒋委员长电邀，亲自到重庆和国民党当局谈判。同时为了促进谈判成功，为全国和平团结的迅速实现，就又委曲求全自愿将江南的新四军全部转移到江北。谁都了解这是共产党对国民党的一个极大的让步。但共产党为了制止敌伪和反动派的阴谋，为了避免内战，实现全国和平团结，就不能不忍痛这样做。我们相信中国共产党的这种顾全大局的伟大胸怀及委曲求全的苦衷，是能够得到全国人民的赞许和谅解的。当然，对于我们的转移，可能有各种各色的猜想和造谣。比如：有人会这样说：我之转移是由于国际条件不好，力量单薄，被迫撤退的。那么我们可以告诉他们，全世界法西斯的垮台，民主势力的胜利，给中国人民、中国共产党以最有利益的条件，我们解放区的力量，不仅完全足够粉碎任何方面来的进犯，而且还在迅速扩大我们的解放区，为了和平团结便决定自动撤退。再比如：有人这么说：共产党新四军视人民为草芥，他要就要，丢就丢。但谁都记得，“八·一三”后真正遗害江南无辜人民于敌人铁蹄下的，究竟是谁？而后来真正从敌人铁蹄下把他们解放出来过民主自由生活的，又是谁？又有人会这么说：共产党新四军说走是骗人，他决不会真走。但事实会表示出我们是诚心诚意为了实现全国和平团结，为了全中国人民利益而从江南撤退，我们是言行一致、说到做到的。总之，一切不明真相的猜想，最后总会证明是毫无根据的。一切恶意的造谣和攻击，则一定会由铁的事实来粉碎。同胞们，我们希望你们要沉着，要坚定，决不要被那些谣言诽语所困惑。你们应该坚决勇敢的为保卫自身的利益，为完成团结、民主、和平的大业而奋斗。在抗战时期，由于你们付出了极大的努力与牺牲，才取得胜利，在今后你们一定要作同样的努力，去保卫已得的胜利的果实。过去你们已经学会了怎样进行武装斗争来取得胜利，今后你们还应该学会用和平的合法斗争，来保卫各种已得的利益。你们应用各种各样的方法，坚决要求国民党当局切实执行下列各项：

（一）保证复员战士、伤病员和抗属的安全，并加以妥善照料。保护新四军的留守机关，以及照料不能撤退的伤病员和抗属。

（二）保持各种民主设施，对过去抗战与民主建设有功的人民和复员的干部，应保护其生命财产的安全，享受民主权利，不得加以虐待或歧视。

（三）保持减租减息和废除苛杂的利益，很好的办理复员，救济难胞。

（四）保障中国共产党及民主党派公开活动的合法地位，如有违反上述各项者，你们应该起来反对。

亲爱的同胞，现在全国和平团结民主尚未实现。你们是可能遭到很多的困难，甚至会遭受反动派的摧残和迫害。关于这点，我们已向国民党当局和驻军着重提出，要他们以国家人民利益为重，不要挟私报仇，残害同胞。但尽管他们这样做，你们仍要百倍警觉勿受骗，勿被暗算。同时应采取各种的办法，根据和平、民主、团结的总方针，加强自身的团结，做到象（像）亲兄弟一样，要不断督促国民党当局顺从民意，实行民主，保护各种既得的利益。

同胞们，现在敌伪还在挣扎，反动派还在要阴谋，我们面前还有极大的困难，但我们相信在德、意、日法西斯已被打倒，全世界和全中国民主势力汹涌澎湃的今天，我们一定能够克服困难，得到胜利。我们这番暂时和你们告别，在离你们不远的江北，就有很多强大的解放区，我们将全心全力地支持你们，你们决不孤立！在今天，任何悲观动摇是只有利于敌人和反动派！你们必须坚决到底。特别是对留下的伤病员和抗属，你们以最大的关心保护和照料他们，要坚持反对对伤病员和抗属任何不利的行动。亲爱的同胞们，世界和中国的局势均在奔向光明、独立、自由、繁荣的新中国已经显出了头。只要我们继续奋斗，排除一切悲观失望的情绪，照着和平、民主、团结的大道前进，我们是一定能够胜利的！别了！亲爱的父老兄弟姐妹们，我们再一次虔诚地要求你们受我们深深的感谢和慰问，并祝你们健康！

新四军

中华民国三十四年十一月一日

选自《苏南抗日根据地》，中共党史资料出版社 1987 年 9 月版，第 387～389 页。中共浙江省委党史工作委员会、江苏省档案馆编。原注："据江苏省南京博物院所存布告"。

25. 附［报刊报道］：苏皖边区政府决定统一华中行政机构①

1945 年 12 月 3 日②

［新华社华中分社讯］苏皖边区政府为求各行政区名称统一与组织之建立，业经边府联席会议决定，将原有各行政区名称加以更改，并重新委任或加委专员。

原苏中三四分区改称苏皖边区第一行政区，专员贺希明，下辖泰兴、泰县、如皋、靖江、紫石、东台、如东、南通等八县及一东南行署。

苏中一分区改称第二行政区，专员陈阳，副专员杜干全，下辖宾应、高邮、兴化、江都、樊川、兴南、溱潼等七个县及扬中办事处与沙沟独立市。

淮南路东改称第三行政区，专员陈舜仪、副专员周文斌，下辖天长、盱眙、嘉山、六合、甘泉、来安、仪征、高宾、江浦等九县。

淮南路西改称第四行政区，专员郑抱真，下辖定远、定台、滁全、凤阳、寿县等五县及一个英剑直属区。

苏北盐阜区改称第五行政区，专员万金口，下辖盐城、盐东，建阳、阜宁、阜东、滨海、涟东、淮安等八县。

苏北淮海区改称第六行政区、专员吴觉，下辖淮阴、涟水，沭阳、灌云、泗沭、宿边、宿北、潼阳、东海等九县。

淮北路东改称苏皖边区第七行政区，专员张辑五，副专员王烽舞、莨宗商，下辖淮宝、泗阳、泗宿、泗南、泗县、五河、盱四嘉、灵壁、睢宁、邳睢、铜睢、萧宿铜、宿县等十三县及一洪泽湖管理局。

淮北路西改称第八行政区，专员彭笑千，副专员纵汉民，下辖萧县、灵枫、宿西、雪涡、宿蒙、宿怀、夏邑、雪商亳等八县。

除八个行政区外，边府尚有一直属市：清江市。在此项决定之后，原有各行政公署均

① 原注：标题是编者所加。

② 原注：年月是编者根据内容判定的。

已撤销，各专员公署，直接受边区政府领导。

选自《华中抗日根据地财政经济史料选编》第四卷，档案出版社1986年版，第120～121页。原注："按1945年12月10日《新华日报》华中版第一版刊印"。

编者注：苏皖边区政府于1945年10月底成立，李一氓任边区政府主席。12月3日举行第二次府务会议，通过《苏皖边区施政纲领草案》、《边区参议会组织条例》、《边区政府组织条例》，以及边区政府一九四六年施政方针草案等，并对华中区行政机构进行全面调整。

26. 苏皖边区临时参议会组织法

1945年12月苏皖边区临时参议会通过

第一章　总　则

第一条　为加强苏皖解放区民主建设工作之统一领导，进一步开展民主运动，并促进全国和平民主团结之实现，特制定本组织法，成立苏皖边区临时参议会（以下简称本会）。

第二条　在苏皖边区人民代表大会尚未成立以前，本会执行苏皖边区最高民意机关之职权，协助政府团结各界推行民主政治。

第二章　参议员

第三条　本会参议员名额定为二百名至二百五十名。

第四条　本会参议员以下列方法产生之：

一、原为苏中、苏北、淮南、淮北各解放区参议会驻会会员（在苏中为行政委员会委员）。

二、原苏南、浙东、浙西、皖江各解放区之参议员，为争取和平团结撤退来本边区，已向本会报到者。

三、为容纳新解放城市从未参加敌伪工作之各界领袖，由各行政区选聘之参议员已向本会报到者。

四、本边区临时行政委员会委员。

五、由边区一级党政军民学各机关团体及直属市推选二十五人。

六、原由各地区选为中国解放区人民代表大会之赴延代表。

第三章　组　织

第五条　本会由第二章规定之全体参议员组织之。

第六条　为处理本会全体参议员大会闭会期间之日常事务，由大会选出二十七人为驻会员组成驻会委员会，再由委员中互推议长一人，副议长四人，经由大会通过之。

第四章　职　权①

第七条　本会参议员大会职权如下：

一、通过本会组织法及各级人民代表大会之组织法与选举法；

---

① 原件漏掉第四章标题。

二、审查与通过本边区施政纲领；

三、讨论边区政府提交决定之一九四六年度工作纲要；

四、讨论人民及团体之应兴应革提案；

五、号召与推动本边区人民完成政府工作。

六、考察下级政府人员工作偏向并传达与协助政府查询纠正。

第八条　本会驻会委员会之职权如下：

一、领导参议员大会及主持参议员大会开会期间之会务；

二、筹备召开本边区第一届人民代表大会；

三、出席行政委员会共同研究讨论本会决议之执行及各种建设工作；

四、征询参议员及人民之意见转达政府；

五、讨论与通过政府提交公布之重要法令交大会予以追认。

第五章　会　议

第九条　本会会期如下：

一、参议大会半年一次；

二、驻会委员会每月举行一次；

三、有下列情形之一者，得由驻会委员召开临时大会：

甲、经参议员三分之一请求者；

乙、边区政府建议者；

丙、驻会委员会决议通过者。

第十条　本会参议员大会须有半数以上出席，方得正式举行，其议决案，应有出席参议员过半数之通过始得成立。

第十一条　本会开会时，边区一级各军政首长均得到席报告工作，并解答主管事务。

第十二条　本会之决议案咨送边区政府执行，如边区临时行政委员会认为该决议案碍难执行时，得详细说明理由送回本会复议。经三分之二参议员或大会闭会期间之驻会委员通过后交政府执行。

第六章　任　期

第十三条　本会参议员之任期至本边区人民代表大会正式成立时，即宣告终了。

第十四条　本会参议员如经人民选为本边区人民代表得转任新职。

第七章　经　费

第十五条　本会之参议员除驻会委员为有给职外，其余为义务职，在出席会议时得视路途远近酌发旅费。

第十六条　本会经临费用由本会依照规定编造预决算领取。

第八章　附　则

第十七条　本法经本会第一次参议员大会通过施行。

第十八条　本法解释与修正之权属于本会。

选自抄件，原注：刊于《民主建设》，苏皖边区政府《民主建设》编委会编辑，1946年2月创刊号，第26页。

27. 苏皖边区政府组织法

1945年12月苏皖边区临时参议会通过

第一章 总 则

第一条 为统一苏皖边区行政领导，增进行政工作效率，实现新民主主义政治，加强地方自治，特订定本组织法，成立苏皖边区政府（以下简称本府）领导全边区行政工作。

第二条 本府组织原则，采用民主集中制。

第二章 组 织

第三条 本府最高领导机关为边区临时行政委员会（以下简称行委会）设委员二十七人及正副主席五人，由原任各行政区参议会议长，行政公署正副主任，地方士绅名流及各界人士联席会议推定，并经边区临时参议会第一次大会追认通过之。

第四条 本府设立秘书处、民政厅、财政厅、建设厅、教育厅、高等法院、公安总局、审计处、交通总局、卫生处、法制室、参议室、调查研究室等各厅院局处室，分工处理日常政务。

第五条 本府于必要时经行委会决定得设专管机关或专门委员会。

第六条 秘书处设秘书长一人，各厅院局处室设厅院局处长或主任一人，副厅院局处长或副主任一人或二人，综理各该主管事务。

第七条 秘书长及各厅院局处长由行委会通过本府任命之。行政委员得兼任各厅院局处长、各室主任，由主席团通过，本府任命之。

第八条 各厅院局处室得按工作之需要，设秘书一人至四人，并分科办事，每科设正副科长各一人，科员办事员若干人，办理各科事务。

第九条 本府所辖各级政府之组织法另定之。

第三章 职 权

第十条 本府对于全边区行政工作，得颁布命令或单行法规，但有关施政纲要及重要法令，须经边区临时参议大会之核议或追认。

第十一条 行委会职权如左：

一、讨论执行边区临时参议会通过之施政纲领及大会决议案；

二、研究通过本府工作计划及决算；

三、决定本边区应兴应革事项；

四、定期向边区人民代表大会报告工作。

第十二条 主席团职权如左：

一、对内为行委会之主席，对外为本府行政首长；

二、负责执行行委会之决议；

三、领导与督促本府所属各级机关处理一切政务；

四、定期召集行委会议，并向该会报告工作；

五、处理本府日常政务与紧急措施。

第十三条　秘书处秉承正副主席之命，掌理左列事项：

一、综合文件；

二、典守印信；

三、缮写、校对、收发及保管文件；

四、组织领导机关工作；

五、掌握工作制度；

六、办理不属于各厅院局处室之事项。

第十四条　民政厅秉承正副主席之命，掌握左列事项：

一、办理选举；

二、改善民生；

三、调整行政区域及行政组织机构；

四、各级干部之任免、升迁、调补、考核及奖惩；

五、战时后方勤务；

六、优抚及抚恤；

七、举办社会福利事业；

八、户籍行政，人口登记。

九、禁烟、禁毒、禁赌。

十、其他有关民政事项。

第十五条　财政厅秉承正副主席之命，掌理左列事项：

一、财政预算之编造及审核；

二、公粮之征收及保管；

三、赋税之整理及征收；

四、公学款产之监督指导及保管；

五、逆产之处置及管理；

六、土地查登；

七、关于其他有关财政事项。

第十六条　教育厅秉承正副主席之命，掌理左列事项：

一、初等、中等、社会及干部教育；

二、学校教科书之编辑及审查；

三、文化事业之推行、管理及学术奖励；

四、地方风俗改革及破除迷信；

五、教育专款之计划与筹备；

六、地方师资之培养；

七、关于其他有关教育事项。

第十七条　建设厅秉承正副主席之命，掌理左列事项：

一、指导垦植；

二、水利建设；

三、公路桥梁及其他公共工程之建筑；

四、公营工业之创办管理及民营工业之倡导、扶助及保护；
五、合作事业之扶助及指导；
六、处理商标注册及专利；
七、有关其也建设事项。
第十八条　公安总局秉承正副主席之命，掌理左列事项：
一、防奸、防谍、防匪、保卫地方安宁；
二、维持民主秩序，依法保障人权；
三、违警事件之处理；
四、执行刑事之检察；
五、检举违法之公务人员；
六、警察之训练管理；
七、关于其他有关公安事项。
第十九条　高等法院秉承正副主席之命，掌理左列事项：
一、保障政府法令之推行；
二、审理第三审诉讼案件；
三、犯人管理教育；
四、各级司法行政事项；
五、其他有关司法事项。
第二十条　交通总局秉承正副主席之命，掌理左列事项：
一、公文、信件、书报之收发传递；
二、邮电事业之监督指导；
三、交通事业之管理；
四、其他有关交通事项；
第二十一条　卫生处秉承正副主席之命，掌理左列事项：
一、领导督促各级政府推进协助人民举办地方卫生事业；
二、中西医术医药之研究与改进；
三、教育训练医务人员；
四、边区机关人员疾病之诊疗；
五、其他有关卫生建设事项；
第二十二条　审计处秉承正副主席之命，掌理左列事项：
一、审核预决算；
二、关于其他有关审计事项。
第二十三条　法制室掌理左列事项：
一、研究国内外及各解放区之法令；
二、草拟本边区单行法规；
三、其他有关法制事宜。
第二十四条　参议室掌理左列事项：
一、咨询一切行政事宜；

二、受命处理与参加各种行政设施；

三、政策法令之考察研究。

第二十五条　调查研究室掌理左列事项：

一、搜集调查统计本边区有关政策之材料；

二、供给政府施政所必须（需）之材料。

第四章　任期与会议

第二十六条　本府正副主席、行政委员、候补委员任期为三年，期满依法选举之，连选得连任。

第二十七条　本府正副主席及行政委员，如有违法情节，经人民之检举，临参会之罢免，得另行改选之。

第二十八条　行委会每三月开会一次，由主席团召集之，开会时行政委员须亲自出席，不得委派代表，至于非行政委员之各厅院局室主管人得列席会议。

第二十九条　本府府务会议每星期举行一次，由主席团召集之，各厅院局处室主管人出席，有关之科长以上人员，必要时得列席会议。

第三十条　各厅院局处室每周开会一次，各科长或科员以上人员出席会议。

第三十一条　各专员联系会议每半年举行一次，由主席团召集之。

第三十二条　本法所规定之各种会议及各部门工作之专门会议（如民政会议，财政会议等）遇必要时得临时召集之。

第五章　经　费

第三十三条　凡参加本府日常工作者为有给职，余为义务职，在开会时得酌发旅费。

第三十四条　本府经费依法由财政收入支付。

第六章　附　则

第三十五条　本法经边区临时参议会第一次大会通过，交由本府公布施行。

第三十六条　本法如有未尽事宜，得由本府咨请临时参议会修正之。

选自手抄件，原注：刊于《民主建设》，苏皖边区政府《民主建设》编委会编辑，1946年2月创刊号，第27页。

28. 苏皖边区各行政区专员公署暂行组织条例

1945年12月苏皖边区政府颁布施行

第一章　总　则

第一条　本条例根据苏皖边区政府（以下简称边府）组织条例第□条订定之。

第二条　各行政区专员公署（以下简称专署）之管辖范围及名称以边府命令订定之。

第二章　组　织

第三条　各行政区最高权力机关为各该区之人民代表会议。

第四条　各行政区最高执行机关为各该区之行政委员会，由各该区人民代表会议选出正副专员及行政委员十五至二十五人组织之，正副专员为行政委员会当然主席，并经边府加委后组织专署，处理全行政区日常政务。

在各行政区人民代表会议未成立前，正副专员由边区政府派任，并得设临时行政委员会，由各该区各机关团体学校互推委员十五至二十五人，经边区政府加聘后组织之。或由边区政府直接聘任之。

第五条　专署下设秘书室、民政处、财粮处、教育处、建设处、公安局、法院、交通局、调研室等工作部门。

第六条　秘书室设秘书一人，下设文书、总务两科，各设科长一人，科员及办事员若干人。

第七条　民政处设正副处长各一人，下设干部、民政及后勤三科，各设科长一人，科员及办事员若干人。

第八条　财粮处设正副处长各一人，下设财务及粮政两科，各设科长一人，科员及办事员若干人，另设契税及公学款产管理员若干人。

第九条　教育处设正副处长各一人，下设初等教育、中等教育及社会教育三科，各设科长一人，督学、科员及办事员若干人。

第十条　建设处设正副处长各一人，下设农垦、水利、工业及合作三科，各设科长一人，专门技师、科员及办事员若干人。

第十一条　公安局设正副局长各一人，下设治安、侦察及审讯三科，各设科长一人，科员及办事员若干人。

第十二条　法院设正副院长各一人，推事、书记官及书记员若干人。

第十三条　交通局设正副局长各一人，下设交管、发行、邮务三科，各设科长一人，科员、干事若干人。

第十四条　调研室设主任一人，调研员若干人。

第十五条　专署因工作需要，得呈准边府后增减各科机构。

第三章　职　权

第十六条　各行政区行政委员会职权如左（下）：

一、具体讨论执行边府之法令、重大指示与本行政区人民代表会议之重大决议。

二、研究通过本区政府工作计划及预决算。

三、决定本行政区应兴应革事项。

四、向本行政区人民代表会议定期报告工作。

第十七条　正副专员职权如左（下）：

一、执行边府命令和指示。

二、贯彻行政委员会决议。

三、综理该行政区政务，领导所属各部门办理各该主管事项。

四、定期向行政委员会及边区政府报告工作情况。

第十八条　秘书室秉承正副专员之命掌理左（下）列事项：

一、综核文件。

二、典守印信。

三、缮写、核对、收发及保管文件。
四、组织机关工作。
五、办理不属于各处、局、室之事项。
第十九条　民政处秉承正副专员之命掌理左（下）列事项：
一、办理选举。
二、改善民生。
三、调整行政区域及各种组织机构。
四、各级干部之任免、升迁、调补、考核及奖惩。
五、战时后方勤务。
六、优抗及抚恤。
七、社会救济。
八、卫生行政。
九、户籍行政、人口登记。
十、禁烟、禁毒、禁赌。
十一、其他有关民政事项。
第二十条　财粮处秉承正副专员之命掌理左（下）列事项：
一、财政预决算之编造及审核。
二、公粮之征收及保管。
三、赋税之整理及征收。
四、公学款产之监督、指导及保管。
五、逆产之处分及管理。
六、土地查登。
七、关于其他有关财政事项。
第二十一条　教育处秉承正副专员之命掌理左（下）列事项：
一、初等、中等、群众及干部教育。
二、文化事业之推进、管理及学术奖励。
三、地方风俗改革及破除迷信。
四、地方师资之培养。
五、教育专款之筹措支付。
六、关于其他有关教育事项。
第二十二条　建设处秉承正副专员之命掌理左（下）列事项：
一、指导垦植。
二、水利建设。
三、公路、桥梁及其他公共工程之修筑。
四、合作事业之扶助及指导。
五、地方公营工业之创办、管理及民营工业之倡导、扶助及保护。
六、处理商标注册及专利。
七、其他有关建设事项。

第二十三条　公安局秉承正副专员之命掌理左（下）列事项：

一、防奸、防谍、防匪，保卫地方安宁。

二、维持民主秩序，依法保障民权。

三、违警事件之处理。

四、执行刑事检查。

五、检举违法之公务人员。

六、警察之训练管理。

七、关于其他有关公安事项。

第二十四条　法院秉承正副专员之命掌理左（下）列事项：

一、司法条例法规之草拟。

二、保障政府法令之推行。

三、审理二审民刑案件。

四、犯人之管理教育。

五、其他有关司法事项。

第二十五条　交通局秉承正副专员之命掌理左（下）列事项：

一、公文、信件、书报之收发传递。

二、邮电事业之监督指导。

三、交通事业之管理。

四、其他有关交通事项。

第二十六条　调查研究室秉承正副专员之命掌理左（下）列事项：

一、资料之收集整理。

二、各种行政工作之调查统计。

三、各种法令之研究。

四、其他有关调查研究事项。

第四章　任期与会议

第二十七条　行政委员及正副专员任期三年，任满由各该区人民代表会议改选之，连选得连任。

第二十八条　行政委员会议每三月举行一次，由正副主席召集之；各非行政委员之秘书、处局长、主任得列席会议，必要时得召集临时会议。

第二十九条　专署之政务会议，每半月举行一次，各正副处、院、局长、秘书及主任出席，由正副专员召集之，遇必要时，得召集扩大会议，由各科长列席。

第三十条　各处、院、局、室会议，每周举行一次，由各该部门首长召集之。

第五章　附　则

第三十一条　本条例以边府命令自公布之日起施行。

第三十二条　本条例如有未尽事宜，由边府以命令修正之。

选自《中国新民主义革命时期根据地法制文献选篇》第二卷，中国社会科学出版社1981年出版，第486～492页。（未注明史料来源）

29. 苏皖边区各县县政府暂行组织条例

1945年12月苏皖边区政府颁布施行

第一章　总　则

第一条　本条例根据苏皖边区政府组织条例第□条订定之。

第二条　各县县政府管辖之范围及名称，以边区政府命令规定之。

第二章　组　织

第三条　各县最高权力机关，为各该县之人民代表会议。

第四条　各县最高执行机关为各该县之行政委员会，由各该县人民代表会议选出正副县长及行政委员七人至九人组织之，正副县长为行政委员会当然主席，并经边区政府加委后组织县政府，处理全县日常政务。在各县县人民代表会议未正式成立前，正副县长由边区政府派任之，并得设临时行政委员会，由本县各机关团体学校互推委员七人至九人，经边区政府加聘后组织之，或由专员公署报请边区政府聘任之。

第五条　各县县政府下设秘书室、民政科、财粮科、教育科、建设科、司法科、公安局、交通局等工作部门。秘书室设秘书一人，收发、文书、会计、庶务等若干人。各科、局得设正副科、局长各一人，股长、科员及办事员若干人。

第三章　职　权

第六条　各县行政委员会职权如左（下）：

一、具体讨论执行边区政府、专员公署之法令及重要指示与本县人民代表会议之重大决议。

二、研究通过本县政府工作计划及预决算。

三、决定本县应兴应革事项。

四、向本县人民代表会议定期报告工作情况。

第七条　正副县长职权如左（下）：

一、执行边区政府及专员公署之命令和指示。

二、贯彻行政委员会决议。

三、综理全县政务，领导所属各部门办理各该主管事项。

四、定期向行政委员会及专员公署报告工作情况。

第八条　秘书室秉承正副县长之命掌理左（下）列事项：

一、综核文件。

二、典守印信。

三、缮写、校对、收发及保管文件。

四、组织机关工作。

五、办理不属于各科、局之事项。

第九条　民政科秉承正副县长之命掌理左（下）列事项：

一、办理选举。

二、改善民生。

三、调整行政区域及各种组织机构。
四、乡级干部之任免、升迁、调补、考核及奖惩。对区级干部得请求任免之。
五、战时后方勤务。
六、优抗及抚恤。
七、社会救济。
八、卫生行政。
九、户籍行政，人口登记。
十、禁烟、禁毒、禁赌。
十一、其他有关民政事项。
第十条　财粮科秉承正副县长之命掌理左（下）列事项：
一、财政预决算之编造及审核。
二、公粮之征收及保管。
三、赋税之整理及征收。
四、公学款产之监督、指导及保管。
五、逆产之管理及查报。
六、土地查登。
七、关于其他有关财政事项。
第十一条　教育科秉承正副县长之命掌理左（下）列事项：
一、初等、中等、社会、干部教育。
二、文化事业之推进、管理及学术奖励。
三、地方风俗改革及破除迷信。
四、地方师资之培养。
五、教育专款之筹措支付。
六、关于其他有关教育事项。
第十二条　建设科秉承正副县长之命掌理左（下）列事项：
一、指导垦植。
二、水利建设。
三、公路、桥梁及其他公共工程之修筑。
四、地方公营工业之创办、管理及民营工业之指导、扶助及保护。
五、合社事业之扶助及指导。
六、办理商标注册及专利。
七、其他有关建设事项。
第十三条　公安局秉承正副县长之命掌理左（下）列事项：
一、防奸、防匪，保卫地方安宁。
二、维持民主秩序，依法保障民权。
三、违警案件之处理。
四、执行刑事检查。
五、检举违法之公务人员。

六、警察之训练管理。

七、其他有关公安事项。

第十四条　司法科秉承正副县长之命掌理左（下）列事项：

一、司法条例法规之草拟。

二、保障政府法令之执行。

三、审理初审民刑案件。

四、犯人之管理教育。

五、其他有关司法事项。

第十五条　交通局秉承正副县长之命掌理左（下）列事项：

一、公文、信件及书报之收发传递。

二、邮电事业之监督指导。

三、交通事业之管理。

四、其他有关交通事项。

第四章　任期及会议

第十六条　行政委员及正副县长任期二年，任满后，由各该县人民代表会议改选之，连选得连任。

第十七条　行政委员会议三个月举行一次，由正副主席召集之（各非委员之秘书、科局长得列席会议），必要时得召开临时会议。

第十八条　县政府政务会议每一月举行一次，各正副、科、局长及秘书出席，由正副县长召集之。

第十九条　各科、局、室会议，每半月举行一次，由各该部门主管人员召集之。

第五章　附　则

第二十条　本条例以边区政府命令自公布之日起施行。

第二十一条　本条例如有未尽事宜，由边区政府命令修改之。

（本件附表从略）

选自《中国新民主主义革命时期根据地法制文献选编》第二卷，中国社会科学出版社1981年版，第492～497页。（未注明史料来源）

30. 附：苏南抗日民主政权沿革表

表一

江南行政委员会　主任　何克希 （1941年5月成立）	第一行政区	专员	任天石
	第二行政区	专员	吴达人
	第三行政区	专员	顾复生
	第四行政区	专员	韦永义
	第五行政区	专员	巫恒通
	第六行政区	专员	朱春苑

表二

苏南区行政公署 主任 江渭清
（1944年2月时）副主任 吴仲超

- 苏南第一行政区 专员 樊玉琳
- 苏南第二行政区 专员 张之宜
- 苏南第三行政区 专员 朱春苑
- 苏南第四行政区 专员 刘烈人

表三

苏南区行政公署 主任 吴仲超
（1945年7月时）副主任 宋日昌

- 苏南第一行政区 专员 樊玉琳
- 苏南第二行政区 专员 惠浴宇

苏中区行政公署
（1945年7月时）

- 苏中第五专员公署 专员 韦永义
  副专员 张志强
- 苏中第六专员公署 专员 任天石

浙东区行政公署
（1945年7月时）

——淞沪地区专员公署 专员 顾复生

选自《苏南抗日根据地》，中共党史资料出版社1987年9月版，第554页。中共浙江省委党史工作委员会、江苏省档案馆编。

四、民政法规

1. 津浦路西优待抗日军人家属暂行办法

1942年5月，津浦路西联防临时参议会第一届第二次大会通过

第一条　凡脱离生产参加抗日之军人（不论中央军或新四军以及其他各抗日军）及抗日工作人员其直系家属（父母妻子及未成年依其生活之弟妹）均依照本办法优待之。

第二条　由联防机关至乡均组织优待抗属委员会，经常办理优抗事宜（其组织条例另订之）。

第三条　优抗委员会须将各该地区内之抗属，调查登记发给光荣证，并组织抗日军人家属协会（其组织办法另订之）。

第四条　凡抗日军人家属持有光荣证，或其他证明文件者，得享受下列之优待。

第一款：除田赋及政府正税外豁免一切临时捐款。

第二款：国防军省防军[①]救国公粮免征，县区乡模范队减半征收，真贫苦者得免征之。

第三款：借用公共贷款得酌量减免利息。

第四款：其子弟入学免费。

第五款：所住公家房屋免纳租金。

---

① 原注：国防军指抗日军的正规军，省防军指津浦路西联防司令部所属部队等。

第六款：免除各种伕役并享有一切公益设施之优先权（如开荒贷借公款等）。

第七款：抗战前所借之债务，得延至抗战胜利后归还。

第八款：各保之代耕队不取代价为抗属耕种（全年帮助40至50工）。

第五条　抗属之荣誉证每一年一换，以免遗漏与假冒。

第六条　抗属如有下列情形之一者得由政府酌予救济。

第一款：赤贫不能生活者。

第二款：死亡不能埋葬者。

第三款：生育子女无力抚养者。

第四款：遭遇意外灾害者。

第七条　优待抗日家属具体办法如下：

第一款：优抗委员会可筹措（或请政府）拨给若干粮款设立借贷所，按抗属等级予以优待，最贫苦者每年可帮助其维持一个人生活费。

第二款：如抗属之家族或亲友家境富裕者，优抗委员会得设法为其借贷，并担保如期归还之。

第三款：各县公学田产及公地等须拨给抗属耕种。

第四款：每年午秋二季由优抗委员会发动民众物质慰劳，且须避免捐税方式以防流币（弊）。

第八条　凡抗日军人因作战阵亡或受重伤以至残废者，除享有本处颁布抚恤伤亡将士及工作人员暂行条例之权利外，其直系亲属得继续享受本办法之权利。

第九条　抗属有下列情形之一者，不得享本办法之权利：

第一款：抗日军人逃亡回家者或受刑事处分者。

第二款：抗属因违法而受刑事处分者。

第十条　优待抗属之顺序如下：

1. 国防军；2. 省防军；3. 县、区、乡模范队（包括税警武装在内）；4. 参加抗日工作人员家属。

第十一条　本办法解释权属于路西联防办事处。

第十二条　本办法由津浦路西临时参议会通过联防办事处公布施行之。

附件：

1. 除按优抗条例替抗属代耕外，须在每年夏（端午节）冬（腊月二十四日）发动民众团体以物质慰劳，如过年过节，送菜送草及其他礼物等。

2. 由政府拨给优抗公粮，按抗属生活状况（其最穷苦者每年可发给一个人生活费）予以实际优待，其公粮来源如下：佃田抽百分之二十租额，祠田抽百分之二十，政府由全年田赋公粮总收入内拨百分之五，打资敌除百分之五十为公家外，其余百分之五十拨为优抗用。

3. 由优抗会个别帮助抗属于亲友处借贷。

4. 组织互济会给特殊困难及特殊遭遇之抗属以救济。

5. 优待范围，以各抗属住在地为标准，由各县自行负责。

6. 应给优待之抗属分类如下：

一、我区以分正规军、省防军及干属三种。

二、敌伪区之干属因敌人摧残移来我区者。

选自《淮南抗日根据地财经史》，安徽人民出版社1991年12月版，第95～97页。

互校版本：《淮南抗日根据地》，中共党史资料出版社1987年版，第217～219页。

2. 津浦路西优待抗属委员会组织条例

1942年5月津浦路西联防临时参议会第一届第二次大会通过

第一条　为切实解决抗属困难，保证一切抗战工作人员，得安心从事工作，以争取抗战胜利，特组织各级优待抗属委员会（以下简称优抗会）负责优抗事宜。

第二条　自联防机关至县区乡止，按级组织优抗会，其名称之上，须冠以所在县、区、乡之名。

第三条　优抗会优待对象，以中央军新四军及其他各抗日军人直系家属，与脱离生产从事抗战工作之干部直系家属为限。

第四条　优抗会优待抗属，须根据优抗条例，其条例另订之。

第五条　优抗会任务规定如下：

第一款：调查并组织抗属。

第二款：解决抗属困难问题。

第三款：谋取抗属本身福利。

第四款：提高抗属社会地位。

第六条　各级优抗会，以下列人员组织之：

第一款：联防优抗会以九人组织之，联防办事处、司令部、前方政治部、后方政治部、驻军、联防参议会，联抗会各一人，抗属二人。

第二款：县优抗会以九人组织之，县政府、总队部、县农抗、妇抗、政治处、驻军代表、县参议会各一人，抗属二人。

第三款：区优抗会以七人组织之，区政府、区队部、区农抗、中心小学、公正士绅各一人，抗属二人。

第四款：乡优抗会以七人组织之，乡政府、乡大队部、乡农抗、中心小学、公正士绅各一人，抗属二人。

第七条　各级优抗会，应设立主任一人，下属总务、宣传、组织、福利四股，由委员会互推，县级以上，得因工作需要，聘请干事。

第八条　各级优抗会会期规定如下：

第一款：联防与县优抗会，一月举行会议一次。

第二款：区与乡优抗会，半月举行会议一次。

第三款：遇有特殊情形，经全体委员三分之二以上之同意，可召开临时会。

第九条　各级优抗会工作费，由各级政府支给之。

第十条　本条例解释权属于路西联防办事处。

第十一条　本条例由路西联防临时参议会通过交联防办事处公布施行之。

选自《淮南抗日根据地》，中共党史资料出版社1987年10月版，第215～217页。《淮南抗日根据地》编审委员会编。原注："津浦路西临时参议会第一届第二次大会《大会专刊》1942年5月"。

3. 苏中区各级公务人员任免暂行条例

1944年苏中行政公署制定

第一章　总　则

第一条　为实行民主集中制，统一行政组织系统，提高行政效率，明确规定各级公务人员任免职权起见，特订定本条例。

第二条　各级政府委员系由民选产生者，应一律依照选举法、罢免法，实行选举或罢免后呈请上级政府任免之；其尚未实行民选者由上级政府直接任免之。

第三条　县级以上及本署直属各部门公务人员由本署直接任免调遣，区以下公务人员之任免调遣应由各该主管高二级政府决定（例：乡级人员之任免应由县政府决定），公务人员由民选所产生或罢免须由同级政府经上项手续呈请任免。

第四条　任免调遣民政、公安、司法、财政、建设、文教等各部门公务人员由主管部门各处局审核提交政府委员会通过，以行政首长名义及有关主管处局长副署以命令任免之。

第五条　政府有调遣公务人员之权，惟于调遣民选产生之公务人员时应得对被调遣者有选举权罢免权之民意机关（参议会与村民大会乡区民代表大会）之同意，在调遣时如发生不同意见，由主张调动者之上级政府作最后决定。

第二章　任　免

第六条　本署主任秘书长、各处处长、高等法院院长经苏中参议会选举或罢免，由本署以命令公布。

第七条　下列各公务人员由本署任免：

甲　行政专员、县长、行政专署秘书、各科科长、公安局长、法院院长、财政处长、县学（或初中）以上各校长教员、本署法制委员会委员，由本署直接任免。

乙　本署各处局秘书、科长、科员、督学、高等法院审判员、书记员、金库主任、贸易局长由各该直属部门呈请本署任免。

丙　各行政区专署、公安局、法院、财政处等各部门所属秘书、科长、督学、审判员、金库主任、垦务局长、贸易局长、盐场总场长由专署呈请本署任免。

第八条　下列各公务人员由行政区专员公署任免：

甲　行政区专员公署、公安局、财政处所属各科科员、贸易局各课课长、法院书记员，由主管直属各部门呈请专署任免。

乙　县政府秘书、各科科长、公安局长、财政局长、审判员、督学、各区长由专署直接任免，并呈报本署备案。

第九条　下列各公务人员由县政府任免：

甲　县政府各科员、公安局、财经局、各部门所属各课长、区政府各股长、财经局主任、区乡学校长教员山县政府任免，呈报专署备案。

乙　县政府各局课员、乡长、区署办事员分派所长由县政府任免。

第十条　下列公务人员山区政府任免：

乡政府委员、村长、组长、未及实行民选地区之财经助理员及保甲长由区政府任免。

第十一条　各级公务人员副职之任免与正职同，其他各办事员等，由各级政府自行任免之。

第十二条　凡公务人员有下列情形之一者，政府得命令免职或留［撤］职：

（甲）同级民意机关以罢免法罢免者。

（乙）受行政上免职撤职处分者。

（丙）自行请求辞职照准者。

（丁）遇有特殊事故时，各级政府得施行紧急处置免职停职委代后再行呈请上级政府备案。

第三章　附　则

第十三条　本条例由本署颁布施行，如有未尽事宜，得以命令修正之。

选自《苏中抗日根据地》，中共党史资料出版社 1990 年 4 月版，第 346～348 页。中共江苏省委党史工作委员会、江苏省档案馆合编。原注：“原载 1944 年 11 月刊印《苏中行政公署法令汇编》”。

4. 苏中区优待在乡荣誉军人暂行办法

1944 年

第一条　为优待退伍或寄养在民间的荣誉军人，特订定本办法。

第二条　本办法所列荣誉军人，系根据“苏中区抗战军政人员抚恤暂行条例”第三条甲乙两项所规定的伤残人员，及同条例第十九条所规定退伍或寄养民间的荣誉军人。

第三条　在乡荣誉军人以其残废程度分为三等，由部队政治机关及医院写介绍信，到居留地区的县政府，领取荣誉军人优抚证，凭证领取抚恤金及享受本办法的优待（残废等级及抚恤金标准，仍照抚恤条例的规定）。

第四条　苏中区抗战军政人员抚恤暂行条例第六条所规定的各县抚恤委员会以县长、县府民政科长、独立团（或警卫团）政治主任，民兵总队长及县级民意机关代表一人组织之，县长兼主任委员，必要时设总干事一人，干事若干人，负责抚恤经费之筹支等事宜。

第五条　在乡荣誉军人的权利：

一、凡在乡荣誉军人，借住房屋，借用物件，居民一概不得故意拒绝或为难，乡

（镇）村（保）组（甲）工作人员都应关心爱护荣誉军人，并须保障他们的安全。

二、在乡荣誉军人和居住地区居民同等享受一切公民权利。

三、在乡荣誉军人得享受所在地区人民和政府军队的尊敬，军政民教须经常派代表慰问他们，每逢年节地方政府要发动人民进行慰问。

四、在乡荣誉军人恢复健康后，能工作的或自愿入学读书的，应由政府机关尽先介绍轻便工作或职业，及免考免费入学。

第六条　对于荣誉军人处理方法：

一、能工作的，依他的体质能力，分配在地方机关担任轻便的工作（如民运税务工场等工作）。

二、不能担任工作的，尽量分配参加生产（小手工业，集体开荒种田，做小生意等……）。

三、不能工作又不能生产的，尽可能动员其回家。

四、没法回家的，仍疏散寄居民间隐蔽。

第七条　荣誉军人的生活，依下列办法办理：

一、寄居隐蔽的荣誉军人的生活，由政府负责供给食粮、菜金、津贴、被服及各项费用，依原来的职务按照部队现行供给标准发给，惟食粮部分，应发双份，除本人膳食一份外，一份作购买滋养品和津贴居民之用。

二、退伍回家的荣誉军人，除予以政治教育发给便衣外，应发给足够的路费，家在根据地内，由县政府写介绍信，嘱原籍政府予以经常优待，家在根据地以外的，按照残废等级发给二年、一年半或一年的一份食粮、菜金和全部抚恤金，缴销荣誉军人优抚证，遣回原籍。

三、有生产能力，或愿意在寄居地区安家立业的，可呈准所住地县政府拨给公学产熟田五亩或荒地十亩（有耕种权无处分权）耕种做手工业或做小生意的发给相当资本，另按残废等级发给一年、九个月或半年的一份食粮，菜金及全部的抚恤金，缴销其荣誉军人优抚证。

四、参加地方机关工作的，除按照他的残废等级发给全部抚恤金外，并另外津贴半年的一份食粮，作购买滋养品的费用。

第八条　规定每年元旦日，四月十二日，七月七日，十月十二日为荣誉军人节日，各级政府召开荣誉军人大会，讨论在乡的荣誉军人的工作和生活等问题，身体已经恢复健康的，应送回部队或分配地方工作，疮口没有长满或残废程度较深的，仍留原地休养或送卫生机关医治。

第九条　在乡荣誉军人寄养或居住一乡或邻乡有三人以上者，设荣誉军人小组，互推小组长，主持领导组织生活，有三个小组以上设荣誉军人分团，小组分团直属县抚恤委员会领导。

第十条　在乡荣誉军人必须遵守军政法纪，如有故意违背者，由当地政府及分团小组予以劝告、申诫、其情节严重者，送县政府或军队政治机关处分。

第十一条　寄养荣誉军人的人家，须热心照顾荣誉军人，成绩优良的，由政府给予奖励，有故意不照顾的，应予以惩处。

第十二条　本办法自公布之日施行，如有不妥善的地方，由本署以命令修正之。

选自《华中抗日根据地财政经济史料选编》第三卷，档案出版社1986年版，第313～315页。江苏省财政厅、江苏省档案馆、财政经济史编写组合编。原注：“按1944年11月《苏中行政公署法令汇编》刊印”。

5. 苏中区抗战军政人员抚恤暂行条例

1944年

第一章　总　则

第一条　为抚恤抗战部队临阵受伤或因公受伤致残废之各级抗战军政人员，并优恤阵亡或因公殒命之各级军政人员之遗族，特订定本条例。

第二章　（被）抚恤人员及遗族之规定

第二条　凡服务于苏中区各级军政机关之工作人员，部队之指战员及杂务人员之因公伤亡者，均适用本条例。

第三条　凡符合下列各条件之一者，均得享受本条例之抚恤：

（甲）临阵受伤肢体残废者；

（乙）因公外出，或于服务机关内遭受敌伪、土匪或其他破坏分子袭击受伤肢体残废者；

（丙）阵亡或临阵受伤伤重殒命者；

（丁）因公外出，或于服务机关内遭受敌伪、土匪，破坏分子袭击因而殒命者。

第四条　凡因第三条（丙）（丁）二项殒命之配偶，直系亲属（祖父，祖母，父，母，子，女）均为其遗族，有享受本条例抚恤之权。

第五条　凡伤残军政人员与死亡者之遗族，受有政府刑事处分者，即停止其优待抚恤之权利。

第六条　伤残军政人员及死亡者之遗族，除按照本条例领取享受抚恤外，不得另有其他要求，各抚恤委员会处理伤残军政人员及死亡者之遗族时，亦不得超出本条例之规定。

第七条　凡持有残废证之苏中区伤残军政人员，得向其他各抗日根据地之抚恤机关，领取抚恤金，或持有其他各根据地所发之残废证明书之伤残人员，苏中区各县抚恤委员会，亦应按规定等级，定期发给抚恤金，及享受本条例规定之各种优恤。

第三章　抚恤机关

第八条　由苏中行政公署会同苏中军区司令部，政治部，共同组织苏中区抚恤委员会，负责领导苏中区各县之抚恤工作。

第九条　各县由县政府会同同级之军政机关推举五人组织县抚恤委员会，县长兼主任委员，负责办理该县抚恤工作。

第四章　抚恤手续

第十条　负伤残废之核定，由抚恤委员会聘请卫生机关检验，按残废鉴别标准（见第十六条）填具证明表后，由抚恤委员会发给残废证明书（式样附后）及恤金。

第十一条　残废证明书有效期规定一等七年，二等五年，三等三年，临时残废一年，期满后应呈缴原证复验，如不合原证之残废等级，或身体已经复原者，得由卫生机关重新规定或取消之。

第十二条　凡第三条（丙）（丁）两项阵亡之指政战员，应由各该直属军政首长负责调查，填具证明书或死亡登记表，呈送当地抚恤委员会，并通知其家属，前来抚恤委员会领取证明书及恤金。

第十三条　抚恤证如有遗失，应即呈请抚恤委员会另行补发，原证声明作废。

第十四条　在医院休养之伤残人员，一律不发残废证和抚恤金，但出院后应即履行手续，取得残废证，领取抚恤金。

第五章　抚恤办法

第十五条　凡第三条（甲）（乙）两项伤残人员，得按其伤残程度轻重发给残废金。

第十六条　伤残人员伤残程度分为下列三等：

（甲）一等残废

1. 两目皆盲；
2. 失去一手以上；
3. 咀嚼及言语机能并废；
4. 身体瘫废；
5. 生殖机能伤（丧）失；
6. 其他类似上述情形者。

（乙）二等残废

1. 一手或一足全肢残废；
2. 一足失去五趾及脚一部；
3. 二耳俱聋或盲一目；
4. 一手失去五指或二三食指；
5. 咀嚼言语机能有重大障碍；
6. 重要器脏破坏，势难治愈者。

（丙）三等残废

1. 一手失去拇指，或其他三指；
2. 一足失去三趾，聋一耳，或脱鼻，视力障碍；
3. 头部及腰部运动有障碍；
4. 重要器脏受伤，有再发危险；
5. 伤难治愈，而精神上有至大障碍者。

第十七条　一等残废，全年发给残废金抗币一百元，二等残废，全年发给残废金抗币五十元，三等残废全年发给残废金抗币四十元，由抚恤委员会每年分春季秋季二次发给之。

第十八条　伤残人员残废金凭残废证明书发给之，期满即停发。

第十九条　伤残人员如因不能继续工作退伍回家休养其生活不能维持者，或虽未退伍而不能继续工作者，对于衣物及粮食等应优予接济并妥为安置保证其安全。

第二十条　凡第三条（丙）（丁）二项临阵阵亡或因公殒命人员之遗金及重要物品均应交抚恤委员会保存设法寄给其家属不得没收或随便使用。

第二十一条　凡第三条（丙）（丁）二项临阵阵亡或因公殒命者，除情况不容许掩埋外一律买棺木埋葬，并竖立纪念碑，其埋葬费由抚恤委员会实报实销，如有特殊功绩者，并应追赠表扬。

第二十二条　凡第三条（丙）（丁）二项临阵阵亡或因公殒命者之遗族得视其生活实际情形呈请政府经县以上政府之批准减免其粮赋劳役。

第二十三条　凡第三条（丙）（丁）二项临阵阵亡或因公殒命者之遗族除由政府发给“荣誉奖状”外，均发给抚恤金按临阵阵亡或因公殒命人员之职别等级分为抗币一千元、五百元、四百元、三百元四等发给之。

（甲）生时任职旅级干部发给一等一次抗币一千元；

（乙）生时任职团营级干部发给二等一次抗币五百元；

（丙）生时任职连排级干部发给二等一次抗币四百元；

（丁）生时任职班级以下战斗员工作人员杂务人员发给四等一次抗币三百元。

第二十四条　凡第三条（丙）（丁）二项临阵阵亡或因公殒命者之遗族，除得受本条例规定之抚恤外，仍得享受苏中区优待抗战军人家属暂行条例所规定之各种优待。

第二十五条　凡合于下列规定之一者，除按规定发给抚恤金外，得按具体情形酌量增加特别抚恤金：

（甲）生时服务有特殊功绩者；

（乙）为完成任务致伤或壮烈牺牲者；

（丙）拯救同志英勇致伤或殒命者；

（丁）临难不屈不挠者。

（戊）类似上列情形者。

第二十六条　凡符合第二条规定之伤残军政人员与死亡者之遗族其自愿放弃政府和抚恤委员会之各种优恤享受者政府应予以褒奖。

第六章　附　则

第二十七条　本条例由苏中行政公署苏中军区司令部政治部会同颁布施行，如有未尽事宜其修正权同。

选自《华中抗日根据地财政经济史料选编》第三卷，档案出版社1986年版，第316～320页。江苏省财政厅、江苏省档案馆、财政经济史编写组合编。原注：“按1944年11月《苏中行政公署法令汇编》刊印”。

6. 苏中区优待抗日军人家属条例

1944年

第一章　总　则

第一条　为争取反攻胜利，开展参军拥军运动；切实执行优抗政策，遵照本区施政纲要第三项之规定，特订定本条例。

第二条　苏中区各县优待抗日军人家属，依本条例处理之。

第二章　抗　属

第三条　凡参加下列各项部队之指战员，政工人员及技术人员等均为抗日军人：

一、主力部队（新四军各主力部队及抗日之友军）。

二、地方兵团（各县警卫团独立团）。

三、游击部队（各区游击连、区队，小游击队，脱离生产之基干队等）。

第四条　抗日军人之下列家属，方得为享受本条例所规定优待之抗属：

一、配偶（妻）。

二、直系血亲（子女、父母、祖父母）。

三、未成年之弟妹，及不能独立生活之兄姊。

四、有契约上道义上扶养义务之人（如抗日军人本身为赘婿，则为其岳父母；如为继子养子，则为继父母养父母及自幼扶养抗日军人之伯叔姑舅，现在寡独贫苦者）。

第五条　抗属应参加抗属小组，抗属协会，在组织领导下从事兴家立业之家务建设及一切抗日民主之社会活动。

抗属协会与抗属小组之组织办法另订之。

第六条　抗日军人因战斗或积劳而致牺牲或伤残者，除按照抚恤条例办理优恤外，其家属继续享受本条例所列各项优待。

第七条　抗属因下列各项原因而丧失资格：

一、参军之人背叛革命者。

二、参军之人被开除军籍者。

三、参军之人逃亡开小差者。

四、抗属勾结敌伪特工查有实据者。

五、抗属犯有重大错误，经民主决定，政府批准，作一定时期之停止处分者。

第三章　优抗组织

第八条　优抗工作为政府之经常业务，民选之县区乡各级政府委员中，按照政府组织法，互推优抗委员会主任委员一人至二人主持之。

未实行民选之各级政府优抗工作，乡政府由副乡长负责，区政府由民政股、县政府由民政科主持之。

第九条　优抗工作应发展为民主的自发的运动，县区乡各级政府配合各阶层代表群众领袖，组织各级优抗委员推行工作。

各级优待抗属委员会组织条例另定之。

第十条　各级优待抗属委员，由政府领导，在民主讨论中推选工作。

第十一条　各乡为实行代耕代工得组织代耕代工队，其代耕代工办法另订之。

第四章　调查登记

第十二条　各部队对战士干部有家属居住于苏中区者，应调查登记，缮发抗属证，交于抗属收执。

第十三条　乡级优委会根据抗属证，进行调查登记抗属，造具名册，呈县政府优委会审核发给优待证。抗属未领到部队抗属证者，经当地行政干部及群众团体证明确实后，亦得履行登记，领取优待证。

第十四条　各乡现有之新旧抗属，应于本条例颁布后一个月内调查登记完竣。

各乡参军之抗属，应于参军同志抵达县级以上招待所或部队经检查身体合格入伍后一星期内办妥登记手续。

第十五条　抗属证优待证不许转借他人使用。如抗属将抗属证或优待证转借他人，经查明后，得予以一定时间停止优待之处分，冒充抗属者处五年以下的有期徒刑，得并科抗币一千元以下之罚金。

抗属证优待证如有遗失，应请由抗属小组转呈县级优抗委会声明作废，并予补发。

第五章　抗属权利

第十六条　抗属有在社会上受尊敬荣誉之权利，每年年节应由优委会，发动各阶层代表及政府人员，亲往抗属家庭贺年，并举行聚餐送礼，敬酒等。

抗属之婚丧期日，应由优委会发动致贺与吊唁，地方上举行公私集会抗属应受尊敬，获得优待之座席。

第十七条　遇有下列各项情事时，抗属有优先权：

一、政府发放农贷时。

二、政府或地方举行救济时。

三、乡区各级政府调解纠纷时。

四、向合作社购买廉价物品时。

第十八条　抗属有免费进各级学校读书主权利；抗属有向公立医务机关及优秀会特指定约之医师免费种痘及请求医治疾病之权利。

第十九条　抗属有免除后方勤务劳役之权利，抗属有减免公粮公草之权利，其减免办法另载于有关各条例。

第二十条　抗属之土地租佃关系，有少减租或多减租之权利，其多减或少减标准另载于土地租佃条例。

第六章　帮助抗属兴家立业

第二十一条　为帮助抗属兴家立业，其居住沦陷区者，以贷款为主；其居住游击区者，以代耕（帮助劳动力）为主，贷粮为辅；其居住根据地者，以解决土地问题（拨田）为主，帮助劳动力（代耕）为辅。

各级优抗委员会应会同抗属协会，抗属小组，根据实际情况，推动抗属进行具体的按家兴家立业计划，确立有系统之帮助办法。

第二十二条　对于抗属之帮助，应先对主力，继对地方兵团，次对游击部队，以为次序；其分配标准，如游击部队得一份时（一百分之一百），地方兵团应得一倍半（百分之一百五十），主力部队得双倍（百分之二百），但在执行时，仍应照顾各抗属之具体经济情形，在民主讨论，启发自愿自觉的精神下，优先帮助生活困难，急需帮助之抗属。

第二十三条　抗属因一时灾害或生丧病葬不能应付者，得根据实际情形，给予临时救助，以拨款粮或给予实物为原则。

第二十四条　优待抗属帮助抗属之各种措置，须优抗会及抗属协会民主讨论以为决定。

贷款贷粮等办法，须呈由区政府核准执行。

拨田须呈请县政府以上核准执行。

代耕及帮助肥料等由乡级民主决定。

第二十五条　贷粮，贷款，拨田，俱就优抗基金内拨付之。

第二十六条　为抗属解决土地问题（拨田）系专指有剩余劳动力及缺乏土地之抗属，不得以普遍的分拨田亩为号召，造成不良倾向。拨田应经抗属协会及优抗委员会缜密之民主讨论呈请县级以上政府及优抗委员会核准执行之。

第二十七条　抗属对于所拨田地之权利分甲乙两种：

甲种——一定时间使用受益，所有权属于政府。

乙种——永远使用受益，所有权（除处分权以外）属于抗属，但其所有权之获得应经民主讨论与政府核准。

以上权利不得转让、出卖或出租，如有私行处分不生效力（即时追回）。

第二十八条　优抗基金之土地，原有人承种者，不得无故摘田，其拨给抗属之田亩，如有人承种时，以不摘田为原则，如抗属因实际情形，非自己耕种不可时，并应为承种人先行协商善后办法。

第七章　优抗基金

第二十九条　优抗基金之支持，除特殊情形（如业主自愿对参军而送免租款）外，原则上应由区级以上政府及优抗委员会作统一之筹划，以免分歧。

第三十条　优抗基金以下列各种土地、粮食、房屋、物品、金钱、权利及其他财产充作之：

一、政府所指拨之土地包括公田、学田、公荒、公滩，及没收之逆产（汉奸之财产）敌产。

二、各阶层人民所献之优抗田产、房屋、金钱、粮食。

三、政府所指拨之食粮（每县应指拨五百市石至一千市石）。

四、行政、司法罚款。

五、公产及公营事业积余拨充优抗经费部份（分）。

六、开明业主或寺庙、家祠自愿献出土地之承种权、所有权及自耕农或土地较多佃农自愿献让之土地之承种权。

七、各项优抗基金因经营耕作所获之孳息利润。

第三十一条　各种优抗基金之土地，因权利关系不同，只有承种权者不得妨碍所有权，附有期限者，并经同意不能超过，减免一部分租息者应交纳未减免部分，在拨付抗属时，应加说明，并敦促其履行。

抗属承种优抗基金内之土地，除说明免租者外，应规定租额，较一般租额标准减低，但有按期交纳之义务。

第三十二条　优抗领用优抗基金内之粮食金钱，其性质各有不同，当时系属救济救助者，可言明不必偿还，如系贷借性质，应分期或于约定期间，履行偿还。

第三十三条　各项优抗基金之现金部分，经民主讨论，得政府核准后得以一部或全部参加公营事业，但不得进行任何投机性的商业买卖。

第三十四条　优抗基金之保管由各区政府及优抗委员会负责主持，得委托各乡分别保管，但动用须经核准。各区优抗基金，应编造目录，呈报县政府及优抗委员会备查，各县政府及优抗委员会于必要时，得统一筹划，有所调剂。

第八章　奖惩办法

第三十五条　各级政府优抗工作于每年一月四月七月十月分四次进行，政府应检查自身与优抗会工作，并以优抗工作为一切公务人员考绩主要标准之一。

第三十六条　各级政府公务人员如因过失致抗属受有损害者，除予以行政处分外，并依其程度担负刑事责任与损害赔偿责任。

第三十七条　人民于优抗基金内舞弊侵蚀者，按侵占罪加重处刑，各级公务人员从中贪污渎职者，按照惩治贪污条例加重处刑。

第三十八条　凡企图冒用参军名义，窃取优抗享受者，除追回一切物质享受外，按照冒充抗属处罪。

第三十九条　各级优抗人员，踊跃从公，获有成就者，政府按其功绩，予以下列之奖励：

一、记功，升级；

二、登报表扬；

三、发褒奖状；

四、给予物质奖励。

第四十条　抗属有下列功绩之一，应由民主讨论中推崇为“模范抗属”，“革命父亲或妈妈”，“模范妻子”，“小英雄”，并予以精神或物质的奖励：

一、鼓动参军之家属努力学习，并以身作则说服其他抗属，努力从事于抗日民主社会活动及生产工作者。

二、在兴家立业中改善自己生活，自动自觉的放弃一切物质资助，并能资助其他抗属者。

三、自己努力生产并能帮助推动其他抗属进行兴家立业之生产工作者。

四、说服家属自动归队，不拖尾巴者。

五、抗战军人之弟妹子女，能在学习上，工作上，生产上做模范，减除家庭困难，并团结小朋友帮助贫苦抗属者。

六、有其他可为模范之行动者。

第九章　附　则

第四十一条　本条例颁布以后，以前本署及各专员公署县政府所颁布有关优抗各项条例办法规程法令一律废止。

第四十二条　本条例自本署颁布之日起施行，如有未尽善处由本署以命令修正之。

选自《华中抗日根据地财政经济史料选编》第三卷，档案出版社1986年版，第321～328页。江苏省财政厅、江苏省档案馆、财政经济史编写组合编。原注：“按1944年11月《苏中行政公署法令汇编》刊印”。

7. 苏中区各级抗属协会组织条例

1944 年

第一条　苏中区各县区乡抗日军人家属为加强团结，互助互济，便利教育与调查起见，组织抗属协会（以下简称本会）。

第二条　县区乡各级抗属协会，冠以各该县区乡之名称。

第三条　凡系优抗条例所规定之抗属，均为本会会员。

第四条　本会之任务如下：

一、代表抗属出席参加各种会议。

二、配合各级政府优抗委员会进行拥军拥政爱民参军等运动。

三、经常对抗属进行政治教育，不使任何抗属情绪落后。

四、帮助抗属兴家立业，鼓励抗属从事生产，兴办互助合作等事业。

五、随时反映并随时协助个别抗属所遭遇之突发事故，随时检讨各抗属所获得之经常优待。

六、动员逃亡战士归队。

第五条　本会以抗属小组为基础组织，凡抗属同住一村满十人时，应即成立小组，推选小组长一人，主持联系，其附近之村庄，因人数关系，得合并组织之。

第六条　各乡抗属协会，以全体大会为最高权力机关，每半年举行一次，民主选举出席区乡大会代表，并选举乡抗协理事七至九人，组织理事会，推选理事长一人，主持日常会务。

第七条　县区抗属协会，以各乡抗协代表所组织之代表大会为最高权力机关，每年举行一次，在闭会期间，得由大会选举五人至七人，组织理事会，互推理事长一人主持日常会务。

第八条　各级抗属协会之会员大会，或代表大会，得因需要举行临时大会。

第九条　各级抗属协会理事会，得因工作需要，分设总务、教育、福利、组织等股；各该理事会，应经常举行会议，进行工作。

第十条　抗属小组应于生产互助、教育中加强组织生活，从漫谈、访问、说家常各种方式进行之，除必要外，应避免一切会议形式。

第十一条　本条例由本署颁布施行，如有未尽善处，由本署以命令修正之。

选自《华中抗日根据地财政经济史料选编》第三卷，档案出版社 1986 年版，第 329～330 页。江苏省财政厅、江苏省档案馆、财政经济史编写组合编。原注：“按 1944 年 11 月《苏中行政公署法令汇编》刊印”。

8. 苏中区优待抗日军人家属代耕代工办法

1944 年

第一条　为解决抗属有田没人做，或者人手不够做的困难，保证抗属在耕种所需的田地上，有人帮助代耕，代种，代收，代打，并根据本区优待抗日军人家属条例的规定，特制定本办法。

第二条　代抗属耕作的田地，是指抗日军人嫡亲的祖父母、父母、妻子，以及没有成家立业不能单独生活的兄弟，和没有出嫁姊妹的田地，他同家叔伯份内和分居的兄弟姊妹的田地，不算在内。

第三条　代耕队的组织：

一、各乡人民除基干队员，生活极穷苦的，或有特殊情形者外，凡是年龄在十八岁到四十岁的男人，在原则上一律参加代耕代工队做队员。

二、全乡所有的耕畜一律编入代耕队。

三、代耕代工队以乡做单位，全乡设乡代耕代工队队长一人，以居民小组或居民村划分若干分队，各设分队长一人，乡队长和分队长都由民主选举。

第四条　各乡代耕代工队应直接受乡优抗委员会领导，在代耕代工的时候，要受抗属指挥。

第五条　代耕代工方式方法：

一、代耕代工的范围以居民小组或居民村做单位，如人畜不够分配时，可在本乡其他组村中进行调剂。

二、代耕代工队队员应按照他家庭情形和人力畜力决定他代耕代工的田地的亩数。

三、代耕代工队可采取固定的分工办法，按照全乡抗属田地亩数和缺少人工数目，指定某几家某几人负责替某抗属代耕代工，并分好代耕代工地段，由乡优抗委员会登记，以后按照时令代抗属耕作。

四、代耕代工队队员负耕种收打的全部责任，如抗属少人锄草，做零工，也应负责代锄代做。

五、代耕代工是纯义务性质，不取工钱，伙食和农具统由代耕代工队员自己携带。

第六条　参加主力的抗日军人家属和极穷苦的抗属，有优先享受代耕代工的权利。

第七条　代耕代工时，区乡行政人员，要亲自检查情形，随时随地进行宣传工作和解释工作，并且要做模范。

第八条　对代耕代工队员的奖惩：

一、因代耕代工队员工作努力，致收获量增多的，可由抗属协会或乡政府呈请区县政府，发给奖品或奖状，并在群众大会上表扬。

二、经抗属证明，认为代耕代工队员耕作勤劳，特别爱护农作物，可呈准区县政府酌量免除其他各项公役。

三、代耕代工田地不能按时耕种收打，或故意延迟敷衍，因为代耕代工不努力，而致歉收的，可按照田邻同等土质的正常收获量，由代耕代工队员赔偿，以示惩罚。

四、代耕代工队员懒惰或不负责任，经抗属或抗属协会直接交涉无效时，可报告优抗委员会转报乡政府予以规诫。

第九条　穷苦的抗日人员（政府群众团体的工作人员）家属，由乡优抗委员会调查，呈报区政府批准后，也可以照本办法享受到代耕代工的优待。

第十条　本办法由本署颁布施行，如有未尽善处，以命令修正之。

选自《华中抗日根据地财政经济史料选编》第三卷，档案出版社1986年版，第331～333页。江苏省财政厅、江苏省档案馆、财政经济史编写组合编。原注："按1944年11月《苏中行政公署法令汇编》刊印"。

9. 苏中区各级优待抗属委员会组织条例

1944年

第一条　为保证本区优抗条例之切实执行，苏中区县区乡各级政府应组织优待抗属委员会。

第二条　各级优待抗属委员会，除民选政府委员中担任优抗委员会主任委员或优抗委员为当然主任委员或委员外，其他委员由各该政府聘请之。

第三条　未经民选之各级政府优委会主任由县民政科长，区民政股长，乡之副乡长担任之。

第四条　各县优委会设委员九至十一人，就下列人员中聘请之：

一、县政府委员。

二、县级民意机关代表。

三、县独立团（警卫团）政委或政治处主任。

四、总队部代表。

五、县抗属协会代表（县抗协未成立以前，可就区乡抗协中聘请）。

六、县农抗工抗代表（县农抗工抗未成立以前，可就区乡农抗工抗中聘请）。

七、县青抗妇抗代表（县青抗妇抗未成立以前，可就区乡青抗妇抗中聘请）。

八、县教抗代表，县学教师。

九、开明士绅。

十、区级干部之积极分子。

第五条　各区优委会设委员七至十一人，就下列人员中聘请之：

一、区政府委员。

二、区民意机关代表（区参政会或参工团）。

三、区队政委教导员或指导员。

四、区队部代表。

五、区抗属协会代表（区抗协未成立，可就各乡抗属小组中聘请）。

六、区农抗工抗代表（区农抗工抗未成立，可就各乡农抗工抗中聘请之）。

七、区青抗妇抗代表（区妇抗青抗未成立以前，可就各乡妇抗青抗中聘请之）。

八、区教抗代表，区学教师。

九、开明士绅。

十、乡级干部之积极分子。

第六条　各乡优委会设委员七至十一人，就下列人员中聘请之：

一、乡政府委员。

二、乡队部代表。

三、工抗代表。

四、农抗代表。

五、青抗妇抗代表。

六、抗属协会或抗属小组代表。

七、乡学教师。

八、开明士绅。

九、村级干部之积极分子。

第七条　各级优抗委员为无给职；各级优委会办公用费由各级政府办公费内开支。

第八条　乡优抗委员会以每乡设立为原则，但遇有该乡抗属人数不多或因其他特殊情形时，得就两乡或两乡以上合并组织。

第九条　各级优抗委员会之任务如下：

一、保证优抗条例之执行。

二、组织抗属，教育抗属。

三、保证抗属从“不受冻馁”到“兴家立业”。

四、劝募优抗基金，按照优抗条例所规定之职权支配动用优抗基金。

五、动员逃亡战士归队。

第十条　各级优抗委员会之主要具体工作如下：

一、调查抗属——包括人口，经济状况，出征战士在家时对家庭负担，实际需要劳动力，资助救济等，每半年由乡优抗委员会作切实调查，汇转区优抗委员会，县优抗委员会经审查后发给优抗证。

二、组织抗属——领导抗属协会及抗属小组，从出征将士在部队之表现及抗属在家乡之表现，用民主方式，进行审查，教育奖励，批评。

三、实施资助——从帮助抗属兴家立业为目的，根据实际需要，按照优抗条例之规定，对抗属实行“代耕代工”“拨粮”“拨款”“贷粮”“贷款”“解决土地问题”等物质资助。

四、帮助抗属兴家立业——代订按家计划，并保证其能完成，务使抗属能达到兴家立业，自觉的自动的放弃资助，进而资助其他抗属。

五、照顾抗属生活——负责处理抗属对人之纠纷，不使抗属受欺，亦防止抗属欺人，对于抗属婚、寿、生、病、灾、死、葬、教育各项，应做到不待抗属要求而予以合理的物资或精神之资助，保证优抗条例之切实执行。

六、举行慰问与欢宴——按照优抗条例之规定执行。

七、代笔——替抗属写信，如抗属要求，优抗委员会应善为代笔，即抗属并无要求，每半年应发动抗属写信一次，以报告家庭生活，优抗情形及鼓励出征将士为内容。

第十一条　各级优抗委员会得就任务与主要具体工作分设各股，推派专人负责。

第十二条　各级优抗委员会因具体情况得从事帮助抗属兴家立业之生产建设工作，但应拟具计划，经民主讨论，并呈准行政区专员公署以上之核准，方得进行。

第十三条　乡优抗委员会每半个月应开会一次，区优抗委员会每一个月应开会一次，县优抗委员会每二个月应开会一次，但因实际需要，得随时举行临时会。

第十四条　各级优抗委员会之工作，应求切实深入，县、区优抗委员应经常在各乡协助工作。

第十五条　本条例由本署颁布施行，如有未尽善处由本署以命令修正之。

选自《华中抗日根据地财政经济史料选编》第三卷，档案出版社1986年版，第334～337页。江苏省财政厅、江苏省档案馆、财政经济史编写组合编。原注："按1944年11月《苏中行政公署法令汇编》刊印"。

10. 盐阜区人民战时后勤服务暂行办法

1945年5月盐阜区临时参议会第二次大会通过

第一章　总　则

第一条　为保证便利军事运输与各项后勤需要，并顾及节省民力调剂劳逸，特订定本办法。

第二条　凡年十八岁以上五十岁以下之男子，均有按本办法作后勤服役之义务。

第三条　民兵在平时可免服后勤，在紧急战斗情况需大量人力时亦需服后勤。

第四条　凡因军政上之各项设施而需用民力，如构筑工事，破路打坝，架设电话，运载军用品伤病人员及粮秣等，均属后勤服务范围而适用本办法之规定。

第二章　组织及调用

第五条　各乡（或村）政府应将所有应服后勤劳役之人民编为后勤队，以便随时调用。

第六条　后勤队设队长一人，（即乡或村中队副）下设若干班长，每班十个运输队员，依次轮流服役。

第七条　任何部队机关调用后勤队员，必需持行署签发之拨伕通知书或请伕证，方可按数调用。

第八条　调用后勤队员，分长期与短期两种，长期调用服役时期为一个月，短期调用不限时间，任务完毕即行返回。

第九条　人民担任长期服役者，每年以两次为限，但在战时紧急情况下，不受上项限制。

第十条　部队团以上之机关及后方休养军需机关，得按其实际需要，长期调用一定数量之运输队员更班轮换。

第十一条　战时紧急情况需要之后勤服役，由团以上政治机关送行署或县政府调用，由当地政府临时设立动员机关紧急动员之，以协助部队后勤工作。

第三章　免役与缓役

第十二条　下列人员准予免役。

一、抗日军人及烈士之直系亲属。

二、区县参议员、中小学教师及在学学生本身（非家属）。

三、村以上行政与武装工作人员本身。

四、残废宿疾，或长期重病，经村民公认者。

五、贫苦而家中无劳动力之行政干部直系亲属。

第十三条　下列人员准予缓役或减役。

一、小本营业者在市集日或其他有利之营业时日以及木工、瓦工等正在工忙时日，暂准缓服役事后照补。

二、全家仅靠一人之劳动力每日经营为生者（即一日不做一日不过者），准免调长期服役。

三、为政府作其他服务（如编造粮串等）准予抵充后勤服役。

四、凡需服役者其本身劳力不足，或因他故而不能按序服役者，准其雇人代役。

第四章　待　遇

第十四条　人民在后勤服役期间，其伙食由调用机关负责供给。

第十五条　后勤服役在战时紧急情况下，伙食由县区政府统一筹划，各后勤队自行办理，部队不负责照顾。

第十六条　人民在长期后勤服役期间生病，由调用机关负责治疗，死亡者酌予抚恤之。

第十七条　人民因服役后勤在对敌作战中致伤者，予以治疗，残废者予以抚恤，牺牲者除予抚恤外，并准其家属作为烈属优待。

第五章　预算与决算

第十八条　为防止浪费人力，特建立部队机关征伕预算决算制度，暂订半年一期。

第十九条　征伕预算在预算期开始前一个月内即需按级造报，转送行署审核拨发，有节余应即缴还。

第二十条　征伕决算应在预算期终了后一个月内，按级造报，转送行署核销，若有节余应即缴还，不得留用。

第二十一条　造报征伕预算时，须分长伕与短伕列算，经审核后，其长伕由行署签发拨伕通知书，短伕则发给临时请伕证。

第二十二条　临时请伕证分为下列四种，即一个伕子一张的，两个伕子一张的，五个伕子一张的，与十个伕子一张的，每张请伕证所载每名伕子以一天为限，造报预算之伕子数应以每伕一天为一个伕子计算。

第六章　调　剂

第二十三条　为免劳逸不均，便于即时调剂征用起见，各县区村应将各该单位之运输队人数，确实按级造报。

第二十四条　调用运输队在十名以内者由行政村统筹，十名以上一百名以内者由区政府统筹，一百名以上五百名以内者由县政府统筹，五百名以上者由行署统筹。

第二十五条　每两个月各行政村应搜集拨伕通知书及临时调伕证结算一次，并将通知书请伕证及已服役之人数报告区政府汇交县政府及行署以便及时调剂。

第二十六条　凡经常驻军临时调服劳役过重地区，得减免其大批伕役之拨派。

第二十七条　凡交通线上之村庄，因军运频繁劳役负担较重，该处后勤队应不予调服长期劳役，必要时得由行署调集相当数量之后勤队驻于该处，以便运输。

第七章　附　则

第二十八条　本办法自公布之日起施行，其解释及修正权属行署。

选自《华中抗日根据地财政经济史料选编》第四卷，档案出版社1986年版，第291～294页。原注："按1945年5月盐阜区《法令及提案决议》刊印"。

11. 浙东行政区优待反正伪军伪政权人员条例

1945年8月19日

一、当此日寇宣布无条件投降而尚未完全放下武器的时期，本区本宽大为怀与人为善之旨，特给予伪军伪政权人员以反正自新戴罪图功之最后机会，特订定本条例。

二、凡一切伪军伪政权工作人员，不问过去系因迫于生活，为保护自己生命财产，一时误入歧途者，或迫于环境，一时不择明暗，不辨是非，被汉奸头子国民党亲日分子所欺骗者，甚或过去参加反共反新四军，犯过祸国殃民的罪行，任过重要军官或官吏者，只要在敌伪全部放下武器以前，痛悔前非，毅然觉悟，反正来归，一律不咎既往，予以自新。

三、前条反正人员，本区当按其实情和实效分别予以公正处理，同时给予下列三大保证：

（一）保证不咎既往；

（二）保证生命财产安全；

（三）保证续任公职，不改编、不缴枪、不降级、不剥夺其军权。

四、凡过去因投敌破坏抗战、罪大恶极，而在我解放区有财产房屋曾经人民请求由政府暂时代管者，只要毅然改悔，反正来归，本区可根据实情，将此项财产一部或全部发还。

五、个别反正者，在政府登记以后，得享受公民之权利。携带武器来归本军者，一律欢迎。对不愿参加本军者，按照规定，给予赏金，并予以归家及务业之便利。

六、对策动伪军伪政权人员反正或配合本军收复城市乡镇据点有功者，得视功绩之大小，予以奖励或任用。

七、本条例如有未尽事宜，由浙东行政公署、纵队政治部，以命令修改之。

八、本条例自公布之日施行。

浙东行政公署
新四军浙东纵队政治部
八月十九日公布

选自《浙江革命历史档案选编》，浙江人民出版社1985年4月版，第597～598页。杭州大学历史系、浙江省档案馆合编。原注："原载1945年8月25日《新浙东报》"。

五、军事法规

1. 苏南行政区各县抗日自卫队组织暂行条例

1944 年 2 月 1 日公布

第一条　为广泛武装人民，增强抗日力量，开展游击战争，粉碎敌伪清乡扫荡，除奸防匪，维持地方治安，保卫家乡，坚持敌后抗战，争取最后胜利，特订定本条例。

第二条　自卫队为人民自卫武装组织，凡年在 16 岁以上、50 岁以下之公民，除残废者外，不分性别阶级阶层宗教信仰，均有参加自卫队之义务，编为自卫队员。

第三条　根据自愿原则，将体力强壮，愿意奋身杀敌之自卫队员组织半脱离生产之民兵，视各县具体情况不同，称游击小组、模范队、精干自卫兵等，作为自卫队骨干。

第四条　自卫队之任务如左：

一、配合抗日主力及游击兵团，进行群众游击战争。

二、协助政府维持地方治安，站岗放哨，缉捕汉奸、匪盗、逃兵等。

三、担任各种抗战勤务，侦察敌情，帮助军队运输，向导，救护伤兵等。

四、进行扰乱敌人，破坏敌人交通、碉堡、工事及其经济资源等。

五、掩护抗日军政人员传送情报及各种文书。

六、执行政府法令，接受政府教育训练。

第五条　自卫队组织民兵以民主集中制为原则，应有其独立组织系统，由队员大会或代表大会选举 5 人至 9 人组织各级人民抗日自卫委员会，统一指导与指挥，县区两级委员任期一年，乡保（村）两级委员任期半年，但各级行政首长及农救会主任得为当然委员。

第六条　自卫队最高权力机关为队员大会或代表大会，在队员大会或代表大会闭幕时间为各级人民抗日自卫委员会。

第七条　各级人民抗日自卫委员会设正副主任各一人主持全盘工作，组训部（股）长一人主持组织、管理、训练、教育工作。

宣传部（股）长一人主持对内对外之宣传鼓动工作，由委员会推选之，并视具体情形添设青年部（股）妇女部（股）。

第八条　自卫队以保或自然村为单位，成立分队，镇乡成立中队，区成立大队，县成立总队。

第九条　县总队设正副总队长、政治委员各一人，区大队设正副大队长、政治指导员各一人，乡镇中队设正副中队长、政治指导员各一人，保分队设正副分队长、政治指导员各一人。各级正队长原则上由各级行政首长兼任，副队长及政治工作人员由各级人民抗日自卫委员会推选或由上级委派之。

第十条　保分队以下设立小队，每小队辖 10 人至 15 人，青年与妇女视人数多寡，可分为青年小队或妇女小队，每小队设小队长一人，由队员推选之。

第十一条　县总队副及政治委员，区大队副及政治指导员应脱离生产，乡中队副及政治指导员应半脱离生产，其余均为不脱离生产。

第十二条　民兵直接归区县两级队部及区县人民抗日自卫委员会指挥，在调训及担任战斗时伙食由公家供给。

第十三条　自卫队在执行基本任务时，应接受各级政府之指挥，再［在］配合抗日［时受］主力及游击兵团指挥。

第十四条　自卫队在执行任务时，所拿获一切案犯及财物均由政府处理。

第十五条　自卫队训练以分队为单位进行，除在农忙时间外，每周应有一次至二次课，每次二小时至三小时。课程主要是时事教育、政治常识、军事常识和文化娱乐。以乡为单位，每半月会操一次，县区会操临时规定之。

第十六条　自卫队经费由各县政府统一筹划，呈请苏南行政公署备案，其未经政府批准不得向地方摊派募捐。

第十七条　自卫队每个队员须有一件武器，以保分队自行筹划，尽量利用民间现有之刀矛枪支。

第十八条　自卫队纪律：

一、坚决执行政府一切法令。

二、服从命令完成任务。

三、不违反人民利益。

四、遵守各种制度。如违反上列纪律，不论队员或干部，由中队长以上部队首长按情节轻重予以警告、勤务、撤职等处分。

第十九条　各县现有之民间自卫组织应统一于自卫队，以求得领导指挥之统一。

第二十条　各县政府得按各地具体情况，根据本条例颁布细则实施。

第二十一条　本条例自公布之日施行，如有未尽事宜得随时明令修改之。

选自《苏南抗日根据地》，中共党史资料出版社1987年9月版，第326～328页。中共浙江省委党史工作委员会、江苏省档案馆编。原注：“选自江苏人民出版社《新四军在茅山》”。

2. 日本投降后　新四军发出的布告和命令（三件）

1945年8月

新四军布告

1945年8月10日

日寇已无条件投降，本军为肃清敌寇残余，安定社会秩序，保护城市与乡村各界人民起见，特进占本城，兹公布下列各条，切实执行：

（一）一切敌寇汉奸武装部队，必须立刻缴械。缴械后，得保障其生命安全；如有拒绝缴械者，则予以坚决消灭。

（二）对自动携械反正并愿接受本军收编者，给以优待，并按“优待反正伪军条例”办理。

（三）没收一切敌产及大汉奸大卖国贼之财产，归该城管理与处理委员会有计划的支配和救济失业工人及贫民。

（四）逮捕大汉奸大卖国贼，依法惩处。

（五）本军愿与一切反对敌伪赞成民主的人士亲密团结，建立民主政权，确保和平，繁荣工商业。

（六）实行新民主主义政策保护各阶层人民利益，保障人权财权，保护私人企业，制止投机垄断。

（七）如有反抗或破坏现行军政设施者，一律以汉奸论罪。

此布

代军长　陈　毅

副军长　张云逸

代政治委员　饶漱石

选自《华中抗日根据地财政经济史料选编》第四卷，档案出版社1986年版，第19页。原注：“按1945年11月华中七地委拂晓社《中国共产党政策》刊印”。

新四军政治部命令

1945年8月12日

部队进入各大城市与交通要道后，各级军政首长，各级军事政治机关，应严格约束所属部队人员，切实遵守我军纪律，以保护人民利益，为此：

第一，各部队进入城市后，对所属人员应很好掌握政策，并注意部队军容军纪之整理，不得松懈。

第二，各部队除有维持治安，保护人民利益，控制军事建筑，军事仓库及交通之责外，不得有任何搜扰人民之行为。

第三，对大汉奸、大卖国贼之财产及敌伪仓库资财，应由各该城市之最高政治机关负责，协同财政、供给、保卫部门及当地政府，派出代表，组织城市管理与处理委员会处理之。其余任何机关人员及部队，均不得擅自没收支配与处理，如无该委员会之组织，各部队只有保护控制之责，不许没收支配与管理。

第四，部队进入城市后，所组织之管理与处理委员会应有严格之工作纪律，切实执行党的政策，除敌伪资材（财）、军事仓库归城市管理与处理委员会处理外，所有私人之工商业，公益机关，交通机关，文化教育及历史博物馆等机关应一律妥加保护，不得损害与破坏。部队应实行公买公卖，不得有任何强买强卖行为。

此令

选自《华中抗日根据地财政经济史料选编》第四卷，档案出版社 1986 年版，第 20 页。原注："按 1945 年 11 月华中七地委拂晓社《中国共产党政策》刊印"。

新四军布告

1945 年 8 月

日寇无条件投降，本军现进占各城乡市镇，愿与各界同胞在和平、民主、团结方针下，协力安定秩序，保护城乡各界人民，并从事政治、经济、文化等项建设，兹特公布下列各条，盼各界与本军协同施行：

（一）伪军伪组织人员，必须立即向我反正或接受改编，在反正或改编后，本军当保障其生命财产安全，如有拒绝者，则予以坚决消灭。藏匿奸宄不报者，依法严惩，自动向政府检举而得以逮捕罪犯者得受赏。

（二）对一切反正自新，真正改过向善的伪军伪警伪组织人员及特务分子，准予向各地政府登记自首，并一律宽大。但对怙恶不悛，继续对现行军政设施肆行反抗，破坏或暗害者，一律应按照其犯罪实据与危害程度，依法严惩，决不宽贷。

（三）依照"接收敌伪汉奸财产暂行办法"登记没收与处理一切敌产，及大汉奸大卖国贼之财产，如有隐匿不报或私自转让者，一经查出即依法严惩；如有确知上项情形，而据实向政府报告者得受赏。

（四）城乡军民，必须严守纪律，恪遵秩序，不得随意没收或损坏公产及公物，应切实保障私有财产，保护私人企业，安定市场繁荣工商业。

（五）立即解散一切伪政权，伪组织，停止其一切活动，逮捕和审判大汉奸、大卖国贼，保障各界爱国人民言论、出版、集会、结社之自由，普遍发动与组织工、农、商、学、妇女、青年及各界同胞自己团体，以发扬民主，保证和平。

（六）本军愿与一切反对敌伪，赞成民主的人士亲密合作，一俟秩序安定，即举行人民民主选举，建立民主政权，在和平、民主、团结的基础上，切实进行各项建设工作。

此布

军长　陈　毅

副军长　张云逸

政治委员　饶漱石

选自《华中抗日根据地财政经济史料选编》第四卷，档案出版社 1986 年版，第 24～25 页。原注："按 1945 年 11 月华中七地委拂晓社《中国共产党政策》刊印"。

3. 新四军苏浙军区对日本驻军通牒

1945 年 8 月

日本政府已向盟国提出无条件投降，顷奉延安总部朱总司令命令中国解放区武装部队接收东北、华北、华中、华南各地日本军投降。本军区则接收京、沪、杭、甬沿线各地日本军之投降事宜，兹特通告如次：

（一）立即命令所属部队及机关停止一切抵抗，并在原驻地点不得调动，听候处置；

（二）限于通告送到 24 小时内派代表前来与我军接洽，如逾规定时间拒绝投降者，即视为敌对行为，本军即决予以武力解决之；

（三）自接到本军通告之时起，对于一切军器、交通工具、军用器材及所有物资不得有任何损坏，并不得交于本军以外任何方面，否则本军概不负责；

（四）对于盟国俘虏及中国人民，不得有伤害行为；

（五）接受无条件投降后，本军即按照优待俘虏条例予以生命安全之保障，并负责帮助遣送回国；

如违犯上列五项任何一项，即视为敌对行动，本军则采取坚决消灭之。

右通告

司令员　粟裕

副司令员　叶飞

政治委员　谭震林

政治部主任　钟期光

中华民国三十四年八月

选自《苏南抗日根据地》，中共党史资料出版社 1987 年 9 月版，第 384～385 页。中共浙江省委党史工作委员会、江苏省档案馆编。原注：“选自江苏人民出版社《新四军在茅山》”。

4. 新四军苏浙军区对伪军伪警及一切伪组织的紧急通告

1945 年 8 月

案奉

延安总部朱总司令命令：“日本已无条件投降，一切伪组织限于日军投降签字前率部反正听候编遣，逾期即命令全部缴出武器。”现本军已向京沪杭甬各大小城镇之日军发出通牒，限期接受投降处置。特此通告所有伪军、伪警及一切伪组织，应立即率部反正，速派代表前来本军区管辖之各部队接洽反正事宜，并须切实保护一切军器、卷宗及资财，保护中国同胞，协助本军行动，本军当一本宽大政策予以戴罪图功之机会，如有执迷不悟，拖延时间，或有隐匿、破坏、滋扰情事，以及未待本军允许而向本军以外任何方面接洽，另有企图或假借名义图谋不轨者，即视为敌对行动，本军即予以缴械。

特此通告

司令员　粟裕

副司令员　叶飞

政治委员　谭震林

政治部主任　钟期光

中华民国三十四年八月

选自《苏南抗日根据地》，中共党史资料出版社1987年9月版，第386页。中共浙江省委党史工作委员会、江苏省档案馆编。原注："选自江苏人民出版社《新四军在茅山》"。

5. 新四军浙东游击纵队对敌伪军通牒

1945年8月12日

顷奉延安总部总司令朱电令："延安总部命令：日本已宣布无条件投降，同盟国在波茨顿宣言基础上将会商受降办法，因此，我特向各解放区所有武装部队发布下列命令：（一）各解放区任何抗日武装部队均得依据波茨顿宣言规定，向其附近各城镇交通要道之敌人军队及其指挥机关送出通牒，限其于一定时间内向我作战部队缴出全部武装，在缴械后，我军当依优待俘虏条例给以生命安全之保护。（二）各解放区任何抗日武装部队均得向其附近一切伪军伪政权送出通牒，限其于敌寇投降签字前，率部反正听候编遣，逾期即须全部缴出武装。（三）各解放区所有抗日武装部队如遇敌伪武装部队拒绝投降缴械，即应予以坚决消灭。（四）我军对任何敌伪所占城镇交通要道都有全权派兵接受，进入占领，实行军事管理，维持秩序，并委任专员负责管理敌地区之一切行政事宜，如有任何破坏或反抗事件发生，均须以汉奸论罪。——总司令朱德，民国三十四年八月十日二十四时。"我浙东纵队司令部奉令，特向我浙东解放区附近各城镇驻守之敌军与伪军伪政权通牒如下：

（一）所有敌军于接到本通牒后，立即停止抵抗，并即派遣代表前来本军接洽投降事宜，解除全部武装，一切军用器具，不得破坏与损毁，留驻原地，听候接收。

（二）所有伪军伪政权于接到本通牒后，立即率部向本军反正，听候编遣。

（三）一切缴出武装之后敌军与率部反正后之伪军伪政权官兵人员，本军当依照优待敌军俘虏条例与优待反正伪军伪政权条例，分别予以生命安全之保障与优待。

（四）一切接到本通牒后之敌军与伪军伪政权如拒绝投降缴械与反正，本军决采取必要惩罚坚决予以消灭。

新四军浙东纵队司令　何克希

选自《浙东抗日根据地》，中共党史资料出版社1987年6月版，第170～171页。中共浙江省委党史资料征集研究委员会、浙江省档案馆编。原注："原载1945年8月13日《新浙东报》"。

六、财金税粮

1. 苏南行政区苏常太经济委员会征收货物税暂行条例

1940 年 12 月 20 日修正公布施行

甲、征收种类及税率

一、输入品：（由税区内起运或自外输入者）

（1）普通品项：纱线、柴油、火油，以上征 1%。

厂面粉（特许输入者），征 1%。

布匹、颜料、茶叶、五金、腌货、糖类、油类（指植物油）、纸张、酱油、花生、工业用品、建筑材料、陶瓷器具、桐油、丁铁、麻皮，以上征 2%。

“外国货”、纱线及燃料，征 3%。

食盐，征 10%（如苏锡宜溧等地至长江各口岸采办食盐假道通过本税区，须事先向本会申请，可出给统一运输证，沿途得予免税通行）。

（2）消耗品项：罐头食品、水果、绸缎，以上征 5%。

清凉饮品、补品、酒类，以上征 10%。

化妆用品、玩具（教育玩具免征），以上征 15%。

迷信用品（包括小连、锭帛、锡箔、香烛等项），以上征 20%。

（3）特种用品项：“指仇货及伪货”必需品（绝无替代者），征 4%。

二、输出品：（系本税区出产起运或输出者）

（1）农产品项：瓜果、蔬菜，征 2%。

杂粮、薄荷，征3%。

茧、蛋类，征3%。

棉花，征5%。棉籽征6%。

米粮（一）凡经本会核准之食粮消费或运销合作社之证明，签发采办证者得予免税。（二）各地米业同业公会（经呈准其每日采办数量须核发采办证在本税区范围内搬运者）特订定最低税率，以上征0.5%。

（2）制造品项：真粉，征1%。

糖果、饴糖，以上征3%。

（3）动物项：水产动物、鸡鸭，以上征3%。

牛（指老弱不能耕作者）每头征税拾元。猪每只征税1元6角。羊每只征税6角。（附）猪毛及皮类，征税5%。

三、通过品：（指长江及京沪线水陆运输货品假道通过本税区运送至外地者）

（1）特定货物税率项：

纱线、火油、柴油，征2%。

“掺杂仇货品质织造或纯系仇货无法拒绝装运必须假道通过之”布匹特征4%。糖类、卷烟雪茄、五金杂货，以上征3%。

花边布，征1%。

（2）其它不列入前项特定品目者得准照输入品项所规定税率计征之。

四、沪常段公路汽车每辆单程：统征（特许通过税）40元。

乙、免税品类：

（1）输入品：肥料、肥皂、米粮、火柴、糠、军需用品、医药、文具、麦类、机件、化学用品、卷烟（指已征查验税者）。

（2）输出品：土布、酒类（指已征制造税者）。

丙、起征数量与数额：

豆类、米粮、麦类，以上1石。棉花、棉籽，以上2担。真粉，2担。迷信及消耗品，1元以上。其余货物价值10元以上者一律起征。

丁、禁绝输出物品：

废铜烂铁（军用品原料）、米、原麦、小麦、树料、柴类、耕牛，一律不准输出。

戊、仇货输入没收项：

各种布匹、厂面粉、消耗品、玩具。

已、漏税处理办法：

依照其所运货品价值：A. 10元至100元照应纳税款加倍罚金；B. 100元以上500元以下者加2倍罚金；C. 500元以上者加3倍罚金；D. 第2次逃税者货物全部充公。

庚、附则：

各项货物估价，除主要货品随发估价表规定外，余项应按时值估定之。

选自《苏南抗日根据地》，中共党史资料出版社1987年9月版，第126～128页。中共浙江省委党史工作委员会、江苏省档案馆编。原注：“苏常太经济委员会公布施行”。

2. 苏南行政区苏常太经济委员会征收营业税暂行条例

1941年1月10日《大众报》发布

（一）本条例系参照事变前政府颁发各项税收之规定，并依据现时各商行经营之实际情形分别订定之。

（二）凡属苏、常、太控制地区，各种经商贸易（其不全恃劳动力获得生活资料者），均得按照本条例分类课税。

（三）分类课税之种类税率如后：

甲、行商摊贩执照税（即从前之牙税）：

(1) 凡开设行号或坐地单独经营，其性质纯系代客买卖抽取佣金者，应论年具领营业执照。

(2) 应领执照之行商种类规定：猪行、牛贩、鱼行、柴行、粪行、地货行、树行、桑叶行、碾米厂、戽水船。

(3) 执照有效期为1年，并依照营业范围之大小订定税额等级：

甲等全年120元；乙等全年100元；丙等全年80元；丁等全年60元；戊等全年40元；己等全年30元。

前项商号征税标准以全年经营货品总值逾2万元以上者，应具领甲等执照；1.6万元以上者，为乙等；1.2万元以上者，为丙等；8 000元以上者，为丁等；5 000元以上者，为戊等；5 000元以下者，为己等。

(4) 执照税金应于具领时一次缴足，由各县经征机关（自卫会或经委会）给照为凭，并为防止一照二用起见，得规定其经营地段及范围，在执照内注明之。

乙、酒类制造税（即从前之公卖税）：

(1) 凡业酿酒不论其目的为批发或零沽（家酿满1石米）应一律缴纳制造税。

(2) 税额：制造黄酒者每石米征9元，白酒每石米征6元，烧酒（原料不分米麦）每石9元。

(3) 6项税收在秋季制造时一次征足。

丙、卷烟税项：

(1) 卷烟查验税：10支装每包征2分，20支装每包征4分，雪茄每小盒（5支装）征2分；

(2) 上项查验税得按月分期征收之。

丁、屠宰税项：

(1) 凡宰杀牛猪羊设肆售卖得论日按其宰数课税，牛每头征5元，猪每只征1元2角，羊每只征6角。

(2) 屠宰税得按月征收之。

戊、营业税项：

(1) 凡不属本条例甲乙丙丁项之其他商业经营一律课征营业税。

（2）应纳营业税之商号：南货、绸布、广货、茶叶、五金、杂货、染坊、腌腊、银楼、蛋行、纸马、糖坊、面粉坊、面饭馆、米行、油饼行、油坊、粮食行、土布行、砖瓦石灰行、木行、花边商、竹行、盐店。

（3）营业税按季征收，税额等级为：甲等 60 元、乙等 50 元、丙等 40 元、丁等 30 元、戊等 20 元、已等 15 元、庚等 10 元、辛等 6 元。

（4）按季征税等级，应照其营业额为标准：2 万元以上者为甲等，2 万元以下、1.5 万元以上者为乙等，1.5 万元以下、1.1 万元以上者为丙等，1.1 万元以下、8 000 元以上者为丁等，8 000 元以下、6 000 元以上者为戊等，6 000 元以下、4 000 元以上者为已等，4 000 元以下、3 000 元以上者为庚等，3 000 元以下者为辛等。

前项分季课税如某种行商（营业淡旺）有周期性者，得参酌全年总额统征之。

已、特许营业执照税：

（1）长江外轮驳运公司特许营业税每月 30 元至 50 元。

（2）长江轮船航行税每班 30 元至 50 元。

（3）长江盐运商每月应收特税 100 元至 300 元。

（4）内河轮船通行执照每月 70 元至 100 元（包括脚划船）。

苏常太经济委员会修正颁发。

选自《苏南抗日根据地》，中共党史资料出版社 1987 年 9 月版，第 128～130 页。中共浙江省委党史工作委员会、江苏省档案馆编。原注：“原载 1941 年 1 月 10 日《大众报》第 155 号”。

3. 盐阜区各县验契章程

1941 年 11 月 1 日①

第一条　本署为保证人民不动产所有权起见，特许免税验契。

第二条　凡在民国三十年七月一日以前缔结之民有或庵宫寺院不动产之典卖契约租据领开执照分书继番及一切有关产权之据约，无论年代远近已未印税概应投验，其在三十年七月一日以后之契约，应按契税验契章程分别税验。

第三条　未税白契分等征费如左：

一、价银未满二百元者为戊等，每张征收验契费二元，并随收注册费五角；

二、价银二百〇一元至五百元为丁等，每张征收验契费四元，并随收注册费五角；

三、价银五百〇一元至二千元者为丙等，每张征收验契费八元，并随收注册费五角；

四、价银二千〇一元至五千元者为乙等，每张征收验契费十四元，并随收注册费五角；

① 原注：年月日为执行日期。

五、价银五千〇一元以上者为甲等，每张征收验契费二十元，并随收注册费五角。

第四条　凡在三十年七月一日以前，经历任政府及本民主政府已税之红契，得免征验契费，仅收注册费每张五角。

第五条　凡依换无价值契纸据约书券悉按田等每张征收验契费八元，随收注册费五角。

第六条　凡契约遗失，得由乡保邻佑证明，准予按照事实声请补契投验（声请书式另订），但不得假冒侵占他人所有权。

第七条　凡补契征收除照本章程第三第六两条分别处理外，每房一间征收手续费一元，每地一亩征收手续费五角，不及一亩者以一亩计算。

第八条　契价以铜元计算者，每百枚折算一元。

第九条　投验契据由业主持赴各县验契处或就近分处遵章纳费由征收人员按章核收随时开印收，不得留难或额外浮收。

第十条　验契期限为三个月，过期即行截止。

第十一条　凡过期隐匿未验契约即损失其法律上之约束效力，一经查出或被检举属实，除仍按契税章程分别办理外得科以五十元至五百元之罚金。

第十二条　本章程自三十年十一月一日起实行。

选自《华中抗日根据地财政经济史料选编》第一卷，档案出版社1984年7月版，第373～374页。江苏省财政厅、江苏省档案馆、财政经济史编写组合编。原注：“按1944年出版《盐阜区财经法令汇编》刊印”。

4. 苏中区党委关于征募救国公粮的指示

1941年12月13日

（一）兹决定在本年十二月底以前苏北各县征募救国公粮，为此必须动员苏北各级党的组织、行政机关以及各个群众团体，以全部完成这一重大任务。

（二）征募救国公粮的重大政治意义，乃是在于保证部队粮食充足，坚强抗战力量，粉碎日寇与亲日派之夹攻，保卫民主政权，巩固抗日根据地，以克服全国反共降日之危险，争取时局的彻底好转。全体党员及革命工作同志务须从政治上认识这一工作的重要，把这一工作视为自己的最光荣的任务。须知粮食工作，在十月革命后，苏联国内战争时期中，曾为国际革命导师列宁—斯大林同志竭智尽力所亲身担当的工作。

（三）征募救国公粮之中心政治口号为“要求国民政府援助有功部队，反对亲日派断八路军、新四军饷给”，“征募救国公粮。拥护八路军、新四军坚持华中抗战”，“反对日寇掠夺苏北粮食，反对韩军劫取人民口粮”，“反对奸商运米资敌，解决军粮民食问题，加紧军民合作，坚强抗日力量，保卫民主政权，巩固抗日根据地”。

（四）征募救国公粮的基本原则为根据党中央坚持统一战线方针，有钱的出钱，有粮的出粮，有力的出力，但并非特别加重地主资产阶级的负担，而是由各抗日阶级合理的平均负担，同时这种负担是要动员他们自愿的来负担而不是强迫他们来负担。

（五）征募救国公粮主要的须从政治上进行动员、解释、说服一般的应根据上级的政治口号，进行宣传工作，召开士绅座谈会、群众大会等说明。

①征募救国公粮，系根据国民政府抗（战）建（国）纲领“有钱出钱，有力出力”原则，依据国民政府的救国公粮办法变通执行。

②征募救国公粮，系根据保证抗日部队的给养充足，坚强抗日力量，也就是保证反扫荡反内战斗争的胜利，要抗日部队有饭吃，民众才有饭吃。

③征募救国公粮并非加重人民的负担，因为抗战以前物价粮价高涨，货币跌价而田赋并未增加，同时最近政委会已决定废除苛捐杂税二十余种，免税五十余种，正是减轻人民负担。

④征募救国公粮，完全出于不得已，因为军队应抗战的需要不得不扩大其发展，而国民政府向来只发给少数款项，最近甚至同时市场粮食价格日涨，部队困难万分，为要坚持抗战不能不征粮。

⑤征募救国公粮，是调查军粮民食办法中之一种，现在政委会对于解决苏北粮食问题，已有整个办法，以后要加强对敌伪封锁，对［严］禁米粮资敌，严禁奸商操纵，抑平物价米价，开展生产运动，所以只要苏北全体民众努力，根据地内民生改善不难实现。

（六）征募救国公粮，必须成为广大的群众运动，在各地士绅参政员及广大群众中，进行深入的动员，团结各抗日阶级的人士组织征募委员会，发动各界群众组织调查组、宣传队、征募队、运输队，使广大群众参加征募运动，可在各个地区发动征募计划的全部实现，在战斗的环境中，更应随时注意充分的战斗准备，以战斗的精神，战斗的方式，保证食粮安全的征集运输与贮藏。

（七）征募救国公粮必须与深入根据地的各项工作密切的联系。在这一运动中，深入的了解各地社会情况，广泛的宣传党的主张，发展共产党，扩大主力与地方武装．巩固与扩大抗日团体，改善下层行政机构，开展统战工作，提倡冬耕运动，进行改善生活，发动禁粮出口斗争，教育与锻炼党的干部及党员行政人员及广大民众，务必要使精通征粮运动。苏北根据地的一切工作得更加深入的发展。在运动开展中，各级党、政、军与群众团体的领导机关必须随时周详的指导，严格的督促，精密的检查，具体的帮助下级工作。

（八）征募救国公粮是目前的重要工作中心，必须环绕着这一工作，推动其他工作。必须动员一切工作人员完成这一工作。要从这一工作中，考验每个党员、每个非党布尔什维克的革命工作同志对于抗战和革命忠实的程度，要把征募救国公粮工作的成绩作为测量每个人工作热忱的尺度。在这一运动中，每个共产党员尤须积极的以身作则，自动的应征，提早的缴纳，成为群众踊跃应征的模范，只有这样，才配做一个布尔什维克的共产党员。

为要保证征募公粮运动的完成，必须在党政机构内作充分的政治动员，使每一个党员每一个行政人员，深切了解征粮的政治重要意义，又明确的了解征粮条例，规定事项。在运动进行中，更须对内对外开展无情的思想斗争，反对右倾现象，如怕困难，害怕麻烦，过分夸张群众①，不愿意不肯深入下层，消极怠工，甚至营私舞弊，贪污受贿等；同时更须反对“左”倾的过火的现象，如采取强迫命令的办法，不愿意与地主资产阶级进行统战工作等等。只有正确的执行党的政策，才能取得征募救国公粮伟大胜利！

选自《华中抗日根据地财政经济史料选编》第一卷，档案出版社1984年7月版，第95～97页。江苏省财政厅、江苏省档案馆、财政经济史编写组合编。

5. 淮海区田赋改征粮食暂行条例

1942年6月7日公布

第一条　为整理田赋充裕抗战经费起见，特订定本办法。

第二条　田赋改征粮食，赋率如左：

1. 每亩全年收获在一百二十斤以上者为一等田，每年每亩征收小麦二斤。
2. 每亩全年收获在八十斤以上不足一百二十斤者为二等田，依一等田打八折征收。
3. 每亩全年收获在五十斤以上不足八十斤者为三等田，依一等田六折征收。
4. 全年收获在二十斤以上不足五十斤者为四等田，依一等田四折征收。
5. 全年收获在二十斤以下者为五等田，依一等田二折征收。

第三条　土地收获量每亩不足一百二十斤者，应由业主先期陈报县府勘验，依其实际收获量评定等级，征收田赋，凡未经陈请勘查者，一律依一等田征收。

第四条　田赋于每年麦收秋收后分二次征收，每次收一半，并与公粮同时征收，但一麦田于麦收后一次收足。

第五条　田赋改征，以小麦为准，如改缴杂粮，概以市价折算。

第六条　缴纳田赋时，凡企图短漏渗泥沾潮等，经征人员得拒绝收受，若以未乾（干）新粮缴纳，经征人员得依实际情形折算征收。

第七条　田赋由土地所有权人负担之。

第八条　征得田赋与公粮一并保管，政府得随时出售田赋部分之粮食以充经费。

第九条　征收田赋与公粮合并发给收据。

第十条　田赋改征粮食一律以十六两漕法秤为准，经征人员不得使用非经核定之衡量，如有任何舞弊行为，一经察觉或经告发，查有实据，从严惩处。

第十一条　本办法经淮海区参议会通过，交由行政公署公布施行，如有未尽事宜，由参议会随时修正之。

第十二条　本办法自公布之日起施行。

选自《华中抗日根据地财政经济史料选编》第一卷，档案出版社1984年7月版，第387～388页。江苏省财政厅、江苏省档案馆、财政经济史编写组合编。原注：“按1942年6月7日《淮海报》刊印”。

① 原文如此。

6. 淮海区救国公粮公草征集条例

1942年6月7日公布

第一条　为坚持敌后抗战，供应抗日军队及民主政府粮秣需要，确定人民合理负担，特订定本条例。

第二条　救国公粮公草，由淮海区粮食主管机关统筹，任何部队机关不得向人民另筹粮草。

第三条　淮海区行政公署粮政处，为全地区公粮公草征集之总领导机关，各县县政府设粮政科，各区区署设粮政股，秉承行政公署粮政处之意旨，并接受县区行政首长之领导，主持该县区之粮草征集事宜。

第四条　救国公粮公草之征集，以地亩多少划分征粮等级，以收获量大小决定土地等则，公平分配，合理负担，兼顾军需民食为原则。

第五条　救国公粮公草分秋麦两季征收，如系一麦田则在麦季一期收清，但多秋田所征收之粮食种类与数量之比例，可由该县区粮食机关酌量决定，呈请行政公署粮政处批准执行之。

第六条　公粮公草之征集标准如下：

1. 五百亩以上之户为一等户，每季每亩征公粮十二斤，全年二十四斤。

2. 二百五十亩以上不足五百亩之户为二等户，每季每亩征公粮十斤，全年二十斤。

3. 一百亩以上不足二百五十亩之户为三等户，每季每亩征公粮八斤，全年十六斤。

4. 五十亩以上不足一百亩之户为四等户，每季每亩征公粮六斤，全年十二斤。

5. 二十亩以上不足五十亩之户为五等户，每季每亩征公粮四斤，全年八斤。

6. 五亩以上不足二十亩之户为六等户，每季每亩征公粮二斤，全年四斤。

7. 五亩以下之户为贫户，免征粮草。

附注：1. 上列规定应征公粮，在麦季完全收小麦，但一麦田可缴三分之一豌豆，秋季征小麦三分之一，玉蜀黍三分之二，如缴其他杂粮，均按市价折抵，粮食重量，一律以十六两漕法秤为准。

2. 不足一亩者，照四舍五入法计算。

第七条　各户缴纳公粮之土地数，依下列标准计算之。

1. 自耕田全算，佃出佃入之田均以二亩折一亩计算。

2. 各户地亩均应全数陈报，基地、场园、庄圩、沟渠、道路、交通壕等，概不得认为废田。

3. 公共河道河堤免征公粮。

4. 典出田仍应报入原地主田亩总数之内，但公粮应由执业人照原地主等级缴给原地主代缴，不得借故规避或拖延。

第八条　征集公粮等则，依收获量大小决定，其标准如下：

1. 每亩每年之收入在一百二十斤以上者为一等田，按公粮公草征集标准全数征收。

2. 每亩每年之收入在八十斤以上不足一百二十斤者为二等田，按公粮公草征集标准八折征收。

3. 每亩田年收入在五十斤以上不足八十斤者为三等田，按公粮公草征集标准六折征收。

4. 每亩每年收入在二十斤以上不足五十斤者为四等田，按公粮公草征集标准四折征收。

5. 每亩每年收入不足二十斤者为五等田，免征公粮公草。

附注：1. 为确定土地收获量起见，每年收获时，如收获量不足一百二十斤者，必须于收获半月前呈请县府查勘决定，其事先未经查勘者，视为收获量超过一百二十斤，依全额征粮。

2. 一麦田麦季决定全年等则，多秋田麦季不决定等则，以全年收获量决定之，两季田等则按每季收获量分别决定之。

第九条　公草依公粮征收等级加倍（即公粮一斤公草二斤）。

第十条　抗日军人家属领有抗属证者，实耕亩数在八亩以下免缴公粮公草。

第十一条　公粮公草一律由乡镇公所经征。

第十二条　乡镇公所经征公粮公草时，应按照各户土地数，各户土地之收获量，及每亩公粮之征收率，计算其应缴公粮数额，分别征收并给予收据。

前项收据由行政公署粮政处统一制发，各县区乡镇行政机关不得自行制发粮草收据，但军队在战争行动中，可由营级以上负责人书给临时收据，此项临时收据，必须在一个月内送粮食主管机关换正式收据。

第十三条　经征乡镇公所，遇各户缴纳粮草有潮毛得折实计算，如遇故意渗泥渗水得拒绝收受。

第十四条　经征粮食人员有下列违法渎职行为，人民得向县区政府告发查明惩处之。

1. 浮收粮草意图贪污，致各户实缴数超过应征粮草者。

2. 用大秤秤粮草，致使人民有不应有之浮缴者。

3. 缴纳粮草时非法故意留难者。

4. 有其他违法渎职行为者。

第十五条　地在本县属人征收，地在隔县属地征收。

第十六条　本条例自公布之后，淮海区三十年度征收救国公粮办法废止之。

第十七条　本条例经淮海区参议会通过，交由行政公署公布施行，如有未尽事宜，由参议会修正之。

第十八条　本条例自公布之日起施行。

选自《华中抗日根据地财政经济史料选编》第一卷，档案出版社 1984 年 7 月版，第 389～392 页。江苏省财政厅、江苏省档案馆、财政经济史编写组合编。原注：“按 1942 年 6 月 7 日《淮海报》刊印”。

7. 盐阜区秋季公粮公草征收条例

1942年8月14日

第一条　为巩固抗日民主根据地，保证军政食粮之供给，特颁布本条例。

第二条　本季公粮以征收旱田水田稻麦田三种为标准，并规定以简单之累进法征收，其累进率如下：

（甲）旱田：

一、五亩以下者不征收。

二、每户有田五亩以上不足十亩者为第一级，其征收额为每亩三斤。

三、每户有田十亩以上不足二十五亩者为第二级，其征收额为每亩四斤。

四、每户有田二十五亩以上不足四十亩者为第三级，其征收额为每亩五斤。

五、每户有田四十亩以上不足七十亩者为第四级，其征收额为每亩六斤。

六、每户有田七十亩以上不足一百五十亩者为第五级，其征收额为每亩七斤。

七、每户有田一百五十亩以上不足五百亩者为第六级，其征收额为每亩八斤。

八、每户有田五百亩以上者为第七级，其征收额为每亩十斤。

（乙）稻麦田：

一、每户有田三亩者免征。

二、每户有田三亩以上不足十亩者为第一级，其征收额为每亩四斤半。

三、每户有田十亩以上不足二十亩者为第二级，其征收额为每亩五斤。

四、每户有田二十亩以上不足三十亩者为第三级，其征收额为每亩五斤半。

五、每户有田三十亩以上不足六十亩者为第四级，其征收额为每亩六斤半。

六、每户有田六十亩以上不足一百五十亩者为第五级，其征收额为每亩七斤。

七、每户有田一百五十亩以上者为第六级，其征收额为每亩八斤。

（丙）水田：

一、每户有田三亩者免征。

二、每户有田三亩以上不足十亩者为第一级，其征收为每亩九斤。

三、每户有田十亩以上不足二十亩者为第二级，其征收额为每亩十一斤。

四、每户有田二十亩以上不足三十亩者为第三级，其征收额为每亩十一半斤。

五、每户有田三十亩以上不足六十亩者第四级，其征收额为每亩十二斤半。

六、每户有田六十亩以上不足一百五十亩者为第五级，其征收额为每亩十三斤半。

七、每户有田一百五十亩以上者为第六级，其征收额为每亩十五斤。

第三条　本年度秋季公粮缴纳之标准如下：

一、旱田缴纳稆头十分之七，黄豆十分之三为原则，各县得按实际情形酌量增减之。

二、水田均以米为标准，如欲缴纳稻者，每稻一百斤折米六十斤，但在游击区征收时尽可能的收稻。

三、在敌人据点之周围不能收粮者，可按照市价征收公粮代金，随时收到中心区买粮。

第四条　洼田花硷田之地质坏者在原则上可以二亩折合一亩计算，各县可按照具体情形酌量折减折合，最高不得超过四折一，其累进时应照折实数与实有旱田合并累进。

第五条　柴滩平均每亩缴纳公粮十三斤，各县应根据具体情况分等级征收之。

第六条　计算累进级数时按照实合田亩总数计算之。

第七条　屯田滩田依照旱田之规定征收全年之公粮（田租除外），其征收数字不在各县应征数字之内，各县征收亦照具体情况处理之。

第八条　佃农交纳公粮规定如下：

一、旱田每亩二斤。

二、稻麦田每亩二斤。

三、水田每亩四斤。

第九条　跨乡之田累进属人，交纳公粮时以乡为单位征收，但必须：

一、如田在甲乡人在乙乡则甲乡（属田乡）之区乡长征委会应将其所有田亩统计送区署转至乙乡（属人乡）累进。

二、乙乡（属人乡）累进后将其应交数字通知甲乡（属田乡）征收之。

三、跨区之田亦照此办法。

第十条　学田官田佃户之公粮仍照普通佃户交纳。

第十一条　典田公粮由承典人负担，惟田亩登记时未经证明承典人者，由出典人负责代为缴纳后向承典人收回之。

第十二条　本季征草之标准规定如下：

一、旱田每亩征收五斤。

二、稻麦田每亩征收六斤。

三、水田每亩征收十二斤。

第十三条　主佃交纳公草仍照夏季征收公草之规定征收之，即主佃三七分草者，则三七负担，主不分草者，由佃户负担。

第十四条　公草在游击区路途较远之区，运输困难，可照市价征收公草代金。

第十五条　草田每亩平均征收四十至六十斤，由各县根据具体情况分等级征收之。在游击区亦照第十四条之规定交纳代金，但草田不加入累进。

第十六条　关于优抗办法依照优抗条例第七条之规定，凡不脱离生产之地方武装党政人员及群众团体，均不在优待之列。

第十七条　新开展之游击区可依照本条例之原则及其实际环境酌量执行（征收率基本原则不变）。

第十八条　本年度之春季预借公粮应在本年度秋季征粮中按照四个月与一分五厘之利息予以归还（每百斤加六斤）（山芋乾待收后再还）。

第十九条　各级征委会除不称职者另行改组外，其余仍照夏季原有之组织。

第二十条　本条例规定之公粮，限于九月底以前征齐，如有逾期无故不缴者罚应缴额十分之一。

第二十一条　本条例由盐阜区行政公署公布施行。

选自《华中抗日根据地财政经济史料选编》第一卷，档案出版社 1984 年 7 月版，第 400～403 页。江苏省财政厅、江苏省档案馆、财政经济史编写组合编。原注："按 1944 年出版《盐阜区财经法令汇编》刊印"。

8. 盐阜区土地税征收章程

1942 年

第一章　总　则

第一条　盐阜区行政公署为整理各县土地税征收制度，特订定本章程。

第二条　各县田赋以及临时带征一律废除，统称土地税。

第三条　凡本区境内所有田地经此次清查以后，不论公有私有均应由业户遵照本章程之规定缴纳土地税。

第二章　田地种类及税率

第四条　各县原有之田地等则自三十一年起一概废除，并依此次清查结果分为水田、稻麦田、旱田、棉田、洼田、草滩、柴滩、花碱、荒地九种。

第五条　各县土地税每年税率由行政公署分别田亩种类统一规定之。

第三章　征收日期及处罚

第六条　各县土地税分上忙下忙二期征收，每期征收自开征日起限一个半月内缴清。

第七条　各县土地税开征期满尚有未完业户，各征收机关得派员警提案押追，并加征百分之五之滞纳罚金。

第四章　完纳手续

第八条　各县土地税在乡级行政机构未健全以前，以区署征收为原则，但区署亦得斟酌情形委托乡公所或地方人士代收。

第九条　各县经征土地税之串票，由行政公署依照土地清查后之田地种类及新订之税率，规定串式，颁发各县印制备用。

第十条　各业户于开征期前接到乡公所散发之通知单，应于限期内持单亲赴该管区署缴纳税款，制串安业。

第五章　附　则

第十一条　被灾歉各年份应办土地税蠲缓或减成征收，其办法另定之。

第十二条　各业户不动产如遇分割移转时，应即推粮过户，其推收规则另定之。

第十三条　各县土地税经征办法另定之。

第十四条　本章程颁布后过去一切征收田赋章程均即废止。

第十五条　本章程由行政公署公布施行，修改时以命令行之。

选自《华中抗日根据地财政经济史料选编》第一卷，档案出版社 1984 年 7 月版，第 433～434 页。江苏省财政厅、江苏省档案馆、财政经济史编写组合编。原注："按 1944 年出版《盐阜区财经法令汇编》刊印"。

9. 盐阜区各县经征土地税暂行办法

1942 年

第一章　总　则

第一条　本办法依据盐阜区土地税征收章程第十三条订定之。

第二章　征收机关及职掌

第二条　各县土地税暂以区署征收为原则，但区署亦得斟酌情形委托乡公所或地方人士代收。

第三条　各县县政府财经科受县长之领导掌理左列事务：

一、督促各区署编造土地税征册及串票。

二、汇编各种报告表与各项统计。

三、查核各区串票征册簿据。

四、稽核各区经征人员有无贪赃舞弊情事。

第四条　各县区署在征收土地税期间，除原有工作人员外并得设临时助理员三人至五人，受区长及财经区员之领导分掌左列事务：

一、由财经区员指定一人负保管税票，核算税款，及截串统计等之责。

二、由财经区员指定一人负验收税款，登记账簿，及编制收款统计等之责。

三、由财经区员指定一人至三人负查催欠完税户及查察业户有无匿税情事之责。

第五条　各县区署得责令所属乡长协助催征员办理催征事务。

第三章　征收手续

第六条　各县县政府应于开征之二十日前，将开征日期及各种田亩税率先行布告，并统计全县田亩数与全年应征税额，呈报行政公署备案。

第七条　各区署应于开征两月前根据上年征册及本年变动情形，将全区各业户姓名住址所有田地亩数以及应纳税额分乡先造征册，（每乡一本）并依征册编造串票装订成本，（每乡一本多则分订数本）送呈县府加盖县印发交管串人员负责保管（征册式串票式另定）。

第八条　各县应于土地税开征前，由各区署将串票上通知联掣交各乡公所散发各业户阅览并作纳税之根据。

第九条　凡业户持有通知单赴区署纳税者，先由计算员核算后再由收税员验收税款，收税员将款收讫应随时登账，并给业户编号之竹牌，以凭换串，一面通知管串员截串，每日晚间应将日记簿转入分乡账，再依分乡账填具收税日报表，连同税款送由财经区员核收保管。

前项纳税之业户如无通知单者，应由管串员向业户问明姓名及所有田亩数，查对征册，详填缴款单，盖章后交由业户持向收税员缴款。对该缴款证业主应缴挂号费每张二角。

第十条　管串员根据收税员通知名单按名截串，每日事毕须将通知单与缴款单分乡汇齐，与收税员核对是否相符，并将所截串票张数分乡填入收税日报表。

第四章　报告手续

第十一条　各区财经区员接得收税员所送之收税日报表与现金，应加复核，如有错误，须随时责令经手人改正，每旬终了根据日报表制为旬报表，（表式同日报表）迳（径）送县政府查核，并将土地税款连同他项收入填就收款旬报表一式二份连同现金一并送缴县金库。

第十二条　各县金库主任接得各区署之收款旬报表于点收税款后，随就该表右方填注总数，加盖收讫戳记及印章，将正本退还缴款人作为收据，副本登簿送交县政府财经科，财经科接得上项旬报表由会计登账后，应即汇制总旬报表，连同各区原表一并呈送行政公署财经处查核登账。

第十三条　各县土地税第一限期届满后即须加征滞纳罚金，为明了已征与未征税款数目而便统计罚金计，各区署在限期终了之日应编造税款串票征存报告表呈送县政府查核。

第十四条　各县县政府接得前项报告表应于五日内汇制总表（表式与区同）呈送行政公署财经处备考。

第十五条　各县经征土地税于开征后届满三个月时，各区署应编制民欠土地税清册，呈送县政府核办，如届期征清者免造。

第五章　经征考核

第十六条　各县县长经征土地税之考核，依左列二期行之：

一、自开征日起满足一个半月为第一届考成期，应将全年土地税征足七成以上。

二、自开征日起满足三个月为第二届考成期，应将全年土地税十足征清。

第十七条　每届考成期，各区署应于届满后五日内编造征收考成表，送由县政府汇编总表，呈送行政公署考核。

第十八条　各县县长在所定期限内其征解数额有超逾成短纳于应征成数者分别奖惩如左：

一、奖励

第一届依限征足。八成以上者书面嘉奖，九成以上者记功，悉数征清分文不欠者记大功并赠以奖旗与登报宣扬。

二、惩戒

第一届依限征解不足七成者申斥，不足六成五者记过，不足六成者记大过。

第二届依限征解不起［足］九成五者申斥，不足九成者记过，不足八成五者记大过。

前限奖惩标准，县长对于区长亦适用之。

第十九条　各区署与乡公所经征人员之考核奖惩办法由区署拟定，呈请县政府核准施行。

第二十条　各级经征人员如有违法浮收需索陋规或私掣税票私收田款侵匿不报及其他各种情弊者，应依法治罪并追缴其赃款。

第二十一条　本办法颁布后，过去关于征收田赋一切办法均即废止。

第二十二条　本办法由盐阜区行政公署公布施行，如有修改以命令行之。

选自《华中抗日根据地财政经济史料选编》第一卷，档案出版社 1984 年 7 月版，第 435～438 页。江苏省财政厅、江苏省档案馆、财政经济史编写组合编。原注：“按 1944 年出版《盐阜区财经法令汇编》刊印”。

10. 盐阜区夏季公粮征收条例

1942 年

第一条　为巩固抗日民主根据地与保证本区军政食粮之供给，特订定本条例。

第二条　为实行合理负担根据有粮出粮之原则，本季公粮规定以简单之累进法征收，其累进率如下：

一、每户有田不足三亩者免征；

二、每户有田三亩以上不足十亩者为第一级其征收额每亩五斤；

三、每户有田十亩以上不足二十五亩者为第二级其征收额每亩六斤半；

四、每户有田二十五亩以上不足六十亩者为第三级其征收额每亩七斤；

五、每户有田六十亩以上不足一百五十亩者为第四级其征收额每亩八斤；

六、每户有田一百五十亩以上不足五百亩者为第五级其征收额每亩十斤；

七、每户有田五百亩以上者为第五级其征收额每亩十二斤。

第三条　本季公粮以小麦为标准，其他粮食以市价折合之。

第四条　本季公粮征收之斤数以十六两天平秤计算。

第五条　本季公粮租佃双方负担规定佃户每亩田三斤，其余由地主负担之。

第六条　遇业主外出者得由其佃户在应缴租额内扣除代缴之。

第七条　本季公粮以征收稻麦田旱田（包括洼地花碱地在内）为限，水田棉田草滩柴滩不征，但在计算其累进级数时仍按其实有田亩总数计算，惟草滩柴滩除外（例如有旱田五十亩棉田五十亩草滩五十亩者则其累进级数应照百亩计算出五十亩公粮即应出公粮四百斤）。

第八条　洼地花碱地以二亩折合一亩计算，仍按其实有田亩总数累进征收之（例如有花碱地一百亩麦田五十亩棉田一百亩者以二百亩累进以百亩征收之）。

第九条　关于优待抗属办法规定如下：

一、参加主力部队之抗战军人直系亲属有田不足三亩者免征，在三亩以上不足六十亩者减征二分之一，在六十亩以上者仍按级征收；

二、参加地方部队之抗战军人直系亲属有田在二亩以下者不征，在三亩以上不足六十亩者减征四分之一，在六十亩以上者仍按级征收；

三、上述抗属以出征军人为限，不脱离生产之武装与公务人员及群众团体不在此例。

第十条　本季公粮之征收累进以属人为主，征收时以乡为单位。

第十一条　学田官田佃户之公粮，仍照普通佃户每亩出三斤。

第十二条　典田公粮由承典人负担，惟田亩登记时未经注明承典人者，由出典人负责代为缴纳后向承典人收回之。

第十三条　本季公粮征收时，随发本署所制加盖各县县印之公粮收据，纳粮人应交粮取据，各级征粮人员应收粮给据。

第十四条　为使此次征粮如期完成，在征粮时期区乡须组织征收公粮委员会，其组织原则如下：

一、区公粮委员会以区长粮食区员各救代表三人，地方公正士绅三人，共七人至九人组织之，并以区长为主任委员；

二、在已实行新乡制之乡已有公粮委员会者不必另行组织，在未实行新乡制之乡，应组织公粮委员会，以乡长各救代表各一人，（如各救未组织成立者得按实际情形组织之）地方公正士绅二人，共五人至七人组织之，并以乡长为主任委员；

三、在未实行新乡制之乡，各保应组织保公粮委员会，以保长保各救代表一人士绅一人共三人至五人组织之，并以保长为主任委员。

第十五条　在游击区内征收公粮得依据本条例之原则，以该区实际环境酌量施行之。

第十六条　本条例规定之公粮，限于本年七月十五日以前征齐，如有逾期无故未缴者罚应缴额十分之一。

第十七条　本条例由盐阜区行政公署公布施行。

选自《华中抗日根据地财政经济史料选编》第一卷，档案出版社 1984 年 7 月版，第 441～443 页。江苏省财政厅、江苏省档案馆、财政经济史编写组合编。原注：“按 1944 年出版《盐阜区财经法令汇编》刊印”。

11. 盐阜区夏季征收公草办法

1942 年

第一条　为巩固抗日民主根据地，保证抗日军队之需要特订定本办法。

第二条　凡已征收公粮之土地（不论稻麦地，旱地等均包括在内）均书［有］缴纳公草之义务。

第三条　本季征收公草以田亩为标准，其征收率规定如下：

A. 每田（亩）征收公草八斤；

B. 自耕农自行缴纳，业主与佃户如火草不分者，公草概由佃户负责缴纳，如系三七分草，则由主佃共同分担，业主出三成，佃户出七成。

第四条　征收公草一律以斤计算（每斤规定市称十六两）。

第五条　征收公草以属地为主，如田在甲乡人在乙乡者得由甲乡征收之，如田在乙乡人在甲乡者得由乙乡征收之。

第六条　上项火草应在收割完毕后即由乡保长或征粮委员会负责征收之。

第七条　公草征齐后，由乡保长负责分存各户听候提运（如系新乡则由乡征粮委员会妥存各户）。

第八条　征收公草一律发给盐阜区行政公署粮食处所制定之公草收据，各乡保公草证齐后，应将公草账目公布，以昭公允，并呈报区署汇报县府。

第九条　本办法限在三十一年度夏季征草有效。

第十条　本办法自公布之日起施行。

选自《华中抗日根据地财政经济史料选编》第一卷，档案出版社1984年7月版，第444页。江苏省财政厅、江苏省档案馆、财政经济史编写组合编。原注："按1944年出版《盐阜区财经法令汇编》刊印"。

12. 华中抗日根据地财政经济政策草案①

1942年2月

第一、财政方面

财政的基本任务——保证抗战经费，实行合理负担，废除苛捐杂税，改善人民生活。

甲、财政收支系统的划分

一、照目前环境华中各根据地的财政收支系统，照各战略单位划分为财政单位。

二、各财政单位均以统收统支为原则，如有特殊情形可成立小单位。

三、各财政单位均以自给自足为原则。

四、各财政单位应每月将其财政收支及结存详细情形报告全华中最高级财经机关一次（表格另规定）。

五、全华中财经委员会在一定范围内，视各单位财政状况调度其盈亏。

乙、税务政策方面

一、进出口货物税（即货物检查税）。

1. 征收的原则：

（1）与敌人作经济斗争。

（2）与敌伪顽争夺税源。

（3）保卫根据地的工商业发展。

（4）改善人民生活。

2. 免税入口与禁止出口的原则：

（1）直接的军用品及自给不足之物产暨足以影响民生之物产均应禁止出口。

（2）为我军事上或工业必须之用品（如五金机器电料等），又为敌人所禁止者应免税入口。

（3）为群众必需而又大量之物品（如粮食）应减，尽量免征税。

---

① 原注：此标题为编者所拟（主要是财政方面的内容——编者）。

3. 税率的标准：

(1) 奢侈品——最高按价值抽税百分之三十，最低抽百分之十五。

(2) 消耗品——最高按价值抽税百分之十五，最低抽百分之十。

(3) 日用品——最高按价值抽税百分之十，最低抽百分之五。

(4) 农产品（指允许出口的）——最高按价抽税百分之十，最低抽百分之五。

(5) 必须（需）品——最高按价值抽税百分之五，最低抽百分之二。

(6) 特种物品——指为我生产而又不能利用之军用原料（如猪鬃、薄荷油等），最高可按价值抽百分之二百，最低抽百分之五十。

(7) 订定税率除根据上述的标准外，还应该注意某种税率高的物品，我们是否能够控制，如果不易控制的货品仍应该适当的减低（但不是严重的影响征收原则），以免造成大量的逃税。

4. 各区间的联系：

(1) 在同一区域内（指一战略单位）应保证税不重征（即各货只征税一次）。

(2) 各区如与其邻区在商业上有密切联系（如苏中与盐阜，淮北与淮南），他（它）们的税率与办法应尽可能求其统一，万一有二种货物情形特殊，税率不能统一时，对其税率之差额应互不补税。

(3) 各区间一般的应互相承认其税票有效，但如有一、二种商品（如盐），为该地区的主要税源，在不影响其税源的原则下，而可适当的再征税一次，但必须在技术上尽可能减少因重征所引起的坏影响。

5. 漏税的处理：

(1) 处罚漏税商人是为了能教育商人下次不再漏税，并不是为了多收罚金，因此惩罚漏税主要目的是教育，收取罚款，只是辅助的。

(2) 偷税的罚金，则最高不超过其应纳税款二十倍，最低是一倍，但其罚款总数不能超过其总货值百分之六十。

(3) 禁运资敌物品的处罚，应取消没收政策，但其处罚可比较重点，但主要的仍应采取教育态度。

二、田赋——是直接税，是比较好的农税。

1. 负担对象——向土地所有者征收。

2. 税率标准——按照土地每年总收获量征收百分之一至百分之二。

3. 征收原则——由各根据地按照其需要情形与客观环境及主观力量，照百分率征收实物或货币，如游击区改革困难，仍可暂时维持原有办法。

4. 累进率——各地如有足够条件征收累进税最高额，可累进至百分之五。

5. 征收办法应废除册书，以乡为单位，由政府直接征收。

三、契税

1. 征收对象：

(1) 卖契税——由承卖人负担。

(2) 典契税——由承典人负担。

2. 税率标准：

(1) 卖契只其买价抽百分之六至百分之十。

（2）典契只卖契减半征收。

四、屠宰税——规定为屠宰营业税，老百姓自宰自食不能征税。

1. 负担对象——向屠商征收。

2. 税率标准：

（1）牛马——各区向多禁宰，如有特殊情形可自行规定，一般地应比猪羊为高。

（2）猪羊——照其价值征百分之一至百分之三，可由各区按照实际情形，具体规定为从量（即每只若干）征收。

五、普通营业税——是一种行为税，是比较的应按税，如果在根据地内没有较大的城市与商业，所收无多者可以放弃，如有较大的城市与商业者仍可征收。

1. 征收对象——由营业者负担。

2. 征收标准：

（1）营业周转较易而利益较高资本较小者，依照其每年或每季旧业额付税。

（2）资本较大而获利较低（如工厂、银号、银楼）依照其资本额付税。

3. 免税标准：

（1）每年营业额不满一万二千元或资本额不足三千元的一律免税。

（2）真正为群众所组织而又为政府所批准的合作社一律免税。

4. 税率标准：

（1）照营业额付税的——最高按额征千分之八，最低征千分之四。

（2）照资本额付税的——最高按额征千分之十六，最低征千分之八。

六、牙税——在过去的办法是用定额的，并且不依照牙行营业的大小而定轻重，仅依营业种类不同而分等，因此这种税是不大自（合）理的，同时在乡村中是带有浓厚的封建性质，现在作以下的改革：

1. 征收对象——由行主负担，不准转嫁客商。

2. 征收标准与税率——每月行佣收入不满一百五十元者免征，超过者依照其行佣总收入额征百分之一至百分之二，每月或每季征收一次。

3. 对牙行封建性质的限制：

（1）规定牙行收取佣金最高额不得超过货价百分之一（由各区行或县府具体规定布告，并由买卖各半负担）。

（2）规定客户投行买卖有绝对自由，牙行不得强迫（亦应出布告）和限制。

七、烟酒牌照税——是一种行为取缔税，现在专营烟商是很少，酒商也不多，均可改征营业税，这种税的名目可以取消。

八、烟酒印花税——是产销税，群众自酿自用者免征。

1. 负担对象——向酒坊烟商征收。

2. 税征标准——按照价值征税百分之一至百分之五。

九、执行上面各项政策，还应注意以左的几个问题。

1. 根据地游击区与新地区群众某些负担应有区别，尤其注意敌伪顽给民众的负担，我们一般的应该比他们为轻。

2. 对新兴的工业或手工业在他开始的一个时期，应免税或轻税征收。

3. 征税在原则上应放弃包商制度。

4. 对收入有限而又直接多为农民所负担的税目（如牲畜税、白菜捐等）应该废除。

5. 由于我们的部队或机关及民运工作者的需要而产生的摊派与乡、保长乘机舞弊或自立名目的摊派均应严格的禁止。

6. 由于各乡村本身公共的需要（特别是战时的自卫所产生的摊派），我们应改善其办法，使其负担合理，并应公开账目以求得群众的衷心拥护。

7. 反对硬捐强摊的抓一把办法。

十、目前的税务中心工作——由于太平洋的战争与敌伪的进一步封锁占各根据地重要收入的货物税必将逐渐低落，因此今后各根据地应集中力量整理田赋（如查登土地）与地方税收，并将各根据地物产中（如盐、棉、酒、油、茧等）生产比较大量，在生产过程中有一次比较集中的货品改办产销税以转移税源重心，而产销税的负担者应该是物品的承销人，其税率一般的应不超过其货价百分之十。

丙、公学款产及公营事业方面

一、公学款产在各地都有很大的数目，并且是可靠的收入，但多被土豪所把持和吞没，各区应加意整理。各县如未成立款产整理委员会的应即请地方公正人士参加组织，为使整理有效，应指定（全部或一部）作为教育经费基金。创办学校，加强教育，为要使该项工作做得好，必须发动广大的小学教师参加整理之。

二、公学款产应直接由整委会收回经营管理，取消少数人的把持渔利。

三、政府所收租息，一般的应比私人或法令规定的稍低。

四、如系私人捐赠指定用途的，仍应尊重其独立，不得硬收为公有。

丁、支出方面

一、经费的支配

1. 为了保证部队的给养，各区一般的办事费与行政费（包括文教、社会事业等）的比例应该是七与三之比。

2. 各区的行政文教财务建设卫生及社会事业等费应按照其实际情况作一般的百分比规定，以免事业的偏废。

3. 各区对这种经费的开支标准，应有具体的规定。

二、节约与反浪费问题

1. 为了响应中央精兵简政积蓄力量、准备反攻的号召，我们在财政上不但应该做到不虚耗一文公币，并且要做到一个钱都不浪费。

2. 严格的执行预决算制度。

3. 各区对节约浪费应进行节约教育，使节约造成运动，养成习惯。

4. 我们的干部尤其是党员干部应成为节约的模范。

5. 各区应具体规定节约的办法。

6. 坚决的与贪污浪费作斗争，并应规定严格的经济纪律。

戊、财政制度

一、预决算制度

1. 各机关部队在每月开始的半个月应编造预算送到上级机关核准钱钞，反对藉口游击环境不遵守预算制度的现象。

2. 各机关部队在每月终了后半个月内应造决算送上级审核，反对用了就算的马虎现象。

3. 严格的执行不造预算不发钞、不送决算的纪律。

4. 反对不合实际敷衍了事的外交预算。

5. 反对不切实际执行预算与随便先用后报的作风。

二、会计制度

1. 各区应建立统一的简明的科学的会计制度。

2. 一切收支都要作有系统的登记，必须是来去分明毫厘不差，反对含混一团的马虎现象。

3. 征收机关除了有一定的账簿外，还应实行经常的一定的报表制度。

4. 各区的总会计必须做到能适时的反映其财政状况与随时可以查对与公开。

三、审计制度

1. 区、分区、县均应由各地区最高军政党委员会决定，组织各地的审计委员会建立严整审核军政党各方面预决制度。

2. 预算最后的批准权属于区审计委员会。

3. 各审委会对其同级军政党机关以及以下机关不合实际的预算均有批驳之权，但被驳之部分仍可申诉再审。

4. 未经审委会批准的预算，任何金库或财政机关不得付款。

5. 审委会可随时派员至各军政党机关查账及查点现金。

6. 审委会如发现贪污浪费事实得通知其上级机关按照情节之轻重分别予以处分。

7. 各机关管理经济人员调动工作时应由审委会派员会同其上级机关监督其交代。

8. 审委会的工作人员必须调选对革命忠实的有能力的同志担任。

四、金库制度

1. 各区应成立总金库，各县成立分金库。

2. 各区的一切收入归金库，一切支出通过金库。

3. 金库负保管现金的责任，不举（拿）支付命令，其自身无权付出款项。

4. 金库负责监督各机关缴款事宜，如其查出其机关或部队有款项收入而未缴解的，他可直接前往提取，并可随时检查其现金额及现金。

5. 各机关各部队非经批准或委托，除其本身经费外，不得保留现金。

6. 坚决反对收入或缴获不报告埋伏现金的不良倾向。

己、财政机构与关系

一、各区在军政党委员会下组织财政经济委员会负掌握政策及决定分配各项经费暨其他有关财政重要事件之责任，并指导该区财经处工作。

二、各区行政公署设财经处负责领导全区财经工作之责（其详细系统见附表）。

庚、干部政策与护税武装

一、干部政策

1. 财经干部应由各区党委抽调一部分好的同志交财经机关训练，使成为财经部门的骨干。

2. 各地党委、各地政府应动员大批的纯洁知识青年参加财经工作。

3. 各地党委对财经干部应有经常的政治教育。

4. 财经部门可采用适当的薪俸制度吸收地方知识青年的参加。

5. 反对轻视财经工作将犯错误的有问题的人选到这一部门去的不良倾向。

6. 各地党委应定期的在党内外进行对认识财经工作重要性的教育，纠正过去的偏向，以提高财经工作者的威信。

7. 坚决的与堕落腐化贪污浪费的坏分子作斗争，并应规定财经工作人员的守则。

二、护税武装

1. 各区的主力部队及地方党、地方政府应负责帮助财经机关建立其独立的够用的护税武装。

2. 武装的干部条件应该是政治坚定经济观念正确。

3. 各地党委对护税武装的政治工作应特别加强。

第三、粮食部份（分）①

粮食政策的基本方针保证抗日军民食用，其任务为严禁运粮资敌，反对敌伪抢粮，调剂民粮军需，增加粮食生产，公粮合理负担。

甲、民食方面

一、严禁粮食资敌

（1）发动广大群众参加禁粮斗争。

（2）没收资敌粮食。

（3）奖励缉获资敌粮食的民众“可以半数”。

二、调剂供需

（1）广泛组织运粮合作社抢购游击区沦陷区粮食内运。

（2）通过各种伪组织伪军关系打通运粮路线。

（3）鼓励商人向游击区沦陷区购粮内运。

（4）严禁囤积居奇。

（5）各区必须有半年以上的余粮存储。

（6）适当供给缺粮的游击区民食。

（7）有计划有步骤的运输剩粮出口。

三、反对敌伪抢粮

（1）深入宣传敌伪抢粮的毒计。

（2）发动群众普遍藏粮。

（3）研究藏粮办法指导群众实行。

四、增加粮食生产

（1）奖励开荒。

（2）禁种无益或过剩的农作物以增加粮食生产面积。

① 原注：原稿缺“第二”。

（3）改良生产技术。

乙、公粮方面

一、征收的原则

（1）事先必须有充分的政治动员与准备工作。

（2）采用渐进的简易累进制。

（3）贫农中农与富农、富农与中小地主、中小地主与大地主的负担必须有区别。

（4）按照土地的总收获量估征。

（5）征率自百分之三起最高不得超过百分之七。

（6）由佃东负担三分之二，佃户负担三分之一。

（7）赤贫与孤寡单独均应免征。

二、保管

（1）对保管的环境必须作充分的估计。

（2）以分散保管为原则。

（3）保管的人应该不是征收的人，并且不以乡、保长保管为原则。

（4）每个乡都应该有一个脱离生产或半脱离生产的人专门负责保管运输支付的责任。

三、支付

（1）严格执行粮食预决算制度。

（2）彻底实行粮食票制度。

四、罚则

（1）短报公粮没收土地的口号应该取消。

（2）短报公粮的罚则只能照其应纳部分处以一倍以上五倍以下的罚粮。

选自《华中抗日根据地财政经济史料选编》第一卷，档案出版社 1984 年 7 月版，第 42～52 页。江苏省财政厅、江苏省档案馆、财政经济史编写组合编。

13. 苏中区各级审计委员会暂行组织及审计法规（草案）

1942 年

甲、各级审计委员会（简称审委）之组织

一、苏中及各分区各县应组织各该级审委，其组织人选如次：

苏中审委由苏中区党委行政公署财经处军区司令部及政治部各举一人组织之。

分区审委由地委专署财经分处分区司令部及政治部各举一人组织之。

县审委由县委县政府独立团团部各举一人组织之。

二、各级审委直接受各级党委领导并对党委负责。

三、各级审委推选主任委员经常负责。

四、各级审委下设立审计室，内设总干事一人干事二人办理审计技术工作。

乙、各级审委之职权

五、审委得依据供给标准及有关财经供给之法令，审查收支预算监督预算之执行，核定支付命令并审核收支计算及决算，且得随时检查各部门账目。

六、各级审委权限之划分

县审委为第一级预决算之初审机关，对县级预决算无核定权，但得核定该县各区之预决算，对该县第一级总预算总决算除按（八）规定外无权核定，不得核签支付命令。

分区审委复审核定第一级预决算，并直接核定第二级预决算。

苏中审委核定苏中级党政军各单位预决算。

七、审委除经常由主任委员负责领导各该级审计工作外，遇有重大案件应临时召开委员会决定之。

八、因战争情况之变迁，县级及分区所在地交通问题无法取得联系时，县审委得代理分区审委核定第一级预决算，但事后必须将代理核定各案呈送分区审委备案补行第二级预决算手续。

丙、预算之审查程序

九、第一级预算编造机关依照苏中区暂行预决算制度之规定编造，每期收支预算送请县审委审查，县审委经初审完毕后给与收入及支出预算审查意见书各一份，连同原预算全份转呈分区审委复审。

十、分区审委接到县审委送请复审之第一级收支预算经审查完竣后，将审查意见及核定数字给与收支预算核定通知书及意见书各二份，一份连同原预算书全份交第二级预算编造机关汇编第二级总预算与核签支付命令，一份交县审委再查。

分区级党政军各单位预算送经分区审委审核定夺后，给与核定通知书及意见书各一份，连同原预算全部移交第二级预算编造机关汇编第二级总预算。

十一、苏中审委接到苏中级党政军各单位预算经审核定夺后，给与核定通知书及审核意见书各一份，连同原预算全份发交第三级总预算编造机关汇编第三级总预算。

十二、预算之成立与支付命令之核定。

第二级预算编造机关接到分区审委核定之第一级预算时，分区直属单位预算除根据核定数字分别签发支付命令交审委核签外，并汇编第二级总预算呈交专署命令公布之。

第三级预算编造机关接到苏中审委之苏中级党政军单位预算，除根据核定数字签发支付命令，交审委核签外，俟第二级预算到达汇编第三级总预算，并交行政公署备案。

十三、未经各级审委核签之支付命令，出纳机关不得付款。

丁、计算及决算之审核程序

十四、审委根据各级核定预算审核计算及决算。

十五、县审委初审第一一级计算及决算，除对其区的部份（分）得核实外，对该县级无核定权。

分区审委核定第一级及分区级直属单位之计决算与直接核定第二级总计算总决算，苏中审委核定苏中级直属单位之计决算，各级计决算呈递及核定程序与预算同。

十六、经费支出计决算必须经审委核准后方得向财经供给机关转账报销。

十七、有违反供给标准其他财经供给法令及核定预算之支出，审委得予以剔除不准报销，并通知财经供给机关负责追偿。

十八、审委审核收支计决算如发现贪污情事，经查有实据者得提请主管行政司法机关予以应有之处分。

十九、收支计算及决算之造报有不合手续或遗漏之处，各级审委拒不受理或退回令重行编造。

戊、附则

二十、本法规由行政公署公布施行，其修改时也同。

选自《中国革命根据地审计史料汇编》，中国审计学会审计署审计科研所编，北京工业大学出版社1990年版，第212～213页。

14. 苏中区党委夏收总结会议粮赋研究组的结论

1942年9月经区党委夏收总结大会通过①

一、为正确执行党中央的土地政策，照顾中间阶层及贫农的利益，使各阶层负担更加合理，拟于明年夏季起，改变我征收粮赋办法，兹具体说明如下：

1. 我苏中区现行征收粮赋办法：

A. 从亩征收：即征粮的基本计算单位以田亩为标准，规定每亩征收若干，即按亩征收，有一亩，征收一亩。

B. 田分甲、乙、丙，注意到土质的好坏。如甲等田每亩征十斤小麦、稻十二斤、玉米十四斤。乙等田每亩征小麦八斤、稻九斤、玉米十一斤。丙等田每亩征小麦六斤、稻六斤、玉米八斤等。

C. 百亩以下不累进，一百零一亩以上者，另征累进，直到五百亩以上。

D. 佃田不满五亩者免征公粮。

2. 我现行征收办法的缺点：

A. 未能维护贫农的利益：因我采按亩征收办法，有一亩征一亩，所以贫农三、五亩以下者，不但公粮交不起，而且连田赋也交不起，我们未能维护贫农的利益，与中央扶助农民的原则不合。

B. 未能照顾中间阶层的利益，使其负担较重，根据苏中农村经济状况来讲，百亩以下者多系中间阶层，中小地主富农中农居多，百亩以下者征收较重，使中间阶层负担较重，这与争取中间阶层，照顾其利益的原则不合。

C. 百亩以上及甲等田的征收率较轻，形成田坏田少者负担重，田多田好者负担轻的不合理现象。

D. 佃户不能累进征收；百零一亩方累进，苏中除垦区外，百零一亩以上的佃户不多，因此佃（户）不能累进征收，这与中央指示也不吻合。

---

① 原注：标题按原件刊印，副标题为编者修改。

二、淮海、盐阜及我们征收办法的比较研究：

1. 淮海区征收公粮办法：

A. 征收原则：以地亩多少划分征收粮的等级，以收获量大小，决定土地等则。

B. 具体办法：

（一）五百亩以上之户为一等户，每季每亩征公粮十二斤，全年二十四斤。

（二）五百亩以下二百五十亩以上之户为二等户，每季每亩征粮十斤，全年二十斤。

（三）二百五十亩以下一百亩以上之户为三等户，每季每亩征公粮八斤，全年十六斤。

（四）一百亩以下五十亩以上之户为四等户，每季每亩征公粮六斤，全年十二斤。

（五）五十亩以下二十亩以上之户为五等户，每季每亩征公粮四斤，全年八斤。

（六）二十亩以下五亩以上之户为六等户，每季每亩征公粮二斤，全年四斤。

（七）不足五亩之户为贫户，免征粮草。

（八）每亩每年之收入在一百二十斤以上者为一等田，按公粮公草征集标准全数征收。

（九）每亩每年之收入在一百二十斤以下八十斤以上者为二等田，按公粮公草征集标准八折征收。

（十）每亩每年之收入在八十斤以下五十斤以上者为三等田，按公粮公草征集标准六折征收。

（十一）每亩每年之收入在五十斤以下二十斤以上者为四等田，按公粮公草征集标准四折征收。

（十二）每亩每年收入不足二十斤者为五等田，免征公粮公草。

（十三）每亩每年收获在一百八十斤以上者，为特等田，按公粮公草征集标准加二成征收。

2. 盐阜地区征收公粮办法：

A. 征收原则：仅注意到田之多寡，未顾及到土质之好坏。

B. 具体办法：

（一）每户有田不足三亩者免征。

（二）每户有田三亩以上不足十亩者，为第一级，其征收额，每亩五斤。

（三）每户有田十亩以上不足二十五亩者，为第二级，每亩征粮六斤半。

（四）每户有田二十五亩以上不足六十亩者，为第三级，每亩征粮七斤。

（五）每户有田六十亩以上不足一百五十亩者，为第四级，每亩征粮八斤。

（六）每户有田一百五十亩以上不足五百亩者，为第五级，每亩征粮十斤。

（七）每户有田五百亩以上者，为第六级，每亩征粮十二斤。

3. 我苏中区征收公粮办法：

A. 征收原则：仅注意到土质好坏不顾及到土地多少。

B. 具体办法：

（一）甲等田每亩征收公粮（田赋）十斤。

（二）乙等田每亩征收公粮（田赋）八斤。

（三）丙等田每亩征收公粮（田赋）六斤。

这三个征粮条例研究的结果，我们认为以淮海区为较合理，苏中区次之，盐阜区为更次之。

4. 我们的结论：自明年夏季起，改用淮海区的基本精神，即以土地多少决定征收等级，以土质好坏定征收的等则斟酌苏中实际情形，另订办法征收之。

苏中盐阜淮海征收公粮比例表

	苏中区	盐阜区	淮海区
甲等田以十亩田征收额计算	70（斤）	65（斤）	20（斤）
乙等田以十亩田征收额计算	55	65	12
丙等田以十亩田征收额计算	40	65	8
甲等田以二十亩田征收额计算	140	130	80
乙等田以二十亩田征收额计算	110	130	48
丙等田以二十亩田征收额计算	80	130	32
甲等田以五十亩田征收额计算	350	350	300
乙等田以五十亩田征收额计算	275	350	180
丙等田以五十亩田征收额计算	200	350	120
甲等田以一百亩田征收额计算	757.5	808	808
乙等田以一百亩田征收额计算	600	808	484.5
丙等田以一百亩田征收额计算	454.6	808	323.2

三、今年秋征条例：已通过公布，故从略。

四、今后粮食斗争，将日趋尖锐，粮赋工作日形重要，党为加强对粮赋系统之领导与保证决定具体办法如下：

1. 加强乡级的领导与保证。

a. 各乡支部应尽可能选定适当党员充当乡粮赋管理员。

b. 支部应领导该乡粮赋工作。

2. 加强县区级党的领导与保证。

a. 区粮赋分局内应建立党的小组，县粮赋局内应成立党的支部。

b. 区粮赋分局副主任及县粮赋局长一定要党员充任。

c. 各级粮赋局会计出纳一定要党员充任之。

d. 区粮赋分局副主任及县粮赋局副局长为党员者，要参加党团，各级党委应加强对党团的领导。

e. 各级党委必须讨论布置与领导粮赋工作，在检查其下级党委工作时，粮赋工作应列为一项。

f. 党的文件应发到粮赋系统。

五、为调剂民食增进生产限制消费，并防止外运资敌，保证军粮民食不虞缺乏，以巩固抗日民主根据地，拟实行粮赋管制。

1. 增进生产问题。

a. 奖励开荒，棉田改粮田。

b. 严禁薄荷。①

c. 兴办水利。

① 原文如此。推论为“严禁种薄荷”，只为多种粮食，与前项“棉田改粮田”相呼应。

d. 改良农具种籽。

2. 管制贸易问题：

a. 登记粮行合作社。

b. 控制粮食出售价格。

c. 禁止粮食外运。

d. 奖励内地流动。

3. 限制消费囤积问题：

a. 控制公司仓房地主富农剩余商品粮食。

b. 限制酿酒。

六、为调剂民食改善中下层农民群众生活，加强对敌粮食经济斗争，巩固与发展农抗会起见，拟以乡为单位大量发动组织粮食运销合作社。

1. 组织办法的原则：

a. 县成立粮食合作委员会，设计领导粮食合作事宜。

b. 组织以乡为单位，以有乡农抗会者为主，由农抗会负责，人民可自由入股。

c. 组织的原则依合作社一般原则。

d. 政府负扶助奖励之责，必须时拨粮入股。

e. 组织办法股本营业会议盈利分配等，见组织规程。

2. 进行步骤与办法：

a. 抓住中心区中心乡建立模范合作社。

b. 以有农抗会组织之乡为主。

c. 农抗会会议文化水准低可请顾问协助解决，并可给以津贴。

d. 反清剿斗争中的名义营业办法及在紧张局面时的转移等应灵活改变。

e. 财经科对国民经济建设，粮赋局对于粮食管制及农抗会组织等，均应会同商讨具体办法共同领导。

七、发动冬耕运动，根据过去党中央及华中局春耕运动的指示，实行冬耕运动。

（发至区级止）

选自《华中抗日根据地财政经济史料选编》第一卷，档案出版社 1984 年 7 月版，第 272～277 页。江苏省财政厅、江苏省档案馆、财政经济史编写组合编。

15. 苏中区党委关于敌汪排斥法币及我根据地发行抗币的决定

1942 年 10 月 24 日

敌汪于三月二十九日宣布法币贬值后，复于六月二十一日在苏、浙、皖三省，正式宣布禁止法币流通，限令人民以二与一之比价，在限期内向伪中央储备银行调换伪币行使，因而引起了我国金融之极大波动。苏中地区紧接淞沪，所受之影响尤钜（巨）。苏中区党委为抵制敌汪阴谋，减轻民生痛苦，巩固根据地之财政经济基础起见，特根据中央及华中局迭次指示，按照苏中实际情况，作如下决定：

一、我们指出敌汪此次禁用法币，发行伪币之阴谋，有其重大意义，可从下列几方面来看：

甲、政治方面：

（一）敌汪深知敌占区民众之所以心向抗日，不甘伪化，法币之流通，亦是重要原因之一，敌汪乃欲以禁用法币，发行伪币来转移民众心理，强化伪政权之统治力量。

（二）敌汪欲以禁用法币，发行伪币来加强其本身对于伪军、伪组织之控制，因为偌辈手中之财产，若依然以法币的形式存在，则将使偌辈心怀二意，动摇不定，发行伪币则可以将此种情形反过来，而使其非依附敌汪不可。

（三）借伪币的力量来扩展伪化统治，以伪币打先锋，向非沦陷区伸张势力，凭借商业关系，渐渐归入游击区，伪化游击区。

乙、经济方面：

（一）敌汪企图在沦陷区禁用法币，迫使法币内流，造成大后方及我根据地之恶性通货膨胀，以及相应而起的物价高涨，民生疾苦。

（二）以伪币套换法币，再以法币夺取我物资，使我们物资外流，抗战资源，日趋贫乏。

（三）敌汪一面禁用法币，一面吸收法币，利用此项吸收之法币，在市场上时增时减，以操纵我方之金融和物价。

（四）法币是与美金、英镑联系的，伪币只能与日元通汇，敌汪企图以此增厚其日元集团之力量. 使在经济上更加依附于日本。

丙、金融财政方面：

（一）法币之发行权在重庆，敌汪不能用以济自己之急，发行伪币则可以临时解救财政上之困难。

（二）利用少数伪币，吸收大量法币，来扩展其军政事业。

（三）以伪币作为日本军用票之外围，巩固军用票，维护日元。

二、我们应指出敌汪此项阴谋，是在全国范围里面对法币的一次新进攻，受影响的当然不止苏中一隅，但苏中却因紧接淞沪之故，不能不首受影响，首当其冲。稍一不慎，就要受祸最烈，受害最深，同时苏中又是孤悬敌后的，四面八方都在敌伪据点的包围中，与大后方的联系，完全隔断，因此，要抵制敌汪阴谋，避免祸害，必须有独立的和主动的办法，才能克敌制胜，坚持斗争。

三、我们还应指出敌汪这一阴谋，虽然毒辣，但敌区却有许多不能克服的弱点，使其阴谋难于全部实现，约略分为下列几点来说明：

甲、伪币本身脆弱无力，只能在刺刀势力所及的地方，强迫行使，无法使人民自动接受，最大部分人民仍然信仰法币而不信仰伪币。

乙、中国绝大多数人民都知道抗战必胜，日本必败，深信明年一定能打败日本，日本败，则依附日本的汪伪组织及其所发行之伪钞，亦随之一文不值（上海某日曾谣传汪逆及周逆被刺，又日寇在南太平洋某次受损失，打败仗时，伪币即在市面上被拒用，或跌价即是证明）。

丙、伪钞与日元之间仍有矛盾，伪币欲借日元以自重，而日元怕受伪币之拖累，兼之日元本身亦是一个非常脆弱的东西。

丁、敌汪欲以禁用法币来造成非沦陷区之通货膨胀和物价狂涨，但其结果则反而首先造成了自己占领区之物价狂涨，其狂涨程度且远较非沦陷区为甚，因为大部分民众都知道伪币终必成为废纸，故相率将其囤购物资，致物价狂涨不已，这是上海等地的实际情形。

戊、敌汪原意是要以法币来套取我物资，故其自开始就不曾绝对禁用法币，掉换停止以后，法币黑市随之产生，黑市场的法币价格，日常在伪方规定的价格之上，金融中心的上海南京是如此，在其他城市，则连“明禁”都没有，法币依然流通（东台敌伪开会结果，且出布告，维持中、中、交法币的行使，拒者以扰乱金融论罪）。

己、敌汪自知本身之脆弱无能，故至今还替法币留了一条后路，没有把它禁绝，而现在只能采取各个击破的方式（如禁用农钞，而不涉及中、中、交）。

四、基于上述情形，我们要基本上击破敌汪阴谋，必须在全国范围内（特别是大后方）采取有效的办法，使敌汪即使能藉伪币换法币亦无法抛出，结果是作法自受，害人害己，但这不是我们在苏中所能做到的。我们今天只能做到使敌汪阴谋在苏中地区遭遇失败，使我们不受其祸害，民生不受痛苦，因此，我们决定对策如下：

甲、在政治上应加强宣传抗战必胜，敌伪必败的道理，指出法币的前途是与抗战胜利的前途休戚相关的，使沦陷区的人民继续信仰法币，不信仰伪币，使敌伪在经济上，以伪币套换法币的阴谋，难于实现，使敌汪在政治上企图转移民众的心理的阴谋完全失败。

乙、在我们根据地内绝对禁止伪币行使，使敌汪无法扩张伪化势力。

丙、发行抗币，逐渐使抗币成为根据地内唯一的通货，一方面使敌汪不能用其套换的法币来夺取我们的物资，杜绝物资外流，一方面稳定通货，避免通货膨胀，使物价不至于上涨，并避免敌人之操纵，在抗币发行以后，不只以应付流通界的需要时，可以选择适当的时期，发行本票（以抗币为单位之本票）以补充之。

丁、设立贸易局，有计划的统制出入口，限制非必须品之入口，及必须（需）品之出口，尽量觅取代用品（如以盐硝代牙膏，以灰碱代肥皂等），减少我们在生活必须（需）品上对敌方之依赖性。

戊、苏中为出超之地，我们尽量做到对外贸易，以物易物的原则，换取我们在军事、工业生产方面的原料物资。

己、争取城市商人脱离城市来到农村（敌汪禁用法币，实行伪币的结果，必然有些商人具有远见，不忍自己的财产随着伪币化为乌有，愿来根据地经营）。

庚、利用京沪法币黑市场之存在，及其他敌占区法币之继续流通，有计划收集法币向敌占区去换取我们抗战的必须（需）品以补充抗战实力。

五、为了实行上一决定，各级党政军民，特别是做民运工作的同志，应向民众作广泛的宣传和深入的解释（宣传文字应力求其通俗明显动听），并着重下列诸要点：

甲、必须指出敌汪禁用法币，发行伪币在政治上之阴谋，以唤起一般之注意。

乙、强调抗战必胜，日寇必败，伪币无前途，法币有前途，沦陷区同胞应继续信仰法币。

丙、应详明的指出，苏中是孤悬敌后，既首受敌伪排斥法币之害，又得不到重庆的后援，且法币一面受敌汪排斥，一面又因重庆方面发行增加，法币购买力，必然日趋于下，所以根据地发行抗币，是为了抵制敌汪阴谋，使根据地人民既不受敌汪排斥法币的祸害，也不受法币贬价的无形损失。

丁、不仅要有民族观念抗战意识，这些大道理来号召群众拥护抗币，而且可以告诉他们切身的利害关系。

六、最后我们指出，由于敌汪在政治上经济上的基本弱点，由于我们在政治上坚强的保证，有党政军民的力量，在经济上，我们苏中根据地又是居于出超的地位，只要我们能认真坚决执行正确的政策，我们是有把握战胜敌汪，在经济上巩固我阵地的。

选自《华中抗日根据地财政经济史料选编》第一卷，档案出版社 1984 年 7 月版，第 278～282 页。江苏省财政厅、江苏省档案馆、财政经济史编写组合编。原注：“按 1942 年出版《党风》第一期刊印”。

16. 盐阜区各县验契处组织办法

1942 年 11 月施行

第一条　为办理验契事务，特设验契处并可斟酌环境添设分处。

第二条　验契处及分处如各县设有田赋处者可附设于田赋处内，无田赋处者，附设各粮柜内。

第三条　验契处及分处各设主任一人，综理验契事务，由田赋处或粮柜主任兼任之下［不］另支津贴。

第四条　验契处及分处之核算征收等事务，由田赋处或粮柜工作人员兼任，不另支津贴。

第五条　验契处及分处可临时增设办事员一名，协助主任专办验契事务，除供给公粮菜金外，月给津贴二十元衣被自理。

第六条　验契处及分处事务繁忙时，得增设临时雇员若干，每张契缮写费六分，笔墨自带，衣食一切自理。

第七条　验契处及分处之办公费月定二十元。

第八条　验契处及分处之薪津及办公费印刷费等，应由各县按月预算呈由行政公署核准之。

第九条　验契处及分处之办事细则及各项簿据执照声请书等各项式样由各县自订施用。

第十条　本办法自三十一年十一月起施行。

选自《华中抗日根据地财政经济史料选编》第一卷，档案出版社 1984 年 7 月版，第 427 页。江苏省财政厅、江苏省档案馆、财政经济史编写组合编。原注：“按 1944 年出版《盐阜区财经法令汇编》刊印”。

17. 苏中行政公署关于粉碎敌汪排斥法币提纲

1943 年①

（一）

研究南京伪政府颁布的发行伪币整理旧币的许多条例及办法，其主要内容如次：

1. 中央储备银行发行之钞票为唯一“法币”，所有旧币非得本部长特准不得使用。

2. 政府限期以二与一之比例一律以旧币换掉中储券，但旧币掉换限于中交银行之钞票但券面上印有上海以外之地名者及旧辅币券，均不在交换之例，旧辅币暂准照中储券之金额流通之。

3. 旧币掉换中储券，但得以同额之公债代替之。

4. 收回旧币之区域以苏浙皖三省及南京上海两市为限。

5. 凡是和平区以外运往和平区以内之旧币，以后一律严加取缔。

（二）

敌人在货币斗争中的作用及其运用有以下各点：

1. 在沦陷区驱逐法币代以伪币，夺取货币发行权。

2. 发行毫无基金的伪币，将来还要继续发行，以解决一时伪政权财政上的困难。

3. 沦陷区停用法币，使用伪币实施经济伪化，加强经济统治，而且辅助政治伪化加强政治统治。

4. 将中储券换回之法币，使其大量涌入根据地，采取物资，以遂其以战养战之毒计，同时使根据地法币大量流入，物资大量流出，形成恶性通货膨胀，钱多物少，物价飞腾，人民生活越感困难。

5. 将中储券换回之法币，还可以运往苏浙皖以外的敌占区，加紧其他沦陷区内物质的掠夺。

6. 敌占区宣布停用法币后，使根据地人民不能将法币往沦陷区使用，购取商品，因而愈益感到日用必需品之缺乏，配合其经济封锁政策。

7. 敌汪想进一步以伪币侵入根据地，企图伪化根据地经济。

8. 中储券以伪政府名义发行，日本法西斯的军阀财阀还不放心，据说敌人正在酝酿设立日伪交银行，另外发行一种虽通过伪政权，但是完全操纵在敌人手里的钞票，再以二对一的比率收回中储券。

（三）

敌汪在货币斗争中困难与弱点：

1. 据伪报登载消息，中储券的发行额已达十万万元，实际不足此数，就算达到此数，与沦陷区百万万元以上法币相较，相差尚远，因为伪币代替法币在数量上还有困难。看到伪政府公布的以巨额公债代替中储券的办法，就可得到证明。

---

① 原注：年代为编者判定时间。

2. 法币为中国人民所信仰，敌汪亦所深知。如果到排斥不了的时候，他自己拖上一条尾巴，用自己的方式，本部长（指伪财政部长周佛海）特准使用。

3. 沦陷区人民虽在暴力统治下，但对敌伪强迫使用伪币后，加深了经济压迫，更感到财物的损失和生活的威胁，予顺民以当头棒喝，同时加深了对伪政权的认识和仇恨。

（四）

我们的对策：

1. 发行抗币为根据地本位货币，发行至足够数量时，停止法币使用，但与敌汪排斥法币迥然不同，我们准许人民自由保存法币而且我们使用抗币停用法币后，使沦陷区法币排挤不出来，正是保护了法币。

2. 我们用各种方法向沦陷区人民宣传敌汪强迫使用伪币后物价飞增一倍，目前感受到生活上的威胁，将来抗战胜利纵然腰缠百万中储券的富家翁，尽成一钱不值的废纸。

3. 严禁伪币的行使。

4. 设立贸易局，管理贸易控制出口货奖励进口货。

5. 与沦陷区举行以货易货。

6. 发展生产建设实行自给自足。

选自《华中抗日根据地财政经济史料选编》第二卷，档案出版社 1986 年 8 月版，第 181～183 页。江苏省财政厅、江苏省档案馆、财政经济史编写组合编。

18. 江淮银行苏中第四支行通告（发行一元抗币）

1943 年 5 月

为布告事，查本行在本分区发行之五元及五角的两种抗币，对于发展商业经营、促进农村生产、以堵截伪币、活泼我根据地金融，起了极大的作用。但在使用时、缺少一元的一种适中单位，以致时有发生兑换找零困难，苏中分行为解决此困难，已赶制印一元票一种，本行现已领来发行，其式样、大小、纸质、版纹、签字、方章、与五元的一种完全一样，其不同之处：第一在背面，一元的一种色泽为“茶色”，与五元的一种“火黄色”不同。正中没有“作抗币五元”五字；第二在正面一元的一种左右两边没有“作伍圆”三字，上面“江淮银行”四字及下面两颗方章，色泽深浅不同。自布告之日起，仰我军民绅商，认明使用此布。

兼行长　肖　朗
兼副行长　赖畅茂
马一行

选自《华中抗日根据地财政经济史料选编》第二卷，档案出版社 1986 年 8 月版，第 205 页。江苏省财政厅、江苏省档案馆、财政经济史编写组合编。

19. 苏南区行政公署一九四三年秋季救国公粮征收暂行条例

1943年8月1日公布

一、总　则

第一条　为坚持苏南敌后抗战，保证抗日部队，机关之一切给养，充裕抗日经费，特订定本条例。

二、征收量额

第二条　秋季救国公粮，一律征收白米为原则，其情况特殊者得折收现钞。

第三条　每亩征额最低四市升，最高八市升，各县得根据地区不同，土地肥瘠，收成丰歉，分区分乡订定征额公布，但征额一经公布，任何机关团体或个人，不得私自变更，违者任何人民可自由向政府检举控告，从严惩办。

第四条　各县分区分乡订定征额，须呈报苏南区行政公署备案，如认有不妥之处，苏南区行政公署有权指令变更。

第五条　凡实行二五减租者，救国公粮由业佃双方三七负担（即业主出七成佃户出三成），其未实行减租或减租不到二五者，则由业主完全负担。

第六条　凡在外业主应纳之救国公粮无法直接征收者，一律由佃户代缴，掣取粮据，于交租时凭据扣除，业主不得拒付。

第七条　粮户缴纳救国公粮，须干燥清洁不得掺糠掺水，违者除退还斟换外，并视情节轻重给予处分。

第八条　凡征收救国公粮之地区，每亩加征公草十斤，如业主收租草者由业佃双方负担，业主不收租押草一律由佃户负担。

第九条　不得拖延抗拒，违者处罚（详本条例二十四条）。

三、征收机构及办法

第十条　征收机构由各县政府领导责成县财经科负责执行，各区乡设征收小组，分乡进行，每组设组长一人，组员三人至五人（必要时可以吸收地方人士参加）。

第十一条　进行广泛深入的动员，县区政府应布置督促各乡保长召开各种动员会议，说明征收救国公粮之重要意义，各群众团体驻军应负责抽调干部协助征收。

第十二条　征收期限自开征日起至完全结束止至多二十天（头限七天，二限七天，三限六天），不得随便延长。

第十三条　征收时随即将一百斤以内粮户的救国公粮由各县负责集中，再行分散妥善保管，其一百斤以上粮户之救国公粮，暂由原户保存分期集中。

第十四条　凡分散保存或寄存原户之救国公粮，各县政府须造清册一份，送呈苏南区行政公署存查。

第十五条　征收组随时将各乡收据会集整理，于限期满后全部汇交区公所，不得有所遗失。已用簿据存根，未用簿册在征收结束后五六天内，按级送交县政府。

第十六条　征收小组在未征收以前须先期发出通知单，如业主发现有错误时，应即在开始前呈报乡公所，转区公所核查。

第十七条　业主交纳救国公粮后，应向征收员掣取粮据为凭。

第十八条　折钱收现地区解缴制度，每乡每日须将所征之款填具日报表解缴区公所，各区公所每隔三日（或在一万元以上者），填具汇报表解缴县政府发给正式收据。

四、减免办法

第十九条　参加主力部队直系家属（父母妻子）减免六亩。

第二十条　参加地方武装（各区大队）直系家属减免三亩。

第二十一条　真正赤贫之业主或受天灾人祸之损失难维持生计者，经县政府调查确实并经批准得予减免征收。

五、隐蔽田亩抗纳田赋奖惩办法

第二十二条　凡在征收期前或征收期内，自动向政府补报田亩者，不予处罚。

第二十三条　凡在征收期间发现隐报，一经查出，得按其隐报程度分别处罚。

第一项：隐报田亩三亩以内，除应交之救国公粮外，每亩罚粮五斤。

第二项：隐报田亩在三亩以上六亩以内，除应交之救国公粮外，每亩罚粮八斤。

第三项：隐报田亩六亩以上十亩以内，除应交之救国公粮外，每亩罚粮十一斤。

第四项：隐报田亩十亩以上二十亩以内，除应交之救国公粮外，每亩罚粮十四斤。

第五项：隐报田亩二十亩以上三十亩以内，除应交之救国公粮外，每亩罚粮十七斤。

第六项：隐报田亩三十亩以上者，除应交之救国公粮外，每亩罚二十斤。

第七项：凡折钱收现地区，隐报田亩处罚办法，照本条例二十三条第一项至第六项之规定折现计算。

第二十四条　一百斤以内之粮户，在头限日期内全部缴清者照定额九折征收，二限内交清者照定额十足征收，三限期内缴清者除照征外应加纳罚金百分之十，过三限仍不交清，政府当另予处分。折钱收现地区照一百斤以内粮户办理。

第二十五条　一百斤以上粮户分期集中救国公粮时，不得借故推诿，拖延付粮，否则政府得予适当处罚。

第二十六条　凡参加征收之乡保甲长及地方人士，工作努力成绩显著，在规定之期间内完成救国公粮征收者，得由县政府呈经批准后，分别给予奖金、奖状，凡参加征收之脱离生产之工作人员（军政民）亦得按其努力成绩，给予物质奖励（如文具日用品等），但不准给以奖金（现钞）。

第二十七条　凡举发隐报田亩者，经调查属实，当按被举发人所罚之罚金，提百分之三十为奖励，举发人之姓名绝对保守秘密。

附　则

第二十八条　本条例自公布之日起施行之。

选自《华中抗日根据地财政经济史料选编》第二卷，档案出版社 1986 年 8 月版，第 98～101 页。江苏省财政厅、江苏省档案馆、财政经济史编写组合编。原注：“按《新四军在茅山》1943 年版第 319～322 页刊印”。

20. 浙东三北经委会关于征粮时期各地区人民负担原则的决定

1943年8月6日

——三北地委通知——

一、这一决定是根据各地实际情形经经委会扩大会议讨论决定的，以作为各地征粮斗争的准绳，各地应根据这一原则提出自己的斗争口号。

二、这一决定不是法律规定，而是斗争目标，因此它不是对外文件，不是以我军名义公布的文件，而是上层谈判的标准及民众斗争的标准。

三、对于敌人的征粮，尽可能争取不交，在我基本地区应坚决不交，在个别地区不能不交者（如据点附近清乡区等）应以上面原则处理之，但我们方面不能公开允许交敌人的粮，应以个别处理的方式予以处理。

四、对于友方的征粮，主要的应发动群众斗争提出要求（上述决定是最高额，如友方依此做可不必再斗，如超过此数，群众斗争口号可较低以备调解），原则上群众要求可以去年为准，以此目标坚决斗争。

五、各地在征粮斗争中，应保证我们首先完成征粮，上层到下层一致配合，上层积极交涉，下层民众先交我们的，再交其他方面。

地　委

8月13日

浙东地区系敌友我（包括顽）三角斗争的地区，还有四面斗争之势，因此，在此次征粮时期，除我部要征粮之外，其他政府及各友军、敌人、伪军、伪政府等，均要来我地区征粮，同时敌还要抢粮派粮贱价购粮，本会有鉴［于］此，特在这次征粮工作会议讨论，根据各地区敌友我三方面力量的对比，将各个不同地区之人民的负担原则决定如下：

（一）龙山区：

①我军最高额的征收十三斤，代征自卫队总队部经费最高额三斤。

②对姚部征粮基本口号提出不缴纳，但实际无法抵抗之特殊情形之地区，可采取各种不同方式，向其要求（或请士绅要求）减少征收，对于今年征粮数目最高额不能超过十斤。

③对姚贱价买粮，在部分地区应设法制止，如不能制［止］之部分地区，应按照市价购买（并应提出口号反对伪［军］敌人贱价买粮）。

④对伪县政府，决定不准他收粮，并应发动提出口号，绝对不缴粮给伪县政府。

⑤对镇海县政府可用类似（军公学谷）名义征收四斤至七斤（最高额）（内包括区署及补助凤湖中学一斤在内），县政府所征收之十五斤及袁天相之十五斤一件（?）不交。

⑥乡镇公所可根据其需要征收一斤至二斤。

⑦区署只准征一斤。

（二）庄市区：

①对敌伪派征之后，应设法以当地不同情形采用不同的方式要求减半缴纳，或最高额不能超过十七斤。

②我军征收最高额十三斤，代征自卫队经费最高额三斤。

③对镇海县政府可用（军公学谷）之名义征收六斤（内包括区一斤），县府十五斤及北办十五斤，一伴（?）不交。

④对乡镇公所应变名义应取消，可采用事业费及经费名义，征收四斤至五斤。

⑤对宋部（清云）苏部（本善）之征收应绝对制止，可发动群众以各种不同具体方法方式去进行斗争。

（三）慈东区：

①我们征收最高额十三斤，代征自卫队经费最高额三斤。

②县府征谷应根据去年军公学谷数字，可准征收七斤为最高额，应由区署主持征收，但区署不得再征。

③对乡、镇公所应变费及军公学谷的名义应取消不准收，可用事业费或经费名义征收二斤至三斤。

④宋清云部可征收五斤为最高额。

⑤对敌伪方征谷口号应提出，〈应〉不交，但无力制止的地区可给其征收，但数字最高不得超过二斤。

⑥对敌伪方贱价购谷，应设法制止，并提出口号反对“敌伪贱购谷”，不能制止的地方，得按市价购办为原则。

⑦对政府公务人员家属、及不良的公务人员以贱价购谷应一律制止。

（四）中区（慈北）：

①我军征收最高额十三斤，代征自卫队经费三斤。

②县政府可用（军公学谷）名义征收最高额不得超过七斤。

③乡镇公所应变费名义应取消，可用事业费及经费名义征收三斤。

④田部来征应尽量交涉，要他不来收为原则。

（五）浒山区：

①我军征收最高额十三斤，代征自卫队最高三斤。

②区署之额外征谷及贱价买谷，应绝对制止，可用（军公学谷）名义征收最高额不得超过七斤。

③对敌伪方之派谷，提出口号，应尽可能不缴，但无法制止的时候，其征收数最高限度不得超过二斤。

④乡镇公所征收最高数不得超过四斤。

（六）南区（慈西区）：

①我军征收最高额十三斤，代征自卫队最高额三斤。

②县府可根据去年军公学谷数目，征收最高额不得超过七斤，区署在内不得再征。

③乡镇公所应变费或谷名义应取消，可以事业费及经费名义征收，最高额不得超过二斤至三斤。

④对县政府额外征收及乡镇应变费或谷等均应一律制止征收。

⑤敌伪方派谷之数，应制止征收，发动群众反对不缴为原则。但靠近敌伪据点或无法制止之地区可缴一斤至二斤。

⑥对姚华康部之征谷及派款应坚决制止，不许征收，一方面发动群众提出口号，不缴姚部款与谷。

⑦对八十八团派款除请指挥部交涉外，应根据斗争原则劳（发）动群众不缴。

⑧对丈亭伪方收款，原则［上］提出口号发动群众不缴，但靠近地区无法制止时，可准他收，靠近丈亭一二个乡数目，最高额不得超过五万元（每乡）。

（七）梁弄区：

①八十八团征收最高额最好不超过十斤。

②我军征收最高额十三斤，代征自卫队谷最高数三斤。

③区署包括县府可征收最高额不得超过七斤（如筹经费即不准收谷）。

④乡镇公所暂不规定。

⑤萧二支队征收最高额应低于八十八团征收数额。

（八）长河市区：

①我军征收最高额十三斤，代征自卫队经费三斤（最高额）。

②区署可征收到最高额不得超过七斤（县府在内）。

③乡镇公所可征收到最高额不得超过四斤。

④对伪政府贱价购谷，可提出口号，应设法制止，如部分无法制止得应按照市价购买。

⑤田部，可均（酌）予给他征收，最高额不得超过五斤。

⑥萧二支队应坚决不准许他去收，并应发动群众力量予以斗争。

⑦防护队经费可在区署征收数目项下拨二斤。

（九）临山区：

①我军征十三斤，代征自卫队三斤（最高额）。

②县府区署可征收最高额不得超过七斤。

③乡镇公所可征收最高额不得超过四斤。

④田部，可酌予给他收五斤为最高额（如该部长河市不收，本区可酌量加收一点）。

⑤对萧二支队应绝对不准其征收为原则。

⑥对敌伪方抢粮应根据原则设法制止。

（十）虞北（即崧夏区）（包括虞西）：

①我军征收十三斤，代征自卫队三斤（最高额）。

②县府与区署额外征谷应予制止，在公平合理负担下可征收到最高额不得超过七斤。

③田部可准收到五斤至十斤。

④邓部，虞北不准他征收，虞西部分可以征收，但不能超过我军之数目为原则。

⑤乡镇公所可征收最高额不得超过四斤。

（十一）马渚区：

①我军收十三斤，自卫队三斤为最高额。

②张振邦、李魏庭部，虞北可准他收三斤至五斤，虞西部分不准他征收。

③其余友军政府均可依据临山区办理为原则。

④关于伪乡公所征粮问题，应根据我军力量按实际情况处理。

这个决定系按本会征收处以上的干部征粮工作会议讨论决定，这是在经济上的斗争，这个斗争是个复杂斗争，希各部队各办事处及本会各级根据决定的原则，再根据实际不同地区有力的配合，给予各方对策，完成我浙东地区在财政上经济上的斗争任务。

经委会

1943年8月6日

选自《浙江革命历史档案选编》，浙江人民出版社1985年4月版，第106～111页。杭州大学历史系、浙江省档案馆合编。

21. 浙东三北游击司令部抗卫军粮及抗卫经费并征暂行征收条例

1943年8月

第一章 总 则

第一条 为保证本军军粮及经费之供给，以顺利完成坚持浙东敌后抗战，保障各阶级人民之利益，我各界人民均有缴纳抗卫军粮及抗卫经费之义务。为求得划一办法及统筹统支计，而使人民对于抗战自卫经费及军粮之负担臻于合理与公平，特订定本条例。

第二条 凡本军之军粮概称抗战自卫军粮（简称抗卫军粮），本军之经费概称抗战自卫经费（简称抗卫经费），其征收事宜悉依本条例规定办理之。

第三条 本条例实施后，所有以前征收军谷及抗卫捐办法一律废止（其尚未了结部分应从速追缴结束）。

第四条 抗卫军粮及抗卫经费之征收，以按照田亩数合并征收实物（谷）为原则，商民及殷富人民，除田地部分按照规定缴纳外，其他部分视其负担之能力另行规定征缴之。

第五条 抗卫军粮及抗卫经费之一切征收事宜由本军经济委员会（简称经委会）主持办理，本军之其他有关机构得尽量协助之。

第二章 征收范围

第六条 抗卫军提（粮）及抗卫经费之征收，以业主农民商民及殷富人民为范围。

第七条 凡浙东地区在征收范围以内之人民，应按照本条例之规定缴纳抗卫军粮及抗卫经费。

第八条 寄身沦陷地区域而爱国爱军之热忱不亚于我基本地区之人民，自愿贡献其力量于抗战，自动缴纳抗卫军粮及抗卫经费者，得依据实际情形各别办理，不受本条例之规定限制。

第九条 本条例第七条所规定征收范围以外之人民，有愿自动缴纳抗卫军粮及抗卫经费者，运用第八条之规定。

第三章　征收标准

第十条　抗卫军粮及抗卫经费之缴收标准，根据第五条之规定，按土地之性质分为：一、田（平原水田），二、地（旱地）；三、山田（山间水田）三种。其标准如下，下列数字中为军粮及下半年之抗卫经费，合并征收之数详见分担标准表。

（一）田：每亩征谷十三市斤。

（二）地：甲等地每亩征谷六斤半（市秤），乙等地每亩征谷五斤（市秤）。

（三）山田：每亩征谷八市斤。

第十一条　田地或山地不论种植粮食或其他农产物，一律按照前条规定之标准征收之。

第十二条　非种稻之田地，无谷可缴者，得以现款代缴（简称代金），代金之计算以当时当地市面谷价为标准，其具体规定由经委会实行征收时公布之。

第四章　分担率

第十三条　抗卫军粮及抗卫经费之负担，依据公平合理之原则规定如下：

（一）自耕农自有田地自行耕种者，独自全部负担。

（二）租佃之田及山田由业主及佃户平均各半负担。

（三）租佃之地：甲等地由业主负担二市斤，佃户负担四市斤半。乙等地由业主负担一市斤半，佃户负担三市斤半。

第十四条　凡田地有大小业之分者，抗卫军粮及抗卫经费之缴纳由大业业主，小业业主及佃户三方平均负担，各三分之一，大小业主属诸同一业主者（该业主收双重业租者）应分担三分之二，佃户分担三分之一（如再有其他特殊情形者得临时规定之）。

第五章　减免办法

第十五条　凡鳏寡孤独及贫苦人民，自有田地耕种，其数在三亩以下，无力缴纳抗卫经费及抗卫军粮者，应由乡（镇）保甲长会同农会之证明呈请经委会调查属实得免予征缴，租佃田地耕种三亩以下无力缴纳，同此办法，但其中由业主负担部分仍应照缴。

第十六条　凡参加本军武装主力部队，及出征军人之家属不论业主或佃户，对于抗卫军粮及抗卫经费之缴纳，得凭本司令部（参加本军者）或地方政府之证明文件，呈请经委会调查属实，准予按照第三章各条规定减缴百分之二十（即八折实缴），其耕种亩数在三亩以下者，得全部免予征缴。

第十七条　凡参加三北自卫武装部队，并已脱离生产者，其家属应缴之抗卫军粮及抗卫经费得依照第三章各条之规定呈准经委会减缴百分之十（即九折实缴）。

第十八条　凡可耕之土地（包括田地山地）而不耕种致使荒芜弃置者，应视同耕种之土地按照第三章各条之规定同样缴收，惟得以代金缴纳之，其非有意弃置或懒惰不种，由于特殊原因，而致荒芜者，得声（申）述原因，经乡（镇）保甲长会同农会证明呈请经委会核夺减免之。

第十九条　凡田与地种植稻棉或其他杂粮等，如遭受灾情以致歉收或籽粒无收者，得由各乡（镇）保甲长会同农会报请经委会调查属实者，按其歉收或无收之实际成数给予减免征收之。

第六章　征缴手续

第二十条　抗卫军粮及抗卫经费之征收事宜由本军经委会主持征收，由各乡（镇）保甲长与本军办事人员合力办理之。

第二十一条　抗卫军粮及抗卫经费之征收，以田地所在地为根据，例如田在甲乡，则其征收手续应向甲乡（镇）公所办理，向住在乙乡之该田种植者征收之，但乙乡（镇）公所应随时加以协助，并不得重征。①

第二十二条　抗卫军粮及抗卫经费，应由田地之实际种植者负责缴纳，其应由业佃分担者，业主应缴部分须由佃户代为缴纳，凭本军之征收收据，于业主应得之租谷项下扣还。佃户不得托词推诿，抗不代缴，而业主亦不得有所异议。

第二十三条　抗卫军粮及抗卫经费之征收，先由经委会派员召开乡（镇）保甲长会议，根据各保甲之数，发给保管切结（以下简称保结）（式样另附）及各户缴纳抗卫军粮及抗卫经费细表（以下简称细表），各甲收到后，应进行向各户登记，按表面上所说明填列后，由甲长出具"总数"保管切结。

第二十四条　保结与细表填齐后，由甲长盖章送到乡镇保，再由乡保长加盖私章后，经委会即派员根据细表，应缴军粮及经费之数目（以户为单位）填写收据（式样另附）后，经经委会派员核对，加盖核对者私章，发乡（镇）公所转发各保甲各缴粮户，或交由农会分发，或召开保甲人民大会（会同农会）当场宣布所缴之数目，如有不符之数，或由（有）舞弊情事，得应按情节轻重惩处之。

第二十五条　前条规定之收据，经经委会划一样式交由各分会负责，以分会为单位，统一印发，盖有分会印证，而无核对者私章（以资划一），发各征收处转各乡（镇）公所，派员填写，如有填写错误者，应留存作废报销，不得随意抛弃（收据之发给应由各乡镇公所出具领据）。

第二十六条　本军经收之抗卫军粮及抗卫经费，以本军经委会所属各分会出具收据，盖有分会印信及核对者私章为唯一凭证，其他机关之任何收据均不作为凭。

第二十七条　征收之谷以纯洁干燥之上耆谷为标准，羼杂潮湿不合标准者，乡（镇）保甲长应拒绝收受。

第二十八条　为保证存谷之绝对干燥，各保管军谷之甲长及保管户等，于接受保管时，应将谷复晒一次，务使达到最燥程度，以防霉烂，乡镇保长有督促之责，如保管之谷因潮湿而至损失时，该保管户应负赔偿之连带责任，晒谷之蚀耗率于第七章规定之。

第七章　蚀耗率

第二十九条　保管之谷依照前条之规定复晒时，其蚀耗率规定为百分之三（即每百斤之谷晒后应实有最燥谷九十七斤），此项蚀耗之数准予报销。

第三十条　甲长负责保管军谷应将该谷存放于高燥严密处，乡镇保长负责督促各保管户妥善处置，毋使散失虫蛀或鼠雀啮食，如因存放不妥而致发生额外蚀耗时，其蚀耗之

---

① 原注：此条内容有二种说法。一见于文内，一见于原件内所附纸条，内容如下：第二十一条抗卫军粮及抗卫经费之征收以佃户或自耕农所在地为根据，例如田在甲乡，而耕种者在乙乡，其征收手续由乙乡公所办理，甲乡不得重征。

数，应由该负责保管军谷之甲长与乡镇保长负连带赔偿之责。

第三十一条　本军征得之军谷由乡（镇）保甲长经手保管者，非凭本军之粮票或其他提取之文件，任何人不得将该项军谷擅自支付移转或拿作别用，如有上项事情发生，各该乡镇保甲长连带负完全赔偿之责。

第八章　征收费用

第三十二条　乡（镇）保甲长为本军征收抗卫军粮及抗卫经费，本军应于征得之数目提出百分之五为乡（镇）公所及保甲长之手续费，其分配办法规定于下：乡（镇）公所得五分之一·五（即该乡镇征收总额百分之一·五）。保长得五分之一·五（即该保征收总额百分之一·五）。甲长得五分之二（即该甲征收总额百分之二）。

第三十三条　征粮工作之进行时间迫促，乡（镇）保甲长除动员其原有人员积极工作外，并得邀请当地热心抗卫事业之知识分子（如小学教师等）义务协助，此项义务协助人员工作完毕，得按照其工作人数及日数每人每日给谷三市斤以为补贴。上项之补贴凭乡镇长及经委会督导人员之报告发给，由收领人出具收据。

第九章　奖　惩

第三十四条　凡在规定征收范围以内之人民，不分年龄性别或职业，对于抗卫军粮及抗卫经费均有按照规定缴纳之绝对义务，如有抗不缴纳者，依法惩办之。

第三十五条　本军征收抗卫军粮及抗卫经费，其成绩优劣，直接影响于抗战自卫事业之进行，任何人如敢蓄意破坏妨碍征缴，应以破坏抗战论罪，按军法严惩。

第三十六条　人民对于抗卫军粮及抗卫经费之缴纳应按其实际田地亩数忠实报缴，如有瞒蔽短报，企图漏缴者，一经查（察）觉，除补缴其短报部分应缴之数外，视其短报之多少加一倍至五倍罚征之。

一、短报亩数在一亩以上十亩以下者，罚征一倍。

二、短报亩数在十亩以上三十亩以下者，罚征二倍。

三、短报亩数在三十亩以上六十亩以下者，罚征三倍。

四、短报亩数在六十亩以上者罚征五倍。

第三十七条　凡人民由于一时蒙昧短报亩数在未经查（察）觉之前，自动向经委会补报补缴者，得免予倍罚，仍按规定征收率征收之。

第三十八条　公务人员（包括乡镇保甲人员在内）将其田亩短报者，按第三十六条规定之罚则，加倍罚征之，其于查（察）觉前申请补缴者，适用第三十七条之规定。

第三十九条　如有密报检举告发第三十六条及三十八条之情弊经稽查属实者，无论为个人或团体得给予其举发短报部分应罚数百分之四十，以示奖励。密报或举发之属于第三十五条者，得视情节之轻重，酌予奖励，对于密报者之姓名，应严守秘密，非经本人的同意，不得对外公布。

第四十条　乡（镇）保甲要能恪遵规定办法，认真积极廉洁忠诚，依限期完成任务者，视其劳绩多寡分别予以下列之奖励：

一、嘉奖刊载《时事简讯》传布之。

二、本军赠纪念品。

三、赠送现金。

第四十一条　乡（镇）保甲长办理征缴事宜时，如有徇私、庇护、受贿、舞弊等情事或消极怠懈不能依限期完成任务者，视其劣绩之轻重：

一、警告。

二、扣减手续费。

三、依法惩办。

第四十二条　本军之工作人员从事征缴工作者，有劳绩或劣绩应予奖励或惩处者，依本军经委会颁布之工作人员奖惩条例之规定办理之。

第十章　附　则

第四十三条　田地亩数之计算，应将各该缴粮人民种植之所有田亩合并总计，其总数（以亩为单位）之零分尾数不上一亩者概不计算。

第四十四条　本条例如有未尽事宜得由本司令部以命令修改之。

第四十五条　本条例自公布日施行。

选自《浙江革命历史档案选编》，浙江人民出版社 1985 年 4 月版，第 92～99 页。杭州大学历史系、浙江省档案馆合编。

22. 苏中二专署为彻底查禁伪币的决定①

1943 年 8 月 18 日

敌汪鉴于目前国际局势日益于轴心不利，乃以狂跌中之伪币向我根据地掠夺物资，我政府当局为保障人民利益——不使人民留有将成废纸之伪币，并杜绝其进口，二专署特于日前颁怖（布）查禁伪币暂行条例，分四期彻底查禁之。第一期半个月（本年八月十五日——三十日）第二期二个月（九月一日——十月三十一日）第三期二个月（十一月一日——十二月三十一日）第四期一个月（一九四四年一月一日——三十一日），在第一期中本行政区所有商店行号公司作场不论资本大小一律应向专署县府或区署具结不用仇币，违者处抗币三十元以下之罚金，逾期十五日者得禁止营业，已具结后再查有收藏或行使伪币者处六十日以下拘役，其伪币以携带进口处断。

现有伪币之处理

凡居住在市镇之商店行号公司作坊及居户人等现有伪币应于条例施行后五日内携带所有伪币至所属县府或区署登记，（其散居在农村中登记期延长五日）违者处以六十日以下拘役，其伪币以携带进口处断；已登记之伪币所有人应将之携往沦陷区换回必需物资，但出口时须觅保，立保证书连同登记证及加封之伪币向县府领取出口证，换回物资后应连同发票税票交县府查验，并缴销出口证返还保证书。

携带、行使、收藏伪币之惩治

本条例施行后携带伪币进口者依下款处断：第一期满万元者没收之，第二期满五千元

① 原注：标题编者有改动。

者没收之，第三期满一千元者没收之（不满以上各该数目者应补行登记），第四期不论数量多少没收之；被没收者皆须觅保具结决不再犯，再犯者除没收伪币外处三十日以下拘役；无政府出口证而携有伪币者概以携带伪币进口论，但于登记期限携带伪币登记者不在此限；私藏或携带巨额伪币进口查有扰乱根据地金融事或企图者科处死刑或无期徒刑；由敌占区迁居根据地及来往客商携带千元以下伪币旅费经查明属实者不予处分；依条例规定拘役者得以抗币三元折算一日易罚金；凡公务人员及部队违反条例者加重惩办。

选自《华中抗日根据地财政经济史料选编》第二卷，档案出版社 1986 年 8 月版，第 231～232 页。江苏省财政厅、江苏省档案馆、财政经济史编写组合编。原注："按《淮海报》1943 年 8 月 18 日第一版刊印"。

23. 苏中第二行政区一九四三年秋季征收粮赋暂行条例

1943 年 9 月 28 日

第一章　总　则（略）

第二章　征收标准

第四条　三十二年秋征粮赋，稻田征稻，杂粮田征收玉米，棉田征棉，草田征草。

第五条　稻田征稻一律依三十一年秋征标准每亩减半斤征收，其标准如次：

一、甲等田每亩征稻十一市斤八两；

二、乙等田每亩征稻八市斤八两；

三、丙等田每亩征稻五市斤八两；

四、丁等田每亩征稻三市斤八两。

第六条　杂粮田征收玉米一律依三十一年秋征标准每亩减半斤征收，其标准如次：

一、甲等田每亩征玉米十三市斤八两；

二、乙等田每亩征收玉米十市斤八两；

三、丙等田每亩征收玉米七市斤八两；

四、丁等田每亩征收玉米五市斤八两。

第七条　棉田征收籽棉其标准如次：

一、甲等田每亩征收籽棉七市斤；

二、乙等田每亩征收籽棉五市斤；

三、丙等田每亩征收籽棉三市斤；

四、丁等田每亩征收籽棉一市斤八两。

第八条　草田征草其标准如次：

一、特等田（芦草田）每亩征草六十市斤；

二、甲等田每亩征草四十市斤；

三、乙等田每亩征草三十市斤；

四、丙等田每亩征草二十市斤；

五、丁等田每亩征草十市斤。

第九条　煎盐区草田凡属配草煎盐经所在地场公署证明者，一律按等征收田赋，免缴公草。

第三章　业佃负担标准

第十条　自耕田应缴之粮赋按其田之等级，全部由户主负担之。

第十一条　粮租田草田业主与佃户分担之标准如次：

甲等稻田，业主负担田赋三市斤八两；

乙等稻田，业主负担田赋二市斤十二两，公粮三市斤八两，佃户负担公粮二市斤四两；

丙等稻田，业主负担田赋二市斤，公粮二市斤四两，佃户负担公粮一市斤四两；

丁等稻田，业主负担田赋一市斤四两，公粮一市斤八两。

甲等玉米田业主负担田赋四市斤，公粮五市斤十二两，佃户负担公粮三市斤十二两；

乙等玉米田，业主负担田赋三市斤八两，公粮四市斤四两，佃户负担二市斤十二两；

丙等玉米田，业主负担田赋二市斤八两，佃户负担公粮一市斤十二两；

丁等玉米田，业主负担田赋一市斤八两，公粮二市斤四两；

特等草田，业主负担田赋十六市斤，公粮九市斤，佃户负担公粮三十五市斤；

甲等草田，业主负担田赋十市斤，公粮五市斤，佃户负担公粮二十五市斤；

乙等草田，业主负担田赋七市斤八两，公粮四市斤，佃户负担公粮十八市斤八两；

丙等草田，业主负担田赋五市斤，公粮二市斤八两，佃户负担公粮十二市斤八两；

丁等草田，业主负担田赋二市斤，公粮二市斤，佃户负担公粮六市斤。

第十二条　棉田业佃双方各半负担，煎盐区草田配草煎盐者由业主全部负担之。

第十三条　粮田之收银租者，其应缴粮赋照自耕田应缴额全部由佃户缴纳之。佃户向业主交租时凭政府制给之粮赋收据向业主扣抵银租额百分之十。

第四章　累进办法

第十四条　粮租田之累进率如下：

一、一百零一亩至二百亩者每亩累进半市斤；

二、二百零一亩至三百亩者每亩累进一市斤；

三、三百零一亩至四百亩者每亩累进一市斤八两；

四、四百零一亩至五百亩者每亩累进二市斤；

五、五百零一亩以上者每亩一律三市斤。

第十五条　银租田累进率如下：

一、一百零一亩至二百亩者每亩累进其银租额千分之五；

二、二百零一亩至三百亩者每亩累进其银租额百分之一；

三、三百零一亩至四百亩者每亩累进其银租额百分之一·五；

四、四百零一亩至五百亩者每亩累进其银租额百分之二·五；

五、五百零一亩以上者每亩一律累进其租额百分之三。

第十六条　棉田累进率如下：

一、一百零一亩至二百亩者每亩累进二市两；

二、二百零一亩至三百亩者每亩累进四市两；

三、三百零一亩至四百亩者每亩累进六市两；

四、四百零一亩至五百亩者每亩累进八市两；

五、五百零一亩以上者每亩一律累进十二市两。

第十七条　草田累进率如下：

一、一百零一亩至二百亩者每亩累进一市斤；

二、二百零一亩至三百亩者每亩累进二市斤；

三、三百零一亩至四百亩者每亩累进三市斤；

四、四百零一亩至五百亩者每亩累进四市斤；

五、五百零一亩以上者一律每亩累进五市斤。

第十八条　如业主之田兼有粮租银租及兼有粮田棉田草田者，则按其所有田之总数累进，在其累进征收总额内，粮租田征粮，银租田征收代金，棉田征棉，草田征草，光沙白田沟塘基地不在累进之列。

第五章　减征与免征

第二十条①　光沙白田沟塘基地一律免征公粮，每年每亩征收田赋代金抗币一角，于秋季一次征收之，如夏季已缴田赋代金者秋季免缴。

第二十一条　抗属（包括主力地方兵团）自耕田五亩以下佃田十亩以下免缴公粮，田赋照缴，如因作战牺牲，鳏寡孤独之抗属得呈请县政府经专员公署核准酌免公粮及田赋。

第二十二条　沦陷区减免应由县政府呈报专员公署依实际情形核定之。

第二十三条　有下列情形之一者，经乡镇政府及抗卫会民众团体查实证明者得呈请县政府批准减免之；

一、收成荒歉者应于收成前呈报各县县政府勘定经专员公署核准依实际情形减征之；

二、自耕田三亩以下佃田五亩以下而无其他生产生活确系贫苦者免征公粮，田赋照缴；

三、受敌伪抢劫损失惨重者得酌减公粮。

选自《华中抗日根据地财政经济史料选编》第二卷，档案出版社1986年8月版，第250～254页。江苏省财政厅、江苏省档案馆、财政经济史编写组合编。原注：“按《滨海报》1943年9月28日第一版刊印”。

24. 盐阜区行政公署新颁征收契税暂行章程

1943年10月5日公布，10月10日施行

第一条　凡民有或庵宫寺院不动产之典卖转移及公学产租种权之转移，其契约须经该

① 原注：缺第十九条。

地所属县县政府验税始能有法律上之约束效力。

第二条　前项不动产之典卖转移，其契税之征收依本章程行之。

第三条　前项不动产之典卖转移在契约签定之日起一个月内即须到所属区政府报验投税。

第四条　前项不动产之典卖绝契约按其契价百分之八征收契税，典当契约按其契价百分之四征收契税，公学产租种权之转移契约按该公学产比照民产之平均估价百分之二征收契税。

第五条　凡前项不动产之典卖转移契约，不遵照期限至区政府验税者除仍须遵缴契税外，并按逾期时间长缺，处以下列各级之罚金。

甲：逾期不足一个月者，按其契价（公学产与估价以下同从略）处以十分之一罚金。

乙：逾期一个月以上不足四个月者，按其契价处以十分之二罚金。

丙：逾期四个月以上者，按其契价处以十分之三罚金。

第六条　凡报验契约时有隐瞒契价以多报少者，除仍须补缴契税外并按其隐瞒价处以十分之五罚金。

第七条　凡契约上日期空白，不依签订之时日填明，留至报税时填注，企图逃避逾期之处罚者，除依其逾期之长缺照第五条处罚外，并加处其应纳罚金之十分之五罚金。

第八条　报验契约时兼有第五、六、七条情事时，除仍须遵缴契税外并按其第五、六、七条罚则并罚之。

第九条　凡匿不报税或隐价瞒期投税者，准自由检举处罚后并将罚金百分之五十充当检举人。

第十条　报验契税时，区政府应随时制给印收其契纸及税验执照，至迟须于二日内填给发还。

第十一条　报验之契约，如为古契其契价系以铜元铜钱或银两为计算单位者一律改按报验时，该项不动产之平均估价为标准以免折算上之纠纷。

第十二条　本章程自修正公布之日起实行、凡以前已遵照旧章程缴补契税或课罚金者，不得授引本章程要求更改。

第十三条　本章程自一九四三年十月十日起实行，同时前颁契税章程应予作废。

第十四条　本章程经行政公署公布施行修改时亦同。

选自《华中抗日根据地财政经济史料选编》第二卷，档案出版社 1986 年 8 月版，第 256～257 页。江苏省财政厅、江苏省档案馆、财政经济史编写组合编。

25. 淮海区重订征收救国公粮公草暂行条例（草案）

1943 年 12 月 1 日

第一条　为保证抗日部队及抗日民主政府供给并实行合理负担特重订本条例。

第二条　本地区征收救国公粮公草，均按本条例办理，各县不得自行规定。

第三条　为适应环境暂准边区仍按一九四二年度颁布之征收公粮条例办理。边区与中心区之划分由各县自行规定，边区乡数至多不得超过中心区乡数三分之一。

第四条　公粮公草之一切征收行为均由淮海区行政公署授权各县政府按照本条例办理，除自治经营经行署批准者外，任何机关部队均不得向人民另筹粮草。

第五条　凡每亩收益有二十斤粮食以上之土地均应交纳公粮公草。

第六条　公共道路河道河堤无私人收益者及业主宅基与临时占用之交通沟均应征公粮公草，其私人之场园庄圩沟渠等概不得作为广地，交通沟之计算不得宽于五尺。

第七条　救国公粮公草分麦秋二季征收，如系一麦田，则于麦季一次收清。

第八条　救国公粮在麦季完全征收小麦，在秋季完全征收玉米，如交其他杂粮均按市价折抵（由县政府统一规定）粮食重量一律以十六两权法秤为准。

第九条　征收救国公粮等级按照收获量及土质区分为十六级规定如下：

（一）每亩全年收获量二十斤及二十斤以下者，为第一级免征。

（二）每亩全年收获量二十一斤至四十斤者为第二级。

（三）每亩全年收获量四十一斤至六十斤者为第三级。

（四）每亩全年收获量六十一斤至八十斤者为第四级。

（五）每亩全年收获量八十一斤至一百斤者为第五级。

（六）每亩全年收获量一百〇一斤至一百二十斤者，为第六级。

（七）每亩全年收获量一百二十一斤至一百四十斤者为第七级。

（八）每亩全年收获量一百四十一斤至一百六十斤者，为第八级。

（九）每亩全年收获量一百六十一斤至一百八十斤者，为第九级。

（十）每亩全年收获量一百八十一斤至二百斤者，为第十级。

（十一）每亩全年收获量二百〇一斤至二百二十斤者，为第十一级。

（十二）每亩全年收获量二百二十一斤至二百四十斤者，为第十二级。

（十三）每亩全年收获量二百四十一斤至二百六十斤者，为第十三级。

（十四）每亩全年收获量二百六十一斤至二百八十斤者，为第十四级。

（十五）每亩全年收获量二百八十一斤至三百斤者，为第十五级。

（十六）每亩全年收获量三百〇一斤以上者，为第十六级。

第十条　应征救国公粮户之田亩均依本条同第九条之规定按照土质及生产量原定等级，以亩为计算量及计算其详细办法依淮海区田亩等级原定细则办理之，但一经确定，除错误外，不再更订。

第十一条　每户救国公粮之征收率以该户人口数平分该户所有田数求得每人平均为亩数，以平均亩及等级为计算标准，而以户为单位收之，儿童作成人计算，有寄子者得计入该户人口之内。

第十二条　凡业户雇有半年以上之雇工得包括在业户人口之内计算。但不从事农业生产之乳母、女佣及杂役等概不得作为雇工计人。

第十三条　凡业主之人口常年在外有固定生产职业者，不得计入征粮人口之内，但从事雇工及抗日工作人员得计入人口之内。

第十四条　凡本地区土地之所有主，原住在本地区以外者，一律以五口人计算，并由其佃户或代理人交纳之。

第十五条　自耕田（包括租田）计算征收率时，得将田亩先打九折，而后以人口平均之。

第十六条　佃出田（业主）四折计算后，以人口平均之，佃入田（佃户）六折计算后再打九折，以人口平均分之。

第十七条　自耕农兼佃农者其自耕部分按第十五条规定办理，其佃种田亩除按第十六条之规定外，并按第十五条规定再以九折计算之。

第十八条　典出田加入现业主田亩内计算，公粮由现业主交纳，并代原业主交纳田赋。

第十九条　有僧寺庙公粮与业主同祠堂及其他公有均按一人计算，佃耕公沟田者按第十六条及第十七条规定办理，其属政府部分者免征。

第二十条　救国公粮之征收率按照每人平均田亩数，区分为十六组，每组按照田亩等级区分为十六级规定如下：

（一）每户每人平均有田一亩及一亩以下者为第一组，每亩收获量在一百二十斤以下者免交，在一百二十斤以上者按照等级每亩征收一斤至四斤。

（二）每户每人平均有田一亩一分至二亩者，为第二组，每亩按照等级征收一斤至十二斤。

（三）每户每人平均有田二亩一分至四亩者，为第三组，每亩按照等级征收二斤至十八斤。

（四）每户每人平均有田四亩一分至六亩者，为第四组，每亩按照等级征收二斤至二十四斤。

（五）每户每人平均有田六亩一分至八亩者为第五组，每亩按照等级征收二斤至三十斤。

（六）每户每人平均有田八亩一分至十亩者，为第六组，每亩按照等级征收二斤至三十六斤。

（七）每户每人平均有田十亩一分至十五亩者为第七组，每亩按照等级征收三斤至四十二斤。

（八）每户每人平均有十五亩一分至二十亩者，为第八组，每亩按照等级征收三斤至四十八斤。

（九）每户每人平均有二十亩一分至二十五亩者，为第九组，每亩按照等级征收四斤至五十五斤。

（十）每户每人平均有二十五亩一分至三十亩者，为第十组，每亩按照等级征收四斤至六十斤。

（十一）每户每人平均有田三十亩一分至四十亩者，为第十一组，每户按照等级征收五斤至六十六斤。

（十二）每户每人平均有田四十亩一分至五十亩者，为第十二组，每户按照等级征收五斤至七十二斤。

（十三）每户每人平均有田五十亩一分至六十亩者，为第十三组，每户按照等级征收五斤至七十八斤。

（十四）每户每人平均有田六十亩一分至八十亩者，为第十四组，每户按照等级征收五斤至八十四斤。

（十五）每户每人平均有田八十亩一分至一百亩者，为第十五组，每户按照等级征收六斤至九十斤。

（十六）每户每人平均有田一百亩一分以上者，为第十六组，每户按照等级征收七斤至九十三斤。详细规定如后表。

第二十一条　公草依每户应交公粮额二倍征收之（包括田业主免交公草）。

第二十二条　业户人口之变动，规定于每年二月至四月为陈报期，过期得于次年陈报之。届期由业主户自动向区政府陈报。

第二十三条　业户田亩之变动卖出或买进、佃进或佃出、典进或典出、租进或租出，规定每年二月至四月，由双方当事人联名，向区政府陈报，过期得于次年陈报之，陈报时应同时申请变动田亩，原规定之等级。

第二十四条　业户之田亩及人口，一律由业户自报，其有隐报瞒报田亩行为者，依淮海区清查田亩办法规定处罚之。其有谎报人口行为者，多报一人，按该户公粮征收率五倍至十倍处罚之，多者类推。

第二十五条　凡具有下列情形之一者，由业户陈报县政府经查明属实，该季公粮得予以免交。

（一）因水旱天灾而使收获量降低至二十斤以下者。

（二）鳏寡孤独有田二亩以下而缺乏生产能力者。

（三）因人口死亡无人耕种而招致荒芜者。

（四）土地被政府部队临时占用，致未能播种者。

第二十六条　凡具有左列情形之一者得由业户陈报县政府，经查明属实，该公粮得予以减征或缓征。

（一）房屋因受敌伪扫荡而致全部焚毁者。

（二）在收成后粮食因受敌伪扫荡而致全部损失者。

（三）耕牛因受敌人扫荡而致损失者。

第二十七条　抗日军人家属烈士遗族抗日荣誉军人家属，其公粮公草之征收办法除适用本条例第十三条规定外，悉依淮海区优待抗日军人家属暂行条例、淮海区优待抗日烈士遗族暂行条例、淮海区优待抗日荣誉军人暂行条例办理之。

第二十八条　应交公粮公草户，地在本县者，属人征收，地在隔县者由业户取得土地所在之区署证明书，证明其田亩数目及等级向业户所在之区署交纳公粮公草，除取具收据外，并以业主所在之区署证明书，向本地所在之区署陈报。

第二十九条　征收公粮公草应一律发给收据，该项收据由县政府制定之。

第三十条　业户交纳公粮应晒干扬净不得渗杂泥沙或水分，违则予以拒收，但不得藉此仰［抑］等征收。

第三十一条　征粮人员有下列行为者以违法论。

（一）征收粮草致各户实交数超过应交数者。

（二）征收粮草时使用大称者。

（三）征收粮草时故意刁难者。

（四）其他违法行为者。

第三十二条　本条例施行后，除淮海区三十一年度征粮条例，仍适用于边区者外，其余有与本条例抵触者，均于废止之。

第三十三条　本条例暂由淮海行政公署公布施行，其修正时亦同。

第三十四条　本条例自公布日起施行。

田亩征税表（略）

选自《华中抗日根据地财政经济史料选编》第二卷，档案出版社 1986 年 8 月版，第 308～313 页。江苏省财政厅、江苏省档案馆、财政经济史编写组合编。

26. 淮海区重订征收救国公粮条例举例

1943 年 12 月 1 日

（一）自耕田计算说明

一、该户现有田打九折，以人口除之，求得平均田亩数决定征收率属于第几组。

二、按照各种田亩等级决定各种田亩每亩应征数属于该组第几级。

三、以各种等级实际之田亩数分别打九折再从各该征收率然后加起来即为该户应征公粮数。

（例一）某户有五口人五亩田，自耕每亩收获量均为一百二十斤。

1. 自耕田打九折，五亩田合为四亩五分。

2. 以人口平均之每人有九分田。

3. 收获量在一百二十斤以下，每人不足一亩一分者免征。

（例二）某户有五口大人二口小孩八亩田，其中有田亩每亩收获量为一百二十斤，其余四亩为一百四十斤均属自耕。

1. 自耕田打九折，八亩田合为七亩二分。

2. 以人口平均之每人为一亩零一五厘（分以下不计）

3. 每人平均不足一亩，而每亩收获量在一百二十斤以下者免征，在一百二十斤以上者按第一组征收率计。

4. 收一百四十斤者为七等田，其征收率属第一组第七级，每亩收一斤该户应征公粮为四斤。

（例三）某户有六口人（包括三个大人一个杂丁二个小孩）有田六十亩其中每亩收获量一百六十斤者有二十亩，一百二十斤者有三十亩，一百斤者有十亩均为自耕。

1. 自耕田打九折六十亩合为五十四亩。

2. 五十四亩以人口平均之每人为九亩，其征收率属第六组。

3. 收一百六十斤之田亩为第八等田，其征收率为第六组第八级每亩十七斤，一百二十斤者为第六等田征收率为第六组第六级，每亩收十二斤，一百斤者为第五等田征收率为第六组第五级，每亩收十斤。

4. 因为自耕数各种实际田亩数先行九折后分别按各该征收率计算，然后加起来其和即为该户公粮应征数。

二十亩九折乘十七斤得三百零六斤——二十亩一百六十斤田应征公粮。

三十亩九折乘十二斤得三百二十四斤——三十亩一百二十斤田应征公粮。

十亩九折乘十斤得九十斤——十亩一百斤田应征公粮三百零六斤加三百二十四斤加十斤得七百二十斤……该户应征公粮数。

（例四）每户有一百亩田，其中每亩收获量一百二十斤者有九十亩，其余每亩均为二十斤自耕。

1. 每亩收获量全年不足二十斤者不征该户征粮田，仅有九十亩九折为八十一亩。

2. 以人口平均之每人为十六亩二分，其征收率属第八组。

3. 每亩收获量一百二十斤者为第六等田，其征收率为第八组第六级每亩全年征收十六斤。

4. 八十一亩每亩十六斤该户共应征公粮一千零六十六斤。

（二）自耕农佃耕计算说明。

一、该户现有自耕田打九折，佃耕田先打六折，再打九折，二种折成数加起来，以人口平均之，平均数即决定征收率属于第九组。

二、按照各种田亩等级决定各种田亩每亩应征数属于该组第九级。

三、以各种等级之实际亩数分别九折及九折后通行六折以折成数乘名额征收率其和即为该户应征公粮数。

（例一）某户有七口人（四个大人二个小孩一个雇工）自耕田五十亩佃进田三十亩，自耕田每亩收获量一百八十斤者有二十亩，一百二十斤者有二十亩，一百斤者有十亩，佃进田每亩收获量一百四十斤者有二十亩，八十斤者有十亩。

1. 自耕田打九折五十亩为四十五亩佃进田先折六折后打九折三十亩合为十六亩二分，四十五亩加十六亩二分为六十一亩二分。

2. 以人口平均之每人为八亩七分四其征收率属于第六组。

3. 每亩收获量一百八十斤者为九等田，每亩应征十九斤（征收率第六组第九级）一百四十斤者为第七等田，每亩应征十四斤（征收率为六组第七级）一百二十斤者为六等田，每亩应征十二斤（第六组第六级）一百斤者为五等田，每亩应征十斤（第六组第五级）八十斤者为第四等田，每亩应征七斤（第六组第四级）。

4. 自耕田各种等级之实际数先行九折，然后按各该征收率计算之。佃耕田各种等级之实际亩数，先行六折，再行九折，然后按各该征收率计算之。再将各种等级田亩之征收数加起来，即为该户公粮之应征数，算法如下：

二十亩九折乘十九斤得三百四十二斤。

二十亩九折乘十二斤得二百十六斤。

十亩九折乘十斤得九十斤。

二十斤九折后六折乘十四斤得一百五十一斤。

十亩九折后六折乘七斤得三十八斤。

三百四十二斤加二百十六斤加九十斤加一百五十一斤加三百斤得七百九十九斤。

（三）佃出田计算说明

一、佃出田先行四折而后以人口平均之平均数即决定征收率属于第九级。

二、按照各种田亩等级决定各种田亩之征收率各属于该组第九级。

三、以各种等级实际田亩分别打四折，再以各该征收率乘之其和即为该户全年应征公粮数。

（例一）某户有六口人一百亩田均行佃出来其中八等田（每亩收获量为一百六十斤者）有六十亩六等田（每亩收获量一百二十斤者）有四十亩。

1. 佃出田先行四折一百亩合为四十亩。

2. 以人口平均之每人为六亩六分，其征收率属第五组。

3. 八等田按第五组第八级征收率每亩收十四斤。

计算如下：

六十亩田四折乘十四斤得三百三十六斤，四十亩四折乘十斤得一百六十斤。

三百三十六斤加一百六十斤得四百九十六斤。

（四）自耕兼佃出田计算说明

一、自耕田九折佃出田四折二种折成数加起来以人口平均之，其平均数决定征收率属于第几组。

二、各种田亩等级决定各种田亩之征收率属于该组第几级。

三、以各种田亩之实际亩数自耕田分别九折，佃出田分别四折，然后以各该征收率之其和即为该户全年应征公粮数。

（例一）某户有六口人，有田一百三十亩，自耕田六十亩，佃出七十亩，自耕田中一等田有十亩，六等田有三十亩，八等田有二十亩，佃出田均系七等田。

1. 一等田规定不征公粮六十亩扣除十亩为五十亩。

2. 五十亩自耕打九折为四十五亩，七十亩佃出田打四折为二十八亩，四十五亩加二十八亩为七十三亩以六口人平均之每人为十二亩一分，其征收率属于第八组。

3. 六等田征收率每亩收十六斤（第八组第六级）八等田征收率每亩为二十二斤（第八组第八级），七等田征收率每亩收十九斤（第八组第七级）。

4. 自耕田以各种实际田亩数分别九折然后以各该征收乘之佃出田，分别四折然后以各该征收率乘之其和即为该户应征公粮数计算法如下：

三十亩九折乘十六得四百三十二斤。

二十亩九折乘二十二斤得三百九十六斤。

七十亩四折乘十九斤得五百零二斤。

四百三十二斤加三百九十六斤加五百零二斤得一千三百三十斤。

（五）典进田计算说明

一、典进出自耕者按自耕田计算。

二、典进田又佃出者按佃出田计算。

（六）典出田计算说明

（例一）某户五口人有田五十亩自耕三十亩典出二十亩每亩收获量均为一百二十斤。

1. 典出田由典人交纳公粮故该户交纳公粮田亩仅有三十亩九折为二十七亩。

2. 以人口平均之每人为四亩五分征粮率属于第四组。

3. 每亩收获量一百二十斤者为六等田，每亩征收率为四组六级收八斤。

4. 三十亩打九折为二十七亩乘八斤共二百十六斤为该户应征公粮数。

选自《华中抗日根据地财政经济史选编》第二卷，档案出版社1996年8月版，第315～319页。江苏省财政厅、江苏省档案馆、财政经济史编写组汇编。

27. 盐阜区一九四三年各机关部队经领公粮公草暂行办法

1943年

第一条　为保证军粮军草供给防止公粮公草贪污费特订本办法。

第二条　凡本区各机关部队经领公粮公草均须依照本办法办理。

第三条　本区各机关部队经领公粮公草分左列四个系统：

1. 三师直属队及其附属部队与机关由师供给部及行政公署财经［处］统一领取。

2. 八旅直属队及其所辖各兵团由八旅供给部向行署财经处统一领取。

3. 盐阜区一级党政机关按其行动与伙食单位向行署财经处分别领取。

4. 属于各县之机关（如县以下各级党政机关）部队（如县区武装子弟兵团）及人员休修员等，其粮草由各该县政府向行署财经处统一领取。

第四条　前条所列四个系统向行署财经处领取公粮公草时，均须按月造送预算书（见格式一）及每三个月造送花名清册一次。三师与八旅及各县三个系统，对财经处可不造送花名清册，但各该系统自身内部则仍须编造花名清册，该预算书于上一月十五日前后三日送到财经处初核并转呈盐阜区军政最高负责首长核准后，即由财经处填给拨粮拨草通知书，向指定县份提取（依照盐阜区公粮公草征收保管委员与提拨结算暂行章程第四章第二十一条办理），如不按时造送预算书与花名清册，财经处即可拒拨粮草。

第五条　第三条所列四个系统均须按月向财经处造送公粮公草决算（见格式二），该决算书至迟须于下一月十五日前后三日内再与下一月之公粮公草之全部至少可停发其未经决算之部份（分）。

第六条　公粮公草预算须遵照左列标准编造（以每日每人或马每匹为计算单位）。

	主力与地方军	地方党政机关
大米	一斤十二两	一斤十两
小麦	二斤半	二斤六两
杂粮	二斤半	二斤半
火草	四斤	四斤
马料	七斤	七斤
马草	八斤	八斤

第七条　各机关部队干部人员出差，必须携带饭票，其本机关部队应将其本人伙食粮，除之民伕与统战人员之客饭依照规定实报实销。

第八条　第三条所列四个系统向财经处报销时如有公粮公草剩余，可以出卖改善各机关部队之生活。

第九条　第三条所列四个系统应根据本办法之原则，再详订其所辖各机关部队经领公粮公草实施办法，以管理其公粮公草预决算事宜。

第十条　凡以前所订有关各机关部队经领公粮公草之法令，其与本办法相抵触者一律作废。

第十一条　本办法由行政公署会同八旅旅部盐阜区军区司令部，呈准三师师部苏北军区司令部后公布实行修改时亦同。

选自《华中抗日根据地财政经济史料选编》第二卷，档案出版社 1986 年 8 月版，第 362～363 页。江苏省财政厅、江苏省档案馆、财政经济史编写组合编。

28. 盐阜区夏季救国公粮公草征收条例

1943 年

第一条　为巩固抗日民主根据地保证军政粮草之供给特订本条例。

第二条　本季公粮公草分乡征收以旱田（包括洼田花碱田等劣质旱田）稻麦田为限，水田棉田柴滩等应征之夏季公粮公草则于征收本年度秋季公粮公草时一并征收之。

第三条　为实行合理负担本季公粮按简单之累进方法征收其累进等级及各级征收率规定如左：

（一）每户有田不足三亩者为第一级免交公粮；

（二）每户有田三亩以上不足十亩者为第二级应交公粮每亩三斤半；

（三）每户有田十亩以上不足二十五亩者为第三级应交公粮每亩四斤半；

（四）每户有田二十五亩以上不足四十亩者为第四级应交公粮每亩五斤半；

（五）每户有田四十亩以上不足七十亩者为第五级应交公粮每亩六斤半；

（六）每户有田七十亩以上不足一百五十亩者为第六级应交公粮每亩七斤半；

（七）每户有田一百五十亩以上不足五百亩者为第七级应交公粮每亩九斤；

（八）每户有田五百亩以上者为第八级应缴公粮每亩十一斤。

第四条　本季计算各户田商累进等级时，不限于旱田稻麦田除荒废田草田不计外，其余水田棉田柴滩皆须并入计算（例如有旱田五十亩棉田五十亩柴滩五十亩者，该五十亩旱田即按第七级交纳公粮）。

第五条　洼田花碱田得由各区乡按其土质肥瘠产量多寡，按二亩三亩最多四亩折合普通旱田一亩之比例计算，其累进等级与应交公粮（例如仅有洼田三百亩者如假定为二亩折一亩则该户累进等级为第七级而非第八级）。

第六条　某户之洼田与花碱田按若干亩（即二亩三亩或四亩）折合普通旱田一亩，应均由该户所属之乡征收公粮公草，保管委员会开会民主决定并须呈报区政府批准不能由区乡级征收人员与行政人员任意决定。

第七条　跨乡之田累进属人征收属田详细规定如左：

（一）田在甲乡人在乙乡则甲乡（不属田乡）之区乡长应将其所有田亩统计送给乙乡（属人乡）合并计算其累进等级。

（二）乙乡（属人乡）计算累进完毕后将其应缴公粮数字通知甲乡之区乡长（属田乡）征收。

（二）跨区之田亦照此办法。

第八条　本季公粮以交纳小麦为标准其他粮食按市价折合之。

第九条　本季公草征收仍暂不累进，每亩以征收麦草五斤为标准（三亩以下者免交），洼田与花碱田之折算同前第五第六两条。

第十条　公粮公草在游击区与敌据点周围，如运输困难可按当地粮草平均市价折成公粮公草代金征收之。

第十一条　出佃之田其应交公粮规定佃户每亩分担二斤半。

第十二条　出佃之田其应交公草由主佃双方按公草比例分担之（例如：草按三与七比例分租者则公草亦按主三佃七比例分担，如主不分草者公草则全由佃方负担）。

第十三条　业主外出不能交纳本季公粮公草者，得由其佃户在应交租额内扣除代交之。

第十四条　典田之公粮公草（仍按典田人之田亩等级累进）由承典人负担，惟田亩登记时未经注明承典人者则仍由出典人负责代交然后向承典人收回之。

第十五条　学田官田（包括旧黄河西岸之屯田）之佃户其应缴公粮公草与普通佃户同。

第十六条　灾区之公粮公草可由各县县政府根据实际灾情酌量减免之。

第十七条　新开辟之游击区其公粮与公草可依照本条例之原则及其实际情形酌量征收之。

第十八条　抗属应交之公粮公草得依照优抗条例第七条之规定减轻之，但不脱离生产之地方自卫武装与公务人员及群众团体代表均不在优抗之内。

第十九条　各级公粮公草征收保管委员会除不称职与旧乡改新乡应另行改组者外，其余仍照去年秋季原有组织。

第二十条　本季公粮公草之征期由各区区政府分乡规定之，逾期无故不交者应加滞纳罚粮十分之一。

第二十一条　本季公粮公草之征收保管提拨结算等手续与办法依照“盐阜区公粮公草征收保管拨结算暂行章程”办理。

第二十二条　本条例由盐阜区行政公署公布施行。

选自《华中抗日根据地财政经济史料选编》第二卷，档案出版社 1986 年 8 月版，第 366～368 页。江苏省财政厅、江苏省档案馆、财政经济史编写组合编。原注：“按《盐阜区财经法令汇编》1943 年版刊印”。

29. 盐阜区一九四三年度秋季公粮公草征收条例

1943 年

第一条　为巩固抗日民主根据地保证军政粮食之供给特订本条例。

第二条　本季公粮公草分乡征收以征收旱田、（包括洼田花碱田等劣质旱田）水田、稻麦田、棉田、柴滩草滩为标准水田棉田滩草滩柴缴之本年夏季公粮公草与本季一并征收。

第三条　为实行合理负担本季公粮按照简单之累进方法征收，其累进等级及各级征收率规定如下表：

甲、旱田、稻麦田、棉田：

等级标准	每亩应缴公粮数额		
	旱田（稻头）	稻麦田（大米）	棉田（皮花）
第一级（每户有田不足三亩者）	免	免	免
第二级（每户有田不足十亩者）	三斤半	四斤	八两
第三级（每户有田不足二十五亩者）	四斤半	五斤	十两
第四级（每户有田不足四十亩者）	五斤半	六斤	十二两
第五级（每户有田不足七十亩者）	六斤半	七斤	十四两
第六级（每户有田不足一五〇亩者）	七斤半	八斤	十六两
第七级（每户有田不足五〇〇亩者）	九斤	九斤	十八两
第八级（每户有田五〇〇亩以上者）	十一斤	十斤	二十两

乙、水田

等级标准	每亩应缴公粮数额（大米）
第一级（每户有田不足三亩者）	免缴
第二级（每户有田不足八亩者）	七斤
第三级（每户有田不足十五亩者）	八斤
第四级（每户有田不足二十五亩者）	九斤
第五级（每户有田不足四十亩者）	十斤半
第六级（每户有田不足七十亩者）	十一斤半
第七级（每户有田不足一百亩者）	十二斤半
第八级（每户有田不足一百五十亩者）	十三斤半
第九级（每户有田一百五十亩以上者）	十四斤半

第四条　柴滩田公粮公草之征收率由各县按照水田比例及各该县具体情况分等一并决定之。

第五条　本季公粮缴纳之标准如次：

一、旱田以缴纳稻头为限（射阳盐城二县如确不能全缴稻头则可以少数黄豆代替）。

二、水田稻麦田以缴大米为限，如欲纳缴稻者按一百斤稻折米六十斤计算。在游击区者应尽可能缴稻。

三、棉田以缴纳皮花为限。

四、柴滩公粮部分准按征收时米价柴价，柴价折成柴草缴纳。

第六条　本季计算各户田亩累进等级时非按各户所有水田、棉田、柴滩、旱田、稻麦田分别计算之，而系将各户所有旱田、稻麦田、水田、棉田、柴滩（荒废田及草滩除外）合并计算之（例如：某户有旱田五十亩，水田五十亩，则该五十亩旱田即按旱田第六级每亩缴纳稖头七斤半，该五十亩水田即按水田第八级每亩缴大米十三斤半）。

第七条　洼田与花碱田得由各区乡按其土质肥瘠产量多寡，按二亩三亩最多四亩折合普通旱田一亩之比例计算，其累进等级及其应缴公粮（例如：仅有洼田二百亩，如假定为二亩折一亩，则该户累进为第六级而非第七级）。

第八条　某户之花碱田与洼田按若干亩（即二亩三亩或四亩）折合普通旱田一亩应由各该户所属之乡公粮公草征收保管委员会，开会民主决定并须呈报区政府批准，不能由区乡级征收人员与行政人员任意决定。

第九条　跨乡之田累进属人征收属田详细规定如下：

一、田在甲乡人在乙乡则甲乡（属田乡）之区乡长应将其所有田亩统计送给乙乡（属人乡）合并计算其累进等级。

二、乙乡（属人乡）计算累进完毕后将其应缴公粮数字通知甲乡之区乡长（属田乡）征收。

三、跨区之田亦照此办法。

第十条　本季公草征收仍暂不累进其征收率规定如下（三亩以下者免缴）：

一、旱田稻田麦田每亩缴公草八斤。

二、水田每亩缴公草十斤。

三、棉田每亩缴公草五斤。

四、洼田与花碱田之折算同前第七条之规定。

第十一条　草田每亩平均征收公草三十斤至五十斤由各县根据具体情形分等征收之。

第十二条　公粮公草在游击区与敌据点周围如运输困难，可按照当地粮草平均市价折成代金征收之。

第十三条　本季分租田之公粮佃户应分担之数额规定如下：

一、承佃之田如为旱田其公粮累进等级属于不足十亩或不足二十五亩二级者，由主佃双方各半负担，属于二十五亩以上各级者，佃户应分担每亩稖头二斤半。

二、承佃之田如为稻麦田其公粮累进等级属于不足十亩或二十五亩级者，由主与佃双方各半负担；属于五二十亩以上各级者，佃户应分担每亩大米二斤。

三、承佃之田如为水田不分等级佃户应分担每亩大米三斤半。

四、承佃之田如为棉田不分等级佃户应分担每亩皮花四两。

第十四条　分租田之公草由主佃双方按分草比例分担之（例如：草主三佃七比例分租，则公草亦按主三佃七比例分担；如主不分草者公草则全由佃方负担）。

第十五条　包租田之公粮公草主佃双方如何负担由各县按照实际情形规定之。

第十六条　业主外出不能缴纳本季公粮公草者，得由其佃户在应缴租额内扣除代缴之。

第十七条　典田之公粮（仍按出典人之田亩等级累进）公草由承典人负担，惟田亩登记时未经注明承典人者，则由出典人负责代缴，然后向承典人收回之。

第十八条　学田官田（包括旧黄河西岸屯田）之佃户其应缴公粮公草与普通佃户同。

第十九条　灾区之公粮公草可由各县根据实际灾情酌量减免之。

第二十条　新开辟之游击区其公粮公草可依照本条例之原则及当地实际情形酌量征收之。

第二十一条　抗属应缴之公粮公草得依照优抗条例第七条之规定减轻之，但不脱离生产之地方自卫武装与公务人员及群众团体代表者不在优抗之列。

第二十二条　各级公粮公草征收保管委员会除不称职与旧乡改新乡另行改组者外其余仍照夏季原有组织。

第二十三条　本季公粮公草之征期由各区区政府分乡规定之，逾期无故不缴纳者应加滞纳罚粮之十分之一，但须出给区政府之正式罚金罚物收据。

第二十四条　本季公粮公草之征收，保管提拨结算暂行等手续与办法依照盐阜区公粮公草征收保管提拨结算章程办理。

第二十五条　本条例由盐阜区行政公署公布施行。

选自《华中抗日根据地财政经济史料选编》第二卷，档案出版社 1986 年 8 月版，第 370～374 页。江苏省财政厅、江苏省档案馆、财政经济史编写组合编。原注：“按《盐阜区财经法令汇编》1943 年版刊印”。

30. 盐阜区各机关部队收支及预算决算暂行办法

1944 年 1 月①

（一）为确立财政制度，爱护根据地，厉行节约，消灭浪费现象，特订定本办法。

（二）全区财政收支一律统一于行政公署。各机关部队一律不准对外收税或募捐。所有军事行政经费由行政公署统筹支配。一切赋税及其他收入则由行政公署交由各县财政机关征收之。各民众团体如有筹募经费之必要时，必须取得所在地政府之许可方得进行。但实施时绝对不得有强迫行为，致使民众认作政府捐税。

（三）全区一切赋税及其他收入之款项，一律集中于统一的金库保管，金库之建立及其保管征收款项之范围如下：

1. 总金库附设于行政公署，汇集保管各分金库之款项。

2. 县分金库附设于各县县政府，保管各该县县区政府经征之土地税，货物税，契税，公学产及其他各项赋税收入。

---

① 原注：时间是编者根据文件内容判定的。

3. 各县财经分局及分派所经收之税款规定每十日报缴一次，分派所缴介分局，分局则一律缴介于附设县政府之分金库，不准擅自动支，其有违反者应受行政上之处分并负赔偿之责。

4. 各县分金库保管之款项，除遵照规定缴介行政公署之总金库外，无论拨交任何机关均须根据行政公署签发之提款证或各县该县政府出具之借款证，否则不得付款，如有无行署提款证或县政府借款证而擅自动支库款者，应受行政上之处分并负赔偿之责。

（四）各机关部队除经行政公署或驻在本地主力部队之最高司令机关核准者外，严禁自由向外借债或自由经营贸易，其有违反本项规定者，机关首长应负责经济上及行政上之责任。

（五）全区各机关部队之经费按照下列规定编造：

1. 本区所属及驻在本区之主力部队之经费由各该最高司令机关编造。

2. 行政公署经费由行政公署秘书室编造。

3. 行政公署所属各部、处、局、学校之经费由各该机关自行编造。

4. 乡公所及小学校经费由管辖区政府编造，区政府本身区队及区财经分局之经费由各该机关自行编造，总预算则由财经分局汇集编造。

5. 县政府经费由县政府秘书室编造县政府所属各局所学校之经费由各该机关自行编造。

6. 各县总队部及其所属各营连情报站修械所之经费由总队部汇集编造。

（六）除驻在本区主力部队外各机关部队之经费预算应于各该月份之上月二十五日以前造就送呈该管经费审核机关经核准后才可照数拨发，在未造送预算以前一律不发给经费。

（七）各机关部队领支经费严格禁止下列情事：

1. 未编造预算自由领支经费，例如区政府未编造预算，自由向区财经分局领用经费等，如发生上述情事时区长及财经分局主任均应负行政上之责任。

2. 混乱支款系统自由向其他机关报数预算及领支经费，例如区队不向区政府呈报预算及领支经费等，发生上述事情时区队长及县财经局长均应负行政上之责任。

3. 支用经费自由超过预算所定，例如预算规定县特别费为三万元并无特别原因亦未编造追加预算，实际耗用额达四万元，该机关首长及会计工作人员双方均应负行政上之责任。

（八）每月月终各机关部队应向该管上级机关作经费决算报告，如月终不办决算用费延不报销者，机关首长及会计工作人员应负行政上之责任。

（九）为适应环境增强工作效率经费预决算审核事宜，除主力部队由该最高司令机关执行行政公署及所属机关由行政公署执行外，凡县属各机关之经费预决算审核事宜授权该管县政府财经局执行，惟限于固定之经常费及特别费部分临时费支出，仍须事先呈准行政公署否则不得支出。

（十）各县总队及区队经费规定由县区长负责核发，副县长区队长及教导员无代理批核之权。

（十一）县长批核经费支出经常性者，照行政公署规定办理，临时性者在一万元以下有先批后报之权，超过此项限制时则县必呈准行政公署办理。

（十二）本办法自三十三年一月起实行，其在游击区之机关及部队其收支预决算暂时不能按本办法施行者，由行政公署根据实际情形另行规定指令实行。

选自《华中抗日根据地财政经济史料选编》第三卷，档案出版社 1986 年版，第 38～40 页。江苏省财政厅、江苏省档案馆、财政经济史编写组合编。原注："按 1944 年《盐阜区财经法令汇编》刊印"。

31. 苏南行政第二分区专员公署上芒田赋征收暂行办法

1944 年 6 月 1 日

一、总　则

第一条　为坚持苏南敌后抗战，保证抗日部队政府机关之给养，充裕抗日经费；特订定本办法。

二、征收量额

第二条　夏季上芒田赋以征收实物（小麦）为原则，情形特殊者，得折收现钞。

第三条　每亩征额小麦六市斤附征社会事业费每亩×市斤，各县根据地区不同、土地肥瘠、收成丰歉，分区分乡订定征额公布，但征额一经公布，任何机关或个人不得私自变更，违者任何人民可向政府检举控告，从严惩办。

第四条　各县分区分乡订定之征额须呈请苏南行署许可方得施行。

第五条　凡实行二五减租者，上芒田赋由业佃双方二七负担，业主出七成佃户出三成（其未实行减租或减租不到二五者，则完全由业主负责）。

第六条　凡在外业主应纳之上芒田赋无法直接征收者，一律由佃户代缴制给收据，于交租时凭据扣除，业主不得拒付。

三、征收机构及办法

第七条　征收机构由各县政府领导责成县府财经科负责执行，各区乡设征收小组，每组设组长一人，组员二人至三人，必要时可吸收地方热心人士参加。

第八条　进行广泛深入的动员，县区政府应布置各乡保召开动员会议，说明征收田赋之重要意义，各群众团体驻军应负责抽调干部协助征收。

第九条　征收期限自开征日起至完全结束至多二十天（头限七天二限七天三限六天），不得随便延长。

第十条　征收时随即将征收实物（小麦）由各县区征收小组与业主作保存手续（保存单据附发），一百市斤以内可以折价收现钞，一百市斤以上者，要业户负责妥善保存，如有损失，业主绝对负责赔偿，特殊情形例外。

第十一条　征收小组随时将各乡之业主保存单据会集整理统计，于限期满后全部解缴区公所，不得有所遗失，已用簿据在征收结束后，立即要按级送交县政府。

第十二条　征收小组在未征收以前须先期发出通知单，如业主发现有亩分错误时，应即在开始前呈报乡公所转区公所核查。

第十三条　业主交纳上芒田赋后应向征收员索取正式收据，以备政府派员抽查。

第十四条　折钱收现地区解缴制度须将各乡每日所征之款，填具日报表后解缴区公所，每隔五天（或在三万元以上者）填具汇报表解缴县政府发给正式收据。

四、减免与奖励办法

第十五条　参加新四军主力部队之直系家属（父母妻子）减免六亩。

第十六条　参加新四军地方武装（各区大队包括在内）直系家属减免三亩。

第十七条　真正赤贫之业主，受天灾人祸之损失，实难维持生活者，经县政府调查确实并经批准得予减免征收。

第十八条　凡参加征收工作之地方人士、乡保甲长，工作努力成绩显著，在规定期内完成任务者，得按所征收实数之千分之五提出充作奖励，并须按乡长三成，地方人士三成、保甲长各得三成分配，凡参加脱离生产工作人员（军政民）亦得按其努力成绩给以物质奖励（如文具日用品等），但不得给以奖金（现钞）。

五、隐报田亩抗纳田赋奖惩办法

第十九条　凡在征收期或征收日内自动向政府补报田亩者不予处罚。

第二十条　凡在征收后发现隐报一经查实得按其隐报程度之不同处罚之（详土地呈报田亩登记实施办法）。

第二十一条　凡保存之业户，政府通知集中时，不得借故推诿拖延不清，否则政府予以适当处罚。

第二十二条　凡举发隐报田亩者，经调查属实，当按被检举人所罚之罚金抽以百分之三十为奖励，举发人之姓名绝对保守秘密。

六、附　则

本办法自公布即日起执行。

选自《华中抗日根据地财政经济史料选编》第三卷，档案出版社 1986 年版，第 411～414 页。江苏省财政厅、江苏省档案馆、财政经济史编写组合编。原注："按《新四军和华中抗日根据地史料选》第一集刊印"。

32. 盐阜区行政公署布告
——关于停用法币，使用抗币的决定[①]

1944 年 6 月

查本署曾于二月二十五日通令各县县政府，凡税收机关收税与市场货物交易均应改以抗币为计算本位，对于法币则准备逐步停用，并特行布告周知在案。兹根据本署既定方针

① 原注：副标题为编者所加。

及客观需要特再决定如次：

一、自布告日起，本区只准流通下列六种法币：

（一）中央银行十七年版拾元券，该券正面中间有拾元两字反面中间有孙中山像，即俗称小青龙；

（二）中央银行二十五年版拾元券，该券正面左边有孙中山像正面中间有拾元两字，右边有孙中山像水印，下边有“德纳罗印钞公司”七个小字，即俗称捷克式；

（三）中央银行二十五年版伍元券，该券正面左边有孙中山像，正面中间有伍元两字，右边有孙中山像水印，下有“德纳罗印钞公司”七个小字，即俗称小捷克式；

（四）中央银行二十五年版拾元券，该券正面中间有拾元两字，下有“英国华德路公司制”八个小字，反面有古庙图案，左边有孙中山像，右边有孙中山像水印，即俗称黑蛋包；

（五）中央银行二十五年度版伍元券，该券正面中间有五元两字，下有“英国华德路公司制”八个小字，反面有古庙图案，左边有孙中山像，右边有孙中山像水印，即俗称小黑蛋包；

（六）中央银行三十年版拾元券，即俗称小钢版。

二、除上述六种法币以外之其他各种法币一律不许在本地区流通，望我各界民众在半月内自行设法携往根据地外采购货物，免受损失。

三、以上六种法币除号码不全或破烂油污残缺者外在本区均可一律通用，废除过去分等使用（即打折）之规定，小钢版法币与上列其他五种法币亦完全相等不再打折，但小钢版法币自十二月一日起在本区即先行停止使用，在十一月三十日以前凡持有小钢版人得依照与盐阜票法定折合比率用以完粮纳税，但须受左列限制（其他五种法币可不受此限制）。

（1）七月三十一日以前不得超过全税款百分之三十；

（2）九月三十日以前不得超过全税款百分之二十；

（3）十一月三十日以前不得超过全税款百分之十。

四、自布告之日（六月十五日）起十日内凡自根据地外带回小钢版五百张以上者一经查出除没收外，并得按捣乱金融罪论处，以上四点除分令外特此布告周知仰各凛遵！

主任　曹荻秋

副主任　贺希明

计雨亭

选自《华中抗日根据地财政经济史料选编》第三卷，档案出版社1986年版，第158～159页。江苏省财政厅、江苏省档案馆、财政经济史编写组合编。

33. 盐阜区新颁征收契税暂行章则

1944年7月10日

第一条　凡民有或庵宫寺院不动产之典卖及公学产租种权转移之契约，均须经该地所属县政府验税始能有法律上之约束效力。

第二条　前项不动产之典契转移，其契税之征收，悉依本章则办理之。

第三条　前项不动产之典卖转移于契约签定之日起三个月内即须呈所属区政府投验报税。

第四条　前项不动产绝卖契约，则按其价百分之四征收契税，赠予、易换、归并，三种变相绝卖契约，按照报验时平均估价征收百分之四，典出契约按其契价百分之二征收契税，公学产租种权之转移契约，按该公学产，比照民产之平均估价百分之一，征收契税，但淮河两岸之屯滩溢公田之退让契约，得按其契约，征收百分之二契税。

第五条　凡报验之契税，如其契价，系以铜元、铜钱、银两，或法币为计算单位，或其单位不明确者，而于本办法颁布后，向政府报验时，改按下列标准计算税。

一、民国三十年以前之契约，按照报验时，平均估价之折计算（如平均估价为抗币一千元者，即以抗币三百元计税）。

二、民国三十一年至三十一年以后之契约，如载明为法币者，在本年三月二十五日以前者一律按八元折合老抗币一元。三月二十五日以后者，按立契日期之率折合比率，由各县区政府折合计税。

第六条　凡我根据地人民之各种契约，于敌伪扫荡，或因其他灾劫以致契约损失，而有田邻及乡长愿为证明者，准其补契投税，政府得按报验时平均估价二折计税。

第七条　为奖励人民补行税契，凡本年五月二十一日以前典卖转移之不动产契约，其尚未验税者，如在本年九月三十日以前自行前来补税，不论其逾期长短，均一律免课罚金并以十月一日为该项未税契据逾期起算之日。

第八条　凡新解放地区在我政权建立之后，五个月以内人民持其前项契约至政府报验者仍得免课罚金。

第九条　凡前项不动产之典卖转移契约，不遵照期限至区政府验税者除仍须遵缴契税外，并须按逾期时间之长短处以下列各级之罚金。

甲、逾期不足一个月者按其契价（公学产、屯、滩、溢估价，以下同）处以百分之五罚金。

乙、逾期一个月以上不足三个月者按其契价处以百分之十罚金。

丙、逾期三个月以上者按其契价，处以百分之十五罚金。

第十条　凡报验契约时有隐瞒契价，以多报少者，除以须补缴契税外，并得按隐瞒价处以十分之五罚金。

第十一条　凡契约上日期空白不依签订之时日填明，至报税时填注，企图逃避逾期之处罚者，除依其逾期之长短援引前项处罚外，并加处其应纳罚金之十分之五罚金。

第十二条　凡报验时兼有第九、十、十一条情事时，除仍须遵缴契税外，并按其第九、十、十一条一并处罚之。

第十三条　凡匿不报税，或隐瞒价瞒期投税者，准自动检举处罚后并将其罚金百分之二十充赏检举人。

第十四条　验契报税时区政府，应随时制造发印其契纸及税验执照，至迟须于七日内填给发还。

第十五条　本章则自修正公布之日起实行，凡以前已遵照旧章缴纳契税或课以罚金者，不得援引本章，要求更改。

第十六条　本章程自民国三十三年七月十日起实行，同时前颁契税章则应予作废。

第十七条　本章则经行署修订，县府公布施行，修改时亦同。

选自《华中抗日根据地财政经济史料选编》第三卷，档案出版社1986年版，第193～195页。江苏省财政厅、江苏省档案馆、财政经济史编写组合编。原注："按1944年《盐阜区财经法令汇编》刊印"。

34. 淮海区征收公粮公草草案

1944年

（一）为保证抗日部队及抗日民主政府给养并实行合理负担特重订本条例。

（二）本地区征收救国公粮公草均按本条例办理，各县不得自行规定。

（三）为适应环境，暂准边区仍按三十一年颁发征收之公粮条例办理。边区与中心区之划分由各县自行规定，边区乡数至多不得超过中心区乡数三分之一。

（四）公粮公草之一切征收行为，均由淮海区行政公署授权各级政府，按照本条例办理，除自治经费经行署批准者外，此外任何机关部队均不得向人民另筹粮草。

（五）凡每亩收益有二十斤粮食以上之土地，均应征收公粮公草。

（六）公共河道、河堤、道路、无私人受益者，及业主住宅宅基（每间屋以五厘地扣除地）与临时占用之交通沟，均免除公粮公草，其私人庄圩场园圩沟渠（无私人受益者仍作废田）等概不得作废田。交通沟之计算，不得宽于五尺。

（七）救国公粮公草分夏秋两季征收，如系一麦田则于夏季一次征收。

（八）救国公粮在夏季完全征收小麦，在秋季完全征收玉米，如征其他杂粮，均按市价抵折（由县府统一规定），粮食重量一律以十六两秤称为标准。

（九）征收救国公粮等级，按收获量及土质区分为十六级规定如下：

1. 每亩全年收获量二十斤至二十斤以下者为第一级免征。
2. 每亩全年收获量二十一斤至四十斤者为第二级。
3. 每亩全年收获量四十一斤至六十斤者为第三级。
4. 每亩全年收获量六十一斤至八十斤者为第四级。
5. 每亩全年收获量八十一斤至一百斤者为第五级。
6. 每亩全年收获量一百零一斤至一百二十斤者为第六级。
7. 每亩全年收获量一百二十一斤至一四百十斤者为第七级。
8. 每亩全年收获量一百四十一斤至一百六十斤者为第八级。
9. 每亩全年收获量一百六十一斤至一百八十斤者为第九级。
10. 每亩全年收获量一百八一斤至二百斤者为第十级。
11. 每亩全年收获量二百零一斤至百二十二斤者为第十一级。

12. 每亩全年收获量二百二十一斤至二百四十斤者为第十二级。

13. 每亩全年收获量二百四一斤至二百六十斤者为第十三级。

14. 每亩全年收获量二百六十一斤至二百八十斤者为第十四级。

15. 每亩全年收获量二百八十一斤至三百斤者为第十五级。

16. 每亩全年收获量三百零一斤以上者为第十六级。

（十）应缴救国公粮户之田亩，均依本条例第九条之规定，按照土质及土（地）产量厘定等级，以亩为计算单位，其详细办法依淮海区地亩等级厘定细纲办理之。

（十一）每户救国公粮之征收率以该户人口数平分该户所有地亩数。求得每人平均亩数，以平均亩数及等级为计算标准，而以户为单位征收，儿童作成人计算。有寄子者得计入该户人口之内（陪嫁田以夫妻两人及其子女单独列户计算）。

（十二）凡业户有半年以上之雇工得包括在业户人口之内计算，但不从事农业生产之乳母、女佣及杂役概不作为雇工计入。

（十三）凡业户之人口长年在外，有固定职业者，不得计入征粮人口之内。但从事雇工及抗日军人抗日工作人员得计入人口之内。

（十四）凡本地区土地之所有主，原居住在本地区以外者，一律以五口人计算。并由其佃户或代耕人缴纳之。

（十五）自耕田（包括包锄田），计算征收率时，得将田亩先行九折而后以人口平均之。

（十六）佃出田（业主）四折计算后以人口平均之，佃入田（佃户）六折计算后再行九折而后以人口平均之。

（十七）自耕农兼佃农者，其自田开户部分按第十五条规定办理，其佃种田亩按十条之佃入田规定办理之。

（十八）典入田加入业主田亩内计算。公粮由现业主缴纳，并代原业主缴纳田赋。

（十九）有僧寺庙公粮与业户同，祠堂及其他公有产均按一人计算，佃耕公学田者按十六条及十七条规定办理，其属于政府部分者免征。

（二十）救国公粮之征收率按照每人平均田亩数区分为十六组，每组按照田亩等级区分为十六等规定如下。

1. 每户每人平均田有一亩以下者为一组，其每亩收获量在一二〇斤以下者免征，在一二〇斤以上者，按照等级每亩征二斤至五斤。

2. 每户每人平均有田亩一亩一分至二亩者为二组，其每亩收获量均在六十斤以下者免征，在六十斤以上者按照等级征收二斤至十斤。

3. 每户每人平均二亩一分至三亩者为三组，其每亩收获量四十斤以下者免征，在四十斤以上者按照等级征收三斤至十六斤。

4. 每户每人平均有田亩三亩一分至四亩者为四组，每亩按照等级三斤至二十二斤征收。

5. 每户每人四亩一分至五、六亩者为五组，每亩按照等级征收三斤至二十八斤。

6. 每户每人平均有六亩一分至八亩者为六组，每亩按照等级征收率三斤至三十四斤。

7. 每户每人平均有田八亩一分至十亩者为七组，每亩按照等级四斤至四十一斤。

8. 每户每人平均有田十亩一分至十五亩者为八组，每亩按照等级征收五斤至四十七斤。

9. 每户每人平均有田十五亩至二十亩者为九组，每亩按照等级征收六斤至五十三斤。

10. 每户每人平均有田二十亩一分至二十五亩者为十组，每亩按照等级征收七斤至六十斤。

11. 每户每人平均有田二十五亩一分至三十亩者为十一组，每亩按照等级征收八斤至七十三斤。

12. 每户每人平均有田三十亩一分至四十亩者为十二组，每亩按照等级征收八斤至七十三斤。

13. 每户每人平均有田四十亩一分至五十亩者为十三组，每亩按照等级征收九斤至七十九斤。

14. 每户每人平均有田五十一亩一分至六十亩者为十四组，每亩按照等级征收十斤至八十五斤。

15. 每户每人平均有田六十亩一分至八十亩者为十五组，每亩按照等级征收十一斤至九十三斤。

16. 每户每人平均有田八十亩一分至八十亩一分以上者为十六组，每亩按照等级征收十二斤至九十五斤。

详细规定如后表。

（二十一）公草依每户应缴公粮额加倍征收之，包括租田业主免征公草。

（二十二）业户人口之变动，规定于每年二月至四月为陈报期，过期得于次年陈报之届期由业户自动向区政府陈报。

（二十三）业户田亩变动卖出或买入，佃进或佃出，典进或典出，租进或租出，规定每年二月至四月由双方当事人联名向区政府陈报，过期等于次年陈报，陈报时应按申请变动田亩原规定等级。

（二十四）业户田亩及人口，一律由业户自报，其有隐报谎报田亩行为依淮海清查田亩办法处罚之，其有谎报田亩者多报一人，按该户谎报人口而少缴公粮数五倍至十倍科罚之。

（二十五）凡具有下列情形之一者，由业户陈报县政府，经查明属实，该季公粮得予免征。

1. 因水旱天灾而使收获量降低至二十斤以下者。

2. 鳏寡孤独有田二亩以下者而缺乏劳力者。

3. 因人口死亡无人种田，而招致荒芜者。

4. 土地被政府临时占用致未能播种者。

（二十六）凡具有下列情形之一者得由业户陈报县政府经查明属实该季公粮得予以减征或缓征。

1. 房屋因受敌伪扫荡而致一部分或全部烧毁者。

2. 在收成后，粮食因受敌伪扫荡而致一部或全部损失者。

3. 耕牛因受敌伪扫荡而致损失残废者。

（二十七）抗日军人家属烈士遗族、抗日荣誉军人家属其公粮之征收办法除适用本条例第十三条规定外，悉依淮海区优待抗日军人家属暂行条例、淮海区优待抗日烈士遗族暂行条例、淮海区优待抗日荣誉军人暂行条例等规定办理。

（二十八）应缴公粮公草之业户，不论地在本县或在他县者均属人户收之。

（二十九）征收公粮公草应一律发给收据，该项收据由县政府制定之。

（三十）业户缴纳公粮应晒干扬净，（不得）掺杂泥沙或水份（分），违则予以拒收，但不得借长折算征。

（三十一）征收员有下列行为者以违法论：

1. 浮收粮草致各户实缴数超过应缴数者。

2. 征收粮草时使用大秤者。

3. 征收粮草时故意留难者。

4. 其他违法行为者。

（三十二）本条例施行后除淮海区三十一年度征收条例仍适用于边区者外，其余有与本条例抵触者，均予废止之。

（三十三）本条例暂由淮海区行政公署公布施行之，其修正时亦同。

（三十四）本办法自公布之日起施行。

选自《华中抗日根据地财政经济史料选编》第三卷，档案出版社1986年版，第279～284页。江苏省财政厅、江苏省档案馆、财政经济史编写组合编。

35. 盐阜区公粮公草保管支付办法

1944年

（一）自三十三年七月一日起，各县区乡政府专管公粮公草征收保管检查事宜，不再负支拨之责。

（二）自三十三年七月一日以前部队与各级政府印制之支粮支草证及饭票一律作废，便条概不报销。

（三）公粮以集中征收分散保管为原则，公草则以原主原地保存，但小户公草须酌量情形集中保管之。

（四）各机关部队领取粮草，一律须编造预算花名册，呈请行政公署核准，签发三联单之提取证，方得向指定地点提拨粮草。

（五）各机关部队领取粮草系统之规定如次：

一、各县地方部队（包括区队）按月编造预算呈送军分区司令部，领取盐阜区行政公署粮草提取证。

二、主力部队，由该旅编造预算呈送三师师部，领取盐阜区行政公署粮草提取证。

三、地方党政民各机关，由县政府编造预算呈送行政公署，领取粮草提取证。

四、行署直属机关，按月编造预算，向财经处领取粮草提取证。

（六）各乡保管公粮公草户，由行署制定三联单（式样附后）给各乡保管户应用，其使用办法如下：

一、三联单内有公粮存根一联由保管户收执，公粮缴查一联，粮草提取证一联，均由保存户或乡粮食管理员汇集送缴区政府，由区政府按级汇缴行署。

二、部队或机关提取粮草时，必须将三联单内之提取证一联，向原保管户领取粮草。

三、保管户接到提取证后，必须将该联与存根相对，其骑缝号码相符者，则按照提取证发给公粮公草，并将存根联与提取证对换。如发现号码或数字不符者，保管户有拒绝支付粮草之权。

四、部队或机关提取粮草后，须将存户存根换回，在月终报销时，呈送报销机关核销。

（七）公粮保管户对［无］盐阜区行政公署所发之支粮支草证（满天飞），无支付粮草之权，各部队机关亦不得向保管户索取粮草。

（八）县区乡各级政府粮草虽无支付之权，但各乡保存之公粮公草必须负责检查督导。如遇情况，区政府必须将该乡存粮转移安全地区，县对区亦同。

（九）为专管各乡之粮草保管支付事项，各区得设立粮草站。其粮草站站长应由区财粮委员兼任之。

（十）粮草站对公粮公草保管户应负检查督促责任。如遇情况，应协助区政府督促保管户转移公粮至安全地方。

（十一）盐阜行政公署印发之满天飞支粮支草证（格式另定）必须在各区粮草站支付之。

（十二）如遇部队特殊情形，一时不及携带支粮支草证到粮草站支付粮草时，各乡准予暂借，但事后必须向粮草站兑回相等粮草。

（十三）各区粮草站所保存之粮草，由行署自行向殷实户分散保存，以便随时提拨，如觉保管之粮草不足支拨时，得向行署拨发补充之，但应将支粮支草证汇缴行署。

（十四）各县应将一联单内提取证联汇缴行署。

（十五）友邻地区过境之部队临时需要粮草时，得由其部队首长出具借条，向县政府请求，经县长核准，由县长出具临时借条，指定粮草站拨给粮草，事后应将部队之借条呈送行署，以资报销，但临时借粮日期，不得超过十日。

（十六）公粮公草保管，按下列原则：

1. 尽量利用掩护方法，如进行夹墙伪装等办法。

2. 尽量利用背远偏僻及民情较好之村庄。

3. 公粮保管户，其保管数额不得超过一千五百斤。

4. 在敌情严重或环境安全之区乡，可依上列规定酌量增减之。

（十七）在敌伪据点周围及游击区之公粮，必须在征收公粮前，通知集中地点，移往中心区分散保存之，但路程不得超过一日为限。

（十八）保存户接收公粮保存时，必须亲自负责过秤验收，与防止腐烂折耗，倘有渗杂潮湿，保管户有拒收之权。

（十九）在敌情严重需要公粮迁移时，保管户有协助乡区政府迁移与掩护之责任。

（二十）保管户对所保管之粮食，必须适当翻晒与防止鼠耗鸡耗，以免除不必要之损失，如确因人力所不能防之外力而遭受损失，则须经乡长或群众团体之证明方得报销，如保管户谎报折耗及损失一经查明属实，或被检举出来，则应受谎报数字一倍至五倍之罚粮。如因检举而发觉谎报，则检举人可得罚粮之半数提奖。

（二十一）本办法由行政公署订定公布之。

选自《华中抗日根据地财政经济史料选编》第三卷，档案出版社1986年版，第345～347页。江苏省财政厅、江苏省档案馆、财政经济史编写组合编。

36. 盐阜区粮食运销管理办法

1944年

一、为保证军民粮食调剂农村金融，特订定本办法。

二、本办法所指之粮食，以米、麦、山芋干、高粱、玉蜀黍、绿豆六种农产品为限。

三、本行政区粮食运销事宜，由盐阜区工商管理局依本办法管理之。

四、本行政区粮食在本行政区境内得自由运销之。惟为便于检查起见，须履行下列手续。

甲、在一县以内，从甲乡运销食粮至乙乡，沿途所经及销售地点均非封锁乡，其运销数量在二担以下者，准自由通运，在二担以上者须取得区政府之证明书。

乙、在一县以内运销食粮，其起运地点，为封锁乡，但中途经过地点及到达地点均非封锁乡者，准适用甲项规定自由运销。

丙、从甲县至乙县或在同一县内，自甲乡至乙乡，其中途须经封锁乡者．均须依照下列规定向贸易局申领内销证（格式另订）。

产地商贩向销地运销者，须取得殷实铺户之保证，出具保证书（格式另订）填明购运粮食种类数量及内销地点，或依粮食价格百分之五十缴纳保证金（以销地价格计算），经当地工商局所查核无讹后，发给指定经过地点之内销证。粮食起运经过指定地点，须申请各该地工商局所查验，并在内销证上验盖查验戳记，运至指定销售地点后，须申请当地工商局所查验，将查验证明文件附贴于内销证背面，在有效期内缴送起运地点之工商局所换回保证书或保证金。

销地商贩向产地采购粮食时，须依前项规定手续请领内销证。凭证在产地购入粮食后须申请当地工商局所查验，将查验证明文件附贴于内销证背面。在有效期内运回销地，经原签发内销证之工商局所查验后，收回内销证，发还保证书或保证金。

五、敌伪区粮食准运入本区境内保存，但须向县区政府举行登记，其粮食所有人如欲运回食用时，经登记该项粮食之县区政府，出具证明书，仍准运出。

六、一县之内何乡为封锁乡，由各该县政府会同各该县工商局按照敌情变化，随时规定公布之。

七、封锁乡暨对我政权完粮纳税之敌伪区接敌区，可由各该县工商局会同县或区政府，根据各该乡区人口及粮食产量估计缺粮数量，准各该乡区人民在该数量以内，凭各该区乡之乡长证明文件运销之。

八、本区粮食不经特许，一律禁止出口。特定产粮过剩地区，特许条件，由当时具体情况规定之，特许出口之粮食，依进出口土产管理办法办理之。

九、违反第四条甲乙两项规定之粮食，没收其百分之三十，违反同条丙项及第五条规定之粮食，除全部没收外，并科以粮价一倍至五十倍之罚金，检举人奖金为没收及罚金之三成。

十、违反第八条规定之处分，依盐阜区出口土产管理办法办理之。

十一、凡违反第四条第五条之偷运行为，各级政府地方武装民众团体，均有协助查禁之义务，惟不得自行处理，必须送由工商局所处理之。

十二、本办法自公布之日起施行。并得随时以命令修改之。

选自《华中抗日根据地财政经济史料选编》第三卷，档案出版社1986年版，第349～350页。江苏省财政厅、江苏省档案馆、财政经济史编写组合编。原注："1944年按《盐阜区财经法令汇编》刊印"。

37. 盐阜区工商管理局进出口货物税征收章程

1944年

第一章　总　则

第一条　为加强对敌经济斗争，实施进出口货物管理，并征收进出口货物税特订定本章程。

第二条　进出口货物之管理及进出口货物税之征收，由设在各地点之工商管理局所遵照本章程办理之。

第三条　凡经营进出口货物及内地运销之商人，均须遵照本章程缴税。

第四条　凡我［非］必须之货物及有害根据地之毒品，不得输进，对敌有利之土产禁止输出，其物品种类另以命令规定之。

第五条　工商局所对于进出口货物税，须一律遵照本局颁定之税率表征收之，各县不得自行规定或修改，如该地有特殊情形而必要变更税率者须事先呈准。

第二章　土产内销管理

第六条　凡根据地土产及禁止资敌物品，在本区内运销者，概不征收（特殊者例外），惟在运销时必须履行下列手续。

甲、甲地商贩搬运土产至乙地销售者，必须向甲地工商局所取保填具保证书，载明货物名称、数量、运销地点或缴纳相等货价之保证金，方得领取土产内销通行证。运销之沿途，必须经过规定地点，并须受各该地点之工商局所之查验，并在内销证上加戳证明。运至讫戳后，须在有效期内经乙地管理机关加戳证明方得换回保单或保证金。

乙、甲地向乙地采购土产或搬运土产向乙地出售者，如乙地缺货或滞销可向当地工商局所申请批转他地购买或运销并得酌量展期。

丙、甲地商人至乙地运销或采购货物如为商情关系中途出口者，仍须照甲条手续办理另行在出口地点管理机关办理出口运销或采购手续。

第三章　进出口货物征税

第七条　工商管理局所征收进出口货物税一律填给收税证，该证由本局统一制发（如有特殊情形例外）。

第八条　为便于商人分批销售货物，凡税票在有效期内准予换发分运证（分运证办法另订之）运销之。

第九条　为防止偷税或重征起见，收税机关得在货物上粘贴印花或加盖查验戳。

第十条　凡敌伪区进口之货物，均须事先呈报当地征收机关查明缴税后方得起货。

第十一条　为严密管理分运防止流弊起见，凡市镇所存之货物，得有免费举行登记。

第十二条　税票或分运证填给有效日期之根据依照如下之规定：

甲、民船三十里小车四十里肩挑六十里填给一日，脚踏车每百里填给一日。

乙、赶鲜猪每二十里填给一日。

丙、以上之规定如不足一日规定仍填给一日，如为天时关系或特殊情形而有效日期不足者，得申请展期。

第十三条　商人运销货物凡持有税票分运证或土产内销证者，在本章程实施区内不分县界一律准予通行，沿途军政机关均须加以保护不得借故留难或有勒索等情。

第四章　惩　奖

第十四条　商人贩运货物未经查验纳税私自起运或绕越税所偷税或一票两用者，一经查（察）觉除勒令遵章投税外，并得按其应缴税额以一倍至二十倍之罚金。

第十五条　违反本章程第四条规定者，按进出口贸易管理办法第十条办理之。

第十六条　违反第六条之规定者，除补税依照进出口贸易管理办法外，并按情节轻重科以税额一倍至二十倍之罚金。

第十七条　违反本章第十条之规定者，得按照第十六条处罚之。

第十八条　经检举所处之罚款，检举人得享有该罚款百分之三十奖金。

第十九条　违反本章第七、十三条者，经商人报告或经团体人民检举查明属实者，按情节轻重惩处之。

第二十条　本章程由盐阜区行政公署公布施行，修改亦同。

选自《华中抗日根据地财政经济史料选编》第三卷，档案出版社1986年版，第366～368页。江苏省财政厅、江苏省档案馆、财政经济史编写组合编。原注："按1944年《盐阜区财经法令汇编》刊印"。

38. 淮海区行政公署布告
——关于各种抗币流通范围的规定①

1944 年 11 月 10 日

盐阜银行请求核准该行发行各种抗票之流通范围，特核准公布之。

甲、下列两种抗票与规定法币现价作一与二十之比者，仅准在淮海区流通，不得携入盐阜区。

（一）在淮海区发行之一圆（元）改作五元抗票，即每张（五元）合规定法币现价口百元的一种。

（二）在淮海区发行之改制淮海地方银行版作盐阜银行五角抗票并规定法币现价十元的一种。

乙、下列三种抗票与规定法币现价作一与十之比者，仅准在盐阜区流通，不得携入淮海区。

（一）在盐阜区发行之江淮银行盐阜版口元改作伍元抗票：即每张合规定法币现价五十元的一种。

（二）在盐阜区发行之两元抗票，在反面均系土灰色，正两傍有“作两元”红字，正中为抗战纪念塔图案，背面为长形花纹，每张合规定法币现价二十元的一种。

（三）在盐阜区发行之一元抗票，系用土纸印制，正反两面均为蓝色，正左方有工农商学兵人形图案，背面为菱形花纹每张合规定法币现价十元的一种。

丙、在淮海盐阜两地区同时发行之十元抗票，每元合规定法币现价五十元，即每张合规定法币现价五百元的一种，得在淮海盐阜两地区互相流通。特此布告周知

此布

主　任　李一氓
副主任　陈月斋

选自《华中抗日根据地财政经济史料选编》第三卷，档案出版社 1986 年版，第 255～256 页。江苏省财政厅、江苏省档案馆、财政经济史编写组合编。原注：“按 1944 年 11 月 10 日《淮海报》刊印”。

39. 苏中一专署关于执行新的粮食管理办法的指示

1944 年 11 月 10 日

最近本署颁布了新的粮食管理办法，粮食管理工作不仅是繁荣根据地，保护群众利

① 原注：副标题为编者所加。

益，而且是争取物资、准备反攻的重要工作，是今冬明春整个财经工作的中心工作，是今冬明春政权工作的第二位工作。关于这个工作的一般原则和具体执行，本书特根据分区贸易会议讨论各项问题，作如下指示：

一、总的方针和任务

粮食斗争是整个对敌经济斗争的一个有机部分，由于一分区是全苏中产粮最丰富的地区，更具有重大的意义，总的方针和任务是：开展对敌粮食斗争，限制粮食出口，排斥伪币，争取主动夺取物资，并打击敌伪的粮食压价政策、减少剪刀剥削，繁荣根据地商业，扫除发展生产的障碍，改善人民生活，巩固根据地，准备反攻。在执行中必须很好把握。

二、组织执行

新的粮食管理工作是一个艰巨复杂的工作，必须从三方面来准备，才能顺利的进行：

（一）必须从思想上认识，新的粮食管理工作是一个严重的斗争任务，敌伪封锁，我们就要反封锁，敌伪掠夺收买，我们就要反掠夺反收买，敌伪压低粮价，我们就要提高粮价，而不是普通的管理工作。其次，必须认识，这是一个党政军民的群众运动，是一种艰巨的复杂的斗争，而不是少数人的“苦干”。不要要求过高，认为一下子就可搞好，但也不要失去信心，束手无策。又其次，必须把握新的粮食管理办法的特点：第一，粮食是限制甚至于禁止出口的，实行统一出口，需要多少物资，出口多少粮食，不需要就不出口。第二，是对外的严格管理，带有“统制”性的管理，但对内还是自由运销的。第三，主要的依靠群众，依靠公营商店和合作社的营业系统，这个系统正是收买粮食推销日用品的动脉。最后，必须从上到下，从干部到群众，各式各样的进行深入广泛的宣传动员，提高群众特别是商人对粮食斗争的认识程度，这是四。

（二）必须从机构上加强，调整和配备。第一，依照最近颁布的公营商店组织办法，尽可能配备熟悉商情但又可靠的干部到利民公司去，特别是利民公司的粮食部门。第二，组织基点合作社，建立粮食收买网，没有合作社的地区，通过农抗会建立收粮小组，或者建立可靠的商人关系（收粮小组最好由利民公司直接领导）。第三，在利民公司和合作社中间，必须建立一个中间机构，合作社发达的区，建立联合社，否则依照自然地理条件建立利民公司办事处。第四，区贸易管理所必须加强对于合作社的领导，为了工作需要，各区可以专设一个合作社指导员，同时贸易管理所干部必须来一次调整，以便加强对于贸易管理分所的领导。干部除动员新的成分加以训练外，应转移一批粮赋干部，特别是粮赋办事员到贸易工作部门来。第五，重新布置贸易管理分所，主要的采取面的控制，但要照顾到点线，一方面加强封锁边区，一方面和合作社基点密切结合。第六，尽可能控制交通运输，并发动人民建立各种运输组织，如运输队运输小组等等。

（三）必须从物资上和资金上准备；利民公司收买粮食必须掌握一批物资和一批资金。在物资方面，经过批准后，可以用粮食到二分区去换棉盐，或以收进的大批伪币到据点去换布匹等等。在资金方面，除原有利民公司资金外，还有两个来源：第一，由江淮银行拨付（数目须由支行决定），第二，经过批准后发行代价券或本票，如果资金周转得快，无异于增加了资金，这要很好研究，收买粮食主要应以货物收买，抗币法币直接收买亦可，伪币一定要变为物资，但必要时可到边区以商人面目收粮。

三、执行重点

新的粮食管理工作既是一个艰巨复杂的工作，实行起来就要抓住中心，基点合作社，团结和运用商人，缉私——这是实行新的粮食管理办法三大关键。

（一）基点合作社

所谓基点合作社就是依市镇，或者可以培养为集散市场的地点而建立，他（它）包括三四个乡的范围，成为这个范围内人民运销农产品交换工业品的中心，组织合作社必须注意，甲、确立基本群众优势，一定要掌握在基本群众手里。乙、取消理监事平衡制度，贯彻民主集中制的组织原则（附发合作社组织法草案）。丙、为了管理粮食，在目前，以运销消费为主，与利民公司物资的流通发生密切关系，但又必须向生产——综合性合作社的方向发展。丁和贸易管理分所区，商业基点区结合。

在乡选进行中，提出组织合作社的一般号召，并配备一个优秀干练的财经委员，以便在乡选结束进入巩固阶段后，立即以组织合作社或扩大巩固基点合作社为巩固工作的重要内容之一，这就是组织合作社和乡选工作的结合。

（二）团结和运用商人

新的粮食管理办法实行以后，对不同的商人，一定要采取不同的态度，专门钻空子，忠实替敌伪收粮的商人，可以打击，但打击后也要争取，在合作社有基础的地方，可不支持粮食牙行，不发粮行牙照，但一般的地区，粮行可继续发一季牙照，对牙行，尽可能逐渐转变他们做其他生意，忠实可靠的，争取到合作社做技术工作，有一些资本并能吸收粮食换回物资的商人，要很好争取与团结，这是团结商人的关键，做据点生意也做根据地生意的商人，只要不违犯政府规定，可与之建立经济关系，或者争取到根据地营业。总之，奸商要打击，忠实商人以及能够为我服务的商人要帮助照顾，据点大商人关系应主动的去建立在对敌粮食斗争中，能够为我服务的商人都要争取、联络，这是团结和运用商人的原则，但一般的说，油滑是商人的特点，在运用中，必须独立自主，有主见，有分寸。

（三）缉私

要禁止或限制粮食出口，缉私是很重要的，要加强贸易管理分所的控制。今后税员主要工作是缉私，但主要的要发动群众缉私，特别是民兵游击队的武装缉私，这就要很好解决奖金的分配问题（附发提成充奖办法），在目前，武装缉私必须和民兵整训工作结合，特别是划分封锁区域，不仅要根据敌情变化很好地划分，而且要很好地传达到民兵游击队以及一般群众中去，保证内部运销办法的正确执行。

四、执行办法和应注意的几个问题

（一）宝应县自十一月份，江高二县自十二月份起开始实行全面管理，至少应管理籼稻，未实行以前，是组织执行时期，也就是准备时期。第一，除开在干部中，群众中进行深入的宣传动员外，必须：甲、调整贸易管理所，重新布置贸易管理分所。乙、加强并充实利民公司，组织基点合作社，每区组织二、三个，在准备时期内，要完成三分之二，并布置粮食收买网。第二，充分准备物资，如盐棉布匹等，盐棉到二分区去运，十月半以前各县各运一批，十月底以前运第二批。布匹数目各县自定。第三，资金主要的由分区及苏中负责解决，但江高二县仍应继续发行代价券。

（二）实行粮食管理后，利民公司百分之七十以上粮食必须通过合作社来收，应供给合作社一批资金，收多少粮给多少资金，给多少资金交多少粮，是代收买性质，为给物资亦应折价，收粮资金不要与批贷及贷款混合。合作社收粮可以给予一定数量的手续费（一般的要低于行佣），但要注意：甲、防止合作社向粮食牙行的方向发展。收粮只是合作社的附属工作。乙、尽先收买基本群众的粮食。丙、供给合作社收粮资金时，必须订立契约关系，收买的粮食不能转卖，并要注意保管。没有合作社的地方，可通过农抗会等组织收粮小组，因是过渡办法，要多多帮助，以便进一步发动组织合作社。丁、收粮价格问题（另文介绍分区利民公司经验）。

（三）收买的粮食可以出口换回物资，也可以运到根据地其他地区调剂，出口可通过商人去做，出口方式，根据先拿货来，才许换购稻子出口的原则，有下列几种：

第一，商人先拿货物到利民公司换稻出口，但不是有货必换，而是根据地需要的或我指定的必需品（特别是军工生产材料，电气材料，白报纸，西药布匹等）才许换稻（这是争夺物资的关键），只有在特殊的情形下，可准粮食先行出口，换回货物，方式是利民公司将粮食售给合作社（或联合社）或有□□的商人出口，换回货物交给利民公司。

第二，如商人自己有粮食（没有货物）则需将粮食售给利民公司，利民公司给与伪币，并责成商人换回货物卖交利民公司再换粮出口，如此类推。

以上各种方式各县可酌量情形运用，此外，还有一个办法，就是：各县利民公司里至少要掌握六七个干部，专做粮食出口工作，以免商人愚弄。至于内部调剂工作，利民公司自己也要做，并尽量发动合作社与商人做调剂工作。

（四）收买粮食的保管要注意：甲、在有些地区建立保管站，保管数量可以集中一些，以便大批给商人提取，能迅速便利商人提粮，商人是高兴的，站上设立专门人员负责管理检查。乙、一般的可分散在基点合作社的附近分户保管，可委托合作社负责，保管据交利民公司保存，同时严防合作社的空头保管。丙、收买粮食不得与公粮混合，其提取不适用粮证制度，应凭利民公司保管单据或提付凭单。

（五）换回物资首先应先供给各机关部队的需要，货物价格是按采购地点市价加上运费和蚀耗，不另加成。其次，尽量批发给合作社，批发价格应按当地一般批发价格酌量减低（关于粮价货价问题另有指示），如果货多也可以批给中小商人，价格比批发给合作社的稍微提高，但亦应比当地其他商店批发价格稍低。

（六）实行全面管理以后，□□范围内反复进行，因为这是一个艰巨的工作，没有经常的说服教育，是很难进行的。

五、反伪币斗争

粮食管理只是堵止未流入将要流入的伪币，反伪币斗争则是排斥已流入的伪币，必须双管齐下，反伪币斗争的方针是：大量发行抗币，以法币为辅币，从北到南，从中心区到边区，从内到外，从新版到旧版，从五百元一百元到十元五元，逐渐地分期地将伪币排斥出去，以便达到查禁伪币，停用法币，以抗币为根据地本位币的目的。宝应县决定自十一月十五日起，江高二县尽量做到自十二月份或一月份起，开始公开提出号召，人民抛出伪币，禁用百元以上伪币，事先应深入动员，并有一个时期给人民抛出伪币，换回物资，各县可根据贸易会议决定，拟定计划，呈准施行（反伪币斗争另有指示）。

以上各点，希即讨论部署，并将实行情形随时具报。

选自《华中抗日根据地财政经济史料选编》第三卷，档案出版社1986年版，第418～423页。江苏省财政厅、江苏省档案馆、财政经济史编写组合编。

40. 浙东敌后临时行政委员会三十三年公粮田赋合并征收办法

1944年

第一章　总　则

第一条　本办法依据本会施政纲领抗战公约之规定，参照具体环境人民经济状况，及坚持浙东敌后抗战之实际需要而订定，所有三十三年份公粮田赋之征收，悉依本办法办理之。

第二条　公粮田赋之征收，一年一度，一次征足。

第三条　自本办法颁布后，田赋改征实物（谷）与公粮合并征收，但本年已先此开征之地区，得仍继续其原办法办理之。如改征实物，应呈报本会核准施行之。

第四条　自本办法颁布后，所有人民以前欠缴前三北游击司令部经济委员会之抗卫军粮抗卫经费，一律仍依照原办法办理结束。

第五条　公粮田赋以征收食谷为原则，非种稻或部分特殊地区无谷可征或不便征谷者，得以现款（简称代金）或指定之其他农作物折合征收之。

第六条　公粮之征收，以田地为对象，工商业及经营或投资工商业之殷富人民，除其所有之田地，按照本办法规定缴纳公粮外，其工商业部分应酌量负担抗卫经费，其办法另订之。

第七条　凡我基本地区之人民，均应依照本办法之规定缴纳公粮田赋。其有慷慨输难自愿额外捐助者，其全部捐款数移充地方事业经费。

第八条　凡我同胞寄身沦陷地区，处于敌寇奴役煎迫之下，其抗战爱国之热忱，不亚于我基本地区之人民，而愿贡献其力量争取最后胜利，以求解放，自动慨捐抗战经费者，不受本办法之限制，并严守秘密，以保障其安全，于适当时期表扬之。

第九条　大后方同胞如有顾念敌后抗战之艰苦，自动捐输粮饷经费者，依照前条办法。

第十条　本会征收之公粮田赋，除田赋部分悉数拨充军事费用外，公粮部分包括下列三项：

1. 军事公粮；
2. 行政公粮；
3. 乡镇公粮（乡镇行政及文化教育等各种事业经费）。

军事公粮行政公粮之征收，由本会划一办理，乡镇公粮之征收，按照各县区实际情况，另行订定征收办法征收之。

第二章　征收标准及征额

第十一条　征收公粮田赋之标准及征额，按照土地之性质，分为下列四种：

1. 甲田（平原水田）每亩征收谷二十七斤。划分如下：

①军事公粮十六斤；

②行政公粮七斤；

③田赋四斤。

2. 乙田（山田）每亩征收谷十七斤。划分如下：

①军事公粮十斤；

②行政公粮四斤；

③田赋三斤。

3. 甲地（包括上等地及地改田）每亩征收谷十三斤，划分如下：

①军事公粮八斤；

②行政公粮三斤；

③田赋二斤。

4. 乙地（次等地）每亩征收谷七斤。划分如下：

①军事公粮四斤；

②行政公粮二斤；

③田赋一斤。

第十二条　公粮田赋之征收，以纯净干燥之上砻谷为标准，羼杂潮湿之不合标准者，拒绝收受。

第十三条　本章规定之征收标准及征额，不得任意变动，如有特殊情形，必须呈准本会后，酌量办理。

第三章　分担率

第十四条　公粮田赋之负担，除田赋部分由业主完全负担外，公粮部分依照下列规定分担之。

1. 自耕农（自有田地自行耕种者）独自全部负担。

2. 租佃之田（甲田乙田）由业主及佃户平均各半负担。

3. 租佃之地：甲地由业主负担三斤半，佃户负担七斤半，乙地由佃户独自全部负担。①

第十五条　凡田地有大小业之分者，公粮之负担，由大业业主、小业业主及佃户三方平均负担各三分之一，大业小业属诸同一业主者（该业主收双重租谷者）应负担三分之二，佃户负担三分之一（部分地区有大业业主负担四分之二，小业业主及佃户各负担四分之一，大业小业属诸同一业主者（该业主收双重租谷者），应负担四分之三，佃户负担四分之一）。如再有其他特殊情形者，得临时规定之。

第四章　征收手续

第十六条　公粮田赋一律向田地耕种人征收之，其应由业佃分担者，业主应行负担之

---

① 原注：另一复制件关于乙地负担的规定是，“乙地由业主负担二斤半，佃户负担六斤半。”

田赋及公粮部分均由佃户代为交纳。凭本会之征收收据，于业主应得之租谷项下扣还之，佃户不得托词推诿，抗不代交，业主亦不得有所异议。

第十七条　公粮田赋之征收，以本会统一印发各县办事处盖印之收据为唯一凭证。其他任何机关之任何收据均不作为凭，其具体手续可由各县区按照实际情形规定之。

第十八条　公粮之转移及支领，非有本会所发之粮票或区署以上政府机关之正式文件，不得支付，其详细办法，另行规定。

第五章　减　免

第十九条　凡参加新四军主力部队及其他抗日正规军队，有各该部队正式文件证明者，每出征军人一员免征其家属公粮五亩。

第二十条　凡参加本地区地方军队（脱离生产者），有该军队之正式文件证明者，或参加其他抗日军队不能取得该军队之正式证明文件，而有地方证明者，每出征军人一员，免征其家属公粮三亩。

第二十一条　凡参加抗日军政机关工作之连级（尉官）区级（委任）以上人员，有各该机关正式文件证明者，每员应免征其家属公粮三亩。

第二十二条　前三条所称之家属，系指其配偶及直系血亲而言，所免公粮如系租佃者，限于其本身应行负担之部分。

第二十三条　凡鳏寡孤独及贫苦人民，出租、自耕、或租佃田地在三亩以下，无力交纳公粮，经申请调查属实，而由区级以上政府批准者，得酌予减免，但限于其本身应行缴纳之公粮部分。

第二十四条　凡因灾害荒歉由地方评议免租之田地，经区署勘实者，免征其公粮，但无故荒芜者，仍予照征。

第六章　蚀　耗

第二十五条　为保证存谷之绝对干燥，依据保管时间之久暂，复晒经过之情形，得由区署酌准报销蚀耗（征收代金者，不在此例），但其蚀耗率以百分之五为最高限度。

第二十六条　负责保管者，应将公粮存放于高燥严密之处，如有潮湿霉烂，散失虫蛀或鼠雀噬食等而致发生不应有之损耗时，保管者应负赔偿责任。

第七章　奖　惩

第二十七条　征收公粮田赋之工作人员，能各照规定办法，认真积极廉洁忠诚，依期完成任务者，得提取征起额百分之五充奖。

分配如下：

甲、负责一乡之征收人员得征起额百分之一·五。

乙、负责一保之征收人员得征起额百分之一·五。

丙、负责一甲之征收人员得征起额百分之二。

第二十八条　凡征收工作人员在工作中著有特殊成绩者，除前条规定之奖励外，另予特殊之褒奖。

第二十九条　征收人员如有徇私舞弊情事，或故意怠懈，未能依期完成任务者，视其劣绩之轻重，分别予以警告、扣奖、惩办之处分。

第三十条　人民对于公粮、田赋，应按其实际田亩数报缴，如有匿报短缴，一经查觉，除应责其补交外，并得视情节轻重，酌予处分。凡人民由于一时蒙昧，匿报短交，在未查（察）觉前自动补报补交者，则免于处分。

第三十一条　本会征收公粮田赋全充抗战军政必需之用，其征收成绩之优劣直接影响抗战建国事业之进行，如敢蓄意破坏妨碍征缴，以破坏抗战论处。

第三十二条　如有密报或检举第三十条之匿报短交经查属实者，得将其密报部分提取罚征数百分之四十充奖，密报或检举之属于第三十一条者，亦得视情节之轻重，酌予奖励，对于密报者之姓名，严守秘密。

第八章　附　则

第三十三条　本办法如有未尽善处，得由本会命令修改之。

第三十四条　本办法自公布日施行。

选自《浙江革命历史档案选编》，浙江人民出版社 1985 年 4 月版，第 262～267 页。杭州大学历史系、浙江省档案馆合编。

41. 浙东敌后临时行政委员会补报田亩补缴公粮暂行办法

1944 年

一、本会为保证浙东敌后各抗日部队机关粮饷之供给，继续完成前三北游击司令部三十二年度之征粮工作，特订定本办法。

二、凡前三北游击司令部应行征收之公粮，而由于人民一时蒙昧，隐瞒短报或其他原因，致未征缴足额者，均在补报补缴之列。

三、凡田亩有隐瞒短报者，应由田地之耕种者（佃户或自耕农）负责补报。

四、短报部分公粮之补缴，视其短报之事实，而定其负担之责任，如业主应交部分，已有佃户如数扣除，短报亩数，出于佃户独自主张者，补交之公粮，应由佃户独自负担。如短报亩数，出于业佃双方共同主张，而自（致）漏交之公粮，由佃业两方共同分肥者，则补交之责任，应由业佃二方共同负担。其因短报漏交而致受罚或惩办时，其责任之分担，依此例推。

五、凡本地区公民，对于短报田亩漏交公粮者，均有向政府检举告发之权利与义务，业主对于佃户之短报漏交者，并有督促其向政府补报补交之责任（奖励检举办法见十一条）。

六、补交之数量，仍以各地区原定之征收率为标准。

七、补交之公粮，仍以交纳实物为原则。其由于实际条件所限制，实物征交困难者，亦得补交代金。折算代金之价格，得由各该地区之区署参照当时当地之一般市价规定，但须呈报主管上级政府核备之。

八、补交之时间，分为二期，每十天为一期，其起迄日期，得由各地区署视具体情形按乡各别规定，以命令行之。

九、补报补交及保管办理与手续，除本办法或命令别有规定，应依本办法或命令办理外，一律按照前三北游击司令部所颁之“抗卫军粮及抗卫经费并征暂行条例”（简称征粮条例）办理。

十、凡短报田亩在第一期自动补报者，一律免予处罚（仍按照原定之征收率补征之），逾第一期而在第二期中自动补报者，按照征粮条例第九章第三十六条第三十八条（抄录于后）之规定，减半处罚之。

逾第二期而尚未补报者，以后无论为自动报告，或被举发查（察）觉，一律按照条例之规定十足处罚。并得视其短报亩数之多寡，情节之轻重，加以惩办。

十一、人民对于隐瞒短报情事向政府检举告发者，给予奖励，奖励办法，依照征粮条例第九章第三十九条（抄录于后）之规定办理。

十二、本办法自公布日起施行，如有未尽事宜，得由本会以命令修改之。

附录征粮条例：

第三十六条

人民对于抗卫军粮及抗卫经费之缴纳应按其实际田地亩数忠实报缴，如有瞒蔽短报，企图漏交者，一经查（察）觉，除补交其短报部分应缴之数外，视其短报之多少，加一倍至五倍罚征之。

一、短报亩数在一亩以上十亩以下者，罚征一倍。

二、短报亩数在十亩以上三十亩以下者，罚征二倍。

三、短报亩数在三十亩以上六十亩以下者，罚征三倍。

四、短报亩数在六十亩以上者，罚征五倍。

第三十八条

公务人员（包括乡镇保甲人员在内）将其田亩短报者，按第三十六条规定之罚则，加倍罚征之，其于查（察）觉前声（申）请补交者，适用第三十七条之规定。

第三十九条

如有公粮检举告发第三十六条及第三十八条之情弊经稽查属实者，无论为个人或团体得给以其举发短报部分应罚数百分之四十，以示奖励，密报或举发之属于第三十五条者，得视其情节之轻重，酌予奖励。对于密报者之姓名，应严守秘密，非经本人之同意，不得对外公布。

选自《浙江革命历史档案选编》，浙江人民出版社1985年4月版，第268～270页。杭州大学历史系、浙江省档案馆合编。

42. 浙东行政公署战时进出口货物税征收暂行办法

1945年1月

第一章　总　则

第一条　为严密战时货物管制，加强对敌经济斗争，维护根据地农工商业，及抵补战时税收损失起见，特于接近敌区，交通要道设立税卡，依照本办法实施货物检查，征收进出口货物税。

第二条　凡非本区日用必须物品限制进口，其有害于社会经济或人民卫生者禁运进口，凡为民生所必需或有关军用不准资敌者禁运出口，社会必需品为根据地所欠缺者免税或轻税奖励进口，对于禁运进出口货物（详见税率表），如有偷运者查出没收之，并视情节轻重依法惩处。

没收办法另订之。

第三条　凡规定征收产销税之货物（包括原料）概照产销税办法办理，不适用本办法。

第四条　税卡遵照本署令颁之税率表征收进出口货物税，计算税款应绝对正确，所有征收或检查手续应力求简捷便利商运。各地区如有特殊情形需要变更税率或征收手续者，得向县政府县办事处或税卡负责人员，条陈意见报由本署改订之。在未报准改订以前，不得擅行变更税收，违者以渎职论处。

第五条　税卡征收进出口货物税应按货物种类填给税票，此项税票由本署统一印发，其领用手续另订之。

税票分两联：其第一联为收据，于税款缴清后即交运货商贩收执。其第二联为"缴复"于每本税票用罄后缴由县政府汇送本署备复。

税卡人员应将税票内各栏逐一填载清楚，加盖私章不得草率，并应在已税货物上逐件加盖验讫戳记，以杜流弊。

前项查验戳记由本署签发，加盖时不得损坏商货。

第六条　进出口货运商贩持有前条规定之税票或依照其他规定发给之票证尚在有效其（期）间者，在本署管辖区域内不分县界一律通行，不另重征，沿途驻军或各级政府机关，均应妥予保护，不得藉故留难或额外需索，违者严惩。

各处税卡对于持有前项税票者，检查对照无讹后将票左上角裁下放行，其裁下之票角汇缴本署以备抽查。

第七条　税卡填发税票注明有效日期，其标准如后：

甲、陆运：按每五十里填给一天。

乙、水运：民船按每四十里填给一天。轮船依照其航线到达日期填给之，前项里程不足一日者概以一日计。

税票有效日期最长以三天为限，如中途因天时阻滞或有其他特殊情形不能如期到达者，得向当地税卡或区署声请展期。

第八条　商人陆续收购已税货物集中趸运为避免沿途重征，应于原税票有效日期报请当地税卡查验登记。

税卡对于前项声请应将其税票号数、税额、限期、起讫地点及运商姓名、住址等项登记后，仍将其原税票包封加章交原商保存，俟起运时根据其所有已经登记之封存税票面拆并即填给起运证。其原税票一并收回粘附于"起运证缴复联"转报备查。

前项原税票包封如发现有私行启封情形，视为一票两用不予填发起运证。

第九条　运商无论零运、趸运，如中途增加货物并运者，须就地补报缴税。

第十条　凡由邮局运进境内之货物，提货商人应向当地或附近税卡报请检查照章缴税后始得提取，邮局亦应负通知税卡检查之责任，如有特殊情形得予免税者，邮局应事前请领免税证。

第十一条　凡已税货物待时批售分装转运者，运商应在原税票有效期间报请附近税卡查明封存，并收回原税票后发给分运许可证，俟出售起运时凭原发许可证连同出售发票或货单报请原税卡填发分运证。

分运许可证及分运证式样、填发手续另行规定。

第十二条　凡规定征收产销税货物得免税采购原料，惟运商应先具切结开明采购货名数量及采购地区，向当地区署请领免税采购证，凭证采购起运并领有采购地区之商会或乡镇公所出具证明，沿途税卡查验放行，其运程最终之税卡并应将其免税购进之原料逐次登记以备计算产销税之参考。

第十三条　禁运资敌货物如照章得免税转运内销者，应向当地县政府请领内销凭证后，始得予以免税运销。

第十四条　凡有下列情形之一意图偷运漏税者，除责令照章补税外，并处以应缴税款一倍以上十倍以下之罚金，其情节重大者另行依法惩处。

1. 故意绕道显系避税者。

2. 日间未经报税取票，夜间起运货物者。

3. 违反规定报税起运及并运分运各项手续藉以蒙混者。

4. 以多报少者（就其短报部分补税处罚）。

5. 临时化整为零意图避税者。

6. 伪装隐瞒者。

7. 依托武装私运者。

前项处罚事件依照情节轻重分别处理手续如下：

1. 案情简单应处罚金在万元以下者得由税卡处罚后转报。

2. 应处罚金在万元以上至三万元以下者送区署办理转报。

3. 案情比较繁重，应处罚金在三万元以上至五万［元］以下者，转送县级办理。

4. 案情重大者送专署办理。

5. 有特殊情节非仅普通逃税性质者送本署办理。县级及专署应将各级办理之处罚事件按月造表汇报本署。

罚金收据用三联式由本署统一印发使用。

罚金收入提出百分之三十至百分之四十充赏查报有关人员。其分配办法另订之。

第十五条　税卡人员办理检查收税及各项填发票证手续，如有故意留难藉端勒索、浮收中饱及徇情私放等情事经查明属实者，依法从重惩处。

第十六条　本办法由本署委员会通过公布施行。

选自《浙江革命历史档案选编》，浙江人民出版社1985年4月版，第467～470页。杭州大学历史系、浙江省档案馆合编。

43. 淮北苏皖边区第一行政区征收契税暂行办法

1945年3月

一、凡本行政区境内之不动产产权转移，均须依照本办法投契纳税方取得合法之保障。

二、征收契税，由各县县政府办理之。

三、官契纸分典契与卖契两种：

（一）卖契　凡杜绝、找绝、赠与（包括赘书嗣书等）及地面权之转让贸换等契约，以及敌逆产之放领，司法机关发给之转移证书等属之。

（二）典契　凡活卖典押等契约属之。

四、契税税率：

（一）卖契从价征收百分之六，但贸换契估价征收百分之三。

（二）典契从价征收百分之三。

五、为防止短报契价及照顾币制折算困难，各县可按照各地区不动产之价格分等估定最低时值价格作为标准。除荒地及新垦土地外其契价不足规定标准者，照规定标准征收之。

此项时值估价标准，由各县按季订定公告之。

六、先典后卖之契约仍属原承典人，如已缴纳典契税者，按卖契应征税额减半征收之。

七、凡三十五年一月份以前成立之契约，限于三十五年五月份以前投税；三十五年一月份以后成立之契约，自立契之日起于六个月内投税。如逾期仍未投税者，除照章征税外，并科以下列之罚金：

（一）逾期未满一个月者，照应纳税额加征滞纳罚金百分之五。

（二）逾期未满两个月者，照应纳税额加征滞纳罚金百分之十五。

（三）逾期未满三个月者，照应纳税额加征滞纳罚金百分之二十五。

（四）逾期三个月以上而无特殊困难者，视情节之轻重处以应纳税额百分之三十至一倍之罚金。

上项罚金以三成提作公积金，七成解库。如系因人告发而收纳者，得以提奖部份（分）百分之三十奖励检举人。

八、凡已成立之契约，非因特殊困难逾期六个月未纳税，因而发生诉讼者该契约在法律上无凭证之效力。

九、凡三十五年五月份以后成立之契约，应直接用官契纸书写，此项官契纸由各乡镇政府代售，每张售价华中币五元。

十、成立契约时承业（典）人应向不动产座（坐）落地区之乡镇政府申请登记，于契约上加盖图记，投税时应呈验该不动产原业主最近一季之粮赋串以资证明。

十一、各县办理推收概不收任何手续费及其他额外附加。

十二、承业（典）人应直接向各县县政府投税，路途遥远者可请由区政府代税，发给临时收据，于指定日期凭收据领取印契。

十三、凡已税未税之契约，如发现有涂改挖补伪造等情事，除将该契约吊销作废外，并得依伪造或变造罪处罚之。

十四、凡土地已清丈之地区，以清丈之亩分为标准，未清丈之地区得暂时根据旧有亩分计算之。

十五、政府与法定团体或政府与法定团体之个人为不动产之承业（典）人者，一律照章纳税。

十六、遗失之契约，得填具申请书，详细注明契价、出卖或出典人、中证人、代笔人姓名，及不动产座（坐）落地点、四至、立契年月并由乡镇政府及邻居之证明，呈报县政府经查明属实，照章补契纳税。

十七、自本办法公布后，前苏中第三、四行政区以及各县所颁布之契约章程，一律作废。

十八、各县县政府得依据本办法另订实施细则，公布施行。

十九、本办法由本署呈请苏皖边区政府备案，自公布之日起实行。如有修正以命令行之。

选自《华中抗日根据地财政经济史料选编》第四卷，档案出版社 1986 年版，第 205～207 页。

44. 浙东行政区抗币条例

1945 年 4 月 1 日

浙东行政公署令

财字第拾伍号

民国三十四年四月一日

兹制定浙东行政区抗币条例公布之，此令。

主　任　连柏生

副主任　吴山民

浙东行政区抗币条例

第一条　为加强对敌经济斗争、发展农工商业、稳定金融、平准物价、奠定根据地经济基础、积极准备反攻，特根据浙东各界临时代表会决议案，发行抗币，以为本行政区之本位货币。所有发行事宜悉依本条例办理之。

第二条　抗币以圆为单位，分下列四种发行之：

一、壹圆币；

二、伍圆币；

三、拾圆币；

四、伍拾圆币。

第三条　所有发行抗币事宜，责成浙东银行经理之。

第四条　抗币发行数额，由浙东银行董事会根据社会需要，拟定计划呈准实施之。

第五条　浙东银行应始终维持“抗币壹圆币值”接近于食米一市斤之价值。

第六条　抗币发行基金以下列实物及保证准备充之：

一、储存金银；

二、拨存稻殳（谷）；

三、在本地区有市场价格之有价证券；

四、有确实抵押品之债券或票据。

抗币发行数额不得超过全部准备基金实际市价相等之价值。

第七条　浙东银行董事会应将抗币发行数额及其准备基金“数量”与“实价”，按月造表送浙东银行监察人会审查，并于本行政区参议会开会时提出报告。

第八条　浙东银行监察人会或本行政区参议会驻会委员会，得根据本行政区内合法成立之县级民众团体三分之一以上之请求，向浙东银行检查发行账目。

第九条　凡有伪造及其他破坏抗币行为者，依照刑法从重惩处之，其有汉奸嫌疑者，并依惩治汉奸条例办理。

第十条　本条例由浙东行政公署委员会议决公布施行，修改时亦同。

选自《浙江革命历史档案选编》，浙江人民出版社 1985 年 4 月版，第 493～494 页。杭州大学历史系、浙江省档案馆合编。原注：“原载 1945 年 4 月 6 日《新浙东报》”。

45. 浙东银行条例

1945 年 4 月 1 日

浙东行政公署令

财字第拾陆号

民国三十四年四月一日

兹制定浙东银行条例公布之，此令。

主　任　连柏生

副主任　吴山民

浙东银行条例

第一条　本行政区为调剂金融市场，发展社会经济，充实抗战力量，特设立浙东银行，依本条例所规定经营之。

第二条　浙东银行资本总额定为抗币二百万元（约相等于食米贰百万市斤之价值），由浙东行政公署分期拨充之。前项资本额拨足四分之一时，开始营业。

第三条　浙东银行总行设于行政公署所在地，并视业务上之需要在本行政区内各地设立分行、支行及办事处。前项分支行及办事处之设立，应先拟定计划呈请行政公署核准。

支行及办事处应依据业务上指挥之便利，分属各分行或直属总行。

第四条　浙东银行业务范围如下：

一、经理发行抗币；

二、经理政府金库；

三、放款及贴现；

四、存款及储蓄；

五、收买金银及有价证券；

六、汇兑；

七、兑换及代收代付；

八、信托事业；

九、保管寄存品；

十、其他政府机关委托经理事项。

各项业务经营规则另订之。

第五条　浙东银行设董事会，由浙东行政公署任命董事九人组织之，并指定董事长一人、常务董事二人，主持日常会务。

第六条　董事会之职权如左：

一、议定各项业务方针及计划；

二、议定抗币发行步骤及数额；

三、监督业务之进行；

四、计划建立分支行及办事处；

五、决定总分支行负责人选；

六、审定关于业务及人事各项章则；

七、嵇（稽）查账目及库行；

八、审核总分行预决算；

九、审定全行职员考绩事项；

十、决定其他重要行务。

第七条　董事会应于总行开始营业前，及每年度开始前编具业务进行计划，呈报行政公署核准。

第八条　总行设总经理一人，秉承董事会之指示总持行务。

设副经理及襄理各一人，协助总经理处理行务，并以次负代理之责。

第九条　总行设下列各课：

一、总务课；

二、会计课；

三、营业课；

四、发行出纳课。

视业务繁简，各课必要时得分股办事。

各课、股职掌分配，另订办事细则规定之。

第十条　分行设经理、襄理各一人，承总行总经理之指挥、监督，主持分行行务，并视业务繁简，分设二课或三课，分掌总务、会计出纳及营业等事务。

第十一条　总行总经理、副经理、襄理及分行经理、襄理，均由董事会报请行政公署核委。

第十二条　总、分行各课职员及支行办事处课员级以上职员，由总行总经理遴派之，并按月报董事会备查。

职员分级制度及任用保证手续另行规定之。

第十三条　总、分行每月各举行行务会议一次，由股长以上职员参加。

总行行务会议由总经理召集，并请董事出席指导。

分行行务会议开会时，由经理召集，并请总行派员出席指导。

第十四条　浙东银行设监察人会，由浙东参议会推选监察人二人，及行政公署委派一人共同组织之。并互推一人为首席监察人，负责召集会议及处理日常会务。

第十五条　监察人职权如下：

一、审查董事会所议定之各项业务进行计划；

二、检查银行业务进行情形，必要时并展阅簿册及查验库存。

第十六条　监察人直接向董事会提出审查意见，或提供改进行务意见。董事会或总经理如认为不能接受者应说明其理由。监察人如认为前项理由不能成立者，得报请行政公署处理之。

第十七条　监察人对于银行经营情形，除向参议会负责提出报告外，未得政府同意不得向外发表意见，并负保守业务上秘密之责任。

第十八条　浙东银行会计年度自每年七月一日起至翌年六月三十日止。每年度分二期决算，以十二月底为上期，六月底为下期及全年度总决算。决算时应编造下列书表分送董事会及监察人会查核，并由董事会转呈浙东行政公署备案。

一、发行报告书；

二、经理金库报告书；

三、一般营业报告书；

四、资产负债表；

五、损益计算表；

六、资产目录；

七、负债目录。

第十九条　本条例由浙东行政公署委员会议决公布施行。

选自《浙江革命历史档案选编》，浙江人民出版社 1985 年 4 月版，第 495～498 页。杭州大学历史系、浙江省档案馆合编。原注：“原载 1945 年 4 月 6 日《新浙东报》”。

46. 浙东行政公署通知（公布抗币兑率）①

1945 年 4 月 8 日

查“抗币条例”业经本署公布施行，并已命令浙东银行自四月十日起发行抗币。此后

① 副标题乃编者所加。

抗币为本行政区内唯一之本位币，亦即本地区之有效法偿币。特列举有关事项通告周知。

一、抗币发行以后，市场一切商品卖买均应以抗币作价。各级政府应即日责成当地商会（无商会者召集商人代表）议定标准物价表公告之。

二、抗币发行数量一俟足够全行政区市场周转时，即禁止伪票行用。在此过渡时期，其应收应付款项未及清算者得以抗币之汇兑率折合之。

三、抗币发行后之汇兑率如下表

三十四年四月十日抗币汇兑率	
抗币壹元折合	老法币伍拾元
	伪储币叁佰元

以后抗币汇兑率由浙东银行调查外埠他种通货膨胀贬值情形（伪币及老法币等）及一般金融行市随时决定公告之。

四、民间存有老法币及伪币者，得随时持向浙东银行总、分、支行、办事处及各级政府财政机关按照当日汇兑率调换抗币行用。

五、民间对于抗币制度及影响权利义务关系有不明了者，可随时以书面向政府或银行提出问题，当于新浙东报公开答复之。

主　任　连柏生

副主任　吴山民

中华民国三十四年四月八日

选自《浙江革命历史档案选编》，浙江人民出版社 1985 年 4 月版，第 507～508 页。杭州大学历史系、浙江省档案馆合编。原注：“原载 1945 年 4 月 9 日《新浙东报》”。

47. 浙东行政委员会财经处关于财政开源问题的指示

1944 年 5 月 6 日

（一）几项财政开源的办法

自行委会成立以后，军队经费划归政府统筹，加上政府本身的行政、教育和民运经费的支出，这个数字是相当庞大的。由于自卫战争的继续，敌伪的乘机蚕食，使财政收入大为锐减，造成了入不敷出的财政上的严重困难，为解决此困难，提出了财政上的开源和节流问题。关于开源方面：四月二十三日行委会行政工作会议关于财政开源问题，有一个决定，兹加以说明如下：

A. 征收田赋：

1. 为减轻人民负担，三十二年份及以前旧欠田赋一律豁免，但个别地区（如鄞西）已开征三十二年份田赋者，可将征收情形报告本处备核，并继续征收。

2. 开征三十三年份的田赋（过去征收田赋是以年度计算的，从三十二年的七月起至三十三年的六月止为三十二年度，现在提出的三十三年份是从本年的一月起至十二月止之谓），赋额暂定每亩征收官田七十五元，民田六十五元，地五十元，山荡五元。第一期一个月半，自五月二十一日起至七月五日止。

3. 征收田赋应尽可能召用旧田赋征收人员（应有地方士绅或殷户富商之保证），不可能时由乡镇公所代收。手续费暂规定10%，成绩优良者，另行酌给奖金。召用旧田赋征收人员者，每人每月并得津贴谷一百元，但以三个月为限，前二个月于每月底发给，第三个月则于征收工作完全结束时发给之。

4. 粮赋册，以用旧田赋征收人员所藏本为宜，如不可得，由各乡镇公所调查登记，另行编造之（新编造之粮赋册应注明地址及佃户姓名）。

5. 开征田赋之地区，应以原来旧县面，成立县田赋管理处，由县办主任及财经科长分兼正副主任，各区设田赋经征分所，区长及财经指导员分兼正副主任。

6. 粮串由行委会统一印发，准备开征田赋之各县田赋管理处，可预先将需用份数报知后向本处领取。

7. 粮串由县田赋管理处编号加印后，空白发经征分所转发给各征收人员，但为防止贪污起见，当纳粮人缴纳款项掣给新粮串时，应收回旧粮串（去年度以前），粘于存根上将来与存根一同缴经征分所备查。该项存根各经征分所应妥慎保管以备明年份征收田赋时之用。又粮串存根上应注明该田地址和佃户姓名，以便与征收公粮之田亩册，相互交核，检查弊端。

8. 田赋征收员向经征分所五天缴款一次，但当积满十万时，即不足五天，亦应即刻缴解。

9. 区署之收入会计，兼任经征分所之[会]计，其帐（账）目即记入区署原来之帐（账）表内，不必另立帐（账）册，解款日期，亦根据原来规定。

10. 田赋开征之前，必须先召集地方上层人士，进行解释，并张贴行委会所发布告。

B. 征收各种地方税：

I. 屠宰税：

（一）税额：暂定猪每口六百元，羊每口六十元，耕牛禁宰，莱牛经区署检查准许，照10%。税率征收。

（二）征收办法：每逢市集，区署派员直接前往，按口征收，或按月由屠户自认宰杀口数，向区署缴解屠宰税，或委托乡镇公所代收（酌予手续费）。

Ⅱ. 油坊税：

（一）税额：每车油征收二百元。

（二）征收办法：由油坊按日呈报该日打油车数，缴解税款，区署派员随时检查之，必要时亦得由油坊主自认车数照缴。

（三）菜子不收税。

Ⅲ. 牙税：

（一）税额：平均每月佣金收入约在十五万元以上者为甲等，税额每季一万元，收入约在十万元以上者十五万元以下者为乙等，税额每季五千元，收入约在五万元以上十万元以下者为丙等，税额每季二千元，收入约在一万元以上，五万元以下者为丁等，税额每季一千元，收入约在一万元以下者为戊等，税额每季三百元。

（二）征收办法：由区署举办牙人登记，估计其佣金收入额，分为五等按季征收牙税，未缴税款之牙人，应予取缔。

（三）以所给之牙税收据为凭，不另给帖。

IV. 营业税：办法另行订定。

V. 地方税：（税单格式附发）由县办缮印加盖县印并编号发给区署使用之。

C. 加紧补报补缴工作：

（一）去年秋征之田亩数，一般的匿报在三分之一以上，为数甚巨，并且补报补缴之理由提出甚为合理。根据慈西区，一个月的工作成绩，查报田七千三百亩，可知这工作是可以进行的。且其不但有补于目前之收入需要，并可增加今后年份之公粮收入，所以此工作是有其重要性。

（二）但由于农民的自私心甚重，农民还未普遍的发动起来和未有高度的民族意识。

（三）补报田亩补缴公粮之办法，前已颁发，除第八条补报和处罚之时间，各区署可根据具体情形，酌予变更外，余仍适用。

（四）补报补缴工作进行时要注意几点：

1. 动员要广泛深入——在区政会议、区行政会议、乡镇保甲长会议、保民大会上，广泛动员，务使自区负责干部起至每个保民止，皆了悉此工作之重要性，及补报补缴办法，此种动员要普及全区，不能仅限于一二个乡镇。

2. 要民运工作同志配合——在地方组织及群众团体内深入动员，要求地方同志及群众团体成员，非但要自己做模范，而且要推动别人家，在保民大会上布置几个人补报，来推动大家补报，在每个保里调查一、二个破坏补报补缴及不肯补报补缴，平时又对我们不同情的，告诉区署作为打击对象。区署开补报补缴工作会议时，要区委列席。民运工作同志召开会议时，要区长及财经指导员去报告补报补缴问题。

3. 打击个别，推动补报——要发动密报检举，执行处罚，打击个别，推动大家。

4. 要运用乡、镇、保、甲机构——由区推动乡镇，乡镇推动保，保推动甲，甲推动户，可以自上而下的带点强制性的责令限期查出短报。

5. 组织粮征工作队——因为乡镇保甲长大多对于这工作是带敷衍性的，所以除叫他们自己去做以外，各区还要抽调干部组织工作队（三人至十人）集中力量，逐乡突击，每乡工作三天至七天，督促乡、镇、保、甲长工作，密查田亩，执行处罚，并开放数天自动补报不处罚。区长和财经指导员，要亲自下乡帮助粮征工作队，工作一个乡，得出经验教育大家，以后每当工作队完毕一个乡之工作后，即应开会检查工作，总结经验教训。

6. 补报——补报告一段落后，即行补缴，除特殊情形者，可酌收代金外，余一律收实谷，由检举查得之田亩，其应缴与处罚之谷查出时即行缴公。

D. 结束征粮：

1. 各区署其有未曾与各乡、镇公所结算公粮帐（账）目者，应根据田亩数，每亩应缴公粮数，除应扣除手续费、损耗、灾荒（代金不得除损耗）等详细结算，其欠缴数由乡、镇、保、甲长掣具切结，限期结束。

2. 其欠缴之原因，应探求明白，根据原因，设法帮助乡镇保甲长按期结束。

3. 在基本地区及游击区内，最好能召开各乡镇保甲长会议，或保甲长会议来催缴，在会议上追究欠缴原因，奖励好的，惩戒不好的，如按期不能结束，其个别特别狡顽的，可以请他到区署来谈话，待其自己承认错误，保证限期缴解后，释放之。

4. 开展伪化区、顽化区征粮工作，多通过社会关系邀请乡、镇长及士绅个别谈判，限期征缴，其如数次邀请不来，或逾期不缴者，择其最顽固或伪化者扣押个别，推动其他，但既经承认错误获得保证后，即应释放。释放后，其如又不肯缴来，说服不通时，则予以押缴。对于伪化区顽化区，在决定完成数字上，可以比基本区游击区酌减些。

5. 催缴公粮，尽量采用政治上的说服手段，漫（谩）骂和恫吓等官僚作风是不可以用的。

6. 应抓紧我军事上的威信提高之有利时机，及每一空隙时机，根据具体环境与条件灵活的拟定各种办法积极进行。

7. 不能征收实谷之地区，酌收代金，代金照当地（以区为单位）平均市价征收。

E. 结束酒捐：

1. 捐额：每缸六百元，不分家酿坊酿。

2. 征收办法：

（一）区署派员直接征收。

（二）委托乡镇公所代收（酌予手续费）。

（三）招商承包（边区乡可以通过社会关系包给当地有力分子）。

3. 酿酒时机将过，应设法尽速结束。

4. 未开征酒捐之地区或乡镇，应尽速设法补收。

F. 加强缉私：

1. 增设固定税卡及流动卡。

2. 商请部队协同缉私。

3. 发动民众缉私。

G. 控制沿海税务：

1. 责成三北沿海税务所与海大配合，开展海上税收工作，加强沿海税卡。

2. 夺取敌人海运物资。

H. 控制航运：

1. 由航运管理处统一登记管理，征收船舶航运捐。

2. 姚江之船舶航运捐，委托慈南区署代收。甬江之船舶航运捐，委托慈镇县办代收。奉化江之船舶航运捐，委托鄞奉县办代收。海上之旗照税，委托慈姚县办转委托海大代收。各代收机关，每月应将船舶登记数字，收入捐额，报知航运管理处备查。

3. 各代收机关，关于轮船航运捐之洽定，尽可能介绍到航运管理处来接洽，以资慎重。

I 征收盐税：税率不超过5%为原则，依照担数征收，由盐务管理处拟定办法，呈报本处核准施行之。

J 夺取敌人物资，各机关如自己独立不能进行时，可就近商请部队协助进行。

（二）五六月份各地区具体工作计划

一、慈姚县办：

a. 浒山区署

1. 以结束征粮为主——要求征收实谷约三十万斤，运存姚山及慈北沿山一带，余收代金，要求完成三百万元数字。若有质地较好的白土布，可以抵款征收，唯匹数不要超过四千匹。

2. 加强税卡——注意缉私，注意税卡人员之教育与按时检查工作。

3. 补收未开征乡镇之酒捐，结束已开征乡镇之酒捐。

4. 设法开征地方税——其中特别是油坊税，应立即开征。

5. 收集材料，准备征收田赋——限于六月底前完成准备工作，七月初开征。

b. 丈亭区署：

1. 加紧补报补缴——五月十五日前为补报阶段，十六日开始补缴，最少补征实谷十万斤，不能征收实谷者，征收代金。

2. 开征田赋——五月二十日前完成准备工作，二十一日开征，六月底以前要求完成二百万元数字。

3. 开征各种地方税——除营业税待办法颁订后再行征收外，余即可开征。

4. 结束征粮——六月底前要求完成代金一百万元。

5. 结束酒捐。

6. 建立流动税卡。

7. 相机开辟孝西高枫二乡镇之财政工作。

c. 观城区署：

1. 加紧补报补缴——五月三十一日前为补报阶段，六月一日开始补缴，最少补征实谷十万斤，不能征收实谷者，征收代金。

2. 开征田赋——五月二十一日开征，六月底以前要求完成三百万元数字。

3. 开征各种地方税——镇北东埠头油坊税划归观城区署征收。

4. 结束征粮——以代金收入，抵还上期借款。

5. 结束酒捐。

d. 三北沿海税务所：

1. 货物税——加强缉私，深入伪化区工作与海大密切配合，加强海上税收工作。

2. 委托海大代收旗照税。

二、慈镇县办：

a. 龙山区署：

1. 补报补缴——五月三十一日前为补报阶段，六月一日开始补缴，最少补征实谷八万斤，不能征收实谷者，征收代金。

2. 开征田赋——五月二十一日开征，六月底以前要求完成八十万元数字。

3. 立即开征各种地方税——东埠头油坊税划归观城区署征收。

4. 开辟山南八乡（镇）财政工作——以设法征粮为主。

5. 加强税卡，加强缉私。

b. 庄市区署及庄桥区署：

1. 以结束征粮为主——要求征收实谷约三十万斤，运存镇北、慈北、沿山一带，余收代金，要求在六月底以前完成六百万元数字。

2. 设法建立税卡征收货物税。

3. 接手征收顽方未了酒捐。

4. 六月底以前完成征收田赋之准备工作，七月初开征田赋。

5. 设法开征甬江之船舶航运捐，及永耀电灯公司特捐。

6. 设法开征地力税。

三、余上县办：

1. 结束征粮——征收实谷十二万斤，余收代金，要求在六月底以前完成五百万元数字。

2. 立即开征各种地方税。

3. 加强税卡，加强缉私。

4. 六月十日以前完成征收田赋之准备工作，六月十一日开征田赋。

5. 结束酒捐。

四、四明山地区——尽量争取空隙之时间、空间进行政财工作。

1. 征粮——征收实谷，其数目要能供给该地区之全部军政人员自食至本年秋收时为度，余收代金。

2. 夺取敌、伪、顽各方之物资。

3. 征收货物税——建立流动税卡，必要时随军流动。

4. 设法开征各种地方税，其中尤以油坊税为主要。

5. 结束未了之田赋。

6. 结束酒捐。

7. 要求二个月内，能征收现金二百万元。

（三）关于财经工作的基本方针

工作任务和工作方式方法及如何达到这些任务等，在给财经工作同志的一封信中，我们一般的已经谈及了，这里指示的信是关于财政开源的几个具体问题，及我们对于各地区的要求，各级行政机关接到此指示后，应逐项详细的加以讨论，根据具体环境，决定详细办法及步骤后进行之。

同志们：财政上的困难，已到了空前的严重的阶段，再不允许我们有一分钟时间对工作懒堕［惰］、拖延与犹豫了！我们要绝对负责的抓紧每个时间与空间来进行工作，解决财政上的困难问题，配合争取整个革命斗争的胜利。

主席兼财经处长　连柏生

财经处副处长　陆慕云

1944 年 5 月 6 日

选自《浙东抗日根据地》，中共党史资料出版社 1987 年 6 月版，第 97～105 页。中共浙江省委党史资料征集研究委员会、浙江省档案馆编。原注：“原件存浙江省档案馆”。

48. 浙东行政公署统一收支暂行规程

1945 年 5 月 15 日

第一条　本行政区各级政府一切收支均依本规程处理之。

第二条　政府一切收入均须缴解金库或其指定之代收机关列收，违者以侵占罪论处。

第三条　缴获资财缴解手续与其他收入同，其应提成充赏或连带所发生之费用，另依支出手续拨付之，不得任意截留变卖。

第四条　收入缴解程序另定之。

第五条　财政经济处根据上期赋税收入状况及工作计划，按季按月分别编收入预算，先期送审计委员会审查。

第六条　各级政府一切经常经费、临时经费非依预算不得支出，违者不予报销。

第七条　一切预算或特种支出，须经审计委员会审定后报由行政公署核发支付命令。

第八条　各单位每月经常经费预算书应于上月十五日前送审计委员会或分会（区级预算应于上月十日前送县政府核转审分会），审分会收到预算加签意见后应于上月二十日前转送审委会审查。

临时经费预算书或其追加预算书应于动支前十日送到审委会审查。

第九条　为补救经常经费预算之不敷及适应紧急开支，各单位得于预算外另款设置第一预备费第二预备费。

第一预备费不得高于原预算数百分之五。各该单位如因事业发展，以致原预算不敷支出者，得动支此项预备费并与预算数并案报销，附具理由说明之。第二预备费不得高于原预算数百分之十。各该单位如因临时事件，发生预算外紧急支出者，由各该机关征得审委会或分会主任同意先行支出，同时即补送预算书。

前两项预备费额经核定后，每一预算单位得视环境需要请发支付命令一次支存，其经动支报销核准部分，行政公署仍另填发支付命令，俾补足原设预备费额。

第十条　距离审委会或审分会及金库均甚遥远，目［前］处于紧急战斗环境之机关单位，其第二预备费数额得予增加，其动支手续并得由审委会或审分会授权一定人员临时决定之；其因突发重大事件所需支出实际，必须在预备费额以上者，亦得经由审委会或审分会所授权人员之同意先行借支，均仍［需］补其预算书送审核发归垫。

第十一条　各单位经常经费预算未审核确定前，得照上月预算数预支半数，不另发支付命令，于预算审定正式支付时扣回。

第十二条　金库凭支付命令支付，除照第十条及第十一条规定之预支得付暂记帐（账）外，无论现款、粮秣，或其他资财，非依本规程之规定不得有任何支出，违者追偿。

第十三条　各单位经常费决算书据，至迟应于下月十日前送审委会或审分会（区级应于下月五日前送县政府核转分会）。临时费决算书据，应于用途结束后十日内送审查。

第十四条　所有预决算送审日期，因各机关远近程期不同，得根据本规程各条规定标准报由行政公署分别核定之。

第十五条　决算余额应以“经费结余”科目缴解金库，并将金库收据粘附于决算书据（其座（坐）支抵解者应附具说明，其抵解办法另行统一规定之）。

第十六条　审计委员会之组织规程及审计程序另定之。

第十七条　本规程由浙东行政公署委员会议决定公布试行。

选自《浙江革命历史档案选编》，浙江人民出版社 1985 年 4 月版，第 523～525 页。杭州大学历史系、浙江省档案馆合编。原注：“原载 1945 年 5 月 18 日《新浙东报》”。

49. 浙东行政公署三十四年份公粮田赋并征办法

1945 年 7 月 25 日《新浙东报》①

第一章　总　则

第一条　本办法依据本地区施政纲领，抗战公约及本年度施政方向之精神与具体环境，人民经济状况及坚持浙东敌后抗战，发展抗日力量，准备反攻之实际需要而订定。

第二条　本地区三十四年份公粮田赋之征收，悉依本办法办理，所有三十三年份尾欠之数，仍照前浙东敌后临时行政委员会所颁之三十三年份公粮田赋合并征收办法办理结束。

第三条　田赋征收实物与公粮合并统一征收之，其有特殊情形须变通办理者，应呈准本署。

第四条　公粮依据田地而征收，工商业及经营或投资工商业者，及殷富人民，除其所有之田地按照本办法交纳公粮外，应视其负担能力负担抗卫经费，其征收办法另订之。

第五条　依据公平合理之原则，凡业佃土地在一定数量以上者，除照本办法交纳田赋公粮外，对于公粮部分应加累进征收，其累进征收办法另定之。

第六条　凡我地区之人民均应依照本办法之规定，交纳公粮田赋。如有慷慨输捐、额外捐助者，酌予褒扬，其用途并将由捐输人指定之。

第七条　凡我同胞寄身敌伪区，处于敌伪奴役煎迫之下，富有抗战爱国之热忱，而愿贡献其力量争取最后胜利以求解放，自动慨捐抗战经费者，得随意捐输，不受本办法之限制，并严守秘密以保障其安全，于适当时期表扬之。

第八条　凡国民党反动派统治地区之同胞，如有顾念敌后抗战之艰苦，自动捐输粮饷经费者，依前条办理。

第九条　本署征收之公粮田赋，除田赋部分悉数拨充新四军军事经费外，公粮部分均分充军政粮糈，行政及各种事业经费之用。

乡镇行政及文化教育等各种事业经费得征收乡镇公粮，其征收办法由县政府按照实际情行（形）另行规定呈准施行。

---

① 原件未标明公布年月，此为《新浙东报》刊载日期。

第二章　征收标准

第十条　粮赋之征收标准如下：

甲等田（如平原区水田）每亩征谷三十二斤（内田赋五斤）。

乙等田（如山田）每亩征谷二十斤（内田赋三斤）。

甲等地（包括上等地及地改田）每亩征谷二十斤（内田赋二斤）。

乙等地（次等地）每亩征谷十三斤（内田赋一斤）。

第十一条　粮赋以收谷为原则，其因特殊情形，无谷可征或不宜征谷者，得按当时当地之市价折合现款（代金）或其他农作物征交之。

上项折合率之规定应经县政府之核准，并呈报核备。

第三章　分担率

第十二条　自耕田地应纳之粮赋按其等级全部由自耕农负担。

第十三条　租佃之田地，其应纳之粮赋由业佃分担，分担率如下：

一、甲等田：

业主负担十八·五斤（内田赋五斤，公粮十三·五斤）。

佃户负担十三·五斤。

二、乙等田：

业主负担十一·五斤（内田赋三斤，公粮八·五斤）。

佃户负担八·五斤。

三、甲等地：（海地之收银租者，依照第十五条办理）

业主负担十一斤（内田赋二斤，公粮九斤）。

佃户负担九斤。

四、乙等地：（海地之收银租者，依照第十五条办理）

业主负担七斤（内田赋一斤，公粮六斤）。

佃户负担六斤。

第十四条　租佃之田地有大小业之分者，其应纳之粮赋由大业业主、小业业主、佃户三方分担之。标准如下：

一、田赋由大业业主负担。

二、大小业主收租符合于本署减租交租条例之规定者（大小业共同收租额不超过正产量千分之三百七十五），公粮由大小业主共同负担二分之一，佃户负担二分之一。

大小业之分担率，由各县区参酌各该地区大小业一般租额之比例规定呈报核备。

三、地方习惯及业佃关系特殊者，大小业与佃户之负担比率应依据公平合理之精神酌予变更，由县政府呈准临时规定之。

第十五条　海地之收银租者，业主应准佃户扣交租银百分之十充作粮赋，其余由佃户负担。

第四章　减　免

第十六条　凡有下列情形之一者，得依一定之手续减征或免征其公粮：

一、合于“浙东地区优待抗日军人家属暂行条例”之规定者。

二、凡人民鳏寡孤独特殊贫困，自耕或租佃田地在三亩以内并无其他生产，生活确实困难者。

三、因灾害荒歉，由地方评议免租者。

四、生荒当年新开者。

五、受敌伪等抢粮损失惨重者。

以上各项减免，除第一项依照该条例之规定办理外，其余须经区级以上政府之批准。

第十七条　减征或免征，均以减免户本身所应负担之公粮部分为限。

第十八条　田地无故荒芜者，粮赋照征。

第十九条　校产公产之田地，粮赋一律照征。但校产田地经呈请该县县政府批准者，得减征或免征其校方负担之公粮部分。

第五章　征缴办法

第二十条　粮赋之征收一年一度，种稻田地一律于每年秋季收割时征足之。

有夏收之田地，得于夏收时预征公粮一部分，于秋征时在应缴公粮中照数扣除之。

第二十一条　粮赋一律由耕种人缴纳（累进加征部分另行规定），其代业主交纳之部分，佃户应凭粮赋收据于应交业主之租额中扣还之。

第二十二条　征收粮赋一律使用市秤。

第二十三条　征收之粮赋谷，以洁净干燥之上等谷为标准，不得潮湿羼杂。

第二十四条　粮赋之缴纳，政府得指定地点及时间通知各缴纳户准时送缴。

第二十五条　公粮之征收以本署统一印发，由县政府盖印之收据为凭，其具体手续，由县区按照实际情形规定之。

第六章　奖　惩

第二十六条　征收公粮田赋之乡镇保甲工作人员，能恪遵规定办法，认真积极，依期完成任务者，得在征起额中，领取百分之五之奖金，分配如下：

甲、负责一乡之征收人员得领取奖金百分之一·五。

乙、负责一保之征收人员得领取奖金百分之一·五。

丙、负责一甲之征收人员得领取奖金百分之二。

第二十七条　凡征收工作人员，在工作中有特别成绩者，除前条规定奖励外，另予特别之褒奖。

第二十八条　征收人员如有徇私舞弊情事，或故意怠懈未能依期完成任务者，视其劣绩之轻重，分别予收（以）警告、扣奖、惩办之处分。

第二十九条　人民对于公粮田赋应按实际田亩数报缴，如有匿报短缴，一经查（察）觉除应责其补缴外，并得视其情节轻重，酌予处分，其因一时蒙昧，匿报短缴，在未查（察）觉前自动补报补告者，则免予处分（处理田亩短报办法另定之）。

第三十条　本署征收粮田赋全充抗战军政必须之用，其征收成绩之优劣，直接影响抗战建国事业之进行，如敢蓄意破坏妨碍征收，以破坏抗战论处。

第三十一条　如有密报或检举第二十九条之匿报短缴，经查属实者，或检发三十条者，亦得视情节之轻重酌予奖励，对于密报者姓名严守秘密（详细办法依照处理田亩短报办法）。

第七章　附　则

第三十二条　本办法适用于一般地区，个别地区情形特殊须予变通者，得由各县政府专案呈准本署办理之。

第三十三条　本办法经浙东行政公署委员会议决通过，由浙东行政公署公布施行，修正时同。

选自《浙江革命历史档案选编》，浙江人民出版社1985年4月版，第553～558页。杭州大学历史系、浙江省档案馆合编。原注："原载1945年7月25日《新浙东报》"。

50. 浙东行政区路西县三十四年度公粮赋谷征收办法

1945年8月18日

一、不论公粮赋谷，均按田亩平均计算，本年度每亩田决定征收公粮二十斤，赋谷六斤。公粮分二期征收，赋谷一次征足（山地塘另定征收办法）。

二、赋谷不论一卖田或二卖田全部均由业主负担，公粮则由佃业双方负担，其分担标准如下：

1. 自耕一卖田，由业主全部负担。

2. 出租之一卖田，业主负担百分之四十，佃户负担百分之六十。

3. 二卖田，业主负担百分之二十，佃户负担百分之四十，佃农负担百分之四十（如佃户自种者则负担百分之八十）。

注：各户田地均须据实呈报，如隐匿不报或以多报少，一经查出严惩不贷。

三、凡赤贫抗烈属鳏寡孤独及因水旱灾荒，而无收成者，得遵照实际情形，酌量予以减免公粮。

四、每户田不满一亩者，不征公粮，只征赋谷，满一亩一分者，公粮赋谷兼征。为征收便利起见，得跟田征收。

五、征收时由县府制给三联单，一联给出粮户，二联呈送县府，三联存根留区署备查。

六、征起后，仍交各乡保村负责分散保管，由保管户出具保管结（式样由县府制发）。提粮时，须凭米票或提粮单，始准支拨存粮。

七、以乡为单位，组织征收委员会，由各乡自行聘请热心抗日之人士组织之。

八、凡我抗日人民均有负担公粮赋谷，与协助征收之义务，并须负切实保管之责任。如有侵吞、故耗、偷窃、私支、私借、私卖等情事，政府当予以严厉制裁。其保管负责而有功绩者，酌量予以奖励。

九、乡保事业谷、学谷，仍由各乡保自筹，每户田在三亩以下者不负担，满三亩一分者起征。业主与永佃权人四六分担，亦分二期征收，其支给标准详附则。至于经营工商业及其他副业，而财力宽裕之富户，亦须酌量负担。

十、本办法自公布日起施行。

附则

乡保事业谷支给标准：

1. 乡保人员每月每人支食米一百市斤，乡级人员加支二十市斤，乡长加支五十市斤。

2. 每乡限定脱离生产者八人，每保限定一人。如有特殊情形，须增加者，应呈请区署转报县府批准。

3. 每乡每月办公，杂支费，规定食米三百市斤，实报实销，每月公布帐（账）目一次。

4. 乡保事业谷，在公粮赋谷征收完成后征收，并由乡保自行分别保管。

路西县政府

八月十八日

选自《浙江革命历史档案选编》，浙江人民出版社 1985 年 4 月版，第 593～594 页。杭州大学历史系、浙江省档案馆合编。

51. 浙东区路西三十四年度田赋公粮征收办法

1945 年

第一章 总 则

第一条 本府为保障辖区部队机关学校给养，统一收支，清除积弊陋规，实行合理负担以苏民困而利抗战起见，特遵照浙东行政公署所颁施政纲领，并参照本地区具体环境、人民经济状况，部队机关学校实际需要，订定本县三十四年度田赋公粮征收办法（以下简称本办法）。

第二条 所有本县三十四年度田赋公粮之征收悉依本办法之规定。

第三条 本办法颁布施行后，除对本府之欠谷仍照征外，对旧政权机构所摊派之公粮田积欠数一律以豁免。

第四条 田赋公粮以征收稻谷为原则，非产稻区域或部分特殊地区无谷可征或不便征谷者，以现款或指定之其他农作物折谷征收之。每担现款数及其他农作物折谷率由本府临时规定之。

第五条 本县本年粮赋之征收暂以田地为对象，凡产工业原料之山地（如竹山）经营工业（如槽户）商营（行商及坐贾）之企业家，应负担之抗卫经费另订办法征收之。

第六条 除依本办法征收粮赋外，区乡镇保不得再有其他任何摊派，其经费一律由本府统筹统支。

第二章 征额及征谷标准

第七条 赋谷将按亩平均征收制，每亩田征额六市斤，由业主负担，有一（大）二（小）卖关系者，由一（大）卖业主，即所有权者单独负担。

第八条 公粮采按级累进征收制，其累征额计算表附后。

第九条 无论公粮田赋，以净干燥之上仓谷为标准，如属（羼）杂潮湿不合标准者，拒绝收受。

第三章　征收手续

第十条　田地亩分调查册及陈报表，由本府印制层发各区乡镇保户。其陈报造册程序如下：

甲、由业主或佃户自行送陈报填表该管保长；

乙、由保长汇集编造本保田地亩分调查表，提交保农抗会及保民大会审查更正后，连同陈报表呈送该管乡镇公所并公告之。

丙、由乡镇公所汇编本乡镇田地亩分调查册同样三份，提交乡镇农抗会及乡镇民代表大会复审更正，送乡呈县府区署各一份，另一份呈乡镇备查，县区根据调查表编造册串通确定等级粮额。

第十一条　公粮田赋之收据，一律由县府统一印发，其他任何机关之任何收据均不作凭。

第十二条　为便利征收起见，业主均（应）负担之田赋公粮得由佃户代为缴纳，凭本府征粮收据于业主应得之租额须（项）下扣还之，佃户不得托辞推诿，业主不得有所异议。

第四章　减　免

第十三条　凡受灾害荒歉，由地方公议经区署勘实者，得酌量减免公粮及田赋。

第十四条　凡鳏寡孤独及贫苦人民确实无力交付公粮者，得经区级以上政府批准酌予减免。

第十五条　凡参加新四军主力或地方主力之贫困家属，其应负担之田赋公粮得酌量减免。

第十六条　地方一般工作人员之公粮，原则上不能减免，但特别清苦之家属得呈准本府酌量减免。

第十七条　敌占区及人民负担过重之边缘区，得照应征额减去百分之二十。

第十八条　本年度粮赋须一次缴足，由各乡镇保指定公仓或有可靠住户储户（存），非有本府命令不得动支。

第十九条　存谷采保存制，其仓耗规定百分之三，除过（遇）人力不可抗拒之天灾人祸以及存谷损失者，得不负赔偿损失责任外，其他损害如鼠耗、霉烂、偷窃、羼杂等概由存户负其全责。

第二十条　存粮时由存户出具保管结，应实保实存不得凭空保管。

第五章　奖　惩

第二十一条　隐匿不报者，以多报少或化名陈报之田地，一经查出或被人检举，其隐匿少报与化名陈报之部分一律充公，以三分之一奖励检举人，以三分之二分给无地少地的贫苦农民（如有必要拨交部队机关生产亦可）。但能及时自动更正者免予充公。

第二十二条　调查田地及征收粮赋之工作人员，确能依照本办法及法令认真积极廉洁忠实如期完成任务者，得予以精神与物质之奖励。

第二十三条　调查及征收人员如有徇私舞弊与破坏法令情事，或故意消极怠工未能依限完成任务者，按其情节轻重分别予以惩处。

第六章　附　则

第二十四条　本办法如有未尽事宜得以命令修正之。

第二十五条　本办法经呈准浙东行政公署，自公布日起实施。

选自《浙江革命历史档案选编》，浙江人民出版社 1985 年 4 月版，第 562～565 页。杭州大学历史系、浙江省档案馆合编。

52. 浙东行政区金义浦自卫委员会三十四年度公粮田赋合并征收办法

1945 年

第一章　总　则

第一条　本办法依据浙东行政公署三十三年度公粮田赋合并征收办法，并参照本地区人民经济状况及本地区军政需要实际而订定之。

第二条　公粮田赋之征收，一年一度，一次征足。

第三条　本办法颁布后，所有人民以前欠缴自卫谷仍照原办法办理结束。

第四条　公粮田赋以征收实谷为原则，非种稻或部分特殊地区无可征或不便征谷者，得以现款（代金）或指定之其他农作物折合征收之。

第五条　公粮田赋之征收，以田地为对象，经营或投资工商业之殷富户，除其所有之田地，按照本办法规定缴纳公粮田赋外，其工商业部分，应酌量负担抗日经费，其办法另订之。

第六条　凡我基本地区之人民，均应依照本办法之规定交纳公粮田赋，其有自愿额外捐助者，全部捐款委移充地方事业经费。

第七条　寄身沦陷地区同胞，其有抗战爱国之热情，自动慨捐抗战经费者，不受本办法之限制，并严守秘密以保障其安全，于适当时期表扬之。

第八条　本处征收公粮田赋，除田赋部分悉数拨充军用外，公粮部分分下列二项：

1. 军政公粮。

2. 乡镇公粮（乡镇行政及文化教育、优抗等各项事业经费）。

以上军政公粮之征收，由本处划一办理。乡镇公粮之征收，按照各区乡镇实际情况，另行订定征收办法征收之。

第二章　征收标准及征额

第九条　征收公粮田赋之征收标准及征额暂分田地二种：

（一）田每亩（一亩即四斗）征收谷二十斤，划分如下：

1. 军政公粮十斤。

2. 田赋十斤。

（二）地每亩（同前）征收谷四斤，划分如下：

1. 军政公粮十斤。

2. 田赋十斤。

第十条　公粮田赋之征收，以纯净干燥之上砻谷为标准，掺杂潮湿不合标准者，拒绝收受。

第三章　分担率

第十一条　佃［田］赋一律由业主负担，惟典田及典地由出典及承典人各半负担。如出典人无办法缴纳时，应由承典人垫交，在回赎时偿还之。

第十二条　军政公粮依照下列规定分担之。

（一）自耕田地，独自全部负担。

（二）租田（佃）之田：

1. 其田有大小业之分者，大业、小业、种户各负担三分之一。

2. 大业小业属于同一人时，业主应负担三分之二，种户负担三分之一。

3. 小业与种户属同于一人时，种户应负担三分之二，大业应负三分之一。

（三）租佃之地叫典地，由佃户独自全部负担。

（四）典田，由承典人独自全部负担，如承典人将田出租时，依照本条二款二项办理。

第四章　征收手续

第十三条　公粮田赋一律向由田地耕种人征收之，其应由佃业分担之业主应行负担之田赋公粮部分，均由佃户代为交纳，交租时，佃户可凭本处之征收收据向业主扣还之，佃户不得托词推诿抗不代交，业主亦不得有异议。

第十四条　公粮田赋之征收，以本处统一印发，各区办事处盖印之收据为唯一凭证，其他任何机关之任何收据，均不作为凭。其具体手续，按照实际情形，另行规定之。

第十五条　公粮之转移及支领，非有本会所发之粮票或区办事处以上政府机关之正式文件，不得支付。其详细办法另行规定之。

第五章　减　免

第十六条　凡参加新四军主力部队，及其他抗日正规军队，有各该部队正式文件证明者，每出征军人一员，免征其家属公粮五亩。

第十七条　凡参加本地区地方军队（脱离生产者），有该军队之正式文件证明者，或参加其他抗日军队，不能取得该军队之正式证明文件，而有地方机关团体证明者，有出征军人一员免征其家属公粮三亩。

第十八条　凡参加抗日机关之连级（尉官）区级（委任）以上人员，有各该机关之正式文件之证明者，每员应免征其家属公粮三亩。

第十九条　前三条所称之家属，系指直系血亲及配偶而言，所免公粮如系租佃者，应如其本身应分负之部分。

第二十条　凡因灾害荒歉由地方评议免租之田地，经区办事处勘实者，免征其田赋公粮，但如无故荒芜者，仍于照征。

第二十一条　凡确系赤贫之户，得免其本身应负担之部分。

第六章　蚀　耗

第二十二条　为保证存谷之绝对干燥，依据保管时间之久暂，得由区办事处酌准报销蚀耗（征收代金者，不在此例），但其蚀耗率以百分之五为最高限度。

第二十三条　负责保管者，应将公粮存放在高燥严密之处，如有潮湿霉烂，散失虫蛀或鼠雀啮食等，而致发生不应有之损耗时，保管者应负赔偿之责。

第七章 奖惩

第二十四条 征收公粮田赋之工作人员，能各遵照规定办法，认真积极廉洁忠诚，以（依）期完成任务者，特提取征起额百分之二充奖，分配如下：

甲、负责一乡之征收人员待（得）征起额百分之零点五。

乙、负责一保之征收人员得征起额百分之零点五。

丙、负责征收人员得征起额之百分之一。

第二十五条 凡征收工作人员工作中著有特殊之成绩者，除有前条之规定奖励外，另与特殊之褒奖。

第二十六条 征收人员如有徇私舞弊情事或故意怠懈未能依期完成任务者，视其劣迹之轻重，分别予以警告、扣奖、惩办之处分。

第二十七条 人民对于公粮田赋，应按其实际田亩数报交，如有匿报短缴，一经查（察）觉，除应责其补缴外，并得视情节轻重酌予处分。

第二十八条 本处征收公粮田赋，全充抗战军政必须之用，其征收成绩之优劣，直接影响抗战建国事业之进行，如敢蓄意破坏妨碍征缴者，以破坏抗战论处分。

第二十九条 如有密报或检举第二十七条之匿报短缴，经查属实者，得将其密报部分提取罚惩数百分之四十充奖；密报或检举之属于二十八条者，亦得视情节轻重，酌予奖励。对于密报者之姓名严守秘密。

第八章 附 则

第三十条 本办法如有未尽善处，得由本处命令修改之。

第三十一条 本办法自公布日施行。

第三十二条 前几条办法因征收支付率不够需要，每石田（即二亩五分）加谷二十五市斤。

选自《浙江革命历史档案选编》，浙江人民出版社 1985 年 4 月版，第 572～576 页。杭州大学历史系、浙江省档案馆合编。

53. 华中银行成立通告（两件）

1945 年 8 月

案奉

新四军政治部命令内开："当兹抗战进入最后阶段，对敌经济斗争，日益激烈，而各种生产建设事业，亦须努力推进，为此，在华中必须建立强固之金融堡垒，负此任务，着即成立华中银行，并授权发行华中券，适应各地金融斗争及经济建设之需要。该项货币，以实物为基金，准备充实，通行华中各解放区，与盐阜、江淮、淮南，淮北、苏南等地方券等价使用。凡一切买卖交易，公私款项收付及完粮纳税等一律通用。"等因，奉此，当即遵照办理，现本行业已筹备就绪，正式成立，设总行于华中，并于各解放区设立分行，积极开展业务。特此通告周知。

此告

行长　陈　穆

选自《华中抗日根据地财政经济史料选编》第四卷，档案出版社1986年版，第26页。原注："按1945年9月4日《新华论坛》第二卷第三期刊印"。

华中银行通告

——关于发行十元券①

1945年8月

本行为供应新克服城市城市流通货币之需要，特发行十元券一种，正面红色花纹，风景为耕纺锯木图，反面为虎黄波浪底纹，黑色花纹及花边。此券在我新四军所到之华中解放区内一律通用。

此告

行长　陈　穆

选自《华中抗日根据地财政经济史料选编》第四卷，档案出版社1986年版，第27页。原注："按1945年9月4日《新华论坛》第二卷第三期刊印"。

54. 华中敌产管理委员会接管敌伪汉奸财产暂行办法

1945年9月

第一条　凡应没收之敌伪汉奸所有公私财产，均按本办法接收管理与处理之。

第二条　所有应没收之敌伪汉奸财产，概由敌产管理委员会接收管理与处理之。

第三条　应接管与处理之敌伪汉奸财产项目如次：

一、一切军事机关建筑设备及军用器材与军用物品。

二、一切财政，行政、税务机关、建筑、设防及其动产与不动产。

三、一切敌伪的交通运输机关的工具，如各公司、码头、电报、电话、电气，电车、火车、轮船、汽车、卡车、摩托车、自行车及航空飞机等。

四、凡敌伪汉奸所举办各种工厂、机器、原料、成品、场屋及一切用具。

五、凡敌伪汉奸所开设之各行各业商店、公司、行号、房屋、地基、货物、银钱、帐（账）簿及一切生财器具。

六、一切敌伪的金融机关如银行、银号、钱庄、信托公司、保险公司，储蓄会等之动产与不动产。

七、敌伪汉奸之一切仓库、堆栈、建筑、设备及存储之公私财物。

八、一切官办之文化教育机关如学校、学会、学社、书店、图书馆及其他娱乐，运动场所及其动产与不动产。

九、一切公共卫生机关、医院、药房及其动产与不动产。

---

① 原注：副标题是编者所加。

十、不属上列各项之敌伪汉奸的动产与不动产。

第四条　敌产管理委员会调查上列各项财产，一概加以查封、登记，分别没收或管理之。

第五条　敌伪以前接受本国及同盟国之财产，由敌产管理委员会暂时管理，俟后清理发还。

第六条　凡属自动投诚之敌伪汉奸，其私人财产不予没收。

第七条　伪公务人员及供职敌伪机关之华人，在职期间秘密帮助抗日工作确有证据者，其私人财产不予没收。

第八条　公私合管之敌伪企业，其私人股金仅是以维持一家一般生活者，应发还其全部股金，其股金如超过此标准者，另行按实情没收一部或大部。

第九条　公私合管之敌伪企业未经查（察）觉，而私人自动向敌产管理委员会申报者，其私人部分股金不论多寡准予发还。

第十条　敌产管理委员会对没收敌伪汉奸经营之企业，其债权债务另订办法处理之。

第十一条　敌产管理委员会没收之敌产，应随即编造清册，分别性质，按下列办法处理之：

一、凡属第三条第一项之财产，交由该地最高供给机关或军供给部处理。

二、凡属第三条第二项至第七项之财产，交由专署以上之财政机关接收处理，或华中财经委员会处理。

三、凡属第三条第八项之财产，交由该地最高政治机关或华中宣教机关处理。

四、凡属第三条第九项之财产，交由该地最高卫生部门或军卫生部处理。

五、上述各项之处理，均须经师或行署以上之机关批准，并按级呈报军政治部。

第十二条　敌伪汉奸财产之经理人员，不得私行破坏或卷窃任何财物，否则应负赔偿处分，若管理人员能将财产保护安全，自动前来申报者，从优奖励之。

第十三条　无论中外居民及任何人士，如确知敌伪汉奸财产，均应向敌产管理委员会申报，经调查属实从优奖励，倘有隐匿不报者或企图吞没者，当视情节轻重分别惩办之。

第十四条　本国人民及同盟国，中立国人士不得接受转移敌伪汉奸财产所有权，或为其庇护，否则依法处理之。

第十五条　本办法由军政治部颁布施行。

新四军政治部颁布

选自《华中抗日根据地财政经济史料选编》第四卷，档案出版社1986年版，第39～41页。原注："按1945年9月淮南出版社《中国共产党政策》刊印"。

55. 华中财委会关于新解放城市工商业与货币金融问题的指示①

1945年9月4日

（一）货币金融部分

一、由于解放区日益扩大，市场筹码需要增加，原有各军区发行之地方抗币已不敷市

① 原注：此标题是编者改拟的。

场之需求，特责成华中银行发行统一之华中币，与各地方抗币等价使用，各地方抗币为适应目前新的形势，自华中统一币公布发行之日起，凡新四军到达之地区，应不分军区界域到处一律等价通用。

二、华中币发行之后，各地方抗币之发行权，应由华中银行有步骤的统一管理。

三、华中币之发行应掌握充分之粮油盐布等等物资作准备，并须随时扩大准备，以提高其币值信用，扩大其流通范围。

四、华中币之发行，除掌握充分之物资外，并须控制适量之黄金与外汇，以供调剂市场之需要。

五、为照顾原敌占区人民之生活痛苦，当华中币及地方抗币尚未足够市场流通需要时，在新解放之城市，伪币暂准通用，但五千元以上之大额票面禁止使用，一千元以下之伪币使用时亦仍须按照银行逐日公布之汇价折成抗币计数，不得再以伪币作为计算单位，同时在华中币及地方抗币未发行或数量尚不够供应市场时，银行只公布对伪币之折算率，不予收兑，俟城市秩序恢复后，由政府规定办法处理之。但老解放区则一概不准通用伪币。

六、在新解放之城市国民党前发行之老法币暂准通用，但以中央、中国、交通、农民四行及关金券为限，其他国民党地区发行之地方券，流通券一律不准通用，法币使用时须按照一比五十（华中币一元折国民党法币五十元）之比率折算，如国民党之法币日益继续膨胀信用下降时，得随时提高华中币之比值，在原老解放区内法币应受管理，不得在市面直接流通。

七、新解放之大城市在市场筹码奇缺时，可允许殷实工厂，大商号以私人经营之银行、大钱庄等联合保证发行定额之流通券，但必须向华中银行缴纳百分之五十实物与现金及百分之五十不动产作保证，并呈由当地最高政府批准并经华中银行同意后方能发行，是项流通券只限于本城市内通用。

八、任何外国货币除向银行按照汇率兑换市面能通用之货币外，禁止直接在市面流通及买卖。

九、敌伪政府所办之银行及金融机关一律由政府会同华中银行或地方银行接收之，其债权债务之清理，基本原则应照顾金融市场恢复及活跃，凡民间伪币债务，俟秩序恢复后，由政府统一规定办法处理之。

（二）工业部分

一、没收敌人及伪政权以及罪大恶极的大汉奸之工厂，作坊和其他工业技术设备，建立公营工业或改为公私合营之企业或租予私人经营等以谋迅速恢复生产。

二、凡与敌伪合办之工厂，一律暂加军事管理，但仍许可其继续生产，凡敌伪租用之工厂，原则上应归原厂主自己经营或得原厂主之同意，租为公营或公私合营之，以免生产停顿。

三、扶植民营工厂的恢复生产，帮助其解决燃料及原料之供应，必要时得贷予抵押贷款，但不得超过其原资本额三分之一。

四、过去敌伪颁布对工业统制及限价收买之危害国家危害人民危害工商业自由发展的种种法令及条例，一律废除撤销，以保证并扶植公营，公私合营以及民营工业生产之自由发展。

五、各地民主政府须准许工人组织工会，以谋适当的改善工人生活，同时仍应照顾劳资双方利益，保证公私经营之企业均有一定的利润，以谋发展生产，繁荣市场。

六、各城市公私工厂除特准免税者外均有照章向民主政府缴纳捐税之义务。

（三）商业部分

一、保护一切公私商业，取消前敌伪颁布之一切不合人民利益的配给与限价，及妨碍商业自由发展的法令条例，凡在我新旧解放区之内，一律执行贸易自由之政策，以迅速恢复商业，繁荣市场。

二、以贷款及其他办法帮助公私商业恢复并发展，取缔操纵市场制止奸商投机行为，特别是人民生活必需品（燃料粮食等）的囤积垄断，应严加取缔。

三、凡我解放区之对外进出口货，一律须照章缴纳进出口税，并严厉取缔过去敌伪原有对物资流通上之一切苛捐杂税，力谋都市与农村间之物资交流，以便利自由买卖。

四、过去敌伪对工商业所征之消费特税与各种苛捐杂税一律取消，秩序安定，市面恢复之后，各城市大小商店有向民主政府照章缴纳营业税之义务。

五、对国民党地区进出口货物，仍继续实施物资管理。

六、物价一律按华中币计算，但法币允许流通之地区，暂许以法币依照其与华中币折合率计算，并依市场价格，进行公平合理交易。

选自《华中抗日根据地财政经济史料选编》第四卷，档案出版社1986年版，第28～30页。原注：“按1945年9月4日《新华论坛》第二卷第三期刊印”。

56. 苏中第四行政区
三十四年度秋季征收粮赋公草暂行条例

1945年9月7日

第一章　总　则

第一条　为保证解放区军政民学之给养经费，并开展各种建设事业，执行合理负担，特订定本条例。

第二条　本行政区本年度秋季粮赋公草之征收，均依照本条例办理。

第二章　征收标准

第三条　根据公平合理原则，粮赋公草征收标准，以土质肥瘠与常年平均产量为依据分等征收，按级累进，其标准如下：（附表一）

第四条　自耕农粮赋公草全部由业主负担，佃种田公草由佃方负担，粮赋业佃分担比例如下：（附表二）

第五条　凡新解放之地区，其粮赋标准，得按照基本数征收，不必累进，业佃分担比例照业七佃三计算。

第六条　秋征粮赋以征收稻子为主，黄豆，玉米，棉花为辅，草田及芦滩地征草，公草征收豆秸或棉秸，不能征收豆秸或棉秸者，得于其他伙草或粮食折合征收。

第七条　过去已分五等十五则征收之地区，本年秋征仍分等则征收，其标准另行规定之。

第三章　征收办法

第八条　粮赋公草之征收，由县区乡各级政府办理之。

第九条　粮赋以征收实物为原则，必要时得经上级决定折征代金。

第十条　业方粮赋与累进部分概由佃户代缴，佃户凭政府收据向业主抵完新租。

第十一条　秋季粮赋公草征收时间一律于国历十月一日开始，十月底完成。

第四章　减　免

第十二条　收成荒歉，经政府勘查属实，公粮草得酌予减免，其办法如下：

A. 收获量普通六成者，八折征收。

B. 收获量普通五成者，六折征收。

C. 收获量普通四成者，五折征收。

D. 收获量普通三成者，四折征收。

E. 收获量普通二成以下者，全部免征。

第十三条　有下列情形之一，经乡政府查明，区政府批准者，粮赋得酌予减免：

A. 业户有田不足三亩，而无其他收入，生活困难者，粮赋公草免征。

B. 佃农种田不足五亩而无其他收入，生活困难者，佃户部分之粮赋公草免征，业主部分应代缴。

C. 新垦田不满三年者粮赋公草免征。

第十四条　抗属优待减免办法如下：

A. 烈属及参加主力之抗属，照应缴粮赋七折征收。

B. 参加地方兵团之抗属，照应缴粮赋八折征收。

C. 参加游击连之抗属，照应缴数九折征收。

D. 上列抗属以脱离生产之抗日军人直系血亲（如父母、祖父母、妻、子女）为限，不脱离生产之自卫武装人员及团体人员不在此例。

第五章　附　则

第十五条　征收粮赋一律使用市秤，征收人员如有以大秤进，小秤出情事，人民得随时告发，依法惩办。

第十六条　缴纳粮赋公草应取得政府收据为凭，此项收据由县政府统一印交乡政府使用，区乡不得自行印制。

第十七条　缴纳粮赋均须干燥洁净，不得掺杂和水。

第十八条　政府得按村指定粮赋公草缴纳地点，通知各户准时送缴。

第十九条　凡短报田亩或谎报荒歉者，一经查实，依法惩办。

第二十条　各乡、村（或保）在秋征期间酌发办公费，乡政府大米二十斤，村（或保）大米三十斤，概折什粮发给。

第二十一条　秋征结束后，各乡村（保）长应负责将已征粮赋公草数字统计填入统计表，连同保管收据及保管户花名册各一份送区，以凭考核管理。

第二十二条　秋征结束后，各县政府对征粮努力者与缴粮模范者予以奖励。

第二十三条　各县政府应根据实际情况，另订实施办法呈准施行。

第二十四条　本条例自公布之日起施行。如有未尽善处由本行政区专员公署以命令修改之。

选自《华中抗日根据地财政经济史料选编》第四卷，档案出版社 1986 年版，第 391～394 页。

57. 苏北临时行政委员会布告——关于整顿金融统一货币问题[①]

1945 年 9 月 25 日

查我军收复各沦陷城镇后，华中被敌分割之各解放区已连成一片，关于整顿金融，统一货币自属刻不容缓，自即日起特宣布：

（一）苏北银行所发之抗币与华中各地区发行之抗币及华中券等价流通。

（二）苏北银行各地分行及办事处准无限制以盐阜券或华中券等价兑换苏中、淮南、淮北等地区之各种抗币（并包括大江币、苏浙币、江淮币、苏南币等）。

（三）各税收机关公营商店贸易机关合作社，均应等价收受各种抗币，并有兑换抗币之义务。

（四）原在淮海区发行票面伍元之盐阜券（每元作法币二十元者），原在盐阜区发行票面一元及伍元之盐阜券两种（每元均作法币十元，即称老抗者）均限令限期收回不再流通。

（五）严禁各地军民不等价使用即进行货币投机生意。特此布告，仰众周知。

此布

中华民国三十四年九月二十五日

主　任　李一氓

副主任　曹荻秋　计雨亭

选自《华中抗日根据地财政经济史料选编》第四卷，档案出版社 1986 年版，第 110 页。

58. 苏中行政公署关于目前货币金融问题的指示

1945 年 10 月 1 日

华中局对苏中货币金融问题作了新的指示，并在继续开会讨论中，兹将指示内容传

① 原注：副标题编者所加。

达，并规定办法。希各地遵照本指示坚决执行。

（一）对伪币问题应采取坚决排除的态度，趁此国民党尚未完全禁用伪币，伪币在敌顽地区尚有购买力的时候，迅速将伪币排除出境，我原来已经肃清了伪币的地区应继续严禁，防止倒流。新解放地区暂时准许某几种票面之伪币行使，仅系暂时办法，不可将时间拉得太长，必须迅速逐步排除，直至完全肃清。壹千元票面的伪币即须在各地普遍禁止使用，五百元及以下各种票面伪币亦当在一千元以上票面伪币大部排除后，迅速排除出境，但排除伪币，应采取猛烈的攻势，限期登记，封存出口，不宜采取冻结的办法，以免延误时机。

（二）对法币问题，应当趁此法币尚未大量流入之前，迅速加以防范和管理；在老解放区须完全禁止其流通，新解放区暂时加以管理，在沿江沿海与敌顽接壤地区及进出口商业频繁之港口，为不妨碍商业恢复繁荣起见，可划定商业范围，允许法币流通，并允许在一定数额内准其带入法币，在该划定区域内行使，如出此范围者即按照一与五十之比例收兑，换给抗币（或本票或流通券），使用在规定流通区域内，抗法币之折合率可暂的依据自然市价，不加干涉。目前不必一定强制维持一与五十的比例行使，俟伪币排除，抗币本位确立，筹码增多和法币跌价时（法币联行增多，必然跌价）再行根据具体情况，按自然价格正式收讫法币，以建立外汇禁用和管理法币的方式，对外可由苏中区工商管理局布告，说明我解放区系以抗币为本位，为避免市场金融紊乱，物价波动不得不暂时禁止法币流通，专署和县府均不正式出布告为宜。

（三）建立抗币本位制是当前急务，必须趁此法币尚未流入之时，将抗币本位普遍建立，站稳脚跟，三分区应以城如黄缘以北之泰州、紫石地区，四分区以掘马线南北之三余、石港、金沙、拼荣及如东等地区为抗币发行重点，本票立即停止印发。三分区流通券由分区统一印制发行，并迅速收回各县印发之杂色流通券，流通券数额每县至多不得超过壹百万元，此外各地还须即刻实行下列各项具体工作：

1. 各级机关团体，立即开会传达，对外采取唱歌、花鼓词、广告等方式，宣传各军区抗币等价、互相流通，使商民及各界人士了解。

2. 立即取消各兄弟军区间之贸易管理及以货易货和相互征税的规定，取消兄弟区间之粮食烧草征税（其他税收暂时照旧）等的决定。

3. 银行税收机关贸易经营机关和合作社必须无限制收没各地抗币，包括苏中江淮币、盐阜币、淮南币，淮北币、江淮苏南版，以及苏浙币、大江币等一律等价收兑。

4. 通知各机关部队严禁做票子生意，以及趁机贪便宜谋小利等行为，违者以纪律制裁。

5. 各种老抗币一律收回，前规定盖印使用的办法应即取消，各级金库银行税所收到老抗币以后，立即向上解缴，不再发出。

6. 各地报纸均负有宣传抗币本位的责任，切实配合执行。

（四）为维持抗币价值在抗币发行过程中，各县秋征可布置征收相当数量的代金（本票抗币都可），同时适当的抛售粮食和物资，使抗币基础能迅速确立。今后物价总的趋势虽然是逐步下跌，但临时性的提涨还是不可免的，各公营商店、贸易机关，应密切注意物价变化及市面物资之盈亏情况，随时加以调节，防止物价的暴涨暴跌，公营贸易机关不仅在平衡物价，而重要的在稳定抗币之值。

各级接到上列各项指示以后，须立即实行！其余待华中局会议结束后，再作全盘详细的指示和传达。

（发至县级）

主任　季　方
副主任　刘季平

选自《华中抗日根据地财政经济史料选编》第四卷，档案出版社 1986 年版，第 111～113 页。

59. 淮海专署关于清理逃亡地主财产暂行办法的规定

1945 年 10 月 13 日

一、为适应目前情况之需要，逃亡地主之财产，极应清理，我政府一本宽大宗旨，特制定本办法。

二、凡有关于逃亡地主财产之清理，悉依本办法处理之。

三、地主在逃亡期间，并无附敌作恶之事实，现已自动返回者，其代管之财产应全部发还之。

四、逃亡地主之财产，如已宣布没收，而该地主在逃亡期间，并无附敌作恶之事实，现已自动返回者，得依逃亡之具体原因，酌量发还之。

五、地主逃亡后，虽参加伪军伪组织，现已返回，向政府履行一定手续者，得酌量具体情形，部分发还其代管之财产。

六、作恶多端之逃亡地主，经政府依法处理释放后，得酌量具体情形，处分其代管之财产。

七、如地主逃亡期间病故，原在根据地之家庭生活无依者，经其直属系亲属向政府申请后，得视该地主病故以及逃亡之具体原因，酌量发还其代管或没收之财产。

八、尚未返回之逃亡地主，原在根据地之家庭生活无依，经其直系亲属向政府申请后，得视具体情形，部份（分）发还其代管之财产。

九、现犹附敌继续逃亡之地主，得将原代管之财产宣布没收之。

十、凡逃亡地主屡经争取，仍顽抗不归者，得限期返回，如仍逾期不归者，得将原代管之财产，宣布没收之。

十一、现犹未归之逃亡地主，因下落不明，或道途阻隔，不能即行返回者，其财产仍代管之。

十二、原未代管或没收逃亡地主之财产，现已查明在敌伪区而尚未返回者，得代管或没收其财产。

十三、现已返回之逃亡地主，应向所属各该县政府登记，并作发还财产之申请书。

十四、各该县政府接获逃亡地主之申请书后，应即着手清理，不得无故拒绝或拖延。

十五、清理逃亡地主之财产权，属于各该县政府。

十六、各县应成立临时清理委员会，得由三人或九人组织之。

十七、清理委员会之成员，由县政府一人至二人，农救会一人至二人，参议会一人至二人组织之。

十八、清理逃亡地主财产时，该当事人必须到场并得由清理委员会聘请当事人左近之公正人士一人至二人参加。

十九、当事人在清理期间，如有意见，得到场陈述或用书面申请之。

二十、发还代管或没收之财产时，应扣除历年公粮、田赋、临时军费负担及代管费用。其剩余部份（分）概发还之。

二十一、凡因财产不足扣除之数，则由该地主按时负责清偿或由政府宣布免除之。

二十二、各项负担之清算，从代管或没收时间数计算之。

二十三、如因地主之财产，应发还之剩余部分，为合作社或其他团体使用，无力一时偿还者，得由该团体与地主订立契约，按期偿还之。

二十四、如因地主之土地，自种之部分，已由政府租给佃户耕种者，应通知佃户归还之，或由该佃户与地主订立订［租］佃契约，不将［得］无故拒绝，占为私有。

二十五、如因地主之土地，现由政府机关以及其他团体使用者，应归还之。

二十六、政府机关以及其他团体，如欲继续使用逃亡地主之土地，应与该地主订立租佃契约，不得无故拒绝。

二十七、凡逃亡地主之房屋因不可抗拒之力量而损坏者，应由其业主自行负责。

二十八、凡逃亡之地主房屋，如因政府机关使用而受损坏者，该政府机关应修葺归还之。

二十九、本办法如有未尽事宜，得随时修正或增补之。

三十、本办法之释放权属苏北分区淮海专员公署。

三十一、本办法自公布之日起施行。

选自《华中抗日根据地财政经济史料选编》第四卷，档案出版社 1986 年版，第 417～419 页。原注："按 1945 年 10 月 13 日《苏北报》淮海版第一版刊印。"

60. 华中银行淮海分行通告
——关于转发华中各解放区抗票兑换办法[①]

1945 年 11 月 26 日

查华中财委会前以华中各解放区打成一片，为适应新的情况及便利人民贸易起见，会决定华中币与各地新抗等价流通，并由淮海专署布告各地完粮纳税一律通用，但以工商管理局改组，兑换机关各地未能设立，且以各地人民对其他地区抗币比率不明，致在本区各

① 原注：副标题是编者所加。

处仍有拒用打折情事，为贯彻专署前令，特拟定华中各解放区新抗兑换办法附后，机关部队及群众团体希以此作教育，俾等价流通之政策，得以彻底执行，特此通知。

行长　卢钝根

附：

华中各解放区抗票兑换办法

一、除大江票江淮银行之苏南苏浙版纸币（注有苏浙苏南字样）江南银行券与浙东地方券外，华中各解放区新抗（与法币一比五十，盐阜、淮北、淮南、江淮、苏中各银行所发行）与华中币等价流通，商业贸易，完粮纳税，一律通用。

二、各地税所公营商店合作社以及机关部队，对于华中各解放区新抗，应一律等价使用，不得有打折拒用情事。

三、兹指定于泗沭县众兴里仁集，宿迁县大兴集，沭阳县之沭阳市，涟水县之高沟，东海县之吴集，潼阳县之阴平，灌云县之杨集设立兑换处，由各该县之支行或办事处，指定专人负责，办理兑换事宜。

四、各地贸易管理局所属之分局所应尽所存税款，尽量收兑。

五、各地兑换所兑换时期每日上午九时至十一时下午二时至四时。

六、兑换机关得以华中币盐阜币及兑换者前经使用之纸币承兑。

七、凡故意拒用造谣生事者，由各级政府以扰乱金融罪，依法惩处。

选自《华中抗日根据地财政经济史料选编》第四卷，档案出版社 1986 年版，第 462～463 页。原注：“按 1945 年 11 月 26 日《苏北报》第一版刊印”。

61. 苏皖边区政府各种款项统一收支程序

1945 年 12 月

第一章　总　则

第一条　苏皖边区所有机关部队各种款项之收支，均依本程序办理。

第二条　本边区除第四行政区及第八行政区，以情况特殊，边区政府暂委托各该专署负责该地区之统筹统支外，其他各行政区之一切款项均由边区政府负责统筹统支。

第三条　凡在统筹统支之范围内各行政区一切款项之出纳保管，统由边区政府财政厅委托华中银行代理金库办理。任何级机关部队，非经边区政府财政厅之支付命令，均无权向金库及税收机关自行动支款项。

第二章　预决算

第四条　本边区经管收支款项之各机关部队均应按会计年度编制预决算，呈送边区政府财政厅及审计处审核。

第五条　会计年度规定自每年一月一日开始至十二月三十一日终了，其年度依民国纪元之年次为名称。惟因物价币制尚未臻稳定，除按会计年度编造预决算外，每三月填编造季补助预决算一次，分季时间即以一月至三月为春季，四月至六月为夏季，七月至九月为秋季，十月至十二月为冬季。

第六条　年预算编造须在会计年度开始二十日前送达财政厅；年决算之编造，不得迟于会计年度结束后一个半月。季补助预算之编造，须在每季开始前十五日送达财政厅；季补助决算之编造不得迟于每季结束后二十日。财政厅及审计处对各种预决算之审核须在预决算送达后一星期内完竣。

第七条　收入预决算，由经管收入各机关编制，在收入之规律尚未能充分掌握之先得以估计表代替之。

第八条　支出预决算，由财政厅支付经费之各机关编制，分下列系统：

甲、军务经费：包括军区及其所属各纵队，独立旅，分区司令部，海防司令部，县区地方武装，在集中治疗休养期间之伤病员，及其他属于上述部队方面之各种组织之经费。

乙、政务经费：包括各级参议会、政府、文教、公安、地方卫生、复员之荣誉军人教养、交通、政府警卫武装、边缘乡政府警卫武装、各级民兵及其他属于政府系统各种组织之经费。

丙、民运经费：包括政府津贴与补助之各种各级民运团体之经费。

丁、财务经费：包括直属边区政府财政厅之盐管，货管各级机关之经费。

第九条　军务经费预决算之编造，以团，县级及直属部队为会计单位，经旅、纵队，分区或军区审核后，汇呈华中军区供给部，由军区供给部编造军务经费总预决算，连同各单位分预决算，汇送财政厅及审计处核发与核销之。

第十条　政务经费预决算之编造，以县及相当于县级以上之独立机关为会计单位，经各行政区专员公署或直属市政府审核后，连同专署直属市政府机关预决算，编造各行政区或直属市行政经费之总预决算，汇呈边区政府财政厅及审计处核发与核销之。

第十一条　民运经费预决算之编造，以县及相当于县级以上之独立机关为会计单位；经各行政区之民运领导机关审核后，连同行政区级之民运机关预决算编造各行政区之民运经费预决算，汇呈边区民运团体之总领导机关审核；由边区民运团体总领导机关编造边区民运经费总预决算，汇送财政厅及审计处核发与核销之。

第十二条　财务经费预决算之编造，以县及相当于县级之盐管局，货管局为会计单位；经各行政区盐管局，货管局审核后连同行政区局预决算编造各行政区之各财务经费预决算，汇呈两淮盐管总局与边区货管总局编造各财务经费之总预决算，汇呈财政厅及审计处核发与核销之。

第十三条　属于全边区全年度之岁入岁出，由财政厅编造总预决算呈边区行政委员会批准，并经全边区参议会大会通过。

第十四条　财政厅应负责编造全边区分季收支预决算呈准主席团施行之。其具体执行情形，财政厅应按月向主席团报告。

第十五条　关于预决算之详细科目、类别、手续，由边区政府颁发政府会计规程规定之。

第三章　收　入

第十六条　各机关经管之一切收入，除由总金库指定某收款机关直解某金库外，均分别由县级或相当县级之主管机关集中解库。如所在地或附近无金库者，即应汇缴直隶之上级机关转解金库核收。解库地点，限期及起码数额由财政厅及总金库与各收入系统具体商定之。

第十七条　各机关向金库解款时，应填具五联解款书（格式一）收款金库收到解款，核与解款书所列数目相符，由收款金库主任及会计于解款书各联注明收讫年月日并加盖章记，即以收据与报查两联交还解款机关，以通知一联留存，以报告、报核两联附随金库收支。报表送上级金库转呈财政厅。

第十八条　解款机关解款后，掣回收据，报查两联，以收据一联留存，以报查一联随税收旬报表，税收凭证之缴查联送上级税收机关转送财政厅备查。

第十九条　财政厅收到总金库转来解款报告报核二联，除留存报告一联存查外，以报核一联转送审计处备查。

第二十条　各机关解款，如有数款同时报解者，必须按解款书分科目填列，不得混淆。

第二十一条　各机关解款书内，应由主管长官会同会计科（股）长或会计员签名盖章。

第四章　支　出

第二十二条　本边区各机关部队经费均由边区政府财政厅统筹核发。

第二十三条　请领经费办法：军务费由军区供给部，民运费由边区民运团体领导机关，行政经费由边区政府行政区专员公署或直属市政府，财务经费由财政厅所属各总局向财政厅总领分发，或转请代领转发，其具体手续由财政厅与军区供给部，边区政府秘书处，各专员公署或直属市政府及各局商定之。

第二十四条　各机关请领经费须依据预算填具二联请款书（格式二）随预算书送财政厅。

第二十五条　财政厅收到请款书及预算书，经审核后，于请款书上签写核发金额，以存根一联仍交请领机关留存，以请款书凭单一联留财政厅存查，另填具三联支付书（格式三）除留支付书之存根一联外，以命令（附领款机关收据）通知（附金库向财政厅之报核）二联连同预算书送审计处核签。

第二十六条　支付命令及通知经审计处核签后，送由财政厅交请领机关，赴指定金库领款。不准以支付命令移向税收机关直接领款。

第二十七条　金库收到领款机关交来之财政厅支付书照数支付，并于命令及通知二联上注明付讫年月日与加盖章记，以支付命令一联留存外，以支付通知一联随同金库收支报表送财政厅与审计处备查。

第五章　金　库

第二十八条　金库分总金库，分金库，及金库办事处。由财政厅规定于华中银行总行内设总库，于各分行设分库，于各华中银行支行或办事处设金库办事处，以处理一切金库业务。

第二十九条　总金库及各分金库在财政厅支付命令下负责现金支付之调度，除收入方面依照第三章办理外，支出方面总金库及分金库得视领款机关所在地点及各库存款情形，根据支付命令上核发金额，分别直发或汇向指定金库拨发。

第三十条　汇拨之款项，总金库及分金库得采用金库汇票办法，以汇票交领款机关向指定金库照数兑款。

第三十一条　分库接到财政厅支付命令或总库汇票，照数付款，如存款不足，得与领款机关商定分期拨付之。

第三十二条　金库汇兑结帐（账）与报告制度由苏皖边区金库办事细则规定之。

第六章　附　则

第三十三条　本程序公布之后，前各地区行政公署公布之收支程序，宣布无效。

第三十四条　本程序如有未尽事宜，得由财政厅呈请边区政府修正之。

第三十五条　本程序经边区行政委员会通过公布施行。

选自《华中抗日根据地财政经济史料选编》第四卷，档案出版社 1986 年版，第 163～168 页。

62. 苏皖边区政府产销税征收暂行条例（草案）

1945 年 12 月

第一条　苏皖边区各行政区，对手工业及机器工业得就其制成品征收产销税，其征收办法依本条例执行之。

第二条　本税税率按各制成品之性质分别从价规定如下：

一、香烟、土酒、土烟丝、迷信品、鞭炮、腊（蜡）烛等类征收百分之十。

二、肥皂、植物油及其饼类，纱布（家庭副业之手工纺织品免予征税），皮革等类征收百分之三。

三、腌腊类征收百分之八。

四、薄荷油征收百分之十五。

前项未规定者，得随时呈请核定之。

第三条　某一地区之工业手工业，如有奖励其发展之必要时，得呈请边府批准，于一定期间内减免其产销税。

第四条　凡经营制造业之厂坊，必须申请注册，由货管局发给注册证，注册内容如下：

一、厂坊所有人姓名，年龄，籍贯，住址。

二、独资或合资。

三、资本额。

四、制品名称。

五、工具种类数量。

六、男女工人数。

七、一定期间之产量。

注册证格式另订之。

第五条　产销税归购买者缴纳，由出售之厂坊代征代垫代缴，其办法另定之。

第六条　因货物滞销，厂坊垫缴税款困难时，各厂坊得申请该地货管机关延期征收之。

第七条　为严密稽征及便利商人起见，对规定征税之制成品得贴用印花。

第八条　本条例未尽事宜得随时以命令修正之。

第九条　本条例自公布之日起施行。

选自《华中抗日根据地财政经济史料选编》第四卷，档案出版社 1986 年版，第 158～159 页。原注：“按 1945 年 12 月《苏皖边区货管法规汇编》刊印。”

63. 苏皖边区政府关于征收营业税的布告

1945 年 12 月

查本区过去处于敌后分割环境，各行政区于征收营业税率各有不同，现边区政府宣告成立，各种税制均正整理，关于营业税制税率，亟宜划一规定，特颁布苏皖边区营业税暂行章程，凡在本区境内以营利为目的之事业，均应依照该章程缴纳营业税，惟本年度营业税起征时间，因各地解放迟早不等，特加规定如左：

凡在日寇投降前后新解放之地区，一律自民国三十四年冬季开始征收之，秋季免征。

凡老解放区尚未征秋季市镇商人公粮者，自民国三十四年秋季起征收之。

凡老解放区已征收秋季市镇商人公粮者，自民国三十五年春季开始征收之。

本府为照顾人民历受战争灾难之苦痛，所颁暂行税率至属轻微，按其营业总收入额征税者，仅征其千分之五，按其资本额征税者，亦仅征百分之一，仰我各业善体斯意，充分认识充裕财政确保和平民主建设为当前之责任，对营业总收入额或资本额依实呈报，遵期按章缴纳，毋得隐瞒拖延为要！

此布

主　席　李一氓
副主席　刘瑞龙
季　方
韦　悫
方　毅
中华民国三十四年十二月

选自《华中抗日根据地财政经济史料选编》第四卷，档案出版社 1986 年版，第 171～172 页。

64. 苏皖边区政府进出口及转口货物征税暂行章程（草案）

1945 年 12 月

第一章 总 则

第一条 为保护本边区生产繁荣工商业及保证人民生活需要及解放区经费之供给，特征收进出口及转口货物税并订定本章程。

第二条 自本边区以外各地区输入本边区贩卖之货物谓之进口货，自本边区输往其他地区贩卖之货物谓之出口货，经过本地区之外地货物谓之转口货，对上列货物征税谓之进出口及转口税。

第三条 本边区进出口及转口税由货管局遵照本章程征收之。

第四条 凡非本边区所必需或妨碍生产之货物及危害人民之毒品，得禁止进口，凡本边区必需而产量不足需要之土产，得禁止出口，但别有规定或经特别允准者例外。

第五条 凡属重要军用物品及人民所必需而本边区又无代替品之货物，进口及必需奖励出口之土产得分别免征进出口税。

第六条 第四条与第五条所规定禁止与免税进出口之货物，其种类名称另以命令规定之。

第七条 已税货物在本边区内不得重征，惟津浦路东西地区得互征出口税，已征出口税之货物两地均不准再征进口税。

第二章 税 法

第八条 进出口货物税税率从价规定之，其标准价格得由各区货管局依各该区主要市场物价规定之，税率表另行颁发。

第九条 进口货物必须在进口时向第一道税所报税，出口货物必需在起运地点最近之税所报税，货管局于征收税款后必须填发税票，由纳税人收执，纳税人应查对其所缴纳之税款与所取得税票之金额及骑缝上所剪留之数目相比三者必须相等，否则得拒绝接受或举发之。

前项进出口税票由货管局统一制发。

第十条 为防止偷税或重征起见，货管局得在货物上加盖税戳、粘贴印花，其办法另定之。

第十一条 为便于商人分批销售货物，凡税票在有效期内准予换发分运证，其办法另定之。

前项有效日期之计算以填票之日算起。

第十二条 进出口税票有效期限之规定如下：

（一）马车、黄包车、脚踏车，每日填给壹百里。

（二）牛车、帆船，每日填给三十里。

（三）独轮车，每日填给四十里。

（四）肩挑，及牲畜驮载，每日填给六十里。

（五）内河轮船，每日填给一百六十里。

（六）汽车，每日填给三百里。

（七）赶鲜猪每日填给二十里。

（八）以上规定如不足一日仍填给一日，如为天候关系或情形特殊而有效日期不足者得申请展期。

第十三条　出口之讫点以本边区边界地点为限。

第十四条　凡转口货物由指定之第一道税所征税，同时附收与该项货物进口税之差额相等之转口保证金（如转口税与进口税相同者免收），该项保证金由指定出地口点之税所，验货照票后发还。

第十五条　转口货物收税地点及沿途经过地点之税所，均不得在货物上加盖税戳或粘贴印花。

第十六条　转口货物必须经过指定地点之沿途税所查验，并在税票上验盖查讫戳记。

第十七条　转口货物沿途不得加载分运分售或移转。

第十八条　凡由船只装载，仅在本边区口岸停靠并不起卸及不在境内通过之转口货物，其转口税由各分区货管局根据实际情形另定减免办法，呈报货管总局核准施行之。

第十九条　凡免税进出口货物，必须在进出口地点之税所申领免税证方准通行。

第二十条　进出口商人运销货物持有税票或分运证者，在本边区内一律查验通行，沿途军警机关均须加以保护，不得藉故留难。

第三章　惩　奖

第二十一条　进出口货物未经验税私自起运、绕越或一票两用及涂改税票者，一经查（察）觉除勒令遵章纳税外，并得按其应征税额处以一倍至二十倍之罚款，但其罚金不得超过其偷税货物价格百分之六十。

第二十二条　违犯第四条规定偷运进口或出口者，即没收其偷运货之全部，情节严重者并送司法机关依法治罪。

第二十三条　违犯第十六条规定之转口货物视情节之轻重处以罚款，但最高不得超过应发还之保证金额。

第二十四条　违反第十七条规定之转口货物如系一般货物，除勒令遵章补税外，并按补税额处以一至五倍之罚款；如系禁止进出口货物一律没收。

第二十五条　凡违反第十九条规定之免税货物一律按百分之五补征税款。

第二十六条　经检举属实之罚款及没收货物按百分之三十提奖。

第四章　附　则

第二十七条　本章程如有未尽事宜得随时以命令修改之。

第二十八条　本章程自公布之日起施行。

选自《华中抗日根据地财政经济史料选编》第四卷，档案出版社 1986 年版，第 149～152 页。原注：“按 1945 年 12 月《苏皖边区货管法规汇编》刊印”。

65. 豫皖苏地区关于今后审计工作的决议（摘录）

1948 年 7 月 29 日

一、审计制度修改的意见：

（一）对经费过去规定 220 斤只分行政村开支，自然村白尽义务，事情比行政村并不少，今后要行政村和自然村分享待遇。按管辖人口地亩多少，规定数字，由行署早日确定。

（二）边区粮和地方粮统一征收，统一发米票，统一保管，账上分科目记载，保证损失按征收比例分担，互相不得透支。

（三）政府收入内取消变价，改为征收代金及带金。

（四）财粮管理要求的补充：

1. 县金库存款要规定一定数额，超过一定数额要上解分金库。

2. 金银特货各级不得擅自动用，统一上解行署处理，数目太多可事先请示上解办法，数目太少先报告，听候通知办理之。

3. 各专署粮票除非战时互相不流通使用，到县以上政府兑换。印制粮票时加付粮地点，由用票人员填写，以免流通舞弊。

4. 粮秣保管要颁发条例，规定报酬、损失处理及奖惩等。

5. 边沿区征粮只要已办理征存手续，便视为征收粮秣数。征存手续者不记入存粮账，俟随时收到粮食随时记账。

（五）党政民编制表及供给标准要发至县以上各级审计部门至少各发一份。

（六）供给与经费标准除预备粮外，一律实行包干制，预备粮归临时预计算挂借后报销之。

（七）供给办法之补充：

1. 变价小组在变价粮食时有损耗由交粮机关按交粮数比例分担，价格先后不同，以平均单价处理之。

2. 各单位六、七月份借款报款，按上级规定价格折粮计算。八月以后由变价组证明仍折粮报销。

3. 外区粮票如山东、华北等地应在一般情况下兑换成本区粮票后支粮。

4. 二餐证包括柴草、菜金一律定为一斤四两。

5. 社会事业费包括荣誉军人、残废金、抚恤金、育婴、干属救济、产妇、保姆、奶母待遇、保健、中学以上学校教育经费、修渠、筑桥等开支，以临时预计算表挂借报销之。

6. 人员调动实行供给介绍证（格式附后）由调出机关发给调动人员，规定发到月底，到达新机关后不另报销本人本月开支，即便标准不同亦不予再行加减。

7. 审核根据编制标准及预计算，不合规定即予批驳，无标准规定之费用，暂不批核，请示上级决定后审计之。

8. 侦察费归差旅费报销。骑兵一日八十里，步兵一日六十里。每日以三餐计算，每餐补助馍价一斤，以钱供给。

9. 城工费归临时预计算，由首长审核报销之。

（八）预计算制度：

1. 追加办法——原预算以实有人数加五人估计，如原预算人数超过五人即造追加预算（表式附后）。

2. 预计算表报送规定：

(1) 专署对行署六、十、一、四月份各报总预计算一次。

(2) 县对专署每三月报一次总额预计算。

(3) 各预算单位每月向其直辖审计单位报一次计算，每三月报一次预算。

3. 总额预计算汇总办法：细目汇总同单位预计算表格式，科目汇总分别科目（军、政、民、社）及地区进行之。

（九）审核办法：

1. 审计报告，审计人员坐机关审核之，以审计图章行使职权。

2. 巡回审计，审计人员外出到各单位去审计或划定巡回区，规定各预算单位前往报告，就地审核，刻巡回审计图章行使职权，事先通知有关单位人员。

3. 委托审计，由审计单位委托其它会计、出纳及甲区审核乙区之收支预计算，刻委托审计图章行使职权。

戳记由各专署统一刻制颁发各县。

（十）上年度旧账七月底未结束者八月以后陆续清理，但不得以旧账透支新的粮款。

（附预计算登记簿、单位预算表、总额预算表、单位计算表、总额计算表、追加（减）预算表、临时预（计）算表、预算核准书计算核准书、供给介绍证格式共十种）

……（原文二、三略）

四、审计、会计、出纳（金库）分工关系及作风问题。

（一）计政人员的责任和地位

1. 坚决执行制度——要懂得执行制度好坏与手续的统一与否乃是工作成绩如何的首要关键，因此，必须主动地，有系统地，有意识地把讨论决定的一切财粮制度百分之百的在具体环境中坚持下去，并要更加创造与发扬，不得藉口推诿。

2. 计政工作在财经部门一方面掌握全盘的最主要的环节，他（它）应对本组机构内各科股负有实地指导与推动作用与责任，同时在对全盘财产的整理与掌握上，他（它）和主管负责人同样有着主要的责任。但是，在本机构内他与其他各科股又同样是基本组成者之一，在工作关系上，他（它）和各科股是平行的。

3. 计政员应对其岗位有一定的固定性，所以各个地区都确定会计人员除经其直属上级或上级组织决定核准者外，不得轻易调动与任免。

4. 计政人员对本机构内一切贪污舞弊事情要负当然责任。

（二）分工及关系

1. 分工

(1) 审计

①监督预算之执行。

②稽查检举不法不忠不守于职务之行为。

③设计制度。

④检查审核计算批准报销。

⑤统计收支数字。

（2）会计

①记载簿记掌握凭证。

②计算收支存。

③整理编造表册。

④向上作会计报告。

（3）出纳（金库）

①收入现款、物资、证券、票据。

②支出现款、物资、证券、票据。

③保管现款、物资，证券、票据。

④提解现款、物资、证券、票据。

⑤注销过期票据。

⑥粘补破旧、识别真假。

2. 关系

（1）审计、会计、出纳三者为计政工作的三要素，如同箱子锁子和钥匙一样，只有互相结合，才能发挥管理财粮的威力。

（2）审会计、出纳三者的关系以审会计制度金库制度为枢纽，如有不调，须从制度上来检查。

（3）互相配合又互相牵制，任何一笔财粮收支都须共同处理，谁亦不能单独了结。

（4）工作程序虽有先后轻重的不同，但组织地位是平行关系。

选自《中国革命根据地审计史料汇编》，中国审计学会审计署审计科研所编，北京工业大学出版社1990年版，第143～146页。

66. 豫皖苏区预决算暂行制度（节录）

1948年10月29日

（四）审计制度

为了保证制度执行，杜绝贪污舞弊现象，所以决定分区专署以上之供给机关有审计权。

1. 区乡之预算决算，须经县府（委）严格审查，对人数确切掌握，更属必要。但批发权限属于上级机关。县团级分区专署以下直属队之预决算，均经分供、旅供、专署财粮科初审军供行署财粮处复审，军区行署直属队由供给科（股）初审、军供行署财粮处复审。军供行署财粮处会编下属单位及直属队之预决算呈财办决审。

2. 根据目前情况，暂分为三级审计制，对各级审计机关人员之职权，明确规定如下：

A. 初级审计：(1) 不仅要掌握下属单位之人员、马匹、武器和标准，而且时刻深入下层，了解各种制度在军队党政中的具体执行情况，随时向上级机关反映，求得今后有所改进。(2) 对下属单位之报销，除分区专署直属队外，其他之经常费，在供给标准编制范围以内，有权核销。(3) 对特别、临时费，根据实际情况，提出具体意见，作上级机关审核之参考。

B. 复级审计：(1) 掌握标准人数，了解各分区经费开支情况，对县级临时，特别费，不超过总的预算数，分区专署直属队之经常费，军区行署分局直属队之经常费，不超过制度有权核销。(2) 抓紧制度严格手续，对下属单位有监督检查之权。(3) 军区对分区、旅及军区直属队之临时特别费报销，根据实际情况，提出审核意见，行署财粮处对专署以下党政系统之经常、临时、特别各项费有权核销，但须造表报告财办，对行署分局直属队之临时、特别费，提出审核意见，供财办决审参考。

C. 决级审计：(1) 掌握标准，严格制度，凡不合乎规定者，均有权退回。(2) 对军区、分区、行署、分局直属队之经费，最后加以决审，并负责批发经费。(3) 对各系统预决算编造及报销单据，随时有抽查之权。(4) 掌握物价，各项供给规定按期通知。(5) 对各种科目表格有建议修改之权。

3. 临时预算由行政会议讨论通过（政府）或机关首长审阅（军队）提出意见后交审计审核。经费预算先由审计审核，提出意见后，交首长审阅或行政会议通过。

选自《中国革命根据地审计史料汇编》，中国审计学会审计署审计科研所编，北京工业大学出版社 1990 年版，第 48 页。

七、经济管理

1. 关于发展华中各根据地生产事业的决定（草案）

1942 年[①]

（一）在今后日寇加紧经济封锁之条件下，我根据地军民可能遭受重大之困难者将为布匹材料及日用必需品之供给（军用品除外），故各根据地今后必尽最大努力开展工业生产事业，以谋自给自足。

（二）纺织业为今日工业生产之突击中心，在敌后环境下应以发展农村手工纺织，组织手工纺织生产合作社为主要方式，俾能普遍生长，日寇无法扫荡。不过半机械之工厂纺织，虽为次要方式，亦应努力促其生长，尤须动员工商业家与地方资金经营此种工场纺织，纺织所属之棉花如该根据地内不产，应尽先向相邻产棉区根据地采购，如属不便或不可能，再提倡就地植棉，但以利用荒地及尽少妨碍粮食生产为原则。

（三）造纸、制皂、制蜡烛及文具制造（如浆糊，墨水、练习簿等等）等必需品之小工业生产，亦应努力提倡，以改良手工工场生产为主要方式，在这方面，应多多利用旧式手工业及手艺工人，以谋改良，全国工业合作社之经验可引为参考。

（四）二、三两项生产事业，开始时或有赖政府多作提倡，但切忌向政府路线发展。私人资本能被动员与否，对此生产计划有决定的关系，政府应尽可能予以协助与鼓励。

① 原件未注明制定年月，文内提到“抗战五年以来”，推断为 1942 年。

（五）抗战五年以来，农村生产力已形成低落，故垦植荒地，调节水利，今后更为重要。各根据地皆有荒地，应即按各地情形，颁布垦荒奖励条例，便利农民特别是贫农垦荒，既可增加杂粮生产，又可协助改造农村阶级关系，水利调节关系，一般农村生产力，对于垦荒，尤属必要，无论排水或引水，一般不妨碍敌后抗战的军事要求，二（须）有利于大多数人民，不能仅有利于沿河堤之少数业主，三须合理动员之人力财力协同政府进行。

（六）培植森林，有关水利，同时亦有利于敌后土地之改造，各根据地应努力提倡不可以其见效迟缓而忽视。

（七）农村副业如饲猪、养鸡、育鱼等，为农村经济——重要构成部份（分），各根据地应唤起农民注意此项副业，勿使衰弛，政府并应设法保障其发展。

贸易政策

（一）华中敌后各抗日民主根据地的经济比起华北来是更发展的商品化经济，日用工业品的输入与一般农产品的输出原是非常平凡的。抗战数年来，这商品交换关系虽然已大减缩，但是日用品，必须品及军需品的输入与若干特种农产（包括盐、猪、棉花、烟叶、豆油、花生等）的输出，仍是经常迫切需要，倘使前者不输入，根据地内的军民生活必受威胁与倍感不便，如后者不输出，一般农民也会感到金融堵塞，生活困难。太平洋战争爆发以后，日寇对于华中各根据地一方面必须采取严厉的封锁政策，使我们得不到必需品的供给，另一方面，对我农产品的输出，因为其它也是有利的，必更积极吸收，使我农业生产成为它的附庸品和掠夺对象。华中敌后各根据地目前的贸易环境（就对外部分而言）大致如此。

（二）因此我们的贸易政策在对外关系上，第一对敌作反封锁斗争，其主要内容如次：

一、提倡军民日用品、必需品的自产运动和代用品运动，譬如洋烛，我们可以提倡仿造，同时也提倡以土蜡烛或花生油灯来代替洋烛，使敌人的物资封锁政策减少作用，这虽然不在贸易本身的范围之内，但与反封锁斗争是不可分离的。

二、直到抗战胜利为止，从敌占区输入我军民所必须的物品，将始终是必要和不可避免的，所以在这里，我们必须用各种办法（如免税、贷款、调派武装掩护等），扩大对商人的交朋友工作，来鼓励和协助商人到敌占区去贩运这些物品。同时在这里，我们还必须注意这种偏“左”的倾向：即对这些贩运军民日用品的商人，我们常常会因他们获利优厚，就将他们视为发国难财者和高利的商业资本家，并想采用些方法来加重他们对行政的负担，从全盘着想这是错误的，我们应该加以纠正。

（三）我们贸易政策在对外关系上，第二就应逐渐限制与管理农产品的输出，其原则与内容如次：

一、农产品的输出对于日寇是有利的，尤其是在今后日寇将驱逐法币来掠夺我物资的阴谋之下，所以限制与管理我根据地农产品的输出，是十分必要的（请参阅货币政策一节）。不过我们处在敌后，要怎样来管理输出贸易也是困难的，在这里，第一，我们不宜什么都抓，什么都管，换言之，我们只宜选择少数大宗的出口物产来管理；第二，我们管理这些物产的出口仅是为了对敌斗争，而不象（像）国民党管理出口贸易那样主要仅是为了自己财政上的专利。我们必须如此，方能博得商民的拥护。第三，出口贸易的限制与管理不只是政府工作，同时还是一般商民的工作，我们应从政治上动员商民来共同进行，在这里，切忌将政府与商民全面的对立起来，将出口商人都作为奸商来对待。

二、农产品的输出，假使各根据地的对外贸易是入超的，同时该项农产品在根据地内又是过剩的，则对我们自己也是必要的，否则，我们自己也会窒死，并无法去抵消进口贸易。因此我们不能无条件地反对农产品的输出。不过将根据地内的农产品，经常依托于敌占区的市场，也是有战时经济自给自足的原则的，所以只要对外贸易能够平衡，只要该项农产品能够缩减产量改种他种作物，我们应逐渐限制其生产与出口。

（四）其次在对外贸易上，对于不必要的物品的进口，特别是日寇要向我根据地推销的奢侈品、消耗品，我们则不必争取其进口，而应严厉限制或禁止其进口。

（五）以上为对外贸易。在对内贸易上，我们应使商人有贸易的自由，我们不应采取七管八管的办法，因为当此战时和敌后环境，再加以敌人的封锁，内地贸易是难以顺利发展和支持的，我们如果再加以过多的约束，必使根据地内的商业更难立足。这是有背（悖）根据地建设原则的。在这里，有两种倾向可能发生，我们应加以预防：（一）以法令评定物价，压低物价，其实这是无补于事的，更干涉不了奸商，但对敌后一般商业倒可能有消极影响。（二）以合作社来代替商店或与商店对立，这也是做不到的也办不到的，是过高的无利的口号。

（六）牙行是符合封建剥削性的，我们不能不管，但在目前也不宜管得太过火。我们今天应该做的是：规定各种牙行的行佣之最高额，不准超过，同时不准牙行强迫客户投行交易，使客户（主要是农民）有自行交易的自由。另一方面，我们要多多组织运销合作社。使农民有他们自己的“牙行”——合作社（详合作社政策）。

（七）在各根据地内，部队兼做生意已成为普遍现象，这完全是由于部队财政困难，想藉此以资弥补。结果兼做生意也的确使部队解决了一些财政困难，不过在另一方面，它也的确引起了许多缺点，主要者如次：

一、靠部队的牌子，不遵守缴税。

二、各种贪污现象。

（以上两点是容易克服的，且系对我内部。）

三、把持市场，侵害商人利益（如强买、强卖、贱买、贵卖）。

四、有碍部队对外的政治影响。

（以上两点是难以克服的，且系对外。）

所以各根据地对于部队兼做生意，有按实际情形与可能作左列处置之必要：

一、如部队财政能在政府赋税收入项下得到解决，则一律停止兼做生意。

二、如部队财政得不到充分的供给，可酌量情形兼做生意，但必须依循下列各项原则：

甲、对外少做零星生意，如开设门市商店。

乙、不要滥用合作社名义。

丙、以经营大宗特产（如盐、棉等）之经销为原则。

丁、不犯前例一、二、三三类缺点。

至于部队供给机关为部队自身的需要，自行采办布匹、药材等军需品，则不论部队财政情况如何，皆无不可，但也必须依循前列（丁）项原则。

合作社政策

（一）中国工农大众历来即备受高利贷资本商业资本和帝国主义资本的剥削，合作社则是协助工农大众逐渐挣脱这些剥削的有力组织，并为新民民（主）主义经济的有力组成部份（分）。国民党过去是以合作社来麻痹中农、贫农的革命意识，使之成为地主豪绅统治农村经济的新方式。我们应该彻底推翻国民党的这种政策，使合作社真正能够成为工农群众自身的组织，为他们自己争取经济上的利益。

（二）合作社按照其作用与性质划分，可有左列五种：

甲、生产合作社——为组织工人、艺徒、手工业者、家庭妇女和农民共同出力出资从事生产事业，如纺织、造纸、垦荒等等合作社组织（不生产的不得参加）。这种合作社，为了要谋得根据地经济的自给自足，我们应以最大力量来推进。

乙、运销合作社——为组织农民、小贩、苦力共同贩卖自己所生产的物品（如农民出卖山芋、花生等）以挣脱中间商人的剥削或以自己的体力贩运特种物产，赚出余利（如小贩苦力贩盐）的合作社组织，对于这类合作社，我们要提防商人和地主混入。

丙、消费合作社——为组织小贩、小商人、农村居民共同集资采购农村日用必须品，主要为供社员需要，以减少中间商人的剥削的合作社组织。这类合作社是最可以广泛吸收社员的，但需防范少数人操纵。

丁、利用合作社——征集社员的生产工具，如耕牛、石磨、风车，或集资购办生产工具，以供全体社员利用，使贫苦农民亦有工具可用，这种合作社组织，谓之利用合作社，在农村中亦可普遍组织。

戊、信用合作社为农民自己的金融组织，目的在挣脱高利贷剥削。它的发展常要依靠政府的低利贷款，因此我们必须经常注意地主与高利贷资本趁机侵入，来利用我们的低利贷款。

（三）前列各种合作社，特别是生产、运销两种，虽然要防止地主、高利贷资本和商业资本的侵入，免为他们所操纵，但如何争取他们在一定范围内，来协助这些合作社的发展，则仍属必要。如在分半利息的前提下，动员他们贷款给合作社。

（四）合作社经济虽为新民民（主）主义经济，目的在培养工农群众在经济上的优势地位，但我们不能因此就与私人生产和商业资本完全对立起来，不顾他们的利益，只顾合作社的利益。至于私人生产事业，不计其规模大小，今天在根据地内，不特不宜妨碍他，而且还是一样应该照顾的。

货币政策与发行计划

（一）华中的货币环境

我们要正确规定华中敌后各根据地的货币政策，首先必须明白华中今日所处的货币环境，归纳起来，这环境的特点有下列四端。

一、日寇占领上海租界以后，必更利用上海这一优越的金融据点来扩大伪币流通的范围，排斥法币，换句话说，他在平津华北所展施行的必在华中重演一遍，并加深其深度。

二、日寇对法币的排斥一方面只能是逐渐的，因为法币对于华中人民尚有很大的力量和利害关系，同时目前日寇也还要利用他这次在上海所掠得的游资（法币）并对上海各银行的存户（华中的工商界枢纽）采取怀柔政策，不过另一方面，它必将坚决排斥法币，打倒法币，使华中货币权完全殖民地化，所以我们今日对于华中的法币不要神经过敏的以为它就要垮台，同时也不要过分麻痹，以为华中法币将仍兀立不动。

三、在太平洋战争爆发前两三个月，国民党已经彻底地放弃了对上海法币外汇市场的维持（以前多少还有点藕断丝连），这次日寇占领上海租界以后，英美银行与中、中、交、农完全陷入敌手，法币自然更变为纯粹对内的流通工具和支付工具了，所以日寇今后对于沿长江各市镇特别是上海的游资（法币）的利用主要只有一个方式，即动员这些游资到大后方，特别是华中敌后来购买（实际等于半掠夺）物资，即将它统治下的法币变为它统治下的物资（以前还可以购买外汇，现在只可购买内地的物资了）。在这物资购买过程中，一方面是法币，它要被驱逐于大后方和华中敌后各抗日民主根据地，使成为法币泛滥之海，物价更狂涨，人民生活更加困难，另一方面伪币即可乘虚侵占法币原来地位，扩大其地盘。这是日寇今日在华中将采取的“一刀三面快”的货币侵略政策。

四、国民党对于全国法币的不断贬价，将仍是无力制止的（理由可不赘述），对于日寇占领上海租界以后在华中所要厉行的这一货币侵略政策，当更无力来照顾和斗争，部分的顽固派分子甚至还会高兴法币向我华中根据地泛滥，因为它可更猛烈地影响我根据地的生存。他们不会从大局上来设想，法币在根据地泛滥每不断贬价，对于整个法币和他们自己也是极大不利的。所以我们应明白认清国民党不论在其主客观上皆不可能来帮助我们在华中作保卫法币的斗争，它只会撒下更大的烂污，即继续以大量法币运给顽韩与企图东征的顽军，要我华中广大人民来负担。扼要说来，我们今日和最近一个时期所处的货币环境大致如此。

（二）在货币政策上我们的双重斗争

根据上述的货币环境，我们对敌的货币战，将不得不是双重性的，兹分述如后：

第一，对伪钞无直接斗争，其主要内容如次：

一、在敌统治区游击区（在游击区我们也可酌置发行我们自己的纸币，为区别起见，以下统简称为“抗币”）发动广大人民借用法币和拒用伪币，在我根据地区，则从政治上来动员和从经济上来保证广大人民逐渐信用抗币（过程详后）与彻底拒用伪币。

二、管理根据地大宗的进出口贸易，使日寇掠夺物资的目的和以伪币来压低法币，特别是通过法币来压低抗币的对外（即对沦陷区伪币）比值的阴谋，不能实现。这点在我们的货币政策中占极重要的地位。他的能否顺利完成且与根据地的生产事业能否顺利发展有最密切的关系。

第二，为对敌伪驱逐法币至我根据地使成为法币泛滥之海的阴谋斗争，这是与法币关连着的对伪钞的间接的斗争。其中心任务是，敌伪要将法币从其统治区和控制区排斥出来，将地盘让给伪钞，同时将法币挤到我根据地内来，一方抢购物资，一方使法币要跌价，我根据地内人民要受苦。与这都相对立，我们就要将日寇的这一阴谋完全粉碎，即不让法币被它驱逐出来，并将我之物资掠夺过去，不让伪钞取我法币地位而代之，使我法币因缩小流通范围而更陷于恶性膨胀。要实现这一任务我们所应做的事情当然很多，其中最有力者乏一即我根据地内必须发行抗币，并逐渐使之成为根据地内独占的流通工具（即停止法币的流通），使日寇根本无法驱逐法币到我根据地来。骤然看来，好像我们也在否认法币，反对法币和拒用法币，其实是相反的，我们正是保卫法币。因为我们并非单纯的抗拒法币，而是抗拒日寇将法币从上海、南京、无锡等地区驱逐到我根据地来。我们如果不这样做，就等于将法币在京沪一带的地盘凭空献给敌人，这是大大有利于伪钞而有害于法币的。这正如交战双方做最后的阵地战时，好的司令员必须用良好的政治鼓动工作和严厉的军纪来督促战士坚持原有阵地，并英勇的向前推进一样，在这时如果司令员还妄以为自己有后方可退，就让决战的战士离开其原有阵地，退到后方来，这不但帮助了敌人取得了胜利，而且还会使整个后方的士气瓦解、垮台。今日和最近将来法币和伪钞在华中敌占区和敌控制区严阵相待，即等于来临决战时期，我们是不能不设法顶住法币，坚持其阵地了，如果让他退下来，表面上好像是卫护它，实际则是促其崩溃，这一点，我们自己必须首先辨别明白，然后我们才能粉碎顽固派可能加给我们一切中伤和污蔑。

（三）抗币生长的三阶段

至于抗币如何生长，如何取得独占的流通工具的地位，这不是一个简单的问题。第一，它要看根据地的军事稳定程度和群众动员程度。第二，它要看前述华中今日的货币环境之具体的演变和演变程度。第三，它还要看根据地的对外贸易和生产事业如何发展等等，并非一帆风顺和刻板方式的，但就一般情况及敌后抗日民主根据地发展的一般规律性而言，抗币的生长与对伪钞的斗争大概可划出下列三个阶段：

第一阶段——抗币与法币等价平行流通时期。

今日华中敌后各抗日民主根据地已发行抗币的还很少（仅淮海与路西有少数发行）。抗币还毫无基础，所以在第一阶段，抗币不应（同时也是不可能的）立即取法币而代之，同时在比价上亦必须与法币一致。抗币在这阶段应逐渐由辅助的流通手段变为主要的流通手段，只要各根据地能相当稳定（如今日之路东、淮北、淮海、盐阜四区），这一转变是完全可能做到的。因为：

首先，各根据地内一元券及五毛以下的辅币可说已断绝来源，破烂的更无处可换，五元以上的法币筹码虽然不怎样缺乏，但稍有破烂即难顺利流通，兑换新的也同样不可能，这是抗币今日能逐渐变为主要流通工具的主要根据之一。

其次，抗币的发行不是为了财政目的，而是为了创造出一些筹码，作为生产投资，贷放给工农群众经营生产事业，使根据地的农村经济富裕起来。其结果自然会扩大流通界的货币需要量，使抗币更为社会所需要，同时一般人民对于抗币也会采取更信任的态度，因为这是贷款给他们的银行发行出来的，和他们有血肉关系。

在这一阶段，我们要特别注意下面两件事：

1. 抗币的发行方式主要是兑换，所以抗币越发的多和越占优势，库存中的法币也会一天天多起来，我们必须机动地将它运用到根据地外去换回物资至最高限度。换言之，即减少库存法币至最低限度，为第二、第三阶段之准备。

2. 抗币对外（即对敌伪区）是没有支付力的，为了使抗币在对外关系也能有力量，并可不受伪币通过法币对抗币的威胁和操纵，使抗币能一天天地变为强有力的独立货币，我们第一步必须管理贸易，否则货币战的胜利将是不可能的。管理贸易就是与敌伪作贸易战，在华中敌后各抗日民主根据地于本阶段内应做到：

一、贸易入超的地区赶快设法减少其入超额，以至于求得平衡，要完成这点，自应大大地发展根据地内的生产事业。

二、出口贸易要管理得更严密，对若干大宗出口货商应予以登记（如盐阜地区之盐、棉、猪三大业），以便我们管理外汇，控制住对外的支付工具，这样一方面我们的物资可不被敌伪所任意掠夺；另一方面抗币所需的外汇基金亦可源源不绝。小的出口贸易，我们不必加以管理，因为这既不可能也不必要。

第二阶段——抗币独占流通界与法币限制兑换时期。

在第一阶段中，抗币越占优势，就越接近第二阶段。这一阶段的完成是最困难的，在对敌货币战中亦为主要的关键，其特点是：

一、在根据地内只准抗币在市面流通，法币要先换成抗币才能行使。

二、法币兑换抗币基本上还是采取等价原则，不过要求兑换时（少额的除外）将不是完全自由的，我们可适当登记与管理其用途。假使兑换抗币是为了购买盐、棉、猪等物资出口，我们就可于承兑时即先登记他将来的出口外汇，使所述大宗出口贸易的管理更加严密。必要的话，我们并可限制其兑换，因为在第一阶段也好，第二阶段也好，我们都必须严密防范日寇将大批法币挤到我根据地来，将我们的物资掠夺而去的这一阴谋。

只要根据地情况相当稳定，对外贸易能适当管理，这第二阶段也是能够实现的。

在这阶段内，要特别注意的事情仍如前一阶段，不过应以更高的速度来推进。

第三阶段——抗币独占流通界并脱离法币影响时期。

这一阶段是第二阶段更进一步的发展，在质量上有更大的变化其特点是：

一、抗币更坚定、更深入的独占流通界，成为根据地内唯一的流通手段。只要有关物价的其他因素不起任何变化，抗币又按流通手段的法则而发行，根据地内的物价会较少变化和上涨，这一点在第二阶段已可相当做到，只是远不若本阶段坚定而已。

二、抗币与法币的关系变为汇兑关系，法币只成为根据地对外支付工具之一。其汇率不一定维持等价原则，一般说来，抗币一元将可能高于法币一元，这要看根据地的对外贸易关系以及法币当时在敌占区、游击区的情况来规定。

三、在对外关系上，抗币又将通过法币与伪币建立相当的汇兑关系（严格说来，这在第二乃至第一阶段也已开始出现，不过只有到本阶段才能是积极主动的）。因为，在本阶段内，抗币于法币的汇兑关系也是主动的。所谓主动的意思，就是抗币对法币、伪币的兑汇率并不是“钉住”的，即抗币可不随法币、伪币的涨落而作同程度的涨落，至于其汇率将如何变化，抗币对伪币占优势还是占劣势，这主要要由根据地的生产事业对外贸易及法币、伪币的具体演变和情况来决定。

这一阶段只要第二阶段完成了，就比较容易随着完成，困难的是对外汇兑关系，如何调节，和如何分才能取得有利地位。

进到这一阶段以后，日寇“一刀三面快”的货币侵略政策在我根据地内就将完全碰壁。

（四）发行抗币时应注意的事项

一、发行纸币最怕假冒，而在今天敌伪假冒我抗币，以期达到破坏的目的，则又是必然的。防止假冒的办法有两种，一是用精良的技术来防止，这是在敌后环境中很难办到，而且敌伪有的是精良技术，假冒仍是可能的，甚至还更容易一些。另外一种是用落后的办法来防止假冒，其具体内容如次：

甲、用自造的土纸印钞票。在自造土纸时，我们尽可能弄些小玩意（如加点颜色的纤维乃至土水印等），使敌伪假冒时，非先化（花）些时间来仿造我们的土纸不可。

乙、在印好的钞票上，我们多加些手工，如盖印盖号码等，使敌伪仿造时非常麻烦，要费更多的时间。

丙、土纸钞票不能经久使用（大概只能半年），这本是一个缺点，但在防止假冒这一任务上，它有很妙的作用。因为票子一破旧，老百姓都会自动要求兑换新的，所以半年以后，旧票子都会自动的流回来，新票子又接着兑换出去，这样，只要在准备印制新票子的时候，我们将油墨颜色（版可变可不变）变换一下，到半年之后市面上所行使的抗币就会变成另一种了。可是敌伪假冒我抗币，既然如前所述，要化（花）时间仿造我们的土纸，又要费许多时间加盖图章和号码等，等到偷偷输入我根据地内来，恐怕已经半年了，它在半年前当然不会晓得我们半年后的新票子用什么颜色及何种式样，因此它所伪造的抗币一进我根据地，人民都会晓得是伪造，因为当时旧的抗币已经收回，新的真抗币则已是另外一种了。

丁、要保证前述防止假冒的工作能胜利达到，我们必须有合作社网和农救会网，使广大人民都能及时明白这一套，协同我们对假冒抗币的罪行斗争。

（这土生土长的发行办法各根据地在开始时应采取试验的态度，先作小额发行，然后再慢慢扩大。）

二、抗币的发行在开始阶段要特别审慎。我们要选择时机发，例如逢集与交易旺月，我们即可趁机都兑换一些出去。我们的机关部队发经费与津贴时，要尽可能发法币，因为在开始时，最忌抗币大量地经过我战士与政府工作人员之手流到市面上去。

三、抗币的票面，先发一元、五角、二角、一角四种，五元、十元的要尽可能迟发，因为市面上最感缺乏的是前四种而不是后两种，同时为了防止假冒，这也是非常必要的。

四、各根据地的抗币，以分别发行为原则，相互可以承兑，但不可以流通。

（五）破钞杂钞问题

一、中、中、交、农所发行的法币，在华中敌后各根据地内，因为无处兑换的关系，破烂的很多，特别是一元的（五角、二角、一角的也有）。对于这些破烂票来要求兑换抗币，我们以不承办为原则，否则我们所受的损失将是很大的。不过有些五元、十元的破票（如角上略有损坏或破了一个小洞），主要是由于敌伪间接捣乱拒用，因而在根据地内亦难流通起来，这些破票，如到根据地外仍有用出的可能，我们亦可能酌量承兑，以支持法币信用。

二、杂钞内容复杂，可大别为两种：一种是国民党省银行发的票子（如安徽地方银行，江苏省农民银行，可称顽票），有一元、五角、二角、一角等种类。对这类杂钞我们一律不承兑换抗币，而且要尽一切可能尽速将它们排斥到根据地外去，公开号召亦可。因为这些省钞即在国民党区域内，隔省也是不能通用的。另一种杂钞是根据地内的商会、商号或垦殖公司发行的，以五角、二角、一角为最多（有毛竹制的），而且大部分都是近一、二年来因市面辅币奇缺，找零不便，为调剂市面而发行的。对于这一类杂钞，应比例着抗币（五角、二角、一角者）的发行额，顾及代替能力，逐渐请原发行人收回。只要他们自己同意收回，我们可签协定，以抗币代他们收回（即允许承兑抗币），这一工作，我们必须做到，但不可操之过急，激起商人反感，我们要多做说服工作。

选自《华中抗日根据地财政经济史料选编》第一卷，档案出版社1984年7月版，第54～67页。江苏省财政厅、江苏省档案馆、财政经济史编写组合编。

2. 盐阜区垦荒条例

1942年9月①

第一条　为增加生产、救济失业，充实抗战力量。特订定本条例。

第二条　无论公荒与私荒或生荒与熟荒，一律放垦使地均能尽其用。

第三条　公荒由政府分配给抗属难民贫农开垦并归其所有。

第四条　开垦公荒自领垦之日起五年内免除赋税。

第五条　在垦植五年后以该领垦之土地质量好坏规定赋税。

第六条　私荒不论生荒熟荒应先尽业主开垦，如业主无力开垦任其荒芜时政府限期业主放垦或由政府招人开垦。

第七条　开垦生荒三年内承垦人不纳租税。

第八条　开垦熟荒当年能播种收益者，承垦人缴百分之五地租，以后逐年增加但不得超过百分之三十。

第九条　开垦熟荒如须翻土方能播种收益者，第一年租税全免，第二年免除租税一半。

第十条　生荒若系主佃合资开垦者，能播种收益时承垦人应缴百分之十租税。

第十一条　熟荒若系主佃合资各半开垦当年能播种收益者，承垦人应缴百分之十五租税。

第十二条　须翻土方能播种收益系主佃合资各半者承垦人应缴百分之十租税。

第十三条　私荒所有权仍归原主，但开垦者有永佃权。

第十四条　开垦实施细则，准各县自行规定颁布之。

第十五条　本条例自公布之日实行。

选自《华中抗日根据地财政经济史料选编》第一卷，档案出版社1984年7月版，第404～405页。江苏省财政厅、江苏省档案馆、财政经济史编写组合编。原注："按1944年出版《盐阜区财政经济法令汇编》刊印"。

3. 盐阜区纺织奖励办法

1942年

第一条　为奖励盐阜地区纺织事业之进行特订定本办法。

① 原注：年月为编者判定。

第二条　凡在盐阜区内由商人投资开设之纺织厂及织布厂不论用手工制造或用畜力机器发动，一律依本办法予以奖励。

第三条　纺织厂一律免缴营业税及产销统税。

第四条　纺织厂所需用之原料即棉花及厂纱，如欲自盐阜区境外采购者，一律免征进口税。

第五条　纺织厂得在其所在地之附近乡镇，依盐阜区手工纺织生产小组暨合作社组织简则之规定，发动组织手工纺织生产小组与合作社并得为该合作社之特别社员。

第六条　在发动组织该项生产小组与合作社时，纺织厂得请求当地区政府予以一切帮助，区政府不得拒绝。

第七条　纺织厂制成纱布由该厂自由运销，但如因特别原因发生滞销情形时政府应负责收买该项纱布，或以纱布为担保贷款该厂。

第八条　纺织厂办理成绩确实优良者，政府得依下列各项办法予以特别奖励：一、政府贷给低利放款帮助其发展。二、一次给予一百元至一千元之奖金。三、颁给奖状。

第九条　纺织厂关于置备工具购买原料运销制品等事项，如有困难得随时请求当地区县政府予以协助。

第十条　为确实执行奖励办法起见，凡在盐阜区境内已设或新设之纺织厂，应开具下列各项呈由当地县政府转盐阜区行政公署登记，凡未经登记者一律不得享受本办法所规定之各项奖励。一、名称。二、成立年月。三、股东姓名。四、经理人姓名。五、资本数额。六、所有纺机及织机之种类及架数。七、每月产量及其运销地点。八、每月所需原料数量及其采购地点。九、营业上有何困难。十、其他。

第十一条　本办法由行政公署颁行，其有修改时亦同。

选自《华中抗日根据地财政经济史料选编》第一卷，档案出版社1984年7月版，第445～446页。江苏省财政厅、江苏省档案馆、财政经济史编写组合编。原注："按1944年出版《盐阜区财经法令汇编》刊印"。

4. 盐阜区合作社暂行条例

1942年

第一章　总　则

第一条　为改善人民生活，促进地方经济建设开展对敌经济斗争，发展合作事业以增进抗战力量起见，特订定本条例。

第二条　本区人民组织合作社应遵照本条例之规定。

第二章　合作社类别及命名

第三条　合作社按其业务性质分左列各种：

（一）生产合作社　其业务为社员共同从事如农作物之培植，家畜之饲养，水利与荒地之开发等生产事业。

（二）运销合作社　其业务为运销社员自身及兼营非社员所生产之物品。

（三）消费合作社　其业务为采购社员自身及兼营非社员所需之工具种子肥料及其他日用品。

（四）信用合作社　其业务为贷放社员所需之资金及吸收社员非社员之存款。

（五）利用合作社　其业务为征集与采购生产工具，以供社员共同利用。

第四条　不符合前条规定者，不得称为合作社。

第五条　在一乡之内同种类之合作社不得有二个以上，如发生有二个以上之事情者应即并为一社。

第六条　合作社命名首应标明合作社所在地之县区乡之名称，次应标明合作社之种类，如同一合作社而兼数种业务则以其主要业务命名。

第七条　二乡以上所合组之合作社须将二乡以上乡名并列。

第三章　社员与股金

第八条　合作社社员人数规定如左：

（甲）生产及利用合作社七人以上。

（乙）其他各种合作社二十一人以上。

第九条　合作社股金每人至少须认一股，最多不得超过全部股金百分之二十。

第十条　合作社一律为有限责任。

第十一条　社员退社须于三个月前向社申请。其股金须于退社后三个月退还，死亡社员其继承人如申请退社者其股金于退社后三个月内退还。

第十二条　社股转让须经社员大会通过。

第十三条　合作社成立后要求入社者须由社员二人介绍，由理事会接收并须经社员大会追认通过，新社员经理事会接收后其权利义务与旧社员同。

第四章　合作社组织

第十四条　有七人以上之发起，即可组织合作社筹备会报请政府派员指导协助。

第十五条　合作社成立须召开成立大会选举理事三人至七人组织理事会，并互推一人为理事长；成立后二十日内须将社章成立大会记录股金总额社员名单理事姓名经历住址报请当地政府转呈县政府登记。

第十六条　合作社之最高权力机关为社员大会，最少每半年开会一次，闭会后由理事会根据本条例社章及社员大会决议执行社务。

第十七条　合作社选举权表决权以一人一票为标准，不以股权多少为标准。

第十八条　合作社章须记明左列事项：

（一）名称（二）业务（三）地址（四）股金金额及缴纳方法（五）决算期间及盈余分配（六）公积金（七）社员退社入社及开除之规定（八）职员任免（九）解散之理由（十）其他有关社务事项

第十九条　县政府接到前项申请书后于十日内经核准后发给许可证。

第二十条　经政府许可登记之合作社得申请政府贷放资金派员指导。

第二十一条　一区之内不分种类有三个以上之合作社即可自动组织区联合社，一县内有三个以上之区联合社即可自动组织县联合社。

第二十二条　区县联合社资金由各社员合作社自动分认，区县联合社及社员合作社之关系与合作社对社员之关系相同。

第二十三条　区县联合社之业务权限不得超越下列范围：

（一）加强各社之联系与团结。

（二）协助调节各社资本。

（三）联合贩卖各社产品与采购各社所需物品。

（四）指导各社业务之进行。

（五）协助各社社员教育及工作人员训练。

第二十四条　区县联合社之成立须按照本条例之十五十六两条之规定办理。

第五章　盈余分配

第二十五条　合作社盈余应先提百分之二十为公积金，其余按左列百分比分配。

甲、提百分之三十为股息。

乙、提百分之十为合作社职员（包括理事及工作人员）奖励金。

丙、提百分之十为地方公益金。

丁、其余百分之五十为社员红利总额分别合作社种类按左列比例分配：

一、生产合作社——社员所产物品价值对总生产物品价值比例。

二、运销合作社——社员所运输之物品价值对总运销物品价值之比例。

三、消费合作社——社员所购用之物品价值对全体社员的购用物品价值之比例。

四、信用合作社——社员存款数额对全体社员存款数额之比例。

五、利用合作社——社员所付工具利用费对全体社员所付工具利用费之比例。

第六章　附　则

第二十六条　本条例如有未尽事宜得以明令修改之。

第二十七条　本条例自公布日起施行。

选自《华中抗日根据地财政经济史料选编》第一卷，档案出版社 1984 年 7 月版，第 447～450 页。江苏省财政厅、江苏省档案馆、财政经济史编写组合编。原注：“按 1944 年出版《盐阜区财经法令汇编》刊印”。

5. 苏中经济建设方案

1943 年 7 月 7 日华中行政公署公布

溯自抗日军兴，京沪沦陷，我苏中人民在敌伪直接间接之重重蹂躏剥削下，痛苦日深，憔悴日甚，生产减缩，国力衰微，我抗日民主政府建立以来目击时艰难安寝馈，虽在敌伪频繁扫荡之下，仍不惜殚精竭智，亟图恢复地方元气，拯斯民于水火，先之以废除苛杂，轻松人民负担，继之以二五减租，提高生产热忱，近更厉行精兵简政，以为治本培元之计，三年来，幸赖我全体军民之同心协力，暨各阶层人士之推诚合作，虽未能即登吾民于衽席，然而生活业已相当改善，民困业以稍获昭苏，此乃差可告慰于我苏中父老兄弟者。但以大敌当前，强寇未逐，萑符未靖，百废待兴，政府每念及此，时切忧思，况今国际形势有利于我，德意既受重挫于欧非，日寇又惶惶恐惧英美之反扑，法西阵线之崩溃指日可期，抗战胜利之曙光已经在望，我尤宜培养民力，储蓄民财，养精蓄锐，以待时机，更须预防敌寇封锁之加紧，先求所以自给自足之道，故此更进一步提高生产热忱，厉行经济建设尤为今日所必需。本署爰乃根据苏中实际环境，拟定经济建设方案，必求其贯彻实行以完成抗战建国大业，我全体军民，应不分男女老幼，不分贫富阶层，一致在政府领导之下，同心同德，共济艰难，我全体政府工作人员，尤应发挥百折不挠之传统精神，身体力行，奋志以赴，俾竟意事业之全功，国家民族前途实利赖之。

第一项　经济建设方针

一、以发展自给自足之农业为主，提高农业生产力，达到普遍改善人民生活，以加强坚持原地抗战之条件，并奠下将来建国伟业之基础。

二、发展军需民用工业，达到经济上之自给自足。

三、开辟贸易路线，疏通运销，调节根据地内外供需关系。

四、争取经济上之独立自主，力求摆脱附庸性质，并尽一切可能打破敌人对我经济之控制和掠夺。

根据上列方针，当前具体工作以普遍成立农业生产合作社及组织农村劳动力为中心要务，应予更大之努力以求其彻底完成。

第二项　普遍成立农业生产合作社

一、为增加农业生产，发动及组织农村劳动力，各县应遵照苏中所颁布之合作社组织法，在各地广泛组织农业生产合作社（其它各种合作社亦可组织，但主要的组织农业生产合作社），各级政府应用大力帮助和督促其进行。

二、生产合作社之社员，以广大劳动农民为主体，但同时要大量吸收各阶层人士来参加。

三、政府对于合作社之帮助。

甲、帮助其建立组织：

（一）根据合作社之组织法，指导并协助其组织进行帮助解决组织过程中之一切困难。

（二）帮助解决干部问题。

乙、帮助解决生产上之各种困难：

（一）指导其有计划的进行农业及其付（副）业生产，或增加、或减少、或改种其他植物，总以符合抗战利益及上述四原则中第一个原则之精神为基准。

（二）帮助解决资金缺乏问题，其方法有二：其一为吸收社会游资，或指导社会上其他部门之资金使其流入或转移至合作事业中，其二为政府授资。

（三）帮助解决农具种子肥料水利耕牛等问题。

（四）凡社员耕地不足者，政府所有之农田公产尽先由社员租种，荒地开垦者亦同。

（五）凡合作社所需之物品，尽量设法并鼓励输入，凡合作社产品为政府所需要者尽先收买。

丙、凡生产有显著成绩之合作社，政府应予奖励。

四、合作社之任务：

（一）将本社及邻近各社之农具资金、劳动力、运输工具，设法调整，互相利用。

（二）办理水利事宜，共同建设公私沟塘等。

（三）接受政府所指定应种之各种农作物。

（四）研究并试验改良耕种方法改良种子和农具。

（五）共同买卖各种为生产及生活而需要输入及输出之物品，减轻中间剥削。

（六）互相保护农作物，防止偷窃、践踏、破坏，并共同扑灭害虫。

（七）共同保护和培养地力，不得浪费地力，以免地力衰退。

五、合作社成立以后，政府对于农贷之发放，概以实物为标准，如肥料、种子、农具等，发放时一律通过合作社，再由合作社照政府规定之利息（或无利）转放给各农户，政府不再以个别户为放款对象，以保证每一放款均能用以生产。

第三项　农村劳动力之组织

一、农村劳动力应大量普遍组织协助，以发挥协作效能，其组织形式可以不拘，以适合当地民情需要为原则。

二、劳动力之组织，主要由农抗会负责，政府及合作社应以大力协助。

三、合作社成立后，其能力环境许可时亦可负责组织劳动力。

第四项　水利工程

各县区政府，应号召各阶层人士，共同组织水利委员会，根据所属实际情形，计划各种水利工程，如排水、蓄水、引水、防水、利用水力及其他等。

第五项　林　业

一、沿堤、沿路、沿河岸，各县应有计划普遍植树，其私人大量植树者政府予以奖励。

二、奖励植果。

三、荒场坟地奖励植林。

第六项　工　业

一、维持并适当发展已建立之各种公营及私营工业（如毛巾纺织制纸制袜等）。

二、发展有关农事之工业（如铁匠木匠篾匠等）。

三、发展食品工业（如碾米、制面、造粉酱做干腌等）以便利和改良军食民食。

四、适当发展日用品及棉织工业（如纺织、肥皂、牙刷、鞋袜、成衣等）以期达到日用必须（需）品之自给自足。

五、发展军需及与军需有关之工业以充实抗战军事力量。

六、奖励及优待农具发明家。

第七项　运输事业

一、为打通对内对外贸易通路，增加我之水陆运输能力，应奖励和帮助商人组织各种运输公司或运商，设法保护其运输途中之安全。

二、运输事业之发展，主要是奖励民营，政府居于指导和帮助地位。

第八项　商　业

一、每乡设立粮行一、二所，以调节民食。

二、鼓励城市商人到乡村中多设小店或合作社。

三、各县政府规定适当地点采取兴集办法。

选自《华中抗日根据地财政经济史料选编》第二卷，档案出版社 1986 年 8 月版，第 84～88 页。江苏省财政厅、江苏省档案馆、财政经济史编写组合编。原注："按《滨海报增刊》1943 年 7 月 10 日第 7 版刊印"。

6. 盐阜区垦荒条例

1943 年 9 月 25 日修正

第一章 总 则

第一条 为增加生产救济失业充实抗战力量特订定本条例。

第二条 凡本区境内之民众实行开垦者均应遵照本条例之规定办理。

第二章 荒 地

第三条 无论公荒与私荒或生荒与熟荒一律开垦使地均能尽其用。

第四条 公荒由政府分配给抗属难民贫民开垦并归其所有。

第五条 开垦公荒自领垦之日起五年内免除粮税五年后，以该领垦之土地质量好坏再定粮税。

第六条 凡承领公荒者应请所在地乡政府转呈区政府备案，由区政府派员调查属实后发给承垦证领垦者凭证垦殖。

第七条 私荒不论生荒熟荒应先尽业主开垦，如业主无力开垦任其荒芜时，区政府得限业主于一个月内开垦，逾期区政府得招人开垦。

第八条 私荒开垦后政府在三年内不增加其公粮及土地税以资奖励。

第九条 私荒所有权仍归原主十五年内不得收回，并尽可能予开垦者以永佃权。

第三章 垦 殖

第十条 生荒经承垦人开垦后四年内不纳地租。

第十一条 熟荒经承垦人开垦后当年能播种收益者在第一年应缴百分之五地租，以后逐年增加但不得超过百分之三十。

第十二条 荒地之开垦须加土翻土（亦称扛地）或翻碱者可依下例之办法主佃双方商得同意后实行之。

一、翻土及翻碱之一切劳力资本完全由佃户单独负担时，则垦成后由地主给予佃户三分之二土地（即如佃户开成三亩后地主给佃户二亩土地所有权地主本人仅得一亩）。

二、翻土及翻碱之一切劳力资本完全由佃户单独负担时，则垦成后在三年以上五年以内之作物收获完全归佃户所得，在此期中土地税及公粮亦由佃户负责缴纳，在期满后仍行四六分租，地主在十年内不得转租他人。

第十三条 取得荒地承垦权之佃户以自耕为限不得将承租权转让他人。

第十四条 荒地之开垦无论自垦承垦均应在承垦时呈报所在地乡政府转呈区政府由区政府分别发给自垦承垦各证，以便缴纳公粮及土地税。

第十五条　业主如将普通土地报为新翻碱地或新开荒地希图少缴公粮及土地税者，经查明属实后，除追缴粮税外每亩处以五十元至五百元之罚金。

第十六条　垦荒资金以垦户自筹为原则，必要时垦户可向政府借贷，唯借贷额不得超过每亩垦费之五分之一。

第十七条　垦荒贷款之归还期间该［以］一年为限，在一年中分两期偿还之。

第十八条　垦荒贷款详细办法另订之。

第四章　附　则

第十九条　各县开垦实施细则可遵照本条例再参酌地方情形自行规定之。

第二十条　本条例自公布之日起实行。

选自《华中抗日根据地财政经济史料选编》第二卷，档案出版社 1986 年 8 月版，第 247～249 页。江苏省财政厅、江苏省档案馆、财政经济史编写组合编。原注："按《盐阜区财经法令汇编》1943 年版刊印"。

7. 盐阜区生产奖励办法

1943 年

第一条　为提高劳动地位，发动广大人民生产热潮，以达到改善根据地物质生活，加强斗争力量，特订本办法。

第二条　凡本区境内农户由改善生产办法（如多犁多锄多施肥），因而获得丰收者，经政府评定后，得分别赠予乡农业劳动英雄，区农业劳动英雄，县农业劳动英雄等荣誉称号，并分别予以三百元，五百元，八百元以上之物质奖励。

第三条　凡本区境内从事工业手工业生产（如晒盐、烧盐、榨油、织布等），由改善生产办法而达到最高生产纪录者，经政府评定后，得分别赠予乡工业劳动英雄，区工业劳动英雄，县工业劳动英雄等荣誉称号，并分别予以三百元，五百元，八百元以上之物质奖励。

第四条　凡机关学校成员，由努力生产，改善生活及解决物质困难者，得由该机关学校公举为该机关学校之劳动英雄，应给予五百元以上之物质奖励。

第五条　凡本区境内公私人员，均可自由组织生产竞赛，向所在地政府或所属机关登记，不问是耕田，种菜，养猪，垦荒，晒盐，织布或运盐等，其收获或生产量打破纪录，经所在地政府或所属机关评定后，均得赠以该地区或该机关之劳动英雄称号，并分别予以三百元，五百元，八百元以上之物质奖励。

第六条　凡县与县、区与区、乡与乡、机关与机关、学校与学校之间，均可自由组织生产竞赛，向上级政府或机关登记，用帮助按家计划，组织劳动英雄互助，发展合作运动，奖惩劳动英雄等办法来进行一切个人及集体的农业、工业手工业、运输等、牧畜等的生产竞赛，经上级政府或机关评定后，得赠与各该级政府，机关学校等以生产模范的荣誉称号并得酬予物质奖励。

第七条　凡开垦荒地者，不问公荒私荒，生荒熟荒，一律按照盐阜区垦荒条例给以优待与奖励。

第八条　凡本区境内出产土制布匹，经向政府登记后，一律准许免税运销，并依纺织奖励办法奖励之。

第九条　凡组织合作社进行榨油，经向政府登记后得申请免征营业税，如以榨油所得之豆饼供养猪增肥之用，不运销出境者，其所出之豆饼，免征产销税。

第十条　凡组织运销合作社，进行贩盐贩粮者经向政府登记后，得申请免征营业税与牙税。

第十一条　凡受敌伪蹂躏，生产力被破坏之地区，由当地政府人士之动员号召，迅速恢复生产，继续坚持斗争，得避免造成灾荒，不使广大人民，流离失所者，经上级政府查明后，当予以特别荣誉及一千元以上的物质奖励。

第十二条　凡能从生产经验中改善生产方法，对全区生产有极大贡献者，当给予特别荣誉及一千元以上之物质奖励。

第十三条　凡在生产上有新发明或改良，对根据地坚持斗争之物质要求上，有极大贡献者（如改良土硝制练法，能大量生产，足供对敌斗争需要或其他新发明等），当予以特别荣誉及一千元以上之物质奖励。

第十四条　各县区政府得根据本办法之原则及该县区具体情形，自订各县区奖励生产办法之实施细则或方案。

第十五条　本办法自公布日起施行。

选自《华中抗日根据地财政经济史料选编》第二卷，档案出版社 1986 年 8 月版，第 360～361 页。江苏省财政厅、江苏省档案馆、财政经济史编写组合编。原注：“接《盐阜区财经法令汇编》1943 年版刊印”。

8. 苏中抗战时贸易管理暂行条例

1943 年 11 月 23 日

苏中行政公署财经处训令各级行政区实行战时贸易管理

1943 年 11 月 23 日

苏中行政公署于日前通令各行政区专员公署，各财政经济分处，实行战时贸易管理，抵制敌伪对我根据地之物资掠夺，其原文如下：“查敌伪日暮途穷，限［陷］于绝境，为挽救其垂危之命运，除在军事上孤注一掷外，并加紧经济封锁，掠夺我方物资，为数极大，实我根据地人民之重大损失。最近敌伪将更以十万万元伪币，来我根据地吸收棉花食粮，如不加以抵制，所有物资将被其掠夺一空，军需民用势益感困乏，而伪币蔓延亦将不可收拾。兹为管制我地区进出口货物，实行贸易政策，以粉碎敌伪掠夺阴谋，堵绝伪币潜入，而平衡物价安定民生，增强抗战力量起见，除前令各级政府内组织贸易执行管理各地区大宗物资及进出口商业贸易在案外，特此颁行贸易管理暂行条例，进出口货物管理暂行办法，交通运输管理暂行办法，随令附发，除分令外合亟令并公布施行，并饬属全体遵照为要。此令。”

主　任　管文蔚

财经处长　朱　毅

附：苏中抗战时贸易管理暂行条例

第一章　总　则

第一条　为执行战时经济政策，实行以货易货，限制物资外流，堵绝伪币潜入，调剂供求关系，平衡物价，并争取各种必需品之获得，确保抗日根据地物资之充裕，特订定本条例。

第二条　在苏中区内经济商业之商铺、行坊、商贩悉照条例之各项办理。

第二章　机关及职掌

第三条　办理各项战时贸易登记管理机关由苏中贸易局、各行政区贸易局、各县贸易分局，各区贸易所及贸易分所主持之。

第四条　各级贸易机关职掌贸易管理之主要事项如后：甲、管理进出口贸易，奖励必需品进口，限制根据地物资无计算之外溢，使出口货达到以货易货为原则；乙、管理根据地内大宗物产，举办调查登记，实行有计划之控制；丙、管理根据地内对内对外贸易之商铺行坊商贩及各种合作社，定期举办调查登记并辅助其发展；丁、调剂根据地内物产使过剩与不足者达到供求平衡。

第五条　各级贸易机关管理上列第四条各项贸易主要事项外，得兼理与贸易有关之事务，其范围暂定如左：

甲、管理根据地内交通运输事业，以保护商运，调节物资；

乙、在农村中兴设市集，发展农村商业；

丙、取缔囤积居奇，实行平衡物价；

丁、统制粮食，确保根据地军需民食；

戊、代办商业汇款，并签发货币兑换证明书。

第六条　上列第四、五两条规定之各种办法章则，由苏中贸易局统一规定呈准公布之，但各行政区有特殊情形者，得另订单行办法呈准施行。

第七条　各级贸易局必要时得呈准设置各种专门委员会（如粮食调剂委员会、运输管理委员会、物价评议会等）辅助进行，但应受各该贸易机关之督导。

第三章　奖　励

第八条　在根据地内从业之商贩确实遵守贸易管理之各项，并有特殊劳积或重大贡献者，各级贸易机关得呈请奖励之。

第九条　在根据地内从业之商贩有破坏贸易管理之各项法令，经举发查有实据者，各级贸易机关呈请处分之。

第十条　本章第八、九两条奖励办法由苏中行政公署另订公布之。

第四章　附　则

第十一条　本条例由苏中行政公署颁布施行，修正时同。

选自《华中抗日根据地财政经济史料选编》第二卷，档案出版社 1986 年 8 月版，第 174～176 页。江苏省财政厅、江苏省档案馆、财政经济史编写组合编。原注：“按《淮海报》1943 年 11 月 23 日第一版刊印”。

9. 淮海区行政公署公布奖励群众生产办法

1944年3月1日

一、目的

为提高群众生产热忱，开展大规模的群众生产运动。

二、标准

甲、模范农家：

1. 全家有劳动力男女，很好分工，积极参加生产。

2. 热心改良耕种方法（如除虫，除草，精耕，选种……），因而增加产量百分之五十以上，其增产粮食标准数字，各县、区得按当地情形具体商定之。

3. 改良造肥方法：（如打水粪塘等）增加肥料，每亩施肥在十挑以上者。

4. 全家有一定副业增产在一倍以上者（以实物计算）。

5. 热心公益，拥军优抗，执行法令，实报田亩，按时缴纳公粮，彻底减租增资，参加民兵、农会，并能积极担负锄奸任务者。

6. 在生产运动中做模范，影响他人，且参加劳动互助团体，并在其中起模范作用者。

乙、劳动英雄：

1. 具备模范农家各种条件，并系其中生产成绩最佳者。

2. 热心组织劳动互助团体或合作社，在十人以上并亲自参加领导作用者。

3. 每县劳动英雄中其成绩最佳者为特等劳动英雄。

丙、造粪大王及种植，某种作物有特殊成绩之模范生产者：

1. 造粪大王每亩施肥要在十挑以上，花生地每亩施肥十五挑以上。

2. 种植某种作物有特殊技术，收获最大者，为种植该数［类］作物之大王，如冬瓜大王，山芋大王，……等。

丁、纺纱英雄纺纱模范：

1. 纺纱英雄，每天纺纱八两以上，平均一个月纺纱十斤。

2. 纺纱模范，每天纺纱四两，平均一个月纺纱五斤。

戊、合作英雄：

1. 组织社员二十户以上。

2. 股金三万元以上。

3. 业务发达，并对群众有实际利益。

己、模范合作社：

1. 社员一百户以上。

2. 股金十五万元以上。

3. 业务发达，并对群众有实际利益。

4. 经常开会发扬民主。

5. 账目清楚。

庚、模范劳动互助团体：

1. 按照群众自愿原则，组织劳动力半劳动力五十人以上。

2. 能照顾全体利益。

3. 在生产中有显著成绩，如实行精耕、多锄，节省时间，确实为群众解决问题，且能影响群众自愿参加者。

辛、模范劳动村：

1. 全村都订按家计划，且能按照实行，实际增产粮食较多者。

2. 全村有三分之二以上劳动力组织起来参加劳动互助团体或合作社，并使大家生活真正得到改善。

3. 全村人民劳动情绪最高，生产作风优良，并能影响数庄数村者。

4. 全村人民拥军优抗彻底减租增资并积极参加抗日民主之政治活动者。

壬、以上八项标准，于秋收后，开生产者大会，确实比较成绩民主选举之。

三、奖励办法

(一) 物质奖励：

①劳动英雄奖犁一张，特等劳动英雄奖黄牛一头。

②模范农家奖农具一件（锹、锄、锨、耙等）。

③造粪大王奖豆饼四块，冬瓜大王、山芋大王……等奖励办法另订之。

④纺纱英雄，奖布一丈，纺纱模范奖布一尺。

⑤合作英雄奖法币一千元。

⑥模范合作社给以五万元以上之贷款，模范劳动互助团体给予万元以上之物质奖励。

⑦模范劳动村奖牛车一架。

(二) 名誉奖励：除以上各种物质奖励外，并分别予以名誉奖励如登报表扬，及发给锦旗奖状等。

(三) 奖金、奖品，及其他，由行署统一颁发之。

选自《华中抗日根据地财政经济史料选编》第三卷，档案出版社 1986 年版，第 74～76 页。江苏省财政厅、江苏省档案馆、财政经济史编写组合编。原注：“按 1944 年 3 月 1 日第一版《淮海报》刊印”。

10. 淮海区行政公署年度春耕贷款规定

1944 年

一、为提高农业生产，特举办春耕贷款，凡贷款事宜，悉依本规定办理。

二、春耕贷款暂规定下列四种，并其各占百分数如下：

(一) 肥料贷款占百分之四十

(二) 种子贷款占百分之二十五

(三) 农具贷款占百分之二十

（四）春荒贷款占百分之十五

三、春耕贷款举办范围，前三项以中心区为主，第四项以边缘区为主。

四、各县贷款数额分配如下，不得自行增减，贷款一律以稖豆计算，小麦则按稖豆市价折算之。

（一）灌云县十五万斤

（二）沭阳县十万斤

（三）泗沭县二十万斤

（四）宿迁县十五万斤

（五）运河特区十二万斤

（六）潼阳县十五万斤

（七）东海县十万斤

（八）宿北县十万斤

（九）涟水县十五万斤

（十）淮阴县十万斤

五、春耕贷款由淮海区行政公署，按照所需数额发行农业生产公债充抵之，在公债未发行前，暂由公粮内垫拨。

六、春耕贷款均为无抵押性质之契约贷款。

七、凡因缺乏农具肥料种子或因春荒而致不能进行生产或扩大再生产之中贫农，均得按照本规定请求贷款。

八、已订按家计划并已实行计划之中贫农及抗日军人家属，均有承借贷款之优先权。

九、各县以乡为单位组织春耕贷款委员会由下列二十一人至二十五人组织之，以乡指导员为主任委员。

（一）乡长指导员各一人

（二）区农救会理事一人

（三）公正士绅一人至二人

（四）乡农救会会员代表九人至十一人

（五）生产积极分子七人至九人

十、贷款委员会组织后须呈请县政府批准。

十一、凡适合第七条或第八条规定者，均得填写申请书向春耕贷款委员会申请，由贷款委员会规定申请贷款截止期，于截止期后，即召开会议，将所有申请书加以审查，审查合格者，即由申请人于申请书上注明领收贷款数目，并签字盖章，作为契约，由贷款委员会向区政府领收贷款，区政府于贷款完毕后，应将该区贷款所有契约移送县政府财经科审核保存。

十二、各乡应贷数目由县政府依据各乡情况，先期规定之。

十三、贷款一律贷给粮食（小麦或稖米），每月利息按百分之一点二计算，借麦还麦，借稖豆还稖豆。

十四、每户得申请同种贷款，但总数不得超过一百五十斤。

十五、归还之粮食应与借贷时之粮食成色相等。

十六、春耕贷款一律规定于三十三年九月份由县政府将本息全部收回，如届期承借人不予归还，除请司法机关追缴外，并取消其次年之借贷资格。

十七、承借人届期将本利归还清楚后，应将签字盖章之申请书发还，即认为债务关系终结。

十八、如发觉贷款人有将贷款用于非本规定之指定用途时，得由县政府立时收回，并按已借期每月百分之一点五计算利息，不满一月者，以一月计算。

十九、如发觉乡贷款委员会未经会议手续而自行支配贷款者，除该会负责人应受处分外，所有贷出之款均按第十六条处理。

二十、本规定如有未尽事宜，由淮海区行政公署临时以命令修正之。

二十一、本规定由淮海区行政公署公布自公布日起实行。

选自《华中抗日根据地财政经济史料选编》第三卷，档案出版社1986年版，第286～288页。江苏省财政厅、江苏省档案馆、财政经济史编写组合编。原注："按1944年358期第一版《淮海报》刊印"。

11. 苏中区垦荒条例

1944年

第一章　总　则

第一条　为扩大苏中耕地面积，增加根据地农业生产，保障地权并使地尽其用，人尽其力，加强抗战力量，特订定本条例。

第二条　本条例所称荒地系指：

一、可供耕种之草地草荡。

二、可供耕种之河岸洼地。

三、久失经营之荒芜熟地。

第二章　承放办法

第三条　凡公有私有荒地，须经各县政府按照地方生产计划及地理条件勘查并确定其可垦范围以后，方得招垦，俾得集中资力人力分区分期进行。

第四条　公有荒地由政府依据地方生产计划，按照勘定范围，分期分配给适合条件之人民开垦。

第五条　私有荒地，由政府限令土地所有人定期开垦（招佃开垦或自行开垦不拘），逾期尚未开出，或故意违令拒垦者，政府得代其招垦，产权仍属原土地所有人。

第六条　承垦人具有下列条件者得按序取得承垦公有荒地及政府代行招垦私有荒地之优先权：

一、抗日军人家属及荣誉军人生活贫苦确具劳动力者。

二、政府人员家属生活贫苦确具劳动力者。

三、生活清寒之教师家属确具劳动力者。

四、参加抗日团体人员生活贫苦确具劳动力者。

五、其他一般贫苦人民确具劳动力者。

六、其他一般具有资力人力者。

第七条　开垦荒地时，如有同等条件之承垦人有争垦情事者，得按承垦人登记先后与距离垦地之近远顺序，决定其先后承垦权。

第八条　大片荒地宜于较大劳力财力集体开垦者，人民得筹集资力组织垦荒合作社，或劳动小组集体向业主承领开垦，垦荒组织须呈请政府备案，领得执照，方为合法。

第三章　权　益

第九条　领垦荒地面积，得按承垦者劳动力之大小与所领荒地土质之优劣规定之。个别承垦者，每户至多不得超过二十五亩，合作社或劳动小组等集体承垦者得按社员或组员人数计算，每人至多不得超过三十亩。

第十条　开垦公荒，承垦人有永佃权，并于垦竣后五年内不缴地租及其他各种公益负担。

第十一条　开垦私荒，如系业主供给资本者，承垦佃户享有十年以上租佃权，十年内业主不得自行退佃。

第十二条　开垦私荒，如系承垦佃夫自备资本者，佃户享有二十年以内之租佃权，二十年内业主不得自行退佃。

第十三条　无论公荒私荒已垦土地，业佃双方均须按照政府法令及土地收益情形，根据下列原则议定租约：

一、开垦公荒之佃户，垦竣后五年内①不缴地租，第二年起得按土地受益情形议定正式租额。

二、私荒之承垦佃户其不备垦荒资本者，第一年内不缴地租，第二年起得按土地受益情形议定临时租额。

三、私荒之承垦佃户其自备垦荒资本者，两年内不缴地租，第三年起得按土地受益情形议定临时租额。

四、一切临时租额，不得超过一般土地租额二分之一。

第十四条　关于业佃双方其他土地产权佃权，典卖抵押之转让，招佃退佃手续，与租额种子肥料，农具庄屋及其他有关业佃双方权益之议定，概依苏中区颁布之土地租佃条例规定办法办理，并依法订定租约。

第十五条　私有荒地内被他人开垦致影响所有人生活者，政府得查明酌情予以救助。

第十六条　佃户承垦之荒地，如需筑堤开河者，其圩岸沟渠涵洞水闸等工程，私有荒地由业主负责完成之，公荒地由政府负责完成之，该项工程费用除由业主或政府负担一部外，其余由业佃双方按照垦地受益大小及土质优劣等情，商定负担比例。上项工程之修筑疏浚等费用亦同，如有争议得呈请政府裁理之。

第十七条　第十六条规定内之荒地主如系贫苦而经查明属实者，可不遵守该条所规定之各种负担，但政府得协商地方有产者予以全部分之资助。

---

①　原文如此。

第十八条　垦地中之须造屋搭舍者，其修建费公荒由政府负担，私荒由业主负担，如业主贫苦经查明属实者，得与其承垦佃户酌商分成负担之，造屋搭舍办法由地方政府根据实情具体规定之。

第四章　奖　惩

第十九条　公私荒已垦地在垦竣后五年内免征全部公粮田赋。

第二十条　承垦人如有化名蒙报转租渔利，需索陋规，或从中包揽者，一经举发，定予法办。

第五章　附　则

第二十一条　各分区须依据本条例，参照实际情形，拟定垦荒实施办法，呈请苏中行政公署核准施行。

第二十二条　如各分区、各县区已颁布垦荒法令而与本条例抵触者，应根据本条例予以修改。

第二十三条　本条例之解释修正权，属于苏中行政公署。

第二十四条　本条例自公布之日起施行。

选自《华中抗日根据地财政经济史料选编》第三卷，档案出版社1986年版，第306～309页。江苏省财政厅、江苏省档案馆、财政经济史编写组合编。原注："按1944年11月《苏中行政公署法令汇编》刊印"。

12. 盐阜区工商管理局进出口贸易管理办法

1944年

第一条　为加强对敌经济斗争，保证我军民物资供给，贯彻以货易货，等价交换政策，特订定本办法。

第二条　本办法所指之出口土产，以命令随时规定之（下简称土产）。

第三条　出口土产凭土产出口许可证纳税出口。

第四条　进出口商人，贩运土产出口必须在规定日期换回由工商局所指定之照出口土产同等价值之进口货物进口。

第五条　进出口商人，申领土产出口许可证，必须取得二家以上之殷实行号或业户保证，呈准当地工商局所，出具志愿换回第四条规定货物进口之志愿书。

第六条　进口货物，进口纳税后，凭税票发票登记，发给登记证。

第七条　出口商人，凭定量之指定进口货物登记证，领回志愿书。

第八条　进口商人凭进口货物登记证，申领定量之指定出口土产许可证，贩运土产出口。

第九条　凡迷信品、奢侈品、化妆品进口之进口登记证，不准抵换出口许可证。

第十条　如情形特殊不适用保证办法者，必须凭指定之进口货物登记证抵领出口许可证。

第十一条　商人以进口证申领出口证或换回志愿书，其进出口货价之清算依下列规定。

1. 进出口货物相抵之价格，均以我地区之物价为计算标准。

2. 进口证所载之货价，必须等于或大于志愿书所载之货价（否则必须继续进口补足后，始可解除其志愿书所负之责任，发还志愿书）。

3. 进口证所载货价大于志愿书，所载货价形成之入超差额，在志愿书所载货价百分之十以下者，为便利战时清算起见，商人不得再凭此证要求申领与此项差额相等之出口证。

4. 进口证所载货价少于志愿书所载货价，形成之出超差额不及志愿书所载货价百分之五者，工商局所亦不再向商人要求以与此差额相等之进口货继续进口。

5. 友邻根据他与我地区相互间之进出口贸易，如因特殊情形，不能或部分不能以指定之货物交换者，经行署批准，可以其他货物抵充。

第十二条　商人领得出口证，报税出口后，如在中途发生意外，或购回货物发生意外，经查明属实，准予解除其志愿书所负责任，发还志愿书。

第十三条　违反第三条第四条规定者，以资敌论，除没收其全部货物外，并得依法惩处之。

第十四条　本办法自公布之日起施行。

选自《华中抗日根据地财政经济史料选编》第三卷，档案出版社 1986 年版，第 369～370 页。江苏省财政厅、江苏省档案馆、财政经济史编写组合编。原注："按 1944 年《盐阜区财经法令汇编》刊印"。

13. 淮海区行政公署对三十四年二十万亩植棉运动的指示

1945 年 2 月 1 日

（一）为什么要植棉？植棉有何好处？如何植法？行署另印发"植棉浅说"二万份，发交各县，作为宣传教育之用。

（二）植棉二十万亩，定为全年春耕生产主要内容之一。

（三）清明以后，进行下种，各县保证在本县植棉亩数，不少于下列规定（依去年清查田亩数三十分之二计算）：

灌云：二万一千三百亩。

沭阳：二万一千四百亩。

泗沭：二万四千五百亩。

宿迁：三万三千亩。

东海：三万七千亩。

淮阴：二万六千亩。

涟水：二万一千七百亩。

宿北：一万三千三百亩。

机关生产：一千八百亩。

（四）棉子：植棉二十万亩，需棉子至少八十万斤（每亩四斤计），由行署指定银行以春耕贷款形式，供给棉子四分之一，各县应号召自办四分之三。指定工商管理局即刻在本区及盐阜区，收购棉子二十万斤，作为春耕贷款之用。贷放数规定如下。

灌云：二万一千三百斤。

沭阳：二万一千四百斤。

泗沭：二万四千五百斤。

宿迁：三万三千斤。

东海：三万七千斤。

淮阴：二万六千斤。

涟水：二万一千七百斤。

宿北：一万三千三百斤。

（机关生产各单位，已有规定，不另列。）

各县县政府直接依上列数字向工商管理局领取，另由银行制定棉子贷款办法，通知各县政府遵照办理。

（五）植棉应植于有收成之土地上，一切墙阴，屋角，口行下等，如象（像）过去那样随便种点，收不收不在乎的，均不得计入植棉亩数之内。

（六）植棉系春种秋收，并不妨碍小麦产量，可以将原种高粱玉蜀黍之地改种棉花。政府对植棉另定奖励办法，其应缴公粮仍照原规定数额以玉蜀黍缴纳之。

（七）改种棉花后，佃田交租，以玉蜀黍之当秋产量折算缴纳之。

（八）各县为组织与动员植棉，应以县政府建设科，县农救会，县合作社，县中学校长，有植棉之知识或有经验之人士等组织该县植棉促进指导委员会，负责号召宣传，种植技术指导及春耕秋收检查等工作。

（九）春耕后与秋收时，分为两次检查，凡植棉超过规定亩数之县，其县长建设科长中学校长，予以奖励；凡不足规定亩数之县，其县长建设科长中学校长，予以批评或处分。

（十）植棉奖励：（甲）一户植棉十亩，其收成每亩不低于皮花二十五斤者，每十亩奖豆饼（二十五斤计）一块。多以类推。（乙）收成一亩超过皮花四十斤者，一亩奖豆饼五斤。此项奖励，于秋收后，由区乡村政府检查属实，呈报县政府转行署发给之。

选自《华中抗日根据地财政经济史料选编》第四卷，档案出版社1986年版，第174～175页。原注：“按《淮海报》1945年2月1日第1版刊印”。

14. 浙东行政区工商管理局管理食盐暂行章程

1945年8月

浙东行政区工商管理局布告

办字一号

三十四年八月

事由：兹为统一管理本地区盐政事宜，特制定浙东行政区工商管理局管理食盐暂行章程公布，即日实施，仰一体知悉遵照。

此布

局长　郭静唐

监委　吕炳奎

附：浙东行政区工商管理局管理食盐暂行章程

一、凡浙东地区食盐之生产运销事宜，悉依本章程办理。

二、浙东地区设浙东盐务局，统一管理浙东地区之盐务行政。

三、废止行商制度，由盐务局设立食盐运销处，统一办理盐销事宜。

四、食盐出场后完全自由买卖，一切盐商商贩及任何商人均可向运销处贩卖。

五、食盐之运销除政府统一课税及业务经费外，不得有任何形式附加苛杂及陋规（卤耗另行规定）。

六、食盐之盐价以逐渐提高至千盐石米为目标，以改善盐民生活。

七、食盐之产量，由盐务局根据供求状况统一规定，以期达到千盐石米之标准，保障盐民生活之一定水准。

八、本章程经浙东行政公署核准施行，未尽事宜，得随时呈准修正之。

选自《浙江革命历史档案选编》，浙江人民出版社 1985 年 4 月版，第 611～612 页。杭州大学历史系、浙江省档案馆合编。原注：“原载 1945 年 9 月 11 日《新浙东报》”。

15. 浙东盐务局盐场组织盐务管理办法要点

1945 年 9 月 11 日

浙东盐务局成立后，对于盐务事宜，正谋积极发展，盐场组织及盐务上重要事项均有所规定，兹述大要如下：

一、凡本地区盐政事宜，一律依照浙东行政区工商管理局管理食盐暂行章程办理。

二、设立食盐运销处，并委本局业务管理科科长邵志炳兼该处处长，陈光霁为副处长，统一办理运销事宜。

三、所有牙行性质之盐行一律停止，其属商贩性质者，应一律于九月底以前来局登记，以凭核发许可证。

四、余姚盐场依原区域分为七个分区，各设场务处，并委董楚光为中心分区场务处主任、潘北云为东一分区主任、宣岳近为东二分区主任、屠金顺为东三分区主任、沈宏为西一分区主任、夏政为西二分区主任、张源为西三分区主任，办理各该分区一切场务事宜，所有各分区公仓管理员一律受分区主任之领导监督与指挥。

五、原任蓬长应于分区场处成立后，至各该管场务处登记，一律改为公仓管理员，其职务与责任仍旧。

六、蓬佣取消，由本局按日发给管理费米七十斤至一百三十斤，其具体数目，应视其所管理公仓之多寡，及事务之繁简，由各分区场务处斟酌拟定，呈报本局核准之。

七、仓租按所订之场价千分之五计算（即每盐价千元，仓租五元），由运销处于出盐时付给之，所有应行修理之仓，着各该仓主任迅即负责修理完善。

八、贩盐之盐价，暂定每担抗币五元，税率百分之三十，计每担一元五角，业务费百分之二十，计每担一元，合计每担七元五角。

九、近因伪抗币扰乱市场，妨碍商业交易，食盐运销同样受其影响，兹为便利海北商贩并调节盐民食粮起见，凡海北商人来场运销食盐者，得以每米六斤向运销处易盐一担（包括盐税及事业费在内）而不依上项价格计算，以畅盐销。

十、公仓出盐暂时仍照旧制，以一百另（零）九斤作一担计算。

选自《浙江革命历史档案选编》，浙江人民出版社 1985 年 4 月版，第 619～620 页。杭州大学历史系、浙江省档案馆合编。原注："原载 1945 年 9 月 11 日《新浙东报》"。

16. 苏皖边区政府进出口货物管理暂行办法（草案）

1945 年 12 月

第一条　为畅通物资流通，发展生产，巩固边币币值，保证军民需要，特实行进出口货物管理，并订定本办法。

第二条　本边区境内进出口货物，除统制物品外，悉依本办法管理之。

第三条　凡下列性质货物出口，不受管理。

一、非边区出产经过边区转口之货物。

二、边区出产货物但出口数量微少者。

三、为奖励边区生产事业之发展，特许免予管理出口之货物。

前项第二款第三款不受管理出口货物之种类及数量，由分区一级货管机关根据具体情形规定之。

第四条　除前条规定者外，商人贩运货物出口，须领取货物出口许可证方准出口，其领取办法如下：

一、领有乙种营业证者，得以该证作保，换取出口证。

二、未领有乙种营业证者，应觅得合格之商铺作保。

三、未领有乙种营业证，又无法觅保者，须照出口货总值百分之五至百分之十，缴纳现金保证。

四、持有外汇出售证明书者，以证明书换取出口证。

第五条　前条货物出口许可证，于出口地点最后一道税所查验放行时，应于出口证上盖章，证明货物业已出口。

第六条　货管局于核发出口证时，得视当时之市场需要，指定商人在规定期内带回与出口货同等价值之左列各项物资：

一、对外有购买力之各种货币。

二、金银。

三、解放区内一般市场需要之货物。

四、军需品。

前项带回之货物，除一二两款所规定各种货币及金银，应依照外汇买卖管理办法办理外，三四两款所规定之货物均由商人在市场自由出售。

第七条　进出口商人运来或换回货物后，应向货管机关缴纳进口税票之下联及货物发票，出口商以此换回其出口时所缴之保证金，或保证文书。进口商以此购买同价值之外汇或换领同价值之货物出口证。

第八条　前条所指换回或进口之货物，如属免税货物，除须缴纳免税证之下联外，还须取得收买机关之证明书（如售给私人商店，须有该口货管局之证明），方准换发货物出口证，或购买外汇。

第九条　第七条第八条所规定进口税票，或免税证之下联，其有效期为二月，过期无效，但有特殊原因者，得在有效期内向货管机关声请登记展期。

第十条　商人领得货物出口许可证报税出口后，如在中途发生意外或购回货物遭受损失，经查明属实，得准予减免其应带回之货物或外汇。

第十一条　违反本办法第六条之规定，于限期内未带回指定之物资，或带回物资不足额者，如系现金保证，没收其保证金之一部或全部，如系信用保证，保证人应负赔偿照该货物出口应缴保证金之数额，但有特殊原因，以致逾限经查明属实者例外。

第十二条　凡出口商人私自化整为零，或一货两用藉故逃避管理者，一经查获得视其情节之轻重，按其货值百分之十至百分之三十，处以罚金。

第十三条　本办法如有未尽事宜，得由本府随时以命令修改之。

第十四条　本办法自公布日起施行。

选自《华中抗日根据地财政经济史料选编》第四卷，档案出版社 1986 年版，第 140～142 页。原注：“按 1945 年 12 月《苏皖边区货管法规汇编》刊印”。

17. 苏皖边区货物内销管理暂行办法（草案）

1945 年 12 月

第一条　为便利货物内销，及防止走私漏税，特订定本办法。

第二条　凡本边区货物之内销，除进出口或转口货物持有进出口转口税票或分运证者外，悉依照本办法管理之。

第三条　为适应目前情况，于境内各地分别内销自由区及内销管理地带。前项内销管理地带，不得超过沿边境三十里至七十里之深度，由各分区货物管理局制定公布之。

第四条　货物内销之管理机关为各地货管机关或经其委托之相当机关。

第五条　适合下列情况之货物内销，不受管理，自由通行。

一、在内销自由区内运销之货物。

二、内销货物数量微少者。

三、其他按照进出口货物管理办法免予出口管理之货物。

前项二三两款不受内销管理货物之种类及数量，由各分区货管局根据具体情况规定之。

第六条　前条规定以外之货物，无论由内销自由区运往管理地带，或在管理地带内自行运销，非经货管机关发给货物内销证，不得通行，其领发办法如下：

一、持有乙种营业证者，以营业证作抵换取内销证。

二、未持有乙种营业证者，觅取合格之铺保，凭保证书领取内销证。

第七条　持有内销证之商人，应于采购地点声请该地货管机关，于内销证上盖戳注明采购地点，采购日期，并根据到达运销地点路程情形，核定其到达日期，此项采购地点如与发证机关同地时，即由发证机关于内销证上填注之。

第八条　内销商人到达运销地点后，应向该地货管机关请验内销货物及内销证，经验明无误后，于内销证上盖戳注明货物达到地点及日期，凭该项盖戳证明之内销证，向请领机关换回营业证或保证书。

第九条　内销商人需要改变运销地点，采购地点或展延到达日期时，应向就近货管机关声请核定并证明之。

第十条　货物内销不得领取分运证，但内销商人如于数处地点出售其货物时，得陆续向各该地点货管局请验盖戳证明之。

第十一条　违反第六条之规定，未领有应领之货物内销证而起运货物者，视为出口，按照进出口货物征税章程征税，其需按进出口货物管理办法受出口管理者，责成其办理出口手续。

前项情形之商人不愿办理出口手续出口者，处以相当于出口税之罚金，责成其补行第六条手续或就地出售。

第十二条　凡内销商人起运货物，超过其内销证上载明之数量者，其超过之数量按第十一条办理。

第十三条　凡领有内销证之商人，有下列情节之一者，视为走私出口，按照进出口货物征税章程第二十一条及进出口货物管理办法第十二条之规定处罚之。

一、自管理地带越过第一道边境线者。

二、不能提出到达地点货管机关之盖戳证明或到达日期逾限，或到达地点非原定之运销地点者，除根据第九条规定，经货管机关核定证明者外。

第十四条　本办［法］如有未尽事宜，得由本府以命令修改之。

第十五条　本办法自公布日起施行。

选自《华中抗日根据地财政经济史料选编》第四卷，档案出版社1986年版，第143～144页。原注：“按1945年12月《苏皖边区货管法规汇编》刊印”。

18. 苏皖边区公营商店暂行条例（草案）

1945 年 12 月

第一章 总 则

第一条 公营商店以调节市场供求关系，繁荣市场，薄利经营，稳定物价，支持边币，防止投机垄断，协助发展生产，扶植合作社之迅速发展并照顾私人工商业的上升为目的。

第二条 公营商店由分区以上货物管理局按商业交通情况及军民之需要于重要城镇设立之。

第三条 公营商店应按照法令缴纳货物税营业税及遵守货管法规，其在法律上之权利义务，除有特殊规定者外，与一般商店同。

第四条 公营商店进行买卖，得随时挂牌定价，但不得强制他人接受挂牌价格，致妨碍商业自由。

第五条 公营商店不得为专以营利为目的之投机垄断买卖，因公营商店前项行为而受损害之当事人，得向货物管理局举发之。

第六条 公营商店之基金，由政府指定银行贷给之。

第二章 业 务

第七条 公营商店业务范围如左：

一、调剂日用必需品之市场需要。

二、经营主要土产品之运销。

三、代办军政机关供给品。

四、帮助公私工厂机器原料之采办。

五、推销本地公私工厂出品。

六、帮助合作社之采购运销。

七、代理出口商收买土产品出口。

八、受政府委托兼办事项。

第八条 公营商店遇左列情形之一时，应设法依照市价收构［购］或抛出，以资调剂：

一、进口商人运进货物，一时无法出售时。

二、市场上缺乏某项物资，一时无法取得时。

第九条 公营商店遇下列情况之一时，得以低价出售货物：

一、由于垄断或供求失调，市场价格过高时。

二、市场边币通货过多，需要紧缩，为提高边币价格须抛出货物时。

第十条 公营商店遇下列情况之一时，得提价收买：

一、农业品大批登场，价格过低，影响农民生产成本时。

二、本边区工业生产品，因受外来品影响，以致滞销跌价，影响生产成本时。

三、奸商纵操压低土产价格时。

第十一条　公营商店之收购售出，均以批发行之，但当地零售价格过高时，亦得兼办门市另售。

第三章　组织及待遇

第十二条　公营商店于需要时得于各地酌量设立分店。

第十三条　公营商店之领导，由分区货管局根据工作之方便自行规定之。

第十四条　公营商店设经理副经理各一人，综理店务，下设营业部会计室及货栈，其职权如左：

一、营业部　负责收购售出，商情调查，及对外接洽事宜。

二、会计室　负责登记账目，现金出纳及其造报告表事宜。

三、货栈　负责货物出纳及保管事宜。

第十五条　营业部会计部货栈各设主任一人，办事员练习生人数，根据需要情形设置之。

第十六条　公营商店职员，分一般工作人员待遇及雇员待遇两种，雇员待遇依当地习惯定之。

第四章　盈利及开支

第十七条　公营商店经费（包括职员待遇）全部由营业收入中支出之。

第十八条　公营商店之营业收入，除去营业开支及职员待遇，为公营商店之纯利。其分配办法如左：

一、以百分之六十缴库。

二、以百分之三十为公营商店公积金。

三、以百分之六为公益金。

四、以百分之四为职员奖励金。

第五章　附　则

第十九条　本条例之颁布，由边区货物管理总局呈准边区政府为之，其修改亦同。

第二十条　本条例自公布日起施行。

选自《华中抗日根据地财政经济史料选编》第四卷，档案出版社 1986 年版，第 145～147 页。原注：“按 1945 年 12 月《苏皖边区货管法规汇编》刊印”。

19. 苏皖边区货物管理总局没收物品及罚金处理提奖办法

1945 年 12 月

一、为奖励缉私检举密报防止走私漏税以期增加税收，确实执行货物管理之目的特订定本办法。

二、凡左列各项没收物品及罚金悉依本办法处理之：

1. 违犯进出口及转口货物征税章程之罚金；

2. 违犯进口货物分运办法之罚金；

3. 违犯货物出口管理办法之没收物品及罚金；

4. 违犯货物内销管理办法之罚金；

5. 违犯统制物品出口办法之没收物品及罚金；

6. 违犯营业税章程之罚金；

7. 违犯产销税章程之罚金；

8. 违犯屠宰税章程之罚金；

9. 违犯牙帖税章程之罚金；

10. 违犯外汇管理办法之没收物品及罚金；

11. 违犯其他货管法规之没收物品及罚金。

三、前条没收物品及罚金之处理提奖，应由区级以上货管机关或呈准区级以上货管机关执行之。

四、根据货管法规处理之没收物品或罚金，应由货管机关发给被没收人或被罚人以正式没收证或罚金收据。

五、凡机关团体部队民兵或个人对违犯货管法规事项向货管机关检举密报或缉获送交货管机关者，经处理后应以没收物品估值或罚金总额之百分之三十奖励之，其余缴库。

六、没收物品之提奖得以变价或实物行之。

七、经他人检举密报而缉获者，应让与检举密报人提奖金额三分之一，由货管机关分别发给之。

八、领取奖金者如系机关部队团体人员，应以得奖金额三分之一归该机关部队团体公用。如系货管机关人员，应以得奖金额三分之一归所属机关公用，三分之一缴送县级以上货管机关，经核准后动用之。

九、货管机关发给奖金，应收取领条。领奖人如系机关团体部队人员，应由该机关团体部队出具领条（须盖公章及负责人签名盖章）。

十、违犯第八条规定之机关部队团体（及货管机关）人员，违犯第四条第五条之货管机关负责人或经手人以贪污论处。

十一、本办法如有未尽事宜呈准边区政府修正之。

十二、本办法自公布日起施行。

选自《华中抗日根据地财政经济史料选编》第四卷，档案出版社 1986 年版，第 153～154 页。原注：“按 1945 年 12 月《苏皖边区货管法规汇编》刊印”。

20. 苏皖边区运输公司暂行条例（草案）

1945 年 12 月

第一条　为促进物资交流繁荣市场，减轻运输成本，便利军民交通，各分区货物管理局得设立运输公司，办理水陆运输事宜。

第二条　运输公司运输线之选择，以根据商业需要及便利军政机关之交通为原则。

第三条　运输公司之业务范围以载货为主，载客为辅，其运费率之规定不得超过当地通行之运费率，经货物管理总局之批准后行之。

第四条　运输公司应尽量采用负责包运制，一经接受交运物资，对该运输物之丧失毁损或无故迟到，除由于不可抗力之原因外，应负一定量的损害赔偿之责。

第五条　运输公司应避免运输物之中途停搁及运输工具之单程载货，以求运输迅捷省费。

第六条　运输公司应实行公私兼顾原则以期业务进行之妥善及效率之提高，其方式如下：

一、运输人员经运之次数重量或件数应记录之，按照其成绩由公司予以分红。

二、运输人员迅速完满工作并节约开支者由公司予以名誉及奖励金，其损害运输物及工具或有其他浪费渎职情节者应给以适当处罚以及责成赔偿之。

第七条　运输公司除置备必要之水陆运输工具（如汽艇、小火轮、汽车、马车等）外，并应组织各种军民运输力，以发展运输事业，充裕军民经济，其方式如左：

一、组织登记民间原有各种运输工具，在不违农时或利用农闲条件下，进行运输。

二、帮助民间组织运输合作社，实行劳动互助，由运输公司分配经常运输或自行运输。

三、利用部队在驻防时间空闲之运输工具，增加运输能力。

第八条　前条经运输公司组织使用之运输力，其权利义务如左：

一、享有与运输公司自己之运输力同样运用之机会。

二、每次运输除由公司付给运力（其价目由公司订定之）外，与公司人员同样享受第六条第一款分红之权利。

三、修理工具缺乏资金，或遇运输淡月，生活困难，运输公司得酌量情形以低利贷款协助之。

四、要求运输公司登记或要求退出，完全自由。

五、如因农忙，另有营业，或其他原因，临时放弃运输公司分配之任务者，应与前一日向公司声明之。

六、对运输物应妥善运输，如有无故毁损，缺少情形，应负赔偿之责。

第九条　如因军事需要，经分区以上军事机关之通知，运输公司应用一切办法，组织运输工具，以供军用，但部队在使用期间，应付予一定量之运输费用。

前项规定情况以外，军政机关委托运输公司载运货物，按普通运费予以八折优待，载运公司物品或人员搭乘，按七折优待。

第十条　运输公司有负责免费运送邮件之义务。

第十一条　运输公司于必要时，得呈准组织武装保护运输，不另收取运费，但亦不负货物保险之责。

第十二条　运输公司应于各运输线上酌设分公司，运输站或骡马站。

第十三条　运输公司设经理副经理各一人，下设营业部运输部会计部，各设主任一人，各部办事人员及分公司运输站骡马站人员，酌量需要情形设置之。

第十四条　运输公司应每二月结算营业情形一次，其纯益之支配如下：

一、以百分之七十为公积金。

二、以百分之五为公益金。

三、以百分之二十五分红。

第十五条　本条例如有未尽事宜随时呈请以命令修正之。

第十六条　本条例自公布日起施行。

选自《华中抗日根据地财政经济史料选编》第四卷，档案出版社 1986 年版，第 160～162 页。原注：“按 1945 年 12 月《苏皖边区货管法规汇编》刊印”。

八、文教卫生

1. 苏南行政区私立中学校整理及设立实施办法

1944年2月

第一条 为统一中学校教育行政，加强领导，培养青年，实施抗战民主教育，特订定本办法。

第二条 凡本行政区内原有及新创之一切私立中学校，均应向本署文教处申请立案，经核准后方得设立。

第三条 私立中学校之设立，须具有下列之条件方准立案：

一、服从政府一切法令，接受政府监督；

二、实行抗日民主教育；

三、有校董会及有必要的固定学校基金。

第四条 私立中学应设立校董会，以7人至13人组织之，负责筹募经费，监督计划，改进学校行政等事宜。

第五条 校董会校董具有下列资格之一者方可充任，并得将详细履历呈报本署文教处备案：

一、曾在教育界服务三年以上而有教学经验者；

二、热心教育赞成抗日民主者；

三、品行端正有资望之地方公正士绅；

四、群众团体领袖；

五、行政负责首长。

第六条　校长由校董会推选呈请本署文教处核准委任，其未经委任者无效。

第七条　私立中学之经费来源：

一、经政府批准之固定地方性公产公款；

二、私人捐助之产款；

三、学费；

四、政府补助。

第八条　学费额得视地方具体情形不同，由校董会规定经政府核准，但原则上每学期每个学生不得超过白米五斗。

第九条　立案之私立中学校教职员、校工由政府按月发给公粮菜金（数量与行政人员同），月初向本署文教处具领。

第十条　教职员（包括校长）待遇一律由校董会负责，教员钟点费，按各校经济收入情形具体规定，但每点钟不超过白米八升，主任薪每月另加白米二斗，级任薪每月另加白米一斗，校长薪由各校自定之。

第十一条　设置免费学额，优待抗战出征家属及贫寒子弟，占学额6%至10%。

第十二条　各学校之考绩奖惩，由本署文教处办理，惟为适应斗争环境，本署文教处得委托区行政专员协助办理。

第十三条　凡有下列行为之一者，经查明后得由本署随时命令改组、停止或解散之：

一、以学校为掩护，作非法活动，破坏抗战团结；

二、不接受监督，违反政府法令；

三、秘密接受敌伪津贴，实行奴化反动教育；

四、学生过少，成绩恶劣，办理不善。

第十四条　本办法自公布之日施行，如有未尽事宜得随时明令修改之。

选自《苏南抗日根据地》，中共党史资料出版社1987年9月版，第332～333页。中共浙江省委党史工作委员会、江苏省档案馆编。原注：“自江苏人民出版社《新四军在茅山》”。

2. 第三届浙东文教会决定新的文教方针

1944年10月11日

对浙东敌后文教事业之改革有决定性的文教处第三届文教扩大会议，在“教育与群众结合”、“教育与实际联系”、“学与用一致”的精神下，决定了新的方针是：“社会教育重于学校教育”、“成人教育重于儿童教育”、“干部教育重于群众教育”。大会于十七日开幕。文教处长黄源在开幕式中郑重批判了旧的传统教育与实际脱节，指出本次大会的中心任务，在于根据与抗日民主联系的文教政策与浙东人民的要求，来彻底改造浙东的文教事业，使之对浙东的抗建事业做更大的贡献。“这些新的文教方针，在解放日报的几篇社论中，早已明确指出了。”黄处长并举了一个例证：“目前我调查了一个村子的人口，其中成人占百分之九十五，儿童却仅占百分之五，试问：今天的教育对象是百分之九十五的成人重要，还是百分之五的儿童重要？抗战的贡献是成人多，还是儿童多？还有一个调查研究资料，就是南山和三北两地区共有小教一千多人，小学生约三万三千余，平均每个教员教学生三十一个，人民与抗日民主政府每年要替每个学生负担公粮七十二斤（谷子）。如果以这些干部与经费拿来教育成人，则不是对浙东人民的贡献更大！?”大会于传达中共中央文教政策及毛泽东同志文艺运动新方向后，即展开热烈讨论，并做了具体决议。

开展社会教育

今天社会教育的主要对象，是广大的农民群众，一切教育内容与方式方法，就都要以切合农民要求为第一。根据这个原则，决定今后社教工作的中心为：（一）各地建立农村俱乐部，要把农村俱乐部做（作）为团结各阶层，宣传党、政、军各项政策、法令、设施及造成下层人民舆论，有系统吸收人民反映的机构，并将它作为各项社会活动（纠纷调解、议租）的中心场所。俱乐部的名称，组织形式，内部组织分工等，均可视当地条件不同而规定。以当地小教及民间艺人作骨干，其工作可包括演戏、唱歌、识字、问字、代笔、弈棋、说书、壁报、通俗讲座、巡回图书等，经费则尽量运用地方力量。（二）争取和团结民间艺人——由于民间艺人是生根在广大农民心目中的，他们用艺术为工具，密切的联系着农民，对农民所喜闻乐见的民间艺术形式是最熟悉的，因此，成为今日新教育工作的重要桥梁之一。民间艺人的种类：包括职业性的，如戏子（的笃班为主），唱滩黄的，唱新闻的，说书的，小唱，画神像的，靠卖唱为生的乞儿等；业余性的包括一切能唱、能做、能玩乐器的有职业者，如理发师等。争取民间艺人是基于自愿为原则的，先从解决与帮助其生活上，营业上的困难入手，运用其技术，然后从政治上教育上巩固。对职业民间艺人进行登记审查旧剧，供给新剧等办法，并进而使其自动演唱若干或全部新编歌剧。对业余民间艺人则动员其参加就近的农村俱乐部，由就近学校教员进行辅导工作。（三）提倡与改造民间艺术形式，如戏剧（的笃班、绍兴高调等），音乐（小调、山歌、胡琴、锣鼓等），绘画（连环画、年画、门神、壁画等），小说（章回小说、宣卷本等），舞蹈（马灯调舞蹈、高跷、舞灯等）运用这些来进行对群众的政治教育是最有效的。今天重要的是要不断的创造新内容的作品，以造成热潮，推动各地区的社会教育工作。因此决议设立一个专门编写通俗读物的机构来负责组织这部分工作，各地小教，民间艺人则组织座谈会、研究会等形式，来研究与提高民间形式。（四）学校社教工作，决定目前各校社会部主任、音乐教师的当前工作，以农村俱乐部为中心，并规定各校均须普遍出版大众壁报、黑板报，其内容须和农民生活，各地情形密切联系，以报道地方消息，生产知识为重心，经常进行读报工作，并尽量使各校集中小先生和艺术才能之儿童，成立“儿童社教学校队”，在附近设立巡回施教系统。

改造学校教育

决定如下：（一）学校行政方面所有公私学校，应向“民办公助”的方向发展，尽量尊重地方上的意见，运用地方上人力物力来办理。在学校组织上校务分掌，学校与群众团体关系上必须民主，在教师与学生之间，也必须充分发挥民主集中精神，并规定学校中的一定会议生活，教师须分工。按敌后条件需要作简要切实的设备。（二）学制改革方面，为适应农村及市镇的实际需要，各校可视所在地具体环境，择用全日制，半日制，认识班，二部轮流制，旁听制，间日制，雨天书，小先生夜校，晨校等。在学年方面，决定平原地区，基本上仍采用初小四年，高小二年制，山区则可灵活改为一年制，二年制均可。星期放假制也可视实际需要，改变为“市日放学制”等。此种改革，均本人民实际生活与生产情况的要求。（三）课程改革方面：总的原则是着重抗日战争知识和生产知识的增加，启发民主的精神，培养劳动观念，集体观念等。国语课增加抗日故事讲读，其体裁多采用当地民歌、民谣、小调等。作文：着重于农村中普通应用文、写信、写帖、练习听写、速写等。说话讲学：着重于辩论讲话，读报及其他农村口头宣传等。常识：社会教学上，高中级增加时事讨论、时事报告。地理方面：着重先研究本村本乡，再普及到本县、浙东、全国敌后各抗日民主根据地，及大后方与国际间重要国家，由近而远的研究。历史教学方面：亦以中国抗战史及世界反法西斯战争史为重心。公民教学：则着重于民主建设常识，如开会常识，政府法令传达，及配合各种活动（秋收斗争）等。自然课：则注重本地实用农事及生产常识，普通生产知识，与本地流行的疾病的预防治疗，破除迷信观念之常识等。算术课：增加心算、珠算、连算、簿记、记帐（账），减少不合实用［的］分数循环、小数等；算术教材亦以普通实用教材及与战争有关的材料为主。劳作课：以种植制作简单日用品为主，并督促学生勤作家庭劳动及在校劳动，培养其集体劳动观念。美术课：注意宣传漫画的绘制，多采取战斗与农村生活材料等。音乐课：以增加新内容的民间音乐，如新编的笃调、小调等，减少普通歌曲的比重，并练习民间乐器，如胡琴、响器等以改造民间音乐。体育课：着重于发展儿童身心与抗战生产配合。（四）儿童组织与训导方面：规定了训育须采取集体检讨、竞赛、奖励、个别谈话、耐心说服等方式，提倡为民族为大众的新英雄主义，教师需与儿童订定公约。关于每周中心训练事项，亦依据实际需要与儿童身心规定其范围，如纪律、整洁、勤学、劳动、集体观念、民族气节等。

大会先后进行六日，到连主席及南山、三北两地县办文教科长与区署文教指导员二十余人。最后总结中，黄处长指出：这次大会最大的收获是能够根据新的文教方针。这些方针均散见于各期新浙东报的社论与消息，善于掌握这些文件与指示中的精神与实质，根据浙东的具体环境及时改变方针，提出文教任务。这种对新方针的研究精神与对文件报纸的运用方法，是值得我们发挥的。而大会的缺点，如报告还有些一般化，注意搜集典型不够；在大会领导上发扬典型也不够。会议开始与中途休息时间均以民间音乐及留声机伴奏，并当场分发各种新编的笃戏、小调、音乐工作调查研究资料。其间举行了一次民间音乐晚会与传统教育座谈会。会议于廿三日结束，是晚全体与会人员前往观摩越剧，由社教队演出新编越剧《大义灭亲》。

选自《浙东抗日根据地》，中共党史资料出版社1987年6月版，第112～115页。中共浙江省委党史资料征集研究委员会、浙江省档案馆编。原注：“原载1944年10月11日《新浙东报》”。

3. 浙东抗日军政干部学校招生【简章】

1944年11月22日《新浙东报》

（一）宗旨：本校以培养有志青年提高其抗战学术，使其真能为国家民族服务，增强抗战力量为宗旨。

（二）名额：第一期除由各军政机关保送者外，暂定招收新生一百二十名。

（三）资格：凡具备以下条件者，皆可报名投考：1. 思想纯洁，具有抗战热情。2. 年在十八岁以上，二十八岁以下之男性。3. 初中以上或具有同等学力者。4. 身体健康，无传染病、慢性病及不良嗜好者。

（四）报名：自即日起向浙东敌后行委会各县办事处、区署、乡公所及各地自卫队转送本校报名。

（五）考试科目：1. 体格检查。2. 口试。3. 笔试：自然科学常识，社会科学常识（包括历史、地理、时事、政治常识等）及算术。

（六）考试：1. 到达本校后，随到随考，成绩及格者即入校学习。2. 名额数满即停止招考；远道者得酌情补考。3. 如考试不及格，凡体格健全，思想纯洁者，由本校负责介绍至其他学校学习，或担任适当工作。

（七）开学日期及地点：一九四五年元旦在四明山开学。

（八）学习时间：暂定六个月，学习期满即由本校负责介绍工作，成绩优良者，并可由本校保送至高级学院继续深造。

（九）待遇：凡考试及格入校后，一切服装、行李、文具、日用品及膳宿、零用等费用，皆由本校按新四军排级干部待遇供给之。如投考不及格而由本校负责转送其他学校学习或担任工作者，亦可保证供给膳宿及生活等一切费用。

（十）附注：如远道投考，不能如期赶到本校者，可先通信报名。

兼校长　何克希

选自《浙江革命历史档案选编》，浙江人民出版社1985年4月版，第347～348页。杭州大学历史系、浙江省档案馆合编。原注："原载1944年11月22日《新浙东报》"。

九、土地租债

1、陆军新编第四军第一支队司令部政治部布告
——关于减轻租息办法[①]

1938 年 10 月

查自全面抗战发动以来，农工业各项生产所受损失甚大。因此，影响人民生计，无法维持。兹为使本县[②]民众加强抗战力量，减轻生活忧虑起见，特拟定减轻租息办法如下：

一、田租地租利稻概照原订租额减低二成半交纳。

二、如收成特别荒歉者，得由主佃双方会同乡保长及农民抗敌协会，按照当地情形斟酌再减之。

三、灾区内之灾民（指公路附近而言）租稻尤须特别减折，利息全免。

四、平常借款利息，须按照政府规定年利，最高不得超过百分之二十。

五、地主不在家，租稻由地主托人代收者，一律拒绝，所有该田本年租稻，按照折准成数由原佃户保管之，但须得该处乡保长之担保。

六、凡本年所借米稻利息及放稻债麦债者，亦以按照年利二分为原则，由乡保长会同农民抗敌协会，按照当地情形分别规定之。

---

① 原注：标题按原件刊印，副标题为编者所加。

② 原注：系指金坛县。

七、借米借稻者，一律还稻，不得将稻折钱，计钱还稻，致贫苦民众吃亏过大。放稻债者，收稻时稻价不得过低，由乡保长会同农民抗敌协会，公平规定之。

八、十分贫苦无法还债者，得由债务人邀请乡保长会同农民抗敌协会，向债权人商量延期归还本利。

九、包利应照实际借款数目还本，另计利息，不照票面，赤贫无力还付者，准先付息后还本。

以上各项仰全县民众共体时艰，以民族利益为前提，切实遵行，不得阳奉阴违，借端阻扰，须知全民生计问题得以解决，始能一致团结，加强抗战实力，以收击退日寇，收复失地之效，抗敌前途，实利赖之。此布！

司　令　陈　毅
副司令　傅秋涛
主　任　刘　炎

选自《华中抗日根据地财政经济史料选编》第一卷，档案出版社 1984 年 7 月版，第 85～86 页。江苏省财政厅、江苏省档案馆、财政经济史编写组合编。原注："按《镇江革命史料选》第一辑刊印"。

互校版本：《苏南抗日根据地》，中共党史资料出版社 1987 年 9 月版，第 37～38 页。中共浙江省委党史工作委员会、江苏省档案馆编。原注："据江苏省金坛县所征集的布告原件"。

2. 苏南行政区处理土地问题暂行条例

1942 年 3 月 5 日公布

第一条　本行政区为巩固抗日民族统一战线，争取民族革命战争的胜利，调剂各阶层的利益，改善人民生活，特根据中华民国土地法，及中华民国［民］法债编、物债［权］编之规定，按中国共产党中央颁布关于抗日民主根据地土地政策的决定及其附件制订本条例。

第二条　凡土地房屋债权及其他一切合法之私有财产，有营业证或契约，经政府备案登记者，一律依法保障其私有权，任何人不得侵犯。

第三条　私有财产其私有主有自由使用支配权，其继承人有继承权。

第四条　凡承种他人之土地者有承佃权。

第一款：承佃权之设定有期限者，依其期限，期满后出租人有依约处置之自由，包括出典、出卖、自耕、雇人耕种或转租，但在抗战期间，地主收地应顾及农民生活，并须于收获前三个月通知承佃人，倘承佃人生活上感到困难，承佃人得呈请政府救济，政府得召集业佃双方加以调剂或延长佃期或退佃一部。

第二款：出租人于契约期满招人承佃或出典、出卖时，原承租人依同等条件，有承佃、承典、承买之优先权。

第三款：出租人出卖、出典有承佃权或契约期限未满之地，原承租人有继续承佃之权，非至期限届满，新主不得另佃他人。

第四款：承租人在两年内无故不耕或力能付租而不付者，出租人有收回土地之权。

第五条　出租人之土地，不论租佃半耕一律照原租额减少25%，减租后承佃人有交租之义务。

第一款：地租不得超过耕地正产物收额总数375‰，减租后地租仍过375‰者，应减为375‰，不及375‰者依其约定。

第二款：出租人对于佃户耕作上必须之农具、种子、牲畜、肥料完全供给，佃户只出劳动力者，二五减租后地主所得不得超过耕地生产收获总额1/2，超过者应减为1/2，不及1/2者依其约定。

第三款：半耕地之土地收入，二五减租后，不得超过耕地正产物总额375‰，超过者应减为375‰，不及者依其约定。如出租人对半耕者、耕作者所必须之耕具、种子、肥料、牲畜有所供给，按多寡比例征收地租，但出租人所得最高不得超过耕地正产物收额总数1/2，超过者应减，不及者依其约定。

第四款：地租一律于物产收获后缴纳，出租人不得预收地租，并不得收取押租。其已预收地租或收取押租者，须一律亟还承租人，并照一分半计息。

第五款：地租交付以耕地正产物为原则，其约定地租为现金者，于二五减租后其租金仍超过正产物收获总额375‰者，应减为375‰，不足375‰者依其约定，约定两期交付者一律按两季正产物收成比例分两季交付。

第六款：耕地之土地税由承佃人代付者，应于租入扣除之。

第七款：定租（钱租）因天灾人祸，使其收成之全部或大部被毁时，得停付或减付地租。

第八款：耕地副产物一律归承租人所有。

第九款：出租人是贫穷的地主、鳏寡孤独、小学教师、自由职业者等等，无力耕种，不得不出佃自己土地者，则在农民同意的条件下，可以酌量通融减少。

第十款：租佃关系应双方订立契约，各持一纸并向政府登记。

第十一款：多年欠租应予免交。

第十二款：地租原约定以货币支付者，因纸币跌价而发生争议时，得呈请政府召集业佃双方协议调解，并得将货币地租之一部或全部改为实物地租。

第六条　严禁庄头、二东家、杂粮小租、送工等额外附加。

第一款：承租人纵经出租人承诺，仍不得将耕地全部或一部转租他人，其转租者即为庄头或二东家，庄头或二东家的剥削应受刑事处分。

第二款：下耘时出租人借给承租人种子者，不论有无契约规定，其偿还款除照原借外，可酌量情形微收点利息，但不能超过年率一分半，出租人并不得借口停止借给承租人种子。

第三款：杂粮小租、送工等额外附加一律禁止，出租人并不得借口增加地租。

第四款：租斗以通用公斗、公秤为标准。

第七条　特种土地依下列各款处理之。

第一款：凡罪大恶极的汉奸之土地应予没收，由专员公署以上之政府管理，租给农民耕种，以示惩罚，其家属如未参加此种汉奸活动或其情节较轻者不在此例。

第二款：被迫当汉奸的土地不应没收，以示宽大，争取其悔过自新。无人管理者由政府代管给农民耕种，俟其回家抗日而收后还之。

第三款：凡逃亡地主不论其逃至何处，其土地不得没收。无人管理者由政府代管招人耕种，并应保存应得地租，代交田赋公粮，原主回家时将其土地及应得地租一并发还之。

第四款：凡没有税过契或没负纳过税的黑地不许没收。而限期责令业主税契纳粮，如过期仍不税契不纳粮时，由政府给予管理的处罚。

第五款：族地、社地由本族、本社人员组织管理委员会管理之，以其收入作为本族、本社或本地公益事业之用和优待抗属。族产优待本族抗属，社产优待全社抗属。

第六款：学地留作教育经费，由政府或本地人员组织教育基金管理委员会管理之。

第七款：宗教土地（基督教、佛教、回教、道教及其他教派之土地）均不变动。

第八款：公荒由政府分配给抗属、难民、贫农开垦，并归其所有，在一定期限内免除或减税。私荒开荒，应先由业主开垦，如业主无力开垦，在其荒芜时政府得招人开垦，并在一定期限内免除或减少其税，土地所有权仍属原主，但开垦者有承佃权。

第八条　债权人之利息收入以一分半为计息标准，超过一分半者，应减为一分半，不及一分半者依其约定，减息之后债务人有交息之义务。

第一款：依定有期限借用现款之契约，其不定期限借用现款之契约，无论有无物质，利率超过一分半者，一律减为一分半换成新约，年利不及一分半者依其约定，债权人不得因减息关系解除契约，债务人亦不得在减息后拒绝交息。

第二款：抗战前成立的借贷关系，其利息超过原本一倍者，停利还本，超过原本两倍者本利停付。

第三款：凡抗战后新成立的借贷关系，债务人到期不能付息还本，债权人有依法处理抵押品之权，同一抵押品而担保数债权者，其卖得之价格，按各债权契约先后依次照比例清偿之。如抵押品为土地（押地）照此办理。凡典地未转成买卖关系者，出典人随时可照典价依约赎回土地，不得用抽地换约的办法，如已转成买卖关系者，不得赎田。因纸币跌价而在赎回典地时所发生之争议，得呈请政府调处之。

第四款：凡抗战后成立的借贷关系，因天灾及其他不可抗拒之原因，债务人员无力履行债约时，得请呈政府调处，酌量减息免息还本。

第五款：抗属债务问题应依其家庭生活状况来决定，如贫困无力偿还者，得延迟至抗战胜利两年后偿还之。

附　则

一、本条例自公布之日起施行。

二、本条例由各县区各级行政机关施行。

三、本条例须通过县乡各级参议会讨论。

四、各县区乡得组织处理土地协进会，由抗日团体、参议会推派代表组织之，借以协助政府实施本条例。

五、以上各项条例与各地情况相合者，均应坚决执行，其有不合情况而需变通办理者，各地得加以变通，惟须变通之点，呈报本署批准。

选自《苏南抗日根据地》，中共党史资料出版社1987年9月版，第223～227页。中共浙江省委党史工作委员会、江苏省档案馆编。原注："据江苏省档案馆所存档案"。

3. 盐阜区清查田亩暂行办法

1942年

第一章 总 则

第一条 为确定本区人民产权及便于征收田赋公粮公草，厉行人民合理负担起见，特拟定本办法。

第二条 清查田亩采用土地陈报办法，辅以必要之实地清丈以及人民自动陈报与检举为原则。

第二章 土地陈报

第三条 土地陈报以乡镇为单位进行之，如有乡界未经明确划分者应由区署在办理土地陈报前明确划定所属各乡界限（可以两乡交界处之自然河流沟渠或道路为界），如属区边境之乡界则由各该管区署共同划定之。

第四条 业主陈报土地应填具陈报书（陈报书式样另定之）。

一、业主所有土地应分块填写于陈报书（每块填一栏）；

二、业主在本乡镇内之土地向本乡镇陈报；

三、业主在他乡镇之土地应在他乡镇陈报；

四、业主所有土地在本乡而其住居所在地不在本乡者仍在本乡陈报，其陈报书之填写得由业主自行办理或委任其佃户或关系人代为填写。

第五条 业主陈报土地，俱须实地丈量计算亩积，其计算尺度规定以各县"五印官弓"尺为标准，以六十方丈为一亩，小数至厘为止。

第六条 陈报书应依本办法组成之乡镇及保清查田亩委员会分发各业主填写，上项陈报书限本年×月×日前发交各业主，×月×日前收回集中于乡镇清查田亩委员会。

第七条 各乡镇清查田亩委员会收回填就之陈报书后，应在月前制就乡田亩清册（乡田亩清册式样另定之），在本乡镇之土地自然村内公布，并限期准由各业主自动申请更正或补报其田亩数，逾限即奖励人民自动检举，其未经业主自动更正补报经查明或被检举有隐报或谎报情事者，依本办法第三章之规定予以处罚。

第八条 在乡镇田亩清册造成后，区清查田亩委员会得随时派遣清查组至各乡镇抽查清丈各业主陈报之田亩，或清丈经检举有争执之田亩，其查有业主隐报情事者，亦依本办法第三章之规定予以处罚。

第九条 各乡田亩清册造就并经检举补报抽查清丈更正后，各乡镇清查田亩委员会应根据其清册制成初步之本乡镇田亩统计表（表式另定之），汇报区署其本乡镇内之检举补报更正事项仍继续办理。

第十条 业主陈报田亩补报田亩检举抽查清丈一律限于本年四月十五日前结束，各乡镇清查田亩委员会并于四月三十日前制成该乡镇正确之田亩清册及该乡镇田亩统计表，除一份留底外，并以一份呈送区清查田亩委员会，区汇计业主所有土地跨二乡镇以上者所有田亩之总数及全区地亩统计呈县备核。

第十一条 在邻近敌占区环境较不安定地区，清查田亩得按实际情形依下列简易手续举办之。

一、乡保甲长根据本乡业主所有田亩数汇制乡镇田亩草册；

二、公布该项草册准由各业主补报更正；

三、奖励人民检举并依检举更正田亩草册汇编乡镇田亩清册；

四、在限期内业主不自行补报更正其田亩数经他人检举查有隐报谎报情事者，依本办法第三章之规定予以处罚；

五、前项田亩清册限四月十五日前完成。

第三章 隐报及谎报田亩之处罚办法及检举之奖励

第十二条 业主陈报土地经检举或抽查清丈发现确有隐报情事（即陈报田亩少数于实有田亩者），除追缴其历次隐瞒田亩之田赋公粮外，并得依下述办法予以处罚：

一、水田及稻麦田每隐报一亩罚米四十斤。

二、旱田每隐报一亩罚小麦三十斤。

三、棉田每隐报一亩罚皮花五斤。

四、草田每隐报一亩罚草一担。

五、柴滩田每隐报一亩罚芦柴五担。

六、荒田每隐报一亩罚国币一元。

第十三条 业主陈报土地经检举或清丈发现有谎报情事者，得依下列办法予以处罚：

甲、以熟报荒者依其谎报土地之种类按本办法第十二条规定处罚之（例如旱田十亩报作荒田者处罚小麦市担三百斤）。

乙、分名或化名陈报者处五百元以下之罚金。

第十四条 现职公务人员之有隐报及谎报田亩情事者，经查明属实照上列规定加倍处罚之。

第十五条 隐报田亩或谎报田亩经检举后查明属实者，所罚粮食或现款一律提出百分之三十奖予检举人，如属农救会以团体名义检举者，应提百分之五十奖予该会，余额一律解交政府充作公款公粮。

第十六条 隐报及谎报田亩之处罚及提奖由区署依本办法之规定执行之，各级清查田亩委员会得提出拟处意见，如有被处罚人有充分理由或证据认为处罚不得当可向上级政府呈诉。

第十七条 凡业主过去所报田亩有隐报情事而在此次清查办法颁布后能据实呈报者其过去隐报部分应纳之公粮及田赋得予免究。

第四章 清查田亩委员会之组织

第十八条 为集中力量进行清查田亩起见各区乡保应组织清查田亩委员会。

第十九条 区清查田亩委员会以区长粮食区员或财经区员一人区农会代表五人其他区

救会代表二人当地公正士绅二人共同组成之，并以区长为当然主席。

第二十条　区清查田亩委员会之职责，为领导各乡清查田亩之宣传动员工作，督促各乡镇清查田亩委员会工作，协助各乡镇核算土地陈报书及统计田亩数量．抽查清丈各乡镇已陈报之土地等。

第二十一条　区清查田亩委员会编组成清查组分至所属各乡镇抽查清丈已陈报之土地。

第二十二条　区清查田亩委员得呈请县政府核准，临时雇请清查田亩之核算员及清丈员共三人至七人分赴各乡镇协助核算统计及清丈等工作。

第二十三条　乡清丈田亩委员会以乡长乡农救会代表五人乡小学教师一人及当地公正士绅二人共同组成之，并以乡长为当然主席，其职责为进行清丈田亩之宣传动员，检查各保清查田亩委员会的工作，核算各保土地陈报书，造就乡田亩清册并公布之，发动人民检举及业主更正补报统计本乡田亩等。

第二十四条　保清查田亩委员会以保长保农救会代表五人小学教师或塾师一人当地公正士绅二人共同组成之，并以保长为当然主席，其职责为将清查田亩之意义及办法向群众作深入的宣传动员，分发及收集陈报书，帮助民众填写陈报书，并以委员会本身之工作保证在一保内清查工作之完成。

第二十五条　区乡保各级清查田亩委员会及核算员清丈员如有利用职权营私舞弊行为者应以公务人员贪污条例处罚。

第二十六条　区乡保各级清查田亩委员会均无给职，各区临时聘请核算员或清丈员除供膳食得酌发津贴五元。

第五章　附　则

第二十七条　自本办法公布之后，本署及各县前颁之各项土地整理办法及隐报谎报田亩处罚办法一律作废。

第二十八条　本办法自公布之日起施行。

附：抽查及清丈田亩办法

第一条　依本办法第二十一条之规定区清查田亩委员会得派出抽查组分至所属各乡实行抽查。①

选自《华中抗日根据地财政经济史料选编》第一卷，档案出版社 1984 年 7 月版，第 428～432 页。江苏省财政厅、江苏省档案馆、财政经济史编写组合编。原注：“按 1944 年出版《盐阜区财经法令汇编》刊印”。

4. 盐阜区各县土地推收过户暂行办法

1942 年

第一条　盐阜区行政公署为整顿并统一各县土地推收事务起见，特订定本办法。

① 原注：原件只有第一条。

第二条　自土地清查以后，凡业户不动产遇分割移转时应即推收过户，其推收手续由区署办理之。

第三条　凡民间产权移转经推收过户后，由县政府填给官印单保障其产权，前项官印单由各县县政府盖印颁发。

第四条　自土地清查以后凡民间买卖不动产或因继承分析赠与遗赠等项及其他移转产权之行为而移转户粮者，由承受人于产权移转后一个月内依照本办法之规定赴该管区署申请推收。

第五条　凡业户请求推收时应呈验契据，如有以白契呈验者，应先投税，凭税契收条再办过户手续，其因继承分析与遗赠而改定户名者，除上项应验凭证外并须呈验关于继承分析事故及其他事项之证明文件。

第六条　业户呈验契据经查验相符，即予推粮过户，填给官印单交业户收执并发还呈验文件。

第七条　区署发给官印单时不分田地种类每亩应收推收费抗币二角，不及一亩者以一亩计。

第八条　各业户请求推收应据实填报清查田亩时所具之真实姓名及其田亩种类，如系子孙承继遗产亦须以承继部分分别过户，更换本名，不得沿用祖或父故名，其系公产或祠庙田地得以收管人之姓名住址申请推收，如祖或父逝世兄弟未经分析之产业，亦不准沿用祖或父故名，应以长嗣为其代表人申请推收，但须注明产权为兄弟几人所共有，以备查考。

第九条　业户买受不动产应就其产业所在之区乡立户承粮，如该乡镇内已有田地当并入原有相当之田亩内，同一户名下一齐完粮。

第十条　区署办理过户承粮应分区分乡将新户名住址推收田亩分别登记入册，于当年开征一月前由区署依据田地座（坐）落查照旧征册立户或并户后再编造新征册，以凭造串。

第十一条　推收粮户其在土地税开征两月以前者，归当年造串征收，其余归入次年办理。

第十二条　每届年度终了区署应按推收登记册，将全年推收业主暨各户推收田亩编造清册存县备查。

第十三条　推收人员如有额外浮收暨扶（伙）同欺隐等弊，查出依法惩办。

第十四条　本办法由盐阜区行政公署公布施行。

选自《华中抗日根据地财政经济史料选编》第一卷，档案出版社1984年7月版，第439～440页。江苏省财政厅、江苏省档案馆、财政经济史编写组合编。原注：“按1944年版《盐阜区财经法令汇编》刊印”。

5. 苏中区土地租佃条例

1942年5月10日

第一章　总　则

（一）为调整业佃关系，增加农业生产，团结各阶层人民一致坚持敌后抗战，争取最后胜利，特依据“中国国民党第二次党代表大会二五减租办法之决议”，国民政府“土地法”及“中国共产党关于抗日根据地土地政策的决定”订定本条例。

（二）本区一切土地租佃问题均依据本条例处理之。

（三）本条例颁布施行后，以前颁布之一切减租条例及各分区各县实施细则，立即宣告废止。

（四）过去一切有关土地与租佃问题之法律法令与本条例相抵触者，应以本条例为依据。

（五）本条例颁布施行后，如发现过去业佃双方所订立之租佃契约有与本条例相抵触之处，除有特殊情形经本署特准暂予保留者外，应即根据本条例重行换订新约。

第二章　土地租佃制度

（六）土地租佃因业佃双方之协议选取下列方式：

甲、定期制，乙、活期制，丙、伙种制，丁、其他持平公允且无损于土地利用之租制。

（七）土地之租佃得因业佃双方之协议，由业主供给庄屋财产及种子肥料之全部或一部，上述庄屋财产种子肥料依照惯例旧约应由业主供给或修理者不得半途取消，不由业主供给或修理者，不应强迫供给或修理。

（八）土地租佃之押租制在本条例颁布前，所订契约之有押租者，暂照旧有业佃双方之规定予以保留，但嗣后不得增加。本条例颁布后新订之租佃契约，一律取消押租制及类似押租之办法，若业佃双方自愿采取押租制者，则押租须由业主给息，按照地方普通利率折算，减低地租。

（九）土地之租佃，依照双方自愿契约之规定，或习惯上有永佃权者仍旧保留之，无永佃权者，任何一方不得强迫规定。

（十）土地之租佃无永佃权者，原则上一律采取定期制，期满时业佃双方依约履行，但根据地［方］习惯，且经业佃双方之同意，不定期者得不定期，依地方习惯期满时，业佃双方之权利义务，与有定期之契约相同。

（十一）凡不属本章第六、七、九、十各条之精神与办法之租佃制（例如跑租制，预租制，烂本制等），在本条例公布后一律取消。

（十二）土地之租佃，不得用下列各种方式，使佃方受额外损失。

甲、额外小租。乙、无偿劳役。丙、大利分收。丁、挂犁梢。戊、昇田。己、其他正租额外之报酬。

（十三）公学田应由政府组织公学款产委员会，直接租与农民，农民不得转租。

第三章　业佃双方之合法权益

（十四）业主对出租土地及所附庄屋财产有所有权。

（十五）业主对出租土地有依法依约收租之收益权。

（十六）业主对出租土地及所附财产在期满解约后，有依法使用或处分权。

（十七）业主在不破坏租约不侵犯佃方合法权益之条件下，对出租土地及所附财产，有出卖，出典，抵押，或转让之处分权。

（十八）佃方对租佃土地及其所附庄屋财产有使用权。

（十九）佃方对租佃土地有收益权。

（二十）佃方对租田土地，曾依法依约取得田面权者，有田面权，取得一部分田底权者，有一部分之田底所有权。

（二十一）佃方有田面所有权或一部分田底所有权者在不破坏业主合法权益之下，有转让各该权利之处分权，上述权利之转让，业主在同等条件下，有承转之优先权。

（二十二）佃方对租田土地，曾依法依约取得永佃权者，有永久使用权，其永佃权已经法定手续转移者不在此限。

（二十三）业主于租约期满解约后，处分其出租土地时，佃方在同等条件下，有继续承租承典承约之优先权。

（二十四）佃方租佃土地，应依法□□□□□□交纳地租。

（二十五）租佃土地之地租，得因业佃双方之同意采取下列各种方式：

甲、银租制，乙、特［物］租制，丙、银物混合制。

（二十六）租佃土地之正常租额，以不超过耕地正产物收获量总额千分之三百七十五为最高标准，但有下列情形之一者，其租额之合法标准，应视实际情形比例，增高或减低之：

甲、业佃双方所出劳动力、食料、农具、种子、肥料、畜方之多少。乙、佃方有田面权或一部分之田底权者。丙、佃方交纳押租者。丁、有其他合法合理之原因者。

上述应行增加或减低之合法标准，由业佃双方自愿以契约规定之，若有争议，则商请法定调解人根据持平公允原则调解之。

（二十七）地租之交纳，应一律于产物收获后履行之。

（二十八）交纳地租所用之秤斗，仍照旧例，但不得用大秤大斗使佃方受超额损失。

（二十九）业主出外者，佃方之交租主依照如下办法处理之：

甲、业方有合法之管理人者，向管理人交租。乙、业方已正式委托代管人者，向代管人交纳。丙、业方无合法管理人，又未委托代管人者，由佃方申请政府，指定适当之代管者代管之，并向代管者交租。

（三十）因天灾人祸遭受荒歉时，佃方应交地租，得根据下列标准酌量减免之。

甲、收成不足二成者，租额全部免交。乙、收成在二成以上七成以下者按成议减。

（三十一）在苏中抗日民主政权建立后，各佃户实行减租前所欠地租，一律免交，但如业方贫苦，佃方有力缴租者，仍须全部缴纳，或酌免一部分，业佃双方双贫苦者发生争议时，由合法机关或政府调解之，如未交租系由于特殊原因者，不以欠租论，其特殊原因如下：

甲、因阻于交通未能来收或送达者。乙、佃方应送未送到者。丙、因诉讼未解决因而拖欠者。丁、其他合法合理之原因暂时未收或未交者。

第四章　二五减租

（三十二）为调整地租租额，以贯彻本条例第一章第二条，第四章第二十六条之精神，一切租田土地，应即厉行二五减租。

（三十三）减租标准以二十九年夏季实交租额为依据，减低百分之二十五为原则，但抗战以后加租过重，当地人士及佃农均认为不公允者，得将所加部分取消，再二五减租，或迳用二十六年夏季租额为依据，实行二五减租。

在民国二十九年秋季，三十年夏秋季，已经减租换约的手续尚未履行新约者，应即履行新约，不再减租。

（三十四）有下列情形之一者，其减租标准得酌量情形，经业佃双方同意，改为减二成、一成五或一成。

甲、业主为贫苦之抗属者。乙、业主为贫苦鳏寡孤独者。丙、业主为贫苦之小学教师者。丁、业主之私有土地不足二十亩，且别无生产者。

（三十五）地租除有永佃权之土地外，其租额仅及正产物收获量百分之十至十五者，得酌量改为减二成、一成五、一成，若租额在正产物收获量百分之十以下者，不再减租。

（三十六）采用银租制之租佃土地，因货币跌价，物价高涨，或业佃任何一方认为不合理时，得经业佃双方同意，酌量增加，或将银租之一部分或全部改为物租，上述银租改物租者，最高不得超过正产物收获量百分之二十，增加银租者，最高不得超过同样标准之折价。

上述银租改物租换约后不再实行减租。

（三十七）实行减租者，应就正租额照减不得将押租折成租额，加进正租内同减。

（三十八）实行二五减租后，业佃双方之任何一方，如认为租额尚不公允者可申请调解机关调解之。

（三十九）实行减租时，业主不得以退佃威胁佃方，佃方不□□□□□□□□□□□□□□□□□□□□□□□。

（四十）实行减租后不得增加押租或巧立名目另加新租。

（四十一）过去佃方依照惯例或契约而取得之一切权益，于实行减租后应一律照旧，不得破坏或侵犯之。

（四十二）实行减租后业佃双方应按新约所定租额交租收租，不得有假减等情事。

（四十三）业佃任何一方，违犯本章所列各条者，均视其情节轻重以破坏政府法令，及对方合法权益处罚之。

第五章　租　约

（四十四）土地之租佃应订立正租约。

（四十五）租约除普通中证外，应有法定见证人，上述法定见证人为农抗会长，乡长，经调解委员会调解者，应加入调委会主席。

（四十六）租约应注明下列各项：

甲、承佃人及业主之姓名、籍贯、住址。乙、租佃土地之亩数，坐落，及所附之庄屋财产。丙、押租多少。丁、应交租额及交租方法。戊、租期。己、其他条件。庚、减租年月日。辛、见证人姓名、籍贯、住址。壬、地方习惯上应注明之事项。

（四十七）租约为改租换约之新约者应注明如下各项：

甲、改租原因，乙、改租标准，丙、改租年月日，丁，改租见证人姓名、籍贯、住址。

上述新约在原租约上有押租者照填，其押租为钱者填钱，为粮者填粮，为法币者填法币。

（四十八）租约应同时缮具两份，业佃双方各执一份。

（四十九）租约应依法粘贴印花。

（五十）租约应由政府统一印发，但事实上有困难时得依照当地通用格式自制之。

第六章　租佃纠纷之调解

（五十一）土地之租佃，业佃双方如发生争议，得申请调解委员会调解，调解委员会组织章程另订之。

（五十二）调解委员会对业佃双方之争议，有仲裁权。

（五十三）调解委员会仲裁业佃争议应本持平公允精神斟酌业佃双方之生活状况处理之。

甲、业主有前述第三四条所指定之各项情形，佃方为富裕者，应顾及业主之生活。乙、业主生活富裕，佃方为贫困之农民者，应顾及农民之生活。

（五十四）调解委员会不能仲裁之纠纷，呈送上级调解机关或政府处理之。

（五十五）业佃之一方或双方对调解委员会之仲裁不服，得申请政府裁判之。

（五十六）租佃土地有永佃权者，照佃方依法放弃其永佃权者，不得退佃。

（五十七）无永佃权及有约满期之土地，出租人有依法处置之自由，但在抗战期间，地主收佃应顾及佃方生活，穷苦的佃农，得要求退佃一部分，或延长佃期，发生争执时，得申请调解机关解决之，业主不服得申请政府裁决之。

（五十八）租佃土地之租约未满期，但有下列情形之一者，业主得以退佃：

甲、佃方自愿吐退者。乙、佃方无故停止耕种，听任耕地荒芜一年以上者。丙、佃方力能交租，故意抗不交租，一年或积欠达二年以上者。丁、佃方在事先未得业主同意，私自转佃。因而妨害业主之合法权益者。戊、佃方投敌为匪，经政府核准退佃者。己、业主破产失业，要求收回自种，经佃方同意者。

（五十九）业主提出退佃应于法定期间以前，通知佃方，其规定如下：

甲、根据租约期满者，及丁项应于半年以前为上述通知。乙、根据前条乙项丙项己项情形者，应于一年以前为上述之通知。丙、根据前条戊项得随时退佃。

（六十）佃方自愿退佃者应于三个月以前通知业主，业主应于佃方提出退佃后，十日以内答复之。

（六十一）土地之退佃，不得妨害业佃双方之合法权益。

（六十二）土地之退佃，不得延误农时，妨害农业生产。

（六十三）土地之退佃，如妨害任何一方之生活，受害人得请求政府或法定调解人，商请对方予以补救。

（六十四）租佃土地有押租者，在退佃时应即退还，佃方其押租因货币跌价而发生争论时，得申请调解机关或政府调解之。

第七章　增加农业生产

（六十五）业佃双方对租佃土地均负有改良土质，增加农业生产之义务。

（六十六）佃方租佃土地，不得以之种植政府命令禁止或足以破坏土质之物品。

（六十七）佃方积佃土地，不得无故怠工，任其荒芜，或破坏土质。

（六十八）为增加肥料改良土质，改善种子，开发水利，防止灾荒等，所必需之费用，按照习惯旧约，或业佃双方之协议，共同筹备之。

（六十九）遇有水利工程设施之必要，其经费由业主负担之，但若系永佃权之土地，则双方负担之，其业佃应出数额以双方所得收益比例定之。

（七十）业方应出之肥料而业方不出，佃方得代出之，施用时将其用量及价格通知业方，于交租时扣除之，佃方应照习惯施用之肥料，业方得督促其施用，除双方之一确系无力取得肥料外，任何一方故不施肥者，则他方得以破坏土质向政府控告，经审查属实得予以适当处分。

第八章　附　则

（七十一）本条例自颁布之日起施行之。

（七十二）本条例之解释权，属于苏中区行政公署。

（七十三）各分区各县得依据本条例订定实施细则，呈请本署核准后施行之。

（七十四）本条例有未尽事宜以命令修改之。

苏中行政公署

选自《华中抗日根据地财政经济史料选编》第一卷，档案出版社 1984 年 7 月版，第 215～223 页。江苏省财政厅、江苏省档案馆、财政经济史编写组合编。

6. 华中局关于减租问题的指示

1942 年 5 月 17 日

一、在我党积极领导群众进行减租和改善工农待遇，以动员组织广大群众巩固抗日民主根据地的时候，各地地主豪绅也正在加紧活动，如向我各军政机关及首长申诉，向各方奔走宣传，甚至部分大地主要利用减租运动来秘密作各种反我军、我党及抗日民主政权之阴谋。

二、为了巩固抗日统一战线，减少中小地主之反抗，争取广大阶层的同情和孤立大地主，以达到减租和改善工农待遇的胜利起见，各级党委必须广泛利用参议会之讲坛，通过群众会议，各报纸杂志传单、标语、歌曲、戏剧等文字和口头宣传方法，对地主豪绅的各种曲解煽动，必须及时作清楚的驳复，提出下列说明作各地宣传之参考。

第一，说明目前工农所受压迫，过去农民整年劳动尚无法糊口养家，倘不减租改善工农待遇，非特不公平，而且大不人道。

第二，说明只有实行减租和改善工农生活，才能发动广大群众参加抗战，才能驱逐日寇，争取民族最后之解放。

第三，说明减租不但改善农民生活，而且可提高农民生产积极性，也是对地主资本家及全国人民都有好处的（如实行减租后农民对其使用之土地，才愿投更大资本劳动与肥料以发展农业，只有减租农民购买力才能增加，工商业才会发展，只有工农生活改善，盗匪方可扫除，而社会秩序才得安宁等等）。

第四，说明减租对部分地主暂时虽吃点小亏，但实行减租后既可提高农民生产积极性，又可提高农民参加抗战热忱，所以从民族久远根据有利益打算，对于地主与全民族都有利益的，故一切有远见有爱国天良的地主应深明大义，而不应当只顾眼前私利而达[违]国家民族根本的公利。

三、目前只宜一般实行二五减租的口号，以免对统一战线不利。对抗日家属，鳏寡孤独及地方无力耕种的贫寒小学教师与自由职业者应按照个别实情，采取公道合理方法分别处理之，对群众一切过“左”要求和行动，应加以正确领导和说服。

四、在实行减租运动中，我党、政、军、民、学各方面工作同志，虽应一般坚决拥护改租和改善工农生活之要求，但他们对减租所取态度，应根据其所代表机关和地位之不同而有差别，如农救会内工作同志要坚决领导减租，而在军队和政府机关工作同志则应持对外同情，秘密支持和公开讲解之态度，军政机关一切离开群众发动的外部干涉（除了干涉个别反动地主豪绅外），都会削弱群众积极性而置自身与地主直接对立的地位，对群运及统战工作极不利。

五、上述各项是为了对外宣传打破地主反对减租的宣传，但对党内及工农劳苦群众除了上述各项外，还必须加强阶级教育，以提高群众阶级觉悟。

选自《华中抗日根据地财政经济史料选编》第一卷，档案出版社1984年7月版，第70～71页。江苏省财政厅、江苏省档案馆、财政经济史编写组合编。

7. 淮海区重订减租条例

1942年5月22日

第一章　总　则

第一条　减租办法之规定，在于实行二五减租，改善农民生活，增强农村经济，提高农民抗战与生产之积极性，并保证业佃之正常关系，保证业主之土地收益，以实现民生主义之土地政策。

第二条　淮海区三十年减租暂行办法，自本条例公布后废止之。

第二章　分种地与伙种地

第三条　分种地与伙种地，不论公田私田，一律照原租额（即民国廿九年以前所订租额下同）减去百分之二十五。

第四条　分种地与伙种地除二五减租外，其原有种子负担，柴草分配及耕种时施肥，均照旧例。

第五条　山芋花生之分种地与伙种地，其减租额依第三条之规定，惟草仍依旧例，但地主所得不得超过三分之一。

第三章　租　田

第六条　租田之属于钱租者，因货币跌价而发生争议时，政府得召集业佃双方，协议调解，并得将货币地租之一部或全部改为粮租，其租额最高不得超过全年收获量百分之三十。

第七条　租田之属于粮租者，无论其租额如何，概照原租额减去百分之二十五。

第八条　租田因天灾人祸，其收成全部或大部被毁时，得免付或减付地租。

第九条　租田不得改为分种地。

第四章　游击区

第十条　在本行政区内属于游击区及敌占点线周围附近无论为分种地伙种地租田，其减租额得低于第二章第三章之规定，具体比率由业佃双方请由当地区乡政府评议协定之。

第五章　地租之收缴

第十一条　减租办法一经确定并见诸实行之后，业主不得仍照额收租，承佃人亦不得怠租，欠租仍照旧额缴租。

第十二条　地租收缴时间，规定为每季农产物收获全部上场以后，业主不得预收地租。

第十三条　除正额地租外，一切陋规（犁堤、伙租、小租、押犁、承揽、犁鸡、犁鸭、庄差、庄规等）概行禁止之。

第六章　永佃权

第十四条　在租约下及习惯上有永佃权者，及自三十年淮海区减租暂行办法颁行后更换新约定有永佃权者，此后均不得变更，但因永佃权而发生纠纷时，得呈请政府适当调处之。

第十五条　永佃权之订立与否，随业佃双方之自由。

第十六条　为佃农得安心发展生产起见，县区政府应奖励租佃契约订定五年以上之租种期限。

第七章　租地之收回、卖绝、典出

第十七条　无永佃权及满约之租地，业主有处置自由，可收回自种，或雇人耕种及卖绝或典出，但业主须于收获前三个月通知承佃人，原承佃人因失地耕种无力生活者，得请求政府救济，或延长佃期，或退佃一部。

第十八条　满约租地业主招人承佃或卖绝、典出时，原承佃人依同等条件有承佃承典承买之优先权。

第十九条　业主卖绝有永佃权或未满约租之地时，原承佃人有继续佃种之权，非满约，新主不得收回或另佃他人。

第二十条　承佃人于两年内无故荒耕或于一年内无故抗不缴租者，业主有收回土地之权。

第八章　附　则

第二十一条　淮海区三十年减租办法之减租部分于三十年未加实行者，应于本年内依本条例之规定补行之。

第二十二条　本条例经淮海区参议会通过，交由行政公署公布施行，如有未尽事宜，由参议会修正之。

第二十三条　本条例自公布之日起施行。

选自《华中抗日根据地财政经济史料选编》第一卷，档案出版社1984年7月版，第378～380页。江苏省财政厅、江苏省档案馆、财政经济史编写组合编。原注："按淮海区行政公署《减租增资法规》刊印"。

8. 淮海区修正减息条例

1942年5月22日

第一条　减息办法之规定，在于改善人民生活，增进社会经济关系及加强团结与抗战力量。

第二条　自本条例公布后，淮海区三十年减息暂行办法废止之。

第三条　凡三十年以前成立之借贷关系，而在三十年减息暂行办法以后尚未清结者，其利率概以一分半为准，付息已超过原本一倍者，停利还本，付息已超过原本两倍者，本利停付。

第四条　凡在三十年减息暂行办法以后成立之借贷关系，其利率已订为一分半者，可依借贷双方之协议改订之，但其改订以前之利率，仍照一分半计算。

第五条　自本条例公布之后，所有借贷关系，其利率依借贷双方之协议订定之。

第六条　凡在抗战（七七）以后成立之借贷关系而有抵押品者，如债务人到期不能付息还本时，债权人得依约处理抵押品，同一抵押品而有数项债权者，其卖价依先后比例清偿之。

第七条　凡在抗战（七七）以后成立之借贷关系，倘债务人无力履行债务时，请求政府调处之。

第八条　债权人不得因减息解除借贷契约，债务人不得在减息后拒不付息。

第九条　债务人如拖欠本息，债权人得依法追诉之。

第十条　本条例经淮海区参议会通过，交由行政公署公布施行，如有未尽事宜，由参议会修正之。

第十一条　本条例自公布之日起施行。

选自《华中抗日根据地财政经济史料选编》第一卷，档案出版社1984年7月版，第381页。江苏省财政厅、江苏省档案馆、财政经济史编写组合编。原注："按淮海区行政公署《减租增资法规》刊印"。

9. 淮海区重订典赎土地条例

1942年5月22日

第一条　本区人民土地典赎，悉依本条例之规定。

第二条　自本条例公布之后，淮海区三十年典赎土地暂行办法废止之。

第三条　典地之尚未转成买卖关系者，出典人依约备价赎回土地。然出典人赎地时，如距农作物收获期不满一月承典人得要求延至收获后，出典人不得拒绝。

第四条　典地时农作物已收获（白地），赎地时农作物未收获者（青地），出典人应依习惯，补偿承典人种子、粪水、耕地之代价。

第五条　典赎土地一律使用国币，如因典地时与典赎地时币价变动，出典与承典双方发生争议时，得申请区乡政府调处之。

第六条　出典人如实系贫穷，于满约后得请求承典人分期清偿典价，赎回其典出之土地，其分期偿还之日期，不得超过一年。

第七条　典地之加典者依习惯处理。

第八条　本条例经淮海区参议会通过，交由行政公署公布施行，如有未尽事宜，由淮海区参议会修正之。

第九条　本条例自公布之日起施行。

选自《华中抗日根据地财政经济史料选编》第一卷，档案出版社 1984 年 7 月版，第 382 页。江苏省财政厅、江苏省档案馆、财政经济史编写组合编。原注：“按淮海区行政公署《减租增资法规》刊印”。

10. 津浦路西垦荒条例

1942 年 5 月津浦路西联防临时参议会第一届第二次大会通过

第一条　为发展农业生产，增加根据地富源，特规［定］本办法。

第二条　各县应以乡为单位，组织垦荒委员会（组织条例另订之）。

第三条　垦荒先垦熟荒，后垦生荒。熟荒分三等荒，五年以上者，三年六季以后分租纳赋；三年至五年者，二年四季以后，分租纳赋；三年以下者，一年半三季以后分租纳赋。生荒一律三年以后分租纳赋。

第四条　公共生荒，为私人开垦者，其所有权属于私人。公共熟荒，为私人开垦者，其所有权仍属公家，其分租纳赋适用上项之规定，但垦荒时须呈请政府准许后始能进行。

第五条　私人生荒与熟荒，为他人所开垦者，其所有权仍属原主。

第六条　私人之生熟荒，须先由业主开垦，如叶［业］主无力开垦者，他人得垦植之。

第七条　不论公荒及私荒，垦户须先呈报各县县政府，领取垦荒登记证。

第八条　本办法之解释权属于津浦路西联防办事处。

第九条　本办法经津浦路西联防临时参议会通过后交路西联防办事处公布施行之。

选自《淮南抗日根据地》，中共党史资料出版社 1987 年 10 月版，第 219～220 页。原注：“津浦路西临时参议会第一届第二次大会《大会专刊》1942 年 5 月”。

11. 津浦路西三七分租与改善佃东关系暂行条例

1942年5月津浦路西联防临时参议会第一届第二次大会通过

第一条　为巩固抗日民族统一战线，加强抗战力量，争取民族革命的彻底胜利，调剂民众利益，改善东佃关系，特根据中华民国土地法及中华民国民法之规定，暂定本条例。

第二条　出租人之土地，如原定与承租人分租者，一律提种后，三七分租（即东三佃七）如佃户下庄时则不必提种三七分。

第一款：不论午秋两季之包租（即□租）一律减二五。即缴原租额百分之七十五，但如遇有特殊情形，双方发生争执时由当地政府适当调解之。

第二款：承租人所种之各种杂粮，应照民国二十八年以前老例，不分者仍旧不分，分者一律按三七分。

第三款：各承租人种植烟叶、苧麻，秋收时除本后以三七分租。

第四款：如有特殊情形者（如全椒原来的一九或二八分租等），其租额由该地地方政府、农抗、公正士绅协议另订之。

第五款：遇水旱灾、兵患、虫灾等，由东佃双方面议，酌减租额，如有争执时，由各地政府适当调解之。

第六款：稻草、麦秸、豆秸、高粱秆等副产物，民国二十八年以前东佃分的地方，现在亦以东三佃七照分，二十八年以前不分的地方，仍旧不分。

第七款：承租人住出租人之房屋，原来在民国二十八年以前缴纳租谷或租金者，仍旧缴纳，但房屋破坏则由出租人修理。

第三条　地租一律于农产物收获后交纳，出租人不得向承租人预收地租，并不得索取额外报酬。

第四条　地税由承租人代付者，应与缴纳地租内扣还之。

第五条　出租人与承租人立约为永佃权者，仍保留不得更改，无永佃权者，不应强迫规定，但须奖励双方订立较长之契（如五年以上），使佃户得以安生［心］发展生产。

第六条　承租人有下列情形之一者得提出退回耕地之一部或全部。

第一款：不能维持生活者。

第二款：不能保持耕地之原有性质者。

第三款：不能增加雇工耕作者。

第七条　出租人在不能维持生活的前提下，得依约将出租地之一部或全部收回自耕。

第八条　出租人出卖耕地及转佃时，承租人依同样条例有承典承佃、承买之优先权。

第九条　地租原约定以货币支付者，因纸币跌价而发生争议肘，所在地政府，应召集东佃双方协议调解之，俾将货币地租一部或全部改为实物地租。

第十条　多年债欠之陈租，应于免缴。

第十一条　无永佃权而契约期满之地，出租人有依约处置之自由（包括转让出典出卖自耕及雇人耕种在内）。但在抗战期间，业主收地，应照［当］顾及农民生活，并须于收获前三个月通知承佃人，原承佃人太穷苦者，应由政府加以调剂或延长租期，或只退回租地之一部。

第十二条　出租人出卖有永佃权或契约未满之地。原承租人有继续佃耕之权，非原约期满，新出租人不得另佃他人。

第十三条　承租人无故不耕，或力能付租而故意不付者，出租人有收回土地之权。

第十四条　本条例解释权属于津浦路西联防办事处。

第十五条　本条例经路西临时联防参议会通过后交路西联防办事处公布施行之。

选自《淮南抗日根据地》，中共党史资料出版社 1987 年 10 月版，第 211～213 页。《淮南抗日根据地》编审委员会编。原注："津浦路西临时参议会第一届第二次大会《大会专刊》1942 年 5 月"。

12. 津浦路西借贷付息暂行办法

1942 年 5 月津浦路西联防临时参议会第一届第二次大会通过

第一条　对于抗战以前所成立之借贷关系，为适应债务人要求并为团结债权人一致抗日起见，特规定一分半为计息标准，但付息超过原本一倍者，停利付本。超过原本两倍者，本利停付。

第二条　债权人不得因减息而解除债贷契约，债务人亦不得在减息后，拒不交息，如有上项事情发生，债权人或债务人，得依法提起诉讼。

第三条　抗战以后之息额，以各地社会经济关系为标准，听任民间自行处理，政府不另规定。

第四条　凡抗战后新成立借贷关系，债务人到期无力还本，而又不能付息者，债权人有依法处理抵押品之权，如有争议由政府处理之。

第五条　同一抵押品而担保数债权者，其卖得之价格按各契约之先后，依次并比例清偿之。

第六条　凡抗战后成立之借贷关系，因天灾人祸，或其他不可抵抗之原因，债务人无力履行债约时，政府可予以调处，酌量减息，或免息还本。

第七条　因纸币跌价，债务人用纸币还债而发生之争议，由政府酌量情形，适当调处之。

第八条　过去所借之粮食，仍以还粮为原则。

第九条　如有老债不能清算者，可将旧约毁销，依照借贷时实得数目另立新据，作为新借贷关系。

第十条　本办法解释权属于联防办事处。

第十一条　本办法经路西临参会通过后交联防办事处公布施行之。

选自《淮南抗日根据地》，中共党史资料出版社 1987 年 10 月版，第 213～214 页。原注："津浦路西临时参议会第一届第二次大会《大会专刊》1942 年 5 月"。

13. 津浦路西典当暂行条例

1942年5月津浦路西联防临时参议会第一届第二次大会通过

第一条 凡典当田地，尚未转成买卖关系者，均适用本条例。

第二条 不论抗战前后所典当之田地，出当人可随时依照契约之规定，以原价赎回其土地，不得押地或换约。

第三条 如典当之田地，已转为买卖关系，而立有契约手续者，不得赎回。

第四条 因纸币跌价，在赎回典当田地时所起之争议，由各乡保调解委员会适当处理之，不服者得向上级政府申述。

第五条 受当人将所当之田地，转当与他人时，须得原当人之同意，并重新订立契约。

第六条 关于典当田地之纠纷，除由调解委员会解决外，一般纠纷得以下列原则处理之：

第一款：受当人受当田地后，连遭三年天灾须按原定期限延长一年方可赎田。

第二款：受当田地如有挑塘筑坝，造房等工程加于田地之上者，出当人赎回时，须估其价值，赔偿受当人，但在受当人建筑工程之前，须与原当人订立契约。

第三款：当田人佃种原当出之田（即所谓当田不当庄），如有欠租情形，在赎回时，应以清算为原则。

第四款：典当田地上原有之建筑物，在典当期中，遇到有人力不可抵抗之事变，而遭受损失者，赎回时不得赔偿。

第五款：凡典当地田或房屋，其能赎期限仍依照各地习惯处理之。

第七条 凡典当房屋者，其取赎办法适应本条例规定。

第八条 凡典当房屋的受当人遭有人力不可抵抗之事变，遭受毁损者，取赎时得酌给当价百分之二十至三十。

第九条 受当房屋后，因遭人力不可抵抗之焚毁，而受当人重新在原地建筑新房屋者，取赎时展期三年，须按照新房屋备价赎回之，但受当人在建筑新房屋时须得出当人之同意并定（订）立契约。

第十条 本条例之解释权属路西联防办事处。

第十一条 本条例由路西联防临时参议会通过后交路西联防办事处公布施行之。

选自《淮南抗日根据地财经史》，安徽人民出版社1991年12月版，第65～66页。

14. 华中区对于秋收中有关土地政策的几个问题的决定

1942年9月1日苏中区党委夏收总结大会通过

在今年夏收中我苏中各级党和政府对于我党土地政策的执行基本是正确的，而且已获得相当大的成功，但是估计今年秋收的环境，将比夏收更加复杂，荒收歉收相当普遍，敌我斗争更趋紧张，关于土地政策之执行，也就不能不有更具体的研究，因此大会除去号召我苏中全党继续坚持夏收前各种决定和法令外，特就下列各个具体问题作如下决定。

一、关于灾荒问题

（1）在秋季公粮的征收中，必须更具体地规定减免标准，切实执行之，以照顾荒收歉收人民的利益，同时亦应坚决反对谎报灾情，短报田亩，无原则的减免，以致影响征粮工作和租佃关系。

（一）收成在三成以下者，应视为荒收，免征公粮。

（二）收成在三成以上、五成以下者，应视为歉收，减等征收。

（三）收成在五成以上者，照规定标准征收。

（2）在减租交租问题中，应同样规定持平公允的荒歉减免标准，使业佃双方的利益均能适得其平。

（一）分收田适用公粮减免标准处理。

（二）包租田收成在三成以上、七成以下者，酌量议减。

（三）无［夏］收收成在八成以上，而延来交租者，如秋收无望，其秋租部分，可按上述标准处理。夏租部分仍应以补交为原则，如佃方确甚痛苦，并非有意抗交，得由双方同意欠交一部或全部。

（3）为了使各级党，对于今年秋收中的灾荒问题，更能加以切实注意，并求得适当的处理，应由政府、农抗会、地方士绅，在征粮减租前，合组勘收委员会亲赴荒歉地区进行实地勘察，根据勘察结果评定各地灾荒程度及交租交粮减免数，人民如对于此项勘察与评定结果有异议，应由政府、农抗会、地方士绅另组评议委员会重加讨论，并应允许人民随时请求修正或上诉。

（4）除去上述各项办法外，我全苏中党政军民对于灾荒救济工作必须立即予以严重注意。

（一）立即开始筹划布置民食调剂工作。

（二）大批筹办粮食运销合作社，主要由农抗会负责，政府予以协助指导。

（三）选择适当时机布置发动借本借粮运动。

（四）在秋收中举办积谷（但须防止平均摊派之办法）。

（五）发动辅助食物种植运动。

（六）筹办冬赈春赈。

（七）必须时派代表团到丰收地区募捐救济。

二、关于照顾中小地主问题

（1）在目前敌人正用尽一切疯狂野蛮的办法，大量劫掠我苏中物资人力的环境中，我苏中中小地主，也已随一般农民之后，愈益陷入困境，因此我苏中各级党和政府，对于中小地主的生活也就必须予以更多的照顾，在减租工作中有下列各个条件者，应避免各种过“左”倾向。酌量少减。

（一）其所占有之土地面积，甚小又甚坏者。

（二）除土地外，无其他副业或职业收入者。

（三）家庭人口多，经济负担极重者。

(2) 在上述中小地主的利益与农民的利益发生冲突时，应根据上述中小地主之土地大小肥瘠，经济状况与佃方之生活情形，加以适当处理，务使双方利益均能顾及而又不致妨害发动基本群众的任务。

(3) 为了正确执行上述决定，各级党委应在全党和广大群众中进行深入的土地政策教育，务使全党均能深切了解同情照顾中小地主生活，在政治上争取中小地主之重大意义与必要。

三、关于增加农业生产问题

(1) 奖励富农经济、增加富农生产是我党土地政策的重要任务之一。特别是在今天反清乡的斗争中发展富农经营，更是增加农业生产冲破敌人经济封锁的必要步骤。因此我们对于这一工作必须予以更切实的筹划。

（一）积极开发水利。

（二）提高农村副业。

（三）奖励垦荒和农业投资。

（四）改良农具。

（五）尽可能设法帮助农民解决肥料问题（地主于减租后有拒绝出肥料和要求二五减肥者，应加以说服，不得已时得于农产物收获后，先提出业佃应出之肥料种籽交佃方保管，再依约分租或减租)。

(2) 为了保证上述工作能顺利开展，各级政府财经科和农抗会，应将此等事业，视为主要的经常工作之一，规定具体办法，切实进行之。

(3) 冬耕是苏中今年在实际上开展这一运动的主要时机，大会号召全党配合着秋收工作，抓紧今年冬耕的机会，造成一个奖励富农经营，提高农业生产的热潮，并和秋收工作一起立即开始讨论布置。

四、关于秋收和秋征

(1) 最后大会号召全党，在秋收中更正确地为继续坚决执行我党土地政策，彻底实行二五减租而奋斗，并由此而进一步发动广大人民团结各阶层人士，为粉碎敌人的清剿清乡阴谋而奋斗。

(2) 大会完全同意政府关于秋季征收粮赋的办法和标准，并号召全党和全苏中各界人士拥护政府完成此项任务，以巩固我苏中抗日根据地的财政经济基础。

选自《华中抗日根据地财政经济史料选编》第一卷，档案出版社 1984 年 7 月版，第 268～271 页。江苏省财政厅、江苏省档案馆、财政经济史编写组合编。

15. 浙东三北地委关于今年实行二五减租的决定

1943 年 8 月

(一)

去年一月二十八日，中央政治局通过中共中央关于抗日根据地土地政策的决定中三个基本原则：一、承认农民（包括雇农）是抗日与生产的基本力量，党的政策应加以扶助。二、承认地主中有大多数是有抗日要求的，一部分开明士绅并且是赞成民主改革的，党的政策应加以联合。三、承认富农生产方式是中国现时比较进步的生产方式，是抗日与生产不可缺少的力量，党的政策应加以奖励。我三北地区一年来广大的农民，在我党我军直接领导下，抗日生产情绪节节提高，特别是普遍的争资斗争的胜利，雇工情绪更为高涨，大部分地主在我党我军的影响下，要求团结，要求抗日，部分地区的开明士绅更提出民主，对这次国民党发动内战企图同表愤慨。富农生产方式普遍地采用，经营地主非常流行，这一切都说明了中央土地政策的基本原则，不仅适合于一般抗日民主根据地的实际情况与需要，同样也适合于三北实际情况与需要，并且根据抗战以来，各根据地统战的土地政策实行的经验证明：凡在比较普遍地彻底地实行了这一政策的地区，则当地群众参加抗日斗争，实际生产与民主建设的积极性就比较高，根据地就比较巩固，否则反之。因此实行中共中央统战的土地政策，特别是二五减租政策，是与巩固三北抗日游击根据地的任务不可分离的。

远在民国十八年，国民党浙江省政府即颁布了二五减租法令及施行细则，二十一年夏颁布修正二五减租暂行办法及施行细则，其基本内容与我党土地政策大致符合，当时在进步势力推动下，三北各地比较广泛地实行了二五减租并且部分地区实行较为彻底，但由于封建传统的根深蒂固，执行当局又缺乏有计划的领导与检查，致使减租一般地不能做到普遍与深入，在地区上，部分的尚未实行，在地租形式上，只照顾到议租（亦名活租，看花收租），而没有照顾到计租（亦名计到租、包租、定租、凝租）、分租（亦名分田）、少租（亦名小租，田脚）、银租和便田预租。大部分地区在议租时地主代表在数量与质量上都占着优势，操评议的决定权，部分地区交租后还以老秤为标准，用市秤折老秤，少数地主还向农民索取额外酬报，因此，我们今年在三北实行二五减租是合于国法合于人情的。

（二）

根据我党中央的土地政策，根据三北地区的实际租佃状况和风俗习惯，并根据三北目前的具体斗争环境，我们今年实行二五减租的直接任务是：一方面在过去已经实行二五减租的地区展开普遍与深入的检查假减租运动，各地接到本决定后，应在党办事处和群众团体各级会议上热烈讨论研究假减租的各种形态并如何防止？真正的二五减租应该做到怎么样？以激起农民要求彻底实行二五减租的热情，展开普遍的检查运动。另一方面是在过去没有实行二五减租的地区，以国民党浙江省政府所颁布的法令为依据，号召佃农起来进行二五减租（当然同样须注意到普遍与深入），要求计租分租，改为议租，并努力争取议租减租的胜利。

（三）

二五减租的一般原则，根据国民党的减租法令与修正减租法令，其不彻底与不周到之处应根据下列几点原则来处理（不以明文公布）。

租额方面

（1）分租、计租尽量改为议租，如因特殊原因而不能更改者，则根据原来成数减去二五（即打七五折），如减去二五仍然过高，则有（由）佃方向业方要求再减，以不超过全年正产收获量百分之三七·五为标准。计租根据各级田地的普通数量（如上等田450斤，中等田300斤，下等田200斤）不超过百分之三七·五计算，有些地区习惯上有先打折扣而后再行二五减租在保持其习惯进行减租，遇荒歉年成则依议租评议结果，酌量减免。

（2）评议会议以乡为单位组织，佃业双方评议代表人数，佃农方面以每二十五至三十户中选派代表一人，地主每乡二至三人，当地办事处或民运工作同志一人，乡长一人，农会干事长当然参加，且担任评议会主席（无农会组织的地区推派主席）。

（3）银租，便田预租，一般不提出改租谷，而以增加银租为原则，增加数不得超过正产收获量百分之十五至二十，但当业方经济特别困难，提出要求时，则在双方互助互让的原则下，改为租谷，其标准亦不得超过正产收获量百分之十五至二十。

（4）便田预租之带包租性质者，应予防止。

（5）沦陷前之欠租，如确因佃户无力缴纳或业方故意拒收者应予免缴或待抗战胜利后交租。

（6）根据二十四年浙江省府颁布之“浙江省佃业缴租用量衡器遵用新制办法”，仍以老秤为标准以市秤计算租额的地区，应遵法废止，并改用新制。

佃权方面

（1）在佃农习惯上有永佃权者，应保留之，无永佃权者，不应强迫规定，但可奖励双方订立较长期的契约（如五年以上），俾农民得安心生产，特别对银租便佃预租尤应注意这一点，以相限制，其因佃权转移繁频而妨碍生产。

（2）无永佃权之土地，年限既满，业方有依约处理的自由（包括转让出典、出卖、自耕及雇人耕种），但当期出租、出典、或出卖时，原佃户有承佃租承典承卖［买］之优先权，且在抗战期内业主收地，应顾及佃方生活，如原佃太穷，应有调解会召集双方为之调解，或延长佃期，或退佃一部（赎田原则上亦如此）。

（3）未满期限或有永佃权之租佃，其撤田条件，除法令内所规定款项外，主要视佃业双方经济状况而定。

几个特殊问题的处理

（1）业佃之任何一方，如有私通敌伪行为者，其他（地）权或佃权由人民公决处理。

（2）对于穷苦之鳏寡孤独之小地主及部分经济困难的中小地主，其减租标准，应在双方互让原则下酌量少减。

（3）公堂产、庙产、学产、官产其租额超过全年正产收获量百分之三七·五者应以百分之三七·五为标准减租，其为银租或便田预租者，依租额方面（3）之规定，在公堂土地占优势地区，应首先争取公堂减租的胜利。

（4）无论议租、计租、分租、少租、银租、便田预租，其有租佃契约纸者，减租后一律改订新约，内容除法令内规定各项外，须写明减租后租额或其计算方法。无永佃权者，奖励双方订立较长期的年限。

（四）

在处理一切农村纠纷中（如增资赎田以及二五减租中一般原则及法令中尚未规定之事项），办事处工作人员的态度不应是站在地主与农民的某一方面，而且（是）根据中央土地政策的基本原则，采取调节双方利益以利抗战的方针合理地处理，佃业双方合理的要求尽可能使之满足，不应孰轻孰重，一方面保证减租，一方面保证地主之地权财权，一方面顾及农民生活，一方面契约满期，任何一方面有解约的自由，一方面又要奖励双方订立较长期的契约，一方面增加工资，一方面又要奖励富农生产，承认富农剥削，保证抗日的阶层都有人权、政权、地权，任何"左"倾或右倾的处理，都是党的政策所不容许的。

选自《浙江革命历史档案选编》，浙江人民出版社 1985 年 4 月版，第 100～104 页。杭州大学历史系、浙江省档案馆合编。

16. 淮海区清查田亩实施纲要

1943 年 12 月 1 日

甲、总 则

一、本纲要基本原则根据淮海区清查田亩暂行办法各项规定。

二、本纲要仅限于初步田亩清查事竣后即予以废止。

乙、清查组织

三、以乡为单位，组织清查委员会，直接受县政府财粮科领导，县区不另设组织。

四、县即以财粮科为领导清查田亩核心，每区分别派清查田亩督导委员驻在各该区领导及督促所属乡清查工作。

五、各区清查田亩督导委员得设助理员五人至九人，承督导委员之命令进行工作。

六、各区清查田亩督导委员应由县府派科长一级干部充任或互调付区长担任，在清查期间应责成以清查工作为首要任务。

七、清查田亩之助理员由县政府财粮科各区财粮股或其他工作部门调充之。必要时临时雇员充任之。

八、乡清查田亩委员会由委员五人至七人组成之，委员下列人员担任，由区政府聘任之。

乡长或付乡长一人，乡粮政助理员一人，农救会代表三至四人，士绅二人至三人。

九、乡清查田亩委员会设主任委员一人，领导全部清查工作，由乡长或付乡长担任之。

十、乡清查田亩委员会，设下列各股各设股长一人，股员一人至三人，由委员充任之。

（一）登记股（二）调查股（三）测丈股。

丙、清查步骤

十一、首先由县政府出县布告，以通俗文字说明清查意义、清查办法及不报隐报谎报密报检举等奖惩办法。

十二、由清查田亩督导委员或助理员分赴各乡帮助组织乡清查田亩委员会并研究本乡清查田亩具体执行办法。

十三、由清查田亩委员会召集全乡公民大会报告清查田亩意义、清查办法及不报隐报谎报密报检举等规定。

十四、在乡公民大会之后，即由清查田亩委员会召集村民大会，当场实行口陈报业主与佃户名、陈报如下：（可将业主与佃户分两处举行）

业主陈报事项：（包括地及自耕农）

（一）业主姓名，（二）住址（村庄名），（三）家庭人口，（四）田亩数，（五）田亩坐落及四至。

佃户陈报事项：

（一）佃户姓名，（二）住址（村庄名），（三）业主姓名，（四）业主住址（乡村），（五）佃种亩数。

十五、在村民大会上业主及佃户陈报时，清查委员会应派人记录，每户陈报完毕应将记录交其核阅，如认为记录无讹，即由陈报人于记录上加盖手印。

十六、每村陈报完毕后，宣布下列三事：

（一）如认为陈报不确，三天之内准详自行申请更正。

（二）在呈报后三天内业主应将田契取出，以备验契时得随时检出核验，如寄存他处要延期呈交者，应在二天内声明，但呈报交期不超一个星期。

（三）鼓励到会民众于陈报后第四天起至十三天止，十天内实行密报或检举。

十七、在每村均呈报后，将佃户与业户陈报数实行核对，其有佃户在本乡（即田在本乡）而业主在他乡者，即将该项陈报另行腾录，呈交清查田亩督导委员转交业主所在乡。

十八、将业主与佃户两方之陈报数核对后，即由调查股负责，将呈报名册换户验契验查，陈报田亩是否与契纸所载田亩相符合，符合即注明○，不符合即注明×。符合而为白契即注明※，无契即注明△。

十九、在清查田亩委员会成立后，则由该会测丈股绘成一简略地形，按照自然形势（即村落树行或路沟等）画成若干块注明面积数，至是将每保陈报，并经查验契纸后之田亩数，分别列入该图内，核阅已呈报数字，是否与该乡田亩数相等。

二十、具有下列情形之田亩予以丈量：

（一）无田契者（二）契纸所载数字与陈报数字不符者（三）无红契（仅有白契）者（四）经密告检举者（五）认为陈报数字可疑者。

二十一、将前项规定之田亩丈量完毕后，由清查委员会登记造具该乡田亩清册（注明业主姓名人口田亩数住址）及佃户清册（注明佃户姓名田亩数）自耕兼佃耕者，记入田亩清册内，并注明佃耕数。

二十二、每乡田亩清册及佃户清册造具完毕后，即连田亩登记册地图等一并送交该区清查田亩督导委员核收。

二十三、督导委员回集该区各乡田亩清册及佃户清册送交县财粮科核收。

二十四、各乡业主自行陈报之，田亩实数多于本年夏秋两季交纳粮赋田亩时，其溢出数准确交粮赋不科罚金。

二十五、在各区清册均告结束后，县政府召集各督导委员及助理员实行总结，并将总结情形列表呈报行署。

丁、清查注意事项

二十六、甲在乙乡或他区而业主在乡者，以在甲乡呈报为原则。

二十七、如属敌地生荒或熟地均在陈报时说明。

二十八、业主不在本县者，由佃户代报，并催促该地主于一星期内将契纸交验。

二十九、交通沟或其他公家临时占用田地应一并陈报不得除外。

三十、丈量时均以五印官弓尺为标准，以六十丈为一亩小数至厘为止。

戊、不报隐报谎报及密报检举办法

三十一、业主陈报土地检举或抽查清丈发现确有隐报情事（陈报田亩少于实有田亩者，除追交其历次隐瞒田之田赋公粮外，并每隐报一亩罚麦五十斤）。

三十二、业主呈报土地经检查或清丈发现有谎报者，得按下列办法予以处罚：

（一）以隐报谎（报）者依具谎报土地每亩罚麦三十斤。

（二）分名或化名陈报者处五千元以下之罚金。

三十三、隐报谎报田亩经密告检查后查明属实者，所罚粮食或现款一律是提出百分之三十奖予密告或检举人，如属农救会以团体名义检举者应提百分之五十予该会，余额一律解交金库充当清查田亩经费或县自治经费。

三十四、在清查田亩陈报期内，业主有意不报者处三千元以上之罚金，并饬令补金，并饬补报。

三十五、佃户陈报出为业主隐报谎报或不报经检举查明属实者，由清查委员会注册呈报县府备案取消其永佃权，并得科以一千元以下之罚金。

三十六、不隐报或谎报，凡属公民均得公开检举或实行密报者，清查委员会负责保守秘密。

三十七、前项三十一条至三十四条各项科罚行为必须经清查田亩委员会会议通过并呈请清查田亩督导委员会批准。

己、检查督促及奖励办法

三十八、清查田亩督导委员会应经常在各乡督导清查工作，成绩之优劣以是否奋勉工作及清查田亩之溢出额多寡为标准，均由县府呈请行署分别予以奖惩。

三十九、助理员以上各乡实际指导及帮助工作为原则，并每礼拜向督导委员将该乡工作情形汇报一次。

四十、督导委员得随时召集清查委员会开会及汇报，并为重新布置工作。

四十一、清查田亩助理员与乡长均依查出无契白契补税额总数提百分之十充奖。

四十二、清查田亩委员（除主任委员）均以不报隐报谎报罚粮款额提百分之十充奖。

四十三、其有举办不力者均分别记过或警告。

四十四、办理清查田亩工作人员其有舞［弊］渎职者，依法惩处。

四十五、各具县长，应亲自计划主持督促。

庚、经费及其他

四十六、初步清查田亩所需费用，准由县政府拟具下列标准，造具预算，由财粮监理员核准后支，每乡标准如下：

纸十张，笔两枝，墨一块，铅笔一枝。

四十七、每乡约需麻绳十丈由各乡向民众借用。

四十八、所有清查委员会委员均保义务职。

四十九、各县不得藉清查工作，摊派任何费用。

五十、本纲要真有与边区或敌占区环境不尽适合者，准由各县于执行方式上，自行予以变更。

五十一、某区某乡真有环境确实困难不能举行清查者，由县政府自行规定之。

选自《华中抗日根据地财政经济史料选编》第二卷，档案出版社1986年8月版，第320～325页。江苏省财政厅、江苏省档案馆、财政经济史编写组合编。

17. 盐阜区行政公署通知——颁发土地复查暨户口登记办法

1943年12月20日

兹颁发盐阜区土地复查及户口登记暂行办法，及其说明一种，查此两项文件有关本区三百万人民今后粮税之合理负担，意义极为重大，值得我全体政府工作同志严重注意，必须进行以下工作：

（一）各级政府对此二文件必须展开热烈之讨论，使每个行政人员，都深切了解此文件之精神与实质，只有自己了解了文件的精神与实质，才能有信心有热心去进行这一工作。

（二）仅政府人员重视与讨论这一文件还不够，必须唤起各阶层人士对此文件之重视，使他们了解这不仅是政府之财政问题，而是关联于各阶层人士切身利益问题。要使他们认清这一问题，各级政府可将此文件分发给参议会，参议员，地方士绅，群众团体，学校教师，发动他们研究与讨论，要他们大胆地提供意见，提出修正意见，务使这一办法更臻完备，而合于客观实际情形。

（三）各级政府工作人员应深入展开作实际调查，多问老农，必要时可选择一村作为实验，以减少此办法可能有存在着的弱点。

（四）此办法与说明可作为冬学，乡长训练班的教材，各县并需办专门复查田亩训练班，教授此一办法。

（五）各县政府必须有计划的收集各种反映材料，并于十二月二十日以前汇报行署，以便修改草案，正式颁行。

右通知

各县长

副县长

主　任　曹荻秋

副主任　贺希明

计雨亭

选自《华中抗日根据地财政经济史料选编》第二卷，档案出版社1986年8月版，第258～259页。江苏省财政厅、江苏省档案馆、财政经济史编写组合编。原注：“按《盐阜区财经法令汇编》1943年版刊印”。

18. 附件一：关于“盐阜区土地复查暨户口登记暂行办法草案”说明

第一，为什么要颁布这暂行办法草案？

（一）推行合理负担为抗日民主政府财政政策之基本精神，本区土地税和公粮公草的征收，自去年春间全区土地实行清查以后，虽然合理多了，但当时因受各种主观条件的限制，土地不能作更彻底的清查，所以两年来人民粮税的负担，还是不够合理的，主要表现于下列四方面：

一、土地只有简单的分类，如水田、稻麦田、旱田、棉田、柴滩、草滩、洼田、花碱田等，但未分等，以致面积相同的水田，不论其肥瘠如何，产量如何，其粮税负担则是相等的，此不合理者一。

二、即使两户土地的种类，肥瘠，面积皆相同，而该两户人口数不同（人多的多吃；人少的少吃），按理其应缴粮税该有不同，可是过去两年的粮税征收办法，却不能照顾到这一点，此不合理者二。

三、根据以上两点，贫农是特别吃亏的，第一他的田大多为坏田，第二人虽穷人口倒不一定会少，因此他两面吃亏。再加过去两年的公粮起征点又低（三亩即起征），贫农负担逐更繁重，此不合理者三。

四、因二五减租与公粮累进的关系，少数小地主也有负担较重的，这多半也与土地尚未分等检查及公粮按地亩而不按收获量征收有关，此不合理者四。

因此本区现行粮税征收办法，必须加以改革。

（二）在今年七八月间行署曾经颁布了一种新的公粮征收办法，该办法是按各户人口及其秋季实在的收获量，求出其每口的收获量，然后再征收其公粮。这办法经射阳等四个县各在一个乡实验之结果，尚有下列缺点：

一、因为是实际收获量，每征粮一次，即要调查登记一次，而每次为了反隐瞒，又需十五日上下，还要区级工作同志，到乡里去亲自领导，所以这办法虽然较为合理，但在目前是没有可能实现的。

二、因为是按实际收获量征收公粮，愈改良生产与收获量愈多的地，所负担的公粮，比率也愈高，这对改良土质发展生产有妨碍，在这方面，倒反是不合理的。

三、因为要将实际收获量查明后，才能计算公粮征收额，所以全区不能作全年公粮预算，这也是很大的缺点。

因此，要使粮税负担合理，尚须另想办法。

以上两点是行署这次颁布上述暂行办法的原因。还有：

（三）复查土地与登记户口是极复杂极繁重的工作，同时我们这次虽不想“一劳永逸”，但至少总应做到相当足够的合理程度，使今后两三年不用再来查土地查人口。因此我们就先将上述暂行办法作为草案印出来，广征各县各阶层人士的意见，使该项办法，能更周密地兼顾到各地的特殊情形和各阶层的利益。

第二，这暂行办法草案的基本要求和根据是什么？

这暂行办法的基本要求是在实现可能的范围内，使今后本区人民的粮税负担可更合理，并刺激人民增加生产。这样人民生活固可改善，政府财政基础亦可稳固，是一举两得的办法。

如何达到这“一举两得”的目的呢？亦即规定本办法的根据是什么呢？概括起来有下列八点：

一、使以后不按表面的田亩亦不按各季的实在收获量，而是按其估计的“全年平均收获量”再将人口多少的因素亦计算进去，来征收各户的粮税。

二、所谓“全年平均收获量”是指“不是熟年也不是荒年”，换言之，即是“普通年成”的收获量而言，这是就“天时”说的。还有就“人力耕种”而言，既不是指特别勤劳施肥，也不是指懒惰不施肥，即是指的在一般人的人工和施肥的条件下所能得到的收获量（因此，这是奖励增加生产和惩戒懒惰不施肥的），这样的平均收获量，虽无实在的根据，但在年年耕种的农民看来，是完全可以预先明确知道的，只要他觉悟到愿意据实陈报。

三、全年平均收获量和人口数都是可以预先查明的，一经查明以后，我们即可求出某一户每口能分得收获量若干和应缴公粮若干。以后公粮累进不按田亩分级（如现在），而是按每口收获量多少来分级，例如假定每口收获量二百斤的征其百分之五，四百斤的征其百分之十等等。

四、主佃双方公粮负担，不象（像）现在佃方出二斤或三斤，其余归业主负担。以后改为按四六分租原则，佃方按六成计算。其佃进之田之平均收获量，作为其所得收获量，业主按四成计算其租出之田之平均收获量，作为其所得收获量，然后再按前项规定征收其公粮。不过地主所得者为不劳而获。佃农对其佃进之田之六成收获量，及自耕农对其自田之全部收获量，是要出劳力牛力等等的，并非不劳而获，因此对于佃农及自耕农按其佃进之田及自田的收获量，征收公粮时，政府还要另外规定将该收获量先打一个九折或八折（这要明年规定），作为其劳力牛力等等的代价，然后再计征其公粮，如此对于地主和农民都合理了。

五、以后的公粮起征点，不是笼统的“田三亩或五亩以上”了，而是可以按每口所得收获量，是否足够其一年之最低消耗量来计算规定了，这对保障贫农有极大帮助。

六、一亩田之平均收获量，在陈报时假定为一百斤，以后如确因加工加肥或翻矿开垦（即不是因为陈报时谎报——以多报少），而增加到二百斤乃至三四百斤，政府仍按其原报收获量征收公粮，这是大大刺激增加生产的。

七、土地要按平均收获量分等级时，当然不是每多一斤即进一等，今有规定旱田每多二十斤进一等，例如旱田全年平均收获量三十一斤至五十斤者为第一等田，五十一斤至七十斤者为第二等田，余类推（均以一亩为标准）。那么有第一等旱田一亩的人，为了征收公粮，而要计算其收获量时，究竟算多少呢？算三十一斤，政府太吃亏了，算五十斤，人民太吃亏了，两者折其中，政府一律规定为四十斤。如此，该亩旱田之实际平均收获量在四十斤以下者即吃亏，在四十斤以上者即便宜，这多少也是刺激增加生产的。

八、人口多少对于今后公粮负担有极大关系，愈多愈便宜，愈少愈吃亏，我们规定计算人口时，出外当雇工的在一年之内，不到半年的，可不从其家庭人口中除去，雇用雇工在一年之内，实雇用期间不到半年的，不为列为其家庭人口，这一方面是优待出外临时当雇工的，另一方面是奖励富农雇用长年雇工，后者也是刺激增加生产的。

以上八点为今后征收公粮之基本原则，同时即为规定本暂行办法之根据，换言之，我们是根据这八点来拟订本暂行办法，进行土地复查与户口登记，使能达到前述本暂行办法之基本要求。

第三，对本暂行办法若干条之解释

对本暂行办法要解释拟更明白的，有下列四点：

（一）第十条。过去清查各户的土地时，只清查其自田（即他自己所有的土地），这次则连租进之田和典进之田也要清查了，同时将“自田”租给他人和典给他人的也要加以注明，不能只作为“自田”陈报。因为以后征收公粮，不是按各人所有的田亩，而是按其所平均收获的，所以有此第十条之规定。

（二）第十三条和第十四条。这两条是本暂行办法的灵魂，关系最大，同时也是最复杂的，愈规定得合乎客观事实，将来征起粮税来就愈可合理，可是我们这次所根据的材料是不够完备的，今先将行署规定这两条的根据写在下面，以便大家讨论：

一、全盐阜区的土地按其自然性质或所生长的作物而言，只有下列六种：水田（建阳盐城最多），稻麦田（前二县和射阳最多），旱田（北边各县最多），棉田（盐东阜东射阳最多），柴滩和草滩（阜东盐东建阳最多），所谓飞沙地、洼地、花碱田实即为不好的旱田，故可不另列，射阳有所谓水碱田，实即为碱性甚重，产量甚差的水田或稻麦田，故亦不必另列，盐东有高荒低荒，高熟低熟等分类实皆为肥瘠不同之旱田，故亦一并合为旱田。还有专种花生（一年只种花生一季者）的旱田（系称沙土），在旧黄河两岸和射阳一区沙岗甚多但因这种“沙土”，也可间种其他旱田作物，故亦不专列一类而并为旱田。

二、水田、柴滩、草滩因为全年只长一种作物，故其全年平均收获量较易估计，棉田只长一季棉花的亦同。但稻麦田旱田与棉田又间种大麦的因全年所产作物，不止一种，要计算其全年平均收获量，则需将不同作物化为一种，旱田还有一年二季，或二年三季之别，问题格外复杂，今规定解决办法如下：

A. 稻，大麦，小麦，三者的市价是常有上下的，尤其是稻与大小麦，因收获时间相差三四月，上下更大，今按平均市价估计，规定稻与大麦与小麦三者相互间之折合率为十二与二十之比。至于大麦折合籽花的比率，则由有棉田的（且种棉麦二季的）县份（县政府）去自行规定，不由盐阜区统一规定，但阜东盐东射阳三县，应尽可能求得一致。

B. 旱田有一年一季，一年二季和二年三季的，但少种的地力集中因而厚，多种的地力分次因而薄，故其纯粹收获量（即将种子肥料人力牛力等除掉以后的收获量）仍大体相等。因此我们一律规定为一年种一季半，这样对于一年只马马虎虎种一季的就吃亏，对于一年勤勤劳劳种二季的就便宜，因此这当中也含有刺激增加生产的重大作用。

C. 旱田的收获次数，虽一律规定为一年一季半，但它所收获的东西，却极不一律，有秸头，山芋，大小麦，黄豆等，这里我们根据面积相同，肥瘠相同，所费人力等等相同的土地，它们所长的作物虽然不同（作物的数量当然也不同，例如一亩旱田的山芋收获量，就往往多于一亩旱田的小麦收获量八九倍），但这些作物所能售得的市价则大体相同（特殊市场关系除外），我们根据这一规律。逐［遂］规定一亩垦田若种小麦一亩，平均能收小麦若干，再加这平均收获量的一半，合划一季半，即得该亩旱田之全年平均收获量，所有旱田的全年平均收获量，皆以小麦为标准，依照 C、D 两项的规定来计算。这样旱田就获得比稻麦田还简单了。

D. 一年只能专种花生一季的旱田，其全年平均花生收获量，按怎样的折合比率折合为小麦，不由盐阜区统一规定，由有关各县自行规定，但有关各县应尽量求得一致。

E. 根据A、B、C、D四项的规定，水田、稻麦田、旱田和棉田，虽其产物不同，但已可互相转化，互相比较了，因此我们可以将多种不同（就自然性质说）的土地分成各种等级（就土地肥瘠说），并使之各各相等起来。例如依照以上规定，我们将全年平均收获量三十一斤至五十斤小麦的一亩旱田为第一等旱田，又将全年平均收获量三十七斤至六十斤稻子的一亩水田定为第一等水田。这儿旱田与水田的自然性质上的差异性就可被舍掉了（即可舍掉不管之意），它们变为相同的田了，即“第一等”田。做到这一点是很重要的，因为有了这一根据以后，我们就可使不同种类的土地按其相同等级而负担相同数量的公粮（假定其累进等级亦相同），水田区人民和旱田区人民的公粮负担可公平合理，不会再像过去水田区轻重那样了。（原文如此）

F. 土地等级水田每二十四斤进一等，例如每亩全年平均收获量（稻）三十七斤至六十斤者为第一等，六十斤至八十四斤者为第二等，余类推，旱田每二十斤进一等，例如每亩全年平均收获量（小麦）三十一斤至五十斤者为第一等，五十斤至七十斤者为第二等，余类推，其余多种土地之等级即按其产物与稻□小麦之折合比率及水田每二十四斤（稻）旱田每二十斤（小麦）进一等三比率分别规定。例如：旱田，我们认为每二十斤（小麦）即进一级是较适当的规定，因为太小了，土地等级将太多太复杂：太大了一等之内的土地（因其肥瘠不同的程度较高）的公粮负担又将不够合理，故为双方兼顾计，即规定每二十斤进一级，其他种类土地等级之划分亦根据这相同的原理。

G. 各种土地全年平均收获量之最低最高额，我们规定如下：

种类	产物	最低（斤）	最高（斤）
水田	稻	37斤	506斤
稻麦田	稻	30斤	360斤
稻麦田	小麦	30斤	180斤
旱田	小麦	30斤	400斤
棉田（一）	籽子花	20斤	100斤
棉田（二）	籽子花	20斤	100斤
	大麦	50斤	80斤
柴滩	柴	100斤	600斤
草滩	草	80斤	800斤

上开各种土地，其全年平均收获量在最低额以下者，即作为荒废田，在最高额以上者，不论超出多少，均作为超出一斤（即只进一等）处理，为了适应旱田之分等，各县划分棉田、柴滩、草滩之等级时，可将上开棉田、柴滩、草滩之最高最低额，酌量增减，使

能符合于最低一级（但不一定从第一级起）之起量和最高一级（但不一定达到第二十一级）之论量。各种土地之最高和最低的全年平均收获量既然查明如上，而且假定这最高最低额又是正确反映全盐阜区各该种土地之最高最低的全年平均收获量的，今我们又是根据这些材料来划分各种土地的等级（从最坏一等到最好一等），那么各县区乡户主陈报其多种土地时，就一定都能找到他相适应的土地等级，决不会有什么遗漏了。

以上各点如有不妥，则第十三第十四两条一定也有不妥，但该两条却为本暂行办法之灵魂，所以对以上各点，希望各县各阶层人士热烈讨论研究并提供意见。

（三）第二十七条。孙中山先生的土地税办法见其所著三民主义民生主义部分，该办法的主要内容是：土地按其地价征土地税，地价高税多，地价低税少。至于地价则由人民自动陈报，但为防止人民谎报地价起见，规定报价高于其实在地价时，政府就按报价收税，如相反低于其实在地价时，政府就按其报价购买其土地，这样人民只有据实陈报地价为最好了。现在仿照这办法，我们的地价改为土地的等级，如人民将劣等田谎报为优等田的，政府即按优等田征公粮，相反政府即将劣等田之市价购买其优等田，如此人民只有据实陈报其土地等级为最好了，但各等土地之市价随时地不同，故各乡复查土地之前，各乡查委会应开会民主评定各该乡各种土地的各等市价，作为政府购买或拍卖上述谎报土地时之统一根据，以免临时评价纠纷。

（四）最后关于土地陈报书之“土地俗名”栏也有说明之必要。本来土地陈报书，应有“弓口四至”(即每块土地之东西南北与什么为界，各边的长度多少)，但根据去年清查地亩的经验，这“弓口四至”填报的就极小或极不完备，同时我们要这一栏的目的仅在反隐瞒，还不是要编成“鱼鳞册子”。因此我们这次遂将“弓口四至"改为土地俗名。所谓土地俗名，就是各农家各业主平时称其自已耕种或所有的某一块，或某一片土地的称呼，例如，“直南”“东四十”“水车头”等等。据调查这种俗名是每块或每一遍皆有的，而且说到“直南”“东四十”“水车头”等等，其附近邻居也多知道是指的那一块或那一遍田。因此比“弓口四至”还更便于反隐瞒。不过我们现在还不敢断定这种土地俗名到底是否各县皆有，因此各县仍有调查研究的必要。

选自《华中抗日根据地财政经济史料选编》第二卷，档案出版社 1986 年 8 月版，第 259～267 页。江苏省财政厅、江苏省档案馆、财政经济史编写组合编。原注：“按《盐阜区财经法令汇编》1943 年版刊印”。

19. 附件二：《盐阜区土地复查及户口登记暂行办法草案》①

第一章 总 则

第一条 为更进一步查明本区土地及户口，使人民粮税负担可更合理起见，特订定本

① 原标题是：“关于《盐阜区土地复查及户口登记暂行办法草案》说明”，其中的“关于”和“说明”四字是误加的，与“附件一”标题相重复。原注：1944 年年初正式颁布。

办法。

第二条　土地复查与户口登记均采用人民自动陈报办法。辅以必要之实地清丈与抽查以及人民相互检举为原则。

第三条　前已遵照《盐阜区清查田亩暂行办法》向政府陈报土地者，仍须一律遵照本办法向政府重行陈报。

第二章　乡与村（或保）查委会之组织

第四条　为集中力量进行土地复查与户口登记起见，各乡在复查田亩与登记期间，应组织乡与村（或保）之土地复查暨户口登记委员会（下简称乡查委会或村（或保）查委会）。

第五条　乡查委会以乡长副乡长小学教师或塾师各一人，农救会代表四人，当地公正士绅二人组织之，其人数以十人为限，并以乡长或副乡长为当然主任委员。如该乡财粮委员会组织健全，则酌予扩大不另组织乡查委会亦可。乡查委会之职责为进行复查土地与登记户口之宣传动员，收发陈报书，编造乡土地户口清册并公布之，发动人民检举及户主更正补报统计本乡土地户口等。如有村（或保）查委会，并须指导与检查村（或保）查委会工作。

第六条　村（或保）查委会以村长或保长，小学教师或塾师各一人，农救会代表六人，当地公正士绅三人组织之，其人数以十一人为限，并以村长或保长为当然主任委员。其职责为收［将］复查土地及登记人口之意义办法传达给民众，分发及收集陈报书，帮助民众填写完成一村（或保）之复查及登记工作。（村（或保）查委会亦可不设，如不设时则须将乡查委会委员额数扩大，分工进行各村（或保）复查登记工作，概由区县政府决定之）。

第七条　乡及村（或保）查委会委员均为无给职。如有利用职权营私舞弊者，应依公务人员贪污条例处罚。

第八条　乡及村（或保）查委会之笔墨纸张等文具费，由县政府临时规定数额发给之。

第三章　土地与户口陈报

第九条　土地与户口陈报以乡为单位进行之。如有乡界未经明确划分者，应由区政府在办理土地陈报前明确划定所属各乡界限（可以两乡交界处之自然河流沟渠或道路为界）。如属区边境之乡界，则由各该管区政府共同划定之。

第十条　户主陈报土地时不仅陈报其自己所有之土地，即租进与典进之土地亦须陈报。自己所有之土地租出典出者，须注明租给何人典给何人。租进典进之土地亦须注明租自何人典自何人（其姓名均以租契为标准）。

第十一条　户主陈报前项土地，应依照左列规定填具陈报书（陈报书格式另定之）。

一、户主在本乡之土地，应向本乡分块填写陈报（一块一行如数块连成一遍者，则一遍一行）。

二、户主在他乡之土地，应在他乡分块填写陈报。并须附带向本乡作概括（不必分块）之陈报。

三、户主所有土地在本乡，而其居住所在地不在本乡者，仍在本乡分块填写陈报。陈报时其居住所在地之土地，亦须向本乡作概括之陈报。其陈报书之填写得由户主自行办理或委托佃户或关系人代为填写。

第十二条　户主陈报土地前，须俱实地丈量计算亩积。其计算尺度，规定以去年各县清查地亩时所用之“五印官弓”尺为标准，以六十方丈为一亩，小数至厘为止。

第十三条　户主陈报土地，俱须依照土地之全年平均收获量（即不以荒年亦不以塾［熟］年）为标准，按左表规定分类分等陈报。

第十四条　前项稻麦田旱田之全年平均收获量必须依照左列规定化算为一种作物：

一、稻麦田有一年专种稻与小麦各一季者，亦有一年专种稻与大麦各一季者，亦有一年一季稻而大小麦则皆可轮种者，其全年平均收获量一律依照下列规定之比率化算为稻或小麦：

稻与小麦之比率为十二比十

稻与大麦之比率为十二比二十

小麦与大麦之比率为十比二十

二、旱田假定以种小麦一季平均能收若干，然后再加其半数合为一季半，即为其全年平均收获量。

三、旱田如因土质关系，全年只能专种花生一季者，则按其平均花生收获量，依照该管县政府规定之折合比率全年平均收获量。

四、棉田如植棉以外又夹种大麦者，其大麦平均收获量，依照各该管县政府规定之折合比率，折合为籽花然后一并计算其全年平均收获量。

第十五条　荒废田包括无出息之土地，住屋屋基，晒场，及自耕地边沿至河中界（小河）或自耕地边沿至河岸外一丈五尺（大河）之河面在内。但田间（指有出息者）之小道及坟墓地不能列作荒废地。

第十六条　田间坟茔地，产权属于何人陈报。如为孤坟，即归该田现今业主陈报。其种类与等级，依照该田种类与等级。

第十七条　凡本区居户，均须依照左列规定，与土地陈报同时填写户口陈报书（陈报书格式另定之），陈报其户口。

一、须分别姓名年龄性别。

二、其在外做雇工或出远门不足半年者，准不列为在外人口，在外半年以上者则必须列为在外人口陈报。

三、其为雇用雇工或亲友寄食不足半年昔，不得列为外来人口，在半年以上者始能列为外来人口陈报。

四、为优待抗日军人起见，凡抗日军人家属持有优抗证者，该抗日军人仍得列为在家人口。

第十八条　土地与户口陈发书由乡查委会分发各户主填写。

上项陈报书发填日期与收回日期，区政府依照规定及实际情形分乡公布之。

第十九条　乡查委会收回填就之陈报书后，至迟在七日之内须制就乡土地户口清册（其格式另定之），在本乡公布，并限十日内准由各户主自动申请更正或补报其地亩数或人口数，逾限即奖励人民自动检举，其未经其户主更正补报，经查明或被检举有隐报或谎报情事者，依本办法第四章之规定，予以处罚。

第二十条　各乡土地户口清册造就并经检举补报更正后，乡查委会应根据其清册及区政府所规定之期限制成乡土地户口统计表（其格式另定之），汇报区政府。乡之检举补报更正事项仍继续办理。

第二十一条　前项乡土地户口清册及统计表均一式二份，一份移交乡政府负责保管，一份呈送区政府负责保管，倘有遗失，乡长区长均受行政上失职之严重处罚。

第二十二条　区政府收到所属各乡土地户口清册及统计表后，应即进行以下工作：

一、核对户主在他乡所分块填写陈报之他乡土地，与其在本乡所概括陈报之他乡土地，其亩数是否相符。

二、核对户主出租出典之土地亩数种类及等级，与其承租佃户或承典户所陈报者是否相符。

三、如核对不符，应即发交有关查委会（或乡政府）查明更正，并依法处罚。

四、至迟必须在一九四四年四月二十日以前，根据各乡土地户口统计表，编制全区土地户口统计表（其格式另定之）一式二份，一份留区存查，一份呈送县政府备核。

第二十三条　在邻近敌占区环境较不安定地区，土地复查户口登记工作，得按实际情形依左列简易手续举办之：

一、乡村长（或保甲长）根据各该乡保甲户主所有地及人口汇制乡土地户口草册。

二、公布该项草册，限期准由各户主补报更正。

三、逾限奖励人民检举，并依检举更正材料，汇编乡土地户口清册及统计表。

四、在限期内户主不自行补报更正，经人检举查有隐报谎报情事者，依本办法第四章之规定予以处罚。

五、至迟在一九四四年四月二十日以前，该管区政府必须将该项乡土地户口清册及统计表之材料全部编入其全区土地户口统计表内。

第二十四条　各县县政府至迟必须在民国三十三年四月底以前根据各区土地户口统计表编制全县土地户口统计表（其格式另定之）一式二份，一份留县存查，一份呈送行署备核。

第四章　隐报谎报土地户口之处罚及查举之奖励

第二十五条　户主陈报第十三条所列土地经检举或查明确有隐报（即以多报少）情事，除追交其历次应交之粮税外，并按该隐报土地之平均收获量，课以百分之三十之处罚。至荒废田则每亩罚抗币一元。

（上开隐报不足一亩者亦照一亩计算）。

第二十六条　户主陈报土地经检举或查明有左列谎报情事者，除追交其历次应交之粮税外，并得依左列规定予以处罚。

一、以优等土地报劣等土地者按该两等土地最低与最高收获量为稻三十七斤二等水田最高收获量为稻八十四斤，计相差稻四十八斤，以一等水田报二等者即对折处罚稻二十四斤。

二、实为自种之自田而谎作出租之田或租进之田或典出之田陈报者，每亩（不分种类等级）处以抗币五元之罚金。

第二十七条　为严格防止第二十六条第一款所举之谎报情事，乡查委会得参照孙中山先生之地价税办法，于复查土地之前，将该乡各种各等土地之当时市价，评定公布。俟前款谎报情事经查明属实区政府并有权将该项报为劣等田之优等田，按该劣等田之市价拍卖，检举人有优先购买之权利。

第二十八条　故意利用第二十七条之规定，企图强购该被检举土地，经查明属实，该检举人应处以每亩抗币二十元之罚金。

第二十九条　陈报时为劣等土地，陈报后经户主翻扛施肥变为优等土地，或经开垦将荒废地变为有出息之土地，不得谓之谎报。

第三十条　户主对出租土地收获量（即土地等级）之评定，与承租佃户对该土地收获量之评定，如有歧异，乡查委会应根据主佃双方关系及平均收获盘调解并评定之。

第三十一条　户主陈报人口经检举或查明有不符时，依照左列规定处罚：

一、以少报多者，每多报一人，处以抗币二十元至一百元之罚金。

二、将不足半年之雇工及外来亲友作为半年以上陈报者，或将出外帮工或作客之人口在半年以上者作为不足半年陈报者，每人处以抗币二十元至一百元之罚金。

第三十二条　同时犯第二十六第二十七第三十一条者，则一并课罚之。

第三十三条　现职公务人员有隐报谎报土地人口情事者，经查明属实，照上列规定加倍处罚之。

第三十四条　对隐报谎报者之罚金罚粮，均须由区政府执行，并出给收据。被处罚人如有不服，得于半月内提出理由与根据，向县政府呈诉。

第三十五条　隐报谎报土地人口，如系经检举发现者，所罚粮食或现款，一律提出百分之五十奖励检举人或检举团体。

第三十六条　凡户主过去依照“盐阜区清查田亩暂行办法”所报土地有隐报谎报情事，而在此次复查中能据实呈报者，其过去隐报谎报部份（分）应纳之粮税及罚金罚粮，准予免交。如仍继续隐瞒，嗣后经检举查明属实，则一并照章处罚。

第五章　附　则

第三十七条　自本办法公布后，本署前颁“盐阜区清查田亩暂行办法”即行作废。

第三十八条　各县县政府为更周密照顾与适应其本县特殊情形，得依据本办法之基本精神与原则，补订复查土地与登记户口实施办法公布施行，惟须呈报行署备案。

第三十九条　本办法之解释权属于行署。

第四十条　本办法由行政公署公布施行，修改时亦同。

选自《华中抗日根据地财政经济史料选编》第二卷，档案出版社 1986 年 8 月版，第 267～276 页。江苏省财政厅、江苏省档案馆、财政经济史编写组合编。原注：“按《盐阜区财经法令汇编》1943 年版刊印”。

20. 浙东敌后临时行政委员会处理三北地区二五减租及其他佃业关系暂行办法

1944 年 7 月 31 日《新浙东报》

浙东敌后临时行政委员会处理三北地区二五减租及其他佃业关系暂行办法：

第一条　本办法根据中国共产党中央关于抗日根据地土地政策的决定及其附件，本会施政纲领，并参照浙江省修正佃农二五减租暂行办法，及三北地区抗战期间佃业关系之实际情形而订定。嗣后三北地区佃业双方对于二五减租及其他佃业关系，应本团结抗战、互助互让之精神，遵照本办法之规定，公允处理。

第二条　自本办法颁布后业主应普遍实行二五减租，佃农应普遍实行交租，其租额之议定，应顾及原有习惯及土地本质之优劣，所施肥料人工之多寡等。租额之最高数量，不得超过土地正产量千分之三百七十五，副产一律归佃。

第三条　租额之议定，暂保旧习，以看花议租为主要方式，按照原有习惯，由各乡镇组织评议会评议之：

（一）各乡镇评议会以佃业代表各四人至五人，乡镇公所农会代表各一人组成之，并以乡镇公所代表为当然主席。会议时应请由上级政府派员列席指导，区农会得派代表列席，评议会如系联乡组织者，与会之代表，比例类推，其主席则由各乡代表互推之。

（二）议租应参酌原有习惯分畈分段分级议定之。

（三）佃业双方对于议租争论不下时，由区署裁定之，如仍不服裁定，得越级向县办事处请求重裁。

（四）田地之缴租额，应依照土地所在乡镇之议定。

第四条　计到抱实等苛重杂租应一律改为议租，如有特殊情形一时不能更改者，应将原有租额减去二五，按实际情形，另改新约，如遇荒歉年成，应酌量减租。

第五条　分种租制，原则上应改为议租，但在业佃双方有利与自愿情形下，得减去二五，暂时维持分种办法。

第六条　捎租（小租）依下列情形分别处理：

（一）无永佃权而完全以转租土地为营业，从中取利者，其捎租应予取消。

（二）有永佃权而转租者，依其习惯，但应按原定捎租租额减去二五。

第七条　预租制应改议租，但海田海地及公堂宗族田地，得参照习惯办理，其租额过低者按实际情形可酌予增加。

第八条　海田海地之租额参照习惯办理。

第九条　缴租期及缴租稻类依当地习惯办理，如佃农逾期不缴，业主应限期催告。佃农不得无故延宕拖欠。

第十条　业主除依本办法收租外，不得额外多收，并不得有租鸡租力租脚等不正当需索，佃农缴租，亦不得和水、掺秕、掺沙、掺泥、过蒸等不正当行为。违者均予惩处。

第十一条　任何团体或个人如有违反本办法，对于农民施行压迫欺诈，或假借二五减租，从中渔利，或煽惑佃农怠租抗租者，均予惩处。

第十二条　衡量器一律通用市秤市斛，并不得额外增加。

第十三条　如遇荒歉年岁及不可抗力之原因，实际收获不足佃农所施之成本时，应予免租。

第十四条　永佃权之获得与保障，依照习惯。

第十五条　无永佃权之田地，非有下列情事之一，业主不得任意撤佃：

（一）佃农死亡而无继承人时。

（二）佃农自愿抛弃其权利，经签字证明，或无故一年不耕作时。

（三）有本办法第十六条之情形时。

（四）佃农私行转佃时。

（五）佃农将田地恶意损害破坏时。

（六）土地依法变更其使用时。

第十六条　业主确因贫困无法生活时，得收回田地一部或全部自行耕种，但应适当顾及佃农之生活。

第十七条　土地因买卖而转移其所有权时，新业主非依前二条之规定，不得任意撤佃。

第十八条　业主依本办法收回田地自耕时，应准原佃农留种一年。

第十九条　撤佃应于收益季节后，次期作业开始前为之，其有当地特殊习惯者，从其习惯。

第二十条　业主将田地出卖时，原佃农以同样条件有承买优先权。

第二十一条　业主撤佃自耕一年后，重行出租时，原佃农除有欠租情事外，以同样条件有承佃之优先权，自收回自耕之日起，如撤佃未满一年而即出租者，原佃农得以原条件承佃。

第二十二条　佃业双方发生纠纷时，应由土地所在之乡镇公所乡农会会同调解，如调解不成，得请求区署及佃业仲裁委员会处理之。

第二十三条　处理二五减租及其他佃业关系时，如有一方涉及抗日军人家属，及鳏寡孤独、贫困业主、贫困佃农者，得酌量变通办理以适当照顾其权益与生活。

第二十四条　本办法除森林畜牧地外，一般农作田地皆适用之。

第二十五条　本办法自浙东敌后临时行政委员会公布日施行。

附注：本办法适用于三北地区，其他地区可作参考。

选自《浙江革命历史档案选编》，浙江人民出版社 1985 年 4 月版，第 227～230 页。杭州大学历史系、浙江省档案馆合编。原注：“原载 1944 年 7 月 31 日《新浙东报》”。

21. 苏南第四行政分区三十三年度土地查登暂行条例

1944 年 8 月 1 日

一、总　则

第一条　本条例之订定，系根据苏南区施政纲领之精神，使本行政分区人民缴纳粮赋负担公平合理，并保障其地权财权，以发展与提高其生产为目的。

第二条　根据本行政分区地理与经济条件，土地分类暂定为田、地、竹山、树山、柴山、荡六种。

第三条　土地查登时间自本年八月五日至八月二十五日止。

二、查登组织机构

第四条　在查登土地时间，各乡为单位组织土地查登委员会，委员人数十五名至二十五名，由乡行政负责人、各群众团体代表（农救会、工救会等代表）、士绅、政工队员、小学教员、塾师，及优秀智识青年等充任之，并设正副主任委员掌理查登事宜。土地查登委员会受县政府直接领导，设区之各县则由区公所领导之。

第五条　土地查登委员会之任务，为该乡土地查登之动员宣传，发动人民陈报，实施按户查登并抽户实地查勘，以求得该乡土地之正确亩分。

第六条　在土地查登中所发生之土地纠纷及隐瞒土地之检举，由县政府（或区公所）处理裁决，但土地查登委员会可提出意见作为政府参考。

第七条　土地查登委员之待遇，在查登时间每日拨给伙食米三市斤，如在查登工作中劳绩卓著者另予核奖。

三、查登办法

第八条　凡我中心地区边区以直接呈报按户查登为原则，近敌地区则按乡保行政以一般土地登记为原则。

第九条　查登之土地属人不属乡（户领丘），但某些地区可以属乡不属人（丘领户）查登之。

第十条　凡备有田亩清册及三十二年度下芒征册存根之各县皆可作为查登时之参考，并为使查登求得其真实，可抽查田契粮单及家册等证件，业户不得违抗。

第十一条　土地查登开始之乡保业户应即填具土地陈报表，递送土地查登处，在外业户之土地，由其家属亲戚或佃户代为陈报。

第十二条　土地查登所有表格皆要缮写清楚，不得遗漏、错误，查登完毕后查登表册一份呈送县政府，一份留乡备查。

四、奖惩办法

第十三条　在查登时期内查出三十二年度公粮征收时所隐瞒之田亩而能据实陈报者，一律豁免其应缴公粮之处分，以示特别宽大。

第十四条　每一乡保土地查登完毕后，应即贴榜公布，延长至征收秋季公粮前作为补报时间，过此时间如仍有隐瞒虚报而被查出或被检举者，则按隐瞒田亩分别惩罚如下：

第一项　隐瞒虚报田亩在五亩以内者，每亩惩罚大米五斤。

第二项　隐瞒虚报田亩在五亩以上十亩以下者每亩惩罚白米×斤。

第三项　隐瞒虚报田亩在十亩以上二十亩以下者每亩惩罚白米二十斤。

第四项　隐瞒虚报田亩在二十亩以上三十亩以下者每亩惩罚白米三十斤。

第五项　隐瞒虚报田亩在三十亩以上者每亩惩罚白米四十斤。

第六项　秋季公粮结束后，隐瞒田亩仍不自动补报，被人检举者，其处惩照一、二、三、四、五项办法加百分之五十办理之。

第十五条　逃亡在外业户之土地经通告后仍未向政府或土地查登委员会陈报，其土地得暂由政府管理，待其陈报后仍发还其管业，如陈报而有隐瞒田亩被查出者，经通告后仍不补报，其隐瞒之田亩处分办法与上同。

第十六条　凡检举隐瞒虚报田亩者，经调查确实，当按被检举人所罚之数提百分之三十作为奖励给予检举人，对于检举人之姓名保守其秘密。

五、附　则

第十七条　本条例经呈苏南区行政公署批准于公布日施行之。

一九四四年八月一日颁布

选自《华中抗日根据地财政经济史料选编》第三卷，档案出版社1986年版，第415～417页。江苏省财政厅、江苏省档案馆、财政经济史编写组合编。原注：“按《新四军和华中抗日根据地史料选》第一集刊印”。

22. 苏中区土地租佃条例（修正草案）

1944年9月1日

第一章　总　则

第一条　为调整本区业佃关系，增加根据地生产，团结各阶层人士，加强抗日民主建设力量，依据中国国民党第二次代表大会二五减租办法的决议、国民党抗战建国纲领和中国共产党关于抗日根据地土地政策的决定，特订定本条例。

第二条　凡本区土地租佃问题都依照本条例规定办理，以前本署及各级政府颁布有关租佃问题的法令与本条例有抵触者，应照本条例办理。

第二章　减　租

第三条　公私土地的租佃，除本条例另有规定者外，一律实行二五减租。

第四条　本区减租以民国二十六年度实交租额为标准，实行二五减租，打七五折交租，如有已照二十九年度标准减租换约者，经业佃双方同意不应再有变动。

第五条　有下列情形之一者，减租标准得斟酌实际情形改为二成，或一成五，或一成减租（即打八折或八五折或九折交租）。

一、业主为贫苦抗属者。

二、业主为贫苦之鳏寡孤独者。

三、业主为贫苦之小学教师或自由职业者。

四、无劳动力之中小地主因减租而使生活不易维持者。

五、业主私有土地不足二十亩，且无其他生产足以维持生活者。

第六条　凡照前条情形减租者，须经农抗会调查属实，由业佃双方协议订约。如有争论，可由农抗会调解，不服调解时，得呈请当地政府仲裁之。

第七条　采用银租制之租佃土地，因货币跌价，或物价高涨，业佃有一方认为不合理时，得提出商议，酌量增加银租或变更租制。

一、斟酌粮食正产收获物的价格，或酌量增加银租，或将一部或全部之银租改为物租制。

二、银租改为物租，最多不得超过全年正产收获量二成（百分之二十），如增加银租时，亦不得超过正产量实物折价的二成。

三、按照本条规定，换立新约，记明减租后租额者，不再减租。

第八条　减租后实交租额，不得超过全年正产收获量千分之三百七十五，其原来租额低于千分之三百七十五者，不得增加。

由业主全部供给种子、肥料、工具者，得由双方会同农抗会共同议定应交租额。

第九条　减租须就应交正租额照减，佃农不得将押租折成租额加进正租内同减，业主不得以退押租为理由向佃户加租。

第十条　实行减租后，双方应按照新约之规定，实行交租收租，不得抗不减租或抗不交租。

第十一条　假减租之业主，不论使用何种方法使佃户受到损失者，应受下列之处罚：

一、全部或一部假减租之业主，应按照假减数目，受加倍的处罚，一半交与佃户，一半送交政府。

二、业主减租以后，用其他方法加重剥削，使佃户应得的利益减少，以及用无偿的劳役剥削佃农者，应照佃户所受的损失加倍处罚，一半交给佃户，一半交给政府。

第十二条　业主不依法减租者，佃户可以自动扣下应减部分，并报告政府照假减租办法处罚之。

第十三条　凡因假减租处罚而解交政府之粮食或现金等，由政府拨充优抗基金，或举办地方公益事项，决定权属于县政府，区乡政府不得擅自动用。

第十四条　业主于当地抗日民主政府建立以后，未曾遵照二五减租法令实行减租者，佃户可照历年应减的租数，进行倒租，但如当地环境特殊，或业主经济确系困难者，得由农抗会按实际情形，拟定办法，呈请政府处理之。

第十五条　业主暗中勾结敌伪或利用敌伪势力压迫佃户，企图不减租者，除照本条例规定处理外，并视情节轻重，依照惩治汉奸紧急治罪法论处。

第十六条　实行减租后，各业主故意抗不收租者，佃户可将应交租额交给政府，由政府通知业主限期具领，其因搬运蚀耗，或其他意外所生之损失，由业主负担，如逾期不领，认为自愿放弃，即行入库，或拨充优抗基金。

第三章　交　租

第十七条　公私租佃土地，在减租后，已经换立新约者，佃户应照新约交租，不得无故抗不交租。

第十八条　每年各季交租时期，一律在正产物收获后履行。

第十九条　业主不得向佃户预收地租或押租及类似性的押租，但在本条例颁布前已有押租者，得暂行保留，以后不得增加，并须注明缴押租之年月日。业主如中途或租期届满退还押金时，应顾及双方实际生活，按照交押租时之粮价或田价比例折价退还。

第二十条　因天灾人祸遭受荒歉时，佃户应交地租，得根据下列标准酌量减免之：

一、收成不足二成者，全部免交。

二、收成在二成以上，五成以下，按成议减，五成以上者照交。

三、业主与佃户平均负担肥料、种子者，不论看收或分收，收成在二成以上时，得仍照减租后习惯分租。

第二十一条　在苏中抗日民主政府建立之后，实行二五减租以前，佃户所欠旧租，一律免交。但业主确系贫苦而佃户有力缴纳者，得根据实际情形全部照交，或酌交一部分。如业佃双方均系贫苦者，在减免发生争论时，得由农抗会进行调解，或呈请政府处理之。

第二十二条　由下列原因之一造成欠租者，仍须照交。

一、因交通阻碍，业主不能收租而佃户不能按期交租者。

二、佃户无故不交者。

三、因诉讼拖延而其过失在佃方者。

第二十三条　交租斗秤以当地通用斗秤为标准，不得使用大斗大秤收租。

第二十四条　业主居住不在根据地内，并无破坏根据地之行为者，其佃户交租办法如下：

一、业主在根据地内有代理人者，佃户可向代理人照交，但不得将粮食运出根据地或资敌。

二、业主无代理人者，佃户交租可请政府暂行保管，由政府通知该业主限期来领，所有损失费用应由业主负担。

第二十五条　减租后业佃双方缴纳粮赋办法，应遵照苏中区征收粮赋条例办理。

第四章　租　约

第二十六条　租佃土地，业佃双方必须订立租约，在订约后，双方应共同遵守。但有违背本条例之规定者，一概无效。

第二十七条　减租后，必须重订新约，旧约一律作废。

第二十八条　租约期限应由双方议定，但仍须照顾佃户对生产上的安定性，租约期限至少在五年以上。

第二十九条　业主因家庭贫苦或其他特殊原因，而暂时出外谋生者，其租期得经双方同意，由农抗会长与乡长为法定中人，依照习惯订立租约。

第三十条　佃户对所耕种的土地，如业主出卖出典时，得以同样的条件有优先承买承典之权。

第三十一条　业主不得因出卖、出典、转让或出租田地而妨害佃户之利益。

一、有永佃权者，不妨害永佃权之利益。

二、租期未满者，佃户仍有继续耕种之权，非原租约期满后，不得收回自耕，或另租他人。

第三十二条　业主确系贫苦，因特别紧急事故必须出卖，佃户无力承购而买主须自行耕种者，由农抗会适当调解，或呈请政府处理之。

第三十三条　订立新约时，原有永佃权者，应予保留，其无永佃权者，不得强迫规定。

第三十四条　无永佃权而期限已满，业主退佃时，应顾及佃户之生活，并须在收获前三个月通知。如佃户因退田而不能维持生活者，得由农抗会合理调处，延长租期或退田一部分。

第三十五条　业主如因租期届满后收回自耕，而将其他自耕田出租给他人耕种时，则被撤佃之佃户有优先租种权，其出租条件不得高于原来之标准。

第三十六条　业主因减租而中途收田退佃者，其退佃为无效，除原佃有继续耕种之权外，其所受之损失应由业主赔偿。

第三十七条　业主因减租撤佃收田，并以出租给抗属或更贫苦农民作对抗佃户之要求者，如业主有自耕田者应划一部或全部给佃户种，如业主无其他自耕田者，应赔偿原佃因退佃而所受之损失。

第三十八条　业主不得因减租而悔约，或改变有利于佃户之租田条件。

第三十九条　减租后对无契约出租之土地，不得借故收回，或转租他人，应与原耕种人补订契约。

第四十条　减租后如业方欲改变租约，必须得佃方之同意，会同农抗会共同订立新约。

第四十一条　佃户有下列情形之一者，业主可以收田：

一、佃户不愿种者，但佃户应在种前一月通知业主。

二、佃户无故不耕达一年以上者。

三、佃户力能交租，而故意抗不交租在一年以上者。

四、佃户死亡而无继承人者。

五、佃户投敌附逆经政府批准收回者。

第四十二条　无永佃权之佃户将土地转租谋利者，业主得收回或直接出租于现承种人。

第四十三条　业主因破产失业，或由沦陷区失业来根据地别无生计者，得于不妨害佃户生活情形下收回自耕。如有争执，可请农抗会调处，或声请政府批准收回一部或全部自耕。

第四十四条　减租前业主对佃户及耕种方面的负担，如修理房屋、油漆水车与肥料种子之供给等，减租后一律照旧，不得借故拖延或变更。如有违背，佃户所受损失应由业主负责赔偿。

第四十五条　凡公地、学田、政府代管土地出租时，无论过去租约如何规定，在佃户同意的条件下，一律改为定租制。

第四十六条　租约之式样，由各县政府统一制发，其内容大体须具备下列各项：

一、业佃双方之姓名。

二、承租土地之亩数，座（坐）落四至及所附之庄屋行产。

三、应交租额与交租方法。

四、租期定期或不定期。

五、其他地方习惯上应注明之事项。

六、法定中证人为乡长，乡农抗会长。

第四十七条　预租制（预先交纳地租）、跑租制（如上季给甲种，下季给乙种，往往视租额之高低一年或一季即更换佃户而且预付地租等情形）一律禁止。

第四十八条　业主对佃户不得使用无偿劳役，如雇用时，须照雇工条例办理。

第四十九条　土地租佃之中证人，禁止需索酒席、使费、中资等一切陋规恶习，如以前佃户已交酒席，中资，使费者，业主应按照交费时粮价比例折算退还。

第五章　附　则

第五十条　本条例之解释权及修正权属于本署。

第五十一条　各行政区、各县得依据本条例规定，根据当地实际情形订定实施细则，以前已颁布之实施细则应依本条例修正，呈请核准施行。

第五十二条　自本条例颁布之日起，前民国三十一年度所颁布之《苏中土地租佃条例》及其他有关租佃法令，应即废止。

第五十三条　本条例自公布之日起实行。

选自《中国新民主主义革命时期根据地法制文献选编》第四卷，中国社会科学出版社1984年版，第407～416页。原注："选自1944年10月16日《苏中报》"。

23. 盐阜区旧黄河两岸屯田登记办法

1944年

第一条　为整理公产判别产权以正赋税并利抗战起见。特举办旧黄河两岸屯田登记。

第二条　屯田登记分县举行，属地不属人。

第三条　屯田登记可由各县清查田亩委员会遵照本办法与土地呈报同时举行。

第四条　屯田分三类：自堤顶向河伸延之田（暂算至四十四丈为止）为滩田，滩田以外至河心之田为溢田，自堤顶背河方向伸延之田为屯田。

第五条　各屯田须遵照限期向县政府或清查田亩委员会领取登记表，逐项据实填明送经县政府审核合格后填登执照。

第六条　各屯户应遵照本办法第四条屯田分类之规定，用五印弓尺（即此次清查田亩所用弓尺）自行分别清丈算好再行填报。

第七条　登记限期届满由县政府或清查田亩委员会分乡公告派员抽查清丈，如发现或据检举隐瞒不报以及不符等情事得依下列规定办理之：

1. 隐匿不报者取消其租佃权，并追缴过去三年之租金，如系被检举者该田即交由检举人承种；

2. 已经一定手续取得屯田所有权之屯户隐匿不报者，则按下列第（3）项之规定处罚之，并追缴过去三年之赋额；

3. 隐瞒少报者，滩田每亩罚小麦四十斤，屯田每亩罚小麦三十斤，溢田每亩罚小麦二十斤；

4. 谎报田类如以滩田报屯田者每亩罚小麦二十斤，以屯田报溢田者每亩罚小麦二十斤，以滩田报溢田者每亩罚小麦二十斤；

5. 存心侵占他人田亩原来少种而登记多报者，滩田每亩罚小麦二十斤，屯田十五斤，溢田十斤；

6. 明系公产只有永佃权而伪造证据冒认为私产企图所有权者，按（1）（2）两项规定处罚。

前列（1）至（6）等5项如系经检举而发现者，准以所罚之租赋粮食半数充填检举人。

第八条　屯田登记完毕后，乡清查田亩委员会应汇编乡屯户清册，区县应汇编屯田分乡分区统计表。

第九条　佃户领得执照后即享有永佃权，但不得随便转租，其租权或欠缴租金违者即取消其租佃权。

第十条　本办法颁布后各县以前一切登记办法均废止。

第十一条　本办法自公布之日起施行，如有未尽善处由本署随时修改之。

选自《华中抗日根据地财政经济史料选编》第三卷，档案出版社1986年版，第351～352页。江苏省财政厅、江苏省档案馆、财政经济史编写组合编。原注："按1944年《盐阜区财经法令汇编》刊印"。

24. 盐阜区清查田亩暂行办法

1944年

第一章　总　则

第一条　为确定本区人民产权及便于征收田赋公粮，厉行人民合理负担起见，特拟定本办法。

第二条　清查田亩采用土地陈报办法，辅以必要之实地清丈土地陈报以及人民自动陈报与检举为原则。

第二章　土地陈报

第三条　土地陈报以乡镇为单位进行之，如有乡界未经明确划分者应由区署在办理土地陈报前明确划定所属各乡界限（可以两乡交界处之自然河流沟渠或道路为界），如属区边境之乡界则由各该管区署共同划定之。

第四条　业主陈报土地应填具陈报书（陈报书式样另定之）：

一、业主所有土地应分块填写于陈报书（每块填一栏）。

二、业主在本乡镇内之土地向本乡镇陈报。

三、业主在他乡镇之土地应在他乡镇陈报。

四、业主所有土地在本乡而其住居所在地不在本乡者仍在本乡陈报，其陈报书之填写得由业主自行办理或委任其佃户或关系人代为填写。

第五条　业主陈报土地，俱须实地丈量计算亩积，其计算尺度规定以各县"五印官弓"尺为标准，以六十方丈为一亩，小数至厘为止。

第六条　陈报书应依本办法组成之乡镇及保清查田亩委员会分发各业主填写，上项陈

报书限本年　月　日前发交各业主，　月　日前收回集中于乡镇清查田亩委员会。

第七条　各乡镇清查田亩委员会收回填就之陈报书后，应在　月　日前制就乡田亩清册（乡田亩清册式样另定之）在本乡镇之土地自然村内公布，并限期准由各业主自动申请更正或补报其田亩数，逾限即奖励人民自动检举，其未经业主自动更正补报经查明或被检举有隐报或谎报情事者，依本办法第三章之规定予以处罚。

第八条　各乡镇田亩清册造成后，区清查田亩委员会得随时派遣清查组至各乡镇抽查清丈各业主陈报之田亩，或清丈经检举有争执之田亩，其查有业主隐报情事者，亦依本办法第三章之规定予以处罚。

第九条　各乡田亩清册造就并经检举补报抽查清丈更正后，各乡镇清查田亩委员会应根据其清册制成初步之本乡镇田亩统计表（表式另定之），汇报区署其本乡镇内之检举补报更正事项仍继续办理。

第十条　业主陈报田亩，补报田亩，检举抽查清丈一律限于本年四月十五日前结束，各乡镇清查田亩委员会并于四月三十日前制成该乡镇正确之田亩清册及该乡镇田亩统计表，除一份留底外，并以一份呈送区清查田亩委员会。区汇集业主所有土地跨二乡镇以上者、所有田亩之总数及全区地亩统计呈县备核。

第十一条　在邻近敌占区环境较不安定地区，清查田亩得按实际情形依下列简易手续举办之。

一、乡保甲长根据本乡业主所有田亩数汇制乡镇田亩草册；

二、公布该项草册，准由各业主补报更正；

三、奖励人民检举并依检举更正田亩草册汇编乡镇田亩清册；

四、在限期内业主不自行补报更正其田亩数经他人检举查有隐报谎报情事者，依本办法第三章之规定予以处罚；

五、前项田亩清册限四月十五日前完成。

第三章　隐报及谎报田亩之处罚办法及检举之奖励

第十二条　业主陈报土地经检举或抽查清丈发现确有隐报情事（即陈报田亩少于实有田亩者），除追缴其历次隐瞒田亩之田赋公粮外，并得依下述办法予以处罚：

一、水田及稻麦田亩隐报一亩罚米四十斤。

二、旱田每隐报一亩罚小麦三十斤。

三、棉田每隐报一亩罚皮花五斤。

四、草田每隐报一亩罚草一担。

五、柴滩田每隐报二亩罚芦柴五担。

六、荒田每隐报一亩罚国币一元。

第十三条　业主陈报土地经检举或清丈发现有谎报情事者，得依下列办法予以处罚：

甲、以熟报荒者依其谎报土地之种类按本办法第十二条规定处罚之（例如旱田十亩报作荒田者应罚小麦市担三百斤）。

乙、分名或化名陈报者处五百元以下之罚金。

第十四条　现职公务人员之有隐报及谎报田亩情事者，经查明属实照上列规定加倍处罚之。

第十五条　隐报田亩或谎报田亩经检举后查明属实者，所罚粮食或现款一律提出百分之三十奖予检举人，如属农救会以团体名义检举者，应提百分之五十奖予该会，余额一律解交政府充依公款公粮。

第十六条　隐报及谎报田亩之处罚及提奖由区署依本办法之规定执行之。各级清查田亩委员会得提出拟处意见，如有被处罚人有充分理由或证据认为处罚不得当，可向上级政府呈诉。

第十七条　凡业主过去所报田亩有隐报情事而在此次清查办法颁布后能据实呈报者，其过去隐报部分应纳之公粮及田赋得予免究。

第四章　清查田亩委员会之组织

第十八条　为集中力量进行清查田亩起见，各区乡保应组织清查田亩委员会。

第十九条　区清查田亩委员会以区长粮食区员或财经区员一人、区农会代表五人、其他区救会代表二人、当地公正士绅二人共同组成之，并以区长为当然主席。

第二十条　区清查田亩委员会之职责，为领导各乡清查田亩之宣传动员工作，督促各乡镇清查田亩委员会工作，协助各乡镇核算土地陈报书及统计田亩数量，抽查清丈各乡镇已陈报之土地等。

第二十一条　区清查田亩委员会编组成清查组分至所属各乡镇，抽查清丈已陈报之土地。

第二十二条　区清查田亩委员会得呈请县政府核准，临时雇请清查田亩之核算员及清丈员共三人至七人分赴各乡镇协助核算统计及清丈等工作。

第二十三条　乡清丈田亩委员会以乡长乡农救会代表五人，乡小学教师一人及当地公正士绅二人共同组成之，并以乡长为当然主席，其职责为进行清丈田亩之宣传动员，检查各保清查田亩委员会的工作，核算各保土地陈报书，造就乡田亩清册并公布之，发动人民检举及业主更正补报统计本乡田亩等。

第二十四条　保清查田亩委员会以保长保农救会代表五人、小学教师或塾师一人、当地公正士绅二人共同组成之，并以保长为当然主席，其责职为将清查田亩之意义及办法向群众作深入的宣传动员，分发及收集陈报书，帮助民众填写陈报书，并以委员会本身之工作保证在一保内清查工作之完成。

第二十五条　区乡保各级清查田亩委员会及核算员清丈员如有利用职权营私舞弊行为者，应以公务人员贪污条例处罚。

第二十六条　区乡保各级清查田亩委员会均无给职，各区临时聘请核算员或清丈员除供膳食得酌发津贴五元。

第五章　附　则

第二十七条　自本办法公布之后，本署及各县前颁之各项土地整理办法及隐报谎报田亩处罚办法一律作废。

第二十八条　本办法自公布之日起施行。

附：抽查及清丈田亩办法

第一条　依本办法第二十一条之规定区清查田亩委员会得派出抽查组分至所属各乡实行抽查，本组向区清查田亩委员会负责。

第二条　抽查办法：

一、核算呈报书上弓口与亩积是否相符；

二、检查呈报书上业主姓名是否真实有无化名或分名陈报；

三、接受人民之检举或乡保清查田亩委员会之委托，实地查验或清丈有无谎报隐报情事；

四、检查漏报。

第三条　清丈办法：

一、田地为正方形或矩形者，仅量其宽地（以丈为单位）二数相乘，以六十除之即得亩积。

二、近似正方形或矩形者则量其四边各取其相对边长之和之半，按［上］法计算即得亩积。

三、平行四边形先量任一边再量自任一边与其先对边间之乘［垂］直距离二数相乘，以六十除之即得亩积。

四、三角形量较长之边及自对角至较长边之垂直距离二数相乘以二除之再除以六十即得亩积。

五、梯形量平行二边及二边间之垂直距离以平行二边之和之半与垂直距离相乘，以六十除之即得亩积。

六、不规则之田为多边形者先分成若干小块再以上法丈算即可得其亩积。

第四条　抽查人员如有徇私舞弊情事者依法严办。

选自《华中抗日根据地财政经济史料选编》第三卷，档案出版社1986年版，第353～358页。江苏省财政厅、江苏省档案馆、财政经济史编写组合编。原注：“按1944年《盐阜区财经法令汇编》刊印”。

25. 盐阜区减租条例

1944年

第一章　总　则

第一条　为改善农民生活，提高农业生产，发扬互助互让团结抗战精神，加强抗战力量起见，特制定本条例。

第二条　本条例根据国民政府公布的土地法（即二五减租）法令，并参酌盐阜区农村经济实际情形制定之。

第二章　减租办法

第三条　分租之减租办法：

一、粮田“四六”分租后原来实行提种，分种或对种者主佃“六四”出种（例如每季每亩收获粮食一石者地主分四斗佃户得六斗，如下种一斗者则主出六升，佃出四升）原定种子由地主全部负担者，自实行减租后种子仍归地主全部负担；

二、薄田碱田得按原来分租额百分之二十，出种办法同下条规定，新垦者得按垦荒条例交租；

三、棉田三顷以下者“四六”分租（例如每亩收一百斤子花者，地主分四十斤佃户得六十斤），三顷以上者“三七”分租（例如每亩收子花一百斤者佃户得七十斤地主得三十斤），公司棉田一律实行三七分租，种子归地主出；

四、牛草（包括稻草各种豆秆山芋藤花生藤等）全部归佃，烧草（包括麦秆高粱秆棒头秆芝麻秆等）三成归主，七成归佃；

五、肥料主佃各出一半，寄垩取消。

第四条　包租之减租办法：

一、包租一律照原来租额减二成五（例如原定每亩包租一百斤者，二五减后则缴七十五斤与地主）；

二、种子肥料一概归佃户负担；

三、原系钱租因纸币跌价而发生争议时，得由政府召集，主佃双方调解之，并得酌量将钱租改为实物地租（照同等类之地租二五减租后一般之包租额为准）；

四、因天灾人祸失收或歉收者，得停付或减付地租，有几成年成缴几成租，地主在荒年不得强要多缴，佃户亦不得借口荒年不缴或少缴；

五、一切公田官田除有明文规定者外，一律取消大包小包转佃等流弊，由佃户直接向管理机关（或营业者）承租，以免转佃人从中渔利。

第五条　无论分租包租一律于产物收获后交纳地主，不得向佃户预收地租。

第六条　抗日军人家属因壮丁到前线抗战无劳动力者，即鳏寡孤独年老残疾失去劳动力者，与参加民主政权下之公务人员家属无劳动力者，以上几种人有少数田地出租因减租后确无法维持生活者，经调解委员会调查属实后呈请政府得斟酌主佃双方实情允许少减或不减适当处理之。

第三章　废除各种陋规

第七条　取消押租（或称上庄钱），凡过去佃户曾向地主缴纳押租者一律于本年夏收或秋收后退还佃户（如地主确属困难者经政府调查属实得分期偿还）。

第八条　废除额外劳役，如佃户替地主帮工只管吃饭不给工钱等，今后应一律照普通工价给钱。

第九条　废除拖打小分田伙租等陋规，此后应一律照减租办法分租。

第十条　取消租鸡租鸭上庄酒分场酒及午礼节礼等。

第十一条　凡在民国三十年以前之欠租，佃户确属无力缴付者准予免缴。

第四章　关于主佃关系之保证

第十二条　主佃双方应根据本条例订立租佃契约，如原有租佃契约不符本条例之规定者，主佃双方须根据本条例毁旧约换新约（或称承揽），政府当依法保障立契约人双方之权利义务。

第十三条　原订租佃契约上或在习惯上规定有永佃权者应保留之，无永佃权者不应强迫规定，但可奖励双方订立较长期的契约（例如五年以上）。

第十四条　无永佃权之地及契约期满之地，出租人有依约处置之自由（包括转租出典出卖自耕及雇人耕种等)，但在抗战期间地主收地应顾及农民生活，并须于收获前三个月通知承租人，原承租人太穷苦者应由政府召集双方加以调剂，或延佃期或只退佃一部。

第十五条　出租人于契约期满招人承佃或出典出卖时，原承租人依同等条件有承佃承典承买之优先权。

第十六条　出租人出卖有永佃权或契约期限未满之地，原承租人有继续佃种之权，非契约期满，新租不得另佃他人。

第十七条　承租人在一整年不耕种，让所租之田地荒废者，或耕种收获后实情确能照例纳租而故意不纳租者，出租人有呈请政府允许所出租之田地要求收回之权利，得政府核准后改佃或自耕与出典出卖均由出租人自取之。

第十八条　实行减租后地主不应因减租而无故退佃，并不得有胁迫佃户照旧例缴租或阳奉阴违更换名目另立新租，佃户亦不得有无故欠租或不缴短缴等情事，倘有意违抗即依法惩处，各级农救会有协助推行此项法令及督促检举之责。

第十九条　为调解主佃间之纠纷应以乡为单位，公推公正士绅二人，乡各救代表四人，地主佃户代表各二人，组织调解委员会，秉公调解主佃间发生之一切纠纷及办理政府委托事项，以乡长为主任委员。

第五章　附　则

第二十条　本办法自公布之日起实行。

第二十一条　本条例之解释权属于行政公署。

选自《华中抗日根据地财政经济史料选编》第三卷，档案出版社1986年版，第359～362页。江苏省财政厅、江苏省档案馆、财政经济史编写组合编。原注："按1944年《盐阜区财经法令汇编》刊印"。

26. 盐阜区减息条例

1944年

第一条　为实行贫富互助，团结抗日，并确定本区人民债权及债务关系，特订定本条例。

第二条　凡在抗战前（民国二十六年七月七日以前）成立的借贷关系，（无论原借契规定之计息标准如何）一律减为月利一分五厘清算，如付息超出原本一倍以上者，停利分期还本，超过原本二倍以上者停息折半分期还本，超过原本三倍以上者本利停付（但已清算者不得追减）。

第三条　凡在抗战后抗日民主政府建立前成立的借贷关系（无论原借契规定之计息标准如何）一律减为月利二分清算，如付息超过原本者减法与第二条同。

第四条　抗日民主政府建立后成立之借贷关系，其利息仍依照原来借契上之规定不减，今后之借贷关系得按照各该地之经济情形及习俗惯例由借贷双方自行规定。政府当依法保证借贷双方之权利与义务。

第五条　债权人不得因减息而解除借贷契约，债务人亦不得在减息后拒绝不交本息，如有此种情事，双方均有依法向政府控诉之权。

第六条　凡抗战后成立之借贷关系，因天灾人祸及其他不可抗拒之原因，债务人确实无力履行债约时，得请求政府调处酌量减息或免息还本。

第七条　凡抗日民主政府建立后成立之借贷关系，债务人到期不能付息还本，债权人有依约处理其抵押品之权，如有争议由政府判处。

第八条　凡因纸币跌价债务人用纸币还债而起之争议，双方均有向政府控诉，由政府适当处理之权。

第九条　禁止高利盘剥（如随涨不落，大头利，滚子钱，印子钱，买青苗，转风利等等）。

第十条　本条例自公布之日起实行。

选自《华中抗日根据地财政经济史料选编》第三卷，档案出版社1986年版，第363～364页。江苏省财政厅、江苏省档案馆、财政经济史编写组合编。原注：“按1944年《盐阜区财经法令汇编》刊印”。

27. 苏中区赎田条例

1944年苏中行政公署制定

第一条　为适应苏中农村经济实况，提高农业生产，促进农村团结，加强抗战力量，特订定本条例。

第二条　苏中区境内关于土地回赎事件均依本条例办理，其他物件的回赎，不得引用本条例。

第三条　绝卖买回之田（留粮回赎、裁边回赎、契外有回赎凭字等）一律以当抵典用论。

第四条　绝卖之田其法定之手续，（已过粮税契等）均已完备者，不得回赎。

第五条　典当抵押之田业经找价绝卖且一切法定手续均已完备者，不得回赎。

第六条　典当抵押之田有下列情形之一者，均可备价回赎：

一、抗日民主政府成立以前所订立之契约，现尚未满期者。

二、当地抗日民主政府成立以后，所订立之契约现虽尚未满期，但已逾五年或约定期限的二分之一者。

三、原定契约虽已满期者但自立约日起未满三十年者。

第七条　绝卖因而有下列情形之一者，仍得随时回赎。

一、契约成立后超过六个月无特殊障碍而法定手续尚未办理完备者。

二、法定手续虽已完备，但承业人产权之取得系用非法手段或巧取豪夺而有真凭实据足资证明者。

第八条　凡典当抵押之田未定回赎期限者，在三十年内可随时回赎，超过三十年者，以绝卖论。

第九条　出典人为抗属或鳏寡孤独赤贫，需此田生活而承典人系富裕者，虽有合于第五条之情形，亦得适用第六条第三款之规定。

第十条　承典人为抗属或鳏寡孤独赤贫，靠此田生活而出典人系富裕者，其回赎期得延长至抗战胜利后履行。

第十一条　出典人与承典人均系抗属或鳏寡孤独赤贫者，得酌量双方实际情形，放赎一部分或不给回赎，或以其他妥当办法予以救济。

第十二条　赎田时如在出典后又经加价者，应将所加之价与原价合并计算。但因货币贬值，以致原价取值显失公平者，得加价回赎，其所加之数应由抗会或调解委员会按照双方实际情形根据田价及粮价上涨比例等，合理评定或呈请政府裁判之。

第十三条　典当抵押之田，尚未期满，或已满期未经找价绝卖而被承典人转典取利者，经出典人或抗会之检举与证实后，其因赎田所引起之损失完全由承典人（即转典人）负责赔偿。如承典人死亡又无人继承或无力负担者，原出典人可直接向现承典人回赎，其损失各半负担。

第十四条　典青赎青，典白赎白，如系典白赎青者，应由出典人偿还承典人种籽肥料，但为典青赎白者，应按出典人应得农产物之成数于赎价中折钱扣算。

第十五条　赎田所引起之纠纷，向政府起诉未经判决确定者，届耕种收割时仍应由承典人耕作收割，出典人不得无理阻挠。

第十六条　典田赎典均不得变更原有佃户之佃权，但承典人或出典人生活确系困难者，得按业佃双方经济情形，酌量调处。

第十七条　本条例之解释权属于本署。

第十八条　本条例公布后，以前公布之赎田条例，应予作废。

第十九条　本条例于三十三年　月　日公布施行。如有未尽事宜得由本署以命令修正之。

选自《华中抗日根据地财政经济史料选编》第三卷，档案出版社 1986 年版，第 310～312 页。江苏省财政厅、江苏省档案馆、财政经济史编写组合编。原注：“按 1944 年 11 月《苏中行政公署法令汇编》刊印”。

互校版本：《苏中抗日根据地》，中共党史资料出版社 1999 年 4 月版，第 349～351 页。中共江苏省委党史工作委员会、江苏省档案馆合编。原注：“原载 1944 年 11 月刊印的《苏中行政公署法令汇编》”。

28. 苏中区垦荒条例

1944 年苏中行政公署制定

第一章　总　则

第一条　为扩大苏中耕地面积，增加根据地农业生产，保障地权并使地尽其用，人尽其力，加强抗战力量，特订定本条例。

第二条　本条例所称荒地系指：

一、可供耕种之草地草荡。

二、可供耕种之河岸洼地。

三、久失经营之荒芜熟地。

第二章　承放办法

第三条　凡公有私有荒地，须经各县政府按照地方生产计划及地理条件勘查并确定其可垦范围以后，方得招垦，俾得集中资力人力分区分期进行。

第四条　公有荒地由政府依据地方生产计划，按照勘定范围，分期分配给适合条件之人民开垦。

第五条　私有荒地，由政府限令土地所有人定期开垦（招佃开垦或自行开垦不拘），逾期尚未开出，或故意违令拒垦者，政府得代其招垦，产权仍属原土地所有人。

第六条　承垦人具有下列条件者得按序取得承垦公有荒地及政府代行招垦私有荒地之优先权：

一、抗日军人家属及荣誉军人生活贫苦确具劳动力者。

二、政府人员家属生活贫苦确具劳动力者。

三、生活清寒之教师家属确具劳动力者。

四、参加抗日团体人员生活贫苦确具劳动力者。

五、其他一般贫苦人民确具劳动力者。

六、其他一般具有资力人力者。

第七条　开垦荒地时，如有同等条件之承垦人有争垦情事者，得按承垦人登记先后与距离垦地之近远顺序，决定其先后承垦权。

第八条　大片荒地宜于较大劳力财力集体开垦者，人民得筹集资力组织垦荒合作社，或劳动小组集体向业主承领开垦，垦荒组织须呈请政府备案，领得执照，方为合法。

第三章　权益

第九条　领垦荒地而积，得按承垦者劳动力之大小与所领荒地土质之优劣规定之。个别承垦者，每户至多不得超过 25 亩，合作社或劳动小组等集体承垦者得按社员或组员人数计算，每人至多不得超过 30 亩。

第十条　开垦公荒，承垦人有永佃权，并于垦竣后 5 年内不缴地租及其他各种公益负担。

第十一条　开垦私荒，如系业主供给资本者，承垦佃户享有 10 年以上租佃权，10 年内业主不得自行退佃。

第十二条　开垦私荒，如系承垦佃夫自备资本者，佃户享有 20 年以内之租佃权，20 年内业主不得自行退佃。

第十三条　无论公荒私荒已垦土地，业佃双方均须按照政府法令及土地收益情形，根据下列原则议定租约：

一、开垦公荒之佃户。垦竣后 5 年内不缴地租，经二年起得按土地受益情形议定正式租额。

二、私荒之承垦佃户其不备垦荒资本者，第一年内不缴地租，第二年起得按土地受益情形议定临时租额。

三、私荒之承垦佃户其自备垦荒资本者，两年内不缴地租，第三年起得按土地受益情形议定临时租额。

四、一切临时租额，不得超过一般土地租额1/2。

第十四条　关于业佃双方其他土地产权佃权，典卖抵押之转让，招佃退佃手续，与租额种子肥料，农具庄屋及其他有关业佃双方权益之议定，概依苏中区颁布之土地租佃条例规定办法办理，并依法订定租约。

第十五条　私有荒地内被他人开垦致影响所有人生活者，政府得查明酌情予以救助。

第十六条　佃户承垦之荒地，如需筑堤开河者，其圩岸沟渠涵洞水闸等工程私有荒地由业主负责完成之，公荒地由政府负责完成之，该项工程费用除由业主或政府负担一部外，其余由业佃双方按照垦地受益大小及土质优劣等情，商定负担比例。上项工程之修筑疏浚等费用亦同，如有争议得呈请政府裁理之。

第十七条　第十六条规定内之荒地主如系贫苦而经查明属实者，可不遵守该条所规定之各种负担，但政府得协商地方有产者予以全部分之资助。

第十八条　垦地中之须造屋搭舍者，其修建费公荒由政府负担，私荒由业主负担，如业主贫苦经查明属实者，得与其承垦佃户酌商分成负担之，造屋搭舍办法由地方政府根据实情具体规定之。

第四章　奖　惩

第十九条　公私荒已垦地在垦竣后5年内免征全部公粮田赋。

第二十条　承垦人如有化名蒙报转租渔利，需索陋规，或从中包揽者，一经举发，定予法办。

第五章　附　则

第二十一条　各分区须依据本条例，参照实际情形，拟定垦荒实施办法，呈请苏中行政公署核准施行。

第二十二条　如各分区、各县区已颁布垦荒法令而与本条例抵触者，应根据本条例予以修改。

第二十三条　本条例之解释修正权，属于苏中行政公署。

第二十四条　本条例自公布之日起施行。

选自《苏中抗日根据地》，中共党史资料出版社1990年4月版，第354～357页。中共江苏省委党史工作委员会、江苏省档案馆合编。原注：“原载1944年11月刊印的《苏中行政公署法令汇编》”。

29. 苏中区土地租佃条例

1944年苏中行政公署制定

第一章　总　则

第一条　为调整本区业佃关系，增加根据地农业生产，团结各阶层人士，加强抗日民主建设力量，依据中国国民党第二次代表大会二五减租办法的决议、国民党抗战建国纲领和中国共产党关于抗日根据地土地政策的决定，特订定本条例。

第二条　凡本区土地租佃问题都依照本条例规定办理，以前本署及各级政府颁布有关租佃问题的法令与本条例有抵触者，应照本条例办理。

第二章　减　租

第三条　公私土地的租佃，除本条例另有规定者外，一律实行二五减租。

第四条　本区减租以民国二十六年度实交租额为标准，实行二五减租，打七五折交租，如有已照二十九年度标准减租换约者，经业佃双方同意不应再有变动。

第五条　有下列情形之一者，减租标准得斟酌实际情形改为二成，或一成五，或一成减租（即打八折或八五折或九折交租）：

一、业主为贫苦之抗属者。

二、业主为贫苦之鳏寡孤独者。

三、业主为贫苦之小学教师或自由职业者。

四、无劳动力之中小地主因减租而使生活不易维持者。

五、业主私有土地不足20亩，且无其他生产足以维持生活者。

第六条　凡照前条情形减租者，须经农抗会调查属实，由业佃双方协议订约，如有争论，可由农抗会调解，不服调解时，得呈请当地政府仲裁之。

第七条　采用银租制之租佃土地，因货币跌价，或物价高涨，业佃有一方认为不合理时，得提出商议，酌量增加银租或变更租制：

一、斟酌粮食正产收获物的价格，或酌量增加银租，或将一部或全部之银租改为物租制。

二、银租改为物租，最多不得超过全年正产收获量二成（20%），如增加银租时，亦不得超过正产量实物折价的二成。

三、按照本条规定，换立新约，证明减租后租额者不再减租。

第八条　减租后实交租额，不得超过全年正产收获量375‰，其原来租额低于375‰者，不得增加。

由业主全部供给种子、肥料、工具者，得由双方会同农抗会共同议定应交租额。

第九条　减租须就应交正租额照减，佃农不得将押租折成租额加进正租内同减，业主亦不得以退押租为理由向佃户加租。

第十条　实行减租后，双方应按照新约之规定，实行交租收租，不得抗不减租或抗不交租。

第十一条　假减租之业主，不论使用何种方法，使佃户受到损失者，应受下列之处罚：

一、全部或一部假减租之业主，应按照假减数目，受加倍的处罚，一半交与佃户，一半送交政府。

二、业主减租以后，用其他方法，加重剥削，使佃户应得的利益减少，以及用无偿劳役剥削佃农者，应照佃户所受之损失，加倍处罚，一半给佃户，一半交政府。

第十二条　业主不依法减租者，佃户可以自动扣下应减部分，并报告政府照假减租办法处罚之。

第十三条　凡因假减租处罚而解交政府之粮食或现金等，由政府扩充优抗基金，或举办地方公益事项，决定权属于县政府，区乡政府不得擅自动用。

第十四条　业主于当地抗日民主政府建立以后，未曾遵照二五减租法令实行减租者，佃户可照历年应减的租数，进行倒租，但如当地环境特殊，或业主经济确系困难者，得由农抗会按实际情形，拟定办法，呈请政府处理之。

第十五条　业主暗中勾结敌伪，或利用敌伪势力压迫佃户，企图不减租者，除照本条例规定处理外，并视情节轻重，依照惩治汉奸紧急治罪法论处。

第十六条　实行减租后，各业主故意抗不收租者，佃户可将应交租额交给政府，由政府通知业主限期具领，其因搬运蚀耗，或其他意外所生之损失，由业主负担，如逾期不领，认为自愿放弃，即行入库，或扩充优抗基金。

第三章　交　租

第十七条　公私租佃土地，在减租后，已经换立新约者，佃户应照新约交租，不得无故抗不交租。

第十八条　每年各季交租时期，一律在正产物收获后履行。

第十九条　业主不得向佃户预收地租或押租及类似性的押租，但在本条例颁布前，已有押租者，得暂行保留，以后不得增加，并须注明缴押租之年月日，业主如中途或租期届满退还押租时，应顾及双方实际生活，按照交押租时之粮价或田价比例折价退还。

第二十条　因天灾人祸遭受荒歉时，佃户应交地租，得根据下列标准，酌量减免之：

一、收成不足二成者，全部免交。

二、收成在二成以上，五成以下，按成议减，五成以上者照交。

三、业主与佃户平均负担肥料种子者、不论看收或分收，收成在二成以上时，得仍照减租后习惯分租。

第二十一条　在苏中抗日民主政府建立之后，实行二五减租以前，佃户所欠旧租，一律免交，但业主确系贫苦而佃户有力缴纳者，得根据实际情形全部照交，或酌交一部分，如业佃双方均系贫苦者，在减免发生争论时，得由农抗会进行调解、或呈请政府处理之。

第二十二条　由下列原因之一造成欠租者，仍须照交：

一、因交通阻碍，业主不能收租而佃户不能按期交租者。

二、佃户无故不交者。

三、因诉讼拖延而其过失在佃方者。

第二十三条　交租斗秤以当地通用斗秤为标准，不得使用大斗大秤收租。

第二十四条　业主居住不在根据地内，并无破坏根据地之行为者，其佃户交租办法如下：

一、业主在根据地内有代理人，佃户可向代理人照交，但不得将粮食运出根据地或资敌。

二、业主无代理人者，佃户交租可请政府暂行保管，由政府通知该业主限期来领，所有损失费用，应由业主负担。

第二十五条　减租后业佃双方缴纳粮赋办法，应遵照苏中区征收粮赋条例办理。

第四章　租　约

第二十六条　租佃土地，业佃双方必须订立租约，在订约后，双方应共同遵守，但有违背本条例之规定者，一概无效。

第二十七条　减租后必须重订新约，旧约一律作废。

第二十八条　租约期限，应由双方议定，但仍须照顾佃户对生产上的安定性，租约期限至少在5年以上。

第二十九条　业主因家庭贫苦或其他特殊原因，而暂时出外谋生者，其租期得经双方同意，由农抗会长与乡长为法定中人，依照习惯订立租约。

第三十条　佃户对所耕种的土地，如业主出卖出典时，得以同样的条件，有优先承买承典之权。

第三十一条　业主不得因出卖出典，转让或出租由地而妨害佃户之利益：

一、有永佃权者，不妨害永佃权之利益。

二、租期未满者，佃户仍有继续耕种之权，非原租约期满后，不得收回自耕，或另租他人。

第三十二条　业主确系贫苦，因特别紧急事故必须出卖，佃户无力承购而买主须自行耕种者，由农抗会适当调解，或呈请政府处理之。

第三十三条　订立新约时，原有永佃权者，应予保留，其无永佃权者，不得强迫规定。

第三十四条　无永佃权而期限已满，业主退佃时，应顾及佃户之生活，并须在收获前3个月内通知，如佃户因退田而不能维持生活者，得由农抗会合理调处，延长租期或退田一部分。

第三十五条　业主如因租期届满后收回自耕，而将其他自耕田出租给他人耕种时，则被撤佃之佃户有优先租种权，其出租条例［件］不得高于原来之标准。

第三十六条　业主因减租而中途收田退佃者，其退佃为无效。除原佃有继续耕种之权外，其所受之损失，应由业主赔偿。

第三十七条　业主因减租撤佃收田，并以出租给抗属或更贫苦农民作对抗佃户之要求者，如业主有自耕田者应划一部或全部给原佃户种；如业主无其他自耕由者，应赔偿原佃因退佃而所受之损失。

第三十八条　业主不得因减租而悔约，或改变有不得于佃户之租田条件。

第三十九条　减租后对无契约出租之土地，不得借故收回，或转租他人，应与原耕种人补订契约。

第四十条　减租后如业方欲改变租约，必须得佃方之同意，会同农抗会共同订立新约。

第四十一条　佃户有下列情形之一者，业主可以收田：

一、佃户不愿种者，但佃户应在种前一月通告业主。

二、佃户无故不耕，达一年以上者。

三、佃户力能交租，而故意抗不交租在一年以上者。

四、佃户死亡而无继承人者。

五、佃户投敌附逆经政府批准收田者。

第四十二条　无永佃权之佃户，将土地转租谋利者，业主得收回或直接出租于现承种人。

第四十三条　业主因破产失业，或由沦陷区失业来根据地而别无生计者，得于不妨害佃户生活情形下收回自耕，如有争执，可请农抗会调处，或申请政府批准收回一部或全部自耕。

第四十四条　减租前业主对佃户及耕种方面的负担，如修理房屋，油漆水车，与肥料种子之供给等，减租后一律照旧，不得借故拖延或变更，如有违背，佃户所受损失应由业主负责赔偿。

第四十五条　凡公地学田政府代管土地出租时，无论过去租约如何规定，在佃户同意的条件下，一律改为定租制。

第四十六条　租约之式样，由各县政府统一制发，其内容大体须具备下列各项：

一、业佃双方之姓名。

二、承租土地之亩数，座（坐）落四至及所附之庄屋行产。

三、应交租额与交租方法。

四、租期定期或不定期。

五、其他地方习惯上应注明之事项。

六、法定中证人为乡长乡农抗会长。

第四十七条　预租制（预先交纳地租）、跑租制（如上季给甲种，下季给乙种，往往视租额之高低一年或一季即更换佃户而且预付地租等情形）一律禁止。

第四十八条　业主对佃户不得使用无偿劳役，如雇用时，须照雇工条例办理。

第四十九条　土地租佃之中证人，禁止需索酒席使费中资等一切陋规恶习，如以前佃户已交酒席中资使费者，业主应按照交费时粮价比例折算退还。

第五章　附　则

第五十条　本条例之解释权及修正权属于本署。

第五十一条　各行政区各县得依据本条例规定，根据当地实际情形订定实施细则，以前已颁布之实施细则应依本条例修正，呈请核准施行。

第五十二条　自本条例颁布之日起，前民国三十一年度所颁布之苏中土地租佃条例及其他有关租田法令，应即废止。

第五十三条　本条例自公布之日起实行。

选自《苏中抗日根据地》，中共党史资料出版社 1990 年 4 月版，第 358～364 页。中共江苏省委党史工作委员会、江苏省档案馆合编。原注：“原载 1944 年 11 月刊印的《苏中行政公署法令汇编》”。

30. 淮北苏皖边区行政公署关于土地复查问题的训令

1944年5月28日

土地复查是民主政府今年夏季工作的中心一环，它关系全边区几百万人民的地权、产权、粮赋负担与生产前途，是一件重大复杂繁重的大事，我们必须集中力量才能完成此重大任务。为此，本署特详细指示如下：

一、为什么要实行土地复查

我边区自实行减租减息，取消苛杂税，增加工资等政策以后，人民生活已逐渐改善，生产情绪日益提高，社会生产因之也逐渐发展。但目前还有三件事情阻碍着生产力更进一步向前发展。这三件事情是什么呢？

第一，是土地纠纷。有许多土地尤其是湖地与滩地，由于过去旧政权的黑暗专制与乡间豪强相勾结，致有许多公地、私地、公滩、私滩被豪强霸占，产权被人剥夺，甚至农民自己垦出之荒地，被当时有势力者向官厅冒领圈为己有，而无可奈何（如半城刘洼农民与泗城姚某之土地诉讼）。其承领荒地之契约，往往四至不明，任意扩大，有说湖心为界者，有说一望之地者，更有所谓水影地者。这种种荒谬名称，就是过去豪强勾结官府兼并土地的铁证。因此就造成了今天湖地、河地及滩地所有权之极端紊乱与民间土地之重重纠纷。同时因为产权未定，纠纷未清，有地者不愿垦荒，无地者无法经营，对熟地更不愿加以施肥，这对目前农业生产之发展阻碍殊大。此其一。

第二，是产权未定。除因上述纠纷影响产权外，还有不少地区过去土匪为患，契约被毁，亦有年代久远契约遗失，地界混淆，因而彼此争执，产权不清。更有歹人乘机侵犯，敲诈勒索，此种结果，更妨碍私人生产，影响生产之发展前途。此其二。

第三，是负担不均。在旧政权时代，人民有粮无田，有田无粮，粮多田少，田少粮多，以及牛头捐、户口捐、壮丁捐等等捐税负担，极不公平。因捐税繁重而倾家荡产者不知凡几，同时因人民破产更影响生产力之日益衰落。自从民主政权建立以来，废除苛捐杂税，实行合理负担，旧时积弊早已清除，人民负担大为减轻，经过土地复查区域，田赋负担尤属公平合理，但公粮征收办法，则尚不尽妥善。检查淮北公粮征收，标准系按每季每人实际收获量计算，此种办法本属合理，但却产生了三种弊端：（一）每季征收时，估计收获量未能尽符实际，有的估计过多，有的估计过少，有的因贪图小利瞒报舞弊，而有的又因人事关系被人多报诬害；（二）每季征收时，政府须动员几千个人参加征收工作，时间延长数月之久，于人力财力耗费殊属浩大；（三）因为生产发展，人民公粮负担年年随收获量之增加而加大。此三种弊端，对人民生产积极性与边区生产发展，是有很大妨碍的。此其三。

上述三点就是目前边区农业生产发展过程中的新障碍，如何克服这三个障碍，主要办法是要进行土地复查，完成了土地复查：（一）可以解决纠纷，清查土地积弊；（二）可以确定人民产权，鼓励人民安心生产；（三）可以固定粮赋负担，避免无谓顾虑。这样边区农业生产便可以大大发展。同时有了精确的土地调查与户口统计，对将来政府财政收支与社会经济建设计划，也有了实际根据，而不致犯主观主义。这就是行署所以下决心实行土地复查的主要原因。

二、土地复查的任务与方针

根据上述理由就决定土地复查的基本任务。

第一，是解决土地纠纷，清除土地积弊。一切过去被豪强霸占的公地、私地、公滩、私滩，应在土地复查中发动群众彻底清除。私滩、私地归还原主，公滩、公地由公家统一筹划，廉价放领给无地及地少之人民承领（其自动报告退出者亦得承领一部分，隐瞒不报者查出除收回赃地外，应受一定处分）。其契约四至不明者，应重新规定四至，进行清丈，保证其应得产权。一切假公济私、词句含糊，借词侵占之土地，须一律清查退出，民主政府没有任何理由承认豪强兼并土地之所有权。在此次土地复查中，务使各人土地界限清楚，头绪明白，各安生业，再无纠纷。

第二，清查所有土地，确定人民产权。把全边区所有土地，逐户逐丘重新清丈审查，验明契约证照，局收油单有无讹错，是否管用，查清弓口四至，土地来历是否合法正当。一切来历清楚，产权合法者，发给营业执照。契约确系丧失，经一定手续证明者，准予重立新契，以确定各人产权。其来历不明非法取得之土地，则抽出其非法不明部分，其合法部分仍予保证其产权，使各能安心经营，发展生产。

第三，是改进粮赋征收，固定人民负担。在此次土地复查中，查清全边区人口，户数、地亩、土质等级，确定其收获量，编造串册。自此以后，各人每年公粮田赋，即根据此确定之收获量，按照税率缴纳粮赋，每年如此，丰年不加，荒年不减（十分荒年按一定□□照减）。如此人民负担固定，无被人挟嫌加税之虑，政府财粮收入也有一定依据，无瞒报短收之弊，更无须每年动员几千人突击征收，劳民伤财，这是一举两得的事情。

三、怎样进行土地复查

（一）宣传动员

1. 召开县、区、乡、村各级组织的以及群众的动员会议，传达布置工作，详细具体地说明土地复查的意义和目的，任务和方针，方式和方法，从事一般动员。然后分别召开小的座谈会、讨论会，深入研究。

2. 在动员宣传时，要详细、具体、通俗、明瞭、根据不同对象，采取不同的方法，务使听者能懂。最好以本乡本村的事实说明，通过民间艺人，民间的谚语、小调、歌谣扩大宣传。反复动员，反复宣传，一直到完成任务为止。

3、宣传动员时，要紧紧掌握土地复查的方针，不能偏废（不因强调一方面而忽略另一方面），要预防谣言的发生，及时解释，不要陷于被动。

（二）组织领导

1. 组织各级查委会，要慎重选择，不要让一个坏人参加，尤其乡村两级更加重要。在组织查报队时，要注意到各个工作人员的政治质量，起码条件要能够为群众服务。

2. 要动员广大群众参加复查（包括工农与知识分子、公正人士在内），把土地复查工作变为一个巨大的群众运动。没有成千成万的群众参加，要想消除各色各样的土地积弊，解决曲折复杂的土地纠纷，查丈几百万亩的土地，是不可能的。因此，各级领导干部的主要责任，在于组织领导群众进行复查，并在各种实际斗争中发现积极分子，通过积极分子来领导群众，使领导与群众相结合，并在此次复查中，创造一批新的力量，作为今后改造政权的基础。

3. 在领导进行复查时，要防止两种偏向：一种是单纯强调了解土质收获量，查登地亩等单纯技术观点，而放松发动群众清理土地纠纷的工作，结果使群众情绪低落，甚至与政府对立，另一种是单纯着重清理土地积弊，解决土地纠纷，而放松了解土质收获量，查登地亩，以及各项固定产权之正式法律手续，结果影响确定产权固定负担的进行。这两种偏向都是有害的，必须防止和纠正。一般说，在沙岗地，土地纠纷少的地方，应该强调审查和确定产权，推动群众的自量呈报运动；在湖滩地，土地纠纷多的地方，应该清除土地积弊，解决土地纠纷，开展反贪污反霸占的群众运动。总之，应当在解决群众土地产权的运动中去了解地亩户数，了解土质收获量，固定负担。

（三）解决土地纠纷

1. 发动群众检举一切徇私舞弊、非法取得土地的不良分子，并给检举者以适当的奖励，以使彻底揭发各种积弊。

2. 解决各种土地纠纷，首先由群众团体和各级查委会调解，不服调解者，可依法起诉，由司法机关处理。

3. 一般农民间的琐碎的细小的土地纠纷，应加以调解（如地边、场边、沟沿、茔地、宅基等），采取大事化小，小事化无的方针解决。

4. 豪强霸占倚势欺人侵占他人土地者，允许群众说理，政府并得主张公道，予以协助。

5. 处理土地纠纷之时限，滩地从原领时起，一般土地从民国元年起。时间太长，无从证明的不必过于深究。

（四）查登工作

1. 说服动员群众各人丈量各人的土地，进行呈报，开展自量呈报运动。其中遭遇的困难，可由群众自行解决，或由政府在技术上协助。一般在丈量中会碰到几种困难：第一是大家一齐量，弓子不够用，这可以绳子、芦柴代用（和弓子比好）。而绳子天晴天阴长短不一，还是用芦柴好，第二是技术人员少，会算会写的少，老百姓解决的办法，是用绳结圪垯，记回来找人算。第三是不会写证明书，找四邻困难，这可以找附近小学教师或查报队代写。

2. 反对瞒报，克服群众中的“三怕”：一怕报实了出粮多，二怕报不实受处罚，三怕补契出钱多。要用事实反复说明，使他放心，对不同情形的瞒报者，应采取不同方法处理。一般应采取启发、动员、劝说方式，使他们自动实报。对那些顽强恶霸固执隐瞒，可采取舆论制裁，一直到群众的说理，最后不行时由政府依法处理。并实行抽查丈量，好的给予奖励，坏的给予处罚，但要防止挟嫌报复行为，使大家不敢瞒，不愿瞒，不能瞒。

3. 了解土质收获量，划分等级。各级负责同志要亲自下手，召集乡村干部分别研究各种土质。经过初步了解，要选择各种不同的土质亲自检验一遍，然后在乡村干部会上统一意见，划分等级，交村民大会通过。在确定等级时，一乡要统一，与其他乡、他区、他县相邻的土地，要保持等级的一致。

4. 查报登记完竣后，召开村民大会实行公告，使所有群众了解本乡本村的土地查报情形，并当场举行讨论，更正错误，随时检举呈报不实和一切瞒报人员。在公告时，除书写张贴外，要由查报队向群众详细讲一遍。

5. 登记统计办法从略，参看土地复查办法实施细则。

（五）进行步骤

五月一日至六月一日成立县、区、乡、村各级土地复查委员会，组成查报队，传达布置工作，训练技术人员，实验完毕一个乡。村民大会开完，查报开始。

六月一日至六月二十三日通过夏收工作进行大规模复查的各种准备，以便麦收后迅速开始。

六月二十五日至八月十五日大量开展土地复查运动，完成全部复查工作，进行总结，并通过土地复查完成夏季征收的准备工作。

八月十五日至八月底完成夏季征收、总结、入仓，各县政府接得指示后，要详细讨论，认真执行，号召所有公务人员以身作则做模范，影响群众，推动群众，组织领导群众进行复查，保证任务的顺利完成。“土地复查成功的关键，在于把土地复查变成群众自己的事情，使他成为广大群众的土地复查运动”。在土地复查运动中，要联系贯彻改善民生，协助开（发）展群众团体，发展及巩固民兵，改造政权，提拔干部等工作。

希各级政府切实执行为要！

选自《中国新民主主义革命时期根据地法制文献选编》第四卷，中国社会科学出版社1984年版，第398～404页。未注明出处。

31. 淮海行政公署关于举行全地区土地复查的指示

1944年12月10日

兹决定于本年十二月十五日至三十四年二月底止二个月期间举行全地区土地复查，其基本原则仍按前颁淮海土地呈报办法及淮海区田亩清查纲要办理，至于有关此次复查具体事项特分别指示如下：

一、复查要旨：三十二年底曾举行全地区田亩清查历时数月，虽查出近九十余万亩土地占全数十分之二，在今年农赋的增加上有显著的成绩并为今年施行新征粮条例做好准备，但仍有如下缺点：第一，有许多地区清查的不够确实，隐报、谎报的相当多。第二，各县的边区或接近边区的许多乡及当时未收复的边区，均未举行清查以致不能实行条例，在同一民主政权之下负担仍属不等。第三，过去均着重于田亩数字之清点。对土质的评定未能核实时有高低。以致今年施行新条例所收效甚少。第四，对于契约登记许多县份未做，虽然土地清查一次而土地纠纷并未因此减少。第五，人口调查皆不如过去，大半侧重于务［业］主粮赋之计算，至各佃户及其他无职业者，皆不在内。根据地今天尚无明确之人口政策之施行、财政之筹划均不方便，这主要由于过去对清查土地的政治意义，了解注意不够，仅单纯从财政着眼上，以为清查出黑地就达到目的了。此次复查，第一是要彻底的使全地区有田的人在粮赋的负担上，绝对合理，不能因为隐报、谎报而取巧或等级过高过低而担负不均。第二要使产权明确彻底肃清历年的土地纠纷。第三要使全区的人口有一个正确的统计。

因此，这次的复查意义很大。首先要从政治上解释宣传，让群众自觉的起来参加这个工作，不能单纯的去依靠行政组织力量。其次，要接受去年清查田亩经验加以归纳总结，并且更多的创造些新的办法。再次要求已经清查的着重于评定土质或着重于复查一次（要看去年的情形来决定），未查的完全举行查清严格的公平的评定土质，实行全部契约登记，并调查全地区人口，调查对施行新条例的地区应从复查田亩中研究该条例，吸收各阶层意见与该县环境联系起来实行综合研究，提出具体意见，在合理负担与保证供给上能更臻完善。

二、工作组织：这次复查田亩的组织，要使行政领导与群众动员密切接合，过去有些县里仅单纯的运用行政力量，群众动员结果不能发现更多问题，而且效率不大，假如仅发动群众自己来做，有时会破坏政策，使□□□办法组织土地复查委员会在乡委员会之下可另按村编制许多复查组提出骨干、运用群众会议方式进行酝酿讨论，登记检举，插牌清丈，乡复查委员会除一面集中领导外，一面抽丈、收牌、核验。

这次必须着重提出的：（一）过去各区领导人，虽然指定专人负责，有许多并未负责，由于各乡自己做或是经常调动，并弄得不接头，因此，这次各区领导人还必须慎重考虑，一经决定，在此期间尽量避免经常调动，并赋予专职，指定完成任务。（二）各县临时雇员应尽量减少，所需工作人员最好均由各县机关抽调在职干部担任。动员小学教师、中学生参加。第一类县最多仅能雇用五十人；第二类第三类县仅能雇用三十人，每人供给口粮菜金，按一般工作人员规定外加菜金五元，其他概不供应。对于此类人员之雇用，必须注意政治质量，最好统经乡级委员会审查报经区委会决定。（三）要经常开会，检查工作总结经验及［不能］将工作布置下去，坐等总结，使下面的同志无从着手，困难重重不能解决。（四）要运用领导与群众相结合方法，县区乡领导复查的同志，最好先选择一处实验研究，搜集经验，再将这种经验指导各乡工作，这样可使领导格外踏实。

三、步骤方法：这次举行土地复查，应首先使县区乡干部认识这个工作在政治上的意义，与根据地的利益联系起来，大家才有信心。因此，要召开一个县区乡干部大的动员会议，各县负责同志亲自主持，在这个会上要总结上次清查田亩之经验教训，研究这次复查意义，要求步骤及方法以及竞赛奖励办法，并决定那（哪）些区乡抽查，着重评定土质，那（哪）些区乡完全重新复查。其次即成立区复查委员会，根据县的布置规定作全区的布置（具体的），并指定人帮助各乡成立乡复查委员会编制复查组，然后以充分时间开会进行宣传动员，找积极分子实行酝酿，时机成熟后，即举行陈报，要在会议上报，不要私自报，并要田地所在地四邻保证确实，报后即要各户自己插牌子，一面根据各户报的出牌，核对契约，开会鼓动密报检举再行清丈，先划丘，丈大的框子再丈小田（小田合大框数不错即予免丈），此后即报经乡委员会收牌子，一面与陈报册子核验，遇有必要时得举行复丈，土质即根据陈报等级于清丈时实地评定，收牌子时再行核定。

在这次复查的步骤与方法上有几个环节要注意。第一，呈报等级一定要尽力在会议上进行。众目昭彰，即免隐报、谎报又免徇私舞弊。第二，要注意每户均要实行契约登记。以契约与呈报数字核对。第三，要着重田亩四邻保证呈报数字是否确实，四邻最为熟悉，如四邻互相包庇者，应受科罚。四邻应分担二分之一。第四，要出牌奖励检举。第五，要实行普遍收牌子，举行复验。这五个环节若忽略一个即予投机取巧。

此外，要准备好几件事：第一弓尺及绳子要事先准备好，不要临时换，致群众误会。第二要组织会写字的人代写牌子，用劈些粗树枝即可，不要太讲究，难予做到。第三插牌子的办法要讲清楚。第四什么时候清丈要给庄信号。

四、关于跨境田，上次各县清丈均感困难，这次决定如□□□□□跨区田由原业主（或委托在佃户代表）至田亩所在乡（一）报取得该乡证明加入业主所在乡田亩□□□按人口计算，缴纳公粮田赋。（二）县跨田如上陈报田业主所在县计算公粮等级征收率分县纳缴。（三）乡区县需□□□□应由行政上行丈移交业主所在县区乡以免征税。

□□□过去大半侧重于清查田亩数目，对于土质等简直不确实，首先由于土地等级分的简单，其次是□□□□在各□□并不统一，同名称优劣悬殊。再次对于收获量之评定减少一定之标准或多或少，甚至任意增减，尤其评定方式大半皆为少数人之决定而不是民主之讨论。因此使新征粮条例未能达到一致之效果。至于条例本身相当完善，今后是否将其合理负担精神体现于全地区，要在土质之评定，故此次评定土质为复查工作之核心。至于等级原少，但可以按［原］则上仍依照上年颁布的土地等级评定细则所规定的收获量不可减照实际情形将土质种类增多或每种土质再区分上中下三种皆可，此其一。收获量应以三十一年、三十二年、三十三年三年平均数为标准此其二。土质评定应经过民主讨论不应由少数人决定，业主不同意时或清查委员会不同意均可提交上级重新核验此其三。

五、契约登记：这次复查要将全部契约实行登记与陈报数核对，原为红契，白契或无契，契上数字是否相符均应在陈报表上注明，未经验契之陈报表将来认为无效，举行契约登记要解释几件事：（一）契约登记，政府是准备在清查确实之后，发土地执业证，除几元纸张费外均不收税，原契约亦不收回。不过今后在法律上仅以土地登记执业证为凭。（二）整理土地契约是彻底肃清土地纠纷，自土地执业证在清查确实之后，始行颁发，并不同时办理（土地执业证办法另计）。

六、人口调查：此次复查田亩，附带举行全地区人口调查。关于人口调查工作之准备及筹划事项由各县民政科长参与负责主持。第一，调查人口应属全面的按行政组织区乡镇村或保甲进行，乡集镇市，可单独组织人口调查委员会负责。第二，雇工属淮海区籍贯者，计算在内，原户口之内并非淮海区籍贯者计算在雇主户口内，并在备注栏内注明。第三，出征军人在职公务人员以及短期旅行在外，者均应计算在内，原户口内并在备注栏内说明。第四，男女性别是□□证明。第五，年龄应分开，十岁以下为儿童，十一岁至十七岁为青年，十八岁至四十五岁为壮年，四十五岁以上为老年。第六，户口职业应分别清楚，计分地主、富农、□□、工人、自由职业者五项，以全户生活条件为□□□□调查之后，各乡应自行分别统计，送区汇集转□收□统计呈报本署。

七、科员［罚］标准仍按前颁布淮海区清查田亩纲要规定办理，复查地区自动补报者，补缴今年和去年粮赋，免于科陈处隐报、谎报□□经检举者，除补缴二年粮赋并按章科罚□□清查之区自动补报者，补缴今年一年粮赋免于科罚……者除补缴一年粮赋外并按章科罚田□田□□，同包庇者，负担科罚数二分之一。

选自《华中抗日根据地财政经济史料选编》第三卷，档案出版社1986年版，第271～275页。江苏省财政厅、江苏省档案馆、财政经济史编写组合编。

32. 淮北苏皖边区减退租补充办法

1945年6月

一、自抗日民主政权成立和减租法令公布后，一切未减租或明减暗不减及减租未彻底者，一律照减租法令退租。

二、减退包租按下列规定处理。

（一）按原租额二五减，未减者退租。

（二）地主因减租增加包租额者（不论先增后减或先减后增都是一样），除将增力部分退还佃户外，仍照原租额二五减租比率计算，退回应减之租。

（三）包租地应查实依实地交租，凡属虚地，依退租办法处理。

（四）原包租额过高，应行降低，地主所得最高不得超过土地收获量百分之三十五。凡超过此标准者，应依此标准重新规定租约，不足者不再增减。

（五）房租宅基不在此限。

三、游击区可实行让租，成数由各县根据具体情况规定。凡游击区已成为根据地，应即依法减租，原来实行让租地区，未让之租应按过去让租成数实行退租。

四、凡缺乏劳动力之抗烈属和鳏寡孤独，家庭境况尚不及中农生活者，不论过去已否减租，均不追究，今后可说服佃户少减或不减。

五、花田、烟叶田，实行主□［二］佃八分租，或按当地一般收获量改交粮租。

六、自民国三十三年秋季起柴草随租分者，应随租减。三十三年秋前应退而未退之柴草免退，已退者亦不再还。从今年夏季起原随租分草者，即随租减草，未随租减草者，即随租退草，原不分草者仍不分草。

七、自减租法令公布后应由地主负担之公粮、公草、田赋、河工、路工等粮款，而由佃户代出者，应全部归还佃户，加利二成。

八、对粪[①]照旧例，原来对粪还对粪，在减租后如有地主应对粪而未对粪者，得按原对粪成数偿还佃户。

九、种子照旧例，原来对种还对种，原来不对还不对，但应出种子之一方，在播种时如不出种子，得依照本年底该项种子最高价格赔偿对方。

十、在三十四年七月十五日前关于查减租问题，依下列规定处理：

（一）自动减租者，免予追究。

（二）少数代佃之人情租，经查出后如依法减退者，免予处分。

---

① 本项几个“对粪”原文如此。疑为“对分”之误。

（三）凡以威胁利诱手段不执行减租法令者，经查出后除依法减退外，并予以三日至一月拘役处分。

十一、在三十四年七月十五日后之查减租问题，依下列规定处理：

（一）凡以威胁利诱手段破坏减租法令者，除依法进行减退租外，其刑事部分交司法机关依法惩处。

（二）除前条规定外，一般未进行减退租者，以诈欺取财论罪，处以半年以上一年以下徒刑。

（三）公务人员犯前两项之罪者，得按情节轻重加重其刑。

（四）凡佃户无故不缴租者，按其情节轻重给以刑事处分。

十二、凡地主不遵守调整租佃关系办法，非法无理抽地者，按下列情形处理：

（一）地主自耕者，交出一部或全部仍归原佃户耕种。

（二）地主将抽回之地转佃给其他佃户者，如新佃户比原佃户富者，应退还一部或全部归原佃户耕种。如新佃户很穷，原佃户能维持生活，而地主亦无其他土地出租者，不变。

（三）对地主非法抽地之所为，给以严重批评，此后如再发现类此情形，依法惩处。

十三、减退租后，租佃双方应根据淮北土地租佃条例及本办法重新订立契约，原来规定租期者可延长五年以上，原来未规定租期者照旧，新契约一经订立，旧契约即应交出作废。

十四、本办法自公布之日起有效。

选自《中国新民主主义革命时期根据地法制文献选编》第四卷，中国社会科学出版社1984年版，第404～407页。原注：“选自1945年6月24日《拂晓报》”。

33. 浙东行政区路西县政府通令
——关于减租交租减利增资及保障佃权办法

1945年7月6日

事由：关于减租交租减利增资及保障佃权办法。

为了改善人民生活，提高群众生产情绪，加强各阶层团结，坚持抗战准备反攻，争取最后胜利，本府遵照浙东行政公署颁布之施政纲领，并根据本地区实际情形，特规定减租缴租减利增资及保障佃权办法如后：

甲、减租办法：

1. 原为对分田，一律改为三股分（佃二，主一）。

2. 原为上租田，应按本年度议定租额，并照各地区成规计算，原租额再减百分之二五缴租。

3. 为提高生产起见，分租田得改为上租田，仍照原租额。

4. 经过减租地区之租额，已符合二五减租之原则，仍照原租额缴纳。

5. 如业主为抗属，或鳏寡孤独，并无生产者，得按实际情形，酌量减少。

6. 小租田租额，按照原定租额，最（再）减百分之二五。

7. 各区租额，经政府，农抗会，佃业双方及士绅会议议定公布施行。

8. 预租一律取销（消），凡缴租谷，均以满收满缴，歉收歉缴，不收不缴为原则。

9. 交租时须以通行公斗公斛公秤为标准，严格禁用非法之大斗大斛大秤，并取销（消）一切陋规（如送礼酒等）。

乙、减租谷办法：

1. 借谷还谷，一律加二还新。

2. 借钱以本还利谷，或借钱还利谷均须按照当时当地市价，将本折谷计算，加二折还。

3. 凡因放利谷所订立之不合理契约，政府概不予以合法保障。

丙、增资办法：

1. 长工工资，一律以原定工资加二成。

2. 短工工资，(一) 忙工，以十斤——二十斤计算。

(二) 闲工，以五斤——十斤计算。〈燥谷〉

3. 手工业工人工资，一律以实物计算，按各业性质分别规定每天所得工资以养活一个半至二人。

4. 各业工资，均须现做现付现给。

丁、保障田（佃）权办法：

1. 业主将田抽回转租与人者，不得抽田。

2. 业主不抽田可以生活，佃户抽田不能生活者不能抽田。

3. 假田假卖者不能抽田。

戊、附则：

1. 经二五减租后之租额，即为业主应得之权益，政府当予以合法保障。

2. 本年度起不论田业双方及主雇双方均得依照此办法执行，如有明减暗不减及明增暗不增者，均以违反法令论处。

3. 各地区如发生与本办法相抵触，在实际难以执行时，须呈报本府请示办理。

4. 关于减利办法另订之。

右列规定，仰各该区署，各该乡公所，切实遵照执行为要。

此令

县　长：寿
副县长：陈

选自《浙江革命历史档案选编》，浙江人民出版社 1985 年 4 月版，第 542～544 页。杭州大学历史系、浙江省档案馆合编。

34. 浙东行政区减租交租及处理其他佃业关系暂行办法

1945 年 7 月 18 日

浙东行政公署令

民字第六十二号

民国三十四年七月十八日

兹制定“浙东行政区减租交租及处理其他佃业关系暂行办法”公布施行，前浙东敌后临时行政委员会颁布之“浙东敌后临时行政委员会处理三北地区二五减租及其他佃业关系暂行办法”即予废止。

此令

（附浙东行政区减租交租及处理其他佃业关系暂行办法一份）

主　任　连柏生

副主任　吴山民

浙东行政区减租交租及处理其他佃业关系暂行办法

第一章　总　则

第一条　为提高农民抗战热忱，改善农民生活，发展农业生产，同时，合理照顾业佃双方利益，增强抗战的战斗力量，特根据中国共产党中央关于抗日根据地土地政策决定及其附件、浙东行政区施政纲领、浙东敌后各界临时代表大会决议案、以及抗战期间浙东地区佃业关系之实际情形制定本办法。

第二条　本办法除森林、畜牧等地外，一般农作土地皆适用之。

第三条　处理减租交租及其他佃业关系时，如为一方涉及荣誉军人、抗日军人家属及贫困孤寡、贫困佃农、贫困业主者得酌量变通办理，以适当照顾其权益与生活。

第四条　任何团体或个人如有违反本办法，意图破坏，对于农民施行压迫、欺诈，假借减租从中渔利，或明减暗不减，及煽惑农民怠租抗租者，均按情节轻重予以惩处。

第五条　各行政分区及各县在本办法范围内或在不违背本办法之精神原则下，得依据当地实际情形制定更具体之施行细则，呈请行政公署核准施行。

第二章　减　租

第六条　凡公私租佃之土地不论定租制分租制议租制等均须实行二五减租。

一、未实行减租者应按原交租额减低百分之二十五。

二、虽已实行减租，但不及百分之二十五者，仍应按未减租前之交租额，减至百分之二十五。

三、已实行减租且超过百分之二十五者依其约定。

四、未减租之游击区及敌占区减租可按实际情形另订办法。

第七条　减租后交租额之最高数量不得超过土地正产量千分之三百七十五，最低也不得低过于千分之二百，副产一律归佃农。如遇特殊情形者，由各县政府按实际情形处理之。

一、稻田一亩之全年正产量，按各地土质及习惯者实际情形以三百斤至四百斤谷为最高标准，超出此数皆归佃农所有。

二、若因年成荒歉时得依照歉收比例减低交租率或免租。

第八条　习惯上系看花议租者依其习惯，如其实际租率低于千分之三百七十五者，应按其实际租率改定办法。

一、各乡之评议会以佃业代表各四人至五人，乡镇公所、乡农会代表各一人组成之，并以乡镇公所代表为当然主席，会议时应请由上级政府派员列席指导，区农会得派代表列席。评议会如系联乡组织者，与会代表之比例类推，其主席则由各乡代表互推之。

二、评议会应以民主方式讨论，佃业双方对于议租争执不下时由区署裁定之，如仍不暇（服），得向县政府请求重［仲］裁。

三、议租应分畈分段分级。

四、田地之交租额应依田地所在地之乡镇议定。

五、如双方自愿按减租后之租率将议租改为定租时，得改定租制。

第九条　计到实抱等死［地］租应按第六条第七条之规定办理，惟遇歉荒，得由双方协议减免地租，如有争议由政府调处之。

第十条　小租如无永佃权或从中渔利者，应予禁止，但如以代价而获有永佃权之小租，得暂保持其习惯，惟大小业两者共同收租量须依第七条规定，如遇特殊情况得酌量变通办理。

第十一条　预租制应予禁止，如因故不能废止者应按第七条规定扣除利息及业方应负之粮赋交租，其跑租部分应予取消，其佃权按第二十三条之规定办理。

第十二条　海田海地等特殊土地之租额依照习惯办理。

第十三条　业主应依本办法所定之减租额收租，不得多收或法外增租，禁止租鸡、租力、租脚及无偿劳动等不正当需索。

第三章　交　租

第十四条　佃农应依本办法所定之租额交租不得短少，并禁止有和水掺秕等不正当行为。其有力交租而故意不交者，业主得请求政府依法办理。

第十五条　交租期及交租各物依当地习惯办理。除第十一条规定之情形外禁止预收地租或收取押租。

第十六条　交租用之衡量器一律通用市秤、市斛，旧衡量器改新衡量器时，不得另行增加。

第十七条　佃农如因收获减少而确系极贫或遇意外无力交清地租时，得与业主协商分期缓期交纳之，业主对欠租不得作债行息。

第十八条　民国三十二年以前之欠租应予免交。

第十九条　减租后抗日军政公粮由业佃双方负担，土地税（田赋）由土地所有人负担之（依照粮赋并征办法办理）。

第四章　租佃契约及佃权

第二十条　租佃土地应按本办法之规定订定租佃契约共同遵守，该项契约应觅具见证人，并经当地乡镇公所农会证明之（不得收手续费）。

在本办法颁布前所订定之租佃契约有与本办法相抵触者，应依本办法之规定办理。

在本办法颁布后所订立之契约，与本办法抵触者无效。

第二十一条　对于年租制之田地，为使佃农安心生产提倡长期租约（如规定五年以上之租期）。

第二十二条　在租佃契约下（上）或习惯上，有永佃权者应保留之，无永佃权者不得强制规定。

第二十三条　无永佃权之田地非因下列事情之一时，业主不得借故撤佃：

一、租佃契约期满后，而不愿续租者；

二、佃农非因不可抗力无故一年不为耕种，而又不交地租者；

三、佃农将田地转租从中渔利者；

四、减租后佃农力能交租而故意不交者；

五、佃农死亡无继承人者；

六、佃农自愿抛弃其佃权经签字证明者；

七、业主确因贫困，非收回自耕而无法谋生者。

第二十四条　业主依第二十三条第三项规定撤佃时，应照顾第二佃农之经济状况，第二佃农确系贫困者，仅能收回第一佃农本人之佃权。

第二十五条　业主依照第二十三条第七项规定撤佃时，应适当顾及佃农之生活或仅撤佃一部，如有争议由农会或政府调处之。

第二十六条　业主依本办法第二十三条撤回之田地，业主有自由处置之权……包括出租、转让、出典、出卖、自耕及雇人耕种等。

第二十七条　业主依据本办法撤佃时，应于收益季节后，次期作业前为之，并须于一年以前通知佃户。

第二十八条　田地因买卖典押而转移其所有权时，新业主非依本办法之规定，不得任意撤佃。

第二十九条　业主将田地出典出卖时，原佃农以同样条件有承典承买之优先权。

第三十条　业主撤佃自耕一年后重行出租时，原佃农除有抗租等不正当情事外以同样条件有承租优先权。自收回自耕之日起未满一年，而即出租者，原佃农得以原条件承佃。

第三十一条　禁止藉口自耕收回土地暗行出租，或使其荒芜，以及假典假卖之行为。

第三十二条　私荒不论生荒熟荒须先促业主开垦，如业主无力开垦任其荒芜时，政府得招人开垦或经政府登记许可之承垦人得为开垦，熟荒至少一年，生荒至少三年不交租。土地所有权仍归原主，承垦人有永佃权。

第三十三条　佃业双方发生纠纷时，应由田地所有地之乡镇公所农会会同调解，如调解不成得请求区署或佃业仲裁组织处理之。

第五章　附　则

第三十四条　本办法经浙东行政公署委员会议决通过①，由浙东行政公署公布施行。

选自《浙江革命历史档案选编》，浙江人民出版社 1985 年 4 月版，第 546～551 页。杭州大学历史系、浙江省档案馆合编。原注："原载 1945 年 7 月 23 日《新浙东报》"。

35. 淮海区东台县农抗会对新解放区减租工作几个具体问题处理的意见

1945 年 11 月

为了响应中共东台县委的号召，把新解放区群众组织起来；我们应该抓紧秋收时机，通过改善民生的减租运动，把广大农民发动起来，以建立我们新解放区的工作基础。

新解放区主佃关系是很复杂的，在进行减租工作时，我们必须要深入调查，发现和研究新的问题，对每一个对象应根据其不同要求，予以适当解决，而不是千篇一律"二五"一减就了事。

某些地区如已分场或改了租，可重行处理，要打破过去夏收，秋收，减租中过了时候就丢在一边的坏作风，今年减租应不是气节性的，而是连续下去，直到彻底减了租为止。

现在据我们城郊工作组调查所得的已发现的几个问题，参照政府的条例法令，提出了一些处理办法，给各地同志作为参考：

一　过高减额的处理

一、原定减额就很大的，可根据原来土质和历年平均产量重订租额，以不超过千分之"三七五"为原则。

二、沦陷后地主逐年来增加的租子，应照民国二十九年夏季租额为标准，作"二五"减。

二　银租改粮租

在沦陷期内，由地主自动改银租为粮租，如其租额超过正产量收获量百分之二十者，可重订租额。

三　押　租

一、期满退佃时，地主所收押金应以当年市价折算退还佃户，在沦陷期内地主把田收回，但押金未全退或少退者，可照此原则重新处理。

二、如过去上过押租，沦陷后被地主无理吞吃，又上新押租者，新押租应折当时粮价退还佃户，老押租仍有效。可填上租约，待将来佃户不种时，按当年地价折算退还佃户。

四　倒　租

一、从未减过的地区，一般的不倒租。

二、过去曾减过租的地区，发现有假减租者，可倒租，但以倒一熟为原则。

---

① 原件此处印重，故删除。

三、已倒过租的地区，后因敌伪势力侵入，地主即乘机仗敌伪之势威逼佃户反倒租者，应全数再倒回其反倒租部份（分）。

五　退　租

一、在沦陷期内，地主强迫把田收回，现在如佃户仍想种此田者，原则应复佃，其租额可依照不超过正产收获量千分之三七五重订租约。

二、如原地主已把田转租与人或出买与已有新佃户，而该佃户生活也很贫苦时，应由原地主及承买人负责找田老佃户种。

六　歉收交租

一、今春各地歉收，地主仍强迫佃户交足租额，以致佃户纷纷高利借贷交租，其苦难言，现在应该按照荒歉交租办法，重行算还给佃户。

二、今春以前，荒歉年成，已交租粮，不再退还，但如因往年荒歉，无力支付，以致陈租未清者，可斟酌双方经济状况，清还一部或分期还清或免还。

七　加　租

在沦陷时，地主无理压迫佃户，逐年加租者，此项加租额应依法取消，然后减租。但如佃户因而负债很重者，地主应退还其所加租之一部给佃户。

八　订租约

过去佃户种田，地主不同他订租约，以便随时收回，给佃户威胁很大，不能安心生产，现在应正式订立租约，租期至少五年。如是开垦田，佃户花本钱很大的，至少订为十年（如有永佃权者照旧）。

九　赎　田

一、如对方勾结敌伪，强行把田买去的，可申请政府照价赎回。

二、如对方重行盘利，逼使农民低价出售的，可申请政府要求回赎（指沦陷期内）。

三、手续未清的，可依照法令和地方习俗，申请政府赎回。

十　勾结敌伪

在沦陷期内，地主曾勾结敌伪压迫佃户，致佃户财产或身体受损失者，可向政府起诉，依法处理，但农抗会不应随意处罚地主。

以上十点，不过是新解放区减租工作的一部份（分）；各地如有新的意见，希望提出以作研究。

选自《华中抗日根据地财政经济史料选编》第四卷，档案出版社 1986 年版，第 614～617 页，原注：“按 1945 年 11 月淮海地委资料室编《新解放区工作经验》刊印”。

36. 浙东行政区金萧支队诸暨办事处三十四年度减租减息暂行办法

1945 年

第一章　总　则

第一条　本处为改善农民生活，提高其抗日积极性及团结各阶层人士抗日起见，特根据浙东施政纲领与本地区实际情况，订定了减租减息暂行办法。所有三十四年度减租减息，按照此办法办理之。

第二章　减　租

第二条　除部分贫穷的鳏寡孤独及抗属之田产外，不论公私田产须一律彻底实行二五减租，副产一律归佃。

第三条　业主应做到自动减租，佃户应做到自动缴租，农会应扩大宣传并保证佃农缴租。

第四条　敌占区及其附近地区的减租，应酌量情况，减百分之十五到百分之二十，甚至百分之二十五不等。

第五条　本地区土地有一卖田二卖田之别，故缴租办法，亦有不同，现规定一卖田以全年总收获量缴百分之三七点五，即每百斤缴三十七斤半，二卖田以全年总收获量缴百分之十八点七五，即每百斤缴十八斤十二两。

第三章　缴　租

第六条　为了免除流弊，如讲交情、明减暗不减等，故取消落田分稻，一律实行议租与集体缴租。

第七条　集体缴租原则上以保为单位，由保评租会通知缴租日期，乡评租会派员监督执行。

第四章　评租会

第八条　乡组织乡评租会，保组织保评租会，均由五人组成（乡保机构一人、农会一人，业主一人、佃农一人，另一人由区署或办事处指定之）。

第九条　乡保评租会之任务：一、以客观公正之立场，评估田亩之全年收获量，二、执行减租暂行办法，处理一切减租缴租问题，三、解决佃业双方纠纷，四、处理减息缴息诸问题。

第五章　预租与转租

第十条　三十四年度预租一律取消，即已订有租约者亦作为无效。学田预租是否取消，可按照实际情况（以不妨碍教育为原则）决定之。

第十一条　二卖田转租，其减租办法同一卖田。一卖田转租系从中取利，应予取缔。

第六章　减　息

第十二条　现行各种高利贷如清谷、利谷、抛盘、谷利等等，均系重利盘剥，三十四年度应一律禁止。

第十三条　今年上半年所借各种高利贷，均不得超过每百斤还利二十一斤之标准偿还本利，即借一百斤还一百二十一斤，如借钱的，可折为借钱时之谷价折谷，再以上述标准归还本利。

第十四条　一切高利贷借贷时之契约，均作废，不能作为起诉之根据。

第七章　惩　奖

第十五条　凡非水旱虫灾，因怠惰而致荒芜歉收者，应适当议赔，以示惩处。如耕种努力而收获量超出正常数量者即将正常收获量加一成除外，所余全部奖给佃农，以示鼓励。

第十六条　如有明减暗不减等情，一经查出，业主则将其全部租谷充公，佃户则撤田处分。高利贷如有明减暗不减等情者，亦予惩处，可按情节轻重决定处分办法。

第十七条　奖惩具体办法由本处另订颁布施行。一切奖惩事宜，由各区区署及本处处理之。

第八章　附　则

第十八条　本暂行办法经金萧支队支队部核准，自公布之日起施行。本暂行办法适用于本地区，其他地区可作参考。

选自《浙江革命历史档案选编》，浙江人民出版社 1985 年 4 月版，第 559～561 页。杭州大学历史系、浙江省档案馆合编。

37. 浙东行政区金义浦地区租佃减租暂行办法

1945 年

一、本地区为调整租田（佃）关系，藉以发展农业生产计，特订定本办法。

二、依照本地实际情形与习惯，规定租佃土地分下列二种：

1. 永佃土地：包括有绝顶绝退凭证，及绝卖留种与垦荒之土地。

2. 租赁土地：包括非永佃土地，而为有期或无期之租种土地。

土地之租佃，未定有租种期限，继续租种满十年以上者，虽无永佃土地之各项条件，在抗战时期内应暂作为永佃土地，但承租人不得转租或转让于他人。

三、非有下列各条件之一时，业主不得撤佃：

1. 永佃土地及租赁土地，其承租人非因不可抗力，无故继续一年不为耕作，而有不缴地租者。

2. 永佃土地及租赁土地，自本办法颁布施行后，其承租人积欠地租达一年之总额，经业主之催告，仍不缴纳者。

3. 租赁土地定有租种期限，已经期满者。

4. 租赁土地，虽未定有期限，业主因维持自身生活，确系收回自耕与雇人耕作或典卖者。

5. 租赁土地，租赁人将土地转租从中渔利者。

6. 租赁土地，承租人死亡而无继承者。

在抗战期内，租赁土地，租种期满者，承租人确系生活困难得要求延长或留种一部，但业主有本条四款情［形］者，不在此限。

四、业主典卖土地于他人时，于（其）土地之承租人，依同一价格有承典承卖［买］之优先权。

五、永佃土地及租佃土地，其产权转移时，新业主非依第三条各款之规定，不得撤佃。

六、业主收回土地，定有收某项农作物，收获后为退种期者，应预（于）该项作物收获前通知之，其有第三条一、二、四、五四款情形，而为撤佃之行为，应于预定撤佃期三个月前通知之。

七、永佃土地承租人，依习惯将土地转租他人，其收回条件照第三条各款及第六条规定办理。

八、业主收回土地，未满一年后，仍将土地出租时，原承租人有承［租］优先权，但有第三条一、二、五各款情形者，不在此限。

九、无论永佃土地及租赁土地之地租，一律依照未减租前之租额减去百分之二五。

十、永佃土地承租人，将土地转租他人，其所收地租（即是小租业主所收地租为大租）应依照未减租前之租额减去百分之二五。

十一、租赁土地新订租约，其租额以正产收获量千分之三七五为标准。在无分租习惯之地区，暂以土地面积计算，如以谷物交纳定每斗（四分之一亩）至多谷四十五市斤，其多寡依照水利土质之优劣及亩分宽狭各项条件酌定之。

十二、谷物交付地租，一律用现行市秤。预有约定者，依其约定，但约定称（秤）一百市斤，不得超过市斤一百十五斤。

十三、押租金一律禁止。以前业已实行者，准暂存在，但每年交租时，得扣除该项押租金一年之利润，平利一分，以租佃关系成立时之谷价计算。

十四、预租以废止为原则。但在抗战期内，核产及业主确系生计贫困者，得以暂参照习惯办理。

十五、地租一律于秋收后白露前交付，减定租额不得短少。如有能力交租，而故意不交者，得请求政府代为追缴。

十六、遇荒歉年份，应交地租，得减除一部或全部。其减除多寡，由业主与承租人，双方邀请政府或群众团体派员协议定之。

十七、抗战后，币价变换不一，原以货币缴租者，业主得要求改变实物，以抗战前民国二十五年货币租额为标准。每石（二亩五分）租额五元及五元以下者，每元改谷三十斤；每石租额超过五元者，其超过之数，每元改谷二十斤，每石租额超过十元者，其超过之数，每元改谷十斤。但总额不得超过正户收获量千分［之］三七五。

十八、货币地租之交付期，颇不一定，改缴实物后，一律规定于当年秋收后白露前交付，不再减租。

十九、本办法所规定，系指农田范围而言，其山林地作之租佃，另订办法。

二十、本办法颁布［后］，所有依照前农抗会订颁办法办理，已成事实之减交租，及租佃关系，与本办法有抵触时，应不追溯。

二十一、本办法颁布后，所有以前本处关于土地租佃各项宣言章则，一律废止。

二十二、本办法解释及修正之权，属于金义浦自卫委员会办事处。

二十三、本办法经金义浦自卫委员会办事处颁发施行。

选自《浙江革命历史档案选编》，浙江人民出版社 1985 年 4 月版，第 567～569 页。杭州大学历史系、浙江省档案馆合编。

38. 浙东行政区金义浦地区减息增资暂行办法

1945 年

甲、减息

一、关于借贷

1. 借实物还实物并以实物付利者，其利率不得超过二分五厘，即借一百市斤，还本利一百二十五市斤。

2. 借款还款，并以什物付利者，应按照出借时谷价将本折谷后计算利息，其利率不得超过二分。

3. 在抗战前成立之借贷关系，如付息不满原本一倍者，停利还本，已满二倍者，本利停付。

4. 因纸币跌价，债务人用纸币还债，而生之争议，应斟酌双方生活情况适当调处。

5. 一切高利贷之契约，应一律作废。

二、关于顶典

1. 土地房屋之顶典价，其回赎时，应将照立约时之谷价，折谷支付之。

2. 前项规定，应斟酌双方生活情形及顶典价之高低，以六折至三折计算，但有别情者例外。

三、关于租赁

1. 土地押金全退还时，应将当时谷价，折谷支付之。

2. 房屋押租金退回时，应依照本办法甲项第一条第三款之规定办理。

3. 房屋赁金应依照立约时谷价，改谷六折至八折计算。

乙、增资

一、雇农工资

1. 长工：一律照原定工资增加二成。

2. 忙工：每工米六市斤至十市斤。

3. 闲工：每工米四市斤至六市斤。

二、手艺工人工资

1. 木匠：每工米五市斤至七市斤。

2. 石匠：每工米七市斤至九市斤。

3. 箍桶匠：每工米七市斤［至］九市斤。

4. 泥水匠：每工米五市斤至七市斤。

5. 裁缝匠：每工米三市斤至五市斤。

6. 篾匠：每工米三市斤至五市斤。

三、其他未有规定工人工资，每工报酬一律以养活一人至三人为标准，如有超出以上标准的应依其习惯。

丙、附则

一、自本办法颁行后，减息如有明减暗不减，增资如有明增暗不增，均应予以惩处。

二、本办法由金义浦自卫委员会办事处颁发执行。

选自《浙江革命历史档案选编》，浙江人民出版社1985年4月版，第570～571页。杭州大学历史系、浙江省档案馆合编。

39. 苏皖边区土地租佃条例

1946年5月公布

第一章 总 则

第一条 根据和平建国纲领和本边区施政纲领，为调整租佃关系，改善民生，发展农业生产，特制定本条例。

第二条 本条例适用于边区境内一切土地租佃关系。

第三条 本条例颁布后，一切有关租佃法令与此条例相抵触者，均按本条例之规定处理。

第二章 减 租

第四条 出租人应依本条例所订减租额收租，不得多收或法外增加租额。

第五条 分租（亦称活租，即按土地正产物收获量由双方按成分配）：

一、按未减租前原租额对半分者，改为三五、六五分（如分一石，业分三斗五升，佃分六斗五升）；四六分者，改为三七分；三七分者，改为二五，七五分；原租额不到三七分者，根据二五减租酌减。

二、已实行减为三七分租地区（如淮南、淮宝）等，不再变更。

三、各地土地副产物，属于牛草归佃户，属于烧草三七分，烧草原来归佃者照旧。如业佃双方发生争执时，由当地政府、农会本此原则，依据当地情况处理之。

四、种子肥料仍照旧例，如出租人应出之种子，自减租故意不出时，得于分场时预先扣除，由佃户保管。

五、出租人应出之农具，不得因减租而抽回、少出或不出。

第六条 包租（亦称死租，即按土地面积所定之租额）：

一、按照民国二十六年实交租额，实行二五减租。减租后，出租人所得不超过土地正产物收获量百分之三十五，不到百分之三十五者，亦不得再行增加。

二、抗战时由钱租改为粮租不超过土地正产物收获量百分之二十者，不得再行变更。

三、收成不足三成者，全部免交，三成以上八成以下者，按成议交，八成以上者照交。

第七条 实行减租后，新成立的租佃关系，其租额一般的不得超过本条所规定之减租标准。

第八条 贫苦之抗烈属与贫苦之鳏寡孤独，因丧失劳动力，出租少量之土地为生活者，可以斟酌业佃双方实际情况少减或不减。

第九条　公田、学田依照本条例规定减租。

第三章　退　租

第十条　自民主政府建立后，政令能推行之地区，出租人不遵守政府法令减租或明减暗不减者，一律自该地区民主政府成立法令公布之日起还租，如屡次顽抗不减，或减后威逼租户退还者，除如数还租外，并以诈欺取财论处。

第十一条　原有押租金（亦称押板上庄钱等）未退还者，一律退还，其押租以当时之地价折算为标准。遇有特殊情形，有所争议时，可由当地政府协同农会调处之。

第十二条　解放而又沦陷的地区，沦陷在一年之内未减租者，一律退租，沦陷在一年以上未减租，沦陷期间出租人因遭受重大损失，生活实在困难者，可以少退或不退，但应由出租人负责交纳而转嫁在佃户身上各种负担要酌情照数退还。

第四章　交　租

第十三条　承租人应依本条例减租额交租，力能交租而故意不交者，出租人有依法向政府诉追之权。

第十四条　地租一律在收获季节终了后交纳，禁止预收地租之一部或全部与收取押租。

第十五条　承租人因收获减少或遭受意外无力交租时，得与出租人协商缓期交纳（但不能作价行息），或酌量减免，但出租人不能因缓交作价行息。

第十六条　依约交纳租物，应按照当地习惯，使用地方适用之斗秤，禁止大斗大秤收，小斗小秤交。

第十七条　废除一切陋规，除正租外，出租人不得索取任何额外报酬和无代价之劳动。

第十八条　虚田查实，实地交租，租地内凡不属于生产的土地，承租人不负交租责任，但屋基地得依习惯。

第十九条　民主政府成立前所欠地租，一律免交。

第二十条　租地坐落解放区，出租人居沦陷区，因致收交租物困难，所欠之租得酌情减免，但出租人附敌者全部免交。

第二十一条　承佃开垦公私生荒，三年不交租，期满后按照具体情形议定租额，承佃开垦公私熟荒，三年内得根据实际情况酌量减交或免交。

第五章　租佃契约及保障佃权

第二十二条　租佃双方要依本条例订立契约，原订契约与本条例不符者无效，应退回旧约，重订新约，期限至少五年，但有永佃权者，仍保留永佃权。

第二十三条　出租人不得任意收回土地，但有下列情形之一者，可以收回一部或全部。

一、契约期满，出租人收回土地确系自耕者，

二、承租人无故抛荒土地在一年以上，而又不交地租者，

三、减租后佃户力能交租而故意不交者，

四、承租人死亡无继承人者。

第二十四条　契约期满，出租人收回土地时，须于一年前通知佃户，不通知时，原契

约继续有效。

第二十五条　契约期满，承租人确系贫困无法生活者，由农会协同地方政府，召集双方加以调剂，得延长租期或留佃一部。

第二十六条　禁止借口自耕，收回土地，暗行出租或任其荒芜，以及假典假卖之行为，出租人因非法手段收回土地，承租人得要求因抽地所受损失之赔偿，并得依法复田。

第二十七条　契约期满，出租人仍将土地出租时，原佃户有继续承租权，出租人典卖其土地于他人时，原承租人依同一价格有承典承买之优先权。

第二十八条　契约未满，出租人典卖其土地于他人时，原佃权继续有效，但该承典承卖人生活困难必须自耕，原承租人放弃佃权亦无法生活者，由地方政府、农会协同加以调剂，得退佃一部分。

第二十九条　出租人典卖其土地时，须于秋收后春耕前时期为之，并须至迟于立春前一个月通知承租人。

第三十条　承租人在租地上进行耕地改良，出租人不得加以反对，在耕地改良有效期间，出租人不得收回其土地。

第三十一条　出租人投资进行土地改良致使土地产量提高时，包租地按土地增产情形，由农会与双方协议，酌量增加地租。

第三十二条　承租人不得将土地转租给他人从中图利。

第六章　附　则

第三十三条　本条例由边区临时参议会通过，交由边区政府公布施行，修改手续亦同。

第三十四条　本条例自公布之日起施行。

选自《中国新民主主义革命时期根据地法制文献选编》第四卷，中国社会科学出版社第 1984 年版，第 536～541 页，原注：“选自 1946 年 5 月 31 日《新华日报》华中版”。

40. 华中分局关于在减租减息清算中解决土地问题办法的指示

1946 年 6 月 9 日

在今年减租减息清算中解决土地问题，达到耕者有其田，以便大大发展解放区农业生产，打下工业化基础，提高农民的革命积极性，争取自卫战胜利，争取和平民主之彻底实现与巩固，这是我党目前一切工作的中心关键。但这是一个新问题，是一个复杂的斗争，各地党需要在实际斗争中发扬群众的积极性、创造性。根据各地具体情况创造许多新办法，才能把这个问题搞好，兹特根据各地区新老经验，对解决土地问题的具体办法，提出下列意见作为各地参考：

一、此次解决土地问题要达到什么目的?

（一）要使农民及其他劳动人民普遍得到土地。

（二）要使分得土地者得到年收租粮的全部或一部；因此今年分得地主土地的农民应

使他收到地主应得的租粮，但须除开原佃农已种秋粮之种子肥料及一定工资，以免原佃吃亏。

（三）在清算中要免除农民所欠地主高利贷者的债务。

（四）在清算中要使农民从地主手中得到适当的农具、房屋、牲口等，但应保留一部分给地主，以便他自己耕种。

二、哪些人土地可以清算出来?

（一）所有大中小地主除留开他全家应得的土地外，全部应清算出来。

（二）所以祠堂庙宇之土地，原则上一律清算出来给大家分配，但在农民要求保留条件下可留部分作为香火田。

（三）所有公田学田，也一律清算出来，如在群众要求保留下，亦可留一部分作为公学田。

（四）教会土地一律清算发配，但应向教民解释，亦使教民同样得到土地。

（五）各地屯垦公司土地及湖边沙田草滩一概在清算之列。

（六）中农所有土地不应算出分配，已分配者应退还或赔偿，中农土地不够者应补足他。

（七）富农（指老富农）出租及承租土地，应算出来分配，其自耕土地原则上不清算，但自耕土地特别多，群众坚决要求清算者可算出一部分。但要保证富农生活不亚于中农，如自耕土地不够也应补足之。

三、计算与分配土地的范围：

（一）应以行政村或计划乡为计算范围，不应以区或几个乡为范围来平均计算，以免田多之村与田少之村发生地方斗争，反为地主所利用。其各村农民自愿联合分配或调整者例补。

（二）在一个村内计算土地应按照该村民所耕之土地来统筹分配，不应照该村地主所有之土地来计算，也不应照该村界内所在之土地来计算，各村农民所耕土地不只限于一村，有在本村者亦有在别村者，村内之土地也有为别村农民所耕种者，这需要将各村土地归还原耕之村去分配，其各村自愿将土地交换者例外。

四、土地分配给哪些人?

（一）首先分配给无地及地少之雇农贫农中农及其家属，不分男女老少每人一份。以满足农民的土地要求。

（二）乡村或城市归来之失业工人及城市贫民，也应按人口平分，流氓亦应分给土地。

（三）革命战士本人及抗属、烈属、荣誉军人、复员军人、年老退伍军人及其家属，应按人口各得一份，且须得到较好之土地，各村应对此特别照顾。外地退伍军人在贫苦的军政干部家属及无家可归之外来抗属亦应分别安插各乡给予分地。

（四）地主及其家属亦应照农民一样留得同等数量之土地，以便维持其生活，其经营工商业之地主及资本家家资富有不靠土地为生者，不必分地。至于地主家在城市地在乡村者，则由县区调处委员会按照其应得土地指定由哪一个乡村留地给他，不要到处留地。

（五）缺乏劳动力的在职干部及鳏寡孤独人家，在分地中予以适当照顾，如分地较近较完整等。

（六）逃亡地主亦应留出应得土地，限期（半年或一年）令其归来耕种，以免在外无处谋生，成为坚决反革命分子，在他未归来以前土地交别人代管。

（七）顽方军政人员家属同样应分予土地，以便争取；在顽方当兵之战士，其本人亦应分得土地，以便瓦解顽军。

（八）各乡村看土地多少，在群众同意之下，可留出二、三人三、五人或七、八人之土地交人耕种，所收租粮作为该乡公款，以后退伍军人或外地抗属无家可归者介绍来各乡安插时，即以此公田分给他。

（九）为人民所痛恨之汉奸豪绅恶霸反动分子，本人可以不分地或少分，其家属不反动者则同样分地。

（十）总而言之，在此次解决土地问题分配斗争果实中，应尽可能使最大多数人民得到土地，而且力求公平，不分男女老少一律平分，不怕平均主义。在解决土地问题中平均主义是革命的，只要不侵犯中农利益，不过分打击富农，此次分过后不要再分，便不会犯错误。但应注意不要使农民所得土地少于未分配以前，要保证农民得到应有土地，如土地过少之乡村，则四、五、六、七各种人可以分少土地。

五、应采取什么方式取得土地？

在内战时期我们是以没收土地方式解决土地问题，而且地主不分田地，富农分坏田，今天不采取这种方式，而采取下列各种不同的方式：

（一）对罪大恶极之汉奸采取没收方式，其本人不分地，家属无罪者可分得土地。

（二）在退租退息中，地主无钱可退者，令其将地作价抵还。

（三）用清算旧账方式是最普遍最适当的办法，在清算后留给他应得土地，多余者拿出来分配。这个算旧账一般是算伪款、算贪污、算侵吞、算霸占、算敲诈、算高利、滚利、算额外剥削等。

（四）如地主愿自动开明献出土地者，应加以赞助表扬，不要再与斗争，但其土地需交调处委员会统筹分配，不得私相接受。

上述五种方式，可根据具体对象，灵活运用，目的在使农民得到土地，但所算出之土地，应由各乡调处委员会或斗争果实处理委员会统筹分配，不能只由参加斗争的少数人支配，以免分配不均。其已经过清算分配之土地，一般不再动，但分得过多者可说服他退出一部分，但不可强制。

六、处理土地问题的几个步骤：

第一步调查统计，查明各村所耕土地多少，全村应分配土地的人口多少，平均每人可得多少。

第二步斗争清算，根据斗争对象决定斗争方式，应清算的，应没收的，应退还的，应献田的，分别进行，然后根据每人平均应得土地留出地主应有份地外，将多余土地概交调处委员会支配，其地主无多余土地者，则不必清算。

第三步分配处理，即由村调处委员会将清算出来之土地，按应分地之人口公平分配，不仅多少平均，而且要肥瘦平均，远近适当，此分配计划由调处委员会拟定后交村民代表会商讨通过，力求其平。分配方法则照各户现有土地抽多补少，抽肥补瘦，不要通过拆散来分。

第四步复查出榜，有调委会将各户分配土地之数量、地址抄到清单贴榜公布，让村民提意见，如有不公平或遗漏之处，准人民提出，调委会再加调整，作最后决定。

第五步确定产权，土地分配清楚，然后再令地主写卖契给分得土地之农民，以后政府再发给营业执照（不收契税），保证分得土地者完全所有权，以后各人所分土地由各人自由处理，出卖、典当、出租、赠送，概由各人自己处理，别人不得干涉，并宣布此次田分定后，所得土地，日后各营各业，生者不再分，死者不抽回，女子分田由女子自由处理，如女子改嫁时父母不得霸占其土地，最后则召开庆祝胜利大会总结经验，教育群众，并鼓励大家努力生产、互相合作、勤劳节俭、兴家立业、发财致富、丰衣足食，走吴满有方向，大家变成吴满有，但应武装自卫把民兵办好，政权改造，拥军优抗，肃清特务，以保护既得土地。

选自手抄本，未注明出处。

41. 华中行政办事处关于颁发土地执照的通令

1948年8月9日

为使农民安心生产，劳动兴家，凡完成土改之乡村，一律由当地县政府按户发给土地执照，确定产权。兹规定颁发土地执照之各项要点如下：

一、凡业经制发土地执照之乡村，各户所分得之土地，不得再行更动，业户（主）所有土地及其劳动成果政府予以法律之保障。嗣后自种、出租、典让、转卖悉听业主自便，非经法律手续任何人不得干涉。

二、土地执照中关于田地面积之计算，可暂按各地惯用之标准，但须力求以县为单位统一之。其中土地等级一项暂不填写，俟以后调整负担时颁布统一等级，经群众民主评议，政府核准后补填之。但不论今后土地等级有无变动，凡已确定之产权，好田不再抽出，坏田不再补进，一律不再变动。

三、颁发土地执照，其手续由各乡村填写“土地执照申请书”呈送区政府核准后，由区政府填发土地执照，并誊写田亩清册妥为保存，以作今后征收农业税及处理土地纠纷之依据。业主如发现土地执照填写有讹误者，得申请更正，经乡政府证明向区政府更换执照。

四、颁发土地执照，一律免征契税，除由各专署统一定价，统一收回纸张、印刷、缮写费用外，不得附收任何其他费用。

五、颁发土地执照后，如发生嫁女、招婿、分家、继承、赠与、转让、典押、买卖推拊等情事，而致土地产权发生异动者，得向政府申请办理推收过户手续。凡推出地产之业主，由政府于原发土地执照上备注格内注销其产权，并解除其推出田地之农业税负担；凡合法增加地产之业主，一律由政府另行补发新土地执照，追认其地产所有权，并同样予以法律保护。关于推收过户之手续由本处另订之。

六、附发土地执照式样及“土地执照填写须知”、“土地执照申请书”及“田亩清册”式样交各专署、县府使用，其中如有于实际情况未尽符合，得经本处批准作某些必要的修改与补充。

选自《中国新民主主义革命时期根据地法制文献选编》第四卷，中国社会科学出版社第1984年版，第513～514页。

42. 华中消灭荒地暂行办法草案

1948年10月30日

第一条　为消灭荒地（以下皆称灭荒），发展农业生产，改善人民生活，支持革命战争，特制订《华中消灭荒地暂行办法》（以下简称本办法）。

第二条　凡荒地从未开垦者，称为生荒，熟地在一九四六年"五四"土改后抛荒者，称为熟荒，"五四"土改前抛荒者，亦称生荒。

第三条　凡公地、绝户地或土改中依法没收而尚未分配之土地，无人耕种因而抛荒者，应由当地乡政府会同农会尽先分给缺少土地之农民耕种。其一时难于分配者，应暂行招人承种，承种期可按照土质状况，酌定为一年、二年或三年。承种期间，在此项土地上之收入归承种人所有，但地权属于政府，承种人除照章缴纳公粮外，不需交租。在承种期未满前，如需抽调此项承种土地，须取得承种人同意，并须津贴其适当之工本，否则应约承种至期满后交出之。

第四条　凡逃亡户、外出户之土地，无人照管而抛荒者，应由当地乡政府动员其亲属代管、代种或由乡政府代管、招人承种，承种期可按照土质状况，酌定为一年、二年或三年，期满后，如原主尚未回归，仍由承种人继续耕种。承种期间，在此项土地上之收入归承种人所有；在承种期未满前，如原主回归且生活确系困难者，得由乡政府会同农会双方协议，依据下列两项办法办理之；

（一）自原主回归之季起，由承种人交纳原主一部分租谷，如回归时正当收获季节终了，得由承种人预付原主下一季一部分租谷，原主不得补收回归前任何一季地租。

（二）如原主要求收回自种，经商得承种人同意，得交还原主一部至全部承种土地。如承种人不愿交还者，则仍应依约耕种至期满后交还之。

第五条　革命军人、革命职员与革命烈士家属及荣誉军人之土地抛荒者，有劳动力应自种灭荒；缺劳动力者，当地乡政府或行政村村长、行政小组长应根据其缺少劳动力之多少，组织代耕、助耕或协助其雇工耕种。其自愿出租者，应协助其招租。

第六条　鳏、寡、孤、独、老、弱、残废之土地抛荒者，由乡政府或村长、组长负责动员其亲邻助耕，或协助其雇工耕种或招租。

第七条　地主自种之土地抛荒者，限令转向劳动，自行耕种灭荒，其劳动力不足者，允许其雇工耕种或出租。

第八条　远田、薄田抛荒者，如田主无力耕种，允许其出租，或取得田主同意在不变动其地权条件下，招人承种。在此项承种土地上之收入归承种人所有，承种人除照章缴纳公粮外，不需交租。

第九条　上列各条中出租之土地，其租额以不超过二五减租时（百分之三十七点五）之标准为原则，特殊情形者例外，由有关双方自行协订之。

第十条　上列各条中耕种之熟荒，不论自种、承种或租种，均得按田亩等级或常年产量，分别减征或免征公粮公草。其减免办法如下：

（一）甲等田与乙等田，或常年产量在三百市斤以上者，第一季减半征收，第二季起照征。

（二）丙等田与丁等田，或常年产量在一百五十市斤至三百市斤者，第一季免征，第二季征半，第三季起照征。

（三）戊等田以下或常年产量在一百五十市斤以下者，第一年免征，第二年征半，第三年起照征。

第十一条　凡开垦或耕种生荒者，其开垦或耕种部分，得自收获之一季起，按照田亩常年产量，分别免征一年至五年之公粮公草，其免征办法如下：

（一）常年产量在三百市斤以上者，免征一年。

（二）常年产量在一百五十市斤至三百市斤者，免征三年。

（三）常年产量在一百五十市斤以下者，免征五年。

上列各条中灭荒部分如系生荒，其免征办法亦同。以上田亩之常年产量难以确定者，按邻近同类熟田之常年产量比较规定之。

第十二条　凡耕种生熟荒地，如因土质或水利等条件恶劣，其全年产量每亩在九十市斤以下者，虽按照前项第十条或第十一条规定超过减免期，仍得经县以上政府核准，继续减免此项土地上之公粮等负担。但一般耕种之生熟荒田超过减免期，均须遵章缴纳公粮公草，自种者自交，承种者如需交租，则扣除田主应交之部分抵租。

第十三条　凡耕种生熟荒地，如因加工，因施肥或改造土质而增加产量者，其增加部分归耕种者所有，政府征粮仍照常年产量计算，概不提高此项田亩之等级；耕种人如需交租，其租额亦不得因产量提高而增加。

第十四条　凡耕种无主之生荒，除政府保留地权与代管之土地外，地权应即为耕者所有，在结束土改，调整土地中，亦不得抽调。

第十五条　凡耕种无主或无人管理之生熟荒地，须向当地乡以上政府呈报，经核准承种，方得受到法律保障及享受减免公粮等负担之待遇；同一土地有二人以上同时报领承种者，由该管辖区域政府会同农会合理调处之。

第十六条　自本办法公布后，凡耕种之土地，并非因不可抗拒之原由而抛荒或减产者，公粮公草仍照原田亩等级全部照征。

第十七条　一九四八年各季消灭之生荒及一九四八年秋季消灭之熟荒，凡适用本办法前列任何一条者，均予追认。一九四八年春夏两季消灭之生荒，秋征中在此项土地上所征收之公粮公草应予退还，并自一九四九年起，按前项第十一条办法继续免征。一九四八年春夏两季消灭之熟荒，秋季公粮公草在此项土地上全部征收者，得退还其所征之半数，或在一九四九年夏征中照数扣算之；如此项公地产量过低，交纳秋季公粮公草后致再生产发生困难者，应将秋征公粮公草全部退还，并得引用前项第十条及第十二条办法继续减免以后之公粮等负担。

第十八条　凡荒地较多地区，县、区两级得组织灭荒委员会，共同领导灭荒。乡村组织查荒灭荒队或查荒灭荒小组，负责查荒灭荒。在灭荒工作中有显著成绩者，得视其成绩大小，分别褒奖、记功或晋级，在灭荒工作中工作不力，灭荒无成绩者，应按级查究责任，视其责任之轻重，分别予以记过、降级或撤职之处分。

第十九条　本办法自公布之日起施行，凡以前华中各地公布之灭荒条例或类似办法与本办法有抵触者，均应作废，各专署必要时得制定实施细则，呈送华中行政办事处核准后施行。

第二十条　本办法解释权属华中行政办事处，如有未尽事宜，以命令修正之。

选自《中国新民主主义革命时期根据地法制文献选编》第四卷，中国社会科学出版社1984年版，第514～519页。

43. 豫皖苏区行政公署布告——颁布新区停止土改实行减租减息条例

1948年10月

查土地改革，是我民主政府与人民解放军的基本政策，其目的在取消封建剥削与豪强压迫制度，实现耕者有其田，使劳动农民大家有田耕、有饭吃、有衣穿、有钱用，因而大大提高农村生产力与农民购买力，使工业、手工业、商业得以大大发展，市场得以繁荣，文化教育事业得以振兴，失业人民得以工作，游手好闲失业游民得以改造，盗匪得以绝迹，社会秩序得以安定。地主在土改之后也可分得与农民同等之一份土地，因为土地改革是废除封建剥削的土地制度，消灭依靠这种制度不劳而获的寄生的地主阶级，而不是在肉体上消灭地主个人，并要改造地主个人为自食其力的劳动人民或经营工商业，使之由无用之人变成有用之人。所以这种土地改革政策，不仅为了解放农民，而且也是为了各阶层人民之繁荣发展，为了整个国家之富强、独立、民主、自由，以摆脱外国帝国主义之侵略及国内之封建势力之长期黑暗统治，这正是全中国四万万五千万人民最基本的要求。人民解放军与民主政府将尽一切努力，排除各种障碍坚决使之实现。

惟要实现土地改革，应在土改前完成准备工作。这必须是广大农民群众在政治上有高度的阶级觉悟与革命胜利的自信心，在组织上有自己的农民协会与大公无私的农民领袖作为领导。我豫皖苏区一部地区，远在抗日时期已获得解放，建立民主政权，实行减租减息、反奸清算、分配土地。但绝大部分地区系自去年人民解放军进军以来解放的新区，一部分农民也起来分地，分浮财，改善了自己的生活，提高了农民反美反蒋，支援解放军作战的积极性。终因大部农民觉悟尚未提高，自信心尚未确立，农民协会尚未普遍建立，大公无私的农民领袖也未普遍产生，即为满足农民的迫切需要进行了分配土地，虽有少数村庄做得较好，农民得到了利益，而大部分农民仍未起来，有些地区则只有少数积极分子在进行，甚至个别村庄反为流氓、地痞、投机分子所把持，广大群众还是徘徊观望，因而产生强迫命令、包办代替、贪污腐化，甚至乱斗、乱打、乱没收等严重现象。这种违反土地政策的行为，不仅不能发展农村生产，反而破坏了农村经济，对整个社会更无好处。

本署有鉴于此，特决定在一切未进行土改地区，从今以后停止土改，改为减租减息政策，既进行土改地区，则进行调整土地，使地主与农民都能安居乐业，从事生产，以便经过相当时期的准备，农民有了觉悟，有了组织，有了领导，再来实行土改，完成新民主主义革命任务，以达到富国利民之目的。兹制定减租减息及调整土地条例公布之，仰各阶层人民一体遵行。

此布

选自《中国新民主主义革命时期根据地法制文献选编》第四卷，中国社会科学出版社第1984年版，第528～530页。原注："选自1948年10月18日《雪枫报》"。

44. 豫皖苏区减租减息及调整土地条例

1948年10月公布

第一章　总　则

第一条　为停止新区土地改革，实行减租减息，保护农民既得利益，调整土地关系，使农民与地主各能安居乐业，发展生产，以便各阶层人民团结一致，战胜蒋匪，建设与巩固豫皖苏人民民主解放区，特制定本条例。

第二章　减　租

第二条　自本年夏季起，所有私人出租土地及一切公田、学田、祠堂、庙宇、教会之土地，一概按本条例实行减租，违者依法惩处。新解放地区，则自民主政权建立季节起实行减租。

第三条　减租率规定如下：

一、课租地（又名包租、定租、死租），一律按原租额减去二成五，即原来应交租粮一石者，减去二斗半交纳。

二、分种地（又名活租、分租、分收）：

甲、原倒四六分者（地主分六、农民分四），改为正四六分（地主分四、农民分六）。

乙、原对半分者，改为三五、六五分（地主分三五、农民分六五）。

丙、原四六分者（地主分四、农民分六），改为三七分（地主分三，农民分七）。

丁、其土质太坏，原三七分者（地主分三，农民分七），改为二八分（地主分二、农民分八）。

三、拉鞭地（又名拨种地，即土地、种子、肥料、牲畜、农具概由地主供应，农民只出劳动力者）：

甲、原倒三七分者（地主分七，农民分三），改为四五、五五分（地主分五五，农民分四五）。

乙、原倒二八分者（地主分八、农民分二），改为三五、六五分（地主分六五，农民分三五）。

第四条　各地地租如有特殊情形，得由各县政府酌情改变，具体规定；但以照原租额减去二成五为度。

第五条　凡租地之一切副产物，原归农民者照旧不变，原由农民与地主夥（伙）分者，则按以前夥（伙）分数目随粮照减，原全归地主者，随粮按成分配。

第六条　佃户除交租外，其余一切额外剥削和封建陋规，如请客、送礼及无代价的为地主做工等，一概取消。

第七条　所有押租，押金制度，一律取消。以前已交之押租、押金，一律归还农民，并应按交纳时物价折算。

第八条　所有租粮均按收获季节交纳，不准提前收租（如夏季即收秋季租粮）。

第九条　实行减租之后，政府确保地主土地所有权，佃户应依法交租。除因不可抗拒之灾害（战争、水灾、旱灾、风灾、虫灾等）而致歉收者，应酌情减免租粮外，不得无故拖欠，地主亦不得借故退佃。应由主佃双方重订较长期（如五年或五年以上）租约，俾农民安心发展生产。在契约有效期间，地主不得借故退佃转租。契约期满后，地主招人承租或出卖、出典时，原佃户有承租、承典、承买之优先权。如地主及旧式富农为生活计，须收回土地自耕或雇人耕种者，亦应照顾原佃户生活，只退回一部，并延长其余佃期或减少租额。

第十条　去年秋季以前之欠租，一律免交。新解放地区则免交民主政权建立以前之一切欠租。

第十一条　在实行减租之后，政府与农民协会可根据双方自愿原则，调整佃权，使耕地太少之贫苦农民增加一部分耕地，借以维生。

第十二条　城市工人、小商贩、贫苦的自由职业者、革命军人家属及老弱孤寡，因缺乏劳动力而出租的少量土地（不超过当地中农所有土地平均数），由政府及农民协会协议后，得酌情少减或不减。

第三章　减息清债

第十三条　自本条例颁布日起，以前工、农、贫民向地主、旧式富农及高利贷者所借旧债，一律按月利分半计算清偿（即每元每月利息一分半，粮食每担每月利息一升半）。

第十四条　工、农、贫民所欠地主、旧式富农及高利贷者之旧债，利倍本者（即借本一百元，已还利达一百元者），停息还本，利二倍于本者（即借本一百元，已还利达二百元者），本息停付，收回押地。但民主政府成立前已成立买卖关系者不动。

第十五条　农民与农民（包括贫农、中农、富裕中农在内）间债务，由农民自行处理。

第十六条　凡货物买卖及工商业往来欠账，由人民自行处理，概不在减息清偿之列。

第十七条　其以农产物先订价之买卖贷款，如放青苗等，实质也是高利贷，其先定之价无效，应照交货时市价扣算，另行分半补息。

第十八条　今后借贷利息，由借贷双方自由约定，政府不规定利率，使人民能自由借贷济急。

第四章　关于特殊土地问题之处理

第十九条　凡真正反革命罪魁，由专员公署以上政府机关依法判处，其本人之土地应予没收者，可分配给无地少地农民所有。其家属未参加其罪恶活动者，应保留各人应得之土地。

第二十条　凡逃亡地主及旧式富农之土地，应由其亲朋代管，依法减租；无人承管者，可由政府代管，原佃户依法减租后向政府交租。由政府扣除其应交公粮负担外，其余部分由政府代管，候地主及旧式富农归家后，连同其土地一并发还之。

第二十一条　族地、社地、公地、学田，应由本族、本社、本姓、本村、本地区人员组织管理委员会管理，其收入除应交负担外，须经公议，充作公益事业之用。

第二十二条　宗教、教堂土地均不变动，如无人经管时，可按逃亡地主土地处理办法处理之。

第二十三条　凡地主及旧式富农乘灾荒之危，贱价强买典当农民之土地，得由农民请求政府查明后，按原价赎回。

第二十四条　凡豪绅恶霸恃强霸占农民之土地，经农民告发，农民协会证明，政府调查属实者，得由农民无代价收回。

第五章　关于已分配土地与浮财之处理

第二十五条　凡地主及旧式富农已被分配之土地，一律归分得地之农民所有，地主及旧式富农不得倒算，倒算者应受处罚。但应保证地主及旧式富农分得及留得与农民同等之土地，不足者，设法补足之。

第二十六条　农民已分得土地后，如农民与原业之地主及旧式富农确系双方自愿改为租佃关系者，经双方向政府登记后，得改变之。

第二十七条　农民间分地不公者，由农民协会加以适当调整，使各人所分土地公平合理。但一般不要重分，以免妨碍生产。

第二十八条　凡地主及旧式富农已被分配之浮财，不准倒算。倒算者，处罚。

第二十九条　凡农民（包括中农、富裕中农、佃富农在内）土地财产被错分者，应劝分得户自动退还。无法偿还时，另行设法弥补之。

第三十条　凡没收工商业者及地主、富农之工商业，应设法退还或另行设法弥补之。

第六章　附　则

第三十一条　农民协会为办理减租减息、调整土地事宜的合法机关，农村中的一切地租、高利贷、债息及土地调整等问题，均由政府会同农民协会办理之，但最后决定权属于政府。

第三十二条　本条例修改权属豫皖苏行政公署。

第三十三条　本条例自公布日起施行。

选自《中国新民主主义革命时期根据地法制文献选编》第四卷，中国社会科学出版社1984年版，第530～535页。原注：“选自1948年10月18日《雪枫报》”。

45. 中国人民解放军闽粤赣边纵队闽西南临时联合司令部政治部布告——公布减租减息条例

1949 年 7 月

本军为适应目前形势的需要，团结各阶层人民和改善农民生活，发展农业生产，争取人民解放战争迅速胜利，特制定减租减息条例，分列于后：

减租减息条例

一、凡公私土地（包括地主、富农、宗祠、学校、庙寺、教堂等）之地租，一律实行二五减租。

二、减租办法规定为对分租（地主、佃户各半）二五减，即实行减租以后，其租额不得超过耕地正产物收获总量的千分之三百七十五；原租额超过对分者（例如主六佃四），应降为对分再二五减，原租额低于对分者，不得借此提高，并可少减或免减。

三、凡过去已实行减四还六，减七还三，减八还二及停租者，一律不得倒算。过去已贴减租布告之地区，而未实行减租者，一律二五退租，今后之租息按照本条例办理。

四、凡遇灾荒，物产完全失收者免租，歉收者及原有习例评成者，先评年情，然后二五减租。

五、除正租外，小冬所收及其他副产物，概为佃户所有。

六、废除一切付租（如田信鸡、田信米，饭飧等）、有租（粪尾租等）及禁止预收地租和其他一切劳力财物的额外剥削。

七、民国三十七年以前积欠的老租，一律免交。

八、凡城市工人、独立劳动者、贫苦自由职业者、知识分子、贫苦的革命军人家属及鳏、寡、孤、独、残废等，因缺乏劳动力而出租少量土地，不超过当地中农占有土地的平均数，可由政府及农会协同主佃双方商议，酌量少减或免减。

九、保护佃权，不许吊佃。但地主因生活困难，必须收回土地自耕，经政府及农会查明属实，酌量主佃双方生活情形，可延期收回或先行收回一部分。

十、减租后因敌人侵扰，而佃户被地主强迫退租谷者，应向地主索还。

十一、凡旧债交息已达原本一倍者（即一本一利），还本停息，已达原本二倍者（即一本二利），本息俱停。计算办法以折合当时当地之米价为准。

十二、凡本年六月以前所发生的借债，一律折定实物以年利二分计算。

十三、凡以农产物先行定价之买卖贷款（如放青苗等），先行之定价无效，应照当时市价折合实物，按年息二分付息。

十四、凡农民之间（指贫农与中农间，包括富裕中农在内）的租佃关系与借贷关系，应本团结互助的原则，由双方协议，经过政府或农会处理。

十五、三十七年十一月一日在控制区与半控制区已颁布之借贷条例仍然有效，今后借贷利息由双方本团结互助原则自由约定，政府不加规定限制。

十六、凡借贷买卖及工商往来账目不在此例。

本条例自公布之日起施行，仰我全体人民切实遵行，如有借故违抗或阳奉阴违，明减暗不减，一经察觉，严惩不贷。切切此布。

选自《中国新民主主义革命时期根据地法制文献选编》第四卷，中国社会科学出版社1984年版，第541～543页。

46. 华东新区农村减租暂行条例（草案）

1949年9月15日公布

第一章 总 则

第一条 在群众条件尚未成熟，土地改革准备工作尚未完备的情况下，为减轻封建剥削，初步改善农民生活，恢复与发展农业生产起见，特依据中国人民革命军事委员会一九四九年四月二十五日颁布约法八章之规定，制定本条例。

第二章 减 租

第二条 凡地主、旧式富农及一切机关、学校、祠堂、庙宇、教会等所出租之土地，其租额应按照原租额减低百分之二十五至三十，不论钱租制、物租制、活租制、定租制均适用之。各地政府得依据此原则及当地具体情况，规定实施办法。

第三条 凡租地副产物，原为全归农民者，仍按照旧，原为业佃分益者，业主所得按原额减低二成半至三成，原为全归业主者，随粮按成分配。

第四条 凡出租土地者，均不得预收地租或地租以外的任何变相剥削。

第五条 解放以前农民对地主富农的欠租，一律免交。但对非地主富农的欠租，应酌量交还。

第六条 无论任何租佃形式，如因不可抗拒的灾害而至歉收，或全部被毁时，应酌情减交或免交地租。

第七条 凡属工人、手工业者、贫苦自由职业者、贫苦革命军人家属与鳏、寡、孤、独、残废等，因缺乏劳动力而出租全部或一部分土地，不超过当地一般中农所有土地的平均数者，可由政府及农会协议，酌情少减或不减。

第八条 在减租以后，应确实保障佃权。凡契约及习惯上有永佃权者，仍继续有效，无永佃权者，地主不得收回土地转租、出典或出卖，因生活困难而需收回土地自耕者，亦应由业佃双方协议，照顾原佃生活，经农民协会及当地区以上人民政府批准后，始得退佃一部。

第九条 公粮公款，应依照合理负担原则，按业佃收益情况，由双方分担。土地税由土地所有者负担之。

第三章 债 务

第十条 凡战争罪犯及罪大恶极的恶霸份（分）子，其债权一律废除。

第十一条 过去农民向地主及旧式富农所借的债务，如属高利贷性质者，一律停利还本；低息债务，仍照常还本付息。

第十二条　地主富农在工商业中的债权、债务，由债权人与债务人自行处理，不在停息之列。

第十三条　今后借贷利息由双方自由议定，并须有借有还。如因天灾人祸及其他不可抗拒的原因，债务人无力履行债约时，得请求政府酌情处理之。

第四章　若干特殊问题之处理

第十四条　凡战争罪犯及反革命首要份（分）子，应由县人民政府呈请省人民政府依法判决，没收其土地，并分配给无地少地农民和复员革命军人及贫苦烈属军属所有，其家属未参加反革命活动者，应保留其足够维持生活的一部分土地。

第十五条　凡豪绅恶霸恃强霸占农民的土地及财产，经农民告发，农会证明、政府调查属实者，得由农民无代价收回。

第十六条　凡逃亡地主及旧式富农的土地，无人承管者，由政府代管，除扣除其应交负担及减租部分外，待原主回家时，将其土地及应得地租酌量发还之。

第十七条　凡游击区已经实行减租而地主或旧式富农强迫倒租者，由农民提出控告，经农会证明、政府查明属实者，应按该地主或旧式富农的经济条件，酌量退还农民，但应使该地主或旧式富农得维持其生活。

第十八条　族地、社地、公地、学产应由本族、本社、本地有关人员组织管理委员会管理之，其收入除依法缴负担外，应经贷议充作公益事业之用。

第十九条　宗教土地均不变动，如无人经管时，可按逃亡地主之土地处理办法实施之。

第二十条　凡公荒及无主荒地，由政府分配给无地、少地农民耕种，并归其所有，在一定期限内免除其税收。

第五章　附　则

第二十一条　本条例适用于新区农村，不适用于老区与城市。

第二十二条　本条例自公布之日施行之。

选自《中国新民主主义革命时期根据地法制文献选编》第四卷，中国社会科学出版社1984年版，第500～503页。原注：“选自《山东政报》第四期，1949年11月15日”。

十、劳动法规

1. 淮海区重订改善雇工待遇条例

1942 年 5 月 22 日

第一条　为改善雇工生活，提高生产效能加强抗战力量，特订定本条例。

第二条　自本条例公布之后，三十年淮海区改善雇工待遇暂行办法废止之。

第三条　雇农手工业工人及其他苦力雇工，均依照其劳动能力及地方习惯，依下列最低标准支给工资。

一、大领或同于大领之工人，以能赡养成人家属一个半人至二个人为准。

二、二领或同于二领之工人，以能赡养成人家属一个至一个半人为准。

三、三领或同于三领之工人，以能赡养成人家属半个至一个人为准。

四、小伙计、学徒、女丫头，以能略补贴家用为原则。

五、家庭女工之工资支给标准，同于三领。

第四条　为避免货币跌价，影响雇工实际工资收入计，支付工资一律以粮食为准。如雇主雇工双方同意支给货币时，得随时以给付工资时之粮价折算。

第五条　工资支付时间，按月或按一年二季、一年三季，照各地旧例。

第六条　雇工除工资外，如依各地旧例，于麦季或年底，另由雇主发给衣服日用品者，从其旧例，如并无旧例，经雇主雇工双方协议决定发者，从其决定。

第七条　手工业工人于每年年终有分红之旧例者，从其旧例，无旧例，经雇主雇工双方协议决定分红者，从其决定，如并定分红之多少，依照雇主营业盈余之多寡定之。

第八条　短工、月工、雇工之工资，依当时劳动力之需要，及依本条例第三条规定之比例，由劳资双方协议订定。短工、月工、雇工之工资以食粮为支给之标准，经劳资双方同意支给货币者，依本条例第四条之规定折算之。

第九条　专门技术工人之工资，以其技术标准定之。

第十条　雇工在工作时间内参加各种集会，每月不超过两天者，雇主不得扣发工资。

第十一条　雇工因病休假，在一个月以内者，雇主应照付工资，如在一个月以外，雇主得另雇他人，但须酌发救济费。

第十二条　雇主不得无故任意解雇，雇工不得任意怠工或辞雇。

第十三条　雇工雇主双方因工资、分红、解雇、辞雇等发生争议时，得申请当地区乡政府评议决定之。

第十四条　本条例经淮海区参议会通过，交由行政公署公布施行，如有未尽事宜，由淮海区参议会修正之。

第十五条　本条例自公布之日起施行。

选自《华中抗日根据地财政经济史料选编》第一卷，档案出版社 1984 年 7 月版，第 383～384 页。江苏省财政厅、江苏省档案馆、财政经济史编写组合编。原注：“按淮海区行政公署《减租增资法规》刊印”。

2. 苏中区改善农业雇工生活暂行条例草案

1944 年 7 月 10 日[①]苏中行政公署公布

第一章　总　则

第一条　为增加根据地农业生产，改善农业雇工生活，提高劳动热忱，团结雇主与雇工间的关系，以加强抗战力量，特订本条例。

第二条　凡雇工的工资、工作时间和一切生活上的待遇，都照本条例的规定办理，如本条例没有规定的，应照习惯。

第三条　本条例仅限于农村雇工生活的改善，其他技术工人，市镇工人生活之改善，可根据各种工人的实际生活，参酌本条例办理。

第二章　工　资

第四条　农村雇工的工资，一律以粮食计算，或以当时当地市价折合现金计算。

第五条　工资大小，可由雇主雇工双方会同工抗会共同议定，订立契约，但不得低于本条例的规定。如原来的工资高于本条例者，不得减低，低于本条例规定者，应加至本条

① 此乃《苏中报》公布时间。

例所定之标准。

第六条　已经议定的工资，如有一方认为劳动效能增加时，可由双方同工抗会重行议定工资。

第七条　雇主除应供给雇工食宿外，其余的待遇照旧，不得因增加工资而随意变更。

第八条　长工的工资，应照下列规定作标准：

一、能做重工的（耕田耙地推车等）大长工，除他本人在雇工家食宿以外，他的工资最低要能养活一个人到一个半人（不应单以口粮计算，包括生活必需资料和必须（需）品）。

二、不能做重工的中等长工，除他本人在雇主家食宿以外，他的工资最低要能养活半个人到一个人。

三、能做重工的女工，她的工资与男大长工的工资相同，不能做重工的女工，其工资与中等男长工同。

四、童工在16岁以下的，除他本人在雇主家食宿以外，他的工资照当地的习惯，或由工抗会评定之。

第九条　短工的工资，应照下列规定作标准：

一、能做重工的大工，在忙时，除照例供吃以外，每天的工资最低要能养活两个人。

二、不能做重工的中等工人，除照例供给他吃以外，每天的工资最低要能养活一个半人。

三、女工能做重工的，工资与男大短工同；不能做重工的，与中等男短工同。

四、童工的工资，依照工作效能或按当地的旧例评定。

五、闲时的工资，最少要在忙时工资的半数以上。

六、脚工的工资，照短工工资计算。

第十条　给工资的时间，可依照约定或旧例，但日工的工资要按日发给。

第十一条　多年的长工，应当根据主雇双方的生活情形，照下例规定增加工资：

一、过了3年不足5年的，原则上照原工资增加半成。

二、过了5年不足10年的，原则上照原工资增加一成。

三、过了10年不足15年的，原则上照原工资增加一成半。

四、15年以上的，原则上照原工资增加二成。

上项规定，自上工的第一年起计算。

第三章　休息和医药

第十二条　长工每月应有两天的休息，息工时雇主不能扣除工资，但在农忙时没有特别的事情不应休息，其应休息的天数，等忙时过，再补。

第十三条　长工害病经过医生证明要休养的，雇主要给他休养。病期在一个月以上的，其医药费与工资，要依当地的规矩，由双方和工抗会商议办理。如果是花柳病，雇主不必补助其医药费。

第十四条　雇工因做工受伤，除工资照发外，医药费由雇主完全负责。

第十五条　女工在生产后应该休息一个月，工资照发，在生产前一个月，不能给他做有碍生育及健康的工作。

第十六条　童工与女工，不能给他们做有碍身体健康的工作。

第十七条　在一个雇主家做了15年以上的长工，解约时如体力未衰老的，应当给他个人3年生活费，已衰老的，应给他养老费；但雇主经济确系困难者，得由工抗会斟酌双方实际情形评定之。

第十八条　在一个雇主家做了15年以上的长工，年龄在50岁以上，而体质衰老的，其养老办法应照下列规定：

一、老长工没家的或是家里无法生活的，雇主应供给他生活到老死为止，死后衣棺埋葬的费用均归雇主负担。

二、长工在雇主家养老时，雇主应给以必需之零用费，数目大小应经工抗会同意。

三、在雇主家养老的长工，如不妨碍他健康时，尽可能帮助雇主照料家务或做些轻微工作。

四、老长工自愿回家养老的，除发给他3年养老费外，在死时衣棺费亦由雇主负担，在解雇时应提出保证或提交工抗会保管。

五、雇主应付给雇工的养老费、衣棺费，如一次付不出时可以分期付给。

第四章　雇主和雇工的双方利益

第十九条　雇工有参加工抗会和抗日团体活动的权利，雇主不得干涉。但雇工参加抗日活动时，尽可能争取在休息日内进行。

第二十条　雇工有参加抗日军队的自由，雇主不能阻拦。在合同没有期满时雇工参军，雇主应给他些解雇金作为安家费，数目多少可依具体情形，由工抗会协同双方共同决议。

第二十一条　雇工与雇主的合同，由双主自愿订立，由乡长与工抗会长为合法的中人。在合同期限内，双方不得自由解雇，如因特殊情形需要解雇者，雇主应照顾雇工生活，雇工应照顾雇主利益，按实际情形，会同工抗会给受损失的一方以退雇金或补偿。

第二十二条　增加工资以后，雇主不能违背合同上规定，而加重雇工的工作或减少原有的待遇，如有故意违犯者，雇工可向政府报告，由政府处理。

第二十三条　在解约后雇主仍需雇工时，原来的雇工有优先受雇权，但因重大过失经工抗会同意者，不在此例。

第二十四条　禁止雇主打骂虐待雇工及私下处罚或克扣工资行为。

第二十五条　雇主与雇工，均应遵守本条例的规定，倘有一方故意违犯致使另一方受损失者，由工抗会根据事实，呈请政府议处。

第二十六条　雇工应爱惜雇主家的生产工具，但非故意损坏者，则雇工不负赔偿之责。

第五章　附　则

第二十七条　本条例公布后，各专员公署县政府可根据本条例的精神和原则，依照当地实际情形，订定实施细则，呈请核准后执行。

第二十八条　本条例上所规定工抗会应做的事，在没有工抗会的地方，可由农抗会担任。

第二十九条　在本条例公布前已付工资者，可照本条例的标准，按付工资时粮价折算，应补发者补发之。

第三十条　本条例之解释权属于本署。

第三十一条　本条例如有未尽事宜，可由本署用命令修改之。

第三十二条　本条例自公布之日起施行。

选自《苏中抗日根据地》，中共党史资料出版社1990年4月版，第365～369页。中共江苏省委党史工作委员会、江苏省档案馆合编。原注："原载1944年11月刊印的《苏中行政公署法令汇编》"。简称"苏中根据地版"。

互校版本：《中国新民主主义革命时期根据地法制文献选编》第四卷，中国社会科学出版社1984年版，第694～700页。原注："选自1944年7月10日《苏中报》"。

3. 盐阜区改善工人生活条例

1945年

第一章　总　则

第一条　为改善工人生活，提高生产，促进劳资团结，以增强抗战力量起见，特根据抗战建国纲领改善民主之原则及本区实际情形订定本条例。

第二条　凡本区雇主与雇工及劳资双方间之关系均依本条例处理之。

第二章　工　资

第三条　各业职工之工资在目前物价高涨之情形下应尽可能改订粮食工资或抗票与粮食各一部份（分）。

第四条　农业雇工工资规定如下：

（一）长工：大伙计（能耕耘，收割，播种，栽秧，打场者）按各县原定工资予以增加每年工资合粮食七百斤以上。二伙计每年工资合粮食五百斤至七百斤。三伙计每年工资合粮食三百斤至五百斤（原规定有山芋干者得酌量折减）。

（二）童工：即十五岁以下儿童仅能做放牛煮饭，锄草等轻便工作者，除由雇主供膳外，每年应酌给粮食一百斤至二百五十斤。

（三）短工：各县按原定工资自行酌量增加。

第五条　厂坊工人各业散工及商店店员等之工资，除维持其本人生活外以维持其成年家属一人之生活为最低限度，其详细规定由当地政府召集各业劳资双方代表根据上项原则共同商定之。

第六条　各业学徒第一年酌给零用费，第二年应照普通工人工资三分之一算给工资，第三年算给二分之一，第四年起，享受一般待遇（原来即优于此规定者不得降低，应根据此原则，斟酌增加之）。

第七条　付工资时间规定于每年上工时及夏秋两收后及满工时分期付清。

第三章　待　遇

第八条　雇工及各业职工原来规定每年由老板发给小褂裤一套及毛巾，斗笠，鞋袜等物者应保留之，原来无此规定者由工救会与业主双方商讨处理之。

第九条　各业职工习例规定于旧历年底由资方多给一个月工资或另订有其他分红办法者应保留之，无规定者由工救会与业主双方商讨处理之。

第十条　雇工及各业职工因工作致病老板应补助其医药费工资照给，但超过一个月以上者工人应找替工，老板供膳，工人代出工资，双方同意亦可解雇，但须给以必要之补助费。

第十一条　工人因执行业务而致残废或死亡者老板须给予抚恤金。

第十二条　严格禁止打骂学徒及童工。

第四章　工作时间

第十三条　农业雇工每日工作时间仍照旧例，但必须以保持足够之睡眠时间为原则，以维持雇工健康。

第十四条　各业职工每日劳动时间以不超过十小时至十二小时为原则。

第十五条　经政府规定休假之纪念节日或惯例休假者（如年节等）应一律休假，工资照给。

第五章　劳资关系的保证

第十六条　工人有组织工会参加各种抗日活动之自由，老板不得干涉或歧视。但工人亦不得藉口此种活动而怠工，凡因此旷工一日以内工资照给，连续一日以外者不给工资。

第十七条　工人在工作时间应爱护老板之生产工具及原料与遵守劳动纪律，不得无故糟蹋浪费与怠工。

第十八条　劳资双方有根据本条例订立契约之自由，在契约期间老板不得无故或藉故辞退工人，工人亦不得无故辞工。

第十九条　商店厂坊因故不得已而须停业者，须呈报商会转呈县府核准，在未核准前不得辞退工人，已停业之资方如复业者其原有职工有工作优先权。

第二十条　雇主与雇工及劳资间之纠纷，由当地调解委员会或劳资仲裁委员会调处之，如有不服者，双方均有权向政府提出控诉。

第六章　附　则

第二十一条　本条例自公布之日实行，如有未尽善事宜，得由本署明令修正之。

选自《华中抗日根据地财政经济史料选编》第四卷，档案出版社 1986 年版，第 538～540 页。原注："按 1945 年苏北出版社《中国共产党土地政策》刊印"。

4. 华中区主雇合同式样（二件）

1945 年

原掘马北区雇工合同凭字雇主收执联

掘马北区雇工合同凭字工字第 64 号

立雇工凭字人周云彪今雇到×××

名下代做长工，凭得工抗及保证人双方议定订期壹年×月，每年工资春季大麦老秤壹百斤，秋季稻子壹百斤，棉衣单衣各一套，医药费由雇主津贴，雇工或辞退均有自由，但须双方同意经工抗之讨论审查。除上项议订外，在订约期间内保证：

一、遵守约定不无故辞退。

二、工作勤劳不无故怠工。

三、生活节俭不嫖不赌。

四、对老板和平相处患难相扶。

今欲有凭立此凭字为证

中华民国三十三年五月卅一日立

附：春季工资于二月廿五日付清

秋季工资于七月廿七日付清

如无麦收得以麦照原斤代算

雇工凭字人 周云彪 十

保证人 陈永富 十

工抗代表 徐 大 十

如皋县第二区区署主雇合同

工字第号

立主雇合同，雇主×××今雇到×××

君为本人家内劳作，当经双方同意，并得法定见证人共同议定：

第一，每年工资粮老石×石×斗×升外，加土布二匹，并酌给医药费用。

第二，主雇双方应互相团结，雇主不得虐待雇工，雇工亦应爱护雇主。

第三，雇工应努力生产，不得消极怠工，妨碍生产，并应爱护劳动工具，不得任意毁坏。

第四，雇工有参加开会和抗日之自由，雇主不得阻其参加工（农）抗会之组织。

第五，雇工有享受教育之权利，例如参加民众学校，每天读书二小时等。

第六，雇工如有疾病，雇主应准其休养，在休养期间，雇主不得扣减工资。

第七，雇主对雇工不得无故解雇，如欲解雇，必须经工（农）抗会之同意，并须预先一年通知。

第八，雇工如欲辞退亦须于三个月前通知雇主，不得妨碍生产。

除由区署截留存根备查外，立此合同主雇各执一纸，本联交雇工存执为证

中华民国　年　月　日

立合同人雇主

法定见证人（乡长）　中　证

法定见证人（工农抗会长）　中　证

选自《华中抗日根据地财政经济史料选编》第四卷，档案出版社1986年版，第371～372页。

5. 华中解放区第一次工人代表大会关于公营工厂职工会工作决议

1946年3月

一、关于工资问题的决议

过去各地公营工厂，都实行供给制度，现在要和行政与工厂方面商量，改变为工资制度。实行工资制，不但工人生活安定，提高劳动情绪，厂方也减少不必要的开支，节省人力物力，发展生产，这是工厂走上企业化必要的步骤。

（一）评定工资应根据不同性质之职工订出各部门（如军工、印刷、纺织）统一技术标准，确定统一的技术等级，并根据以下不同种类之职工，订立不同之工资标准：

第一类：重工业技术工人（包括军工、机器等已过学习期间之技术工人）。

第二类：轻工业技术工人（包括印刷、造纸、纺织、油米、被服、化学、皮革等已过学习期间之技术工）。

第三类：轻便简易技术工人（如印刷之检票、检号、军工之装配的一部分、纺织之摇纱等类工作比较轻便、技术比较简单之工人）。

第四类：粗工（不会掌握机器而出力较大之工人）。

第五类：学习工（即学徒或练习生）。

第一类技工的最高工资连自己在内以维持四个人生活为原则，最低工资则至少须能连自己维持两个人之生活。

第二类技工的最高工资应较第一类最高工资至少减一个人之生活费，最低工资则同样最少能连自己维持二个人的生活。

第三类、第四类工人之最低工资至少连自己维持一个半人之生活。

第五类学习工学习期限不规定，到技术完全如工人时即以工人待遇。在学习期间以能维持个人生活为原则，厂方并须视其技术之进步而适当增加其津贴，但其最高津贴不能超过同性质技工最低工资之三分之二。

职工本人伙食由厂方供给者应在工资中扣除伙食费。

（二）女工与男工做同样工作而效率相同的应给同样工资，女工工资拿最低工资时应另加卫生费每月大米五斤。

（三）以上工资订定后应订定一定之生产任务，超过任务之数量质量以及原料节约都应订定提成分红、累进奖励或按质分等之办法以鼓励职工生产热忱，使工资趋于合理化。

（四）在工厂企业化以后，成本与生产品能定出详细确实价格者，可根据公私两利的原则提出部分利润实行全面分红制，其数额不得低于全部纯盈利之百分之十。

（五）评定工资高低应根据如下原则：

甲、主要为技术之高低及熟练程度以及劳动强弱为主要标准。

乙、其次为任务之大小、工龄长短、生产积极性、公私兼顾之精神及技术进步之快慢为标准。

（六）各部门之专门技术、稀有技术如工程师、化学师、雕刻师等以及各种职员之待遇其工资标准可另订，但须得公营工厂总工会之同意。

本决议是根据今天公营工厂从机关化转入企业化的过程时期实际情况订定的，待工厂企业化以后当另行订定。

二、关于加强职工政治文化教育、提高技术能力、培养工人干部的决议

（一）改变过去部队教育方法，采取职工自愿原则，由工会宣教委员领导组织各种政治文化、技术等研究组织，如识字班、时事座谈会、技术研究组等，根据不同兴趣、不同水准、不同工作时间进行学习，并防止散漫自流与无计划现象。

（二）健全各级工会宣教部门，与各宣教机关取得密切的联系，各级工会宣教部门应有一定时间之教育计划并定期向上级工会作报告。

（三）请总工会筹办对工人有专门指导性的综合定期刊物，并经常供给各地工会的时事、政治、文化各种教材。

（四）各工厂应举办最低限度之职工文娱体育设备，各工会应健全文娱体育组织吸收广大职工群众参加。

（五）学习文娱经费，由厂方根据工资津贴总额补助百分之一给工会。

（六）各地工联会应尽可能举办工人政治文化技术之训练班、轮训班以培养工人干部，各厂如条件许可并在不妨碍生产任务的原则下，也可举办小型轮训班，上级工会须给以适当帮助。

三、关于创办职工合作社的决议

为保证在实行工资制以后职工对衣服用品不致发生恐慌，防止有钱随便浪费，以及积聚职工劳动报酬进行生产，保障不时之需，与进一步改善职工生活，我们特作以下决议：

（一）各工会福利部根据具体条件，吸收职工资金，组织消费运输或生产合作社，以保障职工生活上必需品之供给。合作社得成立储蓄部与信用借贷部，以周转职工资金，并随时解决职工困难。

（二）边区分区之总工联或公营工厂联合会，得组织合作联社，作为调节指导各工厂合作社之机关，并统一举办大规模的贸易或生产事业。

（三）号召并鼓励各厂工人，在每月工资中除去生活上必须用费外，尽量将资金投入合作社内，各工会可民主讨论具体办法实行。至于各工会合作社之组织办法，亦由各工会民主拟定报告总工会。

（四）合作社的干部必须民生选举，以群众中有威望之职工负重要责任。

（五）厂方应尽可能的给各工会合作社以财力物力以至人力上的帮助。

四、关于健全公营工厂职工会组织之决议

（一）明确职工会的工作方针：

甲、应明确认识职工会是职工自己的独立的群众团体，职公会干部要站在职工立场上为工人服务，保护职工的经济利益、政治权利、社会地位，为工人阶级目前与永久的利益奋斗，以工人的要求、情绪、生活、呼声为职工会工作的根据，纠正过去职工会成为行政的附属组织俱乐部组织，以及任何不民主的站在工人头上的单纯行政路线、忽视工人具体利益、脱离群众的现象。

乙、职工会应认识我们的工厂是为人民大众工人阶级服务的工厂，工厂的发展也就是我们职工力量的发展，工人的利益与我们职工的利益基本上是一致的，因此职工会须教育工人确立公私两利、公私兼顾，反对雇佣观念与单纯经济观点。职工会在保护职工利益的立场上来保证完成革命生产任务，爱护革命工厂。

（二）转变职工会的工作作风：

甲、职工会应培养与锻炼独立自主、依靠群众解决问题的工作作风，纠正过去事事依赖行政成为行政上附属品，还要与行政上求得互学互谅互助，克服与行政对立的现象。

乙、职工会应与全体职工在一起，时时刻刻主动的为职工同志兴利除弊，纠正过去漠视职工利益的官僚主义。了解我们是为职工服务，而不是个人风头、少数人权威，更不是利用群众造成自己地位，应该坚决反对并坚决与职工会内个人主义、英雄主义这种思想斗争。

丙、职工会工作做好，只有依靠群众的自觉自愿自动。反对过去站在群众头上发号施令、不民主、拉蛮、强迫命令的不良现象；同时要了解只有一切走群众路线，一切通过群众，一切相信群众，一切依靠群众，职工会才能成为职工自己的，并且是最有威信的组织，任何恩赐、包办，其结果只会“吃力不讨好”。

丁、把对厂方负责与对群众负责统一起来，如厂方任务与群众要求矛盾时，职工会应站在职工利益的立场上向上级提意见，或向职工群众耐心启发，说服教育，取得思想认识的一致，纠正过去性急暴躁、唯行政之命是从的现象。

戊、职工会干部应深入群众，与群众生活打成一片，了解他们的生活、情绪、要求等，加强和培养我们的群众观念，时时刻刻了解自己是群众中一员，以群众面目出现，反对任何自满傲慢等等脱离群众现象。

（三）健全工会领导机构

甲、各不同性质之工厂应建立自上而下独立系统的职工会组织，如印刷业工会、军工业工会、纺织业工会等。

乙、为了更进一步的团结工人力量，各工厂职工会应参加各地区的工会联合会。

丙、各级职工会的领导机关应完全民主选举产生，并应尽量吸收各种群众参加领导机构，行政对职工会内部生活不得干涉。

丁、各级工会执委会如因工厂会员人数过多，职工会工作繁忙，或被选为上级工会负重要工作时，可依工作繁忙情形，与厂方协商推定适当人员，专门进行职工会工作，其工资由厂方照旧付给并保留其职务。

戊、职工会之福利、宣教部门人员，应特别加强。

己、加强职工会小组生活，职工会员应以部门、工作时间编为小组，至少每半月举行

会议一次。执委应亲自参加。会员提出要求，小组应提出具体意见，以使职工小组成为解决日常生活、保证工会工作、反映意见、沟通上下关系最有效的组织。

（四）加强职工会经常工作：

甲、首先是谋工人生活之改善。根据公私两利原则，讨论生产任务，组织职工保证，订生产计划发动比赛，总结生产工作；另一方面代表工人与厂方协议更好的照顾工人，并帮助工厂管理工厂生产各方面之改进，调解工人与厂方及工人与工人之间的纠纷。

乙、定期订定工作计划，确定中心工作，并须定期向会员作工作报告，向上级作书面汇报。

丙、加强福利工作，办理合作社、储蓄借贷所，随时解决群众生活上困难，改善伙食，照顾病号，办托儿所、职工子弟教育，帮助职工解决家庭困难，及其他一切劳动保险与社会保险工作。

丁、有计划领导职工进行各种政治、文化、技术学习，组织各种研究组、训练班，组织职工通讯，出墙报、快报及各种民主活动，培养干部，筹办各种文娱体育设备，组织各种职工文娱、体育、卫生组织，以活跃职工生活，调剂职工生产情绪。

戊、组织职工参加地方各种政治活动与社会活动。

己、健全职工各种生活制度与会议制度。

五、关于今后工会工作步骤之决议

（一）凡未成立职工会之工厂，边区、分区总工会方面应派员着手帮助建立工会，然后逐步成立各地区之工厂职工联合会，与本部门自上而下的工会独立系统。目前应即成立军工业职工总会、纺纱业职工总会等组织，边区并成立公营工厂职工联合总会筹备会。

（二）评资工作应作为今天各公营工厂工会重要工作中心之一，在评资中整理工会，健全各部门组织。

（三）在已订定工资之工厂，工会应与厂方订定集体合同，并组织工人进行对合同之讨论。

（四）在以上工作大体已完成之工厂，应进行工会整理工作，根据大会报告、检讨和决议，进行深入检讨与工作检查，对工会干部进行教育，然后依实际情况进行改造或整顿。

（五）在完成以上工作过程中，应同时配合生产工作，在完成以上工作后，工会应集中全力开展生产运动，培养创造劳模，加紧职工福利工作与教育工作，使工会成为工人中最有威信之组织，我们的工厂成为和平建设中的堡垒。

选自《中国工会历史文献》(5)，工人出版社1959年版，第94～101页。

6. 华中解放区第一次工人代表大会关于作坊手艺工人工作决议

1946年3月

一、评定工资改善待遇

新解放城市为作坊手艺工人，都要合理评定工资、改善待遇，才能改善工人生活，提高工人劳动热忱，增加生产，劳资双方都有利益。

（一）有固定雇主的作坊手艺工人，在评定工资和改善待遇时，一方面要照顾到职工生活的改善，一方面还要照顾资方有一定利益。抗战前、解放前的工资要研究，各行各业原来工资要比较研究调查确实，再根据工人技术高低、劳动的强弱和担任工作的轻重适当评定。

（二）各式各样工资的评定。按时给资的（年工、月工、季工）最好改成粮食工资；按件给资的，用水涨船高办法，也可以用粮食付工资；原来工资用分成付给的（如做一个活劳资四六分）适当的加成；按粮给钱的，要按一个月平均粮食价格支付，免致双方争论。

（三）原来待遇一般的仍照旧规，封建压迫与额外的剥削一概取消。

（四）评定工资，采取劳资协议方式，协议后提倡订立合同（书面或口头），以后劳资双方，依据合同执行。

（五）评定工资后，为了更好的增加工人生产情绪，提倡累进工资制（即超过平常工作任务累进加资）、利息提红及其他奖励等劳资两利的增产办法。

（六）无固定雇主的手艺工人，主要是取消中间剥削，组织他们剩余的劳动力进行生产。在同一地区、同一行业、同一技术，工价可以统一评定，最好也改为实物工资；评定时要照顾工人生活，也要照顾一般雇主的生活和需要情形。工资不宜过高，不然会影响到生意的清淡，反而对工人不利。做零活的工人工资（如补锅、补碗），或论件的给资的（如上鞋皮匠），工资不必由工会统一规定。

二、救济失业合作生产

华中解放区各地工业，几年来遭受敌伪和国民党的破坏，因战争的影响，如原料缺乏，又受季节性的关系，有将作坊关闭向商业发展，特别在新解放城市失业工人很多，救济失业合作生产是今后很重要的工作。

（一）在评资后，要号召工人储蓄，防止浪费。集资开办合作社，既使工人储蓄生利，又可安插失业工人。无固定雇主的工人积资开办合作社，解决剩余劳动力。但工人开办的合作社，要注意与工人原有技术工具联系起来，由小而大，由一行到数行，并须在合作社中切实执行公私两利的生产政策，要使出资本的工人与出劳力的工人双方都有利益，这是最重要的原则。

（二）有些不适合社会需要的工业工人（如香业工人），要帮助转变其他行业；有些一时不需要的工业工人（如矿工），一方面转业，一方面进行登记，需要时介绍做工。

（三）互相介绍工作，互助互济。各工会要与作坊工厂联系密切，经常负责介绍工人工作，工人互相介绍工作并在工人中提倡互助互济，发扬工人阶级友爱的精神，一人失业，大家帮忙。

（四）有些东方因评资无故辞退工人，工会应协助复工。

（五）请政府给与工人贷款生产，并对新解放区贫苦受灾工人给予适当救济。

三、改善学徒待遇，组织学徒

各行各业的学徒，多是青年职工，要提高他们的学习情绪和生产热忱，要切实改善生活待遇，同时还要顾到东家和师傅的利益。

（一）学徒学习时间，由各地、各行业按地方习惯和实标需要规定，要使学徒真能学到一定的本领，但不能额外拖延时间（如送师、谢师等）。在规定的时间内，学徒学到一定技术，生产积极的，可由工会与东家或师傅商量提早满师，但要顾到东家和师傅利益。

（二）废除打骂和额外剥削，废除打骂制度，不要给学徒做额外的劳役，取消陋规如请师谢师等。

（三）改善学徒待遇，适当改善其生活，并按季按月发给一定的零用费，并按学习时间增加，其他一切待遇照旧规。

（四）组织学徒。学徒是青年职工，除参加各地各行业工会外，并单独组织小组。

四、加强工人教育

（一）新解放区工人，过去在敌伪重重压迫下，及忙于生活，没有受教育的机会，以致政治认识及觉悟很差，我们在发动工人参加反奸及增资斗争中，用会议方式，总归经验教育工人，启发工人政治觉悟。

（二）对已进入巩固阶段的工会，工人生活已初步改善，对学习要求很高，我们应抓紧这种要求，有组织的进行时事及文化教育，发扬团结互助精神，克服行会观念及经济观点，提高其觉悟程度。在方式上，对工会干部办短期训练班，或会议形式为主；对工人以市镇为单位，开办工人学校进行教育。

（三）工人学校校长由工会会长兼任。根据各行业性质及空闲时间，进行轮流上课，并可在工人学校中讨论与解决工人问题。教材可按各地具体情况自编，教员可由工会干部担任，必要时可请当地党政负责同志上课。学校中的文娱活动，应根据工人要求进行（如排演地方戏、杠石锁、石担、练武等）。工人入学，应以自愿为原则，学校中各种制度，由学生民主讨论订定与执行，定期考试，奖励成绩优良的。经费由工会津贴及在学生中劝募解决。

五、组织工人武装

（一）已建立工会而未建立武装的地区，要赶快动员工人自愿自觉参加工人武装，按行业建立工人纠察队或自卫队。已建立工人武装的工会，应加强领导，如在干部中有流氓成份（分）或违法行为，引起工人不满的，应在队员中民主讨论改选。

（二）工人纠察队主要任务是维持地方治安及巩固民主秩序，但在执行任务时，应不妨碍工人生产。

（三）武装领导除由工会武装部领导外，并受当地武委会统一指挥。工人纠察队的枪支、弹药等经费也由武委会统筹，如武委会未成立，可由政府及工会商会三方面代表共同筹划。

选自《中国工会历史文献》(5)，工人出版社1959年版，第101～105页。

7. 华中解放区第一次工人代表大会关于农村雇工工会工作决议

1946年3月

各地区农村雇工，几年来由于生活的改善，政治认识的提高，许多雇工买田置地，有些进行商业生产，生活上升，有的自动参军，加之农村各阶层普遍的参加生产、减少雇工，因此形成目前农村中雇工减少和雇工的流动性。另一方面，由于雇主借故解雇，反抗强资，及部分地区未能很好执行自相契约的原则，也影响雇主少雇雇工。现正是春耕农忙工人上工之时，原来雇工应帮助评资立约，并应积极组织雇工上工，评定工资实行自由契约，以发展农村生产。

一、组织工人上工，实行契约自由

不论新老解放区，各工会均应配合农会在春耕生产中积极组织工人上工，宣布自由契约。双方自愿议订工资，经过工会订立合同，以后依合同实行，如要改变，也须要经双方同意，以打破雇主顾虑，打破雇主鸡蛋敲锣一声响的想法。对无理解雇的雇主，予以纠正帮助复工。合同以口头的或书面的均可。

二、评定工资与待遇

原来雇工要将工资评定，新工人上工，亦须在上工时将工资评定，使雇主雇工均能安心生产。在评定工资时一方面要照顾工人生活，一方面又要照顾雇主雇人耕种比出租土地有利原则，并根据雇工技术高低、做活的轻重来评定，一般的大领除自己外最少要养活一个半人，二领能养活一个人，三领能养活半个人，童工（如小放牛）视能力高低付给津贴或工资。并以各地区土地收获量大小，及抗战前解放前工资标准做参考，评定工资主要是主雇双方协议。工资订立不要一般化，照顾当地及主雇双方具体情况，工资支付，分上工、夏收、秋收三季付清。

雇工之衣服零用东西及其他待遇，按照过去各地老例执行。雇工因病或因事不能干活的，也照各地情况，由工会与劳资双方协商。上下工时间按各地方农村季节情况和各地原有规定办理。

三、加强劳资团结，努力生产

评资后双方切实执行契约，雇主不得虐待雇工，加重额外劳力负担（有特殊情形在外），不得少付工资；雇工亦应遵守劳动纪律、爱护农具及（没有）其他影响生产情形。

为了鼓励雇工生产情绪，各地工会在订定合同时，鼓励双方采用土地收成超过一般年成时实行提成等奖励办法，使主雇双方均有利益。

四、储蓄生产，救济失业

按自愿原则鼓励雇工储蓄，到下工时可付出进行生产或与作坊手艺工人合作开办合作社生产，工会并应经常调剂各地劳动力，实在雇不出去的工人应帮助他转业。

五、发展组织整理组织

农村工人因本身有特殊要求，也有与农民共同要求，因此农村雇工，除单独成立雇工会外，并可参加农会组织，以加强工农团结。在老解放区各地工会在上工评资中整理组织，并发展组织；在新解放区发动雇工参加各种减租反奸斗争，进行发展组织，在初期，可编为雇工小组参加农会，到一定时候则分开组织雇工会，长工与短工应分别组织便于领导。为克服雇工的流动性，雇工会干部最好选本地方的雇工担任。

选自《中国工会历史文献》(5)，工人出版社1959年版，第105～107页。

8. 华中解放区第一次工人代表大会关于码头运输工会工作决议

1946 年 8 月

码头运输工人在我华中各解放区数目是很大的，码头运输工作关系到整个工商业的发展。过去码头运输工人多有行会组织，少数人把持码头，剥削大多数工人，造成工人与工人之间拉拢客商争抢码头，阻碍了工商业的发展，因此进行码头工作取消中间剥削；统一组织与加强工人团结，调剂劳动力，克服工人中行会思想与经济主义，是各码头工会很重要的任务。

一、统一组织，加强团结

（一）在一个城市或集镇、或一个交通要道地方，各码头应该统一组织一个码头工会。在统一的码头工会下，每一个码头设立分会，分会按工人生产情形划编小组（赵划子、搬运夫、小车夫等）。

（二）为加强各码头工人的团结，在一个集镇上的各码头工人，城市或集镇码头工会按照各码头生意的好坏，经常调剂劳动力。各分区、各县也尽量了解各地码头生意好坏，给各码头工人以适当的调剂。

（三）码头工会对外来工人农民参加做活的，不能歧视，应该尽量容纳他们参加，特别照顾贫苦工人农民，但还要注意到码头上一定的容量，不然变为粥少僧多。

二、评定工资

（一）码头工会的工资评定，要照顾工人生活，又要照顾整个工商业的发展，并按照码头各种性质、不同工人的劳动情形来规定各种工人总的工资标准。

（二）码头工资议订后，可按当时粮价付钱资，并实行水涨船高办法。

（三）评定工资要经各种工人讨论商订，并经过工人和运商代表及贸易机关代表协议，在每一次因物价影响要改变工资时，都要经过这一手续。

（四）评定工资后，雇主照价付工资（自己搬运的不得收费），码头工会应宣布劳动纪律，如不多收价，爱护物件，并积极整修码头，便利旅商。

三、取消额外剥削

（一）所有码头工人要一律参加生产运动。

（二）取消吃双份子、吃空名子、抽头子等剥削。

码头上如需一定脱离生产或半脱离生产人员，应经工人讨论其生活费，由工会统筹，或实行提分（份）子，按照他过去工作规定付给。

四、调剂劳动力组织生产

（一）各码头工会要号召工人节约储蓄，但以工人自愿为原则，如工人同意，可在工资中提成储蓄。

（二）工会将积蓄资金办理合作社，视地方生产及季节情形；组织剩余劳动力进行生产，其具体实行办法，由各工会与工人讨论自订。并组织工人学习其他生产技术，以防止失业现象。

五、加强码头工人教育

（与作坊手艺工会同，从略。）

选自《中国工会历史文献》(5)，工人出版社1959年版，第107～109页。原注："录自'华中解放区第一次工农青妇民兵代表会议文献'"。

9. 苏皖边区保护工厂劳动暂行条例

1946年5月

第一章 总 则

第一条 为改善工人生活，加强劳动热情，团结劳资双方提高生产效率，特根据和平建国纲领与本边区具体情形订立本条例。

第二条 凡本边区劳资双方有关一切事情，都照本条例办理。

第三条 本条例所说工厂，是指工人、学徒、职工三十人以上的工厂。

第二章 工作时间

第四条 每［个］工人每天做工八小时至十小时，最高的不得超过十小时，每周最高工作时间不得超过六十小时。

第五条 厂方如作（做）工过忙，要工人在规定工作时间以外再做工，每做七小时算一个工，但连续七天以上先要得到工会同意。

第六条 白天夜晚都开工的工厂要把日夜班分开来，一星期最少要换一回班。

第七条 做夜班的时间以七小时为原则，最多不超过八小时。

第八条 童工和怀孕的女工或带小孩要喂奶的女工，不能做夜工，也不能在规定时间以外再做工。

第三章 放假休息

第九条 每星期放假一天，如生产需要，在工人同意下，星期继续做工应发两天工资。

第十条 阳历年放假二天，阴历年放假三天。"二七"、"五一"、"七七"、"双十"等纪念日和政府另外临时指定放假日子，都要放假。

第十一条 工人在工厂做工三年以上不满六年的，要有十天休假，六年以上的要有二十天的休假。

第四章 工 资

第十二条 规定工资由工会与厂方根据当时当地生活情形，及工人技术高低、劳动强弱及工作效率等情形，协议订定之。

第十三条 在物价没有稳定以前，工资最好用实物数量规定。

第十四条 要规定发工资的日子，一个月顶少要发两回。

第十五条 如工厂因原料缺乏而停工，工钱照发，但厂方可分配工人适当的工作。

第十六条 所有放假及规定特别休假日期工资照发，放假和特别休假中期如要工人做工，要加付工钱并经工会同意。

第十七条　不论男女，凡从十二到十六岁的都算童工，童工只能做轻便工作。

第十八条　太劳苦的有碍健康和有危险性［的］工作，都不叫童工、女工去做。

第五章　订合同互相保证

第十九条　厂方和工人（或代表工人的工会）双方，要根据本条例订立合同，互相保证信用。

第二十条　合同没有满期以前，双方都要遵守合同规定。

第二十一条　厂方不能无故辞退工人，工人要脱离工厂必须在十天前通知厂方。

第二十二条　凡是发生下面情形，不管合同满不满期，厂方可辞退工人；但要在半个月以前得到工会同意；

一、工厂准备歇业或者一部分歇业的时候；

二、工厂发生了意外的事件，要停工一个月以上才能开工的时候，

三、发现工人不能担任他所做的工作的时候。

第二十三条　如果工人经常违反厂规而有具体事实证明的，或者一个月里有六天无故不做工的，厂方可开除他，但须事先征求工会意见。

第二十四条　如厂方发生下面情形，经提出抗议而不能解决者，工人有权脱离工厂并得要求赔偿损失：

一、厂方违反了合同上的规定，或者违反本条例重要规定的时候；

二、厂方故意不照规定的日期发工钱；

三、工厂虐待工人。

第六章　改善工人生活

第二十五条　工厂应尽量有清洁卫生、安全、娱乐等设备。

第二十六条　厂方要帮助工人学习，每天正式劳动时间之外要有一小时到两小时的学习时间。学习上用的笔墨纸张、教育用具，由厂方酌量补助，但最高数字不得超过纯利的千分之一，最少不得低于万分之五。

第二十七条　厂方要根据各种不同的工作性质，发给各种工作上必要的物品（如围裙、毛巾、肥皂等），数量由厂方与工会协商办理。

第二十八条　女工在生小孩前后共计一个半月（即产前半个月，产后一个月）内停止工作，工钱照发。

第二十九条　如工人在工作中受了伤，不能做工，厂方除负责医治外，应当照旧发给工钱，发到他病好能做工为止。

第三十条　厂方对于做工而受伤残废的工人，应要他改做别的轻便工作，工钱仍要照原来规定的发给。如受重伤的，完全不能做工的残废工人，厂方要发给他一年到三年的工钱。因受伤而死的，厂方除负责埋葬外，并根据工作历史长短发给他家属抚恤金。

第三十一条　工人为了重要的婚丧喜事（如父母，妻子死亡，自己结婚）请假，工钱照发，顶多不得超过十天。

第三十二条　凡工厂解雇工人或遣散工人时，顶少要发一个月的工钱算解工费。

第三十三条　工厂每年盈余除提出股息外，顶少要根据纯利提出百分之五，分配给工

人与工厂职员做（作）奖金，或者算做（作）红利；奖金只以奖给工作积极、能节省原料、降低成本、有新的创造的工人、技师、职员为限。

第七章　劳动纪律

第三十四条　工人在工厂做工，要切切实实完成规定任务。

第三十五条　工人在工厂做工，要自觉地爱护机器工具，节约生产材料。

第三十六条　工人在工厂做工，要遵守工厂规矩，服从指挥，服从分配。

第三十七条　工人在工厂做工，不许无故不到或者早退迟到。

第八章　学　徒

第三十八条　学徒时间根据双方议定的为限，不许借故延长，最高学习时间，不得超过×年。

第三十九条　如学徒工作努力，学习用心，进步快的，要缩短学习时间，提高待遇。

第四十条　厂方不许叫学徒去做和业务无关的事情。

第四十一条　厂方对学徒应该供给最低的生活费和学习费，最低标准不得少过普通工人的百分之五十。

第四十二条　学徒期间除工钱外，别的待遇都同普通工人一样。

第九章　附　则

第四十三条　厂方对特别努力工作之工人，以及一切有新的创造因而降低了成本，节省了原料的工人，必须给以奖励。

第四十四条　各业工会不得提出本条例规定以外的额外要求。

第四十五条　过去各工厂所订合同，如有和本条例冲突的，都要立即修改纠正。

第四十六条　过去工厂所订待遇，如有比本条例更高的，仍照旧不动。

第四十七条　本条例经过边区临时参议会通过，边区政府颁布实行。如要修改，须要经过同样的手续。

选自《中国新民主主义革命时期根据地法制文献选编》第四卷，中国社会科学出版社1984年版，第763～769页。原注："选自1946年5月21日《新华日报》"。

十一、婚姻继承

1. 淮海区婚姻暂行条例

×年×月[①]

第一章　总　则

第一条　本条例依据男女平等、婚姻自由、一夫一妻制之原则制定之。

第二条　重婚、早婚、抢婚、纳妾、童养媳、买卖婚姻等陋习，一律禁止。

第二章　订婚

第三条　婚约应由男女当事人自行订定，无论何人不得强迫或代订。

第四条　男未满十七岁，女未满十五岁者不得订婚。

第五条　男女于未成年以前，由家长代订之婚约，于成年后，如不同意时，得声请撤销之。

第六条　订婚时男女双方均不得索取金钱或其他财物，但纯系纪念性质之物品不在此限。

第七条　订婚后如发生解约，对于纪念性质之物品，不得请求返还。

第八条　订婚须有婚约及证人方为有效。

第九条　婚约不得强迫履行。

---

① 原件无制定年月，推断为抗日战争时期。

第三章　结　婚

第十条　男未满十八岁，女未满十六岁不得结婚。

第十一条　结婚应有公开仪式及二人以上之证明。

第十二条　因通奸判决离婚者，适用民法第九百八十六条之规定。

第十三条　孀妇有再嫁与否之自由，无论何人不得干涉，或借以索取财物。

第四章　离　婚

第十四条　夫妻协议离婚者，应以书面为之，并须有二人以上之证明。

第十五条　夫妻之一方有下列情形之一者，他方得请求离婚。

一、充当汉奸者。

二、违反抗战民主利益，政治思想严重对立，不能维持夫妻关系者。

三、重婚者。

四、与人通奸者。

五、受他方不堪同居之虐待，或在恶意遗弃中者。

六、有重大不治之精神病者或不治之恶疾者。

七、夫妻感情确实破裂，经调解无和谐之望者。

八、吸食鸦片毒品屡劝不改者。

九、判处三年以上之徒刑，或因犯不名誉之罪被处徒刑。

十、生死不明已逾三年者。

十一、不能人道者。

第十六条　夫妻之一方因判决离婚而受损害者，得向有过失之他方请求赔偿。

第十七条　妆奁为妻之特有财产，离婚时准其取回。

第十八条　男女一方因判决离婚如陷于生活困难，他方虽无过失，亦应酌给相当之赡养费，但确无能力支付者不在此限。

第五章　子　女

第十九条　离婚后关于子女之监护，由双方约定之，不能约定者，得声请司法机关裁定之。

第二十条　女子再嫁，所携来之未成年子女，新夫有共同抚养之义务。

第二十一条　严禁杀害非婚生子女，违者以杀人罪论处。非婚生子女得经其生父认领，或经其生母提出证明者，要求其生父认领负担抚养之义务。非婚生子女之法律上地位，与婚生子女同。

第六章　附　则

第二十二条　抗日军人解除婚约及离婚，依抗日军人配偶及婚约保障条例处理。

第二十三条　凡在本条例施行前，因婚姻涉讼尚未判决者，均依本条例处理之。订婚之女方曾接受男方之财礼者，如女方要求解除婚约，应将财礼返还，无力返还者，得按普通债务关系处理之，不得因此妨碍婚约之解除。

第二十四条　民法亲属编与本条例规定不相抵触者，仍适用之。

第二十五条　本条例经淮海区参议会通过交由行政公署公布施行，其修正手续亦同。

第二十六条　本条例自公布之日起施行。

选自《中国新民主主义革命时期根据地法制文献选编》第四卷，中国社会科学出版社1984年版，第868～871页。原注："选自淮海区专员公署《淮海区单行法规（草案）》"。

2. 修正淮海区抗日军人配偶及婚约保障条例

×年×月①

第一条　为使抗日军人安心抗战，及兼顾妇女权利起见，特订定本条例。

第二条　抗日军人，指现在抗日部队、军事机关或军事学校服务之指挥员、战斗员，政治人员、供给人员、卫生人员、教员、学员及其他军事服务人员而言。

第三条　配偶，指已结婚之妻。

第四条　婚约，指入伍前已订定之婚约，虽其婚约不合于淮海区婚姻暂行条例第三条、第四条之规定，亦为有效。

第五条　抗日军人配偶之离婚或婚约之解除，依下列条例行之：

一、经抗日军人本人同意者。

二、确实证明抗日军人在外有重婚行为者。

三、经部队或其他方法证明确已牺牲者。

四、在抗战中三年无音信者。

五、擅离部队在半年以上未归队者。

前项第五款之规定，在诉讼期中能归队者不适用之。

第六条　无前条所列条件之一者，其配偶不得离婚，其婚约不得解除。

第七条　无第五条所列条件之一，其配偶另嫁者，另嫁婚姻无效。娶抗日军人配偶者，处三年以下有期徒刑。

第八条　无第五条所列条件之一，自行解除婚约者，其解除无效。

第九条　娶抗日军人有婚约之未婚妻者，其婚姻无效，并处二年以下有期徒刑。

第十条　对于第七条、第九条非法婚姻，从中说和或主持者，处一年以下有期徒刑。

第十一条　与抗日军人配偶或有婚约之未婚妻通奸，或和诱略诱其脱离家庭者，各依普通刑法加重处刑（附注）。

第十二条　抗日军人不在家乡，其诉讼行为，除抗日军人本人得委托其亲族代理外，其直系尊亲属或兄弟，或部队政治部派员，或区村优抗委员会，均得代表进行之。

第十三条　入伍后所订之婚约，不合于淮海区婚姻暂行条例第三条、第四条之规定者，不受本条例之保障。

第十四条　本条例公布前如已有第七条、第九条之犯罪行为，须告诉乃论，其诉讼依本条例减轻处理之。

---

① 原件无制定年月，推断为抗日战争时期。

第十五条　配偶双方或婚约双方同为抗日军人时，或一方为抗日军人，他方为政府工作人员时，其互相间之婚姻事件，准用淮海区婚姻暂行条例处理之。

第十六条　非抗日军人不得援用本条例。

第十七条　公布后，前颁布《淮海区抗日军人配偶及婚约保障条例》废止之。

第十八条　本条例施行前，关于抗日军人婚姻案件审理未结者，自施行日起，适用本条例之规定。

第十九条　本条例经淮海区参议会通过交由行政公署公布施行，其修正手续亦同。

第二十条　本条例自公布之日起施行。

（原附注）刑法第二百三十九条　有配偶而与人通奸者，处一年以下有期徒刑，其相奸者亦同。第二百四十条：和诱未满十八岁之男女脱离家庭或其他有监督权之人者，处三年以下有期徒刑，和诱有配偶之人脱离家庭者亦同。

选自《中国新民主主义革命时期根据地法制文献选编》第四卷，中国社会科学出版社 1984 年版，第 871～874 页。原注：“选自淮海区专员公署《淮海区单行法规（草案）》”。

3. 华中行政办事处指令——关于孀妇带产改嫁问题

1948 年 12 月 27 日

令五专署并告各专署、市府、县府：

十二月二日呈一件为关于孀妇带产改嫁请解释由：

呈悉。孀妇是可以改嫁的，假使她离开前夫家庭，可以带走属于她私有的全部财产。

但在执行中是要碰到困难的。如夫妇子女财产很难具体精确分开，土改后有些地区未发土地执照，产权未做最后决定，财产中的土地不能象（像）动产一样可以搬走，带到夫家去后不能保证本人独立管理使用和收益，……但任何困难都不能妨害男女平等与保障私人合法权益的基本原则。

（一）孀妇本人私有的财产，除另有约定者外，一般依习惯和实际情况来区别应否属于本人。如本人衣着，陪嫁的妆具，本人从事独立劳动的副业生产收入，土改中分给其全家土地的每人平均数……都应列为孀嫁的本人的私有财产。

（二）土改后无论发给土地执照与否，其产权已经宣布最后确定者，按该户田亩每人平均数分给孀妇本人一份，听其自由处分。如尚未确定者，如新夫家乡亦未确定，可由政府转移其户籍到新夫家重分，同时在其原夫家于最后确定产权时减去一人应得的土地。如新夫家已确定者，得由孀妇向原管区乡政府声请保留其产权，待确定后再分析带走（这期间是不长的，可向孀妇说服解释）。

（三）孀妇改嫁后，如离原夫家不远，仍可继续耕种其原分得之土地。如距离太远不便耕种施肥者，可听其出卖、互换或合法的出租，不准有抛荒减产及侵权等行为。

（四）孀妇财产带往新夫家后，应根据本人意旨处理其财产，提倡建立和睦共同生产的家庭。但要互相尊重各人的人格和财产权，保障其不受侵犯。

选自《中国新民主主义革命时期根据地法制文献选编》第四卷，中国社会科学出版社1984年版，第883～884页。

4. 华中行政办事处、苏北支前司令部关于切实保障革命军人婚姻的通令

1949年4月5日

查革命军人，矢忠人民，转战各地，备著（着）辛劳，其合法婚姻理应予以切实保障，乃最近据各部队反映，发现有少数地方坏蛋及落后干部竟擅自勾诱革命军人妻室非法结合，不但有丧革命道德，抑且触犯民主法令，若不严加制止，势必影响部队干部、战士的作战情绪，造成对革命的损失。为切实保障革命军人婚姻不受侵犯起见，特决定：凡系革命军人妻室，不论已婚或未婚，在未得其丈夫本人同意正式宣布离婚或解除婚约前，任何人均不得与其非法结合；过去造成既成事实者，在法律上一概无效，并须追究责任，如有故违，当事人男造方面应科以刑事处分，干部中如有违犯者，更须从严加倍论处。各级政府遇有此等情事发生，应立即由县、区政府迅速处理，群众亦得检举，不受亲自起诉之限制，仰各遵照执行，并饬属一体凛遵为要！

《中国新民主主义革命时期根据地法制文献选编》第四卷，中国社会科学出版社1984年版，第885页。

5. 皖北人民行政公署关于量刑标准及几个具体问题的指示（节录婚姻问题）

1949年7月23日

甲、乙、（略，见刑事部分）

丙、婚姻问题的处理：

1. 婚姻之缔结，须以男女双方自愿自主为原则，如果违反这一原则的规定得予批准解约或离婚。

2. 但过去所缔结的婚姻，绝大部份（分）并非出于男女当事人的自愿自主，这是由于中国半封建社会所造成的后果，如果一律否认其效力，将造成社会婚姻制度的极大紊乱，故结婚后的离婚，还须受一定条件的限制（婚约的解除无条件限制）。凡具有下列条件之一者，得提起离婚：

（一）夫妻之一方与他人通奸者。

（二）夫妻之一方有重大不治之病症，或其他恶疾者（如麻疯（风）、花柳、严重的神经病等）。

（三）夫妻之一方，遗弃他方者。

（四）夫妻之一方有反革命行为或犯不名誉之罪经判处三年以上有期徒刑者。

（五）夫妻之一方虐待他方致使不堪同居者。

（六）夫妻之一方，不能人道者（如石女阳痿等）。

（七）夫妻感情确实破裂无法恢复者。

（八）重婚。

3. 办理离婚案件必须先尽劝导说服之责，能使重归于好，为最恰当，万一无法挽回，有一方坚决要求离异，为免除双方精神上痛苦与维持家庭的和平，在不得已的情况下，还是以批准离婚为有利的，则可判决离婚。

4. 离婚后，如有一方因离婚发生生活困难，得视对方的经济状况如何斟酌实际情形，判令负抚其一定的生活费，并分给其应得的财产，但如一方不能独自谋生，（如疯子呆子）除予社会救济外得令有能力之一方，负其终身抚养之义务。

上指示各项，希各级司法人员在办理案件中，根据具体情况，进行研究，随时汇报，予以补充或修正。

选自《中国新民主主义革命时期法制建设资料选编》第三册，西南政法学院函授部1982年编印，第53～54页。原注："选自南京市人民法院《司法工作参考资料汇编》第二册"。

十二、刑事法规

1. 津浦路西联防办事处颁布匪伪自新暂行条例

1942年5月津浦路西联防临时参议会第一届第二次大会通过

第一条　兹本珍惜国力加强抗战［不］咎［既往给］予自新之旨，特根据国民政府汉奸自首条例，并参酌本区特殊情况制定本条例。

第二条　凡属路西之民众，在本条例颁布之日以前，曾参加伪军伪组织或武装股匪而现已悔罪回乡脱离该部，或今后悔罪回乡脱离该部者，均适用本条例。

第三条　凡脱离回乡之匪伪，不论官兵，不限长幼，果能痛悔前非，是愿改过自新者，均得依本条例申请自新。

第四条　办理自新机关，在全区为联防办事处及保安处，在各县为县政府或保安分处。但申请自新人除向办理自新机关直接申请外，并得向该地区政府提出申请。

第五条　申请后自新人应亲至办理自新机关办理下列手续：

一、报告参加匪伪经过及脱离回乡情由。

二、填具自新书。

三、觅具二人以上之保证人在自新书上签名盖章负责保证。

四、领取自新证。

第六条　持有自新证之自新人，在不再重犯且亦无其他刑事处分时，得享一般公民权利。

第七条　自新人于办理自新手续后重犯者，自新证取消，并加等处罚，其保证人受连坐处分。

第八条　自新人携有武器者。应将全部武器呈缴办理自新机关，其因生活困难者，政府得给价收买，其因家资富有地处边区需备武器自卫者，经政府批准得发还一件或数件，照自卫武器登记。

第九条　自新人携有武器而匿不呈缴者，查明后撤销自新证，没收武器并以私藏军火论罪。

第十条　自新人携有敌伪匪各项文件呈缴者，政府得给予现金或其他奖励品。

第十一条　办理自新限期规定如下：

一、在本条例颁布以前，参加匪伪，而于本条例以前脱离回乡者，其办理自新期限、自本条例颁布之日起，至民国三十一年十二月三十一日截止。

二、在本条例颁布以前，参加匪伪而于本条例颁布以后脱离回乡者，其办自新手续，限于脱离回乡后，半个月以内履行之。

第十二条　凡已脱离回乡之匪伪，逾规定自新期限，而未向政府申请并办理自新者，一经查（察）觉即予处分。

第十三条　凡已脱离回乡之匪伪，不论在办理自新期中，或于逾期以后，不向政府自新而与匪伪暗相勾结或受匪伪指示阴谋危害政府，或侵扰民众者，概处重刑决无宽贷。

第十四条　凡收容第十二、十三两条所指之人犯，或知情不报者，不论其该犯之家属或亲友均受连坐处分。

第十五条　乡级以下行政人员，具所管区域有第十二、十三两条所指之人犯，而知情不报者，加等处罚。不知情者受失察处分。

第十六条　本条例之解释权属于路西联防办事处。

第十七条　本条例经津浦路西临时联防参议会通过后交路西办事处公布施行之。

选自《淮南抗日根据地》，中共党史资料出版社 1987 年 10 月版，第 220～221 页。《淮南抗日根据地》编审委员会编。原注：“津浦路西临时参议会第一届第二次大会《大会专刊》1942 年 5 月”。

2. 盐阜区战时公约
——三师师部、军区司令部、行政公署布告

1942 年 5 月 25 日

查目前已届夏收期间，兹为预防敌伪扫荡大举抢粮起见，特号召我各地驻军，各级政府，地方部队，群众团体及全区人民严为戒备，加紧反扫荡准备工作，军政民同心协力武装保卫夏收，并规定战时公约如下：

第一条　不许为敌伪汉奸带路。

第二条　不许为敌伪汉奸探送军情。

第三条　不许向敌伪汉奸密告我方军政机关工作人员及存放公物所在地。

第四条　不许以粮食枪械弹药送给敌人。

第五条　不许乘机抢劫捣乱社会秩序。

第六条　不许阴谋暴动为敌内应。

第七条　不许散播谣言动摇民心。

第八条　不许拖枪逃跑组织叛变。

第九条　不许诱胁他人向敌投降及为敌服务。

凡违犯上列各条之一者一律按国民政府惩治汉奸条例判处死刑，其在紧急情形下果属证据确凿者，各级军政民机关团体并得采取紧急处置。

第十条　无论何时何地发现敌情应向我军政机关据实报告。

第十一条　帮助抗日军队运输担架带路探送消息。

第十二条　掩护与收容我方伤病人员及公用器物。

第十三条　对我军政机关之驻地番号内部情形及一切行动应严格保守秘密迷惑敌人。

第十四条　捉拿敌探汉奸土匪严查生客行人，有形迹可疑者即行扣押解送附近军政机关处理。

第十五条　努力破路塞河协助主力部队打游击。

上列各条为战时人民应尽义务，其有特殊功绩者，政府当予以精神上物质上之奖励。

选自《华中抗日根据地财政经济史料选编》第一卷，档案出版社1984年7月版，第385～386页。江苏省财政厅、江苏省档案馆、财政经济史编写组合编。原注："按1944年版《盐阜区财经法令汇编》刊印"。

3. 苏中区惩治贪污暂行条例

1944年苏中行政公署制定

第一条　为建立廉洁政治彻底澄清贪污，特订定本条例。

第二条　凡公务人员贪污者悉依本条例办理之，虽非公务人员，但因办理社会公益事务，而从中渔利者亦适用本条例。

第三条　凡人民或地方团体对公务人员之贪污得向各级政府检举告发。

第四条　各机关主管人员对所属职员，须严加监督检查，觉有贪污事情时，应随时提出惩治或报请上级处理不得徇情包庇。

第五条　各机关主管人员对所属职员如因监督不周致使有贪污行为者，除贪污人员依法惩治外，其主管人应受失察处分。如有意纵容并得按情节轻重分别惩处，其在本机关之人员有知情不报者亦得酌情受连带处分。

第六条　公务员贪污有下列各款情形之一者，处死刑或徒刑：

一、盗卖公有财物者（包括公粮公草税票军火等一切公有财物）。

二、侵占或窃取公有财物者。

三、拐带公有财物潜逃者。

四、收受贿赂者。

五、建筑军用工事或购办公用物而从中舞弊者。

六、擅自提取或截留公款及以军用舟车马匹装运违禁和漏税物品者。

七、意图营利私自动用公款者。

八、借势或借端勒索勒征强募财物者。

九、意在图利扰乱金融或违背法令收募捐款者。

十、收募款项征用土地民伕财物从中舞弊者。

十一、侵占或窃取社会公益团体财物者。

前列各款未遂犯得视情节之轻重警告或处罚。

犯本条各款之罪贪污财物在价值抗币1 000元以上者处死刑。

第七条　犯前条所列各款之罪能及时悔悟诚恳坦白者得减轻其刑。

第八条　犯第六条所列各款之罪，其所得之赃款赃物，除属于公有者，应予退缴外，得依其情形分别予以没收或发还受害人。

第九条　拐带财物潜逃者，在本犯未缉获前得视实际情形呈请政府查封或没收其私有财产赔偿之。

第十条　公务员贪污由第一审司法机关审理，区长以上干部其第一审管辖权属于第二审法院，审讯程序照苏中区处理诉讼暂行办法各规定。

第十一条　本条例所未规定者，得适用刑法及其他有关法令办理之。

第十二条　本条例自公布之日起施行。

选自《苏中抗日根据地》，中共党史资料出版社1990年4月版，第352～353页。中共江苏省委党史工作委员会、江苏省档案馆合编。原注："原载1944年11月刊印的《苏中行政公署法令汇编》"。

互校版本：选自《华中抗日根据地财政经济史料选编》第三卷，档案出版社1986年版，第304～305页。江苏省档案馆、财政经济史编写组合编。原注："按1944年11月《苏中行政公署法令汇编》刊印"。

4. 苏中区禁烟禁毒治罪暂行条例

1944年

第一条　为增强国家抗敌元气，粉碎敌寇毒化阴谋，特根据敌后实际情形，订定苏中禁烟禁毒治罪暂行条例（以下简称本条例）。

第二条　本条例所称烟者，指鸦片、罂粟及罂粟种子，所称毒者，指吗啡、高根、海洛因及其化合物配合而成之各色毒丸、咖啡精、奶糖精、鸡那素等，经查明系制造毒品之用者，以毒品论。

第三条　凡各分区县禁烟禁毒案件，悉依本条例判处之。

第四条　为便利推行禁烟并易收效果起见，各县区乡得组织各级禁烟禁毒委员会，办理宣传教育调查登记劝诫调验等事宜。

第五条　凡人民对吸贩烟毒者，有向该管政府或禁烟禁毒委员会检举之权。

第六条　凡人民发觉有烟毒品者，得将该犯连同烟毒品拘送该管乡镇政府转解上级政府核办。

第七条　凡吸食烟毒者，须一律向该管乡镇政府，或禁烟禁毒委员会申请登记遵限戒绝。

第八条　凡贩运烟毒品或以馆舍供人吸食意图营利者，须一律向该管乡镇政府或禁烟禁毒委员会自首填具切结，得减轻或免除其刑。

第九条　有下列情形之一者处死刑：

一、受敌伪指使潜来推行其毒化政策者；

二、制造或运输毒品者；

三、贩卖毒品检有证据者；

四、贩运鸦片五百两以上者；

五、设立处所经常供人吸食或注射毒品者；

六、戒绝而复吸有两次以上者；

七、公务员收受贿赂包庇吸贩烟毒者。

第十条　有下列情形之一者，处以一年以上，七年以下之有期徒刑，得并科抗币五千元以下之罚金：

一、受人愚惑致犯前条第二款第三款第四款之罪且属初犯者；

二、在举办登记后地区续有吸食烟毒者；

三、数经传谕抗不投戒者；

四、庇护或隐报之各级公务员。

第十一条　意图制造鸦片而栽种罂粟者，处死刑，无期徒刑或十年以上有期徒刑。

第十二条　贩运鸦片者除悉数没收外，其数量在十两以下者处六个月以下有期徒刑，十两至五十两者处六个月以上一年以下有期徒刑；五十两至一百两者处一年以上二年以下有期徒刑；一百两至三百两者处二年以上三年以下有期徒刑；三百两至五百两者，处三年以上五年以下有期徒刑。以上徒刑得并科抗币五千元以下罚金。

第十三条　开设烟馆，以鸦片及烟具供人吸食者，处六个月以上一年以下有期徒刑，得并科抗币三千元以下罚金。

第十四条　在未举办登记地区吸鸦片烟者，处六个月以上一年以下有期徒刑，得科抗币一千元以下罚金，有瘾者交医勒戒，戒绝后再犯者，处一年以上三年以下有期徒刑，并科抗币三千元以下罚金。

第十五条　公务员，民群团体负责人，学校教员犯本条例之罪者，依各该条款加重本刑二分之一处罚。

第十六条　犯本条例第六条第七条之罪，能供出烟毒品之来源，因而破获者，得减轻或免除其刑。

第十七条　栽赃诬陷或捏造证据诬告他人犯本条例各条之罪者处以各该条之刑。

证人鉴定人意图陷害本条例各条犯罪嫌疑之被告而为虚伪之陈述或报告者亦同。

犯前二项之罪，于该案件裁判确定前自白者，得减轻或免除其刑。

第十八条　犯本条例各条之罪受六月以上有期徒刑之宣告者，剥夺公民权一年以上十年以下。

第十九条　本条例各条之有期徒刑，得依法易科罚金，或实施劳动教育。

第二十条　经政府核准给医药用之烟毒品，不适用本条例。

第二十一条　犯本条例各条之罪者，由各县司法科审判，但被判一年以上之徒刑者，非检卷呈奉分区以上苏中高等法院核准后不得执行；判处死刑者，非检准呈经苏中高等法院转请苏中行政公署，不得执行。

第二十二条　犯本条例各条之罪者，经判决宣告后，如有不服应于十日内向上级审理机关提起上诉。

第二十三条　自本条例颁布后，各分区根据各该分区实际情形，订定实施办法，呈奉苏中行政公署核准备案施行。

第二十四条　本条例尚未规定者，得依其他法令之规定。

第二十五条　本条例自公布日起施行，如有未尽善处，得随时以命令修改之。

选自《华中抗日根据地财政经济史料选编》第三卷，档案出版社1986年版，第297～299页。江苏省财政厅、江苏省档案馆、财政经济史编写组合编。原注：“按1944年11月《苏中行政公署法令汇编》刊印”。

5. 苏中行政公署苏中军区司令部联合公布处理汉奸军事间谍办法

1944年2月8日

为反对敌人第二期“清乡”，保卫抗日军民之生命财产，兹特公布对汉奸现行犯处理办法及危害抗日军民之军事间谍犯处理办法，通令于后：

一、凡战斗行动间或战斗行动前，“清剿”、“清乡”时或游击区域，有下列行为者，系直接危害之军事间谍犯：

（一）直接勾引敌伪袭击我机关、部队者。

（二）带领敌伪扫荡或挖掘公私资财者。

（三）以金钱、女色及其他手段组织内奸破坏以利敌伪者。

（四）立谋组织暴动，配合敌伪军事行动者。

（五）在紧急情况时，造谣惑众或扰乱治安者。

（六）给敌人指认抗日干部与公务人员，或向敌伪指报我部队，群众转移地点及公私财物，致遭损害者。

（七）组织暗杀团体，用各种方法暗杀我抗日军民及干部者。

（八）放火焚烧粮食、资财、房屋者。

（九）勾通敌伪组织、情报机关者。

（十）向敌伪密告抗日军民及干部，致遭杀害者。

二、凡直接危害之军事间谍犯得处以死刑，但须经县级以上机关批准始得执行，区公所无权决定。

三、“清乡”时期及战时之汉奸现行犯，如有武装拒捕情形，或随同敌伪行动而无法逮捕时，无论军民人等均得格杀之。但该汉奸现行犯如未构成武装拒捕者，不得执行格杀。

四、在坦白运动中，凡供认过去任何犯罪行为而觉悟者，不得误行曲解或援引此令之规定擅行处理。

五、本命令如与过去本署法令有抵触时，以后均依本命令办理之。本命令自公布之日起施行。

选自《中国新民主主义革命时期根据地法制文献选编》第三卷，中国社会科学出版社1981年版，第177～178页，原注：“选自1944年2月18日《苏中报》”。

6. 苏中区惩治伪化诉讼暂行条例

1944年9月公布施行

第一条　为防止人民勾结敌伪势力，冒用诉讼方式，窃取非法权益，特订定本条例。

第二条　凡敌伪对人民权益之非法措置及伪政府伪法院之判决，一律无效，政府得根据具体情形恢复其原状。

第三条　诉讼案件之原被告及系争标的，在敌伪据点以内，除按照苏中处理诉讼案件暂行办法执行外，其形势有执行之可能时，政府得随时执行。

人民藉敌伪判决，在根据地内妄自执行者无效。

第四条　凡根据地人民向敌伪政权、部队进行告诉者，处一年以下有期徒刑，或抗币五百元以下之罚金。

犯本条罪行，致他人受损失者，负赔偿责任。

第五条　犯前条罪行，致他人身体遭受伤害者，处五年以下有期徒刑，因而致死者，处死刑。

被害人及其家属，得请求损害赔偿。

第六条　在抗日民主政府诉讼失败后，为报复而犯第四、第五条之罪行者，加重本罪二分之一。

非因故意犯第四条之罪行，向抗日民主政府自白并申请合法之审判者，得免除其刑；犯第五条之罪行，得酌量减轻。

第七条　教唆或主使他人向敌伪政权、部队进行告诉者，按照情节轻重，照第四、第五条处罚。

第八条　意图渔利，犯第七条之罪行者，处七年以下一年以上有期徒刑。

第九条　违犯本条例所规定之罪行者，人民有告发之义务，各级政府得不待告发以职权进行侦查起诉。

第十条　犯本条例第四、第五条之罪行者，除处罚外，其系争权益，政府仍应按照法令，作公平合理之裁判。

第十一条　本条例由本署颁布施行，如有未尽善处，得以命令修正之。

选自《中国新民主主义革命时期根据地法制文献选编》第三卷，中国社会科学出版社1981年版，第490～491页。原注："选自1944年9月28日《苏中报》"。

7. 淮海区惩治盗匪暂行条例

×年×月[①]

第一条　凡有下列行为之一者，处死刑：

一、虏人勒赎者。

二、意图诈财而留恐吓信，致人受损害者。

三、意图扰害公安而制造、收藏或携带爆炸物品者。

四、聚众掠夺机关之武器、弹药、钱粮及其他军需品者。

五、煽惑人心、扰害公安而起暴动者。

六、溃兵游勇结伙抢劫，或扰害公安者。

七、聚众持械、保护走私并开枪拒捕者。

八、聚众抢劫而执持枪械者。

九、持械劫囚者。

十、囚人聚众以强暴胁迫脱逃之首魁及教唆者。

十一、行劫而故意杀人，或伤人致死，或致笃疾，或伤害二人以上者。

十二、于盗所强奸妇女者。

十三、放火烧毁他人所有物，当（有）下列［情形］之一者：

1. 在村镇及其他人烟稠密处所之建筑物。

2. 储藏弹药或军需品之仓库、工场及其他建筑物。

3. 多众执业或止宿之兵营、学校、病院、监狱及其他建筑物。

4. 现在多数集合之场所，及其他建筑物。

第二条　有下列情形之一者，得减处七年以上有期徒刑：

一、犯前条第一款之罪，未得赃、未加害而释回被虏人者。

二、犯前条各款之罪，因意外障碍而未遂者。

三、犯罪的情形确有可原者。

第三条　犯第一条之罪而自新者，得免除其刑（自新手续另订之）。

第四条　犯罪未被发觉而自首者，得减轻或免除其刑。

第五条　在侦查审判中自白而有改悔表现者，得减轻其刑。

---

① 原件无制定年月，推定为抗日战争时期。

第六条　兼理司法之县政府，依本条例判处死刑之案件，应附具全卷，报由淮海区法院复核批准执行。

第七条　凡在戒严区域内，犯第一条各款之罪者，依戒严条例办理之（戒严条例另订之）。

第八条　除本条例规定外，刑法及其他特别法仍适用之。

第九条　本条例经淮海区参议会通过，交由行政公署公布施行，其修正手续亦同。

第十条　本条例自公布日起施行。

选自《中国新民主主义革命时期根据地法制文献选编》第三卷，中国社会科学出版社1981年版，第210～211页。原注："选自淮海区专员公署《淮海区单行法规（草案）》"。

8. 修正淮海区惩治贪污暂行条例

×年×月[①]

第一条　本地区所属机关部队及公营企业之人员触犯本条例规定之罪者，悉依本条例处断之。

第二条　有下列行为之一者，以贪污论罪：

一、克扣或截留应行发给或交纳之财物者。

二、买卖公用品从中舞弊者。

三、盗窃或侵吞公家财物者。

四、强占、强征、强募财物者。

五、意在图利，贩运违禁或漏税物品者。

六、挪移公款，作为私人营利者。

七、违法收募税捐者。

八、伪造或虚报收支帐（账）目者。

九、勒索敲诈，招摇撞骗，收受贿赂者。

十、为私利浪费公用财物者。

第三条　犯前条各款之罪者，以其数目多少及发生影响之大小，依下列规定惩处之：

一、贪污财物在抗币一千元（抗币一元合法币五十元）以上者，处死刑或七年以上之有期徒刑。

二、贪污财物在抗币一千元以下五百元以上者，处十年以下五年以上之有期徒刑。

三、贪污财物在抗币五百元以下三百元以上者，处五年以下一年以上之有期徒刑。

四、贪污财物在抗币三百元以下者，处三年以下之有期徒刑。

第四条　贪污之未遂犯减处之。

第五条　犯本条例之罪，除依第三条处断外，应追赔贪污所得之财物或相等代价。

---

① 原件无制定年月，推断为抗日战争时期。

第六条　犯本条例之罪于发觉前自首，并缴出所贪污之财物或代价者，得减免其刑。

第七条　在侦查审判中自白者，得减轻其刑。

第八条　本条例未规定者依照刑法之规定。

第九条　本条例公布后，前颁淮海区惩治贪污条例废止之。

第十条　本条例施行前，审理未结之贪污案件，自施行之日起依本条例处断之。

第十一条　本条例经淮海区参议会通过，交由行政公署公布施行，其修正手续亦同。

第十二条　本条例自公布日起施行。

选自《中国新民主主义革命时期根据地法制文献选编》第三卷，中国社会科学出版社1981年版，第212～213页。原注“选自《淮海区单行法规（草案）》”。

9. 淮海区公务人员非法拘押惩处暂行条例（草案）

×年×月①

第一条　为加强保障人权，实行法治，严整行政纪律，特制定本条例。

第二条　除合于淮海区审理司法案件暂行办法第十条第一项（附注一）规定之人犯，非有县政府或法院签发之拘票不得擅行拘捕，否则即以非法拘捕论处，拘票使用办法另定之。

附注一：

淮海区审理司法案件暂行办法第十条第一项：

一、汉奸、敌探、逃兵。

二、犯罪确有实据，现在通缉或逃亡中者。

三、犯命盗案件有重大嫌疑，而有逃亡之虞者。

四、刑事诉讼法第八十八条规定之现行犯（附注二）。

附注二：

现行犯不问何人得不用拘票迳（径）行逮捕之。

有下列情形之一者，以现行犯论。

一、被追呼为犯罪人者。

二、因持有凶器、赃物或其他物件，或于身体、衣服等处露有犯罪痕迹，显可疑为犯罪人者。

第三条　村（镇）公所拘捕人犯应于二十四小时内，区署拘捕人犯应于四十八小时内，解送上级机关，逾时不解者，即以非法羁押论处。

第四条　县政府羁押人犯，在侦查中不得逾两月，在审判中不得逾一月，有延长羁押之必要者，应于未届期满前呈请法院核准，否则仍以非法羁押论。

第五条　民事被告人不合于管收民事被告人规则第三条第一项（附注三）之规定者，

① 原件无制定年月，可推断为抗日战争时期。

不得管收。

附注三：

管收民事被告人规则第三条第一项。

民事被告人有下列情形之一者，应提出担保，其无相当保证人或保证金者，得管收之。

一、有逃匿之虞者。

二、有犯刑事之嫌疑者。

三、具有前二款原因之一，而原保证人死亡或声明退保，不能另有其他保证者。

四、判决确定，显有履行义务之可能，而不遵判履行者。

第六条　村公所对于任何事件无直接处罚之权。

区署除对于违警事件外，无其他处罚之权（违警罚法另定之）。

第七条　拘捕或羁押中扣押人犯之物件，应随时发给收据。如人犯解送上级时，并应将扣押之物件一并解送之，不得隐匿不报或擅自截留。

第八条　羁押中之人犯，非有暴动，逃亡或自杀之虞者，不得束缚其身体。

第九条　上级公务员对于所属下级公务员非法拘捕人犯，有监督检举之责。

第十条　执行拘捕时，除因人犯拒捕而为必要之措置外，不得侵害人犯之身体。羁押与审判时，并不得对人犯施以拷打、凌辱或其他虐待之行为。

第十一条　公务人员犯本条例之规定者，应由任免机关惩戒之，如情节重大并得送由司法机关处以拘役或一年以下之有期徒刑。

第十二条　前条之惩戒，依下列方法为之：

一、告诫；

二、申斥；

三、记过；

四、停职；

五、撤职。

第十三条　公务人员对于拘押之人犯，犯其他之罪者，依据刑法及其他特别法规定处罚之。

第十四条　公务人员非法扣押人犯时，被害人或其家属有控诉之权。

第十五条　其他法令与本条例不相抵触者，仍适用之。

第十六条　本条例经淮海区参议会通过，交由行政公署公布施行。其修正手续亦同。

第十七条　本条例自公布之日起施行。

选自《中国新民主主义革命时期根据地法制文献选编》第三卷，中国社会科学出版社1981年版，第485～488页。原注：“选自淮海区专员公署《淮海区单行法规（草案）》”。

10. 苏北区禁烟禁毒暂行办法

×年×月①

第一条 为根绝烟毒流害，保护人民健康，厉行禁烟禁毒特制定本办法。

第二条 本办法所称烟毒，系指鸦片、吗啡、海洛英及其他各种化合物配成之毒品。

第三条 严禁种植鸦片烟苗（罂粟），违者烟苗铲除并处罚之。

第四条 禁止私存鸦片烟土、吗啡、海洛英及其他毒品，违者烟毒品没收并处罚之。

在本办法施行前，村民私种所留存之烟土，应在一个月以内向当地政府进行登记封存，由政府根据其具体情况酌予给价收购，如逾期不交，经检举查获者，依前项之规定处理之。

第五条 严禁烟毒之制造、买卖及贩运，违者烟毒品及制造烟毒之器械用具没收，并严行惩罚之。

在本办法施行前，从事前项违法营业者，应立即停止该项营业，并向当地政府或公安机关报告登记，交出所存烟毒及制造烟毒之器械用具并具结永远不再作此种违法营业，政府可予从宽处理。其不自行报告登记，经检举查出者，依前项规定处理之。

第六条 严禁烟毒之吸食及注射，违者烟毒及吸食注射烟毒之器械用具没收，并分别处罚之。

在本办法施行前，染有烟毒嗜好者，统限于三个月内向当地区政府或公安机关报告登记，并具结限期戒除（戒除期限，由当地政府视染烟毒嗜好者之年龄、身体及嗜烟嗜毒程度分别确定之）。其不依限自行报告登记或不依限戒除，经检举查获者，依前项之规定处理之。

第七条 严禁烟毒入口，违者烟毒没收，并严行惩办之。

第八条 禁烟禁毒工作之执行，由各级政府领导，并着重宣传教育，动员群众协助办理，公安机关负责检查，其烟毒较重之县市，得设立戒烟所，办理戒烟事宜。

第九条 在科学上，医药上所须之麻醉药品之原料及其成品之制造销售，均由分区以上之卫生机关化验核准配售。

第十条 本办法如有未尽事宜，由苏北行政公署修正之。

第十一条 本办法自公布之日施行。

选自《中国新民主主义革命时期根据地法制文献选编》第三卷，中国社会科学出版社1981年版，第233～235页。

---

① 原件无制定年月，可推断为抗日战争时期。

11. 苏中行政公署
新四军苏中军区政治部调查叛国汉奸罪行暂行条例

1945 年 7 月公布

一、凡伪军伪警军官，伪政权、伪特务机关、伪党务机关官员，及在敌军机关服务之华籍官员，均在调查之例。

二、调查目的，为搜集证据，便于在战争期中及战争结束之后，对叛国汉奸分子进行逮捕与准确完成审判。

三、调查项目如次：

（一）姓名、别号、性别、年龄、籍贯、家庭住址及家庭状况。

（二）曾任与现任之伪职名目与官级。

（三）附敌与投敌经过情形。

（四）罪行恶迹：

1. 率领军队叛国投敌情形。

2. 组织伪军伪警情形。

3. 建立伪政权情形。

4. 组织伪化情形。

5. 主持与计划“扫荡”与“清乡”情形。

6. 指挥军队“扫荡”与“清乡”情形。

7. 组织特务机关，主持特务活动情形。

8. 烧杀奸淫、敲诈勒索情形。

9. 残杀陷害抗日分子情形。

10. 组织及主持汉奸团体破坏抗日情形。

11. 甘心附敌，破坏抗日根据地金融，垄断与搜刮物资情形。

12. 勾结与配合敌寇向抗日根据地进攻及设立据点情形。

13. 发表何种反共、反新四军、反人民危害抗日的言论著作。

14. 其他死心塌地效忠敌寇、叛国扰民、破坏抗日、反共、反新四军及反人民等情形。

（五）叛国投敌后所得之财产数量及财产所在地。

四、调查时应根据前条各项，搜集具体材料及人证、物证，对所有材料应注明时间、地点等，不得虚构。

五、由对敌工作部门及政治机关统一计划，分工进行调查，作为经常专门工作之一，按期汇集材料，报告上级机关备查。

六、根据地党政军民机关团体及沦陷区居民，均有根据本条例进行调查之责，并须将调查所得材料，送交主办此项调查之机关部门，其有显著成绩者，由主办之机关部门予以奖励。

七、必要时，得以军队团以上各级政治机关或县以上各级政府将调查所得之叛国汉奸的罪行恶迹，予以公布，或送交其本人，其本人对调查材料认为有不符事实之处，得加以辨正，要求修改。

八、凡犯有前述罪行之一项或数项者，如愿悔罪自新，戴罪图功，得自行将所犯罪行前来坦白陈述，要求根据其功绩之大小，酌量减免所应得之惩处。

九、必要时，对罪大恶极之叛国汉奸，得根据调查材料，由县团以上各级政府部队召集军民代表会议，组织临时法庭，进行缺席预审，宣布罪状预判罪刑。

十、调查材料应秘密保存，未经批准，不得随便披露宣布。

十一、本条例有未尽事宜，由本署、部修改之。

十二、本条例自公布之日起施行。

选自《中国新民主主义革命时期根据地法制文献选编》第三卷，中国社会科学出版社1981年版，第178～180页。原注："选自1945年7月15日《苏中报》"。

12. 苏中区伪政权伪组织人员悔过自新暂行办法

1945年7月公布

一、凡本行政区所辖范围内各敌占据点之伪政权官吏职员、伪政治机关、特务机关、党务机关人员，及在敌军机关任职（如翻译、特工、情报员等）之华籍人员，均得依照本条例向本行政区所辖区以上各级政府履行悔过自新手续。

二、悔过自新人员须亲自到本行政区所辖区以上各级政府，缮具悔过书，请求县以上机关批准。如有特殊原因，不能亲自前来履行手续，但具有可靠人事保证，可将悔过书送至政府机关，请求审查批准。

三、悔过自新人员，在履行悔过自新手续，经政府核准后，皆须脱离其原有伪职，并不得再任其他伪职。如有特殊原因，无法立即脱离伪职者，允许先行秘密悔过自新，但须接受政府所分配之秘密抗日工作与任务。

四、经审查批准之秘密悔过自新人员，得请求审查批准机关发给秘密抗日人员保证书，并为其绝对保守秘密。

五、凡悔过自新人员，一律不加杀害，不咎既往并保证其生命财产之安全。

六、悔过自新以后，确能遵守政府法令，有正当职业者，可恢复其公民权。

七、悔过自新者，如有不良嗜好，予以相当时间，逐渐戒除之，已重婚者不加干涉。

八、携带武器及敌伪重要文件前来悔过自新者，或杀伤敌伪官兵重要汉奸分子，或擒获敌伪官兵及重要汉奸分子交与政府者，按照其武器种类及功绩大小，概予以现金重赏及公开表扬。

九、悔过自新后，愿在本行政区任职服务者，按照其知识技能，分配其适当工作与职务，愿自谋其他正当职业者，可酌量情形予以协助。

十、悔过自新后，愿返回乡里者，按照其路程远近，酌发川资，并发给通行证，或予以护送。

十一、秘密悔过自新人员，一经公开悔过自新后，凡与前列各项情形相同者，一律按照前列各项办法处理之。

十二、凡伪组织人员或在敌军机关任职之华籍人员，未向本署所辖各级政府悔过自新者，一律以叛国汉奸论罪，各级政府得随时举行缺席预审，预判罪刑，相机加以逮捕，交付法庭审判，严加惩治，不予宽容。

十三、本条例自公布之日起施行。

十四、本条例有未尽事宜，得由本署修改之。

选自《中国新民主主义革命时期根据地法制文献选编》第三卷，中国社会科学出版社1981年版，第181～182页，原注："选自1945年7月15日《苏中报》"。

13. 浙东行政区调查惩治汉奸办法

1945年8月19日

一、日寇已无条件投降，我军完全收复一切失地的时间已到。对于罪大恶极、祸国殃民、破坏抗战、死心助敌的汉奸，急需根据波茨坦盟国宣言，加以严惩。凡我解放区及沦陷区人民，从即日起均有权利与义务，采取一切可能与有效办法，立即加紧进行详细调查此项汉奸之姓名、籍贯、出身、历史，及在各地之动产和不动产，并其死心助敌、祸国殃民、破坏抗战的一切罪状，详细登记，以便在该地收复时，即行提供政府或人民法庭，实行惩处。

二、凡调查报告此等罪犯有功绩者，得即予适当之精神上、物质上奖励，其具体办法另订之。同时对该调查人姓名，当为其保守秘密，并保护其安全。

三、为有效进行上项调查，各地军政机关，应立即联合当地人民团体，组织调查叛国罪犯委员会，主持一切有关调查事宜。

四、各地调查叛国罪犯委员会，得设人民法庭，接受人民控诉，根据犯罪情形，举行预审，对罪大恶极未经获案之汉奸，并可举行缺席判决，处以罪行。但人民法庭所为之判决，须呈报本区最高军政机关，经批准后方可执行。

五、凡依前条缺席判决之叛国罪犯，得由人民法庭呈请上级军政机关通缉之。

六、凡在我解放区抗日军包围下的一切敌军与伪军伪组织，必须向本军投降，不得向其他军队投降。凡直到今天，仍与敌人合作，不向本军诚意反正，不接受本军通牒，不协同本军解除敌军武装者，一律以汉奸论罪，按照本办法处理之。

七、当此敌寇宣布投降而尚未完全放下武器的最后期间，本区仍给伪军伪组织人员以实行自新之最后机会，以示宽大为怀与人为善之意。其办法另订之。

八、本办法如有未尽事宜，由浙东行政公署纵队政治部，以命令修正之。

九、本办法自公布之日施行。

浙东行政公署
新四军浙东纵队政治部
八月十九日公布

选自《浙江革命历史档案选编》，浙江人民出版社 1985 年 4 月版，第 595～596 页。杭州大学历史系、浙江省档案馆合编。原注："原载 1945 年 8 月 25 日《新浙东报》"。

14. 苏中区惩治战争罪犯及汉奸暂行条例

1945 年 9 月 25 日公布施行

第一条　为整饬民族纲纪，保障民族解放战争的彻底胜利，予战争罪犯及汉奸以应有的惩罚，特订定本条例。

第二条　有下列各项行为之一者，处死刑、无期徒刑或十年以上有期徒刑，褫夺公权终身：

一、在战争期间，自始至终效忠于日本军国主义，罪大恶极，为人民所痛恨者。

二、日军军部、特务机关、联络部、宪兵队之主官或主谋者。

三、于日本宣布投降后，组织拒降，坚决抵抗或残杀人民者。

四、残杀虐待战争俘虏者。

五、伪军警、伪政权、伪组织之主官或主谋，并积极破坏民族解放事业者。

六、组织叛变投降敌人者。

七、主谋主使破坏我方之军事、政治、经济及文化建设事业，因而发生损害者。

八、组织各种社团为敌效劳，积极破坏民族解放事业者。

九、偷窃国家军政秘密，供给敌人，破坏抗日战争之主谋主使者。

十、为敌掠夺资财粮食，捕捉壮丁之主谋主使者。

十一、制造惨案，屠杀人民者。

十二、倚恃敌伪，在解放区或敌占区蹂躏人民，绑架烧杀，罪大恶极，为人民所痛恨者。

第三条　有下列行为之一者，处一年以上十年以下有期徒刑，褫夺公权期间与刑期同：

一、第二条所列各项之从犯或未遂犯。

二、包庇、隐匿、纵容第二条所举之罪犯者。

三、除第二条各项所举以外之通敌或帮助敌人破坏抗战之汉奸罪犯。

第四条　凡第二条所列罪犯之财产全部没收之；第三条所举罪犯之财产，除应将其犯罪期间所掠夺敲诈之财物全部没收外，其余财产，按犯罪之轻重，没收其一部或不予没收。上列罪犯之财产没收后，如其父母妻子确不能维持生活者，酌予救济。其掠夺、敲诈、强占人民之财务，强占人民之财物，应分别情形酌予发还原主。

第五条　凡上列各条所举之罪犯，由各级（苏中区、分区、县）政府、参议会、军政机关、群众团体，各推派代表一人至三人，并聘请地方有威望人士二人至四人，共同组织各级惩治战争罪犯及汉奸委员会处理审判之，以各级政府行政首长为主任委员，其内部组织由各级惩治战争罪犯及汉奸委员会自订之。

第六条　凡本区所属人民团体或人民，对一切战争罪犯及汉奸，均有搜集其犯罪事实及证据向各级军政机关或惩治战争罪犯及汉奸委员会检举控诉之权。

第七条　罪大恶极之汉奸罪犯，为多数人民所痛恨者，得由各级惩治战争罪犯及汉奸委员会，于其犯罪地点召开群众公审大会，组织人民法庭公审，准许人民有组织地出席检举控诉，并推派代表参加陪审。

第八条　各级惩治战争罪犯及汉奸委员会判处死刑之案件，必须呈请上级政府核准后，方得执行。判处徒刑之案件亦须呈核。

第九条　凡依本条例所处判之案件，无上诉权。但上级政府或惩治战争罪犯及汉奸委员会认为有提审必要者，得命令解送上级审判或复审。

第十条　凡本条例如与新四军政治部所颁条例有抵触者，适用军政治部之条例，如与本区其他条例有抵触者，适用本条例。

第十一条　本条例由苏中行政公署公布，自公布之日起施行之。

第十二条　本条例之修正权及解释权属苏中行政委员会。

选自《中国新民主主义革命时期根据地法制文献选编》第三卷，中国社会科学出版社1981年版，第235～238页。原注：“选自1945年9月24日《苏中报》”。

15. 苏中区汉奸自首自新暂行条例

1945年9月25日公布施行

第一条　本宽大精神，予汉奸以最后悔悟自新之路，特制定本条例。

第二条　凡《苏中区惩治战争罪犯及汉奸暂行条例》第二条所举犯罪情节较轻者，及第三条之汉奸罪犯诚心悔悟并具有下列情形之一者，得酌减其刑或缓刑，或免除其刑：

一、当我军开始进攻时能自动缴械投降，并献出其全部军用物资者。

二、不积极执行上级抵抗我军命令，便利我军进攻而投降就俘者。

三、献出敌方机密情报，确有利于民族解放事业者。

四、在未经发觉逮捕前，即自动向我军我政府投案自首，并能检举其他汉奸罪犯，报告隐藏之敌伪武器及资财者。

五、自动报告其所知之全部敌伪情形，并彻底坦白其罪过者。

第三条　判处徒刑之汉奸罪犯，已执行刑期二分之一，确系改悔有据者，得减刑或保释之。

第四条　凡自首自新之汉奸财产应按实际情形没收一部或不予没收。

第五条　本条例由行政公署公布，并自公布之日起施行之。

第六条　本条例之解释修正权属于苏中行政委员会。

选自《中国新民主主义革命时期根据地法制文献选编》第三卷，中国社会出版社1981年版，第238～239页，原注："选自1945年9月27日《苏中报》"。

16. 苏皖边区惩治叛国罪犯（汉奸）暂行条例

1945年12月29日公布实施

第一章　总　则

第一条　为发扬民族正气，整饬国家纲纪，彻底肃清敌伪残余势力，完成抗战事业，奠定建国基石，对于叛国罪犯亟应严加惩治，特制定本条例。

第二条　凡投敌、通敌、助敌及进行一切有利于敌人之行为，而危害国家民族利益者，为叛国罪犯。

第三条　前条罪犯，得按其罪恶轻重，分别首要、胁从，予以处理。

第二章　惩　罚

第四条　有下列行为之一者，处死刑、无期徒刑或五年以上有期徒刑：

一、为首组织武装，协助敌寇抗拒我抗日军队者。

二、为敌伪执役，主持屠杀我人民者。

三、充任伪军警、伪政权、伪组织之主官，并积极破坏民族解放事业者。

四、为敌捕捉壮丁、招募军队及劳工而造成民族巨大损失之主谋主动者。

五、勾引抗日军民拖枪逃跑或组织叛乱者。

六、组织破坏我方之军事、政治、经济、文化、交通设备及有国防价值之建筑物，发生重大损害者。

七、主谋主使组织各种团体，积极为敌效劳，破坏民族解放事业者。

八、偷窃或泄漏（露）我方军政秘密，破坏抗日战争之主谋主使者。

九、为首掠夺军用资材，供给敌人者。

十、在战争混乱期间，为首乘机抢劫烧杀而扰乱社会治安者。

十一、向敌伪告密，破坏我抗日地下组织者。

十二、利用敌伪势力，主持囤积居奇，操纵市场，致陷民众生活于困难者。

十三、自动以枪械弹药等大量粮草财物资敌者。

十四、于日本宣布投降后，组织拒降，坚决抵抗或残杀人民者。

十五、利用敌伪势力强奸妇女者。

十六、残杀或严重虐待我方或盟方被俘人员者。

十七、已自新而重新投敌者。

十八、与敌伪勾结，伪造抗币票券，扰乱金融者。

第五条　前条各款之从犯、预备犯及未遂犯，处一年以上十年以下有期徒刑。

第六条　包庇、隐匿或纵容第四条之罪犯者，得处三年以上十年以下有期徒刑。

第七条　包庇、隐匿或纵容第五条之罪犯者，处三年以下有期徒刑。

第八条　被胁从而犯第四条之罪者，得减轻或免除其刑。

第九条　因犯本章各罪所得或供犯罪所用之物，不问属于犯人与否，均没收之。

第十条　犯本章各罪，得褫夺公权。

第三章　自　新

第十一条　犯本条例之罪，在未经检发前，具有痛改前非之决心；向我公安机关投案自首者，准予自新，但犯罪情节重大，须有下列条件之一者，得免其刑：

一、检举其他叛国罪犯，经判决确实，或贡献重要证据确有价值者。

二、揭发叛国罪犯或间谍之阴谋策划，确实有据者。

三、献出敌方机密，确有利于人民解放事业者。

四、携带军械资财来献者。

五、自动交出敲诈勒索所置之财富者。

六、前列各款以外之自首，事实确有利于人民解放事业者。

第十二条　在日本投降前已自新，并发有证件者，得减轻或免除其刑。

第十三条　自新人犯对其所犯罪行，未坦白彻底者，其隐瞒部分，仍得以第二章规定酌情处断。

第十四条　判处徒刑之叛国罪犯，在刑期执行二分之一以上，确实改悔有据者，得假释之。

第四章　搜索与逮捕

第十五条　叛国罪犯之搜索与逮捕，由公安或司法机关执行之。

第十六条　乡镇政府机关非受上级命令，不得对于叛国罪犯进行搜索与逮捕，但有逃亡之虞者，不在此限。

第十七条　叛国罪犯逃亡或隐匿者，得通缉之。

第十八条　现行犯及被通缉者，不问何人得进行逮捕之。

第五章　审　判

第十九条　凡审理叛国罪犯，由各级惩治叛国罪犯委员会组织特别法庭审理之。

各级委员会向同级政府负责。

第二十条　惩治叛国罪犯委员会由行政、司法、公安、参议会、群众团体各推代表组成，其组织章则另订之。

第二十一条　审理叛国罪犯，必要时，得由惩治叛国罪犯委员会组织人民法庭，举行公审。

第二十二条　审理叛国罪犯，由下列规定管辖之：

一、团级以上之伪军官、佐、属，或伪县级以上之伪行政官员及其他同级伪组织之罪犯，由本边区或授权所在地行政区特别法庭审判之。

二、营级以下之伪军官、佐，属，或伪区级以下之行政官员、吏役、警士，及其他同级伪组织之罪犯，由县特别法庭审理之。

第二十三条　特别法庭或人民法庭，依本条例判决死刑、无期徒刑或十年以上有期徒刑之案件，被告得于判决送达后五日内，提起申诉。

被告对于前项所处之罪刑，逾期不申诉者，行政区以下之特别法庭或人民法庭须呈请复判。申请复判之呈请，均以一次为限。

第二十四条　各级特别法庭或人民法庭所为死刑之判决，须递呈边区政府或经边区政府授权之专员公署核准后，方准执行。

前项授权之规定，以边区政府命令定之。

第二十五条　犯本条例之罪，于审讯中自白者得减轻处刑。

第二十六条　人民对于叛国罪犯，均得告发或秘密检举，经审讯确实者，酌予奖励。如虚构事实，挟嫌诬告，应依刑法诬告罪论处。

第二十七条　被害人及群众团体得依民事诉讼程序，对于叛国罪犯可进行清算，要求赔偿损失。

前项之民事诉讼，必要时，得移转司法机关办理。

第六章　财产之处置

第二十八条　犯本条例之罪，得判决没收财产之全部或一部，但在调查及审讯期中，得先行全部查封。前项没收之财产，须酌留其家属生活费。

第二十九条　凡叛国罪犯掠夺人民之财物与人民所订之收买、代管、租借、抵押之财物，其契约一律无效，并酌情予以没收，发还原受害人。

第三十条　自新者在犯罪期间，其本人私有财物，应按其犯罪情节轻重，没收一部或免予没收。

第三十一条　没收之汉奸财产，作为救济抗属、灾民、难民、失业工人及贫苦人民之用。

第三十二条　凡属自动投诚，及在叛国期间尚秘密帮助抗战工作确有证据者，其私有财产不得没收。

第三十三条　凡叛国罪犯之财产，除酌留生活外，如自己或家属有隐匿不报者，一经查出，应将其所隐匿部分全部没收，并得按其情节减留其生活费。

第三十四条　凡明知叛国罪犯之财产而侵占隐匿者，除将其所隐匿之财产追缴外，并处以侵占公物罪。受叛国罪犯之委托，代为隐匿者亦同。

第三十五条　凡逃匿之叛国罪犯，得预为没收其财产之全部。没收之财产，由各级惩治叛国罪犯委员会提交各该同级政府处置之。

第七章　附　则

第三十六条　刑法刑诉之规定，与本条例不相抵触者，适用之。

第三十七条　原各行政公署、各专员公署所公布之有关惩治汉奸之单行法令宣告作废，今后惩治汉奸，概依本条例之规定。

第三十八条　本条例如有未尽事宜，得由苏皖边区政府命令修改之。

第三十九条　本条例由苏皖边区政府公布施行。

选自《中国新民主主义革命时期根据地法制文献选编》第三卷，中国社会科学出版社1981年版，第214～220页。原注："选自1945年12月30日《新华日报》"。

17. 苏皖边区第一行政区惩治汉奸施行条例

1946 年 3 月公布

第一条　本行政区处于长期对敌伪反“清乡”、反“清剿”、反“扫荡”残酷斗争之前哨，军民损失，至为惨重。为贯彻苏皖边区政府颁布之惩治叛国罪犯（汉奸）暂行条例第一条精神，经呈准苏皖边区政府．特制定本条例。

第二条　凡投敌、通敌、助敌及进行一切有利于敌人之行为而危害国家民族利益者，为叛国罪犯。

第三条　有下列行为之一者，处死刑、无期徒刑或五年以上有期徒刑。

一、组织武装，协助敌寇，抗拒我抗日军队者。

二、为敌执役，主持或实施屠杀我人民者。

三、充任伪军警、伪政权、伪组织之人员，并积极破坏我民族解放事业者。

四、为敌伪捕捉壮丁，招募军队及劳工而造成民族损失者。

五、组织叛变或拖枪逃跑者。

六、组织破坏我方之军事、政治、经济、文化、交通设备，或有国防价值之建筑物，发生重大损害者。

七、组织各种团体，积极为敌效劳，破坏民族解放事业者。

八、偷窃或泄漏（露）我方军政秘密，破坏抗日战争者。

九、掠夺军用资财，供给敌人者。

十、协助敌伪放火抢劫，掳人勒赎，危害人民者。

十一、向敌伪告密，破坏我抗日地下组织或捕捉我抗日工作人员，发生损害者。

十二、利用敌伪势力，主持囤积居奇，操纵市场，致陷民众生活于困难者。

十三、以枪械弹药或粮草财物供给敌人，罪大恶极者。

十四、日本宣布投降后，组织拒降，坚决抵抗或残杀人民者。

十五、利用敌伪势力，强占或强奸妇女者。

十六、残杀或严重虐待我方或盟方被俘人员者。

十七、已自新而重新投敌者。

十八、与敌伪勾结，伪造抗币票券，扰乱金融者。

犯本条两款以上之罪，须合并处有期刑者，不得超过二十年。

犯本条之罪，其情节轻微，显可原谅者，得减处一年以上五年以下有期徒刑。

第四条　前条各款之从犯、预备犯及未遂犯，处一年以上十年以下有期徒刑。

第五条　包庇、隐匿或纵容第三条之罪犯者，处七年以下一年以上有期徒刑。

第六条　包庇、隐匿或纵容第四条之罪犯者，处三年以下有期徒刑。

第七条　负责看管第三条、第四条罪犯之人员，有故意纵逃行为者，处死刑。

第八条　因犯本章之罪，所得或供犯罪所用之物，不问属于犯人与否，均没收之。

第九条　犯本条例之罪，得褫夺公权一年以上十年以下，处无期徒刑或死刑者，褫夺公权终身。

第十条　犯本条例之罪，在未经检发前，具有痛改前非之决心，向我公安机关投案自首者，得准予自新，但犯罪情节重大，须有下列条件之一，得减免其刑：

一、检举其他叛国罪犯，经判决确定，或贡献重要证据，确有价值者。

二、揭发叛国罪犯或间谍之阴谋策划，确实有据者。

三、献出敌方机密，确有利于人民解放事业者。

四、携带军械资财来献者。

五、自动交出敲诈勒索所置之财富者。

六、前列各款以外之自首，确有利于人民解放事业者。

第十一条　凡犯罪情节轻微，得根据当地群众公意，处以六个月以下之监管、拘禁、苦役，并得将其财产之一部抵偿群众损失，或公开向人民赔罪、悔过自新，及褫夺公权一年以下。

第十二条　在日本投降前已自新，确有证明者，得减免其刑。

第十三条　自新人犯自新后，又犯罪者，除新犯之罪惩处外，得将原罪合并处罚。

第十四条　自新人犯对其所犯罪行未坦白彻底者，以未自新论。

第十五条　叛国罪犯逃亡或隐匿者，得通缉之。

第十六条　叛国罪犯之搜索与逮捕，由公安或司法机关执行之，但有逃亡之虞者，区乡政府亦得进行逮捕。

第十七条　叛国罪犯持枪拒捕者，得当场格毙，拒抗者得拘束其身体。

第十八条　审理叛国罪犯，由各级惩治叛国罪犯委员会组织特别法庭审理之，各级委员会向同级政府负责。

第十九条　惩治叛国罪犯委员会，由行政、司法、公安、参议会、群众团体各推代表组成，其组织章程另订之。

第二十条　审理叛国罪犯，必要时，得由惩治叛国罪犯委员会组织人民法庭，举行公审。

第二十一条　各级特别法庭或人民法庭审理叛国罪犯，依本条例所为死刑、无期徒刑及一年以上有期徒刑之判决，须经本行政区法院或授权所在地县政府之核准，方得执行。

第二十二条　各级特别法庭或人民法庭，依本条例第十一条所为之判决，得直接执行，事后须呈报上级政府备查，如上级政府认为有不当处，得发交当地人民重审或提审。

第二十三条　人民对于叛国罪，均得告发和秘密检举，经审讯确实者酌予奖励。

第二十四条　被害人及群众团体，对于叛国罪犯可进行清算，要求赔偿损失。

前项之清算及赔偿，必要时得移送政府办理。

第二十五条　已判决或自新之叛国罪犯，其处置显失公平，经人民控诉者，得发交人民公审，重为判决。

第二十六条　执行徒刑之叛国罪犯在执行期中，确实改悔有据，无期徒刑执行已满十年，有期徒刑执行已满二分之一，得假释之。

第二十七条　犯本条例之罪，得判决没收其财产全部或一部，但在调查及审讯期中，得先行全部查封，前项没收之财产须酌留其家属生活费。

第二十八条　凡叛国罪犯掠夺人民之财物，应予没收，经审查确实为其原物者，得迳（径）予发还被害人。

第二十九条　凡叛国罪犯利用敌伪势力，与人民所订之收买、代管、租借、抵押一切动产、不动产之一切契约，一律无效。各级政府得视其实际情节，分别交由被害人领赎。

第三十条　自新者在犯罪期间，其本人私有财产，应按其犯罪情节轻重，没收一部或免予没收。

第三十一条　凡属自动反正及在叛国期间，尚秘密帮助抗战工作确有证据者，其投敌前之私有财产不得没收。

第三十二条　凡叛国罪犯之财产除酌留生活外，如自己或家属有隐匿不报者，一经查出，应将其所隐匿之部分全部没收，并得按其情节减留生活费用。

第三十三条　凡明知叛国罪犯之财产而侵占隐匿者，除将其所隐匿之财产追缴外，并处以侵占公物罪，受叛国罪犯之委托代为隐匿者亦同。

第三十四条　人民对于叛国罪犯所隐匿之财产，得检举之，并予提成奖励。

第三十五条　为叛国罪犯隐匿财产之人，在未经揭发前，自动交出者，免除其刑。

第三十六条　凡逃匿之叛国罪犯，得预为没收其财产全部。没收之财产，由各级惩治叛国罪犯委员会提交各该同级政府处置之。

第三十七条　没收叛国罪犯之财产，作为当地救灾、优抗及从事生产之用。前项逆产得由区级政府会同当地群众团体，当众公平处分之，并呈报本署备查。

第三十八条　本条例自公布日起施行。

选自《中国新民主主义革命时期根据地法制文献选编》第三卷，中国社会科学出版社1981年版，第222～228页。原注：“选自1946年3月17日《江海导报》”。

18. 苏皖边区危害解放区紧急治罪暂行条例

1946年6月公布施行

第一条　为保卫解放区，镇压反动派特务暴动之破坏与捣乱，特制定本条例。

第二条　凡手持武器，爆炸物、毒药或放火危害前方战斗或后方治安者，处死刑。

第三条　凡手持武器、爆炸物、毒药或放火危害本边区党政军民生命者，处死刑。

第四条　对于第二、三两条之罪犯，本边区各机关、团体或人民均得随时随地予以逮捕，但必须立时转送就近政府或军队，依法处理。

第五条　对于第二、三两条之罪犯，在情况紧急时，所在地之县区政府得立时予以处置，但有错杀时，主持人应负杀人责任。

第六条　前条所称紧急情况，系指随时可能发生战事的边沿地带或已经宣布戒严区域，对于案犯之解送、羁押已不能依照通常司法手续办理而言。

第七条　县区政府对罪犯之紧急处置，应立时呈报上级政府并转报边区政府审核备案。

第八条　非系前条紧急时，对犯本条例之罪者，仍依照通常手续办理。

第九条　本条例由苏皖边区临时参议会通过，边区政府公布施行，其修正手续亦同。

选自《中国新民主主义革命时期根据地法制文献选编》第三卷，中国社会科学出版社1981年版，第220～221页。原注："选自1946年6月14日《新华日报》华中版"。

19. 苏皖边区第一行政区破坏解放区革命秩序治罪办法

1947年1月

第一条　为保卫解放区人民利益，巩固革命秩序，防止反动破坏，特订定本办法。

第二条　有下列情形之一者，处死刑或无期徒刑，并得没收其财产之全部或一部：

一、破坏地方民主政府、人民武装或群众团体者。

二、推行反动政令，组织反动政权或反动武装者。

三、在解放区公开或秘密组织反动团体，阴谋策动破坏者。

四、主动参加反动军政团体，积极破坏解放区，危害人民利益者。

五、煽惑或胁迫群众组织暴动者。

六、胁诱解放区工作人员叛变自首者。

七、组织烧杀或暗害，危及解放区人民及军政人员生命财产与健康者。

八、抢掠或毁坏公款、公粮、公共物资及公共建设者。

九、主动为反动武装带路或指认，目的在危害解放区者。

十、潜伏或混入解放区刺探军情政情，或有计划泄露军政秘密者。

十一、私藏军火，目的在策应反动者。

十二、有计划制造或散播谣言，煽乱社会秩序者。

十三、扰乱金融者。

十四、倚仗反动势力，破坏土地改革及人民既得合法权益者。

第三条　有下列情形之一者，处十年以下有期徒刑：

一、第二条所列各款之胁从者。

二、帮助第二条各款之犯人逃脱者。

三、掩护反动份（分）子密不报告者。

四、其他有便利反动份（分）子活动之行为者。

第四条　重犯或曾经附敌附逆及判处徒刑，而又犯以上两条各款之一者处死刑，并得没收其财产之全部或一部。

第五条　犯第二条、第三条、第四条各款及时觉悟自动出首，或在破获后彻底坦白因而破获全案或防止更大破坏事件发生者，得酌予减刑或免刑。

第六条　本办法所指案犯，任何机关、部队或团体成员均有逮捕权，拒捕者得当场格杀。案件之执行，依据情况变化，得临时授权县区政府处理之。

第七条　凡挟仇报复或处理失当，应根据其当时之动机及产生之影响，追究杀人罪责。

选自《中国新民主主义革命时期根据地法制文献选编》第三卷，中国社会科学出版社1981年版，第228页～230页。原注："选自1947年1月4日《江海导报》356号"。

20. 皖北人民行政公署关于量刑标准及几个具体问题的指示

1949年7月

据滁县行政区专员公署呈请解释量刑根据及其它一些具体案件的处理标准，经交皖北人民法院研讨后，特作如下指示：

一、关于刑事案件的量刑标准问题

在旧的反动刑法已经废除，新的民主法令尚未统一制订颁行的过渡期间，刑事案件的量刑标准，可依据下列原则酌定被告的刑罚。

甲、判处重刑（死刑或长期的徒刑）的标准。量刑之轻重，应以犯罪者危害新民主主义国家、社会、及人民利益的行为严重与否而定。其依据是应该紧紧的掌握我们的政策原则，这个原则就是"打击少数争取多数"。因此，判处重刑的标准：第一，其犯罪主体，须为罪大恶极的首要份（分）子；第二，对国家、社会、与人民的利益危害程度甚大；第三，其所犯罪行，为广大群众所痛恨。这三个标准是密切联系不可分的，在于精细的分析案情，弄清事实后，切实掌握客观情况，依据首恶必办，胁从从宽的精神，分别情节大小，谨慎而稳当的衡量定刑，否则就会犯或"左"或右的枉纵错误。来文所称"土匪或惯匪主使或同谋杀死人命一人至三人"这种罪行，不能不谓重大，其侵害国家、社会、人民的利益，亦不能不谓严重。如果是首要份（分）子、或非首要份（分）子但是主动者，则为了争取群众大多数，保护社会秩序，以收杀一儆百之效，可予判处死刑。但必须善于分清主从关系，只有主犯，才能从严惩处，倘其犯罪为被动或者是胁从份（分）子，则应依"从宽"的原则，判以徒刑，其刑期之长短，亦须视其所犯罪行大小而定，不能一概而论。

乙、一般的量刑标准。一般量刑标准，提出以下几点：第一，犯罪的动机；第二，犯罪的手段；第三，犯罪的主客观原因；第四，犯人的出身成份（分），平日品性，以及犯罪后的态度表示；第五，主动或被动以及危害程度大小。量刑轻重，必须综合分析这些条件，才能得出恰如其分的处分，否则就会产生畸重畸轻之弊。至于所称"因通奸杀死本夫，奸夫奸妇主动或被动，直接或间接杀害"。如为主动的直接的实施者，即应重办；如为被动或间接的，则应从轻处刑。又"亲夫当场捉获奸夫奸妇，因在气忿中，将奸夫奸妇一并杀死或杀死一人，而于杀后，又自行投案"。从杀人的动机说，是激于义愤，但其犯意又是起于仓促之间的，与那些处心积虑的杀人，应该有所区别；从其犯罪后的态度说，则是深知错误，与那些犯罪后逃避法律责任的，亦截然不同。对于这种犯罪的处刑，就应该从轻。又如所举“因土地财产被侵占，或被敲诈，被陷害，或互相争夺权势，或先有人命仇隙，弱者在气愤中杀死强者，或强者为铲草除根，湮灭证据，杀死弱者”。这种情形，我们意见，对于强者的犯罪行为，应该从重处办；弱者的行为，则应从轻。这也是因为犯罪的动机不同，与犯罪产生的原因环境有别，量刑才有所轩轾。总之，同一犯罪行为往往因其情节之不同，对象之有差别，处刑就须有轻重，全在司法人员能深刻的领会与掌握政策原则，权衡得失，具体而灵活的运用，不可丝毫粗枝大叶或机械执行。

二、易科罚金及徒刑之执行折抵问题

甲、易科罚金及其折抵标准。被告经判处徒刑后，可否易科罚金，须视案情大小与案件性质如何酌定，不能一概而论，也不是不准易科罚金（易科罚金与判处罚金不同）。如果犯罪者所判的徒刑，以在监狱执行，给予教育改造为宜的，虽其刑期较短，亦不宜易科罚金。如盗匪小偷之类，因为这种犯罪，是直接侵害国家社会与人民法益的，必须剥夺其自由，在监狱中施行严格的教育，使其对错误有正确的认识，才能真正的达到改造目的。倘使易科罚金，不仅没有改过向善的机会，而且易遭受群众的反对，失去法律制裁的效用。反之，如果犯罪的情节较轻，又因种种特殊原因（如有特殊职业），所判徒刑以不在监狱执行为适宜，易科罚金即能收到教育改造之效的，则予易科罚金。但须注意不要为有钱阶级所玩弄。其折抵标准暂定为判一年以下有期徒刑的，得在人民币一百元至五百元的限度内，斟酌被告的经济状况，定其折抵一日之数。

乙、徒刑起算日期与判决确定前羁押日数的折抵标准。徒刑之执行，从判决确定之翌日计算（过上诉期与申明不上诉或最后判决，即为判决确定）。裁判确定前羁押日数，以一日抵徒刑一日（判决书上必须载明）。

丙、徒刑改罚苦工的折抵。凡判处徒刑的案犯，在执行期间，本应均须进行劳动改造。但由于目前的看守所设备，尚不甚好，劳动场所，亦无条件设置，某些短期徒刑的案犯，经常监禁，并非善策。为了加强教育改造，得视其所犯罪行之大小，斟酌改罚在外从事苦工的劳动，其折抵标准暂定为做苦工一日折抵徒刑一日。

三、几个具体案件处理的解答

甲、通奸与强奸如何裁判问题。通奸（即和奸）与强奸的主要分别，是犯罪手段的不同。通奸是男女双方出于合意的行为；而强奸则是男方用强暴胁迫的手段，女方完全处于被迫状态，无法抗拒，任听其奸淫的行为。前者男女双方，如均为有配偶之人，则为共同被告，同受法律制裁，其处刑最高限度，不得超过一年（罚金，苦工，拘役均可）；后者女方是被害人，其情节较通奸为严重，对男方的处刑，最低限度须在二年以上，甚至于处以极刑（如强奸致被害人于死）。

乙、因家庭口角争吵，或因虐待，一时气愤自杀的处理。这种行为，并非出于故意，但不能免却过失责任。前者（口角争吵）是旧社会家庭所习见的事实，往往因一方的狭隘，而气愤自杀，这原非与之争吵者意料所及，应予从轻处刑，其刑期最高不得超过一年；后者（虐待）的虐待行为，是被虐待者，不堪受其凌辱压迫的痛苦，因而自杀，与一时口角争吵，应该有所区别，对虐待者的处刑，应较前者为重，可依实际情况在三年以下的限度内，定其刑期。

丙、婚姻问题的处理（略）

选自《中国新民主主义革命时期法制建设资料选编》第二册，西南政法学院函授部1982年编印，第244～248页。原注："摘选自南京市人民法院《司法工作参考资料汇编》"。

21. 苏北区奖励节约惩治贪污暂行条例

1949年9月1日颁布，同年11月14日修正第七条第六项全文

第一章　总　则

第一条　为厉行生产节约，养成各级公务人员之廉洁朴素作风，杜绝贪污，整饬纪律，特订定本条例。

第二条　苏北地区节约之奖励，贪污之惩治，概依本条例办理。

第二章　奖励节约

第三条　奖励节约，按下列规定予以奖励：

1. 军工、西药、电料、被服、交通、印刷等部门，使用器材注意节约并有显著成绩者，除予表扬外，并给予相当之物质奖励。

2. 各部门仓库保管物资，不受损失，不致糜烂，有显著成绩者，除予表扬外，并给予相当之物质奖励。

3. 注意一般公物节约，且有显著成绩，为群众公认者，得通报或登报表扬，如能起带头作用推动全体节约者，得给予个人节约模范称号，并给予相当物质奖励。

4. 整个机关能节约粮食缴公，并尽量节省各项开支，有显著成绩者，予以通报或登报表扬，如果能起带头作用，推动其他机关节约者，得给予集体节约模范之称号，并酌给予相当的物质奖励。

5. 公营企业节约原料，减少消耗，有利生产者，得予开会登报表扬，成绩优异者，得给予模范之称号。

第四条　凡节约物品，不愿领取奖金者，应予表扬。

第五条　以上规定之物质奖励及精神表扬，均应经民主评议，呈报上级机关审查公布。

第三章　惩治贪污

第六条　凡利用职权贪污受贿，盗卖吞没，浮报冒领，克扣截留，或挪用公粮、公款、物资或盗用战争缴获物资等一切舞弊行为，概以贪污论罪。

第七条　贪污行为经检查属实者，除勒令赔偿外，依下列各款治罪：

1. 贪污杂粮一百斤以下，或同等价值之物资及现金者，予以批评、警告或记过处分。

2. 贪污杂粮一百斤以上五百斤以下，或同等价值之物资及现金者，予以降级使用或撤职处分。

3. 贪污杂粮五百斤以上两千斤以下，或同等价值之物资及现金者，处一年以上三年

以下有期徒刑。

4. 贪污杂粮二千斤以上四千斤以下，或同等价值之物资及现金者，处三年以上五年以下有期徒刑。

5. 贪污杂粮四千斤以上五千斤以下，或同等价值之物资及现金者，处五年以上七年以下有期徒刑。

6. 贪污杂粮五千斤以上，或同等价值之物资及现金者，处死刑或十年以上有期徒刑。

第八条　严重破坏经济制度，或任意浪费公款公物，或因职务上疏忽，致使公款公物遭受损失者，得按情节之轻重，分别予以批评、警告、撤职处分。

第九条　教唆贪污者，以主犯治罪；帮助贪污者，以从犯论罪；集体贪弱者，以其行政负责人为主犯，其余得按情节轻重，分别治罪。

第十条　贪污行为除依上开规定治罪外，须追缴其贪污所得，补偿群众或政府损失。

第四章　执　行

第十一条　本条例第三章执行权，属于各级司法机关，被告不服得上诉于原审判机关之上级司法机关，二审判决后，即为确定，不得再行上诉。

第十二条　判处徒刑得易服强制劳役，其办法另订之。

第十三条　依本条例判处死刑者，须经苏北行政公署核准后，始得执行。

第十四条　批评、警告、记过、撤职，均系行政处分，须呈报上一级之领导机关核准后，始得执行。

第十五条　本条例公布后三个月内坦白反省，并决心改正者，除酌情追缴贪污财物外，得减免其处分，坦白后又重犯者，应从重处刑。

第十六条　依本条例治罪之贪污人犯，在徒刑执行期间，得视其觉悟程度、进步表现，经专署以上政府之批准，减免其刑。

第五章　附　则

第十七条　本条例由苏北行政公署公布施行，如有未尽事宜得随时修正之。

选自《中国新民主主义革命时期根据地法制文献选编》第三卷，中国社会科学出版社1981年版，第230～233页。

十三、公安法规

1. 淮海分区戒严条例

1945 年 8 月

第一条　为适应新解放区环境，实施军事管制，维持社会秩序，确保集体安全起见，特制定本条例。

第二条　本分区抗日部队进入敌伪侵占之城乡，市镇及要塞后，应即由该管军政机关规定区域，依本条例施行戒严，并宣告之。

第三条　宣告戒严之军政机关□□将戒严□□情形及一切处置，迅速呈报上级查核。

第四条　戒严区域内，军政机关有执行下列事项之权：

一、设置俘虏及日本居留民收容所，实施军事管制。

二、登记并逮捕战争罪犯及卖国奸贼。

三、控制一切机关、仓库、工厂、矿坑、学校、兵营及要塞，严禁自由出入。

四、控制一切船舶、火车、汽车、水陆码头，必要时得停止其交通，并得遮断主要道路及航线。

五、控制一切邮政、电话、电报、无线电机关，实施严格检查，必要时得扣留或没收之。

六、控制一切盐坨、银行及其仓库，派兵驻守，严行保护。

七、严防反动破坏分子及残留敌探汉奸进行活动，如有发现，应予严厉制裁。

八、通告居民不得藏匿未经办理自新手续之敌伪份子及其武器、物资，如有发现，应予严惩。

九、指挥居民中原有之秘密抗日武装组织，并点验其人数及武器。

十、对于一切建筑物、船舶、车辆及情形可疑之住宅，得施行检查。

十一、必要时，得停止居民之集会结社。

十二、管制粮食、煤炭，严禁奸商囤积操纵。

第五条　在戒严期间，有下列情形之一者，均以汉奸论罪：

一、制造谣言，煽动民心，破坏社会秩序者。

二、诱惑军队人员，破坏军事建设、军需及交通者。

三、服务敌方或以物资资敌者。

四、隐匿敌方人员及敌物资不报者。

五、进行秘密组织与秘密活动者。

第六条　宣告戒严之军政机关，对于叛国汉奸之罪犯，应送交淮海分区人民法庭审判，对于其他罪犯，仍应送交所在地司法机关审判。

罪犯于捕获后，查有实据，而无法送交人民法庭或司法机关审判时，得由宣告戒严之军政机关团长或县长以上进行审理，依法紧急处置，并呈报上级备案。

第七条　戒严期间紧急判处徒刑案件，解严后，虽逾上诉期间，仍得上诉。

第八条　戒严期间紧急判处死刑案件，经发觉违法时，除主管官应负刑事责任外，其家属并得请求冤狱赔偿。

第九条　无论何人，严禁在外招摇，藉端敛财，其有挟嫌报复，陷人于罪者，应依法惩处。

第十条　戒严之情况终止时，应即宣告解严，自解严之日起，一切回复原状。

第十一条　本条例由淮海军分区司令部、淮海分区专员公署制定颁布施行。

第十二条　本条例之施行日期，以命令定之。

选自《中国新民主主义革命时期根据地法制献选编》第三卷，中国社会科学出版社1981年版，第279～281页。

2. 苏北行政公署关于县市公安机关与司法机关处理刑事案件权职的规定

1949年6月8日

近据反映，各县市司法机关与公安机关对于处理刑事案件由于权职不甚清楚，难免发生分歧的意见，致影响工作的进行，为明确职责，特作如下规定：

关于汉奸特务及内战罪犯等及其他带有政治性案件，其侦查的责任应属于公安机关。侦查的主要任务是，搜集罪犯的犯罪事实及证据，如发现某人犯罪或确系有犯罪嫌疑，即可加以侦查追究，并向司法机关提起公诉。假如侦查的结果，嫌疑不足或其行为不成立犯罪等，纵系犯罪而以不起诉为适当时，则公安机关均有权释放，不予起诉，司法方面，不能干涉。

前述案件经公安机关向司法机关起诉后，司法机关即有权责审判该案，对于被告的犯罪事实和证据加以审理研究，看被告是否犯罪，所犯何罪，应该科什么刑，然后加以裁判、宣示。公安机关在司法机关审理过程中，既可追诉，并可提出意见，但司法方面采纳与否，对于被告认定犯罪或无罪，科刑或重或轻，公安机关不能干涉，如有不同意见，可以提出上诉。

公安方面职在追诉犯罪，故对有犯罪嫌疑者，不一定证据确凿即可起诉，而司法方面责在论罪科刑，若被告仅有嫌疑没有积极的证据可以证明被告确系犯罪时，即不能论罪科刑。至于普通刑事案件（除违警罚法外），公安机关知有犯罪嫌疑时，亦有权责为紧急与必要的措施后移交司法机关处理。

选自《中国新民主主义革命时期根据地法制文献选编》第三卷，中国社会科学出版社1981年版，第578～579页。

3. 苏北行政公署训令——关于公安局与法院工作关系的补充办法[①]

1949年9月28日

查县市公安局与同级法院工作关系及权责范围前经本署规定，并以法字第三十四号令行在案。近查执行以来，尚有不够负责，界限不清之处，以致文卷往返转折，影响案件迅速处理。兹为进一步明确界限，分清权责，纠正上开偏向起见，特再规定补充办法如下：

一、关于公诉

甲、关于伪匪奸细、特务、盗匪犯等案件经公安机关侦查后，认为必须送交司法机关审判者，应制作公诉书连同人犯、案卷及有关之证件、赃物、违禁等物，一并移送同级司法机关进行初审。

乙、一般盗匪或政治性案件得由县公安局直接侦查，须提起公诉者，送县市人民法院审判；如重大案件须经行政区公安局直接侦查并提起公诉者，送行政区人民法院审判，特殊重大案件须由苏北公安处直接审（侦）查并提起公诉者，送苏北人民法院审判。

丙、公诉书内容包括：（1）被告简历；（2）案由；（3）犯罪事实；（4）证据；（5）起诉理由；（6）处理意见；（7）起诉日期；（8）起诉机关负责人。

丁、公诉注意事项：

1. 案卷内所附调查材料，应注明调查人服务机关、职别、姓名，并须盖章以示负责。

2. 侦查审讯中，如有被害人及家属证人者，应传唤到庭，将其陈述记入笔录，必要时并须（需）与被告对质。

---

① 副标题系编者所加。

3. 对调查材料应加以分析，辨别是非、真假、来源，于公诉书起诉理由栏内说明之。

二、监所警卫武装与公安局、法院的关系

甲、监所警卫武装的建制领导、军事及政治教育、供给关系等属于公安局，看守业务上的监督指挥属于监狱。

乙、看守所的行政领导属公安局，但对司法案件看守业务上的教育指挥属于同级法院，看守所长对司法案件的管教情况，应定期向法院回（汇）报。

三、违警案件与刑事案件处理权限问题

甲、违警案件由当地公安机关处理，如认为情节较重有处刑之必要者，应移转司法机关办理。

乙、轻微刑事案件互扭到公安局者，得随时加以调处，如调解不成应即转送法院处理。

以上三项仰即连同前颁规定切实执行，并联系实际工作进行一次检查，订出今后具体执行办法，以求贯彻并改进工作为要。

选自《中国新民主主义革命时期根据地法制文献选编》第三卷，中国社会科学出版社1981年版，第580～582页。

十四、司法审判及狱政

1. 淮海区司法公安案犯统一管教暂行办法

×年×月①

第一条　为改善案犯待遇，进行教育，特制定本办法。

第二条　所有案犯一律由看守所负责看管之。

第三条　看守所依案犯性质，由司法、公安两部门领导之。

第四条　看守所应选择适当之处所及房屋，并排除妨碍看守及便于案犯脱逃之事物。

第五条　案犯入所时，由看守所长检查，所有携带钱物，一律送交上级暂为保存。

第六条　看守所长应秉承上级之命令，分别编组看管之。女犯有三人以上者，得另行看押之。

第七条　看守人员对案犯不得施行侮辱打骂。

第八条　案犯如有疾病，应予隔离，并随时呈报上级加以诊治。

第九条　案犯于夏秋热季，准予沐浴及随时洗涤衣服。

第十条　案房内春冬一概铺草，夏秋改换芦席。铺草应按月换新，铺席应随时曝晒洗刷。

① 原件无制定年月，可推断为抗日战争时期。

第十一条　案房内于夜间设大小便桶各一，拂晓以前黄昏以后，不准案犯外出。

第十二条　暑季应规定时间，使案犯出室纳凉。

第十三条　案犯每月剪发一次。

第十四条　案犯家属请求接见或送给衣服食物时，均须经过上级批准，并应加以检查。

第十五条　案犯不准互相谈话、吸烟及日间睡眠。

第十六条　为加强案犯教育，应按时派人或指定识字犯人进行读报，并组织文化及时事之讨论。

第十七条　主管机关每周应派员到所，召集案犯及看守人员开会，检查犯人生活及看管情形。

第十八条　所内案犯及看守人员，对于本办法各节，故不遵守者，所长应随时报告上级，予以惩处。

第十九条　本办法经淮海区参议会通过，交由行政公署公布施行之。修正手续亦同。

第二十条　本办法公布之日起施行。

选自《中国新民主主义革命时期根据地法制文献选编》第三卷，中国社会科学出版社1981年版，第480～482页。原注："选自淮海区专员公署《淮海区单行法规（草案）》"。

2. 苏中区第二行政区诉讼暂行条例

1943年9月1日公布，1943年9月15日施行

第一章　总　则

第一条　苏中第二行政区（以下简称本行政区）法院为保障根据地人民之人权财权，适应敌后情况，确定诉讼办法免除人民讼累，特订定苏中第二行政区诉讼暂行条例（以下简称本条例）。

第二条　本行政区人民诉讼及司法机关对案件之处理，悉依本条例行之。

第三条　司法案件之处理以抗战建国纲领为最高准绳，国民政府所颁布之法令，除与因适应战时环境及地方实际情形由专署以上抗日政府颁有单行法相抵触者外，一律适用。

第四条　抗日民主政府建立前，除政治案件外，一切判决概为有效，但依民事诉讼法第四百九十六条第三项得提起再审之诉者，不在此限。

第二章　管　辖

第五条　本行政区审级制度暂定二级二审制，兼理司法县政府为第一审，法院为第二审。

第六条　关于军事案件，由军法机关审理之，汉奸政治犯案件由公安机关侦讯，司法机关审判之。

前项以外案件，悉由司法机关审理之。

第七条　军人因民事诉讼或犯普通刑罪者，悉由司法机关审理之。

第八条　公务人员犯渎职罪者，得移转管辖。

第九条　区乡政府及区乡调解委员会无审判权，下列各项事件不得受理：

一、关系禁治产事件与死亡事件之宣告或撤销。

二、刑事案件，但轻微者不在此限。

第三章　人犯之拘捕

第十条　拘捕人犯非依法律不得为之。

第十一条　下列各款人犯不论何人得迳（径）行逮捕：

一、敌探、汉奸、逃兵及其他现行犯。

二、犯罪确有实据，现在通缉或逃亡中者。

三、犯命盗案件，有重大嫌疑而有逃亡之虞者。

第十二条　民众或民众团体逮捕前条人犯，应于二十四小时以内解交主管区署或有审判权之司法机关。

区署拘禁人犯，不得超过四十八小时，应即解送主管县政府。

第十三条　部队逮捕第十一条各款人犯，应即解送所在地审判机关。

第十四条　逮捕人犯不得施以侮辱、殴打等情事，但公然拒捕或有脱逃之虞者，得予以必要之拘束。

第十五条　拘捕人犯在特殊情形下不能按时解送者，应将事实及不能按时解送之原因，详报该管县政府核办。

第四章　起诉与审判

第十六条　起诉应以书状为之。

当事人不能制作书状时，得本其口述代撰书状，或由司法书记制作笔录，由当事人盖章或捺指印。

第十七条　书状应表明下列各款事项，向受诉机关提出之：

一、具状人姓名、性别、年龄、住所、职业。

二、诉讼标的及其估价。

三、应受判决事项之声明及陈述。

四、供证明用之证件。

五、提出人证之姓名、住所。

六、附属文件及其件数。

七、撰状人姓名、年龄、住所、职业。

八、呈递机关。

九、年、月、日。

第十八条　书状不合前条各项规定者，受诉机关应即命其补正。

第十九条　民事案件当事人应向受诉机关随缴诉费（另表并附说明）。

第二十条　受理民事案件应迳（径）行传讯并随时答辩。

第二十一条　当事人同时提出相关之民刑事诉讼者，司法机关得同时并案审判。

第二十二条　各级司法机关审理案件时，当事人得先期依法呈准延请代理人、辩护人或辅佐人。

第二十三条　各级司法机关审理一律禁用体刑，重证据不重口供。

第二十四条　刑分主刑及从刑，为适应抗战环境规定种类如下：

主刑：

一、死刑——一律执行枪毙

二、有期徒刑

三、拘役

四、罚金——依照刑法分则各条规定，参照犯人之资力、现时通用之币值酌科之。

从刑：

一、没收。

二、褫夺公权。

第二十五条　刑事案件终结后，各级司法机关得将刑事犯责付管束。

第二十六条　受有期徒刑或拘役之宣告，因抗战环境及被告身体、职业、家庭关系，执行显有困难或以不执行为当者，得以抗币一元以上三元以下折算一日，易科罚金。

第二十七条　罚金或易科罚金于裁判确定后一个月内完纳，期满而不完纳者，强制执行，无力完纳者，以抗币一元以上三元以下折算一日，易服劳役。

第二十八条　第一审判处死刑之案件，应将全案卷宗证物申送第二审司法机关核准后方能执行。

第二十九条　第二审对前条申送复核之案件，认为有疑义时，得提审，派员莅审或令原审机关更审报核。

第三十条　民事案件应以最大限度试行和解，和解成立者，应制作笔录并为送达。

第三十一条　县司法机关所收之诉讼费、罚金及没收犯人之财产，应于每月月终造列清册汇报法院。

第三十二条　各级司法收入应分别解入金库。

第三十三条　各级司法人员处理案件故意违反本条例或其他法令之规定者，应分别情形负民事或刑事上之责任。

第五章　上诉与抗告

第三十四条　对于第一审所为之民刑事判决不服者，一律得于法定期间内上诉于第二审法院。

第三十五条　对于第一审所为之批示、庭谕或裁定不服者，得抗告于第二审法院。

第三十六条　上诉或抗告应以书状向原审司法机关为之。

第三十七条　上诉书状应表明下列各款事项：

一、当事人及代理人。

二、第一审判决及对于该判决上诉之陈述。

三、对于第一审判决不服之程度及应如何废案或变更之声明。

四、关系新事实及证据，并其他准备言词辩论之事项。

第三十八条　上诉书状不具备前条各款规定者，原审司法机关应定期令当事人补正，逾期不补正者，以裁定驳回之。

第六章　巡回审判

第三十九条　兼理司法县政府得组织巡回法庭至区乡处理司法案件。

第四十条　巡回法庭审理案件，得聘请当地民众团体代表及公正人士陪审。

第四十一条　陪审人对审理案件得发表意见，但不得干涉法庭之判决。

前项陪审人发表之意见应记入笔录。

第四十二条　巡回法庭得通知所在地之军事及行政机关予以协助，倘有阻碍案件之进行及协助不力者，应报由其主管机关予以惩处。

第四十三条　巡回法庭对被告之羁押，得解送就近军政机关执行之。

第七章　看守所

第四十四条　各级司法机关得设看守所拘禁人犯。

第四十五条　看守所对犯人应施以感化教育，不得有索诈陋规及侮辱、打骂等情事。

第四十六条　人犯伙食与普通工作人员同。

第四十七条　犯人在看守期间无须支付任何费用，但因民事案件被管收者，应支付伙食费。

第四十八条　看守所设执法员一班，直接受看守所长指挥，执行看守及拘捕之任务。

第八章　附　则

第四十九条　本条例未规定之诉讼手续，仍依照国民政府公布之民刑事诉讼法规定办理之。

第五十条　本条例之解释权属于苏中第二行政区法院。

第五十一条　本条例如有未尽事宜，得由苏中第二行政区法院以命令修正之。

第五十二条　本条例由苏中第二行政区法院呈准苏中行政公署司法处颁布施行。

选自《中国新民主主义革命时期根据地法制文献选编》第三卷，中国社会科学出版社1981年版，第506～513页。原注：“选自1943年9月16日《滨海报》”。

3. 苏中区第二行政区征收诉讼费用暂行办法

1943年9月1日公布，1943年9月15日施行

第一条　本行政区各级司法机关关于征收讼费事宜，悉依本办法办理之。

第二条　第一审讼费征收数额依下列各款行之：

诉讼标的价额或金额	讼费征收数
一、三百元	五元
二、三百元至四百元	七元
三、四百元至五百元	九元
四、五百元至六百元	十一元
五、六百元至七百元	十三元
六、七百元至八百元	十五元

七、八百元至九百元　　十七元

八、九百元至一千元　　十九元

九、一千元至二千元　　二十二元

十、二千元至三千元　　二十五元

十一、三千元至四千元　二十八元

十二、四千元至六千元　三十四元

十三、六千元至八千元　四十元

十四、八千元至一万元　四十六元

十五、万元以上每千元加征三元，不满千元者亦按千元计

第三条　第二审征收诉讼费用数额照第一审加二成。

第四条　民事非因财产权起诉者，一律依五百元未满征收之。

第五条　诉讼标的不满三百元者，免征诉讼费用。

第六条　本诉与反诉标的相同者，反诉不另征收诉讼费。

第七条　民事再审之诉照征诉讼费。

第八条　民事案件发还更审后再行上诉者，免征诉讼费。

第九条　各项声请、声明，不分审级，一律征收诉讼费二元，但声请诉讼救助者免征。

第十条　执行、送达、缮状等费一律免征。

第十一条　征收诉讼费用均以盖印收据为凭，倘承办人不给收据或额外收费，缴费人可拒绝支付，并指名控告。

第十二条　当事人无力缴纳诉讼费用声请诉讼救助，经裁定核准者，得暂缓缴纳或特予免征。

第十三条　诉讼标的计算及征收诉讼费用，一律以江淮银行发行之抗币为标准。

第十四条　本办法如有未尽事宜，得由苏中第二行政区法院随时以命令修正之。

第十五条　本办法由苏中第二行政区法院呈准苏中行政公署司法处颁布施行。

选自《中国新民主主义革命时期根据地法制文献选编》第三卷，中国社会科学出版社1981年版，第513～515页。原注："选自1943年9月16日《滨海报》"。

4. 苏中区处理诉讼案件暂行办法

1944年10月公布施行

第一章　总　则

第一条　凡苏中区人民诉讼案件，均依照本法处理。

第二条　本办法颁布后，凡未经判决确定之诉讼案件，均依照本办法处理。

第三条　处理诉讼案件之裁判根据，应以抗战建国纲领及抗日民主政府各种政策法令为最高原则。

第四条　处理诉讼案件，应照顾抗日各阶层人民之利益为基础，对于民事案件，以调解为主，审判为辅；对于刑事被告，以教育改造为主。

第五条　旧政府为镇压革命所为之判决，一律无效。普通民刑案件之判决，原则上继续有效，但确系冤屈之判决，经有证明者，得声请更审。

第六条　利用敌伪势力窃取权益者，一律无效，并得依惩治伪化诉讼条例惩处。

第七条　人民之法益被侵害时，得提起诉讼，但因年龄知识之关系不能进行诉讼者，得聘请代理人，或由政府指定代理人，进行诉讼。

第八条　各级政府受理诉讼案件，不得收取诉讼费用。

第二章　管　辖

第九条　各县县政府为第一审，专署法院为第二审，苏中高级法院为第三审，分区未设法院者，以专员公署司法科为第二审。

第十条　军事案件归军法机关审理，汉奸、特务按照紧急治罪法组织特种法庭审理，其他案件一律均归司法机关审理。

第十一条　军人犯有普通罪刑（行），及军民间因私人纠纷发生诉讼者，应归司法机关审理。

第十二条　关于财产权诉讼案件，归财产权所在地司法机关管理，其他案件，由被告住所、事务所所在地司法机关受理；刑事由被告犯罪所在地司法机关受理。此外，双方合意及上级指定之法院，亦有权管理。

第十三条　公务人员利用职权犯贪污，违法舞弊、营私等罪行者，由上级法院指定或派遣人员于第一审司法机关审理。

第十四条　区政府对民事及轻微刑事案件有仲裁权，县政府于必要时得授权乡调解委员会仲裁案件，仲裁后如仍有不服，得迳（径）行起诉，但重大刑事案件不得调解。

第三章　起　诉

第十五条　人民为维护权益，得向司法机关起诉。

第十六条　区级以上政府及公安机关为维护社会秩序、群众利益，得代表国家执行检察权，对刑事被告提起公诉。

人民对前项被告，有告发权。

第十七条　起诉不以书状为要件，人民得就诉讼内容口头告诉，由司法机关记录存卷，进行审理。

区乡政府人员及乡学教师有代人民缮录口头告诉记录（由政府统一印发）及书状之义务，不得收受任何酬劳。

第十八条　口头告诉记录及起诉书状应具备下列各项：

（一）原被告及证人、关系人姓名、年龄、性别、籍贯、住址、职业。

（二）事实与理由。

（三）请求目的。

（四）证人与物证。

（五）曾否调解或调解之结果。

（六）受理机关。

（七）起诉年月日。

（八）告诉人签名盖章或捺指印（左手二拇指）。

（九）代写人或记录人签名盖章。

第十九条　受理机关接受书状或记录时，对第十七条规定各项有欠缺时，应随时通知补正，不得拒不受理。

第二十条　投递书状除由具状人直接送到受理机关外，得由区乡政府代转。

第四章　传达与拘提

第二十一条　传唤原被告、证人及关系人应用传票，但就地审讯时，得用口头通知。

第二十二条　传票应在开庭前送达，并计算被传人足够之在途期间。

被传人于接收传票时，应在送达证上签名盖章或捺指印，并注明收到之日期。

第二十三条　送达除由专人执行外，并得委托区乡政府通讯员代为送达。

送达人于送达时，不得收受任何费用。

第二十四条　送达应于被送达人之住所、事务所或指定地点行之。

被送达人在根据地区无法送达者，得用公示送达。

被送达人拒绝送达者，得用留置送达。

第二十五条　刑事被告案情重大，有逃亡之虞者，或被传两次无故不到庭者，司法机关得命令拘提。

拘提被告时，应提示拘提证书。

第二十六条　现行犯人人得迳（径）行逮捕之。犯罪在实施中或实施后即时发觉者，为现行犯。

经政府通缉之人犯，以现行犯论。

汉奸、敌探及携械潜逃之武装人员，以现行犯论。

第二十七条　对于刑事被告之身体、物件及住宅或其他处所，于必要时得搜索之。

对于第三人之身体、物件及住宅或其他处所，以有相当理由可信为被告或应扣押之物存在时为限，得搜索之。

第二十八条　搜查应提示搜索票，实施搜索时，应作搜查笔录。

搜查应保守秘密，注意被搜索人之名誉。

对于妇女身体之搜索，应由妇女为之。

第二十九条　司法机关对于被告所持有犯罪之用品及赃物，得命令扣押，缮具收条，交被告收存。

在未经判决没收以前，除危险物品得迳（径）行没收或销毁外，不得掉换毁弃。

赃物如经原主认领，确有证明者，得准予给领。

第三十条　乡（镇）政府不得羁押人犯，区政府羁押人犯，不得超过二十四小时。遇有特殊情形，经呈请上级核准，或有正当理由者得延长之。

第三十一条　羁押及拘提人犯应尊重其人格，不得施以侮辱，但有暴行、逃亡及自杀之虞者，得束缚其身体。

第三十二条　被告逃亡或藏匿者，得通缉之。

通缉被告应用通缉书，通缉书应注明被告姓名、性别、年龄、籍贯及特征、案由与通缉理由，及应解送之处所。

第五章　证　据

第三十三条　原被告主张有利于己之事实，就其事实，有举证之责任。

审判人员及陪审人员对于案情及证据，应直接、间接、公开或秘密进行周密之调查研究。

第三十四条　人民对于他人之诉讼有到场作证、忠实陈述之义务。证人经合法之传唤，无正当理由不到场者，得处以抗币五十元以下之罚金，两次以上不到者，并得拘提之，其拘提办法适用本法第二十四条之规定。

第三十五条　证人于陈述前或陈述后，应具结表示负责；如有虚伪之陈述，无论具结与否，按照伪证罪处理。

第三十六条　审判人员因调查证据及犯罪情形，得对诉讼系争标的及犯罪地点，实施勘验。

实施勘验应作勘验笔录，于必要时，并应附具图画或照片说明。

第三十七条　勘验得为下列处分：

一、履勘犯所或其他与案情有关系之处所。

二、检查身体。

三、检验尸体。

四、解剖尸体。

五、检查与案情有关系之物件。

六、其他必要之处分。

第三十八条　对于民事系争标的之勘验，原被告及关系人应提出有关之书证。

第三十九条　实施勘验时，得命证人及鉴定人到场。

第四十条　对于文书、物证及原被告或关系人之身体疾病，于必要时，审判人员得聘请或指定专门人材（才）实施鉴定。

实施鉴定，应作鉴定书，由鉴定人以口头及书面报告。

第四十一条　鉴定人因鉴定所需必要费用，得请求法院核准发给。

鉴定人如故意歪曲事实，作虚伪之陈述者，按照伪证罪处罪，审判人员得以职权撤销其鉴定。

第六章　审　判

第四十二条　诉讼案件之审判，根据实际环境，斟酌案情，得采用下列各种方式，公开进行：

一、机关审判。

二、就地审判。

三、巡回审判。

四、人民陪审。

五、人民公审。

第四十三条　审判人员应于诉讼案件发生或有关之处所，实施就地审判。但案情轻微，事实明晰者，得于机关内传集原被告、关系人进行机关审判，或就区域内划分期日，实施巡回审判。

第四十四条　审判实行人民陪审制度，聘请陪审员二人至六人，参加审讯，陪审员就下列各项人员中聘请之：

一、各抗会代表，民兵队长，抗属代表（因具体案件聘请各有关团体代表）。

二、参议员或参政员。

三、乡学或区学教师。

四、民选之乡长及乡政府委员。

第四十五条　陪审员有帮助调查案情证据，向审判员提供意见之责任，审讯时参加陪审。

案件进行至可判决时，审判人员应召集审判会议，征取陪审员意见，以为判决之基础。有不同意见时，应记明笔录，得先迳（径）行判决；如多数陪审员反对审判员之主张时，应暂行停止判决，呈请上级决定之。

陪审人员于所陪审案件之笔录，应签名盖章。

第四十六条　陪审员于审讯时，非经审判员之允许不得随意发言，如对被审讯人供言有问题时，得提请审判人员注意之。

陪审员关于审判会议之内容，应绝对保守秘密。

第四十七条　原被告于审讯时，得呈准延聘代理人或辩护人出庭，但必要时，审判员得命令原被告本人到庭。

第四十八条　审判员审理案件，以真实发现为判决之论据，不得用刑讯逼供；对供词之采纳，应辨明真伪，分别取舍之。

第四十九条　在诉讼进行中，除重大刑事案件外，审判员得于审判中试行和解，得原被告同意，制成和解笔录，如原被告自愿和解者，得撤销诉讼。

第五十条　审判员于审讯中，应给予充分时间，由原被告作言词辩论，被告有最后之陈述权。

第五十一条　诉讼达于可为裁判之程度者，司法机关应为判决。民刑事诉讼有牵连关系者，得合并判决，或分别判决。

第五十二条　民事案件原被告之一方，于审讯日期无正当理由不到场者，得以一方之请求，由其一造辩论而为判决。

第五十三条　民事被告住所不明，经公示送达，按照五十一条之规定而为判决者，以后如确有正当理由可资证明时，得请求重新更审。

第五十四条　刑事被告罪证确实者，应作处刑之判决。确属无罪者，应作无罪之判决。但案情轻微，以不处刑为适当者，得作免除其刑之判决，并得予以警告。

第五十五条　判决应制作判决书，记载原被告姓名，判决主文，及所根据之事实与理由，暨司法机关审判人员，陪审人员，判决日期。

判决书应制作正本，分别送达原被告收执。

第五十六条　审判员应将判决内容公开宣布，其对法令政策有教育意义者，并得召集群众大会，解释说明之。

第五十七条　重大案件与大多数人民有切身关系者，得举行人民公审，由人民执行诉权及陪审权。在审讯中，审判员应征询在场人民对案情之意见。

人民公审之审判权仍由审判员负主要责任，但应采纳人民之意见。

人民公审应当场宣判，如遇审判人员之意见与人民多数之意见不一致时，应记明笔录，呈请上级决定之。

第五十八条　诉讼案件经审判后，超过判决书注明上诉期间，原被告未曾声明上诉，及原被告于宣判时当场声明抛弃上诉者，即为判决确定。

第七章　上　诉

第五十九条　原被告对于各县县政府所为第一审判决，不能甘服者，在上诉期间以内，得向第二审法院上诉；对于各行政区专员公署所为二审判决，不能甘服者，得向苏中高等法院上诉。苏中高等法院所为第三审判决，为终审判决，不得上诉。

第六十条　诉讼案件之上诉，除原被告得于宣判时口头声明，记明笔录外，民事案件之上诉期间，为收到判决书正本二十日以内，刑事案件为收到判决书正本十日以内。

第六十一条　上诉书状准用第十七条、第十八条关于口头起诉之规定；上诉书状应递由原为判决之司法机关转陈上诉法院。

第六十二条　上诉书状及口头记录应载明下列各项：

一、上诉人被上诉人之姓名、年龄、籍贯、职业、住址。

二、对原判决不服之理由。

三、对上诉法院请求目的。

四、上诉年月日。

第六十三条　原为判决之司法机关，收到上诉人所递上诉书状、口头上诉记录，或当场声明上诉之笔录时，应即检同全卷，申送上诉法院。

提起上诉如逾期间或系对于不得上诉之判决而上诉者，原为判决之司法机关，应以裁定驳回之。

第六十四条　高等法院在抗战期间，因地区特殊环境，得授权第二审法院为终审判决。

第六十五条　上诉法院对于上诉案件经审讯之结果，认为无理由时，应以判决驳回之。如认为有理由时，应废弃或撤销原判，更为判决。

第三审法院对于上诉案件，遇必要时得发回原审法院更审之。

第六十六条　上诉案件之送达、拘提、证据、审讯，得运用本办法第四、五、六各章之规定。

第八章　执　行

第六十七条　诉讼案件于判决确定后，开始执行。

民事案件对于系争标的有变更现状及难于执行之虞者，得根据一方之声请，为假扣押、假处分及假执行之裁定。

第六十八条　民事诉讼案件之执行，由司法机关命令乡（镇）政府执行之。执行完毕后，应将经过情形，详报备查。

第六十九条　民事案件假执行、假处分、假扣押声请之一方，应于声请时提供担保，其被声请之一方，得提供担保，声请撤销之。

第七十条　关于假执行、假处分、假扣押之裁定，如有不服，得于接到裁定后七日内向上诉法院抗告。其投递书状之手续，准用关于上诉之规定。

上诉法院对于抗告案件，认为抗告无理由者，以裁定驳回之；认为有理由者，得废弃原裁定，更为裁定。

第七十一条　民事执行案件之债务人不居住根据地内，如系争标的物在根据地内者，得不待其亲到，迳（径）行交由债权人所有；如另有财产在根据地内，得以同等价值之财产，拍卖或转移，交予债权人，以为抵偿，如无财产足资执行者，俟收复据点或债务人亲来履行开始执行，其因迟延所生之损失，由债务人负责。

第七十二条　民事执行案件之债权人不居住根据地内，债务人无法履行判决者，得将标的物提交政府，用公示通知收领，如逾期六个月，移充优抗基金，并由司法机关发给证明，证明契约已经履行，原契约失效。

第七十三条　刑事案件判处死刑者，应呈请上级核准后执行。

刑事案件死刑之执行，一律用枪决。

刑事被告执行死刑时，如有遗嘱，应记明笔录，转告其家属。

第七十四条　刑事案件判处有期徒刑者，其执行办法，指定地区，实施生产劳动教育。司法机关得（指）定区乡政府执行之。

第七十五条　刑事案件判处有期徒刑二年以下者，得易科罚金，以抗币一元至二元折算一日。

第七十六条　刑事案件判处罚金或并科罚金而无力缴纳者，得以服役一日折算抗币一元至二元。

第七十七条　刑事案件判处有期徒刑者，如系初犯，可资教诲，司法机关得以职权宣告缓刑，自一年以上十年以下，在缓刑期内，不再犯罪，得免除其刑，如再犯罪，应合并执行。

第七十八条　判处有期徒刑之被告，在执行期间，逾六个月，确能改悔者，经执行机关之呈请，司法机关得假释之。

假释之被告，如再犯罪，应将未执行之刑期，合并执行。

第七十九条　司法机关对假释及缓刑之被告，得指定区乡政府，群众团体及被告之亲属，于一定期间内管束之。

第八十条　违禁物品，犯罪所用之物，或犯罪所得之物，没收之。

危险物品、毒品应予没收后销毁，或分别妥交军工医务机关处置之。

赃物有被害人认领时，应予发还。

第八十一条　刑事案件判处死刑者，宣告褫夺公权终身。

刑事案件判处有期徒刑者，因其犯罪之性质，得宣告褫夺公权一年以上十年以下。

被告于褫夺公权期间届满时，得呈请政府宣告复权，其在褫夺公权期内，确经改造，对社会有所贡献者，政府得以职权提前宣告其复权。

第八十二条　罚金及没收物品，除另有规定者外，一律归库。

第八十三条　通缉在逃亡刑事被告，负有赔偿责任者，司法机关得查封其财产，迳（径）交被害人，以资抵偿。

第九章　附　则

第八十四条　本办法由本署订定之，自公布之日实行。

第八十五条　本办法施行后，各法院、专署及各县政府以前颁布之诉讼办法，一律作废，以后不得再颁布单行诉讼法规。

第八十六条　本办法如有未尽善处，由本署命令修正之。

选自《中国新民主主义革命时期根据地法制文献选编》第三卷，中国社会科学出版社1981年版，第492～505页。原注："选自1944年10月19日《苏中报》"。

5. 苏中区人民纠纷调解暂行办法

1945年5月

第一条　为使苏中区人民纠纷本新民主主义互助互让团结抗战之精神，求合理之解决，特订定本办法。

第二条　人民民事纠纷，非经调解手续，不得起诉。

民事诉讼在审讯中，如经双方合意申请，或事实上以调解为宜者，审判员得以案件移转调解机关，进行调解，但每一案件之移转调解，只以一次为限。

第三条　刑事重大案件，原则上不得调解，但系下列轻微刑事纠葛，经申请时，得进行调解：

一、诱奸串逃案件；

二、阻耕强收妨害水利案件；

三、轻微伤害案件；

四、坐闹索诈案件；

五、毁坏强占案件；

六、其他纠纷事件。

第四条　调解机关，区政府设调解股长或助理主持，并领导区乡调解委员会。

第五条　区乡调解委员会委员由区政府就下列人员聘任之：

一、乡长或民政委员；

二、乡农抗或工抗会长；

三、民兵队长；

四、妇抗代表；

五、区学乡学教师；

六、参政员或参议员；

七、公正士绅。

第六条　乡调解委员会由调解委员三人至五人组织之。

乡调解委员会以每乡设立为原则，但因环境及地区关系，得两乡或两乡以上合并组成。

区调解委员会遇必要时，临时组织之。

第七条　乡调解委员会由委员中互推主任委员及记录各一人，进行日常工作。

第八条　区政府调解股长或助理，应经常参加各乡调解委员会进行调解，遇有案件非乡调解委员会所能解决者，得就有关各乡调解委员中，聘请五人至七人组织临时调解委员会进行调解。

第九条　调解案件应于调解委员会开会时进行，调解委员不得单独私自进行，但受调委会之委托进行个别说服者，不在此限。

第十条　人民发生纠葛时，口头向调委会申请后，调委会应即确定日期，通知双方，进行调解。

进行调解之日期，申请人无故不到者，视为撤销，对造人无故不到者，视为调解不成立。

抗属与他人发生纠葛事件，应依照优待抗属原则尽先调解。

第十一条　调解纠纷须合情合理，经双方自愿同意，和解方得成立，如一方有异议时，仍不能认为成立。

第十二条　调解成立时，应制成调解笔录，详载调解内容，分缮两份，交双方收执，其效力与司法判决同。

调解不成立时，应制作调解不成立证明书，发给申请人，以便依法进行诉讼。

第十三条　调解成立后，双方均须遵照调解内容，自动履行，如有违背时，得根据一方之声请，由政府强制执行。

第十四条　调解委员会如有偏颇或作不正当期约要求者，政府得撤销其聘任，并视情节之轻重，予以处分。

第十五条　区调解委员会对案情有详细之调查研究，在兼顾双方利益之原则下，以仲裁为宜者，在区长主持会议时有仲裁权，乡调解委员会经区政府授权时，亦有仲裁权。

仲裁案件应制作仲裁书，当事人如有不服仲裁者，应于接收仲裁书后十五日内向司法机关起诉。

第十六条　调解纠纷不得收取任何费用，调解委员不得因调解纠纷，在事前事后接受礼物或请酒等酬谢。

第十七条　各级调解委员为义务职，开会必要时招待伙食。但每月最多不得超过两次以上。

各级调解委员会之办公费用，由各该级政府用生产节约办法解决。

第十八条　本办法由本署颁布实行后，各行政区专署、各县政府所颁布关于调解委员会各种法令章程，一律废止。

第十九条　本办法自公布之日起施行。如有未尽善处，由本署以命令修正之。

选自《中国新民主主义革命时期根据地法制文献选编》第三卷，中国社会科学出版社1981年版，第664～667页。原注：“选自1945年5月24日《苏中报》”。

6. 修正淮海区审理司法案件暂行办法

×年×月[①]

第一章 总 则

第一条 凡本区法院及兼理司法之县政府审理司法案件，除另有规定外，概依本办法处理之。

第二条 司法案件之审理，应以抗战建国纲领为最高原则，对于国民政府所颁布之法令，除因战时环境及地方实际情形由行政公署另颁有单行法规施行外，一律适用。

第三条 抗战以前案件，除政治案件外，一切判决仍为有效。

第四条 审理诉讼案件，应以照顾抗日各阶层人民之利益为基础，对于民事案件，以调解为主，审判为辅；对于刑事被告，以教育改造为主。

第二章 管 辖

第五条 本区司法机关之组织，暂定为二级二审制，县政府兼理司法为第一级审判机关，行政公署设法院为第二级审判机关，其依民刑事诉讼法得上诉于第三审之案件，暂以第二审为终审。

第六条 关于军事犯案件，由军法机关审理之；关于政治犯案件，由公安机关预审之。

第七条 区署、村（镇）公所及群众团体对于诉讼案件无审判之权。

第八条 检察官之职权，由法院检察官行使之；在未设检察官之前，由公安总局代理行之。

第三章 人犯之拘束

第九条 拘捕人犯非依法律不得为之。

第十条

一、下列人犯，不论何人得不用拘票迳（径）行逮捕。

（一）汉奸、敌探、逃兵。

（二）犯罪确有实据，现在通缉或逃亡中者。

（三）犯命盗案件有重大嫌疑而有逃亡之虞者。

（四）刑事诉讼法第八十八条规定之现行犯。

（附：刑事诉讼法第八十八条：现行犯不问何人得迳（径）行逮捕之。犯罪在实施中或实施后即时发觉者，为现行犯。

有下列情形之一者，以现行犯论！

（一）被追呼为犯罪人者。

（二）因持有凶器、赃物或其他物件，或于身体、衣服等处露有犯罪痕迹，显可疑为犯罪人者。）

---

① 原件未注明制定年月，可推断为抗日战争时期。

二、民众或群众团体逮捕前项人犯，应即解送主管村（镇）公所或区署。

三、部队逮捕前项人犯，除军事犯外，应即解送该地主管审判机关。

第十一条　区、村（镇）长在其管辖区域内，对于前条所举之犯罪者，应不待上级命令迳（径）行逮捕。

羁押人犯除因特别情形接受上级允准者外，村（镇）公所应在二十四小时内，区署应在四十八小时内，移送该管司法机关处理。但上级命其移送者，仍应即时移送。

第十二条　凡羁押之人犯，在特殊区域不能解送的，须将事实及不能解送之原因，详报该管司法机关备核。

第十三条　除第十条列举之人犯外，民兵及群众团体无逮捕及羁留人犯之权。

第四章　起诉及审判

第十四条　起诉应以书面向主管司法机关为之，但当事人不能自作书面时，得命口述，制成笔录，或代撰书状，命当事人按指印为凭。

第十五条　案理案件，于开终结庭时，当事人得先期呈准该管司法机关延请代理人或辩护人出庭。

第十六条　各级司法机关得以批示代裁定、庭谕代判决，并为送达。

第十七条　婚姻之诉当事人之一造受合法传唤而无故不到场者，得依到场当事人之一造辩论而为判决。

第十八条　为适应抗战环境，除从刑仍依刑法规定外，特规定主刑之种类如下：

一、死刑。

二、有期徒刑：刑期最高不得超过十年。

三、罚金：依据刑法分则各本条之规定，参照犯令、资力，及当时通用之币值酌科之。

四、拘役：二月以下，一日以上。

五、管束：一年以下，一日以上。

第十九条　受有期徒刑或拘役之宣告，因抗战环境及被告身体、职业或家庭之关系，执行显有困难者，得以抗币（一元折合法币五十元）一元以上，五元以下折算一日，易科罚金。

罚金应于判决确定后一月内缴纳之。

第二十条　第一审司法机关判决死刑之案件，虽经确定，仍须将全案卷宗、证据、物件，呈送第二审司法机关，核准后方得执行。

第二十一条　第二审司法机关对于第一审司法机关呈送复核之死刑案件，认为有疑义时，得提审、派员莅审，或令原审机关更审报核。

第二十二条　兼理司法县政府所收司法罚金及没收犯人之财物，应于每月月终，分别造列清册，汇报法院及行署财粮处。

第二十三条　各级司法工作人员处理案件，违反本办法或其他法令之规定，应分别情形负刑事上、民事上之责任。

第五章　上诉及抗告

第二十四条　对于县政府所为第一审之判决不服者，得依法上诉于淮海区法院。

第二十五条　对县政府所为第一审之裁定不服从者，得依法抗告于淮海区法院。

第二十六条　上诉或抗告，均应以书面或口诉叙述理由，向原审司法机关为之。

第六章　巡回审判及陪审

第二十七条　各级司法机关得按时组织巡回法庭，就近审理民刑诉讼，巡回审判办法另订之。

第二十八条　各级司法机关于审理案件时，得采用陪审制度，陪审办法另订之。

第七章　看守所与监狱

第二十九条　各级司法机关应设看守所，看守临时羁押之人犯，淮海区法院设战时监狱，执行已决之徒刑案犯。

第三十条　受徒刑或拘役宣告之人犯，在执行中，应服公役。战时监狱，对于徒刑案犯，应施以教育，授以工艺，使其劳动生产，看守所及监狱之守卫事宜，应由警卫部队担任之。

第八章　法　警

第三十一条　各级司法机关应设法警若干人，负拘传、宣示、执行，送达等之责。

第九章　执　行

第三十二条　徒刑除送战时监狱执行外，余由判决确定机关执行之。民事案件应由判决确定之机关执行，但下级机关奉上级机关命代执行者，不在此限。

第三十三条　执行死刑，一律用枪决。受刑人如有遗嘱，应记明笔录，转告其家属。

第三十四条　通缉在逃之刑事被告，负有民事上之赔偿责任者，司法机关得查封或变卖其财产，以相当价值交被害人，以资抵偿。

第十章　关于新解放区案件

第三十五条　解放前，伪政府所为之裁判，一律无效。

第三十六条　利用敌伪权势，胁迫诈取他人之所有物，应返还之。

第三十七条　利用敌伪权势所订立之契约无效。如因此兼并他人之土地，或侵夺他人财物者应返还之。

第三十八条　凡当事人双方自由公平订立之契约，与我法令并不违背者，仍为有效。

第三十九条　依据伪政府之法令有交付之义务而为财物之交付者，无论因公因私，除尚有存在者外，不得请求返还，但尚未履行者，得停止履行。

第四十条　利用敌伪权势而为之婚姻行为，得于解放后一年内声请撤销之。

第四十一条　利用敌伪权势犯刑事之罪者，仍应依法负刑事之责，但经准予自新者得减免其刑。

第十一章　附　则

第四十二条　本办法公布后，前颁淮海区审理司法案件暂行办法废止之。

第四十三条　本办法经淮海区参议会通过，交由行政公署公布施行。其修正手续亦同。

第四十四条　本办法自公布之日起施行。

选自《中国新民主主义革命时期根据地法制文献选编》第三卷，中国社会科学出版社1981年版，第467～473页。原注："选自淮海区专员公署《淮海区单行法规（草案）》"。

7. 淮海区人民代表陪审条例（草案）

×年×月①

第一条　为发扬民主精神，使案情易于了解，判处得以适当，特制定本条例。

第二条　凡审理民刑诉讼案件，均可使人民代表参加陪审。

第三条　法院、县政府于审理案件时，淮海区参议会、县参议会及县群众团体均可推派代表一人至三人参加陪审。法院、县政府于进行巡回审判时，就其发生案件之区域内群众团体及地方公正人士中，各聘任一人至三人参加陪审。

第四条　参与陪审之代表应具备下列条件：

一、负有地方信誉者。

二、在抗日民主政府建立后未受刑事处分之宣告者。

三、在出席陪审之法院或县政府无与人民发生刑事诉讼未结者。

四、与当事人及案情无关者。

第五条　人民代表经推选聘定后，由法院或县政府通知出席陪审者，即当参与陪审。

第六条　审判案件非一庭所能终结者，于继续审讯时，其陪审代表由第一次出席之人担任。

第七条　诉讼程序上之进行，由主审人指挥之。

第八条　当事人、证人之讯问，由主审人行之。陪审代表对案情有疑义时，得声请主审人为必要之发问。

第九条　凡案件已经审理终结者，参与陪审代表应于退庭后，立即会议评论，提供意见，交由主审人参酌裁判。但对于裁判之确定无拘束力。

第十条　陪审代表应于审讯笔录上签名盖章，以明责任。

第十一条　陪审代表对于陪审之案件，有保守秘密之义务。

第十二条　陪审代表就其陪审之案件，不得为当事人事先机谋，事后夤缘请托。

第十三条　陪审代表就其陪审之案件，如有要求期约收受贿赂者，依法惩处。

第十四条　本条例经淮海区参议会通过，交由行政公署公布施行。其修正手续亦同。

第十五条　本条例自公布之日起施行。

选自《中国新民主主义革命时期根据地法制文献选编》第三卷，中国社会科学出版社1981年版，第474～475页。原注："选自淮海区专员公署《淮海区单行法规（草案）》"。

---

①　原件未注明制定年月，可推断为抗日战争时期。

8. 淮海区巡回审判实施办法

×年×月[1]

第一条　本办法依据修正淮海区审理司法案件暂行办法第二十七条之规定制定之。

第二条　各县政府应于每月终了时，将稽延未结及未能解审之案，列表呈报法院，以备查核。

第三条　法院认为某县积案较多，有组织巡回法庭之必要时，得指派推事一人，随带书记官一人，法警二人前往审理之。

第四条　县政府于巡回审判推事到达时，应将稽延未结及未能解审之案件，检齐卷宗，移付巡回审判推事办理。但本月的新收未结之案件，仍由承审室自行处理。

第五条　巡回审判推事在各县审理民刑案件，得独任为之，如认为有合议之必要时，应召集县长，承审员或公安局长参与审判。

第六条　诉讼当事人对于法院巡回法庭所为之判决不服者，仍得向法院提起上诉。但曾任巡回法庭原审之推事，不得再行审理。

第七条　巡回审判推事对外行文及制作判决书，以淮海区法院巡回法庭及巡回审判推事名义行之。

第八条　巡回审判推事于工作完竣离县时，应将理结之案件，具报法院备查，并附送裁判书。

前项理结案件之卷宗，由原县保存。

第九条　巡回审判推事每到一县，除审理案件外，并有检查该县司法工作之责。

第十条　各县县长认为某一地区诉讼案件较多，必须就近审讯，以便深入了解迅速处理时，得指派承审员、书记员前往该区组织巡回法庭。

第十一条　县政府巡回法庭，以承审员为主审人，陪审人员之设置，适用淮海区人民代表陪审暂行条例之规定。

第十二条　诉讼当事人对于县政府巡回法庭所为之判决不服者，得上诉于淮海区法院。

第十三条　县政府巡回法庭对外行文及制作判决书，以县长名义行之，承审员付署。

第十四条　巡回法庭之执达事项，由所在地政府负责办理。

第十五条　本办法由淮海区行政公署制定颁布施行。其修正亦同。

第十六条　本办法自公布之日起施行。

选自《中国新民主主义革命时期根据地法制文献选编》第三卷，中国社会科学出版社1981年版，第476～477页。原注："选自淮海区专员公署《淮海区单行法规（草案）》"。

---

① 原件未注明制定年月，可推断为抗日战争时期。

9. 淮海区徒刑案犯执行暂行办法

×年×月①

第一章 总 则

第一条 为适应战时环境，便于管理教育已决案犯，特制定本办法。

第二条 徒刑案犯，在执行期间，一律不得行使公民权利。

第三条 徒刑案犯，在执行期间，如再犯他罪，应即送交司法机关处理，与前科之刑合并执行。

第二章 交付执行

第四条 各级司法机关判处徒刑案犯，刑期在二年以下及二年以上中之有恶性传染病者，应易服公役，并取具妥保，发交该管村公所执行。

各级司法机关于发交前项案犯时，应将案犯姓名、住址、犯罪事由、刑期及在执行中必须注意之事项，知照该管村公所。

第五条 村公所于接受前条之委托后，应将案犯编号登记以凭差遣。

第六条 村公所遇有后方特定勤务，及奉命差遣时，应尽先拨用服公役之案犯。

第七条 村公所在同一日间，遇有案犯人数超过应支伕役人数之情形时，即采用轮流服役制度，依次调遣之。

第八条 村公所对于服公役案犯之言行，有检查督促之责，并得干涉案犯之迁徙或远行。

第九条 案犯刑期已满时，村公所应向发交该犯之司法机关，具报备查。

第十条 案犯刑期已满，虽计算服公役之日尚未足，亦视为执行完毕。

第三章 送监执行

第十一条 各级司法机关判决徒刑之案犯，刑期在二年以上而无恶性传染病者，应取具妥保，送交战时监狱执行。

由法院判决确定者，移送公安总局转交战时监狱检收。

由各该县政府判决确定者，应先解送法院，再依前项手续办理之。

第十二条 刑期中之案犯，衣服行李一律自备，饮食由监供给，如有疾病，除由监延医诊治外，并得准保出外就医。

第十三条 在监案犯，每三个月得请假一次，其手续另行规定之。

第十四条 案犯家属接见，须有该管村长之介绍信，并经典狱长许可，方准接谈，但概不招待接见人之膳宿。

第十五条 案犯管理教育办法另定之。

第十六条 刑期中之案犯，于学习、劳动，生产各方面表现优良，而有悛悔实据者，得由典狱长报告上级提前释放。

---

① 原件未注明制定年月，可推断为抗日战争时期。

第十七条　案犯在监执行期满，由典狱长报告上级，批准释放。

第四章　附　则

第十八条　本办法由淮海区参议会通过，交由行政公署公布施行。其修正手续亦同。

第十九条　本办法自公布之日起施行。

选自《中国新民主主义革命时期根据地法制文献选编》第三卷，中国社会科学出版社1981年版，第478～480页。原注："选自淮海区专员公署《淮海区单行法规（草案）》"。

10. 淮海区拘票使用办法

×年×月①

第一条　刑事被告罪嫌重大，而有下列情形之一者，得使用拘票拘提之：

一、无一定住所者；

二、有逃亡之虞者；

三、有湮灭、伪造、变造证据或勾串共犯或证人之虞者；

四、所犯为死刑，或最轻本刑五年以上有期徒刑之罪者；

五、经合法传唤，无正当理由不到者。

第二条　民事被告有下列情形之一者，得使用拘票拘提之：

一、经传唤不于日期到场，亦不声明理由或其理由不正当者；

二、非本人到场，本案虽经终结而不能收终结之效者；

三、证人因连传不到被处罚，仍不遵传到场者。

婚姻案件之当事人，不适用前项第一款之规定。

第三条　签发拘票之权，在法院属于院长，侦查中由检察官付署，审判中由受命推事付署。在兼理司法之县政府属于县长，关于司法案件由承审员付署，关于公安案件由公安局长付署。

第四条　拘票应记载下列事项：

一、被告之姓名、年龄、性别，住址或其他足资辨别之特征；

二、被告犯罪之行为；

三、拘提之理由；

四、应解送之处所；

五、发票之机关；

六、发票之年月日。

第五条　拘票由发票机关指挥所属政府或警队执行之，必要时得作拘票数通，分交所属，各别执行。

第六条　执行拘提，应以拘票示被告。

---

① 原件未注明制定年月，可推断为抗日战争时期。

第七条　依法执行提票之公务员，遇有急迫情形，得于管辖区域外执行拘提，或请求该地之行政机关执行之。

第八条　执行拘捕后，应于拘票记载执行之处所及年月日，连同被告一并解交发票机关。如被告逃亡或藏匿，因而无法执行者，应缮具简明报告书，并粘附原拘票，呈缴发票机关备查。

第九条　被告为现役军人时，执行拘提之公务员，应以拘票知照所隶属之长官协助执行。

第十条　区村政府对本法第一条所规定之刑事犯，认为有拘捕之必要时，得呈请县政府签发拘票，依法执行。

但如系现行犯，得不用拘票迳（径）行逮捕。

第十一条　本办法由淮海区行政公署制定公布施行，如有未尽事宜得以命令随时修正之。

第十二条　本办法自公布之日起施行。

选自《中国新民主主义革命时期根据地法制文献选编》第三卷，中国社会科学出版社1981年版，第482～484页。原注：“选自淮海区专员公署《淮海区单行法规（草案）》”。

11. 淮海区审理敌伪区人民诉讼案件暂行办法

×年×月①

第一条　凡敌伪区人民无论一造或两造在本地区司法机关诉讼者，均适用本办法。

第二条　诉讼当事人一造或两造，住在敌伪区，而系争标的物在本地区者，其诉讼应于本地区司法机关为之。

第三条　诉讼当事人一造或两造，住在本地区，而系争标的物在敌伪区者，其诉讼仍应于本地区司法机关为之。

第四条　诉讼当事人一造或两造，虽住在敌伪区，但传票确已送达在三次以上而仍不到庭，得为缺席裁判。

前项裁决如不能即时执行时，俟该地区解放后执行之。

第五条　诉讼当事人及系争标的物均在敌伪区，而合意在本地区进行诉讼者，应遵守本地区司法机关之裁判。

前项裁判，依前条第二项之规定办理。

第六条　诉讼当事人之一造，住在敌伪区确系无法传唤者，得以裁定中止其诉讼。

中止期间，不受时效之限制，俟该地区解放后再行回复原状。

前二项之规定，对于婚姻或继承之诉不适用之。

第七条　本地区调解委员会规程，对于敌占区人民亦适用之。

---

①　原件未注明制定年月，可推断为抗日战争时期。

第八条　敌伪区人民刑事诉讼，如向本地区司法机关进行时，应受理之。

第九条　敌伪区人民因假藉敌伪权势而订立之一切契约，蒙受损害之一方，得向本地区司法机关诉请撤销。

前项裁判如不能即时执行，适用第四条第二项之规定。

第十条　敌伪区人民因对敌斗争（包括秘密、公开两种）而有功绩者，为刑事被告时，如能提出证明文件或证明人，经审查属实后，得酌量情形减免其刑。

第十一条　敌伪区人民受刑事处分宣告后，如其家属对于抗敌工作有特殊贡献，经证明属实者，得停止执行。

前项停止执行之敌占区人民，如本人积极抗战者得减免其刑。

第十二条　其他法令与本条例不相抵触者，一律适用。

第十三条　本条例经淮海区参议会通过，交由行政公署公布施行。其修正手续亦同。

第十四条　本条例自公布之日起施行。

选自《中国新民主主义革命时期根据地法制文献选编》第三卷，中国社会科学出版社1981年版，第488～490页。原注：“选自淮海区专员公署《淮海区单行法规（草案）》”。

12. 重订淮海区调解委员会规程

×年×月

第一条　为发扬民主、加强团结、减少诉讼、杜息争端，特制定本规程。

第二条　各区建立调解委员会，由区署就区内村级干部，各项英雄、模范工作者，群众团体代表，公正士绅，及小学教师中聘任调解五十至七十人组织之。但每村至少须有三人以上受聘参加。

第三条　调解委员会以本区区长为主任委员，遇有人民声请获上级发交调处事件时，主任委员应就委员中指定七人至九人为该事件之调解人。主任委员须参加主持，或委托代表参加主持。被指定之调解委员，如与当事人有利害关系者，得声请回避，由主任委员另行指定，当事人亦得声明理由请示主任委员另行指定。调解委员须三分之二以上出席，方得开评议会，取决于多数，意见相等时，由主任委员或其受委托之代表决定之。

第四条　调解委员为义务职，不得收任何酬报调解费。

第五条　调解之事项如下：

（一）一般民事事件；

（二）轻微刑事及告诉乃论事件；

（三）主佃及劳资纠纷事件。

第六条　调解事件应自接受声请调解之日起十日内调解终结，必要时得延长至二十日。

第七条　已调解成立者，应制作和约发给双方当事人。

前项和约应记明下列事项：

（一）双方当事人姓名、年龄、住址；

（二）调解之事实；

（三）调解之结果；

（四）参加调解之委员（签名盖章）；

（五）和约成立之年月日及地点。

第八条　调解成立与判决确定有同等之效力。

第九条　调解未成立者，应制作通知书发给双方当事人，以便依法起诉。前项通知书应记明双方争执之焦点，及调解不成立之原因。

第十条　人民起诉须呈验调解未成立之通知书，否则，不予受理。

第十一条　每月月终，调解委员会应将调解成立及未成立之事件分别汇报县政府备查。

第十二条　本规程公布后，前颁区、乡（镇）调解委员会组织规程废止之。

第十三条　本规程由淮海区行政公署公布施行，如有未尽事宜，得以命令随时修正之。

第十四条　本规程自公布之日起施行。

选自《民事诉讼法参考资料》第一辑，法律出版社 1981 年版，第 309～310 页。原注："据淮海区专员公署印《淮海区单行法规》（草案）"。

13. 苏皖边区第二行政区人民法庭组织办法

1947 年 12 月 24 日公布施行

第一条　为了贯彻土地改革，彻底平分土地，消灭封建势力，实现农民翻身，必须充分放手发动群众，保证一切权力归农会。现在，根据《中国土地法大纲》第十三条的规定，以及本分区实际状况，订定本办法。

第二条　在土地改革复查期间，各级农联会有权根据人民意见，领导组织人民法庭，审判与惩办一切封建恶霸、反动地主以及所有违抗或破坏土地改革复查的罪犯。

第三条　各级人民法庭是临时组织。为了防止封建势力与匪特混入操纵破坏起见，规定其成立手续、组织成份（分）与其产生办法如下：

一、各级人民法庭的成立，必须事前报告上级农联会批准，并派代表参加，同时请同级政府派代表参加。

二、各级人民法庭的组织，由委员七人至九人组织人民法庭委员会，同级政府代表为当然委员。在委员会中，雇贫农代表应占三分之二，一般农联会会员应占三分之一，农联会会长为主任委员。

三、各级人民法庭委员，由各级农民大会或代表大会选举，并须由上级农联会或其所派代表审查与批准。

四、各级人民法庭可以根据工作需要，选举或聘请文书一人至二人，在人民法庭委员会领导下，负责抄写、记录、保管宗卷材料等事宜。

五、乡村人民法庭须经过群众审查与改组之农联会，才有权力召集。经过群众审查与改组之政府，就有权力派代表参加。原有农联会与政府，无此权力。当地农联会与政府，未经群众审查与改组过，则由县区农联会派人，直接召集雇贫农大会与农民大会或代表大会，选举人民法庭委员，组织人民法庭，并请上级政府派代表参加。

第四条　各级人民法庭有权根据大多数人民意见，并经过人民法庭委员会讨论，三分之二的委员同意，作出判决，并执行之。

判决与执行情形，必须呈报上级农联会备案。

第五条　各级人民法庭判决罪犯之死刑，须呈请区以上农联会批准后方得执行。

第六条　上级农联会及其所召集与组织的人民法庭，有最后决定权，更改与否决［下］一级人民法庭的判决。

第七条　各级人民法庭主要的职权是审判与惩办封建恶霸、反动地主及违反与破坏土地改革复查的罪犯。如果处理雇贫中农的案件，必须通过区以上农联会审查与批准。如果处理干部的案件，必须通过区至县以上农联会审查与批准。

第八条　各级农联会处理重大战争罪犯与特务案件，必须通过县以上农联会的审查与批准，政府及其公安部门必须负责指导与协助。

第九条　各级人民法庭必须绝对保证贫雇农的领导权与广大农民充分发扬民主精神，发表意见。封建地主、反动富农、封建爪牙、顽匪分子，一概不得参加会议与发表意见。如发现混入操纵破坏情事，定予严厉惩办。

第十条　本办法自十二月二十四日公布施行。如有未尽事宜，本署得以命令修改之。

选自《中国新民主主义革命时期根据地法制文献选编》第三卷，中国社会科学出版社1981年版，第582～584页。原注："选自1947年12月27日《人民报》"。

14. 苏皖边区第六行政区人民法庭组织条例

1948年2月23日公布施行

第一条　为贯彻土地改革，坚决摧毁封建统治，彻底消灭地主阶级，确保人民民主权利，特依据《中国土地法大纲》第十三条之规定，制定本条例。

第二条　人民法庭是人民保卫翻身利益，镇压及处理一切违抗破坏土地改革，及侵犯人民民主权利案件的权力组织。

第三条　本行政区内暂决定县建立人民法庭审判委员会，及按区设县人民法庭审委会分会，乡设审讯检查组（但不是一级审判组织）。在必要时，经人民大会决议，经人民法庭县分会批准派人参加，可组织乡临时人民法庭。

第四条　各级人民法庭或组，由同级人民大会或代表会（委员会）选举，经过上一级政府委任与批准成立之，其办法：

甲、县人民法庭审判委员会，设委员七人，由县人民大会或代表会选举六人，并由专署委派一人，组织审判委员会，互推主席一人，审判员二人，检查员二人，书记员二人，分任各项职务。

乙、区人民法庭分会，设委员五人，由区人民大会或代表会选举四人，并由县府委派一人，组织审判委员分会，互推主席一人，审判员一人，检查员二人，书记员一人，分任各项职务。

丙、乡审检组五人至七人，由乡人民大会或代表会选举，互推组长一人，检查员、调解员、记录员各二人，分任各项职务。

第五条　人民法庭或小组，除受同级人民大会或代表会监督外，并受上一级政府及人民法庭之直接领导。

第六条　县及县分会人民法庭组织成员，雇贫农要占二分之一以上，乡审检组雇贫农要占三分之二以上，组长应以雇贫农充任。

第七条　人民法庭审判委员任期暂定为半年，但有不称职或舞弊时，人民大会得即时罢免或改选之。

第八条　人民法庭依据《土地法大纲》，秉承农民之意旨，得处理并判处下列案件：

甲、一切违抗或破坏土地改革法之案件，如造谣生事，阴谋犯罪行为。

乙、一切破坏或妨碍土地改革秩序，如隐藏分散、私自接受、任意宰杀牲畜，砍伐林木，破坏农具财产、水利建筑物、农作物或其他物品等行为，与妨碍农民接收、登记、清理及保管一切转移的土地及财产，妨碍土地及财产分配等。

丙、一切浪费、侵吞、贪污、偷窃、强占、私自赠送，以及贩卖农民斗争所得果实等行为。

第九条　人民法庭之审判委员会，采会审合议制，可根据犯罪轻重，审讯后多数讨论通过，有权判决当众坦白、赔偿、罚款、劳役、褫夺公民权之有期或无期监禁、死刑，或者宣判无罪。

第十条　凡经人民法庭判决案件，须经各级政府执行，其范围如下：

甲、判处劳役之人犯，得交区以上政府监督执行，或交由乡村罚劳役，但不得给罪犯以肉体上虐待。

乙、判处监禁之人犯，应解送县监狱执行。

丙、判处死刑之人犯，应依其犯罪性质，分别经过县以上政府批准执行。

第十一条　乡审检组职权范围如下：

甲、接受群众控诉，转呈上级审判委员会。

乙、收集罪犯之犯罪事实、人证物证，代表人民提起公诉。

丙、有权逮捕现行犯，无审判权，在上级授权之下，可组织临时人民法庭或公审大会。

丁、一般民事纠纷可进行调解。

第十二条　人民法庭对在职干部或工作人员逮捕或判处，其权限规定如下：

甲、村干须经区政府批准。

乙、乡干须经县政府批准。

丙、区以上干部，须经专署批准。

第十三条　人民法庭有权检举、弹劾任何工作人员与干部。

第十四条　人民法庭检举出政治犯时，应交公安机关协同处理。

第十五条　现役军人有违反土地改革法令之行为，得经其所属之主管机关派代表出席旁听，由人民法庭判处。

第十六条　人民法庭严禁使用肉刑。

第十七条　人民法庭判决不公，或违反群众意见时，乡以上之农会，可代表人民向上起诉，要求复判，或重换主审官审理。

第十八条　本区审判程序暂定为两级两审制（县政府、专员公署），原被告双方有一方不服判决，可于一星期内提起上诉，要求复审。属于土改案件者，其最后上诉一级为县政府，属于政治案件者，其最后上诉一级为专署。

第十九条　人民法庭办事细则另定之。

第二十条　本条例自公布之日施行，如有未尽事宜，由本署修改之。

选自《中国新民主主义革命时期根据地法制文献选编》第三卷，中国社会科学出版社1981年版，第584～588页，原注："选自1948年2月25日《淮海报》第1418期"。

15. 苏皖边区第六行政区人民法庭办事细则

1948年2月23日公布施行

一、人民法庭办理案件，除接受群众意见外，应依本细则之规定。

二、人民法庭各审判委员之分工职掌如下：

甲、审判委员会主席负审判全责。

乙、检查员负责接收人民控告，到群众中收集被告之犯罪事实（必要时可召开被告所在村群众控诉会），人证物证，起草控诉书，代表人民要求对被告处刑。此项控诉书，须经农民群众修改审查通过，然后递交人民法庭，并在开庭时，口头代表群众起诉。

丙、审判员根据起诉书，审讯被告，并审查人证物证，允许被告或其代表声辩与提出反证，加以研究，收集材料，征求群众意见，然后提出判罪意见。如罪状不能成立，要再到群众中收集材料，弄明事实，由审判委员会商讨最后判决。

丁、书记员负责记录，缮写判决书，及整理案件记录材料卷宗。

三、人民法庭如检举出政治案件时，应随时通知公安机关，协同侦查处理。

四、人民法庭开庭审理重大案件之先，应决定开庭日期、地点，发出通知（但一般不拘固定形式，在群众斗争大会时，亦可将群众斗争会变为群众公审大会）。开庭时，正面设审判席，两边设检查席、书记席，由群众团体选举代表参加陪审，人民可自由旁听，经审判员允许，旁听皆可发表意见。

五、人民法庭进行判决时，应先与有关群众商量，征求群众意见，群众如有疑问，应向其解释清楚。如群众反对，有新的材料且群众意见正确时．就应接受群众意见，审判委员会应将原判修改，重新开庭宣判。如果群众意见不正确，也应向群众解释清楚，再宣判。

六、判处死刑案犯，应一律用枪决，由人民法庭执行。判决徒刑案犯，最好大部交村乡罚劳役，或由政府集中使其劳动。这样，既可调剂农村劳力，并可减少政府管理上之困难。

七、人民法庭审判案犯时，宜采取群众路线，着重调查研究，收集人证物证，不专注意被告口供，严禁逼供讯。

八、人民法庭判决没收财产时，应通知当地政府及农会，协同进行清查、点收与处理。

九、人民法庭应备有办理案犯登记簿，专载被告姓名、性别、年龄、籍贯、住址、成份（分）、职业等项与犯罪事实，及裁判决定，并依案件性质，按下列三种，分别登记，以便考查。

甲、群众斗争对象案件登记簿。

乙、政治案件登记簿。

丙、干部及其他案件登记簿。

十、案犯判决后，应作判决书，缮写公布，并通知其本人，判决书的内容，除被告姓名、履历外，应说明三点：

甲、犯罪事实。

乙、裁判理由。

丙、判处刑罚。

十一、判决犯人除主刑外（如死刑、徒刑），尚有从刑时（如褫夺公权、没收财产），应一一注明于判决书内。

十二、本细则自公布之日施行，如有未尽事宜，由本署修改之。

选自《中国新民主主义革命时期根据地法制文献选编》第三卷，中国社会科学出版社1981年版，第588～590页，原注：“选自1948年2月25日《淮海报》第1418期”。

16. 皖北人民法院书记员与审判委员工作细则

1949年9月6日

（一）书记员工作

一、收发工作

甲、收文：（包括各种书状）

（1）一切公文文件由其他机关或个人或邮局送到收发后，首先须将原文与附件（人犯、赃证物及其他），查点清楚，掣给收条，如数字不符，应进行查追，或拒绝收受。

（2）凡亲启机密等文件，收发室不得拆封，必须交由正副院长拆阅，然后分别交办或交收发列入收文之内。

（3）一切来文，收发均须摘由，除记载收文簿外，并在原文封面上或空白处填入，如原文已有事由者，无须重摘。

（4）收文须按次编号，并在原文上填写收文日期及号数（即填入收文簿的号数），如有附件，即在附件栏内注明。

（5）文件登簿完毕后，除紧要文件随到随送外，平常文件分上下午汇送秘书室书记员收受，收件人应逐件点清，加章后交还收文簿，亲启机密文件，由收件人盖章，以备查考。

乙、发文：

（1）发出文件，收发室须将原文与缮本附件等查点清楚，收下后盖章。

（2）发文须按发文簿的号数，登载文别（呈、函、指令、训令、判决、裁定、指示、通令）等案由附件后，应在原稿和缮本上，同样填入日期与号数，封缄发出，原稿退还原承办人附卷。

（3）发文须在信封和包裹上注明内装文别件数及附件等，以便收文机关查验。

（4）凡本埠文件，于登入发文簿后，再登入送文簿，交由通讯员直接送达（传票同）其收文机关或个人须在收文簿上签名或盖章，证明收到，邮寄文件亦同。

二、分案工作

分案书记员，接到各种案件后，应作如下处理：

（1）所收属于新案者，应按其类别（分民初、刑初、民上、刑上、覆判、饬查等），分别登载分案簿（内填写案由、月、日、号码等项）。

（2）所收属于旧案者，则登载收文簿（案由、月、日、号码等项）。

（3）前项分案簿及收文簿（连同文件），呈送院长核阅处理后，分别转各审判委员或书记员（案件交审判委员，文件交书记员）办理。

（4）各承办员收到案件或文件后，应在分案簿及收文簿上盖章。

（5）分案书记员每周应检查各承办员办案进行程度填载分案簿。

三、记录工作

（1）记录书记员拟办之稿件，须先送审判委员核阅盖章转送秘书核阅后汇送正副院长判行（以行署名义者，转送行署秘书处或主任核阅）。

（2）书记员在开庭前，应先将笔录纸、笔、墨及卷宗准备好，以便随同审判员出庭。

（3）审判时须详细记录，不得遗漏，若言语不通或当事人陈述不明，可请审判委员复问，文字修改增减，不得变更原意，并应于修改增减文字上加盖私章，以示负责，审讯完毕后，应向被讯人朗读笔录（如被讯人识字者可令其自阅），如有要求更正者，应即代为更正，但更正文字上，须加盖私章。

（4）笔录经当庭宣读无讹时，应即命被讯问人盖章或划押或捺指印。

（5）笔录结尾处，除载明审讯地点、年、月、日外，并应在审判委员后面署名盖章。

（6）审判时，书记员不得直接向被讯人发问或接答。

（7）书记员遇有庭期时，应先告知法警（通讯员）于被讯人来时，事先报到，以便准备，而免遗漏。

（8）书记员在开庭前应阅卷宗并案情内容与审判委员研讨，以便记录。

（9）书记员接到有关所办文件，应立即附卷，送交审判委员核阅，以免疏失。

（10）书记员应备待办、已办、送核三种卷宗，将案件分别附入，以便检阅或送核。

（11）书记员对审判委员所办之文稿，应缮写清楚，交与校对，俟校对完毕再送监印盖印转交收发，原稿应即附卷。

（12）传票或文件之收条，收到后应附入卷内。

（13）书记员对于裁判文件送达，应注意其期限。如裁判文件的送达证缴回，已逾上诉或抗告期间者，案已确定，书记员应整订卷宗归档，但须执行者应立即交审判委员执行。如系上诉抗告之案件，应立即检卷呈送上级法院办理，如系下级法院执行之案件，应立即检卷发到下级法院处理，以上如有人犯，须一并解送。

（14）已终结确定之案件，如有应发送之证物（如契约等），应立即发还。

（15）凡呈送上诉或令发下级执行等案件，必须留存底稿，以备参考。

四、管卷工作

甲、卷宗整理：

（1）记录书记员就其承办之案卷，在未归档前由其负责保存，并进行初步整理。

（2）整卷须将文件纸张大小予以剪裁补贴与卷宗壳面一样整齐，但不得损坏字迹，或将字迹订入卷根内。

（3）整卷须按收文日期及原稿发文日期先后顺次编订（用纸捻装订），不得零乱。

（4）全案终结后，即交管卷员登入档案簿归档，卷面下须加目录，卷底封齐盖章，卷内文件，每页编号盖章，其有附件者须在目录备考栏内注明。

（5）证物须备证物封套，注明内装文件。

（6）凡卷宗发交下级法院，或移送其他机关者须将送卷底稿另订卷根保存。

（7）案件终结后，卷宗即须点交管卷室保存。

乙、档案保管

（1）档案保管员，应检查送来之档卷是否判决确定或执行完毕，如判决未确定或执行未完毕者，应拒绝归档。

（2）收到应归档之案卷，须按其类别登载归档簿（填写案由、月、日、及号数）负责装订完整，并在归档案卷末尾，附贴归档纸签（内载明归档之年、月、日、号数），按其类别，归入卷柜。

（3）调阅档卷时，调阅人应将该案类别、案由、填写调条交档案保管人收取。

（4）档案保管员应照调据就档案簿查明交调卷人，并将调卷收据，存归档簿备考。

（5）调卷归还后，管卷员应将所存调据交还，并将卷宗放置原处。

五、校对工作

（1）校对员校对文稿时，首先要看原稿，有无首长判行，否则拒绝校对（如法院文稿应有正副院长判行，行署文稿应有主任判行）。

（2）校对时应将原稿与正本分开校对，逐字逐句，校对清楚，如有错误或掉字，应予更正添减后，加盖校对章。

（3）如错误太多及漏字太多或格式不合、字迹过于潦草者，发回原缮写人重行缮写。

（4）校对时遇有疑问，应即向拟稿人询明。

（5）油印应在蜡纸写好后校对，然后付印。

（6）校对完毕时，应于文尾加盖校对章。

六、监印工作

（1）监印员按文件性质分别加盖大印、长戳、或小官章（如正式对外行文加盖大印，便条便函加盖长戳或小官章等）。

（2）监印时应连原稿一同盖印。

（3）原稿如未经首长判行或缮本未经校对，不予盖印。

（4）盖印方式：（一）上行、平行应盖正印；（二）骑缝印，上行平行用正印，下行用斜印；（三）盖印须端正不得偏斜或马虎。

（5）单据或联单，须盖在号码处。

（6）年、月、日、或号码，须先填后盖，不得先盖空白。

（7）盖印后，应付盖监印章及本人姓名于文尾。

七、撰状工作

（1）撰状格式应载明事项：（一）当事人姓名、年龄、籍贯、住址、职业、成份（分）、出身。（二）案由。（三）事实经过。（四）理由及证据。（五）请求目的。（六）当事人签名及年、月、日。

（2）撰状一律用成文纸（或印制的状纸），由当事人自备，如贫穷无力购买者，得由法院供给纸张或口头报告作成笔录。

（3）内容应据当事人原意撰写，不得扩大或缩小，撰毕后，应对当事人宣读，如有错误，即行更正。

（4）撰状员不得受当事人任何馈赠。

（5）撰状员撰状时：（一）应了解案情提供审判参考；（二）适当宣传新民主主义政策；（三）必要时进行说服与劝解。

八、赃证物保管

（1）赃证物保管员（可由书记员或会计兼代）接到赃证物时（由收发送交），应详细检查赃证物成份（分）有无真伪与数量有无缺少，如发现不真实之赃证物或缺少，应向上级报告或拒绝收受。

（2）保管赃证物时，应将所有赃证物，登记赃证物簿（内注明月、日、案由、名称、件数）。

（3）每件赃证物上，应贴赃证物名称和案由。

（4）每种案件所属赃证物应置一处。

（5）赃证物保管员，每周应检查赃证物一次，如有缺少或变化应随时报告院长或承办该案负责人。

（6）赃证物应保持原状，不得更动（如刀上之血、鸦片、红丸等）。

（二）审判委员工作

一、初审案件

审判委员收到新案后，须详细核阅，作如下之处理：

（1）批答当事人（即批示）。

（2）定期传讯，或令下级机关（以行署名义或法院名义）或函同级机关，其他团体进行调查（为求迅速起见，可用签稿并送办法）。

（3）审判委员批办后，应即送秘书室统一核阅，再由秘书室汇送正副院长核阅判行（传讯备查等批办，不须送院长判行）。

（4）案件如定期传讯，承办人应指定庭期，填具通知，并将庭期记载于庭期簿（定庭期须顾及当事人路途远近）。通知填好后，连同原批根送监印用印，交秘书室转收发分交通讯员送达或邮寄，如系委托下级机关代送，须另附函件。

（5）开庭前，审判委员应详阅卷宗准备审讯要点，以免疏漏，如案情较大者，可先与秘书或正副院长商量进行。

（6）审判时，须注意掌握政策与案情要点。不得草率或马虎了事。

（7）审讯时，审判委员、书记员与法警均须保持一定的严肃态度（不等于严厉），不得衣冠不整正，随便倾斜，或吸烟等，并注意指挥与维持法庭秩序。

（8）审判终了时，审判委员应在点名单上，向当事人宣布讯问结果（如候传候判收押被告等），并于笔录后签名。

（9）案内如有赃物或证据，审判委员应详细点交书记员妥存。

（10）案内有在押人犯，讯问前应开提票，交法警（通讯员）往看守所提传，讯问后如有羁押之必要，应开押票着法警（通讯员）解往看守所收押，取得回据，交书记员附卷。无论提票押票，审判委员均须亲自签名盖章。

（11）庭谕须送核，如须续传者，应再定期续传（续传不送核），如已达于裁判程度者，应即准备提纲，由院长定期召开审判会议，讨论确定原则，于三日内作成判决送核缮发。

二、复核

（1）复判案件，各承办人员于详阅卷宗后，应即召开本庭全体人员会议（由主审委员召集）进行研讨，制成简要提纲，提请审判会议讨论，确定原则，于三日内作成判决，送核缮发。

（2）复判案件，如须调查或补充证据或提审者，则仍归原承办人办理（办理细则与初审同）。

（3）死刑案件之判决，须送行署主任核行。

三、上诉

审判委员于接得上诉状或原审卷宗后，应详细核阅，作如下之处理：

（1）进行批答或调卷。

（2）卷宗送到后，应即定期传审（程序与初审同）。

（3）如有须调查事项者，应即分别函令下级司法机关或行政机关或团体调查。

四、饬查

审判委员接得诉状或卷宗后，应详细核阅，作如下之处理：

（1）审判委员亲自调查。

（2）通知或令同级或下级机关或团体详细调查具报。

（3）移转或指定下级司法机关查办或受理。

选自《民事诉讼法参考资料》第一辑，法律出版社1981年版，第274～281页。原注：“据安徽省皖南区人民法院一九五〇年九月编印《司法工作参考资料汇编》”。

17. 苏北行政公署指令
——为民刑案件上诉手续等由[①]

1949年9月28日

令盐城专署并告各专署、各县市政府

九月十六日呈一件为请示民刑案件上诉手续等由

呈悉：关于民刑案件上诉手续、上诉至三审是否应加限制及徒刑易科罚金等三问题，兹规定如下：

一、民刑案件上诉手续　民事诉讼当事人或刑事被告于接到判决正本后，如有不服，得在法定上诉期间向原审法院提起上诉理由，声请检卷申送管辖之上级法院，更为审判。原审法院审查如发现有违反法律程式及其他缺陷时，应令其补正。如上诉已过期，而又显无理由者，应以裁定驳回之。如上诉当事人未依上开手续而将上诉状呈寄上诉机关时，则由该受理上诉机关向原审机关调卷审理。

二、上诉三审除以二审为初审之案件外，下列案件不得上诉于第三审：

1. 债务纠纷之金额或价格不满人民币五十万元者；

2. 土地争执中之涉及经界水道纠纷者；

3. 关于婚姻事件（如解约、离婚……）；

4. 继承中请求分割遗产之纠纷；

5. 刑事案件中宣告一年以下之徒刑或拘役、罚金案件。

三、徒刑易科罚金之办法决定仍暂不施行，因苏北地区农业比重大，工商业比重小，而且经过十年以上之战争摧残，生产力与人民生活普遍降低，对轻微刑事被告如果采用徒刑易科罚金办法则大都无力负担，即使勉强为之亦于生产不利。如果为了照顾被告家庭与生产困难，不执行徒刑无大影响者，可用宣告缓刑或提前开释的办法以资补救。至对个别刑事被告认为以罚金为当者，则可宣告专科或并科罚金。

以上三项仰即遵行为要！

选自《中国新民主主义革命时期根据地法制文献选编》第三卷，中国社会科学出版社1981年版，第579～580页。

① 副标题系编者所加。

本卷参考文献

《华中抗日根据地财政经济史料选编》第一、二、三、四卷，江协省财政厅、江苏省档案馆、财政经济史编写组合编，档案出版社 1984—1986 年出版，北京。

《淮南抗日根据地财经史》，安徽财政厅编，主编龚意农、副主编杨联，安徽人民出版社 1991 年 8 月出版，合肥。

《淮南抗日根据地》，《淮南抗日根据地》编审委员会编，中共党史资料出版社 1987 年版，北京。

《苏中抗日根据地》，中共江苏省委党史工作委员会、江苏省档案馆编，中共党史资料出版社 1989 年版，北京。

《苏南抗日根据地》，中共江苏省委党史工作委员会、江苏省档案馆编，中共党史资料出版社 1987 年版，北京。

《浙东抗日根据地》，浙江省党史资料征集研究委员会、浙江省档案馆编，中共党史资料出版社 1987 年版，北京。

《浙江革命历史档案选编》，杭州大学历史系、浙江省档案馆合编，浙江人民出版社 1985 年版，杭州。

《中国新民主主义革命时期根据地法制文献选编》第一、二、三、四卷，中国社会科学院法学研究所韩延龙、常兆儒编，中国社会科学出版社 1981—1984 年出版，北京。

图书在版编目(CIP)数据

革命根据地法律文献选辑. 第三辑/张希坡编著. —北京：中国人民大学出版社，2018.12
ISBN 978-7-300-26572-8

Ⅰ.①革… Ⅱ.①张… Ⅲ.①革命根据地-法律-文献-汇编-中国 Ⅳ.①D929.6

中国版本图书馆 CIP 数据核字（2018）第 302053 号

革命根据地法律文献选辑（第三辑）
抗日战争—解放战争时期老解放区的法律文献（1937—1949）
张希坡 编著
Geming Genjudi Falü Wenxian Xuanji

出版发行	中国人民大学出版社		
社　　址	北京中关村大街 31 号	**邮政编码**	100080
电　　话	010－62511242（总编室）		010－62511770（质管部）
	010－82501766（邮购部）		010－62514148（门市部）
	010－62515195（发行公司）		010－62515275（盗版举报）
网　　址	http://www.crup.com.cn		
	http://www.ttrnet.com(人大教研网)		
经　　销	新华书店		
印　　刷	涿州市星河印刷有限公司		
规　　格	185 mm×260 mm　16 开本	**版　　次**	2018 年 12 月第 1 版
印　　张	346 插页 30	**印　　次**	2018 年 12 月第 1 次印刷
字　　数	8 136 000	**定　　价**	1980.00 元

国家社会科学基金特别委托项目，项目编号：10@zh027，
项目名称：“革命根据地法律文献整理与研究”
本书得到中国人民大学科学研究基金项目“革命根据地法律文献整理与研究”
（批准号：15XNQ063）支持

革命根据地法律文献选辑

（第三辑）

抗日战争—解放战争时期老解放区的法律文献
（1937—1949）

第六卷
山东省（下）

张希坡 编著

中国人民大学出版社
·北 京·

目　录

七、粮食法规

1. 山东省战时工作推行委员会关于粮秣工作的决定

1941 年 1 月 10 日

粮秣工作是整个的、全面的，不是局部的，在抗战中应视为极端重要的工作，一切忽视粮秣工作和任意浪费的现象都是不正确的观点。因此，加强组织与领导粮秣工作是当前任务。现在规定如下：

甲、粮秣组织的机构

（一）专署设粮秣科，办理全专员区粮秣事宜。下分三股办事：

（1）统计调查股——由二人至四人统计调查全地人口、地亩、产量、应纳公粮数与吃公粮人数，并监督对粮秣之浪费等。

（2）会计股——由二人至四人专司粮秣登记及审核粮秣预决算等。

（3）粮票股——［由］三人至五人专司粮票印制与收发，及粮秣分配等。

（二）各县设粮秣科，办理全县粮秣事宜。分三股办事：

（1）统计调查股——由二人至三人统计调查全县人口、地亩、产量、应纳公粮数与吃公粮人数，并监督对粮秣之浪费等。

（2）会计股——由三人至五人负责粮秣账簿、审核预决算及粮票出纳等。

（3）保管股——由二人至四人专司保管存粮之责。

（三）区设粮秣助理员一人、干事二人，办理本区粮秣分配、征集及收集粮票等。乡设粮秣干事，办理全乡粮秣。

（四）部队中各旅要在自己驻区内成立粮食管理局，负责征集、储藏、分配所需之公粮，其人员自行规定之。

（五）上列各级粮秣机关组织，统限于一九四一年一月完成，并将各级给养委员会之组织一律取消。

（六）各级粮秣机关之领导应为双线式，即除受各该级行政首长监督与领导外，并受上级粮秣机关直接领导，成立垂直系统，以加强工作效率。

乙、建立制度

（一）预决算制度——粮秣预决算应和经费预决算同等重要，应按粮秣规定按期造送；不造者即停止发放，剩余者一定要归还。

（二）会计制度——为清楚了解各单位粮秣的收支情形，必须建立会计制度。

（三）检举制度——对粮秣的贪污浪费是最严重现象，我们必须看成和金钱一样的重要。各级粮秣工作人员及每个人，都有检查监督及检举之权，发现了一定要检举，检举了一定要惩办。

（四）粮票制度——为免除浪费，统一的〔地〕收发，建立粮票制度。自本年一月起，各地一律实行，不论食用多少，凭票发粮，月终汇报，无粮票者不准领用。粮票使用办法及粮票式样另定。

（五）会议制度——各专署每三个月召集各县粮秣会议一次，各县每一个月召集各区粮秣会议一次，区每半月召开一次。

（六）报告制度——区粮秣助理员每半月向县粮秣科报告一次，县粮秣科每月向专署粮秣科报告一次，专署每三个月向本会报告一次。

丙、征集与储存

（一）各级粮秣机关应将辖区之地亩面积、人口数、需用食粮数、全年产量、应纳公粮数，事先详细有统计，然后根据实际情形征集公粮。

（二）公粮征集每年分上下两期成总办理，要使民众了解，成为一种义务，和田赋一样的〔地〕按期交纳。反对零筹零用、随用随要的现象，因为那样不但筹粮漫无限制，民众也不胜其麻烦。

（三）征集公粮要有一定的限度，每年不得超过总产额百分之三十，其产量低的地区应尽量减轻之。谁超过这个规定，便是侵害了民众的食粮，在爱护根据地上是最严重的事情。

（四）敌人为邀买人心，实行怀柔政策，有的敌占区民众比我占区负担还轻。因此，我们筹粮应想尽种种方法向敌占区开展，在扩大我之政治影响下，以增加筹粮区域，减轻我占区域民众之负担，但切忌强征硬办的办法，并在筹粮数目上要酌量减少之。

（五）食粮既征集起，应设法储藏。

(1) 选择适当和条件好的地区集中收藏，派员管理之，专供大部队及长期驻防人员之需用。

(2) 分别存储民间，责成乡村政权管理，专供往来人员、部队及零星之需用。

（六）在长期抗战中，一切要做〔作〕长期打算，尤其在敌人不断的封锁与掠夺当中，对食粮更应有充分的准备。各县在征集公粮时，每期要有三十万至五十万斤的屯粮。选择巩固地区存储，作〔做〕将来战争中的准备，这是坚持长期战争不可疏忽的工作。

丁、公粮使用的规定

公粮主要是供给：(1) 正规军及基本部队；(2) 脱离地方的游击队；(3) 县级以上之党政军民的机关、团体、部队。其县级以下之机关、团体、部队及优抗、救灾、自卫团队及教育食粮等，由地方另行筹办，每年按需要数量，与公粮同时征集之。

戊、分配与调剂

（一）公粮既征集，应按部队、团体、机关之实用量及既定的预算数量平均分配之，由专署和县府做〔作〕总的筹划，并指定食用粮食地区。被指定人员严格遵守，不得混淆或额外要求。

（二）在敌人不断“扫荡”下及军事上的作战关系，可能发生不供不符的现象，有的地方负担轻，县与县、区与区之间极不平均，甚至村与村之间也不一样，要纠正这种不平衡的现象。兹规定：区级每半月将各村平衡一次，县每月将各区平衡一次，专署每三月将各县平衡一次；在常驻部队地区，应用尽一切方法由外边输入，这是粮秣方面极重要的工作。

己、部队与政府在用粮上的关系

（一）每次筹粮时，政府与部队要有适当的配合，部队应派员协同政府征集之。粮食既征集起，政府既将部队实用粮食数目直接拨付，由部队自行处理之。

（二）部队到新的地区，一定要通过县政府，不得藉〔借〕口违犯这个规定。如受环境和时间限制，也应通过区乡级政权指定筹粮方法。但驻防三天以上者，得将驻防大概日期、用粮数量报请县府统一筹办。县府在筹支上如发生问题时，得呈请专署解决之。

（三）在战斗环境中临时筹用的粮秣，应与〔于〕战斗结束后与政府重新清算，供给机关不得忽视之。

选自《山东革命历史档案资料选编》，第6辑，济南，山东人民出版社，1982年版，第254～258页。

2. 山东省战时工作推行委员会关于克服春荒解决军食民食问题的决定

1941年

一、由于日寇与汉奸亲日派的“扫荡”捣乱烧杀抢掠，与去年水灾旱灾交替夏秋歉收，粮食极感困难，我们今年将遭到极严重的春荒，威胁到大部的军食民食。

二、克服春荒、解决军食民食问题，对于我们坚持抗战、反对内战、巩固与发展根据地，有头等重要的意义，因此我们必须以党政军民共同一致的努力，来完成这一战斗的任务。

三、因此，我们对于食粮问题特作如下决定：

（一）以县以上之各个地区为单位，以各该地之党政军（包括当地一切抗日军）民之主要负责人组织粮食委员会，以各该地党政主要负责人为正副主任，在各该地政府领导下统一计划关于粮食问题之统一筹划、分配、开源节流等具体方案，分别交付政府粮食科、经建科、群众团体分别执行。

（二）各级粮食委员会，应总计各该地区到麦收前所需给养总数及各别地区之群众担负能力，提出统一筹粮计划及办法，立刻停止自筹自收、各自为政以及筹一顿吃一顿的苟安现象，对驻军少群众负担轻地区可收给养代金，充作驻军多群众负担重地区购买粮食之用，以资调剂。

（三）应严格限制吃粮人数，以党政军民分别作出总的预算，实行粮票或支票制度，统一支粮，严防浪费浮支。

（四）为节省粮食，决定此后每人每天吃粮数量武装部队粗粮二斤四两、细粮（米面）一斤半；党政民人员粗粮二斤、细粮一斤四两；马匹喂豆饼。饭食一律自做，立刻停止请人代做，或换给养吃。提倡节省粮食，号召地方武装党政民等机关，实行种菜、开荒、喂猪、养鸡等生产工作。

（五）战工会已决定各级政府增设粮食科，专管粮食统一筹划分配工作。各级政府应立刻建立与健全粮食科组织和工作，调派质量优越之干部充任之，以后粮食之分配筹划工作统一于粮食科。

（六）粮食问题不仅只顾军食，而且要照顾民食，民食问题解决了，军食也就不成问题。解决民食是一大事，必须成为群众运动，因此必须：

1. 要不隐讳粮食缺乏的严重情形，要指出粮食困难的原因及其解决办法。我们要生存、要抗战、要胜利，我们一定要解决粮食问题。克服春荒，以党政军民团结的力量，一定能克服，由党政军民各方面进行广泛的群众动员，造成克服春荒的广大群众运动。

2. 由群众团体组织救济春荒委员会，发动人民互助。号召有粮之人民以低利或无利借与无粮食之人民，特别是地主与佃户的互助；规定所借粮食保证麦收后一定归还，同时要特别注意借粮时说服动员工作，要完全出于自愿，如有强迫者，应受处罚。

3. 发动人民组织运输购买粮食合作社，人民集股，政府给予无利借贷一部分资本（此款可由战工会已规定各地方财政收入十分之一充作地方经济建设费项下拨支）。在鲁南，组织大批人民运盐换粮是最好办法。

4. 禁止酿酒，禁止一切可供吃用之物品出口，如花生、豆子、花生饼、豆饼等出口资敌。但在民主政权内之流通不应禁止。凡有区以上政府或粮食合作社介绍信购买粮食及其他代用品流通各地吃用者，各地政府不得禁止留难之。

5. 发动群众生产热情，积极参加春耕运动，特别是种早熟之粮食或蔬菜以救济春荒。各地春耕委员会或救济春荒委员会、合作社等，应预先有计划的〔地〕采买种子、菜种，帮助农民生产。

6. 划分牧羊放牛区，保护可供食用之野菜及树叶树皮。但应教育群众采树叶树皮时，应保护树的生存，勿摧毁树木。

四、在全省范围战工会已决定成立山东省粮食委员会，聘请朱瑞、陈光、黎玉、李澄之、陈明、艾楚南、李竹如、冯平、何敬之等同志为委员，及各地区之党或政府重要负责人一人参加为委员，并以朱、陈、黎三人为正副主任，即日成立开始工作。

望各地区政府接到这一指示后，应立刻讨论这一决定，并成立各地区之粮食委员会，对解决各地区粮食问题，作出具体计划，实行布置这一工作并报告本会。

选自《山东革命历史档案资料选编》，第 8 辑，济南，山东人民出版社，1983 年版，第 46～48 页。

3. 山东省战时工作推行委员会关于征收救国公粮的决定

1941 年 4 月 27 日

（一）为使抗日军队、政府及抗日政党与群众团体领导机关之食粮有确实充分保障，节省粮食，减少群众麻烦，负担公平起见，决定今年麦收后实行统一的征收救国公粮。

（二）以行政主任区为单位，按照全区各抗日主力军、地方武装、政府机关、抗日政党与群众团体之领导机关应脱离生产吃公粮之人数，以每人每日吃粮二斤十二两（内豆子四两做菜吃）、牲口每天六斤为标准，按上述部门分别做〔作〕出全年所需食粮、马料之预算。同时为了工作发展、吃粮人数可能增加起见，得按原预算增加百分之三十作为预算数。

（三）公粮之征收，得按麦收秋收时间全年作二次征收。粮食种类得按收获食粮种类征收，一般以麦子百分之四十、高粱小米百分之四十五、黄豆百分之十五为原则。为了解决军队棉麻之需要，得以百分之五之麦子按价折合征收棉花或麻。

（四）各地根据全行政区所需粮食、马料作出总的预算后，即按全行政区各县土地、人口之负担能力合理分配。各县征收其有边远或［不］靠近公路、铁路地区运输粮食困难者，得征收给养代金，作为中心区需粮较多之地购买粮食之用，以资调剂。给养代金一定要购买粮食，不得移作别用。

（五）征收时一定要进行动员。征收救国公粮应由各地粮食委员会统一预算作出计划后，由政府粮食科统一征收、保管、分配。各地应在这一工作中确实建立与充实粮食科之组织与工作，部队供给机关之粮食科干部应以全部力量帮助这一工作。

（六）征收公粮时，一定要按照公平负担办法征收。工作较有基础地区实行乙种办法，各县新开辟地区应按甲种办法征收，禁止平均摊派。

（七）政府立即准备粮票及粮食支票，以后政府机关一定要按照党政军民各部分最高领导机关核准之确实预算，发给粮票或支票。军队以旅为单位，地方武装及政府群众团体、地方工作机关以专员区为单位，经收粮票支票，向各该地粮食机关领粮，无粮票或支票者，一律不发粮食。严禁对粮食之浮领浮支、贪污浪费纷乱等现象，要求政府及各机关部队严格节省食粮之教育与监督。

（八）粮食之保管不应集中一地，每村不得超过一万斤，分别交与工作有基础地区之群众保存。要晒干，防止腐烂及浪费。

（九）征收统一救国公粮，不是单纯行政命令之工作，要配合政治动员及发动竞赛。政府要与军队、民众团体及抗日政党取得配合，一致动员，保证实现。发动县、区、乡、村互助，订立竞赛条约，看谁完成并超过计划，速度最快，并有计划的〔地〕进行动员、检查、总结、给奖工作。

（十）估计到敌人可能在麦收时出来抢粮“扫荡”，因此各地应以战斗速度动员群众速收速藏，并实行武装保护麦收。

（十一）估计到这一工作在山东是创举，是艰巨而重大的工作，时间已迫促，各地应立刻准备动员并训练一批专门的干部来担负这一工作。

（十二）各地粮食委员会与政府接到这一决定后，要立刻讨论，作出具体计划，动员布置这一工作，求得完满实现，并将计划与执行情形随时电告我们。

选自《山东革命历史档案资料选编》，第6辑，济南，山东人民出版社，1982年版，第364～365页。

4. 山东省全省粮食会议关于粮食与征收救国公粮的决议

1941年5月6日

全省粮食会议根据省战工会对于征收统一救国公粮的决定、冯平委员与艾处长的报告、大会的详细讨论及陈副主任委员的结论，对于三十年度的粮食与征收救国公粮问题，特作如下之决议。要求各级政府与粮食委员会切实讨论，并推行这一决议：

（一）统一征收救国公粮，是抗战时期重要工作之一，而在山东还是一个创举。因此，我们首先要认识到：

（1）统一征收救国公粮，是保证坚持敌后抗战的党政军民各方面食粮的最有效的办法。

（2）统一征收救国公粮，按照公平负担办法，于收获后分两期收集起来，这可以减轻人民负担和工作上的麻烦。

（3）统一征收救国公粮后，按照严格的管理与分配办法，可以节约食粮，减少浪费。

（4）统一征收救国公粮，应顾及人民负担能力，以祛除人民对给养不胜负担之感，提高其生产的热忱。因此，这是建设敌后抗日根据地的主要问题之一，这是党政军民各方面的政治任务，需要党政军民的一致努力奋斗，共同完成这一重大任务。

（二）怎样统一征收救国公粮，就是工作计划与工作办法问题。这必须：

（1）以主任区（鲁中、鲁南可以专员区）为单位，按照各该地区一定吃粮人数编造预算，确定应行征收救国公粮的数目。这种粮食预算，各该地区抗日军队（主力、地方武装均在内）、政党、政权机关（五十家以上的村庄，村长即可脱离生产）以及群众团体主要负责人，均以每人每天二斤半粮食计算（本会上次决定之每人每天二斤十二两粮食，经考虑结果，认为应改为二斤半）。

（2）征收粮食的种类，以小麦、高粱、小米、谷子、豆子为主要食粮，其比例数目原则按各地区具体情形自行决定。

兹应提出考虑者，如鲁南郯马一带，每年所种小麦占该地区耕地全面积百分之七十以上，因此，该地区可征收小麦百分之六十，高粱、小米、谷子百分之二十五，豆子百分之十五。又如滨海区某些地区，种麦较少，则可征收小麦百分之四十，高粱、小米、谷子百分之四十五，豆子百分之十五。又如沂蒙山区出产小米、谷子等物特多，则可征收小麦百分之二十五，小米、谷子、高粱百分之六十五，豆子百分之十。另外，本会认为要自力更生解决穿衣和鞋的问题，必须征收棉麻百分之五。

此种应征棉麻数目，应在哪一种公粮内扣除，由各该地区自行决定。

（3）征收公粮预算，除按各该地区党政军民各方面实有人数计算外，应有百分之三十的预备粮食加入总人数以内合并预算。如鲁中、鲁南两地区，我们估计全年共需食粮一万万二千万斤，加上百分之三十的预备食粮，则应共征收救国公粮一万万五千万斤。

（4）征收公粮时，在我占区，以政府机关负主要责任，军队和群众团体密切配合工作；游击区、敌占区则军政双方配合工作。原则上总的征收公粮的责任，应由各级粮食委员会和政府的各级粮食科负责。军队在游击区或敌占区征收的粮食要到一定的粮食机关报账，以防流弊。

（5）征收救国公粮，是一个具有时间性的战斗任务，它一方面要防备敌人的抢掠破坏，另一方面要有计划的〔地〕分配和储藏。因此，原则上各地区的征粮工作，必须用突击的精神在一个半月以内全部完成。

（6）公粮的储存问题是征收救国公粮后的首要问题。它要灵活的集中与分散，集中只到区为止（过大而未取消乡的区，可以只集中［到］乡，或以几个乡为单位集中），分散则需要分藏于各村庄（必须找可靠的群众和村政权共同负责）。粮食的储存应顾及军队经常往来驻在的地区的供给便利，同时也不能过多集中在交通便利的地区，以防敌寇的抢掠烧杀。

（7）收粮时一定要按公平负担办法征收。某一地区运用某一种公平负担办法，由各地区按照具体情况决定，但必须采取公平负担的办法去征收。征收时各地区秤有大小，但为统一计算的便利，各地区应一律以公平准确的秤为标准（即每十二两等于一磅的秤）。征收公粮一般以不超过生产量百分之二十为原则（土地特多的大地主应征的比例，因累进的关系，可能超过百分之二十到百分之三十）。如超过这一定的比例，则应考虑到我们的征收食粮办法，而提出新的办法去补救。

（三）在粮食工作上的组织与领导问题，我们认为应该是：

（1）县以上成立各级粮食委员会，负责决定征收公粮数目、比例及分配公粮的原则，交粮食科执行。参加人是各地区党政军民的负责同志和各级政权机关及军队的粮食部门主要工作同志。各级粮委会是直接领导系统。

（2）各级粮食工作的执行机关，在战工会设粮食管理局，主任公署亦设粮食管理局，专署及县政府均设粮食科。专署粮食科应设科长一人，度支股股长一人、股员二人，审核会计股股长一人、股员二人。县政府粮食科设科长一人、科员二人。

区公所设粮秣员二人（即粮库）。粮食工作执行机关，专员公署一级最重要，是负责各该区域内粮食的统一管理与分配的主要机关。

（3）在征收救国公粮的一定期间内，各县应设征收救国公粮委员会，由县、区长及军民主要负责人参加，并须配备一些必要的干部。在征收救国公粮的工作中，可以抽调党政军民各方面工作人员共同工作，军队粮秣机关的工作人员要有三分之一或三分之二参加，政府粮食部门全体参加，区、乡、村长一定参加。建议政党的下层要有三分之一的干部参加，各救干部要全体参加，这些人共同组织工作队，在征收救国公粮委员会领导下来一致努力完成这一征粮工作。上一级的工作队参加并领导下一级的工作队，扩大其组织，一直到区、乡为止。

(4) 各区（或乡）设粮库，各部队在一定地区设粮站（随部队移动），粮库与粮站之间得酌设运粮站。这样对于粮食的保管、供给和运输都较便利，同时也可以避免浪费粮食与多耗人力。

（四）在建设抗日根据地，改善人民生活、保证抗日给养、生产建设与节约运动是同样重要的工作，因此我们在粮食节约的工作上规定：

(1) 粮食的预算，虽是按照每人每天二斤半计算，但开支时则是主力部队、地方基干兵团、学校每人每天麦子（高粱）二斤半（小米另折），县以下地方武装、专署以上的机关、团体、政党每人每天二斤发给之。

(2) 严格执行粮食预决算制度，反对贪污浪费现象。我们认为浮报食粮人数和剩余粮食自己贮藏、出卖，都是贪污；以生换熟和以粗换细，则都是浪费。而浪费与贪污都应照贪污浪费财物论罪。

(3) 设磨房、饭铺等自己生产，且用以优待贫苦抗属（一般说，只能由地方机关团体办)。

(4) 实行支粮票制度。支粮票是二联的，每月发一次，有一定数目，不能由自己填写数目字；式样由战工会统一颁发，由各专员公署印制；全省有统一号码，由战工会规定各地区起讫数目，各地区自行编订。

(5) 各地区扩军人员应由各县府武装科统一起来，应需公粮数目由县武装科统一发给，不准如前滥要、滥发。

（五）各地区军民食粮调剂问题，我们以为必须多方面的〔地〕顾到。因此：

(1) 交通要道，如泰山、沂蒙、清河等地区，常有其他地区的部队来往经过，则这地区应通知所属各政权机关一律通用其他有关各地区的粮票，到一定时期采取偿还粮食、汇兑粮食或给养代金等各种办法，以资调剂。

(2) 某些山地部队多，人民负担较重，某些平原地区部队少，人民负担较轻，亦应由各该主任区自行设法调剂。其属于全省范围之主任区与主任区相互间之调剂，则由本会负责调剂之。

(3) 食粮的调剂，可组织运销合作社，并可以给养代金的一部分拨作资本。

（六）在夏收和秋收的时候，敌寇可能到处抢掠粮食，因此武装保护夏收与秋收，是各地区军队的重要任务。这要由各地政权机关和驻军商量，以实际的行动来完成这一任务。同时对游击区的收获粮食工作，应较巩固地区提前去收。对各游击区、敌占区征粮工作，武装部队要负责配合征粮工作队去进行。

（七）粮食种类在发放时比例问题，我们从各方面去考虑决定。原则上认为，医院伤病员和军需工厂工人应多吃麦子，以至全吃麦子，其次则多少配些麦子与主力部队，其次学校也应优待，多给一些麦子予他们，再其次则是机关和地方武装，这一切该由各级粮委会来具体决定。

（八）征收救国公粮中的宣传动员工作，是保证任务完成的条件。这里只谈到以下几点：

（1）各地区应根据本会征收救国公粮的两个决定和在粮食会议席上讨论的内容，以及各该地区布置这一工作的计划与办法，深入到县、区、乡直到村民大会为止，详细的〔地〕宣传解释。党政军民必须一致的〔地〕配合，进行这一宣传动员工作。要求各抗日政党号召党员作模范，各救号召会员以实际的行动去竞赛征收或征纳救国公粮的成绩，看谁是超过计划的英雄。同时要求各地区驻军动员武装保护夏收和秋收，最好由各该地区最高的党政军机关下一联合通知，分别动员，共同奋斗。

（2）以专员区或以县为单位，训练一批干部，使他们了解征收救国公粮的意义和办法，但训练的教育计划要由专署来统一。

（3）动员一切报纸、刊物、剧团、俱乐部做广泛深入的宣传解释工作，并随时报道工作的模范和竞赛中的优胜者以及超过计划的英雄。

（4）敌占区和游击区也要想出许多或明或暗的宣传解释方法去动员。

（九）这次统一征收救国公粮，在山东是创举，是伟大的工程。希望全省党政军民配合一致的〔地〕动员起来，尤其是各级政权机关的同志们，要下最大决心百分之百地来完成。并且要在麦收时征收公粮工作中吸收经验教训，作［为］秋收时这一工作的基础。因此，希望各地区要有关于这一工作的总结报告。报告的内容，必须有确实的统计数字，有生动的问题，有解决困难的办法，有从工作中得出来的特殊优缺点和经验教训。这一切都要以生动活泼的手法描写出来，反对死板的记账似的无生气的公式报告。

（十）各地区接到这一补充决定后，须连同本会前发关于征收救国公粮的决定，即日详细深入讨论和布置，并成立各级组织，战斗的〔地〕动员起来，为完成征收三十年度的救国公粮伟大任务而斗争。

山东省战时工作［推行］委员会

山东省粮食委员会

选自《山东革命历史档案资料选编》，第 6 辑，济南，山东人民出版社，1982 年版，第 373～379 页。

5. 山东省战时工作推行委员会关于本会财经处及粮食局组织与人选问题的通知

1941 年 5 月

本年五月二十七日，接山东省临时参议会函送该会驻会委员会第十一次会议《关于本会财政经建处及粮食局组织、人选的决议案》，特照录于下：

一、战工会提请将该会财经处改为财政、经建两处，以便加强领导全省工作，请公决案。

议决：原案通过，交战工会施行。

二、战工会提议成立粮食管理局，请公决案。

议决：原案通过，交战工会施行。

三、李议员澄之提请任艾议员楚南为财政处处长，冯委员平任副处长；耿委员光波为经建处处长，王子文同志为副处长兼粮食管理局局长；并请任王子文同志为战工会委员，在王子文同志未到任前，粮食管理局局长一职暂由冯委员平兼代。

议决：

1. 公推艾委员楚南为财政处处长，冯委员平为副处长；

2. 公推耿委员光波为经建处处长，王子文同志为副处长；

3. 公推王子文同志为山东省粮食管理总局局长，在未到任前暂由冯委员平兼代。

本会接到这一决议案后，于本月二十八日将财政处、经济建设处、粮食管理局分别组织成立，艾处长、耿处长、冯兼代局长亦已到职工作，除分行外，特此通知。

1941 年 5 月

选自《山东革命历史档案资料选编》，第 6 辑，济南，山东人民出版社，1982 年版，第 402～403 页。

6. 山东省粮食委员会关于加强粮食工作的通知

1941 年 5 月

根据省粮食会议之决议，对今年麦季之公粮征收，作如下之决定：

（一）今年麦收后，决定各地区得按当地党政军民吃粮数、地亩数、麦收成色算出适当比例数，确定应征数目。

（二）预决算之造报：

1. 预算单位——以各军政之最高机关为单位。

2. 为彻底实行支粮票节约食粮，各单位应严格审查人数，于六月十日前造具预算送省战工会之省粮食管理总局，以便统计，并嗣后每三个月造报预算一次，每月造决算一次，以便发给粮票。

（三）人员配备——各地区应立即召开粮食会议，成立征收救国公粮委员会，组织征收救国公粮工作队。各级政权机关之粮秣人员全体参加，军队以三分之二粮秣工作人员参加，其他机关团体得酌量派人按实际情形分别组成工作队，在征收公粮委员会领导下下乡工作。

（四）在征粮期间，党政军民应配合组织宣传［队］，深入乡间宣传。军队要实行武装保卫麦收，并积极开展敌占区工作，增加公粮之收入。

（五）为使粮食征收后有适当之机关来保管分配，各级机关、团体、部队应抽调一部分干部充实各级政府粮秣科之组织，以增强粮秣工作效能。

（六）各级机关团体部队在六月十五日后有存粮，一律报告政府粮食局或粮库，统一收管。匿留者以贪污论。

各机关、团体、部队接到此通知后，要正确认识这一工作的重要，立刻召集会议讨论计划布置，以最大努力为完成本期征粮工作而奋斗，并将布置情形于六月十日前报告本会，以备查考为要。

山东省粮食委员会
主任委员：朱　瑞
副主任委员：陈　光　黎　玉
委员：罗荣桓　李澄之
罗舜初　李竹如
陈　明　艾楚南
何敬之　冯　平

选自《山东革命历史档案资料选编》，第6辑，济南，山东人民出版社，1982年版，第380～381页。原注："原载1941年5月16日《大众日报》。"

7. 山东省战时工作推行委员会关于支粮票使用办法的规定

1941年5月

（一）为统一收支，节约食粮，特制定支粮票使用办法。山东暂按沂蒙、泰山、滨海、胶东、清河、鲁南等六个地区实行。

（二）支粮票共分一斤、一斤二两、一斤四两、二斤、二斤四两、二斤半、四斤半、五斤、十斤、二十斤、五十斤、一百斤、二百斤、五百斤、一千斤等十六种，为便于考查与统计，将各地区之号数规定如下：（略）

（三）支粮票之印制及发放，由各地区之最高行政机关（专署）按辖区内之党政军民吃公粮数目，照规定式样统一印发，其他部队机关团体不得仿制。

（四）支粮票每月领用一次，余者交还，过期作废。

（五）各级机关团体部队需用公粮时，即将支粮票上加盖公用戳记，持票向县区政权指定之发粮机关领取。发粮机关照票发放后，即加盖戳记注销之。

（六）因公出发之人员亦得携带支粮票，临时向乡村政权或民间换取普通熟食，但须另有正式文件证明。

（七）以票面所规定食粮种类为给食标准，如有特殊情形即便通食用，不得苛求。其折合数如下：

（1）小米九斤折合小麦十斤；（2）高粱十二斤折合小麦十斤；（3）谷子十五斤折合小麦十斤；（4）豆子十三斤折合小麦十斤；（5）其他杂粮按市价折合。

（八）马料以高粱、豆饼、麸子三种为主，亦按市价适当折合领取。

（九）支粮票之使用，不限定区域。但甲地之票在乙地使用时，得由乙地专署随时函送甲地之专署报销或议定交换条件，互相调剂。

（十）各发粮机关每月初（仓库五日前报县，县十五日前报专署），应将上月所收支粮票按级汇报专署，以便核算报销。

（十一）各领票之机关团体部队，每月应将支粮票之存根交还发票机关结算，并对照查考，否则停发下月之支粮票。

（十二）支粮票施行后，各级机关团体部队不得再随意向民众索取食粮。

（十三）支粮票不准转借商民或有挖补涂改情事，违此以贪污论罪。

（十四）本办法自三十年六月十五日起施行。

选自《山东革命历史档案资料选编》，第6辑，济南，山东人民出版社，1982年版，第381～382页。原注："原载1941年5月16日《大众日报》。"

8. 山东省战时工作推行委员会关于鲁中区秋季粮食会议的决议

1941年8月30日

第一部分　麦季粮食工作总结

甲、基本上胜利的〔地〕完成了任务

麦季征收公粮工作及粮食制度的建立，基本上完成了全省粮食会议关于粮食与征收救国公粮的决议。这表现在：

一、实现了统一征收救国公粮，完成了计划的百分之五十五，基本上保证了麦季党政军民的粮食供给。

二、实行了粮食预决算制度，真正能按照粮票支粮，使粮食供给工作初步的〔地〕走上组织化，便利于各种工作的进行与切实节省粮食的开支，减少了浪费，大大减轻了人民的负担。

三、征收公粮时，大部分地区是按照公平负担的原则征收，使人民负担公平，调整农村阶级关系，加强了阶级团结。

四、正规化的粮食统筹统支制度的推行，节省粮食开支，减轻人民负担等政策的实现，获得了广大人民的热情拥护，大大提高了抗日民主政府的威信。

这些伟大任务的完成与成绩的获得，是山东粮食工作的创举，是民［主］政府政策的伟大胜利，亦为党政军民共同努力的成绩。我们必须重视这些成绩，并加以继续发扬光大。

乙、还未全部完成任务

麦季粮食工作虽然基本上完成了全省粮食会议的决定，但是有不少的部分任务未完成。

一、在总数量上说，还有百分之四十五的任务未完成。首先，在民主政府区域内，还有百分之三十未完成，而且游击区、敌占区内则有百分之九十未完成。

二、按公平负担原则征收粮食还未全部普遍推行，还有许多地方是按银两平均摊派及其他过左过右现象。

三、对公粮的收集保管工作还不完善，致有被敌伪投降派抢去及腐蚀现象。

四、粮票制度还有部分的不够严格，还有不用粮票领粮现象。

五、粮食预算工作不严格，还有浮报人数及不应吃公粮者领用粮票吃公粮现象。

六、粮食决算制度还未经常，未能及时纠正对粮食之贪污浪费现象。

这些严重现象的存在如不及时纠正，是要大大影响今后公粮数量的。保证粮食政策的执行，政府的威信与今后粮食任务的完成，是值得党政军民来严重认识、认真克服的。

丙、未全部完成任务的原因

为什么不能完成任务与存在上述严重现象呢？

一、对统一征收公粮工作重视不够，以为是简单的事务问题，不认识粮食工作与粮食政策是抗日建国中的重大政治问题，所以各级民主政府重视不够，而党政军民各方面亦重视不够，对于粮食会议决议未作深入讨论及研究实施办法，亦未动员全部力量来协同一致完成任务。有的以〔过〕低讨论估计这一问题，认为根本无法完成这一任务，根本无信心；有的以官僚主义态度对待粮食决定，不作深入讨论，不研究，一声不响的〔地〕"准此、等因、照转"。

二、在我民主政府区域内还有百分之三十未完成的原因，一方面由于不能及时督促、抓紧完成任务，另方面则由于分配时未细心考虑各县人口、土地大小、山区平原，老根据地与新地区、收获状况、受灾情形及游击区与敌占区等的具体情况，因此发生分配不适当，致使有些地区确实无法完成数目，影响整个任务的完成。

三、地方武装与主力部队掩护收粮工作不够。某些部队存在生吃根据地的观点，致使游击区、敌占区粮食百分之九十未完成。

四、党政军民各单位中存在有本位主义与狭隘的保守观点，不愿按照粮食会议决定派遣干部参加征粮工作，致使干部缺乏，不能及时完成征粮任务，拖延至今未能完成计划。同时对于粮食政策重视不够，在支粮时发生许多不尊重粮食制度及不尊重粮食机关职权、不给粮票、乱支粮食、自收自用及乱拉粮食代金等现象。

所有这些严重原因与现象，是值得党政军民各机关团体，首先是各级政府机关干部严重检讨与开展自我批评，克服纠正，以保证今后任务的顺利完成。

丁、奖励与批评

在麦季征粮工作中，在完成数量及工作上有些模范的，这应受到奖励。就我们所知道者计：

一、在完成数量上说，以县为单位：泰北行署完成百分之九十，莒县政府完成百分之八十一点五。在以区为单位说，计大区百分［之百］完成计划者有莒中行署之夏庄区，莒县之路镇区；小区计有沂水之第四区完成百分之二百，第三区完成百分之二百，沂南行署之崖子区完成百分之一百零四，青石区完成百分之百。

二、个人缴纳公粮的模范公民上说，有莒县路镇区地主×××，自动超过完成应缴之数目；洙边区石门贫农×××，按公平负担是在不负担之列，而自动缴纳公粮。这是热心抗日救国的自动缴纳公粮的模范。

三、在征收公粮中，有不少的征粮英雄为了完成征粮任务，不怕任何艰苦困难与牺牲，与敌伪投顽作英勇斗争，甚至有的为了完成公粮任务，因而遭受敌伪投降派之谋害，因而牺牲生命或受伤者。这些征收公粮的模范，应受到政府的奖励与表扬。因此本会决定：上述完成数目最多的泰北、莒中二县各给予一万元的无利贷款，作为筑井改善水利之用；上述夏庄、路镇二个大区各给三千元无利贷款；上述沂水四区、三区、沂南崖子、青石等小区各给五百到一千元的无利贷款。

四、个人自动多缴公粮的模范公民，各给予热心抗日救国缴纳公粮模范的奖状以示表扬。

五、对于因征收公粮而受伤牺牲者，应分配给予优恤慰问及表扬。其他征收公粮的模范英雄，分别给予物质奖励。

最后，对于许多县份及区乡，非因客观上的确无法征收之原因而完成计划很少、不及一半，甚至不及十分之二者，应分别受到严厉之批评或警告。

戊、继续征收未完成之麦季公粮

对未完成麦季公粮数目之各级政府，应继续求其完成。首先，各专署及县府应检讨麦季公粮未完成原因，如确因分配不当、数目过大，或敌伪投顽区无法征收，或因临时遭遇灾难无法征收者，县及专署二级应详细讨论决定，明令减免，不再征收；其他因借故拖延，或因敌顽扰乱、有部分武装掩护即可征收之地区，必须作出具体决定，要求各级政府及有关地区之军队协同征收，以求达到以专署为单位征足麦季公粮百分之七十以上之任务。

第二部分　秋季公粮的计划及任务的完成

甲、秋季公粮任务及其分配

一、根据鲁中区党政军民脱离生产人数所需粮数，决定鲁中征收秋季公粮九千万斤。其分配如下：

1. 滨海区包括沂东区共四千万斤。
2. 沂蒙专区共征一千五百万斤。
3. 蒙山区共征一千万斤。
4. 泰山专区共征一千四百万斤。
5. 泰南行署一千一百万斤。
6. 各专区对我占区与游击区、敌占区的分配比例以百分之八十五与百分之十五为原则。

二、粮食之种类比例一般以高粱（玉米）占百分之四十，小米占百分之三十五，豆子占百分之二十，棉花占百分之五为原则。各地得因生产粮食种类具体情形加以增减之。

三、秋季公粮以高粱为标准，其折合比例：高粱十斤等于小米七斤半、谷子十一斤半、豆子十斤、去子棉花十两。

四、根据棉花需要，决定征收二十万斤棉花。其分配根据产棉情形：沂蒙区十二万斤，泰山、泰南区七万斤，蒙山区一万斤。高粱折合棉花比例，得以十五斤到二十斤折合棉花一斤。各地得伸缩之，但一般以棉价高些为原则，以利棉花之征收。

五、在公粮之外每亩地多征一斤，作为优待抗属及救济灾民之用。此粮统一征收后，拨归政府一科优救委员会保管，专充优救基金组织生产，以解决灾民及抗属生活问题。

六、秋季公粮征收原则一般以不超过人民实际秋收粮食百分之三十为原则。其有个别大地主因累进关系须要超过此原则者，达到其实际收入百分之七十者即不得再行累进。

乙、各地分配公粮时应注意的问题

各地分配公粮时，应根据下列原则去考虑分配各县区之粮食数目：

一、应按地亩多少分配。在未清丈土地地区，可以人口决定土地之多少，一般每一人口二亩地为鲁中区人口比例地亩数的标准。

二、应按今年土地收获量分配。今年秋季较旱，秋收平地、湖地收获较丰，山地较差，东南滨海一带较丰，西北山地较差。

三、应把老的根据地与新开辟地区分开。老的根据地连年吃用，再加今年春荒，吃的较空。新开辟地区余粮较多。

四、敌占区、游击区应具体估计敌伪投降〔顽〕统治情形及人民情绪、我工作基础决定分配，在武装掩护及政治动员下可能完成数目，分配不能过高过低。

丙、按地亩统一征收烧柴及马草

为了消除目前地方供给烧柴、马草的不平均与混乱现象，决定烧柴与马草亦按地亩统一征收，不发官价。

根据目前需要，鲁中区各地每亩地平均（不累进）征收烧柴三十斤，马草每亩三斤。

烧柴一般的以高粱秆为标准，一百斤高粱秆折干木柴七十斤、湿木柴一百三十斤、石炭五十斤。马草以谷草为标准。

丁、完成任务的保证与办法

一、建立健全各级征收救国公粮委员会（已有的可酌量情形改进或不改）。对这一委员会的要求是要切实起其领导作用，要克服过去的名誉委员。

二、县区组织征粮突击队，并吸收一部分士绅名流参加，[受] 各级征粮委员会之领导，给予一定之任务。

三、对组织征粮小组，具体讨论布置工作，并作广泛深入动员，造成热烈浪潮。

四、各地区应按具体情况，周密的〔地〕详细的〔地〕讨论研究、计划布置，及时督促检查，并科学分工。

五、党政军民要密切的〔地〕配合，主动的〔地〕配合，并出一定数量之干部实际参加这一工作。我占区公粮由政府负完全责任，保证百分之百完成；游击区与敌占区应与最高机关商定，分别指定军区武装及主力负责掩护征收，以专职责。

六、在秋收〔征〕中，应普遍的〔地〕推行合理负担，最低要求要推行甲种，尽可能推行乙种，反对按银两地亩分配不合理的现象。

七、实行奖评办法，发起竞赛运动。

戊、储存粮食的办法与支粮票的规定

一、储存粮食的原则：

1. 随收随存，在比较有基础的地区应原地收原地存，不应集中在一个地区，以防敌人的烧抢。

2. 在敌占区，再〔在〕靠近敌占区，应集中到我巩固地区分散保存之。

3. 设立绝对秘密之粮库，由地方可靠之同志负责秘密运输保存，以做〔作〕长期之用。

二、支粮票的手续：

1. 全鲁中区粮票的印发由粮食管理总局统一印发，分为军用、民用两种，自十月份起开始实行，各地停止自己制造。

2. 各预算单位按批准之预算数领取粮票。

3. 严格建立粮食制度，无粮票者不准发给粮食。

已、严格粮食预决算制度

一、今后主力旅以上部队，粮食预决算交一一五师与山纵司令部审核后交粮食局核发。其抗敌自卫军主力团及其抗日主力军，归各该最高司令机关审核发（交）粮食局核发与报销。

二、所有军分区以下地方武装、政府武装、抗敌自卫团及专员区以下之政府机关、群众团体等，以专员区为范围各造预决算，交专署审核后，再交粮食［局］核发与报销；政党以主任区为范围编造预算决算，交粮食局核发与报销；专区以上之党政军民机关预算决算，直交粮食局审核与报销。

三、麦季公粮决算应于九月半前做〔作〕出，交各该有关机关审核报销。不做决算者不批发新预算。

四、所有麦季浮报浮支及节余粮食，应交粮食局报账，否则不批发秋季粮食。

五、严格实行预决算制度。泰山区每三月决算一次，沂蒙、滨海二专区每二月决算一次。

庚、提高胜利信心，一定完成任务，一定严格粮食制度

粮食问题是重大的政治问题，要求党政军民一致努力，提高信心，一定要完成任务，百分之百的〔地〕完成任务。同时一定要严格粮食制度，大家自觉的〔地〕共同遵守制度，帮助粮食制度的建立。这对于战胜敌人与建设根据地工作是有决定意义的。

主任委员　黎　玉
副主任委员　李澄之
常务委员　艾楚南　杨希文
张伯秋　刘居英
李竹如　孙陶林

选自《山东革命历史档案资料选编》，第7辑，济南，山东人民出版社，1983年版，第232～239页。

9. 山东省战时工作推行委员会关于执行“三十一次常会关于麦收工作的决议案”的通令

1942年5月28日

麦收将届，敌人已在各据点修筑仓库，准备乘机抢粮，而顽固投降派亦有乘机抢粮企

图。因此保卫麦收，反对敌伪抢粮，已成我党政军民当前紧急任务。兹经本会第三十一次常会议决：

一、今年的敌伪抢粮是有计划的，因此今年麦收必须动员全力实行速收速打速藏，预防敌伪抢粮。对滨海区等尚未经过敌人残酷“扫荡”、群众觉悟程度较差的地区，更应特别注意。

二、为了达到速收速打速藏的目的，必须作〔做〕深入的动员工作。

甲、各县要召开麦收动员会议，由政府召集参议会、部队、群众团体、士绅、报馆、剧团等机关团体代表及各区区长参加。在会议上首先要说明麦收工作的重要意义，介绍速收速打速藏的方法并加以详细讨论，并邀请出席人员回到各区有组织的〔地〕召开各该区麦收动员会议，再由各区分配人员到各村召开村民大会，深入动员。各村应一律召开村民大会一次。但为不影响工作，应在晚饭后，时间亦不应过长。

乙、由本会及各主署专署致函各部队、机关、学校、团体在驻地进行速收速打的宣传动员。

丙、由教育处通知各主署专署县府教育科通令小学进行宣传，并动员学生参加麦收。

丁、致函各报纸出刊动员麦收专号，剧团编演动员麦收的戏剧。

戊、宣传内容要特别注意预防和揭破敌伪投降派制造的谣言。

三、为了达到预防敌人抢粮的目的，各地必须根据当地情形具体讨论和宣传速收速打速藏的方法。

甲、关于速收的方法，除了部队、机关、团体要在驻地帮助贫苦抗属和缺乏劳动力的人民收割外，并须发动人民组织互助组，互相帮助，谁的麦子熟了，先帮谁割。为了预防敌人焚烧，在一时收割不及的地方，可实行“间割”的方法。

乙、关于速打的方法，除了部队、机关、团体在驻地帮助群众夏种，使群众专心打麦并尽量用牲口帮助群众打麦外，并提倡铡麦穗的办法，以便速晒速打，预防敌人焚烧。

丙、关于速藏的方法，各地可根据当地情形注意分散、隐避〔蔽〕的原则，并采用掺沙等方法。采用掺沙方法时，必须将沙先用筛子筛好，然后将筛下之细沙掺入粗粮，筛上之粗沙掺入细粮，食用时仍用原筛子筛出。所掺沙粒必须达三分之二以上，以防敌人焚烧及运走。在没有经过敌人残酷“扫荡”的地区，要深入藏粮动员，说服群众实行藏粮，并加以督促检查。在游击区、接敌区，要强调反对敌人的配给制，动员群众藏粮，并尽量动员其存入我占区之亲友家。

四、为了防备敌人抢粮，各地必须加强准备工作。

甲、加强自卫团、游击小组的领导，准备截击敌人抢粮车辆及牲口，并特别注意破坏接敌区道路，以阻碍敌人抢粮车辆的行进，以便截击。

乙、为了防备敌人掳人勒粮，必须提醒群众（尤其是村长和富户）注意隐避〔蔽〕，并事先布告被掳去者依法不得回赎。

丙、在敌占区、接敌区，要号召群众以改造巷口，使敌人迷惑不使出入，防止抢粮。

五、麦收工作必须与减租减息及改善雇工待遇及自卫团工作联系起来。麦收以后要厉行减租减息和交租清债，雇工亦应努力麦收工作，俾便增资。对整理自卫团武装保卫麦收［工］作更应注意。

根据以上决议并制定麦收标语三则，以作各部队、机关、团体参考。除分函各部队、机关、团体在驻地进行动员并帮助群众麦收外，合行令仰该处、署转饬所属，遵照办理为要。

此令

主任委员　黎　玉
常务委员　李竹如　艾楚南
杨希文　张伯秋
刘居英　耿光波

附：麦收标语三则

一、武装保卫麦收，粉碎敌人抢粮阴谋。

二、速收速打速藏，防备敌人来抢粮。

三、彻底实行藏粮，叫敌人找不到粮食。

选自《山东革命历史档案资料选编》，第 8 辑，济南，山东人民出版社，1983 年版，第 306～308 页。

10. 山东省战时工作推行委员会关于奖励粮食入境及严禁粮食出口资敌暂行办法

1942 年 6 月 3 日

（一）为支持长期抗战，与敌展开粮食斗争，确保抗日根据地内军食民食的充裕，特制定本办法。

（二）凡接近敌占区之抗日民主政府，应大量的〔地〕发动民资、游资或低利贷款给贫民，使民众集体或私人到敌占区贩运粮食，政府及群众团体得发动民众武装、民兵等给予帮助掩护。

（三）为鼓励敌占区粮商把粮食大量的〔地〕贩运至我根据地内，可依下列办法优待之：

甲、凡从敌占区运往我根据地内之粮食，抗日民主政府、群众团体及当地驻军应予以通行证，使其畅销无阻。

乙、凡系从敌占区运往我根据地内之粮食，不受任何限制，不交关税，政府粮食部门得予以各方面之帮助。如倾销不完时，政府可按市价收买。

丙、各地贸易局应大量团结敌占区粮商，帮助其解决各种困难，必要时可以我之土货交换其粮食。

丁、政府可发动靠近大道之居户、店户，凡系从敌占区运粮粮商，不收或减收其房价，以表欢迎。

（四）凡根据地内之民众，购粮自用在百斤以内者，可以自由流通；超过百斤者，须有本村村长及农救会长之证明文件，保证确非资敌者，方许其流通；再多须经过区公所及县政府。

（五）凡粮商在根据地内贩运粮食在一百斤以上二百斤以下者，首先要有本村村长介绍到区公所登记，领取登记证，然后再向购粮区区公所登记，领取运销证，超过二百斤以上者，须向所在县县政府领登记证，再向购粮县领取运销证，方许其自由购置运销（登记证、运销证由各专署统一制定）。

（六）凡登记证、运销证上必须注明起货地点与卸货地点日期。而所有粮商运销粮食，必须执有该两项证明，否则即予以扣留考查。

（七）各地抗日民主政府协同群众团体、当地驻军作〔做〕广泛的宣传工作，同时应发动群众武装及群众团体经常的〔地〕有组织的〔地〕去检查粮商的登记证与运销证。

（八）在接近敌占区及海岸线沿交通要道之县份，应作如下之布置：

甲、广泛深入的〔地〕在政治上动员群众，运用群众的力量去进行对敌反封锁。

乙、应在边区村庄制定警戒封锁线，凡在此线内往外运输之粮食，一律阻挡扣留。

丙、应将边区村庄之粮商小贩由区村政权负责登记，并经常注意监督，以防其偷运粮食出境。

（九）但遇无上项登记证及运销证及证明涂改、地址错讹之粮商，可予以扣留，须于二十四小时内送交县政府考查，考查后得以下列原则处理之：

甲、无政府之登记证及运销证而确系资敌者，应将其粮食全部没收充公。

乙、假借证明或涂改证明而实际有意资敌者，亦应予以第一项之处罚。

丙、凡无上项证明而亦无资敌之嫌者，经确证后，得发还其粮食，予以劝告，使其补领登记证、运销证，方许运销。

丁、经证实确系贫苦小贩盲从无知者，得视其情节没收其少部，或不没收而予以劳役之处罚。

戊、确系罪大恶极或连犯不改者，得依第一项加倍处罚。如涉及政治问题时，应交司法机关或公安机关处理之。

（十）第九条之处理权属于县以上之政权机关，其他则不得擅自处理。

（十一）没收之出口粮食，得从其价值中抽百分之十以奖励原查获人或告发人（工作人员不在此例），其余归政府粮食科处理，补充军食。

（十二）凡对出口之粮商纵容包庇或从中舞弊者，则予以刑事处分；政府工作人员，则加倍处罚。

（十三）本办法自公布后施行之。

选自《山东革命历史档案资料选编》，第8辑，济南，山东人民出版社，1983年版，第352～354页。

11. 山东省战时工作推行委员会关于建立粮食仓库之决定

1942年6月23日

一、为达到粮食的统筹统支，有计划的〔地〕储存保管，减少损失与浪费，保证军粮的供给，特决定建立粮食仓库。

二、仓库之组织：

1. 县设县仓库，县仓库以下得在县境各地按实际情形酌设若干分仓库。为加强粮食之储存保管，得选择条件较好之村庄分散存储，责成村财政委员会负责。

2. 县仓库设主任一人，会计员一人；分仓库设主任、会计员、出纳员各一人。

3. 县仓库主任及会计员由县政府推荐，呈报专署批准，并呈主署备案；分仓库主任、会计、出纳员由县政府直接委派，呈报专署备案。

三、仓库之领导关系：

1. 县仓库在粮食开支上受专署粮食科之领导，并受县粮食科之监督与指导。

2. 分仓库在粮食开支上受县库之领导，并受所在地区公所之协助、监督与指导。

四、仓库工作范围：

1. 关于粮食之收入支出。

2. 计划、检查与监督粮食之保管与储藏。

3. 协助政府检举浪费粮食、违犯制度等。

五、仓库工作制度：

1. 收入支出：

（1）公粮之征收属于各级政府，但所征收之公粮必须交仓库统一保管，不得自收自用。

（2）为避免粮食之亏耗，各级仓库一律改用十五两五发予之称〔秤〕。各级仓库对收入之粮食应注意检查，如质量太差则不收。

（3）仓库收入公粮必须给以正式收据，并得按时回报上级。

（4）粮食之开支属于各战略区最高政府（主署或专署），其他下级政府及各级仓库不得随便支配。

（5）由战略区最高政府签发支付通知书至专署（或县），专署再签发三联支票，一联存根，一联交县仓库，一联交领粮机关领粮后交县仓库报查；县仓库再签发三联支票，一联存根，一联交分仓库，一联交领粮机关领粮后交分仓库报查。

（6）各存粮村长，非有分仓库之正式条据不得发粮。其有不按规定之手续擅自动用或出借者，应受行政上之处分。

（7）战时粮食开支另定之。

2. 会计与检查：

（1）在征收期间内，分仓库每五日向县仓库回报粮食收支情形，县仓库每旬向专署粮食科回报粮食收支情形。在非征收期间内，分仓库每旬向县仓库回报一次，县仓库每半月向专署粮食科回报一次。

（2）县仓库及分仓库最低限度应具备总记、日记、分存三种账簿，账式由各战略区最高政府粮食部门统一规定。

（3）县、分仓库应经常定期或不定期的〔地〕检查所属下级之工作，必要时专署以上之粮食部门得派员检查仓库工作。

六、仓库人员之待遇及经费：

1. 县、分仓库工作员之待遇，与同级政府工作员之待遇同。

2. 村为无给职，但对藏粮工作成绩卓著者，得予以精神及物质之奖励。

3. 县仓库之办公费每月三元，分仓库之办公费每月五元，由同级政府统一编造预算发放之。

4. 村无办公费，其因工作必须用之纸张，由分仓库酌量发给之。

主任委员　黎　玉

常务委员　李竹如　艾楚南

杨希文　张伯秋

刘居英　耿光波

选自《山东革命历史档案资料选编》，第8辑，济南，山东人民出版社，1983年版，第381～383页。

12. 山东省战时工作推行委员会关于修正征粮办法的决定

1942年8月16日

甲、乙两种公平负担办法，虽较摊派制度前进一步，但实行结果，发生了不少的严重缺点。如甲种公平负担只凭估计评定等级，很难准确合理，在群众组织无基础之地区，估等时则豪强者上下其手，加重中农负担；群众组织有基础地区，又往往特户负担过重，以致影响社会团结。至于按亩摊派制度，其不合理更不待言。为培养民力，保证军食，坚持最后两年的残酷斗争，本会决定将甲、乙两种公平负担办法废止，并绝对禁止按亩摊派办法，今后公粮特决定按产量征收之。

壹、征收原则：

今后征收救国公粮的基本原则为根据每户每年之收获量，按累进比例征收。

贰、按产量征收标准：

（甲）征收公粮以户为单位，以人口计算（不论大小口，皆按一口计算）。每人每年产量不足一百斤者不负担，一百零一斤为起征点，累进征收。累进率如下：

（一）一〇一斤——五〇斤征收百分之一

（二）一五一斤—二〇〇斤征收百分之二

（三）二〇一斤—二五〇斤征收百分之三

（四）二五一斤—三〇〇斤征收百分之五

（五）三〇一斤—三五〇斤征收百分之七

（六）三五一斤—四〇〇斤征收百分之九

（七）四〇一斤—四五〇斤征收百分之十一

（八）四五一斤—五〇〇斤征收百分之十三

（九）五〇一斤—五五〇斤征收百分之十五

（十）五五一斤—六〇〇斤征收百分之十八

（十一）六〇一斤—六五〇斤征收百分之二十一

（十二）六五一斤—七〇〇斤征收百分之二十四

（十三）七〇一斤—七五〇斤征收百分之二十七

（十四）七五一斤—八〇〇斤征收百分之三十一

（十五）八〇一斤—一〇〇〇斤征收百分之三十五

（十六）一〇〇〇一斤以上一般皆按百分之三十五征收

但遇军粮困难或富裕地主负担能力特强时，征得户主同意及各战略区政府批准后，可以提高累进，直至百分之四十五，但不论任何理由，均不得超过百分之四十五。如须〔需〕提高累进时，可参酌下列比例征收之：

一〇〇一斤—一五〇〇斤征收百分之四十，一五〇一斤以上者征收百分之四十五。

（乙）上列标准系指全年产量。分季征收时，根据各地产麦多寡，将起征点——一〇〇斤，按夏三十斤秋七十斤，或夏四十斤秋六十斤征收。各战略区可根据实际情况决定之。

（丙）公草公柴之征收，依征收公粮之比例及累进征收之，一般以交纳一斤公粮交二斤公草公柴为原则，由各地按实际需要规定之。

（丁）实行此办法后，佃户亦须按其全部收入负担公粮。抗属、鳏、寡、孤、独其实无负担能力者，经县以上之政府批准后酌量减免。

（戊）为了奖励富农生产，雇工得列入其本雇主家，作其一口人计算负担。但以三人为限，超过三人者亦以三人计算。

（己）莲汪、苇塘、果园、菜园、竹园之地片较大、每年有一定收益者，得按其实收折成粮食数目，依以上标准征收代金或粮食。但折合时，应顾及其所使用的劳动力及投资之多寡。

（庚）根据各地之产粮情形，确定征粮种类及征粮比例，并以各地之主要食粮确定标准粮，其余粮食可按当地情形折合征收。

（辛）游击区、敌占区征收数目，应以本征收率三分之一（至多二分之一）为原则。

叁、已实行甲种和乙种公平负担地区：

（甲）已实行乙种公平负担有成效之地区，仍得暂按标准亩之平均产量估计征收。但征收数额与累进比例须参照本办法变更之，废除免负担地及其他繁杂规定与进级办法，务使地主负担不超过百分之三十五。但遇军粮困难时，得依上列征收标准第十六项执行。

按乙种公平负担征收时，其负担数如较其实产量悬殊过大时，应即按实产量加以调剂。

（乙）实行甲种公平负担之地区应即废止该办法，即按本办法征收秋粮，其按亩摊派之地区亦同。但甲种公平负担之分数与按地摊派之亩数，可作估计产量参考之一。

肆、各地接到这一决定后，应即根据当地情况加以讨论并参考当地秋收情况及本办法的征粮比例制定征收秋季公粮暂行办法进行征收，并报会备案。

（如何实行本办法，本会尚有补充指示随后印发，以作各地参考，望注意。）

主任委员　黎　玉

常务委员　李竹如　艾楚南

张伯秋　耿光波

刘居英　杨希文

选自《山东革命历史档案资料选编》，第8辑，济南，山东人民出版社，1983年版，第462～465页。

13. 山东省战时工作推行委员会关于按产量征收救国公粮实施办法的指示

1942年8月26日

按产量征收救国公粮办法业已颁发各地，兹根据在滨海区试验及各种会议讨论结果，提出以下几个问题。

（甲）按产量征收可能遇到的困难：

一、新办法在山东说还是开始实行，可能有不少的同志对新办法不易接受，实行不彻底，甚至采取阳奉阴违的态度。

二、另一个最大的困难，是产量陈报难以确实，斗争不易启发，甚至可能发生全村有计划的匿报情形。

三、据一般估计，按新办法征收公粮，收入可能比过去减少，将来对军粮供给的保证更须注意。

（乙）克服办法：

一、广泛与深入的宣传动员，是战胜困难、克服减征的基本办法。

（一）要说明征粮新办法，一方面减轻人民的负担，照顾到人民的生活；一方面还必须照顾到军粮的充足，保证抗战的胜利。在坚持最后两年对敌艰苦斗争中，必须依赖全体抗战人民的力量，才能取得抗战的最后胜利。政府既关照到人民的生活，减轻人民的负担，人民也必须认识交纳公粮是人民光荣的抗战任务，保证军粮充裕是抗战胜利的基本环节。要使每一个人都能认识交纳公粮与抗战胜利是密切联系着的。

（二）要说明政府所决定的征粮新办法，是完全与中共中央所提出的土地政策原则符合的。政府在制定了减租减息、增资条例后，继续制定征粮新办法，说明了政府照顾到贫农中农利益，同时也照顾到地主富农的利益，它确定了征收的最高额，使地主富农在减租减息、增资后负担减轻，生活得到保障。因此地主富农更应起模范作用，忠实的〔地〕报告产量，使新办法能彻底实行。

（三）要说明新办法虽然公平合理，照顾到人民生活，又照顾到军粮的需要，但还有赖于广大群众自动坦白的〔地〕向政府报告其产量，对匿报者应展开无情的斗争，予以制裁，以保证这一善政的彻底实行。

（四）宣传方式：

1. 在征收前，应将所有的干部集合起来，组成宣传队，到各村进行宣传。

2. 召开各种会议，如士绅名流座谈会、村级干部联席会、群众团体大会、村民大会、屋子会（即按家召开会议），进行深入的宣传。

3. 在文字上的宣传。政府出布告，机关团体贴传单、出壁报、画漫画、写标语，报纸上登载社论、论文、新闻及模范例子与口头宣传、演剧等。

4. 党政军直属部队机关，要在其驻防区配合征粮队进行广泛的宣传。

5. 在征收前要将所有参加征收的干部集合起来，由政府负责同志或粮食部门领导将新办法深入研究讨论。在可能范围内，各县要办一村长短期训练班，讲授征粮新办法，加强其认识，提高其责任心与模范作用。

二、密切配合与加强组织领导。

（一）新办法之能否彻底实施，更须依靠党政军民的密切配合。特别是群众团体在征粮期间，应将征粮工作作为自己的中心工作，应自上而下的〔地〕召集各种会议（如群众团体干部会及会员、自卫团团员、民兵大会），号召起模范作用，保证政府这一法令的彻底实行。

（二）在征收期间，政府一切工作要服从于征粮工作，县长要切实参加领导，区长在征收期间即是突击队长，各部门应停止不必要之工作，抽调足够的干部参加征收。

（三）党军民在征收期间，要抽调自己政治质量、工作能力较强的干部去参加征收工作。同时当地部队、民兵等，在征收期间亦应将保卫与掩护征收作为中心任务。

（四）在组织领导上，首先要成立各级征粮委员会，并须切实负责。县长可作征粮委员会的主任委员。

（五）以县为单位，将所有征收干部组织几个征粮突击队，分到各区帮助征收，区长任突击队长，村组织征粮小组，村长任小组长。

（六）各区成立评议会。这是一种临时的群众性的组织，由正副村长、农救会长及工青妇之代表、雇工佃农中积极分子与进步的士绅地主参加，除评议产量外，兼负动员村民交纳公粮之责，但为公益性质，不得开支公粮饭费。

（七）在征收期间，应建立定期的会议回〔汇〕报总结制度，以检查处理征收中所发生的问题与纠正错误、交流经验。

三、调查产量办法：

（一）陈报地亩，登记人口，是估计产量的基本根据。因此要求各地区在可能范围内，大量的〔地〕配备干部进行这一工作。虽然这是一个长期的工作，但我们作一个地区，就有一个地区产量比较准确。

（二）征收前，由县政府制定统计表格发至村，首先由人民自动报告其实种亩数、产量、人口，所报之产量要公布，发动人民去看。

（三）根据人民的产量报告，进行深入的调查工作。

1. 调查时主要的是依靠基本群众，从佃户中调查地主，从雇工中调查富农。

2. 召集各种会议，从会议上调查。

3. 从甲村调查乙村，从乙村调查甲村。

4. 把评议员分为数组，使其分别评议，然后加以对照。

5. 着重从一个花户的调查去了解一般，并可用抽查办法。

（四）要召集评议会，根据花户之报告先进行分组评议，然后进行集体评议，分组时要注意不使佃户、雇工与地主富农在一起，同时评议时要采取民主集中制，当评议评议员本身时，该评议员有发言权，无表决权。

（五）发动斗争实行奖惩：发动斗争是调查产量的基本办法，否则不会准确。

1. 为了征收容易进行，斗争容易启发，仍然须由战略区最高政府确定征收数目，按级分配至村，花户负担要召开村大会，依其产量与应负担数为标准讨论决定。如讨论分配数目与应征数目悬殊过大时，由县征粮委员会就实际情况决定之。

2. 减轻群众负担后，群众积极性提高，可通过基本群众启发斗争。

3. 抓紧积极与公正士绅，鼓动其正义感，启发斗争。

4. 对于以身作则之士绅名流、村级干部、群众团体干部、花户要加以表扬。

5. 对于匿报之花户，除应补足其应负担数目外，应根据其负担数目加以处罚，直至处罚一倍；对全村匿报者，应将村级干部予以严格处分，并补足其负担数。

四、为了补救减征后军粮不足的困难，要求党政军民切实执行精兵减〔简〕政的原则，并将本会与一一五师联合颁布之“惩治贪污公粮暂行条例”及“消灭浪费公粮的联合指示”具体实施，造成广泛运动，以克服这一严重的困难。

主任委员　黎　玉

常务委员　李竹如　艾楚南

杨希文　耿光波

张伯秋　刘居英

选自《山东革命历史档案资料选编》，第8辑，济南，山东人民出版社，1983年版，第465～469页。

14. 中共山东分局关于征收救国公粮的指示

1943年5月10日

（一）征收救国公粮乃关系国计民生之大事。其征收标准，应首先充分保障军食，并在此原则下尽量减轻人民负担。其次，应使各阶层负担公平合理，即收入多者多负担，少者少负担，不应平均摊派，亦不应过分加重少数富有者负担。再次，则应奖励生产，奖励劳动。

（二）数年来山东征粮办法虽几经修改，但迄今仍有缺点，摘其要者有以下几种：

甲、甲种公平负担系临时办法，根本不能长期使用。

乙、乙种公平负担虽系按标准地亩规定征收比率，较为合理，但仍有缺点：A. 免征地亩太多，免征户占总户数百分之四十，过分加重了中农以上特别是少数富有者之负担。另有的地区取消免征地亩，则又加重了中农尤其贫农的负担。B. 用级数方法计算困难，需要大批干部，不合简政原则。

丙、征粮新办法虽无前述A种缺点并较易于计算，但又有其他缺点：（1）产量及收入不易正确估计，易于隐瞒，予狡猾少报者以逃避负担之隙，极不公平；（2）因征收率随产量之提高而提高，愿〔致〕使许多农家不愿增肥增产，影响生产；（3）努力生产之富农及经营地主负担特别重（达百分之三十五），而不劳而获之收租地主负担轻（百分之十），以致影响农民生产积极性，此为最重要之缺点。

（三）基于上述理由，故目前山东征粮办法亟得修正。但由于各战略区实际情况复杂，而过去又未执行统一的办法，为此分局特提出三种办法供各地采用、参考。

甲、按照乙种公平负担办法酌加修改：A. 减少免征地亩（应免征者只能免征半数）；

B. 取消级数计算方法；C. 修改累进比率；D. 出租或租入土地，每二亩折合一亩；E. 为便于计算，可规定第一级每亩征收数及第二级每亩征收数，并依此类推。

乙、按照征粮新办法酌加修改：A. 自耕农及雇工经营所得收入计算公粮时，应除去生产费用（约占总收入百分之二十），但如此仍不能彻底纠正前述缺点；B. 按照同级土地之平均产量计算，而不按实数计算，使加工增肥之所得仍归原主所有；C. 各区调查收获实际情形，估计各级土地平均产量，呈报县府审核决定，各村则按此项估计计算各家收入，如有特殊情形，必须呈报上级批准后始得修改。

丙、综合采用以上两种办法之优点：A. 登记各户土地，按照每人平均所有标准地亩数分成若干级，租入土地每二亩折合一亩；B. 按照每户总收入征粮，各级征收率按实际需要由政府临时决定公布。此法较前述甲种办法合理之点为按照收成丰歉征粮更能照顾民食，缺点为算计方法较复杂。此办法较前述乙种办法合理之处为更能奖励生产，照顾了勤劳增产之富农及经营地主。

（四）但不论采取以上何种办法，均须注意以下原则：

甲、免征贫户不应超过总户数百分之二十。

乙、最高征收率不得超过总收入百分之三十五，否则须征得被征者之同意及上级政府批准。

丙、贫农征收率约占收入百分之一至百分之八，最多不得超过百分之十。中农约占收入之百分之九至百分之十六，最多不得超过百分之二十。富农约占百分之十七至百分之二十四，最多不得超过百分之三十。

丁、多征夏粮（约占全年征粮数百分之四十），少征秋粮（约占百分之六十），以减轻春荒。

戊、各种粮食折合数应使种佃粮的负担稍重，种租粮的负担稍轻，至少应使种租粮的贫民不吃亏。

己、计算方法力求简单，俾能家喻户晓，难于欺骗隐瞒。

（五）但要征粮做好，其先决条件必须首先进行认真的土地登记，如此始能增加政府收入，减轻人民负担，使公粮征粮做到真正合理。因此各地必须以最大的决心进行这一工作，即使限于技术条件不能百分之百的〔地〕正确，但亦不失为一大进步。各地党接此指示后，认真研究讨论并将决定办法及意见电告分局，执行中之经验及各阶层反映亦请报来，以资研究。

选自《山东革命历史档案资料选编》，第9辑，济南，山东人民出版社，1983年版，第469～471页。

15. 山东省战时行政委员会关于粮食工作的训令

1943年10月13日

随着抗战日益困难，粮食问题成为目前最不容忽视的问题。过去因为对粮食的检查不严，制度的松懈，因而造成极大的浪费现象。伪造人数多领冒领者有之；因公出发不带粮票（或饭票）重支重报者有之；剩余之粮食匿不交公随意浪费者有之；私藏民间保管不严腐烂盗卖者有之；以公粮租种田地或作生产资本者亦有之；以粮票换私人用品或贩卖粮票从中取利者又有之。这种种贪污浪费现象，对抗战及人民利益有极大的损害。按各地区之食粮人数与征粮数相比较，一般要浪费四分之一至五分之一，这个数字是如何的惊人！乃各机关、团体、部队相沿成风，习以为常，毫不在意，而不知多消耗一粒粮食即多增加群众一分负担，亦即多增加抗战一分困难，甚至影响整个根据地之坚持与巩固。如不急起纠正，严格制止，今后军食民食何能保证？当此秋收之际，本会为彻底肃清贪污浪费粮食现象，预防来年春荒，特将节粮运动重行提出，并规定以下办法：

一、自今年秋粮起，各地粮食部门要严格建立粮食预决算及检查制度。没有预算，粮食部门概不批发，并严格审查各吃粮单位人数，如有多报或重报者，不予批发，同时由该主管机关、团体、部队负责人负完全责任。

二、健全各县粮库，严格粮库制度，粮库干部必须是坚强负责有管理粮食之能力者。公粮交粮库后，由各地最高粮食部门统一支配，下级政权及粮食部门概不得动支。

三、今后各吃粮单位不但不得额外浪费，即在应领粮食数内，亦应力求节约。要求将剩余之粮交还粮食部门，其节约有成绩者，应给以适当之奖励，并登报表扬。

四、凡机关、部队、团体吃公粮人员已在其本单位造具预算领取公粮者，不论出发至任何机关、部队、团体或派出工作，必须携带其在预算中应领之粮数（带粮票或饭票），不得另为报销。如由这一地区派往另一地区工作，不便携带粮票（或饭票）者，应在介绍信写明，并将该员之预算粮全数退回粮食部门。

五、今后各级党政军机关及群众团体一切会议，如均系本区又系吃公粮人员者，概不得额外报销客饭，应彻底执行粮票（或饭票）制度。如开会人员系其他地区不便携带粮票（或饭票）或非吃公粮人员，须经该机关、部队、团体负责人证明，始得造具追加预算，向粮食机关报销。

六、各机关、部队负责人出发时，必须责成随带警备员携带粮票（或饭票）、菜金、马干草票等。

七、各单位在生产中所经营之土地，应以开荒为主，不得以公粮租地或雇人耕种，更不得以公粮作生产资本。

八、各吃粮单位在造具预算时，只准造百分之三十的预备粮，以作意外开支（如招待抗属或抗工属）。如有超出者，由各单位自行调剂，不得另外报销。

九、自即日起，各级机关、团体、部队所节存之粮，应一律查明，报告各地最高粮食部门统一处理，不得隐匿不报，否则一经查出，全部归公，并给该单位批评或处分。

十、为彻底肃清各单位在民间私存公粮现象，各级政权要建立严格的报告检查制度，责成各村长，凡存粮在三个月以上者，即向上报告，以便整理。此外，并可发动群众检举各种破坏粮食制度行为。

十一、为保证各种制度之彻底实现，约同党军民共同组织检查委员会，经常到各单位进行检查，并将检查结果随时公布，由行政上给以奖励或处罚。

以上各项，关系根据地之建设及军食民食问题，各级政府应当作新的问题来认识。首先要在全体人员中进行深入的传达讨论，纠正以往忽视和不关心这一问题的观点，同时更要执行严格的检查制度及必要的法令制裁，始能使各种制度贯彻执行，达到节约粮食的目的。除分令外，合行令仰该即便遵照为要。

此令

主任委员　黎　玉
财政处长　艾楚南
副 处 长　冯　平

选自《山东革命历史档案资料选编》，第 11 辑，济南，山东人民出版社，1983 年版，第 41～43 页。

16. 山东省征收公粮条例

1945 年 4 月 21 日

第一章　总　则

第一条　在抗战时期为保证抗日军队、政府及其他工作人员食粮供给，暂按土地收入征收救国公粮，优救粮亦在救国公粮中附带征收，其数额按公粮总数百分之十为准。

第二条　本条例按公平合理及奖励生产之原则制定之。各行政区得按本条例之规定自行具体制定征粮办法，并呈报省行政委员会备案。

第三条　救国公粮按照收入多少累进征收。最高负担，农民不得超过其土地收入百分之三十，地主不得超过其土地收入百分之三十五。其收入确实尚不敷开支之地区，可酌量临时将比率稍微提高，但须呈报省行政委员会；其收入有余裕之地区，应尽量降低比率。

第四条　赤贫户得免征公粮。按全县计算，免征数最多不得超过总户数之百分之二十。

第二章　计算负担

第五条　救国公粮以户为征收单位，以人为计算单位，计算办法有二：

1. 按每人平均所有地亩计算。

2. 按每人平均所得土地收入数计算。

第六条　按地亩数计算办法如下：

1. 调查该户所有土地之等级，按其评定产量多少折合成负担亩。折合办法由各地自行规定之。

2. 按照该户人口数计算每人平均负担亩数，决定其负担率，并计算全户应负担之数额。

3. 出租地及租种地，其租额为千分之三百七十五者，均按二亩折一亩计算。公粮负担较高地区，租种地可按三亩折一亩。租额特低或特高者，得按租额高低变更折合比例。

第七条　按土地收入数计算办法如下：

1. 调查户口所有之土地之等级，按照各级土地评定产量，计算该户土地之收入。租种地应除去地租，出租地按地租收入计算。

2. 按照该户人口数计算每人平均所得土地收入，决定其负担率，并计算全户应负担之数额。

3. 为奖励生产，自耕或雇工耕种之土地，可先从收入中除去百分之二十农本，然后计算负担。租种地应于收入中除去百分之二十农本，再除所交地租，然后计算负担。

第八条　抗日军人及脱离生产抗日工作人员，均作为其家中一口人计算。长年雇工，由雇主供给伙食在十个［月］以上者，按雇主家一口人计算，其不足十个月者，雇主家、雇工家各按半口人计算。

第九条　贫苦之孤儿寡妇无劳动［力］者，得酌量减征。

第三章　负担率

第十条　各户按其每人平均收入多少（如按地亩计算，亦可按其评之产量折合收入）分为下列五等：

一等户：一千斤以上至一千五百斤；

二等户：六百斤以上至一千斤；

三等户：三百斤以上至六百斤；

四等户：一百斤以上至三百斤；

五等户：一百斤以下。

第十一条　各户按照下列负担率征收公粮：

五等户：免征（免征户超过总户数百分之二十地区可酌量征收，但最多征收百分之五）；

四等户：最多征收百分之十；

三等户：最多征收百分之二十；

二等户：最多征收百分之三十；

一等户：最多征收百分之三十五。

第十二条　敌游区人民负担比率应比根据地人民负担比率减轻一半或三分之二，公粮田赋应合并征收，并须实行平均每人一亩地者不负担原则，由各行政公署按具体情况规定较简易之计算办法。

第十三条　如有特殊荒歉县份，可由政府呈请行政公署酌量减轻负担，行政公署得在丰收县份加征公粮调剂之，但须呈请省行政委员会批准。

第十四条　因精耕细作而增加产量，不得提高地级加重负担；因耕作怠惰减少产量，不得降低地级减轻负担。

第四章　附　则

第十五条　本条例由山东省行政委员会公布施行。

选自《山东革命历史档案资料选编》，第14辑，济南，山东人民出版社，1984年版，第296～298页。

17. 山东省保护抗日公粮办法

1945年4月21日公布

第一章　总　则

第一条　为适应敌后游击战争环境，求得抗日公粮储存之安全，特制订〔定〕本办法。

第二条　凡本省人民，均有接受政府委托保存与保护抗日公粮之义务。

第三条　凡本省各级机关、团体、学校、军队，自政府领得的公粮、生产粮及公营企业所储存之粮食，亦适用本办法。

第二章　存放数量及手续

第四条　一般村户存放公粮之数量，应根据村户之大小具体规定。在原则上，每村不超过五万斤，每户不超过一千二百斤（分三百斤、六百斤、九百斤）。存户必须有人力及政治保证，边缘区及靠近交通要道的村庄不得存放公粮。

第五条　向村户存放公粮时，应与各该村村长商定存粮民户与存粮数量。凡未经商同村长而自行直接向民户存放者，村长不负责任。

第六条　向村存放和支用公粮之手续应按下列规定办理：

一、存放手续：

甲、凡由县财粮科统一管理之公粮存放时，由各区粮库主任将收起之公粮检查过秤，商同村长存放妥当后，即由村长按所存之粮食种类、数量开具正式收据，并开列存户清单，注明户主姓名及存粮种类、数量，由存户盖章或画押后一并交粮库，由各区粮库主任汇集，开列清单，报告县财粮科或县粮库存查。

乙、各级政府机关、团体、学校、军队等自政府领取之公粮自行向村存放时，于商同村长检查过秤存放妥当后，应由存粮村长按所存之粮食种类、数量开具正式收据，并开列存户清单，注明户主姓名及存粮种类、数量，由存户盖章或画押后一并交存粮机关收执。

丙、凡自政府领取之公粮，应即将取粮证件（即各县分粮库之支付命令）交存粮村长收执，以便向政府报销。如继续存放时，由该村长按照本条乙项规定另行办理存放手续。

丁、凡在战争或紧急情况下存放公粮或连续存放向未终结，而未能由村长开给正式存粮收据者，应由各存粮村长开具临时存粮收据交存粮机关暂时收执，至情况解除时，再行办理正式手续。

戊、以上乙、丙、丁三项规定之正式收据及民户保存公粮清单式样，均由各专署统一规定之。

己、存粮村长如调换工作时，必须协同新村长共同到区粮库或存粮机关清理存粮手续。

庚、机关、团体、学校、军队向村户存粮三个月不取运者，存粮机关即将存粮村户及数目报告区以上政府。有存粮过六个月不取运者，存粮村长依顺次报告至县政府查考处理。

二、支取手续：

甲、凡系县财粮科统一管理之公粮，其向村长支取之手续：县财粮科（或县粮库）接到上级支粮票时，再分打支粮票给各区粮库。各级粮库接到上级支粮票时，再打支粮票交领粮机关，向指定存粮村长或民户支取。存粮村长或民户支完存粮后，即由村长将支票汇集向粮库核对无错，将支粮票交粮库换回存粮收据。

乙、领粮机关、团体、部队向粮食机关支拨粮食，如系发给粮票或饭证时，领粮机关、团体、部队仍可持票证（必须有机关、部队介绍信）向区级粮库兑取粮食。兑取手续与甲项同。

丙、机关、团体、军队等自行存放之粮食，其支取时应凭原正式存粮收据支取。支取完毕时无错，即将该正式收据退回该村。如一时支取不完，亦应将原正式存粮收据退回，再由该村按照余存之原粮种类、数量另行开具正式收据，交存粮机关收执（或建立双方简易存粮折子办法）。

第三章　粮食成色之检查及过秤

第七条　于存放公粮时，存粮村长及存粮民户应检查存放公粮之成色，如有掺沙、掺水、潮湿、不净等情形，可请求存粮机关先行过风晒干。该存粮机关如不接受请求时，存粮村长及民户可拒绝存放。如存粮村长及民户不予检查又未提出请求即存放者，均以干净粮食论，在支取时如发现沙土、潮湿，应由存粮村长及民户负责。

第八条　存取公粮过秤时，应由存粮村长及民户与存粮机关经手人共同监视办理（如有粮系由他村调剂运来者，应会同他村负责人共同监视办理），所用之秤一律以所在县区村政府统一规定之秤为标准。如存放时未用县区村政府统一规定之秤时，应于存粮收据书注明，支取时亦以原秤支取。如与原存粮机关在秤上发生纠纷时，除以在收据上注明之秤为标准解决外，如仍行争执或根本在收据上未注明原秤时，则一律以所在县区村政府之秤为标准。

第九条　于战争紧急情况下存放之公粮，其成色过于恶劣，未及过风晒干时，应由存粮村长及存粮机关各自保存一部分粮样，由村长开给临时存粮收据，并于战争紧急情况结束后，仍由原存粮机关及时过风晒干，另行过秤存放，并换存粮收据。否则如有以成色恶劣致遭损坏等情事，存粮村长不负完全责任。

第四章　存粮村长及存户对存粮之责任

第十条　存粮村长及存户对所存之公粮有经常检查之责，如发现所存粮食有霉烂、潮湿、虫吃等情形，须要过风暴晒之，必要时应立即报告区政府或存粮机关，于政府或存粮机关监视下过风暴晒（如一时找不到原存粮机关时，由区公所派员监视办理），所需之人力可作其该村应负担之支差义务。

第十一条　存粮损耗可按下列规定处理：

1. 凡存粮村长及存户未予报告而致存粮霉烂损坏［者］，政府应酌量实情予以相当处分。

2. 凡存粮损耗数量在百分之一以内者，由各存粮机关负责，超过百分之一而无正当理由时，政府根据实际情形，责令存粮村长及存户赔偿所损耗粮食之一部。

第十二条　存粮村户对存粮应负责保守秘密，以防止敌伪土匪掠夺偷盗，如因存粮户泄露秘密遭受损失时，概由存粮村户负责赔偿。其因不可抗拒之原因致遭损失者，存粮村户须于三天内呈报区以上的政府或存粮机关，经查验属实，始准免去责任。

第十三条　存放公粮所需用之器物及柴草，由存粮村长筹备。

第五章　奖　罚

第十四条　凡存粮村户未经政府或存粮机关之许可而私自动用者，经发觉后按下列规定处理之。

一、凡存粮户未经政府或存粮机关之允许而私自动用所保存之公粮者，除如数追回其动用之公粮外，并将予动用数一倍以上之处罚。

甲、存户私自动用者，其所应追交之公粮及所受处罚由存户负责，其事先经村长之允许或知而不报者，村长应受行政处分。

乙、存户与村长通同作弊私自动用者，其所应追交之公粮与所受之处罚由村长及存户共同负责，村长并应受行政处分（如村长或存户有一户（方）逃避者，由村长或存户之另一方单独负责）。

丙、凡村长单独以欺骗手段私自动用公粮者，应如数追交其所动用之公粮及予以一倍以上之处罚，并应受行政处分。存户知情不报者，应与村长共同负责。

丁、村中集体动用公粮而存户亦参与或默认者，除应如数追交其公粮及一倍以上之处罚外，并处罚存户与村长。

二、凡存粮村长或存户系动用公粮借公营私购置私产或作其他不正当活动者，应按照第一项规定加倍处罚外，其涉及犯罪行为，应送司法机关依法处理。

三、凡工作人员有教唆怂恿人民私自动用公粮者，除照规定追交并处罚动用之人外，该工作人员亦应加严重处分。其动用之人民无力交纳或逃避无法追交者，该工作人员应负完全责任。

四、关于处理动用公粮之追交，得由区级以上政府办理，部分应由县以上政府决定。其追回动用之公粮仍交原存粮机关，罚金归政府非正式财政收入。

五、存粮村长或村户如将存粮调换者（如存花生米换成高粱），经查出后应追回原存粮色，并酌予行政处分。

第十五条　存粮村户如认真负责使存粮未遭受亏耗损失者，照存粮数每月提奖千分之一至千分之三（如提奖不要者，可予以名誉奖励，并奖励存粮模范村）。

第十六条　本办法公布后，各级政府即向人民作广泛宣传，并作为教育材料。

第十七条　本办法由省行政委员会公布施行。

选自《山东革命历史档案资料选编》，第 14 辑，济南，山东人民出版社，1984 年版，第 299～304 页。

18. 山东省三十五年度征收公粮办法

1946 年 5 月 15 日

第一章　总　则

第一条　为巩固和平，保证复员前后的军政人员供给，顺利开展我解放区各种建设事业，特制定本办法。

第二条　本办法根据山东省第二次参议会所通过的负担原则，本公平合理、奖励生产与力求减轻人民负担之精神制定之。

第三条　公粮负担系将土地划分等级折成标准亩，按标准亩收入累进征收。每标准亩产量为一百五十斤，最高负担不得超过其产量的百分之三十五。鲁中、鲁南、滨海三地区统一施行本办法，为平衡负担起见，胶东、渤海应根据此负担标准另制单行办法呈报省府备案。

第四条　优救粮包括在第三条征收数内征收之，不另额外增加，其开支数额不得超过实征公粮的百分之十。

第五条　本办法全年一次计算，分春秋两季征收，原则上规定春粮三分之一、秋粮三分之二（具体由各行署规定）。

第六条　部队机关之农业生产征收百分之五，荣誉军人其本人免负担二亩地，新安家之复员军人暂不负担公粮（原有家庭者不在比例）。

第七条　学田暂不负担，承租人得按租佃负担办法负担之。其承租人系部队机关荣誉军人、新安家之复员军人者，按第六条办理之。

第八条　开垦荒地自其开垦之日起，生荒五年以内不负担，熟荒三年以内不负担。山林、草泽、场园、宅基不负担公粮，但竹园、菜园、果园、莲汪、苇塘等有一定收益者，得按其地质评定等级征收之。

第九条　社田、祭田按一口人负担，承租人按租佃负担办法负担之。

第十条　在解放区内，地在甲地、人在乙地者，按地随人转办法负担；人在非解放区，地在解放区者，按人随地转办法征收之。

第十一条　村中公田由群众团体、民兵集体耕种者，征收百分之十（非公地地权仍属私人者，应分别归并私人户下负担）。

第十二条　边沿区被伪顽蹂躏过重者，根据本办法负担原则可适当减轻三分之一至二分之一，具体办法由各行署制定之。

第二章　负担计算法

第十三条　公粮负担以户为征收单位，以人口为计算单位，其计算法：

（一）先将该户所有土地按地级折合为标准亩后，按全户共有标准亩数计算全户人口得出每人平均亩数。

（二）按该户每人平均亩数之负担斤数乘全户共有标准亩数。

（三）根据各行署确定之征收麦秋粮比例分两次征收。

第十四条　租佃负担计算法：

凡租额在百分之十以下者，出租人一亩作一分负担，承租人一亩作七分负担；租额在百分之十至二十以下者，出租人一亩作二分负担，承租人一亩作六分负担；租额在百分之二十一至百分之三十者，出租人一亩作三分负担，承租人一亩作五分负担；租额在百分之三十一至四十者，业佃双方一亩各按四分负担；租额在百分之四十至百分之五十者，出租人一亩作五分负担，承租人一亩作三分负担；租额在百分之五十以上者，出租人一亩作六分负担，承租人一亩作二分负担。

第十五条　人口计算法：

（一）凡烈士、现役军人、现任脱离生产之工作人员（包括小学教员），仍作其家中人口计算（其他转入企业之人员不在此例）。

（二）外出人口不仰赖其家庭生活者，不得作为其家中人口（农村合作社脱离生产人员与肩挑小商贩仍得作其家人口）。

（三）无家可归常年寄居亲友者，经所在村庄城市村长镇长证明者，可作其亲友家中人口计算。

（四）农业生产之雇工长工在八个月以上者，作雇主家一口人计算；雇工家作半口人计算；四个月以上不足八个月者，雇主家按半口人计算，雇工家按一口人计算；四个月以下之短工，雇主不作人口计算。

（五）逃亡户按一口人计算（逃荒在外者例外）。

第十六条　凡贫苦之鳏寡孤独无劳动力者，每人平均标准亩不足一亩者，将其负担数减轻二分之一，一亩至二亩者，减去其负担四分之一。

第十七条　凡遭水旱虫雹灾之土地，视灾情之轻重减其受灾部分之负担。毫无收益者不负担；收益在三分之一以上者，一亩按半亩负担，收益在二分之一以上者，一亩按八分负担；收益在三分之二以上者不减征。

第三章　负担率

第十八条　本办法以每人标准地多寡确定征收率，分以下五等：

一等户每人标准亩五亩八分一厘至十亩以上，其产量八七一斤至一五〇〇斤以上，征收百分之二十六至百分之三十五。

二等户每人标准亩四亩零一厘至五亩八分，其产量为六〇一斤至八七〇斤，征收百分之二十至二十五。

三等户每人标准地二亩二分一厘至四亩，其产量为三三一斤至六〇〇斤，征收百分之十一至十九。

四等户每人标准亩六分一厘至二亩二分，其产量为九一斤至三三三斤，征收百分之二至十。

五等户每人标准亩六分以下者免征。

附累进表（略）

第四章　柴草负担

第十九条　每斤公粮带征柴草粮百分之二十。

第五章　附　则

第二十条　本办法由山东省政府公布施行之。

选自《山东革命历史档案资料选编》，第16辑，济南，山东人民出版社，1984年版，第455～458页。

19. 山东省各级粮食机构组织条例（草案）

1946年7月

第一章　总　则

第一条　为健全粮食行政，加强粮政领导与管理，以达到粮食收支保管之合理与健全，减轻人民负担，保证军政人员供给，特制定本条例。

第二条　凡山东省各级粮政机构之组织，均依本条例办理之。

第三条　各级粮政机构之组织系统如下：省设总局，定名为“山东省粮食总局”。各行政区设分局，定名为“山东省××粮食分局”。各专员区一般不设立机构，如实际需要，经呈准得设支局，定名为“山东省××粮食分局第×支局”。各县设县粮库，定名为“山东省××县粮库”。县下合二个区至四个区设一粮仓，定名为“山东省××县粮库第×粮仓”。

第四条

（一）总局为省政府之组成部分，受省政府领导。分局为行署之组成部分，又为总局之下级机构，受总局与行署双重领导。支局为分局之分支机构，直接受分局领导；总局直属之支局，领导关系与分局同。县粮库为县政府之组成部分，又为分局之下级机构，亦为双重领导，一方面受分局或支局领导，一方面受县政府领导。粮仓为县粮库之组成部分，直接受县粮库领导。

（二）行署对分局之领导，县政府对县粮库之领导，以贯彻上级政府与上级粮局之政令为主，在不抵触上级政令之范围内，得有所决定，交分局执行。如其决定与上级政令抵触时，应服从上级之政令。

第五条　总局、分局、支局得依据上级或同级政府之政令与决定，以局长名义对外单独行文。

第二章　编　制

第六条　总局设局长一人、副局长一人、秘书主任一人，下设六科。

秘书科设科长一人、秘书四人（科员级）、办事员九人（分掌机要、人事、统调、文印、收发、庶务、会计、供给、管理等工作）。

第一科（行政科）设科长一人，科员四人。

第二科（调剂运输科）设科长一人，科员五人。

第三科（会审科）设科长一人，科员六人，办事员二人。

第四科（附业经营科）设科长一人，科员五人。

第五科（保管出纳科）设科长一人，科员三人，办事员练习生（检定员）五人。

以上各科必要时得增设副科长。

第七条　分局设局长一人，副局长一人，下设一室五科。

秘书室设秘书一人（科长级），科员二人，办事员六人（分［掌］机要、人事、统调、文印、收发、庶务、会计、供给、管理等工作）。

第一科（行政科）设科长一人，科员三人，办事员一人。

第二科（调剂运输科）设科长一人，科员三人，办事员一人。

第三科（会计审计科）设科长一人，科员四人，办事员四人。

第四科（附业经营科）设科长一人，科员三人，办事员二人。

第五科（保管出纳科）设科长一人，科员三人，办事员练习生（检定员）五人。

（渤海、胶东两分局因地区较大，每科可增加科员一人至二人，会计审计可分设两科，必要时各科得酌设副科长。）

第八条　支局设局长一人，副局长一人，下设一室五股。

秘书室设秘书一人（同股长级），办事员四人。

第一股（行政股）设股长一人，股员二人至四人。

第二股（调剂运输股）设股长一人，股员一人至三人。

第三股（会计审计股）设股长一人，股员二人。

第四股（附业经营股）设股长一人，股员二人至四人。

第五股（保管出纳股）设股长一人，股员一人至二人。

第九条　县粮库设正副主任各一人，会计一人，出纳一人，办事员四人至六人。粮仓按其出［纳］粮食数量之多寡分为三等：

（一）全年出纳粮食数量在六百万斤左右者（即进三百万斤，出三百万斤）为一等仓，设主任一人，会计一人，办事员七人。（可设一炊事员）

（二）全年出纳粮食数量在四百五十万斤左右者为二等仓，设主任一人，会计一人，办事员三人。

（三）全年出纳粮食数量三百万斤左右者为三等仓，设主任一人，会计一人，办事员三人。

第十条　各级粮政机构为便利粮草之调剂运输，必要时得设运输队，由调剂运输部门领导，其编制临时拟订，呈总局核定之。

第三章　分　工

第十一条　总局

（一）正副局长对省政府行政委员会负责，领导与掌握全局工作。秘书主任辅佐正副局长工作，并处理机关日常事宜。科长、秘书在局长、副局长、秘书主任领导下掌理本科工作。科员、办事员在各该部门负责同志领导下分掌本科各项工作。

（二）各科之职责如下：

秘书科

（1）关于典守印信与文牍撰拟、记录、整理、复核、收发、保管及机要事项。

（2）关于订定与掌握机关生活、工作、学习制度事项。

（3）关于人员任用、调动、升迁、奖惩事项。

（4）关于全面性综合性之调查统计事项。

（5）关于交际［及］机关经费供给与卫生之管理事项。

（6）关于其他不属各科之事项。

第一科

（1）关于粮草负担政策之研究制定与执行事项。

（2）关于土地登记呈报及整理地级事项。

（3）关于粮草开支制度与粮票制度之研究与制定事项。

（4）关于粮草开支标准之研究与制定修正事项。

（5）关于粮草收支概算之制定与掌握事项。

（6）关于粮食工作人员之业务教育事项。

（7）关于本部门各项工作研究材料之收集与统计报告事项。

第二科

（1）关于全地区粮食柴草总的调剂计划之制订与执行事项。

（2）关于运输力量之组织领导与运用事项（如组织运输队）。

（3）关于粮草买卖及粮草价格之调查研究事项。

（4）关于仓库设置位置之设计事项。

（5）关于运输粮草之民力支用事项。

（6）关于本部门各项工作研究材料之收集与统计事项。

第三科

（1）关于会计制度之研究、制定、执行与改进事项。

（2）关于会计人员之业务指导与教育培养事项。

（3）关于全地区粮草收支之记载、计算事项。

（4）关于会计报告之编造事项。

（5）关于粮草收支预决算之审核与统计事项。

（6）关于粮草预决算制度之建立与督促执行事项。

（7）关于严格与改进粮草开支制度之研究事项。

（8）关于遵守制度、厉行节约优良典型之提请褒奖事项。

（9）关于粮草贪污浪费材料之收集与检举事项。

第四科

（1）关于粮食改制之研究、设计、指导与经营事项（如麦变面、谷子变小米、豆变油等）。

（2）关于协助部队少数过往人员解决膳食供应之研究、设计与指导事项（如交通要道设置饭店）。

（3）关于协助解决部队燃料供应之研究、设计、指导与经营事项（如设炭栈）。

（4）关于其他有关粮草事业之研究、设计、指导与经营事项。

（5）关于本部门工作之研究材料之收集统计事项。

第五科

（1）关于粮草之收藏与支拨事项。

（2）关于粮票之印制、保管、发行事项。

（3）关于粮草保管方法之设计与改进事项。

（4）关于仓库建设及其经费之开支事项。

（5）关于粮草与粮票出纳帐〔账〕之记载、计算与报告事项。

（6）关于本部门各项工作之研究材料之收集与统计事项。

第十二条　分局

（一）局长、副局长对总局及行署负责，领导与掌握全局工作。秘书科长在局长、副局长领导下掌握本室或本科工作。科员、办事员在本室秘书或本科科长领导下分掌本科或本室各项工作。

（二）各科室之职责如下：

秘书室

（1）关于典守印信与文牍撰拟、记录、整理、复核、报告、收发、保管及机要事项。

（2）关于订定与掌握机关生活、工作、学习制度事项。

（3）关于人员之任用、调动、升迁及奖惩事项。

（4）关于全面性综合性之调查统计事项。

（5）关于交际及机关经费供给与卫生之管理事项。

（6）关于执行上级交办事项。

（7）关于其他不属各科之事项。

第一科

（1）关于粮草负担政策之研究与掌握执行事项。

（2）关于土地登记呈报及整理地级红黑地事项。

（3）关于粮草开支制度与粮票制度之研究与掌握执行事项。

（4）关于粮草开支标准之研究与掌握执行事项。

（5）关于本地区粮草收支概算之制定与掌握事项。

（6）关于粮食工作人员之业务教育事项。

（7）关于本部门各项工作研究材料之收集、统计与报告事项。

（8）关于执行上级交办事项。

第二科

（1）关于本地区粮草总的调剂计划之拟订、呈核与执行事项。

（2）关于运输力量之组织领导与运用事项（如组织运输队）。

（3）关于拟订、呈核与执行粮草买卖计划及粮草价格之调查、报告、研究事项。

（4）关于仓库设置位置之设计、呈核与执行事项。

（5）关于运输粮草之民力支用事项。

（6）关于本部门各项工作研究材料之收集与统计、报告事项。

（7）关于执行上级交办事项。

第三科

（1）关于会计制度之研究、掌握、执行事项。

（2）关于会计人员之业务指导与教育培养事项。

（3）关于本地区粮草收支之记载、计算事项。

（4）关于会计报告之编造事项。

（5）关于本地区粮食收支预决算之初审汇造与统计呈核事项。

（6）关于粮草预决算制度之督促执行事项。

（7）关于严格与改进粮草开支制度之研究事项。

（8）关于遵守制度、厉行节约优良典型之提请褒奖事项。

（9）关于粮草贪污浪费材料之收集与检举事项。

（10）关于执行上级交办事项。

第四科

（1）关于粮食改制之研究、设计、指导与经营事项（如麦变面、谷子变小米等）。

（2）关于协助部队少数过往人员解决膳食供应之研究、设计与指导事项。

（3）关于协助部队解决燃料供应之研究、设计、指导与经营事项。

（4）关于粮草其他有关事业之研究、设计、指导与经营事项。

（5）关于本部门各项工作研究材料之收集与统计报告事项。

（6）关于执行上级交办事项。

第五科

（1）关于粮草之分拨事项。

（2）关于代理总局印制保管粮票事项。

（3）关于粮票之出纳解交事项。

（4）关于粮草保管方法之设计改进与督促检查事项。

（5）关于粮草与粮票出纳账之记载、计算与报告事项。

（6）关于仓库建设及其经费之开支事项。

（7）关于本部门各项工作研究材料之收集与统计报告事项。

（8）关于执行上级交办事项。

第十三条　支局

（一）局长、副局长对分局负责（直属支局同分局性质），领导与掌握全局工作。秘书股长在局长、副局长领导下掌理本室或本股工作。股员、办事员在本室秘书或本股股长领导下分掌本股或本室各项工作。

（二）各股室之职责如下：

（各股室之职责，除第五股比分局第五科少“关于代理总局印制保管粮票事项”一条外，其余均与分局之相应科室相同，故删去。——原编者注）

第十四条　县粮库

（一）主任、副主任对分局或支局及县政府负责，领导与掌握全库工作。会计、出纳、办事员在主任、副主任领导下掌理本位工作。

（二）县粮库之职责如下：

（1）领导所属粮仓办理公粮、炭草粮之收受保管。

（2）办理粮草之拨发及调剂运输。

（3）执行上级交办之购买粮草及其他任务。

（4）执行上述工作而尚有余力时，协助粮草征收工作。

第十五条　粮仓

（一）主任对县粮库负责，领导与掌握全仓工作。会计、办事员在主任领导下掌理本位工作。

（二）粮仓之职责为办理公粮、柴草粮之收受保管与拨发，及执行上级之交办事项。除执行上述工作而尚有余力时，并应协助粮草之征收。

第四章　人员任免

第十六条

（一）总局局长、副局长、秘书主任、科长由省政府任命；科员、办事员由局长遴选委派，呈请省政府加委之。

（二）分局局长、副局长由省政府任命；科长，秘书由局长遴选，提请行署委派，并呈请总局转呈省政府任命；科员、办事员均由局长遴选委派，呈请行署加委，呈报总局备案。

（三）支局局长、副局长由分局提请行署任命，呈报总局核备；股长、秘书由局长遴选，呈请分局转呈行署任命，呈报总局备案；股员、办事员均由局长委派，呈请分局转呈行署加委，由分局汇报总局备案。直属支局同分局规定。

（四）县粮库主任、副主任由县政府提请分局转呈行署委任，由分局汇报总局备案。会计、出纳、办事员均由主任提请县政府委任，由县粮库呈报分局备案。

（五）粮库主任、会计、办事员均由县粮库提请县政府委任，呈报分局备案。

（六）各级人员之调动、撤免，须经原任命机关之命令，或经呈请核准行之。

（七）支局以下人员之任免，如有支局设置者，均经由支局呈转办理。

第五章　会　议

第十七条

（一）总局、分局、支局设局务会议，其任务为讨论布置或总结全局工作，每月一次，由局长、副局长、秘书主任（总局）、秘书科长组成之，以局长或副局长为主席。科设科务会议，股设股务会议，其任务为讨论布置或总结全科全股工作，均每半月一次，由全科或全股干部组成，以科长或股长为主席。秘书室之室务会议由全室干部组成，以秘书为主席。

（二）总局、分局、支局每月召开全体人员（包括勤杂人员）会议一次，其任务为讨论机关生活、学习，或布置、传达与讨论工作及其他机关事务。总局以局长、副局长或秘书主任为主席，分局、支局以局长、副局长或秘书为主席。

（三）县库设库务会议，每月一次，粮仓设仓务会议，每十天一次，其任务为讨论布置或总结全库全仓工作，由全体干部组成，以主任或副主任为主席。

（四）总局召开分局局长联席会议半年一次，分局召开支局局长、县粮库主任联席会议半年一次，县粮库召开粮仓主任会议一月一次，其任务为了解、总结、布置、讨论一定时期之工作，均由召集机关负责人为主席。

（五）以上各种会议，于必要时主席得临时召开。

第六章　工作报告

第十八条

（一）各级粮政机构除经常之会计报告外，均应向上级按期报告工作。总局每月向省政府报告一次，分局每月向总局及行署报告一次，支局每月向分局报告一次（直属支局向总局报告），县粮库每月向分局或支局及县府报告一次，粮仓每半月向县粮库报告一次，均于会议后行之。

（二）如遇特殊情况或特殊问题须临时报告时，应作临时报告。

（三）报告方式不拘书面、口头或抄寄会议记录均可。

第七章　附　则

第十九条　本条例经山东省行政委员会议通过，由山东省政府公布施行。

选自《山东革命历史档案资料选编》，第17辑，济南，山东人民出版社，1984年版，第136～146页。

20. 山东省三十七年度征收公粮公草暂行办法

1948年5月23日

第一章 总 则

第一条 为支援爱国战争，保证粮草供给，特根据合理负担、提高农业生产与计算简便之原则制定本办法。

第二条 本办法以户为负担单位，以中亩为标准（一中亩产量为一百五十斤），按人口计算之，最高负担额不超过中亩全年产量的百分之二十。全省统一施行本办法。

第三条 开垦之荒地，自开垦之日起生荒免负担五年；原系耕地，已荒芜四年以上者，免负担三年；荒芜二年以上者，免负担两年；荒芜两年者，免负担一年；荒芜两季者，免负担一半；荒芜一季者，仍照常负担。过去开垦之荒地，依本办法计算之。

第四条 场园、河崖、沟底、宅基、道路、坟地等无收益之土地，不负担公粮；菜园、藕湾、苇塘、蒲汪、竹园、果园等有一定收益者，按其周围地级，折成中亩计算负担；如周围地级高低不一者，可折中计算之。此项公粮除菜园外，全部缴纳秋粮。

第五条 特种土地，如：碱洼地、垦区地、一麦地、黄水漫浸地等，由各行署及直属专署提出具体征收办法，报本府批准施行。

第六条 征收公粮公草，一律使用十三两六钱之市秤。

第七条 本办法全年一次计算，分麦、秋两季征收。

第二章 负担计算办法

第八条 公粮之征收，以中亩为标准，每亩地全年征收公粮二十斤。但每人平均二亩以下者，每人免除七分地不负担；二亩零一厘至三亩者，每人免除五分地不负担，三亩零一厘以上者，不在〔再〕免负担，即按实有地亩计算。

第九条 自三十六年一月一日起，新得之土地已确定地权者，按第八条办法计算后，其新得地部分，每亩减征十斤（每亩麦秋各减五斤，但该户原有地亩不减）。由于调整土地，互相调换部分不能作为新得地。

第十条 麦季公粮按全年公粮三分之一征收，余三分之二缴纳秋粮。种麦面积不及三成者，按种麦面积每中亩征麦粮二十斤，余由秋粮补交；以麦收为主之地区，种麦面积一般超过地亩总数半数者按亩征收，每亩征麦十六斤，余由秋粮补交。

第十一条 人口计算：

（一）凡现役军人、现任脱离生产之工作人员、学校教职员、学生、在外常备民工、到前线服务的民兵，均作其家中人口计算。

（二）凡烈士（包括解放军、地武、地方党政人员为革命牺牲，及在自卫战争中因坚持对敌斗争或支前、运粮、修黄河而牺牲之群众），均作其家中人口。

（三）新解放战士，住家在解放区者，作为其家中人口。

（四）外出逃荒者作为其家中人口。其余在解放区以外谋生者计算公粮时，不列入其家中人口。公营企业人员、农村合作社人员、肩挑小商贩，仍作其家中人口。

（五）无家可归、常年寄居亲友家、经当地群众讨论同意者，可作为其亲友家人口。

（六）从事农业、工商业、作坊、畜牧之工人，作被雇者家中人口。

（七）凡违反政府法令全户逃亡者，全户不算人口；个人逃亡者，其本人不作家中人口。

（八）出嫁之妇女作男方家中人口计算，脱离生产在外结婚之女军工人员，仍作其娘家人口，其小孩由公家供给者，不算其家中人口。

（九）轮流吃饭之家长，不论分几家计算均可，但不得顶双份。

（十）在垦区种地之人，按其在垦区之实有人口计算。

第十二条　公草负担：

（一）凡负担公粮一斤，一律随征公草一斤半（内征马草百分之二十、烧草百分之八十）。

（二）凡机关部队不经常驻扎，或很少往来之地区，可征大部代金，以便调剂。

（三）山林草场经群众讨论，按其全年收益，征收柴草百分之十。

第三章　特殊情况负担的规定

第十三条　凡不属于私人之土地，如公地或尚未分配之果实地，及逃亡户之代管地，一律按每中亩全年征十五斤公粮计算；种麦粮者每亩缴麦粮五斤，余交秋粮；种高粱、谷子等，则全年缴秋粮十五斤（此项地亩，不与其家中人口地亩合并计算）。

第十四条　无劳动力之军工烈属、鳏寡孤独，其生活困难者，按第八条计算后减半征收。

第十五条　荣誉军人及五年以上斗争历史复员军人（因病或年老经组织批准复员，取得证明文件者），除以第八条扣除地亩外，其本人再扣除半亩地后计算负担。

第十六条　凡解放区内，地在甲地、人在乙地者，按人的所在地征收公粮（即在乙地征收）；人不在解放区，地在解放区者，以地的所在地征收。

第十七条　出租之土地，公粮由业佃双方共同负担；业佃双方已成协议者，按其协议之规定负担；未成协议者，由业佃双方依其得粮比例负担（如业主得粮三分，佃户得七分者，即依业主负担三成、佃户负担七成办法计算）。但土地每人平均数根据业主家人口计算，由佃户负责缴纳公粮，凭公粮收据、按比例数与业主结算。

第十八条　凡遭水、旱、虫、雹灾及蒋灾之土地，呈报本府批准后，得视灾情轻重，酌量减免其受灾部分之负担。减免办法另订之。

第十九条　新收复区及边沿地区征粮办法另订之。

第四章　附　则

第二十条　公粮之缴纳，以户为单位，直接送缴区粮库，由区粮库秤收，给各户公粮收据，作为凭证。缴粮细则另订之。

第二十一条　本办法经山东省政府决定公布之，其修改权属于山东省政府，各地不得擅自修改。

第二十二条　本办法自公布之日起施行。

原编者注： 1948年10月1日，省府发出布告对该办法作了如下修正补充：（1）第十二条修改为："山林草场，有收益者，经群众讨论，按其全年收益，征收柴草百分之五，但苗圃保安林（如防风等）及造林未满十年者，暂不征收。”（2）第十四条修改为：“无劳动力之军工烈属、鳏寡孤独，其生活困难者，按第八条计算后，酌情减免其负担百分之二十至百分之五十，特殊困难，确无负担能力者，报区政府批准，可予全部免征。”（3）第十五条修改为：“荣誉军人及五年以上斗争历史之复员军工人员（因病或年老经组织批准复员，取得证明文件者）及民兵、民工、村干因支前、治河、对敌斗争而残废，致影响生产者，除以第八条扣除地亩外，其本人再扣除半亩后，计算负担。”（4）第十八条修改为：“灾荒之减免：（一）凡遭水、旱、虫、雹灾之土地，呈报本府批准后，得视灾情轻重，酌量减免其受灾部分之负担，减免办法另定之。（二）凡遭受蒋灾及其意外灾害，实无负担能力者，经区政府酌情批准减免。”（5）第四章内增加第二十条：为发展农业生产，奖励喂养耕畜（牛、马、骡、驴），凡喂养耕畜一头，不分大小，全年减征秋粮十五斤，随粮附减柴草二十二斤半，但每户减免最多不得超过两头。完全不从事生产之牲畜，不予减免。（6）原条文之第二十、二十一、二十二条改为第二十一、二十二、二十三条。

选自《山东革命历史档案资料选编》，第20辑，济南，山东人民出版社，1986年版，第184～188页。

21. 山东省政府关于秋征工作的指示

1948年10月4日

夏征工作已胜利的〔地〕完成了任务，各级政府应根据夏征各种文件及秋征指示，很好的〔地〕接受夏征经验，布置秋征工作。兹特就秋征工作几个比较重要的问题，作如下指示：

（一）秋征工作的方针与步骤

各级政府须集中力量于十、十一两月份大力突击保证完成秋征工作，以利支援战争。政府中各部门工作，亦须围绕秋征工作给予干部力量的协助及工作的配合。在目前大规模支前工作中，应将征收工作视为支前工作中的重要任务，在支前任务比较繁重的地区，应将干部力量适当调整配备，不能互相对立及有所偏废。

在工作步骤上应该是：

一、九月底至十月二十号前后，为秋征布置与准备工作时间，各级政府应召集会议布置秋征，并进行各种准备工作（如修仓、修秤、印收据、聘请与训练助征人员等）。

二、十月下旬至十一月十号，为进行宣传动员、折算，审查地亩、人口，造册、填串及征收准备等工作时间。

三、十一月中旬至月底，为入仓时间（秋粮及豆子一次入仓）。

四、十二月初至十二月半，为总结工作时间，县、行署分别进行总结工作。从征收布置到总结，前后共两个半月的时间。以上仅是大体步骤，各地可根据具体情况渗透进行，防止工作中的阶段论，并应尽量争取先期完成。

（二）组织领导问题

各级领导干部，必须认真研究《大众日报》关于秋征工作的社论，并以此来教育干部，使每一干部认识：今秋的征收，是关系着今明两年的战争支援与经济建设的重大任务，防止与纠正各种错误看法，使任务顺利完成。

为了很好的〔地〕完成秋征业务工作，必须抓紧配备粮食干部。粮食机构在夏征中一般的〔地〕虽已得到了充实，但有的地区缺额仍多，而一般的质量还差。其所以未能迅速配齐，一方面［是］由于干部缺乏，但另一方面亦是由于某些同志认为秋征工作党政一齐动手，何必如此多的粮食干部？甚至还有个别领导干部，仍然未改变对粮食工作的错误看法，将质量不好的干部送到粮食部门。正因为如此，各地已发生霉烂与调运支前中紊乱现象（当然亦有些粮食干部因分工不明确及不负责任所致）。因此，要求在秋征前应抓紧充实粮食机构，其来源可从村干提拔，或动员部分地方青年与助征人员参加粮食工作。此外，还要有计划的〔地〕训练培养新干部，不可敷衍应付，不应再抽粮食干部去作〔做〕其他工作，这是完成秋征任务，改进今后粮食保管调运等工作，减少霉烂、损失、紊乱的重要关键，同时必须组织政府其他各部门干部突击征收，特别在区一级，更须大力以赴，不能将此工作完全推给粮食部门单独进行。

聘请助征人员时，须注意质量，应以村干及农村纯洁之知识青年为主，切忌不加甄别的〔地〕随便聘用。聘用后须进行短期政治与技术训练，并须经常进行政治教育，不应存有单纯使用观点。在工作上，应明确分工，各有专责，建立工作制度，订出一般工作标准，经常评定其工作，注意适当表扬与批评，实行民主领导。在生活上，更须注意团结，对于聘请人员，区干应分工掌握，不能放任自流。

领导秋征时，必须是首长负责，亲自动手，创造典型，指导一般，周密布置，深入检查，抓紧总结。为了及时交流经验，专署及县可根据具体情况，出刊油印小报，有电话地区，应充分利用电话，及时反映情况，指导工作。

（三）宣传动员

秋征要按照宣传要点，着重反复向群众说明粮、赋、村附加并征的意义与好处，并须联系实际（区别不同地区、对象、阶段），通过算账办法，消除顾虑，启发群众交纳公粮的自觉性。在宣传方式上，应当运用各种会议、写标语、出黑板报、集市宣传等方法。此外组织政府人员粮食干部，学习征粮办法及秋征中各种指示决定，更好的〔地〕教育群众，准确的〔地〕掌握政策。

（四）秋征中的几个政策问题

一、关于减免问题：今年秋收，除个别地区有水、旱、虫、雹灾者外，一般地区的收成均在七八成左右，因此不必在各地区普遍提出灾荒减免问题。因为今年公粮收支亏空很大，如果在减免上过分放手，将加重我们的困难。但灾区须要减免者，应当进行减免。必须紧紧掌握军民兼顾的正确原则。减免标准以当地一般年成的产量成数为主，参考中亩秋季产量（中亩产量数各专署自定报行署备案）来定欠收的成数。其减免成数规定于下：

实产量成数	减免成数
三成以下者	免征
四成以下者	减七成
五成以下者	减五成

六成以下者　　减三成

六成以上者　　不予减免

在减免的掌握上，对成片受灾，采取面的评定，确定其受灾成数。受灾轻重不一者，按各户之受灾土地评定计算（不以户计算）。受灾土地全部不收或水冲沙压者，除免征外，其土地暂不扣除，由明年照顾。各种减免，必须进行详细的登记调查（减免表式样另附），于负担计算前，即应办理妥善，以免影响计算。在灾区进行减免时，首先应宣传减免政策，由群众讨论受灾成数（具体办法不公布），呈报政府予以减免。

减免批准权问题：凡属于个别户受灾者，由区政府批准之；一个村的减免，由县府批准报专署备案；一个村以上至一个区的减免，除报专署批准外，并须报行署备案；几个区的成片灾情减免，须报行署批准，转省备案。

二、边沿区与新解放区、新收复区之征收问题（办法另订），应重视边沿区征收，同时亦应防止殖民地观点，在党政统一领导下，结合武装力量，首先掩护群众速收，打击敌人之抢粮，然后进行速征、速运。征收办法应完全统一执行本府规定之边沿区、新解放区、新收复区征收办法，不能自作主张的〔地〕另订办法。在敌占优势之地区，为照顾群众受蒋匪勒索抢掠负担繁重，一般不征收，且在这一地区如勉强征收，往往迫于敌情，不择手段、草率行事，结果是得不偿失。行署专署对于边沿区征收，应注意领导掌握，不能放任不管。

在新区要广泛宣传我之负担政策，以敌之征收办法与我之征收办法对比，教育群众打破群众之怀疑。在无中亩按官亩征收之地区，划分土地等级时，应尽量经群众民主评定，求得大致公平合理。在工作作风上，坚决反对强迫命令。在整理黑地等问题处理上，要十分慎重，免造成今后工作困难，但应当征收的必须进行征收，防止"仁政"观点，随意缩小负担面，以及无原则的〔地〕乱减等倾向的发生。

三、地级问题；秋征时间已经紧迫，酝酿准备力量均不够，对整理地级问题，不能轻举妄动。因此，今后地级一般的〔地〕仍不动，个别高低悬殊者，在不影响面的地级变动下，可个别整理，但须经行署批准后方得进行。

四、整理尾欠与归还预借粮问题，关系负担公平合理与政府收入，应注意清理，向群众所借之粮草，在秋征中可予以归还。清理尾欠与还借粮办法另订。

（五）征收中几个具体问题

一、审查地亩、人口与折算造串问题。这是征收中最具体最复杂最重要的工作，区干部要亲自掌握，做到地亩、人口陈报确实。

二、秋征必须贯彻以户为单位直接收粮入仓的办法。经验证明，这是群众最拥护的办法。由于秋征粮色较多，接收时更为麻烦，因此每区可少设点多添秤，分别先后接收。

三、对各接收公粮掌秤人员，必须予以很好的教育，防止秤中克扣群众或营私舞弊等不良现象。

四、今后必须严禁村中摊派粮款。在征收时，一方面宣传征收村经费附加好处，必须同时宣布今后村干自行摊派粮款为非法行为，人民得拒不交纳，各级政府须注意检查。秋征费用，由县村经费管委会统一向粮局筹借，批发各村，以后由村附加内转账。

五、新解放区地主富农大量隐瞒黑地者，可结合秋征进行整理，匿报较多之户，可酌罚应补公粮半倍至两倍（此项罚粮必须解库）。

此外有关秋征手续及计算方法等，由本府责成粮食总局研究确定。仰各级政府遵照执行为要！

此致

主席　黎　玉

选自《山东革命历史档案资料选编》，第21辑，济南，山东人民出版社，1986年版，第163～167页。

22. 山东省人民政府布告
——公布《山东省三十八年度农业税征收暂行办法》

1949年5月14日

兹制定《山东省三十八年度农业税征收暂行办法》公布之。

此布

附：《山东省三十八年度农业税征收暂行办法》。

主　　席　康　生
第一副主席　郭子化
第二副主席　方　毅

山东省三十八年度农业税征收暂行办法

第一章　总　则

第一条　为支援人民解放战争，取得最后胜利，加强解放区之经济建设，特根据发展农业生产、负担合理与计算简便之原则，制定本农业税征收办法。

第二条　为政简民便，特将公粮、田赋、柴草等负担同时并征并附征乡村经费。

第三条　本办法以户为计算负担单位，以中亩为负担标准（每中亩产量为一百五十斤），无中亩而有地级之地区，可根据中亩之税率，以地级为负担标准，按人口计算之。

第四条　下列各种土地免缴农业税：

一、宅基、场园、道路、水渠、河身、河堤、沟底、坟地、荒边、草堰等无收益之土地。

二、山林草场、保安林及公营农场、苗圃、机关部队耕种之土地等。

第五条　下列各种土地得在一定期间内免征或减征农业税：

一、轮耕地，免征其本年不耕作部分。

二、开垦之生荒，自开垦之日起，免负担五年。

三、开垦之熟荒，自开垦之日起，荒芜四年以上者，免负担三年；荒芜三年以上者，免负担二年；荒芜二年以上者，免负担一年；荒芜二季以上者，免负担一半；荒芜一季者，仍照常负担。

第六条　菜园、果园、竹园、藕汪、蒲汪、苇塘、水稻田、条行、蜡杈等及耕地改植草场，有收益而无地级者，按其四邻地级折中亩计算负担（如四邻地级高低不一者，可折中计算）；四邻无耕地者，按其每年一般平均收益，折成主粮后，酌予打折评议中亩负担，但打折数最多不超过其纯收益百分之五十。

第七条　出租土地，按其双方协议负担农业税。

第八条　特殊土地之负担办法，由各行署（直属专署、市）提出具体征收办法，报本府批准施行之。

第九条　本办法每年一次计算，分夏秋两季征收。夏征前为人口、土地登记过拨时间，夏征后土地人口增减一般的〔地〕不过拨计算。但秋征时每户增加三口人以上或外出归来另立户口者，不论人口多少，应重新计算秋季负担（少于麦季负担者不倒找）。地权变动者，仍由原业主户下计算负担，以原业主实负担亩的平均负担，向新业主找活粮。

第十条　农业税之缴纳，以户为单位直接送粮入仓，并由粮库掣给正式收据。征收细则另订之。

第二章　免税点

第十一条　所有农业人口，不分男女老幼，每人均扣除中亩七分地，作为免税点，免缴负担。

第十二条　下列人员虽兼营其他副业或临时外出，仍应扣除免税点：

一、兼营农业之肩挑小贩及不脱离农业生产之农村合作社人员。

二、临时外出逃荒而未在外安家者。

三、兼营渔业盐业之渔民盐民。

四、在垦区耕种土地者，按其在垦区实有人口扣除免税点。

第十三条　凡有下列情形之一者，均得扣除免税点，以示优待。

一、现役革命军人及加入人民解放军之新解放官兵（有一定证明文件者），不领取薪金之革命工作人员，到前线服务之民兵民工。

二、人民解放军军人，革命工作人员，为人民解放事业牺牲者（包括积劳成疾病故者），荣誉军人复员后因伤口复发而病故者，及在人民解放战争中支前运粮修河而牺牲之群众。

三、积极领导群众翻身及确因坚持对敌斗争而牺牲之村干群众，为大家所公认者。

第十四条　凡有下列情形之一者，不得扣除免税点：

一、凡薪金制之工作人员、教职员及公营企业中薪资之工人、职员等。

二、军工人员之子女由公家供给者。

三、不从事农业生产之工商业者。

四、常年外出不依靠家庭生活者。

第十五条　有下列情形之一者，均按下列规定扣除免税点：

一、在外结婚之女军工人员，在其娘家扣除免税点。

二、无家可归常年寄居亲友家中者，在其亲友家中扣免税点。

三、从事农业生产之雇工与畜牧工人，受雇不足半年者，在雇工家扣免税点，半年以上者，在雇主家扣免税点。

四、轮流吃饭之家长，在一家扣除免税点，不得顶双份。

第三章　税　率

第十六条　农业税率，扣除应扣之免税点（中亩七分地）后，以市秤为标准（一公斤二市斤），每中亩全年负担公粮三十斤、田赋粮五斤、柴草粮五斤，附征乡村经费粮六斤。

第十七条　缴纳农业税以小麦、谷子、豆子、高粱、玉米等为主粮，斤顶斤不折扣，其他农作物折主粮征收。各种主粮之征收比例及其他农作物之征收比例与折合率，由各行署（直属专署、市）提出意见，经本府批准执行。

第十八条　麦粮之征收，一般按种麦面积确定比例征收；不适于比例征收地区，可按实种麦田征收。其具体办法，由各行署（直属专署、市）提出意见，报本府批准执行。

第十九条　凡不属私人之公地（学田、庙田、祭田）、果实地等，经农会或政府临时委托代耕者，为代管地，不与自有地合并计算，每中亩全年负担公粮二十斤，附征乡村经费五斤。凡私人委托亲友近族代种之土地为托管地，此项土地应与承管人自有土地合并计算。

第二十条　凡本省辖区内，地在甲地、人在乙地者，按人之所在地扣除免税点后计算征收之，如过拨困难或地在本省辖区内而人在他省者，以地之所在地负担，不扣除免税点，按第十六条税率征收之。

第四章　各种减免照顾

第二十一条　无劳动力之烈军工属、鳏寡孤独，其生活困难者，按第十一条扣除免税点后，酌情减免其负担百分之二十至百分之五十，特殊困难确无负担能力者，可酌予多减或全部豁免。

第二十二条　荣誉军人及五年以上斗争历史之复员军工人员（因病或年老经批准复员取得证明文件者）及民兵、民工、村干因支前、治河、对敌斗争而残病致影响生产者，除以第十一条扣除免税点外，经区以上政府批准，其本人再扣除半亩地后计算负担；在麦征后秋征前复员者，秋征时不再重新计算，但每人减征秋粮二十三斤（减征数超过负担数者不倒找）。

第二十三条　凡从事农业生产之耕畜（种畜在内），不分大小多少，每头全年减征农业税十五斤（麦粮减五斤，秋粮减十斤，不负担麦粮者全部减秋粮），但主要用于运输或专供贩卖等牲畜例外。

第二十四条　灾情减免：

一、凡遭水、旱、虫、雹灾之地区，经呈请批准后，得视其灾情轻重酌情减免其受灾部分之负担，减免办法另订之。

二、战区、边沿区、连年受灾区，由于灾害严重应予减免者，得由当地政府提出减免意见，呈请批准实行之。

三、个别遭受意外灾害生活困难无负担能力者，可予酌情减免。

四、凡因修路、治河、遭水冲毁之土地，已成非耕地者，得于土地过拨时退除之；夏征后，因修路、治河及遭水冲毁之土地，按减免办法减免其受损部分之负担；变为非耕地者，得在明年夏征土地登记时退除之；遭水冲毁之土地以巨大劳力资本修复者，作开荒地照顾，并视其所费劳力资本之多少，根据第五条规定，确定其免负担之年限。

第五章　罚　则

第二十五条　各村进行土地、人口、牲畜登记务须确实，对匿报土地、多报人口牲畜之处罚，以下列办法处理之：

一、凡屡教不改及为首操纵匿报土地、多报人口牲畜之主要分子，于当地政府限期内仍不报出，经检举或查出者，除补缴匿报部分之上一年全部负担外，并酌予处罚，但最多不得超过其补缴部分之二倍。

二、干部领导匿报土地、多报人口牲畜或包庇他人者，除按规定处罚外，并酌予行政纪律之处分。

第二十六条　处罚批准权，属于县以上政府，区、村不得行使之。

第二十七条　罚粮与补缴粮一律交库。

第六章　附　则

第二十八条　本办法经山东省人民政府公布之，其修改及解释权属于本府。

第二十九条　本办法自公布之日起施行。

选自《山东革命历史档案资料选编》，第22辑，济南，山东人民出版社，1986年版，第454～460页。

23. 山东省人民政府布告——公布《山东省三十八年度新区农业税征收暂行办法》

1949年5月18日

兹制定《山东省三十八年度新区农业税征收暂行办法》公布之。

此布

附：《山东省三十八年度新区农业税征收暂行办法》。

主　　席　康　生

第一副主席　郭子化

第二副主席　方　毅

山东省三十八年度新区农业税征收暂行办法

第一章　总　则

第一条　为保证军食，争取人民解放战争彻底胜利及各种建设之需要，本发展农业生产与合理负担之精神，制定本办法。

第二条　为政简民便，特将公粮、田赋、柴草等负担同时并征，并附征乡村经费。

第三条　本办法以户为计算负担单位，以官亩（二百四十杆丈为一官亩，每杆丈五营造尺，每营造尺三十二公分）折合负担亩（凡二年三季，平均产量每年在一百五十斤者，为一个负担亩），按人口计算之。无负担亩地区，可根据耕地土质优劣，结合一般年景之产量酌情划分地段，折成负担亩负担之。已有负担亩地区，如产量畸高畸低，经确切调查后，可在原有基础上适当调整，以趋合理。

第四条　下列各种土地免缴农业税：

一、宅基、场园、道路、水渠、河身、河堤、沟底、坟地、荒边、草堰等无收益之土地。

二、山林、草场、保安林及公营农场、苗圃、机关部队耕种之土地。

第五条　下列各种土地得在一定期间内免征或减征农业税：

一、轮耕地，免征其本年不耕作之部分。

二、开垦之生荒，自开垦之日起，免负担五年。

三、开垦之熟荒，自开垦之日起，荒芜四年以上者，免负担三年；荒芜三年以上者，免负担二年；荒芜二年以上者，免负担一年；荒芜二季者，免负担一半；荒芜一季者，仍照常负担。

第六条　菜园、果园、竹园、藕汪、蒲汪、苇塘、水稻田、条行、蜡杈等及耕地改植之草场，有收益而无地级者，按其四邻地级折负担亩计算负担；如四邻地级高低不一者，可折中计算；四邻无耕地者，按其每年一般平均收益，折成主粮后，酌予打折评议负担亩负担，但打折数量最多不超过纯收益百分之五十。

第七条　特殊土地之负担办法，由各行署（直属专署、市）提出具体征收办法，报本府批准施行之。

第八条　本办法每年一次计算，分夏秋两季征收。夏征前为人口、土地登记过拨时间，夏征后的人口变动，一般增不添、少不减。但秋征时每户增加三口人以上或外出归来另立户口者，不论人口多少，应重新计算（秋季负担少于麦季负担者，不倒找）。地权变动者，过拨新业主户下重新计算，新旧业主算出全年负担后，双方按夏征比数扣除夏季负担数，余缴秋粮。

第九条　农业税之缴纳，以户为单位，直接送粮入库，并由粮库掣给正式收据。征收细则另订之。

第十条　本办法在未施行土改之新解放区，或土改后为敌重占被地主倒算，收复后未经反倒算之收复区施行之。

第二章　人口计算

第十一条　所有农业人口，不分男女老幼，均作其家中负担人口计算负担。

第十二条　凡有下列情形之一者，得作其家中人口计算负担：

一、兼营农业之肩挑小贩及不脱离农业生产之农村合作社人员。

二、临时外出逃荒而未在外安家者。

三、兼营渔业盐业之渔民盐民。

四、在垦区耕种土地者，按其在垦区实有人口计算。

第十三条　凡有下列情形之一者，得作其家中人口计算负担，以示优待：

一、现役革命军人及加入人民解放军之新解放官兵（有一定证明文件者），脱离生产供给制之革命工作人员，到前线服务之民兵民工。

二、人民解放军军人、革命工作人员为革命牺牲或因劳成疾病故者，荣誉军人复员后因伤口复发而病故者，及在人民解放战争中支前、运粮、修河而牺牲之群众等。

三、积极领导群众翻身，及确因坚持对敌斗争而牺牲之村干群众，为大众所公认者。

第十四条　凡有下列情形之一者，不得作其家中人口计算负担：

一、凡薪金制之工作人员、教职员，及公营企业中薪资制之工人、职员等。

二、军工人员之子女由公家供给者。

三、以工商业收入为主，虽与家庭有经济联系，但不从事农业生产又不依靠家庭生活之工商业者。

四、常年外出不依靠家庭生活者。

第十五条　其他情形者，均照下列规定计算之：

一、脱离生产在外结婚之女军工人员，在其娘家作负担人口计算。

二、无家可归常年寄居亲友家中者，作其亲友家中负担人口计算之。

三、轮流吃饭之家长，在一家计算负担人口，不得顶双份。

四、从事农业生产之雇工与畜牧工人，一律作雇工家中负担人口计算。

第三章　税　率

第十六条　农业税之税率，包括公粮、田赋粮、柴草粮、乡村经费粮（乡村经费粮按实征数百分之十三提取），以市秤为标准（一公斤二市斤），按各户每人平均折成之负担地亩数，以下列税率计算之：

每人平均地亩数	每亩税率
八分以下者	免负担
0.80～1.00	5斤
1.01～1.20	8斤
1.21～1.40	11斤
1.41～1.60	14斤
1.61～1.80	17斤
1.81～2.00	20斤
2.01～2.40	24斤
2.41～2.80	28斤
2.81～3.20	32斤
3.21～3.60	36斤
3.61～4.40	40斤
4.41～5.20	44斤
5.21～6.00	48斤
6.01～7.00	52斤
7.01～8.00	56斤
8.01～10.00	60斤
10.01～12.00	65斤
12.01以上者	70斤

第十七条　缴纳农业税，以小麦、谷子、高粱、玉米、豆子等为主粮，斤顶斤不折扣，其他农作物折主粮征收。各种主粮之征收比例及其他农作物之征收比例与折合率，由各行署（直属专署、市）提出意见，经本府批准执行。

第十八条　麦粮之征收，一般按种麦面积确定比例征收，不适于比例征收地区，可按实种麦田征收。其具体办法，由各行署（直属专署、市）提出意见，报本府批准执行。

第十九条　凡不属私人之公地（学田、社田、祭田）及逃亡户之土地、果实地等，经农会或政府合法分配而未确定地权者，为代管地，不与自有地合并计算，全年每亩负担三十斤，种麦者缴麦粮二分之一，余缴秋粮，不种麦者全部缴秋粮。

凡属私人委托亲友或近族代种之土地，为托管地。此项土地应与承管人自有之土地合并计算负担。公田、学田由公家管理或出租者，暂不负担。佃户负担与二十条同。

属于村中自行管理之公田、学田，其收入为该村所有者，每亩负担三十斤；如系出租，业方每亩负担二十斤，佃户负担与［第］二十条同。

第二十条　租佃负担：

一、租佃土地已实行减租者，由业佃双方负担。出租之土地不论其收租与否，业主计算负担时，须将其出租部分与自耕地合并计算，出租部分之土地负担打七折征收之，佃户租入之土地，每亩全年负担十斤。缴麦［粮］比例与自有地合并计算。

二、租入土地收益全部归佃户者，按代管地负担。

三、纯佃户，自己没有土地，每人平均租入不足二负担亩者，不负担。

四、佃户每人自有地不到起征点，其租入土地每人平均不满一负担亩者，不负担；佃户自有地已达起征点，其租入土地不论多少，均应负担。

第二十一条　凡本省辖区内，人在甲地，地在乙地，尽量过拨业主名下负担。无法过拨及人在他省、地在本省者，以地之所在地按一口人计算负担（不论业主家中有几口人），由承管人负责缴纳；由承管人代为收租者，按租佃办法，以一口人计算负担，由承管人负责缴纳。

第二十二条　寺院、庙宇、教会之土地，按主持人口计算负担；无僧道者，按一口人计算，由承管人缴纳；属于租佃性质者，其负担的处理与第二十条同。

第四章　各种减免照顾

第二十三条　无劳动力之烈军工属、鳏寡孤独，其生活困难者，按第十六条计算后，酌情减免其负担百分之二十至百分之五十，特殊困难确无负担能力者，可酌予多减或全部豁免。

第二十四条　荣誉军人及五年以上斗争历史之复员军工人员（因病或年老，经批准复员取得证明文件者）及民工、民兵、村干因支前、治河、对敌斗争而残病致影响生产者，按第十六条税率计算后，在其本人负担粮内减征二十三斤，以示优待（负担不足及不负担者，不倒找）。

第二十五条　凡从事农业生产之耕畜（种畜在内），不分大小多少，每头减征农业税十五斤（麦粮减五斤，秋粮减十斤，不负担麦粮者全部减秋粮），但主要用于工商业或专供贩卖等牲畜，不予减征。

第二十六条　灾情减免：

一、凡遭水、旱、虫、雹灾之地区，经呈请批准后得视其灾情轻重，酌情减免其受灾部分之负担。减免办法另订之。

二、战区、连年受灾区，由于灾害严重，应予减免者，得由当地政府提出减免意见，呈请批准施行之。

三、个别遭受意外灾害，生活困难无负担能力者，可予酌情减免。

四、凡因修路、治河、遭水冲毁之土地，已成非耕地者，得于土地过拨时退除之；夏征后因修路、治河及遭水冲毁之土地，按减免办法减免其受损部分之负担；变为非耕地者，得在明年夏征土地登记时退除之。

五、遭水冲毁之土地，以巨大劳力资本修复者，作开荒地照顾，并视其所费劳力资本之多少，根据第五条规定，确定其免负担之年限。

第五章　罚　则

第二十七条　各村进行土地、人口、牲畜登记务须确实，对匿报土地、多报人口牲畜之处罚，得以下列办法处理之：

一、凡个别屡教不改及为首操纵匿报土地，多报人口牲畜之主要分子，于当地政府限期内仍不报出，经检举查出者，除补缴匿报部分之上一年全部负担外（包括公粮、田赋、公草、村经费），并酌予处罚，但最多不得超过其补缴部分之二倍。

二、干部领头匿报土地、多报人口牲畜或包庇他人者，除按规定处罚外，得受行政纪律之处分。

第二十八条　处罚权属于县以上政府，区、村不得行使之。

第二十九条　罚粮与补缴粮一律交库。

第六章　附　则

第三十条　本办法经山东省人民政府公布之，其修改解释权属于本府。

第三十一条　本办法自公布之日起施行。

选自《山东革命历史档案资料选编》，第22辑，济南，山东人民出版社，1986年版，第466～474页。

八、经济管理

1. 山东省各级贸易局组织暂行条例

1940 年 12 月 14 日通过

第一章　总　则

第一条　为切实执行贸易政策，加强经济，对敌人斗争，保护并促进内地生产建设事业之发展，平衡物价，繁荣市场，巩固抗日根据地之经济堡垒，特组织各级贸易局。

第二条　各级贸易局遵照贸易政策，对内实行统制，杜绝敌货倾销，严禁有用物力资敌，有计划的〔地〕输出剩余生产品，由敌方换取必需品，切实做到以货易货。对内保护自由，调济〔剂〕供需，沟通有无，平衡物价，稳定金融。

第三条　贸易总局直接受山东省最高财政经济机关之领导。总局以下每行政区或专署（联合办事处）设分局。县设县局。总局直接领导各分局，各分局直接领导所属地区内之各县局（以下简称总、分、县局）。

第四条　各交通要口，得因工作之需要，设立代办所，分别由总、分局领导。

第二章　组织及分工

第五条　各级组织系统如下：

甲、总局组织及分工：

1. 正副局长各一人——负计划、推动、领导全省贸易工作之责。
2. 秘书一人、干事若干人——负责文书、交际及关于其他各科之事务。
3. 统计科——设科长一人，下设股长，其分工如下：

A. 统调股——股长一人，股员若干人，负统计调查之责，协助财经机关办理商品之登记、出入境货之审查，分类颁发各种许可证件，处理违犯贸易条例之案件。

B. 检查股——股长一人，股员若干人，负检查各级工作、缉私及其他临时分配之检查工作。

4. 会计科——科长一人，下设各股，分工如下：

A. 会计股——股长一人，股员若干人，负审核各处账目清册单据及全局货物之购入、售出及金钱出纳总账，并造日计表、月计表等册事宜。

B. 出纳股——股长一人，股员若干人，负全局金钱保管及出纳事宜。

5. 营业科——科长一人，干事若干人，负买卖货物、调剂供需、平衡物价、稳定金融及货物之保管运输之责。下设各股，其分工如下：

A. 营业股——股长一人，干事若干人，负买卖货物、调剂供需、平衡物价之责。

B. 保管股——股长一人，登记及保管干事若干人，负货物存放、登记、保管之责。

C. 运输股——股长一人，干事若干人，酌设运输队，负货物运输之责。

第六条　特种事业之经营，得依其性质酌量划归有关各科股或设特殊部门管理之。

第七条　分局组织及分工：

1. 正副局长各一人——依据总局指示，领导并推动该分局及各县局之代办所之工作。

2. 分局之组织及分工，参照总局，酌量分设科股。

第八条　县局组织及分工：

1. 局长一人——在分局直接领导下整理县局工作。

2. 统调员一人——负统计调查之责，协助第三科办理商号之登记、颁发许可证件及处理违犯贸易条例之案件。

3. 检查员一人，负检查之责。

4. 会计员一人，负保管账簿及文书之责。

5. 出纳员一人，负保管银钱及事务之责。

6. 营业员一人，干事若干人，负采购、保管、营业、调剂之责。

第九条　代办所设主任一人，总理全所一切工作，下设会计、出纳、统调、保管，分理各种事宜。

第三章　资本及结账

第十条　总、分、县局经营事业之资本，依营业计划及实际需要，由最高财经机关拨付总局分配之。

第十一条　总、分、县局均属固定资本，自立账簿，不得混淆及自由转移。

第十二条　总、分、县局为发展营业，得吸收私资加入。

第十三条　总、分、县局营业，以每年一月一日至十二月三十日为会计年度。

第十四条　总、分、县局营业，每月结算一次，每届年度终了总结一次。

第十五条　总结时其应报告项目如下：

1. 营业报告书、资产负债表、财产目录、损益计算书、全局工作总计。

2. 如为年度报告时，并应将连同红利分配议决案报告总局核行。

第十六条　总、分、县局营业盈余之红利，按下例比例分配之：

1. 公积金百分之三十；

2. 公益金百分之五；

3. 优抗捐百分之五；

4. 工作人员奖励百分之十；

5. 股东分红百分之五十（股东分红之分配以收入资本之金额与日期合计分配之，如无私人股本时，则股票红利全归最高财经机关）。

第四章　工作人员之任免

第十七条　总局：

1. 总副局长及秘书各科科长均由最高财经机关委任之。

2. 股长由总局呈请最高财经机关委任之。

3. 股长以下之工作人员由局长委任，报请最高财经机关备案。

第十八条　分局：

1. 分局长由总局呈请最高财经机关委任之。

2. 股长由分局呈请总局委任，报最高财经机关备案。

3. 其他工作人员由分局长选任，呈报总局备案。

第十九条　县局：

1. 局长由总局委任，[报] 请最高财经机关备案。

2. 会计、出纳、营业、统调、检查各员，由县局呈请分局委任，报请总局备案。

3. 其他工作人员由县局长选任，报分局转总局备案。

第二十条　代办所：

1. 主任由总局委任，报最高财经机关备案。

2. 其他工作人员与分局工作人员同。

第二十一条　各级工作人员之任免调动，须严格按照本条例第十七条至二十条之规定办理，不得越权擅自处理。

第五章　与同级政府之关系

第二十二条　分、县局与同级政府之关系。

1. 分、县局须受同级政府之领导与监督，但非隶属关系。

2. 分、县局长或指定人员，得出席同级政府有关贸易之会议。

第六章　附　则

第二十三条　各级贸易局之办事细则、各种表册编制、经费开支及工作人员待遇另定之。

第二十四条　本条例有未尽事宜，得由山东临时参议会修改之。

第二十五条　本条例由山东省临时参议会通过后公布施行之。

选自《山东革命历史档案资料选编》，第 6 辑，济南，山东人民出版社，1982 年版，第 172～176 页。

2. 山东省贸易暂行条例

1940年12月15日通过

第一章 总 则

第一条 本条例依据抗战建国纲领第二十条至二十四条之原则，适应本省财政经济建设特殊情形制定之。

第二条 本条例以粉碎敌人经济侵略及封锁，对外实行统制贸易，保护并促进本省经济建设之发展，有计划的〔地〕输出剩余生产品，由敌方换取必需品，切实做到以货易货，对内发展根据地自由贸易，调剂有无，繁荣市场，平衡物价，稳定金融，配合其他经济部门之工作，达到根据地自给自足的经济基础为宗旨。

第三条 凡各地商民、合作社、机关、军队往来敌占区或抗日区从事营业或采购者，均依本条例办理。

第四条 凡依法令从事营业之商民、合作社，任何机关、军队不得非法予以危害或滋扰。

第二章 对外贸易

第五条 为展开对敌经济斗争，严密实行实施统制贸易，特将出入境货物按其对我利害之轻重分以下四类：

1. 奖励出入境货物；
2. 许可出入境货物；
3. 限制出入境货物；
4. 禁止出入境货物。

第六条 凡运输奖励、许可、限制货物出入境时，应至就近税务机关将货物种类、数量及价值等项举行登记，并按其种类应纳出入境税务者，分别向税务机关交纳。

第七条 凡因特殊需要拟运输禁止出入境货物时，须持主管上级证明文件亲到主任公署（或专署、联合办事处）请准发给特种货物出入境货物许可证后，始准运输。

1. 军队须持有旅级以上之证明文件。
2. 政府机关及商民（商民须附所在区公所证明文件）须呈请主任公署或专署（联合办事处同）。
3. 如不依上项手续者，一律禁止其运输，并依章处罚。

第八条 贸易局边境检查站为检查出入境货物之走私、偷漏，配合群众团体于接近敌占区各村庄组织封锁线。过往商人、小贩、合作社、机关、军队如运有货物者，均须依章服从检查与处理。

第九条 为沟通经济、调剂有无，本省得与其他各抗日根据地建立经常贸易关系，进行生产品之相互交换（详细办法另定之）。

第三章　对内①贸易

第十条　凡在本根据地内各行政区间及县与县间，须自由贸易。除有特别规定外，各区县不得假借任何口实实行统制与征税。

第十一条　凡本县内各商店、合作社、摊贩等，须依限向所在县第三科登记具保，领取营业证，以凭营业（临时贩运者例外）。

上述商店、合作社应按月将营业状况、物价涨落等情形分别向所在县政府第三科及贸易局报告。

第十二条　本区现有之违禁物品（即禁止出入口货），须依限登记拍卖。如有适当理由未能如期拍卖净〔尽〕者，须声请展限一次，但至多不得逾一月。

第十三条　为了解商业实况，各级贸易局须随时派人商请第三科协助至各商店、合作社检查，各该店、社应确实详报并予以便利，但检查人须持有政府及贸易局之证明文件。

第十四条　为调剂供需，各县应选择较安全之中心地区设置集市，定期赶集，但禁止定官价强制收买及故意抬高物价操纵居奇之行为（详细办法另定之）。

第十五条　凡敌占区商民到抗日区内遵照法令贸易者，其待遇与一般商民同。如为其自用所必需者，得准购买价值二十元以下之禁运出境货携带出境。但设有资敌者，以故意资敌论处。

第四章　奖惩办法

第十六条　凡未经允许私运禁运物品出入境者，货物没收，情节重大者并送司法机关法办（虽领有许可证而数量越过时，按偷运部分处罚，但合于［第］十五条规定者不在此限）。

第十七条　凡逾限不领营业证者，第一次处以资本总值百分之一至百分之三罚金，并限令其补领，逾限而不请领者，停止其营业。

第十八条　限期拍卖之违禁物品逾限不能拍卖尽又不声请展限者，查获后一律没收（逾展限期仍未拍卖尽之不声请展限者，其处分同）。

第十九条　如贸易局查有奸商故意抬高市价、居奇操纵或捣乱金融者，得请当地县政府处办之。

第二十条　贸易局查有持敌伪钞在我占区进行交易者，得请当地县政府法办。

第二十一条　凡违犯本条例第十六、十七、十八各条之规定者，其处罚没收均由县政府或贸易局受政府委托办理之。

前项处罚及没收在边境出入境关卡者，得由贸易局协助税务局执行。没收货物由贸易局及税务局分别呈报分局或总局处理。

前项案件如情节重大或无明文之规定者，应由执行之政府或贸易局及税务局呈请上级机关核办，不得擅自处理。

第二十二条　贸易局所处理之罚金及拍卖之需款，除依下列各款充赏外，一律交所在地县政府：

1. 对报告人及协助查获人，得提百分之二十充赏，但总数不得超过一百元。

2. 凡报告人或协助查获人如系各机关团体工作人员时，则只准提百分之五充赏，但

① “山东资料版”误作“对外贸易”。

总数不得超过二十元。

第二十三条　商店如能切实遵行贸易政策及贸易局之布置之工作，并能经常输入大批必需品者，得分别予以物质或名誉之奖励（奖励条件另定之）。

前项考核每年一次。

第五章　附　则

第二十四条　本条例如有未尽事宜，得由山东省临时参议会修正之。

第二十五条　本条例自山东省临时参议会通过后公布施行之。

选自《山东革命历史档案资料选编》，第 6 辑，济南，山东人民出版社，1982 年版，第 177～180 页。简称“山东资料版”。

3. 山东省合作社暂行规程

1940 年 12 月 17 日

第一章　总　则

第一条　本省所有之合作社除另有规定外，均依本规程规定办理之。

第二条　合作社为法人。

第三条　合作社之业务规定如下：

1. 生产合作社，凡经营种植、饲养、农田、水利、牧畜、造林、开荒、纺织及制造一切农村自用品和职业上之用品者，均属之。

2. 运销合作社，凡经营社员农业生产品、工业生产品之联合推销者，均属之。

3. 消费合作社，凡直接供需并置办社员生活之日用品及职业上之需用品者，均属之。

4. 信用合作社，凡经营农业生产之放款及农村之储蓄者，均属之。

第四条　合作社得视其人力资力及事实上之需要，于上列各种业务中专营一种或兼营数种。

第五条　合作社一律为有限责任。

第六条　合作社之业务及责任，应于名称上表明之。

第七条　不依照本规程所组织之商店、工厂及未经所在地县政府登记者，一律不得用合作社名称。

第八条　合作社必须切实遵照政府之一切法令及社章，应在一般工商业中起模范作用。

第九条　各合作社可请求政府或农救会介绍，由银行低利贷款，并有利用公共场所之优待权利。

第二章　设　立

第十条　合作社至少有二十一人以上方得设立。

第十一条　合作社设立人应召集创立会，通过章程，选举监事、理事，组织社务会，于二十日内附具社章、创立决议录及社员名册，呈请县政府为设立之登记。

第十二条　合作社社章应记明下列事项：

1. 名称；

2. 业务；

3. 社址；

4. 社股金额及交纳方法；

5. 结算时间；

6. 盈利之分配及损失之分担；

7. 公积金、公益金之规定；

8. 社员出社、入社、除名之规定；

9. 社务之执行及职员任免之规定；

10. 定有解散之事由者具事由；

11. 其他处理社务事项。

第十三条　合作社应进行登记之事项除前条一至七项外，尚须有下列事项：

1. 各社员认购之社股及其资金；

2. 监事、理事之姓名、年龄、籍贯、住址、职务。

前项登记事项有变更时，应于十日内为变更登记，在未登记前不得依其变更对抗善意第三人。

第十四条　县政府接到该项呈请后，应在十日内为准否之批示。

第十五条　合作社在领到登记证后成立。

第三章　社　员

第十六条　除汉奸外，任何人均可入股为合作社社员。

第十七条　合作社成立后，凡愿入社者经社员一人介绍即可入社。

第十八条　新社员对于入社前合作社所负之债务与旧社员负统一责任。

第十九条　新加入之社员，合作社应将其所认购之社股及连同原有社股共计资金总数，于结算后向县政府作补充之登记。

第二十条　如社员有出外或参加部队等事情，应以其法定继承人为代表，业务结算时如本人仍未回，即认为原社员退股其法定继承人入股社员死亡者亦同。

第二十一条　社员于业务结算时可请求退社。但其股金总数占全社总资金五分之三以上者，其退社须在结算期两个月前向社提出声请书。如其退股对合作社有重大影响者，经社员大会议决，可分其〔期〕撤股，延长出社时期。

第二十二条　社员除名，应经社务会议出席理事、监事四分之三以上之决议，以需〔当〕面通知被除名之社员，并报告社员大会（除名之事由社章规定之）。

第二十三条　出社社员仍得依第十七条之规定再请入社。

第二十四条　社员出社时，除社章特别规定外，合作社应将其所入股金连同应得红利一并退还。

消费合作社得依货物折价偿付出社社员之股金。

第二十五条　社员不论股金多少，在社员大会内均享有同等之选举与被选举权及建议表决权。

第二十六条　社员有对合作社职员提出批评质问并有向理事会、监事会或社员大会请求罢免惩戒之权。

第二十七条　社员大会之开会及决议如有违犯本规程第五十五条至五十九条之规定时，得由县政府宣告其决议案为无效，或经全体社员二分之一以上之联名声请县政府宣告其决议案为无效。

第四章　社　股

第二十八条　社员认购社股，以股为单位，股数不限。

第二十九条　社股金额，每股至少五角，至多不得超过一元。

第三十条　社员认购社股，除现款外，可以粮食、山货及其他物品折价代付股款，但须与合作社公平商妥折价。

第三十一条　社员认股应一次交纳，并可继续入股。

第三十二条　为奖励妇女儿童参加合作社，得实行储蓄入股（章程另定之）。

第三十三条　社员非经理事会之同意，不得出让社股或以之担保债务。如经同意让出之社员社股，被让人继承对于合作社之权利、义务、业务结算及作为让与人退股、被让人继股。被让人如非社员时，认为新入股，可依第十七条规定办理。

第三十四条　股息至多不得超过月息五厘，如结账无盈余时不得发息。

第五章　结算及盈余之分配

第三十五条　合作社每三个月或六个月结算一次（结算期分为三月底或六月底、九月底、十二月底）。

第三十六条　合作社盈余，除依次弥补损失及付息外，应将所余划为百分比例分配如下：

1. 公积金百分之二十，限于准备弥补合作社之损失及发展业务，不准移作别用，应存入信用合作社或银行。

2. 百分之五限于兴办地方经济建设、文化教育事业与优待抗属之用。

3. 职员奖金由社员大会决定，但至多不得超过百分之十五（应以劳绩大小比例分配之）。

4. 余额为社员红利，分配办法以社员对合作社交易额之多寡为标准比例分配。前项盈余之分配，非经社员大会决议不得执行。

前项公积金如超过合作社股金总额时，得由社员大会议决，变更每期应提之数。

第六章　职　员

第三十七条　合作社设理、监事，可由社员大会选举，每三个至十五个社员选举理事、监事各一人，但总名额不得超过十五名。

第三十八条　理事任期六个月或一年，监事任期三个月或六个月，均得连选连任。理事、监事在任期内如被社员大会罢免时，得改选继任人，以补足其任期为限。

第三十九条　理事、监事不得互相兼任，监事不得兼任社内任何职务。

第四十条　理事以本规程及合作社章程之规定与社员大会之决议执行社务，并互推常务理事一人，对外代表合作社。

第四十一条　理事违犯前条规定致合作社受损害时，对于合作社应负赔偿之责任。

第四十二条　理事会应置备社员登记名簿及社员大会记录。

第四十三条　理事会应于社员大会开会五日前造具财产目录、资产负债表、业务报告表，并以一份选〔送〕交监事会，但召集临时社员大会时不在此限。

业务结算后，社员大会除应备置前项书表外，并应制盈余分配表。

第四十四条　前条所列之书表，社员及债权人均得查阅。

第四十五条　监事应互推常务监事一人，其职权如下：

1. 监察合作社财产状况；

2. 监察理事执行业务状况；

3. 审查第四十二条至四十三条所规定之书表。监事为执行前项职务，认为有必要时得召集临时社员大会。

第四十六条　理事、监事如有违犯政府各种政策法令或合作社章程及其他不法行为时，得由社员大会全体社员过半数之决议罢免之，其失职时亦同。

第四十七条　合作社因业务之需要得聘用非理事之职员，由理事会任免之。

第四十八条　监事及不脱离生产理事，一律为无给职。

第四十九条　凡脱离生产［之］合作社职员（包括理事），除供给伙食外，每人每月应给最低津贴二元至五元，其具体办法由社员大会规定之。

第七章　会　议

第五十条　合作社会议分下列四种：

1. 社员大会，为合作社最高权力机关，一月或两个月召开一次；

2. 社务会，如果理事会与监事会不能单独解决之社务时，由理事会与监事会共同组织社务会议解决之；

3. 理事会，每半月召开一次；

4. 监理会，每半月召集一次。

第五十一条　社员大会由理事会召集之，其职权如下：

1. 制定或修改社章；

2. 决定合作社经营性质与方针；

3. 决定合作社业务计划；

4. 决定与审核预决算；

5. 审核账簿，检查资财；

6. 选举或罢免合作社职员；

7. 听取职员报告及生活报告。

前项大会之召集，应于三日前以书面载明大会召集之事由及提议事项，通知社员。

第五十二条　理事会于必要时得召集临时社员大会。经全体社员五分之一以上之联名，亦得以书面或口头声明提议事项及理由，请求理事会或监事会召集临时社员大会。前项请求提出后，理事会或监事会于五日内不予召集会议时，愿声请社员得联名自行召集，开会时由社员公推社员一人为主席。

第五十三条　社员大会开会时，每一社员有一表决权。

第五十四条　社员不能出席社员大会时，得以书面委托其他社员代理之。同一代理人不得代表两个以上之社员。

第五十五条　社务会由理事会召集之，其主席由理事、监事互推之。

第五十六条　理事会或监事会会议分别由常务理事或常事监事召集之。社务会、理事会开会时，非理事之职员得列席陈述意见。

第五十七条　所有上列社员大会、社务会、理事会、监事会除有特别规定外，均须由全体应出席人数过半数之出席始得开会，过半数同意始得决议。

第八章　解散及清算

第五十八条　合作社因各项事情之一者解散之。

1. 章则所定解散之事由发生；

2. 社员大会决议解散；

3. 社员不足法定人数（二十一人）；

4. 与其他合作社合并；

5. 解散之命令。

前项第二款、第四款，应有全社员四分之三以上之出席、出席社员三分之二以上之同意。

第五十九条　合作社决议解散，应向县政府登记。

第六十条　合作社如合并时，应于二十日内向县政府分别以下列各项声请登记：

1. 因合并而存续之合作社为变更之登记；

2. 因合并而消灭之合作社为解散之登记；

3. 因合并而另立之合作社为设立之登记。

第六十一条　合作社于解散时，应组织清算委员会清理之。

第六十二条　合作社解散或为合并时，应于二十日内分别通知各债权人，并公告之；同时声明自公布解散或合并后二十日以内，债权人得提出异议。

合作社不为前项之通知及公告，或在指定之期内提出异议之债权人，不为清偿其债务或不提供其债务相当之担保者，均不得依其解散或合并对抗债权人。

第六十三条　合作社之解散，其清算人除合作社章程别有规定或由社员大会另行选任外，以理事充任之。

不能依前项规定产生清算人事〔时〕，县政府得因利害关系人之声请，选派人清算。

第六十四条　清算人之职权如下：

1. 了结现务；

2. 收取债权，清偿债务；

3. 分配剩余财产。

清算人为执行前项职务，有代表合作社为一切行为之权。

第六十五条　清算人有数人时，关于清算事务之执行，依其过半数表决之，但对于第三人，各有代表合作社之权。

第六十六条　清算人就任时即检［查］合作社情形造具资产负债及财产目录，提交社员大会请求承认，债权人如有询问时，应将清算情形随时答复。

第六十七条　清算人于就任后十五日内应以公告方法催告债权人限期报名〔明〕债权，对已知之债权人并应分别通知。

前项报时，限期不得少于十五日。

第六十八条　清算人与清算事务终了时，即应造具报告书，提交社员大会请求承认。

第六十九条　清算人清算完结后，应于十日内呈报政府备案。

第九章　合作社联合社

第七十条　两个以上之合作社或两个以上之合作社联合，因地区或业务的关系，得设立合作社联合社或合作社联合总社，以便统一领导协助进行。

第七十一条　合作社联合社为法人。

第七十二条　合作社对于加入或退出合作社联合社，应经各该合作社社员大会之决议；合作社对于加入或退出合作社联合总社，应经各该合作社联合社代表决议。

第七十三条　合作社联合社或联合总社之代表大会，以各该合作社或合作社联合社代表大会，或以各该合作社或合作社联合社之代表组织之。

前项代表之名额，依合作社社员或合作社联合社所属合作社员之人数比例定之。

第七十四条　合作社联合社或联合总社之理事、监事，由合作社或合作社联合社之代表大会就所属合作社或联合社之社员代表中选之。

第七十五条　合作社联合社或联合总社，其所属之合作社或合作社联合社仍保持各个组织上及业务上营业上之独立性，合作社联合社不得随意对之入股或强派干部。

第七十六条　除各本社章程及法令别有规定外，本规程关于合作社之规定，合作社联合社准用之。

第十章　监　督

第七十七条　合作社违背政府一切政策政令或规程之规定及社章者，县政府得勒令其改组或解散之。

前项之违背法令章程，如确因合作社职员违背社章及社员大会之决议而为之者，应由各该职员负责；如因被勒令改组或解散合作社受损害时，得依本规章第四十一条之规定向各该负责职员要求赔偿。

第十一章　附　则

第七十八条　本规程施行细则另定之。

第七十九条　本规程自山东省临时参议会通过后公布施行之。

附：

合作社工作计划及宣传大纲

（一）关于初步开办合作社工作计划

1. 调查工作：

一、地方环境；

二、物品消费的数量；

三、商业概况；

四、土产的统计。

2. 估计工作：

一、需要资本总数及支配预算；

二、征集资本数目的估计；

三、每月买卖总额统计；

四、发展的估计。

3. 宣传组工作：

一、联合军政民组织各委员会；

二、广泛宣传；

三、征收、鼓动社员入股。

4. 开办合作社：

一、聘请干事职工；

二、织布工作；

三、寻购机器、原料及手工业工具之调查统计；

四、举行开业会；

五、进行营业。

（二）为广泛发展合作社事业，推动合作社运动宣传大纲：

1. 合作社可以粉碎敌人“以战养战”经济侵略的阴谋。

一、敌人对敌后抗日根据地的经济侵略之一般情形。

二、中国的城市不能统制农村的经济，敌占城市我占乡村。

要做到以乡村包围城市，就要建设农村，发展合作社事业，先要争取自给自足，不仰求敌人占领的城市。

三、我们要推广合作事业，提高农村生产，改善人民生活，以巩固根据地的经济基础，封锁敌人“以战养战”的阴谋。

2. 合作社事业可以改善人民生活，提高人民参战的热忱。

一、组织农村广大人力、物力、财力，实行合理的生产与分配。

二、消灭民间某些买卖苛刻剥削制度，减轻人民负担。

三、提高农村经济生活，建立比较合理的经济制度。

四、调剂根据地金融及资源的供给。

五、开展根据地资源，提高生产事业，巩固根据地经济基础。

3. 合作事业可以巩固抗日民族统一战线。

一、以经济的合作社运动，团结各阶层的广大人士合作生产。

二、减轻农村贫富误会的现象。

三、以合作社代替苛刻买卖营利的剥削。

四、巩固上层抗战。

4. 合作事业可以组织群众、教育群众。

一、教育与组织群众，在合作事业上了解农村统战意义，以巩固农村统战，加强抗战力量。

二、以经济的合作关系团结各阶层人士。

三、奠定抗日根据地的抗战建国经济结构的基础。

5. 合作运动与合作社。

一、合作运动是农村建设的重要成分之一。

二、合作社的分类与其作用：

A. 消费合作社；

B. 生产合作社；

C. 运销合作社；

D. 信用合作社。

6. 标语口号：

一、合作运动是粉碎敌人的“以战养战”的阴谋、与日寇作经济斗争的武器。

二、合作运动是改善民生的基本动力与积极有效的办法。

三、合作运动是农村建设的先锋工作。

四、合作运动是巩固农村统一战线的保证。

五、合作运动是团结一切抗日人民的巨大力量。

六、参加合作社可减轻生活的负担与消费。

七、参加合作社可以免除无原则的买卖营利的剥削。

八、参加合作社可以争取自己掌握自己经济生活。

九、不分男女老幼全要参加合作社，改善自己的生活。

十、向合作社投资是资本的唯一出路，又能抗日救国。

十一、向合作社投资，保证资本的安全及按时分配红利。

十二、向合作社投资，不论入股多少全有股东权利。

十三、消费合作社能便利商品的流通。

十四、生产合作社能增加农村的生产。

十五、运销合作社能调剂农村生产品，调剂抗日根据地的金融。

十六、运销合作社能解决农村各种生产品运销的困难。

十七、信用合作社能解决贫苦人民生产工具和生产原料的困难。

十八、合作社是［为］各阶层人士谋福利的。

十九、合作社是建立抗战建国的物质基础。

二十、合作社是巩固抗日根据地的经济堡垒。

二十一、合作社是解决军民日用品困难的组织。

二十二、合作社是保护法币、抵制伪钞的有利保证。

选自《山东革命历史档案资料选编》，第 6 辑，济南，山东人民出版社，1982 年版，第 181～194 页。

4. 山东省合作社暂行规程施行细则

1940 年 12 月 17 日

第一条　本细则依合作社暂行规程第七十八条制定之。

第二条　合作社不受任何行规之限制。

第三条　合作社业务范围之规定，以社员能实行合作之区域为标准。

第四条　凡在合作社暂行规程施行前成立之合作社，自规程施行之日起，依照规程自行改组，向所在政府为设立之登记。

第五条　凡在规程施行前成立之合作社，其实际情形不合于规程之规定者，应即按照性质更改名称（商店或工厂），以免混同，有碍合作事业之发展。

第六条　县政府接受合作登记呈请后，如审核与规程相符，即应批示准予成立，发给登记证，否则应指示更正，令其重新登记。

第七条　合作社于必要时得设立分社，并向所在地县政府登记。

第八条　合作社登记成立后，应即开始经营业务。

第九条　合作社登记证由各主任公署或专署或联合办事处印制，转发各县政府备用。

第十条　各县政府应备置合作社登记簿，其样式由各主任公署或专署或联合办事处定之。

第十一条　合作社增减每股金额，得社员大会决议通过后，须通知或公告债权人，并声明于二十日期限内提出异议。

在前项所规定之期限内，如债权人表示异议时，合作社非将其债务清偿或提供相当之担保者，不得减少社股金额。

第十二条　合作社因减少社股金额声请登记者，应叙明公告结果，并付送社员大会决议财产目录及资产负债表。

第十三条　如公债金超过股金总额时，其每年应提之数由社员大会决定之。

第十四条　合作社公债金得由社员大会决定，作为发展业务或公营事业之用。

第十五条　合作社理事、监事不得兼任其他相同合作社之职务。

第十六条　合作社得依章程之规定选出不超过理事、监事名额半数之候补理事、监事，候补理事、监事不能参加理事、监事会。

第十七条　社员人数超过二百人以上，如因战争或其他特殊情形不便开社员全体大会时，得临时按地区之便利分组举行，并依各组社员人数推选代表出席全体代表大会。

第十八条　如机关、团体、商店、工厂为社员时，表决权由其代表一人行之。

第十九条　当地县政府或受县政府委托之区公所，得派员审查合作社之账簿、各种簿录书表等项，并得指导编造之记载方法。

前项检查不得妨碍合作社之营业。

第二十条　合作社清算人就任后，应呈报当地县政府。

第二十一条　县政府得随时令清算人报告事务，必要时得派人检查之。

第二十二条　清算人于清算完结后，应附具社员大会承认之，清算终了报告书向县府呈报。

第二十三条　合作社所有向县政府登记或呈报，均得就近交由区公所专〔转〕呈。

区公所接到前项合作社之声请或呈报，得就近代县政府检查附具意见，连同合作社所送原件转呈县政府核示。

第二十四条　合作社联合社股金额每股不得超过五十元。

第二十五条　合作社联合社、合作社联合总社之设立，应以业务之需要联合为标准，不必以现有之区县为限。

第二十六条　本细则合作社联合社准用之。

第二十七条　本细则经山东省临时参议会通过后，与合作社暂行规程同日施行。

合作社各种附表（略）

选自《山东革命历史档案资料选编》，第 6 辑，济南，山东人民出版社，1982 年版，第 194～196 页。

5. 山东省县联合社章程

1940 年 12 月

第一章　总　则

第一条　本联社定名为××县信用生产运输消费合作社联合社。

第二条　本联合社以集体力量有计划的〔地〕统一全县合作事业，调节农村金融，与其他抗日区域力谋密切联系，并保证本县之一切必要供应，促进生产，抵制日寇之经济封锁与破坏政策，巩固抗日根据地，争取持久抗战之最后胜利为宗旨。

第三条　本联社为保证责任，各社员所保证之金额为其所认社股之二十倍。

第四条　本联社以县为业务区域，社址暂设于×区×村。

第二章　社　员

第五条　本联社社员之入股及出社，须经本联社理事会之许可，及代表大会之通过或追认。

第六条　凡在本联社区域内区联社所属之合作社，以及未加入区联社之合作社，均得依前条之规定加入本联社为社员。

第七条　本联社社员欲出社者，须于年度终了三个月前提交理事会，并须于年度终了前将欠本联社债务及本联社代该社员保证之债务完全清算。

第三章　组　织

第八条　本联社设代表大会、理事会及监事会。

第九条　本联社之代表大会，由本联社之社员代表组织之。

前项代表之名额，以所属合作社社员人数比例定之。每社员二十人出代表一人，其不满二十人者或超过十人之零数亦出代表一人。

第十条　代表大会为本联社最高权力机关，每年至少开会两次。

代表大会之职权如下：

1. 选举或罢免理事或监事；
2. 审核并接受社务报告及会计报告；

3. 通过预算及决算；

4. 通过或追认社员之入社及出社；

5. 制定或修正各种章则；

6. 规划社务业务之进行；

7. 处理理事、监事不能解决之事项。

第十一条　有社员三分之一以上以书面请求召集临时代表大会时，理事会即须召集之。

第十二条　代表大会以过半数代表之出席并代表社员过半数以上时，即可开会决议。

第十三条　理事会由理事××人组织之，在代表大会闭幕期间，为本联社最高权力机关，处理本联社一切事务。

理事之任期为三年，连选得连任，每年改选一部分，其第一任理事任期一二年者各××人，三年者×人，用抽签法定之。

理事会得由理事互选常务理事三人，分任主席、副主席及司库。

第十四条　理事会每月开会一次，必要时得召集临时会。

第十五条　本联社有必要时得聘任经理人及事务员。

第十六条　监事会有监事××人组织之，并选一人为主席。

第十七条　监事之任期为一年，不得兼任本联社其他职务。

第十八条　监事会负责监查理事会执行业务情形，及本联社财产状况与一切事务。

第十九条　本联社遇有必要时，得设特种委员会，其章则另定之。

第二十条　理事及特种委员会之委员得酌支薪给。监事为名誉职，并不得复受第二十七条所规定酬劳，但得支实费。

第四章　业　务

第二十一条　本联合社之业务如下：

1. 贷与本联社所属合作社农业生产上及副业生产上之必要资金和给予存款之便利；

2. 采买或制造本联社所属合作社生产上或生计上之需要物品；

3. 运销本联社所属合作社之农产品及其副产品；

4. 协助本联社所属合作社之各项生产及利用事业；

5. 传播合作社知识，协助新社组织，并指导监督各社员及社务。

第五章　社股及社费

第二十二条　本联社社股，每股定为国币一元。

第二十三条　社员加入本联社，按其合作社社员人数定之。不满二十人者至少须认购社股十股，二十人以上不满四十人者至少须认购社股二十股，四十人以上不满六十人者至少须认购社股三十股，以上类推。

第二十四条　社员入社时，须交入社费洋五角。

第六章　计　算

第二十五条　本联社以国历一月一日至十二月三十一日为一年度，每年度终了时，应结算一次，由理事会制成下列书类，交由监事会审查后报告于代表大会：

1. 财产目录；

2. 资产负债表；

3. 业务报告书；

4. 盈余分配案。

第二十六条　前条书类经代表大会承认后，呈报县政府备案。

第七章　盈余分配及损失分担

第二十七条　本联社每年度终了与盈余时，依下列比例分配之：

1. 以百分之十作公积金；

2. 以百分之十作公益金；

3. 以百分之十作职员酬劳金；

4. 其余之数以二分之一充社股股息，二分之一按社员交易额分配之。

第二十八条　本联社如有亏损，除以公积金、入社费［由］联社抵补外，其不足额应由社员分担，但以其所负保证金额为限。

第八章　解散及清算

第二十九条　本联社解散及清算，按山东省合作社暂行规程第八章第二十九条至三十二条之规定办理之。

第九章　附　则

第三十条　本联社以采用新式簿记为原则，其会记〔计〕规则另定之。

第三十一条　本联社各种细则另定之。

第三十二条　本联社各种规则，须经代表大会通过后施行之，必要时并得呈报县政府备案。

第三十三条　本章程经代表大会通过后，呈准县政府登记后施行之。

第三十四条　本章程如有未尽事宜，概依山东省合作社暂行规程办理之。

选自《山东革命历史档案资料选编》，第 6 辑，济南，山东人民出版社，1982 年版，第 213～217 页。

6. 山东省区联合社章程

1940 年 12 月

第一章　总　则

第一条　本联社定名为保证责任×县×区信用生产运销消费合作社联合社。

第二条　本社以集体力量有计划的〔地〕统一本区合作事业，调节农村金融，与其他抗日区域力谋密切联系，并保证本区之一切必要供应，促进生产，抵制日寇之经济封锁与破坏政策，巩固抗日根据地，争取持久抗战之最后胜利为宗旨。

第三条　本联社以×县×区为业务区域，社址暂设于××村。

第四条　本联社为保证责任，各社员所保证金额，为其所认社股之十倍。

第二章　社　员

第五条　社员之入社及出社，须经本联社理事会之许可及代表大会之通过或追认。

第六条　凡在本联社区域内曾经完成登记之各种合作社，均得依前条之规定加入本联社。

第七条　所属合作社欲退出本联社时，须于大会开会三个月前提交理事会，并须于大会开会前，将欠本联社债务及本联社代该社保证之债务完全清偿。

第三章　组　织

第八条　本联社设代表大会、理事会及监事会。

第九条　本联社之代表大会由本联社之社员代表组织之。

前项代表之名额，由合作社社员之人数比例定之。每社员二十人出代表一人，其不满二十人者，或超过十人之零数，亦出代表一人。

第十条　代表大会为本联社最高权力机关，每年至少开会二次。

代表大会之职权如下：

1. 选举或罢免理事或监事；
2. 审核并接受社务报告及会计报告；
3. 通过预算及决算；
4. 通过或追认社员之入社及出社；
5. 制定或修正各种章则；
6. 规划社务业务之进行；
7. 处理理事、监事不能解决之事项。

第十一条　有社员三分之一以上以书面请求召集临时代表大会时，理事会即须召集之。

第十二条　代表大会以过半数代表之出席，并代表社员达半数以上时，即开会决议。

第十三条　理事会由理事×人组织之，在代表大会闭幕期间，为本联社最高权力机关，处理本联社一切事务。理事之任期为三年，连选得连任，每年改选一部分，其第一任理事任期一二年者各××人，三年者××人，用抽签法定之。

理事会得由理事互选常务理事三人，分任主席、副主席及司库。

第十四条　理事会每月开会一次，必要时得召集临时会议。

第十五条　本联社有必要时，得聘任总理人及事务员。

第十六条　监事会由监事××人组织之，并应选一人为主席。

第十七条　理事、监事之任期为一年，不得兼任本联社其他职务。

第十八条　监事会负责监查理事会执行业务情形及本联社财产状况与一切事务。

第十九条　本联社遇有必要时得设特种委员会，其章程另定之。

第二十条　理事、监事及特种委员会之委员，均系义务职，但经代表大会之决议者，得支给津贴或实费。

第四章　业　务

第二十一条　本联社之业务如下：

1. 贷与本联社所属合作社农业生产上及副业生产上之必要资金和给与〔予〕存款之便利；
2. 采买或制造本联社所属合作社生产上或生计上之需要物品；
3. 运销本联社所属合作社之农产品及其副业之产品；

4. 协助本联社所属合作社之各项生产及利用事业；

5. 传播合作知识，协助新社组织，并指导监督各社员及社务。

第五章　社股及社费

第二十二条　本联社社股每股定为国币一元。

第二十三条　社员加入本联社，按其社员人数不满二十人者，至少须认购社股十股；二十人以上不满四十人者，至少须认购二十股；四十人以上不满六十人者，至少须认购三十股，以上类推。

第二十四条　社员入社时，须交入社费五角。

第六章　计　算

第二十五条　本联社以国历一月一日至十二月三十一日为一年度，每年度终了时，应结算一次，由理事会制定下列书类，交由监事会审查后，报告于代表大会：

1. 财产目录；

2. 财产负债表；

3. 业务报告书；

4. 盈余分配案。

第二十六条　前条书类，经代表大会承认后，并呈报县政府备案。

第七章　盈余分配及损失分担

第二十七条　本联社每年结算有盈余时，依下列比例分配之：

1. 以百分之二十作公积金；

2. 以百分之十作公益金；

3. 以百分之十作职员酬劳金；

4. 其余之数以二分之一充社股股息，二分之一按各社员交易额分配之。

第二十八条　本联社如有亏损，除以公积金、入社费联社抵补外，其不足之额由社员分担，但以其所负保证为限。

第八章　解散及清算

第二十九条　本联社解散及清算，均按照山东省合作社暂行规程第八章第二十九条至三十二条之规定办理之。

第九章　附　则

第三十条　本联社以采取新式簿记为原则，其登记规则另定之。

第三十一条　本联社各种细则另定之。

第三十二条　本联社各种规则须经代表大会通过后施行之，必要时，并得呈报县政府备案。

第三十三条　本章程如有未尽事宜，概依山东省临时参议会通过之合作社组织暂行规程办理之。

注：本章程系专供各地作参考材料之用。

选自《山东革命历史档案资料选编》，第 6 辑，济南，山东人民出版社，1982 年版，第 217～222 页。

7. 山东省战时工作推行委员会关于一九四一年山东经济建设工作计划

1941年1月

一九四〇年已经过去，划时代的一九四一年行将到来。在这新年开始，我们对于山东整个经济建设工作应当有个好的计划，指出全年的总的工作方向，根据山东具体环境及抗战需要，定出一九四一年的工作计划，以便分期完成。希望各地负责经济建设工作同志，再根据各地实际情形，加以深刻的研究与确切的布置，并保证其胜利的〔地〕完成。

一、总的目标

（一）统一一致。将全省生产、运销、消费等合作事业，由各个地区统一领导，纠正过去各自为政、互相排挤、无组织、无计划等现象。只有步调一致，工作调协，这样才能使合作运动更进一步的〔地〕开展。

（二）普遍开展群众生产运动，实现有计划的、合理的商品运销。

（三）组织农业合作社，发展农业经济，注意垦荒、修地、防旱、防水、防虫、技术改良等。

二、具体工作

（一）建立与健全县合作社及合作运动委员会。这两套机构，要在开展合作社运动上与合作社实际工作的领导上密切配合。

（二）整理并发展农村合作社。农村合作社要有广大的群众基础，本身又起组织群众的作用，与群众血肉相连，因此就必须彻底整理过去的合作社。过去的合作社，一般的不合于农村的经济组织和营私舞弊、脱离群众的现象，必须要很好的改造。同时，农村合作社以组织生产小组、发展农村手工业为中心。

（三）组织农村合作社，增加农村生产。农业合作社与农村合作社不同，是专以发展农业为中心，如开荒，调剂农具、种子，劳动组合，农产、山货运销。这是我们发展农村合作社运动最基本的一环。

（四）加紧生产日用必需品，如［以］织布、熬盐、开煤窑、造纸、造鞋袜、造农具等为中心。

（五）兴办水利，防止旱灾，扩大水田面积，号召种各种旱粮，以增加农业生产。

（六）进行关于农村经济的调查统计工作，正确了解各种农村经济状况，这样才能有计划的〔地〕组织生产，组织战争。

三、工作布置

生产建设，根据不同地区可分为：棉织区，以纺织为中心；熬盐区，以熬盐为中心；蚕丝区，以喂蚕为中心等。依照不同的工作基础和群众基础，可分为模范县（群众组织有基础的县）、一般县（群众组织基础较差之县）、薄弱县（初建立之县）等。因基础强弱不同，要求标准高低也不等；同时，领导机关对各地区、各单位人力物力财力的帮助，也因为力量的关系不能一致，所以布置工作，必须根据各地区不同情况和不同群众基础而规定之。

（一）合作社：

1. 模范县（群众组织有基础的县）。

（1）在五月底完成县合作总社，八月底每专员区建立合作社联合社。依照组织规章真正与群众建立血肉相关的关系，并建立各种制度（会计及各种工作制度等）；同时能把握运用经济政策，而且有组织的〔地〕去发展各县生产事业，调剂商品。

（2）建立健全其他合作社。在四月底，每区至少要建立四个生产合作社（连旧有的在内）、四个农业合作社、六个消费合作社。至八月底，每乡至少建立两个生产合作社、二个农业合作社、四个消费合作社。至十二月底，每村建立生产合作社一个至二个、农业合作社一个至二个；每五个村建立一个消费合作社；县建立信用合作社一个。

（3）生产小组。至四月底，将全县所有各种手工业工人（包括家庭工业、妇女在内）组成三分之一，八月底组成三分之二，十二月底全数组成，都团聚在合作社的周围，和生产合作社建立血肉相连的生产关系。

这一合作社的机构是县合作社、村合作社、生产小组。生产合作社、消费合作社、信用合作社都要灵活的〔地〕运用和有机的〔地〕配合。

2. 一般县（群众组织基础较差之县）。

（1）县合作社在四月底完成，标准与模范县同。

（2）建立健全其他合作社。至四月底，每区至少建立二个生产合作社、两个农业合作社、四个消费合作社。至八月，每乡至少建立生产合作社二个、农业合作社二个、消费合作社三个。至十二月底，每村建立生产合作社一个、农业合作社一个；每十五个村庄建立一个生产合作社、一个农业合作社；每十个村庄建立一个消费合作社；县建立起信用合作社。

（3）生产小组同模范县一样完成。

3. 薄弱县（群众组织基础较差之县）。

（1）县合作总社在四月底完成，标准与模范县同。

（2）建立健全其他合作社。至四月底，每区建立一个生产合作社、一个农业合作社、二个消费合作社。至八月底，每乡建立一个生产合作社、一个农业合作社、二个消费合作社。至十二月底，每两村建立一个生产合作社、一个农业合作社；每二十个村庄建立一个消费合作社；并建立起县的信用合作社来。

（3）生产小组完成三分之二。

合作社是经济建设最重要的一项，我们一定要把发展合作社运动，当作最重要的政治任务来完成。发展合作社运动，要配合群众团体共同进行，纠正过去对合作社事业的冷淡、不依靠群众的力量及一切错误的认识。

（二）发展农业增加收入：

1. 各县在今春有计划的〔地〕发展农业运动，必须制定各种发展农业宣传大纲，有组织的〔地〕宣传，并与群众团体、部队密切配合起来。

2. 有计划的〔地〕分配种粮田地，各种食粮可占全县地亩总数百分之七十五，棉花占百分之十五，各种菜蔬、麻、烟草等占百分之十。

3. 有计划的〔地〕调剂耕牛、种籽及改良农具、肥料等。

4. 有计划的〔地〕调剂人力，尤其机关、部队人员在耕种收获时，要有组织的〔地〕去帮助群众，以人力或牲口，并尽量减少群众差役。

5. 机关、部队、团体应有计划的〔地〕进行生产、种粮、种菜、养猪羊等。

（三）兴办水利。有大河的县组织水利局，没有大河的县组织水利委员会（附设各县第三科）。水利包括开渠掘井、防河修地〔堤〕、蓄水掘泉、制造水利工具及渡船、水磨等副业。

（四）种树。各县有计划的〔地〕种植各种树木。在模范县，保证全县人口每五个[人] 能种树一株；一般县每十个人种树一株；薄弱县每二十人种树一株。注意利用山地，并多种各种水果、花椒、药材等树。

（五）发展农村副业。牛、羊、马、驴、骡、猪、羊、蜂、蚕等，在模范县发展原有数十分之四，一般县发展十分之三，薄弱县发展十分之二。

（六）统计调查工作。自各专署制定统一的统计调查表，模范县六月底完成，一般县八月底完成，薄弱县十月底完成。

（七）贸易局：

1. 统一贸易局的组织。山东省设贸易总局（在未成立前由鲁中贸易局暂代总局）统一地领导各地区贸易分局的工作。

各分局统一领导各县贸易局的工作。贸易局与总务处要密切的〔地〕配合，而且要互相帮助，并正确的〔地〕执行贸易税收政策。

2. 各地区贸易分局于三月底建立完备，模范县贸易局于五月底全数建立，一般县于七月底全数建立，薄弱县于十月底全数建立。

3. 调整与配备干部。贸易干部在我们财政经济工作上是最薄弱的一环，由各专署有计划的〔地〕挑选培养一批新的贸易干部，保证不贪污，会算账，并能执行贸易政策。

4. 繁荣市场，发展商业。取消定官价；吸收私人资本，利用投资；尽量设立集市，准允在根据地内自由贸易。这样，才能活跃农村经济，改善人民生活。

5. 统一度量衡。依照新标准由各贸易分局统一制造。在半年内，先将主要地区使其统一实行。

6. 运输队。各贸易分局组织十四至二十四牲口的运输队，各县贸易局组织五匹至十匹牲口的运输队。可吸收各机关、部队闲余牲口编制之，成为营业性质；并可组织人力及私人牲口为临时运输队，以补助运输队之不足。此外并须划定运输线、运输站，县与县之间连络成为运输网，这对商品流通关系很大。

对这一计划，要从三方面认识：

第一，这一计划是进一步的〔地〕奠定巩固根据地的经济建设的基础。

第二，要建立健全经济建设工作的各种制度。

第三，要深入群众，和群众血肉相关的〔地〕进行经济建设工作。我们的经济建设计划已经明确的〔地〕规定了，我们的任务非常重大。在这环境日趋艰苦的时候，只要同志们努力，一定是会实现的。

选自《山东革命历史档案资料选编》，第 6 辑，济南，山东人民出版社，1982 年版，第 233～238 页。

8. 山东省劳动互助队组织大纲

1941 年

第一条　为团结群众劳动，发扬互助精神，以开展农村建设，增加农业生产起见，各县应以村为单位（小村可以二、三村联合），在农救会领导下组织劳动互助队（以下简称互助队）。

第二条　劳动互助队的主要任务是队员的互［相］帮助，并帮助抗属贫困者，进行较大规模的生产事业，如掘井、筑堤、开渠、春耕、秋收等工作。

第三条　劳动互助队应受同级政府的指导与监督。

第四条　劳动互助队队员不限制多寡，凡各乡村之壮丁，年在十六岁以上五十岁以下者，均可参加为互助队队员。

第五条　有劳动工具而无劳动力者，欲取得互助队时，须将其劳动工具或牛、马、骡、驴供给互相使用，虽无劳动力亦可成为队员。

第六条　互助队所用的工具应由各队员自己筹设或集资购办，如有特殊情形者，政府以互助队为对象，予以低利借贷，以便设置。

第七条　互助队应根据范围大小，推选正副队长，负责计划、领导、执行工作。

第八条　互助队队员大会为最高权力机关，每三月召开一次，讨论决定工作计划及选举正副队长，队长连选得连任。

第九条　互助队应划分互助小组（十人至二十人一组），推选组长一人，秉承队长指示，进行劳动互助工作。

第十条　互助队贫困队员欲作掘井、开渠而无力举办者，可由政府予以低利借贷，帮助其发展农村生产。

第十一条　凡贫困队员向政府要求低利借贷时，须经该互助队员大会之通过，并转有该村村长及农救会之证明文件，方准予以借贷。

第十二条　互助队的组织原则，应采取民主集中制，对于队长之产生，要经过民主的选举，对于工作的计划、决定，要经过民主的讨论。但决定后，队员必须服从队长的领导，执行工作。

第十三条　劳动互助队纯为增加农业生产、发扬群众互助的组织，因之参加互助队的队员，对于乡村自卫团及抗战公民所应担负的站岗放哨、出夫等工作，均应一律担任，不得借故推诿，有误抗战。

第十四条　本组织大纲有未尽事宜，得随时修正补充之。

第十五条　本组织大纲自公布之日施行之。

选自《山东革命历史档案资料选编》，第 8 辑，济南，山东人民出版社，1983 年版，第 43～44 页。原注："据考证，此件成文时间为 1941 年。"

9. 山东省盐业交易所组织暂行办法

1941 年

一、为统一盐运，平定市价，保护盐业运销，革除一切积弊，满足根据地民众需要，改善人民生活起见，各县应在重要市镇交通要道，建立盐业交易所。

二、各地盐业交易所直接受县政府财政科领导，并受所在地区公所之指导与监督。

三、各地盐业交易所之设立，须根据实际需要与交通状况，由专署划定路线，指定地点，派专人负责组织之。

四、交易所设主任一人，负责计划领导、检查督促各该所盐业交易事宜。

五、交易所主任以下，应设下列人员：

1. 司账员一人，负责登记账簿、填发运单及统计事宜。

2. 司称〔秤〕员一人，负责过称〔秤〕及收发盐斤事宜。

3. 事务员一人至三人，负责检查偷漏盐税、帮助过称〔秤〕等事宜。

六、交易所主任应有〔由〕县政府委任之，司账员及司称〔秤〕员由主任推荐，呈请县政府委任之。

七、各地交易所设立后，来往盐商应与交易所发生关系，其办法如下：

1. 运盐商贩在设有交易所之地点，如愿买卖，须经过当地交易所过称〔秤〕，发给运单，并由买卖双方交纳手续费百分之五（买方百分之三，卖方百分之二）。

2. 经过交易所之运盐商贩，而不出售者，交易所有验查盐运税票及运单之权，如查有偷漏税者，得交税务机关办理之。

八、运单每张征收国币一角（不论交易盐量多寡）。

九、本办法如有未尽事宜得随时修改之。

选自《山东革命历史档案资料选编》，第 8 辑，济南，山东人民出版社，1983 年版，第 44～45 页。原注：“据考证，此件成文时间为 1941 年。”

10. 山东省战时工作推行委员会关于优待参加抗战工作之士绅名宿及特殊技术人才的通知

1941 年 3 月 24 日

一、本会委员会常务委员会议议决第八案：

为便于士绅名宿及特殊技术人才参加敌后抗战工作起见，对其生活应予以优待案决议：

1. 每人每日菜金二角。

2. 每人每月津贴费可由五元至十五元（如有需要特殊提高待遇者，由各该工作机关拟具具体办法呈报上级核准）。

3. 粮食尽可能筹给细粮。

4. 年高或身体孱弱行动困难者，得供给代步之工具。

5. 以上四项，由各级行政委员会决定后，呈报上级批准行之。

二、上项议决办法，为巩固抗日民主政府之重要一环，为团结各阶级共同抗战之具体办法。各级政权机关务须善为执行，但不必公诸报端或其他文件之内。

1941 年 3 月 24 日

选自《山东革命历史档案资料选编》，第 6 辑，济南，山东人民出版社，1982 年版，第 308～309 页。

11. 山东省战时工作推行委员会关于开展合作事业的指示

1941 年 4 月 15 日

本会根据各地区对合作事业实施情形，认为在业务上、合作社之组织及领导上，以及与其他法定团体之关系上，亟须有明确之规定，以资改进之处。兹规定各项如下：

一、关于合作社之组织及领导方面

1. 为使群众彻底了解合作事业的重要，以便顺利开展合作运动，各地在开始组织合作社之前，首先应由发起人组织合作社筹备委员会，尽量吸收当地之士绅名流及热心合作事业之人士参加。由筹备委员会再协同当地之群众，作广泛深入的宣传与动员，俟群众稍有认识后即进行组织，不得忽视宣传或宣传不深入即命令式的〔地〕着手组织，致使群众盲目服从。

2. 社员之入社要群众自动参加，不得强迫，其股金更不得以摊派方式向各村各户征收。社员一经入社，随即发给股票，不得迟延时日。

3. 合作社既组织起，应充分发扬民主。合作社之负责人一定要在社员大会上选出，政府不得包办或指派。其在执行业务期间发生流弊者，得由社员提出罢免之。

4. 为加强社员对社务之关心，并提高其认识，合作社对社员购用物品之优待办法（九扣）及分红日期，要明确规定，坚决执行，不得漠然视之。分红日期一般以三个月为限，能缩短些更好。

5. 根据农村社会情形，要多组织生产（尤其是农业生产）与运销合作社，而生产合作社要以生产军民日用品为主，运销合作社以食盐粮食为主。至于消费合作社，要以人民日常需用品为主，禁止购买奢侈品及迷信品等。

6. 合作社一经组织，即须向政府备案，经政府审查合格并发给登记证者，始为合法组织，否则，不得享有合作社之一切权利，并随时取缔之。

7. 每个区若有两个以上的合作社成立时，即组织起区联合社来；每个县有两个以上之区联社成立时，即组织起县联合社来；每个专员区有两个以上之县联合社成立时，即组织起专员区的联合社来。各级联合社除在业务上领导各合作社外，并负责发展新社及组织规模较大而为合作社无力经营之合作事业。区联合社之基金，由各乡合作社股金内提出百分之三十，县联合社之基金由区合作社提出百分之三十，不足时再由政府投资协助之。

8. 各县及专员公署第三科，得设合作指导员，对合作社在技术上、政策上及法令施行上负指导之责；同时，群众团体，应协同第三科发展与组织合作社。

二、合作社与其他团体之关系

1. 合作社为一有独立系统之组织，除在业务上执行政府之既定政策外，不受任何团体之干涉。

2. 各级贸易局对合作社之关系，在业务上、金融上要帮助合作社的发展，在工作上要与合作社取得密切的配合，互相发展协助。

3. 凡部队、机关、团体所办之合作社，带有地方性者，应向该地县政府登记，同时参加联合社及执行一切合作社规章之义务，否则，不得享有合法合作社之一切权利。

三、关于业务方面

1. 合作社是营业性质，对国家有交纳税款之义务。但为推广营业、改善民生起见，兹规定所有在营业上应纳之税款一律减收百分之二十。该项减免之税，应以持有县府登记证者为凭，否则照收。其有将登记证转借他人使用者，一经查出，即取销〔消〕该社之优待权。

2. 上项减免之税，凡部队、机关、团体或贸易局所办之合作社，非地方性者亦得适用。但须持有各级部队、机关、团体负责人之证明文件方可。

3. 合作社除特定者外，其所有营业上之消费及饮食服装用具等费用，一律规定由社内开支，公家不得供给之。

以上各项规定，对开展合作事业关系重要，统希转知所属合作社及有关之机关、团体切实执行为要。

主任委员　黎　玉
财政经济处长　艾楚南
副处长　耿光波

选自《山东革命历史档案资料选编》，第6辑，济南，山东人民出版社，1982年版，第336～338页。

12. 附“政策研究”：艾楚南：四年来山东财政经济建设的成绩和努力的方向

1941年7月

山东沦陷四年了，这四年中是山东殖民地的过程，但同时也是摆脱殖民地、半殖民地、半封建命运的斗争过程。山东自沦陷之后，虽然那些旧统治者——那些封建地主资产阶级的奴仆，帝国主义洋行的伙计们，跑的跑了，降的降了，但山东人民却一天也没有停止过同敌人残酷的斗争。在同敌人残酷斗争中，建立起敌后抗日财政经济基础，巩固了抗日民主政权及抗日根据地。这不仅是同敌人斗争的经济堡垒，而且是新民主主义新中国的经济雏形。在抗战四周年内我们要回顾过去，确定将来，首先就须〔需〕要了解山东敌后这种环境的特点。

一、山东财政经济建设的任务

抗日民族战争是一种全面性的斗争，不只是同敌人进行军事的斗争，而且要和敌人进行政治、文化、经济的斗争，因此我们财政经济建设的任务是：

甲、同敌人作经济斗争，这包括货币斗争、贸易斗争等，以摧毁敌人掠夺资源、“以战养战”的企图，破坏敌人对我们商品倾销和经济封锁的计划。

乙、用抗日民主政权来转变我们经济建设成分中的殖民地、半殖民地、半封建的性质，自觉的〔地〕把山东的经济引上新民主主义新经济的道路，对外与日本帝国主义的经济作斗争，对内和中国大资产阶级所垄断的、黑暗的、腐朽的经济政策作批判的斗争。

丙、保证抗日军政民一切供给，充实抗战力量，巩固抗日民主根据地。

在山东各个地区的财政经济建设，都是而且应当依据这三个任务进行我们的工作。

二、山东财政经济建设的原则

山东是处在敌后较远的地区，各个抗日根据地皆处在敌人四面包围之中，一切需用和供给要赖后方之补充，是不可能的。为了坚持敌后抗战，必须自行解决这些问题。故我们的财经建设原则应当是：

甲、“自力更生”“自给自足”。山东地大物博人多，是具有“自力更生”“自给自足”的优越条件的。

乙、把握社会统一战线，照顾各阶级的利益。要动员广大人民参战，巩固各个抗日根据地，首先要改善人民生活，民生政策的本身，即有逐渐转变经济基础之意，但同时还须要顾及富有者的利益，使他们也能参加到经济建设中来，以免资本之逃避或流出资敌。欲求折中至当，其间煞费斟酌。而在敌后财政经济建设规章和法令，都须贯注着这种精神。

丙、统一收支，厉行节约。坚持敌后抗战，是一庞大艰巨的工作，除供给敌后抗日军队经费外，还有政权、民运等工作人员的供给，这些为数不在少，开支相当浩大，而同时还需要顾念到民生之疾苦。为了使一文钱都用于抗日的事业上，免除一切不必要的开支，必须对于军政民实行统筹统支，确立预决算制度，就不致有偏枯竭绝之虞。这是敌后抗日民主政权财政经济建设的几个重要原则。

三、山东财政经济建设的收获

由于我们在敌后初步的〔地〕施行了正确的财政经济政策，由于广大人民对于财政经济政策的支援，因此我们获得了如下的主要成绩。

甲、初步的〔地〕建立了比较完整的财政经济制度，建立了一套新的机构、法令、章规和培养了一批新的干部，使每个抗日民主政权的财政经济建设初步的〔地〕奠下了基础。而这个制度也是一个崭新的制度，与旧的财政经济制度有许多显著的差别；基本上肃清了贪污浪费苛杂病民的现象。我们敢于自夸，这个制度在中国的环境中应该说是最廉洁最公平最科学的制度。

乙、由于财政经济制度的逐渐建立，因此开展了财政经济建设各方面的工作。在农业生产方面我们进行了春耕、夏收、秋收、秋耕运动，并提倡开荒、掘井、修渠、筑堤等工作，增加了耕地面积，克服了春荒，部分的〔地〕提高了农村生产力，开展了农村副业运动。同时打击了敌人掠夺及抢掠粮食的企图，使敌人“以战养战”的计划归于失败。

丙、在租税制度方面，初步的〔地〕实行了合理负担、公平负担、“五一”减租等办法。同时废除了一切苛捐杂税，一方面减轻了人民负担，一方面整顿了国家的税制，更促进了生产事业的发展。

丁、在货币政策方面，由于我们发行了抗日票子——北海银行钞票，［因］而打击了敌人伪钞的发行，缩小了伪钞流通的范围，保证了法币的平价，调节了市场金融的周转，刺激了生产事业发展，而使我们的抗日票子随着抗日民主政权的威信而提高。

戊、在工业方面，虽然有各种物质条件的限制，主要也能发展工业，但也有了许多发展并且各地区的手工业已经逐渐走上大生产的道路，例如造纸、纺纱、织布、制造皮革、毛织物、织手巾、造肥皂、制造硝盐等，均日益在发展中。

己、在贸易政策方面，我们初步的〔地〕建立了对敌的关税壁垒，保护了抗日根据地内的商业贸易，打击了敌货的倾销，缩小了敌货的倾销市场，冲破了敌人对我们的封锁。

庚、合作事业方面——各个地区都有了很大成绩，许多手工业都是采取合作社的形式来发展的。如胶东区就有合作社四十五处（至去年底），参加人数一万三千多，集资六万二千多。其他各地亦建立了不少合作社。这是敌后经济建设的新形态。同时它在经济上起着团结广大人民和坚持抗日阵线的作用。

辛、在改善民生方面，实行了减租减息（五一减租，分半减息）、低利借贷、救济灾荒。有许多地区实行了劳动法令，保护了劳动大众的利益，提高了人民抗战的热情，加强了各阶层的团结。

由于这些工作的开展，使我们能够发动源源不竭的人力物力财力，支持了四年来抗日军队、政权机关以及人民的需要，并且使我们今后抗战工作能够依靠这些力量去配合全国取得最后胜利。

四、今后财政经济建设的方针

今天我们敌后方财政经济建设工作，虽然有了些成绩，但这仅仅是工作的开始，还不免存在些缺点。因此我们要求各地区财政经济建设工作，在原有的基础上更向前进展。抗日民主政权财政经济建设工作的基本方针，必须以〔从〕抗战需用出发，这些需用就是：

1. 力争自力更生，达到自给自足。

2. 发挥民力，发展生产建设。

3. 实行统筹统支，严格各种制度。

4. 开源节流，反对贪污浪费。

因此，在财政工作方面要求做到：

甲、所有税收、田赋、汉奸的遗〔逆〕产、官产、司法罚款等，均应作为国家收入，地方不得自由动用，必需〔须〕动用时应取得各地区最高行政机关的批准。

乙、严格建立预决算制度，非经一定手续不得额外开支分文。确立各级金库，掌管收入支出，保证经费支出能够依照预决算执行。

丙、整理田赋，原则上有地才有赋，纠正地多赋少、地少赋多、有地无赋、有赋无地等不合理的积弊。过去有些地区田赋附加太重，有损国民利益，最好确定今后田赋附加不得超过正赋。

丁、整理税收，应分别货物的需要与否来确定税额，一般的必需品以抽百分之五为适宜，非必需品以抽百分之三十为最适宜，奢侈品则应课以重税，最少须在百分之五十至百分之百或根本禁止入口。输出商品，除了资敌军用的原料绝对禁止以外，一般的应该减低税率，以鼓励对外贸易的活跃，税则应按期厘定，一般以半年厘定一次为适宜，以求合于抗日根据地商品生产的情况。至于各个抗日根据地之间的关卡以及内地流通税应该斟酌情形，或者减少或者取消，以免阻碍商业流通。

戊、确定粮食供给制度，纠正过去随吃随征各自筹用的现象，切实执行统筹统支，确用粮票，以免粮食的浪费。

己、执行正确的货币政策，以保护法币、抵制伪钞、调节金融、刺激生产为原则。禁止法币外流，禁止使用伪钞，整理杂票，并限制货币发行的数额，以免形成通货膨胀的现象。

在生产建设方面要求做到：

甲、加强农业生产，必须以开辟生荒，消灭熟荒，改良农业技术促进生产量，兴办水利，开渠掘井，并从商业上刺激农业发展。政府机关对于农民应给予必要的帮助，解决农民中资本、劳动力、种子、肥料、工具等各方面的困难。

乙、发展手工业和家庭工业，如纺纱织布、造纸、制革、制毛织品、养蚕、养蜂、畜牧等，并兴办大小规模的工厂，制造各种日用必需品，如制肥皂、做鞋袜、织毛巾、造农具、染料及文具等工厂，以求逐渐的〔地〕代替外来品，达到自给自足。

丙、发展抗日根据地的商业，奖励富有者投资，活跃市场，平抑物价，粉碎敌伪商品的倾销及掠夺。组织商人救国会，打击敌人经济封锁的阴谋。

丁、发展各种合作社，使合作事业变成为群众性的组织。其目的在于发展农村经济，改善人民生活。反对合作社官社化、包办制和垄断发财主义等不良倾向。

这些财政经济建设的实施，有一个基本的要求，就是在进行这些工作的时候，作长期的、持久的、正规的建设的打算，而不应该作短期的、暂时的、游击的、应急的打算，因为我们不但要从财政经济建设中解决目前物质困难（这当然是主要的），而且要从财政经济建设中建立起拥有强大物质力量的抗日根据地，以便去战胜敌人。

选自《山东革命历史档案资料选编》，第7辑，济南，山东人民出版社，1983年版，第178～184页。原注：“原载1941年7月7日《大众日报》。”

13. 山东省经建委员会组织简章

1941年8月25日

第一章　总　则

第一条　为研究、设计、开展经济工作，县级以上各级政府得组织经建委员会。

第二条　经建委员会委员由各级政府聘请当地热心生产建设人士及富有研究和专门技术人才组织之。

第三条　各级经建委员会受同级政府之领导，无上下级垂直关系。

第四条　各级经建委员会将所研究、设计、计划的结果交由政府讨论执行之。

第二章　组　织

第五条　各级经建委员会委员得由十一人至二十人组成之，设正副主任各一人。

第六条　经建委员会得根据各地区实际情形设下列各组，各组设组长一人。

1. 农林组：研究农林生产技术，改良生产工具，增加农业生产及提倡造林等。

2. 工矿组：研究、计划牧畜工业并提倡发展农林工业，开发矿产等事。

3. 合作指导组：研究及计划开展合作业务等事。

第三章　会　议

第七条　各级经建委员会每月须召开会议一次，由主席委员会召集之。

第八条　各组每半月召开会议一次，由各该组长召集之。会议结果须会〔汇〕报正副主任。

第九条　经全体委员三分之二的提议得召集临时会议。

第十条　经各组员三分之二的提议得召集各该组临时会议。

第四章　待　遇

第十一条　经建委员会为无给职。

第十二条　专门技术人员远道而来者得酌给路费。

第十三条　会议费及路费由各级政府供给之。

第五章　附　则

第十四条　本章则由战工会通过后颁布施行之。

第十五条　如有未尽事宜得由战工会批准修改之。

选自《山东革命历史档案资料选编》，第7辑，济南，山东人民出版社，1983年版，第221～222页。

14. 山东省战时工作推行委员会关于禁杀耕牛及禁运棉花出境的通知

1949年9月18日

本会第十四次常务委员会议议决，关于禁止屠宰耕牛及禁运棉花出境办法如下：

一、凡能耕作之耕牛及牛犊一律禁止屠宰，其不能耕作之老牛、病牛需要宰割者，应由当地区级以上之政府及税收机关验明并给予许可证始得宰割。

二、各地宰牛之户一律向政府登记，经政府允许者始得营业，否则不准宰割。

三、凡无宰牛许可证者，一经查出得将牛肉没收。屠户无登记证者，查出受徒刑之处罚。

四、棉花为我根据地之必需品，应严禁出境，以供我军民之需用。各级政府应依照本会前颁发《禁止运棉资敌暂行办法》认真办理。需要调剂之地区得由贸易局有计划的〔地〕统一运销，未经政府允许者，民间一律不准贩卖。

五、各级机关、团体、部队需用棉花时，由贸易局统一购买分配，不得自由买卖或营业。

以上各项希即印制布告、普遍张贴，通令各县切实办理，并由各级政府公安局组织检查队去各集市严予查禁是要。

1941 年 9 月 18 日

选自《山东革命历史档案资料选编》，第 7 辑，济南，山东人民出版社，1983 年版，第 255～256 页。

15. 山东省战时工作推行委员会关于政权机关团体生产节约的决定

1941 年 10 月 8 日

一、加紧生产提倡节约，是目前解决经费困难、打破敌人经济封锁、坚持敌后抗战的重要工作。各级政府机关团体要深刻认识这一严重任务，积极推动与提倡，造成一种热潮，以求得生产运动之普遍开展。

二、生产的具体办法为：种菜、喂猪、养羊、打油、开磨坊、粉坊、租种田地、开办各种合作社等，各级机关团体应根据当地具体环境与条件，适当办理，分别进行。

三、各机关团体按实有人数在正当节约范围内所节省之菜金及给养，归各单位改善生活及从事生产之用。

四、各伙食单位每月之生产盈余，在百元以内者归各单位作改善生活之用，盈余在百元以上之数，得以百分之五十归［公］，百分之五十改善其生活。

五、生产费之来源，要从自己生活费中节余和私人投资等各方面来办理，不得由公款中垫借。

六、各机关团体在生产运输中，有照章纳租纳税之义务，不得借口生产违犯政府规定及经营不正当的事业。

七、无论经营何种生产，有遵守贸易政策及扶持小商人之责，不得与肩挑小贩争利，亦不得互相排挤或扰乱市价，更不得穿军衣在集上做买卖。

八、区乡村政权机关团体以种地为主要生产，要在生产中求得自供自给；县以上之政权机关团体得共同开办合作社及兼营土产贸易（但不要代替贸易局），要求由半自供自给逐渐达到自供自给。

九、在生产中人员之给养被服用费等，要根据战工会颁发《关于公私营业机关用费开支之决定》按规定办理，不得随意使用和浪费。

十、为加紧推动这一工作，各级政权机关应组织生产节约委员会，将生产节约办法按期具体计划布置，并将每月生产情形汇报本会备查，其生产节约有成绩者得提出表扬之。

十一、前战工会决定，由政府收入中提出百分之十作生产建设费用，自十月份起取消，今后生产建设用费，由北海银行投资，不得在政府收入中提取。

选自《山东革命历史档案资料选编》，第7辑，济南，山东人民出版社，1983年版，第387～388页。

16. 山东省战时邮局暂行组织条例

1942年2月公布、施行

第一章 总 则

第一条 为适应敌后战时环境，反对日寇劫掠我邮政机关，特建立山东省各级战时邮局。

第二条 战时邮局之管理范围，准以现行民主政权之区域划分之。

第三条 各级战时邮局之设置及名称按下列规定之：

一、全省设总局，称“山东省战时邮务总局”；

二、主任区设管理局，称“××战时邮务管理局”；

三、专员区设区邮局，称“××区战时邮局”；

四、县设县邮局，称“××县战时邮局”；

五、区或中心村镇设代办所，称“××邮寄代办所”。

第四条 各级邮局之间设邮运干线，各局之间设邮运支线。

第五条 各路邮线如因途程过长或环境特殊而无邮局之设置时，得设置邮站，以资联运。

第二章 组 织

第六条 各级战时邮局之内部组织按下列规定之：

一、山东省战时邮务总局设：

（一）局长一人，总览全省邮务事宜；

（二）秘书一人，管理一切文件及下属各科之事务；

（三）邮寄科长一人，管理一切邮件之寄递事宜；

（四）会计科长一人，管理全省邮务会计事宜；

（五）巡视员，四个人，负责巡视指导各级邮局工作；

（六）递信员，四个人，负责邮运工作。

二、战时邮务管理局设：

（一）局长一人；

（二）秘书兼会计一人；

（三）邮寄科长一人；

（四）巡视员二人；

（五）递信员（人数按实际情况规定）。

三、区战时邮局设：

（一）局长一人；

（二）秘书兼会计一人（工作范围较小者可不设秘书及会计，其职务由局长或邮务员兼）；

（三）邮务员一人；

（四）巡视员一人；

（五）递信员若干人。

四、县邮局设：

（一）局长一人；

（二）递信员若干人。

五、邮站设：

（一）站长一人；

（二）递信员若干人。

六、战邮代办所设代办主任一人（不脱离生产）。

第七条　各级邮局为垂直的领导关系，与同级政府则为指导关系（但省总局直受战工会之领导）。

第三章　业　务

第八条　战时邮局应当前之需要，尽先办理下列各种业务：

一、信函类；

二、书报类；

三、汇兑包裹（俟接到总局通知后再行办理）。

第九条　各种邮件之资费，依下列规定收取之：

一、平信每重二公分收资五分；

二、公文每重二公分收资二分；

三、挂号除普通邮资外，加收一角五分；

四、报纸每重一两收资半分，在一两以下之零份报纸均按一分收资；

五、书籍、宣传品类每重一两收资一分。

第十条　邮件收资概以邮票计算，邮票由总局印之（各管理局经总局批准后，可与政府财政科商同印制）。

第十一条　各邮局邮站每日发出邮件最多以二次为期限。办公细则另定之。

第四章　基金及经费

第十二条　各级邮局应有一定数额之基金（数目另行规定）。

第十三条　各级邮局之经费，依各局之实际需要，造具预算核发之。

一、全省之邮务经费由总局造具预算，呈请战工会核发；

二、主任区之邮务经费，由管理局造具预算，呈由总局核发之；

三、专员区之邮务经费，由区邮局造具预算，呈由管理局核发。

第五章　职工待遇

第十四条　各级邮务干部与同级政府干部待遇同，技术人员以技术人员待遇之。

第十五条　递信员以工人待遇之（暂定为每月津贴三元，菜金每日两毛，鞋袜代金五元，给养每人二斤四两）。

第十六条　各代办所主任为义务职，但每月津贴办公费三元。

第六章　附　则

第十七条　本条例经战工会公布后施行之。

第十八条　如有未尽事宜，随时向战工会提出修改之。

选自《山东革命历史档案资料选编》，第8辑，济南，山东人民出版社，1983年版，第185～188页。

17. 山东省各级战时邮局营业简则

1942年2月公布、施行

一、战时邮局因系半营业性质，各种邮件均须贴用总局印制之各种邮票。

二、寄往敌占区及大后方之邮件，本局可负转邮责任。

三、各种邮件在战争环境下如迫不得已而损失者，邮局不负赔偿责任。

四、向本局投寄之各种函件，均须用长方或方形信封投寄，否则不收。

五、各种定期报纸刊物等，须向本局挂号登记后始以新闻纸类邮递之。

六、在战斗情况下，本局即行停止收寄各种笨重邮件。

七、各机关团体如用代号寄信时，须事先向邮局挂号始生效力。

八、各种邮件应写明收件人之地址及姓名，以免误递。

九、本局拟办业务种类如下：

（一）信函类；

（二）新闻纸类；

（三）印刷品类；

（四）包裹类；

（五）汇兑类。

十、各级邮件取资办法：

（一）信函类：平信五分（限重二公分）；挂号信不分单双，挂号除平信五分外，另收挂号费一角五分，公文（以机关、团体名义寄递之函件）重二公分，收资二分；保险信及快信暂缓办理。

（二）新闻纸类：经本局挂号之各种定期刊物均属新闻纸类，每重一两（市称〔秤〕）收资半分，加重一两加资半分，零份报在一两以下者，每件均按一分收资，每件限重五斤。

（三）印刷品类：各种书籍及宣传品等均属此类，每件市称〔秤〕一两以下者收资一分，加重一两加资一分（每件限重五斤）。

（四）包裹汇兑从略，待临时通知后举办。

（五）挂号：各种邮件均可挂号，挂号费于原资外加收一角五分。

十一、每日办公时间为早饭后与晚饭前。

十二、本简则自颁布日起即发生效力。

选自《山东革命历史档案资料选编》，第 8 辑，济南，山东人民出版社，1983 年版，第 188～189 页。

18. 山东省战时邮务工作大纲

1942 年 2 月

一、设邮：

（一）自省至县，首先由各级政府组织之邮务工作推进委员会将县级以上之邮局建立起来。

（二）各级邮局之干部由当地党政军民方面共同配置之，但必须配置政治坚定的和工作健强的干部。

（三）邮局之任务在收寄和转递邮件，故设邮时须考虑到该地收寄邮件之数量和对于党政军民之需要。

（四）邮寄代办所之任务在代收信件，不负递转之责，故于设置时须考虑到该地受收邮件之数量，大致每一区设一代办所为合宜，代办所主任以当地不脱离生产者为合格。

（五）邮站之任务专司邮运，建立邮站时须考虑到绝对秘密的条件。邮站之距离在条件较好地区以八十里为宜，但经过铁路、公路或敌顽区时，则须于接近该困难地区之两旁最近处设站。

二、分工：

（一）邮务员之任务为办理邮件之收发以及局内之各种事务。各级邮局自局长以下皆称邮务员，其人数之多寡按业务要求配置之。

（二）递信员之任务为邮运和投送邮件，其人数之多寡依各局、站之实际工作需要配置之，但县局以三人、区局以四人为合宜。

（三）邮站站长之任务在领导所属递信员进行工作，并须妥慎设计邮路之安全与便利。

三、工作细则：

（一）递信员每日行程以八十里为适当，每出发一次，须有半日之休息；每出发三次，须有一日之休息。

（二）邮运干线上各站之递信员，每日对流至多不得过二次。

（三）各局、站或代办所于发出信件时，须将信件封套、挂号登记清单，注明收件局名。

（四）收件局于收到邮件之后，须将清单盖署退还原邮局。

（五）递信员携带信件出发时，须于发信簿上盖章。

（六）受收普通信件时，不得发给寄件人收条。

（七）受收普通公文时，可在寄件机关之发信簿上盖戳。

（八）受收挂号信件时，须发给寄件人收条，收条上只注明收件人之姓名及地址。

（九）发出挂号邮件之局，须将邮件登记清单一并封套后，然后与普通邮件之套一同登记发信清单，寄发收件局或站。

（十）邮局于受收邮件后，须于邮票上盖戳。

（十一）邮件落地时，落地局须于邮件上盖戳。

（十二）邮局之戳记除每日更换日期外，并须每小时更换时间，以便检查收发信件之时间，以明责任。

（十三）各种寄件存根均须妥为保存。

（十四）各局、所及邮站每月须将收发之邮件件数、套数切实统计、汇报。

四、方式方法：

（一）战时邮务工作概以秘密方式进行之。

（二）战邮机关应以社会化的各种方式设立之。

（三）邮运工作可多方面与旧邮局之邮差建立关系，借以通过敌顽区。同时更可与小商人、脚夫建立带邮关系。

五、与旧邮局的关系：

（一）敌后之旧邮局已完全为敌劫持，实际已经伪化，不复为我服务，且成为敌人借为封锁和破坏根据地的工具之一。

（二）服务于旧邮局之人员，我们应努力从各方面争取之，和他们建立各种秘密关系，使有助于我。

（三）对我根据地内之邮寄代办所，我们应有计划的〔地〕加以民族教育，争取其负责人，使执行我之方策。

（四）对于往来我根据地之邮差，应从各方面加以争取组织之。

（五）旧邮局因系国际性的组织，我们应尊重其独立性，在我占区者，与之建立统战关系。

选自《山东革命历史档案资料选编》，第8辑，济南，山东人民出版社，1983年版，第190～192页。

19. 山东省战时邮务人员守则

1942年2月

一、要忠实于民族革命事业及自己的工作。

二、不贪污，不腐化，不为一切利诱所动。

三、养成邮务人员之高尚品格，自觉的〔地〕遵守各种纪律。

四、邮务人员应有高度的警惕性，严防敌探奸细混入。

五、经邮局寄递之各种书报，任何人不得私自拆阅拆留等。

六、各种包裹、汇票如发生盗窃行为，造事人依法惩治。

七、各种邮件在紧急情况下应妥为收藏，不得任意遗失或损坏。

八、邮局工作人员应保守各机关、团体行动上之秘密，不得任意宣布其住址。

九、各种邮件不得无故积压。

十、关于带有秘密性之邮务工作，除向局长报告外，不得任意乱谈。

十一、递信员应有一定负责人之保证始可任用。

十二、递信员应将所带邮件用各种伪装携带，不得公开暴露。

十三、各级邮务人员应严格执行会议回报及每日两小时之学习制度。

十四、各级邮务人员应有高度的工作积极性，要克服一切困难完成任务。

十五、要严格遵守群众纪律，不得任意支用民夫。

十六、各级邮务人员应具有优良之习惯，不得酗酒、宿娼、吸食毒品等。

十七、工作人员不得私带不贴邮票之各种邮件。

十八、在工作领导上尽量采用民主集中制，反对官僚作风。

选自《山东革命历史档案资料选编》，第 8 辑，济南，山东人民出版社，1983 年版，第 192～193 页。

20. 山东省战时邮务工作推进委员会组织大纲

1942 年 2 月

第一条　宗旨：本会以加强战时邮务工作之推进，适应党政军民之需要，并在各方协助下，使战时邮务工作顺利走上正规阶段。

第二条　定名：本会定名为某某战时邮务工作推行委员会。

第三条　委员之产生：本会由政府与邮局共同负责，聘请与战时邮局有直接关系之机关、团体代表及对邮务工作有相当经验之人士为本会委员。

第四条　组织：由被聘请之委员组织而成，数不限定，再由委员中互推正副主任委员各一人，掌管开会事宜。

第五条　会期：每三个月召开委员大会一次，必要时得临时召集之。

第六条　职权：本会为一督导、研究、设计及建议机关。

第七条　各级邮局均可成立此会，但无上下级关系。

第八条　本大纲经委员大会通过后即生效力。

选自《山东革命历史档案资料选编》，第 8 辑，济南，山东人民出版社，1983 年版，第 193～194 页。

21. 山东省战时工作推行委员会关于建立战时邮局的决定

1942年2月7日

一、敌后中华邮局因在敌人劫持统治下已不复为我所有，为便利敌后抗日军民间之相互联系，本会特决定建立各级战时邮局。

二、战时邮局之性质系敌后战时环境下的临时组织，与我中华邮局是相互依辅的，并非对立的。战时邮局应尽量协助敌后之中华邮局脱离敌人之劫持，迅速恢复其各原有机构。

三、战时邮局因属半营业性质，无论党政军民之各种公私邮件，均应贴用各级战时邮局发售之邮票。

四、在战时邮局正式建立后，各机关团体原有之交通机关及交通人员等，在不影响工作条件下，应尽量实行归并或裁撤，以免浪费人力、物力、财力。

五、各级政府应以本会颁发之战时邮局组织方案责成专人负责建立，并应将建立经过呈报本会备案。

六、为统一战时邮局之组织，已先行建立之邮局，应依新条例重新改组整理，并呈报本会。

七、各级政府应保证邮局之独立性，不应任意变更其组织或调动邮务工作人员；必要时，须经本会或主署之批准始生效力。

八、各级邮局系上下垂直的领导关系，各级政府对同级邮局系指导关系，省总局直接受本会领导，受民政处指导；管理局以下各级邮局受同级政府民政科指导。

九、各级邮局之经费及待遇，应依战时邮局组织条例之规定保证按月拨给。

十、无论党政军民，应随时随地协助邮务工作之推行，并予以工作上之便利。

十一、各级政府行政会议上如涉及邮政问题时，应由该级邮局负责人列席。

十二、各级邮局之邮票，由战工会财政处印发，各级政府不得随意私印。但为工作便利起见，清河、胶东、鲁南、冀鲁边各主区可呈准本会财政处批准后，得以按照原样印制。

十三、专署邮局以上之邮局局长，应呈请本会加委。

十四、邮票使用日期临时通知，在未使用前，各种邮件仍可无资投递。

十五、各级政府应将邮务工作列为行政工作上重要工作之一，每次工作总结报告中，亦应将邮务工作详细列入。

选自《山东革命历史档案资料选编》，第8辑，济南，山东人民出版社，1983年版，第152～153页。

22. 山东省战时工作推行委员会关于春耕的指示

1942年2月12日

生产建设是争取胜利的主要环节，而春耕又是群众生产建设中的重要部分。因此，我们为增加粮食生产，解决军食民食，渡过最艰苦的一九四二年，积极提倡与推动春耕运动，是目前各级政权机关刻不容缓的工作。特别山东去年天气亢旱，秋收不好，更加日寇加紧对我根据地的封锁、焚烧与破坏，使我人力、物力、财力遭受到空前的浩劫——壮丁、牲畜、农具、粮食等受到重大的损失。因此，今年的春耕是我党、政、军的重要的任务，它具有严重的政治意义。

但是，春耕是个艰巨而烦〔繁〕难的工作，怎样才能使这一工作普遍与顺利的〔地〕展开？本会特根据当前的形势及具体环境，将春耕建设的组织领导、宣传动员工作及其实施中的具体问题制成指示，作为各级政府参加与领导春耕运动的参考。各地区在实施中，根据各地实际情形，灵活的〔地〕斟酌办理。

（一）春耕运动的宣传动员工作

1. 在各种报纸杂志上出社论、专刊，同时组织各种剧团编辑春耕话剧和各种春耕的小歌小调，真正造成群众性的广泛运动。特别是在春节时间，更应该推动群众团体也参加春耕运动，以扩大宣传。

2. 召开各种座谈会（士绅、妇女、商人等生产座谈会），传达讨论春耕的重要意义及具体办法，推动各界人士积极参加生产运动，吸收他们参加各种生产组织。

3. 发动各群众团体积极讨论研究春耕工作的具体办法与具体步骤，展开为完成生产计划的热烈斗争，以达到这一工作的彻底胜利。同时，在宣传动员过程中，各级政府应配合党、军、民组织工作团，到农村具体帮助并解决春耕动员中的许多困难问题。

（二）组织问题

1. 县、区、村组织春耕委员会，由党、政、军、民及对生产有热忱之士绅、名流、参议会各级组织之，贷款委员会亦派人参加。村春耕委员会吸收有生产经验农民及生产积极的农民与富户参加。

2. 组织劳动互助社。互助社是有组织的集体生产方式，包括各种生产小组与劳动力、农具、种籽、耕牛等调剂配备。因此，应发动每个群众参加到这一组织中，以发挥全部生产效能，克服春耕中各种困难。

劳动互助社应设正副主任及组织、宣传、劳动力、耕牛、种籽、农具等调剂干事各一人，具体分工进行工作，其组织以行政村为单位，村村设小组，并在同级政府下与春耕委员会相接洽进行工作。

3. 组织义务耕田队。义务耕田队是义务职，是为无劳力的贫苦抗属耕种助收，所以耕牛、农具、吃粮均由耕田队自备，但抗属如有农具、耕牛者，可由抗属供给饮食。因此，为了保证抗属土地不荒一分一亩，并得到相当的产量，凡系根据地人民均应参加这一组织，帮助抗属解决劳动力的缺乏。

义务耕田队之组织，应根据战工会颁布之代耕队组织之。其不够年龄或老弱者，应组织杂务队，帮助抗属拾柴、挑水，并在春耕繁忙时做盘查、放哨、送信等事务工作，以减少壮丁在生产时间的杂务工作。抗属如有劳力者，亦应参加义务耕田队，其不参加者，可动员自耕，不代耕。义务耕田队应按抗属有无生产及土地的多寡分别清楚，作有计划的分工耕种。如抗属过多的村庄，耕田队劳力不敷应用时，可由区或县调剂之。

（三）几个具体问题

1. 在敌人的“扫荡”下，我根据地许多的村庄之耕牛，部分地被敌人劫去或宰杀。因此，我们要克服这一困难，政府首先发动营业机关及群众向外购买，作为少部分的补助，但主要的还是积极动员群众将多余的牛变价卖于无牛的人，或者用人力换牛力，解决牛力的不足。另外，就是动员群众集股向外购买。其次，我们为了克服补救春荒的困难，应确实动员各级机关工作人员及牲口积极帮助群众耕种，以解决春耕中人力、牛力的不足。

2. 农具问题：农具虽经敌人破坏，但还比较是次要的问题，我们除动员群众紧急自备外，同样要动员剩余的农具给人民来调剂。另外，发动合作社研究自造农具，动员群众用废铁去换农具。但如有损失过多的区域，自造不足使用时，可将当地铁匠、木匠工人有计划的〔地〕组织起来，分散到农村制造。

3. 籽种调剂问题：各级春耕委员会及党、政、军、民应深刻动员发动群众互助互爱，使有种籽的农民自动借给无种籽的贫苦抗属与农民，另外是动员他们找自己的亲戚朋友关系借用。其次，政府应组织种籽调剂合作社，吸收广大人民参加，设法购买，以资调剂。政府可在公粮内贷借一部分（籽种）来补助。

4. 与春耕运动不可分离的是救济春荒问题。有些无粮的贫苦农民和抗属，在青黄不接的时期是会影响到春耕的。因此，在春耕运动中及时救济春荒，是胜利地完成春耕工作的保证。春荒救济要确实做到贫民与贫苦抗属都有饭吃，反对平均式的无计划、无原则的救济。此外，尽量发动群众互相帮助、互相借贷，并保证春借秋还。最后应动员群众多种早粮（瓜、菜、春大麦），不种烟叶，以作克服食粮不足之补助，并大量植树、开井，防御天灾。其次，在种棉少的地区要动员群众多种棉花，解决冬衣问题。

5. 为有效的〔地〕开展春耕运动，除以上几个办法外，战工会准备一百万元的低利贷款分发到各地区，各级政府应确实讨论具体办法，保证贷给贫苦农民及贫苦抗属。

（四）如何完成这一工作

1. 机关全体工作人员应作春耕运动，热烈讨论，具体研究，成为动员春耕、实现春耕的模范。我们要号召党、政、军、民各级机关全体人员每人帮助群众种土地五分，每个牲口帮种五亩。这一号召是具体克服春荒、增加生产的有效办法。

2. 组织民兵，扩大民兵，配合当地驻军武装保护春耕。

3. 各级政府应配合同级党、军、民具体讨论春耕运动工作的布置及完成的步骤，并派有力干部到各县具体传达布置，使这一工作彻底实现。

4. 要有定期的汇报，检查督促总结春耕工作进行的情形，及随时报告本会，以便根据执行的情况予以指示。

5. 订立乡与乡、村与村、区与区、县与县的竞赛运动，并制有具体计划与步骤，实行挑战。

6. 奖励劳动英雄。在春耕运动总结大会上，应将参加春耕运动的模范加以奖励，以鼓励群众的生产热忱。

选自《山东革命历史档案资料选编》，第8辑，济南，山东人民出版社，1983年版，第161～165页。

23. 山东省战时工作推行委员会关于健全邮政工作的通知

1942年5月1日

查各地区之战时邮局虽多数业已成立，但内部组织一般尚未健全起来，同时这一工作未能引起各级政府之重视，甚至有任其自流、无人过问的现象。兹为迅速健全邮政工作起见，本会特规定以下办法：

（一）各级政府未建立邮局组织者，应迅速照章成立，已建立者应充实之。为加强各方之联系及对战时邮政工作之推进，各级政权机关及邮局应即依照山东省战时邮务工作推进委员会组织大纲，成立邮政工作推进委员会。该会之主要任务，在研究战邮工作之建设，统一健全邮政工作系统及其他有关邮务工作之各项问题，建议政府和邮局采纳实施。成立后，应将成立经过情形及委员履历表一并呈送本会备案。

（二）各地邮局所需要之干部人员，由当地党政军民共同负责配备之，但各级政府应负主要责任，尽先将邮政干部及递信员补充齐全，其条件要严格，来路不明、政治有问题及老弱残废不能执行工作者不得任用，并应经常注意邮务人员的审查，以免敌探奸细之混入。

（三）各级政府之第一科应切实负起直接的指导责任，经常注意去帮助和检查他们的工作，并负责给他们解决一切工作上、生活上各种问题。

（四）凡过去党政军民原有之交通组织及干部人员，为了节省人力，统一工作指导，应由政权机关会同邮局召集各有关部门进行商议合并事宜，由邮局统一领导。

（五）如有紧急敌情时，政权机关应及时通知邮局，并尽量予以运输上之便利与保护。

（六）我们要求各发行系统应与邮局取得密切配合，在工作上以互相协助为主，但不可越级代替或干涉邮政工作。

（七）粮秣由专署邮局统造预算后，各级政府应在靠近邮局所存储之公粮中批发，不得令之自行催索，以免影响工作。

（八）为防止汉奸活动，各种敌占区之邮件，如有检查必要时，按一定邮章采取迅速便捷之方法，在邮局处理之。检查邮件时应照章登记，加盖验查戳记，检查时应以当地收寄之邮件为限，并保证不使遗落为主。各种邮件在运输途中不得拆开检查，凡各机关间来往之公共邮件不在检查之列。

（九）邮政人员若非现行犯，各军政机关不得任意拘捕，以免影响邮务之进行。如果嫌疑重大，应于拘捕以前或事后通知邮局负责人。

（十）在敌顽占区之邮政局、站系秘密性质，只负递送各种邮件之责，对大批不贴邮票之笨重物件，不能强迫邮站运送。来往工作人员，亦不得迫令邮站护送。有特殊情形者，须经专署邮局以上之介绍始生效力。

（十一）各机关团体交邮局寄递之秘密文件，应封装牢固，书报、各种秘密性之书报应用布包裹，并向邮局挂号。

（十二）各种邮件不合乎邮局规定之封装条件者，邮局不负寄递责任。

主任委员　黎　玉

常务委员　李竹如　艾楚南

杨希文　张伯秋

刘居英　耿光波

选自《山东革命历史档案资料选编》，第8辑，济南，山东人民出版社，1983年版，第269～270页。

24. 山东省战时工作推行委员会关于战时邮务工作的通知

1942年7月

一、战时邮局自七月一日起正式开始在鲁中区、鲁南区、滨海区试行贴用本会财政处印制之战时邮票，票样计分一分、二分、五分、一角、五角的五种，每张上并加盖一“总局之章”小方形戳记。不加盖章及沾污者，均作为废票。

二、各级政府、各机关团体均应依照战时邮局之规定，将投交战邮寄递之邮件照章贴票，或当面付足现款。

三、各级政府为寄递邮件而所用去之款项，可自七月份起追加邮费预算。

四、近来各方面战邮投寄之包裹，钱款甚多，为寄者方便且不易损失起见，战邮亦决定自七月一号起开始收寄包裹，汇兑仍暂缓办。

五、为使报纸传送便利起见，凡向战邮挂号之报纸，可按照每月所出份数计算总重量，将每月应贴邮费在月初一次付足（予〔预〕交半年以上者亦可），后该报即可不贴邮资自由寄递。其余印刷品类仍应照章贴付邮资。

六、购买邮票应以北海纸币为本位币，法币按九扣收取，地方票洋禁用。

七、清河、胶东因沿途敌伪匪顽扰乱，交通为之断绝，路线正在整理中，因此各种邮件暂停收寄，待交通恢复后即行通知通邮。

八、为使各机关团体公文函件投寄便利及有保证起见，战邮特规定最低额之寄费每件不超重二十公分者收资二分，如系重要者，经负责者在函件上盖章证明，可以免费挂号邮件寄递（不另收挂号费）。

九、近来各方面战邮投寄之邮件多不按照规定捆绑，包装者亦有不注明发件机关者，希各方收发机关注意改正，并按照邮章办理，否则邮局不予收寄。

十、为寄递便利，各机关团体应与邮局取得密切联系。如有必要时，请求战邮在机关或部队内设立随营邮局亦可。但人员需要各该机关尽量供给之。

十一、在寄递上如感觉不便时，可随时与当地邮局商酌简便办法。

主任委员　黎　玉

常务委员　李竹如　艾楚南

张伯秋　杨希文

耿光波　刘居英

选自《山东革命历史档案资料选编》，第8辑，济南，山东人民出版社，1983年版，第444～446页。

25. 山东省战时工作推行委员会关于公营企业技术人员待遇之决定

1942年9月7日

（一）技术人员及技术工人除特殊技术者外，应按本决定之待遇标准办理之。

（二）一般的技术人员（如技师、工程师等）之薪金，每月由二百元到三百元（包括津贴、菜金、衣服、鞋袜、食粮等，下同）。

（三）普通技术工人之工资，每月由一百八十元至二百五十元。

（四）学徒工人或工厂练习生之工资，每月由一百四十元至一百六十元。

（五）特殊技术人员或技术工人，得依其技术之表现，根据实际情形酌量提高其待遇。

（六）技术人员之薪金及技术工人之工资，在规定限度内依下列条件由各地自行规定之：（1）技术高低；（2）服务年限；（3）工作勤惰；（4）对器材爱护程度。

（七）技术人员及工人食用之粮食，可按规定价额由待遇内扣除之（麦子每斤一元五角，高粱每斤一元，其余类推），但食用粮食不能超过一般定量。

（八）为提高工作热忱与增加生产计，其工作成绩优良者，每年酌给奖金，并按年工加薪办法逐渐增加，其工作年限多者，应多予奖励之。

（九）技术人员或技术工人有特殊发明与创造者，其奖励：办法另订之。

（十）本规定按物价涨落情形，每半年酌量变动一次。

选自《山东革命历史档案资料选编》，第9辑，济南，山东人民出版社，1983年版，第24～25页。

26. 山东省战时工作推行委员会关于发行与交通工作的决定

1942年9月11日

一、为了彻底实行精兵简政，健全交通发行工作，实行统一领导，提高工作效率，由本会与大众日报社会商结果，决定战时邮局与大众日报的发行系统实行统一，大众日报社原有各级发行人员，均加入各级邮局，统一办理邮局业务和大众日报社的书报发行工作。各级邮局发行人员在发行大众日报社书报工作上，并受大众日报社的领导。

二、为了保证邮局业务和大众日报社的发行工作双方兼顾，决定战时邮局各级组织修改如下：

1. 总局管理局与专区邮局，均设正副局长各一人，下设交通科科长一人，巡视员三人，交通员若干人；发行科科长一人（副局长兼），收发员三人，分管报社的发行与邮局的收发工作；会计科设科长一人，兼管报社与邮局的会计工作。

2. 县邮局设局长一人，收发兼会计一人，巡视员一人，交通员三人。

3. 每区设一邮务员，并可根据工作需要设立若干代办所，兼任派报任务，由报社予以适当折扣，作为报酬。

4. 邮站——干线邮站照原来组织，按工作需要设立之。

三、《大众日报》是建设山东抗日根据地的指针，是展开对敌斗争的锐利武器，也是抗日人民的喉舌。因此各级邮局对于《大众日报》的发行，应以最大的努力来保证报纸准确的〔地〕迅速的〔地〕送到读者手中，发挥其对抗战和建设的指导作用，任何轻视或忽视报纸发行工作的观念都是错误的。本会并以对《大众日报》发行工作的好坏，作为检查邮局工作的主要标准。各级政府主管部门，亦应以最大注意帮助邮局进行大众日报社的发行工作。

四、各级邮局按照新组织充实编制时，应与各该地区的大众日报社发行部门的负责同志妥商配备人员。在人员配备整齐后，专区以上的局长、副局长，逐级呈由本会加委，其余各级人员由各该地区之主任公署、专员公署分别核委。

五、鲁中、鲁南两地区接到本决定后，即日着手办理，迅速实现，至迟在九月底以前，一定呈报本会备查。

主任委员　黎　玉
民政处处长　李竹如

选自《山东革命历史档案资料选编》，第9辑，济南，山东人民出版社，1983年版，第33～34页。

27. 山东省保护林木暂行办法

1943年3月18日公布

第一条　本省各根据地内公有私有之树株，严依本办法保护之。

第二条　各地军队、政府、群众团体及全体人民均有保护公私树株之义务。

第三条　公有林木非经主管管辖机关之批准，任何军政民机关团体不得擅自采伐。

第四条　公有林之较大者，由县以上政府派员管理之（村有者不在此限）。

第五条　现有之村林及封山，得经村政委员会之决定逐年增植扩大，并报告区以上政府备案。

第六条　公有林、封山村林等区域内（无论旧有新辟）非经政府准许，只准造林，不准开荒。

第七条　封山村林必须砍伐时，须经区公所以上机关之批准。

第八条　机关、团体、部队所植之树木，在私有地内者，属于土地所有人；在公地者，其所有权随公地。

第九条　本省各抗日根据地之公有荒地不宜耕种者，人民得向县府呈领植树造林，其树木归栽植者所有。

第十条　公有林、封山村林除本办法第三条及第七条规定外，只准修理树条，不准砍伐；其间所生柴草，只准定期刈割，不准牧畜。

第十一条　为固结土壤以防水患，山间野生灌木一律不得掘采根株，其禁止办法或公约由各地自定。

第十二条　军政民机关团体依本办法第三条、第七条之规定砍伐公有林、封山村林之树木时，均须给价。

第十三条　凡违犯第三条、第七条规定者，按其窃取之价格处二倍以上之罚金。前项罚金，由县政府及专署办理之。

第十四条　前条之罚金，得由县政府批准拨作经营苗圃造林之用，其数目及用途应由县政府造具清册呈报专署查核备案。

第十五条　各地关于封山及村林之公约与本办法不抵触者，均依旧适用，但处罚时依本办法第十三条之规定办理之。

第十六条　本办法如有未尽事宜，由山东省战时工作推行委员会提经山东省临时参议会同意修改之。

第十七条　本办法经山东省临时参议会通过，由山东省战时工作推行委员会公布施行。

选自《山东革命历史档案资料选编》，第9辑，济南，山东人民出版社，1983年版，第329～330页。

28. 山东省战工会关于战时邮局组织机构及人员编制的新规定

1943年3月23日

为适合目前环境之急需，强化战邮组织机构，使适合于领导上的一元化，本会与山东分局商议结果，决定将分局及各级党委交通科及大众日报社发行部与各级战时邮局合成为三位一体的组织。它本身兼任三个任务和三个名义，战时邮局则为对外的总名义，按其不同性质，得受三方面的分别领导。它是政府组织部分之一，各级政府对它应负总的责任，并应保证它的垂直系统。兹因其工作任务加重，故在组织机构及人员编制上亦略有变更，详情依次列表于下：

山东战时邮局组织机构及人员编制表

甲、战邮总局——即报社发行部、分局交通科

一、局长一人——兼任报社发行部长、分局交通科长。

秘书一人——管理干部教育及来往函件，编印教材，管理学习等。

文书一人——专任缮写、保管、印刷事宜。

二、发行科——科长一人，兼滨海区副局长及滨海区发行科长。

发行股三人——负责各种书报信件的收发、分配、调查及对递信员的管理等。

营业会计股三人——专管各种书报售款保管、出纳、刊登广告、零售书报及对各级邮局会计技术上的指导。

三、交通科——专管党内外一切交通工作。

科长一人——局长兼正科长，另设副科长一人。

收发员一人，密线巡视员二人，交通员若干人（政治交通员在内）。

四、会计科——负责经费开支、生活管理、物质供给等。

科长一人——兼任滨海区会计科长。

管理员一人，会计员一人，伙夫一人。

五、特派员一人——在家负责技术工作研究、指导、改进，在外代表总局与旧邮局办理一切外交事宜。其职务与科长同，参加局务会议。

六、巡视员共三人——负责对各级邮局工作上的检查、督促指导等工作。与总局副科长待遇同，直受局长领导，列席局务会议。

乙、管理局——设于主署区

一、局长一人——必需时可设副局长一人，但需兼一个科长工作。

秘书一人——或文书一人，管理干部教育、文件来往、印刷等事宜。

二、发行科——科长一人；发行员二人，必须时可增加一人；营业会计二人，在工作便利条件下，附属于会计科亦可。

三、交通科——科长一人，收发一人，秘密巡视员二人，交通员若干人。

四、会计科——科长一人，会计一人，管理员一人，伙夫一人——十五人以上者始准添设。

五、巡视员三人。

丙、区邮局——设于专署区

一、局长一人。

二、发行科长一人，发行员一人，营业会计一人。

三、交通科长一人，收发一人，秘线巡视员一人，交通员若干人（政治交通［员］在内）。

四、会计科科长一人。

五、巡视员二人。

丁、县邮局

局长一人，发行兼会计一人，巡视员一人，交通股长一人，交通员二至五人。

戊、邮站

一、干线站之中心站——局（站）长一人；收发一人——普通干线站不用收发，由站长兼任；交通员若干人。

二、支线站——站长一人，兼收发；交通员若干人。

三、军邮站——设于各军队或机关中。站长兼收发一人，交通员一人。

己、代办所——设于各县分区

每区一人，叫作代办员，专管分区内之书报文件的传递、发行、收款等。

主任委员　黎　玉

民政处长　梁竹航

选自《山东革命历史资料选编》，第 9 辑，济南，山东人民出版社，1983 年版，第 341～344 页。

29. 中共山东分局关于设立工商管理局加强对敌经济斗争工作的指示

1943 年 9 月 10 日

（一）分局扩大会议决定以加强经建工作作为今后全党主要任务之一，区党委应亲自指导这一工作，并派党委一人参加工商管理局的工作。这一决定必须坚决执行，不得借口缺乏经验放弃责任，须知经验要从实际参加工作中创造出来。

（二）省行政委员会对于各地设立工商管理局的指示，各级党委必须切实保证促其迅速实现。应派大批坚强干部参加这一工作，筹拨足额资金，并应深入动员，从各方面来协助这一工作，尤应克服本位主义，保障组织及领导的完全统一。各机关部队所经营之商店不愿合并或在合并以后违抗领导、破坏政策，应受严厉批评。

（三）区党委应教育经济工作同志了解情况，掌握政策，反对主观主义、狭隘经验主义，反对使斗争方式简单化、机械化，如在停用法币以后仍不负责调剂外汇以及机械执行“以货易货”政策。应当加强调查研究，适应情况变化，灵活运用各种战术。应当加强干部业务学习，培养专门人才，目前须按工商管理组织配备齐全，才能顺利开展工作。

（四）关于各地工作方针，此后另有指示，必须切实研究。各地党委应将工作布置、工作推进状况、工作中间所发生的困难，按时告分局，以便研究情况，决定今后工作方针。

选自《山东革命历史档案资料选编》，第 10 辑，济南，山东人民出版社，1983 年版，第 338～339 页。

30. 山东省战时行政委员会关于节约救灾的决定

1943 年 9 月 23 日

由于敌伪之蹂躏、国民党反动分子之摧残及旱灾虫灾之为害，今年华北之灾害已成严重现象，就中尤以太行区为甚，我山东之泰山、鲁南次之。据电讯，太行区之旱灾为近百年来所未有，赤地千里，五谷未收；而泰山区之淄河流域，鲁南之邹东、滕峄边、费南一带，或则因敌伪压榨，或则因李仙洲、刘桂棠等部之劫掠、烧杀、破坏，民众已十室九空，颠沛流离，嗷嗷待哺，为状极惨。凡我民主抗日地区，息息相关，同生死，共患难，亟应大大发挥民族友爱精神，积极予以物质与精神之援助，以期渡过困难，共臻胜利。唯以灾区广大，灾黎众多，点滴之助，无济于事。本会为作广泛的救济及有计划有步骤的

〔地〕进行，特于第一次行政委员会议详为研讨，并决定办法如下：

一、在目前各个根据地物质困难的条件下，筹募大批救济粮款是与提倡节约分不开的。因此，我们救济的中心工作应放在提倡节约上，救济工作成绩之大小，要看我们节约的程度而定。同时厉行节约，不但为了救济灾区，也是为了预防来年春荒、解决自己困难的必要前提。只有进一步的〔地〕掀起节约运动的浪潮，才是工作的中心环节。

二、节约办法分为公家节约与群众节约两种。

甲、公家节约：（一）部队每人每日节约粮食二两；（二）党政民机关脱离生产人员每人每日节约粮食一两至二两；（三）骡、马、驴每匹每日减料一斤；（四）提高白天工作效率，夜间少发或停发灯油；（五）尽量节约其他用费，并提倡爱惜公物，奖励少领衣服鞋袜等；（六）停止一切会餐；（七）节约时间，自十月份起至明年二月止共四个月；（八）照以上规定各单位应节约之粮款，由负责之财粮机关预为扣除。

乙、群众节约：（一）号召群众减少不必要的宴会及婚丧嫁娶等繁重的礼俗；（二）废除馈赠；（三）号召富有之家捐粮捐款，并奖励捐助的模范。

三、在节约上我们着重指出，粮食是根据地军民生活之所托，节约粮食应成为目前最重要的一项，尤其在敌人布置抢粮的新阴谋下，粮食斗争更成为山东党政军民的一致任务。因此，我们应该提高警觉，打破部分人员忽视粮食的现象，除动员群众积极藏粮并要求党政军民各脱离生产机关严格执行已有的各种粮食制度外，并重新规定以下办法：

甲、实行粮秣检查制度。由各地党政军民共同组织委员会，严格检查各单位之人数及用粮数（军队须经过一定指挥机关同意），除各单位应拨存之粮外，应将存粮一律交公。

乙、建立群众检举与报告制度。凡私卖粮、囤粮及一切不正当的〔地〕使用粮食现象，俱应发动群众检举或按级向上报告，尤其禁止以公粮租种田地或交换物品等现象。

丙、改粮票为饭票，并严格携带饭票制度。各单位由负责人做起，一切往来人员必须携带饭票，无饭票者一律不管饭。

丁、一切会议不得报销。脱离生产人员之给养（非脱离生产人员除外），各单位须确实按编制人数造具预算，每月报销客饭（指非脱离生产人员，如招待抗属等）不得超过百分之三。如有超出者，由各单位自行调剂，公家不得报销。

戊、关于粮食上各种制度之执行，我们强调提出要靠各级党政军民负责人严格的检查督促作保证。本会即行组织检查委员会，随时检查各单位之人数及吃粮数目，各地亦应实行挨级检查制度。

四、为求得节约救灾运动之普遍的〔地〕展开，本会已邀请各团体共同发起号召，各地区亦可作深入动员，利用各种机会及报章杂志进行宣传号召。

五、为加强这一工作的领导及有计划的〔地〕进行，决定自省一直到村成立各级救济委员会，专门负责这一工作，并推选黎玉、马保三、梁竹航、谷牧、艾楚南、吕麟、田力夫等七人为省救济委员会委员，并以黎玉为主任委员，艾楚南为秘书长。各地捐助之粮款一律交由各级救委会，按级转解省救委会统一处理。

以上各项办法对实施救济、开展节约、坚持敌后抗战有重大意义。各级政权应认识问题的重要性，紧张的〔地〕动员起来，取得党政军民之一致配合，从组织上、工作上求得这一任务之圆满完成，并将各级救济委员会之组织及工作之进行情形，随时报本会为要。

主任委员 黎 玉
行政委员 刘居英 梁竹航
艾楚南 田佩之
张伯秋 耿光波
辛葭舟 杨希文
罗荣桓 郭维城

选自《山东革命历史档案资料选编》，第10辑，济南，山东人民出版社，1983年版，第357～359页。

31. 山东省战时行政委员会关于半年工商管理工作的指示

1943年9月30日

工商管理局的中心工作是货币斗争、贸易管理、生产建设，这三者互相配合，以期加强对敌经济斗争，保障军民生活，克服困难，坚持抗战。兹将三项工作要点列下：

一、货币斗争之目的在驱逐伪币，排挤法币，扩大本币流通范围，提高本币比值，平抑物价，繁荣市场。在未停用法币区域，应即准备停用法币（清河区）或限制法币流通（鲁南及泰山区）；在已停用法币区域，应即切实掌握外汇，继续提高本币比值，吸收法币伪钞，用以打击法币伪币，并借统制对外贸易吸收外汇，支持货币斗争，同时管理主要物资，使与本币结合，这样使本币日益巩固。

二、贸易管理之目的在防止敌人掠夺粮食及重要物资，保证军民生活必需品之供给，奖励土产输出，限制非必需品输入，支持货币斗争，保护生产建设。做法：一为统制对外贸易，尤须统制重要物资输出，必要时可实行专卖；一为管理重要物资，由公营商店调剂有无，平衡物价，防止敌人掠夺以及商人投机垄断。粮食尤应注意保护，严禁偷运资敌，如有剩余输出（清河区），应由工商管理局专卖。滨海、鲁中、鲁南之食盐输出亦可专卖专买，但为保护生产，保证人民需要，而非与人民争利。

三、各地区的工业生产采取下列步骤进行：

（1）纺织工业——首先做到脱离生产军政工作人员的自给，逐渐达到全民的自给，以期禁绝洋布洋纱入口。鲁中、清河、鲁南等地，特别注意推广毛织工业。

（2）开展造纸工业——大量制造文化用纸，部分发展烧纸，目的在于杜塞漏卮，减少输入。

（3）发展日用必需品的工业生产，主要做到肥皂、牙粉的自给，墨水、牙刷、电池、制药等陆续实现。

（4）清河区应发展制硝及大量制造碱料，胶东应大量制造硫磺〔黄〕。

四、合作事业着重于组织领导。其步骤如下：

（1）整理原有的合作社，重新登记，纳入正轨，训练其干部，扶助其发展。

（2）推动发展生产合作社，如纺织合作社，注意纺户与织户的结合。农业合作，启发农民的互助。其次发展运销合作，配合运盐及调剂食粮等。

五，建立工商管理局，统一领导各地区之经济斗争，是目前最急要的工作。关于工商管理局之组织，前电已有指示，各地政府应用全力保证，配备大量干部，筹集充分资金，切实领导，促其迅速实现。

以上各项各〔工〕作任务，希各地区具体讨论，根据不同的情况与现有基础传达布置，定期总结，报告本会为要！

主任委员兼处长　黎　玉
副处长　耿光波　吕　麟
监　察　委　员　薛暮桥

选自《山东革命历史档案资料选编》，第10辑，济南，山东人民出版社，1983年版，第407～409页。

32. 山东省战时行政委员会关于半年农林工作的指示

1943年10月15日

发展农业生产，是达到丰衣足食的前提，是今后生产建设的中心。为了明年开展大规模的生产运动，兹将半年工作要点指示如下：

（一）加强冬耕春耕的领导，及早布置，深入动员，事先做好调查研究工作（抗属及寡孤贫民）。普遍组织劳动互助，调剂人力牛力（参照当地习惯，注意互相帮助）。筹拨春耕贷款，提前发放，免致临时迟误。清河区应继续大量开垦荒地，发挥地利，并积极设法消灭蝗虫种子。

（二）号召动员农民积极分子，制订农家生产计划，培植模范农民。要求各县在一年中推动一个至三个劳动英雄，实行奖励。其条件为：1. 良好公民。2. 勤劳耕作，收获显著增加。3. 积极推动别人开展生产。

（三）各地区农作物种植情形及全区人民需要粮食数量，须作详细调查，根据实际需要，调整种植比率。提倡种植早熟多收的食粮，适当布置种棉（胶东、滨海、鲁南），供给纺纱原料。

（四）继续提倡灌溉、改善水利。各地区应根据具体条件，切实配合群众团体动员布置。倡导掘井、开渠、修河筑堤，因势利导，采取各种有效办法，开展水利工作。反对形式主义，力求实际有用，以达到灌田增产的目的。

（五）改进生产技术，提倡浸种选种，免除虫害，改善贮肥、积粪方法，增施肥料以及防蝗除虫等。各地区必须配合农救会深入动员，提醒群众，指示各项有效办法，督促群众实行。

（六）准备树种及树栽，布置育苗植树。首先搜集树种与准备树栽，动员群众普遍育苗，并且指示各县把植树与保护联系起来，保证植树必活，不要把植树重复过去只管栽不管活的自流现象。此外要检查过去栽树的成绩，注意公私林场的保护与管理，禁止任意采伐。胶东应着手整理公共林场与苗圃，以供给燃料，积蓄木材。

以上各项，希讨论传达，具体布置，准备明年举行生产展览，并将办理情形定期总结，报告本会为要！

主任委员　黎　玉

选自《山东革命历史档案资料选编》，第11辑，济南，山东人民出版社，1983年版，第43～45页。

33. 山东省各级工商管理局组织条例

1943年10月29日公布、施行

第一章　总　则

第一条　本条例依照山东省工商管理暂行规程第十一条制订〔定〕之。

第二条　各级工商管理局组织系统如下：

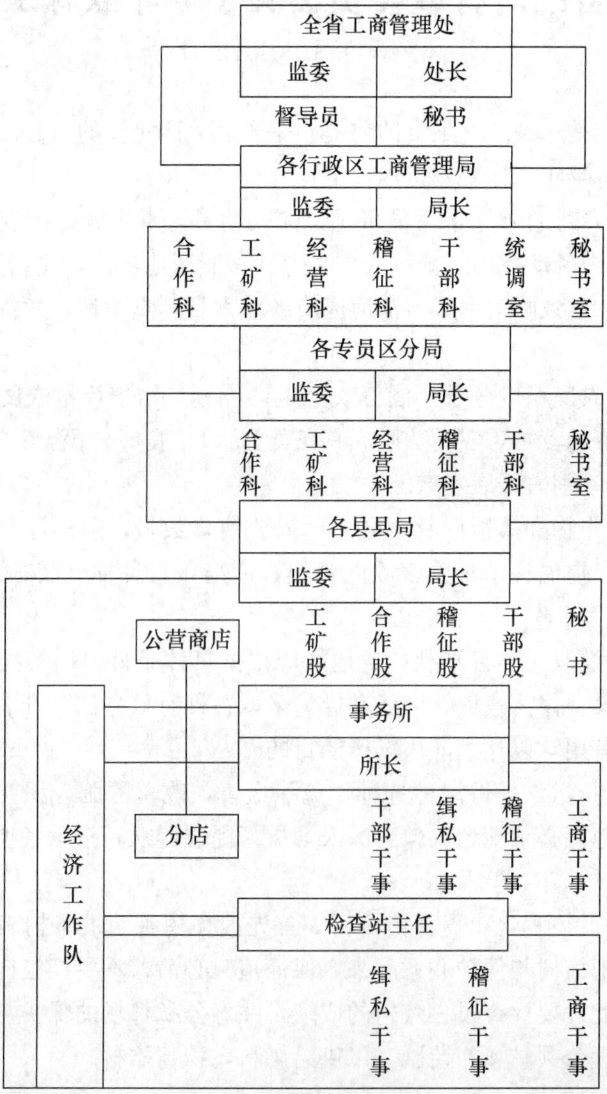

第二章 职别及分工

第三条 省工商管理处编制由行政委员会决定之。

第四条 各行政区管理局之编制及分工如下：

一、局长一人，负全部工作计划检查及行政领导之责。

二、监察委员一人，辅助行政领导，掌握政策，检查贪污浪费与干部教育训练。

三、秘书室：设秘书一人，文书收发一人，总务一人，负责文件收发、保管、庶务及不属于各科事宜。

四、统调室：设统调秘书一人，干事一人至二人，负责调查研究整理材料、印发经济情报等。

五、干部科：设科长一人，科员二人，负责干部之教育、训练管理。

六、稽征科：设科长一人，科员二人至四人，负责税收行政、出入口统制、市场管理等。

七、经营科：设科长一人，科员二人至四人，负责调剂外汇、统制物资、管理全部资产及经费之审计核算、商店之业务计划等。

八、工矿科：设科长一人，科员二人，负责公营工厂、矿产开发之经营管理、技术研究及全部行政领导。

九、合作科：设科长一人，科员二人，负责群众生产，如纺织、盐产以及各种合作事业之推动、计划与指导。

第五条 分局编制如下（职务同上）：

一、局长一人。

二、监委一人。

三、秘书室：设秘书一人，事务员一人，统计员一人。

四、干部科：设科长一人，科员一人或二人。

五、稽征科：设科长一人，科员二人或三人。

六、经营科：设科长一人，科员二人至四人。

七、合作科：设科长一人，科员二人。

八、经济工作队：设队长、指导员各一人，队员五十人至一百人，为半武装性之便衣组织，负责各种出入口货物之稽查缉私、市场检查、海口防卫、货物护运，以［及］组织领导群众缉私与各种临时之特殊任务等。

第六条 县局编制及分工如下（职务同上）。

一、局长一人。

二、监委一人。

三、秘书一人，事务员一人，统调员一人。

四、干部股：设股长一人，干事一人。

五、稽征股：设股长一人，干事二人至三人。

六、工矿股：设股长一人，干事一人至二人。

七、合作股：设股长一人，干事二人至三人。

八、产盐地区增设盐务股。

九、公营商店：（一）设正副经理及监委各一人。正经理与监委由县局局长、监委兼任之。（二）各重要集市可设立分店，直接由总店领导。有事务所之地区，可由事务所主任兼任分店正经理。（三）商店组织可按业务情况分会计、出纳、营业、保管及海外贸易等工作。

第七条　事务所之编制及分工如下：

一、所长一人，负责总理全部工作及行政领导。

二、按工作情况可分别设立工商、稽征、合作、盐务、缉私等干事各一人至二人。

第八条　检查站之编制及分工如下：

一、主任一人，负责全站工作之执行与领导，并兼任税款保管等。

二、下设工商、稽征、缉私干事。

第三章　附　则

第九条　各级局长、监委、科长及事务所主任必要时均可设置副职。

第十条　干部之任免按行政人员任免之规定办理。

第十一条　各工商管理局之内部编制及人员规定，各行政区按实际工作情况可斟酌增减之。

第十二条　本条例经山东省临时参议会通过，由山东省行政委员会公布施行之。

选自《山东革命历史档案资料选编》，第11辑，济南，山东人民出版社，1983年版，第58～61页。

34. 山东省工商管理暂行规程

1943年10月29日公布、施行

第一条　为开展全面对敌经济斗争，发展根据地经济建设，充裕国民财富，支持敌后抗战，特颁布山东省工商管理暂行规程。

第二条　为统一经济领导，提高工作效率，特设立各级工商管理局。所有本规程包括之各种经济建设事业，由各级工商管理局直接领导之。

第三条　工商管理之基本方针如下：

一、大量发展工业生产，建设扶持群众手工业，开展渔盐矿产，发展公营企业，建立自给自足的经济。

二、管理对外贸易，调剂内地物资，粉碎敌人经济掠夺与倾销政策，保护根据地工商业之自由发展。

三、统一币制，巩固本币，管理外汇，稳定金融，平抑物价。

第四条　工商管理之范围如下：

一、工业生产——群众工业生产，公营工业生产，渔盐矿产，及各种工业贷款、行政管理与技术改良等属之。

二、贸易管理——统制出入口贸易，管理内地物资，领导公营商店及执行各种专买专卖事业等属之。

三、货币管理——调剂金融，管理外汇，组织兑换机关等属之。

四、商业行政——商人登记，商会指导，市场管理等属之。

五、税收缉私——出入口税、营业税、所得税、盐税等税收及稽查缉私等属之。

六、合作事业——群众合作事业之指导组织与行政管理等属之。

第五条　全省设立工商管理处，各战略区设立工商管理局，专员区设工商管理分局，县设工商管理县局，各县之中心集市、生产地区重要关卡设工商管理事务所，一般地区与边境要道设立检查站。

第六条　各分局与县局管辖地区，必要时可按自然经济条件划分。

第七条　各级工商管理局设监察委员一人，扶助行政领导，掌握政策，检查贪污浪费，训练干部，保证完成业务计划。

第八条　工商管理局得依据业务需要设立公营商店，负责调剂物资，执行专买专卖事业。

第九条　各行政公署对区各工商管理局为领导关系，专署以下各级政府对各级工商管理局为指导关系，专署以下各级政府得依照工商管理局总的计划，参照当地情况，参加会议，提出意见，并检查督促各分局县局之工作。

第十条　各级工商管理局成立后，凡有关工商管理工作范围之部门，如政府经建科、税务贸易管理局、交易所、纺织局、盐务署、银行兑换所、海防办事处、矿务局等，即行分别合并或撤销之。

第十一条　各级工商管理局组织条例及有关各种单行条例另订之。

第十二条　本规程由山东省战时行政委员会公布施行之。

选自《山东革命历史档案资料选编》，第11辑，济南，山东人民出版社，1983年版，第61～63页。

35. 山东省修正商会组织大纲

1943年10月29日公布、施行

第一章　总　则

第一条　为发展商业，繁荣市场，保障商人利益，加强对敌经济斗争，特制定山东省商会组织大纲。

第二条　各地商人得依照本大纲拟定章程组织本商会。

第三条　商会须受政府之指导监督，其本身会务得自行决定之。

第二章　会　员

第四条　凡在根据地内经营贸易之商人，不论商店或商贩，均得以营业单位参加商会为会员。其资格之取得须依下列手续：

一、有两个会员以上之介绍；

二、经商会执委会之许可；

三、缴纳入会费。

第五条　有下列情形之一者，不得为商会会员：

一、违犯政府法令投机走私者；

二、制造贩卖鸦片或毒品者；

三、宣告破产尚未恢复者；

四、褫夺公权尚未复权者。

第六条　商会会员有下列情形之一者，由商会执委会之决议开除其会籍：

一、不执行商会决议者；

二、无故不缴纳会费达三次者；

三、有前条各项情形之一者。

第三章　会员之权利义务

第七条　会员权利如下：

一、有选举、罢免执委、监委及被选举之权；

二、有享受商会扶助救济之权；

三、有享受工商管理局特许出入口贸易之优先权；

四、有参加公私合资经营事业之优先权；

五、有享受商业贷款之优先权。

第八条　会员义务如下：

一、执行商会一切决议；

二、遵守政府法令，照章缴纳捐税；

三、遵守根据地贸易政策，检举偷漏，协助缉私；

四、按期缴纳会费。

第四章　组织及职权

第九条　商会之组织以县为单位，下设分会。其商业繁盛之市镇，得组织市镇商会或县商会分会。

第十条　商会之最高权力机关，县会为会员大会或代表大会，分会为会员大会。县代表大会之代表由各分会选举之。

第十一条　商会设执行委员会、监察委员会，由会员大会或代表大会选举之，其名额由商会自定。执委、监委任期一年或二年，连选得连任。

第十二条　执行委员会为会员大会或代表大会闭会期间之执行机关。必要时省设常务委员，处理日常会务。

第十三条　监察委员会为会员大会或代表大会闭会期间之监察机关。

第十四条　执行委员互推一人为会长，主持日常会务。下设文书、会计等人员，并视事务之繁简，酌设统计调查、宣传教育、组织登记等干事。

第十五条　会员大会或代表大会之职权如下：

一、通过章程；

二、选举执、监委；

三、决定会务方针；

四、审查经费收支；

五、决定商会解散或改组。

第十六条　执行委员会之职权如下：

一、执行会员大会或代表大会之决议；

二、吸收或开除会员；

三、经费之管理；

四、登记教育会员，帮助会员业务之发展；

五、推进会务，处理日常工作；

六、传达政府法令，执行政府委办事项；

七、定期向会员大会或代表大会报告会务。

第十七条　监察委员会之职权如下：

一、监督会员大会或代表大会决议案之执行；

二、审核执行委员会经费之收支；

三、检举会员之违法行动；

四、弹劾失职之执委与职员。

第五章　会　议

第十八条　会员大会或代表大会每年至少召开一次，必要时经会员二分之一以上之请求或执、监委联席会议之决议，得临时召开之。

第十九条　执行委员会、常务委员会、监察委员会视各地事务之繁简，其会议日期自定之。

第六章　经　费

第二十条　商会经费之主要来源为会员入会费及常年会费，其数目由商会自定之。

第七章　登记及改组

第二十一条　商会成立后，须备具章程及会员名册，呈请当地县政府登记。

第二十二条　商会违犯政府法令时，政府得以命令改组或解散之。

第二十三条　商会经会员大会或代表大会决议解散时，得宣告解散并呈请政府备案。

第八章　附　则

第二十四条　本大纲由山东省临时参议会通过，由战时行政委员会公布施行。

选自《山东革命历史档案资料选编》，第 11 辑，济南，山东人民出版社，1983 年版，第 63～66 页。

36. 山东省财经会议关于工商工作决议

1943 年 12 月

（一）烧酒

第一，根据明春粮荒、群众生活困难、物价不平衡，同时照顾财政收入等原则，烧酒政策应为：

1. 少烧厚利。在鲁南、泰安等地有敌酒竞销地区，利润不得低于百分之一百五十，中心地区不得低于百分之二百，利润依卖酒时之烧酒成本计算。

2. 粮少地区少烧或不烧，粮多地区多烧；物价高者地区少烧，物价低者地区多烧。

3. 全区烧酒任其自然流通，不加任何限制。

4. 冬季以前尽量存粮，并大量收购花生饼、豆饼、豆类、瓜干及一切杂粮等，以备明年调剂春荒之用。

5. 敌区烧酒一律禁止输入，如走私过多，可酌量收买，再以专卖价格出售。

6. 内地一律废除私烧，由公家专酿。

7. 果酒一律禁止私酿。山果产区可由酒店采用，作为烧酒原料。

8. 新恢复区酒店，应由当地工商局无条件接收。

第二，根据以上原则，暂时规定各区烧酒具体数量如下：二分局 250 万斤，三分局 130 万斤，四分局 100 万斤，五分局 72 万斤，六分局 70 万斤，七分局 80 万斤，共合计烧酒 702 万斤。

第三，目前各酒厂职工成份〔分〕复杂，技术与管理方法均长期停滞，因此决定各分局成立专卖科，从典型入手改进酒厂生产管理方法，改善职工生活，改进职工成份〔分〕，再定期由总局召集会议、总结经验，再行推广。

第四，战争勤务，酒厂工人应服从区村分派，不得特殊，万一因出工影响生产，由酒厂负责另行处理之。

（二）盐务

第一，盐的基本政策为扩大运销，保护与组织运输，调剂市场，充裕财政。在目前环境下，为了在盐的生产与运输中改善与调剂群众生活，故保护运输为全部食盐政策的实施的基本环节。

第二，除出场税外，一切差额出口税均取消，内地运销绝对自由。今年滨海存盐不多，但因分割封锁环境运费高，暂定［出］场税为场价之百分之百。今后随盐的产销情况之变化，［出］场税得分别地区随时增减，由分局汇报情况，由省统一决定。

第三，盐店任务为调剂运销，价格掌握应以当地供求关系决定之。盐店进出价应一致，进价并应绝对保障运输利润，出卖时加收手续费百分之五，作为盐的消耗与盐店开支之用。出口地点有外汇管理关系的，应由盐店统购统销。

第四，盐场盐价应保障盐民最低限度的生活，并应特别重视及时收购，消除盐民有盐卖不出的痛苦。

凡因运输成本关系难于获得市场之地区，不应大量发展盐产。

红石崖公家存盐，应不计盐价盐税，低价从海上抛出，以物物交换办法换进棉花或其他物资。

（三）税务

根据目前解放区的经济情况，在税务方面决定：

第一，进出口税税率规定，应奖励生产工具、原料进口，禁止化妆品、迷信品及解放区能生产自给之必需品进口，因此：

甲、禁止下列货物进口：（一）外来棉织品，海上入口之土布亦禁止入口，但陆地敌区（指暂时被敌占领地区）土布，因为是我们提倡发展的，故应与内地土布同视，允其入口；（二）洋线（合股线除外）；（三）丝麻毛织品；（四）迷信品；（五）化妆品（包括花露水、香皂、雪花膏等）；（六）外来机制纸烟。

乙、免税进口货物：（一）军工器材；（二）汽油；（三）西药；（四）棉花；（五）文化纸张；（六）染料；（七）牲口。

丙、重税进口：（一）茶叶；（二）糖。

丁、禁止出口：（一）牲口；（二）各种杂粮；（三）生米、花生。

戊、游击区有特殊情况的，其税率由当地专署行署会同工商局决定，呈省批准，得不依统一税率执行，其余均应一致。

第二，营业税税率及起征点及征收机关另行决定。

第三，产销税决定有下列修改：

甲、卷烟印花，机制卷烟每支二元，手工卷烟每支一元，从量征收。

乙、烧纸产销税，百分之三十从价征收。

丙、食盐税，从场价征收百分之一百。

丁、土布产销税，大鲁南的土布产销税取消。

第四，屠宰税：猪羊屠宰税税率因币值跌落已不适宜，决定今后猪每头按猪肉三斤收税，羊每头按羊肉一斤半收税。牛屠宰税，因不许宰杀耕牛，不应收税，决定停征，但残老牛应由当地区政府严加检查。

第五，牲畜交易税，仍按百分之三征收。

第六，集市斗佣，前令已规定一律取消，现在有的县区仍阳奉阴违，又恢复征收，影响至坏，提议应严禁征收。（税率表另附）

（四）贸易

第一，贸易工作的基本任务是扶助群众生产，保证爱国自卫战争的物资供给，以前的贸易工作的财政任务即予取消。为此，内地收购应保证取得爱国自卫战争中军用物资交换，并保证群众手工业与农村副产品的销路为原则。对外贸易除争取军用物资外，应负责推销各该地剩余物资，作为对外换取物资之用。某些物资出口困难，得实行出口补贴，争取尽量出口。由蒋区输入之物资，在不妨碍部队供给需要条件之下，可输入群众必需品，以满足群众需要，有步骤的〔地〕改变贸易上的单纯任务观点。要把为公家服务与为群众服务的思想统一起来，这两者并不矛盾，相反的可互相配合、公私兼顾。目前公营商业资本，必须以阶级路线来大力发展群众生产，渡过目前经济上的严重困难，进一步发展解放区经济。

第二，为此各内地局应以县为单位设立商店，以结合当地党政领导，结合当地合作业务机构，来完成扶助群众生产与吸收为换取军用物资的土产之工作。在当地县级没有合作业务机构或合作业务机构较不健全的地方，县级工商局及商店应尽力结合当地党政帮助群众生产，帮助群众组织合作社。在县级合作业务机构比较健全的地方，县工商局及商店应与合作机构适当配合分工，完成这个共同任务。目前县局及商店在与合作工作的配合方法上，因无经验，不能具体规定，要求各地在一致思想下灵活创造。滨北若干县公营商店经理兼任当地合作推进社副经理，还有成绩，可以试用。

第三，海上贸易：在进口方面，应首先清查现存军需物资，如某项军用物资储存过多，可减少进口数量，有计划的〔地〕争取民用物资进口，如棉花、生产工具等。在业务上应争取外商来作贸易，避免自己派船出去。必须照顾商人利益，给以固定的利润率，不得随意压价或随意高价。

减少生油出口，作适当的储存；禁止生米出口，增加土产山货的外销。

目前军需品进口仍不在少数，民用物资进口又需增加，生油又需要储存一部，不能全数放出。为了补充外汇缺乏，尽量设法调度金银与其他物资，以供出口之用。

第四，内地敌区贸易应：（一）尽一切力量争取粮食、棉花及生产工具（如轧花机等）之进口（如鲁中、滨南地区）。（二）推销土产外销，如泰莱之麻、姜，各山区之山果，黄丝、沂山区之黄烟等。（三）严禁奢侈品之输入，但如山区土产外销困难，影响群众生活，而此等土产品出口如能换回半奢侈品进口（如茶叶），亦可令其换回，以免影响土产之外销。如果土产出口多形成出超，应吸收黄金银元支持海口。（四）对敌占地区，凡孤立据点，应实行绝对封锁，凡敌占区为面的占领，经济封锁不能收到显著效果，不应采取绝对封锁政策，以免影响我区山货外销。

第五，收购任务：

甲、棉花。各地棉花需用数量约计如下（其中除留备冬衣棉外，余均用以出售或与群众以棉换布）：

滨海区一百五十万斤至一百八十万斤，由海口输入一百五十万斤，去渤海输取三十万斤。

滨北需用五十万斤至一百万斤，去渤海运取五十万斤，由海口入五十万斤。

鲁中一百二十万斤至一百五十万斤，由渤海运一百二十万斤，由鲁西吸收三十万斤。

鲁南二十万斤，在当地吸收一部，由鲁西吸收一部。

合计三百四十万斤至四百五十万斤。

上列所需棉花，除由海上吸收一部外，另渤海棉花二百万斤，计分配鲁中各局一百二十万斤，三分局五十万斤，二分局三十万斤。总局派人去接受拨支，各分局派人去运，运费由各分局自备。

乙、土布。预计明年吸收土布二千四百万平方市尺，各分局收购数量分配如下：二分局六百五十万尺，三分局五百五十万尺，四分局二百二十万尺，五分局二百六十万尺，六分局四百万尺，七分局四百万尺。

在收购方式上，反对大收大出或不收不出，以致影响物价大涨大跌的单纯任务观点，而是根据生产需要与市场情况。生产需要时，可随时吸收，以稳定物价不致暴涨；市场需要时，可随市价放出，以防止物价暴涨。

丙、生油。各分局收购数量分配如下：二分局五百万斤，三分局四百万斤，四分局七十万斤，五分局三十万斤，六分局一百万斤，七分局收购数量暂不确定。

以上二、三分局吸收之生油，各留二百万斤储存备用，其余全数出口；四分局所收生油亦储存备用；五、六、七分局所收生油可供给出境换取物资之用。

丁、黄烟。四分局除现存黄烟八十五万斤外，再吸收新烟二十万斤。规定拨给一分局三十万斤，以供出口；二分局三十万斤，供内地生产之用；三分局二十万斤，供出口及内地生产之用；余二十五万斤，供内地生产或随时调剂之用。

戊、山货土产。为了增加海口输出及解决内地山货土产运销之困难，各分局应设法组织群众运输至海口销售。各地所产生丝，其能供给海口输出者，各分局亦应吸收一部运往海口。

己、军需用品。军需用品之采购任务另行分配。

第六，物资调拨，仓库制度，运输工具：

甲、各分局物资统由总局统一计划调拨，各分局在总局统一计划下，可以自行调度。

乙、总局调拨各分局之物资，由总局划款转账，并尽可能付给现款。各分局间物资调拨，由各分局自行清理，经总局允许亦可来总局划款转账。

丙、总、分局物资调拨来往，概依市价计算。

丁、为了结合财政供给，便于物资调拨，各分局建立供应仓库，由总局统一管理。凡供给性物资，收购之后均即转入仓库，仓库人员由分局负责配备，主任须总店经理一级干部，另配备仓库员若干人，仓库管理由总局规定统一办法通令执行。五、七分局因目前调拨物资较少，暂不设供应仓库。预定二月份召开仓库主任会议，日期另行通知。

戊、为了加强运输，各分局可建设运输工具（主要是大车），商店、酒店每店可设大车二、三辆，分局可设大车队（数量以需要规定），总局计划建设运输部（包括汽车、大车），以供应用。

第七，明年物价估计还要上涨，因为财政上仍有赤字，春荒严重，物资缺乏，货币流通地区虽然可能扩大，但还抵不上上面两个因素。我们的任务是避免物价猛烈波动，如上涨不能抑止，亦设法保持能稳定的〔地〕上涨。为此，各分局商、酒店，一切市场活动必须取得步骤一致。物资收购采取逐渐吸收办法，并争取与合作社及其他公营事业在市场活动上取得一致。遇有物价波动即将来临时，可通过合作社动员群众力量，统一布置，一致保证。

大鲁南、胶东、渤海三地区打通以后，因以前物价高低不一致，物资自然流入高价地区。此种自然调节作用，对整个解放区是有益的，对这种现象不应采取干涉统制办法。

第八，货币政策：

甲、新收复区对法币应严格排挤使其外流，对银元在最初时期可采用吸收办法。对收复在内地孤立城市之法币，应配合银元吸收兑换，运至接敌区购回物资，不应采取绝对排挤办法，以免群众发生困难，损失过重。

乙、边沿区银元、法币同时流通，我们无力制止时，应对银元采取暂时容忍态度准许使用，对法币则用力打击，以便首先排斥法币。银元挂牌应接近黑市，不得悬殊太多，应有吞有吐，维持进出平衡，打击投机商人。

（五）工商机构

第一，内地分局及所属机构组织系统表：

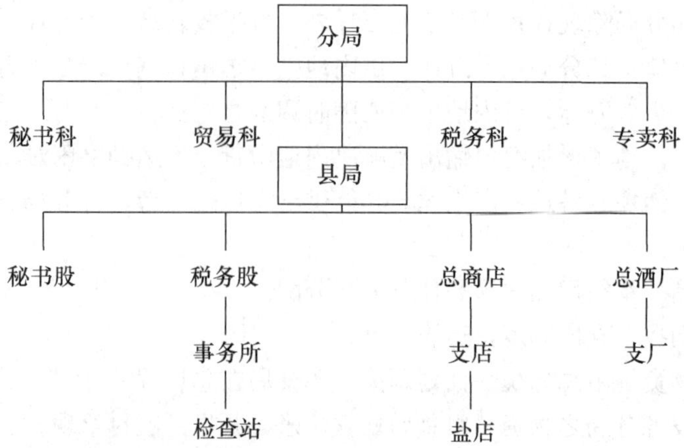

说明：

甲、分局秘书科管理人事、行政、文书及总务工作。

乙、分局贸易科管理经营运输、仓库统调、贸易会计及食盐之管理买卖等工作。贸易科得设立仓库，派出经营组至本地区及友邻区办理大宗物资之交换及经营工作，亦得设立运输队。

丙、专卖科管理酒及纸烟之专卖工作。纸烟厂直属分局专卖科，不属县局。

丁、税务科管理全区税务工作及税款统计、票照领发及稽核工作等。

戊、县局按县之行政区划分。边沿区之县局，按对敌斗争之需要得就几个县范围内指定一个中心县局，就近指导附近各县之对敌经济斗争。

己、县局范围原来只有一个事务所者，可由县局直接领导检查站，不设事务所。

庚、分局、县局之组成，应按照上述组织系统，不得变更。但各科股之内部分工、人员数目，可按工作繁简随时增减。

辛、滨北工商局暂在海口设置总商店，经营对外交换，直属分局。

第二，海口分局设秘书、贸易、关务三科，下设总公司、分公司及海关，公司、海关随情况需要随时增减之。

第三，鲁南地区暂设七分局一个分局。鲁中地区设四、五、六三个分局，另设工商总局鲁中特派员，并由特派员及四、五、六分局局长组成鲁中工商工作委员会，接受鲁中财委会之领导。滨海设总局滨海特派员一人，副特派员一人，由二分局及一分局局长兼任。

第四，各分局、县局、公司一律取消监委制度。

第五：

甲、各分局及县局行政经费之预决算，一律造送当地政府。各商店、酒店及贸易运输经费，为贸易会计及专卖会计中的经营费用，不作为行政经费。

乙、商店、酒店、烟厂工作人员之供给标准，与行政人员之标准应完全一致。

丙、海口对外贸易公司招待外商用细粮，每餐菜不得超过二荤二素，得用烟茶。内地商店、酒店招待客人，一律大锅饭菜，禁用烟茶。

丁、各商店、酒店之行政、经营、运输费用，由各分局贸易科审核检查，并须严格执行制度。

戊、各分局票照费及票照运输费由分局造报预算，向总局统一具领。如果时间上来不及，得由分局调度垫支。

选自《山东革命历史档案资料选编》，第11辑，济南，山东人民出版社，1983年版，第206～215页。原注：“山东省工商总局1943年12月30日印。”

37. 山东省战时行政委员会关于工商管理局工作关系的指示

1944 年 4 月 10 日

一、各级工商管理局，是各级政府之一构成部分，均应接受同级政府的领导或指导。各行政公署及行政专员公署对同级工商管理局为领导关系。行政督察专员公署，与该地区之工商管理分局，如因环境特殊，需要独立活动，亦可酌量情形确定其为领导关系，但业务上应遵守总局之统一规定。上述各该政府，应视工商管理局为其所属下之一个机构，对其工作应负完全责任，不得视为省工商管理处之直属机关。而各该工商管理局，更应接受政府领导，一切组织制度、工作方针、工作计划等等，均应呈请同级政府批准，定期作工作报告，令行所属下级政府遵照办理，以免工作上的互相隔阂。过去某些工商管理局不尊重政府之领导，闹独立性，同时政府亦放弃自己对工商管理局之领导责任，帮助不够，借口没有经验，采取旁观态度。这些错误倾向均应迅速纠正。

二、一切对外布告，如有法令性质者（如税则、税率、专买专卖、禁止及限制输入输出等），其决定权及公布权属于各级政府，工商管理局仅能向同级政府提出意见，不得擅自决定，自出布告。只有纯粹营业性质之事项（如公布外汇市价、专买专卖价格等），工商管理局可自行决定向外公布。应当认识征税及限制物资流通为政府之重要职责，应经行政委员会通过并征得参议会之同意，然后指令工商管理局遵照执行。唯遇特殊情形需作紧急处置者，工商管理局得征得主任委员或专员之同意，先行执行，然后请求行政委员会及参议会追认之。

三、工商管理局之县局因工作上的需要，可以不按行政区域划分（能按行政区域划分者仍以按照行政区域划分为宜），但各县局及其所属之事务所仍需接受所在地政府之指导及监督（县局受县政府指导，事务所受区公所指导），一切重要会议应请同级政府派员指导，一切重要决定应征求并尊重同级政府之意见，上级重要指示亦须报告同级政府协助办理。工商管理局之一切行动，如缉私没收等，所在地政府认为违背政策法令及人民之合法利益时，得令其停止执行，如有争执，呈请上级政府解决，未解决前暂照同级政府意见处理。工商管理局干部如有贪污腐化不尊重政府意见及侵犯人民利益之行为时，所在地政府对于违法部分应即依法办理，失职部分则呈请上级机关予以应得处分。过去县局及事务所之某些干部，不接受同级政府之指导监督及侵犯人民利益之严重错误，应即迅速纠正。

四、各级工商管理局设监察委员，代表政府执行政策法令。其职权为：1. 协助行政工作；2. 掌握政策；3. 教育干部。日常行政工作及业务处理由局长负主要责任，监察委员应提供意见，协助进行，但局长所作决定，监察委员认为违反政策法令或违犯上级指示时，得要求局长停止执行，如有争执呈请上级解决，在上级未解决前停止执行。干部之任免、调动、奖惩应由局长与监察委员会商决定，其应呈请上级政府批准者，在未批准前仍为暂代性质。过去某些地区局长压倒监委或监委压倒局长以及不团结现象，应即迅速纠正。应当认识此等现象之发生，制度不明确为次要原因，主要是由思想上错误之所促成，应从思想［上］检讨求得彻底解决。

五、过去工商管理局之各级干部，贪污腐化现象相当严重，恃势横行，侵犯人民利益之行为亦屡屡发生，必须抓紧干部教育，与此等错误倾向作坚决而耐心的斗争。应当发动各级干部之整风学习及自我检讨，坦白承认错误及有决心改正者不予处分（重大刑事案件，则可减轻处分）；表现特别好者且予应得奖励；隐瞒错误及知过不改者予以应得处分，决不姑息。各级政府对于各该地区之工商管理干部，必须切实监督，并协助进行整风，但应认识工商管理局之干部亦与其他机关相同，其中大部分是洁身自爱、忠于职守的好干部，如有轻视工商管理干部之错误思想，亦应迅速改正。

六、爱护群众利益，帮助群众解决困难，为我民主政府之一贯方针。各级工商管理局及事务所、检查站必须特别注意照顾群众利益，体会群众困难，提高干部之群众观念，特别是在进行缉私工作时候，更应一方面与违法走私之奸商斗争，一方面又照顾群众利益及体［贴］群众困难，并保证商人之正当营业。过去某些地区的工商管理干部，恃势凌人，保持官僚主义态度，竟与群众对立起来。此与民主政府之基本政策背道而驰，应即注意纠正。

七、各抗日邻区之工商管理局同为民主政府领导下之机关，应当互相协助、互相信任，我们对敌经济斗争是与敌伪斗争，非与抗日邻区斗争。对抗日邻区应与对自己一样，应当认识抗日邻区的损失就是我们自己的损失，抗日邻区的困难就是我们自己的困难，只顾自己不解决别人困难的本位主义态度应当坚决反对，但自己不想办法专想依靠人家的态度也是不对的。在遇事商讨时候，应当照顾对方，而且信任对方，虚心接受人家的意见，不得一意孤行，造成不团结现象。

上述各节为健全工商管理机构、调整各方关系之重要关键，各级政府与各级工商管理局应切实研究，进行深刻的自我检讨，打通干部思想，求其全部贯彻。

行政委员　黎　玉　罗荣桓　刘居英　郭维城
梁竹航　杨希文　艾楚南　辛葭舟
耿光波　田佩之　张伯秋

选自《山东革命历史档案资料选编》，第11辑，济南，山东人民出版社，1983年版，第335～337页。

38. 山东省战时行政委员会关于战邮工作的训令

1944年4月20日

查本省战时邮政工作，自民国三十一年春季建立战邮总局以来，由于全体战邮工作人员的积极努力和各级政府之负责领导与扶持，尤其在于大众日报社发行机构合并办公之后，对于全省党政军民各机关部队文件之传递、消息之流通，具有重大之政治意义，它已成为敌后交通事业之光辉的成果之一，对抗战有其不可磨灭的功绩。在今天，它已从旧的军统的事业机关，转化为与抗战军民之总的利益不可分离的政府组成部分。唯这一工作开展的时期落后于其他工作若干日子，加以由于过去邮政工作历史上被人视为单纯的事业机关，因此战邮工作在干部的配备与各种建设上尚多弱点，而各级政府对于战邮事业之领导与关心，亦不如对其他抗战工作有力。去秋山东省临时参议会通过之各级政府组织条例，在行政公署（行政专员公署）以上之民政部门，确定战邮工作为其主管重大业务之一，县政府对战邮工作，亦负有郑重的指导任务。兹据本会考查所及，这一组织条例的规定，仍未引起各级政府对战邮工作之进一步的重视，而且由于县政府民政科对战邮工作为指导关系，形成为彼此互不关心，一若过去旧的邮政机关与当地政府脱离关系的现象。为了克服战邮工作现存弱点，进一步开展战邮工作，并能在敌后抗战事业上发挥更大的效力，特对各级政府与各级战邮机关提出如下意见：

各级政府必须确认战邮机关是带有专门事业性质的政府组成部分，应该对其关心与负责。对其工作状况应有一定程度之了解，随时进行必要之检查并提出改进意见。各级战邮机关，对于当地政府应视为行政上之领导机关，除开单纯事业性质之业务及行政，随时接受上级战邮机关之领导指示以外，所有一切行政上、工作上的一般概况，应定期向当地政府作系统的汇报，并接受其在工作上的指示。

因此，无论政府组织条例上规定政府对战邮机关为领导关系抑为指导关系，事实上彼此应该互相负责，不应该漠不关心，致在整个抗战利益上有所损失。至政府对战邮工作之实际负责部门，除行政公署、行政专员公署已有明文规定应由民政处、科领导外，县政府民政科亦为战邮工作之实际负责之部门。各级政府与各级战邮机关，彼此应从工作立场有深切之相互了解，严格纠正推诿倾向。

因此，各级政府对于战邮工作干部之培养与配备应该负责任，随时视当地战邮工作之需要，供给一定数量的干部，而且必须把战邮工作视为抗战工作之重要联系部门，供给以有力的干部，纠正某些轻视战邮工作给以素质较差干部的意识。

因此，各级政府不仅对战邮工作应有主动之领导与密切之注意，而且对战邮干部及其全体人员之生活，亦应有重大之关心与深切之爱护。从服装鞋袜之补充、粮食及其他生活必需品之供给，到文化教育之设备，各级政府均需根据当地政府人员之待遇标准，参酌战邮人员之特殊需要，随时吸收战邮机关负责人员的意见，予以适当解决。

战邮工作之更好的〔地〕开展，固系于各级政府的切实负责，而战邮工作人员之政治的、业务的进步，仍然是基本的。因此，各级政府对当地战邮人员政治上的学习，应该视为政府系统以内的单位，有计划、有步骤的〔地〕予以坚强之领导，同时各地战邮机关主要负责人员亦应把学习政治看成为发展业务之有利条件，与业务学习双方并重并接受当地政府关于学习之领导，求得逐步提高自己机构以内的每个有生力量之政治水准，为将来更好的〔地〕工作打下基础。

反攻的准备时期，正在我们的面前展开，我们希望各级政府干部与各级战邮干部均以百倍的努力来克服过去各方面的缺点与弱点，为战后新的邮政交通工作创造新的经验。

此令

主任委员　黎　玉
民政处长　梁竹航

选自《山东革命历史档案资料选编》，第11辑，济南，山东人民出版社，1983年版，第381～383页。

39. 山东省工商管理暂行规程

1944年10月29日公布

第一条　为开展全面对敌经济斗争，发展根据地经济建设，充裕国民财富，支持敌后抗战，特颁布山东省工商管理暂行规程。

第二条　为统一经济领导，提高工作效率，特设立各级工商管理局，所有本规程包括之各种经济建设事业，由各级工商管理局直接领导之。

第三条　工商管理之基本方针如下：

一、大量发展工业生产，建设扶持群众手工业，开展渔盐矿产，发展公营企业，建立自给自足的经济。

二、管理对外贸易，调剂内地物资，粉碎敌人经济掠夺与倾销政策，保护根据地工商业之自由发展。

三、统一币制，巩固本币，管理外汇，稳定金融，平抑物价。

第四条　工商管理之范围如下：

一、工业生产——群众工业生产，公营工业生产，渔盐矿产，及各种工业贷款，行政管理与技术改良等属之。

二、贸易管理——统制出入口贸易，管理内地物资，领导公营商店及执行各种专买专卖事业等属之。

三、货币管理——调剂金融，管理外汇，组织兑换机关等属之。

四、商业行政——商人登记，商会指导，市场管理等属之。

五、税收缉私——出入口税、营业税、所得税、盐税等税收及稽查缉私等属之。

六、合作事业——群众合作事业之指导组织与行政管理等属之。

第五条　全省设立工商管理处，各战略区设立工商管理局，专员区设工商管理分局，县设工商管理县局，各县之中心集市、生产地区重要关卡设工商管理事务所，一般地区与边境要道设立检查站。

第六条　各分局与县局管辖地区，必要时可按自然经济条件划分。

第七条　各级工商管理局设监察委员一人，扶助行政领导，掌握政策，检查贪污浪费，训练干部，保证完成业务计划。

第八条　工商管理局得依据业务需要设立公营商店，负责调剂物资，执行专买专卖事业。

第九条　各行政公署对区各工商管理局为领导关系，专署以下各级政府对各级工商管理局为指导关系。专署以下各级政府得依照工商管理局总的计划，参照当地情况，参加会议，提出意见，并检查督促各分局县局之工作。

第十条　各级工商管理局成立后，凡有关工商管理工作范围之部门，如政府经建科、税务贸易管理局、交易所、纺织局、盐务署、银行兑换所、海防办事处、矿务局等，即行分别合并或撤销之。

第十一条　各级工商管理局组织条例及有关各种单行条例另订之。

第十二条　本规程由山东省战时行政委员会公布施行之。

选自《山东革命历史档案资料选编》，第13辑，济南，山东人民出版社，1983年版，第89～91页。

40. 山东省优待沦陷区人民移转物资暂行办法

1945年7月21日公布、施行

第一条　山东省政委会为欢迎沦陷区各界人民转移物资来我解放区，发展经济建设事业，增长抗战力量，特规定本办法。

第二条　沦陷区中国人民，除汉奸特务外，均有移转资财来解放区经营工商业之自由，并得享受民主自由权利及一般法律之保护。

第三条　凡自愿投资解放区、经营第五条各项事业之人民，无论家在解放区内外，一律照本办法予以优待。

第四条　移转物资人民须遵守民主政府一切法令。

第五条　优待投资下列各项事业：

一、农业——如建修水利、改良植棉、建立农场牧场、发展蚕桑及其他农业与副业。

二、工业——如纺织（包括纺纱、织布、丝织、毛织）、造纸、制革、化学工业、工具农具制造、掘煤、炼铁、采金、造瓷、榨油、漂染及其他工业。

三、运输——如海运、河运及陆上之驮运队、大车队、人力车队等运输业。

四、其他实业——如开设医院、药房及其他社会公益事业。

第六条　优待办法如下：

一、投资人得经政府批准，利用城镇公共地基，建设作坊、店舍及其他有关实业之工程，地基三年免收或减收租金。

二、建修水利所增加之收益，及因改良耕作方法所增加之收益，均不增加公粮负担。

三、经营第五条所规定之工业、运输业，三年免收营业税。

四、凡经营第五条所规定之各种实业者，如因意外遭受损失，而该业主人愿继续经营时，得呈请该管县政府转呈各该区行政公署酌量予以帮助。投资人如遇天灾或遭意外，致损失生命或财产，妨害继续营业时，得呈请该管县政府转呈行政公署酌量救济之。

五、投资人如因资金不足，又不愿或不能招股合办者，得呈请该管县政府转呈行政公署酌量予以贷款之协助，但此项贷款数量不得超过投资人投资总额三分之一。

六、投资人出产之成品及所需之原料，得经政府批准享受减税免税之优待。如原料采购困难，或成品滞销时，得商请工商管理机关酌量调剂之。

第七条　除前条规定优待外，投资人如需要其他帮助，亦得向该管县政府呈请核办之。

第八条　投资人所经营之事业，如中途不愿继续经营时，得自由结束，其依法所有之土地房屋，亦得自由处理。

第九条　呈请优待之投资人，须按下列规定，向县政府呈请立案：

一、投资人姓名、年龄、职业、籍贯、住址。

二、经营实业种类、名称及营业所在地。

三、资本总额，如何合股、每股股金若干、股东若干。

四、经营时间及原有计划。

五、呈请优待事项。

第十条　转移物资不愿经营各种实业者之优待办法如下：

一、转移解放区之资财，不愿经营各种实业者，得交由北海银行或工商管理机关储存，或购买储存券，按月生息（储存办法另定之）。

二、转移必需品至解放区者，得在解放区自行出售，或请工商机关按时价收买，所得物价移转人可自由经营其他事业，非经特许不准再携回沦陷区。

三、为了保存物资，移转非必需品（如奢侈品等）来解放区者，准出售者可以出售，不准出售者，须向县政府或工商管理机关登记保存，非经特许不得变卖或处分。

四、转移物资来解放区时，均须依法纳税，其因特殊情况要求免税或减税者，须经县以上之工商管理机关批准。

第十一条　凡沦陷区移转之物资，政府工商机关均予保守秘密。

第十二条　本办法自山东省战时行政委员会公布之日施行，如有未尽事宜，由山东省战时行政委员会修改之。

选自《山东革命历史档案资料选编》，第15辑，济南，山东人民出版社，1984年版，第155～157页。

41. 山东省军事时期城市管理纲要
十八集团军山东军区山东省战时行政委员会布告

1945年8月12日

自苏联参战，日本已于八月九日向盟国无条件投降，我除向山东日本驻军、伪军、伪组织分别接受投降、反正并派遣大军进驻所有山东境内大小城市及交通路线外，特制定《军事时期城市管理纲要》公布之。

此布

十八集团军山东军区司令员兼政治委员　罗荣桓

副政治委员　黎　玉

政治部主任　肖　华

山东省战时行政委员会主任委员　黎　玉

军事时期城市管理纲要

一、凡前之敌占城市，于我方接管后，设警备司令部，暂行军事管理，镇压各种破坏活动，限期收缴私存枪支，武装工人，建立革命秩序，尽速成立民主政权。

二、保障人民生命财产及合法权利，盟国宗教准许合法存在，救济难民灾民，迅速恢复生产，解放一切抗日被捕被俘人员及盟国被俘人员。

三、对已解除武装之日军俘虏与日本侨民，按无条件投降之规定处置。凡日本之军产官产一律没收，任何人不准隐匿自肥。其非军事性质之私人财产，查封保管，听候处理。

四、凡附敌之朝鲜人民及其财产，依前条之规定处置之。但未附敌者，应向警备司令部请求登记，查明后予以优待保证。

五、解散一切敌伪组织及附敌团体。凡未反正之伪军警伪组织人员及附敌团体人员，仍准其向警备司令部请求自首，本宽大政策处理之，如有隐匿不出者，人民均有检举之权，经检举查实后从严处置。

六、组织军事法庭，审判战争罪犯。没收大汉奸之财产及囤积居奇之物资粮食，分给贫苦市民。

七、凡公营企业、银行财产、公共机关、铁路、交通、水利、电汽、矿山、公营船只等建筑设备资产，应一律进行登记，予以接管，或查封保管，听候处理，任何人不得破坏，违者以汉奸论罪。

八、凡私人之工商事业，应在一定期间内进行登记，予以保护。取缔烟毒、赌局。

九、学校、图书馆、博物馆、公园及旧社会救济机关，一律登记，暂行保管，听候处理，并积极予以整理改造，服务社会。

十、宣布北海银行之货币为唯一合法之货币。法币、伪币，分别予以适当处理。

选自《山东革命历史档案资料选编》，第15辑，济南，山东人民出版社，1984年版，第193～195页。

42. 山东省政府关于准备接受城市的紧急命令

1945年8月13日

日本投降，我军即将接受城市，各地工商管理局应即掌握时机，实行下列各项紧急措施：

一、立即按照新的情况重行准备机构干部，集中主要干部组织工作队随军出发，掌握重要城市及经济中心。旧有工作除有关财政收入者外一律停止。内地之县局事务所、商店酌量裁并，仅留少数干部集中资财、结束账目，并继续吸收粮食土产调剂城市，税收机关随解放区之扩大而推进，至与各个邻区完全打通时即撤销。各地总局或分局亲自掌握最重要的经济中心，胶东掌握青岛、烟台，渤海掌握潍县、周村，鲁中掌握济南及淄博矿区，鲁南掌握枣庄、徐州，滨海掌握连云港、新浦，其他重要城镇派各分局县局分别掌握。所有机关一律待机迁入城市办公。

二、协同军政机关接受海关及敌伪经营之银行、洋行、工厂、矿山，没收货物均由工商管理局统一保存或出售。所有没收资财均作财政收入，应付紧急开支，任何机关部队动用此项资财，须经一定手续，组织仓库保管没收货物，不得破坏散失。

三、中国人民之工厂商店均予保护，并助其恢复生产、恢复营业。立即召集商人组织临时商会，安定商民情绪，恢复市场交易，除毒品外均准自由买卖，暂不收税。迅速调剂粮食油盐等类日常用品，解决人民生活困难。

四、立即大量调剂城市所需本币，胶东、鲁中各增发一万万元，其他各地各增发五千万元。并即扩大银行职员，接管城市印刷机关，突击印票，准备继续增发。在本币不够流通前，可发流通券（每张一百元至一千元），以应市场急需，并宣布铜元按二角一角市价使用，代替辅币，银元亦可作价使用。

宣布以北海银行钞票为唯一合法之本位币，一切收支来往账目票据均须按本币计算，要求商会、银号、钱庄立即执行。对法币伪钞暂不表示态度。立即停止收兑伪钞，亦不没收，任其自行消灭。在本币不够流通时，人民使用法币暂不没收，并可低价收兑法币。

五、吸收技术人才、会计人才及较进步之工厂商店管理人员参加工商管理工作。没收企业如其职工愿意继续服务，应即考查受训录用。一切措施均应掌握城市特点，掌握工作重点，团结人民，争取工商业家。教育干部勿以狭隘态度处理城市经济工作，并预防可能发生之贪污腐化现象。

主席　黎　玉

八月十三日

选自《山东革命历史档案资料选编》，第 15 辑，济南，山东人民出版社，1984 年版，第 201～202 页。

43. 山东省政府关于城市经济工作纲要

1945 年 8 月 15 日

一、军事时期城市经济工作应以掌握资财、保障军民供给为中心，主要任务计有：

（一）接收及处理敌产公产；

（二）统一全省货币；

（三）调剂粮食土产，保障城市供给；

（四）掌握税收，保障财政供给；

（五）恢复市场交易，恢复工矿生产。

二、于我军进占城市时，配合军政机关，迅速接收应没收之敌伪财产，除军工器材外，一律由工商管理局保管，负责保护资财，勿让损毁。没收货物如为军事上所急需，可经当地军政首长批准拨用，按价转账；如为人民所急需，可即拨交公私商店按照规定价格出售；暂时不使用者登记封存。没收工厂矿山迅速调查登记（资产、职工、生产状况），派员及组织职工保护资产，并着手恢复生产。

三、迅速发行本币代替伪钞，并与法币斗争。估计伪钞可能自行消灭，法币可能乘机复活，今后应以法币作为斗争对象，各口岸应严禁法币流入本省。但应同时照顾市场交易及我主观掌握力量，故须有步骤的〔地〕进行。而其斗争关键，则为迅速调剂本币满足市场需要，并靠物资调剂支持本币，打击法币。

四、调剂城市军民所需粮食、柴、炭、油、盐等，尤以调剂粮食为我急要工作。每一城市解放后，应即宣布撤销粮食土产禁令，奖励人民自由调剂。工商管理局应即在大城市附近收买粮食，并将中心地区粮食向大城市及铁路附近运输。占领城市后，没收粮食除供军用外，平价出售，并由军政机关决定酌拨粮食救济贫民。

五、税捐可以立即征收者为关税、盐税、烟酒税，税率暂按工商工作会议总结精神及具体情况自行决定，呈报省府。其他敌伪所规定之苛捐杂税一律宣布取消，广泛宣传，收揽民心。在敌伪投顽政权尚未完全消灭前，在其统治地区周围仍应进行经济封锁，征收进出口税。

六、召集商民组织商会，一切私营工厂商号助其恢复生产、恢复营业，必要时可给以短期抵押贷款，但须经过切实调查，并由商会或其他工厂商号连环担保。同时组织工会及店员工会，一面改善职工生活，一面维持劳动纪律，照顾工商业家应得利益。必须正确掌握劳动政策，调剂劳资双方利益，防止任何偏差。

主席　黎　玉

选自《山东革命历史档案资料选编》，第15辑，济南，山东人民出版社，1984年版，第212～213页。

44. 山东省政府、山东军区联合公布关于接收城市交通邮电纲要办法的命令

1945年8月17日

为接收大城市之交通、邮电、运输等机关，适当处理在职人员，以应军事需要，特制定《战时交通邮电管制纲要》《对交通邮电员工①惩奖暂行办法》《战时铁路接管办法》《战时空运航运接管办法》《战时邮政接管办法》《战时公路汽车接管办法》《铁路管理局暂行组织办法》《工程②管理局暂行组织办法》八则公布之。《对敌占领之交通机关所有员工紧急通告》及《动员解放区工人及技术人员参加收管建设工作联合通告》二则，即应分别印发执行为要！

此令

主席　黎　玉

司令员兼政治委员　罗荣桓

政治部主任　肖　华

① “山东档案版”漏掉“员工”二字。

② “山东档案版”将“工程管理局”误作“工商管理局”。

一、战时交通邮电军事管制纲要

（一）本要则所称之交通邮电为铁路、邮政、电报、电话、汽车、空运、航运等。

（二）所有抗战期间被敌伪占领与控制之一切交通工具、物资、器材等，必须一律由我方接收，并实行管制。

（三）所有交通部门之武装人员，须一律向我缴械，否则予以坚决消灭。

（四）现有一切交通工具、物资、器材及一切交通附属物品，仍由原有员工妥为登记保管供我服务，严防宵小败类乘机捣毁。

（五）接管后凡服务于交通事业之员工，其生活供给概由我方负责，务要安心工作，维持战时交通，无论何人未经许可，不得擅离职守。

（六）自日军投降之日起，如有扰乱秩序、破坏交通、隐匿物资、毁灭档案者，一律以战犯或汉奸论罪（有利抗战者除外）。

（七）服务于交通部门之日韩人员及汉奸特务，须向我方投降、自首，经审查后分别处理。

（八）调查登记曾服务于交通事业之专门人材〔才〕及技术人员，以便录用。

（九）在抗战期间服务于交通事业之员工，曾有助于抗战工作者，或者在接管前后对保管物资及协助我方顺利接收卓有成绩者，于秩序安定后，[对] 其个人与其家属从优奖励，或予以必要之救济。

（十）凡附属于交通部门之非法组织，一律解散。

二、对交通邮电员工奖惩暂行办法

（一）为建立革命秩序，迅速恢复交通邮电 [对] 所有员工分别赏罚起见，特制定本办法。

（二）本办法适用于一切交通邮电部门之所有员工，由各战略区根据具体情况施行之。

（三）本办法所谓奖励，系包括晋级、加薪、记功、救济、抚恤以及其他精神物资之奖励。所谓惩，系指降级、减薪、记过、警告，其情节重者另行论罪。

（四）具有下列条件之一应予奖励。

甲、在抗战期间曾与我方有秘密关系、有助抗日工作者，或因援助抗日工作而遭受损害者。

乙、在接管时积极援助我军，使接管工作顺利进展卓有成绩者。

丙、协助迅速恢复交通、积极工作卓有成绩者。

丁、揭发或告发密隐物资，从而获得大批物资者。

戊、品格良好的专门人材〔才〕与熟练的技术工人。

（五）凡有下列条件之一者，予以处罚或处罪。

甲、在战争期间有破坏行为者。

乙、在接管时故意延宕违碍者。

丙、造谣生事扰乱革命秩序者。

丁、在接管期间将物资器材交于我方以外之任何方面者。

戊、接管后暗中勾结反对我方以外之任何方面以及有危害我方之行为者。

己、隐匿物资毁灭档案者。

（六）本办法自即日起施行，其解释修正权属于山东省政府及山东军区。

三、战时空运航运接管办法

（一）我军进占城市后，所有飞机航空站、飞机仓库、修理场所及一切空军设备、防空设备等，均由山东军区统一管制，或由山东军区指令之军区代为管制。

（二）我军占领港口后，所有舰船、港坞、码头、栈桥、灯塔、要塞、炮台及浮标、气象台、电台并商运之轮船、汽艇等，均由山东军区统一管制，或由山东军区指令之军区实施军事管制。

（三）上述空运、航运各种军事设备于我军接管后，立即派兵驻守，宣布戒严，严加保护，禁止参观摄影，以保守秘密。

（四）破坏上述军事设备者，以汉奸论罪。

（五）为应付紧急需要，山东军区及战略军区得设立空运管理处、航运管理处，其人员及组织办法另定之。

四、战时铁路接管办法

（一）我军在接管铁路时可能有两种情况，一种为敌伪军全部撤退之线，另一种则为这一段已撤出，而那一段尚为敌控制之线。故接受之方法亦采不同之手段，如遇第一种情况，则我接管部队可由这一段〔端〕逐渐接管至那一端，于接［管］完毕后，当及时恢复全线之交通；如遇第二种情况，全部同时接管比较困难，势必按以我之活动范围分段进行接管，尤应注意与两端部队联系，迅速恢复一切交通。

（二）原有之路警或护路队，在我军接管之初，首先要解除其武装，指定地点迫令集中，不得虐待。倘路警作有组织之抵抗，致接管受到阻碍时，我军得予以打击，迫令缴械。

（三）铁路原有之局长、处长、段长等高级附敌人员，一律扣押分别处理，其危害人民利益及破坏抗战最厉害者，送军事法庭依法办理。

（四）原有纯技术之高级职员及站长以下之员工，得采宽大政策，精密审查后，分别酌予录用。

（五）当接受竣事恢复交通后，因在战争之状态下，应以军用为主，客货用次之。

（六）铁路接管后，首先应注意铁路之治安，除车站有警备司令［部］派兵驻守外，其余沿线各站得交由武工队负责维持，以节省兵力。

（七）所有留用铁路之原有员工，仍应责成管理车务、机务、工务、电务等事宜。

（八）为了使录用员工安心工作，对其生活必须予以适当之照顾，得予以物资供给或给以相当物资供给之代金。

（九）凡经留用之员工，应交出原有之履历或登记，并须觅妥两家铺保。

（十）为了掌握路政，加强员工的政治教育，得于局、处、段、站、厂、所添设政工人员（叫监察委员）。

（十一）铁路接管后，迅将前国民党或敌伪所组织的非法工会彻底解散，重新选拔优秀积极之工人分子另行成立工会。

（十二）我军于接管铁路时，应将车辆、路轨、枕木、桥梁、站房、员工宿舍、机厂、材料厂、合作社、学校、医院、仓库及敌人新的建筑遗留之器材、滞运货物及其他大小产业零星器材等，一律限期分别详细登记呈报备案。

（十三）本方案如有未尽事项，得由各该区警备司令部本交通邮电管理纲要之原则，商同驻在之监察委员，斟酌当地具体情形适当予以处理。

五、战时邮政接管办法

（一）为完成抗日战争的最后胜利，恢复国家主权及适应军事需要，一切在敌伪控制下的邮政机关，完全由本军加以收复，并实行军事管制。

（二）敌区邮务人员应自动派出代表前来与我方接洽，协助本军收复城市。其特别出力卓著功绩者，本军当从优给予奖励。

（三）在邮局任职之日鲜籍人员，必须立即向我军投降，否则于本军进城后即当予以逮捕，以俘护〔虏〕看待。

（四）被敌利用之邮务人员，曾进行特务汉奸活动者，应即向我方自首，本军当一本宽大政策，依《汉奸自首自新暂行条例》处理之。如有怙恶不悛企图荫蔽进行破坏活动者，一经查出即应从严处理，决不宽待。

（五）在我军进攻城市时间，邮务人员应本爱国精神，尽力保护邮政资材、档案、邮用工具、车辆等，避免为敌破坏，防止宵小窃盗。本军入城后，当根据其实际保护情形，分别予以奖励或处分。

（六）地区收复后，所有邮政档案资料、房屋、车辆、工具等，均以《战时交通邮电军事管制纲要》之规定，由本军实行接收管制。

（七）地区收复后，邮局执行业务必须以服从军事要求为主。其原有邮政交通应即加以调整。

（八）地区收复后，邮务人员必须尽力恢复邮政，安心为抗战民主事业服务，不得藉〔借〕故辞退。

（九）地区收复后，邮务人员暂依战时供给标准，由本军发给津贴代金。

（十）地区收复后，邮务人员中原有非法组织应即一律解散，另行按照《山东省邮务职工抗日救国组织章程》组织邮务工会。

六、战时公路汽车接管办法

（一）在我军解放城市时，一切公路、汽车、摩托车、器材、燃料等，均行军事接管。其中私有汽车，除战争罪犯或为汉奸所有依法没收外，其他于战争结束后酌予发还。

（二）我军接管公路汽车后，所有职员工人除附敌有据或有重大嫌疑者应予撤换外，其余应尽量保留原职，迅速恢复交通工作。但为了加强政治领导，各地公路局、站须加监委、指导员，辅助行政领导。

（三）接管之公路、汽车、所有器材燃料工具等，应即进行登记管理，负责保护，如有破坏偷窃行为，以破坏军事论罪。

（四）接管公路、汽车之员工，生活供给一律由我军负责解决。供给办法另行规定。

（五）我军收复沦陷区及大城市后，须动员搜罗公路的原司工人、汽车的驾驶员、修理匠及工程技术人员等，加以短期训练，提高其认识，以便录用。

（六）为了保证军事运输，管理前后方公路，各战略军区得设公路管理处。其组织如下：

（1）车务科——车辆登记、管理，分派车辆等事宜。

（2）机务科——车辆的器材工具等装修和制造等事宜，并领导修理车厂。

（3）工务科——掌理公路工程设计与修筑事宜，下设工程队。

（4）材料科——掌理公路之器材、燃料、工具等购买、保管、收发等事宜，并设材料库。

（5）总务科——掌理供给、文书、会计、收发文件等事宜。

七、工程管理局暂行组织办法

（一）工程管理之主要任务为修筑公路、航空站等。一般工程、其他带有专门性质的工程（如铁路、电话等），由各主管部门直接负责。

（二）工程管理的另一任务为搜集各项技术人材〔才〕，征发或购买各种器材，准备进行建设。

（三）为适应战争需要，在山东军区交通部以下建立工程管理处，各战略军区亦分别设立。

其组织如下：

甲、工务组——掌理测量绘图、工程设计、监工等工作。

乙、材料组——掌理接收或征发建设器材，并保管器材等。

丙、总务组——掌理文书、会计及日常生活等。

丁、技术室——设置技师、技正、技佐等职，随时进行工作。

戊、工程队——依据需要分别成立带有技术性质的工程队，修筑桥梁、涵洞等。

（四）全省各地重要公路之修筑，主要动员民力，按照行政区域划分地段，限期完成。

八、铁路管理局暂行组织办法

（一）所有各铁路设铁路管理局，直属于山东交通部。

（二）各路设正副局长各一人，监委一人，秘书长一人。局长由各该路之警备司令兼任，副局长帮助局长处理业务，监委负责该路之政治工作。正副局长因公出差时，秘书长得秉承正副局长之意旨，处理全局一切行政事宜。

（三）局内共设四处（秘书处、工务处、事务处、机务处），其职掌如下：

秘书处——掌理干部、文牍、印信、会计、出纳、审核、编查、材料、卫生、教育。

工务处——测绘、建筑等事宜。

事务处——车辆调度、电话电报之管理及一切有关运输事宜。

机务处——负责机厂之管理、机车的配备、车辆修理、发电所的管理。

组织系统表（略）

选自《山东革命历史档案资料选编》，第15辑，济南，山东人民出版社，1984年版，第234～242页。简称“山东档案版”。

45. 山东省政府关于管制旧邮工作的指示

1945年8月20日

（一）总的方针

1. 根据总部及山东军区命令，一切在敌伪控制下的旧邮机关，必须加以收复，并实行军事管制。

2. 军区交通部下设立邮政管理处，处长可由战略区战邮管理局之主要负责人充任之，下行公文均以邮政管理处名义下达。在全省局面未稳定前，旧邮即归所在地之战时邮局管理。但青岛、济南、徐州等大都市，由总局直接管理。二等邮局归各管理局直接管理；三等邮局归区局直接管理；代办所、信柜等一律撤换，统一于邮务所，归县局直接领导。二、三等局之局长及一等局、管理局局长及首要人员，应一律撤换之，但撤换应令其好好交待〔代〕工作、结算账目。特别进步者不在此例。

3. 中华邮局未彻底改造前，战时邮局仍按原有组织计划，一切为了战争的胜利，加速效率，继续进行工作，不要与旧邮合并混淆。但管制委员会必须负以建设城市战邮工作为首要工作。管制旧邮应在以我为主的原则下，使其服从战邮任务，去进行管制。

4. 旧邮局原有之日鲜籍人员一律按俘虏送交军区，其原有职务由我方派员接管。为敌服务之其他外国人员，亦应予以撤换，交军区审查处理。有据可查之汉奸特务，应立即加以逮捕，但逮捕时须会同公安部门带队前往。

5. 接管时，二等以上之邮局可组织三人以上之接管委员会，进行接管事宜，任务完毕后，由军区或政府责令专人负责。

6. 接管人员如发现有贪污受贿、运用私情而不利工作者，除撤职外，当依法处置之。

7. 过去敌伪印制之邮票一律停止使用，但在解放区邮票未印出前，可将原中华邮票加盖“解放”二字，暂行通用。

8. 一切邮政档案文件，一切邮用车辆、房产、资财，必须予以登记接收。

（二）接管旧邮应注意事项

1. 在城市未解放前，应尽量将山东军区公布的关于管制交通的命令、邮政管制方案以及山东邮务职工抗日救国总会的组织章程，输送到城市邮局去。输送的方法，可以利用邮差或其他方法送去。向青岛、烟台、济南等大邮局送时，应分别写明交××邮局挂号处、收发处、落地处、汇兑处、包裹处收，或利用关系派人前去鼓动联络，使他响应或欢迎我军进城。

2. 进城后应以军区邮政管理处名义前往接管。首先找到其首要负责人，把命令交给他看，叫他把全部邮务人员召集起来，给以慰问安抚，并将军区管制旧邮办法向他们宣布。

3. 进行人员登记。应注意其成份〔分〕、党派关系、干邮局简单履历、与敌伪的关系等。

4. 资财登记。包括房产、脚踏车、汽车、邮袋、邮筐、邮用日戳、关防等。邮务长家及高级外国人员家所用之器具亦多系公物，应予调查登记收回。

5. 接管后对留职人员或撤职人员中之可以改造者，应予以受训机会。

6. 接管后应立即进行对旧邮人员的组织教育工作。首先提高他们的政治认识，把工会组织起来。但在组织工会时，应以信差、邮差、苦力为主，争取大多数的邮务佐、乙等邮务人员参加。但工会领导必须放在下层基础上。

（三）关于业务的领导

1. 尽速恢复市内的邮政交通，但应以普遍传送我之报纸、宣传品等为主要任务。

2. 私人信件应严格进行检查。

3. 所有车辆、邮用工具等，必须服从军事要求，可完全与战邮配合使用。

4. 邮资的收取，暂以平信每重二十公分北币一角为准，各种宣传品每百公分二分，书籍每百公分五分，包裹汇兑暂不办理。

5. 对旧邮人员生活的照顾，应以战时供给标准，不论员工等级，一律发给津贴代金。他们的家属可斟酌情形予以适当救济。

（四）旧邮内部概况及对各级旧邮人员应取态度

1. 山东旧邮的最高领导机关为山东邮务管理局，受北平伪政委会邮政总局的领导。全省一、二、三等邮局皆受管理局直接领导。各地代办所归就近的二、三等邮局管理。

2. 邮务人员分为甲等邮务员、乙等邮务员、邮务佐、信差、邮差、苦力、听差等。

3. 旧邮的特点是各级人员都参加实际工作。

4. 上层旧邮人员的特点是小心谨慎、态度玲珑圆滑。下层分子信差、苦力等经常牢骚不亘。但下县的信差、邮差等则低心〔声〕下气，恐怕砸掉饭碗，他们多半兼营小贩生意。往来我根据地的邮差，多被敌人利用做过特务活动。而下县之邮局长等也多数腐化，受敌人和国民党的利用，做特务的亦不少。

5. 一等邮局的行政领导是局长，局长下设秘书一、二人，监察处长（副局长）一人，执掌局内一切行政事务。业务部门分挂号处、收发处、落地处、包裹处等，每处有领班一、二人，领导本部工作。

6. 信差、邮差、苦力、听差是邮务工人，是基本群众，我们的工作应以他们为基础，但重点应放在信差身上。邮务佐很多是倾向革命的下层干部，易于争取。乙等邮务员是干部的中间层，在斗争中两面摇摆，常常倾向上层，过去他们是黄色工会的支柱。甲等邮务员是干部中的统治层，他们的态度多是八面玲珑，最为狡猾。对于这一部分人，我们不要为他的表面形态所蒙蔽，应处以严肃认真的态度。这部分人是我们接管时所首先接触的人们，应详细加以观察。但他们不能代表邮局全体人员。他们很会拉拢下层人员，但下层人员与他们之间的矛盾是很大的。总之，不要为其花言巧语所迷惑，亦不要为其地位所唬住，打破过去对旧邮局之正统及国际观点，但也须防止过左倾向。

7. 取消信差、邮差、听差、苦力等不平等称呼。信差改称递信员，邮差改称邮递员，听差改称勤务员，苦力改称杂务员。对他们应采取宽大帮助教育政策，尤其要加强其阶级教育，经常注意改造和提拔他们。但也须注意敌人为了利用他们通行我根据地之方便。敌特国特多利用他们进行破坏活动，如侦察、造谣、贩卖毒品等。尤其各地之县邮局信差，更应特别加以审查，不可随便吸收到战邮组织中工作。

此致

局长　赵志刚

选自《山东革命历史档案资料选编》，第15辑，济南，山东人民出版社，1984年版，第269～273页。

46. 山东省战时邮政总局关于目前工作的紧急指示

1945年9月1日

抗战虽已结束，但敌人尚未完全放下武器。为加速肃清大小城市的残余敌伪，立即转入和平建设，我们战邮员工必须紧张的〔地〕动员起来，以高度的工作热情掀起革命竞赛，把我们的工作效率提高到数倍以上，把个人及各局站的具体任务不仅要彻底完成，还要提早完成。

同志们，现在是我们最后加一把劲的时候了。我们要忍受一切艰苦，克服一切困难，以大刀阔斧的精神开展和巩固我们的工作，使我们的工作跟上新形势的发展，适合战争的需要。

在干部问题上，要大胆提拔那些坚持抗战几年、经过考验锻炼的工农老干部和小知识分子干部，要放手他们去工作，发挥他们的独立自主的工作精神、积极性、创造性，不应在此问题上畏首畏尾。

在工作上，要十分注意前线联络、党报发行工作（滨海、胶东要具体负责青岛前线，鲁中具体负责济南前线，滨海、鲁南共同负责徐州前线），立即建立快速交通，把一切宣传品、报纸、刊物及时送到前线去，并派专人到前线司令部建立随邮工作。

原有干线立即按照新形势下的具体情况进行调整，尽量使之走直线，并利用已恢复的火车汽车派专人随车押送邮件，缩短邮件传递时间。在各个兵站建立军邮站，并把报纸有计划的〔地〕赠给他们一二份，在重［要］街口上张贴（这些赠阅的报纸直接向总局报销）。要悬挂起我们的牌子，以便别人寻找。我们的交通员可制定红袖章“战邮递信员”，并盖上图章，以便通行各防区。并将干线调整情形随时报告总局。

各干线局站必须派得力干部分头掌握，经常检查是否有积压现象，抓紧教育交通员同志爱护文件，必须保证不损坏文件。据各方反映，近来由滨海发鲁中、鲁南之报纸经常发生磨坏数十张及被水浸坏现象，过去虽曾提出注意，但至今各干线局站并没认真纠正。这说明各局站负责同志对这种损坏群众利益的问题还未引起重视，也是对革命对群众不负责任的表现，今后必须立即转变。

我们虽以照顾前方为主，但也要很好的〔地〕注意后方，纠正单纯照顾前方不注意后方的偏向，各级领导同志必须注意此点。若干干部为胜利冲昏头脑，不安心后方工作，企图出风头享乐，对后方工作消极怠工的落后表现，必须从思想上进行说服教育。尤其是分区邮务员已有许多想不干了，不好好送报纸，积压报纸。这些严重现象各局、站、所负责同志必须严重注意，更有计划的〔地〕检查其工作，进行教育，解决他们工作上的困难。

对减裁下来的中华邮务员工，一般无大问题的各地可任用或送交总局进行教育，有问题的送交军事机关审查处理，在我收复之城市，应立即进去恢复工作，并将恢复情形及对各地中华邮局的接收情况随时报告总局，以便研究。

以上指示各项，希各局、站负责同志认真研究讨论执行，并将执行情况报告总局。

此致

局长　赵志刚

选自《山东革命历史档案资料选编》，第15辑，济南，山东人民出版社，1984年版，第315～316页。

47. 山东省政府关于在大城市争夺中我工商工作新布置的密令

1945年9月5日

今后大城市之争夺系一复杂而持久之斗争，故我工商工作应有新的布置。

（一）开辟城市工作与坚持乡村工作并重。配合军队占领中小城市，对敌占大城市进行经济封锁，应有长期准备，原定派往大城市之干部，应即抓紧新解放区工作，布置对敌占大城市之斗争，切勿等待。

（二）占领铁道线城市后，应将物资迅速移至内地，提防敌伪袭扰；同时仍应恢复城市经济，并将管理城市经济所得经验及所发现之问题迅速报告实业厅研究，并传达各地参考。

（三）按新形势重新调整机构（面向敌占大城市及交通线），继续扶持群众生产，调剂物资，平衡物价。工商会议总结仍应争取时间传达研究，并制定〔订〕下半年之工作计划，报告实业厅。

（四）向敌占城市用伪钞、本币、金子大量收买弹药及重要物资，动员新解放区人民迅速将其伪钞收集，向敌占城市换回物资，减少群众损失。

主席　黎　玉

选自《山东革命历史档案资料选编》，第15辑，济南，山东人民出版社，1984年版，第318页。

48. 山东省政府实业厅关于健全统调工作的指示

1945年9月7日

工商部门的统计调查工作，自建立以来一般是有其成绩的。加在干部缺乏的困难条件下，建立与逐渐充实工作机构；发刊行情通报与业务通讯以指导工作、交流经验；搜集敌伪经济材料，以供决定斗争策略参考；统计有关各类数字，借以明瞭〔了〕工作进度等。正由于有了上述各种工作，因之就使我们有可能大体而粗糙的〔地〕了解敌我经济情况。然而严格说来，这些成绩就其质量而言，不仅与工作要求相距太远，就其数量观察，也大多是星星点点，极不普遍，亦极不平衡的。检讨起来大致是有如下几个主要缺点：

首先是没有明确认识工商部门统调工作的性质与任务，因之有些地区把统调工作人员视为巡视员，经常派遣出发检查工作，致使统调工作经常业务陷于停顿。有的地区则把工商经济的调查研究范围过分扩大，因而失却中心，什么都调查，什么都没有结果。

其次是没有建立一定的统调工作制度及经常工作，把统调部门形成可有可无的机关，因之领导与被领导之间是互相脱节，使实际工作中的生动材料不能向上反映；而统调部门与其他部门之间亦无较好的联系、配合与分工，呈现了事务主义或紊乱的现象。而最主要的一点，仍是某些领导干部尚不善于组织使用统调工作的力量，因而较长期的〔地〕忽略对于这一工作的建立与健全，其结果便是情况不明、工作被动。

随着抗日战争的结束，今后工商管理工作的规模、任务和内容都将更形复杂繁重。为了能够实施周密的计划和科学的管理起见，精密而准确的调查统计工作就更有其重要的意义，否则，将会使任务的完成、政策的执行受到严重的困难。

为了开展今后统计调查工作，特作如下的指示：

（一）明确规定工商部门统计调查。其内容，根据目前条件主要的是市场情况（包括物价、汇兑、重要物资的产销状况和输出输入状况）及业务进展情形（包括生产、贸易、汇兑、税收等类收支盈亏）的统计和调查。

（二）根据上述性质任务，规定其经常工作如下（参考前发统计表格）：

1. 调查每个经济中心的物价，按月作出升降指数（以一月份的物价为基数）。

2. 调查主要城市的各种货币比值，按月作出指数（以一月的比值为基数）。

3. 按月造报公营商店、工厂之资产负债及损益计算，并将今年上半年的报告迅速送来。

4. 按月造报税款收入统计。

5. 每半年报告工厂、矿山及各种重要物资之生产数量。

6. 每半年报告物资出入口的数量。

以上各类统计内容主要由各该工作的主管部门负责收集，而统计部门之任务，在于督促设计这一工作的进行，并把各种不同的内容的数字整理为系统完整的材料，以供领导机关参考研究。

（三）除上述数字统计外，各战略区仍应继续刊行工作通讯、行情通报等文字材料，唯内容力戒空洞，形式切忌粗糙，并应按期刊行。这一工作的进行，除由统调部门负责收集稿件编排之外，各地负责干部应亲自计划领导进行。

（四）上述各类统计数字，均应按时汇集呈报省实业厅，不得贻误。至于临时变动的较大情况，应随时电报。

（五）关于充实组织方面，除了各战略区工商局保持之原有之统调室外，尤应充实县级统调人员，以便更加深入了解当时当地的具体情况。

以上各项望即布置进行为要。

选自《山东革命历史档案资料选编》，第15辑，济南，山东人民出版社，1984年版，第325～327页。

49. 山东省政府关于对新解放地区之旧邮机构处理办法的指示

1945年9月12日

一、新解放地区之旧邮机构，必须切实掌握，慎重处理。为安定社会秩序，稳定人心，在军事管制时期，一切旧邮机构人员不予变更，令其照常服务；有汉奸特务嫌疑者，逐渐动员其坦白反省或发动群众揭发之，有确实证据者送交军事司法机关审理。应作〔做〕到切实掌握其机构，并协同有关机关统一指派得力干部以特派员名义进住局内，监督其工作，并实行检查邮件，调查了解员工情形，组织邮务工会，进行民主教育，纠正其正统观念，尊重其人格，本宽大精神以说服教育为主；其罪大恶极不堪救药之反动分子，实行检举，不可操之过急或乱行拘捕。各级政府应切实负责掌握，尤其在目前军事时期更加严守纪律，谨慎服务。

二、旧邮员工之供给及办公费用，应按照公布之战邮供给标准给以必要之实物或贷金，并须迅速研究解决之。

三、邮票出售，带有孙中山像之旧中华邮票仍准暂时使用，在山东境内可同时使用战邮邮票，均以北币为主（邮票一毛合北币一毛）。

四、军事管制时期，战邮任务加重，凡应行添设之交通工具及经费供给，可按实际需要，造具预算由政府解决。

五、凡经我掌握之火车、汽车、船只等公私交通机关，应责令其给予运输上之便利。

主席　黎　玉

选自《山东革命历史档案资料选编》，第15辑，济南，山东人民出版社，1984年版，第335～336页。

50. 山东省各级工商局修正组织条例

1946年3月5日

第一章　总　则

第一条　本条例为适应目前山东解放区情况，并准备过渡到全面和平建设阶段，特依据原山东省各级工商管理局组织条例修正制订〔定〕之。

第二条　各级工商局定名：省局为“山东省工商总局”，各专员区为“山东省工商总局第×分局”，各专员区按经济交通情况，划分为几个县局，定名为“山东省工商总局第

×分局××（以地名）支局”，以下事务所、检查站均按所在地点命名。其他胶东、渤海两处，定名为“渤海或胶东工商局”。分局以下同上。

第三条　各级工商机构组织系统表附后。

第二章　机构编制及分工

第四条　总局之组织及分工如下：

一、正副局长各一人，负全部工作之计划、检查及行政领导之责。

二、秘书主任一人，辅助正副局长办理有关工作行政事项，并领导机关办公及处理日常机关工作。

三、总务科设科长一人，下设会计股、秘书股、管理股，分［别］管理下列事宜：

会计股设股长一人，会计一人，出纳一人，负责各级工商行政部门之经费、粮食开支及预决算之编制、审核、报销事宜。

秘书股设股长一人，文书收发一人，缮写二人，校对、盖印、管卷一人，负责有关文牍全部事项。

管理股设股长一人，管理员二人，会计兼出纳一人，通讯队五十人，饲养员及炊事员若干人，负责全部机关事务管理及杂务、通讯人员管理教育事宜。

印刷厂设厂长一人，职工若干人，负责各种票照、表格、簿册、文件等印刷事项。

四、干部科设科长一人，下设行政股、教育股，负责一切有关干部行政与教育事宜。

行政股设股长一人，干事二人，负责所有干部调动、分配、统计、甄别、考成等一切事宜。

教育股设股长一人，干事一人，负责一切有关干部教育事宜。

五、统调科设科长一人，下设情报股、统计股、编辑股、资料股，负责一切经济资料之调查、统计、编辑、报导等工作。

情报股设股长一人，干事二人，负责各种经济情报之调查整理及报导等工作。

统计股设股长一人，干事三人，负责各种经常材料与专门材料之数字统计、图表绘制及各种专门问题之调查研究等工作。

编辑股设股长一人，干事二人，负责各种有关业务之刊物编辑等事宜。

资料股设股长一人，干事一人，负责图书文件及一切材料之整理、保管事项。

六、会计科设科长一人，下设会计股、审核股，负责全部工商资金之掌握及会计、设计、审核等工作。

会计股设股长一人，会计一人，负责各种会计制度之设计、检查及总会计工作。

审核股设股长一人，干事一人，负责审核各个业务部门会计结算及各种资财统计事项。

七、税务管理局设局长一人，秘书一人，下设会计股、关务股、税务股、统计股、票照股，负责全部税收行政事宜。

会计股设股长一人，干事二人，负责全部税收会计之设计、检查、审核及收入统计事项。

关务股设股长一人，干事二人，负责出入口税税率、税则及行政章则之制订与一切有关海关行政管理事项。

税务股设股长一人，干事二人，负责除关税以外之一切税收、税率、章则之制订〔定〕及有关税务行政事项。

统计股设股长一人，干事二人，负责一切出入口贸易之统计、编制等事项。

票照股设股长一人，干事若干人，负责一切票照之印制、编号、收发、保管等事项。

八、贸易管理局设局长一人，秘书一人，下设会计股、经营股、海外贸易股，负责全部贸易管理事宜。

会计股设股长一人，会计二人，出纳二人，负责全部商店资金之分配、调动及会计之结报、审核等工作。

经营股设股长一人，干事一人，负责商店营业计划之研究、检查及物资调剂、运输、采购、保管等设计工作。

海外贸易股设股长一人，干事二人，负责海外贸易之计划、联络、检查及管理有关海外贸易之行政业务事项。

九、盐务管理局设局长一人，秘书一人，下设盐政股、调查股，负责一切盐务行政管理事项。

盐务股设股长一人，干事二人，负责一切食盐生产、运输、贷款、救济及有关盐民行政管理与发展食盐生产事项。

调查股设股长一人，干事一人，负责一切食盐生产、运销，盐田、盐民之变动统计调查事项。

十、矿务管理局设局长一人，秘书一人，下设会计股、矿务股，负责一切有关矿务行政管理事项。

会计股设股长一人，会计一人，负责矿区企业资金之调动、资财统计及会计、设计、检查、审核等事项。

矿务股设股长一人，干事二人，负责一切矿务行政、技术研究、矿区设备等计划管理事项。

第五条　分局组织及分工（职务同上）如下：

一、正副局长各一人，必要时得加设秘书一人。

二、总务科设科长一人，会计二人，文书收发一人，管理员一人，通讯员二十人，炊事员四人。

三、干部科设科长一人，干事二人。

四、统调科设科长一人，干事二人。

五、税务科设科长一人，干事四人。

六，贸易科设科长一人，干事四人。

七、盐务科设科长一人，干事一人。

第六条　支局组织及分工（职务同上）如下：

一、正副局长各一人。

二、总务股设股长一人，会计、文书、收发、管理员各一人，通讯员十人，炊事员三人。

三、干部股设股长一人，干事一人。

四、统调股设股长一人，干事一人。

五、税务股设股长一人，干事四人。

六、盐务股设股长一人，干事二人。

七、总商店设正副经理及职工若干人，除本身业务外，并负责所辖支局范围内各个分店之业务领导。

第七条　支局以下分别设立下列机构：

一、海关——各重要海口一律设立海关，负责出入口税之征收及一切关务行政管理事项，其编制按关务繁简另行制订〔定〕之。

二、事务所——设正副所长各一人，会计一人，稽征员若干人，在一般海口及主要陆地市集地区设立之，分别负责执行各种出入口及内地征收事项。

三、检查站——设正副站长各一人，会计一人，稽征员若干人，在一般次要市集边沿交通要道分别设立，负责征收及货物检查事项，直接受事务所之领导。

四、驻厂员——在各公私工矿企业、机关如有应征之产销货物者，即分别派出驻厂员驻厂，负责征收事项。

五、商店——在各主要城镇集市中心地区分别设立盐店、酒厂、行栈，负责市场调剂、物资管理经营等事项。

第三章　附　则

第八条　渤海、胶东两地仍设独立机构，定名为“××工商局”，直接受行政公署之领导，其组织机构与分局相同，分局以下机构按原有基础与具体情况参照应用之。

第九条　各级工商局干部任免规定如下：

一、分局局长、总局科长、秘书以上由山东省政府任免之。

二、支局局长、总店经理、分局科长以上由总局任免之。

三、支局股长、事务所长、商店经理以下由分局任免后并呈报总局。

四、各重要工矿企业、公司、工厂、矿区经理由省政府任免之。

第十条　各级工商部门之组织机构编制人数，可按实际工作繁简情况斟酌增减之。

第十一条　本条例得按工作发展情况随时提交山东省政府行政委员会修改之。

第十二条　本条例经山东省政府行政委员会通过公布施行。

附：各级工商机构组织系统表（略）

选自《山东革命历史档案资料选编》，第16辑，济南，山东人民出版社，1984年版，第248～252页。

51. 山东省政府关于迅速恢复煤矿生产加强矿务领导的指示

1946年3月5日

山东各主要煤矿已有百分之九十九为我们收复。这些矿区在敌人占领时期经过几年的建设，今天这些煤矿生产，已在我们全面经济建设上占着首要地位，将来更为我们建设轻重工业、掌握交通、发展对外贸易、增加财政收入、解决货币问题的基本力量，且能在全面的政治斗争上造成许多有力有利的条件。目前显然还未引起各级有关领导部门的严重注意，因此特将煤矿生产问题作以下原则的指示。

首先，对于煤矿的主要方针：

第一，确定独立自主的〔地〕进行建设。目前美国对煤矿问题极度重视，估计不久可能从各方面提出。但不论将来如何谈判解决，基本上我们从战斗中收复过来，绝不能交给人家管理。因此，各个矿区应加速整理集中有关材料应付这一斗争。

第二，迅速查明与处理产权。如果是敌人建设或敌人作价收买的即无条件没收，如果完全是中国商人私资经营，产权与敌无关而其本人又无汉奸罪恶，则我们应该经谈判后承认其私人经营，但应受我政府监督；如果系被敌人强占，本人亦未与敌合作，则强占部分应该保留其所有权，敌人建设部分则属于政府，我应主动争取原股东来与我合作；如果与敌合作经营者，则应根据本人政治情形进行处理。但对于这些问题的处理，应采取慎重态度，并告其本人直接向省政府呈报，由省政府处理，各矿负责人员不能直接解决这一问题，但可与之交接商谈。其对被敌强占已逃亡在外者，应设法通信联系，请其回来。

第三，在现有一切可能条件下迅速恢复生产。目前只要能全部或部分的〔地〕恢复生产，就是胜利。进一步解决技术设备，扩大生产，只有待大局全面解决以后才有可能。

其次，为迅速恢复生产与掌握领导，特决定：

（一）首先加强干部配备，经理以及其他各重要岗位都应调派坚强干部。目前省政府、行署工商局、军队等已派出［的］临时或固定干部都不应调出，并由各行署再研究适当调派原有技术人员及中小职员。应大胆应用并尽量利用当地各方人事关系向外吸收技术人员。

（二）军队管理之矿区，应一律交给政府，已搬出之工具或资财，如为恢复生产所必需，应酌量运回。

（三）工资问题可按当地粮价物价自行确定，原则上高于敌人工资，较好的技术人员可特别从优。

（四）工厂机构应注意科学与分工，不要无原则的〔地〕精简，要多研究与采用原有敌人的组织编制办法。

各矿区负责人员接到此指示后，应迅将全面具体情况报告省府，以便统〔通〕盘筹划，分别整理，并望注意下列要点：

1. 过去机构、设备、产量、销售情形。

2. 产权情形，并从厂史阶段分别说明。

3. 解放后恢复生产情况：

（1）工人数目及救济情形与各种救济数字。

（2）战争中损坏情形。

（3）目前恢复生产状况与能恢复程度。

（4）现有机器与设备情形。

(5) 现有机构与职工情形。

上列材料整理后望派专人送来，并对各种问题提出意见为要。

主席　黎　玉

选自《山东革命历史档案资料选编》，第16辑，济南，山东人民出版社，1984年版，第253～254页。

52. 山东省政府关于交通机构的决定

1946年3月15日

为适应目前交通任务之需要，本府前已决定建立交通组织，以便统一管理山东解放区之一切有关交通建设及恢复事宜。由于任务之重大，应即设交通总局，直受本府委员会之领导。各地区之交通机构，受同级政府之指导监督（胶东、渤海行署对其交通局为领导关系）。交通总局在业务上为垂直领导关系，可根据工作需要规定其统一的建设与管理计划，下级交通机构应服从上级交通机关的领导。

交通总局内应包括邮政、电话，公路、铁路、航运五项工作任务，按需要与否分设业务机关。胶东、渤海行署设交通局，鲁中、鲁南、滨海设交通总局××办事处，专署以下除邮局、电话局外暂不设其他交通机构。

（一）过去之战时邮局组织，应归交通总局统一领导，因抗战业已结束，“战时”二字应即取消，与各城镇之中华邮局统一合并，以中华邮局名义出现。省战时邮局改为山东省邮政管理局，各行政区之战邮管理局改为管理分局，滨海、鲁中、鲁南不另设分局，暂以管理局办事处名义执行任务，管理局以下设一、二、三等邮政局（县邮局包括在内），区设邮务所。

（二）长途电话管理局下，按城镇业务多寡分设一、二、三、四等局，胶东、渤海暂设××长途电话管理局。

（三）公路管理局下，按路线设××段，公路局以下设汽车站。

（四）铁路：交通总局内设铁路管理委员会，下设陇海东段管理处、胶济路管理处、津浦南段、津浦北段管理处。管理处下设段、站。可按路线设××铁路管理处，受委员会领导及各地行署之指导监督。胶东、渤海暂委托行署领导。

（五）航运：胶东、渤海、滨海设××航运管理局。胶东、渤海受行署交通局领导，滨海暂由行署代管，业务上受交通总局领导。

各种机构之建立应以实事求是、适应需要为原则，按工作发展情况逐步建立，并须自行物色与配备干部，收罗技术人材〔才〕。各级政府接此决定后，应切实讨论执行并报告本府。

主席　黎　玉

选自《山东革命历史档案资料选编》，第16辑，济南，山东人民出版社，1984年版，第260～261页。

53. 山东解放区海口出入口货物管理办法

1947年3月1日

第一，船舶出入口之管理

一、公私船舶不分种类，均须妥具当地铺保向海关或海关事务所登记注册，发给航运执照及其他证件。

1. 轮船、汽船及载重二百担以上之帆船，欲经营航运事业，须经申请登记发给航运执照及路簿。

2. 不出港贸易，专于港内或两港之间驳运货物之船舶，须经申请登记发给驳船执照。

3. 专业渔船须申请登记领取渔业执照。

（各业船舶所领之执照及路簿均须照缴印刷费）

4. 转业船只须〔需〕向原登记机关缴回原业执照，换领新证照。停业船只须〔需〕向原登记机关缴回所领执照。

5. 外籍船只欲经营本解放区之间的航运事业者，须照章登记，领取执照。凡非解放区之执照一律无效。

6. 下列船舶免予登记：

纯系军用船只与机关用船、渡船、游船无任何营利性质者；港内水利修筑用船不兼营任何商业性质之营业者。

二、各业船只之执照须常置船中以备检查，无执照者得停止其营业。

三、驳船驳运货物出入及装卸货物，须经海关检查或监视。渔船可持执照自由出入，以利渔业，但须随时接受海关之检查。

四、各业船只于港内停泊，须经海关指定地点，由其自行驶入下锚，待海关检查，非经许可不得移动。

五、商船进口：

1. 经海关指定地点停泊后，须于十二小时向海关呈报路簿舱单（三份）及航运执照和其他所有有关文件。

2. 载有危险物（易于爆炸或可致传染疾病者），须先行向海关报明，以便确定与其他船只隔离之停泊地点。

3. 非经海关许可，不得擅自上下人员客商及装卸货物。夜晚进口及避灾之船只，不得与其他船只接近及上下货物及人员。

4. 卸货须经海关监视。

六、商船出口：

1. 出口前须向海关提出舱口单三份，详细填列所载货物，报请检查后并经海关发给进口时所存之各项文件，始可起锚出口。

2. 出口手续办理完竣而不即时出口者，应与其他船只隔离停泊。

七、船只出入口之前，均应依各海关之规定报以信号。

八、各海关可依当地条件，根据本办法另订细则执行。

第二，货物之报验及纳税手续

一、入口货物，于领船舶向海关报送舱单，同时各货主须经报关行商，向海关报验。

1. 填具入口货物报单三份（一、二、三联各一份），载明货名、数量、标记号码及单价总值等。

2. 报单经海关检验并核算税款之后，商人须依海关指定收款机关，持海关所发之入口货物税收据缴纳税款。

3. 税款收讫报单经海关用印后，即将第一联报单及第一联税款收据发交商人，以凭卸货，或至仓库提货，是为货物正式入口。

二、出口货物，商人每向船只装货，均须填具出口货物报单三份（一、二、三联各一份），依前条2、3两项办理报验纳税，始可持第一联报单及第一联收据进行装货，即为货物出口。

商船足载须于开行前依船舶管理之规定向海关结关。

三、船舶出或入口舱单，所载各项货物必须与各份报单相符，各份报单之有税货物之税款总额，必须与各该份报单所附之税款收据数额相符，否则均以偷私漏税论。

四、报单所载各货之单价须与海关所定估价相符，如有因货物质量或海关未曾事先规定估价等关系，商行须据实价填入，并待海关最后确定。

五、商船日用物料之上下，均须经海关检验许可，所用手续服从当地海关之规定。

六、货物出口未至运往港口，因特殊情形复入口，或入口后未曾销售复出口者，须依出入口之报验手续办理报结关。

七、转口货物及两港口之间驳运货物，亦须照行报结关手续。惟〔唯〕报结关手续只用出口货物舱单，不用报单，出口舱单经海关验讫用印加封，由船只带往运往口岸交海关拆封检验，盖章寄回原出口港口之海关，否则依〔以〕偷税论，由该船出口地之原报关行商负责接受处分。

八、货物之报关检验过量计算单位均以市制为准。

九、舱单报单由工商局统一印制，各商领用时照缴印刷费。

十、各海关均须依本办法根据当地具体情况制订〔定〕细则执行。

第三，各种手续之作用及处理方法

一、报单不分出或入口者，均依下列方法处理之：

1. 报单发交报关商行依次逐栏填写，但税率及税款栏除外。

2. 海关或事务所接到报单即行编号，如系入口货物还须与舱单对照，于舱单之备注栏注明报单号数、编号后转交。

3. 检验部门或人员，验对货物之货色、数量、价格等，如有不符应予纠正，并由专人签注各货之税率，如系无税货物，则于税率及税额栏画一斜线转交。

4. 稽征部门或人员，根据单价数量计算总值，根据总值税率计算税款，逐栏填明，再填税款收据。

5. 如系驻有公营商店之海口，税款由商人直交指定之代收商店，税款收据则由稽征部门或人员填写，加盖稽征员之戳记，收款机关收清后加盖出纳员及机关印。

如系未驻商店之海口，税款应由会计员根据报单点收注账后，再填税款收据加盖会计印记，再交稽征员盖印。

6. 稽征部门或人员于税款收讫后，加以校对，保证税款收据印记齐全，将税款收据之号数填入报单右上角，并于报单上加盖海关印记，将第一联报单及第一联税款收据扯交商人。第二联税款收据及第二联报单转统计部门或人员审核统计旬终上解，第三联报单留存。但第三联税款收据则须于收款机关收款时扯留存查，旬终解款时缴上级审核。

7. 商人向商店缴款时须持三联税款收据，以便收款机关用印。

二、舱单不分出入口，全部由报关商行填明送海关检验。

1. 入口舱单第一联留海关报结关人员存查，以便审查报单。全部舱单所列各商人及货物均与报单相符并纳税后，盖印发交原船主收执。第二联于接到后即交检验部门或人员，以凭检验船只监视卸货，并于各货主之卸货或提货时校对其报单。第三联由报结关人员与报单校对后即交统计员统计用，并于旬终与报单一并上解审核。

2. 出口舱单须由报结关人员编号后交统计员与各份报单对照，完全相符后加盖印记。第一联与路簿发交船主收执，第二联交检验部门或人员以凭检验船只，第三联留存海关旬终上解。

3. 出入口船只如系空舱，其舱单应填“空舱”二字，经登船检验后加盖印记即可，发交船主收执。

三、路簿

1. 船只入口即将路簿留存海关，至出口时发给。

2. 如系其他非解放区之海关所发路簿暂不予盖印。

3. 海关接到路簿应妥为保存，于船只出口时与舱单一起加盖印记发交船主收执。

4. 路簿于船只入口，由商行报关时填明上栏各项，出口时由海关报结关人员依舱单填明指定项目。

选自《山东革命历史档案资料选编》，第18辑，济南，山东人民出版社，1985年版，第335～339页。

54. 山东解放区省政府主席黎玉关于联总助蒋违约堵口放水造成人民生命财产重大损失事致联总的函

1947年4月17日

联合国善后救济总署中国分署

艾格顿将军勋鉴：

蒋介石违背历次黄河协议，既不断阻挠破坏修堤复河工程，又突然违约放水，淹没解放区人民，以下游千百万人民的生命，作其坚持内战的牺牲。自三月十五日放水以来，我鲁西及渤海区已淹没村庄二百余处，淹没良田近二十万亩，而转瞬即将被淹者，仅渤海区即有村庄二百余、良田二十余万亩，人民生命财产的损失，不可胜计！最近桃汛已届，水涨流激，水位已高与堤齐，险工迭出。我解放区政府民众，正已全力抢救，但接近国民党控制地区，则抢救河堤之民众，迭遭蒋军及特务之阻挠破坏；而济南附近国民党军控制地区河堤，国民党当局竟禁止民众抢修，企图袭一九三八年中牟决口之故智，以人造的决口，尽淹下游十余县数百万民众。其居心之狠毒，实足使稍有人心者，决难容忍！

联总为参加迭次黄河协议的一个单位，负有保证实行协议的义务，但事实上既未能使工款料款工具及迁村经费如约拨付，及阻止国民党对黄河故道工程之阻挠与破坏，而对于国民党的堵口放水工程，联总所给予的物资及技术援助甚多，国民党如未得联总之援助，花园口合龙放水决不能如此迅速，此为无可争辩之事实。因此，联总对于蒋介石集团放水淹没解放区人民的罪恶，不能以一纸空文的抗议卸责。联总在事前既未采取任何行动（如我方曾建议之收回与停发堵口物资及技术援助），并始终参予〔与〕其事，事后亦不作任何实际补救之措施，万不能以“不知”“无法阻止”等空洞言语，推诿其帮助蒋介石集团淹死下游千百万居民的责任。

用特提出抗议，并要求立即实行以下各事：

（一）速拨复堤修险所需工粮工款与器材，增拨移民及救济费，将联总所存救济中国人民之二亿二千余万美元物资，扫数分配于解放区；

（二）制止蒋介石集团对复堤修险工程之一切破坏与阻挠；

（三）由联总会同中外慈善团体组织代表团，驻国民党军控制地区，监督该段河堤之防修。

凡此三事，为抢救黄河下游千百万民命所必需，联总为执行其本身应尽之责任，为补救过去错误，理应立即采纳。

特此函达，惟希

公鉴，并颂

勋绥。

山东解放区省政府主席　黎　玉

选自《山东革命历史档案资料选编》，第18辑，济南，山东人民出版社，1985年版，第456～457页。

55. 中共华东中央局关于海外贸易工作指示

1947年6月20日

过去对于海外贸易，采取不管理出口物资的政策，只是需要时以高价吸引进口，不需要时压价收购，更不注意组织土产出口，提高土产出口价格，而听其自流输出。一方面始终要出高价才能买到军需用品，另一方面获暴利的只是少数商人，大多数商人则蒙受损失。此种对外贸易政策和做法，如不立即加以纠正，必然使海外贸易时断时续，不但不能适应今天的战争需要，同时使解放区经济与财政开支以及团结海外商人均受到大的损失。例如滨海各海口，在过去曾经将汽油压到每桶一万五千元，按当时价格折合，二斤汽油换一斤生油，大批商人折本，不再运汽油来。现在因为急需汽油，又将价格提到每桶十二万元，一斤汽油即可净换二斤半生油，商人除一切开支外，实得纯利到百分之二百，公家吃亏太大。今后为保证前线军工、西药、电器、交通等器材之源源供给，对海外贸易的方针，应保持经常的对外贸易。因为战争的需要浩大，不如此不能解决军需供给。为达这一方针，胶东工商局最近所采用的办法：严格管理土产出口，实行以货易货政策，在交易比例上保持进、出口商经常一定的利润，使得人人敢于运我所需要物资进口，换出土产，不会顾虑到有亏本危险，而我买到所需要物资，又不过分吃亏。这是双方有利的很好办法，各地工商局应加以学习，改进过去的办法。但要达到有利交换的目的，必须经常深入了解海外市场（蒋区）物价变化与蒋统治区税率、运费、一切开支及进、出口实情，以便准确的〔地〕照顾海外商人不少于一定的利润。在今天海运困难条件下，只要能保持海外商人纯利百分之五十到百分之一百的利润，按此标准规定进、出口货物交换比例，再以北海币标价。标价必须保证出口土产换进口货的一定比例，标准是通过货币计算，目的是要达到以货易货（且应注意我之主要物资着重求得换回我之主要急需用的物资），并须随币值及物价变化而更动。但物物交换的比例，在相当长的时期内可以比较固定，假若到了物价变动使这种交换比例起了大的变化时（或利润增加很多，因而影响进、出口货物的过分拥挤；或利润减少很多，因而影响进、出口货物停滞），再重新计算商人利润，根据计算，改定物物交换比例，这样就可以使我们经常能够以土产换得军需品，而又保证不过分吃亏。至于进、出口货物管理办法，希望各地工商贸易机关，深刻的〔地〕检讨和研究，以便进一步提高我们对外贸易工作，并随时将下面实情报告省局与财经办事处。

华东局

六月二十日

选自《山东革命历史档案资料选编》，第19辑，济南，山东人民出版社，1985年版，第122～123页。

56. 山东省土产品出口管理暂行办法

1947年6月20日

第一条　为平衡出、入口贸易，稳定币值，粉碎反动派经济掠夺与经济封锁，确保并争取必需品之进口，山东省政府特授权工商局对土产品之出口实施管理，并制定本暂行办法。

第二条　实施管理出口之土产品规定如下：

（一）生油；

（二）生米；

（三）披猪及活猪；

（四）黄烟叶；

（五）粮食。

第三条　指定下列各项必需品进口，始有权依规定比率数量输出管理品：

（一）汽油；

（二）电器通讯材料；

（三）枪械弹药；

（四）各种军工器材（包括铁、铜、钢、锡、铅、锌、锑等原料）；

（五）西药及医疗卫生器材；

（六）汽车之零件配件；

（七）印刷器材；

（八）道林纸、二号纸；

（九）主要染料；

（十）国产棉花。

以上二、三两条内所列物品之种类，得由工商局之进、出口税收机关按市场情况随时增减，并向进、出口商人公告之。

第四条　经营进、出口商人，欲输出第二条所列之土产品时，必须先向当地进、出口税收机关请领“土产品出口许可证”，再行报关纳税，领取税单，运输出口。

第五条　经营进、出口商人请领“土产品出口许可证”时，必须缴验指定必需品的进口报税单或进口货物税票，始可发给“土产品出口许可证”，原报税单则留核发机关存查，另换发分运证。

第六条　指定必需品之进口与土产品的出口比率，以及准许进口各类必需品之数量，由当地工商局按市场情况规定，交进、出口税收机关，按月向进、出口商人公告之。

第七条　各类管理出口之土产品，在山东解放区内仍准许自由交易及运输，但输出时如不遵照本办法之规定办理者，一经查获以偷运资敌论处，没收其一部或全部，其情节较重大者，除没收其偷运物资外并得送司法机关处理之。

前项之没收权属于当地工商税收机关。

第八条　本办法不论海口及陆地出、入口货物均适用之。

第九条　本办法第二、三两条所列以外之货物以及未经工商局增定为管理出口之土产品，其出、入口得依照税章办理报关纳税，领取税单。但是项进口货物的税单，不得作为请领土产品出口许可证之凭证。

第十条　本办法由山东省政府颁布施行之。

选自《山东革命历史档案资料选编》，第19辑，济南，山东人民出版社，1985年版，第129～130页。

57. 华东军区司令部、华东军区政治部、山东省政府联合布告——颁发军政人员战时乘车条例

1948年6月

我军解放潍坊以来，胶济全线除济南、青岛两孤立据点外，已全部为我控制，经我军

民之努力，张潍、张博二段即将先后修复通车。铁路交通为支援战争繁荣经济之重要工具，凡我军民必须加意爱护。兹为保证行车安全，维持良好之乘车秩序，特颁发《军政人员战时乘车条例》，仰各遵照勿违至要。

此布

司令员　陈毅
政治委员　饶漱石
副司令员　张云逸
政治部主任　舒同
主席　黎玉

附：　　　　　　**军政人员战时乘车条例**

第一条　凡我军政人员，如有因公乘车旅行者，均须按照路局所定之客票价额购票方得乘车，若无票据不准乘车。

第二条　集体部队需要乘车，务须要有军分区或旅部、师部及同等级以上军政党机关正式证明信，并预先在距开车时间六小时以前派员向该路局负责人交涉妥当后，方准乘车。

第三条　凡乘车人员，必须严格遵守路局所定章程和制度，并对车辆上所有设备加以爱护，听从车长和车务人员的指示，不得随便在车厢内乱跑及有搬动破坏行为。

第四条　凡乘车人员，必须按照车站所指定车辆、按次序入车乘坐，不得乱坐，或一人占坐两人以上位置。

第五条　凡我军政人员一律不准中途拦阻列车行进，或持械强迫乘车，甚至因乘车不遂殴打铁路员工行为，违者查明法办。

第六条　购票后，须在候车室等候，到剪〔检〕票时再行入站。

第七条　军政人员到车站乘车时，因未到开车时刻而欲参观，必须通过车站派人带领参观，免乱秩序。

第八条　一般人民迎送亲友入站时，须购月台票。军政人员持有该机关证明介绍信或证件者方准入站。若团体迎送宾客时，须派代表到站商洽，准许后再行入站，并守秩序。

第九条　军政人员乘车所携带行李以外之物件及贵重品，均依货票价目照例买票，然后方得乘车。

第十条　我军政人员，如有特殊紧急任务，持有证明信件必须乘车者，得到路局商洽，经许可后方准乘车。

选自《山东革命历史档案资料选编》，第20辑，济南，山东人民出版社，1986年版，第276～277页。

58. 山东省公路管理总局关于维护路政秩序的通告

1948年8月

解放区工商业逐渐发展繁荣，因此公路马路及城市街道之来往车辆及行人异常拥挤。

但由于我们未能建立良好的路政规则，以至有汽车撞死人与车碰车的现象发生，此问题如不及时解决，影响交通至大。兹为保障行旅安全，防止危险，以维持路政秩序起见，特规定：

一、举凡行驶车辆及行人，一律靠道路的右边走。

二、车辆凡在两辆以上要向同一方向行驶者，须单行顺序前进，不得平行或争先。汽车超越他车前进时，必先鸣号使其让出路途后再行前进。

三、车辆因故或发生故障需要停留时，必须顺着去向靠路旁右侧停下，不得阻碍道路交通。

四、汽车经过拐弯、村庄、市镇人群及上坡下坡时，必须鸣号并慢行前进，以免发生危险。

五、汽车行驶时，禁止人员攀登或跃下。

六、三五人以上行走道路时，不得横排前进，应自觉走成一行，以免阻塞交通。

七、汽车、坦克及其他之载重车辆，凡经过桥涵时要慢行，以保护桥涵并免出危险。

八、两车相遇时，应互让错车，如遇道路窄隘，空车应让重车先行，其他车应让汽车先行，一般汽车应让军用车先行。

九、夜行汽车两辆相遇时，其一方必须关闭灯门，然后鸣号错车。

十、车行繁华城市，严守城市交通规则，并受交通警察之指挥。

以上规定自公布日起施行，仰各公私大小车辆及一切行人见此通告后，务须一体遵照不可有误为盼。特此公布。

选自《山东革命历史档案资料选编》，第20辑，济南，山东人民出版社，1986年版，第403～404页。

59. 山东省征收黄烟产销税与登记烤房暂行条例

1948年9月5日

第一条　为调剂群众负担，充裕财政，特制定本条例。

第二条　凡在山东解放区境内设烤房熏制黄烟者（系指可供卷烟用者），均得依照本条例之规定，向就地税收机关办理登记，领取烤房登记证，始准熏制。

第三条　本条例所指课税之黄烟，系以种烟户实烤成之数量为标准，于烤完后，由烤房登记人按各户烤成数量计算、收缴税款，并于将税款汇齐后，一次向原登记之税收机关申报缴纳之。

第四条　黄烟税率暂定为百分之十从价征收，征税估价由当地税收机关规定公布之。

第五条　种烟户除黄烟缴纳产销税外，其土地应纳之公粮、田赋，仍应照法令之规定缴纳之。

第六条　凡设置烤房熏制黄烟者，其经理人均须于开始前十天向就近之税收机关申请办理登记，领取烤房登记证，始准熏制。

第七条　黄烟税由烤房代收，烤房经管人须负责按各种烟户、烤干之数量填入申报表，将各烤烟户应纳税款汇齐，向原登记之税收机关申报缴纳。申报表所填数量等项，须经村长及财粮委员审查盖章方为有效。

第八条　烤房经管人如有匿报产量、短纳税款等情，经调查属实者，得处以短报税款一倍至五倍之罚金。

第九条　凡未领取烤房登记证、私设烤房者，一经查获或告发，税收机关得勒令停止其熏制，除将已烤黄烟照章纳税外，并得处以税额一倍至五倍之罚金。

第十条　凡向当地税收机关告发私设烤房或匿报烤烟数量者，经税收机关查明决定处罚后，得以罚金百分之八十奖给告发人，如系税收人员自行查获者不得提奖。

第十一条　本条例之实施，除工商税收机关负责征收与办理烤房登记外，所有当地之县、区、乡、村地方政府，应有协助各该地税收机关办理烤房登记与审查纳税人申报数量及催收税款之责。

第十二条　本条例由山东省政府公布施行之。

选自《山东革命历史档案资料选编》，第21辑，济南，山东人民出版社，1986年版，第12～13页。

60. 山东省对外贸易的经营与管理
——山东全省工商会议决议之二

1948年9月

一　山东对外贸易情况的变化

1. 最近一年来进出口情况有很大变化，滨海及胶东半岛北线由盛而衰，滨北与渤海由衰而盛。

2. 外面口岸过去较盛之沪、甬、天津等来往渐衰，青岛、香港、朝鲜正逐渐发展。

3. 公私经营的变化，私人对外贸易逐渐减少，公营贸易从分散到集中。

4. 变化的原因，去年敌人进攻所给的影响至今尚未恢复，敌区物资的严格封锁，海上匪船的骚扰抢劫，危险性很大，敌区与我来往之商贩大部为特务或特务所操纵，执行土改政策对工商业的影响，港、韩贸易的开放及我们自己主动争取改变了进出口方向等。

二　对外贸易的估计与要求

根据形势的发展和战争与建设的需要，及山东对外贸易的有利条件，必然更加重了我们的采购供应任务，因此在主客观的要求与条件下，山东对外贸易将进入一个新的阶段（任务繁重，关系复杂），至于有利条件和现存困难有下列几点：

A. 我们对外的有利条件：

1. 方针政策统一了，步调统一了，全省领导统一了，开始有组织、有计划了，力量集中了。

2. 内部敌人大部肃清，与华北联〔连〕成一片，物资力量雄厚了，能负担起大量的外汇支付。

3. 海岸线长，海口多，敌人封锁是有一定限度的，外区口岸有些根本不受敌人封锁的影响。

B. 现有的困难：

1. 海上我们尚没有力量控制，因而敌船与海匪的封锁骚扰增加了商船来往的困难，因此我们是处于被动的。

2. 因我输出输入不正常，数量价格不准确，加以外区没有坚实的贸易来往基础，造成我们的各种困难。

3. 干部原则性不高，大家缺乏海外贸易的经验与知识。

4. 交通运输条件受到一定限制，不能大量的〔地〕调度物资。

三　对外贸易的方针与政策

对外贸易政策执行，是国家性质与力量的具体表现，今天我们在斗争的成败上，直接影响到我们的战争供给、建设和生产发展与物价的稳定及进出口贸易平衡。过去我们是单纯的任务观点，抓一把，缺乏长期打算，不政策化，故今后在对外贸易不但要策略，而且主要是政策问题。华北财办指示：根据我区目前经济情况与战争需要，对外贸易的基本要求，仍是贯彻奖出限入的方针，掌握主要物资，增强对敌斗争力量，统一对外贸易的管理，争取贸易上的主动地位，为战争服务，为生产服务。为此，在具体政策执行上明确提出：

1. 奖出限入和奖入限出——从整个来说是奖出限入的。从进出口物资分别来说，一方面奖出限入，一方面奖入限出。也就是说，奖励我之剩余物资（如水干果、鲜干鱼、草帽辫子、蔬菜等）和消耗品（烟、酒等）大量输出，限制我区已能生产或具有生产条件的日用品（洋火、肥皂、洋布等）及一切消耗品（烟、茶、酒）、奢侈品与迷信品等的进口，奖励对战争与建设有帮助的工具、原料甚至制成品进口，限制我之主要物资、对敌战争生产有帮助的原料（棉花）、食品（粮食、油类）、燃料（煤炭）等出口，目的是争取我们对外贸易的主动与有利。

2. 争取有利交换——所谓争取有利交换，不是单纯从价格斗争上争取有利，主要是从输出入物资的使用价值上有利。也就是说，不能以争取价格之有利而妨碍了战争与建设的需要，主要从战争与建设需要出发，不但争取数量多、质量好，而且要争取及时保证供给，不间断的〔地〕扩大我之交换范围。

3. 争取大量输出——我区物资条件很多，只要加以主观努力，准确掌握政策，以大力组织生产，组织运销与输出，不但争取了对外贸易的主动，而且稳定了内地物价，争取大量输出的条件是完全具备的。

4. 统一对敌——所谓统一对敌，必须是组织领导上的统一，进出口管理办法上的统一，税则、税率、税目的统一，商品标准的统一，对外作价的统一，外汇调度的统一，进出口计划的统一，也就是说方针政策统一，步调办法统一，一切求得统一，以便力量集中，使敌人与投机商人无隙可乘，斗争力量自然增强，效果必然加大。

5. 团结商人——从大量发展群众性的对外贸易中团结商人，从指导群众性的经营团结商人，从照顾商人利润去团结商人。总之，对一切能争取与团结的商人，都应主观上的

〔地〕努力，如争取国际贸易的商人（如港、韩商人），争取敌区商人（与四大家族有联系亦可争取），组织与培养本地区的商人。

至于如何团结商人，是应在一定的政策上与遵守解放区政府法令下进行团结，因此也必须有一定的斗争具体方法：

（1）保证商人的经常利润。

（2）体贴和照顾商人的具体困难，主要是代其保守秘密，一般应注意不应使商人互相了解，以免暴露。

（3）有意识的〔地〕培养他专业化，如搞医药的专搞医药。

（4）保证他合法的自由，减少其不必要的检查与手续上的麻烦。

（5）对某些投机欺诈的商人，应进行一定的斗争，揭发其卑劣行为。

（6）对面目不清和有政治嫌疑的，仍应细心利用他有利于我之一面，警惕他可能对我危害或破坏的一面，进出口检查工作应密切结合公安保卫工作。

（7）货物作价一定要坚持原则，劣货与不适用的货，尤其有计划欺骗我们的，应坚决拒绝，并予以揭发。

（8）对外区商人，只要对我有利，一律加以照顾。

（9）对内地正派商人，应有计划的〔地〕加以培养，使其发展与我们一起对敌斗争。

（10）今后来往关系经营巨大的商人，如他要表示与我们有关系，而他本人需要证明时，只要确实为我做了一些工作，可由进出口局予以证明，表明对解放区的贡献与成绩。

四　物资管理与进出口经营办法

A. 物资的管理原则与办法：

1. 进口物资分免税进口、征税进口、特许征税进口、禁止进口四种，出口物资分禁止出口、统销出口、管理出口、自由出口（分征税出口、免税出口）四种。

2. 统销物资，决定生米、生油、棉花、猪鬃、黄金全面统销（渤海生油管理出口），统销地区商人不得自由采购与经营出口。

3. 管理物资，黄烟、生丝、粮食，凡属办理输出管理物资者，必需〔须〕事先输入指定之进口物资，方能办理出口，或凭免税入口货物之登记证办理管理品出口，粮食、银元及军需物资与生产建设器材禁止出口。

4. 特货推销问题。特货推销为目前解决财政开支、保证战争供给、完成采购任务之切要关键，各有关之公司商店应从思想上重视这一工作。过去因为对特货推销方针政策不明确，强调政治影响，致使秘密到神秘化了，同时不了解存货总量，不知成本高低，因此看成宝贝，不敢放手出售，更不肯廉价出售，加以不识货色，出口价格不统一，既至后半期又采取了配货方式，结果造成商人怀疑与恐惧。因此，对今后特货推销的方针与办法应注意下列问题：

（1）今后对特货的政策为倾鞘〔销〕原则下的争取有利交换。应特别指出倾销（低价大量推销）是主要的，争取有利交换是在不妨碍倾销的原则下来进行的。但无限度的〔地〕低价，不争取有利交换，也是不对的。

（2）经营方式与方法：

a. 以坐地交易为主，绝不能向外赊销。但商人在开始时，为打开销路，可分赠予

〔与〕样品。

b. 有计划的〔地〕培养关系。由于蒋匪区被四大家族所垄断，特务封锁破坏，要达到我们推销的目的，是一个复杂的斗争，因此有计划的〔地〕培养关系与掌握关系，必须提起高度的注意。

c. 商品标准化。凡以前所存带砂子的“特货”暂不出售（如果商人自愿要该货，则价格应低于上等货的价格），应绝对货真价实，不让商人吃亏，以维信用。

d. 特货的供给，要适合客观的要求，商人要什么，我们出什么。但亦需进行必要的了解与说明，如买去吸的，应给特货，如买去配药的，可卖给胚子。商人要求伪装，亦应尽可能满足他的要求。

e. 对回货来讲，可放宽尺度，首先争取换回四大器材。但必要时，凡特许入口的货物以及有用的禁入品（洋布、洋纱，但需由进出口公司统收，不能自由流入市场），都可以特货换进，同时也可以现款出卖，不问回货。总之，贯彻倾销政策，销得越多越好，并决定为进出口工作考绩之一。

f. 出入口管理局及有关之公司商店，都可公开传达，并说明这一任务的重要性，要用大力来经营。如果能胜利的〔地〕完成，即对财政经济能起着莫大的支持作用。

g. 确定各海口进出口管理局之总分公司、陆地（徐州、新浦）之边沿商店，为指定负责推销特货机关，所有各公司商店应设立专门部门、专门干部负责推销、保管，并确定这一部门可定名为土产部。

h. 各进出口公司商店与特货公司为往来关系，经营上是代销性质，每月销售情况与开支，向工商部转账结算一次。

i. 为标志特货出口证明，特规定用“土产”名目填入“免税出口登记证”。凡持有此证者，准予放行，并准行带回上列规定之禁入或特许征税入口货物。

j. 特货出口价格（暂定以市两为标准）一般的〔地〕应略低于当地市价，以货易货者，仍应以现款计算。

5. 奖出的办法。奖出是为了推销我之多余土产与战争无用之工矿及手工业产品，换回我之有用物资。至于奖出办法，是分别各种物资之使用价值，采取轻税、免税或特许征税入口等办法，借以补贴。所谓补贴，不是高价收进、低价输出才算补贴，主要是组织我区免税出口货物输出，准予换回特许征税入口货物（如茶叶、红白糖、火柴、颜料、煤油等），也就是说，从进口货物的盈余补贴出口货物，这样自然就刺激了大量土产出口，并确定出口特货时，除准进入特许征税入口货物外，并可换回我禁入之洋纱、洋布等等入品（但这种情况仅限于进出口公司收买，不能使之流入一般市场）。

B. 进出口经营办法：

1. 贯彻企业化的经营方法，因此必须精密计算，正确的〔地〕掌握敌我区物价变化和我进出口的要求，经常进行有计划的输出输入，各进出口公司要根据计划完成任务。进出口物资，并不得为了完成任务而高价刺激输入，造成进口货的物价上涨，增加不必要的财政开支，也不得为了低价而妨碍进口与使用。输出物资，一定要标准化，打下今后国际贸易的信用基础。这不但是进出口公司的检查［职责］，而且是内地企业的任务。

输入物资卸地后，即应分别整装、编号、定价，经手人并签字盖章，以示负责，严格纠正过去一揽子、对革命资财不负责任的工作态度。至于内部作价问题，有市价的货物，一般的〔地〕不应超出市价，无市价的货物，可按正确的买进价格，加上各种使费（包装、运费、职员支使、破损折价等），外加3%的纯利，但买进价不合理之过高者，不但不得增加利润，反而应自行折本。

所有进口物资，应全部分别交给专业器材公司，凡未经指定，不得与任何使用部门发生直接关系。

2. 重点输入和标准价格，根据各进出口公司的贸易环境与条件，确定输入物资的不同类别，及以该地重点物资输入价格为其他各地同类物资输入的标准价格，如石岛主要输入为汽油、印钞纸张、电料、西药，占全省该种货物输入一半以上，则其他海口对以上物资即应以石岛进口价为标准，其他可类推，但可根据情况的变化及时转移重点和标准价格，不是死守一地的，这样来进行斗争，掌握物资，争取对外贸易的主动与有利。

3. 合理照顾输入商人的利润与作价的办法。输入商人的利润能否合理保证，是团结商人的基本关键。

（1）利润标准的根据与计算。

由于来货口岸不同，各种费用与来往时间和资金周转时间不同，因此不能规定一个统一的利润标准，较妥善的办法是：

a. 首先确定来货的成本。这个成本包括商人买进价格加起岸扛拨〔驳〕力税款及运费，即作为我们卸地时之进货成本（外付来货本金的折息），按此进行计算，青岛、天津可以30%为标准，沪、港、韩可以50%～100%为标准。

b. 此外尚须〔需〕看来货的体积机动计算利润。如西药体积小，成本大，携带方便，利润应小；汽油、钞票纸体积大，搬运困难，运费大，利润应较大，具体标准可依“a”项标准计算之。

c. 为有效贯彻奖出限入的基本方针，在利润计算上也应加以注意。如来同一货物，出我主要物资，且易携带周转，进货利润应低，如出我笨重和次要物资及奖出物资，进货利润应高。

（2）作价办法。

a. 以掌握外汇的比价为作价的主要标准。这样是否把主要物资都出去了呢？不是的。在以外汇比价为基础，我想输出什么物资，即把什么物资利润提高。如商人悦〔愿〕出金子，我们想出烟叶，因此要金子时进货利润降低，出烟叶时进口货利润提高。南海掌握商人出金子进货利润20%，出生油进货利润30%，出特货进货利润80%等，可作参考。

b. 外汇物资作价时，不能脱离市场的批发价格，过去石岛红石崖过高提高外汇物资价格是错误的，同时过分低于市场价格也是不对的。

c. 正确掌握外面商情与来货的准确市价和各种费用，方能准确计算利润。至于外汇比价，应以敌我区几种主要物资价格的混合比数为依据，一般应以我区自然外汇比价为标准，必要时也可按具体主要物资计算，采取不同的比价。

五　套取外汇与掌握群众外汇

1. 我们的采购任务是艰巨的，不但组织进口物资的输入，而且更重要的是使用外汇与组织外汇力量，一般的〔地〕应采取下列办法：

（1）在出超地区，如滨海、渤海，可套取黄金、银元及能支持外汇的物资，如渤海进洋纱、洋布。

（2）以多余物资，换回友邻区能够支持外汇的物资，如渤海以盐换棉，胶东以鞋子和布套取东北外汇等。

2. 不但要组织国营经济控制之外汇力量，而且应灵活掌握群众外汇，如：

（1）通过贸易管理掌握群众外汇。如群众输出管理品时，应动员群众带回一定数量之军需物资。

（2）通过外汇市场和黄金交易，有计划的〔地〕使用群众外汇。

3. 对现金银管理，除银元禁止出口外，对赤金为统销品，碎银为管理品，按进出口贸易管理办法执行之。

4. 有计划的〔地〕使用外汇，因此在组织输入上必须是有重点的。

（1）通过大连扩大东北方向之交换（主要为军工器材）。

（2）通过石岛进一步开展港、韩贸易，从港、韩套取汽油、电料、医药及印钞和交通器材，与一般不易购到之工业原料（化学品）和工具。

（3）加强对港贸易，套取重要物资，根据我之输出能力与输入需要，在香港目前条件下，开展香港贸易是完全可能的，石岛应抓紧这一环节。

（4）以胶州局为基础，通过青岛争取上海直接来往，输入应以化学原料、被服器材、西药器材及电料、颜料和一般文化用品，输出主要为烟叶、生油、特货，陆地组织粮食出口。

（5）滨海应从政策上转变，打开上海关系，并发展海州关系。

（6）渤海以天津、东北为对象，并进行套取外汇，以求扩大输出入范围。

六　为保证上列任务完成应注意的几个具体问题

1. 修正不合工资政策的扛驳力。各海口扛驳力之不合理，已影响工商业之发展和解放区的政治影响，因此必须采取自下而上解决这一问题。基本原则依当地一般生活标准确定工资标准，各地协商结果报来工商部，经呈请财办批准后方能执行。

2. 港务费之征收问题。港务费之征收完全为了加强海港建设。征收标准，各海口应将现行征收标准与手续报来工商部，以便统一。至于海坝与某些码头之修补问题，各进出口局及时检查，造具体预算来工商部批准。

3. 划分专门对外贸易之进出口管理局。以现有情况，分渤海、石岛、胶州、滨海四个局，统一由工商部集中领导。

4. 进出口公司与专业公司之关系问题，由工商部开给各进出口局之采购单，购进货物应分批转送专业公司，工商部派至各进出口公司之专业干部即作为各公司建制，但进出口公司不得随便转变其工作，通过这批干部解决技术问题，如识货、包装、作价等。

5. 进出口公司未经工商部批准，不得自行接受任何使用部门的采购任务，以免影响外汇之统一调度。

总之，一切为了套取足够的军需物资与建设器材。只有保证输出与充分的外汇、准确的政策，才能保证不间断的输入。对外贸易斗争不但是一个经济任务，而且是一个政治任务。

选自《山东革命历史档案资料选编》，第21辑，济南，山东人民出版社，1986年版，第75～85页。原注："华东财经办事处工商部1948年9月20日印发。"

61. 山东省政府关于保护及奖励培植林木暂行办法

1948年11月19日

一、为保护与奖励培植林木，特制定本办法。

二、依据土地法大纲第九条乙项之规定，对下列山林、封山等，须收归各级政府分别管理。

甲、大山林由省府直接管理，或委托各行政公署管理之。

乙、凡属县范围内原有之县公林及数村共有之封山、公林，应由县政府管理之。

丙、凡属一村范围内原有之封山、森林及社地、庙地之林木，由村政府管理之。

丁、各重要河道（如黄河）及各公路、铁路两侧，为巩固堤岸及路基所种植之树木，由各河务局、公路局及铁路局管理之。

三、凡已划归各级政府管理之森林、山场，须由各该管理机关将森林、山场情况、面积、四界及管理办法，呈报上级政府备案，并出示布告严加保护。属于群众私有者亦予以法令保护。

四、公有林须建立一定之管理组织，拟具管理办法，切实负责保护与培植，按时播种、栽植、修理、采伐。群众分得之山林，政府奖励与扶持其发展。

五、公有林地，封山只准造林，不准开荒，如必须开荒时，公有林地须经省府或行政公署批准。

六、未确定所有权之荒山、河滩，群众自愿造林植树者，由县以上政府或主管机关登记、批准，所造林木归群众所有，但地权仍归政府所有。

七、机关团体所植之树木，如在私人地内者，属该土地所有者所有。如在公地未向当地政府声明备案者，归公有，公地已分给群众者，所植之树木亦随地转移。

八、无论公私山林、树木，未经管理机关及林主之同意，任何机关、部队、团体及人民均不得采伐林木。如必须采伐时，公有林得由管理机关指定采伐办法，私有林须商得林主同意，公私林均须公平给价，不得强行采伐，违者依法惩办。

九、为防止火灾毁坏林木，严禁燃烧野草。故意放火成灾者依法惩办。

十、封山造林时须划出一定山场，便利群众牧放牲畜。

十一、凡不遵守政府法令及封山造林公约，擅自砍伐、窃取林木，或纵放牲畜损坏林木者，应令其赔偿损失，其故意破坏者加重处罚。

十二、在公地或私有土地内造林，其占用土地未满十年者，可免除负担。苗圃保安林（如防风林等）所占之土地免除负担。

十三、凡保护林木，培植育苗，及介绍经验、推广群众造林有显著成绩者，政府应予以奖励。

十四、在不抵触本办法原则下，各地区得自订管理办法及护林公约。

十五、本办法由山东省政府公布施行之。

选自《山东革命历史档案资料选编》，第21辑，济南，山东人民出版社，1986年版，第327～329页。

62. 山东省政府关于保护与奖励耕畜繁殖暂行办法

1948年11月

第一条　为保护与奖励耕畜繁殖，特制定本办法。

第二条　凡农民饲养之耕畜（牛、马、骡、驴），政府一律保护其饲养户之所有权及使用权，他人不得侵犯。

第三条　凡从事繁殖与饲养耕畜之农户，均可享受如下奖励办法：

（一）凡从事农业耕作之牛、马、骡、驴，不分大小，每头全年减征公粮十五斤、公草二十二斤半，但每户减征不得超过二头。

（二）凡饲养种畜专为配种者，除同样减征公粮公草外，得酌免差役。

（三）凡带驹带犊之母畜，产前两个月产后一个月得免除差役。

（四）凡幼畜在两个牙以前者，得免除差役，四个牙以前者，得免除重差远差。

（五）凡专为繁殖饲养牲畜之牧场或养牛合作社，政府可予以特别贷款之优待。

（六）为奖励农民饲养耕畜，政府应按时发放耕畜贷款，如在冬春两季饲养户缺乏草料时，政府亦可酌予贷款扶助。

（七）凡对繁殖与饲养耕畜有丰富经验并有显著成绩者，政府予以名誉或物质之奖励。

第四条　凡饲养户所负担公粮不足应减数者，以减至不负担为限。

第五条　饲养户之减征公粮公草办法，仅限于能施行征粮办法之地区。

第六条　凡专为治疗耕畜疾病之兽医，经群众公认对预防治疗耕畜疾病有显著成绩者，由县以上政府给以名誉或物质之奖励。

第七条　凡本解放区之耕畜（牛、马、骡、驴）一律禁止贩往国民党统治区，违者交县以上政府处理，按其情节轻重，没收其所贩耕畜或科以罚金。

第八条　凡耕畜（牛、马、骡、驴）一律严禁宰杀，违者酌予处罚。如因齿老残疾不能耕田必须宰杀者，得经本村农会讨论，呈报区政府查验批准，方许宰杀。对故意制造伤疾企图宰杀耕畜从中谋利者，经查实后交区以上政府惩处。

第九条　凡给军工烈属及荣誉军人代耕之耕畜，均须经群众讨论，合理计工，全村负担。

第十条　本办法自公布之日起施行之。凡本府及各行政公署所颁发之有关保护及繁殖饲养牲畜之各种办法与本办法有抵触者，一律作废，均依照本办法办理。

选自《山东革命历史档案资料选编》，第21辑，济南，山东人民出版社，1986年版，第356～357页。

63. 山东解放区进出口贸易管理暂行办法

1948年12月15日

第一章 总 则

第一条 为保护进出口贸易，以发展生产，支援战争，特制订〔定〕本办法。

第二条 本办法之执行机关为沿海之进出口管理局及其所属之进出口公司及海关，与陆地边缘区之进出口商店及进出口事务所。

第二章 出口贸易

第三条 凡准许出口之物资，分为统销品、管理品、普通输出品三类，出口时，均须向海关或陆地边缘区之进出口事务所办理报验登记及纳税手续，方准出口。

第四条 统销品之种类及其出口手续如下：

一、统销品暂规定为下列五种：（一）生油，（二）生米，（三）棉花，（四）猪鬃，（五）黄金（包括金条、金宝及每次出口满一两以上之金饰、金器）。

二、统销品出口，必须依照当地进出口管理机关公布允许输入之各种军需资材与各种建设器材为限。

三、上列统销品出口，统由各地进出口公司和进出口商店负责经营。各进出口商人欲经营上列统销品出口者，须先输入上项规定之物资，售予进出口公司或陆地边缘区之进出口商店，并同时交出“免税进口货物登记证”，方可领购等值之统销品。

四、统销品出口时，须凭进出口公司或陆地边缘进出口商店之“发货票据”向海关或陆地边缘区之进出口事务所报验办理出口手续。

第五条 管理品之种类及其出口手续如下：

一、管理品暂规定为下列五种：（一）粮食，（二）黄烟叶，（三）蚕丝（黄丝、白丝），（四）豆油，（五）生果。

二、上列管理品出口时，必须输入《山东解放区征收进出口税暂行条例》所规定之免税进口货物，方得办理出口手续。

三、凡经营管理品出口之商人，于运货出口以前，应凭“免税进出货物登记证”向海关或陆地进出口事务所请领同等价值之“管理品出口许可证”，并办理纳税手续，方准出口。

第六条 凡公私商店、工厂、合作推进社，为进行工农业生产，准许先行输出管理品，交换《山东解放区征收进出口税暂行条例》中规定之免税进出口货物，但得先行备文向进出口管理机关申请（私人商店工厂必须具保），经审查批准，发给“管理品出口许可证”后，方准办理出口，待交换之免税进口货物进口后，将“免税进口货物登记证”交原批准机关验明无讹，方可解除责任。

第七条 普通输出品分纳税出口、免税出口二类，出口商人得依《山东解放区征收进出口税暂行条例》之各项规定办理之。

第八条 禁止出口货物，按《山东解放区征收进出口税暂行条例》之各项规定办理之。

第三章　进口贸易

第九条　凡准许进口之物资，分为特许征税进口品、征税进口品、免税进口品三类，进口时，均须向海关或陆地边缘区之进出口事务所办理报验登记与纳税手续，方准进口。

第十条　特许征税进口品之种类及其进口手续如下：

一、特许征税进口货物，暂规定为下列十二种：（一）茶叶，（二）颜料，（三）火柴，（四）煤油，（五）红白糖，（六）旧胶皮轮带，（七）胶皮鞋，（八）卷烟盘纸，（九）糖精、香精（纸烟、肥皂工业用者），（十）纸张（细目依税目之规定办理），（十一）搪瓷器（包括热水瓶），（十二）牙粉、牙膏。

二、凡经营特许征税进口品之商人，应事先输出等值之各种免税出口货物，并凭所持“免税出口货物登记证”向海关或陆地边缘区之进出口事务所办理报验纳税手续，方许进口。

第十一条　凡经营征税进口品，免税进口品者，得依《山东解放区征收进出口税暂行条例》之规定办理之。

第十二条　禁止进口货物，按《山东解放区征收进出口税暂行条例》之规定办理之。

第四章　附　则

第十三条　本办法所称进出口贸易种类之细目，未经指名者，依《山东解放区征收进出口税暂行条例》规定之税目办理之。

第十四条　凡进出口商人违犯本办法之规定输入、输出货物者，得依《山东解放区征收进出口税暂行条例》中有关走私处罚部分之规定处理之。

第十五条　本办法所规定之进出口贸易种类中，应行统销、管理、特许等物资，如情况变动须要变更者，随时由山东省政府以命令修改公布之。①

第十六条　本办法由山东省政府公布施行之。

选自《山东革命历史档案资料选编》，第21辑，济南，山东人民出版社，1986年版，第443～446页。

64. 山东解放区进出口船舶货物报验纳税办法

1949年

第一，各种手续之规定及其实施范围

一、船舶之进口出口的报结关手续：

（一）贸易船舶不分轮船帆船，均须执行下列各种手续：

1. 航运执照；2. 航运路簿；3. 报关旗号；4. 船用物料报告单；5. 船舶港务费

① 1949年5月12日山东省人民政府发出工商字第4号通令，内称：根据《进出口贸易管理暂行办法》第十五条规定，决定将粉丝、大豆、豆油补列为输出统销品，并仍按同时公布之进出口税率予以征税。

收据。

（二）港内船只，均须执行下列手续：

1. 港内船执照（包括驳船、引水船、拖船及港内工程船等）；2. 渔船执照。

二、货物进出口报验纳税手续：

（一）根据各海港进出口实际情况及海关机构之配备情况，对货物进出口之报验手续分别规定以下两类。

（二）第一类：

1. 手续种类：

(1) 船舶进（出）口舱单（正副）；

(2) 进（出）口货物报单（正副）；

(3) 免税进（出）口货物报单；

(4) 税款收据；

(5) 免税进（出）口货物登记证；

(6) 管理品出口许可证；

(7) 转口税货物报单（正副），已完转口税货物报单（正副）；

(8) 转口货物舱报单（正副）；

(9) 港务费收据；

(10) 进出口货物检查通知单；

(11) 进出口税征收证。

（上列（10）（11）两项用于旅客行李内带货物及零星货物。）

2. 施行第一类手续之条件：

(1) 沿海之进出口贸易商埠，并经海关指定者。

(2) 沿海集镇，且进出口贸易及代理业商行一向发达并经海关指定者。

(3) 上列海口之海关组织机构健全，人员分配可达到一定分工程度者。

（三）第二类：

1. 手续种类：

(1) 进（出）口货物检查通知单（同第一类）；

(2) 进（出）口税征收证（同于第一类）；

(3) 进（出）口免税货物登记证（同于第一类）；

(4) 管理品出口许可证（同于第一类）；

(5) 港务费收据（同于第一类）。

2. 施行第二类手续之条件：

(1) 并无代理业商行亦非集镇之小海口，经海关指定准许进出口帆船停泊者。

(2) 陆地边缘进出口事务所。

第二，货物之进出口报验纳税程序

一、进出口货物之报验纳税程序：

（一）第一类：

1. 船舶进口报关手续（依本办法“第三”之规定）办理之后，经海关参照船舶进口舱单，监视将货物卸入海关仓库或验货场存放，依下列各项规定报验。

2. 免税进口货物，由代理业商行或商人填具免税进口货报单一份，报请海关验讫存查，交纳港务费，领得免税进口货物登记证及港务费收据之后，凭证起货。

3. 征税进口货物，由代理业商行或商人填具进口货物报单“正”一份、“副”数份，报请海关检验核税，交纳税款及港务费之后，海关将报单“正”连同税款收据及港务费收据发交商人，凭至仓库或验货场起货。

4. 特许征税进口货物，报验手续同于“3”项之规定，但须附呈所有之免税出口货物登记证，始予检验放行。

5. 转口税货物，由代理业商行或商人填具转口税货物报单“正”一份、“副”数份，再依“3”项之规定办理。

6. 旅客行李内带货物，由海关之监验单位检验，填发进出口货物检验通知单，交商人持往海关之征收处交纳税款，领取进出口税征收证，以凭起货。

（二）第二类：

1. 海口：船舶进口起关手续（依本办法“第三”之规定）办理之后，由海关之监验人员参照船舶进口舱单检验，填发进出口货物检验通知单，交由商人持向稽征人员交纳税款及港务费，分别领取进出口税征收证、免税进口货物登记证、港务费收据之后，凭证起货。

报验时如系特许征税进口货物，亦得呈验所持有之免税出口货物登记证，始予报验放行。

为严格并便利管理，实施第二类手续之海口，不准报验转口税货物。

2. 陆地边缘之进出口报验纳税手续，同于前项规定，但无须使用船舶手续及港务费手续。

二、出口货物之报验纳税手续及其程序：

（一）第一类：

1. 免税出口货物，由代理业商行或商人填具免税出口货物报单一份，报请海关验讫存查，交纳港务费，领得免税出口货物登记证及港务费收据，即可凭证经海关监视装货上船。

2. 征税出口货物，由代理业商行或商人填具出口货物报单“正”一份、“副”数份，报请海关检验核税，交纳税款及港务费之后，海关将报单“正”连同税款收据及港务费收据发交商人，凭单经海关监视装货上船。

3. 管理品出口，商人凭免税进口货物登记证请领管理品出口许可证之后，凭证按“2”项之规定办理报验纳税手续。

4. 统销品出口，商人凭进出口公司之发货票据按“2”项之规定办理报验纳税手续或按“1”项之规定办理免税出口手续。

5. 已完转口税货物，由代理业商行或商人填具已完转口税报单“正”一份、“副”数份，附呈有关单据向海关报验无讹，即可经海关监视装货上船。

6. 旅客行李内带货物，使用进出口货物检验通知单及进出口税征收证办理之。

（二）第二类：

1. 不分海口、陆地边缘之出口货物报验，均经监验人员填发进出口货物检验通知单，交商人向稽征员交纳税款，分别领取进出口税征收证、免税出口货物登记证，即可运出或装货上船。

2. 在海口须交纳港务费，领取港务费收据。

3. 管理品出口，统销品出口，均得先行领取管理品出口许可证或进出口公司之发货票据，始予检验放行。

三、本解放区各海港之物资调剂及友邻解放区之物资转运手续：

（一）货物于解放区各海港相互转运，由代理业商行填具转口货物舱报单“正”一份、“副”数份，或由商人具殷实商号铺保一户，报请海关检验装货上船，并在出口时须交纳港务费，取得港务费收据（另有规定者例外）始准转运。

（二）商人所呈之转口舱报单，经海关检验无讹后加盖验讫，将舱报单之“正”联交商人收执，“副”联一份由海关封发寄递运往海港之海关以资核对监验，其余“副”联留海关存查。

（三）货物到达运往海港后，商人凭所持舱报单向当地海关报请检验，不须〔需〕另具手续，转入港海关验查无讹准予货物卸地，舱报单存查。

（四）舱报单之“副”联，由转出口海关封发寄递转入口海关接到之后，核对运达货物所报之“正”联舱报单，经检验无讹后，签注货物到达时间，加盖验讫，寄回原发出之海关，以资结销转口货物。

（五）海关收到别地寄来之转口舱报单，如在一定时间（估计航行需要时间）内，货物仍未到达者，应注明“船未到达”字样及封发时间，加盖图章，寄回原发出之海关，以资追究转口商行或商人。

四、缉获走私偷税货物处理办法：

（一）缉获走私货物经没收者，应掣给没收收据，处罚者应给罚款收据。

（二）缉获走私货物补税者，概以进口货物检验通知单及进出口税征收证及免税进（出）口货物登记证办理之。

第三，船舶进出口之报结关

一、进口船舶之报关：

（一）进口船舶之进口时间及寄泊地点，均得于进口前发出汽笛或旗号，由海关指定。

（二）船舶寄泊后，须于一定时间内，由船长经代理业商行向海关呈验下列文件：

1. 航运执照；2. 航运路簿；3. 船舶进口舱单“正”一份、“副”数份；4. 船舶港务费收据（第一次入港者，须于报关时纳费领取）；5. 其他临时指定之文件。

（三）船载货物卸地，经海关查验船舱之后，发给舱单“正”收执，其他文件留存海关，于出口时再行发还。

二、出口船舶之结关：

（一）出口船舶于装货之前，得报请海关查验空舱。

（二）出口前，由船长经代理业商行详为填具船舶出口舱单“正”一份、“副”数份，并附船载货物所有出口货物报单、免税货物出口登记证及其他全部证件，向海关报验结关，海关查验之后，发给舱单“正”及所附呈之一切单证收执。

（三）出口时，向海关领回航运执照、航运路簿、船舶港务费收据及其他应发还之文件，经海关指定地点时间，候风或起锚出口。

三、船用物料之装卸手续：

各种船舶所需日用物料，得于进口后填具进口船用物料报告单“正”“副”各一份，经海关检验发给报告单“正”收执，出口前填具出口船用物料报告单，“正”“副”各一份，经海关批核数额，发给报告单“正”收执，凭单运送物料上船使用。

四、港内船，除渔船外，均不得出港，在港内驳运货物时，须将各船执照随船携带，以备检查。

渔船凡经领得执照者，得携带执照自由进出，但须随时接受海关之检查。

五、船舶停航及停业时间，得将航运执照及航运路簿交海关存查，于启〔起〕航或复业时领取之。

第四，代理业商行代报及纳税商人直接报验办法

一、代理业商行代进出口船舶报关，须对委托代报之商人与船舶负担保证责任，如查获进出口商人走私违法情事，代理商行得接受连带处分。

二、纳税商人委托代理业商行代报纳税，以自愿为原则，不得强迫。

三、海口往来之小商人之零星货物，得酌情准予口头报验，依旅客行李内带货物之征税手续办理。

第五，各种手续之填写及使用说明

一、代理业商行或商人填写各项报单及海关填发各项证件，均得保证清楚工整，签字盖章印记齐全，各项报单舱单“正”联每次一份，“副”联之份数由当地海关依具体情况规定之。

二、出口舱单所规定之各栏，除编号及所附出口报单份数外，均由船长或代理业商行填写，送海关验讫之后，海关得依规定分别加盖机关及个人印记，将“正”联交船长收执，“副”联分别交各部门存查或使用。

进口舱单除左边第三栏及编号留由海关于收到报单再行填注外，其余与出口舱单同。

三、免税货物报单只须〔需〕填写一份，除编号外，全部由商人或代理业商行填明，如发现将征税货物误填入免税货物报单者，得随时涂掉，海关于查对其货物单价总值核算无讹，掣给免税进口货物登记证之后，将报单加盖印章，送交统计审核并供上解。

四、进出口货物报单除编号外，均由代理业商行或商人填写，送达海关之后，分别进行鉴定估价及税率，核算税款额、检验货物等，均须由海关各该人员盖章，于商人交纳税款之后，再行加盖机关印章，将“正”联发交商人收执，“副”联分别送交各部门使用或存查上解。

五、转口税货物报单，同“四”项之规定处理，已完转口税报单除逐栏填明外，并须附送转口税报单及税款收据等。

六、进出口货物检验通知单，由监验员填写存根及通知单之货名数量，商标牌号（不分有税无税）、商人姓名、从何处来、到何处去等项为限；估价及税率两项，则待将通知单掣交商人持向稽征人员交税时，由鉴定员填写，通知单上监验员、鉴定员均得盖章负责。

七、税款收据，由稽征员于核算报单之后填写，交商人持赴收款处交款，收款处将“交纳证”一联留存，其余交商人持回凭领报单，收据联发交商人收执，存根联送交会计处以凭记账。

交纳证联及收据联由海关稽征处盖章，存根联由收款处盖章。

八、进出口税征收证，由稽征员根据“检验通知单”填写，算出税款额之后，即另填两联“送款单”交商人持赴收款处交款，经收款处收款盖章之后，一联交商人持回，向稽征员领取“征收证”，一联留存记账。

九、免税进口货物登记证，在实施第一类手续之地区，由稽征员根据免税进口货物报单填发，在实施第二类手续之地区，根据货物检验通知单填发。

十、管理品出口许可证，由海关负责人根据商人呈交之“免税进口货物登记证”批准数量之后，由稽征员填写掣发，原证留附存根备查，并上解审核。

选自《山东革命历史档案资料选编》，第22辑，济南，山东人民出版社，1986年版，第22～30页。

65. 山东省煤矿金矿矿商登记暂行办法

1949年2月

第一条　凡经营煤及金矿开采淘炼之矿商，均应依本办法向当地主管税务机关申请登记备案。

第二条　无论在本办法公布施行以前或以后成立之矿业商户，均应向主管税务机关办理登记手续。申请登记时，应将下列各款详细填明：

一、名称、住地。

二、组织。

三、资本性质。

四、资本总额。

五、董事长、经理之姓名、年龄、籍贯、简历。

六、职员及工人数目。

七、矿区、矿井数目及所在地。

八、营业所及分所所在地。

九、设立年月。

十、产品种类。

第三条　矿商依照前项登记时应备下列各项文件：

一、矿商登记表。

二、机器说明书。

三、设备说明书。

四、每月产量及蕴藏量说明书。

五、矿区、矿井说明书及地图。

六、印鉴。

七、矿务管理机关证明书。

第四条　矿商申请备案之登记表所填各项及上条所列附件之内容，如有变更时，应分别报请原登记机关核准变更登记。

第五条　本办法未公布前已开采营业之矿商，均须于本办法公布之日起一个月内申请登记，在申请登记期间得继续开采淘炼营业。停工已久重行复业及新开办之矿商，均应在矿务管理机关核准开办后七日内，向主管税务机关申请登记备案，经登记核准后，方得开采淘炼营业。

第六条　矿商如因故长期停工或歇业时，应于事前呈准主管税务机关备案。

第七条　由地方税稽征机关代征统税之矿区，矿商登记应向代征机关申请之。

第八条　办理矿商登记手续，除收回各项单证印刷费外，不收任何费用。

第九条　本办法如有未尽事宜，由山东省政府修正公布之。

第十条　本办法经山东省政府公布施行。

选自《山东革命历史档案资料选编》，第22辑，济南，山东人民出版社，1986年版，第200～201页。

66. 山东省政府实业厅合作局关于全省合作会议的报告

1949年2月2日

第一件　会议总结

全省合作会议于一月十一日开会，至二十四日结束，共十四天。参加会议者一百三十一人，计合作推进社干部七十一人，政府合作行政干部三十九人，合作研究会干部二十一人。会议开始传达刘少奇同志《关于新民主主义经济和合作社的报告》，小组讨论三天；再传达华东局一九四九年农业生产计划，讨论回去如何工作，通过了一些工作条例，最后作简单总结及布置推进社工作。参加会议者的漫谈意见，在大会上有如下主要收获：

（一）弄清了今后一个时期革命的重要问题，如新民主主义经济性质，新民主主义发展道路，三个经济构成部分的关系，要达到社会主义尚需经过什么斗争。对参加会议的干部，在思想上亦开始有改造，警惕了左倾机会主义的思想倾向。如认为新民主主义经济的三个组成部分是平衡发展，没有区别，没有斗争，也是无产阶级的，和资产阶级的没有区别。无产阶级领导的国营经济和合作经济是走向社会主义的，而私人资本经营是走旧资本主义道路的，从来是一个糊涂观念，已经比较清楚地区分了。由此提高了我们的阶级觉悟。有这些思想基础，今后必能更团结我们的力量与资本主义竞争。

（二）明确了新民主主义合作社的发展道路，由小生产到大生产，由个体经济到社会主义的集体经济。同时，也明确了在此发展过程中合作社所负担的历史任务，和目前对投机经济斗争的任务，了解国家经济对合作经济的经济领导关系，合作社目前应怎样做。即明确解决了合作社方向、政策、方针、路线、做法问题，打下了整编和扩大我们合作经济斗争队伍的思想基础，并由此肃清了不愿干合作社工作的思想，提高了做合作社工作的信心。

（三）新的合作方针已初步与山东合作社实际结合，表现在以下三点：

甲、已分清了工作中对与不对的标准，研究了合作社工作的成绩、缺点，推进社工作优缺点。经过此检查，知道今后如何努力。

乙、研究了推进社条例，合作社组织办法，供给合作社章程，关于统一合作商业的决定等。

丙、根据新精神，初步研究了实现华东局一九四九年农业生产计划的具体作〔做〕法。

第二件　一九四九年一月全省合作会议关于统一合作商业的决定

目前经济情势的发展，需要我们有系统地进行合作商业。即根据工作需要，对外贸易需要，城市居民需要，各地区间交换物资的需要，及城市供给乡村的生产、生活资料的需要等等，来有计划地发展合作社的供给、销售业务，从而团结广大的小生产者和人民消费者在国家经济周围，并在国家经济领导下对投机经济作斗争，稳定物价，发展合作社生产，安定经济生活，并使小生产者逐步走上有组织、有计划的经济轨道。

在前一时期，由于我们缺乏明确的合作经济建设方针、方向，缺乏统一的合作领导系统，缺乏对城市贸易工作的机构，缺乏有系统的业务指导和管理，未能与国家经济密切结合等等缺点，以致我们合作商业过度分散和孤立，受尽私营货栈、代理店的欺榨〔诈〕剥削及奸商的投机操纵，甚至与国家经济对立；运销处、推进社、合作社间有竞争和纠纷；部分合作贸易人员亦进行投机，贪污浪费，腐化堕落。这些现象的存在，不特使合作社不能与国家经济共同行动，负担起对投机经济斗争的历史任务，而且成为对国民经济的破坏因素。为着克服和纠正此等现象，兹决定如下各项：

（一）统一领导和行动：

甲、建立由上而下的合作社领导系统，从省总社、行政区总分社、专署区分社、县社，一直到区社、乡社、村社，在政策、方针、任务，业务管理、组织和经营，指导物价标准，规定会计制度、请示报告制度等各方面，都建立明确的下级服从上级的关系。

乙、在发展新民主主义经济，发展群众生产，对当地投机经济作斗争，及日常工作的布置、检查、督促等方面，必须受当地党政的统一领导和指挥。

丙、在重要城市设立合作运销处，作为统一商业的机构。当地未设立合作运销机构者，则由推进社或合作社负担同一任务（其他推进社、合作社不得另设分社或联合社）。任何推进社、合作社到当地经营商业，必须通过当地合作机构，服从当地合作商业方针及对投机经济斗争的需要，在当地合作机构统一指导下进行经营。合作企业间不得相互竞争，亦不得单独与私商往来，或委托私人代理店、货栈经营。在没有运销处、推进社的中小城市，如群众需要，可临时由外区合作社组织联合社，以减少商人中间剥削。

（二）各地推进社、合作社，在确定其商业经营时，必须以新民主主义合作经济政策为出发点，并反复教育其外出贸易人员，克服投机取巧、唯利是图的资本主义思想，服从当地反对投机经济的斗争任务和信赖当地合作机构的组织观念。要写介绍信介绍外出人员到当地合作机构，委托其协助商业经营，负担代理保管物资、现款和管教外出贸易人员的责任。经营告一段落后，由当地运销处或推进社、合作社负责复信证明其经营结果，费用开支，外出人员的思想、生活情况等。如当地运销处或推进社、合作社未负起此责任或有弊病时，应当提出批评或建议，并向上级合作社报告。

（三）负担委托经营责任的运销处或推进社、合作社，一方面必须将所委托的业务看成自己经营的业务，对其物资、现款负保管责任（现款数量大者转存国家银行，不得存放私营货栈或购买黄金），介绍其购买和销售，代买代售，对合作贸易人员管理教育，招待宿食，组织其调查情况、学习业务，监督其投机、贪污、浪费行为；另一方面，要经常的〔地〕主动了解市场情况、物价变动、投机商人活动、物资交流情况、各方面的需要等等，并负责与各方面需要者商洽、预约供给销售，以至签订定货合同。根据此种材料，运销处有权对各地推进社、合作社业务经营进行指导，推进社亦可要求上级合作机构指挥此种经营，或直接要求附近有关的推进社、合作社协同完成任务。

（四）为保证合作商业的销售方面高价收购和供给方面的低价出售，特规定运销处、推进社、合作社相互贸易的盈利率，一般其纯利不得超过资本额百分之五（如遇大的物价波动，可稍高一点，但应比市价低），代购代售的手续费为资本额的百分之零点五至百分之三，伙食费另计算。（此规定主要是推进社与推进社之间，群众性合作社可稍高一点，但要比私人商行低。）

（五）运销处、推进社所设之代理业务，主要是为推进社、合作社或有组织的运输队服务，一般不许留住私商。

以上各点，运销处、推进社、合作社必须在干部中反复教育，保证贯彻执行。

第三件　关于供给合作社简章说明

供给（或消费）合作社，以工厂、学校、机关、企业部门、街道、村庄为单位，来组织小生产者的合作社，除供给业务外，尚有销售生产品的业务。我们普遍成立了供给合作社，就能把广大消费者组织起来，对投机经济作斗争，减除中间剥削，稳定物价，保护社员利益。同时，这组织又使国家经济容易进行统计、监督和有计划的分配工作。每个供给合作社，成立后必须呈请当地县、市政府批准，接受上级合作社统一领导，并与国家经济密切结合，与合作运销处、合作推进社及其他合作社企业联系。而国家经济部门和其他合作企业，则有帮助供给合作社发展的责任。为着组织供给合作社的讨论便利，特拟出一个简章草案供参考，可根据社员意见适当增减。

67. 附：供给合作社简章（草案）

一、定名：本社定名××××（工厂、学校、机关、企业部门、街道、村庄等单位名）供给合作社。

二、宗旨：本社以供给社员主要的生产上、生活上必需品，减免商人中间剥削，帮助社员解决家庭生产的困难，改善社员生活为宗旨。本社在上级合作社领导下，服从整体的经济计划，不作任何投机买卖及违法经营，并不以营利分红为目的。

三、社员：凡赞成本社宗旨，并自愿遵守社章，缴纳入社资金之本××××（工厂、机关、企业部门职工，学校教职员、学生、工友，街道、村庄居民），经社员一人之介绍及合作社委员会通过，均得参加为本社社员。

四、权利：本社社员有下列权利：

1. 选举权、被选举权及罢免权。

2. 建议权及表决权。

3. 出社自由权。

4. 享受本社配给、购买及扶助家庭生产等利益。

5. 享受本社举办之各种福利事业利益。

五、义务：本社社员有下列义务：

1. 遵守社章。

2. 缴纳入社资金。

3. 服从社员多数决议。

4. 积极参加社务活动。

5. 不得赊欠及进行其他不利于合作社之行动。

六、资金：本社入社资金以××元为一股，社员股额相等。社员之直系家属，如无其他经济收益，可按人口数每人增认股额之半数，如入社资金无力一时交付者，可在规定时期内分期缴足之。

七、业务：本社经营业务如下：

1. 供给社员生产上、生活上必需品。

2. 帮助社员家庭生产。

3. 举办有关社员供给、消费之生产业务及福利事业（如磨坊、食堂等）。

4. 代购代销（为社员及国家经济机关服务）。

八、待遇：本社社员享有下列经济待遇：

1. 主要的生活必需品，按股廉价配给。

2. 一般物品以低于市场零售价格，凭社员证购买。

3. 合作社举办之福利事业，凭社员证享受一定之优待。

九、组织：本社实行少数服从多数、下级服从上级的民主集中制度。其组织如下：

1. 社员大会（或社员代表大会）。每三个月举行一次，临时会议经社员小组长三分之一的请求，由合作社委员会召集之。社员大会之职权，为确定合作社业务方针，制定或修改社章，选举或罢免合作社委员等。

2. 合作社委员会。由社员大会（或社员代表大会）民主选举产生，为社员大会闭幕期间之代表执行机构，每半月举行会议一次。合作社委员会设主任一人，副主任一人至二人，委员×××人，其下按业务需要分设各部。

3. 社员小组。本社按人数多寡划分社员小组，选举小组长，并经常举行小组会，检讨合作社业务及社员对合作社之关系。

十、任期：合作社委员代表及社员小组长，任期皆为一年，得连选连任，于年终结算总结工作后选举之。

十一、结算：本社会计年度，自每年一月一日起至十二月三十一日止，六月底为小结，十二月底为年结期。无论小结或年结，均须编造资产负债表、损益计算书、财产目录及明细表。

十二、盈余：本社年终结算有盈余时，以百分之七十为公积金，百分之三十为福利基金。前者作为合作社扩大业务，预防损失之累积资本；后者作为举办社员福利事业之基金。本社社员既享有廉价配购等权利，不再分配红利。

十三、附则：本简章由社员大会（或社员代表大会）通过，并呈请当地县、市政府批准施行。

选自《山东革命历史档案资料选编》，第22辑，济南，山东人民出版社，1986年版，第129～135页。

68. 山东省政府布告——重申酒类专酿暂行条例

1949年3月

自《山东省烧酒专酿暨取缔私酒暂行条例》颁布以来，调剂粮食供求，减轻人民负担，增加国库收入，保证前线供给，对战争及生产均有重大贡献。近来个别地区仍有少数投机取巧分子，私自烧酒，影响专酿条例的贯彻，侵害人民利益。兹特重申前令，严格取缔私酒，违者依法惩处。仰各级政府，各地群众一体遵照为要！

此布

附：　　山东省政府酒类专酿暂行条例

第一条　为调剂粮食供求，增加国库收入，减轻人民负担，实行酒类专酿，特制定本条例。

第二条　本府责成烟酒产销管理局实行酒类专酿，其他任何机关、部队、团体或个人一律禁止酿造，但特产名酒，经本府批准者例外。

第三条　公营酒厂所产之酒类，一律自由销售。

第四条　公营酒厂所产之各种美酒，特制各种商标以资识别。

第五条　各机关、部队、团体、群众均有权检举私酿与偷运私酒行为，如有包庇私酿与偷运者，一经查获，依法惩处。

第六条　私行酿酒者，一经查获，除没收其酿造器具、成品与半成品外，情节严重者并送区以上政府处理。

第七条　贩运私酒者，一经查获，将酒没收，并按情节轻重分别处理，重者按酒价一至五倍之罚金。

第八条　私酒处理权限归当地区以上政府，其他任何机关无权自行处理。

第九条　无论机关、部队、团体、群众直接缉私，密报与协助缉私者，均以下列规定奖励之：

一、直接缉获送交当地政府者，按变价款百分之五十提奖，罚金按百分之八十提奖。

二、告发并协助政府查获者，按变价款百分之四十提奖，罚金按百分之七十提奖。

三、密报复经政府查获者，按变价［款］百分之三十提奖，罚金按百分之六十提奖。

第十条　经政府没收之成品、半成品，由政府交当地酒厂按质量差别，双方商讨作价。

第十一条　自本条例公布之日起，一律禁止私人造曲；各地群众私存或经政府登记之曲子，由酒厂收买。如群众须用曲子，经当地区以上政府介绍到酒厂购买之。

第十二条　本条例如有未尽事宜，得由山东省政府修改之。

第十三条　本条例由山东省政府公布实行之。

选自《山东革命历史档案资料选编》，第22辑，济南，山东人民出版社，1986年版，第339～340页。

69. 山东省人民政府布告——颁布护养公路办法

1949年5月

查我山东公路干线，历经广大人民积极修建，已大部恢复，对支援革命战争与交流物资，起了重大作用。兹为切实护养公路，避免随修随坏浪费民力，并使公路运输保持畅通起见，特颁布护养公路办法如下：

第一项　公路禁例的规定：

（一）凡有辅路之公路线，一切公私铁、木硬轮车辆，只能行驶辅路（除必要横跨者外），一律禁止在公路上通行。

（二）凡辅路尚未建立之路线，亦无便道可走者，硬轮车辆通行时，一律紧靠右侧通行，严禁在路中心及路左侧通行。

（三）大雨过后，道路尚不适于行车时，各线公路管理机关，得指挥护路小组安置障碍，闭塞道路，所有车辆（包括汽车）禁止在公路上行驶（其时间视土质路况而定，军事紧急情况例外）。大雪过后，未经打扫者，亦得同样闭塞公路，禁止通行。

（四）凡属公路范围内之一切建筑，如桥梁、涵洞、路基、路面、路标等严禁破坏（如挖掘、拆卸、耕种、取土、涂抹及横开水沟等）。

（五）凡公路界线内，禁止妨碍交通之堆积及建筑。

（六）公路两侧之树木，除阻碍交通必须修剪者外，任何人不得任意砍伐。

第二项　违犯前项各款禁例之罚则规定如下：

（一）违犯第一项第一款之规定者，每辆处以人民币一百元至五百元之罚金（木轮车应轻于铁轮车）。

（二）违犯第一项第三款至第六款禁例之一者，得视情节轻重酌处以人民币五十元至五百元之罚金。

（三）其情节重大及有违抗拒罚行为者，送司法机关处理之。

第三项　罚款处理及罚款手续：

（一）以罚金之一半奖励查获人，另一半交当地区政府或段、站，转报上级做〔作〕为养路开支

（二）前项查获人员，如系公路管理机关之员工，应全部交公，不得享受奖励金。

（三）执行以上之处罚，查获人应会同附近区政府，给以盖有区政府钤记之正式手续办理之，不得随意乱罚。

第四项　沿公路线之各村庄，应组织养护公路小组，分段负责养护公路之路面、桥梁、涵洞、标志、树木等之完好，随时查察防止破坏，并协助公路机关，动员民力进行修补工程。

以上各项，仰我全体军民一体遵照执行。

此布

主　席　康　生
副主席　郭子化
方　毅

选自《山东革命历史档案资料选编》，第22辑，济南，山东人民出版社，1986年版，第513～514页。

70. 山东省人民政府山东军区联合布告——为切实保护铁路确保行车畅通由

1949年6月

查我山东解放区内之各线铁路，经全体军民人力物力的支援及铁路员工之努力，业已次第修复通车。此对发展人民经济与供应革命战争贡献巨大。近查有少数不法分子贪图私利，窃盗铁路器材，蒋匪特务分子乘机破坏，电线不断被割，列车车门及重要机件不断损失，甚至因电话不通而造成撞车事故，损失严重。同时我军政民团体对铁路爱护不足，时有不守路章、不尊重铁路警备纪律，致行车秩序混乱，无法维持。由于以上情况，造成铁路工作困难多端，小而延误时间妨碍军运，大则事故丛生运输堵塞，致前方战争因运输不灵而受到不应有之损失。为切实保护铁路，确保行车畅通，以完成支前任务，特联合布告如下：

一、凡我人民解放军及所有地方军队，对此与全国人民解放、发展各地经济有重要关系之铁路，应高度发扬优良传统，爱护不遗余力。对于铁路规章，应严格遵守。对中国人民革命军事委员会本年四月十日所颁布之《铁路运输暂行条例》尤应坚决遵守，彻底执行，不能有任何违犯。应在部队中进行广泛深入教育，使每一指战员俱成为爱护铁路、遵守路规之模范。在进行深入教育后，如仍发现有不按规定乘坐火车而破坏纪律者，即由路局或铁路警卫部队加以干涉和制止；如有抗拒者，即拿送主管机关给予惩处。

二、各该地区政府对人民应进行良好教育，使人民知道我解放区之铁路业为人民政府所掌握，并属于人民所有，虽一道钉或螺丝之微，亦系人民自己财物，务必加以珍惜和爱护。应派得力干部在铁路沿线两侧有计划的〔地〕发动人民，成立护路机构，按站按段负

责组织盘查巡逻，监护铁路，防止偷盗，并采用各种方法捉拿特务。其对保护铁路具有成绩和特殊贡献者，应分别予以表扬和奖励，做到人民铁路由人民保护。

三、自本布告公布之日起，一律禁止在市场上自由买卖钢轨、道钉、夹板、螺丝、枕木、电线及鱼尾板等铁路专用器材，并严禁以上所列专用器材加以损毁或改作别用，否则一经查出，即由县、市以政府究办，除将器材没收充公外，并依其情节轻重予以惩处。凡军、政、民等存有上列专用器材者，应一律献交当地政府，由铁路局派定专人会同铁路沿线政府共同收集。

四、凡偷盗或破坏铁路器材和铁路设备者，县、市以上政府有权责令赔偿，并送司法机关依其情节轻重处以徒刑，如因偷盗破坏造成火车出轨致延误军运等重大事故者，得按军法严办。对捕获破坏铁路之特务，更应严予惩办，决不宽饶。

五、全体军民和地方政府并所有铁路员工、民兵及自卫队等，有查缉与举发隐匿及私自买卖或偷盗破坏铁路器材、铁路设备之共同任务。对举发与查缉有功者，给予奖励，知情不报或加袒护和窝藏者，亦按情节轻重，予以惩处。

以上各节，仰我全体军民人等一体遵行勿违为要。

此布

主　　　席　康　生
第一副主席　郭子化
第二副主席　方　毅
司　令　员　张云逸
政治委员　康　生
第一副司令员　许世友
第一副政治委员　傅秋涛
第二副司令员　袁也烈
第二副政治委员　向　明

选自《山东革命历史档案资料选编》，第23辑，济南，山东人民出版社，1986年版，第67～69页。

71. 山东省黄河河务局治黄工作报告

1949年7月18日

甲、三年来治黄救灾的概况

我们的治黄工作开始于一九四六年五月，那时蒋贼介石为了准备内战，企图分割和淹没解放区，以达其消灭解放军的阴谋毒计，遂在美帝国主义全力支持下，开始了反动的花园堵口、引黄归故工作。我们为了顾全大局，解救黄泛区数百万难胞，同意堵口，但坚决主张必须先行复堤，迁移河道居民，然后再行堵口，使新泛区旧河道同免灾难。而蒋贼包藏祸心，虽被迫与我先后成立菏泽、南京、开封等协定，但他一次再一次的〔地〕背信弃义，撕毁协定。一方面悍然不顾的〔地〕积极进行堵口，另方面利用各种手段扣押应拨我区的治黄物资和河道居民迁移救济粮款，更进而派遣飞机特务扰乱轰炸我治河员工，破坏复堤工程的进行。我们为了粉碎蒋贼这一阴谋毒计，采取了一方交涉，一方积极进行复堤自救的方针。不管敌人怎样破坏，料物财政怎样困难，我们的修工备料至今三年来始终没有停顿过。蒋贼以为解放区经过八年抗战的消耗，是不可能有力量修复这残毁不堪的黄河堤坝，也不可能有能力来管理这个自古号称难治的黄河。所以当一九四七年三月十五日黄水归入故道时，蒋贼喜不自禁的〔地〕将黄水比之为四十万大军，但事实粉碎了蒋贼的迷梦，我们不但有力量和有能力来进行治黄，而且比他还治得好、修得牢。自花园堵口到现在，我们已胜利的〔地〕渡过两次大汛和两次凌汛，不但保卫了沿河千百万人民生命财产，奠定了今后治黄的基础，而且有力的〔地〕支援了战争，彻底粉碎了蒋贼的阴谋毒计。这也是我们对敌斗争的一个大胜利。

关于河道居民迁移救济工作，在黄水尚未归故以前，我们亦曾与蒋贼作了不断的斗争。但蒋贼居心叵测，多方扣押迁移救济经费，阻碍居民迁移。但我对此亦采取自济方针。在河水未到以前曾对河道情形作了研究，当认为除垦利在河槽两岸新建村庄外，其他各县旧有村庄均不致淹没，因此曾对这些新村进行了动员教育，号召群众克服故土难移和犹豫观望的思想。在河水行将到来之前，我们又会同垦利县区政府积极动员组织群众先迁移了人家粮食牲口与衣物至大堤以外之村庄。及至河水到来又复多方抢救，人民得免灭顶之患。总计垦利新村被淹没者一〇三村，六一八〇户，二一六三〇人，房子二四七二〇间，田地一五八六二〇亩。迁出后均由垦利县区政府设法安插救济，另行分配土地，并由渤海行署拨粮四十八万斤，施行救济，迁出居民未致流离，但其中有一部分居民所分配之土地所在地饮水问题不易解决，未能前往。现在该县大堤以内均已淤淀成滩，可种之良田已有十万余亩，该处仍将成为产粮之区。至于大汛、凌汛河水漫滩，虽有部分居民少受损失，但为期甚短，未致成灾。

乙、三年治黄工作成就

三年来的治黄，除保卫了生产和支援了前线外，我们还有如下的几点成就：

（一）山东境内黄河自一九三八年蒋贼在花园掘口放水南流后，所有河上建设和机构均已废弃和破坏。我们开始治黄以来，一切从新建设。首先我们建设了自上而下、自县到村的各级治黄机构，配备和培养了大批治黄干部，到现在共有干部七三九人（内有一部接收人员），工程队一二一四人，船工六九四人，造船工人二六〇人，开山工人七〇〇人，窑厂工人二五〇人。经过三年来的教育和锻炼所有干部和工人的经验和质量已逐步的〔地〕提高，尤其是经过了去年冬季河工、船工和造船工人的整训，工人的觉悟程度较前更加提高，因而在各县工程队内普遍的〔地〕建立党的组织，并建立了全河的河工会，现有会员七四一人，其他公船工人和造船工人的工会亦正在筹备建立中。由于党员和大批的会员的积极带头，我们的工程质量和工作效率是显著的〔地〕提高了。而且由于我们在各种工作的进行中，适时的〔地〕开展立功竞赛，不断的〔地〕启发工人的积极性和创造性，我们的工程质量和工作效率还会继续不断提高。这支治河大军是我们今后与黄水继续斗争的基本力量，必须重视他和不断的〔地〕教育提高他。

（二）我们三年来在工程上的成就，不只是修复了已经破残不堪的堤坝工程，而且是进一步的〔地〕加强了。千里大堤，均已普遍修整，全境险工六十四处，合计长达一百五十一市里，经多方筹料兴修，亦均修复增强。垦利原无大堤，三年来接修达一百四十六市里。堤身高度，除济南、历城、齐河等新解放地区外，在三年的修工中普遍加高了一公尺左右。总计自一九四六年五月开始至本年六月底止，修筑堤坝共用土一三二八〇三四四点九八公方，修防材料，三年来共筹运秸料一一六六一二三四六斤，石料一三八五五一公方，砖料一七〇五〇〇公方，数目之巨，为国民党时代所未有。根据过去统计材料中，国民党在（民国十八、十九、二十、二十三、二十四）五年内，在我们所修工段做的工程预算共五八一二八三元（按二分钱一斤折秋粮二九〇六四一六〇斤①），与我们去年（三十七年）修防工料费共合用粮四六五〇〇〇〇〇斤相比，仅及我百分之六二。不但在数量上是如此，而且在质量上更是如此。去年秋末最后一次河水暴涨，水位与二十六年仅差五至七公寸，我们解放区所修工程，一般平稳，无大损坏，而新解放之济市及章历一带之险工埽坝，则到处坍塌，漏洞百出，若无我党政机关积极领导解放军大力协助抢救，决口恐难幸免。由此可知自花园堵口后，我们两次大汛、两次凌汛胜利渡过，绝非侥幸和偶然，而是我民主政府与广大人民日以继夜和不避艰险的努力结果。

（三）黄河改道八年，河内船只均遭破坏。我们为了粉碎蒋贼利用黄河分割解放区的阴谋，和发展航运，解决工程运料困难和繁荣地方经济起见，我们曾积极造船，并大量发动和扶助民间造船，现在共有公私船只一千零六十六只，载重约一千五百三十五万斤，已超过战前水平。由于船工同志们的钢铁般的战斗意志，在前年我华野大军北渡时，不顾艰险，不畏敌机轰炸，胜利的〔地〕完成了这一光荣的军渡任务，而且一次再一次的〔地〕完成了支前任务。现在除留一部分渡船担负两岸交通和商运外，所有公船民船均参加运输石料，这在工程上起着极其重大的作用。

（四）除了上述各点外，在三年来的工作过程中，我们已经初步的〔地〕建立了材料和经济的管理制度，逐渐减少了人力财力物力的消耗和浪费，保证了材料和粮款的及时供给。尤其我们今年建立了航运公司，开始了航运工作的企业管理，提高了运输效率，节省了公家开支。另外又在济南建立石料公司，集中开采石料，节省开支，保证全河石料的源源供给。在土方方面，我们自去年对民工待遇，是在义务劳动的基础上实行公私两利、多作〔做〕多得的工资政策，这样大大的〔地〕提高了工作效率，节省了大量民力，同时又建立了民工的政治工作，具体规定了工程质量的要求，通过立功运动和组织群众性检验收工，来贯彻工程质量的要求。在今年春修埽坝土程中，又建立了埽坝工程指导委员会，同时并在工程队内实行了民主修工的制度，在技术的集中领导下来发挥每个队员的智慧能力，改进工程，因此我们所修的工程质量是更加提高了。

上述各项工作成就的获得，我们认为是党与政府正确领导和全体治黄员工以及参加治黄的县区地方干部共同努力的结果，但更重要的还是广大的人民群众在党与政府的领导下积极参加和支持这一工作，他们发挥了无限的威力，为自卫自救而坚决奋斗，总计三年来土工上共用了一〇六六四五〇三个人，砖石秸料运输共用了四九四一二〇大车，一三二三〇〇〇小车，今年参加运石船在八〇〇只以上。在三年来的修工抢险中，所用秸料全系群

---

① 原注：折秋粮应为二九〇六四一五〇斤。

众所交公柴，砖石近二十万方亦是由广大群众无代价献出和义务运输来的。这样巨大的人力物力负担，若没有人民的高度积极性与自觉的行动，是根本无法完成的，所以两年来的安澜是人民的治黄功劳，此外政府对于治黄的巨大开支，采取大力支持，只要是工程上需要，政府是不惜一切来供给，这也是我们治黄成就的一个重大因素。总计三年来开支粮款共折合秋粮一万万三千四百四十一万斤，但这些并未特别加重人民负担，而是从各种建设中节省下来的。

除了以上各项成就外，当然由于我们工作经验很差、科学知识很浅，缺点和错误还是很多的，不过我们一向是力求改进、积极向上的，因而我们的缺点和错误也是逐渐少的。今后我们保证在上级党与政府的领导下，随着其他工作的前进而前进，使治黄工作更进一步提高，以答复人民对我们的希望与要求。

丙、今后治黄意见

现在国家经济困难，黄河治本尚难谈到，仅就目前山东黄河情况，提出今后修防意见如下：

（一）山东境内黄河工程，虽经三年的修治，但由于人力物力的限制，迄今尚未有保证的足以抵御二十六年洪水位的强度，因此今后必须将使全部工程继续加强，俾遇可能到达之洪水，不致发生溃决。

（二）下游秸埽工程太多，人力物力消耗太大，今后应大量开采石料和加强航运工作的领导，提高航运力量，使下游得到较多之石料，逐渐减少秸埽，增修石坝，以提高工程之质量。

（三）黄河自齐河城以下，河身骤窄，北店子、胡家岸、宫家、綦家唝等处，两堤相距仅五百公尺上下，如遇洪水盛涨之年流量超过一万秒立方公尺，则河槽无法容纳，必致溃决。救治之法有二：（1）利用徒骇河分泄洪流。（2）将以上各地工程局部改善，展宽堤距。二法孰善，须测量后再定，但此项工程较重，需费较巨，必须筹拨专款，按照现有力量分期举办。

（四）黄河沙泥太多，河身经常变化，今后宜采试固滩办法，以稳定河槽，同时伸展垦利大堤至海口，使近海河道稳定刷深，以畅尾闾，并为入海工程奠定基础。

（五）过去三年来的治黄，主要是依靠了群众，这样巨大的工程，非大量发挥群众力量是不易完成的。因此公家除筹备一定料物外，我们必须一方积极教育全体在职员工，提高其政治技术水平，同时还必须经常教育和组织沿河群众，使其成为更自觉、更积极的河工参加者。过去我们在这方面虽然尽了不少力量，但群众尚未能建立起经常的治黄组织。所以每年春修期间，地方政府必须加派很多干部来参加领导，这在干部力量上耗费很大。为了克服这一点，政府应对沿河群众其他劳役减轻，由河务部门与地方政府会同组织和教育群众，使沿河上下以及群众都成为熟悉河工、关心河工的积极力量，这样工作才会作〔做〕好，黄灾才会逐渐减少。

选自《山东革命历史档案资料选编》，第23辑，济南，山东人民出版社，1986年版，第171～176页。

72. 山东省黄河防汛及抢险奖惩办法

1949 年 7 月 28 日

甲、奖励

一、立功标准

1. 各级防汛指挥部，各防汛大队、中队、分队，各个工程队、工程班，及参加防汛之各部队、机关、学校等工作单位，如具有下列一条以上之工作成绩者，得依成绩大小，分别评为一、二、三等功绩以至特等功绩。

（一）坚守本段堤防，超过规定强度者。

（二）平时修工认真，守护谨慎，能预防工程各种险象，因而保证堤防强度，并且节约抢险材料、民力，有显著成绩者。

（三）不怕危险，不顾疲劳，英勇顽强，完成特殊艰巨任务者。

（四）完成本身任务外，并能积极执行各项调剂任务，援助其他单位有成绩者。

（五）发现或捕获破坏堤工之坏分子者。

（六）对防汛护堤有其他特殊贡献或创造者。

2. 参加防汛之各级干部如具有下列一条以上之工作成绩者，得依成绩大小，分别评为一、二、三等以至特等人民治黄功臣。

（一）由于个人的领导带头作用，坚守全段堤防，超过规定强度者。

（二）平时切实掌握水情、工情，深入教育、组织群众，领导本单位预防各种险象，因而保证工程强度，且节约材料、民力，有显著成绩者。

（三）危急时亲自带头，领导群众英勇顽强完成特殊艰巨任务者。

（四）完成本身任务外，并能积极援助其他单位、其他同志，有显著成绩者。

（五）在执行工作中效率超过一般水平，或工作时间超过一般水平，有显著成绩者。

（六）对防汛护堤有其他特殊贡献或重大创造者。

3. 各种技术人员及熟练技工，如能积极发挥技术特长，并具有下列一条以上工作成绩者，得依成绩大小，分别评为一、二、三等以至特等人民治黄功臣。

（一）亲身负责检查工程，指导守护，经常预防各种险象，因而使工程超过规定强度，或在保证规定强度的条件下，能节约材料、人力，有显著成绩者。

（二）危急时带头坚持，正确指导，因而使工程转危为安者。

（三）技术上有新的创造，使现有工作水平提高一步者。

（四）教育下级，提高本单位技术水平，有显著成绩者。

（五）对防汛护堤有其他特殊贡献者。

4. 黄河工程队、航运队及参加治黄之各种工人，具有下列一条以上之工作成绩者，得依成绩大小，分别评为一、二、三等以至特等人民治黄功臣。

（一）危急困难情况下带头坚持，推动大家，使工程转危为安者。

（二）完成特殊艰巨任务者。

（三）平时认真完成各种任务，成绩超过一般者。

（四）爱惜工具、料物有显著成绩者。

（五）对防汛护堤有其他特殊贡献创造者。

5. 凡沿黄群众具有下列一条以上工作成绩者，得依成绩大小，分别评为一、二、三等以至特等人民治黄功臣。

（一）能及时发现险象，带人抢险，因此使工程转危为安者。

（二）危急困难情况下，带头坚持，推动大家，完成抢险任务，或自动捐献各种抢险材料，使工程及时抢护成功者。

（三）完成特殊艰巨任务者。

（四）凡常备民工中、防汛队中、看水篷中之任何一个人，能积极鼓动教育因而推动全队或全班工作，有显著成绩者。

（五）防汛抢险工作中，效率超过一般水平者。

（六）细心认真查水查堤，成绩超过一般水平者。

（七）爱护堤工、料物有显著成绩者。

（八）捕獾、植树有显著成绩者。

（九）发现或捕获破坏堤工坏分子者。

（十）对防汛有其他任何特殊贡献或创造者。

二、记功评功

各单位选出记功员负责记功。汛期中每次水退空隙时进行小评，大汛结束［后］进行总评。各县、市指挥部以上机关成立评功委员会，大队部成立评功小组，领导并审查评功，具体办法，由各指挥部自行规定，呈报上级指挥部批准执行。

三、奖励办法

大汛结束，各县、市防汛指挥部应先分别举行安澜庆功大会，并举派代表出席全省黄河安澜庆功大会，二、三等功臣在当地安澜会发奖，特等、一等功臣在全省安澜会发奖，奖品一般规定为：

1. 集体功

特等功：赠大锦旗一面，事迹登报表扬，并集体照像〔相〕留念。

一等功：赠锦旗一面，事迹登报表扬。

二等功：赠中等锦旗一面。

三等功：赠小锦旗一面。

2. 个人功

（一）干部立功，分等发给治黄功臣奖章、文具纪念品，特殊功绩登报表扬。

（二）技术人员、熟练技工、一般工人及沿黄群众立功，分等发给奖章、奖状、奖金、工具、各种纪念品等，特殊功绩登报表扬，并照像〔相〕留念。

（三）具体办法，由防汛总指挥部另订。

乙、惩处

犯有下列第一款至第四款情形之一者，得由防汛总指挥部送法院予以判刑处分；犯有下列第五款至第八款情形之一者，按其情节轻重，予以批评、警告、记过或撤职处分；犯有第九款情形者，按其情节轻重，予以批评、警告、记过，撤职或送法院予以判刑处分：

一、破坏堤工，或偷盗、破坏防汛料物、工具或电话交通者；

二、散布谣言、动摇人心者；

三、虚报水情、工情、料情，意图制造混乱者；

四、拒绝或拖延执行上级之命令、指示，因而出险者；

五、守护疏怠，使工程发生不应有的大险者；

六、危急困难情况下，退缩畏避者；

七、防汛期中，未经批准擅离职守者；

八、浪费人力物力者；

九、对防汛有其他危害情形者。

丙、批准奖惩最高机关为黄河防汛总指挥部。

选自《山东革命历史档案资料选编》，第23辑，济南，山东人民出版社，1986年版，第207～210页。

九、文教卫生

1. 附“工作总结”：论战地国民教育
——李竹如在战地国民教育座谈会上的总结

1940 年 6 月

同志们！在我们今天所举行的座谈会上，已经大体上将战地国民教育的内容问题、学制问题、实施方法问题作了一番热烈的讨论。当然，要想在这几个小时以内，就能使这许多问题都获得非常圆满的答案是很困难的。我们只是希望，能在今天的会上搜集各方面的意见，作出一个初步的结论，以为今后开展和推行山东国民教育的准则。然后还可以在推行实施当中，作更进一步的研究。至于今天我们已经提出而未能作深入发挥的一些重大问题，例如新民主主义教育的问题，国民教育的具体实施方法的问题，小学课程标准的问题，在最近的将来我们还是需要分别召集会议来进行讨论的。

根据今天诸位先生的发言，以及我个人的意见，大致关于战地国民教育的问题，可以得到一个简单的结论。我想把这个问题分成两点来说：（一）教育的政治性；（二）怎样展开新民主主义的国民教育工作。

一、教育的政治性（略）

二、怎样展开新民主主义的国民教育工作

我们今天所要推行的，不是别的教育，而是新民主主义的教育，这是根据当前的政治来决定的。我们当前的总的政治任务是什么呢？就是打倒日本帝国主义，建立一个革命的三民主义——也就是新民主主义的共和国。因此我们的教育，也必须是新民主主义的教育。

在没有谈到新民主主义的教育以前，我们先来简单的〔地〕谈谈什么是新民主主义。

（一）什么是新民主主义呢？这在毛泽东同志的论文中已经说得很明白，我只在这里简略的〔地〕说到三点：

（甲）新民主主义就是几个抗日阶级最大多数人民的民主。凡是不抗日而降日的分子，不能够来参加这个政权。凡是真心抗日的阶级，就都是这个政权的参加者。它不是某一党某一阶级的专政，而是工人、农民、革命知识分子、城市小资产阶级、工商业者以及一切抗日人民的民主。这种政治，若就绝大多数抗日人士的联合的意义上说，是一种抗日人民的民主，若就镇压汉奸顽固派捣乱派的意义上说，却又是一种专政。

（乙）这个政治的任务，是抗日的、反帝的，实现民主、改善民生的。

（丙）新民主主义的政治，还有其将来，那就是社会主义。照毛泽东同志的话说，就是第一步和第二步。第一步的完成，就是第二步的开始。因此也可以说，新民主主义就是保证中国社会达到社会主义的梯子。

（二）什么是新民主主义的国民教育？

（甲）什么是国民教育？这在杨希文先生前面的报告中已经说过。国民教育是包括了学校教育与社会教育的，我在这里不再详述。

（乙）新民主主义的国民教育，就是以社会和学校教育的形式，来进行的抗日、反帝、民主的教育。它有别于旧的抗战以前的教育，因为那时的教育是为一党服务，是为地主资产阶级服务的教育。它也有别于社会主义的教育，因为社会主义的教育是为工农大众服务的、为社会主义服务的。而新民主主义的教育是服务于全体坚持抗战、主张民主的全体人民，服务于抗战，服务于民主的教育。它是在反敌伪反顽固的教育的斗争中生长起来的。关于这个问题，我只大体上说到这些。我们想不久召集一次会议，专来讨论新民主主义教育的整个理论问题。

（三）开展新民主主义的国民教育的基本动力是依靠于谁呢？那没有问题，这个工作，这个责任，要落在抗日党派、抗日部队、抗日团体，尤其是抗日民主政权的身上。他们应当密切的〔地〕配合起来，共同来推进山东国民教育的实施工作。

（四）战地国民教育的机构，分作三方面来说：

（甲）总的领导机关——在原则方针的确定上应属于教育委员会，工作的执行则属于各级政府的教育科。如果把领导责任完全付之于一个教育委员会，恐怕在执行上是会遇着好些困难的。因此我的意见是将教育委员会与行政上的教育机关配合起来。教育委员会只确定教育的原则、方针，讨论计划以及在大的原则方面来检查督促当地各级教育工作的进行。它本身并不是一个执行机关，而将具体执行的工作交给各级政府的教育科。各级教育科一方面按照上级教育科的指示，另方面又按照教育委员会决定的方针，来具体实施教育行政工作。这样机构比较清楚灵便。至于教育委员会的设立，我的意见是设在政府委员会之下（没有政府委员会的则设在参议会之下）。但是参加者不一定都是政委会委员或参议员。参加这个教委会的人是同级抗日政府的教育科长、党派、军队、各群众团体的宣传教育负责人、教育专家、教育工作者，而以政府的代表为召集人。至于学生，因为他们流动性较大，可以列席，不必成为教委会的委员。

（乙）学校的设立——（1）小学校最好一村一个，因为在今天要叫小孩子跑五六里路去上学，还是困难的。但是不足百家的村庄，可以和邻近的村庄合设一个小学。（2）乡或区可设完全小学。（3）每县应设一模范完全小学，县或数县在可能范围内并应开设一初级中学或师范学校。

（丙）社会教育机关的设立——（1）各县可恢复民众教育馆，直属县教育科领导。（2）区、乡、村设立俱乐部，由小学教员、区乡村公所教育负责人及当地工、农、青、妇各群众团体的宣传委员及下级俱乐部主任共同组织而成的。主持人由小学教员负责，受各该上级的俱乐部或民众教育馆的领导。（3）各县教育科与民众教育馆应当合组教育巡视团，经常巡视和帮助各地国民教育工作之推行。

（五）学制及工作——关于这个问题，我同意杨希文先生的许多意见。

（甲）小学的制度，初小定为两年，高小一年，每年可以分为三个学期，每一学期上课十五周。

（乙）成人的基础教育，以半年为一期，两期结业（三十岁以下的受两期教育，三十岁以上的受一期教育）。进行这种教育，要像小学生一样终日上课是不可能的，就可以采用比较灵活的社会教育方式，可利用夜校、识字班、识字竞赛等办法来完成教育计划。到冬季或春季，可以发动全日或半日上课的冬学运动。小先生制也是可以采用的办法。

（丙）俱乐部成为乡村文化教育活动的中心，其工作内容如开办训练班、识字班、夜校、剧团、读报小组、组织歌咏队、图书室、出版壁报。当然，这些工作不是一下子都办起来，而是一步步逐渐充实的。

这样子，小学教员兼管小学和俱乐部，就可以达到教和学、学和做的统一。小学校上半天上课，下午学生可以参加各种救亡工作，晚上在教师的领导之下，又可以进行社会教育的活动，不但可以推动全乡村的救亡运动，而且可以打破过去学习与实践脱离的现象。

（六）课程标准及编制

（甲）教材的编辑，应顾及实际情况。在今天要像过去一样好几个教员分任各种课程的办法，是难以实现的。一个乡村小学只能请一两个教员担任一切课程，因此学校教材也要混合编制。将识字、自然、社会、抗战理论都包括在内（算术可另编），而应以抗日、民主、反对投降分裂为其政治中心。除了这种基本教材之外，还可以根据当时的情况，编制临时教材，这样就可以配合时事及政治上变动。在制定课程表的时候，应该将教授临时教材的时间预排进去。

（乙）开设各种群众或干部训练班，自三天到一个月为期。教育的中心应该是抗战理论、群众工作和民主的教育。这类的训练班应与动委会及各级民运部门配合进行。

（丙）各种学校训练班及社会教育的教材，均可由文化出版社统一编辑及供给。

（七）干部的培养与训练

（甲）推行山东国民教育，单就能够推行的地方来说（一切行政上及各群众团体中的固有的教育工作人员不在内），至少须要两万多的干部。因此推行国民教育中的重大问题之一，就是干部问题。

（乙）这些干部的来源，据我想到的，可以从下列几方面罗致：（1）就地发动，那〔哪〕怕识不到一千字的半知识分子也要尽量的〔地〕网罗了来。（2）敌伪区、顽固区、顽固部队中，识几个字能当教员，志愿向上的人还是很多的。只要我们能找到机会，也应当设法罗致。

（丙）干部的训练，可由各县设立师范或师资训练班，训练一月或两月，同时在抗大分校内亦可附设师资训练班。

（丁）教育科及民众教育馆合组的教育巡视团也可在实际工作中具体的〔地〕帮助解决问题。

（八）经费的问题

（甲）我们首先应该制定一个原则，即无论如何困难，总应尽可能的〔地〕免收学费。对贫苦的学生还可以供应书籍。

（乙）经费来源应由政府统筹。各地的学田、公产、庙产应该充作教育用款。此外还可以向热心教育事业的人进行募捐。

（九）开展敌伪区内的教育斗争。这种方式应当特别灵活。利用旧的甚至敌伪的形式，及敌伪的奴化教育进行有效的斗争。

我的话很简单。关于整个新民主主义教育的理论问题、实施方法问题，在这里只能在原则上提供些意见，其更深刻、更详尽的研究和检讨，还有待于我们在今后具体工作的实践中来创造建设。希望我们今天这个第一次会议的讨论，能引起各方面的研究及实际工作的开展。

选自《山东革命历史档案资料选编》，第4辑，济南，山东人民出版社，1982年版，第329～338页。原注：“原载1940年6月22日《大众日报》。”

2. 山东省文化界救亡协会组织总章

1940年9月1日通过

一、定名

本会定名为山东××（省、地区、地方、县、区、乡）文化界救亡协会（区会冠以县名，乡会冠以县、区名）。

二、宗旨

以团结全山东一切从事文化宣传教育工作者，推动抗战与新民主主义的文化运动为宗旨。

三、会员

本会会员分个人会员与团体会员两种。凡赞成本会宗旨、积极参加抗战之文化工作者，不分党派、信仰、性别，经本会会员一人之介绍，皆得为本会会员。

（一）凡赞成本会宗旨，愿在本会领导之下进行抗战文化工作之文化团体，经同级文协常委会之通过者，均得为本会团体会员。

（二）本会会员之权利如下：（甲）有选举权、被选举权及罢免之权；（乙）有优先参加本会举办之各种学术研究团体之权；（丙）有享受购买本会出版书报刊物优待之权。

（三）本会会员之义务如下：（甲）遵守本会简章；（乙）执行本会工作纲领及所有一切决议；（丙）参加本会所举办之一切抗战文化活动；（丁）接受上级之工作指示。

四、组织

本会采取民主集中制之原则组织之。

（一）在省文协之下、各地区（如胶东、鲁西、鲁南等）成立地区文化救亡协会，各地方（即专员区，如泰山、抱犊崮、泰西等）成立地方文化界救亡协会以及县、区、乡各级文化界救亡协会，服从上级之领导。

（二）个人会员分设小组（三人至七人），直属于各该地文协领导。

（三）本会各级最高权力机关为各级代表大会。

（四）代表大会闭会期间设各级执行委员会。地方以上，由代表大会选举十五人至二十九人组织之，县选举九人至十五人组织之，区乡选举七人至十一人组织之。

（五）执委会设常务委员会。地方会以上由执委互推七人至九人、县互推五人至七人、区乡互推三人至五人组织之，处理日常会务。

（六）地方以上常委会，设主任一人；下分秘书处，设秘书长；组织、宣传、战时教育各部，设部长各一人（必要时得增选副主任及副部长）。主任、秘书长及各部部长，均由常务委员分任之，各部得视工作之需要聘用干事。

（七）县常委会设主任一人，可分秘书、组织股、宣传股、战时教育股，各股设股长一人。主任、秘书及各股股长均由常委分任之。各股得视工作之需要聘用干事。

（八）区乡常委会，设主任一人，下分组织干事、宣传干事、战时教育干事，人数不足时，战时教育干事可由宣传干事兼任之。

五、职权

（一）主任——负责召开常委会议及督促领导各部门工作。

（二）秘书（或秘书长）——负责帮助主任处理日常事务工作。

（三）组织部（股或干事）——负责巩固发展组织及训练等事宜。

（四）宣传部（股或干事）——负责对内外一切宣传工作。

（五）战时教育部（股或干事）——负责设计、推动战时国民教育事宜。

六、任期

（一）县以上各级执委与常委任期一年，区乡执委及常委任期半年，连选得连任。

（二）执委和常委因故去职者，得由候补执委或常委依次递补之。

七、会议

（一）代表大会，各地方以上每年召集会议一次，县以下每半年一次，必要时得召集临时会议。

（二）执行委员会，各地方以上每三月至［半］年召开一次，县以下每一月至三月召开一次，遇必要时得召开临时会议。

（三）常务委员会，各地方以上每半月至一月召开一次，县以下者每周至半月召开一次。

八、经费

（一）征收会费：（甲）个人会费每月二分；（乙）团体会员按各该团体每月会费之收入，提出百分之二十作为本会会费。

（二）请求政府补助。

（三）对外募捐。

九、附则

（一）本简章经省代表大会通过后施行之。

（二）本简章如有未尽事宜，得由省文协执委会通过修改之。

选自《山东革命历史档案资料选编》，第5辑，济南，山东人民出版社，1982年版，第331～334页。

3. 山东省文化界救亡协会工作纲领

1940年9月省文协执委会通过

（一）坚持山东抗战，争取中华民族的彻底解放

1. 团结与动员全山东的文化界，参加各项抗战建国工作，使一切文化工作都为抗战服务，为战胜日寇、建设新山东、争取抗战建国的最后胜利而奋斗。

2. 动员所有文化宣传教育机关进行普遍深入的抗战宣传工作，提高大众坚持抗战与坚持统战的信心，激发民族的抗战热情，发扬民族的自尊心与自信心，动员组织民众参加抗战建国工作。

3. 揭破日寇汉奸托匪挑拨离间的阴谋、欺骗麻醉的宣传与奴化教育政策，拥护革命的真三民主义，反对汪精卫的假三民主义，粉碎敌人的政治进攻。

4. 驳斥一切妥协投降的亡国谬论，暴露投降派顽固分子破坏抗战、分化团结的活动，打击悲观失望的情绪，展开坚持抗战、团结、进步，反对投降、分裂、倒退的两条政治路线的斗争。

5. 扩大对外宣传，将在敌后方坚持山东游击战争的实际情形报告给全世界，使全世界的人士了解日寇的残暴与中国人民反抗侵略、争取解放斗争的伟绩，以取得国际的同情与援助。

（二）广泛开展山东文化组织

1. 建立乡以上各级文化领导机关，统一各地组织，统一领导与密切上下级的联系。充实工作内容，密切文化团体与抗战的政府、部队、团体的联系及配合。

2. 普遍成立各文化团体，尽量巩固发展与扩大，建立并健全教职员救国会、戏剧协会、文艺研究会、青年记者学会以及文化小组等新的文化团体。

3. 开办各种训练班，吸收知识分子及半知识分子，并动员敌区的青年参加文化工作，加以训练，培养大批文化工作干部。

（三）巩固山东文化界的统一战线

1. 开展广泛的文化统战工作，采用各种文化活动方式和文化组织，团结文化界进步人士，争取落后分子。

2. 动员舆论，反对文化汉奸及文化界的顽固分子，以巩固文化界的抗日团结。

（四）开展新民主主义的文化运动

根据新民主主义的原则，批判旧中国的文化，改造新〔旧〕中国的文化，创造新中国的文化。

1. 根据新民主主义的原则，批判中国固有的学术、思想、文学、艺术，发扬中国文化的优良传统。

2. 灌输现代哲学科学思想。

3. 吸收世界先进国家特别是苏联的文化成果。

4. 根据新民主主义的原则，建设新教育的理论、原则、制度。

5. 根据新民主主义的原则，发展新的文学艺术，开展大众的文艺运动。

（五）推动国民教育之普及

1. 开办各地中等学校及专科学校，普遍建立抗日小学、民众学校，改定学制，编制教材，训练师资，切实普及战时国民教育。

2. 组织各种流动的教育服务团、工作团、文化突击队、国民教育突击队，协助政府推行国民社会教育。

3. 普遍成立俱乐部，组织农村剧团、歌咏队，成立图书馆、阅报处，改善民众不良消闲方法，发展正当的文化娱乐生活。

4. 开办识字班，组织识字小组，协助政府推行识字教育，开展扫除文盲运动，帮助各群众团体建立学习制度。

（六）发展文化事业

1. 开办新闻工作干部训练班，吸收新闻人材〔才〕，培养大批的新闻工作干部，大量创办地方报纸，组织读者会，扩大发行网，建立通讯网、通讯社。

2. 以地区为单位建立编辑出版机关，大量的〔地〕编纂各种教材、通俗读物、理论丛书及各种小册子。

3. 大量建设铅印、石印、油印等印刷机关，创办造纸、造油墨等等印刷工业。

4. 发展书报流通机构，开办书店代办所、流通图书馆等，以便利供给民众文化食粮。

5. 成立各种学术研究机关，提倡学术研究，奖励著作。

（七）争取文化运动的民主权利

1. 争取抗日的集会、结社、言论、出版、信仰及文化活动之绝对自由，反对文化专制及摧残文化的行为。

2. 参加宪政与民主运动。

（八）改善文化工作者的生活

1. 提高文化工作者的待遇，改善文化工作者的生活条件与工作环境，以便文化工作者能够更好的〔地〕进行工作。

2. 救济失业的文化人，分配他适当的文化工作，对于生活困难的文化工作者的家属，请求政府予以保障。

3. 救济失业失学青年，尤其是从敌占区逃出来的青年学生，应组织适当的机关，予以收容与救济。

选自《山东革命历史档案资料选编》，第 5 辑，济南，山东人民出版社，1982 年版，第 340～343 页。

4. 山东省各界救国总会为冬学运动给各级民众团体的一封信

1940 年 11 月 10 日

山东各级工农青妇文救国会及全体同志：

十月二十六日，山东战时工作推行委员会、各界救国会总会、省文化界救国会召集冬学运动座谈会。关于开展冬学的意义和必要，以及如何造成冬学运动的热潮，动员的方式方法，工作的布置与领导、师资、教材、教学法、经费等等问题，在李竹如同志所作的总结中，已经有系统的、详细而具体的说明了（刊布在十一月一日《大众日报》）。这个总结就是山东冬学运动的工作纲领。我们要遵照这个纲领上原则的具体的指示，同时，要按各地区的情形与力量来灵活运用这些指示，来开展冬学运动。

总结上说到“冬学运动的四靠”第一个是“群众工作巩固的地方，依靠群众团体”。请同志们注意，我们对于冬学运动所负的责任是特别重大的，我们应该成为冬学运动的“靠山”。我们应把开展冬学运动作为目前最重要的工作，我们必须出全力开展冬学运动，必须以猛烈的战斗克服冬学运动中的困难问题。冬学运动的开展与否，冬学成绩的好坏，主要的〔地〕就看我们这个“靠山”的责任尽到未尽到，努力够不够。

各级冬学运动的领导机关以及冬学促进工作队，都有文协、教联、青救等团体代表参加，我们要求参加的代表们，成为最积极、最活跃、最能战斗的分子，成为推进工作的中坚和模范。

因为时间短促，力量有限，这一期冬学教育的对象，是以有组织的群众为主要对象，以民主政权已建立、群众工作已开展的地区为办学的中心地区。我们必须充分发挥这有限的力量，使冬学教育可能从有组织的群众发展到无组织的群众，从工作已开展的地区发展到尚未开展的地区。这不但是冬学运动发展本身的要求，而且是发展群众组织的要求，开展工作落后地区的要求。

同样，因为时间与力量的限制，这一期冬学以动员五分之一至三分之一的有组织群众入学为原则。我们也必须充分发挥我们的力量，使入学的有组织的群众，到达三分之一的高水准。动员入学的有组织群众，青救团员应尽可能全部动员。

总结上所提到的两种基本教材——山东文化出版社所发行的《识字课本》和《抗战道理》。《识字课本》已在《大众日报》刊出，以便各地区翻印使用，《抗战道理》亦将刊行。在此项教材刊行以前，区县级文协、教联应协同政府教育科暂行组织教材编辑委员会，编印教材以应急需，绝不能因缺乏教材而迟延冬学运动的进行。

动员妇女入学，不免要遭遇特别的困难，工农青文各团体务会员必须协助妇救的动员工作。

各团体的干部及有教育能力的会员，应配合工作团有计划地分配参加冬学教育，帮助冬学教育。这第一个意义，在于保证冬学教学计划的完成。第二个意义，在于加强团体的教育，使冬学教育更能发挥巩固组织、加强组织的效果。

在冬学运动中发展会员、扩大群众组织，是我们的重要任务之一。对于无组织的群众做工作，使他们加入组织，是我们每个会员的责任。

各级组织必须进行严格的工作检查。检查动员工作、在学会员的学习情况、教育工作、组织工作等等，以督促工作的开展，提高学习的效果。

同志们！冬学运动是一个伟大的运动。群众政治文化水准的提高，是一切群众工作顺利发展的基本条件。这是伟大的新生力量的融炼！这是抗战建国胜利的保证！这是一个艰巨的工程！但我们在着手这个工程时，我们眼前已涌现着光辉灿烂的新中国新人民的活跃的美景！

同志们！努力吧！

山东各界救国总会

1940年11月10日

选自《山东革命历史档案资料选编》，第6辑，济南，山东人民出版社，1982年版，第46～48页。

5. 山东省战时国民教育实施方案

1940年12月

一、总说

教育是实现政治任务的工具。目前的政治任务，在于动员与组织全体民众，坚持抗战反对投降，克服困难，准备反攻，驱逐日寇出中国，争取我中华民族之彻底解放，建立独立自由幸福的三民主义共和国，而目前，教育正是为这一政治任务而服务。抗战三年，敌后国民教育亟待推行，为此，本会兹特根据革命的三民主义的最高原则，抗战建国纲领的基本精神，敌后抗日根据地的具体环境与实际需要，依据新民主主义教育之基础，拟定山东省战时国民教育实施方案。

二、教育方针

1. 启发民众的民族意识，动员群众积极参加抗战。

2. 提高民众对抗战胜利的信心，争取抗战的最后胜利。

3. 培养大批抗战建国的干部。

4. 提高一般民众的文化政治水准，树立新民主主义的政治基础。

5. 教育一般民众自动自觉的〔地〕为实现民族独立、民权自由、民生幸福的三民主义共和国而奋斗到底。

三、实施原则

根据新民主主义的教育精神及山东具体条件，实施战时国民教育必须遵守以下的原则：

1. 扬弃抗战前的旧教育，建立革命的三民主义的新教育。

2. 以工农大众为主要对象，实施免费的普及教育。

3. 改善教育内容，加强政治教育，实施教育与实际生活统一的教育。

4. 注重基础教育，成人与儿童并重。

5. 实施集体主义的自我教育，学校教育与社会教育并重。

6. 改订学制，提高入学年龄，缩短学习年限，加强教育效能。

7. 学校组织与设备，在不妨害教育进行的原则下，务求简单化、军事化，以求适合战争环境。

8. 实现知识大众化、社会教育化、文化组织化的原则，定期消灭文盲。

四、教育系统

（甲）基础教育。

一、小学：

①小学为儿童基础教育机关。凡年在八岁以上十六岁以下之儿童，不分男女，均须受小学教育。

②小学以村为单位，每一村建立小学一处（不满五十户之村庄，可合并附近数村共建一处），每乡建立中心小学一处，每区建立完全小学一处。

③小学修业期限定为六年，初级四年高级二年，惟〔唯〕为适应战时环境，得暂订〔定〕为二、二、二制，即分为初、中、高三级，各级修业均为二年。每年分三学期，每学期上课十二周至十五周。

④小学每日上正课时间以四小时为原则，其余时间作为学生自修、自习、社会活动及救亡工作的时间。

⑤学生分别年龄大小，参加儿童团、青救会，并以此种团体活动作为集体活动与自我教育的基础。

⑥小学校之设备务必力求简单化，以适合战斗环境。但亦应有最简单之物质设备，以求教学上之便利。

二、民众学校：

①凡年在十六岁以上五十岁以下而未受小学教育之成年，不分男女均须受成年基础教育。民众学校即为实施成年基础教育之机关。

②民众学校每村建立一处，每乡必须建立中心民众学校一处。民众学校可附设在小学校内，以求基础教育之统一。并应利用每年十一月初至翌年二月底冬季农暇，发动冬学运动，推进民众教育。

③为适应乡村的风俗习惯，成年男女以分班上课为宜。

④民众学校修业年限暂定为一年，共分二期，每期定为半年。十六岁至三十五岁者应连续或先后修完二期，三十五岁以上者至少应修完一期。但各期不可以时间为限，而应以修完课程为标准。

⑤民众学校每日上课两小时，在晚间进行，农闲时可改为半日学校。

⑥凡应受成年基础教育而因时间或环境之限制，不能入民校就学者，得准其自修民校

课程，经民校考验及格后，与民校毕业学生同样发给证书。

（乙）继续教育。

一、继续教育，为已受基础教育之儿童及成年［人］继续受教育之场所，以为培养一般抗战建国之干部人才与准备专门研究打下基础。继续教育的学校定为中学、职业学校及公学。

二、公学内暂分普通、师范、职业等三科，各科均依实际需要分设若干班次。

三、每一个专员区必须设立中等学校一处，可能时乃设公学；每一行政区，必须设立公学一处，各处如有必要或可能时可设一科或数科之独立中学等校。

四、继续教育之修学期限暂定为三学年，每年各成为一个独立段落一气完成，但得因实际需要而缩短之。

五、中学、职业或公学每日上课以四小时为原则，每周上课不得超过三十小时。其余时间，作为学生自修、自习及进行社会活动与救亡工作。

六、中学、职业、公学均须按学生之兴趣与可能，组织各种学术团体，以为自我教育之组织。

七、为适应战时环境，学生必按照战斗化、军事化、组织化之原则编成大队、中队、小队，以求指挥行动之灵活迅速。

八、各中等学校，必须尽可能筹得枪支，以达自卫之目的。

（丙）社会教育。

一、社会教育为不定式教育，除学校教育外皆属之。

二、实施社会教育之机关，县设民众教育馆，区乡设中心俱乐部，村设俱乐部。俱乐部务求普遍设立，达到每村能设立一处。

三、各团体、机关、部队，建立学习委员会，进行自我教育。

四、民众教育馆采取流动的方式，进行社会教育工作。在民众教育馆下组织巡回教育团，内分宣传、巡视服务与书报三股，经常巡视帮助各地社会教育工作。

（丁）高等教育暂不详细规定，必要时得设各种专科学校。

五、教育内容

（甲）基础教育内容：

一、儿童基础教育

（一）关于语文方面：

①训练儿童识字，以达到能够正确识写三千个常用字及通用简体字为标准。

②接受平易语体文，使其能够阅读布告、通知、书信、一般宣传品、报纸、通俗刊物及初级读物，以养成其有自学力。

③练习写作，使其能写作日记、笔记，写一般通用应用文字，以养成其发表思想之能力。

④练习说话，使其能够宣传、讲演、讲授识字课，以养成其能使用口语正确表达思想之能力。

（二）关于政治方面：

①了解日本侵略中国的历史，及其灭亡中国的计划、方法，以加强儿童之抗战心理。

②了解持久战、统一战线的一般原理，以提高儿童抗战胜利的信心。

③了解革命三民主义的基本内容，使其对于真三民主义有正确之认识。

④了解民主共和国之性质、前途及一般情况，确定其抗战建国之远大目标。

⑤认识人类社会发展的历史一般规律，并了解人类对于社会的关系。

⑥了解社会各阶级的区分、相互关系及其在历史过程中的作用。

⑦了解资本主义、帝国主义之本质，帝国主义战争之反动性与目前国际大势及其动向。

⑧了解社会主义国家苏联的性质、政治制度、人民生活及其对中国的关系。

⑨了解中华民族之悠久历史、学术文化、发明创造、地理状况，以培养儿童的民族意识。

⑩了解中国近百年来社会经济的演变及中国近百年革命的史实，养成儿童之革命精神。

（三）关于自然方面：

①指导学生，理解日常生活中所经常接触的自然界的各种现象（如日月水火风雨等），养成其利用自然解决生活问题的智能。

②指导学生，了解日常生活中使用之工具的构造及其简单原理，养成真改造工具之能力。

③指导儿童认识对各直接有关民生之各种生物现象（如五谷、家畜、花草、鱼木等），养成其爱护与养育之习惯。

④指导儿童了解抗战中各种主要武器（如飞机、汽车、坦克、大炮、火车、毒气等）之简单构造原理及使用方法。

（四）关于用数训练方面：

①培养儿童心算迅速正确之能力。

②训练儿童熟悉正数基本算法。

③指导儿童会利用数学，解决日常生活中的计算问题（如斤两、地亩等）。

④指导儿童会利用数学，解决抗战中的各种计算问题（如计算公平负担、累进率等）。

（五）关于社会活动方面：

①养成儿童自觉自动的〔地〕参加社会活动及抗战工作之积极性。

②指导儿童从事宣传组织、慰劳募捐、站岗放哨、送信带路等实际工作。

③养成儿童集体生活的习惯与遵守纪律之精神。

④训练儿童开会、计划、工作、选举、讨论问题、自我批评等技能。

⑤指导儿童讲授方法，养成其做小先生的能力。

⑥培养儿童的民族气节、新的道德观念与新的生活习惯。

⑦指导儿童对社会生产关系之了解，培养儿童之生产意识与生产兴趣。

（六）关于健康美术方面：

①运用儿童爱好运动的本性，锻炼儿童的健康体魄。

②养成儿童的卫生习惯，教授儿童救护常识。

③训练儿童能唱救亡歌曲，指挥唱歌与认识乐谱。

④培养儿童能绘简单的图画，制造简单工具。

⑤训练儿童有指导文化娱乐及扮演戏剧之技能。

二、成人基础教育

（一）关于语文方面：

①能认写一千五百到两千常用字，及通用简体字。

②能阅读布告、通知、信件、报纸及简单通俗之宣传品。

③能写简单书信、通知及一般的实用文件。

④能做〔作〕简单演讲。

（二）关于政治方面：

①了解日本侵略中国的史实。

②了解持久战与中国必胜的道理、团结到底抗战到底之精神。

③认识统一战线之原理及革命的三民主义之基本内容。

④认识相持阶段妥协投降的危机与克服投降妥协的方针。

⑤能了解新民主主义政治的性质及内容与人民参政的意义。

⑥明白世界大势。

⑦了解中国地理历史实概。

（三）关于战时常识方面：

①了解游击战争的意义、基本原则及游击队之组织。

②了解游击小组的性质、作用、组织及活动方法。

③了解农救会、自卫团的组织、性质及其工作。

④训练破路、拆桥、站岗、放哨、空舍清野、侦探情报、捕捉汉奸、送信带路、运输、担架等基本技能。

⑤练习使用一般武器之技能。

⑥了解简单防空防毒之常识。

（四）关于生产运动方面：

①培养其对生产运动正确之认识，提高其生产热忱。

②认识生产过程中之各种生产关系。

③研究并改善生产技术及生产方法。

④理解在生产过程中的各种自然生物、生产工具之常识。

（五）关于用数训练方面：

①熟习简单之笔算与心算法。

②熟习珠算之加减乘除的基本算法。

③运用简单珠算解决日常生活中的计算问题。

（乙）继续教育内容：

一、普通科

①主要的课程：

1. 抗战理论

2. 抗日游击战争及军事训练

3. 民众运动
4. 社会科学概论
②基础课程：
1. 国文
2. 社会发展史
3. 抗战地理
4. 国防科学概论
5. 数学
③课外活动：
1. 校内活动
2. 社会活动
3. 参战服务
4. 生产服务
④补助课程：
1. 抗战歌曲
2. 抗战漫画
3. 专题研究
二、师范科
①主要课程：
1. 抗战理论
2. 民众运动
3. 军事学术科
4. 战时国民教育理论与实施
②基础课程：
1. 政治常识
2. 国文
3. 自然科学概论
4. 抗战史地
5. 数学
③补助课程：
1. 抗战歌曲
2. 抗战漫画
3. 儿童生活指导
4. 健康美术训练
5. 专题研究
④课外活动：
1. 校内活动
2. 社会服务

3. 参战与生产

三、职业科——职业科采分科制

①一般必须课程：

1. 抗战理论
2. 政治常识
3. 国防科学概论
4. 数学
5. 军事常识
6. 课外活动

②分科选修课程：

1. 农林
2. 畜牧
3. 合作
4. 蚕桑
5. 染织
6. 化学工业
7. 医药
8. 军需工业
9. 制纸

（丙）社会教育内容：

社会教育以社会教育馆与俱乐部为中心进行工作，工作范围如下：

（一）关于语文方面：

①开办识字班、夜校，组织识字小组，推动识字运动，提倡小先生制。

②开办各种补习学校、短期训练班，培养基层干部。

③编辑墙报，提高民众阅读与写作能力。

④举办演讲会、辩论会及演讲比赛，训练民众的说话能力。

⑤召开纪念会、纪念晚会、问答晚会、辩论晚会、群众纪念大会。

（二）关于政治方面：

①举行巡回政治演讲与定期政治报告。

②组织读报组，进行时事教育。

③召开座谈会、讨论会、研究会。

④组织图书馆，办理书报流通。

⑤举办流动图书馆，提倡阅览书报习惯。

⑥散发传单，缮写标语，张贴漫画，并出版街头画、街头诗等，进行广泛政治宣传。

（三）关于生产方面：

①扩大生产教育。

②组织生产运动。

③举办生产竞赛。

④举办农业生产及工艺品展览。

⑤发动生产改良实验。

⑥组织生产服务队，帮助耕种收获。

⑦举办各种短期职业训练班。

（四）关于卫生方面：

①举行清洁卫生检查。

②举办集体施种牛痘。

③举行健康卫生比赛。

④发动捕蝇运动。

⑤发动防疫消毒运动。

⑥进行卫生教育。

⑦进行防空防毒演习。

（五）关于文化娱乐方面：

①组织农村剧团，公演抗战戏剧。

②组织歌咏队，传播抗战歌曲。

③举行娱乐会、娱乐晚会、联欢会。

④领导各种集体活动与集体游戏。

⑤改正农村中旧社会的赌博、吃酒、吃烟等不良习惯及消闲方法，要提倡正当娱乐。

⑥举行爬山运动、军事演习、射击比赛。

六、师资

（甲）师资的标准：

（一）参加抗战、热心教育事业者。

（二）拥护革命的三民主义与三大政策者。

（三）对于抗战建国的政治理论有初步认识者。

（四）对新民主主义教育的精神了解其大意者。

（五）身体健壮、略具军事常识者。

（六）经训练或检定认为合格者。

（附注）不合格之教员亦可作暂聘代用教员。

（乙）师资的来源：

（一）发动潜伏在乡村中的战前各级学校的教员。

（二）动员潜伏在乡村中的知识分子。

（三）抽调各抗战部队、政府、机关、救国团体中曾经充事教育工作或适合于教育工作之干部。

（四）争取敌区的教员及知识分子。

（丙）师资的训练：

（一）为了实行统一的新民主主义的教育，所有师资必须普遍的〔地〕逐次予以训练。

（二）基础教育师资，由县及专署开办师资训练班训练，训练期限一个月至三个月；继续教育师资，由行政公署或战时工作推行委员会负责训练。

（三）基础教育师资训练内容：

1. 抗战理论。

2. 民主政治与民众运动。

3. 战时国民教育之理论与实施。

4. 怎样办基础教育。

5. 政治常识。

（四）基础教育师资每年必须轮流受训一次，期限十日至一月。

（丁）待遇：

（一）取消薪俸制，实行最低生活费制。

（二）各级学校师资以抗战技术人员待遇之。

（三）教师个人待遇如下：

1. 粮食、菜金，由公家按月发给，其数量与一般政府工作人员同。

2. 服装（单衣两套，衬衣一套，棉衣一套，大衣一件）由公家发给便衣费。

3. 每人每月发给固定津贴费三元至五元。

4. 身体虚弱及有患病者，经医生检验证明，每月得酌发保健费一至三元。

5. 遇有疾病时，得由公家负责给予治疗。在休假期间，得享受平常之待遇。

6. 教师之家属，如因本人从事教育工作而不能维持生活者，得按照优待抗属条例予以优待。

（戊）考核：

各级教育工作人员，随时考核其成绩之优劣，予以适当之惩奖。惩奖条例另定之。

（己）组织：

（一）各地学校教员，得组织教员救国会，其任务为：

1. 团结各地学校教员，参加抗战工作。

2. 研究教育问题，改进教育工作。

3. 参加社会活动，提高自己的社会地位，改善自己的生活。

4. 进行集体学习和自我教育，提高自己的政治水平与工作能力。

（二）各地教员救国会可以集体参加各该地同级文化协会、职工会及各界救国会为团体会员。

（三）教员救国会必须在各级政府文教科指导之下进行工作。

七、经费

（甲）标准：

每年教育经费，至少应占政府经费预算百分之二十，以求教育事业之发展。

（乙）来源：

①学田、庙产、田赋之教育附加捐，过去原有之教育基金等，全数拨给，不准移作他用。

②绝产官产及其他一切公款，得按百分之二十五拨作教育基金。

③向热心教育辅助事业发展之社会人士捐助。

④以上各项不足时，由同级政府拨支。

（丙）筹集之方式：

各级教育经费，由同级政府统筹统支。若遇有筹集困难之地区，得由上级政府酌量辅助之，以求教育事业之平衡发展。

（丁）分配：

按照统筹统支原则，由各级教育委员会按照下列比例分配之：基础教育经费占全部教育经费百分之四十，继续教育［经费］占百分之十五，社会教育［经费］占百分之二十五，干部训练［经费］占百分之二十。

（戊）保管：

①各级教育经费，组织各级教育经费保管委员会保管之。

②教育经费保管委员会之任务如下：1. 设计筹集。2. 收支保管。3. 保障教育经费独立。

③各级教育经费保管委员会，由各级政府召集下列各有关方面之代表组成之：

1. 同级政府之代表。

2. 同级教育委员会之代表。

3. 同级参议会之代表。

4. 同级经济委员会之代表。

5. 同级文化界救亡协会之代表。

6. 同级教员救国会之代表。

7. 同级学生救国会之代表。

8. 特聘人员。

④教育经费保管委员会必须在各级政府直接领导之下工作。

⑤学生一律免收学费，贫苦之学生得供给书籍。

八、教育行政

（甲）教育行政机关，县以上各级政府设文教科，区设文教助理员，乡村设教育委员并采学区制，以中心小学兼管乡村教育行政，乡政委员会教育委员可兼中心小学校长。各级文教科之组织如下：

1. 行政主任公署及专员公署设文教处（科），下设学校教育、社会教育两科（股），及视导、编审两室。

2. 县设文教科，下设学校教育、社会教育两股及视导室。

3. 如遇必要时，可设各种专门委员会。

（乙）战时国民教育委员会。

1. 为加强战时国民教育工作起见，各级政府中特组织战时国民教育委员会。

2. 战时国民教育委员会之性质为设计、研究、推动、监督机关，执行权仍属各级教育行政机关。

3. 各级战时国民教育委员会由各级政府召集下列人员组织之：

①同级参议会代表。

②同级政府代表。

③同级动委会代表。

④同级抗日党派代表。

⑤各该地抗日驻军代表及学生会代表。

⑥同级群众团体代表。

⑦同级教育工作者代表。

⑧同级文协代表。

⑨特聘人员。

4. 战时国民教育委员会之组织条例另订之。

山东省战时工作推行委员会

选自《山东革命历史档案资料选编》，第 6 辑，济南，山东人民出版社，1982 年版，第 196～212 页。原注："1940 年 12 月 22 日《大众日报》。"

6. 山东省战时工作推行委员会关于一九四一年文教宣传工作计划大纲

1941 年 1 月

一、一般的方针

一九四一年度山东文化教育宣传工作，在全省范围内，一般的方针应该是大量的〔地〕普遍发展，在发展中求得充实、健全与深入、统一，逐渐走上正规化。落后的地区要猛烈的〔地〕大量发展，已有基础的地区要普遍平衡的〔地〕发展，先进地区亦要求深入、统一，要求正规化。

二、具体的要求

（甲）在国民教育方面：

（一）基础教育

（1）小学——一般的〔地〕要达到战前水平。在数量上，先进地区要超过战前水平，达到平均至少五百居民就有［一］处小学，百分之四十以上的学龄儿童被吸收入学，每区至少要有完全小学一处；已建立民主政权、工作比较有基础的地区，要赶上战前水平，平均至少一千居民就有一处小学，百分之三十以上的学龄儿童被吸收入学，全县至少有完全小学一处，已有者加倍发展；落后地区要平均每五个村庄就有一处小学。在质量上，统一学制，一律实行二二二制；统一教材，一律采用战工会文教委员会编纂或审订、由大众印书馆出版之教材，在该馆尚未能大量供给前，各区可根据战工会制定课程标准，以行政区为单位，统一编纂教材；统一小学行政，健全组织制度；充实教学内容，改进教学方法，在完全小学内一律试行导生制；审查检定师资，提高教师政治文化水准。

（2）民校——凡有小学者必须兼办民校，至少一处；每个民校，学生平均至少要达到三十人以上；要统一学制，统一教材，统一行政。

（二）继续教育

（1）每个行政区要有一个公学，已有的要求充实、健全、正规化。

（2）每个专员区要有一个中学，要有师范科，学生数要达到三百人以上。

（3）统一学制，统一行政管理，统一教材内容。

（三）社会教育

（1）县民众教育馆要一律成立起来，充实干部，健全组织，要建立经常工作制度。

（2）县民众教育馆一律成立起来巡回教育团，每个巡回教育团至少要有十五个以上工作干部。

（3）已建立民主政权的地区，要有半数以上的村子成立俱乐部，并一定要有经常的实际工作内容，并应一律成立识字班或夜校。

（4）普遍推行小先生制，成立识字组、识字牌。

（5）在先进地区内，开始进行有计划的消灭文盲运动。

（四）教育行政

（1）村以上各级文教委员会及教育经费管理委员会一律成立起来。

（2）按照战工会公布之各级文教处、科之组织工作条例，充实及健全各级教育行政机关之组织、干部、工作及制度，特别是辅导科、股的组织及工作。

（3）要求教育行政逐渐走上正规化。

（五）干部训练

（1）未经训练之在职小学教员，由县文教科负责轮流抽调，给以半月至一月之训练。

（2）在职乡中心小学校长、区文教助理员、高级小学校长，由专署负责轮流抽调，一律给以一月至三月之训练。

（3）在职完全小学校长、县级文教干部，由行政公署负责轮流抽调，给以一月至三月之训练。

（4）中学应设半年短期师范班，公学应设一年短期师范班，有计划的〔地〕培养新的师资。

（5）县应开办俱乐部主任训练班，将全县俱乐部主任轮流抽调，一律给以半月至一月之训练。

（乙）在文化运动方面：

（一）建立并健全组织

（1）县以上各级文协及各种文化团体应推动其一律成立起来，并至少应有一人专门负责文协工作，加强县级的文化运动，以县文协为文化活动的基础。

（2）县以下小学教员救国会应推动一律成立。

（二）组织剧团

（1）每个行政公署、专员公署都要成立一个脱离生产专门性质的剧团，人数至少二十人，并能独立工作。

（2）每个县的巡回教育团都要成立一个附属剧团，能够演剧。

（3）每个农村俱乐部都成立一个不脱离生产的农村剧团。

（三）发行报纸

（1）每个地区都要有一个定期文化刊物。

（2）每个专员区都要有一个地方性的报纸，每个县尽可能的〔地〕有一个油印小报。

（3）建立全省的通讯网。

（四）扩大印刷事业

（1）每个行政区要至少有一个铅印厂，每个专员区要至少有一个石印厂，使它的产量能够供给本区域的教材。

（2）建立造纸厂、油墨、墨水等文化事业工厂，更尽力做到纸张油墨足以自给。

（五）建立发行系统

（1）以行政区为单位建立统一的发行机关，并能深入到每个村庄去。

（2）全省各级政府建立驿运，统一交通工作，达到书报能及时送到每个村庄。

（六）提倡文艺创作，并成立文化工作者俱乐部，改善文化工作者的生活。

（丙）在对外宣传方面：

（一）扩大宣传网，组织区乡村不脱离生产的宣传队。

（二）各级文教处、科应根据战工会颁布之一九四一年度各重要纪念日纪念办法，进行扩大纪念宣传。

（三）以行政区为单位，及时的〔地〕做〔作〕出宣传计划，规定宣传要点，印发宣传大纲，制定标语口号，供给宣传材料，以求宣传工作之统一与一致。

选自《山东革命历史档案资料选编》，第 6 辑，济南，山东人民出版社，1982 年版，第 238～242 页。

7. 山东省各县小学教员救国会组织章程

1941 年 1 月 30 日山东省文化界救亡协会通过、公布、施行

一、总则

第一条　本会以团结小学教员参加抗战建国工作，交换工作经验，改进小学教育，加强小学教员的学习与修养，提高小学教员的社会地位，改善小学教员的物质生活，并推动国民教育之发展，巩固抗日根据地，争取民族之彻底解放为宗旨。

第二条　本会定名为××县小学教员救国会。

二、会员

第三条　（一）在职小学教员，皆为当然会员。

（二）曾任小学教员或对小学教育有兴趣者，经本会会员一人介绍，均得为本会会员。

第四条　凡本会会员皆有：（1）选举与被选举权；（2）参加本会一切活动之权；（3）阅读本会刊物、廉价购买本会出版物之权。

第五条　凡本会会员皆有：（1）遵守本会简章，执行大会决议，服从本会纪律；（2）积极参加本会所举办之一切活动及缴纳会费等义务。

第六条　会员退会，须经县执委会之认可。会员有违反本会宗旨及破坏本会之行为者，得经本会县执委会之决议，斟酌情形予以劝告、警告以至开除其会籍。

三、组织

第七条　本会组织原则为民主集中制。

第八条　本会组织系统，县设总会，区设分会，乡设小组，人数不过三人者，得合并附近数乡共成一组。

第九条　县总会执行委员会，由全县会员大会选举九人至二十一人组织之。执行委员会下设常务委员会，由执行委员中互推三人至九人组织之。常务委员会之组织，设主任委员一人，下分设宣传、组织、服务、研究、总务五部，各部置部长一人，由常务委员分任之，各部之下得因工作之需要聘请干事。

第十条　区分会执行委员会，由区会员大会选举执行委员三人至七人组织之。执行委员会设主任一人，下分设组织、宣传、研究、服务、总务等干事，由执行委员分任之。

第十一条　乡小组设正副组长各一人，由会员互推之。

四、职权

第十二条　最高权力机关为会员大会，在会员大会闭会期间，最高权力机关为执行委员会。

第十三条　（甲）主任负责召集会议，领导、督促、检查各部工作，对外为本会代表。

（乙）组织——掌理会员之调查、登记、审查、分配、训练等事宜。

（丙）宣传——掌理一切对内对外宣传及文化教育之推广事宜。

（丁）研究——掌理教育之研究、教材之搜集、教育之实验与改进事宜。

（戊）服务——掌理抗战服务、社会活动、社会教育之推进等事宜。

（己）总务——掌理文书、事务、会计等事宜。

第十四条　小组长负责领导本小组进行一切工作。

五、会议

第十五条　（甲）全县会员大会每半年开会一次，执行委员会每三月开会一次，常务委员会每半月开会一次。

（乙）区会员大会每三月开会一次，执行委员会每一月开会一次，常务委员会每半月开会一次。

（丙）小组会每周开会一次。

（丁）必要时得召开临时会议。

六、任期

第十六条　县常务委员会每年改选一次，县执行委员会、区执行委员会及小组长每学期改选一次，但各级负责人连选得连任。

七、会费

第十七条　凡本会会员，每月缴纳会费一角。

八、附则

第十八条　本简章有未尽事宜，得提交全县会员大会修改之。

第十九条　本简章自通过之日起施行之。

选自《山东革命历史档案资料选编》，第6辑，济南，山东人民出版社，1982年版，第 273～276 页。

8. 山东省战时小学课程标准总纲草案

1941 年 2 月 5 日山东省文教委员会讨论通过

一、总说

本总纲系根据抗战建国纲领及山东省战时国民教育实施方案之规定拟订〔定〕之。

二、小学教育总目标

1. 关于政治方面：

甲、启发儿童的民族意识，动员儿童参加抗战建国之工作。

乙、提高儿童的民族自尊与自信心，坚定儿童的抗战意志。

丙、提高儿童的政治质量，树立新民主主义的政治基础。

丁、启发儿童的民主思想与增进儿童对人类社会发展之正确认识。

2. 关于基本知能方面：

甲、灌输儿童各种抗战建国的基本知识。

乙、训练儿童劳动生产及有关职业的科学知识与技能。

丙、增进儿童了解自然现象的各种知能及普通常识。

丁、增进儿童日常生活运用中的语教书写等基本知识。

戊、培植儿童的自学与继续学习基础。

3. 关于生产劳动方面：

甲、指导儿童认识人类社会之各种劳动生产关系。

乙、训练儿童使用各种劳动工具之技能。

丙、培养儿童的劳动观念与生产劳动的兴趣。

4. 关于社会服务方面：

甲、培养儿童集体生活的习惯与遵守纪律之精神。

乙、指导儿童积极参加社会服务与养成爱群之习惯。

丙、培养儿童新的道德观念与养成其爱护公共利益之公德心。

丁、培养儿童为大众服务的积极性，与为公舍私的英勇牺牲的精神。

5. 关于儿童康乐方面：

甲、运用儿童爱好运动的本性，锻炼儿童的健康体魄。

乙、灌输儿童各种卫生常识，养成儿童卫生的习惯。

丙、培养儿童抗战歌曲、戏剧、美术等知识与养成儿童审美的兴趣和能力。

三、学制与授课时间

1. 小学修业期限定为六年，分初级、中级、高级三级，各级均为二年。每学年分三学期，每学期定为十二周至十五周。

2. 授课时间，初年级每周十八小时至二十小时，中年级每周二十小时至二十四小时，高年级每周二十四小时至二十八小时。

说明：早操、开会、课外活动及休息时间不在此规定时间内。

四、作业范围

1. 科目及每周教学时间总表：

<table>
<tr><th colspan="2" rowspan="2">年级
分钟
科目</th><th colspan="2">初年级</th><th colspan="2">中年级</th><th colspan="2">高年级</th></tr>
<tr><th>一年级</th><th>二年级</th><th>三年级</th><th>四年级</th><th>五年级</th><th>六年级</th></tr>
<tr><td>国语</td><td rowspan="4">（读本）</td><td colspan="2" rowspan="4">720</td><td colspan="2">540</td><td colspan="2">300</td></tr>
<tr><td>政治</td><td>政治</td><td rowspan="3">（常识）270</td><td colspan="2">150</td></tr>
<tr><td>自然</td><td>自然</td><td colspan="2">150</td></tr>
<tr><td>史地</td><td>史地</td><td colspan="2">200</td></tr>
<tr><td colspan="2">算术</td><td colspan="2">180</td><td colspan="2">225</td><td colspan="2">250</td></tr>
<tr><td colspan="2">工作</td><td colspan="2"></td><td colspan="2"></td><td colspan="2">100</td></tr>
<tr><td>音乐</td><td rowspan="2">（唱游）</td><td colspan="2" rowspan="2">180</td><td colspan="2" rowspan="2">180</td><td colspan="2">90</td></tr>
<tr><td>体育</td><td colspan="2">90</td></tr>
<tr><td colspan="2">总计</td><td colspan="2">1 080</td><td colspan="2">1 215</td><td colspan="2">1 330</td></tr>
</table>

说明：

（1）初、中两级授课时间，每天最多为七节，每节三十分钟；高级最多五节，每节五十分钟；课间休息均为十分钟。

（2）初年级常识并入国语科，中年级另编混合常识，高年级常识得分别编辑及分别讲授。

（3）各级卫生科概包括［在］自然常识科内。

（4）初、中年级音乐体育合并为唱游一科，每节授课时间定为三十分；高年级体育包括军事操、柔软操及各种运动等，每节定为三十分钟。

（5）初、中两级工作课（美术、劳作）在课外活动时间进行，但每节不得超过两小时。

（6）生活指导及社会活动时间应另规定。

（7）高年级算术科二百五十分钟，内包括珠算五十分钟。

2. 各种集体活动每周时间分数表：

年级	初	中	高	初	中	高	初	中	高
种类	早操			朝会			周会		
时间	90			60			60		

说明：

（1）各种集体活动时间，得依各地方情形斟酌增减。

（2）小组会及其他各种晚会、同乐会等概不在此规定时间内。

（3）朝会于每星期一早晨举行，内容为时事报告、生活修养指导，或偶发事项之报告及其他。周会于本星期六下午举行，内容为师生欢聚漫谈、工作及生活检讨及其他。

五、教学通则

1. 各科教材的选择，必须根据价值比较的原则，其价值比较的主要标准是：

甲、凡与抗战有关，而直接间接指导抗战的，其价值最大。

乙、凡与本科目关系最密切的，其价值更大。

丙、凡在生活中应用次数愈多而愈常见的，其价值当更大。

丁、凡在紧要关头时所需用的，其价值当较大。

戊、凡社会所认为适当而优良的，其价值较大。

己、凡有永久性的价值，较仅有暂时性的为大。

庚、凡学习起来比较困难而不易由生活中无意的〔地〕习知的，其价值亦大。

2. 各科材料的选择、编写与教学应根据下面几个原则：

甲、由简入繁，使儿童循序渐进，先从简单的地方着手，然后进行繁复的。

乙、由近及远，先从眼前的、本地的、日常习见的，进到远处的、外国的、看不见的。

丙、从具体到抽象，先从具体的事实分析，然后进于抽象的概念理论。

丁、由经验到理性，从普遍的常识和经验，进于理论的叙述。

戊、由观念进于推理，并由特殊进于普遍。

己、从无限到有限，从普通的常识进到专门的知识。

庚、注意重复，每一生字、每一事物、每一理念要反复多次的〔地〕应用，求其各科各方面再现。

3. 教材的组织与教学，应尽量采用大单元的计划，以便互相联络，而减少割裂重复等弊。同时各科课程应互相联系，作全面之教育，以便于儿童有系统并全面的了解。

4. 所选定的教材，其价值的大小并不一致。对于价值较大的教材，应分配较多的教学时间；价值较小的教材，应采用较简便省时的方法去教学。

5. 所选定的教材无论其本身价值如何巨大，如不合儿童的实际能力，或无法引起儿童的学习兴味，即应暂缓教学。

6. 每周作业时间的支配（或时间表的排列）应注意各科目的性质，务使其难易相间，身心平衡，时间长短适度，每周分布匀称，尤应注意便于联络，易于教学。

7. 知识部分的教材与非知识部分的教材应间杂支配，使儿童身心得以适度的〔地〕调剂。

8. 凡文字的教材，应一律用语体文叙述，不得用文言文；生字要注意词儿联写，力避只教一个一个生字，着重在实际生活的指导，不在文字教育和理论探讨。

9. 各科教学活动，应多与实际生活相联系，多补充以实际生活之材料，并以教学改进儿童生活，寓教学于儿童生活之中。

10. 新的教材的学习，须以已有的经验作基础。教员在教学之前，须先了解儿童已有的经验基础；在开始教学之后，教员又应随时唤起其已有的经验，以与新的教材相结合，使儿童对于新的教材不仅感到浓厚的兴味，而且得到真正的理解。

11. 教育不仅要利用儿童的自然兴味，而且设法使儿童对于新的事物也发生兴味。

12. 教员在教学之前，应有充分的准备，不但要十分了解所用的教材，并且预备教学的方案（至少要有简略的教案）。在准备教学的方案时，教员必须根据教材的性质、所教儿童的特殊情形以及时间多寡等因素，以决定适宜的教育过程。对于必须要利用的教具和适当提示的问题，也应预先加以准备。

13. 教员应注意社会环境，运用社会环境，利用各种机会，并创造环境和机会。

14. 教员对于儿童的身体、个性、家庭环境都应辨别清楚，精密的〔地〕考察，详细的〔地〕记载，并须对症下药的〔地〕拟具教育方案，严密的〔地〕施教，严格的〔地〕考察。

15. 教学应使儿童感觉需要，以造成自动的积极准备，并使其知道自己的进步。

16. 教学应适应儿童心理，利用儿童的感官活动，注意儿童的性情，并将自己置身于儿童中。

17. 教学应注意“做”，应适应儿童的心理，引起儿童的反映，指示活动所欲达到的目的，唤起儿童的兴趣，集中儿童的注意，因势利导，以使儿童自发活动，自行试验，努力进行自己的功课。

18. 教学应与生活指导密切联系，并使之成为团体的活动。同时教员在教学时，不但要注意教材，而且应注意其对于儿童整个品格的影响。

19. 凡教材须令儿童反复练习的部分（例如文字的认识、记忆，写字的娴熟，地名、人名、年代的熟习，算术、歌曲的熟习等），都应采用“练习教学”的方法。应用时必须注意：

甲、材料要取儿童已经了解意义的。

乙、时间要短，次数要多。

丙、首先应采用试验已有成效的，并且要多变化。

丁、试验时应先求正确，而后迅速。

20. 凡教材须令儿童精密思考的部分（例如各科中所发现的问题、历史事实的因果、日常生活中所发生疑难……）应采用“思考教学”的方法。应用时必须注意：

甲、发觉困难。

乙、审查困难的所在。

丙、搜集材料和整理材料。

丁、研究解决困难的种种方法。

戊、选择一个最有效的方法实验。

己、屡试屡验后，再下断语。

庚、教员不宜性急，不宜代行，不宜专断，应让儿童从容思考，并养成其对客观事实的着重。

21. 凡教材须令儿童欣赏的部分（例如文艺、诗歌、故事、歌曲、戏剧、美术、自然风景等）应采用“欣赏教学”的方法。应用时必须注意：

甲、材料最好让儿童自己选择。

乙、宜用声调、态度等的暗示引起。

丙、用形容、比较等方法补足儿童的想象，引导儿童欣赏。

22. 凡教材须令儿童发表的部分（例如故事的表演、戏剧的表演、文艺美术的制作、文章的创造……）应采用“发表教学”的方法。应用时必须注意：

甲、要预备儿童能否作〔做〕得成功，选择能作〔做〕的来作〔做〕。

乙、要取易得结果、易达目的的体〔题〕材。

丙、要有周详的计划与进行的步骤。

丁、制作的时候，教员应设法鼓励儿童，酌量帮助儿童，以便儿童作成功，并且注意。

戊、无论成绩的好坏，一定要按照计划使有结果作〔做〕下去。

23. 初年级教学应多注意练习，即多给予复习次数，使学生熟记、熟读、熟写；中年级教学则应讲解与练习并重；高年级则应多给予研究与实习，以养成学生的自己阅读自己研究的精神与习惯。

24. 教员对于儿童成绩应该严密的〔地〕注意，考察成绩和成绩标准应取科学的方法。

25. 教学不限于科目，不限学校。除了科目以外要教些什么，教室、学校以外怎样利用等问题，须时时注意研究实施。

选自《山东革命历史档案资料选编》，第 6 辑，济南，山东人民出版社，1982 年版，第 279～286 页。原注：“据考证，该草案于 1941 年 2 月 5 日由山东省文教委员会讨论通过。”

9. 山东省战时工作推行委员会关于教育经费的决定

1941 年 6 月 20 日

一、查过去教育经费既无固定专款，筹备又无全盘计划，开支没有一定标准制度，没有统一规定，因此影响教育工作之发展。教育是政治的工具，尤其在敌后山东抗日根据地的巩固与建设时期，教育实在有其决定的意义。因此，迅速开展教育工作，在巩固与建设抗日根据地的今天，已经成为迫不及待的紧急任务，然而教育经费不能解决，教育工作就无开展。为了解决教育经费的困难，保证教育经费的经常与固定，使教育工作不能因经费的困难而受到影响，这不仅是目前教育工作的严重问题，而且是财政工作的重大任务。

二、解决教育经费的基本原则应当是在总的财政政策的原则下保持教育经费的独立性，中心目的是保证教育经费的经常与固定，因此我们必须作〔做〕到在开支方面要划一标准，筹备方面要有计划，一方面尽量节约，同时还要量出为入，并估计一般实际情形，统筹统支，实报实销，严格建立预决算制度及审核制度，要以最少的经费作〔做〕好最多的工作，坚决反对贪污浪费等现象。

三、各项经费开支标准如下：

（一）小学：

1. 教职员生活费：

（1）每人每日粮食二斤四两，由救国公粮中按月发给。

（2）生活费包括菜金服装（以两年一身棉衣、两身单衣为标准及津贴），每人每月初小正教员十元、代用教员八元、高小正教员十四元、代用教员十二元，中心小学校长兼教员者以高小正教员论，每年以十二个月计算。

2. 办公费：

（1）初小每班每月六元，每增一班增加四元。

（2）高小每班每月十元，每增一班增加八元。

3. 开办费：

（1）初级小学每班至多不得超过十元，由区批准后一次发给之。

（2）高级小学每班至多不得超过五十元，由县文教科按照预算发给之。

4. 抗日军人子弟及贫苦学生优待费：

（1）受待遇学生以不超过百分之二十为原则。

（2）必须课本完全由学校供给。

（3）文具费每人每年低、中级不得超过一元，高级不得超过二元。

（4）抗属小学学生待遇：①书籍文具完全由学校供给；②住校而贫者由学校供给养，每人每日粮食二斤、菜金七分；③贫苦者，学校可酌予补助鞋袜服装费。

（二）民众学校：

1. 办公费每班每月二元。

2. 灯油费每班每月最多不得超过六元，由村公所按公平负担自筹。

3. 教员津贴每人每月二元，以实在开班时间计算。

4. 学生用书由县政府供给。

5. 以上各种费用均实行乡村自筹制度，由县统支。

（三）中等学校：

1. 教职员生活费：

（1）教职员每人每日粮食二斤四两。

（2）教员生活费每人每月自二十元至四十元，由校务会议按其资历、工作能力、授课时间分别规定，呈请所属教育行政机关批准施行之。

（3）职员生活费每人每月自十元至二十元，由校务会议按其工作轻重自行规定之。

2. 办公费每班每月三十元，每增一班增二十元。

3. 教育费每人每月一元。

4. 医药费每人每月三毛。

5. 学生待遇：

（1）学生每人每日粮食二斤四两。

（2）师范及职业学生除免收一切费用外，由学校供给菜金每人每月三元，服装费每人每年单衣一套、棉衣一套（穿两年）。

（3）普通中学生以自费为原则，除粮由公家供给外，应缴菜金每年三十元、学费每年四元、书籍讲义费每年十元。抗日军人子弟及贫苦学生应受待遇者，由校务会议按照程度不同分别审查进行之，但受优待学生以百分之二十为原则，其最高待遇与师范同。

6. 开办费每班不得超过三百元，由所属政府按照预算发给之，特殊购置由专署以上政府机关批准后核发。

7. 杂务人员及其他各项开支按照同级政府机关批准开支。

（四）民众教育馆：

1. 办公费：

（1）主任公署民教馆每处每月三十元。

（2）专署民教馆每处每月二十二元。

（3）县民教馆每处每月十五元。

2. 事业费：

（1）主任公署民教馆每月二百五十元。

（2）专署民教馆每月一百二十元。

（3）县民教馆每月六十元。

3. 区民教馆每处每月工作费十元。

4. 工作人员及杂务人员之待遇与政府机关同。

（五）农村俱乐部补助费每处每月三元，其不足之数由本村民众团体及村公所自筹。

（六）训练班：

1. 办公费：一百人以上者，每月二十元。不足五十人者，由每月五元至十元。五十人至一百人者，每月十元至十五元。

2. 教育费每人每月五毛。

3. 一月以上之训练班学员之待遇按师范标准。

上列标准是全省统一的标准，从一九四二年度起原则上各地应一律执行，各地如有特殊情形必须变通时，须经主署的决定呈战工会备案。

四、中等学校及专署以上所办教育事业之经费，一律按照预决算由国家收入的正款中开支，县以下教育事业经费规定为地方教育经费，地方教育经费以县为单位，实行统一收支，由专署负责调剂。

五、地方教育经费的基本来源，是依靠地方教育款产的收入，地方教育款产的收入不足时由正款中拨支一部，再不足时按需要由田赋中附加，随同乡村行政费统筹，交县统一保管。

六、地方教育款产除原有之学田基金外，凡属公产庙地及已经没收充公的汉奸财产，百分之七十拨归教育款产。所有地方教育款产之全部收入，均为地方教育经费之专款，交金库保管，不得随意挪用。

七、地方教育款产之管理与经营，由各县文教科及一、二科长为当然委员，并聘请有关人员组织教育款产管理委员会，以文教科长为主任委员。县教育款产管理委员会之组织条例另定之，但各县现有教育款产应一律于一九四一年内整理完竣，造具清册，呈报专署，主署并转战工会教育处备案。

八、一切预算决算制度及审核报销手续应遵照战工会之统一规定严格执行。各教育机关及各级教育行政机关，于每年度按开支标准照顾全年工作发展情形作出概算及结算（包括收入支出），每月造具预算送审计机关核发。

九、为了防止贪污浪费现象之发生，教育经费的开支一定要作〔做〕到实报实销，各

12. 山东省各级文化教育宣传委员会组织条例

1941年6月24日由山东省战时工作推行委员会公布

第一章　总　则

第一条　为统一全省党政军民对文化教育宣传工作之意义［的认识］，密切工作上的配合及计划，与提供关于文化教育宣传工作之方针，特成立文化教育宣传委员会（简称文教委员会）。

第二章　省文教委员会

第二条　省文教委员名额定为二十一人至二十九人，由省战工会延聘下列人员组织之：

1. 省参议会代表一人至二人；
2. 省战工会代表一人至三人；
3. 各抗日党派代表各一人；
4. 本省驻军最高行政机关代表一人；
5. 省各界救国联合会、省工、农、青、妇、文等团体代表各一人；
6. 省各最高文化教育学术机关团体代表各一人；
7. 特聘之教育专家。

第三条　省文教委员会设正副主任务一人，秘书一人，处理日常会务，由委员互推分任之。

第四条　省文教委员会之任务如下：

1. 统一全省文化教育宣传工作之步调，密切工作上之配合；
2. 研究讨论本省文化教育宣传工作之实施状况；
3. 拟制本省文化教育宣传工作及〔的〕方针计划及实施办法；
4. 推进本省文化教育宣传工作之扩展。

第五条　省文教委员会全体委员会议每月举行一次，必要时得召集临时会议。

第六条　省文教委员会委员之任期为一年，必要时得延长之。

第七条　省文教委员会为一设计机关，其所拟定〔订〕之方针、计划、办法应分交党政军民之机关审议推行之。

第三章　行政区、专员区及县各文教委员会

第八条　行政区、专员区及县各级文教委员会之委员名额定为十五人至二十二人，由各该政府延聘下列人员组织之。

1. 同级政府代表一人；
2. 同级参议会代表一人；
3. 同级各界救国联合会、工、农、青、妇、文等救亡团体代表各一人，县级应增加小学教员救国会代表一人；
4. 该地区各抗日党派代表各一人；

5. 该地区各驻军政治机关代表各一人；

6. 该地区最高文化教育学术机关团体代表各一人；

7. 特聘之教育专家及热心教育人士。

第九条　各级文教委员会设正副主任务一人，秘书一人，处理日常会务，由委员互推分任之。

第十条　各级文教委员会之任务如下：

1. 统一各该地区文化教育宣传工作之步调，密切工作上之配合；

2. 研究上级之决定与指示，并确［定］实施办法；

3. 研究与检讨各该地区文化教育宣传工作之实施状况；

4. 拟制各级文化教育宣传工作方针计划；

5. 推进各该地区文化教育宣传工作之发展。

第十一条　各级文教委员会全体委员会议每月举行一次，必要时得召集临时会议。开会时得斟酌情形通知当地学生团体推派代表列席参加。

第十二条　各级文教委员会委员之任期一年，必要时延长之。

第十三条　各级文教委员会均为设计机关，其所拟之方针、计划、办法应分［交］各该级党政军民机关审议推行之。

第四章　区乡文教委员会

第十四条　区乡文教委员会之委员名额定为七人至十三人，由区乡政府延聘下列人员组织之：

1. 区文教助理员、乡文教副乡长；

2. 同级参议会代表一人；

3. 同级党派代表各一人；

4. 同级各界救国联合会代表一人；

5. 同级小学教师救国会代表一人；

6. 区完全小学或高级小学校长、乡中心小学校长；

7. 区民教分馆馆长、乡中心俱乐部主任；

8. 区乡地方武装或自卫团代表一人；

9. 特聘之热心教育人士。

第十五条　区乡文教委员会设正副主任委员各一人，处理日常会务，由委员互选之。

第十六条　区乡文教委员会之任务如下：

1. 调查各该区乡学龄儿童及失学民众；

2. 检讨各该区乡文化教育宣传工作实施概况；

3. 研究上级指示与决定，决定实施办法；

4. 拟制各该区乡文化教育宣传工作之计划；

5. 推进各该区乡文化教育［宣传］工作之发展。

第十七条　区乡文教委员会全体委员会议每半月召开一次，遇必要时得召集临时会［议］。

第十八条　区乡文教委员会委员之任期为半年，必要时得延长之。

第十九条　区乡文教委员会所拟制之计划由区乡公所公布施行之。

第五章　村文教委员会

第二十条　村文教委员会之委员名额定为三人至九人，由村公所延聘之下列人员组织之：

1. 村政委员会文教委员；
2. 小学校长或教员；
3. 俱乐部主任；
4. 农救会代表一人；
5. 民众学校教员；
6. 特聘之热心教育人士；
7. 自卫团代表一人。

第二十一条　村文教委员会设主任委员一人，由委员互选之。

第二十二条　村文教委员会为村政府直接领导下之专门工作委员［会］，其职权与任务如下：

1. 调查本村民众文化程度及学龄儿童；
2. 研究上级决定与指示，确定实施办法；
3. 拟制本村一切文化教育宣传工作之计划；
4. 指导本村小学、民校、俱乐部等教育机关；
5. 整理及经营本村之教育经费。

第二十三条　村文教委员会每半月开会一次，必要时［得］召集临时会议。

第二十四条　村文教委员会委员之任期为半年，必要时得延长之。

第二十五条　村文教委员会决定事项由村公所公布施行之。

第六章　附　则

第二十六条　本条例［如］有未尽事宜，由山东省战时工作推行委员会修改之。

第二十七条　本条例由山东省战时工作推行委员会公布后施行。

选自《山东革命历史档案资料选编》，第7辑，济南，山东人民出版社，1983年，第81～85页。

13. 山东省战时工作推行委员会关于公布《各级教育行政机关组织大纲》的通知

1941年6月①

查各级教育行政机关组织问题，无统一规定，机构既不健全，干部亦不充实，因此，还不能担负教育行政机关推动与领导教育工作发展的中心。为了健全各级教育行政机关的

① 原注："据考证，本通知成文时间为1941年6月。"

组织，加强各级教育工作的领导，推动全省教育工作之大量发展与走上正规化，特制定主署以下《各级教育行政机关组织大纲》公布之。各级政府接到此项通知后，应根据当地工作开展情形、条件，迅速按照本大纲之规定，把各级教育行政机关组织健全起来，并将区级以上教育行政干部一律登记审查，补充调整，于本年内将各级干部调查表汇集，送交本会教育处。

附：　　　　　　　　　　　　**各级教育行政机关组织大纲**

一、细则

甲、主任公署设文教处，文教处设处长一人，下分设：

1. 学校教育科，设科长一人，科员一人至三人。

2. 社会教育科，设科长一人，科员一人至三人。

3. 编审室，设编审主任一人，编审员三人至七人。

4. 视导室，设视导主任一人，视导员三人至五人。

5. 秘书一人，干事二人至三人。

乙、专员公署设文教科，文教科［设科长一人，下分设］：

1. 学校教育股，设股长一人，干事一人至二人。

2. 社会教育股，设股长一人，干事一人至二人。

3. 编审室，设编审主任一人，干事一人至三人。

4. 视导室，设视导主任一人，视导员一人至三人。

5. 文书一人，干事一人。

丙、县政府设文教科，文教科设科长一人，下分设：

1. 学校教育股，设股长一人，干事一人。

2. 社会教育股，设股长一人，干事一人。

3. 视导员一人至三人，辅导员数人，由完全在职高级小学校长荐任。

4. 文书一人，会计一人。

丁、区政府设文教助理员一人，助理干事一人。

戊、乡政府（或中心村）设文教干事一人。

己、村政府设文教干事一人。

二、分工

甲、主任公署文教处及专员公署文教科：

1. 处长或科长的工作：

（1）拟定全年计划与具体实际分期完成的步骤。

（2）接受上级的决定指示，实现上级所给任务，推动与保证其完成。

（3）发动主要的支配预决算的制法及审查。

（4）召集会议讨论分析与检讨各科（股）的工作。

（5）处理下级有关文教工作的重大工作。

（6）管理教育行政干部，用调动与配备惩奖抚恤。

（7）定期检查与报告工作进行情形。

（8）其他。

2. 秘书的工作：

（1）保管卷宗表册图记。

（2）负责调查统计事项。

（3）教育行政事项。

（4）缮写印刷。

（5）负责在职教育干部的学习事项。

（6）不属于各科及其他的事务事项。

3. 学校教育科（股）的工作：

（1）各级学校教育之研究与设计。

（2）计划各级学校之建立扩充与发展。

（3）拟制各级学校教育实施办法。

（4）各级学校教育内容与教材大纲。

（5）调查登记检定训练培养与管理各级学校、师范。

（6）办理学龄儿童及各级学校学生之调查统计事项。

（7）其他属于学校教育事项。

4. 社会教育科（股）的工作：

（1）社会教育之研究设计。

（2）拟制各科社会教育实施办法与条例。

（3）计划推动社会教育机关及事业之建立扩充与发展。

（4）社会教育作各种事项调查统计。

（5）训练与管理各级社会教育干部。

（6）编制社会教育需用之各种教材读物的计划方针与内容。

（7）指导宣传队、剧团、各种文化学术机关团体之活动。

（8）指导民教馆、巡回教育团及农村俱乐部之工作。

（9）其他属于社会教育工作事项。

5. 编审室的工作：

（1）编辑各级学校之教材大纲及教科用书。

（2）编辑各级学校之补充教材及补充读物。

（3）编辑各种社会教育之教材及通俗读物、刊［物］及儿童刊物。

（4）编辑研究辅导丛书及辅导刊物。

（5）审查下级编辑之教育读物、刊物及宣传品。

6. 视导室的工作：

（1）检查。

（2）各级教育行政干部及工作人员的考成。

（3）各级学校教育视察与指导。

（4）社会教育的视察与指导。

（5）传达上级指示与反映下级意见。

（6）搜集与调查各种有关文化教育之教材，研究教育工作中的各种实际问题。

（7）代表教育行政和解决倡发或推动事项。

（8）其他有关视导工作事项。

乙、县政府文教科：

1. 科长的工作：

（1）拟具本县全年教育工作计划与具体执行分期完成的教育步骤，并定期检查进行的程度。

（2）接受上级的决定与指示，研究执行上级所给的任务，并推动与保证其完成。

（3）执行县政府有关教育的决议及交办事项。

（4）召集科务会议，计划与分配、推动与指导各级工作。

（5）领导教育款产管理委员会的工作，支配教育经费。

（6）督促推动与指导文教委员［会］的工作。

（7）管理区乡的文教行政干部。

（8）处理日常有关文教工作中的重大问题。

（9）定期向上级报告工作。

（10）其他。

2. 文书及会计的工作：

（1）文书负责保管卷宗、表册、图记、缮写、印刷等事项。

（2）会计负责编造全县教育经费、造预算及管理全县教育经费收支事项。

（3）不属于其他各级的事项。

3. 学校教育股的工作：

（1）调查统计全县学龄儿童、小学及学生数目。

（2）直接领导全县完全小学、高级小学、实验小学及抗属小学。

（3）计划建立扩充发展及改进小学教育。

（4）训练及管理小学教师。

（5）供给小学教材。

（6）指导小学教师的学习与修养。

（7）设立与管理县立中学。

（8）其他属于学校事项。

4. 社会教育股的工作：

（1）调查统计全县失学民众及一般文化教育状况。

（2）计划与推动全县社教机关及社教事业之发展。

（3）领导民教馆及俱乐部的工作。

（4）计划设立、扩充、发展与领导全县民众学校。

（5）计划推行全县冬学识字教育及扫除文盲运动。

（6）供给民校课本。

（7）培养与管理社会教育工作干部。

（8）其他属于社会教育工作事项。

5. 视导员的工作：

(1) 区乡村文教行政工作之视察与指导。

(2) 视察全县小学、民校、俱乐部的工作。

(3) 小学教员及各区乡村文教工作人员的考成。

(4) 搜集文教工作各种具体的材料，研究文教工作的实际问题。

(5) 检查全县小学、民校、俱乐部的经费开支。

(6) 其他属于视导工作事项。

丙、区文教助理员的工作：

1. 调查及了解全区教育概况。

2. 拟定全区一切文教工作计划及推动全区文教工作之开展。

3. 领导各乡村的教育行政工作。

4. 推动及领导区文教委员会的工作。

5. 办理全区教育经费之预决算及筹支事项。

6. 召开全区文教会议，解决全区教育问题。

7. 指导民教分馆、俱乐部的工作。

8. 调查统计全区学龄儿童、失学民众，管理全区小学及民众学校。

9. 定期召开小学教员会议，领导小学教师的学习，帮助他［们］解决困难。

10. 领导区级干部的学习。

11. 定期向县文教科汇报工作。

12. 其他属于本区文教工作事项。

13. 管理全区文教工作人员。

丁、乡文教委员的工作：

1. 计划推动督促检查全乡文教工作。

2. 召集全乡文教会议。

3. 管理各村文教工作人员。

4. 督促与推动乡文教委员会的工作。

5. 管理本乡教育经费的预决算及收支事项。

6. 调查全乡学龄儿童及失学民众，计划设立管理、改进各村小学及民校。

7. 领导小学教员的学习及教学研究。

8. 领导中心俱乐部及农村俱乐部的工作。

9. 领导乡一般工作的学习。

10. 其他本乡有关教育工作。

戊、村文教干事的工作：

1. 调查统计本村学龄儿童与失学民众。

2. 计划设立管理本村小学及民众学校。

3. 建立并领导本村俱乐部。

4. 筹集本村需用之教育经费。

5. 督促与推动文教委员会的工作。

6. 其他属于本村教育工作事项。

三、工作制度

甲、计划工作：

1. 主任公署文教处、专员公署文教科、县文教科必须于每年度开始前，根据上级计划与当地情形，制定本年度全区文科工作详细计划及分期完成的步骤。

2. 区乡村根据上级计划，每学期开始前，制定每学期工作计划及分期进行步骤。

乙、会议制度：

1. 主任公署文教处：

(1) 文教处每月开处务会议一次，每周集体汇报一次。

(2) 各科室每周开会一次。

(3) 每年召开县以上文教会议一次。

(4) 每半年召开专署文教科长会议一次。

(5) 每年分别召开研究性的小学教育、中等教育、社会教育及教育行政会议各一次。

2. 专署文教科：

(1) 每半月开科务会一次，每周汇报一次。

(2) 每学期召开各县文教科长联席会议一次。

(3) 每年召开区级以上文教会议一次。

(4) 每学期召开研究性的小学教育、社会教育及教育行政［会议］各一次。

3. 县政府文教科：

(1) 每周召开科务会议一次。

(2) 每月召开各区文教助理员联席会议一次。

(3) 每学期召开全县文教会议及全县小学教员联席会［议］各一次。

4. 区文教助理员：

(1) 每月召开村以上文教会议一次。

(2) 每月召开全区小学教员联席会议一次。

丙、检查制度：

1. 主署文教处对各专署文教工作至少每三月检查一次，对各中等以上学校至少每学期检查两次，对本处各科工作至少每月检查一次。

2. 专署文教科对本科及各股工作至少每半月检查一次，对各县工作，至少每两月检查一次，［对］各中学至少每月检查一次。

3. 县文教科对本科工作至少每半月检查一次，对各区工作至少每月检查一次，对各完全小学至少每半月检查一次。

4. 区文教助理员对各乡村工作至少每月检查一次，对各中心小学工作至少每月检查一次。

5. 乡对各村、各小学、各俱乐部工作及各村、各小学对自己工作至少每月检查一次。

丁、报告制度：

1. 主任公署向战工会每三月书面报告一次，每半年派专人报告一次。

2. 专署向主任公署每月作书面报告一次，每三个月口头报告一次。

3. 县向专署每月作书面报告一次，每三月口头报告一次。

4. 区向县、乡向区每月作书面报告一次，口头报告一次。

5. 村向乡每半月书面报告一次，口头报告两次。

6. 中等以上学校，每学期向其主管教育行政机关作书面报告二次，口头报告一次。

7. 完全小学向县中心小学，及小学向区每月作书面报告一次，口头报告一次。

8. 书面报告必须附上各科必要的表册。

戊、视导制度：

1. 对各中等以上学校，每学期至少要视查〔察〕两次。

2. 对各小学每两月至少要视查〔察〕一次。

3. 对各村社会教育每三月至少要视查〔察〕一次。

4. 对各下级教育行政至少每三月要视查〔察〕一次。

5. 视查〔察〕前必须具备准备视查〔察〕计划、视查〔察〕中心及制定各种图表。

6. 视查〔察〕时必须帮助下级解决困难，指导工作。

7. 视查〔察〕应负责传达上级指示，反映下级意见，搜集各种实际具体材料，研究教育中的各种具体问题。

8. 视查〔察〕后对下级的问题，应迅速给以指示。

已、总结制度：

1. 主任公署、专署每年一大结，每三月一小结。

2. 县每学期一大结，每月一小结。

3. 区乡村每月一总结。

4. 总结的结果，除报告上级外，也要向下级传达，进行教育。

庚、审查制度：

1. 各级文教行政干部，每年审查二次，主任公署审查专署及县级，专署审查县级及区级，县审查区级及乡级，区审查乡级及村级。

2. 各级学校教职员，每年检查三次。

3. 视导与审查结果，积极努力成绩优良者，应予以奖励，对工作消极或犯有错误者，应予以适当之批评与惩处。

4. 各级自编之材料，必须送上级审查直至战工会。

5. 各级所有草行法规、条例、法令、文件等必须送上级审查直至战工会。

四、工作关系

甲、各级文教行政机关是各该级政府的一部分，一切有关文教工作之法令、命令、训令、决定必须经过各级行政会议通过，用各级政府首长出〔署〕名教育行政首长附署发表。

乙、各级文教行政机关上下级的关系，是指导关系而非领导关系。

丙、各级文教委员会为各级政府行政委员会领导下的工作机构，而非行政机关。其一切所有设计事项，必须由自级教育行政机关执行，各级文教处科等对自己文教委员会之工作有指导权。

丁、各级教育经费管理委员会，为各该级文教行政机关领导下之一工作部分。

戊、各级文教处科下之视导室的工作之带有技术性的工作，必须保持其独立组织，但可以在工作上与行政机关之视导科相配合。

己、县立中学之领导归专署，管理归县；各区完全小学之领导归属县，管理归属区；中心小学之领导归属区，管理归属乡；各小学之领导应［归］属中心小学；管理［归］属村。

庚、各级文教干部之调动与配备，必须得到上级政府文教行政机关之同意，上级政府之批准。

辛、视导员在法定范围内有解决具体问题之权。

选自《山东革命历史档案文件选编》，第7辑，济南，山东人民出版社，1983年版，第113～123页。

14. 山东省战时工作推行委员会文教处关于召开小学教育会的指示

1942年1月23日

为了彻底检查我们的小学教育，总结［过］去的经验，来整理与改进今后的工作，使小学教育首先走上正规化的道路，所以我们决定以专员区或行政区为单位，由各地专署文教科或主署文教处负责，分别召开小学会议。

（一）为什么要召开小学教育会议来整理与改进现在的小学教育呢？

1. 山东小学教育的发展已经有了两年以上的历史，在过去两年发展的过程中，我们曾有不少新的创造与建树，但这些新的创造还是零星的、片断的，今天需要把这些创造加以有系统的整理，树立一套新的完整的小学教育的方针、方案与办法。

2. 山东的小学教育在数量上已经超过了战前的水平，就是和华北各个先进地区比较，也不算落后。然而在质量上非常差。今天山东的小学教育已不是发展数量的阶段，而是提高质量的阶段。提高质量是精细的建设工作，这就需要我们深入地检查，细心地研究，具体地解决现在的小学教育中的各种实际具体问题与走上正规化的具体步骤与方法。

3. 在小学教育的设施上，我们曾制订〔定〕并颁布过各种规程、条例、办法、方案，但这些法规的实际性究竟怎样，适用程度如何，今天已经得到了事实的考验。现在对于过去颁布的各种法规，需要根据实践的结果，来加以修正与补充，使我们的法规更加正确，更加合于实践。

4. 战时小学是农村宣传与文化斗争的堡垒，是农村社会团结的核心与生活指导的机关。在抗战的新阶段与教育的新方针之下，怎样的〔地〕作〔做〕到使小学教育成为实践的教育，怎样才能发挥小学在抗战中的作用，这都是急需研究与急〔亟〕待解决的迫切问题。

由于以上各点，说明了整理与改进小学教育，不仅是一个迫切的任务，而且是艰巨的工程，绝不是单凭主观的臆想能够完满而正确解决的，必须征询与吸收长期从事于小学教育工作而具有丰富经验的小学教员与下级教育行政干部的宝贵的意见，以收集思广益之效。同时，小学教育会议的召开，又是鼓励与推动从事小学教育工作的同志的研究与改进小学教育的有力〔利〕契机。

（二）这个小学教育会议的召开，主要的目的是在检讨过去小学教育的设施，研究小学教育中的各种实际问题，搜集多方面的材料，提供整理与改进小学教育的意见，解决一般的具体问题。各地区会议的结果，作为召集全省小学教育会议（或用其他方式）来具体决定关于小学教育的方针、方案，制订〔定〕法规、办法的准备。因此这个会议的性质，不是简单的行政的会议，而带有研究性的专门会议。

（三）根据会议的性质，参加会议的人主要的还是从事于实际工作的小学教员（应占全数的百分之五十），其次是对小学教育素有研究与经验的教育专家（应占百分之三十），再其次则是小学教育的行政干部。参加会议的小学教员，应由召集会的机关会同各县文教科，选择质量高的、工作成绩比较好的、有创造与研究精神的，包括着高级、中级、低级与双级、单级的教职员，参加会议的人数以不要少于二十五、多于四十五人为原则，使会议一方面能开得更热烈，以收［集］更多的意见，同时还不要太庞大，能适应于战争的环境，便于灵活讨论。

（四）会议的内容应首先着重仔细的〔地〕讨论：

1. 招生、留生、扩生、学级编制及学生的行政管理；

2. 学生组织、学生生活指导方针与实施，特别是废除体罚后怎样实现民主的自觉的自治；

3. 课程标准，课程内容，课程的进度，课程的排列与教学时间的分配；

4. 教材编辑的方针、原则、方法，怎样解决教材的编辑、印刷与供给；

5. 各种旧教学法的要点、运用、优缺点的比较，怎样扬弃旧教学法，制造新教学法，怎样组织与领导学生的学习，怎样考查学生的成绩；

6. 小学的社会活动。

其次是深入的〔地〕研究：

7. 学校设备布置、行政组织及各种工作制度；

8. 教职员的资格、条件、任务、工作、待遇、生活、学习与修养，小学教员救国会的性质、组织任务与工作，并怎样推动其工作与活动；

9. 实验小学与中心小学设立的意义，小学教育辅导制度；

10. 在战争环境与“扫荡”中，小学教员怎样坚持工作，不能坚持时应该干什么；

11. 同时还尽可能的〔地〕争取讨论新民主主义的小学教育的性质、方针、任务及其在敌后方实施的特点；

12. 在敌占区与接近敌占区，推动小学教育的方针与办法；

13. 小学学制划分，学校设置的原则；

14. 怎样加强对小学教育的领导。

为了使讨论有步骤的〔地〕很好的〔地〕进行，应根据以上这些项目，拟定详细讨论要点，但我们不是琐屑的〔地〕零碎的〔地〕解决每一个个别的问题，而主要的还是要从讨论的结果中，拟出改进小学教育的系统意见。

（五）要想使这次会议获得比较圆满的结果，必须很好的〔地〕进行必要的准备工作。

1. 在召集会议之先，应先作出一个全盘的计划。

2. 从发通知到开会，这中间要留出至少一个月的准备时间，但要尽可能的〔地〕在接到通知后两个月内举行。

3. 在召开会议的通知上，应详细说明会议的任务、内容和每一个参加会议的人应该怎样搜集材料、准备意见。

4. 要制定本会议上必需的表格、问题等，分发有关方面及人员去搜集材料。

5. 对被指定参加会议的人，要召集他们开准备会议，划分组，具体布置他们的准备工作，并帮助他们通过教员救国会、教育行政系统进行他们的准备工作。

6. 召集会议的教育行政机关，最后组织临时性的小学教育会议来负责切实筹备会。

（六）会议的进行必须有很好的领导。召集会议的机关一定要将出席会议的代表划小组（可以一县为一个小组），在生活上、行动上，尤其是准备发言讨论问题上，通过各个小组去进行。开会时要着重内容，发扬民主作风，让大家有充分发表意见的机会。会议要轻松而不松懈，紧张而不压抑，严肃而不呆板，活泼而不紊乱。开门见山，有么〔嘛〕说么〔嘛〕，反对形式教条，会开得堂而皇之，结果对于小学教育的整理与改进毫无补益。但同时也反对潦草从事、应付过去的现象。因此，召集会议的政府机关应重视这一会议，责成文教部门有组织、有计划的〔地〕领导，并作为一时期中心工作去做。

（七）对会议中每人发表的意见，应作详细的记录。结论与方案，应由召集会议的机关详细整［理］，誊写清册，送呈本处审查研究，以便作为整理与改进小学教育的参考与根据。

1月23日

选自《山东革命历史档案资料选编》，第8辑，济南，山东人民出版社，1983年版，第116～120页。

15. 山东省小学教职员服务条例

1942年2月25日山东省战工会公布

一、小学教职员之任用，服务待遇及奖惩，概以本条例之规定行之。

二、小学教职员之条件：

1. 坚决抗日，热心教育事业者；

2. 拥护革命的三民主义与三大政策，对抗战团结有相当认识者；

3. 了解新民主主义教育之大意者；

4. 身体健康，略具军事常识者；

5. 品行端正而无不良嗜好者；

6. 曾受中等教育或师资训练而具有教学经验与技能者。

具有上列条件，经过小学师资检定合格发给服务证者，方得为小学之教职员。不合格者得为副教员。

三、有下列情况之一者，不得为小学之教职员。

1. 有破坏抗战，违犯革命的三民主义、三大政策之言论或行动者。

2. 在抗战期间违犯刑法或曾受民主政府刑事处分而［被］褫夺公权尚未恢复者。

3. 行为不检或有不良嗜好者。

4. 身体残废或有疾病以至不能任职者。

四、小学校长由县府任命之，教职员由各校长聘任之，但在任聘前须取得主管机关之同意，聘任后向主管机关备案。

五、小学教职员已经委任或聘任后，即为政府之工作人员，必须全力为国家服务，不得视为副业或自由离职。

六、小学教职员在校工作时间，每日七小时，任课时间每日五小时，除学校工作外，每日必须从事二小时之社会服务。

七、小学教职员服务之期间，如无特殊原因，至少一年，不满一年者不得调任其他工作或中途辞职。

八、小学教职员因故请假在三日以上者须经区助理员之允准，一星期以上者须经县文教科之允准，均须自请代理人。

九、小学教职员之待遇取消薪俸制，实行最低生活费制。

1. 粮食每人每日按二斤四两计。

2. 生活费（菜金、服装、津贴等）初级小学教职员每月自十元至十六元，高级教职员自十四元至二十元，中心小学校长与高级教员同。但应按照不同职别（校长、正教员、副教员）及各地生活程度，由主任公署分别统一规定。

3. 身体虚弱及有病患者，经医生检验证明，每月得酌发给保健费一至三元。

4. 遇有疾病者，得由公家负责治疗，在病假期间得享受平常之待遇。

十、小学女教职员除享有生活费外，每月得发卫生费一元；在生产时期内按省参议会保育妊妇办法办理，其代理人生活费应由政府另行发给。

十一、小学教职员之家属如因本人从事教育工作而不能维持生活时，得按照优抗条例予以优待。

十二、小学教职员之生活费以月计，每年按十二月计算。

十三、小学教职员工作积极、成绩优良者，得按照情况之不同予以下列之奖励：

1. 名誉嘉奖；

2. 增加生活费；

3. 提升。

十四、小学教职员工作消极、敷衍、不能完成任务或违犯政令及不能坚持工作者，得分别轻重予以下列各款之惩处：

1. 警告；

2. 记过；

3. 撤职。

十五、小学教职员全年请假时间不得超过全年上课时间之五分之一，请假、旷课时间不得超过全年上课时间十分之一，否则撤消〔销〕其职务。

十六、小学教职员必须保持每日两小时之学习制度，服务一年得给予一月之训练，连续服务三年者得给以半年至一年之学习机会，以求小学教职员之进修。

十七、小学教职员因工作遭敌伪之残害而牺牲者得予以抚恤，其家属得予以救济，其抚恤救济办法由各县政府另定之。

十八、如遇特殊情形，各县需要变通者，可呈请战工会批准后实行之。

十九、本条例［如］有未尽事宜由本会随时修改之。

选自《山东革命历史档案资料选编》，第 8 辑，济南，山东人民出版社，1983 年版，第 169～171 页。

16. 山东省战时工作推行委员会关于保证小学教师专业化办法的决定

1942 年 2 月 25 日

一、为了克服小学教员缺乏、流动、不安于工作的现象，保证小学教员安心工作，培养大批足够数量的、坚决抗战、积极工作、具有相当的文化水平与教学技能的专业小学教员，以改进现有小学教育，提高小学教育的质量，必须在行政上、社会上、待遇上等各方面保证小学教员的专业化。

二、凡经政府检定合格，发给服务证之小学教员，皆为专业教员，由政府公布于社会。服务不满三年者，不准调任其他工作，教员本人亦不得任意改变职业。但有特殊情形者，须经专署文教科之批准。

三、凡专业教员，应尽全力从事于教育工作，不经县文教科之允可，不得兼任其他任何足以影响教学之职务，妨碍其工作之专一。

四、为了使小学教员在生活上得到保障，安心工作，各级政府必须认真执行小学教职员服务条例第十、十一、十二、十三各项之规定，以提高其待遇，改善其生活。

五、小学教员连续服务在三年以上，得请求政府保送各种专门学校，免费入学，以求深造。

六、实行年功加俸制。凡小学教师服务期限在一年以上，而工作积极、成绩优良者，每月得增加生活费一元；二年以上者，每月增加二元；三年以上者，每月增加三元，余类推。

七、凡连续服务十年以上、年满五十、因［年］老体衰不能执行职务者，得请求退休，政府得发给养老金。养老金办法另订之。

八、实行民主选举时，小学教师救国联合会为合法的民众团体，得提出适当数量的候选人进行竞选，实现参政。

选自《山东革命历史档案资料选编》，第 8 辑，济南，山东人民出版社，1983 年版，第 172～173 页。

17. 山东省战时工作推行委员会教育处关于检定小学教员的指示

1942 年 2 月 27 日

（一）普遍检定小学教员，对每个小学教员做〔作〕深刻的、透彻的、全面的了解，以根据每个小学教员不同的政治文化程度、工作能力来因才适用，适当调剂，有计划的〔地〕训练，发扬其优点与特长，克服其缺点与错误，具体帮助其不断的〔地〕进步，提高质量。这是改进小学教育的有效与必要步骤。

（二）检定小学教员，应遵照检定小学教员暂行办法之规定，以文教科长、小学教育科员、文教委员会主任、教联会主任为主，吸收有关人员参加。各县组织小学教员检定委员会，负责讨论研究与决定进行检定小学教员的全部工作。

（三）检定小学教员，首先应进行深入的动员工作，通过小学教员救国会热烈讨论，使每个小学教员都了解检定的意义与目的，防止可能发生的恐惧、怀疑的现象，揭发一切造谣破坏的企图。

（四）检定小学教员需要采取以下的方法进行之：

1. 文字的测验。环境好的地区，可以县为单位集中举行；环境不好的地区，可分区同时举行。试题要力求浅近、简单、明确、普通，多出小题目，要带着测验性质，尽量避免出大题目，作〔做〕空文章；高级、初级应分别举行。

2. 个别谈话。要更注意其出身、历史、社会关系，对问题的认识了解程度，人生观与世界观，工作的观点与态度，教学的经验，思想意识等。应由检定委员会拟定谈话大纲，交由负责个别谈话的人按照大纲进行谈话。

3. 各县教育机关应通过教育行政系统、小学教员救国会、群众团体及社会人士各方面，去进行对于每个小学教员实际工作能力、教学成绩与思想意识的考查。这一工作要依靠平常深入实际的了解，应是比较长期去了解进行。

4. 为了发扬民主，应通过教联会的小组组织教员的互相检定，使他们自己指出彼此的文化政治水平、教学能力、工作成绩、思想意识上的缺点与优点。这样检定，本身就是对小学教员有力的教育。

5. 检定小学教员的标准：

（1）在政治认识上，初级教员应了解一般的抗战道理及三民主义、三大政策的大意；高级教员应了解持久战新阶段、统一战线、新民主主义论、三民主义的基本原则及简单的社会科学常识。

（2）在文化程度上，初级教员应相当于初中一年级的程度，高级教员应相当于初中毕业的程度。

（3）在教学技能上，初级教员应了解教育的基本常识、战时教育方案及教育法令、简单的教学与管理方法，高级教员除了能了解战时教育方案及教育法令外，还要懂得新教育的本质任务、简单的教育心理、各种教学法的要点及其运用、小学行政与管理。

(4) 在工作上，是〔应〕能够积极负责，能够坚持工作，能够学习与进步。

以上标准还需要各地检定委员会详细讨论，具体规定，不可过高，一定要照顾现在小学教员的实际水平。

6. 检定委员会应根据检定的结果（各方面结合的结果），确定每一个小学教员能够担任的职务（校长、正教员、副教员）。凡合乎前项标准的，而又政治质量高、领导能力强、工作自动积极负责、思想意识较好的，可以检定为校长（专责）。只具前项标准的，可检定为正教员。不够前［项］标准的，但还可勉强教学而又工作积极、力求进步的，可检定为副教员。对于程度太差、工作不负责、观点意识不好的教员，坚决洗刷，撤消〔销〕其教员资格。对十八岁以下五十岁以上的教员，除特优秀者外，亦应洗刷，但这只应是个别的，至于程度虽差、不能胜任，而尚努力学习、力求进步者，则可送入当地中学短期师范班去长期培养。

7. 应根据检定的结果，对每一个小学教员的特点、特长、优点、缺点，清楚明确的〔地〕记录在检定表上，并根据各个小学教员的具体情形，一方面调整其工作，另一方面订出对他教育与领导的方针，以便有计划的〔地〕对每个小学教员进行个别的教育。同时，并应根据检定结果分别作一次全面的奖惩。

8. 为了发扬民主，对于每个小学教员作最后检定时，应分区轮流进行。在检定到那个区的小学教员时，除吸收该区文教助理员及教联会小组长出席外，检定谁的时候应叫谁亲身参加，对他的检定应详细解释，通过本人的同意，这样来发挥检定的教育目的。

9. 在检定小学教员时，必须防止任何可能发生［的］采取任何形式的敷衍形式与徇私舞弊的现象。

10. 各主署及专署接到此项指示后，立即通令各县着手布置进行。这一工作务需于本年第一学期办理完毕，并将专业教员及检定的经验教训汇报本处。

选自《山东革命历史档案资料选编》，第8辑，济南，山东人民出版社，1983年版，第173～175页。

18. 山东省战时工作推行委员会教育处关于整理与改进小学教育的指示

1942年2月28日

山东的小学教育，在过去的两年中确是有过飞跃的发展，在数量上不仅超过了战前的水准，而且也超过了某些先进抗日地区，但由于只在发展上追求数目字的增多，而忽视了质量的提高，加之师资程度太低，教材不能及时发给，经费不能很好解决，行政领导薄弱，管理没有经验，以致使今天的小学教育形成有名无实，不能完成其应有的使命。为了整理与改进现有小学教育，除在部分落后地区仍继续大量发展外（如湖西、鲁南、滨海），一般的应以巩固为主，提高其质量，充实其内容，在一九四二年以内走上正规化的程度，山东省战工会教育处特作如下的指示：

（一）为了吸收与交换过去两年来的实际经验，检讨过去在小学教育上的一切设施，搜集各方面的宝贵材料，研究今后改进的方针，应根据本会教育处关于召开小学教员会议的指示，以行政区或专员区为单位，分别召开小学教育会议，认真的〔地〕讨论与研究改进小学教育的具体方法与步骤，作为整理与改进小学教育初步的基础。

（二）根据“精兵简政”的原则，在设学上要加以调整。

1. 有名无实、人数太少、实在不起作用的小学应予以取消，将学生并入附近学校就学，[将] 教师送师范班学习。但这只能是个别特殊的少数学校，应经县文教科批准。

2. 实施一个行政村设一个初级小学的原则。凡一个行政村有两个学校的，经过动员解释，坚决合并，学生多的可增加班级，提高教学效率。两自然村距离太远者，经文教科批准后，可在副村设立分校，统一由主校领导。

3. 每一个区设立一个完全小学。为了发展高级，高级班有二十个学生以上的即可设立。如区域过大，学生过多，经县文教科批准亦可设立分校，附在中心小学内或在中心小学内附设高级组。

4. 切实作〔做〕到初级单级一个教员，双级三个教员；高级单级两个教员，双级四个教员。

（三）整理学校行政，充实教学内容。

1. 充实学生名额，每班学生经常到校上课者至少三十人以上；二十人以上不足三十人者，办公费减少三分之一，由该村供给。

2. 要吸收所在村庄的百分之七十以上的学龄儿童入学。不足七岁儿童编入幼稚生，不列入学生名额之内；十七岁以上之儿童编为民校。

3. 在今年第一学期开学后，一律举行编级测验，按照学生实际程度编入适当年级。其程度不及格之学生，经过解释说服，一律编入适当年级授课。

4. 严格对学生的教学管理：

（1）实行点名制度，要制定学生考勤登记表，记录学生到校或缺席情形。凡每星期缺席在三分之一以上者，应予以留级处分。

（2）制定作业时间表，教师学生都要严格遵守规定，按时作息。

（3）按照小学校历的规定上课、休假，每年实在上课时间至少一八〇天，扫旧时误课要在假期来补。

5. 建立严格的教学制度：

（1）要严格按照课程标准所规定之日时数进行授课，每个小学一律要制定日课表，坚决反对一课上半天的现象。

（2）要按照课程表所规定的进度，制定每学期教学进度表，按规定进度进行教学。

（3）实行教员准备课制度，每个教员对所授之课，都要作出教案，反对不准备就上课的现象。

（4）在教学法上，能建立学生学习组织，实行集体学习制度，克服填鸭式的教育方法，采简单的新教学法（如启发问题、自学、辅导、导生等）。

(5) 实行每月一次的定期测验，每学期都要有学生学习成绩登记表，留校存查，并召开垦〔恳〕亲会，向学生家长报告学生成绩。

6. 加强学生生活管理：

(1) 彻底消灭体罚现象。学生要按年级地区划分小组，建立每周一次的生活检讨会，实现民主自觉的管理方法。

(2) 切实建立朝会、周会制度。

(3) 切实执行救亡日制度。

(4) 建立学生组织。高级组织学生会，可以集体参加青救会；初级组织儿童团，参加社会活动。

7. 加强学校行政：

(1) 村教委员会应加强其机构，真正发挥作用，切实负责讨论研究并具体解决小学的各种工作问题，加强小学的行政管理。

(2) 取消“名义校长”、管理员等不良制度，根据小学教员检定结果，应用校长或教员实际负责（但在落后地区仍可组织校［董］会）。

(3) 按照小学教职员服务条例之规定，切实建立教员请假制度，缺课过多之教员，一定要给以适当之处分。

(4) 建立小学阅报制度。按照小学阅报表之规定，每月填写呈报县文教科。

(5) 严格小学会计制度。小学办公费要依据开支项目，按月作预决算，实报实销，坚决反对办公费下腰包的现象。

(四) 普遍检定小学教员，提高小学教员质量。

1. 检定小学教员的目的，是为了了解每一个小学教员，适当的〔地〕使用，有计划的〔地〕训练，加强对小学教员的具体领导与教育。

2. 检定的标准与方法，应根据“关于检定小学教员的指示”及检定小学教员暂行办法，认真的〔地〕执行，做成一定期间教育行政的中心工作之一，做〔作〕出工作计划，要防止可能发生的不良倾向，如敷衍、不深入、徇私舞弊等现象。

3. 对于检定标准，一定要照实际情形，不应过高或过低。对于检定不及格、实在不能任教员者，应予撤职，送中学师范班受训。

4. 在进行检定之前，要先进行深入的政治动员，使每一个小学教员了解检定的意义，并乐于参加检定，消除任何怀疑恐惧的现象。

(五) 保证小学教员的专业，提高小学教员的待遇。

1. 认真切实执行战工会颁布的保证小学教员专业化的办法，以培养大批的专业教员，有系统的〔地〕改进小学教育工作。

2. 认真切实的〔地〕执行小学教职员服务条例第十、十一、十二、十三、十八各项之规定，提高小学教员的待遇，生活费、粮食必须按月发给，使小学教员的生活费有保证。对外籍教员应酌量情形发给棉衣补助费（但最多不得超过一月之生活费），对教员家属的生活问题，必须尽量设法帮助其解决，使教员工作安心。

3. 根据各地实际情况，以县为单位，应颁布“小学教员工作纪律”，提高小学教员的工作情绪。但纪律必须合乎实际、能够执行，坚决反对形式主义、不能执行的条文与规定

（附小学教师工作纪律，供参考）。

（六）根据“关于培养训练小学教师的指示”要：

1. 各中学及公学应一律设一年的短期师范班，耐心的〔地〕长期的〔地〕培养大批教员，以解决师资缺乏的困难。

2. 以县为单位，分别在假期开短期训练班，有计划的〔地〕提高现有教员的文化程度、政治水准与教学技能。

3. 建立在职教员的学习制度，加强其学习组织的领导，使小学教员能够在工作中学习，不断进步。

（七）彻底解决小学课本问题。

1. 自本年（一九四二）下半年起，各地小学一律采用战工会教育处审定之小学课本。第三学期起，必需〔须〕做到各科课本每个学生都有一本。但在样本未发下前，应由主署文教处为单位，负责编印临时教材。

2. 小学课本之印刷以专署为单位自力更生，各专署文教科必需〔须〕根据全区需要来建立印刷厂与造纸厂，保证彻底解决今后教材印刷的困难。

3. 小学课本斟酌地方情形，可以由村中公买、公存、公用，以求节省物力、财力。

4. 为了帮助小学教师解决教学上的困难，各主任公署应编印教学参考材料或教授书，以供小学教员参考。

5. 每个专员区至少要出版一个给小学生读的刊物，以使小学生课外阅读。可以由专署或县领导并帮助其所创办的实验小学来充任编辑。

（八）彻底整理教育款产，解决小学教育经费问题。

1. 彻底整理现有教育款产，抽调专人负责，在今年麦假前必须整理清楚，填具清册呈报专署、主署备案。

2. 乡村教育费须按照战工会关于教育经费的补充修正决定的规定，以区为单位统筹。但必须交县保存，由区按月编造预算领取开支。区亦应成立乡村教育经费管理委员会，管理乡村教育经费。管理委员会管理乡村教育经费的筹措。

3. 实行严格的预决算制度。对于三十年度的教育经费，必须彻底清理。三十一年度，必须有全年概算。教育经费必须实报实销，彻底克服浪费现象。

4. 地方教育款产应作有计划的扩大。在今年麦季或秋季，以行政区为单位进行一次有计划的扩大教育基金运动。对热心教育、捐资兴学者，应给以褒奖，但必须严格防止一切可能发生的流弊、强迫乐捐、摊派等。

5. 对于贫苦学生及抗日军人子弟要认真的〔地〕优待，切实检查。

（九）加强辅导工作。

1. 根据“创办实验小学的指示”，创办各级实验小学，作为小学教育辅导的中心，分期邀请教员到实验小学去参观，用实例子来提高小学教育的技能。

2. 按照新划行政区来划分学区，每个区的完全小学应担负全区的辅导任务。每区按照地理条件及学校多少，划分三个至五个中心小学区，以中心小学为中心，加强各小学的辅导。

3. 在每个区中，选择工作基础好、位置适当、人口较多的村庄，建立基点村的工作，作为坚持工作、推动工作的基点。

4. 以县为单位组织、整理教联会，中心任务是组织与领导教员的学习与进步，研究与改进教学技能，解决教员在教学中的各个困难问题。教联会应对外活动，县文教科应加强对教联会的领导，通过教联会来推动小学教育的改进。要反对一切对教联会采取统治或放任的不正确态度。

5. 教育行政机关要定期的〔地〕深入的〔地〕检查，具体帮助，大胆的〔地〕创造、改进办法，反对照发经费、不管学务的恶劣作风。

6. 有计划的〔地〕组织小学教员互相参观、互相观摩，互相砥砺，交换经验。

7. 县以上各级新教育研究会应迅速成立，切实执行研究工作。

8. 县教育行政应站稳工作岗位，确实建立起自己的工作来。

9. 每个行政区以一个县来实验取消现任区文教助理员，区文教助理员由完全小学校长兼任，以半年为限，将实验结果报告战工会教育处。

10. 以每个战略区为单位，由主署出版一个专门指导研究小学教育的定期刊物，编印各科辅导小学教育性质的小册子（至少今年应编新教育概论、新教学法、小学行政、小学学生生活指导、唱游教学法）。

（十）各级政府应仿照战工会教育处的例子，与各级青救会及其他群众团体订立工作上的协定，取得与群众团体的配合与协助。

各级政府应根据以上指示，按当地的实际情形，作出具体实现的步骤与办法，坚决执行！

选自《山东革命历史档案资料选编》，第8辑，济南，山东人民出版社，1983年版，第176～182页。

19. 山东省检定小学教员暂行办法

1942年2月28日山东省战工会公布

第一条　为普遍检定各地小学教员，提高小学教员质量，严格小学教员标准，以整理与改进小学教育，特制定本办法。

第二条　凡小学教员，不论其学历如何、任职久暂、成绩优劣，一律应受检定。其未受检定之教员，一律作为临时教员。

第三条　小学教员分为初级、高级正副教员及高级专科教员。

第四条　小学教员需经两月以上之服务期限，方得受检定。

第五条　检定分无试验检定与试验检定两种。

1. 无试验检定审查其学历及教学成绩。

2. 试验检定除审查学历及教学成绩外，并加以试验。

第六条　具下列资格之一者，得受无试验检定：

1. 大学教育科、高等师范或优级师范毕业者。

2. 高中师范科或师范本科毕业者。

3. 大学本科、专门学校毕业，并有教学经验者。

4. 师范专修科二年以上之毕业者。

5. 高级中学或旧制中学或新的中学毕业，曾充小学教员二年以上者。

6. 乡村师范、师范讲习所毕业者。

7. 师范简易科二年以上之毕业者。

8. 曾受检定取得证明者。

第七条　具有下列资格者，得受试验检定：

1. 曾在中等学校修业满二年以上者。

2. 曾任小学教员而受短期师范训练者。

3. 研究专科学术兼明教育原理而有相当证明者。

4. 具有高小毕业程度而愿在小学服务者。

第八条　有违犯抗战之行为、查明属实者，吸食鸦片及其他不良嗜好者，皆不得受检定。

第九条　检定小学教员以县为单位，每年举行一次，由专署文教科派员至各县，会同该县文教科办理之。而每个小学教员不论其教学成绩如何，每年应受检定一次。

第十条　小学教员检定标准分为：

1. 政治认识；

2. 文化程度；

3. 教学能力；

4. 思想意识。

第十一条　试验方法：

1. 笔试；

2. 口试；

3. 工作表现。

第十二条　笔试科目：

1. 高级——国语、算术、政治常识、自然常识、社会常识、教育理论、教学法、小学行政，专科教员外加体育、音乐、图画工艺等。

2. 初级——国语、算术、政治常识、社会常识、自然常识、教育理论、教学方法、小学行政、唱游等。

第十三条　检定合格者由专署文教科发给服务证明书。

第十四条　领受服务证明书后，遇有变更姓名或损毁遗失等情，应详述理由，须具证明，呈报各该地教育主管机关转呈专署文教科备案补发。

第十五条　领受服务证明书后，有第八条所列条款情事之一及其他不正当行为，有沾〔玷〕师资者，查实后得撤消〔销〕其服务证明书。

第十六条　检定合格、有服务证明书者，政府应分配其工作，并给予以职业之保证。

第十七条　本办法自公布之日施行。

附：小学教员检定登记表样式（略）
　　小学教员服务证明书样式（略）

选自《山东革命历史档案资料选编》，第 8 辑，济南，山东人民出版社，1983 年版，第 182～184 页。

20. 山东省战时工作推行委员会关于执行《省教育处、省青联工作协定》的通知

1942 年 3 月 20 日

为了使文教工作取得群众团体首先是青年团体的支持与配合，教育处和省青联特共同订立一个工作协定。这一协定的订立，对今后全省文教工作之发展是有非常重大的作用的，希望各级政府教育行政机关切实执行，并保证其实现。

附：

省教育处、省青联工作协定

“青年的任务在学习”，教育的主要对象是青年。为了求得青年与文化教育工作上密切配合、共同发展，省青联与省战工会教育处经过共同商讨，同意订立下列之工作协定：

一、为密切青年团体与教育行政机关之联系，各级政府得聘任同级青年团体宣教部门之主要负责人为该级政府文教科副科长或视导员；各级青年团体得吸收同级政府文教科长参加其领导机关或聘任为顾问。

二、各级政府应大量开展小学、中学及各种青年文化补习学校，吸收青年、儿童入学，负责提高青年文化程度。各级青年团体亦应动员大批知识分子会员充当小学教员，参加教育工作；发动自己的会员入中学、师范及补习学校补习，保证每个会员都入民众学校，每一个儿童团员都入小学。

三、每一个小学教员都要负责帮助与指导儿童的工作，青救会也要吸收每一个青年教师参加青年团体，并组织推动他们的学习与进步。

四、各级青年团体要供给干部，来协助同级政府建立民众教育馆。凡有青年组织的村庄，青年团体应动员自己文化程度最高、工作最积极、生活最活跃的会员，担任农村俱乐部的主任，动员全体会员积极支持与参加农村俱乐部的活动。各级政府文教科亦应吸收同级青年团体的宣教干部到民教馆担任社会教育的工作，并经常负责代青年团体训练干部与会员。

五、当各级青年团体或各级政府文教科之一方讨论与另一方有关之工作时，应通知另一方出席参加。

六、各级青年团体与各级政府文教科，应根据上述基本精神，订立更具体之工作协定，并规定更具体的数目字，切实保证执行。

选自《山东革命历史档案资料选编》，第 8 辑，济南，山东人民出版社，1983 年版，第 211～213 页。

21. 山东省战时工作推行委员会教育处关于培养训练与教育小学教员的指示

1942 年 3 月 27 日

一、为了提高小学教员的政治文化水平与教学技能，以改进现有小学教育，使小学教育走上正规化，必须有系统的〔地〕加强小学教员的培养训练与教育。

二、过去两年来，我们曾开办了不少的小学教员训练班，在训练小学教员上的确获得了不少的成绩，如大大的〔地〕提高了小学教员的政治质量，并发扬了小学教员的工作积极性，推动了小学教育的大量发展。但由于我们对这一工作的进行没有周密的计划，缺乏坚强的领导，还存在着严重的缺点。

1. 训练内容的一般化，没有做到根据不同的对象分别实施不同的专门训练，以致受过二次以上训练的教员感觉到千篇一律、枯燥乏味。

2. 过于主观主义、形式主义，把课规定的〔得〕太深太多，以致不能按期完成预定计划，学员得到的实际帮助太少。

3. 没有注意长期培养，忽略了在工作中进行经常的实际教育。

三、因此，我们对今后对小学教员的训练与教育应采取以下的方针：

1. 要耐心的〔地〕长期培养，不仅解决目前师资缺乏的困难，而且给将来小学教育大量发展准备基础。

2. 要有计划的〔地〕短期训练，使现在教员都能提高一步。

3. 要经常实际教育，加强小学教员在日常工作中学习的领导。

四、根据耐心的〔地〕长期培养的方针：

1. 各专区所设立之中学首先应该负担这一任务，即在中学中要一律设置短期师范班，吸收农村知识分子、敌区青年及检定不合格撤销工作的教员入学。人数今年要求每班学生能达到一百人，修业期限暂定为一年。但学习成绩特别好的半年即可分配工作，成绩太差或可以深造的，则仍可留校继续学习。

2. 中学附设的短期师范班的教育方针，主要［目］的是在于提高学生的文化程度，其次是政治教育，着重于从日常生活中［对］观点意识的锻炼。

3. 各种课程内容及分量按如下比例分配之：

(1) 文化课（包括国语、算术、中外史地常识、自然科学常识）应占全部课程的百分之六十，授课时间七百二十小时。

(2) 教育课（包括教育概论、小学行政、教学法）应占全部课程的百分之十五，授课时间一九二小时。

(3) 政治课（社会发展史、新民主主义论、抗日根据地各种基本政策）应占全部课程的百分之十八，授课时间二一六小时。

4. 除以上主要课程以外，每周还有两小时的唱游、工作和一小时的新文字课。

5. 在教材内容与教学原则上，要和日常工作与日常生活中联系起来，要使学生学的都是将来去教的，使理论与实际打成一片，今天怎样学，将来就怎样教，从实际来提高学生的教学技能。

五、根据有计划的〔地〕短期训练的方针，对现在的小学教员应根据检定的结果，实行有计划轮流普训。

1. 训练的时间应在每年的麦假、秋假期间进行，期限长短以不误课为原则。

2. 应根据检定结果，分别开办不同性质的训练班和政治的、文化的、教学技能的，来有计划的〔地〕提高其政治水平、文化程度与教学技能。

3. 课程的内容要都是所学必所用科目，要少，以不超过三门为原则。

(1) 政治的有社会发展史、新民主主义论、抗日根据地的各种基本政策。

(2) 文化的有自然常识、史地常识、算术。

(3) 教学技能的有教育法令、教学法、小学行政。

4. 教授方式应着重于［对］实践问题的集体讨论，解决日常教学中的困难，交换与整理工作经验，反对一切形式主义和好高骛远的现象。

5. 短期训练班，初级教员由县文教科负责办理，高级教员由专署和主署文教科负责办理，但都必须有专人负责与专任教员。

六、根据经常的实际教育的方针，对在职干部的日常学习作如下的规定：

1. 学习内容：高级教员政治课以持久战、新阶段、新民主主义为主，配合研究政策法令；教育课以新民主主义教育的理论与实施为主，配合教育法令的研究。初级教员政治课以抗战道理为主，配合政策法令的研究；教育课以教学法、小学行政为主，配合研究法令。

2. 主要由文教科应根据前面规定的学习内容编印研究大纲，并制［定］学习进度表及必要的参考材料，分发各小学教员，按照进度标准进行学习。

3. 小学教员救国会的小组应即成为教员学习小组，建立每日两小时的学习制度，每周开学习小组讨论会一次。

4. 县文教科在巡视工作时应以区为单位，每月给全区小学教员上大课一次，解决具体问题。

5. 为了检查小学教员的学习成绩，每学期至少举行学习测验一次。

七、各级政府接到这一指示后，应立即召开会议，具体讨论传达布置这一工作，在工作报告中应列为报告项目之一。

选自《山东革命历史档案资料选编》，第8辑，济南，山东人民出版社，1983年版，第213～216页。

22. 山东省捐资兴学褒奖暂行办法

1942年4月14日山东省战工会公布

第一条　凡捐资兴学文化教育事业者，不分中外籍贯、个人或团体，均以本办法奖励之。

第二条　奖励办法分下列四种：

甲、登报表扬；

乙、子弟入学免费；

丙、发给奖状；

丁、颁给匾额。

第三条　捐资在五百元以下者，给予第二条甲项之奖励。

第四条　捐资在五百元以上千元以下者，给予第二条甲、乙两项之奖励。

第五条　捐资在千元以上五千元以下者，给予第二条甲、乙、丙三项之奖励，奖状由专员公署发给。

第六条　捐资在五千元以上万元以下者，给予第二条甲、乙、丙三项之奖励，奖状由省战工会发给。

第七条　捐资在万元以上者，给予第二条甲、乙、丙、丁四项之奖励。

第八条　凡已受奖励者如续行捐资，得并计先后数目，按等或超等给予奖励。

第九条　凡热心帮助文化教育事业之发展而自动代为捐募者，其捐募数目五倍于[第]三、四、五、六、七各条所列数目者，得比照各该条分别给予奖励。

第十条　所捐助之财产不分动产与不动产或用具、图书等，应以时价折合法币计算之。

第十一条　凡有受三条至七条之奖励者，应由县以上各级政府办理之。

第十二条　本办法有未尽事宜，由战工会修改之。

第十三条　本办法自公布之日施行。

选自《山东革命历史档案资料选编》，第8辑，济南，山东人民出版社，1983年版，第264～265页。

23. 山东省战时工作推行委员会关于加强社教工作的指示

1942年6月20日

一年来的山东社会教育工作，虽然在各方面都获得了一些成绩。但由于各级政府对社教工作一般的认识与重视不够，社教的实施机关和实施系统还没有建立起来，缺乏群众团体的支持与配合，还没有用行政的力量有组织有系统有计划的〔地〕推行，所以发展进步迟缓，基础不巩固，多少表现些停滞消沉与自流的现象。为了大量发展社会教育，提高民众对抗战胜利的信心与积极性，克服困难，渡过接近胜利的两年，本会对今后社教工作有以下的指示，仰各级政府详加讨论，切实执行，并根据当地具体情况，做〔作〕出实现这一指示的具体方案和计划。

一、社教工作没人管，这是社教工作不能大量开展的基本原因。所以，建立社教的实施机关和系统，是有组织有计划普遍推行社会教育的中心环节。根据可能的条件，要求做到：

1. 主署、专署一律成立民教馆，并至少要有五个到十个十八岁以上高小以上文化程度、确有区级干部以上工作能力的工作人员，三个以上能够编写教材、歌曲、剧本、宣传品，视导区级工作，训练区级干部，具有教育常识和工作经验的中心干部，按照县民教馆暂行办法之规定组织起来。专署以上的民教馆目前的中心工作应该是：

（1）研究设计社教实施办法；

（2）编写供给各种社教材料；

（3）训练培养社教干部；

（4）组织与推动农村文化艺术活动。

2. 县暂时一律先成立巡回教育团，至少要有五个以上十八岁以上高小程度而有工作能力的工作人员，五个以上能指导农村俱乐部、辅导小学民校、训练村级干部、具有教育常识与群众工作经验的中心干部，按巡回教育团组织起来。巡回教育团目前的中心工作是：

（1）组织与指导农村俱乐部、农村剧团，发展农村的文化活动；

（2）训练与培养农村文化艺术人材〔才〕；

（3）辅导小学，加强民校、识字班工作；

（4）实行化装宣传。

3. 有展开以下各种工作可能的区，可配备一个社教干事。他目前的中心工作是：

（1）组织与领导群众大课，并担任中心教员；

（2）推动与管理视导民校、识字班及冬学；

（3）组织与领导俱乐部的活动。

4. 首先在群众工作基础好、人口多、中心小学所在地的基点村，一定要将农村俱乐部建立起来。要选择文化程度较高、工作积极、生活活跃的群众干部（最好是青年干部）来担任俱乐部主任。俱乐部主任的工作一定要尽可能的〔地〕保证他长期的专业化，不轻易调动。农村俱乐部应成为农村文化活动的中心，要纠正农村俱乐部单纯的娱乐倾向。

5. 为了建立社教机关的工作，使民教馆、巡回教育团确实成为社教的实施与推动的机关，而不是专员公署与县政府的娱乐机关。在今年八九月间以主署区为单位，分区召开社教工作会议，以会议的方式集合各专署民教馆的全体工作人员，进行半月以上的训练与讨论，对社教工作全面的〔地〕研究，具体计划本年下半年专署民教馆的施教计划。在九、十月间以专署区为单位召开同样的会议，集中各县巡回教育团，一方面传达主署区社会教育的决定，一方面给各县巡回教育团一个短期的训练，使每个巡回教育团及其团员都知道做什么和怎样做。俱乐部建立起来以后，俱乐部的主任也要由县巡回教育团逐次的〔地〕普遍的〔地〕加以训练，使他们知道怎样领导一个农村俱乐部的活动。

二、整个成人的补习教育，使识字运动逐渐开展充实，以实现成人补习教育的任务。

1. 大量的〔地〕发展识字班。识字班虽然只是成人识字教育机关，但是在今天山东教育工作发展的程度，它还是进行成人补习教育的主要方式，因此要求普遍的〔地〕发展，使每一个村庄至少要有一处识字班。识字班的教员应由小学教员和群众团体宣传干部来兼任。开办识字班，在识字班里当教员，是每个小学教员、群众团体负责人和机关指导员或俱乐部的民运委员分内的工作。办理和教授识字班的好坏，检查工作时应作为评定工作的主要项目之一，识字班应根据学生的程度分组教学，要改善识字班的教学方法，要保证每个识字班的学员都有书念；识字班的一切用费（课本、文具、灯油）要有计划后妥筹；要实行点名、测验制度；要用奖励与竞赛的办法提高学生的学习情绪；要把识字教育和群众的生活与斗争联系起来，在识字班里讨论群众切身问题，组织群众斗争，解决群众的困难；要使识字班不仅仅成为群众学习的场所，而且成为组织与推动群众斗争的场所。这是从识字教育入手进行成人教育的方式，也是把识字班逐渐充实发展，以实现成人补习教育的任务，过渡到正规的民众学校的杠杆。

2. 巩固识字班、扩大识字运动最有效的方法就是识字小组。扩大识字小组，加强识字小组的领导，应看作推进识字教育，发展识字班的主要途径。识字小组要按照程度、居住地区、年龄、性别及所属群众团体来划分，最好和群众团体的组织一致。每一个小组以五人到七人为合适，小组长要［由］他们民主的〔地〕选举识字多的来担任。有小学的地方，小学可采用小先生教学办法，指定年级较高的学生作为识字小组的小先生。整个村庄识字小组的领导，应该由俱乐部教育委员、群众团体负责人、小学教员或村文教委员会来负责。识字小组的作用，［除］保证识字小组的经常进行外，还可以发动一日一字的识字竞赛。

3. 民众学校是比较正规的成人补习教育机关，是成人基础教育发展的方向。但在今天山东工作发展的程度，只能在各种工作已经有基础的地区、群众工作好、人口较多的少数中心村庄或基点村，首先把冬学和识字班转变为正规的民众学校，逐渐发展。经过一年或二年以后，才能普遍的〔地〕以民校代替识字班，实现成人补习教育的全部任务。今天把所有冬学都转变成民校是不能实现的。民众学校的设立应由县文教科负责计划，必须经常检查，只有真正合乎民校暂行规程之规定者，才能按民校规程发给教员津贴及办公费。民校应按学生程度分级教学，学生的课本一律由县发给。严格执行点名、考试等制度，修业期满经过考试合格者，应发给毕业证书。

4. 识字牌在识字教育中只能起着辅助的作用，不能成为推行识字教育的主要方式。所以，只应在小学或儿童团能推行小先生制或已成立识字小组、识字班的村庄设置识字牌，并且要设置在冲要路口或民众常常聚集闲谈的地方。识字牌设置以后。一定要有儿童团员、小学生或自卫团员轮流看守，对来往行人或聚集闲谈的民众负责教给他们认、讲给他们听。识字牌上的字，应最多不得超过三个，最好能由县文教科或区社教干部统一规定。

三、加强民众的政治教育，认真推行大课制。

1. 县及专署文教科首先要搜集材料，把试行大课制的结果做〔作〕一个具体的总结。根据过去的经验，仔细研究大课制的组织领导与教材教授的内容和方法没有显著成绩的原因，是制度本身不好，还是没有重视、没有注意领导？怎样才能把大课制建立起来？

2. 大课制的推行要遵照有一份力量就建立一个，建立一个就巩固一个，逐步发展，达到全面的方针，首先在中心地区建立，中心地区巩固了以后，再逐渐推行到整个地区。建立大课制一定要与群众团体首先是自卫团配合起来，共同讨论。把群众大课与自卫团的政治课统一起来以后，以群众团体为骨干，取得群众的支持和保证。

3. 根据过去部分的经验，最好是以一个行政村划为一个大课的参加单位，每三个至五个大课参加单位划为一个大课教学单位，每一个区划成三个至五个大课教学单位，因为这样把大课单位与行政单位、群众组织单位统一起来，把大的分组管理再和中心小学区、基点村、自卫团大队取得一致，使大课制的领导与推动上更加方便与更加有保证。每一个大课教学单位设一个大课教员负责讲课，并组织推动大课的进行。全区大课教员共同组织大课委员会，负责本区推行大课制的全面领导。大课委员会的主任就由区民教分馆长（在区民教分馆未成立前由社教干事）担任之，把组织与领导群众大课作为区民教分馆的中心工作。

4. 大课教员除社教干事得为专职外，一律不脱离生产，可聘请下列人员兼任：区文教助理员，区群众团体宣传负责人，完全小学及中心小学教员，区自卫团政治指导员；同时，要尽可能临时约请附近机关、学校、驻军的干部按照规定内容时间替讲。为了提高教学效率，大课教员应建立准备课制度，在讲课方式上多采用问答式、讨论式，说话要通俗，要从老百姓生活上的小事谈起，力避党八股的作风。

5. 群众大课的教材由专署文教科统一发给，教材的编写应该做到照本念一遍，老百姓就能懂得百分之七十。上课时间，冬季农暇每五天上一次，平常时候十天一次，农忙停课。大课也要建立点名制度与定期测验制度，可由各群众团体负责整队带去，自行报数，将检查人数报告教员；三个月测验一次，发动他们竞赛。

6. 为了帮助与推动大课制的进行，提高政治教育的效率，各村可设置大众黑板，将大课的中心内容用三两句话写在大众黑板上，作为群众温习的材料。并由村文教委员、小学教员、学生、群众团体干部或俱乐部教育委员随时解释给群众听，上一次大课换一次内容。

四、发展农村文化运动，提倡民间技术，活跃民众抗战情绪。

文化娱乐的活动是群众日常生活中不可缺少的部分。长期的政治生活与抗战的重担，使今天根据地的广大群众感觉很疲倦消沉，迫切的〔地〕需要文化娱乐的活动来调剂与充实他们的生活；活跃他们的抗战情绪，提高他们对抗战的积极性。为此必需〔须〕：

1. 普遍组织不脱离生产的农村剧团、歌咏队、秧歌队、高跷队，在每个新旧节日（如七七、双十节、春节、清明、中秋）及农闲期间举行纪念大会、军民联欢晚会、村民游艺晚会。对于稍有发展前途、经常出演的中心剧团，政府应在人力物力与材料上尽量予以帮助，使它充实健全，由不脱离生产逐渐半脱离生产到完全脱离生产，成为职业剧团。要求在长期发展与培养过程中，实现每一个县都有一个职业的农村流动剧团（政府只予一部分津贴），作为推动全县戏剧运动、领导全县农村剧团的中心。

2. 民教［馆］及巡回教育团应有计划的〔地〕调查与搜集各地流行的民间歌谣小调，利用旧曲填写有政治内容的新词，在农村中广泛传播，使人人会唱、人人能懂。应网罗旧艺人（说大鼓书的、唱瞎腔的、唱武老二的、耍影戏的等），把他们组织起来，加以短期的政治训练，在其中选择少数技术高明、有创作能力的，生活问题由政府给以解决。在一定期间帮助他们吸收抗战故事，编成各种词曲，在他们各行里传授，使旧的民间艺术经过改造得到发展，并为抗战服务。

五、总结过去两次的冬学运动，为今年冬学运动扩大、发展准备基础。

1. 冬学运动是我们推行识字运动、开展社会教育的最好时机。经过两次的实践，我们已经获得了丰富的经验。要求今年“八一”以前各地自下而上的〔地〕把它总结起来，并根据过去两次冬学运动的经验，提出各个地区（由县到行政区）今年冬学运动的方针与计划。这个总结与计划，要在八月底前送到战工会（或用电报），作为战工会计划今年冬学运动的参考。

2. 师资、教材是冬学运动的两个主要问题。教材应由各县文教科统计全县需要数量汇交专署文教科，由专署统一编印或翻印（并在九月份印出来）。师资应由各县根据需要，开办短期的冬学师资训练班，抽调农村知识分子（识字在五百字以上的）来参加该训练班训练。这一工作要在十月以前做好。

六、建立社教实验区，加强研究辅导工作。

有五个以上完整区的县份，都要选择一个地点适中、工作比较好的地区作为社教实验区。实验区应配备工作能力较强的干部，他今天的任务是：

1. 调查全区的文化教育概况；

2. 关于一切社教的新设施办法，首先拿到实验区去执行；

3. 根据执行的结果，总结经验，推动其他地区的工作；

4. 研究、创造、实施社教的新办法。

七、社会教育是一个群众运动，它的主要对象就是有组织的群众，所以要想把社会教育工作做得好，必须依靠各种群众团体的帮助和支持。因此各级政府一定要彻底克服目前教育行政的孤立现象，密切对各种群众团体的联系，在讨论社教工作时，应邀请各群众团体负责人参加指导，并加强和他们配合，共同做〔作〕出实施计划，分别动员执行，最好采取订立工作协定的办法来互相督促。

主任委员　黎　玉
教育处长　杨希文
副处长　孙陶林

选自《山东革命历史档案资料选编》，第8辑，济南，山东人民出版社，1983年版，第370～377页。

24. 一九四二年山东全省冬学运动方案

1942年10月15日

一、方针：

适应目前政治形势与敌后斗争环境，在各地群众运动蓬勃发展的今天，冬学运动方针应该是：在现有的群众工作基础上，广泛开展群众性的文化教育运动，提高群众的政治文化水平，以巩固与扩大群众运动。

二、任务：

为了贯彻以上的方针，今年的冬学任务，应该有以下三个主要方面：

（一）通过冬学扩大群众组织，开展民兵运动。

（二）通过冬学开展民主运动，扩大农村统战。

（三）通过冬学坚定胜利信心，开展对敌斗争。

三、要求：

为了完成以上的三大任务，我们提出以下几个要求：

（一）入学人数——从十六到四十五岁的群众，已经组织起来的最少要有百分之七十入学，未组织的至少要有百分之四十入学。

（二）学习时间——为四个月，从本年十一月初到来年二月底，星期例假除外，最少上课九十天，每天最少上课两点钟。

（三）文化程度——今年的新生平均认识（会念、会写、会讲）三百到五百个字，去年或者前年的学生平均认识五百到一千字。

（四）政治水准：

1. 教育群众，使其了解群众运动对于抗战建国的重大意义，并且积极自动组织起来为抗战建国而努力。在群众运动中去动员群众参战，展开民兵运动。

2. 使群众关心行政，参加选举，了解三三制的真义，启发民主精神。

3. 从团结抗战、团结建国的原则上，使群众正确了解农村统战的意义，联系到实际减租减息、提高工资和合理负担等政策中所发生的具体事件的处理。

4. 使群众接受过去反"扫荡"的经验教训，对于粉碎敌人今后更残酷的"扫荡"，有最大的决心和实际的办法。

5. 使群众了解一年打败德国、两年打败日本的主要条件，和战后新世界新中国的基本性质，以坚定他们抗战必胜、建国必成的信心。

6. 使群众了解对敌斗争的各种政策的基本道理，并且乐意赞助和参加敌对斗争的具体工作。

7. 使群众认识胜利前的困难好比黎明前的黑暗，发扬中华民族的伟大气节，坚持团结，坚持抗战，咬紧牙关，克服困难。

8. 利用本村、本区、本县所发生的具体问题之分析，提高群众的政治认识。

9. 使群众了解生产建设对于改善民生之重要性，启发群众的生产热忱，提倡农业上的凿井施肥、改良种子、保藏耕牛，提倡工业上的纺纱织布、贸易生产上的合作经营，以奠定自给自足的农村经济。

（五）每个行政村至少要设立三十人以上的冬学一处。

四、组织领导：

冬学运动是一个群众性文化教育运动，不但可以帮助群众运动的开展，同时他〔它〕更依靠群众运动来开展。因此，这一个运动的领导和推动，应该由各级政权的文教部门和同级的青救、文协、抗协等团体组织冬学运动推行委员会，担负主要的责任，必要时应该约上其他党政军民机关团体的代表参加领导。各级领导机构的责任大体这样规定：

1. 省级——由本会教育处、中共山东分局宣传部、一一五师政治部宣传部、省战工会、省农救会、省青联、省妇联、省文协、抗协省会部等七个单位的代表组织"全省冬学运动推行委员会"，决定全省冬学运动的方案，领导与推动全省的冬学运动。

2. 主署级——根据本方案和主观的条件，对所属的各专区提出原则上的要求。

3. 专署级——在本方案的原则下，针对上级的要求，根据各县的实际情况，对各县提出具体的要求，并指示主要的实施步骤和方法方式。

4. 县级——县是一个工作单位，担负具体的领导责任，要根据本方案的精神、主观上的条件和上级的指示，订出具体计划。在冬学委员会里面组织一个“冬学工作队”，至少四个人，以文教科、各救（特别是青救）、文协、抗协的代表为主体，或其他必要的团体与个人，分别到各区亲自帮助各村建立冬学工作队，经常要到各冬学深入检查，实际帮助工作，及时解决问题；并且按时指导总结。

5. 区级——认真执行上级指示，切实推动这一工作。

6. 村级——各行政村要依照县政府的计划，斟酌本村的实际情形，作具体的布置。

五、冬学运动的具体布置问题：

（一）进行步骤——抓住工作重心，反对平均使用力量。进行工作的时候，要：

1. 从民主区到游击区；

2. 从中心区到边缘区；

3. 从有组织的群众到无组织的群众；

4. 从男子到妇女；

5. 从青年到成年。

（二）冬学干部——实际办冬学的干部，分教学的和组织的两项：

1. 教学干部主要靠小学教员，其次是各救的知识干部，必要时聘请地方上热心群众工作的文化人。

2. 组织干部主要靠各救（特别是青救）干部，其次是群众中的积极活动分子和热心的士绅。村长当然要参加领导，但要避免增加他在事务上的负担。

以上两项干部在一个决议下分工合作。教育的好坏，由教学的干部负主要责任；冬学组织的好坏，组织的干部负主要责任。明确的〔地〕分工，密切的〔地〕配合。

（三）时间——限白天上课，晚上只能作政治讲话，少用灯油，节省开支。

（四）教材——政治教材有大众日报社编的两种：《今年打败德国，明年打败日本》和《农民读本》。文化教材由本处另编，在未编出以前，可以暂用去年的，或由各主署（或直属、专署）自编。

（五）经费——全体冬学干部都不脱离生产，惟〔唯〕教课的教员有津贴，津贴数目相当［于］各专区小学教员津贴平均数的五分之一到三分之一，由县政府统筹统支。各冬学办公用费，只限以下各项开支：灯油和纸张笔墨等，但要力求节约，并经合法手续筹措。

（六）学生——学生的来源主要靠群众团体，农救会是骨干，青救要起先锋作用。各救之间可以发起竞赛，干部要起保证作用。

（七）联系——冬学和农村俱乐部有机的〔地〕联系起来，借着冬学以充实俱乐部的工作，用俱乐部的组织来保证冬学的建立和进行。

（八）工作的坚持与转变——要认清敌后环境是不经常的，估计到战时的情况，挑选干部，准备临时转变方式，配合反“扫荡”的活动，尽可能坚持工作，提出模范干部和模范学生的口号，发动竞赛。

旧历年节要把冬学转变成大众的集体的文娱活动，干部参加指导。

山东省战工会教育处

十月十五日

选自《山东革命历史档案资料选编》，第9辑，济南，山东人民出版社，1983年版，第89～93页。

25. 山东省战时工作推行委员会关于加强国民教育工作的指示

1943年3月

甲、加强教育行政对国民教育的领导

山东的国民教育虽然有了比较普遍的发展，但成绩还不很大，而且今天一般的有着停滞和部分开始下降的现象。造成这种现象的原因固然很多，但是各级政府没有很好的〔地〕重视国民教育，应该认为是主要的。因而在领导推动上和干部配备上就没有足够的注意，甚至有把文教部门裁撤或者合并到其他部门去或把文教部门的干部派作〔做〕其他工作的现象。村区两级政府教育工作，既无专人负责，其他干部又很少关心，致使小学教员孤军奋斗，许多困难和问题得不到应有的解决。今后为了加强国民教育，开展文化运动，适应根据地的需要，这些现象必须迅速纠正。为此：

（一）希望各级政府即日开始深入检讨，切实加强教育行政的领导，认定改进国民教育为今后文教工作的中心。各级政府负责人要经常注意和关心教育工作，教育主管部门人员除认真工作外，更要主动争取各部门的有力配合。其他各部门也要积极照顾和关心文教工作。文教工作的重要计划，应于行政会议上深入讨论决定。

（二）调整健全各级政府的文教部门，配备坚强干部。

（三）各级政府的文教部门应推动建立与健全小学教师救国会，加强团结帮助小学教师。根据实际情况，制定小学教师进修的具体计划，通过小学教师救国会的讨论推动，切实进行。这里应该特别重视教师救国会作用的发挥，使之真成为一个推动小学教师的自觉进行业务学习研究、团结小学教师、解决困难的组织。

（四）各主署和专署应筹设实验小学或实验区一处，配备优秀干部，对国民教育改进问题作实际之研究。各县应筹设模范小学一处，对改进国民教育的具体要求力求实现，为其他小学示范，最好由文教科长兼任校长，以便吸收经验，加强领导。

（五）各主署和专署应以文教部门的干部为中心，吸收其他各方面对国民教育热心及素有研究的人员组织巡回辅导团，切实帮助各县解决国民教育改进中的困难问题。各县文教科的科长科员应切实的〔地〕巡视检查，帮助各小学解决国民教育改进中的困难问题。

（六）调整并健全中心小学区制，使确能对本区小学负辅导责任。中心小学的辅导工作，应与小学教师救国会的经常活动密切配合，求得一致。

（七）有计划的〔地〕训练小学教师，提高其质量。各地中学应集中力量办理师范班，缩短其期限，吸收现任教师受训，教育内容应与小学教师的实际需要密切联系，求能解决其工作上的困难问题。

（八）对各小学的办公费应根据物价上涨情形，随时予以提高，以适应其工作上的需要，并切实检查办公费的开支，防止并克服浪费现象，可能时得以县为单位筹设教育用品供应社，代为购买。

（九）文教、财政两科应会同切实整理各县教育款产，增加其收入。至其经常的管理，如各县文教科力量不足，应由财政科予以协助，必要时亦可划归财政科工作范围之内，但应以能增加教育款产收入、充裕教育经费为条件。

（十）为了充实国民教育的经费，适应今后工作需要起见，除切实整理教育款产以裕收入外，必要时得酌增田赋或拨支公粮。

乙、改善小学教师的待遇

由于过去对小学教育的重视不够，不关心小学教师的生活和进步，以致影响小学教师在工作和进修上的积极性不能逐步提高。今后为改进和加强国民教育，就必须对小学教师［的］物质和政治待遇根据下列原则，参照各区具体情况酌予改善。

（一）物质待遇改善的原则：小学教师的生活费应该提高，使他除能维持个人最低限度的生活外，并可多少予家庭以接济。因当前物价时涨，为避免教师生活受其影响，除供给给养烧柴外，生活费（包括菜金、津贴、服装、鞋袜等费）亦应提高并以粮食为标准确定数目，如拨粮不便，应依发放时的粮价发给代金。各主署或直属专署应根据这一原则与当地实际情形与财政状况，参照一下全年生活费标准确定其每月生活费实数。

（甲）识别的标准（这是基本的）：

第一级——高级正教员兼校长，全年高粱400～450斤。

第二级——高级正教员或初级正教员兼校长，全年高粱350～400斤。

第三级——高级副教员或初级正教员，全年高粱300～350斤。

第四级——初级副教员，全年高粱250～300斤。

（乙）籍贯的标准：敌占区或外籍教师不能得到家中接济的，及本地教师家庭贫困的，可先予提高待遇；其本地教员家庭富裕的，尽量动员使他认识到根据地的困难，暂不提高待遇，由政府予以名誉上的奖励。

（丙）任期、进修情形和工作成绩的标准：任期较久、进修和成绩优良的，均可先予提高待遇。

（丁）由各机关精简下的工作人员转任小学教员者，可依其原机关待遇供给，或动员他们依较低标准待遇。

（戊）所有女教员除享受上述待遇外，并应享受妇女干部的特定待遇。

（己）财政特殊困难的地区，无法达到（甲）项所列标准数时，可酌为降低。但必须将现行待遇尽可能提高，保证小学教员的生活情况略优于地方一般工作人员。

（二）政治待遇改善的原则：

（甲）小学教员一般应为小学所在村的当然村政委员。

（乙）区小学教师救国会主任，应为该区当然行政委员。

（丙）县小学教师救国会主任，应有参加县政府扩大行政会议［的］权利。

各主署或直属专署于接到本指示后，应即深入讨论，具体拟订计划，切实布置工作，并将执行情形具体报告本会。

主任委员　黎　玉
常务委员　艾楚南　杨希文
张伯秋　刘居英
耿光波

选自《山东革命历史档案资料选编》，第9辑，济南，山东人民出版社，1983年版，第325～328页。原注：“原载1943年3月17日《大众日报》。”

26. 山东省农村俱乐部修正办法

1943年3月

第一章　总　则

一、农村俱乐部为开展群众性的农村文化教育运动的组织，同时也是政府文教机关通过它实施社会教育的场所。

二、俱乐部之具体任务如下：

1. 启发民众的民族意识，动员参战参政。
2. 提高民众文化水平，竖立三民主义新中国的政治基础。
3. 进行爱护根据地教育，促进民主，鼓励生产。
4. 提倡正当娱乐，改良风俗习惯。

三、农村俱乐部每村设一个。为了加强领导，每一中心小学区设立中心俱乐部一处，统受区文协的领导。

第二章　组　织

四、农村俱乐部之组织原则，为民主集中制。农村俱乐部之组织领导为委员会制，由村民大会选举委员五人至九人组织之。其职权如下：

1. 决定工作计划；
2. 检查与推动全盘工作；
3. 选任与调动工作人员；
4. 审查经费开支；
5. 其他应兴办事宜。

五、俱乐部委员会设主任、副主任、宣教委员、娱乐委员、生产互助委员、体育卫生委员各一人，由委员会互推分任之，必要时俱乐部委员最好由村中工农青妇的宣传委员、村委会的文教委员及村中热心人士或积极分子参加，通过村民大会选举组织之。委员下可设干事一人至三人。

六、农村俱乐部之工作人员，一律不脱离生产。

七、中心俱乐部与一般农村俱乐部之组织相同。

第三章　工作与活动

八、俱乐部各委员的工作范围如下：

甲、主任的工作：

1. 领导全面工作；

2. 拟定工作计划，提交会议讨论；

3. 召集与管理委员会；

4. 领导推动与检查各委员的工作；

5. 处理日常一切重大事项。

乙、宣教委员的工作：

1. 负责编辑墙报及一切宣传事项；

2. 建立与管理识字牌、识字班和民众学校，组织识字小组；

3. 组织与领导冬学与春学运动及扫除文盲运动；

4. 帮助小学校的发展与改进；

5. 组织与领导对敌斗争的教育，如反“扫荡”、反蚕食的教育，民兵教育，及揭破敌人阴谋谣言等教育；

6. 传达与解释政府法令；

7. 组织与领导各种讨论会与研究会；

8. 成立读报小组，领导群众阅读书报，领导设置群众阅报处，研究时事问题；

9. 收集各种书籍杂志，组织读书会；

10. 其他有关教育事项。

丙、文化娱乐委员的工作：

1. 组织与领导不脱离生产的歌咏队；

2. 组织与领导不脱离生产的农村剧团及学生剧团；

3. 组织各种集体游戏及秧歌队等；

4. [组织] 农村各种娱乐会；

5. 活跃休闲生活，改良风俗习惯；

6. 其他有关娱乐事项。

丁、生产互助委员的工作：

1. 组织春耕委员会、夏耕委员会或代耕队等推动生产，发扬互助；

2. 定期举行农产展览，鼓动生产，提高生产热忱；

3. 组织生产研究会，提高科学常识，改善生产方法。

戊、体育卫生委员的工作：

1. 介绍一般的卫生常识；

2. 提倡打拳、早操与其他各种活动；

3. 提倡戒除烟酒等不良嗜好；

4. 举办防空、防毒、防疫及捕蝇运动，提倡施种牛痘；

5. 提倡放足、保婴及举行定期之卫生运动；

6. 其他有关群众健康卫生事宜。

九、农村俱乐部的活动时间，一般应以每天下午及晚间为主，以农闲为最好时期，每日活动以不超二小时为原则。

十、农村俱乐部活动，要尽量适应群众之年龄、性别、职业及兴趣之不同，求其多样化，以便吸收全村群众都能参加俱乐部活动。

十一、中心俱乐部除担任研究示范作用外，其一般工作与农村俱乐部同。

第四章　设　备

十二、农村俱乐部为便利工作的进行，必须有一适当的场所作为活动中心：可利用祠堂庙宇、公共场所或私人住宅，地址最好适中。

十三、俱乐部为便利工作之进行，应有以下之简单设备（要自制、暂借或文教机关发）：

甲、宽敞高屋；

乙、抗战领袖及革命伟人像；

丙、地图、黑板；

丁、标语、漫画；

戊、各种报纸刊物及通俗读物；

己、各种运动娱乐工具（棋子、乐器、毽子等）。

十四、为吸引群众，俱乐部之设备与布置务求美观。但为实事求是及适应环境，又必须实际化、战斗化。

第五章　组织与关系

十五、农村俱乐部务建以下之制度：

甲、会议制度，委员会半月一次。

乙、回〔汇〕报检查制度。

1. 各委员向主任每周［汇报］一次；

2. 农村俱乐部主任每周向中心俱乐部主任回〔汇〕报一次；

3. 中心俱乐部主任半月向区文协回〔汇〕报一次；

4. 俱乐部工作每半月检查一次。

丙、计划与总结制度。俱乐部每月做工作计划及工作总结一次；全区总结时更可召集全区各俱乐部主任集体回〔汇〕报；三个月全体委员改选一次。

十六、农村俱乐部在区文协直接领导之下工作，并接受政府文教机关的指导与小学教员的帮助，并得各群众团体的密切配合帮助与保证。

第六章　经　费

十七、农村俱乐部之经费，由群众自己在村中筹划，政府可酌量补助一定的器材。

第七章　附　则

十八、本办法为一般的规定，各地区尚可根据具体情况机动灵活实施之，但如有变动，须经县以上文协的同意。

十九、本办法自公布之日起施行。

选自《山东革命历史档案资料选编》，第 9 辑，济南，山东人民出版社，1983 年版，第 344～348 页。

27.《当前国民教育的改进问题》
——山东省战工会教育处长杨希文在滨海区小学教育会议上的讨论总结

1943年3月

一、改进国民教育是文化运动的中心环节

过去的文教工作没有成为广泛的群众性的运动，各方面对文教工作重视不够，形成领导上的薄弱、文教工作和其他工作脱节的现象，许多做文教工作的干部也都不愿做这工作，好像文教工作是可有可无的。这种现象是严重的。不过也要了解，过去之所以忽视，是有其客观的原因的。文化运动，尤其小学教育的普遍发展，须〔需〕要政治的经济的各方面工作尤其是群众工作的开展作前提，所以文化运动的开展，往往落在其他工作的后面，这也是客观的规律。但在今天，由于三三制政权的建立和巩固，以及减租减息后群运的开展，已为文化运动准备了基础，同时一切工作的进一步提高，迫切的〔地〕需要文教工作能够成为群众性的运动。所以一九四三年的山东抗战工作，就以开展群众性的文化运动作为中心任务之一。

国民教育，在文化运动中占了什么地位呢？我们应该认识，今天文化运动的基础是广大的农村，在今天，小学是农村中仅有的文化堡垒、文化中心，小学教师同仁们，也就是乡村中仅有的文化工作者。那么在开展文化运动中，小学就必然成为重要的凭藉〔借〕。可是今天小学在数量上还不普遍，而且在敌人分割蚕食的形势下有着下降的趋势，不少是垮台、停顿了，即［使］是还在开办着，也为困难所缠绕，很少进步，小学教师表现了疲劳、苦闷以至于敷衍了事，不能积极的〔地〕去寻求方法克服困难。假使这种现象不能改变，任小学这样消沉，群众文化运动的开展便无从着手。因此我们说改造小学教育，是文化运动的中心环节。

二、国民教育必须和群众的生活斗争进一步联系起来

在讨论中我们已经检讨过了，过去的国民教育是和群众的生活斗争脱节的，这是一个基本问题。当然也不是完全脱节，而只是联系不够。今后就需要改正这一点，使今后国民教育能和群众的生活斗争进一步地联系起来。这里有三个原则应当作为依据的：

首先，我们必须把握当前群众生活斗争的内容和任务，据以组织我们的教育内容。在敌后斗争空前尖锐与艰苦的今后一年，群众生活斗争的总任务便是坚持山东抗战阵地，准备反攻。同时，为了迎接胜利后的新中国，当前的斗争也就必须照应将来，为新中国奠立基石。因此，为了反对敌人的“扫荡”、蚕食、奔袭、清剿，群众必须广泛动员备战，加强民兵作用，实现群众性的游击战争。为了粉碎敌人的经济封锁，克服物资困难，就必须提高农业生产，发展手工业。为了巩固根据地内的抗战团结，就必须开展民主运动，健全民主政权。为了粉碎敌人的奴化伪化的欺骗麻痹阴谋，就必须提高群众的文化政治水准，克服愚昧无知的现象。这些内容以及其在每一时期每一地点的具体方针，我们要能够切实反映到国民教育里面，使群众能够在这斗争中思想上知识能力上更能适应，更能有效的

〔地〕进行斗争，才算把教育与群众生活斗争联系起来了。

其次，我们必须根据当前群众的生活方式和生活水准，改造我们的教育和方式，使教育能够和群众很自然的〔地〕结合起来。我们应该了解，群众今天是终日在劳动中、在斗争中、在贫苦中生活着，所以教育的进行，不仅要尽可能地不去妨碍群众的劳动、战斗和增加群众的贫困，而且要积极的〔地〕劳动化、战斗化，并提倡节约，和群众生活求得一致。

再次〔最后〕，我们必须认清儿童的特点，藉〔借〕以改进我们的教育方法——我们的教材组织的方法、教学的方法和训导的方法。今后都要适应儿童的特点、兴趣和能力。不过我们固不要以成人待儿童，同时也不要把儿童生活和成人生活看成两种截然不同的东西，因为今天现实中的儿童，他的生活和成人生活虽有很大的不同，但也有些很大的相通处。

根据上述三个原则，我们来讨论当前最需要解决的几个具体问题。

（一）教材的问题

今天还没有一套完整的教材，以至有时买到一本教材，教学生念完一遍再念一遍，有时好几种程度的学生都学一样的教材，或者招起生没有教材教。所以应该很快的〔地〕编出一套小学教材来。教育处已有在最短期编出一套教材的计划。但过去所编的教材是有不少缺点的：第一是太政治化了，群众日常生活——生产劳动的内容太少；第二是太公式化了，对群众具体斗争的指导作用也不大；第三不很适合儿童的兴趣，有的生硬，超过儿童所能了解的范围，有的分量过重，非儿童学习能力之所及。今后续编时要注意这些缺点的纠正，已编出的也应该在再版时设法修正。这不仅要由编者努力，还希望教师们负责多提意见，作［为］编者的参考。不过教材无论编的〔得〕怎样好，总不能完全适合教学的各个不同情形，所以我们在教学中就要活用教材。比如村中正开民主选举，我们就可以把课本上关于民主选举的教材提前来讲，而且把村选中的实际经验补充进去。另外还要用活教材，如附近发生了什么重要的运动、问题、斗争，影响群众生活的，虽然课本上没有，也可以吸收进去，才可以使教的内容和群众生活实践密切地联系起来。自然，我们编成的教材是教学的基本内容，我们活用教材和用活教材的基本精神，是在于更进一步地求学与用的一致。

（二）教法的问题

在这里我们应该注意几个问题：第一是教和学联系、知和行联系的问题。我们今后虽不能普遍采用教和做合一的方法，但应该注意教与学的联系、知与行的联系，这就是说多用启发的方式，把教的东西领导学生去实地做一下。第二是复式教学的问题。我们的小学，绝大多数是复式编制，但今天教师多不会复式教学法，确成为一个严重问题。据专家研究结果，复式教学法如果善为利用，并不比单式教学效果差。复式教学的基本问题，就在于把学生自己活动和教员直接指导有机的〔地〕配合，让学生有事做，并且所做的是在课程以内的。何以能够这样？是需要我们的教师赶快研究学习的。第三，为补助复式教学，就需运用导生制的精神，使优秀学生对劣等学生，采取互相帮助、集体学习的办法，也是我们应采用试行的。

对教学方面，最后我提出马上可以做而且必须做的几点：

（1）一定要准备功课。无论教师的能力有多大，不准备就给学生讲，应该认为是不对的。可由中心小学或教联会主持，采取星期日集体准备功课的办法，并以帮助程度低的教师。（2）多用启发回答的办法，（3）学了后马上叫学生去做。如讲了狗，就让学生去搜集狗的材料和实行去喂、试验狗嗅觉等。（4）要接受经验。在进行教学时不论成功或失败，都要考虑研究，找出原因，作为以后改进的借镜。

（三）教育时间问题

第一是假期问题。讨论时有人提出一年分三学期是合适的，但各地农忙时应该机动，是非常正确的。今后可以专署或县为范围，把假期移前移后一些日子，不过机动范围应以一年上学的日子不少于二百四十天为限。还应指出，假期并不是学生散了，先生回家，两不相干了。希望作〔做〕先生的要有全副时间贡献于教育工作的精神，在假期中有计划的〔地〕指导学生假期作业，指导学生在生产劳动中学得经验，与书本知识联系起来，最好在放假前帮助学生作〔做〕劳动设计。有的学生家里不需要他劳动的，要指导他温习功课，或使他帮助别的学生劳动。假期中正是活的教育试探运用的时候。

第二是每天上课的时间问题。因为群众的子女，要经常帮家庭劳作，即［使］不农忙，也要做些放牛、打柴、拾粪、赶集、看孩子等一类的事情，因之经常全日在校上课便成问题。这问题，在乡村办教育的开始便有，一向没有得到很好的解决。所谓半日制、二部制、季节学校、晨学、午学、夜学等办法，都有它的好处，也都有它的缺点，尚有待于研究和试验。一般的小学，暂时除仍以全日制为基本外，可试用二部制。用全日制而学生不能经常到校的，调查他的家庭情形和他在家的工作，好好动员他家庭尽量让其到校，需要看孩子的，也不妨叫他带着孩子到校，学校里来几个孩子，找一个学生看着他们玩，其他学生就可上课（自然试用这种办法有些特殊困难）。真正家庭穷、学生在家干活不能来校的，可动员村里富裕人家帮助他人力，可发动学生在礼拜日帮他干一天活（如拾粪、打柴），就可以省他几天的工夫来上课。真正必须请假的，缺了课要替他补课，以免因缺课跟不上索性不上了。长时期离校的，可由教师或发动学生到他工作的地方去教他。为执行二部制，则必须减少课程，并且很好的〔地〕掌握时间。抗战前曾举办短期义务小学，是用二部制的，那种经验可作参考。

（四）战争环境中的教育问题

我们是在敌后战争环境里办教育。除敌占区、游击区将来另行讨论外，我占区亦是经常在反“扫荡”、反蚕食的战斗情况下。怎样适应这样的环境条件去进行教育工作呢？首先是不管根据地、边缘区，都必须随时作〔做〕战斗准备，所有学校设备，如桌凳、书籍、挂图等教具，都要特别注意埋藏。在边缘区更要注意到学校的活动，如何隐蔽、不暴露目标。其次要依靠群众和政权、民兵及各群众团体密切配合。××小学教员作青抗先指导员，在敌人到来时和群众在一起，不仅自己安全，而且保证了学校在敌人走后迅速恢复起来，是一个很好的办法。再次是不要单纯依靠群众保护自己，而是要教育工作和省战工会（战时工作）联系起来，教师学生都成为对敌斗争的积极分子，在斗争中与群众、别人共同一致，参加斗争，在敌情过去，马上抓紧时间开学。

（五）国民教育和统战的问题

对［新］民主主义的国民教育，是大众的、民主的、民族的、科学的，也就是统一战线的。这就是我们应有的立场和观点。我们要抗战建国，而抗战建国都必须依靠劳苦大众，所以教育内容要大众化。但这并不等于片面，正是统一战线的精神所在。尤其我们所教的学生，多是中上层的子弟，所以更应注意到团结，以小学教师的地位，在农村统一战线上是会起很大作用的。但由于教师出身多是中上层，社会关系亦多在中上层，所以许多教师容易发生偏向。由于自己的生活习惯和是非善恶的标准和上层比较一致，对上层的痛苦体验的比较多，所以容易同情上层而不同情下层。希望在工作中随时随地都能真正本着新民主主义的教育方针，照顾双方。即以对学生的态度说，我们一般所认为好学生的标准，往往是干净、伶俐、功课好、听话等，但若仔细考虑，这样的学生多是上层子弟，因他们有容易达到这标准的条件。穷孩子往往不能成为这样的好学生。教师如不特别注意帮助贫苦学生，这就不是统一战线的教育了。

（六）改造中的困难

国民教育的改造是一个艰苦的工作，所以改造中困难正多。第一就是学校教育本身的限制。学校无论如何也不就是社会（只是社会的一个构成部分），教育与群众生活的联系上就不能不受一些限制。但这一限制是应当尽量克服的，那就必须力求学校社会化，学校要多用家庭访问、恳亲会等与学生家庭联系，学生要多做社会活动，与社会联系，以打破这限制。第二是社会本身也限制着我们。社会上有几千年来传统的错误观点，比如我们要教学生劳动，但学生家长就不一定同意。不但富有的学生家长不满意，就是贫苦的学生家里，也有的是希望他的孩子上了学就变成士大夫光辉门庭的。所以学校教育必须与社会教育合作，在群众中建立起新的教育观点，并对过去的教育传统予以批判，分别吸收或改造。如把过去忠孝仁爱的旧道德贯彻上今天的新内容，吸收到我们的教育里来。比如教员水平低，教育行政机关干部缺乏，也都是一些困难。但只要我们有了最大的决心与热忱，是可以步步改进提高的。

三、体罚和儿童的训导

今天大家所指的体罚就是打，其实严格说来，罚站、罚劳动、罚禁闭等都是体罚。在教育理论上说；体罚是应该完全废除的。因为体罚是阶级社会的产物、奴隶制度的残余，另方面则由于［对］儿童观念的错误，认为儿童是成人的附属品，或以成人的标准来对待儿童，不承认儿童的独立人格和特性。最后一个原因，就是师生观念搞不清楚，满脑子老师观念，以为“天地君亲师”是神圣不可侵犯的，所以学生对自己稍有冒犯，就大发脾气。今天的教育是民主的，所以体罚尤其最厉害的打骂制度必须废除。

体罚有什么效用呢？许多人好像觉得是很有用处的，但我们应了解，体罚是说明了教育的无能，纵然收到一些暂时的表面的效果，而留下的恶果也正多，主要是破坏了儿童的正常发展，一切不合理的心情——虚伪、欺骗、怯懦、奴性……都由此而生。体罚对老师也没有好处，只有使你越打越来气，发展了你的脾气，也使学生增加了对你的仇恨。过去私塾中老师打学生最厉害，学生玩弄老师的事也最多，即是明证。

那么，我们应该怎样去训导儿童呢？我只提出几个原则作大家的参考。

第一，民主、自动，是训导的方针。儿童的自治组织是训导的基本形式。儿童组织起来，并不是减轻了老师的责任，因为儿童还不会组织，没有民主习惯，必须要指导他，不但指导儿童在校内的民主生活，还应让他在社会上也能过集体生活，和校外儿童联系起来，互相帮助，共同进步。所以我们规定学校内的儿童团（初小）、学生会（高小）是全村儿童团、青救会的一部分，便是这个原因。

第二，要认识儿童是学校的主人翁。教师是为儿童服务的，这是光荣的任务，应该耐心去完成，不要一不如意，就向学生发脾气。

第三，训导和教学要联系起来。因为训导就是指导儿童活动，这也是教学的一部分。

第四，要以儿童待儿童。儿童有其自己发展的规律，同时又是正在发展中，所以要随时留心儿童身心各方面的发展变化。儿童是爱活动的，不要禁止儿童的活动，而要善为指导儿童的活动。

第五，我国将［特］有的优良传统，如循循善诱、因材施教、有教无类、以身作则等，教师们应该接受发扬，作为训导上的重要方式。

第六，训导工作不是单纯在校内就能做好的，必须与家庭、社会合作，经常取得联系。

最后，谈到所谓顽劣儿童的问题。要认识，除变态和低能外，儿童本质上是没有顽劣的，他们所以顽劣，是有种种的原因，如疾病和缺陷，低能和天才，儿童发育的不齐一，家庭社会对他的影响等。同时过去学校中所谓顽劣儿童，往往是最有革命性的。今天我们是革命的教育，不是培养顺民，所以对此也应有新的观点。

四、小学协助社会教育问题

为什么小学要协助社会教育呢？因为第一，小学是今天农村的唯一普遍的文化中心，社会教育的开展必须以小学为凭藉〔借〕。因此小学也应该负起这个协助社会教育的光荣任务。第二，从小学教育本身说，要与群众生活、斗争联系起来。要巩固小学、提高小学，要好好的〔地〕训导儿童，要在战斗环境中求得便利和安全，都必须和社会打成一片。社会上现在所给小学教育改进上的一些限制，也可以在社会教育开展中求得解除。第三，从小学教师本身来说，如果把自己孤立起来，在农村中那真是痛苦的〔得〕很；如果协助社会教育，由此能和群众联系起来，工作上、生活上都可以取得许多的便利，也可以丰富自己的生活内容。

当然，小学要协助社会教育，但还存在些问题。第一就是教师没有时间。但要了解，社会教育本身也有很多就是小学教育范围内的一些工作，如接近学生的家庭，领导学生作社会活动等等。而且学生也可以去做社会教育的工作，不一定完全老师去做。其次是校舍校具设备借用，往往有损坏、弄乱了等情形。这就需要起初时耐心一些。社会教育开展了，这些问题也就解决了。

我们今天正要普遍建立农村俱乐部，作为社会教育的中心，各小学应一体予以推动协助，积极参加其活动。至俱乐部的办法，另见文件。

五、小学教师的生活、进修和组织问题

（一）小学教师的生活

第一，小学教师的待遇必须提高。因为在今天物价飞涨的情形下，小学教师的生活费没有随之提高，不能维持最低限度的需要。在这次会上，我们对此已有了深入的讨论，大家也提出了些具体办法，最近当提请战工会参考研究决定。除待遇的标准必须提高外，决定待遇的具体数目，我以为应该根据如下几个条件：（1）工作职位；（2）工作成绩和努力的程度；(3) 学习和进步的情形；(4) 服务年限；(5) 本籍和外籍；(6) 家庭情况。

第二，小学教师的政治生活问题。要提高小学教师的政治地位，一般说就是在民主政治中发挥其参政权利。现在还存在各方面对小学教师尊重不够，以后定可逐渐减少以至完全克服。对于所谓政治地位，还应有正确了解：过去的小学教师，在客观上是统治者的代言人和助手；今天的小学教师是革命的工作者，大众的朋友。这是新的地位，而不是旧的地位的恢复。

怎样才能顺利的〔地〕实现这些生活上、政治上的权利呢？这还是一个过程，因为上级虽然通令指示了，但由于战争环境，经济困难，有时不能按计划完全执行。这倒不一定是供给机关故意为难，部队不也同样的〔地〕艰苦吗？所以我们也应该了解情况，分别处理。此外应主动争取配合，并从自己工作中树立威信，引起大家的重视关心。最后，加强自己的组织，通过组织提出问题，自然也就容易解决。

(二) 小学教师的进修问题

今天小学教师的任务是重大的。但以小学教师们今天的水准而论，还大大的〔地〕不够，所以必须加紧进修，进修的目标，是为了完成工作任务，所以就应该做什么学什么。

第一，充实政治知识，提高政治质量。这是基本的。教育和政治是不能分开的。为了实现新民主主义的教育，便必须促其政治认识，还要了解战争，不要以为文武两行。要知道，在战争环境，就必须有战争的锻炼。那么学什么材料呢？将来各出版机关应该设法源源供给，自己也要多方面搜求。经常的读物就是《大众日报》，应该使它成为自己的朋友。另方面要加强教联会的组织，在集体生活中锻炼自己，互相帮助，求得进步。

第二，加强教育研究，提高业务修养。关于教育的政策、法令和计划，要作深入研究，如研究中感到什么不合适的地方，还可以提出意见帮助改进，特别要研究教育方法，提高教育效率。总之，自己要有专业的精神，要精通自己的业务。

第三，文化知识方面。真正要作〔做〕群众的老师，不是一个简单的事。今天我们的教师同志文化水准比较低，科学知识不够丰富，特别是能解决群众生活中具体问题的科学知识更少，今后更应该很快的〔地〕提高。

第四，要学习生产劳动的知识。我们所教的儿童、成人，都是从事生产劳动的，但我们小学教师同仁们多是不大会作生产劳动的。这样我们所教出来的学生就不能对群众生活有多大的帮助。这就需要我们有向群众学习的精神，并且把群众的经验总结出来，使之科学化、条理化，以教育别人。

进修的方法，基本上是靠自修，一方面自己随时随地学习，一方面加强教联会的组织，建立各种制度推动学习。

(三) 建立教联会的问题

教联会的任务是：(1) 代表小学教师的利益，经常注意小学教师的生活情况，向教育行政方面提出合理的要求。(2) 领导全体小学教师进修，通过进修来改进工作。(3) 协助政府，保证教育计划的完成。

过去有些县份已经成立了教联会，但是作用没有发挥出来。今后应充实健全活动起来，并把没有的县份建立起来。我建议在这会上更进一步切实讨论如何建立或健全各县教联，并成立滨海教联筹备会，作为推动的枢纽。

教联会是一个独立的组织，可以参加文协为团体会员。

在教联会工作中也还存在些困难，如小学教员是自由职业者，不大习惯集体生活；工作分散，不易集中，大家都没有经验，但这都是可以克服的，我们应下决心克服。

六、加强领导密切配合

（一）加强领导要从几方面着手：

第一，教育行政机关和干部，要具体深入的〔地〕进行领导，精密的〔地〕发现问题、研究问题、解决问题，在作风上来一个转变。

第二，要加强辅导工作。教育行政机关不只是发号施令，而且要具体的〔地〕帮助小学教师解决问题。巡视检查也不要走马观花。今后专署以上的教育行政部门要组织巡回辅导团，具体帮助各县文教科一直到中心小学。县也应尽可能成立这样的组织。

此外，要注意加强中心小学制，使它能够充分发挥辅导作用。过去中心小学区有大部分是划的〔得〕过大，今后可以划小些，到底包括几个小学，则根据具体情况决定，一般不应超过十个小学。中心小学要配备足够的力量，最好能经常空出一个教师来和各小学联系，具体帮助他们。县要建立模范小学，县文教科长可兼校长。专署应准备办一所实验小学，把各种制度拿至这里试验。

（二）关子配合问题，可分几方面：

第一，和政权的配合，虽然政权与小学是领导的关系，但在区村级还需配合。最好能争取到小学教员任所在村的村政委员之一，区教联会主任成为区行政委员之一。

第二，和群众团体的配合。青联同志已提出具体意见，希望其他群众团体也能这样订出具体的关系。和文协的关系，教联是团体会员，实际上县区级教联也必然会成为县区文协的主力军，有时各级教联与文协的活动是可以完全一致的。

这都还是联系的形式。至于工作上怎么具体配合，我们要努力争取，才不致使这形式落空。

最后我想提出：在这几天的会议中，大家都看到各方面对小学教育的重视，了解到小学教育在文化运动上的重要，大家都很兴奋，希望能把这种精神贯彻到工作中去，使文化教育能在滨海区形成一个热烈的运动，并在工作中不断发现新的问题，提出新的意见。

选自《山东革命历史档案资料选编》，第 9 辑，济南，山东人民出版社，1983 年版，第 285～298 页。原注："原载 1943 年 3 月 11 日《大众日报》。"

28. 山东省战工会教育处、山东省文协关于开展文化运动的通知

1943 年 3 月 10 日

一、随着山东各种工作的进步，山东文化工作也曾获得不少的成绩。但不可否认的[是]，山东的文化运动至今还未全面展开，还落在其他各种工作之后。这是因为：（一）我们主观上重视文化运动不够，没有了解文化斗争是开展和巩固其他斗争的主要环节，因而

在配备干部上、材料的供应和设备上都舍不得拿出本钱。（二）正因为主观上重视不够，便对文化工作有意无意的〔地〕加以轻视或忽视，不能予以必要的帮助和扶持，当然也就影响必要的配合。（三）战争环境给文化运动以极大的限制和摧残。（四）文化工作者没有做到应有的努力。

今天，由于减租减息增资群众运动的掀起，群众工作已有了带原则性的转变，广大的群众组织起来了，他们迫切需要文化教育去提高、去巩固。这就给文化运动的开展以有利条件，这就是山东文化运动［之］所以要重整旗鼓和把它当着〔作〕一九四三年根据地建设中心任务之一的根据。

二、迅速开展山东的文化运动的中心一环，在于改进小学教育。而要完成这一任务，首先必须建立健全各种文化团体，充实其领导机构，改正过去一切有名无实的现象。因此我们号召各地政府的文教处（科）、文化团体，首先进行以下三个〔项〕工作：

第一，迅速建立或充实各级文协。必须了解，文协是推动文化运动全面开展的有力组织，是统一文化运动、开展文化统一战线的中心。各地区虽已建立了县以上的文协组织，但结果往往无实际工作，亦无专任干部。我们建议各地区（主署区或专员区）斟酌当地情形，首先建立文协；已经建立的加以充实或改造（如补充执常委等），尤其要从有关各方抽调一定数量有能力的文化干部，专任文协工作，以使文协真正成为坚强的文化斗争的领导力量，真正担负起全面开展文化运动的艰巨责任，再逐渐推及县区。

第二，建立健全各级小学教联会。小学教师是农村文化运动的支柱，他们不仅在农村文化教育运动中起着领导与推动的作用，而且对其他工作的开展上也有着极大影响，所以小学教师救国联合会是文协的重要基础，也是文协最有力的团体会员之一；同时，广大的小学教师为了自己的进修、生活的改善、社会地位的提高，也迫切要求自己的组织和团结。因此，我们应抓紧时机，配合文协工作的开展，建立健全各级小学教联会。

第三，广泛建立农村俱乐部。农村俱乐部是农村全体群众活动的场所，它是进行民众教育的最好武器，也是下级文协的重要基石。我们应首先抓紧中心小学区，以行政村为单位，普遍的〔地〕建立起来。

三、以上三大工作，各地或多或少已有了一些经验，除另附各种办法及简章草案外，关于进行的步骤及应有的注意，我们提出以下几个意见。

第一，山东的文化工作必须重整旗鼓，已为一般人所公认。因之，在建立各种机构时，特别是文协，我们要反对有名义无组织、有组织无工作、有干部不起作用的形式主义。各地区的文协一般应有三分之一以上的常委脱离生产参加工作，并配备若干专任的干部及半脱离生产的干部（如文教处、科的干事，各群众团体特别是青救、妇救的有关干部）组织工作团及教育辅导团，深入各县、区直至村帮助工作。最初可抓紧一县一区的若干村，实行中央突破，以创造经验，影响和推动附近的县区，指导与推动全面。如能出版群众性的书刊、通俗读物等更好。各地区及县教联会的驻会委员至少一人，并争取参加同级文协组织部或研究部工作，以便密切联系与配合。区级教联会的负责人，最好为中心小学的校长或教员，以便于领导推动。农村俱乐部的委员则完全不脱离生产。小学教员因时间关系不一定做主任，但最好能担任宣教委员，以便工作。

第二，文协与政府文教处（科）的关系是协同配合。文教处（科）是属于政府系统，文协则为群众团体，在组织上和工作上无妨打成一片，但在解决问题执行手续上，仍保持各自的独立系统。因之行政系统上对下可以命令、指示，上级文协对文教处（科）或学校当局，则只可协助和建议；反之，上级文教处（科）对文协亦同，防止包办代替的现象。

第三，在工作进行的步骤上，各地区如暂时不便召开代表大会，可首先通过筹委会建立文协临时机构，推动工作。已有文协组织的，如因大多执委不能继续负责，又无法召开执委会时，可即召开扩大的常委会，加聘执委，改选常委。总之，以能及早进行工作为原则。各县区的文协，可尽量召开代表大会，自下而上的〔地〕分别建立或健全。小学教联会，则可斟酌当地情形，以专署区或县为单位，召开小学教师会议，一方面了解研究当地的国民教育情况，同时就便建立小学教师救国会。俱乐部则应先抓紧中心区建立，再推及各行政村。总之，应抓紧中心，并取得当地行政上的协助与推动，自上而下、自下而上的〔地〕配合进行。

第四，对于以上工作，教育行政系统除应积极主动的〔地〕配合外，更应与地方党、军队及各群众团体密切配合，其中特别是青联（救）与妇联（救）。因为在文化人与小学教员中，青年占极大的数量，农村俱乐部中，青年和妇女又是最活跃的分子和基干，没有这些方面的配合，工作的开展是困难的。

第五，省文协重整旗鼓后，工作已逐渐走上轨道。除常委会的机构外，下设工作团，由组织部领导，共分两个队，可分到两个县，各自集中突击两个中心区的工作。研究部首先配合战工会教育处组织一个教育辅助团（约七八人），由研究部、组织部及当地党政群众团体的若干干部共同组成，即分发至一二县了解和帮助当地小学教育，再逐渐配合师资训练班设立实验区，创造经验。编辑部则分会刊、教材及通俗读物三科，除抓紧中心大量写作教材及通俗读物外，并准备改造旧说部小说。国剧实验剧团由组织部领导，通过他们改造和利用旧形式，团结旧艺人。此外，更设有教育研究会、文艺研究会、戏剧音乐研究会、新文字研究会等各种研究和专门领导的组织。固然这些庞大的组织和初步的经验不是各地都能搬用的，可根据当地具体情况加以研究和采用。

第六，以上所述，希望根据实际情形灵活采用，并希将试行结果、经验教训及意见随时告知，以便有所补正。

选自《山东革命历史档案资料选编》，第9辑，济南，山东人民出版社，1983年版，第280～283页。

29. 山东省一九四三年冬学运动方案

1943年9月25日

一、对开展冬学运动应有的认识

1. 冬学运动不是一种狭义的识字运动，而是一种具有广泛教育意义的群众性的文化教育运动，通过它来完成政治的、经济的、军事的、文化的各种任务，通过它来广泛的〔地〕提高群众的政治文化水平。

2. 因此，必须照顾到群众的实际生活与切身利益，群众运动中所得的经验教训要适当运用在冬学运动中。

3. 因此它的开展就不是教育工作部门所能单独完成的，而是党政军民共同的任务。

4. 冬学运动是民主文化运动的主要环节。要想把今年中心工作的民主文化运动胜利开展，抓紧冬学运动这个环节是重要的前提之一。

二、今年开展冬学运动的有利条件

1. 在一年来群众文化运动当中，建立了各种群众文化组织，吸收了不少的群众参加，特别是去年冬学运动中，更创造了很多的群众文化工作的宝贵经验。

2. 自从文协和教联［会］的重整旗鼓，接着又有文艺新方向的提出，推动着广大的文化工作者（包括各级文化工作者、小学教师和乡村知识分子）开始深入实际，而且部分的〔地〕与工农兵广大群众相结合。半年来，改造着现有的文化工作者，同时也创造了新的干部。

以上两点成绩，在目前的政治形势中将会有更大的发展，而对于今年冬学运动的开展，必然成为有力的保证。

三、今年冬学运动的政治任务

今年冬学运动的总任务，是通过文化教育活动的方式，动员与教育广大群众，坚持对敌斗争，加强生产劳动，贯彻民主精神，提高文化程度，巩固抗战建国的社会基础，以配合全国，制止内战，坚持抗战，组织反攻，争取最后胜利。分开来说，应包括以下各点：

1. 使广大群众了解本省“八一施政纲领”的基本精神，并且为拥护与实行这一纲领而斗争。

2. 分析国际反法西斯胜利的根据，以坚定群众抗日的胜利信心，并且使群众正确了解胜利前的一段艰苦路程，从思想上武装起来，大量发展民兵，配合主力，坚持斗争，巩固根据地。

3. 使群众认识发展生产对于对敌经济斗争和保卫根据地的重大意义。唤起高度的生产热忱，发扬劳动互助精神，进行农业知识教育，提高生产技术，积肥，施肥，选种，奖励劳动英雄，努力参加生产劳动，增加生产量，向丰衣足食的前途迈进。

4. 使群众了解民主的基本精神在于“自由”“平等”“博爱”，拥护三三制的民主政权，反对国民党的一党专政的新专制主义、买办封建性的法西斯主义，反对国民党祸国殃民的特务政策，并肃清封建思想与正统观念，以树立和巩固新民主主义的思想基础。

5. 广泛宣传由于敌寇的毒手和天灾所造成的太行和泰山等地区的严重灾荒，激发群众的高度的民族友爱、同仇敌忾的心情，普遍发起群众性的生产节约和救济灾荒的运动。

6. 推广语文教育，提倡正当娱乐，开展各种群众性的文化组织与活动，以提高群众的文化水准、活跃群众的精神生活，并且通过各种文娱活动，以保证很好的〔地〕完成以上的各种任务。

四、今年冬学运动的具体要求

1. 一般的〔地〕要求大量发展，根据去年已有的全部成绩，继续巩固提高。

2. 每个行政村至少要建立冬学一处。十六岁到四十五岁的失学群众已经组织起来的，最少要有十分之七入学，但青年和民兵要全部入学；无组织的群众至少要有十分之四入学。

3. 区村干部文化水准低，不如冬学学生的〔地〕一律入冬学。如果因为工作和其他特殊情形不能参加冬学，经本区冬学委员会批准，酌量减少就学时间。

4. 学习期间四个月，一般从本年十一月初起，到来年二月底止。各战略区可根据当地的具体情形，提前或推后。星期例假除外，最少上课一百天，每天最少上课两点钟。

5. 学习成绩以县为单位计算。要学完教育处编辑的民众识字课本一册至两册、民众常识课本一册、民众政治课本一册。另外补充临时教材，在《大众日报》上披露。有的战略区，如果因特殊困难接不到教育处编审的教材，可以根据本方案所列六项任务和去年的识字课本，自行编辑应用。

6. 冬学季节完结，要进行测验。要求约有百分之八十以上的学生及格（五十分即算及格）。

7. 区级以上政权机关和相当区级以上的党军民和县范围以上的公营事业及后方勤务部门，如果在一村驻扎三天以上，每天应拿出一定的时间来，具体帮助驻村冬学工作，指定专人负责组织领导，反对无组织的不负责的现象。冬学季节后，分别逐级回报到最高一级，再转送教育处，以便总结。

8. 备战中所有疏散到地方上的干部，要争取拿出全部或大部时间帮助冬学工作，担任一定的具体任务。并按时向所属上级报告，合并到本部门帮助冬学成绩里面，转送教育处。各部门负责人要切实督促检查。

9. 把冬学和备战工作密切联系起来，通过冬学动员布置备战工作，安定群众情绪和恢复整理与加强备战工作。一般能做到不是战争区域不停课，战争已过就开学。像去年沂蒙区个别村庄，能在反“扫荡”中适应战争的需要，把冬学变成指导群众、帮助作战的机构，那是最好的模范。

鲁南及冀鲁边两地区，完成本方案一半的要求就算及格。本年新开辟的地区，完成三分之一就算及格。

五、在工作中应该注意的一些具体问题

1. 领导方面：

甲、组织领导方面，大体参照去年的方案办理（查三十一年十一月七号的《大众日报》）。

乙、各县利用小学教员秋假集训或讲习会一类的机会和方式，加强教员和冬运干部对社会教育的认识，唤起为群众教育服务的热忱，并研究本县冬学计划和解决有关冬学的一些具体问题。这是开展冬学运动的干部动员工作，不可忽视。

丙、各级冬委会要充实健全，反对有名无实的空架子。人数不在多，要起作用，不要挂名的空头委员。各部门要真正配合一致，反对各顾各的现象。

丁、动员要深入、具体、经常，特别是在工作转变或发生问题的时候，要抓紧机会进行动员，更容易深入、具体、有效。

戊、领导平时重在县级，战时在区级，所以县冬委会要估计到战时情况，吸收一部分在战时能起作用的干部。一旦有事，冬学组织就和作战区统一起来，工作就不至［于］完全陷入停顿。

己、工作的重心在村级，所以村级冬委会要特别健全。村级各团体要密切配合，共同负责，并且调查、约请本村的知识分子、文化人和热心公益的人士以及寄居的抗日工作干部，参加冬学工作。但本村要有主要负责人，无论平时战时都能负起责任，反对等待和依赖的现象。自然，被约请的人士和干部，也要认真负责，不要持“作〔做〕客”的态度。

庚、县以上的领导机关，除了制定与研究有关冬学的法令、指示、计划外，要抓住中心，深入实际，发现问题，创造经验，并利用可能的方式，及时的〔地〕传播介绍。如果条件允许，出版群众阅读的刊物和组织一定人数的辅导团，都有必要。

辛、适应客观的需要，冬学要作必要的转变，一般的〔地〕分成以下三个阶段：从开始到春节以前是第一阶段，重心是在建立基础、大量发展，主要的力量要放在这一阶段。春节前后是第二阶段，重心在于文娱活动的热烈开展，但须注意基点的建立与巩固，准备向第三阶段过渡。春节以后是第三阶段，重心在把冬学好好结束，转成民校识字班或其他文化组织。但由于第二阶段的极度紧张，可能形成这一阶段的沉寂与涣散，务要抓着基点，继续动员，保证转变的成功。这是冬学运动的一般规律。掌握这一规律，善于推动转变和及时解决转变中的问题，是领导上的关键。

壬、推动竞赛，奖励模范学员、干部或冬学。这两种办法用得适当，对于冬学的推进十分有利。

2. 配合方面：

甲、各地报纸杂志和出版机关，要注意报道冬学工作和介绍经验和供给材料，予以充分的便利。

乙、除工农青妇外，文协、教联、抗协是支持冬运的有力组织，希望他们的全部会员都涌进这一文化热潮中去。

丙、中小学和俱乐部要配合冬学工作，把学生的社会活动（如小先生教学等）和冬学联系起来。

丁、文协所属的各种文化组织（如戏音委会、实验剧团、文工队、新文字研究会等），要发挥它们独具的特长。

戊、各种经建事业要欢迎冬学学生参观和实习，既充实了冬学的教学，还扩大了自己的影响和社会基础。

3. 教学方面：

甲、编级除了男女分班以外，必要时还可以根据程度、年龄的不同来分班分组。

乙、用群众的话和群众喜闻乐见的事物来进行教学，切忌囫囵吞枣的〔地〕搬弄名词。

丙、教学要联系实际，“念白文”的空洞教法，群众是不感兴趣的。

丁、适应群众的生产劳动和武装斗争来改变教学方式，把教育和生产斗争统一起来。

戊、为了教学效率的提高，多用活教材，活用教材，活用时间，不要被固定的教材、时间限制住。

己、发扬群众的积极性和自动性，不但效率提高，而且还能创造出新的方法来。

庚、识字课、常识课、政治课和实际活动最好能统一起来，进行大单元的教学，收效最大。这是理论与实际高度结合的教学法。

辛、教学前要有充分的准备，以区或中心小学区为单位，进行定期的集体准备会议。

4. 教员方面：

甲、广泛的〔地〕发动或约请地方文化人、知识分子担任教员。

乙、进行生产教育的时候，要聘各行的技师或有丰富的生产经验的工农分子来担任教员或助教。教员和他们结合起来，教学效率会更大。

丙、“小先生制”和“导生制”都可以采用。

丁、要以上的教员能发挥他们的特长，则团结帮助与组织领导是最重要的。新教员一般的〔地〕应该进行集体训练或集体研究。这个工作要求现任小学教员和县以下的各级冬委会负主要责任。

附记：

甲、本方案未经列入各点，可以参照去年的规定。

乙、各级冬委会要切实研究这个方案，掌握这个方案的精神和实质，贯彻到自己的工作里去。

丙、各战略区最高机关见到本方案以后，即开始计划布置，不另行文。

山东省战时行政委员会教育处

九月二十五日

附战委会指示：

各主任公署、直辖专员公署收到这个方案以后，就即日计划布〔部〕署冬学工作，本会不另行文。

山东省战时行政委员会

九月二十五日

选自《山东革命历史档案资料选编》，第10辑，济南，山东人民出版社，1983年版，第362～368页。

30. 山东省战时行政委员会关于半年教育工作的指示

1943年9月30日

根据一届二次参议会大会通过之“八一”施政纲领、省政委会施政方案以及过去三年的教育工作总结，适应客观需要，再根据主观力量，对今后教育提出四个工作中心：

（一）普遍深入开展冬学运动，以提高群众的政治文化水平，使其为根据地的坚持与建设而努力。

（二）扩充并健全中学，多量培植青年人才，为根据地储备干部。

（三）普遍加强训练小学教师，提高其质量，以便推进小学教育的发展与建设。

（四）编审教材读物，修正课本，并发展印刷事业，以保证供求之相应。

为了完成这四个工作中心，特制订半年的工作计划，分六项如下：

甲、教育行政

一、健全各级教育行政机构，慎选教育行政干部。县级以上教育科、处一律添设督学或视导员，区级恢复文教助理员（得由中心小学校长兼），加强各级教育行政领导，实行深入检查帮助。

二、各战略地区，在公署或专署添设对敌文化教育斗争委员会，加强对敌文化教育斗争的力量，打入敌伪势力范围，抵制敌伪教育文化力量之蔓延。

三、半年内，胶东、鲁中、滨海、清河、鲁南各战略区须召开全区教育行政会议一次（冀鲁边斟酌召开），内容包括：1. 本年冬学工作问题；2. 训练教育〔员〕问题；3. 课本教材之编印供给问题；4. 加强教育行政领导问题。

开会时，各县级教育科长、中等学校校长以及专署教育科长，均须参加。各战略区教育会议闭幕后，再由各县召开各县全县教育会议。

四、半年内，各战略区全区的教育，须由行政公署或专署普遍视导一次，各县教育由县府普遍视导一次。在视导时，随时推动各地召开必要的教育会议，并加以指导与帮助。视导以冬学教师集训、在职教员及教育干部的学习、行政领导等为中心。

五、省教育处建立教材读物审定委员会。

六、各地要重视调查研究工作，在半年内要：1. 作各地学龄儿童就学及失学儿童之统计数目及相互比例；2. 要对教育行政干部及小学教师作一般的调查统计。

七、在半年内，各级教育处、科及文教科，要会同同级财政处、科切实整理各地教育款产，以扩充教育经费。

乙、中等教育

一、各地中等学校，除胶东少数私立者外，其余各校所需经费，全由省款项下支付，事实上皆为省立。各地之中等学校，其校名凡未冠以“山东省立”四字者，今后须一律冠以山东省立四字（如胶东公学改为山东省立胶东公学，滨海中学改为山东省立滨海中学等）。

二、鲁中的山东公学，滨海的滨海中学，在去年精简时，为了适应当时的客观形势，曾暂时停办中学班，今后应一律恢复，重新配备干部、教育［员］，招收新生，所添班次，按实际需要而定。

三、过去中学课程因尚无统一之课程标准，内容上政治课数量过重，致有文化课被轻视的现象。今后各中学的政治课所占全课程的数量，其比例数不得多于百分之二十。教材的编印及供应上，以往多临时应付，今后应当长远计划（胶东公学历史较久，成绩较好，其经验教训可与各地中学交流）。

四、中学招收新生，过去每无一定标准，所收学生程度极为不齐。今后应要求严格，学生贵精不贵多。

五、中学的组织领导上、学生管理上、教学方法的运用上，每多机械的〔地〕抄袭抗大，过于偏重军事化，缺少民主作风，应加以纠正。

六、中等学校的教员待遇应予提高，最低不得少于高级小学的正教员。

七、因根据地缺乏中等学校教员，聘请教师难以要求严格。为提高其质量，应提倡研究风气，加强其平时的学习，校长及各主任应以身作则。

丙、师资训练

一、半年内，各战略区的全部小学教师普遍集训一次，训练期间利用假期。

二、训练时以县为单位集合训练，由县府主持，同级党、军、群众团体，尤其是文协、教联会，要有密切配合，行政公署或专署级的教育处、科与同级的文协、各救须派人指导。

三、训练时要采用报告、座谈讨论等各种方式，灵活运用。训练内容为民主教育、创办冬学政策教育、生产教育为中心。参考材料有今年的冬学方案、评“中国之命运”、“八一”施政纲领、政委会的施政方案等。

四、除上述临时集训外，在各战略区的中等学校内设半年或一年的师资训练班，按期有计划的〔地〕轮训各地教员。

五、各战略区的师范学校或中学内附设之师范班，尽可能要求正规、长年限，培植程度较高之小学教师。

丁、冬学运动及社会教育

一、建立省级冬学运动委员会，制定冬学方案公布全省。

二、公署、专署、县各级政府依据冬学方案的原则，再根据各地具体情形，制定各地冬学计划方案，切实推动冬学运动。

三、各级党政军民，各组织系统，分别负责传达，并保证在工作中积极配合。

四、根据地基本地区内所负责组织的群众，如民兵、妇女、青年、村级干部，一律入冬学，其他如各救，要求百分之七十入学。无组织的群众百分之四十入学，每一行政村至少建冬学一处。

五、冬学所需经费，如教育所需津贴、教员学生所需的书籍，完全由政府供给；办公费由村中自筹，再由政［府］补助一部分。其成绩优良者，由政府增加补助。

六、冬学教员的来源，要动员小学教员、军政民的宣传干部、乡村的知识分子以及小学里的优等生充任之。

七、冬学于十月底一律布置妥当，十一月初一律开学，至明年二月底，最少不得少于一百天。

八、在春节前后，各地冬委会抓紧时机大量成立农村俱乐部。

九、为了普遍深入开展群众性的文化运动，各级政府对于各地区之文协工作应予以积极之推动与指导。

戊、小学教育

一、各级政府在行政上加强对小学教师之冬运工作的领导，在小学教师集训时，要加重冬学工作的训练科目。

二、小学的社会活动在半年内特别注意于配合冬学工作。凡程度较好、年龄较大之学生，应一律充任小先生去教冬学。

三、小学教育因兼办冬学时间过忙时，对唱游课可尽量利用导生，以节省时间。

四、各地加强实验小学的实验，加强模范小学的及中心小学的示范作用，提倡小学彼此间的观摩与竞赛。

五、各小学要利用秋后、农闲容易动员学生入学的时期尽力扩充学生。在半年内，所增加的新生，其数量最少不得少于当地全学龄儿童数目的百分之五。

六、各地小学应一律采用省政委会所编之小学课本。其用自编之课本者，应一律送教育处审定。

己、课本读物的编印与审核

一、教育处限定明年一月将全部小学课本一律编齐。

二、已出课本，其因时间变化已不适用者，于最近期间改订完毕，通令各地小学依照修正。

三、为了继续详细修正已出课本，编审科即发出调查表到各地小学，征求对课本的意见。

四、为了奖励课本及通俗读物的编辑，政委会成立通俗读物及文化事业奖金委员会，在半年内举办征文奖金一次。

五、各级政府为了大量印刷小学课本及群众读物，应与各地宣传机关共同商讨调整印刷，并提倡私营或公私合营之印刷事业，以资发展印刷事业，俾便保证小学课本的大量供应。在半年内，务使小学学生一律有课本用。

六、省政委会教育处恢复《教师之友》一刊物。

七、编审科着手编辑一套完整的民众课本。

主任委员　黎　玉

教育处处长　田佩之

选自《山东革命历史档案资料选编》，第10辑，济南，山东人民出版社，1983年版，第393～397页。

31. 山东省学校学生抗日救国联合会组织章程草案

1944年7月7日

第一条　本会定名为“××学校学生抗日救国联合会”（简称“学救会”），为战时学生进行课外学习的组织。

第二条　本会以团结全校同学，进行各种课外活动，加强学习新民主主义思想，加强体育娱乐活动，并积极参加一切抗日斗争及抗日民主根据地内之生产、文化等各种建设，争取抗战最后胜利为宗旨。

第三条　本会组织原则为民主集中制。

甲、本会之领导机构，采取最民主的不记名投票制，由全体会员以竞选的方式直接选举而产生之。

乙、领导机关定期向会员报告工作。

丙、少数服从多数，个人服从团体，下级服从上级。

第四条　学校同学，凡承认本会章程，服从本会领导，遵守本会纪律，执行本会决议，经常缴纳会费，经自动报名登记后，均可为本会会员。

第五条　本会最高权力机关，为全体会员大会，除可决定重要事项外，并选举出九人至十一人，组织执行委员会，为全体会员大会闭幕后之最后〔高〕权力与执行机关，主理本会之日常工作。

第六条　本会设置下列各委员：

甲、正主席——掌握全盘领导，运用组织力量推动工作，经常督促检查各种工作，并负责外交事宜。

乙、副主席——除协助正主席之工作外（主要系会内之组织工作事宜），主要力量帮助民运委员进行群众工作，若正主席缺职时，代理其职责。

丙、生产委员——组织领导同学们的各种生产节约。

丁、民运委员——负责组织领导同学们参加抗日民主根据地之生产、文化等建设，进行驻地群众工作。

戊、宣教委员——组织同学们的各种课外学习活动，统一领导对外宣传事宜。

己、体育娱乐委员——主持各种体育运动及文娱活动。

庚、儿童委员——以学校儿童团代表之资格，参加学救会之领导。

辛、卫生委员——主持校内外之卫生运动，指导公私卫生清洁。

壬、军事委员——即学生军事编制之大队长，管理同学们日常的军事生活（警戒、岗哨等）。

癸、除酌情设置候补委员备补正式委员之缺职外，抗委会下可成立专门工作的委员会，其工作由相同性质之执行委员经常指导（如合作社委员会经常用生产委员指导），或各执行委员下酌情设置干部一人至三人，以便更强［有］力的〔地〕执行日常工作。

第七条　本会各种会议之会期：

甲、全体会员大会，每学期召开一次，改选执行委员会。普通会员大会一月一次，由学救会主席总结报告工作，开展讨论、批评。

乙、执委会每周一次，检讨布置工作，其他委员会按工作须要由执委会决定之。

丙、须要时得召集临时会议。

第八条　本会会员之编制，取消单纯的划分小组制，而以会员的爱好旨趣为基础，自愿的〔地〕组织各种学习研究、社会服务等课外活动的组织，依其性质之不同，归各委员分工领导之。

第九条　为适应敌后战争环境，加强同学们之军事知识之学习，军事生活习惯之养成，全体同学编成学生自卫军（或名字叫作青年自卫团），其组织依山东省武委会颁布之自卫团条例中之青年自卫团条款组织之，参加当地武委会，在军事指挥方面接受其领导。

第十条　本会依〔在〕会员自觉遵守的基础上，订定以下之纪律：

甲、不得有违犯抗战及群众利益之言论行动。

乙、不违反校规及课堂规则。

丙、不得有违反本会决议及领导的行为。

丁、不得违反抗日民主政府法令。

戊、如有违反以上诸项者，由执委会按情节轻重讨论，给以批评、警告、开除等处分，重要者经会员大会通过或提交校部处理。

第十一条　本会会员之权利与义务：

甲、有选举、被选举、监察、罢免等权。

乙、对学救会领导及各种工作有批评与建议之权。

丙、有享受本会所举办的各种公益事业之优先权。

丁、积极响应本会各种号召，执行各种决议，遵守本会纪律之义务。

戊、经常关心本会工作，爱拥本会，交纳会费。

己、积极帮助本会解决各种困难。

第十二条　本会之经费：

甲、生产节约。

乙、临时募捐。

丙、征收公费。

丁、会费之收支情形，须向会员大会报告，并接受其监察。

第十三条　本会与各方之关系：

甲、本会是新民主主义教育下的学救会，故是学校各种行政任务及教育计划完成中的有力助手，与资产阶级统治的学校内之学生会对学校的关系不相同，同时学救会主席可代表同学出席校部各种会议，对学校有批评与建议之权。

乙、本会参加当地之青联，为团体会员，并接受其领导。

丙、校内儿童团，可同时为本会之团体会员，但尊重其独立性。

第十四条　本章程适用我占区高小以上之学校，但各地可按具体情况及工作方便，商同当地青联酌加修改增删（只限组织方面），但须报告省青联。

第十五条　本草案由省青联提出，征求各地意见，由第三届全省青年代表大会最后批准，批准的本草案之解释权则属省青联。本章程自公布之日施行。

一九四四年七月七日

选自《山东革命历史档案资料选编》，第12辑，济南，山东人民出版社，1983年版，第248～251页。

32. 山东省战时行政委员会关于成立抗战建国学院的决定

1945年1月5日

一、决定成立山东省抗战建国学院，原山东省建国学校停办。此学院为山东政权中最高的干部学校，直接受本会领导，以训练在职高级干部及培植生产中专门人才为目的。

二、以普遍的〔地〕提高革命的观点、打通民主思想为训练方针，因而整风和政治时事教育是基本的业务教育，以能掌握政策、适合于反攻急切需要为主。专门人员的训练除政治教育外，应提高生产的智能和创造，以便进行经济建设，推动大规模生产运动。

三、课程比重，每期六个月，行政干部整风、政策、实习各占三分之一，专门人员整风和时事教育、业务研究、实验各占三分之一。整风可着重群众观念、群众路线的个人反省，以增强其革命的人生观。政治教育以中国革命中的基本知识和行政会议的报告、总结的研究为内容。专门技术按不同技能（如合作、农林、纺织、化学、工业等等）确定。教学方法基本运用组织领导与小组研究相结合的方法。在政策和业务教育上，应与本会各处相结合，共同负责进行。

四、决定院长由黎主任委员兼任，副院长由李澄之同志担任。校部酌设教育、行政、训导三部门。学员分行政队、专门技能队。组织编制上力求精简与军事化。

五、生活管理制度：建国学院的供给、生产独立，经费由财政处批核，粮秣由驻地政府粮食局批核。生产基金决定五万元。粮食按一般规定，教员吃细粮，菜金以每日每人一斤菜、一两油、五钱盐，每人每月二斤肉为准，实报实销。生产有成绩，可进一步斟酌改善，并可根据实际需要，购置书报仪器。兼课教员要优待，制度另定。

六、建国学院第一期决定三月一日开学。决定全省各县每县调科长或秘书、县长一人，各专署、行署调科员或主要科长一人，县科员、区长或因病不能学习者不收。各行署并应尽量保送生产中各种专门技术人员（如纺织、合作、农林、化学、工业等）来校学习，尤其要求胶东区更多保送。可以到敌区动员，但均须负责考核，并附详细介绍书。

七、各学员均须于三月一日以前到校，不得过晚。各学员均须携带工作上的实际材料（如工作总结及调查等）作为汇报及教学中的参考，并须携带供给证、机关鉴定表或其他了解学员政治思想的材料。每十名学员带炊事员一名，十名以内以一名计，并有三分之一学员带自卫枪枝〔支〕。

主任委员　黎　玉

选自《山东革命历史档案资料选编》，第14辑，济南，山东人民出版社，1984年版，第18～19页。

33. 山东省政府关于整理与发展小学的指示

1946年2月14日

几年来由于减租与生产运动的开展，广大群众都翻了身，生活也改善了，儿童的学习要求更加提高了，学习时间也更增多了，同时和平建设阶段也已经开始，我们的教育建设也应作长期打算。因此，在继续贯彻成人教育重于儿童教育的方针下，有计划的〔地〕整理与发展建设比较正规的小学，今后必须被重视起来。

老地区由于在过去一年的教育改革的偏向中，小学大部被取消了，今后应在冬学儿童班的基础上，经过启发与引导，根据群众的需要与自愿，逐步发展建立起半日以至全日班的比较正规的新型小学来。在老解放区原有的小学和在新解放区已经建立起来的小学，应通过群众路线，逐渐加以改造成为能为群众服务并为群众所欢迎的新型小学。新解放区尚未建立小学的村庄，亦应在群众运动的基础上把小学普遍建立起来。

在发展与整理小学的工作中，应防止以下几种偏向：

一、不进行号召酝酿，不经过群众的商讨与自愿，就实行强迫命令，一下子都普遍的〔地〕恢复起来，或者过分强调自愿，就不进行启发引导，也不号召提倡，而放任自流。

二、机械了解成人重于儿童的方针，或强调在发动群众的基础上建立小学，在群众尚未普遍发动的地方就束手束脚不敢发展小学，或者要发展小学就不顾群众条件离开实际，只办旧型小学，不考虑广泛的群众教育而忘掉成人重于儿童的方针。

三、保守早学、午学等识字班的形式，看不见群众的需要而不愿建立较正规的小学，或者说建立正规小学，就迷恋于旧型正规化，而放弃取消了早学、午学识字班识字组等形式。

为了不再重复错误，在执行上述指示时，首先应在各级干部中展开讨论研究，打通思想；其次应从实际出发，根据各地具体情况规定具体方针，提出具体要求，第三，要照顾各方面条件，拟出具体方案，确定步骤，分期推进；第四，教材、师资等各种准备工作应充分作〔做〕好。这就要在各级行政委员会上慎重讨论，并约同群众团体共同商讨具体计划，传达布置，注意掌握，及时检查，总结介绍经验，纠正偏向。任何主观急躁、粗枝大叶、放任自流，不会把工作做好的。具体办法的意见另有附件可供参考。

主席　黎　玉

选自《山东革命历史档案资料选编》，第16辑，济南，山东人民出版社，1984年版，第200～201页。

34. 山东省教育厅对于小学的几点意见

1946年2月14日

关于整理发展小学问题，省府已有指示，兹对整理发展小学中的一些具体问题提出下列意见，供各地参考。

（一）关于小学之设立。

小学的设立，一般以自然村为单位，一村设一处小学，如村庄小学生少，群众自愿二村以上合办者亦可合办，原来合办的现在学生多了，群众自愿分设者亦可分设。将来发展，要求达到在平原地区一般村庄都有小学，山区较大村庄都有小学，中心小学区划一般与联防区或乡一致，高小则各县根据自身情况规定。在胶东一般可要求每区有一所高小，其他地区则就条件较好之区先行举办，但至少每县必须先办一处至三处。

根据当前的实际情况，各地都感教师缺乏，而且质量太弱。发展小学的计划必须与培养训练小学教师的计划相一致，上半年要求整理已有小学，创造经验，并一面发展一面准备。所谓准备，除创造经验外，应着重于师资的准备。老解放区应从培养群众教师分担成人教育工作，使原有小学教师能大部以办小学为主，以解决教师问题。新解放区应着重团结训练旧有小学教师去发展小学，但应注意其中骨干之配备与培养，以贯彻新教育方针，改造旧型小学为新型小学。此外并应注意在各级干部学校、中学、公学中，扩大与加强师范部或师范班，继续培养师资，提高标准。下半年要普遍的〔地〕发展，力求达到上述要求。尤其在冬季农闲期间，要把能办起来的小学一律办起来。上半年要作〔做〕好一切准备。

（二）小学学制。

修学年限，暂时可依照初小四年（低级二年、中级二年）、高小二年的原则，再根据社会需要和群众的要求斟酌规定。

入学年龄，初小暂定为八岁到十二岁，高小暂定为十二岁到二十岁，较大的青年男女愿意半日或全日学习，可成立较正规的青年民校，人数过少者，亦可成立青年组附在小学同班上课，勿因年龄限制而拒之于学门之外。

在乡村高、初级小学采用每年三学期制度，放麦、秋、春节（旧历年）假。假期的早晚长短，均可根据各地情况，和群众商讨规定，不必强求一致。在城市高、初级小学按二学期制，放寒暑假，根据群众需要亦可斟酌放农忙假。教材之编辑大体采春季始业，但实行上不必拘泥，班级制亦不必要求过严，其国语程度可在四年级，算术程度只在二三年级者，以可调济〔剂〕。

较正规的小学，一般应为全日制，每日上课时间，初级三小时，高级四小时。正课尽量集体上，不要分散拖延时间。但在农忙时，可根据群众需要缩短教学时间为半日制，甚至早学、午学复活伸缩，不能机械。

（三）不论城市或乡村，凡较正规的学校，均应有宽大清洁之教室、适用的桌凳、教育用具与简单之设备。在今后和平环境中，这些都是必须〔需〕的与可能的，已有的应加以整理修补，没有的要根据经济状况逐步建设。高小的建设费由县政府统一编造预算，在教育费中开支。初级小学应以民办公助为原则。

（四）课程应力求其精简、集中与实用。主课初小一二年级只设国语、算术二门，甚至亦可只教国语，至适当期间增加算术；三四年级设国语、常识、算术三门，唱游可在课间灵活进行，劳作要与家庭劳动结合进行。高级除设国语、算术、公民、史地、自然五门主要课程外，课外时间应加重劳动生产、社会服务。三年级以上，在算术中增设珠算，课程内容应以山东解放区的民主建设为中心，强调生产，使学生毕业后便于参加各种工作，或在群众中成为山东民主建设的骨干。

本厅已着手编辑各主科教材，各地除准备翻印外，亦可酌编临时教材。

（五）小学应加强生活指导，实行民主管理，发扬学生自治精神，严格废除打骂制度，在一切课外活动中由学生会或儿童团来领导。教师的指导，贯穿思想教育。初级可以组织儿童团，高级成立学生会，一切活动，都也要通过学生组织来进行，划分小组，建立定期的小组生活检讨会。

（六）小学除负责入学学生之较正规教育外，对不能入学之儿童，亦应负责组织儿童识字班、识字小组，以推广儿童教育，推动协助青年和成人的学习。并须结合当地中心工作，开展社会宣传活动，组织小学学生之社会服务。在高级小学内，且应根据实际需要，举行各种训练班、讲习会等，学习工作知识，进行实习，或请区村干部劳动英雄上课，以期学用一致。

（七）所谓新型小学，究竟是个什么样子，怎么办法？我们还没有现成的模型和样本，起码还没有完整的典型。但不可否认，即在教育改革以前，虽然整个方针错了，在我们几年的努力中还是有过不少创造的，那些创造有许多都还是符合于今天的方向的。教育改革以后，我们的成就更多了，只是还没有系统的〔地〕加以整理。新型小学，就是要从整理与吸收已有经验中创造出来，但新型小学的基本标志在于：1. 为群众办小学，不是为上级为任务办小学。2. 教育的目的不是为了升学，而是为了实用，训练出来的学生不要成为卑〔鄙〕视劳动的废物，而要成为善于生产劳动的好公民。3. 要根据群众需要和自愿，不能实行强迫与命令。4. 采取民办公助。5. 学的东西要是群众需要的东西，要学以致用，不要学非所用，要结合实际。6. 要实行民主的管理方法。7. 要加强社会活动。8. 要加强劳动生产。

（八）教员问题。小学教员目前极感缺乏，必须有计划的〔地〕大量发展。教员来源：第一，从现任干部中抽调，高小校长及部分教员必须抽调。第二，大量开办中小学教员短期训练班，毕业后再分配工作。第三，办学时，先从地方上动员吸收，把学办起来以后再慢慢轮流抽调训练，予以改造。第四，各级中学都要办二年制、三年制的师范班、师范部或专门师范，有计划培养小学教员的工作。主要是办小学，有余力时也要兼办成人教育或辅导村学群众教师。中心小学校长除办好自己小学作为榜样外，还要负责辅导其他小学及中心村学教员。现有教员调整及今后教员分配应用二种：一种是小学教员以教小学为主，另一种是中心村学教员主要以辅导不脱离生产的群众的教师为主。比较实际能和群众打成一片的教员可分配作中心村学教员，文化水平高，适合教儿童的可分配作小学教员。现任的公家委派的普通村学教师应逐渐过渡到小学教师，但在村学群众教师一时未能培养代替以前不宜抽调过急。现今县区即可按情况进行甄别，着手研究分配问题。

教员待遇必须提高，否则即不能团结教员，尤其城市以当教员为职业的更要适当提高（省府另有决定）。

目前教员水平极不一致，应普遍进行审查鉴定。教员之进修与改造，应予以注意，除假期集训外，对文化水平低的老教员应有计划的〔地〕抽调到师范里较长期提高，政治上差的教员应抽调轮训改造其思想。小学教员的经常学习，可以组织教育研究会或教育学会，进行组织领导。

在今后教员极感缺乏情况下，一般不应再抽调教员作〔做〕其他工作，尤不应抽调教员中之骨干，并且也不宜调动频繁，而应保持工作的相当稳定性。

（九）高小及中心小学以公办为主，一般初小以民办公助为原则，但须切实掌握民办公助的精神，在群众自愿的原则下求其实现，不得官令民办。暂时不能马上民办者，可暂行公办，但在教育进行上亦应随时征询群众意见，走群众路线把学校办好。其实行民办者，政府应切实帮助，具体解决其困难问题，指导提高其教育效率。在发展民办的初期，政府在经费方面，应尽量补助调济〔剂〕，免得群众认为是增加负担不愿实行民办。至于过去学田、教育款产及庙产，在老解放区已统一由县管理者，在实行民办时应如何处理使用？在新解放区如何清理学田及教育款产，提倡庙产兴学及如何将没收汉奸土地酌拨一部为学田？各地应仔细研究，定出办法，报告本府核准施行。

无论民办公办，对私人捐资兴学者，均应予以鼓励与表扬。私立高小初小亦可允许设立，但必须完全接受领导，执行新民主主义的教育方针及政府法令。

（十）高小带有干部教育性质，对象上应不限于儿童，应适当扩大，吸收成人青年村级干部，以提高文化为主，同时应注意与实际工作结合。高小成人班的编制、学制、课程进度等都不能和儿童完全一样，也不能要求正规学制，虽定为二年，但可随来随教，随要随出。

以上几点是我们初步的意见，是否合适，尚须〔需〕在实际工作中加以研究，并盼将经验意见随时报告我们。

选自《山东革命历史档案资料选编》，第16辑，济南，山东人民出版社，1984年版，第201～206页。

35. 民国三十五年上半年山东省教育工作纲要

1946年2月15日

一、根据目前形势和总的任务，山东省当前教育工作总的任务和要求是：

1. 加强干部和群众的时事教育，促进政治协商会议决议的全面执行，进行民主教育，为保卫和平与民主建设准备思想基础；贯彻发动群众与发展生产的教育，完成目前阶段的中心工作，并团结知识分子青年学生，开展文化统一战线。

2. 总结抗日阶段中主要是教育改革以来的山东教育工作，整理各方面的经验，研究和平建设时期山东教育所应采取的方针设施与制度方法及推行的步骤。

二、干部教育

（甲）干部教育

1.“干部教育重于群众教育”的方针，在今后和平建设中要更加提高，且必须以最大决心执行之。“在职干部的提高重于未来干部的培养”的方针，今后仍然适用，应继续求其贯彻。一方面对原有的各级干部学校，要加以调整，充实干部，加强行政的及业务的领导，在中心工作允许的条件下，逐渐抽调在职干部到学校学习。另一方面在还没有干部学校的地区考虑筹办干部学校，使各级干部学校在上半年粗具规模。

2. 由于目前一方面需要集中力量，在新解放区放手发动群众，抽调大批干部到学校学习还有困难，另一方面新解放区的大批青年学生知识分子，需要团结争取，给建设培养人材〔才〕，给他们找出路。所以在上半年干部教育工作的中心，还是整理与发展普通中学，吸收与团结知识分子青年学生。将敌伪统治时期原有的中学师范与职业学校，尚未恢复的，一律恢复起来，将现在的大中学生全部收容团结起来，然后将中学逐步改造。在改造中学上，上半年要取得初步经验。

3. 为了配合群众教育的开展，解决师资问题，普通中学教育的重点，应放在师范教育上面，同时考虑发展职业教育。

（乙）普通中学师范

1. 胶东应以整理改造现有中学为主，充实干部，加强领导，加强学生工作，加强政治教育，改造学生思想，动员一部分现有学生参加工作，并继续吸收新生。烟台师范应大量扩充，胶东公学应设较大的师范部，其他各中学亦应着重师范班。烟台职业学校应好好办理，注意和实际结合。

2. 渤海滨海应在现在基础上扩大发展，各中学均大量吸收学生，并添设较大之师范部。

3. 鲁中鲁南应努力发展。曲阜、青州两个师范应即着手恢复，配备足够干部好好掌握。滕县、泰安、淄川、博山中学应立即迅速筹备开办，济南市立中学亦可考虑设立，沂山、泰南中学的普通班亦应努力办起来，枣庄、淄博亦应考虑设立矿务专科学校。

4. 普通中学第一步是发展办起来，先把教员学生团结住，加强政治教育及学生工作，掌握住学生，初步改造其思想；第二步是整理改造，用在中学开办各种训练班或另行开办各种训练班，在各中学招生的方式，动员一部分学生参加及开办师范学校，或在中学里设师范部的方式，将大部分学生转入师范班。上半年要求滨海、鲁中、渤海、鲁南各中学完成第一步工作，胶东可进行第二步工作。

5. 学生多的地方，为了便于吸收，亦可先设立县中或在县学中设立中学班或师范班。

（丙）干部学校

1. 各专署现有培养干部的中学应一律健全充实起来。大量吸收新解放区青年，办理二年制师范、一年制短期师范及两三个月的师资训练班。在老解放区，应有计划的〔地〕抽调文化水平太低的现任教员进一年制短期师范，提高其水平；其次是尽可能抽调区村干部提高其文化。鲁中、鲁南（最少两处）应以最大决心来在各区建立这样的中学。

2. 胶东建校，滨海建院，鲁中、渤海公学，鲁南中学，要整理充实，加强领导，总结经验。除训练在职干部外，应一律开办教育队，培养高小教员及初级教育行政人员。

3. 县学全省上半年要求至少建立五十处（胶东十五处，渤海十处，鲁中十至十二处，滨海八处，鲁南五处），上半年首先把群众教师训练班办起来，其次与中心工作结合来训练村干。

4. 上半年要求在职干部的学生名额占各部学生的四分之一。

（丁）为使干部教育从下半年开始能够全盘掌握与有计划的〔地〕设置，要求上半年能系统的〔地〕总结过去几年来的干部教育工作，并有计划的〔地〕调查在职干部配备状况，现任干部的文化政治水平、思想情况、学习要求。

三、群众教育

（甲）方针和要求

1. 在继续贯彻成人教育为主的方针下，普遍发展与整理小学教育，有计划的〔地〕推行民办公助。

2. 把群众教育工作的重点放在新解放区。

3. 老地区以生产教育为主，充实村学，建立整理小学，推行民办。新地区广泛的〔地〕发展与改造小学教育，结合发动群众进行减租教育，提高成人教育。

（乙）成人教育

1. 总结冬学，总结教育改革后成人教育经验，有重点的〔地〕进行调查研究。每个县要求深入系统的〔地〕总结好、坏、平常的村学各三个到五个。

2. 结合老地区之生产查减、新地区之发动群众运动，进行减租、生产、拥军等思想、政策、技术教育、文化教育。

3. 青年以外的成人教育，应在冬学基础上使其坚持。各地在二月底应一面总结冬学，一面抓紧时机研究布置冬学转变为经常性教育形式。这其中掌握住下述几个环节：

①从总结冬学总结模范运动中，打通群众思想，提高群众的自觉性。老地区要求典型

普遍化，新地区要求培养出典型来。

②运用积极分子和冬学中涌现的模范人物，以他们为核心，首先他们坚持自学，并团结别人继续学习。

③选择适合群众的形式，与生产结合，但不一定机械的〔地〕只采用变工小组即为学习小组的形式，可以多样性。

4. 青年男女学习组织尽量坚持，再一次进行文化翻身教育，有条件地方可建立青年民校，适当的〔地〕提高文化教育。在老地区并可订出在青年中消灭文盲［的］计划，确定具体步骤与要求。

（丙）小学教育

1. 有系统的〔地〕总结典型小学，每个县进行调查（提纲自订）五个典型小学，并将所得材料整理寄省教育厅。

2. 关于整理发展小学问题，省府已有专门指示，须按该项指示具体讨论执行。

3. 各地须具体讨论如何实行民办方针，创造民办学校之典型。

4. 各级教育部门须掌握住一处小学，在名义上不一定叫实小、模小，而实际上须能起此作用。

5. 整理抗属小学，充实干部，加强其领导，改善其管理，提高其生活待遇，建设较好的校舍，增加物质设备。

（丁）城镇教育

1. 关于城镇教育工作还很薄弱，各地应迅速掌握一两处城市，取得经验，及时介绍传播。

2. 应结合城市群众运动，发展成立各种学习组织，如补习班、读书会、工人学校、商民学校、识字班、民校等，动员大量成人入学。

3. 整理改进城市小学，同时发展街头小学、半日小学、儿童识字班等，使广大失学儿童有求学机会。

4. 运用民教馆开展一般社会宣传教育工作。开办民间艺人训练班，有计划的〔地〕改造民间艺术。

（戊）文娱工作

1. 总结春节文娱活动。

2. 每个行署、专署都要建立一个民众艺术工作团或组，组织与指导社会教育工作。各县有计划的〔地〕搞一个或几个农村剧团，起中心推动作用，作为一般农村剧团榜样。

3. 有重点进行集市宣传活动，建立文化棚，尤其要抓紧春季庙会，展开时事卫生及反迷信的宣传。但在农忙期间，规模不宜过大，用人不宜过多，偏重于农村中文化需要事项之设备，如问事代笔等。

（己）教师

1. 发展教师数量，鲁中、鲁南、滨海一般要求发展一倍，胶东、渤海自定。

2. 组织教员在业学习，建立教员学习组织。

3. 有计划调动教员训练，着重新任教员。

4. 开办群众教师训练班，培养群众教师。

四、教材编辑

1. 上半年由教育厅编出一套小学教材，并于编完后，对如何使用，作实际之指导。

2. 中学教材，在上半年先由各地中等学校自行编辑，送教育厅审查。各地区应组织中学教员做〔作〕教材之实地研究。

3. 各行政公署应根据当地工作需要及形势发展，编辑各种时事政治及工作的补充教材，供群众教育之用。

4. 组织收集并奖励通俗读物、文娱材料及补充教材之创作，由省教育厅于上半年作一次总的审查评奖。

五、教育刊物

1. 教育厅《山东教育》按期出版，仍以群众教育、小学教师进修为主，此外并编印《山东教育丛刊》，整理介绍教育改革来的成绩及经验。

2. 教育厅《教育工作通讯》仍继续印发，随时介绍较系统之工作经验，并提出问题、讨论问题，以新解放区中、小学教育之掌握为主。

3. 胶东、渤海行政公署各出版一较《山东教育》更加具体实际的教师读物，介绍群众教育经验，指导教师研究实际问题。鲁南、鲁中、滨海三行政公署，即利用《山东教育》月刊，组织教师学习。

4. 利用报纸及其他刊物，发表教育工作的文章。

六、行政领导

1. 充实各级教育行政机构，研究其分工制度，打通上下级联系。

2. 改进领导作风，研究各级领导的重点与职责，建立调查统计、计划检查总结、掌握典型、介绍经验及定期汇报的制度，并研究具体办法，力求切实与便利，以提高行政效率。

3. 各地二月至三月总结冬学，布置小学及中学之发展。在总结冬学时布置文教大会准备工作。

4. 各行政区于四月至五月举行文教会议。

5. 全省文教会议定于六月初举行。

选自《山东革命历史档案资料选编》，第 16 辑，济南，山东人民出版社，1984 年版，第 208～214 页。

36. 山东省政府关于发展中等教育的指示

1946 年 2 月 21 日

日寇投降以后，本府教字第一号“关于发展新解放区教育工作的指示”中，曾号召各地开办中学，五个月来，已获得相当成绩，计已新开办中学二十三处（胶东十四处、渤海六处、鲁中一处、鲁南一处正筹备、山大附中一处），师范二处（胶东一处、鲁南一处正筹备），职业学校一处（胶东），胶东、滨海干部学校为了适应客观需要也添设了中学班，共吸收学生一万多人，这是很好的。但有的地区恢复了大量学校，吸收了大批学生，因为没有配备足够的干部，在掌握与改造上还很少显著成绩。有的地区学校虽已办起来了，因为还有些关门拘束，吸收学生还不够多。有的地区根本对开办中学的工作至今尚未重视，连学校都还没办起来。现在和平建设阶段已经确定的〔地〕开始了，大批的各种建设人才需要培养，广大新解放区的青年学生需要团结与教育，大批失学青年需要给他们找一个出路，为此，整理与扩大现有中学，继续开办新的中学、师范与职业学校，广泛吸收青年学生入学，就成为目前干部教育的紧迫任务了。我们要求不管战前或敌伪统治时期的较重要的、历史较长的中学、师范与职业学校，都能重新开办起来，所有青年学生都能争取团结到我们学校里学习。

已经普遍建立起来的而学生人数也很多的学校（如胶东），目前主要的是：（一）加强时事政治教育，加强学生工作，启发引导学生的思想，使能团结在新民主主义的旗帜之下，学生工作作〔做〕好，才能够进一步团结改造教职员共同来改造学校。学生工作的方针，就是把学生组织起来，经过民主教育之后成立学生会，与青联结合，通过学生会领导他们过充分的但又是正当的民主生活，活跃学生的各种课外活动，推动学生参加社会活动，参加劳动生产。在各种活动中提高他们的认识，改变他们的思想，再进行学习观点的教育，使他们觉悟并接受新的教育方针，积极参加学校的改造工作。（二）在现有学生中可用开办短期训练班的方式，有计划的〔地〕过渡一部分参加各种工作，以应当前需要。但这必须在进行了学习观点的教育以后，充分照顾到学生的自愿，不能实行强迫改编的办法，影响学校的巩固。（三）继续招收新生，逐渐改进课程内容，向新型中学发展。

学校虽已开办起来，而学生还不多的地区（如渤海、滨海），目前重要的方针是放手大量招收学生。和平已经实现了，客观条件更好了，但还必须照顾学生思想中某些旧的观点，适当的〔地〕注意到形式，课程不要太简单化，政治教育不一定完全用上政治课的方式来进行。应除政治课外，善于在国文、史地等科目中贯彻政治教育，亦不放松文化课的学习。同时还要注意地方化，吸收能够团结学生的旧教员与地方人士参加学校工作。最主要的还是一方面要把现有的办好，另一方面是配合发动群众深入动员。

至于连学校还没有办起来的地区，今天必须从思想上重视起来，立即着手筹备，首先把战前与敌伪统治下原有的主要中等学校开办起来。为了便利团结学生，不妨沿用战前校名，尽量任用原来的教职员，不在形式上有多大变动，等把学校办起来以后，再进行整理改造的工作。

在发展中等教育上，应掌握首先开办师范学校，在普通中学中，亦应设立师范部或师范班，以便大量培养师资。

中学学制，高中原则上应较快的〔地〕向专科性质转化，修学年限可根据各科性质及需要规定，一般亦不宜过短，至少一年以上；初中一般的暂定三年。今年上半年各中学应根据当地需要、学生要求、教学效率进行研究，以便更进一步讨论规定今后的学制。师范分初级、高级，均可根据学生程度与需要，分一年制与三年制两种。职业学校之学制，各地可根据具体需要自行规定一年至二年。

课程以精简、实际、集中、连贯为原则，以解放区建设为灵魂。初中除国语、算术、史地、自然、政治常识、卫生、生产知识外，可酌设就业的选科。师范除将中学课程更加精简紧缩外，加授新民主主义教育、教学法，并着重实习。专科与职业学校除国语、算术、政治常识、史地外，应加重必需的自然科学课程，并着重实习与实际结合。但同时应照顾教师教学上的困难，二三年级的学生，因为他们过去的学习不是按着我们的课程进行的，所以二三年级的课程应根据学生程度更加灵活的〔地〕规定；至于音乐、美术、体育等，可列入课外活动中进行。中学每日上课平均为三小时至四小时，每周至多上课二十四小时；师范与职业学校应更加减少授课时间，增加课外研究、驻地工作与实习时间，应实行平均每日两小时的劳动。教材由各行政区组织教员集体研究分工编纂，送教育厅审查。在教学时可先组织教学准备会制度，以便集体研究。

学生待遇，普通中学生一律自费，但在教育不发达地区，可呈准省府设一定名额之公费生（供食宿）；师范生公费（供食宿，不供服装）；职业学校依性质而定。学校应组织学生课余生产，从生产盈利中解决学生零用费。教职员待遇可采薪给制，为了避免物价变动，可以薪粮代薪金，每人每月以粮食一百五十斤至二百五十斤为标准（一切供给在内）。有些一般生活水平较高的地区和主要学校特优教师，均可以酌量提高，由各地按等级具体规定。

学校设备，在今和平环境中，亦应力求完备。校舍之修整建造，校具之补充购置，图书仪器之搜集购买，均应根据财政状况予以适当之解决。

目前最迫切也是最重要的问题还是干部问题、教员问题，各级政府必须决心抽调，至少每个学校里都能配备起核心和骨干来，再吸收与团结旧教员，否则学校是办不好的。

办理中学、师范，必须防止与克服两种偏向，一种是生硬的〔地〕搬运过去干部训练班的一套，另一种是投降旧型正规化。目前克服前者是主要的，但对后者亦应警惕。由于我们还没有一套成熟经验，在领导上就更需要发扬民主，吸收大家意见，多研究多讨论，在实际工作中创造出一套经验来。

以上仅提出一些初步意见，希望各地教育行政方面深入各中等学校具体研究，把实际进行情况及所得经验，随时整理告诉我们。

主席　黎　玉

选自《山东革命历史档案资料选编》，第16辑，济南，山东人民出版社，1984年版，第219～222页。

37. 山东省政府资料室征集抗战文献及各种图书启事

1946年4月2日

本府资料室业经成立，为充实参考材料保存抗战文献，特征集抗战以来各地区有关军事、政治、财政、经济、文化斗争中工作总结、典型事迹调查、统计材料、大会会刊、刊物书籍报纸、法令规章，及抗战前各大书局出版之有关政治法律、军事、外交、财政经济、实业、交通、教育文化、医药卫生等之理论著作、万有文库、年鉴、汇编、词〔辞〕书、地图、杂志，并政府有关以上一切设施之出版品。征集办法如下：

一、图书材料一经见寄，即分别从优报酬：

1. 社会人士以战前出版物见寄者，当按原定价及图书质量提高三十倍至五十倍付款。其愿交换或愿捐赠者，酬以相当图书或登报鸣谢。

2. 机关、部队、团体不愿受酬者，当以别种出版品交换。

3. 机关、团体见寄抗战文献者，酌寄本府出版物，或酌酬其他书籍。

4. 各级政府、学校、图书馆有以各项图书材料见寄者，酌以图书交换。

二、凡社会人士或抗战人士个人见寄图书者，请径寄本府资料室，并须附函说明意见及通信地点，寄费由本府负担。

三、凡寄递图书均须严密包扎挂号，以免损坏遗失。

四、如有社会人士出让大批图书，函告后本处当派员前往接洽。

山东省政府秘书处启

四月二日

选自《山东革命历史档案资料选编》，第16辑，济南，山东人民出版社，1984年版，第284～285页。

38. 山东省政府教育厅关于当前教育工作纲要

1946年9月

前记：全省第二次教育会议于今年七八两月举行，对过去教育工作曾简要总结，并讨论了今后的任务方针及一些重要问题。除详细材料将分别整理发表外，特根据会议中一致的意见，拟制当前教育工作纲要一种，做〔作〕为各级政府在设施教育时的基本参考。各地工作基础及客观环境不同，掌握时尚须从实际出发具体研究，有重点有步骤地进行；再加时局变化，尤须机动灵活。故此一般规定可能有不少难于切合实际之处，望各地教育工作同志在实践中细心验证，随时提供意见为荷！

第一部分　总的任务与基本方针

一、当前政治形势与工作基础

甲、政治形势的基本情况

1. 抗日战争胜利结束，人民力量空前高涨，一致奋起，要求独立、和平与民主，促成停战协定、政协决议、整军方案，使国家民主化的前途表现了极大的光明。

但是，中国反动派在日本法西斯残余的拥护与美国反动派的支持下，撕毁三大协定，坚持独裁，发动内战。美国反动派两面的帝国主义政策日趋明显，积极支援与鼓励中国反动派扩大内战，企图代替日本的地位，变中国为美帝国主义的殖民地。

因此，实现爱国主义的民族大团结，击退美帝国主义与中国反动派的军事、政治联合进攻，坚持独立、反对卖国，坚持和平、反对内战，坚持民主、反对独裁，已成我全国人民的斗争任务。

2. 国民党反动派正大举向我山东解放区进攻，在胶济、陇海、津浦三线倾巢出犯，迫使我军民不得不奋起自卫，战争问题已成为我山东解放区军民现实生活中最中心的问题。

但是，战争的性质是正义的自卫战争，战争的目的是为了保卫和平、民主与独立，我们有充分胜利条件与胜利信心。

因此，必须动员全山东人民的力量支援前线，一切为了争取自卫战争胜利，同时，在服从自卫战争的原则下，根据人力物力的条件，进行各项建设工作，树立民主的楷模，以提高全国人民和平建设的信念。

3. 由于人民力量的强大，决定着和平方针的坚持；由于反动力量存在，与美国反动派的援助，并坚持其内战方针，和平不是容易取得的，而是长期与极其艰苦的斗争过程。我们的一切建设工作，必须照顾并为了增强自卫战争的力量，既不能忽视必须〔需〕的建设，不作长期打算，又不应脱离战争情况而进行各种建设工作。

乙、一般工作的基础

1. 山东解放区包括五个独立行政单位，十五个专署区和一百一十五个县，人口三千万，有山区，有平原，农产、渔盐、矿产、棉丝等资源丰富。工矿、渔盐及手工业运输业亦有初步开展。但是生产仍在一个相当落后的水平，组织生产、提高生产，是今后长期建设的中心任务。

2. 民主政治业经初步建设起来，在群众运动、民主运动中，涌现出并锻炼了大批干部。老解放区广大群众已经基本上翻了身，解决了土地问题，初步发动组织了生产运动，并且经几年来文化教育工作的开展，文化要求与水平已有很大的提高。新解放区群众亦已初步发动，正在进一步深入巩固，解决土地问题，半年以后可以进入生产运动。但是整个说来，一般群众仍受封建思想的严重束缚，文盲多，迷信深，没有卫生习惯，时刻受着疾病死亡的威胁，缺乏科学知识，妨碍生产的发展和民主建设的提高。

3. 在广大群众中涌现出的大批干部需要培养，几年来忙于工作、未得学习机会的干部需要提高，在各项事业的发展中，需要各种专业人才，广大群众在建设民主、发展生产、兴家立业、破除迷信、讲究卫生的前进道路上，迫切需要提高文化科学与政治水平。

丙、文化教育工作基础

1. 本省现有大学一处，学生千数人，中等学校四十五处，学生一万五千七百余人，县学及各种补训班亦在各部门直接掌握或配合下，纷纷举办；高初小学三万余处，学生一百七十五万余人，小学教师四万四千余人；民校识字班及各种学习小组，大量发展；冬学运动、自学互教运动、小先生运动、模范运动，以及群众教师的选拔与培养，使广大失学青年、成年卷入了学习；报纸、读报组、通讯运动、秧歌队、剧团、俱乐部、宣传棚、青年学习室、儿童活跃室等多样形式的广泛发展，使群众的政治觉悟空前提高，文化生活相当活跃，印刷出版事业相当扩展，城市民教馆、书报阅览处在大部城市中成立起来，文化食粮已能部分自给。

2. 但是，中等学校的目的任务还不够明确，规模与设备尚属简陋，课程教材甚至教育计划还相当紊乱，尚有不少干部得不到适当的学习，很多青年学生还没有就学机会，各项专业需要的人才得不到有计划的培养与供给；小学还不能与群众的实际需要密切结合，教师水平一般太低，教育效率不高，群众性的文化教育运动，还缺乏组织性计划性，而且发展不充分、不平衡，缺乏强的领导，教材读物异常缺乏，文化食粮的供应，受到人力物力缺乏的极大限制。

3. 在老地区虽有八年的基础，及两年来教育改革的经验，新民主主义的教育思想、教育方针，在领导上比较明确，但其范围尚小，还不够深入巩固，还没有完整成套的经验。在广大新地区和大量新干部新教师当中，以及广大群众里面，新教育思想与方针方法还缺乏体验与领会，传统教育思想的束缚还很深。在今后教育的广泛开展与建设当中，在与法西斯主义思想、封建传统思想、殖民地奴化思想、脱离群众、脱离实际的形式主义、教条主义的旧教育思想以及反动派特务破坏活动作尖锐复杂斗争的思想战线上，还存在着严重的弱点。

二、教育工作的总任务

甲、提高现任干部及教师的政治文化水平及工作能力，限期消灭现任干部中的文盲，从广大人民中选择培养各类知识分子干部及教师，注意团结教育现有的一切知识分子，使为人民事业服务，并适应当前各项建设需要及其发展计划，有计划的〔地〕培养各项专门人才，加强对青年妇女的就业指导，在师范、卫生、会计及其他适当职业学校中，注意吸收其入学。

乙、在广大人民当中展开群众性的教育运动，普及新民主主义思想，教导人民劳动发家，勤俭立业，破除迷信，讲求卫生，改革封建陋俗，解决思想束缚，在文化上翻身；发动组织大部分男女青年、儿童首先就学，扫除文盲，提高文化政治水平，开展社会文化活动，充实人民的文化生活。

丙、发扬并充实新教育思想，使所有教育干部及大部分教师能切实掌握，使各界人民能一般了解，调查研究各项建设工作及广大人民实际生活的需要，深入总结文化教育工作的经验，逐步制定切合实际的教育制度与课程，组织奖励教材读物的编辑出版，及教学方法的创造改进，为进一步提高山东解放区文化教育建设及开展大规模群众文化教育运动作〔做〕有力的准备。

丁、广泛进行时事教育，动员广大人民为坚持和平、民主、独立，反对内战、独裁、卖国，而团结一致坚决行动起来。

三、教育工作的基本方针（包括政策与作风）

甲、坚持民族与人民的立场，贯彻新民主主义教育方针，接受教育改革的经验，切实掌握群众需要与自愿的原则；与实际结合，与群众结合，从实际出发，走群众路线，以加强领导；为山东解放区建设服务，为山东解放区人民服务，提倡艰苦、深入、细心、耐心，面向群众、面向实际，根据不同基础、不同条件，掌握方针，决定步骤，切实而有计划的领导作风与工作作风。

乙、发动、培养与争取团结一切有用的力量。发动扶持广大人民自己觉悟，自己办学，自学互教，创造各种形式；培养奖励模范，选拔提高人民自己的教师、教育家、文化工作者；争取团结教育改造一切现有知识分子、文化人、教师，选择改造利用各种可用的旧形式，组织广泛的统一战线，共同为人民的教育文化事业服务，提倡新旧形式合作、新旧知识分子合作、知识分子与工农分子合作、新艺术工作者与旧艺人合作、中西医合作、公民合作，民办公助，以完成文化教育运动的艰巨任务。

丙、在国民教育的基础上，根据建设工作的需要，建立与改造中等及专门教育，制订〔定〕适合实际的学制与课程，实现新型正规化；有计划的〔地〕培养工作干部及各项专门人材〔才〕。但应注意防止形式主义的发展，各级学校的教育，均应各有其实际目标，自成段落，结合实际，进行教育，使学生毕业后能直接就业，并同时具备一定的基础知识，以便在实际工作中继续研究，或升入高一级学校深造。各级学校不但可以招收下一级学校毕业的学生，而且应该特别注意吸收有相当水平的干部及优秀的自学分子入学培养深造，不能机械的〔地〕受学历和年龄的限制。

第二部分　中等教育工作纲要

一、方针

第一，中等教育是以“提高现任干部和培养未来干部”为目的。为此，必须：

1. 大力开办师范学校。一方面吸收现任的小学教师，提高其文化政治水平；另外，吸收新老解放区的青年学生、知识分子及在群众自学运动中涌现出的工农青年的学习积极分子，培养大批的新教师，纠正过去忽视提高与培养师资的现象。

2. 整理与改造现有的普通中学，建立新型中学，团结知识青年，吸收文盲、半文盲的在职干部，准备在三年至五年内消灭干部中的文盲，培养大批新民主主义的知识分子。

3. 有计划的〔地〕训练县区干部，在政治业务上提高一步；逐步发展职业学校，培养有实际工作能力的各种业务人材〔才〕。

第二，不论在职干部的提高或未来干部的培养，一般的均以文化及业务的所必需的知识教育为主，首先使每个干部能具有阅读一般文件书报，理解一般事物的文化知识水平和写作一般文件的能力，以便打下进一步学习业务和政治的基础。具体的〔地〕实施起来，又可以根据不同的对象，分别轻重确定其重点，如对于文化程度低的须〔需〕要首先提高其文化水平，有一般的文化程度的，则要进一步加强业务政治的修养与锻炼。但总的方向是以文化为主，因为一般政治思想的教育，均应该而且可以贯彻在文化教育的内容里面。

第三，各科教学与各种实际活动均需贯彻长期、耐心、深入、细致的思想教育。要培植民族意识、民主思想、唯物观点、群众观念和新的劳动观点，提高一般的政治认识，使其具有辨别是非、了解世界与中国前途的能力，确定为人民服务的人生观。

第四，各科教学的内容必须从山东解放区建设的实际需要和学生现有的文化水平出发，并与山东解放区的建设与发展相结合，从实际出发作〔做〕到学以致用，造就有用人材〔才〕，反对脱离实际的空洞教条的搬运与无原则的抄袭，同时，也要防止狭隘烦琐的实用主义和勉强结合的倾向。

第五，通过各种实际活动养成学生实事求是、认真负责、埋头苦干、遵守纪律、团结互助、艰苦朴素的作风；发扬民主精神，提倡自由思想与思想争论自由，培植集体研究、自学互助、教学相长、虚心研究的学风，建立教导合一、教员治学、学生自治、自己动手、克服困难、大家负责办好学校的校风；纠正傲慢自大、盲目武断、好高骛远等恶习。

二、学制

第一，普通中学（即初中）：

1. 普通中学的性质与目的：其性质基本上是干部性带有预备性。因为它的目的在于培养新知识分子，亦即新民主主义的知识分子，打下学生一般的文化科学知识的基础，使学生毕业后一方面能担负分工不多、专业性不大的初下级工作干部，另一方面还照顾一部分学生的升学，以求深造，学习专门知识，培养专门人材〔才〕。

2. 普通中学今天吸收的教育对象有：甲、争取团结新解放区的青年学生；乙、新老解放区的高小毕业生；丙、具备有相当文化水平的干部及自学有成绩的工农青年。

3. 修学年限：暂定为三年。在干部需要迫切的地区，在二年内学完基本课程，即可毕业分配工作。在干部不太急需及学生年龄较小的地区，可以延长到三年，加以就业所必需的选修课，及〔以〕为进一步深造打下基础。

4. 设置问题：原则上一个专署可办一处，但亦应照顾学生较多城市。如胶东的烟台、威海，渤海的惠民，滨海的临沂，鲁中的益都、淄博、泰安，鲁南的曲阜等地，可依其客观需要和主观条件增设中学和师范。此外亦可在中学内设师范班或地干班。

第二，高中：

可以不必普遍设立，但在青年学生特别多的地方（如烟、威、惠民等）可酌量设立，或在普通中学内设立高中班。修业年限可定为二年。其课程可采取选科制，主要的是与业务密切结合。高中的性质是带有过渡性，逐渐的〔地〕向专科方向转化。但在今天的高中，还有其争取团结新地区广大青年学生的作用。

第三，师范学校（包括前后期）：

1. 目的和任务：前师在于提高与培养新的初小和初级民校的教员，后师在于培养与提高高小与高级民校的教员。

2. 方针与要求：前师以文化为主，使学生毕业后能够教授初小、民校的课程，能开展农村文化娱乐活动，并能在农村中贯彻新教育方针。教育课程要从实际出发，学会群众教育的组织推动与教学。后师仍是以提高文化为主，适当的〔地〕加强其业务政策的学习，除基本课程的学习外，还可以适当的〔地〕设选课，如音乐等。

3. 学生对象：前师主要的是在家赋闲的知识青年，新老地区的高小毕业生，文化水平低的现任教师，自学有成绩的工农青年。后师主要的是初中学生，现任高小教师文化水平较低者，初小教员中文化水平较好有培养前途的青年。

4. 年限：前师在职教员的提高，原则上一年，必要时可根据实际需要缩短或延长之；新教师的培养原则上二年，此外还可以兼办在职教员的短训班，学习时间可以一个月至三个月。后师原则上二年，必需〔要〕时可视其需要延长或缩短之。

5. 设置问题：前师原则上海专区举办一处，能新成立者即新成立，不能新成立者可在中学内附设师范班或师范部，能将中学的一部或全部学生动员转入师范或将中学改为师范亦可。后师原则上每一行政区举办一处，胶东学生较多可办两处，必要时前后期师范亦可合办。

第四，职干教育：

1. 现在干部情况，大体可分三种：甲、文盲半文盲的干部（主要是区级干部）；乙、有一定文化基础的县区干部（县科员、干事、区干等）；丙、各种业务部门（合作、农林、工商等）干部。

2. 职干教育的设置：

甲、干部文化班（或叫地干班）：以提高县区干部中的文盲半文盲的文化水平为主。

目的是为了扫除文盲，以肃清其进步需要上的最大障碍，达到能读懂通俗书报、能写简单报告和通信，学会简单的计算。修业年限暂定为一年，以完成一定要求为标准，可附设在中学内。这种训练班应在滨海、鲁南、鲁中三地区特别用力开办。

乙、职干训练：主要的对象为县区党政民干部，以提高其政策业务政治基本常识为主。修业年限暂定为半年到一年。这种职干训练可命名为公学或建校，基本上由行署主办，必要时专署（如滨海专署）也可办。

丙、职业学校（包括职业训练班）：培养与提高各种初步的专业人材〔才〕，如农林、合作、会计、卫生、工矿、纺织、交通、电话等。其对象一部分是脱离生产与不脱离生产的在职干部，一部分是新吸收的青年知识分子，并可吸收一部分有培养前途的工农青年和旧职员等。方针以业务学习为主，务使教育和实际密切结合。学习期限依具体情况而定，目前一般尚属短训班性质。这种学校今天主要的〔地〕由各业务部门办，教育部门应尽力协助进行，各战略区可先在公学内附设一小部分试办之。

丁、职干在业学习：A. 方针任务，"作〔做〕什么学什么"，熟悉业务，了解政策，改进工作。B. 文化水平低的干部可入地干班学习，县区干部除了有计划的〔地〕抽调一部分集中学习轮训外，并可提倡自学，工余补习。专署以上的干部，其政治、业务、理论学习，除有计划的〔地〕组织研究讨论外，一般着重自修。C. 组织领导，基本上是首长负责，亲自动手，部门掌握，结合工作。可成立集体统一领导的学委会。

三、课程

确定中等学校课程的几个基本原则：

第一，各个学校都有其独立的目的、性质、任务，故课程的拟定亦应根据完成其所确定的目的。如地干班有地干班的要求，中学有中学的要求，而不是从大学需要考虑中学课程。

第二，以实用作基础，以用为主，学以致用，用什么学什么，用多少学多少，后用的不学，将来用的将来再学，用处少的少学，分别轻重缓急，从现实需要出发，照顾提高一步。

第三，从学生现有实际程度出发，根据学生现有的水平需要来订课程，一般的〔地〕说在学生现有的水平上提高一步。

第四，采取集中连贯、少而精的原则。

至于中等学校课程的具体确定与要求，详见中等学校的课程的初步意见，兹从略。

四、中等教育实施中几个问题

第一，教育与实际结合问题：

1. 教育与实际结合的意义：与实际结合是我们新教育不同于旧教育的基本特点之一。其意义有二：一方面是教育方针、计划、学制、课程要服从当前的实际斗争，就是说必须同当前的革命阶段、社会发展、人民需要相结合；另一方面就是教学的各种设施、方法、步骤又要服从这一方针和要求，在整个方针、计划确定以后，则教学实施又成为主要的问题。方针是基本的，但它的贯彻实现则靠着教学设施。

2. 怎样结合实际？结合实际本身是从实际出发，逐渐的〔地〕提高，不要要求过高。目前我们中等教育在结合实际上必须：甲、根据山东解放区建设的需要，制定我们的方针、学制和课程。乙、根据人民的需要及实际斗争来搜集、研究、选择、整理、确定各科教学内容，编制课程教材。丙、在教学方法上，尽量的〔地〕做到理论实际化、原则具体化，尽量联系当前情况，说明问题，指导斗争，使学生学了有用。丁、与学校各种实际活动结合，如管理伙食、办合作社、驻地工作、社会服务等。

3. 防止两种偏向：一是脱离实际的教条主义，如旧型正规化等；二是狭隘的实用主义，如处处联系、处处结合，结合〔果〕形成零乱琐碎。

第二，教导合一问题：

1. 对于教导合一应有的认识：教导合一是我们一种新的教育思想，今后应在中等学校中贯彻执行。因为：甲、教导合一可使思想教育和文化教育结合起来，教育效果可以提高。乙、教导合一可使课内教育和课外实际活动结合起来。丙、教导合一可收教育和实际结合、理论和实践统一的效果。

2. 怎样贯彻执行教导合一？这不仅是一个思想问题，而且是一个组织问题。思想问题解决了，一定要通过一定的组织来实现。为此必须：甲、可将教务处和指导处合而〔二〕为一，成立教导处。乙、全体教员应参加思想指导工作，实行教员治学的办法，组织上实行级任制和分组辅导办法。丙、以学生为主体，建立学生自治组织（学生会和各种研究会），开展学生自治运动，吸收全体教员参加各种实际活动。

3. 教导合一的方向是正确的，必须坚决贯彻执行。但目前还有其困难与缺陷，应当适当补救克服：甲、有些同志口头上赞成而思想上还不赞成，对于这种人应该首先打通思想。乙、合并后，教导处的工作繁重，全盘掌握不容易，教导处可设正副主任，以便集体商讨，分别掌握，分工合作，进行工作。丙、新教员缺乏经验，不习惯作〔做〕辅导工作，老教员可多帮助，必要时可暂设辅导员，专门协助教员进行学生中的辅导工作。丁、有的学校学生人数过多，合并后无法掌握，可以暂时不合并，但在思想上及工作计划上应当教导合一起来。

第三，生产劳动问题：

1. 对于生产劳动的认识：学校和生产结合，教育和劳动结合，发展生产，建立家务，这是发展中等教育、办好学校的重要方针之一。

2. 学校生产究竟能解决一些什么问题？在学校方面，生产没有基础的，大体上可以首先解决部分办公费或全部办公费；生产基础较好的，除了解决办公费外，还可以逐渐的〔地〕解决医药费、图书讲义费、教员及一部分学生的补助费。在学生方面，生产基础差者可以解决菜金问题及日常必需用品问题，生产基础较好者除了解决完成以上任务外，还可以逐步的〔地〕解决书籍文具、部分食粮或贫苦生的救济问题。各样〔校〕可根据自己的生产基础和具体条件，订出生产计划，逐步发展，逐步提高。

3. 学校生产建设的方向：学校生产的原则应该是：甲、作长期打算，兴家立业，从小处着手，向大处发展。乙、学校生产必须和群众生产结合起来，与群众合作，向群众学习。丙、学校生产必须与学生生产同时发展，两者结合，公私兼顾，组织劳力，按劳给酬。丁、要企业化。戊、要作〔做〕到自愿，不要强制。

根据以上诸原则，学校生产应该进行者有：甲、自己动手，改善生活。运粮运柴，自磨自食，自缝自穿，自己种菜、养猪、生豆芽、作〔做〕豆腐、开粉坊、积肥等等。乙、大家动手，建设学校，如搬砖、运瓦、修路、植树、打墙、盖房等。学校应该按工计酬，给以适当的工资。丙、经营农业，开荒种地，建设农场。丁、经营工业，开办小型工厂，如制肥皂、粉笔，纺线，打毛线，编草帽等。戊、进行运输业，如运盐、运炭等。

4. 发展生产中必须要解决以下几种困难：甲、打通教职学员以及学生家长的思想，克服剥削意识和轻视劳动的观念。乙、适当的〔地〕解决生产基金、土地问题和生产工具问题。丙、正确的〔地〕认识生产和教育结合问题。生产有独立的目的，并不附属于教育，因之不能强调勉强结合教育，而影响生产的发展，也不能因生产太多，影响教育计划的完成。丁、生产领导问题。应本首长负责，大家动手，教职员以身作则，启发学生自愿的原则。整个学校生产领导，可组织生产委员会进行领导。

第四，学生会问题：

1. 学生会的任务、性质及其成立问题：学生会的基本任务是团结学生与学校合作，改进并建设学校，组织学生更好的〔地〕学习，这是一方面，另一方面是联合全解放区以及全国青年学生为青年福利及全国和平、独立、民主而斗争。因此，学生会的性质一方面是学生自治组织，另一方面是学生政治活动的组织。所以学生会有它的独立性，不是学校的御用机关，但也不能强调独立性而与学校对立。学生会的主要任务是组织学生学习，凡是学校的学生都是会员，不必有什么条件和手续。新解放区的学校经过一般民主教育后，学生产生了积极分子，在学生自觉自愿的要求下，在民主基础上即可成立学生会。

2. 学生会的活动，一般的可分三方面：甲、学生的要求，如学术研究、伙食管理、健康卫生、社会活动等。乙、学校的要求，如保证学习任务、生产任务的完成等。丙、青联和学联的要求，如青年福利、政治斗争等。以上三者，基本上是一致的，其活动方式应以学校内部学生活动为主，并适当的〔地〕将学生、学校、青联学联三方面的要求结合起来。

3. 学生会与学校、青联的关系：解放区中等学校的学生会与学校当局基本上是一致的，遇有问题可以协商解决。青联学联对于学生会的领导，主要的是通过学校来进行，不要强调系统，遇有问题可和学校、学生三方面协商取得一致，克服互不尊重、对立磨〔摩〕擦等现象。

第五，旧教员的团结进修问题：

1. 对于旧教员的方针与态度：对于旧教员基本上应采取大胆团结、与人为善、耐心教育、长期改造的方针和态度，使其为人民服务。团结的主要标准基本上是爱国主义的大团结，只要赞成和平、独立、民主，均应团结争取之。应根据不同对象提出不同要求，找求一致性，克服差别性。一方面要站稳立场，掌握原则，不要要求过高、过急；另一方面也不要失掉立场，无原则的〔地〕团结，不去教育与改造。

2. 如何团结与改造旧教员：甲、旧教员一般的都是有家庭负担的人，因之我们团结旧教员应首先从改善生活待遇，照看其家庭生活入手；但另一方面也应照看政府的财政经济开支的困难和一般干部的生活水平。个别特殊困难少〔多〕，学校与政府应帮助解决，个别加以补助救济。乙、在工作上要大胆信任，有职有权，耐心帮助，虚心诚恳，互相学习，共同进步，接长补短，不要好为人师、盛气凌人。丙、多多注意旧教员的参加实际，如组织参观团，参加一定与自己业务有关的会议，发阅一定的书籍文件等。

3. 对于口头上赞成和平、民主，实际上进行反对活动的教员怎么办？基本上是［以］

治病救人的态度去挽救，耐心的〔地〕帮助教育，使其改过回头。

第六，组织机构及其领导问题：

1. 组织机构：甲、各中等学校一律成立校务会议，由校长、主任、教员代表及其他有关人员五—七人组织之。其任务是保持统一的集体领导，保证新教育方针的具体贯彻执行，以及研究处理学校中重大的应兴应革事项。校长为当然的主任委员，学生代表必要时可列席参加。乙、中等学校分设教导处、总务处，此外应设经费稽核委员会、生产委员会等。丙、实行班级制、级任制，纠正游击环境下的大课制，每班以五十人为原则，最多不得超过六十人，最少不得少于三十人，每班可划分若干学习互助小组，每组可以八—十人为原则。教员应一律参加辅导工作。丁、为了经常研究工作，贯彻教导合一，可成立辅导会议及教学研究会等。

2. 领导问题：甲、充分的〔地〕发扬民主、大家负责、遇事商量、集体讨论的精神。乙、建立正规制度，划清职权，明确责任，克服紊乱及抓一把的现象。丙、加强思想领导，掌握方针原则，摆脱事务主义的圈子，主动研究问题、解决问题。生产工作和教职学员的学习均由校长亲自掌握。

3. 行政问题与领导关系：校长由政府委任，主任经主管机关的同意后呈报主管机关备案，由校长聘任，教员由校长聘任。其领导关系则为：甲、公学或建校由行署行政委员会来领导，教育处可帮助研究教育计划，总结工作经验。乙、中学师范可由教育部门代表政府直接负责领导。丙、各种业务训练班可由业务部门直接负责领导。已经成立的职业学校，可由教育部门和业务部门共同负责领导。一般的〔地〕说，教学业务可由业务部门负责，行政管理及政治思想教育，可由教育部门负责。

第三部分　群众教育工作纲要

一、方针

人民大众的反帝反封建的教育事业，其目的在于：教导人民识字明理，讲求卫生，劳动发家，勤俭立业，破除迷信，改革陋俗，解除其封建思想束缚，普及新民主主义的思想，帮助群众在文化上翻身，提高人民大众的政治文化水平。其实施方针为：

甲、与当前山东解放区总的斗争任务相一致，为政治服务，学以致用，与实际结合，与当前的中心工作结合。

乙、为群众服务，一切根据群众的需要与自愿，使群众教育成为群众自己的事业，教育权利为大众所有，教育内容为大众所需要，教育形式为群众所欢迎，与群众生活密切结合。

丙、执行文化统一战线，团结一切赞成民主的新旧知识分子，运用各种适合群众的新旧形式，正确的〔地〕改造旧艺人，提倡新旧形式合作、新旧知识分子合作、知识分子与工农分子合作、中西医合作、新艺术工作者与旧艺人合作。

丁、在全部群众教育工作实施中，必须贯彻群众路线，从实际出发，因时因地制宜，加强领导，既反对主观急性的命令主义、形式主义，又反对消极等待的自流主义及不负责任放弃领导的现象。

二、工作原则

甲、继续开展群众性的自学互教运动，掌握积极分子，培养模范，同时又须根据不同对象、不同要求，以模范积极分子为骨干，建立学习组织，加强教育指导，使群众的自学互教运动更加提高。没有自学运动为基础的学习组织是不巩固的，没有组织没有指导的自学运动也是不能持久与提高的。

乙、继续发扬群众创造［精神］，发展多样形式，同时又须善于选择主要形式，加强掌握，善于发展比较定型比较集中的形式，向新型正规化提高，使教育更有计划，效率更加提高。

丙、继续推广与深入的〔地〕进行群众中的时事政治教育、思想教育、中心工作教育；同时又须结合实际，加强识字、语文、算账、卫生、一般常识等文化教育。

丁、重视成人青年教育，力求其发展提高；同时应尽一切可能整理发展儿童教育，对妇女解放就学及就业，均应给予特别注意，加强指导。

戊、坚决贯彻教育与实际相结合的精神，务使学用一致；同时亦应使这种结合更加有计划、更加提高，不停留于狭隘的零星的实际结合中。教育应与当前中心工作结合；同时亦应建立教育本身组织形式、本身业务，并使二者一致起来。

己、教育部门必须打破孤立思想，一切从总的工作任务出发，与各部门密切配合联系；同时又须随工作之发展，逐渐作适当分工，与各个工作部门形成有机的联系，不停留在混合打杂、事事都是一锅煮的现象。

庚、坚定不移的〔地〕掌握新教育方针，同时灵活适应不同条件、不同基础、不同对象，从实际出发，随时局变化、工作发展、季节变化而能及时发展变化。

辛、坚决贯彻群众路线，根据群众自觉与自愿；同时又须加强领导，集中群众意见，启发其觉悟，提高其要求，切实而有步骤有计划地推进教育建设。

所有以上各项，必须掌握两方面之一致性（因为实质上是一致的），而不可视为对立。

三、整理与发展儿童教育

甲、形式：以班级教学作为主要形式，但须照顾其家庭生活、劳动性质划分小组，为班级编制之细胞，起复习练习及保证学习之作用。

小学系儿童各种学习形式之统称，包括全日、半日、早学、午学、识字班、识字组等，并得允许各种组织形式单独存在。

上述全日、半日、识字班等各种形式，又可随群众觉悟及季节关系而相互变化。但一般在儿童教育中，全日与半日小学仍是较高较正规形式，其他形式应向此推进。凡能成立全日与半日小学者应尽量成立之。其不能入全日班或半日班学习之儿童，亦应以识字班、识字组等形式，尽可能组织其学习，务使绝大部分儿童得到适当之学习机会。

乙、学制：（1）正规小学仍定为四二制，但在各种不同组织形式中，应以学习成绩达到一定标准为尺度，不应机械为年限所束缚。（2）学期制或学年制则不必限定，适应各地农忙季节，县以上机关可规定放假时期，乡村一般应按农忙放假，依三学期之原则放麦、秋、年假。但因各地农事不同，可酌量变动。城市则行二学期制，放暑、寒假。（3）五日制、星期制或十日制各地可根据群众要求与习惯，自行订定。（4）入学年龄可自七周岁始。

丙、课程：初级［小学］一、二年级设国语与算术二科，三、四年级设国语、算术、常识三科，以国语为主。但根据具体情况，可自行伸缩（如开始时只教国语，全日小学增设唱游科等，均可自订）。高级小学设国语、算术、公民、历史、地理、自然六科，亦可试行将公民、史地合为社会科，或另设唱歌、艺术等科亦可。

决定课程与内容时，须根据下列条件：(1) 家庭需要与家长意见；(2) 国民教育目的与任务；(3) 儿童身心之发展；(4) 学习情况（如半日、全日不同，课程亦不同）。

丁、老解放区儿童教育须逐渐整理提高，新解放区现有小学须加改进，同向新型小学方向迈进。所谓新型小学之主要标帜〔志〕是：教育内容、形式为群众所需要与喜爱，教学上能与实际结合，学用一致，管理上实行民主自治，学生热心家庭及学校所组织的生产并能积极参加社会活动，为社会服务，各种教学组织形式得能适应群众生活灵活变化，班级教学与小组活动结合等。

戊、试办幼儿教育，创造经验，在城市试办幼稚园、保育院，但必须根据力量与妇联配合，共同计划进行。

四、发展与提高男女青年教育

甲、学制与形式：暂不规定修业年限，以学完一定的教材为毕业，以班级教学与小组学习相结合为主，以个别指导为辅。一般争取每日二小时的学习时间，农忙时缩短或放松，农闲时亦可延长（如半日）。青年民校为各种青年学习形式之统称，包括半日、早学、午学、夜校、识字班、识字组等。

乙、内容：课程暂不规定，一般以识字、联词、缀句为主；有相当基础之青年民校应酌量增设算术或常识，但其内容须比小学更为精简集中。

青年教育以文化为主，其性质为初级国民基础教育，但这种文化教育非孤立的，而应为政治服务。在新地区应着重时事政治及翻身教育，在老地区应着重生产卫生及前途教育，尤应将青年妇女的学习与其自身解放就业等问题之指导结合起来。

丙、指导青年学习更须善于运用积极分子，使领导与自学相结合，实行师生合作。

丁、在青年男女学习组织已有相当数量地区应当逐渐提高，首先是改进教学提高效率。在尚未足量发展地区，应尽量重视发展，争取大部分青年入学。

五、重视成年老年教育

甲、内容：成年老年应以时事政治、生产劳动、工作动员的实际教育为主，以一般常识、识字教育为辅。

在已具有相当政治水平之成年老年中，常识教育分量可以逐渐增加，但亦应切合实际，学而能用，如农业技术、清洁卫生、反迷信，妇女中之妇婴卫生、育儿常识、家事经营等。

至于识字教育，目前尚难作一般要求，应以个别发动、个别指导为主，相机组成小组，或吸收入青年学习组织中，特别着重其直接应用，如记账、算账、写信、写通讯等，帮助他们作成切实之学习计划，明确其学习目的，鼓动其自学情绪。

乙、形式：根据不同内容，不同对象，成年老年学习形式更加难以定型，更加需要多样，如全村大课、各系统大课、各团体小组、生产组织、公民小组、识字组等及特别组织之形式（如卫生组、农事组、家事座谈会、农事座谈会、时事座谈会等）都可采用。此外，并应注意推广社会文化活动（见下）进行有计划的教育，使更加生活〔动〕活泼、易于接受。

以上内容与形式，在有基础地区，领导上应逐渐引导向更有计划、更有效率方向前进。

丙、村干部及各种积极分子，要求学习更为迫切，领导上应加重视，予以满足。形式上或自成小组，或联合几村共同组织，或与青年学习组织结合。此项村干教育一般应视为高级民校之雏形或其中一部分，内容上应更加切合其需要，强调实用。

六、有计划的〔地〕举办高级国民教育

甲、性质与任务：一般是培养群众中的骨干，并为参加各种职业或继续深造奠定较高的文化政治基础，但在教育不发达地区，则带有更多的干部教育性质。

在现有情况下，高级国民教育尚具有其特殊作用：(1) 辅导初级国民教育，开展社会文化；(2) 协助区村干部学习；(3) 培养辅导群众教师。

乙、高小是实施儿童少年教育的高级国民教育机关，一般应与初小合设，成为完小，最好本身能与中心学校结合。目前除已有相当数量高小之地区应加强改进外，高小过少之县应当有计划地培养条件，争取早日添设。一时不能成立一单独学校者，亦可采分校制或分点制，或先在各初级小学中建立高级班（或组），强调小组及个人自学，由高小教员巡回教学，初小教员帮助自学。

高小修业期限定为二年，课程如前述，但在今日情况下，其入学程度、年龄限制、修业期限、学习方式都不应作机械规定，以便吸收青年、村干等入校学习，或为之单独成立小组或班级。

丙、高级民校，过去经验不多，应继续研究创造。在目前尚难于大量发展、集中举办，但应先以村干、青年男女优秀学员、自学有成绩分子、群众教师等为对象，争取开办。或几村联办，或以村为单位，组织学习小组，由教员巡回教学，或附设于高小。

此类高级民校之举办，应与区党政民机关合作，组织各方力量，以补人力之不足。教育内容应强调学用一致，并重视前途教育及就业指导。

对于文盲及半文盲的区级干部的文化学习，除有计划地抽调入中学地干班、县学学习外，其在业学习，教育部门应多加帮助，以自学为主，加以有组织的领导。

七、研究扫盲工作创造经验

甲、在教育工作已有基础地区，可提出号召。对象以青年为主，选择一定区村，制定〔订〕计划，创造经验。实际这一工作与初级国民教育工作之发展提高是一致的。

乙、组织一定力量，研究文盲标准、群众学习时间、学习进度、各项学习组织之学习情况。

丙、新文字工作可开始研究，先做〔作〕为汉字的辅助手段，择地试行。

八、广泛开展社会文化活动

甲、社会文化活动的基本性质是群众的文化事业，与各种定型学习组织相辅而行。如剧团、黑板报等，俱为群众组织，政府可召集会议帮助推动，审核其组织与内容，指导其改进政府文教部门及教师应视为经常业务之一。剧团可组织剧协，亦可参加文协。

乙、社会文化活动形式，如黑板报（村报）、读报组、通讯组、剧团、秧歌队、歌咏队、俱乐部、青年学习室、儿童活动室……在内容上应强调结合时事政治、中心工作及为本村实际工作群众实际生活的教育，并须与各种学习组织互相辅助（如黑板报通讯组与自学运动写作运动相结合等），并加强其本身的学习教育。

丙、宣传棚应以区为单位，选择中心集镇计划设立，内容同上。所在村小学及中心小学、高小应为其有力的支持者，其业务可逐渐充实推广，如建立图书馆、读报室、展览室、陈列馆、巡回文库等，类似农村民教馆性质，为社会文化事业服务。某些小型宣传棚，亦可争取民办，或几村联办。

丁、县民教馆的性质及任务尚须继续研究，目前暂定为社会文化宣传活动之组织推动与研究机关，不直接管理很多定型设施（如民校），亦不可代替县教育科工作，成为行政机构。一般县民教馆之活动以下列为主：

1. 城市社会宣传工作之推动与组织；

2. 书报阅览及读报会、读书会之组织与其指导（可与书店联系，使书籍巡回，书挑赶集下乡，边卖、边借、边赁）；

3. 文艺活动的推动研究与指导，改造训练旧艺人；

4. 县民教馆的活动应不拘限于城关，而以逐渐深入乡指导农村社会文化活动为其发展方向，目前小县城之民教馆应争取向此方向发展。

一般县民教馆人员暂定为三人至六人。

此外，在较大商业城市，如烟台，应将民教馆工作确定为市区活动，并依据一般市民商民之需要，推动组织其文化活动，对原有之设施尽量利用。在工矿区域，如淄博、枣庄之民教馆，应以工人教育为重点，协助工会，推动工厂矿务公司自行举办。

九、发动课程之调查研究，组织奖励教材读物的编写与出版

甲、各行政区应有计划的〔地〕组织一部分同志，进行初高级国民教育课程内容之调查研究工作，如群众各方面之需要、公民之必备知识、群众学习能力等。进行时必须任务明确，不要求一下子解决全部课程内容问题，发扬艰苦细密研究精神。

乙、大力奖励推动教材读物之编写工作。目前特别需要者为小学教材、儿童补充读物、群众教材、群众读物、文娱材料，各地应根据需要与人力，作具体的计划布置，有组织的〔地〕推动，定期奖评。

丙、征求对现行小学课本之修正意见。各地应指定几个不同类型的小学，责令于教学中研究，定期总结提出，并于一般教师研究业务的集会上搜集整理。

丁、印刷工作：(1) 各行政区贷款建立教材印刷厂；(2) 有计划的〔地〕分配给各专署各县分别印刷；(3) 推动民营印刷厂。

戊、发行工作应协助书店力求改善，提倡书挑下乡，组织各区学校共同采购。

十、团结新旧教师，提高教师待遇，加强教师进修

甲、认真团结一切教师，适当调整教师成分，充实骨干，提拔培养群众中涌现的工农教师，教育培养知识青年充任教师，团结改进旧教员，使新旧教员合作、工农分子与知识分子结合。

乙、提高教师待遇，保障教师生活。提高教师社会地位。教师调动须有计划，并须保留一定骨干。

丙、教师任务在于：(1) 本村成年青年各种形式的学习；(2) 本村各种形式的儿童学习；(3) 社会文化活动的推动组织。

与各种工作结合，一般均通过上列三个方面，但应尽力争取掌握中心工作历程中各个主要环节，参加帮助本区及驻村工作，并谋教育与实际之更好结合。

不同教师可对上述三项任务有所偏重，但不可偏废，尤应对儿童及青年男女学习直接负责，如因时间关系不能兼顾，亦应运用导生、小先生、群众教师等的力量，不应坐视。

教师须直接担任教学，且每日都须有一定标准之教课时间（一般应至少为四小时）。

丁、组织教师进修，将学习定为教师任务之一。将组织指导教师学习，作为领导上重要任务之一。其方式：

1. 在业学习：使自学与小组学习结合，要求学用一致，中心学校应当直接负责。

2. 假期讲习：以县为单位办理，每期任务明确。今后须逐渐加强业务研究，并可设专科补习（可由师范负责）。

3. 抽调训练：时间三月至半年。此外可抽调一部在师范中进行一年至二年的长期培养。

4. 试行师范区制，由师范学校对区内教师进修负责，使师范与地方教育结合。

5. 试办县巡回辅导团（或巡回师范或巡回师资训练团），以县为单位，每团设干部二、三人，巡回至各区，集中小学教师、群众教师给予切合实际之文化补习及业务指导，但亦系创举，各地可先择一县试办。

戊、建立教师组织。其任务：（1）进行政治活动；（2）改善教师生活，着重提倡教师积蓄及互助救济；（3）主要任务为教师之学习进修。

十一、贯彻执行民办公助政策

甲、民办公助可使教育更好的〔地〕更有效的〔地〕实现群众的需要与自愿，更密切教育与群众的结合；同时亦可解决财粮困难，减轻人民负担，便于教育之发展。

乙、整理原有学田，建立新的学田，并用各种办法解决民办中之经费问题。

丙、政府可控制一部分财粮，作为补助费，适当调剂奖励。

丁、民办后必须加强公助，在教育业务上深入指导帮助，在学校设备上予以补助奖励，对基础薄弱之村庄予以推动及经费调剂。

十二、加强地方教育行政，密切与各部门之联系

甲、县文教科设视导员，深入区村具体帮助各区文教助理，尤应着重业务指导及教师学习进修之指导。

乙、中心学校须负责本中心学区内之成人青年儿童教育之辅导工作，本身非行政性质，须办好所在村学校。为实现其辅导任务，可增设一个教师，但应以整个学校的工作及力量进行辅导，不能交由一个教师单独进行。

丙、健全县区级文委会及村学委员会，与各方面密切配合，统一步调。

丁、今后有组织群众的学习，应多协同各该组织共同负责。群众团体加强发动组织与推动，使各学习组织真正成为群众自己的组织，贯彻民办公助精神。

戊、开展模范运动，培养各种模范。但注意简政，勿使模范开会太多。模范会议一般以区村为主，专署及行政公署应开学习模范、模范教师、模范教育工作者可依便利，分别选举。县学习模范之选举与集会可与劳动模范同时。教育部门应特别着重在脱离生产的教师中，热烈开展模范运动，加强经常的培养工作，明年教师节可以县为单位进行模范教师

的选举与集会。

（后附之中学、前后期师范和地干班课程表从略——原编者注。）

选自《山东革命历史档案资料选编》，第17辑，济南，山东人民出版社，1984年版，第404～429页。

39. 山东省政府关于山东大学的决定

1946年9月22日

一、山东大学为山东解放区培养与提高各项建设人材〔才〕的最高教育机关，它是山东解放区各种民主建设事业的重要的一环。山东大学的发展与建设，是与山东解放区的发展与巩固息息相关。因此，一方面山东大学必须做长期准备，力求发展，为创造新型大学树立基础，同时，必须适合当前的斗争环境，与当前的斗争任务密切结合起来。

二、山东大学的教育方针，是学用一致、理论与实际结合。具体地说，由于山东大学任务一方面是要提高现在在职干部，一方面吸收解放区以及其他各地的知识青年加以改造，预科着重思想政治教育，本科着重政策教育、业务教育与知识教育。为了实现这一方针，在教学方法上必须采取群众路线，教学相长，互相学习，与解放区的建设的实际需要相结合，同时，政府有关业务工作部门，必须予山大以具体帮助，一定工作会议，必须吸收山大参加，并随时供给山大以各种具体工作经验与总结报告材料，使学校教育与各具体业务工作密切联系起来，并不断得到补充与发展。

三、根据上述方针与当前客观需要，决定山大本科暂设下列各系：

1. 政治系：下设行政、司法各科，以培养行政、司法人材〔才〕为目的。

2. 经济系：下设农林、合作、会计各科，以培养组织与指导农林、合作、会计各项人材〔才〕为目的。

3. 文教系：下设教育行政、文史、数理、艺术各科，以培养教育行政、中学师资及群众文艺工作者为目的。

四、山东大学为执行这一决定所必要的干部，必须补充，学校设备与供给待遇，应予保证，同时必须发扬吃苦耐劳精神，提倡生产节约，建立革命家务，全体教职员共同负责，紧张工作，提高效率，以奠定学校的巩固基础。

选自《山东革命历史档案资料选编》，第17辑，济南，山东人民出版社，1984年版，第379～380页。

40. 山东省政府关于卫生工作的指示

1948年2月13日

据报鲁中、鲁南、滨北、滨海各地现正流行时疫，由于以上各地过去战争频繁，遭受蒋灾天灾，人民生活紊乱，健康降低，以致传染病流行，估计春暖后若不早事预防，将恐更形发展。今后及时组织防疫，以至进一步组织群众卫生工作，实属重要事项之一。特决定如下：

一、各行署仍保留卫生局，专署、县保留卫生科，办理地方卫生事宜。（原缺者或无适当人才者缓设。）局长、科长人选，应为医务人员或过去对卫生行政有经验者。

二、各卫生机构均需精干，局内设医政科与材料科，各科设干部一二人，专署卫生科设医务科员一二人，县卫生科设医务干事一二人。

三、行署卫生局与专署卫生科下各设直属医院（原缺者缓设），照顾所属党政干部之医药问题，并协助医疗群众疑难重症。医院床位仅以八十为限，工作人员以八十为度，局长、科长应兼任院长。

四、专署卫生科下可临时组织医疗防疫队，随时到各地进行防疫，工作人员以不超过二十人为度。

五、在瘟疫流行地区，县卫生科下可暂设总门诊所，以不超过三人为度，其他各行政单位可酌留卫生员（原缺者缓设）。

六、今后各地发现较大规模传染病流行，应即时报告卫生总局下列各点：（1）病状与发展趋势；（2）如何布置对策；（3）防疫经过之总结。

七、各县地区现有营业医生（不分中西）希即调查数目，由各专署行署汇报卫生总局，以便作为今后组织地方医生工作之参考。

八、各地整编中医务人员如有编余应介绍至卫生总局，以便集中整训。

以上希各遵照执行。

选自《山东革命历史档案资料选编》，第20辑，济南，山东人民出版社，1986年版，第71～72页。

41. 山东省政府关于征集保存古代文物的通令

1948年8月5日

查古代文物，为我民族文化之遗产，其中不少具有历史价值、学术价值或艺术价值，如任其损毁散失，实属违背土地法大纲保护古代文物之旨。本府为使有计划、有组织的〔地〕征集保存，以供将来整理研究起见，特作规定如下：

一、在各级干部和群众中进行深入教育，说明此类文物是中华民族文化的历史遗产，对新中国文化具有重大价值，应加注意爱护，不应一概斥为封建文化，让其散失损坏，尤当严禁出口或转移贩卖。

二、行署直属专署和县应成立古代文物管理委员会，以政府文教部门吸收群众团体宣教人员，并聘请地方知名人士、文化教育工作者组成之。由政府领导，拟定具体办法，并负责征集保管工作。凡关于古代石器、陶器、甲骨文、铜器、古印、古钱、玉器、瓷器、书籍、字画、碑帖、佛经、雕刻、漆器、石碑、造象等等，及近代图书、杂志、报章、仪器、挂图、表册以及美术品之类，经征集后，由每一行政区建立一图书古物保存所，负收藏保管整理之责。该所由各行署教育处直接领导。

三、其有各寺古刹雕塑、石像、碑碣、壁画、钟鼎等类，系属笨重，不便转运者，可暂存原地保管，由古物管理委员会负责调查登记，并责成当地有关方面或群众武装团体负责保护。

四、在征集中，凡地方人士捐献其所藏古代文物归公保存者，各地之文物保管委员会可斟酌情形，给予适当之奖励与照顾。而在土地改革中没收地主之古物，不论已经分配与否，应按土地法大纲动员交给文物保管委员会，不能作为一般财产分给当地群众，而由国家保存，归全体人民所有。但在群众交献以上古物中，只可给以适当之奖励。

五、凡工作人员利用其职权收集古代文物珍器为已有者，在通令之后，应即送交当地之古物管理委员会。如在管理机构已经成立而仍匿不交出者，即以窃取果实论处。对负责收集爱护又能及时送交古物管理委员会者，应予奖励表扬。对任意把图书文物损坏者，应予严格批评，情节较大者应予处分。

以上各点，希各级政府认真讨论贯彻执行。

此令

主　　席　黎　玉

教育厅长　白　韬

选自《山东革命历史档案资料选编》，第20辑，济南，山东人民出版社，1986年版，第354～355页。

42. 山东省政府关于恢复教育工作的指示

1948年9月20日

我山东全境已大部解放，灾荒已基本克服，秋收以后，有重点、有计划的〔地〕迅速恢复教育工作，以适应建设需要与人民要求，已成为我当前的重大任务之一。为此，省府特召开了全省教育会议，深入讨论与研究新民主主义教育的方针政策路线、今后恢复教育工作的计划以及各种办法。现会议已胜利结束，并已制定各种工作草案，首先将《恢复整顿教育工作草案》《关于小学民办公办问题的决定草案》《中小学教职员学生待遇标准及中小学经费开支标准草案》等三个草案发出，其他各种草案陆续发表。望各级政府接到后，一面结合当地具体情况讨论执行，一面将讨论意见报告本府，以便汇集整理制成决定后正式公布施行。

主席　黎　玉

选自《山东革命历史档案资料选编》，第21辑，济南，山东人民出版社，1986年版，第33～34页。

43. 山东省恢复整顿教育工作草案

1948 年 9 月

一、目前我山东解放区已大部解放，环境日趋稳定，灾荒也初步克服，各种建设工作正在逐步发展。在此种情况下，秋收以后，迅速恢复与整理教育工作，充实人民的文化生活，提高人民的文化水平与政治觉悟，以满足人民的要求，培养大批师资与各种建设人才，以加强山东解放区的建设，支持人民解放战争，已成为我们当前重大任务之一。

二、恢复与整理教育工作，必须根据不同地区、原有教育基础、群众生活状况、学习要求以及主观需要、人力财力等条件，有重点、有步骤、有计划的〔地〕进行。

所谓不同地区，根据目前山东实际情况，大体可分为：

第一种是老解放区，土改已大体完成，无灾荒，或虽有灾荒而已经克服，群众觉悟较高，人民办学要求迫切。这类地区只要有人力，可以较普遍地恢复。

第二种也是老解放区，但灾荒较重，尚未完全克服，群众生活比较困难，则不能普遍恢复，只能有重点的〔地〕逐步恢复，灾情仍然严重者，则暂缓恢复。

第三种是新解放区和新收复区，群众尚未发动，或已受摧残，但前者习惯上都有办学传统，为团结改造新地区的知识分子，稳定社会秩序，应结合一般工作，依照当地具体需要与条件，有重点的〔地〕普遍恢复，逐步改造。这类地区如果公办之外仍有自办的要求，则由于阶级关系还未变化，可以根据谁念谁拿钱（但仍应接受当地政府的领导与监督）的原则，允许人民自办，并提倡富者多拿、穷者免费的办法，以资调剂。后者则可按敌占时的变化情况、人民生活及工作基础，酌量设学。

第四种是环境尚不稳定的地区，即是边沿受战争影响或有繁重支前任务的地区，则需待环境趋于稳定、条件具备时谋求恢复。如遇大规模支前时，则必须在支前中积极进行民工教育。

原有教育基础，是我们恢复整理工作的依据。如胶东向来工作比较发达，教师比较多，就学儿童青年也比较多，鲁中南某些地区缺乏教师，小学很不发达，而成人教育则较有基础，自学青年的数量多，而铁路沿线历史上教育就比较发达，虽然大多数是新解放区，但中小学校都比较多。我们就必须按照各种原有的基础，来考虑应该着重恢复什么、如何恢复等。又如渤海个别县份原有学校并未停办，数量亦不少，则不是恢复问题，而应该按照我们今天对学校的要求标准整理提高。

在中等学校恢复问题上，我们必须根据建设工作的需要与我们的人力财力，分别缓急。客观上虽然迫切需要，但如果我们的人力财力不够，则可少办或缓办，或是办更急需要的，比较不重要的，则应等力量具备时再办。

群众的需要，应在群众需要迫切的地方先办，否则后办。如官办之数量不能满足人民的要求时，则可允许民办，政府予以积极的帮助与指导。至于民办小学，则应完全以群众自愿为原则，不可强迫命令。

所谓有重点，就是在上述各种地区上，首先着重于第一种老地区的恢复工作，在配备干部上，应考虑首先在主要重要地区与主要重要学校配备较多较强的干部。先从条件较好的地区有重点的〔地〕做起，吸收经验，然后逐步发展；不是平均使用力量，全面大呼隆。

三、根据上述原则，对今后恢复工作的初步要求如下：

（1）中等教育：

为适应当前建设工作的迫切需要，必须首先重视中等教育的恢复，考虑在今年秋收以后、明年春耕以前，争取达到下列要求：

甲、普通中学：普通中学是培养具有一般文化知识的青年知识分子的学校，毕业后经过简单的就业训练，即可参加各种建设工作，或继续深造，因此应要求大部恢复。

1. 根据行政区划，共要求恢复中学十二处，计胶东五处（每个分区各办一处）、渤海四处（每个分区各办一处）、鲁中南三处（滨海、沂蒙、鲁南各办一处）。

2. 在交通线及工业较发达的城市，为吸收大批青年学生，加以改造与培养，要求在胶东之威海、莱阳、昌邑，渤海之德州，鲁中南之泰安、淄博，昌潍之昌乐，以及青州等城市，各设中学一处，共八处。（其他新解放城市，如兖州、济宁、潍坊，则本〔未〕列入本草案内。）

3. 为了提倡半工半读，以解决一部分贫苦青年入学，各地区仍可根据条件试办工读学校。（中学贫苦工农学生公费补助，三个地区各六百名，由行署统一分配。）

乙、师范：以〔为〕培养训练大批人民的教师，积极整理与开展小学，普及成人教育，应以大力恢复师范，可考虑在今冬明春做到：

1. 胶东、渤海、鲁中南各设师范一处，开办时兼办高初级师范，逐步求得以培养高级小学教员为主要任务。在开始时可一面招生，一面协助地方训练教员，并从此吸收学生打下基础。

2. 各地区中学应设初级师范部，以培养初级小学教师，共十二处（计胶东五处，渤海四处，鲁中南三处）。为了适应急需，可首先开办一年制简师。泰安、青州、昌乐、淄博四个中学，各设师范班。上列各行政区中学中所设之师范部，在条件具备时，即可分离为独立的初级师范学校。

3. 恢复曲阜师范学校，并附设中学部。（师范生名额：胶东一千名；渤海八百名，鲁中南包括曲阜师范八百名，具体由行署支配；昌乐一百名。）

丙、培养工农知识分子：

1. 某些老区，尤其是鲁中南的内地，目前极少高小毕业的学生，普通中学还不能按正规办理，而农村自学的青年却比较多。这类地区的中学，便首先须注意这些对象的培养。可先成立文化补习班，吸收在职文盲和半文盲干部及农村自学有成的青年，予以一年左右的文化学习，达到能写会算、相当高小毕业的文化水平，既可就业，又可深造。随着整个教育工作的开展，再逐渐办理正规的中学。就目前说，这一工作应看作这种地区中学的一个重要任务。在一时无中学生的地区，文化班学生可享受已分配之补助生名额待遇。

2. 在工人区（如淄博、坊子）应开办工人学校，或先在中学内试验附设工人班，吸收青年工人或工人子女，予以文化上的补习教育。

丁、职业教育：随着各项建设的发展，极须〔需〕发展各种职业教育，但因限于条件，并使更有效地与实际结合，可统由各业务部门直接办理。

戊、干部教育：关于在职干部训练及提高问题，虽极重要，但由于目前教育部门主观力量还无暇顾及，也暂由各行政部门负责。

（2）小学与民校：

甲、高小与高级民校：

1. 高小是培养青年知识分子及建设人材〔才〕的后备学校，原则上在条件（教员、经费、学生、人民生活）许可下，应尽可能恢复。

2. 胶东各县可考虑每区设两处到四处。渤海原有高小较多之县，可争取一区设一处，原有高小较少之县，则可少设，但最少一县也要设一处。鲁中南除第二、第四两种地区外，一般每县可设一二处，某些条件、工作基础较好的区，则可每区设一处。

3. 前述第一种老区，如鲁中南的大部地区，农村青年有学习要求，而其程度与需要又不适合学习一般高小的功课，则可在原有基础上试办高级民校，以满足此种青年的要求，或即以培养村的文书会计为目的，有条件之区，可以试办，创造经验。

乙、初小及青年成人教育：

1. 初小应有重点、有步骤、有计划的〔地〕恢复，必须根据前述不同地区的情况与教育基础，分别确定设学要求。

2. 第一种地区可考虑首先恢复二分之一到三分之二；第二种地区可考虑首先恢复三分之一到二分之一。

3. 上述第一种地区应同时根据青年学习要求，首先有重点的〔地〕恢复青年学习，如夜校、识字班、青年学习室等，并在此种学习组织的基础上，如主客观条件具备时，逐步整理提高，试行建立较正规的民校。第二种地区则可由村的学习积极分子或村干组织学习小组，如群众有此要求时，亦可根据需要与自愿原则恢复夜校、识字班等较集体的学习组织。新解放区的群众教育，应配合群众工作进行一般的时事政治的宣传教育。

4. 新收复区和新解放区，则应根据群众要求和我们财政粮食设立公办小学，设立后，对这些地区的教师应加强教育改造。对新收复城市教育另定之。

5. 第四种环境不稳的地区，只能进行一般宣传工作，小学要看群众要求与具体情况酌量办理。

（3）社会文化活动：

文化活动如剧团、黑板报等，必须有一定的群众条件、一定的教育工作基础，在这基础上恢复。应该先着重在第一种地区，在小学已经初步开展之后，来逐渐的〔地〕恢复。在冬季和春季的文娱期间，可与小学结合，以求进一步的开展。但必须注意根据群众自愿，克服浪费现象和形式主义。

四、恢复步骤：

上述恢复工作恐需半年至一年的时间才能完成，但须抓紧本年秋收后几个月的农闲期间，将大部分的重要工作做好。我们认为应该在这段时间完成下列几个步骤，也即是几个主要环节（其能迅速开学者应很快开学）：

（1）为了贯彻执行恢复教育工作的任务，必须争取在半个月内做到各级文教干部回到工作岗位，各级政府召开会议，传达大会所提的各种草案，首先对方针路线要求认识统一，对于恢复计划要根据具体情况，做到定出各地的具体方案。

（2）配备干部，充实机构，把各级教育行政部门建立起来。停办前的原来教育干部，应尽可能调回，尚缺者，应尽可能调配。首先将行署、专署及县的教育机构充实起来，一时配备不上科长者，可由其他科长兼任或［由］主要科员代理。区助理员也应尽可能补充起来。如边缘区斗争比较尖锐，一时难以设学者，也可暂缺。学校干部则应首先将师范、中学配备起来，其次为高小。

（3）县区应迅速根据恢复原则，讨论研究物色教员，初步设学，根据已有的了解，研究哪里可以恢复哪个教员可以担任，将可以设学的地点，作初步的规定与恢复，等大体走上轨道，再进行个别调整。

（4）计划初步确定之后，即应由县召开会议，或［以］其他方式召集动员教师开会，传达省教育会议讨论过的重要问题，整顿思想，布置工作，并在某几个重要问题上给以训练。但时间不宜过长，一般的以一、二星期为限，会议亦可分批召开。对于有些教师在土改整编以及停办学校时，因处理不当而积留的问题，应适当解决，以便安定其情绪。

（5）初步整顿恢复以后，应进行检查纠正偏差，争取在春节前后总结经验，作为明春进一步继续恢复整顿和发展的参考。

上列步骤仅供各地参考，在执行时，应从实际出发，根据各地具体情况，作具体运用。至于中学、师范的恢复，则应在秋收后争取开学。

五、恢复教育工作，是一个异常艰巨的任务，必须采取积极的方针与稳重的步骤：

（1）首先，恢复教育就要努力满足建设与人民的需要，这是坚定不移的积极方针，不能拖延和敷衍塞责。至于工作中的困难，如教师缺乏，我们必须有充分的认识与估计，并采取积极态度来克服，而不能为困难所吓倒。同时，我们教育工作又不是单纯的〔地〕恢复到停办前的老样子，重复过去的错误，而是在恢复中贯彻正确的方针，克服过去教育工作中的偏向。既要反对无组织、无制度的游击主义和不读书、轻视学习的狭隘经验主义，又要防止缺乏内容、不从实际出发的形式主义和脱离实际，死读书的教条主义，使今后教育工作能够健全的〔地〕发展，不再走弯路。

（2）教育工作是一个长期建设任务，是要对全省人民负责的，因此，还必须采取稳重的步骤，尤其要根据现有条件来计划工作，条件具备时就做，还不具备时，就要努力于条件的培养与创造，等待条件具备时再做。要切实重视实际效果，恢复一处就巩固一处，办一个学校就像一个学校，学习一月就有一个月的成绩。要严格防止害急性病、不问实效、追求数目字、形式主义和单纯任务观点。

（3）工作布置之后，一定要有检查，并经常运用通信汇报、巡视、各别谈话、小型会议等办法，及时交流经验，纠正偏向，发扬成绩，作〔做〕到“不失时机的、生动的、具体的报告和指示”，不要布置下去就不管了的放任自流的态度。

（4）各级领导应有不同的重点，行署、专署在领导上应主要掌握恢复中等学校，县与区应以全力恢复小学。但不论掌握什么，都应该抓紧一个学校或一个区村，来进行深入了解、系统的研究，及时总结经验，以便在恢复过程中，能够指导一般。

（5）冬学问题：今年整个冬学运动时间，也即是恢复教育的时间，因此，不单独提出冬学运动，而应贯彻恢复计划，在冬运期间，求得正常的开展。至于老地区内，群众有学习条件而未曾设学的村庄，则可推动群众成立自己的领导学习的组织（如文委会），运用群众教师办理夜校、识字班和冬学班，进行文化学习。

选自《山东革命历史档案资料选编》，第 21 辑，济南，山东人民出版社，1986 年版，第 34～41 页。

44. 山东省关于小学公办与民办问题的决定草案

1948 年 9 月

（一）一九四六年推行民办，目的在于发动群众自己办学，以期在小学教育上实现群众需要和自愿原则，达到群众管理学校，并克服非群众路线的命令主义的作风。这一基本出发点是正确的，并获得了一定的成绩。但由于当时战争紧张，集中力量支援战争的情况下，省府为紧缩财政开支，指令各地区一律限期将公办转为民办，因而就难以有准备、有领导、有计划的〔地〕依据地区条件和群众需要与自愿逐步转变，而是简单的官命民办。民办后又放松领导，学校经费不固定，教师生活无保障，以及其他各种重大问题，均未得到及时而有效的解决，造成紊乱无秩序的状态，教学效果普遍减低，不能满足群众的要求，达到民办的原来目的。其所以如此，除战争直接影响外，而在领导上，则是由于未能从实际出发，认真实践群众需要和自愿原则，采取合乎实际的慎重步骤，因而造成的偏向，并非是民办政策根本错了。

（二）过去民办，今又公办，不是由于过去执行民办政策不对，而是在统一村财政的要求下提出公办的。为了克服目前村财政随便摊派、开支的严重混乱现象，并使负担公平合理，杜绝贪污浪费，整理村财政是很必须〔需〕的。在整顿村财政的要求下，为了避免在教育经费问题上影响村财政的混乱，小学民办就不能适合此种情况，就必须以大部公办为宜。而目前也只能在一定的人力财力条件下，统一集中，统筹计划，有步骤的〔地〕恢复及整顿小学教育，不可能采取普遍发展的方针。

公办后，为了防止学校脱离群众，在办理上和教学上，仍需根据群众自愿与需要，因此要求：

1. 政府设学必须经过调查研究，根据群众的要求和人力财力，决定设学数目与设学地点，除计划在人口众多的村庄设学外，应在适中地区或小村密集地区选择中心点设学，以照顾小村。

2. 必须反复向群众宣传，使群众接受不能平均使用力量，不分大村小村，村村办学，因为这样就分散了经费，不能办好任何一个学校，收不到应有的效果。

3. 遵守自愿原则，动员附近小庄之儿童入学，设法解决其走读之困难，为此，小学所在村文委会当讨论小学问题时，必须吸收附近各村文委会委员参加，共同负责办好学校。

4. 政府任免调动及奖惩教师，必须和群众商量，取得群众同意，并经常教育每个教师倾听群众的意见，接受群众的监督，热情为群众服务，不得因公办而脱离群众。

5. 公办学校学期开始与终结，均应向学生家长及文委会报告教学计划及学期总结，启发群众批评建议，以资改进教学。学校经费决算，亦应交村文委会审查，并定期公布。

（三）在小学公办之后，由于经费的限制，不能每村设学，因此，公办不能彻底满足人民要求。办学的村庄，群众要求自己办学，可以允许民办，但必须经过区以上政府认真考察，确实合乎下列条件：

（1）人民生活充裕而又无灾荒现象。

（2）完全出于群众自觉自愿办学，而绝非干部强迫命令、包办代替。

（3）有适当教师及设备。

（4）有专门人负责管理者。

对于民办小学，应严格掌握下列几点：

1. 民办小学经费，应由全体村民大会民主讨论筹措办法，并经区以上政府批准，不得由少数村干擅自摊派开支，应根据省定教师待遇及初小经费开支标准，开支呈报县府备核。

2. 民办小学应组成管理委员会，即由村文委会民主选举专人负责管理，经常吸收全村人民意见，认真办学，不断改进教学工作，不得由少数村干随便支配教员。政府应加强对民办的领导与扶植，经济困难者，视成绩之好坏，政府可以酌予补助，缺乏教师者，政府应设法介绍，并经常帮助其发展。

3. 民办学校的方针、课程、教材等，应按政府规定，遵从政府领导。政府教育部门，也应把民办小学和一般公立小学同样看待，在业务上应以积极的指导。

选自《山东革命历史档案资料选编》，第 21 辑，济南，山东人民出版社，1986 年版，第 41～43 页。

45. 山东省恢复和整顿小学实施办法草案

1948 年 10 月

一、小学设学原则

（一）为统一村财政收支，今后初小定为公办，其设学地点，由县统一计划规定。如在教育发达的地区，人民迫切要求办学，公办不能满足其需要者，应允许其民办，个别村庄民办经费不足时，可酌予公助。

（二）公办小学因不能每村普遍设立，故各小学之地址可选较大村庄或较密集之村庄，以便附近儿童就学。

（三）中心小学为辅导性质之学校，其任务为辅导本学区内各小学之业务，提高教学效能，并负责组织教师业务学习，因此须调文化政治水平较高、业务修养较强之教师充任之，但不应使之成为一级行政领导。在条件不具备成立中心小学地区，可由教员成立辅导组，配备条件较好的教员任组长，加强业务研究。如本区小学不多（只有三四处者），则可由区文教助理员直接进行业务辅导。

（四）公办初、高小之设立，均须经县核准。私立与民办小学亦须呈报县府备案，县区并应予以帮助与领导。

（五）小学定名，不论公办与民办，均以所在村命名，如初级小学则称×县×区×村初级小学；如初高级合设者，则称×县×区×村完全小学。私立小学则应冠以“私立”字样，民办者则冠以“民办”字样。

（六）小学须有固定校舍，宽敞、清洁、明亮之教室及一定之设备（如必要之教学用具、卫生运动用具等），以利教学。

（七）关于具体恢复步骤及高小设置原则，另有恢复教育工作草案规定之。

二、小学学制及编制

（一）小学学制仍暂定为四、二制，即初小四年、高小二年为修业年限，各以学完省定课程内容，考试及格，准予毕业，高小由县加印发给毕业证书。

（二）小学为国民教育性质，某些地区高小毕业生之出路，显然为担任下层干部者，其课程内容可与其实际需要结合，但其国民教育性质则不应改变。

（三）小学允许各阶层人民子弟入学，但应特别注意吸收翻身工农子弟。

（四）为照顾目前农民家庭经济情况及生产劳动需要，并为更广泛吸收儿童入学起见，除设整日制小学外，尚可设立晨班、午班、晚班或半日班等。组织儿童学习，主要学习国语、算术、常识，其毕业年限不定，以学完小学课程为准。

（五）非整日小学之儿童各种学习组织，在有整日小学的村庄，由小学统一领导，没有整日小学的村庄，由民校统一领导之。

（六）初小入学年龄定为八岁（七周岁）至十二岁，高小定为十二岁至十八岁，各地可根据具体情况略有伸缩。高小除吸收初小毕业生外，并可吸收具有同等程度之儿童及青年男女入学。

（七）班级编制：每班学生至少须三十人，如满五十人以上者，在力量许可时，可酌情另设一班。个别村庄具有办学条件及财力，只学生数目不足规定人数时，亦可允其单独设立。

三、小学教育目标及教育内容

（一）根据教育总方针或宗旨，小学教育目标应教导儿童识字、明理，发挥儿童之智慧，增进儿童健康，培养儿童生产知能及民族民主斗争的实际知识，使之成为新民主主义共和国之新儿童。

（二）根据教育方针和目标，小学品质教育在养成：

1. 反美反蒋，痛恨帝国主义和压迫剥削人民大众的封建阶级、官僚资产阶级和反动统治者。

2. 爱祖国独立自由解放，爱劳动人民解放。

3. 爱参加家庭各种劳动，爱劳动人民，轻视不劳而获的人。

4. 痛恨独裁，热爱民主，爱护团体，服从多数，服从组织，遵守纪律，团结互助，培养集体观念与大公无私的精神。

5. 爱科学爱真理，反对迷信，反对主观武断。

（三）根据教育总方针和目标，小学课程设有下列各科教育内容，并应注意互相结合。

初级

1. 国语：包括读、写、讲三方面，以能识一八〇〇字到二〇〇〇字，能读通俗报纸，写简单书信和应用文，能当众发言为标准。

2. 算术：包括珠算、笔算、心算三方面。笔算以能运用整数四则，计算日常账目；珠算以能学会加、减法及一二位乘、除法为标准。

3. 常识：以能了解一般简单的政治、社会、自然常识为标准。

4. 唱游（低年级），音乐，体育（中级），美术（低级及中级）。

5. 学生在校生产劳动及课外活动（包括校内儿童团及社会活动）时间，每天不超过一个半小时，并应不耽误上课时间。此外生产知识之教育应与自然课结合，实际劳动应与家庭劳动结合。

高级

1. 国语：以能阅读地方报纸之地方消息、通俗刊物、一般的法令文告，能写作简单通讯报导〔道〕，能当众讲道理，能运用标点符号等为标准。

2. 算术：珠算学会四则，能运用；笔算要求学会小数、分数、百分法及简单的簿记、统计、复名数、面积、单利计算等。

3. 政治常识：包括本省建设政策、法令、一般时事常识、极简单之社会科学常识等。

4. 史地常识：历史着重于中国近代人民革命运动史，其次为中国社会发展概况及世界主要国家革命简史；地理着重中国政治、经济地理、世界概况等。

5. 自然常识：包括自然现象、生产知识、卫生知识等。

6. 音乐：要求能初步认识简谱，能唱一般歌曲。

7. 美术：培养欣赏图画兴趣及学习简单图画。

8. 体育：着重基本动作、团体操，养成规律活动。

9. 学生在校生产劳动及课外活动，同初小规定。

（四）小学教学科目及每周教学时间：

各科每周教学时间比重如下：

科目 节数 级别		国语	政治	史地	自然	算术	音乐	体育	美术	总计
			常识				唱游			
低年级	一二年级	480分	160分			320分	160分		80分	1 200分
中年级	三四年级	400分	240分			320分	80分	80分	80分	1 200分
高年级	五六年级	405分	90分	180分	180分	360分	45分	45分	45分	1 350分

1. 各级授课时间：初级每节四十分钟，高级每节四十五分钟（上表即依据此种计算办法，每周合三十节），在不同情况下，可以有所伸缩（如复式教学每节时间可以略长些），但授课时间之比重，应以此表为准则。

2. 周会、朝会不列入正课时间内。

3. 课程表之排列，可由县教育科统一制订，一般应将国语、算术置于上午第一、二节，音乐、美术、体育等置于下午末一、二节。

4. 中高级可酌设书法，每周二至三次。

5. 儿童每天在校时间，以七小时为原则。如家庭需要其参加劳动之学生，可于正课完毕后，提早回家，如家庭不需其劳动者，可在课后有组织的〔地〕进行各种活动与自习。

四、小学教导及管理问题

（一）小学教学方法，应采用启发诱导，注重课堂讲授及反复练习，启发儿童研究兴趣，使儿童用脑思考问题，防止单纯注入式办法。

（二）小学教导方法应注意联系实际，指导儿童搜集材料，实地观察，多做实验，参照本地现实材料，进行教学，求得学以致用，充分发展儿童之智慧创造能力。

（三）教师教学，应于课外充分准备，管教管会，注意效果，防止无计划无准备、敷衍塞责的不良倾向。

（四）小学生生活指导（品质教育）应注意运用民主方法，启发其自觉行动，尊重儿童之独立人格，禁止强迫训斥、打骂侮辱及变相体罚等恶劣办法。

（五）对于儿童之品质教育，在于日常生活活动中培养训练，养成其劳动观念、群众观点、民主作风、集体意识等；要彻底纠正进行空洞的教育，背诵教条，而不注意日常具体生活行动中进行教育、养成习惯的恶劣倾向。

（六）儿童自治组织形式：

1. 初级组织儿童团，各班设团分部，高级组织学生会（均不另设行政组织），使儿童过有组织的民主生活，防止自由散漫现象；教师应站在辅导地位帮助指导之，防止包办代替。

2. 儿童团和学生会，须根据各种不同情况，民主讨论，制定有关学习生活的制度和纪律（公约），大家共同遵守；教师事前应根据教导方针、要求，有计划的〔地〕指导与掌握，防止无纪律、不统一与极端民主等现象发生。

3. 儿童团、学生会在组织上应设学习、生产、文娱、社会活动等部门，使儿童能自动进行学习、管理生产及课外活动等。

（七）指导儿童团活动，不应采取不适于儿童身心发展之成人活动办法，并禁止用开会斗争、整风反省、查整及其他类似办法。儿童检讨会应加掌握并应少开，至多半月一次。

（八）小学在教导管理上，应建立各种制度。

1. 上课制度：学生应根据规定时间，按时到校上课，不得无故旷课或迟到、早退。星期日休息或作〔做〕课外活动（不问城市与农村，均以七日为一星期，个别学校设于集镇，因多数学生必须于集日离校赶集，帮助家庭经营交易者，可以十日为一星期）。

2. 请假制度：学生因家庭劳动或其他事故须离校者，应事先向学校请假，经许可后，方能离校，事后须向学校销假。

3. 考核制度：对学生学业与品质之进步，应注意平时检查与定期考核（月考、期考），并公布其成绩，使儿童了解自己学业及品质情况，明确努力方向，并需备有各种表册，以便记载检查。

4. 始业与毕业：小学一律以春季始业，每年分上下两学期，从二月初至秋假前为第一学期，从秋假后至第二年一月为第二学期，无论中间农忙、假期长短如何，以学完规定之课程为准，然后进行考试，及格者升学或毕业。

5. 假期制度：为适应农村环境，决定农村小学放农忙假和春节假，假期时间为麦假三周、秋假六周、春节假三周，各由县府根据具体情况，决定起止日期。城市小学放寒暑假，暑假六周、寒假四周。

五、小学行政及领导

（一）初级班设教师一人，每增一班设教师一人，初级四班者设教师五人，以下每增一班，再增设教师一人（如五班即六人，六班即七人……）。高级一班者设教师二人，二班以上者，以平均二班三个教师为准。

（二）初级小学均设校长，并兼任教员（如农村单级小学，即由该教师本人兼任校长）。凡教师在五人以上者，除校长外并设教导主任一人，及事务员一人（均兼教员），校长、教导主任均由政府委派。城市小学在五班人以上者可设工友一人（兼炊事员）。农村小学教师五人以上在校起伙食时，可请人帮助办饭，政府每月补助粮四十斤。学校寄宿生及教师在校起伙共满二十人以上者，可设炊事员一人（兼工友），但不另补助粮食。

（三）校长为全校负责人，领导全体师生进行学习、生活、工作等，并负责计划、检查、督促或执行各种工作，但必须根据民主集中制之原则，发挥每一教师才能，收集思广益之效。

（四）会议：

1. 校务会议：农村小学每学期开二次至三次，由全体教师参加，讨论工作计划及总结，提出改进意见和其他较大事宜。此种会议，应吸收村文委会代表、学生家长代表参加。

2. 教导会议：三班以上的小学，一周或两周举行教导会议一次，讨论教学方法、教材内容及教导等问题，按时总结、检讨本身业务工作，以谋改进。

（五）小学之设立与停办，教师之任免或调动，统由县决定之。教育方针、内容、计划、办法由主管机关掌握领导，区在行政上负有经常检查、督促、筹划、指导之责。

（六）小学所在村之文教委员会对学校有监督、建议改进校务之权，教师应定期向文教委员会报告工作，征求意见。文委会对学校应帮助解决其困难。如小学学生包括数村，则在本村文委会讨论小学工作时，可吸收各该村文委会代表参加，或另行召集各村文委会代表，举行联席会议。

（七）为加强教师业务，推进今后教育工作，各县应利用假期举行全县教育会议，由全体教师参加，总结过去及布置今后工作。或由县府举办教员集训或教育研究会，以讨论时事政治、研究业务工作或补习文化。

（八）为提高教师文化及业务，区或中心小学应组织教师进行星期学习，每月至少二次至三次。

六、小学与群众教育及村工作

（一）小学教师的职责在于办好小学，因此教师应首先以全力进行教学。但在办好小学尚有余力的条件下，还应在所在村负责推动组织村干、青年、成人学习，积极培养运用小先生及民校教师，对群众进行文化教育，作为普及国民教育重要部分之一。

（二）在教师极感缺乏之条件下，开展群众教育，应执行下列办法：

1. 发动群众自动组织学习，民主管理。

2. 开展自学互教运动。

3. 大量培养小先生与民师，充分运用他们的力量。

4. 推动组织剧团、俱乐部，出刊黑板报，进行宣传教育工作。

（三）小学教师在不妨碍小学工作条件下，应与村干共同商议，协助本村工作，推动本村文化，但须防止产生教师乱打杂的现象。此项工作一般包括：

1. 各种群众的文化娱乐活动，如剧团、秧歌队等。

2. 结合中心工作的宣传活动。

3. 帮助村干及群众处理工作及生活中有关文字方面的各种事宜。

七、经费

（一）不管公办或民办小学，必须严格执行经费开支与报销手续。

（二）民办小学或群众筹集之费用，必须开具详细收支账目，交群众审核，向群众公布。

（三）教师之待遇及办公费标准另行公布。

八、附则

本办法主要适用于农村及一般小城市，但其基本精神，亦适用于较大城市的小学。

选自《山东革命历史档案资料选编》，第21辑，济南，山东人民出版社，1986年版，第245～253页。

46. 山东省初级师范工作要点草案

1948年11月1日

一、山东全境解放，土改基本完成，今后将逐渐走上稳定的建设阶段。为普遍恢复与发展国民教育事业，以满足人民的需要，充实人民的文化生活，就需要大批为人民服务的新教师。但山东大部地区深感小学师资的缺乏，而现有小学教师又多水平太低不堪胜任，因此必须大量开办初级师范，一方面培养大批教师，同时有计划有步骤的〔地〕提高现任教师。

为了切实解决师资困难，今后必须明确师范学校的专业性。过去我们的师范除加教育课外与一般中学差不多，毕业以后大部分没有打通当教员的思想，或不具备充当小学教员的知能。今后必须在实施中贯彻师范专业性的精神，所有方针、学制、课程、教材、教法、思想教育、社会活动等，都必须根据农村小学教师教学所需要者来规定。师范学校教员也须有专业精神。

因此，初级师范的目的应该是培养能够教授初级小学及民校的教师。具体要求：

1. 具有一定文化水平，即：

（1）相当于二年制初中的各科文化水平。

（2）教育初级小学、民校及推动社教、帮助农村工作所必须〔需〕的知能。

（3）在工作中自修的基础。

2. 具有为人民服务的新民主主义思想，即：

（1）反蒋反美的民族意识与民主思想。

（2）热爱儿童，热爱人民，为新民主主义教育事业服务的思想。

（3）实事求是、虚心研究，追求真理的科学态度。

（4）艰苦朴素、埋头苦干、接近群众、安心工作的作风。

（5）健强的体魄，劳动的身手。

（6）改造农村社会、改良农业生产、改造农村家庭的精神。

3. 专业的知能，即：

（1）了解新民主主义教育的基本理论、方针、路线、政策及解放区教育实施概况。

（2）能掌握并运用新民主主义的教学及管理的原则与方法。

（3）推动农村社教，帮助农村工作的知能。

二、学制

1. 根据山东教育发展情况及一般的教师水平，初级师范暂定为二年制。但教师特别缺乏的地区，为应急需亦可办一年制师范速成班。

2. 吸收对象，年在十六岁以上三十岁以下的高小毕业学生（或具有同等学力者），或现任教师而文化程度过低不能胜任者。

三、课程

1. 总的精神：

（1）规定课程教材之原则，以做一个小学教员所需要者为标准。

（2）以提高文化科学知识水平为主，各科所占教学时间百分比约为：a. 文化课（国文、算术、史、地、自然、唱游）百分之七十五；b. 政治课（即政治常识）百分之十；c. 业务课（实习在内）百分之十五。

（3）课程时间排列，应注意集中、连贯。

2. 教学时间：

（1）二年制师范每学年除例假外，上课日数不得少于三十八周，除开学、放假、考试外，实在授课时间不得少于三十六周。第四学期最后一个月为实习时间。

（2）每周上课六天，不得叫学生运草运粮、自磨自食，耽误学习时间。全年除例假外，实在上课不得少于二百一十天。

（3）每日上课五小时，每周上课不得少于二十八小时，实习一个月在外，两学年共上课不得少于一千八百一十八小时。

兹将各科每周教学时间列表如下：

学年＼学期＼科目		国语	算术	政治常识	历史	地理	自然	教育	唱游美术	总计
第一年	上	8	5	3	4	3	3		2	28
	下	8	4	3	4	3	4		2	28
第二年	上	7	3	3	3	2	4	4	2	28
	下	7	3	3	2		5	6	2	28

（注）①算术：第三学期珠算，第四学期簿计及简单统计；②历史：第一学期中国近百年史，第二学期中国通史，第三学期世界史，第四学期社会发展史略；③地理：第一学期及第二学期上半学本国地理，第二学期下半及第三学期学外国地理；④自然：第一学期生理卫生，第二、三学期自然现象与农业常识，第四学期理化常识；⑤教育：第三学期新教育概论，第四学期教学法及生活指导。

3. 各科内容要求及时间分配：

A. 国语

（1）目的要求：a. 能够阅读一般报纸、杂志、文件、材料及浅近的文艺作品和论文。b. 具有教授讲解初级小学、民校国语，修改与指导学生写作的能力。c. 能写作普通工作中群众生活中所需要的应用文，并能运用标点符号，会查字典。d. 能运用通俗语言组织思想发表意见。e. 尽量作〔做〕到消灭错别字，并写的〔得〕清楚端正。

（2）内容及时间：两学年，采用初中教本四册，另外补充农村应用文。除课内练习外，应着重课外习作。

B. 算术

（1）目的要求：a. 具有教授初级小学及民校算术的能力。b. 具有农村日常生活中实用的计算知识及技能。

（2）内容及时间：a. 四则、分数、百分法（利息在内），第一学年学完（如时间允许可学比例）。b. 珠算、简单簿记、统计、简易测量，第二学年学完。

C. 政治常识

（1）目的要求：a. 了解新民主主义革命的性质与任务，解放区建设概况与发展前途，及各种重要政策。b. 获得社会科学之基本知识。c. 树立为新民主主义教育事业服务的新观点。

（2）内容与时间：a. 中国革命基本问题（十分之三）。b. 社会科学基本常识（十分之三）。c. 农村建设的各种政策（十分之三）。d. 人生观与作风（十分之一）。

D. 历史

（1）目的要求：a. 获得中国历史及世界历史的初步知识。b. 根据近百年民族民主革命斗争的史实，了解中国社会发展的规律及其趋势。c. 具有教育初级小学与民校所需要的历史知识，并能批判民间流传的封建正统思想的历史故事。

（2）内容及时间：a. 近百年史——第一学期。b. 中国通史——第二学期。c. 世界简史——第三学期。d. 社会发展史略——第四学期。

E. 地理

（1）目的要求：a. 了解中国地理状况、世界地理概况及中国在世界上所占的地位。b. 了解中国物质资源的大概情况、建立新中国的物质基础。c. 帮助学习其他课程及时事，并具有教授初小及民校地理及时事的能力。

（2）内容及时间：a. 第一学期及第二学期前半学中国地理。b. 第二学期后半及第三学期学世界地理。

（注）a. 着重讲自然地理、经济地理，联系政治地理。b. 中国地理着重讲解放区，尤其是山东。c. 世界地理着重讲苏联、美国及远东主要国家。

F. 卫生

（1）目的要求：a. 了解生理机构卫生常识、对疾病简单预防与治疗常识、社会卫生的重要与建设。b. 具有讲授初小及民校卫生，并指导农村社会卫生的知识。

（2）内容及时间：第一学期讲完。a. 生理常识占三分之一。b. 卫生常识占二分之一。c. 个人卫生、家庭卫生、社会卫生的简易建设知识占六分之一。

G. 自然

（1）目的要求：a. 对动植物、理化及习见的自然现象有正确的认识与简单的科学知识。b. 能教授初小及民校的自然常识，并能指导群众打破迷信、保守，改良生产技术，接受科学的耕作方法。

（2）内容及时间：a. 自然现象，第二学期前半段。b. 动植物，第二学期后半段加第三学期。c. 理化学常识，第四学期。

H. 教育

（1）目的要求：a. 了解新民主主义的教育方针、路线与政策。b. 学会初小、初级民校教学法及教学管理的知识。

（2）内容及时间：a. 新教育概论，第三学期。b. 教学方法（包括简单儿童心理）与儿童管理（包括小学行政），第四学期教完。c. 各科教材研究及各科教学法，在各科教学中讲。

I. 唱游美术

（1）目的要求：使学生具有指导初级小学唱游、美术及指［导］农村文娱活动所必须具有的知能。

（2）内容：a. 音乐，简单乐理、识简谱、唱歌指挥等技能，如条件允许尽可能每人学会一种乐器。b. 美术，简单透视原理、板画配色常识、图案等。c. 戏剧，剧团组织、舞台常识、化妆、导具、导演、音乐、配灯光等常识。d. 唱游（一二年级）及舞蹈。

（注）①课堂着重讲授一般知识及浅近理论，活动尽量在课外进行。②在课本未编出单独的师范教本前，暂同中学教本。

四、教学指导

1. 各科教师同时应负责教给学生在小学中本门课程的教学法，组织学生研究小学教材，教员自身的教学态度、教学方法、耐心民主的作风，潜心研究以教育为终身业务的精神等；应以身作则，对学生起典范作用。

2. 各科教师，应经常进行系统调查研究，并帮助驻地小学与群众教育工作，以便了解儿童与农民生活斗争的需要、小学教师的困难，以充实教学内容，使学用一致。

3. 注意课堂教育与课外活动的互相结合、互相印证，使学生真正学到实际有用的知识。一切课外活动，都应以提高学生教学知能为中心，补充课堂学习之不足。尽量运用并指导学生学习，利用现成材料自己制作挂图、标本、实验、参观、画地图、造玩具。组织各种研究会（如教育研究会、农村问题研究会、小学教材研究会、唱游文娱研究会、各科教学研究会等），让学生自愿参加，使学生在校所学的一切都是教学时要用的。

4. 师范学校的社会活动，应以辅导驻地附近小学教育与群众教育为主，使教学与实际相结合。学校应根据学生情况，在学校附近村庄有目的有领导的〔地〕组织学生进行调查研究、参观，并帮助小学教育及推动社会教育，组织成人识字班、夜校、俱乐部、黑板报及文娱活动等，适时联系实际。各科教员亦应分别参加小学教师的业务研究（如国语教员参加国语教学研究，算术教员参加算术教学研究等），先向小学教员学习，再帮助小学教师解决困难，并整理充实自己。

5. 师范学校的思想教育，不仅是一般的〔地〕教育学生为人民服务，而是要具体的〔地〕教育学生为人民的新教育事业服务，这就必须在日常学习生活中贯彻培养浓厚的教育事业的气氛。

6. 实习：第二学年最后一个月，按照目的与计划进行分组实习。以三至五人为一组，分到一个小学去，代替原来教员上课及管理儿童，或分组进行成人识字班、夜校及黑板报、通讯组、村俱乐部、文娱活动等的实习，把在校学习二年所得的知识，在实践中试用一下。小学教员从旁帮助，师范教员出巡视指导，小组经常开会检讨研究。实习完了，开全体大会分组回报，集体讨论，研究典型，提出问题，解决问题，全面总结，提高一步。

附注：除以上规定者外，其他学校行政组织、管理制度等，普通中学工作纲要草案之规定全部适用。

选自《山东革命历史档案资料选编》，第 21 辑，济南，山东人民出版社，1986 年版，第 265～271 页。

47. 山东省普通中学工作纲要草案

1948 年 11 月 1 日

（一）目的、要求、学制、课程

一、目的与要求：

根据新民主主义教育方针及山东解放区的实际情况，我们的普通中学应该是培养新知识分子的学校。即是使学生具有为人民服务的新民主主义的思想（应即具有一定程度的民族民主思想、唯物观点、群众观点与劳动意识）及建设新中国（首先是建设山东解放区）所必须〔需〕的中等文化水平与基础科学知能，毕业后，经过简单就业训练即可参加各科工作，或可继续升入各种专门学校以求深造。

据此，普通中学吸收学生的对象一般应是高小毕业或具有同等程度的青少年，不问其家庭成分，均可入学。即使是地主富农子女，亦不应排斥。但为了大量培养劳动人民子女成为新知识分子，以充当建设新中国的骨干，中学应采取必要措施（补助与适当降低文化水平）有计划的〔地〕吸收劳动人民的子女入学。尤其是在老解放区，高小毕业学生较少，而自学有成的青年较多，中学里则应设文化补习班，吸收文盲、半文盲的在职干部及自学有成的青年，予以初级的文化补习教育。在新解放城市，则应首先大量吸收全部现有中学生，加强政治思想教育，进行改造，使之成为为人民服务的知识分子。

二、学制：

根据目前山东解放区建设需要和原来教育基础，普通中学学制，在迫切需要干部的老解放区及工商业尚不发达的小城市，暂定为二年制；干部需要不迫切及工商业较发达之新收复的中、大城市暂定为三年制。对于新收复城市中学之高中，暂时维持原状，但可根据需要与条件，适当添设实用的选课。为应急需，各中学均可附设半年（新解放区青年学生的思想改造）及一年（老解放区的工农文化补习）的速成班。

三、课程：

A. 二年制中学，根据目前经济困难情况既要自运粮草、自磨自食，又要生产□□，解决书籍、讲义、学习用品及日用品等费用。每周需要一天时间从事劳动，但每周上课不得少于五天，每日平均上课五小时，每周正式上课不得少于二十四小时。全年上课不得少于三十八周，除考试外，正式上课不得少于三十六周。一切假期除外，实在上课不得少于一百八十日，共约八八四至九〇〇小时。

兹将各科教学时数列表如下：

年限 时数 科目	第一学年		第二学年	
	第一学期	第二学期	第一学期	第二学期
国语	6	6	6	6
数学	6	6	4	4
政治常识	3	3	3	3
历史	2	2	4	3
地理	2	2	2	2
生理卫生	4			
自然		4	3	
理化常识				4
音乐美术	2	2	2	2
总计	25	25	24	24

说明：

(1) 为提高学生文化水平，国语、数学两科比重较大，国语每周六小时，作文在外。为便于集中指导，一年级可在一个早自习时间内统一进行。

(2) 算术，第一学年每周六小时，珠算、簿记在内，只教方法及指明门路；第二学年四小时，主要学代数，可以半学期时间学几何大意。

(3) 历史，第一学年学中国近代史，第二学年第一学期学中国通史，第二学期学世界史。

(4) 生理卫生与自然，历史与地理，同时并进，或集中先学一门，均可试行。

(5) 自然时间较多，理化常识时间太少时，第三学期可抽一部分时间讲理化常识。

(6) 音乐美术课内着重讲授基本常识，练习放在课外进行。

(7) 体育在课外活动时间与劳动生产结合进行。

(8) 周会一小时，定于星期一早自习时间进行，不在上课时间以内。

B. 三年制中学多在城市，不必自磨自食，不必规定劳改日，除星期外每周上课六日，每日平均上课约五小时，连二小时周会在内，每周正式上课时间为二十八小时到三十小时。全年正式上课三十六周，每周六日，共为二一六日，每周上课约为三十小时，共为一〇八〇小时。

兹将各科教学时数列表如下：

科目 \ 时数 \ 年限	第一学年		第二学年		第三学年	
	第一学期	第二学期	第一学期	第二学期	第一学期	第二学期
国语	6	6	6	6	6	6
数学	5	5	5	5	5	5
政治常识	3	3	3	3	3	3
历史	3	3	2	2	2	2
地理	2	2	2	2		
生理卫生	2	2				
自然	2	2				
物理			3	3		
化学					3	3
音乐	1	1	1	1		
美术	1	1	1	1		
体育	1	1	1	1	1	1
选修课	2	2	4	4	6～8	6～8
总计	28	28	28	28	26～28	26～28

说明：

(1) 三年制中学数学课：一年级算术（包括珠算），二年级代数，三年级几何。

(2) 一年级生理卫生与自然并进，或集中顺次进行，可试验。二年级物理，三年级化学。

(3) 音乐、美术、体育同前。

(4) 城市中学设选［修］课，大体规定：一年级设外国语、新文字，均二小时，任选一门；二年级设外国语、簿记、医药常识，均二小时，任选二门；三年级设外国语、应用化学、工商业、农林、文艺教育等，每周三～四小时，可任选二门。选修课可根据当地实际需要增减，学校规定后，呈请行署教育处或直属市教育局批准之。

C. 中学全部时间的分配：

(1) 学习与课外活动：每日二十四小时，睡觉九小时（早操、漱洗在内），吃饭三小时（饭前后休息在内），上课五小时，自习早晚共三小时，课外活动共四小时（包括①劳动生产及课外运动，每日平均一小时；②自由阅读、学习活动，每日平均二小时；③社会活动，平均每日一小时。这只是原则规定，可根据实际情况具体灵活的掌握，集中使用）。

(2) 劳动日、星期和假期：中学之在乡村者，每周可有一天劳动日（不需要者可参考三年制增加上课时间），学生搬运粮草、推磨等，早自习照常。星期日洗衣服，整理内务，打扫卫生、回家、开较大的会议，这样平日只开零星小会，不至妨碍学习时间。

学校休假日，除规定开会纪念外，可举行各种校内外活动，但必须为了教育。乡村中学例假七天，学习日数与假期比例为二十六比一，城市中学例假八天，学习日数与假期比例为二十七比一。

（二）教学指导

一、加强教学领导，提高教学效率：

A. 学校是教育机关，学生的要求是学习知识，普通中学的任务是以提高学生的文化科学知识为主；团结学生、办好学校的中心环节在于搞好学习，因此就必须按照规定的课程及时间进行正常教学。过去由于活动过多，忽视教学，教导处把大部分力量用在指导学生活动上，忽视了教学的基本工作，今后必须加以纠正。

B. 教学工作是学校行政及领导干部的基本业务、教导处的经常工作，学校应以教学为一切工作的中心，学校领导应该以组织教员教、组织教员指导学生学为中心。反对过去以职员为主去组织学生活动，而不管教员教学的现象，也反对教员不安心教书、学生不安心学习的现象。

C. 为加强教学工作的领导，校长、教导主任首先应该在学习上起模范作用，除熟习总的方针、路线、政策外，并应加强自己的业务修养，不但要学习教育理论与方法，而且要加强学习研究，提高各方面的知识，反对不学无术与事务主义。

D. 为提高教学效率，必须：

（1）在团结合作、有职有权、大家负责办好学校的精神下，充分发挥全体教职员的积极性与责任心。

（2）教学要有计划，规定课程要如期完成。建立各种必要的教学制度与工作纪律，起码要作〔做〕到课前有准备，缺课要补课，请假找人代理，要管教、管会、管用。讲义要经审查，作业要认真批改，课外学习与活动要负责指导。

（3）组织教学研究会，划分各种业务小组，加强业务研究，吸收现实材料，充实教学内容，改善教学方法，并按月总结各科教学。在学习方法上，应重视课堂讲授与课后自习自学。互教应予提倡，集体讨论的学习方法应继续采用（尤其对政常及历史），但不可过多，而应多采小组讨论方式，以每周一次至二次为合适。

E. 有组织有领导的〔地〕开展学习运动，不断提高学生的学习自觉性与积极性。要提倡学生课外的自由阅读与学术研究，要丰富各方面的知识，以发展学生的个性。要提倡读书并培养学生的读书习惯与能力，学校里要造成浓厚的读书空气。反对学生读书是不对的，是狭隘的经验主义，必须反对。但同时也要组织学生参观、旅行、实习、调查研究，引导学生接触实际，脱离实际死读书的教条主义也应防止。

二、正确进行思想教育：

A. 对思想教育的认识：

（1）思想教育即是以新民主主义的思想来教育青年为人民服务，这是新民主主义教育的基本目的，因此中学里的思想教育只能加强，而不应削弱（今后新收复城市更加重要）。

（2）思想教育是教导工作的重要部分，因而也是全体教职员的共同职责，应组织全体教职员共同进行。过去少数行政干部包办而绝大多数教员旁观的现象，应该纠正。

（3）思想教育与文化教育不是矛盾对立的，恰恰相反，必须是融和〔合〕的、统一的。孤立起来、空洞的〔地〕进行思想教育，是最无战斗力的。今后，必须把思想教育融合渗透在各科教学及各种活动当中。

B. 思想教育的具体要求：

（1）培养学生的民族意识与民主思想，明确学生反美反蒋的立场，消灭封建落后的正统思想。

（2）养成学生虚心研究、实事求是、追求真理的科学精神，反对自以为是、武断盲从的主观主义思想。

（3）培养学生艰苦朴素、团结互助、认真负责、遵守纪律的作风，反对自由散漫、浮浅嚣张、无组织无纪律状态。

（4）锻炼学生的劳动意识，热爱群众，打下为人民服务的思想基础，反对轻视劳动、不关心群众利益的剥削阶级观点。

（5）培植学生习〔喜〕好学习、重视文化科学知能的习惯，反对夸夸其谈。

C. 为了贯彻思想教育的方针，必须：

（1）把思想教育贯彻到各科教学与各种实际活动中去，从学生现有思想水平出发，根据思想发展规律，进行长期、耐心、深入、细致的工作，潜移默化，感染陶冶。要避免简单生硬、急躁主观以及把思想教育孤立起来的倾向。

（2）通过学习，充分发挥自由思想、自由争论、民主讨论、追求真理的新学风，以扶植进步思想，削弱落后思想，达到树立新民主主义思想的目的。这是思想教育中的群众路线。要纠正统治、压抑、打击、戴大帽子等违反思想教育基本路线的统治作风。

（3）所谓思想教育，只是以新民主主义思想教育青年，培养他们成为新民主主义的知识分子，而不应以共产党员的标准来训练与要求学生，不能把整风、鉴定、查整以及社会上阶级斗争的一套不适当的〔地〕搬到学校中去。在学校中应禁止采用斗争会或类似斗争会的方式来解决学生的思想问题。

三、教学必须与实际结合：

A. 必须明确认识，与实际结合是新教育在本质上区别于旧教育的重要标志。与实际结合的基本目的，就是要贯彻理论与实际一致、学与用一致，使学生的理性知识与感性知识相结合，提高教学效果，学而有用。因此，就必须反对教育与实际脱离，学用分家，学生死读书的现象。

B. 与实际结合的办法，首先应该是在方针、学制、课程、教材上切合解放区政治、经济、文化发展水平及国家建设和人民的需要，这是基本的。在教学上，各科教学内容上应多吸取现实材料，与当前的实际斗争相结合，在教学方法上，应使课内讲授与课外活动相结合，提倡启发的、研究的、实习的、座谈的教学方法。要使学而有用，反对管教不管会、管学不管用的脱离实际的倾向。

C. 与实际结合，不是满足于琐碎的〔地〕在实际工作中打杂，获得零碎点滴的知识，而必须从学生学习的长远利益出发，要注重系统的完整的知识的学习。因此，结合实际与联系实际，必须是有目的与有计划的，要反对过去盲目的〔地〕乱结合的现象。

D. 在课外与假期中，应有目的的〔地〕参加社会活动，在实际活动中充实课堂讲授内容，启发出新问题，从而提高学习兴趣与教学效率，这是应该的。但过去社会活动时间太多，今后必须适当减少，盲目的〔地〕不上课、终天光结合中心工作的经验主义必须反对，任何社会活动不能侵占上课时间，不经教育厅之批准，不得停课去作〔做〕其他工作。

四、为了提高教学效率，实现教育结合实际，还必须贯彻教导合一的方针：

（1）教导合一是教学工作的全部过程，因此教导合一的精神在于师生一致和教学一致。

（2）教导合一必须通过各种教学进行学生思想教育，反对只管在课堂教授不管课外辅导的现象。实际教育（使学生知）内即有导（使学生行），绝不应机械的〔地〕分开。

（3）课堂上课要与课外活动相结合。教员除教课外，还要参加指导学生的课外活动，这样才能具体掌握学生的实际情况，不但可以作为教的依据，而且也可以充实教的内容。

（4）教导处定期召开教导会议，分别研究教学辅导工作，做〔作〕出具体计划，达到统一领导与科学分工。

（5）教导工作是全体教职员的责任，教员应一律分别参加各班教导小组，各班教导工作应由教导小组经常具体讨论、共同进行。教导小组与级任的工作应根据民主集中的原则进行，班主任不应包办。

五、学生会问题：

A. 学生会的性质和任务：

（1）学生会是学生的自治组织，其主要任务是组织同学们更好的〔地〕学习，协助学校完成教育计划，改进与建设学校。

（2）其次是联合解放区学生以及全国学生，为谋青年本身福利，求民族解放，反美反蒋而斗争。

（3）全体学生都是会员，不应附加其他条件与手续。

B. 学生会的活动范围：

主要的是领导进行各种学术的研究及学习生活。其次是伙食管理、文化娱乐、体育、卫生、社会服务及其他政治活动等。学生会的活动不得侵占上课时间。

C. 学生会与学校行政的关系：

（1）学校应尽量协助学生会工作，全体教职员都负有作〔做〕青年工作的责任。

（2）学生会有其独立性，学校应当尊重，不能强迫命令、包办代替，把学生会作为学校御用机关。

（3）学生会的一切活动，应公开提出号召，争取同学拥护参加，不应自订工作计划，强迫多数人服从，以致与学校行政相抵触。

（4）学生会不得干涉学校行政。

D. 学生会为全校学生统一组织，凡带全校性质的活动由学生会组织进行。各班级设班会或级会，凡属一个班级范围内的活动由班会负责组织进行。

六、学校生产：

A. 学校生产的目的与要求：

（1）解决学生的经济困难，首先要求解决学习用品、日用品，逐渐达到解决书籍费，寄宿生解决吃菜问题。

（2）锻炼学生的劳动意识及提高学生的生产知能。

B. 学校生产的方针：

应以农业及手工业为主，选择成本不大、技术简单并可租用零碎时间进行者为适宜。

C. 全校成立生产委员会，领导全线生产工作。

（1）学校生产学生一律参加，学生可按生产种类自愿结合为生产小组。

（2）生产时间以不侵犯学习时间为原则，可利用自由活动时间及星期日进行，平均每日以一小时为适宜，不得超过两小时。

（3）分红原则应是按劳给酬，学校经费不得由生产中开支，剥削学生劳动力。

（4）分红具体办法，由各校生产委员会根据实际情况拟定之。

（三）行政管理

一、中学实行校长负责制，设校长一人（必要时得设副校长）。校长为全校最高行政负责人，总理全校一切行政事宜，对上级政府负责。

但为发扬民主，集思广益，大家负责把学校办好，应在校长领导下成立校务会议，由校长、教导主任、总务主任、教职员民主选举代表二至三人组成之（必要时得吸收学生代表参加），根据规定方针、学制、课程、上级指示及学校具体情况，具体讨论实施计划，布置检查总结工作，以及学校行政其他重大事项。每月开会一次，会前必须要有准备。每学期开始及终了，还应召开全校教职员大会，传达计划，征询意见，总结工作，展开批评。

校长室设文书兼收发一人，服务员一人，学校在城市者可设传达员一人。

二、中学设教导、总务两处，在校长领导下进行教导与总务工作。

A. 教导处：设教导主任一人（六班以上者得增设副主任一人）；教务员两班者一人，三班以上者二人，六班以上者三人，十班以上者四人；图书馆主任一人（由教员兼任），图书管理员一至二人；文印员一至二人，服务员一人；有理化仪器、标本之学校可设标本仪器室主任一人（由教员兼职），管理员一人。

教导主任之职责在于组织教员教与组织教员指导学生学，一切放弃自己职责都是错误的，必须加以纠正。因此教导主任必须着重组织教员，经常研究课程教材，充实教学内容，改善教学方法，以提高教学效率。必须通过教员经常掌握学生思想，提高学生的学习自觉性与积极性，组织学生的各种学习活动，并经常注意考查学生的学习成绩。

教导处之经常工作如下：

（1）制定〔订〕课程表及教学实施计划。

（2）办理学生入学登记、请假、编级、升级休学、毕业等事宜。

（3）考核登记学生成绩。

（4）印发讲义，购置管理图书仪器。

（5）掌管各种统计表册及其他有关教务事项。

B. 总务处：设主任一人，会计一人；事务员三班以下者一人，四班以上者二人，七班以上者三人；校医一人，卫生员每二百学员设一人；伙食管理员按寄宿人数规定，一百人以下者设司务长一人，一百人以上者增设管理员一人；学生每三十人设炊事员一人；教职员二十人以下者设炊事员一人，二十人以上增一人；教员住校者每十人设服务员一人；全校设通讯员一人；为运输粮草，每三百人以内者驮骡一至二头，三百人以上者大车一辆。各地可根据实际情况，请求批准后可以增减。

总务处之职权如下：

（1）编造预决算，掌握经费开支与供给制度。

（2）根据校务会议决定，拟定总务工作计划。

（3）经管教员学生伙食，管理全校校舍及一切事务工作。

（4）掌握设计学校一切建设工作及校具保管。

（5）具体执行全校生产节约工作。

（6）负责全校医药卫生工作。

（7）勤杂人员之生活管理与教育。

三、教员每班平均二人至三人，在校长及教导主任领导下进行教学工作。教员的职责不仅在于上课讲授，还要批改作业，指导学生课外学习，辅导学生课外活动。教员授课时间一般每星期不得少于十二小时，带小孩之女教员不得少于十小时，校长、总务主任不得少于四小时，教导主任不得少于六小时，教职员在校服务时间每日不得少于八小时。在一般情况下教员不得在其他学校兼课。

四、学生每班以五十人为适当，不足三十人者不能开班。每班均设辅导小组，由主课教员三至五人组织之，并得由任课最多之教员担任班主任；正副班长各一人，由学生自己选举。学生可根据自愿结合原则，成立互助小组，以六人至八人为适宜。

五、在校长领导下，组织生产委员会掌握全校生产工作。为发扬经济民主，另由全校民选组成经济审核委员会，审核经费开支。

A. 生产委员会——由校长、总务主任、教导主任（正或副）及生产有经验之教职员、学生、会计等组成之，总务主任兼任主任委员。

B. 经济审核委员会——由教职员、学生及勤杂人员选举五人组成之。

六、为了适应客观需要，提高教学效果，逐步走向正规化，就必须建立各种合乎实际情况的正规制度，克服过去无组织、无纪律、无政府的游击状态。为此特制定各种制度如下：

A. 首先要有开学、放假、学期与学年。兹规定：

（1）自本年二月一日起至第二年一月三十一日止为一学年，自二月一日至七月三十一日为第一学期，八月一日至明年一月三十一日为第二学期。

（2）中学假期：在农村，计麦假两周，秋假五周，春假三周；在工商业城市者，计暑假四十二天，寒假一个月。休假起讫日期，一律由行署教育处或特别市教育局规定。

（3）中学例假：计有“五四”“七一”“七七”“十月革命节”各一天；“元旦”三天；“双十节”“一二·九”，城市休假，乡村开纪念会；“三八”“五一”“六六”“八一”“国耻日”（十一月四日），举行纪念会，不休假。

除规定之休假日期外，不得行署教育处及特别市教育局许可不得放假。停课参加各种实际工作或其他活动在三天以上者，须经省教育厅之批准。

B. 其次应有入学、修业及毕业。

（1）凡年在十四岁以上二十五岁以下之男女青年学生入学，必须经过入学试验。

（2）为保持学生之相当稳定，动员学生出校工作，需在学期终了，由行署教育处及特别市教育局统一布置。学期中间任何机关不得教育厅之允许，均不得到学校中动员学生出校。

（3）中学第二学期以上之学级如有缺额，得于学期学年开始之前，招收同等程度之插班生，但须经编级试验方得入学。

（4）学生因身体、家庭或其他特殊情形，得请求休学一学期或一学年（超过一学年者以退学论）。休学期满之学生，得请求复学，经考试后编入相当学级。

（5）中学学生在学期中间不得中途退学，如因身体、家庭或其他特殊情况，经家长证明，方得请求学校准予退学。

（6）学校为教育青年之机关，非经行署教育处或特别市教育局之批准，不得开除学生。

（7）学生修业期满成绩及格者，准予毕业，由学校发给毕业证书。学期终了要求转学退学者，得发给修业或转学证书。

C. 第三应认真考查学习成绩。

（1）成绩考查目的，在于检查学习效果，提高学习情绪，推动今后学习，并从学习效果的检查上，作为改进教学的依据。

（2）成绩考查，学科成绩应与操行（即思想意识与行动表现）分开评定。前者应以测验为主，科学计算，以分数标志学习效果，后者可用个人总结、民主评定等方式，应说明具体内容，指出其思想、学习及生活上的优缺点，作为今后努力方向，不能简单以甲乙丙丁等次来标明。

（3）学科成绩考查，分平时、月考、期考、毕业考试四种。平时测验应重于定期，应用平时测验记分与多方面考查（随班考试、口试等方式），补救定期测验记分之片面侥幸等缺点。

（4）操行评定，于每学期结束前举行一次，可采取自报公议、小组评定、教员提意见，但不能采取干部鉴定办法，尤其应防止采取硬追硬迫的斗争会方式。

（5）学生成绩如各科平均分不及格者（六十分）或三门主课（国语、数学、政治常识）有两门不及格者，不得升级或毕业。

D. 第四应严格执行请示报告制度，以克服各自为政的独立主义倾向。

（1）各中学应于每学期开学后一月内，将下列各事项缮写两份，呈报行署教育处或特别市教育局转教育厅备查。

①本学期教育计划（包括教学及生活指导计划）。

②本学期新生、插班生、复学生、休学生、退学生名册，公费补助办法及名册。

③本学期教职员名册及业务分工状况。

④本学期学历及组织上之变更事项。

⑤本学期生产计划书。

（2）各中学应于学期结束后半月内制成下列各种报告书，缮写两份，呈报行署教育处或特别市教育局转报教育厅备查。

①本学期教育实施经过报告书。

②本学期全校各级学生成绩考查报告书。

③本学期全校教职员考成报告书。

④本学期经费开支报告书。

⑤本学期全校生产总结报告书。

（3）招收新生，增减班次，改变教育方针，修建校舍等重大事件，应先请求省教育厅之批准。

（4）各中学编造之任何教材，均应于每月终汇集呈报省教育厅审查。

（5）各中学学生每届毕业，应于学期结束后一月内，造具毕业生名册、毕业生成绩表各二份，呈交行署教育处或特别市教育局存转备案。并造具毕业证书，呈请验印发还后由校颁发。对毕业生之分配应由教育处、局统一计划。

（6）各中学教学总结报告、思想教育总结报告，其中主要经验、新的创造以及所遇到之重大问题，应随时报告教育处、局转报教育厅。

（7）各中学对明文规定之教育法规及重要指示，如因情况不合，在实施中确有困难必须变更时，须经教育厅批准。各中学对偶发事件及有关重大问题之处理情形，得随时报告教育厅。

附注：（二）（三）两部分规定的基本精神，亦适用于师范学校。

选自《山东革命历史档案资料选编》，第21辑，济南，山东人民出版社，1986年版，第272～287页。

48. 中共中央山东分局关于接管山东大学情况的报告

1949年6月8日

中央、华东局：

己冬[①]接管山大。变乱后，山大经员生护校，完整无损，并对我很热情，当即要求对住校学生五百余人讲话，要点有三：

一、对过去学生所受迫害及英勇护校致谢慰。

二、宣告山大已变成人民的大学，庆祝全体同学今后在人民大学中自由学习研究。

三、号召同学继续护校复课。三日召开扩大校务会议，宣布军管会命令后，首先对其护校工作表示谢慰；第二宣布军管会方针，第三请学校代理人负责办理校产登记。多数人表示愿诚恳合作，积极负责。近两三日来，学生经常出发宣传，教授、教员已组织新民主主义研究会，并纷纷索阅毛主席著作，要求学习革命理论。各同志已分头到各院广泛接触教职员学生。山大设备尚称完备，教授中有不少全国学术界知名之士，比之济南高出多点。此次接管采取稳重步骤，各方反映良好。今日上午已正式复课，下午召开全体教职员工学生大会，除对护校致以谢慰外，军管会就目前时局、文教政策、接管方针三方面问题作一报告。我意：①每位教授、教师、助教赠送毛选一部，合一百八十余部。②在山大成立一新阅览室，专陈我方书报。③下月开始以北平标准发薪。④山大学生几全部公费，据说党团员占百分之六十左右，应如何处理，望指示。望中央、华东局电告北平及上海关于

① 原注：己冬，即6月2日。

处理学校中国民党员团员的方针和经验。

山东分局

六月八日

原编者注：6月12日华东局宣传部对该报告作了批示，称“对山大的处理办法，甚好。公费生在初入城时可酌情暂予维持，今后可团结进步学生并通过其组织，确定人民奖学金的合理办法。学校中除宣传严禁个别特务分子继续活动与解散各种反动组织外，一般国民党党团员在评议奖学金时不应加以歧视。”

选自《山东革命历史档案资料选编》，第23辑，济南，山东人民出版社，1986年版，第19～20页。

49. 山东省私立学校暂行管理办法（草案）

1949年8月

第一条　为发展新民主主义教育，培养为人民服务的各种建设人材〔才〕，允许各社会团体或个人设立私立小学、中学、职业学校、专科学校及大学。

第二条　私立学校必须实施新民主主义教育，遵照本府所规定之学制课程及教学管理原则，采用本府教育厅编辑审定或指定之教材。

第三条　私立学校之开办、变更及停办，均须呈请主管机关转呈上一级主管机关核准，其行政教导设施，则须接受主管机关之指导，各级政府所颁布之一切有关法令必须保证执行。

第四条　私立学校之主管机关：小学为所在地之县（市）政府教育科（局），中学及职业学校为行署教育处（或直属专署教育科）、直属市政府教育局；专科以上学校［为］本府教育厅。

第五条　私立学校以校董会为其设立者之代表。凡私立学校之筹办，必须首先成立校董会，由校董会将其组织规章、人选资历、设学宗旨及计划、经费来源等缮具详细报告，呈请主管机关审查，如合规定，再转呈上一级主管机关核准（小学即由直属市教育局核准）后，方得筹设试办。以后校董会如有改选或其他变革，须随时呈报主管机关备案。

第六条　私立学校开学后三个月内，必须将其筹办经过、学校设备、经费预算、组织规章、教育计划、学级编制、教职员资历、学生名册等缮具详细报告，呈请主管机关审查，经主管机关派员视察，认为合于政府规定者方准予备案，然后再由主管机关转请上一级主管机关审查，经核准后方予立案。

第七条　凡本省现有之私立学校，在本办法公布后一个月内，均需补行办理备案及立案手续，否则概予取缔。

第八条　私立学校每学期始末均应作各种报告，其报告项目与公立学校同。

第九条　私立学校经主管机关检查认为办理确有成绩，并具有一年以上之历史者，得给以精神上或物质上之奖励，成绩特优而经费确有困难者，可酌量予以补助，其有办理不善、经费无着、学生过少或违背新民主主义教育方针及政府法令者，得视其情节之轻重，指令其改革或勒令其停办，必要时由政府接办。

第十条　私立学校不得设立宗教课程，或利用学校以宣传教义，更不得强迫学生信教及在校内举行宗教仪式。

第十一条　私立学校之校长及教导主任人选，得由校董会取得政府同意后聘任之。

第十二条　私立学校之教职员，在阅读政府颁发有关教育文件，参与各种有关政策业务研究之会议，参加教师的集体活动及学习进修等方面，与公立学校之教职员享有同等之权利；而在接受鉴定审查与调动，执行政府法规及指定工作，参加受训讲习，提高与改进教学方法等方面，亦与公立学校之教职员负有同等之义务。

第十三条　私立学校之学生升学、转学、就业及参与各种革命工作及社会活动等方面，与公立学校之学生享有同等之待遇。

第十四条　本办法自公布之日起施行，其有未尽事宜，得由本府随时以命令修改之。

选自《山东革命历史档案资料选编》，第 23 辑，济南，山东人民出版社，1986 年版，第 378～380 页。

十、土地租债

1. 山东省减租减息暂行条例

1940年11月11日通过、公布、施行

第一条　为改善人民生活，增强抗战力量，调整阶级关系，巩固民族团结起见，特制定本条例。

第二条　地主之土地收入，不论租佃、半种，一律照原租额减收五分之一，按收获分粮者，不论其种子、肥料、农具谁负，均按原定分粮比例，地主减收五分之一。

第三条　钱之利息收入，不论新债旧欠，年利率一律不得超过一分五厘（即百分之十五）。

第四条　地租一律不准预缴。

第五条　严禁庄头剥削。

第六条　地主对佃户之无偿劳役及指粮讹算之陋习，一律禁止。佃农在春荒时向地主所借之粮食，到收成后还粮，不得折价，粮息不得超过一分半。①

第七条　出门利、剥皮利、印子钱、利上利等及其他一切高利贷，一律禁止。

第八条　十年以上之旧债，债务人得商请债权人停息还本，债权人不得借故拒绝。

第九条　长期借贷者所交利息之总和，不得超过本金。

① “社科法制版”此处为“一分半”，“山东档案版”印作“二分半”，后者与本条例第三条不符。据考察原定为“二分半”，后改为“一分半”。

第十条　各县人民已（有之）[1] 息借款物及租种田地之文约字据，应由各县各级抗日政府督促当事人限期按照本条例第二条至第八条之规定，一律重新更换字据，过期不换，概作无效。但有特别情形经政府查明属实，或由各抗日群众团体负责证明者，不在此限。

第十一条　出租人未得租户、佃户、半种户之同意，不得将耕地收回转租、转佃、转半种他人。

一、依定有期限租用耕地之契约与依不定期限租用耕地之契约，如承租人继续耕作，出租人均不得解除契约；

二、出租人于能维持生活之前提下，于不能保持耕地原有性质及效能前提下，于不能不增加雇工耕作前提下，均不得以收回耕地自耕为借口而解除契约；

三、出租人于不能维持生活之前提下，于能保持耕地原有性质及效能前提下，于自己耕作不用雇工前提下，得原耕人之同意，得将出租耕地收回一部或全部自耕；

四、出租出卖耕地时，承租人以同样条件有继续承租权。如承买人买来自耕，适用本条第二款及第三款之规定。

第十二条　在本条例公布前，其已实行减租[2]，超过五一减租之规定办法者，可仍其旧。

第十三条　本条例如有未尽事宜，得随时由山东省临时参议会修正之。

第十四条　本条例自山东省临时参议会通过后公布施行之。

选自《中国新民主主义革命时期根据地法制文献选编》，第 4 卷，北京，中国社会科学出版社，1984，第 344～346 页。简称“社科法制版”。原注：“选自《山东省战时法规政令汇编》第一辑第一分册，一九四二年版。”

互校版本：《山东革命历史档案资料选编》，第 6 辑，济南，山东人民出版社，1982 年版，第 64～66 页。简称“山东档案版”。

2. 山东省战时工作推行委员会关于陈报清查土地人口的决定

1941 年 4 月 4 日

（一）为了推行民主政治，切实实施公平负担，整理田赋起见，在各抗日民主政权工作较有基础地区（各行政系统已经建立，民众已有组织，政令已能推行，村公所已实行民选之地区），得举行陈报、清查土地与人口登记工作，使政府能确切了解管辖各该地区之土地、人口，使一切行政工作有所依据。

（二）地亩标准：

甲、地亩面积以官亩为标准，即以营造尺五尺为一方步，二百四十六方步为一亩。

---

① “山东档案版”印作“已经”，“社科法制版”印作“已（有之）”。

② “山东档案版”漏掉“减租”二字。

乙、地亩肥瘦之不同，以收获多寡分为三等九级，即以普通收获年成每亩全年收获小麦（其他秋粮杂粮折合麦子）不及三十斤者列为劣等，一般不列负担。三十一斤到一百斤者为下等，一百零一斤到二百斤者为中等，二百零一斤到四百斤以上者为上等。而每等又分为三级，即三十一斤到五十斤为下下级，五十一斤到七十五斤为下中级，七十六斤到一百斤为下上级，一百〇一斤到一二五斤为中下级，一二六斤到一五〇斤为中中级，一五一斤到二〇〇斤为中上级，二〇一斤到二五〇斤为上下级，二五一斤到三〇〇斤为上中级，三〇一斤到四〇〇斤为上上级。

丙、因土地肥瘦消耗人工、肥料、种子数量不同，因此各级土地折合比例还不能完全以收获量折合，因此决定以中中地一亩等中下级一亩半、等下上地二亩、等下中地四亩、等下下地六亩、等中上地七分五厘、等上下地五分、等上中地四分五厘、等上上地四分。列表如下：

等级	下等			中等			上等		
级	下下	下中	下上	中下	中中	中上	上下	上中	上上
产量	31～50	51～75	76～100	101～125	126～150	151～200	201～250	251～300	300～400
折合地亩比例	6亩	4亩	2亩	1.5亩	1亩	0.75亩	0.5亩	0.45亩	0.4亩

丁、小麦与秋粮杂粮之一般比例标准，小麦十斤等高粱十二斤、谷子十六斤、小米八斤、豆子十三斤，其他花生地瓜等按时价折合，各地得照当地具体情形酌予增减。

（三）实施陈报与清查土地之地区，以县为单位，应先经县级党政军民负责机关商议，认为该地区条件已具备，可以推行，呈报专署批准后，召集县区政府及群众团体深入解释，宣布陈报及清查土地办法及标准及对付匿报土地（即黑地）之处理办法和纪律，并抽调一批干部，加以专门训练，然后到区村开群众大会，宣布陈报及清查土地之意义、办法及标准，务使群众了解赞同，解答可能发生之误会、疑问后，才开始进行。为了收集经验，减少弊病起见，可先择定每个区工作较有基础之乡或村为实验区，实验有效后，再普遍推行。

（四）陈报清查土地之办法，先由人民根据规定土地丈量标准及土地分等标准，将自己所有土地按段按块，将地主姓名、位置、亩数、等级，折合中中亩标明于小木牌上，插在田上，由村政委员加以登记成册，然后乡或区清查土地委员会加以审查订正以至实行清丈，个别匿报者，采取个别抽丈；全村匿报者，采取全村清丈；对匿报之土地或以多报少者，即为黑地，将加以处罚或宣布没收归公。如有区、乡间标准不同，严格与马虎不同者，由县清查委员会复议，作为最后决定。

（五）土地人口清查时，即应列表登记，村列户口、人口、土地，乡区，以村乡为单位。

（六）为使土地人口工作有专人管理起见，村乡区县政府应有专人管理登记土地人口事宜。县民政科、区民政助理员、乡、村公所应有人专司人口出生、死亡、移出、迁入等之登记。土地则于每年春季实行征收田赋、救国公粮以前，实行订正一次，以后田赋一律按清查土地后所折合之中中亩征收。

（七）清查土地，登记人口，是政权工作之基本工作，为建立巩固的民主政权，确实施行政策的急务，亦为中国民主政治之创举与艰巨任务，这与人民有切身利害关系，易生误会，亦易生谣言。对于这一工作实行的好坏，关系今后政权工作的巩固发展与政府威信，亦为尺量各地政权工作程度之标志，要求各级政权机关应慎重讨论，根据实际情况，切实推行，并应通过参议会、群众团体，进行充分动员解释工作，吸收他们参加这一工作，并望随时将实施情形及经验教训报告我们，以便转到其他各地区去。

选自《中国新民主主义革命时期根据地法制文献选编》，第4卷，北京，中国社会科学出版社，1984年版，第347～349页。原注：“选自《山东省战时行政委员会公文合订本，卷二》。”

互校版本：《山东革命历史档案资料选编》，第6缉，济南，山东人民出版社，1982年版，第329～331页。对第三条有删略。

3. 山东省战时工作推行委员会关于陈报清查土地决定与乙种公平负担办法及其修正决定的几个修正

1941年6月5日

前次省参议会与本会（战工会）通过与颁发之乙种公平负担办法及其补充修正决定与关于陈报清查土地人口决定，经各地执行时发生一些问题，需要再加以修正。兹经本会常委会第五次会议决定特作如下之再次修正。所有前次决定中与此次决定不符合者，概以此决定为准则。各地推行上述二项工作时，亦应以此决定原则推行，不能随便更改或自定章则。其有自定章则与此决定矛盾者，亦应依此决定纠正。

（一）关于负担者百分比与除不负担地问题

第一款　为使负担公平起见，要做到人口、土地百分之八十以上均担负公平负担，不负担之人口、土地不得超过百分之二十以上。

第二款　维持本会前发乙种公平负担办法修正补充决定之人口种类，除一定数量之不负担地，以保证人民有一定最低限度生活之保障。

上述二款为推行公平负担之铁则，各地政府不得随便更改。

第三款　如因执行第二款原则超过第一款规定原则时，得将除不负担地之数量减少，如每妇女、老年、抗属除不负担地一亩者（小孩二人折合一人者同此类推）可以减至八分或六分、五分，以至符合第一款规定原则为止。

（二）关于土地折合比例

第四款　因全省山地平原地悬殊，土地肥瘠与产量极不一致，关于土地折合比例，特作如下之订正：

甲、山地——如鲁中、鲁南区地质较差，产量较低者，以产量七十六斤至一百斤者为第五级地，即标准中地一亩。其他依此标准折合类推，列表如下：

地级	全年产量	折合标准中地亩数
一级地	30～40 斤	2.5 亩
二级地	41～50 斤	2 亩
三级地	51～60 斤	1.5 亩
四级地	61～75 斤	1.25 亩
五级地（标准中地）	76～100 斤	1 亩
六级地	101～120 斤	0.85 亩
七级地	121～140 斤	0.7 亩
八级地	141～160 斤	0.6 亩
九级地	161～190 斤	0.5 亩
十级地	191～220 斤	0.45 亩
十一级地	221～250 斤	0.4 亩
十二级地	251～300 斤	0.3 亩

乙、平原地——如鲁西、清河等区地质、产量均优之地区，则可以产量一五一斤至一八〇斤为第五级，即标准中地一亩。其他以〔依〕此类推，列表如下：

地级	全年产量	折合标准中地亩数
一级地	50～70 斤	3 亩
二级地	71～90 斤	2 亩
三级地	91～120 斤	1.5 亩
四级地	121～150 斤	1.25 亩
五级地（标准中地）	151～180 斤	1 亩
六级地	181～210 斤	0.85 亩
七级地	211～250 斤	0.7 亩
八级地	251～300 斤	0.6 亩
九级地	301～350 斤	0.5 亩
十级地	351～400 斤	0.45 亩
十一级地	401～450 斤	0.4 亩
十二级地	451～500 斤	0.35 亩

丙、如在全专区范围内，土地地质、产量一般都很优越，一般产量都在三百斤以上者，得以产量二五一斤到三百斤为标准中地。其他以〔依〕此类推，列表如下：

地级	全年产量	折合标准地比例
一级地	70～100 斤	3 亩
二级地	101～150 斤	2 亩
三级地	151～200 斤	1.5 亩
四级地	201～250 斤	1.2 亩

续前表

地级	全年产量	折合标准地比例
五级地（标准中地）	251～300 斤	1 亩
六级地	301～350 斤	0.85 亩
七级地	351～400 斤	0.7 亩
八级地	401～450 斤	0.65 亩
九级地	451～500 斤	0.6 亩
十级地	501～550 斤	0.55 亩

上列三种标准中地及其折合比例，各地得以专员区为范围，根据具体情形经过会议讨论后决定采用一种标准，至少在县的范围要统一一个标准，不能随便自由采用、彼此不一致，并须报告本会。

第五款　以上地产量多少折合土地等级，是以通常地质之通常产量而言，不是离开地质，单纯以产量决定地质。如某地段内相邻地亩之土质相同时，即以通常产量决定此地段内土地之等级，不能因该地段内某人土地因少施肥料、少费人力至〔致〕收获量减少到何种程度，而减低其地之等级。同样有些地区，因地质不宜种麦，产麦量少，而适宜种花生、地瓜，而且有很好的产量，因此亦不能将该地质以产麦量之多少定该土地之等级，而应以地瓜、花生之产量来折合麦子，定该土地之等级。因此，决定土地产量等级时，应由县政府公平负担推行委员会，在各区中详定标准地质及其产量，指定标准的土地等级，作为各地陈报土地等级时标准。

第六款　所谓全年产量，是以二年三季之收获量折合而言，不是单纯以麦季为限。

第七款　为奖励农民开渠、凿井、开发水利、增加土地生产起见，凡自本年起，因凿井、开渠所增加收获量，一律优待三年，在三年内按原土地产量计算等级，概不增加其土地之等级。

第八款　各种粮食折合比例订正如下，作为各地具体规定时之参考，小麦十斤等于高粱十二斤、谷子十五斤、小米十斤、豆子十二斤，其他花生、地瓜等，各县政府按当地时价折合。

上述折合比例，各地得按当地当时情形酌予增减。

第九款　清丈土地时，一律以二百四十弓之官亩为标准。弓长一律以营造尺五尺，即潍县造之活尺五尺为标准，其有以棉布尺三尺六或四尺为一弓者，一律折营造尺五尺为标准。

（三）关于列入负担之土地

第十款　凡土地每年生产量，不论麦子、高粱、地瓜、花生、棉、麻等，其折合量不及小麦三十斤者，概不列入负担，使无论何种劣地，均予耕种，增加生产。

第十一款　在农村中之屋地、场地、院地，因无直接生产品或收益，均不列入负担。其在城镇中有大批房租收入者，得另订负担办法，不列入一般之地亩负担内。

第十二款　族姓祠堂、庙产、公地，全都列入负担地，按级累进，不除不负担份地。族姓公有林地有生息时，按上述办法列入负担。如无生息者，则不得列入负担地内，以保护林木。

主任委员　黎　玉
副主任委员　李澄之　陈　明
常务委员　艾楚南　杨希文
张伯秋　刘居英
李竹如　孙陶林

选自《山东革命历史档案资料选编》，第7辑，济南，山东人民出版社，1983年版，第3～7页。

4. 山东省清查土地登记人口暂行办法草案

1941年10月20日山东省战时工作推行委员会拟颁

第一章　总　则

一、为了推行民主政治，切实实行公平负担，整理田赋，使各级政府能确切瞭〔了〕解所辖区域内之土地人口，使一切行政工作有所依据起见，特制定本办法。

二、本办法施行于抗日民主政权较有基础，行政系统已经建立，民众已有组织，政令已能推行之地区。

三、本办法之实施须以县为单位，先经县政委员会认为条件具备，呈请专员公署批准后实行。

四、施行本办法清查土地登记人口时，必须由党政军民负责机关组织土地清查委员会作为集体领导机关。

第二章　分　则

第一节　清查土地

五、清查土地必须彻底清查所有民户之土地面积、产量、坐落、四至及其现种权（出典或出租）。其陈报表式另定之。

六、为了实行真正的公平负担起见，清查土地时须将土地分为以下几种：

甲、耕地——能耕种之土地（包括水田）；

乙、宅地——房屋院落所占之土地；

丙、场地——晒打农户产品所用之场园地；

丁、荒地——私人所有生产茅草及小树之荒山；

戊、林地——种植树木之土地；

己、坟地——坟墓占用之土地；

庚、汪地——私人所有生产苇、蒲、芰草之河滩湖汪。

七、土地面积必须以官亩为标准，即每亩二百四十方步（杆），每步五尺（营造尺，即潍县活尺之合起者）。

八、因全省各地耕地产量之悬殊，为使负担真正公平起见，特规定耕地等级之标准如下：

甲、山地标准——如鲁中、鲁南地质较差，产量较低之地区，以年产小麦七十六斤至一百斤者为标准地。其土地等级及折合比例如下：

地级	每亩全年产量	折合标准亩所需亩数
1 级地	30～40 斤	3 亩
2 级地	41～50 斤	2.25 亩
3 级地	51～60 斤	1.5 亩
4 级地	61～75 斤	1.25 亩
5 级地	76～100 斤	1 亩（标准中亩）
6 级地	101～120 斤	0.85 亩
7 级地	121～140 斤	0.7 亩
8 级地	141～160 斤	0.6 亩
9 级地	161～190 斤	0.5 亩
10 级地	191～220 斤	0.45 亩
11 级地	221～250 斤	0.4 亩
12 级地	251～300 斤	0.3 亩

乙、平原地标准——如清河、鲁北地质较好、产量较优之地区，以年产小麦一百五十一斤至一百八十斤者为标准地。其土地等级及折合比例如下：

地级	每亩全年产量	折合标准亩所需亩数
1 级地	50～70 斤	3 亩
2 级地	71～90 斤	2 亩
3 级地	91～120 斤	1.5 亩
4 级地	121～150 斤	1.25 亩
5 级地	151～180 斤	1 亩（标准中亩）
6 级地	181～210 斤	0.85 亩
7 级地	211～250 斤	0.7 亩
8 级地	251～300 斤	0.6 亩
9 级地	301～350 斤	0.5 亩
10 级地	351～400 斤	0.45 亩
11 级地	401～450 斤	0.4 亩
12 级地	451～500 斤	0.35 亩

丙、优等地标准——如在全专员区范围内，产量一般均在三百斤以上者，得以二百五十一斤至三百斤为标准地，其土地等级折合比例如下：

地级	每亩全年产量	折合标准亩所需亩数
1 级地	70～100 斤	3 亩
2 级地	101～150 斤	2 亩
3 级地	151～200 斤	1.5 亩
4 级地	201～250 斤	1.2 亩
5 级地	251～300 斤	1 亩（标准中亩）
6 级地	301～350 斤	0.85 亩
7 级地	351～400 斤	0.7 亩
8 级地	401～450 斤	0.65 亩
9 级地	451～500 斤	0.6 亩
10 级地	501～550 斤	0.55 亩

九、第八条所列之三种标准，由各主任区或专员区决定采用一种，各县区村不得随便采用，致使同一地区内之标准不一致。

十、各地清查土地时，无论采用何种标准，其不及一级地之耕地谓之劣地，劣地一般不列入负担。

十一、以土地产量确定土地等级，系以同一地质之通常产量为标准，不能因某人多使肥料、水利、劳力致产量提高而提高其地级，亦不能因某人懒惰致减低其产量而降低其地级。

十二、第八条所称之全年产量，系指一般之二年三季之收获折合而言，不是单纯以麦季为限。

十三、第八条所称之全年产量系以小麦为标准，其他产物得按一定之比例折合为小麦，其折合标准得按当地情形斟酌采用下列比例：

小麦十斤等于高粱十二斤、谷子十五斤、豆子十二斤。

其他花生、地瓜按时价折算。

十四、为使全县标准统一起见，县区土地清查委员会必须确定全县各区各村之标准地，并详定土地等级，使户主依照陈报。

十五、确定土地等级时，除由土地清查委员会详细审定外，并须经过各村民众之民主斗争以至民主决定。

十六、耕地等级确定后，土地之清查手续如下：

甲、陈报——由户主填写土地陈报表送交村公所。

乙、插标——由户主自制小木牌插于地之一角（插于何一角由村公所指定），牌上写明地主姓名、面积、等级、坐落及四至。

丙、清丈——由土地清查委员会派人审查订正以至清丈。

丁、复议——各村清查完毕后由县区土地清查委员会加以审核复议。

十七、清查土地时，如发现土地有匿报情事得加以处罚。①

十八、清查土地以所有权、耕种权并重为原则，因此：

甲、租佃土地由地主佃户双方陈报。

乙、外村外区外县外省之土地向户主所在地之政府陈报，但土地所在地之政府必须予户主所在地之政府以必要之协助，如户主在非民主政权区者，则向土地所在地之政府陈报。

丙、典当之土地由出典人承佃人双方陈报。

丁、庙地由主持之僧道陈报，但所有权属于寺庙而非属于主持之僧道，故户主为寺庙而非僧道（僧道私有之土地例外）。

戊、义田、学田、公荒、公林、公田由政府陈报。

十九、为瞭〔了〕解各地各种土地之数量起见，凡宅地、场地、坟地、荒地、林地、汪地与不及第一级地之劣地均须陈报。

---

① 原草案在“加以处罚”之后，还有“以至没收”四字。后根据中共中央1942年指示精神，删掉最后四字。参见“山东档案版”第420页之注释。

二十、附着于耕地之坟地、荒地、林地、汪地与耕地一并陈报，但须注明其所占面积。

二十一、为了真正公平负担奖励增加生产起见，特规定新开垦土地、新增加生产土地及菜园、莲汪之等级确定办法如下：

甲、新开垦之荒山旷地，其耕种期限未满三年者暂不列等级，但须注明其开垦年月。

乙、因开渠筑堤增加产量之土地三年未满者，按原来之产量计算，满三年后按增加后之产量提高等级（陈报时须注明开渠筑堤年月），因凿井而增加生产之土地不提高等级。

丙、小块菜园、莲汪不以营利为目的者，按普通土地确定等级；大块经营而以营利为目的者，按普通土地加二级计算。

丁、荒芜之耕地以耕地论，耕种四周及中间能耕种之旷地亦以耕地论。

第二节　登记人口

二十二、登记人口须登记所有人口之姓名、年龄、性别、职业、文化程度及经济状况，其登记表式另定之。

二十三、人口登记之陈报以户为单位，登记事项以人为单位。

二十四、人口年龄以周岁为标准计算，如某人自出生之日起已超过十六周年（即生日）始为满十六岁，不以习惯之年龄计算。

二十五、为了正确的〔地〕了解人口之生产能力及真正的〔地〕实行公平负担起见，举行人口登记时须将全部人口按年龄分为下列几类：

甲、老年——年满五十岁以上之老年男女。

乙、壮男——年满十六岁未满五十岁之壮年男子。

丙、壮妇——年满十六岁未满五十岁之壮年妇女。

丁、幼年——年满七岁未满十六岁之幼年男女。

戊、儿童——未满七岁之男女儿童。

己、残废——无劳动能力之残废人员。

二十六、年满七岁未满十六岁之男女为学龄儿童，为了解教育状况起见，学龄儿童之入学及未入学者须分别登记清楚。

二十七、为了解参军工作状况并优待抗属起见，人口中之参加抗战部队及脱离生产参加政府、政党及群众团体工作者须分别登记清楚。

二十八、人口登记以现有人口为标准，因此：

甲、已出嫁之女子登记于夫家，未出嫁之女子登记于本家。

乙、雇工及长年寄居于亲友家之人口登记于本家。

丙、迁移之人口向现住地之政府登记。

丁、非民主政权区移来及出外之人口均须分别登记。

戊、兄弟分家以后之父母，其有独立生活依靠者，自成一户，无独立之生活依靠者，得登记于某一家，但不得一人登记于数家。

二十九、举行人口登记时，户主必须陈报人口之真实年龄及实有人口，其有以壮报老、以壮报小及以少报多者，得予以处罚。

第三章　附　则

三十、第十四条所列之土地清查手续系以一般地区而言，抗战前已实行土地陈报之地区须按其确实程度斟酌变通之。

三十一、依第八条三种折合比例折合标准地时，不足一厘之亩数按数学定例“四舍五入”计算。

三十二、按照本办法举行土地清查人口登记完竣之地区，各级政府须有专人管理土地人口变动之登记事宜，日后土地之买卖及等级之变动与人口出生、死亡、嫁娶、迁徙及其他变动，均须随时登记，按月逐级呈报；其为负担之变动须于每年春秋二季征收公粮田赋前变更之。

三十三、土地经清查后，其现有之土地面积与原有地契所载之面积不相符合时，县政府须于其地契上加以注解并盖印证明，其无官契者须分别情形令其税契或补契。

三十四、本办法草案俟提经山东省临时参议会通过后公布施行，但在参议会未通过前，各地可试行之。

选自《中国新民主主义革命时期根据地法制文献选编》，第4卷，北京，中国社会科学出版社，1984年版，第350～357页。原注：“选自《山东省战时法规政令汇编》第一辑第一分册，一九四二年版。”

互校版本：《山东革命历史档案资料选编》，第7辑，济南，山东人民出版社，1983年版，第415～423页。简称“山东档案版”。

5. 中共山东分局关于减租减息改善雇工待遇开展群众运动的决定

1942年5月4日

（一）分局总结了山东四年工作，着重指出由于山东全党同志上下忽视与轻视群众工作，不甚关心群众利益与改善群众生活，尤其对减租减息工作，没有引起全党一致的注意，这是造成山东群众工作没有基础，基本群众没有足够发动，影响到一切工作的开展，使根据地陷于软弱无力，各种工作陷于停滞的基本原因。这种忽视群众轻视群众工作的原因之根源，则是主观上认识的错误，与〔系〕党领导干部中工农骨干的薄弱所致。

所以中央刘少奇同志在检查了山东工作之后认为：“在山东根据地中并没有妨碍群众工作发展的客观因素，群众工作所以最落后，主要是由于主观上的错误，主观上忽视群众运动的结果。”并认为对此种错误观念，应当在全党提出并予以严肃的指责。

（二）减租减息工作，是我党在抗战时期实现土地政策的一个战略任务。过高的地租的剥削，旧债的拖累，以及借贷的困难与雇工实质工资的锐减，是今天广大农民群众最痛苦的事情，也是广大农民群众最切望的事情。故减租减息是发动群众运动的决定条件。

为了更广泛的〔地〕动员与组织基本群众，纠正过去错误，克服脱离群众与孤立的危险，分局特郑重决定以认真实行减租减息发动群众运动为建设山东根据地的第一位斗争任务，并首先成为自麦收到年底这一时期的第一位工作。山东全党的领导及党政军民的一切工作，今后均须围绕着并贯彻的〔地〕完成这一中心任务。

（三）目前已届夏收，这是减租减息增资的最好时机，分局因此决定：（第一）五六两月应以减租减息、改善雇工待遇、扩大整理农救会、保证夏收为全党当前的突击任务。各地党各级党要动员最大的力量从事这一工作，并在完成这一工作要求之后，六月底以战略区为单位，分别总结这一工作，报告分局。（第二）决定在七八月青纱帐起时，在农救会的基础上，在武装保卫家乡的口号下，发动群众性的自卫武装斗争与武装组织（如自卫团、青抗先、游击小组等）为中心工作。（第三）九月、十月应继续深入减租减息、改善雇工待遇工作，扩大健全农救会，加强各种自卫团，号召广大农民武装保卫秋收为中心工作。（第四）十一、十二两月则以大量训练各救干部，首先是农救干部、自卫团干部，开展民主运动，改选区村政权为中心。如因接到指示过迟，可将五六两月与下一期的工作中心联系配合，同时完成。

（四）在这中心工作任务下，党的工作主要是从领导群众减租减息与改善雇工待遇斗争中整理自己，审查自己，改造自己，最后并适当发展自己。

政权工作则应围绕这一中心，整理自己，改造自己，发展与加强自己，并彻底实行民主化，首先是区村的民主。在夏收完毕与秋收完毕时，积极推行合理负担。军队则以加紧战争动员、粉碎敌人“扫荡”、打击土匪、反击顽固、保卫夏收秋收及各季实行扩兵运动为中心工作。农救会应成为开展这一工作的中坚。工青妇均应配合农救会实现这一任务。并发展自己，巩固自己。至财经、文化、锄奸及其他各部门，均须配合这一中心工作。

（五）各地必须深切注意减租减息改善雇工待遇工作的组织与领导，只有细密的组织，健全的领导，才能保证这一中心任务的完成。各级党政军民必须抽调一切可以抽出的干部，使其脱离原工作，专门作〔做〕减租减息改善雇工待遇与发展群众的工作。党政军民所抽调的干部，一律归所在地区的党委统一领导，并一律以同级或上级农救会的干部名义出现（须穿便衣）。必须加强区乡村级的党对这一工作的领导，可采取工作团的形式，但对外一律不用工作团的名义，也不用工作团的方式，而直接以农救会名义出现。各部门所抽调的干部，在任务未完成前一律不准中途调回。工作地区要采取中心突破的方式，即把大部分干部、主要干部集中在一个两个中心的县区村，这一主要地区工作的每一重要收获，即应扩大宣传，并立即使用到其他所有各区，以开展其他地区，切勿平均使用力量。

要注意村区农救干部的训练提拔。在减租减息与改善雇工待遇的工作中，必须把区村级的农救会建立和健全起来。在减租方面，要做到彻底实现了二五减租，定〔订〕立了五年为期的租约，并提倡定租的租种制度。在减息方面，要使农民有款可借，并整理战前战后借款，免除农民债累。在增资方面，要做到雇农及公私营企业工人的工资增加、手工业工人与盐民渔民困难问题的解决。

（六）为加强群众工作及农民运动，决定恢复地委以上的群众工作委员会，由群委会统一指导联系工农青妇的工作，密切各救在工作上的配合。但各种救国会仍为完全独立的，各级群委会书记应选为同级农救会会长。在工农青妇各救会中应成立党团，如因人数不够成立时，则各该救国会内党的主要工作干部应直接受党委领导。村级工农青妇村会均已建立时不必更动，但工农青妇村会长应选为村农救会的职工、青年、妇女委员，如各种村会尚未建立，则首先成立农救会，在农救会中设职工、青年、妇女各委员，领导本村职工、青年、妇女会员，不必急于成立工青妇的村会。

过去因各救会取消，所抽出的干部应一律调回农救会工作。各级党委必须立即尽一切力量配备农救会的干部，要首先配备县区级的干部，并在减租减息工作中，训练培养这些干部，并提高他们的威信。分区级的农救会长，必须抽调强的干部担任，其能力要相当于分区委委员。

（七）减租减息与发动群众运动是山东全党当前最迫切的一个战略任务，各地区必须深入检讨过去忽视这一工作的原因与所发生的不良结果，认真纠正忽视这一工作的一切不正确观点。如一切认为群众工作是第四等工作，认为群众干部是第四等干部，对之不负责任、漠不关心、随便调动，不尊重群众团体的独立系统及一切包办代替的现象均应受到党的指责。分局并要求深入讨论这一决定，依据并研究当地情况，具体布置这一工作。各级党的主要干部必须首先研究了解这一工作，并尽可能亲自参加这一工作。各级主要干部应抽一部分深入区村，具体帮助工作与进行工作，使这一工作与纠正机关作风主观主义、官僚主义密切配合起来。分局将以这一工作为今后检查各地工作的基本标准。对这一工作任何轻视、忽视与敷衍，以后毫无成绩的地区，定受到严厉的责备。对这一工作的讨论布置以及［执］行情形，须于六一以前电告分局。附发关于减租减息工作的补充指示及租佃、息借、工资等条例草案，供各地工作的参考。

山东分局

5月4日

选自《山东革命历史档案资料选编》，第8辑，济南，山东人民出版社，1983年版，第271～274页。

6. 中共山东分局关于减租减息改善雇工待遇工作的补充指示（一）

1942年5月4日

（一）中央关于土地政策的指示中指出："土地政策的决定及其附件的基本精神是先要能够使广大农民群众发动起来，如果群众不能起来，则一切无法说起。……目前严重的问题，是有许多地区还没有认真实行发动群众反地主的斗争，党员与群众的热情还没发动与组织起来，这是严重的右倾错误。因此目前应强调反对右倾，要求一切没有实行减租减息，没有发动群众热情的地区，在广大农民群众自愿自觉而不是少数人包办的基础上，应迅速实行减租减息，迅速把群众的热情发动起来。"

经过了这一阶段，等到农民群众发动起来，即应彻底实行三三制，保障地主的人权、政权、地权、财权，以实现联合地主抗战这一战略目的。

全省各地对中央的土地政策与战工会本着土地政策所制定的各种有关土地法令，必须全部使其实现。对中央土地政策的中心精神更必须把握。

彻底实行减租减息与改善雇工待遇，正是实现中央土地政策的中心一环。但在实行减租减息之后，必须注意交租交息，于保障农民的人权、政权、地权、财权之后，又须保障地主的人权、政权、地权、财权。

（二）在减租工作中，各地必须首先深入调查研究当地的租佃关系。全省一般租佃关系及其特点与减租时应注意事项概要举出：

一、佃种地（亦可名为代种）：特点是牛具种子肥料均由地主出，佃户必须吃份子粮，吃一斗在公堆上还三斗至四斗，其余粮食按对半或佃四业六分劈，草全部或大部归地主，超经济的剥削（如无偿劳役、送礼、地位不平等）很重，这是剥削最利〔厉〕害的租佃方式。对这种租佃关系主要是废除一切超经济的剥削与地位上的不平等，废除份子粮，不许强迫借租，荒年时地主应借给佃户一定的粮食，其息额不应超过社会一般利息，佃农应分得一部分柴草。

二、分种地：特点是牛具种子肥料由佃户出（有的地主亦出一部分），部分有份子粮，粮草多为平分，牛草归牛，超经济剥削稍差或没有，佃业关系比较平等。[对] 这一种租佃关系，主要是取消份子粮及超经济剥削，粮草分劈，按二五减租。

三、租种：特点是实行粮食或钱的定租制，无超经济剥削，业佃地位平等。这是较进步的一种。对这一种租佃关系，主要是保证荒年歉收时使佃户得减租、缓租以及免租的待遇。如原为钱租制，在物价高涨，租额未加影响地主生活时，应斟酌增加，或改为粮租。

除以上三种外还有小种，佃业双方约定佃户只代其锄与收获，多为佃一业九或佃二业八分劈，近于实物工资制。对这种佃种的办法，不能机械执行二五减租，应参酌增加工资的办法提高佃农待遇。

（三）减租是减今后的，不是减过去的。减租的工作要做到：

一、要按原租额（未实行五一减租前的租额）减去租额百分之二十五，即四分之一。但如已实行四六分粮，而四六分粮的结果较二五减租所减尚多（如原为地六佃四，今为地四佃六，则所减比二五减租多百分之五），则依四六分粮不再变更，如地主要求变改，可加以调解说服。

二、废除超经济剥削，如拉官工（无偿劳动）、送礼及地位不平等。

三、由佃业双方定〔订〕立租约，并规定保障五年（至少三年）的佃权。这一项必须做到。如不做到，佃农怕地主收地，即不敢斗争。有纠纷时应依战工会租佃暂行条例处理，防止地主收地。但在不影响佃农生活条件下，可以允许地主收回一部自种。

四、提倡适当租额（约等于二五减租后的租额）的定租制（粮租或钱租），以发扬佃农的积极性。首先由公田学田及政府代管土地实行。但实行定租后，遇荒年歉收时应由农救会提出，由政府仲裁减付、缓付或停付。

五、佃地出卖时应先通知佃户，佃户有购买的优先权。如租期未满，则由佃户继续租种。佃期已满者，佃户有续佃的优先权。如租期未满而买主必须收回自耕因而影响到佃户生活时，由农救会与政府调处之。

（四）减息是减过去的，不是减今后的。

一、战前债务，由政府布告所交利息已超过本金一倍者停息还本，超过二倍者本利停付。尚不足一倍或二倍者，其所差数目如债户有力偿还，则一次或分期还清，无力偿还则展期一年偿还。借贷双方应于布告限期内（三月或五月）自动清理换约，过期尚未换约者，旧约失效。

二、抗战到息借条例颁布的日期已按分半减息者，约按分半计息。未按分半减息者，有一方提出减息，由政府调解，不成时即按原颁减息办法改为分半计息。未按分半减息双方又均未提出减息者，听任双方自行处理，政府不加干涉。但如债主要求政府保证交息时，则须改为分半计息后方予保证。

三、在此期间如所交利息为本金一倍者，停息还本；二倍者，本利停付；不足一倍或二倍者，以后即按分半计息。

四、因复利，先坐利，先加利，在形式上为无利贷款的契约，经一方起诉，查实后均按分半减息处理。

五、双方均未提出换约、减息者，政府一律不加干涉。但政府对处理息借办法，务须广泛宣传解释，以期家喻户晓，自动提出。

（五）息借条例颁布后，一切息借关系均依条例。

一、息额权不限制，听从农村自由处理。但政府银行及公营企业之贷款，应以不超过分半为原则，合作社之贷款，息额应不高于社会一般平均息额，并应尽量筹集一部分公款，通过农救会向农村贷出，因今天广大农民最迫切于解决贷款问题。

二、群众团体更不应强行限制息额，但应广泛提倡拔会的办法来融通资本，并应以团体力量保证会权。同时要尽量筹集资金成立借贷合作社、小本借贷所等组织，因清算公项查出的贪污公款及罚款，应作为借贷机关的资金。

三、债主如提请政府保证交息，而其息额过苛时，则应以社会一般息额为标准，由双方商定，政府仲裁，重定息额后政府始保证交息。

（六）增加工资：

一、雇农工资应一律改为粮食工资制，其最低工资应逐渐达到三百斤粮食，平均工资应为四百五十斤，最高工资以五百斤为原则，但对外不加宣布。在开始增资时最好不超过一百斤，或其原工资的十分之五或一倍。

二、手工业工人主要不是增资问题，规定过高的工资会增加工人失业，而是帮助其转业（如泥水匠转学其他工艺）和贷以资本使其发展家庭工业的问题。

三、公营企业工人，应按一九三九年工资与粮价标准，适当提高其工资，改善其待遇，加强其教育学习和生活。

对渔民是帮助其对敌斗争，对盐民是贷款设摊，减除其封建剥削。

四、如雇农失业者过多，政府应负责介绍入公私营企业内工作，并可抽一部分公有土地，实行雇人耕种，首先雇用这些失业的雇农。

（七）领导与干部：

一、减租减息工作既由党委直接领导，各级党委须以主要力量做这一工作。分区委、支部应以全部力量做这一中心工作，并定期会议汇报、检查帮助工作，同时要派得力的主要干部分别到下级，以农救会名义，并带着党的介绍信，指导并检查下级党政军民对这一工作的领导与配合，并直接参加工作。

二、各级干部集中后，应以县为单位进行一周以内的短期训练，首先要纠正其错误观点，使其认识减租减息发动群众运动的政治意义，提高其工作热情与信心，熟悉各种减租减息增资条例，学会领导斗争的各种艺术。对村区农救会的活动干部或新发动出来的积极分子，要在工作中斗争中帮助其进步，并尽可能予以短期的训练，使成为区村农救的骨干。

（八）工作方式：

一、每一地委区应按干部数量、能力选一县或两县为中心县。到中心县的干部与当地所抽的地方干部，配合选一两个区为中心区，把十分之七八的干部配备到中心区（其余配备到一般区）。到中心区的干部再与当地所抽的区级地方干部配合，选一两个村或几个村为中心村。每一个中心村，最好能配备八九个干部，其中一两个专与村长及上层接洽，其余即深入调查研究。要彻底了解村中租佃息借与工资情形，并抓紧村农救会或农民中的积极分子，以他们的〔为〕中心，解决村中急待解决的问题或争议，必要时发动借粮。在这些斗争和工作中，建立农民对农救会及积极分子的信仰，然后成立并加强农救会，作为发动减租减息运动的核心。

二、开展减租减息工作前，必要首先由县以上的政府除［将］息借条例公布，并由县政府与参议会、农救会邀请当地的地主士绅，对减租减息工作详细说明，并事先布置进步士绅首先响应。在座谈会上可预先指出敌人汉奸及投降派顽固派可能的造谣，如先五一减租又二五减租是逐渐共产等。应指出二五减租是国民党国民政府早就提出过的，在抗战进入第五年后农民生活更苦，为发动广大群众支持最后两年的艰苦抗战，必须改善他们的生活。并说明将来减租后彻底实行公平负担，贫富一律负担，对地主也是好的，不减租贫农就负担不起。要减少地主无味〔谓〕的恐慌，要预防地主逃跑。开始实行减租时要动员开明地主首先实行，并定立定期的租约，俟减租后即广泛宣传其开明与减租的胜利。对顽固的地主则采取讲理、不断交涉、托人说情、集体要求、轮流坐等的方式，逼迫顽固地主允许减租，但减租后一方予以表扬，一方广泛宣传。减租过程同时是教育训练农救会员的过程，教会他们怎样斗争，怎样进行社会统战，怎样组织群众力量、运用群众力量，并尽可能以数村为单位开办三五百的农救干部训练班。在斗争中要慎重的〔地〕吸收积极分子入党，并审查与洗刷那些斗争中动摇的党员，提拔那些积极工作的党员与干部。在一个村或县区减租全部完成后，要开祝捷大会，要称赞开明的减租的地主。农救会长还要亲到各地主家解释，对经过斗争的地主要表示歉意，并说明“今后保证好好的〔地〕种地，多打粮食，尽可能的〔地〕帮忙地主等”，使地主一肚子闷气消散一下。

三、一区或一县减租工作全部完成后，由区长县长召集地主名流开会，加以抚慰，并商讨进行合理负担（未彻底减租前，佃农暂不出负担）。一地区完成后即转移到新地区去，但仍须留三个人帮一时期农救会的工作，进一步的〔地〕教育农会干部。

四、在一般地区工作的干部，其主要任务是宣传解释和调查工作，尤其主要的是将邻区邻村减租减息的消息广泛宣传，进行鼓动，发动当地农民自动提出要求减租。

（九）注意事项：

一、农民在刚发动起来的时候，难免有过左的行动，只要这种行动是广大群众自愿自觉的行动，不是少数人脱离群众所干的或工作干部代替群众所干的（这是绝对不许可的原则问题），则不但无害，而且有益，因为可以达到削弱封建、发动群众的目的。不要在农民斗争的情绪上浇冷水，助长地主的气焰。

二、在减租减息的工作中，要以合法斗争为主，多采取老百姓讲道理的方式，要采取先斗口，后斗力（用群众的力量），再斗法（打官司）。在农民与地主斗争起来的时候，政府要进行调解，勿过早亦勿过迟，总以不使农民吃亏为标准。

三、要抓紧一部开明的地主士绅，从感情上团结他们，从政治上帮助他们进步，通过他们影响其他地主士绅。对中间的地主士绅，要多方接近进行宣传教育，使其更多的〔地〕了解我们，敢于接近我们。对于坏的地主，必须在孤立起他来以后，才打击他，不要轻于〔易〕打击；打击了要使其他的士绅认为应该打；打击以后，如他表示悔改，仍要团结他，教育他。

四、在开始工作时，须切切实实了解当地群众的切身问题是什么。必须首先替群众解决这些切身问题，才容易进行减租减息的工作。想使这一工作顺利开展，必须有以下的条件：不扫荡，无磨〔摩〕擦，肃清土匪，建立抗日秩序，军队的纪律要好，负担要轻。没有这些条件，工作即不易开展。党政军民应准备这些条件，并争取在任何有利条件的时候，逐步的〔地〕、不间断的〔地〕去做，直到完全实现减租减息为止。

中共山东分局

5月4日

选自《山东革命历史档案资料选编》，第8辑，济南，山东人民出版社，1983年版，第274～281页。

7. 山东省租佃暂行条例

1942年5月15日公布、施行

第一条　为提高生产，改善生活，调整租佃关系，增强抗战力量，特依据中国国民党抗战建国纲领，中国共产党关于抗日根据地土地政策的决定，中华民国土地法及山东省战时施政纲领之精神，制定本条例。

第二条　凡公私租佃之土地，均须实行二五减租（二五减租，即减租百分之二十五，也就是减租四分之一）。

第一款　未实行减租者，均按原租额减百分之二十五。

第二款　虽已实行减租，但不及百分之二十五者，仍按未减租前之租额，续减百分之二十五。

第三款　已实行减租，但超过百分之二十五者，双方无争议时，依其约定，有争议时，由政府调处之。

第四款　本条例颁布前约定之货币地租，因物价高涨影响出租人实际收益时，得由政府适当调整，并得将货币地租之一部或全部，改为实物地租。

第五款　承租人向出租人所交之柴草，亦须照减，但习惯上牛草归牛者，依其习惯。

第六款　游击区及敌占区实行减租时，得低于百分之二十五。其具体数额，由该管县政府拟定，呈请专署批准施行。

第七款　贫苦抗属及鳏寡孤独出租土地之地租，业佃双方同意维持原租额时，不加限制。承租人要求减租时，亦须照减。其因减租后无法维持生活者，政府得设法救济之。

第三条　凡租佃公私土地者，均须按约交租。

第一款　承租人于减租后，其应纳之租额，须按约交清，不得抗不交纳。

第二款　地租一律于产物收获后交纳，出租人不得向承租人预收地租或收取押租。

第三款　定租（定额地租）因天灾人祸，致收成之全部或大部被毁时，得由双方协议减付或停付地租，如有争议，由政府调处之。

第四款　本条例颁布前，承租人因确系无力交纳，积累至三年上之欠租，得予免交。如有争议，由政府调处之。

第五款　减租后，救国公粮由业佃双方负担（其负担办法另定），土地税（田赋）由土地所有人负担之。

第四条　租佃土地均须订立租约共同遵守。

第一款　减租后，须将旧约换成新约，无租约者，一律补订租约。

第二款　为使承租人安心生产，租约须规定五年以上之租期。其因特殊情形不能规定为五年以上者，至少不得少于三年。

第三款　特殊租地（如瓜地、园地等）不愿订立长期租约者，经双方同意，得依其约定。

第四款　在租佃契约上或习惯上，有永佃权者保留之。无永佃权者，不得强迫规定。

第五款　无永佃权及契约期满之土地，出租人有自由处置之权——包括出租、转让、出典、出卖、自耕及雇人耕种等项在内。

第六款　在抗战期间，出租人抽地，应顾及承租人生活，并须于收获前三个月通知承租人。如原承租人因抽地后不能维持生活时，得由政府召集租佃双方加以调处，延长租期或只退佃一部。

第七款　出租人于契约期满，召人承佃或出租、出典、出卖时，原承租人依同等条件，有承佃、承租、承典、承买之优先权。

第八款　出租人不得因减租而解除既定之租佃契约，及抽回无契约出租之土地。

第九款　出租人出卖有永佃权之土地，永佃权继续存在。

第十款　出租人出卖契约期限未满之土地，原承租人有继续耕种之权，非原租约期满后，买主不得收回自耕或另租他人。

第十一款　租约尚未期满之土地，有下列情形之一者，出租人得将土地收回：

一、承租人死亡无人承种时。

二、承租人无故不耕达一年以上时。

三、承租人有力付租而故意不付达二年以上时。

四、承租人怠荒耕作，致租地之原生产量降低达三分之一以上时。

五、原租人损毁租地之附着物，应负赔偿责任而不赔偿时。

六、承租人放弃其租佃权时。

七、出租人无法生活收回自耕时。

第十二款　出租人收回租地或承租人放弃租佃权时，均须于秋收后、惊蛰前办理之（得种得收）。

第十三款　凡公地、学田及政府代管土地之出租者，无论过去租约如何规定，一律改为定租制。

第五条　严禁包租、转租、占租及一切租约以外之勒索。

第一款　承租人纵得出租人之承诺，亦不得将土地之全部或一部转租他人。业经转租者，其转租之契约视为无效。第二承租人应以原租额直接向原出租人交租，违者予以处罚。

第二款　地主对佃户之无偿劳役和奴役及高利贷性质的“份子粮”等陋习，一律禁止。

第三款　下种时，承租人向出租人所借之种子，及青黄不接时承租人向出租人所借之粮食，依习惯不行息者，依其习惯。行息者，不得超过社会息借一般利率。

第六条　本条例之解释修正权属于山东省临时参议会。

第七条　本条例经山东省临时参议会通过后公布施行之。

第八条　自本条例公布后，二十九年十一月十一日公布之减租减息暂行条例即行废止。

选自《中国新民主主义革命时期根据地法制文献选编》，第 4 卷，北京，中国社会科学出版社，1984 年版，第 357～361 页。原注：“选自山东省胶东行署《法令汇编》，一九四四年版。”

互校版本：《山东革命历史档案资料选编》，第 8 辑，济南，山东人民出版社，1983 年版，第 291～294 页。

8. 山东省借贷暂行条例

1942 年 5 月 15 日山东省战工会公布、施行

第一条　为保证减租交息，清理旧债，流通金融，改善民生，发展生产事业，增强抗战力量，特依据中国国民党抗战建国纲领、中国共产党关于抗日根据地土地政策的决定、中华民国民法债编及山东省战时施政纲领之基本精神，制定本条例。

第二条　凡抗战前成立之借贷关系，应以清理旧债为原则，并厉行分半减息（即年息减为一分五厘），按下列各款办理之：

第一款　贷款利率年利超过百分之十五者，减为百分之十五，不及百分之十五者，依其原约定。

第二款　债务人付息达原本一倍者，停利还本，付息达原本二倍以上者，债务消灭。

第三款　债务人按分半计息超过原本一倍，而实付不足原本一倍者，交足一倍时停利还本；付息超过原本者，其超之数作还本计，本金清偿后债务消灭。

第四款　凡按分半计息或其原息不足分半，其利息总额尚不及原本者，债务人交足利息后，停利还本。

第五款　凡按上述二、三、四款之规定停息还本者，应即还本。一时无力还本时，得分期或缓期一年清偿，届时仍不能清偿时，即按分半行息。

第六款　抗战前之贷款，不论其契约如何规定，均按本条清理。其因清理而分期或缓期偿还者，须换新约，至民国三十一年底未按本条清理者，旧约概作无效。

第七款　已经清理之贷款，债务人不得拒不清偿，其拒不清偿者，债权人得依法诉追之。

第三条　凡抗战后本条例颁布前成立之借贷关系，以实行减息、调处争议为原则，依下列各款办理之：

第一款　已实行分半减息之贷款，债务人须按约交息还本。

第二款　未实行分半减息之贷款，双方无争议时依其原约定，政府不加干涉。

第三款　未实行分半减息之贷款，因利率过高而发生争议时，由政府调处，调处不成者，即自借贷之日起按分半计息判处，另换新约，债务人并须依约交息还本。

第四款　未实行减息之贷款，付息达原本一倍者，得因债务人之请求停息还本，付息达原本二倍以上者，债务消灭。

第五款　未实行减息之贷款，付息超过原本一倍以上而不足二倍者，得因债务人之请求停息还本，其超过之数作还本计。

第六款　停息还本之贷款，债务人一时无力还本时，得由政府或群众团体调处，分期或缓期还本。但缓期以一年为限，届期仍不能还本时，即按分半行息。

第四条　本条例颁布后成立之借贷关系，其利率应按当地习惯双方自由议定，以利金融流通为原则，依下列各款办理之：

第一款　政府银行及公营企业之贷款利率，年息不得超过百分之十二。

第二款　合作社之贷款利率，不得超过当地一般利率。

第三款　新成立之借贷关系，因利率过高而发生争议时，政府得依当地一般借贷利率仲裁之。

第四款　新成立之借贷关系，如有抵押品者，债务人至期不能付息还本时，债权人有依约处置抵押品之权，如有争议时由政府判处之。

第五款　同一抵押品而担保数项借款者，债务人至期不能清偿时，政府得因债权人之请求处理其抵押品，按各债权契约成立之先后，依次并比例分配偿还之。

第六款　债务人因天灾人祸及其他不可抗力致无力履行债约时，得请求政府调处，酌量减息、免息、分期或缓期偿还。

第五条　本条例颁布前附有使用价值（土地房产等）之抵押品之贷款，债务人不依约交息还本，债权人依约使用其抵押品时，使用一年即作交息一年，并按第二、三两条各款调整办法处理之。

第六条　本条例之解释修正权属于山东省临时参议会。

第七条　本条例经山东省临时参议会通过后公布施行之。

第八条　自本条例公布后，民国二十九年十一月十一日公布之减租减息暂行条例即行废止。

选自《山东革命历史档案资料选编》，第8辑，济南，山东人民出版社，1983年版，第295～297页。

9. 中共山东分局关于实行减租减息改善雇工待遇开展群众运动的补充指示（二）

1942年5月20日

最近分局检查滨海区对减租减息工作的动员布置以后，觉得地方上对这一工作还存在着不少的错误认识，特强调指出以下几点，望注意讨论纠正。

（一）部分党部对减租减息开展群众运动在战略上的严重意义还没有充分认识。对全党的动员教育还没有认真的〔地〕进行，在组织领导上没有抓紧。对分局关于群运的决定和指示没有深入的〔地〕研究讨论，干部的意见不够一致，仍存在强调系统、不愿抽调部分干部（尤其工青团体）以农救会出现的现象。

（二）部分党委没有把这一中心工作当作自己最重要的工作。没有去积极领导布置，并主动的〔地〕联系军政民来配合这一工作。还有的把全部责任推到农救会身上。对参加过工作的军政民有力干部也没有大量的〔地〕吸收到工作领导机关，发挥其积极性。不能集思广益，形成领导软弱，工作不能迅速开展。

（三）有的认为只要把干部调到工作中来进行突击就够了，忘记了链与环的整个辩证联系，忽视党政军民在经常工作中对这中心工作的配合也是重要的一环。

（四）有的认为减租减息还是五年来的老一套，以前没有实现，今天也不会成功。甚至有的说："上级派人帮助还能完成三分之一，不帮助就没法进行。"也有的认为减租减息不如合理负担重要，并片面的〔地〕认为佃户生活比地主还优裕，对这一工作不感兴趣。这已不只是认识不足的问题，而是部分党员阶级成分的反映。必须严予指出，纠正错误，坚定信心，工作才能开展，并在工作中个别清除那些混进党来的阶级异己分子。

（五）不知减租减息工作必须在地方治安相对稳定（无"大扫荡"大磨〔摩〕擦及土匪扰乱）、人民负担不太重的情况下才易进行。对这些急迫的问题如不首先解决，机械的〔地〕执行减租减息决定，不会有成绩。必须适应当地具体环境条件，灵活制定〔订〕具体方案，才能行之有效。对游击区、敌占区附近，更不能机械的〔地〕执行减租减息的规定。

（六）省参议会颁布之租佃借贷条例希深入讨论研究。其不合当地情形者可由党团提出，交当地参议会讨论通过，但应报省参议会备案。

（七）各地进行这一工作中所发生的倾向，发生的问题及纠正经过，所得之经验，务须随时电告分局。

中共山东分局

5月20日

选自《山东革命历史档案资料选编》，第8辑，济南，山东人民出版社，1983年版，第300～302页。

10. 山东省战时工作推行委员会关于配合减租减息整理村镇财政工作的指示

1942年5月30日

一、整理村镇财政的意义

1. 减租减息是目前各级政府的中心工作，为消除过去村镇财政积弊和负担不公平现象，必须配合这一工作，把村镇财政给以彻底整理。从减轻民众负担中来推行善政、改善民生，是整理村镇财政工作的基本要求。

2. 战工会为了统一今后村镇财政，建立正规的财政制度，已颁发《关于统一村镇财政及人民负担的决定》。但要使这一决定彻底实现，首先须从减租减息工作中发动群众，把过去财政作一清理，才能除旧布新。因此整理村镇财政即是统一村镇财政的先决条件。

3. 在整理村镇财政中，能使群众了解以往村镇政权积弊，自动的〔地〕起来监督村镇政权的财政开支，来减轻群众负担。因此整理村镇财政又是发动群众、组织群众、活跃群众民主生活的有力推动。

二、整理的方式方法

1. 首先要把各村镇过去财政收支情形、村镇长好坏程度及其在群众中的信仰等作详细的统计调查。调查工作愈确实深刻，整理工作便愈容易进行。

2. 整理村镇财政虽是普遍进行的工作，但要根据当地具体情形，斟酌轻重缓急，决定整理办法。一般应以积弊最深、贪污最多、民众最痛恨者为主，反对一般化、工作无重心的表现。

3. 整理的对象确定后，即进行宣传动员工作，把整理村镇财政的意义向群众详为解释，发动群众进行斗争，要求本村村长清理账目。负责本村工作的干部即根据群众要求，搜集材料，进行清算工作。

4. 清算账目的种类，应以征收公粮公款财物负担及公共款产等为主，同时要从事变后算起，不得追索以前旧账。清算时注意：（1）上级政府摊派之粮款与该村各花户分配之数是否相符？（2）全村收起之数与上解之数是否相符？（3）经理的公有款产开支是否得当？（4）一切收支是否有伪造单据、账簿行为？（5）粮款用途有无不正当处？

5. 为防止不良事件之发生，在确定整理的村镇，进行宣传动员工作要快，处理问题要及时，村镇长有舞弊情事，应迅速给以处分，必要时得事先派人看押，以防潜逃。

6. 每个村镇清算完毕后，即充分利用民主形式进行村政改选工作，同时并成立财政委员会，宣传财政上的新制度与新办法。

三、工作的分配

1. 工作的主要负责者应以〔为〕县财政科及区财政助理员。但在着手进行之前，应将全部工作计划列入减租减息工作中，取得密切配合。

2. 减租减息委员会要把整理村镇财政工作做〔作〕为实施工作的主要一项，特别是宣传动员调查统计中应成为主要材料。

3. 各群众团体尤其农救会应主动的〔地〕起推动与保证作用，并以最大力量促起〔其〕工作之实现。

四、应注意的事项

1. 整理的目的，主要是为了减轻人民的负担及统一今后的村镇财政。因此整理过去不是专门找差子，更不是全面的〔地〕清算、普遍的〔地〕惩罚，我们应顾及到目前乡村的一般现象。马马虎虎，敷衍塞责，固然是右的表现，而操之过急，造成恐怖状态，亦是过左现象，更应严防其发生。

2. 这一工作的全部实现是一个艰巨的任务，因此各级政府应把整理村镇财政作为减租减息这一时期的中心工作，特别是财政人员应以全力推动这一工作，使其实现。

3. 在整理过程中，可能有些赃款罚款出现，这笔余款应按照各村镇情形及群众意见，充作本村之救济贷款及公益事业等用费。但要慎重开支，公平处理，不得再由少数人把持。

4. 上项指示办法，各地区接到后即根据当地具体情况作出计划，进行深入的商讨、周密的布置，并将实施中的困难及工作情形按期报告本会，以资参考。

主任委员　黎　玉

常务委员　李竹如　张伯秋

刘居英　艾楚南

杨希文　耿光波

选自《山东革命历史档案资料选编》，第 8 辑，济南，山东人民出版社，1983 年版，第 329～331 页。

11. 山东省战时工作推行委员会关于减租减息增加工资工作的指示

1942 年 7 月 16 日

一、对减租减息增加工资的政治动员工作：

(1) 实行减租减息增加工资的实施工作，有赖于广泛的宣传和深入的动员，使广大群众彻底了解这是保障租佃、借贷、主雇双方利益，造成群众运动，热烈拥护政府的法令，才能做得好。

(2) 各级政府接到战工会颁布之租佃、借贷暂行条例和改善雇工待遇暂行办法后，对内应即发动热烈讨论，深入研究，把提出的疑难问题立即按级反映，求得解答，免得执行时碰壁；对外应即布告通知，开村民大会传达，编歌曲，演戏剧，写标语，散传单，使群众洞悉政府法令，并注意倾听群众意见，及时反映上级政府。

二、对减租减息增加工资法令应有的认识：

(一) 租佃、借贷暂行条例，改善雇工待遇暂行办法，是照顾两方面的利益，即一方面要保证佃户、农民和雇工的人权、政权、地权、财权，一方面还要保证地主资本家的人权、政权、地权、财权，也就是一方面保证减租减息增加工资，一方面还保证交租交息，积极生产。

（二）减租主要是减今后的，一般不算旧账，以增加生产、改善农民生活为目的。减息是减以前的，今后的听任民间自行处理，以活动金融、借贷流通为目的。

三、执行减租减息增加工资法令时应注意的几个问题：

（一）减租暂行条例总的目的就是提高群众抗日与生产的积极性。增加工资，主要的是改货币工资为粮食工资，以雇工生活稍有保障、能安心生产为目的。

1. 所谓二五减租，即由原租额减去百分之二十五，也就是减去四分之一。其算法为：原租额减原租额乘百分之二十五即等于减租后之租额：

［例一］原租额粮食为一百斤，其算式则为：

$$100-100\times\frac{25}{100}=100-25=75\text{ 斤(减后租额)}$$

［例二］原租额为租地产物的百分之五十（即对半分），其算式则为：

$$\frac{50}{100}-\frac{50}{100}\times\frac{25}{100}=\frac{50}{100}-\frac{12.5}{100}=\frac{37.5}{100}\text{(地主所得)}$$

$$\frac{50}{100}+\frac{50}{100}\times\frac{25}{100}=\frac{50}{100}+\frac{12.5}{100}=\frac{62.5}{100}\text{(佃户所得)}$$

［例三］原租额为租地产物的百分之六十（即四六分），其算式则为：

$$\frac{60}{100}-\frac{60}{100}\times\frac{25}{100}=\frac{60}{100}-\frac{15}{100}=\frac{45}{100}\text{(地主所得)}$$

$$\frac{40}{100}+\frac{60}{100}\times\frac{25}{100}=\frac{40}{100}+\frac{15}{100}=\frac{55}{100}\text{(佃户所得)}$$

2. 至于其“耕三七”“锄二八”“割一九”的移种地，是劳资关系，所以应按改善雇工待遇暂行办法增加工资，而不应按租佃暂行条例减租。这一点很重要，千万不要马虎从事，以至〔致〕弄错。

3. 所谓原租额，系指未经减租时之租额，也就是抗战前的租额而言。如已实行减租的地区，其新成立的租佃关系，虽未经减租的手续，但实际租额已等于减租后的租额，就应以已减租论。其所减不及百分之二十五者，可续减至百分之二十五，但不应再由现行租额重减百分之二十五。

4. 出租人不得向承租人预收地租或收取押租，如仍有违法预收地租或收取押租者，应即退还，并附给承租人以应得利息。

5. 公地、学田及政府代管土地，改为定租制时，可召开村民大会，说明定租制有刺激生产的意义，藉〔借〕资提倡私人出租之土地也改为定租制。但以双方自愿为原则，政府不应勉强规定。

6. 所谓〔以〕严禁包租、转租、估租，是因为“包租”“转租”的人，就是二地主或二东家中间人的非法剥削；“估租”就是俗称“看志子”，即临收割时现看庄稼的好坏，再定租额的大小，这种剥削极为残酷，并且也影响生产极大，所以都在严禁之例〔列〕。

7. 雇人耕种的承租人是富农生产［时］，不同于二东家、二地主的中间剥削。但承租人自身拥有大块土地而又租种大量土地、雇人耕种者，便是经营地主性质。如当地贫苦农民迫切要求租种土地，维持最低生活，而又无地可租者，可斟酌动员承租人让出其所租土地一部分。

8. 订立租佃契约时，应载明下列事项：

（1）出租人、承租人的姓名；

（2）租佃土地之坐落面积；

（3）租佃期限或永佃权；

（4）租物及租额；

（5）种子、农具、耕牛、肥料谁出；

（6）退佃及续租手续；

（7）中保人及代字人［的］姓名；

（8）订日契约日期。

如下例：

租佃契约

立租佃契约人出/承租人 ×××/×××

出租人×××，因无力耕种，亲请到农救会说妥，情愿将自己××大地××亩×分×厘租于×××耕种，言明：

第一，每亩租子高粱××斤，麦子××斤，豆子××斤。

第二，耕牛、种子、农具由×租人一面全管。

第三，在租佃契约有效期间，地主不得无故退地，佃户不得无故不耕。

第四，如［因］天灾、人祸欠〔歉〕收，无力交租时，可以酌量减租或免租。

第五，租期×年，期满时必需〔须〕在三个月提前提出通告承佃人。恐后无凭，立契约各执一纸为证。

其地坐落东/西/南/北至

其地上带树×棵，井×眼。

出租人
承租人
（手印）
农救会主任
代字人
出租人×××执证
中华民国××年×月立

如承租人契约，则改为无地耕种，租到×××人地×亩。

例二：活租制减租后换约

立租佃契约人×租人姓名、籍贯

×租人×××于民国×年×月×日租于/到×租人×××庄西南北地一段，大亩×亩，种子、农具、耕牛、肥料由出租人一面全管，承租人干提鞭耕种，租期×年，得种得收。原租额系粮食柴草平分、牛草随牛，并无额外报酬，今因双方拥护政府法令，履行二五减租，出租人应分得粮食、柴草总产量千分之三百七十五，承租人应分得千分之六百二十五，双方情愿，各无异言。减租后废止各种额外需索，其余仍按习惯规定。期满解约，须由一方于前三个月提出通知对方，在秋收后惊蛰前退地，双方均不提出，契约自行延长一期。恐后无凭，特换新约，各执一纸存证。

（该地有无附着物亦可证明）

中保人　　出租人
借字人　　承租人
出（或承）租人×××执证
中华民国　年　月　日

（二）借贷暂行条例

1. 所说清理旧债，是因为债权人从前借出的钱收回无□［望］，债务人无力还债，可是双方总觉终非了局，各不安心。所以目前清理旧债，是债权人和债务人双方都有这个要求，是刻不容缓的急务。

2. 今后的债务利率高低，听任民间自己处理，政府不加干涉。因为今天的问题已不是高利贷剥削的问题，而是穷人借不出钱来倒成了严重问题，政府如规定过低利息，一定会使借贷停滞，反而不利民生。

3. 在抗战后、借贷条例颁布前期间成立的借贷关系，利率高低无争议者，政府不加干涉，是为将来借贷开路。但有争议经调解无效，由政府判处则按分半利息执行。这是因为民国二十九年十一月十一日本会颁布之减租减息暂行条例当在有效期间，自应依照这时的法令执行。

4. 抗战前成立的借贷关系，债权人依约使用有使用价值之抵押品时，使用一年即作交息一年。如计息达原本一倍者，停利还本，计息超过原本者，其超过之数作还本计；计息超过原本二倍以上者，抵押品收回，债务消灭。但这是仅指或能生利之抵押品言，若无使用价值之抵押品（如珠宝玉器）就不得引用此例。

5. 所谓货币跌价，债务人用“该项纸币”还债之该项纸币，系指某种特殊纸币而言（如法币之因日寇到我根据地大量倾销而跌价是）。但地方本位币（如北海银行钞票）之因物价高涨而受影响，则不在此例。

6. 换借贷契约时，应载明下列事项：

（1）债权人、债务人姓名、籍贯；

（2）债务成立时期；

（3）年利或月利息额；

（4）交息已当原本之比数；

（5）已否使用其抵押品；

（6）其抵押品有无使用价值；

（7）使用抵押品的时日；

（8）分期偿还，分作几期及期限；

（9）缓期偿还的期限；

（10）逾期如不能清偿，如何办理；

（11）中保人、代字人姓名；

（12）调解人或调解机关名称；

（13）换约年月日期。

例：

立契约人债权债务人姓名、籍贯

立契约人×××于民国×年×月×日借于债务人×××法币一百元，言明年利五分，并以债务人之庄前园地半亩作押，已未付息还本，当即于同年阳历年底依约使用债务人之抵押品园地半亩，截至今日，业已三年。兹经本村调解委员会之调解，双方同意本政府借贷暂行条例清理旧债，原则作交息三年计，已超过原本五十元，其超过之数以还本计，按停息还本，抵押品当即交还债务人；其当欠五十元之本金，因债务人一时无力偿过〔还〕，允许其在一年内分三期（清明节、双十节、阳历年）或缓期一年偿还，如偿还时法币跌价，即按地方本位币折算，至期仍不能清偿时，则按分半行息。恐后无凭，特换新约为证。

债务人

债权人

中保人

代字人

调解机关或人

债务人〔或债权人〕×××执证

中华民国　年　月　日

（三）改善雇工待遇暂行办法

1. 所谓成年男工，每年工资以能再供一个人的最低生活必须费用为标准，这仅是最低工资。所谓不得少于通用粮食三百斤，这是不得少于之数，不应误为一般标准。

2. 所谓成年男工，系指壮年男工而言。至于老年男工和青工，则应斟酌其劳动能力而定，不应死板的〔地〕引用成年男工工资定数，反使老年工人失业。

3. 所谓雇工有病，雇工〔主〕补助其医药费之数目，应由双方协议补助之，不应强迫雇主负担全部医药费。

4. 增资后更换劳动契约时应注明下列事项：

（1）雇工雇主姓名、性别、年龄、籍贯；

（2）成立劳资关系年月日；

（3）年工、季工或月工及下工日期；

（4）原来工资数目；

（5）有哪些习惯上的附属条件及待遇；

（6）支付工资时间；

（7）已支付工资数目；

（8）尚未支付的工资数目；

（9）增资后工资数目；

（10）增资后是否改为粮食工资；

（11）增资后折合通用粮食多少斤；

（12）习惯上的附属条件是否仍依习惯；

（13）介绍人姓名及代字人姓名、农救会或职工会；

（14）换约的年月日期；

（15）下工时间。

兹举例［如］下：

例一：主雇合同

立合同人雇主×××/雇工×××现年××/××岁，今经农救/职工会说妥，请〔情〕愿于×月×日雇得/于雇工×××/主×××为年/月工，当即言明：

第一，工资钱×××元/高粱×××斤，分三期平均付给（上工时、麦收时、秋后下工时）。

第二，待遇：蓑衣、斗笠、披布，一切物质上习惯待遇从旧。

第三，合同未满期间，雇主不得无故退工，雇工应自动遵守劳动纪律。恐后无凭，立合同各执一纸为证。

雇主×××（手印）

雇工×××（手印）

（农救会）

职工会主任×××（手印）

中华民国　　年　月　日立

例二：

立合同人雇主×××/雇工×××性别男/女年龄六十/三十岁，籍贯×××/×××于×年×月×日雇得/于雇工×××/主×××为年工，×××雇期一年，秋后场净湖光时下工。言明工资粮食工资××斤/北海币二百元正，分上工、麦收、下工三季支付，业已支付工资三十元。今因双方拥护政府法令，协议增资，将一百元之货币工资，按约定时高粱平均市价每斤五毛计算，改为粮食工资高粱二百斤，除已支付货币工资三十元，按当时高粱平均市价每斤一元，应折合高粱三十斤外，并另支工资高粱一百斤，共合粮食工资三百斤，下欠二百七十斤，应按麦收、下工两季支付，工满资完。附属条件仍依习惯。双方情愿，各无异言。合同未满，均不得借故解雇。雇主不得虐待雇工，雇工自应遵守劳动纪律。恐后无凭，立合同各执一纸为证。

雇主×××（手印）执证
雇工×××（手印）执证
介绍人×××执证
中华民国　　年　月　日立

四、减租减息增加工资后的工作：

（一）实行减租减息增加工资，除随时注意调查研究外，并应将各项数字统计清楚，按级汇报。

（二）汇报时，除能统计的数字应尽量统计成表外，其余不能以数字统计者，应将调查研究的结果及工作的成绩具体说明，并多举实例。

（三）总结工作时，应周密的〔地〕检讨，虚心的〔地〕接受工作中的经验教训。

（四）附减租减息增加工资登记统计表等表式，以供参考，各级政府可根据这几种表，统计出各种材料来。

附表（略）

选自《山东革命历史档案资料选编》，第8辑，济南，山东人民出版社，1983年版，第419～428页。

12. 附“工作总结”：山东省滨海区十个月群众工作总结（节录）

1943年3月朱瑞同志在滨海区第四次群众工作总结会议上的报告

第三部分　几个工作与政策问题

（一）减租问题：

1. 二五减租的口号不一般化。掌握大小地主与无劳力而出租地的分别，最高是二五减租，低则可做〔作〕租佃关系的调整，如游击区，一般只能进行农民与地主关系的改善。

2. 鳏寡孤独出租的土地不强调减租。参加抗战工作的或无劳动力无法自耕的最好不减租。

3. 今年对去年未减租的地区，不能发动退租，仍着重减租，如有个别的退租问题，可个别处理。

4. 减租后一定要交租，严格提出佃农守法。估计减租后部分拖欠、违反租约的事情，要注意纠正解决。

5. 定租：战工会规定三年到五年，只是建议，不能成为法律。今年再不能强调，主要依靠与地主疏通，争取多少年就多少年。

6. 卖地：过去不许地主卖地是不对的，地主有卖地的自由，只是规定佃户有买地的优先权。因卖地而引起佃户的失业，可用个别方式解决，不能一般化规定。

7. 拔租问题：地主要拔租时，如契约有所规定，地主仍应实行。如佃户不交租，或无特殊原因影响生产，也可由地主提出解约。地主无故解租（约），佃户可提出控告。但如佃户理缺，则不可限制拔租。如佃户失业，应予救济。

8. 土地纠纷：农救会只有调处说服、争取地主让步之后，不能下裁判，更不能越权没收土地房屋。赎地问题按着过去当价折中的办法，是对赎地的贫农有利；如系地主赎地，则对贫农无利，因此不能一般化运用。如系地主赎地，则折中的价就该高一些，贫农赎地，就该低一些。总之，原则是不违背土地政策，而又照顾基本群众，按赎地为谁来决定折中的办法。

（二）减息问题：

1. 今年中心是发动借贷的问题，算旧账减息只是个别问题。

2. 减息工作不要当运动布置，只须〔需〕具体调查，个别解决。

3. 减息不算长年旧账，应算到多远不必规定。抗战以后，这一问题似乎不太大。清算旧欠，不是去找着干，而是当借贷双方有争议时或太不合理时，债主搞得债户要破产而且得不到社会同情时，可帮助解决，这对发动群众才有一定的作用。

4. 不强调斗争，因斗争会影响今天农民的借雇关系。

5. 最积极的办法，是鼓励有钱出钱、有力出力，合股做生意。其中即〔既〕有借贷关系，也包括劳动力的报偿问题，通过这一办法，来推动农村借贷关系的发展。

（三）增资问题：

1. 今天要考虑到特殊情况，在最低水平以上者采取让步，以下者个别增，像去年大的集体的斗争运动，一般不采取，同时要慎重，不要过火。

2. 纠正增资后过火、过高的经济要求，要适可而止。

3. 增资后要说服教育工人积极生产。如有会议旷工时，要商得地主同意求得谅解，否则就要找替工或变工。同时勉励教育雇工维持劳动纪律，不要妨碍土地耕作、减少生产。参加民兵雇工做集体活动，不远出缉私，或在晚间开会，不影响白天劳作。

4. 根据地内雇工，对外来难民应争取团结，纠正行会宗派观点，反对打赶现象。职工会尤要注意帮助外来雇工就雇。

5. 粮食工资与货币工资不要一般规定，应根据雇工不同要求。当然，实物工资一般都对雇工有利，但有些外来雇工，粮食背不走，也有愿要钱的。解决具体问题时，如因系钱工，货币跌价，可说服地主，按过去钱工折成订合同时粮数，再按订合同时粮数，按目前粮价折成钱，或酌量折算也可以。

（四）借粮问题：

1. 肯定说，借粮只是农民中的私人问题，不能当作法令执行，地主无借粮义务，农民无借粮权利，因此不要形成运动。

2. 有借有还，一般应行息，并按普通利息标准行息。当然一般借粮地主不一定要息，但要还，不还粮是犯法的行为，尤其是干部，要向借粮不还的观点作斗争。

3. 借粮应是部分的〔地〕带有救济性的慈善事业，要着重在救济难民贫民的春荒，不能让借的人平分，多就多借，少就少借。

4. 尤其要防止以借粮为名，而拿去盈利、赌钱、挥霍。特别注意农救干部自私自利观点，贪污中饱现象。

（五）拔地：

1. 是按特殊情况，不能一般化。

2. 要靠地主自愿，不能强迫，可用疏通方式。

3. 拔地后不可平分，因为生产力与需要是各有不同，不能违犯〔反〕发展生产原则。平分也可能形成分地现象，引人家是非。

4. 拔地就是租佃关系，因此也要维持二五减租与按约交租的原则，拔地后的土地问题，也按一般租佃的土地问题处理。

（六）贷款问题：

1. 贷款由农救会直接做不合适，易缓和与麻痹农民的斗争意志，养成农救干部办公事循〔徇〕私贪污现象。它是政府和银行的事情，农救会只须〔需〕调查帮助，着重宣传教育——这并不妨害农救会与政府的联系。

2. 群众团体应向政府提出，贷款不要分散太过，要适当集中使用。如按目前现象，有十万元，十个县份，一县一万［元］，再平均分下去，一家五元，买一个大饼，是不分轻重缓急，不能起多大的作用，和放赈没有什么分别。

3. 贷款要有中心。这中央与分局都有指示，即以百分之五十投入农业、纺织，提高农业生产，救济与其他贷款是次要的。在地区上说，也要有中心。发展农业、纺织，是应在根据地内，我们才使用得了。边缘区也可贷，但不是主要的。另外，特殊贷款，如溢民贷款，可按特别情况。贷款的时间，也应有中心，应着重于春季，这对生产建设与纺织事业都是有利的。冬季贷款则着重于救济。

4. 贷款对象，一般应着重于农民、贫农、佃农或雇农，商业贷款应尽量减少，而且是贷给小商人。地主大商业经营的工厂商业，最好是奖励投资，拿出睡眠资本。同时，反对贪污中饱现象。

（七）民兵问题：

1. 成份〔分〕上要求以贫农（佃农、雇农）为主，扩大到中农与部分富农、个别地主。因为过去做得不够，民兵是孤立的，有很多困难难以解决（如贫农时间少，衣鞋无着）。因此，必须大量吸收中农，少数富农加以调剂，但基本要仍保持贫农的领导。把贫农与富农、地主分开组织也不合适，这会强调了阶级组织，助长了他们的团结，于己不利。

2. 不管教育与活动，都要照顾群众化、分散、隐蔽三原则，因为要群众化，故不奖励脱离生产、吃公粮；因为要分散，故不奖励集体睡觉，编制上班队不要过大，活动上不强调纵的指挥，而强调班排的活动，因为要隐蔽，边缘区要特别注意活动方式，像沂蒙区垛庄那样的方式最好，不要暴露。

3. 注意到武力与劳力的结合。民兵在农闲时，要帮助封锁消息、剿匪缉私，农忙时服从于掩护春耕、夏收、藏粮，保护群众安全转移。这样才能得到大多数人民的拥护，才能保证民兵的发展壮大，才不会影响生产。

4. 民兵发展民兵，组织发展组织，这很有效率。以有组织民兵到无组织地区联欢访问，就能推动该地民兵工作的发展，如临沭县曾以此方式收到很大成绩。

5. 武委会的建立。今天民兵已有相当发展，政治工作未开始注意，故有坏分子的破坏、违犯政策的现象发生。今后就需要武委会加强教育。特别是分区委级武委会，是直接领导掌握民兵的机关，县级武委会为计划、推动整理的机关，都应及早加强与建立。这可由区党委武装动员部负责解决。

（八）生产问题：

1. 纺纱织布。这是今天有效的成功的办法之一，它解决了妇女、木匠、商人等的生活问题，活跃了市场，更解决了根据地一大问题——衣服、裤子问题。因此我们要继续大量投资。

2. 组织农村合作社。要求从自然村到行政村都普遍开办，从调剂纺织事业到经营小买卖，同时要使合作社也像俱乐部一样，形成群众的政治文化教育机关。

3. 提高粮食生产，改良土地，灌溉，耕种。如专署的棉花试验场，因为种植得法，产量多了一倍。如将此经验普遍化，生产即可大大提高。再即多种蓝靛，少种花生，使用水车，提高灌溉。

4. 开荒。开河地栽树、养羊，是很便宜的事，应大大奖励。

（九）群众工作的组织问题：

1. 为提高党委对群众工作的领导，因此我们决定建立县以上群众工作委员会。为服从一元化的领导，取消工农青妇的专门工委会，保持书记，参加群委会为委员。群委会书记由党委书记或副书记兼，群委会委员一般都可是各救的主要负责人。这样也合乎简政之道，可以少开会而又加强了联系，如要照顾与讨论专门工作，可吸收专门委员参加。

2. 区村组织问题。在区党委讨论的结果，大家认为，为服从农民斗争的一致性，强调农救会，同时不妨碍各救的特殊性。决定在新地区工作开始时，首先组织农救会，设工青妇委员，领导工青妇小组；待工作有发展，或基本地区人多，领导不方便，小组不能解决问题时，工青妇可形成独立组织。但为防止脱离基本的联系，工青妇会长，仍为农救委员。个别问题，各救自己讨论，中心任务、一般问题，集体讨论。目前要注意. 解决的问题：已有工农青妇组织，但会员人数少，估计发展也不会很大，可于各救同意后，取消各救独立组织；如可能大量发展，即加紧发展，保持各救独立形式。区的组织，也因更接近于基本群众，还用农救会名义，实际上起着各救会的作用。县以上，因照顾统战关系，可采取各救名义；并设立各救联合总会，以资统一。同时还有党的群委会，故可不妨碍彼此的联系，统一领导。

3. 党团。县与专区以上，各救非党员很少，党团作用消失，群委会下工农青妇各救委员，即可在各救执行党团书记的任务。如非党员多，或在开大会时可组织党团。分区级则仍维持党的小组办法。

4. 至于在敌占区、游击区，群众工作的组织形式可取××县的经验，用互济会、互助会，也不必有工农青妇各别的组织，只用一个会统一团结各阶层就行。对青年、知识分子，则可组织业务性的团体，如读书会、时事研究会、音乐会……

（十）干部学习生活问题：

1. 学习。以后学习计划与工作计划同时订出，同时汇报，同时总结，以此作组织领导推动学习。思想领导，则可在总结工作时，提高到整风检讨上，把工作检讨与思想检讨统一起来，不要单纯的〔地〕谈工作问题，多多揭发批评我们工作中三风不正的地方。检查工作时，也要进行思想上的检查。

2. 建议县区级干部都作群众工作日记，由县干部检查。上级机关分散到村的干部也要作日记。一般的可一月看一次，或在巡视时看日记。这要尽可能做，因为不只对思想学习有帮助，还可随时积累经验。

3. 建立学习指导员。工农青妇各设一人，选文化程度较高、能力较强的同志担任。工农青妇一般可分业学习，但如人少，有三人即可成立一组，公推一指导员。指导员应经常将学习情形回报上级。

4. 穿衣问题。大家提倡劳动化，发扬打补丁的作风。

5. 吃饭问题。以后可建议政府银行贷给部分款项，各团体统一经营生产，以盈余改善生活。但在改善生活上，应着重于鞋子的补充、病号的调养、医药的供给，以及逢年过节吃包子，并更积极的〔地〕做到能独立开支。

6. 政治待遇问题。这也是一个很重要的问题。农救会都应订报，群众干部都要保证经常看到报纸。滨海各救应统一计划一下，不能一人看一份，也要一组看一份。经费问题，应向各县建议切实解决。大家要认清，大众日报是指导工作的有力武器。至于文件，凡脱离机关到下层的同志，一般与下层干部同样待遇，主要干部兼其他工作者，可按其他工作的待遇。

7. 等级问题。我们提出这问题，倒不在多拿几毛钱，而是要解决参加会议这些问题。这可实行长山庄会议时分局对这一问题的指示，如群委会委员，应相当于县宣传部长或主要科长，看文件与参加会议，都享受同样待遇。延安现已将所有干部分别等级，列入名单，开哪一级会议，即通知哪一级干部参加，很为科学。分局与各级党以后都可照做，军队也同样可做。这不只是待遇问题，也是党员的权利问题，如有执行不当之处，党员有权提出质问。

选自《山东革命历史档案资料选编》，第9辑，济南，山东人民出版社，1983年版，第374～382页。原注：“据考证，此件成文于1943年3月。”

13. 胶东区开垦荒地暂行办法

1943年6月15日公布、施行

第一条　为扩大种地面积，增加根据地生产，保障地权，特制定本办法。

第二条　下列各种土地谓之荒地：

一、可供耕作之草地、林地。

二、可供耕作之海滩、河岸、水地。

三、以前曾耕种、现在荒芜的土地。

四、经修筑整理，可供耕作之水塘、沟渠、洼地。

第三条　荒地经开垦后能增加产量者，始得开垦。

（说明）山荒、草场土质比较肥沃，开垦种地后，能增加收入者，仍须开垦。不便于耕作之山岚、草场，或虽可耕作，但按当地情形留长柴草比开为农田更为适宜（如放柞蚕等），不得强为开垦。

开垦河滩，以在开垦后不能引起水患为原则。

第四条　公荒由政府分配给人民开垦，私荒由政府限令所有人定期开垦，否则由政府代为找人开垦。

第五条　开垦他人荒地，须经土地所有者的同意，并须于开垦时依法订立契约，如有争议，由政府调处之。

第六条　前项由政府调处之争议，荒地之在五亩以下者，由行政村村公所负责处理。

荒地之在五亩以上十亩以下者，由区公所负责处理。

荒地之在十亩以上者，由县以上政府处理之。

荒地所有人与承垦人如有不服，得请求直接上级政府处理之。

荒地所有人与承垦人自由约定开垦者，政府不加限制。

第七条　承垦人领垦荒地，以自耕为限。

第八条　由政府代为找人开垦之荒地，抗日军人家属、荣誉军人及贫苦人民有优先承垦之权。

第九条　大片荒地，需要较大劳力与财力，个人不能开垦者，人民得组织垦荒合作社，合力合资开垦，或由军队、政府的各种机关团体与人民商得同意开垦之。

垦荒合作社对个人有优先承垦之权。

垦荒合作社须呈请县政府备案，发有垦荒执照者，方为合法。

第十条　开垦公荒，承垦人即取得所有权，三年不设定负担。

开垦私荒，承垦人即取得永佃权，三年不纳租，但土地所有人家境贫苦，须撤回自种者不在此限。

第十一条　开垦河滩、山地、劈石、理墙、筑堤，需要较大劳力与资力者，得延期五年不负担不纳租。

第十二条　荒地之有田赋负担者，自开垦之日起，由承垦人负担一半，开垦之荒地，短期间内无收获者，得呈请县政府暂免其田赋负担。私荒开垦三年后，向土地所有人交纳地租时，田赋即由土地所有人负担。

第十三条　私有荒地，因被他人开垦，而影响土地所有人的生活时，得酌情确定地租，但该项地租不得超过一般地租的二分之一。

（说明）前项规定只适用于生活困难的土地所有人，富裕者或荒地虽经开垦而并不影响其生活者，不得确定地租或其他代价。

第十四条　荒地之附着物，在地上者归地主，在地下者归承垦人，重要较大之附着物，土地所有人不愿迁移或毁坏者，得保留之，如有争议由政府调处之。

第十五条　本办法由胶东区临时参议会通过施行。

第十六条　本办法解释修正之权，属于胶东区临时参议会。

第十七条　本办法自公布之日施行。

选自《中国新民主主义革命时期根据地法制文献选编》，第 4 卷，北京，中国社会科学出版社，1984 年版，第 391～394 页。原注：“选自山东省胶东行署《法令汇编》，一九四四年八月版。”

14. 中共山东分局关于一九四三年群众工作的补充指示（包括减租减息等）

1943 年 7 月

分局为改正群众工作中执行政策的缺点和错误，加强党的组织对群众工作的领导，克服某些地区群众运动新的皮条现象，以贯彻分局一九四三年群众工作的基本方针与中心工作，特作如下补充指示。

甲、正确执行政策，开展群众工作。

（一）减租：

1. 二五减租口号不要一般化，最高是二五减租，低的可以少减，甚至仅作租佃关系的调整，鳏寡孤独和抗属出租的土地不强调减租（但其成份〔分〕为其它〔他〕者不在此限）。游击区一般只能进行农民与地主关系的改善，着重团结对敌。

2. 对去年未减租的地区不发动退租，仍着重减租，但可个别处理退租问题。

3. 减租后一定要交租，严格提出佃农守法。

4. 订租期，战工会规定三年至五年，只是建议不是法律，不能强迫而主要依靠与地主疏通。

5. 地主有出卖出典其土地的自由权，按同样条件佃户有承买承典该项土地的优先权。租期已满，地主有收回自耕或转租其田地的自由。租约未满，如佃户不交租或无故不生产者，地主可提出解约。地主无故解约，佃户可提出控告，如佃户理缺，仍应秉公处理，如因地主卖地典地或转租而使佃户失业者，可用个别方式解决或予以救济，不能一般化规定。

6. 土地纠纷，农救会只能调解说服，争取地主让步，但无裁判权。原则是不违背土地政策，不代替政府，而又照顾基本群众利益。

（二）减息：

今年中心是发动富农贷款贷粮，积极鼓励有钱出钱、有力出力、合作做生意，推动农村借贷关系的发展，不强调算旧账。减息不要空喊或当作运动布置，只具体调查个别解决，双方有争议或太不合理的债务，取得社会同情，发动群众，但不强调斗争。

（三）增资：

1. 要考虑到今天特殊情况，在最低标准以上者不再增加，在最低标准以下者个别增加，一般不采用大的集体的斗争运动，如必须斗争时，要慎重，不要过火，增资后的经济要求要适可而止。

2. 说服教育工人维持劳动纪律，不要妨碍土地耕作，减少生产。如有活动旷工时，要商得地主同意或商得谅解，否则要找替工或变工。民兵一般不过多吸收雇工参加，如参加，平时可少做集体活动，使之不影响劳作。

3. 一般不要机械规定粮食工资或货币工资，应根据雇工不同要求自己决定。如货币跌价，可说服地主把工资按过去粮价折成粮食，再按今天粮价折成货币或酌量折算。

4. 在雇工失业多的地区，应详细调查失业工人，尤其是被解雇的积极分子，一方面由政府贷款给他们做买卖、开荒耕地，一方面从政治上鼓励慰问他们，给富农政治上一个反击。这一问题是必须解决的。

5. 教育工人对外来难民应争取团结，纠正宗派行会观点，反对对外来工人打赶现象。职工会尤要帮助他们就雇。

（四）借粮只是地主农民间的私人问题，不应当作法令执行。地主无必须借出粮食之义务，农民无非借粮不可之权力，因此不要形成运动。借粮要着重救济难民贫民的春荒、夏荒。借了要还，必要时按普通利息标准行息（一般不要息），不还粮是犯法行为，首先要向干部间借粮不还的观点作斗争。

（五）贷款问题：

1. 贷款是政府和银行的事情，由农救会直接做易麻痹农民的斗争意志，养成农救干部办公事徇私贪污现象。但这并不妨碍相互联系。农救会应帮助调查宣传教育工作。

2. 贷款要适当集中使用，不要分散太过，以致无补生产，变成单纯救济性质。群众团体应依照工作需要，向政府提出建议。

3. 贷款要有中心，以百分之五十以上投入农业纺织，地区以根据地为中心，时间以春耕或夏耕为中心。

4. 贷款对象一般应着重于农民中的贫农、佃农或雇农，商业贷款应尽量减少，而且只是贷给小商人，对地主大商人经营的工厂，应奖励私人投资，拿出睡眼〔眠〕资本。

（六）民兵：

1. 成份〔分〕上要求以贫农（包括佃农、雇农）为主，扩大到中农与部分富农、个别地主，但基本上仍要保持贫农的领导。把贫农、富农、地主分开来组织，虽强调阶级组织，助长他们团结，是不适合的。

2. 不管教育与活动，都要照顾到群众化、分散、荫蔽三原则，不奖励脱离生产吃公粮，不奖励集体睡觉，不强调纵的指挥。

3. 注意武力与劳力的结合。农闲时帮助剿匪缉私等活动，农忙时服从于掩护春耕、夏收、藏粮，保护群众安全转移，这样才不会影响生产，保证民兵发展壮大。

4. 用民兵来发展民兵，以有组织的民兵到无组织地区联欢访问，推动该地区民兵工作开展。

5. 分区级武委会是直接领导掌握民兵的机关，县级武委会为计划推动整理的机关，都应及早加强与建立，可由各区党委武装动员部负责解决。

（七）生产：

继续大量投资纺织，组织农村合作社，要求从自然村到行政村普遍开办，从调剂纺织事业到经营小买卖；同时使合作社形成群众文化教育机关，发展农业生产，提高粮食产量。

乙、群众工作的组织领导。

（一）为提高党委对群众工作的领导，决定建立县以上的群众工作委员会。为服从一元化的领导，决定取消工农青妇的专门委员会，只留书记参加群委会为委员。群委会书记由党委书记或副书记兼，群委会委员一般都是各救的主要负责人，如讨论专门工作时，可吸收专门委员参加。

（二）村群众组织应在群众经营具体要求下，由群众自愿组织，打破形式主义。为服从农民斗争的一致性，应强调组织农救会，同时不妨碍各救的特殊性。在新地区工作，开始时可首先组织农救会，设工青妇委员，领导工青妇小组。待工作有发展，或基本地区人多、领导不方便、小组不能解决问题时，工青妇可形成独立组织。但为防止脱离联系，工青妇会长仍为农救委员，各别问题各救自己讨论，中心任务、一般问题集体讨论。目前区村有工农青妇组织，但会员太少，如估计发展不会很大，可与各救商得同意后取消各救独立组织，如可能大量发展即加紧发展，保持各救独立形式。区的组织也因接近于群众，还用农救会名义，实际上起各救会之作用。县以上因照顾统战关系，可采取各救名义，有〔由〕党的群委会保持联系，统一领导。各救概无上下级领导关系，只是联席会议性质。

（三）党团：县与专区以上群委会中工农青妇委员，即可在各救执行党团书记的任务；如非党员多，在开大会时可组织党团。分区级则仍维持党的小组办法。

（四）敌占区、游击区群众工作的组织形式，可用互济会、互助会等等灰色名义，不必有工农青妇各别的组织，只用一个会统一团结各阶层就行。对青年知识分子，则可组织业务性的团体，如读书会、时事研究会、青乐会等等。

（五）在领导上克服主观主义倾向，掌握群众工作发展，灵活转变工作方式方法、斗争目标和要求。一个任务的完成，要及时提出新的任务，在现有的工作中创造另一工作的条件。领导要有集体、有组织、有分工、有步骤、有发展，克服手工业的领导方式。工作布置要有中心、有轻重、有缓急、有联系，运用组织力量，发挥组织每一细胞的作用。突击工作的目的是把经常工作薄弱的工作向前提高一步，当提高以后，就应当进行精细点滴的巩固工作；少开会甚至不开大的会，培养干部，改造村会，深入教育。点滴精细的工作，基本上就是教育与整理，教育干部经常系统埋头苦干的精神。各地党主要干部平时都应直接深入下层参加工作，及时解决问题，定期向上回报，认真执行降级使用干部，加强下层群众组织领导，纠正上层与实际工作脱节的现象，尤其要发扬民主精神，确实克服包办代替倾向。

（六）应严重认识群众工作干部过去对学习的忽视，做与学脱节，以至进步不快，造成工作上的很大困难。因此今后学习计划与工作计划应同时订出、同时回报、同时总结，以加强组织领导，在总结工作时提高到整风检讨上，把工作检讨与思想检讨统一起来。工作中要多多发扬批评三风不正的地方，检查工作时也要进行思想的检查以加强思想领导。建议县区干部都作群众工作日记，由县干部检查。工农青妇一般可分业务部门学习，有三人即可成一组，公推一学习指导员经常领导回〔汇〕报学习，并将分局指示及群众工作指南经常翻阅作为学习材料之一，才能开展自己的工作。

分局

选自《山东革命历史档案资料选编》，第 9 辑，济南，山东人民出版社，1983 年版，第 542～547 页。原注：“原载 1943 年 7 月 15 日中共山东分局出版的《斗争生活》第 24、25 期合刊。”

15.（山东省）渤海区关于垦区土地所有权的决定

年　月[①]

一、垦区人民之土地凡有红契（完粮升科）者，即确认其所有权。

二、凭有老照（包括司照、省照、县照），坐落可步邻至相符，经邻至及年长人出证明确为其经营之老业，且无重复情形及公私争议，经政府查明属实者，承认其所有权。

三、凭有所有权证书，坐落可步邻至相符，无公私争议，经政府查明非伪造冒领者，承认其所有权。

四、凭有计口授田（鲁西移民或功曹兵地等）之根据而无上述文契者，则按一户三十亩承认其所有权，该地以原耕者为限，不除荒碱。

五、在清丈土地中，除按文契规定的数目承认其所有权外，所有丈余的土地作如下的处理：

甲、凡系富农以下之农民，其丈余的土地，只要有邻至及村内年长人士证明确为该户自耕（自力耕种）自营（包括雇佣劳动等富农的生产方式）而无公私争议者，一律皆承认其所有权。

乙、拥有土地一顷以上之地主，除按其所有文契上的数目承认其所有权外，其丈余之土地，以该地主现有生产力范围（包括现有壮丁、耕牛、长工）所能自耕自营之数目承认其所有权，余地收归公有，计口授田之土地买卖者无效，其因买卖所生之争议，由政府处理之。

丙、计口授田者，其应得三十亩以外之土地，作丈余论，依上项办法处理之。

六、无任何文契根据之土地，只要有邻至及村中年长人士证明其确为自耕自营者，并无公私争议，经政府查明属实，亦承认其所有权，但如为出租土地，则只按该地主自能经营之部分承认其所有权。

七、文契遗失经邻至及年长人证明，无公私争议，经政府查明属实者，承认其所有权。

八、计口授田后原领地户他徙，其土地由政府代管，如有代管人者，由代管人向政府交纳负担，若原领地主二年不归，其地即由政府重新处理。

九、承领生荒者，政府按每一壮丁（男丁）发给三十亩，并承认其所有权，若以富农生产方式更多经营者，政府皆允其承领权，但除其每壮丁三十亩以外，余地不给予所有权，三年以后向政府交纳地租。

十、凡有所有权之土地，经政府发给所有权文契，该地主对其土地有处理的完全自由（包括出租、出典、出让、出卖、雇人耕种等）。

垦区地权补充决定一

一、凡承领官荒者须发承租单，三年后发给所有权，但在承租三年内，不负担任何

---

① 原件无制定年月，推断为1943年与1944年之间。

负担。

二、凡权名不符之土地，只要无公私争议，经邻至证明，确系该户耕种之老业者，亦承认其所有权。

三、关于处理计口授田地买卖关系的决定：

1. 确定计口授田地买卖无效，如系在主任公署布告前（民国三十二年六月　日）买卖而为自经自营者，承认其所有权，但须经邻至证明确实，经政府查明无讹，无公私争议者。如系买名出租者，则只承认其生产力范围所能自耕自营部分；归其所有，余者归公有。如系在主任公署布告后买卖者，其地应交政府处理，如买户系贫民且为自耕者，由政府授与〔予〕地权，原地价没收归公，用作开荒奖金。

2. 上述生产力范围，系按清查土地时之地主经济状况而言，不得追引既往及许计将来，其生产之条件包括现有之耕牛、壮丁、雇工。每一壮丁（包括十八岁至四十五岁之壮年男女）之生产力定为耕种十官亩，每一耕牛（包括牛驴骡马）生产力定为二十亩。

3. 如原地主他徙，而指定有代理人，并有文约可凭者，其地仍由代理人代管，并代向政府交纳负担，如二年以后原主不归，其地即由政府重新处理。

4. 买地人他徙者，不承认其所有权，亦不能适用前三项之规定。

5. 让与地、交换地（鲁西、清河互相交换者）概以买卖关系论。

6. 地主远徙，其地由他人盗卖者，其买卖关系无效，其地由政府代管，如原地主二年不归，该地即由政府重新处理（盗卖人应交政府法办）。

7. 因上项情形，以致地权发生变动时，原租户有领租的优先权。

8. 领有计口授田地者，其宅基确定为每户一亩（官亩），若有多占，交由政府处理，不能引用上述1、2、3项之规定。

9. 地权证书由主署制印发下，由垦区县长、土地局长作签发人签署，每亩地权证书费一元。

垦区地权补充决定二

1. 计口授田地应得宅基，承认其所有权，该项宅基数目按计口授田时政府之规定，每户应得最高数目为一官亩，但其确无居住需要者，得由政府收回另行处理。

2. 计口授田之宅基买卖无效，其处理办法规定如下：

（1）凡在主任公署布告前买得之宅基系自己居住，且确实有居住需要，无公私争议，经政府查明属实者，得按其实际情形承认其所有权。

（2）凡在主任公署布告前买得之宅基，非为自居或非作为自居而作出租、出借、出典、植禾种园等行为者，除按其确实系需自居部分承认其所有权外，余悉数收归公有。

（3）宅基之顶名、让与、实得、交换、盗卖等情，均按买卖关系处理之。

（4）凡在主任公署布告后买卖者，概予收归政府处理，其办法与处理主署布告后买卖计口授田者同。

3. 凡因不正当关系将镇基或宅基大批取得所有权而作非自居行为妨害公共建筑者，政府当予适当限制。

4. 盗买计口授田地者，不拘时间，原地价一概没收归公，用作开荒奖金。

5. 所有权地原主他徙，而无合法代理人者，概收归政府代管。

选自《中国新民主主义革命时期根据地法制文献选编》，第4卷，北京，中国社会科学出版社，1984年版，第394～397页。原注："选自渤海区行政公署《战时单行法规》，一九四四年四月版。"

16. 山东省战时行政委员会关于查减工作的训令

1944年8月10日

自从一九四二年前战工会颁布了《山东省租佃暂行条例》《山东省借贷暂行条例》《山东省改善雇工待遇暂行办法》及不断督促查减以来，由于各地党政军民的努力，在许多地区已经初步地实行了减租减息政策，人民生活得以初步的〔地〕改善，抗战的群众组织得以扩大与巩固，使我抗日民主政权奠定了部分的群众基础。但是，直到今天检查起来，减租减息政策的执行还非常不够，有的地方还是明减暗不减，有的地方还是形式上减了租息而实际上并未扶持群众起来。尤其严重的是，在减租减息政策的执行中，群众团体做的〔得〕多，各级政府做的〔得〕少，有的政府根本不问不闻，对减租减息政策的执行是漠不关心的，对人民群众的疾苦采取官僚主义熟视无睹的态度，个别政府干部由于群众观念缺乏，教条主义的〔地〕理解政策和机械的〔地〕搬运旧法律条文，致在客观上妨碍了减租减息政策的执行。有的根本在主观上就受了地主恶霸的蒙蔽迷惑而同情他们，反映他们的一些歪曲事实，不反映基本群众的生活疾苦，作出了泼冷水的行为，或者是口头上空叫查减，而在行动上不去深入实际，主动配合扶持群众运动，不会在政府的立场上以法律制裁那些抗减和破坏群运的人，也不会在查减中从事各阶层的团结工作，或者在进行查减工作时一意孤行，不启发群众的自觉自动，不与地方工作群众团体密切配合，采取包办代替的"恩赐"办法，于是造成了减租减息增资工作不彻底、不深入、不普遍的现象。

必须明确的〔地〕指出，所以发生以上缺点是由于各级政权的领导思想中存在着以下的毛病：

（一）缺乏群众观念，缺乏政府应努力改善群众生活、扶持群众组织起来、形成独立自主的政治力量的严肃的民主立场。有的还不认识群众只有在改善生活的运动中才会发动和组织起来，只有群众普遍的〔地〕发动和组织起来以后，抗日民主政权才能有广大的基础，无此基础政权是不巩固的，是经不起革命中的风吹雨打的。有的还不明白群众不真正起来，民主政治是不可能彻底实现的，村政是不可能彻底改造的，土地陈报是不可能彻底完成的，一切政策法令都不能彻底有保证的执行，一味强调改造村政而不从查减着手，不从扶持群众起来着手是作〔做〕不好的。有的干部不去扶持群众起来，却天天怕群众起来，群众一动则呼之为"过火"，个别更坏的利用现有职位，曲解政府法令，藉〔借〕以限制甚至压抑群众，即是失掉了民主政府立场的行为。

（二）不明白减租减息政策的实际，不明白自己的职务。我们需要明确认识，减租减息法令的实质是减轻封建剥削，改善群众生活，扶持群众组织起来，以树立民主政治的巩固基础，这就是新民主主义的具体内容。新民主政治所以不同于旧民主政治其关键就在这里，所以检查这一法令执行的〔得〕彻底与否，要从群众生活是否改善、群众是否起来了检查起。在这一法令的推行中，各级政府不但要公布法令，而且要不断动员检查，力求贯彻实现。在其他各种法令上、各种工作中，都要随时随地注意其与这一法令的联系，以保证群众生活真正得到改善，扶持群众真正组织起来。许多政府工作干部，只以法令宣布减租减息就算完事，把〔将〕群众组织起来的职责忘了，相反的，将此责任完全推到群众团体身上，人家做了不去帮助，只来挑毛病，还认为这是掌握政策，还不明白任何政策不在实际运动本身的各个过程中去掌握是掌握不好的，群众不发动组织起来，减租减息政策的实现是没有保证的，不深入群众运动之中，随时随地去扶持帮助，政府对减租减息发动组织群众的任务是不能完成的。

（三）不了解抗日民主事业的一致性及其发展的规律性，不会将党政军民共同的中心任务贯彻于政府工作中，致使政府工作计划与总的中心工作脱节。我们首先检讨本会去冬之三个月工作计划，在精神［上］与中心工作不够一致，强调了土地陈报、民主教育，轻视查减，形成孤军奋战、单枪匹马，结果不能完成自己的计划。有的政府后来将中心工作转到查减了，又不会将中心工作与经常工作结合，只强调中心查减，不明白从经常工作出发去围绕查减，只会突击不会经常，致放弃了经常工作、孤立了中心工作。有的政府不会及时具体的〔地〕转移中心，如在已经彻底查减的村庄或在期限以前确定先期完成了查减的村庄，虽仍在所定查减任务为中心的时期以内，就应该及时的〔地〕转入民主教育运动，而不是等待命令一块进入民主教育。

本会兹决定：今年八、九、十三个月各级政府工作的中心毫无例外地一律是查减，在与群众密切配合下，要求老地区普遍彻底的〔地〕实行减租减息增资，消灭空白村，消灭明减暗不减的现象；新地区要求大部村庄实行彻底减租减息，改善雇工待遇；边沿区、游击区在不妨碍对敌斗争原则下，尽可能改善群众生活，但不得借口对敌斗争，忽视拖延改善群众生活的工作，至减租减息的标准自可比根据地降低，工作的方式亦可与根据地不同。无论老地区、新地区、边沿区、游击区，在进行查减时都必须时刻与群众团体密切配合，依据实际需要，扶持群众运动之发展与群众组织之扩大与巩固，凡为群众所迫切要求、有利于群众运动之发展者，如反恶霸、反贪污、反黑地及土地纠纷之解决等，均可予以扶持帮助，但必须使这些工作之进行与查减密切联系起来，明确的〔地〕把握查减为中心，至租佃关系、息借关系之存在，则是一般存在的事实，其形态可能是多式多样的，应深入调查研究，以期具体发现与认识，不得以粗浅表面的了解即认为查减工作不适合于当地具体情况，如有已经布置了工作而中心不是查减的，应迅速改正自己的计划。为完成查减工作的任务，我们要求：

（一）各级政权干部深刻进行整风反省，尤其主要领导干部必须首先彻底的〔地〕反省，反省的重点是揭发缺乏群众观念、官僚主义作风、不配合中心工作和旧法制观点等，反省的方式或在整风会上或在讨论此训令之会议上进行，应在今年将错误思想完全转变过来。

（二）政府各项工作的进行，都应紧密的〔地〕围绕着查减，务求做到一切工作围绕查减、一切工作通过查减，切实纠正各自分立、“各干各的”分散主义现象。但这并不是取消各种工作，而是在现工作岗位上、工作布置上，求得配合和一致。各种工作的计划，应在这一方针下根据各地不同情况，自行制定，但应该认识配合的方法不是代替、“恩赐”，而是从一切行政中发现与在斗争中一致的〔地〕布置，各尽其能。政府进行查减的主要方式是根据查减和扶持群众、组织群众的方针，研究审查各种有关的法令，宣传这些法令，以法令启发和保证查减和群众运动的发展，制裁那些抗减和破坏群众运动的坏分子，说服教育那些犹疑观望的地主和高利贷者，使查减工作和群众运动得以顺利进行。

（三）各级政府应抓紧减租减息斗争的时机，去进行村政改造，那些仍旧或明或暗把持在封建势力手中的政权，必须在群众运动中取消，改造成基本群众为主的民主政权；那些既经过初步改造但官僚主义又在滋长或贪污腐化或打骂压迫群众［者］，应在群众斗争中教育他，或者撤换他；那些已经改造得较好的村政，应在群众斗争中更多采纳群众的意见，进一步建设村政工作。但必须认清，改造村政必须在群众运动中去进行，一般的是在斗争胜利以后紧密的〔地〕进行，因此在进行村政改造的工作时，应完全与群众工作人员配合，纠正一意孤行的作〔做〕法，应明白为了发动群众，先行初步改造村政，有时是需要的，但群众动不起来的村政改造，必定是不彻底不巩固的。同时也应明白，没有好政权，群众所得的利益是无保障的，所以要求减租减息彻底实行的村庄，村政也必须进行彻底改造，这种村政，即使暂时不是三三制，亦可经过农民掌握政权，群众团体充分发展后，再吸收进步的富农地主参加政权。

（四）在群众运动发动时期，政府必须特别给群众团体以经济上的补助，不应强调财政困难致限制群众运动的发动，对群众团体经费的补助，各级政府应根据具体的需要尽量设法，其他制度不能自行决定者，应迅速呈报上级，请求核夺，不得延宕。今冬各地群众团体举行区以上各级群众代表大会时，政府应按人补助，每人每日粮二斤四两、菜金五毛（渤海一元）。此项钱粮，准实报实销于群众团体补助费项目以内。

在群众团体各级代表大会上，各该级政府首长应尽量出席会议作报告，除进行慰问鼓励以外，应明白宣布政府扶持群众运动的立场，征询代表们的意见，并号召群众进行民主运动，以求得工作更好结合。

（五）在整个查减运动中，各级政府应以实事求是的新的法制观点来处理人民中的纠纷，切实纠正一成不变的〔地〕搬用旧法律条文，致在“法律神圣论”与“不可变论”下打击了群众的抬头翻身，维护旧势力的统治压迫，在群众运动中政府处理各种诉讼案件都必须贯注扶持群众起来的精神，使〔适〕用法律应该是辩证的灵活的，不是墨守条文的，对旧法律的采用要根据今日的政策和扶持群众的方针去批判选择，对本省民主政权颁布的法令，应把持其精神，与实际工作发展的具体需要相结合，而不应以教条主义的态度去死守条文，如判决贪污罪，虽贪污数量一样，但有的是新官僚主义者，有的是旧封建统治者，则前者罪应从轻，以避免旧统治复辟，后者罪应从重，以启发群众敢于起来。那些不管群众疾苦的假斯文者、官僚主义者，应在群众运动中予以改造或撤换。至于由于群众运动的发展、工作的深入、各地情况的不同，在查减工作进行时，所遇租额、息率、退租、土地纠纷等各种不同情形，前颁之租佃借贷等条例中，可能有不少未曾具体规定者，在本会新的补充法令尚未颁布前，各地应由租佃、借贷等条例之基本精神，根据群众运动发展的现实需要，精细研究，适当处理并呈报本会。

（六）在查减运动中，各级政府应不断动员号召人民实行减租减息，并推动各级参议员及政府工作人员首先起模范作用，对过去不减的人并依法惩办，如系参议员或政府工作人员则应接受群众意见罢免或撤换之。

（七）在查减工作进行中，县以上政权均应配合群众团体，建立基本工作，以创造经验，推动全盘，并应走一村做一村，以由负责干部亲自动手，领导全机关工作人员深入查减，推动驻地群众运动，即〔既〕可创造工作经验，又可锻炼干部的思想和作风。

（八）各级政府在查减的进行中，对生产（如秋收）、教育二大任务亦不容忽视，查减一村，除即抓紧布置村政改造外，亦应对生产、教育工作联系布置，但不可使彼此中心颠倒或分割不联系。

本训令关系整个政权工作作风的转变和所有政府工作人员的思想改造，特决定发至县政府，并摘要传达到区公所，各级政府于接到后应即召集本机关所有干部，并约同级参议会驻会委员会进行讨论研究，检讨各部门工作，迅速具体布置执行，限文到半月内将讨论、检讨及布置情形报告上级，并应于工作进行中不断总结经验，尤其政府如何扶持群众的经验，以及工作进行的情况，及时简报上级，如有忽视或违背本训令之精神者，应视其情节轻重予以严厉之批评或惩处。

此令

选自《山东革命历史档案资料选编》，第12辑，济南，山东人民出版社，1983年版，第323～329页。

互校版本：《中国新民主主义革命时期根据地法制文献选编》，第4卷，北京，中国社会科学出版社，1984年版，第361～368页。原注："选自《山东省战时行政委员会时期法令汇编》一九四五年版。"

17. 山东省第二次行政会议土地组总结报告（草案）

1944年11月

第一部分　思想政策检讨

山东各根据地减租减息工作的认真进行，严格讲来直到一九四二年才开始，在这以前，减租减息还是一个宣传口号，实际并未认真进行。有些地区虽然在一九四〇或一九四一年就实行五一减租，但其收获不大。后来环境恶化，就连这样所得到的一点小小收获也大多无形消灭了。

一九四二年春，省战工会颁布减租减息法令，在党政机关和群众团体的共同努力下，减租（二五减租）减息工作空前活跃起来。但仍然减得不普遍、不彻底，明减暗不减的现象相当严重。尤其因为我们没有大胆发动群众斗争，封建统治尚未彻底动摇，基本群众尚未真正发动起来，再加上我们工作的时热时冷，坚持性非常差，所以到一九四三年春，许多地区地主们又开始反攻，逐渐侵蚀群众减租减息已获得的胜利。

从一九四三年冬到一九四四年春，在中共中央山东分局的号召鼓励下，减租减息运动再度活跃起来，某些地区且已大胆发动群众减租减息斗争，乡村中的封建统治开始动摇。但因许多干部对这工作认识不够，采取消极应付态度，尤其是我政权工作干部更为严重，所以离开实际完成还有相当大的距离。到今年夏季，山东分局再作补充指示，限期完成减租减息工作。接着，省政委会亦发训令，把减租减息定为七、八、九、十四个月的中心工作。在这样的严厉督促下，近来各地减租减息运动又有新的开展。

减租减息是从我们发动抗战以来就已号召着的一贯政策，许多先进地区早在抗战开始后就认真进行，山东把这工作定为头等重要任务也已经有三年之久。为什么各根据地减租减息工作都还没有彻底完成，多数地区离开完成还有相当大的距离呢？这里最主要的原因，是我们干部思想上还没有打通，政治立场不明确，群众观念很薄弱，既不了解情况，又不能够掌握政策。近两年来整风结果，虽然已有显著进步，但严格检讨起来，还可能有许多错误思想在我们的头脑中间作祟。

过去我们对于执行土地政策究竟是有哪些错误认识呢，此次小组检讨，认为主要的有下列各点。

第一，不认识减租减息工作的重要性，不认识削弱封建势力、扶助基本群众是我民主革命之一基本内容。在半封建的农村中，封建势力必然在政治上和经济上占支配地位，如不减租减息，发动基本群众，所谓民主改革也就变成纸上空谈。我们许多干部缺乏这种基本认识，不经调查研究，宣称山东各根据地土地分散，租佃减〔息〕借关系很少，减租减息不是重要工作。那么什么是重要工作呢？他们认为只有合理负担最为重要，据说这是群众最迫切的要求。其实这仅仅是地主富农少数人的要求，至于贫苦农民，他们要求的是减租减息，减轻封建剥削，收回被侵占的土地。

在最近的查减工作中，发现了许多过去认为没有租佃关系或租佃关系少到不值得注意的地方，实际上有相当多的租佃关系，许多工作比较好的村庄过去认为减租减息早已全部完成，检查结果大多没有减租，明减暗不减的现象同样还很严重。一年以前大家认为高利贷已完全消灭，现在发现高利贷仍相当普遍，且其剥削仍与过去同样苛重。许多村庄村政早经“民主改造”，实际仍在封建势力掌握之中。像这样严重的问题，我们许多干部竟会熟视无睹、自满自足，认为百事大吉，这岂不是件大可惊异的事情呢？

山东土地并不怎样分散，大地主是相当多的。我们现在住在落后山区，住在一般大地主所不肯住的地方，土地自然比较分散。但土地分散并不等于封建统治薄弱。这里许多比较小的地主土地虽然不多，剥削却更残酷，各种超经济的封建剥削花样更多。特别是那些恶霸和山大王，他们过去如何掠夺农民，所欠下的血债更是罄竹难书。滨海、鲁南最近已经揭发许多惊人事实，可供我们参考。在这情况之下，如不领导农民减租减息，进行反封建的斗争，怎样能把群众真正发动起来？

第二，把减租减息当作一件平常工作看待，不认识它是一个改造农村、变更阶级力量的革命行动。减租减息是要削弱封建经济，发展农民经济。所谓削弱封建经济，固然并非消灭经济（没收土地），但也并不等于保存封建经济。在减租减息、废除一切最最不合理的苛重剥削以后，地主假使不劳动、不生产，他们的经济地位是会迅速降落的。在反恶霸斗争中，过去恶霸采用非法手段所侵占的土地，现在是要交还被侵占的贫困农民。地主封建特权必须消灭，农民应与地主取得平等地位。这是中国历史上的一个空前变革。

许多政权工作干部看到这一重大变化，看到地主的没落和农民的上升，便心惊胆寒起来，以为这一〔已〕超越范围。他们不知道减租减息就是为着削弱封建经济，发展农民经济。在减租减息的实施过程中，封建经济的没落是无可避免的，只有旧的没落，新的才能顺畅生长起来。这不是什么坏现象，而是社会经济发展的必然规律。只要我们在减租减息以后保证交租交息，并保护地主依法所取得的地权财权（非法掠夺不应保护），便不必对这种现象大惊小怪。

就今天山东的实际情形来说，现在大多数的地主尚未真正减租减息，恶霸非法掠夺大多尚未公平处理，大多数的农民还在封建势力支配之下没有真正翻身。如何改变这种严重现象，这是一件艰巨工作。至于农民在斗争中稍有“过火”行动，只要他们已从封建束缚中间解放出来，只要我们干部自己能够掌握政策，那显然是很容易纠正的。今天形势已与过去不同，不应再像过去那样小手小脚。抗战形势正在迅速变化，我们不应当再等待，应当抓紧时机迅速完成这一艰巨工作。

第三，把减租减息工作当作政府的恩赐，以为有了革命的军队和政府，减租减息就能顺利实现，不需去发动群众，依靠群众自己来干。他们只相信自己，不相信群众，所以就在减租减息时候，也常包办代替，甚至强迫命令。他们不耐烦去教育群众，组织群众，发动群众斗争。因为群众没有发动起来，封建地主就能阳奉阴违，假装开明欺骗政府，同时对落后群众进行威胁利诱，唆使他们反对减租减息。中国地主有着几千年的统治经验，熟悉各种斗争方法，他们如能掌握群众便是根深蒂固，无法动摇。只有发动群众斗争，才能够使封建统治获得彻底改造。

有些政权工作干部害怕群众斗争，一见群众斗争便怕破坏团结，不知道我们固然主张团结，但是同时承认团结中间还有矛盾，这种矛盾只有通过斗争才能解决。减租减息与地主阶级的利益是有矛盾的（但在民族矛盾之前它已退居次要地位），尤其是与掠夺农民最残酷的土豪恶霸矛盾更深。在群众革命势力还没有把反动势力压倒以前，除掉少数开明人士以外，地主阶级不会赞同减租减息。只有群众革命势力经过艰苦斗争取得胜利，大多数的地主才会承认减租减息，这样来保护他自己的地权和财权，或者表面承认减租减息，继续与我进行合法斗争。

所以减租减息与群众斗争是分不开的，必须发动群众斗争，摧毁封建统治，才能彻底减租减息。否则，就是暂时得胜利，封建势力仍能千方百计明争暗斗，夺回农民已获得的利益。反过来讲，我们又应通过减租减息发动群众斗争，摧毁封建统治，彻底改造村政。经过这一改造，地主资本家与工人农民才能够在平等基础之上团结起来，结成抗日民族统一战线。妄想保持旧有社会秩序，在半封建的统治下来团结抗战，实现减租减息，必然徒劳无功。

第四，许多政权工作干部仅仅赞成减租减息，而不自己动手去做减租减息工作。他们以为政府只要颁布一个减租减息法令，并于必要时候出一布告，就已尽其职责，至于如何执行，应当交给群众团体去办。他们不知道执行法令是政府所应有的责任。行政机关而不执行法令，知道法令未执行而不去检查督促，那就是放弃了自己的职责。国民党政府也曾颁布过二五减租法令，但是他们只说不做，而且不准人家来做。我们如也只说不做，便与国民党政府没有多大差别。

过去许多政权工作干部以为政府是三三制的，应当照顾各阶级的利益，如果亲自去做减租减息工作，就会妨害政府所应有的立场。他们不知道三三制的政权不是帮助地主压迫农民的政权，而是扶助工农群众从封建束缚中解放出来，去与地主资本家取得平等地位的政权。民主政府应当帮助农民减租减息，因为减租减息并未超越三三制的范围。民主政府应当扶助工农群众运动，因为只有如此，方才能使三三制的政权真正实现。认真减租减息，扶助工农群众运动，与三三制的政府立场是完全不矛盾的。

新民主主义的政府的干部，不应当把工人农民与地主资本家完全同样看待，在处理阶级纠纷中，应当首先照顾工农基本群众。为什么呢？因为他们向来是被压迫被剥削的阶级，我们照顾工农，是为求得各阶级政治上的平等和工农经济地位的适当改善，并没有使工农超越地主资产阶级。其次，工农又是革命的基本力量，抗战依靠他们，生产建设依靠他们，如不发动工农基本群众，便不可能取得抗战和革命的胜利。对于地主阶级，只在他们真正实行减租减息法令时候方才予以照顾，决不应当照顾他们破坏减租减息法令。

第五，不能掌握土地政策的基本精神，机械执行法令，采用官僚主义态度处理土地纠纷。如在解决土地纠纷时候，不去调查研究造成纠纷的真实原因，坐在办公室里读诉状，验文契，检查法律条文，不知道地主惯用这套方法欺侮农民，他们善于强词夺理、制造法律根据，农民就［是］有千万道理，也是讲不出来。再加上地主的利诱威胁，使农民往往被迫表示其自己所不愿意表示的意见，或在环境逼迫之下，忍气吞声去同地主订立不利于自己的所谓“自由契约”。如果我们不加考察，用官僚主义的态度来解决问题，那就必然会犯严重错误。

许多政权工作干部由于上述原因而与群众对立起来。他们并不好好进行自我检讨，反而埋怨群众违反政策，破坏政府法令。其实他们所谓政策法令，是早已被官僚主义的尘灰所封闭了，成为地主压迫农民的新武器。许多政权工作干部因此不敢解决问题，对群众热烈的要求采取延宕政策，一压就是半年。这无异于对群众运动泼凉水，因为时间长了，群众斗争的情绪一松懈，封建势力就可乘机反攻。他们觉得左右为难，感到非常苦闷，似乎执行政府法令便会损害群众利益，照顾群众利益便非违反政府法令不可。这当然是极错误的想法。

其实问题关键不在应否执行政策法令，而在如何弄清问题真相，正确执行政策法令。怎样能把问题弄清楚呢？最好是到群众中去调查研究，研究什么是引起纠纷的真正原因（不能单凭双方所提出的表面理由），问题关键究竟是在什么地方，处理以后将会发生什么结果。问题弄清楚了，根据政策法令适当处理，这时群众就有某些过高要求，也就不难说服他们。根据过去许多经验，这样处理问题更能提高政府在群众中的威信，决不会同群众对立起来的。

第六，不能掌握土地政策的基本精神，按照不同的对象，采取不同的方法处理问题。如把开明的小地主与顽固的大地主同样看待，把地主与富农同样看待，把收租地主与经营地主、富农的封建剥削与资本主义剥削同样看待，甚至把贫苦抗属孤寡因无劳动力而出租土地也与地主出租土地同样看待。这样不分对象一般化的〔地〕处理问题，显然与我土地政策不符合的。

有些干部对顽固的地主恶霸不敢斗争，就在群众自己起来斗争时候也是袖手旁观，站在旁边指手划〔画〕脚批评，或在斗争顽固地主时候，不注意去争取开明地主，把可以争取的开明地主也吓跑了。在群［众］斗争中，被斗争者往往故意散布谣言，恐吓一般地主富农，使他们也动摇逃跑，破坏我们的政治影响。我们必须明白宣布被斗争者的罪恶，说明政府的态度，使一般地主富农安心，不被恶霸利用。

有些干部把富农经济与封建地主经济同样看待，不了解土地政策只是削弱封建地主经济，而不削弱富农经济。富农经济在不损害雇工和贫农的利益条件下，且应适当奖励，但如收租放债采用封建剥削，则应同样减租减息。经营地主如不采用封建剥削方法（如拨工和放工夫账等），也应当与富农同样看待。收租地主转化而为经营地主固然应当奖励，但如因此抽夺贫苦佃农所耕种的土地，那就等于帮助地主破坏减租政策。

有些干部不注意于照顾中农，如在借粮和拔地中往往损害中农的利益。贫农和雇工更是我们帮助的主要对象，不应空谈发展富农经济而损害贫农和雇工的利益。应当认识，山东各地除渤海垦区和鲁南湖田外，并无大量荒地任人开垦。在这里奖励富农生产，不可能使富农获得更多的土地，而只能够奖励他们深耕细作，因为富农所耕种的土地增加，必然会使贫农所耕种的土地因此减少，这与新民主主义经济的发展方向是显然不符合的。

最后谈一谈在减租减息政策实施后农村阶级关系的变化。根据几个零星统计材料，证明在减租减息和反封建斗争认真进行的地区，地主的经济地位是大大降落了，富农经济也有部分下降倾向，中农仅能保持原状，贫农和雇工则已显著上升。地主下降是战争和减租减息的必然结果，他们土地减少，部分由于过去贪污掠夺的土地现在归还原主，部分由于减租减息及因生活困难出典出卖。富农部分下降主要因受战争影响负担较重，及有少数干部在减租减息增资中未能适当照顾富农。中农土地虽未增加，但因减轻封建剥削，增加副业收入，生活已经显著改善。贫农和雇工的显著上升，是由减租减息增资、减轻负担、增加副业收入等等所致。因此一般来讲，我们过去几年执行土地政策虽然还有许多缺点，也已经收到了相当多的效果。

第二部分　减租减息

一、减租问题

1. 怎样实行二五减租：

二五减租是大革命时代所提出的纲领之一（民国十五年国民党中央和各省联席会议所通过的《最近政纲》中的一条），当时除粤、桂、湘、鄂部分地区外，均未真正实行。大革命失败后，国民党表面上仍承认减租，实则严厉禁止。土地法第一百七十七条规定："地租不得超过耕地正产物收获总额千分之三百七十五。"这"千分之三百七十五"，就是按照普通租额（收获总额的百分之五十）实行二五减租所得到的结果。土地法同条规定：凡地租数额超过上项标准的，一律减至上项标准，低于上项标准的，依其原定数额。

现在我们所实行的二五减租，不是机械规定以千分之三七五为最高标准，而是按抗战前原租额减少百分之二十五。为什么我们不用三七五的规定而要改用这个办法呢？主要由于中国各地所流行的租佃制度异常复杂，三七五的规定不能普遍适用。像流行于东南沿海各省的永佃制（农民有永佃权，租额特别低）和流行华北各省的伙种制（地主出农本，租额特别高），便不适用三七五的规定。所以最好办法，还是不要机械采用三七五的标准，而照抗战前原租额进行二五减租。

这里还应同时指出，中国农村中的土地关系也是相当复杂。出租土地的固然大多数是地主和一部分的富农，但亦有少数中农、贫农以及贫苦的抗属、孤寡因为缺乏劳动力而出租土地。减租减息目的是在减轻封建剥削，改善农民生活，贫苦的抗属、孤寡因无劳动力而出租土地，他们既非封建地主，生活又很困难，自然不应机械实行二五减租。贫农如因缺乏农本而把土地出租，更应资助农本，使能收回土地自己耕种。过去有些地区对于抗属、孤寡、贫民同样实行二五减租，竟被顽固地主利用了来反对政府的减租政策，这是很愚蠢的事情。

2. 租额与农本：

山东各地租佃制度也很复杂，但最流行的是地主与佃户对半分粮，一切农本主要是由佃户负担，地主通常也要负担一部分的农本。在实行对半分粮的场合，实行二五减租后地主分得三七五，农民分得六二五，刚刚合于土地法的最高租额标准。鲁中有些地区过去实行五一减租（并非伙种制），地主分得四成，现在应按二五减租办法减至三七五的标准。胶东最近规定分租标准，地主只分收获量的百分之三十，这与二五减租办法不尽符合。渤海垦区由于特殊原因，分租标准原来就很多在百分之三十以下，就再减低一点，尚不致发生什么纠纷。

有些佃户是由地主出牛（拍牛客），减租以后仍按过去习惯“牛草归牛”，余下的柴草则按三七五、六二五分，或者把柴草三七分，“大头归牛”。这些办法一般仍可采用，如无特殊不合理的地方，不必修改。

地主出种，过去流行一种“双除种”的办法，即出种一斗，收获后在公堆上扣还二斗；或者地主只出一次，以后年年要从公堆上扣还原出数额。这也是一种不合理的剥削。减租以后“双除种”大多已改为单除种，仍从公堆上扣，实际等于地主与佃户大家出种，地主出三七五，佃户出六二五。如由农民出种，也可以要求在公堆上扣除以后再分。

在用豆饼或肥田粉施肥的地方，也可以采用上述办法奖励增施肥料。任何一方出资购买豆饼或肥田粉，收获后可按价折成粮食，从公堆上扣还。如果地主与佃户对出肥料，亦可采用此项办法，使双方都不吃亏。必要时于扣还原本时候还可酌加利息，以兹鼓励。

鲁中有些地区还流行着一种伙种制（干提鞭），一切农本（耕畜、农具、种子、肥料）均由地主供给，佃户仅出劳力，因此租额较高，地主分得六成或七成，在减租后地主分四成五，佃户分五成五，也有对半分的，也有地主只分四成的。按照二五减租原则，原来地主分六成的现在应当分四成五，原来地主分七成的现在应当分五二五或五成。所以现在的租额并不算高，为着奖励地主出农本，这样的租额是完全必要的。

在行上述伙种制的地方，大多表面上仍对半分，但用份子粮的形式来增加地主实得数额。如产一石粮食的土地，佃户吃二斗份子粮，吃一还四，在公堆上除。除了八斗份子粮，余下二斗业佃平分。这样地主实得七斗，佃户实得三斗，实际上仍然是三七分。这时如果我们取消份子粮，按三七五交租，地主就会出卖耕牛，拒绝负担一切农本，增加佃户生产中的困难，［故］应按实际情形酌量提高地主应得数额。

3. 分租与定租：

胶东商业发展，许多地区过去就已流行定租制。滨海有些地区在减租后，许多大地主也改行定租办法。一般讲来，定租制比分租制要进步一点。因为实行定租以后，佃户多上粪，多锄草，深耕细作，所增加的收获全归自己所有，不会像分租那样被地主分去一部分。这对奖励增产是一个好办法。同时佃户可以独立自主经营生产，少受地主约束。所以分租制的改为定租制，是值得我们奖励提倡的。但在农民“靠天吃饭”无法防止大荒的现状下，定租制如不规定荒年减租，佃户一遇灾荒就会倾家荡产。我们法令中虽规定定租荒年减租，但未切实执行，致使佃户仍然有些顾虑，应由政府切实保证。在遇严重灾荒，收获在六成以下时，应由政府召集佃业双方代表，按照各地或各种土地收成好坏规定交租折扣。

在行定租制的地方，一切农本通常均由佃户负担。定租租额是以常年平均产量的千分之三七五为最高标准，普通租额约占常年平均产量的百分之三十到三十五，特别差的土地也有低到百分之二十五的。这样的租额还算是比较适当的，遇到七八成的年景可以不必要求减租，佃户也不怎样吃亏。地主方面因为收入有了保证，也还愿意接受。定租一般不交柴草，但过去地主分柴草现在仍要交纳公草者，则按滨海区的办法每一斤粮交一斤草也可以。

胶东东海区有些地区过去减租时候，实行“三七减，二八折”（减租百分之四十四）等错误办法，或者先把租额评低再行减租，一减再减，致照原定租额减少一半甚至一半以上。最近政府规定，租额在产量的百分之二十五以下的，可以要求增加租额。同时规定，定租租额最高可达产量的百分之四十五。这是不妥当的。

为着防止封建势力乘机反攻，过去所订租约一般应予承认。如果租额确实太低，也应说服地主于租约期满改订新约时再修改。只有租额特别低（百分之二十五以下），且出租人贫苦无法维持生活的，可用调解方式个别处理。同时应当认识，胶东减租工作还做得不普遍、不彻底，明减暗不减的现象相当严重，减租过火只是部分地区的少数现象。如果因此认为胶东减租工作普遍过左，以致放松减租工作，这是很危险的想法。

4. 退租问题：

地主违抗政府法令，不准许佃户减租，或者明减暗不减，佃户可以要求退还过去多交的租额。退租一般应从一九四二年五月省战工会颁布租佃暂行条例时候退起，从这时起实行二五退租。在这以前（一九四〇年）还曾颁布过一个减租减息条例，规定五一减租（减租百分之二十），但是大部分的地区均未真正实施，所以不能要求都从这个时候退起。但这仅是一般原则，具体执行时候应按不同的地区、不同的对象而有差别。

有些地区在一九四〇年或一九四一年就按照减租减息条例实行五一减租，后来环境恶化，地主实行反攻，凭借敌伪顽的势力推翻减租工作。这样的地区在群众的共同要求下，也可以从五一减租时即退起，一九四二年前按照五一减租办法退租，一九四二年起按照二五减租办法退租。有些地区过去被敌伪顽盘踞，确实不能进行减租工作，最近方才解放，则应当从解放时起开始退租。假使这些地区过去也曾进行减租，那末〔么〕过去照过去的办法退，解放后照二五减租的办法退。

对故意反对政府减租法令的顽固地主，可以多退一点（一般不能超过上述年限），必要时还可以加倍处罚。但这加倍处罚应经政府批准，而且处罚部分应当交给政府，作为优抗和救济难民之用。小地主如生活困难，可以酌量少退；富农中农出租少数土地，可以少退或不退；贫苦的抗属、孤寡因无劳动力而出租土地，按照法令可以少减租或不减租，自然更谈不上要退租了。总之应按不同对象不同处理，绝不应当一般看待。

5. 额外负担：

山东各地（尤为滨海、鲁中、鲁南）佃户一般流行着的额外负担，主要的有“份子粮”“带种地”“拨工”“送礼”四种。现在分开来讲：

份子粮——春吃秋还，吃一还三或者吃一还四（从公堆上除），不准不吃，不准少吃，不吃也要还二（即规定吃一斗的，不吃也要从公堆上除二斗）。所以这不是普通的借贷关系，而是租佃关系中的额外剥削。除前面所说伙种制的份子粮系租额的一部分，应按减租办法处理外，一般份子粮的剥削，依照法令应当取消，或者改为普通借贷关系，吃一还二，从公堆上除（如按三七五交租计，则利息为百分之二十五）。过去所受剥削，一九四二年起可以要求算还，一九四二年前除有特殊情形者外，一般不应追究，因剥削苛重而至今尚未还清者，可以取消不还。

带种地——佃户向地主租地十亩，除依约交租外，再替地主白种二三亩，一切农本均由地主供给，佃户出劳力，收获全归地主，这就是带种地或称白带地。此项带种地均应改为普通租佃关系，定租订约。如果佃户要求算账，可从一九四二年算起，或按“干提鞭”对半分粮，或按耕作日数计算工资。

拨工——佃户为地主服役，不给工资，或说给工资实际不给。有些佃户每年拨工少则几十天，多至百余天。佃户妻女亦常被迫到地主家中去长期服役。这是一种极苛重的剥削，应即依法取消，按照普通工价照给工资。如果佃户要求“找工夫账”，也可以从一九四二年算起。对于少数拨工最多的恶霸和大地主，可按下列标准处理：

a. 抗战以前长年拨工未给工资，应该算账。如罚做长工半年以上，佃户之妻要替地主奶孩子，佃户之女多年做地主家的婢女，以及其他繁重劳役，应给工资而未给者。

b. 抗战爆发到一九四一年底，说给工资而未给的都可算账。全年拨工到三个月以上的算账，地主为生产贸易拨工或为逃难拨工，不到三月亦可算账。

c. 一九四二年起整工都可算账，零工不算。拨工种地无法计算工数，可按所出劳力多少，要求分得其收获的一部分。

d. 工资按过去习惯（如每天一升糁子）计算。

送礼——从今以后取消送礼及一切地租外之额外供给。过去已送的礼物，除在一般习惯以外无理强索者外，可勿计较。

胶东各地还有押租（订约时纳保证交租的押金）、小租（预付一部分的钱租）等类额外负担，按照法令也应废除，已交押金、小租应当退还佃户。

6. 保障佃权：

为着安定佃户生产情绪，过去减租时候一般都订立了三年到五年的租约。这订约的手续是非常重要的，否则地主就可以随时用抽地来威胁佃户，使他不敢减租。订约至少三年，一般应订五年。过去世代租种，或已租种二三十年的老佃户，可以要求订立十年或十年以上的租约。农民开垦地主的荒地，可以要求永佃权，或订十年以上租约。但如拔瓜地等，习惯上只拔一季的，应按习惯及双方自愿规定租期，不能强订长租约。

减租订约以后，许多地主或因反对减租，仍用抽地来威胁佃户，或因收入减少，生活确实困难，要求收回土地出典出卖。这在许多地区都很普遍，已经成为一个极严重的问题。我们的处理原则为，一方面保障地主的地权，另方面保障佃户的佃权，不得随便侵犯。同时考察地主抽地的动机及抽地后的结果，审慎处理。地主确实生活困难者，应酌量照顾（同时照顾佃农生活）；用抽地来威胁佃户、反对减租者，应驳斥其抽地之要求。

地主抽地的理由，有些是佃户生产减少，要求收回自耕。如系实情，应当教育佃户多上粪，多锄草，深耕细作，保证增加生产，或订定租约，这样使地主无所借口。有些是生活困难，要求收回土地出典出卖。如系实情，可准其出典出卖给原佃户，或在出佃出卖后仍许原佃户继续租种，到租约期满为止。如果这样能够解决，便对双方均无损失。但实际上往往是有困难的。原佃户常因贫苦无力承典承买，其他承典承买人又多系农民，要求收回自耕。在这情况下，可由农救会或村公所来调解，按照双方经济情况适当处理。如果佃户是在中农以上，生活比较出租人要宽裕一点，可以征得佃户同意，抽回部分土地。如果佃户是个贫农，抽地后即无法生活，则应决定不抽，或商量改抽别人的地，或于抽地以后赔偿佃户损失。如果出租人系中农贫农，或系旅外贫民现在失业回家，要求收回出租土地自己耕种，应予适当照顾。地主过去违约抽地，原佃户得要求依约继续承种该项土地。如果地主已经把这土地租给其他抗属贫民，企图引起农民间的纠纷，借以打击其原典户，那末〔么〕原典户可要求于地主自营的土地中抽出一部分来由彼承租，或令地主赔偿抽地所造成的损失。如果租约期满依法抽回土地，地主自然可以不负赔偿责任。但这土地如果继续出租，原典户依法仍有出〔承〕租的优先权，除租额特低者外，不得要求加租。

7. 拔地和让地：

拔地和让地，在滨海区是一个相当普遍的现象。其他地区同样也有，可能没有这样普遍。拔地是要求地主或富裕佃户（富农）让出一部分的土地，租给缺乏土地的抗属贫民耕种。这个工作如果作〔做〕得好，能使许多贫农雇工因此改善生活，经济地位上升，被拔地的地主富农也不致〔至〕于十分反对。过去这个工作在滨海区是获得了相当的成绩的。

但滨海区在拔地中有若干错误应当纠正。如：a. 不征求被拔者的同意强拔，甚至于把拔地当作一种惩罚。b. 由于对拔地的错误认识，而拔到较落后的中农甚至贫农身上。个别地区拔地漫无限制，致使富农经济大大削弱，且使许多中农受到损失离开我们。应当明白规定，拔地必须出于自愿（或经说服），并以地主及土地较多、劳力不够的富农为限。

有些地主由于负担太重，自愿让出一部分土地来给抗属贫民耕种。这种让地如果不是为着收买村干，别有企图，或为打击佃户（让其出租地于另一农民），制造农民相互间的纠纷，便可接受。即使让地人是企图借此减轻负担，亦可不必反对。因为在不损害他人利益的条件下，地主应当有自由处置其土地的权利，何况这种处置对于抗属贫民还有利益。

地主让地以后，仍应保留他的地权，不应当作赠送看待，以免奸人造谣，说我剥夺地主的土地。此项土地可以比较低的租额订立租佃关系，双方依法交租纳粮（如果租额特低，地主应交公粮得由政府批准酌量减少），或者订立短期让与契约，不交租，由受地人代交公粮田赋，地主保留地权，约定若干年后或于抗战胜利时收回。对一般贫民宜用前一办法，对抗属可以采用后一办法。

二、减息问题

1. 高利贷的各种形式：

高利贷有各种形式，主要的如：

a. 借钱还钱。过去一年以上的长期借贷，普通是年利二分到三分，也有高至五分的。一年以内的短期借贷，普通是月利三分到五分，也有高至十分的。

b. 借粮还粮。春借一斗，秋还二斗至三斗，或在麦收后还一斗五至二斗。借粮利息所以高于借钱，一则由于借粮食的都是贫农雇工，所以剥削更重，二则由于粮食春贵秋贱，折成货币利息并没有如此高。

c. 借粮还钱。普通都是“听涨不落”，即按最高价格折钱，秋天加利奉还。因为粮价涨落很大，所以春借一斗，秋天所还本利常常也可以买粮食二、三斗，剥削并不轻于前者。

d. 借钱还粮或还其他农产，即于农产收获以前作价预卖农产，所作价格往往仅及市价的二分之一或三分之一。三四个月一本一利甚至一本两利，也是极苛重的剥削。

e. 放工夫账，即借钱借粮，而于麦收时或其他农忙季节去作〔做〕短工抵偿本利。这样所得到的工资，比普通工资要少一半或一半以上。

f. 贷款押地，利涨准折，即借钱借粮，而以土地作为抵押，过了几年，利上滚利，无法清偿，债权人就没收土地，实行抽地换约。

以上都是较普通的形式。除此以外还有各式各样更离奇更残酷的剥削方法，不能列举，大体上亦可以归并到上列各种类型中去。至于农民互助性质的“钱会”或“谷会”，一般来说不是高利贷的剥削，这里也把它略而不谈了。

2. 如何规定最高利率：

过去我们规定，抗战前的旧债分半（百分之十五）行息，抗战期间按照习惯行息，不加限制。在今天这样贫乏的农村中，分半行息是行不通的，结果会使贫苦农民告贷无门，或者秘密去受高利贷的剥削。完全按照习惯不加限制，也使农民吃亏太大，因为这些“习惯”都是高利贷者所任意规定的，当然绝不会照顾到债务人的利益。而且今天的情况已与过去多少不同，在减租减息认真进行后，地主高利贷者已渐没落，农民生活获得初步改善，自然不愿再像过去那样任人宰割，再加上银行的低利贷款，我们已有可能酌量降低借贷利息。

现在农业生产利润一般不到二分（尤在粮价跌落地区利润更低，往往不够抵偿劳动力和农本），所以农村借贷利率仍应当以一分半为法定标准。但照顾到实际上的困难，暂时只能承认比这高一点的利率。根据目前农村状况，我们提出下列最高利率，供给各地处理借贷纠纷时的参考。

a. 借钱还钱：一年以上者，最高利率不得超过年利二分（百分之二十），一年以内者，最高利率不得超过月利三分（百分之三），禁止利上滚利，利息总额不得超过原本一倍。

b. 借粮还粮：麦收前借，麦收后还，至多加利百分之二十，春借秋还，至多加利百分之五十。这是按照粮食春贵秋贱一般规率〔律〕而定。如因特殊原因（例如严重灾荒），秋天粮价反而高于春天，则再应把利息降低。

c. 借粮还钱：如果“听涨不落”，不得再加利息，粮价涨落太大时候应予适当调剂。最好改按借粮还粮办法计算，改以粮食偿还本利。其他实物借贷亦按同一原则处理。

d. 借钱还粮或还其他农产：预买农产所得利益最高不得超过五分，超过五分（还时市价超过买价一半）时，应将超过部分退还卖主（债务人）。例如借洋十元，言明秋天还粮一升，如果还时粮价在十五元以上，应将超过部分退还卖主。

e. 放工夫账：应按普通利息及短工工资计算，如果应得工资已经超过应付本利，即应算还。利涨准折处理办法，留待土地纠纷部分讨论。

上述最高利率，有些地区目前实行时候还有困难，贫苦农民仍可能以更加高的利率秘密去向地主高利贷者借钱借粮。但我们宁可让这高利贷秘密存在，不应承认它的合法地位。如果农民感到吃亏太大要求减息，政府可按上列标准处理，即按前定最高利率清偿债务。对于这种违法的高利贷，我们还不可能严厉禁止，只能发动债务人自己起来要求减息。而最根本的办法，还是从积极方面增加银行低利贷款，并广泛组织合作社来帮助群众解决生产中和生活上的困难（可能时应兼营信用贷款业务），这样才能够使高利贷的剥削真正消灭。

这里还要附带讲到算旧账的问题。多年老债如果尚未清偿，应按减息条例处理，即分半行息。利息超过原本一倍的停利还本，超过原本二倍的本利停付，债务消灭。如果已经清偿，一般不应再算。但对特别狠毒的恶霸和高利贷者，如果利息特别苛重，超过当时一般标准，现在群众痛定思痛要求起来算账，也不应当完全拒绝。或者可按当时一般利息标准，要求退还特别多剥削的部分。但这办法不应滥用，不能当作一般处理办法看待。

3. 各种货币的折合：

自行币制改革以后，由于各种货币币值不同，以致债务清算时候发生许多纠纷。究竟按照什么标准折合，确是一个极复杂的问题。这里最困难的，是各种货币本身都在变化。如今年法币、伪钞继续跌价，本币除胶东外都涨价。如用法币、伪钞作标准计算，债权人吃亏，用本币作标准计算，债务人吃亏。欲求双方均不吃亏，颇非易事。一般原则，在折合中应当使债务人稍占一点便宜，但也不应当使债权人吃亏太大。

在解放区内非法使用法币、伪钞所取得的债权，可以全不承认，或者使它更多吃亏。但在停用法币前的法币债权，在地区收复前的伪钞债权，或因对外贸易所成立的法币、伪钞债权，则仍不能否认。法币与伪钞在处理中也应当有些不同的。法币我们承认它是合法货币，法币债权应予适当保护，伪钞我们不承认它合法，故可以让伪钞债权多受一点损失。这又是在处理中间应当注意到的。

按照上述原则，并根据币值变化的具体情况，我们对折合于〔与〕办法提出下列几点意见。

a. 一九四一年年底以前所借法币，均按原数改还本币。

说明：这时法币比值比较现在本币稍高，这样的规定对债务人比较有利。当然，一九四〇年以前的借款，债权人吃亏较大。但这多年老债，能够收回已经很好，债权人亦不应当作过高要求。

b. 一九四二年年初以后所借法币，可按借时还时折价（法币对本币的比值）折中计算。但各时各地币值变化迟速不同，还应参考具体情形，在借时还时两种折价之间适当决定折合标准。

说明：在这时期法币迅速跌价，尤在停用法币以后，本币币值上涨，法币币值（折价）降落更迭。如果按借时比值计算，则因本币涨价，债务人吃亏很大。如果按还时折价计算，则因法币跌价，债权人吃亏更大。故按借时还时［的法币］折价折中计算，是比较公平的办法。不过法币跌价多于本币涨价，所以这种算法对债务人是比较有利的。在一九四二年上半年法币币值尚与目前本币币值不相上下，胶东本币币值一九四三年来并未显著上涨，所以一九四二年上半年所借法币及一九四三年后胶东所借法币，应以较接近于借时比值折算，使债权人亦不致吃亏过大。至于具体折算办法，各地可按实际情形斟酌决定。

c. 借伪钞者，均按还时伪钞折价（伪钞对本币的比值）计算归还本币。

说明：伪钞债权应与法币分别看待，不妨让它吃亏一点，故按还时折价计算。不管借时伪钞币值如何，如果还时伪钞一元折合本币五角，即以本币五元清偿伪钞十元的债务。

d. 在解放区停用法币后，或在新解放区禁用伪钞后，违法出借法币、伪钞，此项债权不予法律保障。如因对外贸易所成立之法币或伪钞的债权债务，发生纠纷时按具体情形公平处理。

e. 由于本币币值上涨，今春所借本币如按原数归还，债务人吃亏很大，各地可按本币涨价具体情形（参考物价指数）及借贷双方互让原则，决定处理办法。

三、增资问题

1. 雇工工资标准：

现在各地雇工工资高低不一。鲁南最高工资为粮食六百斤至八百斤（临沂一千斤），渤海八百斤至九百斤（冀鲁边仅二百五十斤），鲁中六百斤（泰南）至一千［斤］（沂蒙），滨海和胶东八百斤至一千二百斤（个别地区比这更高，但系特殊现象）。根据各地调查，这样高的工资，雇主方面已经不易维持，近两年来解雇现象已很严重。故除山区在八百斤以下、平原在一千斤以下尚可稍增以外，一般不应当再超过上列标准。工资过高地区，明年订约时候且应说服雇工，不要提出过高要求。

有些地区由于粮食跌价，雇工要求政府货币工资。为着减少纠纷，将来雇工工资或者可定半数粮食工资、半数货币工资，仍按前述标准及普通粮价折合计算。工资外的各种供给，应按一般习惯适当规定，雇主应当照顾雇工困难，雇工亦不应作过高要求。增资以后且应提高劳动效率，改善雇主与雇工间的关系。

个别地区（鲁南）有些雇工要求追算前几年的应增工资，除有特别原因者外，一般应当说明雇工避免此等要求。如系无偿服役，或用特别低的工资强迫就雇，则可按照地主拨工“找工夫账”的办法处理，找还应得工资。

2. 怎样解决雇主雇工间的矛盾：

今年由于粮贱布贵，雇主雇工间的矛盾特别严重。按照前述工资标准，在雇工方面还没有达到养活一个人的最低标准（包括吃饭穿衣），但在雇主方面，已经感到经营农业生产无利可图（因为他们生产的是粮食），单在工资标准上面争论，绝不能把这个矛盾解决。

解决这个矛盾的有效办法，除适当提高粮价、抑低布价外，莫如采用“劳资两利分红办法”增加生产。雇工深耕细作（如多锄草、多上粪等）增加生产，雇主给以增产中的一定部分作为奖励，或者雇主出资、雇工出力，利用农闲时间经营手工业生产和运输等类副业，所得收益按股分红，例如资二劳八（分红比例应按所需资金及劳力的多少分别规定，不能强求一律），这样对于劳资双方均有利益。

在我奖励种植棉花的地区（渤海区以外均可采用），还可以多种几亩地的棉花，即以一部分的棉花支付工资或作雇工奖金。因为棉花生产获利较厚，这样对于劳资双方均有利益。雇工获得一部分的棉花，穿衣问题也就比较容易解决。如果也用“劳资两利分红办法”增加棉花生产，自然收效更大。

总之要解决雇主与雇工间的矛盾，除掉增加生产以外别无良策，而“劳资两利分红”制度，可能成为提高雇工生产情绪之一有效办法，值得我们特别重视。

第三部分　土地纠纷

山东各根据地多系落后山区。这些山区的封建统治者过去用更野蛮的方式压榨农民，他们采用各种非法手段掠夺农民土地，造成极严重的土地纠纷。抗战爆发以来，敌区汉奸同样采用各种非法手段掠夺农民土地。因此怎样收回被掠夺的土地，在某些地区也像减租减息一样成为农民们的迫切要求。在我抗日民主根据地，某些地主为着逃避负担，反对减租政策，所引起的土地纠纷也是不少。这些土地纠纷，要求我们按照土地政策予以适当解决。

解决土地纠纷，首先必须依据民主政府所颁布的各种法令。但我民主政府所颁布的法令极不完全，[对] 上述各种纠纷大多尚未具体规定解决办法。我们必须掌握土地政策的基本精神，照顾当地习惯，求得适当解决。所谓土地政策的基本精神，在解决土地纠纷时候所应注意到的，在我看来主要的〔地〕有下列三点：

第一，保障地权，反对强典强买、侵占掠夺。

过去有些政权工作干部，以为保障地权仅仅是（或主要是）保障地主的地权，而不知道同时（而且更重要的）还要保障农民的地权。地主依法所取得的土地应予保护，但如采用非法手段掠夺农民所有土地，那就不能予以保护。在这种情况之下，我们应当保护农民所应有的地权，不准任何人用非法手段所掠夺，过去采用非法手段所掠夺的土地，均应依法归还原主。这里所谓合法或非法，不应拘泥形式，而应考查〔察〕它的实际情形。如凭权势强迫订立契约，或者勾结官府违反事实制造法律根据，同样应当认为非法行为。

第二，奖励生产，照顾贫苦农民生活。

所谓奖励生产，是自耕自营、勤劳生产的人应当多照顾，不劳动、不生产、坐食地租的人应当少照顾。在不侵犯地权的原则下，土地从收租地主手里转向生产农民的手里是应当奖励的。这就是孙中山先生的“耕者有其田”的政策。在各种土地纠纷的处理中，对于贫苦农民应当更多照顾，使他不致失去生活凭借。贫苦的小地主如果生活确实困难，也应予以适当照顾。但其对方如系贫苦农民，生活比他更加困难，那就必须给以更加多的照顾。

第三，采纳群众意见，考虑政治影响。

在土地纠纷中，有些狡猾分子为着达其不正当的目的，往往伪造各种理由，甚至歪曲法律条文，把他真实企图隐蔽起来。我们稍不谨慎，就会受其欺骗，造成极不好的政治影响，必须多作调查研究，采纳群众意见。因为狡猾分子可以欺骗政府，但绝欺骗不了广大群众，群众是会根据他的过去历史和各方面的复杂关系，来揭发他的真实企图的。纠纷处理以后所造成的政治影响（如对群众运动所起推动或阻挠作用），更应慎重考虑。法律是要服从政治任务。掌握政策方针，灵活运用法律条文，才是真正掌握了政策和法令的基本精神。

现在来讲各种土地纠纷及其具体处理办法。

一、土地买卖纠纷

地权移转普通经过下列四种方式：

甲、从土地抵押变为买卖关系。开始时是借贷关系，而以土地作为抵押（担保还本付息，并不转移地权，土地仍有〔由〕原主耕种经营）。如果本利累积无力清偿，债权人即要求“抽地换约”，即以本利作为买价，订立土地买卖契约。如果本利合计少于应付地价，则应补足短少部分，添价订立买卖契约。

乙、从土地典当变为买卖关系。典当就是活卖，它与抵押不同，一开始就转移地权（移交承典人耕种，或于移交承典人后再租给出典人，纳租而不支付利息）。它是土地关系，而非借贷关系。一般习惯，土地典当在两年三季或三年后，随时可用原债回赎。因为可以回赎，所以典价总是低于卖价，普通仅及卖价之半。出典人无力回赎时，亦可要求承典人（或由承典人要求）添付一部地价改订买卖契约，所谓“添价作绝”。

丙、死契活尾。形式上是买卖关系，但在买卖契约之中附带规定若干年内可用原价回赎，如果到期不赎，就变正式买卖关系。但按一般习惯，死契活尾到期以后尚须〔需〕改订买卖契约，即把“活尾”除去，否则出卖人仍有要求回赎之余地。死契活尾的卖价普通比典价稍高，大约相当于普通卖价（地价）的三分之二，变成绝卖时候大多不再添价。

丁、一开始就交付全部地价，订立正式买卖契约（绝卖）。农民出卖土地时候很少采用这种方式，大多是经抵押、典当或死契活尾，然后转成正式买卖关系。

按照上述各种方式买卖土地时候，有些是按一般习惯“公平交易”；有些是乘人困难，用较低廉的代价取得土地；有些更是依仗权势，强迫立约掠夺土地。在第二种尤其是第三种场合，自然就会发生土地纠纷，要求我们依法处理。我们一般的处理原则是：

1. 普通的买卖关系（或由抵押、典当转成买卖关系）确系自愿，双方均不吃亏，或者吃亏不大者，予以承认，非有特殊原因不得要求回赎。

说明：所谓“普通买卖关系……双方均不吃亏”，系指：a. 按照当时地价或其近似数额订立买卖契约者；b. 订立典约或死契活尾，按照习惯交付典价，并按习惯添价（死契活尾所付买价已达地价三分之二者可不添）改订买卖契约者；c. 抵押贷款，按照当时长期贷款普通利息，本利合计已与当时地价不相上下，或虽少于当时地价，但经添价订立买卖契约者。

2. 乘人困难，采用各种方式廉价取得土地。出卖人虽系自愿，但确实吃亏很大，现在要求回赎者，准许备价回赎，赎价按承买人所付贷款本利或典价买值，及自该项土地所得收益多少决定之。

因币值变化所生争议，得比照地价增加倍数适当调解，务使双方均不吃亏。

说明：所谓“乘人困难……廉价取得土地”，系指：a. 买卖契约买价在当时地价半数以下者；b. 典当或死契活尾典价在当时地价三分之一以下，且未添价改订买卖契约者；c. 贷款本利（利息一般不超过原本一倍，五年以上者不超过原本二倍）尚不及当时地价半数，即不添价订立买卖契约者。

此类纠纷订约时系双方自愿（虽其自愿，多少系因环境逼迫所致），故应承认其为土地关系，而非普通借贷关系。承买人自土地所得收益，不能完全用以抵偿典价或贷款本利，仅可作为决定赎价多少时之参考（收益多者应当酌量减少赎价）。

币值变化可以比照粮价增加倍数或地价增加倍数两种办法处理。但粮价增加比地价增加快得多，如照粮价增加倍数处理，赎价可能高于现在地价，大不合理，故以比照地价增加倍数处理为宜。

3. 凭借权势，乘人困难，强用廉价掠夺土地。如其收益已经超过应还本利，准许出卖人无偿回地。如恶霸采用欺骗敲榨〔诈〕等类方式无代价取得土地，被侵占人得于无偿回地外，再要求算还被占期间该项土地收益之一部或全部。

说明：所谓“凭借权势……强用廉价掠夺土地”，只适用于下列场合：a. 得地人为封建恶霸或有势力的地主高利贷者；b. 乘人困难廉价取得土地合于前条各款，或用欺骗（如设局诱赌）、敲榨〔诈〕（如用政府名义勒索处罚）等类方式掠夺土地；c. 失地人确非自愿，被迫忍受，群众对此亦均愤恨。

此类纠纷所订契约非出自愿，不承认其合法，按照借贷关系处理。故得地人自土地所得收益，均可用以抵偿典价、买价或贷款本利（利息不得超过原本一倍）。如用欺骗敲榨〔诈〕方式无代价掠夺土地，且可要求算还被占期间土地收益。

4. 第二类纠纷，如承买人为贫苦农民自耕所买土地依〔以〕此为生者，不应回赎，或按双方经济状况公平调解。

5. 第三类纠纷，如得地人已没落，将其所得土地转卖者，应按双方经济状况通融处理；如得地人并非由于生活困难，而因逃避责任将其所得土地转卖者，则可按照次列办法处理：a. 赎回转卖土地交回原主；b. 从其自己土地中划出同数土地赔偿原主；c. 以其转卖侵占土地所得卖价倍〔赔〕偿原主。

6. 土地抵押贷款如未改订买卖契约，均按借贷关系处理，未得业主同意，不得“抽地换约”。一九四二年前或民主政府政令推行前已经抽地换约者，按照上列各条处理。

二、典当回赎

此类纠纷包括下列三种内容：

甲、一般土地典当——多发生于民主政府建立以前及减租减息法令尚未认真推行时候，出典人多系贫苦农民，承典人多系地主富农，亦有少数农民与农民间之典当及地主典给农民者。其处理原则是：

1. 典当土地及死契活尾尚未换约转成正式买卖关系者，准按原价回赎。如因币值变化发生争议，得比照地价增加倍数适当调解。

2. 承典人贫苦，自耕所典土地依〔以〕此为生者，得用调解方式说服出典人暂时不赎，或添价作绝，或赎回后租与原承典人耕种。出典人亦贫苦需要赎回自耕者，仍应允许回赎，或回赎其一部分。

3. 典当已过三十年，死契活尾已过十五年，是否尚可回赎，应按当地习惯及具体情况决定之。

乙、特殊典当土地——发生于民主政府建立后，地主为逃避负担，将其土地廉价典给贫苦农民，现因负担减轻，纷纷要求赎回。其处理原则是：

1. 地主为逃避负担而出典之土地，按照一般习惯两年内不得回赎，规定年限者依其年限。回赎时因币值变化发生争议，应比照地价变化适当调解。

2. 承典人如系贫苦农民，依靠耕种承典土地生活者，出典人应于一年前通知回赎，承典人且得要求订立三年至五年之典约，或于回赎后承租该项土地，订立三年至五年之租约。

丙、假典（或者假卖）——地主为反对减租，借口抽地逃避负担，实行假典（或者假卖）。假典方式主要的有次列四种：

a. 假立典约，地主不要典价，减轻租额，佃户代交公粮。

b. 地主立典约，佃户立借约，纳利代替纳租，形式上已变为借贷关系。

c. 假立典约，佃户用粮食按年交纳典价，数额仍与原租额不相上下。

d. 佃户出少数典价，讲明几年以后“价烂产回”，实际等于预付几年地租。

对于假典假卖的处理原则是：

1. 取消假约，恢复原来租佃关系，少减租者退租，少交粮者补粮。如系蓄意破坏政府法令，且得加倍处罚。

2. 在有利于承典农民的条件下，改为正式典当关系，原典户有承典之优先权。

3. 利用假典假卖抽地者，得令赔偿佃户全部损失。

三、新地区的土地纠纷

敌区为〔伪〕保甲长以及其他汉奸，利用人民无力交纳苛重负担机会，强买土地，自己并不负担给养，仍将此等负担派在其他人民身上，或将此项土地卖给其他人民。承买人亦多与汉奸勾结，亦有少数佃户贫农因无土地不出给养，兼作小本经营，能有微薄积蓄廉价购得少数土地。沂山专署曾经总结处理此类土地纠纷所得经验，作出《关于新地区特殊土地纠纷解决办法的决定》，所定处理办法具体适当，可供各地参考（原文载《民主导报》第五期）。节录要点如次：

此项土地纠纷大体包括下列三种：

第一种：a. 业主无力交纳苛重负担，放弃土地逃亡，伪保甲长或其亲友以替业主还债为名，未经业主许可，将其土地占为己有。b. 依靠敌伪顽之势力，将欠给养之土地没收，迫立契约，占为己有，地价完全顶了给养，业主一无所得。

第二种：a. 业主放弃土地逃亡，伪保甲长或其亲友未经业主许可，将其土地出卖或典押与〔于〕他人。b. 业主未逃亡，但其土地亦因欠给养被伪保甲长强迫卖与他人，迫立契约。

第三种：业主无力交纳给养，伪保甲长劝其卖地，得到业主的同意，将地卖给佃户或贫农。

上列各种土地纠纷的处理办法是：

1. 第一种土地纠纷所争之土地，应无条件退回原业主。

2. 第二类土地纠纷所争之土地，原则上应归还原业主，但可收回其一部或全部之买价。承买人所纳负担，原业主不负责。如承买人与敌伪勾结，不负担给养，亦应无条件退还原业主。

3. 第三类土地纠纷所争之土地，如由承买人自己耕种，为照顾生产及承买人之生活，即有乘机买贱的意味存于其间，所立契约应有效。但其承买人与敌伪勾结，可按前条办法处理。

对这决定还有几点补充意见：

1. 伪军反正抗日，如彼过去亦曾恃势侵占土地，现被侵占人要求收回，除按上列原则予以处理外，应按抗日军人多予照顾。伪保甲长为害怕群众斗争及保持其非法侵占的土地而参军或参加政权工作者，不得享受此项优待。

2. 革命两面派之村长为应付敌人所交资敌负担，应当予以承认。如村长为业主卖地交付此种资敌负担，回赎时，此项负担仍由原业主负责。

3. 大地主的土地被汉奸霸占，该地收复后一年内，如该地主仍留敌区，不向政府要求收回，即为自动放弃，政府得将该项土地收归公有。

4. 地主为勾结敌伪，自动将其土地赠送汉奸者，该项土地收归公有，不发还原业主。

四、垦区土地纠纷

渤海垦区土地纠纷处理原则基本上是正确的，实施过程中间所得收获很大（详情参阅《民主导报》第五期）。综其优点主要的有：

a. 用实事求是方法处理土地纠纷，调查双方取得土地过程，保护开垦农民应得利益，取缔霸占压盖等类非法行为，调查文契来源，尊重文契而不拘泥文契。

b. 按照耕作能力计口授地，开垦三年给以地权，以奖励开垦，安定垦民生产情绪。计口授地禁止买卖，防止兼并，过去已买卖的按其有无耕作能力适当处理。

c. 清丈土地，确定地权，收回丈余土地（侵占公荒）分给抗属贫民开垦，并用同法整理宅基，取缔兼并霸占，公平分配，安定居民，繁荣市集。

但在执行中间还有若干缺点。为着纠正这些缺点，特再提出几点补充意见：

1. 地主勾结官府承领大批荒地，已开垦者承认其所有权，如仍抛荒未开，政府可用原价征收，分给抗属贫民开垦。

2. 地主所领荒地租给农民开垦者：a. 开垦农民依法可向地主要求永佃权。b. 租额在产量百分之三十以上者，按原租额减百分之二十五；租额在产量百分之二十以上者，按原租额减百分之二十；租额在产量百分之十以上者，按原租额减百分之十；租额在产量百分之十以下者，按原租额不减。c. 地主应照政府法令交纳公粮田赋，不得责令佃户代交。但地租在产量百分之十五以下者，得折半交纳田赋，或佃业双方各半交纳。

3. 地主用非法手段所领得的荒地，政府得按情形取消其所有权，或用原价收回。

4. 侵占公荒（丈余土地）如已开垦，自耕自营者承认其所有权，出租者由政府收回，原佃户有承领该项土地之优先权。

5. 垦区不在地主之土地，农民租种在五年（或十年）以上者，得向政府要求征收其所租种土地，地价按领荒时之原价及目前地价折中规定之。

五、山荒河荒

此项土地纠纷如何处理，材料甚少，尚无具体经验，仅能提出下列几点意见：

1. 私有荒地有正式文契，四至亩数符合，且无公私争议者，保障其所有权。但地主勾结官府廉价领得大批山荒河荒，如仍抛荒未垦，政府得用原价征收，分给抗属贫民开垦。

2. 荒地开垦三年以上，自耕自营，并无公私争议者，即无文契，亦承认其所有权。如系侵占私荒，应按奖励开垦原则及双方经济状况适当处理。

3. 农民向政府领垦公荒，三年以后给以所有权或永佃权。农民开垦地主私荒，三年以后亦可依法取得永佃权，或订十年以上长期租约。有永佃权之土地，地租最高不得超过其产量的百分之三十。

4. 地主恶霸恃势霸占公荒，不准农民开垦者，此项公荒不论已否开垦，均可收回分给抗属贫民，或作村中公产。霸占公荒转卖他人者，按具体经济状况适当处理。

5. 山荒河荒种植树林，如此树木收益并不小于种植谷物，或对防水护地利益甚大，得作已开垦论。如果该地依据前条收归公有，原造林人得要求分得其树木之一部分，以补偿其造林所费工本。

6. 河道改变冲毁耕地，政府应将隔河新涨土地分给被损害人但被损害人不得自行隔河找地，以免引起纠纷。耕地经水冲毁，后又变成荒地，过去地权有证明者归还原主，无证明者归村公有，分给抗属贫民开垦。

7. 族地社地（荒地）采用民主方式管理，可开垦者分给抗属贫民开垦。公地收益用作公益事业，禁止地主恶霸恃势霸占族地社地、侵吞公地收益。

8. 两村争夺山荒河荒，应按过去历史及目前需要公平调解。如已开垦（包括植树造林），谁开垦的给谁，但恃势强占者仍应秉公处理。调解时应注意消释仇恨、加强团结，防止恶人挑拨离间。

土地纠纷种类繁多，内容复杂，上列数种仅能举其大要，自然不能包罗无遗。同时所举处理办法，亦是原则性的，不是具体法令，应按实际情况灵活运用。如果不调查实际情况，不掌握土地政策的基本精神，机械搬弄前面所提处理原则，仍然难免不犯严重错误。

处理土地纠纷，一方面要经过周密调查，另一方面又不应当拖延时间，以致影响农业生产。为着防止双方争夺土地阻挠耕作，任何土地纠纷在未解决以前，仍应当由原耕作人继续耕作，必须移交他人耕作者由政府明白决定。已耕种的土地，收获应归原耕种人所有，非经政府决定，他人不得强行收割。这也是处理土地纠纷时候所应注意到的问题。

选自《山东革命历史档案资料选编》，第 13 辑，济南，山东人民出版社，1983 年版，第 202～233 页。原注：“据编者考证，此件成文于 1944 年 11 月。”

18. 山东省战时行政委员会关于执行“八·十训令”的决定

1944 年 12 月 11 日

自从本会“八·十训令”① 发表以后，各级政府干部纷纷进行思想政策检讨，认识并开始纠正了过去忽视减租减息和广泛发动基本群众这一伟大历史任务的严重错误，因此近几月来，各地查减工作和群众斗争已有新的开展，这是我们动员广大群众、增强抗战力量、准备反攻的必要措施，也是我们改造村政、发展生产和开展群众文化教育运动的必经步骤。不大胆扶持群众运动，不认真贯彻查减工作，那么我们的抗战和一切民主建设工作，是绝不会收到真正的效果。

① “八·十训令”系指 1944 年 8 月 10 日发布的《关于查减工作的训令》。

但还有部分地区对这训令重视不够，仅将这个训令照样传达下去，而未具体布置、深入检查，或者虽布置工作，但未组织干部认真讨论、切实反省，认为干部思想上还未打通，还存在着许多糊涂观念，因此仍有许多政府工作干部站在贯彻查减工作和扶持群众运动的圈子之外，袖手旁观，或者继续用包办代替、强迫命令等办法“贯彻查减”。这种缺乏群众观念和违反群众路线的严重错误，必须发动深刻检讨，把它迅速纠正过来。

另一方面，由于中国农民受着几千年的残酷压迫，今天在共产党、八路军、民主政府领导之下获得翻身机会，免不得会产生个别报复行动，提出一些不合团结抗战的过高要求。如果领导干部不能正确掌握原则政策，及时教育群众纠正某些过左现象，不但对于团结抗战不利，而且会使群众斗争陷于孤立，对于群众斗争运动本身也是不利的。群众斗争在其开始发动时候，因为群众未受政策教育，必然可能发生某些过左现象，但如领导干部能够正确掌握政策，耐心说服教育，这种过左现象不难迅速纠正过来。害怕这种过左现象而因噎废食，向群众运动泼冷水，更是严重错误。反之，对于这种过左现象①，熟视无睹，不予纠正，或者悲观失望，以为无法纠正，也是完全不正确的。

过去许多政府工作干部不认真研究政策法令，更不能深刻体会和明确掌握土地政策的基本精神，去灵活处理减租减息增资过程中间所发生的各种纠纷，因而不是失之过右，约束群众反封建的合理要求，便是失之过左，不能保障地主富农在减租减息增资后应享有的权利和应得的利益。为着防止这些过右过左现象，特再重复决定下列要点，希在查减工作进行过程中间仔细研究，切实执行。

一、减租方面

（一）各种租佃关系一律按照一九四二年五月省战工会所颁布的土地租佃条例实行二五减租，即按照抗战前原租额减少百分之二十五，游击区、敌占区可按具体情形酌量少减，中农贫农出租少数土地和贫苦抗属、孤寡因无劳动力而出租土地，可以少减或不减。②

过去应减租而未减租的，或者明减暗不减的均应切实减租，公务人员恃势抗拒减租更应当受严重行政处分。已减租而未达二五标准的，应进行减租，直至法令所规定的标准。已减租而超过二五标准的，为着防止封建势力乘机反攻，破坏减租政策，过去如无纠纷，应当维持现状；即有纠纷，亦应尽可能说服出租人到租约期满改订新约时，再考虑修改。只有照原租额减租减到一半以上，而且出租人贫苦无法维持生活的，才应个别处理，修改租约。贫苦抗属、孤寡如因减租过重生活困难，便应该设法补救。

（二）过去无故不减租的，承租人得于要求减租外，再要求退还其过去多交的租额，退租一般应从一九四二年五月颁布《租佃条例》时退起。有些地区一九四〇年或一九四一年即按照《减租减息条例》实行五一减租，后因环境恶化，地主依靠敌伪顽势力推翻减租减息，现经群众要求，可以从一九四〇年或一九四一年退起，一九四二年以前照五一减租办法退租。新解放区如过去因受敌伪顽统治，确实无法实行减租法令者，应当从解放时退起，未解放前不退，贫苦小地主及富农出租少数土地可以酌量少退，中农以下

① “社科法制版”在“过左现象……过左现象”之间，漏掉六行、150多个字，现按“山东资料版”补上。

② “社科法制版”在（一）（二）之间漏掉九行、220多个字，现按“山东资料版”补上。

不退。

（三）地租外的各种额外剥削，如份子粮、带种地（白带地）、拨工（拨房工）、送礼等一律废止。过去额外剥削如果承租人因感吃亏太大，要求算账，一般可从一九四二年算起。如出租人为封建恶霸剥削特别残酷，亦可接受承租人的要求，酌量追算一九四二年以前的超额剥削（即当时一般规定以外的剥削），至抗战爆发时起为止。过去拨工说给工资而未给的，可按赊欠工资算账，如出租人贫苦，应当说服承租人少算账或不算账，免致出租人不能维持生活。

（四）减租后应订立三年至五年之租约，世代租种及租种二十年以上之佃户，可以要求订立十年以上的租约。订约后，应一面保护出租人的地权，一面保护承租人的佃权，租期未满以前，不得无故抽地撤佃。如因抽地发生纠纷，应按政府法令及双方经济情形进行调解，防止因地主抽地而妨碍减租法令的推行。

二、减息方面

（一）一九四三年以前之息借关系，均按一九四二年所颁布之《借贷暂行条例》处理，其已本利清偿，债务消灭者，一般不应追究，只有对个别剥削特别残酷（超过当时普通利息）的封建恶霸及著名高利贷者，群众感到吃亏太大，要求算账时候，可以酌量追算抗战爆发后的部分，此种退息可按下面一条规定，将其超过最高利率部分退回，但这办法不应滥用之于一般息借关系。

（二）一九四二年起所定息借关系，可以参考下列最高利率适当处理：

①借钱还钱不得超过月利三分（百分之三），不得利上滚利。

②粮食春借秋还，至多加利百分之五十。

③借粮（或借其他农产）还钱应按借粮还粮或借钱还钱办法计算，不得利用物价涨落巧取豪夺。

④借钱还粮或还其他农产（预卖农产），最高利息不得超过百分之五十，如按还时物价计算，所得利息超过百分之五十时，应将超过部分退还。

（三）各种货币折合办法，可以参考下列原则适当处理：

①一九四二年以前所借法币，可按原数改为本币归还；一九四二年起所借法币，可按借时还时的法币折价（法币对本币的比值）折中处理。

②过去所借的伪钞，均按还时伪钞折价（伪钞对本币的比值）计算。

③在根据地违法使用伪钞所成立之债权不予保护，但因对外贸易所成立之借贷关系则应承认。

④在停用法币后，违法使用法币所成立之债权不予保护，其情由〔有〕可原者，可按还时法币折价折合本币归还。

（四）土地抵押贷款（尚未转移地权）应照息借关系成立处理，不得抽地换约，过去已经抽地换约（利涨准折）因而发生纠纷者，应按处理土地纠纷办法去调解，该项办法另行规定。

三、增资方面

（一）在目前情况下，成年男工之长年工资，一般应以粮食六百斤为最低标准，在平原已达一千斤，山地已达八百斤者，不应要求再增。工资外之物质供给，应按当地习惯适当规定，雇主应当照顾雇工困难，雇工亦应照顾雇主，勿做〔作〕过高要求。

（二）增资均从当年增起，一般不应追算往年老账，只有封建恶霸低价强雇，致使雇工特别吃亏者，可以要求追算，自愿受雇且其工价合于当时一般规定者，不能援例。

（三）由于粮贱布贵，雇工生活特别困难，今后议订工资时，可经双方同意一半粮食一半货币，以免物价涨落发生纠纷，在奖励植棉地区（渤海县外），可以多种棉花，并得以一部棉花作为工资。

（四）采用劳资两利分红办法，奖励雇工深耕细作增加生产，或利用农闲时间雇主出钱、雇工出力经营副业，这是解决雇主雇工矛盾的最有效办法，应当普遍提倡。

在按上列原则处理各种纠纷时，仍须因地及按不同对象灵活运用，务须掌握土地政策基本精神，以期达到团结抗战和减轻封建剥削，改善工农生活，扶持基本群众的目的。对少数封建恶霸和有意违抗政府减租减息法令的顽固地主，应当发动群众斗争，帮助农民翻身。但在他们承认错误，切实减租减息以后，仍应予以自新之路。对于一般地主，我们要求他们认真减租减息，不要阻碍农民的翻身，在达到上述目的以后，就应争取团结他们，不应滥找斗争对象，尤不应把斗争锋芒转向赞成减租减息的开明地主、富农以及某些落后中农。

在群众斗争中，政府应当一面帮助群众翻身，一面掌握政策，教育群众，使他们都了解并拥护政府法令，政府干部应当明白表示①民主政府贯彻减租减息和赞助群众翻身的态度；同时明白表示我们政策的另一方面，即团结抗战的一方面，使农民可以不受顽固地主威胁，大胆进行斗争，使开明地主和富农，可以不受顽固地主挑拨欺骗，致在群众斗争前面惊慌疑惧，这些都是政府所应切实注意并认真执行的。

本决定主要用作解决今后减租减息增资纠纷的参考，过去已处理的问题如无严重错误，不必再行修改，以致反而增加纠纷。关于如何处理各种土地纠纷，全省行政会议已有详细决定，不久即可正式发表。

选自《中国新民主主义革命时期根据地法制文献选编》，第 4 卷，北京，中国社会科学出版社，1984 年版，第 368～372 页。原注："选自《山东省战时行政委员会时期法令汇编》，一九四五年版。"简称"社科法制版"。

互校版本：《山东革命历史档案资料选编》，第 13 辑，济南，山东人民出版社，1983 年版，第 258～263 页。简称"山东资料版"。

19. 山东省土地租佃条例

1945 年 2 月 15 日

第一章　总　则

第一条　为调整业佃关系，增加农业生产，保障地权及佃权，特依据山东省战时施政

① "社科法制版"在两个"明白表示"之间漏掉 22 个字。

纲领所规定之原则制定本条例。

第二章　减　租

第二条　凡公私租佃土地，除本条例另有规定者外，均须实行二五减租，即按抗战前原租额减少百分之二十五。

未实行减租者，应按原租额减百分之二十五；虽已实行减租，但不及百分之二十五者，仍按未减租前之租额减至百分之二十五；已实行减租，但超过百分之二十五者，双方无争议时依其约定，有争议时由政府调处之。

第三条　有下列情形之一者，减租标准得斟酌实际情形改为百分之二十、百分之十五或百分之十，业佃双方同意维持原租额时，不加干涉。

一、业主为贫苦之抗属或抗工属者。

二、业主为贫苦之孤儿寡妇老幼残疾，因①无劳动力而出租土地者。

第四条　凡照前条情形，减租或不减租者，须经农救会调查属实，由业佃双方协议订约。如有争议，可由农救会调解，不服调解时，由政府仲裁之。

第五条　游击区、敌占区实行减租时，得由县政府斟酌实际情形，暂将减租标准改为百分之二十、百分之十五或百分之十。至该地区收复时，仍须按照第三条之规定实行二五减租。

第六条　减租时，承租人向出租人所交之柴草亦须按租粮数目比例照减，但习惯上牛草归牛者，依其习惯，不予变更。

第七条　地租外之一切额外负担，如份子粮、带种地、干拨工、送礼等均应除消。过去地主出〔除〕种实行双除种者，应改为单除种，于未分前在公堆上扣除之。

第八条　因取消份子粮致使佃户难以从事生产者，佃户得向业主要求借粮，收获后归还，原无利息者依其习惯，有利息者利率最多不得超过百分之二十五。

第九条　在民国三十一年《山东省租佃暂行条例》公布后，地主不减租者，减租时佃户得按以前多交数额要求退租；如系无理顽抗，破坏政府减租法令，得经县政府决定酌予处罚，处罚部分应缴政府充优救之用。

凡第三条所规定之出租人，承租人均不得要求退租。

第十条　在民国三十一年前已经根据民主政府法令实行五一减租之地区，地主未减租者，佃户亦得要求按照五一减租办法实行退租。

新解放地区如过去确实无法实行减租法令，得于民主政府法令可以实施时开始减租或退租。

第三章　租　额

第十一条　出租人除出租土地外，不供给承租人以耕畜、农具、种籽、肥料，而约定一定租额者，为定租制。减租后定租，租额不得超过土地正产物收获总额千分之三百七十五，超过此项标准者应降至此项标准，低于此项标准者依其约定。

第十二条　凡行定租制者，如遇特殊荒歉年成，应即协议减租，其应减数额可由政府召集业佃双方代表协商决定之。

① “社科法制版”此处印作“孤儿寡妇者，幼残疾困……”

第十三条　出租人出租土地，承租人自备耕畜、农具、种籽、肥料，或由出租人供给一小部分，约定按照收获对半分粮者，为分租制。减租后分租标准，地主不得多于千分之三百七十五，佃户不得少于千分之六百二十五。

第十四条　出租人除出租土地外，并供给承租人以耕畜、农具、种子、肥料之全部或大部，耕作劳动全由承租人负担，原定出租人分得收获总额超过半数者，为伙种制。减租后伙种制之分租标准，应按出租人所出农本多少决定，最多不得超过土地收获总额的百分之五十。

第十五条　承租人因开垦荒地或其他原因而取得承租权者，租额最多不得超过土地收获总额的百分之二十五。

第十六条　民国三十一年前约定之货币地租，因物价高涨，影响出租人实际收益时，得由政府调解，并得将货币地租之一部或全部改为实物地租。

第十七条　种植瓜菜等特种作物之土地，一般应按种植谷物之租额决定租额。如其收益特别丰厚，得由业佃双方协议，酌量提高租额，但最多不得超过种植谷物应交租额之一倍。

第十八条　为奖励增施肥料，出租人或承租人如购豆饼或肥田粉等肥田，经双方协议，得于收获后按购价折成粮食，并得酌加利息，于未分前在公堆中扣还。

第四章　交　租

第十九条　凡公私租佃土地已减租订约者，承租人应照新约交租，不得无故不交。

第二十条　地租一律于产物收获后交纳，出租人不得向承租人预收地租或收小租。

第二十一条　在实行减租前承租人所欠地租，如确因贫苦无力交纳，得由县政府决定免交或少交。

第二十二条　出租人不在解放区内，并无破坏解放区之行为者，承租人之交租办法如下：

一、出租人在解放区内有代理人者，承租人可向代理人交租，但不得将粮食运出解放区。

二、出租人无代理人者，承租人交租由政府暂代保管，并折价通知出租人限期具领，如有损失费用，应由出租人负担。

第二十三条　减租后业佃双方交纳公粮田赋，应按政府法令处理，任何一方均不得将应负责任推给对方。

第五章　租　约

第二十四条　租佃土地业佃双方必须订立租约，租约期限应由双方议定，但为安定承租人之生产情绪，租约期限一般应在五年以上，其因特殊原因不能订为五年以上者，不得少于三年。

世代佃种土地及佃种满二十年之土地，承租人得要求订立十年以上之长期租约。特殊租地（如瓜地、烟地等）不便订立长期租约者，经双方同意，得订短期租约。

第二十五条　减租后必须重订新约，出租人不得因减租而抽地或增加不利于承租人之租佃条件，已经违法抽佃撤佃者，原承租人得要求继续承租该项土地，或赔偿其因抽地所受损失。发生纠纷时，由政府按情调处。

第二十六条　承租人原有永佃权及依法取得永佃权者，保留其永佃权；无永佃权者，不得强行规定。

第二十七条　无永佃权之土地，租约期满时，出租人有自由处置之权，包括出典、出卖、出租、自耕及雇人耕种在内。

第二十八条　出租人出典、出卖或继续出租其土地时，原承租人有以相同条件承典、承买及继续承租该项土地之优先权。

第二十九条　出租人出典或出卖租期未满之土地时，原承租人有依原租约继续租种该项土地之权。如承佃或承买人收回自耕，承租人得向原业主要求赔偿其损失。

第三十条　在抗战期间，出租人于租约期满时抽地撤佃，应照顾承租人之生活，必须于秋收前三个月通知承租人。如原承租人因抽地致不能生活时，得由政府召集业佃双方适当调处，延长租期或只退佃一部。

第三十一条　租约尚未期满之土地，有下列情形之一者，出租人得将土地收回：

一、承租人自愿放弃其租种权者（应于秋收前三个月通知出租人）。

二、承租人无故不耕达一年以上者。

三、承租人有力交租而故意不交租达一年以上者。

四、承租人耕作怠惰，使产量降低半数以上，屡经劝告仍不改正者。

五、承租人损坏土地重要附着物，应负赔偿责任而不赔偿者。

第三十二条　出租人因无法生活，要求将其土地收回自耕者，应由农救会调查业佃双方经济状况，进行调解。农救会调解无效时，由政府仲裁。

第三十三条　禁止包租、转租，如承租人将其租得土地转租时，出租人应即将此项土地直接租与第二承租人，其原转租而致租额加重者，加重部分须由原承租人如数退还第二承租人。

第三十四条　订租约时，不得收取押租，其已交之押租须一次或分数次退还，更不得有礼物、酒食、使费、中资等类额外需索。

第三十五条　凡公地、学田及政府代营土地之出租者，不论过去租约如何规定，应一律改为定租制。

第六章　附　则

第三十六条　本条例经山东省临时参议会通过，山东省战时行政委员会公布施行。

第三十七条　本条例公布后，三十一年五月十五日公布之《山东省租佃暂行条例》即行废止。

选自《山东革命历史档案资料选编》，第 14 集，济南，山东人民出版社，1984 年版，第 177～182 页。

互校版本：《中国新民主主义革命时期根据地法制文献选编》，第 4 卷，北京，中国社会科学出版社，1984 年版，第 373～379 页。原注："选自《山东省战时行政委员会时期法令汇编》一九四五年版。"简称"社科法制版"。

20. 山东抗日根据地土地纠纷问题

年 月

山东省根据地多系落后山区，这些山区的封建统治者过去用更野蛮的方式压榨农民，他们采用各种非法手段掠夺农民土地，造成极严重的土地纠纷。抗战爆发以来，敌区汉奸同样采用各种非法手段掠夺农民土地。因此，怎样收回被掠夺的土地，在某些地区也像减租减息一样，成为农民们的迫切要求。在我抗日民主根据地，某些地主为着逃避负担，反对减租政策所引起的土地纠纷也是不少。这些土地纠纷要求我们按照土地政策予以适当解决。

解决土地纠纷首先必须依据民主政府所颁布的各种法令。但我民主政府所颁布的法令极不完全，[对] 上述名种纠纷大多尚未具体规定解决办法，我们必须掌握土地政策的基本精神，照顾当地习惯，求得适当解决。所谓土地政策的基本精神，在解决土地纠纷时候所应注意到的，在我看来主要的有下列三点：

第一，保障地权，反对强典强买侵占掠夺。

过去有些政权工作干部以为保障地权仅仅是（或主要是）保障地主的地权，而不知道同时（而且更重要的）还要保障农民的地权。地主依法所取得的土地应予保护，但如采用非法手段掠夺农民所有土地，那就不能予以保护。在这情况之下，我们应当保护农民所应有的地权，不准任何人用非法手段掠夺。过去采用非法手段所掠夺的土地，均应依法归还原主。这里所谓合法或非法，不应拘泥形式，而应考察它的实际情形，如凭权势强迫订立契约，或者勾结官府，违反事实，制造法律根据，同样应当认为非法行为。

第二，奖励生产，照顾贫苦农民生活。

所谓奖励生产，是自耕自营、勤劳生产的人应当多照顾，不劳动不生产、坐食地租的人应当少照顾。在不侵犯地权的原则下，土地从收租地主手里转向生产农民的手里是应当奖励的，这就是孙中山先生的耕者有其田的政策。在各种土地纠纷的处理中，对于贫苦农民应当更多照顾，使他不至失去生活凭藉〔借〕，贫苦的小地主如果生活确实困难，也应予以适当照顾。但其对方如系贫苦农民，生活比他更加困难，那就必须给以更多的照顾。

第三，采纳群众意见，考虑政治影响。

在土地纠纷中，有些狡猾分子为着达其不正当的目的，往往伪造各种理由，甚至歪曲法律条文，把它真实企图隐蔽起来。我们稍不谨慎，就会受其欺骗，造成极不好的政治影响，必须多作调查研究，采纳群众意见，因为狡猾分子可以欺骗政府，但绝欺骗不了广大群众，群众是会根据他的过去历史和各方面的复杂关系，来揭发他的真实企图的。纠纷处理以后所造成的政治影响（如对群众运动所起推动或阻挠作用），更应慎重考虑。法律是要服从政治任务 [的]，掌握政策方针，灵活运用法律条文，才是真正掌握了政策和法令的基本精神。

现在来讲各种土地纠纷及其具体处理办法。

一、土地买卖纠纷

地权移转普通经过下列四种方式：

甲、从土地抵押变为买卖关系。开始时是借贷关系，而以土地作为抵押（担保还本付息，并不移转地权，土地仍由原主耕种经营）。如果本利累积无力清偿，债权人即要求“抽地换约”，即以本利作为买卖，订立土地买卖契约。如果本利合计少于应付地价，则应补足短少部分，添价订立买卖契约。

乙、从土地典当变为买卖关系。典当就是活卖，它与抵押不同，一开始就移转地权（移交承典人耕种，或于移交承典人后再租给出典人，纳租而不支付利息），它是土地关系而非借贷关系。一般习惯：土地典当在“两年三季”或三年后，随时可以原价回赎。因为可以回赎，所以典价总是低于卖价，普通仅及卖价之半，出典人无力回赎时，亦可要求承典人（或由承典人要求）添付一部地价改定买卖契约，所谓“添价作绝”。

丙、死契活尾。形式上是买卖关系，但在买卖契约之中附带规定若干年内可用原价回赎；如果到期不赎，就变成正式买卖关系。但按一般习惯，死契活尾到期以后尚须〔需〕改订买卖契约，即把“活尾”除去，否则出卖人仍有要求回赎之余地。死契活尾的卖价普通比典价稍高，大约相当于普通卖价（地价）的三分之二。变成绝卖时候大多不再添价。

丁、一开始就交付全部地价，订立正式买卖契约（绝卖）。农民出卖土地时候很少采用这种方法，大多是经抵押、典当或死契活尾，然后转成正式买卖关系。

按照上述各种方式买卖土地时候，有些是按一般习惯“公平交易”；有些是乘人困难，用较低廉的代价取得土地；有些更是依仗权势，强迫立约掠夺土地。在第二种，尤其是第三种场合，自然就会发生土地纠纷，要求我们依法处理，我们的一般的处理原则是：

1. 普通买卖关系（或由抵押、典当转成买卖关系）确系自愿，双方均不吃亏，或者吃亏不大者，予以承认，非有特殊原因不得要求回赎。

（说明）所谓“普通买卖关系……双方均不吃亏”，系指：

a. 按照当时地价或其近似数额订立买卖契约者。

b. 订立典约或死契活尾，按照习惯交付典价，并按习惯添价（死契活尾所付买价已达地价三分之二者可不添），改订买卖契约者。

c. 抵押贷款，按照当时长期贷款，普通利息本利合计已与当时地价不相上下，或虽少于当时地价，但经添价订立买卖契约者。

2. 乘人困难，采用各种方式廉价取得土地。出卖人虽系自愿，但确实吃亏很大，现在要求回赎者，准许备价回赎。赎价按承买人所付贷款本利或典价买价，及自该项土地所得收益多少决定之。

因币值变化所生争议，得比照地价，增加倍数，适当调解，务使双方均不吃亏。

（说明）所谓“乘人困难……廉价取得土地”系指：

a. 买卖契约买价在当时地价半数以下者。

b. 典当或死契活尾典价在当时地价三分之一以下，且未添价改定买卖契约者。

c. 贷款本利（利息一般不超过原本一倍，五年以上者不超过原本二倍）尚不及当时地价半数，即不添价订立买卖契约者。

此类纠纷订约时系双方自愿（虽其自愿，多少系因环境逼迫所致），故应承认其为土地关系，而非普通借贷关系。承买人自土地所得收益，不能完全用以抵偿典价、买价或贷款本利，仅可作为决定赎价多少时之参考（收益多者应当酌量减少赎价）。

币值变化可以比照粮价增加倍数或地价增加倍数两种办法处理，但粮价增加比地价增加快得多，如照粮价增加倍数处理，赎价可能高于现在地价，太不合理，故以比照地价增加倍数处理为宜。

3. 凭借权势，乘人困难，强用廉价掠夺土地，如其收益已经超过应还本利，准许出卖人无偿回地。如恶霸采用欺骗、敲诈等类方式，无代价取得土地，被侵占人得无偿回地外，再要求算还被占期间该项土地收益之一部或全部。

（说明）所谓“凭借权势……强用廉价掠夺土地”只适用于下列场合：a. 得地人为封建恶霸或有势力的地主高利贷者。b. 乘人困难廉价取得土地合于前条各款；或用欺骗（如设局诱赌）、敲诈（如用政府名义勒索处罚）等类方式掠夺土地。c. 失地人确非自愿，被迫忍受，群众对此亦均愤恨。

此类纠纷所订契约非出自愿，不承认其合法，按照借贷关系处理。故得地人自土地所得收益，均可用以抵偿典价，买价或贷款本利（利息不得超过原本一倍）。如用欺骗敲诈方式或无代价掠夺土地，且可要求算还被占期间土地收益。

4. 第二类纠纷如承买人为贫苦农民，自耕所买土地，依〔以〕此为生者，不应回赎，或按双方经济状况公平调解。

5. 第三类纠纷如得地人已没落，将其所得土地转卖者，应按双方经济状况通融处理；如得地人并非由于生活困难，而因逃避责任将其所得土地转卖者，则可按照次列办法处理：

a. 赎回转卖土地交还原主。

b. 从其自己土地中划出同数土地赔偿原主。

c. 以其转卖侵占土地所得卖价赔偿原主。

6. 土地抵押贷款如未改定买卖契约，均按借贷关系处理，未得业主同意不得“抽地换约”。一九四二年前或民主政府法令推行前已经抽地换约者，按照上列各条处理。

二、典当回赎

此类纠纷包括下列三种内容：

甲、一般土地典当——多发生于民主政府建立以前，及减租减息法令尚未认真推行时候，出典人多系贫苦农民，承典人多系地主富农，亦有少数农民与农民间之典当，及地主典给农民者，其处理原则是：

1. 典当土地及死契活尾尚未换约转成正式买卖关系者，准按原价回赎，如因币值变化发生争议，得比照地价，增加倍数，适当调解。

2. 承典人贫苦，自耕所典土地，依〔以〕此为生者，得用调解方式说服出典人暂时不赎，或添价作绝，或赎回后租与原承典人耕种，出典人亦贫苦需要赎回自耕者，仍应允许回赎，或回赎其一部分。

3. 典当已过三十年，死契活尾已过十五年，是否尚可回赎，应按当地习惯及具体情况决定之。

乙、特殊典当土地——发生于民主政府建立后，地主为逃避负担，将其土地廉价典给贫苦农民，现因负担减轻，纷纷要求赎回，其处理原则是：

1. 地主为逃避负担而出典之土地，按照一般习惯两年内不得回赎，规定年限者依其年限，回赎时因币值变化发生争议，应比照地价变化适当调解。

2. 承典人如系贫苦农民，依靠耕种承典土地生活者，出典人应于一年前通知回赎，承典人且得要求订立三年至五年之典约，或于回赎后承租该项土地，订立三年至五年之租约。

丙、假典（或者假卖）——地主为反对减租，借口抽地，逃避负担实行假典（或者假卖）。假典方式主要的有次列四种：

a. 假立典约，地主不要典价，减轻租额，佃户代交公粮。

b. 地主立典约，佃户立借约，纳利代替拿租，形式上已变为借贷关系。

c. 假立典约，佃户用粮食按年交纳典价，数额仍与原租额不相上下。

d. 佃户出少数典价，讲明几年以后“价烂产回”，实际等于预付几年地租。

对于假典假卖的处理原则是：

1. 取消假约，恢复原来租佃关系，少减租者退租，少交粮者补粮。如系蓄意破坏政府法令，且得加倍处罚。

2. 在有利于承典农民的条件下，改为正式典当关系，原佃户有承典之优先权。

3. 利用假典假卖抽地者，得令赔偿佃户全部损失。

三、新地区的土地纠纷

敌区伪保甲长以及其他汉奸，利用人民无力交纳苛重负担机会，强买土地，自己并不负担给养，仍将此种负担派在其他人民身上，或将此项土地卖给其他人民，承买人亦多与汉奸勾结，亦有少数佃户贫民因无土地不出给养，兼做小本经营，能有微薄积蓄廉价购得少数土地。沂山专署曾经总结处理此类土地纠纷所得经验，作出《关于新地区特殊土地纠纷解决办法的决定》，所定处理办法具体适当，可供各地参考（原文载《民主导报》第五期）。节录要点如次：

此项土地纠纷，大体包括下列三种：

第一种：

a. 业主无力交纳苛重负担，放弃土地逃亡，伪保甲长或其亲友以替业主还债为名，未经业主许可将其土地占为己有。

b. 依靠敌伪顽之势力，将欠给养之土地没收，迫立契约，占为己有，地价完全顶了给养，业主一无所得。

第二种：

a. 业主放弃土地逃亡，伪保甲长或其亲友未经业主许可，将其土地出卖或典押与〔于〕他人。

b. 业主未逃亡，但其土地亦因欠给养被伪保甲长强迫卖与他人，迫立契约。

第三种：业主无力交纳给养，伪保甲长劝其卖地，得到业主之同意，将地卖给佃户或贫民。

上列各种土地纠纷的处理办法是：

①第一种土地纠纷所争之土地，应无条件退还原业主。

②第二类土地纠纷所争之土地，原则上应归还原业主，但可收回其一部或全部之买价。承买人所纳负担，原业主不负责。如承买人与敌伪勾结，不负担给养，亦应无条件退还原业主。

③第三类土地纠纷所争之土地，如由承买人自己耕种，为照顾生产及承买人之生活，即有乘机买贱的意味存乎其间，所立契约仍应有效，但如承买人与敌伪勾结，可按前条办法处理。

对这决定还有几点补充意见：

1. 敌伪反正抗日，如彼过去亦曾恃势侵占土地，现被侵占人要求收回，除按上列原则予以处理外，应按抗日军人多予照顾。伪保甲长为害怕群众斗争，及保持其非法侵占的土地而参军或参加政权工作者，不得享受此项优待。

2. 革命两面派之村长为应付敌人所交资敌负担，应当予以承认。如村长为业主卖地交付此种资敌负担，回赎时此项负担仍由原业主负责。

3. 大地主的土地被汉奸霸占，该地收复后一年内，如该地主仍留敌区，不向政府要求收回，即为自动放弃，政府得将该项土地收归公有。

4. 地主为勾结敌伪，自动将其土地赠送汉奸者，该项土地收归公有，不发还原业主。

四、垦区土地纠纷

渤海垦区土地纠纷处理原则基本上是正确的，实施过程中间所得收获很大（详情参阅《民主导报》第五期），综其优点主要的有：

1. 用实事求是方法处理土地纠纷，调查双方取得土地过程，保护开垦农民应得利益，取缔霸占压盖等类非法行为，调查文契来源，尊重文契而不拘于文契。

2. 按照耕作能力计口授地，开垦三年给以地权，以奖励开垦，安定垦民生产情绪。计口授地禁止买卖，防止兼并，过去已买卖的按其有无工作能力适当处理。

3. 清丈土地，确定地权，收回丈余土地（侵占公荒）分给抗属贫民开垦，并用同法整理宅基，取缔兼并霸占，公平分配，安定居民，繁荣市集。

但在执行中间还有若干缺点，为着纠正这些缺点，特再提出几点补充意见：

1. 地主勾结官府承领大批荒地，已开垦者承认其所有权。如仍抛荒未开，政府可用原价征收，分给抗属贫民开垦。

2. 地主所领荒地租给农民开垦者：

a. 开垦农民依法可向地主要求永佃权。

b. 租额在产量百分之三十以上者，按原租额减百分之二十五；租额在产量百分之二十以上者，按原租额减百分之二十；租额在产量百分之十以上者，按原租额减百分之十；租额在产量百分之十以下者，按原租额不减。

c. 地主应照政府法令交纳公粮田赋，不得责令佃户代交，但地租在产量百分之十五以下者，得折半交纳田赋，或佃业双方各半交纳。

3. 地主用非法手段所领得的荒地，政府得按情形取消其所有权，或用原价收回。

4. 侵占公荒（丈余土地）如已开垦，自耕自营者承认其所有权，出租者由政府收回，原佃户有承领该土地之优先权。

5. 垦区不在地主之土地，农民租种在五年（或十年）以上者，得向政府要求征收其所租种土地，地价按领荒时之原价及目前地价折中规定之。

五、山荒河荒

此项土地纠纷如何处理，材料甚少，尚无具体经验，仅能提出下列几点意见：

1. 私有荒地有正式文契，四至亩数符合，且无公私争议者，保障其所有权。但地主勾结官府，廉价领得大批山荒河荒，如仍抛荒未垦，政府得用原价征收，分给抗属贫民开垦。

2. 荒地开垦三年以上，自耕自营，并无公私争议者，即无文契，亦承认其所有权。如系侵占私荒，应按奖励开垦原则及双方经济状况适当处理。

3. 农民向政府领垦公荒，三年以后给以所有权或永佃权。农民开垦地主私荒，三年以后亦可依法取得永佃权，或订十年以上长期租约。有永佃权之土地，地租最高不得超过其产量的百分之三十。

4. 地主恶霸恃势霸占公荒，不准农民开垦者，此项公荒不论已否开垦，均可收回分给抗属贫民，或作村中公产。霸占公荒转卖他人者，按其经济状况适当处理。

5. 山荒河荒种植树林，如此树林收益并不少于种植谷物或对防水护地利益甚大，得作已开垦论。如果该地依据前条收归公有，原造林人得要求分得其树木之一部分，以补偿其造林所费工本。

6. 河道改变，冲毁耕地，政府将隔河新涨土地分给被损害人；但被损害人不得自行隔河找地，以免引起纠纷。耕地经水冲毁，后又变成荒地，过去地权有证明者归还原主，无证明者归村公有，分给抗属贫民开垦。

7. 族地社地（荒地）采用民主方式管理，可开垦者分给抗属贫民开垦，公地收益用做〔作〕公益事业，禁止地主恶霸恃势霸占族地社地，侵吞公地收益。

8. 两村争夺山荒河荒，应按过去历史及目前需要公平调解。如已开垦（包括植树造林），谁开垦的给谁，但恃势强占者仍应秉公处理。调解时应注意消释仇恨、加强团结，防止恶人挑拨离间。

土地纠纷种类繁多，内容复杂，上列数种仅能举其大要，自然不能包罗无遗。同时所举处理办法，亦是原则性的，不是具体法令，应按实际情况灵活运用。如果不调查实际情况，不掌握土地政策的基本精神，机械地搬弄前面所提处理原则，仍然难免不犯严重错误。

处理土地纠纷一方面要经过周密调查，另一方面又不应当拖延时间，以至影响农业生产。为着防止双方争夺土地，阻挠耕作，任何土地纠纷在未解决以前，仍应当由原耕作人继续耕作，必须移交他人耕作者，由政府明白决定。已耕种的土地，收获应归原耕种人所有，非经政府决定，他人不得强行收割。这也是处理土地纠纷时候所应注意到的问题。

选自《中国新民主主义革命时期根据地法制文献选编》，第4卷，北京，中国社会科学出版社，1984年版，第379～391页。原注："选自山东省政府司法厅《山东省现行司法法令》，一九四六年四月版。"

21. 山东省政府关于减租减息增资的布告

1945年11月13日

查减租减息增加工资，为民主政府重要政策之一，早经明令公布在案。自推行以来，群众生活得到改善，各阶层团结益臻巩固，根据地人民有衣有食，安居乐业，生产情绪普遍提高，抗战民主力量与日俱增。

新解放区人民，以长期处于残酷压迫之下，受敌伪之敲剥恐吓日久，加之以破坏分子挑拨造谣，对减租减息增加工资法令，不免有观望延宕犹疑不前等现象。为此，特再根据《山东省土地租佃条例》《山东省借贷暂行条例》《山东省改善雇工待遇暂行办法》基本原则撮要布告，仰我新解放区同胞切实遵照执行为要。

甲、减租

一、自解放之时起，无论公私租佃土地，一律实行二五减租，即按原租额减少百分之二十五。

二、在日本宣布投降后解放之地区，本季尚未交租者，二五减租之后实行交租，本季已经交租者，按百分之二十五退租。

旧历年后麦收前始获解放者，本季地租退回百分之十二点五（即已交租百斤者须退回十二斤半，余依此计算）。

三、自解放之时起，除前项规定者外，不再退租，佃户欠租而无力缴纳者，得少交或免交。

四、减租时佃户向业主所缴纳之柴草，亦须照减百分之二十五，过去柴草全部缴纳者，亦须照减百分之二十五，但习惯上牛草随牛者，依习惯办理。

五、地租以外之一切额外负担，如份子粮、带种地、干拨工、送礼等，均应取消。

六、减租后公粮田赋应按政府法令办理，业佃双方均不得将应负责任推给对方。

乙、减息

一、抗战后解放前的债务，尚未清偿因利率过高发生争论时，由政府调处，调处不成者，可按分半利行息判处，不得利上算利，利之总和不得大过原本，其付息达原本一倍者停息还本，超过原本一倍者，超过之数作还本计，超过原本二倍者，本利停付，债务消灭。

债务已经清结者，一般不应再事追究，但如其方法特别狠毒或依仗敌伪势力及以恶霸方式，利息苛重超过当地一般标准者，如债务人要求算账，应由政府酌情处理，退还其特别多剥削的部分。

二、凡解放前所借伪币法币，由于货币比价不同，债务清算发生困难时，按当时当地情况调处，如调处不成时，按解放前一日之币值折成本币计算处理。

三、解放后之借贷关系，约期在一年以内者，月利最高不得超过三分（百分之三），禁止利上滚利，利息总和不得超过原本，其借钱还粮、借粮还钱、借粮还粮，或其他实物借贷，俱准此计算，不得巧生花样、重利盘剥。

丙、增加工资

雇工之工资一般应按照各地生活状况，以能除解决自己生活外，再养活一个人至一个半人为标准。增资之后，工人应按约积极工作，遵守劳动纪律，增加生产。雇主不得借故降低工人生活或多所吹求，限制工人自己的活动。

丁、减租后须订立新约。地主应尊重佃权，不得因减租而借故抽地。佃户应尊重地权，按照新约交租，不得无故不交。

对于政府减租减息增加工资法令，如有故意违抗，借故拖延，明减暗不减，收买愚弄，欺骗农民，或有挑拨造谣、破坏法令行为，准由农民雇工及农会工会，径向地主、债主、雇主理论，并向政府指控或检举，当地政府应酌量情节予以处分。

此布

主席　黎　玉

选自《山东革命历史档案资料选编》，第16辑，济南，山东人民出版社，1984年版，第12～14页。

22. 如何正确执行中央五四指示
——陈毅同志在华东局五月高干会议上的总结发言①

1946年5月

一、不是总结，只是一个发言。

这次会议讨论如何执行中央“五四”指示②，前后开了十多天会，开得很好。各地区来的同志都发言了，反应〔映〕了当地农民运动和部分城市工作的实际情况，并进行了很好的检讨。我认为这会议对中央“五四”指示的精神，一般说是得到了共同的了解，并且都有信心保证在今年秋冬完成这任务。关于以后如何搞，因为时局的关系，不能把会议延得再长，所以华东局的意见，就在此作一个结束，因此不能让每一个同志有更多的发言机会，这不能不说是我们会议的一个缺陷。另外，我们曾想把会议拖到黎、张回来，使我们能听到中央关于“五四”指示的讨论，更正确的〔地〕掌握中央的精神，对我们帮助一定很大，但是他们也因时局与交通的关系，拖迟了，我们等不及他们了，也是会议的一个缺陷。但我相信虽然有这些缺陷，我们仍是不潦草，以负责的精神完成了大会的任务。

此地我有一个声明，不要把我的发言当作一个总结。我自己开始接触山东的群众运动，还只在四月间，并且还只是上层的接触，对下层群众运动的实况了解的〔得〕还不够多。同时我理论水准、对问题掌握的能力也还不够，对这样一个严重复杂的问题可能了解有偏差，希望在座的同志能提出纠正。对我这样一个人，不要有任何顾忌，对党对人民负

---

① 原注：陈毅同志发言中，关于全党团结起来和时局部分是结合在一起谈的。现在时局已有许多新的变化，故关于时局的部分，我们整理时从略了，因之，关于全党团结起来的部分也一并从略了。希各地在传达此报告时，可根据时事发展的新形势，并把陈毅同志所谈关于全党团结起来的一些精神与要求一并传达下去。——华东局秘书处。

② 原注：中央“五四”指示，系指1946年5月4日中共中央发出的《关于清算减租及土地问题的指示》。

责是主要的，对某一同志的批评指责得罪是小事。这方面大家尽管不要客气，因为假如我们在这会上了解开始就有偏差，以后农民运动就会受很大损失。

我觉得这次大会许多同志深入讨论的精神很好，讨论对我讲是很好的〔地〕上了一课，很好的一次教育，我个人收获很大。

二、对中央“五四”指示如何取得正确的了解及如何掌握其精神。

甲、大会驳斥了几种错误了解。

这次大会首先批判了对中央“五四”指示的几种错误了解：

（一）认为“五四”指示是中央土地政策的根本改变，把耕者有其田的政策和一九四二年的减租减息政策的历史割断。这种了解，无论是站在拥护耕者有其田的立场，或是不赞成耕者有其田的立场，都是错误的。说过去减租减息不适合农民要求，今天耕者有其田才适合农民的要求，以今天政策的正确来否定过去减租减息政策的正确性，这种见解也为我们大会所驳斥。大会认为过去的减租减息政策是正确的，今天耕者有其田的政策也是正确的。这是根据不同的历史情况，不同的时机，不同的主客观情况的变化，而有所发展变化的。今天耕者有其田的提出，只是四二年土地政策执行中的发展与提高，两者是有机的〔地〕联系着的。没有二五减租时期的工作基础和经验基础，没有深入的查减运动，找寻出许多有理合法解决土地问题的办法，就不可能有今天耕者有其田的提出，和批准耕者有其田的实施。

我们党的纲领从来对土地问题的解决是肯定的，这也就是新民主主义纲领和旧民主主义纲领基本的不同点之一。毛主席在《新民主主义论》中说：中国共产党民主革命纲领和孙中山先生的纲领的不同点，就在于我们有彻底的土地革命纲领。我们党有彻头彻尾的解决土地问题的方针，而孙中山先生只是空洞的〔地〕提出了一个“耕者有其田”的口号。我们从减租减息到“耕者有其田”，正是走着这一道路。减租减息是解决土地问题的开始，而今天的“耕者有其田”是前进了一步。如果没有这样的了解，就会误认为过去减租减息不适合于农民要求，是错了，而今天党的政策才适合于农民的要求，这种认识是不正确的。

（二）大会许多同志看出了这样的问题：是否在我们党内党外会有人反对我们提高一步，反对实施“耕者有其田”呢？我们说党外的反对是不可免的。不仅从国民党方面，不仅是那些逃跑了或被清算了的地主上层，就是仍然和我们在一起合作前进的那些上层人士，我们的土地政策要是只限于减租减息，他们是可以赞成的，但提出了“耕者有其田”，那他们就不一定能接受，他们会从各方面找出理由对抗或反对这东西。党外的这种反对那是无足为怪的。另外，今天中央批准了而且还要有组织的〔地〕在我解放区内全部实施“耕者有其田”，党内是否也会有人反对或者动摇不赞成这一措施呢？我们说党内大多数人是会赞成的，但个别不同意或甚至思想上行动上反对这一措施也是会有的。我们是这样一个大党，在我们党内，政府机关、军队、党的组织里，每一个人都能很热忱的〔地〕没有任何顾虑的〔地〕来赞助这东西，那是不一定的。这样一个大问题，这样伟大的农民运动，在党内会引起一些分歧不一致的意见是必然的，不会没有的。我们要有这样的预见，在思想上应有准备，应准备向他们解释，说服教育和开展必要的善意的斗争，以克服这种种倾向。目前虽然尚没有听到有人公开反对，这是因为我们党的威信很高，很巩固，党中央对这问题态度坚定，压制了这些障碍，他们暂时还不敢讲。但不讲并不等于思想上解决了问题，这些障碍还是存在着的，必须克服了这些思想障碍，才能保障“五四”指示的彻底完成。

（三）反对对中央“五四”指示作断章取义分割的了解。要防止、要说服，甚至要坚决反对把中央“五四”指示分为两半，或者只赞成前半段，坚决的〔地〕解决农民的土地问题，只接受了那几个“不要怕”，而忽略了紧接着下面所提出的各方面策略的照顾或者只赞成那十八条的策略部分，放松了或漠视了中央对土地问题所采取的坚决的态度。只强调前半段，拥护中央的坚定的立场，赞助农民解决土地问题，拿这种精神来支持过去农民运动中的偏向，作为袒护，那就要犯左的毛病；只接收后半段的策略部分，不在坚决解决农民土地问题的精神下来讲策略，那这种策略会变成束缚自己的东西，会变成了右的东西，在实践中必然会阻碍了“耕者有其田”的实施。这样的“耕者有其田”，将是假的，将会出现类似减租减息中明减暗不减的现象，实际上解决不了土地问题，封建势力还会掌握着土地，原封不动的〔地〕对农民进行剥削。

中央指示中原则的坚定性和策略的灵活性，应作统一的理解、统一的掌握。所谓原则的坚定性，就是中国工人阶级的党，目前对农民土地问题的解决，有一个坚定不动摇的方针，那就是批准了而且要有组织有计划的〔地〕实施“耕者有其田”。不怕任何一方面的困难，大胆放手的〔地〕引导农民获得土地，这就是我们的坚定的原则。我们如果没有这样的勇气，畏首畏尾，动动摇摇，我们就会重蹈陈独秀的错误。农民要求前进，农民伸出手来要土地，我们反而害怕，反而动摇，没有坚定的态度，那就是立场上的严重错误！对革命的损害是很大的！但是执行政策，一定要懂得策略的灵活性，要看地点，要看时间，要分析掌握主客观情况的变化。执行中要有步骤，否则眉毛胡须一把抓，机械的〔地〕执行，盲目的〔地〕执行，执行得很乱，也是不好的。以为有了原则的解决，就可以睡觉了，就可以盲干了，也要犯错误的。

我个人估计这次群众运动可能犯二个错误：一个是阻碍农民取得土地，类似一九二六年陈独秀时代的错误，再者可能重犯内战时期苏维埃运动后期左倾机会主义的错误，土地问题解决的〔得〕很左、很乱，造成我党的孤立、农民的孤立。这两种偏向，都应当预见到和有所防止。

乙、由历史上观察中央批准“耕者有其田”的意义。

要把握中央“五四”指示精神，还必须注意以下几个问题：

（一）土地与农民问题的意义。

毛主席在“七大”时曾说，中国的革命问题基本上是农民问题，三万万六千万农民翻身解放的问题。我党在历史上对农民问题犯了不少错误。一九二六年大革命时代陈独秀投降了资产阶级，不批准农民要土地，代表资产阶级镇压农民，是右倾机会主义的错误。以后左倾机会主义采取直接暴动方式，消灭地主，以至消灭富农，侵犯中农，造成贫雇农与我党孤立，农民运动消沉，又犯了很大错误。毛主席说：如果今后我党能正确的〔地〕解决农民土地问题，与农民保持密切的联系，即使二十年内国际上无大变化，没有国际上的帮助，中国革命也一定会胜利。这是毛泽东同志代表我党对农民问题的基本态度。

此次中央批准“耕者有其田”，坚决实施，毫不犹疑，就是从这种精神出发的。我们党是坚决代表农民这一边的，如果我们党内有谁轻视农民，对农民的非人生活不表同情，对农民的情绪、生活不感兴趣，那么这个党员就不是个好党员。即是〔使〕农民运动还有偏差，还有毛病，但只有站在为农民翻身的立场上，才有资格讲话，并才可能设法使这些偏差很快纠正。一切纠正偏向的目的都是为了更好更快的〔地〕解决农民土地问题，而不是其他。

农民是无产阶级一支有力的同盟军，如果团结得好，革命就能胜利，如果失掉了这一支盟军，那么我们就将什么事情也办不成。对这个问题好好的〔地〕研究，就能理解中央“五四”指示把土地政策提高一步的意义。

（二）土地问题的三个时期。

土地问题分三个时期，即大革命时期、内战时期、抗战时期。中央“五四”指示正是总结二十多年来三个革命时期的经验而系统的经验总结。

（1）大革命时期。

党在大革命时期对农民问题是无经验的、幼稚的。陈独秀机会主义根本不了解农民，远离农民，没有代表农民利益，阻碍了农民运动的发展，阻碍了农民获得土地（事实上那样情势危急的关头，只有使农民得到土地，只有坚决发动农民，才能挽救当时的危机）。今天我们对大地主、大资产阶级的斗争，就应当接受这个惨痛的教训，坚决的〔地〕实现土地改革。

（2）内战时期。

由于接受了大革命时期的经验，内战一开始，对这个问题就引起了全党的注意。当时的口号是没收地主阶级的土地，分给无地少地的农民，以后走到平均分配一切土地，最后就发展到政治上、经济上、肉体上消灭地主，以至消灭富农，并损害了中农，造成一系列的错误，走了陈独秀的反面，同样的〔地〕绞杀了农民运动，在政治上造成党和农民严重的隔离，造成了党的孤立。陈独秀的右，起了绞杀农民运动的作用，但以后的左也实际上帮助了蒋介石，便利了蒋介石组成反共统一战线，取得了反共的领导地位，从左的方面取消了革命。（蒋介石那么一个流氓，为什么能那样快取得了统治地位？就是我们党的过左政策，逼使资产阶级不得不投奔到蒋介石的手下作〔做〕徒弟，造成了他的领导地位。）

（3）抗战时期。

抗战时期，我们提出减租减息，停止了土地革命（并不是取消土地革命），跟地主阶级休战。

我们搞减租减息，各地都很不一致，有的三八年就搞了，有的四一年、四二年才搞。党中央对土地问题采取了极端严肃谨慎负责任的态度，不断的〔地〕使自己的领导跟群众结合，跟实际结合，研究各方面的材料，直到四二年才公布了关于土地政策的决定，明确的〔地〕提出了减租减息政策。中央对土地问题这样谨慎处理的精神是值得我们注意的。也许中央在很久以前就有实行“耕者有其田”的准备，可是这几年轰轰烈烈的群众运动，不是在实际中已发现了、提供了实现“耕者有其田”的新的情况，中央就不会轻易的〔地〕批准。中央决不会单纯狭隘的〔地〕只代表农民目前的利益，或很简单的〔地〕因为内战时中央苏区搞了土地，坚持了十年，今天就贪这一点便宜，马上就搞，而是从实际出发，根据历史的发展、情况的变化、革命的需要，才提出来的。中央不是无条件的〔地〕不分时间地点的〔地〕批准农民的土地要求。

减租减息政策本身是带有妥协性的。国民党民国十五年也曾经提出过减租减息，但这与我们的减租减息是两个东西。他〔它〕的减租减息是带有欺骗性的，是属于改良主义范围的，是地主向农民让步，为了取得农民对他〔它〕的援助，巩固其封建统治，是根本不准备不可能认真实行的；但我们的减租减息却在实践中变成了真正团结农民、改善农民生活、摧垮封建势力、穷人翻身的东西。

抗战时期减租减息政策是起了他〔它〕很大的作用的，但我们许多同志总是说减租减息不足以代表农民的利益，并且愈到下边愈是争执不休。现在中央批准了"耕者有其田"，他们将更有了道理。他们不懂得列宁曾说过："妥协有两种，改良主义的妥协我们反对，革命的妥协我们赞成。"要知道减租减息是我党在抗战时期胜利的政策，它在抗战时期的革命作用是不可抹杀的。它不但一般的〔地〕发动了农民，削弱了封建势力，改善了人民的生活，组织了广大人民参加抗战，而且对抗日民族统一战线中的各阶层提出了应有的照顾，拖住了他们，坚定了他们，争取了抗日的胜利。农民眼前利益，虽受到一定的限制，但保证了他们的长远利益。

不但减租减息有一定限度，"耕者有其田"也［是］有一定的限度的。今天在解放区是"耕者有其田"，在全国范围内就还是减租减息，甚至民主政权不巩固的地方还要考虑，还是减租减息。我们看中央的指示，可以看出中央解决土地问题不是采取猛打猛冲的干法，而是采取逐步夺取阵地、巩固阵地的办法。目前的精神，就是首先把农民已取得的利益巩固起来（有了这点，就不怕国民党的反动派加上美国的原子弹），但并不是马上就无止境的〔地〕冲下去。

我们了解了土地政策的三个时期，就更能了解耕者有其田伟大的意义，在日后的工作中，偏差就会少出一些。

（三）"耕者有其田"是伟大民主革命的一个步骤。

"耕者有其田"的本质是一个阶级斗争，是农民对地主的进攻，是经过耕者有其田，在政治上、经济上消灭地主阶级，消灭封建势力，消灭地主对农民的封建剥削，消灭地主阶级在农村中的优势；同时也是中国伟大的民主改革，在一定的意义上，比国会的选举、军队的国家化有更大的意义。它是民主改革的真实基础，通过民主革命运动的形式，使农民达到阶级斗争的胜利。

有一部分同志把问题分开来了解，以为搞土地问题，就会妨碍全国民主运动，为了顾及全国反封建独裁统一战线，就不要搞这东西。中央的指示里明确指出："消灭了封建势力，可以增强反独裁统一战线。"所以，照顾是对的，但那只是我们在政策的掌握上应予注意，实际上只有把解放区农民土地问题解决了，实施了"耕者有其田"，才能有助于全国的民主运动，才能增强全国民主统一战线的力量。

坚决的〔地〕实施"耕者有其田"；同时又加以掌握，使之不妨碍民主运动，我们党在这方面是有经验的。陈独秀时期泼冷水，认为阶级斗争会妨碍统一战线，只要统一战线，不要阶级斗争。内战时期又反过来，只要阶级斗争，根本不谈统一战线，［认为］只有斗争，斗争越深入越好，越左越好。抗战初期有些人又重复了这种错误——唯统一战线论，统一战线就是一切，一切通过统一战线，对统一战线理解很差，如果谈农民运动，谈与国民党斗争，就认为会破坏统一战线。今天我们就应当接受这些经验，彻底实施“耕者有其田”。这是一个阶级斗争，但并不会妨碍整个民主运动，相反的是增强了民主运动，它就是伟大的民主运动最重要的内容和步骤，同时为要照顾统一战线，在执行中间又要有一定的限度。

毛主席在《论联合政府》中说：“无产阶级是彻底的民主派，农民是最大的民主派，小资产阶级也是革命的民主派。”所以中央的前半段，“不要害怕”赞助农民彻底的民主改革，实施“耕者有其田”，应该坚决的〔地〕实行。不仅政治上，而且经济上提高农民地位，改变土地关系，这就是我们对农民的基本态度，也是我们对民主革命的基本态度。但是这东西也受一定的约束，如不准备公开宣传，不宣传从地主手中拿土地，主张清算，不主张内战时期的分田、打土豪、没收田地的办法，要和民主运动联系起来，用有理合法的方式达到目的。

（四）进行两条战线的思想上的说服教育。

“耕者有其田”的真正掌握，必须进行思想上两条战线的说服教育，才能保证政策的正确执行。第一步着重在向那些不同意、不赞成或思想上动摇的人们——右的方面，进行说服教育，造成思想上的一致“非搞不可”。第二步要预见到超过限度的各种偏向，要防止它。

我们有这样一个经验：在党的任何一个政策的执行中，有规律的〔地〕总是需要进行思想上的两条战线的斗争，否则政策的本质就要被危害，要变相，要变头换面。在执行政策中要随时防备这两方面，摆脱可能发生的偏差。对过去喜欢泼冷水的，我们要反对右；对过去喜欢做得过一点的，要反对左。政策正确贯彻的过程，常常也就是两条战线斗争开展的过程。

三、山东目前农民运动的估计。

甲、要谈的几个方面。

（一）不谈历史。

把中央的决定联系到山东农民运动的实践，大会在这方面讨论得很多，现加上我个人的意见谈一谈，但今天不来作整个历史的估计。山东农民运动成绩很大，缺点亦不少，党内也有些争执，这次大会没有把这问题作更多的研究，华东局亦没有决定作历史上的清算，我个人对这方面的情况了解得不多。我建议历史上的问题要解决，但是不在现在，现在不要把注意力集中在检讨过去，因此我的发言不述及历史问题。

（二）伟大的创造性。

对现状，我首先要说的是山东党在农民运动中的伟大的创造性，值得我们来赞扬，来奖励，来提倡。中央土地政策颁布以后，山东党大胆的〔地〕进行了双减运动，创造了在党内历史上新的有理合法解决土地问题的方式，一般的〔地〕达到了“耕者有其田”的目的。这样做是完全正确的，有成绩的。这完全代表了农民正当的要求，［是］正义的行动。这是从群众中来，从实际出发，为群众负责的布尔什维克的精神。这与用条文把自己束缚起来，用条文和群众的实际情况对抗，是完全不同的。这方面山东工作做得很好，对党贡献很大。这应与当前所发生的偏差分开来看，不应混在一起，不应在又有成绩又有缺点中打圈子。

但这里倒也不是说我们已经走在中央的前面，我们有了什么特殊的先见之明，而是因为我们和群众生活在一起，能够懂得农民的脉搏、感情，能够和他们站在一起前进，使党的政策符合于农民的实际要求，因而也在实践的过程中更丰富了充实了党的政策，更提高了它。这是共产党员高贵的品质，这也是我们执行政策的模范的范例。党就需要这样的结合群众，党也就需要这样的执行政策，这是马列主义理论和实践结合的基本的思想和方法。这方面的创造性是带建设性的，这是很好的，很对的，我们要鼓励，要提倡，要表扬。

（三）严重的左和右的倾向还浓厚存在着。

（1）左的偏向。

由于我们理论水平低，由于分散的农村环境、工作的繁重，上级党与下级党指导联系与了解情况的不能及时，缺乏对工作的具体研究，因此工作中发生严重的偏差，主要的是对敌人不策略，对封建势力一般化的〔地〕打，有些紊乱，甚至对自己也打走了火，过多的〔地〕伤害了中农，过重的〔地〕伤害了富农，对前途的估计看得不远，眼前利益看得很重，对长远利益没有很好的打算。创造性是要奖励的，这样才能坚决勇敢彻底完成民主改革的任务，然而对敌人不策略，缺少步骤，伤害了自己，对革命带来很多损失，这也必须指出，必须纠正。所谓创造性，应是代表党的政策的基本精神，又切合农民运动的实际需要，这样的创造我们就需要，否则就不是我们需要的创造性。另外，革命的目的是什么？不是实行“耕者有其田”就算了，不发展生产，不增加财富，不发展资本主义，不工业化，我们仍得过穷日子，我们仍然摆脱不了穷困，我们就很难真正的〔地〕翻身。然而我们的群众运动，减租减息之后，由于领导上对发展生产重视不够，和斗争策略上的有毛病，因而形成农民害怕上升，不愿意提高生活，不愿意变成富农，生产情绪不高。这是很大的偏向，这使运动发展起来，不能继续提高。

我们要承认我们在群众运动中的创造性，但我们绝不能满足于这点，我们要严格的〔地〕检讨我们斗争策略上的许多毛病。领导上要不犯大错误，要时常考虑以下三个问题：一个是斗争得是否策略；一个是是否自己伤害了自己；一个是是否符合于农民的远大利益。狭隘的〔地〕只看到农民眼前的利益、一时的利益，那不是高级的领导。如果只是赞扬自己，而不敢正视、检讨工作中的缺点，那是盲目的赞扬、盲目的鼓励，是自己害自己。

（2）右倾倾向。

在农民运动的实践中间，党的一部分同志对农民运动还不够体会，没有深入到群众运动中去，不懂得农民的情绪、要求，而思想上停顿在党政策所规定的条文范围以内，不能大胆的〔地〕用农民的实践来充实党的政策，根据党的基本精神结合实践，发展党的政策，使党的政策变成了死的东西。存在这样偏向的同志，曾经可能泼过冷水（主观上不愿意，客观上可能），这自己应当检讨。我自己多年来在省委、中央机关工作，农民的创造体验很少，不能面对实际，拘泥于政策。这次大会给我的教育很大。

所以我们同志真正来领导一个运动，不要怕左右的名词。自己做错了，承认，纠正。对人民负责是主要的，个人得失有什么关系！运动一定要发展起来，不走岔路更好，走岔了就赶快的〔地〕拉回来。我们各级党委领导机关要经常考虑保证这一点，使运动正确发展，否则我们的领导是幼稚的、没有经验的。过去有些人在成绩和缺点说法上有些争执，其实不必在名词上打圈子。我们山东群众运动成绩是很大的，但个别地区缺点和错误也是很严重的。不要把事物绝对化，不要以检查人家的缺点来估量自己的成绩，要检查自己的缺点，估量人家的成绩。过去超过了四二年的土地政策，搞得很左很乱，提出要纠正，有的人就搞不通，这次得到批准“耕者有其田”，就很满足。假如大会赞助了这些人的满足，那么保证他们又会有意的〔地〕跑在前面，又会有很多新的“创造”，以至从消灭封建势力走到消灭资产阶级，很快实行社会主义。这是很危险的！对这部分同志，我们应强调严格遵守党的政策。一个党员对党政策的遵守，在政治上是应尽的义务，最大的帽子可以提到组织纪律问题，但另一方面，当然党的政策也不是化石，不是不变的，随着整个形势的发展，主客观情况的变化，政策是会不断的〔地〕有所发展充实和提高的。

乙、伟大的成就。

这里我想正式讲一下山东几年来农民运动的伟大成就。

（一）真正完成了抗战时期的任务，扫清了敌伪在农村中留下的残余组织。

（二）大体上消灭了封建势力、封建制度，扫除了民主建设的障碍。

（三）组织了几百万（六百万到八百万）有觉悟的农民，这是我党历史上第一次空前伟大的成就和规模。这力量不但巩固了解放区，而且是我们一切斗争力量的泉源。

（四）在实践上〔中〕创造了解决土地问题的新的方式。党懂得如何不重复陈独秀的错误，也不重复内战时期左倾机会主义的错误，从减租减息到今天准许“耕者有其田”，创造了有理合法的解决土地问题的办法，把由下而上解决土地问题与由上而下配合起来。（内战时期不用政权，只知道暴动，由下而上，谁要提出由上而下的配合，就会被认为是机会主义，大革命时期正当农民运动起来时，下一个命令，要求把农民运动“纳入正轨”，实际上是泼了冷水。）

（五）把党的政策跟农民运动密切的〔地〕结合起来，从群众中来，又回到群众中去，保证农民运动能大规模的〔地〕搞起来、巩固起来，不泼冷水，同时又能正确的〔地〕掌握而不放任。山东群众运动的实践给中央很大的帮助，许多新的情况，使中央能根据这些新的情况，对土地政策提出了重大的改变。

（六）这些成就也大大的〔地〕加强了解放区的民主阵营，加强了全国范围内的和平民主力量，这对解放区的自卫，在各方面提供了更大的保证。这些胜利，成为新民主主义解放区迈进道路上的里程碑，是划时代的巨大成就，解放区的面目因此而焕然一新。

其他如建设扩大了党的组织，改造了村政权，发展了人民武装，群众运动中的很多成就，在此地我不一一列举，以上仅是简单的〔地〕把主要几点提一提。

丙、偏差和缺点。

根据中央指示的十八条，根据大会讨论和我个人意见，我提出以下几个问题。

（一）我认为许多偏差和错误的一个总的根源，就是有些同志对整个形势的估计有了偏差，特别对整个抗战阶段结束转变到和平民主建设的新阶段，对转变的性质这问题，一部分同志的估计是有偏差的。

这里提出几点来讲。

（1）民族革命任务是否完成？战略方向是否有所改变？许多同志从这些问题上来分析来追究党的政策是否应当改变。有些同志认为战略上反帝任务是改变了，今天是以反封建为主了，因此就觉得应当改变党的土地政策。

我个人意见认为，中国革命［的］基本性质是无产阶级领导的人民大众的反帝反封建的新民主主义革命；革命任务是反帝反封建；革命主力军是工农小资产阶级；战略方针是争取中间势力，争取资产阶级左派（民族资产阶级），向帝国主义、大地主大买办资产阶级进行坚决的斗争。这个革命性质革命任务基本上没有改变。因为虽然今天我党力量有了伟大的发展，但这力量还没有发展到足以改变今天的革命性质，足以有必要重新作一个战略部署。今天我们的力量已发展到和国民党相平衡，发展到有国际地位，有广大的解放区，但中国革命任务基本上没有改变。

民族问题，已解决了巨大的一部分，打败了空前强大的日本帝国主义，在反帝任务上完成重要的一步。今天第二个帝国主义敢于撞进来，敢于像日本帝国主义那样的〔地〕侵略我们，这可能性是很少了，即使有，这和抗战时期的情况也已不同。但是却不能说，民族问题已经百分之一百的〔地〕解决了。因为新的帝国主义在某种意义上比日本帝国主义还更毒辣，如果不注意，如果以为民族问题已经解决了，那么今天对帝国主义的问题上，我们就会犯一个很大的错误。所以今天不是反帝任务的取消的问题，而是还存在着新的更严重更复杂的斗争，不过在策略上我们对这问题有另外的提法就是了。

（2）今天反封建的任务显得特别突出，这也是事实。目前国内政治中心的全部，就在于如何实行国家民主化、军队国家化的问题。摆在全中国人民面前［的］是如何战胜国内法西斯独裁专政，如何实行全国的民主改革，团结一切可能团结的力量，对大地主大资产阶级少数法西斯分子展开反封建独裁的斗争。

反封建的提法和过去也不一样了，不同于抗战时期，也不同于内战时期。所谓反封建独裁的统一战线，是抗战以后的一个新的目标，这次能批准“耕者有其田”，正是有这新的情况作其根据的。

我们同志要注意，不从活生生的实际来注意问题、研究问题，而机械的〔地〕搬一些抽象的死教条，什么动力改变了，对象改变了，后备军如何如何，因此就得出结论是战略长战略短，这是很无聊的！这没有多大实际的政治意义。

党的历史上曾屡次发生过这样的问题：在内战中期，发生了“九一八”事变，大民族浪潮、抗日高潮来了，全国人民要求打日本，那时也正是苏维埃胜利的冲破第三次“围剿”大发展的时候，那时党的任务是如何把苏维埃运动和当前的抗日民族运动结合起来。但这时期死啃了一些公式、教条，把革命打击对象看成是那些中间力量、那些拥护第三党的派别，强调了小资产阶级的动摇，对抗战运动不分析、不研究，结果使抗日运动和苏维埃运动结合不起来。当时日本帝国主义进攻中国的借口是“剿共”，蒋介石反共的借口是“抗日必先剿共”，而我们的口号是“中国革命首先要打倒国民党”，三者恰恰配合得一致，把一个最主要的民族危机给否认了，造成了一个很大的错误。

今天情况有了些变化，我们看问题也不要停止在老状态上，我们要迎头赶上这新的形势，中央在今天能批准“耕者有其田”，也正是这样的精神。但有的同志离开活生生的实际，从〔在〕几个名词上打圈圈，就以为任务变了、战略方面变了，这是很不好的，许多偏差和错误都从这里发生。

反帝反封建的提法是不同了，但是大地主大资产阶级没有推翻以前，反帝任务是不会彻底完成的。反帝反封建的任务不能孤立与分割的〔地〕来看。所以今天不是战略改变不改变的问题，而是如何按照实际生活来办事，如何根据整个情况把“耕者有其田”的任务作出全盘的部署，贯彻下去，这是最实际的事。

我个人意见，中国民主革命自鸦片战争以来一百多年没有改变。一个改善就是有了共产党。有了孙中山时代和毛泽东时代的改变。孙中山代表旧民主主义，毛泽东代表新民主主义，其他没有改变。当中分了几个时期：大革命时期，内战时期，抗战时期，到今天和平建设时期。革命性质、任务并没有基本的改变。今天的问题，是应当按照今天的实际生活来解决今天的实际问题。

（二）侵犯中农问题。

这次各小组讨论中农问题，作了许多新的分析、新的解说，这是很好的。在这次伟大的农民运动当中，对中农问题我们可能获得新的一套有系统的知识，这对党也是莫大的贡献。过去几年来，对中农问题，我们在认识上、处理上始终是有毛病的，许多地方不把中农看成基本群众，随便损害中农的利益，这是很大的错误。

中央“五四”指示指出：我们一定要吸取全部中农参加运动，一定要取得全部中农的同情和拥护，使他们得到利益，而且对富裕的中农也要照顾，这是很明确的。这就是说，对中农我们基本上是团结教育的方针，不能排斥他们，他们在农民中是一个那样大的多数，排斥了他们，就等于我们自取孤立。我们过去的毛病，是只看到了中农的动摇，夸大了他们的弱点，不加以具体分析研究，单纯的〔地〕厌恶，因而形成了歧视排斥的结果。什么雇佃贫路线啦，雇佃贫独立运动啦，和内战时期贫农团的想法作〔做〕法是一样的，这种想法和作〔做〕法必然会走到排斥中农的结果。

但是不注意分析研究中农的许多具体问题，不注意中农在阶级斗争中某些怀疑动摇的表现，不在群众运动中注意贫佃雇农骨干的树立，只一般的〔地〕提出和承认了中农是基本群众，那也解决不了问题，那在工作中也会走许多弯路，那是低级的领导。

我们是站在无产阶级的观点上来看中农问题的，而不是站在贫农雇农观点上来看中农。这是一个如何吸收广大基本群众，走进伟大的民主革命队伍的问题，所以要坚决的〔地〕吸取中农参加运动。对雇农贫农也是如此。雇农是农村中的无产阶级，但雇农并不等于无产阶级，贫农、雇农也是有缺点的。这种唯成份〔分〕论（只要成份〔分〕好就好，成份〔分〕坏就不好，强调成份〔分〕，强调出身）的看法是不好的。成份〔分〕固然很重要，但成份〔分〕并不就等于一切，在阶级斗争的面前，更重要的是一个党员的实际作用如何、表现如何、经得起考验不、勇敢坚定积极不。如果具备了这一切，那就是一个好的党员、好的战士，否则即成份〔分〕好、出身好，那又有什么用呢？那又算得起什么好党员好干部呢？

根据列宁、斯大林的定义，党是无产阶级的先锋队，党是阶级的最积极最英勇的分子。那么，只就成份〔分〕来看，半封建半殖民地的中国，就没有条件建设起一个共产党来。但在毛泽东的领导下，我们却建设了一个除苏联外世界上最好的党。这就是说，我们不能单纯从成份〔分〕上来认识来把握问题。成份〔分〕不是绝对的，党的马列主义的教育，党的马列主义的思想建设，才是更重要更基本的东西。

（三）对资产阶级的策略。

关于对城市资产阶级的问题，这次威海、烟台都作了报告，我在这里提得更原则一些。把对农村封建势力的斗争方式，搬到资本主义的城市里去，这不单是方式的错误，这主要是对资产阶级的策略问题没有弄清楚，对资产阶级策略上采取了不适当的方法，同时也没把我占城市和国民党所占城市的工作严格的〔地〕分开来看。反奸诉苦是必要的，但只是对大汉奸大恶霸才采用这样的办法，对一般的资产阶级工商业家，就绝不能随便的〔地〕斗争，随便的〔地〕侵犯其财产。对他们，只要他们能遵守民主政府的法令，我们就一般应采取扶助合作的政策，这和对农村中的封建势力的政策，有原则的区别。关于这点，我提出以下的意见。

（1）发展资本主义。

我们是发展资本主义的政策，只有大胆的〔地〕发展资本主义，才能达到消灭资本主义。一面发展，一面又造成消灭它的条件，这是一个矛盾的东西，但又是一条必经的路。我们共产党人不是躲避这个矛盾，而是大胆的〔地〕运用它、掌握它。像一匹马，明明踢人，但我们又非骑它不可，我们就要有这本事。某些同志对资本主义抱着一种超阶段的无条件的厌恶情绪是不对的，这是非布尔什维克的。这里还要看到一个特殊的条件，今天中国是在共产党领导下来发展资本主义，而不是资本主义的盲目发展，这是不会走英国或美国的道路的，这也用不着害怕。

（2）大胆提倡劳资合作。

考茨基曾经提倡过劳资合作，但是在他那时候，那是一个反革命的口号，它是欺骗麻痹无产阶级的，它替资产阶级批准了世界大战的预算。我们今天新民主主义革命，站在消灭资本主义而发展资本主义的立场上提倡劳资合作，这就是个革命的口号。在目前来讲，没有比这个更革命更能适合工人的利益，所以要大胆的〔地〕提倡。但是所谓合作，有两个必要的前提；一个是必须使资本家能够发财，一个是必须使工人生活得到很好的改善，提高工人的社会地位，使工人觉得不是无条件的〔地〕为别人劳动，而是为着共同的利益，为资方也为自己，资方发财了，劳方也可得到更多的红利，在这样的前提下订立下合作的合同。

（3）所谓刨穷根的问题。

今天中国工人和农民所受的痛苦，封建势力是一个穷根，但是资本主义不发展是更大的穷根。仅仅的〔地〕刨除了封建势力，而资本主义不发展，还不能刨尽穷根。今天中国就是实现土地改革以后，也还是不能致富，只有资本主义发展了，整个社会经济发展了，工人农民生活才能提高，才能真正的〔地〕改善。目前的解决土地问题就是为了发展资本主义。土地问题改革以后，农村中经济发展了，新的富农产生了，增加了（部分农民下降为工人、城市无产阶级），最后一直到社会主义，才能刨尽穷根。毛主席最近在延安讲："我们一定要使资本家来我根据地办工厂，做生意，赚钱比国民党区域更多、更好，而且有保障，大胆的〔地〕提倡劳资合作，给资本家有利可图，一面注意改善工人的生活，一面又提倡遵守劳动纪律。"毛主席又说："国营经济、合作社和私人经营这三种形式，国营在今天还不是主要的，合作社可以普遍发展，但主要是在农村里，一般城市主要是发展私人资本、私人经济。”解放区要经过合作社，私人资本广大发展，为资本主义的发展开拓一条路。

目前发展资本主义，一个是技术问题，一个是资本问题，这都不是我们自己能完全解决的问题。我们必须经过和资产阶级的合作，甚至和外国资产阶级的合作，才能通过这一条路。

目前农村实行了“耕者有其田”，城市的工人贫苦市民一定也很眼红，也很想把乡村的一套搬到城市里去。这一点我们要很好的〔地〕说服，从工人的长远利益上予以说服。

（四）对封建地主不策略。

今天在解放区内的封建势力正处在淹淹〔奄奄〕待毙的状态，我们不能采取一下子冲垮，一下子扫个干净，不分大小，不分主从，一律斗，一扫光的办法，而是应当更策略一些，采取文武兼用的慢慢的多样多式的办法。譬如，对封建大地主，今天是消灭的方针，但对中小地主就仍要注意争取团结，就不能一般化的〔地〕一样的〔地〕搞，中央指示的十八条就充分表明了对地主的策略意义。这里怕麻烦是不成的，问题不是一次能够解决，革命就是一个复杂的工程。要晓得反封建是一个长期的斗争，是要慢慢的〔地〕长期的〔地〕干的，想痛快一下子那是不成功的。

（五）顽区与我区。

是我领导的解放区，是我们的城市与国民党领导的顽区，这有显然的不同，这种思想要树立起来。过去在城市里住，大家都恨透了军队、警察，看到就害怕。今天解放区是我们的，党是我们的，政权是我们的，警察是我们的，那就完全不应当是过去的态度。是自己的，那就不但不恨，不要怕，而且要很好的〔地〕爱护他，关心他，培植他。过去我们在国民党区域工作，是由下而上的〔地〕破坏他〔它〕的统治秩序，造成他〔它〕的混乱，这是革命的，但在我们区域里，就一定要求有秩序，表示我们有控制能力，而且比资产阶级控制得还要好，破坏的办法就万万要不得。不会运用权力，不会统治，是不行的。要知道革命秩序、革命政权可以帮助革命运动的发展，和过去反革命秩序是阻碍破坏革命的发展完全不同。不分自己区域与人家区域，一样的〔地〕采用破坏的办法是极笨和极不好的。

（六）军队与农民问题。

军队与农民问题；表现在对抗属对荣誉军人处理上。这时期也有很多不适当的例子，造成军队抱怨地方，影响部队战斗情绪。这是很危险的，这情形不可忽视。如鲁南有的地方先斗抗属，斗了以后，再斗地主，斗地主时的借口就说〔是〕：“抗属能斗，为什么你不能斗。”

这里我们一定要了解这样一个问题：中国共产党没有农民，一切都没有依靠，但有了农民没有军队，农民没有保障，革命也是搞不成，所以农民与军队是休戚相关的。毛主席曾说，中国红军是中国农民斗争的最高组织形式。那么今天我们也可以说八路军、新四军是农民斗争的最高组织形式。中国革命的本质是一个农民运动，武装斗争也就是农民斗争的最高形式。再说战士就是穿上军衣的农民，所以一定要把关系搞好。在前线拼命的人，得不到奖励，得不到优待。这是不公道的，这会严重的〔地〕影响了部队的战斗情绪，是值得注意的。所以在今后解决土地问题当中，抗属一定要分到土地，对地主成份〔分〕的抗属，也应该顾及这些人抗日有功，给他们多留下一些土地及替他们保留面子。于国民党军队的家属也可适当的〔地〕分以土地，以扩大对国民党部队的影响。

我们军队的领导同志，不能使军队对农民运动采取漠不关心、怀疑、仇视的态度，任何事总要站在农民一边。因为我们是农民的军队，不能忘本。我们部队是从打日本中壮大起来的，对农民问题，如果不时刻的〔地〕进行教育，如果不加以约束，那就很容易发生问题的。这是属于部队阶级教育的问题，部队方面应当注意。

（七）领导上的教训。

（1）群众运动开始时，常常缺乏预见，不注意政策，只要搞起来就成。我们说，开始不要怕左是对的，但对左应有预见有准备。几百万农民进入战斗，三万多干部进入战斗，没预见到可能发生的偏差，假如以这样的指挥官领导军队作战的话，一定要打败仗。

（2）运动中缺乏不断的指导、经常的检查关心。这里我介绍渤海一分区的经验，他〔它〕们架起电话，每天有专门时间会报群众工作，上下经常互通消息，能及时的〔地〕了解情况，及时的〔地〕纠正偏向，他〔它〕们作〔做〕得很好。

（3）工作中的鼓励和纠正，有的不是站在群众和干部里面，而是站在干部和群众外头，站在上级地位下一个命令，批评指责一番，因此常常容易造成对立。结果上下一推，相互一推，大家都不服气，人事关系也就来了。有的人还怕戴帽子，被这个那个名词吓住了。这里告诉我们同志，革命一定要有肩膀，为真理吃一点亏怕什么呢？错就是错，对就是对。不要都批评下边，领导上首先要批评自己，要敢于负担，不要向下一推向旁一推就算了。肩膀要敢于负担，只要作〔做〕得符合实际，符合真理，最后终会水落石出的。

丁、华东局这一时期处理群众工作的经过。（略）

四、如何正确的〔地〕执行这任务。

大会对中央指示今后如何执行讨论的〔得〕不够充分，一个原因是因为时局的紧张，没有充分时间，另一个原因［是］中央指示许多问题规定的〔得〕很明确，所以如何执行的问题，主要是结合各地实际情况，用中央的基本精神和所提出的基本办法到下层实际中去更多的〔地〕发现。因此我最后来发言，在此也不能有更多的说明，就集中讲三点。

（一）向谁取得土地，把土地分给什么人？

向谁取得土地？向地主取得土地，向地主阶级，首先是［将］大地主、大恶霸、大汉奸的土地拿过来，交给无地或少地的农民——赤贫、贫农、佃农和中农。小地主的土地也要拿出来，但要与大地主、大汉奸、大恶霸有所区别。对中小地主的土地，因为他既不是汉奸，又不是恶霸，我们就应采取逐渐转移的办法——仲裁、调解、法律诉讼、讲理会，实际上是拿土地，但仍有策略上的区别。对中小地主应当给他们留土地，留的不一定少于农民所得，对大地主留土地就不同，看情况留些生活就可以了。

土地归谁所有？我们山东有一个很好的口号，即“公归公、私归私，富济贫、公济私，先贫后富、先公后私”。这里我们不用内战时期的办法，内战时期一切平分，一个人得多少就多少，今天，推平的办法我们不一般采用。推平过早，削弱到富农，必然影响到土地改革及以后的生产运动；无条件的〔地〕推平也必然会妨害到中农利益。今天中央的基本精神不是强调推平，只在特殊条件下，中农愿意，推平以后中农有所得才可以考虑。但要特别注意，毛病可能出的〔得〕很多，盲目的〔地〕推平必然会侵犯中农，发生不良影响。

对中农的土地坚决的〔地〕不要变动，不要分，土地不够用还要帮助他解决土地。对富农只许变动他封建剥削的一部分。同时对中农、富农一定要注意到土地解决以后的生产问题，从各方面帮助把他们生产发展起来，为农村的资本主义发展开拓一条大道。

下层干部和农民的心理，最欢迎的是推平，不分就觉得多少有些不均，就想要“匀和匀和”，所以这里要用很大的力量说服教育。至于老解放区再来一次重新分配，一般不必要，否则会搞的〔得〕更乱，得不偿失。老地区一般的〔地〕都早已推平了，应好好的〔地〕搞生产，个别的还没有处理的地主，用个别的办法求得解决。主要的是要面向实际，到下层去，从总结经验中多创造些新的办法。

（二）如何分配？

邓子恢同志来山东曾谈到中央那里研究太行地区处理土地的办法，大体上有几个步骤，可以供各地参考。

（1）调查人口、土地数目。

要以行政村为单位，不主张一个区、一个县，这样费事太大，牵连很多，而土地分不下来。进行地亩调查，主要是大地主、大汉奸、大恶霸有多少土地，赤贫、雇农、贫农、抗属、荣誉军人以及有资格取得土地者有多少人，有多少土地，作一个总的调查估计。

（2）出题目、做文章。

即用什么理由来取得土地，了解了这村子里有多少人要土地，多少人应该拿出土地来，就根据具体情况出题目，做起文章来。应该斗恶霸的就斗恶霸，应该找工算账就找工算账，有步骤的〔地〕有秩序的〔地〕把土地转移过来，尽量避免混乱，尽量使农民处于有理合法的地位，这样也避免地主过多的〔地〕逃亡。

（3）分配给什么人？

分配以村为单位，要做到农民得到的土地比较平均，差额不很大。中央规定有些地方可以特别照顾的，可以多给一些。同时农民所得的土地尽量求得在家门附近，不要这村那村插得很乱，也要注意地的肥瘦。

（4）复查。

土地转移过后，由于农民觉悟程度不齐一，恐怕有明转移暗不转移的现象，农民实际上没有得到土地。地主也不是那样老实，地主的花样很多，以各种办法欺诈吓唬农民，把农民已取得的利益夺取回来。复查就是为了打退地主的反攻，保证土地确实为农民所得。

（5）保障地权。

农民分得土地后就要给他保障地权。同时留给地主的一份亦给他保证，使他有处理的自由，不再清算，不再用其他办法拿他的土地——保障土地的所有权，是“耕者有其田”的最后步骤。

以上是邓子恢同志讲他们在延安大体上提出的五个步骤，华中也准备实行，山东也可以作参考。山东有丰富的农民运动的经验，大体上根据中央的四项办法，再和当地的实际结合起来，一定可以更具体化，更实际化，适合山东的具体情况。随减租减息深入的程度，各地一定会有许多新的创造。

总而言之，各地拿土地的办法很多，我们要好好的〔地〕加以领导。对大汉奸、地主公开没收，对一般地主主要用清算方式（中央指示中那四条办法）。华中用双方说服献田的方式，地主自动献出土地，然后订契约，地主可避免一斗，拿出土地就完事。山东有的人认为用斗争之火可以锻炼群众，也有他的道理。还有一种是仲裁办法，地主也知道这潮流没有办法抵挡，经政府仲裁就很乐意的〔地〕把土地拿出来。斗，对群众是一个教育，下面有些同志提倡这样的办法，根据就在这里。这是一个策略问题，假如我们能掌握，能收缩，不是搞的〔得〕很乱，用斗争会的方式是可以的。

对新解放区和老解放区的边沿区土地问题如何处理，值得考虑，但是也不要死守于中央的规定。边沿区已经搞了的地方，不搞也不好，要完全根据当地的实际情况，自己去处理，不要机械的〔地〕背条文。基本的要求是为农民取得土地，求得解放区的巩固。过去在苏维埃时代，在苏区的边沿区，我们红军贫农团经常出边沿区到外边去打土豪，那边农民亦组织来抢我们苏区，造成边沿区赤白的对立。苏区周围几十里路无人烟，人不容易通过，土地荒芜，房子烧光，隔离成两个显然不同的世界，造成了国民党的方便，便于他〔它〕封锁边沿区。所以中央讲在边区不要造成红白对立。但如果有的地方农民已经得到了土地，那当然也好。所以在那些地区采用什么方法，要根据当地农民的要求和自愿来解决。在山东国民党只占十四个城，和国民党没有广大的接壤地带，这又好办些。

（三）领导上的注意。

（1）充分准备。

各级领导机关在执行之前，首先应注意准备工作要充分——指示的传达、干部的配备，打通干部思想，说明“耕者有其田”的必要及其意义，说明怎样做法等。一定要把准备工作做好，反对过去那种“搞起来再说”的习惯。内战时期有这样经验：每每准备阶段长一些，准备充分些，到分田时二三天很快就完成了。所以为保证今冬胜利完成任务，我们各区党委负责同志回去以后，首先就要在领导机关详细的〔地〕研究，根据自己的具体情况，亲自动手，作出周密的计划。

（2）坚决贯彻中央“耕者有其田”的方针。

要知道今年是最好的解决这一问题的时候。现在全中国的注意力，都对着国民党，对着全中国的政治民主化。虽然解放区逃出去的大地主已在疯狂的〔地〕叫嚣，但人们还不怎样注意他们的事，所以在这时期把土地问题解决了，还不致引起反动派以及全国地主阶级对这问题的警惕注意。如错过这时机，将来大局已定了，大家眼睛都注意了这问题，那时候搞，对我们就比较不利。我们应趁此时机造成既成事实，到将来解释一下，并可建议在全国范围内施行。这里首先华东局保证，我们对这一方针的执行是坚定的，今年一定贯彻完成这一任务。

（3）不断指导。

对一个运动要不断指导，不要和下边脱节，要抓得很紧，但也不是压制下边的积极性，相反的是不断的〔地〕发扬、鼓励下面的积极性，将运动纳入正轨。我们不能保证运动丝毫没有偏差，但力求偏差不大，偏差及时纠正。这里华东局本身，省工、农、青、妇各机关，要用全付〔副〕精力来领导掌握这一运动。

（4）加强汇报联系。

加强汇报、通报，使上下血脉流通，战况很明瞭〔了〕。区党委对本区的战况很明瞭〔了〕，华东局对全华东的情况很明瞭〔了〕，这样出乱子就会少一些，就能保证运动更有规律的〔地〕前进。

对于这一点，我来山东后，坦白的〔地〕讲是很不以为然的，常常下面办的事上面不晓得，蒙在鼓里。老实说你报告华东局，倒不是华东局有什么特别本领，往往一些具体问题下面比上面解决得更有经验，但从全局讲，那你做的事一定要经上级知道，而且多汇报，多反映不会坏事。我自己就是这样的精神，对较重要的事情我一定要问问中央。关于农民运动问题，我一连打了几个电报给中央，我没有把握的事，我是不能随便下决心的，这是对人民负责任的事情，是不能自作聪明的。我也希望各地能重视这一件事情，你有事情多商量一下，多问一下，我们帮助不了你们，至少也不会阻碍你们。因此希望大家能及时反映，及时汇报，多采取开会、写信、打电报的方式，流通上下的血脉。（打电报不宜过长，但求精干。）

（5）政策与实际结合。

过去曾经有两种现象：一种是强调创造，造成超出限度；另一种［是］对党的政策没有和实际结合，造成政策和实际隔离，没有勇气拿实际来补充政策，强调政策，泼冷水，造成问题不能解决。现在要避免这两个东西，使政策和实际结合，在政策指导下创造实际。

五、全党团结起来，实现“耕者有其田”。

（一）时局问题。（略）

（二）注意四个条件，运动一定能搞好。

第一关于中农，第二关于推平，第三关于包办代替，第四大胆细心。这次会对中农有很好的讨论，根据大会的趋势，不会犯大的错误。对推平，中央指示亦有明确的态度，这两个问题已开始被注意，继续注意就不会有多大的问题。然而包办代替问题，我们这次会上讨论的〔得〕较少，这是必须注意纠正的。必须根据群众的自愿领导群众，干部包办代替只求完成任务，只求“搞起来再讲”，这已有多次的事实、多年的经验证明，这是一条弯路，是不能真正发动群众的一条弯路。最后是大胆和细心相结合，只有前者或只有后者，都不成的，都作〔做〕不好工作，必须两者结合起来。大胆是大有政策之胆，放手是放有政策之手，离开了政策的大胆是盲目的大胆，不是真正的大胆。这次中央批准“耕者有其田”，把我们胆子放得更大，也要我们更放手，但马上又有一个约束——十八条的约束。我很担心我们在运动中会走弯路，特别是目前严重的自卫战争对我们是有影响的。

（三）过左过右标准改了。

过去我们过左过右的标准是减租减息，现在标准改了，是“耕者有其田”。这里很多人很难说服，然我们主观上仍要说服，而不是不准人家讲话。党外也是这样。过去减租减息团结起来的一批人，许多党外中间人士，现在要拿“耕者有其田”来继续团结他们。要告诉他们今天赞成民主，不仅表现在反对蒋介石，还要表现在赞成“耕者有其田”。这个解释一定要耐心，不要随便戴大帽子，不要随便作结论，慢慢的〔地〕开导他们，说明环境说明世界，实在说不服也就只好由他去了。

（四）团结全体基本群众起来完成革命任务。

最后团结全体基本群众，所有雇农、贫农、佃农、中农，向地主阶级封建势力进行反封建反独裁的斗争，取得土地，完成解放区民主革命。团结全体基本群众（中农在内），不要有什么分裂，不要有任何排斥中农的思想和行动。

有了百分之九十的群众团结在党的周围，我们的自卫战争，我们的民主事业，便会永远处于不败之地。

选自《山东革命历史档案资料选编》，第16辑，济南，山东人民出版社，1984年版，第535～563页。

23. 对于山东今后群众运动的意见
——黎玉在华东局群工会议上的报告

1946年8月31日

一 引 言

山东是比较封建落后的地区，它有以下几个特点：

1. 地主封建势力的剥削和统治特别凶恶残酷，不少的恶霸地主巧取豪夺杀人致富，广大的农民则被他们弄的〔得〕饥饿贫困倾家荡产。因此，反对恶霸豪绅的剥削掠夺和残酷的统治，是广大农民迫切要求，容易发动轰轰烈烈的群众运动和有力的〔地〕解决他的问题。

2. 中小地主特别多，根据我们调查，在一般的村庄内，超过一百亩地主不多，一般多在五十亩地之间，而在几十村中必有一个较大的封建堡垒，集中几百至几千至几万亩土地，统治着这一带的人民。这些中小地主则唯大豪绅的马首是瞻，有时也是他们压迫剥削的对象（走大地主家的门子办事，使高利贷等）。因此，想使农民真正摆脱残酷的封建统治，必须首先打垮成为一带统治恶魔的封建堡垒，而对为数较多的中小地主在解决问题中加以适当照顾。

3. 山东的农民因其所受的剥削压榨最深，所以一经发动，最易发生报复行动，不易控制，同时因山东地区比较穷苦，人多地少，所以很难马上完全解决农民的土地要求（如一人三亩地）。因此，在初步解决了农民的问题之后，必须进一步努力发展生产，逐渐走向工业化、农业近代化，然后才能满足农民的要求。

根据以上的特点和过去的经验，在合理合法的原则上提出初步解决农民土地问题的意见。

二 关于清算工资问题的意见

1. 过去恶霸豪绅地主对农民实行强迫的特殊残酷的劳役剥削，群众提出清算工资是合理的，也很能得到社会的同情。在清算时只限于以下五种：

（1）拨忙工（给地主无代价的〔地〕耕、耘、锄、割、打、晒等）；

（2）做买卖拨工（给地主运输货物、粮食等）；

（3）长短工工资的短欠或不给工资；

（4）修围寨、碉堡拨工；

（5）地主进难送兵差和代替地主出夫拨工。

2. 在中小地主、富农以及中贫农的出租户，在习惯上也有挑水、扫院、送亲戚、使牲口等拨工。在农民之间还有不少的互助性质的帮工（如修房、盖屋、婚丧、喜庆等），是一般的社会习惯，与恶霸豪绅的强迫劳动不同，不应找算工账，造成社会纠纷。

3. 今后的清算工资应注意以下问题：

（1）清算工资应只限于恶霸豪绅地主的特别残酷的依势强迫的劳役剥削，并有事实根据，且系本人亲受其痛苦者，可以提出加以合理的清算，一般的拨工均不应找算。

（2）工资应按当地习惯，以粮食付还，不要定高与定低。

（3）提出清算之工资，一定要经过群众讨论审查，免生偏差。

三　租佃纠纷的种类与处理办法

1. 租佃纠纷的种类：

（1）揭锅锁门、大抹头，就是佃户因一点小事得罪了地主，就将佃户财产没收，全家赶走，在大店及封建豪绅地主统治残酷的地方都存在着。这是地主更明目张胆的〔地〕对佃户的一种镇压与掠夺。

（2）有的佃户已经在地里施了肥，并已耕起，或者已经下种，地主一不如意，将地抽回，不给任何代价。

（3）在新解放区曾因过去敌伪统治时地主无理的〔地〕将苛重的负担加到佃户身上，佃户无力支付，要求退佃，地主不允，佃户则坚决不耕，将地荒芜，但此地之负担仍归原佃户，或是地主将地留下，佃户仍需再纳一年的负担。

2. 这几种纠纷在群众中的处理办法：

（1）大抹头，是将当时被没收的财产属于佃户私人者，按现在物价赔偿。

（2）第二种的处理，则是向地主要回所施肥料种子、耕种工夫的代价，一般的工资肥料折成粮食，种子按原数要地主赔偿。

（3）第三种纠纷应将佃户退地后所缴负担由地主赔偿。

（4）第一、二两种因年代较远，佃权事实上也不能再恢复；第三种纠纷如地主将地转租汉奸或尚未转租，应恢复其佃权，如已租给一般农民，则不应再恢复，以免造成农民争佃纠纷。

（5）处理时应注意有凭有据，并仅限于恶霸地主。对一些中小地主与农民间所发生的一些租佃纠纷，则不能与此种纠纷同样看待，须要适当的〔地〕调解。对在一般的习惯下的抽地等纠纷，也不能以〔依〕上述原则同样处理。

四　清算债务的意见

1. 清算债务的种类：

（1）洋还洋，即放出杂票，作成现洋，听涨不听跌，从货币差额中取利。

（2）果子账、粮食账，利息超过本之十倍至一百五十倍。

（3）垫账，债户外出或死亡，无理强迫其亲友代垫，

（4）要重账，还账不退约，又要第二次。

（5）饭账，到期无力付还，恶霸即派其爪牙到债务人家去坐催，吃肉喝酒，债户付钱，一次去一人，再次去二人，人数随着次数而增加。还有的把债人捕去，找几个人看

着，看守的人吃喝也由债务人偿还。

(6) 战后地主高利贷者，通过伪办公人员催索“公项”，乘机以极低价格预买农产，通称“下码斛”，一个月的利息就能超过一本一利。

2. 清算中应注意以下事项：

(1) 清算仅限于恶霸豪绅的依势强霸的部分，对已经清结的一般的借贷关系不应找算。

(2) 一般为社会习惯所允许的息借关系，如业已清偿的，绝不应另算；农民之间的借贷纠纷应双方照顾，适当的〔地〕调处，不应在此列。

(3) 即清算恶霸豪绅以上所指出之债务，应注意通过群众，研究时间、经过和证据，以免投机取巧，破坏影响。

(4) 清算债务中之币价标准应根据粮价折算，不能依据特殊的物价的涨落倍数，折合过低或过高。

五 处理利涨准折地的意见

利涨准折地，即是指地贷款，至期无力清偿，债权人抽地换约的通称。但实际上有两种不同性质的折地：一种是一般的从土地抵押变为买卖关系，即债务期满，本利累积，无力清偿，经过一定手续，将抵押地改订为买卖契约，如果本利合计少于地价，则于添价后订约，经双方自愿，合乎当时当地的一般习惯。这种土地关系在农民之间也是很不少的。另一种是恶霸豪绅通过高利贷的形式，对农民土地的残酷掠夺，在性质上与前一种有原则的区别。

(1) 利息特别高，利上滚利，超过了一般习惯所允许的范围。

(2) 这种借贷关系的成立，多是在农民危难的时候，或恶霸豪绅故设圈套，使农民不得不忍受这种残酷的高利贷。

(3) 任意的〔地〕抽地换约，不准农民回赎，甚至不通知农民，就作为他的死产，根本上谈不到自愿。

(4) 地价和本利是极不相当的，有时本利和低于地价的一倍或数倍，也不添价，即行作绝。

(5) 有时是毫无道理的讹诈和抵赖。

因此，二者绝不应同样看待和同样处理。前者系农民之间的合乎一般习惯的社会关系，应予承认，不应回赎，如有不合理的成分，债务人提出回赎，可由农会以双方无损的原则加以处理；后者系恶霸豪绅依势乘危掠夺土地，虽立文约，一般的不应承认，允许农民提出要求，加以处理。处理原则除一九四四年山东省行政会议已有规定者外，尚需注意以下几点：

(1) 确经一定手续转为买卖关系，本利与当时当地地价相当，即不应再回或出价回赎。

(2) 注意照顾原佃户，回地后仍由原佃户租种或仍租种一部，或作价卖与原佃户，避免佃户与债务人发生纠纷。

(3) 如被折土地已经出当，应注意照顾承当人，如当期已满，应先由折地人赎回，如当期未满，承当人仍愿继续耕种，得由折地人将当契和当价交付债务人，俟期满时再行赎地。

（4）回赎土地尽可能退回原被折土地，否则亦应赎给相当数量或质量的土地。

（5）骗赖折地，农民吃亏太大，除收回全部土地外，并应酌情形找回被折期内田地收益的一部或全部。

（6）注意时间和证据，以免有人乘机取巧造成不良影响。

六　关于清算负担问题［的］意见

1. 清算负担的种类：

（1）依附敌伪政权，勾结敌伪，大量隐瞒土地而不交负担转嫁于农民者，应清算找还之。

（2）亲自任伪办公人员，直接隐瞒土地而转嫁于农民，亦应清算找还之。

（3）在主佃应共同负担之捐税或完全由地主负担者，而地主不出负担转嫁于佃方，应清算偿还其所应负担之全部或一部分。

（4）地主应负担劳役（出夫子）而不负担，则全由佃户负担者，应清算找还之所应出之部分。

2. 清算原则：

（1）清算负担偿还其损失时，只限于土地和现款，对其家具财物不应没收或动用，大汉奸例外。

（2）对于抗属、开明士绅、中小地主及富农、中农、贫农，原则应遵照中央“五四”指示执行之。

（3）关于过去的边沿区或游击区，为了对敌斗争，在我民主政府统一领导下，对敌共同隐瞒土地减少负担者，无论任何阶层绝不应清算，以免造成非议与不良影响。

七　关于反霸占问题的意见

1. 霸占的形式及种类：

（1）独霸公共财产，如 A. 勾通官府，假造字据，霸占公荒；B. 霸占学田、庙田；C. 独占祭田。

（2）杀害、驱逐、没收土地，如加以“匪”或“通匪”之名，送往官府，关押杀害，或因得罪地主借故实行驱逐，其土地全部由地主没收。

（3）侵占相邻之荒地及耕地。

（4）在新解放区内，八年来因不堪敌伪压榨，逃荒在外，家产全部由伪办公人员侵占。此种情形为数极多。

2. 处理原则：

（1）凡是被恶霸地主霸占之土地，应无条件退回。

（2）公荒一律归公有，所得收入共分共用或归公有或进行合理分配，开垦与培养树木。

（3）学田庙田归公有后，推举专人管理，转租出租，所得收入除学校与庙宇所需费用外，余者举办公益事业。

（4）祭田除一部分做〔作〕为祭祖费用外，余者分给该族赤贫（详［按］祭田处理）。

（5）凡是被杀害驱逐没收侵占之土地，一旦原业主返乡，或其亲族提起控诉，均应无条件找回，并应在所占期内找回该项土地收益之全部。

八　关于处理荒地纠纷问题的意见

山东山荒河荒的纠纷，综合过去处理的经验为：

（1）解决山荒河荒，一定要掌握奖励劳动生产、反对地主霸占的基本原则。

（2）要有周密的调查研究，从历史上找出其纠纷的所在，不为其复杂的现象所迷惑，也不要被地主假造的或仗势领得的契约所欺骗。

（3）召集农民及霸占山荒的地主双方辩论，并找年长的公证人士证明，弄清其事实的真象〔相〕。

（4）弄清纠纷的所在后，其荒地的处理应该是私荒归私，并保障其地权，公荒归公，经过讨论分给农民。如有在公荒私荒中已经开垦或植树筑堤，且未侵犯他人权益者，按提倡开荒及造林的原则予以保护。

（5）村与村之间、农民与农民之间的争荒纠纷，一定要掌握团结的原则，让群众讨论协商处理。对恶霸豪绅地主的依势霸占，则应坚决收回处理。

（6）因河道迁移，有被冲毁之农民土地，应在隔河分配公荒中加以照顾。

九　关于退活粮的意见

退活粮就是恶霸豪绅卖得或准来土地之后，土地赋税仍由原业主交纳，今天原业主提出找算。

这种活粮所加予群众的痛苦是很大的，应该允许农民向恶霸提出找算。一九四二年甄家沟退恶霸的活粮，有三十万元的果实，相当于当时四十万斤高粱的粮价。

退恶霸的活粮，只要有凭有据，不论年限和数量，均应无条件的〔地〕退回。退回数目应根据历年粮价清算（粮指粮银），或根据银两多少，议定数目，清算补偿。

十　关于分配祭田的意见

大的封建地主，多保有大量祭田，由长支长房长子经营，除祭祀用费外，全部收益归其所有，他人不得过问。如东墠王成九有祭田三百亩，一系流传三百余年，依此为生，不事劳动，生活极为腐化。其他族众则生活贫困，有的且变为佃户，亲兄弟叔侄，因不是长子亦不能例外。因此，合理的〔地〕分配祭田，便成为贫苦同族的迫切要求，他们的口号是“祭田是全族的，一人不得而私”。

分配祭田是民族内部穷富分化的斗争，可以孤立封建势力，粉碎他们“同族一家”的欺骗宣传，使贫户得到土地。

处理的原则——不应按房分，因户〔房〕数多寡不同；也不应按户分，以免穷富不均。正确的原则应是：先穷后富，富济贫，先勤后懒。

分配的步骤——东墠群众创造了一些经验：

（1）首先实行减租、减息、增资，解决基本群众要求，没有粮食便折给土地。

（2）典当地纠纷，二亩折一亩，变为卖绝。

（3）说服富户不分地，贫户分为三等：一等每人好地二亩，二等每人好地一亩，三等每人孬地一亩，立契写约。

（4）为了改造二流子，吸大烟的必须先戒烟，当伪军的必须先悔过，不劳动的立誓生产，然后分给土地，引导他们走向正路。

（5）特别照顾抗属，中农亦分得土地。

（6）照顾原佃户，原则规定新地主当年不得抽地，但如佃户亦分到土地或经双方同意，始得当年收回自耕。

（7）照顾原地主，使足够维持相当生活及祭祀用费，自地不得侵犯。

以上办法系指望门大族而言，一般小户，祭田很少，群众没有这种要求，则不应提出分配。

十一　让地问题的意见

1. 让地有的地方叫借地，也有的地方叫白出地。这一问题的发生：在老解放区，四三年之后有一部分地主、富农甚至中农，因劳力缺乏，负担过重，租额太轻，和缩小目标、避免被斗，或以此收买干部、麻痹群众，毫无代价或很少代价的〔地〕让出一部土地给抗属贫农耕种，由受地者负担公粮、田赋，自己只保留地权。

2. 对让地问题的处理。

关于让地问题的处理，根据山东省行政会议决议的精神和今天的情况，［提出］下列意见：

（1）对别有阴谋而出让土地者，应在群众中进行很好的揭发教育。

（2）对不了解我们的政策而出让土地的，应向其解释我们的政策；但解释后仍要出让者，可根据不同对象进行不同处理。

（A）大地主于退租退息、清算负担之后仍有相当土地而要出让一部给农救会时，可以接受，并由其订立让约（三年或五年），保留其地权，由受地者负担公粮、田赋，或设法使其出卖向工商业转变。

（B）中小地主与开明地主于退租退息、清算负担之后出让一部土地时，为照顾其生活，可成为租佃关系，双方依法交纳公粮、田赋；如其本人仍愿无代价的〔地〕出让时，亦可接受，并订立让约，由受地人负担公粮、田赋，保留其地权。

（C）富农出让一部土地时，应说服其雇工经营，或由变工组互助耕种，或订成租额较低的租佃关系，如仍愿无代价的〔地〕出让时，亦可接受，订立时间较短的让约，保留其地权，由受地者交纳公粮田赋。

（D）鳏寡中农或富裕中农出让土地时，应耐心的〔地〕向他们说服解释，雇短工经营或由变工组互助耕种；如定要出让时，可订成一般的租佃关系，租额以千分之三百七十五为原则。

（E）对地主让出之土地应公平合理的〔地〕分配，尤应照顾原佃户，以免造成农民间的纠纷。

选自《山东革命历史档案资料选编》，第17辑，济南，山东人民出版社，1984年版，第229～239页。

24. 中共华东中央局关于彻底实行土地改革的指示

1946年9月1日

中央“五四”指示关于土地改革的基本精神，在于消灭封建剥削，实现耕者有其田，在于用一切有理合法的方法，使农民从地主手里取得土地，并从封建的土地关系上解放出来。正如中央指出：这是我党目前最基本的历史任务，是目前一切工作的基本环节，要求我们在今年年底以前，全部或大部获得解决。特别在今天一切为争取自卫战争胜利前提之下，更须〔需〕迅速从土地改革运动基础上，开展各方面工作和发动人民为保卫解放区、粉碎国顽进攻。也只有在自卫战争胜利条件之下，才能保证农民已得的土地与土地改革政策的实行。因此，支援前线，补充兵员工作，又必须与土地改革紧密的〔地〕结合着。但处在国顽大举进攻我华东新的情况之下，在某些地区就不可避免影响土地改革，这就必须根据不同的地区，按不同的情况，确定工作的缓急先后。如土地已经解决而非战争的地区，除加强生产外，应充分注意发展与巩固农会和民兵，并培养提拔群众干部，发展巩固党的组织，改造区村政权与掌握民兵武装，有组织的〔地〕有计划的〔地〕支援前线与扩军。如已经清算而未彻底解决土地的地区，应迅速清理斗争果实，与复查公平合理统一分配，以发动群众充实各种组织，支援前线与补充兵员。如根本未实行土地改革地区或空白村，应迅速以全力实行，发动群众支援前线和参军。凡接近战区与边沿区土地改革问题，除依照中央“五四”指示第十四条精神执行外，另有关于边沿区斗争的指示，各级党委应掌握上述精神，加以正确的领导，争取自卫战争胜利与土地改革任务的完成。在土地改革过程中，对一切应照顾的人给以必需的照顾，真正保持农村中百分之九十以上的人民和我们站在一道。并给地主留下生活，以缓和其逃亡，分化其内部。同时团结城市民族资产阶级分子和中间人士，以巩固反内战反封建独裁争取和平民主的统一战线。为此，根据山东过去群运经验，实现中央指示，特提出如下诸原则，望各级党委注意执行。

一　实现耕者有其田的办法

（一）没收和分配敌伪公地和大汉奸（曾经死心塌地替敌人服务，为群众所痛恨者，准予没收，但对一般从属罪恶较小者应有区别）的土地，没收地主黑地及霸占土地（没收黑地的范围，仅限于地主对民主政府瞒报之土地，决不能没收富农、中农、贫农之黑地）。没收的方式，应从下面的群众反奸诉苦运动与上面政府法令互相结合，既不能单纯以政府法令没收分配，又不能单纯由群众没收而不经政府处理。

（二）发动农民向地主阶级减租减息、退租退息，并清算抗战期间所欠农民的负担、劳役、侵吞敲诈、利涨准折，以汉奸恶霸豪绅为主要对象，作坚决斗争。对中小地主则多采取反省调解仲裁方式，凡有人证或有物证皆可清算，清算后地主则出卖土地来清偿负欠。

（三）动员与鼓励抗工属与中小地主献田给农民，献出土地都应交给政府、农会或土地分配委员会，经过群众讨论统筹公平分配，不得私相授受。凡自愿献田者，皆应加以表扬。

（四）为满足农民土地要求，顺利实行耕者有其田，并争取全国广大阶层对我党土地改革政策的同情，对于地主土地超过一定数额者，由政府依法令征购之，其具体办法由政府公布。在执行中必须把群众清算运动与政府征购互相结合，相辅而行。如在新解放区，应以清算为主，清算后地主尚有余额土地者再行征购。老解放区曾经清算而地主尚有余额土地者，一般采取征购办法，勿再从事清算，以免地主发生疑惧。但空白村应将清算与购买结合处理。

（五）凡祠堂、庙宇、天主教、基督教的土地，应根据当地情况、农民公意及族人意见妥为处理。如农民要求分配时，除留下一些地作为祭祀、传教和居留人维持生活外，其余一律分配。凡清真寺的土地应以回民公意解决之。学田除原为封建势力借名霸占应清算分配外，一般可保留全部或其一部，作为办学基金。凡已经分配给群众者，应给以批准。如原来无学田之村庄，而在群众自愿条件之下，可由群众讨论酌量留一部分作为学田。至于社会慈善事业（如育婴堂、孤儿院、医院等）之土地，一般均以不动为适宜。

二　分配土地的步骤

斗争果实是群众斗争的直接的目的。广大农民群众是否真正从地主手里获得土地，是今后检查各地是否彻底执行中央指示的标准。故公平合理分配斗争果实的问题，为群众运动主要关键之一。在群众斗争发动后，应以一村至数村为单位（邻近村庄而又与土地有联系的），组织土地分配委员会，以便公平合理统一分配。一般分配土地的步骤是：

第一步：初步进行人口、土地登记，了解每人平均地亩数、全村各阶层人数、抗属烈属及贫农情形，以便作为分配土地的根据，但时间不要拖长。

第二步：选举不同的对象，决定取得土地不同的办法，分别进行。将应拿出的全部土地，一律交土地分配委员会分配。

第三步：由土地分配委员会评定土地等级，确定具体分配办法，召开村民大会公布，然后分组讨论。对群众应进行“大家清算，大家有份，大家有光沾”“大家有地种，大家齐翻身”的教育。在老地区征购调剂土地时，应提出“公济私、富济贫”“穷人是一家”“穷帮穷”的口号，对干部施以“大公无私，以身作则，争取信任”的教育。

第四步：复查出榜，由土地分配委员会将土地之亩数、地址贴榜公布，征求村民意见，力求公平，由大会通过后，进行丈量，树界石，写契约。

第五步：确定地权，焚毁老契，重立新契。签字时须有双方当事人或代理人与中人到场，并将契约与账目向政府备案批准执业。属于没收汉奸的土地房屋，则由政府发给管业执照。契约及执照均一律税契。确立农民对新契约的合法观点。

第六步：召开庆祝大会，进行回忆教育，同时必须结合武装自卫、防匪反特、支援前线、争取自卫战争胜利、保卫斗争果实，并保证已分得的土地有自由处理权，生者不再分，死者不抽回，使大家安心生产，兴家立业，发财致富，走向吴满有方向。

三　分得土地的对象与各色人等的照顾

（一）在不侵犯中农土地及过分伤害富农利益原则之下，从地主手中拿出来的土地，应尽量求其推平，不能只是佃者有其田、干部有其田，使无清算关系的赤贫贫农得不到土地。因此，今后必须首先分配给无地及少地的雇农、贫农和中农，按其人口分配，以满足其土地要求。

（二）乡村或城市归来之失业工人及城市贫民亦应按其人口分配。流氓亦应分得土地，使其自耕，以便改造。

（三）革命战士及抗属、工属、烈属、荣誉军人、复员军人、退伍军人及其家属，应按人口各得一份，并须得到较好较近之土地。对于非抗属之鳏寡孤独亦应加以照顾。外地退伍军人及无家可归之外来抗属，亦应分别安置到各村分给土地。

（四）根据各村土地多寡，在群众同意下，可留二三人之土地交人代耕，作为复员田，以便安置外来复员军人或抗属，所收租粮为该村公款。但地少之村庄可以不留。

（五）凡政府、军队、工、农、青、妇、民兵各机关团体，除自己开荒保留外，均不得借口生产分得土地。如已经分得者，应一律拿出来分给群众。但民兵村团部如已经留土地者，只可酌量留三亩至五亩，其多余之土地，应分给群众，一般的村团都并不机械的〔地〕一律都留土地。各级政府已设立农场的土地，一律不动。

（六）中农不论在反封建斗争中及在生产建设中都是基本群众。在土地改革运动中，决不能清算到中农身上，决不可侵犯中农土地，而应用一切方法吸收全体中农参加，使其分得应得之斗争果实。

对于中农成份〔分〕之汉奸走狗，应限于政治上的打击，并加教育改造，促其向群众悔过自新。除必要退还其敲诈霸占部分外，不应侵犯其财产。对于中农成份〔分〕之有欺诈剥削行为者，应和封建恶霸区别清楚，宜采取调解方式，解决农民内部纠纷。对于当狗腿子的中农，亦应促其悔过反省，不侵犯其土地，且在其坦白悔过后，给以应得的利益。对于一般所谓"顽固落后"的中农，主要是教育团结，绝不能采取斗争方式简单处理。对于在反破坏反造谣等斗争中所涉及之中农，也不得侵犯其财产。对于已被斗争且被侵犯土地的中农，应从土地改革中酌量予以补偿，或在政府贷款及变工互助中予以帮助，并加强农民内部团结的教育，不能单纯赔偿或强调"纠正偏向"，以免紊乱工作步骤，甚至引起地主挑拨借以反攻。

（七）一般不动富农的土地，如在清算、退租、土地改革时期，为群众要求不能不有所侵犯时，也不能打击过重，只能采取仲裁办法，清算其封建剥削部分而保全其自耕部分。增资不能过高，应使其有利可图。如富农为罪大恶极汉奸者，可作为罪大恶极汉奸处理。富农为汉奸走狗者，应着重政治打击，允许群众清算，但应保留其中农生活。凡富农恶霸一方，欺压人民者，应允许群众斗争清算，但亦应保留其中农生活。如地主降落为富农者，应与一般富农同等看待。对于减租减息后上升为富农者，则绝对不允许斗争或侵犯其土地。

（八）凡不是地主，而是城市工人、手工业者、自由职业者、教员、技师、小职商等人，他们在乡村的土地，应免于清算和征购。

（九）发展解放区的工商业，是我党目前严重任务。"现在我们最大的阻碍是害怕私人资本主义的发展，不知道我们今天不是资本主义生产太多，而是太少。""要使资本家在解放区有利可图，并比在国民党统治区获利更大。"由于我们工运过左的偏向，过分增加工资，及对待工商业资产阶级采取农村中解决土地问题反对封建地主的办法，使工商业遭到某种程度的打击。今后凡是地主富农所经营之工商业不应侵犯，而应予以保全，清算征购仅限于其封建剥削部分，工商业不得连带清算。工人运动不可与农民运动混合起来。工运仍应严格执行劳资合作，适当增加工资与提高生产的方针。罪大恶极汉奸分子的工商企业应当没收。但被迫与汉奸合股者，仍应保全其自己股份。不应在强调汉奸、封建、资本家三位一体之下，一律采取清算斗争，而造成资本外流、工商业停顿等不良的结果。凡属此项问题之处理，须经地委或区党委之同意。

（十）没收汉奸土地与财产，除汉奸本人外，其家属仍应每人留下一亩半至二亩土地及必要房屋家俱〔具〕以维持生活。豪绅恶霸大地主清算后，其本人及家属每人留一亩半至二亩土地，其房屋家俱〔具〕可抵偿一部，留用一部。

（十一）中小地主可留下比中农多半倍的土地（如中农每人三亩，中小地主可留四亩半），其房屋、农具、耕牛一般不抵偿负欠，如特别多，又为农民所必需者，可以采用征购办法，但须慎重处理。

（十二）抗日军人及抗日干部家属之属于绅豪地主者，应鼓励其献田与部分征购。为照顾其家属，可比中农多留一倍土地（如中农每人三亩，则留六亩），房屋、家具、农具、耕牛均不动。对于抗日期间，无论在解放区、敌占区或国民党区与我们合作而不反共的开明士绅及其他人等，其处理办法应与抗属同。凡抗属地主之地，不足本条规定留地数额者，应免于清算或征购，但亦不得另外分给土地。

（十三）逃亡地主规定数额应留之土地，由政府代管。顽方军政人员与知名人士及其家属同样应留给规定数额之土地，一般不采取刺激的斗争方式，以便争取他们对我党政策的同情。除重要汉奸外，对一般伪属亦应采取宽大办法，按其成份〔分〕留给规定数额的土地，以争取其回头。

四

在土地改革运动中，必须把这一指示与中央“五四”指示结合仔细研究，掌握其精神，放手发动群众，彻底走群众路线，反对包办代替，并注意总结运动的经验，推动其运动的速度与规模。目前主要是贯彻没收、清算、献田等办法，以实现耕者有其田。至于少数由政府征购部分，待政府命令公布后实行。

选自《山东革命历史档案资料选编》，第 17 辑，济南，山东人民出版社，1984 年版，第 263～270 页。

25. 山东省政府布告——关于实行土地改革

1946 年 10 月 10 日

山东解放区，由于减租减息、交租交息政策的实行，与反奸诉苦清算运动的开展，部分的农民已从非法的封建剥削者手中实现了“土地回家”，在群众运动深入的地区，甚至初步做到了“耕者有其田”，因而提高了广大群众的积极性，团结了各阶层人民，战胜了日本帝国主义，并粉碎了国民党反动派的历次军事进攻。

“耕者有其田”本来是孙中山先生解决中国土地问题的伟大理想，而“减租减息……并实行土地法，以期达到‘耕者有其田’之目的”，又是政协会议重要决议之一，故解放区农民在减租或清算负欠的运动中，要求从汉奸、恶霸、封建地主手里收回土地，完全是合理合法的行为。本府为忠实执行政协决议，扶持和满足农民的正当要求，进一步实行土地改革，把土地从封建剥削者手中转为农民所有，使农民从封建的土地关系中解放出来，使农业生产力获得解放，达到我山东解放区人人丰衣足食，并进而繁荣工商业，以顺利的〔地〕发展新民主主义经济，就成为山东民主政府当前最基本的政策之一。特别在今天一切为了争取自卫战争胜利的前提下，更应迅速实行土地改革。为此，特布告如下：

一、没收日伪公地、大汉奸土地、地主匿报的黑地及霸占的公地，统一分配给无地少地的农民。

二、农民可向豪绅、恶霸、封建地主进行减租减息、退租退息、找工找负担、清算侵吞霸占等，讲理算账，收回土地。

三、开明地主与军、工、烈属是地主的，自愿献出土地给农民时，政府应加以表扬，对其生活并须加以特别照顾。但献出的土地必须交政府或农会统一合理分配，禁止土地私相授受，并严禁“顶地”“揽地”等假赠与办法。

四、地主土地经清算后，仍超过一定数额者，由政府征购之（征购办法另订）。

五、祠堂、庙宇、教会等公有性耕地，根据当地农民族人及教友的公意处理之，尽可能分配给农民。学田可保留一部或全部为办学基金。公山、公荒、官地等尽量分配给农民，以便开垦或植树造林。至于社会福利事业（如育婴堂、孤儿院、残废院等）所用的土地，应予保留。

六、地主与富农清偿对农民负欠时，其所偿付的土地仅限于封建剥削部分，工商矿业不得连带清算。

七、富农土地一般不予清算和征购。富农是汉奸、恶霸的，群众要求清算负欠时，只能处分其封建剥削部分，保全其自耕部分。禁止侵犯在减租生产运动中勤劳发家的新型富农的土地。

八、凡城市工人、手工业者、自由职业者、教员、技师、小职员、小商贩等不是地主的，其土地应免于清算与征购。

九、为保证地主土地改革后的生活，于清算负欠后，无论其能否清偿，均应根据具体情况酌留相当中农或富裕中农的土地，农具耕牛亦应保留一部或全部。开明地主、鳏孤寡独，尤其军、工、烈属是地主的，均应特别加以照顾。

十、土地经清算、献田及没收后，应立即公平合理统一分配给荣誉军人、军工烈属及无地少地的农民，务使耕者有其田。

十一、农民获得土地后，地权即归农民所有。地主偿还农民的土地，应订立卖契，其旧契无效，地主并须交出旧契，当众销毁。献田、没收土地、公地，学田等，分配给农民的，应由当地县（市）政府发给管业执照。获得土地的农民，须照章税契，以确定所有权。

以上各项，撮要布告，其详细办法，应根据本府公布的土地改革暂行条例执行之。仰全省人民深明大义，一体遵照。如有故意违抗或造谣挑拨，破坏土地改革法令者，农民或农会得直接向地主讲理，或向政府指控与检举。各级政府亦须切实负责督导实行，以重法令，而利土地改革之完成。

此布！

主席　黎　玉

选自《山东革命历史档案资料选编》，第17辑，济南，山东人民出版社，1984年版，第464～466页。

26. 山东省土地改革暂行条例①

1946年10月25日

第一章　总　则

第一条　为实现政协决议，迅速实行土地改革，满足农民“土地回家”的正当要求，达到“耕者有其田”，以发展新民主主义的经济，巩固国家民主化的基础，特制定本条例。

第二条　本条例所称土地，包括耕地、牧地、林地、荒山、山地、水地、宅地。至于工矿业所用土地，另行规定，不在此限。

第二章　没收土地

第三条　下列土地，除有特殊规定者外，应有〔由〕政府没收，分配给农民。

（一）日伪的一切公有土地。

（二）大汉奸的土地。但没收时除汉奸本人外，其家属每人应留一亩半至二亩（官亩）土地及必要的房屋家具，以维持生活。

（三）地主匿报的黑地及霸占的公地。

第三章　地主土地

第四条　地主对农民的非法剥削，必须以土地偿还之，在清偿农民负欠后，所余土地即为原地主所有。

第五条　地主土地无论其能否清偿对农民的负欠，政府为照顾其生活，应以下列各款留出适当土地、房屋、农具和耕牛。

（一）地主是豪绅、恶霸者，清算后其本人及其家属每人所留土地应稍低于当地中农的土地（例如当地中农每人土地为三官亩，则此项地主每人只留一亩半至二亩），其房屋家具可抵偿一部保留一部。

（二）中小地主每人保留土地，应比当地中农每人平均土地多半倍（如当地中农为三亩，则中小地主每人为四亩半），其房屋、农具、耕牛一般不抵偿负欠。

（三）军、工、烈属是地主者，每人保留土地应比当地中农每人平均土地多一倍（如中农为三亩，则每人平均留六亩）。其原有土地少于本款规定者，应免于清算，但亦不再分给土地。如因抗战遭受较大损失者，仍应予以适当照顾。

（四）地主对抗战与民主事业有贡献者，其保留土地的亩数得与军属地主同。

第六条　军、工、烈属是地主者，自愿献出土地给农民时，政府应加以表扬，其生活应特别照顾。但献出土地必须交政府或农会统一合理分配，不得私相授受。

第七条　对解放区逃亡地主的土地处理办法与在解放区地主的土地处理办法同，在其未回家以前，按第五条各款规定应留出的土地由政府代管，于其回家后发还之。

---

① 原注：1946年12月12日，山东省政府发出《关于修正山东省土地改革暂行条例的命令》。命令中称：经山东省参议会驻会委员会、山东省政府委员会第十一次联席会议决定，将《山东省土地改革暂行条例》第九章第三十二条中之“但边沿地区仍执行山东省土地租佃条例”一句删去。

第四章　征购土地

第八条　地主土地经清偿、献田后所余土地，超过第五条规定数额者，由政府依下列办法酌量征购之。

（一）由政府发行土地公债，向地主征购土地，地价由得到土地的农民负担一半，政府负担一半。农民于得到土地的第二年起，每年向政府缴纳其应付地价十分之一，分十年还清；地主亦于被征购土地的第二年起，每年向政府领取全部地价的十分之一，至领足时为止。

（二）征购土地的地价由当地县（市）政府、地主与农民代表评议规定之，一般应低于市价，并得递减至半价征购之。

（三）地主每人平均土地超过第五条各款规定数额二倍（如九亩至十二亩）以上者，征购价格即开始递减，土地每超过规定数额二倍地价即递减十分之一，但递减至被征购土地市价的半价时，即不再递减。

（四）土地公债为实物（粮食）公债，地价亦按实物（粮食）计算。

（五）凡富农自耕土地，无论多少不予征购。

（六）逃亡地主的土地，其征购代价由政府保存，于其回家后发还之。

第九条　城市工人、手工业者、自由职业者、教员、小职员、小商贩仅有少量土地（不超过中农土地）出租时免于征购。

第十条　地主多余的耕畜及重要农具，必要时得按市价递减至半价征购之。

第十一条　地主、富农经营的工商业、矿山不得征购。

第五章　特殊土地

第十二条　公地、荒山、湖沼、河淤海滩，一律分配给农民耕种，开垦或植树造林，如不能分配或经公议留作公有公营者，依其议定。

第十三条　农村原有学田，可酌留全部或一部作为办学基金，其已经分配者不再收回。原无学田，但群众自愿在分配土地时留出土地办学者，得酌留一部。

第十四条　祭田、庙地及教会土地，根据当地农民、族人和教民的公意处理之，如农民要求分配时，除留一部作为传教士和僧道、尼姑维持生活外，其余分配给农民。

第十五条　清真寺土地，应尊重当地回民公意解决之。

第十六条　社会福利事业（如育婴堂、孤儿院、医院、残废院等）所用土地应予保留，不得分配。

第六章　土地分配

第十七条　凡没收土地、献出土地、征购土地、公地，均由当地政府协同农会统一分配给无地少地的农民。

第十八条　地主清偿欠负的土地，由农会统一分配给算账人及无地少地的农民。

第十九条　前两条所分配的土地，烈属、荣誉军人、革命军人、工作人员、复员人员、退伍军人及军属、工属要地耕种者，应按人口各得一份，并有尽先得到较好较近土地的权利。外籍退伍军人及外籍军属无家可归者，应分散安置各村，并分给土地。

第二十条　无地少地的农民，按其现有人口计算，每人各得一份。算账人分得土地连其原有土地应不超过当地中农所有土地的标准。

第二十一条　乡村或城市回来的失业工人及城市贫民同样有分得土地权，乞丐、流氓亦应分得土地，使其自耕，以便改造；鳏寡孤独更应按人口分得土地。

第二十二条　政府、军队、机关、团体开垦的土地，应予保留，各级政府设立的农场、苗圃及其他试验田地，不予分配。

第二十三条　国民党军队的官兵，其家在解放区，本人及其家属为贫农者，亦得按人口计算，酌量分得土地。

第二十四条　一般曾参加伪军伪组织的贫苦人员，于其坦白悔过后，如无地少地耕种时，仍应分给上地，但得低于当地中农标准。

第二十五条　以村为单位分配土地，如土地太少的区村，由县区统一从附近区村设法调剂。

第七章　地　权

第二十六条　土地分配后，地权即归分得土地的农民所有，农民对其所有土地有自由使用、收益和处分之权。

第二十七条　没收土地，献出土地，征购土地及公地，学田等分给农民后，由该管县（市）政府发给管业执照。地主偿还农民欠负的土地，由地主立卖契约，其旧契无效，并将旧契交出当众销毁。

第二十八条　农民于取得管业执照及契约成立后，六个月内应向政府照章税契，确定产权。

第二十九条　土地改革后，地主所保留的土地和财产均受政府法令保护，出租的土地允许其抽回自耕。凡依法执行并积极的〔地〕赞助土地改革的地主，应受政府奖励或资助其转而经营工商业。

第八章　其　他

第卅条　地主、富农合法经营的工商业，不得连带清算或征购，清算征购仅限于封建剥削部分。

第卅一条　富农自耕土地一般不动，清算征购只限于其封建剥削部分。至于在减租生产运动中勤劳发家的新型富农，则禁止清算和变动其土地。

第九章　附　则

第卅二条　本条例颁布后，凡有关土地问题的法令或条例与本条例抵触者，概依本条例执行之。但边沿地区仍执行《山东省土地租佃条例》。

第卅三条　本条例之修正权属于山东省临时参议会，解释权属于山东省政府。

第卅四条　本条例经山东省临时参议会驻会委员会及山东省政府委员会联席会议通过，由山东省政府公布施行，自公布之日起有效。

选自《山东革命历史档案资料选编》，第17辑，济南，山东人民出版社，1984年版，第545～550页。

互校版本：《中国新民主主义革命时期根据地法制文献选编》，第4卷，北京，中国社会科学出版社，1984年版，第506～512页。

27. 山东省政府关于实行土地改革的指示

1946年10月29日

为满足山东农民“土地回家”的正当要求，达到“耕者有其田”，本府除颁布《土地改革布告》及《山东省土地改革暂行条例》外，再作如下指示：

一、各级政府在广大群众要求“土地回家”的运动面前，不要害怕普遍的〔地〕变更解放区的土地关系，不要害怕农民获得大量土地而地主则丧失了土地，不要害怕消灭了农村中的封建剥削，不要害怕地主的叫骂和污蔑，相反的，政府必须坚决拥护农民的一切正当的要求和行动，给农民已经获得和正大〔在〕获得的土地以合法的保障，巩固其既得利益，坚决领导与扶持农民起来向汉奸、豪绅、恶霸作斗争，及向一般地主算账讲理，收回土地，以求得广大贫苦农民的真正翻身。必须正确认识，解决山东解放区的土地问题是山东民主政府最基本的政策之一，是目前一切工作的基本环节，必须以最大决心和努力来完成这一历史任务，求得山东农民要求获得土地问题在今年年底以前全部或大部获得解决，并以此为今后检查各地工作的基本标准。

二、对整个地主阶级来说，[它]是国民党反动派勾结美帝主义统治中国、封建法西斯的社会基础，是阻碍国家民主化的主要阶级。消灭封建剥削，实现“耕者有其田”，使农民从封建的土地关系上解放出来，就最后的〔地〕消灭了国民党反动派以及美帝国主义侵略中国的社会基础，在自卫战争中蒋介石就一定失败，我们才能一定胜利。但地主阶级由于土地占有的多少不同，则有大、中、小地主之分，由于地主的政治态度不同，则有豪绅、恶霸与一般地主之分。抗战时期，大地主则多数当了汉奸，而中小地主还有赞助与参加抗战者，至于地主之子女参加革命军队与工作者，亦为数甚多。因此，我们在进行土地改革时，对待不同地主的策略就应有所区别。但所谓区别，不是基本政策上的区别，而是斗争策略与处理方式上的不同。因此，应集中力量向汉奸、豪绅、恶霸作坚决的斗争，使他们完全孤立，并拿出土地来交给农民。至于对中小地主、名流、士绅，则一般应采取讲理算账、仲裁方式。对烈、抗、工属是地主者，应特别照顾，一面说服他们不应拒绝群众的合理合法要求，自动献出土地；另方面应教育农民念及这些人抗日有功，或现在还在继续工作，应给他们多留些土地，总使他们能够生活。

三、中农也是基本群众，是民主政府的重要支柱之一，又占农村人口中的相当数量。我们为组织农民大多数，在土地改革运动中，决不能清算到中农身上，决不可侵犯中农的土地。必须团结中农，应用一切方法吸收全体中农参加，并使其分得应得之土地及斗争果实。对于中农成份〔分〕的汉奸走狗，主要应限于政治上的打击，并加以教育改造，促其向群众和政府悔过自新，除必要退还其非法掠夺、敲诈、霸占部分外，一般应不侵犯其原有的财产。对于中农之有欺诈、剥削行为者，应和封建恶霸加以区别，宜采取调解方式，以解决农民内部纠纷。对于当狗腿子的贫苦中农，应在政治上予以打击，促其悔过反省，经济上则仍予以照顾，不侵犯其土地，且在其坦白悔过后给以应得的利益，适当分给土地。对于所谓“顽固落后”的中农，主要是团结教育，绝不能采取斗争方式简单处理。对于反破坏反造谣等斗争中所涉及之中农，也不能侵犯其财产。至于已被斗争并已侵犯其土地之中农，应从土地改革中统一分配土地时酌量予以补偿，或在贷款及变工互助中予以帮助，以资补救。并加强农民内部团结教育，防止地主的挑拨，借以反攻。

四、一般富农自耕土地不予清算和征购。在土地改革时期，如群众要求对富农不能不有所侵犯时，也不能打击过重，只能采取仲裁办法，只能清算其封建剥削部分，增资不能过高，应使其有利可图。如系罪大恶极之汉奸者，作为罪大恶极的汉奸处理；如系汉奸恶霸者，允许群众清算，但应保留其中农生活的土地，如地主降落为富农者，应与一般富农同样看待。至于在减租生产运动中勤劳发家之新型富农，则禁止清算或侵犯其土地。

五、发展解放区的工商业，是我们目前的严重任务之一。土地改革是为资本主义的发展扫清道路，因此对城市工商业不能和土地问题同样清算，不能以对待地主阶级的办法对待城市工商业资产阶级，即地主、富农经营之工商业亦不应侵犯，而应予保全。清算征购仅限于封建剥削部分，工商业不能连带清算。工运应严格执行劳资合作政策、适当增加工资与提高生产的方针，纠正一切工运中过左现象。罪大恶极汉奸分子的工商业，政府应当没收，但被迫与汉奸合股者，仍应保全其自己股份，不应一律采取清算或没收，而造成资本外流，工商业停顿的不良结果。凡属此项问题之处理，须经专署或行署之批准。

六、征购土地要与群众清算运动结合进行。在新解放区应先以清算为主，清算后地主尚有余额土地者再行征购。老解放区曾经清算而地主尚有余额土地者，一般采取征购办法，勿再清算，以免地主发生疑惧。但空白村过去未经土地改革者，仍应将清算、征购结合处理。

七、凡政府、军队、机关、团体所种土地，除自己开荒者应予保留外，凡耕种没收土地或果实土地者应全部拿出分配给群众。但民兵村团部已经留出之土地可酌留一部，其余分配给群众。在分配土地时，县区应有计划确定有的村庄酌留一至二人之土地作为复员军人之用，但土地太少的村庄不必保留。

八、在斗争复什〔杂〕的边沿地区，仍应实行减租减息法令，除非群众自己要求，不能机械执行土地改革暂行条例，以免工作遭受损失。但反对不从当地当时具体情况出发，以此为借口而拖延土地改革任务的完成。“一手拿枪，一手算账”，这是成功的经验，各地必须坚决实行。

九、宗教土地、庙地以及族地，基本上应是根据大多数贫苦农民意见处理，不能单纯依据施主管事人的意见处理。但在分配时应照顾到无地少地的族人或教民。该项土地如系从〔以〕霸占或其他方法掠夺农民者，应准许农民清算。至于教会购买之土地，可保留一部或予征购。外国人在中国购置之土地，由政府依法征购之。

十、没收黑地只限于地主匿报之土地，农民匿报之黑地不得没收，应在土地陈报或税契中动员其补报。

十一、无论新老解放区，斗争清算后，斗争果实处理不妥或尚未处理时，应即进行统一合理分配。在处理斗争果实中，村干部一般不应分地太多，以免脱离群众。土地清算分配后，立即进行丈量、立界、立契、发地权证书、税契。写契及地权证书，必须于斗争果实分配妥善后迅速发给，以达到通过写契、发地权证书提高群众情绪，组织群众的目的。必须把立契、发地权证书、税契当作土地改革运动中的最后也是最重要的环节。总之，务期在今年年底以前大部或全部完成土地改革，不要拖到明年。土地改革的胜利完成，是我解放区更加根深蒂固不可战胜的条件之一，我们必须以大力迅速完成之，则自卫战争一定获得胜利，蒋介石必败，美帝国主义侵略中国的反动政策也将失败。

以上各项盼各级政府与土地改革暂行条例一并研究，并具体布置，组织执行为要。

主席　黎　玉

选自《山东革命历史档案资料选编》，第17辑，济南，山东人民出版社，1984年版，第554～558页。

28. 山东省政府关于修正《山东省土地改革暂行条例》第三十二条之但书的命令

1946年12月12日

查《山东省土地改革暂行条例》经本府以民字第三十七号命令公布在案，兹经山东省参议会驻会委员会、山东省政府委员会第十一次联席会议决定：将该暂行条例第九章附则之第三十二条后段的但书——但边沿地区仍执行《山东省土地租佃条例》删去，因其与本条例前段规定抵触，也与土地改革定义不相符合，故作新的修正，仰即遵照为要。

选自《中国新民主主义革命时期根据地法制文献选编》，第4卷，北京，中国社会科学出版社，1984年版，第512～513页。

29. 中共华东中央局关于目前贯彻土地改革土地复查并突击春耕生产的指示

1947年2月21日

（一）目前华东战局正在紧张的有利的转变关头，大批民力与地方党政民干部均在支前，这是非常必要的。但组织力量，贯彻土地改革，突击春耕，又是与战争相辅而行不可分离的任务。只有自卫战争的胜利，才能更好的〔地〕生产及使土地改革的果实不致被反动派所掠夺。只有不违农时进行春耕展开生产运动，才能多打粮食，更有力支援战争，和使农民从土地改革得到实际好处。而贯彻土地改革与土地复查，则又为发动全解放区人民积极自觉参加自卫战争与积极自动开展生产运动的中心环节，因此，目前只有同时有力支援前线，同时又善于组织另一部分力量贯彻土地改革、突击春耕生产，才是争取自卫战争胜利全面的长远前途。

（二）在半年来土地改革运动中已经获得了很大成绩、很多经验，已经在支援前线、巩固后方、坚持边沿、参军中表现了极大作用。但另一方面，在许多地区土改中仍不彻底、不全面，在土地分配问题上有些地方存在着不公平与脱离群众的富农路线的倾向（如少数人多分到土地或好地，而一部赤贫现象尚未完全消灭），个别地方仍有侵犯中农土地与过分打击富农的现象，这就使我们尚不能团结更多的群众。因此，必须克服麻痹自满，必须继续贯彻土地改革和消灭空白地区，必须迅速采取填平补齐或其他较好的公平合理办法，纠正土地分配中富农路线的倾向和消灭赤贫现象，对被侵犯的中农应予适当的赔偿和抚慰。在纠正上述缺点时，一方面要充分运用并发挥各地好的经验，另方面对不同地区须有不同的具体布置。

甲、在尚未进行土改，且不受战争直接影响的地区，除调剂部分支前力量外，一般不宜先动员参军，应动员大批干部和组织力量，按照中央“五四指示”与华东局“九一指示”的原则，及参考各地较好的经验，并运用群众路线，配备骨干，迅速推进和完成土地改革。但在春耕时期分配土地，更应注意手续清楚完满，要将老契追回、新契立定、地界分明，使得到土地的农民无顾虑地权之忧，敢于及时下种。凡在春耕时期土地尚未分完地区，应一般号召生产，防止地主消极不耕不种；如分配土地时，已经耕种以至青苗出来，则在清算与征购时应计算其农本，务使群众同情，又做到人人都有土地耕种。

乙、凡已完成及完成不彻底之地区，均须展开深入复查工作。复查的目的，在贯彻土地改革，消灭明分暗不分现象，及使土地分配公平合理，使赤贫贫农均能获得土地。纠正村干部及少数农民多分土地、多分好地、多得果实、自私自利、脱离群众的富农路线倾向，以团结所有农民，进行反蒋保田保饭碗的斗争。因此复查中，一方面应发动群众检查下列具体情形：

（1）明分暗不分现象（如地主暗中操纵，形式上分配土地，实际收买村干，或制造宗派斗争与假斗争，仅仅分配了另一地主土地等）；

（2）地主黑地是否还存在；

（3）献田的地主仍留土地多少；

（4）毁老契立新契的情形。

另方面应召集村干和积极分子检查下列具体情形：

（1）谁多分得土地或多分到好地；

（2）谁未分到土地或仅分到很少与很坏的土地；

（3）所留的公田、菜地情形与群众对此反映〔应〕如何；

（4）有无斗争果实付〔浮〕财（如农具、房屋、款项等）搁置未分或分配不公现象；

（5）有无侵犯中农土地情形。

前者为复查各地地主是否仍有采取种种方法以抵抗和逃避土改的情况；后者为调查各地干部及少数农民在分配处理土地问题上是否存在不公平不合理的现象。对一切企图抵抗和逃避土改的地主，应按中央“五四指示”与华东局“九一指示”精神，对不同的对象采取分别对待的办法（如坚决斗争、调解仲裁及公债征购等等），务求做到土改普遍彻底。对少数企图多分得土地多窃取好地的干部和农民，应经过党内外动员教育的办法，说服其自动将多得的土地和多得的好地交出分给赤贫及土地较少的农民；或在必要时将该地已经分配的土地按公平合理分配原则重新加以适当调整。但在重新调整时，可采抽多补少、抽肥补瘦办法，并避免作不必要的大变动，以免影响生产。

为解决土地不够分配与防止村干占有好田起见，华东局特重新决定：凡地少与每个农民平均不能分得二亩土地之村庄，应一律不留复员田，已留者须交出分给农民；只有在每个农民平均能分得二亩或二亩以上土地的村庄，始可根据各村土地多寡与经过群众讨论同意后，得酌留一人二人，但最多不得超过三人的复员田。复员田应按一般平均分配原则，不得多留好田。留复员田事，应由县委、地委负责统筹和检查，以免流弊。

每个干部和党员均应认清，土地复查及公平合理分配土地是一种极复杂而艰苦的工作，既须与顽固地主进行坚决斗争，又须与部分自私自利的干部和农民进行说服教育；既不可用同样的办法去对待各个不同的地主，更不可用对待封建地主的办法来对待思想意识有错误的干部和农民。我们对多得土地的干部和农民应采说服教育和自我反省的方法，使其自动将分得的土地和好地交出重新分配，决不可一般采取简单批评、打击斗争与泼冷水的方法以引起混乱。只有经过教育说服后对个别顽强反抗公平合理路线与坚拒交出多得土地的分子，采取必要的处分。务求在土地分配问题上做到公平合理，方能团结群众，使党员干部与群众亲密团结起来。

丙、边沿地区，土地改革已证明是可能的，但又不同于内地的方式。所谓一手拿武器，一手拿算盘，抓紧〔反击〕国顽抢粮、抓丁、奸淫、抢掠、蹂躏各阶层人民的行动，发动群众反抢粮、反抓丁、反蒋保饭碗斗争，以武装活动掩护进行减租减息与土地改革，并进行耕者有其田的教育和宣传，使一般地主阶级不因此害怕逃亡。在边沿区进行减租减息和土改时应着重讲理方式与谨慎处理，并采逐步巩固推进的方法。一切方法以能团结各阶级进行反蒋自卫斗争，及避免造成赤白对立遭受摧残为原则。

丁、对蒋占区应采取适合当地具体情况的各种可能与有效方法，求得尽量保持农民已得土地果实。各地对于这种经验应及时总结，通报各区。对收复区应按照中央关于收复区某些人员赏罚问题指示原则处理，务求土地果实归还农民。如收复区过去尚未进行土改，应即恢复秩序与善后救济工作并及时转入土改。

戊、过去彻底贯彻土地改革与复查工作，是以清算为主，结合献田的方式进行的。为了更广泛有效的〔地〕进行土改运动，中央指示除清算献田办法外再加一个征购土地的办法，以满足农民均能获得土地的要求。特别对于一般开明的以及中小地主、部分富农多余土地，边沿区的地主土地，教会土地等，采取此办法将更能发动群众以补救某些清算及献田的勉强生硬。但此种征购办法并非由上而下恩赐的，同样要经过群众讨论评价来组织群众发动群众，可按照中央指示进行。过去省府曾经颁布此项办法，但因战争紧张未发公债，各地可根据省府办法及参照陕甘宁边区颁布的办法，制定当地征购办法，并由各行署自发公债，以利迅速广泛开展和贯彻土改运动。

己、在贯彻土地改革及复查当中，各级党委及土改干部应完全采取群众路线，清除命令主义、代替包办和富农路线的倾向，并须把实行土地改革与改造巩固发展农村党的组织和提高农民党员及干部与发展巩固各种群众组织密切联系起来。在土改与复查中应将大批坚决勇敢积极努力并表现大公无私的群众领袖和党员积极分子吸收到党内和提拔到党的各级领导机关，将部分在土改与复查中表现消极怠工和多方阻挠破坏党的路线的自私自利分子洗刷出党或撤换其领导工作。但改造农民思想与提高党员政治水平，是一种长期耐心的工作，应提出下列口号在党内外进行反复宣传教育："大家都翻身""翻身的人越多越公平，村干部越有威信，群众越会跟共产党走，自卫战争越有胜利把握""想多分土地和多霸好地的思想都是剥削阶级自私自利的思想，保留这种错误思想便要使党脱离群众，使自己孤立堕落"。同时对干部和党员的错误应按实际情况分别处理，如对某些由于一时自私心理多分好地但一经说服即行改正的党员，应耐心帮助其进步和改造；对个别投机流氓成份〔分〕难于教育改造的分子，也只处理其多得的土地，保留其应得的部分，并争取使他不走向地主反动方向。对一切运用群众路线完成土地改革并实行上述指示各项者，都应加以记功。对一切大公无私的干部和党员则应大加表扬，并号召大家向他学习。

（三）在已完成土地改革或正在复查分配土地当中，均应努力突击春耕，要有三分之一干部专门推动这个工作。提出前方打仗，支前立功，后方努力生产立功，组织男女老幼一齐动手，抢耕抢种。要及时照顾出夫家属、贫苦军属工属，凡因出缺未能耕种者，要给出夫者以工牌工票，使负担公平。无论如何要不荒一亩田，要用调剂劳动及动员后方部队机关全体人员帮助群众耕种等办法，克服支援战争中人力畜力的困难。要反对借口战争消极怠工，大吃大喝，不作长期打算的行为与思想。应当了解，在战争紧张地点生产是有困难的，但党的责任就在于战胜困难，善于调度使用力量，使支援前线与突击春耕二者兼顾起来，还是有办法的。

关于生产问题，华东局另有专门指示。

中共华东中央局

二月二十一日

选自《山东革命历史档案资料选编》，第18辑，济南，山东人民出版社，1985年版，第280～285页。

30. 中共华东中央局关于土改复查补充指示

1947年5月4日

华东局发出"二·二一"指示后，发现有些地方因去年"九·一"指示及省府法令规定，地主留地稍多及一部分地主献田留地过多，赤贫难消灭；同时在分配土地中富农路线倾向较为普遍，特作下列补充指示。

（一）复查中除复员田仍照"二·二一"指示执行外，民［兵］军火田除自垦外一律不留。下列土地应拿出公平分配给无地和少地的农民。

甲、地主多留土地（地多而足够分配地区，地主可留与富裕中农相等土地，否则只留当地中农之平均数，恶霸地主留地不得超过"九·一"指示之规定，超过者均可拿出分配）。

乙、对富农土地，原则上仍只拿出其出租部分。其自耕土地过多，群众坚决要求要分者，亦可动员其拿出一部分，或用公债征购之。

丙、干部等多分土地，数量质量与一般农民相差较多，其多得部分应拿出（如相差甚少群众无意见者，不必动）。

丁、如上述土地拿出后，仍不能消灭赤贫现象时，则对过去清算反奸中所得土地超过富裕中农者，在群众要求条件下亦应说服其让出多得部分。

（二）怎样拿出多留土地？

甲、对不同地主用不同办法：①对隐瞒黑地及企图用各种方法保持较多较好土地的顽固大地主，可继续发动群众斗争清算。②对中小地主、开明绅士多留地者，可发动群众作正义要求，必要时可由政府出面仲裁，劝导其交出多余土地。③对上述中小地主及军工烈属地主所留土地不超过“九·一”指示标准者，如须〔需〕劝导其再交出部分多留土地始可满足群众要求时，则可以公债征购之。

乙、对多留土地或好地的干部，应先在党内进行说服教育，劝其自动退出。只有对极少数经过说服教育后仍坚决不愿交出者，应进行必要批评，或予以适当处分，不得已时亦可以公债征购其多得的土地和好地。

丙、对清算诉苦时多得土地者，应采取说服教育办法，劝其自动让出或予公债征购。

总之，对干部与农民多得土地的处理，应按照二月二十一日指示精神进行。

（三）田亩折合必须经群众讨论，力求公平，防止折成中中亩时的舞弊行为。

（四）征购土地的公债票因政府不及印刷，可先由县区政府出具临时凭据，以后掉换。土地公债规定于五年后开始还本，分五年还清（例如票面为五百元，则每年还一百元）。

（五）必须从土改复查中大量吸收雇贫农积极分子入党，及提拔大批雇贫农干部到党政及民众团体的领导机构，以健全巩固农村的整套组织，并以土改复查为基础进行整理支部，改造政权，发展各种群众团体及民兵组织，开展生产运动以及开展群众性的反奸防谍运动，以巩固后方和打下支持长期战争的可靠基础。

五月四日

原编者注：该补充指示无原件，只有渤海区党委与胶东区党委的翻印件，两件文字不尽一致，此处选用的为渤海区党委翻印件。

选自《山东革命历史档案资料选编》，第19辑，济南，山东人民出版社，1985年版，第22～23页。

31. 中共华东中央局关于山东土改复查新指示

1947年7月7日

（一）

华东局总结了一年来山东的土改工作，认为土改已在各地普遍进行，复查亦在各地开始，有些地区已经得到很大成绩，各地也创造了不少有明确阶级路线与充分群众路线的模范例子。但一直到今天，各地仍普遍存在严重的富农路线，其具体表现，就是地主多留地、留好地，富农自耕土地未动，干部与军工烈属普遍多分土地、多得果实。这种结果，就使无地和少地的雇贫农少分地、分孬地，甚至根本不分。有些地区虽然经过了复查，但雇贫农仍然未能得到足够的土地，他们所得的土地，仍然比地主富农少得多，因此农村中赤贫仍未消灭，大部雇贫农生活仍然未能改善。

华东局认为山东土改中存在这种严重情形，不是偶然的，而是由于华东局去年“九一指示”的错误指导所产生的必然恶果。“九一指示”所犯的错误，不是个别的而是原则上的错误，是采取了与中央完全相反的方针路线来作为土改的指导原则。党在土改中的基本方针是什么呢？显然是要实现耕者有其田。而耕者有其田的基本内容，则是要使无地少地的雇贫农得到足够的土地，同时要使自耕自给的中农土地不被侵犯。党的方针，就是依靠雇贫中农这三个阶层的团结与合作，使占农村人口百分之九十以上的劳动人民，大大提高其生产力与生产积极性，以发展农业生产繁荣农村经济，同时在政治上大大提高他们的阶级觉悟与革命积极性，以击败反革命的进攻，抵抗外国侵略者，以完成中国新民主主义革命。正因为土改的基本要求，是要使雇贫农得到足够的土地，同时又要使中农土地不被侵犯，因此就必须清算地主的全部土地与富农的多余土地，消灭封建残余，同时又必须坚决反对窃取斗争果实的富农路线，使土地分配“公平合理”。不如此就不能达到我们的要求。首先照顾雇贫中农还是首先照顾地主富农？这就是党在土改中掌握政策正确与否的分界线。雇贫农是否得到足够土地，中农土地是否不被侵犯？这就是土改是否彻底，土改有无成绩与成绩大小的基本标准。根据这个标准与分界线来检查“九一指示”的基本精神，显然与此相反，它不是首先去照顾雇贫农，而是首先去照顾地主富农，不是集中注意去满足雇贫农的土地要求，而是用各种方法去使地主富农多留土地。“九一指示”明白规定“中小地主可留下比中农多半倍之土地，其房屋、农具、耕牛一般不抵偿负欠”；规定“抗日军人抗日干部家属之属于豪绅地主者可比中农多留一倍的土地”，“开明地主与抗属同”；规定“学田、育婴田、孤儿田等土地，一般不动，并允留祭祀田及传教人生活田”；对富农规定“只能用仲裁办法清算其封建剥削部分而保全其自耕部分”，“富农为汉奸走狗及恶霸一方者，亦应保留其中农生活”。无疑的，这些规定正是标本的富农路线的分田办法。在执行土改方法上，“九一指示”不是采取放手发动群众，由群众自己动手来解决土地问题的群众路线，不是坚决拥护群众用斗争清算办法直接从地主手中去获得土地，而是限制群众斗争，要群众对老解放区地主“勿再从事清算”，“对空白村则应将清算与购买结合处理”，“对中小地主则多采取反省、调解、仲裁方法”，对敌伪公地、大汉奸土地、地主黑地及霸占土地之没收，亦要“群众运动与政府法令相结合”，“不能单纯由群众没收”。“九一指示”还提出“公济私”“富济贫”的口号，强调地主“献田”与由政府法令征购地主超额土地的和平办法。这些指示又正是中央“五四指示”所绝对禁止使用的“反群众路线的命令主义，包办代替及恩赐办法”。“九一指示”对山东过去土改估计及把握中心上亦有错误。当时山东土改刚刚开始，而“九一指示”就把全省分作四种地区，四种不同工作中心。其第一种便是土地已经解决而非战争地区以巩固组织、支前、扩军为主，这是没有根据的盲目的乐观估计与自满自足。因而领导上就实际放松对土改这个中心环节的把握。正由于华东局去年“九一指示”存在着这三点原则上的错误：土改方针上的非阶级路线、执行方法上的非群众路线、领导上的自满自足放松土改，这就是山东土改之所以不彻底，所以大部流于形式主义，所以不能成为轰轰烈烈的群众运动的症结所在。华东局今年“二·

二一指示”与“五四补充指示”，虽然指出富农路线错误，对“九一”规定有所改变，对山东土改起了推动作用，但对“九一指示”所犯的原则错误未公开揭露，因此仍未能彻底改变山东土改情形，这是工作上的一大损失。为了彻底克服富农路线与非群众路线，贯彻山东土改与复查，华东局号召各级党委改变“九一指示”的错误规定，停止省府土地法令之执行，并以此来检讨自己在土改中的工作。

（二）

为了贯彻土改，彻底克服富农路线，消灭封建残余，保证雇贫农得到足够土地，保证中农土地不被侵犯，对土改政策特重新作如下规定：

1. 地主的全部土地、山场、水塘等，应完全清算出来，交农会分配。其牲口、农具、房屋、家具、粮食等，亦应算出统一分配。地主土地算出以后，可按农会多数意见，再分给他以一定土地，但至多不得超过雇贫农所得土地的平均数。其豪绅恶霸、反动地主及为群众所痛恨者，其本人不分土地，其家属不反动者，在农会同意下，可分给一定土地。

2. 富农除出租土地全部拿出外，其自耕土地可清算出一部分，以抵偿其过去的剥削债务。其牲口、农具亦可清算一部，但须留他自己够用部分。至民主政府成立后劳动起家的新式富农，其所有土地及财产均一律不动。

3. 中农的土地财产坚决不动，已动的应补偿，以所有公地或抽出地主之土地偿还之，如当地土地不足无法补偿时，应给以相当数量的地价。

4. 过去清算斗争中，在“各算各得”的原则下多分土地的佃农，应说服其拿出多得部分，如说服无效，可以其他斗争果实交换，或以公债征购之。

5. 干部、军工烈属及荣誉军人，不应有特殊权利，其多留或多得土地，应说服其拿出与其他农民同等分地，或以公债征购之。

6. 从地主富农拿出之土地，应首先分给雇贫农，按人口男女老少各得一份，求得多少均平、肥瘦均平，以满足他们的土地要求。单身汉应分得双份土地，以便将来成家后足以谋生。城市贫民及失业工人回乡者，应同样分得土地。

7. 留复员田以人口千分之一为标准（每一千个人的乡村，留一个人的复员田），田多者可多留，但不得超过千分之二，田少者可不留复员田。除复员田外，其余一切公地及部队机关留作生产之土地一律归农会分配，不得再用任何方式保留公地。

8. 分配土地时以联防村或较大之行政村为单位，将该村农民原耕之土地归还该村农民分配。其土地特别缺少者，村与村之间得互相调剂，但应得到匀出土地乡村农民之同意。

9. 富农经营之工商业不动，中小地主在城市经营的工商业一般不动，属于豪绅恶霸反动分子及为群众所痛恨者，可以清算偿还。

10. 妇女与男人同等分地，并保有产权。妇女出嫁或改嫁时其所得土地由她自己处理之。

11. 分配土地时应注意多少均平、肥瘦均平，一般按照自然亩抽多补少、抽肥补瘦，不要折成中中亩，以免舞弊。

12. 凡分得土地之青苗，归分得者收获，但原佃户系中贫农者应归还其工本。

13. 土地分配后，应追缴旧契约，当众焚毁，另立新契约，以确立新得地户之产权。

从此以后生者不再分，死者不抽回，以便鼓励勤劳，增进生产。

上述土地分配办法，原则上是“中间不动两头平”，即中农及勤劳起家之新富农土地财产不动，而使雇贫农与地主旧富农平分土地。各地复查时应以此为准则。土地分配不合此准则者，应调整之，与此相反或相差太多者，在大多数农民同意下应重新分配。总之，实施时应根据百分之九十的农民的意见行事。如果党的规定与百分之九十农民的要求不符合时，则应修改党的决定。各级党委要把服从上级指示与服从群众要求二者统一起来，而不是使之对立起来。

（三）

要贯彻上述适合于雇贫中农利益，消灭地主，削弱旧富农，保护劳动发家新富农的土改政策，必须经过严重的阶级斗争，必须依靠以雇贫农为中心、团结中农的群众路线，去与地主富农进行坚决的斗争。只有以雇贫农为中心去团结中农，结成广泛的反封建民主统一战线，再对中小地主采取适当分化政策，对富农采取又团结又斗争的争取政策，这样才能保证土改之彻底完成与土改政策之正确实施。因此，各地在土改复查时，必须放手发动群众，大权必须交给百分之九十的农民，一切事情，依靠他们自己去办，依靠他们的自觉自愿、自［己］动手，而不是少数人代替包办强迫命令的干部路线。

因此，各地必须重新组织农民联合会，此农会要以雇贫农及工人为中心，加上中农，不要地主富农参加。在农会之下，应将雇贫农工人编成贫农小组，在土改中一切清算、调查、分配、复查、调整或重分，均须先经过贫农小组讨论，再经过农会讨论通过，即可实行，不须再经任何机关核准。各级政府在土改期间，应授权农会去处理土地问题，不受理任何土地纠纷案件。

为有效地执行群众路线，各级农会在组织上应保持其独立性，自成系统。各级农会领导人，必须从下而上进行民主选举。党应保证各级农会领导成份〔分〕，要使雇贫农及工人占绝对多数。为便于农会组织之建立，各级行政区、专员区及县、区四级，应即成立农会筹备处，筹委七人至十五人，由各级党委挑选群众观念最强，有群工经验、工作实际，有群众信仰之干部担负筹备处之责，并要有当地真正雇贫农（不是冒牌的）干部与积极分子参加，县区二级则此种干部应占一半以上。此筹备处人员可由上级农会委派，或由原有农会改组而成。乡村级则不必成立筹备处，在土改中经过雇贫农积极分子个别介绍会员，逐渐发展组成农会（不是开一个会，造名册便宣布成立）。各级党委土改工作团，则以农会工作团或特派员名义出现。“农会”，“贫农小组”，“工作团”，此三者互相结合，即成为土改中群众路线的具体形态。各级党应把大权授给他〔它〕们去进行土改，并依靠此纯洁的阶级组织来协助党政组织与民兵之改造。

（四）

要贯彻正确的土改政策，必须在土改过程中完成改造党、改造干部、改造作风、改造党的其他组织的艰巨任务。而目前改造党的基本目标，则是加强党的无产阶级基础，养成党内民主作风。其办法主要是：

1. 耐心的〔地〕说服教育现有干部、现有党员，加强他们为人民服务、为无产阶级服务的群众观念与阶级观念，克服他们小资产阶级自私自利的人生观与农民的狭隘观点，克服一切脱离群众的行为。特别应说服他们自动退出多分的土地与多得的斗争果实（在部队中，应广泛进行教育、讨论，说服指战员写信回家，说服家属自动退出多得的土地），以便更好联系群众，使自己真正走向无产阶级化，并使全党更提高一步。这是目前改造党的最主要步骤。

2. 要大批吸收土改中翻身的雇贫农积极分子入党，并大胆破格提拔在土改中立场坚定、大公无私、工作积极、有群众信仰的雇贫农干部到党的领导机关中来，以充实党的新的血液，加强党与群众联系。这是加强党的无产阶级基础的基本步骤。

3. 对那些教育说服无效，仍坚持自私自利、抵抗党的正确路线者，不应容忍姑息，应坚决把他们从领导机关中撤换下来，甚至洗刷出党。对这些干部不应停止群众对他们的斗争。当然这些人如愿意革面洗心、改过回头，党仍应不放弃对他们的教育与争取。

4. 必须大大提倡批评、自我批评与党内民主的作风。为此，解放区党必须公开，党的支部必须定期开会。土改中一切问题，由支部大会讨论通过。支委会由支部民主选举，支书应由〔向〕支部会定期作工作报告。每个党员均有批评支书支委与任何上级之权。必须克服目前山东党内严重存在的家长制度，纠正把领导一元化曲解为领导一人化的个人领导而不是集体领导，服从个人而不服从组织的错误。

（五）

在土改中的领导方法：

首先，必须克服领导上的自满自足、自以为是的错误观点。认为我这里土改经过复查已无问题，认为老解放区经过反奸清算，土地问题基本上已经解决了，认为我这里没有富农路线。这种不调查研究的盲目的自满情绪，是障碍土改的最大敌人。今后各级党必须虚心警惕，根据本指示的规定，来重新检查自己的领导，重新估计土改的成绩，重新部署自己的工作。

其次，必须真正把握从群众中来到群众中去的基本精神。一切决定，一切办法，应经过调查研究，适合于百分之九十［的］农民的共同要求，而不是单凭自己主观想象解决问题，或机械执行上级指示。

第三，应学习一般号召与个别指导相结合，领导骨干与群众相结合的领导方法。目前首先要将本指示普遍传达下去，在传达中物色团结完全拥护此新方针的积极分子，再去团结党内外群众。号召各地党员各地群众一致起来贯彻土改与复查。此外各级党委应亲自掌握工作团就近进行工作，以考验自己的决定是否正确，在执行中有何新创造、有何新偏向，再根据这些新的经验教训去作新的指导，一直到土改复查完全贯彻为止。

第四，应坚决把握土改复查为一切工作之中心环节。一切工作，应从土改复查出发，使百分之九十的农民得到实际利益。从这一点出发，去动员群众完成各种任务，以全力支援前线，争取反攻之迅速到来与最后胜利。

中共华东中央局

一九四七．七．七

选自《山东革命历史档案资料选编》，第19辑，济南，山东人民出版社，1985年版，第165～173页。

32. 山东省政府布告
——规定新解放区减租减息暂行办法

1948 年 6 月

查新解放区在农会尚未普遍建立，各地民主政权基层组织尚未健全以前，本府为减轻封建剥削，初步改善农民生活，决定实施减租减息政策，并制定减租减息暂行条例。在该条例未颁布前，特暂时规定如下办法：

（一）佃农一律暂时停止向地主交付麦租，地主亦不得向佃农索取。

（二）凡在农村中地主、富农和封建性之债务，一律暂时停止交付本息，债权人亦不得追还。但工商业中的债权、债务，不在此列。

（三）麦收以后，土地仍归原耕者继续耕种，地主不得自由抽地。

以上各项，仰各遵照，勿听谣言，安心生产为要！

此布

主席　黎　玉

选自《山东革命历史档案资料选编》，第 20 辑，济南，山东人民出版社，1986 年版，第 277～278 页。

33. 中共中央华东局关于执行《对新收复区处理地权及其农产物所有权暂行办法》的指示（社科法制版）①

1948 年 6 月 13 日

凡经过减租减息反奸清算以后实行初步土改后，被敌人占领现又重新为我收复的地区，因敌占期间地主曾倒回土地及部分得地户不敢从事耕种，在新收复后又有部分地主畏罪逃亡，以致形成部分土地荒芜，地权混乱，对此如不迅速处理，不仅夏收秋收中纠纷难解，并将发生农民自动抢割现象，则影响生产及增加生产救灾中的困难。同时，又因为过去反奸清算及初步土改时，在执行中，对阶级划分不明确，曾有不少地方把中农（甚至个别的贫农）划为富农而侵犯其土地财产，如果听任下面简单处理，则又将重复过去的错误。如上述新收复区要平分土地与正确处理地权，必须按照中央五月二十五日发布的一九四八年土改整党的指示精神，待农会建立与当地基本群众的绝大多数业已有了分配土地的要求，及在干部掌握领导上确有把握时，才能进行，否则可能侵犯中农利益，为坏分子乘机篡窃果实，甚至引起新的混乱。

此外，新收复区亦有两种不同情况，即：一种新收复区是环境安定，已无战争情况

① “社科法制版”与“山东资料版”对此件的公布日期及内容有差异，特将两种版本一并列出。

（如胶济沿线及鲁中山区），另一种新收复区是环境比较动荡，战争情况依然紧张（如沿津浦路，陇海路）。故我们在处理新收复区地主倒回土地与其农产物时，应按照不同地区、不同条件、不同对象，采取不同的处理办法。在环境安定、群众已经起来要求处理地主倒回土地及其农产物，并已有适当干部能够掌握领导的地区，应按照对新收复区处理地权及其农产物所有权的暂行办法审慎处理。在上述环境安定地区，如果阶级划分尚不明确，又无适当干部掌握领导，则为避免重复侵犯中农的错误起见，除对某些明显为地主与旧式富农以及对逃亡地主等的土地及其农产物，应按对新收复区处理地权及农产物所有权的暂行办法个别处理外，而对其他阶级划分不明确的富农及某些地主可不作普遍一般的处理。在环境动乱地区，如果农民对地主尚有顾虑，对上述土地及农产物不加处理，亦不致引起纠纷与土地荒芜者，亦可暂时不加处理，则应以发动群众进行支前生产为主。

附：　对新收复区处理地权及其农产物所有权的暂行办法

（一）地主、旧式富农倒回的土地及其农产物的处理：

甲、凡地主、旧式富农倒回已分给农民的土地而自耕种者，应一律宣布为非法行动，并限期归还原得地户。这些土地上所已经种上的农产物（包括即将收割的在内），亦统归原得地户所有。

乙、凡地主、旧式富农倒回土地后，又租给佃户耕种者，其土地亦应归还原得地户所有，并应废止其业佃关系，由种地佃户径向原得地户缴纳地租，分租办法可由双方协议。此项土地今后或由得地户收回自种，或继续交原佃户耕种，或另找新佃户耕种，概由原得地户自行决定。

丙、凡地主、旧式富农倒回土地但已出卖者，如买主亦系地主、旧式富农，可照甲项办理。但如买主是中农或贫雇农或其他劳动人民，则该地主、旧式富农应退还其地价。如该地主、旧式富农已逃亡或无力偿还时，应由当地政府从该地主之浮财或其他地主、旧式富农多余土地或公地中抽补抵偿原买主。至原买主现已种上的农产物，则可由政府或农会按照原得地户及买地户双方的生活情形调处之。

丁、凡在敌人占领期间，地主、旧式富农向农民所倒回之粮物及雇工工资，在原则上应退回原主。在实施时应照顾具体情况分别处理。

戊、凡地主、旧式富农于退回其倒地粮款及雇工工资后，确无法维持生活者，应调剂一部分土地及粮食，使之能维持生活，从事耕种。

己、过去有些地方违反了我党保护工商业的政策，清算了某些地主、富农经营的商店、作坊，在敌占时又倒回者，仍应归其经营，可不退还原分得者。

（二）在敌占期间，地主、恶霸所霸占的土地及农民因无力负担而交公或充公的土地的处理：

对上述土地及其种上的农产物，应即无条件的〔地〕归还原主。其已由地主、恶霸、伪乡保长等租给或卖给别人者，可照本办法之第一条乙、丙两项处理。

（三）全家逃亡户的土地及其农产物的处理：

甲、凡中农、贫农全家逃亡者，其土地及其他财产均应由其亲族代收代存，代交公粮，并于收割后代为耕种；无亲族者，可由政府委托有劳动力之基本群众代收代存，代交公粮，并代为耕种。此项代收代存代耕之报酬标准，可由当地县、区政府本着公平合理、双方兼顾之原则，具体规定之。

乙、凡地主、富农之全家逃亡者，其土地可暂时分给无地少地的农民耕种，待其回来后再交还其一部或另抽土地给其耕种，使之能维持生活。在其逃亡之前已耕种之农产物，可由政府代为收割，扣除公粮，并保留一部待其返回时酌情发给，使之能维持生活，所余部分可作当地公益救济事业之用。对个别罪大恶极为群众痛恨者，其土地（包括已种上之农产物在内）经县以上的政府机关批准后，可予以没收，并即分给无地或少地的农民耕种，但对其家属，仍应留给一定的土地，使之能维持生活。

（四）公地与未经分配的土地及其农产物的处理：

凡公地及未经分配之土地，即应分配给无地少地的农民耕种。至其已经种上的农产物，应按谁种谁收之原则处理，但种地户应照章交纳田赋公粮。

（五）游击区、边沿区的夏收秋收问题：

甲、在游击区活动的武装部队应积极保护群众收割。如过去为解放区现在变为游击区发生上述倒算情形者，应按照当地敌情、群众力量及我干部领导与掌握能力，具体处理，但应特别注意不要使群众遭受摧残为原则。

乙、在边沿区活动的武装部队，应积极掩护群众收割及打击向我区抢粮之敌，但应坚决禁止群众到敌占区去抢夺民粮，以免造成群众的赤白对立。

选自《中国新民主主义革命时期根据地法制文献选编》，第4卷，北京，中国社会科学出版社，1984年版，第496～499页。原注："选自一九四八年九月二十六日《新华日报》华中版。"简称"社科法制版"。

34. 中共华东中央局关于执行《对新收复区处理地权及其农产物所有权暂行办法》的指示（山东资料版）

1948年6月18日

几经过减租减息反奸清算以及实行初步土改后被敌人占领，现又重新为我收复的地区，由于敌占期间地主曾倒回土地及部分得地户不敢从事耕种，以致土地荒芜，新收复后部分地主畏罪逃亡，形成地权混乱。对此如不迅速处理，不仅麦收中纠纷难解，势将发生农民自动抢割现象，且将影响夏季生产，扩大这些地方的严重灾荒。同时，又因为过去反奸清算及初步土改时阶级划分不明确，曾有不少地方把中农（甚至个别的贫农）划为富农而侵犯其土地财产，如果简单处理，则又将重复过去的错误。故上述新收复区要平分土地与正确处理地权，必须按照中央五月二十五日发布的一九四八年土改整党的指示精神，待农会建立与当地基本群众的绝大多数业已有了分配土地的要求，及在领导上确有把握时，才能进行，否则可能侵犯中农利益，为坏分子乘机篡窃果实，甚至引起新的混乱。

另外，新收复区亦有两种不同情况，即：一种新收复区是环境安定，已无战争情况（如胶济沿线及鲁中山区）；另一种新收复区是环境比较动荡，战争情况依然紧张（如沿津浦路、陇海路）。故我们在处理新收复区地主倒回土地与其农产物时，应按照不同地区、不同条件、不同对象，采取不同的处理办法。在环境安定及群众已经自动起来要求处理地主倒回土地及农产物，并已有适当干部能够掌握领导的地区，应按照对新收复区处理地权及其农产物所有权的暂行办法审慎处理。对上述环境安定地区，如果阶级划分不明确，无适当干部掌握领导，则为避免重复侵犯中农的错误起见，除对某些显明为地主与某些犯有显著罪恶者，及对逃亡地主等的土地及其农产物，应按对新收复区处理地权及农产物所有权的暂行办法进行个别处理外，而对其他阶级划分尚不明确的地主，可不作普遍一般的处理。在环境动荡地区，如果农民对战争及地主尚有顾虑时，对上述土地及农产物不加处理亦不致引起纠纷与土地荒芜者，可以暂时不加处理。在上述地区应以发动群众进行支前生产为主。

附：

对新收复区处理地权及其农产物所有权的暂行办法

一、地主倒回的土地及其农产物的处理

甲、凡地主倒回已分给农民的土地而自耕种者，应一律宣布为非法行动，并限期归还原得地户。这些土地上所已经种上的农产物（包括即将收割的在内）亦统归原得地户所有。

乙、凡地主倒回土地后又租给佃户耕种者，其土地亦应归还原得地户所有，并应废止其业佃关系，由种地佃户径向原得地户缴纳地租，分租办法可由双方协议。此项土地今后或由得地户收回自种，或继续交原佃户耕种，或另找新佃户耕种，概由原得地户自行决定。

丙、凡地主倒回土地，但已出卖者，如买主亦系地主，可照甲项办理；但如买主是中农或贫农或其他劳动人民，则该地主应退还其地价；如该地主逃亡或确无力偿还时，应由当地政府从该地主之浮财或其他地主多余土地或公地中抽补，抵偿原买主，至［于］原买主现已种上的农产物，则可由政府或农会按照原得地户及买地户双方的生活情形调处之。

丁、凡地主于退回其倒地后，确无法维持生活者，应调剂一部土地及粮食，使之维持生活从事耕种。

戊、地主、富农经营的商店、作坊，过去被清算，敌占时又倒回者，仍应归其经营，不归还原分得者。

二、中（贫）农或其他劳动人民倒回的土地及其农产物的处理

过去在土改中有的地区曾经错误的〔地〕没收与分配了本不应该没收与分配的中（贫）农或其他劳动人民的土地，在去年蒋匪占领该地区后，这些中（贫）农或其他劳动人民亦有将土地倒回去的。对此，我们应承认今后此种土地的所有权属于原被错误没收的中（贫）农或其他劳动人民，而不再予以变更，但对其倒算得过多的部分（即原来并不是他的部分），则应要他归还原主。对于这些中（贫）农或其他劳动人民必须进行适当的教育，以提高其觉悟，同时对被倒退土地的贫雇农或中农应说明过去侵犯中（贫）农或其他劳动人民的土地是错误的，故不应收回。另一方面，当地政府应设法从其他地主多余土地或公地中抽补，抵偿失地之贫雇农或中农。此外，对于原被错误没收，但在敌占期间并未

倒算的中农或其他劳动人民，应给以适当的照顾，其生活困难者应即设法调剂补偿之。

三、在敌占期间地主恶霸所霸占的土地及
农民因无力负担而交公充公土地的处理

对上述土地及其已经种上的农产物，应即无条件的〔地〕归还原主。其已由地主、恶霸、伪乡保长等租给或卖给别人者，可照本办法之第一部分乙、丙两项处理。

四、全家逃亡户的土地及其农产物的处理

甲、凡中农、贫农全家逃亡者，其土地如同其其他财产一样，应由其亲族代收、代存、代交公粮，并于麦收后代为耕种；无亲属者，可由政府委托有劳动力之基本群众代收、代存、代交公粮，并代为耕种。此项代收、代存、代耕之报酬标准，可由当地县区政府本着不偏不私、双方兼顾之原则，具体规定之。

乙、凡地主、富农之全家逃亡者，其土地可暂时分给无地少地的农民耕种，待其回来后再交还其一部或另抽土地给他耕种，使之能维持生活。其已耕种之农产物，可由政府代为收割，扣除公粮，并保留一部待其返回时酌情发给，使之能维持生活，所余部分可作当地公益救济事业之用。对个别罪大恶极、为群众痛恨者，其土地（包括已种上之农产物在内）经县以上的政府机关批准后，可予以没收，并即分给无地少地的农民耕种，但对其未参加犯罪行为之家属，仍应留给一定的土地，使之能维持生活。

五、公地及未经分配的土地及其农产物的处理

凡公地及未经分配之土地，应即分配给无地少地的农民耕种。至其已经种上的农作物，应按谁种谁收之原则处理，但种地户应照章缴纳田赋公粮。

六、游击区、边缘区的麦收问题

甲、在游击区活动的武装部队，应积极保护群众麦收，如过去我解放区、现在变为游击区发生上述倒算情形者，应按照当地敌情、群众力量及我领导与掌握能力分别处理，但应特别注意不要使群众遭受摧残。

乙、在边缘区活动的武装部队，应积极掩护群众收割及打击向我区抢粮之敌。但应坚决禁止群众到敌占区去抢夺民粮，以免造成群众的赤白对立。

选自《山东革命历史档案资料选编》，第20辑，济南，山东人民出版社，1986年版，第254～258页。简称“山东资料版”。

35. 中共华东中央局关于管理孔庙孔林及土地的意见

1948年6月20日

许、谭、鲁南区党委并中央：

许、谭巧电、鲁南筱电均悉。关于管理孔庙孔林及其土地诸问题，特提出下列各点，望鲁南区党委慎重办理。

一、原孔庙土地乃是政府课税，交给孔府自收作为祭费。后孔府依势擅自改为租佃关系，除收租额最高占农产物收入百分之五十二外，尚有斗尖、地皮、合子粮等额外剥削，

其中有一部分已被河沙冲漫者仍须〔需〕交租。日寇投降后，虽实行双减及废除额外剥削，但农民仍感不满，因为减租客观上等于承认孔府地权，但在过去农民相互转佃时，新佃户须向旧佃户交三分之一地价，故实际上佃户已取得三分之一地权，如按全面积交租，减租则等于否认农民三分之一地权。在“五四”指示以后，由政府规定孔庙土地权归政府所有，以百分之十五作为缴纳公粮、田赋、祭祀等费之用，农民亦感不满，因为农民在土改时要求取得全部地权，如归政府所有，则等于没收农民三分之一地权。同时，农民亦不愿将百分之十五土地税交给孔府，而愿直接交给政府，由政府处理，以免除孔府对农民之额外剥削。在一九四七年春我方退出曲阜后，孔府倒算甚重，群众殊为愤恨。此次解放，孔府管理人员事前畏罪潜逃，即因倒算恐惧群众报复。如再实行双减政策，势必脱离群众。因此特决定：

甲、孔府所属曲阜境内及邹泗边境一百二十顷占有土地，其土地权应全部归原来耕种农民所有。

乙、农民按现有实耕地的产量计算，向政府缴纳百分之十五土地税（农产物），政府不另收公粮、田赋。

丙、上述百分之十五土地税由政府拨归专作孔庙之用，并规定下列的用途：（一）管理孔林人员工资。（二）每年孔诞节祭祀费用。（三）衍圣公直系家属生活必须费用。（四）修理孔林、孔庙。（五）每年总开支后，如尚有余资可留作大修理庙林之用。如在上述开支范围内不敷时，得由政府按实情酌量补助之。

丁、孔府对农民倒算土地、租粮、财物者，应按照华东局新收复区处理地权及其农产物所有权暂行办法处理，并查明其罪大恶极而确为农民所痛恨者，应予以适当之处分（但不必处死刑，以警其他）。对一般倒算者，只要能向农民认错，退回所退之土地、财物，则不要斗争，以免混乱。

戊、孟庙祭祀土地亦按以上甲、乙、丙、丁四项规定处理。其他周、颜、曾、仲等庙宇古迹，须一律组织管理委员会妥为保存。但因其祀地久已不存在，故其庙宇等修补费用及直系家属生活困难者，得由政府酌量予以照顾，并帮助其解决生活办法。

二、如只以工人会议选出管理委员会负责管理各种事项似有困难，故应由当地政府派员主持，吸收孔家负责人员参加，并聘请若干熟悉孔氏财产关系及孔庙事例习惯而又为当地群众所信任的公正人士参加，共同组织孔庙管理委员会，负责保管孔庙、孔林、孔府及各种古物文献，负责保管财产，监督经费收支。同时参照一九四六年保管孔庙等经验，将旧有保护孔庙布告规定重新印发，广为张贴，须即派武装保护，免遭破坏。

三、孔庙祭祀暂定于每年孔诞日大祭一次，以作向外宣传。其余大小祭祀由孔府自行处理，政府可不参与，亦不干涉。

四、在第一次解放曲阜时，孔府对我政府保护孔庙及减租经过政治影响甚佳，目前可通过与孔府有关人员争取其逐渐回乡。

华东局

原编者注： 1948 年 6 月 24 日，中共中央电复华东局，同意对孔孟诸家土地的处理方针。

选自《山东革命历史档案资料选编》，第 20 辑，济南，山东人民出版社，1986 年版，第 260～262 页。

十一、劳动法规

1. 山东［省］职工抗日联合总会成立宣言

1940年8月

全山东的同胞们，工友们!

目前的世界处在战争和革命的时代，就是说处在第二次国际帝国主义战争空前扩大和以苏联为中心的世界革命运动空前高涨的时代，也就是说全世界的工人阶级和劳动人民遭受到空前灾难、饥饿死亡，但同时又是接近着光明、幸福和最后解放的时代。中国四万万五千万人民进行了三年的抗日民族革命战争，正是世界革命运动的一部分。在目前国际形势急剧转变之下，日本帝国主义加紧了政治进攻和军事威胁，企图引诱中国的大资产阶级投降，制造新的汪精卫，以实现它迅速灭亡中国的迷梦，使中国抗战进入了空前危险和空前困难的阶段。

中国工人阶级由于它在中国所处的社会地位，在日本帝国主义侵略下感受的痛苦最深，由于它在中国共产党正确的领导之下，二十年来英勇奋斗的历史传统，在三年抗战当中，无论在参战参政或生产运输各方面都成为艰苦斗争、英勇牺牲的模范。一九三八年夏，在日寇铁蹄摧残下，唐山三万多工人为反对敌人接收开滦煤矿，不仅进行了罢工斗争及武装冲突，而且于西赵格庄、唐庄子等地，七千多工人以武装起义响应抗日军，积极参战，虽然在与敌伪数次激战中一部领袖遭受牺牲，但终于粉碎了围攻而与抗日联军汇合。在山东，淄博矿工炸毁了张店敌人的电灯房，使张店站一个月变成黑暗世界，敌人损失千万元；津浦铁道队于一九三九年“五一”劳动节炸毁敌人南下的“国际列车”，粉碎了敌人“铁路沿线二十里内是安全地带”的谰言。其他参政、生产、运输的例子虽然不能类举，但只是上面三个参战的事实，已足够证明，中国工人阶级不仅继承和发挥了过去光荣的革命的传统，而且在“保卫祖国”的伟大事业中，成为坚决英勇牺牲的模范，是抗战中的一支主力军。

在国际形势空前险恶，中国抗战空前危险、空前困难的今天，山东全省职工抗日联合总会的成立是有着伟大的意义的。

第一，“有组织才有力量”。过去山东职工运动，虽然也有它辉煌的成绩，但还缺乏统一的领导和组织，在坚持山东抗战当中，还没有充分发挥它应有的骨干作用。山东职工总会的成立，将使山东职工运动走上统一、发展、巩固、深入的新阶段，使山东工人阶级的力量无可比拟的〔地〕增强起来。

第二，目前山东正处于投降与反投降、磨〔摩〕擦与反磨〔摩〕擦、“扫荡”与反“扫荡”剧烈斗争的局面。因此，山东职工总会成立以后，山东的工人阶级在统一的领导和组织之下，将成为坚持山东游击战争、巩固山东抗战根据地的一支主力军。

第三，工人阶级是富于团结性的，在职工总会领导之下，全山东工人阶级统一战线的建立，将成为全山东其他阶层团结的骨干和模范。

山东的同胞们，工友们！为了克服目前抗战的空前困难、空前危险，为了发挥工人阶级在抗战中应有的骨干作用，我们应以下列工作方针，作为今后努力的方向。

第一，坚持抗战到底、团结到底的政治路线，反对投降分子、顽固分子，争取中间力量，团结进步力量，拥护共产党和八路军，巩固和扩大工人阶级的武装，积极参战，开展民主运动，实行参政，为坚持山东游击战争、巩固山东抗日根据地的任务而斗争。

第二，巩固和扩大工人阶级的组织，使山东每一个角落都有职工会的组织，不使一个抗战的工人站在组织之外，使职工会成为广大工人群众的有力组织，成为铁的队伍。

第三，加强工人阶级的教育，消灭工人阶级中的文盲，提高工人阶级的文化政治水平，真正做到“工农知识化”，这是完成工人阶级的历史使命的重要条件之一。

第四，努力生产，改善工人生活，规定最低限度工资，救济失业工人，实行保护童工、女工办法，以提高工人阶级的抗战热情，发挥工人在抗战中的雄伟力量。

全山东的工人团结起来呵！在伟大的抗日民族自卫战争中担负起历史赋予工人阶级的伟大使命啊！

选自《山东革命历史档案资料选编》，第5辑，济南，山东人民出版社，1982年版，第285～287页。

2. 山东省职工抗日联合总会组织章程

1940年8月

第一章　总　则

第一条　本会定名为山东省职工抗日联合总会（简称总工会）。

第二条　本会以团结全山东的工人及低级职员和雇农坚持敌后抗战，改善工人生活，保障工人利益，争取民族和工人的彻底解放为宗旨。

第三条　本会加入全国性真正代表工人利益的工人团体及与全国工人联合，并加入山东省各界救国联合会，服从其统一领导。

第二章　会　员

第四条　凡以出卖自己劳动力（体力、智力）为生活资料的全部来源或主要来源的劳动者，各种生产工人、手工业工人、机关职员、店员，农村中雇农、佃农（没有基本生产工具的）及小学教员，不分派别信仰、邦国地域、民族性别，承认本会宗旨，执行本会决议，非甘心情愿当汉奸者，经会员一人之介绍，均可为本会会员。

第五条　凡具有下列资格之工人团体，经本会执行委员会或县级以上执委会通过，均得加入本会或本会所属地方分会为会员。

一、产业工人的工会。

二、各地区的职工抗日联合会。

三、各行各业店员手工业工人的工会。

四、农村工人的工会。

五、渔盐民的抗日救国会。

六、苦力运输工人的工会。

七、铁路工人的工会。

八、邮电工人的工会。

九、海员工人的工会。

十、公路工人的工会。

第六条　本会会员之权力〔利〕如下：

一、有选举权、被选举权、监察权。

二、在生活上受本会会法之保障。

三、有工作上组织上之提议权。

四、参加本会的一切集体活动，并享受一切共同的利益。

第七条　本会会员之义务如下：

一、执行本会决议。

二、参加本会任何一级之工作。

三、发扬阶级友爱的精神。

四、对敌伪及顽固分子要绝对保守本会的秘密，并须有为保卫本会的组织而牺牲的精神。

五、服从本会纪律。

六、照章缴纳会费。

第三章　组　织

第八条　本会组织原则。

一、以同一产业、企业、职业单独建立省、县（市）、区、乡纵的组织系统，但在同一地区，又实行横的联合。村级统一于村农救会内。

二、采取民主集中制，即：

1. 各级领导机关皆由各级代表大会或会员大会依选举制产生。

2. 行动方针与一切决议须经过民主的讨论，以多数同意为准绳，上级并须定期向下级作工作报告。

3. 少数服从多数，下级服从上级。

第九条（缺）

第十条　各级代表大会或会员大会，为各级职工会之最高权力机关。

一、代表大会由下级代表组成。

二、代表大会之职权，为听取并审查执委会之工作报告，决定工作方针，修改章程，改选执行委员及决定其他重要事项。

三、各单位出席代表大会之代表人数由执行委员会决定之。

第十一条　各级执行委员会，为各级代表大会两次大会之间执行大会决议之最高领导机关。

一、各级执行委员会由各级代表大会中选出执行委员组织之。

二、各级执行委员会之执行委员数量，得由各级代表大会以实际情况决定之。

三、执委会得依据代表大会决议，制定〔订〕工作计划，选举常委会，指导下级工作，监督本会干部及经费，召集代表大会并准备工作报告。

第十二条　各级常务委员会为代表各级执行委员处理日常事务和工作之领导机关。

一、各级常委会由各级执委会中选出。

二、各级常委之数量由各级执委会依实际情况决定之。

三、常委会得依据执委会之决议处理日常事务及工作，领导下级召开执委会并作工作报告。

四、常务委员会互推正副会长［各］一人，县以上联合［会］可分设各部办公。

A. 组织部；B. 宣传部；C. 劳动保护部；D. 生产建设部；E. 武装部；F. 青工部；G. 女工部；H. 厂工部；I. 秘书处。

各部设部长一人，部长由同级执、常委兼任，秘书可聘任。

五、常委会各工作部得依据工作需要，经常委会通过，各设若干科及干事。必要时常委会得成立特种或临时工作委员会。

六、区乡不设部，各部门工作由组织宣传委员分别担任之。

第十三条　村职工组互推组长一人，领导全组日常工作；如人数过多，宜设若干小组。

第四章　会　期

第十四条　各级代表大会会期如下：

一、省联及各业、各行政区总工会代表大会一年一次。

二、各分区、各县、各业工会的代表大会半年一次。

三、区、乡工会代表或会员大会三个月一次。

第十五条　各级执委会会期如下：

一、省联及各业、各行政区总工会执委会半年一次。

二、各分区、各县、各业工会执委会三个月一次。

三、区、乡职工会执委会一个月一次。

第十六条　各级常委会会期如下：

一、省联及各业、各行政区总工会常委会半月一次。

二、各分区、各县及各业工会常委会十天一次。

三、区、乡常委及工厂作坊、农村小组会七天一次。

第十七条　各种会议必要时可由半数以上人员（代表、执委、常委、组员）提议，临时召集之。

第五章　纪　律

第十八条　本会纪律为自觉纪律，建立在本会会员的自觉性上。

第十九条　本会纪律：

一、履行会员义务。

二、不做任何违犯抗战和工人利益的言行。

三、不染恶劣嗜好，不做嫖赌行窃等行为。

第二十条　对违犯纪律者，主要采取教育和说服，但必要时，按实际情形分别予以劝告、记过及开除会籍等办法制裁之。

第六章　经　费

第二十一条　本会经费之来源为会员之会费、政府之补助、会内会外之募捐。

第二十二条　本会经费概定用于工作上。

第二十三条　会员缴纳会费数目规定如下：

一、会员入会应该缴纳工会头一次经常费，数目等于工资的百分之二。

二、邮电、海员、铁路、市政、五金工人，工资每月三十元以上的为百分之二，三十元以下的收百分之一。

三、工厂、矿山会员，每人每月缴纳全部工资的百分之一。

四、农村雇农、手工业者，可按季缴纳，数目以〔依〕实际情况规定之。在农村中不一定收货币，物品也可。

五、失业工人会费，可以经乡级工会通过减收或免收。

第二十四条　本会经费以集中分配为原则，即下级工会的收入应缴纳给上级工会审核批准，各级得按额开支，但必要时得追加预算。

第七章　附　则

第二十五条　在敌占区内，本会组织条例另行规定之。

第二十六条　常委会各部工作细则另行规定之。

第二十七条　村职工小组同时受村农救会统一领导，但保持其独立性。

第二十八条　本章程经山东职工抗日联合总会成立大会通过施行。

第二十九条　本章程如有未尽事宜，由总工会代表大会修改之。

附：山东省职工抗日联合会组织系统表（略）

选自《山东革命历史档案资料选编》，第 5 辑，济南，山东人民出版社，1982 年版，第 313～318 页。

3. 山东省职工抗日联合总会工作纲领

1940 年 9 月

一、拥护国民政府，拥护蒋委员长，拥护抗战到底、团结到底。

二、打倒汉奸汪精卫，打倒一切傀儡政府，肃清抗日阵营中暗藏的汪派托匪，坚持敌后游击战争。

三、团结进步工人，争取落后工人，以实际斗争与行动，严厉制裁山东一切“反共”“反进步力量”的顽固分子、工贼，打击消灭破坏抗战团结、甘心降日或准备降日的投降分子。

四、动员全山东的工友积极参加各种抗战工作。

甲、经常动员广大工人参加各抗战部队。

乙、创造与扩大工人武装，加紧教育训练，提高战斗力，配合正规军作战。

丙、发动工人参加战时动员工作，组织担架队、运输队、侦察队、工人自卫队。

丁、动员工人积极铲除汉奸，肃清敌探，巩固抗日根据地。

戊、揭露敌人的欺骗，不给敌人做工，不给敌人当兵，不下关东。

五、彻底实行民主政治，争取工作参政。

甲、积极参加各级政府的行政会议及参议会，并争取工人农民作〔做〕各级政权参加人的三分之一，各级工会负责人应争取成为同级政府行政委员会的常委之一。

乙、提出工人中之优秀分子，竞选为人民参政之代表。

丙、拥护抗日民主政权，协助政府推行抗战进步法令。

丁、加强工人阶级参政民主的教育。

六、实施国防的职工教育及抗战知识，提高山东工人政治文化水平，消灭文盲。

甲、普遍的〔地〕开办工人夜校、识字班与俱乐部等。

乙、建立工人子弟学校，加强阶级教育。

丙、开办训练班，培养大批工人干部，积极开展与［从］事职工运动。

七、适当改善工人生活及提高工人的社会地位，激发工人的参战热情。

甲、普遍提高工资，减低工作时间，青工、女工六小时，童工减半。

乙、优待救济抚恤抗日工人家属及失业工人。

丙、规定学徒期限及最低工资额，反对与禁止奴役、压迫、侮辱，改善童工青工女工之待遇。

丁、提高工人［的］社会地位，保障工人有言论、集会、结社、出版、抗日、罢工的绝对自由。

八、开展山东的经济建设，粉碎敌人的经济封锁。

甲、提高国防工厂工人的劳动热忱，改良生产技术，提高生产效率，改善生产品的质量。

乙、动员失业工人参加各种经济建设工作。

丙、领导农村工人，并协助农民改良农业，发展农村经济建设。

丁、普遍的〔地〕开展山东手工业及工人的生产合作运动，或与政府军需机关及一切抗日实业投资家兴办各种有利军需和有利抗战的工厂、作坊企业。

九、普遍的〔地〕建立与健全工会的组织。

甲、巩固已有组织，大量发展新组织。

乙、建立与健全各级工会组织系统及领导机关。

丙、征收会费，建立各种制度及青工女工单独系统。

十、开展敌区工作。

甲、严密与扩大敌占区的组织，大量蓄积敌占区的力量，准备反攻。

乙、建议并协同抗日政府招容敌占区的失业工人及其家属。

丙、动员大批工人，特别是专门技术工人，到我占区来参加各种有关抗战的特殊生产工作。

丁、利用一切可能、一切方法争取改善敌占区的工人生活。

选自《山东革命历史档案资料选编》，第5辑，济南，山东人民出版社，1982年版，第334～336页。原注："原载1940年9月10日《大众日报》。"

4. 山东省改善雇工待遇暂行办法

1942年5月15日公布、施行

第一条　为提高劳动热忱，发展农业生产，改善雇工生活，增进与保护主雇双方利益及加强农村团结，特根据抗战建国纲领及山东省战时施政纲领制定本办法。

第二条　凡雇农、畜牧工人及家庭佣工与雇主之关系，均适用本办法。

第三条　一般成年男工，除由雇主供给食宿及习惯上之一般待遇外，其年工工资最低标准，应按照各地生活状况，以能再供一个人之最低生活必须费用为标准，其具体数目由双方协议规定。但最低不得少于通用食粮（高粱或玉米）三百斤。

第四条　女工、童工工资之增加，以成年男工之工资为标准比例计算之。但成年女工，最低工资不得低于成年男工二分之一，童工不得低于三分之一。

第五条　短工工资之有市价者，依其市价，无市价时，应由工会、农会与雇工雇主，按期商讨规定之。

第六条　为保障雇工生活，工资之支付，均以粮食为标准。

第七条　工资之支付时间，除习惯及雇佣契约另有规定外，须依照下列之规定：

一、按年计工者，分上工、麦收、秋收三次，比例付清。

二、按季计工者，分上工、下工两次支付。

三、按月计工者，分月初、月终两次支付。

四、按日计工者，按日支付。

第八条　绝对禁止打骂虐待侮辱雇工，雇主不得因雇工之过失，私行惩处和扣除工资。

第九条　主雇双方发生争议时，得由工会、农会会同双方进行调解。如调解无效时，得呈请政府处理之。

第十条　雇工作息时间，依习惯行之。但须有足够恢复体力之休息时间，其在工余时间受教育者，雇主不得阻止。

第十一条　雇工患有疾病，经医生证明需要休息，其病期在一月以内者，除工资照发外，并须由雇主补助其医药费。其病期逾一月者，医药费可停止补助，至于工资续发与否，得按当地习惯，由主雇双方协议决定之。

第十二条　雇工因作〔做〕工致伤，除工资照发外，其治疗费完全由雇主负担。

第十三条　女工、童工之工作，须以不妨害其身体健康为原则。

第十四条　女工在分娩前后，须给以一月之休假，工资照发。

第十五条　雇佣契约之订立，以主雇双方自愿为原则，期满后任何一方均有宣告解除契约之权。如中途因故解除契约时，须经双方同意。一方不同意而对方认为仍须解除契约时，得由工会或农会调解之。调解无效时，得呈请政府处理之。

第十六条　雇工有参加工会及其他抗日活动之权利，雇主不得借故干涉。其在工会、农会担任工作者，因参加会议或受训需要请假者，雇主须允许之，但在全年内不得超过半月。农忙时间，一般不应请假。

第十七条　雇工有参加抗日军队之自由，雇主不得阻止。其在劳动契约有效期间内，因参加抗日军队或行政工作必须退工时，工资即在离工之日停付。如已预支工资，工人须负责偿还或找代工，其不能一次偿还者，得由双方协议，订立字据，分期偿还之。

第十八条　雇主依本办法改善雇工生活后，雇工须积极工作，不得怠工，并应爱护劳动工具。

第十九条　本年工资应由主雇双方协议，提高至本办法规定之工资标准。其已支付之工资，依支付时之平均粮价折算，从协议订定之粮食工资总数中扣除之。

第二十条　本办法之解释权属于山东省临时参议会。

第二十一条　本办法自公布之日施行。

选自《中国新民主主义革命时期根据地法制文献选编》，第4卷，北京，中国社会科学出版社，1984年版，第691～694页。原注：“选自一九四四年山东省胶东行署《法令汇编》。”

互校版本：《山东革命历史档案资料选编》，第8辑，济南，山东人民出版社，1983年版，第289～291页。

5. 山东省总工会关于动员全省工人参加减租减息改善雇工生活开展群众运动的指示

1942年5月

（一）减租减息改善雇工生活，发动群众运动，是目前山东建设巩固抗日根据地的第一个任务。各级工会必须动员全体工人发挥其先锋骨干作用，积极参加这一工作，彻底实现减租减息改善雇工生活，团结广大的农村工人，开展全面的职工运动，掀起广大群众运动的热潮，发挥群众参战和生产的积极性，胜利完成这一战斗任务。

（二）各级工会在领导工人开展增资的斗争中，同时要积极参加与领导农民进行减租减息工作，使减租减息与增资有机的〔地〕联系起来。我们要反对只顾增资、不管减租减息的脱离群众和本位观点。因为在敌后广大的农村中，工人如果不能团结广大的农民群众，工人就会陷于孤立无援，如不密切减租减息与增资的配合，同样也不会达到改善工人生活的目的。因此各级工会不仅要动员全体工人会员参加这一工作，并且要领导干部以工会名义直接参加领导这一工作，围绕这一中心工作来推动全面工作和日常工作。只有这样，才能跳出机关主义的事务圈套；同时也只有这样，才能真正开展广泛的职工运动，以掀起广大群众运动的浪潮。

（三）各级工会在进行这一工作过程中，要全部贯串着教育动员工作，反对过左过右的倾向。反对合法主义的依赖观点，认为减租减息增加工资，政府已有明文规定，就可等待其自行实现，同时也要反对单纯的力量观点，认为这一要求即是合法的行动，又加以我们有广大的群众力量，即可强迫实行；更要反对工会单方提出条件，强迫雇主执行的代替包办，而不发动工人斗争的方式。因为等待依赖的右倾观点，会使希望成为幻想，不能兑现；强力执行的左倾，会脱离群众，妨碍统战；同时这两种倾向都不能发动群众斗争的积极性，也就不会认识与发现自己的力量。因此，必须抓紧合法的根据，发动群众的力量，力争其实现。同时在方式上，应尽量采取协商的办法，通过双方同意（个别的或集体的），订立共同遵守的合同，实现合理的要求，达到主雇彼此团结的目的。

（四）要［把］正确领导减租减息改善雇工生活与抗战建设工作密切联系起来。职工会应通过减租减息增加工资这一经济要求，提高工农大众抗战生产的热情，加强工农大众的前途教育，反对单纯的经济观点，把改善生活和抗战建设工作脱节的现象纠正过来。

（五）要根据各地的具体情况，具体执行法令规定的原则办法。如一般工资的标准，最低不得少于普通粮食三百斤到四百五十斤，童工女工工资的增加，粮食工资与货币工资的折合，各地应根据不同情况（根据客观环境、生产状况与雇工生活水准），通过当地政府与主雇三方协商规定，不必机械执行，尤其在工作薄弱地区，不能实行粮食工资，可依增资的合理要求，采取和平的方式，达到增资的目的，但所增加工资的数目也不应过高过低。

（六）根据不同时间与不同空间转变工作重心，把握具体要求。如在麦收时节，应以减租减息增加工资为中心，同时应以保卫麦收为中心口号，号召主雇双方协力保卫麦收，在速打速藏保存我根据地的粮食接济原则下，实行减租减息、增加工资，改善群众生活，如在麦收之后，应以发动参加工会、建立工人武装为中心，秋收又以发动减租减息增加工资、扩大工会组织为中心，秋收后则以训练干部、整理组织为中心。各地应根据各地具体情况，切实布置，具体执行。最后希望各地将讨论进行情形，随时报告总会。

山东省总工会

五月

选自《山东革命历史档案资料选编》，第 8 辑，济南，山东人民出版社，1983 年版，第 335～337 页。

6. 山东省参议会关于解决留雇复雇就雇问题给雇主雇工和职工会人员的一封信

1943年4月

目前正是春耕行将播种的时节，一年的农事都要从此开始，转眼就是农忙的时候了。但我们看到还有不少的雇工至今尚未复雇就雇，不少的雇主至今还未雇人，若干土地至今还未耕起。这种现象继续下去，必致工人失业，壮丁外流，生产减低，地主收入减少，影响社会秩序，削弱抗战力量。这的确是一个不可忽视的现象，实不应再任其发展下去了。

本会根据去年增资运动中所发生的一些偏差，对于这个问题特提出以下的意见：

首先对于雇工：

第一，为了提高战时生产并顾及雇主的困难，不应要求过高的增加工资。去年已经增加的，今年不再要求增加。须知现在是抗战的时期，经济上大家都很困难，雇主虽然在经济上比较好些，但其对国家的负担也相当繁重。如果不顾到这一事实，过高的〔地〕要求增加工资，就将使雇主难以维持，而形成解雇少雇，甚至不雇。这不仅是雇主的损失，雇工也必因之失业。而生产减低，当然也就成为抗战的损失了。

第二，雇工要遵守劳动纪律，发扬劳动热忱，要多做工多生产，不必要的会不开或少开，不要因开会而耽误工作，特别是在农忙的时候。更不要凭恃工会盛气凌人。须知受人压迫固然不应该，但反转来如果压迫别人也是不对，赌气怠工是违犯劳动纪律的。遇有问题要平心静气好好解决，不要影响生产。平时更要互相原谅，互相尊重，更不要向雇主作额外的要求。在有疾病或有特别事故时，应向雇主请假；在农忙的时候，或有病因事在一星期以上要找人代替，以不误生产，维持与增进主雇间的友好关系为佳。这些都是每一个雇工应当遵守的。

对于雇主方面：

第一，应体念雇工的生活及其家庭的困难，他们是靠出卖劳力流汗吃饭，不应对他们过事剥削，在可能范围内，雇工的工资应予以适当的增加（去年已增加的不再增加）。成年男工一般不应低于三百五十斤（以高粱为标准，主雇可以通融以他种粮食折合），女工工资不应低于成年男工的三分之二，童工不应低于成年男工的三分之一。雇工为了抗战受教育而参加必要的集会，即稍微耽误一点工夫也是可以的，应尊重雇工的人格与人权，不应有压迫奴役的态度。

第二，应雇人而还没有雇人的要及早觅雇或留雇，种地多的尽量多雇，以达增加生产的目的。过去曾有规定，雇工于交纳公粮时，所雇工人只限三个工人作为雇主家的人口，超过三个以上，无论多少雇工仍以三人计算。这是不合适的，这个规定，现在已经取消了。现在新的规定在交纳公粮时，雇工都算作雇主家的人口，无论多少有一个算一个。经营地主尽可以放心大胆的〔地〕雇人。此外雇主更不可以因为一时的不快、精神上感到刺激，致意气用事，或因交纳公粮支付雇工工资外所余不多，为减少麻烦以致解雇少雇不雇，而坐视田地荒芜、收获减少。这对雇主自己［来］说是十分不好，对抗战也是不利的。

对于各地直接帮助复雇就雇的职工会工作人员，必须切实掌握政策，执行政府法令。过去有个别轻视政令的观点，应立即纠正。要尊重当地社会习惯，要以整风的精神解决问题。在主雇间发生争执时，要虚心听取双方的意见，不偏不倚，顺情顺理地解决。前事不忘后事之师。过去个别的在工作中发生的偏差，要彻底纠正，惩前毖后，务使工作纳入正轨。

总之，我们大家都应该认识，加紧生产，保证大家都有饭吃有衣穿，是坚持抗战、渡过难关、打败日寇、争取最后胜利的顶顶要紧的一件大事。不论雇主和雇工，留雇复雇或就雇，都应该公私兼顾、盱衡全局，一切为了驱逐日寇出中国。那种只顾自己损害别人，只顾眼前不顾将来，只顾到部分不顾到全局的想法看法和办法，都是不对的。大家都要识大体顾大局，把力量用在生产上、抗战上。只要抗战胜利了，一切问题都好解决，否则就会同归于尽。深望大家三思，尤望能立即见诸实行，则今年丰衣足食、熬过艰苦、准备反攻是一定有把握的。

选自《山东革命历史档案资料选编》，第9辑，济南，山东人民出版社，1983年版，第425～428页。原注：“原载1943年4月2日《大众日报》。”

7. 胶东总工会检查了产业工运工作后对今后方针的决定

1944年9月30日

根据形势的发展、工作的需要，胶东工会特召开产业工人代表会，参加大会代表共有五十人，历时二十日。在此次大会中，胶东工会以整风的精神检查并检讨了过去的工作，解决了长期间积压着未能解决的问题。大会的召开，将对胶东产业工运起着莫大的推动作用。

一　对过去领导上的检讨

一、胶东工会对产业工运的领导，基本上是忽视的，首先表现在工作方针的不明确，因而长期间里工作只在摸索中进行，失掉了一定的准确方向，造成工作中的紊乱、步调不统一。如同样的技术工人，工资高低相差一倍的样子，特别公〔私〕营工厂，以抗日为名，号召工人工资最底〔低〕，实际上剥削是严重的。其次工人的生活待遇和政治待遇还是相当差的，一般工人参加会议或组织工会都要受到厂方限制，大部分工人不能学习，工作时间一般是超过十小时以上的。为此劳资间纠纷不断发生，工人一般生产不积极，问题一波未平一波又起，积压着很多问题未能及时处理。

二、正由于领导上［对］此工作的忽视，因而几年来没有培养出一个像样的产业工人干部，直到今天组织机构不健全、组织形式不统一，除去年海十区缫丝工会直接受总会领导外，其余大部分工厂工会，都是自发组织的，甚至还有部分的工厂工会受工商局领导之，因而使工会组织涣散，没有发挥出工人阶级应有的战斗力。

三、由以上原因所致，对工人教育更谈不到的，因而在今天行会和单纯的经济关〔观〕点还是严重存在的，如大部分工人只知道要求增加工资，要求改善生活，而不知道要求政治上的进步，特别是对共产党的观念还是很模糊。工人一般的生产不积极，技术改进的〔得〕太慢，不少的工人消极怠工，破坏生产工具等不良行为不断发生的。

四、在政策掌握上忽左忽右，影响了工作的开展，如一九四一年驱逐投降派，我们初来时马上领导缫丝工人斗争，增加工资，由工资九元增到二十四元，大部分厂方对我们政策不了解，害怕而逃跑海外，敌区工厂几乎全部停业，无可奈何中我们又来了一个落资运动，这都证明了我们对政策掌握的不稳。几年来工人们在自发斗争中，经常采取消极怠工和罢工等斗争方式，甚至还有打骂厂方［的］行动。由于自上而下领导上的忽视，没有抓紧教育和及时纠正，造成某些厂方对我们的不满，在政治上受到不必要的损失，［我们］应该沉痛的〔地〕反省。

二　产业工运的基本方针和具体任务

根据以上检讨及区委的指示，今后产业工运的基本方针：

一、建立并健全各级产业工运的组织机构，大量训练干部，加强对产业工运的领导。

二、适当的改善工人待遇，提高其生产技术和劳动热忱，并使其自觉遵守劳动纪律。

三、加强工人教育，提高工人政治质量，大量发展组织，健全下层领导。

据此我们的任务是：

一、建立各种工人各级的组织机构，要求将所有的工人普遍的〔地〕组织起来。

（一）组织形式

1. 以生产单位为组织单位，以行政村为领导单位，根据工人的职业之不同，成立各业工会，直属于村职工联合会之统一领导。各行政村之产业工人，如达十五人者，即可成立工会，下设小组，每组须三人到五人。区则成立各业工会之联合会，直属区工抗日联合会之领导，区以上不再设独立系统。

2. 产业工会实行委员制组成之。村级各业工会可设委员三人到五人，其主任委员为村职工抗日联合会之当然委员；区各业工会委员五人到七人，主任委员可成为产业联合会之当然委员，产业联合会可设委员七人到九人。

（二）配备与训练干部：

脱离生产干部，原则上每区可设一人到三人，这要按工人数量多少而决定，一般的三百人以上者脱离生产干部一名，三千人以上者脱离两名，所有干部基本上要依靠各地自己配备之，必要时总会可给予补充，我们要求，干部一律配备齐。

大量训练干部，年底要作〔做〕到：

总会训练六十名　东海三十名　西海二十名　北海二十名　南海××名。

（三）巩固组织，到年底要选举完毕，实行普遍登记一次；严格入会手续，过去厂主参加工会一律清洗出去，定期开小组会，半月一次。

二、改善工人待遇，明确规定工资标准。

（一）根据工人工作能力与技术之不同，将轻工业之工人分为三等九级，据此来规定工资标准，一般讲是最合适的。

1. 头等工人（机师、掌桌的）工资要养活一个半人到两个人为标准，二等工人（熟练工人）工资要养活一个人到一个半人，三等工人（练习生）工资要养活半个人到一个人。

每等里面的三级，可按已规定好了的工资标准再执行研究讨论之。

重工业工资标准，一般的要比轻工业高出半个人的样子。

2. 今天我们是处在敌后的战斗环境，物价不断上涨，随着物价的上涨，工人生活就不断下降，我们为了要保持工人实际工资有一定的水平，求得劳资双方关系稳定，因而确定粮食工资制，包米、豆子各半支付。

3. 根据以上标准我们的具体意见是：

铁机织布每匹粮二十六斤，拉梭机每月最底〔低〕一二〇斤，四、六浆口子每匹粮十六斤，矿丝每月粮一二〇斤，刷机工人每月十二匹为标准，每月粮一九二斤。

络丝工资除换新称〔秤〕外，照原工资增加百分之二十。倒线的亦如此。

（二）工人的生活待遇，产业工人的生活，一般的不能超过军队的战士和一般的工作人员的生活待遇。据此原则我们确定[的]是：

1. 公营工厂每年吃小麦四分之一，私营工厂不作规定，过节、病号均在外。

2. 菜金实行实物供给，每天一斤菜。五钱油。五钱盐，每月一斤猪肉，咸菜例外，病号菜金每天一斤豆。

3. 所有工厂，要作〔做〕到白天给工人喝开水，晚上工作吃夜餐；女工要尽可能睡热炕，以免损害健康。

4. 休假制度，每礼拜六休假半日，工人们可作洗缝衣服和洒扫寝室等活动；妇女每月例假休息一天，特殊重者，可当病号待遇，产妇前后休假一个半月，产前还可作〔做〕些轻活。

5. 重工业工人要享受公衣公服特殊优待。

6. 工人有权利管理自己的生活，可成立生活委员会，定期研究讨论之。

（三）改善工人的政治待遇，提高工人[的]社会地位。

1. 在根据地之工人，应当完全享受言论、出版、集会、结社、参政、参战、学习、受训及罢工等绝对的自由，但应了解罢工是破坏生产，对抗战直接不利的，不应轻易使用，一般应经县职工会同意。

2. 除消学徒制，建立厂方与工人间平等观念，坚决废除打骂工人的恶习，废除一切不合理的剥削，尤其是女工与童工；另方面，工人在与厂方斗争时，当采用斗理斗法的斗争方式，禁止一切非法行动，保证厂方人权财主〔权〕的安全。

3. 工作时间：重工业每日八小时至九小时，轻工业一般不能低于十小时，女工最好保持九小时工作制，不满十四岁之儿童，一般禁止入厂作〔做〕工，特殊贫者入厂作〔做〕工时，一定要保持八小时工作制。

4. “二七”、“五一”、“七一”、“七七”、十月革命节，原则上各放假一天（如有特殊任务例外），全天吃白面，除原菜金外，增加猪肉一斤；新年放假三天，吃三天白面，增加猪肉三斤；春节五天，白面、猪肉与假期一同增加。

除此，“三八”“四四”“五四”等节日，厂内的妇女儿童青年分别参加，不依全体放假。

5. 公营公厂，工人可选代表参加厂务会议，共同讨论工作或提供意见。

6. 公营工厂内，每厂设党代表一人，加强工人政治生活上的领导。

三　加强工人教育，提高其政治文化水平

（一）教育内容：

1. 我们教育的基本内容是加强工人的阶级教育，建立毛泽东的思想，揭露国民党的罪恶，密切工人阶级与共产党的关系。

2. 在工人的本身方面，应着重纠正旧社会给自己带来的某些缺点，如狭隘、行会、报复和单纯的经济观点等，因为这些缺点的存在，是会妨碍自己进步和解放的。

3. 业务学习，工人们应当经常研究如何提高自己的技术，研究如何提高质量、改造工具，如何节省原料等。每个厂子都可以成立技术研究会，厂方亦可参加。

（二）教育方式：

1. 集体讲课为主要的教育方式，厂方负责读报纸，指导员可负责讲政治课，习字的工人可教育文盲，要求文盲每天能学一至三个字，将来也可能增添新文字。

2. 其次以不脱离生产的训练教育工人，要求于十一月前普遍训练完毕，时间五天至七天。

3. 小组会内容应着重研究学习问题，作为教育工人之方式之一。

（三）学习时间的分配；

学习时间每天一小时到二小时，一般应在早晨学习，特殊者可另规定之。每星期讲报纸两次、政治课两次，礼拜日可召开生产研究会一次，其余时间可自修和讨论之，每月终测验一次，促其进步。

（四）学习材料：报纸厂方负责订，政治教材工会负责发给工人，每月每人除厂方供给小□纸一张、墨水管用外，其余完全自备。

四　开展赵占魁运动

（一）开展赵占魁运动的办法、经验另作介绍。

（二）具体要求：县直接领导的工厂要作一个厂子，每区要作一个厂子，时间明年“二七”作总结，年底可作小结一次。

五　遵守劳动纪律

（一）遵守工作时间，不得消极怠工。

（二）不准有偷盗行为。

（三）保证厂方计划完成（大家讨论通过的）。

（四）爱护工具、成品与半成品，在下工时应很好的〔地〕整理起，免受损失，真正做到把公营工厂看成革命的家务。

（五）工作时间不得随意宣扬，以防〔免妨碍〕别人工作。厂方成品如未经厂方许可不准动。

（六）敌人扫荡时，无论公私［营］工厂的工人，都应帮助厂方掩护东西，使其不受损失。

（七）工人要离开厂子时，须有一定的理由，并应经过工会与厂方的检查。

六　几个具体的问题的处理

（一）站岗劳役问题：

散工为妇救会之会员，因此一切站岗劳役，完全由妇救会分配之。

长工不能与农村会员一样看待，因此满五人以上的行政村，可单独成立工人自卫团，平时负责保护厂子，战时环境得由村自卫团统一指挥，不满五人者，受村自卫团领导之，工人参加民兵、青抗先，以不妨碍生产为原则。

为了加强工人抗战认识，工人可担负的劳役，这应在农忙时和村子配合，拿出一天或两天的时间参加劳役。

（二）劳动保险问题：

1. 工人在工作中偶然生病者，一月内厂方得负责治疗之，工资照发；过一月者，可以回家，如果双方同意，仍在厂方治疗更好。

2. 如果系旧病复发，在一月内厂方给治疗之，但不发工资；如系花柳等症，厂方概不负责。

3. 工人在工作中受伤完全残废者，抚恤金三千元，二等残废抚恤二千元，三等残废抚恤金一千元；如因工作受伤而致命者，厂方得负责买棺材一口，抚恤金五百元。

4. 扫荡时工人可自由回家，如果不回家者，得负责给厂方掩护东西（工作时工资照发）；如因参加民兵和扫荡而牺牲者，厂方可负责买棺材一口，[对其] 家庭并给予稍微救济。

（三）订立合同问题：

1. 订立合同应以双方自愿为原则，期限一年到半年。

2. 合同订立后，双方得无条件遵守，如有一方不遵守合同，而另方不同意者，可经上级政府上级工会调解之；如双方自愿取消合同，别人不得干涉。

3. 厂方不得无故停业，否则得由上级批准，在契约自由的原则下，厂方有权力随便雇佣〔用〕工人，但最好与工会配合商意〔议〕之。

（四）公益金的处理与工人奖金分红问题：

1. 以工会为主成立劳动保险委员会，以公益金作基金扩大生产，救济残废工人及其家属、失业工人等。具体办法另行规定。

2. 除胶东级外，海县以下暂不成立。

3. 公营工厂，年终结账余利百分之十五作为工人职员奖金，平时按计划分制，大家讨论分批之；私营工厂，应按挣钱多少，双方研究的情形奖励之。

4. 无论公私工厂，工人额外生产，除工资总发外，红利可按三七分之，即工人得百分之三十。

（五）工人业余时间开荒种地，得由工人自己管理，工人所集的粪亦可送在开荒的地里。

（六）据了解公家工厂的工资一般较低，因此确定一律补发，补发的时间，工商管理局另行通知。

选自中华全国总工会中国职工运动史研究室编：《中国工会历史文献》(4)，北京，工人出版社，1959 年版，第 705～713 页。

8. 山东省邮务职工第一届代表大会关于若干具体问题的决议

1945 年 6 月

一、邮工会的组织领导问题

（一）分会以上的领导机关，按照工作需要，可以设置一个或数个脱离生产的干部，在一般情况，设一秘书即可。工作不太多时，秘书可兼顾机关的教育工作。

（二）邮工会与地方工联［的］关系是一种横的领导关系，如政治任务之接受、执行等，与上级邮工会的关系是一种垂直的领导关系，应贯彻执行上级邮工会之决议。

（三）分区邮务员直接受县邮工［会］支分会的领导，不再参加分区的工联组织。

二、邮工会与行政关系问题

（一）邮工会对敌后中华邮局是领导职工反对或麻痹其行政措施，因为在敌后中华邮局被敌掌握的情况下，我们如果采取配合其行政的领导时，则实际上即帮助了敌人。所以我们每个中华邮务职工就应该采取各种办法，以破坏其行政任务之完成。

（二）但在我们战时邮局则完全相反，因为行政上的利益和职工的利益完全是一致的，我们的行政领导与职工之间不是压迫者与被压迫者的关系，而是一个对敌斗争的整体。因之，我们的邮工会与行政之间的关系就不是敌对的关系，而是相互配合的关系。在我们战时邮局方面，工会负责人有参加行政会议的权利，但同时工会也有保证行政任务完成的义务，工会有向行政建设〔议〕之权，但工会不能代替或干涉行政。

三、邮务职工入会资格问题

邮工会是邮务职员和交通发行员工所共同组成的抗日职工团体，所以不论职员和工人，只要遵守本会章程，执行本会决议，经会员之介绍，均可参加本会。

（一）在战邮方面，只要不贪污、不腐化、努力工作，就都有入会的资格。

（二）在中华邮务职工方面，只要不甘心当亡国奴，愿为抗日救国事业服务者，没有特务汉奸行为，就都有入会资格。

四、会员教育问题

邮工会即邮务职工的学校，因此工会就必须运用各种办法，实际帮助会员学习，供给会员读物。

（一）对战邮职工，由总会出版《战邮职工》专供会员阅读，文字须力求通俗易懂。

（二）编辑通俗小册，体材〔裁〕以故事、戏剧、课本均可，由各战略区编辑，经总局及总工会审核后，合格即予印发，并给予相当的奖金。

（三）每一支会得建设一个图书馆，置备各种书籍。凡带有政治意义的通俗读物应大量供给之，务使人手一册。凡属参考类的东西，则由图书馆保管。各级邮局应保证会员学习用的课本，应把报纸、邮票提成之百分之二十用在教育开支上。

五、保障职工生活问题

（一）奖励：会员在工作中有所创造发明以及积极工作等有成绩者，或在教育中帮助会员学习、努力著作者，由总会予以适当奖励。奖金来源除由行政费补助外，得由邮报费提成中抽出百分之二十作为奖励储金。

（二）救济：会员因工残废或被俘，以及家庭困难需要救济抚恤者，由工会设法救济之。救济金的来源，由工会依法呈请行政补助，另外可由邮报费提成抽出百分之十作为救济储金。

（三）储蓄：支会以上机关必须举办会员储蓄事宜。提倡将个人生产节约所得放到合作社储蓄生产，行政上所给予之邮报费提成更必须全部储蓄生产。由支会以上机关按照每人所得分别立一储金簿，将储金数额以及应得红利按时予以登记，将簿交各人保存。此项储金属于劳动保险性质，除生育、婚丧、疾病及特殊事故外，非到一定年限不得动用。

（四）以上各种储金除个人生产节约的储蓄之外，非经直接管理之工会批准不得动用。

（五）保健：需要保健的会员，工会须向行政建议依法保健。

（六）年老、残废、病弱之会员，工会须协助行政依法安插，不得采取精简办法。

（七）对被捕遇难人员，工会须设法营救或救济之。

（八）单独活动之人员或人数很少之站所，因工作关系不能兼事生产者，应建议行政保证给一般生活水准的给养菜金。

六、邮工会的经费问题

经费来源主要是会员之会费、会内会外之募捐以及政府的补助（由经费内补助开支）。

会员所缴会费以集中使用为原则，各级工会皆需将此种会费缴给总会。其他各项会费收入以集中于支会以上的工会机关统一管理、开支为原则。

七、关于中华邮务员工的组织团结问题

（一）敌后中华邮局，现在是操纵在敌伪手中、受敌伪统治——在山东是受伪华北政委会统治的一种伪化机关。它主要由敌人直接派来的特务——有日本人也有中国人，以及一部分腐败的上层分子为其代表。但绝大多数的邮务员工，他们是为生活所迫和幻想着“中央”的到来，而不得不在那里服务下去的。由于长期处在同祖国抗战隔离的环境中以及在国民党“曲线救国论”的影响之下，我中华邮务员工曾经失迷了自己的方向。但是从敌伪的残酷压迫下，从对于国民党的失望下，大家逐渐明了这样一个道理：只有自己团结起来和真正拥护邮工利益的共产党八路军联合一致对敌斗争，才能解放自己。在此情形之下，我们已觉悟的职工兄弟必须负责团结那些尚在彷徨中的职工兄弟，参加到自己的组织工会中来，同时我战邮职工同志更须尽最大可能，以援助我中华邮务员工团结起来，进行对敌斗争。

（二）其次我们应该分清，今天我敌后中华邮务员工确有少数不明大义分子，在敌人的威胁利诱之下，往来于根据地间进行特务活动，为敌传送情报。由于敌人注意于利用他们，所以今天差不多凡接近我根据地的据点里的邮局，都有敌人的特务活动。对此情形，我中华邮务员工必须提高民族意识与阶级觉悟，与我解放区邮工人员及党政军民配合起来，把这些民族败类揭发出来，使他不得隐蔽、破坏我抗日工作，以保持我邮务员工之纯洁。同时我战邮工作人员亦必须善于辨别真伪，且不可以少数败类的活动，便以为中华邮局人员多半是特务分子。我们应该知道，甘心为敌人利用的分子总是占极少数，而绝大多数邮工弟兄还是不甘心当亡国奴的，时时想起来反抗的。

（三）在敌后另有一部分邮工人员，表面上穿着中华邮局号衣，而实际则是专为国民党顽固分子和投降部队传送反共文件的所谓军部。他们属于国民党军委会后勤部门领导，在敌占区内利用他们的正统牌子吓唬一般华邮人员来掩护他们。他们的邮差多半是从敌后华邮中抽调出来的，这些人都是为生活所迫或被国民党的正统牌子所迷糊，这些人多半还不明了自己是在反共派的操纵之下做着破坏抗战、危害民族的工作。对于这些邮工，我们也必须争取团结，使他们明了他们的工作是不利于国家民族的。

（四）对于中华邮政代办所及村镇信柜人员，我们不能把他们当作邮务职工看待（但经改造者不在内），因为他们是不脱离生产的代办人，他们的成分多是乡村的小地主小买办，与真正的邮务职工是有着本质的区别的。

（五）我解放区上的中华邮务员工，是完全有着集会、结社和抗日活动之自由的，因此他们必须团结起来参加邮工会，与战邮职工密切配合起来进行对敌斗争，援助敌区邮务职工。同时我战邮职工也必须尽到种种可能，去帮助他们进行团结。

总的行动目标：我们总的行动目标是全山东邮务职工团结起来，拥护和发展我们的邮工会，迅速组织联合政府，准备力量里应外合夹击敌人，消灭日本侵略者。中华民族解放万岁！邮务职工及全体劳动弟兄解放万岁！

选自《山东革命历史档案资料选编》，第15辑，济南，山东人民出版社，1984年版，第96～101页。原注：“据编者考证，此件成文于1945年6月。”

9. 山东省邮务职工抗日救国会组织章程

1945年6月山东省邮务职工第一届代表大会通过

第一条　本条例根据山东省总工会组织章程订定之。

第二条　本会定名为山东省邮务职工抗日救国会（简称邮工会）。

第三条　本会以团结全省邮务职工，拥护邮务职工利益，保障邮务职工一切抗日活动之自由，组织与领导邮务职工积极参加抗战建设工作，恢复中国邮权，争取民族解放与阶级解放为宗旨。

第四条　本会加入山东省职工联合总会及各级工联为团体委〔会〕员。

第五条　全省邮务职工不分派别、信仰、民族、地域、性别、职别、等级，凡承认本会宗旨，遵守本会章程，执行本会决议，经会员二人之介绍，均可为本会会员。

第六条　本会会员之权利、义务及组织纪律。

一、本会会员之权利如下：

1. 有选举权、被选举权、监察权。

2. 在生活上受本会合法之保障。

3. 在工作上组织上之提议权。

4. 参加本会的一切集体活动，并享受一切共同的利益。

5. 有享受本会各种训练教育之权，并可向本会出版之刊物上投稿发表自己的意见。

6. 如犯错误受处分不服时，有向上级声明或控告之权。

7. 有要求退出会籍之权利。

二、本会会员的义务如下：

1. 执行本会之决议。

2. 参加本会任何一级工作。

3. 发展会员。

4. 积极学习，提高民族意识与阶级觉悟，发扬民族与阶级友爱的精神。

5. 对敌要绝对坚持本会立场，坚决保守秘密，有为保卫本会而牺牲的精神。

6. 服从本会的纪律。

7. 照章缴拿会费。

三、本会纪律为自觉纪律，建立在本会会员自觉精神上。

1. 遵守本会章程，执行本会一切决议，并履行会员义务。

2. 不违犯抗日民主政府法令，不作违犯抗战和邮务职工利益的言行。

3. 不染恶劣嗜好，不贪污，不腐化。

4. 对违犯纪律者，主要采取教育与说服，但必要时按实际情况分别予以劝告、记过、开除会籍等处分。

第七条　本会组织原则。

一、本会依战时邮务行政之区分，建立自上而下的组织领导系统。

1. 全省设邮务职工抗日救国总会，行政区设邮工分会，专员区设邮工支会，县设县邮工支分会。

2. 支分会以下设小组。

二、采取民主集中制，即：

1. 各级领导机关皆由各级代表大会或会员大会依选举制产生。

2. 行动方针与一切决议须经过民主讨论，依〔以〕多数同意为准则，上级定期向下级作工作总结报告。

3. 少数服从多数，下级服从上级，个人服从团体。

4. 上级决议，会员必须坚决服从与执行，并按级定期汇报。

第八条　本会最高权力机关为全省会员代表大会。大会闭幕期间，由大会选出之执行委员组织执行委员会，成立山东省邮务职工总会，为最高领导机关。再由执行委员推选常务委员组织常务委员会，职掌大会决议，领导日常会务之进行。

第九条　本会常务委员互推正副主任各一人，根据工作之需要，可设下列各部和委员。各部长可由执常委兼任之，委员数目少者可兼任工作。

一、组织部：负责发展、登记、调查、统计会员、配备干部及征收会费等事宜。

二、宣传部：负责对外宣传、对内教育等事宜。

三、劳动保护部：研究职工生活，实施劳动保险，办理生产合作，提倡工人卫生及管理劳动保护等事宜。

四、秘书：管理文书、事务、会计及一切不属于其他各部之事宜。

五、各部设部长一人，按工作需要设干事若干人。

第十条　本会会期如下：

一、省及行政区代表大会一年一次，专区及县代表大会半年一次。

二、省及行政区代表执行委员会一年一次，专区及县执行委员会三月一次。

三、省及行政区常务委员会一月一次，专区及县常务委员会半月一次。

四、小组会会期十天一次。

五、各种会议必要时经由各该会的组成员额半数以上的提议，皆可召集临时会议。

第十一条　本会之经费。

一、本会经费来源为会员之会费、行政经费之补助、会内会外之募捐。

二、本会经费一概用于工作上。

三、会员交纳会费的数额，每人以每月收入的百分之一为限。

四、本会经费以集中使用为原则，即下级工会的收入应交纳给上级工会，开支应由上级工会审核批准。

第十二条　本章程经全省会员代表大会通过后，呈请省政委会及总工会批准备案施行之。

选自《山东革命历史档案资料选编》，第15辑，济南，山东人民出版社，1984年版，第93～96页。

10. 山东省政府、山东军区为动员解放区工人及技术人员参加收管建设工作联合通告

1945年8月

现在日本已向我同盟国无条件投降。我党政军民已猛烈开展收复城市及铁路、矿山、交通等工作，以谋极〔急〕救沦陷区同胞，迅速建立革命秩序。为完成此伟大事业，特号召我解放区散处各地之工人、技术人员或职员，应各尽所能，积极参加事业，争取最后胜利之完成。其办法如下：

一、号召根据地人民中曾做过铁路、矿山、电气、水利、工厂、公司等工人、技术人员或职员，一律向县政府进行登记。

二、责成县政府拟定表格，了解登记人员之技长技术，曾在何地任何种工作，与群众联系等。审查合格者进行抽调，集中直接送交各行政公署或各军区政治部，或待命录用。

三、村级干部及团体，要普遍进行调查、说服动员工作，保证于最短时间完成该项任务。

四、各战略区组织或干部部门，对集中人员，应立即按各行各业编成小组，分派各地，待机使用。

选自《山东革命历史档案资料选编》，第15辑，济南，山东人民出版社，1984年版，第303页。原注："据编者考证，此件成文于1945年8月。"

11．山东省职工抗日救国联合会纲领

1945年10月10日山东省第二次职工代表大会通过

一、团结全省职工积极参加政治斗争，为争取和平、民主、团结而奋斗：

甲、反对蒋敌伪合流，及其制造内战的阴谋，坚决保卫我们八年来抗战胜利的果实。

乙、反对国民党一党专政，建立联合政府，拥护人民选举的山东省抗日民主政府，反对大汉奸何××及其伪省政府。

丙、坚决反对国民党任何欺骗破坏摧残职工之行为。联合全国职工和援助国民党统治区职工争取民主自由的斗争。

二、改善职工生活和待遇，提高劳动积极性：

甲、根据政府改善职工生活的法令，普遍的〔地〕实行增加工资。增资标准，必须以既能改善职工生活，又能使资方有利可图为原则。

乙、改善职工待遇，反对各种虐待及一切侮辱工人人格之行为，废除工人所受一切不合理的压迫和剥削。

丙、救济失业工人，请求政府贷款、贷粮进行救济，并帮助其经营生产，或介绍职业。

丁、规定工人工作休息和学习时间，以便工人生产后能得到恢复体力和学习的机会。而童工、女工更应照顾其身体和生理的不同，以保持其发育和健康。

戊、实行劳动保护，对工人因劳致疾、受伤残废，或死亡，应按照政府之劳动保护办法，加以妥善处理，并举办各种有利职工生活的福利事业（如卫生合作社等），及开展互助互济活动，组织职工家属生产，以帮助职工解决灾祸家庭等特殊困难问题。

三、开展职工的教育和学习运动，提高职工［的］政治文化和技术水平：

甲、加强工人的阶级教育和时事教育，不断的〔地〕提高工人的阶级觉悟与［对］政策法令的认识，打破正统观念、变天思想，以增强与发挥其革命的积极性。

乙、开展识字运动，以各种适合工人生活习惯的形式，组织工人的学习，经常灌输科学与社会常识，以打破其封建迷信靠天吃饭的思想，而树立劳动创造世界的思想。

丙、进行组织教育和建立经常的组织生活，以克服工人各种狭隘的行会宗派思想，养成工人集体观念和民主作风、互助精神。

丁、公营工厂职工应研究科学知识，精通业务，学习和掌握技术，树立新的劳动观念，提高其为革命而生产的积极性，建设革命的家务。

四、提高生产，发展新民主主义的经济建设：

甲、一切雇佣职工于生活改善之后，应自觉的〔地〕加强劳动纪律，调整劳资关系，共同促进生产的发展，并在生产发展中，解决工人失业问题，及进一步改善工人生活和待遇。

乙、无论公私工厂应普遍的〔地〕实行公私两利政策、劳资双方有利的劳动分红办法，开展超额的生产比赛，农村雇工亦可实行主雇两利的劳动分红办法，以改善工人生

活，提高其劳动热忱。

丙、举办各种工人合作社（特别是手工业和渔盐民的），组织和团结广大工人，保障工人利益，并多组织工人业余生产或农闲时之副业生产，以利用剩余劳动，增加工人之收入。

丁、加强工人生产知识的教育，及时介绍与交流生产经验，反对保守或行会思想，奖励工人发明，经常研究技术与工具之改进，以促进生产质量的不断提高。

戊、公营工厂职工应高度发扬劳动热忱，积极生产，提高质量，改进质量，自觉的〔地〕完成生产任务，并学习精通业务，掌握技术与经营工厂的本领，普遍的〔地〕开展劳动模范、劳动英雄运动，以提高生产，保证革命物质之供给，发展新民主主义的经济建设。

五、为保卫胜利，保卫生产，积极的〔地〕拥军参战：

甲、积极为战争服务，担任各种战时勤务工作，拥护和协助革命军队，爱护和优待抗属。

乙、组织不脱离生产的工人武装，号召职工参加民兵、自卫队，以防止特务奸细的破坏活动，维持革命秩序，保卫工厂矿山交通等。

丙、教育与动员职工为保卫人民的利益，积极参加主力军，坚决消灭拒降的敌人和制止反动派任何制造内战的阴谋。在反对任何敌人的斗争中，工人应站在最前线，发挥工人阶级的先锋作用，为保护胜利果实、保卫生产而斗争！

选自中华全国总工会中国职工运动史研究室编：《中国工会历史文献》(5)，北京，工人出版社，1959年版，第25～27页。原注：录自“山东省各救国会组织章程和纲领”。

互校版本：《山东革命历史档案资料选编》，第15辑，济南，山东人民出版社，1984年版，第487～489页。

12. 山东省第二次职工代表大会关于公私营工厂职工工作的决定

1945年10月10日

今后公私营工厂职工工作方针

根据目前形势的要求和公私营工业发展的情形，以及为建设近代化的工业基础，故对我之公营工业中的职工工作，必须进一步的提高。为此，一致认为今后工业的职工工作重点应放在公营工厂职工工作上，以此来推动私营工厂的工人工作及帮助军事工业中的职工工作的开展，这是我们今后开展企业工作的方向。

为便于掌握公私营工厂职工工作，特分别提出：

公营工厂职工工作，应加强职工的政治教育，加强劳动观念，适当的〔地〕改善职工待遇，实行公私两利政策，提高生产热情，开展生产竞赛运动，保证生产任务的完成。

私营工厂的职工工作，应提高工人工资，适当改善工人待遇，加强工人阶级教育，提高生产情绪，提高劳资分红，调剂劳资关系，加强劳资团结，共同为工业生产发展而努力。

各种矿工工作，应与公私工厂职工工作同。但特别注意的是办理工人的劳动保险事业以及配合地方组织其家属生产，解决工人的家属困难等。

对各种矿场，应是提倡公私合办、劳资合作及民办公助的办法。

关于公私营工厂职工工作的具体工作，特分别提出如下。

第一，关于公营工厂职工工作

一、改善职工待遇，实行公私两利政策。

甲、关于改善职工待遇方面：

（一）工资问题：

1. 工人工资数额可按各地具体情况自己决定，但其标准，最低工资除以自身生活费用外，以能养活一个人到一个半人为标准；最高工资除自己外，以能养活两个人为标准；特殊技术工人可以特别规定，不受以上工资标准限制。

2. 练习生的工资标准，最低限度要能维持其个人生活费用，并得随其个人生产能力之提高而提高其工资。

3. 职工工资标准，应等于一般工人工资，如提拔的工人为职员者，应保持其原来工资，对低于职员的工资者，应提高到其现在的工作职位的工资。

4. 对工作重而苦者（如摇大轮等的简练工人）可适当提高其工资，以鼓励其劳动热情。

5. 不分男工、女工、青工、童工，应一律实行同工同酬。

（二）物质待遇问题：

1. 在公营工厂的粮食给养的供给，可按政府之规定，如不足用时可请厂方补发，夜工应有夜餐。

2. 在公营的各种化学工厂与五金工厂，厂方应根据工作之需要发给工作服。

（三）政治待遇问题：

1. 工人或工会干部（指不脱离生产［的］工会干部而言）有暂时离厂受训与开会之自由，工会会员或工会干部及工人代表因开会或受训离开工厂一月以内工资照发，过期停发，其过期停发之工资分红等问题，可由厂工会或召开会议之机关及学校负责解决。

2. 日常工人的学习，一般工人每天应有一小时至两小时的教育，提高工人的文化水准和政治觉悟。工厂与工会应把教育工人当做〔作〕自己的责任，从工人中间培养新的工厂干部，应克服单纯的使用观点，和不关心工人思想上与技术上的进步。

3. 对练习生应与一般工人平等看待，应尽一切可能使其平日学会技术和［有］学会全套技术的机会。

（四）一般待遇问题：

1. 工作时间普遍是十小时，女工、童工可九小时，工作特别繁重的可九时或八小时（如铁工、矿工等）。

2. 休假日工厂可实行旬休制，即各工厂每十天放假一天，工资照发，如有已实行星期日休假制者可仍照旧。注意工人的卫生和健康。

3. 对“二七”“五一”纪念日或政府规定之假日及习惯的年节日均应放假，工资照发，如因特殊情形不能放假时，工资得增补之。

4. 女工例假视其工作及身体状况决定，应予以适当照顾，一般应给以三天休息。女工生育除产前产后给假两月外，应照发工资；婴儿保育应由自己负责，如有困难时，工会可协同厂方于劳动保险金予以救济。

5. 事假：工厂中的工人，全年不得超过二十天。

6. 病假：如系旧病复发者，一月内工资照发，过期停发；如因工伤病者工资照发外，对治疗费厂方应负其责。

（五）关于辞退工人问题：

公营工厂在辞退工人时，要在两个月前通知工人，除工人应得之工资外，厂方应补发两个月的工资。

（六）工人家属及出夫问题：

可依照政府的规定执行，如下级政府不依照上级政府规定执行者，工会应与其交涉，或报告上级工会，由上级工会与其上级政府解决之。

乙、实行公私两利政策分红办法：

公私两利政策是在新民主主义经济下，提高职工的生产与工作的积极性的最有效的办法，今后各业工会应积极的〔地〕帮助各公营工厂实施公私两利政策。这也是今后开展职工工作的一个重要任务。

（一）在实行公私两利分红办法前应注意的问题：

1. 充分发扬厂内的民主生活，一切问题应与工人民主商讨；加强工人教育，使工人认识工厂是革命工厂；启发工人爱护工厂，把工厂当作工人的家庭，消除过去厂方与工人的隔阂。所以在厂工会和工厂的行政上，领导同志应首先在工人中间进行诚恳的检讨，然后通过积极分子发动工人自己检讨，使工人真正了解到工厂与工人的利益是一致的，这样才能消除工人对工厂的消极应付和旁观的态度。

2. 实施公私两利政策中，应进行先公后私的教育，应防止单纯经济主义思想上升。对工资与分红的数额，不应太低，也不应过高，因为高易损害公营工厂所应得的收益。只有这样才能使我们公营生产事业发挥巨大的生产效果。

3. 实行公私两利分红办法之前，不仅事前在职员、工人中间很好酝酿，而且还应进行深入的不怕麻烦的解释工作。对生产的标准、工资标准、盈利分配等类问题，须有精密的计算。特别重要的是应组织职员、工人讨论厂方所规定的生产标准、工资标准、分红办法，务使这一规定变为职工的决定，然后才能顺利的〔地〕保证生产计划的完成。

（二）公红办法与奖励制度：

1. 固定工资分红办法：即是说按月或按年规定一定的工资，谓之固定工资。这种工资是因没法计算生产件数和时间，而根据生产质量与生产品的价格而来规定工资，在这固定工资外，从生产盈利中实行分红。分红之多少，应依具体情况自行决定之。

2. 计件工资分红办法：是按着生产的数目的多少来规定工资，生产一件出产成品，即有一件的工资。这根据生产出来生产品数目多少来分红，到底分多少红，即应看厂方每次之收入而决定之。

3. 计件累进工资制的分红办法：是按生产标准在超额生产外，逐步增加生产数量，也逐步的〔地〕增加其工资。这除根据生产标准分红利外，其超额生产数量，还可多分红利。

（三）那些人应该分红和分红的标准：

1. 凡在厂内参加生产或工作的技术工人、职员、练习生、伙夫及男女工人等，均应得到分红。

2. 分红标准应以生产的质量与数量和劳力为主，也应注意政治上的进步。

3. 职员应按一般工人分红标准分红，不应高于一般工人，更不应在工人分红之外去分红，而多侵食工人所得的分红。伙夫也应按一般工人分红标准分红，不应低于一般工人，这样可以提高其工作情绪，保证工人生活。

4. 分红时间，三个月或半年应保证分红一次。

5. 在每次实行分红时，应注意总结每次分红的经验和依此来创造经验，推动工作。

二、职工教育问题：

（一）加强职工政治文化教育，树立新的劳动观念和进行先公后私的教育，加强集体观念。

（二）进行技术教育，提高工人技术，改良质量，提倡创造和发明。

（三）为鼓励职工学习情绪，应从公益金中提出一部作为学习奖金。

对工人在技术上的创造与生产中的发明，应建议厂方在厂方所得的红利中提出一部作为技术奖励金，这一奖金，不应由工人负责负担。

三、提高生产，普遍开展生产竞赛，创造英模运动。

（一）在我们公营工厂中，职工生活上得到了改善，政治［上］受到了教育，厂内的民主作风树立起来，工人对公营工厂的性质有了明确的认识，每个人都了解到为革命为人民进行生产，而生产情绪自然就会逐渐提高。为了提高生产，改善质量，节约原料，建设革命的家务，在生产过程中应适当的〔地〕提出开展生产竞赛、创造英模运动。

（二）对开展生产竞赛、创造英模运动，根据以往经验，各地有些公营工厂不根据自己本身各种具体条件和步骤，而去发动开展赵占魁运动的过高要求，所以常常得到的收获是不大的，虽有成绩，但巩固不着。这主要是不能从具体环境出发，［从］本身条件出发。今后各地在开展生产运动中，应有阶段和有步骤的〔地〕去进行，以达逐步提高。其办法即是首先在进行新劳动观念教育中，使各个工人去克服过去的不正确的观念，树立新劳动观念，从而发动生产竞赛，看谁对生产有认识、谁生产的质量好，继之提出开展英模运动，这一运动有成就，再进一步提出开展赵占魁运动。这样可以逐步提高工人对生产认识和生产的信心，同时也逐步提高工人的政治觉悟。所以有步骤的〔地〕开展生产运动是目前各个公营工厂中的一个重要问题。

（三）为保证广泛开展工业生产运动，各地各业工会应协同工厂，根据当地情形和条件，制订劳动公约，创造劳动模范和劳动英雄的条件。这些条件一定要经过工人的讨论通过，变为工人自觉遵守和奋斗的目标，使职工为争取英雄的光荣称号而奋斗。

（四）在开展生产竞赛和创造英模运动的过程中，应注意以下事项：

1. 首先要加强教育，打通职员、工人的思想，深刻了解创造英模运动的重要意义，克服过去不耐心的深入动员教育，而只知说是“上级的命令”，或为创造英模而创造英模的偏向。克服职工中过去认为创造模范是“玩弄”职工多生产的不正确的思想。

2. 高度的〔地〕发扬民主作风，一切通过群众路线。在生产中涌现的英模一定做到真正的民主选举，克服过去行政上的指定。

3. 在选出的英雄、模范，应加强培养与帮助，使其从政治上思想上工作上不断的〔地〕提高，真正成为职工中的骨干，在各方面带头前进。

4. 对每次创造英模运动，应注意总结经验、介绍经验，使创造英模成为今后一个经常工作。

四、公营工厂职工会与公营工厂的关系

（一）职工会是独立自主的职工团体，并不是受工厂领导，也不应当干涉工厂行政。克服过去工厂不尊重职工会的独立性，使职工会实际上变成工厂的附属品，以及工厂负责人对职工会的包办，指挥职工会主任，干涉职工会工作现象。

（二）职工会的负责同志，也应当认识公营工厂是革命的财产，是军民所需战争生产和生活资料的供给机关。所以我们职工会应当鼓励工人完成生产任务，爱护革命资财，经常对工人进行先公后私的教育。有些地方工厂职工会的负责同志领导工人去和公营工厂进行斗争，使公家政治上经济上受到损害，这是损害革命利益，也就是损害劳动人民自己的利益的行动，这应急速纠正。

（三）为使职工会与工厂能够密切配合，应当吸收职工会主任参加工厂会议，工厂所订生产计划，应当分给全体工人民主讨论，并由职工会来保证这个生产计划的顺利完成。关于工人工资待遇问题，应当双方协商决定，克服过去有些工厂不征求职工会的意见，擅自减少工资和辞退工人的现象。

（四）职工会是职员和工人共同的组织，公营工厂的全体职员都有参加职工会的权利。为避免行政上的包办，工厂主要负责干部不应兼任职工会的主任。今后规定职员参加工会的领导机关，数目不要超过三分之一，应保证在职工会的领导机关中，工人代表要占多数。职工会的主任和委员要由全体职工民主选举，工厂行政上不应指派。

（五）对工人的日常生活教育问题，主要由职工会负责，关于困难的解决，工厂方面应当予以协助。为加强职工会的工作领导，保证工厂生产任务的实现，规模比较大的工厂，职工会的主任尽可能使其脱离生产或半脱离生产，专任职工会的工作。

第二，关于私营工厂的工人工作

一、改善工人待遇，加强劳资团结。

为〔在〕增加解放区工业生产、加强劳资团结的要求下，应适当的〔地〕改善工人生活和一切待遇。当然在改善工人生活中应照顾资方有利可图的原则，使劳资共同为建设新民主主义经济而努力。为此：

（一）工资问题：

工人的工资虽然过去各地都增加过，因为很周到的〔地〕注意劳资双方具体情况不足，以致使劳资双方生产都受到了影响。因此，在工人方面，对其工资必须有适当的增加，而且因物价的涨落不一，还必须关心到工人的实际工资，不致过分跌落，影响其家庭生活。另方面必须照顾到资本家有利可图。故工资的增加，应该有一定的限度，具体办法：

1. 工人工资数额除依据公营工厂工资规定外，特别应注意的是在定工资时按照各地一般人民生活水平，不能一致，应按照工人的劳动能力、技术条件而有差别，不能一律。

2. 学徒有一定之工作能力时，即应给予工资，缩短学徒年限，禁止对学徒的额外剥削。

3. 无论男女工人和［男］女童工，应是同工同酬。

（二）对工人、学徒的伙食供给不应该过低于公营工厂的给养供给标准。最低应同厂方职员一样。

（三）政治待遇问题：

1. 工人有一切政治上活动之自由，厂方不得无故干涉。工会干部及工人代表因受训或开会离开工厂半月以内者，工资照发，过期停发，其过期停发之工资分红等问题，可由其工会及召开会议机关和学校负责解决之。但工会亦应注意开会受训时间，不要过长。

2. 为提高工人的政治文化水平和技术，工会应向资方交涉，争取工人应有一定的学习时间。

3. 对学徒应与工人一样平等看待，不应有歧视学徒的行动。对〔在〕其学徒年限期内，应尽量使其学会技术，并应缩短其学徒年限。

4. 资方不得有打骂工人、学徒及侮辱工人、学徒人格的行为。

（四）一般待遇问题：

1. 工作时间一般的应以公营工厂工作时间为准则，如有特殊情形要延长者，也不能超过公营工厂工作时间一小时，同时要注意工人的体力与健康。

2. 休假日：私营工厂应实行月休制，即每月中休假一天；如有旬休制者，仍照旧，工资照发。注意工人的卫生与健康。

3. 对公营工厂所规定的例假，在私营工厂内亦应实行。

4. 女工的例假和生育的待遇，一般应与公营工厂同。但根据各地具体情况，各地工会可与资方取得协商，一方面照顾女工的卫生与健康，另方面照顾资方的生产情形。

5. 事假：在私营工厂的工人，全年不得超过十五天。

6. 病假：工人因工积病，资方得补助其医药费，工资照发，但不得超过一月以上。工人因工致伤，或残废，或死亡，资方应给恤金，其数应以公营工厂所规定为准则；但亦应照顾资方工厂资本具体情形，应分别规定高低额数，不应要求过高。

（五）关于辞退工人问题：

私营工厂在辞退工人时，须有正当理由，并要在两月前通知工人，除工人应得工资外，资方应补发两个月的工资。

二、加强工人教育，提高生产热情。

（一）在资方对于工人的生活待遇，予以适当改善后，工会应进一步加强工人的阶级教育，提高政治觉悟，使其了解在适当改善生活后，应努力生产，团结资方，共同建设新民主主义社会。

（二）在劳资方面自愿订立一定分红的条件，大胆的〔地〕发动工人竞赛，增加生产，这在工会方面应积极向劳资双方进行宣传和解释。

关于公私工厂职工会应脱离生产工作的干部规定

一、公私营工厂，有三个以上者，或一百人以上的工厂，应有一个脱离生产干部，其余依次类推。

二、在政府领导下的工厂工会的干部即由政府机关供给一切，在军队者亦然。在私营工厂工会的干部，由县级或行政区、专署级职工联合会机关供给一切。干部政治生活待遇由各行政区职工会自行规定。

选自中华全国总工会中国职工运动史研究室编：《中国工会历史文献》(5)，北京，工人出版社，1959 年版，第 7～14 页。原注：录自“山东各救国会组织章程和纲领”。

互校版本：《山东革命历史档案资料选编》，第 15 辑，济南，山东人民出版社，1984 年版，第 467～477 页。原注：“此件成文于 1945 年 10 月 10 日。”

13. 山东省第二次职工代表大会关于农村雇工、手工业工人工作的决定

1945 年 10 月 10 日

山东几年来的农村工会工作，在第二次代表大会上，大家一致认为是有很大的成就。这表现在增资运动中，二十多万工人组织了起来，并且改善了生活；社会地位、政治地位空前的〔地〕提高；由于经济的上升，政治上的翻身，工人们自觉自愿的〔地〕参军，大批的〔地〕走上战场，各解放区涌现了许多参军的模范，和对敌斗争的范例。尤其重要的，农民雇工在削弱封建势力、支持农民运动、帮助减租减息借粮等等群众运动中，是起了带头的骨干作用，使工人和农民更亲密的〔地〕联系在一起，巩固了抗日战争的雄厚的群众基础，支持了抗日战争的胜利。但在整个的农村工作中、增资运动中，大家同样认为有不少的毛病和缺点，不能很稳定的〔地〕掌握政策，工资不高就低，增加了工资而又忽视了改善待遇，斗争而又忘了组织和教育工人。在整个的农村中，广大的手工业工人还没有组织起来，少数干部［有］不安心工作的现象。为此对今后农村雇工、手工业工人工作有以下的决定。

首先，我们对于农村雇工、手工业工人必须要有正确的认识。

一、目前我们工会干部，对于农村工会工作在思想上是一种取消思想。由于老地区雇工经济上升农业工人大减，而手工业工人又很分散，所以干部感觉没有什么可做了，休息的思想上升。这除了各级工会在组织领导上掌握不紧外，基本上是我们干部对农村雇工、手工业工人在今天群众运动中［的］骨干和领导作用认识不足。

二、农村的雇工，是农村的无产阶级。他〔它〕在反对封建势力，支持农民运动，在农村的一切政治活动，和支持农村的工作都起了骨干和领导的作用。尤其近年干部提拔，农村雇工成了我们提拔干部的一个源泉。所以要正确的〔地〕认识农村雇工的作用和全面的〔地〕来看问题，不但要看到农村雇工的减少，而且也要看到新解放区的扩大。很多雇

工不但工资很低、待遇恶劣，而且还受着封建的剥削和压迫，要求改善生活，期待着我们组织教育和领导。就是在老解放区，雇工虽然减少，也应当把他〔它〕提高和组织起来。

三、手工业工人是我们开展农村农业和工业建设的有力助手，也是我们新民主主义经济建设的组成部分。今天大生产运动的开展，农业纺织业的发展，手工业工人的作用更提到重要的位置。所以我们必须普遍的〔地〕组织手工业工人，使其积极生产，供给农业的纺织业需要，支持农村的经济发展。认为打开大城市，一切都可以依靠城市，而忽视农村手工业工人的组织，那是错误的。

所以，正确认识各业手工业工人的作用，大量的〔地〕组织合作社，支持农村的经济建设是很重要的。那种认为没有工作做，休息的思想都是应当纠正的。

四、今后农村工会工作的重点，放在哪里呢？

今后农村工会工作的重点，一般的〔地〕讲应放在手工业工人身上，组织各业合作社，雇工工作的重点应放在新解放区。也就是说在老解放区今后要拿主要的力量放在组织各业工人合作社，同样也不能放弃雇工的组织和提高；在新解放区要拿主要力量放在雇工身上，和减租减息会同进行增资，组织雇工的工作，同样也不能放弃手工业人的组织和领导。

其次，是农村雇工工作。

一、今后农村雇工工作的方针：

正确的〔地〕掌握劳动政策，在新解放区都要普遍的〔地〕增资，在老解放区都要普遍的〔地〕定资，改善雇工待遇，提高工人的政治觉悟，把工人都组织起来，发挥无产阶级的骨干作用。

在新地区重点应放在增加工资改善雇工待遇，和放手大胆的〔地〕把工人都组织起来；在老地区重点应放在提高工人的政治觉悟，开展生产，实验主雇分红办法。

二、在农村雇工工作中，必须掌握的几个工作步骤：

第一，增加工资改善生活把工人都组织起来。这就必须要克服过去为增资而增资，不去组织工人的单纯经济观点。

第二，在工人经济生活改善后，要进一步的〔地〕求得政治上的翻身。在工人经济生活改善后，要想很好的〔地〕进行生产，还必须求得政治上的翻身。反对政治上压控股，求得人格的平等。这也就是从经济斗争而引导到政治斗争上去。并求得工农联合，支持农民反封建的斗争，帮助农民翻身；另一方面，求得农民对工人的支持，巩固工人既得之利益。也只有工农联合才能发挥工人的骨干作用。

第三，工人增加工资改善生活，以及政治上翻身后，要积极进行生产。增资、增产是劳动政策的两个方面，在工人生活改善和政治翻身后，在我们教育下，生产情绪自然会提高的。要使工人了解增加生产不仅有利于雇主，同时也有利于解放区的经济建设，和有利于工人长远利益。另一方面也只有积极生产才能团结雇主，改善主雇关系，共谋生产的发展。

第四，下工后工会要组织工人进行生产。工人下工后，工会组织工人生产，是个很重要的问题。但过去对这个工作往往是忽视的，所以工人一下工，工会就垮台。今后当工人要下工时，除进行留雇外，必须进行组织观念的教育、下工后的生产教育，培养村干部，当工人一下工即根据各地情况，着手组织工人进行运输、打油、挑卖小贩、作〔做〕些小生意等等的生产，解决其生活问题。

这些步骤不是机械的，而要掌握其精神，根据具体条件去实现。

三、正确的〔地〕掌握劳动政策，进一步改善雇工待遇。

第一，工资问题：

（甲）工资的标准：检查过去的工资，是掌握政治不够稳的，不高就低，低者工人无法生活，高者则影响富农经济发展。故今后工资的标准，应当按照政府法令的规定，除工人的生活必需品外，应根据各地农民的一般生活水平，能养活一口人至一口半人。半钱半粮制。

（乙）在主雇双方关系成立之后，应订立主雇合同，工会应负责进行主雇遵守合同的教育。

第二，待遇问题：

在过去增资运动中，我们只注意增加了工资，而忽视了雇工待遇，以致有的工人生活恶化，受着虐待，虽然增加工资了，但实际上工资又相对的〔地〕减低。所以今后：

（甲）在习惯待遇上：

一般的都应按照各地过去的旧的习惯待遇，不能因增资而恶化工人的生活，减少工人的习惯待遇。如雇主不给工人习惯待遇，工会应领导工人争取；如因工人积极生产，雇主自愿增加待遇则应表扬之。

（乙）在饭食上：

原则上不能因增资而恶化雇工的生活，但在饭食上，平时、农忙、过节，应尽量作〔做〕到同雇主一样。

（丙）在政治上：

主雇政治应当平等，互相尊重，共谋生产之发展。工人有参加一切活动之自由，雇主不得无故干涉，但雇工亦不得无故妨碍生产。但在工会领导上，雇工会员开会、受训，应照顾雇主的生产，否则不但妨碍生产，而且会影响农村统战。

第三，增资后要积极生产，提倡主雇两利的主雇分红办法。

（甲）增加工资改善待遇后，要教导工人积极生产，使工人了解我们的生产政策，不仅对于雇户有利，而且对于我们整个根据地建设上也是有利的，对于我们工人眼前和长远的利益上，也是有利的。

（乙）在老地区普遍的〔地〕提倡主雇两利的主雇分红办法。

（一）分红的目的是为了改善雇工生活，提高工人生产热情，发展富农经济，增加工资，加强主雇团结，共谋发展生产的好办法。

（二）分红的办法：

农业上的分红：

1. 超过生产计划的总额生产的分红办法，按着政府地级标准产量，以及一般的实产量，订出计划，由雇主深耕细作多锄多积肥的超额生产，特别在实行水利改良农作〔做〕法者，主雇可实行分红。分红比例各地可自行规定。这个办法简单，可普遍采用。

2. 计算工资的分红办法：

雇工工资可少要些，而采取全年收入的办法分红。分红数目比例，可按各地具体情况，自行规定。这种分红办法，更可以刺激主雇双方生产的积极性，双方都关心全部的生产过程，但如遇旱涝，则雇工就无法生活，所以这个办法可试用。

3. 劳资合作的分红办法：

雇工不要工资，只出劳力，雇主出土地、种子、农具、耕牛，劳资合作进行生产，生产收入实行分红。特别是鳏寡孤独无劳力不会管理经营者，最好实行劳资合作的分红办法。

副业上的分红：

1. 在农闲时，组织运输，雇主可出工具、资本，雇工出劳力；或者雇主出工具、资本，主雇集股进行运输。营利除雇工饮食外，进行分红，分红应占多数。

2. 在农闲时雇主可组织打油等手工业生产，实行分红。

3. 雇工在参加变工组中，剩余劳力，所获的收入，应实行分红。

（三）实行主雇分红要注意的三个问题：

1. 要耐心的〔地〕宣传动员，说服主雇双方（尤其是雇主），必须在双方自愿的原则下进行，要知道只有说服教育进行的〔得〕好，主雇分红才能行的〔得〕通。

2. 一般的号召提倡，但必须在工作基础好的地方，开明的雇主，设立基点进行突破，使一般号召与具体指导相结合。

3. 主雇分红，在我山东地区，正在实验进行，故各地可根据各地具体情况，大胆的〔地〕创造，并将经验及时介绍推广。

最后，手工业工人工作。

一、手工业工人工作的方针：

为着改善各业手工业工人的生活，保障手工业工人的利益，组织和团结各业手工业工人发展新民主主义的经济，今后手工业工人工作的基本任务，就是组织各业合作社。

二、组织手工业合作社的重要意义：

（甲）合作社的性质与手工业工人的要求是一致的。合作社是一种经济的组织，是为了收买原料，供给手工业工人原料，解决手工业工人困难，出卖手工业工人生产的成品，便于群众买卖。它是手工业工人的集体合作，而不是局限于作坊以内，更不是垄断买卖。

工人本身的要求是改善生活，解决生产中的困难，所以要解决其生活及生产中的困难，必须组织合作社。

（乙）合作社虽是一种经济组织，但是在民主基础上组织起来的，所以要想克服行会观念，消除师傅对徒弟的封建压迫和剥削，必须组织合作社。这是一般手工业工人的民主要求。

（丙）要想团结组织教育各种手工业工人，提高其技术，使工人互相研究，耐心教育学徒，促〔缩〕短其学习时间，发挥手工业工人应有的作用，从事新民主主义的经济建设，也只有组织合作社。

（丁）根据今天解放区大生产运动的发展，须〔需〕要大批的农具和纺织工具，零星分散的手工业，是不能供应的，所以必须组织合作社大量生产，才能达到根据地之需要。所以我们不仅［为着］改善工人生活，组织和团结手工业工人，组织合作社，而且为着建设新民主主义的经济，也要组织合作社。

三、组织手工业合作社的几种方式：

第一，各业手工业工人组织自己各业的合作社（如木工合作社、铁工合作社）。

这种合作社［的］资本、劳力、工具，都是工人自己的，纯粹是工人自己组织起来，如滨海蛟龙汪的木工合作社，巨峰的铁煤合作社。

第二，以手工业工人为主联合其他团体，共同组织的合作社。

资本是工人和其他团体共同集资，如鲁南邹县三区的木工合作社。

第三，以联防区或行政村为单位，手工业工人和农民联合，组织小型的合作社。（有的也带有变工性的，如莒南的炭井子合作社等等。）

第四，各业手工业工人联合的合作社。资本、工具、劳力都是各业工人的，如鲁中太宁放城的木工、织布工人、染房、窑工等组成的综合性的合作社。

这几种形式，前三种可根据具体情况，适当的〔地〕采用，而第四种则组织比较困难。

四、组织合作社必须掌握的几个问题：

第一，根据工人的需求和自愿自觉的〔地〕组织合作社。

第二，根据群众的利益去办合作社，要同群众利益相结合去生产，以达到合作社真正为群众服务，建立在广大群众的基础上。

第三，领导上要建立民主作风，及时的〔地〕检查督促，经常的〔地〕清算账目，防止贪污浪费。

第四，加强会员的组织教育，建立组织观念；加强生产教育，提高其技术；加强政治文化教衣〔育〕，提高工人的政治觉悟，克服其落后保守［的］行会观念。并且有计划的〔地〕培养积极分子，树立合作社的核心领导。

第五，要按期公布账目，及时分红，树立合作社在社会中之威信。

选自中华全国总工会中国职工劳动史研究室编：《中国工会历史文献》(5)，北京，工人出版社，1959 年版，第 15～22 页。原注：录自“山东各救国会组织章程和纲领”。

互校版本：《山东革命历史档案资料选编》，第 15 缉，济南，山东人民出版社，1984 年版，第 477～484 页。

14. 山东省第二次职工代表大会关于渔盐民工作的决定

1945 年 10 月 10 日

一、渔盐民工作的方针：

渔民减息、改份子，渔工增资，盐民减租、改份子，盐工增资，和组织渔盐民合作社，改善渔盐民生活，反对封建势力的超经济剥削和压迫，把渔盐民组织起来，为今后的工作方针。

二、帮助渔盐民生产，改善渔盐民生活，组织渔盐民合作社。

甲、渔民要彻底减息、改份子，渔工要增加工资，改善渔民、渔工生活，反对超经济剥削和虐待。

乙、提倡渔民互助经营（扎伙）共同合作，提高生产。如遇渔民困难，不能进行生产时，可请求政府贷款，帮助渔民进行生产。

丙、盐民要彻底减租、改份子，盐工增资，改善盐民、盐工生活，反对超经济剥削和对盐工的虐待。如遇盐民困难，可请求政府贷款帮助生产，或进行组织劳资合伙经营。

丁、改善渔盐民生活，保证渔盐民利益，组织渔盐民合作社。合作社是与渔行斗争，解决渔盐民生产困难、粮食困难，保证渔盐民利益的有力武器，所以各地要普遍的〔地〕组织渔盐民合作社。

戊、组织海上、陆上运输，推销渔盐民生产品，并运回生产用品、粮食等，以供给渔盐民的需要。

已、开展渔盐民生产，研究捕鱼晒盐技术，提高生产积极性，创造劳动模范、劳动英雄。

三、渔盐民组织问题：

甲、入会会员资格：

凡是以自己劳动收入为主，而不以剥削别人为主的，不论渔民、盐民，经渔盐民救国会许可，都可以参加渔盐民救国会。

乙、组织形式：

（一）渔民以生产为单位，即以港口为单位，组织渔民救国会。各区内之港口渔民救国会两个以上者，成立区的渔民救国会，参加区职工联合救国会。各县内之两个区以上的渔民救国会，或者大的港口，即可成立县的渔民救国会，参加县的职工联合会。各沿海专署成立专署区之渔民救国会，直属行政区职工救国会分会领导。

（二）盐民以村区为单位组织盐民救国会，直属区职工联合会领导。两个区以上之盐民救国会，即可成立县的盐民救国会，直属县职工联合会领导。必要时亦可成立专署区之盐民救国会，直属行政区分会领导。

（三）行政区不成立统一的组织，在行政区工会内设沿海工作部，直接领导专署区分会之渔盐民工作。

丙、渔工、盐工组织自己的渔工工会、盐工工会，人数少者可成立小组，分别参加渔民救国会、盐民救国会，为团体救国会员，以集体的力量，在渔盐民救国会中起骨干作用。

丁、为了开展生产，团结渔业主、摊主，保证渔盐民利益，在渔盐民救国会领导下组织渔盐民合作社，可吸收渔业主、摊主投资，为合作社社员。

四、为着保卫生产，组织渔盐民自卫的武装。

动员与号召渔盐民、渔工、盐工为着保卫自己，保卫生产，保卫沿海，组织不脱离生产的民兵自卫队和海上游击队。

选自中华全国总工会中国职工劳动史研究室编：《中国工会历史文献》（5），北京，工人出版社，1959年版，第23～25页。原注：录自“山东省各救国会组织章程和纲领”。

互校版本：《山东革命历史档案资料选编》，第15缉，济南，山东人民出版社，1984年版，第485～486页。

15. 山东省政府关于救助从东北返籍的劳工的通知

1945年10月12日

报载冀热辽行署通电，以：“自苏联红军解放东北后，过去被敌寇抓往东北之劳工，亦同时获得自由，纷纷奔返故乡。此批劳工，籍贯遍达全国各省市，为数在三百万人以上，现在正自沈阳、天津间徒步而行，络绎不绝，每月均以万计。他们在日寇长期鞭管下，贫病交加，衣不蔽体，身无分文，赖乞讨以度日，其状甚惨……深望国际及全国各救济机关、团体、各解放区、各省政府、各界人士广为募集财物，紧急援助，并予劳工以通过各该地区之一切便利。”本府阅读之余，至深同情！为此，通知各该地区行政机关，对于返乡之山东籍此种劳工，务须妥为安置，帮助他们解决生产上与目前生活上的一切困难，其无土地者，并须确实帮助解决土地问题。对于过境的此种劳工，亦须尽量予以各种便利，俾得早日返乡，重上生产战线，共为新中国的建设而努力。仍将办理情形随时报告本府为要。

主席　黎　玉

选自《山东革命历史档案资料选编》，第15缉，济南，山东人民出版社，1984年版，第508页。

16. 附“工作报告”：山东解放区铁路职工目前的任务——黎玉在全省铁路职工代表大会开幕典礼上的讲话①

1946年3月11日

今天，全山东境内一千四百公里铁路的工人代表，来此开会，是一件大事。我同意刚才主席的开幕词。我庆祝这个会议的成功。

铁路职工在抗战中间和中国革命中间，曾经对革命事业起了很大的作用。过去在反帝国主义、反军阀混战及北伐大革命中，工人站在人民斗争的前线所进行的英勇斗争，是尽人皆知的。在抗战期间，我们同敌人作战，其中一个部分就是所谓“交通战”，因为过去的铁路是敌人封锁我们的长城，是敌人的交通命脉，他〔它〕可以利用铁道随时运兵来进攻我们军民。但由于工人们八年来始终和八路军新四军站在一起，共同打击敌人，破坏铁

① 原注：全省铁路职工代表大会，于1946年3月11日至19日在临沂城召开。大会研究了恢复铁路交通和铁路职工待遇问题，选举成立了山东铁路职工联合会总会，制定了总会纲领和章程。

路，炸毁车头，组织怠工，偷敌人的东西，并拿敌人的武器来武装我们自己，这种交通作战的结果，使敌人在战略上受到很大的破坏。在同敌人斗争中，好多工人牺牲了，这种伟大的行为在中国革命史上，写下了最光荣的一页，我们要永远使其成为我们工人阶级及我们后代的优良传统。今后，中国要进入到和平建设，要建设一个独立、自由、富强、繁荣的新中国，离开了工人阶级是绝对不行的。几年来，工、农、知识分子在一起抗战，保护了人民的利益，建立了人民的政府与军队。这就是说，三十年来的流血，八年来的抗战，我们已经可以看到了我们共同的愿望和理想的一部分。譬如今天大家来开会，就等于到了自己的家，你们在这里可以看到工人阶级自己的政党——共产党，它在八年抗战中，不仅代表了工人的利益，而且代表了全国人民的利益，这就是毛主席所提出的“人民路线”。我们的政策都是为全国人民服务的。代表们！在你们的生活中，可以渐渐体会到毛主席政策的正确。同时，在这里你们也可以看到自己的军队——八路军、新四军，它之所以英勇作战、百战百胜，不是别的，而是它知道自己是为人民去打仗。这是人民的军队，也是工人阶级自己的武装。八年来，因为有了这支军队，才开展了今天这样的局面，我们也才能在这里开会。今后这支武装，还要继续进步。它是人民最好的军队，我们必须爱护它，因为只有它的存在和强大，成为全国军队国家化、民主化的模范，才是我们工人和全国人民利益的保障。

在这里，你们还可以看到人民自己的民主政府。它的主要基础，是工农和知识分子，因为工人和农民是中国人的大多数，政府不代表他们的利益还代表谁呢？过去我们做工的受人压迫，过着牛马生活，没有人的权利，是因为没有一个全国的民主路线。今后中国要民主，就要有我们的地位，只有人民有权，才能选出自己的政府，这种政府现在在这里已经为人民忠实的〔地〕服务了。所以大家开会，不仅研究了我们工人自己的事业，而且也看到了百年来我们的愿望——自己的政党、自己的军队和自己的政府。当然，我们不能满足，我们工作还有缺点；同时，只是我们这一个地方实行了民主还不够，今天在全中国来说，还有百分之五十以上的工农知识分子没有得到解放，他们还呻吟在反动分子的压迫与摧残之下，我们必须将他们解放出来，使全中国各地都实行民主。这个责任非常重大，不仅依靠共产党、八路军、新四军和民主政府的努力，而且还要依靠我们广大工人与一切民主派的继续奋斗。

最后，谨向今天的大会提出三点建议：

第一，修复交通问题，在几个月中已开始进行，陇海、张博、胶济东线，正着手修复。过去人民破坏铁路，是完全必要的，现在和平了，我们的愿望是迅速恢复交通。如有人再利用铁路来运兵打内战，我们不怕，这也正是测验谁有和平诚意谁无和平诚意的一条道路。谁忠于和平民主事业，谁就能成为人民永远的拥护者。必须使城市乡村勾通起来互为交通，才能进一步有利于人民生活。因此，一方面恢复交通，另方面还要开放大城市交通，我们主张交通为人民使用，这就是人民的交通观点。昨天工人代表要求解散伪军，这是很对的，因为他阻碍并破坏我们的复路工作。我们要求在修复交通中，迅速将铁路沿线的伪军解散，由于八年多的奴化教育，他们丝毫没有替人民打算的思想，我们应该严防他们。我们不仅要组织工会，而且要有自己的护路武装，使我们修复交通工作更加顺利。

第二，工人生活与工资问题，此次会上可好好研究。我们的工资，至少应高于国民党所规定的数目，将来联合政府成立了，交通部还会规定统一的标准。希望趁此机会，大家研究，采取民主方法，实行评议。至于将来的铁路管理，也要由我们工人直接参加，工人有选举、罢免之权。过去工人之所以受痛苦，是因为有着官僚的路局剥削工人、假公济私。我们一定要反对过去官僚的路局，我们要组织一个有工人参加管理的民主的路局。

第三，关于工会问题，希望大会有圆满的成功。工会是工人自己的工会，我们想想过去也有工会，但他们不是代表工人的利益，而且〔是〕代表官僚的利益。我们反对任何包办与统治我们的工会，我们有权罢免离开工人利益的工会委员。过去正因为我们工人没有真正自己的工会，因此我们工人生活没有保证，没有地位与权利。中国工人在过去二、三十年的斗争中，无数工人代表牺牲了，他们都是为了组织一个工人自己的工会。今天我们能够在此成立自己的工会，我们应该选出真正能代表工人意见与利益的人来领导我们。希望我们团结起来，继续扩大工人自己的工会会员，团结所有铁路工人，在自己工会的组织下，为建设一个新中国而斗争。只要我们努力，我们相信全国铁路工人，一定能够摆脱牛马与奴隶的地位，得到像我们解放区这样团结、愉快、民主、自由的主人的地位！

选自《山东革命历史档案资料选编》，第16辑，济南，山东人民出版社，1984年版，第256～259页。

17. 山东省铁路职工联合总会纲领

1946年3月15日

一、本会为谋员工本身利益，团结山东各铁路工人，协助政府恢复交通，使员工迅速复业，为实现政治协商会议的一切决议，建立和平民主团结统一的新中国而奋斗。

二、实行集会、结社、言论、出版、信仰之自由，依照工人要求及其自由意志，组织工人自己的工会。工人有权参加普选和参与国家之政治生活，政府不得违犯民主法令，任意逮捕工人，或解散工会，剥夺工人自由之权利。

三、本会为工人自己之工会，谋本阶级之福利，经工人选举自己的领导机关，应接受会员之批评与监督，反对过去官僚工会利用工会压迫、欺骗、剥削、违犯工人利益之一切行为。同时，工人对自己选举之工会应服从其领导，爱护与支持自己的工会，并服从工会之一切决议。

四、各铁路之一切直接或间接受日寇指挥之伪军与部队，应予迅速解散，以便交通之恢复。并严惩屠杀工人及违犯民族利益之大汉奸卖国贼，没收其财产，救济失业工人和举办有利于工人之福利事业。关于各路伪警必须彻底解散，重新建立保护铁路及工人利益之路警。凡过去之伪军伪警而侵害工人利益者，不得吸收为路警。

五、各路工会应选派代表参加路局各级会议，监督铁路各级行政管理；其主管人员如有贪污失职、危害工人利益时，工人有向政府建议弹劾罢免之权。

六、依据公私两利政策，适当改善职工生活，并在每年路局总结账时，应实行奖励或分红。其工作时间为每周四十八小时制。关于学习制度，必须根据学徒掌握技术程度，提升为工人，领取工人之同等工资，改变旧有陈腐之学徒制度。

七、各路局对于在业工人不得借故裁汰开除，应扫除过去贪污、贿赂、引用私人之恶习。各路应举行定期考试，由工会与路局共同评议技术，如能胜任者应提拔其职位，不得单纯从上面委派。工人之奖惩应会同工会商议进行。对于失业工人，请求路局转呈政府贷粮、款，进行救济，并举办失业登记。失业工人有复工之优先权。

八、实行劳动保护。凡因公致疾、经医生证明，应由路局负责治疗，并照发工资。工人直系家属有病，路局应免费诊治。凡因公受伤、残废或年老退休者，应发给养老金。凡因公伤亡或病故，应分别轻重发给治丧费，并抚恤其家属，其灵柩如需运送原籍时，路局得准予免费，其子女有递补之优先权。女工，例假应休息三天，产前产后应休假两月。纪念节日应实行休假，均应照发工资。在受训开会期间，亦应照发工资。

九、各路局应设立工人宿舍或发给房金，并设立公共食堂、澡堂、喝茶室、医院及药品箱等，以利工人生活和身体之健康。

十、提高工人文化教育和技术水平，应开办职工学校、工人夜校、技术学校，或成立技术研究会，以及工人子弟学校、俱乐部、图书馆，以便灌输工人科学知识，提高工人阶级觉悟，发扬工人互助精神，激励其高度的劳动积极性，创造新的技术，以便促进铁路交通事业之发展。

一九四六年三月五日

选自《山东革命历史档案资料选编》，第16辑，济南，山东人民出版社，1984年版，第265～266页。

18. 山东省铁路职工联合总会组织章程

1946年3月16日

第一章　总　则

第一条　本会定名为山东省铁路职工联合总会。

第二条　本会宗旨：团结各铁路职工，为谋员工利益，协助政府恢复交通，使员工迅速复业，改善生活待遇，救济失业工人，加强文化教育，提高政治地位，参加普选，保护工人阶级利益，并促进各铁路及全国工人阶级大联合，为实现和平建国纲领、民主团结之新中国而奋斗。

第三条　为统一工人力量，本会加入山东省职工联合总会为团体会员，并接受其领导。

第二章　会　员

第四条　凡出卖自己劳力，无论体力或智力为生活之全部来源或主要来源者，不分宗教、信仰、党派、民族、职别、年龄，籍贯，承认本会宗旨，遵守本会章程，执行本会决议，经一人之介绍者，均可为本会会员。

第五条　本会会员之权利、义务和本会纪律如下：

一、权利

1. 有选举权、被选举权、罢免权、监督权。

2. 有建议与批评之权。

3. 参加本会一切集体活动，并享受一切共同利益之权。

4. 如［违］犯本会章程、决议错误而受处分不服时，有越级声明或控告之权。

二、义务

1. 执行本会之纲领及本会之决议，遵守本会章程。

2. 坚持工人阶级利益，服从本会工作。

3. 发扬阶级友爱与做工作、学习之模范。

4. 宣传本会宗旨，发展会员，照章缴纳会费。

三、纪律

本会纪律为自觉纪律，建立在本会会员自觉的基础上。其纪律规定如下：

1. 履行会员义务。

2. 不违犯工人阶级利益、破坏本团体言行。对违犯纪律者，主要的采取教育与说服方针，但必要时可根据实际情况，分别予以劝告、警告、记过、开除会籍等处分，除由各站工会通过外，应由各干线总工会批准。

第三章　组　织

第六条　本会组织原则为民主集中制。下级服从上级，少数服从多数，个人服从团体。

第七条　本会组织系统，直属山东省总工会之领导，在本会之下，各铁路干线成立总工会，段成立段工会，站成立站工会，站下划分小组。如大站，应按实际情形成立若干站分会，下设小组；有铁路支线者，成立支线工会，应属各干线总工会之领导。

第四章　选举、职权、会期

第八条　本会最高权力机关为全省铁路职工代表大会，由本会所属各工会，按照会员人数比例，选举代表组织之。

第九条　本会代表大会，每年由执行委员会召集一次，必要时经执行委员会之决定，或会员三分之一以上的请求，得由执委会召集临时代表大会。

第十条　本会执行委员会，由本会职工代表大会选举执委十五人、候补七人组织之，并成为前后二次代表大会之间最高领导机关。

第十一条　本会执行委员［会］会议，每年召集两次，必要时召集临时执委会议。为处理日常会务，得由执委会中推选常务委员五人，组织本会常务委员会，负责执行代表大会与执行委员会之一切决议。

第十二条　本会常务委员会互推主任一人，必要时可设副主任一人或数人，并分设以下各部，分办各部事宜：

一、组织部：负责登记、调查、统计会员，掌握、培养、提拔、调剂干部，征收会费。

二、文化教育部：负责对外宣传、对内教育，举办工人夜校，协助路局办理工人子弟学校。

三、劳动保护部：调查研究员工生活，实施劳动保护等事宜。

四、生产储蓄部：主要的办理生产消费合作社、工人饭店合作社，组织家属生产，吸收工人入股，蓄藏工人剩余工资。

五、卫生部：教育工人讲求卫生，减少工人疾病，保护工人健康。

六、秘书：管理文书、事务、会计及一切不属于其他各部之事宜。

七、各部设部长一人，必要时可设副部长，下设若干干事。各执委及办公人员生活费由各人自给。

第十三条　本会各选任委员任期一年，但得连选连任之。

第五章　经　费

第十四条　本会经费来源如下：

一、会员之会费。

二、路局之补助。

三、本会生产及投资之盈利。

四、向会内会外之捐款。

五、本会会费由会员按月自愿缴纳之，下级工会收入全部缴纳给总工会，各干线各段各站之工会自造预算，总工会再行批发。

第十五条　本会经费之开支，应向各会员公布，站工会一月公布一次，段工会三月公布一次，各干线工会半年公布一次，总工会一年公布一次。各会员定期可以要求本会公布经费收支数目之权利。

第六章　附　则

第十六条　本章程经代表大会通过后即发生效力，其修改之权属于本会代表大会。

一九四六年三月十六日

选自《山东革命历史档案资料选编》，第16辑，济南，山东人民出版社，1984年版，第267～270页。

19. 山东省总工会关于工运基本方针的决定

1946年4月8日

一、工作的基本方针

我们工作的基本方针是改善工人待遇增加工资，同时必须使资方有利可图，又能够提高工人的生产情绪，加强劳资合作，发展生产，繁荣解放区经济。

根据以上的方针，目前工会工作的重点：

第一，在公营企业、矿山、交通，是在保证生活改善的基础上，积极生产，提高质量，加强工人教育，改造工人旧的劳动态度，树立新的劳动观念，爱护工厂、矿山，保护交通工具。对于过去战争环境中的供给制度，尽量改成工资分红制，并改善奖惩办法，使劳资双方共谋工商业的发展。

第二，在私营企业内，应在劳资互助协商下普遍的〔地〕增加工资，教育工人遵守劳动纪律，提高生产，爱护工厂，劳资共同发展工业建设。

第三，开展工运的统一战线，并广泛的〔地〕团结国民党区工人与解放区工人，团结统一起来，组织力量，争取和平。要大批的〔地〕团结技术工人，爱护他们，尊重他们，优待他们，提高他们的工资。教育工人要向技师学习技术，熟练业务，以推进生产的发展。特别在我们解放区的工运中，更要大批的〔地〕团结技术工人。我们工作的好坏，对技术工人的团结也是一个标志。对于过去敌伪统治的矿区旧有的工头，依附于敌人压迫工人及超经济的剥削，为广大工人所最痛恨者，在我们解放后，在广大群众一致要求下，必须开展斗争，但要掌握群众的情绪与斗争的方式方法，以达到群众的要求和教育的目的。对于一般的工头，我们是教育、改造、团结他们，促其反省，改过自新，我们欢迎他们的进步。对于一般的职员，在其遵守会章、拥护工人利益的条件下，应当欢迎加入工会。

二、调查工人情况、劳资关系，研究工资标准。过去分散游击战争的环境，工作不够正规，致使对工人情况、劳资关系、工资标准了解不够全面。为了把工作作〔做〕好，所以各地对劳动政策的执行应进行调查研究：（一）是否有不改善工人生活引起劳资对立，影响工人生产情绪，使生产降低；（二）是否单纯强调工人利益，劳动条件过高，而使资方无利可图，甚而倒闭关门，致使工商业资本家畏缩不前；（三）是否有机械的〔地〕搬运农村斗争方式，斗争过火，使资方人权、财权感受威胁，影响工商业发展。各级干部首先在自己思想上进行检讨，对工人要进行艰苦的深入的教育，诱导其走向正规。并希将调查研究材料于六月底汇报省总工会。

三、巩固发展组织，干部要职业化。几个月来，各地工会、各业工人都建立工会领导机关。目前，应当开办工人训练班、学校，组织俱乐部、各种合作社，加强劳资团结，巩固现有的组织，并在现有基础上，进一步的〔地〕开展斗争，救济失业工人，协助复工，改善生活，求得继续发展，把山东解放区的工人都组织起来。其次，为了在和平建设中进行民主斗争，学习本领，掌握技术，更进一步把工人的事情办好，今后我们干部必须职业化，以在业工人的资格，办理工人的事情。所以，干部必须放下架子，安心工作，参加生产，学习技术，并举办学校，特别是合作社等。每个干部都有一定的职业，每个干部都学会一样本领，便能站在工人之中去领导工人。

四、“五一”国际劳动节将至，各地应隆重纪念，检阅自己的力量，揭露国民党内法西斯反动派破坏政协决议、制造内战、保持其一党专政的阴谋，抗议不断屠杀工人的滔天罪行。大渡口工厂空前的大惨案（见总工会告工人书）是再次暴露了法西斯的血腥的狰狞面目。我们解放区的工人得到了民主自由，以主人翁的资格加紧解放区的建设，这与国民党统治区是天上地下。为了巩固和平，支持大渡口工人的斗争，在改善生活的基础上积极生产，调整劳资关系，根据自己具体情况，在“五一”发动个别的、局部的或全部的生产竞赛，奖励劳模。

各级工会、各业工会接此指示后，应根据自己的具体情况，迅速研究布置自己的工作，并希将执行情形随时汇报省总工会。

山东省总工会
一九四六年四月八日

附注：关于工头问题，有些补充的说明，望各地工会诸同志注意研究为盼。

选自《山东革命历史档案资料选编》，第16辑，济南，山东人民出版社，1984年版，第312～314页。

20. 山东省政府关于切实执行工厂劳动保险金的指示

1947年4月12日

查我民主政府对各企业工厂职工福利事业向极重视，曾经明确规定劳动保险金制度，在一九四五年全省工商会议总结中确定："工厂盈利中抽百分之五为劳动保险金，作为救济该厂职工特殊困难之用（应由工厂负责救济者仍由工厂负责）。劳动保险金由工厂与职工会各派代表组织委员会负责保管和支配用途。如果各公营工厂的职工会已有联合组织，则可以经联合组织决定，抽调各工厂的劳动保险金的半数来统一分配，互相调剂，但亦不应集中使用劳动保险金，或挪作其他用途。"根据最近检查与省总工会反映，各公营工厂均已遵照执行这一制度，从盈利中提出劳动保险金为数甚巨，并已做〔作〕出不少成绩（如滨海设工人医院等）。但个别工厂支配劳动保险金仍发生严重偏向，如有的把劳动保险金用作唱大戏、做衣服或买枪支自卫等不正当开支现象，应迅速纠正。为使今后各工厂劳动保险金完全作为救济职工特殊困难及兴办福利事业之用，各工厂劳动保险金之管理机构必须认真负责、慎重支配。在工厂方面应当重视该项保险金之支配权限，不得包办代替随便挪作其他用途。随文附发省总工会关于社会保险金之决定×份，仰寄转发各公营工厂，详细讨论，认真执行，务期贯彻政府劳动保险金政策，维护工人利益，并将执行情形定期回报为要！

右致

各行署

主席　黎　玉

选自《山东革命历史档案资料选编》，第18辑，济南，山东人民出版社，1985年版，第451～452页。

21. 中共中央山东分局对目前工会工作的指示

1949年7月5日

山东的工会工作在长时间缺乏明确的方针与开展，致使工人运动未能及时的〔地〕开展。自党的二中全会决议传达及分局城工会议之后，工作已有转变，如党委对工会工作已引起重视，工会工作的关门主义倾向已注意纠正，济南、徐州、潍坊等地很多工厂成立了正式工会，青岛解放后即迅速召开工人代表大会成立工会筹备会的组织。但这一转变仅在开始，而各地在工作中仍存在许多偏差和遇到许多困难。为此，分局对当前工会工作特作如下指示：

（一）当前工会工作首要任务，是有计划有步骤的〔地〕、大规模的〔地〕将全体工人阶级组织起来，成为恢复与发展生产事业的可靠支柱。为此，首先必须从思想上、行动上克服工人团体中的关门主义倾向与脱离生产运动的单纯的组织观点，切实达到依靠工人阶级发展生产建设、开展职工运动。其次要放手发展会员，迅速建立工会。应本［着］工会是群众性的组织，不应规定许多制度，工人入会条件应根据全国总工会章程所规定的入会原则，争取百分之九十五以上的工人加入工会，但在克服关门主义的大发展中，又须注意防止单纯的任务观点，采取突击方式单纯组织运动，形成官办的包办现象。实现以上原则，要求要善于运用全厂的工人代表会和车间会议，讨论工会章程及如何发展会员、建立工会等问题，通过工会筹备委员、代表会的代表及各车间的积极分子分头去发展。

（二）对各行各业工会的建立要有重点的〔地〕进行。首先要把产业工会组织起来（包括矿山、铁路、机器、纺织、邮电等工会），及时的〔地〕建立手工业工会、苦力工会、店员工会，再逐渐建立文化教育工作人员工会以及教职员工会。对工会的建立，开始就力将树立群众化的作风，必须有充分的、真正能集中群众意见的民主生活，必须保有切实的、真正能够解决群众需要的经常一般工作，并必须彻底的〔地〕克服工会工作中的官僚主义作风和形式主义作风，使工会名符〔副〕其实的〔地〕成为工人自己的团体。特别是少数已经正式建立的工会，必须在发展生产、适当改善工人生活中充实工作内容、树立工会威信，是一个重要的关键。

（三）各级党委尤其市委对加强工会工作的领导必须认真贯彻。首先要很好的〔地〕总结工会工作，针对工会工作方针，对当前工作中必须的问题提出明确的方针和办法，定期的〔地〕听取补充工作报告，及时进行教育尽力工作并指示其工作，同时市委负责同志要按时参加工会工作，并学习经管一个工厂，取得经验，推动全盘。其次要下最大决心抽调足够的得力的干部作〔做〕工会工作，以便将各级各业工会的领导机关建立和健全起来，以便大力开展工运工作，发展生产建设。

（四）加强干部学习，并有计划的〔地〕大量训练培养新干部。首先要认真学习劳大决议及中央有关工业政策、工运方针的指示，从思想上彻底清洗轻视工人的观点，树立正确依靠工人阶级的思想，明确认识党的总路线、总政策，力求贯彻到当前实际工作中去。其次要学习工会业务，特别注意调查研究，吸收新的经验，坚决克服老一套的农村工作作风和办法，同时要有计划的〔地〕举工〔办〕训练班与工人补习学校轮训工人，以提高工人的政治与文化水平，并大量的〔地〕培养提拔有生产经验的工人干部，以增强工会及生产管理工作的新骨干。最后望各地党委尤其是市委及工会党组将工会工作进行一次总结，并于最近期间内向分［局］做〔作〕一次综合性报告，并对全国总工会会报制度认真主动及做〔作〕出具体执行具体规定来。

山东分局

七月五日

选自《山东革命历史档案资料选编》，第 23 辑，济南，山东人民出版社，1986 年版，第 132～134 页。

十二、婚姻继承

1. 山东省胶东区修正婚姻暂行条例

1942年4月8日公布

第一章　总　则

第一条　本条例根据民权主义之根本精神及胶东实际情形制定之。

第二条　男女婚姻以本人之自由意志为原则。

第三条　废除代定〔订〕婚约制，非自愿而他人代定之婚约，无论男女任何一方坚持不愿履行者，即可解除，但自定婚约无故违反者，应赔偿他方因此所受之损失。

第四条　实行一夫一妻制，禁止纳妾。

第五条　禁止包办、强迫及买卖婚姻，禁止童养媳。

第二章　结　婚

第六条　男女结婚须双方自愿。

第七条　禁止早婚。结婚年龄男子以满二十岁，女子以满十八岁为原则。

第八条　结婚之双方有两个以上的证明人，即为合法。

第九条　有下列情形之一者，禁止结婚：

一、八亲等以内之血亲，三亲等以内之姻亲。

二、患花柳病、麻疯〔风〕病、神经病、疯〔风〕瘫病等不治之恶疾，经医生证明者。

第十条　有配偶者未经离婚，不得重为结婚。

第三章 离 婚

第十一条 男女双方合意离婚者，得向当地县政府请求离婚登记，由县政府发给离婚证，即为合法。经二人以上证明，并写立合意离婚证，亦为有效。

第十二条 男女之一方，有下列情形之一者，他方得向县政府请求离婚：

一、有重婚之行为者。

二、感情意志根本不合，无法继续同居者。

三、与他人通奸者。

四、以恶意遗弃他方者。

五、图谋陷害他方者。

六、不能人道者。

七、患不治之恶疾者。

八、生死不明过三年者，但不能通讯地方以四年为期。

九、受徒刑处分，并褫夺公权者。

十、有其他重大事由者。

第十三条 凡男女之一方根据第十二条理由请求离婚，经县政府考查属实后，应通知他方，并给以考虑答覆〔复〕时间，他方接到通知后，无异议表示者，方得发给离婚证。他方有异议表示时，则由政府（司法科）审查其异议，判定准予离婚与否。

本条所称通知，应以书面为之，特殊情形者，须通知两次。

考虑答覆〔复〕的时间，以一个月至二个月为原则，但往返路程所需时间不在内。

第十四条 抗日军人离婚处理：

一、抗日军人之对方，不能据第十二条第八款之理由请求离婚，但抗日军人在抗日战争胜利后，过一年无音讯者，得准许其对方离婚。

二、荣誉军人之对方，不能以残废理由请求离婚，但生殖器官受伤，全无生殖机能者，不在此限。

第四章 婚姻与子女财产之关系

第十五条 男女离婚前所生之子女，未满五岁者由女方抚养，已满五岁者随父或随母，应尊重子女的愿望，父母不得强迫，如有争执，由法院判断之。

第十六条 男子不得与孕妇离婚，其具有第十二条所规定之离婚条件者，须于生产满一年后，始得提出。

第十七条 离婚后，女方未再结婚，因无职业财产或缺乏劳动力，不能维持生活者，男方应给以帮助，但最多以三年为限。

第十八条 女方再婚时，带去之子女由新夫负责抚养教育。

第十九条 非结婚所生之子女，经生母提出证据，证实其生父者，得强制其生父认领，或供给抚养费。

第二十条 非结婚所生之子女，享有与婚生子女同等的权利，不得抛弃，因抛弃致死者，以杀人论罪。

第二十一条 结婚前，男女双方原有之财产及债务得各自处理；结婚后，男女双方经营所得财产及所负债务得共同处理之。

第二十二条　寡妇再婚，其本人原有及承继之财产，应准许其自由处理或带走，任何人不得干涉。但承继之财产，如尚负有抚养义务者，得扣留一部，方准带走。

第二十三条　凡违犯本条例者，得由当事人向法院控诉，或由检查〔察〕机关提起公诉，给以应得之制裁。

第五章　附　则

第二十四条　本条例修正解释之权，属于胶东区临时参议会。

第二十五条　本条例自公布之日施行。民国三十一年六月四日胶东行政联合办事处公布之婚姻暂行条例，即行废止。

选自《中国新民主主义革命时期根据地法制文献选编》，第 4 卷，北京，中国社会科学出版社，1984 年版，第 862～866 页。原注："选自山东胶东行署《法令汇编》，一九四四年版。"

2. 山东省保护抗日军人婚姻暂行条例

1943 年 6 月 27 日公布

第一条　为适应战时情况，保护抗日军人婚姻关系，特制定本条例。

第二条　凡抗日军人之配偶，非有下列情形之一者，不得离婚：

1. 对方①死亡确有证据者。
2. 参加部队后毫无音信满五年者。
3. 参加部队后音信中断满三年者。

第三条　凡与抗日军人定〔订〕有婚约者，非对方毫无音信或者音信中断满三年者，不得解除婚约。

第四条　不依本条例第二、第三两条之规定而与抗日军人离婚或解除婚约者，抗日军人或其家属得声请恢复其婚姻关系。

第五条　违犯本条例与抗日军人之配偶结婚或与抗日军人之未婚妻订婚或结婚者，其婚姻无效，其因此所受之任何损失，概不予以法律上之保障。

第六条　本条例如有未尽事宜，得随时修正之。

第七条　本条例经山东省临时参议会通过，由山东省战时工作推行委员会公布施行。

选自《中国新民主主义革命时期根据地法制文献选编》，第 4 卷，北京，中国社会科学出版社，1984 年版，第 857～858 页。原注："选自渤海区行政公署编《战时单行法规》，一九四四年版。"简称"社科法制版"。

互校版本：《山东革命历史档案资料选编》，第 9 辑，济南，山东人民出版社，1983 年版，第 516 页。

---

① "社科法制版"漏一"方"字。

3. 山东省婚姻暂行条例

1945年3月16日施行

第一章 总 则

第一条 本条例根据山东省战时施政纲领男女平等、婚姻自由及一夫一妻制之原则制定之。

第二条 重婚、早婚、蓄婢、纳妾、童养媳、买卖婚姻、租妻、抢婚等陋习一律禁止。

第二章 订 婚

第三条 订婚应由男女当事人自行订定，任何人不得强迫或代订。

第四条 男未满十七岁、女未满十六岁者不得订婚。

第五条 订婚时男女双方均不得索取金钱或其他财物，但纯系纪念性质之物品交换不在此限。

第六条 订婚时须有婚约及证人者方为有效。

第七条 婚约不得强迫履行，男女双方有一方不愿履行婚约者均得请求解除之。

第三章 结 婚

第八条 男未满十八岁、女未满十七岁者不得结婚。

第九条 结婚须有公开仪式。

第十条 本族五服以内之血亲不得结婚，亲姑表姨亦应尽量避免缔结婚姻。

第十一条 因通奸经判决离婚者不得与相奸者结婚。

第十二条 凡有精神病、花柳病、大麻疯〔风〕及有遗传性之恶疾者不得结婚。

第十三条 寡妇有再嫁与否之自由，任何人不得干涉，或借以索取财物。

第四章 离 婚

第十四条 夫妻两愿离婚者得自行离婚，离婚时须向区以上之政府声明备案。

第十五条 夫妻之一方以他方有下列情形之一者得请求离婚：

一、充当汉奸者。

二、违反抗战民主利益，政治思想严重对立，不能维持夫妻关系者。

三、重婚者。

四、与人通奸者。

五、受他方不堪同居之虐待或遗弃者。

六、患花柳病、精神病、大麻疯〔风〕及不能医治之传染病或恶疾者。

七、夫妻感情恶劣至不能同居，经调解无效者。

八、吸食毒品及其他不良嗜好屡劝不改者。

九、判处徒刑三年以上者。

十、生死不明过三年者。

十一、不能人道者。

第十六条　夫妻之一方因判决离婚而受有损害者，得向有过失之一方请求赔偿。

第十七条　男女双方因判决离婚而陷于生活困难者，他方虽无过失，亦应给与〔予〕相当之赡养费，但确无力支出此项费用者不在此限。

第五章　子　女

第十八条　男女离婚时，有子女未满六岁者由女方抚养，已满六岁者由男方抚养，其另有约定者从其约定。

第十九条　子女由男女一方抚养时，如无力维持生活，他方须给予抚养子女之生活费。

第二十条　女方再婚后所带之子女，由女方及其新夫共同负责抚养之。

第二十一条　禁止杀害私生子，违者以杀人论罪。私生子经其父认领者，或经其生母指出证明者，其生父须负责带领抚养，与婚生子女有同等之地位。

第六章　附　则

第二十二条　对抗日军人解除婚约或离婚者，均须依保护抗日军人婚姻暂行办法之规定办理之。

第二十三条　凡在本条例施行前，因婚姻涉讼尚未判决者，或因所定之婚约发生争执时，均依本条例办理之。惟〔订〕定婚时女方曾接受男方财礼者，如女方要求解除婚约，应返还财礼，无力返还时，按债务关系调处之，不得因此妨碍解除婚约之自由。

第二十四条　本条例经山东省临时参议会通过，由山东省战时行政委员会公布施行。

选自《中国新民主主义革命时期根据地法制文献选编》，第 4 卷，北京，中国社会科学出版社，1984 年版，第 858～862 页。原注：“选自山东省政府司法厅编印《山东省现行司法法令》，一九四六年版。”

互校版本：《山东革命历史档案资料选编》，第 14 辑，济南，山东人民出版社，1984 年版，第 250～253 页。

4. 山东省女子继承暂行条例

1945 年 3 月 16 日施行

第一条　本条例以［依］男女平等之原则制定之。

第二条　女子有遗产继承权，除自愿放弃外，任何人不得妨碍或限制之。

第三条　夫死亡后，其夫之遗产由其妻及其子女同等继承，在财产分析后，其妻有生活困难时，其子女有奉养之义务。

第四条　被继承人死亡，有女无子时，除被继承人生前立有养子（包括习惯所称嗣子）外，任何人不得代立养子，以妨害其女之继承权。被继承人立有养子养女时，其遗产由其配偶、养子养女及亲生子、亲生女同等分配继承。

第五条　已嫁或未嫁女子应继承之财产，已经其他继承人分析者，该女子得同原分析人请求重行分析。

第六条　重行分析时，应以原分析时之财产额为准，如其财产以〔已〕较原分析时减少者，以现有之财产额为准。但其减少系由原继承人恶意行为所致者，仍照原财产额为准。

第七条　已嫁女子之嫁妆费，应在重行分析时，于其应得之数目内扣除之；但已超过应得之数者，原继承人不得请求返还其超过之数目。

第八条　对已嫁女子，应分得之财产，以金钱为之。但有特别约定者，从其约定。

第九条　重新分析时，不得因追溯而请求利息。

第十条　自民国十七年五月一日起，女子对于其直系血亲尊亲属之遗产即有继承权。自民国二十年五月五日起，妻对于夫的遗产即有继承权。但遗产继承早经确定，并无争议，今始请求者，可按照实际情况适当调处之。

第十一条　本条例经山东省临时参议会通过，由山东省战时行政委员会公布施行。

选自《中国新民主主义革命时期根据地法制文献选编》，第4卷，北京，中国社会科学出版社，1984年版，第866～867页。原注："选自山东省政府司法厅编印《山东省现行司法法令》，一九四六年版。"

互校版本：《山东革命历史档案资料选编》，第14辑，济南，山东人民出版社，1984年版，第253～254页。

5. 修正山东省婚姻暂行条例

1949年7月19日山东省人民政府公布

第一章　总　则

第一条　本条例根据民族健康、男女平等、婚姻自由及一夫一妻制之原则制定之。

第二条　重婚、早婚、蓄婢、纳妾、童养媳、买卖婚姻及一切妨害婚姻自由之陋习，一律禁止。

第三条　结婚、离婚须由当事人自主，任何人不得强迫包办。

第四条　保障革命军人婚姻，凡蓄意破坏革命军人婚姻者，应予处罚。

第二章　结　婚

第五条　男须满二十岁，女须满十八岁，方得结婚。

第六条　男女结婚，须同到结婚所在地之区（乡、镇）政府举行登记，登记后即成立夫妇关系，废除聘金、聘礼、妆奁等陋习。

第七条　禁止男女在五代以内的亲族血统间结婚。

第八条　凡患花柳病、大麻疯或遗传性之恶疾，经医治无效，或患严重神经病者，不得结婚。

第九条　寡妇有再嫁与否之自由，任何人不得干涉或借以索取财物。

第三章　离　婚

第十条　凡夫妻双方同意离婚者，应即离婚。夫妻一方，坚决要求离婚，经调解无效者，得向司法机关请求判决离婚。

第十一条　夫妻两愿离婚时，须同到所在地之区（乡、镇）政府登记，取得离婚证书。

第十二条　革命军人之配偶或未婚妻，非经对方本人同意，不得离婚或解除婚约。但音讯断绝，生死不明，已逾三年者，女方得请求司法机关判决离婚，或解除婚约。

第十三条　女方在怀孕期及分娩后六个月内，男方不得提出离婚。

第四章　子　女

第十四条　子女分得的土地，归子女所有。

第十五条　男女离婚时，有子女未满六岁者，由女方抚养；已满六岁者，由男方抚养。其另有约定者，从其约定。

第十六条　子女由男女一方抚养时，如无力维持生活，他方须给予抚养子女之生活费。

第十七条　女子再嫁后，所带之子女，由女方及其新夫共同负责抚养之。

第十八条　禁止杀害未婚子，违者以杀人论罪。未婚子经其父认领者，或经其生母指出证明者，其生父须负责带领抚养，与婚生子女有同等之地位。

第十九条　禁止溺婴或打胎，违者分别情节治罪。

第五章　财　产

第二十条　男女各得之土地财产，由个人自行处理，任何人不得阻碍限制，违者处罚。结婚后，男女共同经营增加的财产，男女平分，有子女者按人口平分。

第二十一条　男女在同居中所负之共同债务，有共同财产者，以共同财产偿还，无共同财产或共同财产偿还不足时，归男子负责清偿。

第二十二条　男方提出离婚后，致女方生活无法维持者，男方须维持其必要生活费或代耕其土地，直至女方再行结婚或生活有法维持时为止。

第六章　附　则

第二十三条　违犯本暂行条例涉及刑事范围者，依刑事论罪。

第二十四条　本暂行条例自山东省人民政府公布之日施行。

选自《中国新民主主义革命时期根据地法制文献选编》，第4卷，北京，中国社会科学出版社，1984年版，第885～888页。原注："选自一九四九年八月山东省人民政府《山东政报》第一期。"

互校版本：《山东革命历史档案资料选编》，第23辑，济南，山东人民出版社，1986年版，第177～180页。

6. 山东省人民政府司法厅关于妇女问题给各地司法工作同志们的一封指示信

1949年8月19日

各地司法工作同志们：

关于妇女问题——主要是婚姻问题，我们看到和收集到了以下的材料。

一、《大众日报》七月二十六日第三版刊载了渤海区李张氏杀害子媳、阻挠妇运，鲁中南李家桃园妇女不堪封建欺凌，三人自杀、二人逃走的两个惊人消息，同时该报并为此发表了一篇社评。

二、又在其他材料内发现其中有关类似的事件多起：

（一）妇女受丈夫、翁婆、大姑子、儿媳的气，成为一件很寻常的事。

（二）妇女因为长的〔得〕丑，为光生女孩子，为不生小孩，为有男女关系，为当村干耽误生产等等原因（主要是夫妻关系不好）而遭受虐待，有的妇女愤而上吊、投井、服毒自杀，有的妇女被砸死、溺死、砍死、烧死、勒死等。

（三）买卖婚姻现象普遍严重存在，要布疋，要粮食，最多的是六七十石，最少者是三十石到五石不等。

三、我们某些干部在处理以上问题时又怎样呢？如有的对死个妇女说："死个狗还用问吗？"有的说："好女不嫁二夫"，"好闺女好寡妇不出庄"。有的积压案件不处理，还说："二中全会没有这一条，搞生产是主要的。"还有个别村干部从中作梗，干涉婚姻自由，借着当媒人图吃图喝，成了婚姻自由的挡头。

其次，单纯照顾雇贫农（男方）及烈军工属，形成了这些人员买卖婚姻是合理的，或造成了离婚不够条件的主要理由。单纯照顾到男方的得失，觉得男方在订婚时花了不少东西，如果毫无代价的〔地〕解除婚约，使男方人财两空，是不合理的，因此机械的〔地〕执行所谓退还彩礼。女方为了解决个人问题，不得不又一次的〔地〕索财订婚。

从上述材料情况中，说明封建社会在中国几千年以来长期统治的结果，在人们思想、习惯、传统上的影响极其深厚。也可以看出，由于在旧社会中男女婚姻野蛮到无人性，使妇女处于服从或屈辱的地位。妇女被迫害的现象，各地均有发生，在某些个别地区来说，还是一个相当严重的社会问题。这样就要我们一方面严肃的〔地〕正视上述骇人听闻的妇女被迫害事件，另一方面要向残存在我们某些干部中的封建思想和影响进行艰苦的思想斗争。在此，我们特提出以下的意见，要求同志们加以研究讨论。

第一，司法工作者本身首先从思想上彻底肃清残存的封建思想和影响，严正的〔地〕把个人的群众观点——妇女观点检查一番，在日常生活中，在处理问题中，是否从男女平等出发，设身处地的〔地〕体贴一下妇女特殊的困难，从而进一步积极扶持妇女解放，帮助妇女去掉这种残酷无情、野蛮吃人的旧礼教的束缚，同时对上述一系列的重男轻女、大男子主义的封建残余思想，尤其是对妇女被迫害、人命关天的大事情竟以"死个狗还用问吗"的态度，必须作无情的不调和的斗争。这完全是一种把妇女当作私有物，可以随便杀剐存留，所谓地主阶级贱视农奴的一种观点，尖锐的〔地〕加以批判，加以明确认识，树立一种完整的群众工作观点——妇女观点、男女平等观点。

第二，对妇女在过去、现在、将来的地位和作用的重要性要有足够的认识和估价，正如社评所指出：在抗日战争和人民解放战争中获得了空前伟大的胜利，这种胜利的获得，没有占人口半数的妇女参加是不可能的；同样，要建设今后的新中国，求得中国人民的独立和彻底解放，也是不可能的。我们必须认识，妇女婚姻自由，不但是妇女本身解放的问题，无论为着今天的支援战争，为着新民主主义的经济建设，以及将来为着社会主义的胜利，都是极端需要而不能缺少的一种力量。

第三，所有司法工作同志，要切实负起保障妇女人权的责任来，凡迫害妇女犯罪违法者，必须予以应得处罚，不容许采取不告不理或慢慢来的消极态度。假若知悉或发现哪里有此类事件发生，即应主动积极的〔地〕过问或前往处理。现在新的婚姻条例已经公布，问题是在于如何使之能够贯彻实现。由于旧社会遗留下来的重男轻女观念和各样封建习俗的束缚，妨碍了妇女迅速实现法律上所已规定了的权利，因此我们司法工作同志，有责任帮助妇女实现她所应有的权利，对阻碍妇运在家庭或婚姻问题上的封建思想、传统、习俗必须有意识和有步骤的〔地〕去消除之，对法律上明文规定的妇女财产及参加一切社会活动必须坚决予以保护和支持，对买卖婚姻、童养媳等必须严加禁止，同时对群众进行男女平等的思想教育力求贯彻。不应盲目的〔地〕以为今天都解放了，在新民主政权下，过去旧社会存留的一些对于妇女的封建束缚就会自然而然的〔地〕消除，不必再去进行什么工作了。这种自流主义，不注意妇女特殊利益的观点是错误的。

第四，根据各地材料，婚姻纠纷在民事案件中有的占第一位，有的占第二位，甚至很多地方司法工作同志[的]大部时间和精力都用在这一方面。这说明已经不是一个普通个别的问题，而是一个严重的社会问题。因此，除我司法工作同志本身要积极支持广大妇女在婚姻问题上的真正自愿自主，求得彻底解放，打碎、去掉压在妇女身上旧的婚姻制度的枷锁桎梏外，同时更须同群众团体特别是妇联配合起来，严正的〔地〕对待这个问题，共同发动广大妇女，组织起来，一致为反对婚姻不自由、不平等、不合理而斗争。因为已经成了一个社会问题，单靠司法力量孤军奋斗，奏效是不会大的。

最后，希望所有司法工作同志，应好好研究学习关于最近省府颁布之新的婚姻条例、《大众日报》七月二十六日第三版《坚决保障妇女人权》社评，结合中共中央《关于目前解放区农村妇女工作的决定》（一九四八年十二月二十二日公布）及本省有关妇女工作的指示、决定文件等，求得在理论上进一步弄通，正确掌握婚姻政策的基本精神和原则，明确树立群众观点——妇女观点，然后再针对着当地群众条件、工作发展情形，组织干部力量，把套在妇女头上的封建枷锁有意识有步骤的〔地〕逐渐打碎、去掉，使妇女真正得到彻底解放，与男子完全站在平等的地位上，共同为建设新民主主义的新中国而贡献一切。

外附华北人民政府司法部司通字第七号通报一份于后（略）①，并希依照该通报的精神和办法，将你处有关妇女婚姻事件有重点有计划的〔地〕加以调查研究，具报本厅为荷。

此致

敬礼

山东省人民政府司法厅

八月十九日

选自《山东革命历史档案资料选编》，第23辑，济南，山东人民出版社，1986年版，第322～325页。

---

① 详见“华北区分卷”司法审判类。

十三、刑事法规

1. 山东省惩治贪污暂行条例

1940年12月3日公布、施行

第一条　本省所属之行政机关、武装部队及公营企业之人员，触犯本条例规定之罪者，依本条例处断之。

群众团体及社会公益团体之人员，触犯本条例之罪者，亦依本条例处断之。

第二条　有下列行为之一者，以贪污论罪：

一、买卖公共用品从中舞弊者；

二、克扣或截留应行发给或交纳财物者；

三、盗窃或侵吞公家财物者；

四、强占、强征或强募财物者；

五、意在图利，贩运违禁或漏税物品者；

六、擅移公款作为私人营利者；

七、违法收募税捐者；

八、伪造或虚报收支账目者；

九、勒索、敲诈、招摇撞骗、收受贿赂者；

十、为私利浪费公用财物者。

第三条　犯第二条各款之罪者，以其数目之多少及发生影响之大小，依下列之规定惩治之：

一、贪污财物在五百元以上者，处死刑或五年以上之有期徒刑；

二、贪污财物在三百元以上五百元以下者，处三年以上五年以下之有期徒刑；

三、贪污财物在一百元以上三百元以下者，处一年以上三年以下之有期徒刑；

四、贪污财物在一百元以下者，处一年以下之有期徒刑或苦役。

第四条　第二条之未遂罪，不得按第三条之规定处罚之。

第五条　触犯本条例规定之罪者，除照第三条各款之规定处罚外，应追缴其财物，视其性质分别发还受害人全部或一部，如无法追缴时，追缴其价。

第六条　触犯本条例之罪于发觉前自首者，除依第五条之规定令其缴出所得财物外，得减轻或免除其刑。

第七条　犯本条例之罪者，由所属机关之主管人员送交审判机关审判之。

第八条　本条例解释修改之权属于山东省临时参议会。

第九条　本条例自山东省临时参议会通过后公布施行之。

选自《中国新民主主义革命时期根据地法制文献选编》，第3卷，北京，中国社会科学出版社，1981年版，第146～148页。原注："选自《山东省战时法规法令汇编》。"

互校版本：《山东革命历史档案资料选编》，第6辑，济南，山东人民出版社，1982年版，第151～153页。

2. 山东省处理汉奸财产条例

1941年4月18日公布、施行

第一条　本条例系根据《国民政府处理逆产条例》及《山东省临时参议会施政纲领》第十一条"严惩甘心卖国汉奸，争取被迫汉奸与号召汉奸自首"之精神制定之。

第二条　在民国二十六年七月七日后，犯《惩治汉奸条例》第二条各款之罪或其他一切破坏抗战之罪，而罪恶昭著、争取无效者，其个人之财产视为汉奸财产，应没收之。

触犯上列各罪反正或自首者，得免于没收。

第三条　前条第一项之规定，应由检察官或公安局向法院提起公诉，法院判决后，经专员区政府以上行政委员会批准后执行之。

第四条　汉奸财产没收之后，应酌留一部为被没收人家属之必要生活费用。

第五条　汉奸财产之查封、扣押及没收等必要之处理，须由主任公署或专员公署会同当地法院、公安局执行之；县政府实行查封、扣押及没收时，须呈报专署核准。

第六条　公司、商店之财产，有一部分为汉奸财产者，该部分应予没收，但不得妨碍其他投资人之正当利益。

第七条　处理汉奸财产之主管官署，因清查汉奸财产，得向银行、钱庄、商店或其他有关之商民住户为相当之调查。

第八条　处理汉奸财产之主管官署，应就所处理之汉奸财产公告之，公告内应记载下列事项：

一、被没收人之姓名、籍贯及其居住所；

二、财产所在地；

三、财产之种类、数额；

四、处理之理由；

五、处理之年月日。

第九条　知其财产将被没收，因而为财产权移转之行为，其行为无效，但承受移转人确不知情并无过失者，不在此限。

故意为被没收人隐匿财产，而为财产权移转之行为，或其他妨害没收之行动者，除其行为当然无效外，并视其情节依法惩处之。

第十条　没收汉奸之财产，专为抗日军费及优待抗属之用。

第十一条　自本条例公布后，对没收汉奸财产之处理，不合本条例之规定者无效。

第十二条　本条例自山东省临时参议会通过后公布施行之。

选自《中国新民主主义革命时期根据地法制文献选编》，第3卷，北京，中国社会科学出版社，1981年版，第148～150页。原注："选自《山东省战时法规政令汇编》第一辑，第一分册。"

互校版本：《山东革命历史档案资料选编》，第6辑，济南，山东人民出版社，1982年版，第343～344页。

3. 山东省战时工作推行委员会关于罚款募捐及没收代管的决定

1941年5月30日

一、为严禁乱罚现象，决定县以上之政权机关始有行政上及司法上之罚款权，但必须依法律规定办理，并须经县以上之行政委员会讨论通过后始得执行，其不依法律手续及行政委员会通过者，任何罚款，均为违法行为。

二、各级政权机关在行政上及司法上之罚款，应随时解缴金库，不得截留自用，并须将罚款案由、数目每半年汇集向上级报告一次，以备查考。

三、为爱护根据地与争取敌占区民众，各级政权机关、群众团体、部队，不论用任何方式，一律不准向敌我区域内商民捐款或募集财物。

四、为慎重处理汉奸及逃亡地主之土地财产，各级政府机关没收大汉奸之土地财产时，须将具体情形事先呈由各战略区之最高政权批准后，始得办理，并报告本会备查。

五、凡代管汉奸或逃亡地主之土地财产，必须经县以上之行政委员会通过，区村政权不得决定代管。

六、各级政权机关接到本决定后，即通令所属并布告民众严格执行，其有不遵守决定或执行不力者，应给予行政上之处分。

选自《中国新民主主义革命时期根据地法制文献选编》，第3卷，北京，中国社会科

学出版社，1981年版，第150～151页。原注："选自山东省政府《战时法规政令汇编》第二辑。"

4. 山东省战时工作推行委员会关于严禁贿赂的决定

1942年7月28日

（一）贿赂为贪污的变相，为浪费的根源，其前途必然是营私舞弊、破坏纲纪，故贿赂公行为历代所指斥，洁廉奉公为社会公认之美德。在坚持艰苦的最后两年抗战的今天，严禁贿赂实有其严重的政治意义。

（二）本会决定，今后应严禁贿赂。对于馈赠，除有政治的、社会的及风俗上必要的馈赠外，无谓的馈赠应一律禁止，借免浪费。其有假馈赠之名而进行贿赂之实者，应以贿赂论，政府应追究其馈赠的动机、目的、费用来源，予行贿者及受贿者以适当的处分。

（三）在减租减息增资后，有少数地主或雇主企图利用收买、馈赠等卑劣的办法，愚弄个别落后群众，既破坏减租减息增资等重要法令及群众之团结，且损害社会的善良风俗，应严加禁止，并科双方以重罚。

（四）对各级政府机关、地方部队、群众团体之贿赂与无谓的馈赠，奖励各方举发揭告，报纸批评，共维社会之善良风俗，杜绝贪污浪费的流弊。

（五）各战略区政府应根据这一意旨，依照当地具体情况，由行政会议讨论，立即布告周知，以杜颓风为要。

1942年7月28日

选自《山东革命历史档案资料选编》，第8辑，济南，山东人民出版社，1983年版，第443～444页。

5. 山东省惩治盗匪暂行条例

1942年9月6日参议会通过

同年9月10日战工会公布、施行①

第一条　为消弭匪患，安定社会秩序，特依据山东省战时施政纲领制定本条例。

第二条　有下列行为之一者为盗匪，处死刑：

一、掳人勒赎者；

二、于盗所强奸妇女者；

三、持有枪械或其他武器，在陆地或水上聚众抢劫者；

四、抢劫或行劫而杀人，或伤人致死，或致笃疾，或伤害二人以上者；

---

① "社科法制版"注明："同年9月10日战工会公布施行。"

五、勾通或窝藏盗匪，分赃有据者；

六、帮助抢劫勒赎，或窝藏被掳人得赃者；

七、破坏公营事业或军事政治设施，情节重大者；

八、因看守赃物或脱逃而持械伤人者；

九、抢劫囚犯，或持众胁迫脱逃之首谋及教唆者；

十、现役军人或其他工作人员有盗匪行为或依其他方法帮匪者。

第三条　说票者按其情节轻重处死刑、无期徒刑或五年以上有期徒刑。

第四条　有下列情形之一者，处三年以上有期徒刑：

一、犯第二条各款之一，在未发觉前自首者；

二、窝藏匪犯或帮助匪犯脱逃者；

三、窝藏被掳人者。

第五条　有下列情形之一者，处一年以上三年以下有期徒刑：

一、犯罪人之行为，确系情有可愿〔原〕者；

二、从他人为匪未得赃者；

三、掳人勒赎未得赃，亦未加害而释放被掳人者；

四、已着手于犯罪行为之实行而不遂，或其行为不能发生犯罪之结果，又无危害或意识转变中止者；

五、藏匿盗匪，纵匪脱逃者。

第六条　民众能自动捕获盗匪，举发盗匪巢穴，或指引盗匪踪迹，因而破获者，得酌予奖励。

第七条　人民遭遇盗匪绑劫时，其家属或其他关系人，必须立即向当地政府报告，不得隐蔽或暗用金钱赎回。

第八条　凡盗匪案件概归政府处理。惟现役军人有触犯本条例各罪之规定时，送由各该军法机关处理。

第九条　依本条例判处之罪行，由该审理盗匪案件机关，具备案由，报告战工会或所属主任公署或直辖专署核准后执行。

第十条　凡盗匪案件除适用本条例外，如有未尽事宜，适用刑法之规定。

第十一条　死刑之执行用枪毙。

第十二条　本条例之制定与修正权，属于山东省临时参议会。

第十三条　本条例施行期间暂为一年。

第十四条　本条例自山东省临时参议会通过后公布施行之。

选自《中国新民主主义革命时期根据地法制文献选编》，第3卷，北京，中国社会科学出版社，1981年版，第151～153页。原注："选自山东省胶东行署《法令汇编》。"简称"社科法制版"。

互校版本：《山东革命历史档案资料选编》，第9辑，济南，山东人民出版社，1983年版，第18～19页。

6. 山东省战工会关于制止抢劫寡妇的训令

1943 年 4 月

查滨海区海陵、临沭、赣榆等处，久有暴徒持械结伙抢劫寡妇或抢劫离婚妇女，抢劫之后或则据为己有，或则价卖自肥，社会上习不为怪，被害人无可告诉，似此灭绝人权、抹煞〔杀〕人格之行为，不仅为亟应改革之恶习，实为人类之耻辱，亦即亟须惩治之极恶行为。惟以习沿已久，积非成是，不设重典，难遽收效。兹经本会第四十二次常委会决定，嗣后准将上述行为之既遂主犯，一律处以死刑，从犯处以十年以下有期徒刑，其未遂主犯处以十五年［以下］① 有期徒刑，从犯处以五年以下有期徒刑，并函请山东省临时参议会讨论通过，记录在案。除分别函知各群众团体加强所属教育协助进行外，合行令仰该署遵照布告通知，并通令所属各县遇有上述案件，即行遵照上开规定审理为要。

此令

选自《中国新民主主义革命时期根据地法制文献选编》，第 3 卷，北京，中国社会科学出版社，1981 年版，第 153～154 页。原注：“选自一九四六年《山东省现行司法法令》。”

互校版本：《山东革命历史档案资料选编》，第 9 辑，济南，山东人民出版社，1983 年版，第 458～459 页。

7. 山东省战工会关于赌博罪的训令

1943 年 4 月

查提高劳动，发展生产，铲除奸宄，安定社会，为目前之重要工作，凡属抗战军民均应一体力行，以谋我根据地之繁荣与安宁。乃近查竟有不法之徒，专以引诱良家子弟，招纳匪徒，聚赌为业，影响所及，非为使我生产减低，游民增多，且更招致奸细祸害地方。兹为确保我根据地之繁荣与安宁，特经决定：嗣后对于当场抓获之赌徒，一律处以千元以下的罚金，当场赌博器具与在赌台或兑换筹码处之财物，不问属于犯人与否均予没收，其以赌博或设局为常业者，除按刑法第二百六十七条、第二百六十八条判处徒刑外，并科以五千元以下之罚金，所受徒刑准即另服劳役，至若引惑青年无智设计诳骗，至输巨款者，应以赌博与诈欺并合论罪。除本令所规定者外，其余仍遵照刑法各该条之规定办理，仰该署遵照布告周知，并通令所属各县严密查禁与遵照办理外，并分函各群众团体转饬所属，深入宣传教育群众，以相辅之效为要。

此令

选自《中国新民主主义革命时期根据地法制文献选编》，第 3 卷，北京，中国社会科学出版社，1981 年版，第 154～155 页。原注：“选自一九四六年《山东省现行司法法令》。”

---

① 此处疑漏“以下”二字。

互校版本：《山东革命历史档案资料选编》，第9辑，济南，山东人民出版社，1983年版，第457～458页。

8. 山东省禁烟治罪暂行条例

1943年4月2日公布，
同年5月1日开始施行

第一条　本条例根据国民政府禁烟治罪条例，参照山东省实际情形制定之。

第二条　本条例所称烟者，系指鸦片、罂粟及罂粟种子。

第三条　意图制造鸦片而栽种罂粟者，处死刑、无期徒刑或十年以上有期徒刑。

第四条　运输、贩卖或意图贩卖而持有鸦片者，处无期徒刑或五年以上有期徒刑，得并科五千元以下罚金，其数量在三百两以上者处死刑。

第五条　运输、贩卖或意图贩卖而持有罂粟种子者，处三年以上十年以下有期徒刑，得并科三千元以下罚金。

第六条　意图营利设所，以鸦片及烟具供人吸食者，处无期徒刑或五年以上有期徒刑，得并科五千元以下罚金。

第七条　吸食鸦片者，处六月以上二年以下有期徒刑，得并科一千元以下罚金；有瘾者限期戒绝，戒绝后再犯者处一年以上三年以下有期徒刑，得并科二千元以下罚金，有瘾者仍限期戒绝，三犯者处死刑或无期徒刑，其自行投戒者免除其刑，但以一次为限。

第八条　帮助他人犯以前各条之罪者，处三年以上有期徒刑。

第九条　栽赃诬陷或捏造证据诬告他人犯本条例各条之罪者，处以各设条例之刑。

第十条　公务人员包庇或收受贿赂纵容他人犯本条例各条之罪者，处无期徒刑或十年以上之有期徒刑，故纵本条例各条之罪犯脱逃者，亦同前项办理。

第十一条　公务人员查获烟土、罂粟种子或烟具，须呈交司法机关，匿报掺假者，依本省惩治贪污条例治罪。

第十二条　非公务人员犯前条之罪者，处以三年至五年有期徒刑。

第十三条　本条例修改解释之权属于山东省临时参议会。

第十四条　本条例施行日期由山东省战时工作推行委员会另以命令定之。

选自《山东革命历史档案资料选编》，第9辑，济南，山东人民出版社，1983年版，第423～424页。

9. 山东省禁毒治罪暂行条例

1943年4月2日公布，
同年5月1日施行

第一条　本条例根据国民政府禁毒治罪条例，参照山东省实际情形制定之。

第二条　本条例所称毒品者系指吗啡、高根、海洛因及其化合物或配合而成之各色毒丸。

第三条　制造或运输毒品者处死刑。

第四条　贩卖或意图贩卖而持有毒品者处死刑或无期徒刑。

第五条　意图营利为他人施打吗啡或设所供人吸用毒品者处死刑或无期徒刑。

第六条　施打吗啡或吸用毒品者处一年以上三年以下有期徒刑，有瘾者限期戒绝，再犯者处死刑，其自行投戒者免除其刑，但以一次为限。

第七条　制造、贩卖或意图贩卖而持有专供施打或吸用毒品之器具者，处七年以下有期徒刑，得并科三千元以下罚金。

第八条　帮助他人犯以前各条之罪者，处五年以上十年以下有期徒刑。

第九条　犯本条例第三条、第四条、第五条之罪而能供出毒品制造所或其主要犯人而破获者，得减轻其刑。

第十条　栽赃诬陷或捏造证据，诬告他人犯本条例各条之罪者，处以各该条之罪。

第十一条　公务员包庇或收受贿赂者，纵容他人犯前条各罪或故纵本条例各条罪犯脱逃者，处死刑或无期徒刑。

第十二条　查获毒品须将原物呈交司法机关，匿报掺假者处死刑或无期徒刑。

第十三条　本条例修正解释之权属于山东省临时参议会。

第十四条　本条例经山东省临时参议会通过，由山东省战时工作推行委员会公布施行之。

第十五条　本条例实行日期由山东省战时工作推行委员会另以命令定之。

选自《中国新民主主义革命时期根据地法制文献选编》，第3卷，北京，中国社会科学出版社，1981年版，第155～156页。原注：“选自渤海区行政公署《战时单行法规》。”

互校版本：《山东革命历史档案资料选编》，第9辑，济南，山东人民出版社，1983年版，第424～425页。

10. 山东省战时锄奸条例

1943年4月2日公布

第一条　为加强战时锄奸及适应战时紧急情况特制定本条例。

第二条　各级公安机关在战时紧急情况下，与上级失掉联系时，适用本条例。

第三条　下列人犯由县以上公安局负责人请准政府主要负责人处以死刑：

一、敌探及特务分子经证明属实者；

二、战时叛变携械投敌者；

三、向敌报告抗日工作人员致受损失者；

四、向敌报告我储藏之军用品、公粮及重要文件致受损失者；

五、威胁群众投敌之首要分子。

第四条　前条各款之嫌疑分子非经证明属实，不得按前条处断。

第五条　凡假借紧急情况，不按一定手续处决犯人者，以渎职论罪。

第六条　区公安特派员与区长除对武装特务分子得依本条例处决外，非武装者只准扣留呈解上级处理。

第七条　依本条例处决犯人后，须缮具详细报告书呈报上级，如有处决错误者，由主持人负责。

第八条　本条例经山东省临时参议会通过，由山东省战时工作推行委员会公布施行。

选自《中国新民主主义革命时期根据地法制文献选编》，第3卷，北京，中国社会科学出版社，1981年版，第157～158页。原注："选自山东省胶东行署《法令汇编》，一九四四年版。"

互校版本：《山东革命历史档案资料选编》，第9辑，济南，山东人民出版社，1983年版，第421页。

11. 山东省战时锄奸纪律

1943年4月2日公布

为切实保障人权，正确执行锄奸政策，防止不良倾向，特申明纪律如下：

一、处决犯人必须经上级批准，但有特别规定者不在此限。

二、违背政策处决犯人或违背政策释放应处决之犯人者，应受行政上之处分。

三、处决未犯死罪之犯人者，除予以行政处分外，并受刑事处分。

四、不按手续逮捕人犯者，申斥；屡诫不悛者，严重处分。

五、不应逮捕而擅行逮捕者，记过或撤职。

六、假公报私妨害人权者，以诬陷论罪。

七、逮捕犯人非与案情有关物件不得携取，凡携取之物件不得匿不呈报或以多报少，违者以贪污论罪。

八、逮捕犯人因过失致犯人脱逃者，依其情节轻重分别惩处。

九、徇情纵放犯人者予以刑事处分。

选自《中国新民主主义革命时期根据地法制文献选编》，第3卷，北京，中国社会科学出版社，1981年版，第158～159页。原注："选自一九四四年四月渤海区行政公署《战时单行法规》。"

互校版本：《山东革命历史档案资料选编》，第9辑，济南，山东人民出版社，1983年版，第422页。

12. （山东省）渤海区惩治贪污暂行办法

1943年7月2日通过

第一条　本区所属之行政机关、武装部队及公营企业之人员，触犯本办法规定者，依本办法处断之。

第二条　有下列行为之一者，以贪污论罪：

一、克扣或截留应行发给或交割之粮食或其他财物者。

二、收支公粮或买卖公物用品，从中舞弊者。

三、窃盗侵吞公粮或其他财物者。

四、违法强征、强募粮食或其他财物者。

五、意在图利，违法偷运粮食，或贩运违禁及漏税物品者。

六、擅移公粮、公款作为私人营利者。

七、违法收募税捐者。

八、勒索敲诈、招摇撞骗、收受贿赂者。

九、伪造或虚报收支账目者。

十、为私利浪费公粮或其他公用财物者。

第三条　犯第二条各款之罪者，依其数目之多少及发生影响之大小，依下列规定惩治之：

一、贪污粮食在五百斤以上或其他财物在二千五百元以上者，处死刑、无期徒刑或五年以上有期徒刑。

二、贪污粮食在三百斤以上不满五百斤或其他财物在一千五百元以上不满两千五百元者，处三年以上五年以下之有期徒刑。

三、贪污粮食在一百斤以上不满三百斤或其他财物在五百元以上不满一千五百元者，处一年以上三年以下之有期徒刑。

四、贪污粮食不满一百斤或其他财物不满五百元者，处一年以下有期徒刑或劳役。

所谓以上以下者，俱连本数或本刑计算。

第四条　第二条之未遂犯，不得按第三条之规定处罚之。

第五条　浪费公粮或公款者，依第三条之规定按实际情况减轻处罚之。

所谓浪费者指不按制度与公务上需要，不应开支而开支，或应少开支而多开支者而言。

第六条　犯本办法规定之罪者，除照第三条之规定处罚外，并追缴原物发还原主全部或一部，无法追交时，追缴其价额。

第七条　犯本办法之罪于发觉前自首者，除依第六条之规定令其交出粮食、财物外，得减轻或免除其刑。

第八条　犯本办法规定之罪者，由所属机关主管人员送交审判机关审判之。

第九条　本办法由渤海区临时参议会公布施行，解释修正权属于渤海区临时参议会。

选自《中国新民主主义革命时期根据地法制文献选编》，第3卷，北京，中国社会科学出版社，1981年版，第171～172页。原注：“选自一九四四年四月渤海区行政公署《战时单行法规》。”

13. 渤海区处理敌人扫荡期间窃盗案件暂行办法

1943年7月2日通过

第一条　为加强备战工作，保障空室清野，维持社会秩序，特制定本办法。

第二条　本办法仅于敌人扫荡之际所发生之盗窃案件适用之。

所谓敌人扫荡之际，指在敌人扫荡中及敌人将来前，或敌人刚退后，秩序已失常态，尚未恢复之时而言

第三条　在敌人扫荡之际，窃取公私埋藏之粮食或其他财物者，处六月以上五年以下有期徒刑，得并科五百元以上五千元以下之罚金。为公家保存粮食财物，借口扫荡损失实行侵占者，依前项之规定办理。为公家保存粮食财物，应与自己财物为同样注意，其能注意而不注意致损失者，负赔偿之责。

第四条　于敌人扫荡之际，犯窃盗罪而有下列行为之一者，处死刑、无期徒刑或五年以上有期徒刑：

一、发掘公私埋藏之粮食、财物致遭损失者。

二、预谋并结伙二人以上者。

三、累犯者。

四、阴谋造谣制造恐怖，乘机盗窃者。

指示敌人公私粮食财物安置之处所，或引导敌人抢掠烧杀及奸淫妇女者，应以惩治汉奸条例办理之。

前条及本条之未遂犯，按各该条之情形减轻处罚之。

第五条　犯本办法之罪于未发觉前自首，并交出所窃之财物者得免除其刑。自首须向区级以上之政府或公安机关为之。区级政府、公安机关接受自首后，应径送审判机关处理。

第六条　民众有捕获现行犯送交政府或发现犯人报告政府因而破获者，政府得酌予奖励，但挟嫌诬陷者，按反坐罪办理。

第七条　本办法所列之犯罪，归县级以上政府审判之，由主任公署核准后执行。

第八条　本办法所未规定者，适用刑法之规定。

第九条　本办法由渤海区临时参议会制定，公布之日施行，解释修正之权属于渤海区临时参议会。

选自《中国新民主主义革命时期根据地法制文献选编》，第3卷，北京，中国社会科学出版社，1981版，第173～174页。原注：“选自一九四四年四月渤海区行政公署《战时单行法规》。”

14. 山东省惩治贪污公粮暂行条例

1943年8月1日施行

第一条　为节约粮食，减轻人民负担，特制定本条例。

第二条　凡本省政权机关、部队、团体及公营事业之人员，有贪污公粮之行为者，悉依本条例处理之，但以直接贪污之人员为限。

第三条　有下列行为之一者为贪污：

一、盗卖或侵吞公粮者。

二、擅行群众募集加征，或以其他不正当方法没收自肥者。

三、伪造或私自涂改粮票者。

四、以粮票交换物品自肥者。

五、查获偷运之粮食，不据实报告者。

六、浮报浮支及伪造账簿单据自肥者。

七、以其他任何方式冒领或克扣公粮自肥者。

第四条　违反第三条各款之一者，依下列之规定惩处之：

一、贪污公粮在五百斤以上者，处死刑、无期徒刑或十年以上有期徒刑。

二、贪污公粮在三百斤以上不满五百斤者，处五年以上十年以下有期徒刑。

三、贪污公粮不满三百斤者，处五年以下有期徒刑，或按其贪污粮食数目二倍处罚。

第五条　贪污公粮除依第四条各款之规定处理外，并追缴其贪污之公粮或依价赔偿之。

第六条　贪污公粮自首者，除追缴其贪污之公粮外，减轻其刑。

第七条　凡违反本条例第三条之规定者，无论系人民告发或经粮食部门与当事机关之察觉，概归司法机关审理之。

第八条　本条例施行前，有贪污粮食行为者，不适用本条例。

第九条　本条例如有未尽事宜，得随时修正之。

第十条　本条例经山东省临时参议会通过，由山东省战时工作推行委员会公布施行。

第十一条　本条例自中华民国三十二年八月一日起，发生效力。

选自《中国新民主主义革命时期根据地法制文献选编》，第 3 卷，北京，中国社会科学出版社，1981 年版，第 159～160 页。原注：“选自山东省胶东行署《法令汇编》，一九四四年版。”

互校版本：《山东革命历史档案资料选编》，第 10 辑，济南，山东人民出版社，1983 年版，第 3～4 页。

15.（山东省）胶东区惩治窃取空舍清野财物暂行办法

1943 年 11 月 25 日公布、施行

第一条　为彻底执行空舍清野，反对敌寇“扫荡”抢掠，使空舍清野财物不受损失，特制定本办法。

第二条　公家私人公开或秘密埋藏的一切财物，均为空舍清野财物。

第三条 因敌伪扰乱，未及带走而弃置之财物，或敌伪焚烧抢劫残余之财物，不以遗失物论，拾得人须无条件归还，否则处以三年以下有期徒刑，或一千元以下的罚金。

第四条 全村或数家合伙埋藏之财物，须共同保守秘密，共同拿取，否则致他人财物有损失者，应负赔偿责任。

第五条 窃取空舍清野财物，情节轻微者，依村政暂行条例第七十一条至第七十四条处以五十元以下之罚金，或十天以内之劳役，情节重者，处以三年以下有期徒刑，或五十元以上五百元以下之罚金。

第六条 重犯、挟嫌或结伙三人以上窃取或故意毁坏他人空舍清野财物者，处以六个月以上五年以下有期徒刑，或五十元以上二千元以下之罚金。

第七条 有保管职责或参加掩藏公粮财物知悉秘密之人，窃取空舍清野财物者，处以一年以上七年以下有期徒刑或二百元以上三千元以下之罚金。

第八条 发生敌情，趁火打劫，窃取财物者，处无期徒刑或五年以上有期徒刑，得科或并科五百元以上五千元以下之罚金。

第九条 有下列情形之一者，处死刑、无期徒刑或十年以上有期徒刑：

一、伪装敌伪或捏造敌情，致村民逃避，而趁机窃取财物者。

二、向敌伪告密，致他人遭受损失者，或虽无损失，证明告密属实者。

三、参与敌伪军内抢掠财物者。

四、意图抢掠财物，或已收受敌［伪］抢掠的财物，甘心供敌驱使作各种破坏行为者。

第十条 被敌伪欺骗利诱，或被捕［后］与敌伪共同行动，见财起意而抢掠者，得依第九条酌情减轻处罚之。

第十一条 主使、教唆或帮助他人窃取空舍清野财物者，与窃取者同罪。

第十二条 凡捕获检举窃取空舍清野财物者，得提罚金百分之三十奖励之。

第十三条 受本办法之处罚者，须归还赃物，变卖者按价赔偿，无人认领者没收归公。

第十四条 窝藏、收受、搬运、故买或破坏空舍清野财物者，处以五年以下有期徒刑，得科或并科一千元以下之罚金。

第十五条 犯本办法规定之罪者，除现行犯外，自卫团、群众团体及村政府不得逮捕。

第十六条 犯本办法各罪未遂者，仍按各该条处罚之，但按情节得减轻二分之一至三分之二。

第十七条 犯本办法各罪，应特殊加重或减轻者，由县政府提出具体处理办法，呈请主任公署批准执行。

第十八条 本办法公布施行后，前胶东行政联合办事处公布之《惩治窃取空舍清野财物办法》即行废止。

第十九条 本办法由胶东区临时参议会通过，胶东区行政主任公署公布施行。

选自《中国新民主主义革命时期根据地法制文献选编》，第3卷，北京，中国社会科

学出版社，1981年版，第174～177页。原注："选自山东省胶东行署《法令汇编》，一九四四年版。"

16.（山东省）劳役抵刑暂行办法

1943年

第一条　为适应敌后战时环境，执行徒刑拘役之困难并促进犯人生产，减轻民众劳役计，特制定本办法。

第二条　在监［所］设备未完整之前，受徒刑拘役裁判确定之犯人执行刑罚机关认为必要时，得酌情将犯人交付该管村长及其最近亲属领回负责管束执行劳役抵刑。住居敌占区或外籍之犯，如在行政区域内有亲［属］，敌后负监视之责者，亦得责令领回与本村村长管束劳役抵刑之执行。

第三条　受领犯人之村长及亲属得权出联名具保书于政府，并负担监督犯人遵守纪律支配应服劳役之义务。具保犯人之亲属，怠忽监督，致犯人逃脱者，除依第十二条治罪外，执行机关并得酌情令其代替犯人服一定时间之劳役。

第四条　执行机关，责付犯人时，应填明指挥证，证明下列事项交该村长收执。

一、受刑人姓名、性别、年龄、住址、职业及其他足资辨别之特征。

二、被判罪刑及刑期起算届满日。

三、受刑人应遵守之规则，及该管村长应负之义务。

第五条　犯罪人应服劳役，不拘种类，凡属全村公共劳役或助耕队事务，均得由村长随时先派之。服役时间，每月至少应有二分之一，不及者下月补足之。犯人自给，但如所服劳役，每月超过二分之一以上致误生产，或因特殊困难，确属不能自给者，得由村中酌情供给其全部或一部。

第六条　犯人服役期内，除受剥夺公权之宣告者，不得行使公权外，其他应与一般村民受同等之教育或训练，村长及其亲属并应随时加以督导，不得因劳役而有妨碍。

第七条　犯人服役状况，两月由村长会其亲属向政府报告一次，政府认为必要，得随时派员调查督导之。

第八条　犯人服役时间，有下列情形之一者，该管村长及其亲属应即呈报政府核办。

一、犯罪人向被害人、告诉人、告发人或自诉人寻衅，或有其他不正行为者。

二、不遵守服役规则或管束者。

三、犯人有正当事故，有长期离去本村之必要或死亡者。

四、服役期满或脱逃者。

第九条　劳役抵刑满期前，政府已有监狱设置者，其残余刑期，仍得送监执行。

第十条　劳役抵刑期内，犯人政治觉悟确有进步，而有悛悔实据者，无期徒刑经过五年，有期徒刑经过三分之一，而满六月者，得经该管村政委员会决议由村长详开事实，呈请县政府，转呈上级政府核准予假释。

前项核准假释，应由主任公署行之，必要时专员公署亦得核准，但须呈报备案。

第十一条　许可假释之犯人，其劳役负担，与普通村民相养〔同〕。刑法第七十八条、第七十九条之规定于本办法之假释准用之。

第十二条　受命管束支配劳役抵刑之村长或犯人亲属，如有徇私舞弊故意违犯责任者，得按情节轻重，依刑法之规定治罪。

第十三条　本办法有未尽事宜，得随时修正之。

第十四条　本办法自公布之日施行。

选自《山东省人民政府法规类编》（1940—1949），山东省司法厅1988年编印，第261～263页。

17. 修正山东省惩治贪污暂行条例

1945年3月10日施行

第一条　凡本省各级行政机关及公营企业所有工作人员，有犯贪污行为者均依本条例处理之。

第二条　有下列行为之一者，以贪污论罪：

一、买卖公共物品从中舞弊者。

二、克扣公家财物自肥者。

三、伪造或虚报收支账目者。

四、擅移公款作为私人营利者。

五、假借公家名义私收捐税或私募资财者。

六、勒索敲诈收受贿赂者。

第三条　犯第二条各款之一者，按其数目之多少及所发生影响之大小，依下列各款之规定惩治之：

一、贪污财物在二千元以上者，处死刑或十年以上之有期徒刑。

二、贪污财物在一千五百元以上不满两千元者，处五年以上之有期徒刑。

三、贪污财物在一千元以上不满一千五百元者，处三年以上十年以下之有期徒刑。

四、贪污财物在五百元以上不满一千元者，处一年以上五年以下之有期徒刑。

五、贪污财物在五百元以下者，处三年以下之有期徒刑或拘役。

第四条　犯多次贪污行为者，审理时将其贪污数目合并论罪，其判决后，再犯贪污行为者，按累犯处理之。

第五条　贪污犯除按第三条各款之规定处罪外，并追还其财物，如实物已不存在，得追交物之所值。

第六条　贪污犯在被发觉前自动坦白，声明悔过，并将所贪污之财物交出者，得免予处罚，在坦白后再犯贪污行为者以累犯论罪。

第七条　本条例由山东省临时参议会修正通过，山东省战时行政委员会公布施行。

第八条　自本条例公布之日起，前山东省战时工作推行委员会民国二十九年十二月二十三日公布之惩治贪污暂行条例即行废止。

选自《中国新民主主义革命时期根据地法制文献选编》，第3卷，北京，中国社会科学出版社，1981年版，第161～162页。原注："选自一九四六年四月《山东省现行司法法令汇编》。"

互校版本：《山东革命历史档案资料选编》，第14辑，济南，山东人民出版社，1984年版，第235～236页。

18. 山东省战时行政委员会山东军区关于特务汉奸之处理办法的联合决定

1945年3月15日施行

为明确执行我抗日民主政府与我军之宽大政策，挽救失足分子，兹将一切特务汉奸之处理办法公布如下：

（一）凡在坦白运动中能觉悟认识自己之罪行错误，坦白报告而愿改正者，一律予以宽大处理。

（二）凡在坦白运动中，有下列行为之一者，应依法处理：

1. 凡有罪恶事实，被人发觉，经劝导教育后仍不坦白者。

2. 凡坦白后仍不改正，并继续进行破坏活动者。

3. 死心塌地，执迷不悟，坚决破坏抗战事业及人民利益者。

（三）凡战斗行动间或战斗行动前之紧急情况时，或游击区域中有下列行动之一者，得视为直接危害之军事间谍犯，经县以上政府或县以上指挥部批准，得处死刑：

1. 直接勾引敌伪袭击我机关或部队致遭损害者。

2. 带领敌伪搜索或挖掘公私财物致遭损失者。

3. 给敌人指示抗日人员，或向敌人指报我部队驻地，或公私财物埋藏地，致遭损害者。

4. 打黑枪或投毒、暗杀我抗日军政民人员者。

5. 放火焚烧粮食、资财、房屋者。

6. 主谋组织暗中结〔配〕合敌伪军事行动者。

（四）战斗时之汉奸现行犯，如武装拒捕或随敌伪一同行动而无法逮捕时，任何人均得戕杀之，但事后必须报告上级追认批准，如该汉奸现行犯身上未带武器或带武器而未拒捕不得戕杀。

（五）凡以前省政委会或各行政公署或军区颁布之法令与本决定相抵触者，均依本决定办理之。

选自《中国新民主主义革命时期根据地法制文献选编》，第3卷，北京，中国社会科学出版社，1981年版，第162～163页。原注："选自一九四六年四月《山东省现行司法法令》。”

互校版本：《山东革命历史档案资料选编》，第14辑，济南，山东人民出版社，1984年版，第248～249页。其标题乃《山东省战时行政委员会、山东军区关于执行宽大政策的决定》。

19. 山东省执行徒刑暂行办法

年　月①

第一条　为补救敌后徒刑拘役执行之困难，并促进犯人生产，减轻民众劳役，特定本办法。

第二条　凡一月以上之徒刑之执行，可适用本办法。

第三条　本办法系采用责付劳役制，其适用范围以犯人所属区村为限。其住居敌占区或外籍之犯人，如在我根据地区域有亲故可负监视之责者，以其亲故所属区村为其区村。

第四条　凡罪刑或案件重大，送区执行确有逃亡之虞，或无亲故负责之外籍犯人，应由县审司法机关执行之。

第五条　徒刑之执行，应视犯人之体格，各种生产智能，令其负相当的劳役。所谓劳役系指劳动可支差而言。

第六条　区村公所除对犯人指派劳役外，并规定一定之教育时间，其教育方法，视其具体环境自定之。

第七条　区村公所除对不服管束，或故违管理规则之犯人，得予以适当之处置外，不准侮辱虐待，或令负侮辱人格之奴役劳动。

第八条　劳役期间犯人能恪遵规则，努力服役，并有悛悔实据者，无期徒刑逾五年，有期徒刑逾四分之一，得由区村详具事实，呈请核准假释。

前项假释，应由行政公署行之。必要时专员公署亦得核准，但须呈报备案。

第九条　责付犯人时，司法机关应将判决书正本，连同执行证一块送交区村长收执。

执行证应记明下列事项：

1. 受刑人姓名、性别、年龄、住址、职业及其［他］足资辨识之特征。

2. 被判罪刑及刑期起算届满日。

3. 受刑应遵守之规则，及该管区村长应负之义务。

第十条　区村公所于收到犯人后，应即妥为点收登记，并令其亲邻出具保结，负责监督。具保犯人之亲邻怠忽监督致犯人脱逃时者，除按其情节处罚外，并令其代服劳役。

第十一条　受责付之区村公所，应将犯人所犯罪刑及执行办法通知其全区所属各村长及群众团体负责人，以便周密监督，必要时得声请司法机关公告之。

第十二条　犯人有下列行为之一者，该管区村长或者亲属应向政府报告核办：

1. 犯人向被害人、告诉人、告发人或自诉人寻衅，或［有］其他不正行为者。

---

① 原件未注明制定年月。按第十八条规定的“山东省战时行政委员会通过”，可推断为1943—1945年。

2. 不遵守规则或管束者。

3. 犯人有正当事故，有长期脱离本区村之必要者。

4. 死亡者。

5. 服役期满者。

6. 脱逃者。

第十三条　凡教唆犯人脱逃或便利其脱逃者，不问其于〔与〕犯人之关系如何，均按刑法所定罪刑从重处断。

第十四条　如有以强暴胁迫或其他不正方法妨碍执行，或令其为一定行为或不行为者，依所犯刑法处罚从重处断。

第十五条　执行负责人，或其他工作人员如有徇情舞弊，或不认真执行，应依刑法之规定惩处之。

第十六条　受责付区村长，应将执行情形、犯人表现，每月向原司法机关报告一次，司法机关并应随时检查。

第十七条　犯人所需衣食应当自备。其真正贫苦者，得由公家供给一部分或全部，所需款项由县府支付之。

第十八条　本办法自山东省战时行政委员会通过后公布施行。

选自手抄件。原注：“选自《山东省战时单行法规》。”

20. 山东省政府公布令
——公布惩治战争罪犯及汉奸等条例

1945 年 8 月 15 日

为适应民族解放战争最后胜利时期之需要，兹将省临时参议会制定《山东省惩治战争罪犯及汉奸暂行条例》、本府制定《山东省汉奸自首自新暂行条例》及《山东省处理汉奸财产暂行办法》各一种，一并公布施行。

此令

附发：

山东省惩治战争罪犯及汉奸暂行条例一份

山东省汉奸自首自新暂行条例一份

山东省处理汉奸财产暂行办法一份

主席　黎　玉

选自《山东革命历史档案资料选编》，第 15 辑，济南，山东人民出版社，1984 年版，第 213～214 页。

21. 山东省惩治战争罪犯及汉奸暂行条例

1945年8月15日公布、施行

第一条　为保障民族战争彻底胜利，巩固世界和平事业，予战争罪犯及汉奸以应有的惩罚，特制定本条例。

第二条　有下列行为之一者，处死刑或十年以上有期徒刑，褫夺公权终身，其财产处理办法另定。

（一）在战争期间自始至终效忠于日本军国主义，罪大恶极，为人民所痛恨者。

（二）日本军部、特务机关、联络部、宪兵队之主官或主谋者。

（三）于日本宣布投降后，组织拒降，坚决抵抗或残杀人民者。

（四）在战争混乱期间乘机烧杀，制造内战者。

（五）伪军、伪警、伪政权组织之主官或主谋，并积极破坏民族解放事业者。

（六）残杀、虐待战争俘虏者。

（七）主谋、主使、组织封建会门、迷信团体为敌效劳，积极破坏民族解放事业者。

（八）组织破坏我方之军事、政治、经济、文化及交通设备发生损害者。

（九）组织破坏我方之前线或后方而发生损害，有人为证查实者。

（十）组织叛变投敌或叛变投敌，积极破坏民族解放事业者。

（十一）制造惨案屠杀人民者。

（十二）偷窃国家军政秘密，破坏抗日战争之主谋主使者。

（十三）为敌捕捉壮丁、招募劳工之主谋主使者。

（十四）为敌掠夺军事器材、资财、粮食之主谋主使者。

（十五）通缉在逃之战争罪犯卖国奸贼而拒捕者。

第三条　有下列行为之一者，处一年以上十年以下有期徒刑，褫夺公权期间与刑期同。

（一）前条第三、七、八、九、十各款之从犯。

（二）前条第二、三、四、五、六、七、八、九、十、十一、十二、十三、十四各款之未遂犯。

除前条各款所举以外，通敌或帮助敌人破坏抗战之汉奸。

第四条　包庇、隐匿、纵容第二条所举之罪犯者，处二年以上十年以下之有期徒刑。包庇、隐匿、纵容第三条所举之罪犯者，处三年以下之有期徒刑。

第五条　凡上列各条所举之罪犯，任何人均有报告、检举、逮捕以归案法办之权。

第六条　本条例之解释修正权属于山东省参议会。

第七条　本条例自公布之日施行。

选自《中国新民主主义革命时期根据地法制文献选编》，第3卷，北京，中国社会科学出版社，1981年版，第164～165页。原注："选自一九四五年八月《战时法令》。"

互校版本：《山东革命历史档案资料选编》，第15辑，济南，山东人民出版社，1984

年版，第 214～215 页。

22. 山东省汉奸自首自新暂行条例

1945 年 8 月 15 日公布、施行

第一条　本宽大精神予汉奸以最后悔悟自新之路，特制定本条例。

第二条　凡《山东省惩治战争罪犯及汉奸暂行条例》第二条所举以外之汉奸，在未经逮捕前，具有痛改前非之决心，并有下列条件之一者，向我军政、军法、公安、司法机关及县以上民主政府投案自首者，应减刑或免刑：

一、检举其他战争罪犯或汉奸案件，经判决确定，或查获重要证据确有价值者。

二、揭发报告战争罪犯、汉奸或间谍阴谋等确实可信者。

三、献出敌方机密，确有利于人民解放事业者。

四、携带军械资财来献者。

五、自动交出其敲诈勒索所置之财富者。

六、自动报告其所知之全部敌伪情形，并彻底坦白其罪过者。

第三条　前条所称之汉奸被逮捕后，能自首其未被发觉之余罪，并具有前条各款条件之一者，得减刑。

第四条　自首人在判处罪行后，执行刑期二分之一，确实改悔有据者，得减刑保释之。

第五条　办理案件之机关于核准自首后，依法判决，其判决免刑或执行期满而释放者，应依下列手续办理之：

一、有由自首人之配偶或直系血亲之请求并有二人以上之保证。

二、如在客地，离其亲族远隔，应解送其原籍市县政府取保释放。

三、前款所称之自首人，如因特殊情形不能解送原籍时，得由就近之县市政府取二人以上之保证释放之。

第六条　自首人之配偶、直系之血亲及保证人，如发觉自首人有犯法越轨及其他可疑情事，应立即报告当地公安机关或政府，隐匿不报告者，应按情节轻重予以处罚。

第七条　本条例之解释修正权属于山东省政府。

第八条　本条例自公布之日施行。

选自《中国新民主主义革命时期根据地法制文献选编》，第 3 卷，北京，中国社会科学出版社，1981 年版，第 166～167 页。原注：“选自一九四六年四月《山东省现行司法法令》。”

互校版本：《山东革命历史档案资料选编》，第 15 辑，济南，山东人民出版社，1984 年版，第 216～217 页。

23. 山东省处理汉奸财产暂行办法

1945 年 8 月 15 日公布、施行

第一条　本办法根据《山东省惩治战争罪犯及汉奸暂行条例》第二条订定之。

第二条　凡本省惩治战争罪犯及汉奸暂行条例第二条所列罪犯之财产，在判决前应先行全部扣押，判决后其本人所属之财产均没收之，没收后如其父母妻子确不能维持生活者酌予救济。

第三条　凡自首自新之汉奸，除应将其在犯罪期间所掠夺敲诈勒索所得之财物全部没收外，其余财产按罪之轻重没收全部，没收一部或不予没收。

第四条　凡隐匿已判罪并没收财产汉奸之财物者，除将其所匿藏财产全部没收外，并按情节轻重将其本人之财产没收全部或一部。

第五条　凡经判决应行没收财产之汉奸隐匿财物不报告，一经查出，除全部没收外，并按情节轻重增加其罪行。

第六条　凡在战争混乱期间，廉价收买、代管、借营、抵押、霸占汉奸之财产，一律无效。

第七条　凡畏惧潜逃之汉奸，一经逮捕，应加重其罪行，其财产亦应加重没收之。

第八条　凡依靠敌伪势力而行掠夺、勒索、强占、强买之财物，应按照情节轻重没收其全部或一部，没收后应分别情形酌予发还原主。

第九条　本办法之解释修正权属于山东省政府。

第十条　本办法自公布之日施行。

选自《中国新民主主义革命时期根据地法制文献选编》，第3卷，北京，中国社会科学出版社，1981年版，第167～168页。原注："选自一九四五年八月《战时法令》。"

互校版本：《山东革命历史档案资料选编》，第15辑，济南，山东人民出版社，1984年版，第217～218页。

24. 山东军区处理伪军伪警条例

1945年8月20日公布、施行

（一）凡过去暗助我军抗日，在日军投降签字以前如能自动反正者，即以三大保证办法处理。

（二）凡过去危害抗战利益较大者，如能于日军投降签字以前杀敌反正，均允其将功折罪，予以宽大处理。

（三）凡在本军围困攻击下，未事抵抗，缴枪投诚者，本军予以编遣处理及适当优待。

（四）凡与日军同时投降者，一律依俘虏条例处理。

（五）凡拒绝不投降者，即坚决消灭，并以汉奸论罪。

选自《中国新民主主义革命时期根据地法制文献选编》，第3卷，北京，中国社会科学出版社，1981年版，第169页。原注："选自一九四六年四月《山东省现行司法法令》。"

互校版本：《山东革命历史档案资料选编》，第15辑，济南，山东人民出版社，1984年版，第267页。

25. 山东省政府、山东军区关于敌伪资财处理办法

1945年8月25日公布

一、根据朱总司令第七号命令及山东省政府、山东军区颁布之城市工作纲要，对敌伪一切资财首先进行军事管理，然后交由政府分别清查处理之原则订定之。

二、凡为敌伪直接占有或日华合办或附敌有据之资财，均无条件没收。

三、有附敌嫌疑之私人资财，可先查封调查处理，如确系私人财产而无直接附敌行为者，查明后应予发还。

四、在处理资财之前后，如有破坏偷盗隐匿者，一律予以惩治。

五、所没收之资财，均应用在保证财政供给、迅速恢复生产、调剂市场上。

六、凡交通电话设备与其他兵工生产、军事设备、军需仓库等，一律由军事机关直接接收处理之。

七、凡没收之工厂、矿山、电灯、自来水、银行、洋行、仓库、当铺等企业机关与其他没收之布匹、粮食等非军事资财，全部移交当地政府接收处理。

八、政府接收上列各种资财后，应认真清查登记，有关军用公用品暂行保存，其他为人民所必须〔需〕之物资，可按市价出售，调剂市场。

九、有关军用之资财，如粮食、布匹等，军事机关急需应用者，应由当地最高军政首长批准，到政府领取作价转账，未交以前已经军政首长批准使用者，应开条转账。

十、本办法颁布后，凡军事机关、各级政府，必须严格遵照执行，如有隐匿不报，抗拒不交，本位自肥，以多报少，或私下贪污者，均加以处罚。

十一、军队、政府根据上列办法，接收处理后，应分别详细造具清册，向山东军区及山东省政府分别具报。

十二、没收敌伪资财之决定，属于军队政府合组之敌伪资财处理委员会，其主要负责人由上级指定之。

选自《中国新民主主义革命时期根据地法制文献选编》，第3卷，北京，中国社会科学出版社，1981年版，第169～170页。原注："选自山东省政府《法令汇编》。"

互校版本：《山东革命历史档案资料选编》，第15辑，济南，山东人民出版社，1984年版，第292～293页。

26. 山东省政府关于争取逃亡地主和失节附敌分子的决定

1945年9月2日

在我军节节解放城市，最后胜利即将到来之际，对争取解放区之逃亡地主和失节附敌

分子有如下之决定：

一、凡过去自解放区逃至敌占区之地主，在敌区潜居，而现在迁回解放区遵守民主政府法令，改过自新者，均予以法律保护，如因清理债务或减租确实生活困难且无破坏民主法令及群众团体行为者，政府应以宽大精神设法照顾。

二、凡逃亡地主到敌区后，帮助敌人破坏抗战，除罪大恶极者外，现在迁回解放区，依民主政府法令办理手续时，本宽大精神处理之。

三、凡过去抗日人员或民兵因被俘、投降、投敌而附敌者，除罪大恶极者外，在该敌伪组织未被消灭以前，脱离敌伪，依法自新者予宽大处理。如能推动敌伪投降或协助城镇收复工作确有贡献者，可将功折罪，不究〔咎〕既往。

四、凡逃亡敌区潜居之地主，于其潜居地区解放后仍向未解放区逃跑者，概不予以法律保护。

五、凡逃亡地主附敌有据者，或变节失足者，于附敌工作地区解放后，潜伏原地或扔向未解放区逃跑，并进行破坏活动，应依惩治汉奸条例从严处置。

仰我各级政府执行，并广为宣传为要。

选自《中国新民主主义革命时期根据地法制文献选编》，第3卷，北京，中国社会科学出版社，1981年版，第207～208页。原注：“选自山东省政府《法令汇编》。”

互校版本：《山东革命历史档案资料选编》，第15辑，济南，山东人民出版社，1984年版，第317页。

27. 山东省政府关于处理汉奸战犯工作的决定

1946年5月24日

自停战令、政协决议公布后，全国形势基本上已进入和平建设的新时期，对过去处理汉奸战犯工作应当有重新研究之必要，以便适应今后的工作情况。因此，本府特决定以下步骤：

一、各级公安机关或司法机关，已经处理的较大有名之汉奸案件，如处刑者与争取者，处理的根据理由是什么，应逐一列名造表汇报（表式另定）。

其次，各地现在尚有在押仍未正式处理之汉奸战犯若干名，其对人民危害的具体行为，及今后将如何处理，有何困难，亦应列名表报（表式另定）。

又其次，罪恶昭著、逃亡未获、认为应行通缉归案法办之汉奸战犯，亦须列名表报到省，以凭酌核办理（表式另定）。

二、过去处理汉奸战犯的财产（包括动产不动产及权利），其扣押、判决、没收、发还、赔偿等具体程序如何执行，有无偏差及流弊，群众有何反映，同时各地发动群众反奸诉苦当中，对被斗争的财产如何处理的，是否根据政策法令办理的，其没收范围及分配手续若何，要求公安司法机关会同民政部门及群众团体听取征求各方面的意见，胪列典型实例，检讨总结汇报本府，以凭总结并研究今后更妥善的办法。

三、关于今后处理汉奸战犯的标准程序及各级公安司法机关在权限关系上的划分，本府另行决定了一般原则办法，兹随文颁发，仰各级政府遵照执行，并希将各地从前实际执行的情况总结举例汇报。同时对这次的规定，在执行上还感觉有哪些困难和不适当之处，及建议如何修正或补充，统望于令到后一个月以内详细具报。

半年以来，在处理汉奸战犯中对执行政策法令上发生一些什么问题，有些什么新的收获，领导上有什么毛病，应作深入检讨与总结报告为要。

附发“山东各级政府审理汉奸战犯暂行办法”“县级以上汉奸战犯报告表式样”三纸。

此令

主席　黎　玉

选自《山东革命历史档案资料选编》，第16辑，济南，山东人民出版社，1984年版，第467～468页。

28. 山东省审理汉奸战犯暂行办法

1946年5月24日公布

第一条　为彻底肃清汉奸战犯，维护人民利益，保证永久和平，根据本省具体情形，制定本办法。

第二条　凡伪尉官以下、伪大队副、伪县科长及其他委任级以下政治的、经济的、文化的、宪兵警察的特务汉奸战犯，均归当地县政府公安、司法部门共同组织临时特别法庭审判之。

如系判处死刑，应检齐案卷证件，呈经该管专员公署附具意见，转呈该管行政公署审核批准，始得执行。

如系判决徒刑或宣告无罪，被告或告诉人得依法（时间十日）提起上诉，不上诉者，原县政府应于上诉期满后五日内检齐案卷证件，呈送该管专署复判后执行之。

第三条　凡伪少校以上、伪大队长、伪县长及其他荐任级以上之政治的、经济的、文化的、宪兵警察的特务汉奸战犯，应由该管专员公署司法公安部门共同组织临时特别法庭审判之。

如系判决死刑，应检齐案卷证件，连同判决，呈请该管行政公署审核，转呈省政府批准后，始得执行。

如系判决徒刑或宣告无罪，被告或告诉人得依法（时间十日）提起上诉，不上诉者，该专署应于上诉期满后五日内检齐案卷证件，连同判决，呈送该管行政公署复判后执行之。

第四条　凡伪军旅长（少将级）以上、伪组织道尹以上，及其他简任级以上之政治的、经济的、文化的、宪兵警察的特务汉奸战犯，应由该管行政公署司法公安部门共同组织临时特别法庭审判之。

前项汉奸战犯判决后，不论死刑、徒刑均应检齐案件〔卷〕呈请省政府审核批准后始得执行。

第五条　前第四条之汉奸战犯，省政府认为必要时，得直接命令提审或派员莅审。

第六条　凡罪行重大之汉奸战犯，省政府司法公安部门得会同组织临时特别法庭审判之，审判后即时确定执行。

第七条　处理汉奸战犯案件，各级公安机关负检举、侦查、控诉及执行死刑之责，司法机关负搜集证据、组织审问、调查研究及依法判决之责。

第八条　审理汉奸战犯，一般应在犯罪行为地区作实际调查，多方倾听群众意见后，决定最后处理办法。

第九条　组织审判时，由该管行政主要负责人担任主审，司法及其他机关或团体代表负责陪审。公安局或公安监督员为临时法庭控诉人。

第十条　凡审判汉奸战犯时，应尽量吸收各群众团体及群众参加旁听，如汉奸战犯罪行涉及数个地区者，得巡回各地轮流审判，遍听群众意见，以便进行法治教育。

第十一条　审理汉奸战犯，除依本办法规定外，准用普通刑事诉讼程序之规定。

第十二条　本办法施行前就获之汉奸战犯，尚未判结者，亦适用本办法。

第十三条　本办法经山东省行政委员会议决后公布施行，修正时亦同。

选自《中国新民主主义革命时期根据地法制文献选编》，第3卷，北京，中国社会科学出版社，1981年版，第569～571页。原注："选自《山东省政府决定法政字第2号》。"

互校版本：《山东革命历史档案资料选编》，第16辑，济南，山东人民出版社，1984年版，第468～470页。

29. 山东省修正处理伪造及行使伪造北海本币暂行办法

1946年9月24日

第一条　伪造北海本币意图行使者，处死刑。

第二条　查获行使或收集伪造北海本币之人犯，经证明确系勾结奸宄，扰乱金融或意图营利者，按下列各项治罪：

一、行使数量达二千元以上者，处死刑。

二、行使数量不满二千元者，处十年以下有期徒刑，得并科以行使数量十倍至五十倍之罚金。

前二款之罪犯如向政府坦白供出伪币来源，因而捕获要犯搜得大宗伪币者，得酌情减轻或免除其刑。

第三条　查获行使伪造北海本币之人犯，经证明确系良民，因受欺骗而行使者，按下列各款处理：

一、行使数量不满十张者，除将行使之伪币每张斜形剪留二分之一外，加盖伪币戳记，发还持票人，并将持票人姓名、住址登记后即予释放。

二、行使数量在十张以上者，须送区级以上政府处理。如持票人经证明确系良民，除剪留所持伪币二分之一，并登记持票人姓名、地址外，须取具确实保结，始能释放，但不得无故久押。如持票人系商贩，除按前款规定办理外，须更经商联会证明其确为忠实商人，始得释放。

第四条　查获行使伪造北海本币之奖励办法如下：

一、各机关之工作人员查获伪币著有成绩者，一般由其主管机关在会议上或报纸上予以表扬。如能根究伪币来源，因而破获主要人犯者，由政府机关函请北海银行予以物质之慰劳或给予奖励金。

二、群众团体、地方武装、民兵、自卫团主动配合政府或银行，查获行使伪币数量在一千元以上者，银行应酌予奖励之；但严禁乱查乱罚，以维市场秩序。

三、凡机关、部队、团体及公营事业之人员查获伪币不按本办法规定处理，而包庇或私营没收暗中行使者，均按行使伪币从严惩处。

第五条　破获行使伪币案件按其情节应科罚金、徒刑或死刑者，须送县以上政府处理。区级政府不得擅自处理，违者应受处分。

第六条　行使伪币案件重大判处死刑者，须呈经该管行政公署或直属专署批准，始得执行。

第七条　各县政府每月应将查获伪币案件人犯、姓名、住址、罚金总额、判刑种类及办理情形连同剪留没收之伪币汇呈该管行政公署或直属专署，转送银行存查，以资考绩。

第八条　本办法如有未尽事宜，随时修正公布之。

第九条　三十二年一月十三日，山东省战时工作推行委员会公布之《处理伪造及行使伪造北海本币案件暂行办法》即行废止。

第十条　本办法自公布之日起施行。

选自《山东革命历史档案资料选编》，第17辑，济南，山东人民出版社，1984年版，第385～387页。

30. 山东省胶东区行政公署司法处关于“褫夺公权”的几个问题

1947年4月29日山东省胶东区行政公署司法处公布

一、“褫夺公权”的认识：公权是民主社会里在政治上法律上一律平等的原则下人民对国家所具有的民主权利，例如选举权、罢免权、诉讼权、教育权、公务工作权等，故公权的范围是极广泛的。但我们对于犯罪者宣告褫夺的“公权”，应该是指人民所公认最荣誉或最重要的资格而言，也就是应该指明哪几种权利不准行使，不然在执行上因认识上的不一致，易发生某些偏差（例如有的被“褫夺公权”后误认为其公民资格已全被取消，连生活上的一切权利都受到限制，这是极不正确的）。对犯罪者应予褫夺“公权”的范围，我现行民主法令虽无明文规定，但一般的解释上，不外下列的几种：

1. 选举权与被选举权。

2. 罢免权。

3. 创制权与复决权。

4. 公职候选人的资格。

5. 为公务人员的资格。

6. 学校教员的资格。

7. 其他人民所公认最荣誉的资格。

二、宣告“褫夺公权”的运用问题

1. 褫夺公权本属“徒刑”之一种，通常应该是随着“主刑”（如死刑、徒刑、罚金……等）同时宣告的。但按今天民主生活里的实际需要，在某种特殊情况下有单独宣告褫夺公权之必要时，亦可专科褫夺公权。但在判徒刑或罚金的情况下，应斟酌犯罪的性质及实际上是否有褫夺公权的必要而定，例如对奸特恶霸等政治犯，一般的应该是宣告夺权的，如普通刑事犯，估计到如准其行使公权，尚不至危害群众利益者，一般的可不必宣告夺权。

2. 其次，宣告“褫夺公权”时，就实际需要，亦可单独褫夺其一部分的权利，例如，对军属犯，褫夺其优待权；对贪污犯，褫夺其为公务员的权利……之类。

3. 褫夺公权的期限问题，过去多与徒刑期相同或少于徒刑期，总之，宣告的期限一般的都是失之过长。今后的标准：如系单独宣告褫夺公权者，一般的不超过二年，判处徒刑而宣告夺权者，一般不超过五年。

4. 褫夺公权开始执行期间，单独宣告褫夺公权者，应自判决确定时起开始计算；判处徒刑宣告褫夺公权者，应自徒刑执行完毕时开始计算；经假释者，应于假释期满时开始计算。

5. 徒刑执行期内（经假释者，余刑期内）认为是当然不能行使公权期间。

6. 褫夺公权未满期前，表现好者，得由村政府请求县府批准复权，并应召集宣告复权大会。

7. 褫夺公权须经司法机关之宣告，群众为保卫公共利益，对于坏分子，认为有限制其公权行使之必要者，得呈请县府单独宣告褫夺公权。

选自《中国新民主主义革命时期根据地法制文献选编》，第3卷，北京，中国社会科学出版社，1981年版，第208～210页。原注：“选自一九四七年四月山东省胶东行政公署《现行民刑审级制度及诉讼程序简化办法》。”

31. 山东省惩治盗匪暂行条例

1949年6月28日

第一条　为肃清盗匪，巩固治安，保卫生产建设，使人民安居乐业，特制定本条例。

第二条　凡危害社会治安，破坏新民主主义建设，犯有下列各款行为之一者，即称为盗匪，按本条例惩治之。

一、图谋扰乱治安，结伙抢劫者。

二、放火或用其他爆炸物破坏军火、军械、仓库或其他军用资财者。

三、破坏铁路、电讯及一切交通工具设备或交通建筑物者。

四、破坏工厂、矿山之器材或工业建筑物，损害生产事业者。

五、武装暴动叛乱或劫夺囚犯者。

六、抢劫军械弹药或军用器材者。

七、破坏一切军事设备者。

八、放火烧毁或用其他方法破坏公共建筑物及公共资财者。

九、窃盗电讯、铁路、公共运输之器材，情节重大者。

十、供给盗匪军火武器者。

十一、假冒军政机关团体名义，行使或伪造图章印信证件者。

十二、意图加害人民，掘堤放水者。

十三、采用暗杀恐怖手段伤害人命者。

十四、意图害人，在饮水或食物放毒者。

十五、伪造货币钞票，扰乱金融者。

十六、破坏人民生产，情节重大者。

十七、抢劫而伤害人命者。

十八、意图勒款而掳人害命者。

十九、放火焚毁人民房屋财产者。

二十、抢劫而持械拒捕者。

二十一、包庇盗匪、藏匿赃物者。

第三条　犯前条各款罪行之一者，应按其危害大小，情节轻重，依下列规定分别治罪：

一、主谋、首要、屡犯分子，罪情严重者，均处以七年以上、十五年以下有期徒刑，或无期徒刑以至死刑。

二、非主谋、首要、屡犯，罪情较轻之正犯，处五年以上、十五年以下之有期徒刑。

三、从犯、未遂犯或情节较轻者，处一年以上、七年以下之有期徒刑。

第四条　凡属盗匪自动向政府投案，交出武器，愿悔过自新者，得酌情减免其罪刑。

第五条　凡愿立功赎罪，自动投案并供出其同伙，有助于清剿逮捕，成绩显著者，得减免其罪刑。

第六条　第二条各款之罪犯，任何个人或团体均有检举或告发之权。凡检举有功者奖励，隐瞒不报者应受指责以至处罪。

第七条　盗匪劫去之赃物，追回后，仍发还原主。

第八条　本条例自公布之日施行。

选自《山东革命历史档案资料选编》，第23辑，济南，山东人民出版社，1986年版，第169～170页。

十四、公安检察

1. 中央社会部对山东锄奸工作与党内反奸细斗争的意见

1941 年 1 月 15 日

山东分局及朱瑞并告彭、罗、锡五：

研究了分局社会部的报告，对于山东锄奸工作与党内反奸细斗争有下列意见，希考虑。

（一）山东在抗战以前，曾有□□□、□□□等老的托匪分子的活动。抗战以来，少数托匪分子在日探国特指挥下，进行汉奸反共的阴谋破坏工作。因此，我党坚决的〔地〕铲除真正的托匪汉奸，这是绝对正确与必要的。不过应该知道，中国的托派在组织上并无大的力量，主要的是依靠日探国特的支持，其本身并无统一的组织。所谓第四国际的委员陈独秀与上海托派临时中央，也都是互相攻击，彼此冲突。而所谓上海临时中央……也只在上海、香港、广西、温州等地有些少数的支部，据说去年召集的全国代表大会，只到五人而已。其余的托匪重要分子，则多是利用国民党面目出现，或直接参加日本特务机关服务。华北有些托匪组织，实际上即是某些日本特务机关的掩护名称。在华北各地所传的托匪中央、省委、特委等自上而下的组织，只能当作一种情报的参考消息，或托匪敌探的有意宣传，不要轻易相信。至于所传在西安有托派的中央等，这完全是胡扯。分局社会部报告中，单纯依据一些口供，就确定山东全境确有自上而下的整个托派组织，并绘制所谓托匪组织分布与活动地区略图，这种表面认识、轻信口供的态度，是不妥当的、危险的。这可能引导我们迷失锄奸工作的正确方向走上下列错误：

1. 夸大托派力量，警〔惊〕慌失措。

2. 不信任地方非党干部与党员，疑虑丛生。

3. 上敌人的当，把我们的注意力引导到迷误路上，而造成真正的敌探、汉奸、托匪、国特活动的空隙。

这种错觉如不改正，则一日破获个别的托匪分子，便可能发生扩大化的错误，重复湖边事件的悲痛教训。因此，提议你们把各地托匪案件，重新作一次慎重审查。必须根据客观事实、真凭实据，找出真正的托匪敌探，不可只凭口供或主观的估计，中了敌探托匪陷害无辜的诡计。

（二）社会部报告的整个的精神是以“肃托”为一切锄奸工作的中心，在其今后的工作方向上亦只是提出“肃托”问题。我们认为这是不妥当的。这样一方面夸大了托匪力量，另一方面可以忽略反对整个敌探汉奸的全部斗争，可以放松反对国民党的反共特务及其内线政策。因为托匪只是敌探的一种，不等于敌探的全部；肃清真正的托匪，只是锄奸工作的重要任务之一，不等于锄奸工作的全部任务。目前我们的主要方针，是坚决镇压日寇的各种侦探奸细（托匪在内），特别是日寇的干探，这是我们当前的主要敌人，但同时亦须坚决的〔地〕打击国民党的反共特务，尤其是国特的破坏分子与内奸分子。这些问题中央与军委的锄奸指示早已指出，望根据这些指示，在既不放松敌人又不夸大敌人的原则下，决定你们的全部工作。

1941 年 1 月 15 日

选自《山东革命历史档案资料选编》，第 6 辑，济南，山东人民出版社，1982 年版，第 261～262 页。

2. 中共山东分局关于锄奸工作的指示和决定

1941 年 2 月 15 日

中国托派在组织上并无大的力量，主要的是依靠国特日探的支持，其本身并无统一的组织。所谓第四国际的委员陈独秀与上海托派临时中央都是互相攻击，所谓临时中央也只在上海、香港、潮州等地有少数支派，其他的托派主要分子则多是利用国民党面目出现或直接参加日本特务机关中服务，华北有些托派组织实际上即是某些日本及国民党特务机关的掩护名称，过去山东各地确信托派有其自上而下的组织或把以托派掩护之日探国特认为单纯的托派，是想象上的错误。这样可能迷惑锄奸工作的正确方向，而形成扩大托派力量，不信任地方党员与非常干部和造成日探汉奸国特活动的空隙的错误。

前年党中央决定建立社会部，这是根据客观的环境——各地公安局尚未成立一种领导锄奸工作的组织。在公安局成立以后，一般的这种组织就不需要了。山东各地社会部建立后，曾起了某些作用，但有以下严重缺点与错误：（1）从上而下的〔地〕普遍建立，使用干部未必都得当。（2）与公安局并立，代替公安局工作，未及时的〔地〕转成公安局。

(3) 党内组织工作□可能形成党内不团结，互相猜疑现象。根据中央指示，对今后党的锄奸工作有如下指示和决定：

（一）撤销区党委以下之各级社会部，加强公安局的组织。有主任公署之区［党］委社会部应即转成公安局；无统一政权之区党委，社会部暂不撤销，但其任务是建立各级公安局，领导各级公安局之工作，并准备其本身过渡到主任公署之公安局，党内工作网一律撤销，一切□探敌内机关都交归公安局领导。对社会部一切工作干部除个别政治不健全、能力不称职者外，一律配备到公安局去。各级党及社会部须负责进行动员，说明不取消锄奸工作，而是利用合法机构进行斗争，使锄奸工作更加开展。党内之优良网员亦应配备补充到公安局中，作为其下层组织基础。为防止乱抓干部及保存锄奸干部起见，特定所有社会部干部县以下者由县委会负责配备，县以上之干部由区委负责配备，并征求各级社会部长意见。

（二）从上而下的〔地〕仔细审查及配备各级锄奸干部。对于政治上不健全、能力不称职的，应调换工作或给以训练，必须保证担负此工作的是忠实、坚定、廉洁、胜任、称职的干部。决定县以下的公安特派员归县委及现在的县社会部负责配备，并报告现在的地委社会部；县公安局长、科长之配备，应由区委社会部负责配备，并报告分局；专署以上公安局长之配备，由各区党委选定，连同履历报分局，由分局批准后再配备。

（三）为加强党对锄奸工作之领导，在区委、地委设保卫委员会，由各该级书记（或组织部长）、干部科长、公安局长（或社会部长）、军队的锄奸部长组织之，由党的书记（或组织部长）兼任主席，可酌量设秘书一、二人。保卫委员会是一种会议，不是一种执行机关，其任务是：(1) 研究与规定锄奸政策，传达上级的锄奸方针，统一本区各方面的锄奸工作，搜集与交换各方经验。(2) 监督锄奸机关正确执行党的政策，检查锄奸部门的工作，决定重要锄奸干部的任用。(3) 批准对反革命的侦察、逮捕、释放、处决等事项，通过政权实行（此后一切刑事案犯，处决权应归区委及分局之锄委会）。(4) 进行和指导党内反奸细斗争的教育，帮助审查干部，监督秘密工作。(5) 批准锄奸部门之预决算。

（四）对过去整批破获之案件，应重新清理审查，写出详细报告——从破获、侦察、审讯、处决到［将］经验教训送分局。对现在被侦察的各种嫌疑犯作一彻底的整理与结束。其确有材料者，则集中力量加紧侦察，找出真凭实据；案情处理无材料者，则迅速结束，停止侦察，取消对其怀疑，给以适当工作，不要拖延，以造成大批嫌疑分子。

（五）对党内反奸细斗争，重心点应放在［对］干部的经常审查、反奸细斗争的广泛教育和秘密工作经常检查上面。这些工作在社会部取消后，应由组织部和干部部负责进行。党的组织和干部部（干部科），应将反奸细斗争与工作当作一个重要任务。

关于以前分局发布的党的锄奸工作与组织条例废除前，分局关于锄奸工作计划亦须修改，其中组织问题计划作废，但关于方针政策问题仍应仔细研究执行。此决定发到县委止，各级党接此决定后应开专门会议，把公安局干部配备及执行情形从速电告。

公安局是政府的一部分，其行政的管理应归同级的政府，其政治上及锄奸工作的领导应归上级公安局。公安局是对汉奸、敌探及危害分子之侦察、审讯、逮捕、执刑之机关。但对民事诉讼，应归司法机关；对于卫生、消防、娼赌等，应归政权的民政部门。公安局应集中力量对付敌探、汉奸及一切危害抗战危害民族的分子。关于公安局之组织及各方面之关系等后告。

选自《山东革命历史档案资料选编》，第6辑，济南，山东人民出版社，1982年版，第287～289页。

3. 中央关于湖西边区锄奸错误的决定

1941年2月20日

（一）在残酷和紧张的民族战争和阶级斗争面前，革命的一切敌人（民族敌人与阶级敌人）对于革命政党与革命群众，不仅采取公开的逮捕破坏，而且还采用暗害的手段，派遣暗害分子，混入组织，伪装革命，利用党内某些弱点，来实行暗害，以遂其借刀杀人的毒计。这种暗害手段是极其阴险毒辣的，它不仅可以达到其屠杀革命者的反动目的，而且可以蒙蔽与欺骗群众，使一般群众对革命政党发生恶劣影响，丧失革命政党的威信。我党在这一方面，由于十年的斗争经验，对于这种暗害手段虽然亦有深刻的认识与高度的警惕；但在抗战以后，许多地方新发展起来的党，由于斗争经验的缺少，干部幼稚，没有了解锄奸政策，便给了暗害分子以可乘之机，来实行其借刀杀人的毒计。湖西肃托事件，便是这种暗害行为的一个说明。

（二）一九三九年八月湖西地区（山东微山湖西地区），在所谓肃托斗争中，曾发生了严重的政治错误。在暗害分子王须仁的阴谋之下，采取非刑拷打、指名问供、有供即捕等诬陷手段，其结果不仅造成了乱打乱杀的恐怖，而且使湖西地区党、政、军、民的工作，都受了极大的损失。地方党在该地区内辛苦缔造的工作基础悉被摧毁，忠实的党员和群众遭受无辜的牺牲，我党我军的政治威望也受到极大的损害；同时反共分子和日寇则乘机造谣，挑拨我党我军与群众的关系，煽动群众组织杆子会以反对八路军。这一悲痛的事件，虽在同年十一月即为党的山东分局与一一五师所制止，但直到现在该地区的工作尚未完全恢复起来；群众的疑惧尚未完全消释；无辜牺牲者的冤屈尚未昭雪；对于为王须仁所利用的负责干部（如四支队政治委员王凤鸣、区党委委员白子明），还未予以应得的处分。因此，中央认为有将这次事件向全党公布，而引起全党严重警惕的必要。

（三）反革命暗害分子这种阴谋非常毒辣，非常阴险。但是，如果我党在各地的组织能够正确认识问题，正确把握政策，仍然是可以避免的。可惜湖西区没有能避免这种暗害，而上了敌人的当。因此，中央认为必须指出当地党的组织的错误，将这一事件的经验教训来教育全党，提高警惕性，免受敌人的暗害。

1. 中央认为此次错误的基本原因，是在于当地党与军队的领导人员对于中国托派的反革命力量缺乏正确的认识，而主观的〔地〕夸大了托派的力量。一方面不相信已有相当斗争历史的干部，不估计他们工作的表现，给以客观的事实的估计；另一方面则简单化，扩大化，把一切在工作上表现不好、意识较差、生活上倾向腐化的分子都看成是托派，单凭口供，任意拘捕，而隐蔽在党内的暗害分子如王须仁，则得乘机活动，伪装忠实，用一切方法扩大事态，以售其借刀杀人的毒计。

2. 湖西事件的另一原因，是湖西地区党的组织在大量发展中忽视了吸收党员的基本原则，忽视了严密党的组织，犯了拉夫主义的错误，因而混入了个别的托派分子和一些暗害分子，混入到地方党的领导机关（如王须仁混入湖边特委任组织部长）。这些人在平时便吹牛拍马，阿谀逢迎，以便取得一些幼稚的领导者的信任，获得暗害革命党员与革命群众的机会。湖西边区党的负责人和军队的领导者都没有警惕到这一方面。军队的政治委员王凤鸣，把这些关系人命的大事，完全推托在一个来历不明的暗害分子王须仁的身上，任其胡作乱为；对于该地区的忠实的干部，在群众中有威信的干部（如王文彬、张如、马霄鹏等)，则勒逼口供，故意陷害。这恰恰是中了暗害分子的诡计。

3. 军队领导者与地方党负责人之间缺少政治原则的团结，甚至因为工作关系没有明确了解，而造成彼此的不满，又不以党的方式提出解决，因此暗害分子也就利用这种空隙来进行其挑拨离间，进行暗害的阴谋。军队政委代替了和包办了地方党的锄奸工作，不信任当地党的组织，超越党的组织系统任意妄为，是完全帮助了敌人，削弱了革命的力量。

4. 同时必须指出：湖西事件发生后，区党委和四支队始终没有向上级的山东分局与一一五师报告，这是极不允许的现象；而山东分局和一一五师在接到通知后，没有即时采取直接步骤去解决这次事件，因而不能使这一事件立即停止扩大，也是使党受到损失的一个原因。这种处理迟缓的基本原因，是由于对自己的忠实干部信心不够，对反革命的陷害手段估计不足。

（四）对于这一事件的善后办法，中央有下列决定：

1. 四支队政委王凤鸣受暗害分子利用，竟然假冒中央名义乱杀胡为，既不报告分局，又不接受分局及一一五师的制止，应即撤消〔销〕工作，开除党籍，送交军法处判处徒刑。白子明受王凤鸣威胁，随声附和，应撤消〔销〕工作，由正式党员降为候补党员。

2. 彻底调查登记并审查此次被杀诸人，对于真托匪及暗害分子，应公布其罪状；对于无辜牺牲者，应在党内刊物上公布他们是被托派及暗害分子陷害的无辜牺牲者，并在党内召开可能范围的追悼会，以示昭雪。

3. 对于被难者的家属的处理：第一，分别派人安慰抚恤。第二，关于处罚王凤鸣、白子明的决定，应通知各被难家属并公布。第三，公布被难烈士之文件，应送给被难者家属阅读；召开被难烈士之追悼会，应请其家属参加。

4. 对于被诬同志因严刑拷打而表示自首者，基本上应当原谅他们的幼稚，不能当成党内叛徒看待，不能一律开除党籍，应按情节的轻重，给以分别适当的处分。估计到他们在湖西信仰已经失掉，应调到别处担任工作。

5. 在湖西党内应进行有计划有系统的审查干部，清洗内奸分子，保证党的巩固。首先各级领导机关必须掌握在经过考验的可靠的党员手里。但严防以藉〔借〕此大批清洗或造成清洗运动，引起党内的不安现象，更不能把一时在政治上、工作上、生活上犯了错误的同志，看成反革命内奸分子。

6. 中央责成山东分局将此事件的经验教训根据此决定写成简明的党内文件教育全党，并责成分局派专人去解决上述诸问题。抽派之人应向党内及被难家属申明，接受中央和分局命令来处理善后问题。中央这一决定希望全党传达讨论。在传达讨论时，要反对左右两种倾向：一方面要反对右的麻木不仁，忽视反敌探奸细及暗害分子的斗争；另方面要反对左的扩大反革命的力量，引起自己的惊慌失措。这两种倾向都是有害的。

中央书记处

1941 年 2 月 20 日

选自《山东革命历史档案资料选编》，第 6 辑，济南，山东人民出版社，1982 年版，第 294～298 页。

4. 中共山东分局关于锄奸工作的指示

1941 年 4 月 23 日

最近各地锄奸工作中时常发现乱捕乱杀现象，这不但与我党政策根本背〔悖〕谬，且与〔予〕统战以很大危害。为此特决定：

（一）对普通敌探、托派分子、危害分子之处置：

1. 凡剥夺公民权利的分子有汉奸敌探行为者，可由区以上之公安机关逮捕并报上级。

2. 凡有公民权利有敌探汉奸行为者，应由县以上公安局长批准后始可逮捕。

（二）对混入党内参加反革命行动的共产党员之逮捕与处决权：

1. 地方党一般的共产党员应经地委锄委会批准，支书及区级干部应经过区党委锄委会批准，县级干部应经分局批准，方能通过各级政府之公安机关逮捕之。

2. 处决权属于分局与区党委，经分局或区党委批准后，通过主署以上之政权公安机关执行之。区党委以下之党的机关无处决共产党员权。

3. 军队无逮捕地方党员之权。如有地方党员与军队之反革命案件有关者，必须依上述规定经地方党之批准，由政府之公安机关逮捕。

4. 在紧急严重的特殊情况下，对混入党内之敌探奸细的已遂犯或正在进行敌探汉奸行为确有实凭实据之阴谋犯，公安局或军队不及呈报上级者，可由公安局或军队之负责人的批准后负责紧急处理之，但事后必须按上述手续由上级党核准。如上级审查证据不确、为乱杀，主持者负主要责。

（三）对于国民党之反共特务人员的处罚办法：

1. 对一般国民党员，我们的保卫机关须承认和保护其公民权利，不能把所有的国民党员都看成特务。在选举运动时，如国民党员按一定手续竞选或宣传三民主义，我们只能从政治［上］与之斗争，不能妨害其合法的民主权利。

2. 对一般国民党特务人员，应与日寇汉奸之特务人员加以区别，不应把一般国特当作敌探汉奸处理，应秘密进行登记监视或以群众力量礼送出境等分别处理。

3. 对国民党党部、邮局、电报局、兵站、联络机关办事处及一切公开公务人员与军队人员并兼作〔做〕特情工作者，不能逮捕，可以秘密监视或抗议撤换或以群众力量礼送出境。

4. 对在民主区施行反革命暴动、暗杀、轰炸、放毒、拉部队、组织哗变、形同敌探汉奸之国特并查出确实证据者，就其犯罪之程度依法处置，事后通知其主管机关。但在社会上有地位，与统战工作有重大关系，或尚有一部群众被其蒙蔽者，应按具体情形特别规定，在不妨碍统战原则下慎重处理之。

5. 对参加我政权或民意机关之国特，如无本条第4项行为，不能逮捕，可进行秘密监视其行动或有〔由〕群众改选撤换之。如有第4项行为或阴谋破坏抗日政权者，可先通过民意机关撤消〔销〕清洗，然后按其程度依上述办法处置。但对主要分子罪状显著者，可由公安局按法律手续提起弹劾，按情依一般公务人员处置之。

（四）对党内之国特内线处置：

1. 凡国特内奸有重大破坏行为如组织暴动、哗变、暗杀、偷窃文件等，以破坏抗战论罚，处以极刑，不宣布其为国民党员。

2. 凡国特内奸收买情报或发展内线尚无重大直接破坏行为者，捕获给以一定处分后，教育一［段］期间礼送出境。

3. 凡普通国特无重大情形者，不可拘捕，应谈明后礼送出境。

4. 凡托派分子或过去本党叛徒现又任国特者，查明后应处极刑。

5. 上述各种之处置应先行开除党籍后，交军队或公安局处置之。

（五）各级公安人员或群众团体负责人有敌探汉奸行为有证据者：

1. 村级者应经县长及公安局长共同签字批准后逮捕之。

2. 乡区级者应经专员、专员公安局长共同签字批准后逮捕之。

3. 县级以上者应经主署主任（或主任委员）及主署公安局长（或省公安局长）共同签字批准后逮捕之。

（六）对敌奸之处决权：

1. 对一切敌奸之处极刑权属于区党委及分局。由区党委或分局之锄委会讨论后批准交公安局执行（公开的则由主署公安局）。

2. 群众团体无杀人权。对敌探汉奸站岗查获后立即交政权之公安机关。如发现敌奸线索来得及报告，应交公安机关逮捕，如不及报告，可负责逮捕即送公安机关并不得有打骂行为。

3. 如在特殊紧急情况下，群众团体出于自卫杀死汉奸后，即报告政权公安机关审核。如系冤屈杀人者，应受法律制裁。

4. 军队不得随意逮捕公民。如军队案件牵扯到地方，应交公安机关。

4月23日

选自《山东革命历史档案资料选编》，第6辑，济南，山东人民出版社，1982年版，第349～351页。

5. 山东省各级检察委员会组织条例

1941年4月23日通过、公布、施行

第一条　为加强检察制度，保障人权、保证政令之进行及检举违法失职人员，特成立各级检察委员会。

第二条　各级检察委员会为计划改进检察制度，领导推动检察工作之进行机关，与各级行政委员会及同级法院系平行关系。

第三条　各级检察委员会由该级参议会选举委员（不限定参议员）若干组织之，并由检察委员会互推一人为主任委员。

第四条　各级检察委员会依管辖区域之大小及事务之繁简，推选有法律知识或有司法经验者为同级法院首席检察官及检察官（不限定检察委员会委员）若干，受该检察委员会之领导，执行职务。

第五条　各级检察委员会委员额数如下：

（一）省检察委员会七人至十一人；

（二）行政主任区检察委员会七人至九人；

（三）专员区检察委员会五人至七人；

（四）县检察委员会三人至五人。

第六条　各级检察委员会得酌置秘书一人。

第七条　检察委员会之职权如下：

（一）设计改进检察制度；

（二）检查调阅各机关、团体、公营企业账目；

（三）查询各机关、团体行政措置；

（四）检察其他一切危害国家利益、政府法令及人民权力等行为。

第八条　主任委员之职权如下：

（一）召集会议；

（二）代表检察委员会指导监督监政之执行。

第九条　各级检察委员会每月开常委会一次，必要时得召集临时会议。

第十条　各级检察委员会之办事细则自定之。

第十一条　本条例如有未尽事宜，得由山东省临时参议会随时修改之。

第十二条　本条例自山东省临时参议会通过后公布施行。

选自《山东省战时法规政令汇编》，第1辑第4分册，第5～6页。录自中央档案馆“中档 m206.25. 二乙475号”。

互校版本：《山东革命历史档案资料选编》，第6辑，济南，山东人民出版社，1982年版，第355～356页。

6. 中共山东分局、山东省战工会关于建立公安局政治保卫队的指示

1941年9月25日

（一）公安局无健全的政治保卫队，必无健全的锄奸工作。各地重要奸犯逃跑甚至连

同武装一同叛变者层出不穷，这一方面由于公安局之政治武装数量不够、不足分配，另方面由于质的不好。总之，都说明对锄奸工作无足够的认识。

（二）因此，必须迅速将其武装健全起来。

1. 量的规定：县公安局三十至六十人，专署区公安局六十到一百人，行政公安局八十至一百人。

2. 质的规定：政治上可靠，有战斗能力及保卫常识者（反对将犯人奸细放在政卫队中）。

3. 各地委从即日起分期在1942年3月前补充起来。

4. 补充办法由军区、军分区政权武装抽调，由各级锄奸委员会及党政军委员会负责具体讨论抽调。

（三）政治保卫队之指挥关系如下：

1. 该队由公安局直接指挥，其任务是看押、保卫，不经公安局长批准，任何人不得抽调人枪或分配其他任务。

2. 可配合军区或主力作战，但须经公安局长同意，由局长下令指挥，然这是次要任务。

3. 政卫队伤亡减员，由锄委会或党政军委会经常设法补充（如扩军、抽调）足额。

4. 补充办法由军区、军分区政权武装抽调，由各级锄委会及党政军委会负责具体讨论抽调。

5. 公安局武装之经济预决算报告，由公安局向政府及上级公安局呈报报告。

9月25日

选自《山东革命历史档案资料选编》，第7辑，济南，山东人民出版社，1983年版，第264～265页。

7. 山东省公安局暂行条例

1941年10月1日公布、施行

第一条　为保卫抗日根据地，保卫抗日民主政权，保卫人民利益，保障各抗日党派合法权利，镇压敌探汉奸，制止非法行为，维持社会秩序起见，于县以上之各级政府内设公安局。

第二条　公安局是抗日民主政权维持治安并遂〔执〕行本条例第一条任务之主管机关，是政府的组成部分，故各级公安局应在各该级政府监督与领导下，秉承上级公安局政治上与工作上的领导以进行工作。

一、各级公安局应接受各该级政府行政上的领导：

甲、执行政府政权工作上的指示。

乙、接受政府对工作的监督与生活上的管理。

丙、各级公安局应向各该级政府作工作报告。

二、各级公安局应接受上级公安局政治上工作上的领导：

甲、执行上级公安局之决定、指示及计划，接受其检查。

乙、接受上级公安局关于技术上的训练与教育。

丙、各级公安局应向上级公安局及时作工作及案件之详细报告。

第三条　公安局的组织系统如下：

一、全省设“山东省公安总局”，直隶于山东省行政委员会，指挥与管理全省各级公安局。

二、各主任区设“××主任区公安局”，直隶于各该主任公署，秉承省公安总局之方针，指挥与管理该主任区各级公安局。

三、各专员区设“××专员区公安局”，隶属于该专员公署，秉承上级公安局之方针与指示，领导与监督所属各县公安局工作。

四、各县设“××县公安局”，隶属于各该县政府，秉承上级公安局之方针与指示，进行全县治安工作。

五、区及市镇设正副公安特派员，直隶于县公安局，并遵照区公所之指导，办理全区治安工作。

第四条　公安局应根据山东省战时施政纲领及锄奸政策进行以下的基本工作，如：

一、侦察破获破坏抗日民主根据地内军事、政治、经济、文化、交通、建设及危害军政机关团体及人民利益的敌探汉奸。

二、肃清一切破坏抗战、破坏团结、破坏政权、破坏人民利益的危害分子。

三、进行锄奸运动之政治动员，办理汉奸自首。

四、开展锄奸组织，推行锄奸运动。

五、稽查迁移、居住、旅行的手续，清查户口，检查交通，盘诘来往敌占区之行人，防止奸细混入。

第五条　公安局之职权如下：

一、公安局依法定手续，对于敌探、汉奸、危害分子有侦查、预审、逮捕与控告权（关于逮捕手续另定之）。

二、公安局对有汉奸或破坏抗战团结之行为者，不论其为机关、团体或普通人民得执行检察机关之职务，实行严格检查，并可向司法或军法机关起诉。

三、公安局对［危］害国家之特种刑事犯，必要时（有关未来案件破获者）在得上级公安局批准后，有负责处决权，但一般奸细犯应交军法或司法机关正审判决。

四、公安局对于军法机关或司法机关关于特种刑事犯之判决，认为不合［法］时，得向上级政府与上级公安局上诉。

五、公安局不得直接逮捕军队人员，应通知部队主管机关处理之，但特别紧急情况可先负责逮捕，之后，仍须交其主管机关审讯处理。

第六条　山东省公安总局在未成立以前，由山东省战工会公安处代行职权。

第七条　本条例如有未尽事宜，应由山东省战工会随时修正。

第八条　本条例自公布日起实行。

选自《中国新民主主义革命时期根据地法制文献选编》，第3卷，北京，中国社会科学出版社，1981年版，第451～453页。原注："选自《山东省战时行政委员会公文合订本》。"

互校版本：《山东革命历史档案资料选编》，第7辑，济南，山东人民出版社，1983年版，第361～363页。

8. 山东省公安总局组织细则

1941年10月1日由山东省战时工作推行委员会公布

第一章　总　则

第一条　本条例依山东省公安局暂行条例制定之。

第二章　组　织

第二条　山东省公安总局设局长一人。

第三条　山东省公安总局设一、二、三、四科，每科各设科长一人，总理各该科一切工作。各科组织如后：

一、第一科为侦察科。内设三股，每股各设股长一人，并依工作情形可各设干事一、二人。

二、第二科为执行科。内设审讯、看守、书记三股，每股各设股长一人，并以工作情形可各设干事一、二人。

三、第三科为训导科。内设教育、训练二股，每股各设股长一人，并依工作情形可各设干事一、二人。

四、第四科为秘书科。内设秘书、文印收发、供给三股，每股各设股长一人，并可酌设干事一、二人。（供给股之干事名为管理员）

第四条　山东省公安总局设政治保卫连，其组织与其他连队同。该连由局长直接指挥，并须接受一、二科长有关侦察、看守工作事宜之指导。

第五条　山东省公安总局设侦察队（三十人至五十人），内设队长、政治员各一人，该队受第一科长之领导与指挥。

第六条　山东省公安总局得于必要地带派出特派员，该员应由第一科领导。

第七条　山东省公安总局得于必要地带设特务小组，该组由局长直接指挥。

第八条　山东省公安总局设机关指导员一人，由第四科科长兼任。

第三章　分　工

第九条　局长负责领导全局一切工作。

第十条　第一科负责侦察、统计、调查工作。

第二科负责审讯、看押工作。

第三科负责锄奸工作之政治动员、锄奸干部之教育训练、犯人之感化教育等事宜。

第四科负责机关生活管理及其他秘书工作。

第十一条　政卫连负责战斗、警卫、看押、逮捕事宜。

第十二条　机关指导员负责机关人员之生活管理、杂务人员之教育及机关之政治工作。

第四章　任　用

第十三条　山东省公安总局长由山东行政委员会决定。

第十四条　各科长之任用由公安总局长推荐，并呈报行政委员会批准。

第十五条　各股长干事由总局长委任。

第五章　附　则

第十六条　特派员工作条例与特务小组工作纲要另定之。

第十七条　山东省公安总局未成立以前，由战工会公安处代行职权。

第十八条　本条例如有未尽事宜，由战工会修正。

第十九条　本条例自即日起实行。

选自《山东革命历史档案资料选编》，第 7 辑，济南，山东人民出版社，1983 年版，第 364～366 页。

9. 山东省主任区公安局组织细则

1941 年 10 月 1 日由山东省战时工作推行委员会公布

第一章　总　则

第一条　本条例依山东省公安局暂行条例制定之。

第二章　组　织

第二条　主任区公安局设局长一人。

第三条　主任区公安局设一、二、三、四科，每科各设科长一人，各科组织如后：

一、第一科为侦察科。内设三股，每股各设股长一人，并依工作情形可各设干事一、二人。

二、第二科为执行科。内设审讯、看守、书记三股，每股各设股长一人，并依工作情形可各设干事一、二人。

三、第三科为训导科。内设教育、训练二股，每股各设股长一人，并依工作情形可各设干事一、二人。

四、第四科为秘书科。内设秘书、文印收发、供给三股，每股各设股长一人，可酌设干事一、二人。(供给股之干事名为管理员)

第四条　主任区公安局设政治保卫连，其组织与其他连队同。该连由局长直接指挥，并须接受［第］一、二科长有关侦察、看守工作事宜之指导。

第五条　主任区公安局设侦察队（二十人至三十人），内设队长、政治员各一人，该队受第一科长领导与指挥。

第六条　主任区公安局得于必要地带派出特派员，该员应由第一科领导。

第七条　主任区公安局得于必要地带设特务小组，该组应受局长之直接指挥。

第八条　主任区公安局设机关指导员一人，由第四科长兼任。

第三章　分　工

第九条　局长负责领导全局一切工作。

第十条　第一科负责侦查、统计、调查等工作。

第二科负责审讯、看押工作。

第三科负责锄奸工作之宣传动员工作、锄奸干部之教育训练、犯人之感化教育等事宜。

第四科负责机关生活管理及其他秘书工作。

第十一条　政卫连负责战斗、警卫、看押、逮捕事宜。

第十二条　机关指导员负责机关人员之生活管理、杂务人员之教育及机关之政治工作。

第四章　任　用

第十三条　主任区公安局长之任用，得由各主任区之行政委员会推选，呈请山东省战工会及省公安处加委。

第十四条　各科长之任用由行政区公安局长推荐，经该区行政委员会通过，呈请山东省公安处加委。

第十五条　各股长、干事由行政区公安局长委任。

第五章　附　则

第十六条　特派员工作条例与特务小组工作纲要另定之。

第十七条　本条例如有未尽事宜，由战工会修正。

第十八条　本条例自公布日起实行。

选自《山东革命历史档案资料选编》，第7辑，济南，山东人民出版社，1983年版，第366～368页。

10. 山东省专员区公安局组织细则

1941年10月1日由山东省战时工作推行委员会公布

第一章　总　则

第一条　本条例依山东省公安局暂行条例制定之。

第二章　组织与分工

第二条　专员区公安局设局长一人，总理全局一切工作。

第三条　专员区公安局设一、二、三、四科，每科各设科长一人，总理全科一切工作，各科之组织与分工如下：

一、第一科为侦察科。科员三人，[分掌] 侦察、统计、调查等工作。

二、第二科为执行科。内设审讯科员、看守长、书记三人（必要时可增添审讯干事一人），分掌审理、看押、录供等工作。

三、第三科为训导科。内设教育科员、训练科员二人，分掌宣传动员、教育感化及训练干部等工作。

四、第四科为秘书科。内设机要秘书、文印收发科员、司务长各一人（司务长下［可设］一、二管理员），分掌秘书、文印收发、供给工作。

第四条　专员区公安局设政治保卫队一队（六十人到一连人），负责战斗、警卫、看押、逮捕工作，内设队长、政治指导员各一人。该队由局长直接指挥，并须接受［第］一、二科长有关侦察、看守工作之指导。

第五条　专员区公安局设侦查队（二十人至三十人），内设队长、政治员各一人。该队由第一科长领导与指挥。

第六条　专员区公安局得于必要地带派出特派员，该员应由第一科领导。

第七条　专员区公安局得于必要地带设特务小组，该组由局长直接指挥，专负特殊侦察特务任务。

第八条　专员区公安局设机关指导员，负责机关政治教育工作。该指导员应由第四科长兼任。

第三章　任　用

第九条　专员区公安局长之任用，得由各该专署行政委员会推选，并呈请山东省战工会及公安处加委。

第十条　各科长之任用，由行政区公安局长推荐，呈请行政区公安局加委，并呈请省公安处［备案］。

第十一条　各科员由局长委任。

第四章　附　则

第十二条　本条例如有未尽事宜，由战工会修正。

第十三条　本条例自公布之日起实行。

选自《山东革命历史档案资料选编》，第7辑，济南，山东人民出版社，1983年版，第368～370页。

11. 山东省县公安局组织细则

1941年10月1日由山东省战时工作推行委员会公布

第一章　总　则

第一条　本条例依山东省公安局暂行条例制定之。

第二章　组织与分工

第二条　县公安局设局长一人，总理全局一切工作。

第三条　县公安局设一、二、三、四股，每股各设股长一人，总理全股一切工作。各股之组织与分工如后：

一、第一股为侦察股。内设干事三人，分掌侦察、统计、调查等工作。

二、第二股为执行股。内设审讯干事、看守长、书记三人（必要时可增添审讯干事一人），分掌审理、看押、录供等工作。

三、第三股为训导股。内设干事二人，分掌宣传动员、教育感化及训练干部等工作。

四、第四股为秘书股。内设机要秘书、文印收发干事、司务长各一人（司务长下可设一、二管理员），分掌秘书、文印收发及供给工作。

第四条　县公安局设政治保卫队一队（三十人至六十人），负责战斗、警卫、看押、逮捕工作，内设队长、政治指导员各一人。该队由局长直接指挥，并须接受［第］一、二股长有关侦察及看守工作之指导。

第五条　县公安局设侦察队（二十人至三十人），内设队长、政治员各一人。该队由第一股长领导与指挥。

第六条　县公安局得于必要地带派出特派员，该员由第一股领导。

第七条　县公安局得于必要地带设特务小组，专负特殊侦察特务任务。该组应由局长直接指挥。

第八条　县公安局设机关指导员，负责机关政治教育工作。该指导员由第四股长兼任。

第九条　县公安局得于各区派出正副公安特派员，并可建立工作组。各区公安特派员由县公安局直接领导，并接受区公所之指导。

第三章　任　用

第十条　县公安局长之任用，得由各县行政委员会推选，呈请行政区公安局加委，并呈报山东省公安处备案。

第十一条　各股长之任用，由县公安局长推荐，呈请专员区公安局加委，并呈报主任区公安局备案。

第十二条　各干事由局长委派。

第十三条　各区公安特派员，由县公安局长委派，并呈报专员区公安局备案。

第四章　附　则

第十四条　本条例如有未尽事宜，由战工会修正。

第十五条　本条例自公布日起实行。

选自《山东革命历史档案资料选编》，第7辑，济南，山东人民出版社，1983年版，第370～372页。

12. 附“工作总结”：抗战四年来山东锄奸工作的总结——刘居英在山东县以上锄奸干部联席会议上的报告

1941年

同志们！抗战四年，是我们与敌奸斗争的四年！

四年中各地都在进行着与敌奸的残酷斗争，在斗争中得到了很大的收获，同时亦必然的〔地〕有许多的缺点与各种不同的经验教训，这些都［是］极需要在此会议中交换与总结的，不过我的总结报告需要说明的几点是：

一、由于山东各地的锄奸工作发展的〔得〕极不平衡，有的已开始正规化，如鲁中区的工作，有的还是在开荒，如湖西，所以总结工作中很难取得统一，我的报告是以一般为标准。

二、山东锄奸工作虽然开始了四年多，但由于组织的忽断忽续，所以真正的开始还只是一年前，主要的工作还多集中在组织的建立与健全上面，因而工作不免单调。

三、锄奸工作基本是一个政策工作，加强政策的学习与掌握，是当前的基本问题。这点恰是我们的干部所缺乏的。因而我的报告全体的精神在于解释传达研究党的政策，围绕着它的周围去检查与计划工作，希望全体同志在听取与讨论报告时亦本此精神。要求在这次开会以后，党校学习的同志及作〔做〕锄奸工作的同志都能很好的〔地〕掌握政策，与灵活具体的〔地〕运用政策。

四、我的报告的组成是依据中央屡次的指示，和同志们工作中的经验而组成的，并且这个报告是经过分局通过的。

根据以上四种情形，我的报告一共分为四部分：

第一部分是对于锄奸运动中的几个基本问题的认识。

第二部分是抗战四年中山东锄奸工作的总结。

第三部分是敌人的几个新方针与我们的对策。

第四部分是今后的方针与工作。

第一部分　对于锄奸运动中几个基本问题的认识

…… ……

第二部分　抗战四年来山东锄奸工作的总结

四年来由于党正确的领导，和全体锄保干部及工作人员的坚〔艰〕苦奋斗，在锄奸工作上得到了辉煌的战绩。这些收获，奠定了山东反奸细斗争更高开展的基础。同样的，不可避免的，也必然有它的弱点缺点和错误，这些，使得我们的工作感到困难和受到或多或少的损失。只有从检查纠正这些毛病，接受四年来的经验教训，才会使斗争更高的〔地〕开展。

一、山东锄奸工作史的发展

因此，从山东锄奸史的发展上去了解与检讨锄奸运动是十分必要的。为此，特依山东锄奸运动的发展，将它划成三个时期：

（一）第一个时期是保卫局时期（从一九三九年一月到一九三九年十二月）。

这个时期客观形式〔势〕的特点是——抗战形势是当时正是抗战第一阶段，因为敌寇大举进攻武汉及我大后方，所以对敌后根据地是相对的防御，因而在山东很大的土地上，都表现着暂时的隐〔稳〕定。记得当时鲁中鲁南东起海岸、西至津浦路均无有一个据点。但是，又由于敌人进占了武汉，于是在该年六月间开始了第一次大“扫荡”，而环境又由稳定变为动乱，过去逃跑的又逃跑了，过去不抗战的家伙更加动摇甚至投敌了。

当时的统战形势是相对的容融。那时期的斗争是政治上的斗争，除与少数别动分子——主要是秦启荣，偶有军事磨〔摩〕擦以外，别无什么严重的磨〔摩〕擦。其后期，由于敌方“扫荡”结束，大量民主政权的建立，因而斗争形式是由政治逐渐转为军事的。

由于这样的抗战与统战的形势，决定了敌人（民族与阶级敌人）对我之间谍活动是创造内线与军事侦察。他们利用我一般同志在稳定环境的麻木，放长弦〔线〕钓大鱼，创造内线，开始打入作为长期潜伏（据我们统计，山东地方的与部队的主要的内奸百分之九十以上是那时打入的）。同时另方面派出军事侦探，以满足其军事进攻的目的。

当时我们的工作发展形式是大量发展，扩大党，扩大军队，建立根据地与扩大游击区，改造与创造民主政权是工作的中心。在扩党扩军中，部分地区在组织原则上把握不住，方式上发生错误，因而发生拉夫、凑数及政治上的麻木现象，而造成内奸混入的有利条件。

这个时期的锄奸工作特点是：

1. 是山东锄奸工作的创造时期：山东在长期地下党秘密活动之下，从无有什么公开的锄奸工作，此时是开始建立的创造时期，因而一切都是新东西，一切都无有过去的经验，甚至于在锄奸工作［中］的常识知道的〔得〕都很少。虽然过去别的地区中曾有此经验，但这些经验很少传到山东来。所以一切是从头作〔做〕起，从头体验起。

2. 锄奸工作的组织形式是保卫局，而保卫局只是几个点的建立，当时保卫局的性质似乎是党政军民共同的一个锄奸机构，并且还是一个司法机关，也是一个军法机关。总之在当时似有〔是〕处理一切民、刑、奸犯及军事犯的机关。由此，保卫局之名义不为一般党员群众所认识，工作即难开展。保卫局的工作包罗万象，工作力量则不能集中，致成为犯人的搜集所，成为事务主义的工作方式。所以保卫局的工作与组织始终未普遍建立起来，以致一到第一次“扫荡”以后基本已经衰亡。

3. 党内党外对锄奸工作基本没有认识，因而锄奸工作是神密〔秘〕化。当时，连锄奸工作干部本身也不能或不够认识，也很少有动员工作，所以谁也不知道什么是锄奸工作，谁也不明白那〔哪〕些是奸细。于是发生党委会不能甚至于不知道不敢领导保卫局工作，群众不愿也不敢打听锄奸工作，致使锄奸运动孤立，仅是极少数人作〔做〕的工作和工作不能开展，成为散漫无头绪的情形。

4. 由于锄奸干部的没有经验，对奸细认识的不够，而第一批逢到的案件是××、×××、×××的托派案，所以各地均开始注重到托派奸细，以致造成以后对托［派］认识的扩大化。

5. 保卫局的工作方向基本是对外的，当时相当忽视内奸的活动，甚至在主观上一般是根本否认内奸会存在。

6. 在锄奸政策的了解与掌握上是空洞的，各地都在普遍的〔地〕麻木不仁，因而产生了湖西所谓肃托案的张惶〔皇〕失措。

7. 此时期在锄奸运动中最大的案件，一是临郯托案，一是湖西“肃托”的错误发生。

（二）第二个时期是社会部时期（一九三九年十二月到一九四一年二月）。

这个时期的客观形势的特点是：

正是抗战的相持阶段，敌寇为了巩固其占领区，在敌后已开始进行连续性的“扫荡”，我亦展开有利〔力〕的反“扫荡”。敌人不但实行军事“扫荡”，而且着重于政治阴谋，实行以华制华、以战养战之政策。

在统战形式上：由于敌后残酷“扫荡”和大后方相对的稳定，则生出了“摩擦专家”，任意地制造摩擦，捣乱抗战破坏统战，为了抗战我亦进行反摩擦。

在此紧张的斗争形式之下，我们的敌人均进行着积极的奸细活动，他们不但大批“突击”“内线”，而且更训练和运用各种破坏者，在党内、军内、根据地内、社会内进行其瓦解破坏工作。

党对军民的工作，是巩固与建设的时期，因而大批内奸被发现，而锄奸保卫工作在党内外的被重视。

此时期的锄奸工作特点是：

1. 是锄奸工作的开展时期，锄奸工作由缓进的〔地〕建立，到激进的〔地〕健全，但由于部分地区对锄奸工作的认识不够，干部的贫乏，使锄奸工作仍未求得足够的开展。

2. 锄奸工作的组织形式已变为社会部，取消了保卫局的名义。社会部的性质是党的一个锄奸工作部门，它领导着（部分代替）政权公安局的工作，它和军队锄奸部门已经分开了，但仍有司法机关的性质。

3. 党内外的锄奸政治宣传动员工作普遍的〔地〕开展了，因而锄奸工作逐渐[被]认识，克服了锄奸工作中过去的神秘化。但是由于各方面工作关系的不够明确，部分形成了强调系统的特殊化，因而工作仍不能足够的〔地〕开展。

4. 锄奸干部的斗争经验增加了，对敌奸的面目逐渐认清了，不仅认识了托派分子，而且发现了日特及国特，但是传统的对托派夸大的认识还严重存在，因而影响了工作的认真与准确。

5. 社会部的工作方向主要是对内的，社会部在某些组织工作上（如审查巩固党）起了相当的作用，发现与处置了许多内奸分子。但是党外的锄奸工作相对的〔地〕被忽视。

6. 由于当时一般同志和群众对锄奸政策认识的不够，锄奸工作领导的薄弱，和锄奸组织的不健全，而群众与敌奸自发的斗争日趋紧张，所以形成当时锄奸工作上的左倾。各地乱打乱骂乱捕乱杀的事非常普遍，非常厉害，甚至连儿童团都可随便杀人。

7. 各地都相继的〔地〕纷纷的〔地〕破获内奸，此时期主要的[是]鲁东南的×××奸案，和其他各地部分案件。

（三）第三个时期是公安局时期（从一九四一年二月分局决定以后）。

此时期的特点是：在处于抗战相持阶段的困难期间，由于国际战争局面日趋紧张，敌寇乘机新的投机活动，因而对敌后的“扫荡”更加加紧，对我之奸细阴谋活动更是阴毒积极。

在统战形势上由于投降派的阴谋策动，国内发生了反共的高潮，皖南事变发生，山东的投降派大肆造谣与活动，我则是反投降时期。

在此严重的危急的形势下，敌奸活动更为加紧，自首政策为敌普遍的〔地〕采用，更在三令五申的实行其所谓“内线突击”运动。

我们的工作是巩固的发展时期，是一切工作的建设时期，因而锄奸工作亦在飞跃的建设中。

此时期的工作特点是：

1. 是锄奸工作的激进时期，是山东锄奸工作真正的开始时期，是我们锄奸组织的建立与健全的时期。

2. 锄奸工作的组织形式是公安局，取消了社会部，转变成政权的公安局已取得公开合法的斗争地位，因而锄奸工作大踏步的〔地〕前进。

3. 广泛而且较为深入的〔地〕进行了锄奸的政治动员（如各地写文章、出专号、作报告等），提高了党内外对锄奸工作的认识，基本上克服了神秘化与特殊化，使锄奸工作走上了正规，工作更加深入、更加普遍。

4. 锄奸干部的经验增多了，对于各种奸细的认识逐为深刻，不但能发现明显的奸细，而且还能掘出埋伏的奸细，斗争能力提高了，对托派夸大的认识基本被纠正。

5. 我们的工作方向基本是对外的，但是也并未丝毫的〔地〕放松了反对内奸，取消了党内侦察网，建立了社会中的工作网。

6. 由于领导的加强，锄奸政策逐被掌握，各种制度逐被建立，基本纠正了乱捕乱杀的左的行动。但是由于过去长期群众性的左倾，所以仍残缺的〔地〕部分的〔地〕存在，另外由于部分地区矫枉过正，右的情绪在增长。部分地区群众由于动员的不够，发生不理锄奸工作和“多一事不如少一事”的漠不关心态度。

7. 这时期破案很多，最大案件是泰山的锄奸案件。

二、在发展中的两个问题

在发展中有两个问题必须说明的：第一是为什么转社会部成公安局，第二是现在各地工作的特点如何呢。

（一）为什么转社会部为公安局呢？

第一，为的是争取公开合法的斗争地位，使锄奸工作更高的〔地〕开展。我们必须了解，一切斗争只要可能即应争取公开与合法。秘密与非法的斗争形式，是在不可能不得已的条件下决定的。因为斗争取得公开合法的地位，则收获更大。过去无民主政权建立，锄奸工作以社会部的组织形式进行着是个半公开的斗争地位；今天民主政权已经建立，就应该及时的〔地〕转成公安局，争取合法与公开。

本来，社会部建立的意义，为的是在某些尚无民主政权的区域内，用以领导与进行抗日锄奸工作的组织，这组织一旦民主政权建立了，即应转成公安局的。

所以转成公安局又为的是纠正过去锄奸工作组织力量的不集中与重复。过去社会部、公安局并立，两个相同的组织，则两套干部，是干部的浪费，你也作〔做〕，我也作〔做〕，是力量的浪费，因而形成都有组织，都不健全，都有工作，都未开展的现象。

第二，为的是纠正在社会部工作中的错误与缺点。我们在社会部工作的错误，即是一个时期在党内也设工作网，这是组织原则上的错误，这样必然客观上造成网员成为特殊党员，并能使党内［产生］不团结和互相猜疑的现象。本来在过去的工作过程中，我们发觉了这点，但我们未能仔细考虑，总想在网员中进行教育去克服其不良意识。其实那是治标的办法，而不是治本的办法。我们在社会部工作中的缺点是未能及时的〔地〕转社会部成为公安局，因而使锄奸工作的开展受到了很大的损失。并且由于组织重复，使我们的干部分散、力量分散。

为了顺利的〔地〕转社会部为公安局（因现胶东尚未转变），必须克服几种错误的认识：

某些人以为取消社会部是说明我们过去作〔做〕锄奸工作不对，或者以为过去党指示加强锄奸工作是不对。这都是极端不正确的。须知党过去作〔做〕锄奸工作与强调锄奸工作的建设是非常正确的，取消社会部转变公安局不是为的减削锄奸工作，而正是为的增强锄奸工作，使它在合法的地位上飞跃的〔地〕发展。转社会部为公安局正是加强锄奸工作的建设。所以社会部转成公安局以后，党对它更应密切注意加强领导，而不应漠不关心，或以为至少要［是］简〔间〕接关系，于是可以放松领导的。

还有，以为社会部取消了，便可以对社会部的干部抓一把，于是四处都来抓干部，因而取消了社会部并未健全了公安局，这对于分局的指示完全违背。这现象在许多地区都发现。这些足以危害工作的狭隘观点是必须克服的。

在转变成公安局时期，部分的锄奸工作表现着不良的倾向。有的人误解公安局的性质，讨厌公安局的名字，甚至有拼死不作〔做〕者，有的以为作〔做〕一个公安局长总没有一个社会部长“地位”高些。这些也都是要不得的。

（二）现在各地区工作特点：

鲁中区的锄奸工作已有了初步基础，基本上已走到健全正规的阶段，工作上较为深入，组织上较为普遍，上下级领导上也比较密切。这是由于七区党委领导与锄保干部奋斗的结果，是值得大家学习的。

胶东区的工作正是猛烈进展时期，尤其近半年来，由于党委领导的密切与锄保干部的增强，使工作有很大进步。不过胶东的社会部仍未能转变成公安局。

在清河区是部分建立了，但是工作是在一般的进展中，由于某些干部对自己工作认识的不足，至工作不能求得应有的开展。

鲁南区是开始建立时期，虽然鲁南很早有了锄奸工作，但由于没有干部及部分组织对此工作的忽视与轻视以致忽断忽续，工作始终未能真正的〔地〕开始。近半年来工作上已与前不同，但仍不能积极进展。

湖西区尚在开荒，是我们最着急最担心的一个地区，因为如湖西不将此工作飞速的〔地〕建立起，则将来可能仍有危险。但是由于湖西过去“肃托”错误的影响，致干部缺乏，反奸细斗争的恐怖，都阻碍了工作的开展。

三、四年来山东锄奸工作的收获

四年来，由于全党及各级干部的努力，我们在锄奸工作上得到了很大的成绩，基本方面是努力于锄奸组织的健全与转变方面，如果分开来说：

（一）在组织建设方面：

甲、大部分的〔地〕建立了各级的锄奸组织。根据现在的统计，凡有其他工作的县份，都有了锄奸工作（当然凡有民主政权的地区都有了工作，但是不一定设了公安局），除个别地区（如湖西）外，基本上已克服了过去的兼职的现象。这些组织保障工作顺利的〔地〕开展。

乙、局部的〔地〕建立了保卫武装。这些武装基本是好的，在工作上起了莫大的作用。最值得表扬的是泰山特务队，他们是经常在敌人身旁活动，并且能用许多巧妙的办法完成工作任务。如某次去逮捕××据点内的汉奸头子，正逢他在据点中赶集，我们的特务队员伪称亲戚并说家中有事，将他拉到街上，予以捕获；又如八个人袭入据点得了枪弹、电话机、洋马，最后且战且走，分八路退却，毙敌十数人，我毫无损失。这样的故事，在清河等地都很多。

丙、在组织建设的过程中，我们都充分的〔地〕发挥了自力更生的精神。因为锄奸工作是山东开始较晚的工作，由于一般的干部缺乏，使我们各种干部不易取得，于是各地都是自力更生，训练提拔一般的干部，到今天已能够进行日常工作的了。

（二）在破案方面：

甲、据不完全的统计（未经锄奸机关处理的不在内），四年破案总数是××来个犯人。争取的×××多，占全数之百分之六十左右，处决的××多个人左右，占百分之二十左右（现押××来人），争取与处决的比例数是三比一（湖西错误不在内）。

乙、破案后扩大了我党我军的政治影响，如泰山破案后群众反应〔映〕为“怪不得敌人专烧抗属房子呢？原来有奸细”；“如不把这批坏蛋清除，泰莱早变为敌占区了”；等等。

丙、破案以后提高了锄奸干部的斗争能力及经验。如有了湖西肃反错误的经验，即能教育了泰山的锄奸［干部］，据泰山负责同志自己检讨。“如无湖西错误的教训，我们在此次泰山案件上会形成很大的错误。”

（三）提拔与培养干部方面：

甲、四年来我们培养与提拔了许多优秀的干部，以现有的统计，县级科以上的干部已有四百多人，分区特派员亦有四百多人。在成份〔分〕上，县以上工农成份〔分〕占百分之三十以上，区一级工农成份〔分〕占百分之八十以上。在质上，我们的干部政策基本依照党中央与分局的决定，是本着“政治上坚定、能力上称职”的标准。这些优秀的干部在各个地区工作中，整日与敌奸艰苦的〔地〕斗争着。斗争中，许多干部表现了英勇模范的战绩，如今天到会的鲁中区代表张国锋同志他曾尝过敌人枪毙一次，胸膛打了三个洞，未死逃出，但敌人的毒刑并未影响了他坚定的意志，相反的，将他的质量提得越高，工作提得越加积极。在四年的斗争过程，我们曾牺牲了许多英勇的锄奸干部，这些同志为了革命，为了自己的事业，流了最后一滴血，是值得大家学习的。

乙、我们开办了许多训练班，据不完全的统计，各地共训练了六十二班，训练了三十多个干部。我们的训练班基本坚持了我们的方针：一是加强党性及政策教育，二是提高工作能力技术水平，三是严格小组生活开展思想斗争。

（四）锄奸的政治教育与宣传动员工作：

甲、进行了政治动员工作，基本上克服了锄奸工作的神秘化与特殊化。实在的［说］，克服这些缺点是一个艰苦的斗争过程，是一个〔件〕不容易的事。

乙、由于对内外有动员教育，党内党外对敌奸的警惕提高了，对奸细的认识更清楚了。如去年分局的联合大会上的锄奸动员报告，在各地锄奸运动上都起了莫大的推动。根据鲁西报告，这批代表在返回的路途中即发现而且破获一个奸细（已经证实），因为他们明白了锄奸的重要，并且也有了观察奸细活动的知识与能力。

丙、各地在宣传动员教育的方式上也很灵活，除了一般的［作］报告、写文章、出通告公告以外，还能有化装宣传、公审、晚会，在泰山还利用普通检举进行普遍的宣传（虽然这运动是有缺点的）。

（五）各种工作及制度的建设方面：

甲、在侦察工作上，我们已由单纯的军事侦察到政治的经济的各方面的侦察，各地已建立了侦察机构，并且部分建立侦察网，以现在通〔统〕计全省网员在×万人以上，并部分建立了坐探及机关……许多锄奸机关已经建立了侦察队。对各种材料的统计整理工作亦能照常进行着，所以逐渐能达到有计划有步骤的〔地〕布置侦察。反侦工作部分地区亦在开始，并取得相当的收获（原著略，以下同）。

乙、在审讯工作上，已经切实废止了肉刑，发扬了政治动员与政治斗争的精神，因而审讯技术是被提高了。在审讯的方式［上］，也有了新的创造，在审讯的组织领导上亦比较密切。部分地区都是自动的〔地〕组织临时的（对付某个重要案件的）审讯委员会，这点已能足够的〔地〕说明了对审讯工作的重视与慎重（例略）。

丙、在执行工作方面，禁闭室逐渐走上正规化，纪律也被提高，因而过去常发生的主要犯逃跑或自杀的事逐渐消除了。其次，对于犯人的生活管理已改善，大部分禁闭室都力求卫生，生活逐求规律化，注意犯人的情绪、卫生和身体的健康，如鲁中区定期检查身体。发扬了禁闭室的民主精神，犯人可以对其生活［提］建议，废止了禁闭室的打骂现象。再者对于犯人的政治感化教育加强了，重犯人有专人与其个别谈话，轻犯人则有专人予〔与〕其上课。

丁、各种工作制度已经建立起来了，这些制度是批准制度、会议制度、计划检查制度与回报制度。在今天说，如不经过批准处置犯人则必受处罚，如莱芜及赣［榆］公安局长都因此而受严惩。

（六）在组织领导与政策掌握方面：

甲、党锄奸工作的领导加强了，使全党对锄奸工作注重，一般的〔地〕了解了它的重要。

乙、公安局上下级组织领导较为密切，一般的能随时反映问题和及时的〔地〕解决问题。

丙、党与公安局领导的中心已抓到政策方面，克服了过去锁〔琐〕碎的事务主义的领导方式，所以过去在政策上的“左”右倾的表现，在今天已经基本被克服。

四、弱点、缺点、错误及经验教训

我们四年中的工作有许多的成绩和收获，同样的，也必然有缺点与错误。只有深刻的〔地〕检讨这些缺点和错误，运用此经验教训于未来的工作，我们的工作才会进步。

（一）在组织建设方面：

我们的弱点，缺点和错误是：

甲、组织机构还不够健全，力量还极薄弱，一般的〔地〕说还不能足够的〔地〕完成任务。如在干部数量说，县以上的主要干部还差百分之二十多，区级干部则还差一大半。如果划小县和区，则县差愈半，区差十分之七八。敌占区、顽固区的组织，还是点线的建立，不够完成任务的。

乙、在各种组织建设中，侦察与审讯部门极不健全，因而在破案上不是失败，即不能彻底破获。

丙、组织与工作发展得极不平衡，尤其是战略上最重要的地区（如鲁南、湖西）工作最薄弱，因而给未来工作以很大危险。

丁、未能及时的〔地〕转社会部为公安局及党内建立工作网，是我们在组织工作中的主要缺点和错误。

戊、我们的锄奸组织一般的还怕“扫荡”、怕磨〔摩〕擦，组织的秘密性、深入性、坚持性、顽强性都不够。

我们的经验教训是：

甲、锄奸工作是一个深入的组织工作，没有健全的组织就没有健全的工作。组织深入的程度决定了工作深入的程度，组织力量集中，工作力量也会集中；组织力量分散，工作力量必然分散。如泰山区的锄奸组织较健全，而其即会有健全工作，在肃奸中能基本完成任务。湖西区无组织，即无工作，因而造成“肃托”的严重错误。又如，公安局与社会部并立，组织力量分散，因而工作力量即分散，始终未健全起来。当公安局与社会部合并，组织力量集中，于是工作力量即集中，而工作即能飞跃的〔地〕发展。

乙、兼职几乎等于弃职。在全部社会部工作过程中，都是大半分的兼职。但由于现在各种工作都很纷忙，个人的精力有限，所以他必然顾主要的一面，而忽视次要兼职的一面，所以在兼职中使锄奸工作开展的〔得〕迟缓。当然兼职是因干部缺［乏］的一种不得已的办法，但是经验说明此种办法最好不用，不〔哪〕怕一个无能的干部专职作〔做〕工作，亦能使工作开展的。①

（二）锄奸政策的掌握与运用方面：

掌握政策是锄奸工作最主要的一环，所以将它提到前头检讨是有其意义的，在此方面我们的弱点和缺点是：

甲、在锄奸工作中还存在着严重的左的倾向：

首先，表现［为］对奸细认识的简单化、一般化与扩大化。主要的是模糊了奸细分子与嫌疑分子的区别、嫌疑分子与落后分子的区别，因而造成大批“似是而非”的“奸细”和“嫌疑”，造成党干部政策的错误，和党不能更亲密的〔地〕团结群众（如泰山区自此次肃奸以后，部分张惶〔皇〕失措，大批嫌疑分子产生，据报告一个区内即有二百多），和部分“似是而非”的奸细被逮［捕］教育释放（虽然释放了，但并不能说处理的〔得〕正确）。必须说明的是这种错误现象，至今还未克服。另外，传统遗留下的对托派的夸大认识仍残存于干部中，如此次鲁南回报说托派分子分两路（东、西）每路五批（共百多人）有计划的〔地〕进入鲁南，这完全是极端错误的主观推忆〔臆〕，是会在工作上犯大错误的。

其次，是审讯中的左的政策还少数的〔地〕存在。审讯中多半是重口供而轻证据，只要认供，即有判罪之根据。肉刑虽基本废除了，但是变象〔相〕的刑讯还存在（详容后述）。

第三，表现在处决犯人的方式上，乱杀、残杀、暗杀仍然严重的〔地〕存在。清河的群众团体一年中即能“锄”了近×人，郯县发生杀保人的严重事件，长恒〔垣〕、临淄、鲁南都曾发现过刑及家人的错误。还有尤其严重的是滨海区审查党时，一个被清洗的分子，怕他暴露党的秘密，于是杀掉（当然这些例子都是偶然个别的）。这简直是罪恶。其他的错误现象也都发生过，这是极端要不得的（略）。

乙、锄奸工作中麻木不仁悲观失望右的情绪又在增长。有一些人是在原始的麻木中，

① 原文如此。

即仍忽视轻视奸细的活动，如鲁中区某政治主任娶了个老婆是个大内奸，最初别人告诉他，他满不信，等一切证据证实了，他才由了解到惊讶。另一种是由改正左倾的动员不够，因而产生漠不关心的“右”的悲观失望情绪。如清河自建立批准制度以后，一般群众都不作〔做〕锄奸工作了，以漠不关心的态度说“杀错了要偿命，别干吧，多一事不如少一事!”。尤其严重的是湖西，自前年“肃托”错误以后，谁也不愿提或想一想锄奸工作，因而奸细更乘隙活动；此次湖西报告中有一句话是“奸细在我们面前跳舞，我们还都说人家跳得好”，由此可见一般了。

丙、锄奸干部和党的干部对锄奸政策认识的不具体、不辩证，运用的〔得〕不灵活，甚至有讨厌锄奸政策的，以为这政策会限制了他的自由。有的干部把党的锄奸政策背诵得很熟，但是实际工作上，尽是政策上的错误。这是教条主义者。还有对锄奸政策理解的〔得〕不辩证，运用的〔得〕不灵活，只是简单的〔地〕“搬家”，因而还是无济于事，当〔挡〕不了工作上犯错误。尤其严重的是某些个别干部根本厌弃党的锄奸政策，因而歪曲党的政策，如某县公安局长向上级写信说“你们的政策，在我们这里根本不能实用”。这是原则上的错误的（他也受处罚）。

丁、各级锄奸委员会，多陷于事务主义，对党的锄奸政策的掌握与检查非常不够。

在政策方面，我们的经验教训是：

甲、锄奸政策基于统战政策，清除汉奸与保障人权必须统一起来，任何把二者对立的现象，都会造成政策上的错误的。

乙、只有具体的〔地〕掌握、仔细的〔地〕研究、灵活的〔地〕运用党的锄奸政策，才不会犯错误，政策不是明白了就算正确的。

丙、目前纠正锄奸政策中的左倾是主要的，但对右倾的增长是不能丝毫放松的，因为左与右是互相依托、互相结合着的。

丁、锄奸政策是当前锄奸干部教育与学习的中心。

（三）锄奸的政治动员与宣传教育方面：

我们的缺点是：

甲、宣传动员工作仍不够深入、不够普遍，因而轻视锄奸工作的现象仍然存在。如某县县长叫公安局长天天给他抱儿子。又如，莒县某区长拿公安局特派员当作勤务员与特务员使用。

乙、在锄奸干部的本身上仍残留着部分的特殊化与神密〔秘〕化，而其结果则必然形成“特殊的地位”与“特殊的权力”的观点，发生自高自大的现象。这都是教育不够的表现。

丙、宣传动员的内容多半是死板的机械的，不能发现新问题，不能随敌人的变化而变化我们的内容。在今天说一般的还停留在宣传锄奸工作的重要性，此方面故〔固〕属重要，但是在今天说一般同志多半知道了这点，即知道他应该参加反奸细斗争，但是苦于无能。到底什么样的是奸细，我们应该怎样去发现奸细，这种常识无人给他。有些地区明白了这一点，把宣传动员的方针放在暴露奸细活动上，但由于经验缺少和死板机械，于是便说“日特就是川岛芳子”“托派则不阻碍日寇侵略中国”“挑拨离间，刺探消息”等，这些过了时的、不切实际的空洞的宣传工作是无济于事的。因为奸细的活动花样更新了，我们的教育内容亦应随之更加具体、更加深入。

丁、我们的锄奸干部对敌人的研究与了解非常差，所以我们发现问题不及时不切实际。

戊、一般的锄奸工作干部的技术教育差，不能很好的〔地〕发挥干部在工作能力［上］的创造性。尤其是对县以下的干部和网员，无有经常的教育制度。

我们的经验教训是：

甲、加强锄奸工作的政治动员工作，使党内外认识到锄奸工作的重要，是锄奸工作开展的先决条件。认识的程度决定工作开展的程度，如胶东的锄奸工作近半年与前二年就截然不同，什么原因呢？是党内外对锄奸工作认识的不同。又如过去鲁西和鲁南其工作不能开展的原因是由于认识不够。

乙、只有正确的〔地〕认识敌人，才能准确的〔地〕消灭敌人，对敌奸认识上的错误必然形成工作上的错误。如过去对日特国特少有认识甚至于不认识，因而对彼方奸细则无有破坏；又如过去对托派夸大的认识，就会形成锄奸工作中扩大化的错误。

丙、敌奸的组织、活动、方向方法是不断变化的，我们的斗争活动方向方法亦应及时而变动，如此才能应付敌人和战胜敌人。

（四）干部的提拔与培养方面：

在干部问题上的缺点和错误是：

甲、一般干部的政治文化水平低，量尤其少。人少工作多，于是形成干部的事务主义作风，干部的政治文化水平低必然造成斗争能力差。这里有一个极可笑的故事，即所谓“牟同志大审托拉斯”的故事。牟同志是个分区级干部，他去复审一个托派分子。他问：“你是托拉斯吗？”犯人答：“我是托洛斯基派，不是托拉斯。”他又问：“你不是托拉斯为什么到处破坏呢？（举证据。）”犯人答：“我是托洛斯基派，所以进行破坏，不是托拉斯，托拉斯是个企业家垄断家。”他又发问：“什么企业家垄断家，你明明是个托拉斯，是个阴谋家。”这是一个可笑而且错误的审讯。当然这样的审讯是独一无二的，是稀奇少有的。

乙、部分地区在提拔干部上以〔依〕技术观点，于是部分政治上不坚定的分子被任用。对锄奸干部提拔与训练的技术观点，是过去一贯的，到今天还未根绝，如送受训学员时常是过去的屠户、宪兵、警察、律师、诉讼室〔师〕、捕共队、高级侦探等，因此部分政治上的动摇分子少数的〔地〕被任用。如逃跑了的泰山专署公安局长（已撤职）××，胶东贪污的××（已枪决），和清河某县公安局全部叛变，这些惊人的事都说明我们某些地区忽略了锄奸干部的基本条件（即政治上绝对坚定）的原则。胶东区委社会部一个干部，因被党处罚而自杀。这些事实都是值得我们在将来工作中警惕的。

丙、部分地区在任用干部上忽略了工作能力，于是尽是“老实干部”或“秘书材料”，说一点做一点、推一推动一动、不推不动、再推再动的干部。这种老实干部在我们干部中还占有相当的数量，是值得各地大加注意的。这些干部基本上不能完成任务的，如湖西某县公安局长叫他亲去监视一个主要犯人，不但犯人逃跑了，而且偷走了他的背包。

丁、部分地区曲解了党的“宁缺勿〔毋〕滥”的原则，本来“宁缺勿〔毋〕滥”是积极意义的，为的是“勿〔毋〕滥”，他恰相反，把它当作挡箭牌，曲解“宁缺勿〔毋〕滥”成为“宁缺”。因而锄奸干部永远“宁缺”，当然也就“勿〔毋〕滥”了。

戊、各地锄保训练班办的〔得〕不普遍，对干部审查管理的〔得〕不够严格，因而有的混进奸细，直到结业以后才发现。

我们的经验教训是：

甲、“政治上坚定，能力上称职”是我们提拔干部唯一的标准，是不能丝毫更改的。只注意工作能力而忽略政治坚定就是干部政策的技术观点，同样的，只注意到政治坚定而忽视工作能力也是不能完成任务的，那就会产生“老实”的观点。这里有个可笑的故事。我有个勤务员，叫他打钟，他很忠实地爬到墙上去打，但是一石头把钟打破了。又一次叫他找白矾焊洋灯头，到晚上我问他；“焊好了吗?”他说：“好了。”我问：“怎么灯头还未安上呢?”他说；“白矾含化了。”原来他用嘴含着白矾。这样人你说不忠实吗？真不是，但就是能力不够，不能完成任务。

乙、训练干部是工作的开始，所以四年来锄奸工作有成绩，主要是由于我们训练了许多优秀的干部。

（五）在侦察工作方面：

我们的缺点和错误是：

甲、各地对侦察工作的认识不够，侦察组织还非常薄弱，侦察队大部未建立，工作网不普遍不健全，甚至有许多网员都不明白他自己的任务。

乙、侦察干部的工作能力差，侦察工作不能彻底、不能深入，因而不能彻底的〔地〕解决问题，“可疑之人，可疑之事”过于多，而且始终弄不清（例略）。

丙、在侦察政策上不够正确，大批嫌疑分子出现，不能及时总结它，因而造成工作中许多缺点。

丁、反侦工作异常薄弱，因而不能更清楚的〔地〕解决案件。对敌的反侦工作、坐探，多用于单纯的军事侦探，少起着政治效能。反侦工作上的秘密工作纪律差，“多头”关系，因而时被破坏（例略）。

我们的经验与教训是：

甲、扩大嫌疑分子是侦察工作上政策上的左的倾向，给我们的害处是使我们工作力量分散浪费，迷失方向。

乙、侦察政策的不正确必致影响到对干部的信任，如嫌疑分子扩大化，必然不能放心分配给所谓有问题的干部以适当的工作，因而造成党内外不满，使党与群众关系隔阂（例略）。

丙、只有加强反侦工作，才能正确的〔地〕认识敌人和正确的〔地〕对付敌人。在反侦工作中，必须提高秘密工作纪律，反对多头关系，反对随便使用反侦关系。

（六）在审讯工作方面：

我们的缺点是：

甲、变象〔相〕的刑讯与迫供的方式仍然存在。变象〔相〕的刑讯，在表面上看来似乎不是肉刑，其实不然，如罚站、罚跪等等。迫供的办法也与过去不同，过去是用刑，现在以恐怖手段（如以言语威胁等）去迫供。

乙、审讯的主要方式还不是用政治动员及感化教育，去叫他暴露他的罪恶，而相反的是多半一贯的〔地〕运用言语的威胁、欺骗、利诱。这些办法不是完全不能使用，而是不能当着〔作〕主要的或唯一的方式。其原因，不外是政治动员与说服较艰苦较困难，我们同志们怕艰苦与困难。

丙、审讯干部的缺乏，干部的能力缺乏，因而许多案件多半结束于“半熟”中，即不彻底，未完全破案即结束了。

丁、一般的〔地〕说犯人的材料少，根据少，因而有时审讯过于主观，仍重口供。如前几天地方送来一个犯人，材料很简单四个字，是“包枪握匪”，我们就无法处理，于是照原象〔样〕转回。

戊、审讯工作不够严肃，有的带半开玩笑似的〔地〕审讯，因而不能使犯人重视我们的审讯。

我们的经验教训是：

甲、刑讯是一切错误的开始，给予我们的是迷失方向、扩大口供、误办好人、造成错误（如湖西错误）。

乙、审讯是一种政治工作，基本是感化动员、说服教育，基本是以我们革命的政治战胜一切反革命的思想和行动。

（七）看押工作方面：

我们的缺点是：

甲、看押工作部分的〔地〕被忽视，因此部分地方时常发现〔生〕犯人逃跑现象，如滨海区经常跑犯人，尤其是跑主要犯人。[这]是值得我们警惕的。

乙、一般的对于犯人的生活管理差，有时还发生打骂的现象。

丙、对犯人的政治教育工作差，有的地区根本就不作〔做〕这个工作。

丁、禁闭室的纪律不严格，时常发生传〔串〕供、暴动与主要犯自杀的事。

我们的经验教训是：

甲、打骂犯人是看押犯人中左的办法，[是]必须纠正的。打骂犯人的结果，会使犯人更加顽固与坚决。

乙、对犯人政治教育的多少，对犯人生活管理的好坏，决定对其审讯的难易。

丙、要防止犯人自杀，尤其是要犯被捕后常常以自杀来对付我们的破案的（例略）。

（八）秘书工作方面：

我们的缺点是：

甲、统计调查工作很差，因而许多数目字不能确切，各种嫌疑线索不能及时有计划的〔地〕侦察和破获。

乙、口供的记录尤其差，不能抓住口供的要点，无有此种的专门人员，对口供与材料的整理尤其不够，因而时常造成工作上的损失。

丙、秘密文件的印发与保管不好，有的极密文件却大批翻印，如胶东将审讯须知发到网员，有遗失文件的事情发生，致在工作上造成莫大的损失。

我们的经验是：记录的准确与否可以影响到案件的处理与判断，所以记录工作是一个重要的工作，是目前极〔亟〕待加强的。

（九）工作制度与工作作风方面：

我们的缺点是：

甲、许多地方还不能及时的〔地〕反映问题和及时的〔地〕解决问题，致使工作制度异常迟缓，如费北一个案件从呈报到批准需要三四个月，因而感到犯人堆集不能及时处理。

乙、部分地区还不能严格的〔地〕执行批准制度，有的偷偷的〔地〕处理了，有的先斩后奏，如赣榆县公安局即有独断独行的事情发生。

丙、经济制度还没有一定的规定，因而影响了工作的进行。如清河区一个县公安局每月办公费只五元，结果连禁闭室的灯油全不够，以致影响工作和干部的情绪。

丁、在工作作风方面不够迅速不够彻底，因而大批存案的现象严重的〔地〕存在。据统计平均每日每县存案将近三十人。这是极端不良的作风。

戊、各级公安局执行上级的决议精神差，逐渐发生应付主义和折扣主义，如调十个干部则送到五个甚至一个也不送。如此次送我们的特务队及受侦察训的学员很少按原数送来，并且也没有按规定带武器自卫，所送的学员发生逃亡、奸细、侦探。这不但是不负责任，在客观上简直是给工作以危害，[是] 必须迅速纠正的。

我们的经验教训是：

甲、严格工作制度，坚决执行上级决议，严格执行批准制度是保障政策正确、工作开展的有效办法。

乙、大批存案是争取与审讯工作困难的主要原因，因为轻犯人押久了会变为死心塌地犯人，而且使争取工作必然无效。

（十）组织领导方面：

我们的缺点是：

甲、各级锄委会还未能起其应有的领导作用，部分的不开会，大部分的不能经常开会，即 [使] 在会议中，多解决事务问题，少研究与讨论政策。

乙、和各级政府的工作关系不明确，因而影响工作和团结。如鲁南专署则说公安局扩大组织，其他地区亦因“公安局是否等于一个科”和“圆印方印”问题发生纠纷，其实质是工作关系不明确的反映。

经验教训是：

甲、组织领导的密切程度决定工作开展的程度，如鲁中、胶东的领导较密切则工作即较开展。

乙、和政府的正确关系：是接受政府行政上领导，又能注意到工作中的秘密。一般的〔地〕说在案件未处理以前是不能在科务会议上报告的。

（十一）对于三个主要案件的概括检讨。

甲、对于临郯奸细案的检讨——临郯奸细案开始于一九三九年春的××、×××托派案，[一] 直继续到现在才算基本结束，前后牵连轻重犯人××余个，处决的××个，争取了××个。这个案子的破坏〔获〕给山东的奸细（尤其是托派分子）以很大的威胁和破坏。对它的检讨是：

1. 临郯奸细案基本是托派分子，但这里掺杂着部分的日特与国特分子，这些托派分子利用各种社团的名义发展一部分外围的青年。

2. 在临郯奸细案破案中主要的缺点是对托派认识上的夸大化，认为山东托派是有自上而下的组织系统。

3. 另一个重要的缺点是锄奸工作的简单化，许多次要的分子［被］当成主要分子处理了，许多外围被利用与团结的幼稚青年［被］当作奸细分子看待。

4. 因此，对该案件的结果不够深入与彻底，未能将所有线索彻底弄清，以致形成后来的认识上的扩大观念。

乙、对湖西“肃托”错误的检讨——湖西“肃托”发生在一九三八年冬，结束于一九三九年春。由于湖西党组织的不严密和无锄保工作，所以当发现了个别托派分子以后，党的负责同志张慌〔皇〕失措，肉刑迫供，加上杀人的权柄为奸细×××掌握，因而冤枉了许多优秀干部同志，使湖西工作受到严重的损失，造成了极严重的政治的错误。根据中央的指示，这些错误的原因是：

1. 基本原因是由于对托派过分夸大的认识与估计，因此在锄奸运动中造成简单化一般化的倾向，形成乱杀的错误。

2. 由于湖西党在发展党上忽视了基本组织原则，使主要奸细（如×××）混进党内，而且取得地委组织部长的领导地位，于是一旦锄奸盲动事件发生，他则乘机活动借刀杀人。

3. 由于军队与地方党的高度不团结，负责人与负责人间的不团结，于是互相猜疑、互相攻击。尤其由于军队包办了地方上的锄奸工作，使“锄奸”无原则的扩大不可制止。

4. 最后，由于事情发生以后湖西党与军队不向上级报告，不听上级停止逮捕的命令，更由于知道“［肃］托”问题发生以后解决问题的迟缓。

丙、对于泰山锄奸案的检讨。泰山锄奸案发生于一九四〇年夏季，结束于［一九］四一年夏，相继年余，前后破获××人（大多数争取）。对此案件的检讨是：

1. 这一案件处理与破获基本上是正确的，主要的是投降派的内奸及部分的日特分子。

2. 在破案中主要的缺点是未能破案以前将主要的与次要的分开，因而逮捕了许多外围分子，甚至于部分的嫌疑分子。

3. 另一缺点是破案开始时使用刑讯（立被上级制止），因而部分的〔地〕造成破案的扩大化。

4. 第三个缺点是由于上二点，加上破案后的宣传动员工作不够，因而造成群众中甚至党内张慌〔皇〕失措和局部恐怖（今天已克服）。

5. 最后，由于认识上的缺点，在泰山锄奸以后造成相当大数量的嫌疑分子，使锄奸力量不集中，工作不够准确，直到今天仍未克服，致使工作受到损失。

丁、由这三个主要案件的检讨，我们得到的经验教训是：

1. 在大批奸细案发生时应特别沉着冷静，击破最主要的，逮捕最中心的，严防张慌〔皇〕失措。

2. 军队不能逮捕地方党员，军队不能包办代替地方上的锄奸工作，否则必生严重错误。

3. 肃反中的动员工作是万分重要的，不然容易形成群众中的恐怖。

第三部分　敌奸的新花样与我们的新政策

四年来，敌人的奸细活动方式是应时而变的，不是固守成规的，只有我们及时的

〔地〕发现问题，才能准确的〔地〕对付他们。敌人有些什么新的活动方式呢？根据各地之回报，简单的〔地〕可分下面几种。

一、自首政策

敌人使用自首政策，在山东几乎是普遍的，而且［是］破坏党、瓦解党的主要的手段，尤以清河区与湖西区为厉。湖西某县一个区的党员自首了五分之四，民族与阶级敌人到处贴标语、印传单、秘密鼓动，暗里拉拢求得自首。

我们对于敌人的自首政策，必须有足够的认识。敌人的自首政策是敌人分化破坏瓦解我党的阴毒的办法。自首政策又是敌人破坏我党的政治威信的最有利的办法，以叛徒的嘴来污蔑共产党。

敌人自首政策的方法方式是：

（一）秘密自首：是一种不易发现而便于隐蔽的办法，这样自首的人，多变成了内奸。办法：一是密捕密放，逮捕后以最短的时间利用威胁利诱的办法，迅速的〔地〕履行了自首的手续以后，交与〔予〕单纯的任务后立即秘密的〔地〕释放。根据各地区回报，从被捕到释放仅一个钟头。二是利用内线煽动，逼迫党内落后分子与动摇分子自首。如在皖南事变发生后，内奸以此方式进行发展的有相当数量。三是利用家庭写信，由其家庭来劝说进行秘密自首。

（二）公开自首：其目的在于破坏我党我军的政治信仰，采用公开逮捕履行自首手续以后，发宣言，出传单，向群众讲演，以欺骗敌顽占区之民众与污蔑造谣的〔地〕宣传。

（三）群众性的自首：最近在清河区发现一种更毒辣的办法，是群众性的自首，即我占区为占领以后则普遍写反共宣言，连婴儿儿童都得写。他〔它〕的目的是一方面威胁群众，使群众不敢再接近我党；二则可以根绝敌占区我党的活动，因为他〔它〕以为党员不自首即逃跑，既是进行反自首运动，也易于暴露谁是共产党员，三则可根绝党的发展，因为连青年儿童都反共自首过。

（四）欺骗的自首：在湖西曾发现过这种自首的花样，即是当某个党的一定的负责人叛变了，则他利用旧日关系，制造谣言（如“上级决定因为国共合作，打入国民党去”“要进行反攻，必须减少国共磨〔摩〕擦”等）去骗农民同志去登记自首。

我们的对策是：

甲、要配合组织部门严密党的组织，清洗异己分子、动摇分子与内奸分子，根绝他们的秘密活动。

乙、要配合宣传部门加强党员的气节教育，暴露敌人各种自首的阴谋，进行反对自首的教育。

丙、要团结普遍的自首分子，克服对普遍自首分子的冷淡、漠视态度。要教育党内落后分子，团结被清洗的分子，以免内奸发展。

丁、对履行群众性自首与被欺骗自首的同志，不应按普遍自首叛变去看待，应保留党籍，加强教育，按分局指示处理（略）。

二、内奸政策

内奸政策是敌人一贯使用的办法，在济、青、徐、×、×、张店各地敌人为派遣内奸曾专门召集训练班，据报内容中还训练必要的抗战名词以便混入。又如大据点内办的“救国训练所”，实际上是俘虏特务训练班，专门作〔做〕内线工作的。敌人使用内线，曾给我党我军以很大的损失，如清河某根据地的被破坏完全是内线的原〔缘〕故。

我们必须认清，内奸政策是敌奸破坏我党我军最隐蔽的办法。敌人使用内奸，容易迷惑我党的锄奸方面（如湖西“肃托”），容易以小的力量得到大的收获。

敌人混入及发展内线的方法是：

（一）混入办法：

甲、伪装进步，伪装得非常积极、非常进步、非常忠实，为的是取得信任，介绍入党。在过去破坏托派分子时，他们曾有这样一个口号即“苦干三年再进行活动”，这就是伪装进步的办法。

乙、利用投军投考方式混入我军我党，他们常常是非常迫切要求参加抗战，并可述说敌人如何残暴、他自己如何亲临其苦。奸细们又常以投考的方式混入干部学校，因为训练毕即便于当干部，如过去××就有计划的〔地〕将奸细介绍到鲁南干校去受训。

丙、以“假帮助”的方式乘机混入。即是：当我们同志被俘以后，他把训好的一个奸细当作看守，在看守时表现积极进步，与你一起跑回来，那么你当然信任他了。这种办法在个别地区已经发现。

丁、经过内奸的介绍，加入我党我军。

戊、冒充、顶替、乱接关系、制造假介绍信、证明文件马马虎虎的〔地〕混入党来。在鲁西曾发现过真假县书的事，即奸细冒充县书的名字与一一五师的团政委去接头，因而部分秘密被刺探去。还如过去许多奸细，问他谁介绍他入党，则他只是说“谁也没介绍，我天天说我是个党员，于是就来个人与我接关系”。这说明奸细乘我组织手续不严密易于混入。

己、利用社会关系介绍。奸细们找社会关系，找那些麻木分子，去介绍他参加党参加军队。

（二）发展内奸的办法：

甲、以金钱收买一些党内的贪污腐化动摇分子，使之秘密叛变参加奸细组织。

乙、从感情团结到政治的结合。先抓住党内落后分子，以浓厚的感情（甚至于恋爱）去团结你，使你迷惑了他的阴谋，再在感情推动之下叫你参加政治组织和奸细活动。

丙、从外围活动到奸细组织，开始时则运用一些普通团体的名义吸收落后分子在奸细的周围（如同乡会、拜把子……），之后加以反革命的政治勋〔熏〕染，最后介绍参加奸细的组织与活动。

丁、从利诱到威胁像钓鱼一样，只要你上了他的钩，则一定钓到你。即先后以金钱美色利诱你，使你花他的钱或恋他的爱之后，告诉你“我的钱是××给我的”或者“我是个××”，紧接着说：“如果我被获你也一定危险，不如你也作个痛快吧。”就如此上钩的据统计不下数十名。

戊、利用自首政策与迷惑政策（后述）发展内奸。内奸混到党内以后，表现积极取得领导者的地位，因为在领导地位，就便于曲解党的政策和原则，松懈党的计划，挑拨党的团结和瓦解党的力量。内奸发展的对象多半是异己分子、叛变自首分子、投机分子、不满党的分子和一部幼稚的落后分子。

我们的对策是：

1. 严格组织手续，严密组织工作，不马虎吸收入党和接关系，使奸细难以打入。

2. 加强党的组织原则的教育，提高党性教育。

3. 团结和教育党内不满分子、落后分子，最近部分地区党内形成孤立落后分子是错误的，必须迅速纠正的。

三、迷惑政策

迷惑政策是敌人的一种最新的花样，是敌人破坏我较巩固的根据地与党的新办法。他〔它〕的定义是以共产党的名义发展假共产党，以救国会的名义发展假救国会。如在泰山破案后曾发现二百多假共产党员，这些人是被奸细以共产党名义组织起来的（但不全是奸细），他们自己多半还满以为自己是共产党员，其实是奸细的一种迷惑人紊乱党的一种组织。为什么敌人用此迷惑政策呢？因为迷惑政策是敌人破坏巩固了的党和根据地的最新奇最阴毒的办法，它可以使根据地群众（甚至部分党员）麻木，便于隐蔽。他们可以办公开会，因为群众都以为是共产党开会。同时，还可以破坏党的政治影响，他们内中有一部无赖流氓，到处奸淫掳掠，民众反倒以为是共产党干的。如泰山奸细强奸妇女以后在大门上贴着四个字“共产党干”，又如奸细李乃夫到处要鸡蛋“保养”，民众给他个绰号叫“鸡蛋主任”“二天爷爷”。再者，一旦破坏奸细，牵制着他们的伪组织，则又有一部分好人（本人满以为参加了中共）被冤屈，容易造成我们扩大化。这又是另一种破坏我党威信的办法。

敌人用迷惑政策的办法是：

甲、以“共产党”的名义发展假共产党，以“民先”的名义发展假民先，以“救国会”的名义发展假救国会。

乙、半冒充的办法：以“新共产党”“左派共产党”“进步党”“审查党”“尖锐党”“马列党”“无产党”“穷党”等名称冒充共产党去欺骗发展其组织，以“救国团”“救国队”“救国协会”等名义冒充救国会去发展其组织。

丙、还有一种完全迷惑的办法，即根本不用任何名义利用时机提出新组织，如以“升级”的方式。在泰山区发现如此的事：一个预备党员转为正式党员后，某内奸告诉他说：“你已经很进步了，已转为正式党员了，努力吧，好进步到进一步的共产党。”当然这个新党员很希〔稀〕奇，结果，不久即把他变成为所谓“进一步”的共产党，其实是个奸细的利用组织。又如在审查党时，内奸与党内落后分子说“现在上级决定审查，过去入党的都不要了，从新登记从新入党，赶紧到我这里登记吧”，于是便入了奸细的圈套，被其使用与利用。

我们的对策是：

甲、加强党内反迷惑及组织原则的教育，使党员明了党内无所谓“升级”“审查党”之［类］，能及时的〔地〕预防此类花样出现。

乙、宣传党的主张，使党员与群众能明白党的本质，随时警惕这些冒牌的东西。

丙、对被骗分子一律不能当成奸细与叛徒看待，对其组织问题的处理依照以下三个原则：

1. 主观上无有了解自己错误的能力，完全被骗的，主观上是为了进步而参加的，如已被内奸介绍入党（有组织关系），则应保留其党籍，加强教育。如参加的是伪共产党（即无我组织关系的），当然不承认他是共产党，当作一般进步群众看待，将来可以参加党。如果很多（如泰山），则给以一定组织（如民先）加以训练，按个个觉悟程度可以个别吸收入党。如果是以进步团体的名义（如伪“民先”“救国会”），则依其进步程度决定可以个别吸收入党，因为这些分子不是奸细而是进步群众。如泰山区有一个工人同志是被内奸以托派名义冒充发展的党员，有组织关系，当审讯他时问他：“你是托派吗?”他答：“不是，我是一个坚决的托洛斯基分子，我忠实于革命，为什么要捕我呢?”其实，他以为“托洛斯基分子”是我党的一个“洋名词”（当然是错误的），他满以为有理。他是完全被欺骗的，主观上完全不知道自己是错误，据说他执行党的决议完成工作任务很坚决。这样人不但不应逮捕，而且应本此原则处理。

2. 不是完全被骗，由于自己幼稚、糊涂，而且多少主观上了解自己是走错了路，不敢说或不愿意自己告发出来的人，一律不准其入党，如果是党员也应停止党籍。将来是否可入党呢？要依其自觉的错误程度和长期觉悟程度、工作表现来决定，可能入党但不一定入党。就是说：如自己知道，有意的〔地〕主观的〔地〕跟着奸细走，将来也不能参加党。如反动程度小将来进步大，可能参加党。主观的反动大，将来进步小，将来也不能参加党。比如他反动程度是一分，将来进步程度需十分；反动程度是二分，将来进步程度需三十分甚至五十分；反动程度是五分，将来除有天大的功勋，［是］不能入党的。总之，这些人入党应特别慎重，因为他带有反动的成分。

3. 不管是那〔哪〕个原则，一个基本原则是要完全依照客观，依照其本人的表现。处理这样人的问题是不能丝毫带有主观彩色的，否则会产生许多危险和严重错误的。

丁、要广泛号召被骗分子向我们报告，报告以后我们应鼓励，应依以上原则处理，不应带有丝毫讽刺耻笑，和一切不应有而足以刺激被骗同志的态度。

四、会门政策、土匪政策、“婊子政策”

由于山东文化落后，封建势力的雄厚，所以会门、土匪与娼妓都特别多。这些成份〔分〕，常常是反对或远离革命阵营的。但不可忽视的，有他们的社会基础与力量，敌人就乘机与之勾结利用，使之变为破坏我军与根据地的有利的工具。他们利用一般群众的迷信、落后观点去进行组织与宣传破坏活动，因而敌人方面专设训练班（如日寇的“道会教育所”，郑小隐的“妇女训练班”——其实专搜集娼妓、训练特务），教以特务技能放出来活动。

他们的活动方式是：

（一）敌人创造会门，这些会门实际上是一种汉奸的组织（但不完全是特务），如道德会、协合会、大同会、新生会等，据统计有数十种之多。

（二）敌人进行改造会门，把旧有的会门加上伪政治工作（派政工人员）使其质变名不变。如经敌改造了的安清道义会（不是一般的三番子）、一贯道、秘密教、提篮子会，及为投降派改造了的硬拳道、黄沙会、万仙会等，据统计有二十多种。

（三）敌人利用会门。这不同于改造，即互为利用。这些会门更多，如铁板道、归一道、部分天主教等，据统计有二十多种。

据统计山东共有七十来种道会门，除这些只有一十来种未为敌使用（这些多已早无发展，还有极少数是中立的），真是个严重的问题。

（四）扶持我根据地周围的土匪成为政治匪。敌人都收买扶持土匪，利用他们进行［对］我根据地的破坏工作。他们间的“合同”常是，抢□架票是土匪的，抓着或打死八路军是日寇或投降派的。就我们今天开会的庄子周围，差不多每天都有这样政治匪活动，我们破获一些但仍未根绝。

（五）收买娼妓，训练娼妓，进行根据地的刺探活动和部队的瓦解工作。这在回〔汇〕报中各地都提到，都叫他〔它〕为“婊子政策”。

（六）利用会门与土匪组织武装、散布谣言、暗杀放毒、扰乱、刺探等活动。有时他们的宣传方式很巧妙，例如，当敌人“扫荡”沂蒙时，秘密教散布恐日病的歌谣如下：春到五月桃花开（因为是五月“扫荡”），遍地死尸没人埋，俊俏佳人身无主，绫罗缎匹无人爱。又：红球落地遍地坑（红球指敌人之炮弹），不论穷富放悲声，八路军婆娑世界，遍地江山人该死，骨头成山血成汪。

再如当我们扩大组织民众团体时，他们又造谣说“推背图”（天书）上写着：“单看龙蛇跨马，五洋大闹中华，西方佛子回去，胡儿对对还家。”意思是上天说的五洋各国进攻中华是天命，是“气数”，非得等到“西方”的“佛子”回去以后，鬼子（胡子）自然就出去了。那么，当然也不用参加什么抗日了。

再如：当〔在〕我们反“扫荡”胜利扩大宣传的扩军时期，他们又出了谣言，说天书上写着：“牛八领兵下江东，十八子把帝封。”解释为朱德（牛八）领兵到黄河以东打天下，但是将来朱德不能成功，是姓李的（十八子）得了天下。如此，当然又不必干八路了。

我们的对策是：

1. 对土匪是积极争取教育给以职业，使其改邪归正，反对一律杀（见第一部分）。

2. 对会门要积极改造，要“变会门为自卫团、游击队”“变会门为救国会”，反对一律打。如泰山过去叫反动会门为“会匪”，这是政策上的错误，值得检讨的。

3. 对于娼妓应取缔，积极改造，给以一定职业进行生产，反对一律抓。

4. 广泛进行反迷信的教育，进行反造谣的宣传。

五、敌人的破坏政策

敌奸活动的主要任务是刺探和破坏，他们的破坏是多方面的，因而有单独提出的必要。他们的破坏方式是：

（一）破坏党的组织方式，一是秘密报告，二是伪装被捕，丢失文件向敌人报告。如泰山内奸即伪装被俘（“扫荡”时逃到敌方）到莱芜城内去报告。又当“扫荡”时内奸将党员登记册子遗下，为敌拾去后，按名抓按家烧。三是喊口号。如鲁南某内奸在袭击敌据点时喊口号：“内部的×××，你是个党员，应该作内应。”这是变象〔相〕的告密，结果该同志立即被捕，工作被破坏。

（二）破坏党的政策，是敌奸破坏的主要方面，或曲解党的组织原则，或从行动上破坏。如，托派×××即在校对《论共产党》时，一章改了四十六个字，不是添个“不”字就是少一个“不”字。如“共产党是无产阶级的先锋队”他校成“共产党不是无产阶级的先锋队”，又如“要加强反投降的政治宣传教育工作”他将“反”字校掉了，更如“八路军抗战坚决”他竟改成“八路军杀人放火”。这是破坏我宣传政策的一例。再如，某内奸讲党课时说："三国时的张角（黄巾）是共产党的创造者。""三三制是共产党内大资产阶级、大地主、小资产阶级各占三分之一。"这是破坏党的组织原则的例子。当我们实行合理负担征收救国公粮时，内奸××即乘机发动农民抢地主的麦子。这是破坏经济与统战政策的例子。还有一个最标本的例子，内奸×××（临费沂边联县委员、组织部长）当上级提出动员地方党员参军时，他召集支书联席会，指示发动党员赌博，对干部说："我们的党员落后，发动是不去的，非抓住错强迫他去不可。"对党员解释说："赌博是改善生活的好办法。"当支书领导党员一群群赌博时，他则带兵逮捕，捕后说："给你们的处罚是充军。"紧接着又秘密宣布："充军与参军不同，一辈子也不能回家，不如下关东吧。"于是一个月内在那个县里有三十二个支部干部下了关东。党的工作及〔即〕时停顿紊乱了。

（三）利用突然事件进行造谣，煽动哗变、逃亡、自首。如当审查党决定传达下来时，内奸即说："上级说我们党内有汉奸要审查，计划着审出一半去枪毙。"于是许多党员吓跑了。当皖南事变发生时，奸细造谣说，"新四军全部被消灭，何应钦、汪精卫、沈鸿烈带三百万大兵进到山东来'剿共'，我们又得二万五千里长征了，上级决定到蒙古去"。于是部分落后党员又下了关东。诸如此类，不胜枚举。

（四）还有进行暗杀、放毒，因无新方式，不多讲了。

我们的对策是：

1. 严格党，提高警觉性，仔细的〔地〕发现内奸活动。

2. 对党的政策要深入的〔地〕传达教育，并且要向群众宣传，使党员与群众深刻的〔地〕认识我党和政策。

3. 对任何突然事变的解释动员教育工作应特别注意，应特别迅速、深入，并不怕重复。

4. 要特别加强党秘密工作的教育。

同志们！这部分基本是完了，但要特别说明的是：任何奸细活动，都乘我主观上的弱点和空隙，我之各级领导同志应及时发觉这空隙，克服这弱点。同时我们一切政策的中心是严格组织工作与健全保卫组织与工作。

还有要说明的，我这一部分报告的意义，是告诉我们锄保工作者应随时在工作中发觉敌人的新花样，正确决定我们［的］新对策。那些"死守成规"的观点，"老一套"的办法是不够用的。

但是，任何同志不能以这些活动方式当作法律的榜本和判罪的根据，于是牵引着犯人硬往上面强推硬拉，那都是罪恶。

第四部分　抗战第五年中山东锄奸工作的建设

一、抗战第五年锄奸环境的展望

抗战第五年是世界亘古以来没有的新环境：

在国际上更将展开反侵略反法西斯全面的斗争，将是国际反法西斯战争的决战阶段。苏联将由其不断的战役胜利，而将于最短期间实行战略的总反攻的胜利。

敌寇在这种新的环境中在准备着［新］的投机行动、新的冒险，其向南或向北，则以苏德战争及英美对德的态度而决定，但勿〔无〕论其向南或向北，而其基本上是向北的。

其对于敌后将更要加紧其政治活动，将以奸细活动的阴谋破坏敌后的团结，以特务工作补救其军事力量的不足，而巩固其统治。

在国内抗日战争反攻的客观条件已经具备，战略反攻的时机已到，但主观的团结还不够，准备反攻的力量当不足。相反地由于敌人的力量的减少，必然地投降分子、乐观主义者将加强其反共策动，磨〔摩〕擦可能高涨，而其反共的特务活动亦必然加强。

在山东，在新的反共策动下，可能有新的反共攻势，反共军事力量可能因由外入鲁而增强，敌伪投顽之特务活动必然加紧而密切结合。

我们的任务是建设根据地，为完成分局号召的十项建设运动而奋斗。

二、锄奸工作的基本任务

因而锄奸工作的基本任务也是为着建设根据地、保卫根据地。只有健全的锄奸工作才能保证根据地建设的胜利。所以更进一步的〔地〕普遍深入展开锄奸运动，破坏敌人一切特务活动，向敌人作防御的进攻，是我们今天建设抗日根据地中的紧急任务。

锄奸工作的一切中心，具体在健全组织、健全工作、密切领导、掌握政策，使锄奸工作全面化、正规化。因为只有健全的组织才能展开健全的工作，亦只有密切关系，加强政治领导，才能正确掌握政策，而克服锄奸工作中的左右倾。因只有使锄奸工作全面化、正规化，才能胜利粉碎敌人的特务进攻。

三、几个具体工作

（一）健全组织：

没有组织即没有工作，过去是如此，将来亦必如此。因此中心工作在于健全组织。

干部决定一切，要健全组织必须在干部方面有必要的配备，不然，健全组织实等于空谈。故于一九四二年中，要求各级干部——区以上连科一级的，能够全配备起来，客观上这种配备是非常须〔需〕要的。为了解决干部的来源，固然我们须〔需〕要大量开办训练班来训练，但党内仍须抽调干部来供给（而且是主要的），因为今天锄奸部门的干部还不能自足。

工作开展不平衡是今天工作中的严重现象，有些地区已经初步地正规化了，但有些地区正在开荒，在敌占区的工作更为薄弱。因之争取平衡，使组织力量平均发展，加强薄弱区的工作与敌占区的工作非常必要。如湖西、鲁南两个地区的工作，分局决心用迅速有效办法帮助其健全起来。也号召湖西与鲁南的党委与分局一样。

侦察工作与审讯工作是锄奸工作中的主要工作部门，也是我们今天最薄弱的部门，故应特别注意配备这两个工作部门的干部，才能在实际上加强侦察与审讯工作。

要使工作深入发展，必须加强下层组织力量，故应高度发挥下层组织的严密性与坚持性，惟严密组织始能使之于任何环境中坚持。下层组织要做到不怕“扫荡”与摧毁，在任何环境中均能够活动，始终能完成工作之任务。

为了要胜利地进行锄奸任务，特务队之健全是很必要的。各级公安局的特务队必须有足额的数量——县级三十至六十名，专署以上的须足一个连。兵源分局决定由军区与政府负责补拨，并且要很快提高其质量，使其能担负起工作任务。各级特务队的调动、训练、作战由该级公安局负责，别人不准强调公安局武装改编或乱调的。

如在工作中须〔需〕要，仍须〔需〕建立特务小组、专门任务的特务武装，但须经过上级公安局批准的手续，直接受〔由〕公安局负责其领导。

（二）掌握政策，研究政策：

锄奸工作就是政策工作，只有正确地掌握政策，工作才能正确开展。因而研究与审查政策的工作是必要的。不但锄奸干部须〔需〕要努力经常学习政策、研究政策，而且还须〔需〕利用讨论会、座谈会的形式召集党政各级干部来参加研究政策与检讨政策，这可以更深入更广泛地做锄奸政策的学习与宣传教育的工作。

各级锄委必须克服过去的事务主义的倾向，而要把精力去加强锄奸工作的政治领导。对锄奸机关政策的掌握与实际的运用与执行须特别注意。要把不断审查政策当成锄委会会议的主要内容。

为了便于对政策执行的审查与研究，各级锄奸机关必须将政策的执行方面成为报告与检查之中心。

为了执行政策时更加慎重与正确，要求严格执行侦察、逮捕、处决的批准制度。因为只有慎重的［开展］侦察工作，才能对犯人的本质正确的〔地〕了解，而且惟其根据侦察的实际材料来分析，才能不为犯人的口供所迷惑，而克服轻信口供的错误。亦只有慎重严格的〔地〕执行逮捕与处决的批准制度，才能消除乱捕乱杀的现象。

为了保证政策的正确执行，对于违反政策、忽视制度的，须执行必要的纪律。如杀错人的须偿命，即算是未杀错而仅是未经批准的手续亦须受处罚。

（三）审查干部、培养干部、提拔干部：

解决干部问题是开展工作的先决问题，我们现在解决干部，问题的办法是：慎重审查，努力培养与大量提拔。换句话说就是提高干部的质量与补充干部的数量。

要提高干部的质量，首先是提高在职干部的修养，提高其政治质量、工作技能与生活锻炼，使其在各方面提高一步。

要使干部在政治上更有保证，在工作上能够更加称职，就要配合组织部审查干部，使各种干部更能够适当地站在他的工作岗位。而在政治上不可靠的，或在工作中不能胜任的，须迅速的〔地〕调换。我们要坚持选择干部的标准，纠正过去把“老实”当作忠实，不能称职而仍任用，或者是偏重技术，以单纯的技术观点来挑选干部，不管其政治质量如何，而把律师警宪之类都调到锄奸部门中来的一切错误现象。

这种配合审查干部的工作，过去是被疏忽的。另外要补足必要数量的干部，我们要大量开训练班。

这些受训干部的来源，指定主要的是非在职的干部及学员，须从地方中及党内抽调。

训练的办法：是“训练下两级的”，例如区委级训练县乡级的干部等。

不但要训练一般的锄奸干部，并要训练专门的干部，如侦察干部、审讯干部及其他各专门工作的干部。培养成就后这些干部就不能随便调换他的工作，使各专门工作人员的能力更能专门地发展。要严格遵照分局与战工会关于调动锄奸干部的决定，谁也不能修改或曲解的。

在提拔干部中还有一个要注意的问题，就是提拔一部分经过政治考验的革命知识分子，因为没有一定文化程度，在工作中有时也会受到限制的。当然工农干部更要迅速地提高自己的文化水平，如自己不能看文件，而连秘密的指示都要找别人来帮助看的话，在工作中是成问题的。

（四）普遍动员，加强教育：

要使工作的效能提高，要使锄奸工作成为群众性的工作，都要求普遍动员与加强教育。

在组织方面，须在各级锄奸机关中增设教育科，专门负责对内教育与对外宣传的工作。

教育内容方面，应重事实、重收获，材料要实际、要生动。空洞、陈旧、一般化的〔地〕宣传，收效是不大的。并且要克服在工作中的神秘化与特殊化。在不妨害工作中必要保守的秘密的原则下，可将工作中的经验教训来充实宣传教育的内容，使之大众化。

宣传教育的方法应该是多样的、灵活的，具体的方式：可经常作报告，案情有丰富的教育内容的并开公审会，或发动座谈晚会等座谈与讨论锄奸问题。更可用不同方式的文字进行宣传教育工作，如写文章在不同的刊物及报章上发表，出公告，写布告，以及印发破获案件的经验教训等。

为了使宣传教育的范围更加扩大、更加普遍，我们应该配合宣传、教育、敌伪部门编纂课本及其他宣传品，如剧本、歌曲等。

对敌研究是使我们正确的〔地〕对敌认识的最好方法。正确的〔地〕认识，才能使我们的政策及具体工作更适合于具体情况。因而我们不应该忽视的，要经常召集对敌研究会，并可邀请敌工部门的人员参加，共同商讨。

因为要加强锄奸干部的教育与工作网的教育，还须编印便于对内教育的材料。但这些材料为了印发的慎重，使其收效更大，内容更加正确起见，须一律经过上一级公安局审查。

（五）加强侦察工作：

我们要做到“重证据不重口供”，要使我们更有根据去正确运用政策，必须加强侦察工作。因为加强了侦察工作，才能有证据，和只有在侦察中搜集了奸细一切的活动材料，正确辨认其政治面目，而后能正确运用我们的对策。

因而健全侦察工作中的组织，配备专门干部，提高侦察人员能力是很重要的。因而，要求有组织地开展侦察工作，培养侦察人员的政治质量及使其技术修养能够完成任务。

并且要经常定期研究材料，分析与估计材料，定期总结嫌疑分子。这种总结工作，各级公安局一月要进行一次。

更有效的〔地〕向敌人作防御的进攻是建立反侦工作，过去许多地区不注意这一工作，至〔致〕使工作未能发挥更大的力量。因此我们必须有计划地进行这一工作，加强对敌文件的搜集工作，如其重要文件、政治活动、工作计划等。要使反侦人员对其工作能够胜任，完成工作任务，必须加强［对］他们的工作记录以及其他各方面的训练，并要特别注意加强［对］他们在政治上及工作技术上的领导。

反对在反侦工作中的多头盲动现象，这种现象对工作是有害的。

在工作的须〔需〕要中，要建立专门工作委员会，以便对特殊侦察地区或对象进行工作。

为着巩固各级领导机关及领导工作部门，要建立机关的保卫工作，加强机关中的侦察工作。这种工作建立可按照在部队中的工作方式，因为机关的组织是和军队相类同的。在机关中可发展必要的工作网（不是党内工作网）。

（六）加强审讯执行工作：

在审讯工作中要发挥政治动员的作用，严禁刑讯及变象〔相〕刑讯、迫供等现象。刑讯是反革命阶级为着维持其统治的残暴行为的办法，我们的审讯工作是革命的，我们可用政治说服、用真理来战胜其非真理，用正义来战胜非正义。而且我们是重证据不是重口供，因而我们也是不需要用残酷的刑讯办法。刑讯是违反政策、破坏政治影响的。

在审讯工作中必须有一定的工作制度，如定期研究、整理、总结等（除科务会议外，决定各级公安局要一月一次召集这类会议），并要定期清理案件（一月要有一次）。

为着处理专门的案件，须组织专门审委会来负责进行专门案件的审理工作。

（七）建立工作制度，加强调查统计工作：

要建立工作，必须建立工作制度。只有健全的工作制度，才有健全的工作。

调查统计的工作是重要的工作，是须经常坚持着进行才能有成绩，故要调查统计工作做得好，必须制度健全。

建立计划与总结制度。要从上到下从分局到区委直到乡，以至每一科、每一个案件都要有计划与总结工作。区党委半年一次，地委与县三个月一次。

建立经常的回〔汇〕报制度。区党委半年一次，地委及县三个月一次，特殊问题，随时回〔汇〕报。

会议制度。联席会议区半年，地县三个月，局务会议半月一次，科务会一星期一次，座谈会随时召集之。

建立批准制度与经济制度（另定金额），严格批准手续以及规定普通预决算向政府回〔汇〕报审核，特务费用的预算应向锄委会回〔汇〕报（预决算由锄委会向财委会负责），财委会，尤其政府财政科是不能审核的。

制定表格，如回〔汇〕报表、口供纸、审讯中各种表格及其他各种调查统计表，以便加强调查统计工作。毛泽东同志说：不调查就没有资格说话，没有经常的调查统计工作，我们的工作亦难于开展。

（八）加强领导，正确关系：

加强各级的领导与正确各方面的关系，对工作的开展是有重要的意义的。

锄委会的领导必须加强，经常的〔地〕注意政治领导、政策审查，以及在工作中之检查督促等，锄奸机关并须向上级党及锄委会定期回〔汇〕报。

上下级的关系要明确建立起来，要有经常报告、及时指示。

对干部要爱护，要检查，并且不轻易调动其工作，调动干部须经过上二级党批准。

正确与政府之关系和密切与军民之配合，如此才能展开全面工作。

建立侦察交通，使各级与其他关系方面的交通畅达，以便在工作中更便利于领导与联系。

（九）坚持工作作风：

要保证工作任务之完成，必须坚持工作作风。

我们要坚持具体：对一人一事必须具体研究，反对抽象化、公式化。

我们要坚持客观：观察事物要客观要辩证，重事实重证据，反对主观推忆〔臆〕。

我们要坚持彻底：处理问题要追根结底，反对拖拉、苟且。

我们要坚持慎重：工作要细密慎重，反对粗枝大叶、马马虎虎。

我们要克服堆积工作、拖延时间解决问题的现象。

同志们！我的报告到此已完结，但还有几点最后的说明：

第一，这个报告经分局的讨论，各级党应当作指示与决定去执行，尤其希望全党来讨论。

第二，因为时间关系，许多例子未便详举，希望同志们在讨论时能多补充例子。

第三，讨论时须依据本报告原则，具体发挥使这些较原则的工作总结变成同志们每个人的工作总结。同时，因为这报告是山东锄奸工作四年来的结晶品，希望除了同志们自己明了以外，动员别人，传达给别的同志，使全山东的党与民众，真实的〔地〕认识锄奸工作，积极的〔地〕参加反奸细斗争，使山东锄奸工作突飞猛进，迅速的〔地〕建设起来。我这里希望共同努力，完成任务。谨预祝我们的工作胜利！

选自《山东革命历史档案资料选编》，第 8 辑，济南，山东人民出版社，1983 年版，第 48～92 页。原注："据考证，此件成文时间为 1941 年。"

13. 中共山东分局关于总结全山东锄奸工作的决定

1942 年 5 月 20 日

一、检查山东的锄奸工作以后，分局委员会认为，在四年来的反奸细斗争中，得到了相当的收获：建立了锄奸工作的组织机构，进行了锄奸运动的政治动员，破获了些真正的奸细组织和活动，相当的〔地〕巩固了党、军队与根据地。

二、但无论在地方与军队上，均犯有严重的政策错误，以地方与山东纵队为严重，一一五师某些中下层个别也存在。

甲、对敌探奸细活动的认识上存在着主观主义的右的倾向。基于害怕奸细，夸大了奸细的组织力量与活动，如过去认为托派分子在山东有一个系统的组织，今天则认为奸细（尤其内奸）有庞大的组织，成群结队的〔地〕活动等。因而执行工作中有着严重的左倾机会主义的表现，如整批侦察、整批逮捕、大批处决，主观上幻想着所谓"一网打尽"或"大体锄光"，实际上则不相信党员、干部和公民。

乙、山东的锄奸工作大体上还采取着国内战争时期的经验与部分使用着国内战争［时期］的锄奸政策，因此与党的基本统战政策脱节。在工作中将许多社会中没落阶层、军队及党内的落后指战员、干部和党员及异己分子当成奸细去侦察、逮捕甚至处决。在军队及党内，使用着所谓自首政策，混淆了组织错误和政治错误，以国家法律的判罪代替了党内军队内部的批评教育和应有的纪律处罚；混淆了国民党与国特、奸细分子与顽固分子；在部分单位中，尤其是反共高潮到来时，则强调对顽探与反共分子的斗争，而相当的〔地〕放松了主要对象与主要敌人——日寇。

丙、在锄奸的各种工作中，存在着严重的政策错误。首先无认真的侦察工作，对于反革命嫌疑分子缺少明确的观念，因而扩大了嫌疑分子，即对于许多反革命嫌疑分子的侦察又不精细深入，因之仅仅抓到某些可能是奸细活动的表现，而不能集中力量找出真凭实据后才进行逮捕。在审讯工作中一般是重口供、轻证据，将审讯工作作为主要的侦察手段，而刑讯还未完全禁绝，于是即扩大、牵连，造成扩大化。在判决与批准案件时，往往采取了极不应有的草率了事的办法，并混淆主要奸细与勒从分子，而不以实事求是、丝毫不苟的精神去审核决定，致造成错误。

三、因此，在四年来的锄奸工作中，无论地方、军队均造成相当数量的冤屈。这些错误的恶果是：直接简〔间〕接的〔地〕使党、军队与群众隔离，党内军内不够团结或不安，会门土匪的生长和伪军的扩大，社会中某些阶层远离我们，致使某些根据地缩小。

四、造成这些错误的原因是：

甲、各级党、军队对锄奸政策的研究掌握和教育差，对中央和上级的指示和决定不认真的〔地〕讨论研究，甚至被忽视，即使讨论了，也多半是教条主义的述说背诵，不能将党的路线政策在实际斗争中体现出来。在对锄奸干部的训练上，将政策与技术并重，或强调技术、模糊政策。即［使］在分局，也未能将湖西锄奸错误的经验认真有力的〔地〕深入教育到全党全军中去。

乙、各级党委及政治机关对锄奸工作的领导不认真、不实际，没有保证党委直接的领导，过分的〔地〕信任锄奸干部，将处决人命的责任轻易推委〔诿〕到锄奸干部身上。提拔与配备锄奸干部也不够慎重，有些单位，还未能将党内优秀有保障的干部配备到锄奸工作上去。

丙、锄奸机构不纯洁、不健全，某些干部质量差，不应分配锄奸工作；某些干部能力差，不能胜任其职务，致在复杂斗争局面下，有的根本丧失阶级立场，而以小资产阶级和农民的狭隘的报复去代替党的锄奸政策；有的则由于不认识敌奸，斗争经验差，在斗争中迷失了方向。

丁、锄奸部门中还存在着传统的神秘化与特殊的观点，于是自满自足、自以为是，不认真的〔地〕到群众中去侦察和学习，而是以主观主义宗派主义去发展技术，这不能不会造成罪恶行为。带着恐怖到群众中动员和教育，并相当形成锄奸之系统与其他工作部门联系配合差，所以向［上］部分失去领导，向下失去群众的监督，加以左右的联系配合不够，使锄奸工作陷于孤立状态。

戊、对敌奸的组织及活动调查研究工作极差。因而对敌奸缺少明确的概念，加以过去山东长期处于非法的秘密活动，缺少斗争经验，所以锄奸工作中表现出主观与幼稚。

五、为了迅速纠正这些错误，正确的〔地〕开展锄奸运动，决定：

甲、各级党委及政治机关认真的〔地〕对锄奸工作监督和领导。首先要重视与仔细研究锄奸政策和上级指示，按具体情况进行深入普遍的政策教育。对于锄奸机关，要定期郑重的〔地〕检查总结工作，作出结论，指给方向。对湖西与泰山区之锄奸错误经验，分局负责制定文件教材，在全党全军中进行教育。并责成各级锄奸机关纠正孤立现象，认真的〔地〕向群众动员教育，唤起群众醒觉与积极性，并依靠群众的力量来进行反日特反奸细斗争。

乙、各级党委与政治机关接此决定后，普遍的〔地〕对锄奸干部进行审查和鉴定，适当的〔地〕改造锄奸机关。那些成份〔分〕不好的应调其工作，不称职的应调动其职务，并决心抽调有保障的干部补充锄奸机构，以健全工作。在锄奸机构的健全中，首先着重建立强有力的侦察工作。

丙、各级党委及政治机关认真的〔地〕去审查过去的案件和清理嫌疑分子。应以主要的奸细案为对象，不要平均使用力量，依此去检查总结当地锄奸工作和教育锄奸干部。对那些因冤枉而牺牲的同志，应根据具体情形适当的〔地〕予以洗雪，对其家属应优待抚恤。对冤捕释放了的同志，应一律宣布无罪、恢复党籍、分配适当的工作，在恢复后个别考虑停止党籍问题。对那些取消嫌疑的同志，应负责进行教育，并分配适当的工作。各级审查案件和总结工作的结果，连同屡次中央及分局、军委，总政的指示，在全体锄奸干部中全党中进行教育。

丁、责成各级锄委会要认真负责，摆脱事务主义的作风，从新研究讨论上级的各个指示，日后对锄奸工作要切实监督、检查和领导。

戊、严格制度，执行必要的纪律。接到此决定以后，任何地区或军队逮捕任何一共产党员，必须经过分局、师政、纵政批准后执行，否则一经查出，直接负责之党委及锄委同志应受党纪律的严重处分，一直到开除党籍。日后一切奸细案件的极刑批准权属于分局、师和纵队，各区党委与旅支取消批准权。现行犯与特别情况下，区党委、旅支政治部可负责批准执行，但须报上级审查，如不合适，区党委或旅支负责人应受处罚。那些不经批准而随意进行逮捕或处决的人，应依各种情节送司法或军法机关判罪。对犯罪人给以上诉权，一直可诉到分局、战工会、师部、纵队。

六、各级党及军队接此决定后，应认真讨论、动员、传达，切实执行，并将所得经验、执行情形告分局。在执行时，防止发生对敌奸麻木不仁、对锄奸工作放松或忽视及不敢负责的不良倾向发生。

5月20日

选自《山东革命历史档案资料选编》，第8辑，济南，山东人民出版社，1983年版，第302～306页。

14. 山东省战时工作推行委员会关于盗匪案件划归公安局审理的通令

1942年7月18日①

查肃清盗匪安定社会秩序为目前重要工作之一，本会为有效制止盗匪，迅速完成此项任务起见，经第三十次常会议决：盗匪案件概由各县公安局直接审理，县行政委员会决定，呈由专署转呈本会或行政主任公署由公安处复审，分别提交本会常会或公署行政委员会决定。至〔于〕直属专署除滨海区应径呈本会复审外，其余鲁南、湖西、冀鲁边各专署

① “社科法制版”标作“7月6日”，“山东资料版”标作“7月18日”。

即由各该级公安局复审，行政委员会决定。除惩治盗匪条例另行颁发并分令外，合行令仰遵照执行为要。

选自《中国新民主主义革命时期根据地法制文献选编》，第3卷，北京，中国社会科学出版社，1981年版，第454页。原注："选自山东省政府《战时法规政令汇编》第二辑。"简称"社科法制版"。

互校版本：《山东革命历史档案资料选编》，第8辑，济南，山东人民出版社，1983年版，第428～429页。简称"山东资料版"。

15. 山东省各级公安局拘押差犯暂行条例

1942年9月27日公布、施行

第一条　下列差犯于预审期间，应由公安局羁押：

甲、敌探汉奸。

乙、破坏抗日军事或政治之设备者。

丙、盗匪。

第二条　差犯有下列情节之一者不得羁押：

甲、非前条规定之差犯。

乙、除现行犯外，未经法定手续逮捕者。

丙、人证或物证不具其一者，但临时查获情节重大者例外。

第三条　本条例第二条所称之现行犯，即正当实施犯罪行为而不及履行法定手续逮捕者。

第四条　逮捕手续列下：

甲、须持有公安局之逮捕证（样式列后）。

乙、公民犯罪时须经县以上公安局长批准逮捕之，并报告同级行政长官。

丙、现任村长犯罪时，须经县以上公安局长请由同级行政长官核准逮捕之。

丁、现任区长犯罪时，须经专署以上公安局长请由同级行政长官核准逮捕之。

戊、现任县长以上官员犯罪时，须经专员行政主任或省公安处长请由战工会核准后逮捕之。

己、犯罪之各级抗日团体主要负责干部之逮捕与各该级行政官员同。

庚、犯罪之其他工作人员之逮捕，按其现任职务比照上开各项办理。

第五条　下列差犯应由主任区或直属专员区公安局羁押之：

甲、有关数县之案件。

乙、情节复杂，县公安局难于审理者。

丙、情节重要，可供深入参考者。

丁、指定提交者。

第六条　公安局依法提起公诉时，即将差犯送交司法机关羁押。

第七条　对差犯不得侮辱、虐待或体罚，并注意其教育与卫生，但有违反管理规则者，得予以适当之处理。

第八条　本规则由山东战时工作推行委员会公布施行。

附逮捕证样式（略）

选自《中国新民主主义革命时期根据地法制文献选编》，第3卷，北京，中国社会科学出版社，1981年版，第457～459页。原注："选自《山东省战时行政委员会公文合订本》。"

互校版本：《山东革命历史档案资料选编》，第9辑，济南，山东人民出版社，1983年版，第46～47页。

16. 山东省战时行政委员会训令
——颁布区村公安员工作纲要

1943年10月15日

一、兹为加强对敌特务斗争，深入公安工作，决定各区各村设公安员，特颁布区公安员工作纲要及村公安员工作纲要。各地接此训令后，区公安特派员一律撤消〔销〕，改委区公安员。

二、各区必须认真的〔地〕于备战及民主运动中选出各行政村公安员，并力求在半年内将区公安员委派齐全。

三、敌占区、游击区可按当地情形酌设公安组织。

此令

主任委员　黎　玉
公安处长　刘居英
副 处 长　苏孝顺

附件一：

区公安员工作纲要

一、根据山东省区公所组织条例，区公所设区公安员。

二、区公安员在县公安局与区长领导下进行下列工作：

甲、于本区内进行公安之宣传教育工作。

乙、侦察本区内奸细之组织与活动，并报告上级。

丙、组织与指导全区人民武装团体进行抗日戒严及防匪工作。

丁、领导全区之村公安员工作，并予以经常教育。

三、区公安员是区公所工作人员之一，由县政府委派之，或由区长选择适当人员呈请县政府委任。其调动撤换权属于县政府。

四、区公安员之条件如下：

甲、抗日坚定者。

乙、人民中有信仰者。

丙、有侦察、分析、判断及其他领导能力者。

五、区公安员于必要进行逮捕人犯时，除现行犯外，须遵照山东省各级公安局拘押差犯暂行条例第四条之规定办理。

六、区公安员无权处决人犯，在战时须遵照山东省战时锄奸条例第六条之规定办理。

七、区公安员之纪律，须遵照三十二年四月二日前山东省战工会公字第二号训令之规定。

附件二：　　　　　　　　村公安员工作纲要

一、根据山东省临时参议会第一届第二次大会之决议，各行政村设村公安员。

二、村公安员不脱离生产。

三、村公安员在区公安员及村政委员会领导下进行下列工作：

甲、于本村内进行公安之宣传教育工作。

乙、侦察本村内奸细之组织与活动，并报告上级。

丙、组织与指导全村人民及武装团体进行抗日戒严及防匪工作。

四、村公安员由村民大会或村民代表会选举，并呈请区公所批准，必要时得由区公所指派。

五、村公安员须出席或列席村政委员会。

六、村公安员之条件如下：

甲、抗日坚定者。

乙、人民中有信仰者。

丙、诚实可靠、公正无私者。

丁、有村公安工作能力者。

七、村公安员之纪律，须遵照三十二年四月二日前山东省战工会公字第二号训令之规定。

选自《山东革命历史档案资料选编》，第 11 辑，济南，山东人民出版社，1983 年版，第 45～47 页。

17. 中共山东分局锄委会
关于公安锄奸机关合并加强一元化领导的决定

1944 年 1 月

为适应敌后山东抗战环境，实行精简，充实公安锄奸组织，加强下层基层工作，在党的统一与一元化的领导原则下，决定地方公安机关与部队锄奸机关合并（对外说合并，可说明是为了密切工作的配合与集中力量反敌人特务斗争，公安机关与部队锄奸机关合署办公），实际上是一个机关两个名义，一个干部两重职务。县公安局与县大队特派员以上机关的组织完全合并，但主力兵团工作仍属军直或军分区指导，凡属地方人犯，仍以公安局经过政府法律手续予以处理。其组织及工作如下：

（一）各战略军区锄奸科同该区主任（专员）公署公安局合并，秉承党委锄委会政治机关及同级政府的领导，进行该区部队及根据地的公安锄奸工作。公安局（锄奸科）设正、副局长（即正、副科长），下设三个股、一个巡视组（三人至五人）。

1. 第一股设股长一人，干事二人至三人，进行宣传教育、内勤、侦察及干部工作等。

2. 第二股设股长、干事各一人，进行地方锄奸，对敌侦察情报。另外，侦察组七人至十一人，内组长一人，进行驻地保卫及通讯联络工作等。为加强质量，此等人员须相当于连排干部。

3. 第三股设股长、干事各一人，进行对政治犯执行审讯工作等。

4. 各战略区公安局对人犯看押任务，由军区负责，卫戍部队担任，并可指定该连副连长或副政指兼任看守长，接受公安部门对看守工作［的］领导。

（二）各专署公安局与军分区部队锄奸股合作，依据［在］党委锄奸委员会政治机关及同级政府的领导下进行锄奸公安工作。公安局设正、副局长（即部队正、副股长）各一人，干事三人，巡视员三人，内部工作分工相当于战略区公安局。

（三）县公安局依据同级党级〔委〕锄委会及上级公安局（部队锄奸科）指示及本地区情况，在同级政府领导下具体执行公安锄奸任务。

县公安局设正、副局长（适当时，县大队特派员可兼任副局长），下设三个股及工作队、政卫队等。

1. 第一股设股长、干事各一人，进行对区中队及各种抗战组织内部的锄奸工作，并进行宣传教育工作等。

2. 第二股设股长、干事各一人，布置对地方锄奸及对敌政治侦察工作。

3. 第三股设股长、干事各一人，进行对政治犯的执行审讯等工作。

4. 县设工作队（十人至十五人为标准），在正、副局长领导下，［以］进行坚持边沿反蚕食、打击敌特务为中心任务。但须依据县的情况尚可减少人员。

5. 县设政卫队（二十—三十人），设队长一［人］，在局长领导［下］进行拘捕、看押及战斗警卫等工作。

6. 县公安局设文书、通讯员各一人，伙食单位设政治指导员一人，伙夫人数以平均十五人一个伙夫为标准，酌量建立之。

（四）鲁南、清河、冀鲁边等地区如因情况不可能建立如上述之组织机构，可根据上述原则及本地区实际情况适当处理。

（五）远点进攻性的侦察工作（内线工作）应由各战略区公安局长、副局长亲自负责，由锄委会讨论布置，不列入编制（补指示）。

（六）专署以上公安局经费开支，除同级政府经常保证一万元特费的供给以外，其他日常办公费用统由部队政治机关单位负责供给。县公安局的经费开支及一切办公费用等统由政府报销（特务费在外）。

此决定应由各战略军区党委锄委会讨论执行，各专署（军分区）以上干部由各区党委先考虑提出意见报告我们批准，县一级干部由区党委批准执行，并将执行情形随时报告我们。

选自《山东革命历史档案资料选编》，第11辑，济南，山东人民出版社，1983年版，第239～241页。原注："1944年1月10日由胶东区党委翻印。"

18. 中共山东分局锄委会关于公安局同各方面的关系问题的指示

1944年12月

目前根据地内对锄奸公安工作是较前重视了，认识也提高了，工作也因之进了一步。但因长期神秘化、特殊化与孤立主义作风的影响，今天各地仍或多或少的〔地〕表现着在思想上、领导上、工作上把锄奸公安工作同其他工作甚至是中心工作结合的〔得〕不够，以致防奸也不能很好的〔地〕成为全党的任务与造成为群众的运动。同时，也就使防奸斗争与整个对敌斗争未能建筑在广大群众性基础上。为此，根据一元化领导的原则及各地具体情况，制出以下关系的条例，望各地认真执行。

一、公安局和党委的关系

甲、为了开展群众自觉的防奸斗争，及正确的〔地〕执行党的锄奸政策，党委必须加强锄奸公安工作的领导。其具体领导办法一般应如下：

1. 党委讨论决定每一时期的对敌斗争任务及根据地建设的中心工作时，在不违背上级党及政府的公安工作决定指示之下，即应具体估计防奸斗争的情况，并决定保证工作任务的执行，提出对锄奸公安工作的要求及具体政策来，使成为全党的工作任务。总结全面工作时，同样应总结锄奸公安工作。

2. 党委为了加强锄奸公安工作的具体领导，可交党锄委会具体审核及研究经常工作中的问题（如宣传动员、干部任免配备、具体对策、审查案件、检查政府党团保证情形、公安局执行政策的情形）。

3. 党委一般会议可吸收锄奸干部参加或列席，以期使锄奸公安干部能熟悉全面工作情况，及时提出有关全面工作的意见，把锄奸公安工作和其他工作有机的〔地〕结合起来。

4. 各组织系统或各部门，应将党委或党锄委会所决定的锄奸工作任务当作自己的工作任务，认真积极的〔地〕配合执行（如联系自己部门工作的防奸教育、调查……），并将有关锄奸公安材料随时反映公安部门或相互交换意见。

5. 下级党委对上级政府对公安工作的决定指示，应认为是上级党委的决定指示而负责执行。

6. 党委同志如分工帮助或检查下级工作时，亦应负责帮助或检查锄奸公安工作（但不能代替政府的执行工作，如逮捕、审讯等）。

7. 公安干部的调动，应商同公安主要干部意见及通过政府系统的行政手续。

8. 党委负责同志应亲自下手帮助与审查重要案件，以免发生错误，以及亲自领导锄奸公安工作，创造经验，加强领导。

乙、公安局应保证执行党的决定与指示。具体执行办法如下：

1. 公安干部应将党的决定指示，在政府党团会议上具体讨论执行计划，并争取在政府会议上通过，成为政府的公安工作决定指示或计划，以政府的名义颁布之。

2. 公安干部应将政府的决定指示，保证在本部门有具体研究实现的办法，贯彻九条方针的执行。

3. 公安干部应从认真执行党委或政府每一时期的中心工作中，很实际的生活［中］，去克服把党或政府每一时期中心工作的执行当作与自己工作脱节，认为额外负担之错误观点，动员教育群众进行防奸工作。

4. 集中力量进行工作，吸取经验，及时提供及指导各组织与下级工作办法，有原则意义的及时反映党委，推动全面。

5. 及时供给党委材料，在党委定期总结工作时，应将下级报告综合回〔汇〕报党委。

6. 重要案件在锄委［会］讨论审查后，再提交政府会议讨论处理。

二、公安局和政府的关系

甲、公安局为政府的组成部分，对公安工作应加强领导。其领导的具体办法如下：

1. 根据上级政府的公安工作决定指示及当地具体情况，讨论工作中心及执行办法。

2. 定期研究检查公安工作，及时纠正工作中的错误与偏向。

3. 任免、奖惩下级公安干部，但必须取得同级公安局长的同意，如有分歧时，由上级政府解决之。

4. 县政府负责解决县公安局和区公安员的供给经费（各级政卫队、工作队所需武器弹药等，应根据当地具体情况讨论规定，保持一定数目）。

5. 各部门对公安工作的决定，应研究讨论，配合执行之。

乙、公安局应负责组织执行政府的公安工作决定指示。其具体办法如下：

1. 根据政府的公安工作决定，应讨论具体执行的步骤及推行的办法，并有计划的〔地〕督促、检查、研究、总结，及时提出具体办法，指导进行之。

2. 定期向同级政府汇报工作（有关对敌斗争的秘密组织及线索不在公开会议上报告）。

3. 预审完毕之重要案件，交审判委员会议决定处理之；不重要之嫌疑犯及现行犯，可由公安局长与政府首长商同处理之；临时查获之嫌疑犯，分别性质及其情由轻重，或由公安局长处理之。

4. 公安局应主动与其他各部门联系，商讨有关的具体工作。公安干部应围绕政府每时期的中心工作，动员教育群众进行防奸工作，以保证中心工作之完成。

三、公安局上下级的关系

甲、为了有效的〔地〕对敌斗争，公安工作即必要有其秘密性与灵活性，因之，公安局上下级即应有其密切联系的具体的指导关系。

乙、有关秘密工作与技术工作上，上级可对下级发文件、指示、通报之类，下级须及时向上级直接报告。

丙、为了总结业务经验及具体推进工作，上级可定期召集下级干部会议，或派干部指导、检查、督促。

丁、下级向上级报告，可写一份直接报告上级公安局，由上级公安局汇集材料，整理综合，向同级政府及党委报告。

四、公安局和军政关系

公安局在部队中即政治部（处）的锄奸部（科），应按野政颁布条例之规定执行之。

分局锄委会

一九四四年十二月

选自《山东革命历史档案资料选编》，第13辑，济南，山东人民出版社，1983年版，第273～276页。

19. 中共山东分局锄委会关于目前锄奸公安工作的指示

1945年8月18日

一、在思想上必须认识控制城市与交通要道，是巩固与扩大我斗争阵地的关键。国民党将会采用各种各样的手段与我争夺城市及交通要道，如果今天忽视锄奸公安工作，就会削弱我控城的保证与胜利的条件，因此我党政军应十分重视这一工作。

二、当此形势紧张变化时，锄奸公安工作必须有计划有重点的〔地〕布置工作。我们的重点应放在前线和大城市及交通要道，我们今天的任务是保证前线夺取城市及交通要道的胜利，在工作作风上必须转变老一套和防止事务主义的现象。为了夺取控城及交通要道，保证战争的胜利，必须积极动员，协同各有关部门，商讨布置夺城及逼使敌伪早日投降的有效办法。首先进行了解登记战争罪犯，打入人员，多方面利用关系、疏通关系，扩大我党我军影响，宣传我党宽大政策，以便进城后捕捉战争罪犯，维持革命秩序。

三、为了适应战争需要，军队与地方锄奸公安组织必须分开，应即准备两套干部，进行工作。干部的配备也须要以大城市、交通要道和军队为重点，特别是大城市及铁路干线，应有足够数量的干部和有独立强大的组织。决定济南由鲁中负责配备二十个以上的坚强干部，青岛由胶东负责配备二十个以上的坚强干部，徐州由鲁南负责配备十五个以上［的］坚强干部，海州连云港由滨海负责配备，德州沧州由渤海负责配备相当数量的坚强干部，应即速配备开始工作。

此外，各军区还须在国民党比较有基础而又可能被争夺控制之城市，和我必须依托之根据地，配备成立坚强之组织，进行工作。

其他可依城市之大小、地位之轻重，而适当加强、调剂、配备。在已有县公安局者，可以此为基础，或移驻该城区工作，或两县合并，或一县兼管二县之工作，无组织者，应即成立组织，开始工作。

关于干部来源，尽可能将已经改行的锄奸公安干部，现为城工、敌工、根据地工作之干部，抽调转回进行工作，但主要的还要大胆放手提拔、培养与多方收罗干部。关于提拔干部，政治条件、掌握政策是基本的，但工作能力、社会经验、文化理论水平也是重要的，特别是进行城市工作者，原则上军队之干部应回到军队，县公安局尽量提拔地方干部，并且地方干部亦可到军队工作。

四、进入城市即应布告安民，广泛进行防奸宣传教育，揭发国民党造谣破坏煽惑民心之行为，并动员一切工人、市民检举取缔日寇汉奸国特之地下潜伏组织与武装特务，以开展群众性的防奸运动，发挥我政治优势。在政策上必须执行宽大政策，反对逼供信，接受历史上的教训，坚决执行中央审讯工作条例。

对一般汉奸、伪军、伪组织人员给以自新之路，迅速办理自首，以减免对我之疑惧而争取大多数。须知城市中绝大多数群众是好的，不要以某些作风服装不同或曾被汉奸利用的而即捕捉就审，造成群众恐慌，对我不利。并且要利用争取一切可以或可能利用争取之各种人物为我工作，以补我干部缺乏、情况生疏之不足。但利用要慎重，照顾政治影响，着重利用技术人员。只是镇压那些反动反抗分子，但要防止农民报复、乱捕乱杀现象，防止烧杀破坏。

同时应从速捕捉战争罪犯、卖国奸贼，防止逃脱，组织军事法庭，进行审判，并扣押查封其财产，依照处理汉奸财产暂行条例处理之。

锄奸公安部门还必须在一元化领导下进行自己的工作，应当协同军队，配合行动，供给情报，严密工作纪律，保护人权、财权及公共建筑，恢复交通，整理户籍，以达军事管制之目的。为扩大国际影响，对盟邦人士之生命财产加以保护，即名胜古迹也须在意保护，防止破坏。

五、抗日民族战争结束，我们斗争的目标已由对日转到对国民党。国特在今天已成我锄奸斗争的主要对象。今天国民党在城市中仍有它的社会基础和组织，因此与国特作斗争，不仅是复杂［的］，而且是长期的。城市即将成为我与国民党斗争的主要战场（公开与秘密），所以我管理城市要作长期斗争的准备。从前我之点线工作如无公开之必要，还须〔需〕荫〔隐〕蔽埋伏，研究联络，加强工作。同时亦可趁机布置新的灰色的职业细胞在城市腹心，以与国民党特务进行荫〔隐〕蔽斗争，缩小其社会基础，摧毁其地下组织。

六、对根据地工作也不能放松与忽视。须有重点的〔地〕进一步开展群众性防奸运动，加强群众的防奸教育，特别是民兵的防奸工作教育，加强戒严工作，防预主力转移反动分子趁机活动扰乱，并组织群众逮捕潜进之战争罪犯，归案法办。

同时更应警惕在混乱情况下，必须加强部队机关的保卫工作，防止破坏分子的阴谋破坏活动。对警备员及警卫部队，即须加强教育与审查。在军队中普遍进行纪律和防奸的阶级的以及城市的教育，以防入城后破坏纪律现象的发生，以达顺利掌握城市之目的。

选自《山东革命历史档案资料选编》，第15辑，济南，山东人民出版社，1984年版，第251～253页。

20. 山东军区政治部保卫部、山东省公安总局对目前锄奸公安工作的几点意见

1945年11月2日

一、部队机关的锄奸保卫工作

甲、主力部队

为高度集中作战，完成机动的任务，因战俘成分增加与党员骨干伤亡增多，在巩固工作上的重点是：

1. 时事教育与加强反奸教育紧密相结合起来，主动及时的〔地〕防止与揭露内外谣言的传播，克服落后的单纯保命享乐思想，才能巩固部队，保证战斗力的提高。

2. 强调严守秘密，严禁小广播，严格防止不应知道的事情乱打听消息的现象，任务传达和解释问题要有分寸。

3. 争取一切可能的时间进行了解新成分、抓紧清理与教育转变嫌疑分子的工作。

4. 根据各连队的具体情形，配合支部运用互助小组的力量，以积极分子模范战士来团结和推动落后分子，走向共同进步，防止坏分子的乘机活动，暴露坏人，主要是积极教育和改造落后，发挥其长处，督促其进步。

乙、对独立旅团与地方县区武装

为适应目前部队升级较多，干部升调频繁与新成分增加，和地方流动性大的特点，在锄奸工作上除建立健全的各种政工组织及制度，加强防奸教育之外，应更注意：

1. 干部调迁、部队整编时的交待〔代〕工作与材料转移工作。

2. 对历史不清、来路不明及关系复杂的分子，及时的〔地〕有重点的〔地〕抓紧审查清洗。

3. 对落后的或曾犯过严重错误未见改悔的人员，要加强教育。

4. 特殊人员进行特殊教育。

独立旅团与反正伪军更因其成分复杂、伪化奴化较深的特点，除结合时事教育宣传我党主张、揭露蒋敌伪合流的丑恶罪行以削弱其正统观念之外，应特别注意对其干部有计划有步骤酌〔地〕进行教育改造工作。

丙、对部队驻地与机关的保卫工作

1. 要加强外出人员的管理教育，如警卫员、通讯员、电话员、收发、杂务以及休养所人员等，应有计划的〔地〕抓紧政治教育，并有重点的〔地〕进行审查了解工作。

2. 开展部队驻地工作，配合地方党政公安机关进行社会调查，必要时可实行戒严清查户口。

3. 进行防谍教育，提高全军的政治警惕性。教育内容可根据防奸条例及现实实例等。

二、新解放区的锄奸公安工作

甲、新解放城市的锄奸公安工作

新解放城市，在捕获战争罪犯、办理汉奸自首登记、安定人心、建立革命秩序上已获有初步成绩与经验。目前应迅速总结这些经验，检讨城市锄奸政策的执行，使工作更向前

发展一步。今后：

1. 应着重发动群众控诉惩办汉奸的斗争，同时在结合群众切身利益的斗争中及政权选举中建立公安组织。

2. 根据现有条件，在各中小城市酌量设立一个到两个自新分子训练班，自觉的〔地〕也是强制的〔地〕把自新分子集中起来，在严格管理下进行改造工作。广泛的〔地〕放手的〔地〕利用进步的自新分子，进行争取伪属伪军伪组织人员的归来及其思想的转变。

3. 广泛的〔地〕开展战争罪犯悔过后，执行建功折罪政策，来转变他们的错误，争取顽固的战争罪犯转向进步，反对敌人。细密的〔地〕区别与掌握战犯罪行之轻重，群众对他痛恨的程度如何，以便进行审理工作，基本上是从民族的感化教育中［掌握］多争取、少镇压的原则。

乙、新解放农村的锄奸公安工作

新解放的农村，多为城郊附近，而为敌伪特务长期统治的区域，国敌特务的破坏行为仍有表现，对我危害尚未肃清，我们的工作基础还很薄弱。工作重点应是：

1. 结合群众各种切身利益的斗争，开展群众的防奸斗争，建立防奸组织，实行奖惩制度，把群众斗争的果实尽量交给群众，发动群众检举顽固特务，暴露坏人，布置工作。

2. 对新建武装与乡区干部，必须把放手的发展提拔和慎密的审查使用相结合，以防暗藏敌人的乘机混入，进行破坏活动。

3. 剿除国特的匪化活动。各县公安部门根据需要，协助军政民等成立各种形式的剿匪武工队，选派健强的干部掌握领导，讨论方法，配备相当数量的人员武器，进行分化瓦解与清剿的工作，以保护群众利益，安定社会秩序。

4. 利用伪属顽属争取伪顽分子向民主政府悔过自新。利用已自新的伪顽分子争取顽固的伪顽分子转变，向民主政府建功折罪。

三、根据地的防奸工作

1. 反对太平麻痹思想，加强群众防奸教［育］，恢复原来的防奸组织，及时的〔地〕禁止谣言广播，追究谣言的来源，在群众中进行揭发造谣者，发现坏人。

2. 发扬民兵的积极作用，加强社会戒严，恢复盘查岗哨，调查捕捉潜逃根据地的战争罪犯与顽敌特务分子送交民主政府法办。

3. 对已有的嫌疑分子应布置其工作，但重点不是已反省过了是特务党派问题且在努力改悔的人，而是尚有活动或是大家还不知道的坏分子。

4. 留驻后方的机关学校部队以及各抗日民主团体，应该加强警卫工作，严密组织制度，以防奸人的破坏暗杀活动。

以上意见希根据各地具体情况研究执行，并将执行情形及时按级上报。

军政保卫部

省公安总局

十一月二日发

选自《山东革命历史档案资料选编》，第 16 辑，济南，山东人民出版社，1984 年版，第 3～6 页。

21. 山东省政府公安工作指示

1946 年 5 月 5 日

和平停战以来，国民党反动派特务没有一天不在我解放区内进行公开与秘密的各种阴谋破坏、暗杀活动，给我们危害很大，惨杀了我们很多干部人员，瓦解破坏了我们不少的组织。这是值得我们严重警惕的。在目前形势下应进行的工作是：

（一）组织起各种力量来对国民党反动派武装特务展开积极的斗争。

1. 各级公安局应即将已有的力量全部组织起来，并组织一部分武装便衣侦察队（二十余人），分成小组，分布在反动派特务活动最活跃的地区，进行侦察镇压（活动地区由各县自行选择），向着反动派展开积极的进攻，坚决消灭反动武装特务分子的阴谋破坏活动。

2. 坚决消灭在我解放区内的土匪暗杀活动，坚决镇压死心塌地的匪首，一般的土匪分子应争取瓦解之。

3. 严防反动封建地主的乘机进行挑拨离间的暗杀破坏活动。

4. 对干过汉奸、参加过伪政权的汉奸特务分子，过去已经悔过而现在仍然对我们有破坏活动，又勾结反动派或参加反动派进行特务暗杀活动［者］，应逮捕处理。

他们悔过后有显著成绩者，应给予口头鼓励，并帮助其进步，使他们积极为我们工作。如没有悔过者，应准予悔改自新之路，条件是：①自新之后不再做破坏我们的行动，②不参加反动派的工作；③积极报告反动分子特务土匪等的活动；④如有违犯者，以破坏论罪。

5. 解放区普遍一律进行站岗放哨盘查行人，严格执行路条制度。

6. 普遍的〔地〕进行群众反特务教育，揭露反动派特务土匪的暗杀破坏活动的阴谋。

7. 积极研究治安工作，维持根据地的革命秩序。

（二）加强机关保卫工作。

1. 严密机关部队的组织，加强保卫工作，提高警惕性；严密机关部门的警戒，保卫我们的机关，防止特务分子的危害。

2. 组织党政军民各机关团体进行普遍的驻地调查工作，调查对象是干过汉奸的，干过国民党反动特务的，参加过其他反动集团的，对我们危害过很大的，都是调查内容，强调过去和现在的行为，具体的时间、地点、姓名等情形。

3. 进行反对国民党特务恐怖政策的宣传工作，将该地区特务及土匪对我们的实际情形综合起来进行实际的宣传，教育干部人员及群众。

4. 目前反特务土匪斗争工作应和群众性的反奸诉苦斗争密切结合起来，一致起来，从行动中保卫群众利益，保卫我们的解放区，保卫我们群众的翻身，保卫我们的民主政权，使我们的根据地巩固起来。

主席　黎　玉

选自《山东革命历史档案资料选编》，第 16 辑，济南，山东人民出版社，1984 年版，第 433～434 页。

22. 山东省政府关于公安司法处理案件关系的决定

1946 年 9 月 16 日

公安局与司法部门的任务，都是保护人民利益，维持社会革命秩序，扶持人民翻身，依法律来执行其职务。但其工作范围，究有不同，所以在双方处理案件的关系上，亟应有明确的划分。惟以过去处在游击战争的环境，和司法工作建立较晚的关系，所以有许多应归司法机关受理的案件，不得不暂由公安局处理，以适应环境的需要。现在司法工作已逐渐加强，而今后公安任务亦趋繁重，若再不明确划分职权与确定双方之关系，实不足以应客观之需要。为此，特就处理案件上作如下之决定，仰各级公安司法部门切实会商研究执行为要！

一、在处理案件时，确定司法部门为审判机关，公安局为检察机关。嗣后凡一切民刑诉讼案件，统归司法部门审理裁判，公安局则对于知悉有特务、奸细、盗匪以及其他危害社会秩序或人民利益之犯罪案件，有权检举，传集人证，侦察预审。审讯结果，如认为证据不足，系出于误会，或政策上无处罚之必要者，即可决定将嫌疑人释放；如认为已有充足犯罪证据者，即可作为原告起诉，送司法机关处理，不得自行判决。

二、公安局侦察预审后，认为应行起诉的案件，应即作成起诉书，述明（1）犯罪事实之经过，（2）证明犯罪之证据，（3）应主张应判处之罪刑，连同嫌疑被告及所有材料，一并移送同级司法部门受理审判。

虽案件在司法机关审判中，公安局若继续查获有利或不利于犯罪嫌疑人之证据材料时，仍可整理，再送司法部门审查参考。

三、司法机关于接受起诉书后，应即审阅全案材料，如认为材料尚不充足或未送齐时，可函请公安局补送；如现有材料不足证明犯罪时，即可直接调查。认为已达于审判程度时，应即定期开庭审理，并限于开庭前三日通知公安局出庭陈述意见，若对判出罪刑司法与公安意见不一致时，应即提出〔交〕同级行政会议讨论决定，予以判决。但公安局仍有意见时，不妨对判决提起上诉。司法机关判决后，应分送判决书于公安局及被告人。

四、公安局于接到判决书后，如不服时，可于法定上诉期间，即收到判决后（十日内），向原判决机关提出理由书上诉于上级司法机关。原判决机关于接受上诉书后，应即将全案卷宗及判决原本，一并呈送上级司法机关核办。

上级司法机关审理前项上诉时，应征询同级公安机关（督察专署区通知公安督察员）提出意见，若认为上诉有理由，原判决不当者，应即废弃原判，另为判决。若认为上诉无理由驳回上诉时，仍应送达判决书于同级公安局，有不服者，仍可于法定上诉期间提起上诉。上诉审级各行政区案件，以行政公署为终审，但重大政治案件，仍呈请上级批准。直属专署以省司法厅为终审，但重大政治案件，亦应呈请上级批准。

五、凡判处徒刑之犯人，统由司法机关填明“指挥执行证书”送徒刑犯人教育所执行，公安局只设“拘留所”看押其所辖之未决犯。但死刑之执行，仍交由公安局负责执行，并将执行情形，通知司法机关，呈报上级备案。

六、公安局为便于侦察及搜索证据，得传唤人证，拘捕嫌疑被告，搜索和检验尸体及犯罪场所。传唤拘捕搜索时，得由公安局直接发给“传票”“拘捕证”“搜索证”于执行人。此项证件须及时出示［给］被拘传人和被搜索人。检验尸体，应作“检验书”，证明尸体所在地有关罪犯之情形、尸体位置形状、伤害情形，必要时应绘具图说（附公安各种用纸格式供办事应用）。

七、凡群众向公安局提起一般民刑事件的告诉告发时，公安局认为无〔毋〕庸着手侦察者，得说服令其向司法机关直接起诉，但若系检举奸匪或危害人民之重大刑事案件，应即受理进行侦察逮捕，并搜索证据，不得希图省事，任意推诿，致丧失时机或犯人逃跑。

司法机关于调查刑事案件、犯罪证据，需要协助时，可函请公安局协助进行，公安局不得拒绝。

八、对于汉奸战犯之处理，仍依照前发之处理汉奸战犯工作的决定办理。

主席　黎　玉

原编者注：本月十九日，省府发出总字第三十六号通知，对执行该决定的问题作了说明，指出：明确规定公安司法两种工作的结合，尚属创举。同时由于该项工作复杂繁巨，只有在实践中不断补充修正，才能逐渐完善。要求各级政府一面研究执行，一面将执行中的困难和不合适之处呈报省府，以便改进。

选自《山东革命历史档案资料选编》，第 17 辑，济南，山东人民出版社，1984 年版，第 349～352 页。

23. 山东省公安干部立功暂行条例

1947 年 2 月 25 日

第一章　总　则

第一条　为肃清奸细特务，保卫民主秩序，巩固后方，特制定本条例。

第二条　凡我山东公安干部、战士、机关与部队，应高度发挥工作热情与责任心，为人民立功。

第二章　立功条件

第三条　凡公安干部、战士、机关与部队，在反奸工作中能完成下列条件之一者，即为一功。

一、在艰难环境下积极工作坚决完成任务而有显著成绩者。

二、在治安工作中有新的创造与建设者。

三、获得敌人重要秘密文件、武器或物资者。

四、破获重大特务、间谍、侦探案在一件以上者。

五、发现特务奸细活动有实据能迅速扑灭而未逃窜者。

六、遇有发生各种危害人民事件时能立即解除其武装和逮捕主谋者。

七、遇有扰乱秩序，鼓动与组织群众暴动时，能迅速扑灭或制止并将凶犯活捉或击毙者。

八、进剿匪特有重大缴获与捉获或击毙匪首一名以上者。

九、反特剿匪斗争经验有重大创造者。

十、在发生重大事件时能勇敢拯救干部与群众脱险者。

第三章　评功与记功

第四条　各级公安机关，以民主方式产生评功委员会（三人至五人，由工作积极、与群众有密切联系之同志参加，各级局长为当然委员）。

第五条　各级委员会应建立功劳簿，将个人工作成绩和功劳进行登记。

第六条　评功应自上而下评定其功劳，并将功绩呈报政府和上级公安局明令公布。

第四章　表扬与惩罚

第七条　凡经第六条所记下之功劳，均应受到表扬奖励。

第八条　有功必记，记功必赏。功可视其对人民贡献之大小，评定其为特等、一等、二等、三等功劳，给予不同的奖励（明令、通令、奖章、奖状、奖旗、物质等奖品）。

第九条　个人立功，个人得奖，集体立功，集体得奖。

第十条　发奖规定：省局颁发褒扬明令、奖状、奖章；行政区颁发通令、奖旗、物质；县发通报表扬。

第十一条　如违犯工作纪律，根据其错误程度应受惩罚（警告、记过、免职、禁闭）；如愿继续为人民立功，可将功折罪，按实际情况减轻或免受处分。

第五章　附　则

第十二条　凡对反奸工作有显著成绩或完成某一特殊任务时，而为本条例第三条所未包括者，亦应视为有功。

第十三条　本条例经山东省公安总局制订〔定〕，自公布之日施行。

第十四条　本条例如有未尽事宜，由山东［省］公安总局明令修改之。

选自《山东革命历史档案资料选编》，第18辑，济南，山东人民出版社，1985年版，第286～288页。

24. 山东军区海防司令部山东省政府海防办事处布告——关于肃清匪特巩固海防问题

1947年3月

现值山东人民解放军与反动派蒋介石大会战之际，我沿海居民正热火朝天出夫担架搬草运粮奋力支援前线，日以继夜地为前线胜利而斗争，无论工农青妇民兵儿童的最大多数群众，皆深明战争意义，保乡即保田，打垮反动派才保牢了饭碗，人民生活赖以安定，民主事业益臻巩固。

惟我沿海各港口，商旅聚集，人烟杂遝，近数月来，为反动派特务暴徒出入潜迹，造谣惑众，动辄煽动群众逃亡出口，尤以吸引青年，名为出口谋生，实则出卖壮丁以遂其拯救反动派兵源枯竭和破坏我后方参战秩序之阴谋。本部、处闻报数受此种威胁利诱欺骗而盲从者，颇不乏人。又有武装特务，号称蒋记还乡团，伙藏山窝，竟敢劫杀民兵，阴谋暴动，虽经一再翦〔剪〕除，而零散潜匿，为害宵夜。其于口外，则有匪船出没，劫掠商船货客，损失无累千万。凡此均属反动派蒋介石穷极无聊，嗾使连云青岛各地顽固地主及逃亡伪军官兵，以扰乱为患［危害］我沿海民生。本部、处奉命成立伊始，理应积极肃清匪特，巩固海防，保境宁民，安便商旅，兹特颁布紧急措施办法数条，并饬令各海上公安分局与区、镇、村公所合力协办，仰我沿海各县军民一体遵照为要。

一、各海防部队、区中队、民兵于海岸线应立即划分联防区，昼夜巡逻，防止匪特登陆及壮丁出口。

二、凡发现成股武装匪特潜入我解放区活动时，当地居民应迅速报告驻军协同清剿。

三、凡各村镇如发现隐匿匪特，准由群众公开检举，或捕送驻军及政府法办，各村更应进行治安公约运动，全力防奸。

四、凡沿海船主均须到海防办事处海上公安局登记，领取执照。往来客商于出入口时概须到公安局登记。

以上各条如办理认真，著有显效者，得分别记功议奖。

一、凡造谣破坏煽动群众扰乱人心者；

二、凡组织解放区人民外逃者；

三、凡潜入解放区进行各种破坏活动者；

四、凡船主不经许可，而私自运送大批人口出境者；

五、凡破坏当前支援前线任务者；

六、凡隐匿匪特不报者；

七、凡听信谣言盲从特务，携眷逃跑者。

有犯上述各条之一的，一经查觉，当分别轻重法办。

此布

司 令 员　赵　昭
政委兼主任　王众音
副 司 令 员　吴福海
副 主 任　丛烈光

选自《山东革命历史档案资料选编》，第 18 辑，济南，山东人民出版社，1985 年版，第 397～399 页。

25. 新四军兼山东军区　山东省政府联合命令
——关于防谍工作

1947 年 4 月 25 日

爱国自卫战争不断的胜利，已使蒋介石反动统治日益临近总崩溃的边缘。但是蒋介石反动派在美帝国主义的帮助下，正千方百计，穷凶极恶，图以军事冒险与特务活动来延长它已不可能继续下去的万恶统治。我为最后战胜敌人，特作如下防谍命令：

一、解放区全体军民应采一切有效办法严密封锁军情，一切人民、军队，应知保守军队行动、作战、装备、人员、番号与驻地等秘密，是争取主动战胜敌人的重要条件之一。我军无论前方与后方、机关与部队、行动或休整，均须严格保守秘密，司政机关应负责保证军事秘密。解放区各级公安机关与各级人民武装部必须动员群众保守军事秘密，并立即实施与公布军事封锁与防谍戒严办法。

二、我全体军民应为巩固后方肃清奸特而努力。查最近奸特活动时有发现，或发信号弹以指示敌机轰炸目标，或侦察军情、偷听电话，以窥我军事动态，甚至还有小股武装特匪活动，为害甚大。部队应不管在任何地区均须予地方党政机关以协助，发动群众，清查户口，检举特务，布置防奸公约教育，日间盘查放哨，夜间巡逻会哨，普遍成立基点村反奸防匪指挥机构，务须于短期内肃清特务活动。

三、巩固人民军队。我军由于胜利发展，俘虏成分增加，难免混进少数特务，平时暗藏破坏，而战时则火线叛变。为此，加强保卫工作十分重要。必须使大部新解放战士得到改造，成为革命战士，但又须分清真假，识别少数奸细予以清除及处置。只有我军更巩固更团结，战胜敌人就愈迅速。

四、全体军民在战时状态之下，均须切实遵守革命秩序，服从政府法令，自觉执行纪律。凡军队人员因公外出，必须持本机关证明文件及路条，交沿途民警查验。通敌区之大道，公安机关应协同驻军当局设立检查所，来往军民及车辆均须服从检查，以防特务伪装混入，滋生事端。

以上命令，各机关部队、人民团体、公安机关应切实研究，严格执行！

右命令

新四军军长兼山东军区司令员　陈　毅
新四军副军长兼山东军区副司令员　张云逸
新四军政治委员兼山东军区政治委员　饶漱石
山东省政府主席　黎　玉

选自《山东革命历史档案资料选编》，第18辑，济南，山东人民出版社，1985年版，第464～465页。

26. 中共华东中央局海防委员会关于备战工作的指示

1947年5月1日

目前情况较紧张，敌人在华东实施重点主义，特别是在山东，我滨海地区除西、南方向敌人正经常加紧东进北犯，随时到达沿海可能外，海上敌特武装还乡团等，亦可能乘机骚扰。海委会为此特召集专门会议进行研究讨论，认为我沿海军民，特别是各重要海口，必须立即进入备战，并对备战中应注意之问题作指示如下。

（一）正确认识目前战争形势

目前华东战场，特别是山东战场，蒋介石已投入相当数量之兵力，企图作孤注一掷，以挽救其颓势。最近不断作冒险进攻，我则仍然采取寻求有利时机与阵地打击敌人，因而在某些地区必然形成拉锯斗争形势。所以，某些地方的暂时得失与恶化，是不可避免的。但不管怎样，全国形势已极有利于我，晋中、晋冀鲁豫蒋军已完全走上劣势，晋察冀、东北、西北我军也逐渐又得主动。《战局的转折点》中即明确提出了“全国战局将从此全面的〔地〕起变化，可以预计四月开始的二三个月，蒋军将由攻势转为守势，人民解放军将由守势转变成攻势，蒋介石从此走下坡路，再没有什么本钱挽救其普遍全国战场的颓势了”。最近晋南、冀鲁豫等地的大捷，更足以说明了这点。但我们有些干部和群众，却对整个有利于我的形势认识不足，平时对战争是麻痹、漠不关心，一端〔旦〕近区情况紧张，即感到惊惶〔慌〕失措、恐慌动摇的思想。为此，所有干部必须在各学委会领导下，经常研究有关时事的重要社论、消息，各海口管理处应即展开对《战局的转折点》社论的学习（四月二十一日《大众日报》所载），以澄清目前干部思想中的混乱。

（二）备战中的具体工作

（1）物资迅速分散保存，次要土产物资可在附近分散（因敌如不来，还要坚持贸易与日常工作），军用资财则应迅速向较安全地带转移。

（2）机关与各公行之干部人员要适当进行精简，老弱残废要尽先分散转移，精悍者坚持工作。

（3）以各海口管理处为主建立情报工作，各公行机关所得情况不得随便流播，必须及时告知管理处，由管理处正确研究综合分析后，统一及时发出通报，并及时报告海防办事处。

（4）严格禁止小广播，不准随便偷听电话与随意传播情况，更不准私自推测与制造情况，或有意曲解负责同志报告。有收音机之机关，除收听新广〔华〕社广播与商情外，非主要负责干部不得随便收听造谣公司中央社的广播，否则管理处有随时禁止之权。各行所收到之蒋伪报纸，亦应妥为收存，交与〔予〕管理处转送办事处，并严格禁止一般人阅读。

（5）为应付情况、领导战争及坚持一定地区，各海口之各机关部队可共同组织大队部或指挥部，下设小队或班，平时可以掌握情报、镇压特务，战时可以决定转移，坚持开展对敌军事斗争等。该组织可由管理处主要负责同志任政委，并吸收各行中有军事经验之干部与驻军及地方分区委负责人共同组成。

（6）适当布置点线关系，以备万一该地区恶化时打入工作。

（7）积极帮助地方工作，目前应加强群众对时事与备战之认识动员，并尽力协助反特复查，加强依靠基本群众坚持战争的观念。

（三）可能到来的情况与我们［的］基本应付方针

（1）在敌人兵力强大、猛烈进攻或面的占领时，各海口机关部队可先求得适当的安全转移，以不遭受不必要的损失为原则。

（2）在敌人仅系配合奔袭或短时间清剿性质，则应就附近地区游击，坚持工作，打击敌人之清剿小股，镇压特务，保护资财，支持群众反蒋斗争。

以上各项，希各海口工委及管理处详加研究，得出具体办法向下传达，既要备战，又不要惊慌失措。首先要求打通干部思想，认清形势，克服左右倾偏向，为领导上当前主要注意之点。

此致

工委会

海防委员会

五月一日

选自《山东革命历史档案资料选编》，第19辑，济南，山东人民出版社，1985年版，第19～21页。

27. 山东省政府关于公安局工作的几项决定

1947年5月29日

兹为照顾各级公安局在目前工作上的实际困难，以确定制度加强工作，达到配合战争巩固后方之目的，特就人数配备、武装经费等项作如下之决定：

一、支前与巩固后方之人数配备：各级公安机关之支前人数不得超过全体干部人数四分之一。公安机关除以不足四分之一人员直接参加支前工作外，应在巩固后方工作中配合支前任务，如在民兵民夫中配置临时指定之保卫人员、防奸骨干，并随时随地负责肃清破坏支前之国特等。其不足四分之一之支前干部，在支前工作中亦应尽量做到不改行，仍负责支前组织中之保卫工作。

二、县级公安武装之规定：各县公安局应有足够之武装，以负担剿匪反特之任务。兹规定大县公安局之警卫队应为一个连，其人数为一百名，小县公安局之警卫队应为两个排，其人数为六十名，兵员由各县设法动员，武器弹药由各军区军分区协助补充。各级公安局应对此项武装认真训练，各军区军分区应保证对此项武装不加调动。警卫队之生活待遇与地方兵团同。

三、公安局侦察经费之规定：各级公安局为进行侦察工作所需之必要费用，可由各行政区公安局负责按期制出预算，经同级党委之保卫委员会及上级公安局核准后，向行政公署领取，实报实销。各级党委应严格掌握，以免浪费。

四、囚粮等规定：各级公安局所押囚犯，以迅速处理为原则，在此原则下，其囚粮应一律准予报销。囚犯菜金以各单位生产自给为原则，其有特殊困难者，亦可斟酌准报。因争取利用而必须优待之特殊犯人，其优待费用可另报销。

主席　黎　玉

选自《山东革命历史档案资料选编》，第19辑，济南，山东人民出版社，1985年版，第31～32页。

28. 中国人民解放军华东军区济南特别市军事管制委员会布告——为确立革命秩序保障社会安宁由

1948 年 10 月 7 日

为确立济市革命秩序，保障社会妥宁，特颁布命令如下：

一、国民党、三青团及其公开和隐蔽的特务机关等一切反动组织，着令即日解散，停止任何活动。各该组织人员应即依法向本市民主政府所指定之机关登记，交出一切反动证件，如有武器者更应交出武器，民主政府当分别首要、胁从从宽发落，即令过去曾有危害人民之罪行，亦得从轻减免。倘有隐瞒不报，或潜谋活动者，一经查获，定予法办。

二、蒋匪散兵游匪还乡团员等，限布告后迅速自动向本市各区政府交出其所有武器弹药及军用物品等，安分为民，违者严办。对上述分子，一切市民均有检举之责，检举属实者有奖，有意隐藏包庇者处罚。

三、严防蒋匪暗藏匪特及不法之徒进行军事破坏、放火、放毒、暗害、抢掠等残害市民的罪恶行为。如遇上述情况发生，一切军民人等均有权将人犯当场扭送我军警公安机关法办，或迅速向我军警公安机关报告，以便紧急处置，确保人民生命财产之安全。

四、蒋匪之秘密仓库及秘密埋藏之武器、弹药、电台及一切军用物品、文件、物资等，凡属知情者，均须报告本会，其报告属实者有奖，隐匿不报者处罚。

五、蒋匪散遗之武器弹药、军用物品、文件、物资等，民间不得收藏，自动交出者奖，藏匿不报者罚。

六、对一切公私工厂、商店、仓库、学校、教堂、医院、电灯、电话、交通工具、公共建筑物等，严禁任何破坏、抢掠及盗窃等违法行为，违者严办。

以上各项，仰各切实遵行为要。

此布

主　任　谭震林

副主任　曾　山

选自《山东革命历史档案资料选编》，第 21 辑，济南，山东人民出版社，1986 年版，第 175～176 页。原注：“原载 1948 年 10 月 7 日《大众日报》。”

29. 中共中央山东分局社会部关于处理封建迷信道会门问题的指示

1949 年 6 月 20 日

甲、近来不断发现道会门在国民党特务操纵利用下，散布谣言，扰乱社会治安，甚至煽动武装暴动。如安邱阿陀区九宫道，在特务分子孙作舟操纵下，纠集会徒杀死我邮务人员三人，伤一人；在蒙城（安徽）、宿县（苏北）、铜山等县，最近亦发生小刀子会，策动武装暴动，袭击县区政府，杀害地方干部；在济南最近发现由国民党中央社会部派遣特工分子，专门从事会门活动。从上述事实说明，今天对会门亦不应单纯从其封建迷信方面去认识，或简单当作一件〔个〕社会问题去处理，而必须看到它今天已成为常被反动分子操纵利用以进行各种反革命活动的集团，应当作目前安定社会秩序、巩固后方治安中一件重要问题去处理。

乙、为了根本的〔地〕取缔道会门活动，达到彻底消灭反动残余势力的目的，应注意以下问题：

一、在解放区内应由政府明令宣布：会门为反动、非法组织，并着令解散（省府布告即发下）。这样在政治上划清界限，使被欺骗被蒙蔽的群众易于觉悟，使未参加者有所警惕。但在处理时，应将普通会首与特务会首，已被特务操纵利用、有组织的〔地〕进行反革命活动与单纯的群众封建迷信的行为（如烧香、拜佛、求神水等），反动会首与广大被欺骗胁从的群众等具体情况加以区别，采用分别对待，明确宣布首恶必办、胁从不问、立功受奖的方针。依据以上各种不同情况、不同对象，采取各种不同方法，争取教育绝大多数被骗胁从的群众，孤立会门首领，打击乘机诈取欺压群众的一般作恶分子，严惩从事阴谋破坏活动的特务分子及罪恶重大的首恶分子。切实防止乱打、乱斗、乱捕及重复过去逼供信的错误的发生。

二、对已被反动分子操纵利用，进行武装暴动的道会门，必须采取军事政治双管齐下的办法，予以镇压和瓦解，然后再分别轻重分别对待。

三、取缔道会门，切忌将天主教、耶稣教、回教等宗教团体混同起来。我们对以上宗教团体是允许信教自由，但绝不许其有违法活动，必须遵守人民政府法令，犯什么法即按什么法来处理他。

四、对道会门中的首恶分子与特务，一旦查有实据，即根据犯罪事实与轻重依法判处，并在群众中普遍揭发宣传以启发群众觉悟，使其逐渐脱离会门的组织与逐渐肃清会门在群众中的影响。但罪恶不大且悔过有据，准予将功折罪从宽处理。对其中胁从分子、盲从分子，特别是一般迷信的基本群众，则应一律宣布无罪，一律不加逮捕，不实行普遍登记，令其安居生产。

五、各级党委应责成公安机关对道会门进行内线侦察，配合公开调查，了解其组织状况、活动方法、政治关系、内部黑暗及群众反映等，加以研究。这一内线工作应作长期打算，直到反动道会门之彻底瓦解为止。

六、凡党员干部参加道会门者，必须向组织坦白承认，并讲出内部情况后彻底脱离会门组织，如阳奉阴违欺骗组织者，应予以处分以至开除党籍处分，曾犯有罪恶事实者，按其轻重依法处理。

七、凡发生流行病症的地区，各级党政军机关必须尽可能的〔地〕组织医疗队，帮助群众消灭疾病，同时教育群众进行防疫工作，以便有病群众得到正当治疗，使群众得到事实上与精神上的慰籍〔藉〕，而脱离反动迷信道会门的影响。

八、广泛宣传人民解放军的胜利，坚定群众的胜利信心，以揭露反动道会门的欺骗宣传，以提高群众对党与人民事业的信心，而自觉的〔地〕脱离反动道会门的组织与影响。

选自《山东革命历史档案资料选编》，第23辑，济南，山东人民出版社，1986年版，第38～40页。

30. 山东省人民政府关于取缔会门道门的布告

1949年6月28日

查会门道门，不仅为封建迷信组织，且常为反动分子操纵利用，以进行各种反革命活动。在过去抗日战争时期及三年来解放战争当中，均曾发生破坏作用。一般无知人民，每受其欺骗愚弄，误入歧途，致干法纪，殊堪痛惜。近者国民党反动派为作垂死挣扎，正分遣特务匪徒，混入内地，阴谋掌握会门道门，蛊惑落后人民，散播谣言，拨弄是非，甚至竟敢组织武装暴动，向人民进行残害等罪行，迭经各地公安机关破获有案。本府为保障人民利益，维护社会治安，挽救一般误入歧途的会员群众，并予首要分子以自救自新之路，特规定取缔会门道门办法如下：

一、自布告之日起，所有会门、道门即为非法组织，应一律解散，不得再有任何活动。其首领一律向当地县、市政府所属公安机关进行登记。如抗不登记或继续活动者，一经查明，定予惩办。

二、凡以会门道门为掩护，阴谋或公然武装暴动叛乱，及从事抢劫暗害等破坏活动者，定予缉拿，严惩不贷。

三、凡会门道门之首要分子，其曾与匪特勾结或有犯罪行为者，如能悔过自新，交出其所有文件、物品及各种武器，今后决不再事活动者，当予以宽大处理或酌情准其立功赎罪，其未与匪特勾结，亦未有犯罪行为者，只要履行登记，即予免究。

四、所有被胁迫、被诱骗而参加会门道门的一般会员群众，一经脱离组织，停止活动，即一律不予追究，其能揭发匪特阴谋，并检举其各种破坏活动者，当酌情予以奖励。

五、凡早已脱离组织或早已停止活动之会首、会众，一律不咎既往。望各安生业，勿自惊扰。

以上取缔会门道门办法，旨在保障人民利益，维护社会治安，挽救一般误入歧途之会员群众免遭祸害，并予极少数首要分子以自救自新之机会。希各界人民，共体此旨，本治病救人方针，用说服劝告方法，群策群力，贯彻实行。使未参加者有所警惕，误入歧途者从速脱离，首要者投案自新。对执迷不悟，继续进行暗害破坏活动者，检举揭发。以期肃清匪特，安定社会，巩固革命秩序。同时并望慎防破坏分子乘机制造谣言挑拨是非，及禁止滥施斗争、随便捕捉，以免别生枝节，予奸特以鼓煽之隙。

切切

此布

选自《山东革命历史档案资料选编》，第23辑，济南，山东人民出版社，1986年版，第53～54页。

31. 山东省人民政府关于扑灭特务破坏克服贪污浪费保护人民国家财产的训令

1949年7月22日

令本府各厅、部、行、局、会，各企业单位，及县以上各级政府

近数月来，各地失火爆炸、会门叛乱、特务暗杀，以及贪污公款、携款潜逃、丢失公款等事件，接连发生，使人民国家遭受浩大损失。究其原因，主要有三：（一）特务匪徒捣乱破坏；（二）管理不善，玩忽职守，不负责任；（三）少数工作人员享乐腐化思想上升。以上三种原因，均非出于偶然，而是在胜利形势下，因部分工作同志政治上麻痹或是思想上发展自由主义和个人主义的必然结果。但我各级领导对此缺乏预见，未能于事先主动预防，事件发生后又未能引起重视，及时给予制止克服，甚至采取轻轻放过、漠不关心的官僚主义、自由主义态度：有的认为偶然不慎，满不在乎，连报告也不做；有的检讨检讨就算了事；有的报告损失，而不追清责任；有的虽也深刻检讨、及时报告，却很少接受教训，提高政治警惕性，在工作上采取积极有效的措施。为此，亟应在政府机关、企业、工厂、学校、各级领导上引起严重注意，提高认识，以严肃的负责态度，首先向这种官僚主义、自由主义作坚决的斗争。

我们必须认识：帝国主义者及其走狗中国反动派对于他们的失败是不会甘心的。他们在溃逃以前，已预先地布置了潜伏的特务活动，最近正又派遣特务匪徒返回，策划联系。因此，我山东全境解放之后，除继续支援战争外，在本省境内对敌斗争的主要形式便是肃清特务匪徒的捣乱破坏。每一个机关单位，每一个工作人员，都必须时刻提高警惕，扑灭特务匪徒，粉碎其任何一项捣乱阴谋。过去特务匪徒所以能达到某些破坏目的，正是因为我们放松警惕、太平麻痹所致。有的同志了解了某些事件系特务破坏之后，常常觉得不要自己负责，不去检查自己的太平麻痹思想，提高警惕，不把扑灭特务匪徒、粉碎其任何一项破坏阴谋作为自己的责任。这种官僚主义、自由主义的态度，是极其有害而且是完全错误的。

我们必须认识：由战争转入建设，由打天下转入管天下，由乡村进入城市，工作是越来越复杂了，新问题、新事物是越来越多了，我们缺乏经验，缺乏一定的知识。因此，我们必须迅速的〔地〕、认真的〔地〕钻研学习，改变已不适用的某些农村的、游击的老办法，建立严格的、精密的、科学的组织和制度，以防止任何的浪费损失和破坏。每一个机关单位，每一个工作人员，应该严肃的〔地〕认识：中国的工业基础十分薄弱，经济状态十分落后，生产建设是一个极其艰巨的任务，我们只有高度发挥勤劳艰苦的传统，充分利用现有的基础，一点一滴的〔地〕积蓄起来，一个螺丝钉、一尺铁丝、一柄铁锤、一张纸、一块钱都是宝贵的。我们应该树立保护人民祖国财产的明确观念，爱护一切人民国家的财富像爱护自己的生命一样。坐视人民国家的财富遭受浪费损失和破坏而漠不关心，不积极想出办法严密组织管理的官僚主义、自由主义的态度，则是极其有害和完全错误的。

我们必须认识：在伟大胜利形势下，尤其进入和平建设和城市环境中，某些意志不

坚、思想不纯的分子，享乐腐化思想必然上升，倘使领导上麻痹自满、放任不管，不及时加强教育、严格管理、严肃纪律，则贪污浪费事件将无法防止。这不仅使人民国家的财富招致严重损失，而且会葬送不少可以改造的人员。那种听之任之、不主动教育管理，和事件发生后单纯检讨报销，而不追究责任、严肃政纪、加强教育、警惕大家、玩忽职守、不负责任的官僚主义、自由主义的态度，是极其有害和完全错误的。

为此，本府特印发新华社短评二则（《消灭麻痹倾向，扑灭特务匪徒》及《保护人民祖国的财产》）及几个附件（此文件已发下），并将近来本省发生的重要事件印成通报，印发各直属部门单位及县以上各级政府，以新华社短评为主（本府取缔会门道门布告及惩治盗匪条例可一并学习），由各行政首长负责，发动组织学习。对于这一学习，不得视为一般学习，必须于学习中切实检查自己的思想及工作，并于个人学习检查之后，召开会议综合检查本单位的领导思想、组织制度、管理方法及工作纪律，定出今后的改进办法，作出简明决议，报告上级，经批准后贯彻执行。

除本府各厅、部、行、局、会已经统一布置于本月十七日前学习检查、作成简明决议报告本府外，各直属机关、企业、工厂、学校及县以上各级政府，于接到本训令后，均应立即开始学习检查，并于半个月内作出决议，报告上级。本府各厅、部、行、局及各行署、各直属专署、各直属市［府］，除在本机关组织学习，进行检讨，作出决议报请本府批准后贯彻执行外，并应对所属各单位的这一学习加以计划领导督促检查，以期迅速完成，并通过这一学习，能在消灭麻痹倾向、扑灭特务破坏、克服贪污浪费、保护人民国家财富方面，有显著的进步与切实的效果。

切切此令

选自《山东革命历史档案资料选编》，第23辑，济南，山东人民出版社，1986年版，第192～194页。

32. 山东省人民政府公安厅为巩固城市治安加强公安派出所的决定（草案）

1949年9月3日

根据城市工作特点，取消街政权后，加强公安派出所是很重要的工作。因此，除将街干有计划的〔地〕动员配备派出所外，政府应派得力干部或革命工人、学生到派出所去工作，以加强公安派出所。为此，特作如下决定：

（一）根据本省各城市之实际情况，决定五万人口以上之城市，可按情况划分若干市内区与市郊区，设市公安局，下设分局，分局下设派出所；在人口三万至五万、地区集中之小城市，只设市局（或分局），下设若干派出所，以免组织重叠、臃肿不灵，且浪费人力物力财力。

（二）公安派出所的性质：派出所为人民政府公安局派至一定地区具体执行公安工作的基层组织，也是我们人民政府直接联系群众的组织，是保卫人民民主建设的工具。它直接受公安局领导。

（三）公安派出所的任务与具体工作：是维护人民政府的法令，联系人民群众，保护人民生命财产安全。其具体工作为：

（1）管理户口，进行社会调查，反映社会情况。

（2）肃清敌特盗匪，防止偷窃破坏。

（3）防火防险，并协助指挥防空。

（4）处理违警事件，调解群众纠纷。

（5）整顿市容，管理卫生。

（6）保护公共建筑物，取缔违章建筑物。

（7）建立群众治安力量，建设民警。

（四）派出所的工作权限：

（1）除通缉在案者及现行犯外，无擅自捕人之权。

（2）无执行罚金、没收、停止营业等处分之权，凡有关必须进行罚金、没收、停止营业等处分，必须呈请上级处理。

（3）有检查与盘查可疑人事之权。

（4）有处理一般性的违警事件之权，但如须〔需〕处罚时，不经请示批准不得办理。

（5）有拘留违警与违法分子之权，尽可能于拘留后一小时内报告直属上级，请示处理办法，总的拘留在派出所时间不得超过四小时。

（五）公安派出所之组织与分工：

（1）派出所按情况，以一千五百户至二千户设一派出所，每所设正副所长各一人，干事三人，文书一人，警长警察若干人（按复杂与否，以一百五十户至二百户设一户籍警，交通警集中分局管理）。各派出所得单独设立伙食单位。

（2）市郊区按情况可设派出所。该所除上述组织外，可设脱离生产武装若干人。村应设村公安员及不脱离生产之自卫队（或叫民兵、民警），受派出所领导。为保证行政工作之完成，应建立不脱离生产之村公所，受派出所领导。

（3）正副所长秉承上级之命令，领导全所人员，坚决执行派出所各项任务。干事三人，在所长领导下办理日常事务之交办事项，管理户政，管理长警，并带领与督促长警执行各种公安行政工作等。文书负责抄写整理文件材料，保管档案等。长警接受上级命令，办理全所辖区户政工作及执行各种社会治安任务。

（六）奖惩制度：凡执行上述工作与遵守纪律有显著成绩，经上级查明属实者，得酌情予以奖励提升，如有违犯上述工作及其他违法行为，得酌情予以适当之惩处（奖惩条例另订之）。

山东省人民政府公安厅

九月三日

选自《山东革命历史档案资料选编》，第23辑，济南，山东人民出版社，1986年版，第416～418页。

十五、司法审判与狱政

1. 山东省战时工作推行委员会关于民事案件厉行调解的通令

1941 年

查民事诉讼日渐增多，其非经诉讼不能解决之重大案件固属有之，而其情节轻微，不经诉讼即可调解完结之案件亦所在多有。兹为减少民间讼累，杜绝不必要之诉讼及易于判结案件起见，特为决定如下：

（一）凡民事案件，无论大小，一律先由区调解委员会试行调解，调解成立者，应即由调解委员会发给调解笔录（其效力与判决同）；其调解不能成立者，应即发给调解不成证书，以凭起诉。凡不经调解或未持调解不成证明书者，概不受理。

（二）调解委员会系司法上之协助机关，不在正式审级之列。故其调解程序依其性质及敌后情形不受诉讼法之严格限制，其法律依据亦以抗战法令与当地之善良习惯为主，其方式更应［以］和婉、耐心、公正为尚。凡稍步威迫利诱或处罚拘役，均属违法。

（三）区调解委员会应以区长及群众团体代表与公正士绅共同组织之为原则。对案件之调解应先由会议根据事实决定处理办法，以防包办独裁之弊。

（四）各级司法机关对所属调解委员会应经常检查、督促、指导其工作，充实其组织，纠正推诿放任、漠不关心的态度。

以上各节俱经本会第一次常委临时会决定记录在案，仰即遵照办理，并仰参照前颁区调解委员会组织条例切实计划，深入检查，以便保证该项决定之彻底实行为要。

此令

主任委员　黎　玉
常委委员　李竹如　张伯秋
耿光波　艾楚南
杨希文　刘居英

选自《山东革命历史档案资料选编》，第 8 辑，济南，山东人民出版社，1983 年版，第 92～93 页。原注："据考证，此件成文于 1941 年。"

互校版本：《中国新民主主义革命时期根据地法制文献选编》，第 3 卷，北京，中国社会科学出版社，1981 年版，第 659～660 页。原注："选自山东省政府秘书处《战时法规政令汇编》第二辑。"未注明发布年月。

2. 山东省调解委员会暂行组织条例

1941 年 4 月 18 日通过、公布、施行

第一条　为及时解决民间民刑争执，减少讼累起见，特根据《改进司法工作纲要》第四条之规定，成立各区乡调解委员会。

第二条　各区乡调解委员会得独立行使职权，区调解委员会与乡调解委员会为领导关系。

第三条　调解委员会由区乡长、各群众团体代表及公正进步士绅共同组织之。其委员名额，由各地斟酌实际情形商定之，区乡长为主任委员。

第四条　调解委员会主任委员之职权，为处理会内一切日常工作、指挥调解事宜及指导下级调解委员会之工作。

第五条　调解委员会专司调解及调查，搜集证据系指案件之证据及事实之真象〔相〕。

第六条　调解委员会之委员如其亲属或有特别关系之人为被调解当事人时，得由上级调解委员会调解之，或由上级调解委员会指定其他同级调解委员会调解之。

第七条　调解应采合议制，案件之最后决定，须经参与调解之各委员共同组织之评议会决定之。

第八条　各区乡调解委员会调解案件，如遇两造不同县区乡时①，民事得由被告所在地、刑事得由犯罪地之调解委员会调解之。

第九条　调解成立后，应制作调解笔录，交付或送达当事人，不得以判决行之。调解笔录之效力与判决同。

第十条　调解委员会于接受案件后，应即时定期召集双方当事人进行调解，不得借故

① "山东法规版"为"两造不同县区乡时"，"社科法制版"印作"两造不同［住于］某区乡时"，"山东资料版"印作"两告不同县区乡时"。

拖延。

第十一条　调解案件应以和婉公正态度耐心调解与说服，不得［以］威迫利诱及其他一切不正当方法处理之。

第十二条　调解案件不准收受任何费用，其不能书写声请调解书者，口头申述亦得受理，但须制成笔录附卷。

第十三条　调解应倾听双方陈述，详察案情，若事属可疑，应即设法调查，不得徒依片面之词妄作臆断。

第十四条　调查应尽量采用习惯与法理，但庸俗的道德观念及有害抗战与仅有利［于］少数人之习惯，不得采用。

第十五条　凡调解不成之案件，应将该案所有文卷、证据及调查所得之案情，一并呈送上级司法机关审理之。

第十六条　为便利民众与及时检查地方上破坏抗战之分子，调解委员应轮流到所辖区域内经常巡视，如有违犯抗战之重大案件，应立即呈报上级行政或司法机关，以便处理。

第十七条　本条例如有未尽事宜，得由山东省临时参议会随时修改之。

第十八条　本条例经山东省临时参议会通过公布施行之。

选自《山东省战时法规政令汇编》，第1辑第4分册。录自中央档案馆“中档m206.25.二乙475号”。简称“山东法规版”。

互校版本：

1.《中国新民主主义革命时期根据地法制文献选编》，第3卷，北京，中国社会科学出版社，1981年版，第655～657页。原注：“选自山东胶东行署《法令汇编》。”简称“社科法制版”。

2.《山东革命历史档案资料选编》，第6辑，济南，山东人民出版社，1982年版，第341～343页。简称“山东资料版”。

3. 山东省各级司法办理诉讼补充条例

1941年4月18日通过、公布、施行

第一条　各级司法机关对诉讼案件应遵照国民政府所颁民刑各法及民刑诉讼各法办理，但为适应敌后抗战环境特制定本补充条例。

第二条　各级司法机关办理民刑诉讼，应［以］维护广大群众利益、动员全民参战为主旨，不得拘泥成法，致陷抗战于不利。

第三条　为教育民众及补救审级不全之欠缺，对于民刑案件尽量采取调解方式，但危害抗战及广大群众利益之民刑重大案件不在此例。

第四条　法理、习惯为调解及审理案件重要依据之一，惟不利抗战及庸俗的道德观念与仅利于少数人之习惯不得援用。

第五条　凡不能依法径行判决之案件，应提交各级行政委员会决定后再行判决。

第六条　推事执行职务应主动积极，纠正过去敷衍、积压、推诿之恶习。

第七条　检察官为代表国家公益及法律执行机关，应主动积极执行其应负责任，以发扬检察制度之精神与作用。

第八条　检察官执行职务遇必要时，得请公安局协助进行。

第九条　为事实之限制，刑事案件力避自由刑之执行，必要时可易以财产刑或其他感化方法。

第十条　执行徒刑可易地执行，并令服劳役。

第十一条　民刑诉讼手续以合理合法简捷为原则，不得以法定形式之欠缺而拒绝受理或拖延不结。

第十二条　民刑诉讼补充条例另定之。

第十三条　本条例修改解释之权属于山东省临时参议会。

第十四条　本条例自山东省临时参议会通过后公布施行。

选自《山东省战时法规政令汇编》，第1辑第4分册，第7页。录自中央档案馆“中档m206.25.　二乙475号”。

互校版本：《中国新民主主义革命时期根据地法制文献选编》，第3卷，北京，中国社会科学出版社，1981年版，第445～447页。原注：“选自一九四四年八月山东省胶东行署《法令汇编》。”

4. 山东省改进司法工作纲要

1941年4月22日[①]通过、施行

第一条　本纲要系根据国民政府颁行之法院组织法及山东省临时参议会决定之司法原则制定之。

第二条　为适应敌后环境，完成三级三审，便利民众诉讼起见，县设司法处，为民刑诉讼第一审机关；专署区设地方法院，为民刑诉讼第二审机关；全省在高等法院未正式成立前，暂设高级审判处，为民刑诉讼第三审机关。为便利全省各地诉讼，各主任公署区设高级审判处分处，代行职务。

第三条　全省设一司法行政机关，专司司法制度之改进及创制、修改现行法令、统一全省法令之解释。

第四条　为便利诉讼及易于了解案情，缩短民众讼累计，各区乡成立调解委员会。

第五条　各级司法机关，在各级行政委员会领导之下，仍保持其独立之组织系统，其各级司法长官，应由参议会选举之，并为各该级行政委员会当然委员。

第六条　推事或审判官审理案件，除应保持其部分独立审判外，必要时须经各该级行政委员会决议处断之。

① “山东法规版”与“山东资料版”为“23日”，“社科法制版”印作“22日”。

第七条　各级司法机关办理诉讼以中央及地方政府颁布之法令与条例为依据。

第八条　为救济司法人才之缺乏，凡属有法律知识或司法经验及坚决抗战、拥护民主之进步人士，均得充任推事、审判官、检察官。

第九条　诉讼手续务求简捷，凡不利于抗战期间之诉讼手续，应酌予变通或修改之。

第十条　讼费、状纸费、声请费①、送达费、抄录费等暂予免收。

第十一条　为发扬检察制度，贯彻法律保障人权之精神，各级司法机关设置检察官若干人。为便于领导及加强检察工作起见，建立各级检察委员会，为领导、计划、推动各级检察官及一切检察工作。

各级检察委员会委员②，由各级参议会选举之，检察官由检察委员会推选之。检察委员会组织条例另立之。

第十二条　高级审判处处长，监督本处及所属下级司法机关及其分处。

高级审判分处处长，监督该处及所属下级司法机关。

第十三条　重要之民刑案件，与同级有关之法定群众团体，得派代表出席陪审，司法机关于开庭前须通知之。陪审办法另定之。

第十四条　本纲要自③山东省临时参议会通过后施行。

选自《山东省战时法规政令汇编》，第1辑第4分册，第1页。录自中央档案馆“中档 m206.25.　二乙475号”。简称“山东法规版”。

互校版本：

1.《中国新民主主义革命时期根据地法制文献选编》，第3卷，北京，中国社会科学出版社，1981年版，第447～449页。原注：“选自一九四四年四月渤海区行政公署《战时单行法规》。”简称“社科法制版”。

2.《山东革命历史档案资料选编》，第6辑，济南，山东人民出版社，1982年版，第352～353页。简称“山东资料版”。

5. 山东省县司法处暂行组织条例

1941年4月23日通过、公布、施行

第一条　各县设司法处，处理一切司法事宜。

第二条　县司法处之管辖区域，与县之行政区同。

第三条　县司法处设处长一人，由县参议会选举之。

第四条　县司法处设审判官一人、书记官一人或二人，由县行政委员会决定人选后，呈由地方法院审核转呈高级审判处或其分处加委。

第五条　县司法处置检验员一人，执达员一人，录事、庭丁各一人。

---

① “社科法制版”漏“声请费”。

② “山东法规版”为“检察委员会委员”，“社科法制版”漏“委员”二字。

③ “山东法规版”为“自”，其他两种版本印作“由”。

第六条　县司法处设检查〔察〕官一人，由县检查〔察〕委员会推选，受检查〔察〕委员会之领导。

第七条　县司法处管辖事件如下：

（一）民刑第一审诉讼，但法律别有规定者不在此限；

（二）非诉事件。

第八条　县司法处处长职权如下：

（一）管理处务及一切行政事宜；

（二）指挥监督本处一切诉讼案件之进行；

（三）没收及稽核赃物、罚金；

（四）司法教育事项；

（五）犯人处理事项。

第九条　审判官之职权如下：

（一）关于案件之审判及调查事项；

（二）关于证人之传讯及证物之检举事项；

（三）案件之批答事项；

（四）案件之判决及撰拟判决书。

第十条　书记官掌管记录、编案、文牍、统计及其他事务。

第十一条　检查〔察〕官之职权如下：

（一）关于案件侦查；

（二）搜集证据；

（三）提起公诉，撰拟公诉书；

（四）协助担当自诉；

（五）检举贪污渎职或其他违法失职之工作人员；

（六）指挥刑事裁判之执行。

第十二条　县司法处关于司法行政事务及审判事务受地方法院院长监督。

第十三条　本条例自山东省临时参议会通过后公布施行。

选自《山东省战时法规政令汇编》，第1辑第4分册，第4～5页。录自中央档案馆“中档m206.25.　二乙475号”。

互校版本：《山东革命历史档案资料选编》，第6辑，济南，山东人民出版社，1982年版，第353～354页。

6. 山东省高级审判处暂行组织条例

1941年4月23日通过、公布、施行

第一条　省设高级审判处，为全省终审审判机关。

第二条　行政主任公署区设高级审判处分处，代行高级审判处职务。

第三条　高级审判处设处长一人，由省参议会选举之，分处设处长一人，由行政主任区参议会选举之，并呈报国民政府备案。

第四条　高级审判处管辖事件如下：

（一）不服地方法院第一审判决，而上诉之刑事诉讼案件；

（二）不服地方法院第二审判决，而上诉之民事、刑事或诉讼案件；

（三）不服地方法院裁定而抗告之案件；

（四）非常上诉案件。

第五条　高级审判处及其分处设民事庭、刑事庭，其庭数多寡视事之繁简定之。各庭置庭长一人，由审判官中遴任之。

第六条　高级审判处置审判官五人至七人，由省及行政主任区行政委员会决定，并呈报国民政府司法行政部备案。

第七条　高级审判处设书记官长一人、书记官若干人，分掌记录、编案、文牍、统计及其他事务。

第八条　高级审判处及其分处得配置相当数额之执达员、录事、庭丁等。

第九条　高级审判处审理案件采用合议制。

第十条　高级审判处及其分处各设首席检察官一人、检察官若干人，由省及行政主任区检察委员会选举之，受各该级检察委员会之领导。

第十一条　高级审判处处长及其分处处长职权如下：

（一）综理全处行政事务，并监督所属行政事务；

（二）监督指挥本处一切诉讼案件之进行；

（三）审核地方法院案件之处理；

（四）对司法人员违法之惩戒；

（五）司法教育事项；

（六）犯人处理事项；

（七）其他有关司法事项。

第十二条　审判官之职权如下：

（一）关于案件之审判及调查事项；

（二）关于证人之传讯及证物之检查事项；

（三）案件之批答事项；

（四）案件之判决及撰拟判决书。

第十三条　首席检察官之职权如下：

（一）执行检察职务；

（二）指挥监督所属检察官之工作；

（三）分配并督促检察案件之进行；

（四）决定案件之裁定或公诉。

第十四条　检察官之职权如下：

（一）关于案件之侦察；

（二）搜集证据；

（三）提起公诉，撰拟公诉书；

（四）协助担当自诉；

（五）检举贪污渎职及其他违法失职之工作人员；

（六）指挥刑事裁判之执行。

第十五条　本条例自山东省临时参议会通过后公布施行。

选自《山东省战时法规政令汇编》，第1辑第4分册，第2～3页。录自中央档案馆“中档m206.25.二乙475号”。

互校版本：《山东革命历史档案资料选编》，第6辑，济南，山东人民出版社，1982年版，第356～358页。

7. 山东省地方法院暂行组织条例

1941年4月23日通过、公布、施行

第一条　各专员区设立地方法院。

第二条　地方法院管辖区域与专员区之行政区域同。

第三条　地方法院管辖事件如下：

（一）关于重要刑事案件之第一审；

（二）不服县司法处第一审判决而上诉之民事、刑事诉讼案件；

（三）不服县司法处裁定而抗告之案件。

第四条　地方法院设院长一人，由专员区参议会选举之，并呈请高级审判处或其分处加委。

第五条　地方法院设民事庭、刑事庭，其庭数多寡视事之繁简定之。

各庭置庭长一人，由推事中遴任之。

第六条　地方法院设推事三人至五人，由专员区行政委员会决定人选后，由地方法院转呈高级审判处或其分处加委。

第七条　地方法院审理案件应采合议制，必要时亦得以独任推事行之。

第八条　地方法院设书记官长一人、书记官若干人，掌理记录、编案、文牍、统计及其他事务。

第九条　地方法院为检验尸体，除临时指定专门人员外，得置检验员一人。

第十条　地方法院置执达员一人，如事务繁重，得增至二人，服从长官之命令，执行下列事务：

（一）送达文件；

（二）执行依法令应由执达员执行之裁判；

（三）其他职务上之事项。

第十一条　地方法院得置相当数额之庭丁。

第十二条　地方法院设首席检察官一人、检察官若干人，由专员区检察委员会推选之，受该检察委员会之领导。

第十三条　地方法院院长之职权如下：

（一）管理该院之行政事宜；

（二）指挥监督该院一切诉讼案件之进行；

（三）没收及稽核赃物、罚金；

（四）司法教育事项；

（五）犯人处理事项。

第十四条　推事之职权如下：

（一）关于案件之审判之调查事项；

（二）关于证人之传讯及证物之检查事项；

（三）案件之批答事项；

（四）案件之判决及撰拟判决书。

第十五条　首席检察官之职权如下：

（一）执行检察职务；

（二）指挥并监督所属检察官之工作；

（三）分配并督促检察案件之进行；

（四）决定案件之裁定或公诉。

第十六条　检察官之职权如下：

（一）关于案件之侦察；

（二）搜集证据；

（三）提起公诉，撰拟公诉书；

（四）协助担当自诉；

（五）检举贪污渎职及其他违法失职之工作人员；

（六）指挥刑事裁判之执行。

第十七条　本条例自山东省临时参议会通过后公布施行。

选自《山东省战时法规政令汇编》，第 1 辑第 4 分册，第 3～4 页。录自中央档案馆“中档 m206.25.　二乙 475 号”。

互校版本：《山东革命历史档案资料选编》，第 6 辑，济南，山东人民出版社，1982 年版，第 358～360 页。

8. 山东省陪审暂行办法（草案）

1941 年×月①

第一条　为使司法与群众密切结合，求得判决之准确与公平，特根据山东省改进司法

① 原件未注明制定年月。据考查，是在 1941 年 4 月 4 日通过《山东省改进司法工作纲要》之后拟制的。

工作纲要第十三条之规定制定本办法。

第二条　各级政府司法部门审理民刑重要案件应通知陪审员出席陪审，其每次出席人数，应依照案件情形，就第三条所列人员中令其全体或一部出席。

第三条　陪审员为下列人员：

一、同级群众团体代表。

二、同级参议会驻委会代表。

第四条　出席陪审之群众团体代表由政府通知其团体自行推选，参议员由参议会驻会委员会推定之。

第五条　陪审员有帮助调查案情、列席陪审、陈述意见之权，但无决定处理案件之权。

第六条　司法部门于受理案件后，即按照当事人所属团体于向当事人送达传票时，分别通知其团体，令其推选代表，其经政府指定陪审之参议员，由政府直接通知之。

前项通知应记明开庭日期及应到处所。

第七条　各陪审员于接到通知后，应即着手进行调查工作，其所获得之材料应于开庭一日前提交司法机关以备参考。

第八条　陪审员陪审时不得直接发问，如有询问事项，须得主审者之允许方得发问。

第九条　辩论终结后，主审应即召集陪审员开评议会，各陪审员应据个人对案情之了解提出意见以供参考（如意见不一致时亦无须表决）。

第十条　主审于评议终了后，应将陪审员之意见及个人之意见提请所属之行政委员会作最后决定。

第十一条　陪审员应公平负责、忠于职务，如有借端徇私或招摇情事，一经查出或被告发证实者，除停止其职务外，并按其情节轻重依法惩处。

第十二条　陪审员对于案件应保守秘密，如有泄漏〔露〕致他人名誉或公务上受有损害时，除在行政上予以处分外，并酌量情形使负一定之刑事责任。

第十三条　本办法由山东省战时行政委员会通过后公布施行。

选自《中国新民主主义革命时期根据地法制文献选编》，第3卷，北京，中国社会科学出版社，1981年版，第449～451页。原注：“选自《山东省现行司法法令》。”

9. 山东省战时工作推行委员会关于成立各级司法机关的训令

1942年5月30日

查各级司法机关组织条例早经本会颁布在案，而迄今多未遵照组织成立，对诉讼案件率由行政机关之第一科兼办。因责成不专，兼顾无暇，故不能不临时应付、草率从事，致背法离情之现象屡见迭出，长此以往，非惟有损政府威信，而人民之权利亦无由保障，且更有促使民众趋敌求直之危险。兹为加强今后司法工作，使根据地各种政策具体深入民间，并提高民主政权之威信计，除分令外合行令仰遵照后开办法积极办理，并将办理情形连同司法人员履历呈报本会备查为要！

此令

主任委员　黎　玉
高级审判处长　张伯秋

附办法：

一、各级政府于文到后一个月内遵照前颁各级司法机关组织条例建立完竣，倘限于干部缺乏，可将人员酌量裁减最低限度，务须设置专理司法人员，以专责成。

二、如一时无专门司法人才时，可就现任工作人员中择其对司法工作感有兴趣与了解一般政策者充任之，纠正空喊需要而不认真设法建立之等待现象。

三、主署级及专署级司法机关，应令所属司法机关按月将其受理民刑案件以及判决、调解数目按级呈报，以便及时了解具体情况。主署级及直属专署级司法机关，每三个月按照上开内容呈报本会一次。

四、凡判处二年以上之徒刑案件，虽当事人不上诉，其判处机关亦应递送该管主署级司法机关复审，至判处机关为直属专署级与其所辖各县级，除滨海区应径送本会复审外，其余概由专署级司法机关复审。其复审机关务将事实与罪刑详细审核，有无违背政策，分别准驳，并根据具体材料详为指示，作为实际教育，以提高司法人员之质量。

五、湖西、鲁南与冀鲁边各专署级司法机关所判处案件，免送复审。至所辖各县级对于判处二年以上之徒刑案件，送由该管专署级司法机关复审。

六、各级司法机关判处之死刑案件，未经当事人上诉者，除滨海区应送由本会复审外，其余一律送由各该区最高司法机关复审，并由最高行政委员会确定。

七、各级司法机关已判处之案件，在刑事未逾十日（自接受判决之次日起算）、民事未逾二十日，不能根据判决执行，必须经过上述各法定期间，当事人不上诉时判决才算确定，才能依判执行。

选自《中国新民主主义革命时期根据地法制文献选编》，第3卷，北京，中国社会科学出版社，1981年版，第459～460页。原注："选自山东省政府《战时法规政令汇编》第二辑。"

互校版本：《山东革命历史档案资料选编》，第8辑，济南，山东人民出版社，1983年版，第331～333页。标明"1942年5月30日法字第七十九号"发布。

10. 山东省战时工作推行委员会厉行判决批答严格审级的通令

1942年7月18日

近查各级司法机关受理民刑案件对民众呈状既少批答、案件终结又多不予批判决，而仅在行政会上决议，即行送请复审，致使当事人等不悉处理情形，依时上诉，更不能获悉政府对其诉状是否受理，及时提出答辩及补正，于是上诉权利无形［被］剥夺，审级制度亦同虚设，且案件积累因此亦多。兹为纠正上述缺点，使司法制度渐入正规计，特决定厉行判决批答严格审级，嗣后各级司法机关于受理案件后，在诉讼进行中，对于所收呈状应予批答：凡有关诉讼进行及其本人权利义务之批答，应行送达，其余一般批答可斟酌贴挂。每至案件终结，务须依法制送判决，限定上诉期间。如当事人于期间内声明上诉，原审机关即应将全案卷证移送受理上诉司法机关。倘逾限不提起上诉，判决即为确定，原审机关且应依照法字第一号训令分别执行，或送请复审。自此次通令后，各级司法机关务须严格遵守，倘再发见〔现〕类似上述错误情形，各地区上级司法机关应予及时纠正，不得稍事迁就，具有越级或未经判决上诉者，应予驳斥或当面谕知，除判决书批答格式另行印发并分令外，合通令仰遵照。

选自《中国新民主主义革命时期根据地法制文献选编》，第3卷，北京，中国社会科学出版社，1981年版，第454～455页。原注："选自山东省政府《战时法规政令汇编》第二辑。"

互校版本：《山东革命历史档案资料选编》，第8辑，济南，山东人民出版社，1983年版，第429～430页。

11. 山东省战时工作推行委员会关于厉行保释、减少羁押人犯与改善犯人待遇的训令

1942年8月

查各级司法机关对于民刑案件，时有不分案情轻重、嫌疑大小、滥行羁押，甚至无故加以身体之束缚，而看守人员亦不少对犯人横加侮辱、任意打骂等不良行为，若不即时纠正，非惟有失感化教育之意义，违犯进步刑事政策之主旨，且更有违背法治精神、保障人权之真谛。兹为纠正上述错误，正确掌握政策，达成保障人权之任务，特制定后开决定，令发各级政府，仰即遵照执行为要。

附关于厉行保释、减少羁押人犯与改善犯人待遇的决定一份。

选自《中国新民主主义革命时期根据地法制文献选编》，第3卷，北京，中国社会科学出版社，1981年版，第455～456页。原注："选自山东省政府《战时法规政令汇编》第二辑。"

互校版本：《山东革命历史档案资料选编》，第8辑，济南，山东人民出版社，1983年版，第474页。

12. 山东省战时工作推行委员会关于厉行保释、减少羁押人犯与改善犯人待遇的决定

1942年8月

一、民事案件除在执行中遇必要时得执行管收外，一律不得羁押。

二、刑事案件被告除犯最重本刑五年以上之罪者，于必要时应行羁押外，其余不及五年之较轻案件，应厉行保释候审为原则，或斟酌情形令其缴纳相当数量之保证金，在外候审。

三、被押犯人如恪遵看守规则，不得束缚其身体；其因有暴行逃亡或自杀之虞者，实行束其身体时，不应过分予以苦痛，以能达防止之目的为限。

四、为促进犯人觉悟、进步，应加强犯人之教育，对犯人之日常生活、卫生、衣食等，尤应注意，以收辅助教育之效。

五、对于看守人员，应经常加以适当之看守教育，使之对看守工作具有基本之认识，并予以纪律教育，使之知所戒惧，既可免除越狱、逃亡及侮辱犯人之现象，更可借得辅助教育之作用。

选自《中国新民主主义革命时期根据地法制文献选编》，第3卷，北京，中国社会科学出版社，1981年版，第456页。原注："选自山东省政府《战时法规政令汇编》第二辑。"

互校版本：《山东革命历史档案资料选编》，第8辑，济南，山东人民出版社，1983年版，第475页。

13. 山东省战时行政委员会关于半年司法工作的指示

1943年9月30日

根据"八一纲领"，目前司法工作状况之需要及主观力量之估计，确定建立健全司法机构，严格各种制度，及加强司法干部教育，提高其质量，为本半年工作中心。

壹、建立司法机构

目前各行政区司法领导部门均已建立，而各县司法科亦复相继成立，唯以干部缺乏及技术观点的严重存在，仍有不少区县尚未成立。在此民主政权威信逐渐提高、司法工作渐次开展与民刑案件日见增多的情形下，不容再事迟延。各行政区务于今半年内普遍建立起司法部门；其真正有不易建立情形者，亦须在民政科内指定专人负责。具体办法［如下］：

甲、重申三十一年五月建立司法机构通令，限期完成具报。

乙、提倡大胆使用干部，反对非有司法经验不能干的技术观点。

贰、健全充实司法机构

甲、充实干部：

根据目前各县受理案件数目及工作的开展，原有编制已不能满足客观之需要，将各县司法科原有编制外再增设科员一人、执达员一人，并统限于本半年内充实完竣。

乙、严格各种制度：

各种制度尚未彻底执行，于本半年内，凡较有基础之司法科，均须严格执行，消灭阳奉阴违、借口偷懒的现象，尤其判决制度，更须严格，嗣后不发判决经请复审案件一律驳回。

丙、改善调解委员会之组织：

1. 调解委员会主任由调解委员自由互选，不一定由区村长兼任。

2. 添设脱离生产调解委员一人，常驻会。

3. 开会调解案件委员之伙食，准实报实销（另有指示）。

4. 规定一定之办公费（另有指示）。

5. 群众团体代表，不一定由群众团体负责人兼任。公正士绅，须以赞成抗战民主的公正人士为合格，纠正只选择过去旧势力或满口伦常道德的假斯文者。

6. 行政村亦可设立调解委员会。

以上各款，按照各地区情形，分别限于本半年内改造完成，并由本处将过去《调解委员会组织条例》修正公布。

丁、加强看守：

1. 看守犯人，一般以公安与各级政府警卫武装，加强看守教育，由各地讨论规定之（另有指示）。

2. 规定犯人饭费，以资统一。

叁、审查干部

甲、本半年内将全省现有司法干部（民政科所指定专负司法责任人员在内）及调解委员，限令各地区详具履历列表呈报，进行审查。

乙、嗣后各地各级司法干部调动情形，按期呈报。

肆、加强在职干部教育

甲、业务学习：由各行政区最高司法机关编制教材，印发下级，以便加强在职干部业务学习。

乙、政治学习：由各行政区最高司法机关指定材料，由各县在职干部按照具体情况学习，以提高其政治质量及加强群众观念。

伍、各行政区最高司法机关务于本半年内督促各县清理积案

各行政区最高司法机关在本半年内派员普遍视察各县司法工作一次，以便实际帮助与了解。

主 任 委 员　黎　玉

高级审判处长　张伯秋

选自《山东革命历史档案资料选编》，第10辑，济南，山东人民出版社，1983年版，第400～402页。

14. 山东省渤海区村调解委员会暂行组织条例

1944年4月20日公布、施行

第一条　为及时解决民刑争执，减少讼累起见，特根据民国三十年山东省临时参议会

公布之调解委员会暂行组织条例，及三十二年山东省战时行政委员会关于司法工作的指示，特制定本办法。

第二条　区与行政村均设立调解委员会，各区村（行政村）调解委员会为同级政府组成部分之一，区调解委员会对村调解委员会为指导关系。

第三条　区调解委员会委员由区长约请各群众团体代表及赞成抗战民主之公正人士，共同推选之，区长为当然委员。村调解委员会由村代表大会选举之。调解委员会委员名额，由各地斟酌实际情形，以三人至七人为原则，各调解委员互推一人为主任委员，负责处理会内一切日常事务，并指导调解事宜。一人不得同时兼任区调解委员及村调解委员。

第四条　区调解委员会设置脱离生产调解委员一人常〔长〕期驻会，如脱离生产之调解委员与主任委员非为一人时，脱离生产之调解委员应经常协助主任委员执行职务。

第五条　调解委员会处理案件，须尽力搜集讼争案件之证据与事实之真象〔相〕。

第六条　村调解委员会之委员，如其亲属或与有特别关系之人为被调解当事人时，得由区调解委员会调解之，或由区政府指定其他村调解委员会调解之。区调解委员有上项情形时，该调解委员应自动声请回避，由其他委员主持调解，或由县政府指定其他区调解委员会调解之。

第七条　调解应采合议制，案件之最后决定，须经参加调解之各委员共同组织之评议会决定之。

第八条　各调解委员会调解案件，如遇两造不同县区村时，民事得由被告所在地、刑事得由犯罪地之调解委员会调解之。

第九条　案件调解成立后，应即制作调解笔录原本，认明时间地点、被调解当事人及关系人姓名与调解内容，由双方当事人及主持调解之委员签名盖章，或按指印，然后再照原本缮制正本，交付或送达当事人收执，原本存会备查。

第十条　调解成立之笔录与确定判决有同样效力，案件一经调解成立，当事人即须遵照履行，不得再提异议，但调解违法或违背政策者，不在此限。

第十一条　各调解委员会对于危害抗战及广大群众利益之重大案件，不得擅行调解，违者无效。

第十二条　调解委员会于接收案件后，应即时定期召集双方当事人进行调解，不得借故拖延。

第十三条　调解案件应以和婉公正态度耐心调解与说服，不得用威迫与利诱或其他不正当方法。

第十四条　调解案件不得收受任何费用，其不能写声请书者，口头声请亦须受理，但须制成笔录附卷。

第十五条　调解应听取双方陈述，详察实情，若事属可疑，应即设法调查，不得根据片面之词，妄作臆断。

第十六条　调解应尽量采用习惯与法理，但庸俗的道德观念及有害抗战与仅利于少数人之习惯，不得采用。

第十七条　凡调解不成立之案件，应将该案所有之文卷、证据一并送请县政府进行审理。

第十八条　为便利民众与及时检查地方上破坏抗战之分子，调解委员应轮流在所辖区域内巡视，如有违反抗战之重大案件，应立即呈报上级政府以便处理。

第十九条　调解委员会因办公需用之纸张、灯油等费，准向同级政府实报实销，但须力求节约，除脱离生产之调解委员外，其他与会调解案件委员之伙食，准按餐数向同级政府实报实销。

第二十条　各调解委员会概不得收受被调解当事人之任何财物、馈赠，违者以贪污论罪。

第二十一条　本办法由渤海区行政公署制定，提请同级参议会通过公布施行。

选自《中国新民主主义革命时期根据地法制文献选编》，第 3 卷，北京，中国社会科学出版社，1981 年版，第 660～663 页。原注："渤海区行政公署一九四四年四月《战时单行法规》。"

15. 山东省修正改进司法工作纲要

1944 年 10 月 10 日

第一条　各级司法机关在各级行政委员会领导之下进行工作，其各级司法负责干部应由参议会选举之，并为各该级行政委员会当然委员。

第二条　各级司法部门办理诉讼，以根据地各种政策、本省施政纲领、民主政府颁布之法令与条例为依据，并得批判引用旧法。

第三条　各级司法机关处理民刑诉讼，应以维护广大群众利益、动员全民参战为主旨，不得拘泥成法，陷抗战于不利。

第四条　各级司法部门对轻微民刑案件，商同主要负责干部处理。其重要民刑案件，须经各该级行政委员会决议处断。

第五条　重要民刑案件审判时，得约请群众团体之代表、参议员及公正进步士绅出庭陪审，司法机关于开庭前须通知之。

第六条　为教育民众团结抗战，对于民刑案件尽量采取调解方式，但危害抗战及广大群众利益之民刑重大案件不在此例。

第七条　为便利进行调解民间纠纷，各区及行政村成立调解委员会。

第八条　法理习惯为调解及审理案件重要依据之一，惟不利抗战及庸俗的道德观念与仅利于少数人之习惯不得援用。

第九条　各级司法人员办理案件，应主动积极纠正过去敷衍、积压、推诿之恶习。

第十条　各级司法人员受理民刑案件，不要拘泥两造状词供词，须要善于运用群众组织及深入群众，对案情作深细之调查研究，以期判决准确、公平与合理。

第十一条　为事实之限制，刑事案件力避自由刑之执行，必要时可易以财产刑或其他感化方法。

第十二条　执行徒刑可令服劳役，并得易地执行。

第十三条　民刑诉讼补充条例另定之。

第十四条　为救济司法人材〔才〕之缺乏，凡属有法律知识或司法经验，及坚决抗战、拥护民主之进步人士，均得担任司法工作。

第十五条　诉讼手续务求简捷，凡不利于抗战期间之诉讼手续，应酌予变通或修改之。

第十六条　讼费、状纸费、声请费、送达费、抄录费等均予免收。

第十七条　本纲要自山东省临时参议会通过后公布施行之。

选自《山东革命历史档案资料选编》，第13辑，济南，山东人民出版社，1983年版，第75～76页。

16. 附"工作总结"：山东省第二次行政会议司法组总结报告

1944年12月

第一部分　司法工作概述

一、司法机构的沿革

(1) 民国二十六年日寇攻陷济南，山东国民党的官吏多数逃跑，司法人员亦相继星散，各地秩序非常混乱，老百姓没有依靠。八路军所到的地方，就支持老百姓，领导老百姓，建立民主政权。当时建立的情形极不一致，有的从一乡着手，有的从一区着手，也有的从一县着手。刚建立起政权的时候，都不注意司法工作，老百姓发生了纠纷，或者有人破坏了秩序，乡区长能管的就随便处理，不能管或不愿意管的时候，就推开不管。到县里大概也是如此。至于×地区如胶东司法工作在机构上开始注意。二十七年蓬、黄、掖都建立了民主政权，同时都成立了司法处，并成立山东高等法院分院，统一领导这一地区的司法工作。后来要求走向正规化，蓬、黄、掖三县都成立了地方法院。二十八年三月日寇进占蓬、黄、掖三县县城，政府转移山区，司法机关人员都已星散，司法工作都停顿了。二十九年成立东海、北海两专员公署，同时各成立法院，各县设承审室。三十年成立胶东联办后，又成立了高等法院，统一领导司法工作。

这一时期的特点是无组织无领导自发的，司法工作的意义与重要性尚未被认识，从整个司法工作发展上说是自流时期。

(2) 民国二十九年夏成立山东临时参议会，当时通过的施政纲领，虽没正面提到司法工作，可是强调提出保障人权的重要［性］。因此三十年四月临参会驻委会关于司法方面通过了《改进司法工作纲要》、《高等法院暂行组织条例》、《地方法院暂行组织条例》、《县司法处暂行组织条例》及《各级司法办理诉讼补充条例》，都由战工会公布施行。高级审判处亦于此时宣告成立。由于各地对司法工作重视不够，主要是由于各种条例定的组织太庞大，不切合实际，又因干部缺乏，所以都没根据这些条例建立机构。比较好的仍然是胶东，按〔依〕据各种条例改组了原来机构。

这一时期的特点是开始由自发的走向自觉的途径，司法的重要［性］已被认识到。因此在组织上已经建立起总的领导机关，并规定了各级司法机构的形式，在整个历史过程说是司法的建立时期。但由于当时政治环境的关系，无论在组织上或法律的依据上，还是任〔迁〕就了旧政府的一套，因此亦可称之为争取合法时期。

（3）三十一年五月战工会以各地区多迟迟没建立司法部门，对司法工作不能切实负责，遂训令各行政区、各专署、各县府尽可能建立司法机构。如因干部缺乏，也须在各级政府内设司法科；如设科也不可能，最低限度也要在第一科内派定专人负责司法工作。去年省临参会一届二次大会就根据所通过的施政纲领（八一纲领）内健全司法机构、贯彻法制精神之规定，并根据战工会训令各级政府可设司法科的意见，通过《各级政府组织条例》，就规定各级政府（专署以下）设司法科，为各级政府的一个部门，在行政委员会领导之下进行工作，并规定为三级三审制：县一级、专署一级、省一级（行政区一级），县为第一审，专署为第二审、省（行政区）为第三审。这就是现行制度。

这一时期的特点是司法工作的建立已成为各级政府一致的迫切要求，各级司法机构亦逐渐建立。为适应客观的需要，改变了原来的组织形式，并初步建立了许多制度，就其历史阶段说是为发展时期。

二、工作现状

（1）据各地区最近的报告，在司法机构方面，鲁中有九个司法科，在职干部十三人（执达员在内）。滨海有九个司法科，在职干部二十三人。胶东有高审分处并有二十四个司法科，在职干部七十三人。渤海有高审分处并有九个司法科，在职干部十九人。鲁南有五个司法科，在职干部五人。

（2）在工作方面表现于办理民刑案件者：鲁中联办、沂南等十二个县，从三十二年一月至今年五月受理民刑案件一千六百五十五起（调解的数目比此数大，不在其内）。滨海专署三十二年共计［处理］刑事案件三十七起，同年各县共处理民刑案件三千二百一十六起。胶东分处从三十二年至今年一年半以来处理刑事案件一百七十五起，各县从三十一年十一月至今年二月共处理民刑案件九千五百九十五起。滨海分处自行处理及上诉二百五十起，各县从三十一年一月至今年上半年共处理民刑案件约三千余起。鲁南专署处理案件缺，各县（七个县）据不完全统计，处理民刑案件二千四百一十七起，临沂一县从三十二年一月至今年七月处理民刑案件一千零三十九起。合计以上各地区处理的民间纠纷，再加调委会调解成立的纠纷（比政府处理的数目要大的〔得〕多），数目是相当大的。

（3）根据各地区的报告，所处理的案件大多数是以调解的方式了结的，并且无论判决的或调解的都是调节阶级阶层的利益，并着重照顾基本群众的利益。这样就可能收到加强农村统战、巩固阶层阶级间的团结、增强抗战力量的效用。当然这些说法还需要确实审查的，但其中是包含这些作用。此外重视了妇女的地位，各地区处理婚姻纠纷、女子继承纠纷等问题，都本着男女平等自由的原则适当的〔地〕处理，打破重男轻女的封建传统。司法与公安工作的结合，安定了抗战秩序，镇压了破坏秩序及危害抗战的分子。

（4）从以上的几段看来，我们的司法已经有了一些成绩。这些成绩固然由于司法干部或兼理司法干部不避烦〔繁〕难、不顾危险，甚至不惜牺牲（如胶东西海专署司法干部王奎庆同志到主署参加司法会议中途牺牲，南海平南县司法干部于忠民同志下乡处理案件被敌捕去，牟平县司法干部包永同志在反“扫荡”期间失踪。别的地区尚无此类报告，大概也有）换得来的；可是若未有共产党的正确领导，各群众团体的影响与保证，各机关的配合以及广大人民的拥护，这些成绩也是得不到的。

我们虽然有了一些成绩，可是检查起来是平庸的、一般的、不能令人满意的，相反，我们的缺点与偏向则成了基本的、主要的。为了使司法工作作〔做〕得更好，我们应该检讨与正视我们的缺点与偏向，要以严肃的自我批评从思想上、工作上掘发其根源，纠正其错误，以便更好的〔地〕完成司法的革命政治任务。

第二部分　几年来司法工作上存在的缺点与偏向

一、存在着法的正统思想

直到现在在司法工作者思想领域里还普遍的〔地〕（各地都如此）存在着正统观念。如渤海区在司法工作上是以国民党的旧统治阶级司法正统观念为主流，严重强调司法“威信”、司法“系统”，以致“有错拿没有错放”的表现，案件明知判错也不改正，不恤人言，不畏物议，不相信群众，一般的〔地〕重视旧法，形成六法全书主义。而胶东的司法干部，一般的〔地〕认为司法是超阶级的、主持真理的，因此司法独立的观点还存在着残余，并想对行政起监督作用。这种想法是不对的。因为我们现在的世界，除苏联以外都是存在着阶级的世界，在存在着阶级的世界里，就不能有超阶级的司法。因为所有的司法都是有阶级性的，都是保护统治阶级利益的，司法者就不能超出阶级。何况我们中国还没有脱离半殖民地半封建的社会，我们的司法自然更不能超出阶级。所谓主持真理不过是旧统治阶级之所谓真理，以这样的真理来监督我们抗日民主政府，是危险的，也是作〔做〕不到的。所谓司法独立，是上项思想的发展，也是没有理由的。因为司法干部有这类残余的思想，也就影响到其他政权干部对司法不敢大胆领导。这是不对的。

二、存在着旧的司法观点

基于正统思想的存在，产生了旧的司法观点，因而旧型正规化的工作方式也就很自然的〔地〕形成。重要的表现：

（1）主观主义：处理案件不是从实际出发，而是从〔以〕人的好恶猜想为依据，不研究具体案件的产生与时空的不同，而是根据一时一地一案的经验演绎推断。结果处理的案件往往与实际情形不合，错断了案，甚至错杀了人，一般是判决陷于无法执行的苦境。

（2）强调手续：不问案情如何，只知手续不合，就驳斥不理。例如胶东东海某县向上级申诉时，因未经县区，斥为“漫着锅台上炕”而不理。此外“不告不理”“事不再理”“告诉乃论”脱离群众的老一套机械搬用，致使真正受到冤屈［的］基本群众冤不得伸，而群情愤激的罪行任其发展。

（3）技术观点：把司法工作神秘化技术化，配备干部着重是否学过或作〔做〕过司法工作，不得已时就宁找讼棍担任司法工作，而不找政治质量好的干部。

（4）官僚主义：坐在机关等待案件，遇事不调查不研究，只是翻阅档案、查找条文。如胶东有的认为司法工作者不应该下乡，表示清高和办案无私。

（5）形式主义：如鲁中泰山区莱［芜］县传人须用红笔标票子；又如某县下乡验尸须带着几个人站堂助威；又如滨海某县布置庄严威武的法庭；又如在问案一次未完下次再问

时，仍是问他的名姓年龄等，甚至连续四五次之多，既浪费时间，又找了当事人的讨厌。

（6）条文主义：不问案情如何，只问在法条上有无根据。如渤海区把条文看成处理案件的唯一根据，机械简单引用旧法；又如滨海某县事情处理好了，因在条文上找不到根据，感觉判决无法作而推延下去；又如胶东因判决未引用法条而遭受驳斥。

三、群众观念不强

具体的〔地〕表现在处理群众斗争案件时，不能积极扶持群众，而是感觉着过分，不问斗争对象的可恶，而是把群众过分的地方看成罪恶。因此不是积极的〔地〕向群众头上浇冷水，就是积压不理，消失群众情绪。其次就是与群众关系不好。根据各地反映，一般的是互不相信，司法部门以群众团体过左、片面，群众团体则认为司法是勾结上层、偏向上层，甚至互相对立，互相诟病，互相破坏威信，例滨海某县的群众负责人当面辱骂司法科长。当然这种现象须双方检讨，但司法部门的群众观念薄弱应负主要责任。

四、一般的重视司法不够，并没建立正确的工作作风

（1）认为司法工作为无足轻重：有的有赘瘤之感；有的认为是给老百姓解决问题的事务部门；有的不通知司法部门参加必须出席的会议，如牟平县司法科长很久没有参加过各种会议；有的约他参加他也不参加。

（2）配备干部上的敷衍主义：除胶东以外，各地区建立机构很少，而配备的干部多半被忽视，甚至被精简的干部、犯过罪刑的干部、久病不愈不能工作的干部放到司法部门，间或配备上好点的干部，不久又调［任］其他工作（如沂南的司法科员）。

（3）处理问题上的推事主义：有些地区对于案件抱观避的态度，但能往上推就往上推，但能往下推就往下推，实在推不过去就勉强应付一下，结果如何，不敢深究。有的硬往外推，如牟海因为打官司的多，把大门关了好几天。有的光图省事，如荣成县司法科对去找着谈问题［的］妇女说“这里不是讨论的地方，是打官司的地方”，把人家气哭了。更有的粗枝大叶，如莱阳单凭呈子、供词判断案件，因而错杀了人，当然这种表现和主观主义是分不开的。

（4）有的地区布置工作时，不布置司法工作。有的政府干部口头上说司法工作重要，心理上也认为重要，不过所认为重要［的］是被民间纠纷压迫而不能摆脱，因而认为重要，并非在思想上认识［到］司法工作对根据地的重要。

（5）了事主义、兴趣主义，不能坚持政策法令的原则。

（6）与其他部门配合上的关门主义，强调特殊，不主动的〔地〕去配合，有的拒绝配合。

五、滥押及刑讯的现象尚未肃清

如鲁中边联葛沟、土山两区逼死过两条人命。有的县大队借口环境恶劣任意杀人，区公所滥捕滥押也很严重，县区吊打刑讯犯人的事亦屡有所闻，有的县份还拘押民事诉讼当事人。

六、领导上的偏向

各级行政委员会对司法部门只作业务的讨论，而不作政策方向上的领导。如胶东及泰南的反映，个别行政委员会对司法部门干脆不领导；滨海有的县行政委员会对司法部门勉强作业务上的讨论，还是为了害怕领导机关的督促。而司法部门的干部，有的对行政委员

会的领导也是漠视的，形成简单化。有的不管案情轻重、影响大小，只找主要负责同志谈谈解决具体问题。还有的县份从技术观点出发，对司法领导采取放任态度，等错了以后又打击包办。

至于上下级的联系，不密切，一般的上级司法干部不到下级去检查指导及帮助工作，如胶东说不是反"扫荡"分散到县里是见不到上级的，而下级对上级的指示、决定、命令，一般是执行不够，制度的不遵守更是普遍现象，如一般的没有回报，批驳的案件有的置之不理，有的说上级也制不出一套六法全书来等怪话。这都是对司法工作没有正确的认识与重视的必然现象。

七、省政委会尤其是高审处对司法工作的领导上的检讨

上列许多缺点与偏向之产生，当然由于各地区各级政府对于司法工作的重视不够，对司法干部不认真教育改造其思想，工作中不随时纠正，只站在背后批评，任其发展，因之也就不能根据具体情况大胆创造，而专依靠上级解决问题［的］依赖想法所造成。然而本会及高审处在领导上不健全，并存在着许多毛病，也要负一定之责任。举其大者有以下几点：

（1）合法思想：当山东抗日民主政权刚建立的时候，在许多方面是争取合法，所以司法工作建设之初，也就本此旨趣，拟定了许多计划和条例。如三十年四月山东临参会驻委会通过的《改进司法工作纲要》，即明文规定各级司法机关办理诉讼，以中央及地方政府颁布之法令与条例为根据，同时规定各级司法机关对诉讼案件应遵守国民政府所颁民刑各法及民刑诉讼各法办理，并决定司法机构根据国民政府颁行之法院组织法成立高等法院、地方法院等组织。在运用法律方面，于三十二年秋向省临参会第一届第二次大会提出并通过决定批判的引用旧法，虽然也特别指出处理案件须依据根据地的政策法令，不利于抗战的条文不得拘泥引用，但在思想领域上仍存在着合法观念。由于这一观念的存在，于是助长了一般司法干部的正统思想，尤其是助长了胶东司法干部的正统思想，于是也造成了不注意研究政策、法令、指示、决定，而在"六法全书"里打圈子的六法全书主义，和使司法技术化、特殊化，脱离群众，陷于孤立的恶果。

（2）司法方向不明确：刚一建立司法的时候，只是为给民众解决纠纷，建立政府威信，固无明确的方向可言。三十二年五月后，虽指出司法是遂行政治任务、服务劳苦大众的方向，但是不够明确，还只是观念的，还未根据这一方向定出切合实际的办法与制度。由于没有明确的方向，所以形成司法干部的立场模糊，而旧型正规化的一套工作方式仍坚持未动，使许多司法干部长期的〔地〕陷于暗中摸索、不明究竟的苦境，造成了司法干部的苦闷与不安心。

（3）独立观念：三十年通过之各级法院组织条例，仍是保持其独立组织系统，审判的半独立性直至三十二年还未完全打消。后来虽然改设为科，但仍以强调行政委员会之领导而轻视主要负责人领导，这不能不说是独立思想的残余在作祟。由于这一观念的长期存在，确也影响着各地司法部门的独立思想和特殊化的恶果。

此外由于政治上的锐敏性不够和不能正确掌握政治形势的发展、各种工作进行的深度，［故不能］及时综合研究各地具体情况，正确的〔地〕转变政策，明确的〔地〕决定方向，建立新民主主义司法观念和方法，明确宣布、传达、执行，以转变思想，改造工

作，尤为重大原因之一。这在领导上省政委会尤其高审处是值得深刻反省的。所以在检讨各地与司法工作同志们的偏向与缺点后，也将比较重要的毛病指出，以便改正。

第三部分　今后怎样做司法工作

一、总的方向：走群众路线

山东的司法工作在过去的几年中没有作〔做〕到群众化，所以表现为六法全书主义，陷于旧型正规化的泥坑，严重的〔地〕脱离了群众，形成了工作上［的］基本缺点，建立了客观形势及群众需要不相适应的组织领导与组织机构和审理方式以及各种制度，使工作受到不应有的损失。纠正和消灭这些现象，即打破旧型正规化，转变为群众化，是当前迫切的任务。因此，确定司法走群众路线为今后司法工作上的总方向。

由于群众运动的发展与深入，群众觉悟逐渐普遍与提高，便有条件要求不论是群众性的组织，如调解委员会，不论是司法部门，必须用群众的力量与群众的智慧解决民间纠纷及关于司法上的一切问题，就须要运用马锡五同志的审判方式，即以调解为主、审判为辅的方针。这当然就须〔需〕要我们以整风的精神彻底打通思想，树立为人民服务的群众观念，要接近群众，通过群众，熟悉群众的情绪，了解群众的要求，吸取群众的经验，［贯彻］从群众中来又到群众中去的群众路线。

二、中心要求：建立与健全司法机构

司法是遂行政治任务的，和其他工作应是密切的〔地〕联系、适当的〔地〕配合。在群众要求翻身，封建势力企图抗拒，根据地天天在扩大的情况下，一定时期内的复杂错综纠纷必多。

民间发生纠纷要依赖司法，根据我们的政策法令确认其权利义务，建设抗战革命的秩序，即新民主主义秩序，这是一方面。再就着争议即其切身利害的问题，根据我们的政策法令启发教育群众辨别是非，这又是一方面。还有群众斗争多半归司法解决，司法也要处理胜任。因此可以肯定司法是抗战革命重要武器之一，我们应该重视与善于运用，发挥其最大效用。

很多游击区乃至敌占区的老百姓有了纠纷，多半愿意到民主政府来求得合理的解决，这是人心向着我们、向着祖国的深厚感情，就应该适应他们这种感情，发扬他们这种感情，运用法制来配合其他攻势，向敌人争取群众，削弱敌人，孤立敌人。

各地区在过去对司法一般的不够正视，忽略了它的重要性，以致工作上做的〔得〕不好，不能适当的〔地〕与其他工作配合，特别是严重的〔地〕落在群众工作的后面，多少影响到根据地的巩固与扩大。因此特强调提出各地区要清楚认识司法工作的重要性，必须大量提拔与配备干部，建立与健全司法机构（包括调委会），以适应客观要求。

三、一般的要求

（1）加强组织领导与思想领导

各级司法部门与其他部门同样受各级行政委员会的领导。至于督察专员公署没有行政委员会，可受署务会议领导。现在许多地区因行政委员会不能经常召开，讨论案件不能及时，有的组织公安司法会，有的组织审判委员会代替行政委员会研讨司法案件。但研讨的结果必须经过一定的负责同志才能执行，事后提交行政委员会讨论，遇有错误指出纠正。

组织领导应与思想领导结合起来，如下级对上级司法部门应严格建立督促检查制度，要按时巡视，以政策法令的精神指导帮助与工作。行政委员会对司法工作领导，不仅讨论业务如案件处理等，必要的是讨论司法政策方针问题。因为各级行政委员会是掌握并执行政策的机关，要适当的〔地〕照顾各阶层的特别是工农基本群众的利益，很好的〔地〕考虑到对敌伪斗争形势及各方面工作推行的程度，来领导工作。主要负责人对司法部门的领导应该随时注意司法干部在思想上是否发生偏向，表现在工作上有什么特点，随时加以纠正。这样使组织领导与思想领导密切结合起来，以思想领导保证组织领导，以组织领导体现思想领导，二者互相依存、互相助长，才能发挥领导上的积极作用，才能更加提高工作效能。

（2）正确掌握新民主主义法的阶级本质和法的渊源

法是在一定历史阶段统治阶级保护本阶级利益的工具。封建社会的法是保护封建阶级的利益的，资本主义社会的法是保护资产阶级的利益［的］，苏联社会主义社会的法是保护无产阶级及劳动人民［的］利益的，那么我们新民主主义社会的法就是我们现在的法的阶级本质，是保护工农劳苦大众、小资产阶级和抗日而又赞成民主的地主资本家［的］利益的。要说立场就是抗战最高原则统一战线的立场，也就是人民大众的立场。不过地主与资本家在历史上自来就能认识自己的利益，并且能够主张自己的利益，而工农劳苦大众几千年来受压迫剥削，到现在还是绝大多数没有足够的觉悟，不能认识自己应有的利益，而且不敢大胆主张自己的利益，即社会地位、政治权利、经济利益等。所以我们的司法对劳苦大众应该加以扶持，求得工农劳苦大众在法的实质上的平等。这是我们司法工作者的严重任务。

我们的法的渊源是我们的政策，政策又表现为我们的法规和命令。这是适合我们法的阶级的本质的。具体点说，应该明显规定以后所有的司法的判决和调解以及调委会的调解，都以我们省参议会所通过的施政纲领，省参议会通过的法规、决议，省政委会所颁发的训令、指示、决定及各当地政权单行办法为根据，以群众团体的决议作为重要参考，以旧的民刑等法作为补助参考，如遇群众团体的决议与其他根据不适当时，呈请上级解决。这样才合于新民主主义法的阶级本质，才从根本上纠正法的工作立场上、观点上、作风上及方法上的各种偏向。

（3）加强群众观念，运用合乎群众要求的工作方法

为了正确的〔地〕运用法令和充分的〔地〕完成司法任务，司法干部就必须打破官僚主义、形式主义、条文主义等，建立合乎群众要求的实事求是的工作作风，如诉讼制度中规定的呈诉或口诉一律受理，这是合乎群众要求的。今后在审判案件［时］，应注意严禁刑讯及变象〔相〕刑讯，并不布置庄严的法庭，不准吓唬当事人，用座谈方式、动员方法询问口供，对案件发生的交结点要亲身查勘研究，如人命案要验尸，伤人案要验伤，盗案要查勘盗所，土地纠纷要查明所争土地，婚姻纠纷要亲问男女双方的意见，把案件发生的交结点详细查明［缜］密考虑后，再参考呈词供词慎重研究，确然无讹再下判断。如果仍有疑难，就需要广泛深入的〔地〕向群众访问调查，详细占有材料，要客观不要主观，要全面不要片面，才能研究出真情实况来，如果判决的案件发现了错误，应及时改正，不要袒护；如就地审理案件时，应约请当地群众团体代表参加陪审，并争取招〔召〕集广大群众旁听。

马锡五的审判方式，各地应当好好研究、学习、运用，主要的是掌握它的精神与实质。就是要深入调查，坚持原则，简单轻便的诉讼手续，是座谈而不是坐堂的审判方式，也就是充分的群众观念。更重要的是利用审理案件来教育群众，启发群众辨别是非，而不是清官主义，对群众表示恩赐。

过去有的司法干部对斗争恶霸认识是模糊的，以为政府应站在第三者立场，站在一旁批评斗争，而不能配合斗争，甚至压抑群众，而不扶持群众，使工作受到不应有的损失。这是失掉立场的表现，应该彻底纠正。今后司法干部要积极配合这工作。群众斗争恶霸，司法干部要帮助群众，并要注意发现群众不能认识的恶霸（一般是以小恩小惠笼罗群众的大恶霸），要由村、区到县各级党政军民中间一气打通，详细调查考虑其恶迹，商量处理办法，布置斗争，或调解或法办，迅速解决，才不致冷淡了群众。区公所可以代表县政府收押被斗争的恶霸，像现行犯一样，这和一般案件是不同的。

被斗争的恶霸其侵占他人土地部分，按照本届行政会议土地组总结原则处理。侵占其他财物要追还原物，原物不能追还的，要折价赔偿（自然要决定于现有经济情况）。如果牵涉人命，只要能够证实，不拘年限一律依法处理（自然要参考群众意见）。关于群众运动中间用法的标准，要依据八十训令的精神，这里不再多说。

遇有集团间如两族或两村间的纠纷，要从阶级分析入手，说服教育双方的基本群众，使其团结，以揭发双方操纵者的阴谋，纠纷自易解决，也可借以发动群众。

有的案件表面似乎是普遍的刑事或民事，而它的本质是阶级斗争，是政治斗争，应抓住本质去确定处理的方向。处理时揭发阴谋，配合群众团体，广泛的〔地〕教育群众，并发动群众、组织群众，不要丢掉机会。

司法干部不是单纯的〔地〕处理案件，主要的是要求减少民间纠纷，要求案件处理好，不要只相信自己不相信别人、不相信下级、不相信群众。[要] 相信别人，要善于与其他部门配合；要相信下级，必须时常检查下级，帮助下级；相信群众，就必须密切联系群众，如此案件自易处理，自然不致积压。要求减少民间纠纷，必须加强调查委员会的作用，特别重要的是尽量的〔地〕配合群众运动。群众有了纠纷，能够本着政策法令自觉的〔地〕解决，不打官司，一般的诉讼自然减少。至于积压案件太多的县份，应及时清理，清理的办法可参考文登县司法工作队工作方式（详见附录）。

（4）加强调委会的教育与领导

过去各地为调委会所团结的有些是乡村上层分子、假斯文假道德的封建势力崇拜者和稍有声势的地痞流氓分子，由这些人们所组成的调委会必然起些坏作用。稍好一点的就认为调委会是息事宁人的组织，无原则的了事的组织。所谓息事宁人，就重在息事而不宁人，调解纠纷的时候，就怎么能息事怎么去了结，调委们便不免欺软怕硬，结果狡猾的占便宜，忠厚的要吃亏。这和我们成立调委会的原意是根本反对〔相反〕的。

调委会的工作不仅息事，而且宁人，本 [着] 双方自愿的原则，适当的〔地〕调解纠纷，免除诉累，加强团结，贯彻政策法令，启发民众辨别是非、服从真理。其组成分子自然应当注意其出身成分及品质，适当的〔地〕调剂，把旧有的加以改组。最好在查减中发现积极分子，教育帮助，培植他们的威信，吸收他们担任调委。纵不能全数如此，也必须依靠这种分子起骨干作用。同时司法干部应特别帮助他们，使其在工作上能够胜任。政府对他们应加强领导教育，以提高他们的认识、工作能力与工作效率。

（5）实事求是，配备提拔与训练干部

基于目前司法工作的现状，必须配备政治上坚强的干部，反对单纯技术观点。要有实事求是的精神，从实际出发解决问题，反对等待主义。仅仅发动旧司法工作者或等上级派遣，这都不能解决实际问题。除要求配备一般的政治比较坚强的干部担任司法工作外，必须从群众运动中发动积极分子直接或通过调委会提拔到司法部门工作。同时大量训练干部，迎接日益开展的局面，各地区有一般的训练班或干校的可以附带训练司法干部，再就是加强在职干部的业务学习。

（6）加强对敌法制斗争

我们过去［对］对敌法制斗争一向重视不够，除胶东外，各地区对这一工作的重要认识尚不甚明确。为了适应政治形势的发展的要求，今后应当更加重视这一工作。应当认识我之司法范围之扩大就是政权的开展，政府应郑重公布所有敌伪判决审理的案件一律无效，允许人民到民主政府请求平反，号召敌占区人民大团结，有纠纷到民主政府解决，并注意尽先处理敌占区或敌占优势的游击区的诉讼案件，并且要求迅速。处理时以调解为主，不作裁判。行政委员会和主要负责同志应特别注意掌握某些有重大影响的案件，必须向敌区发表文告，进行宣传教育，今后总结工作时应列为一个内容。再就是要强调宣扬民族气节，并对老百姓说明敌人就快要失败了，敌伪法院的判决是无效的，并且应当揭发他们是为敌人汉奸服务的，不会保护善良中国人的，中国人服从他们的判决是可耻的事情。如有纠纷，尽可能的〔地〕调解了结，实在不能了结的就要到民主政府来打官司，求得合理解决。

（7）广泛深入进行法制教育

通过群众团体的各个系统，通过小学、冬学、识字班及一切可能利用的机会，分别把我们削弱封建、扶持基本群众的法令，如减租减息、改善雇工待遇条例等等，详为宣传解释，组织讨论，认识统一。在争取某些失足分子时，须先进行宽大政策的教育。关于人权的保障，应加以注意，以禁止刑讯，废除肉刑，非依法不得随便逮捕拘押。

（8）几项制度的改革与建立

各级政府司法部门与其他部门同为政府的组成部分，不应另立名称表现特殊。以后省政委会高级审判处改为省政委会司法处，行政公署高审分处改为行政公署司法处，专署以下仍旧称科，以示一律。

民间纠纷之调解或审判，就地解决最易得到事实的真象〔相〕，故以后调解着重在村，审判着重在县。不服县判的可上诉到专署，专署代表行政公署受理上诉案件，作最后审判。行政公署可不处理一般民刑案件，但须负责复审（一般用书面复审）所属判处死刑的罪刑。省不处理一般民刑案件，以帮助下级政府总结经验、推动改革为基本业务。但各地区有重大案件，处理上可报告省政委会。

对于犯罪的处刑，不重在惩罚而重在争取教育，启发犯人自新。判处无期徒刑，最易使犯人对前途绝望，阻其改过向善之心，有违处［罚］之目的，况在敌后环境，执行有期徒刑即感诸多困难，执行无期徒刑尤属不宜。以后一律废止无期徒刑，有期徒刑最高可至二十年。

如遇涉讼双方贫富悬殊，富者理屈败诉而缠讼不已，希图抗累贫者，贫者可于最终胜诉后，向富者要求赔偿其因讼累所受之损失，以资救济。

凡经审判的案件，一律发给判决书。判决书要简单明了，一律采用语体文，并尽量避免法律术语。其格式可分三项：第一项事实，要将诉讼中心点叙明；第二项理由，要将问题是非、判断叙明，第三项判决，应说明问题的决定与政策法令的根据及应得的处分。

第四部分　附带的几个问题

一、押犯看守问题

今后规定各县自行成立约十五人以下的看守武装，斟酌性质起何名义。兵额来源最好由区中队中动员可靠的战士，专门担任看守，不得往他处调拨。粮食、菜金、服装、津贴等由县政府统一供给，看守教育勤务由司法科负责。在看守上不仅防止逃跑，主要的〔地〕在于教育犯人，启发觉悟，坦白承认罪行。这必须要以待人的态度对待犯人，注意他们的生活卫生，把看守所变成教育犯人的场所。至于军事训练，应由县大队或独立营负责。如果须〔需〕要战斗锻炼，可临时交由县大队或独立营领导作战（临时换一个班代为看守），事后仍回原岗位。如遇敌人“扫荡”，只把重犯由看守武装押解转移，罪行较轻的，可根据依靠群众的精神，斟酌群众条件，交由民兵或自卫团负责，其更轻的可交保回家候审。

二、及时总结材料

要求达到从群众中来到群众中去，就必须有更多更真实的具体材料，如土地、婚姻、继承等纠纷。要求各县司法科同志及时搜集各项材料呈报上级，以便制定办法解决纠纷，调整社会关系，建立新的秩序。

再就是要求分别统计罪行，以便研讨犯罪的社会根源，来设法减少或消灭犯罪行为。那就要求把民主政府成立以来一共判处死刑的多少、男女各多少、那〔哪〕一种犯罪多少，其犯罪在民主政府成立前或成立后、离成立时期若干年月，判处徒刑的共多少、男女各多少、那〔哪〕一种犯罪的各多少、十年以上的多少、五年以上［的］多少、不足一年的多少，其犯罪年限和死刑一样，分别清楚，精确的〔地〕统计，这对决定教育群众的方向上是具有重大意义的。

三、介绍几个徒刑执行办法

胶东荣成对个别不宜交村执行的徒刑犯，拨到农场派人管理，组织开荒；文登曾抽调徒刑人犯临时组织开荒修河队，都有点滴成效。胶东行政委员会曾决议：分区成立徒刑犯人训育队，行政公署成立男女徒刑犯人训育队各一队，组织领导教育犯人，参加开荒生产及纺织等劳动，准备将前判徒刑不适宜留村执行之犯人，适当抽调训育队执行。这些办法各地区可以斟酌当地情况及需要采择试行，以补救徒刑执行暂行办法的缺陷，并要求及时总结经验，报告上级，介绍其他地区参考仿用。

（详见附录）［略］

选自《山东革命历史档案资料选编》，第 13 辑，济南，山东人民出版社，1983 年版，第 316～334 页。原注：“据编者考证，此件成文于 1944 年 12 月。”

17. 附“工作总结”：彻底改革司法工作，走群众路线——黎玉主任委员在山东省第二次行政会议上的总结报告（节选）

1945年1月7日

八、彻底改革司法工作，走群众路线

（一）我们的司法工作还是一个痛下决心改革的问题。我们不否认我们建立司法工作以来也替人民办了些事，也用了一些下乡审判的方式，也有许多的人民纠纷是调解了。但是，我们行政机关、司法机关、司法干部还缺乏一个明确的改革司法的观点，群众观念、群众路线、群众作风还极其模糊，没有充分的〔地〕表现在司法工作方面。所以，几年跳来跳去，基本上还没有跳出旧法制的囚笼。这里以二个基本表现来说明。

1. 旧法条思想与旧法条作风。以为“六法全书”是“超阶级的、主持真理的”，甚至是“司法干部吃饭的工具”。由此也就产生一个神秘的思想（而其实是荒谬思想），以为只要根据“六法全书”办事就没有错，有错也不能承认，“只有民错，没有官错”，“只有错拿，没有错放”。由此产生创制法律者也就抄袭起来，以为不深入群众中也有办法，不从实际出发也能搞出一套完整的法条来。由此也就产生照法条行事，判决书不引用法条就遭到驳斥，判决就得打开“六法全书”。由此也就产生非懂得“六法全书”即不能当司法干部的单纯技术观点，不相信群众，不相信下级，不与他人接近，司法用文则诚心不要他人看懂，有孤立主义的作风，不虚心，不老实。因此，走上层路线也是必然的，而群众观念就很难被理解。这些思想，这些条文，这种装腔作势的派头，不是群众所需要的。

2. 架子观点与架子作风，也就是官僚主义、形式主义的思想与作风。以为自己握有生杀予夺之大权，所以权威思想也就上升，所以审讯形式也就特别讲求，处处想表现自己的官架子，威风凛凛，布置森严的法庭。不处理无呈文案件。积压案件有的六百多起，有四年之久没有了结，不以为耻。也就要处处讲手续，拿票传人，竟有的人死了也得传，死了也得判决，另一方面，反而又见死不救，得等待手续才能过堂问案。见群众集体控告，人证物证俱在，群众斗争不以为是新的手续，反而斥之为破坏秩序。群众、民兵送案不去调查，反将民兵扣留对证。以为坐在司法机关里什么也可知道，也可办事的官僚主义的思想与作风尤为普遍，最坏的是刑讯逼供，这是官僚主义走上违犯政策的错误。

以上也就是正统思想与作风在司法工作上的表现。这种思想和作风在本质上就自然产生“敌我不分”，为司法而司法，认为司法是超阶级超党派的东西，“跟谁干都一样”的荒谬思想。违犯了广大群众的利益，在民主建设中就必然缺乏彻底改革司法的决心。

为什么我们要改革旧法观点与旧法作风呢？因为旧法律是建筑在过去统治阶级要求上的产物，是统制压迫广大群众的工具，是以资产阶级利益为主，服从地主资产阶级的统治，尤其是服从于国民党反动的一党专制而制定的，是从外国抄袭的，不适用于中国，所以许多条文是反民主［的］、反人民利益的、反革命的。虽然有些可以参用的条文，如反高利贷、二五减租等条文，但又不为我们司法工作者所充分注意。这些条文太法律古典化了，是法律的老八股，不适宜我们今天干部的水平，更非大众化的，也不适宜战时环境。旧法作风是一套的，我们没有什么宝贵的必要，我们只作为参考的更次要的材料、所谓补助的材料。

（二）如何改革呢?

我们首先要懂得什么是新法，新法即是要掌握新法的实质与精神。它的实质和精神是：

1. 新民主主义的法律是抗日的、民主的。因此它的含义：

（1）凡是有利于战胜敌人，有利于抗日的人民各阶层，统加以法律保障。反之，凡反对抗日、破坏抗日、投降敌人者，统加以法律的限制和制裁。这即是几个革命阶级联合专政的法律。

（2）凡有利于广大群众反对封建统治、削弱封建经济［的］言论与行动，统加［以］法律的扶持与保障，这些即是保证抗日民主的基本力量。反之，凡阻碍抗日民主、强制与压迫广大群众的封建势力，就应予法律上限制与制裁。因之，实行二五减租的土地政策，保护群众反对封建恶霸，保障广大工农小资产阶级的人权、地权、财权，就应提到法律的重要位置上来，而不限于唯一的着重保障抗日的地主资本家的人权、财权和地权。

由此我们对新法的正确态度，应当是为主要目标而服务，打破过去旧法条思想的囚笼。抗日与民主两大基本原则被司法工作者所掌握，就有了眼睛，就有了灵魂，就有了方向，就能贯穿于一切，而不是本末倒置、敌我不分。所以，对付敌人、反封建是主要的，其他是次要的。

因此，新法是发展的，不能万法齐全的；而新法的健全发展，是随着抗日民主事业的发展而发展的。在战争情况下，要产生完备的新的“六法全书”是不可能的，而且并不［是］很迫切需要的。所以，我们的口号既不是“人治”，也不能在今天的情况下强调“法治”，而是根据新民主主义基本的理论政治观点，根据民主政府颁布的基本法令政策的精神，根据人民战时要求与群众要求需要，亦即是政策与群众意见相结合，据此来建设我们的司法工作。

司法是为人民服务与根据地建设密切结合起来。我们法律既是发展的、人民的，因此，凡在根据地生产、拥军、文化运动、减租减息、互助变工各项政策的推行上，司法工作应密切配合，调解纠纷，惩办坏分子，才能使司法深入群众，为群众服务。

司法既是人民创制的，司法工作者应走群众路线，应有群众作风，而不是机关作风、官僚作风。

新法既是革命的，就应与旧法条旧作风作斗争，不投降不盲从，批判其反动与落后的方面，参考是次要的。

2. 实行马锡五的审判方式。

马锡五审判方式的介绍应细心钻研，这就是司法中的群众路线群众观念，新的司法观点、方法的具体贯彻运用。其特点：

（1）深入调查的方法。不是轻信呈状、草率判决，而是调查案情的具体情况，分别是非轻重，准确处理。

（2）调解为主，审判为副。坚持原则，执行政府政策法令，又照顾群众生活习惯，维护其基本利益的合理调解。

（3）打破形式主义。一切以简便为主，认真负责，随处可作〔做〕“法庭”，随时可审理案件。今后尤其照料群众宝贵的生产时间，将此作为我们测量今后司法工作最主要的改革标志。过去某些地区司法部门已经采取这一办法，如文登有司法工作队，深入农村，调解纠纷。今后各地区应普遍运用这个新的方法——马锡五审判方式。

3. 提倡村调解，创造群众的调解模范。

人民的纠纷，群众最清楚，所以我们要提倡村调解，创造群众的调解模范。

村各救会、劳动模范、村学可选举调解员、说事员，组织调解小组、说事小组。调解最合理，最为群众欢迎，调解有成绩者，应选举为模范。加强村调解，减轻到区到县，耽误生产时间。区的调解委员会应该酌量取消，只有等到村调解中产生了模范后，才可以组织区调解，才能把区调解委员会办好。

司法干部应定期巡视，下乡帮助调解，并与群众结合起来。

4. 宽大政策为主，镇压为辅，宽大与镇压结合起来，治病救人（教育感化），以维持新的革命秩序。

5. 改革与健全司法机构与制度。

（1）关于司法干部，以具有坚强群众观念、坚持民主政策为主。利用旧司法人材〔才〕是有条件的，不必重视其“六法全书”旧型正规的司法知识，而是采取团结与改造的方针，逐渐转变其不正确思想观点，培养成为一个新型的司法工作者。

（2）关于审判机构，以加强县政府为主，各主署直接负责。省不处理一般民刑案件，应以帮助下级政府总结经验、推动改革为基本业务。但各地遇有重大案件，处理上可报告省政委会。专员应代表主署负起司法责任，县长应参加重要司法事项组织与研究。

（3）公安司法会议制度仍须坚持下去，互相联系，互相帮助。

（4）徒刑犯处理，在［以］下方式下可创造经验：

宣判徒刑者，不发落本村。犯人以生产教育为主，服务公役，有转变时可逐次减刑，争取早日释放。徒刑犯人可划分小组，分布农村，归民兵看守，为公役服务，为自己生产，为民兵生产。重要犯人，可由各地创办小型监房，由民兵或警卫武装看押，加强教育。

6. 研究犯罪与纠纷原因，与教育行政结合，减少以至消灭根据地人民中犯罪行为。

各地区各种案件定期总结，详细分析研究，不是在成绩数目上打圈子，也不是为报告而写报告，而是总结经验，发现问题，反映根据地社会秩序之全貌，借作领导上决定政策法令之重要参考。使司法工作与各种政策相结合，特别是与社会教育结合，这才是安定社会秩序，减少以至消灭人民中犯罪行为的根本办法。这是我们新民主主义司法工作基本精神。

选自《山东革命历史档案资料选编》，第 14 辑，济南，山东人民出版社，1984 年版，第 121～126 页。

18. 山东省各级军事法庭组织条例

1945年

第一条　为审判战争罪犯及汉奸案件，镇压反动活动，特于军事管理期间在山东军区司令部、胶东、渤海、鲁中、滨海、鲁南等军区司令部及各城市之卫戍司令部内各设军事法庭。

第二条　各军事法庭设主席一人，检察员一人，司法员二人，书记一人，一般应以各该军区政治部主任为主席，各该军管区之公安局长为检察员，各该军管区之司法负责干部为司法员，均由山东军区委任之。

第三条　各级军事法庭之职权如下：

一、凡日军大佐以上、伪军少将以上、伪政权道以上、伪警佐以上，及其他有全省性之战争罪犯或汉奸，均由山东军区军事法庭审理之。

二、除前所举之战争罪犯或汉奸，除其他战争罪犯或汉奸，均由各该捕获之军区军事法庭审理判决为原则。如有在其他地区作恶最重者，得解押［至］作恶最重地区之军事法庭审理之。

第四条　各级军事法庭应将所处理之案件按级旬报，以备查核。

第五条　本条例之解释修正权属于山东军区。

第六条　本条例自公布之日起施行。

选自《中国新民主主义革命时期根据地法制文献选编》，第3卷，北京，中国社会科学出版社，1981年版，第567～568页。原注："选自《战时法令》。"

19. 山东县司法处刑事复判暂行办法

×年×月①

第一条　为补救刑事初审之建设，特依国民政府刑事复判成例，参酌敌后具体情况，制定本办法。

第二条　县司法处判决的刑事案件，除第三条规定外，不论有罪无罪，凡未经上诉或其他未经第二审法院为实体审判者，均应由该管地方法院复判。

第三条　下列各款之犯罪，除因牵连关系应并案办理外，勿〔无〕须经过复判。

一、最重本刑三年以下有期徒刑、拘役或专科罚金之罪。

二、刑法第三百二十条之窃盗罪。

三、刑法第三百三十五条之侵占罪。

---

① 原件未注明制定年月，推断为抗日战争时期。

四、刑法第三百三十九条之诈欺罪。

五、刑法第三百四十九条第二项之赃物罪。

第四条　前条第一款对于刑法第一百三十二条之泄漏〔露〕通常秘密罪，第一百四十三条、第一百四十五条之妨害投票罪，第一百八十六条之危险物罪，第二百七十二条第三项之预备杀人罪，第二百七十六条之过失致人死罪，及前条第二款因妨害空舍清野而犯窃盗罪，前条第三款因涉及惩治贪污条例而犯之侵占罪，不论罪刑轻重，均应呈送复判。

第五条　应行复判的案件，卷证未送上级法院者，原县司法处应于上诉期满后五日内，将卷证判决呈送该管地方法院检察官核办，其卷证已在上级法院者，应径行复判。

第六条　检察官收到初判卷证后，应于三日内转送同级法院复判，如认初判违误，有上诉之必要者，得于五日内提起上诉。

第七条　第二审法院发现初判有疑义者，得令原审查复，如认初判合于下列情形之一者，应为核准之裁定：

一、法律事实相符者。

二、事实明了，仅引用法律错误或程序违法，但为不影响于科刑者。

前项第二款情形应于核准裁定之理由内纠正之。

第八条　初判有下列情形之一者，应为更正之判决：

一、事实明了，仅用法错误致罪有失入者。

二、主刑之量刑失当者（但认为应处死刑或无期徒刑时，应为复审之裁定）。

三、从刑或□□处分失当者。

四、缓刑不适当，或被告曾受徒刑以上刑之宣告者。

第九条　除前二条情形外，应撤销初判，为发回复审之裁定。复审裁定不得抗告。

第十条　复审裁定，就下列方法之一为之：

一、发回原县司法处复审。

二、指定推事莅审。

三、提审。

第十一条　一案中有应核准、更正、复审之部分互见时，依下列各款办理：

一、应核准与复审之部分互见时，应为复审之裁定，但应核准者系免刑、无罪、免诉或不受理之判决时，得将该部分另为核准之裁定。

二、应核准与应更正之部分互见时，应为更正之判决。

三、应更正与应复审之部分互见时，应为复审之裁定。

第十二条　有多数被告，其中部分被告上诉，或被告犯数罪，仅就原判一部上诉者，如上诉法院认为有合并审理之必要时，应先提审裁定，然后合并审理，但判决仍分别行之。

第十三条　复判法院为第七条或第八条之裁判时，应将裁判正本令发原县司法处，送达当事人。

第十四条　原县司法处，复审判决后，仍应将卷证连同判决正本呈送上级检察官查核，如认为不当时，仍得提起上诉。

第十五条　检察官或自诉人，对于更正提审或莅审之判决，得上诉于第三审法院，对于原县司法处复审之判决，得上诉于第二审法院。

被告对于更正提审、莅审或复审判决，得分别提起第三审或第二审上诉。

原告人对于县司法处复审判决，得向第二审检察官申诉不服，请求提起上诉。

群众团体派人代理或代表其会员为诉讼时，亦得分别提起上诉或申诉不服。

第十六条　复判核准应照初判刑期执行者，其刑期自初判经过上诉期间之翌日起算，但未受羁押之日数，不算于刑期之内。

第十七条　本条例自公布之日施行。

选自《中国新民主主义革命时期根据地法制文献选编》，第3卷，北京，中国社会科学出版社，1981年版，第460～463页。原注："选自山东省胶东行署《法令汇编》。"

20. 山东省胶东区行署各级军法会审委员会组织及审理暂行条例

×年×月①

第一条　为适应敌后战争环境，提高抗战纪律，密切军政民团结，调整军政民关系，特制定本条例。

第二条　军民犯罪有下列情形之一者，由军法会审委员会审理之：

一、军人、军属或地方武装部队犯罪直接侵害人民利益者。

二、人民犯罪妨碍军纪、涉及部队利益或名誉者。

三、其他犯罪，经军政首长认为必要或同级群众团体请求者。

第三条　县至主任公署，应各组织军法会审委员会，处理当地发生［的］有关军法事件。

第四条　各级军法会审委员会，上下级发生直接领导关系。

第五条　军法会审委员会由下列人员组织之：

一、县级以上行政首长。

二、县级以上司法机关首长。

三、代表军队和地方武装之营级以上的军政首长。

四、各级群众团体负责代表。

第六条　军法会审以事实便利为主，县至主任公署级均得受理初审，不服判决，得提起上诉，但主任公署级之判决，不得上诉。

第七条　各级军法会审，由同级行政或司法机关首长任主审委员，负责召集会审委员进行审判程序。

第八条　主审委员接受会审案件后，应即着手调查证据，并指定会审日期，通知会审委员，提传人证，同时指定书记负责编卷、记录等事。

第九条　会审日期前，主审委员认为必要，得召开预审会议，交换意见，或预行审讯

---

① 原件未注明制定年月，推断为抗日战争时期。

人证，借以明了事实。

第十条　会审事件，一次不能终结者，军事人犯应交原军事机关带回看管，其他人犯由主审委员指定地方管押之。

第十一条　会审时由主审委员依次审讯人证，其他会审委员，通过主审亦得为必要之审讯，但被告有最后辩论权。

第十二条　会审事实已明，应即宣布终结，经会审委员会评议决定，制成简要判决即时或定期传唤当事人，宣告判决要旨及理由。

第十三条　判决宣告后，应即制作正本，分送各委员存查，并送达各当事人收受。当事人如不服判决，得于七日内，向原审机关以书状或口头声明上诉。当事人以口头声明上诉，原审机关应命书记官制成笔录，记载不服理由，令上诉人签名或按指印。

第十四条　当事人上诉后，初审主审委员，除认上诉不合法得径行裁定驳回外，应检齐卷证，连同上诉状，呈送上级军法会审委员会。

第十五条　初审判决除主署级以外，因逾期不上诉或上诉不合法被驳回确定后，原审机关应于五日内检齐卷判，呈送上级军法会审委员会复判，须经复判核准，始得执行，但死刑之执行应分别呈请胶东最高军政机关之核准。

第十六条　军法会审案件上诉机关认为事实明了、罪情相符者，得不提传当事人，径以书面审理判决。

第十七条　军法会审判决确定之人犯，应由所属军政机关分别依法执行。

第十八条　本条例所未规定之事项，刑事诉讼法及刑事复判暂行条例各规定以与本条例精神上不相抵触者为限准用之。

第十九条　本条例之解释权，属于主署级军法会审委员会。

第二十条　本条例经胶东军政民联席会议议决后公布施行，修正时亦同。

选自《中国新民主主义革命时期根据地法制文献选编》，第3卷，北京，中国社会科学出版社，1981年版，第464～466页。原注："选自山东胶东行署《法令汇编》。"

21. 山东省政府关于目前司法工作的指示

1945年8月28日

日本投降全省即将光复，关于目前司法工作指示如下：

一、一般司法工作，各地仍按照山东省行政委员会所召开之全省第二次行政会议之决定进行。

二、新收复大城市之原有法院，如高等法院、高等法院分院、地方法院或分庭等，应按照所属地区由各该地区行政公署、市政府派员收管，各县城由各该县政府负责收管，于收管时应注意下列各点：

1. 掌握一切卷宗、没收没入之资财，尤须注意一切不动产移转登记簿册及职员名册。

2. 监狱监犯及监狱、工厂、资财与一切器物。

三、收管后应作下列处置：

1. 清查封存所有卷宗、资财。

2. 对于政治性之监犯，尤其因抗战活动而被敌伪拘押之监犯，无论判决与否，经查明后即为之作传达报告，分别录用或开释。

3. 对刑事监犯、押犯经审查后，轻微者即予以简明教育开释之，其情节重大者，暂予拘留教育，别作处理。

四、各大城市在军管期间暂不设法院，民间纠纷提倡调解，其普通民刑案件，则由市政府暂行管辖。处理案件应依照根据地司法方针办理，就事论事解决问题为原则，不拘泥于旧法条、旧手续。

五、在否认敌伪判决的原则下，无论民刑案件，如有不服伪法院判决而来起诉者，均予受理。

以上各点应即讨论实行，如有特殊具体情况，随时呈报本府。

选自《中国新民主主义革命时期根据地法制文献选编》，第 3 卷，北京，中国社会科学出版社，1981 年版，第 568～569 页。原注："选自《山东省政府法令汇编》。"

互校版本：《山东革命历史档案资料选编》，第 15 辑，济南，山东人民出版社，1984 年版，第 298～299 页。

22. 山东省政府关于开展调解工作的指示

1945 年 12 月 18 日①

开展区村调解工作为目前及今后司法建设之基本工作。这一工作的开展，不仅是贯彻群众观念的基本精神，而且也是建立新民主主义司法机构、司法制度的重要基础。为此，已决定各县区添设调解助理员，并已于民字第六号通令通知在案。为了迅速开展这一工作，特将调解助理员的职责任务及开展调解工作应行注意事项，指示如下：

（一）调解助理员之职责为领导帮助区村调解委员会开展调解工作，在未设立区调解委员会之区，即应直接领导建立村调解委员会或说事小组等调解部门。村调解部门之组织，或每一自然村普设，或以行政村联防区、学区合设，可按具体情形自行研究决定。至于接受处理调解案件，当然亦系调解助理员之职责，但在处理案件时，最好仍配合建立调解工作的中心，与区村调解部门共同进行，借以帮助教育区村调解干部，并加强群众对调解工作的认识。为此，今后各区应重视这一工作，积极推动帮助调解助理员进行工作。目前应即着手整理现有区村调解部门和积极布置建立村调解部门。要求明年三月底，要将已有的区村调解部门整理充实健全完毕，四月底，各区最低应将所属行政村的调解部门，一

① "社科法制版"标作"12 月 13 日"，"山东资料版"标作"12 月 18 日"。

律建设完成。这一工作，各县司法科长应经常巡视帮助，并定期召集会议研讨总结，加强教育，而调解助理员亦应随时向县反映情况、报告工作，以求得密切联系。

（二）根据一般反映，群众对调解委员会不如对政府司法科信仰高，致不少调解委员会形同虚设，推究其中原因有以下几点：

①由于群众受封建统治影响太深，形成了一时不易克服的信“官”不信自己力量的封建思想。

②调解委员不能站在为人民服务的立场，掌握政策法令去解决问题。相反的，无条件的〔地〕息事宁人和私情偏向，致使一般善良群众冤不得伸、理不得直。

③调解委员之官僚压仰〔抑〕。

今后要使这一工作开展，首先应纠正以上弊端，从建立调解委员会的威信开始，具体办法：第一，各县司法科处理案件时，一定要走群众路线，运用群众力量以纠正群众信“官”不信自己力量的认识，也只有使群众见到政府处理案件是依靠民众的实际行动，才能有力地打破这一封建思想。第二，加强调解干部业务政策法令的教育。这些教育，不是单凭研读文件，而是要根据每一具体案件去研究，运用群众力量解决案件是对他们进行教育的有效办法。第三，废除一切不合乎人民要求的制度、手续、官僚架子。第四，审查了解调解干部，对那些不能为人民服务的不称职干部要适当改造或撤换。第五，调解工作是建筑在人民的自觉自愿上，这要经过一段艰苦的教育过程，不是强迫命令所能达到的。因此，要纠正过去强制调解或一定按级调解的偏向。此外，经常在群众运动中发现培养调解干部尤为重要。各地接到这一指示后，要好好讨论、具体布置、认真执行，并将具体执行情形和收获、成绩、经验，定期汇报本府为要。

选自《中国新民主主义革命时期根据地法制文献选编》，第3卷，北京，中国社会科学出版社，1981年版，第657～659页。原注：“选自《山东省政府法令汇编》。”简称“社科法制版”。

互校版本：《山东革命历史档案资料选编》，第16辑，济南，山东人民出版社，1984年版，第46～47页。简称“山东资料版”。

23. 山东省政府关于群众调解工作的指示

1946年8月31日

群众调解工作，经年余来积极推动，除个别地区还未重视认真建立外，一般的无论在干部认识上、机构建立上，以及领导上，都已获得不少成绩。但亦有个别地区对这一工作性质至今还无足够正确的认识，因而在建立的过程中，还不是从群众的认识和需要出发，而是从主观要求和完成任务的任务观点出发。因此徒具形式的调解组织，不但不起作用，得不到群众的拥护，且更减低调解工作的威信。正因为有这一错误的认识，也就引成了对调解机构、调解干部不领导、不帮助、不教育提高，任其自流。结果，不是成为徒有其名的虚设组织，就成为维持封建、压抑群众或单纯息事宁人的赘瘤组织。对调解违反政策法

到本县），叙明不服的上诉理由（以口头声明上诉者亦应声叙上诉理由，由司法科记明笔录）。县级于当事人声明上诉后，应重新审查原判决，如认为上诉有理由，而发觉原判不当或错误时，应即进行另审另判，以资纠正；如认原判并无不当而当事人之上诉确无理由时，应填具意见书（即说明当事人所提出的上诉理由如何不正确，申明原判如何要这样判……等），连同上诉书状及卷宗呈送行署审理。

四、行署对民刑上诉，原则上采用书面审理，即一般的为减轻人民劳费起见，不再传讯（但为了案情的彻底了解，有传讯必要者例外）。行署审理一审卷宗，如认县判适当，当事人之上诉确无理由时，应该说明理由，以判决驳回上诉（一般的应用判决，特殊情形者，亦可用批示，但仅叙明理由，不记载事实），连同原卷发回原县，照判执行。如认上诉有理由，发现原判不当或错误时，应提出审核意见，将卷宗令发原县，同时亦可通知专署司法督察员，督导原县另审另判，但县级于更正处理后应具报行署。

乙、关于刑事复判程序：

一、县级判处徒刑三年以上之刑事案件，除经当事人声明不服，应按上诉程序办理者外，未经上诉者，仍须履行复判程序。今后为了处理案件准确起见，可由专署司法督察员代替行署审核复判案件。已经声明服判者，可先将犯人送交训育所管教执行，但案卷须留待审核之后，方为确定。各县某一时期应经复判的案卷，统应留待该管司法督察员到达该县时，一并交审阅。司法督察员如认原判适当，应即签具“核准”意见，并盖章负责；如认原判不当，须行更正时，应提出审核意见，通过县长及司法科长联席会议，交司法科更正原判。如意见不一致时，应将不同的意见开叙明白，连同原卷宗呈送行署复核。

三、烟、威①两市的民刑上诉及刑事复判案件，仍归行署直接办理。适用程序除特殊情形外，亦与各县相同。

丙、关于专署司法督察员的职责与权限：

一、总的职责：

系在专员的直接领导下，代表行署督导各县司法工作。

二、具体任务：

1. ［检查］各县处理案件对各种政策法令的掌握及［对］上级指示的执行程度。
2. 代替行署审核该管各县刑事复判案件。
3. 召集属县小型的司法会议（一县或数县），听取汇报，总结工作。
4. 深入区村检查督导民间调解工作，及检查各县徒刑训育所的训育工作。
5. 听取群众的反映，及时汇报上级。
6. 受专员或行署随时委办有关司法工作的一切事宜。

选自《中国新民主主义革命时期根据地法制文献选编》，第3卷，北京，中国社会科学出版社，1981年版，第572～574页。原注：“选自山东省胶东区行政公署《现行民刑审级制度及诉讼程序简化办法，单行原件》。”

---

① 指烟台、威海。

25.（山东省）渤海区劳动教育所组织条例

1948年3月

第一章　总　则

第一条　本所定名为渤海劳动教育所，隶属渤海公安局领导。

第二条　本所使劳判及劳教和徒刑之政治犯和刑事犯、军纪犯等，以劳动教育结合部分政治（遵守政府法令之公民教育以纪律教育为主）文化教育，达到改造犯人、洗面换新、痛改前非、重新做人而为新的社会服劳［务］之目的。

第三条　在本所受劳动教育之犯人，一律编入劳教大队，称为劳教队员，均应受强制劳动并在规定范围内活动，无任意行动之自由。

第二章　组　织

第四条　本所设正付〔副〕所长，下设劳动教育、材料、行政三股。其组织机构如下表：

…… ……

第五条　工作职掌

甲、正付〔副〕所长，秉承公安局长之命，负责掌握全所工作。

乙、劳动教育股，本股设股长一人，干事若干，在所长领导之下，掌握全所劳教队员之有关劳动和教育之事宜。

丙、材料股，本股设股长一人，干事若干。

在所长领导之下，职掌下列工作：

（一）保管整理审查研究队员之犯罪材料。

（二）办理队员入所编队调配组织及满刑释放事宜。

（三）考察队员入所后的改造程度、言语表现，即作为刑期缩短延长或争取释放等之根据。

（四）干部之教育培养考绩升调事宜。

（五）办理队员来往信书之检查，请家属会见之审核事宜。

丁、行政股，本股设股长一人，干事若干，武装两排（必要时由行局批准增或减），在所长领导下进行行政管理、经济供给、医疗卫生、警卫及一切不属于劳教材料一股之事项。

戊、本所队员之编制队以十二人为一班，三班为一分队，三分队为一中队，三中队为一大队，设正副班长、分队长、中队长、大队长，负行政劳动教育管理之责。

第六条　干部之责任免任骨干之选派。

甲、劳教所长由渤海行署以命令任免之。

乙、所部及各股与警卫队及劳教队之大队长、中队长之干部任免，由行署公安局决定选派所部充任之。

丙、劳教队之分队长，由所部就队员中遴选积极分子充任之。

丁、劳教队之班长，及生产队所委员会技术指导员、俱乐部委员、文化教员等及学习组长，由所部就队员中遴选党员积极分子，或由队员自己选择经所部核准充任之。

戊、队员中之积极分子，被选派为分队长、文化教员及技术指导员者，得享受一般战士的伙食待遇，作为所部职员报销。

第七条　管理原则

甲、对队员之管理采取军事管制，队员如有越狱暴动行凶及抗拒命令等行为时，本所有权采取必要的紧急措施，予以镇压与制止。

乙、对队员之劳动学习情况、日常生活的管理，基本上带有强制性，但应尽可能运用动员启发说服教育等方式，使队员逐渐养成自觉自动的〔地〕遵守纪律，积极劳动学习等习惯。

丙、队员之劳动学习进度，应详加登记。对积极劳动学习、遵守所规者，应予以奖励，奖励分精神表扬、物质奖励、缩短刑期等；对违犯所规、消极怠工破坏工具，以及其他不规则行为者，应予惩罚，其惩罚分批评、临时禁闭、延长刑期等；［对］其他重大反动行为者，得送审讯机关重新判罪。

丁、严禁凌辱虐待打骂队员，并不准敲诈勒索队员之财物及应得之劳动代价。

戊、对队员之供给待遇，得按内外性质之不同具体对待，但最高不得超过战士的标准，最低应吃饱不至挨饿。

己、应注意队员清洁卫生，队员有病应予以治疗。

第三章　各种制度与规则

第八条　接收人犯。

甲、送来本所之人犯须经部队团以上之保卫□□□机关地方县以上之公安司法机关之正式判决，由各该机关之负责首长之介绍，方能接受。

乙、凡不合前项者，须经行局首长批准方能接收。

丙、所送机关押送人犯来所时，必须携带有关犯人之全部材料，如卷宗所属之控诉书、判决书等，如系机关部队人员必须携带处分决定、鉴定、反省或自传等，如无材料者，所部有拒绝接收之权。

第九条　释放规则。

甲、劳役期满，经审查如无延期之条件者应予释放。

乙、释放者须经所部鉴定，并将鉴定付交原介绍机关以备参考，地方罪犯则由所部填具组织证，交本人到其原住地政府呈验。

丙、刑期未满前具备下列条件（一）至（五）项全部或（六）项者，经本所书面呈请行局核准缩短刑期十分之一至三分之二。

（一）对错误有明确的认识，下决心改正，有显著事实证明者。

（二）能拥护法令遵守所章，并能帮助别人遵守规则，对各种不良倾向进行揭发斗争。

（三）热烈响应新政府号召，有忠〔衷〕心拥护共产党解放军成为良□公民［的］条件。

（四）主动积极参加劳动，按期完成任务，并能推动别人劳动。

（五）对生产有发明或重大贡献。

（六）爱惜公物，遵守劳动纪律有特殊成绩。

丁、刑期已满，经审查有下列条件之一者，由本所呈请行局核准延长刑期十分之一至三分之二。

（一）入所后继续有反动言语行动思想表现者。

（二）生活散漫，违犯所规，劳动学习不积极，思想意识未达到改造之目的者。

（三）拉笼〔拢〕鼓动组织逃跑暴动行凶者。

（四）在劳教期间发现过去犯罪材料本人未坦白者。

第十条　劳动规则

甲、每日劳动以八小时到十小时为限（以犯罪性质、劳动轻重，缩短或延长），但所外公共建设事之劳动时间依照一般民工劳动之规定。

乙、每逢星期日休息一天或半天以便队员洗衣、补衣、剃头、洗澡等处理私人事务，但工作需要时本所得临时取消星期日例假。

丙、本所劳动以犯罪性质及劳动体力及劳动技术结合编组，罪重、身体弱者在所内劳动，罪轻、体力强者在所外劳动，特殊技术者，按需要分配所内外劳动。

丁、按劳动所得利润提出二成归劳动者所有，由其解决其日用必需品等；二成作为菜金（酌情增减）；二成作为医药卫生费；二成［作为］地方公益之用；二成作为扩大生产与建设基金，并应力求全所队员完全达到生产自给，不再要公家负担，甚至交公一部分充公费开支以减轻人民负担。

戊、利润之提成，原则上统一分配，但应按一般劳动与技术劳动（分技术优劣）少分或多分十分之一至十分之三，并应从利润中抽出百分之一作为奖励之用。

己、劳动过程中要服从领导人之指挥，不准有装病怠工等行为，如有意见应向上级提出。

庚、劳动过程中，负责爱护自己所使用之劳动工具，不准遗失或故意损坏，劳动结束时统一集中保管。

辛、大队、中队、分队、班等各级行政组织即劳动组织，应定期按劳动作总结与计划，呈请上级审查。

第十一条　教育学习规则

甲、每日学习二小时至四小时为限，但在劳动过程中所附带进行之教育，不计算在此时间内。

乙、学习组织，班为小组，分队为大组，中队为中心组，大队成立学委会，并以中队为单位成立俱乐部帮助教育、学习计划之实现。各级学习组织之建立由上级指定委派，或选举后，经所部审核批准。

丙、按队员之程度、不同对象，施以适当的政治文化教育。

丁、队员个人之学习计划，根据所部确订〔定〕之方针，由队员自订、小组评定、所部审查。

戊、队员对教育学习上，如有意见，可向上级提出严禁破坏教育学习之言语行动。

己、各级学习组织应定期作学习总结与计划，呈请上级审查。

第十二条　生活、会议、汇报、接见通信制度。

甲、每日作息时间按照季节及劳动教育之需要制定作息时间表。

乙、每班每星期开生活检讨会两次，检查日常生活及思想情况并互相提供意见，开展正确的思想斗争（必要时可随时召开）。

丙、队员每日由班长汇报一次，报告其本人思想活动情况及学习生产情形，对所内一切不良倾向队员均有回报之责任。

丁、各级组织均应有订〔定〕期的汇报制度，向其直属上级汇报情况。

戊、各级组织均应有定期的会议制度检讨、计划、总结工作。

己、队员家属来访时须得所部批准，方能接见，接见家属应在规定的接见室，并在接见日期内接见，规定每月二十五日接见一次，家属送来之物品需经所部检查后方能转交本人。

庚、队员不得私与外界通信，如有收发信件，须经上级审查批准，并规定每人每月只准对外通信二次。

第四章　附　则

第十三条　部队机关、军纪犯之政治教育，应酌情增加。

第十四条　本条例呈请行局局长审核，经行政公署批准公布施行。

第十五条　本条例在实行中发现有增减之必要时得随时呈请修正之。

选自《山东省人民政府法规类编（1940—1949）》，山东省司法厅1988年编印，第313～320页。

26. 徒刑犯人教育机构统一设置意见

1948年山东省政府司法厅

关于徒刑犯人教育问题，我各解放区民主政府夙有创造，被称为奇迹之一，山东各地在抗日时期亦各有创设。抗日胜利后，民国三十五年春，省政府曾通令各地普遍设立，各地区根据需要与可能，陆续开办多处，短时期内，已有不少成绩。首先是犯人由暴动大批逃跑，经过教育改造之后，可以不需要看守武装，而依靠周围群众的协助，逐渐到个别的逃跑，由个别逃跑，逐渐到大多数县份绝无逃跑。其次犯人劳动生产逐步发展，从全部由公家供给，到部分由公家供给，最后到许多县份全部自给。有的犯人执行期满，或进步较快先期得到减刑假释之后，一反过去行为，成为劳动守法的模范公民，或成为很好的村干部。这些都是不可抹煞〔杀〕的成就。所恨蒋匪破坏和平，尤其去年向山东重点进攻以来，各地犯人教育所则转移地区，或则临时解散停办，即使敌人未到地区，而因备战及后来精简编制，亦有很大变动。

今当反攻局面日趋扩大，正向全国胜利迈进，根据形势要求，各级政府的司法机构固应亟谋健全，而犯人教育之恢复与设置实已不容迟缓。兹就过去一般经验及目前财粮状况，提出徒刑犯人教育所及未决犯人看守所统一设置的意见如下：

甲、徒刑犯人教育所

一、各专署应设犯人教育所一处，收容所属各县刑期较长之犯人。各县得斟酌情形，有重点的〔地〕设置犯人教育所，收容刑期较短之人犯。凡已设有犯人教养〔育〕所者，应继续办理，力求完善；转移他地区或停办解散者，应速谋恢复。犯人有疏散回村者，应进行调查登记，其守法服从村政领导、群众无意见者，仍可留村执行，其不服从领导而群众不满者，即调回教育所继续执行。

二、犯人教育所设所长一人，应以质量较强的干部（相当于区长或县科长）充任之，受政府司法科领导，掌握全所犯人管理、教育、生产事宜。设辅导员、管理员各一人，受所长领导，监督处理犯人、管理生产等具体工作。辅导员、管理员得因工作繁简增减之。

三、犯人教育所为根绝管理教［育］人员与犯人思想情绪的对立，应以不专设武装看守为原则，仅在成立初期，犯人觉悟不够时，得暂调政府警卫武装之一部，临时流动警戒，密切联系驻地附近区村自卫团、民兵或区中队协助监视。

四、教育所驻地应在政府驻地邻近选择较固定的场所，尽可能借用旧有公房（如寺庙宅院等）或不用之民房（例如倒闭的油房或工厂等），稍加修缮即可应用，绝对避免大规模的兴修建设。

五、教育所犯人的衣食供给，以劳动生产自给为原则。在开办初期尚不能自给以前，应由公家酌拨相当物资或预借几个月公粮，补足其最低限度之开办费及工具成本，求得逐步发展，达到一部至全部的衣食自给。但生产劳动应贯彻教育内容，不得专务劳动生产而放弃教育改造。同时各地县以上政府，在必要时亦可征调或包雇徒刑教育所犯人参加修筑公路铁路、修堤、筑堤等公共建设事业。

六、徒刑犯人的管理教育，应组成小组或分队，民主选举负责人，经过批准领导学习与生产。提倡自治，适当赋予民主权利，尊重其人格，通过创模立功之范例，运用积极分子，了解犯人思想情况，进行时事政策、前途及生产文化等教育，推动鼓励犯人的思想进步，锻炼培养其劳动习惯，使彻底改造成为良善之公民。严禁打骂侮辱及奴役强迫等作风，如犯较大错误，可用群众民主制裁。

七、犯人生活待遇应稍低于一般工作人员，但要保证得到适当之温饱，讲求清洁卫生，犯人有病，公家应负责医治。如发生管理不善而有自杀逃跑或病死情事，应立即报告所属政府认真处理，并转报上级司法机关，以便检查责任合理处分；倘隐匿不报或报告虚假，应受严格处分。

八、犯人劳动生产事项，应从小规模的简单工具而成本低廉者作〔做〕起（如打绳、纺线、纳鞋底、编席、编帽辫、织布、打油、磨豆腐、做粉等手工业，与简单的铁器工业，以至小型农作园圃或简单运输等）。应随时随地结合群众需要，适应本身条件，尽量发挥犯人一技之长。不须〔需〕要聘技师，最好与当地合作生产或公营企业之需要用手工劳动者密切结合，逐渐开展。总期由无到有、由小到大，逐步提高，成为人民有利事业。

九、犯人生产的果实，应采用“公私兼顾”原则，大部归犯人集体自给，小部为提奖或分红，半年或年终结算分配，检讨计划工作。犯人积蓄所得，亦可准其投资生产，鼓励提倡储蓄，为满期出所后生计之资。

十、犯人劳动学习，其勤惰之奖惩，得采用集体民主检讨、批评、记功记过及减刑、假释等办法推动改造，绝对禁止肉刑或其他非人待遇。

十一、该管司法科长或上级领导机关，宜按时派员或亲往犯人教育所巡视检查慰问，了解犯人生活，搜集材料，总结并改进工作。

乙、刑事未决犯看守所

一、有犯罪嫌疑，经依法逮捕，尚未判决之刑事犯人，名为“未决犯”，县市政府于必要时应设看守所收容拘押之。

二、看守所设看守所长一人，受政府司法科之领导，监督、登记管理并教育看守未决犯人。犯人入所后，应多方设法了解其思想情况，针对其苦闷问题，予以治病救人宽大政策的前途教育，启发感化，促进其对案情的坦白反省。

三、看守所设武装十人至十五人，以一人为队长，担负拘提、押解及看守职责。看守武装的供给建制，归政府负责，造报预决算作正开支。业务领导教育由司法科长负责，军事教育由同级公安局协助训练。（根据各地过去经验，看守武装完全归公安建制领导则多不听司法科指挥监督，如完全由司法［科］领导，则易废弛军事训练，有碍战士进步，唯有采用分别负责办法者，较为利多弊少。）

四、未决犯之衣被伙食，以犯人自备为原则，无力自备者由政府补充供给，但可由看守所组织犯人从事室内手工业生产，按劳分红，以资补助。手工业工具由生产中逐步添置。

五、司法科长得随时派员或亲往看守所巡视检查慰问，了解犯人，进行个别教育，侦讯案情真相。

六、未决犯人入所后，除出入受拘束外，非有必要不得束缚身体，如必须施行镣铐或绳索捆绑，须经司法科长之许可。在不违犯拘押规则范围内，应适当尊重其人格，赋予相当民主权利，严禁打骂或其他虐待压迫等非人待遇。

七、未决犯经司法科之许可，得接见亲友或收发书信、阅读书报。在案情未明瞭〔了〕前，得个别拘押，防止串供湮灭证据情事。

选自《山东革命历史档案资料选编》，第21辑，济南，山东人民出版社，1986年版，第517～521页。原注：“据考证，此件成文时间大约在1948年，发文单位可能是山东省政府司法厅。”

27. 山东省人民政府为恢复与建立各地司法组织并充实干部的通令

1949年5月21日

令各行署、直属市府、昌潍专署及本府各直属单位，并抄致省级各机关

兹为恢复与建立各地司法组织，并充实司法干部，规定如下：

一、县市以上各级政府，应迅速恢复与建立司法组织。过去有的司法组织与秘书、民政部门或公安局合并，司法科所属之犯人教育所及看守所与公安局之看守所合并，在现有情况下，工作极感不便，须要把它分开（犯人之看守，暂仍由公安局武装负责）。过去司法干部转业其他工作者，尽可调回司法部门工作。

二、对司法干部之配备，由各地自行负责。各级政府负责同志，必须注意解决司法干部问题。各县司法科至少应有能掌握政策的干部一二人作为骨干，其来源可抽调区级干部，或将原公安部门掌管司法审讯之干部转至司法方面工作。各市法院干部，应由各市政府依据具体情况适当配备之。

三、办案原则应该是：有人民解放军、民主政府之纲领、法律、命令、条例、决议者，即根据这些纲领、法律、命令、条例、决议之规定，如无这些规定者，应根据新民主主义政策。在具体工作中，如有疑难问题，呈请上级解释。同时，应使各级干部认识国民党一切法律的反动实质，予以一律废除。

四、对司法干部之培养，最好由各行署在干部学校内开办司法干部训练班，抽调适当干部，或招收一批具有相当文化程度、政治纯洁之青年，给以政策法令的教育，即可分配作〔做〕司法工作，再在工作中锻炼提高，是当前解决司法干部缺乏的最好途径。

希即遵照，拟定具体计划，转饬执行，并将执行情形报告本府。

选自《山东革命历史档案资料选编》，第22辑，济南，山东人民出版社，1986年版，第483～484页。

28. 山东省人民政府为统一确定刑事复核与上诉制度的通令

1949年8月

令各行署、直属专署、直属法院，并抄致各专署、县、市政府，省级各机关及各直属单位

本府为了加强各级司法机关的领导，便利检查监督各级司法机关，掌握政策法令在审判中的正确执行，慎重地处理人民诉讼，把案件办理得更好，从而提高司法工作水平，因此，复核与上诉制度，有明确统一规定的必要。兹根据现有力量，本府司法厅先行受理部分上诉，并对目前各地审级及复核制度暂作如下确定：

一、各行署区仍以县司法科为民刑第一审机关，专署司法科为民刑第二审机关，行署司法处为民刑终审机关。行署所属市法院为民刑一审机关，行署为民刑第二审机关，亦即终审机关，暂时不变。

行署如有重大民刑案件或疑难不决之有关政策问题，可事先详具事实，提出解决意见，向本府司法厅商榷处理办法。

兹暂决定不服民刑第一、二审判决之上诉期限均为二十日，自接到判决之次日起算。各级司法机关，从九月一日后，均应于判决书末尾注明："不服本判决，得于收受后二十日内，具状或以口头向本府（署、院）声明上诉"字样。

行署司法处应按省府秘字第十七号通知第二条之规定，每双月向省府作书面综合性的司法报告一次，限该月十五日前送达。

兹暂规定自本年九月份起，各行署复核各专署判处五年以上徒刑案件，各专署复核各县判处一年以上五年不满徒刑案件，县司法科判处一年不满徒刑案件无〔毋〕庸呈送复

核。全省可普遍试办，并应充实专署及县司法科，加强领导以提高工作。市法院亦向省或行署呈送五年以上徒刑案件之复核。县至行署或直属专署将每月司法判决（上诉的案件除外）汇订成册，随同报告附送上级审核。行署直属市亦同。

二、本府司法厅除审核济南、青岛、徐州、潍坊四直属市法院及昌潍、淄博二直属专署之死刑案件签呈主席批示外，并增加复核上述各单位判决五年以上徒刑之重大案件与民事因身份、婚姻、财产等情节复杂、有关政策之案件。

三、本府司法厅自九月起，直接受理济南、青岛、徐州、潍坊四直属市人民法院之民刑第二审上诉，及昌潍、淄博二直属专署司法机关之民刑第三审上诉，并责成各该直属市法院及各该专署司法机关，每二月作综合报告时，亦将其未经上诉之民刑判决汇订成册，附送本府司法厅审核。

以上复核及上诉制度，希即遵照执行。

选自《山东革命历史档案资料选编》，第23辑，济南，山东人民出版社，1986年版，第380～381页。

本卷参考文献

1. 山东战时法规政令汇编. 山东省战时工作推行委员会 1941 年编印.

2. 山东省档案馆，山东省社会科学院历史研究所，山东革命历史档案资料选编：第一辑—第二十三辑. 济南：山东人民出版社，1981—1986.

3. 山东省档案馆. 山东革命历史档案资料选编：目录索引. 济南：山东人民出版社，1986.

4. 韩延龙，常兆儒. 中国新民主主义革命时期根据地法制文献选编：第一，二，三，四卷. 北京：中国社会科学出版社，1981—1984.

5. 中国新民主主义革命时期法制建设资料选编：第一，二，三，四册. 西南政法学院函授部 1982 年编印.

6. 中国工会历史文献：第 1—5 卷. 北京：工人出版社，1959.

7. 山东省人民政府法规类编（1940—1949）. 山东省司法厅 1988 年编印.

8. 中国革命根据地审计史料汇编. 北京：北京工业大学出版社，1990.

9. 民事诉讼法参考资料：第一辑. 北京：法律出版社，1981.

国家社会科学基金特别委托项目，项目编号：10@zh027，
项目名称：“革命根据地法律文献整理与研究”

本书得到中国人民大学科学研究基金项目“革命根据地法律文献整理与研究”
（批准号：15XNQ063）支持

革命根据地法律文献选辑

(第三辑)

抗日战争—解放战争时期老解放区的法律文献
（1937—1949）

第六卷

山东省（上）

张希坡 编著

中国人民大学出版社
·北 京·

本卷说明

山东抗日根据地，是18个敌后抗日根据地之一，包括山东省大部，河北、江苏各一部，东临黄海，西至津浦路，北达天津南郊，南迄陇海路。1937年冬至1938年，中国共产党领导山东人民举行抗日武装起义，随后改编为八路军山东纵队，开展游击战争，先后开辟了鲁南、胶东、清河根据地，1939年又建立了泰山、沂水等根据地。1939年3月，八路军一一五师主力进入鲁西，与山东纵队会合，开始建立抗日民族统一战线的政权组织（包括县、区、乡、村）。1940年7月26日，召开了由各界救国团体代表参加的山东省联合大会，讨论通过《山东省战时施政纲领》与政权组织条例，选举产生山东省临时参议会议员，推举以黎玉为主任的山东省临时最高行政机关——山东省战时工作推行委员会（简称“战工会”）。先后制定了若干重要的法律法规，如1940年11月11日公布的《山东省人权保障条例》是抗日民主政权最早制定的人权保障条例之一。

1943年8、9月召开山东省临时参议会第一届第二次议员大会，通过了新的《山东省战时施政纲领》以及其他法律法规，并将“山东省战时工作推行委员会”改称“山东省战时行政委员会”，使山东省的法制建设步入新的发展阶段。

抗日战争胜利时，山东省战时行政委员会于1945年8月13日正式改称为“山东省政府”，辖渤海、鲁中、鲁南、胶东、滨海五个行政区。

解放战争时期，山东省隶属于华东解放区。根据中共中央1945年9月19日提出的“向北发展，向南防御”的方针，山东军区及一一五师主力调往东北，新四军江南部队撤到江北，军部与部分主力北移山东。1945年9月，华中局与山东分局合并，成立中共中央华东局（饶漱石任书记），新四军军部兼山东军区（陈毅任军长兼司令）统一指挥山东和华中两个战略区。由中共中央华东局统辖山东省人民政府（省主席先后为黎玉、康生）、苏皖边区政府（主席为李一氓）以及华中行政办事处（主任为曹荻秋）。因此，将中共中央华东局和新四军军部兼山东军区的重要决定和命令，一并收入本卷。因内容较多，分为上、下两册。

本卷凡例

一、原件有明显错讹文字或文字用法不符合现代用法者，或径行改正，或以〔〕订正；有字迹不清者，以□标明；有脱漏者，以［］补正或以“……”标明。原有注文者，标明“原注”。

二、所引原件补充或说明性文字用（）标明。

目　录

一、施政纲领

1. 山东省战时施政纲领

1940年8月7日山东省联合大会通过，
山东省战时工作推行委员会公布

（一）坚决拥护国民政府，拥护林主席，拥护蒋委员长，拥护国共长期合作，拥护抗日民族统一战线，拥护抗战建国纲领，拥护抗战到底、团结到底的国策；坚决反对一切投降分裂倒退的言论行动，反对制造磨〔摩〕擦，反对一切反共反八路反进步力量的阴谋，坚决领导全省民众、抗日军队坚持敌后游击战争，创造并巩固山东抗日根据地。

（二）根据三民主义与抗战建国纲领，实施民主政治。使一切赞成抗战、赞成民主者，不分党派、性别、信仰、种族、财产、文化程度，都能参加民主政治，实行选举、罢免、创制、复决等四权；村以上各级政权一律民选；成立各级参议会等民意机关；整饬司法，保障人民一切抗日之言论、出版、集会、结社、武装之完全自由，以发动民族一切生动力量，坚持抗战与彻底完成我全民族之统一与团结。

（三）实行民生主义，改善人民生活。各民主政府应斟酌情形，立即实行减租减息，按照公平负担，实行给养统筹统支，减轻人民负担，敬养耆老，优待抗属，安置抗战伤残人员，救济灾民难民及失业人民，以杜绝壮丁外流；举办低利借贷，提高人民抗战的积极性；以巩固阶级合作，巩固抗日民族统一战线。

（四）努力战时财政经济建设，充裕抗战经费，发展国民经济，实行自力更生。提倡造林，开发水利，杜绝水患，垦殖荒田，开采矿产，改良农产，严防虫害，发展合作事业，调济〔剂〕粮食，提倡土货生产，抵制仇货，发展渔盐业，废除苛杂，整理税收，实行累进税制，整理金融，巩固法币，发行辅币，取缔乡票，禁用伪钞，打破敌人以战养战阴谋，统制对外贸易，严格禁烟、禁毒、禁赌、禁酿，禁止运粮资敌并限制种植资敌产物，各级政府实行预决算制度、金库制度、审计制度，财政公开，提倡开源节流，严惩贪污，反对浪费。

（五）普遍实施新民主主义教育，发展文化事业，培养专门人材〔才〕，发扬民众抗战精神，粉碎敌人奴化教育。广设各种训练班及军政干部学校，改革学制，改编教材，普遍设立抗日小学及成年民众学校，使得儿童、青年、妇女及工农大众，都受一定时间免费强迫教育；改良私塾，加强私立学校之领导，一律采用抗日教材；改善小学教员待遇，大量培养师资；整理并筹划地方教育经费；普遍设立民众教育馆、教育巡视团、农村俱乐部；普遍举办地方报纸，推办社会教育；厉行扫除文盲，促进社会文化教育及提倡正当娱乐。

（六）积极发动群众之抗战伟力，普遍组织各种救国职业团体。政府应尊重其独立性，并给以法律上之保障与经济上之帮助，以发动其参加战时工作及各种经济建设工作。

（七）广泛武装民众，开展群众性的游击战争。动员十六岁以上四十五岁以下之壮丁，全部参加自卫团；动员所有民枪，武装民众，参加各种战时工作；普遍组织游击小组，帮助及配合军队作战；动员壮丁参加抗日主力部队，保障主力部队的补充扩大并帮助其巩固。

（八）提高工农社会政治地位及文化水准。大量培养与提拔工农干部，改善工人生活，增加工资，减少劳动工作时间，制定劳动保护办法，救济失业工人、贫苦工人及其家属，优待敌占区参加抗战的工人及其家属，减少青工、女工劳动时间，禁用童工。

（九）提高妇女社会、政治、经济地位，改善妇女生活，解除封建压迫。禁止虐待妇女，保证妇女抗日自由、婚姻自由，禁止买卖婚姻及童养媳，禁止缠足，奖励放足，发动妇女参战、参政及各种社会活动，并切实培植与大量训练各种妇女干部，发挥妇女力量，以求妇女之解放。

（十）切实扶持及培养青年。大量训练各种青年干部，提高青年社会地位，注意青年之健全发育，增加青年学习机会，救济失学失业青年，切实改善青年生活，救济灾难儿童，保障青年抗日救国等活动自由，动员广大青年参加抗战建国各种工作，特别注意吸收敌占区青年。

（十一）厉行锄奸政策，加强锄奸教育，发动锄奸斗争。揭发汉奸欺骗阴谋，肃清汉奸、汪派、托派分子等民族公敌，打击投降派，瓦解伪军及敌伪组织，严惩甘心卖国汉奸，争取被迫与受欺骗的汉奸，号召汉奸自首、伪军反正，巩固抗日阵营。

（十二）加强健康教育，厉行卫生行政，逐渐建立保健制度。广设平民医院，对于抗日军人家属及贫民之伤残疾病，予以免费治疗，优待产妇，保育婴儿，建立托儿所。

山东省战时工作推行委员会

选自《山东革命历史档案资料选编》，第5辑，济南，山东人民出版社，1982年版，第133～136页。

2. 山东省人权保障条例

1940年11月11日山东省临时参议会①通过、公布、施行

第一条　兹为发扬民主，动员全民参战，贯彻法令保障人权之真精神，特根据抗战建国纲领、国民政府法令制定本条例。

第二条　凡中华民国国民，无男女、种族、宗教、职业、阶级之区别，在法律上、政治上一律平等。

第三条　中华民国人民均享有建国大纲所定选举、罢免、创制、复决之权，但汉奸及褫夺公权者不在此例。

抗战前之政治犯不受前项但书②之限制。

第四条　在不违［危］害抗战范围内，人民有下列之自由：

（一）人民有身体与抗日武装之自由；

（二）人民有居住与迁徙之自由；

（三）人民有言论、著作、出版、集会、结社与通讯之自由；

（四）人民有信仰宗教与政治活动之自由。

第五条　前条所列之自由，非根据抗战建国纲领及抗战法令，不得限制之。

第六条　人民因犯罪嫌疑被捕拘禁者，其执行逮捕或拘禁之机关，至迟应于二十四小时内移送审判机关。

第七条　凡人民因犯罪嫌疑有逮捕之必要者，非持有逮捕状不得逮捕之。

县以上政权机关，团以上之军事机关，始有签发逮捕状之权。

第八条　区、乡、村政府及各群众团体，除对现行犯及涉有重大嫌疑而有逃亡之虞者外，不得径行逮捕或拘禁。

第九条　凡经判处死刑之罪犯，非经主任公署批准后不得执行，若无主任公署之地区，须得专员公署之批准，县政府不得径行执行。

第十条　凡各级公务人员违法侵害人民之自由或权利者，除依法惩办外，应负刑事及民事责任，被害人民得就其所受损害依法请求赔偿。

第十一条　本条例解释修正之权属于山东省临时参议会。

第十二条　本条例经山东省临时参议会通过后公布施行之。

选自《中国新民主主义革命时期根据地法制文献选编》，第1卷，北京，中国社会科学出版社，1981年版，第89～91页。原注："选自一九四二年四月《山东省战时法规政令汇编》，第一辑，第一分册。"简称"社科法制版"。

---

① "山东档案版"有"山东省临时参议会"8卷，"社科法制版"则无。

② "社科法制版"及《山东省战时法规汇编》皆有"但书"2字，"山东档案版"则无。

互校版本：《山东革命历史档案资料选编》，第 6 辑，济南，山东人民出版社，1982 年版，第66～67 页。简称“山东档案版”。

3. 中共中央对鲁西和冀鲁豫边区工作的指示

1941 年 7 月

中央听了杨勇、谭辅仁同志对鲁西及冀鲁豫边工作报告后，对本区今后工作，除同意北局六月的指示外，并提出以下意见：

（一）本区是华北、华中联系的枢纽，在战略地位上极重要。过去本区的党与党所领导的武装，在创造与坚持本区工作上有很大成绩。但必须指出：今天我们力量，在本区还未完全取得优势，党政军民各方面工作，还未达到应有的巩固，在各种政策上还存在严重的缺点，还不够应付日益残酷斗争的局面。

（二）巩固本区工作今天最中心的问题，是健全区党委的领导。第一要求区党委本身能够认真了解与掌握政策，能反映下面实际情况，能及时检查与总结工作，能给下级以具体帮助。第二要求区党委主要负责的张霖之同志，善于团结全党同志，而不是只团结一部分，要有正确的干部政策，不是随便提拔随便打击。要尊重上级的领导，和虚心听取下面的意见。避免个人突出、英雄主义的领导。

（三）在争取优势与敌伪顽的斗争中，不是一切都用打的办法，要善于利用与掌握中日矛盾及敌伪顽内部矛盾，应该看到在一定情况下中间势力之存在、两面派伪军之存在、外围军之建立，反是对我们有利的。所以必须很具体的〔地〕了解敌伪顽内部的情形，采取不同的对策。

（四）由于过去随便并吞地方武装，以致影响地方武装不能发展，主力部队也因此不能巩固与扩大，逃亡现象严重，并且影响到部队与地方党政的不团结，过去湖西及某些地区的肃反错误，多少与上述武装政策的错误有关。今天某些部队还有不尊重党政及随便破坏政府威信法令的行为，也是应当纠正的。

（五）鲁西的县政权百分之百是共产党员，而村乡只有百分之五到十是党员，并且多数党员与贫农均不愿当村长。现有村长绝大多数贪污与受地主豪绅操纵的事实，证明上层政权还不善于与非党人士合作，下层政权还未彻底改造。更由于减租减息还未普遍深入的〔地〕实行，群众在政治上与社会地位上都尚未真正取得优势。

（六）财政经济政策，虽已提出统筹统支方针，但据鲁西来人谈各部分乱筹乱用现象仍极严重。村款浪费更大，鲁西计划收公粮三十三万石到四十万石，但按现有脱离生产人口计算，只需一半即够，是否收得到，是否有很大浪费。东阿一县，党政民脱离生产者一千零二十三人，地方武装脱离生产者七百九十二人，足证党政民机关之庞大。有些地区壮丁每月动员服役十七天，应该从长期打算，注意爱护根据地人力、物力、财力。

（七）湖西工作的垮台，鲁西、冀鲁豫边会门的蜂起，许多地区地主对我党员的屠杀（冀鲁豫边党员被活埋二千余），敌人在若干地区能够利用地主甚至群众来反对我们，都与我们错误的锄奸肃反政策有关，必须纠正不正确的扩大汉奸社会基础观念（把顽固分子也看同汉奸一样处理），必须认真实行人权保障条例，并严格禁止支书、村长、游击小组、一切部队都可随便杀人现象。

（八）从整个战略的部署上，同意北局的主张，把冀鲁豫边区与鲁西边区合并为一个单位，但在党政的统一领导上，是如何配备，及该区最近的斗争形势与各种政策具体转变的情形，望电告。

选自《山东革命历史档案资料选编》，第7辑，济南，山东人民出版社，1983年版，第205～206页。原注："此件系从中央档案馆复制。"

4. 中共山东分局：“抗战第五年的山东十项建设运动”（节录）

1941年7月4日

…… ……

一、建设真正进步民主的抗日政权

1. 实行自下而上的定期的贯彻的民主选举（普遍进行），特别是健全区村选举运动，健全区村政权工作。

甲、选举时有深入的政治动员、施政报告与讨论提案，达到百分之八十以上的选民参加选举。

乙、候选人名单要经选民详细讨论，候选人自己或提候选人之人民或团体应做〔作〕竞选报告。

丙、候选名单与选举结果要符合于真正的三三制原则。

2. 实行民主集中的领导，各级行政委员会要定期开会，计划、检讨与总结工作，定期向选民做〔作〕施政报告。

3. 各级参议会要定期开会，行使职权。

4. 充实政府各部门组织，大量培养干部，提高工作能力，做到所有新干部能定期轮流受训。

5. 对行政区内之土地人口清查登记清楚，实行战工会关于划小行政区的决定。

二、建立自给自足供给后方的经济建设工作

1. 政府能有计划的〔地〕组织领导春耕秋收工作，帮助群众解决耕牛、种子、肥料、劳动力等困难问题，扩大生产，提高群众生产热情。

2. 广泛进行凿井开渠，兴修水利，开垦生荒、熟荒，扩大耕地，防止荒地，发展造林、植树、牧畜，增加农业副业，发展农村经济。

3. 开展生产日常用品、土货特产运动，使纺纱、织布、造纸、制革、做鞋、榨油、造肥皂、开矿及战争武器弹药等必需生产有大量的发展，做到自给自足以至供给后方。

4. 普遍开展生产、运输、消费等合作事业。组织民资，吸收私资、游资，参加生产贸易，繁荣商品流通，粉碎敌寇经济封锁，平衡输出入，提高法币比值。

5. 定期召开农业与工业生产品展览会，奖励生产。

6. 开办工艺学校，培养各种专门生产建设人材〔才〕，重资聘请专门技术人材〔才〕。

三、建立新民主主义的财政供给政策

1. 做到财政收入主要依靠贸易收入与正当税收、田赋，使依靠募捐、罚款收入的财政政策能一般的〔地〕停止。

2. 做到地方政府能依靠生产贸易与地方税自给，省税全部交上级。

3. 严格遵守税收政策，做到不扰民、不妨碍商品流通，而有丰富收入，点滴归公，建立独立的银行业务，使银行成为调剂金融、巩固法币、投资生产的经济命脉的中心系统。

4. 确实建立财政预决算制度，一切按照制度开支，消灭贪污浪费现象。

5. 保证经济建设费与教育费能按照规定开支。

6. 切实实行统一的征收救国公粮，实行公平负担，实行粮食支票制度，节约粮食开支。

四、广泛建立与健全地方武装、民兵与普通自卫团，开展群众性的游击战争

1. 普遍成立与健全广泛的民兵（即基干自卫团与游击小组）与普通自卫团组织和工作，大量发展地方武装，作〔做〕到一个主力、二个地方武装、五个民兵、十个自卫团的比例，为组织二百万自卫团、一百万民兵而奋斗。

2. 确实建立与健全普遍自卫团、民兵与地方武装的军事政治的领导机关，健全军区与政府武装科的组织，加强教育积极作战，做到壮丁组织化、民兵战斗化、地方武装基干化。

3. 自卫团与民兵大量的〔地〕有组织的〔地〕参加主力，扩大地方武装，克服开小差现象。

4. 大批培养自卫团民兵与地方武装的军政干部，对自卫团与民兵做到有定期的军事政治教育、与定期大检阅与参军运动。

五、开展广泛的群众运动，普遍组织各种群众团体，深入战争动员，完成战时工作

1. 普遍开展广泛的群众运动，做到青壮男女百分之七十参加各种群众组织，完成全省一千二百万的群众组织。

2. 建立各种群众团体与各救联会的独立组织，并充实与健全各级干部，广泛展开群众的民主民生斗争与积极参加根据地建设工作。

3. 深入战争动员，使全体人民深刻了解当前的反“扫荡”反投降形势与切身任务，强调号召一切不愿做亡国奴的人民，团结抗战到底。

4. 做到在根据地及其周围一切有军事意义之山寨、炮楼、围墙都加以彻底破坏并将石块搬开，使敌人无法再利用。

5. 确实实行站岗放哨、送情报、联防会哨，严格抗日戒严工作，杜绝汉奸敌探，彻底破路拆桥，平原地挖抗日沟，使敌人运动困难；实行空舍清野、藏粮工作，反对敌伪烧杀掠夺政策。

6. 确实建立战时领导，无论在如何严重战争环境，各级政府人员与地方武装民兵，做到不插枪、不逃难、不住“租界”、不停止工作，坚持阵地，坚持工作，加强战时工作之领导。

六、开展社会文化与群众性的文化教育工作

1. 开展以学校教育为主的国民教育工作，普遍成立初小高小，并在县、专区分别成立一个以上中学和各种专门干部学校与职业教育。

2. 广泛建立与健全社会教育工作，使识字班、夜校、俱乐部普遍建立并充实内容，有组织有计划的〔地〕用各种各样形式去进行社会教育，配合学校教育进行。

3. 发展出版事业，大量出版报纸杂志、教材读物，使每个专员区有单独供给各种出版物之印刷机关与收发新闻之电台。

4. 大量培养与从各方面吸收各种文化干部与专门人材〔才〕，改善与提高教员物质和精神生活。

5. 加强群众政治教育与新闻报道，使多数人民知道下列几件大事：

甲、什么叫抗日民主政权，为什么要实行民主选举。

乙、为什么中国必胜、日本必败，我们应如何去争取胜利。

丙、为什么投降派与反共顽固派必然要失败。

丁、创造山东抗日根据地与坚持山东抗战有何重要意义。

七、缩小敌占区开展争取敌伪军与敌占区人民工作

1. 采取正确政策，运用各种方式，积极宣传抗日主张与各种政策，开展敌伪军与敌占区人民工作，提高敌伪军与敌占区人民对抗战与抗日民主政府的情感与信仰。

2. 利用各种关系在敌占区建立群众性的灰色或秘密的群众组织与参政工作，以积蓄力量，扩大政令范围。

3. 迅速纠正过去对敌占区人民的殖民地政策与抓一把的游击主义的现象，切实执行优待俘虏、优待敌占区人民。

4. 运用政府组织推行法令，扩展政令范围，推广我占区，缩小敌伪区，使敌伪区由面到线、由线到点，以至最后的拔除敌人据点。

八、加强农村统战，调剂劳资利益，改善人民生活

1. 切实做到二五或五一减租、分半减息，改善农民生活，同时保障土地的所有权。在一般情形下，佃农应交纳地租。

2. 实行增加工人工资，一般以养活一个人的生活资料为最低标准；减少工作时间，农村工作以十小时工作为最高限度。各地得根据不同环境，定〔订〕立不同的劳资合同，并保障劳动纪律的执行，维护劳资双方的利益。

3. 实行有力出力、有钱出钱的合理负担原则。不担负抗战供给者，以不超过百分之二十为原则，有钱有粮者之负担，一般以不超过其总收入百分之四十为原则。

4. 实行抗日互助，消灭乞丐现象，救济抗日被灾难民。

九、努力优待抗属，爱护主力军

1. 组织抗属救国会，发扬抗属政治积极性，努力参加生产，以解决抗属生活问题。

2. 组织与发扬群众的优抗运动，首先优待主力军抗属，如组织优待抗属委员会、代耕队、儿童捡柴捡粪队等，以群众力量解决抗属的生活问题。对抗属赤贫无劳动力者，优抗委员会应发动募捐救济，政府应加［以］领导。

3. 吸收抗属参加各种工作，提高抗属的政治地位，发扬人民尊敬抗属的美风。

4. 动员逃亡战士归队，地方政府与群众团体应做到把全部逃亡战士送回原队。

十、切实保障人民民主权利，厉行锄奸政策

1. 健全各级锄奸机关，组织深入反奸细斗争动员及教育，保证锄奸政策的正确执行。

2. 采取各种方式来检查、督促、保障政府施政纲领与法令、政令、政策的施行，开展与一切违反政策法令之行为作斗争，并执行法令制裁。

3. 切实根据政府法令，保障人权自由和人民一切民主权利。

4. 争取与教育无业游民与会门群众参加抗战，纠正单纯打击办法。

5. 建立检查制度与司法机关，保障法令的执行与保护人民权利。

选自《山东革命历史档案资料选编》，第7辑，济南，山东人民出版社，1983年版，第155～163页。

5. 山东省战时工作推行委员会关于响应中共山东分局建设山东抗日根据地十项建设运动号召的决定

1941年7月7日

一、拥护十项建设运动号召的决定

（一）中共山东分局根据抗战进入第五年后国际国内及山东的抗战形势，与山东根据地建设的进程，提出了在抗战第五年中建设山东抗日根据地如下的十项建设运动的号召。……

（二）战工会认为，这一十项建设运动的号召是完全正确与切合实际的，是配合目前国际反法西斯的斗争，坚持中国抗战，争取抗战最后胜利，建立新民主主义的新山东的最基本、最有效的作〔做〕法。因此战工会决定完全接受这一号召，并以这一十项建设运动的号召，作为抗战第五年建设山东根据地工作总方针、战工会的行动纲领，并要求全山东各级抗日民主政府、全体人民及各抗日党派、抗日群众团体团结一致，为实现这一共同目标而奋斗，建立新民主主义的新山东。

二、各级政府为实现十项建设号召的具体要求

（一）关于建设真正进步民主的抗日政权工作

甲、政策法令决定工作。要求各级政府与干部要重视政策法令，研究政策法令，对干部与群众经常进行关于政府各种政策与法令的动员教育工作，使能确实掌握政策法令，并正确的〔地〕将各种政策法令运用到实际工作中去，求其贯彻实现。要求各级政府切实将战工会编印的“巩固抗日根据地的各种政策文选”、山东省战时法规政令，以及省参议会、战工会所通过颁布的一切重要决定、条例，一定要加以研究，并提到会议上去讨论具体实施，作〔做〕到一切工作按照政策法令行事，没有无政策与违犯政策法令的现象。要求各部门工作干部，能切实了解熟悉与自己工作有关的政策法令。

乙、实行真正民主的选举与按照民主集中制原则去工作，是建设与健全政权、推行全部政策法令的工作作〔做〕法，亦是抗日民主政权最基本的组织原则。因此要求：

第一，在这一年内，除新开辟区域可暂行委任制外，一切工作已有基础地区能切实作〔做〕到由下而上，由村到区、县、专员区、主任区的全部选举工作。成立区以上的参议会与村以上的各级行政委员会，未经选举的进行选举，选举了已到期的实行改选，过去选

举了不合选举工作要求的实行再选。特别是村区两级，今年冬季与明年春季六个月时间内，应作为村区选举运动时间，冬秋以前就应开始准备工作。

第二，选举前应开办关于选举工作的训练班，组织各级选举委员会与选举工作团，专门推行选举工作。

第三，选举时的动员、提候选［人］名单手续、竞选工作与三三制等问题，要切实按照十项建设运动内所要求的标准做到。创选模范的选举运动要坚决认真，与那种玩弄民主、马虎了〔潦〕草、包办代替的习气和行为作斗争。

第四，选举后应以县为单位举行选举工作总结，并作出调查统计，如人口多少，选民多少，无选举权者多少，参加选举之选民多少，各级参议员与行政委员之阶级成份〔分〕、党派之统计等，按级报告战工会。

丙、干部问题：干部决定一切，干部问题是建设政权的基本问题。今天政权工作中干部数量少，各种组织不充实，质量差，能力弱，是今天政权工作一切严重问题的基本原因。因此，对于解决干部问题有如下要求：

第一，切实建立在职干部的学习制度，严格实行每天两小时的学习制，学习内容不仅是一般的理论问题与时事问题，应以更多的时间学习中国革命问题，统一战线与建设根据地的各种基本政策、各种法令，特别是与自己工作有关的各种政策法令。为了推动学习，各级政府机关成立学习委员会，受秘书处及教育科之领导，应举行定期检查测验制度。各级政府应设立小型图书室或图书馆，解决干部书籍问题。学习工作应列入政府工作报告之内，经常报告上级。

第二，建立定期的传达工作计划、会议、会报工作制度，每次会议切实解决工作问题，并有计划的〔地〕总结各种工作的经验教训，使干部能切实从工作中学习进步。

第三，大量培养干部。首先要进行村长轮流普训，无论已改选、未改选村长、副村长一律要轮流受训，时间半月至一月，教育内容力求中心、扼要、贯彻，一般“以抗战道理”占三分之一时间，村政工作与各种基本政策占三分之二的时间，有特殊情形可以机动。区、县干部应轮流送抗大建国大队受训，在一年内做到每个区有一个以上干部曾在抗战建国大队受训者，县有二个以上科长干部在建国［大］队高级班受训者。为建立司法处工作，各县应送一个能任科长的干部到建国［大］队司法人员训练班受训。

第四，各级干部要按照战工会第×*号决定，切实进行登记审查，实行审查下两级干部工作，并将各级干部做〔作〕出调查统计，按级报告战工会。

丁、陈报清查土地、登记人口工作，亦是建设政权、推行各种政策的基本工作，在各个工作有基础地区内，应于今冬及明春切实完成，使明年征收田赋及救国公粮、柴草等工作，能完全按照乙种公平负担办法实行统一的累进原则征收。为了能顺利完成这一工作：

第一，各地对今年麦季和秋季公粮工作要贯彻执行，并进行切实的调查统计工作，作为冬季陈报清查土地、登记人口、推行公平负担的准备工作和参考。各级政府第一科内，应有专门管理地政及登记人口的工作之科员或干事。

第二，从现在起就要发动各级干部切实研究陈报清查土地、登记人口及乙种公平负担

---

* 原文如此。——编辑注

办法等法令；开办训练班，准备干部有计划的〔地〕布置宣传、鼓动工作。最好是每县选举几个村乡进行试验，收集经验，培养干部，以便于秋收公粮后广泛开展陈报清查土地、登记人口工作。

戊、划小区、小县工作在工作有基础地区，亦应于冬季及明春村区普选工作中完成。冬季以前就要准备好干部，及预先研究商讨好划区计划及办法。

己、各级参议会应按照参议会组织法行使职权，定期开会。县、区参议会脱离生产人员，应按省临时参议会最近之决定去做。

庚、各级行政委员会、各级行政首长与各科之间要切实遵守按级民主集中制原则，做到集体领导与科学分工，克服行政首长个人独裁与各科各自为政的极端民主化之现象。各级政府要举行定期的计划工作与会议会报，按级报告工作制度，培养模范的民主作风。

（二）关于建立自给自足供给后方的生产建设工作

经济抗战与军事政治抗战在今天敌后的山东省有同等的重要意义，我们须〔需〕要从努力生产建设中来打破敌寇的经济侵略与经济封锁，力求自给自足，以至供给后方。因此必需〔须〕：

甲、政府组织、领导春耕秋收工作，要有计划的〔地〕扩大耕地，开垦生荒、熟荒，防止荒田增加，规定垦荒奖励办法，及时处理逃亡地主荒芜之土地，保护农民对耕地的永佃权，取消对土地[的]额外剥削，实行减租法令，增进农民生产热忱。县以上政府得开农业试验场，专门研究与实施改善农具、选种、使用肥料及防除害虫等办法，以资提倡。

乙、兴办水利、开渠筑井是增加土地生产最有效的办法，政府要有计划的〔地〕组织互助劳动与低利借贷，从事提倡奖励农村副业，如造林、种植各种果木树、多种棉麻，提倡养蚕，饲养牛、羊、鸡、猪家畜等。副业收入均可不列入公平负担项目内，以资提倡。

丙、大量发展工业生产，解决日常必需用品的需要，为当前的急务。首先以全力进行纺织业，做到纺纱织布能自给自足；其次为制造印刷用纸及日常用纸，发展文化事业，减少资金外流；其他如制革、肥皂、兵工生产、油墨等都急待提倡。政府要以一定资本投资生产，吸收民资，组织各种合作社，进行大量生产。

丁、组织调查矿产。对于现有之各地金矿、煤矿、铁矿、铅矿一定要组织民资与银行投资从事大量开采。

戊、要组织对外贸易，发展贸易局工作，实行以货易货，抵制敌人伪币，防止法币外流，实行对内贸易自由。从征收一次出入口税与汇兑，保护商品运销等办法，使根据地内商品能畅通无阻。帮助商人组织商会与商人救国会，维护商人利益，与发扬商人抗日救国热忱。

己、政府要从〔以〕税收与银行借款等各种便利和优待给予生产、运销、消费等合作社组织，发动广大群众自愿参加合作社组织，做到合作社组织普遍到县、区、乡、村，并能联合起来成立各种独立系统的联合合作社的组织，特别是各种生产与运销合作社。

庚、政府要从各方面以重资延聘各种生产建设的专门技术人材〔才〕，并以主任区为范围，开办各种专门职业学校，有农林、工艺、纺织、造纸等专科学校或训练班，培养各种专门技术人材〔才〕。

（三）关于实现新民主主义的财政供给政策

建立新民主主义的财政供给政策，是今天建设山东抗日根据地工作的中心问题，政府要实现这一政策，必需〔须〕：

甲、切实整理各种国税，如田赋、盐税、出入口货物税、烟酒税等，使能照正规的财政收入，供给主力军的开支，保证抗战的胜利，切实停止依靠募捐解决军费的临时办法。关于田赋征收，能做到按乙种公平负担办法标准的累进原则征收。盐税做到征收一次产销税后不再征税，改造盐槽为盐业交易所，只征百分之五之手续费。建立税务局，直接受省财政处与各主署财政处领导。对出入口货物税，只征一次后，即能在根据地通行无阻。

乙、做到地方政府行政费完全由地方税如屠宰税、牲畜税、田房税、田赋附加及生产贸易之收入来解决。村、乡行政费与县以下教育费，由县政府在田赋附加与公产、逆产、教育款产等统一征收、统一分配来解决，使教育经费与乡村行政费存的款，按照一定开支标准开支，减轻人民负担，并便利工作之进行。

丙、切实建立预决算制度、金库制度与会计制度、审计制度。一切按照制度开支，消灭游击主义习气与贪污浪费现象。

丁、立刻建立独立的北海银行组织系统，直接受战工会财政处领导，印发一定数量北海票作为本位币，维持市面流通。保存法币，防阻法币外流，并将印发纸币全部投资生产建设事业。保证一定基金，发展银行业务，如储蓄、汇兑、借贷、投资等工作，并在各地建立北海银行分行办事处与银行网，便利于金融流通。

戊、今年各地已开始之统一征收救国公粮、支粮票与粮食预决算制度，要严格贯彻执行，使其全部实现，以保证抗战粮食供给与节省粮食开支、减轻人民负担。今年还未切实执行者，应以一切努力于秋收时做到。

（四）关于武装建设工作

根据敌后山东游击战争的环境，根据山东抗日根据地还处在分散与敌伪、投降派形成犬牙相错的形势，根据各根据地的地方武装与群众武装的具体状况，武装建设应成为建设山东抗日根据地工作［的］先决问题。

为了切实实现十项建设运动关于广泛建立与健全地方武装、民兵、自卫团与基干自卫团、游击小组，开展群众性的游击战争的号召，因此必须：

甲、把武装斗争提到一切工作的最高度，经过党政军民的一致努力与动员之后，做到凡年在十六岁至五十岁的男女公民都能志愿的〔地〕参加自卫团工作，其中十六岁至三十岁的青壮男公民志愿的〔地〕参加基干自卫团、青抗先与游击小组之组织，使能在抗战第五年内确实完成二百万自卫团、一百万基干自卫团、游击小组、民兵的组织的伟大任务。

乙、真正以民主选举的方式，确实建立村、乡、区、县及其以上之各级人民抗敌自卫团委员会的组织与乡、区、县的自卫团指挥部，以发扬群众武装自卫的民主精神与统一领导的集中原则。

丙、加强自卫团、基干自卫团与游击小组的军事政治教育，做到以区为单位的军事与政治操课每月各一次，以村为单位的军事与政治操课每二周各一次，并一律参加群众上大课。

今年冬季与明年春季农闲时，每三月进行一次以县为范围的自卫团大检阅。

丁、要大量扩大地方武装，做到每专员区有一个至二个的地方基干团，每县有一个基干的独立营，坚持各地区游击战争，保卫政权活动与群众利益。每个专署与县政府有一个充实的警卫连，区有一个警卫排，乡［有］警卫班，专任政府警卫武装，推行政令，开展政权区域，掩护政府活动。

戊、要确实建立独立的军区与军分区的组织，健全政府武装科的组织，建立坚强的地方武装与群众武装的军事政治领导机关，加强军事政治的领导工作。

己、要有计划、有步骤的〔地〕从自卫团、基干自卫团、青抗先等群众武装中进行有组织的扩军工作，以补充主力，做到一年二次有计划的〔地〕补充主力。要深入动员教育工作，克服新兵开小差的现象，首先要进行老兵归队工作，采取各种的说服动员工作，做到所有留到家中与群众武装、地方武装中的老战士全部回到原来部队去。

庚、今年冬季及明年春，各县武装科要进行自卫团、基干自卫团区排长、中队长、指导员干部的轮流普训工作，做到全体军政干部受半个月至一个月的军事政治训练，并且建立教导队与地方武装干部学校，专门经常进行地方武装干部的训练与培养。

（五）关于开展广泛的深入的群众运动

群众运动是坚持抗战、推行民主、建设根据地工作的基础。没有广泛的深入的群众运动的开展，坚持抗战是困难的，民主政治与各种建设工作是无法进行的，所以开展普遍深入的群众运动，应是根据地建设工作的重要内容与基本的工作。为了完成十项建设运动中关于开展群众运动与组织一千二百万以上群众组织的号召，各级政府必须：

甲、提高各级政府对群众运动的政治认识。政府要用一切可能的力量来帮助群众运动的开展，做到青壮男女百分之七十参加各种组织，完成一千二百万以上的群众组织，作为政府与党军民的共同战斗任务。

乙、进行根据地各种建设工作时，要尽量吸收各种群众团体的意见，照顾到群众的利益，一切有关群众的参战工作，民主、民生工作，一定要提到各种群众团体中去动员解释、推动执行。要克服政府工作脱离群众团体、不依靠群众团体，与群众团体不遵守政府政策法令、不积极参加各种民主民生的斗争和工作的不合作现象。

丙、政府要帮助各种群众团体建立其上下级的垂直领导系统，在物质上与精神上给予必要之帮助，以便有组织的〔地〕推动领导各种群众团体工作。

（六）关于开展广泛的社会化群众化的文化教育工作

要把山东建设成为巩固的、持久的、能够支持长期敌后抗战的根据地，又必需〔须〕提高群众的文化水平与政治质量。大批培养各种干部人材〔才〕。因此，广泛开展社会化与群众化的文化教育工作，就成为建设山东抗日根据地的基本工作之一。

甲、继续发展小学教育，完成全省文教会议对发展小学教育的计划，提高小学的质量，统一课程标准的规定，扩大学生名额，每班要超过三十人。在学级编制、学生组织、课程进度、教学方法、学生管理及学校行政方面，都要遵照规定，逐渐走上正规。为此，必须加强对小学教员的领导，提高小学教员的政治认识与教学技术的修养。

乙、发展中等教育。要求每个行政区设立一处公学，公学中有普通、师范、职业三部，每个专员区设立一处中学，中学中要附设师范班与职业班。一年内全省要达到中等学校学生五千人，普通师范及职业生各占三分之一，提高学生程度，确实达到小学高级毕业的程度。

丙、建立社教中心机关，树立社教实施系统，有组织有计划的〔地〕开展社教工作，执行全省文教会议的计划。各级民教馆要迅速建立起来并充实其工作，各县巡回教育团，充分发挥其作用。凡有小学的村庄都要建立起农民俱乐部来，充实其工作，真正在农村中起着群众性社会教育机关的作用，普遍建立脱离生产的剧团与不脱离生产的农村剧团，开展戏剧运动。大量发展民众学校，广泛的〔地〕成立识字班、识字小组，建立识字牌，推行小先生制。建立群众的大课制度，主持进行群众的基本政治教育。有计划的〔地〕开展冬学运动，推行新文字运动，进行普遍的识字教育。到明年“七七”，全省要有一百万文盲能识三百字到五百字。

丁、开展出版事业，大量出版报纸刊物、各种教材，及通俗读物。专区以上要有石印的地方报纸，每县要有一种油印的五日或十日小报，主署范围应尽可能出版各种文化教育及各种群众工作的刊物，能够自编各种临时教材。为了解决教材的印刷问题，行政区至少要有一个铅印厂，专员区至少要有一个石印厂，每县都要有一个石印机，每区都要有一个油印机，以专区为单位要能独立的〔地〕解决教材印刷的问题。要建立交通机关与通讯组织，改善发行工作，各县成立书报合作社，区成立书报推销处，使一切报纸读物都能及时的〔地〕送到农村中的每一个读者手里。

戊、要大量的〔地〕培养干部，有计划的〔地〕开办各种性质的长期与短期的训练班。如各县必须开办师资训练班，使半数以上的小学教员都受到半月以上的训练，以行政区为单位开办社教、艺术、新闻及其他各种财政经济、生产建设等专门训练班与学校，培养大批社会〔教〕、艺术、新闻及其他各种专门人材〔才〕。同时要耐心的〔地〕争取与团结各种文化人和专门人材〔才〕，并注意改善小学教员、文化人及各种专门人材〔才〕的生活，提高他们的社会地位与物质待遇。

己、遵照战工会关于教育经费的决定，迅速组织教育款产管理委员会，整理教育款产，解决教育经费的困难，务求县以下的教育经费主要依靠教育款产收入能够自足自给。地方教育经费以县为单位实行统筹统支，划一开支标准，建立预决算制度，实报实销，严格审核，肃清一切贪污浪费的现象。

庚、健全教育行政机构，建立各种制度，发挥教育行政机构的效能。首先建立各级文教委员会的组织，按时开会，确实发挥其统一党政军民关于文教工作的步骤；其次各级教育行政机关，应遵照战工会规定、工作需要及干部情况赶快健全起来。建立独立部门的工作，建立定期的会议、报告、检查、督促、计划、总结及辅导等制度。组织新教育研究会，提高教育行政干部对新教育研究的兴趣，扩大文教工作的影响，提高各方面对文教工作的重视与帮助。

（七）关于开展敌占区与敌伪军工作

开展敌占区人民与敌伪军工作，是扩大我占区、缩小敌占区最重要办法之一。各级政府要提高对敌占区人民与敌伪军工作的认识，要以面向敌占区来巩固扩大我占区工作。

甲、县以上各级政府应组织成对敌伪军与敌占区人民宣传委员会，定期的〔地〕编印关于抗战形势、各种抗战主张、民主政府各种善政等宣传材料与报纸，有组织、有计划的〔地〕发到敌占区去。

乙、县政府以上之民政科内设敌占区人民工作的干事或科员，专门担任对敌伪军与敌占区人民之宣传、组织、联络等工作，并注意保守秘密。

丙、各级政府要在一年内，在辖境范围内的敌占区人民与敌伪军中做〔作〕出工作成绩来，作为政府工作的一部，按级报告到战工会。报告时可作单独的秘密报告。

（八）关于调整农村统战关系

调整地主与农民、资本家富农与雇工、债权者与债务者的关系，是农村统战的基本问题。因此各级政府必须：

甲、确实做到在我政权有基础的地区实行二五减租，一般达到四六分粮的限度，即地主得四佃农得六，利息减少到不超过年利一分半为原则。各级政府民政科应切实检查督促这一工作，并举行登记、统计，按级报告战工会。对于无故不交租、不还债及破坏劳动纪律者，政府应接受雇主、地主、债主之控告，按法处理。民政处或科下应设农工科员或干事，专管调整劳资，主佃关系事宜。

乙、各级政府应协同职工会根据增加工资最低达到养一个半人的生活资料的标准，根据各地生活程度不同情形与技术不同的各业工人，定出各个地区、各业工人不同的最低工资标准与切实实行十小时工作制，以保障工人生活。

丙、实行公平负担，切实做到百分之八十人口土地担负抗战负担，不担负负担者不超过百分之二十之原则。同时，每个人民之负担以不超过其实际收入百分之三十五为原则。

（九）关于执行正确的优待抗属政策

执行正确的优待抗属政策是解决抗属生活问题、巩固部队的有效办法。各级政府必须：

甲、立刻组织抗属救国会与优抗委员会，正确执行优抗条例。

乙、政府应将过去所筹划的优抗粮食及捐款，组织各种生产事业，吸收抗属参加生产，纠正平均单纯救济现象。发动群众组织代耕代收队，帮助抗属及残废军人生产，以解决生产问题。

丙、要把优抗工作与动员战士归队联系起来，做到动员逃亡战士全部归队。

丁、各县或专区应建立烈士碑，纪念抗战以来为国牺牲之烈士，以示尊崇，抚恤救济为国牺牲、伤残战士及其家属。

（十）关于切实保障人权与厉行锄奸政策

保障人权与厉行锄奸，为对抗敌人破坏与维持抗日治安不可分离之工作。因此：

甲、各级政府必需〔须〕广泛的〔地〕、有计划的〔地〕进行锄奸的政治动员。在动员工作中，要将肃清汉奸与保障人权正确的〔地〕联系起来，使根据地内之人民均能提高政治警惕性，使反奸细的斗争成为千百万的民众运动。

乙、各级政府必须采取最有效的办法，迅速的〔地〕将各级公安机关自上而下的〔地〕完全健全起来。要选定政治上坚定、能力称职的干部充实与配备。为此，各主署、专署及县府应有计划的〔地〕分批训练一定数量之干部，以逐渐求得所有在职干部都经过训练之目的。

丙、必须认真的〔地〕执行锄奸政策，集中力量镇压最坚决、主要的汉奸，争取大多数盲从、次要的。要切实保障人权，清除乱捕乱罚等现象。

丁、切实的〔地〕建立各种正规的制度。一切侦察、逮捕、处理应切实经过主管机关之批准，建立确实科学的统计调查工作。必须建立正确工作关系，适当的〔地〕建立公安局上下级领导系统，保守锄奸工作中之秘密，同时应接受同级政府领导，不应强调系统。

戊、各级政府要迅速建立检察委员会、检察官之组织。厉行检察制度，保障民主政府法令之遵行，建立各级司法机关，厉行法治，保障人民权利，镇压汉奸活动。

三、各级政府执行这一决定的方式方法

这一决定是省党政军民为建设山东抗日根据地而奋斗的共同目标，亦即本会与全省各级政府在抗战第五年的工作方针与行动纲领。因此各级政府必须：

甲、普遍深入传达这一决定，并根据这一决定来详细总结、检讨过去的工作，得出经验教训，作为今后工作的根据。

乙、要根据各个地区工作发展的不同程度与具体环境，提出在完成这一总的任务下的各个地区的不同中心工作与进行工作不同的程序。要纠正与防止那种官僚主义式的"准此、等因、照转"与平均主义、不具体、不切实际环境的工作计划，并定出分期完成总任务的计划。

丙、要将这一决定及各个地区的具体工作计划，在干部中进行深入的动员、解释工作，并详细说明完成任务的各种方法方式，克服、防止工作中可能发生的困难，以提高干部对任务的认识及完成任务的自信心。

丁、应将十项建设运动的号召与各项工作的要求，用报纸、诗歌、教材、传单、戏剧、墙报等方式，经过参议会、行政会、干部会、村民大会、各种群众团体会议、干部课、群众大课等组织，进行普遍深入的宣传鼓动工作，造成党政军民、各阶级、各党派、各种组织一致热烈的高度情绪，为共同完成这一任务而奋斗。

戊、必须进行定期的检查、总结、会〔汇〕报工作，检查工作的进行，以审查计划、审查干部是否适当。收集经验教训，以资交换。其他地区对某些工作还应提出竞赛，组织革命竞赛，热情推动工作的进行。

己、各级政府检讨总结工作及工作计划，必须按级汇报本会。在工作进行中的检查总结，各主署应六个月报告一次，专署三个月报告一次，县政府每月报告一次，以便总结与交换全省工作经验，共同为完成这一任务而奋斗。

同志们，世界正处在国际反法西斯统一战线战争的新时期，中国抗战进入第五年，是中国决定命运的一年。因此我们紧急动员起来，进行山东的根据地建设工作，宣布抗战第五年为山东根据地建设的一年，对于坚持抗战，争取全国抗战的最后胜利，保卫中国，保卫苏联，争取国际反法西斯统一战线战争的胜利，是有决定意义的。各级政府应集中一切力量，动员全山东三千八百万人民，联合党政军民的全部力量，来以战斗的速度努力各种建设工作，以全部建设工作的胜利完成，来响应中共山东分局十项建设运动的号召，建立新民主主义的新山东！

主任委员　黎　玉
副主任委员　李澄之
常务委员　陈凤人　刘居英
艾楚南　李竹如
杨希文　孙陶林
张伯秋

选自《山东革命历史档案资料选编》，第7辑，济南，山东人民出版社，1983年版，第164～178页。

6. 山东省战时工作推行委员会关于对德意法西斯蒂国家在我根据地内传教士的处理问题的通告

1941 年 8 月 14 日

我国既对德意法西斯蒂断绝外交关系，对其派来我国特别在我抗日根据地内的传教士或商人、侨民等，决定以下处理办法：

（一）着其出境，财产交由我政府管理，否则不负其生命财产安全的责任。

（二）其确实与敌伪有联系、对我有明显之反对破坏事实者，不服上项办法得驱逐之。

（三）如仍愿留我根据地居住，则应服从以下条件：

1. 宣布反对其政府之侵略行为。

2. 向我政府声明同情我国抗战，保证不有任何不利于我抗战之言论与行动。

3. 其一切行动须遵守我政府法律及执行我民主政府的一切法令和条例。

4. 要参加或帮助我们一定的抗战工作（如医药或战地救护工作等）。

（四）在执行上列办法时［的］注意事项：

1. 这是关系着国际视听的大问题，我们要慎重正确的〔地〕处理之。

2. 要完全光明正大代表国家立场来解决问题，而不是为了贪图资财，严禁不经外交手续即行处理（如抢分东西）。

3. 应统一由当地最高政府（由专署、主署）处理之。在政府力量达不到或无人处理时，可由就近驻军最高政治机关负责处理，无责任之机关部队不得自由动手。

4. 在教士临走时，应好好的〔地〕对他们进行一些宣传解释，并应护送，多送他们一些抗战的书报、照片，争取他们对我敌后抗战之了解、同情或至少对我有好印象。

5. 接收了的教堂、公田等，应由政府负责管理，出以字据，并声明在将来恢复邦交时予以退还。

1941 年 8 月 14 日

选自《山东革命历史档案资料选编》，第 7 辑，济南，山东人民出版社，1983 年版，第 209～210 页。

7. 渤海区人权保障条例执行规则

1943 年 2 月 21 日通过、公布、施行

第一条　为提高抗战纪律，保卫社会秩序，具体执行战工会颁布之人权保障条例起见，除地权、政权另有法令规定外，兹就人权、财权应行切实保障方面，制定本规则。

第二条　人民之身体、财产及其他一切之合法自由权利，非有法令的根据，任何部队、机关、团体及群众武装不得任意侵犯。在争夺区或新辟地区，尤严禁以任何名义、借

口，乱行捕杀、吊打、掳架、就地处理等破坏政策的举动，违者依其所犯法条加重一半处罚。

前项人民身体、财产之自由，应受法律保障。仅县以上之公安、司法机关得依法审问处理之，其他任何部队、团体及个人，绝对不许越权强行审理处断，违者无效。

在敌后战时紧急情况下，在押犯人如确有充分证据足以证明其应处死刑，或以〔已〕呈请上级审核死刑尚未复示者，县以上政府于受敌包围或追击中，为脱离危险不得已时，得机动处理之。但须事后立即呈报上级审核，如有违误，应负法定责任。

第三条　关于保障人权、财权之重大犯罪，如有挟嫌诬告、捏造证据或栽赃陷害者，予以反坐处罚。

第四条　人民有犯罪嫌疑，依人权保障条例第七条第二项，有权逮捕之部队（团级以上部队）、机关，应依法定手续，考虑嫌疑轻重，慎重办理，不得轻易逮捕、拘禁，但第六条规定之人犯不在此限。有权部队对被捕之人犯无审判权，应依法速送该管公安、司法机关处理。

逮捕、拘禁时，以有犯罪嫌疑人之本人为限。

所有嫌疑人之家属亲友等，非有共犯或藏匿、故纵等显著情事，不得无故株连，违者仍［应］负法定罪责。

第五条　人民被非法逮捕、拘禁者，得由本人或其亲属向该管各级公安、司法机关声请提审。受声请之机关核准后，应立即通知该逮捕、拘禁机关，于二十四小时内移送，不得拒绝，同时并得通知其上级机关注意监督执行。

第六条　下列人犯，不论何人均得不用捕票迳〔径〕行逮捕之，但须于二十四小时内移送管理公安或司法机关处理之。其因战争环境或特殊事故受阻碍时，得扣除时日计算，逾期不送，以妨害自由论罪。

1. 敌探汉奸罪迹显露，有逃亡之虞者。

2. 现行犯——指犯罪正在实施中，或犯罪后即时发觉者。

3. 准现行犯：

1）持有凶器、赃物或其他物件，露犯罪痕迹，显可疑为犯罪人者。

2）被人追呼为犯罪人者。

4. 通缉中之犯人——指犯罪后脱逃或藏匿者，曾经通缉有案之嫌疑人。

第七条　除前条所列人犯外，对其他嫌疑人，如认为须直接讯问本人者，应先用传票传唤之；其有逮捕之必要时，须由有权部队或政府之公安、司法机关签发捕票，始得执行。

独立活动之正规营级部队，在与其上级或地方政府隔绝时，对重要人犯始得签发捕票，执行逮捕，但须迅速转送其上级机关或该管地方政府核办，不得自行审理处决。

传票、捕票均须由各该级负责首长亲自签押。其格式另定之。

第八条　执行逮捕要取公正态度，在不妨碍军政机密原则下，应于捕获本人后出示捕票，并告知其最近亲属及该管村长或邻户。

第九条　执行逮捕，必要时得当场迳〔径〕行搜索犯人之身体及附近疑有藏匿赃物之场所。此外其他之搜索，非有搜索令不得为之。

第十条　搜索以获得犯罪证据或没收物为目的，办案负责干部得亲自搜索或发布搜索令，指挥一定人员执行之。

前项搜索物件应行带案者，应出立收据，交原主收存。此外任何物品，绝对不许随意携取，并应取具户主及在场证人之甘结，以资证明，违者依法严惩之。

第十一条　搜索时应跟同户主或其他证人在场证明，但特殊情形不在此限。

第十二条　搜索妇女之身体，应令妇女为之，特殊情形例外。

第十三条　执行逮捕及搜索之人员，事后应向主管长官提出报告。

第十四条　逮捕、拘禁之犯人，应即时审讯，至迟不得逾一日。该被捕人犯，如证明无犯罪行为时，应立即释放，并解释安慰之。

第十五条　审讯人犯应从侧面仔细、准确、多方调查事实证据，不得专靠口供定案，严禁刑讯或其他不正当方法逼供骗供，违者以刑法渎职及妨害自由各条，加重论罪。

第十六条　审讯人犯应郑重和蔼，尽量使其自由陈述，并详记笔录，再次讯毕，应当场朗读，令听明无讹后，着其紧接签押或按手印于笔录末行之后，不得事后删略或篡改，或另一白纸令其签押。

笔录须记明审讯期日、地点，并由主审及记录人员签名盖章。

第十七条　搜索扣押之财物、赃物，除依法应由有权机关裁判批准没收者外，其他物品均应及早发还原主，不得任意扣留或滥权处［理］。

第十八条　犯人之看押，应以适当之方法管束之，为防止脱逃得加以戒具。其违犯审讯或看守规则者，经首长批准，得施以有效必要之处罚。

第十九条　看守所对于捕犯，应具体计划，经常施以政治动员及个别感化教育，期其觉悟前非，改过迁善。

第二十条　押犯食粮、菜金及学习、卫生等权利，应按犯人供给标准待遇之，不得加以任何克扣与虐待，病重者应尽量准许保外医治，一般的犯人经准许者并得接见亲友、收受药品，但须经过监视或检查。

第二十一条　案件审讯终结后，应综合所得证据，具体准确制成判词，向犯人宣告之。除终审级外，如有不服，应准上诉。一经合法上诉，即应检齐卷证，送请上级审判。其判决确定者，由原办机关负责人与行政首长连署，呈请上级审核，非经批准不得执行。凡各级司法机关判处之二年以上徒刑之案件，虽当事人不上诉，其判处机关亦应送请高级审判分处复审。复审机关务将事实与罪行详加审核有无违背政策，分别准驳，并根据具体材料详为指示。

第二十二条　处决犯人尽可能通过群众，由政府依法执行，并须派科长以上之干部莅场监视，严禁施以残酷野蛮行为。

第二十三条　执行死刑得用枪毙，处决后，除特殊情形外，应立即通知其亲属领尸殓葬，如无尸亲认领，执行机关应负责掩埋之。

第二十四条　凡非病死或发现可疑之尸体，应报告该管公安局检验，非经准许不得掩埋。

如因尸体发现犯罪时，公安局应通知该管司法机关，邀同法医或检验员莅场勘验后，核准掩埋。

第二十五条　盗赃及遗失物所有主不明者，应交公安局布告限期招领，逾期无人承领，除发给拾物人全部或一部分外，应予没收归公。

第二十六条　本规则经渤海区行政委员会决议后公布施行，但须提交同级参议会追认，并呈报山东省行委会备案，修正时亦同。解释权属于渤海行署。

选自《中国新民主主义革命时期根据地法制文献选编》，第1卷，北京，中国社会科学出版社，1981年版，第100～105页。原注："选自一九四四年四月渤海区行政公署《战时单行法规》。"

8. 山东省优待朝鲜人民暂行条例

1943年5月3日

第一条　为扩大反日本法西斯统一战线，扶助朝鲜人民进行民族解放事业，特制定本条例。

第二条　朝鲜独立同盟与朝鲜义勇军，系在华朝鲜志士反抗日本法西斯的统治，争取朝鲜民族独立解放的革命团体及其武装力量，在我根据地内有合法活动之自由，各级民主政府及全体人民应积极帮助其发展。

第三条　凡朝鲜人民愿与中华民族携手反抗日本法西斯而来我抗日根据地者，各级民主政府应加以保护。

第四条　凡朝鲜革命人民来我抗日根据地者，经过朝鲜独立同盟或朝鲜义勇军之组织系统之申请，向各战略区之最高民主政府备案后，得在我政策法令范围内有抗日活动自由，政府当予以保护、优待，并给以各种必要之帮助。

第五条　凡受日本欺骗之朝鲜人民觉悟反正而来我根据地者，民主政府应予以收容优待，并向朝鲜革命团体介绍，以便其参加革命工作。

第六条　凡朝鲜俘虏，按照优待伪军俘虏办法待遇之。

第七条　朝鲜人民除特务分子外，无论其曾否参加过敌军伪军或伪组织，因反抗日本军阀之统治来我根据地者，政府应加以安置并适当解决其生活问题。

（一）参加抗日工作与其他抗日工作人员同等待遇。

（二）老弱无工作能力者，政府应予以必要之救济。

第八条　凡朝鲜人民来我抗日根据地居住，从事农业者，对于土地租佃合于本省法令之规定者，政府得批准之。

第九条　凡朝鲜人民来我抗日根据地居住者，有经营工商业之自由。

第十条　凡朝鲜人民愿回国从事革命工作者，经留居我抗日根据地之朝鲜人民革命组织之正式介绍，民主政府得予以帮助。

第十一条　凡朝鲜人民之子女愿入学者，得免费入我抗日根据地各级学校。

第十二条　朝鲜人民经各战略区最高民主政府之批准，得在当地创立朝鲜人学校，其民族、语言、文字、宗教、风俗习惯，政府当尊重之。

第十三条　凡居留我抗日根据地之朝鲜人民，向各战略区最高民主政府立案登记后，得发行报纸杂志。凡努力推动朝鲜民族的解放事业之刊物，政府当帮助其出版与寄发。

第十四条　在敌占区之朝鲜人民及其财产，除与日本军需企业有关联及有害于抗战事业者（如制造贩卖毒品等）以外，在我收复失地时，不得没收其财产，伤害其生命。

第十五条　在敌占区之朝鲜人民，不做危害朝鲜人民解放事业及中华民族解放事业，而且在实际行动中帮助反日本法西斯斗争者，我收复失地时，除依法律保护其生命财产外，并予以精神上或物质上之奖励（如奖状、奖金等）。

第十六条　合于第二条至第九条规定之朝鲜人民在来我抗日根据地时，所经过地区之军民，均有予以方便及护送至民主政府或我部队之义务。

第十七条　被迫参加日本军队之朝鲜人民，在战争中失联络者，解除武装后，各地军民均有照顾与护送至民主政府或军队之义务，不准侮辱虐待。尚有任意伤害者，按其情节轻重，处以应得之罪。

第十八条　凡照顾与护送反抗日本军阀之朝鲜人民特别有功者，应予以精神或物质之奖励（奖状或奖金等）。

第十九条　专署以上政府应择适当地点责由当地政府设立朝鲜人民招待所，办理迁居我根据地之朝鲜人民招待事宜，所需粮款由各地专署以上政府机关核准报销。

第二十条　本条例如有未尽事宜，得随时修正之。

第二十一条　本条例经山东省临时参议会通过，由山东战时工作推行委员会公布施行。

选自《山东革命历史档案资料选编》，第 9 辑，济南，山东人民出版社，1983 年版，第 463～465 页。

9. 山东省保护反侵略战争之日本军民暂行条例

1943 年 5 月 3 日

第一条　为扩大反法西斯统一战线，保障愿脱离日本军阀统治及参加反侵略战争之在华日本军民生命财产的安全，特制订〔定〕本条例。

第二条　在华日人反战同盟，系反日本法西斯的日本军民反对日本军阀对外侵略战争，争取日本人民解放的革命团体，在我根据地内有合法活动之自由，各级民主政府及全体军民应积极帮助其发展。

第三条　凡日本军民愿与中华民族携手反对日本法西斯而来我方者，各级民主政府与部队均应予以保护及优待。

第四条　凡日本军民来投我方者，所经过地区之军民，均有领导及护送至民主政府或部队之义务。

第五条　凡遇有在战斗中失联络之日本军人，解除武装后，各地军民均有照顾与护送至民主政府或部队之义务，不准侮辱虐待与损害其私人财物。尚有任意伤害者，按其情节轻重，处以应得之罪。

第六条　在敌占区之日本人民及其财产，除军营商店、官宪企业及与日本军阀勾结进行侵略战争之大财阀外，凡系普通日侨，在我收复失地时，不没收其财产，不伤害其生命，但特务机关御用之组织，必须予以取缔。

第七条　在敌占区之日本人民，不做危害日本人民反战解放及中华民族的解放事业，而且在实际行动中帮助反日本法西斯斗争者，至我收复失地后，应予以精神或物质的奖励（奖状、奖金等）。

第八条　凡日本人民有厌战或反战之表现，愿迁住于我方者，各级民主政府均应予以收容保护与优待；已迁居我方之日本人民，在我政策法令范围内，有经营工商业之自由。

第九条　凡侨居我方之日本军民，经在华日人反战同盟之介绍，有从事反日本法西斯活动之自由。

第十条　凡优待与护送反战之日本军民特别有功者，应予以精神或物质之奖励（奖状、奖金等）。

第十一条　专署以上之民主政府应择适当地点，责由当地民主政府设立日本人民招待所，办理迁居我方之日本人民招待事宜。

第十二条　本条例如有未尽事宜，得随时修正之。

第十三条　本条例经山东省临时参议会通过，由山东省战时工作推行委员会公布施行。

选自《山东革命历史档案资料选编》，第9辑，济南，山东人民出版社，1983年版，第465～466页。

10. 中共山东分局关于回民工作指示

1943年9月13日

在山东根据地内，有三十多万回民。在敌占区，却有百万以上的回民。

当前的工作，须将根据地已有的回民工作加深和扩大起来，凡有回民的地方，均须马上建立起工作来。

渤海建立了回民支队，组织了广大的回民，建立清真寺（扩大影响），招待天津市来的回民参观团；鲁中参议会选举了一个回民参议员，成立了沂水等县回民救国会；滨海的伊斯兰中队及回民救国会已成立；鲁南已有些回民救国会的组织。这些工作是执行了我党的民族自决政策和毛主席的对于少数民族的政策。这些成绩在我山东今后开展回民工作上，占领敌占城市和交通要道的工作上，是个很有利的基础。但是，我们过去还很忽视民族政策，对已有的工作尚缺乏有计划的推动。

各地的党委根据这些固有的工作基础，须迅速的〔地〕把工作开展起来。

一、干部问题的解决

有的将原回民工作的干部调到别的工作上去，如渤海将过去二、三、四分会和总会的干部调走做别的工作；鲁中、鲁南、滨海许多的回民干部，全部的干部担负别的工作；也有许多同志因旧有的回民习惯已经没有，不愿接近回民。在今天，当我们进占大小城市和交通要道中，回民工作更加倍重要。不管怎样，我们以上的回民干部是已经过了长期党的培养和教育，这是很宝贵的。但还要下决心抽调回来，可根据具体工作情况，有些干部可兼职其他群众工作（因与其他群众工作有密切的联系），按工作的需要，以回民工作为主，或以其他工作为主。注意在各区和各种不同的学校里成立回民组或回民班，照顾其生活习惯。在回民翻身斗争中，发展大量的党员，提拔回民干部。

二、回救会的工作

1. 回救会与一般的群众工作关系，在一般的群众工作上加上民族性即够了。在工作中必须照顾到历史、经济、生活习惯、宗教种种特点。

2. 没有回救会的地方，应立即建立起来。在根据地内，可利用一般的工、青、农、妇、民兵等组织，在其中建立回民小组；未加入或不愿加入的人，可另组其他回民小组（如乡老小组等等）。

3. 不管是否已经建立回民组织，不论在根据地或新解放区，都须进行减租（回民租佃关系比较少）减息、反恶霸、反土匪、反贪污的群众斗争，组织手工业生产合作社，组织变工组，以发展回民经济，不断的〔地〕检讨和纠正缺点错误。

4. 回救会有村会、区会、县分会及总会（一个战略区一个），各级都系委员制，主任和副主任一二人。回救会各委员会可根据各地具体情形，酌量吸收党外进步人士和进步一些的阿訇参加执委会的工作，基本上要党来掌握。县以上的救国会，可组织党团，由县委或地委领导。区党委组织一个工委来领导全面工作。

三、城市工作的开展

1. 利用根据地阿訇在城市上层的关系（在城市做过买卖、上学教书、有亲戚关系的，抗属关系或因交易买卖的关系），打进城市回民里面，组织广大的回民，利用武术社等组织地下军响应八路军。

2. 每个城市工委和铁路工委，在有回民的地方即应（如对象中有广大回民）成立回民工作队或回民工作组，建立武工队，预备进城组织广大的回民，在回民中建立工作。

3. 利用回民武装、群众团体及大阿訇其他上层人物，用通牒或写信给在伪军、伪警、伪政权里的回民汉奸，令其即速反正。

4. 回民武装工作队进城时，负责安抚和救济，并组织广大回民。

四、回民武装组织与扩大及生活照顾问题

1. 回民现有的武装应积极的〔地〕扩大。没有建立起武装的地方（如鲁中、鲁南），应立即将部队的回民干部和战士集中到一起，建立起武装来，由军分区以上领导，便利于掌握政策与方针，并可适合回民的分散环境，同时按分局前决定进行。

2. 参军的回民，从翻身中涌现出来的最好，或经过回救会相当组织和教育的群众比较合适。

3. 在城郊和交通要道，应广泛建立武工队，占领城市时可用此队伍维持回民秩序，并推动和帮助建立回救会，动员参军和恢复生产。

五、自治和参政问题

1. 在农村回汉同居的村庄，在村政权中如汉民为村长，可举回民为村副，照顾到这一点；如全部回民大村子，可建立自治村，行政上一般的没有什么不同，只是照顾到经济、生活、风俗习惯、宗教规约等民族特性问题；如一起有几个回民村庄，可建立一个自治区，如冀鲁边区的沧县三赵河一带，孟村、丁庄子、石桥堤东一带，如泰安一连五个回民村子等。

2. 在城市回民聚集一块的很多，如沧县的南门外，济南的杆石桥一带，德州、青州、泰安、台庄与枣庄及其他许多城市，可建立回民区。

3. 在选举参议员时，汉民杂居或很零散的村庄，除参加一般的公民选举以外，还须参加一个回民救国会领导下的回民选举自己的各级议员。在城市散居的回民，除参加一般的选举以外，还须〔需〕在回救会领导之下参加回民选举。农村自治村、自治区和城市自治区，不参加一般的选举，应与所有的回民合到一块。

六、各区党委对于回民工作注意的地方

1. 揭穿国民党历年来压迫和屠杀回民，如至今在新疆、甘肃不断的〔地〕逮捕和屠杀回民，打破对国民党的幻想。

2. 回民工作干部一定要回民，大众化，注意影响，注意生活习惯。

3. 回民武装应尊重回民的生活习惯，在党政军民团体工作的回民同志，应尊重其生活习惯。

4. 部队宿营住清真寺、住回民家时，要尊重回民的生活习惯。

七、本指示由各地组织部负责组织

中共山东分局

九月十三日

选自《山东革命历史档案资料选编》，第10辑，济南，山东人民出版社，1983年版，第343～347页。

11. 山东省临时参议会一届二次议员大会关于通过中共中央山东分局建议之《山东省战时施政纲领》的决议

1943年8月1日通过

本会自民国二十九年成立以后，即接受了当时联合大会所通过的战时施政纲领。三年以来逐步计划并推动其实现，因之增强了抗日主力，加强了地方武装，发展了民兵，并推动了民主建设，创造了财粮税收、经济建设、文化教育、司法、公安等等方面现有的成绩，巩固了山东抗日民主根据地，坚持了敌后的抗战。然抗战形势与时俱变，各方面的工作亦应随之推移。查当时施政纲领之规定，或为一时之急需，工作早已完成，或为今后之急务而纲领尚无规定。故欲图针对现时抗战形势，规定今后更明确的施政方针，实有修正当时联合大会所通过之战时施政纲领的必要。适中共中央山东分局宣布了八月一日所通过的山东省战时施政纲领，并经其代表向大会建议请予讨论通过，作为山东抗日人民今后共同努力的方针。大会详核这一纲领的内容，诚如其序言所说的“当国际反法西斯战争进入决战阶段，中国抗战愈益接近胜利，同时敌后斗争愈益艰苦的时候，中共中央山东分局为着坚持山东抗战，加强民主建设，团结全省人民，克服困难，准备反攻，迎接胜利，特根据民国二十九年联合大会所通过的战时施政纲领，和三年来的形势变化、工作发展、斗争经验”所提出的山东今后施政方针，不啻对于联合大会所通过的战时施政纲领，针对着现时抗战形势，作了最适当的最明确的修改和补充。本大会认为这一纲领实为山东今日所必需，与山东人民的共同要求相一致，决议完全接受这一纲领，为彻底实现这一纲领而奋斗，使这一纲领变成全山东人民今后坚持抗战、建设新民主主义新山东的具体方案，成为全山东人民为实现新民主主义而奋斗的行动方针，以便团结全省人民，动员全省力量，克服今后可能发生的一切困难，准备反攻，迎接最后胜利。

选自《山东革命历史档案资料选编》，第10辑，济南，山东人民出版社，1983年版，第166～167页。

12. 山东省战时施政纲领

1943年8月山东省临时参议会第一届二次议员大会通过，
1944年2月28日山东省战时行政委员会公布

当国际反法西斯战争进入决战阶段，中国抗战愈益接近胜利，同时敌后斗争愈益艰苦的时候，中共中央山东分局为着坚持山东抗战，加强民主建设，团结全省人民，克服困难，准备反攻，迎接胜利，特根据民国二十九年联合大会所通过的战时施政纲领和三年来的形势变化、工作发展、斗争经验，乘山东省临时参议会第二次全体议员大会正将举行之际，提出本省今后施政方针意见如下：

一、坚持山东抗战，誓与山东人民共存亡，粉碎日寇一切扫荡蚕食，打倒汉奸伪政权，克服困难，准备反攻；拥护三民主义和抗战建国纲领，坚持抗日民族统一战线，共产党人愿与国民党及其他抗日党派、抗日军队、抗日人民共同抗战到底，团结到底，共同完成抗战建国事业，反对暗藏在抗日阵营内的日寇特务奸细（日寇第五纵队）挑拨内战，反对分裂投降，反对法西斯主义，反对反民主反人民的反动政策，为建设新民主主义的新山东而奋斗。

二、爱护抗日军队，增强主力，加强县区武装，发展民兵：

甲、号召人民爱护抗日军队，按照精兵原则充实和增强主力军、地方军，保证其物质供给，动员参军与归队，巩固部队，提高部队战斗力，开展分散性的游击战争。

乙、普遍发展民兵、自卫队，提倡使用旧式武器，加强领导，加强训练，加强活动，开展群众性的游击战争。

丙、抚恤阵亡将士、荣誉军人，优待抗日军人家属，保护抗日军人婚姻关系，巩固并鼓励军人抗战情绪。

三、按照新民主主义原则，加强民主建设工作：

甲、实行三三制，欢迎各党派、各阶层拥护抗战及赞成民主的人士参加政权，共产党员应与这些党外人士实行民主合作，不得一意孤行、把持包办。

乙、发扬民主精神，健全各级参议会和各级行政机关，贯彻简政，加强下层政权机构，彻底完成村政权的民主改造，树立民主集中制的领导。

丙、保障一切抗日人民言论、出版、集会、结社、思想、信仰之自由，保障一切抗日党派、抗日团体之政治自由及合法权利。

丁、保障人权，非依民主政府法定手续，任何机关、团体或个人不能有威胁、逮捕、拘禁、审问、处罚、游街或任何侮辱他人人格之行为。现役军人如有犯罪行为，交由军事法庭处理。

戊、健全司法机关和公安机关，贯彻法治精神，彻底废除刑讯，禁止肉刑，加强群众性的除奸教育，及群众性的反奸细斗争。

己、保障政民学工作人员生活与工作上最低限度的物质需要，抚恤因公伤亡之政民学工作人员，救济抗日政民学工作人员贫苦家属。

庚、注意社会卫生，加强卫生设施，增加卫生经费，推行社会卫生教育。

四、按照新民主主义原则，促进经济建设工作：

甲、保障各阶层人民土地与财产之所有权，在不违犯民主政府法令范围内，一切人民均有营业营利及契约自由，反对操纵垄断。

乙、发展农业生产，扩大耕种面积，提高和改良农业生产技术，增加农产，造林开荒，开发水利，研究肥料农具，提倡选种育种，提倡农业副产，发展各种日用必需品之工业生产，完成经济上之自给自足，求得军队和人民的丰衣足食。

丙、加强对敌经济斗争工作，管理对外贸易，巩固本币（北海币）信用，统一度量衡，平抑物价，繁荣市场，统一领导，掌握政策，打击敌人以战养战之阴谋。

丁、整理公营企业，提倡并保护私营企业，举办低利贷款，扶助手工业者和小商人，整理与发展生产、运输、消费等合作事业。

戊、欢迎敌占区人民及海外侨胞，向根据地投资发展生产事业，民主政府予以必要之援助，保护其财产所有权及营业之自由与安全。

己、优待技术人材〔才〕，奖励发明，奖励劳动，改造游民使之参加生产工作，提高人民生产情绪。

五、整理财政，力求负担公平：

甲、统一财政收支（公粮收支在内），严格执行预算决算制度、审计制度、金库制度，力戒浪费，严惩贪污分子，认真整理村财政，奖励生产节约，减轻人民负担。

乙、清查黑地，完成土地陈报，整理田赋，改良公粮征收办法，务使公平合理。

丙、举办工商业所得税，调整各界人民负担，逐渐推行统一累进税制度。

丁、整理商品出入口税，查禁走私，限制奢侈品入口，务使合于保护生产、保障军民生活需要及加强对敌经济斗争之原则，并废除苛捐杂税，便利贸易。

六、正确执行中共中央所提出之土地政策和劳动政策，调整阶级关系，改善工农生活：

甲、普遍并彻底执行一面减租减息、一面交租交息之土地政策，减租以依照抗战前租额减轻百分之二十五为原则，废除各种额外剥削，边沿游击区在战争期间其减租额应酌量减低（整理旧有借贷关系，息率以分半为标准，对新成立之借贷关系，息率尊重其合理的自愿契约）。

乙、普遍并彻底执行一面增加工资、改善雇工待遇，一面遵守劳动纪律、努力增加生产之劳动政策，农业长年雇工工资，以能维持其家属一个人之生活为最低标准。

丙、救济贫民、难民、灾民，扶助其参加生产，在自愿的原则下，发扬贫富互助精神，发动富户借粮借款救济贫民、救济灾荒、救济流亡难民。

丁、本双方照顾之原则，调解土地纠纷、租佃纠纷、劳资纠纷，达到贫富团结、共同抗日之目的。

戊、扶助民众①组织，开展民众运动，以提高人民抗日②与生产之积极性，职工会、农救会除保障劳工及农民利益外，应从政治上提高工人农民劳动热忱，并使遵守劳动纪律。

七、援助反战反法西斯之日本士兵与日本、朝鲜、台湾人民，正确执行对敌伪政策③：

甲、援助反战反法西斯运动之日本士兵与人民，联合日本、朝鲜、台湾人民，反对日本帝国主义，保护因反战反法西斯而流亡本省之日本、朝鲜、台湾人民。

乙、优待日伪军俘虏，不准加害或虐待侮辱。

丙、坚决镇压死心塌地的汉奸特务分子，对胁从之汉奸及愿意改过自新的分子，本宽大精神分别予以处理。

丁、敌占区人民被迫参加伪组织者，一经脱离，不咎既往。伪军一经反正，即与抗日军队一视同仁。

八、加强对敌斗争工作，团结敌占区同胞共同抗日：

甲、坚决保卫根据地，粉碎敌伪的“扫荡”和蚕食，揭发敌人的欺骗阴谋，开展对敌政治攻势，没收日本帝国主义及死心塌地的大汉奸的财产，充作抗战经费。保卫边沿区、游击区人民，减轻其负担。

乙、积极开展游击区和敌占区工作，争取伪组织人员。瓦解与摧毁汉奸伪政权④，建立抗日民主政权。

丙、建立敌占城市的工作，启发民族思想，揭破敌伪奴化宣传，援助敌占区人民反抗敌人压迫，提高其抗日胜利观念，瓦解伪军及各种伪组织。

丁、欢迎敌占区青年到根据地来学习，并予以优待及适当之工作，欢迎敌占区学者专家及技术工人到根据地来参加建设工作，并予以优待。敌占区同胞失业工人因不堪敌伪压迫而流亡根据地者，亦予以必要救济，资助其生产。

戊、敌占区人民及工商业者，被敌伪没收强占之资财得向附近民主政府声请登记，俟

---

① “社科法制版”空两字，“山东资料版”印作“民众”二字。

② “社科法制版”空两字，“山东资料版”印作“抗日”二字。

③ “社科法制版”印作“七、(略)”，现按“山东资料版”补上全文，并删掉“社科法制版”原标题“节录”二字。

④ “山东法制版”印作“伪政权”，“社科法制版”印作“伪组织职权”。

收复失地后尽量予以查明发还。

九、发展新民主主义的文化教育事业：

甲、广泛开展群众性的文化教育运动，深入民主教育，启发民主思想，反对法西斯主义及一切反民主的思想。

乙、改善原有学校，普及教育，减少文盲，奖励私人捐资兴学，免费帮助抗属抗工属及贫苦儿童入学。

丙、适应敌后环境、根据地需要与可能，设立中等学校及各种专门学校，提倡文化学术团体，奖励创造与各种专门研究。

丁、发展社会教育，广设民校、识字班、冬学、农村俱乐部，提高人民文化知识及政治觉悟。

戊、整理教育款产，增加教育经费。

己、改善教师的物质生活，提高其社会地位，并着重培养其政治认识及工作能力。

庚、培养干部，加强在职干部教育，学习业务，研究政策，培养民主思想、民主作风，反对官僚主义。

辛、编订教材，出版教师学生及群众之各种读物，发展印刷出版等社会文化事业。

十、实现民族平等、男女平等：

甲、各民族在法律上一律平等，尊重各民族之风俗习惯，保障其语言文字及宗教信仰之自由，在选举时对少数民族予以优待。

乙、女子在社会上、政治上、经济上、教育上，完全与男子享有同等权利，并特别予以帮助及保护，禁止虐待及侮辱妇女，提高妇女之知识与生产能力。

丙、实行一夫一妻的自由婚姻制度，禁止蓄婢、纳妾、童养媳、抢寡妇、买卖婚姻、强迫嫁娶，禁止未成年之女子缠足，提倡青年妇女放足。

丁、保护产妇，保护儿童，禁止溺婴。

选自《中国新民主主义革命时期根据地法制文献选编》，第1卷，北京，中国社会科学出版社，1981年版，第53～58页。原注："选自山东省胶东区行政公署《法令汇编》一九四四年版。"简称"社科法制版"。

互校版本：《山东革命历史档案资料选编》，第10辑，济南，山东人民出版社，1983年版，第168～173页。简称"山东资料版"。

13. 山东关于十个问题的答复

1944年8月12日罗荣桓、黎玉致毛泽东

泽东同志：

午俭①电收到，兹答复十个问题。

---

① 即电报代日7月28日。

（甲）关于“三三制”。

经过时事教育、整风反省，对上层党外人士，一般没有发生左右现象。而且他们主动起而响应，也有不少改造。山东政委会、参议会、抗协以及一些专署的党外人士，在分局的坦白大会后，反省争论亦如党内，不轻易放过一人的历史隐瞒及肮脏行为，因此暴露不少，但未发现内奸问题。鉴于党员整风反省后工作焕然一新，很受感动，更见大局前途明显，因此，一些动摇二者之间、足登两只船的打算，对我有一贯成见，均有反省，有改变。在减租减息斗争中，当听见个别过左之处，与偏信上层地主一面之词，对下层党不满，如果上级稍一喊左，即借此以反对左走。经过地主反攻阴谋、摧残基本群众真相揭露，并提倡机关走一村、做一村，先从党内、群众团体了解地主材料后，发动斗争，群众忽然活跃起来，使他们亲自参加，于是改观。过去说，破坏社会秩序，现在则说，不发动基本群众，真还不行。

至于农村地主阶层，一般有四种态度：

其一，被群众斗争过的恶霸地主及其走狗，以为民主政府不是他们的，只望晴天（指国民党来），大约五六村有一个。

其二，保持中立，或以为穷人们眼红。

其三，认为斗争的〔得〕对，以为他们不办好事的被斗，并不是都斗。

其四，有不少的地主，对于经过减租斗争后，以为过去不劳而食是不光荣的，现在改变了，要劳动、纺线，甚至有的以为过去作〔做〕事不对。对于一般减租不满的地主，经过民兵抢收，佃户不偷，加强生产，已受感动。

不过，这个材料知道的还不普遍。农村地主上层怕斗争心理，是不少的。不满的心情，在生产后，似已稍减。党外人士，一般不满是民主作风问题、参议会领导问题。由于专署、县署二级党团作用差，尤其不善于领导参议会驻会委员会工作，所以形成驻委会有其名无其实的现象，以至有些有职无权。县委运用一元化的方式有偏差，形成包办命令，取消各组织的活动，亦形成党的机关动员后长期分散工作，致引起党外人士不满。这种偏向，尚未完全纠正。我们布置，在减租减息完毕后，即重新开展民主运动。同时，引起（导）党员、参议员起模范作用，看重参议会。现在是党员被选参议员，在大会后，即不负责任，对参议会号召及信件不复，是普遍的观念问题。同时，左的现象还存在。有些为了“三三制”，不慎重，不考察，随便拉入不好的上层，过去是右的，各县参议员、政府委员，拉了一些高利贷，甚至曾经是恶霸进来。这半年来，因群众要求，也斗了一些，才发动起群众。有些县区，曾因参议会喊左了，就放松了减租减息。有些为了迁就“三三制”，政府中党员骨干也不得参加委员会了，但仍作〔做〕政府主要工作。对于党外人士一些进步分子要求入党，因整风中我们未批准，他们感觉党为“三三制”，叫他们当长期党外人士，自觉干了七八年，还入不上党，不情愿，不以为然。敌占区人士来我根据地参观，以为官兵穿吃平等、纪律好，老百姓夜不闭门，不见乞丐，群众生活好，东西便宜，一般印象良好，感觉我党非成功不可。

（乙）关于减租。

这一年中，执行中央十一指示，得到很多经验，发现：

（一）过去二年减租工作的不彻底，明减暗不减现象很多。滨海增资多，减租少。由于包办代替作风，初期拥进流氓，减租未发动多少群众。胶东、鲁南、滨海地委以下干部，很多说租佃关系少，致不去深入调查研究，一阵就算了。清河、冀鲁边因环境现未进行。清河只进行一二，鲁中稍好。

（二）查减后，发现租佃关系是分散的，这是今天干部懂得了这种情况。

（三）减息，过去没有做。事实上，有各种各样的实物高利贷，有吃有粮，吃一还四（花生饼、米子账、双花账都如此）。过去八年来未了解的利滚利、利涨准折（折地亩、房产等）最厉害，因物价变动，有利息形成百分之七百的。

分局去冬今春抓紧这一问题，鲁中、滨海发动了不少群众，而且是十余村庄联合斗争，对于开展工作很有利（有的是调解）。

（四）发现一些恶霸是典型封建主，过去仗势欺人，有人怕杀的不少。有些高利贷，有霸占公山、公地、族产，其中有些有政治问题，群众恨入骨髓，在减租减息中不斗倒他们，群众是不敢起来的。往往一斗争，群众是三千五千的来说理。十个月来，在滨海打了不少。群众说，这才翻身了，晴天了。

（五）地主反攻是多样的，抽地，让地（给贫农说，贫农与贫农对立），威胁，利诱，收买，甚至派狗腿打入群众团体，掌握群众团体全部或一二部门，借进步词句，反对群众领袖，组织反示威。击破这种地主反攻，是建立农会积极分子，威胁分化狗腿，使其在群众大会进行良心检讨，最有效。

（六）干部，几年来对群众路线不明确，方法不会。尤其地委、县委本身，出身小资产阶级，群众观念不强，亦未经过群众工作锻炼，故有些束手无策，形成单纯的党务工作。对上级指示，不去研究，是一般的。因此，左的右的，经常摇摆。但较以前，有些进步。

（七）估计到：现在全山东减租完成了百分之五十到六十二。一年来，增加新地区村庄约一万个（游击区在内）。再度检查过去的，也有区干部工作不深入，群众一遇村干部是应付，或有问题，则受欺骗。同时，群众大多数尚未组织起来。因此，分局已有七、八、九、十四个月再度减租、减息、查减的指示。基本根据地要求今年十月底完成，新地区年底、明春，仍是一个严重任务，并在这一期间，与改造农会、发扬民主、改造村政联系起来。并要求在此期间，完全打进群众观念。

（丙）关于军民关系。

拥政爱民，较前进步。对群众观念，干部中从今年有些具体认识，过去是抽象的、模糊的。连队大部反省出自己不对，事后注意十项公约实行。有些战士还订下计划。缺点是，对群众工作，除帮助房东家务劳动、宣传群众、训练民兵外，一般还不会组织群众，工作观念上，亦不够重视。县区武装纪律还差。拥军优抗，今年有较大进步。拥军良心检讨，大部地区进行了。莒南有百分之八十村庄检讨，对主力认识提高了一步。各村壁上都贴了拥军公约，举行了村民宣誓，通过讨论，因此对部队有热情慰劳。摊派现象，在发动起群众村庄已减少。各地都作一、二月拥军教育。分局曾决定思想动员后，动员参军，充实主力。滨海一个多月，完成六千余参军，胶东三千余参军归队，鲁中沂蒙区一个月千余，渤海七八千，鲁南未做。贫农约占百分之八十以上，其中民兵占百分之六十左右。在入伍后，要求打仗，学习努力，比过去参军均好。现在主力一般充实了，滨海主力团自二千五百至三千人。部队群众观念、对地方工作认识，亦由此提高一步。指战员情绪，亦由此更加高涨。地方党、群众团体，亦认识减租减息后，支部力量提高了。对武装的认识，缺点还是教育不普遍、不深入、不平衡，拥军中，有些区村注意训练、动员群众慰劳肉食物品，多数区村干部认识不够。

总之，以上三个政策，需要中央进一步号召全党的群众路线，才能使战后优势获得雄厚基础。

（丁）关于大整训部队。

（一）秋冬两季完成不可能，秋季反抢粮、反“扫荡”比春夏两季更为紧张，但到明年春季或夏季有完成可能。

（二）我们正开各军区高级军事会议，整训部队是主要的内容，已完成对连队工作与战术问题的总结，对敌顽统一作战方针的总结，还有对地方武装与精简问题的总结。整训部队，以中央指示作根据，再充实我们一切计划。

（三）军事上存在单纯军事观点、狭隘的经验观点，是比较普遍的。如训练部队同政治工作结合不够，有些分离现象。如只承认自己一套是正确的，不愿意接收〔受〕人家的经验，吸收新的东西。军事技术一般的是很差。从去年“八一”，特别强调军事技术训练，由各军分区开办专门训练班，解决教练人员缺乏，已毕业一万六千二百五十九名，学生成绩仍不大。部队中，大多数战斗员，包括干部在内，不懂射击，对刺杀信心不高，手榴弹消耗甚大，投中杀伤敌人亦差。现正开战斗英雄大会，以动员练兵、练技术为中心。

（四）政治工作，一般的开始纠正在部队中的会议繁多，脱离战斗、生产与群众的现象。但在后勤、医院，政治工作没有力量，贪污浪费，不关心伤病员，是普遍的。还有一些主力兵团，政治工作同军事工作分离，亦由政治工作强调自己第一，把一元化领导同军事指挥对立起来，实质上是知识分子同工农干部对立起来，胶东比较严重。

（戊）民兵工作。

（一）民兵估计由现在的二十万到达五十万可能做到。深入减租减息的群众运动还不普遍，在基本地区还有大的空隙。做好减租减息的地区，民兵发展就快。现在边沿区扩大，增加了新区，人口亦多了三百万。清河平原对民兵还没有弄好。

（二）地雷战，在胶东很普遍，去年起已制造六万个地雷。其次鲁中、滨海亦有发展。现在山地石雷是很便当的。此外，多用大手榴弹，在根据地内对付敌人“扫荡”，发扬到处使用。男女老少都可用地雷战，必须同民兵麻雀战配合起来，效力更大，且可以防止随时碰炸伤来往人员。

（三）民兵战斗与生产结合，还缺乏具体经验。在边沿区，民兵成立村联防，替换防卫与生产，把变工队与民兵小组结合，民兵到敌占区走私，发展合作社。而中心地区民兵，战斗少，锻炼也少，生产是主要的。

（四）民兵以边沿区完全有战斗能力，中心区组织不健全，一般经过两期整训。但个别的，有民兵对抗民兵，民兵对抗区中队，包庇走私，自己走私，随便去干涉农村男女关系，捆绑人，分化农会，受破坏分子、地主、狗腿子利用，在打开据点时纪律很坏。支部与分区委对领导民兵很差。还有民兵火药消耗量很大，在战斗多的地方，就地征用成问题。由政府补助军队供给地雷、炸弹，还解决得不彻底。

（己）关于沦陷区与接敌区工作，我们有了更好条件。

敌人“蚕食”被打破、收缩，人民更倾向我们，伪组织、伪军不能不向八路军留下自己后路，我们武工队进入活动，会更便利。滨北对张步云、莫正民两股较大的伪军工作，有很大的成功，使我跨过日诸路、台潍路，部队东进北向与应付敌人“扫荡”，得利不少。至于造成赤白对立现象，一般不存在。胶东我对通敌反共之赵保原部剿办，捕获其乡保甲长受训者，大批放回，鼓励该地群众到根据地来，并加以照顾，因此打垮了该匪对我的封锁与拔壮丁计划。前一时期，西海曾有没收在我区赵部家属财产的，现已纠正。

（庚）对中央城市工作指示，已讨论。

（一）我们过去在方针上有错误。如济南城委，只走中上层关系，并以为根据地吸收知识分子、培养建国人材〔才〕为中心，是很荒谬的。把青协当成唯一的路线，替特务向我们打开了进路，影响了济南原有组织又累次破坏。

（二）胶东对城市工作发展前途很大。青岛、烟台在工人及学生中已经有了我们党及群众组织。经过商业关系，对东北十几个大商埠都可以开展工作，各大商埠都有抗日救国联合会及商人救国团等组织。加强这一工作的领导，向东北发展，是有希望的。

（三）进行城市工作，条件很有利。敌人在城市统治，由于经济生活的混乱不安，存在对敌人政治上的危机。工人在应付敌人斗争上提出“偷”的办法，口号是“偷鬼子的不算偷，被鬼子打了不算丢”（不丢人的意思）。工人、厂警、工头联合起来共同“偷”敌人，可能发展为广大群众运动，便于我们团结工人。从中扩大我们在城市影响，亦很便利。如在年节时，胶东、滨海都召开在根据地居住的青岛、烟台及海外商人座谈会，到会人都有三四百以上。胶东各地县委都召开，人数更多。济南市委亦采用了这一办法。

（四）我们情报、锄奸、工商管理、贸易与敌伪工作，对上海、天津城市都有了一些单线的联系。如青岛、烟台、济南、连云港、上海、天津，比我们城市部门工作的发展更有办法些。在数处已有我们情报电台的建立。如果我们把以上各部门工作，联系到党的总方针发展，但仍保持各单线之联系，可能做〔作〕出更大的成绩。现在，大城市共有党员一二四人，中等城市共有党员六四人，城郊有四八人，镇区有五六人，共二九十二人。其中，铁路工人党员有十八人。主要交通线上，胶济路有三段工作，津浦路有两段工作，并有两个地区工作委员会，陇海路上有几个党的工作。我们缺乏城市工作经验，对过去城市工作错误与最近犯的一些错误，在城工干部中不易领导，而且缺乏大的干部与有能力的干部，有个别面目不清的。分局在整风中，已审查出来一些。其他地区，正在清查中。拟召集附近区党委，研究中央指示，与具体帮助布置。

（辛）对人民负担上，去年与今年公粮一般比四二年减轻了。

去年负担占产量比例，地主占百分之三十，富农占百分之二十五左右，中农占百分之十二，贫农占百分之五。今夏，鲁南地主减至百分之二十，富农百分之十六，贫农略增至百分之八，比四二年减低在百分之十到二十左右。田赋，因以前币价不稳，去年改征粮食，一年不超过五千万斤。现因粮价低、币价稳定，上半年每标准亩征四元，下半年征五元。即以此收入，尚不足军需开支，需依靠出入口税、工商局经营盈利解决。滨海，上半年工商税利两次，占全部收入百分之八十多。为了准备反攻，我们不准备再降低负担。

（壬）部队在生产初步发展基础上，一般主力机关每日可以吃到五钱油盐、一斤多菜，每月一斤多肉，并能补助牙刷、牙粉、黄烟等日用品。

今年上半年，由生产盈余，每人解决衬衣一套，体力亦渐增强。今年，要求部队机关生产经常费百分之七十到八十。部队除够吃外，一般尚未做到平均三人一亩地（清河垦区平均一人一亩半），所以农业基础还弱。县区武装生产亦差，且不平衡。

农民生产方面，在发动减租减息与民主的村庄，对生产是有热情，一般的开荒、纺织、运盐、打油，是做到生活上的改善，除还债外，穿衣吃饭比以前好些。所以，由此进一步转变了他们的意识，认为是毛主席的法子，过的是共产党、八路军、民主政府的日子。实行了部分的按家计划，如深耕、多锄、拾粪、副业。但农民对这个计划的执行还很差，许多还是想起甚〔什〕么做甚〔什〕么。由于工作中形式作风、命令主义存在，所以按家计划多不切合，或变成一个人的计划，还没有多采用家庭讨论会议，有些甚至是突击的。一般对一类的劳动互助与纺织合作社已经认识，但由于农民文化水平限制，因之在合作社中计工方法、算账、会计感到困难。初期也有因感情不好意思说，彼此形成散漫。以后又因不会使用剩余劳动力，发生苦闷。这些，在长期摸索整理中已有转变。个别的，也有过早集体化。基本群众在许多地区都相互畅谈，说快了快了（他们意思是快共产了，其实是误解），情绪很高。我们工作中耐心深入群众作风不够，命令主义、包办还存在，但比以前减轻一些。县区干部劳动观念还差，自己存在着形式主义，因而对生产、工作兴趣不大，为数目字、为上级工作的偏向还存在。所以，研究群众要求、群众情绪还很差。今年，根据地秋季高粱、谷子因受旱不能丰收。除沂蒙区旱成灾外，余够吃。布匹，除鲁南外，各地均可作〔做〕到自给。纸、盐在鲁中、滨海、胶东大部自给。棉花，估计今年可产一千万斤，还需外来一部。

（癸）山东群众团体，过去有一些精简变化。

一般县区群众团体，是很少选举的。现在减租后，发起群众代表会，并讨论民主、文化、生产事项。完全同意减租减息以后，转到生产、文化、卫生、民主选举和民兵。我们准备再订出一定时间的工作。我们今年，连新地区在内，有一半地区仍是减租减息，其他可转入民主、文化、生产、卫生、民兵方面。

以上答复，有不正确处与不够处，请指示我们。

罗、黎

选自《山东革命历史档案资料选编》，第12辑，济南，山东人民出版社，1983年版，第329～338页。

14. （山东省）胶东区人权保障条例执行规则

1944年8月

一、为提高抗战纪律，保卫社会秩序，具体执行战工会颁布之人权保障条例起见，除地权、政权另有规定外，兹就人权财权应行切实保护方面制定本规则。

二、人民之身体财产及其他一切合法之自由权，非有法令的根据，任何部队、机关、团体及群众武装不得随意侵犯或加以蹂躏。在争夺区或新开辟地区，尤严禁以任何借口，乱行捕杀、吊打、掳架、就地处理等破坏政治影响造成恐怖现象，违者依其所犯法条加重一半处罚。

前项人民身体财产之自由应受法律保障，仅有权之部队或县以上政府之公安司法机关，得依法审问处理之。其他任何部队、机关、团体及个人，绝对不允许越权强行审理处断，违者无效。

在敌后战时紧急情况下，在押人犯，如确有充分证据，足以证明其犯罪应处死刑，或已呈请上级审核死刑，尚未复示者，县级以上政府，如被敌包围，或追击中，为脱离危险，不得已时，得负责机关处理之，但须事后立即呈报上级审核，如有违误，应负法定责任。

三、关于违反保护人权财权之重大犯罪，如有挟嫌诬告、捏造证据或栽赃陷害者，予以反坐处罚。

四、人民因犯罪嫌疑，依人权保障条例第七条第二项有权逮捕之机关部队应依法定手续，考虑嫌疑轻重，慎重处理，不得轻易逮捕拘禁。但第六条规定之人权不在此限。

逮捕拘禁仅以有犯罪嫌疑之本人为限，所有嫌疑人之家属亲友等非有共犯或藏匿敌〔故〕纵等显著情节，绝不得无故株连，违者负法定罪责。

五、人民被非法逮捕拘禁者，得由本人或其亲属向该管各级公安局司法机关声请提审，受声请之机关核准后，应立即通知该逮捕拘禁机关，于二十四小时内移送，不得拒绝，同时并得通知其上级机关注意监督执行。

六、下列人犯，不论何人均可不用捕票径行逮捕之，但须二十四小时内移交该管公安局或司法机关处理。因其战争环境受阻碍时，得扣除阻碍时日计算，逾期不送，以妨害自由论罪。

（一）敌探汉奸罪迹显著，有逃脱之虞者。

（二）现行犯，指犯罪正在实施中，或犯罪后即时发觉者。

（三）准现行犯，指持有凶器、赃证物或于身体衣服等处露有犯罪痕迹及被人追呼为犯罪人者。

（四）通缉中之犯人，指犯罪后逃脱，曾经通缉有案之嫌疑人。

七、除前所列人犯外，对其他嫌疑人，如认为须直接讯问本人者，应先用传票传唤之，其有逮捕之必要时，须有权部队或政府公安司法机关签发捕票，始得执行。

独立领导之正规营级部队，在与上级或地方政府隔绝时，有签发逮捕重要人犯之权，但应速转其上级机关或该管地方政府核办，不得自行审理处决。

押票捕票须由各级负责首长亲自签押，其格式另定之。

八、执行逮捕要取公正态度，在不妨碍军政机密原则下，应于捕获本人后出示捕票，并告之〔知〕其最近亲属及该管村长，或隶属机关，不得假借敌投名义或其他欺骗方式捕人。

九、执行逮捕必要时，得当场进行搜索犯人之身体及附近疑有隐藏赃物之场所，此外其他之搜索，非有搜索令不得为之。

十、搜索以获得犯罪证据，或没收物品为目的，办案负责干部得亲自搜索，或发布搜索令，指挥一定人员执行之。

前项搜获物件，应行带案者，须出立收据交原主收存，此外任何物品绝对不许随时携取，并应取具户主及在场证人之甘结，以资证明，违者依法严惩之。

十一、搜索时通常应取得户主或其他证人在场证明，但特殊情况不在此限。

十二、搜索妇女之身体，应令妇女为之，特殊情况例外。

十三、执行逮捕搜索人员，事后应向主管首长提出报告。

十四、逮捕到案之犯人应即时审讯，至迟不得逾一日，该被逮犯人如证明无犯罪行为时，应立即释放，并解释安慰之。

十五、审讯人犯，应从侧面仔细准确调查真实证据，不得专凭口供定案。严禁非刑吊打，或其他不正当方法逼供骗供，违者以刑法渎职及妨害自由各案加重论罪。

十六、审讯人犯，应郑重和霭〔蔼〕，尽量使其自由陈述，并详记笔录，每次讯毕要当场朗读，令听明无误，着其签押于后，不得事后更改。

十七、搜索与扣押之赃证财物，除依法应没收者，须依据处理汉奸财产条例，由有权机关裁判批准外，其他物品均应及早发还原主，不得任意扣留或滥放（权）处分。

十八、犯人之看押，应以适当之方法管束之，为防止脱逃，得加以戒具，其违犯审讯看守规则者，经首长批准，得施以有效必要之处罚。看守所对于押犯，应具体计划，经常施以政治动员及个别感化教育，期其觉悟前非、改过迁善。

十九、押犯食粮菜金及学习卫生等权利，应按犯人供给标准待遇之。不得加以任何克扣与虐待，病重者应尽量准许保外医治，一般的犯人经准许者并得接见亲友，收受物品，但须经过监视或检查。

二十、案件审讯终结后，应综合所得证据，具体准确制成判词，向犯人宣告之，如有不服应准上诉，待确定后，再由原办机关负责人与行政首长连署呈请上级审核，非经批准不得执行。

二十一、处决犯人尽可能通过群众，由政府依法执行，并须派科长级以上干部莅场监视，严禁施予残酷野蛮行为。

二十二、犯人处决后，应立即通知其亲属领尸埋葬，不得有肢解或暴弃事情，如无尸亲认领，执行机关负责掩埋之。

二十三、凡非病死发现可疑之尸体，应报告该管公安局核查，非经准许不得掩埋。

如因尸体发现犯罪时，公安局应通知该管司法机关，邀同法医，临场勘验后核准掩埋。

二十四、盗赃、遗失物，所有主不明者，应交公安局公布限期招领，逾期无人承领，除发给拾物者全部或一部分外，应予没收归公。

二十五、本规则经胶东行政委员会决议后公布执行，但须转交同级参议会追认，并呈报山东战工会备案，修正时亦同，解释权属于胶东主任公署。

选自《山东省人民政府法规类编》（1940—1949），山东省司法厅1988年编印，第266～269页。

15. 附：罗荣桓：《处在总反攻前夜的山东解放区》——为纪念抗战第八周年而作

1945年7月7日

津浦路以东直至沿海七百里绵长的海岸线，与陇海路以北跨过胶济路直至河北平原，这里有山东五个大的解放区，已在我军胜利作战之下，互相打通而联系起来了。这里包括有一千七百万人口，二十万八路军的正规军、游击队，五十万民兵与几百万普通的人民自卫武装，已统一组成为一支坚持抗战与建设新民主主义的雄厚势力。这是经过了七年来的苦斗创造出来的，而且有了屹立不可动摇的基础，一如泰山之不可拔一样。

山东解放区的建立，开始于一九三八年济南失守，国民党军队一泻千里的溃退。共产党即在这一片国土上号召组织人民的游击战，发展人民自己的军队——八路军，掀起了新的生命。成千万的勇士拿起武器，挺起胸膛，打击敌人弥漫的凶焰，并保有广大农村，以对抗敌占的城市与交通线。因此，当时使国民党某些被隔断于敌人后方的军队，如石友三、高树勋等，也得以获得援救，溃散支离的国民党山东省政府也得以获得藏身收容之处。但国民党反动派并不记忆这些，而相反的［是］只要有了他们喘气的机会，则以沈鸿烈、秦启荣为首，进行了反共反人民、阴谋陷害抗战的力量。于是一九三九年，他们制造出了“太河惨案”，屠杀大批共产党八路军的干部，这是他们罪恶昭彰的起点。

山东是失守于国民党韩复榘之退却逃跑，而又是再被蹂躏于国民党沈、秦之为敌作伥。到一九四三年，山东伪军冠于华北各省，已增至二十万人，其中百分之六七十是沈、秦的师、旅、团、纵、支、梯队的整个投降，或者为他们委派之人员所编成的。这是在他们借尸还魂与“曲线救国”谬论策划之下得出来的成果。而山东之出现无人区，亦是在这种顽伪出自一家与他们交织而来的践踏之下所成就的，造成了山东人民的深重灾难。

当东北军进入山东，山东人民曾寄予无限的希望，但由于沈、秦的挑拨扩大摩擦与东北军的日益走向参加反共反人民，也就不能不使山东人民终归于失望。尤以沈、秦勾结东北军叛将缪征流的通敌作乱，同时也造成了东北军内部的瓦解，使敌特得以乘机从中破坏，而与敌人之诱降相呼应，使东北军以致最后落到了身败名裂，断送了东北军实际上的存在。

一九四一年到一九四二年，山东各解放区是处于敌人残酷“扫荡”摧毁与严重的分割封锁之下，又是处于国民党反动派公开投敌助敌夹击之下。而在毫无外援，仅是依靠农村的山东各解放区，并没有被屈服，而且更加坚强的〔地〕站立起来了。广大人民群众不仅不会放下自己的武器，而是愈益坚决的〔地〕拿起了武器，终于变成了唯一的胜利者。

一九四三年，山东解放区是已从其极其恶劣的斗争中改善了自己，击破了国民党反动派的进攻，而且动摇了敌人的分割封锁。因为敌人的分割封锁如果没有国民党反动派的进攻相配合，与国民党反动派的资助，敌人之伪化运动、敌人的分割封锁是难于站住的。

一九四四年到一九四五年，山东各解放区已完全进到新的巩固的发展阶段了。依靠于八路军主力、地方武装与人民自卫武装之普遍相结合，是既具有坚强分散坚持的能力，而又提高了灵活机动的能力。还由于创造和发挥了武工队之优越作用，他们成为敌人后方之后方的挺进队。这就使我们具备了广泛开展攻势作战，而能获得伟大成果之有利条件。这就粉碎了敌人的分割封锁，把敌人打回到城市中去了，到主要交通线去了，使敌占城市及主要交通线亦日益处在我们包围打击之下了。

敌人已深感受到山东各解放区之互相打通而联系起来了的统一作战，将会成为对它的致命打击。尤因为美军之深入突破敌人海上内防线，最近又完全占领冲绳岛，逼近敌人门户与中国海岸，已使敌人极度的〔地〕不安。还由于山东对敌人在防卫本土设施上，对以死守华北、巩固东北基地、争取决战华中作为这一设施之积极因素上，是具有决定意义的战略地位。山东是敌人防卫本土与巩固东北基地之内海三角地带的突出部，是敌人死守华北支撑河北大平原的重点，是敌人争取决战华中南北大陆交通的枢纽。如果敌人在这一地区处于败势，而被我们有力的〔地〕配合盟军登陆作战所突破，敌人将会失掉其东北基地的门户，不能控制河北大平原，使南北大陆交通亦有被截断之可能，就有全面皆溃之势。

因此，敌人五月间又对我山东各解放区采取重点的“扫荡”，加强沿海线的重点配置，并用六个旅团的兵力与我争夺沿海线，打通沿海线，侵入我邻近沿海线的山区，而企图实现其扩大重点区，进行分割我邻近沿海线的山区。这还是敌人的第一步。今后，敌人将会以更疯狂的“扫荡”进攻我各解放区，首先是沿海地区。但这仍不失为是敌人迫近于死亡时期的挣扎。而我山东各解放区的坚持，还不同于一九四一年到一九四二年的情况。整个的形势是新局面的到来，处于总反攻的前夜。我各解放区已经过了严重的考验而愈益强大起来了。我们将以更加兴奋的心情、坚定的意志，贯彻着历史任务的完成。

选自《山东革命历史档案资料选编》，第 15 辑，济南，山东人民出版社，1984 年版，第 109～112 页。

16. 山东省政府布告
——公布对新解放城市之各项政策

1948 年 3 月

查蒋贼勾结美帝，出卖祖国，发动内战，残害人民，强征暴敛，特务横行，滥发纸币，物价飞涨，以致生产凋敝，工商破产，人民处于水深火热之中。我伟大华东人民解放军，奉命讨贼，歼灭蒋匪，解人民于倒悬。今我同胞，已重见天日，本府特将对新解放城市之各项政策，公布如下：

（一）建立新民主主义政权，除四大家族、战争罪犯、封建反动分子外，凡我同胞均享有言论、出版、集会、结社等项自由，及积极参加新解放城市建设之权利。

（二）发展工商业，保护公私营各种企业商店，在劳资两利、公私兼顾、增加生产原则下，适当改善工人店员待遇，并保证资方一定之利润，以利解放区经济之繁荣。

（三）严禁蒋币在解放区流通，为照顾新解放区人民利益，凡持有蒋币者，须限期向北海银行照牌价兑换，逾期不兑者，以捣乱金融论处。

（四）没收蒋匪四大家族及主要战争罪犯之财产，检举有功者，政府予以提奖，以资鼓励。

（五）所有新解放城市之公产以及蒋匪四大家族主要战犯之逆产，不准任何人窃取和破坏，均由华东财经办事处物资处理委员会接收处理。

（六）取消各种苛捐摊派，减轻人民负担，救济城市贫民。

（七）凡罪大恶极的战争罪犯、贪官污吏、反动头子，由政府组织人民法庭，分别犯罪轻重审讯处理，希我全体人民对以上罪犯积极检举控诉。

（八）解散蒋记国民党组织，所有蒋记国民党员及蒋匪政府工作人员，除罪大恶极之首要分子交人民法庭审判外，对一般胁从分子，当宽大处理。以上罪犯如有企图逃跑之行为者，全体人民均有权将其扭送政府审讯法办。

此布

山东省政府

选自《山东革命历史档案资料选编》，第20辑，济南，山东人民出版社，1986年版，第128～129页。

17. 华东军区《约法七章》

1948年9月

本军奉命肃清山东境内蒋匪，解放济南，特与济南各界同胞约法七章如下：

第一，本军保护城市各阶层人民生命、财产，望全体市民严守秩序，切勿轻信谣言，自相惊扰。

第二，本军保护民族工商业及私人资本。凡私人工厂、商店、仓库、货栈、公司、企业、银行等一律保护，望照常营业。

第三，凡属蒋匪公营工厂、仓库、货栈、公司、企业、银行等，均须听候调查，分别处理；如确系官僚资本者，应由民主政府接收，如其中确有民营资本，其民营部分当归还私人所有，是否和民主政府合股经营听本人自愿。所有在官僚资本企业中供职人员，望一律继续照常供职，并负责保护资材、文件、帐〔账〕册、档案，听候接收，对保护有功者奖励，破坏者罚。民主政府对上述供职人员，一律准予录用，并照旧发给工薪。

第四，凡自来水、发电、铁路、汽车、大中小学、民教馆、图书馆、文物、古迹等管理机关，医院、教堂、慈善等机关及娱乐、体育场所，所有局长、经理、职员、技师、工人、校长、教授、教职员、学生、馆长、院长、主教、牧师等，本军一律保护，不加侵犯，望照常供职。

第五，凡国民党省、市、县各级政府机关官员和警察，及区、乡、镇、保长人员，一律交出武器，只要不持枪抵抗，本军一律不加俘虏或逮捕，均应安心供职，负责保护所有机关资材、档案，不得怠职破坏，听候处理，分别录用。

第六，各国领事馆及人员与一切外侨及其财产，凡遵守民主政府法令、不作敌探、不隐匿战犯、不作任何破坏行动者，一律保护。

第七，无论在本军进城以前和进城以后，城内一切机关团体和各界人士，均应共同负责维持全城秩序，免遭破坏，凡保护有功者奖，阴谋破坏者罚。

本军纪律严明，公买公卖，不拿民间一针一线，望全体市民一律安居乐业，切勿自相惊扰。仰各界人等一体知照。

中国人民解放军华东军区司　令　员　陈　毅
政治委员　饶漱石
副司令员　张云逸
政治部主任　舒　同

选自《山东革命历史档案资料选编》，第 21 辑，济南，山东人民出版社，1986 年版，第 17～18 页。

18. 华东野战军山东兵团政治部关于执行《约法七章》的具体规定

1948 年 9 月 7 日

全体指战员及工作人员同志们：

解放济南，并保证济南永远成为人民的城市，这是我们光荣的伟大任务。我们必须坚决消灭敌人，必须认真爱护城市，努力安定社会秩序，避免破坏，避免紊乱。为此，特根据华东军区之《约法七章》宣布具体规定十条，望切实执行，如有故意违犯，当受纪律制裁。

（一）坚决消灭一切反动武装，打下济南，活捉王耀武。

（二）一切蒋军官兵，放下武器，就按俘虏待遇，不虐待，不没收私人财产；战场起义的，一律按人民解放军宗旨整编；立功的，战斗结束论功行赏。

（三）禁止乱捕乱杀，一切持枪抵抗的分子、罪大恶极的反革命头子和证据确实的破坏分子，必须逮捕。

没有军职和没有武装参战的蒋方政府机关官员、警察及市区乡镇保甲人员不要逮捕，叫他们各安其职，负责保存一切公有物资、财产、文件、帐〔账〕册，听候处理，并须严格防止他们隐藏武器、阴谋破坏、违抗命令、扰害人民。

（四）爱护城市人民，遵守城市纪律，不拿人民一针一线；宣传党的政策、帮助群众防空、救火，维持社会秩序，禁止任何人趁火打劫和其他一切破坏、盗窃行为。

（五）缴获归公。一切敌人仓库、大宗物资、金银贵重东西，必须全部交华东财办处理；蒋军官兵遗留在阵地工事里和街道上的零星用品，由连派出收集小组负责搜集，集中到团并报告上级统一分配，不得发洋财、打埋伏或私相收受，看了东西不管不问的现象也要纠正。

（六）保护工商业，实行公平买卖；商人不开门不买，不愿意不买，货币比率不定不买，不准钻空子、讨便宜、抢买东西、紊乱市场。

（七）保护一切工商、交通、企业设备（特别注意看管自来水管、电灯厂、水塔等重要设备），防止破坏。保护文化古迹，保护学校、医院，保护守法的外侨、宗教团体。

除了有看守任务，不准部队驻工厂、仓库、教堂、医院、学校、图书馆和主人不在家的民房。

（八）根据上级命令看管一切官僚资本的工厂、银行、公司、商店及一切公营企业，劝说全体职员照常安心工作，不准逮捕和侮辱他们。

（九）解散一切反动组织，严禁蒋匪一切党务、团务、特务人员的罪恶活动，命令他们交出武器、证件、名册、文件，并向民主政府悔过自新。

（十）尊重管委会，服从卫戍部队的命令、指挥，严格禁止乱打枪及各种功臣自居、自由行动的坏行为。

华东野战军山东兵团政治部

九月七日

选自《山东革命历史档案资料选编》，第 21 辑，济南，山东人民出版社，1986 年版，第 19～20 页。

19. 中国人民解放军华东军区济南特别市军事管制委员会布告第二号——颁布入城守则

1948 年 9 月 26 日

为严明我机关部队人员入城纪律，彻底执行保护城市政策，特向我一切军政人员颁布入城守则如下：

一、在军事管制期间，一切机关部队人员、民兵、民工，凡未持有本会所发之通行证，或佩带〔戴〕本军特许之证章符号者，一律禁止出入济南城市。

二、除本会指定之卫戍部队及特许之机关人员外，任何机关、部队、民兵、民工，非经本会批准，不得留住城市；特许留住城市之机关部队，亦必须遵照本会指定之地方居住，不得住工厂、学校、医院、商店、文化机关、教堂等地。

三、凡准许入城之党政军民人员，一切行动均须服从统一领导和指挥，遵行中国人民解放军总部所颁布之《三大纪律、八项注意》，华东军区司令部政治部颁布之《约法七章》，及华东野战兵团司令部政治部与本会所颁布之一切入城纪律和规则。

四、一切入城之党政军民人员，必须坚决实行和宣传党的政策，保护城市各阶层人民的生命财产，遵守群众纪律，不得擅入民房，不拿群众一针一线，帮助市民防空、救火、救伤、救灾等，贯彻为人民服务之精神；严禁一切破坏群众利益的行为。

五、一切缴获都归公。除本会指定之接管机关外，其他任何机关部队，对蒋匪公营企业、工厂、银行、公司、商店、仓库、货栈，及公立之医院、学校等，只有保护看管之责，均无接收与处理之权，更不得有任何破坏或擅自搬移物资用具等不法行为。

六、一切入城机关部队人员，对私营之企业、工厂、公司、银行、商店、仓库、货栈等民族工商业，均须负责保护，不得有任何侵犯。

七、对铁路、车站、电灯、电话、自来水、文化教育机关、学校、教堂、医院、名胜古迹、娱乐场所、一切公共建筑、房屋、用具、树木，及各机关之图书、文件、表册等，均须严加保护，不准破坏。

八、一切机关部队，均须尊重同胞之教规与风俗习惯，不得歧视。

九、除本会指定之治安司法机关外，一切机关部队，均无逮捕人犯之权，违者严办。但对首要战争罪犯、持枪抵抗之蒋匪人员、武装特务，及杀人、放火、放毒、爆破、抢劫、军事破坏等现行犯，必须紧急处置者，准予逮捕，并即送交治安机关法办；不得擅自扣押处理。

十、一切机关部队人员，不许无故鸣枪。如需要实弹练习射击与军事演习时，须经本会批准并公告市民后，方得举行。

十一、一切机关部队人员，实行公平交易，不得强买强卖及任何贪污行为，更不得抢购物资，紊乱市场。

凡遵守上列规定、执行保护城市政策有功者，均予以奖励。如有违犯，必予彻底追究，依法惩办。凡我入城之全体军政人员，务须遵照执行为要。

此布！

主　任　谭震林

副主任　曾　山

选自《山东革命历史档案资料选编》，第21辑，济南，山东人民出版社，1986年版，第93～94页。原注：“原载1948年9月26日《大众日报》。”

20. 中共华东中央局关于严守保护城市政策及入城守则的指示

1948年10月4日

济南市委、各区党委、潍坊市委、昌潍地委并各兵团前办并报中央及饶：

我军胜利解放济南，为了彻底执行中央保护城市政策，顺利地恢复城市秩序，各地必须坚决遵守华东局上次通知及军管会入城守则外，特再通知如下，望我前后方党政军民机关团体严格遵守。

一、在目前军事管制期间，无论前后方机关团体，未经华东局批准任何人不得擅自入城，更不得抢购物资、紊乱市场，并望济市军管委员会坚决遵照入城守则规定办理，如有擅自入城经说服而故敢违抗者，则以纪律论处。

二、凡入济市工作干部及卫戍部队，应加强其无产阶级思想与城市政策教育，严防与警惕享乐腐化思想萌芽滋长，提倡艰苦朴素工作作风。要求每个同志不仅能在艰难困苦环境中备受折磨不苟其志，而且能在城市繁华环境中不为物质引诱而昏昏然、纷纷然，不仅不受城市恶习所沾染，而且能移风易俗，并为人民榜样，这是［对］每个共产党员党性的考验，同时必须强调集中与统一，加强革命的纪律性，在领导上尤应以身作则。

华东局

十月四日

选自《山东革命历史档案资料选编》，第 21 辑，济南，山东人民出版社，1986 年版，第 162 页。

二、选举法规

1. 山东全省出席国大代表试选办法

1940年3月经山东全省宪政促进会通过

一、山东全省宪政促进会为促进宪政、测验民意，并训练民众行使民权，特举行出席国民大会代表试选。

二、全省试选事务由省宪政促进会主办，各选举区与各县选举事宜由各该区县宪政促进会主办，为专责成，必须组织试选委员会。

三、试选采取由各救亡团体、抗战部队分区直接选举制。

四、全省代表名额，初选为一百五十人，由初选代表互选五十人，作为出席国民代表大会之试选代表。候选人定为初选代表名额之三倍，即四百五十人。

五、各选举区初选代表名额规定于下：

甲、鲁南区，即津浦线以东、胶济路以南，选出代表三十五人，候选人一百零五人。

乙、胶东区，即胶济路以北、潍县以东，选出代表三十五人，候选人一百零五人。

丙、鲁北区，[即] 津浦线以东、胶济以北（寿光在内）以西，选出代表二十人，候选人六十人。

丁、鲁西北区，即旧黄河以北、津浦路以西，选出代表二十五人，候选人七十五人。

戊、鲁西南区，[即] 黄河以南、运河以西，选出代表二十五人，候选人七十五人。

己、泰西区，即黄河以南、津浦 [路] 以西、运河以东，选出代表十人，候选人三十人。

六、各选区之候选人依下列办法产生：

甲、各县自开区级以上各抗日党派、救亡团体、地方武装、动员机关代表［会］，成立试选委员会，可选出候选人十人。此项候选人须包括各抗日党派、工农青妇等救亡团体、抗日部队，其比例由推选委员按当地情形决定。以居住或工作于该选区者为限，但不限为本县人。选举后，将被选名单、被选人系代表合〔何〕党派或团体、得票数及简单历履，呈送各选举区试选委员会。

乙、各选举区接到各县选举报告后，即召开〔集〕该区各抗日党派、部队、团体之代表开选举区推选委［员］会。各县候选人所得票数，依票数多寡当众汇算。按被规定之候选人数，并按农百分之二十五①、兵百分之二十五、妇女百分之十五、青年百分之十二、其他文化界及职业界士绅等百分之十三的比例，决定该选举区之候选［人］名单，其票数相同者则由该区代表会议用投票法决定之。

七、各选举区之选举依下列办法举行：

甲、各选举区确定候选［人］名单后，应按照全省宪政促进会制定之选举票格式，印制选举票分发各县。各县再依此式样按该县需要选票数目，大批翻印分发各救亡团体、抗战武装（各党派党员应就其所属救亡团体或部队投票），使其按级分发直到每一会员或选民。

乙、各县选举日期由县试选委员会规定公布之。各县选举以村为投票单位，由各该区或乡宪政促进会或其他担负选举任务机关，派员或指定专人监选。全县选举均须于规定之日完成。

丙、投票之前，各救亡团体、抗日武装，应召开小组讨论会，讨论候选人历履，作为选举时之参考。但小组会不应作任何约束，以免限制会员之投票自由。

丁、选举时，得在选举票上用线香或笔杆，在愿选之候选人名上烧一小孔，或划〔画〕一圆圈，其选出之人数等于被选举区应出初选之代表人数。

戊、凡救亡团体、抗日部队之会员、战士及年在十八岁以上之公民，无精神病及褫夺公权者，均有选举与被选权。

己、各选举区之非救亡团体会员之公民，无阶级、党派、男女、财产、民族、文化之区别，依法有选举权与被选举权者，各救亡团体、抗战部队应尽量劝其参加投票与竞选，不应有丝毫歧视。

庚、每一选民只有一投票权。

八、在推选候选人或选举代表之前，各党派、各救亡团体、抗日部队，均可提出自己施政方针及候选［人］名单，进行各种竞选运动。

九、各县投票完竣后，各投票单位应由监选人主持，在各团体代表监视下开票。开票完竣后，应将被选名单及各被选人得票数目送交该区办理试选机关，再汇交该县试选委员会。各县于收齐选举单位被选［人］名单时，即由试选机关主持，在各党派、团体、部队代表监视之下核算票数，并将核算结果列单报告该选区试选委员会。以上所称之被选人，即得一票者亦需列入。

十、各选举区汇集各县所选被选人票数、名单后，由试选委员会主持，在各党派、团

---

① 原注：此处应为农工百分之三十五。见本辑中《山东全省出席国大代表试选办法的临时办法》一文。

体、部队监视之下核算票数，被规定代表名额以票数多者当选为该选举区试选之国民代表大会初选代表。

十一、初选代表选出后，应即速报山东全省宪政促进会。省宪政促进会并于接到报告后，除登报公布外，并应通知各地当选代表，定期召开全省初选代表大会，选举出席国民大会之试选代表。

十二、选举时，禁止包办、营私舞弊，一经举发查实，即由各该区经办试选机关登报公布，并取消其选举与被选举权。

十三、各选举区候选［人］名单，须于四月底以前办理完竣；各县之初选代表，须于五月半［十五日］以前办理完竣；各选举区初选代表名单，须于五月底以前呈报全省宪政促进会。

十四、本办法如有未尽事宜，得由山东全省宪政促进会常委会修改之。

十五、本办法由山东全省宪政促进会通过公布后施行。

选自《山东革命历史档案资料选编》，第4辑，济南，山东人民出版社，1982年版，第172～175页。原注："原载1940年3月22日《大众日报》。"

2.（山东省）县各级参议会选举条例草案

1940年3月

第一章　总则

第一条　本条例根据三民主义抗战建国纲领及中央实行宪政与施行地方自治之意旨，并参酌山东各县实际情形制定之。

第二条　各级参议会之选举按不同区域与不同情形，采取下列各办法：

甲、以普选为原则，如不能全部普选时，在可能区域内，亦应尽量实行普选。

乙、不能实行普选之区域，由选举委员会协同各抗日党派团体按其性质比例，提出候选［人］名单，由各级选举单位选举之，如由乡参议会选出区参议会议员。

丙、如不能实行乙项办法时，则由各抗日党派民众团体按照选举委员会分配之名额分别选举之。

丁、如不能实行上列三项办法选举之区域，则由选举委员会商同各抗日党派团体聘请之。

戊、文化教育界、实业界及各该地抗日领袖、耆老名宿，因某种情形致不能被选时，得由选举委员会商同当地政府、动员机关、抗日党派、救亡团体聘请之。

第二章　选举人与被选举人之资格

第三条　实行普选时。凡居住本县境内之人民，年满十八岁以上者，无党派、职业、男女、宗教、民族、财产、文化程度之区别，均有选举［权］与被选举权。

第四条　实行团体选举时，凡各抗日党派、救亡团体、抗日武装［之］党员、会员、战士，均有选举权与被选举权。

第五条　有下列各种情形之一者，无选举权与被选举权：

一、汉奸；

二、在抗战期间弃职潜逃、贪污有据者；

三、经法院判处徒刑，褫夺公权尚未恢复者；

四、有精神病，心神丧失者。

第三章　选举法

第六条　按普选选举时，依照人口数目确定当选人名额。其比例如下：

甲、县参议会之选举，每人口二千五百人至四千人，选出议员一人。

乙、区参议会之选举，每人口五百人至七百人，选出议员一人。

丙、乡参议会之选举，每人口二百五十人至四百人，选出议员一人。

上列各种比例，由各级选举委员会按当地情形规定之。

第七条　按团体选举时，各团体向各级参议会可提出候选人名单及所直接选出之议员，其比例规定于下：

甲、农救会所选出之议员，应占各该级参议员总额百分之三十。

乙、职工、青年、妇女各救亡团体所出议员，应各占各该级参议员总额百分之十五。

丙、基干自卫团、游击小组、地方武装所出议员，应［各］占各该级参议员总额百分之十。

丁、文化教育界所出议员，应占总额百分之五；实业界所出之议员，应占总额百分之二；聘任议员之名额，应占百分之八。各抗日党派动员机关参加各级参议会时，可通过上列各团体或乙项办法产出之。

第八条　各级参议会得有议员五分之一的候补议员，以选举时票数次多数者充之。

第九条　依照本条例第二条乙项办法进行团体选举时，由选举委员会确定候选人名单，交选举单位选举，其票数交选举委员会总结计算之。

第十条　实行普选时，各选举区少数民族凡具第六条法定数目的五分之一以上者，即得直接选出议员一人。如少数民族系分散杂处，不能按区乡单位选举时，得以县为单位直接选举议员参加县参议会，对区乡参议会又各推派民族常驻列席代表。

第四章　办理选举机关

第十一条　各级参议会之选举，由所在地区组织选举委员会办理之。

第十二条　各级选举委员会之组织，由所在地区之宪政促进会、当地政府动员机关、各抗日党派及工农妇青文化界等救亡团体、抗战部队各派代表一人组织之。

第十三条　选举委员会之职权于下：

甲、办理选民登记及抗日团体、抗日武装之登记。

乙、根据各级参议会组织法，斟酌各地环境，确定议员名额。

丙、监察被选人名单，监督各地办理选举手续。

丁、召集参议会之成立，审查参议员之资格，使参议会成立后，选举委员会即行结束之。

第十四条　选举委员会之组织应分下列各股：

甲、秘书股；

乙、选举股；

丙、监察股。

各股得聘任干事若干人。

第五章　选举区域

第十五条　依据本条例第二条甲、乙两项之办法实行选举时，其选举区域：县以区为单位，区以乡为单位，乡以村为单位。如因村庄过小时，可联合附近村庄办理之。

第十六条　依据本条例两项办法办理选举时，由各该团体按照情形规定选举区域。

第六章　竞　选

第十七条　各抗日党派及救亡团体得提出其施政方针及候选［人］名单，进行竞选运动。在不妨碍民主原则及选举秩序下，不得加以干涉或阻止。

第七章　经　费

第十八条　各级参议会选举经费由各级政府支付之。

第八章　附　则

第十九条　本条例解释权属于选举委员［会］及上级参议会。

第二十条　本条例经山东全省宪政促进会通过后施行之。

第二十一条　各地选举委员会得根据本条例之原则与精神，并斟酌当地情形，制定简明选举办法公布施行之。

选自《山东革命历史档案资料选编》，第4辑，济南，山东人民出版社，1982年版，第175～179页。原注："原载1940年3月25日《大众日报》。"

3. 山东全省出席国大代表试选办法的临时办法

1940年4月山东省宪政促进会制定

一、为使山东全省出席国大代表试选运动能如期完成，除前发正常办法外，特制定本临时办法。

二、各地试选尽可能依照前颁之正常试选办法。其因期限迫促与战争环境，依原颁试选办法不能如期完成选举时，可依照本临时办法进行选举。

三、临时办法仍依照前颁办法，全省各总区共选出初选代表一百五十人，计鲁南、胶东各三十五人，鲁北二十人，鲁西北、鲁西南各二十五人，泰西十人。

四、各总区（如鲁南、胶东等）试选，均须于五月十日以前办竣。

五、各总区均由各该地区宪政促进会召集同级参议会，各党派、驻军、动委会、救亡团体代表举行联席会议，按初选代表额数之三倍及试选办法之比例，并按地理与军事环境，将各该总区划分为几个选举区，分配候选名额进行选举。至各选举区多寡，应有〔由〕联席会议按照各该选举区群众团体组织情形与人口多寡妥为分配。

六、各选举区接到各总区联席会议所决定该选举［区］之候选名额后，在同样性质之联席会上议定候选［人］名单，提交各县区地方选举。

七、选举办法，由该选举区之各县区宪政促进会、参议会，各党派、军队、动委会、团体代表成立各级选举委员会，主持选举事宜。

八、选举委员会至少应在选举之前一个星期，将联席会所提出之候选［人］名单直发各村，发动讨论，征求附〔复〕议及增改；先由村民大会通过候选［人］名单，然后再行初选。

九、选举办法是：

甲、凡我统治区域，以村为单位进行村民大会普选，用举手法选举。选举后即将到会人数及各候选人得票数目，报告区选举委员会转县，再汇转选举区选举委员会。

乙、敌占与游击区及所有不能实行普选区域，由各救亡团体开联席会议，代表群众进行选举，按推选人所代表之人数计算候选人所得票数，汇转该选举区选举委员会。

丙、各选举区选举委员会将甲乙两种票数，按农工百分之三十五，兵百分之二十五，妇女百分之十五，青年百分之十二，其他文化界、职业界、士绅等百分之十三的比例汇算，决定该选举区当选代表。

十、各选举区当选之初选代表，由总区负责督促或召集，于六月五日以前到达山东宪政促进会（地址另通知）报到，以便开会选出席国民大会之代表。

十一、其他未规定各项，均按试选办法办理。

十二、各选举总区最低应有半数以上之初选代表出席复选大会，因公未便赴复选大会者，应将代表权分别交与同区赴会代表。

选自《山东革命历史档案资料选编》，第4辑，济南，山东人民出版社，1982年版，第184～185页。原注：“原载1940年4月25日《大众日报》。”

4. 山东省县各级参议会选举条例

1941年1月22日公布施行①

第一章　总　则

第一条　本条例根据三民主义抗战建国纲领及中央实行宪政与施行地方自治之意旨，并参酌山东省实际情形制定之。

第二条　各级参议会之选举，按不同区域与不同情形，采取下列各办法：

甲、以普选为原则，如不能全部普选时，在可能范围内之区域，尽可能施行普选制；

乙、不能实行普选之区域，由选举委员会协同各抗日党派、团体，按其性质比例，提出候选［人］名单，由各级选举单位选举之，如由乡参议会选出区参议会议员；

丙、如不能实行乙项办法时，则由各抗日党派、民众团体按照选举委员会分配之名额，分别选举之；

丁、如不能实行上列三项办法选举之区域，得由选举委员会商同各抗日党派、团体聘请之；

戊、文化教育界、实业界及各该地抗日领袖、耆老、名宿因某种情形致未能被选时，得由选举委员会商同当地政府动员机关、抗日党派、救亡团体聘请之。

第二章　选举人与被选举人之资格

第三条　实行普选时，凡居本县境［内］之人民，年满十八岁者，无党派、职业、性别、

① “社科法制版”无制定时间，“山东资料版”标明“一九四一年一月二十二日”。

宗教、民族、财产、文化程度之区别，均有选举与被选［举］之权。

第四条　实行团体选举时，凡各抗日党派、救亡团体、抗日武装之党员、会员、战士均有选举与被选举之权。

第五条　有下列各项情形之一者，无选举与被选［举］权：

一、汉奸；

二、抗战期间弃职潜逃，贪污有据者；

三、经法院判处徒刑，褫夺公权尚未恢复者；

四、有精神病者。

第三章　选举法

第六条　按普选选举时，依照人口数目，确定当选人名额如下：

甲、县参议会之选举，每人口一千五百人至二千五百人得选出议员一人；

乙、区参议会之选举，每人口二百人至五百人得选出议员一人；

丙、乡参议会之选举，每人口二百人至五百人得选出议员一人。

第七条　按团体选举时，各团体可提出参议员候选人名单或直接选出议员，其比例规定如下：

甲、职工会所出之议员，至少应占各该级参议会议员总额百分之十二；

乙、农救会所出之议员，至少应占各该级参议会议员总额百分之二十；

丙、青救会〔团〕所出之议员，至少应占各该级参议会议员总额百分之十；

丁、妇救会所出之议员，至少应占各该级参议会议员总额百分之十五；

戊、文化界、自由职业者与抗战士绅所出之议员，至少应占各该级参会议员总额百分之十三；

己、基干自卫团、游击小组、地方武装、抗属团体所出之议员，至少应占各该级参议会议员总额百分之十二；

庚、其余各级参议会议员总额百分之十八，由各界人士自由竞选。

第八条　各级参议会得有五分之一的候补议员，以选举时票数次多者充任之。

第九条　依照本条例第二条乙项办法进行团体选举时，由选举委员会确定候选人名单，交选举单位选举，其票数交选委会总结计算之。

第十条　施行选举时，各选举区少数民族，除按第六条之规定，由民族直接选出议员外，其人口不足法定数目而有五分之一以上者，亦得直接选出议员一人。

第四章　选举机关

第十一条　各级参议会之选举，由所在地区组织选举委员会办理之。

第十二条　各级选委会之组织，由所在地区之宪政促进会，当地政府，动员机关，各抗日党派及工、农、青、妇、文化界救亡团体，抗日部队各派代表一人组织之。

第十三条　选举委员会之职权如下：

甲、办理选民登记及抗日团体，抗日武装之登记；

乙、根据各级参议会组织法，斟酌各地环境，确定议员名额；

丙、审查候选人名单，监督各地办理选举手续；

丁、召集参议会之成立会，审查参议员之资格，参议会成立选出主席团后，选举委员会即行结束。

第十四条　选举委员会之组织应分下列各股：

甲、秘书股；

乙、选举股；

丙、监察股。

各股得聘任干事若干人。

第五章　选举区域

第十五条　依据本条例第二条甲、乙两项办法实行选举时，其选举区域县以区为单位，区以乡为单位，乡以村为单位，如村庄过小时，可联合附近村庄办理之。

第十六条　依据本条例第二条丙项办法办理选举时，由各该团体按照情形，规定选举区域。

第六章　竞　选

第十七条　各抗日党派及救亡团体得提出其施政方针及候选人名单，进行竞选运动，在不妨碍民主原则及选举秩序下，不得加以干涉或阻止。

第七章　经　费

第十八条　各级参议会选举经费，由各级政府支付之。

第八章　附　则

第十九条　本条例之解释权，属于山东省临时参议会。

第二十条　本条例经山东省临时参议会通过后公布施行之。

第二十一条　各地选举委员会得根据本条例之原则与精神，并根据当地情形，制定选举办法公布施行之。

选自《中国新民主主义革命时期根据地法制文献选编》，第1卷，北京，中国社会科学出版社，1981年版，第366～370页，原注：“选自《山东战时法规政令汇编》第一辑，第一分册，一九四二年版。”简称“社科法制版”。

互校版本：《山东革命历史档案资料选编》，第6辑，济南，山东人民出版社，1982年版，第269～273页。简称“山东资料版”。

5. 胶东区村选举暂行条例

1941年①

第一章　总　则

第一条　为使人民充分行使民主权利，彻底改造村政，巩固政权基础，特依据山东省战时工作推行委员会公布《各级参议会选举条例》之民主普选原则，与胶东地方实际情况，制定本条例。

① 原件无制定时间，推断为1941年《山东省县各级参议会选举条例》公布后，由胶东行署制定具体实施办法。

第二条　本条例适用于我抗日民主根据地内，在我占优势之游击区，得酌情援用之。

第二章　公　民

第三条　中国人民年在十八岁以上者，无党派、职业、宗教、民族、财产、性别、文化程度之区别，无《各级参议会选举条例》第五条各款（一、汉奸；二、抗战期间弃职潜逃，贪污有据者；三、经法院判处徒刑，褫夺公权尚未恢复者；四、有神经病者）所列情形者均为公民。

第四条　公民资格，非依抗日民主政府法令不得取消，因各级参议会选举条例第五条［第］一、二、三款取消公民资格，须以抗日民主政府判决为条件，因同条第四款取消公民资格，须有医生证明，并经村民大会或村民代表会议通过确认者为限。

第五条　公民在村政权中，有下列各种权利：

一、根据选举权，得实行选举并得当选为村行政人员。

二、根据罢免权，得通过民意组织提出罢免、弹劾、检举村行政人员的意见。

三、根据创制权，得通过村民大会提出议案，制定村的单行规约。

四、根据复决权，得通过村民代表会议及村民大会，提出对于村政工作的批评及否决单行规约之权。

公民根据前项所列各种权利，得在社会上独立行使，任何人不得假借其权势地位，加以干涉或限制。

第六条　享受公民权利之人民，以曾经履行公民登记手续，并领有公民证书者为限。

第七条　取得公民资格，不因居住时间长短而受限制。办理公民登记时，寄居人得根据自己政治经济利益的要求，在现住村实行登记，但已在原住村曾经登记者不在此限。

前项所称寄居人，系指脱离生产的工作人员、外籍抗属、抗工属、雇工、学校教职员、店员、学徒及其他脱离开原住村庄之人民。

第八条　公民登记由村选举委员会依下列规定办理之：

一、已有公民小组者，以公民小组为登记单位。

二、无公民小组者，以抗日群众团体为登记单位。

三、无抗日群众团体组织者，以每个公民为单位实行登记。

第九条　公民登记完毕后，由选举委员会进行审查，并将审查结果，张榜公布之。人民对于审查结果，得于公民名单公布后二日内提出不同意见，报告选举委员会，重新决定之。

第十条　全村公民资格确定后，由选举委员会定期召集村民大会，举行公民宣誓，颁发公民证书。

第十一条　在两次村选举之间，公民如因迁徙或其他变化流动，村政府须随时办理登记，并公布之。

第三章　选　举

第一节　通　则

第十二条　村选举除本条例别有规定者外，均以直接的无记名的连记法行之。

（注）例如七个村政委员，在一张票上一次选出为连记法，把七个村政委员分作七次

选举，每次只票选一人即为单记法。

第十三条　一个公民只有一个选举权，公民不得与其他人代票（代替别人写票、投票），但由村民大会推定之写票员不在此限。

第十四条　选举以得票最多者为当选，两人或两人以上票数相等时，须重新投票决定之。

第十五条　选举以选举他人为限，不得选举自己。

第十六条　村级民意组织的选举，以行政村为单位进行，依下列规定办理之。

一、公民登记完毕后，由选举委员会召开临时村民大会，按其不同的职业、性别，划分公民小组，并以全组公民过半数以上之同意表决，产生出公民代表。

二、由选举委员会召集各公民代表，票选村民代表会议主席。

第十七条　村行政人员的选举，单一行政村与联合行政村不同，单一行政村由全体公民，就村政委员候选人中选出村政委员，再就各村政委员中选举主任委员（村长）与副主任委员（副村长）。

联合行政村依下列规定办理之：

一、先由行政村全体公民就村政委员候选人中选出村政委员，再就各村政委员中选出主任委员（村长）。

二、村政委员选出后，就副村当选人中选举副主任委员（副村长）。副村只有一人当选者，即以该当选人为副主任委员，不再选举。副村无人当选者，应将主村得票最少之当选人退出一人，以副村候选人中得票较多之一人当选为副主任委员。副村候选人在选举中未得票者，主村当选人中亦须退出一人，再由行政村全体公民就副村之候选人中选举之。副村村政委员候选人只有一人者，不再选举，即以该人为副主任委员。

三、联合行政村有副村在二个以上者，亦依前款之规定办理之，但人口不满二十户之副村，依村政暂行条例第三十六条第四款之规定，应不产生副主任委员。

第十八条　村民代表会议主席，不得当选为村政委员会主任委员，已经被选者，应于两职中选任其一，并由村民大会或村民代表会议讨论决定之。

第十九条　村政当选人员，应在公布选举结果之村民大会上，向全体公民实行宣誓。

第二节　选举委员会

第二十条　一切村选举事宜，均由选举委员会负责主持进行。

第二十一条　选举委员会依下列规定组织之：

一、在群众已有组织（抗日群众团体）并已实行划分公民小组之村庄，由村民代表会议主席、群众团体代表、学校校长、教员、自卫团长、抗战士绅名流等七人至十一人组织之，县政府派员参加帮助指导。

二、无群众组织者，由县政府派员协同当地抗战进步人士组织之。

第二十二条　选举委员会受县政府领导，村政府及村民代表会议对之均为指导关系，区公所为县政府之代表，对村选举委员会亦为领导关系。

第二十三条　选举委员会组织成立后，依下列规定实行分工：

一、由各委员互推主任委员、副主任委员各一人，负责领导、计划、推动村选工作。

二、互推宣传委员一人、干事一人或二人，负责宣传动员，制作标语、宣传文件等事项。

三、互推组织委员一人、干事一人或二人，负责公民登记、审查、公布，发公民证书等事项。

四、互推秘书一人，负责制订票纸，管理文件记录、村选举经费、总务等事项。

第二十四条　选举委员会有处理选举中一切问题，及解释各种选举法令之权。

选举委员会的解释处理是暂时的、初步的，选举人对之有异议者，得以选举委员会之全体或个人为被告，向县政府提起选举诉讼，但政府未判决前，仍须按照选举委员会之决定执行。

第三节　候选人

第二十五条　村行政人员之选举，应在选举之前，由选举人提出当选人三倍以上数目之候选人。

第二十六条　候选人之提出，依下列规定办理之：

一、在已经划分公民小组之行政村，由各公民小组按选举委员会分配的候选人名额分别提出，无公民小组者，则由各抗日党派、群众团体按分配名额提出，无群众组织者，则由选举委员会划分临时公民小组，分配名额提出之。

二、选举委员会分配候选人名额，对公民小组应平均分配（如果村有公民九组，应选出村政委员七人，每组应即提出候选人三人），无公民小组，按群众团体提候选人者，则依各级参议会选举条例第七条各款所定各团体比例数目分配之（职工百分之十二，农救百分之二十，青救百分之十，妇救百分之十五，自卫团百分之十二，其他无组织的群众百分之三十一）。

三、依前款后段规定分配候选人时，应将未参加群众团体之人民统一组织分配之。

（注）候选人一般应在公民小组成立后，分组提出，非特殊情形，不适用其他办法。

第二十七条　联合行政村村政候选人提出后，不包括副村成份〔分〕者，应由选举委员会决定，令主村退出一定数目，另由副村中提出补充之。

第二十八条　候选人全部提出后，交选举委员会审查公布之。

第二十九条　公布候选人名单，应记明各候选人提出之小组、团体及提出该候选人之公民数目。

第四节　竞　选

第三十条　候选人提出前，或候选人提出后，各抗日党派、群众团体或个人，均得自由进行竞选活动。

第三十一条　几个抗日党派、团体因政治主张相同，选举意见一致，得组织竞选联盟，共同进行竞选。

第三十二条　各抗日党派、团体或个人，除得为本党派、团体自己竞选外，并得为他人作〔做〕竞选活动。

第三十三条　竞选期间，竞选人得自由集会，并利用一切时机发表政见，进行宣传。

第三十四条　竞选以不妨碍社会秩序、会场秩序、选举规则为原则。

第五节　选举大会

第三十五条　选举大会由全体公民参加，选举委员会召集主持之。

第三十六条　选举大会开会的日期地点，由选举委员会根据实际情形决定之。

第三十七条　选举大会之会期，必须在开会前一天通知全体公民。

第三十八条　到会公民不及三分之二者，不能进行选举，由选举委员会宣告延期，重行召集之。

第三十九条　选举大会以选举委员会主任委员为主席，选举时以村民代表会议主席或上级政府代表为监选人。

第四十条　选举委员会应在选举大会上向选民公布选举规则及应注意的事项。

第四十一条　选举结果，由选举委员会当场开票公布之。

第六节　选举规则

第四十二条　选举人入场不得携带武器。

第四十三条　选举票由选举委员会印制，盖村政府戳记，分发应用。不用选举委员会印制之票纸者，其选举为无效，模糊不清之选举票，选举委员会得宣布作废。

第四十四条　写票时应郑重，不得与他人交换意见。

第四十五条　选举票上被选之人名，不论为其本名、字、号、乳名、绰号，均为有效，用新文字写票亦同。

第四十六条　选举之前，由全体公民推选写票员二人、唱票员二人、监票员二人，任开票、记〔计〕票、唱票等工作。

第四十七条　选民不能自行写票者，得托写票员根据其本人意见代为写票。在文盲过多之村庄，选举委员会得以适当的简易方法实行选举，但须以不伤害民主为原则。

第四十八条　用连记法选举，选举票上所写人名少于应选人人数者有效，多于应选人人数者作废。

第四十九条　参加选举者，有违法舞弊行为时，除应宣布其选举无效外，并得由政府按刑法妨害投票罪处罚之。办理选举人员有上述情事者亦同。

第五十条　选举诉讼，应于公民名单、候选人名单、当选人名单公布后五日内提起。

第五十一条　选举诉讼，由县长、民政科长、司法科长合议审判之。

第五十二条　县政府办理选举诉讼，须提前审理，自收案至结案，其时间不得超过半月。

第四章　附　则

第五十三条　本条例解释修正之权，属于胶东区临时参议会。

第五十四条　本条例经胶东区临时参议会通过，自公布之日施行。

选自《中国新民主主义革命时期根据地法制文献选编》，第1卷，北京，中国社会科学出版社，1981年版，第371～380页。原注："选自山东省胶东行署《法令汇编》一九四四年版。"

6. 山东省战时行政委员会关于本省行政区县参议员选举办法的决定

1945年3月16日

由于年来推行扶持群众政策及推行土地政策的结果，各根据地群众已相当发动起来。但由于工作的不平衡性，各行政区尤其各县的情况，仍有很大差别，因之各地在执行省一届二次临参会所制定之《山东省行政区临时参议会组织条例》第四条、《山东省县参议会组织条例》第四条之规定时，发生若干参差①及困难。为此，特商经临时参议会驻会委员会之同意，作如下决定，以便执行！

行政区参议员之由各县选出[者]，县参议员之由各区村选出者，在减租减息发动群众的政策推行相当有效之后，可以不限于总数的十分之六，得相当放大其比例。各部队及群众团体之参议员，得少于总数的十分之四，但必须有其参议员参加参议会。群众团体会员仍得以公民资格参加地区选举。至于部队及群众团体参议员之数目，则由各该行政区、县选委会根据民主运动发展情况讨论决定，经各该政府呈由上级政府批准施行。至于部队及群众团体参议员产生办法，则在尽量求其民主的原则下，自行决定。

选自《中国新民主主义革命时期根据地法制文献选编》，第1卷，北京，中国社会科学出版社，1981年版，第357～358页。原注："选自《山东省战时行政委员会时期法令汇编》一九四五年版。"

7. 山东省县参议会参议员选举办法

1945年6月7日

第一章 总 则

第一条 本办法根据山东省县参议会组织条例第四条订定之。

第二条 凡居住于本省各县之中华民国人民，年在十八岁以上，不分阶级、党派、职业、男女、宗教、民族、财产、文化程度之差别，除有下列情形之一者外，均有选举与被选举为各该县参议员之权。

一、有汉奸行为经政府缉办有案者。

二、在抗战期间受刑事处分，褫夺公权尚未复权者。

三、有重大精神病或吸食毒品（指海洛英〔因〕、吗啡）者。

---

① "社科法制版"此处空缺两字，"山东资料版"此处为"参差"二字。

第三条　凡合于前条规定之公民，皆按平等原则参加选举，每一公民有一票选举权。

第四条　选举用不记名投票，参加选举之公民或代表均自由选举其平日信任之人。

第五条　抗日军人为武装公民，其选举权及被选举权与一般公民同等。

第二章　选　举

第六条　县参议会参议员之选举采用间接选举办法，各村在公民登记后，以村为单位进行选举，每公民五十人选举一个代表，由代表投票选举参议员。

第七条　县参议会［参］议员之选举除部队外，均以区为选举单位集中投票，当场开票，如因战争情况代表数目过多或距离较远不便于集中一点进行选举时，可划分若干投票区，分别集中代表进行投票，当场开票，汇集计算。

第八条　沦陷区、游击区及新解放区之不能进行公民登记者，其代表由抗日村政权、抗日群众团体等干部联席会议推选之。

第九条　县独立团营或县大队以下之地方部队，得采用直接选举办法单独进行选举。

县以下之机关、工厂，均参加其所在地之选举，与一般居民同。

第十条　职工会、农救会、妇救会、青救会、武委会、教联会、医救会、商救会可斟酌情形各推选一人为县参议员。

第十一条　县参议会参议员人数为四十五人至七十五人，各选举区应选参议员名额，由县选举委员会按照各该选举区公民实数或人口实数比例规定之。

第十二条　各选举单位，按应选参议员人数选出三分之一之候补参议员，其应选参议员不足三人之数者，亦得选出候补参议员一人，均以得票次多者为当选。

第十三条　少数民族之选举，得以县为选举单位，不受选举区规定之限制。其居民人数已达选举比额者，得单独进行民族选举，不足比额而已过比额三分之一者，亦得单独进行民族选举，选出参议员一人。不足比额三分之一者，参加区域选举，与一般居民同。

第三章　竞　选

第十四条　各抗日党派、群众团体及有公民五百人以上联署之个人，均得单独或联盟提出候选人名单及竞选政纲，向选举委员会声明登记，公开进行竞选。

第十五条　参议员候选人及被选举人均不限于代表。

第十六条　竞选运动受法律保护，在不妨碍选举秩序下，任何人不得加以干涉或限制。

第十七条　凡以威胁、利诱、舞弊等方法妨害选举自由者，不问当选与否，除制止其行动外，其当事及参与人均交由政府依法惩办。

凡代表或公民对于竞选人认为有上述不法行为者，均得向政府告发。

第四章　选举委员会与经费

第十八条　县参议员之选举，设立县选举委员会，由县政府邀请各抗日党派、军队、群众团体及各界代表组织之，设主任一人、副主任一人或二人，下设总务、宣传、统计、调查选举等股，选举委员会之人数不超过十一人。

区设县选举委员会办事处，其组织由县选举委员会规定。

第十九条　县参议会参议员选举经费由县选举委员会造具预算，呈上级政府批准，由各该县政府支付之。

第五章　附　则

第二十条　本办法由山东省战时行政委员会公布施行。

选自《中国新民主主义革命时期根据地法制文献选编》，第1卷，北京，中国社会科学出版社，1981年版，第358～362页。原注："选自《山东省战时行政委员会时期法令汇编》，一九四五年版。"

互校版本：《山东革命历史档案整理选编》，第15缉，济南，山东人民出版社，1984年版，第11～14页。在第11页刊有1945年6月7日山东省战时行政委员会公布令。

8. 山东省行政区参议会参议员选举办法

1945年6月7日修正公布

第一条　本办法根据山东省行政区临时参议会组织条例第四条订定之。

第二条　凡居住于本省各行政区之中华民国人民，年在十八岁以上，不分阶级、党派、职业、男女、宗教、民族、财产、文化程度之差别，除有下列情形之一者外，均有被选举为各级行政区参议员之权利。

（一）有汉奸行为经政府缉办有案者。

（二）在抗战期间受刑事处分，褫夺公权尚未复权者。

（三）有重大精神病及吸食毒品（指海洛英〔因〕、吗啡）者。

第三条　行政区参议会参议员之选举，采用间接选举办法，除军队及群众团体外，均以县为选举单位。

已成立县参议会之县，由县参议会大会选举之。

未成立县参议会之县，应由各该县政权、部队及群众团体共同推选之。

其因情况特殊不能进行选举者，得由各该行政区参议会聘请之。

第四条　行政区参议会参议员之人数为七十五至一百一十五人。

各县应选行政区参议员名额，由行政区选举委员会按照人口实数比例规定之。有基础之解放区县，其比额应较小，新解放区、游击区、沦陷区县，其比额应依次加大。

第五条　行政区各界救国会得就其团体中推选三人至五人为各该行政区参议会参议员。

第六条　中等学校教职员学生、行政公署、专员公署及其附属机关之人员，共同选举参议员二人。

第七条　行政区之军区直辖部队得单独进行选举，其选举办法由行政区选举委员会规定之。

第八条　行政区境内少数民族居民如因过度分散，不能选出参议员时，应由行政区参议会酌量聘请之。

第九条　选举采用不记名投票。

第十条　行政区参议会参议员之选举，设立行政区选举委员会，由行政公署邀请各抗日党派、军队、群众团体及各界代表组织之，委员不超过十三人。

第十一条　各选举单位按应选参议员人数，选出三分之一候补参议员，其应选参议员不足三人之数者，亦得选出候补参议员一人，均以得票次多者当选。

第十二条　各县参议会得定期公开举行竞选大会，各抗日党派、群众团体及有公民一千人以上联署之个人，均得单独或联盟提出候选人及竞选政纲，作〔做〕竞选运〔活〕动。

第十三条　行政区参议会参议员选举经费，由行政区选举委员会造具预算，由行政公署核准支付之。

第十四条　本办法由山东省战时行政委员会公布施行。

附：　**参议员的权利与义务**

为了使各级参议员了解其本身的权利与义务问题，本会特制定这一文件，以便使各级参议员更深切体会其职责的重大，而发挥其应有作用。

甲、权利：参议员于大会闭幕后，除享有公民一切权利外，并有下列权利：

①有列席下级政府行政会议之权利（省参议员有列席公署、专署、县区村行政会议之权利，余类推）；

②有关下级政府涉及问题解决之条规，有向下级政府提出之权利；

③对下级政府设施状况有疑义时，有提交县政府处理之权利；

④参议员与下级政府发生争论时，有分别报告驻委会及上级政府解决之权利，在未得解决时，应按政府意见暂先执行；

⑤参议员遇政府工作人员违法失职等案件时，有提交驻委会办理之权利；

⑥参议员如有违法行为时，关于刑事案件，有非经驻会委员会之同意不得逮捕之权利；关于民事案件，政府应函请参议员出面对质，依法处理，但亦有不得票传或拘禁之权利。

乙、义务：参议员于大会闭幕后，除应有公民之一切义务外，并须实行下列之义务：

①有对人民宣传并解析〔释〕政府法令之义务；

②有对政令做切实执行模范之义务；

③有经常征求人民意见、反映驻委会或当地政府之情况之义务；

④政府推行法令，如有不适当时，有善意建议之义务；

⑤有帮助政府解决推行政令中所发生纠纷之义务；

⑥有遵守大会工作进度，按期向驻委会作报告并供给调查研究材料之义务；

⑦有领导人民执行政令之义务。

选自《中国新民主主义革命时期根据地法制文献选编》，第1卷，北京，中国社会科学出版社，1981年版，第362～365页。原注：“选自《山东省战时行政委员会时期法令汇编》一九四五年版。”

9. 山东省战时行政委员会关于成立“山东省第二届参议会参议员选举委员会”的通告

1945年6月26日

兹以本省第二届参议会参议员选举，定于本年七、八、九三个月内分别选举竣事，为主持是项选举事宜，特成立“山东省二届参议会参议员选举委员会”，共推选黎玉、梁竹航、杨希文、刘民生、刘居英、郭维城、辛葭舟、于一川、田佩之、朱则民、林一山、祁菁若、苏孝顺、孙鸣岗、陈沂等十五同志为委员，并推黎委员玉、梁委员竹航为正副主任委员，杨委员希文为秘书长，自即日起开始办公，除另发聘书外，特此通告。

此致

敬礼

主任委员　黎　玉

选自《山东革命历史档案资料选编》，第 15 辑，济南，山东人民出版社，1984 年版，第 37 页。

三、政权组织

1. 山东分局关于恢复县区乡政权之指示

1939 年 7 月 1 日①

甲、敌人“扫荡”，县、区、乡政权破坏，各地均须按照前电，恢复抗日政权，并保证党领导。

乙、各级行政组织，均参照发去之战时县区乡政权组织暂行条例去作〔做〕。

丙、区、乡政权恢复大部后，即召开各区代表及县级各团体代表［会议］，产生县政府。县界应以地形及战争需要重新划分，并［不］受旧行政县界限制。

丁、于十天至三十天内，必须恢复下列各县政府：南沂蒙县（白？矣公路南）、北沂蒙县（路北）、沂莱蒙边县（沂蒙两个区，四区）、新莱边县（沂二、三区，莱三十区）、泰莱边县（泰莱公路北）、泰东县（徂莱山以北）、曲泗宁边县、泰泗新边县、费西县、博山县、淄益边县、邳县及泗县边等县。各地方党应确实根据各地情形，切实布置执行。

① “山东资料版”第 4 辑第 20 页原注为“1938 年 7 月 1 日”。1986 年出版的《山东革命历史档案资料选编》目录索引第 280 页勘误表注明应为“1939 年 7 月 1 日”。

戊、县、区、乡长均须兼八路游击大队长、中队长及分队长职务，取得合法保障。

己、泰西已取得之政权，确实执行民主，采用委员会制度，并改善民生，积极领导民众抗战。

执行程度望随时电告。

山东分局

1939年7月1日

选自《山东革命历史档案资料选编》，第4辑，济南，山东人民出版社，1982年版，第20页。简称“山东资料版”。

2. 山东分局关于统战、政权、战略、财经工作的指示（节选）

1940年2月29日

（乙）政权工作：

（一）缺点方面：（A）积极争取政权，改变我劣势，除鲁西、泰西行政地区执行较好外，一般未能基本转变；在摩擦中部分整理村政权。（B）政权大概情况下只能适应机关，善政设施也少。（C）忽视区村政权之改选及由下而上争取政权。（D）从分局起，各地均未建立统一的政权领导机关，政权工作零碎、分割、自生、自强。（E）缺乏干部，委托无人。

（二）今后决定：（A）分局成立政府工作部，对内为实际上的领导及执行机关，统一山东政权工作。要求各区必须立即切实负责。（B）分局政府工作部建立关系。各区委之政府工作部内，实际应为主任公署统一各专署之领导。（C）除泰西已设专署外，第一，决定泰莱原有办事处、胶东三县、清河各县立即筹备与公开正式成立专署，上述区内各县办事处即改变［为］县政府；第二，鲁西在郓城、寿张、鄄城、菏泽、巨野、汶西、平西地区应即筹设一专署，另在金乡、定陶、曹县、鱼台亦争取［筹设］一专署，预先开办事［处］过渡；第三，在临、郯、黄、滕、峄与苏北地区，由东支筹组一专署或办事处；第四，凡有三个区或三个县以上者，即成［立］县府与专署，以在特殊情况下设办事处，在鲁西与泰西为一单位，鲁南、苏鲁边、鲁北、胶东、清河各为一单位，拟争取树立主任公署。（D）肖华区应即在鲁北开展政权工作，争取先成立若干县政权及公署。各县府与专署应以地方有威望进步分子为领袖的党员或八路军首长充任，下层应吸收进步的抗战名流、学生青年充实之。（E）上述政权之成立，应尽一切可能发动群众民主产生之。（F）应以一切力量推行其行政，即便是很少很个别的分子，亦应争取实现。应坚决领导抗战，改善民生，及以真正民主的方式，团结及领导群众进步分子、中间力量和进步士绅，以树立新的政府［的］巩固基础。（G）分别抽调适于作〔做〕政权工作的干部担任。此间应说明直至批评［那］些忽视或不愿干政权工作的表现。各地以区委、专署、县署为单位，大批训练行政干部，迅速整理及改造各区乡政权之下层政权成份〔分〕，洗刷各级政权机关中一切不可靠或显然投机的分子退出主要的职位。

…… ……

分局、一纵

1940 年 2 月 29 日

选自《山东革命历史档案资料选编》，第 4 辑，济南，山东人民出版社，1982 年版，第 161～162 页。

3. 山东全省宪政促进会通电

1940 年 3 月

自国民参政会建议中央定期召开国民大会决议实施宪政以采，群情欢腾，热烈拥护，各地促进宪政之组织风起云涌。本会承全省各界敦促成立，博采众意，宣传研究，拥护中央实施宪政之至意。唯中央关于宪政问题对各省市党部及其他有关机关具体之指示，颇有应行考虑商榷之点，综而论之，要有六端，试详陈之：

窃以全国人民对于实施宪政之决议，所以热烈拥护之初志，良以只有迅速实行宪政，才能更进一步动员全民族一切力量，坚持抗战，并准备反攻；才能集中人才，统一步调，造成全民族更亲密之团结；才能在政治上为三民主义新中国奠定最巩固之始基。而指示对此等积极意义竟一字未提。此应考虑商榷者一也。

指示谓我们一方面要求实施宪政，一方面要求宪政实施后，继续进行训政未完成的工作。夫宪政为民主政治的具体表现，为民权发扬的最高度形式，与训政根本不同。既实施宪政，又进行训政，互相冲突，势难并行。尚依照指示进行，结果唯有无限期的〔地〕施行训政，宪政将无彻底实现之日。此应考虑商榷者二也。

指示谓其依选举法选出之代表，除附逆有据，应由政府依法办理外，自应一律有效。查该选举法之制定远在数年以前，抗战以来，社会情势与前顿殊，有若干新的抗战团体，为该法所未规定者，有若干原有职业团体已发生变动者，关于职业团体代表之选举，该法已不能适用。且各沦陷区与大后方情势不同，如适用同一选举法，亦多扞格难通之弊。再则多数区域代表，自事变后即离开原来区域逃于安全地带，与其被选区域民众早已不同其利害。且多数代表被选在数年以前，无论现时情势已变，即已往受年龄限制之公民，现在多数已满年龄，必用数年前之当选人代表目下之民意，揆诸情理，似有未合。又战前各省市办理代表选举弊窦百出，就山东而论，无论初选复选，均先有各区监督召集所属各县长会议，交于韩复榘、张绍堂指定之被选人名单，令其照单选举，奉行不力，即于撤职。山东如此，推之他省可知。韩复榘已明正典刑，张绍堂又公开投敌。据沈主席报告，以前山东县长，不能遵照中央守土抗战之国策，弃职潜逃者百分之九十以上，其中携去公款者亦有多人！似此一派罪恶昭著之官僚所包办制造之代表，虽不能谓绝无公正之士，若令其悉数出席大会，参预〔与〕制定宪法，未免有玷宪政。此应考虑商榷者三也。

指示谓此次国民大会其性质纯为一制宪机关，至执行宪法上所赋于〔予〕之权限，向〔尚〕有待于将来依照宪法规定所选出之国民大会。夫国家之主权，属于国民全体，此为世人所公认。国民大会既代表全体国民，其职权不应仅限于制宪，而应在制宪期间决定国家施政方针、监督政府，如民无[①]所召集之国会即其实例。此应考虑商榷者四也。

指示谓宪法草案之颁布，实已完成一切手续，其合法性自无疑问，国民政府依据建国大纲，必须提出该草案于国民大会。查宪法不应是一成不变的，而是一个社会某一时期基本构成条件——如政治经济等等的反映。目下社会情势，因数年抗战关系，与二十五年情势迥殊，若仅以二十五年草案，具备法定手续，即必须用之于今日，不过事实之舛错，似非至忠至慎之道。此应考虑商榷者五也。

指示谓关于讨论宪政问题之集会，如座谈会、讨论会、讲演会等，在各省已由各省市党部、政府会同所在各地参议会召集，以期博采民意，并即以之为宪政宣传之助，又谓其他各省市如有组织，亦只须〔需〕由各省市党部会同参议会组织宪政研究团体，领导各该地关于宪政问题之研究。查我国自抗战以来，沦陷多省，大后方与沦陷区情势迥然不同。大后方之党部、政府、参议会与一般民众易于联系，无论宣传宪政、研究宪政、遵照指示或易进行。在沦陷区则敌人据点星罗棋布，党务行政支离破碎，与一般民众极难联系。关于宪政之宣传与研究，必待党部、政府而后举，是无异将沦陷区数万万拼死抗战之民众，屏诸宪政问题之外，准情度理均失其平。此应考虑商榷者六也。

总之，我国社会一般情势，战前与战后迥殊，沦陷区与大后方更不相同。诚欲应时代之要求，促政治之进步，制定宪法实施宪政，似应因时制宜，废除以前国民代表选举法、国民大会组织法及二十五年宪法草案。以前所有各地已经选出之代表，一概不予召集，由抗战的各党各派各阶层以及人民全体，对选举法、组织法及宪法草案，尽量参加意见。尤其沦陷区之民众，应绝无限制的〔地〕准其所在召开宣传宪政之集会，组织研究宪政之团体，充分发抒其主张，庶可产生真正代表民意之国民大会代表，制定真正反映时代要求之宪法。至国民大会之职权，应在制宪期间决定国家施政方针、监督政府，不限为纯制宪机关。夫然后真能结束训政，实施宪政，以奠定抗战胜利建国成功之基础。否则多方迁就，不顾事实以行宪政，恐滋纷扰。至希全国同胞一致吁请，敬恳党国先达力予主张，期其实现。国家民族实力赖之。临电神驰，伏祈垂察。

山东全省宪政促进会叩

选自《山东革命历史档案资料选编》，第 4 辑，济南，山东人民出版社，1982 年版，第 168～171 页。原注："原载 1940 年 3 月 10 日《大众日报》。"

4.（山东省）县各级参议会组织条例草案

1940 年 3 月

第一章　总　则

第一条　为实行全民参政，全民抗战，实现抗战建国纲领，完成地方自治，特组织县

① "民无"疑为"民元"之误，即民国元年（1912 年）的国会选举。

区乡各级参议会。

第二条　各级参议会为代表本县之各级民意机关，其组织依本条例之规定办理之。

第二章　议　员

第三条　各级参议会之议员，按各级参议会选举条例选举之。

第四条　各级参议会议员之名额规定如下：

甲、县参议会议员名额，自八十人到一百二十人，人口特别众多之县，可增至一百六十人。

乙、区参议会议员名额，自六十人至八十人。

丙、乡参议会议员名额，自三十人至五十人。

第五条　各级参议员暂为无给职，但驻会议员之生活得与政府工作人员受同等之待遇（在开会时赴会议员之来往路费，酌由政府发给之）。

第三章　组　织

第六条　各级参议会由参议员中选出议长、副议长各一人，主持会务。

第七条　各级参议会选出驻会委员若干人，于休会期间处理会内一切日常事务，其名额如下：

一、县参议会七人至九人。

二、区参议会五人至七人。

三、乡参议会三人至五人。

第八条　驻会议员在休会期间分二处办事：

一、秘书处。办理文书、总务及调解交涉事宜。

二、监察处。检查政府、军队及各团体对于议会决议案之执行情形，检举贪污及溺职事项，办理人民请愿，以及调查地方一切应兴应革事宜。

第九条　驻会委员会议，由议长酌量实际情形，商同各驻会委员自定之。

第四章　职　权

第十条　县各级参议会之职权，除县参议会得适应抗战建国之需要，斟酌当地情形，制定县单行法规外，其职权如下：

一、选举各该级政府长官及委员与司法人员。

二、决议各该政府施政方针。

三、监察及弹劾各该级政府及其以下之政务军警人员。

四、议决改善人民生活之设施。

五、调解及公判一切政治纠纷。

六、审核及通过地方之财政收支事项。

七、决议行政机关及民众团体提交审议事项。

八、督促及检查各级政府执行参议会决议之事项。

九、议决地方军政民财各方应兴应革事项。

十、提议讨论、决议、监督及推行一切救亡事宜。

第十一条　各级参议会对于政府行政设施有不同意及不满意事项，得向政府提出质问，但不得直接干涉及阻挠。

第五章　会　议

第十二条　各级参议会会期规定如下：

一、县参议会每半年中开会一次，会期五至七日。

二、区参议会每三月开会一次，会期三至五日。

三、乡参议会每两月开会一次，会期一至三日。

第十三条　各级参议会有下列情形之一者得召开临时参议会：

一、经同级政府之请求者。

二、经同级全体参议员五分之一以上之请求者。

三、经各级参议会同级三个以上之救亡团体之请求者。

第十四条　各级［参］议会开会时，各级行政及司法首长均得列席，但有发言权而无表决权。

第十五条　各级参议会之决议案咨送同级政府执行，政府对于决议认为不当者，应详具理由送由原参议会复议。如仍通过时，政府即须执行。

第十六条　如政府认为参议会复议后仍难执行时，可呈请上级参议会决定之。

第十七条　各级参议会［议］员在议会中之言论及决议，对外不负责任。

第十八条　各级参议会会议规则另定之。

第六章　任　期

第十九条　各级参议员之任期于下：

一、县参议员任期为一年。

二、区参议员任期为一年。

三、乡参议员任期为半年。

第二十条　各级参议员在任期内因故去职，由候补议员依次递补之。

第二十一条　各级参议会议员均能连选连任。

第七章　经　费

第二十二条　各级参议会之经费由县政府支付之。

第八章　附　则

第二十三条　本条例修正及解释权属于县参议会。

第二十四条　本条例由山东全省宪政促进会通过，并经各该地军、政、民代表联席会通过施行。

选自《山东革命历史档案资料选编》，第 4 辑，济南，山东人民出版社，1982 年版，第 180～183 页。原注：“原载 1940 年 3 月 26 日《大众日报》。”

5. 中共山东分局关于政权问题的新决定

1940 年 6 月 8 日

根据中央三月对于政权问题的新指示①及山东政权工作的现状，分局对于山东政权工作有如下新的决定：

① 是指 1940 年 3 月 6 日毛泽东为中共中央起草的《抗日根据地的政权问题》，载《毛泽东选集》，第 2 卷，北京，人民出版社，1991 年版，第 741～743 页。

一、政权问题是革命的基本问题。今天我党领导的抗日民主政权，一方是“发动全民族一切生动力量的推动机，有了这种制度，全国人民的抗日积极性将会不可计量的〔地〕推动起来，成为取之不尽、用之不竭的深厚渊源，我全民族彻底地统一团结的伟大过程之完成，也只有靠民主制度之建立”（毛泽东）。一方是我党执行统一战线政策的具体表现，是推动与发展统一战线政策的有力武器，为全国观感之所系。所以，建立抗日民主政权，是争取抗战胜利与建立三民主义共和国的重要战略任务。就是说，如果我们不在抗战过程中建立民主政权，则抗战胜利与建立三民主义共和国都将成为不可能。所以，我们要把在党内一直到今天还存在着忽视政权工作的错误观点，如各级党不经常讨论政权工作问题，不经常给政权工作以必要的指示和帮助，不调派必要的质量优越的重要干部去做政权工作，而以那些政治上有问题、面目不清的党员，犯错误的干部调去做政权干部以敷衍塞责的错误观念都严重的〔地〕存在着。分局决定今后各级党委会要经常听取政权工作的报告及对政权工作的检查（党内的），并根据上级党和政府对政权工作的指示及当地政权工作的具体情形，经常给政权工作以政治上与工作上的指示。对于派赴政权工作的主要干部，应该是这样的原则：除党委书记外，应是以当地党的最好干部来担任政权工作的主要干部。各级党应根据这一原则来重新审查调配政权工作的干部。

二、中央指示：“在抗日民族统一战线时期中，我们所建立政权的性质，是抗日民族统一战线性质的政权。这种政权即是一切赞成抗日又赞成民主的人们的政权，即是几个革命阶级联合起来对于汉奸反动派的民主专政，它是与地主资产阶级专政区别的，对于这种政权性质的明确了解与认真执行，将大有助于全国民主化的推动。过左过右则均将给予极坏影响于自己、于全国。”因此，我们要反对现在党内许多同志沿用国民党一党专政的观念，把现在的抗日民主政权了解为共产党一党专政的政权，在政府中工作的只要清一色的党员，害怕非党人士及中间分子参加政权工作。把党对政权工作的领导上不采取、不通过党团与党员的民主的方式，而是直接指挥命令，甚至在政府的日常工作上，都是由党委甚至书记一人对政权工作的干涉包办现象，把党对政府工作的领导了解为党甚至是书记个人对工作的干涉和代替。这一方［面］妨碍了党对政权工作之全般〔盘〕的政治上原则上的领导，同时，破坏了政权工作之统一战线意义、民主的性质。因此，分局决定各级党委会要确实建立各级政府工作中的党团领导，党对政府工作的领导只有经过党团党委会，不能直接干涉、包办代替。同时，党委会对党团的领导只限于政治方针、重要的政策法令、施政原则、重要干部的调配及定期听取工作报告和计划等，不得干涉其日常具体工作及行政工作之方法方式等，各级党委对同级政府党团［的］领导是政治上的领导系统，政府工作的行政系统则属于该政府的上级。

三、中央指示：“根据抗日民族统一战线政权的原则，在人员分配上，应规定原则为党员三分之一，非党左派进步分子占三分之一，不左不右的中间派占三分之一。

“必须使党外进步分子占三分之一，因为他们联系于广大小资产阶级群众，我们这样做，对于争取小资产阶级将给予很大的影响。

“给中间派以三分之一位置，目的在争取中等资产阶级及开明士绅。［对］这些阶层的争取，就是孤立顽固派的有力武器。目前我们还不能不得到这些阶层的力量，我们必须谨慎的〔地〕对待他们。

“必须保证共产党员在政权中占领导地位。因此，须使三分之一的共产党员在质量上具有优越条件；如果有了这个条件，就可以保证党的领导权，不必有更多的人数。如果党［员］越过三分之一，就不能争取广大同盟者，就不能建立抗日民族统一战线的政权。所谓领导权，不是一天到晚高喊口号，也不是盛气凌人地要人家服从我们，而是以党的正确政策和自己的模范工作来说服教育非党人士，使他们诚意地接受我们的提议。”

“上述人员分配是一种大体上的规定。各该地按情况实行，不是要各地机械地凑足数目字。下级政权有特殊情形时，可以酌量变更，防止地主豪绅恶霸政权。但基本精神仍是抗日民族统一战线的政权。”

在这里应该首先指出，上述中央指示的所谓进步分子，是指非党的进步工人与中农、贫农、贫苦的革命知识分子等。所谓中间分子，就是那些赞成抗日与民主的中等资产阶级及士绅、学者、耆宿等，甚至一部分还是在进步与顽固之间的动摇分子。很显明的，在政府中有三分之一的质量优越的好共产党员，加上三分之一的进步的工农分子，是能够保证党在政府中的领导地位。如果有了我们正确的统一战线的政策，共产党员的模范作用和民主作风，那么对于三分之一的中间分子是可能争取与团结他们同我们一起工作。

因此分局决定：(1) 所有过去以类似党的活动分子会所成立的民主政权，而政权中几为清一色的党员的民主政权，应根据中央指示人员配备比例原则及当地具体情形，迅速加以改造(其改造方式由各级参议会选举之)，重新配备人员。新成立的政权，亦应按此原则配备。所有配备参政之共产党员必须是质量优越、坚决执行党的决定、在社会上有信仰、能起模范作用之共产党员。(2) 村、乡政权应全部改选，尽量提拔工农分子及妇女担任村、乡、区长，防止富农、豪绅把持。并成立村、乡以上各级行政委员会，在委员中保证党员占三分之一，工农分子［占］三分之一，进步士绅及小学教员占三分之一。村、乡、区长则应以党员或进步的工农分子及坚决抗战与赞成民主的知识分子及其他人士充任。

四、目前各地所开始进行［的］参议会及由参议会选举各级政府负责人员及行政委员，是开展民主政治的有力武器，是一件有严重意义的事情。我们坚决批评现在某些地方对参议会工作采取忽视与玩弄态度，由党内包办，指定一些人充当议员，了〔潦〕草将事。参议会成立了，而地方人民及社会人士还没名，所以参议会亦未能解决一个问题。分局要求各级党和政府举行成立参议会时，一定要根据山东宪政促进会所颁布的参议会组织条例及选举条例认真执行，成立选举委员会，举行选举工作，进行深入广泛的群众动员。议员配备亦应保证党员三分之一、工农三分之一、士绅文化界名流三分之一的原则。动员选举，实行竞选运动，反对清一色的党员大会的参议会。参议会开幕时，一定按照参议会职权进行各项工作，如改造〔选〕政府负责人及行政委员会，决定施政方针及各种进步法令等，反对建立那种有名无实的参议会。

五、中央指出：“对于共产党以外的人员，不问他们是否有党派关系及属于何种党派，只要是抗日的并且是愿意和共产党合作的，我们便应以合作的态度对待他们。”①

“上述人员分配是党的真实的政策，不能敷衍塞责。为着执行这个政策，必须教育担

① “山东档案版”此段引文未完，现按《毛泽东选集》(第2卷，北京，人民出版社，1991年版，第742～743页）连同以下两段引文，一并加以补充校正。

任政权中工作的党员，克服他们不愿和不惯同党外人士合作的狭隘性，提倡民主作风，遇事要先和党外人士商量，取得多数同意，然后去做。同时，尽量地鼓励党外人士对各种问题提出意见，并倾听他们的意见，绝不能以为我们有军队和政权在手，一切都要无条件地照我们的决定去做，因而不注意去努力说服非党人员同意我们意见，并心悦诚服地执行。”

“对参加我们政权的党外人士的生活习惯和言论行动，不能要求他们和共产党员一样……”

所以分局决定：(1) 以后各级对政权工作的领导，一定要抛弃重复国民党一党专政的方式去干涉、包办政权，而是经过党团去领导政权工作。党在领导政府工作中，应尊重同级政府上级的决定命令，注意不能与之抵触甚至相反，并且还要保证上级政府命令的执行。因为上级政府的法令也是根据上级党的主张决定的。(2) 政权工作中的党员执行党的决定时，应以说服、解释及个人的模范作用取得政府中非党人士的同意和拥护，反对事先不同人商量、强制执行的不民主现象。(3) 政府机关的军事化、战斗化及艰苦奋斗作风，是我们要提倡尽量去做的，但对非党人士不能一下子做［到］一样；对某些非党人士，必要时生活上可给以必要程度的优待。(4) 参加政权工作的共产党员一定要能坚决保证党的主张的实现。要善于运用民主方式，善于团结进步分子、争取中间分子，并与中间分子作必要的斗争。共产党自己要在各方面起模范作用，建立严格的党团纪律，要反对生活及工作上贪污腐化、官僚主义的工作作风。

六、中央指出：“抗日统一战线政权的施政方针，应以反抗日本帝国主义、保护人民、调节各阶级利益、改良工农生活及镇压汉奸反动派为基本出发点。”

因此，我们要坚决反对那种把抗日民主政权看作同旧政权一样的“准此等因”的官样文章机关，或者把政权［看］作仅是军队的供给机关，其任务就是筹粮筹款而已，其他无所事事；或者把政权的任务看作仅是办些和平的日常的行政事务工作，而不去组织武装群众、领导战争；或者把政权工作的调节各阶级人民利益，只看到一般的上层富有者的利益，而忽视基本的工农群众生活的改善，把上级颁布的关于减租减息法令故意删除，不宣布、不执行，或随便修改公平负担条例和关于改［善］人民生活的一切法令。因此，分局决定，要求各级政权机关确定自己的工作任务为如下的五点：(1) 组织与武装人民，配合军队去反抗日本帝国主义，保护地方治安，保护人民利益，争取战争的胜利，确实建立各级政府本身的武装，及对游击小组、自卫团、基干自卫团的组织和领导。(2) 确实执行调节各阶级人民利益，改善工农生活，立刻实行五一减租（即按原来的租额减少百分之二十，或五份减少一份）与分半减息（即将借债利息减少到年利一分五厘），建立低利借贷所，实行公平负担，改善妇女生活，倡导经济建设、努力生产、开办合作社。(3) 废除苛捐杂税，整理财政税收，充裕战争经费，实行财政统一收支，实行统筹给养，各级政府实行预决算制，财政经济的收支统一于各级政府，在战略区域内，统一于该区最高之军政委员会之财经委员会。此外，当地军队及党不得随便单独收支，紊乱财政系统，破坏统一。(4) 确实建立各级政府之锄奸部门工作，村的除奸网、乡区的除奸干事或特派员、县以上的公安局等组织和工作确实建立，开展群众的锄奸动员教育工作及锄奸工作。公安局的锄奸工作，是政权工作的一部分，直接受同级行政首长之领导及同级党的社会部、上级政府机关锄奸部门之指导，反对强调独立系统、特殊工作、不受同级行政首长领导的现象。

(5)“开展抗日民主政权的国民教育是当前深入动员群众参加与坚持抗战、培养革命知识分子与干部的重要环节。”（中央指示）所以，加强政府对国民教育的工作是当前战略的战斗的任务。各级政府要确实建立教育科的工作，迅速恢复各地区的原有学校，开办新学校，开展社会教育，整理教育经费，不够时要给以必要的补助，教育经费独立管理，提高对小学教员的待遇，除每天按政府人员供其粮食外，并保证每月有五元到六元的菜金和津贴费用，立刻动员地方原有小学教员及知识分子开办小学教员训练班，培养师资。县政府教育科之下可设民众教育馆，以帮助教育科进行社会教育工作。我们把各级政府对于国民教育工作的领导与推行，作为政府工作考绩的重要标准之一。

七、军队是政权主要的一部分，是政权的重要柱石，特别是在目前战争环境，但正规军（如各支队）属于上级专门军事机关（山纵与一纵司令部）领导，地方武装则属于军区、军分区。地方政府［之］县政府及专署设武装科管理与指挥地方武装。地方武装分不脱离生产的自卫团、基干自卫团，半脱离生产的游击小组与完全脱离生产的乡分队、区中队、县大队等。这些地方武装一边受各级政府专门的领导、管理、教育，军事部门的机关——县武装科、专署武装科之领导，同时属于专门指挥作战之县大队部与军分区司令部之指挥。为使武装科、县大队、军分区司令［部］更好联系起见，县长兼县大队长，大队副兼县武装科长，军分区司令兼专区武装科长，党的□□□□□□□□□□县大队长、军分区司令，一方受同级政府的领导，同时在军事行动统一指挥上受当地正规军最高司令部的指挥。至于乡分队可由乡长兼，可另设副分队长；区中队由区长兼，得另设副中队长。如此，则军分区可直接指挥县大队，县大队可直接指挥区中队，区中队可直接指挥乡分队及游击小组，而又不脱离与各级政府的联系。在县、区、乡设各级自卫团部，附设在县武装科、区中队部、乡分队部内。如此，则脱离生产的地方［武装］与半脱离生产、不脱离生产的群众武装可以取得互相配合及统一的指挥和管理教育。这样就可使军事活动与政权工作取得统一的管理教育与配合行动，而克服目前许多地方存在着的军政对立、不相配合的脱节现象。

八、如果说统一战线的抗日民主政权，是一座房子，那么各种抗日的群众团体就是这座房子的柱石和墙。因此在抗日民主政权未建立的地方，抗日民众运动的任务，要联合各抗日民众，用民主的方式建立抗日民主政权，作为共同的领导人民抗战，调整人民的关系，改善工农生活、镇压汉奸的武器。那么在抗日民主政权已经建立的地方，各抗日民众团体就应该积极参加政权工作，宣传并执行政府的各种进步法令，帮助政府建立信仰和威信。对于政府行政不妥当的地方，可直接或经过自己的代表向政府建议。一句话，就是努力巩固抗日民主政权，不是采取过去对付那些不民主、不抗日、少数地主资产阶级专政政府的态度，处处采取对立、瓦解的立场。同时，政府应给各群众［团体］以物质上、精神上的帮助，普遍广泛的〔地〕开展群众运动，真正达到百分之八十的群众组织起来。倾听并采纳各群众团体对政权工作的意见，一个重要法令政策的决定，事先与各群众团体商量，征求他们的意见，使收到民主集中的利益。各群众团体看到政府颁布一个重要法令或政策，首先在群众团体中动员，首先以模范的行动来执行民主政府的法令，求其实现。这样的把政府工作与群众运动配合起来，才能使政权工作与群众工作都得到发展与巩固，政权虽然是统一战线的，但工农是主要的群众基础。所以，一定要以群众团体为自己的主要支柱，以群众团体的利益为利益，首先是工农群众。群众团体一定要以政权作为自己对日本和内部敌人的有力武器，同时要注意政权是统一战线的，不是一党一派一阶级的私器。因此，对政权的要求处处要顾到统一战线，不要只看到自己的一个团体的利害，而对政权作过高的要求。

九、动委会一般的是党政军民联合的动员机关。因此，它与群众团体的关系与各界救国联合会不同，不是领导的关系，而是指导的关系。它与县政府，与各界救国联合会都是平行的关系。动委会不需有过严（有类政党性质的）上下级的主要系统，上下级主要是指导的关系，动委会对群众战斗的动员工作主要受同级参议会的领导，向参议会负责，为便于联系起见，县长可兼动委会主任。

十、总结：以上九项是分局根据中央新的指示及山东政权工作目前现象所作的新决定。要求各级党及政府党团把这一决定作深入讨论，根据这一决定来检查自己的工作，并订出具体执行步骤来，并将这一决定在党内传达，作党内对政权问题的深入教育和动员。

分局

6月8日

选自《山东革命历史档案资料选编》，第4辑，济南，山东人民出版社，1982年版，第320～329页。

6. 陈明：山东抗日民主政权工作与当前任务

1940年7月

一、开展山东抗日民主政权的理论与实际的根据

（甲）山东旧的不民主政权是给予了抗战重大的损害。

韩复榘的军阀官僚政权，对于抗战无准备、无决心，而且阻挠抗战，压制民众的抗日运动，所以当日寇于一九三七年十一月进入济南后，全山东的专员、县长，弃职携款而潜逃的，据沈鸿烈先生的估计，在百分之九十以上。这是韩复榘军阀专政、不实行民主政治的必然结果。其余极少数的政府官吏，守土抗战的，如范筑先先生等，正是因为他们能够实行民主，在共产党及平津革命青年拥护与援助下坚持鲁西北、鲁南等地的敌后抗战。

继韩复榘而主政山东的，就是沈鸿烈先生。沈先生受命国府，是为了坚持敌后抗战而组织省政府的。沈先生虽然主张抗战，并宣布抗战的八大主张，但施政以来，仍保持少数人腐化的专政，不但不实行民主开放政权，反而限制民众抗日运动，以至取消民运，破坏统一战线，制造磨〔摩〕擦，反对一切进步人士，反对进步政策的施行。沈主席所委派的各县县长与行政人员，与韩复榘政府实际上没有什么区别，对于抗战，不仅表现了无能，并且随着他的错误政策的坚持和发展，沈先生所领导的政府是给予了山东抗战以极大的损害，甚至这种逆行倒退，客观上是给日寇汉奸以更多的机会与便利。

（乙）山东抗日游击战争的发展，需要新的抗日民主政权。

要贯彻政府抗战的国策，坚持敌后游击战争，创造抗日根据地，就一定要开展抗日民

众运动。没有广大的抗日民众运动，要想坚持敌后游击战争，是不可能的。要坚持敌后游击战争，保证抗日战争的胜利，就一定要有抗日民主政权，给民众以抗日的言论、集会、结社、武装之自由，并组织与领导民众参加抗战；给抗日军队以政治上、经济上以〔的〕支持和援助，镇压敌伪汉奸，保障游击队后方的安全，以创造党政军民四位一体的抗日根据地。

（丙）民主政治是中国革命的要求，是民权主义具体的实施、中国共产党的一贯主张。

中国是半封建半殖民地的国家，所以中国不仅需要民族革命，而且需要民主革命。半封建半殖民地是不可分割的，是中国社会的两方面，它们互相间有密切的联系，是互相渗透、互相影响的。虽然今天民族危机是主要的危险，争取抗日战争的彻底胜利，是目前革命的最高原则，但同时不实现民主政治，没有广大群众参加抗日，要想单独依靠政府和军队去争取抗战的彻底胜利是不可能的。所以为了争取抗战的彻底胜利，更须〔需〕要实行民主政治。那种把抗战与民主对立起来，或者说抗战胜利后再谈民主的说法，是完全错误与有害的理论。

实行民主政治，为孙中山先生的三民主义的重要组成部份〔分〕。抗战后，国民党在抗战建国纲领中，曾主张实现民主政治。这当然是开始走向民权主义的初步，为每个孙中山先生的忠实信徒、革命的三民主义者应当努力奉行的。但直到现在，这个纲领除了少数地区（如陕甘宁边区、晋东南及其他进步政权区）外，在大部分国土上还没实行。

中国共产党在它一产生后（一九二一年），就以实行民族民主革命作为它在中国现阶段革命的中心任务。中共二十年来的艰苦奋斗，无数千万的志士头颅和热血，都是为实现中国的民族民主革命而奋斗的。抗战开始后，中国共产党在其历次宣言和主张中，都着重提出，实行民主政治是争取抗战彻底胜利的唯一保障，亦即抗日民族统一战线的最高表现。三年来，中国共产党及其所领导的八路军、新四军，都是最忠实最坚决为实现争取抗战的彻底胜利而努力推行民主政治。这种民主政治，不是旧的保持资产阶级专政的民主政治，而是一切抗日人民自由平等参加的新民主主义政治。

二、山东抗日民主政权发展的几个时期

第一时期：一九三七年底韩复榘政权逃跑后，山东陷入大混乱状态，许多专员、县长都逃之夭夭，到处陷入无政府状态，敌骑所至，人心惶惶，汉奸大肆活动，到处建立维持会、伪政权。那时山东共产党领导先进革命人士和青年，为了抢救山东，却首先着重于拉武装，建立游击队，开展游击战争，无暇顾及推动民主政权工作，许多地方，旧的腐败县长逃跑了，无人当县长。游击队把日寇伪政权、维持会赶跑了，把地方收复了，无人愿干县长，好象〔像〕去干县长，是对革命者的侮辱，而让那些逃跑了的腐败的旧官僚回来当县长，如郯城、栖霞、牟平、清河等地。另一方面，也仅是局部的不积极的推动，只有胶东之蓬莱、黄县、掖县等三县，是于一九三八年三月间，经胶东人民抗日救国军第三军（即现在之八路山纵五支队）从敌伪手中收复后，由民主方式产生了三个县长，并经省政府加委，是山东最早的仅有的三个民主县政府。

第二时期：一九三八年五月到十月武汉失守，是山东政治的稳定和再生时期。敌人集中武力进攻武汉，在山东仅占领一些点和线，无力向外发展，使山东局面比较稳定。旧山东荒乱逃跑者惊魂甫定，企图重新恢复其统治，而新生的进步力量亦在发展中，如鲁西北范筑先先生所领导的抗日游击战争在发展，政权比较开明、民主，抗日民众运动在蓬勃发展中。鲁南的统战形势亦在发展中，群众多少可以享受一些抗日的民主自由，民众运动开始发展，进步力量亦在生长中。当时民主政权问题所以未引起尖锐的注意，是因为当时政权大部分还未阻挠抗日运动，磨〔摩〕擦比较严重的只有鲁北，因为沈主席亲自在鲁北领导。

第三时期：是一九三八年十月到一九三九年八月武汉失守与鲁南第一次大扫荡。此时抗战进入新的时期，敌人回师加紧对华北大扫荡，加紧军事上政治上的进攻。首先是鲁西范筑先先生的殉难，鲁西北抗战的进步局面，由于缺乏坚固的民主政治基础，在敌人与顽固分子的夹攻下，遭受摧残。沈鸿烈先生进入鲁南，石友三部队（当时暂时主张进步）北上河北，鲁南鲁西北各县比较开明的县长全部撤换。因此在鲁西北及鲁南，顽固分子秦启荣的倒退运动日益严重，破坏各种抗日救亡团体，解散自卫团，改组动委会，以至限制八路军发展的活动，封锁八路军的给养，断绝交通，禁看《大众日报》，特别是太河惨案，是由政治磨〔摩〕擦到军事磨〔摩〕擦的开始。抗日民族革命战争的新阶段，亦即民族内部新旧势力斗争的新阶段，首先在山东大规模的〔地〕开展起来。因此在这对外对内的残酷斗争的血的经验教训中，使一切坚决抗战的先进人士，深刻的〔地〕认识到腐败与顽固政权对抗战的障碍，抗日民主政权与抗日战争胜利的血肉关系。

一九三九年春天，八路军一一五师东进支队进入山东，开展了鲁西的游击战争，给予郓城、泰西敌人以严重打击。山纵六支队亦有大的发展。四五月间，敌人对鲁北鲁西举行大扫荡，许多倒退、落后、不抗战的顽固部队和汉奸是闻风逃跑了。八路军在坚持平原游击战争中，给予敌寇以严重打击，如陆房战斗、梁山战斗，获得了在山东空前的伟大胜利。人民［的］抗战信心与积极性更加提高，迫切要求民主政治的建立，对于破坏统战、旧的腐化政权已经再不能忍受下去了，于是新的抗日民主政权运动，在泰安、宁阳、肥城、郓城、东平等县日益活跃着。

去年六月敌人第一次大举扫荡鲁南，那些平时专门压迫人民、制造磨〔摩〕擦、倒退的顽固部队与旧政权苟安一隅，对敌人扫荡是毫无准备，而且拼命的〔地〕破坏一切人民和进步力量的反扫荡工作。所以当敌人两个师团从四面八方向鲁沂山区扫荡时，很快的〔地〕就进入沂蒙、莒日等中心地区，并且继续了两个月的分区扫荡。此时东北军与八路军虽曾坚决抵抗，给敌人以不少的杀伤；而那些顽固部队与顽固政府，自省政府以至县、区、乡政府人员，大部弃职潜逃，且有一部份〔分〕公务人员去充当汉奸，替敌人通讯带路，以致沈主席自己亦不得不只身化装隐藏，致使鲁南完全陷入无政府状态，悲观失望情绪高涨，汉奸到处横行。那些地方上还存在有进步的抗日党派（共产党与一部进步的国民党员）与各种抗日群众团体的地区，根据人民与抗战的要求，协助人民建立区乡抗日民主政权，以领导人民抗战，组织或恢复自卫团、盘查站、情报网，厉行戒严，捕捉汉奸，帮助抗日军队筹募给养，以维持地方秩序，配合军队抗战。这一民主政权的产生与发展，成为当时反扫荡中最重要的政治运动，所以不到两个月的时间，在沂水、蒙阴、莱芜、新泰、泰安、博山、淄川、费县一带成立了×区的抗日民主政权，因而民众抗日运动亦更加活跃，使鲁南的抗日民主政权运动走上了新纪元。

此时政权工作的特点是：（一）旧的腐败政权及顽固部队逃跑了，留在地方上坚持抗战的政党、群众团体，或者是配合主力军，或者是单独的〔地〕根据抗战和人民的要求，召开群众团体代表会议，民主的方式产生乡区政权，以至联防办事处。（二）这些政权的优点是战斗的，为领导反扫荡时的民主政权。（三）同时它的缺点也就在于是战斗的环境，时间是匆促的，广泛深入的动员群众还是不够的，一般的进步分子、中间分子吸收的〔得〕还不够，但政权本质上还是民主的。（四）由于干部缺乏，组织不健全，未能建立全般的工作。所以这种政权还不够巩固，不够深入。到后来敌人扫荡停止，顽固分子又得以回头破坏抗战。到处发生严重的磨〔摩〕擦之时，在那些党与群众基础与群众武装较薄弱地区，又无主力掩护之地方政权，遭受摧残，又复瓦解。另一方面，在那些党与群众基础比较坚强地区，虽处在严重的顽固分子摧残与日寇不断进攻的环境下，仍能独立自主的〔地〕继续坚持，并能创立地方武装，健强政权工作。至于××等地区的民主政权，能成为鲁南民主政权中比较健全正规化的区域，则［是］由于党政军民能够坚决的〔地〕坚持游击战争。鲁北一带亦在反对敌人扫荡与反对顽固分子的磨〔摩〕擦中，建立了几县的抗日民主政权。

三、山东抗日民主政权工作的现阶段

抗战进入相持阶段后，由于敌人的诱降政策与顽固分子的动摇，所以投降危机更加严重，磨〔摩〕擦更加剧化。山东顽固分子在许多磨〔摩〕擦事件中，进到了与敌人直接配合动作，实现其亲日反共、联日反共的阴谋。因此军事上的反磨〔摩〕擦与政治上的开展民主政治运动，普遍建立民主政权，成为团结与组织一切抗战力量，坚持山东抗战，克服投降、分裂、倒退危险的当前最迫切问题。同时在第四届国民参政会通过实行宪政、召开国民大会决议后，实行民主政治成为全国抗战军民之一致呼声，亦即坚持抗战、团结、进步，克服投降、倒退危险之最有利〔力〕武器。所以一年来抗日民主政权工作，有了突飞猛进的开展。

（甲）响应全国的宪政运动，举行国民大会代表试选。

为了响应全国的实行宪政运动，成立了山东全省宪政促进会，并在全山东各抗日民主政权所及地区，普遍成立了各级的宪政促进会及普遍的宪政座谈会，使宪政运动深入普遍到全山东去，大大的〔地〕提高了山东人民抗战的信心与积极性；同时为了推行宪政，发扬民意，反对二十五年韩复榘、张绍堂等军阀汉奸分子所包办的国民大会初选代表，特举行国民大会代表试选运动。这一试选运动，获得了全山东人民的热烈拥护与积极参加，全山东各地都举行了普选的试选。现各地初选代表正在集中进行复选，准备争取以此试选代表作为出席国民大会代表。

（乙）在积极反扫荡中，猛烈扩大了抗日民主政权区域。

一年来在坚决抗日军队的积极反扫荡中，摧毁敌伪政权，缩小敌占区，开辟了广大区域内抗日民主政权，如鲁西鲁南都是在不断反扫荡的胜利中，开辟××县的抗日民主政权。同时群众的反抗顽固腐败的政权，与争取民主政治的斗争积极性也增高了，如日照抗日自卫团，自动逮捕贪污、顽固、倒退、不抗战的县长张希周，选举抗日的县长；费县民众自动武装驱逐在官里庄屠杀民众的顽固反动县长李长胜，民选抗日新县长。虽然目前各县民主政权区域还并未包括全县或只占县境的一部，县与县之间未能联〔连〕成一片，与敌伪政权及旧政权犬牙交错，但比前一时期是大大发展了，并且一定还要继续发展，克服它在发展上的缺点的。

（丙）普遍与深入了民主政权的民主化。

所有在过去扫荡中匆促成立的各县区民主政权，此时都重新进行广泛深入的民主改选运动。如××县民主政权的改选，则完全根据山东省宪政促进会所颁布的县各级参议会组织法及选举法规定，组织选举委员会进行普选，产生县参议会。县参议员中有国民党员，有共产党员，有工农青妇文化界耆老名宿等群众团体代表，有小脚老大娘，有胡子斑白的耆老名宿，有不识字的工农分子，有教育界名流，充分表现其统一战线性质与民主精神。在参议会中完全按照参议会职权，罢免联日反共反八路及进步力量的顽固县长××，选举新县长与县政委员会，决定县施政纲领与减租减息、公平负担、保护工人、解放妇女、废除苛杂、整理税收、恢复国民教育社会教育等单行进步法令，不仅县政权民主化了，而且根据这一民主精神，进行普选〔遍〕的召开村民大会成立村政委员会，在改造中吸收大批坚决抗战勇敢积极的工农分子、妇女、进步青年、知识分子参加政权工作。这种民主政权的广泛与深入民主运动，是比前一时期大大进步了。现在全山东各县民主政权与专署大部已成立参议会，对原有村乡区民主政权进行普遍的改选运动。新成立的民主政权亦按此原则产生，并且明确规定这一政权是抗日民族统一战线性质的民主政权。只要是赞成抗日与民主的，不论任何党派、阶级、性别、宗教、信仰都可参加，对于汉奸、敌探、投降、顽固分子则给予坚决打击。这种政权不是地主资产阶级专政的政权，也不是工农专政的政权，而是各抗日人民的革命民主专政政权。这将使山东各抗日民主政权，成为模范的新民主主义的、革命三民主义的政权，对［于］政权民主基础的巩固与扩大上，将起极大的推动作用。

（丁）大大发挥民主政权的组织与领导人民参战的机能。

山东各地抗日民主政权的产生，首先是为了反抗日本强盗的侵略与保卫地方治安而产生的。但这一领导战争的任务，也随着政权的巩固与发展大大的〔地〕提高了。首先各级民主政权，普遍帮助与领导了自卫游击小组的工作，使自卫团游击小组的组织更加普遍与巩固，并更积极的〔地〕参战。如××县自卫团的站岗放哨，逮捕汉奸敌探，经常的〔地〕破路拆围墙工作，配合军队作战，甚至能单独的〔地〕打击敌人的进攻，获取了不少的胜利，对保卫地方、打击敌人进攻起了很大的作用；××县的自卫团，××山区的自卫团，××专区的自卫团，××××××××××的自卫团，对于参战工作上都起了很大的作用；清河×××县在五小时内，动员了15 000自卫团及群众，在二十四小时内，挖成抗日沟七十里以上；××山区自卫团，在此次反对敌人“扫荡"中，能普遍的〔地〕与敌人作麻雀战，配合主力，终于粉碎了敌人的“扫荡”。民主政权除了组织与领导自卫团参战外，就是各级政权都组织了自己的地方武装，并且一般的都基干化了，能单独的〔地〕与敌伪、汉奸、顽固分子作坚决斗争，收复敌人据点与保卫地方。如泰安县民选县长程鹏，曾亲自领导地方武装，不断的〔地〕给予敌人以打击、歼灭，几次收复茅茨、旧县等据点，缴获步枪轻机枪、××县、××县民主政权能亲自领导地方武装，在敌人据点周围，单独的〔地〕打击敌人“扫荡”，反抗顽固分子摧残，巩固与开展民主政权工作，保护了地方治安。所以各抗日民主政权在领导民众武装与地方武装参战方面，有了很大的进步，更大的〔地〕发挥了抗日民主政权的作用。当然这还并不能使吾人就此自满，各群众武装还不够普遍广泛，缺乏系统的领导与经常的军事政治教育与计划性的行动，地方武装还不够普遍与广大，作战的计划性与积极性，都还需要我们继续努力。

（戊）努力推行善政，调整各阶级人民利益，改善人民生活。

抗日民主政权之另一特点与中心任务，就是推行各种善政，调整各阶级的利益，以改善人民生活。一年来抗日民主政权工作有了很大的进步。首先是优待抗属工作进行的〔得〕最普遍广泛，不论参加那〔哪〕种抗日军队、主力或地方武装、东北军、八路军或其他抗日军一律都受优待。除了各级政府所颁布的优待抗属条例切实推行外，还进行了大量的经济优待，如胶东蓬、黄、掖三县经常发抗属以粮钱，××专区民主政权在去年年关中，普遍发抗属以粮食和钱，×××区能做到按月给以每个抗属以粮食救济。在这里特别好的是××县抗日民主政权，能普遍组织村乡优待抗属委员会，动员群众进行物质优待与代耕工作，使优待抗属成为群众运动，并组织抗属参加生产。救济灾民难民工作，亦有了很大的成绩，许多地方房子被敌人烧后，民主政权马上发动募捐救济，把房子很快的〔地〕重新盖好，救济粮食。特别是××区能组织群众互相救济，做到全乡没有一个讨饭饿饭的人民，即［使］外乡乞丐到那里，亦能马上分别给以粮食救济，并吸收其参加生产。这样一方［面］发挥了群众的抗日互助精神，提高其积极性，同时可以阻绝汉奸敌探的混入，严密地方警戒。

统筹统支与公平负担，是广大群众的迫切要求。在抗日民主政权区域，一般的〔地〕实现了统筹统支，现在更在开始定期的征收救国公粮运动。公平负担，各级政府早已命令颁布，在大部分的地区上是实行了。由于许多旧的村乡长执行不力，政治动员不够，技术上较麻烦，所以至今还未完全普遍实现。

减租减息亦有许多民主政府明令颁布“五一减租”、分半减息，在许多地方正在推行中。有些地区并曾办理低利借贷，团体月息五厘，个人月息三厘，在一个区上，就已借出一千余元。这对于人民生活的改善上有极大的意义，正是抗日民主政权为民生幸福而奋斗的表现。

（己）开展财政经济建设工作。

抗日民主政权在财政经济建设工作中的任务，是取消一切扰民害民的苛捐杂税，整理必要的税收，从事生产建设工作，达到开源节流、充裕抗战经费、改善人民生活。抗日民主政权工作进入现阶段后，在某些抗日政权区已普遍的〔地〕实行废除苛杂。过去苛杂达七十余种，现在则大部分宣布废除，只征收一些必要的税收，现正在开始整理与进行中，并已解决了一部分的抗战经费，至税收原则，一般都是按照累进原则。在经济建设方面，则开始普遍组织各种合作社、对外贸易事业，从事织布、打羊毛线、制皮革等生产事业，发行辅币以抵抗伪币，巩固法币，灵活地方金融，从事开矿与造林运动。在××一县今年春节植树十万株，开辟荒地，组织春耕运动，组织代耕队，帮助抗属耕种。虽然这一工作正在开始进行，但其成绩就已表现，前途发展是很远大光明的。

（庚）恢复与推动国民教育工作。

组织与领导国民教育工作也是政权的中心任务之一。自抗战以来，国民教育完全废弛，旧政府完全不管，而敌伪政权则厉行奴化教育，人民大有文化亡国之感。自抗日民主政权成立以来，即开始注意这一工作，由于师资及教材关系，是逐渐进行着，现在有的县份，大都小学已恢复，单××一县就有四百处小学，××、××、××三县有八百余所，学生达三万余人。××××一带即在敌人据点周围及敌占区，亦能进行抗日教育工作。其他，鲁西××山区亦普遍恢复小学教育，并设立新的小学及中学。至于成年教育，不少地方亦在以夜校、识字班、俱乐部等方式进行教育，对抗战动员、提高人民抗战情绪与培养干部上起了很大作用；对于学制、课程、教材、师资、经费等问题，都还需要一个大的整理与建设工作。同时这一工作已引起社会人士及民主政权严重注意，正在全面的〔地〕有系统的〔地〕有计划地开展着。

（辛）养成政权工作艰苦奋斗与廉洁作风。

由于山东民主政权都是抗战过程中，由抗日人民选举出来的，所以一般都是决心抗战，有艰苦奋斗、吃苦耐劳的精神。他们不但没有旧政权那种贪污腐化的作风，也没有高官厚禄的念头。上自县长，下至勤务伙夫，都是节衣缩食。取消了薪金制度，贪污的事情一般的还没有。他们与群众很接近，到处能与群众打成一片，到一个地方即召开群众大会，召请士绅名流座谈会，征求意见。这都是抗日民主政权的特点。但是民众应该严密注意，严防个别坏分子混入民主政权，滥用威权，贪污腐化，官僚习气，破坏民主政权的优良作风。

这就是抗日民主政权发展的现阶段。在抗战进入相持阶段以后的一年来，在山东是日寇进攻最积极的一个时期，“扫荡”与“反扫荡”的斗争最残酷的〔地〕不间断的〔地〕进行着，同时也是顽固分子更进一步的〔地〕进行其投降、分裂、倒退阴谋之时，而在我们不断的〔地〕反扫荡与反磨〔摩〕擦、反投降分裂倒退的胜利中，抗日民主政权也逐渐的〔地〕发展起来了，开始走入正规化，使山东抗日根据地的工作开始奠定了初步的基础，奠定了准备反攻的初步工作。当然，这个基础还是不稳固的。如果没有继续的努力与坚持，那么，胜利还是不会一定到来的，特别是在日寇的严重进攻与严重的投降妥协危机下。

四、山东抗日民主政权工作的当前任务

敌人对山东的进攻是日益的严重，这不仅是在军事上的不断的连续分区扫荡，而且大量抽拔壮丁，组织伪政权，把伪军从城关推到市镇来，扩张据点，推行伪政权，厉行奴化教育，培养大批汉奸，特别是挑拨我内部的团结，与联合反共反八路反进步的顽固部队与旧政权，进攻八路军与民主政权，麻痹动摇分子，以达其各个击破的阴谋。而一切顽固分子与旧政权则忠实的〔地〕执行日寇、汪逆的这一阴谋，日益走上与日伪合流与公开投降的道路，公开提出联日反共的口号。郑小隐、柴子敬、刘瘦岑、秦启荣、许树声以最残酷的手段，摧残抗日民主政权，大批活埋动委会工作人员与八路军共产党员，勾结日寇进攻民主政权（沂水）。甚至堂堂省政府主席沈鸿烈先生，亦不惜公开指挥新四师、秦启荣等部，配合伪军陈三坎与莱芜新泰日军客观上采取东西夹击八路军，而在省政府中公然发现汪逆精卫的和平救国军的委任状，以及日伪军公开送省政府以留声机、太阳酒。这充分说明山东投降妥协的危机已达到最严重的时候。这就更增加了山东抗日民主政权的严重意义，这就是说民主政权为团结一切抗日人民抗战到底、团结到底的核心，它是组织和团结一切抗战的有生力量的推动机，它是建立三民主义共和国的基石，而首先是克服目前山东严重的投降妥协的最有利武器。

一年来由于抗战的形势发展的需要，与党政军民各方面的努力，使政权工作在发展、巩固、深入、统一上获得了很大的成绩，使各地的抗日民主政权的各种建设工作粗具规模，在坚持山东抗战中起了很大作用，开始走上正规化的阶段。然而这仅是开始而已，并不是完全走上了正规化，相反地，这个发展、巩固、深入和统一的工作还有很大的一部分没有完成，还远落在客观形势发展需要的后面。因此我们要以最大的努力、最紧张的速度，继续完成政权工作中发展、巩固、深入、统一的各方面工作，使山东抗日民主政权走上完全正规与民主化的新阶段。

（甲）还要大量的〔地〕发展抗日民主政权。

山东抗日民主政权，在县份上虽然已有了不少的数目，但实际上许多县份是不完全的，在面积上还占少数，与敌伪政权及不民主政权犬牙交错，不能连成一片，形成点线现象。所以民主政权工作的任务，首先还是大量发展问题，要普遍的发展，全面的发展，向敌伪占领区域发展，全面的打成一片的发展，首先是集中力量向那些有战略意义的地区发展。发展时要善于运用民主与军事活动相配合，把公开工作与秘密工作相配合，特别是要善于用政权本身的组织力量，去发展敌伪区的行政工作和法令，推动敌伪区的群众运动，扩大我政权的范围。

（乙）巩固现有的民主政权，首先是政权本身的民主基础，健全政府的各部门组织，建立政权的法制领导。

政权的民主问题，就是要根据新民主主义的民主精神、政权之统一战线原则，根据革命的三民主义与山东抗战的需要，确定村民大会、乡区县以上的各级参议会为各级民主政权的最高权力机关。从村民大会与各级参议会中来听取各级政府的工作报告，讨论决议施政方针及决议各种单行法令，确实建立与发挥民主精神，作充分的讨论、民主的表决，少数服从多数，下级服从上级，反对把会议生活简单化、形式化，命令、指定、包办、代替等错误的不民主的行为。

各级政府中的各部门组织，要根据其组织机构确实健全起来，建立各部门的工作。虽然在今天干部缺乏的条件下，我们应该大胆的〔地〕提拔干部，特别要从工、农、青、妇、文化界、实业界、抗战的士绅名流中提拔那些进步的优秀分子去充实各部门的组织。在这里要打破过去只在旧行政人员或什么技术的窄隘范围内打圈子的错误观念，以为没有做过官的，就一定不会做官，反对右的轻视工农分子，与排除一切革命知识分子、进步士绅参加政权工作的左倾幼稚病。在这里，毛泽东同志在纪念抗战三周年、题为《团结到底》的论文中所指出的关于政权问题的主张，应成为各级领导民主政权工作的指南。他说：“在政权问题上，我们主张统一战线的政权，既不赞成别的党派的一党专政，也不主张共产党的一党专政，而主张各党、各派、各界、各军的联合专政，这即是统一战线政权。共产党员在敌人后方消灭敌伪政权建立抗日政权之时，应该采取我党中央所决定的‘三三’制，不论在政府人员中或民意机关中，共产党员只占三分之一，而使其他主张抗日民主的党派和无党派人士占三分之二。无论何人，只要不投降不反共，均可参加政府工作。任何党派，只要是不投降不反共的，应使其在抗日政权下面有存在和活动之权。”

在各级政权的领导与工作关系上，要确实建立集体领导与科学分工、个人负责制的民主作风。少数服从多数，下级服从上级，人民服从政府，各党各派各阶级的利益要服从抗日民族统一战线的利益，应成为解决一切争论、纠纷的基本原则。

所谓政权中的新民主主义的法治的领导，就是要确定政府的施政方针，颁布各种单行法令和制度，一切按照法律行事。行政法令的推行，一方采用各种方式进行解释、动员、说服，使人民自觉的〔地〕奉行和遵守，同时采取一定的强制的法权，强迫那些不自觉、玩忽法令或故意抵抗法令的人，使他要一定百分之百的〔地〕执行。所谓法制〔治〕的领导，就是政令修明，言出法随，赏罚严明，说服与强制并用。要反对单纯说服的方式，同时要反对单纯强迫命令的官僚主义领导。

（丙）确实建立政权对地方武装、群众武装的领导。

军队是政权的一部分，是政权的主要柱石，是巩固与发展政权的最主要武器。山东抗日民主政权，一般是在有了主力部队或地方武装、群众武装之后产生的，所以许多民主政权放弃了对地方武装与群众武装的领导，而有些地方武装就放弃了自己与民主政权［的］协调配合工作。各级政府应确实建立与健全武装科的组织和工作，加强对地方武装的军事与政治的领导，尤其是予群众武装以经常的训练，以政府明令，经过动员，把所有十八岁以上四十岁以下的壮丁参加自卫团组织，把壮丁中之健壮勇敢者组织基干自卫团，把埋藏的武器拿来武装基干自卫团与地方部队。每村普遍建立游击小组，乡区县以上政权普遍建立地方武装，大量扩大一切坚决抗日的主力部队。

（丁）确实普遍深入的〔地〕推行各种善政，调剂各阶级人民利益，改善人民生活。

调剂各阶级人民利益，改善人民生活，这是民主政权的基本任务之一。在这方面我们虽然已做了不少的成绩，但还不够确实、普遍、深入。首先是按照合理负担，实行统筹统支，征收救国公粮，一定要按照“有力出力，有粮出粮”原则去进行，一定停止某些地区上还存在着的平均摊派、军队驻在那〔哪〕里就吃那〔哪〕里的现象，这是某些地区和一般的穷人最感痛苦的问题。各地民主政权，一定要切实去普遍的〔地〕进行。

“五一减租”与“分半减息”也是减少阶级对立，改善劳动大众生活、提高其抗战积极性的重要问题。各地政府应与工人救国会、农民救国会配合，切实进行，并组织低利借贷，使贫困人民切实摆脱高利贷的剥削。职工应提高其工资，减少过长的工作时间。

对于抗属优待及救济灾民，虽然各地政府都做了不少成绩，但一般都偏重于单纯由政府发钱救济，这将减低其意义和效果。今后应有〔由〕各村政委员会组织优待救济委员会，动员全体人民参加优待抗属与救济灾民难民工作，务使每一村中无饥寒之抗属、无饿饭之灾民难民。实行群众的抗日互助，实行有钱者出钱、有粮者出粮，各级政府要切实监督这工作的实现。特别是组织生产合作社等，吸收抗属及灾民难民参加生产，从基本上消灭饥饿现象。

（戊）确定与实现财政经济政策。

对于一切扰民害民的苛捐杂税，民主政府一定要明令颁布废除，使群众周知，使旧的包税者、流氓等不能继续欺诈人民。对于有关抗战经费，决定征收者，一定要明令规定税率及征收办法，防止漏税及额外敲诈，统一税收制度，确定税则，统一财政，统一收支，建立政府预决算制度，建立金库制度，统筹给养。特别要努力生产建设运动，组织春耕、夏收工作。组织合作社，提倡储蓄与组织借贷所，投资生产事业，改进与发展各种手工业，奖励私人投资与新的发明，统一对外贸易。总之，采用一切办法动员广大群众参加生产建设，以达到开源节流、自力更生，改善人民生活，充裕战费，以抵抗敌人的经济封锁和以战养战毒计。

（己）抗日民主政权工作与群众团体的配合问题。

抗日民主政权工作，应与抗日民众运动密切的〔地〕配合起来。抗日民主政权不是脱离群众，他〔它〕应该依靠群众。一切重要政令和政策的决定，都应顾及各阶级人民的利益，尊重各群众团体的意见。各群众团体对政府的一切决定，应在各群众团体内详细讨论，并以模范的行动保障其实现。政府应给各抗日群众团体以经济上、法律上的保障和帮助，群众团体应选派自己的领袖和干部去参加政权工作。政府尊重群众团体的独立性，不应干涉群众团体内部的事情，群众团体应尊重政府，应服从政府，一切法令，不能以一个阶级、一个党派的利益为出发点去干涉政府工作，代替政府工作，破坏政府法令。我们要求各抗日民主政权与各抗日群众团体亲密的〔地〕团结起来，互相配合去发展、巩固与深入抗日民主政权工作与抗日群众运动，去完成共同的总的抗日战争的彻底胜利与三民主义共和国的实现。

（庚）开展国民教育与培养各种政权干部。

开展抗日民主政权地区的国民教育，是当前深入动员群众参加与坚持抗战，培养革命知识分子及干部的重要环节。各级政府一定要把这一工作作为中心工作之一，坚决反对一般人轻视与忽视教育的态度及认为暂时不能注意与发展国民教育的观点。各种群众团体的宣传部门与政府的教育科应确实负责去开展这一工作。国民教育分儿童小学教育、成人的定期教育与一般的社会教育两种。我们要根据最近山东文化界协会对于国民教育问题许多决定（各学制问题、教育机构、课程与教材内容等问题的决定）去开展山东的国民教育等工作，做到每一村都有一所学校，每一学龄儿童和成年人都受到教育，以新民主主义的精神去武装全山东的人民，提高其抗战积极性，积极参战与坚持抗战，去反对一切投降、分裂、倒退的谬论与邪说。动员一切知识分子、小学教员开办师资训练班、中学校等，去解决教育的干部问题。把所有的学田、庙产、公产充作教育经费，不够时再由政府给以补助，做到学生免费受教育与教员生活的改善。同时要各县设立民众教育馆，领导与组织各村的俱乐部、识字班、夜校、戏剧、墙报、巡回图书馆、流动剧团、读报、歌咏、说书等工作。

各级政府还要大量开办各种政府工作干部的训练班，如村长、乡长、区长、司法、财政税收人员的训练班，以解决目前严重的干部恐慌〔荒〕现象。

（辛）建立与健全政府的公安局工作，开展锄奸运动。

敌人政治进攻的毒辣手段之一就是派遣大批汉奸托匪，到我抗日地区进行挑拨离间、刺探军情，进行各种破坏工作，所以锄奸工作是维持治安、保卫政权的重要工作。各级政府一定要确实建立各级政府的锄奸部门——公安局与锄奸网工作，并且要进行广泛锄奸教育与动员工作，普遍的〔地〕提高群众的警觉性，以群众的锄奸运动，来配合政府的锄奸工作。

（壬）民主政权应配合党军民工作，缩小敌占区，开展敌伪区政权工作。

扩展我抗日政权，缩小敌伪区政权，是我们在敌后山东坚持抗战，开展民主政权运动的基本任务。实现这一基本任务，不仅是依靠抗日军队、依靠主力去打天下，开辟抗日民主政权区域，而同时依靠党政军民工作的配合，依靠公开工作与秘密工作的配合去开展这工作。而首先关于开辟敌伪区政权工作，要各级政权把这一工作当作自己的任务去开展。所以各级抗日民主政权，应在第一科内建立对敌伪区政权工作的组织和工作，专门领导对敌伪区的政权工作，以配合党军民的工作，去开展敌伪区的政权工作。

今天对敌伪区政权工作有很大的顺利条件，因为敌伪区广大人民是要抗战的，他们在敌伪的压迫摧残下与目睹敌伪的困难情形，更增加其抗战的决心与信心。同时许多被强迫去当汉奸的，亦甚愿替祖国效劳，作为他留将来的余地。这都说明我们对敌伪区政权工作的有利条件，并为过去许多历史的成绩所证明。所以各级政府应十分重视这一工作，艰苦的〔地〕耐心的〔地〕去开展这一工作。

（癸）在各部门中加强对抗日民主政权的教育。

新民主主义的抗日民主政权问题，是一个崭新的革命问题。特别是由于中国一贯的缺乏民主政治、文化的落后，数千年来的官僚政治传统，使广大人民一方极端仇视政权，一方缺乏执政管理国事的经验，所以大家对民主政权问题是相当生疏的一个问题，是要从各方面加紧对于这一问题的教育。这个教育，首先是对于政权问题的基本认识。政权在革命中的基本作用、中国革命的性质与政权的特点、今天抗日民主政权的性质与作用、抗日民主政权的各种政策、抗日民主政权的运用与作风、抗日民主政权的现在与将来、抗日民主政权与各方面的关系、如何才能达到党政军民四位一体的工作关系，这都需要从各方面有系统的〔地〕深入教育。那么，对于抗日民主政权工作，将起极大的推动与进步作用，而收获更大的效果。

最后，山东抗日民主政权，已成为团结一切抗日人民和部队坚持抗战的核心，是山东抗战胜利的有力保障与建立三民主义共和国的基石。因此山东抗日民主政权，已成为山东抗战胜利的旗帜。一切愿意抗日的党派、民众、军队应该拥护这一抗日民主政权，参加这一抗日政权，依靠大众，群策群力，推动政权的改进、巩固和发展，争取抗日战争的胜利，争取建立三民主义共和国的彻底胜利！

抗战三周年纪念日

选自《山东革命历史档案资料选编》，第4辑，济南，山东人民出版社，1982年版，第361～380页。

7. 范明枢：山东省联合大会[①]开幕词

1940年7月26日

各位代表！

诸位从或远或近的各个地区，通过敌占区、顽固区，跋山涉水，千辛万苦的〔地〕来到这里开会，是非常劳苦的。我向诸位致以慰问的敬礼！

今天是联合大会正式开幕的一天，这个联合大会包括着——国大代表复选大会，全省

① 山东省联合大会，是由山东省各抗日群众团体代表组成的临时代表大会，于1940年7月26日开幕。大会先后听取了朱瑞的政治报告和李澄之的《宪政与民主》的报告，以及黎玉、杨希文等人的报告。经过大会讨论通过了《山东省战时施政纲领》《山东省临时参议会组织条例》《山东省战时工作推行委员会组织大纲》；选举议员81人组成山东省临时参议会，选举黎玉等23人组成山东省战时工作推行委员会，同时选举6人为山东出席国民大会的代表。然后各抗日群众团体分别开会，制定了各种联合会的组织条例与工作纲领。山东省战时工作推行委员会（简称“山东省战工会”）是临时的省级政权组织，至1943年9月改称“山东省行政委员会”，1945年8月正式成立山东省政府。

工、农、青、妇、文各界总会成立大会，全省民众总动员委员会成立大会，及全省各救联合会成立大会四个部分。诸位代表，这个联合大会的开成，是由于三年来各方面奋斗的结果。这个大会有其伟大的历史意义和政治意义的，在山东可说是空前的创举。

关于今天开会的意义，分析来说，我以为有以下几点：

第一，现在正当着抗战第四年的开头，这是一个非常困难、非常危险的抗战年头。一方面，坚持抗战、团结、进步的积极抗战分子，人人抱着牺牲的决心和胜利的信念，为克服一切抗战的困难，争取时局的好转而努力，但是另一方面，有一些不顾国家民族的存亡，只顾个人的利益的人们，对抗战疲倦了，于是就悲观失望，走上妥协投降、磨〔摩〕擦分裂的道路，直接间接的〔地〕响应了敌人，认贼作父。这就是摆在眼前的两条政治路线的斗争，一方面是坚持抗战的，一方面是妥协投降的。我们的联合大会，就在这两条路线斗争最尖锐的时候召开，这不是偶然的凑合，是有其伟大的历史意义和政治意义的。诸位代表，我们中华民族的伟大精神，一向是主张和平，拥护正义，反对侵略，反对压迫的。我们的敌人——日本帝国主义者，一向是恃其武力之强来压迫中国、侵略中国的。但是抗战抗了三周年，日本鬼子虽然在军事上、政治上、经济上用尽了一切力气要想征服中国，然而我们中国却越打越强越进步，日本鬼子反倒一天不如一天。这是由于我中华民族的伟大精神和孙中山先生的革命精神感召启发所致。现在虽然摆在眼前的有日本鬼子的加速进攻，有顽固分子和动摇分子的妥协投降，我相信，我们中华民族已经觉醒了的进步力量，联合所有的抗战人民，是一定能克服国内的一切困难，一定能打退日本鬼子，以争取中华民族的彻底解放。

第二，我以为中国所以能够抗战三年，越打越强的缘故，一方面由于我们中华民族的伟大精神和孙中山先生的革命主义与三大政策；而国民党和共产党两个大党的合作，更是重要的原因。我们的蒋委员长是全国的最高统帅，是坚决抗战的。我们的毛泽东先生是领导中华人民抗战的导师，坚持着团结到底、抗战到底的国策的。有了国共两党的合作，这才团结了全国各阶层的进步分子，共同走上了抗战的大道。今天，正当着抗战空前困难、空前危险的时候，我们惟有坚决拥护国共两党亲密合作，团结到底，抗战到底，才能克服一切困难，争取中华民族的彻底解放，实现独立、自由、幸福的三民主义共和国。

第三，灭亡中国，是日本帝国主义的一贯政策。现在日本趁着欧洲的大战，不暇东顾的时候，大倡其南进政策，对于中国大施其诱降劝和的伎俩及军事进攻的威胁手段。我们中国有不少的动摇分子，中了日本鬼子的和平迷药，便做起和平的迷梦来。我们要深切的〔地〕明白，无论日本鬼子说什么“和平”，说什么“南进”，但是百变不离其宗，总是以灭亡中国为中心的；我们中国人，也不论男的女的老的少的，要人人抱着打日本的决心，向着团结进步的路子走去。

诸位代表，以上这三点意思，我以为每一个到会的代表，都要有一个亲切的认识，不知诸位以为如何？

诸位代表，我除了提出以上的三点意思以外，我还要谈谈中华民族的历史性和民族性。我以为我们民族的历史性和民族性，以孔孟的道理和春秋大义可以代表。从孔孟的道理来看，有杀身成仁、舍生取义的牺牲精神，有正名定分、严夷夏之防义的民族精神，这两种精神，惟有在今天伟大的抗日民族解放斗争中，才充分的〔地〕热烈的〔地〕发挥出来。在过去的中国历史上，是没有象〔像〕今天发挥的〔得〕这样伟大惊人的。至于我们山东的先烈，在中国历史上是很有名的，就象〔像〕田横的守义不辱，这件事就出在我们山东。在胶东有个田横岛，田横是齐国的宗室，汉高祖做了皇帝，请他出来做官，他不愿受汉高祖的屈服，便于中途拔剑自刎。他留在岛上的五百义士，听到这个消息，也都自杀了。这种不屈不辱的壮烈行为，很足以表现我们山东人民[的]反抗精神。现在还有些人以为抗战上前线是很危险的，不知我们现在无论是一个人，或是个民族，要想堂堂正正的〔地〕存在，只有抗战上前线这条路。我记得在汉朝的时候，有个班超，与班固是亲兄弟。班超长征万里，在兵马中过日，活到七十多岁。班固舞文弄墨，足不出都门，反倒早死了。诸位代表，我们从中华民族的历史性、民族性来看，三年来伟大的抗日战争，实在值得我们深思回味，假使我们要让那些妥协投降的逆流发展下去，那末〔么〕我们真对不起三年来为抗战牺牲的烈士们，真对不起我们中华民族的历史性和民族性！

选自《山东革命历史档案资料选编》，第5辑，济南，山东人民出版社，1982年版，第3～5页。

8. 宪政与民主——李澄之在山东联合大会上的报告

1940年7月29日

今天我所报告的是“宪政与民主”的问题。但我首先声明的是我对这问题研究不十分充实，内容也就不够精彩了，这是很抱歉的。现在也只有就我研究所得的谈一谈。

一、宪政与民主的意义

甲、我们对于宪政与民主的认识

（一）宪政与民主是一个新的问题，同时又是一个旧的问题，它也是旧中国走向新中国必须解决的基本问题。现在我就分别讲下去。

1. 宪政与民主为什么说是新的问题呢？诚然民主的问题，早就被大家提出，尤以抗战以后喊得更响亮。所谓“抗战的民主”，就是被大家所提出的中心的具体的问题。但是宪政与民主成为一个新的问题，并且成为普遍的运动，这是由于国民参政会第四次会议之决议及中国国民党六中全会的决议所提出之召开国民代表大会、制定宪法之后。关于国民参政会第四次会议决议有“建议政府定期召集国民代表大会，制定宪法，实行宪政”。同时，为了促进宪政运动，并保证各抗日党派与抗日群众能得参与国民代表大会起见，又通过：

（1）请政府明令宣布全国人民除汉奸外，在法律政治上之地位一律平等。

（2）为了适应战时需要，行政机构应加以充实与改造，藉〔借〕以集中人材〔才〕，充实抗战建国工作，争取最后胜利。

由于以上几种决议，我们可以看到：第一，召开国民代表大会，制定宪法，实行宪政，将逐渐的〔地〕走向民主政治的道路上去。第二，全国各抗日党派和群众团体得合法存在，并且因为法律政治地位上平等，人民得以享有集会、结社、言论、出版之自由。第三，还政与〔于〕民，结束国民党之一党专政。自然的，由以上的决议案之公布，民主政治必然应运而生，因而又于会议中通过组织成立“宪政期成会”，这是宪政与民主成为广大运动之必然的意义。以后，中央即根据国民参政会及中全会之决议，决［定］于本年十一月十二日召开国民代表大会，而限令全国各地于五月底完成选举。

抗战与民主虽为目前需要解决之基本问题，但在国民参议会未提出以上议案时，提起宪政问题的时候很少。如在前只提出民权主义，并未涉及宪政问题，而对民权主义之讲法，在国民党临时代表大会宣言中有：“至于革命期间，则政治之统一，较政治之自由为急，军政训政实为势之所不容已。而当对外抗战，则虽在宪政时代之国家，亦必授权政府，俾得集中人民之力量，统一人民之意志行动，以同赴于国家至上之目的……”抗战建国纲领政治部份〔分〕内，曾有“改善各级政治机构，使简单化、合理化，并增高行政效率，以适合战时需要”。虽然以上这些条文并不能满足我们的要求，但是经参政会六中全会提出之决议案，使宪政与民主成为全国普遍的运动，这是明显的事实。

2. 宪政与民主为什么说是旧的问题呢？现在我们对这问题，若不从中国的特殊性质来看，单从历史经过的情形观察，中国自从鸦片战争以后，海禁大开，民权思想输入，如光绪二十四年，康梁改良派之民主运动（即戊戌政变）及中山先生在同盟会时所揭〔提〕出的“驱除鞑虏，恢复中华”，都可以证明宪政与民主运动已有四五十年的历史了。所以说，宪政与民主是老的问题。

3. 宪政与民主是旧中国走向新中国之必需〔须〕解决之基本问题。我们今天不多说理论，也不多引证中山先生的文献，但最近毛泽东先生曾发表说：“中国缺少了两件大事，即民族独立，民权自由；同时多了两件东西，即帝国主义的压迫，半封建势力的压迫。”从这两句话里，我们也可以看出中国所要的是什么东西。中国社会的特质是半封建半殖民地的社会，因而也就决定了中国革命的特质和中国革命问题。很明显的，我们需要民族独立、民权自由和民生幸福，那么，只有促进宪政，实行民主，才能达到这目的。因此我们说，宪政与民主是旧中国走向新中国必需〔须〕解决的基本问题。这是我们首先应该明了的。

（二）宪政与民主是一件事，但是偏有人故意把它当作两件事看，也有人不知道这是一件事。现在我们分头讨论一下：

1. 宪政与民主基本上是一件事，宪政为最好的民主生活。欲实行宪法，必有广大人民之赞同与拥护，否则宪法将成为一纸空文。宪政所代表之民主制度，应当形式与内容适应与一致。恰好〔如〕毛泽东先生所说：“宪政是什么呢？就是民主的政治。”宪政是不可离开民主来谈的，所以说宪政与民主是一件事。

2. 为何有人把它当作两件看呢？如清末康梁的变法，不错，是多少带点民主意味的，但宪政是宪政，民主是民主，皇帝当家，民众作陪，这分明是实行君主立宪，实与民主立宪相去很远。康梁之被人称为保皇党，就是这个原因。这是很明显的〔地〕说明宪政与民主是两件事。这是我们认为不正确的。

3. 为什么有人把宪政与民主不知道当作一件事看呢？有一次我们动委会派人到×地去视察，在那里有人就说：“宪法还没有人明白，怎么做促进宪政的工作呢？”事实上在那里的民众正从事于民主运动，改选政府，建立民主政权呢！这是很明显的〔地〕把宪政与民主看作两件事的好例子。他们认为宪法是“公法学者”所研究所论道的东西，一般民众来谈这还不够资格，自然就很容易把宪政与民主分家而不能联系在一起了。因此我们非把宪政与民主弄成老百姓日常政治生活上的家常便饭不可。

乙、为什么要实行宪政

这是抗战与民主的问题，有几点理由提在下面：

（一）为了加强抗战的领导，必须实行宪政。以民主的方法改革政府，并收纳各抗日党派来参加政府，充实政府力量，使能真正担负起抗战的艰巨任务。我们很知道，抗战以来，使我们中国有了很大的进步，尤其在军事方面进步的〔得〕更快，但是政治方面的进步是差一些。因此敌人就根据这弱点，向我们实行政治上的进攻，分化啦，挑拨啦，利诱啦，劝降啦等等的卑劣手段。因为这种关系，我们必须通过民主而实行宪政，充实抗战力量，使政府与民众共同担负起领导抗战的任务。

（二）为了发动全国人民共同抗战，必须开放政权，还政与〔于〕民，实行宪政，给人民以民主自由，发挥人民之爱国热忱。毛泽东先生曾说："民主政治是发动全民族一切生动力量的推动机。有了这种制度，全国人民的抗日积极性将会不可计量的，发动起来之后，将成为取之不尽，用之不竭的深厚渊源。我全民族之彻底的统一团结的伟大过程之完成，也只有依靠民主制度之建立。"蒋委员长在第三次参政会议开幕词里说过："一国的人民，自己不能关切自身的幸福，不能管理自己的事物，就是说如果人民不能积极参加政治的话，他们不能造成强盛的国家。"

从这段话里，我们很可看出实行民主政治的重要。从世界各国历史来观察，只有人民有了政权和实行民主政治的国家，才能发挥其伟大力量。真的，如果捆起人的腿来而嫌其跑得慢，这是极错误的事情。

（三）为了加强团结，巩固统一战线，消弥磨〔摩〕擦分裂的危机，要建立民主制度，实行宪政。如果人民大众不能实行民主，不能参政，不能主持与过问国家政治，那就不能使各阶层的力量统一到政府中去，上下一致的精诚团结更难，磨〔摩〕擦分裂现象之发生与发展将无法制上。因此我们是必须实行民主政治，那也就是实行宪政。

（四）为了克服投降妥协危机，清洗动摇分子，镇压反革命的活动，必须厉行政治改革，加强政治抵抗，以最大［多］数人民的力量保证抗战到底。争取最后胜利，是要实行宪政的。投降妥协已成为目前严重危机，而敌人之政治进攻尤为积极。因此，我们必须加强政府力量，来粉碎敌人阴谋，镇压国内之投降妥协派。怎样才能加强政府力量呢？那必使全国人民有权利、有一机会来过问国家的事情。那么，建立民主制度是当前极需要的。

（五）实行宪政是为了抗战，同时也是为了奠定建国的基础。抗战、建国是不能分的，我们要想抗战胜利，建国的事业就必须打下坚强的基础，只空喊一面抗战一面建国，而不努力于实际行动的，就不能改革政治组织，就不能实施政治生活。这表明了民主和宪政问题在目前的重要。所以说实行宪政是为了抗战，同时也是为了奠定建国的［基础］。

二、中国所需要的宪政

中国所需要的宪政，是三民主义的宪政，也是新民主主义的宪政。关于这个问题，我们可从中山先生过去的言论及毛泽东先生新近发表的许多文章找到许多宝贵的理论上的参考。在此，我仅作一个简单的轮廓的说明而已。

甲、中国所需要的宪政是三民主义的宪政

同志们，我们不是要建设三民主义共和国吗，那么我们必须实行三民主义的宪政。但是什么是三民主义的宪政呢？第一是民族自由的宪政。就民族主义的意义和内容来讲，就是求民族的独立与解放和国内民族平等的地位。我们要讲宪政的话，民族的解放与独立和国内民族之平等地位是先决问题。同时，今日我们的抗战，也就是为了求中华民族的独立与解放。设民族不得解放与独立，谈什么民主、什么宪政呢？今日的印度、安南，就是最明显的例子。我们今日之处境，虽不同于印度、安南，但我们是受帝国主义压迫的半殖民地国家。尤其在今日，领土主权都受到限制，那我们只有贯彻到底地实行民主，把全国的力量集中起来，才能冲破帝国主义的压迫与限制，得到独立和解放。在对国内民族问题上，是国内各民族一律平等。假使我们对外是争取民族的独立与解放，对内却实行压制与剥削其他民族，我们能有良好之宪政出现吗？因而中山先生根据国内民族的自觉，要建立民族独立的共和国。这是关于民族主义一方面的。第二是民权平等的宪政。现在英美资本主义国家所行之政治制度——宪政，已成为资产阶级之私有。这种制度是中山先生根本反对的，因为它不是一般平民所有的权利。故其民权主义中主张实行民主，这就是革命的民权。但凡是害国亡民、甘心投敌的汉奸们，这权利是绝对不能给予的。至于欧美各国所提出之“天赋人权”，中山先生更不赞同。他主张效力于国家之人民，才有权力实行民权——在今日就是抗战的民主。第三，也是民生幸福的宪政。中山先生的平均地权、节制资本、对于人民生活的改善，都是为了民生的幸福，所以说三民主义的宪政也是讲求人民幸福的宪政。

乙、中国所需要的宪政是新民主主义的宪政

什么是新民主主义的宪政呢？就是适合中国国情社会，所有几个革命阶级联合起来对于汉奸反动派的民主专政。中国革命的特质，是根据了中国社会的性质而来的。中国是半封建半殖民地的社会，中国的革命就是反帝反封建的革命，因此必须实行几个阶级为了反帝反封建联合起来专政的新民主主义的宪政。但是它既不同于欧美资产阶级专政的民主政治，同时也不同于苏联的无产阶级专政的民主政治。这点我可以引用毛泽东先生所发表之《新民主主义的宪政》中一段话来说明：“新民主主义的宪政，它不是过了时的、欧美式的、资产阶级专政的所谓民主政治；同时也不是新苏联式的、无产阶级专政的民主政治。”“那种旧式的民主，在外国行过，在现在却已没落了，不适合时代要求了，变成反动的东西了。这种反动的东西万万不能要。中国的顽固派，他们还要这种东西，但他们是要不来的，因为中国人民大家〔都〕不要这种东西，中国人民不欢迎这种东西，中国的事情是定要由中国多数人民作〔做〕主，资产阶级一个阶级来包办政治是断乎不许可的。最新式的社会主义的民主怎样呢？这自然是很好的。……现在我们中国需要的民主政治，并非旧式的民主，也非新式的民主，而是合乎世界潮流、合乎中国国情的新民主主义。”①

三、宪政运动中几个具体问题

甲、国大代表选举及召集问题

刚才已经提到，宪政运动的开始，［是］在第四次国参会决议及国民党之六中全会以后。这是实施宪政成为一个新问题的原因。但既是这一问题，又是一个旧问题，那就是说，在这以前，一定还干过一些，远了不说，譬如在民国二十四年就已拟定了选举法，并且选出了代表来。可是当时政治情况和今天相比是大大不相同了，首先各党派间的关系有

① 这段引文与《毛泽东选集》第二卷 1991 年版第 732 页的文字，不尽相同，应以后者为准。

了很大的更易，那么在今天来召开国民大会，就必须将过去选举法来一个改造，同时各地代表也应该重选。过去的选举法中主要的是圈定、指定，绝无民主意味，照那样办法选举，是不会有完全代表民意的代表被选出的。因此关于这一问题，各地宪政促进会都提出了许多意见。在山东，如刚才张伯秋先生的报告，已经通电各界，提出了值得考虑商榷的意见。在中央给各省市党部的指示中有："其依选举法（按——指二十四年之选举法）选出之代表，除附逆有据，应由政府依法办理外，自应一律有效。"这就是以为召开国民大会非新事而是旧事。实际上我们看当时主办选举的总负责人是谁呢？就是现在南京伪汪精卫部下的高级官吏之一的大汉奸褚民谊。再说山东当时召集并主持选举者是民政厅，但实际上的主持者是当时韩复榘的秘书长、今日的大汉奸张绍棠。所以过去所选之代表虽不能说"洪洞县内无好人"，但是因为选举法及负责选举人之不健全，则选举之代表不尽能代表民意是可以断言的。所以在山东全省宪政促进会的通电内就说："抗战以来，社会情势与前顿殊，有若干新的抗战团体，为该法所未规定者，有若干原有职业团体已发生变动者，关于职业团体代表之选举，该法已不能适用。且各沦陷区与大后方情势不同，如适用统一选举法，亦多扞格难通之弊。再则多数区域代表，自事变后即离开原来区域逃于安全地带，与其被选举区域民众早已不同其利害。且多数代表被选在数年以前，无论现时情势已变，即已往受年龄限制之公民，现在多数已满年龄。用数年前之当选人代表目下之民意，揆诸情理，似有未合。"

至于过去选举法中的应修正处，这里就不必详述。如经济条件等的限制，当然是应该取消的。

乙、国大职权问题

为什么提到职权问题呢？因为在中央给各省党部的指示中曾说："此次国民大会，其性质［为］统一制宪机关。至执行宪法上所赋予之权限，尚有待于将来依照宪法规定所选出之国民大会。"对于这个问题，对于这个组织法之修改，各地都不谋而合的〔地〕提出了一致的意见，因为按照这个指示，那么这次国民大会，就变成一个短期制定宪法就无事的机关。所以山东全省宪政促进会的通电中曾说："国民大会既代表全体国民，其职权不应仅限于制宪，而应在制宪期间决定国家施政方针，监督政府"，不应使国民大会只成为一个制宪机关，成为一个大雨后的蜉游，瞬息而死。这在建国大纲中，中山先生也曾说制定宪法后，就应当授权于国民。根据中山先生这个遗教，则今天我们使国大有决定方针、监督政府的权限，这至少是合理的。《约法》中第一条说："中华民国之主权应属中国国民全体"，这句话的意思就是说："主权在民"，国民大会既是代表人民的机关，它的权限当然是绝不能只限于制宪了。

丙、宪法的基本内容

根据中央给予各省党部的指示，《宪法草案》之颁布，实已完成一切手续，其合法性自无疑问。这个"指示"中所谓的《宪法草案》，就是指民国二十九年五月五日颁布的宪草，据说还是许多"公法学者"所草订的。但这些所谓"公法学者"只是御用的，即使在当时言论极不自由的情况下，各界各报都曾提出很多不满的意见，尤其其中条文头尾每每加上"依法"等字样，这就把民主加上了种种限制。所以山东全省宪政促进会的通电曾说："查宪法不应是一成不变的，而是某一个社会某一时期基本构成条件——如政治、经济等等的反映。目下社会情势，因数年抗战关系，与二十五年情势迥殊，若仅以二十五年草案，具备法定手续，即必须用之于今日，不顾事实之舛错，似非至忠至慎之道"，其他意见很多，基本上就是不赞成，应该彻底修改，应该被否认。至于我们所要的宪草内容，就是完全适合人民利益、真正有自由民权的、代表人民的宪法。

丁、宪政运动中民主政权的建立问题

第一，建立民主政权。这是实行民主、实施宪政中的一个实际的中心的问题。有些人高喊着宪政民主，而对于民选乡长却认为是政治革命。在中央指示还说："我们一方面要求实施宪政，一方面要求宪政实施后继续进行训政未完成的工作"。这种训政，实在说并非训练人民使用四权，而是限制人民使用四权，他们是以实行训政作为缓行宪政的藉〔借〕口。这是与宪政精神相背道而驰的，是完全违反中山先生的意旨的。中山先生在《地方自治》的论文中，就说实行地方自治以县为单位，但是即几个村也可以实行。这句话的意见是什么呢？就是讲，有些人以为必须中央政府有命令，民选才是合法、才能实行的说法，是反民主的，是不必要的。人民全体的要求就是民主，就是合法。若是等到有人命令民主才民主，那并不是真正民主的精神。正如鲁迅先生曾说道，某些地区虽然名义上"准许革命"，但是实际上是"奉旨革命"。

第二，同时今天建立民主政权，还有其实际意义：（1）敌后方的游击战争的坚持，是民族自卫战争的胜利的重大因素。但是要在敌人已经占领了大城市的情况下，开展和坚持游击战争，则建立民主政权是一件非常实际、非常重要的工作。这个工作是有其战略意义，只有广泛的〔地〕建立民主政权，才能高度的〔地〕发挥民力，才能集中一切人力、物力服从抗战。（2）尤其在敌人加紧政治进攻、到处树立伪政权的今天，我们要缩小敌之占领区，扩大我之政权范围，就必须广泛建立民主政权，使得广大民众不致沦为顺民奴隶。

四、今后宪政与民主运动应注意的几个问题

甲、国大试选复选代表选出后，应争取到重庆去出席国民大会。当然这事十分困难，中央政府未必答应。虽然根据国大事务所的报告，说山东代表过去选了未报，但是否就因此而能容许我们前去，是十分难说的，只是我们应该力争前去。

乙、根据民主精神，改组充实全省宪政促进会，使之更能发挥其伟大力量，真能做到"促"字。

丙、此次联合大会后，在山东各方面工作定能有很大的开展。因此我们的口号是统一、发展、巩固、深入。统一不仅表现在大会上各救亡团体的领导机关之成立，而且在今后各种工作的配合，同时，并须大大扩充、发展、巩固，是使我们的民主政权、各职业团体能得深厚的群众基础，争取一切即使不十分积极的分子，绝不能抱着"年三十打了一个兔子，有它也过年，无它也过年"的态度，当然，这种争取不是迁就。最后，在今天已经得到初步的统一后，便要继续深入，使一切工作都做到切切实实、一点一滴，绝不可草率从事，只要求表面的成绩，不求内容的充实。

对于今后实行宪政与民主工作的意见，简单的就是如此，不够的地方，请同志多多补充。

选自《山东革命历史档案资料选编》，第5辑，济南，山东人民出版社，1982年版，第31～42页。

9. 山东省临时参议会组织条例

1940年7月30日山东省联合大会讨论通过①

第一条　本条例根据国民参政会第四次全体会议决定，及国民政府颁布之临时参议会组织条例之基本原则，并参照敌后方之实际情形，为实现三民主义及抗战建国纲领，完成地方自治，以巩固敌后方之抗战政治的、社会的基础为目的而制订〔定〕之。

第二条　山东省临时参议会为代表山东省全体人民之民意机关。

第三条　中华民国之人民年在十八岁以上而居住于山东省内者，无性别、党派、职业、宗教、民族、财产、文化程度之区别，均得选举或被选举为山东省临时参议会议员，但有下列情形之下者，即无选举权或被选举权：

一、有汉奸嫌疑者；

二、有精神病或吸食毒品者；

三、在抗战中受刑事处分，褫夺公权尚未复权者。

第四条　山东省参议会参议员名额定为八十一人，候补参议员十九人。

甲、由各地区之人民选出总名额十分之六，由各抗日群众团体代表会选出总名额十分之四。

乙、妇女参议员名额以占总名额百分之二十五为原则，不得少于百分之十。

第五条　在抗战期间，山东省政府之重要施政方针，于实施前应提交山东省临时参议会决议。

在山东省临时参议会休会期间，遇有特殊紧急情形，须作紧急处置时，应提交山东省临时参议会驻会委员会决议施行，但应于山东省临时参议会次期集会时提请追认。

第六条　山东省临时参议会对于有关抗战建国及省政应兴应革事宜，得制定本省单行法规。

第七条　山东省临时参议会有通过全省预算及审核决算之权。

第八条　山东省临时参议会有决议本省经济建设、财政、教育、行政及武装等重要设施之权。

第九条　山东省政府对山东省临时参议会或参议会驻会委员会依六、七、八各条所通过之议案，如认为不能执行时，提交复议；提交时，如经法定出席参议员三分之二赞同原案或对原案予以修正时，山东省政府对于山东省临时参议会复议时之决议应予执行，不得再度提交复议。

第十条　山东省临时参议会有听取山东省政府施政报告之权。

第十一条　山东省临时参议会有向山东省政府提出质问之权。

---

① “社科法制版”无制定年月，此乃以“山东资料版”为依据。

第十二条　山东省临时参议会有弹劾、罢免本省抗战不力、违法失职之各级官吏之权。

第十三条　山东省临时参议会参议员任期一年，惟遇必要时得由全省各群众团体最高机关过半数之请求，经参议会（或驻会委员会）之接受，得延长一年。

第十四条　山东省临时参议会每六个月开会一次，每次会期为两星期。

如经由政府之请求或全体参议员五分之一以上之请求，或全省最高群众团体最高之机关三分之二以上之请求，或经参议会驻会委员会之决议，均得召开临时会议。

第十五条　山东省临时参议会集会时有参议员总额过半数出席，始得开会，有出席者过半数表决，始得决议。参议会集会时如到会议员不足法定人数，得由候补参议员依次递补出席。

第十六条　山东省临时参议会设议长一人、副议长二人，由全体参议员互选之。

第十七条　山东省临时参议会开会时，以议长为主席，议长因公缺席时，由副议长代理之。

第十八条　山东省临时参议会休会期间，设驻会委员会代行临时参议会之职权，由参议员互选十一人至十七人组织之（议长、副议长为当然驻会委员）。其任务为听取山东省政府各种报告，及监督山东省临时参议会决议案之实施。

第十九条　山东省临时参议会设秘书处，秉承议长之意旨办理参议会一切事务。秘书处设秘书长一人，由驻会委员会就驻会委员中选任之，设秘书一人至二人，由议长聘任之。

第二十条　山东省政府主席、秘书长及厅长、省府委员及山东最高司法负责人员得出席于山东省临时参议会，但无表决权。

第二十一条　山东省临时参议会参议员为无给职，开会时应给旅费，但议长、副议长及驻会委员会之待遇与同级政府工作人员同。

第二十二条　山东省临时参议会参议员在会议中所发之言论，对外不负责任。

第二十三条　山东省临时参议会参议员在开会期间，非现行犯任何军警机关不得加以逮捕。

第二十四条　山东省临时参议会议事规则及驻会委员会办事细则另定之。

第二十五条　本条例解释之权属于山东省临时参议会。

第二十六条　本条例如有未尽事宜，由山东省临时参议会修正公布之。

第二十七条　本条例由山东省国大代表复选大会及各抗日群众团体代表大会联合开会通过公布施行。

选自《中国新民主主义革命时期根据地法制文献选编》，第 2 卷，北京，中国社会科学出版社，1981 年版，第 336～340 页。原注："选自《山东省战时法规政令汇编》第一辑第一分册，一九四二年版。"简称"社科法制版"。

互校版本：《山东革命历史档案资料选编》，第 5 辑，济南，山东人民出版社，1982 年版，第42～45 页。简称"山东资料版"。

10. 黎玉在山东省战工会全体委员宣誓就职典礼上的答辞

1940年8月17日

主席，监誓人，各位代表，各位来宾！山东战时工作推行委员会在全山东民众重望之下成立了，而且又在大家面前，在各位代表面前宣誓就职了。对各位代表恳切的致辞、热情的祝贺、诚挚的希望，谨代表战工会表示百分之百的接受与最诚恳的感谢！

战时工作推行委员会的成立，意义是很重大的。战工会的同志深感自己担子的艰重、任务的巨大。因为战工会的成立，正是处在全国空前危险、空前困难的时候，是在山东“扫荡”与反“扫荡”、投降与反投降、民主与不民主斗争激化的环境中。因此，战工会要成为反“扫荡”与反投降战斗的机关，要成为新山东、旧山东斗争过程中初步的最高民主堡垒。尤其因为战工会的组织还是比较片面性，不能包含全山东人民的力量。也就是说，在新山东与旧山东斗争当中，还未把全山东人民百分之百的〔地〕团结起来。以能力薄弱的战工会同志们来担负联合大会所付托于战工会的重大任务，要成为推动山东战时工作与新山东建设的机关，尤使我们感到难以胜任。但处在这个时候，担子是不允推脱的，只要是大家付托的抗战任务，就应当努力担负起来，应该贡献自己最大力量。在集体的领导下，在斗争中学习，在学习中斗争，实现这有历史意义的使命，争取抗战的胜利。

综合大会的精神与代表们的希望与意见，有以下主要的十点，正是战工会现在与将来努力的方向，我们一定要以百分之百的战斗精神来实现它。

一、使战时工作推行委员会成为坚持抗战的机关。首先它要领导与推动各级民主政府，领导民众为战胜日寇的总的任务而奋斗，坚持反“扫荡”，坚持反投降的斗争，克服困难，使战工会的一切工作［成］为战争的胜利，［并］为了坚持山东抗战，争取最后胜利而奋斗的一个有力的机关。

二、实行民主政治。战工会保证以百分之百战斗的姿态，发扬民主政治，实行民主政治，扩大民主政治，健全民主政治，使反民主、腐化、倒退的政治逐渐消灭，完成新山东的新民主主义的政治。

三、适当的〔地〕改善民众生活，是大会重要的精神，也是各团体代表最代表大多数民众的要求，也是战工会今后推行的重要工作。只有适当的〔地〕改善民生，才能提高民众抗战的积极性。对于工会农会代表的要求，也正是抗战的要求、民主政治的要求、适当的〔地〕解除工农的痛苦，是战工会必须实现的任务。

我们要确实推行公平负担、减租减息、增加工资、优待抗属、救灾济难等进步法令。对于妇女的救国会代表要求，我们也全部接受。尤其在今天多层压迫下的妇女同胞，我们一定要帮助她们解放出来。至于文化界，在今天反对敌伪宣传，提高民众文化水平，以保证抗战胜利的任务当中，也占有很重要的位置，所提出的要求和困难，我们也一定要以最大的热忱予以帮助。

四、坚持统一战线。今天战工会是民众的、战斗的、带有政权性的组织。无疑义的，它要吸收更多阶层、进步人士和中间力量参加，拥护民权主义，本着统一战线的基本精神，真正实现国共长期合作，用战工会本身的模范行动，来巩固与扩大抗日民族统一战线。

五、动员民众参战与发动民众武装。战工会当前首先动员、组织、训练各地自卫团，组织游击小组与地方游击队等民众武装，使全山东民众都走进抗战的营垒中，在战争中能发挥出群众参战更伟大的作用。

六、缩小敌占区，扩张我占区，是今后战工会的更新的任务。首先要把民主政权扩大深入敌占区，把民众从汉奸伪维持会、伪政权的蹂躏下解放出来，以各种各样的方式，在党、政、军、民众团体有力配合之下，开展敌占区各种工作，宣扬我政府对敌人践踏下的同胞们的关怀。

七、提高民众觉悟，发扬民众积极性。在目前迫切的〔地〕需要各方面从教育着手，尤其在相持阶段是个长期的耐心的工作。战工会首先切实推行国民教育与各种社会文化的活动，开办各级学校识字班，编印各种教材，培养大批文化宣传教育干部人材〔才〕，建立乡村的俱乐部、救亡室，开办各种训练班，来提高民众文化程度，支持艰苦的抗战。

八、克服敌人经济封锁，粉碎敌人以战养战企图，建设我之敌后财政经济。发展家庭工业，组织各种产销合作社，奖励生产事业，确定敌后方适当的贸易政策，保护税收，贮藏食粮，活动地方流通，发行辅币，保护法币，与伪钞作斗争，将各个抗日根据地建设为自足自给的抗日根据地。

九、健全各级抗日民主政权的机构，发挥抗日民主政权领导抗战的效能。这是一个很重要的同时也是一个很繁重的任务，战工会将以最大的努力，一点一滴的〔地〕完成这一任务。

十、实行廉洁作风。战工会首先号召吃苦耐劳、节约奉公的作风，为了国家民族的利害〔益〕，必须抛弃个人的享乐，要惩戒各种贪污腐化、营私舞弊的可耻行为。

我们战工会全体委员已在三千八百万人民代表面前这样宣誓了，我们已开始执行我们的工作。我们能力虽然薄弱，但自信要在工作中学习、战争中锻炼，以不屈不挠、艰苦奋斗的精神，实现大家付托给战工会的任务。

同时也希望各群众团体、各界人士，以至诚的热忱，不时辅助与推动战工会工作的开展。尤要与各级民主政权更加密切的〔地〕联系起来，成为推行民主政治的保证者，领导三千八百万民众实行抗战建国纲领与抗战进步法令。民主政权也应不违背各群众团体的独立组织系统，应尽量予以必要的帮助。民主政权与群众团体要两方面向一个奋斗的目标前进。

最后，再一次向各位代表——对战工会无限关心的山东人民代表，表示最诚恳的答谢，并保证以以上任务的实现来回答大家的希望。

选自《山东革命历史档案资料选编》，第5辑，济南，山东人民出版社，1982年版，第262～265页。

11. 山东省战时工作推行委员会组织大纲

1940年8月23日公布

一、山东省工、农、青、妇、文化界、动委会等抗日群众团体代表大会及山东省民选国大代表联合大会，为坚持山东抗战到底、团结到底，加强山东抗战工作之领导起见，由大会产生山东省战时工作推行委员会（以下简称本会），为推行山东全省战时工作之机关。

二、本会之工作计划，应依据抗战建国纲领及山东省施政纲领与山东省临时参议会之决议制定之。

三、本会之职权如下：1. 领导与推动全省各级抗日民主政权之行政工作。2. 计划指导与推动全省地方武装与群众武装之动员、组织、训练等工作。3. 指导与推动全省各级抗日政府之一切财政、经济、建设等工作。4. 指导与推动全省国民教育之一切工作。5. 指导与推动全省群众战时动员工作。

四、本会设委员二十一人至二十五人，由本大纲第一条所称之联合大会选举之；委员任期为一年。

五、本会之组织，采取集体领导、各组分工制度。对各项工作之推行，由主管组分别计划，拟定办法，提交本会委员会议通过执行之。

六、本会分组进行工作，各组之名称如下：1. 战时政治组；2. 战时武装动员组；3. 战时财政经济建设组；4. 战时国民教育组；5. 战时民众动员组。

七、本会委员，依第六条所列各组分组工作；各组设正副组长［各］一人，由本委员会就各该组委员中推任之。

八、本会各组依工作之需要，得聘请富有专门学识经验者为各组专门委员，组织各该组专门委员会。各组及各专门委员会之组织条例另订〔定〕之。

九、本会以战时政治组组长为首席组长，对外为本会之代表，对内得根据委员会决议，指导督促各组工作，调整各组关系及处理临时紧急事项。本会举行委员会议时，由各组长轮［流］主席——各组专门委员遇必要时得列席本会委员会议。

十、本会设秘书处，由全体会〔委〕员中推选秘书长一人，协助首席组长处理会务。秘书处并得视事务之繁简，聘任秘书若干人。

十一、本大纲由山东省工、农、青、妇、文化界、动委会等各抗日群众团体代表大会及山东省民选国大代表联合大会通过后施行。

十二、本大纲如有未尽事宜，得由本会提请山东省临时参议会修正之。

选自《山东革命历史档案资料选编》，第5辑，济南，山东人民出版社，1982年版，第265～267页。原注：“原载1940年8月23日《大众日报》。”

12. 山东省临时参议会宣言

1940年8月28日

本会成立之际，适值中国抗战处于最严重之时机。敌人外受希特勒战胜之刺激，内受国内革命危机之威胁，欲以闪电战术，实现其亡华目的，陷我荆宜，渡江西侵，狂炸重庆行都，封锁国际通路，迫我妥协，诱我投降。而我国少数妥协动摇分子，亦竟胁于敌势，惑于敌诱，制造磨〔摩〕擦，阴谋分裂，以便其事敌降敌之企图，而陷我中华民族于万劫不复之境地。抗战三年来，今日之投降危险实为空前之危险，今日之抗战困难实亦空前之困难也。

山东远处敌后，在主力之配备、群众之组织、政治之进步、生活之改善，均远逊华北其他地区。而敌人以山东北控平津、南制徐海、西胁平汉、东迫青烟、总绾津浦胶济、联系华中华北，因形势之重要，必欲全部占领，以巩固其华北之统制。而吾鲁省政当局，处此危局，不思团结抗战、抵制暴敌，乃竟纠合落后阶层、顽固分子，制造磨〔摩〕擦，阴谋分裂，嫉贤害能，反对进步，称共产党为“异党”，任意捕杀，名八路军为“匪军”，率部“围剿”；又复破坏救亡组织，摧残抗日政权，驯至配合敌伪，破坏抗战，外借暴敌之力，内寻阋墙之争，愈演愈烈，徒便敌人。故目前山东之情势更为危险，亦更为困难也。

在空前困难与空前危险之时，国民党总裁蒋介石先生与中国共产党中央委员会，均发表宣言，认为坚持抗战，克服投降危险，为目前切要之任务。而中共中央更着重指出“抗战到底，团结到底”为今后奋斗之准绳。抗战团结方针之确定，即为克服困难危险有力之保证，循此努力必抵于成。

在山东方面，抗战政党、军队、团体人士，亦均深悉困难危险之严重、团结抗战之必要，体政府之宣示，应国共之号召，坚定抗战到底之决心，共为团结到底而努力。经三年之奋斗，得鲁人之拥护，坚持山东阵地，粉碎敌伪“扫荡”，奠定山东人民抗战必胜之信心。如无暗藏汉奸之挑拨，投降分子之破坏与夫省当局之发纵指使，坚持抗战、坚持团结之国策必可实现，而一切妥协投降、磨〔摩〕擦、分裂、倒退逆流之现象必可根绝。故今日山东政治形势之症结，在于如何消灭磨〔摩〕擦、分裂、倒退之逆流，粉碎其与敌伪明暗配合准备投降之阴谋。而此等艰巨之任务，不惟有待于抗战政党、军队之努力，更有赖于山东全体人民之支持。为自救救国计，山东人民必须以自己之口舌、共同之努力，发扬民意，行施民权，集中民力，为救亡图存而作决死之奋斗。全省民意机关之建立，诚为全省人民迫切之要求。

我国府当局，鉴于博采民意、实行民权、动员民力之重要，接受国民参政会第二次会议之建议，命令各省限于民国二十八年一月一律成立省参议会。川、陕、赣、湘、皖、桂、闽、冀、豫等省，均经遵令先后成立。而我省政当局竟弁髦中央法令，无视民众要求，今已逾限一年又半，既未招集，更无招集之准备！但山东人民决〔绝〕不能因一人之渎职，而置救亡图存及中央法令于不顾。爰本国府之法令，就敌后之情势，于七月三十一日，由各地区选出之国大初选代表及全省各地工、农、青、妇、文化界代表共三百余人，遵全省三千八百万人民之委托，选出山东省临时参议会议员范明枢等八十一人，并互选范明枢为议长，马保三、刘民生为副议长，即于八月一日宣誓就职，宣告成立。本会既依法律之规定、抗战之需要与全省人民之意志而成立，亦将依法令之规定、抗战之需要与全省人民之意志而坚决奋斗。除呈报中央外，仅代表山东三千八百万人民之公意，执行省参议会之职权，誓必竭尽绵薄，以期不负全省人民之重托。

在本会成立之初，愿以本会及全省人民之信守与奋斗目标、努力方向，昭告于全国父老兄弟姊妹之前：

奉行革命三民主义，实行抗战建国纲领，拥护国共合作，拥护统一战线，拥护国民政府，拥护蒋委员长，拥护抗战到底、团结到底之国策，消灭汪逆伪“中央”，为本会及山东三千八百万人民共信共守之方针。

监督与决定省府军政财教之措置，推动战时工作推行委员会抗战工作之进行，使其适合于敌后之要求、战时之需要，以抗日政权之力量，粉碎敌伪组织，动员全省人力、财力、物力，团结与争取一切志切抗战之政党军队，坚持山东游击战争，巩固山东抗日阵地，为本会当前奋斗之目标。

为实现本会之信守与奋斗之目标，除制定战时施政纲领共同遵守外，特确定下列二者为今后本会努力之主要方向：

坚持抗战，致力团结，反对投降分裂：山东抗日阵地之未臻巩固，抗战部队之未尽坚决，不由于敌力之强我力之弱，而由于团结不固，投降分裂之危机潜伏。因此，本会坚决打击酝酿妥协投降之一切企图，坚决反对反共反八路、破坏群众组织、摧残进步力量之任何磨〔摩〕擦行动，严防暗藏汉奸汪逆托匪之挑拨离间，致函沈鸿烈主席迅速停止其磨〔摩〕擦行动，号召一切抗战政党、军队、团体精诚团结，吸引徘徊犹豫之社会人士参加抗战，打击少数坚决投降、怙恶不悛之顽固分子，使其消灭。必如此，始能克服投降妥协之危机，坚持抗战，巩固抗日阵营。

力求发展，力求扩大，力求进步，力求抗战法令之执行：抗日部队须有猛烈之发展，群众团体应有十倍之扩大，惟兵力民力之发展，抗战团结之堡垒方易巩固，危险困难之克服始有保障。而实现民主、改善民生工作之开展，与进步法令之执行，又为发展抗战力量之要图。故各级参议会必须成立，各地政权必须民选，苛捐杂税必须废除，减租减息必须实行，经济进攻必须粉碎，生产运动必须扩大，国民教育必须提倡。

本会为山东三千八百万抗战军民所选出，本会之意志即为全山东人民之意志。仰望国府当局眷顾敌后人民为收复失地志切团结抗战之赤诚，确定加强团结坚持抗战之国策；更望省政当局翩然改图，上体国府团结抗战之意旨，下顺山东人民同舟共济之舆情，停止磨〔摩〕擦，严禁分裂，奖励进步，防止倒退，以风雨同舟之精神，为坚持山东抗战而奋斗；更望我三千八百万人民，发扬民意，实行民权，集中民力，为实现本会之宣言——亦即山东全体人民之公意——抗战到底，团结到底，巩固山东抗日阵地，坚持山东游击战争，争取中华民族解放之彻底胜利。

选自《山东革命历史档案资料选编》，第 5 辑，济南，山东人民出版社，1982 年版，第 269～272 页。

13. 山东省联合大会宣言

1940 年 8 月

山东国民代表复选大会、全省总动员委员会、各界救国联合总会成立大会、工农青妇文化各界代表大会，此等为全省人民所选出、所拥护之盛大会议，因抗战之需要、环境之要求已同时召集，联合开幕，汇为一隆盛的联合大会。

当本会开幕之时，适值全国抗战处于空前困难与空前危险之时，而山东因隐藏汉奸顽固分子更为猖獗，投降分裂危机更为严重，故山东处于更加困难更加危险的环境之中，而全省人民亦处于危险困难之严重关头。为救国家，救本省，救身家，均感发扬民意、集中民力之重要。在代表等当选之时即殷殷以此相托，本会开幕之时又复函电交驰，督促本会代表三千八百万人民之公意，迅速选举山东出席国民大会之正式代表，成立山东省临时参议会，建立山东战时工作推行委员会，借以实行民权、集中民力，克服空前之困难与危险，巩固山东之抗日阵地。

在本会三百余代表之中，有国大之初选代表，代表各地区人民之意见；有工农青妇文化界与动员机关之代表，代表全省职业与救亡团体之要求；而乡贤宿老、抗战先进、政党领袖、军队首长以及各政府、各种族、各教派、各阶层之代表亦均萃聚一堂，发表伟论。本会代表既为全省人民所选出，本会之意志即为三千八百万人民之意志，既受人民委托之重，又感同胞督促之殷，义不容辞，责无旁贷。乃本国府法令之精神，适应敌后抗战之要求，经全体代表之郑重讨论、一致决议，于七月三十一日票选亓养斋等六十一人为山东出席国民大会之代表，票选范明枢等八十一人为临时省参议会之议员，推选黎玉等二十三人为战时工作推行委员会之委员。所选各员均在本会监临之下隆重宣誓，而山东省临时参议会与山东省战时工作推行委员会即宣告成立。

在国大代表选出，临时参议会与战时工作委员会成立之后，各动员机关与群众组织即开始分别报告、讨论三年来山东之群众工作，总结三年来之经验教训，确立今后努力的目标与方针，并于八月七日隆重成立山东省总动员委员会、山东省各界救国联合会与山东省工农青妇文各种救国总会。本会开幕以来，历三十余日，应人民之重托，本环境之需要，依国府之法令与代表之努力，幸获如上之成就。自此，山东人民团结抗战之意见，可因国大代表之选出，得以转达于中枢；因临时参议会之成立，全省民意与民力得以集中与发扬；因战时工作推行委员会之产生，抗战工作得以开展，抗日政权得其指导；因总动委会与各救总会之成立，民众团体有其总的领导，动员工作自今更易开展。掀起人民参政之巨浪，展开群众救亡之高潮，而山东抗日阵地之巩固与团结到底、抗战到底国策之坚持，亦自此奠其始基。在本会闭会之日，谨将工作经过昭告我父老兄弟姊妹之前，以示无负三千八百万人民之重托。

尤有进者：坚持山东阵地之抗日政党、抗战军队以及为大会所选出之民意机关、群众组织，乃抗战三年中人民奋斗得来之珍贵成果，为争取最后胜利之主要保障，必须力予支持、多加爱护，提高其威信，加强其职权，协助其巩固与发展，促其有更大之进步。

联合大会及各机关之一切宣言、号召、纲领、决议，代表人民之公意，适合抗战之要求，必须坚决执行，促其实现。而反对投降、反对倒退、实现民主、改善民生、发扬民力，更为巩固山东抗日阵地、坚持山东游击战争之主要保障，尤须广为运动，积极推进。

至奉行三民主义、实观〔现〕抗战纲领、坚持国共合作、坚持统一战线、坚持抗战到底、坚持团结到底、拥护国民政府、拥护蒋委员长，乃争取抗战必胜、建国必成之基础，为全国共同之纲领，尤须坚决遵守，彻底实现。

以上数者均为切要之图，当务之急，助我鲁民一致努力。

本会同人，既于会中勉告无负人民之重托，愿于会后追随父老兄弟姊妹之后，为爱护抗战所获之成果，坚持团结抗战之国策，实现联合大会之决定，而作最善之努力。

选自《山东革命历史档案资料选编》，第5辑，济南，山东人民出版社，1982年版，第274～276页。原注：“原载1940年8月29日《大众日报》。”

14. 山东省战工会委员及分工

1940年8月

委员分工决议：

（一）委员分组：

（1）政治组：黎玉、李澄之、陈明、刘居英、张伯秋、吴仲廉六同志。

（2）军事组：张经武、罗舜初、梁竹航、宋澄、牟宜之五同志。

（3）财政经济组：艾楚南、冯平、耿光波、郝伊人四同志。

（4）教育组：杨希文、李竹如、刘子超、张立吾、孙陶林五同志。

（5）民众动员组：李澄之、霍士廉、孙鸣岗、朱则民四同志。

（二）各组长当时公举：

（1）政治组组长黎玉、副组长李澄之。

（2）军事组组长张经武（未到前由罗舜初代）、副组长梁竹航。

（3）教育组组长杨希文、副组长李竹如。

（4）财政经济组组长艾楚南、副组长耿光波。

（6）民众动员组组长李澄之、副组长霍士廉。

（三）秘书长由陈明同志担任。

选自《山东革命历史档案资料选编》，第5辑，济南，山东人民出版社，1982年版，第294～295页。

15. 山东抗日民主政权工作——战工会秘书长陈明在山东省行政会议上的报告提纲

1940年9月

第一部分　中国抗日民主政权

［原件删］

第二部分　山东抗日民主政权工作的总结

一、山东民主政权的产生和发展

1. 韩复榘政权的逃跑与山东大混乱时期（济南失守到徐州退出）。

甲、敌人疯狂的〔地〕进攻，我军整批的〔地〕撤退。

乙、旧的韩复榘的军阀官僚政权崩溃逃跑，从省政府到专员县长（百分之九十以上）大批弃职或携款逃跑。

丙、中共山东省委根据北方局指示第一次公开活动，积极参加领导组织游击战争。

丁、说明旧的少数人专政的落后政权使抗战招致不可补偿的损失，是不适合于抗战的需要，在敌人的疯狂进攻之下，是要迅速崩溃的，而当时民主政权问题还未被注意。

2. 山东的稳定再生时期，政权的民主化问题尚未被重视（一九三八——九三九，从徐州退出到武汉失守）。

甲、敌人主要的战略方针，进攻武汉。山东成为敌人的后方。

乙、我主力部队进入山东，游击战普遍的〔地〕发展，保持与巩固某些区域（鲁西北、鲁南）并逐渐的〔地〕站稳脚跟，与敌人作部分的战斗（一一五师到冀鲁边）。

丙、随着山东抗战形势的发展，开展了山东的统战形势，中共成为统战的核心，但统战还缺乏计划。同时随着抗战形势的发展，磨〔摩〕擦发展，其中心是发展的，磨〔摩〕擦斗争是零星的，武装斗争是例外的现象。

丁、落后的老旧势力，在痛定思痛后、惊魂甫定中，回转过来，到处企图恢复其旧的统治地位。他们的传统的合法地位，在政权中占居〔据〕绝对优势的统治地位。

戊、群众运动开始发展，但民主政权运动还一般未被注意，许多从敌伪军中夺回的政权（八路军收复了二十多个县），让那些旧的顽固分子恢复其统治，进行反共、反八路，只在鲁西北及胶东建立部分的民主政权，如蓬、黄、掖及冠、观、邱等县。

3. 山东大发展时期，民主政权运动开始产生时期（武汉失守到鲁南大“扫荡”）。

甲、武汉失守后，敌人开始对华北、山东的大“扫荡”。开始敌后大规模的“扫荡”与反“扫荡”。

乙、中共山东分局的成立，八路主力进入山东，山东八路军大量的〔地〕发展，反“扫荡”的伟大胜利与群众运动的猛烈开展，成为山东的大发展时期。

丙、敌人“扫荡”的严重与进步力量的猛烈发展，使害怕困难与反对进步力量发展的顽固分子利用政权的优势，拼命制造磨〔摩〕擦事件，限制进步力量的发展，从限制、软化、非法解散、逮捕以至威胁、武装磨〔摩〕擦（太和事件）。

丁、在敌人的猛烈“扫荡”、进步力量的发展与反对顽固分子倒退的反磨〔摩〕擦中，深深感到旧的不民主落后政权的重大障碍与新的抗日民主政权之重要。故在敌人大举“扫荡”、落后政权的瓦解逃跑之时，在坚持反“扫荡”中到处产生了新的抗日民主政权。首先在鲁西，其次在鲁南、清河。但此时抗日民主政权尚未成普遍的群众运动。民主政权是抗日的、战斗的，但民主还不普遍、深入，施政口号过左，政权成分过右。但此时建立了民主政权运动的基础，当时全山东有十余县政权［是］抗日民主政权。

4. 抗战进入相持阶段，在“扫荡”与反“扫荡”、投降与反投降的斗争、全国的宪政运动中，山东的抗日民主政权运动大规模的〔地〕开展起来。

甲、抗战进入相持阶段后，敌人对敌后华北山东进行军事、政治、经济全面进攻之时，山东的进步力量是更加锻炼、巩固与发展起来，而顽固分子则在敌人进攻与困难面前，走向逃跑、投降、妥协。

乙、顽固分子在走向投降、妥协的倒退运动中，则加紧其反共、反八路、反一切进步力量的投降、妥协准备工作。磨〔摩〕擦事件全面化、组织化，并以军事磨〔摩〕擦为主、政治磨〔摩〕擦为次的形式，大唱其“联日反共”“先反共后抗日”“见人就杀、见枪就缴、见干部就杀”的倒退行为。

丙、在反“扫荡”与反投降运动中，大量开展抗日群众运动与宪政运动中，抗日民主政权运动大踏步的〔地〕发展，政权工作走上发展、巩固、深入、统一的新阶段。

A. 成立省、专区、县、区宪政促进会，推行宪政，举行国大代表选举运动。

B. 成立行政区、专区、县、区、乡参议会，选举村、乡、区、县长、专员、行政主任，巩固、深入、统一政权运动。

C. 在积极反“扫荡”中摧毁敌伪政权，开展大量新的民主政权（郯城、邳县、邹、临朐等）。

D. 反叛军、反投降的胜利中，开展民主政权（鲁西、鲁南、蒙阴、莒县、胶东）。

E. 群众的反顽固、反倒退中，开辟民主政权（日照反张希周，费县反李常胜，招远反徐叔明等）。

总计在此时期开辟了五十余县民主政权，占民主政权的百分之七十。

F. 开始建立民主政权的政治领导，建立政权各部门的组织与工作：整理财政，统一收支，统筹给养，实行合理负担，废除苛杂，减租减息，整理税收，优待抗属，及开始进行生产建设工作。

G. 恢复与推行国民教育，制定学制，编印教材，培养师资。

H. 建立政府的公安局与锄奸工作。

I. 健全自卫团游击小组组织，配合军队作战，大量扩大地方武装及补充主力。

5. 总结：

旧的不民主的落后政权是不适合抗战的需要，在敌人进攻面前，只有崩溃逃跑，给予抗战以极大损失。

由于对政权认识不够，不注意对政权的民主改造，使旧的不民主的政权长期的〔地〕占居〔据〕统治地位，阻碍一切抗战进步力量的发展。

在长期的反“扫荡”与反倒退斗争的血的经验教训中，体验到抗日民主政权的需要，开始进行抗日民主政权运动后，山东抗日民主政权工作有了飞快的发展。特别是抗战进入相持阶段，敌人更残酷的〔地〕进行敌后“扫荡”与顽固投降分子有组织有计划的〔地〕进行投降妥协的准备工作，以及全国进行宪政运动后，山东以共产党八路军为首的抗战进步力量，在不断的〔地〕反“扫荡”、反妥协投降、推行民主的胜利斗争中，山东抗日民主政权工作成为全山东的群众运动，使山东抗日民主政权获得飞快的发展，由劣势的地位进入到优势的地位，给予反“扫荡”与反投降的斗争以有力的保障。同时对民主政权本身的建设的工作上，亦有了极大的进步，使山东的政权工作开始进入巩固的基础，使山东抗日根据地开始进入巩固的阶段。

二、我们的收获

1. 民主政权开展的区域。

山东的不民主政权是极端顽固与落后。山东抗日民主政权是从没有到有，从少数到多数，现在山东一百零八县中，民主政权已达七十九县①，占全省三分之二的县份：

---

① 原注：此处民主政权县的数字与下列表中数字不符。表中民主政权县，除去外省之县外，应为八十二县，与此处所说七十九县相差三县，不知是何所误。

	辖县	民主政权（县）	民主政权管辖区	民主政权区	民主政权县原辖人口（万）	民主政权辖人口（万）
鲁西	35	30	169	78		562
湖西	8	4（苏北一县）	36	18		80
鲁南	10	6（苏北一县）	60	29		200
鲁中	17	14	143	87		230
清河	15	10	70	54	350	200
胶东	15	12	68	35		300
鲁北	14	14（河北四县）	90	51		400
总计	114（外省六县）	90（外省六县）	636	352		1 972

2. 民主政权的统一运动。

甲、山东抗日民主政权是在很短的一年多时间中，各地自发的〔地〕，从下而上，从乡、区到县的〔地〕生长起来，所以开始时表现［出］很大的零乱与不统一。经过一年的努力后，在九十县政权中不仅建立了各县、区、乡村各级政权的组织与领导系统，而且建立十个专员公署与一个主任公署，计：鲁西主任公署；泰西专署，运西专署，鲁西北专署，运东专署，鲁南专署，泰山专署，清河专署，北海专署，东海专署，鲁北专署。

乙、山东民主政权因为是在战争环境中产生出来的，所以开始时简陋不全，许多组织及工作制度未建立，不充实。现在则各级民主政权的军政财教等各种制度，在县的范围内是一般的〔地〕统一起来了，专区及行政区内也在开始统一中。

3. 政权的民主化程度。

甲、在九十个县民主政权中，除了鲁北十四县不详外，其他七十一县中，民选县长达六十七县。根据已经知道的二百三十二个区民主政权中，民选区长达一百八十六个；民选乡长达三分之二；民选村长约达二分之一；民选九个专员、一个行政区主任。

乙、各级民选政权中，都选举了各级行政委员会。

丙、在六十七个县民主政权中，成立了四十七个县参议会、八个专区参议会、一个行政区参议会。

4. 建立民主政权的法制领导。

甲、普遍颁布了政权的施政纲领，并根据纲领进行工作。

乙、开始建立了政权各部门工作行政制度、报告检查制度。

丙、颁布并实行了各种进步法令与司法制度，如公平负担、减租减息、县各级政府组织［法］、县各级参议会组织法与选举法、除奸条例、惩治贪污条例、公安局工作纲要与组织法等。

丁、开始建立了正规的财政政策与统一收支，走出了初期的混乱现象。

5. 开始建立了政权对战争的领导。

甲、建立了广大的地方武装，各级政权一般都有自己的武装与整理发展群众武装。

乙、补充与扩大了主力，南沂蒙曾有组织的〔地〕进行扩军工作。

丙、保证主力及地方武装的给养及战费的供给。

丁、积极领导游击战争及政权本身的军事化、战斗化（泰安县长程鹏、淄川县长赵一川、清河的大部分县长，都能积极领导战争，收获不少战功）。

领导群众破路、拆围墙、戒严、送情报。

慰劳军队成为民主政权的一般工作（清河、鲁西北破路工作最好）。

邳县慰劳一次，五千双鞋，八万鸡蛋。长山半天募四百套棉衣，清河通讯联络最好。

6. 施行各种善政。

甲、人民最感痛苦的是军队驻到哪里，就吃到哪里，多头要粮以及按地亩的平均摊派。现在各民主政权区域一般的〔地〕做到统筹统支给养，克服了过去乱筹给养现象。不过这种统筹统支，还只限于小范围的区域内，不能做到全行政区的统筹统支，所以负担在地区上还不平均，公平负担工作一般只做到了一亩地或一亩半地以下不负担，其他采累进办法。由于动员、解释、斗争工作做得不够，还做得不准确，不是过左就是过右。

乙、废除苛杂工作是善政中比较普遍有成绩的。如北海专员区废除的苛捐杂税计有印花税、牲畜税、屠宰税、牙税、锅房警捐、商号高捐、建设契纸附捐、地摊租、警察捐、冬防捐、舢板捐、屠宰捐、宰锅捐、网场捐、教育契纸附捐、妓女捐、杆子捐、车牌捐、戏捐等苛杂捐税。

丙、实行减租减息，特别是实行五一减租工作，各地比较普遍执行。减息工作则因农村贷款困难，政府低利贷款工作未普遍实行，所以减息工作成绩较少。

丁、优待抗属工作实行得最普遍，对贫苦抗属救济工作、发粮发款，成为政府支出的很大数目。其缺点在于缺乏积极组织抗属参加生产及加强其教育、提高其政治地位。

戊、救济灾民、难民工作，各地民主政权也做了不少，政府支付了不少粮款进行救济。清河区在今春荒中，支出了三万元充救济费；鲁西主任公署救济东平湖灾民，一次就筹了十五万①粮食，实行消灭要饭现象。

已、增加工人工资工作，只部分地区实行了，还不够普遍。

庚、给各群众团体以物质、精神援助，过去各群众团体之给养费用全部由政府支给。

7. 开始生产建设。

甲、开荒——泰山区就开荒四百五十余亩。

乙、植树——泰山区植树十五万株，造林十六处。泰西植树两万株。

丙、组织生产消费合作社。北海专员区有二十四个生产合作社。根据不完全的统计，全省生产、消费、运输等合作社共达一百五十余所。

丁、发行辅币，对调济〔剂〕金融、巩固法币、抵制伪币上起了极大的作用。

戊、组织低利贷款。春耕免息贷［款］，北海区放出了十八万元。低利贷款，泰山区共达一万八千五百四十四元。

8. 恢复与开展国民教育。

甲、开办小学、完全小学。根据不完全之统计，全省即有高小七百九十三处，学生四千六百八十人，初小七千六百一十四处，学生二十二万零五十四人，小学教员达六千九百八十七人；泰山区小学数目已超过抗战以前。

---

① 原文未注明粮食单位，不知是“石”还是“斤”。

乙、开办民众夜校。仅就北海、泰山的统计，现有民校及识字班达四千八百多处，受学〔教〕人数达十万八千人。

丙、开办各种训练班，培养师资和各种干部。师资训练班及行政人员训练班，仅就北海、泰山的统计，达三千多人。

丁、编印教材。

9. 开始建立了司法与锄奸运动，泰山、清河等区较有成绩。

甲、开始建立了司法处与承审处。只有胶东与泰山等区建立了这一工作。

乙、建立盘查栈与锄奸小组。在清河与泰山区实行较好。

丙、开始建立各县公安局工作。只在泰山区开始建立这一工作。

10. 开始建立敌伪区政权工作。在各地部分的〔地〕进行了，较有成绩的是清河、泰山、北海，但缺乏有组织有系统的〔地〕进行。

11. 开展了宪政运动。

甲、省、县、区、乡一般都建立了宪政促进会的组织，在各地民主运动及国大会代表选举中曾起了很大作用，但经常开会、继续运用这一组织展开民主运动不够。

乙、山东省开展了在全国及华北第一个人民选举国大代表运动，对推行宪政、实行民主上起了极大的作用。

三、山东民主政权的估计与检讨

1. 山东民主政权的开展，是山东新的抗战力量的生长、反“扫荡”的胜利、抗日群众运动的发展、进步战胜落后总成绩测验的标帜〔志〕。一年来，在残酷的反“扫荡”、反磨〔摩〕擦中生长起来的民主政权，在山东开始占了优势，同时在一年来的反“扫荡”、反投降、反磨〔摩〕擦中起了它光辉伟大的作用。

甲、有力的〔地〕保证了历次反“扫荡”的胜利，打击了敌伪全面占领山东的阴谋，缩小了敌伪政权区域，振奋了全山东、全中国的人心，坚定了胜利的信心。

乙、最有力的〔地〕打击了顽固分子投降、妥协、倒退、分裂的阴谋，团结了最广大的人民在抗日民主政权周围，成为不可战胜的力量，给了投降派以致命的打击，使山东磨〔摩〕擦走向下降。

丙、建立了党政军民四位一体的工作制度，奠定了山东抗日根据地的基础。

丁、进行了抗日根据地的各种建设工作，开始执行自力更生的政策，为准备战略反攻培植力量，使抗日根据地走向巩固。

戊、在抗日民主政权区域实行了革命的三民主义抗战建国纲领，使人民获得了言论、结社、出版、抗日武装之完全自由，开始了四权的运用。发挥民权，这不仅保证抗战的胜利，而且替三民主义的新中国打下了初步的基础。

2. 山东民主政权数量虽占优势，还只是相对的有条件的优势。因为实际上民主政权的区域还不及一半，且星散各地，未能打成一片，与敌伪政权犬牙交错，且被隔断着，政权本身的巩固与效能上，还远落在应有的程度后面。

3. 目前各级民主政权的规模与工作制度是一般的〔地〕建立了，开始建立各部门工作，但还不够巩固与深入。这表现在：

甲、民主的实施与运用还很不普遍与深入，特别是不能普遍与深入到各部门与群众中去，甚至有不少的不合民主的地方。

乙、还未能充分运用政权的各种机能互相配合的〔地〕进行工作（公安局与司法处工作一般虚缺，财政经济建设工作做得很少）。

丙、对进步的抗战法令未能全部、坚决、准确的〔地〕贯彻实现。

丁、政府不善于配合群众团体实现〔行〕各种进步法令与善政，表现有如下各种倾向：政府与群众团体各不相谋；政府把群众团体当区丁使用；群众团体代替政府命令政府。

戊、社会统战工作差，还未能将一切赞成抗战与民主者团结在自己的周围，把握不住统战原则。

己、敌占区政权工作做了很少一些，未能有计划的〔地〕开展，零乱或者仅为情报等便利，缺乏着眼长期的艰苦、有计划的〔地〕开展敌占区政权工作，扩大影响，积蓄力量。

庚、政权干部，提拔了不少新的工农分子，但还缺少经验与教育，不善于掌握政权，不善于运用统一战线与进步法令，对新政令无知。同时混进了不少的投机分子与暗害分子，腐蚀着新政权。

辛、许多旧的区、乡、村政权未加改造，政权为土豪劣绅、地痞流氓分子所把持，贪污、腐化、浪费，无所不为。

壬、政权干部缺乏统一战线与政府政策的教育。因此，在政权未加改造的旧干部中，则表现右的现象，根本不执行进步法令；在已改造地区则发生过左的盲干，破坏统一战线，驱使中间分子到顽固派、敌人那里去或参加会门。如日北、泰西发生塌台现象。（泰西的自由借粮租地运动，胶东的“阶级友爱”，偷粮三斗以下不犯罪，莒、日的扩军扩枪运动，都严重的〔地〕违犯了统一战线原则。）

4. 政权的统一工作有很大的进步，但实际工作上的不统一问题还很严重。这表现在：

甲、省到各级工作未完全统一，报告制度大都未建立。

乙、各种政令、制度，各地区还不能统一施行。

丙、收支不统一，预决算制度未能完全建立起来，政府、军队、群众团体各自筹款、募捐、罚款、筹粮，司法罚款不归公，教育经费不受统一分配，乱筹粮食等等，制度未建立。

5. 各级民主政权一般坚决抗战，但积极主动的〔地〕有计划的〔地〕领导地方武装、群众武装作战不够，有计划的〔地〕扩大与补充主力不够。

苟安，得过且过，“扫荡”时插枪逃难。

对地方武装、群众武装军事政治教育差。被动多，主动少。

对扩军工作采取保守主义，对扩大主力认识不够，缺乏有组织的扩军工作。

6. 各级政权能艰苦奋斗，一般的廉洁，但同时存在着严重的贪污腐化现象——个别的县，特别在区、乡、村政权中。

7. 政权的工作作风上存在着严重的新官僚主义作风，并且在生长中。

甲、迟缓、散漫，旧官僚作风的传统，衙门的“等因奉此”，应付差事，一切表面化作风。

乙、坐机关，老爷式的〔地〕下命令；作计划，空洞的〔地〕想，不切实际，不深入群众。

丙、保守的、狭隘的、不实际、不灵活的方式。

丁、清谈主义，缺乏深入实际的检查，害怕麻烦，无耐心，脱离群众。

戊、摆老资格，自高自大，肆意谩骂，家长式的领导。

8. 缺乏长期斗争中长期的建立根据地的认识，“抓一把”，一切临时性，得过且过，浪费人力物力，不善于理财，经费无着，生产建设工作未引起应有的注意。

9. 民主政权中有很高信仰，但由于进步法令未普遍被了解，且不能严格执行，故群众对政府［的］认识是信而不威、好而无能。

10. 国民教育恢复了很大一部分，但实际内容很差，师资与教材问题还不能适当解决，巡视检查制度未建立，教员随便调动，缺乏行政的保障。

11. 山东旧政权的腐败，封建势力的雄厚，群众文化的落后，推行民主政治需要更大的艰苦斗争与更多的宣传教育工作。但这一工作做得非常不够，需要今后更大的努力。

12. 山东的进步政党与进步分子长期处于地下党与在野地位，所以大多数人士不善于执政，政权干部非常缺乏，大大影响政权工作的开展，所以今天需要大量培养政权干部。过去培养干部中存在着很多缺点。

甲、时间短，内容多，应有尽有。

乙、课程无中心，不切实际，千篇一律的留声机。

丙、理论与实际联系差。

丁、缺乏严格的管理教育与思想意识考查与锻炼。

13. 民主政权是统一战线的政权，民主政权的各种政策应适合于统一战线的要求，不能过左，亦不能过右。政权的组织成分是统一战线的，但必须以工农进步分子为骨干，特别是下层政权，才能保证进步法令的实行。

政权是统一战线的，应有社会进步士绅、名流参加，特别是县以上，使政权的号召力更大，易于开展工作。

14. 进步法令的执行，一方面政府要有雷厉风行的法制精神，坚持贯彻，同时要有群众团体斗争来配合，上下一致、政民一致动作，才能更好的〔地〕实现。

15. 政权的组织统一、政令统一、行动统一、财政统一、地区上统一、上下的统一，在今天对于巩固、发展、提高与发挥政权效能有决定的意义。

16. 普遍的〔地〕开展新民主主义的国民教育，［对］巩固与开展政权工作有极重大的意义。

17. 社会锄奸工作是打击敌探汉奸、投降分子的有力铁拳。司法检举制度的建立，是保障人权、保障进步法令的执行、肃清贪污浪费及一切不良现象的有力武器。因此必须认真迅速建立公安局与司法处工作。

第三部分　山东抗日民主政权工作今后的任务

一、巩固与发展问题

1. 今后山东总任务：

巩固发展现有优势，争取绝对优势，坚持山东抗战，创造巩固的抗日根据地。

甲、坚持持久的根据地的建设工作。

乙、扩大、创造、巩固抗战的铁军。

2. 巩固与扩大建设现有政权区域。

甲、巩固统一战线的政权，实行三三制，巩固与扩大政权的民主制度。

乙、巩固政权对战争的领导，健全与扩大地方武装和主力。

丙、巩固政权长期持久的财政经济建设工作。

丁、从正确执行土地劳动政策上调整阶级关系。

戊、从正确的内务政策上来巩固政权。

己、从开展新民主主义的国民教育工作来深入巩固政权。

3. 发展空虚。

A、空虚种种。

a. 由于我党政军民工作薄弱，尚未开发之大块荒地。

b. 由于我各地区工作上的保守苟安，致使我根据地附近或内部尚有成块或点未开展民主政权工作［的］区域。

c. 主观上放弃了的地区，如各根据地附近之河川、铁路、据点附近等。

d. 由于民主政权工作发展得不平衡，各根据地内有不少地区工作薄弱，政令不能很好到达之地区。

B、如何发展空虚。

除第一种空虚需要主力军配合去发展外，其他第二、三、四种空虚，在民主政权本身，放弃保守观念，积极向外发展，［克服］组织上过去那种退守的划分工作区域，特别是以细心精致、一点一滴的工作方式，克服不平衡现象，是可以填满这些空虚的。

4. 巩固与发展的辩证关系。

甲、巩固与发展是一件事，运动是事物存在的永恒规律，静止是运动的特殊形式，发展是运动的基本形式，巩固是发展的特殊状态，发展建筑在巩固的基础上，巩固是发展的目的。因此我们主张发展的一点，［就是］巩固的一点。

乙、在具体情况上来说，发展与巩固有时间上的偏重，是可以分开、需要分开的。恩格斯说，“事物无相对的静止就无发展”，如无相对的巩固，就无新的发展，巩固本身就是发展。

丙、今天山东要一边巩固、一边发展，巩固与发展并重。

5. 一切工作从转变作风开始，严厉肃清贪污浪费，肃清旧官僚主义作风，创造新民主主义政权的新作风。

二、确定山东民主政权各种基本政策的原则

甲、根据中国革命的性质——新民主主义的革命，为了战争的需要，打破敌寇封锁政策，在一般的发展生产、实行自力更生的原则下，容许民族工业与富农经济的发展。

乙、根据敌后的环境：

A. 沦陷区是殖民地社会，要打破敌“以战养战”的政策。

B. 打破敌人对我根据地之经济封锁。

C. 以乡村包围城市。

D. 与大后方隔断，要以自力更生支持长期战争。

丙、战争的长期性：

A. 战争是长期的。

B. 不但要抗战，而且要建国。

C. 节省人力物力资源，爱护根据地。

D. 努力生产建设，以支持长期战争与建国工作。

丁、正确掌握统战原则。

A. 抗战高于一切，民族革命为主，统战为主。

B. 敌后的抗战基础更扩大。

C. 敌后一切政策，应以巩固扩大统战为出发点。

D. 统一战线就是无产阶级的阶级路线。

E. 反对统战中的过左过右倾向。

戊、必须注意工农小资产阶级这些基本力量的利益。

A. 工农小资产阶级是决定国运的基本势力，是民主共和国构成、政权构成的基本部分。

B. 工农小资产阶级是长期被压迫、生活最困难，必须改善其生活、提高其地位，才能提高与发展其作用，但防止过左。

C. 在政权组织上，保证工农进步分子占优势，实行三三制。

己、共产党的领导。

A. 坚持敌后抗战中中共的作用与地位。

B. 中共最忠实于统战政策。

C. 实行三三制，保证政权的阶级联合性质。

三、山东的各阶级与阶级关系

在日寇的殖民地政策——烧杀、掠夺、奸淫、破坏与强占民地、剥夺工厂、垄断贸易、大量倾销、滥发货币、苛捐重税、大批移民政策下，使山东与华北各地一样，日益走上殖民地的道路。这表现［在］：日本帝国主义在经济上占绝对优势；民族工业急剧破产与衰落；农村的破产日益加剧；人民生活极端困苦。

因此，敌后抗日根据地成为反对日寇殖民地化的主要堡垒。

在殖民地化与反殖民地化的残酷斗争中抗战四年，这一斗争表现在军事、政治、经济、文化的各方面，而各阶级的关系与抗战前表现极大的不同，与大后方亦有程度的分别。

1. 大地主大资产阶级：

甲、一部分死心塌地的〔地〕投降，成为伪政务委员会的社会基础。

乙、另一部分大地主、大资产阶级（表现为地方势力派）则仍要抗战，但害怕民主，在日寇发还财产百分之四十九［的］利诱下，很可能投降。但在未投降前还应争取他，时间愈长愈好。

所以，一般提出打倒大地主、大资产阶级的口号是不对的。

2. 中小地主（开明士绅）与中等资产阶级（中小工商业资本家、民族［资产］阶级）：他们是地主资产阶级的左翼。他们反对殖民地化，所以主张团结抗日。他们不满大地主大资产阶级的压迫，所以他们赞成民主。

富农是农村的资产阶级。废除苛杂、整理田赋、累进负担，对富农经济发展有利，所以赞成抗战与民主。

中小地主、民族资产阶级与富农，他们都是剥削者，害怕工农势力发展，害怕革命彻底，所以他们是中间势力的基本部分。

中间力量是决定进步与落后势力斗争的砝码，应努力争取之。

争取中间势力，应用批评、说服、打击并用，争取他们参加抗战，争取他们参加生产建设。害怕富农经济与民族工业的发展是不对的。

3. 中农：在山东是一个很大的数目，他［们］对抗战民主、实行善政是迫切需要的、有利的，拥护抗战与民主比较富农坚决。但由于落后与无知，还易受人欺骗，应多教育。

中农应该是抗日民主政权的重要社会基础。

4. 贫农：是受地租、高利贷、苛捐杂税剥削的，虽有一小块的土地，还要靠出卖劳动力生活，它是农村中［半］无产阶级，在民主政权正确政策下，它必然要向上发展。所以他［们］对抗战民主政权是最迫切需要的，是抗日民主政权的主要基础。

5. 抗日民主政权下的无产阶级、雇农——农村无产阶级、手工业工人、店员、公营企业中的工人。

无产阶级对抗日民主是最坚决的，最坚决拥护政府的一切进步法令，是抗日民主政权中最坚决的力量基础。

6. 根据中国半封建半殖民地的社会经济性质与在目前抗战与反对日寇殖民地化政策的斗争中，以及抗日民主政权的经济政策，必然使地主经济起分化，土地分散，停止集中，小农经济、小商品经济发展起来，换句话说，就是强化农村中的资本主义成分。这种资本主义成分的发展，在敌后抗战的阶段与环境下，是正常所需要、不足害怕的。如果现在某些地区是相反的现象，就是政策上的错误，值得检查与纠正。

7. 因此我们目前在农村中的政策应该是：努力争取抗日地主、士绅、名流，联合全体农民（连富农在内），依靠基本农民群众的力量，去提高农业生产，改善工农生活，扩大与巩固农村统一战线。

四、巩固抗日民主政权的民主制度

山东省施政纲领第二条规定：“根据三民主义与抗战建国纲领，实施民主政治，使一切赞成抗战、赞成民主者，不分党派、性别①、信仰、种族、财产、文化程度，都能参加民主政治，实行选举、罢免、创制、复决等四权。村以上各级政权一律民选，成立各级参议会等民意机关，整饬司法，保障人民一切抗日之言论、出版、集会、结社、武装之完全自由，以发动一切生动力量，坚持抗战与彻底完成我全民族之统一与团结。”

1. 选举上的民主，真正自由平等的普选。

甲、未经普选的村、乡、区、县、专署、主署等级政府，应有计划的〔地〕一律举行普选。

乙、已经普选的，进行普遍的轮流训练。

村乡受训一月到二月，区级二个月，半年内全部训练完毕。

丙、普选时应组织选举工作团，进行普选宣传调查工作、选民登记、工作报告、竞选，选举后立刻进行教育，规定工作计划。

丁、新开展区、工作无基础区域，实行委任，三个月后进行普选。

---

① “山东资料版”漏掉“性别”二字。

戊、坚决反对选举上的玩弄民主、潦草塞职现象。

2. 实行各级民意机关职权，发挥其权能。

甲、各级民意机关就是人民大会、人民代表会，应实行职权，选举行政官，制定政纲法令，罢免不称职官吏，复决行政官吏政令，吸收参议员参加各种工作。

乙、已成立之参议会定期开会，执行职权期满后实行改选。

丙、未经普选之各级临时参议会，有计划有步骤的〔地〕进行改选。

3. 坚持贯彻民主制之统一战线原则。

甲、实行行政人员三三制原则。

下级村、乡、区政权，应以工农革命知识分子、进步分子为主，保证进步法令之彻底执行。县以上政权应吸收士绅名流参加，以资号召。

乙、按照选举法中工、农、青、妇、文各界比例原则进行选举。

丙、现有各级政权，未按上述比例原则者，一律有步骤的〔地〕进行改选。

4. 重新划分行政区域，以便加强领导、贯彻民主。

甲、现有行政区域，大大不便领导。过去县、区、乡界限，因过去封建关系，划分不合理（如飞地等），或就河流、公路、铁路、敌据点划分行政区域，限制工作，帮助敌人，封锁自己。因此，现有行政区有不适当者应重新划分。

乙、划分原则。

A. 以纵横十至十五里，户数一千户左右，十至十五个村为原则（以户口、面积为主）划为一乡。

B. 以纵横二十五至三十里，户口以五千户至六千户，六至八乡为原则划为一区。

C. 以纵横八十里至一百二十里，六至十区为原则划为一县。

D. 以五至六县为原则划分行政专员区。

E. 原有的乡、区、县小于现有［规］定者，一般的［以］不动为原则。

F. 全山东区，共划为鲁中、鲁南、鲁北、清河、胶东、鲁西、鲁西南（或与鲁西合并）七个行政主任区。

G. 县、区、乡的划分，除以面积、人口为划分原则外，就是以军事政治战略中心为划分原则。

a. ［改正］过去以公路、铁路、敌人据点为划分行政区原则，以免自己封锁自己，困难地区工作无人管。

b. 旧行政区域合理者尽量沿用，不合理的细长、突出、飞地等应大胆废除之。

丙、主任区划分由省划分；专员区与县由主署划分，报告省核准；区、乡由专署划分，报告主署核准，转省备案。

丁、各民主政权区域内，行政区域的划分应于本年内完成，以便进行工作。其他地区，根据实际情形逐渐推行之。

戊、各主署公署或专员公署应组织划界委员会，吸收各界人士参加研究，进行划界后，并应进行动员解释工作。

五、建立民主政权对地方武装与群众武装的领导

1. 领导战争是抗日民主政权的重要任务。不能领导战争，就不能存在于敌后战争

环境。

2. 主力军、地方武装、群众武装及其与政府之关系。

甲、军队是政权的主要部分，是政权的重要柱石。

乙、主力军，如正规军山纵的各旅、支队是在一县以上范围内机动，部队属于上级专门军事机关领导。地方武装，如各县、区、乡之脱离生产武装，其机动范围只限于县或专署地区，属于专署和县区政府。群众武装，如自卫团、基干自卫团、游击小组等，[是]不脱离生产、半脱离生产之武装，地方性更大，机动范围更狭小，一般只限于县、区范围内，属于各级政府之领导。军事行动[以]集中统一指挥为原则，分散活动为手段，所以在军事行动上，同一地区内之群众武装，受地方武装之指挥，地方武装受主力军之指挥。

3. 各地方政府如何领导地方武装与群众武装。

甲、各乡、区、县之地方武装设乡分队、区中队、县大队，乡长兼乡分队长，区长兼区队长，县长兼县大队长；为了工作便利起见，得设副职。专员区范围内之军分区兼专署之武装科长，以便统一领导地方武装与群众武装。

乙、自卫团与基干自卫团，乡以下以小队、分队、中队、大队之组织编制，乡设乡团部，区设区团部，县则属县政府武装科之领导。

丙、县大队副得兼县政府武装科长，以便与地方武装与群众武装取得密切配合。

4. 健全地方武装的基本要求。

甲、正确建立政委制度。县大队设政治委员制度（或政治部主任），连及区中队、乡分队设政治指导员，四百人以上之县大队设立政治处。

乙、确实建立政治工作制度，政治教育、文化娱乐工作，对群众宣传组织工作；建立严格的战时纪律及群众纪律。

丙、特别加强连队工作，建立经常认真的政治军事教育制度及连队政治工作。

丁、大量培养军事干部，建立在职干部学习制度，提高干部军事政治水平。

戊、地方武装基干化、正规化。

5. 健全群众武装。

甲、建立对群众武装的领导系统，挑选适当干部。

乙、定期与经常的政治动员与军政教育工作。

丙、建立群众武装政治工作制度。

丁、群众武装组织化、基干化。

6. 普遍建立游击小组，开展群众性的游击战争，每村建立三人至五人的游击小组。游击小组人选，是政治上坚定的可靠的。

7. 动员所有民枪武装游击小组、基干自卫团，献给主力军。反对民枪埋藏地下与资助敌伪。

8. 有计划有组织的〔地〕扩军，大量补充主力，创造大量的抗日铁军。

9. 正确处理会门武装，争取其群众，打击通敌投敌的汉奸分子，反对提出“打会门”“打会匪”等口号。

10. 正确处理土匪武装，争取其参加抗日，打击通敌投降分子。

11. 对伪军方针：从政治、军事各方面去争取瓦解伪军，使之反正抗日。

12. 争取与团结一切抗日军队在抗日民主政权之周围。

六、推行正确之财政经济政策，以巩固抗日根据地

财政政策之原则：统一收支，建立严格的预决算制度，整理税收，实行新的征收法，开源节流，肃清贪污浪费，以保证抗日战争的给养，保证抗日民主政权的一切费用与减轻人民负担。

1. 统一收支：税收、田赋、官产遗产、行政罚金、司法罚金等，一律规定为政府收入，统交金库。

立刻停止政权区域内政府以外的军队、群众团体、动员机关等的募捐、罚款、筹粮筹款等行为。

军队在政权区域外之募捐、罚款、筹粮筹款等，亦应报解财政部转账。

群众团体在内［部或］会员以外募捐时，亦须向政府报告募捐金额用途，并经政府核准后，才能募捐。

一切支出要作预决算，没有预算或未经适当机关核准者不发款，不作决算者不发款。

一般以军费（地方武装在内）占百分之七十，行政费（教育费在内）占百分之三十为原则。

2. 整理田赋：要克服有地无粮、有粮无地、地多粮少、地少粮多之积弊；要实行清丈田地，按地亩收田赋，并按土地好坏分等收田赋，一般中等地以二角一官亩为标准，坏地与好地照此增减之，取消中间人剥削，取消田赋附加，附加不得超过正税（每亩两角附加在内）；实行田房税契，一般的每元收□分，契纸每张以一元为限，免除一切其他费用。

3. 按累进原则征收工商业所得税。

4. 征收所得税以一次为限，在民主政权区域内，即又〔可〕通行无阻。税则日用品收百分之五到百分之十，非必需品收百分之十五到百分之二十，奢侈品收百分之四十到百分之百。

5. 废除苛杂，规定应收税之项目。

海关出入口货物税、场税、酒烟税、油房税、矿税、营业所得税、契税、田赋、当税；在财政困难条件下，可能收屠宰税、牲畜税、大牙行，以免募捐现象。一俟税收工作建立，财政有办法时，即应取消。

6. 实行公平负担，征收救国公粮。

甲、以行政区为单位，实行统一征收救国公粮，一年分二次征收，偏远地区可收给养代金，使在地区上平均负担。

乙、村公平负担办法。

A. 在政权比较巩固地区，有了各种群众团体组织，并已实行二五减租、一分减息、五一增加工人工资地区，则按照晋察冀办法，完全按照收入，不论土地或动产、工资薪俸等收入，一律以每人每年除去二百斤粮食收入不负担外，其余按累进原则征收救国公粮（详［见］战工会公布村公平负担办法甲〈丙〉）。

B. 在工作比较薄弱、不能实行甲〈丙〉项公平负担办法时，可采用过渡办法，战工会公布村公平负担办法乙〈甲〉或村公平负担办法丙〈乙〉。

村公平负担办法乙，主要是以地亩为准。如因调查地亩困难时，可实行清丈地亩，据

费县常庄乡十七个庄清丈结果，从七顷地清丈出六十顷零七十四亩，增加十倍之土地，这是实行公平负担最可靠办法之一。土地清丈好后，对征收田赋、实行公平负担，都有很大之便利。

C. 公平负担累进原则，等级要多分，累进比例不要太大，负担最高不能超过其全收入百分之三十五，免负担之人数不能超过全区人口百分之二十。

7. 节省粮食开支，减轻人民负担。

甲、粮食负担为战时人民之最重负担，应厉行节省粮食开支。

乙、统一支付粮食，实行粮食支票制度。

主力军以旅或支队部为支付单位，地方武装以专署武装科为支付粮食单位，政权机关以专署财政科、群众团体以专区各界联合救国会为支付单位，实行支粮按人数预算制度，发粮食支票，凡未持得该地区最高发粮机关支票者，概不发粮。

丙、按照编制，限制吃粮数，反对浪费粮食。

8. 确定货币政策，建立银行业务.

甲、发行一定数量纸币，应有限制，反对滥发，并须准备兑换，广设兑换所。

乙、印发票款，应投资建设生产事业，提高票款信用。

丙、建立银行业务，办理汇兑，低利信用借贷，生产、农业借贷，商业借贷与节约储金。

丁、对新发纸票应进行政治动员解释，提高纸币信用。

戊、严防假票及造谣破坏。

9. 规定支差金，节省人力。

除抬用病号、运送军需品、[当] 响〔向〕导外，其他一律不准支差。

10. 增加生产营业收入，为解决财政困难基本方针。基本应立刻停止一切临时性之募捐罚款为解决财政困难之办法。

11. 肃清贪污，反对浪费，严格检举，开展斗争，与 [执行] 惩治贪污法令。

七、实行经济建设，以巩固抗日民主政权

山东省战时施政纲领 [第] 四条，对战时财政经济建设政策 [规定] 如下："努力战时财政经济建设，充裕抗战经费，发展国民经济，实行自力更生。提倡造林，开发水利，杜绝水患，垦殖荒田，开采矿产，改良农产，严防虫害，发展合作事业，调济〔剂〕粮食，提倡土货生产，抵制敌货，发展渔盐，废除苛杂，整理税收，实行累进税制，整理金融，巩固法币，发行辅币，取缔乡票，禁用伪钞，打破敌人'以战养战'阴谋，统治对外贸易，严格禁烟、禁毒、禁赌、禁酿，禁止运粮供敌，并限制种植资敌产物。各级政府实行预决算制度、金库制度、审计制度，财政公开，实行开源节流，严惩贪污，反对浪费。"

1. 今天我们是处在乡村，农民最多，粮食是战时主要资源，所以经济建设工作，首先是加强与提高农业生产。

甲、奖励开荒，调查与组织动员消灭荒地，投资开荒，鲁西银行准备投资五十万元开放〔发〕东平湖田，是最好例子。

乙、开渠筑井，植树，培植果树，增加土地生产。

丙、组织与领导春耕秋收，提高土地生产，组织互助劳动及耕牛站，贷借种子，增强贫苦农民生产能力。

2. 发展工业生产，奖励私人投资，自制日常必需品，如织布，制革，制肥皂、手巾，造纸，造墨水等，打破敌人经济封锁。

3. 提倡家庭副业，如纺纱、织布、养蚕、织袜等。

4. 培植各地区特产，繁荣经济。

5. 组织对外贸易，以土产换必需品进口，但不要限制自由贸易，以免封锁自己。

6. 广泛发展合作社。

甲、合作社立法应注意事项：

A. 不论股数多少，以一人为一社员单位，不限制股金。

B. 合作社纯利，应以百分之三十为公积金。

C. 公积金不能拆分，社员退股时只能收回股金。

D. 合作社章程违犯上述三原则者，政府不予登记，已登记之合作社，违犯上述原则者，受刑事处分。

乙、合作社为改善群众自己生活之集体经济建设，政府应予以积极帮助并普遍发展，在税收上给予减半税收或免税与银钱〔行〕贷款之优待，并严格监督投机分子利用合作社作个人发财主义。

丙、合作社分消费、运输、生产三种，应大量组织生产合作社。

丁、合作社普遍发展后，应分别性质进行统一运动，以免合作社之间互相竞争排挤。

7. 奖励私人投资生产事业，开展节约储蓄运动。

八、抗日民主政权之农民土地政策

1. 农民土地问题，是新民主主义革命的基本问题。

甲、中国革命实质上是农民革命，现在的抗日实质上是农民的抗日。

乙、农民问题的中心问题是土地问题，在新民主主义的共和国内，它将采取某种必要的办法，没收大地主的土地，分配给无地及少地的农民，实行孙中山“耕者有其田”的口号。但是这不能是目前的工作。

2. 目前解决农民土地问题的办法：

甲、根据国民政府修正惩治汉奸条例，没收死心塌地大汉奸的土地。

乙、耕种逃亡地主［的］土地。

关于处理上述两种土地时，应注意如下事项：

A. 罪大恶极的大汉奸的土地财产，经当地群众的真正要求，可以没收，但须经当地政权之正式判定出布告。在判定书及布告中，以抗战建国纲领及中央法律中的条文为根据。

B. 但这种没收，仅仅只对个别的罪恶显著的大汉奸，因此对每一次的没收，必须事先经过慎重的考虑，绝不应没收一切的汉奸土地财产，绝不应对〔将〕没收汉奸［的］土地财产变为普遍的没收土地与分配土地的运动。

C. 对一切反共顽固分子，不论其如何重大，不论其勾结日寇有何证据，在他们未公开投敌当汉奸以前，均不应没收其土地财产。在顽固分子公开当汉奸以后，也只能没收其中最大最坏蛋［者］的土地财产，而不应该没收一切当了汉奸的土地财产。

D. 为争取伪军反正抗日，所以〔有〕伪军官长的土地概不准没收。如伪军军官全家逃亡，其土地财产可由政府代管，不宣布没收，其土地可由政府以定期租给农民，俟其反正时即退还其土地财产。

E. 对于全家逃亡敌占区的汉奸或普通地主之土地财产，不应宣布没收，而由政府暂时代理，以低租出租给农民耕种，一俟他们返回我区域重行抗日时，即退还其土地。

F. 已经没收之土地财产，由当地民主政权机关处理，或由政府出租给农民，但只收轻微租税或由政府分配给受日寇汉奸摧残了的贫苦农民。

G. 没收每一个大汉奸的土地财产的全部，决定于专员公署以上、军队旅以上的党政机关，且须共同商决，并报上级。专署以下、旅以下的机关，无没收土地财产之决定权。

丙、正确的〔地〕处理黑地、坟地、社地、庙地、典地。

丁、政府应鼓励开荒、兴办水利、开垦河滩、沿河筑坝。

戊、禁止地主对农民超经济剥削，与中间人剥削。

己、规定农民的最高租额与息额和农民永佃权。

A. 在新开辟地区，可实行五一减租，即十分减二分。

B. 在工作比较有基础地区，应实行二五减租，即原租额之四分之一，并规定最高租额。根据国民政府土地法上〔之〕规定，“所出租物，不得超过正产物千分之三百七十五”。

C. 规定最高息额，不得超过年利一分五厘。

D. 确定农民之永佃权，保障农民耕种土地之权利，地主不得佃户或伙种人同意，不得随意收回土地。地主只有在不雇佣劳动、自耕之条件下，得承耕人之同意，才能收回土地一部或全部自耕。

庚、承认农会是合法团体，为代表全体农民之机关。

九、抗日民主政权的劳动政策

1. 工人阶级是中国革命的领导者。

“农民之外，中国人口第二部分就是工人。中国的产业工人数百万，有手工业工人与农业工人数千万，没有他们，中国就不能生活，因为他们是工业经济的生产者；没有他们，革命就不能胜利，因为他们是中国革命的领导者，他们最富于革命性。”（毛泽东）

2. 目前山东工人阶级的一般状况。

甲、失业：由于铁路工业区被占，许多铁路工人、矿工工厂工人失业，工资很低，工作时间很长。

乙、粮食物价高涨数倍，工资如故，工人陷于饥饿状态。

丙、绝大多数工人无组织。

3. 劳动政策。

甲、政府以〔应〕大力帮助工人组织各业工人救国会，把一切工厂、作坊、油房、酒店、公营企业工人、农业工人组织起来。

乙、按照产业工人、公营企业工人、农业工人分别规定工作作息时间与工资待遇。

丙、按照抗战前实际工资比例，实行“五一”增资与粮食工资制。

丁、在增加工人工资、改善工人生活中，应防止一切过左的脱离群众行为，特别注意那种采取不协调方式强调对立，以及故意怠工、一步登天等脱离社会同情、破坏统战等现象。斗争以不破坏统战为原则，改善工人生活与提高生产要能联系起来，不要成为单方面有利，甚至成为极端对立现象。

十、从正确的内务政策上巩固抗日民主政权

内务政策的基本任务：肃清汉奸，巩固后方，保障民主政权根据地内的秩序。

1. 保障人权。

我们要立刻停止在游击战争时代那种临时性的混乱状态，使社会走上正规状态，这对于巩固抗日民族统一战线与巩固抗日根据地同样有重大意义。因此我们要颁布保障人权法令条例，并要求各级政府坚决的〔地〕做到保障人权法令要点。

甲、确定区、乡、村公所，除现行犯及汉奸敌探外，无自由决定逮捕人的权力。如系现行犯及汉奸敌探或执行上级命令逮捕之人犯和查获之财物，应于十二小时内即送解县政府，不得将人犯拘留区、乡、村公所，私自拷问或扣留查获之财物，违则反坐。

乙、县长、专署无处决人犯之权，须将案由、证据、判决等呈报主任公署批准后方能执行（其未成立主任公署之行政区，暂由专署批准），违者反坐。

丙、地方武装、县区乡游击队及正规军之连营与各种群众团体动员机关，无逮捕及处罚人犯之权。军队杀人须得到军区之批准，非现役军人，不受军事机关之审问。

丁、一切抗日人民均有言论、结社、出版、集会、信仰之自由。

2. 严惩汉奸。

甲、根据国民政府惩治汉奸条例厉行锄奸。

乙、根据山东省施政纲领第十一条对锄奸政策之规定，厉行锄奸政策。

“厉行锄奸政策，加强锄奸教育，发动锄奸斗争，揭发汉奸欺骗阴谋，肃清汉奸、汪派分子等民族公敌；打击投降派，瓦解伪军及敌伪组织，严惩甘心卖国汉奸，争取被迫与受欺骗汉奸，号召汉奸自首、伪军反正，巩固抗日阵营。”

丙、对锄奸政策是打击与争取并用，打击首要分子，争取其下层自新反正，把锄奸政策变为群众锄奸运动。

3. 建立各级公安局之组织，并健全其工作。

甲、县设公安局，区设公安特派员，专署设公安局，主任公署设公安局，省设公安总局。

乙、公安局掌管锄奸、情报、戒严、惩治盗匪、禁烟禁赌及一切维持地方治安事宜。

丙、公安局内部之分工为侦察、审讯、执行、情报等部门。

丁、公安局为政府的一部分，受同级政府之领导。同时公安局工作有其特殊之专门性，应建立其上下级直属之领导系统。

上级公安局对下级公安局之命令、指示，除特殊秘密部分外，应报告同级政府，转告下级政府。

4. 建立司法机关与革新司法程序。

甲、县政府设司法处，设审判官与检察官，为最初审机关。

专署设高等分院之分庭，主任公署设高等分院，省设高等法院，统为二审机关。

乙、确定司法［机关］为各级政府之一部，受各级行政委员会之领导，同时保存司法机关上下级之领导系统。

丙、改革旧的不合理的、繁〔烦〕琐迂缓的、不便民、不迅速的司法秩序与司法手续，制定新的司法手续。

5. 建立严格的检举制度。

检举是积极的干涉政策，不仅是消极受理控告、提出公诉。

检察官是代表国家，保障与监督国家法令之执行。

慎重检察官人选，提高其主〔职〕权。

区乡村机关及群众团体中，应组织不脱离生产的检查网，并普遍设立秘密控告组。

6. 公安局与司法机关之关系。

甲、公安局为侦察预审之机关，不作最后审判，侦察预审不公开，只受监（检）察官之监督。

乙、公安局侦察预审完结后，须将案件、人犯、证据提交法庭公审处断。

7. 严格禁毒、禁赌、肃清盗匪。

8. 优待抗属，救济灾民、贫民。

甲、将所有抗属组织在抗属救国会，加强其教育，提高其政治上之积极性，并组织抗属参加生产。

乙、优待抗属应成为群众运动，各级政府成立优抗委员会，吸收群众团体及士绅名流参加，组织优抗代耕队及儿童团拾柴、挑水等工作，对抗属之真正贫苦无力生产者，给以物质粮款等救济。

丙、组织革命互济会，吸收一切抗日的慈善人士参加，发动抗日民族友爱，其任务为调查登记灾民、贫民，募集粮款，救济灾民、贫民，组织灾民、贫民参加生产。

丁、优待救济委员［会］工作，经受政府第一科之领导。

9. 安置残废军人，抚恤伤亡。

甲、安置残废军人于地方政府、群众团体机关或生产部门工作。

乙、政府指定每县区政府划分公地三至五亩，作为抗日军人公地，安置无家可归之残废军人，未结婚者，政府并得代为介绍妻属。

丙、县以上政府第一科下成立抚恤委员会，抚恤抗战伤亡军人之工作。

十一、推行新民主主义教育，以巩固抗日民主政权

山东战时施政纲领第五条："普遍实施①新民主主义教育，发展文化事业，培养专门人才，发扬民族抗战精神，粉碎敌人奴化教育。广设各种训练班及各种军政干部学校，改革学制，改编教材；普遍设立抗日小学及成年民众学校，使得儿童、青年、妇女及工农大众都受一定时期免费强迫教育；改良私塾，加强私立学校之领导，一律采用抗日教材；改善小学教员待遇，大量培养师资；整理并筹划地方教育经费；普遍设立民众教育馆、教育巡视团、农村俱乐部；普遍兴办地方报纸，推办社会教育，厉行扫除文盲，促进社会文化教育及提倡正当娱乐。"

甲、普遍设立小学，五十户以上之村，每村一初级小学，每乡与区设一完全小学，实行免费强迫教育。各小学一律附设民众夜校，使所有失学男女青年、成年受一定时期之免

---

① "山东资料版"漏掉"实施"二字。

费义务教育。

乙、广设中学与公学，各专署设一能容三百至五百人之健全中学，行政区设一能容五百至一千人之抗日公学或民族公学，分设普通、师范、职业、农林等科。

丙、广设各种干部学校，每一行政区在抗大分校内设一建国中队，训练村、乡、区级政权及群众团体干部及小学教员。全省在抗大设一建国大队，训练区县二级政权及群众团体干部、中小学教员。

丁、改革学制。

A. 小学基本学制为四二制的六年制。

B. 敌后抗战期间的临时办法为二、二、二制，以便逐步完成基本教育。

C. 每年分为三个学期，依据农忙为放假期间。

戊、改革教学方法。

己、编制新教材。

庚、开展冬学运动。

辛、提高教员待遇，小学教员除粮食菜金外，每日发一定之生活费。

壬、广设农村俱乐部及民众教育馆。五十户以上之村应设一俱乐部，区乡设中心俱乐部，县设民众教育馆，领导社会文化娱乐工作，进行社会教育工作。

十二、加强对敌伪区工作，以巩固抗日民主政权

敌伪区工作基本任务是缩小敌占区，扩大我之抗日根据地，破坏敌人掌握占领地与“以战养战”之毒计。工作中心在于收复民心与破坏敌伪掌握民心及其离间我军民之关系企图。因此我们对于敌占区工作不能采取敌进我退的办法，而是积极与敌人争夺沦陷区。

1. 加强与扩大统一战线。除少数争取无效之大汉奸外，其余一律争取。

2. 在敌占区应特别强调“民族团结”，注意调解各阶级的利益关系。一些根据地内的法令和办法，如减租减息等，不适宜于敌占区。

3. 除奸原则，只惩办那些争取无效之大汉奸，而且惩办时应广泛宣传解释，使成为群众运动。

4. 对维持会，一般采取争取办法。

5. 没收日寇财物，应散发［给］人民。

6. 帮助与指导敌占区人民做敌伪军工作。

7. 禁止乱打汉奸、乱筹粮款，必要时一般的应以自愿的劝募为原则，反对把敌占区当殖民地的观念，严肃军队纪律。

8. 敌占区工作应绝对秘密，组织要短小精悍。

9. 今天敌占区工作，应采取长期的争取群众、积蓄力量，准备反攻时之用。长期潜伏，不再急于功利。

十三、战时政权工作

1. 领导战争，坚持战争，是敌后政权工作的首要任务。

敌后是直接处于战争环境，敌寇的“扫荡”是连续不断的，不能坚持战争、争取反“扫荡”的胜利，就无法存在。

在反“扫荡”中，更加需要政权工作，从各方面来保障争取反“扫荡”的胜利。反对战争时不能进行政权工作之说法。

要反对做太平官、怕战争，借口不懂军事，战争一来即土崩瓦解、插枪、离职、越境等现象。

2. 战时政权工作。

战时政权工作：空舍清野，侦察警戒，抬运伤兵，运输给养，筹办给养，捉拿奸细敌探，配合主力打击敌人，组织战斗化，缩减人员，分派干部加强下级领导（县加强区，区加强乡，乡加强特别的村庄）。

加强基干自卫团、游击小组、区中队、乡分队的领导，统一领导与机动的具体任务之划分，加强情报网，密切联系。

党政军民四位一体，经常在一起，以集中为原则。

深入广泛的政治动员解释工作，宣布战时纪律，战时脱离岗位者，以临阵脱逃论罪。

不断的〔地〕检查纠正与督促，不断的〔地〕动员解释执行战时纪律。

估计敌人可能到达或占领［的］地区，布置对敌伪宣传工作及秘密工作。

3. 战后工作。

检查总结经验教训。

重新整理组织与工作；执行奖惩制度；新的动员与部署工作。

十四、领导问题

今天山东政权工作已到巩固的发展时期，中心在巩固。因此不是大刀阔斧、一打了事之时，而是要精心细致、一点一滴来巩固，巩固的发展，着眼长期的建设根据地的工作。

领导的中心是在于有坚强而能正确的〔地〕把握政策。

1. 领导观念。

甲、确立牢固的根据地观念，反对不巩固根据地，同时也要反对巩固而不发展的保守观念。

乙、把各抗日根据地看成为一个整体，要向整体的前途发展，反对不照顾全局、只顾到局部的利益，同时反对不做好自己应负责一块，而埋怨别人。

丙、树立根据地的自力更生信念，要反对不努力“自力更生”而专靠上级、依赖外援，同时要反对曲解“自力更生”，而发展本位主义。

丁、统一与机动性、正规战与游击战要配合进行。因此要反对不机动、硬拼、“与土地共存亡”，同时也反对不打仗、保守、游而不击和不游不击。

戊、趋利避害与积极作战，不放松〔过〕一切消灭敌人的有利机会。

己、要有原则的〔地〕领导与具体的〔地〕帮助，与发挥独立自主负责的精神。

2. 领导方式。

“凡事商量做，商量了一定做，做了要有检查，检查要有结果，结果要有结论。”

甲、根据具体情况决定计划，不要以主观愿望代替客观具体情况。

乙、正确决定之后，必须组织决定的执行贯彻，不要轻易改变原来计划。

丙、检查工作、执行制度，是推动工作前进、保证任务完成的重要关键。

A. 从实际工作中了解干部、认识干部、提拔干部。

B. 从检查工作中验证领导机关执行机关工作中的优缺点。

C. 从检查工作中来检讨上级领导机关的决定是否正确。

检查工作的中心问题，在于发扬自我批评。

丁、根据检查的结果，得出一定的结论，作为今后工作的具体指示。

戊、领导不是包办代替的，领导的基本任务在于保证和组织任务的执行及检查其执行程度。决定工作计划，组织工作执行，检查工作执行程度，这是领导工作应有的三方面，缺一不可。

己、对政权干部的具体要求。

A. 研究政策，熟悉法令，掌握法令，实行法令。

B. 建立与尊重政权工作。机关的系统一切经过组织。

C. 上下级的团结，新旧干部的团结，本地干部与外来干部的团结，地方干部与军队干部的团结，政权干部与各群众团体干部的团结。

D. 力求进步，努力工作，努力学习。

3. 创造政权工作的新作风，反对新官僚主义作风，开展政权干部中的思想斗争。

甲、一切工作从转变作风开始，作风问题是政治问题。

乙、中国长期的官僚主义传统，应严防这些腐败的官僚主义传统侵入民主政权中，腐蚀民主政权。

丙、今天山东抗日民主政权有许多新的优点，一般大众化，战斗化，刻苦耐劳，接近下层，有朝气。

丁、民主政权也存在与生长着新的官僚主义作风。

A. 农民的、知识分子的迟缓与散漫，工作纪律很差。

B. 旧式衙门里“等因奉此”、应付差事、表面化的工作作风。

C. 不了解下层，不切实际，坐机关下命令，作空洞计划。

D. 不能根据具体任务与环境机动灵活的〔地〕去完成任务，保守狭隘。

E. 清谈主义，不深入，不检查，议而不决，决而不行。

F. 偏见，主观，家长式领导，用谩骂代替具体的耐心的实际的领导督促，无计划，无步骤，一把抓。

戊、创造抗日民主政权的新作风——新民主主义的作风。

A. 大众化（生活、服装、起居、工作、谈话），民主化（凡事商量做；经过组织，经过会议，经过统战；照顾这一阶级；照顾那一阶级），克己奉公，自奉俭朴，自我牺牲，与民同甘苦。

B. 紧张灵活的战斗作风。

C. 深入、具体、耐心、一点一滴的工作作风。

D. 坚定顽强、艰苦团结的工作作风。

E. 总结起来，就是抗日、民主、廉洁奉公。

选自《山东革命历史档案资料选编》，第5辑，济南，山东人民出版社，1982年版，第344～382页。原注：“据考证，此件成文于1940年9月。”

16. 山东省战时县区乡村各级政府组织条例

1940年11月7日通过、公布、施行

甲、县政府组织条例

第一章 总 则

第一条 县政府为代表全县抗日人民之抗日民主政府，为实行地方自治之领导机关。

第二条 根据民主政治及地方自治之原则，县人民代表会或县参议会为全县民主政权之最高权力机关，县政委员及县长之任务及其施政纲领与单行法令，悉以县参议会或县人民代表会之决议施行之。

第三条 县政府之基本任务为根据三民主义抗战建国纲领及县参议会之决议，组织与武装人民，进行各种参战工作，驱逐日寇汉奸，保卫地方治安，管理与督促全县政务之推行，执行财政经济政策，整理税收，厉行经济建设，改善人民生活，推行国防教育等，以贯彻政府之抗战国策及建国事业。

第二章 组 织

第四条 县政府设县政委员会，其委员名额为七人至十三人，由县参议会选举之，并呈报上级行政机关备案。

第五条 县政府设县长一人，由县参议会在县政委员中选举之。

第六条 县政府设下列各处、科、局、部及下列人员：

一、秘书处：设秘书一人，科员三人至五人，政治指导员一人。

二、民政科：设科长一人，科员三人。

三、财政科：设科长一人，科员二人。

财政科之下分设金库主任一人，会计、出纳各一人，如事实需要时，并可另外设立税务局，专司各种税收事宜。

四、粮食科：设科长一人，科员二人，事务员若干人。

五、经济建设科：设科长一人，科员二人。

六、教育科：设科长一人，科员二人。

七、武装科：设科长一人（由县大队长或大队副兼），科员一人至二人。

八、司法处：其组织条例另定之。

九、公安局：设局长一人，政治指导员一人，干事一人至三人。

十、视导处：设主任一人，视导员三人至五人（可由各科员兼）。

十一、县大队部：设大队长一人，由县长兼任（必要时得由上级军事机关另委大队长），大队副一人，政治主任或政治教导员一人。

第七条 县政府各处、科、局、部之负责人得由县政委员兼任之。

第八条 县政府及公安局、税务局、保安大队编制表另定之。

第九条 各县如因县境辽阔，或其他人为障碍，对于行政上指挥不便时，可在适当地点酌设县政府行署，就近领导各该地区政权工作，其内部组织由各该县政府自行规定之。

第十条　县政府根据工作上之需要，得设下列临时或常设委员会，其组织条例另定之。

一、地方行政设计委员会。

二、优待救济委员会。

三、合作事业指导委员会。

四、经济建设委员会。

五、教育委员会。

第三章　任务与职权

第十一条　县政府之组织为民主集中制，县政委员会为全县政务之最高集体领导机关，下列各事务须经县政委员会之决议施行之：

一、关于上级政府令办之重大事项；

二、关于县区乡村之选举事项；

三、关于执行县参议会之决议事项；

四、关于县区乡村行政决议事项；

五、关于县区乡村预决算事项；

六、关于各级行政人员之任免事项；

七、关于训练调整区乡地方武装及游击小组事项；

八、关于县政设施或变更事项；

九、关于筹划县公营事业事项；

十、其他认为应经县政委员会讨论决议事项。

第十二条　县长对内为县政委员会主席，对外为代表县政府之行政首长，其职权如下：

一、召集县政委员会开会时为主席；

二、执行县政委员会之决议与决定；

三、监督全县各级行政机关执行政务；

四、执行上级政府及县参议会之决议与命令；

五、处理县政府之日常工作与紧急任务。

第十三条　县长因公外出或因故不能执行职务时，其职权由县政府秘书或民政科科长代理之。

第十四条　秘书辅佐县长执行政务，在县长直接领导之下掌管如下事务：

一、管理县政委员会之通知与记录；

二、编制统计报告，核拟文件；

三、领导分配、抄写、印刷及收发文件；

四、登记县政府各处、科、局、部人员之进退；

五、典守印信；

六、管理并教育县政府之事务人员及卫生医药管理事项；

七、不属于其他各处、科、局、部之事项。

第十五条　民政科根据县政委员会之决议，在县长领导之下，掌理如下事务：

一、推动指导区乡村行政工作；

二、提供对于区乡村行政人员任免之意见；

三、审查区乡村行政干部；

四、关于优待抗日军人家属及公务人员家属事项；

五、关于区乡村选举事项；

六、关于区乡村土地、户口调查、清丈、登记、统计事项；

七、关于农村卫生设施及公共医院指导管理事项；

八、关于赈灾、抚恤、保育及其他社会救济事项；

九、关于婚姻登记及其他礼俗宗教事项；

十、关于调解劳资及业佃争议事项；

十一、关于办理战时邮政及民众服务事项；

十二、关于推行公平负担，执行减租减息，改善工人待遇，改善妇女生活等改善人民生活事项；

十三、关于人民团体登记事项；

十四、关于禁烟、禁毒、禁赌、放足等改良风俗事项。

第十六条　财政科根据县政委员会之决议，在县长领导之下，掌理如下事务：

一、征解田赋、税捐、公款、公债事项；

二、编制审核县区乡经费预决算事项；

三、县金库收支事项；

四、本县金融之监督、调查、取缔事项；

五、执行改善人民生活之财政经济政策事项。

第十七条　粮食科根据县政委员会之决议，在县长领导之下，掌理如下事务：

一、调查统计全县每年出产粮食总额及其种类；

二、调查统计全县人口每年用粮总额及主要食粮种类；

三、调查统计全县各区食粮盈亏情形；

四、调剂全县人民食粮；

五、筹征、保管及分配救国公粮；

六、调查、审核、统计部队机关团体食粮人数，印发粮食支票；

七、统筹部队、机关、团体烧柴及草料。

第十八条　经济建设科根据县政委员会之决议，在县长领导之下，掌理如下事务：

一、经营农林、畜牧、工商、矿业之计划与管理、督促、指导事项；

二、各种合作事业之指导事项；

三、各种公营事业之管理、监督与指导事项；

四、统制出入口货物及贸易等事项；

五、其他有关全县之经济建设事项。

第十九条　教育科根据县政委员会之决议，在县长领导之下，掌理如下事务：

一、管理、指导全县学校教育及社会教育；

二、管理全县学校教员及各种文化工作人员之审查、登记与分配事项；

三、关于师资及文化娱乐人才之培养训练事项；

四、编制教材、出版报纸及制发宣传教育以及各种有关文化之材料；

五、筹划、保管及分配教育经费；

六、关于公共体育场、图书馆、阅报室、农村俱乐部等之管理与指导事项；

七、其他有关宣传教育及文化事项。

第二十条　武装科根据县政委员会之决议，在县长领导之下，掌理如下事务：

一、关于人民抗日武装团体之调查、整理、统率、编制及军队训练事项；

二、领导人民武装配合军队作战；

三、关于游击小组、自卫团、少先队职员之任免事项。

第二十一条　司法处为县政府司法机关，在县政委员会之决定与县长指导下，掌理如下事务：

一、关于民刑诉讼案件第一审事项；

二、组织与领导各级调解委员会及巡回法庭事项；

三、积极检举一切贪污、腐化、浪费、渎职、枉法、违犯法令、扰乱治安之事项；

四、罪犯之管理与教育事项。

第二十二条　公安局根据县政委员会之决议，在县长领导之下，掌理如下事务：

一、关于汉奸、敌探、托匪、土匪、顽固分子之侦察、缉捕、处理事项；

二、关于敌伪活动情形之侦察与通报事项；

三、关于违警案件之处理事项；

四、戒严、盘查等维持治安事项；

五、领导各区锄奸特派员工作及推行锄奸教育事项；

六、计划并指导全县人民锄奸网工作事项；

七、接受县政府及县司法处之委托，执行逮捕、侦察人犯事项。

第二十三条　视导处在县长直接领导之下，并受各科长之指导，掌理如下事务：

一、巡视、督促、检查各区乡村行政工作；

二、辅助、协助各区乡村行政机关进行工作；

三、传达县政府之工作意见于各区乡村政府；

四、反映各区乡村工作意见于县政府；

五、进行各种社会调查，反映人民对政府之意见。

第二十四条　县大队部为县政府所辖地方武装之指挥机关，根据军区之指导，县政委员会之决议，在县长领导之下，掌理如下事务：

一、关于县区乡地方武装之统率、编制、教育、调遣、分配及其他职员任免事项；

二、指挥人民武装，保卫地方治安，肃清土匪汉奸事项。

第四章　附　则

第二十五条　本条例自山东省临时参议会通过后施行。

乙、区公所组织条例

第一章　总　则

第一条　区公所直接受县政府之管辖及区参议会之监督。

第二章　组　织

第二条　区设区政委员会，由区参议会选举委员五人至七人组织之，并呈报县政府备案。

第三条　区设正副区长各一人，由区参议会就区政委员中选举之。

第四条　区公所设下列各员，根据区政委员会之决议，在区长领导之下，分掌全区各项事务：

一、文书一人；

二、助理员三人；

三、保安中队长一人，中队副一人，政治指导员一人；

四、公安特派员一人。

第五条　前条所列各项工作人员确定后，须分别呈请县政府或县大队部备案加委。

第六条　区公所根据工作之需要，得组织下列临时或经常委员会：

一、地方行政设计委员会；

二、合作事业指导委员会；

三、经济建设委员会；

四、优待救济委员会；

五、调解委员会。

第三章　职　权

第七条　区公所之组织为民主集中制，区政委员会为区公所之最高集体领导机关，下列各项事务，须经区政委员会之决议施行之：

一、上级政府令办之重大事项；

二、区乡村之选举事项；

三、执行区参议会决议事项；

四、区乡村行政决议事项；

五、区乡村预决算事项；

六、区政设施或变更及区公营事业之事项；

七、区以下各级行政人员任免事项；

八、其他认为应经区政委员会讨论决议事项。

第八条　区长对内为区政委员会主席，对外为代表区公所之行政首长，其职权如下：

一、召集区政委员会，开会时为主席；

二、执行区政委员会之决议与决定；

三、监督全区行政机关执行政务；

四、执行区参议会之决议与上级政府之命令；

五、处理区公所之日常工作及紧急任务；

六、兼任区中队长。

第九条　副区长除协助区长总理全区事务外，并兼任民政事项。

第十条　第二条所列区公所工作人员之分工如下：

一、文书任文书及总务事宜；

二、助理员分掌财政、粮食、经济建设及教育事宜；

三、中队副及政治指导员管理区中队、乡分队及游击小组、自卫团事宜；

四、公安特派员掌理社会除奸及情报事宜。

第四章　附　则

第十一条　本条例经山东省临时参议会通过后公布施行。

丙、乡公所组织条例

第一章　总　则

第一条　乡公所受区公所之管辖及乡参议会之监督。

第二章　组　织

第二条　乡设乡政委员会，由乡参议会选举委员三人至五人组织之，并呈由区公所转呈县政府备案加委。

第三条　乡设正乡长一人、副乡长两人，由乡参议会就乡政委员中选举之。

第四条　乡长、副乡长分别担任乡公所民政、财政、粮食、经济建设、教育各项事宜。

第五条　乡长兼任地方武装之分队长，另设副分队长一人、政治指导员一人，掌理乡分队及游击小组、自卫团等武装事宜。

第六条　乡政人员选定后，一律呈由区公所转呈县政府备案加委。

第七条　乡公所之乡长、副乡长、副分队长、政治指导员均脱离生产，其他工作人员应以不脱离生产为原则。

第八条　乡公所根据工作之需要得设下列不脱离生产之各种委员会：

一、优待救济委员会；

二、春耕委员会；

三、粮食委员会；

四、建设委员会；

五、教育委员会。

第三章　职　权

第九条　下列各事项须经乡政委员会之决议或决定：

一、上级政府令办之重大事项；

二、关于乡村选举事项；

三、关于执行乡参议会之决议事项；

四、关于乡村行政决议及预决算事项；

五、乡政设施及乡公营事业事项；

六、乡级以下之行政人员任免事项；

七、其他认为应经乡政委员会讨论决议事项。

第十条　乡长对内为乡政委员会之主席，对外为代表乡公所之行政首长，其职权如下：

一、召集乡政委员会；

二、执行乡政委员会之决议；

三、执行并监督各委员会之工作及全乡行政事项；

四、执行上级政府之命令及乡参议会决议；

五、处理乡公所日常工作及紧急事务。

第十一条　乡长因公外出或因故不能行使职权时，由乡长指定副乡长一人代理之。

第四章　附　则

第十二条　本条例经山东省临时参议会通过公布施行。

丁、村公所组织暂行条例

第一条　村民大会（或村民代表大会）为村政权之最高权力机关，村民大会（或村民代表大会）闭幕后，村政权属于村公所。

第二条　村公所之组织设村长、副村长、村政委员会。

第三条　村政委员由村民大会或村民代表会选举，就全村之工、农、青、妇、学校、士绅等人士中选举三人至七人组织村政委员会，再就村政委员中推选村长与副村长。

第四条　村长、副村长及村政委员会选出后，须呈由乡公所转呈区公所加委。

第五条　下列事项应经村政委员会讨论处理之：

一、关于村政及区乡公所令办事项；

二、关于本村选举事项；

三、实行合理负担，征收救国公粮；

四、动员群众参战工作；

五、关于本村教育及生产建设事项；

六、关于本村之抗属、难民等之救济优待事项；

七、本村警戒及锄奸事项；

八、调查本村村民争议事项；

九、关于本村其他一切应兴应革事项。

第六条　村政委员会为适应工作之需要，得设各种专门委员会。

第七条　村长与村政委员之任期为一年，任期后须改选，但得连选连任。

第八条　根据战争及工作之需要，除村长得脱离生产，按照政府脱离生产人员待遇外，其他村政委员均不脱离生产。

第九条　如村长或村政委员有不称职或贪污事项，区乡公所与村民大会得随时撤换之，区乡公所撤换村长时，应提交村民大会或村民代表会通过后施行。

第十条　本条例经山东省临时参议会通过后公布施行。

选自《中国新民主主义革命时期根据地法制文献选编》，第2卷，北京，中国社会科学出版社，1981年版，第370～384页。原注："选自《山东省战时法规政令汇编》第一辑第一分册，一九四二年版。"

17. 山东抗日民主政权目前的中心工作
——战工会秘书长陈明在山东省行政会议上的结论

1940年11月11日

同志们！在行政会议中我的报告及刘居英同志、艾楚南同志的报告共有六天。报告了很多的问题，特别是关于巩固山东抗日根据地的各种政策都报告到了，同志们也讨论了五六天的时间，发挥与补充了不少的意见。现在会议是结束了，同志们就要回到岗位上执行这次会议的报告和决定，同志们将怎样去进行呢？如果在一个时候把这个会议决定的工作，平均的〔地〕全部拿去进行，那将没有一件工作做得好、做得彻底、做得通。因此你们一定要根据各个地区的环境和时间，有中心的〔地〕、有先后的〔地〕而有计划有步骤的〔地〕去执行这一会议的决定，才能收到应有的效果。那么什么是目前山东民主政权的中心工作呢？我想根据山东目前一般状况和我们的任务，我认为应该是如下几点。

一、贯彻民主，实行“三三”制，全部改造村乡政权。

甲、只有彻底民主，才能使政权成为真正统一战线的政权，团结一切赞成抗日与民主的人士在民主政权的周围，巩固与扩大民主政权的社会基础。

乙、统一战线政权最具体的组织形式，就是中国共产党领袖毛泽东同志所提出的“三三”制。

实行“三三”制不是形式的〔地〕机械的〔地〕执行，而是以我们真正组织与发动了进步的工农群众、革命的知识分子能积极的〔地〕参加民主政权；以我们模范的统一战线政策，真正的〔地〕争取了士绅名流及一切抗日的地主资本家、其他抗日党派人士对民主政权的了解与同情，而自愿积极的〔地〕参加抗日民主政权工作之程度如何，为实现“三三”制的根据。因此，在那一些过去工作没有基础、民主政权执行统战政策不够、民主政权尚未被非党人士及士绅名流所了解时，应立刻改正与审查自己的政策，经过座谈会及参议会方式，进行宣传说服解释，执行正确的统战政策，发动工农、革命知识分子群众及士绅名宿、其他抗日党派人士之参政认识与热情后，经过民选方式，实行“三三”制，则才能发挥“三三”制之真实意义和作用。所以在实行“三三”制中要反对那些照抄名单的形式的“三三”制，而是要有计划有步骤的〔地〕去实行“三三”制。但“三三”制是统一战线政权的真实政策，一定要实行的，决〔绝〕不是当作好看的主张。各级政府一定要切实执行，不能借口困难不执行“三三”制。我们将以“三三”制的真正实行与否，作为各级民主政权民主化测验的标准。

丙、村乡政权是民主政权的最下层，接近群众的基础组织。上级政权的一切法令政策依靠它去实现，同时它是直接反映民意的机关。但今天我们村乡政权改造过的最少，成份〔分〕最坏，教育最差，而一切政令行不通的也就在乡村政权，贪污浪费腐化最严重、最多的，也就在乡村政权，所以改造与教育乡村政权干部，是今天政权的最中心工作，我们要求未改选的村乡立即加以全部改选，改选过了的亦应加以审查，到期了的亦须改选。所有村乡正副村乡长能受完二个月的教育。这个工作要在四个月内完成。

改选村乡长时，要以县为范围，成立改选委员会。改选委员会应执行必要的审查与教育准备，然后分派到各区乡去，组织与指导［各］区乡的改选委员会工作，进行村乡长的改选。改选委员会应有政府同党政军民的代表参加。改选时应进行动员解释及调查工作，旧的村乡长要作工作报告及审查公布帐〔账〕目，发动人民讨论，然后进行选举。村乡长人选，在成份〔分〕上以工农、革命知识分子为主，同时在行政委员会中要有士绅名宿、其他抗日党派人士参加。政治上要求：第一，坚决抗日，对抗日工作有认识；第二，赞成民主政权与民主制度；第三，廉洁自好，不贪污，不浪费；第四，自奉俭朴，热心国事。

村政委员会、乡政委员会按“三三”制原则组织。改选后应立刻进行教育，教育的中心内容，以〔为〕《新民主主义论》、民主政权的各种基本政策及民主政权的施政纲领、法令、条例及村乡长工作制度与关系等。新的村乡长产生后，应定期规定村乡公所工作计划，并定期检查总结，对村乡长工作进行奖励与惩戒。

丁、各级参议会未成立者，应按参议会组织法令选举出，成立各级参议会；已成立的参议会应定期开会，行使职权；到期者应进行改选。

二、执行正规的财政经济政策。

甲、按公平负担办法，实行统一征收救国公粮，实行粮食支票制度，统一付支（支付）给养，节省粮食。

今天人民最感痛苦的就是负担给养太重。负担给养太重的原因，第一是村中各户负担不公平，许多村乡长不按照有粮出粮原则、公平负担办法去分派给养，或者曲解公平负担办法，致使许多粮食负担加重在中农以下人民中，而村乡长自己或地多粮多者负担很少。第二就是地区上负担不公平，驻军队多的地方负担重，少的地方负担轻；山地重，平原轻；正规地区负担重，游击区负担轻，这是由于政府不能就整个行政区统一筹划的原因。第三就是由于支付粮食不统一，随便可以向人民要粮食，发生浪费粮食、食粮人数无限制，特别是区乡村政府及群众团体不按照一定编制吃粮，致使整个负担粮食数目太大。所以公平负担、节省粮食，是今天抗日民主政权的财政经济工作中最中心急切的工作之一。

第一，各级民主政权应以行政区为单位计算军队、政府、群众团体吃粮人数，计算全年吃粮数目，实行全年二次收集救国公粮。

实行收集救国公粮时，一定要按照公平负担办法实行。三个月后，各地征收公粮如还不能按照公平负担办法征收者，以渎职论罪。

关于公平负担办法，山东省临时参议会经过详细讨论后，制定公布了三种办法，这三种办法是根据今天山东民主政权工作发展之不同情形、程度与条件制定的。各地一定要根据参议会之规定，根据各地工作发展情形去选择一种办法。一般新开辟地区及公平负担进行有成绩地区，以实行甲种办法为宜。进行乙种办法有效地区，亦应根据新修正之乙种办法进行修正。实行公平负担办法时，一定要将公平负担办法研究清楚，颁布办法，进行深入政治动员，使人民了解与拥护，召集村乡区政府负责人及群众团体代表进行训练，熟习推行公平负担之方法与方式，然后分组到各村中去深入动员解释，发动群众斗争，等级定好了还要进行审查。公平负担之一般原则：第一是有粮者多出粮，少粮者少出粮，但少粮者多少应负担一些，表示对抗战的义务，一般贫困者不负担的人数，不能超过十分之二。第二是负担按累进原则，但累进率不能过高，负担最重者以不超过全收入百分之三十五为原则。

我们要求明年各地民主政权都能实行全行政区统一的征收救国公粮制度，完全停止零星征粮现象，而且一律按公平负担办法征收救国公粮。现在立刻开始动员解释公平负担办法，并准备干部及实行计划、评定等级等工作。

第二，立刻实行预决算，吃粮量数实行粮食支票制度。军政民由其最高领导机关按照编制人数统一领取粮食支票，没有粮食支票者政府不给粮，实行统一支粮，减少浪费。

第三，实行严格编制，减少食粮人数，特别是政府机关与群众团体，一定要减少不必要吃粮人数，按编制领粮，节省粮食。开展反对浪费粮食而〔的〕斗争，粮食是人民的血汗，反对浪费一粒粮食。

乙、实行统一财政收支，建立严格预决算制度，肃清贪污浪费。

一切税收、田赋、募捐、行政罚款、遗产、官产、罚款、司法罚款为政府之财政收入，要解交政府金库，任何政府以外之其他机关、军队、群众团体、动员机关等，不能私自收取，立即停止民主政权区域内政府财政机关以外之任何政权、部队、群众团体、动员机关之捐款、罚款、截留粮款等行为。同时，一切支出应编制预算，经过一定机关批准后，才能向财政机关领款，不做预算不付款，不做决算者不付款。开展反贪污腐化斗争，严格实行政府惩治贪污条例。

丙、开源节流，领导生产建设工作。

第一，政府应采用一切办法，提高农业生产，繁荣农村经济，有计划的〔地〕组织春耕与夏收、秋收、植树运动，提倡手工业，奖励私人资本投资。

第二，政府发动组织大规模的生产消费合作社。因为这是组织小生产成为大生产、改善人民生活最有力的经济组织形式，同时也是今天最可能进行的一种经济组织。但合作社的组织一般应以下列三个原则为标准：

（一）合作社的组织是为了改善社员的生活，而不是为了某一个人的发财。

（二）股金单位要小，社员认股无限，但不论认股多少，以一人为社员。

（三）应以合作社纯利百分之三十为合作社之公积金，公积金绝不能瓜分，社员退股时只能退出股金。

合于上述三原则之合作社，政府应予登记。凡经政府登记之合作社，应享受政府之优待，如减少税收一部或全部、银行信用借款等。

三、建立与健全政府对地方武装与群众武装之领导。

建立地方武装与群众武装的领导机关与工作，对于保卫与开展民主政权工作、配合主力作战，以及有组织的〔地〕扩军，补充主力，是有决定的意义。因此，各专员公署及县政府应立刻建立与健全武装科之组织：乡成立一个班到一个排的乡分队，区成立一个排到一个连的区中队，县成立一个连到三个连以上的县大队，这些是地方武装，统属政府武装科之领导。

凡在十八岁以上四十五岁以下的青年壮丁，一律加入自卫团，是不脱离生产的群众武装。基干自卫团是半脱离生产的武装，按小队、分队、中队、大队编制，乡设乡团部，区设区团部，县归武装科领导。武装科应加紧对地方武装与群众武装以军事政治训练，规定定期的操科，特别冬季农闲之时，并积极动作，配合军队作战，积极［进行］破袭工作。

健全政府武装之另一任务，就是要有组织有计划的〔地〕扩军。除了充实与健全地方武装科编制外，各地政府要在一年内将现有地方武装扩大一倍以补充主力，每季（四个月）抽调或动员三分之一补充主力。

四、开展新民主主义的国民教育与培植建国人材〔才〕。

甲、开展新民主主义之国民教育，是开展反投降、巩固抗日民主政权的基本工作之一。目前国民教育的中心工作，除了开展恢复与建立小学外，［应］建立与健全各级政府教育科的组织，建立与健全对各地学校之巡视检查制度，健全学校工作，提高其质量。要求各地小学一律办夜学，在目前首先是办冬学，开展冬学运动。

乙、就是要办继续学校及专门学校，培养中级干部。各专署至少要办一能容三百人到五百人之完全中学。主任公署能成立一能容五百人到一千人之公学，公学分为普通、师范、行政、经济建设等科。

丙、现有乡区长、助理员、科长等，应轮流到抗大分校建设大队受训，提高政治水平及专门知识，使行政人员没有一个没受训，这对于提高行政干部工作效能是有决定意义的。

丁、建立在职干部学习制度。每天二小时学习制度，在职干部定要实行，并且要有计划的〔地〕实行，定期进行检查测验。今天在职干部学习的中心问题，应该是《新民主主义论》、巩固抗日根据地的各种政策、中国革命基本问题。比较高级的应该学习政治经济学与联共党史，因为联共党史包含革命与建国的全部宝贵的经验教训，［是］值得人人学习研究的，其他就是时事问题与政府法令。

五、实行保障人权法令，厉行锄奸政策。

保障人权法令对于巩固根据地内的秩序、保障政府统战政策，是有重大意义的，各地政府应将这一法令广为宣传，并切实执行。

与保障人权工作不可分的就是厉行正确的锄奸政策。各级政府应立刻建立与健全公安局的组织与工作，建立各地的锄奸网组织。以后锄奸工作一定经过公安局，克服过去对锄奸工作无人过问，或大家都管的混乱现象。

六、举办实验的村乡区县工作，创造模范的区县和专员区。

我们山东的政权工作最大的缺点就是不深入、不实际，什么都做了，应有尽有，没有一件工作做好，做得实际，做得深入。许多地方实行公平负担，而许多负责的专员县长还不明了公平负担究竟是怎样。自己没有工作经验，也不想在实际工作中去求取工作经验，工作永远做不好。因此，我们要求每一专员区，要找出一个县作为自己的实验县；每个县区应找出一个区乡村，作为自己的实验区乡村。每一个政策的颁布施行时，首先亲自在实验区来实行，来考验自己的政策正确与否，来收取工作经验，作为领导的资本，以推行到其他地区中去，从实验县区乡村中来创造模范县区乡村，以影响推动全地区的工作。

七、肃清官僚主义作风，创造抗日民主政权的新作风。

“一切工作从作风转变起”，作风问题是政治问题，不是技术问题。假使我们各地政权工作同志不能把现有政权工作中严重存在与生长着的新旧官僚主义作风抛弃、肃清，创造新的抗日民主政权的作风，那么一切工作的转变和发展，是无从谈起的。我们要执行行政会议的决定，转变与开展山东民主政权工作，创造巩固的山东抗日根据地，那就应当首先下决心转变工作作风，把旧的朽腐的数千年来的官僚作风、半封建半殖民地的小资产阶级、士大夫的旧官僚作风完全抛弃，而创造新的新民主主义的抗日民主政权作风。

甲、什么是旧的官僚作风呢？贪污、腐化、浪费是官僚作风，而一切在工作上散漫、迟缓、不深入、不实际、一知半解，什么都做，没有一件事做好做彻底，作空洞计划，照例行事，准此等因。家长式，不耐心，以谩骂代替具体领导，也是官僚主义。这些作风的存在，都是腐败的新旧官僚主义的表现。我们冷静的〔地〕检查一下，都或多或少的〔地〕带有这些腐败的官僚主义。这些官僚主义的存在，就障碍我们紧张严肃的〔地〕完成我们的工作任务，使我们没有一件工作做得深入、实际，按时完成任务。我们是新民主主义的新人物，我们一定要以革命的精神来创造新的抗日民主政权的新作风。

乙、什么是新的抗日民主政权的新作风呢？

第一，应该是抗日、民主、廉洁、奉公。就是说要有坚定不移的〔地〕抗日到底的政治立场，抗日高于一切，一切为了抗日，任何威迫、利诱、困难不能改变我们的立场。

民主：善于运用民主的方式，“凡事商量做”，不独裁包办，善于同一切抗日党派人士合作，善于同一切阶级的人士合作进行工作。但这不是说同流合污，或丧失政治立场，相反的，站稳政治立场，并运用民主方式，争取同情者和同路人一起进行工作。

廉洁：中国人的美德第一是廉洁，尤其是每个共产党人必备的道德，贪污、自私自利是资本主义制度的恶果，所以抗日民主政权一定要廉洁。能廉洁一定能取得人民的拥护，不廉洁不配做一个共产党员，也不配做一个民主政权的官吏。民主政府比旧的官僚政府受人信仰，首先是廉洁。我们不要为〔让〕少数败类损害民主政权的威信，要大家一致反对贪污的腐化现象，做到民主政权中没有一个不廉洁［而］贪污的坏蛋。

奉公：克己奉公是共产党员的美德，这是中国的传统美德。抗日民主［政权］的官吏，一定要很好的〔地〕做到这一点。我们参加民主政权工作，决〔绝〕不是为了升官发财，也不是混饭吃、找差事，而是为了抗日、为了革命。我们抗日民主政权就是要我们能克己奉公、与民同甘苦，我们不要为〔让〕少数败类来损害抗日民主政权的威信。开展反对那种升官发财、混饭吃、混差事、雇佣观念的腐败分子，发扬克己奉公的美德。

第二，建立正规的工作作风。什么是正规的工作作风呢？就是朱政委所说的“凡事商量做，商量了一定做，做了要有检查，检查要有结果，结果要有结论”。

一切工作按计划进行，正确的计划决定后，一定从组织工作上配备干部去保障计划的实现。尽可能利用时间参加一部分工作，及时检查工作，收取工作经验，考查工作计划是否正确、工作干部是否称职，以作［为］以后决定计划的根据。

一个时期集中力量做一件中心工作，其他工作以围绕这一中心工作联系进行。因此要善于决定中心工作，就是使这一中心工作，是这一时期中心的一环，抓到这一环，就能推动全部工作。

做一件工作要集中力量去进行，深入动员，求工作之彻底深入，取得成绩与经验教训。不要什么工作都作〔做〕，什么都无成绩，那将最厉害的〔地〕破坏工作的开展与自己的信心。

同志们！我想山东抗日民主政权目前的中心工作就是这几点。当然，这里的工作内容是不少的，各地区要根据自己的客观环境和主观能力去分别先后的〔地〕进行，还不能机械的〔地〕全部去做。我想，依靠全山东党政军民各种工作的配合，依靠全体政权干部的一致努力，一定能够很好实现此次行政会议的决定，和以全部精神去创造一个巩固的山东抗日根据地，创造一个新民主主义的新山东。

选自《山东革命历史档案资料选编》，第6辑，济南，山东人民出版社，1982年版，第48～57页。原注："据考证，本文成文时间为1940年11月11日。"

18. 黎玉在全省行政会议上的闭幕词

1940年11月11日

各位来宾，各位专员县长：

今天山东省第一次行政会议闭幕了。

虽然我们开会的时间只有两个月，但会议的成就是很伟大的。在会议期间大家经历了很艰难的环境，特别是经过了反"扫荡"与"反投降"的战争环境，备尝了困难的生活，但我们终于战胜了一切困难，胜利的〔地〕开幕与胜利的〔地〕闭幕了，并且还收获了不少的成绩。我们很圆满的〔地〕总结了各种工作的优点缺点、大大小小的问题；尤其是山东战工会的各种新民主主义的政策，都经过了热烈的讨论、深刻的研究。这种伟大的收获，正是民主运动在山东踏上了新阶段的开始，是建设抗日根据地的保证。

今天，行政会议闭幕了，今天的闭幕，恰恰说明山东新民主政权将要负起与迎接更重大更艰难的任务。今天全国正［面］临着抗战的新危机，是［处在］中国的亲日派投降派在日本诱降政策下实行投降、实行分裂、实行内战的空前危险当中，是［处在］中国生死存亡的紧要关头。山东不可避免的〔地〕要在更加严重的"扫荡"与反"扫荡"、投降与反投降的斗争中，民主政权的境遇将更艰苦，需要我们把两月来会议讨论的收获很好的〔地〕运用，来克服这新危机，来建设坚强的山东抗日阵地，使山东三千八百万人民脱离敌人投降派的黑暗统治，走向光明斗争的道路。我们怎样完成这种任务呢？当然两月来的讨论与收获全部要运用的，但我们在当前应特别强调下面几个工作问题。

（一）要健全战争动员工作。我们估计，在新的严重局面下，敌人对山东的"扫荡"必然加强，敌人必然会用更多的兵力转向"扫荡"山东。由于我们的抗日根据地是初步发展形成起来的，战争动员还不够深入、切实、坚强，还没有经过更多的狂风暴雨的锻炼。战争的动员是胜利的〔地〕完成反"扫荡"的最重要的工作。我们要把根据地变成铜墙铁壁的根据地，当前就要在破公路、拆围墙等等各种战争动员工作上多下工〔功〕夫，成为经常。这次反“扫荡”中，我看到好多公路未破，好多围墙未拆，也有破的却破得不彻底，拆又拆得不完全，致使敌人多得到一些方便，使我们多遇［到］一些困难。这样发展下去，会使敌人的“囚笼政策”一天天扩大，我们的抗日根据地一天天缩小，而且也必须警惕的〔地〕认识，投降派反共派随时在企图用这个乌龟政策。从今天起，政府应把战争动员作到〔为〕每一区乡村的经常工作，见路就要破，见围墙炮楼就要拆，破要破得彻底，拆要拆得完全，使敌人不易修复。这只是战争动员之一，其他如消息情报、坚壁清野、盘查放哨等等动员工作，一切都要认真来做。在这一方面，清河区可称得模范。我们必须从政治上、组织上保证这一工作自动的〔地〕经常的〔地〕进行。

（二）改善民众生活。这在大会上也有讨论，无论是救济灾难、增加工资、减租减息、合理负担，都有了具体的规定。但这方面过去做的〔得〕还不够，只是部分的〔地〕零碎的〔地〕做，因此我们的民主政权还未建立起更大威信。不能改善民众生活，就不能动员广大民众参战，就不能激发其抗战积极性。在做的时候，更要注意到把握住正确的政策，不是个别的〔地〕部分的〔地〕改善，而是全般〔盘〕的〔地〕改善，不是看到就改善，看不到就算了，也不是只改善工农的生活，而忽略了其他阶级阶层的民众。改善的程度要适当，要以调整阶级关系为准则。这一切都需要我们根据参议会通过的施政纲领，以及在这次会议中的决定，仔细研究，具体的〔地〕布置，彻底的〔地〕执行。

（三）抗日根据地的财政经济建设，这也是大会讨论的重要项目。对这一问题首先要从〔以〕支持长期抗战为出发点，要站在爱护根据地的立场上，要真正做到根据地的自足自给，要培树支持长期抗战的战争资财。我们应明确的〔地〕看到，要支持长期抗战，军队必须扩大，各种资财的供给必然增多，一切要为了保证战争的胜利。因此我们必须注意到，不只是消极的〔地〕设法，而更要积极的〔地〕建设。如不能发展工商业、繁荣地方经济，改善人民生活也不能彻底做好；不能建立起坚强的抗战经济堡垒，打不破敌人的封锁政策，我们就会饿死。

因此我们还要反对“乱抓”的现象，只顾眼前、不顾将来、“鼠目寸光”的办法。不论在税收、贸易、田赋任何方面，都要根据当地的财源、民生的状况、抗战的要求，有原则的〔地〕、有计划的〔地〕执行。

（四）开展国民教育，这大家也讨论过，而且过去也有了初步的收获。但问题是我们的民众政治文化水平还十分落后，敌伪投降派的欺骗胁诱，还发生相当的作用。这也应是个亟待重视的问题，今天我们有普遍组织起来的民众抗日团体的推动，有八路军的随时帮助，有共产党的正确领导这许多优越的条件，为什么民众的觉悟与组织还不够深入与普遍呢？其重要原因之一，就是我们对于教育工作的各方面的建设与领导是异常薄弱。因此我们要十倍百倍的〔地〕提高民众的政治文化水平，加强群众的各种抗战知识理论，这样我们才能创造巩固的抗日根据地，坚持长期抗战。要把民众的文化政治程度提高到［和］抗日的战士、抗日的干部一样。只要大家努力，党政军民一致配合，抓紧时机，克服经费窘困、师资缺乏各方面的困难，是能胜利的〔地〕开展的。

（五）提高行政人员的能力。今天我们的行政人员工作经验的不够充实、能力的薄弱是不可避免的，仅仅教老百姓认为我们是好人而不能发挥新民主主义的力量是不够的。这首先要在理论上、工作上提高行政干部的认识与能力，最中心的一点就是要加强干部的政策教育。因为执行政策的发生错误，就不能团结广大民众，就不能发挥民主政权的权能。如有个别地区实行合理负担办得不对，有的在锄奸工作上忽略争取教育工作，有的在税收方面把握不住正确的收税原则，就都会使工作受到极大的影响的。因此需要大家在这方面好好研究，猛烈增进工作能力。其次，要展开行政干部的学习运动，以至到区乡村的行政干部中，皆开展起学习运动。学什么？第一，要学习各种政策政令及各种抗战知识，这是主要的。第二，要经常学习工作中的经验教训，在理论与实践的联系上，在具体执行政策中学习，尤要会在执行政策时的错误中来学习。第三，要学习政治经济、哲学及社会科学的理论，要在行政上自上而下开展一种学习的热潮。

（六）建立新民主主义的作风。新民主主义的政权要有新民主主义的作风。今天我们的民主政权是基本上不同于腐败的旧政权的。但由于在这新旧社会交替的时代中，依旧有许多旧的腐败的作风遗留下来，影响到民主政权，加之有些投机分子的混入，时常发现个别的吞公款、肥私囊、领导方式的官僚化等等的现象，不彻底肃清这些现象，即不能健全民主政治。我们应该特别强调注意以下几种作风。

一、战斗化的作风。我们经常处在斗争的环境中，就要有与敌人投降派以及旧社会的残余作斗争的精神，就要有不怕流血的精神，反对在困难面前却步逃退。我们高级行政人员尤其要以身作则，坚持自己的阵地，有一区坚持一区，有一乡坚持一乡，有枪就要能打仗，有一支枪就要有一支枪的打法。只有和民众共生死同患难，不畏难不苟安，才能真正发扬新民主主义政权的能力。因此我们要学习军事知识，在生活上要有切实的锻炼，过去那种“文官问案、武官打仗”的说法，对于我们是不适用的。我们要有随时随地打击敌人汉奸投降派的精神与能力，泰安、莱芜两县战争的精神值得多多的〔地〕发扬的。当然，这不是说我们要把作战作为主要的任务，而是要随时随地[让]每一个行政人员都充满着与敌人搏斗的英勇气概。

二、廉洁奉公的作风。新民主主义的明显标志，就是廉洁化，要反对贪污、腐化、浪费，贪污一定要枪毙！大吃大喝是剥削者压迫者的旧政权的作风，我们是抗战的代表人民利益的民主政权，是不能容许的。如果那一县有这种现象，就是那一县的耻辱，那一个人有这种行为就是新官僚、投机分子，那只有请他回到腐化的垃圾里去。

三、坚持艰苦的作风。民族解放战争是长期艰巨的，我们不只要[有]艰苦斗争的精神，还要有坚持奋斗的魄力。坚持与艰苦是分不开的，要坚持就要艰苦，不能艰苦就不能坚持。谁在“扫荡”中放弃了阵地，害“恐日病”，怕投降分子，就没有资格成为民主政权的干部。要廉洁奉公，就要能过艰苦的生活，这在今后严重斗争的环境中特别要身行力践。

四、深入民主化的作风。我们的新民主和假民主是不同的。我们的行政人员是革命斗士，不是“等因奉此”、坐在衙门里的“官”。要深入下层，要具体的〔地〕领导，要深入民间虚心听取民意，要发扬民主精神，打破任何包办代替的现象。那一地方的政策行不通，也就说明那一地方的缺乏民主。每一政令的正确不正确、做到做不到，下级在执行时是否欺上瞒下，都要我们深入的〔地〕检查，我们建议每一个县长一个月里最少要巡视一个区的工作。

五、政治化的作风。我们的一切领导要提高到政策与政治原则的高度，每一个政令应变成一个政治动员。有些地区不会这样的领导，因此养成事务主义高于一切，常把区乡政权机关变成事务机关、供给机关，来一事干一事，东西应付，零零碎碎，没有一定的计划，不会机动的〔地〕配合政治任务来具体布置工作。上级对下级也多缺乏原则的指示。当然，要能很好做到政策与原则的领导，必须大家努力学习。

六、建立强化的堡垒、一砖一瓦一点一滴的作风。今天抗日民主政权不但要发展，而且更重要的是要巩固，只会大刀阔斧的〔地〕做是不够的，要有细针细线的工作。同时一切工作不是平均使用力量，要有中心、有步骤。一县里要有中心区，一区里要有中心乡，一乡里要有一个或几个中心村。即是说我们要普遍好、全面好，如果没有点滴的工作，建立强固的堡垒、中心的连环是不行的。今后我们应该精细的〔地〕建立模范的区乡村，成为敌人打不垮的坚强阵地、铁的堡垒，来领导其他地区，推动其他地区的工作，每个政策的执行首先拿到中心乡村去试验。

这些都是我们必须养成的几个主要工作作风，也是经过大家讨论过的新民主主义的作风。

最后，大会胜利地闭幕了，大会的内容与收获是丰富的。这些丰富的收获，虽已全经过大家热烈讨论、仔细的研究，但并不是已为大家迅速的〔地〕完备的〔地〕接受，还要大家继续研究下去，并且把它们带回去，切切实实的〔地〕执行。因此：

第一，大家要在执行中不断的〔地〕督促检查，用尽一切方式方法，保证它们实行，更要从各个不同地区实行的经验教训中充实它的内容。

第二，要把大会正确的政策与决定传达给每一个干部，最低要传达到区乡级的干部，并且联系到他可能有的错误，立即加以纠正。

第三，不只我们政权同志实行这些政策与决定，而且要动员当地军队团体来帮助我们实行，不只我们自己来研究这些政策，而且要动员各界人士来研究。要登在报纸上，召开座谈会，要用各种方式使他们了解我们的政策政令，并取得他们的帮助。

每一区乡村政权机关对于政策政令不只要能正确执行，还要正确了解，还要把各种政策政令作为教育广大群众的政治材料。不是“等因奉此”的〔地〕下命令，而是要民众了解拥护以后自动的〔地〕来做。要每一区乡村政权干部都变成政治动员家，而不只是“奉公守法”的事务工作者。

这就是在这一隆重的闭幕典礼上，我要向大家讲的话。

选自《山东革命历史档案资料选编》，第6辑，济南，山东人民出版社，1982年版，第58～64页。

19. 中共山东分局关于山东党领导民主政权工作的总结与今后任务

1940年11月12日

关于山东省政权工作的总结与今后任务的决定，已在全省行政会议中详细报告与讨论，并由各地行政人员带回传达。兹仅就党对政权工作的领导，作如下之决定。

一、检讨与总结

1. 一年来山东党的抗日民主政权工作，在山东党的正确领导、山东八路军与各群众团体及全体政权干部的共同努力之下，有了很大的进步与飞快的发展。在各个地区都建立了大块的民主政权区域，树立了政权的各种机构，政权工作制度初步的〔地〕建立，开始根据党的政策施行各种政策，保证反“扫荡”与反投降战争的胜利，基本保证了军队的给养和供给，建立党政军民四位一体的工作制度，初步奠定了山东根据地的基础，民主政权开始占居〔据〕了优势。

但由于山东政权工作本身历史的年轻，时间的短促，政权干部的缺乏与不健全，经验的缺乏，因此对于执行党的政策，贯彻民主制度，领导战争，帮助扩军，保障战争胜利，配合群众团体开展群众斗争，实行善政，改善人民生活，领导经济建设工作，执行统战政策等，还非常之差，特别是人民负担之重、贪污腐化浪费等现象，还严重的〔地〕存在着。因此，政权基础［之］不巩固，政策之不确实、不贯彻，是今天山东政权问题中最严重的问题，需要我们以党政军民四位一体的力量，以更大的努力来克服这一严重问题。进行长期的根据地的建设工作，确实巩固现有政权，继续发展空隙，建设巩固的山东抗日根据地，应成为全党及政军民四位一体的中心任务。

2. 山东民主政权工作的开展，完全是山东党从政治上、组织上领导之成绩。山东旧的不民主政权是极端腐败与顽固的，所有的民主政权都是从新的民主运动中、斗争中创造出来的。因此，没有党的组织与领导地区，就没有民主政权运动，同时，没有党从组织上供给干部，民主政权的建立与发展也是困难的。党的领导对山东民主政权的开展，是有决定的作用。

但是由于山东党本身的年轻，过去长期的〔地〕处于地下党的地位，缺乏执政的经验，对政权的作用认识的〔得〕不够，因此对于政权的领导上发生过左过右的不正确倾向，甚至有许多弱点而影响到政权工作的巩固与发展。

第一，由于对政权在民族革命战争中的作用与意义估计不够，因此在过去错过许多可以参政的机会，放弃参政工作，使政权工作长期处于劣势，障碍各种工作的开展。

第二，由于对政权的重视与认识不够，不少地方的党不能有计划的〔地〕派遣适当干部去担任政权工作，而是采取敷衍态度，因此影响政权干部的质量差、组织不确实，以致影响政权干部的情绪。

第三，由于缺乏执政的工作经验与重视不够，党不能经常及时讨论研究检讨政权工作，放弃领导，致使政权工作在统战方针、各种政策上发生过左过右，党政军民不能适时配合，政权的改造不彻底、成份〔分〕不纯洁，以及存在严重的贪污、腐化、浪费、官僚主义等严重现象，党不能督促党团及时加以防止和纠正。

第四，由于山东执政经验的缺乏，［对］政权统战性质认识的〔得〕不够，以及国民党一党专政的传统之恶劣影响，致使各地党在领导政权工作时，不能建立正确的党团领导关系去领导政权工作，而且沿用手工业式的一手包办，及以国民党一党专政的包办代替方式去领导政权工作，减低党对政权的政治领导，削弱政权的统战意义，妨碍政权工作本身的正常发展及其上下级系统的建立。

第五，六月间分局关于政权工作［的］新决定是完全正确的，各地党根据这一新决定去检讨布置工作，许多地方已收获了不少成绩。但今天检查起来，各地党对于这一决定深入传达检讨与执行是非常不够［的］。对于“三三”制的民主制，许多地方是采取怀疑态度，或者不够严肃的〔地〕认识其政治意义，还不能有计划有步骤的〔地〕实行这一决定，政权干部还不能有适当的调整；党团领导还未认真的〔地〕建立起来，更谈不上健全其工作；对政府武装科组织与工作的建立，还采取怀疑态度，不肯切实执行；一切不尊重政权、破坏政权威信的行为，还不能完全停止与纠正。特别是各级党对分局这一新决定还不能及时贯彻到党政军民所有党的组织中，并以此来检讨、纠正、重新布置对于政权工作的全部领导。

因此我们认为，各级党对建立与创造山东民主政权工作虽然起了决定的作用，［作出了］伟大的成绩，［但］同时在党对政权工作的领导上，也存在着严重的弱点。这些弱点虽在不断的〔地〕纠正，三年来有了飞快的进步，但一直到今天还没有彻底纠正与克服。特别是今天客观形势的〔在〕发展，政权走上巩固发展的阶段，一切工作要求正规化，而今天山东党已走上参加及领导政权的党的地位，党要成为党政军民工作的最高领导者，而党对政权工作的发展到新阶段之时，如何健全、正确党对政权工作的领导，这对党的全部领导工作与政权工作的正规化发展是有决定意义的严重问题。

3. 山东民主政权工作的开展，是八路军在山东坚持抗战、反“扫荡”、反投降斗争胜利的结果。因为山东是敌后不断“扫荡”的环境，而且曾是顽固投降政权占统治的环境，所以没有八路军反“扫荡”、反投降的胜利，山东民主政权的发展是谈不上的。但是由于军队对民主政权问题与政策问题教育的〔得〕不够，因此对政权的认识也不够，开始则有鄙视政权、不要政权的错误倾向，后来则有把民主政权当作军队供给机关，任意指使，甚至认为政权是枪杆打出来的，不尊重政权，不帮助政权建立其工作系统、威信。有了民主政权之后，还［存在］自行收税、罚款、筹粮，破坏行政系统等现象，甚至扩军小组事务人员亦来指使与欺压政府人员。特别是在扩军扩枪中，发生无数不应有的混乱现象。这同样是要影响到政权威信之建立与工作之进行。

4. 山东抗日民众运动的发展，对于山东民主政权工作的开展，这是有极大贡献的。没有群众运动的开展，民主政权工作的建立与开展是要感到极端困难的。同样由于各群众团体对政权的教育与认识不够，因此许多群众团体不能成为拥护政府、执行政府法令的模范，而是相反的，发生许多地方群众团体不尊重政权、代替政权工作等现象，如随便募捐罚款、自行锄奸，甚至有命令指挥政府租地借粮（泰西）等现象。这同样妨碍了政权政策的执行、威信的建立。

5. 由于上述党政军民互相认识的不够，关系的不正确，因此发生许多在工作上不团结不互相配合的现象。这种工作上不团结，发展下去将会影响到政治上的不团结，将大大妨碍我们工作的进行。这是值得我们严重注意的，特别是占据领导地位的各级党应该特别警惕与注意并及时克服的。

二、今后工作的决定

分局对今后政权工作除在战工会所召开的全省行政会议有详细之报告与决定外，对于今后党对政权工作的领导及党政军民的关系问题特有如下的决定。

1. 要在全党内深入到支部及每一党员中［进行］对政权问题的教育，特别是深入党的政策的教育。应该将北方局负责人杨尚昆同志写的《巩固抗日根据地及其各种政策》及分局陈明同志在山东省行政会议上的报告提纲中关于各种政策问题，在党内进行深入的教育。对于山东省参议会或战工会所通过颁布的一切法令条例，经常应加以注意及研究传达，使每个党员提高对于政权的认识，熟悉党对政权问题的政策与法令，根据党的政策去团结一致的〔地〕为建立巩固的山东抗日根据地而奋斗。

关于转变党对政权工作领导的方式方法问题，各级党应深入传达到每个支部和党员中。以后参议会和战工会及各级政权机关所颁布的一切法令条例，都应提到支部中教育党员，并保证实行。

2. 我们要确认今天的抗日民主政权是抗日统一战线的政权。政权为最高的权力机关，除军事问题归军队处理外，其他一切政、民、财、教工作属于政权系统，应经过政权，党及军队及群众团体，不应越权、代替、干涉。抗日民主政权是党实现领导抗日民主革命战争的必须〔需〕武器，我们应确实帮助建立政权的威信，建立政权的上下级垂直领导系统。党政军民应成为拥护政府、执行法令的模范公民，而不应有任何的特权者的态度和行为的表现。

3. 我们要确认今天山东的抗日民主政权是要有共产党的领导的，没有共产党领导就没有抗日民主政权。但共产党领导抗日民主政权，与国民党的一党专政是绝〔截〕然不同的。一党专政是专制，是包办、代替，根本谈不到民主，更谈不到统一战线；共产党领导抗日民主政权，是政治上的领导、路线上的领导，是经过政权工作中的共产党员组织党团去实现领导。一切不经过党团去直接指挥、命令、代替、包办的一党专政的遗毒、残余作风应立刻停止。

各地党对政权工作包办之另一原因，就是由于各地政权是由党的奋斗而产生和创造出来的；同时由于政权本身的不健全，党团组织不健全，开始时缺乏独立活动能力，一切依赖党。因此，使党对政权工作的领导陷入日常事务主义的泥坑，客观上阻碍［了］政权工作的进步。

今天政权工作已到巩固发展的新阶段，因此对政权的领导应该提高到策略路线的领导，摆脱事务主义的干涉、代替与包办。分局今后检查测验各地党的领导作用，主要的不仅在于［以］各地党开辟了多少区域民主政权，改善了多少人民生活，组织了多少群众等具体工作为标准，尤其以各地党决定政治路线、各种政策，及对政治路线的贯彻实现、检查督促、总结其经验教训等的政治领导是否正确贯彻为标准。如果以后有人民告状告到共产党机关里来，不到政府去告状解决问题，即不是党的光荣，而是党包办、代替政权工作的耻辱，是党的落后的领导方式的恶果。我们要强调的〔地〕提出反对一切包办、代替政权工作的落后现象。

政府党团是各级党委会实现对同级政权领导的唯一桥梁。各级党委会一定要派一定数量质量优越的党员干部去担任政权工作，才能保障他们在为数不多的情形下，在政权中实现党的主张，起领导作用。这些在政府担任主要工作的党员组成党团，他们的责任与作风是：第一，代表党的政策路线，贯彻党的政策路线于政权组织中去实现。所以，参加政府工作的党员一定要是质量优越的党员。第二，党团在代表与贯彻党的政策和路线于政权中去实行时，是依靠于党的政策路线的正确与党员个人的模范作用去说服非党人士，使之乐于接受党与实行党的政策与路线。这不是依靠我们压倒人的多数或威力压制人家执行。因为只有这样，才能团结一切非党人士在党的政策路线周围，实现党的政策与路线。第三，党团要在统一战线政权中实现党的政策路线，不是一帆风顺、毫无困难的，因为统一战线的政权是有许多不同的阶级，因此必然也就有斗争。因此党团在贯彻实行党的政策与路线时，一定要善于运用教育与斗争的方式，以求实行。就是说，要能于宣传解释党的政策路线，说服那些还未想通或不明了的人，而对那些另有立场、故意不愿了解的人，加以必须〔需〕的斗争，用斗争来教育少数故意不愿的人。因此，在此就要反对那种害怕困难、没有决心贯彻党的政策的右倾观点，同时反对那种在方式上生硬、机械、强制、不耐心说服的压制手段。

党团工作是党实现对政权领导的重要桥梁，党团领导方式上的好坏，决定党对政权领导工作的好坏。各级党应细心的〔地〕检讨过去政府党团工作，学习研究今后党团工作的方式方法，定期给党团工作以指示，并定期检讨总结党团工作。

党加强对政权工作领导的另一道路，是政权机关的党支部。政权机关是行政权力的机关，是统一战线的机关，因此在政权机关中工作的党员要能忠实于党的政策路线，以个人的模范作用团结非党群众。加强对党员的思想意识锻炼，对于加强与保证党对政权工作的领导，也有决定的意义。过去各级党对于政权机关的支部的领导注意是不够的，甚至根本不建立政府机关支部，这是严重的现象。各级党应立刻纠正这一现象，立刻建立与健全政府机关的支部，必要时应派遣必要的优越干部去领导机关支部工作，定期给以工作指示，加强其教育，严格党的纪律，开展思想意识的锻炼，定期检查与总结机关支部工作。政权机关支部的健全与否，对政权工作的健全与否是有连带的决定作用的。以后各级党委政府部对于党领导政权工作的报告，一定要报告党团工作与机关支部的工作，并总结其经验教训。

4. 贯彻民主政治，实行“三三”制，是党对统一战线政权最具体的真实政策。但各地党今天还没有真正来实行。许多未行改造的村乡政权则是仍旧被那些地主豪绅把持；已经改造过的区县政权不是清一色的党员，就是名义上的“三三”制，所谓非党人士是挂名的，不能使其真诚的〔地〕积极参加，所谓工农分子是不起作用的虚设，这都是应该立刻纠正的严重现象。

实行“三三”制时，村乡区长应由真正可靠［的］党员或进步的非党工农分子与革命的知识分子负责，其他各级行政委员会中吸收进步分子与中间分子参加，才能保证下层政权坚定可靠。县以上政权机关一定要按照“三三”制，有士绅名流等中间分子参加，才能加强政权的号召力量。

“三三”制的实行应经过争取与斗争的过程，不是和平的形式实行。如果因为过去工作基础不好，进步的工农分子未加以组织和教育，［并］吸收他参加斗争，则便突然选举他还不敢出来工作；中间势力中小地主资本家士绅名流由于过去宣传我之主张政策不够，我之实际行动不合统战要求，他们对我还存畏惧心理，那便一下子选举他，也未征彼同意，那他将不敢参加工作。那这样的实行“三三”制，将得到失败的结果。或者我工作完全无基础地区，立刻提出按“三三”制选举，其结果一定会失败。

“三三”制的另一原则就是保证党的绝对领导。山东“三三”制民主政权的特点是敌后，没有共产党来领导这一民主政权，那是不可想象的。因此不仅注意政权的“三三”制配备，而且要注意保证共产党的领导地位。这里要注意我们所配备的三分之一的共产党员是否能领导这一政权，三分之一的进步的工农分子是否能起作用，三分之一的中间分子是否坚决抗战。

“三三”制之又一根据是斗争的原则。三分之一的共产党员只有善于运用斗争的原则，来团结进步分子，争取中间分子。他不是简单的〔地〕打击排挤人，而是以教育的斗争，或斗争的教育来说服人。

所以“三三”制的实行是要有计划的〔地〕有步骤的〔地〕去实现，而不是勉强的、依样画葫芦的形式实现。但这决〔绝〕不是说“三三”制可以不实行。“三三”制是党的真实政策，一定要实现。我们今后检查各地党领导政权工作之正确与否，主要的尺度之一，就是看你们是否正确的〔地〕实现“三三”制政策。

5. 军队与政府的关系。我们要确认军队是政权的一部分，是政权主要的一部分，是政权的主要柱石，不是在政权以外或其以上的组织。主力军、地方基干营团受高级的军事机关之指挥；县大队以下之地方武装、群众武装在不违反各该地最高军事机关军事计划行动之统一指挥原则外，应绝对接受地方政府之指挥与领导。但是，主力及地方基干营团对一切有关行政事项，如法令条令及政权工作种种措施，应绝对遵行政府决定。分局以前决定把军区、军分区组织改为专署或主任公署的武装部门，以便加强统一对地方武装、群众武装的领导，密切军区与政府工作的配合，并使军区工作取得合法地位，是完全正确的。各地党及军队党一定要保证这一决定的实行，一定要说服某些军事干部不愿屈身为政府之武装科长的不正确的观点。

军队应成为民主政府的组织者与宣传者，首先是执行与拥护政府法令的模范者。党六中全会早已明确号召，“八路军新四军应成为拥护政府、执行政府法令的模范者”。今天山东的政权是抗日民主的政权，而且是我们八路军所生死奋斗创造出来的政权，八路军更应该爱护它、培植它，用一切力量来帮助它建立上下级的工作系统，提高其威信与健全其工作，使［它］能成为巩固的模范的抗日民主政权。这对于抗战有利，对于军队本身亦是有利，因为只有巩固的抗日民主政权，才能更有力的〔地〕保障军队的一切供给与补充，保障战争的胜利。否则民主政权越混乱越无威信，工作越不健全，不但是损失民主政权的威信，损失党的政治影响，影响抗战前途，而且首先影响到对军队的供给与补充，影响到根据地的巩固。因此，各地军队无论主力军与地方武装，应立刻停止一切破坏政权和行政系统、破坏政权威信、干涉代替政权、命令指挥政权、不尊重政权的行为（否则即为违犯法权与军队命令），如在民主政权区域内干涉人民诉讼，自行收税，随便募捐罚款，不经过政权自行筹粮筹款，欺压政权工作人员，不经过政权自行委派公安局长，甚至伙马夫亦能指示政府工作人员等现象。以后凡在民主政权区域内，一切行政工作应由政府办理，军队一定要停止自行筹粮筹款、打汉奸等行为，这些事情一律由政府办理。如果因为政府新建立，这些事不能很好办到，军队应派人帮助政府，通过政府来办这一工作。其他如扩军扩枪等工作，应经过政府来进行。政府有帮助军队扩军扩枪的任务，战工会已规定各地政府要扩大地方武装一倍［来］补充主力。如果政府组织不健全，还不能很好完成其任务，军队应帮助其干部，建立与健全其工作。过去事实证明，脱离政府单独干的结果，不但闹出不少乱子，大大破坏政府威信与党的政治影响，而且成绩亦很有限。军队无论官长、士兵、事务人员，依势欺负侮辱政府工作人员，要挟与苛索财物招待等不法行为，军队应明令布告严格禁止，开展斗争并加以制裁。地方武装、游击队及正规军的连、营机关，除现行犯及军事犯外，无自己决定逮捕之权。军队杀人，地方武装要经过主任公署之武装科（即军区），无主任公署地区应经过专员公署之武装科（即军分区）批准，主力军须经过支队或旅的批准，违者以刑事论罪。没收汉奸财产，须经过党的地委、专署、军队的机关之共同决定后方能决定没收。关于地方武装补充主力问题，我们反对地方政府的保守，同时反对军队的“一扫光”办法，一下子把地方武装全部编去，一个不留。规定以后地方武装一年至少扩大一倍，并每三个月一次将地方武装的三分之一编给主力，而主力军应给地方武装以干部。

军队应尊重政府的统一财政政策。军队在民主政权区域，不准随便拉移款项、自打汉奸、罚款募捐等，而且在政权区域以外所筹的款项亦应向政府财政部报解转账，以求统一收支、统一预决算制度。军队要爱护根据地物力人力，反对浪费给养、随便支差以使人民负担过重，荒废生产。以后粮食实行粮食支票制度，规定支差令，除运输伤病员、运输军需品、做响〔向〕导外，其他一律不准支差。军队要从自己上级司令部领取粮食支票，没有支票者不发给养。

军队中的党与政治机关，一定要将这一决定深入部队中进行深入的动员与教育，并实行检讨，开展必要的斗争与执行纪律。要使全体战士首先是干部与党员作模范，坚决执行分局这一决定。同时政治机关要经常进行关于民主政权问题的教育，特别是经常研究与传达政权的法令政策，使之知所遵守，并向人〔群〕众宣传，使每个战士成为民主政府的宣传者组织者，来响亮的〔地〕回答党［的］六中全会关于“八路军新四军成为拥护政府、执行政府法令的模范者”的号召。

同时要求各地民主政权克服其落后的地方保守观念，认清今天民主政权的任务基本的首先是保障战争的胜利，一切为了战争。因此，保障军队的供给与补充，扩军扩枪给军队特别是主力军，帮助军队作战，帮助军队的巩固与扩大，优待抗属，是政府的任务。不应存有任何的保守的落后的地方观念，如不愿供给军队给养，不愿扩军给主力，对执行优待抗属不力，或只优待地方武装抗属、不优待主力军抗属等落后的错误行为。

6. 抗日群众团体与政府［的］关系。抗日民主政权是抗日群众团体奋斗与选举出来的，但抗日群众团体应服从政府的一切法令。因为群众团体是某一阶层的群众组织，政府是全体抗日人民的最高权利〔力〕机关，少数应该服从多数。所以一切以某团体的意见利益为出发点去干涉政府工作、破坏政府法令的行为，如群众团体自行募捐罚款、抓人打汉奸、强迫租地借粮等非法行为，应该绝对禁止。抗日群众团体是民主政权的柱石，民主政府应依靠各抗日群众团体为基础，所以政府的一切法令应首先照顾到基本群众的利益，尊重其意见。法令颁布后，首先要动员群众团体，使它了解并以模范的行为来执行。在这里要反对不顾基本群众团体利益和意见的错误政策，同时反对以狭隘的小团体的眼前利益为出发点的行会行为与工团主义。

群众团体是群众自己的组织，一切费用应由群众的会费自给为原则，政府只能作临时的补助。特别是在进行开辟工作之时，如因津贴费用不敷出，在会员内自愿募捐。会外的募捐，一定要将募捐数量、用途报告县以上的政府，经政府批准后，由政府派专人主持募捐。我们不赞成国民党官办群众团体、政府随便干涉群众团体的行为，同时也反对群众团体自己把群众团体当作官办机关，一切依靠官费，甚至连工作人员的津贴、办公费、服装也按照政府军队一样分等级津贴、穿军服等行为，做民运工作等于作〔做〕官。

现在各地动委会的组织，是在各种群众团体尚未组织起来、民主政权尚未产生时的一种政权性质的党政军民联合动员机关。现在各种群众团体与各界救国联合会已经组织起来，民主政权已经产生，它的任务已经完成，因此像过去的那种长设的半政权性质的动委会已无存在的必要；要有，亦仅是临时性的党政军民的联合动员机关。因此，决定凡在各救已成立、民主政权已产生地区，各地县以上现有常设的动委会组织统应立即取消，其在新开辟地区有特殊统战意义者暂保留，省动委会仍保留。如有各地抗协同志不同意时，应加以说服，因为这对抗协的发展不但没有好处，而且还有妨碍。

7. 山东军政委员会与中共中央山东分局关于山东省战时工作推行委员会对内对外的关系的决定。今年八月间山东省工农青妇文代表大会及山东省国大代表选举大会，选举了一个省临时参议会、一个山东省战时工作推行委员会（以下简称战工会）。顾名思义，参议会是民意机关，战工会是行政机关。战工会内有政治组、军事组、财政经济组、国民教育组、民众运动组，并以黎玉同志为首席组长兼政治组组长，陈明同志为秘书长。因此，战工会在党内的关系上，是山东军政委员会与分局直接领导下推行一切有关民主政治的最高执行机关，政治组就是军政委员［会］与分局的政权部，军事组就是军事部，财政经济组就是财政部，国民教育组就是教育部，民运组就是民众动员部。军委会与分局以后就是经过战工会的各部来领导公开的全山东的军政财教民工作，各级政府、地方武装、财政、经济、教育、各界救国联合会对于战工会的一切决定应切实执行（像执行军委［会］及分局决定一样），并向之作工作报告。

但军委会是党内的组织，由于上层统战关系，战工会在公开对外关系的法律上来论，还只是山东全省民主的政治军事财政教育半合法半政权性质的咨询建议指导督促的临时机关。为什么说是半合法半政权性质呢？因为它一方面是民选的，同时又未经国民政府承认和加委，同时战工会本身是一个统一战线的组织，内有三分之一以上的抗协会员和非党人士，此外在对外统战的关系上以群众性的面目出现。而各级政府则应以真实的合法的政权机关看待，接受其指导。以后战工会的决定就等于命令，通告就是训令，通知就是通令。各级党委应确定督促帮助各级政府与战工会建立上下级的垂直领导关系，并督促其向战工会作工作报告。

中共中央山东分局

1940年11月12日

选自《山东革命历史档案资料选编》，第6辑，济南，山东人民出版社，1982年版，第67～80页。

20. 山东省战时工作推行委员会关于政权工作汇报的决定

1941年1月9日

甲、汇报时间与方式

一、专署以上政权机关，每三个月向其上级作书面工作报告一次，时间为次一期第一月十五日以前。

二、县政府每月向专署作书面工作报告一次，报告要写两份，一存专署，一由专署签注指示意见后转其上级（如有主任公署，则需要三份书面报告，专署存一份，转呈两份），时间为次月十日以前。

三、区公所每月向县政府作书面工作报告一次，时间为次月五日以前。另外，每月十五日向县政府各科、处、部作口头工作报告一次。

四、乡公所每半月向区公所作口头工作报告一次，每月杪①向区公所作书面（如乡长文化程度太低或有故障时，口头亦可）工作报告一次，其时间为每月十五与三十日或三十一日。

五、村公所向乡公所每月作口头工作报告三次，其时间为每月十五日、二十日及月杪。

乙、汇报项目（以县政府为标准，县以上或以下之政权机关的工作汇报，可依此项目酌予增删）

一、一般政务：

（一）全县环境：

（1）地理（包括面积、地形、山川、关寨、城堡等，并说明我占区面积若干）；

（2）交通（铁路、公路、大路、小路等，并须分别我占区、敌伪占区与顽占区详细说明）；

（3）人口（要说明敌伪占区与顽占区各有若干）；

（4）物产；

（5）经济；

（6）风俗习惯；

（7）全县原有行政区数目及辖地面积，民主政权的行政区数目及辖地面积，扩大或缩减的行政区数目及辖地面积，原因何在；

（8）友军兵力、系统、负责人姓名及其驻防活动地区；

（9）敌伪据点及其兵力与活动地区有无增减，原因何在；

（10）顽固投降派盘踞区域、所属系统、负责人姓名、兵力多少、有什么消长及其活动情形；

（11）附详细之县区乡村行政区分地图（要按照我、敌、伪、顽各统治区域，涂以不

---

① 每月杪即每月末。

同颜色及不同的符号）。

（二）各级政权领导方式与工作作风（要说明全县各级干部及工作好坏的典型及教育、斗争、惩罚或奖励、表扬的具体情形）。

二、行政工作：

（一）组织：

（1）县政府产生经过、成立日期、组织概况；

（2）县政委员会委员姓名及其重要决议；

（3）各区公所产生经过、成立日期、组织概况；

（4）县政府各科、局、部、处科员以上干部之姓名、成分与详细履历（附县政府工作人员成分比例表）；

（5）各区区长、区政委员、助理员之姓名、成分与略历（附成分比例表）；

（6）全县乡级干部成分比例表；

（7）全县村级干部成分比例表；

（8）各级干部调动的情形（要说明实施“三三”制的程度）；

（9）行政干部培养与提拔情形（要详细数目字）；

（10）各级政权机关会议、汇报、工作、学习、生活的制度及概况。

（二）民主：

（1）县参议会成立经过、日期，主席团（或议长及驻会议员）姓名、成分、略历及县参议会的重要决议案（附县参议会参议员成分比例表）；

（2）各区参议会成立经过、日期，主席团（或议长及驻会议员）姓名、成分及其重要决议案（附全县各区参议会参议员成分比例表）；

（3）全县各乡参议会成立了多少及本月份成立的乡名与主席团（或驻会议员）的姓名、成分（附全县乡参议员的成分比例表）；

（4）本月份改选区长的姓名、成分、略历及选举经过；

（5）全县有哪些乡长是民选的，本月份改选了几个，其姓名、成分；

（6）全县已经民选的村长占全县总数的百分比，本月份改选了多少（附成份〔分〕比例表）。

（三）民生：

（1）实施了那〔哪〕一种公平负担办法，有多少村庄，实施中的工作情形与经验教训（要具体说明某区、某乡有若干村庄）；

（2）减租减息的户数及实施经过，哪一区、哪一乡、哪几个最好或最不彻底；

（3）优待抗属的方法方式，受优待的人数、户数，发给粮食、钱款数目，以及募集筹措优待抗属粮款经过与数目；

（4）救济灾民难民之准备工作，发放粮食、钱款数目及被救济的人数；

（5）改善工人待遇的情形；

（6）改善妇女生活的情形。

（四）其他：

（1）户口调查、登记与统计；

（2）人民团体的名称、现况、人数（要有确实的数目字）；

（3）改良风俗（禁赌、禁毒、禁烟、废除迷信等情形）；

（4）调解人民纠纷；

（5）公共卫生设施情形；

（6）各种战争动员工作（如破路、藏粮、送信、带路、担架、运输、侦察、站岗、放哨、慰劳等）情形（要有详细数字）；

（7）动员新战士参加部队及动员逃跑战士归队数目；

（8）关于社会统战工作情形；

（9）对敌伪区工作开展状况。

（五）工作上的优缺点及经验教训。

三、财政工作：

（一）收入：

（1）整理征收田赋数目及情形；

（2）整理征收各种税捐情形及数目（要分别税收性质各别说明数字）；

（3）行政罚金、司法罚锾、罚金数目；

（4）征收公款与公债数目；

（5）各种收入之总额及其百分比数。

（二）支出：

（1）行政、司法、教育、经济建设、军费、解款各项支出数目及其与上月之比较；

（2）县各群众团体补助费支出数目；

（3）其他一切临时费用支出数目；

（4）各种支出之总数及库存数目。

（三）金库、审计、会计等制度建立的程度及自收自用、违犯统一的不正确观念与现象纠正的情形。

（四）有无贪污浪费及其处理情形。

（五）整理与调剂金融情形（要说明新钞流通数目、地区，取缔白票、土票及抵制伪币的具体情形）。

（六）苛捐杂税是否都已废除，其名称、种类。

（七）有无财政干部训练班，训练与提拔财政干部之数目，什么干部最缺乏。

（八）群众反映及工作经验教训。

四、粮食工作：

（一）全县原有耕地数目及每年平均生产粮食总额，什么粮食是全县人民主要食粮，我占区现有耕地数目，可以出产粮食总额，什么是大宗。

（二）全县人民每年用粮总数，我占区人民用粮总数，有无盈余或亏损，如何调剂，其情形如何。

（三）有无屯粮居奇现象，什么对策。

（四）筹征、保管、分配救国公粮的计划与执行情形。

（五）调查审核统计部队、机关、团体（连地方政府、部队、团体在内）食粮人数及印发粮食支票数目（要详细列表说明）。

（六）统筹部队、机关、团体烧柴及草料数目。

（七）群众反映及工作经验教训。

五、经济建设工作：

（一）农林、畜牧、垦荒、水利、工、商、矿业之经营管理与指导监督情形（要具体而有确实的数目字）。

（二）办理各种合作社数目及详细情形。

（三）有无低利借贷所，贷款总数，贷款对象、户数。

（四）贸易局的组织及对外贸易的关系如何。

（五）吸收私人资本情形及其数目。

（六）有哪些著名土产及提倡奖励的办法。

（七）每年或每月用品生产量与消费之比较。

（八）其他一切经济建设概况。

（九）各种经济建设工作之统计与百分比较数。

（十）工作优缺点及经验教训。

六、国民教育工作：

（一）办理学校教育情形（要说明以前及本月份恢复或设立了多少小学、民校，并要说明中心小学多少、完全小学多少、高小多少、初小多少、学制、班次、各校各有学生若干、男女各占多少，以及教学进度、教材种类、学校行政管理概况等）。

（二）办理社会教育情形（如民众教育馆之组织、工作、人数，巡回教育团组织、人数、工作概况，农村俱乐部之数目、工作内容，农村剧团之数目、工作内容，夜校、识字班、识字小组之数目、概况及受教人数，小先生、识字牌之状况等）。

（三）教育材料、报纸及各种宣传、教育、文化出版物之编辑、出版、印刷、发行情形。

（四）筹划、保管、发放教育经费数目及情形。

（五）教育行政组织、工作及各级教育委员会之组织情形。

（六）各级教育行政干部概况。

（七）训练提拔师资、干部及文化娱乐人材〔才〕数目和情形。

（八）各级政府机关自我学习与教育情形。

（九）工作缺点及经验教训。

七、地方武装与群众武装工作：

（一）县大队、区中队、乡分队之发展、整理、教育及补充提升为主力情形（要有各种的人、枪确实数目）。

（二）群众武装（自卫团、职工、农救等团体的武装）之调查、整理、编制与教育情形（要有确实人、枪数目）。

（三）游击小组、基干自卫团、少先队的人、枪确实数目及提升为地方武装的人、枪数目。

（四）地方武装、群众武装单独作战或配合主力部队作战次数及情形。

（五）工作优缺点及经验教训。

八、锄奸工作：

（一）公安局特派员等各级锄奸干部姓名、成分及略历。

（二）各级锄奸网组织概况。

（三）对人民进行过什么锄奸教育。

（四）执行抗日戒严情形，哪些地区最好或最坏，是否普及全县。

（五）情报工作之成绩。

（六）办理过什么重要锄奸案件及人犯姓名与处理大概经过。

（七）人民反映及工作优缺点与经验教训。

九、司法工作：

（一）司法组织及司法行政概况。

（二）有些什么重大案件，其处理是否经过县政委员会之讨论。

（三）人民反映及工作经验教训。

丙、汇报项目之（一）项各款，各县在接到本通知后，必须逐项详细写入报告。经此一次报告之后，再写报告时，即可按政权发展概况，择其为事实上所需要之款列报，不需要之款即可省略不报。

丁、各级政府所写报告，必须多举数目字及具体例子，尤其着重于工作的经验教训，万勿空洞抽象之词语填塞篇幅。

戊、各级政府按照本通知规定事项写报告时，必须分别工作性质，将一、二、三、四、五、六、七、八、九项各为段落，以便各上级机关接到报告后，分工处理。

选自《山东历史档案资料选编》，第 6 辑，济南，山东人民出版社，1982 年版，第 246～253 页。

21. 山东省县各级参议会组织条例

1941 年 1 月 16 日山东省临时参议会通过并公布、施行

第一章　总　则

第一条　为实行全民参政、全民抗战，实行抗战建国纲领，完成地方自治，特组织县区乡各级参议会。

第二条　各级参议会为代表本县之各级民意机关，其组织依本条例之规定办理之。

第二章　议　员

第三条　各级参议会之议员，按各级参议会选举条例选举之。

第四条　各级参议会之议员名额限定如下：

甲、县参议会议员名额，自八十一人至一百二十一人，人口特别众多之县，可增至一百六十一人。

乙、区参议会议员名额，自五十一人至八十一人。

丙、乡参议会议员名额，自三十一人至五十一人。

第五条　各级参议会议员暂为无给职，但如系脱离生产之主席团及驻会议员，生活得

与同级政府工作人员受同等之待遇。在开会时社会议员之来往路费由政府发给之。

第三章　组　织

第六条　各级参议会由参议员选出主席团，主持会务及处理休会期间一切日常事务。区乡参议会主席团三人，县参议会之主席团三人至五人。

第七条　驻会议员在休会期间，分下列两处办事：

一、秘书处　办理文书、总务及调解交涉事宜。

二、检查处　检查政府、军队及各团体对于参议会决议案之执行情形，检举贪污及溺职事项，办理人民请愿以及调查地方一切应兴应革事宜。

第四章　职　权

第八条　县各级参议会之职权，除县参议会得适应抗战建国之需要，斟酌当地情形，制定县单行法规外，其职权如下：

一、选举各该级政府长官及委员与司法行政人员。

二、决议各该政府施政方针。

三、检查及弹劾各该级政府及其以下之政务军警人员。

四、决议人民生活之设施。

五、调解及公判一切政治纠纷。

六、审核及通过地方之财政收支事项。

七、决议行政机关及民众团体提交审议事项。

八、督促及监察各级政府执行参议会决议之事项。

九、决议地方一切应兴应革及一切救亡事项。

第九条　各级参议会对于政府行政设施有不同意或不满事项，得向政府提出质问，但不得直接干涉及阻挠。

第五章　会　议

第十条　各级参议会会期如下：

一、县参议会每半年开会一次，会期五日至七日。

二、区参议会每三月开会一次，会期三日至五日。

三、乡参议会每二月开会一次，会期一日至三日。

第十一条　各级参议会有下列情形之一者，得召开临时会议：

一、经同级政府之请求者。

二、经全体参议员五分之一以上之请求者。

三、经各级参议会同级三个以上之救亡团体之请求者。

第十二条　各级参议会开会时，各级行政及司法首长均得列席，但有发言权而无表决权。

第十三条　各级参议会之决议案，咨送同级政府执行。

第十四条　政府对于决议认为不当，应详述理由，并由原参议会复议，如仍予通过时，政府即须执行。

如政府认为参议会之复议仍难执行时，可呈请上级政府，咨请上级参议会决定之。

第十五条　各级参议会议员在议会中之言论及决议对外不负责。

第十六条　各级参议员除现行犯外，在会期中非经各级参议会之许可，不得逮捕或拘禁。

第十七条　各级参议会会议规则另定之。

第六章　任　期

第十八条　各级参议员之任期如下：

一、县参议员任期为一年。

二、区参议员任期为一年。

三、乡参议员任期为半年。

第十九条　各级参议员在任期内因故去职，由候补议员以〔依〕次递补之。

第二十条　各级参议会议员均得连选连任。

第七章　经　费

第二十一条　各级参议会之经费由县政府支付之。

第八章　附　则

第二十二条　本条例修正及解释权属于山东省临时参议会。

第二十三条　本条例由山东省临时参议会通过后公布施行之。

选自《山东革命历史档案资料选编》，第6辑，济南，山东人民出版社，1982年版，第263～266页。

22. 中央关于党内政权工作部的性质和任务给山东分局的指示

1941年3月11日

朱瑞同志并告北局、中原局：

一、党内政权工作部，系临时过渡性质的组织，在某一地区内，政权机构尚未建立以前，这种组织是有作用的、必需的，但在各级政权成立之后，这种过渡性质的部门即失其效用，此时党对于政权的领导应放在直接领导各级政府的工作上去，党内政权部即应取消，而将得力干部移入政权机构中工作，以便加强各级政府，树立起独立工作，避免党的代替与包办，华北各地经验也是如此。

二、目前党对政权工作的领导，基本环节是政策问题，我们在山东现在尚无全省政权的统一组织，因此中分局①的政权工作部还应当存在，其任务是：

1. 研究各种基本政策。

2. 经过党的系统去检查各地对政策的执行。

3. 收集总结各地政权工作的经验。

中央书记处

1941年3月11日

① 原注：中分局可能是山东分局。

选自《山东革命历史档案资料选编》，第6辑，济南，山东人民出版社，1982年版，第305～306页。原注："此件系从中央档案馆复制。"

23. 山东省战时工作推行委员会关于变更本会部分组织问题的通知

1941年3月24日

（一）准山东省临时参议会函送该会驻会委员会第八次会议决议案，原文如下：

"加强与健全战工会工作案议决：

1. 由本会推选黎玉、李澄之、陈明、艾楚南、杨希文、张伯秋、刘居英、李竹如、孙陶林为战工会常务委员，组织常务委员会，处理该会经常事务。

2. 推黎玉为常务委员会主任委员，李澄之、陈明为副主任委员。

3. 战工会增设山东省战时高级审判处及山东省公安处，并由本会公选张委员伯秋为山东省战时高级审判处处长，刘委员居英为山东省公安处处长。

4. 政治组改为民政处，财政经济组改为财政经济处，军事组改为军事处，教育组改为教育处，原任各该组正副组长改任各该处正副处长。

5. 民政动员组名义撤销，其工作移交山东省各界救国联合会及山东省总动员委员会办理。

请予查照办理。"

（二）本会于接到上项公函及议决案之后，即召开第一次常务委员会议，议决下列有关本会组织及领导各案：

1. 决定本会常务委员会议日期为每两星期一次，必要时由主任委员召集临时会议。

2. 本会民政处李处长公出时，由陈秘书长代理处长职务。

3. 加强本会秘书处工作，增设秘书主任，聘王觉同志担任该职。

4. 本会各处与秘书处之关系如下：

A. 秘书主任在秘书长直接领导之下进行工作，但各处处长对秘书主任有指导关系。

B. 本会一般文件之收发，均须经过秘书处。

5. 县至主署各级政权机关上下级工作关系，确定如下：

A. 一般呈报或命令由各该主管长官署名。

B. 关于特定部门工作之呈报或命令，除由各该主管长官署名外，并由各该有关处（科）负责人副署。

C. 各处（科）关于工作上之询问、指导、督促、检查事项，以各该有关处（科）负责人名义径行处理。

6. 本会与各级政权机关工作关系确定如下：

A. 一般重要的决定与通知，应以本会名义行之，并由全体常务委员署名。

B. 对于特定部门工作之决定与通知，以本会名义行之，由主任委员与各该有关之正副处长联合署名。

C. 各处关于工作上之指导、督促、检查事项，以各该处负责人之名义径行处理。

D. 本案对外不公布，只通知各级政权机关。

7. 为充实本会各处工作机构，各处得设主任秘书一人，科长、干事各若干人。并聘戚铭同志为财政经济处主任秘书，聘孙陶林同志为教育处主任秘书。

（三）本会增设之山东省战时高级审判处及山东省公安处，于即日起正式成立，张处长伯秋、刘处长居英亦到职工作。

（四）以上各项希各级政权机关通令所属知照为要。

1941年3月24日

选自《山东革命历史档案资料选编》，第6辑，济南，山东人民出版社，1982年版，第306～308页。

24. 中共山东分局关于政府工作委员会与战工会工作的决定

1941年4月1日

（一）根据分局关于组织领导新决定，撤消〔销〕分局政府工作部，将全部移到省战工会，担任公开工作。在分局，成立政府工作委员会，以朱瑞、黎玉、陈明、艾楚南、刘居英、马保三、李竹如等七人为委员，并以朱瑞、陈明任正副主任。

（二）省战时工作推行委员会是经过去年八月全省各救亡团体代表会及国大代表选举大会中选举出来，作为推行全省战时工作首先是民主政权工作的半合法性行政机关。根据沈顽政府日趋倒退、亲日投降，全省各级民主政权工作的开展与战工会工作和威信的逐渐提高，因此加强与充实战工会的领导与工作，使战工会在民主民选半合法半群众性的形式下成为实际的全省行政最高领导机关，在今天是非常必要的。因此，分局决定山东所有民政、财政、经济、地方性武装、国民教育、公安局、司法等工作统归战工会管辖。以后各主任公署及联合办事处、专员公署等应向战工会作定期及经常的报告，并接受战工会之领导，执行其一切决定。战工会对各级政府之关系，在形式上暂仍不发布公开命令与布告，只以半合法半官式面目出现，以决定代表命令，以通告代表训令。惟各级政权仍不够巩固，故党内之财委会不但只作为党内讨论计划财政经济工作、开源节流办法与监督财政收支状况等工作，而且在财政之收入、支出、保管等行政工作亦须统归财委会统一管理。但上项财政机关对外仍以政权之财政部、科出现，山东财政部即为战工会之财政处。

（三）战工会为统战性之行政机关，因此在战工会内建立党团，作为代表分局在战工会内执行分局之全部政策和一切决定，并保证其实现。分局决定，以黎玉、陈明、刘居英、艾楚南、李竹如等为党团委员，以黎玉、陈明为正副书记。

（四）为提高作用与影响，分局已通过党团，建议战工会将原有各组改为各处（即民政处、财政处、教育处等），另设公安处（由分局社会部改成）与司法处（下设山东战时高级审判所），原首席组长改为主席委员，仍推黎玉负责，另以陈明、李澄之（抗协）为副，黎不在职时由副主席委员签署代行。

选自《山东革命历史档案资料选编》，第6辑，济南，山东人民出版社，1982年版，第317～318页。

25. 山东省战时工作推行委员会关于全省行政区域划分的决定

1941年4月23日

（一）根据山东抗战与民主政治发展之新形势及适应今后之发展任务，便利行政领导起见，决定按照下列原则划分全省之行政区域：

（甲）考虑战略需要与发展方向。

（乙）必须跨铁路，跨河流，跨公路、据点，以便作真实的联〔连〕成一片的发展。

（丙）划小行政区域，增多行政单位，减少行政层次，以便集中加强干部配备，增加行政效率。

（二）划定全省为胶东、清河、冀鲁边区、鲁中、鲁南、鲁西六个行政主任区。

（甲）胶东区以潍县（全县在内）、高密（全县在内）、安邱之西门口（在内）以北及胶县之张哥塞（在内）、曹文（在内）两地以北为界，上属各点迤东与东北各县均属之。潍县至青岛段胶济路工作，归胶东。

（乙）清河区北起沾化（全县在内）、滨县（全县在内）、青城、齐东、章丘、历城北境以南，西起济南以东，南起胶济路以北，东起寿光东境以西均属之。胶济路昌乐至周村段及其以南沿铁路最近之第一列之旧行政乡，统归清河，并与鲁中区工作联〔连〕成一片。

（丙）冀鲁边区，北自天津以南，东至大海及无棣（全县在内）、阳信（全县在内），南起惠民（全县），济阳（全县）、齐河（全县）以北，西以德州、平原、禹城、齐河四县西境以东之地区属之。

（丁）鲁中区北接清河、胶东，南起大汶口（在内）、泰安旧六区（在内）、新泰（全县在内）、蒙阴（全县在内）、上冶（不在内）、费县城（不在内）、临沂城（在内），临沂旧三区、五区（在内），赣榆全境（在内）等处以北，东至大海，西至津浦铁路泰安城至大汶口沿铁路上之北极坡乡、洪沟乡、代口乡、汶口乡归鲁中，胶济路周村至济南段及其以北沿线最近之第一列旧行政乡，统归鲁中区，北与清河区工作联〔连〕成一片。

（戊）鲁南区北接鲁中区，西起宁阳旧九区（全境在内）、曲阜全县及邹县、滕县、峄县、邳县四县全境以东，徐州以东之陇海路以北，均属鲁南区，并与华中联〔连〕接。津浦路自大汶口至滋阳南境及其以南沿线工作归鲁南，并与鲁西区工作联〔连〕接。

（己）鲁西区，除鲁西北之邱县、馆陶、临清、武城、恩县、高唐、清平等八县暂划归冀南，及鲁西南之曹县、菏泽、定陶、成武四县划归冀鲁豫边区外，东北与冀鲁边区联〔连〕接，东与鲁中、鲁南区联〔连〕接，南至陇海路，西至山东西界均属之。津浦路自济南至泰安城（不在内）段及其以东之长清辖境、泰安旧二区辖境归鲁西，泰安城至大汶口（不在内）段铁路上之北极坡乡、洪沟乡、代吾（口）乡、汶口乡四个乡境（不包在内）以西归鲁西。

（三）各行政区内之原有各区间之境界，应由各主任公署会同各该区内抗日军队之最高领导机关会同划定后，报告战工会核查。

（四）逐渐做到划小县、区、乡范围，以至取消乡级。

（甲）清河及鲁西面积较小之县，在村政工作较健全地区可立即取消乡级政府，村政尚未健全者暂不取消，但区、乡亦必须划小。

（乙）区公所范围以管辖二千户到四千户、面积直径二十里到三十里、村庄四十个到六十个为原则，取消乡之区公所，得就五个至八个村中选择工作较好、地点较适中之村为中心村，并得委托中心村公所协助督促各自然村之工作。但中心村对普通村是平行的，不是上下级关系。

（丙）县政府之范围以直径六十里到一百里为原则，旧有大县得划为两个以上之县，重新确定县名或名义上仍用行署，但实际上是完全独立的县。每县不得超过十五个区。

（五）县区之具体划分由各主任公署或联合办事处协同各专署、县政府及各救按照上述原则划分后，报告战工会核准。区公所划分由县政府协同各救划分后，报告专署核准，转主署备案，并报战工会。

（六）各级政府接到这一决定后，应立刻讨论计划并督促实施，并于七月底报告我们。但这一决定之实施，应根据当地实际情形、工作需要、战略目标及发展之便利，希望仔细讨论，并采取一定过程逐渐实观〔现〕之，切莫草率与机械从事。

主任委员　黎　玉
副主任委员　李澄之　陈　明
常务委员　艾楚南　杨希文
李竹如　张伯秋
刘居英　孙陶林

选自《山东革命历史档案资料选编》，第6辑，济南，山东人民出版社，1982年版，第361～363页。

26. 黎玉：山东抗日根据地的建设问题

1941年5月

山东抗日根据地必须为巩固与坚强而斗争

由于八路军在山东不断的〔地〕粉碎了敌寇连续的“扫荡”，由于山东八路军不断的〔地〕打垮了山东投降派与反共顽固派无数次的夹击，由于共产党的正确领导与一切抗日进步势力前进人士的努力，显然敌占区是缩小了，我占区是扩大了，新民主主义的鲜花如雨后春笋般的〔地〕生长，民主政治的巨潮在“箪食壶浆”地渴望，各根据地在联结，已经带着了新的战略意义与作用，这是坚持山东游击战争的初步胜利，也是反对投降分裂、“准备反攻”基本的依托。全体党政军民必须万分的〔地〕珍贵这个伟大的收获，也必须锐利地注视与恳切的〔地〕关心这个收获的发扬滋长。显然，我们的根据地还是个年轻孱弱的根据地，这是华北落后的东方一角，那种苟安自满的空气必须把它束之高阁。

我们看：

许多政权中还缺乏“三三”制的建设。

许多区乡村的堡垒上，还没有伸出选举之手。

许多敌占区还未种上新民主主义的种子。

许多镰刀斧头还未握到手里，自足自给的田园还在荒芜，生产战线上还没有听到那热烈而雄壮的劳动歌声。

许多战场上还缺少像生龙活虎的子弟兵，许多村落里、山岗〔冈〕上还缺少神出鬼没的游击队。

许多围墙石头仍然堆□，企〔期〕待敌伪顽的利用。

许多壮丁仍在被欺骗去关外或转往欧洲德、意两国练炮灰。

许多人还是自甘目不识丁。

许多人还要高高在上、两袖清风。

这是缺陷吗？这确实是大缺陷。但是这种缺陷是根据地蒸蒸日上进步中的缺陷，是建设过程中不可避免的，这里用不着有丝毫的悲观失望。以尺去测量这个根据地的建设工程，相反的我们有很多的工程师来建设这个根据地。这就是有共产党的正确的政治路线来引导，有英勇善战的八路军来支持，有三年来打下的基石，有先进根据地（晋察冀等）作〔做〕榜样，有广大进步团体人士来参加（抗协、工农青妇文等团体），有参议会、战工会来设计，有千百万广大民众为实现新民主主义而斗争，这就是我们雄厚的资本。我们应该有决心为建设巩固与坚强的根据地而斗争，为建设根据地——自足自给的根据地而斗争，为建设新民主主义的根据地而斗争。

猛烈的〔地〕展开十项竞赛大运动

如何为巩固与坚强而斗争呢？只有猛烈的〔地〕展开建设根据地工作的大竞赛运动，因此提出十项运动，以作［为］竞赛主要内容的参考：

一、彻底开展选举运动

（一）首先实现每个区乡村机构是彻底的民选“三三”制。

（二）候选人都有自己竞赛的演说报告。

（三）选民对选举有深刻的认识与选举的热情。

（四）选举的手续是大众化，不烦琐。

（五）有宝贵的选举总结。

二、开展生产贸易，创造劳动英雄

（一）提高农产量、改良种子（超过当地同等地产量十分之二者奖）及凿井灌田、提高产量者。

（二）开垦生荒熟荒最多者、浚河扩地（如改造河身等）有效者、造林苗圃最多者。

（三）每县于秋收季召开农产品竞赛评奖展览会。

（四）每县有必要日常用品、土货特产工厂作坊三个至五个，可以供给自己有余者（如制纸、制革、肥皂等项）。

（五）有健全指导生产小组，以区为单位增加牛、毛驴、马、猪、羊、鸡、鞋、菜最多者为竞赛标准。

（六）发展商业、供给根据地的用品最多者。

（七）农会、工会以组织工农等指导得法者为标准。

三、健全子弟武装，展开群众性的游击战争

（一）参加主力最多，而又保持规定之名额者。

（二）坚持地区作战有俘获者及有奇功者。

（三）纪律好、政治觉悟高（另有试题）。

（四）游击小组有战绩及其他军事勤务有功者。

四、彻底实现拆围墙、破路搬石运动

（一）不论山寨、围墙、炮楼在根据地内都不存在（无军事价值者不在内），而其石块都搬开，敌人无法再利用者.

（二）平原以挖抗日沟□最多者。

（三）不论新旧公路都破坏最多最彻底的。

五、开展新文化运动

（一）每村有识字黑板为全区全县最多者，每一日能对村民解释一次者。

（二）个人半年内识字最多者（六百字以上）。

（三）有街头报道最多者（全县计算）。

（四）学生最多、教员最好（全县全村计算）。

（五）哪个地方群众性的社会教育最多、最有组织（夜校识字班）。

（六）全村民众要有二分之一以上的人数知道五件大道理：甲、为什么要选举？乙、华北的抗日根据地有几大块？丙、为什么反共顽固派投降派要失败？丁、为什么要男女平等？戊、为什么中国必胜日本必败（我们如何努力才能必胜）？

六、缩小敌占区，瓦解敌伪军

（一）争取敌占区民众最多者。

（二）开展敌占区秘密工作组织与政权最多而无损失者。

（三）在敌占区散发传单有效力者。

（四）瓦解伪军反正最多者。

（五）没有违犯政策的行为。

（六）主要村庄建立敌工小组。

七、加强农村友爱团结，调节劳资利益，改善人民生活

（一）切实做到减租减息（以二五减租、分半减息为标准）。

（二）双方都有劳资合同契约规定（根据本地生活水平适当的具体规定，可另颁布条例）。

（三）完全做到公平负担，并使各阶级有充分的认识，无苦乐不均的现象。

（四）看哪个村庄没有乞丐，哪个县乞丐最少。

（五）救济灾民、难民、贫民确有成绩者。

八、优待抗属，爱护主力军

（一）参加主力的抗属能受到首先优待。

（二）烈士家属能得到精神上、物质上更多的优待。

（三）各种群众团体学校都能对抗属有帮助与敬意表示（表示方法看谁发明的〔得〕好）。

（四）看哪个动员新战士参加主力军最多（政府、群众团体、个人）。

（五）看哪个来巩固主力部队（精神上写信慰问欢迎，物质上劝逃亡战士归队）。

九、建设廉洁政府，保障人权自由

（一）看哪个对肃清贪污浪费作的〔做得〕最好。

（二）看哪个县区作的〔做得〕最廉洁，没有一个人贪污。

（三）没有违背了政府法定手续胡乱捕拘、进行游街或任何污辱他人人格的行为。

（四）看哪个政府（专员以下各级）执行政策最好，执行施政纲领最普遍、全面（暂时以中共中央北方局提出之十五项建设主张为政策标准，《大众报》四月十七日）。

（五）看哪个专员训练各级干部最多者。

十、发扬模范，实行奖励模范人民

（一）气节的模范——有反对投降、反对顽固、反对汉奸日寇死不变节，忠于共产党、忠于军队、忠于民主政府、忠于国家、忠于人民大众者。

（二）参战的模范——游击小组作战或配合主力军以至通信、带路、担架救护有功者。

（三）献金的模范——自动向政府、军队献金，帮助抗日经费，或救济失业者。

（四）劳动的模范——对生产竞赛最好的与成绩最多的，或发明最有用的工具。

（五）学习的模范——半年内能识生字一千个，能帮助两个［人］来学习。

（六）行政的模范——执行十大竞赛最热心的，得到民众爱戴的，执行政策有收获者；有深入的廉洁作风，有自动的战争动员；能做到彻底讨论每一个政令者；（区乡村）各种统计调查项目最精确者。

以上为主要的竞赛标准内容。以专署为单位，再拟定这个竞赛的基本内容的具体竞赛条例，应规定各种对象适用的奖品，如劳动英雄可奖耕牛耕具，参战英雄可奖武器或旗帜等。

怎样保证这个竞赛运动热烈地开展与完满地完成

第一，要保证竞赛的成功，必须要党政军民自上而下有具体的明确的布置。

第二，必须要有深入不断的政治动员，说明这一竞赛运动的意义，使每个岗位上的实际竞赛的工作者深刻的〔地〕认识自己竞赛的标准与进行竞赛的方式方法，要将竞赛的每条目加以解释说明。

第三，必须要为自己竞赛内容有经常的检查、推动、督促、帮助的工作。

第四，必须使每个战线上的竞赛者要具有最紧张、最热情的革命竞赛的精神。

同志们！努力奋斗吧！看谁最英勇、谁最模范！哪［个］走得快！哪个做得好！哪个做得多！我们一定要突击，一定要竞赛，一定要：

建设巩固的坚强的抗日根据地！

建设自足自给的抗日根据地！

建设新民主主义的抗日根据地！

选自《山东革命历史档案资料选编》，第6辑，济南，山东人民出版社，1982年版，第396～402页。原注："据考证，此件成文时间为1941年5月。"

27. 中共山东分局关于区划变更的请示报告

1941年6月

北局，并报中央，告鲁西军政党委员会：

（一）北局九日电称，两区①合并后，党归北局管理，行政归联办②领导，此后两区党的组织系统是否一样？如三〔山〕纵之归属一一五师建制一样，党政组织系统上归山东分局与山东战工会，请北局明白规定电复。

（二）同意鲁西军政党委员会意见，将湖西地委划归分局直接领导。

山东分局

选自《山东革命历史档案资料选编》，第7辑，济南，山东人民出版社，1983年版，第123～124页。原注："据考证，此件成文时间为1941年6月。"

28. 中共中央书记处、中央军委关于统一山东领导的指示

1941年8月19日

陈、罗、黎、罗、朱瑞、彭、左、中原局：

为了保障华北、华中联系，必须加强山东。我军在山东力量近八万人，而作战指挥至今尚未统一。中央和军委认为，加强山东方面的军政领导和统一作战指挥为加强山东的先决条件。因此有如下决定：

（甲）分局、一一五师师部及山纵指挥部靠拢，以便经常开会。以分局会议为统一山东党政军民的领导机关。山东分局暂时由朱瑞、罗荣桓、黎玉、陈光同志组成，朱瑞为书记。

（乙）山东纵队归一一五师首长指挥，配合作战。

（丙）将山纵及一一五师两军政委员会合组为山东军政委员会，决定罗荣桓、黎玉、陈光、肖华、陈士榘、罗舜初、江华（即黄春圃）七人为委员，罗荣桓为书记。

（丁）为团结山东干部，在山东军政委员会领导之下，加强抗大一分校，吸收山纵及一一五师中上级干部（连、营、团长）在抗大一分校成立上干队，加强党性教育，提高战术知识，交换经验，融洽感情。

---

① 原注：两区，系指鲁西和冀鲁豫区。

② 原注：联办，即冀南、太行联合办事处。

（戊）山纵及一一五师的后勤机关采取必要步骤，逐渐做到统筹统给、合理分配。

（己）某些后勤机关可以合并。

（庚）望即召集分局及军政委员会讨论实施本指示，并将讨论结果电告。

中央书记处、军委

1941 年 8 月 19 日

选自《山东革命历史档案资料选编》，第 7 辑，济南，山东人民出版社，1983 年版，第217～218 页。

29. 中共山东分局关于执行《中央、军委关于统一山东领导的指示》的报告

1941 年 8 月 20 日

中央书记处、军委、中原局并德怀、尚昆、向前、洪涛、经武同志，并致黎玉、舜初、江华同志：

分局会议（缺黎玉）于十八日讨论关于统一山东领导的决定，完全接受，并对具体执行方面有以下意见：

一、分局、一一五师、山东纵队原则上应靠拢于沂蒙临费的四角地区，但目前仍以指挥反“扫荡”战役并首先从实际作战中求得两战略单位的配合行动与统一指挥。为指挥便利，师部暂设滨海地区，不即西移。为使分局能直接的〔地〕掌握沂蒙临费地区及适当的〔地〕联系全山东，决定西移后，加紧徒步及电台联络。为统一及加强两单位的军政领导和建设，建议舜初、江华同志来参加一一五师政治工作会议，以便举行首次的军政委员会（黎如参加在四分局会，刚回，可不来）。

二、前北局批准之山东军政委员会（按，系军政党委员会）即应撤销（请中央、北局电知）。今后凡关系党政军各方面总的领导，均统一于分局会议。但各战略区与分局的党系地方组织，故军政党委员会仍保留，并归分局领导；各旅团的军政委员会，则受山东军政委员会及其单位的党政机关领导。

三、为统一山东干部的教育与训练工作，分局委员会决定在分局下设一干部教育委员会。以陈士榘、罗舜初、周纯全、李培南、李林（分局组织部长）为委员，以陈士榘为书记，中央批准后在党内公布（抗大各支校仍统一于一分校，一分校仍由分局直接领导）。除分局原办高级党校（现第三期已开学，后仍继续吸收全山东党政上级高级干部，加强政治理论教育和党性的锻炼）外，并计划一分校内设上级干部队，吸收山东全党的连级、营级、主要的团级军事干部，加强军政技术理论的教育，交换经验，交换干部，促进团结。

为建立分局集体领导，并发挥分工作用，分局八月的会议决定分工如下：（1）陈主财委会；（2）罗主军事；（3）黎主政府工作；（4）朱主党的组织。凡有关上述工作，各授组织分工同志为分局会议内主要的考虑者。

又八月四日会议决定，一切财政统一收支、银行与税局对外统一于山东战工会，财政处和经济建设处对内完全统一于分局财委会，坚决纠正地方性和各自为政现象。一切支出

应按需要经过批准。如入不敷出，则依比例支配。其余则由财委会经常维持收支平衡。

最近的战略布〔部〕置及对霍战役计划详八月十日电。

以上意见请中央考虑并给以补充。

山东分局

8月20日

选自《山东革命历史档案资料选编》，第7辑，济南，山东人民出版社，1983年版，第218～219页。

30. 山东省战时工作推行委员会关于村政组织与工作的新决定

1941年10月12日

村政权是民主政权的基础，健全村政是政权建设的基本问题。

划分小区取消乡后，区公所直接领导村庄一般在四十个以上，单位太多，不易照顾周到。以前决定取消乡之区公所得就五个至八个村庄成立中心村，作为区公所之辅助组织，但因距离太远，村庄太多，如一般之村公所兼任，则因干部力量关系，不易起作用。扩大中心村村公所组织，扩大其职权，则易形成小乡，与原来划小区取消乡之精神不合。因此，经考验后，决定取消中心村制，改用行政村制，做到每个区管辖单位不超过二十个行政村为原则（个别特殊之山区，村庄小而多者例外）。

（一）行政村之划分

1. 凡自然村户口在百户以上、人口在四百人以上者，即划为一个行政村，为区公所下之一个行政单位。

2. 凡百户以下之小村应与附近之其他小村合编为一个行政村，编村间的距离，以不超过三里路为原则。如在三里路内无其他小村，该村户口在四十户以上者，亦得单独成立一个行政村。

3. 在三里路距离内之数小村相加起来超过一百五十户而不足二百户者，亦只编一个行政村。

4. 户口商店（?）在五百户以上之重要市镇，在政治与经济上有重要意义者，得单独成立一镇，设立镇公所，直接受县政府领导；在政治、经济上无重要意义之大村，其户口超过一千户以上者，亦得自设一镇，镇附近之小村得划入镇，受镇公所领导。

（二）修正邻闾制

邻闾制是按地区户口编制，其优点是组织严密，其缺点是层次太多。因此，决定取消邻级，缩小闾的范围，改以十五家为闾，闾直辖各户，其上直属于标（副）村或行政村之村公所，二十闾以上之大村及镇，村、镇公所领导单位越多时，得就其街巷之区划分设若干里，作为村镇公所与闾间之中间组织，里以管辖八闾至十五闾为原则。

（三）行政村村公所（以下简称村）之组织

1. 村民大会和村民代表会议为村政权之最高权力机关。

2. 村中每公民十五人成立一公民小组，选举代表一人，组织村民代表会议，为村民大会闭会期间之最高权力机关。村民代表会议闭会后，村政权属于村公所。

公民小组按工、农、青、妇、文等各种性质划分，不论其参加团体与否，以每十五个公民成立一个小组，选举一个代表，而不按区域户口划分（如邻闾制之划分），以便更彻底的〔地〕发扬民主。村民代表会议闭会后，各代表须分别召开公民小组会议，传达代表会议议决案并征求意见。

3. 村民代表会议设主席一人，由代表会议公推之，二百户以上之大村，得另设副主席一人至二人，均不脱离生产。

4. 村公所之组织为村政委员会与村长、副村长，一般单一行政村设副村长一人，三百户以上之单一行政村，设副村长二人。镇公所设副镇长二人，联合行政村之各自然村村长，均为行政村副村长。

5. 村政委员会之人数由七人到十一人组成之，村长、副村长均为当然村政委员。

6. 村政委员与村长、副村长由村民直接普选，在不能召开村民大会之村庄，得由村民代表会议选举之。

7. 村政委员会下得设下列各种专门委员会：

（1）文化教育宣传委员会——统一与配合全村之文化教育宣传事宜。

（2）经济建设委员会——专管开荒、植树、选种、施肥、兴办水利、发展工业、组织合作社及其他经济建设事宜。

（3）优待救济委员会——专管优待抗属，救济灾民、难民、贫民事宜。

（4）调解委员会——专管调解村民纠纷事宜。

（5）人民抗敌自卫委员会——专管村民抗敌自卫及战时动员事宜。

8. 文化教育宣传、经济建设及优待救济三委员会为村政委员会领导下各种专门问题之讨论、研究、设计机关，对各该专门问题议妥后，必须提交村政委员会审核批准后，始发生效力。各该专门委员会并得受村政委员会之委托，为该专门问题之推行者。委员三人至五人，由村政委员会决定，提交村民代表会议通过后聘任。主任委员一人，由村政委员互推担任。

9. 调解委员会专管村民纠纷之调查及调解事宜，委员五人至七人，由村民代表会议公推各群众团体代表及公正士绅担任，主任委员由村长兼任。人民抗敌自卫委员会为民主选举之人民抗敌自卫团领导机关，其组织法另定。

10. 村政委员会及各该专门委员会委员为不脱离生产人员。各村政委员必须参加一种以上之专门委员会，领导各该专门委员会工作。

11. 村公所设文书一人，兼管土地、人口登记及会计事宜，由村政委员兼任（镇公所同）。

12. 村民代表得当选为村长、副村长、村政委员及各专门委员会委员。

13. 村民大会与村民代表会议皆由村民代表会议主席召集，村民代表会议主席亦即村民大会主席。

14. 村民代表、村长、村政委员与各专门委员会委员之任期为半年，任满后须举行改选，连选得连任，但得〔经〕代表会议或村民大会之通过得延长为一年。

15. 村长、村政委员选出后，须报告区公所批准加委。村长、副村长并须转县政府备案，文书、各专门委员会委员及主任委员须报告区公所备案。

（四）行政村公所之组织

1. 凡属几个自然村合组之行政村，其行政村村公所所在地为主村，其他为副村。主村不另设村公所，副村在二十户以上者得另设村公所。

2. 行政村村公所须设于人口众多、地点适中及工作有基础之村庄。

3. 自然村不及二十户者，只设闾长一人，不设村长；二十户以上者，设村长一人，四十户以上者并得单独召开村民代表会议。

4. 各自然村村长由各该自然村村民大会或代表会议选举之。

5. 各自然村村长即行政村之副村长，并为行政村村政委员会之当然委员。

6. 副村村公所不设各种专门委员会。

（五）行政村与副村之关系

1. 在几个小村合组成之行政村，［为］其村之所属各自然村之联合组织，因此，在按照人口比例直接平等选举出来之村民代表会议，为全行政村之最高权力机关，由村民大会或村民代表会议选出之村长、村政委员会为最高行政机关。因此，根据民主集中制原则，行政村对各自然村为领导关系，各自然村必须执行行政村之决议，并接受其领导。

2. 为防止大村与小村之间发生不平等起见，一切重要问题必须经过村民代表会议或村政委员会讨论，以少数服从多数原则，民主表决。

3. 为使区公所深入普遍对各小村之领导起见，区公所在计划与总结工作时，可召集各自然村村长一起到会。

（六）村民大会、村民代表会议、村政委员会与村长之职权

1. 村民大会为全行政村的最高权力机关，其职权如下：

（1）选举村长、村政委员，罢免村长、村政委员。

（2）听取村长、村政委员会工作报告，并检讨村长与村政委员会之工作。

（3）讨论全村重大问题。

2. 村民代表会议为村民大会闭会期间之最高权力机关，其职权如下：

（1）在不能召开村民大会之村庄，代表村民选举及罢免村长、村政委员。

（2）通过各种专门委员会委员。

（3）听取村长、村政委员会施政计划及工作报告。

（4）审核及通过村公所财政收支事项。

（5）讨论本村选举事项。

（6）讨论审议本村清查土地、公平负担事项。

（7）讨论村政委员会及群众团体交议事项。

（8）督促及监察村公所执行村民大会决议事项。

（9）调查及公判村公所、自卫团及群众团体之争议纠纷事项。

3. 村政委员会为村政集体领导机关，下列事项须经村政委员会讨论处理之：

（1）关于讨论、计划、执行县区政府法令之事项；

（2）关于筹划推行村选举事项；

（3）关于推行及审核人口登记及婚姻登记事项；

（4）关于计划与审查村土地陈报清丈数量等级事项；

（5）关于计划与推行按照公平负担办法，征收田赋、公粮、柴草事项；

（6）关于编组及审核村民战时服务事项；

（7）关于计划推行武装动员、组织自卫团、游击小组等实行参战自卫及警戒锄奸事项；

（8）关于村办公费、预决算及全村财政收支事项；

（9）关于计划推行本村学校、夜校、俱乐部、纪念节等一切文化教育宣传事项；

（10）关于组织领导本村春耕、冬耕、夏收、秋收及合作事业等生产建设事项；

（11）关于组织领导本村优待抗属、救济灾民、难民、贫民及指导［优］救会工作事项；

（12）关于调解与调查村民争议事项；

（13）关于领导、调整、实行减租减息事项；

（14）关于本村其他一切应兴应革事项。

4. 村长为村政之最高执行者，其职权如下：

（1）对外为村公所之代表；

（2）村政委员会开会时为主席；

（3）村政委员会闭会后保管会议之记录，并根据村政委员会之决议及分工督促其实现，保证任务之完成；

（4）领导村公所之日常工作。

5. 村公所文书专管文书、会计、人口、地亩登记、征收钱粮、柴草、鞋袜等账目及其他杂务事宜。

（七）村公所办公费与脱离生产人员津贴之规定

1. 村公所办公费：

一般行政村每月五元；

二百户以上之行政村每月六元；

三百户以上之行政村每月八元；

联合行政村每加一个十户以上之副村得加办公费一元，每加一个四十户以上之副村得加办公费二元，其具体分配由村政委员会民主决定；

五百户以上之镇公所每月十元；

一千户以上之镇公所每月十五元。

2. 村公所脱离生产人员与粮食津贴：

一般行政村二人，每月津贴粮食八十斤；

二百户以上的行政村——每月津贴粮食一百斤；

联合行政村得按副村数目之多寡，增加粮食二十斤至四十斤，其行政村、副村于各干部间之具体分配，由村政委员会民主决定。

镇公所脱离生产三人至五人，按区公所脱离生产人员待遇，并得设警卫班及通讯员。

3. 津贴村公所之粮食，以津贴担任工作最多、家中最贫苦者为原则，其具体分配由村政委员会民主决议并经区公所核准为原则。这里要反对村政委员会中平均主义，也反对少数村政委员中之单纯利害观念、雇佣观念，以为谁吃了公粮就由谁办公，不吃公粮者就对村政工作不负责。

4. 津贴村公所之粮食，由区公所征公粮中发给，办公费由全县统筹，村公所不得擅自向民间征收。

（八）工作制度

1. 区公所每半月召集全区正、副村长总结工作布置工作一次。

2. 村长每五天或一星期到回报站向区公所回报工作一次，回报站可由区公所分别指定，最好利用集市，区公所派人参加。

3. 村政委员会每五天或一星期开会一次。

4. 村民代表会议每半月开会一次。

5. 村民大会每月开会一次。

6. 村民大会主要的是传达区村公所工作计划，听取村长工作报告并作政治报告。为了使村民重视村民大会并全体到会，没有重大事件（如选举参议员）可不召开临时大会，只召集群众大会，相距稍远之联合行政村，各自然村可分别召开，农忙时经村民代表会议议决得延会一次。

选自《中国新民主主义革命时期根据地法制文献选编》，第2卷，北京，中国社会科学出版社，1981年版，第392～400页。原注："选自山东省战时行政委员会编印的《参考材料》。"

31. 山东省胶东区村政暂行条例

1941年10月[①]

第一章　总　则

第一条　为彻底实行民主政治，巩固政权基础，特依据省战工会《关于村政组织与工作新决定》的基本原则与胶东地方实际情况，制定本条例。

第二条　确定行政村为抗日民主政权基础的自治单位，亦即为行政的一级，人民通过这一自治组织，实行管理政权、监督政府，并在村政权领导下，完成抗战建国任务。

第三条　根据地户口在百户以上、人口在四百人以上的自然村，群众已有组织者（抗日的群众团体），即划为一个行政村，为县政府领导下的一个行政单位。

第四条　不满百户之自然村应与附近村庄编划为联合行政村，但各村距离以不超过三里路为原则。超过三里以上、户口在五十户以上之自然村，亦得单独编划为一个行政村。

第五条　三里以内的数个小村，户口总数超过一百五十户，而不满二百户者，亦只编为一个行政村。

第六条　联合行政村村政府所在之村为主村，其他为副村，村政府应设于人口众多、地点适中之村庄。

① 原件未注明制定年月，推断为1941年10月省战工会公布《关于村政组织与工作新决定》后制定的。

第七条　联合行政村为各自然村民主的联合组织，副村为行政村的一部分，不是政权的一级。

行政村对副村的领导，应是民主集中制的，副村在行政上必须服从行政村的领导，行政村在领导上，必须根据民主原则，不得包办。

第八条　副村因编划不适当，人民不愿与该主村合编为一个行政村者，得向村政委员会提出意见，经县政府批准后，重新划分之，但政府未批准前仍需服从原行政村之领导。

第二章　民意组织

第一节　公民小组

第九条　公民小组为人民行使民主权利的基础组织，由公民十五至二十五人按照不同的职业（工、农、青、妇、文、商、渔、盐等）、性别组织之。

第十条　参加公民小组的公民，以曾经履行公民登记手续、审查合格、领有公民证者为限。

第十一条　一个行政村内，各个公民小组的人数，应该一致，一种职业范围内的少数公民（如职工）人数不满十五人者，不自成一个公民小组，应合并于其他组内。

第十二条　每一个公民小组选举公民代表一人，并在小组内为小组长。

第十三条　公民代表的职权及任务是：

一、代表全组公民出席村民代表会议。

二、传达村政府及上级政府的法令决定，并根据村政府的命令，组织全组公民完成行政任务。

三、主持公民小组会议，解决各种困难问题。

第十四条　一个小组内的各个公民，有在政治上相互担保之义务，发现有危害抗日的坏分子时，得实行检举，报告政府处理之。

第十五条　公民代表的任期为半年，连选得连任。但公民发现代表不称职时，得经过该小组过半数以上的公民决议，并经村民代表会议批准，予以撤回，另选代表，参加村民代表会议。

第十六条　单一行政村或联合行政村之主村，有公民小组二十组以上者，村政府为便利行政领导，得将三个公民小组所住地区，划为一个行政区，由各公民代表互推主任代表一人，代表各小组之公民，接受村政府布置的行政任务。不满二十个公民小组之行政村，不设主任代表，即由各公民代表代表人民接受行政任务。

第十七条　公民代表或主任代表因故（出外、迁居、出雇、出嫁、疾病等），不能执行职务时，应向该公民小组声明辞职，重新选举之。

第十八条　公民对于编入之公民小组不愿参加时，得提出意见，交村民代表会议讨论决定之。

第二节　村民代表会议

第十九条　村民代表会议，由各公民小组之公民代表组织之。

第二十条　村民代表会议为村民大会闭会期间之最高权力机关，其职权如下：

一、在不能召开村民大会之村庄，代表村民选举及罢免村长、村政委员，但事后须经村民大会追认之。

二、通过各种专门委员会委员。

三、决定公民代表之撤换问题。

四、听取村长、村政委员会施政计划及工作报告。

五、审核通过村财政收支事项。

六、讨论村选举事项。

七、讨论审议土地、负担等事项。

八、讨论村政委员会及群众团体交议事项。

九、督促检查村政府执行村民大会决议事项。

十、调查及仲裁自卫团及群众团体之争议纠纷事项。

十一、向村民大会检举、弹劾违法失职的村政人员。

第二十一条　村民代表会议设主席、副主席各一人，由各公民代表互选担任之，其职权为：

一、召集并主持村民大会、村民代表会议。

二、负责解答公民提出的疑难问题。

三、传达解释上级政府政令与村政决定。

四、指导公民小组会议。

第二十二条　主席、副主席任期均为半年，连选得连任；但经村民大会通过决定，准予延期者，得延长任期为一年。

第二十三条　村民代表会议主席因故不能执行职务时，得由副主席代理之。

第二十四条　村民代表会议每半月开会一次，由主席召集之，会议的主要内容为：

一、传达政府新法令与村中当前应作〔做〕的工作。

二、讨论村政府、群众团体交议事项。

三、讨论公民小组反映的问题与意见。

临时会议，得因实际需要，或有四分之一以上的代表提议召开之。

村民代表会议非有三分之二以上的代表出席，不能开会。讨论一般问题，有出席代表二分之一以上的同意，即为通过。讨论选举、罢免及决定检举、弹劾问题，或制定村公约时，须有出席代表四分之三的表决通过，始为有效。

第二十五条　村民代表会议闭会后，主席应将决议案送交村政府执行；各公民代表应分头召开公民小组会议，传达村民代表会议的决议。

第二十六条　村民代表会议开会期间之办公用品，由村政府从村办公费内供给之。

第三节　村民大会

第二十七条　村民大会为村政权的最高权力机关，由全体公民组织之，非公民无权利参加。

第二十八条　村民大会有下列职权：

一、选举、罢免、检举、弹劾村政人员。

二、根据抗日民主政府政策法令，制定村的单行规约。

三、听取村长、村政委员会工作报告，并检查其工作。

四、讨论决定行政村的一切重大问题。

第二十九条　村规约制定后，须呈请县政府批准备案，始发生效力。

第三十条　村民大会由村民代表会议主席召集之，并以村民代表会议主席为主席。

第三十一条　村民大会每两月举行一次，其主要内容为：

一、传达上级政府新法令。

二、检查村政工作——村长、村政委员会工作报告。

三、讨论决定行政村的新任务及工作。

四、根据第二十八条，讨论决定村政人员的选举、罢免、检举、弹劾及村规约的制定。

第三十二条　村民大会开会之先，村民代表会议主席应通知全体公民，非有三分之二以上的公民出席，不能开会，应重定会期，另行召集之。

村民大会讨论一般问题，有出席公民二分之一以上的同意即为通过。选举、罢免及决定检举、弹劾问题或制定村规约时，须有出席公民四分之三的表决通过，始为有效。

第三十三条　村民大会非有重大事件（如选举、备战等）经村政委员会提议，或有五分之一的公民要求，不召开临时会议。

第三十四条　村民大会闭会后，村民代表会议主席应将决议案送村政府执行。

第三章　行政机构

第一节　行政村

第三十五条　行政村设村政府，为村行政的最高执行机关，在村民代表会议闭会后，村政权属于村政府。

第三十六条　单一行政村，设村长、副村长各一人，均由村民大会或村民代表会议选举之。

联合行政村，行政村长由村民大会或村民代表会议就村政委员中选举之，有一副村，即由村民大会或村民代表会议就该副村产生之村政委员中，选举副村长一人。行政村长家在副村者，主村依前项之规定，选举副村长一人。副村人口不满二十户者，不选举副村长。

第三十七条　村长为村政府工作执行之领导者，其职权如下：

一、对外为村政府之代表。

二、主持村政委员会的会议（主任委员资格）。

三、村政委员会闭会后，保管会议之记录，并根据村政委员会之决议及分工督促其实现。

四、领导村政府的日常工作。

第三十八条　在战斗紧急情况下，村长对于村行政事项，得为临时的紧急处分，但事后必须提请村政委员会追认之。

第三十九条　村政委员会为村行政的集体领导组织，根据村民大会及村民代表会议之决议，领导全部村行政工作。

第四十条　下列事项，须经村政委员会讨论处理：

一、关于讨论、计划、执行县、区政府令办事项。

二、关于筹划推行村选举事项。

三、关于推行及审核人口、婚姻登记事项。

四、关于计划及审核村土地陈报、清丈数量、等级事项。

五、关于组织领导优待抗属、救济灾难等事项。

六、关于调整、实行减租减息事项。

七、关于组织及审核公民战时服役事项。

八、关于村经费、村财政的收支事项。

九、关于田赋、公粮、公柴的征收事项。

十、关于春耕、冬耕、夏收、秋收及合作事业，水利工程等生产建设事项。

十一、关于计划推行本村学校、夜校、识字班、俱乐部、纪念节等一切教育文化宣传事项。

十二、关于计划推行武装动员、组织自卫团、青抗先、游击小组等，实行参战自卫、警戒、锄奸事项。

十三、关于调查及调解人民纠纷、争议事项。

十四、其他一切应兴应革事项。

第四十一条　村政委员会由村民大会或村民代表会议选举村政委员七人至十一人组织之，并选举出主任委员及副主任委员（即为行政村之村长、副村长）。

第四十二条　联合行政村之村政委员，应包括各个自然村的成分，村政委员选出后，无副村人民者，应重新选举之。村政委员选出后，应呈报县政府备案。

第四十三条　村政委员除参加村政委员会集体领导村政工作外，并分任各种实际工作。

一、行政总务委员一人，负责总务、文书、土地、人口、婚姻登记、减租减息、管理支差、村经费支出等事项。

二、财政经济委员一人或二人，负责领导财经委员会，管理公粮、公柴的征收，保管公款、公产，组织春耕、秋收及合作、水利等生产建设事项。

三、文化教育委员一人，领导文教委员会，管理学校、夜校、识字班、俱乐部，计划推动全村文化宣传事项。

四、军事委员一人，领导自卫团、青抗先、游击小组实行抗敌自卫、警戒锄奸等事项。

五、优救委员一人，负责优待抗属，抚恤荣誉军人，动员战士归队，救济灾［民］、难民、贫民事项。

六、调解委员一人，负责人民纠纷与争议调解事项。

不兼任实际工作的村政委员，得由村政委员会决定，帮助优救及行政总务工作。

第四十四条　村政委员会每半月开会一次，由主任委员召集之，进行下列事项：

一、传达上级政令与村民大会、村民代表会议的决议事项。

二、各村政委员报告工作。

三、工作检讨。

四、下半月村政工作的布置。

村政委员会决议事项，须制作记录。

第四十五条　村政委员会讨论有关其他部门工作时，得通知下列人员列席：

一、村民代表会议主席。

二、抗联会长及工、农、青、妇负责人。

三、小学校长或教员。

四、自卫团长。

五、其他需要列席的人员。

第四十六条　村长、副村长、村政委员，任期为半年，连选得连任，但经村民大会或村民代表会议通过准予延期者，得延长其任期为一年。

第四十七条　村长、副村长、村政委员任满后，须举行改选。在其任职过程中，如有违法渎职经村民大会或村民代表会议决定罢免者，应即辞职，并呈报县政府（或区公所）请求改选，不得再继续任职。

县政府（或区公所）考查属实者，应予批准，指示村民大会实行改选。

第二节　副　村

第四十八条　副村在行政村村政府领导下，进行工作。

第四十九条　副村设行政村副村长一人，四十户以上之村庄，工作繁重者，由村政委员会指定家在该副村的财经委员会委员一人为书记，负责管理副村的财粮事务。

第五十条　副村人口不满二十户者，只设公民代表或主任代表，在村政府领导下推动、组织、执行副村工作。

第五十一条　副村不成立村民代表会议，与主村各公民小组统一组织之。

第四章　各种专门委员会

第一节　通　则

第五十二条　村政府为便利各种工作之进行，得在村政委员会下设立各种专门工作委员会。

第五十三条　专门工作委员会是以行政村为单位成立，副村不设，但会内必须有副村的人民参加。

第五十四条　专门委员会分为经常的与临时的两种，除财经、文教、调解之委员会为常设之专门委员会外，因工作需要，得组织临时专门委员会，工作任务完成后即结束之（如选举委员会、评议土地委员会等）。

第五十五条　各种专门委员会为各该专门工作之讨论、研究、设计机关，决定问题须经村政委员会批准后，始发生效力，但经村政委员会之委托，亦得为该专门工作之执行者。

第五十六条　专门委员会闭会期间，由主任委员主持日常事务。

第二节　财经委员会、文教委员会

第五十七条　财政经济委员会以委员五人或七人组成，由村财政经济委员任主任委员，其余委员由村政委员会物色公正廉明、熟悉财粮经济工作情况人士，提请村民代表会议决定，由村政委员会组织之。

行政村因工作实际需要，得经县政府批准，将财经委员会分别为财粮委员会、生产委员会两个组织，分任财粮、生产建设事项。

第五十八条　财经委员会的任务是：

一、根据政府财政经济政策法令，研究、设计使人民负担得到平允合理。

二、管理公款、公产（学校款产在内）、公粮，掌握财粮制度，管理各种经费、粮食的收支，防止浪费贪污。

三、根据县政府指示，负责清算、整理村财粮、劳役，并根据村民代表会议之决定，检查村财政收支。

四、协助银行贷款，研究生产技术的改良，指导发展生产事业，倡办农村副业及合作事业，组织动员春耕、冬耕、夏收、秋收、兴办水利。

五、根据上级政府指示，组织、计划缉私封锁。

第五十九条　财经委员会检查村财政收支，发现违法问题时，应报告村民代表会议处理之。

第六十条　文教委员会以委员五人或七人组织之。村文教委员任主任委员，其余委员由村政委员会就村学校教员及文化人士中物色人选，提请村民代表会议决定，由村政委员会组织成立。

第六十一条　文教委员会的任务如下：

一、拟定〔订〕一切文化教育宣传工作计划。

二、指导村小学、民校、俱乐部等教育机关。

三、调查研究，统计各种文教工作。

四、研究政府关于教育工作的决定与指示，拟定实施办法。

五、协助财经委员会，整理教育款产。

六、组织举行主持纪念会议。

第六十二条　财经、文教委员会，均每月开会一次，由主任委员召集主持。临时会议均因工作需要随时召开，但其次数不得多于经常会议。

第三节　调解委员会

第六十三条　调解委员会以委员三人或五人组织之，设主任委员一人，由村调解委员任之，其他各委员由村政委员会提出人选意见，交村民代表会议讨论决定后，村政委员会负责组织成立。调解委员任期半年，任满后，由村民代表会议重新决定之。

单一行政村村政委员会能兼任调解工作者，即不设置调解委员会，人民纠纷由村政委员会负责调处之。

第六十四条　凡人民纠纷及违犯村公约事件，均由调解委员会调处之。

第六十五条　调处时须召集调解委员会，各委员均须出席，共同负责进行，不得由一、二人办理，形同审讯。

第六十六条　调解人民纠纷时，调解委员会得邀约当事人所在公民小组之公民代表到会协助调解，并准许民众参加旁听。

第六十七条　调解须依据事实证据、法令习惯，以说服解释的方式进行之，并以双方当事人承认为原则，不得欺骗、威胁。

第六十八条　在调解中，调解人员得个别听取双方当事人的意见，但不得有报复、污辱、勒索等行为。

第六十九条　调解了结者，应由村政府登记备案。调解不成，即开具事实，介绍至区调解委员会，声请调解。

第七十条　未经村政府调解的事件，不得到区请求调解。

第七十一条　行政村政府就轻微之窃盗、赌博、斗殴、妨害风化等事件，除应赔偿被害人损失部分外，得依政府法令及村单行规约决定一元以上五十元以下的罚金、半日以上十日以下的劳役处罚。

五十一元以上罚金、十一日以上劳役的处罚，村政府无权决定。

第七十二条　前条事件，由调解委员会根据事实理由，提出处理意见，经村政委员会讨论决定之。

决定处罚后，由村政府负责执行。

第七十三条　不服前条所定之村处罚，由村政府开具事实，报告区公所审核决定。当事人同意区公所决定者，仍送交村政府执行之。

不服区公所处罚决定者，区公所应即加具意见，呈报县政府依法审判之。

第七十四条　违约罚金，除提二分之一奖励报告检举人外，余交村政府，由行政总务委员负责保管，作村公益事业之用。

第五章　工作关系

第一节　政府与人民

第七十五条　人民在行政村受村政府的领导。

第七十六条　自卫团员、青抗先队员、群众团体会员及以上各团体组织之负责人，其本人在公民义务上都是以公民资格与政府发生关系，接受村政府领导。

第七十七条　村长、副村长、村政委员、专门委员会委员，其本人在公民义务上与村政府之关系，亦适用前条之规定。

第二节　在民意组织中

第七十八条　村民代表会议主席在会议中主持会议决定问题，须依少数服从多数原则民主表决，主席只有一票权利，不能作最后决定。主席对各代表不是领导关系。

第七十九条　公民代表对各公民不论在民意组织或行政系统上，都是代表关系。

第三节　在行政机构中

第八十条　根据三级政府的组织原则，行政村政府受县政府领导。区公所是县政府的代表，村政府并受区公所之领导，但村政府对区公所在工作的领导上有不同意见时，得通过区公所向县政府提出，请求县政府另为决定。

第八十一条　村政委员会主任委员在村政委员会开会时为主席，主持村政会议，每一问题均须通过民主表决，主任委员应服从村政委员会的决定，主任委员对各委员不是领导关系，各专门委员会主任委员与各委员之关系与村政委员会同。

第八十二条　村长于村政委员会闭会后，在执行各种具体工作上，对各分任实际工作的村政委员是领导关系，专门委员会主任委员与各委员之关系亦同。

第八十三条　副村长对书记在工作上是领导关系。

第八十四条　行政村长、副村长对各公民代表或主任代表，在执行行政任务的关系上是领导关系。

第四节　村政府与民意组织

第八十五条　村政委员会在执行行政任务中，对村民大会、村民代表会议负责，并接受其领导。

第八十六条　村政委员会对村民大会或村民代表会议之决议，认为不能执行者，得提交村民大会或村民代表会议复议，复议决定之问题，村政府须无条件执行。

村民大会或村民代表会议决议事项，非属村范围者，村政府得呈请上级政府决定处理之。

第八十七条　公民小组对村政任务有不同意见时，得向村政府反映，交村民代表会议或村民大会决定之，不属于村政范围者，由村政府呈报上级政府决定处理之。

第五节　村政府与其他部门

第八十八条　村政府与自卫团、青抗先、游击小组是指挥关系，但自卫团、青抗先与上级群众武装部门，仍保有其直属领导关系。

前项指挥关系，系指在战时动员空舍清野、维持治安、戒严、缉私、逮捕现行犯、看青、武装护送等工作中，自卫团、青抗先、游击小组执行以上各种任务，不得超过村政委员会决议之范围。

第八十九条　村政府对村小学、民校、妇女识字班、俱乐部，均为领导关系。

第九十条　各群众团体因团体本身利益，得以团体名义向村政府提出意见。

群众团体负责人在村政委员会讨论有关群众团体问题时，得参加列席，但只有发言权，无表决权。

第六章　工作制度

第九十一条　村级会议制度，依本条例第二十四条、第三十一条、第四十四条、第六十二条实行之。

第九十二条　会〔汇〕报制度，依下列之规定：

一、村民大会或村民代表会议开会时，村长及分任实际工作的村政委员，须出席会〔汇〕报工作。

二、村政委员会开会时，村政委员须会〔汇〕报主管工作。

三、公民代表或主任代表在执行行政任务上，随时向村政委员会报告工作，无行政任务时即不汇报。

四、副村长每半月将副村工作向村政委员会汇报一次。

五、行政村每一个月向区公所汇报工作一次。

第九十三条　村级交代制度，依下列规定办理之：

一、村长、副村长、专门委员会主任委员及村政府书记，在新旧任交接时，旧任人员应将经管的公粮、公款、公产，保管的器具、物品、文件、戳记、收支账目等与未完事件，如数交与新任人员接收。

二、新旧任村长交接时，应由上级政府派员会同村民代表会议主席负责监交。

三、新旧任村长交接完毕后，须共同呈报县政府备案，未经政府批准者，监交人及旧任村长，不得脱离责任。

四、专门委员会主任委员及管理副村财粮总务工作的书记之交代，报告村政委员会批准即可。

第九十四条　副村如有突击性的重要工作（如驻军、办理土地登记等），行政村长或由村政府派人前往帮助之，不得置而不问或借故推诿。

第九十五条　村政府日常工作，除由村长、副村长负责主持外，各村政委员应实行值日或五日周制度，以辅助之。

第九十六条　县政府与区公所布置工作时，村长得令主管该工作的村政委员前往接受任务，但在执行中，必须经过村政委员会讨论决定之。

第七章　村政人员的待遇与奖惩

第九十七条　村政人员包括村长、副村长、村政委员及村政府书记。

条九十八条　村政人员均不脱离生产，为无给职。

第九十九条　村政人员因工作繁重，影响生产，且家庭贫苦不能维持生活者，得报告区公所呈请县政府批准，享受下列待遇：

一、代耕代收。

二、每人每月十斤至四十斤的补助粮。

补助村政人员的粮食，每行政村以不超过一百二十斤为限，由公粮内开支，村政府不得向人民征收。

村政人员生活特殊贫苦，服务村政又有显著成绩者，得由区公所呈请县政府批准，予以特别救济。

第一百条　村政人员因与敌作战牺牲或负伤残废者，得依《山东省抚恤因公伤亡抗日政民工作人员暂行条例》之规定，予以抚恤。

第一百零一条　村政人员贫苦者，子弟入学得享受半公费待遇。

第一百零二条　村政人员奖惩事项，适用《山东省行政人员奖惩暂行条例》及《惩治贪污条例》之规定。

第八章　附　则

第一百零三条　本条例施行后，关于村政工作之法令规定，凡与本条例抵触者，均予废止。

第一百零四条　本条例解释修正之权属于胶东区临时参议会。

第一百零五条　本条例经胶东区临时参议会决定通过，自公布之日施行。

选自《中国新民主主义革命时期根据地法制文献选编》，第2卷，北京，中国社会科学出版社，1981年版，第400～420页。原注：“选自山东省胶东行署《法令汇编》，一九四四年版。”

32. 山东省战时工作推行委员会关于发行《山东民主导报》对各级政权的要求与决定

1941年10月31日

本会为了加强对全省政权工作的指导，现经决定出版一种带有政府公开性质的综合刊物，同时为了充实这一刊物的内容及克服印刷方面的困难，保证今后能够按期出版，对各级政府特有如下的要求与决定：

一、聘请各专员及各县县长任本刊特约撰述，经常供给专论等文章。

二、聘请各专署各县政府的科长一人至二人，任本刊特约通讯员，负责各该地区工作经验的介绍，及其他文稿的搜集，保证每月至少供给稿件二篇，于每月二十日以前寄交本会。

三、聘书待后印发，通讯员的权利与义务亦待讨论决定后另行通知。

四、通讯内容包括：

1. 专论（关于政权工作的论文）；

2. 撰述、撰记（关于政权工作的具体事迹）；

3. 经验介绍（关于经验教训及新的工作方式方法）；

4. 技术发明（关于生产建设方面技术的发明）；

5. 模范小故事（关于政权工作人员的模范故事）。

五、各县代购铅条（制铅字用）五十斤以上，并限于十一月底以前完成，送来战工会。

六、每县发动铅印或石印工人三名，如不能完全物色到工人，送一名工人、两名有初小程度志愿学习印刷的青年来亦可，并限于十一月底以前完成这一任务。

希各级政府接此通知后，百分之百的〔地〕执行，并希对本会这一刊物，多多提供意见，以资参考为要。

选自《山东革命历史档案资料选编》，第7辑，济南，山东人民出版社，1983年版，第423～424页。

33.《村政工作讲授提纲草案》

1941年10月山东省战时工作推行委员会编

第一讲　抗日民主政权

一、什么是抗日民主政权

甲、由抗日人民自己民主选举出来领导抗日救国工作的政权叫作“抗日民主政权”。

乙、抗日民主政权不是国民党一党专政的政权，也不是共产党一党专政的政权，而是各个抗日阶级联合对汉奸反动分子专政的政权，[是] 统一战线的政权。

1. 中国是一个殖民地半殖民地半封建的国家，是一个多阶级的国家，它需要新民主主义的革命，各个革命阶级联合专政的政权。

2. 抗日战争是全国人民的事情，不是一党一派一个阶级所能包办的。

3. 只有取消一党专政，实现民主政治，才能团结全国人民，争取抗战胜利。

4. 抗日民主政权是新民主主义的政权，是一切抗日人民对汉奸反动分子专政的政权。

丙、抗日民主政权的具体组织形式，共产党主张实行三三制，它是民主集中制的。

1. 三三制就是共产党员、进步分子和中间势力在政权中各占三分之一。这一主张，抗日民主政权是拥护的、赞成的。

2. 民主集中制的具体表现：各级人民代表大会或参议会选举各级政府，人民大众拥护政府，接受政府的领导。

二、山东抗日民主政权的产生发展和现势

甲、山东抗日民主政权，是山东抗日人民从日寇汉奸和投降派手里夺来的。

1. 韩复榘的逃跑和旧政权的崩溃（济南失守到徐州退出）。

2. 山东的稳定再生和抗日民主政权的萌芽（徐州退出到武汉失守）。

3. 山东抗日进步力量的大发展和抗日民主政权的产生（武汉失守到鲁西大“扫荡”）。

4. 相持阶段的到来和民主政权的发展。

乙、山东抗日民主政权的现势：

1. 去年（一九四〇）八月山东战工会成立后，山东抗日民主政权进入于巩固发展的阶段。

2. 目下山东一百零八县中已有七十多县有了抗日民主政权（于旧县中又划出新县二十三个）。

3. 全省已建立了二个主任公署（鲁西、清河），一个行政联合办事处（胶东），一个等于主署的专署（鲁南）和十六个专员公署，等于专署的联合办事处二个，等于专署的行署三个。

4. 山东抗日民主政权已占了相对的优势。

三、山东抗日民主政权的组织系统

甲、村公所是政权组织的基本单位。

乙、村公所之上是区公所（有些地方还有乡公所）。

丙、区公所之上是县政府（或称行署或边区联防办事处）。

丁、县政府之上是专员公署（或称各县联合办事处或称专署行署）。

戊、专署之上是主任公署（或称联合办事处）。

己、山东抗日民主政权的最高领导机关是战工会（山东省战时工作推行委员会）。

山东抗日民主政权组织系统表：战工会——主任公署——专员公署——县政府——区公所——村公所。

［参考材料］

①山东抗日民主政权工作（陈明同志在第一次全省行政会议上的报告）；

②山东抗日民主政权工作与当前任务（陈明《大众》分三十七期）；

③民主政治与三三制政权的组织形式（彭德怀《大众》日报四一年五月二十二日）。

第二讲　山东抗日民主政权的基本政策

一、决定山东抗日民主政权基本政策的原则

甲、根据中国目前革命的性质——新民主主义革命。

乙、根据敌人后方的环境。

丙、根据战争的长期性。

丁、正确的〔地〕掌握统一战线。

戊、注意工农小资产阶级的利益。

己、保证共产党的政治领导。

二、山东的经济状况和各阶级

甲、山东在日寇的统治下已逐渐殖民地化：

1. 日本帝国主义在经济上占绝对优势。

2. 民族工业急剧的〔地〕破产和衰落。

3. 农村破产日益加剧。

4. 人民生活极端困难。

乙、目前山东各阶级：

1. 大地主大资产阶级：

(1) 一部分已经死心塌地的〔地〕当了汉奸，我们要坚决反对之。

(2) 一部分仍要抗战，但怕民主，我们要争取他们参加抗战和赞成民主。

2. 中小地主、中等资产阶级和富农——他们赞成团结抗战，赞成民主，不仅要联合他们共同坚持抗战，而且应当尊重他们在社会的地位，发扬其参加生产运动的积极性。

3. 中农——拥护抗战和民主。

4. 贫农、雇农和手工业工人、店员、公营企业中的工人，他们对抗日民主最坚决。

丙、在抗日民主政权下，小农小商品经济的发展是正常的现象。

三、抗日民主政权的基本政策

努力争取抗日地主士绅名流，联合全体农民（连富农在内），依靠基本农民群众的力量，去提高农业生产，改善工农生活，扩大和巩固农村统一战线。

[参考材料]

①山东抗日民主政权工作；

②巩固抗日根据地及其各种基本政策（杨尚昆）。

第三讲　村政组织

一、村公所是政权组织的基本单位

甲、村公所是一切政权的下层组织，是政权组织的最小单位。

乙、一切政策法令和具体工作的最后和普遍的执行和实现，必须经过健全的村公所。

丙、村公所是直接发动民众、领导民众参加抗战建国大业的主要机构。

二、划分行政村

甲、凡一百户以上之村庄，可划为一个行政村，不足一百户之小村，可与附近之村庄合编为一个行政村。

乙、编村间之距离，以不超过三里为原则，三里以内无其他村庄之小村，虽不足一百户而在四十户以上者，亦得自为一个行政村。

丙、一般行政村以一百户至一百五十户为原则，但三里以内之小村相加不超过二百户者，亦只编一行政村。

丁、每区不得超过二十个行政村。

戊、五百户以上之重要市镇，其在政治上、经济上起重大作用者得单独设立镇公所，直属县政府领导（千户以上之大村在政治经济上虽无重大作用，亦得自编一镇）。

三、修改邻闾制

原来邻闾制是五家一邻，五邻一闾（二十五家），因为这样层次太多，行政迟缓，特决定取消邻级，改为十五家一闾，直受村公所领导。三百户上之大村及镇，得按街巷之区划分设若干里，里以管辖八闾至十五闾为原则。

四、健全村政组织

甲、建立村民代表会议：

1. 村民代表会议是村民大会闭会期间之最高权力机关，因为村民太多，集会不便，所以建立村民代表会议代表村民议事。

2. 村民代表会议之代表由每公民十五人组成之公民小组选举之，每组选举一人。

3. 年满十八岁之村民，不论加入团体与否，皆编入公民小组。

4. 公民小组按工农青妇等职业、年龄、性别划分，不得按地域、家庭划分，以发扬民主。

5. 村民代表会议设主席一人，三百户以上之大村及镇得设副主席一人，均由代表会议选举之。

6. 村民代表会议向全体村民负责，代表会议开会时，各代表须分别向所代表之小组报告决议等并征求意见。

乙、建立村政委员会：

1. 村政委员会是村政的集体领导机关，由村民大会（或代表会议）选举七人至十一人组织之，村长、副村长为当然村政委员。

2. 村长为村政委员会之当然主席。

3. 村政委员会为该行政村总领导机关，行政村领导下之各自然村不设村委会，但得单独召开代表会议。

丙、健全村公所：

1. 行政村设村长一人，单一行政村设副村长一人，联合行政村设副村长若干人（由自然村之村长或闾长兼任）。

2. 不足二十户之自然村，只设闾长一人；二十户以上之自然村设村长一人，为行政村之副村长。

3. 行政村村公所所在地之村庄为主村，其他自然村为副村，行政村村公所兼主村村公所，副村另设村公所，副村村公所受行政村村公所之领导。

4. 行政村村公所设文书一人，管理文书、会计事宜。

5. 行政村村长由全村村民大会选举，各自然村村长由各自然村公民大会选举，不能举行村民大会之村庄由代表会议选举，文书由村政委员兼任。

6. 村长、副村长由村政委员选出后须呈报区公所备案加委，村长、副村长并须转报县政府备案。

7. 村长、副村长、村政委员、村民代表及各种专门委员会委员任期为一年，期满改选，连选得连任。

8. 村长、村政委员不称职时，村民大会或村民代表大会得临时罢免之；区公所撤换村长时，须提经村民大会或村民代表会议通过。

丁、建立各种专门委员会：

1. 村政委员会设下列各种专门委员会：

（1）文化教育委员会。

（2）经济建设委员会。

（3）人民抗敌自卫团委员会。

（4）优待救济委员会。

（5）调解委员会。

2. 各种专门委员会三人至五人，除人民抗敌自卫团委员会由自卫团团员大会选举外，其余由村政委员会决定，提交村民大会或村民代表会议通过，主任委员由村政委员互推分担（调解委员［会］主任委员由村长兼任）。

3. 各种专门委员会，除人民抗敌自卫团委员会及调解委员会外，为各该专门问题之研究、设计、计划机关，并得受村委会委托负责推行各项村政。

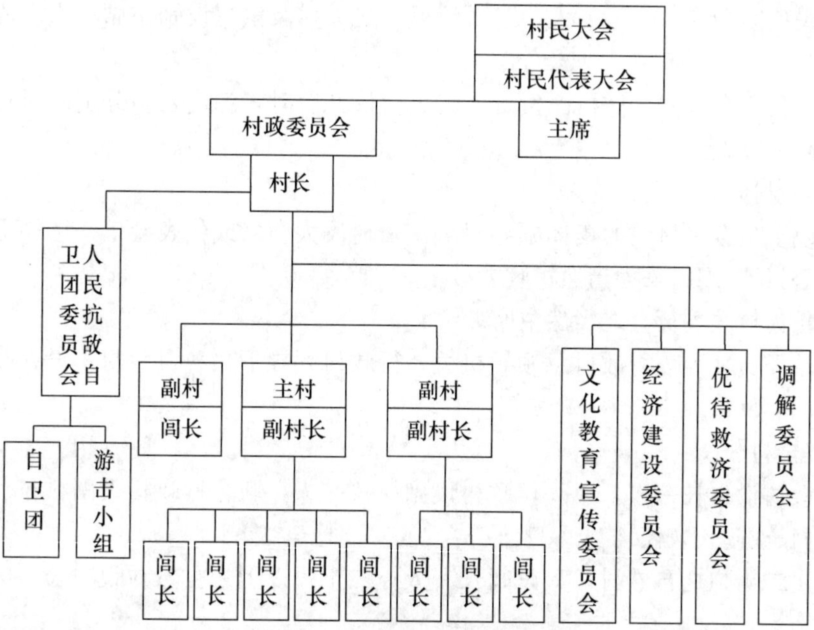

村公所组织系统表

【参考资料】

战工会《关于村政组织与工作的新决定》

第四讲　选举工作

一、实行普选制

甲、十八岁以上之人民，不分男女皆有选举权、被选举权。

乙、选举不分党派，以三三制为原则。

丙、选举时依照条例优待少数民族（如回族）。

丁、汉奸，受刑事处分尚未撤销、抗战期间弃职潜逃、贪污有据和有精神病者，无选举权和被选举权。

戊、不能实行普选之村庄，得实行代表选举制或团体选举制。

二、怎样选举村长和村政委员

甲、村长和村政委员由村民大会选举，不能举行村民大会之村庄由［村民］代表会议选举。

乙、选举前的准备工作：

1. 组织选举委员会——由村长、村民代表会议主席、群众团体代表、小学教员及本庄士绅组织之。

2. 举行选民登记——将村［有］选举权与被选举权的村民登记成册，张贴公布。

3. 划分公民小组，并选举公民代表。

4. 深入动员——召开村民大会，深入宣传解释，使每个村民皆了解选举及举行选举登记的意义。

5. 报告区公所，请求派人指导。

6. 旧村长准备一年来的工作报告。

7. 发动各群众团体及学校士绅提出候选人名单，实行竞选，并保证其团员、会员全体出席。

8. 布置会场并准备主席团及写票人、监票人的候选人。

丙、选举大会的内容：

1. 推选主席团三人至五人（由选委提交大会通过）。

2. 报告选举的意义（由主席和上级派来的人报告）。

3. 旧村长报告工作检讨工作。

4. 竞选演说（由候选人报告施政方针，或举出候选人之团体代表报告候选人履历及优点）。

5. 选举：

(1) 由于村民多不识字，一般可采用口选法（即由选举人口述，写票人代写），其口选人数须与当选人人数相符。

(2) 通过推举写票人和监票人（上级派员为当然监票人除外）。

(3) 先选出村政委员，然后由村政委员中推选村长、副村长（联合村之副村长必须是各该自然村的人）。

6. 庆祝新村长、村政委员当选。

7. 新村长演说。

丁、选举后的工作：

1. 召开第一次村政委员会，确定工作计划（村长事先须准备好）并分配工作。

2. 召开第一次村民代表会议，通过村委会工作计划及各专门委员会委员。

3. 呈报上级备案加委。

4. 新旧村长交代工作。

三、怎样选举县区参议员

甲、参议会是民意机关。

乙、县参议员七十一人至九十一人（特别大县可增至一百二十一人），由各区人民直接选举，每人口一千五百人至二千五百人选一人。

丙、区参议员四十一人至六十一人（特别大区可增至七十一人），由各行政村人民直接选举，每人口二百人至五百人选一人。

丁、选举前须举行选民登记，并提出候选［人］名单，实行竞选。

戊、县区参议会成立后选举县区行政委员和县区长。

四、选举时应注意的问题

甲、举行选民登记前要深入动员解释，勿使村民误解为抽壮丁，致妨害选举的进行。

乙、举行选民登记时，不要轻意〔易〕取消村民的公民权（即选举权与被选权等），对于顽固分子，只能依靠群众的力量不使他当选，不能取消他的公民权。

丙、提候选人和选举时要注意三三制，使各阶层皆有代表参加民意机关及行政机关，但选举结果即不合于三三制亦不要推翻，要尊重民主。

丁、提候选人和选举时要注意下列条件：

1. 坚决抗日，对抗日工作有认识。

2. 赞成民主政权与民主制度。

3. 廉洁自好，不贪污不浪费。

4. 自奉俭朴，热心民事。

戊、选举时要注意会场警戒及会场秩序，除预先布置警戒外，并须把选民排成行列和进行文化娱乐工作。

［参考材料］

①县各级参议会组织条例和选举条例（法令汇编）；

②民主政治与三三制政权的组织形式；

③选举工作大纲（战工会编印）。

第五讲　民众动员工作

一、为什么要动员民众

甲、抗日战争是残酷的长期的，非动员民众不能取得最后胜利。

乙、抗日民主政权是一切抗日人民的政权，非动员民众不能实现民主，巩固抗日民主政权。

丙、我们不但要抗战，而且要建国——实现民主，改善民生，建立新民主主义共和国。建国不是少数人的事，非动员民众不能完成。

丁、在投降分裂的危机仍然严重的今天，只有真正动员民众，才能克服抗战危机，巩固和扩大统一战线。

二、组织群众团体

甲、群众团体的种类：

1. 农民救国会——农救会（由十六岁以上的农民组织，地主不能加入）。

2. 职工抗日联合会——职工会（由十六岁以上的工人组织）。

3. 青年救国团——青救团（由十六岁至二十三岁之青年组织）。

4. 妇女救国会——妇救会（由十六岁以上之妇女组织）。

乙、群众团体组织：

1. 组织民众要经过政治动员，反对命令、拉夫和记名单的方式。

2. 群众的组织以民主集中制为原则，一切负责人要经过选举，一切问题要经过大家讨论。

3. 农救会是一切农民的团体，职工会、妇救会、青救团皆可加入农救会，成为农救会的职工、妇女、青年小组，但保持其独立性，受上级职工、妇救、青救的领导。

丙、村公所和群众团体的关系：

1. 村长、村政委员会要帮助群众团体的组织和发展，但不能干涉其内部问题，要尊重其独立性。

2. 群众团体要保证村政的彻底执行，并有权监督村公所，但不能直接干涉村政。

3. 村公所和群众团体应互相尊重，互相发展，交换意见，配合工作。

三、建立自卫团和游击小组

甲、自卫团和游击小组是群众武装，是人民自卫的武装。

乙、自卫团和游击小组的任务：

1. 站岗放哨、侦察敌情，捕捉汉奸、敌探、土匪和一切破坏抗战的分子。

2. 破坏敌交通——拆桥、破路、破坏电线和山寨堡垒。

3. 传送情报书信。

4. 动员空野清舍、运送军需、担架伤兵、打扫战场。

5. 帮助配合主力军作战，或单独袭击和扰乱敌人。

6. 保护秋收麦收，保护地方政权。

丙、自卫团的组织和领导：

1. 自卫团分普通自卫团和基干自卫团两种：

（1）普通自卫团不脱离生产，十六岁以上五十岁以下的国民均须加入（女子以自愿为原则），但须经过深入的动员说服工作。

（2）基干自卫团（也叫民兵）必要时半脱离生产，由十六岁至三十岁之男子普通自卫团员志愿组织，起模范骨干作用，要达到普通自卫团的三分之一（十六岁至二十三岁之自卫团员得志愿加入青抗先）。

2. 自卫团的组织：

（1）按小队、分队、中队、大队编制，青年得自编成青年队，受青救团的领导。

（2）中队、分队、小队的正副队长和中队的正副指导员由团员大会选举，呈请上级审核加委，大队的正副队长和正副指导员由上级委任。

（3）村自卫团团长由团员大会选举。

3. 村自卫团受村长及上级自卫团之领导。

丁、游击小组：

1. 游击小组是半脱离生产的群众武装。

2. 一般行政村以五人至九人为原则，其成分〔员〕须政治坚定、勇敢坚决。

3. 游击小组须常扰乱敌人、打击敌人。

戊、广泛建立与健全自卫团和游击小组的要求：

1. 普遍建立和健全自卫团、基干自卫团和游击小组。

2. 确实建立和健全自卫团、基干自卫团和游击小组军政领导机关，加强教育，积极作战，做到壮丁组织化，基干自卫团、游击小组的战斗化。

3. 大量的〔地〕有组织的〔地〕参加主力和地方武装。

4. 定期的〔地〕军政教育，定期的〔地〕大检阅和参军运动。

四、动员民枪

甲、动员所有民枪武装自卫团和游击小组，或献给主力。

乙、反对民枪的埋藏和资敌。

丙、征收民枪须用适当手续，反对强迫、非刑和罚款等现象。

五、巩固和扩大部队

甲、动员壮丁，参加部队。

1. 加强自卫团的教育，提高人民参战热情。

2. 动员自卫团参加部队，把扩军工作变为群众运动，逐渐走到自愿的义役〔务〕兵役制。

3. 扩大部队要用政治动员，反对强迫、欺骗和收买的办法。

乙、优待抗属，巩固部队。

1. 组织抗属救国军，加强抗属教育，提高其政治认识。

2. 组织代耕队，帮助抗属耕种。

3. 组织抗属参加生产。

4. 发动挑水拾柴，帮助抗属。

5. 募捐粮款，救济贫苦抗属。

6. 名誉优待抗属，吸收抗属参加各种工作，提高抗属地位。

丙、发动慰劳，巩固军心。

1. 物质慰劳。

2. 精神慰劳。

丁、动员回家抗日军人归队。

六、实行支差办法

甲、实行“有人出人”，凡十八岁至五十岁之男子不论穷富均有出差义务，反对按地亩出夫及雇佣办法。

乙、实行差票制度，用差须给差票，三月结算一次，平均负担。

丙、节省人力，每人每月出差不得超过三天，农忙时非有紧急情形不出差。

丁、用差十人以上须由区公所分配，用差机关管食宿草料，返回时发路费，人畜每天各五角，有损失时须赔偿。

[参考材料]

①农救会读本（大众社出版）；

②自卫团读本（大众社出版）；

③根据地的武装斗争（彭德怀）——巩固抗日根据地的各种基本政策论文选辑；

④抗日民众武装动员方案（法令汇编）；

⑤人民抗日自卫团组织条例（同上）；

⑥山东省支差办法。

第六讲　改善民生工作

一、为什么改善人民生活

甲、中国的人民尤其是工人农民的生活是很苦的。

乙、人民生活痛苦的来源是帝国主义尤其是日本帝国主义的侵略，及封建势力和商业高利贷资本的剥削。

丙、为了团结广大人民坚持抗战建设新中国，必须改善人民生活。

二、实行公平负担

甲、按地亩摊派的不公平：

1. 人口有多少，地少人多者负担过重，地多人少者负担过轻。

2. 地主富农多隐瞒土地，负担不公平。

3. 地有好坏，好地多在富农手中，所以按地亩摊派不公平。

乙、什么叫公平负担

1. 公平负担的基本原则是“有粮的出粮”，按地亩人口及其他收入实行累进征收法，一般做到百分之八十以上的土地人口负担抗日军需（以土地为重）。

2. 公平负担的办法有三种：

（1）甲种办法——是按贫富程度分为十等负担（特别富户为特户，另定负担比例，特别贫户免负担）。

（2）乙种办法——是按土地人口之多少好坏，折合为标准亩，用累进法负担。

（3）丙种办法——是按收入多少统一累进负担。

3. 三种办法实行在三种不同的地方。

（1）甲种办法实行在新开辟地区、土地不易调查与清丈的地方。

（2）乙种办法实行在土地人口已经陈报登记清丈或能够陈报登记清丈的地方。

（3）丙种办法实行在民主政权和群众组织巩固、能保证人人不隐瞒收入的地方。

丙、怎样实行公平负担：

1. 先决定实行哪种办法。

2. 倘若能够实行丙种办法：

（1）每年每人平均收入不足二百斤小麦者免负担。

（2）每年每人平均收入二百斤小麦以上者，按累进法负担。

①二百斤至二百二十斤者征收百分之一；

②二百二十一斤至二百五十斤者征收百分之二；

③二百五十一斤至三百斤者征收百分之三；

④三百零一斤至四百斤者征收百分之四；

⑤四百零一斤以上者每增一百斤增征百分之一，至百分之二十为止。

（3）其他收入折合小麦。

（4）不征收粮食收钱亦可，这就叫“统一累进税”。

3. 倘若实行乙种办法：

（1）乙种办法的要点：

①免负担地：

a. 年满五十岁之老年男女、残废者、学生、抗日军人、不脱离生产之政府群众团体政党工作人员、小学教员、行政村长、农救会主任，每人除标准中地一亩。

b. 十六岁以下不上学之儿童和五十岁以下之壮年妇女，每人除标准中地半亩。

c. 年满十六岁到五十岁之不脱离生产壮丁不除。

②累进率——平均每人二亩为一级，每加一级每亩加一分，加至第十一级每亩当二亩为止。

二亩以下者为第一级——一亩当一亩；

二亩一分至四亩者为第二级——一亩当一亩一分；

四亩一分至六亩者为第三级——一亩当一亩二分；

六亩一分至八亩者为第四级——一亩当一亩三分；

八亩一分至十亩者为第五级——一亩当一亩四分；

十亩一分至十二亩者为第六级——一亩当一亩五分；

十二亩一分至十四亩者为第七级——一亩当一亩六分；

十四亩一分至十六亩者为第八级——一亩当一亩七分；

十六亩一分至十八亩者为第九级——一亩当一亩八分；

十八亩一分至二十亩者为第十级——一亩当一亩九分；

二十亩一分以上者为十一级——一亩当二亩。

③几种土地人口的负担：

a. 地主和佃户的负担——地主出租之土地每一亩半当一亩，佃户租种之土地每三亩当一亩（鳏寡孤独及抗属因无劳力之出租土地与〔于〕人，每人平均土地不足五亩者得斟酌降低其级数负担）。

b. 典地的负担——由承典人负担。

c. 在敌区人口之负担——经常在敌区（包括在关东者）之人口不能计算在人口之内，若全家出外，由代理人负责，其负担只能按一人累进。

d. 庙地的负担——由僧道负责，按人口计算。

e. 外籍土地的负担——人在甲地、地在乙地者，以地随人转为原则。

f. 祭田的负担——不除地，按一人累进负担。

g. 学田的负担——为了发展教育免负担。

（2）清查土地：

①为了负担公平，必须清查土地。

②地亩标准——以官亩为标准，每亩二百四十方步，每步五尺（官造尺）。

③土地等级——因为各地土地肥瘠相差悬殊，战工会特规定三种折合标准。

a. 山地——如鲁中鲁、南之山地，以年产小麦七十一斤至一百斤者为标准中地，其土地等级及折合比例如下：

地　级	全年产量	折合标准地所需亩数
一级地	三十—四十斤	三亩
二级地	四十一—五十斤	二亩
三级地	五十一—六十斤	一亩半
四级地	六十一—七十斤	一亩二分半
五级地	七十一—一百斤	一亩（标准地）
六级地	一百零一—一百二十斤	八分半
七级地	一百二十一—一百四十斤	七分
八级地	一百四十一—一百六十斤	六分
九级地	一百六十一—一百九十斤	半亩
十级地	一百九十一—二百二十斤	四分半
十一级地	二百二十一—二百五十斤	四分
十二级地	二百五十一—三百斤	三分

b. 平原地——如清河、鲁北之平原地，以年产小麦一百五十一斤至一百八十斤为标准中地，其土地等级及折合比例如下：

地　级	全年产量	折合标准地所需亩数
一级地	五十一—七十斤	三亩
二级地	七十一—九十斤	二亩
三级地	九十一—一百二十斤	一亩半
四级地	一百二十一—一百五十斤	一亩二分半
五级地	一百五十一—一百八十斤	一亩（标准地）
六级地	一百八十一—二百一十斤	八分半
七级地	二百二十一—二百五十斤	七分
八级地	二百五十一—三百斤	六分
九级地	三百零一—三百五十斤	半亩
十级地	三百五十一—四百斤	四分半
十一级地	四百零一—四百五十斤	四分
十二级地	四百五十一—五百斤	三分半

c. 优等地——在一个专员区内之土地，一般产量都在三百斤以上者，以年产二百五十一斤至三百斤为标准中地，其土地等级及折合标准比例如下：

地　级	全年产量	折合标准地所需亩数
一级地	七十—一百斤	三亩
二级地	一百零一—一百五十斤	二亩
三级地	一百五十一—二百斤	一亩半
四级地	二百零一—二百五十斤	一亩二分
五级地	二百五十一—三百斤	一亩（标准地）
六级地	三百零一—三百五十斤	八分半
七级地	三百五十一—四百斤	七分

八级地	四百零一—四百五十斤	六分半
九级地	四百五十一—五百斤	六分
十级地	五百零一—五百五十斤	五分半

④清查办法——清查土地须由县政府召集各机关代表讨论决定呈请专员公署批准后，然后组织县区各级清查委员会训练干部，组织工作团派赴各村清查。其清查办法：

a. 指标——由户主自制小木牌，上写地主姓名、土地等级、亩数及四至，插于地之某一角（由村公所指定）。

b. 陈报——由户主自己填写人口登记土地陈报表。

c. 清丈——由清查土地工作团会同村政委员会下地清查（全村匿报者全村清丈，个别匿报者个别清丈），查出黑地加以处罚。首先须召开村民大会深入动员，宣布黑地处罚办法（没收或借给贫苦抗属白种几年），先从无能最坏之户主查起，查出黑地后一定处罚，并召开村民大会宣布惩儆，并发动村民斗争，以彻底纠正瞒地现象为止。

d. 复议——清查结果由县清查委员会加以审核，如发现区与区间土地标准及认真程度不同者，须加以订正。

（3）登记人口：

①登记人口与清查土地同时进行。

②村公所须有人专管人口出生、死亡及移出移入之登记事宜。

（4）应注意的问题：

①土地人口清查完竣后，一切负担均按清查结果分配。

②土地等级标准须由专员公署确定，至少一县要采用一种标准，不能随便采用，致不一致。

③不列等级之劣地及无直接收入者之房院、地基、场园概不负担。

④所谓全年收入系指二年三季之收获量折合而言，并非仅指麦季之收入。不产小麦之土地，可按下列比例折合：

小麦十斤等于高粱十二斤、谷子十五斤、小米十斤、豆子十二斤。

花生、地瓜按时价折合小麦。

⑤土地产量须以同一土地之通常产量为标准，新开荒地三年不列入负担，新开渠筑堤之土地亦三年不增加负担。

⑥为了免负担之土地人口不超过百分之二十，某些土地少人多之县可除免负担地八分或六分。

⑦土地以外，收入之负担：

a. 土地以外之不动产和动产按收益计算。

b. 牛群五头以上、羊群五十头以上者始纳负担。

c. 小块菜园莲汪按普通地计算，大块经营以营利为目的者按地质确定地级后再加二级负担，

4. 一时不能清查土地时可以实行甲种办法。

（1）甲种办法的要点：

①分等级——各村除特别富户和无负担能力之贫户外按贫富程度分为十等负担户：

一等户——负担十五分

二等户——负担十二分

三等户——负担九分半

四等户——负担七分半

五等户——负担六分

六等户——负担四分半

七等户——负担三分

八等户——负担二分

九等户——负担一分

十等户——负担半分

②除贫户——各村确无负担能力之贫户可不列等，但最多不得超过全［村］户口百分之二十。

③抽特户——负担能力特大的富户，由区乡代表会议决定特别负担，不列入本村负担等级之内。

④以村为实行单位，甲村与乙村之贫富不同不要紧，村与村间、区与区间也是按贫富程度地亩多少分配负担。

（2）实行甲种办法的步骤：

①估等——由村民大会选举公正人士组织估等委员会估等。

②张榜——等级估好后写出张贴于墙上，叫村人评论。

③攀等——张榜后及时召开村民大会实行斗争，作为最后决定，俟后凡有负担即按各户分数分担。

三、减租减息

甲、为什么实行减租减息：

1. 地租过高，山东一般的都是平分和四六分，甚至三七和二八分利，贫农终年劳动不得一饱。

2. 利益过高，一般都是三分利息、五分利息，债务人无力负担太高的利息。

3. 为了扩大和巩固农村统一战线，调整阶级关系，以达到团结抗战的目的，所以必须实行减租减息。

乙、怎样减租：

1. 五一减租——按原租减去五分之一，即原来平分者改为“四六分粮”（主四佃六）——在某些先进地区中实行二五减租，即按原租减去百分之二十五（四分之一），原来平分者改为主得百分之三十七点五、佃得百分之六十二点五，其算式如下：

$$\frac{50}{100}-\frac{50}{100}\times\frac{25}{100}=\frac{37.5}{100}$$ 即地主应得之百分数；

$$1-\frac{37.5}{100}=\frac{62.5}{100}$$ 即佃户应得之百分数。

2. 严禁中间人剥削和一切超经济的与经济的额外剥削。

3. 确保农民之永佃权：

（1）减租后为了防止地主收回土地找别人种或雇人种，所以要确保农民的永佃权，未得佃户同意，不得将土地收回（但佃户系雇人耕种之富农不在此例）。

（2）倘地主破产、收回土地自种（不雇人），可以允许收回。

（3）倘地主之土地出卖，买主买来自种，不雇人也不出租，可允其收回，倘若出租，原租人仍有承租之优先权。

（4）倘佃户因懒惰致土地荒芜或欠〔歉〕收和偷藏粮食，地主得收回土地，倘发生争执，可由村委会、农救会、职工会仲裁。

（5）贫农出卖土地时，如买主承买出租时，出卖土地之贫农得享有其租种的优先权。

4. 保障地主的土地所有权——反对佃户懒惰、偷藏收获物及不按时如数交租。

丙、怎样减息：

1. 分半减息——年利最高不得超过一分半（即百分之十五）。

2. 缓期还债——抗日军人无力还债者，得待抗战胜利后还债，债主不得强催。

3. 停息还本——十年以年〔上〕之旧债，债务人得商同债权人停息还本。长期借贷者利息不得超过本金。

4. 低利贷款——政府举办低利贷款，以防止贫人借不到债生活无门。

5. 提倡信用合作社，保障债主的财产所有权。

四、增加工资

甲、物价高涨，工资太少，减低了雇工劳动生产热忱。

乙、雇工工资至少要维持家属一人至一个半人的低级生活。

丙、实行粮食工资——山东职工联合总会规定年工六百斤至三百斤。

丁、改善雇工待遇，保障雇工抗日和参加职工会的自由。

戊、保护女工童工。

己、调整雇主和雇工的关系，提高生产热忱，反对雇工懒惰现象。

五、救灾济贫

甲、灾难和贫穷的来源是帝国主义的侵略——尤其是日寇的烧杀掳掠。

乙、彻底消灭灾难和贫穷，惟有坚决抗战。

丙、组织革命互救会——经常办理救灾济贫事宜，救灾捐款不得摊派。

丁、组织灾难贫民及无业游民参加生产，消灭乞丐现象。

戊、预防灾荒必须增加生产。

［参考材料］

①山东省公平负担暂行办法；

②修正公平负担各种办法；

③关于陈报登记土地人口的决定；

④减租减息暂行条例；

⑤山东抗日民主政权工作；

⑥统一战线的几个问题（彭德怀论文选辑）；

⑦抗战中的劳动政策（大众日报六·七社论，论文选辑）。

第七讲　财政粮食工作

一、财政政策

甲、统一收支：

1. 划分国家收入和地方收入。

（1）国家收入——即归全省管理者，包括田赋、正税、盐税、出入口货物税、烟酒税、公产公营事业结余、逆产（没收汉奸财产）、罚金等。

（2）地方收入——即归各县管理者（包括田赋附加、田房契税、牲畜屠宰税等）。

2. 确定军政费支出比例——以军事费占百分之七十、行政费占百分之三十为标准。

3. 村乡行政费由全县统筹。

4. 群众团体经费以自力更生为原则，新开辟地区由政府补助，但不能超过其经费总数百分之六十。

5. 一切收支须作预决算，严格会计制度。

6. 停止依靠募捐罚款收入的财政政策。

乙、整理田赋：

1. 清丈土地，按折合之标准中地收田赋。

2. 减轻附捐，附捐不得超过正税。

3. 实行税契——税率百分之五，契纸每张五角。

丙、废除苛捐杂税：

1. 一般的只收田赋盐税（出场税和出境税）、矿务税、田房契税、货物出入口税、烟酒税、牲畜税、屠宰税、营业牌照印花税，其他税收名目一律废除。

2. 货物出入口税只征收一次即通行全境。

3. 税收政策以配合贸易政策从对我利多对敌利少着想为原则，保护北海钞票，防止法币现金外流，禁用伪钞，取缔土钞。

丁、肃清贪污，反对浪费，节省人力物力，增加生产营业收入。

二、粮食政策

甲、禁粮资敌，防止敌伪抢粮。

乙、调济〔剂〕食粮，组织食粮运输合作社，互通有无。

丙、停止酿酒，节省粮食。

丁、禁止囤积居奇，取缔粮食投机。

三、征收救国公粮

甲、按公平负担办法征收，最高不得超过全部收入百分之三十五，土地特别众多之大地主，在累进后不得超过其总收入额的百分之七十。

乙、每年秋麦两次征收，反对随征随吃。

丙、实行粮食预决算及粮票制度。

丁、注意公粮保存，防止腐烂和敌伪抢掠。

四、提倡节约

甲、村公所办公费每月五至八元——办公费只作买办公用之笔墨纸和灯油等费用，不准在村公所待客吃饭，村长脱离生产时把粮食带到家中去吃。

乙、看亲友不带礼物——村民大会通过造成一种运动。

丙、提倡婚丧节约。

五、管理公款公产和代营逃亡地主土地财产。

甲、学田办学不纳公租给养，贫苦抗属或农民有租种之优先权。

乙、官产是政府收入，由上级政府管理。

丙、公款公产组织委员会管理、借给或租给贫苦抗属或农民耕种，充作教育经费。

丁、庙地除庙僧道维持生活外（须交公粮给养），可充作教育经费。

戊、逃亡地主之地由政府代管，按照减租减息办法出租给贫苦抗属和农民耕种，所收地租除纳公粮田赋外，待地主回家时连土地一并交给他。

六、村政经费问题

甲、村公所办公费的规定：

1. 一般行政村每月五元，二百户以上六元，三百户以上八元。

2. 联合行政村每增加一个二十户之副村增加办公费一元，其行政村与副村间之分配由村委会民主决定。

3. 五百户以上之镇公所每月十元，千户以上之镇公所每月十五元。

乙、村公所脱离生产人员之粮食津贴：

1. 一般行政村二人，每月津贴粮食八十斤，二百户以上津贴一百斤，三百户以上津贴一百二十斤。

2. 联合行政村得视其所辖自然村之多寡增加粮食二十斤至四十斤，其具体分配由村委会民主决定。

3. 镇公所三人至五人，待遇与区公所同。

丙、办公费由全县统筹，随粮带征，交县府二科保管，随用随发，粮食由公粮里发给，村公所没有上级命令或经上级批准不得向村民要一文钱一粒米。

丁、津贴之粮食要经过村政委员会决议，津贴给担任工作最多、家中最贫困者为原则，反对平均主义和雇佣观念。

［参考材料］

①艾处长［在］第一次全省财政经济代表大会上的报告；

②山东抗日民主政权工作；

③山东省税收暂行条例（法令汇编）；

④关于征收三十年度救国公粮的决定；

⑤全省粮食会议关于粮食与征收救国公粮的决议；

⑥村政组织与工作新决定。

第八讲　经济建设工作

一、提高农业生产

甲、增加耕地面积：

1. 大量开垦生荒——开垦荒地保持永佃权，减低租额，三年不纳任何负担，鼓励富人投资开荒。

2. 消灭熟荒——主要不使现有土地荒芜，对于逃亡地主土地及公田等，更须有计划的〔地〕处理与使用。

3. 设法防荒——种黄草，植树封山等。

乙、改良农业技术，促进生产量。

1. 使用肥料。

2. 改良种子和选择种子。

3. 改良农具。

4. 防御虫灾。

丙、兴办水利，凿井开渠：

1. 凿井灌溉，开渠一面排水，一方〔面〕灌溉。

2. 奖励凿井开渠，三年不增加负担。

3. 打破风水迷信，并注意调整开渠被占土地，以利凿井开渠。

丁、提倡并奖励农业副业：

1. 有计划的〔地〕植树造林。

2. 适当的〔地〕种植棉麻。

3. 提倡养蚕养蜂、饲养牛羊猪鸡等家畜。

戊、领导春耕秋收：

1. 提倡耕牛合作、农具合作和劳动互助。

2. 组织代耕队，帮助抗属及无力耕种之贫民耕种。

3. 提倡借种，政府实行无利贷种，举办低利贷款。

4. 组织秋收麦收，提倡速收速藏。

5. 提高生产劳动热情。

二、发展工业生产

甲、大量提倡纺纱织布，作〔做〕到棉织品的自足自给。

乙、提倡和改良造纸、制靛、制革、做鞋、做袜、造肥皂、开矿、制武器弹药等工业。

丙、大量组织生产小组，提倡家庭副业。

三、发展商业

甲、组织对外贸易，实行部分统制。

乙、发展对内贸易，保障贸易自由：

1. 根据地内除违禁品（如毒品）外，不限制或排斥自由营业。

2. 政府组织驿运，保护运输。

丙、组织商民救国会，平抑物价，活跃市场，团结并教育商人。

四、发展合作社

甲、什么是合作社

1. 合作社是由大众集股组织的买卖，大家共同的经济组织。

2. 合作社的目的，是避免商人和资本家的中间剥削。

乙、合作社的种类：

1. 生产合作社；

2. 消费合作社；

3. 产销合作社；

4. 运销合作社；

5. 信用合作社。

丙、组织合作社应注意事项：

1. 组织合作社要经过宣传动员，反对强迫入股或摊派股金。

2. 合作社须向政府登记，发给登记证后才能享受政府优待（减税百分之二十及贷款等）。

3. 合作社得自由加入县联合社，但不加入联合社者，不得享受优待。

4. 主要的〔地〕发展生产合作社，适当的〔地〕发展运销合作社与信用合作社，消费合作社是比较次要的。

5. 合作社有代销书报之任务，并不得贩必需品以外之仇货。

丁、村公所要帮助合作社的组织和发展，并严防投机分子利用合作社发财。

[参考材料]

①艾处长的报告；

②山东抗日民主政权工作；

③春耕运动指导纲要（法令汇编）；

④合作社暂行规程。

第九讲　文化教育工作

一、建立和健全小学

甲、五十户以上之村庄，每村设初小一处，不足五十户者合数村设一处，废除私塾，改建学校。

乙、每数村设中心小学一处，每区设完全小学一处。

丙、改革学制，采用二二二制，每年分三学期，秋麦放假。

丁、八岁至十六岁之学龄儿童，不分男女，一律入学，上学儿童免负担地一亩，贫苦儿童供给书籍和文具，年龄较大者，农忙时可采半日制。

戊、每班最少二十五人，按时上课，按学历放假（每年上课二百一十天），按期毕业，毕业学生要有十分之二升学，并保证初小女生至少占三分之一，高小女生至少占四分之一。

二、成立民众学校

甲、各小学一律附设民众学校。

乙、十七岁至五十岁之国民一律入民众学校，半年一期，三十五岁以下者必须受两期，三十六岁以上者至少受一期。

丙、民众学校要按期开学按时上课，每人要识三百字到五百字，并保证妇女占百分之三十到百分之四十。

丁、民校书籍完全由公家供给。

三、设立农村俱乐部

甲、俱乐部是实施社会教育中心场所，等于部队机关的救亡室。

乙、凡有小学的村庄，必须建立农村俱乐部一处，受县民众教育馆和区民教分馆的领导。

丙、俱乐部由小学教员、各团体宣教委员及热心社会教育人士组织委员会领导，可由农救会宣传委员任俱乐部主任。

丁、俱乐部的工作：

1. 举办识字班、识字小组、识字牌，推行小先生制，扫除文盲。

2. 组织读书会、读报会、演讲会，提高大众的文化政治水准。

3. 出版墙报，举行时事讨论、时事报告，召开群众大会，推动救亡运动。

4. 提倡生产建设运动。

5. 提倡体育，清洁卫生运动。

6. 提倡文化娱乐，组织农村剧团、歌咏队，领导闹春节，组织各种晚会。

四、举行群众政治课

甲、由民教分馆和各救主持组织群众政治大课。

乙、群众政治大课，以一个大村或几个小村为单位按期举行。

丙、群众政治课教材由上级颁发，其内容必须使每个民众知道：

1. 什么叫抗日民主政权？为什么要实行民主选举；

2. 为什么中国必胜、日本必败？我们应如何去争取胜利；

3. 为什么投降派和反共顽固派必然要失败；

4. 创造山东抗日根据地与坚持山东抗战有何重要意义。

五、教师和经费问题

甲、各方面物色教师，实在没有时请上级委派。

乙、小学教师须按期受训，并实行检定。

丙、优待小学教师——给养每天二斤四两，生活费初小每月十元（菜金、津贴、衣服在内，代用教员八元），高小十四元（代用教员十二元）。

丁、经费由全县统筹，其开支标准：

1. 初小——教员生活费十元、办公费每班六元（公报费二元，办公费四元）。

2. 高小——教员生活费十四元，每班办公费十元。

3. 民校——办公费每班二元，灯油费六元，教员津贴二元。

4. 俱乐部——每月津贴三元。

六、建立文教宣传委员会

由农救宣传委员、小学教员及热心教育人士组织文化教育宣传委员会，设计和计划教育文化宣传工作，交村公所及有关部门执行。

［参考材料］

①杨处长在全省文教会议上的报告提纲；

②山东抗日民主政权工作；

③山东省战时教育实施方案。

第十讲　维持治安工作

一、保障人权

甲、区乡村公所及各群众团体除现行犯及涉有重大嫌疑而有逃亡［之］虞者外，无自由决定捕人之权，如捕人时必须于二十四小时内送县政府，不得私自拷问和扣留，违者依法惩处。

乙、枪决人犯须经主任公署批准，县长专员无权处决，违者依法惩处（无主任公署之地区得由专署批准）。

丙、地方武装及正规军之连营无逮捕和处罚人犯之权，非现役军人不受军事机关之审问。

丁、保障人民集会结社、言论出版、宗教信仰、武装抗日及居住之自由。

二、铲除汉奸

甲、对汉奸打击与争取并用，打击首要分子，争取其下层反正自新。

乙、进行锄奸教育，建立锄奸网，把锄奸工作变为群众运动。

丙、自卫团、游击小组站岗放哨盘查行人，逮捕汉奸。

丁、没收死心塌地的大汉奸的土地财产。

三、肃清盗匪

甲、抗日民主政权地区决不允许有盗匪存在。

乙、进行对土匪的抚辑教育。

丙、组织自卫团清查户口，肃清土匪。

丁、推行善政，改善人民生活，以免穷苦人民挺〔铤〕而走险。

四、禁毒、禁赌、禁娼。

五、禁止买卖人口，禁止买卖婚姻，禁止妇女缠足。

六、禁止壮丁出口。

七、调解纠纷——建立调解委员会。

八、移风易俗——如破除迷信等。

［参考材料］

①人权保障条例；

②处理汉奸财产条例；

③调解委员会暂行组织条例；

④修正惩治汉奸条例；

⑤山东抗日民主政权工作。

第十一讲　争取敌伪工作

一、争取伪军

甲、争取伪军，提高其政治觉悟。

乙、优待伪军俘虏：

1. 保护其生命财产；

2. 予以适当的教育；

3. 允许其回家的自由并发给路费。

丙、优待反正伪军：

1. 按照抗日军待遇；

2. 不予遣散；

3. 一视同仁，帮助其进步、巩固与发展，共同抗日。

二、争取伪组织

甲、争取伪组织的动摇分子，使其直接或间接的〔地〕帮助抗战。

乙、凡同情抗日的伪组织不能当作汉奸看待，除保障其生命财产之安全外，并代为保守其为抗日工作之秘密。

丙、被争取之伪组织，须有下列表现：

1. 不捕杀抗日分子；

2. 赞助抗日分子在敌占区内作〔做〕秘密抗日活动；

3. 侦察敌情，保守抗日情报秘密。

三、争取敌军

甲、优待俘虏。

乙、作〔做〕敌伪宣传工作。

四、正确处理汉奸

甲、只惩办争取无效的大汉奸，其余一律争取。

乙、惩办汉奸要向人民广泛宣传解释，反对恐怖暗杀行为。

丙、惩办汉奸，不危害其家属。

五、进行敌占区工作；

甲、建立敌占区政权机构：

1. 利用伪组织及灰色组织；

2. 建立秘密组织；

3. 敌占区村长可受抗日民主县区政府委托代表政府进行各种工作。

乙、指导和帮助敌占区人民应付敌人欺骗敌人，反对把敌占区称为“汉奸区”的错误观念。

丙、禁止在敌占区乱打汉奸、乱筹粮款，反对把敌占区当“殖民地”看待。

丁、调解敌占区人民之纠纷，揭破敌人“以华制华”的阴谋。

戊、强调民族团结，加强统一战线，反对把我占区的一切进［步］法令都搬到敌占区实行（如减租减息、增加工资等）。

己、反对敌人拉壮丁，号召并介绍敌占区人民到我占区做工、种地和求学。

［参考材料］

①对敌占区政策（大众日报社论，论文选辑）；

②山东抗日民主政权工作；

③统一战线的几个问题（彭德怀论文选辑）；

④战工会关于［反对］日寇拉壮丁开展对敌占区人民工作决定。

第十二讲　战时村政工作

一、坚持抗战是抗日民主政权的首要任务

二、战前准备工作

甲、反“扫荡”工作的政治动员。

乙、拆桥破路挖抗日沟，拆损一切有军事意义的山寨炮楼围墙。

丙、站岗放哨、送情报，实行抗日戒严。

丁、空舍清野、藏粮工作。

三、战时工作

甲、侦察警戒、送情报，逮捕汉奸敌探，配合军队作战，打扫战场。

乙、抬伤兵，送子弹，筹给养，送给养。

丙、加强自卫团和游击小组的领导。

丁、深入的政治动员宣传解释。

戊、坚持工作，不脱离工作岗位。

四、战后工作

甲、检查总结经验教训。

乙、报告损失，救济灾民。

丙、发动慰劳。

[参考材料]

山东抗日民主政权工作。

第十三讲　工作制度

一、会议制度

甲、村政委员会五天一次——村长及各委员报告工作，并讨论工作计划及工作之执行办法。

乙、村民代表会议半月一次——村长报告半月工作，并讨论村政重大问题。

丙、村民大会一月一次——村长报告一月工作，传达工作计划，讨论重大问题，并作政治报告。临时村民大会，除有重大事件（如选举）经区公所村政委员会认为必需〔须〕召开外，尽可能不召开，小村农忙时可分别召开。

二、回报制度

甲、定期报告——村长每五天到区公所指定之地点（回报站）回报工作一次，区公所派人听取，每半月到区公所集体回报一次，正副村长都要[参加]。

乙、中心工作报告——中心工作布置妥善，进行中间和完毕后随时作报告。

三、计划制度

村公所要有工作计划，每半月一大计划，每五天一小计划。

四、检讨总结制度

在每次工作计划完成后，要召开村政委员会检讨并总结工作的优缺点、经验教训及工作的应有收获。

[参考材料]

战工会《关于村政组织工作的新决定》。

第十四讲　争取模范村

一、建立模范村作为其他各村模范，推动全区工作

二、模范村条件

模范村的条件看各县工作情形规定，一般必须有下列几项：

甲、村长民选，村政组织健全，按时召开村民大会、[村民] 代表会议、村政委员会。

乙、自卫团站岗放哨执行职务，并成立人民抗敌自卫团委员会，按时进行军政教育。

丙、群众团体的建立和健全，按期开会，并有工作表现。

丁、公平负担、减租减息、增加工资、优待抗属的彻底实行。

戊、如期交纳田赋和救国公粮。

己、至少有一个合作社和生产小组，并按时组织春耕秋收及一切经济建设工作。

庚、小学、民众学校、俱乐部、识字牌的建立和健全。

辛、执行区公所命令最迅速彻底，并能如期完成任务。

三、争取全区模范村，并争取全县的模范

第十五讲　领导方式和工作作风

一、领导方式

凡事商量做，商量了一定做，做了要有检查，做了要有结果，结果要有结论。

二、对政权干部的要求

甲、研究法令，熟悉法令，掌握法令，实行法令；

乙、尊重上级的领导；

丙、团结干部；

丁、力求进步，努力工作，努力学习。

三、抗日民主政权的新作风

甲、反对官僚主义；

1. 反对贪污浪费——贪污财物在三百元以上者，处死刑；

2. 反对应付差事；

3. 反对迟缓散漫、议而不决、决而不行；

4. 反对包办独裁。

乙、创造新作风：

抗日、民主、廉节〔洁〕、奉公。

[参考材料]

①山东抗日民主政权工作；

②山东省惩治贪污暂行条例；

③山东省行政人员奖惩暂行条例。

第十六讲　中心工作

上边讲了许多，学员对于各种工作已有个大概的了解，但是先作〔做〕什么呢？这就是这一讲应该讲的。倘若各地区政府的工作计划上有具体规定，即可根据工作计划讲，倘无具体规定或规定已不适宜，教员也要根据自己的了解，提出中心工作的意见，给学习〔员〕以明确的指示。倘能请政府领袖讲这一章更好，更能引起学员的注意。

选自《山东革命历史档案资料选编》，第 7 辑，济南，山东人民出版社，1983 年版，第 443～482 页。

34. 山东省战时工作推行委员会关于颁发精兵简政编制表的通知

1942 年 1 月 15 日

为了适应敌后游击战争新环境，实行“精兵简政”的正确原则，减轻人民负担，积蓄抗战力量，准备与实现反攻，并使各级政权机关短小精悍，真正能够领导抗日人民进行群众性的游击战争，现行全省各级政权机关的编制极有重新整编之必要。兹经本会第二十三次常务委员会议通过新的专员公署、县政府及区公所的编制表，特印发知照。自此次通知后，前以秘字第二十七号通知颁发的各级政府编制表即行作废，望各专署、各县府接到本通知及编制表后，于一星期内彻底缩编完竣。我们要求在新的形势下大大的〔地〕增加工作效率，每个干部要“一个人做二个人的事”，要做到“兼职不误职”，每个干部要做到“人尽其才，才尽其用”。关于此次编余干部，要适当地充实下层机构，或参加地方生产事业，或调送学校受训，以培养建国人才。在实施新编制前，要以政治的动员说服，求得每个干部和勤杂人员彻底了解缩编的意义，心悦诚服的〔地〕到新的工作或学习岗位上去。在各级政府完全缩编就绪之后，即将经过情形及干部配备状况造具表册，按级呈报本会备查为要！

附：山东省行政专员公署编制表一份。
山东省县政府编制表一份。
山东省区公所编制表一份。

一、山东省行政专员公署编制表

类别	职别	名额	枪枝〔支〕	马匹	备考
	专员	一	短枪一	一	
	通讯员	一	短枪一		
秘书处	秘书主任	一	短枪一		
	统计干事	一			
	文书	二			兼油印工作
	收发兼保管	一			兼管军用鞋袜工作
	事务股长	一			
	股员	一			
	饲养员	一			
	伙夫	二			
	通讯班	五	长枪五		
民政科	科长	一	短枪一		
	科员	二			
财经科	科长	一	短枪一		
	副科长	一	短枪一		
	科员	三	短枪一		兼金库主任

续前表

类别	职别	名额	枪枝〔支〕	马匹	备考
粮食科	科长	一	短枪一		
	科员	二			
	干事	三			印粮票
教育科	科长	一	短枪一		
	科员	二			
武装科	科长	一	短枪一		
	科员	二			兼管支差等战争动员工作
合计		三七	长短枪一五	一	
附注	一、公安局、税务局、银行、办事处、民教馆、警卫及地方法院编制表另定之。 二、与专署性质相同之行署，其编制参照专署规定。 三、领导地区扩大，本编制表人员不敷分配时，可按级呈报省战工会批准后增加之。				

二、山东省县政府编制表

类别	职别	名额	枪枝〔支〕	马匹	备考
	县长	一	短枪一		
	通讯员	一	短枪一		
秘书处	秘书	一	短枪一		
	统计干事	一			
	文书	二			兼油印工作
	收发兼保管	一			兼管军用鞋袜工作
	事务员	二			
	伙夫	二			
	通讯班	五	长枪五		
民政科	科长	一	短枪一		
	科员	二			
财经科	科长	一	短枪一		
	副科长	一	短枪一		
	科员	二	短枪一		一任金库兼会计
粮食科	科长	一	短枪一		
	科员	二			
教育科	科长	一	短枪一		
	科员	二			
武装科	科长	一	短枪一		
	科员	二			兼管支差等战争动员工作
合计		三二	一五		
附注	一、公安局、县大队、各级地方武装、县民众教育馆、北海银行办事处及县府司法处，警卫连等编制表另定之。 二、性质相同于县府的办事处或行署的编制，参照本表办理。 三、领导地区扩大，本编制表人员不敷分配时，可按级呈报省战工会，批准后增加之。				

三、山东省区公所编制表

职别	名额	武器	备考
区长	一	一	
副区长兼民政助理员	一		
财经助理员	一		
粮食助理员	一		
粮库主任	一		
教育助理员	一		
武装助理员	一		
公安特派员	一		
通讯员	一		
合计	九	一	

选自《山东革命历史档案资料选编》，第 8 辑，济南，山东人民出版社，1983 年版，第 98～102 页。

35. 山东省战时工作推行委员会关于实行精兵简政的决定

1942 年 2 月 7 日

一、在陕甘宁边区第二届参议会上通过“精兵简政”施政方针后，激起了全国抗日进步人士的热烈赞同与响应，尤其处在敌人后方的华北抗日根据地党政军民各方面，更以实际的行动来表示对于这一正确方针的认识与拥护。晋冀鲁豫边区政府与十八集团军总部关于实行“精兵简政”几项原则的确定，即是最有力的证明。

二、正如《解放日报》社论：“……精兵简政施政方针，这不仅在陕甘宁边区，即在各敌后抗日根据地，也是恰合时宜的主张。”因此这一正确方针，不仅适用于华北先进的抗日根据地，同样也作为华北抗日根据地之一的山东所响应、采取。因为工作的落后与主客观条件的限制，今天的山东对于“精兵简政”方针的需要较之华北其他抗日根据地更为迫切。这就造成了我们实施“精兵简政”的理论和事实的根据。

三、根据山东抗日根据地的建设概况，我们抗日民主政权机关在实行“精兵简政”这一正确方针时，特别应该强调下列各点：

甲、缩小编制、减少单位——因为山东抗日民主进步力量发展的不平衡和某些特殊原因，在某些地区的行政单位确实比较多一些，同时各级政权机关的编制，较之今天实际工作的需要和客观形势的要求确实要庞大一些。因此，“缩小编制，减少单位”成为今天当务之急。而这一方针另一方面的作用，即不仅在减轻人民的负担，且使机关短小精悍，便于领导抗日人民进行群众性的游击战争。要求区以上政权机关遵照本会秘字第三十三号通知颁发之“精兵简政”的编制表，于二月底以前缩编完竣，其有应行合并之行政单位，并须由县以上政权机关决定即日归并后，一并报告本会备查。

乙、轻装便服，加强与群众的联系——在敌后抗战日趋残酷的客观形势下，进一步的〔地〕加强政权机关与群众的密切联系，实为开展工作之必要条件。要求各级政权机关严格执行本会三十年八月二十五日关于各级政府……人员冬衣决定；专署以下的政权干部一律便衣，任何人不得着军服；对于机关笨重，亦应尽量减少，非必要文件，不得随身携带，以免遗失而便掩护。

丙、建立正规工作制度，提高工作效率——“今天不是无为而治的时代”，“简政”不是复于“简陋”，也不是提倡粗枝大叶的“简略”。因此，实行简政的主要意义，即是“建立正规工作制度，提高工作效率”的问题。今天全山东政权机关的工作作风，不可讳言的〔地〕仍多少存在着游击习气。因此，建立正规的工作制度，为刻不容缓之举。只有有了正规工作制度，才能提高工作效率，而另一方面，工作抓住中心，也使工作效率更易提高。今天的“缩小编制，减少单位”不是为了“不作〔做〕事”或“少作〔做〕事”，而正是为了“工作抓住中心”，不可“平均使用力量”。这即是提高工作效率的基本办法。

丁、彻底消灭浪费，节省民力——我们曾经多次提出“爱护根据地”“节省民力”的口号，我们也曾经作过反对浪费人力、物力、财力的斗争，但不可否认的，我们在这一方面作〔做〕得还太不够，一切浪费人力、物力、财力的现象仍或大或小、或多或少地存在着〔于〕各个角落，尤其对于支差办法执行得不彻底，甚至不执行。这对于“更恰当的〔地〕更有效的〔地〕使用抗战力量，更有计划的〔地〕积蓄抗战力量”的要求是严重的罪恶行为。因此，我们要求各级政权机关和干部，对于“彻底消灭浪费现象”与“节省民力”有更高的认识，不仅要以身作则，做到不浪费一粒米、一文钱、一缕布，不仅要严格的〔地〕执行本会颁布的“支差办法”，做到不轻易使用人力和物力，而且做到在“支差办法”规定以外的，战时动员中不切实际的，某些形式的站岗、放哨和某些形式的破路、拆堡等浪费人力物力现象根本消灭。

戊、从爱护干部、培养干部来配备干部，调遣干部——“干部决定”，在“精兵简政”的原则下，无疑义的，我们在整编机关、配备干部的工作中是提高干部的质量。但在实施的过程中，必须从爱护干部和培养干部出发，切不可单纯从工作的要求着眼，来降级使用干部，以致减低干部的情绪。我们要善于说服动员，使干部自己了解和满意于工作岗位的调遣。关于编余干部，我们要作有计划的安置，或调送相当学校受训，或转入地方生产机关，要求做到“人人有事做”。至于在缩编后在职干部，必须做到“一个人做两个人的事，做到兼职不误职”。

四、敌后抗战环境日益艰苦，敌寇对我们的封锁和进攻日益残酷，我们能否支持这日益艰苦的局面，早日实现对敌反攻，争取抗战最后胜利，主要依靠于我们对敌后游击战争新环境的深刻认识和对于新任务的努力担负。“精兵简政”这一正确的方针，是适应新的战争环境和执行新的战斗任务的唯一指导。

同志们！我们紧张起来，战斗地为完成我们新的任务而斗争！

选自《山东革命历史档案资料选编》，第8辑，济南，山东人民出版社，1983年版，第154～156页。

36. 黎玉：山东民主导报与坚持山东民主斗争的基本方向——《山东民主导报》发刊词

1942 年 3 月

《山东民主导报》的发刊，有其艰巨的使命。

山东民主政权之建立，虽然是年轻的，但根本上已改变了官僚军阀的政治，而显示了敌后新民主主义的色彩，这对于胜利的〔地〕坚持游击战争，有其伟大的意义。但也不可否认，这个年轻的民主政权还有其软弱幼稚的一方面，即是民主的生活不够健全，尤其是“三三制”不全面不彻底，实施各项政策不够深入贯彻，左右摇摆的现象都还在各地不断的〔地〕发生，尤其是对土地政策还未认真的〔地〕去执行，机构上不够健全精干，工作业务不够熟练，不够战斗化，特别是［对于］一切为了战争的胜利与长期打算的设施还缺乏深刻的认识。因之“铺张门面”“华而不实”的形式主义，还是浓厚的现象。我们今后环境日益艰苦，胜利日益接近，为了渡过困难，接近胜利，我们民主政权就不应只看成绩；应当熟视自己软弱的幼稚的方面，改进自己，提高自己，急起直追，跟上先进的地区。所以，坚持民主斗争，贯彻民主政策，建设民主实际，发扬民主理论，是今后山东民主政权基本的精神——也就是山东民主导报要努力负担的艰巨的使命。

敌后游击战争的形势，正如《解放日报》社论屡次所指出一样，正进入残酷困难的新阶段。所谓敌寇“扫荡”，实行了各种新的办法：集中的——有时又是分散的、持久的、清剿的、分割封锁的蚕食我根据地，以及烧杀掠夺的三光政策，并村并户、抓捕壮丁、扩充伪化的手段。一言以蔽之，敌人采用各种毒辣政策，企图消灭我抗日根据地之人力、物力、财力，以毁灭我抗战力量。同时，敌人的政治进攻、经济封锁、文化麻醉、特务活动，亦在我山东各地区加紧的〔地〕进行。敌人所以不能放松其对我之总力战，正是为了它们更大冒险之准备。另一方面，山东还有一些旧的腐化政权，它们不但平时作出许多反民主反抗战的勾当，而且今后反民主反工农政策的步骤还是不会放松。所以今后山东的局势，还是长期的复杂的斗争过程。任何兴高采烈、心满意足于自己眼前的收获，而看不到敌后斗争的艰苦性、长期性、复杂性，不但阻碍了革命事业的发展，而且会毁灭了自己。另一方面，我们只看到了眼前的困难与认识到长期性、复杂性，而不能看到我们克服困难的条件与斗争的光明前途，也会丧失了革命的信心，必然有悲观的情调，同样是不能够坚持的。目前山东增长的困难是很明显的，这些困难同样是接近胜利的困难，破晓前的黑暗。但是我们的斗争不是孤立的，全国人民是要求民主的，华北、华中以及全国许多地区是有保卫民主、争取民主的雄厚势力，全世界更有雄厚的力量保卫民主、争取民主，反对野蛮的法西斯蒂的侵略、独裁、奴役，而反侵略的阵线胜、法西斯阵线败已成定局，所以前途是光明的。剩下的问题就只有依靠自己的积极努力，咬紧牙关寻求克服困难的办法。这是当前每一个政权岗位上战友们应确定的信心与观点，必须依靠自己好好的〔地〕坚持努力，前途是光明的。

我们的办法是什么呢？《解放日报》的许多宝贵的社论已经替我们指出了，而且完全适用于山东。我们应该将这些宝贵的方策加以细心的研究，脚踏实地去建设山东各个抗日根据地，密切地配合军民执行分散的与广泛的群众性游击战争，“不仅善于发挥抗战力量，而且要求我们更恰当的〔地〕更有效的〔地〕使用抗战力量，更有计划的〔地〕积蓄抗战力量”，以至“善于珍惜与运用我们所有的一分的人力、物资与时间”，一切为着战争的胜利，发挥革命的顽强性，克服一切困难，力求自力更生，“把每一区每一地的战斗坚持下去”。这就是我们主观上努力的基本条件。每个政府工作的同志们，不仅在日常工作岗位上瞄准这个方向，而且要有自动的〔地〕、实事求是的〔地〕，准确的〔地〕把握这个方向，发扬自己的火力。目前山东行政上基本的火力点有以下几个。

一、彻底实行减租减息与交租交息的土地政策

要团结各阶层人民，发动广大的群众参加抗日斗争与民主建设的积极性，来支持敌后的长期抗战，就必须认真的〔地〕实行减租减息与交租交息的土地政策。中共中央一月二十八日《关于抗日根据地土地政策的决定》，获得了广大人士的赞扬，正因为这个决定是符合于抗日民族统一战线的政策与新民主主义在经济方面的具体化，是很恰当的〔地〕解决了中国现时最基本最严重的社会问题。拿这一决定来检讨山东抗日根据地对土地政策执行的程度，就暴露了我们还没有普遍的〔地〕认真的〔地〕彻底的〔地〕实行土地政策，我们的土地政策法令还没有明确的〔地〕颁布，有些地区还有没收逃亡地主的土地及黑地、庙地的错误，地权不够明确，减租减息在不少地区还是宣传口号，或是明减暗不减、拖延的〔地〕减，或只有减租减息，没有注意交租交息，甚至有些地区的区乡政权还是为地主阶级所操纵，只有实行交租交息，而没有实行减租减息。可以说官僚主义与左右倾的观点是严重的〔地〕存在着。因此，我们根据地的群众积极性还不是普遍的〔地〕高涨，也没有很大的〔地〕发挥起来，社会生活秩序亦不怎样安定。所以讲老实话，我们的根据地是不巩固的。因此，提出彻底认真的〔地〕实现减租减息与交租交息的土地政策，是山东目前刻不容缓的紧急工作任务。

政府如何来实现这个政策呢？是与民众团体有区别的。我们不需要将土地政策决定再在此引证，而是我们应该根据这个决定，立即审查我们对土地政策执行的情况与深入详尽的〔地〕调查研究，制定山东执行的法令，配合农会迅速实行这个法令。正如新华社所指出：“强调地主应该减租减息，农民应该交租交息，政府应该满足农民与地主双方的合理要求，保证双方的人权、政权、地权、财权。并应在政权的成份〔分〕中彻底实现著名的‘三三制’。”农救会的任务在减租减息之前，主要的是协助政府实行减租减息的法令，在减租减息之后，主要的是协助政府调解农村纠纷与开展农业生产，而不是以自己的决定代替政府法令，不是以农救会代替政府。在调解农村纠纷的任务上，应采取仲裁的方式，而不是专断的方式。在发展农业生产的任务上，应动员所有农救会员起模范的领导作用。（见土地政策的决定第十节）所以农救会应熟悉土地政策的法令内容，定出推动工作的方式方法，引导广大农民群众迅速执行政府的法令。政府亦不应干涉农会、干涉群众的行动，应尊重群众团体的独立性，督促人民执行自己的法令，不应畸轻畸重，照顾农民，也照顾地主，依据法令合理的〔地〕、适当的〔地〕调解双方的纠纷，好好讲道理，使双方都应服从于整个民族抗战利益。对少数不明大义的地主士绅，亦应以客气、感化、统战的方式使其心服、舒畅。对有些破坏土地法令的政府人员与贿买群众的地主以［及］阻挠延宕法令的执行的分子，还须采取必要的惩罚手段，保证减租减息的法令，是非常必要的。

这一切是要求我们立即具体的〔地〕[进行]，再不能马虎延宕下去了。

二、开展民兵，健全县基干武装，坚持地方，保卫家乡

敌寇目前在敌占区是要壮丁，在我占区以“扫荡”来抓壮丁，以至三光政策，频繁的战争。“一寸一尺的土地都要进行流血的争夺，父老流徙不安，民力屡遭摧残”。怎样办？只有开展全民武装斗争，健全县区地方武装。过去吃亏就是在这一方面做得差，许多地方与战争的任务不能联系，而且有些是和平的隔离，哪能不吃亏？这些在过去说得实在不少了，但做得实在太马虎了，根据地十大建设是如此，武装工作是如此。“吃一次亏，学一回乖”，应当是我们的精神。民兵完全是民众自觉民主的事，政府可以指挥，不能干涉。但中心是积极计划帮助群众团体开展这一工作。县、区武装固然要接受军分区的统一指挥与领导，但主要的还是[受]县、区党政直接领导与指挥，确实加强干部，尤其是当地干部，加强政治教育，洗刷老弱残幼，使它真正能与民兵配合，扶持民兵保卫家乡，开展游击战，才能有所贡献。无数次的[经验]证明，哪个县、区人民武装与地方武装好，那个县区行政也好。今后，哪个县、区武装与民兵不强，就是那个县、区脱离战争，不愿保卫家乡的明证。所以，一般的行政工作都应围绕在战争利益的周围，密切配合野战军与地方军的行动，把照顾军队爱护主力与照顾民众爱护民众一致起来，克服任何偏向，这是目前与今后第一个基本工作。

三、开展自给自足的国民经济

目前国民经济开展的基本要求，就是要解决人民与军队有饭吃、有衣穿，使军队能抗日、老百姓能过日子，两者缺一均不可。要解决这个问题，第一，要把农业生产当作经济建设的中心，把农业生产做好了，就解决了一切问题。所以，对于“春耕”“夏种”“秋收”“冬藏”，就是党政军民随时重视的事情，如何改善耕种，如何刺激生产热忱，如何提高生产量，如何计划日常必需品之生产分配，如何调剂粮食，如何迅速实行公平负担，都是应当成为头等任务来研究执行。其次，是扶持与奖励各种日常必需品之手工业的生产与贸易合作事业的发展。税收之整理，金融之调剂，都是我们自力更生的入门之道。所有这些事情说起来平凡又平凡，但做起来都是复杂又复杂，虽然有些是被注意了，但是草率从事者有之，只管空喊不从实地去做者亦有之，这些偏向是与自力更生水火不能相容。所以，今后国民经济建设，不但是财政经济部门应加强调查研究、深思熟虑，而且需要一切党政军工作人员克服偏向，协助参加这一经济建设。

四、力求节约，彻底消灭浪费现象

节约与消灭浪费，本为新民主主义的施政的一个特色。在目前更[处]于困难的克服上，是不可缺乏〔少〕的一个有力条件。正如《解放日报》社论所说：“我们所谓节约，不仅只求我们人人艰苦奋发，过所谓‘战时生活’，而且还要求我们善于珍惜与运用我们所有的一分人力、物资与时间，力求做到‘一切为了战争’。”山东各方面虽然也再一再二的〔地〕号召节约，但浪费仍是严重的现象。许多人以为节约是一个运动，也不过响应一时而已。许多人对节约上还没有自觉性，好象〔像〕是被迫所为，缺乏“克己奉公”的精神。所以，多报人数者有之，打埋伏者有之，浪费公粮的各种现象有之（某些基本区公所、区群众团体一人一升豆子担一天菜——某区整理机构后，比前节约了四分之三的粮食），购置不必要的物品者有之，互相争购抬高物价者有之，以至随便支差，劳役民众，

并大小会时间的拖拉，公私会餐招待，还有铺张宴会，总求多添事务人员，以求方便等等，不能不说是严重的现象。这就是本位主义、游击习气、脱离群众，没有奋发为公的自觉最大的表现。这就是还不晓得今天用一个老弱残幼或多一个脱离生产的人员，公家一年之内就得支出九百元至一千元的代价。以区村为单位，每村每区多浪费一点粮、公款、衣服，你看则全省数千个区数万个村单位，其数目就相当的惊人。所以，彻底实行节约，认真的〔地〕实行节约，应成为我们日常的严重课题，不是一个运动就能做到，也不是一朝一夕就可养成一个新的朴素习惯，也不仅是依靠一种正规制度即可保证，最主要的是在政治上提高对革命的自觉与责任心，深刻认识节约的优良品质与政治意义，以至长期的〔地〕教育，互相督促检查，严格的〔地〕揭发大小的浪费现象，把节约与生产联系起来，学习古人良言："一粥一饭，当思来处不易，半丝半缕，恒念物力维艰。"

五、开展对敌斗争，树立敌区秘密政权

敌人为了新的冒险与"以战养战"，在其统治区域加紧压榨，横征暴敛，抽捕壮丁，实行所谓"治安强化运动"，使我民众处于水火，几不聊生。开展对敌斗争更成为迫切严重的任务，而且更具有充分有利的工作条件。我每一政府工作人员应配合军民团体协调步骤，展开对敌军事、政治、经济、文化各种斗争，研究各种方策及其运用关系，树立敌区秘密政权，委派某些有民族意识的人物，以政府职责进行活动，并争取伪军，争取被压迫充当汉奸与伪组织的人员。在自己的政策法令上，绝对纠正过左的行为与对付殖民地的一切办法，一切根据地的法令办法是不能拿到敌占区使用的。在各种社会关系、经济关系上，要启发敌区民众的觉悟，宣扬抗日民主政府的方针，表示抗日民主政府的照顾与关怀，使敌占区抗日力量也积蓄起来，准备反攻的力量。

六、发挥民主，彻底实现"三三制"

敌后方的抗日根据地是依靠中国共产党的政治领导与八路军打出来的。她根据中国的反帝反封建的任务，一贯主张中国的独立与民主，并认为"在今日谁能领导人民驱逐日本帝国主义并实施民主政治，谁就是人民的救星"（《新民主主义论》）。在实现民主方面，主张新民主主义的政治——那即是各革命阶级的联合专政的国体与民主集中制的政体。为了民主的真正实现，贯彻共产党的政治主张，更具体的〔地〕提出了"三三制"的组织形式。目前山东在实行民主斗争上，虽然有了不少收获，但不可讳言的许多地方还不够"三三制"，民主的发扬上还不够认真，其中如经过民选的干部调动频繁，参议会的作用没有很好的〔地〕发挥，某些地方的党同志，对于尊重党外人士的意见以及倾听社会人士的意见更差，甚至有些地区工作上包办干涉。正如《解放日报》所指出："在工作制度极容易党政不分，以党代政，一方面议会与政府不能发挥其独立的机能，在人民面前减低了它的威信，同时，也使得党里只忙于日常的政务，而忽视了政治上的领导"。虽然有些是由于工作的发展与战争的环境而忽视了民主，但对于民主政治的意义与发挥民主的方式方法还不够深刻的〔地〕认识。不论共产党员也好，进步分子、中间分子也好，既是参加了民主斗争，就应该坚持民主作风，透彻的〔地〕了解"没有民主抗日一定要失败的，没有民主抗日就抗不下去，有民主，则抗它十年八年，我们也一定会胜利"（毛泽东著《新民主主义的宪政》）。所以"三三制"的实行是不允许打折扣的。党外人士应当大胆的〔地〕提供意见，施展自己的抱负，党内同志应尊重与征求党外人士的意见；党政方面应尊重群众团体的独立性，发挥群众的积极性，时刻依靠工农群众，团结一切中间力量，透彻的〔地〕研究与执行《解放日报》三月十三日的社论——实行“三三制”并贯彻党的领导——只有党与政在工作上的分工，才适于民主制，得到广大人民的拥护。最后，在新的情况下，工作方法、工作方式以及整个工作作风，也就不能不从头到尾来个彻底的改变了，关着门的必须打开，别人的意见必须倾听，强迫命令必须取消，一意孤行也要“此路不通了”。

七、一切工作要加强区政村政的领导

区村两级是政府最基本的堡垒，一切政策的实现最主要是依赖区村两级。我们必须承认，我们各地政府领导上在这方面做得很差，由于工作的历史与重视不够，还没有培养与锻炼大批有力的区村政府干部，所以各种政策不能贯彻，浪费现象亦较多；许多区村干部怕提拔，说“越提拔越苦”；许多游击习气任其自流，不善于团结社会各阶层，亦以区级为最重；许多方面引起社会人士指责者，还是区政。我们过去，再要求深入领导，但还是做得不够，而且有些县级对于区级是批评多、具体帮助少，这都是不能使区政村政迅速踏上轨道的原因。目前与今后应以最大的努力加强区村两级的领导，是贯彻政策政令的基本保证，是团结与动员全体民众有利的支柱。这就要深入了解区村具体情况，定期召集联席会议，经常派工作人员具体帮助推行政策、政令，帮助总结工作经验，定期开办一周、半月短期轮训，加强业务与政治教育，经常倾听征求该区村人民意见，介绍区村工作，强调稳定区村干部，这就是加强与深入区村工作的主要办法。

八、厉行精兵简政

“精兵简政”之提出是目前抗战形势下新的要求，但绝非一朝一夕所能完成，本刊转载的《解放日报》与《新华日报》两篇社论说得非常明白。但目前山东各政权在实行“精兵简政”当中已经发生了一些偏向，以为裁减老弱事务人员或少用人即算完事，这是不对的。所谓精兵简政，行政机构上固然要适应敌后困难的环境，但在必要的干部上绝非少用人，而是以“不影响工作，更使新的工作效率突飞猛进”，工作制度正规，头头是道，“使少数人（应有的人——自注）做多数人的事，使人尽其才，才尽其用，而又人人能够应付裕如，称职得位”。所以，我们要真正达到的“简政”，目前还应该审查哪些是骈枝机关、重叠组织，哪些是烦琐的手续、铺张门面，哪些干部使用不当、如何调剂，这还是简政要求细心研究的一些工作。尤其在山东的政府工作干部本不充实，且缺乏执政经验，是更应该提高简政的程度。为了真正的〔地〕提高行政效率，我们还必须经常注意：第一，加强现有在职干部的有计划的教育与学习，首先以〔为〕本身的业务与政策学习。民政、财政、武装、经建、文教、司法各部门都有其业务与政策的中心，再选其有关的理论部分连续着去阅读，统归文教处负责领导。第二，深入调查研究工作，各部门确实负责调查其范围内之材料。第三，分批轮训与转送学校深造建国人材〔人〕，但不能因调动干部影响了行政工作。第四，彻底检查一切主观主义、形式主义的作风。第五，严格的〔地〕反对新官僚主义的脱离群众、不深入、不实际的领导以及浪费的现象。使每一个干部、每一个政府都为群众所爱戴所拥护，才是真正的精兵简政在山东实现了。

我们要渡过艰苦的两年，接近胜利，我们就要首先贯彻执行以上的任务。

我们要使山东成为新民主主义的田园，我们就要首先贯彻和实现以上的精神。

《山东民主导报》的发刊，不仅是代表山东省战时工作委员会领导，而且要接受各方面宝贵的意见。至盼各地同志多赐稿件，更加推动行政效率的提高与更加阐明发挥与指正以上的方针。

选自《山东革命历史档案资料选编》，第8辑，济南，山东人民出版社，1983年版，第221～230页。原注："原载1942年3月《山东民主导报》创刊号。"

37. 山东省战时工作推行委员会关于各级政府设立调查研究组的决定

1942年6月1日

"不了解情况就没有发言权。"我各级政府处理民、财、建、教、司法各种政务，每一举指〔措〕，均与人民生活、社会秩序、抗战工作之关系至大且巨，如情况不能具体了解，仅凭主观决定，其为〔危〕害之大非可言谕〔喻〕。故社会政治经济各方之调查研究，实为决定政策、创造法令、执行政务之基本凭藉〔借〕。本会第二十九次常委扩大会为加强调查研究工作，特作如下之决定：

1. 主署至县各级均设调查研究组，设组长一人，由同级行政委员会或处、科长兼任之。主署设专任干事二人，专署一人至二人，县设一人，区只设调查研究干事一人，可由区公所主要干事兼任之。

2. 各级调查研究组除受同级行政委员会领导外，并受其上级调查研究机关及战工会调查研究室的领导。

3. 各级调查研究机关关系应极密切，区向县每半月报告一次，县向专署每月报告一次，专署向主署或战工会每两月报告一次，主署向战工会每三月报告一次，遇有特殊问题，应随时向上级报告。

上项决定，应迅速讨论，配备干部，切实执行为要！

此致

主任委员　黎　玉
常务委员　李竹如　艾楚南
杨希文　张伯秋
刘居英　耿光波

选自《山东革命历史档案资料选编》，第8辑，济南，山东人民出版社，1983年版，第348页。

38. 山东省战时工作推行委员会关于精简工作的指示

1942年10月

（一）根据敌后最后两年艰苦的斗争形势，党政军民均必须调整组织机构，以适应新的斗争形势与斗争任务。精兵简政是一个积极的战斗任务，而不是单纯的裁汰老弱、减少冗员，只有充分认识精兵简政的政治意义，这一工作才能做好。今年春季的精简工作，部分的还限于技术的消极的方面，故执行即〔既〕不彻底，规定亦有机械之处。对当前的简政工作，必须使全体工作人员都能认识到；

A. 在最艰苦的战斗环境与地区隔离的情形下，不容许庞大机关的存在，不容许过于繁杂的行政手续，不容许机械的统一与机械的集中，要求一切行政机关的精干战斗、行政手续的简单明了与作战单位行政机构在一定原则制度下的独立作战。

B. 简政不是只把老弱的与工作能力差的工作人员裁减，而是适当配备，在不妨碍机关工作的精干的条件下，应尽可能的〔地〕抽出一部分比较强的干部，加强下层机关及干部较弱的地区和财经粮食部门与生产贸易工作。过去只顾裁减较差的干部，只顾自己部门的精干，忽视整个工作的调整，是不正确的。

C. 精简时，对民主选出人员的更选必须采取民主方式，必须顾到三三制的配备，必须顾到干部的工作历史与干部情绪。对部队团体机关所裁减的干部，尤其是伤老病残人员，政府必须妥为安置。必须认识，这种安置不仅是酬劳他们为国努力的功绩，同时还要认识，他们到了其他岗位或回到家乡，仍然是一支抗战与宣传的伟大力量，绝对不容忽视的。

（二）本会根据精简的积极意义与山东的具体情况，特规定精简的几个原则：

A. 规定山东政权的行政机关为主任公署或直属专员公署、县政府及行政村公所等三级，而由省战工会作总的原则上的领导。至于一般的专员公署（非战略区的专署）与区公所，则为转达的督察机关。

B. 对各级行政机关不是普遍的裁减人员，而是合并重复机关，减少数量，提高质量，从减少组织与提高质量中作适当的调整。

C. 对主署（或直属专署）、县与行政村三级，则提高质量，使其加强。专署则一律兼一县政府，以便从实际工作中得出经验，督察其他县政。区公所，则将财政、经建、教育等工作并入县政府，减少区公所人员，使其做到辅助县政督察与帮助各行政村工作。行政村村长，确定每月予以六十至八十斤粮食的津贴，以便贫苦工农亦有参加村政的机会。

D. 各战略区主署、专署及各县，在一定原则下，要充分发挥其独立的根据实际情况解决问题的精神。死板的命令、机械的条文要少下，长的会议要少开，庞大的计划要少作，公文上不必要的麻烦要减少，办事手续要力求直接、简单、明了，要养成实事求是、朴实具体的工作作风。

（三）对党政军民精简下来的干部人员，必须认识他们都曾经为国家、民族努过力、流过血，要按照本会及一一五师与山东军区关于精简人员的待遇妥为安置。尤其是对伤老病残人员，应特别关心，万勿使其流离失所。对路过的精简人员，要妥为照料。对回到家乡的伤老病残废人员，当地政府须予以妥善安置。对政权机关精简干部，可开办训练班，加以政治的、业务的训练，应按其能力与志愿，分配以适当的工作，并应以二分之一的干部分配到财政、经建、粮食与生产部门，其余调剂［到］各地区与各部门，并藉〔借〕此达到轮训县区干部的目的。

（四）根据以上各项原则及山东具体情形，及各战略区在此学习干部的意见，由本会拟制一各级政府编制表，除滨海区已执行外，各地可即根据该表进行精简，如有不合当地情况之处，可由该地最高行政委员会根据精简精神加以修正，但须报告本会批准。各地如已实行精简，其所用人员较本会编制尚少时，可不必改变，但亦须报本会备案。

（五）为进行精简，各主署、专署应即成立简政委员会，负责精简工作。对本会指示，必须在各级行政委员会上根据当地情况深入讨论，确定具体办法。对区级以上干部，必须深入传达，务使彻底了解精简意义。在年底以前，各级政府均应以精简工作为中心工作，并通过这一中心工作开展行政工作。

（六）对精简工作的进行，务须将经验教训随时报告本会，并将每一时期的总结向本会报告。

主任委员　黎　玉
常务委员　李竹如　刘居英
艾楚南　耿光波
杨希文　张伯秋

选自《山东革命历史档案资料选编》，第9辑，济南，山东人民出版社，1983年版，第103～105页。

39. 中共山东分局关于战工会工作及与各级政府关系的指示

1942年10月22日

山东省战工会的建立，对统一建设与领导山东全省民主政权工作有着重大作用。其缺点在于实际工作经验少，深入下层不够，原则及政策领导差，指示一般化。分局曾决定将战工会与滨海专署合并，以便从实际处理下层政权工作中吸收具体经验，帮助其他地区［的］政权工作。并强调战工会对山东其他各区政权更多注意政策的掌握及提高到原则性的指导，除有关山东全省一般性的法令、条令及有［关］政经民财的一般制度外，对各战略地区的具体问题不直接去处理，尤其不要主观的〔地〕根据个别地区或一定时期的经验作出一般性的决定向各个不同地区去推行，以免限制下面的积极性、机动性，使下面执行不好、不执行又不好的两难情况。分局认为，自战工会建立并强调统一与呈报、批准制度以来，实际上不但限制了各地区政府积极创造与独立负责的精神，如胶东行政委员会第四次会议讨论事项八件，而请示是否适当、可否执行等件竟有七项之多，且大大的〔地〕降低了各级党委各级政府党团对政权工作的直接负责的领导。各级党委很久都没有关于政权工作问题［的］讨论与报告，一般都放心的〔地〕推给少数政权干部及上级政府。这一现象不但在目前敌后更加分散、更加地方化的游击战争情况下是有害的，即［使］在顺利情况与大块根据地内也是有害的，且为任何一级的政府失去积极创造与独立负责，尤其失去各该级党委和党团积极负责的领导，都是要不得的。为此分局重行指出：

（一）山东省战时工作推行委员会一般仍是督导设计机关，它的任务是制作有关全山东范围内一般性的法令、条令、制度，研究政策，推行政策，监督与检查各地工作，交换各地工作经验。对各地区性的问题，一般不负执行批准义务。各地区性问题的处理不当时，得向下级提出否定意见，提供参考改正。

（二）切实建立各级政府党团的组织与领导，党委通过党团去直接监督与指导各级政权工作。在各战略区、在区委或带独立性的地委下，还应建立或健全党的政府工作委员会，以便定期讨论有关政权工作问题，尤其是关于政策法令的研究、推行等问题。各级党委此后必须按期将党对政权工作的讨论与领导问题报告上级党委。

（三）关于地区性的行政决议事项，其最高制定与最后批准执行机关为各战略区的主任公署或专署，只于必要时报告战工会。遇地区性问题与全省所颁方针或制度有关或甚至有部分只能适应战略区，政府一面通过执行，一面呈报战工会，但不等候批准，以免延误应办的工作。在敌后分散的地方性的游击战争状况下，各地具体情况不同条件下，在不违犯制度的原则下，部分机动是允许的，但防止强调特殊性而违反了制度的基本精神，给某些工作者去造成不必要的方便（尤其是财经制度上）。

（四）各战略区政权机关仍须定期向战工会报告，但主要应反映政策法令执行状况、经验、困难及意见，报导各阶层人民（包括敌伪区）的政治情绪，对政权、对某一项设施、对政策法令条令的意见，总结与检讨政权、财经、文化各部门具体工作等，而不是连串的呈请批准、是否有当、可否执行之类使上级一时困难解决或甚至无法解决的意见。

（五）这一指示不是要各战略区的党和政权对战工会尊重的减弱，或强调独立，从此与战工会割断关系到觉得轻松便利；相反的，分局的目的是使各级党及政权正确识别战工会的作用，协助战工会在政策及原则领导上提高、加强，是使各战略区党与政权提高自己独立负责与创造精神，高度发挥在分散性、地方性情况下各级民主政权的性能。

选自《山东革命历史档案资料选编》，第 9 辑，济南，山东人民出版社，1983 年版，第 93～95 页。

40. 中共山东分局关于调动政权中党员干部组织手续的决定

1941 年 7 月 15 日

各级党委对政权中党员干部的调动，仍［存在］多不按一定手续随便调动现象。如党委将同级政府中重要党员的行政干部调动，其上级政府还不知道；或者党委决定后直接由党团执行，连同级政府行政委员会与政府主要负责人亦不通过，或者党委直接命令下级党委调动下级政权干部，而不经过同级政府，甚至连通知都没有，以至政府不能确实树立其组织领导系统，影响其工作上领导系统的建立，而且对政权在统一战线关系上亦有重大影响。山东政权工作一般已到巩固发展的新阶段，帮助政府确实建立其政治上、工作上、组织领导上的上下级系统，对于巩固发展政权工作，提高独立的统战性的政权，是有重大意义的。政府中党员干部应无条件的〔地〕受党的组织调动，这是一方面；但他在政府中同时是行政干部，也同时应受行政系统的领导与调动。因此，党对政权中党员干部［的调动，］必须经过一定手续，否则，两个组织系统必至混乱不清，影响工作，而使政权中党员干部无所适从。分局特作如下决定：

1. 根据党对政权工作领导及三三制政权原则，党必须调遣一定数量政治上、工作上质量优越的政权干部做政府工作。但必须经由民主选举，或经过党团提到政府行政委员会中去分配工作，不能由党直接委派。

2. 党员干部在政权工作中不能执行政策路线，不适做政权工作，或因整个干部配备对政权工作中某一党员干部需要调动、另分配工作，或党委认为某一干部须要调动受训等，党委可命令党团提交行政委员会决定执行。党委不能直接命令，调其属同级政府重要干部。同级党委只能报告上级党委，经由上级党团提交上级政府执行，同级党委不能决定。

3. 在政府中工作［的］党员干部，其行政关系属于政府。在平常的工作调动时，由政府行政组织决定，机关中党的支部不能随便加以阻挠。

4. 这一决定可在党内公布，并督促各级党委切实执行。

选自《山东革命历史档案资料选编》，第7辑，济南，山东人民出版社，1983年版，第184～185页。

41. 山东省临时参议会驻会委员会三年工作报告

1943年8月15日

民国二十九年八月，在山东国大代表复选大会及山东各抗日群众团体代表联合大会上，选举成立了山东省临时参议会，制定了山东省战时施政纲领；在第一次参议员大会上，产生了驻会委员会。至今已经三个年头了。但在这三年的长期间里，驻委会的工作是非常薄弱的，又加经过两次大“扫荡”，驻委会所存的文件大部遗失焚毁。所以这个报告，是由几个同志［从］记忆中整理起来（三年来举行驻委会例会三十余次，扩大驻委会议九次，记录仅存一部分），开会次数，每次会议的内容，每件工作的经过等，则因具体材料缺乏，多半从略，其他工作亦不免有挂漏之处，特先声明，请各位参议员多予纠正补充。

第一部分　三年工作经过

（一）驻委会的组织及人事变更

驻委会是由第一次全体议员大会选出驻会委员十七人组成的（正副议长在内）。当时选定的驻会委员为：范议长、刘副议长、马副议长、李竹如、李澄之、陈明、霍士廉、刘居英、陈若克、张伯秋、牟宜之、杨希文、宋逸安、朱则民、郭洪涛、张天民、陈放等十七参议员为驻会委员，并推定李竹如参议员任秘书长，聘请李菊轩、徐元泉两议员任秘书。旋以李、徐两议员因工作关系，未及到会办公即另就其他工作，乃改聘江滨任秘书。这是开始成立时的大概情形。但范议长因年高不便随会主持工作；刘副议长虽随会行动年余，但以身体素弱，于沂蒙大“扫荡”后亦不能经常到会工作；其他驻委亦均因各兼重责，对会务未能兼顾；江滨秘书旋以兼任高级审判处工作，复改推张参议员立吾任秘书，但亦兼战工会《民主导报》主编，致经常驻会专理本会工作的，三年来仅马副议长一人。新聘秘书王左青，到会工作至今尚不及一月。

民国三十年秋，本会任期届满，驻委会本拟召开参议员大会讨论改选，以先后接各地区电告及各群众团体省领导机关之建议，均谓备战紧张碍难进行选举。且当时情况一贯在紧张中，致参议员大会亦不能举行。乃由驻委会决议依照省参议会组织条例第十三条之规定，本届参议会任期延长一年，驻委会亦决定同时延长。至同年十一月，驻委会在沂蒙区遭受空前“扫荡”，驻委陈明、陈若克殉国，李澄之落难，刘副议长因病回家休养，马副议长去清河视察未归，数月间工作几陷停顿状态。迄三十一年四月，乃重加整顿。当以驻委过于分散，会议难于举行，乃由驻委会商同各群众团体省领导机关，经由参议员中加推李林、梁竹航、祁菁若、田力夫、路雨亭五人为驻委。此乃一时权宜办法，应请大会追认。

迄去年（三十一年）秋，本届参议会延期一年又届期满。但当时敌后形势更加艰苦，举行改选更属难能，省战工会及各群众团体省领导机关乃建议本会再行延期。经驻委会第五次扩大会议深切讨论，认为再行延期已出组织条例规定之外，不能擅自决定，但召集参议员大会亦感困难，当经决议，分别电商各战略区参议会及党政军民领导机关征询意见。电报发出后，旋全省进入紧急备战，迁延数月，至本年（三十二年）春，先后接各地覆〔复〕电，一致赞同本届参议会再度延期，直至环境许可时再行改选。至于参议员缺额，可用变通办法补选。经驻委会第七次扩大会议决议，接受是项延期建议，并确定参议员缺额补选办法，进行补选。在此期间，驻委会任期也因之延长至今。凡此，本届参议员任期再度延长，参议员补选办法及驻委会任期延长至今等变通办法，应请大会追认。

在民国三十一年冬，本会又在沂蒙遭遇残酷“扫荡”，秘书长李竹如殉国，本会工作受极大损失。张议员立吾又因调任文协编辑部工作，辞秘书职。虽经推由牟宜之驻委多多主持秘书职务。但不久牟驻委又长期卧病，离职休养，至今秘书长一职尚无人负责。所有会内一切应办事宜，即加诸居住附近之各驻委分工负责进行，尚不致工作停顿。

（二）工作的三个时期

远在一九三八年以前，在共产党之领导、八路军之支持、民众之拥护下，山东已有了民主政权之建立，如胶东的蓬黄掖，冀鲁边之八个县。鲁西、泰西、鲁南、泰山等地，亦均开始民主政权之建立。而且在全省范围内，掀起了轰轰烈烈的宪政运动，进行了国大试选，群众对民主已有了初步认识。本参议会就在这样的基础上于一九四〇年秋建立起来。至今三年，可分为三个时期概述驻委会工作之经过。

第一时期——自驻委会成立（二十九年八月）至民国三十年四月（沂蒙大“扫荡”后环境渐趋稳定时）。

这时期的开始，正是山东民主政权全面开展初步建设的时候，所以本会工作的中心，在于创立制度、推行政策、动员民力坚持抗战。但驻委会成立后，即遇敌寇“扫荡”，随部队辗转移动，至同年十月渐告稳定，即开始工作。这时候驻委会例会一般尚能经常进行。至三十一年四月，一年期间所作〔做〕工作主要为下列各项。

甲、制订〔定〕法规三十件：

（子）接受第十次议员大会决议，交驻委会整理的十件。

（丑）根据工作需要，新制订〔定〕的二十件。

乙、关于战工会组织调整及人事变更问题：

（子）战工会机构之改变如下：

1. 决定各组改为处。

2. 财经处分为财政、经建两处。

3. 军事、动员两组裁撤，所遗职权交军事机关、各救及新设之公安处分别接管。

4. 增设公安、高级审判两处及粮食局。

（丑）通过战工会各处局负责人选的变更（略）。

丙、关于监督政府推行工作方面：

（子）视察费北、费东县区，推动成立费东行署。

（丑）视察清河区——一九四一年七月上旬至一九四一年十二月末日。

丁、关于号召推动的工作方面：

（子）参加全省赈济委员会，由战工会拨款四万元救济天宝山、费北等地被难灾民，马副议长受赈委会之委托前往施赈。

（丑）推动统战工作：

1. 会同省级各机关，召集士绅名流座谈会，声援新四军（于沂蒙区）。

2. 召开“家礼”（三番子）座谈会（于滨海区）。

3. 召开抗属座谈会及四县士绅座谈会（清河区）。

4. 调整阶级关系，加强社会团结（于大店）。

戊、随时随地访问人民疾苦，征询社会人士意见。因当时民主政权刚开始全面发展，尚未走上正规化的阶段，在执行政策上及政府人员作风上不免有些毛病，所以参议会在征询意见时，特别注意下列问题：

1. 保障人权问题。

2. 合理负担问题。

3. 部队群众纪律和群众对部队的认识如何。

4. 调解民间纠纷。

5. 各级参议会、政府人员对民众利益的关心及其工作态度。

6. 优待抗日军人家属。

第二时期——自民国三十一年五月至三十二年二月。

这时候全国形势已进入黎明前的黑暗，同时也是开始准备反攻的时候，敌后抗战正进入空前艰苦的阶段。为适应这种新的形势，中共中央提出了精兵简政、整风等号召，并颁布了关于土地政策的新决定；中共中央山东分局也根据山东情况作了具体的决定与号召。在这种情况下，本会工作着重于精细研究情况，重新修正主要法规，如减租减息、征收公粮办法等，以求切实改善群众生活，发动群众巩固根据地，并适应斗争需要制定新法规，推动工作的巩固与深入。

甲、制定法规七件：废止了前期所制订〔定〕的减租减息条例，改订为两个条例；增制改善雇工待遇条例；并拟订征粮新办法，废止过去甲、乙、丙三种合理负担办法。

乙、通过战工会组织调整（人选变更略）。

1. 新设调查研究室，公推李竹如委员兼主任。

2. 新设单行法规编审委员会，公推孙委员鸣岗任主任委员。

3. 新设设计委员会，公推牟委员宜之任主任委员。

丙、关于号召推动的工作：

（子）在中共中央号召、陕甘宁边区实行简政影响下，山东各级政权开始实行简政，本会亦注意推动了山东简政之执行。

（丑）中共中央山东分局决定以改善群众生活、开展群众运动为当前的中心任务，本会亦从各方面配合推动。

（寅）在八路军之支持保卫、政府人员努力下，推进了财政贸易的整顿、经建事业的发展，本会在这一工作上，亦尽了号召推动的作用。

（卯）会同战工会讨论确定各级政权机关之性质任务，同时村政之建设与改造，亦在本会之推动、战工会之努力下普遍进行。

第三时期——自民国三十二年三月至现在。

经过去年夏秋的群众运动以后，中共中央山东分局根据群众运动发展的规律及山东形势的需要，在全省提出民主文化运动的中心任务，并号召拥军、对敌政治攻势等工作，得到全省军政民一致的拥护与推行。本会在这一时期则进行补选参议员缺额，并筹备召集第二次参议员大会，以便重整本会阵容，更有力的〔地〕推动山东民主政权建设及民主运动之开展；并为加强对敌政治攻势及克服根据地困难，制订〔定〕保护反侵略日本军民、朝鲜独立同盟、惩治贪污公粮、拥军、优抗、抚恤荣誉军人、抚恤民兵、保护抗日军人婚姻、优待抗工贫苦家属等条例，以及决定改善小学教员待遇的原则等重要设施。

甲、关于参议员缺额的补选：

因参议员缺额过多，致使本会工作更加困难，影响于山东民主运动之开展者甚大，乃变通办法进行补选。

（子）出缺数目；

决定鲁西、湖西两区因战略关系划归晋冀鲁豫边区领导后，本会参议员驻该两区者出缺计十八名（鲁西十二，湖西六名）；又陈明、陈若克等九议员殉国，计出缺九名；郭洪涛、王绍洛，史秀云等五议员因工作先后离鲁，与本会联系不便，计出缺五名；张朴民首在鲁南工作，选出后即自行脱离工作，行踪不明，且有投敌消息，计出缺一人。以上共计出缺参议员三十三名，应行补选。内计地区选出之正式参议员十六名、候补参议员六名；团体选出之正式参议员十名、候补参议员一名。

（丑）补选办法：

地区选出之参议员，应补选正式参议员十六名，候补参议员六名。分配如下：

1. 冀鲁边现已划归本省范围，分配给正式参议员三个名额、候补参议员二个名额。

2. 滨海区因地区较以往扩大，分配给正式参议员二个名额、候补参议员一个名额。

3. 军队方面，因山东各驻军已与地方及人民建立起密切关系，为便利于今后开展工作，决由地区选出之参议员缺额中分配给山东各驻军以参议员名额，计：五一军正式参议员二人，候补参议员一人，后因该军离鲁，乃由驻委会决定另行聘请，复有新出鲁西候补参议员缺额一名，合共聘请正式参议员二人、候补参议员二人。一一五师正式参议员一人，候补参议员一人。一一一师正式参议员一人，候补参议员一人。山东纵队正式参议员二人，候补参议员一人。

4. 地区选出之参议员缺额，除如上述分别补选十一名外，其余五名由原选候补参议员中之坚持抗战工作与本会易于联系者递补为正式参议员，计递补王均智、田佩之、郝伊人、高赞非、万春浦等五名。

5. 原地区选举候补参议员二十六名，因故出缺者六名，递补为正式参议员者五名，计出缺十一名，除由冀鲁边补选二名、滨海［补选］一名、军队［补选］四名外，尚缺四名，分由胶东补选二名，清河、鲁南各补选一名。

应由各团体补选之参议员，为了适应环境，决定交各团体省领导机关选举之。计原由团体选出之正式参议员三十二名，现有二十二名；原由团体选出之候补参议员十名，现尚有八名。应补选正式参议员十名，候补参议员一名，推由驻委朱则民召集工、农、青、妇、文、武、抗协各团体共商补选（已如期选出报来）。

（寅）补选结果：截至现在止，除冀鲁边、清河、胶东三地区应补选之正式参议员三名、候补参议员五名，因路途遥远、交通不便尚未将选举结果报来外，所有滨海、鲁南两地区应选之正式参议员二名、候补参议员二名，山东纵队、一一五师、一一一师应选正式参议员四名、候补参议员三名，及群众团体应选之正式参议员十名、候补参议员一名，均已选定报告本会。决定聘请之参议员二名、候补参议员二名亦已聘定。

乙、关于第二次参议员大会之筹备。

本会三年以来，未能举行参议员大会，故有其客观原因，但主观上未能重视这一大会，也影响到这一大会不能抓紧时机召集，因之影响本会工作不能加强，以示范于全省民主运动。因之乃克服一切困难，决定召集大会，在党政军民之协助下，胜利进行了大会的准备工作。

（子）函电召集：曾分电各地区先后四次，并尽可能对附近地区之参议员专函通知，敦促到会。

（丑）准备提案：一方面推动战工会、各群众团体及各参议员准备提案，一方面推动在附近居住之参议员，对重要法令、施政纲领、各级参议会组织条例及各级政权组织条例准备修改意见。

丙、制订〔定〕法规十七件。

计：修改法规三件；新订〔定〕法规十四件。

丁、通过战工会主要负责人选的变更（略）。

戊、关于号召推动者：

（子）与战工会共同制订〔定〕拥军决定。

（丑）号召救济春耕、救济难民。

（寅）号召复雇、就雇，调整主雇关系。

（卯）推动各地区改进征粮办法。

（辰）帮助指导滨海区参议会参议员大会，示范各地。

（巳）推动滨海区贯彻停用法币，并公推薛暮桥、郝伊人两参议员前往调查帮助。

（午）推动各地进行村选。

综观过去三年的工作，本会虽在组织相当薄弱、环境十分困难的条件下，但由于山东共产党的正确领导、八路军之保护与支持、各群众团体的热烈拥护，山东民主运动的普遍开展，因而本会工作推〔则〕仍能逐渐发展。由第一时期之树立规模、动员民众坚持抗战，到第二时期的为民众解决切身问题、则［推］动根据地之巩固工作，可以说基本上完成了上次大会所付〔赋〕予的任务。现在山东的民主政权已有初步的基础，民众已得到生活的改善与政治的自由，对民主政府的信仰已逐渐提高，民主政府与民众的关系已相当密切。但是参议会的组织还不够健全，制度还不够正规，还没充分发挥其应有的作用。所以，为了更进一步健全山东民主政治，使广大民众更进一步的〔地〕参加政治，善于运用各级民意机关，行使自己的民主权利，涌起参政热潮，彻底实现民主，除其他方面之努力外，我各级参议会还必须更充实健全，加强工作，这应该是我全体参议员今后的任务。

第二部分　三年来所制定的法规及说明

制定单行法规为本会三年来的主要工作。其中有的是和战工会共同讨论，或由战工会制定、经过本会通过的。这些法规在各级政权之努力推行及民众之热烈拥护下大部已见诸施行，虽然还不免有主观、不符合具体情况，或对各地要求一般化、没掌握其不同特点之处，但这些法规基本上是正确的，亦最足以说明本会工作的发展及山东民主运动的过程，故特加以分析说明。

第一时期（自二十九年十一月至三十一年四月）

一、总则

1. 县区乡村各级政府组织条例。

2. 县各级参议会组织条例。

3. 县各级参议会选举条例。

4. 减租减息暂行条例。

5. 处理汉奸财产条例。

6. 惩治贪污暂行条例。

7. 行政人员奖惩暂行条例。

8. 人权保障条例。

9. 优待抗日军人家属条例。

二、财政经建

10. 公平负担暂行办法（甲、乙、丙三种）。

11. 税收暂行条例。

12. 整理及征收田赋暂行办法。

13. 田房契税暂行办法。

14. 县税务处组织大纲。

15. 各级贸易局组织暂行条例。

16. 贸易暂行条例。

17. 省审计处组织暂行条例。

18. 审计暂行条例。

19. 合作社暂行规程。

三、教育

20. 战时国民教育实施方案。

四、司法

21. 改进司法工作纲要。

22. 高级审判处组织暂行条例。

23. 地方法院组织暂行条例。

24. 县司法处暂行组织条例。

25. 各级监察委员会组织条例。

26. 调解委员会暂行组织条例。

27. 各级司法办理诉讼补充条例。

五、军事

28. 抗日民众武装动员方案。

29. 修正民众武装抗日自卫团暂行条例。

这时候曾拟定一个保护劳工条例、一个开垦条例，但因当时了解情况不够具体，一直搁置，未得颁布。

第二时期（自三十一年三月至十月）

一、民政

1. 征收公粮新办法。

2. 租佃暂行条例。

3. 借贷暂行条例。

4. 改善雇工待遇暂行条例。

二、教育

5. 战时小学暂行规程。

三、司法

6. 惩治盗匪暂行条例。

7. 拘押犯人暂行条例。

第三时期（自三十二年二月至七月终）

一、民政

1. 修正产妇保健婴儿保育暂行办法。

2. 拥军决定。

3. 抚恤阵亡将士荣誉军人暂行条例。

4. 修正优待抗日军人家属暂行条例。

5. 保护抗日军人婚姻暂行条例。

6. 民兵奖励抚恤暂行条例。

7. 抚恤因公伤亡政民工作人员暂行条例。

8. 抗日政民工作人员贫苦家属救济暂行条例。

9. 保护反侵略战争日本军民暂行条例。

10. 优待朝鲜人民暂行条例。

二、经建

11. 保护林木暂行条例。

三、司法

12. 修正行政人员奖惩暂行条例。

13. 禁烟治罪暂行条例。

14. 禁毒治罪暂行条例。

15. 惩治贪污公粮暂行条例。

16. 战时锄奸条例。

17. 战时锄奸纪律。

四、参议会本身的

制订〔定〕参议员的权利与义务。

说明：

1. 自二十九年十一月至三十一年四月可称第一期。在第一期所制订〔定〕的法规，不论是民政、财政、经建、教育、公安、司法等，都是适应当时初步建设时期的要求制订〔定〕的。因此各种组织法规占了主要地位，其目的是树立规模，建立初步组织机构，和发动民众力量，支持抗战。这些法规的缺点：第一是粗糙不细致；第二偏重理想，在实际执行上常有困难，并且树立了一些肩架，内容则不够充实细致；第三为人民解决问题的法令则比较空洞简单，未能完全切合实际要求（如减租减息条例等），且大部分是建立政府本身的组织，树立政府本身的工作制度，和解决财粮税收的问题。自然这也是整个工作发展的形势所决定的。

2. 自三十一年五月至三十二年二月为第二时期。这时期政治形势有些大变化：第一，太平洋战争爆发，国民政府正式对德意日宣战，世界两大阵营的划分明朗化，坚定了中国政府的态度，胜利更有信心。但敌人为了支持其长期的侵略战争，更在华北占领区加强其“扫荡”、蚕食、封锁与所谓“治安强化”工作，敌后斗争更加艰苦了。因此非广泛深入的〔地〕发动群众、组织群众，不足以巩固根据地、坚持敌后抗战，所以新制订〔定〕的法规多是为了“团结抗战”力量，提高生产情绪。第二，是中共中央提出整顿三风运动，影响了党内和党外人士对政治上、业务上观点与方法的改正，发扬了实事求是之精神，斥责了主观主义、宗派主义与党八股的偏向。而中共中央宣布的土地政策，对中国农村社会里的中心问题指示出一个正确方针，顾及到社会上各阶层利益，调节阶级矛盾，求得统一团结，战胜共同的敌人。从实际中解决问题，这对于民主建设工作上起了重大的领导作用，争取团结了中间分子和进步人士，特别是给国民党中企图造谣中伤抗日民主政权者一大打击。

所以这个时期本会制订〔定〕的法规，以改善人民生活、保障人权、建立抗战的社会秩序为中心。首先，毫不迟疑的〔地〕废弃甲、乙、丙三种合理负担，以产量为标准，制订〔定〕征收公粮新办法，并协助军队、政府实行精简，节约民力，减轻人民负担。因减租减息没有实行，重订“租佃”与“借贷”两种条例。关于劳工保护条例虽未公布，但新制了改善雇工待遇的条例，女工及童工的保护亦包罗在内，同时保证交租交息、增加生产，照顾劳资双方利益，保障人权、政权及财产权。

其次，因本省有某些地区常有匪徒出没为患，妨害人民之安全与生产，为临时救急，议定惩治盗匪暂行条例，建议各军事方面在一定地带，于打击敌人之余，并注意清除或防止盗匪，收到了相当效果。

第三，因在个别地方执行政策有些偏差，擅行逮捕，随意惩罚，甚至有不良分子乘机假公济私、怨仇相报者，似此情形，民众不敢表示意见、发扬民主。为了保障人权，除已有条例外，复议定拘押差犯暂行条例，通令各地严格执行后，也获得了社会某些人士对政府的信任和逐渐接近，扩大了民主政权在一般人民中的影响。

总结以上，在这一阶段本会固然也曾制订〔定〕其他规程（如小学教育规程），但是主要的是注意整理合理负担，改善人民生活，保障人权，建立抗战的社会秩序，以期发动群众，巩固社会团结，奠定民主运动的社会基础，使社会各阶层都感受到民主政府是为大家谋利益的，提高其爱护之心，并在精兵简政原则之下，提倡节约奉公，爱惜民力物力，建立民主政权的信仰。由于这些法令的执行，民主政府和各阶层的关系密切了，群众发动起来了，民主政府的基础建立了，民主运动在社会中也有了可以开展起来的条件了。只要我们参加政权工作的同仁加强群众观点，努力为执行政策的模范，不发生主观主义、宗派主义和自私自利的官僚主义的现象，并切实以廉洁奉公、勤政爱民的精神做下去，必有良好的结果、伟大的收获，这是不成问题的。

3. 自三十二年三月至现在共计五个月，为第三时期。

回顾本会驻会委员，以这一时期的会议比较经常，所订〔定〕法规条例是以拥军、对敌政治攻势为中心的。首先因为自日寇侵华以来，在本省的抗日部队，转战各地已六载于兹，在敌人“治安强化”和轮番“扫荡”的淫威之下，英勇抵抗，从无到有，从弱转强，建立根据地，支持了民主政权，保护了民众利益，丰功伟绩，万众钦仰，牵动敌人重兵，保证胜利在望。另一方面，在残酷斗争之下，牺牲伤残亦是势所必然。对这些忠勇将士、抗日军人家属之安慰救济，在过去六年之间虽已有相当的安排，但参差不齐，没有从多方面予以规定，求得比较周到。到了本年二月，接受精兵简政之经验，为扩大主力，提高部队战斗力量，乃从动员归队做起，作了拥军号召。后相继议定抚恤阵亡将士残废军人、优待抗日军人家属、保护抗日军人婚姻关系等各项条例，以鼓励士气，坚定情绪，使抗战志士在前线上无伤残之顾忌，无家庭生活之忧，能专为民族服务，抗战到底。其次，在关于拥军的各种法规制订〔定〕后，联系到政民工作人员在职守上与部队虽有不同，但在抗战期间坚持不移，特别是在游击地区领导民众与敌人作多样性的斗争，伤亡也是常有之事，既然同为保卫国家民族努力，抚恤其伤亡、救济其家庭也是理所当然，所以也制订〔定〕了抚恤伤亡政民工作人员及救济政民工作人员贫苦家属等条例，以示人民对政民工作人员之爱戴与拥护。再次，为广泛打击敌人蚕食政策，保卫根据地，发动参军热潮，准备反攻，奖励民兵、抚恤民兵伤亡的条例也制订〔定〕了。继因日寇侵略亡华政策穷凶极恶，残暴行为固堪痛恨，然在日本民族中亦有多数的进步人士主持正义。为了表明我们的态度与同情，加强对敌政治攻势，应有玉石之分，不能等量齐观。尤其是朝鲜是被压迫民族，扶助他们的解放运动，也是我们的义务。所以对日本反侵略的人民，以及从事民族解放运动之朝鲜人，亦分别制订〔定〕保护及优待的条例，除了在国籍上有区别外，在反法西斯阵线上则一视同仁，除上述之外，在这一时期，也制订〔定〕了其他法令，如行政人员奖惩、禁烟禁毒、惩治贪污、战时锄奸等各种条例，以应急需。

总观三年来本会所制之法规，是逐渐发展与切实。自第二期起，本会所议定之法规即开始着重于为人民、为军队、为社会各阶层解决实际的切身问题，发挥应有的作用，以期建立民主政府的信仰，人民对政府的关系亦逐渐密切深厚，与第一时期相比较有显然的不同。我们可以说明本会确是执行了代表人民利益的任务。或因本会机构不健全，人事的变动，能力的薄弱，环境的变化，在工作中还有很多缺点，但本会同仁的主观上是已尽了很大的努力了。

第三部分　对过去工作的检讨及今后的改进意见

甲、检讨

（一）本会三年来的工作中，是有了不少的成绩和优点的：

1. 本会确实代表了山东抗战人民的利益，注意于动员民力、坚持抗战，并注意了减轻人民负担，改善人民生活，解决各阶层人民的切身问题，相当巩固了山东民主政治的社会基础。

2. 本会注意了社会各阶层的抗战团结，及各级政府对政策之正确执行，对山东民主运动的开展上起了重大的号召和推动作用。

3. 对于全省政权之建设，即对全省各级参议会及各级政府之组织与充实，作了相当的协助。

4. 制订〔定〕了各种战时单行法规，对于爱护抗日军队，增强主力，加强县区武装，发展民兵，按照新民主主义原则促进经济建设，整理财政，力求民众负担公平，正确执行土地政策及劳工政策，调整阶级关系，改善工农生活，援助反战反法西斯之日本士兵与人民，发展新民主主义文化教育事业等等，起了重要的推动作用，增强了抗战力量，树立了新民主主义社会的初步楷模。

5. 按照新民主主义原则，推动各级参议会选举其同级政府行政委员及主要负责人，并推动村民年满十八岁以上者不受性别、种族、职业、宗教信仰及文化程度之任何限制，以个人为主体参战参政，打破在政治上封建式的家长包办制度，实行民主政治，也有相当成绩。

以上这些成绩，其所以能够获得，不仅是本会的成绩，没有山东共产党的领导和支持，没有山东八路军及其他抗日部队的保护，没有山东人民及各群众团体的拥护，没有各级参议会的共同努力，没有各级政府机关的忠实工作，是得不到这些成绩的。

（二）缺点：

1. 本会还没能有计划的〔地〕配合推动全省更深入开展群众性的民主运动，动员各阶层人士参加政府工作，领导山东人民积极参政，把参政造成群众性的热烈运动，

2. 本会对各级政权机关的民主作风的发扬未能作有力的推动，致各级政权机关还不能更广泛的〔地〕吸收各阶层人士参加工作，还不能与人民建立更亲切的关系，有些人民对民主政府还不够深切了解。

3. 过去若干单行法规的制订〔定〕，在制订〔定〕前未能对具体情况作周密的系统的调查研究，在颁布后亦未能深入广泛地检查执行程度及执行结果与社会反映，致法规本身不免有些脱离现实，法规订〔定〕出不免有执行困难，而均未能根据实际情形作及时必要之修正，还有陷于被动和主观的现象。

4. 各级政府调动主要负责人或其他行政委员，往往事前不征求其同级参议会意见，被调者亦不向同级参议会辞职。其继任人员又仅用命令委派，不再征求同级参议会的同意。这些现象虽然仅是手续问题，同时由于客观需要，但参议会对这些现象没有必要的关心及主动提出意见，存在着不问不闻的现象。这在今天说是应该注意纠正的。

5. 本省行政区域，如鲁西、湖西划归晋冀鲁豫，与冀鲁边之划归山东，虽为战略必需，非常正确，但未能及时提交本会讨论，本会亦未主动查明向人民说明。这足以说明民主制度我们还不会运用，民主习惯还没有建立，今后也是应该注意的。

6. 全省每年之财粮预算决算，为考虑人民负担及审查军政设施之标准，须经本会通过。然本会成立三年以来，战工会未将所编造的预决算正式送请审核，本会亦未抓紧向战工会催索，放弃了这一重要职责。

7. 本会驻委会未能与各参议员经常联系征集意见，各参议员亦未能切实负责，留心群众对我们政策法令实施后的反映，主动的〔地〕供给驻委会以实际材料，俾作各方面改进的参考。这是驻委会与参议员同仁都应负责的，但驻委会应该负主要责任。

8. 本会驻委会未能与各级参议会取得联系，对各地行政设施与群众的要求未能及时了解，以便随时向政府提出正确而具体的施政意见。这也是驻委会工作中的重要缺点。

9. 本会驻委会未能抓紧时机按期召集参议员大会，一切条例办法都由驻委会制订〔定〕，不仅有权力过大之嫌，并有考虑不周之虞。

10. 本会驻会委员均系兼职，难以执行职务，往往开不成会，更谈不到分别出发考察各地施政情况、政策法令执行的方法与程度，以便实行监察之权力。

11. 在本会未制订〔定〕参议员的权利与义务以前，有个别的参议员还不清楚参议会的权力，更分不清参议会权力与每个参议员的权利的区别，以致有个别的参议员就不免有以个人的意见代替了整个参议会的态度，向政府及群众团体负责人提出严厉的指责，不是善意的〔地〕向政府提出建议。

12. 因为各级参议会起的作用不大，致参议会没有得到人民应有的爱戴和政民工作人员应有的尊重。

以上这些优点和缺点，不过举其大者而言，如有遗漏，请诸位参议员提出补充。

乙、今后改进意见

1. 本会驻委会要与各参议员经常联系，征集意见。各参议员亦须切实负责，勤求群众对我们政策法令实施后的一切反映，经常的〔地〕主动的〔地〕供给驻委会，俾作各方面改进的参考，以补救过去在工作方面陷于被动，在讨论法规的决定上陷于主观，形成闭门造车的现象。

2. 本会驻委会要与各级参议会取得联系，对各地行政设施与群众的要求及时了解，以便提出更正确、更具体、更适合实际的法规和施政意见。

3. 本会驻委会要抓紧时机按期召集参议员大会，讨论一切重要案件，审核全省财粮预算决算，以便清楚的〔地〕了解人民的负担，和保证抗日党政军民的物资供给。

4. 本会驻会委员要有半数或三分之一以上不兼其他职务，常驻会，分任工作，更要随时出发视察各地对政策法令执行方法与进行程度，随时予以监察。

5. 本会要克服一切困难，尽到自己的职责。各参议员要尽到自己的义务，以提高参议会的威信，争取党政军民以后在实际行动上尊重参议会的职权，尊重参议员的权利，以便扩大民主运动，彻底实行民主政治。

6. 本会今后应以推动参议员配合开展山东的民主运动为自己的任务。如何更进一步的〔地〕调整社会各阶层的关系，加强其团结；如何启发广大人民的参政热潮；如何动员各阶层的积极分子参加民主政府工作；如何健全各级参议会充分发挥其作用；如何发扬各级政权机关的民主作风，使其更能广泛的〔地〕吸收各阶层人士参加工作，并与广大人民建立更亲切的关系，应为今后本会之主要课题，不可须臾忘掉。必以惩前毖后的检讨，和前事不忘后事之师的精神去努力改进。

7. 今后应首先研究整理过去颁布的法规，予以必要的修正。在今后重新制订〔定〕法规时，应首先进行调查研究；颁布后，切实考察执行情形，不可有法令或条例已出，即若或忘之，百事大吉的现象。

总之，本会过去三年的工作，确已有了重大收获，加以党军民学各方面的努力，山东的民主运动与民主建设确已有了初步的基础，山东根据地的政治已经起了本质的变化，新民主主义已经初步实现了。但是缺点也甚多，不论其原因如何，今后为健全民意机关，树立民主制度，使民主运动更进一步的〔地〕开展，民主政权更巩固的〔地〕建设起来，亟应研究如何努力克服这些缺点，在已有的基础上，把山东的民主运动更加深入的〔地〕开展起来，使山东的政治建设贯彻实现新民主主义，以树立战后新中国的楷模。深望大会能够予以系统的讨论，作出正确的决议来，使它成为今后山东民主建设的方针。

选自《山东革命历史档案资料选编》，第 10 辑，济南，山东人民出版社，1983 年版，第 177～196 页。

42. 山东抗日民主政权工作三年来的总结与今后施政之中心方案

1943 年 8 月 20 日山东省战时工作推行委员会
黎玉主任委员在省临参会一届二次大会上的施政报告

各位参议员先生，各位来宾同志！

今天我代表山东省战时工作推行委员会，向参议会作施政报告。因为时间关系，未能充分准备，同时如将各地工作加以分别阐述，绝非三五天所能完成的，所以只能将三年来施政的主要工作加以基本的叙述与总结。

报告内容共分五个部分：

一、山东过去斗争形势的变化与民主政治的发展。

二、山东抗日民主政权建设的模型与我们的基本收获。

三、山东抗日民主政权幼稚的方面。

四、山东抗日民主政权建设的基本总结。

五、今后山东抗日民主政权建设的基本方案。

第一部分　山东过去斗争形势的变化与民主政治的发展

山东民主政权的创造，同样是山东历史上空前未有的奇迹。这个奇迹是与山东敌我斗争形势的变化发展不可分离的。为了说明山东民主政权的创造与发展，我们特别划分以下三个阶段加以叙述。

第一阶段——从徂徕山起义、一一五师东进支队进入鲁南到鲁南首次大"扫荡"（一九三七年十二月——一九三九年）。

甲、这一阶段山东的敌我斗争形势。在敌人方面，主要的是占领与控制各大中心城市与交通线，大踏步向我正面进攻。国民党军队则大步退却。山东百分之九十五左右的主要城市被敌占领，津浦、胶济等重要铁路、公路为敌控制，韩复榘及国民党部队纷纷撤退（后一时期石友三、高树勋由徐州北来），人心恐慌，大局无主。山东人民首先在山东共产党"组织游击队，开展反日寇汉奸的游击战争"的号召与领导下纷纷起义，组织游击队。一九三七年十二月到一九三八年一月一日徂徕山起义，同时在清河黑铁山、清水泊，胶东天佛〔福〕山、昆俞山、蓬黄掖，冀鲁边、鲁西北、泰西、鲁西、鲁南、沂蒙、滨海、苏北各地，都在山东共产党"脱下长衫，加入游击队"的紧急号召与布置下，发动了武装部队，展开了广泛的游击战争，配合了徐州、武汉的保卫战。这就造成了山东抗日民主政权的桥梁和支柱，民主政治就逐渐成为广大人民的迫切要求。

乙、这一阶段山东抗日民主政权初步建立。首先在胶东建立了蓬黄掖三个县政权，并建立了北海专署（一九三八年八月）；继在冀鲁边之盐山、无棣、乐陵、庆云、南皮、沧县、东光、宁津八个县，在肖纵队打击了日寇汉奸横行、收复了不少地区之下，建立了政权；其他各地，如鲁西、泰西、鲁南、泰山个别地区也产生了政权组织。这时期政权虽部分建立，但一般人对政权意义与作用认识不够，故未更多建立起来，且政权虽是抗日的，民主性还很差。及至石友三率部北来，所到之处纷纷树立政权，我们争取合法的政权也很少。后来石友三西调，东北军入鲁（一九三八年十二月），沈鸿烈由北南下，又普遍加强其旧政权，并在国民党顽固派限共反共政策下，"公开联合，秘密限制"的方针之下，使抗日民主政权遭受了若干艰苦斗争，特别在鲁南大"扫荡"后，已开始了民主与反民主的斗争。这一时期，一般的是抗日力量初步发动与生长的时期，政权的建设是点滴缓慢的诞生时期。

第二阶段——从一九三九年夏季鲁南大"扫荡"到一九四一年冬季大"扫荡"，时间为二年，是山东抗日民主政权建立的黄金时代。

甲、这一阶段敌我斗争形势。在敌人方面，正面进攻受到打击，抗日战争开始进入相持阶段。敌人逐渐回师华北，"扫荡"敌后方，其主要作战方针是巩固占领地，扩大占领区。军事上，采取疯狂的轮番"扫荡"，分进合击，囚笼政策，按设据点，修筑公路，占领次要城市及重要村镇，开始分割山区；政治上，开始治安强化运动（一九四一年），挑拨国共关系，引诱国民党投降，扩大其"以华治华，以战养战"的无耻阴谋，以致国民党发动两次反共高潮，分裂、倒退、投降危机极其严重。在山东，则采取"集中对共，放松对国"的毒辣手段，开始两面夹击我八路军。山东反共顽固派许多变成了日寇第五纵队（即投降派），频繁进攻八路军，摧残抗日民主政权，屠杀人民。我们的基本方针是：坚持抗战，反对投降；坚持团结，反对分裂；坚持进步，反对倒退。山东展开了两条政治路线的剧烈斗争，群众运动蓬勃发展，盛极一时。如在一九四一年鲁南边联官庄召集自卫团检阅大会，请旧县长李常胜讲话，而李常胜竟骗群众，先把枪架起来，然后命令他的卫队将四百余支枪完全缴了。人民知道中了奸计，想夺回枪支，李常胜又当场架起机枪，上起刺刀，惨杀数十人。为了这一惨案，三千人愤怒了，开追悼会，数千群众进行示威，到东北军请愿。李又拉拢土匪王学礼想更大的〔地〕惨杀自卫团。边联民兵已再不能忍耐，就埋伏到车辋附近，打击王学礼之进攻，就将王学礼千多人大部歼灭缴械。这完全是由于李常胜之横行摧残人民，破坏抗日，使人民不得不提出“抗日自由，交还枪支”等口号。看了这故事，就可知道当时为民主而斗争的热烈。在军队方面，坚决粉碎了反共逆流：投降派在我反击之下，大部淘汰。各地区反投降抗击战斗频繁，较大者十余次。如清河区何思源统一全鲁北顽军向我进攻；胶东以赵保原为中心的大小头目三四十个组织反共联军；冀鲁边刘景良，鲁南五十七军，泰山区秦启荣、沈鸿烈新四师等，均先后千方百计向我进扰；滨海区当时虽然经过了五七军的“九二二事变”，一时形势曾趋好转，但不久顽军又开始了“反九二二”的事变，仍执行反共磨〔摩〕擦政策。尤可痛心者，顽军在国民党特务分子、日寇第五纵队掌握之下，部分由顽固直接走上投降之路，企图进一步勾引敌人，实行对我两面夹击。如清河区何思源曾密令顽军李寰秋一部投降广饶敌人；胶东赵保原的参谋长公开在青岛敌军参谋部大肆活动；鲁南孙鹤龄曾与敌伪书信往还，企图驱逐八路军。顽固投降派的滔天罪行，在山东人民的抗战史上写下了最可痛心的一页。

但另一方面，在此种投降危机极为严重之际，山东民主政治却如朝日之东升，蒸蒸日上，如宪政运动之开展，国大选举之进行，民主政权之发展。计先后在鲁西、鲁西南各县建立五个专署；胶东从蓬黄掖保守局面，经过东海人民的武装起义，开始在文登、荣成、栖霞、招远、莱阳、平度、昌邑、威海及福山九个县建立县政权，并建立北海、东海专署；清河则有临淄、桓台、长山、四边、寿光、邹平、博兴、高苑、蒲台、益北、广饶十一个县政权；冀鲁边有阳信、沾化、临邑、禹城、新海、吴桥、平原、无棣（前已建立，后垮台，此时重建）八个县政权；鲁中则有益都、章邱、新泰、泰安、太宁、费北、沂水、沂南、沂临边、蒙阴十个县政权；滨海区有莒县、日照两个县政权；鲁南有邹县、费县、峄县、临沂、邳县、郯城、苍马、边区八个县政权。综合各地县级政权，全省共计六十六个县（鲁西约有十六个县）。这一个时期，可以说是山东抗日民主政权大刀阔斧的建立发展阶段。这是与我们军事上的伟大胜利分不开的。

乙、为了适应这一时期客观形势的要求，求得山东抗日民主政权的普遍平衡的发展，建立了统一的有力的领导机关。一九四〇年八月，我们在鲁中青驼寺召开了各界代表联合大会，并相继产生了山东省临时参议会与战时工作推行委员会，第一次提出了山东战时施政纲领，并通过了各种法规条例，解决了各地区工作原则上的分歧。从此，山东抗日民主政权从“人治”到初步“法治”，从不统一到统一，从对民主政治之模糊认识到民主政治之普遍发展。几千年来封建统治、黑暗重重的山东，遍地揭起了民主的鲜明旗帜。

联合大会后，由于党政军民的努力，特别是一九四一年八月共产党山东分局提出了十大建设运动，各地普遍掀起了民主建设的热潮，工作又有很大的发展。计胶东建立牟平、海阳、牟海、掖北、招南、莱东、平南、平西八个县政权及西海专署、胶东主署；鲁中建立莱东、新甫、泰北、淄川、新蒙、费东、淄临益博边七个县政权（有的是由于划小县而成立）及沂蒙专署；滨海建立赣榆、沭水、海陵、莒中四个县政权及滨海专署；特别是清河、冀鲁边、鲁南三个地区，敌我斗争形势虽在逐渐恶化之中，工作仍有开展：清河有沾化、垦区两个县政权及清东、清西、清中三个专署和清河主署之建立，冀鲁边有齐河县政权及两个专署的建立，鲁南有滕峄边一个县政权的建立，湖西亦建立专署。合计此时期建立县政权二十三个、专署九个、主署二个，实为山东抗日民主政权领导上最初有系统、最广泛、最完整的时期。

这一时期的主要工作是：（一）各级政权之民主改造，尤其是村的改造。（二）强化机构，增强效率，划小县小区，取消乡，推行中心村与行政村。（三）十项建设运动中，强调提出了改善人民生活，但这一时期的改善人民生活工作，实际上以公平负担为主。减租减息增资虽经提出，但未普遍切实执行，尤其未发动群众去做。（四）发展民兵。（五）培养干部等。这一阶段的政权工作虽有很多建树，但并非说已经令人满意了，而且弱点缺点还多，主要的是：（一）民主建设不够。（二）工作上的飘浮、不实际、形式主义。（三）领导上的官僚主义，政权干部部分的贪污腐化。（四）政策方针之制定上，调查研究不够，含有若干主观主义成分。综合以上情形，我们说，这时期山东抗日民主政权虽已有普遍发展，但还分〔很〕幼稚，缺乏坚强的战斗力。

第三阶段——一九四一年大“扫荡”至现在，为期一年半。这一年半以来，山东形势的发展变化更大，也更严重。虽然国际形势对我有利（太平洋战争爆发、同盟国的团结），但国内则处于黎明前的黑暗时期。山东也不例外。现在分敌、伪、顽军几方面叙述如下：

甲、敌人方面。对我山东各抗日根据地普遍的〔地〕频繁的〔地〕“扫荡”，积极的〔地〕推进蚕食、封锁、分割。首先分割我平原区，进而分割山区，大量发展伪军，同时配合其政治上的治安强化阴谋，以总力战向我进攻。这样就一方面造成我根据地的严重损失，一方面造成敌占区民不聊生的悲惨状况。从下面材料就可证明。

（一）“扫荡”之频繁。以鲁中而论，敌人自一九四一年五万人大“扫荡”失败后；接着一月份六千人“扫荡”莲花山；二月份一万余人连续“扫荡”我军与东北军；三四月份为镇压陈三坎反正，六千人“扫荡”章莱路一带，三月初，因为我军在孙村一带的胜利，敌人举行报复“扫荡”（四千余人）；五六月麦季“扫荡”，蚕食边联；七月份六千余人蚕食徂徕山；十月半六千人合围茶叶口；十月底六千人蚕食“扫荡”莱北、泰北；十一月初一万五千人对沂蒙大合围。总计以上，除五万人大“扫荡”外，共有九次比较大的“扫荡”，共用兵力五万人，共用时间一三七天，占全年三分之一的时间，就是说每三天内就要有一天在备战中。这样，政权的民主建设等工作就自然要受影响了。此外，胶东大“扫荡”三次，共用兵力二万二千人，平均每次“扫荡”用兵力七千三百人，共“扫荡”时间七十二天，占全年五分之一；清河三次大“扫荡”，共用兵力二万五千人，平均每次八千余人，“扫荡”时间约五十天。以上三个地区总计共“扫荡”十五次，共用兵力九万七千人。除这些比较大的“扫荡”外，五百人以上的小“扫荡”一年半来共有七十九次之多，共用兵力二十四万余人（鲁中、清河、冀鲁边、胶东、鲁南、滨海的统计），敌对友军之“扫荡”尚不计在内。

从上列统计中，可看出敌“扫荡”次数之频繁与“扫荡”地区之普遍，而且敌人对已经分割的地区（如冀鲁边）多采用小股出动，对我中心山区（如鲁中沂蒙）则“扫荡”更加频繁，兵力更大。另外敌“扫荡”使用兵力较一九四一年减少，“扫荡”时间较短，而伪化、清剿时间较长，这是敌人一年半来“扫荡”之特点。

（二）“扫荡”方式之改变。一年半来，敌人“扫荡”方式也有新的变化与发展。如带战役性的“扫荡”大部运用了拉网战术（即所谓铁环合围），企图以此对我分散性的游击战争，诱我军民于网内，一鼓聚歼。对边缘区则配合特务活动，经常突然奔袭、合击、包围、预伏等。敌人这些“扫荡”方式之改变，我们都须仔细研究，找出对策，稍一放松或固守旧规，都会吃亏的。

（三）除“扫荡”外，敌人更积极推进蚕食，设据点、修公路、挖封锁沟封锁墙，企图由点线推进到全面的〔地〕占领，缩小我占区，扩大敌占区。其方式有急性的，慢性的，分割的（蚕食的），特务的（利用会门建立实验区等）等等，事先多有长期调查，蚕食时则以军事特务相配合。敌人这些蚕食有了什么收获呢？截至今年五月为止，全省已设有敌伪据点二一八四个，其中鲁南占百分之二十一点九，冀鲁边占百分之二十点八，鲁中占百分之十九点七，胶东占百分之十四点六，清河占百分之十四点二，滨海占百分之八点九；全省公路共一三八五二里，封锁沟封锁墙共八四九四里，可绕山东两周至三周。在这样严重的分割封锁之下，泰山、鲁南已大部被蚕食分割，平原更为严重，如冀鲁边基本上已变成游击根据地，被蚕食村庄全省共计二二九一个。

（四）敌人的“扫荡”、蚕食，都是配合其“治安强化”的阴谋而进行的。在此阴谋下，首先是对我物资的掠夺，以达其“以战养战”的目的。一年来敌人掠夺山东之物资，亦有如下统计。

A. 煤矿：胶济沿线之坊子、博山、淄川、章邱，津浦线之汶口、枣庄，以及新泰、莒县、临沂，共有炭矿年产一千万吨。

B. 铁矿：胶济线之金岭镇，年产一百万吨。

C. 金矿：胶东之掖县、招远遍地黄金，现敌已设立玲珑公司，投资数百万元开采。

D. 铅矿：博山、淄川、章邱已被敌开采，莱阳敌正计划中。

E. 盐田：敌计划完成年产五十万吨。

F. 棉花：山东年产一百万担，被敌掠夺去的也为数不少。

G. 烟草：清河、张店一带有十二万吨之产量。

H. 植物油：敌计划收买一千五百万元。

I. 肉类：陇海一线输出之牛即达四千五百头。

J. 粮食：山东粮食年产八百万吨，敌计划收买半数。今年麦季山东根据地可产八万万斤，敌计划收买半数以上，尤其今年掠夺粮食更是主要的。

K. 掠夺劳工：敌劳工协会计算，在山东捉捕与招募壮丁年约七十万人。济南敌统计，十一月份壮丁出口达一六四七二九人。

这些，都是我们祖国的丰富蕴藏，国家民族赖以生存的物质基础。所以我们必须了解并且积极打击敌伪“以战养战”的阴谋，保护这些丰富的物产。

除经济掠夺外，敌人在我沦陷区内（即所谓“治安圈”内）进行其种种政治、经济、文化等设施。下面便是敌人公布的一些数目字，虽然是不确实，但也可以供我们参考。

在政治方面，敌伪统治下，全省共分十道。自一九四一年实行治安强化运动以来，有伪新民会组织之县份已达三十六县，其分会一九四二年为五五六个，会员在一九四一年为一三一五一五一人，一九四二年为二〇一七二〇八人；保甲自卫团由四二五〇增至四七三〇八一保；武装保甲自卫队去年已达二九一六队、三一四五五六名，伪警察由两万名增至三万名，分所二四五，分驻所一九九，派出所一五五；良民证由四九五二四八三增至六七〇六一八七。另外，在文化上又极尽其奴化麻醉之能事，学校由一五〇〇〇增至一九三三一处，学生由六六〇〇〇〇增至八〇〇〇〇〇人。在经济上，发放春耕贷款三〇〇〇〇〇元至四〇〇〇〇〇〇元，收粮四百万担，交易所很多，莱芜一县即收买麦子一百五十万斤，收钱一万万九千余万元。以上统计说明了敌人在向我们进行所谓“总力战”。而我们过去党政军民配合上还非常不够，这是值得高度警惕的。

（五）敌伪力量在增加着。一年半以来，伪军兵力增加到十三万余人。除鲁西外，去年一年增加四万余人。敌伪番号，计有三十二、五十九、十七等三个师团，独立五、六、七三个混成旅团（现第六混成旅团已调走）；伪军方面计有治安军、皇协军、剿共军、警备队、自卫团等。伪军约计十三万余人。

敌军之内部矛盾：敌军士气下降，反战情绪逐渐上升，战斗力大为削弱。成分上，由于兵力不足，兵役延长至四十一岁，合格者仅占百分之六十；朝鲜、伪满、华北所强征之壮丁也编入敌军，冒充鬼子兵。国内人民生活极为困难，士兵生活降低，过去吃罐头，现在连大米也捞不着吃了。敌人内部的黑暗与罪恶，此次反战日人同盟山东支部大会已揭露无余。加之以我们的对敌政治攻势、喊话、通讯等，已造成敌军内部矛盾日益尖锐化，将校之间、老兵与新兵之间、各地域之间（如东京的、大阪的）、海陆空军之间，无处没有矛盾。

伪军方面，在敌“扩大兵力一倍”的计划下，一年来伪军扩大四万六千八百人。但这些伪军极为动摇，一年来反正者达二万人之多。且日伪矛盾更形尖锐，半独立性之伪军多被敌解决，敌之强编征调、对伪军的压迫，都促进了矛盾的生长。

（六）敌人统治下之敌占区，一年来更加暴露了敌人的“安定民生，王道乐土”正是一幅极其黑暗的地狱的图景。敌伪奸淫掳掠，百端敲诈，无所不为，致使我沦陷区同胞饥寒交迫，流离失所。在配给制度下，津市一一〇〇家工业已有百分之六十停业，工人随之失业。粮食被敌搜刮而去，沂水城每亩要五十斤，还有种种的负担。莲花山五个庄子半年内即负担三十万元。这许多情形，都增加了敌占区同胞之民族仇恨，造成我们开展敌占区工作之有利条件，可以深入敌占区游击区活动，创造游击根据地，我们的工作范围更加扩大了。同时在敌占区同胞如此悲惨处境下，我们深入敌占区，隐蔽的〔地〕打击敌伪掠夺，减轻敌占区人民对敌伪之负担，支持群众，也是不容忽视的任务。

综观以上一年来敌人情况的变化及其变化的规律，显而易见的是日益严重的向我全面的进攻，给我更多的困难。敌人在军事上占很大优势，但同时敌在政治上占绝对劣势，并且敌人也产生了新的矛盾、新的困难，这就更有利于我创造更多条件去克服困难。我们政权工作不是孤立的，因此必须与党军民密切配合，力求战斗化，面向敌人，才能求得抗日民主政权的发展与巩固。

乙、友顽军方面：一年半来友顽军亦有了极大的变化。抗日情绪时起时落，或高或低；敌顽矛盾上升；顽顽之矛盾错综复杂；其本身增加了更多的困难，部队的分化、投敌、减员都是空前的；对我仍未停止磨〔摩〕擦，但在我疏通团结下，磨〔摩〕擦是日益下降，部分的〔地〕好转；由于各种原因，新的顽军又在逐渐增加，又产生了种种新的矛盾；现在反共军计划失败，又起了极大变化。总之，一年来其基本象征，特从以下数点说明。

（一）太平洋战争爆发，友顽军中产生了速胜论，情绪提高，主力军已在向敌后挺进。因此引起敌人对他们的手段改拉为打，进行普遍“扫荡”，目的仍为达到压迫其投降。因此又有部分［人］悲观、失望、投降。继而敌在太平洋转入防御，同盟国屡胜，李仙洲入鲁，使友顽军情绪又见高涨，形成波浪式的发展。

（二）因此，友顽军力量（除李仙洲不计外）日益分化、减员、削弱。一九四三年以来，全省友军较一九四〇年减少百分之五十点四，只有六万余人。其减员原因系扫荡中伤亡、投敌、自相冲突或与我磨〔摩〕擦之损失。部队生活困难，因而逃亡现象日益严重。

（三）友顽军彼此矛盾更加激烈化。于、李之明争暗斗，牟与张（步云）之公开冲突，赵（保原）王（尚志）之公开冲突，荣（子恒）对于、牟之不满，于、吴（化文）之冲突，是山东抗战以来空前未有的。这些矛盾是利害之矛盾，反动派与地方派之矛盾，国民党派系之间的矛盾，是日寇阴谋挑拨所造成之矛盾（赵、王、张、吴均有日寇之背景）。其冲突之爆发点或为争地盘，或为争食粮，或为争扩编。这种矛盾到目前（一九四三年五月）更形白热化。由于这种矛盾的多样性复杂性的演变，而为敌利用，转向投敌，在目前已有吴、荣、刘（国祯）、张步云、厉文礼等。这种矛盾又是很难克服的。

（四）顽投主动对我进攻仍未停止。但由于顽顽之矛盾上升，敌顽矛盾之上涨，及对我磨〔摩〕擦之失利与我之疏通团结之方针，这种向我进攻之气焰日益下降。

（五）由于敌人对顽之压力加大，部队之减员叛变，相互间之明争暗斗，激烈的矛盾，对我屡战屡败，形成了友顽之很多困难。不仅如此，更有主要的困难，是友顽军对敌后根据地不会建设也无从建设的困难。其军队纪律之败坏，奸淫掠夺有如土匪，党务人员之特务化，官吏之腐败贪污化，致使民众处于水深火热，数十里无人烟，伪钞横行，法币跌价，后方运输接济断绝。这真是一面花天酒地，一面啼饥号寒。在敌之总力战下叫哭〔苦〕连天，束手无策。这是友顽军不可克服之弱点。我应该观察友顽之变化，找寻有利机会疏通团结。

丙、我们一年来坚持斗争，虽处在上述的敌友顽变化多端的客观情况下，但许多条件对我是有利的。平原虽被敌分割零碎，但基本山区仍为我控制，根据地仍有一〇一二八个村庄，游击区仍坚持一二四四三个村庄（冀鲁边七二〇〇个村庄完全列入游击区内，实际上我能控制的村庄没有这么多）。根据地是在向着巩固的方向发展，尤其在减租减息增资群众运动开展后，更有了坚实基础。部队指挥更加统一。在政治上，毛泽东同志号召整顿三风，展开分散性的游击战争，精兵简政及七七两大文献，分局四年工作总结，都给了我们新鲜有力的斗争指示，对于一年来军事斗争的开展上，有着重大的意义。

丁、综观以上，敌顽我三方面一年来的变化是很大的，不但是长期的三角斗争，而且是千变万化极复杂的斗争。在斗争过程中，我们有进步，敌顽也有进步；我们有困难，敌顽也有更多的困难。这就要求我们以最大的坚定性灵活性，小心翼翼的〔地〕研究各方面的情况，掌握各方面变化的规律，决定正确的方针，并审查自己的领导，不断吸收新的经验教训，提高自己，改造自己，争取胜利。

戊、这一阶段由于形势日益严重，地区被分割缩小，故我们的方针是巩固深入，坚持民主。在统一的战略下，发扬各地区独立自主，坚持民主斗争。具体说就是：

（一）精兵简政，缩小机构，取消重叠机关，提高行政效能，适合战斗化。

（二）彻底实现三三制，开展民主运动，改造村政。

（三）厉行土地政策、劳动政策，发动广大群众，进一步修改公平负担办法，改善广大人民生活。

（四）加强人民武装，开展群众性游击战争。

（五）厉行节约，建立自给自足的国民经济。

（六）开展拥军运动。

（七）开展对敌斗争，开展敌区工作。

（八）加强小学冬学，开展文化运动。

（九）加强整风学习，反对官僚主义。

第二部分　山东抗日民主政权建设的模型与我们的基本收获

我们的抗日民主政权的建设，是在第一部分所说的极其艰难困苦复杂的斗争情况下来进行的。工作上虽有不少的建树和进步，但地区被分割与变更，频繁的“扫荡”，一般工作上还不够科学，档案未建立，所以总结只能是基本方面的，在地区上只包括津浦路东的，在时间上只着重最近的，还不能作一个更详尽的报告。以下共分八节加以说明。

第一节　在民政方面

民政方面的建设是民主政治的基本面目。其主要指导方向是掌握民主制度，贯彻民主作风，改善人民生活，实施正确的土地政策、劳动政策、内务政策，精兵简政，拥军备战等。在这些方面，几年来我们已经颁布了各项法令条例，在工作过程中已有了专门性质的指示与决定。在执行当中，其主要收获：

甲、一般的〔地〕建立了各级政府机构与民意机关。

（一）这些政府机构与层次，在战工会以下计有：主任公署——是坚持一个战略区最高的行政领导机关。专员公署——原为主署以下之执行机关，后因简政与适应战时环境，改为代表主署之督察推动机关。县政府—— 一个县的行政执行权力机关。区公所——代表县政府督促村政之推行。行政村——为政权的基层组织。

这些机构之建立，都采取了民主制度，适应战斗环境的战斗组织，求得战时党政军民一致。县区范围均划小，取消旧有乡制，减少行政层次。

目前全省行政机构，计主署四（另有相当于主署之专署二），专署十一，县九十（新地区未计算），区六百六十三，村我占区一〇一二八个，游击区一二四四三个。

（二）在这些机构上，已建立了有权力的民意机关。县以上大多已建立了参议会。根据一部分统计，共计县参议会四十二个，专署参议会七个，主署参议会两个。区级参议会因划小区与改制关系，除胶东尚未整理外，其他地区均已先后取消了。村一级民意机关为代表会议制。共计区以上参议员，只胶东区即有四千一百五十八人，其他地区未统计。

乙、民主选举在逐渐的〔地〕前进

（一）选举发展的过程：由人民代表大会选举，到参议会选举、各级行政委员选举。一般的村干部，由村民大会选举。

为了发扬民主，我们曾颁布了各级参议会选举条例、各级参议会组织条例、各级政府组织条例、村政组织与工作新决定、选举工作大纲等文件。

特别是今年春天的民主文化运动，确实有了更多的进步。

（二）改造村政，启发民主，奠定政权的基层组织，这是全省行政会议以来行政工作的中心之一。事实上也证明了，没有村政权的改造，一切政令是不会贯彻的，人民的民主是无法保证的。经过两年来的努力，依照不完全的统计（缺鲁南与冀鲁边的材料），截至一九四二年底，共计改选八一七〇村。胶东五八七三村，占总数百分之七十二；清河九一八村，占总数百分之十一；鲁中六〇八村（只三十一年数字），占总数百分之七点五；滨海七七二村，占总数百分之九点五。如以全山东行政区（游击区在内）二五八五八村计，两年改造八一七〇村，只占总数百分之三十一。如除开游击区不计，我基本区一〇一二八村，两年中改造过的占总数百分之八十以上。鲁中沂蒙在三十年把所有我占区村庄全部改造过了，有的甚至改造过两三次。鲁南两年亦有不少的改造。虽然这些改造，还是有很多毛病的，有的还不够彻底，但与过去封建的统治是有了很大的区别。

各地区村选工作，已逐渐按照选举工作大纲的要求有准备有计划有步骤的〔地〕进行，初期的那种潦草从事的形式主义作风已逐渐在淘汰着，公民登记工作已成为必要的手续，而且从实际的民主斗争中提高了人民参加民主斗争的热情，和养成人民运用民主的习惯。如今春沂蒙区村选运动中出现了不少的典型例子：某村一妇女，丈夫与其全家都压迫她，她曾在村民大会上提出取消其丈夫公民权，引起热烈的争论；各村在讨论公民资格问题时，瞎子、哑子、烟鬼、顽固分子是否有公民权，惹起了很多的争论；讨论公民资格的会议，平均到公民百分之八十左右，选举大会也到百分之八十左右，而个别好的村庄，如沂蒙区×××已达百分之九十三，×××已达百分之九十五。其他地区同样有不少例子。如滨海莒南××区×村选举时，到公民百分之九十六；胶东选民登记，到者共计五十三万三千四百八十九人，参加选举者计四十七万二千〇八十三人，白发苍苍的长者与佝偻着身体的老大娘都扶杖出席选举，不愿放弃自己一份公民权，也是中国历史上从来未有的现象。

在村选中，由当选的各阶层比例中，可以说明了我们的农村统战工作是日益开展着。过去把村政权放任给一些地痞流氓封建势力把持包办、鱼肉村民的现象，或少数工农分子把持包办的严重左倾现象，也逐渐减少了，同时上层竞选、秘密运动的事实也在流传着。这说明各阶层对民主政治有了更高级的认识，胶东黄县当选村长一七三人中，富农百分之八点四，中农百分之三十九，贫农百分之五十，其他百分之二点六。鲁中的泰山区村级干部成分比例是，工人百分之二，雇农百分之一，贫农百分之五十三，中农百分之三十五，富农百分之一点五，小商人百分之五，其他百分之二点四。沂蒙区沂南县村级干部成分比例是，工人百分之二点三，贫农百分之四十六点三，中农百分之三十七，富农百分之十一点三，地主百分之一点四，商人百分之二。沂临边中心地区村级干部成分比例是，贫农百分之六十二，中农百分之二十五，富农百分之十二，地主百分之一。滨海区莒南、临沭、赣榆三个县共有新选村长六四八人，工人百分之二，贫农百分之二十八，中农百分之四十五，富农百分之十六，地主百分之三，商人百分之二，其他百分之四。鲁南费滕边岳明乡五十一个村长中，贫农百分之三十七点三，中农百分之五十点七，富农百分之十，其他百分之二。这也说明各地由于过去封建势力的统治，剥削压榨受到人民的排斥，同时由于广大的工农参加抗日的积极，受到人民多数的拥戴来执掌村政权。

由于村政的改造，村级干部质量与行政效率提高了，坚持工作的精神增强了。如鲁中沂蒙区沂南县，在三十年大“扫荡”中，四七九个村子，能坚持工作者仅有百分之九，与敌妥协的就有一九七村，其他一部分村政权大都动摇逃跑，最坏的竟有把抗日工作人员和抗日的资财无耻的〔地〕献给敌寇的痛心观〔现〕象。但到了改选村政以后的三十一年“扫荡”中，不能坚持工作的村庄只有百分之五了，在××据点附近的三十八个村庄，只有六个村不能坚持工作，而叛变投敌的现象，则完全绝迹了。又如滨海区海陵县未改造的罗庄村长，在敌伪按设据点后，即盗卖公粮，勾结敌伪，危害地方，强迫群众修碉堡、挖壕沟，破坏抗日工作，而经过改造的××村和×××庄庄长，则不管在任何恶劣情况之下都能坚持工作，×××新选村长虽患咯血，工作未尝稍懈。这许多显明的对照，使我们深刻的〔地〕认识到彻底改造村政的严重政治意义。

这里还要附带的介绍几句，虽说在村政领导问题上的集体领导、分工负责的制度尚未发挥它的伟大作用，但有了村政委员会和简单的分工之后，较之以前村长个人突出、孤军奋斗的情形是好的〔得〕多了。这不仅提高了村长的工作热情，而且大大的〔地〕增强了村政工作的效率。例如在征收田赋、公粮工作上，往往只要几个钟头就可以完成一个行政村的征收工作。我们说这无论如何是唱独角戏的村长所办不到的事情啊！

我们在民主改造了村政之后，同时还注意了进一步提高村级干部质量，就是说我们曾经用训练班的方式，不断的〔地〕训练新选的村干部，而且还要在具体工作中不断的〔地〕教育与提高村级干部。如掖县受训村长八三五人，招远受训村长五六〇人，北海区受训村级干部占总数五分之四，并在不同的具体条件之下，创造了模范村五六〇个（在根据地内，主要条件是民主政治，贫富互济，减租减息增资，努力生产；在游击区，主要条件为坚持对敌斗争）。

改造后的村级干部的积极精神和模范作用，为一般人民所钦感。沂蒙区××村长麻某的坚持工作与吃苦耐劳的光荣事迹，久已见诸报章、形诸讴咏。这里再顺便举几个例子说明这个问题。如沭水某村新村长当选后，首先号召开办农民合作社，三天内募集股金二千余元；莒南某村新村长当选后，三天即借粮济贫，共募得粮食一百余斤，借粮八百六十斤，救济了十五户贫民，继又整理了自卫团、游击小组，实行备战藏粮、站岗放哨；该县某某区×××村女村长徐大嫂当选后，不仅村政工作做得好，而且她自己仍参加家庭的生产工作，在群众中是人民爱戴的领袖，在家庭中又是贤妻良母和孝顺公婆的模范。像这样妇女参政榜样还有一些，这是历史上的奇迹啊！

村政的改造，除开民主改造之外，还包括有划分行政村公民小组和成立村民代表会的工作。虽说村民代表会议的成绩还很少，但行政村的组织在我基本根据地内已经十九①划分好了。

改造村政的方式，在实际斗争中逐渐打破了过去的形式主义、为村选而村选的老一套办法，而走入多种多样的与群众实际利益和要求相联系的斗争方式。如从减租减息增资运动中改造村政的滨海区临沭县，即有十七个村。他们从整理自卫团民兵的斗争中，从文化

① 原文如此。

运动的民主教育中，从反恶霸斗争中，从反官僚主义斗争中，从各式各样的新旧力量的冲突中，都创造出很多改造村政的新鲜方式。在这些办法中，反贪污斗争还是最重要的一环。

（三）三三制是体现抗日民族统一战线的最好的政权组织形式，它不仅适用于大后方的陕甘宁边区，而且也适合于敌后的山东。在二十九年中共中央提出这一正确指示后，山东分局与本会即首先响应，并号召全省政权机关，力谋实现。几年以来，或因对三三制政治意义认识模糊，或因客观环境所限制，或因在实行中发生偏差与实际困难，直到今天，这一工作成绩虽已有不少的收获，但仍待于我们继续努力，以求全部实现。兹据各地区不完全的材料加以说明，藉〔借〕作未来推行这一工作的参考。

1. 滨海区参议会：参议员一二一人，内共产党员四十五人，占百分之三十七点二。莒南、莒中、赣榆三县参议员共二四二人，内共产党员一〇四人，占百分之四十二点九。日照、沭水、临沭、海陵四县参议会驻委会共三十二人，内共产党员十一人，占百分之三十四点四弱。

2. 鲁中区参议会：（缺）

3. 清河区参议会：主署级参议会参议员九一人，内共产党员二十人，占百分之二十一点九；驻委会九人，内共产党员四人，占百分之四十四点四。垦区、沾化、高苑三县参议员共一九一人，内共产党员五十二人，占百分之二十七点七；驻委会（缺高苑县材料）共十八人，内共产党员七人，占百分之三十八点八。

4. 胶东区参议会：北海区参议员九十九人，内共产党员三十三人，占百分之三十三点三。西海专署之南掖、北掖、南招、北招、昌邑五县参议员共四三五人，内共产党员一三五人，占百分之三十一强。

根据以上不完全的材料（鲁南、冀鲁边报告未到，鲁中亦无参议员的统计），我们可以看出以下几个问题。

（1）三三制还没有彻底完满的〔地〕实现。共产党员大致是占三分之一上下，但进步力量、中间力量都还未做到各占三分之一的比例，彼此之间或多或少，参差不齐。但这里必须说明，这些材料都是去年送到［的］，现在实际情况已经有些变化了。今年春天的民主文化运动，我们一再强调号召各级政权彻底实现三三制，某些地区（尤其鲁中）村政权已有很大的改造，参议会、县行政委员会也有部分改造。各地区根据几年来实际工作的经验，已深深感觉到切实执行三三制配备①的需要，目前正在努力实现过程中。

（2）根据各地政权建设的发展规律，在工作刚开辟的地区，各种政策尚在初步提出，三三制配当较难实现。在工作基础较好较久的地区，共产党员的比例往往略多于三分之一，其原因是共产党已在广大人民中建立了威信，故不觉其多。而工作基础更好的区域，又都强调各种政策法令，切实执行三三制，过去在政权机构中共产党员超过三分之一的现象又逐渐克服（如胶东参议会，共产党员多于三分之一，自动退去，让于党外人士）。至于工作基础较坏、环境比较恶劣、斗争相当残酷的地区，共产党员往往也会超过三分之一，这固然一方面说明了这些地区民主工作尚未很好开展或巩固，一方面由于环境的恶

① 本文有的称“配备”，有的称“配当”。编者认为统一称“配当”比较恰当。

化，实际情形，多半是共产党员在那里艰苦奋斗，坚持工作，三三制配当也就比较困难了。

(3) 三三制是可能而且必须完满实现的，我们目前正在努力实现这一号召。但这里又必须加以说明，三三制不是政府法令，不是绝对一个不多或一个也不少，而是在数目比例上求其接近于各占三分之一，或党外人士占三分之二；而主要的还是民主集中制的制度，切实照顾各阶层利益的各种政策的内容、统一战线的基本方针，绝不是形式上数目字的凑合。而且既然要人民民主自愿投票选举，谁也不能够勉强人民完全按照我们的主观意图凑足数目字呀！

丙、初步改善了人民生活。

改善人民生活是抗日民主政权为人民服务的基本任务。由于敌后各种环境的限制，改善人民生活是只能尽到适当的〔地〕调整阶级关系，补救与照顾贫苦工农的必需的物质生活，以便鼓励其生产热忱，提高与发挥其抗战的积极性。但假若没有人民生活的改善，抗战的力量是不会充实的，人民的各阶层关系是不会亲密的。政府的一切实施都是与改善民生相结合，然后才能谈到民主政治的普遍推行，饿着肚子高唱抗战与民主，抗战既无法坚持，民主亦无由实现。我们过去即根据这一认识颁布了山东战时施政纲领，并制订〔定〕了减租减息、交租交息、增加工资、努力生产、救济灾难贫民、实行合理负担、禁烟赌等各种法令条例。兹就这些方面来说明我们改善人民生活的工作。

(一) 减租减息、交租交息、增加工资是群众自身的斗争与要求。政府颁布了这一改善人民生活、调剂阶级关系的条例后，各阶层群众均依法进行斗争。我们颁布这些法令，是完全按照中共中央土地政策的决定的基本精神。解决这些土地问题是服从以下七个原则：(1) 调剂各阶层关系，团结大多数人民抗战。即一面减租减息，一面交租交息，一面增加工资，照顾工人生活，一面又提高生产热忱，奖励富农生产，发展工商业。(2) 发扬广大农民抗战和生产的积极性，因此就要改善广大工农群众生活和改善其政治地位。(3) 照顾地主利益。(4) 保护一切抗日人民的人权、财权、地权、政权。(5) 取消超经济剥削。(6) 解决土地、劳资纠纷，采取调解、仲裁、仁至义尽的说服方法。(7) 纠正左右倾现象——左的是强硬打击，右的是不关心群众疾苦，忽视改善人民生活的工作。

以前颁布条例后及一九四一年的十项建设运动，有些地区也曾进行过减租增资工作，但非常不彻底，而且不是群众自觉的〔地〕斗争。其中泰山区较好，雇工工资改为粮食工资，甲等工人年计四五〇—六〇〇斤，乙等工人年计三五〇—四五〇斤，丙等工人年计二五〇—三五〇斤；手工业工人的粮食工资，包工者每日五斤，管饭者三斤，石工、木工、泥工每日工资四—七斤。但以历年来通货膨胀，敌伪捣乱，物价昂贵，实际上收入所得与战前比较仍相差很远。

去年群众运动开展后，本会又重新颁布了二五减租、分半减息，增加工资以能养活一个人到一个半人为标准的条例，各地都普遍的〔地〕掀起了增资减租减息运动。虽然各阶层间会有过一些纠纷，但一般的是和解了。工农抗战积极性提高了（很多参加了民兵），生产情绪高涨了，许多参议员模范的〔地〕执行了这一法令，如临沭徐义长号召“没有穷人的抗战就没有今天，我们应该帮助减租减息增加工资”。其他各地亦有同样的例子，地主说：“多雇工，多生产，以心换心。”工人说：“多干活，少吃烟，该锄三遍锄五遍，该吃三袋烟咱就少吃一袋烟。”当然，这其中也有不少自私狭隘的行为，但一般的都适当调整了！

由于群众的自觉，群众本身的动员，因此民主斗争与民生斗争更进一步的〔地〕结合了。滨海赣榆反恶霸侵占荒地斗争有二十余村，近万人以上参加。鲁中反恶霸斗争只夏庄一村就有一千七百人参加，而反贪污斗争竟达八千人以上参加，许多人因此减轻了负担。夹谷山的荒地斗争解决了六十二户贫民的生活，获得耕地三百三十余亩。

根据不完全统计，去年减租减息增资收获，列表如下。

山东省各战略区减租减息增加工资统计表

	减租			减息			增加工资		
	户数	减租亩数	减粮数（斤）	户数	减粮数（斤）	减息款数（元）	人数	增加粮资（斤）	增加款资（元）
共计	18 284～[18 294]	393 482.7	3 207 283	151	25 348	111 034.8	39 445 [40 406]	9 294 604 [8 192 960]	23 016
胶东区	7 284	223 575.7	6 044 411				36 241	5 687 051	
清河区	1 285		13 500	151		1 386	1 561	1 038 908	18 141
鲁中区	7 735	113 056	149 372		25 348	15 072.8	1 643	505 473	4 875
滨海区	1 990	56 851				94 576	961	961 528	

从下表也可以看到工人生活是比较增资以前改善了，但与战前实质上比较仍是降低了。

沂蒙区二十八年—三十一年工资比较表

	工资（元）			折合粮食（斤）			备考
	二十八年	三十一年	比较增加数（元）	二十八年	三十一年	比较减少数（斤）	
雇工	43	300	257	860	430	430	工资是指一般的
童工	27	190	163	540	271	269	同上
木工	0.4	3	2.6	98	4.3	2.7	是管饭一日的工资
石工	0.4	3.5	3.1	8	5	3	同上
短工	0.35	3	2.65	7	4.3	2.7	同上
牛工	1.1	14	129	22	20	2	以牛头数计
羊工	80	600	520	1 600	860	740	工资是指羊毛钱
织布	0.28	2.5	2.22	5.6	3.6	2.1	以勾（1.5丈）计管饭

说明：二十八年工资折粮五分一斤，三十一年按七角一斤计算。

这里我们要特别介绍的是清河区垦区土地的处理问题。这是全山东土地政策执行的〔得〕有成绩的地区，是有很大的成绩的，而且也说明了只有我们抗日民主政权，才能够正确的〔地〕解决土地问题。

但可惜由于时间的限制，我们不能够作比较详尽的报导，兹择其要点及有关数字略叙如下（详阅一九四三·二清河垦区的土地工作总结报告）。

垦区土地历史——垦区地界包括清河北部滨、蒲、利、沾、广、棣六县滨海淤荒，至今只余利、沾、广三县为我占区，而北自陶儿河，东南至垦、广边，长约二百三十里，平均宽约一百二十里，面积约计二万七千六百方里，耕地亩数按面积三分之一计，约有一千万亩。垦区土地原系滨海荒碱、不毛之地，因黄河决口吐淤，淤土压盖碱地，遂成良田。自清光绪三十年以来，官府即前后设勘丈局、垦务局等组织，专司招佃、发照、发承垦证书、执照换权（老照换所有权证书），民元之后，又几易办法。十九年后，韩复榘实行军事屯垦。无所有权土地全部收管，分封部卒，连排长一顷，兵五十亩，连长以上无定数，多少不等，看人作〔做〕事。战后，更为顽军所占，敲诈勒索，民不聊生。三十年秋，顽军溃退，纷纷投敌，该区遂为我有。两年的惨淡经营，昔日的荒草野坡，今天已变为人间乐园了！

垦区土地的特点——（1）历史短促，人口杂处，政治组织薄弱，土匪横行，因而居民多依地区关系分成若干集团，如鲁西帮、寿光帮、利津帮等。（2）地主统治占优势。富者田连阡陌，地以顷计；贫者纵有土地，亦渐荒芜。地主操有政治经济大权，以政府为支持，以地棍为用使，以土匪为爪牙，以顽投为护符，横占土地，鱼肉人民，非特中贫农不能上升，多数降为佃户，即富农亦难发展。商业更不发达，租佃关系混乱，重利盘剥，屯〔囤〕积居奇，人民生活日渐艰窘。地权紊乱不定，有所谓民地（红契，完粮升科者）、所有权地（未完粮升科者）、照地（无所有权，但有老照）、公地（有主、无主两种）计口授田（无契），以致有地无契、有契无地、地照不符、名地不符、黑地等严重现象。更有所谓司照、省照、县照，承垦单、皂契、承垦证书、试垦证书、所有权证书，计口授田、迁移照、飞照、重复压盖、权不掩地等。土地纠纷成为一个最复杂的问题。土地陈报后，地数增加十倍以上，地多人少，土地荒芜，饮水困难，因而不能留居，良田无人开垦。

一九四一年冬，我军开入垦区，旋即产生民主政权——垦区县政府，继又专设垦区土地整理委员会。继于一九四二年春，根据中共中央土地政策的决定及附件颁布垦区土地整理暂行方案、垦区公田垦殖暂行办法，办理土地陈报，调解人民土地纠纷，承认人民之财权地权，代管逃亡地主之土地，并为奖励垦殖起见，将公田无代价分予农民（贫苦抗工属、难民、灾民有优先权），实行计口授田，每人（壮丁）发给官田三十亩，三年不纳负担。如此复杂、满目荒凉的垦区，经过二年的辛苦努力，现经过政府领得土地者已达四十四万余亩，一年来耕地增至四倍以上，其中开生荒二十五万余亩；代管投降派土地四十四户计八十二段，共二五六一一点九亩，安置新垦户一四〇五户；代管逃亡地主土地四十七户六十九段，共一四六四六点九亩，安置垦民九五三户；清丈并出租公田六十八段，共四五六三九点八亩，安置租户二一八三户；清丈并出租学田二十九段，共二一〇六三点二四亩，安置租户一六五九户以上；代管旧学田、公田二四八段，计一〇六九六一点九五亩，安置垦户六二〇〇户；连开生荒者一六六五户在内，共安置了七八八六五户。而且，建立了三十九个新村，共一九六四户，二五六一七人，共计地九五八九四亩；救济灾、难民达十万人以上；征收了公粮八百万斤，占清河总数三分之二；收租粮六五六八石，收田赋六〇万元，占全区二分之一；共贷粮贷种八八六点三石，贷款一三二八五六元……由于土地政策之正确执行，克服了居民的流动现象，安定了人民情绪，开垦了荒田，增加了生产，改善了基本群众的生活，解决了清河党政军民的物质供应。这一片被开垦的处女地，已成为清河区坚强的抗战基地、战斗的堡垒了！

（二）拥军优抗：过去虽然也作〔做〕了些优抗的工作，但一般的不够重视，对军队没有从各方帮助，对县区武装更是忽视，对荣誉军人一般有轻视的现象；对抗属也没有做到普遍优待和尊重。所以自去年底今年初，强调提出拥军运动，本会颁布了拥军决定、优抗决定（把抗属和抗工属分开），并统一全省优抗规定（荣誉军人抚恤条例、阵亡将士家属抚恤办法）等等；以后即配合群众团体，发起了拥军运动，首先是动员归队工作，经数月之努力，鲁中归队三千人，滨海亦有一千人。各级政府在观念上亦有所改变，认识了“没有主力就没有根据地”的真理。人民中亦掀起了拥军的热潮，给抗属拾柴火、种地。政府亦贷款给贫苦抗属，减免抗属负担，以及各种精神上的慰问，开会时设抗属席等等，提高了抗属的社会地位。

此外物质上的优待，几年来亦为数不少，兹据不完全统计列表如下。

山东省优抗工作统计表

类别 数目 地区	抗属户数	人口数	粮数（斤）	款数（元）
总计	93 157（92 657）	274 403	13 312 813	89 183.7（92 183.7）
胶东区	31 447	130 980	6 505 089 斤	3 216
清河区	22 788		3 449 680	73 183.7
鲁中区	10 672	19 005	954 446	15 784
滨海区	27 003	124 418	2 154 723	
冀鲁边区	747		248 875	

● 备注：

1. 本表缺鲁南材料。优待人口总计数目，不包括清河区、冀鲁边。
2. 胶东区是三十一年上半年六个月的材料，且缺南海全区、北海隔山县材料，而且是按月优待。
3. 清河区是三十年、三十一年两年的材料，而且是按月优待。
4. 鲁中区是三十年下半年、三十一年上半年的材料，且只是当时部分地区的材料，每年大多分二次优待。
5. 滨海区是三十年、三十一年两年的材料，三十年不定期优待，三十一年是按四期优待。
6. 冀鲁边只是二专署时三十一年的数字，是按月优待，且只是几个零星材料汇总起来。

（三）救济灾难贫民：几年来救济工作是经常进行的，每年春季有春荒救济，“扫荡”后民众被烧抢者，也马上救济。有的群众在敌人“三光”政策下受到严重损失，情绪低落，但经政府救济后马上又提高起来。在救济工作中，党政军民各团体均积极响应，去年“扫荡”中沂蒙区耕牛被抢走；大部以人力代牛力。今年鲁南、泰山、淄河敌占区人民大饥荒，难民流入我根据地，本会特号召政权干部每日节粮一两救难，并发动各界救济运动。如日照魏伯华先生借出粮食三千斤，救济了五十一户贫民；莒南士绅徐正亭，捐花生饼一百片救济难胞，推动本村捐粮二百斤、款八百元，并向邻村提出竞赛；筵宾区在政府有计划的布置下，每五户居民安插一户难民，共安插了八十九户，并介绍他们参加生产；蛟山区富户自愿借出花生米三千六百斤，帮助贫农组织打油合作社；莒中县救济委员会募得粮食四八五〇斤、款二八五一元，以三分之二作急赈，三分之一购买生产工具，发动难民生产；海陵、赣榆参议员均热心救济：海陵一次即捐款两千八百元，赣榆是参议员推行一碗粮运动；柘汪绅商船户三日内献金二七一五〇元；鲁中沂南募捐粮食二五〇〇斤、款七三〇元，救济难民一二八户；沂中高庄区富户借粮二〇八〇斤、款一六〇〇元给灾贫民；泰山区许多灾民流入沂蒙，今春得救者约二万户，而且是党政军民都进行了这一工作。

在胶东，牟平县半月内即有二百余户外来难民安插好；海阳县参议员刘先生两个月募款六万元；黄县某村二天内募粮二千七百斤。

清河区，×村半月内安置好十四户难民，富户自动分租土地给难民种；×村难民打算卖老婆，村民不忍其夫妻分离，募捐粮食二七三斤、款五〇元帮助他。尤其垦区的广大土地，吸引泰山、冀鲁边、小清河南、淄河区等地难民去开荒的非常之多。

从这些事实都说明，救灾济贫是一个社会的群众的运动，是新民主主义的根据地内民族友爱的表现。

除上述情形外，某一地区发生灾荒或“扫荡”受损失时，本会即号召其他地区进行救济。如二十九年救济天宝山，三十一年春救济泰山区，三十一年救济沂蒙、清河，三十二年救济泰山区淄河流域难胞等。

几年来救济灾难工作，据不完全统计，列表如下。

项别／数目／地区	户口	人数	粮数（斤）	款数（元）
胶东	6 342	42 241	2 654 648	55 906.25
清河	7 636		184 541	212 709.5
鲁中	8 159	24 964	146 850	71 639
滨海	3 104	6 809	89 043	35 623
总计	25 241	74 014	3 075 082	375 877.75

附注：胶东是三十一年上半年材料（缺南海区、北海区及西海区之南北掖县材料），清河是三十年、三十一年材料，鲁中是三十年下半年、三十一年上半年材料，滨海是三十年、三十一年两年材料。

（四）简政工作最初表现于机关的紧缩和重编。去年实行简政后，取消了过去的编制，分成三种地区，甲种是基本根据地，乙种是游击区，丙种是我占劣势的游击区。根据不同情况确定编制，取消了一些机关，减少了一些杂务人员。区公所有的连区长助理员才三人至五人。县机关也缩小了，游击区的县政府有的只有县长、秘书和一两个科员，以便于军事活动。

精简前后之人数比较见下表。

山东省政权机关精简工作统计表

分类／数目／地区	精简前政府人员数目	精简后政府人员数目	精简后占精简前百分比
总计	17 212	10 293	59%
胶东区	6 492	3 246	50%

续前表

地区 \ 数目 \ 分类	精简前政府人员数目	精简后政府人员数目	精简后占精简前百分比
清河区	4 013	2 207	54%
鲁中区	5 723	4 301	75%
滨海区	984	539	54%
备注：1. 鲁南区无统计，冀鲁边也无统计。 2. 内有一部分包括区中队。			

根据以上统计，全省政权干部共减少七千人。若以每人每年所需鞋子衣服等合洋一千元计算，七千人就节省七百万元；每人每天需粮食二斤四两，每年需八二一斤，七千人就节省五七四七〇〇〇斤，以每斤五元计算，共节省三〔二〕八七三五〇〇〇元，根据地人口四〇〇五一四六人，每人每年可减轻负担八点九元〔七点一元〕。再加上军队的精简，就大大减轻了人民的负担。今年征收公粮之减少，即是这个原因。

丁、培养了干部。

从一九四一年到一九四二年两年中，共培养训练了区以上干部二四五〇人，其中送抗大一二期训练者七二二人，财政训练班训练者一二〇人，泰山区训练一六五人，沂南训练三六〇人，清河训练二一二人，冀鲁边训练二九〇人，滨海训练三十人，胶东训练五五一人。此外，经战工会村级轮训队及各地训练之村级干部共七三五四人，其中滨海区一七四八人，泰山区二三二三人，清河区五七七人，北海区九〇六人，西海区七七八人，东海区一〇二二人。

第二节　在教育方面

我们的教育事业也是在敌人摧残破坏之下重新建立的。五年来在敌人频繁的“扫荡”、环境的动荡、物资的困难、师资的缺乏、文具印刷事业的幼稚等种种不利条件之下，都使我们在重新建设这一工作时受到不少的限制。而且一切教育均已与过去时代起了一个根本的变化。新的教育必须根据新的斗争形势、新的政治任务的特点，创造一套新的办法。几年来，由于我们的艰苦缔造，山东的新民主主义教育已从自流的发展走上有组织的建设。这些建设与创造是什么呢？

甲、确立了一套教育方案与实施纲要。

（一）教育方针：

一九四〇年八月联合大会以后，山东省临参会通过了《山东省战时国民教育实施方案》。这个方案是根据了三民主义的原则、抗战建国纲领的基本精神与战时环境的实际需要制定的。内中有五大方针：

1. 启发民众的民族意识，动员群众积极参加抗战。
2. 提高民众对抗战胜利的信心，争取抗战的最后胜利。
3. 培养大批抗战建国的干部。
4. 提高一般群众的文化政治水平，树立新民主主义的政治基础。
5. 教育一般群众自动自觉的〔地〕为实现民族独立、民权自由、民生幸福的三民主义共和国而奋斗到底。

（二）八大原则：

1. 发扬与改造抗战前的旧教育，建立革命的三民主义的新教育。

2. 以工农大众为主要对象，实施免费的普及教育。

3. 改善教育内容，加强政治教育，实施教育与实际生活统一的教育。

4. 注重基础教育，成人与儿童并重。

5. 实施集体主义的自我教育，学校教育与社会教育并重。

6. 改订学制，提高入学年龄，缩短修业年限，加强教育效能。

7. 学校组织与设备，在不妨害教育进行的原则下，务求简单化、军事化，以求适合于战时环境。

8. 实现知识大众化、教育社会化、文化组织化的原则，定期消灭文盲。

（三）实施纲要：

普遍实施新民主主义的教育，发展文化事业，培养专门人材〔才〕，发扬民众抗战精神，粉碎敌人奴化教育；设军政训练班及军政干部训练学校；改革学制，改编教材；普遍设立抗日小学及民众学校，使所有儿童、青年、妇女及工农大众都受到一定时间的免费强迫教育；改良私塾，加强私立学校之领导，一律采用抗日教材；改善小学教员待遇，大量培养师资；整理并筹划地方教育经费，并普遍设立民众教育馆、教育巡视团、农村俱乐部，普遍举办地方报纸；推动社会教育，励行扫除文盲，促进社会文化活动，提倡正当娱乐。

乙、建立各级教育行政机构与创造出一套新的教育制度。

表现在：

（一）战工会及主署教育处设学校教育、社会教育、编审三科或分设行政、编审二科，专署教育科设学校教育与社会教育两股及视导、编审两室；县设文教科，区设文教助理员，行政村设教育委员，并采取中心小学区制，实行乡村教育补导制度，并协助乡村教育行政。精简后，因各地环境之不同，略有紧缩。此外，各级政府并有辅助组织——战时国民教育委员会，冀能取得各方面对教育工作之协助配合（但多未起实际作用）。

（二）建立一些新的制度：1. 辅导团制；2. 实验区；3. 儿童工作团；4. 与青救协同配合工作；5. 中心学区制，教育联席会议，校长巡回辅导，教员上准备课，检查学习办法，循环通讯办法等；6. 教员鉴定，其内容亦不同过去，主要的是帮助教员进步；7. 建立学生自治，废除体罚；8. 学习与社会活动结合；9. 学习与生产节约结合；10. “扩生”（即动员学龄儿童入学）。

丙、普遍的〔地〕设立了小学并建立了中学师范教育。

（一）建立了小学学制。由于环境的变化，经过整理，适合精简的原则，使其逐步改进。

1. 凡年在八岁以上十六岁以下之儿童，不分男女均须受教育，吸收了百分之三十四学龄儿童。

2. 修业期限为六年，实行四二制或二二二制。

3. 一个行政村建立一处小学，有名无实者取消。

4. 小学之设施简单化、战斗化。

5. 有二十学生以上者即可设立高级班。

6. 举行编级测验。

（二）小学教育的目标：

1. 启发儿童之民族意识，训练儿童抗战技能。

2. 增进儿童基本知识，提高儿童学习能力。

3. 养成儿童劳动习惯，启发儿童生产热忱。

4. 指导儿童社会活动，培养儿童服务精神。

5. 培养儿童的健康体魄，锻炼儿童思想意识。

6. 培养革命三民主义新中国的公民。

（三）中学教育一般的以胶东为最好，而且最初一九三八年在蓬莱县就设立抗日中学，继之而起者是胶东公学。现胶东共有中学十三处，教员一一四人，学生二四八五人。其课程比重，普通科政治课占百分之二十，文化课占百分之八十；师范科政治课占百分之二十，文化课占百分之六十，专门课占百分之十五。教学与训导亦有新的特点：1. 建立研究室，下设政治组、史地组、国语组、自然组、艺术组。2. 学习以年级设分队长。3. 学生每周有学习检讨会一次，每半周有生活检讨会一次、级务会议一次。4. 学生自治组织为学生救国会。历年毕业者共七六三人。

（四）学校现状与历年发展比较是有进步的。

	学校数	学生数
一九四〇年	5 348 所	241 219 人
一九四一年	7 839 所	365 247 人
一九四二年	7 983 所	410 023 人

一九四二年的详细统计如下表。

山东省小学教育发展状况统计表

地区	学校数目	教员数目	学生数目	人口总数	我政令管辖人口数	学生占人口百分比
胶东	6 360	11 991	356 719	7 902 794	4 423 962	8%
清河	576	1 361	19 159	636 955	636 955	3%
鲁南	102	130	2 170	485 497	485 497	0.44%
鲁中	239	301	8 553	2 404 591	816 000	1%
滨海	446	661	17 222	2 005 892	1 018 949	1.5%
冀鲁边	260	500	6 200	4 000 000		0.15%
合计	7 983	14 944	410 023	17 435 729	7 381 363	5.5%
附记：鲁中之数字，缺泰山、泰南两专区之统计数字。						

山东省各战略区现有中学概况统计表

区别＼类别	现有中学数目	教员	学员	师生总计
胶东	13	114	2 485	2 599
清河	1	10	160	170
鲁中	1	8	142	150
鲁南				
滨海	1	10	170	180
合计	16	142	2 957	3 099

丁、培养了师资，提高了小学教员的政治文化水平，改善了小学教员的待遇。（附表）

滨海区小学教员文化程度统计表

县别＼类别＼项目	大学	专科	高中	初中	师范	高小	初小	私塾	其他	总计
莒南				12	13	31	6	9	3	74
莒中				1	2	8	4	11	2	28
日照	1	2		4	1	6	3	16		33
沭水				6	4	24	1	6	2	43
临沭	1	1	1	14	17	47	3	21	3	108
赣榆			1	11	12	21	4	35	10	94
海陵				4	6	16	4	14	2	46
合计	2	3	2	52	55	153	25	112	22	426
备考：本表数字系根据一九四二年鉴定教员之统计，并非全区教员之实有数目。										

今年夏天，我们在各地区普遍的〔地〕进行了小学教员的鉴定工作。因各地报告尚未到齐，兹择滨海区莒南县小学教员鉴定测验之结果一部分介绍如下。

1. 国文测验：测验题为“开展社教工作之我见”。测验结果，参加考试者二二九人，九十分以上者计四人，八十分以上者计二十七人，七十分以上者计八十三人，六十分以上者计七十七人，六十分以下者共计三十八人。七十分以上者计达百分之五十左右。

2. 算术测验：测验结果，及格者七十人，不及格者一二〇人。其中关于征粮新办法计算法一题，仅四十八人会算，其余一二五人都不会算。他如二五减租一题，能计算者仅三十六人，不能计算者达一六四人之多。

3. 教育测验：测验结果，及格者九九人，占百分之四八点一；不及格者一〇七人，占百分之五一点九。关于“新民主主义教育为什么是大众的？它与过去教育有什么不同？”一题之答案，甲等，即能深刻了解者计二四人，[占] 百分之十一点七；乙等，即大致了解到新民主主义教育是为广大工农服务者计七十七人，[占] 百分之三七点四；丙等，即模糊了解背诵条文定义者计五八人，[占] 百分之二八点一；丁等，即完全错误的计二九人，[占] 百分之二八点一；未答者十八人，[占] 百分之八点一。比较能理解新民主主义教育之基本精神和实质的，事实上仅百分之五十左右。

4. 政治测验：测验结果，及格者一五〇人，[占] 百分之六四点六；不及格者八二人，[占] 百分之三五点四。其中关于“什么是三三制?”一题的答案，甲等，即深刻了解者计六人；乙等，即大致了解共产党、进步力量、中间力量各占三分之一者计一二〇人；完全错误的，如答“三三制就是两党合作再加民众”“三三制是军政民”“是民族民权民生”“是富农中农贫农”等，计八六人；未答者计二十人。

从以上这个简单统计中说明：今天我们的小学教员政治、文化水平还不够高，对新民主主义教育的基本精神和实质了解的〔得〕还相当模糊。

特别是过去我们的教育和广大民众的实际生活相去太远了，大部分小学教员都不会计算征粮新办法和二五减租。教育和行政工作、群众工作的配合，实在是值得我们研究和改进的一个中心问题。

关于改善小学教员待遇问题，目前滨海区初小教员月薪已提高到一二〇元以上，高小教员月薪已提高到一四〇元左右；沂蒙区初小教员月薪已提高到八〇元左右，高小教员月薪已提高到一〇〇元左右；除薪金增加外，尚有免费治疗、卫生费（女）等特别优待办法。

一个模范小学教员的介绍：根据建国学校实习报告，滨海区临沭县大兴区××村模范小学教员李克济，他曾得到政府荣誉奖金一〇〇元。他到××不到三个月，便有卓越的成绩：

1. 他在战前教过几年书，多少还有些旧习气，有时不高兴，偶而〔尔〕发脾气，也曾打骂小学生。但当他看到政府教育机关关于废除体罚的指示和号召之后，他痛苦极了，经过深刻反省之后，他曾写过一篇《我打了黄兴泉后》，发表于《山东文化》第一期，博得当时各方面的好评!

2. 他的进步，主要的是学习努力，《大众日报》《教师之友》《山东文化》等先进书报刊物是他最亲密的伴友，并且他能将书报上有关于民主文化运动教学法之类的指导文章和自己的日常工作联系起来，藉〔借〕以改进工作。

3. 他的教学方式是采用启发式和自学辅导，培养儿童自动学习的热情和能力。三个月的试验，他曾创造了惊人的成绩。一个今年才上学的八岁儿童，在恳亲会上表演，将儿童课本第一册共二二八字全部写到黑板上进行测验，他居然能够认识二二五字，观众喜形于色，赞叹不止。

4. 他很注意儿童的思想训导，启发儿童民族友爱劳动热忱。学生在校集体种菜种花，学生回家协助父兄劳作。这些活动，都会博得群众的嘉许，密切了群众关系。

5. 特别值得介绍的，每逢学生有病，他常常亲自前往慰问，或派学生代表，或写一简单的慰问信。病者得到鼓舞和安慰，家属亦感到十分兴奋。

6. 由于上述情形，学生家属感激之余，纷纷争相慰劳，不到三个月，送礼者计十三户，达十八次。虽经他几次在恳亲会上谢绝，但学生家属乘教员午睡或外出之机会，悄悄的〔地〕把蔬菜、礼物放进他卧室的事情依然屡见不鲜。这说明群众之爱戴并非是虚伪的，而是真诚的感荷!

这一个模范小学教员的故事告诉我们，只有忠实于自己的革命事业，才能得到广大群众的爱戴和拥护。这样的模范例子，今天还不多，我们今后应该更多的〔地〕培植和创造。

戊、初步整理了教育经费。（附表二）

鲁中区教育产款现状统计表

类别 \ 项目		学田租			教育基金			
县别		亩数	每年租粮（斤）	折合现金（元）	本金（元）	年息（元）	教育附加（元）	合现金统计（元）
鲁中区	沂蒙	1 616.1	80 005	34 479 600			22 324 376	56 803 976
	泰山	2 226.8	80 724	31 293 400	811 500	114 300	4 312 175	36 719 875
	泰南	560.0	23 000	8 600 000			4 465 776	13 065 776
	合计	4 402.9	183 729	75 373 000	811 500	114 300	31 102 327	106 589 627
备考：鲁南、清河、胶东、冀鲁边没有报告；滨海报告不完全，故未列入。								

鲁中区、滨海区教育经费收支概况统计表

分类收支 \ 时间、地区		一九 四三年鲁中区	一九四二年滨海区
收入之部	田赋附加	161 345.43	391 659.715
	教育款产	654 943.80	87 255.85
	其他		6 364.35
	合计	816 289.23	485 279.915
支出之部	小学		128 087.09
	社教		31 207.80
	临时费		4 887.73
	抗生费		90 311.09
	合计	1 217 357.00	315 711.51
节余			169 568.405
不敷		401 067.77	

备考：一、鲁中之收入数字，系一九四三年上半年之数字。
二、滨海区之支出分项中，缺两个县的数字，只有合计之数字。故分类支出之总数，比合计之总数为少。
三、其他各地区没有报告，故没统计。

己、开展了民众教育。

民众教育是一个广泛的群众教育工作。几年来，民教工作的进行，我们采取了以下几种方式，分冬学（男女分班授课）、民校（十五岁—五十岁之男女，学期为一年）、识字班、读报小组、壁报、识字牌、大众书报、农村剧团、俱乐部。其中最普遍的是冬学运动，并以政治教育为主，由党政军民联合组织，冬学委员会负领导全责。关于这一方面的工作，我们有以下的收获。

根据各地区不完整之材料，一九四二年举办冬学至少有五八八九处，学生有三九七六八八人。胶东一九四一年冬学平均每人识字一二〇——五〇个，共计冬学学生三一七二五三人，占全人口百分之五点九三，占根据地人口百分之三八点八；自编识字课本三种，计一二五二八五册。测验结果，识字一〇〇以上者占百分之四〇，二〇〇以上者占百分之三六，三〇〇以上［者］占百分之二五，政治课完全了解的占百分之一点五，了解十分之七的占百分之二四，十分之五的占百分之三十，十分之二三的占百分之四四点五；平均会唱歌一—四个。鲁中冬学共有八一三个，占全地区村数百分之六五，学员二三八五〇，占全人口百分之一五；一般的认识二〇—六〇个字；并自造了见物识字的方式，配合备战、生产等工作。冬学教师的文化水平，私塾四年［者］百分之四十五，初小毕业［者］百分之二十四。

庚、战工会及胶东、鲁中等各地政府文教部门都曾编印了若干课本教材。虽然内容方面政治教育比重较大，稍嫌枯燥，受教者不易接受，但在过去这一时期，也确实解决了部分课本缺乏的困难，起了一定程度的教育作用。

总之，这些建设是初步的〔地〕执行了我们既定的教育方针与纲要，适应着敌后战斗环境，打下了新民主主义文化建设的雏形，而与旧的统治阶级的教育有其本质上的不同，在根据地的建设与巩固上起了伟大的思想启蒙作用。

这些成就是由于我们各级政府教育行政人员、各方面文化工作者的努力，特别是小学教师的积极努力而得来的。

第三节　财粮工作

甲、财粮政策。

（一）敌后抗日根据地的财粮工作，不仅供应抗战需要，而且成为巩固民族统一战线、建设新民主主义经济的有力工具。因此在征收上需要改善旧有的租税制度，取消苛捐杂税，减轻封建剥削，废除临时的捐募摊派办法，建立直接的征收制度，实行累进的公平负担，使民众负担公平合理，而且在保护民族资本发展、奖励富农生产的原则下，使大多数人民都有负担财粮义务，［从而］团结各阶层，提高其抗日积极性。

（二）建立适合于敌后环境的财粮制度。在统收统支的原则下，禁止自收自用与乱筹乱用的现象，并加强各个根据地的联系配合，以调剂有无，平衡发展，使根据地的财粮工作走上统一。

（三），建立地方性的银行，并以大量资金发展根据地生产事业，尤其是农业生产，使根据地经济达到繁荣境地，以便有利的〔地〕对敌开展经济金融货币斗争，以粉碎其封锁、破坏、倾销、掠夺等阴谋。

（四）厉行节约，反对贪污浪费，从爱惜与节约根据地的人力、物力、财力上求得减轻人民负担，改善人民生活，以便休养民力，充实军需供给，支持长期抗战。

乙、财粮工作建设与收获。

（一）实行统收统支，保证了抗日经费，减轻了民众负担。

五年来全山东财政收入共一万万六千一百零九万三千四百七十八元一角九分。各项费用开支比例，计：军费百分之七一点一五，行政费百分之一九点一，财务费百分之〇点九七，建设费百分之〇点四，教育费百分之二点二二（只中学以上的补助，小学教育费不在内），群众团体补助费百分之六点〇九七。

以上这些财政收入，在抗战初期大部是由捐募得来。直至一九四〇年方逐渐停止了捐募，开始财政的正规收入。

1. 捐款——胶东在一九三八年内占收入百分之七十一（居第一位），三九年百分之六十六（居第一位）。其他地区无考。四〇年内，胶东、清河、滨海三个地区捐款占百分之三十二（居第二位），四一年占百分之七点九（居第四位），四二年没有。

2. 田赋——经整理后大部分地区能做到按亩征收，纠正旧粮银的不公平现象，并且采取了直接征收制，废除过去地保粮头等中间剥削。田赋历年征收标准：每季每亩征麦子一斤至一斤半（计四〇年每标准亩征二角至四角，四一年征一元至一元二角，四二年征五元六角至六元——个别地区亦有按银两征收）。总计历年田赋收入比例：一九四〇年收入占百分之三十二，居总收入第二位；四一年收入占百分之五十四，居总收入第一位，四二年收入占百分之五十点三，居总收入第一位。

3. 税收——一九四〇年方开展这一工作（胶东三八年即征收）。将货物出入口按必需品、非必需品、通用品、奢侈品、迷信品，分成奖励、禁止、允许、特许等四种规定税率。在滨海、胶东、清河三地区并开展盐田，发展运销，征收盐税，使收入增加。总计历年税收比例：一九四〇年占收入百分之九，居第五位；四一年占收入百分之十九，居第二位；四二年占收入百分之四十一，居第二位。

4. 矿产收入——仅胶东和鲁中有金矿，从四〇年即开始收入，并与敌人作了不少斗争，废除旧政府的收税办法，采用投资经营和包租制，取消了额外剥削，总计三年收入占百分之一点五。

5. 此外，财政收入中尚开展了契税、官产收入、司法行政罚金、救国公监等等，收入虽不大，但部分补助了财政开支。

从以上各种收入中看出，税收和田赋等是逐渐增加，捐款是逐渐下降，直到没有。这说明我们的财政收入是日益走向正确的政策，而且民众负担亦日益减轻。尤其在征收办法上，不但节省手续，废除了中间剥削，并且取消了苛捐杂税与零星税收，计已取消者共四十余种之多，如印花税、牙税、建设契纸附捐、教育契纸附捐、地摊税、警察税、冬防捐、商号捐、车船捐、牲畜税、屠宰附捐、网场税、草秤〔坪〕捐、海产捐、码头捐、门牌捐、娼妓捐、更捐、火油捐、扁担捐、剿赤捐、烧锅捐、斗捐、席捐、赌捐、盐税附捐、货税附捐、统税、营业税、当税、所得税、荒地租、民佃灶课、救国捐、烟酒牌照营业税等。

（二）建立了各种财政制度。

首先实行了统收统支制度。确定收入项目为田赋、税收（盐税在内）、矿务税、契税、司法行政罚金、官产收入、公营企业盈余、杂项收入。支出分为军费、行政费（包括财务费、建设费、教育费）、群众团体补助费。并划分省款与地方款的界限。

预决算制度：规定统［一］预决算式样及科目，并严格造报手续及日期。

会计制度：划分单位，建立会计科目，严格手续及按时清理报销等。

审计制度：建立三级审计制，审核各级用费严格开支。

金库制度：实行银行代理金库，规定一切财政收入交金库，没有上级金库的命令，任何人不得支领或借用。

开支报销制度：一九四一年起，规定各种开支标准，一切开支须照规定标准，按期向上级报销，节余返还。

解缴制度：县以下征收机关三日向县解缴一次，存款不得过百元；县每月向专署解缴一次，存款不得过万元；专署按季向上解缴。

报告制度：各级财政机关，应将工作情形随时向上级报告。

以上各种制度，各地区虽然大部建立，但以鲁中、滨海等地区执行的〔得〕较好，特别是胶东建立的〔得〕较早而且完善。对各种制度的执行上以统一收支、预决算、金库、会计等制度执行的〔得〕较好。当然在执行制度当中也有许多偏向，如开支制度因物价不时高涨，而且各地不同，以致执行困难。

（三）建立了北海银行，发行了本位币。

1. 北海银行的建立是胶东创始的。远在一九三八年秋，胶东民主政权为调整市场金融、适应环境需要，即开始发行北票。当时是官民合办性质，资金共二十五万元，民股十七万五千元，官股七万五千元。但以环境关系，为时不久即停顿。至一九三九年八月才又恢复工作，主要的任务是发行北票，其他业务尚谈不到。至一九四〇年秋，在鲁中区成立北海银行总行，胶东改为分行。四一年成立清河分行。四二年成立滨海分行、鲁南支行。于是银行工作逐渐开展，发行数量逐渐增多，流通范围亦逐渐推广，并开展营业贷款等工作。

2. 本币的发行额。（略）

3. 本币用途：农业贷款占百分之二五点四一，工业贷款占百分之一二点二五，合作贸易贷款占百分之一〇点四三，信用贷款占百分之六点五二，政府往来占百分之一四点三九，基金占百分之一二点五二，材料费占百分之四点四五，损失费占百分之二点二五，现存款占百分之一一点七八。胶东地区农贷占贷款百分之七十。

根据以上的分配数字看来，以农业贷款为最多，其次是工业，再次是合作贸易及各种信用贷款。这个数字虽然不大，但基本上是符合于发展根据地农工商业的政策的要求，尤其农业发展上，是发展根据地生产的主要方向，我们给以大的扶持与推动。

4. 北币自发行后，由于政治上的保证，群众的信赖，政府收入及公私企业的担保，在民众中的信仰颇高，因而流通范围日益扩大。特别是胶东因为本币的信仰在群众中有深厚基础，做到了统制外汇，打击了伪币，提高了本币与伪币法币的比值。胶东本币一元三角换伪币一元，本币二角至三角换法币一元。鲁中、滨海区本币四元至六元换伪币一元，本币五角至七角换法币一元。其他地区本币亦高于法币，作〔做〕到五折至八折不等。

在敌后困难的条件下，开展银行工作是不容易的，所有以上这些成绩都是由不断斗争中得来。单就本币印刷来讲，就是一种很困难的事情。首先打破了敌人的封锁，购买了足够的印刷材料，克服了用品的困难。其次是吸收了大批的技术人才，如任志敏、赵克勤、李维公、李昆等都是由敌占区到我们这里工作的。尤其值得称道的是全体工人的努力，不管环境如何困难，“扫荡”如何残酷，在菲薄的待遇、繁重的工作中，夜以继日的〔地〕完成自己的工作。从制版到印刷到鉴定到出厂都经过百倍的努力，敌人来了为公忘私的〔地〕掩藏机器，并开展分散性的游击战争。几年来技术工人牺牲者有五人，这些劳动英烈是值得佩服与钦敬的。

（四）开展了对敌经济斗争。

1. 反封锁反倾销。根据敌人封锁与倾销的阴谋，我们初步的〔地〕建立了封锁线，加强了税务上的缉私工作，并部分的〔地〕开展了群众的缉私运动，使根据地的物资输出减少，打击了奢侈品的输入。如胶东由于群众缉私作〔做〕得好，一般的奢侈品、消耗品都禁绝输入。滨海区建立边缘区的封锁带。鲁南、鲁中管理市集的工作也都有些成绩。

2. 粮食斗争。为防止敌人的抢掠与焚烧，实行速打速藏、武装保卫收割的办法。本年在军民一致配合下，麦收没有损失，如滨海区临沭县醋大庄，在武装保卫下，一天一夜就把在敌人据点周围严密监视下的几百亩全部割完。在麦收中我伤亡二百人左右，是用我们的鲜血保证了麦收的胜利。并研究与创造了藏粮的技术，如分散埋藏、掺沙掺灰等办法。此外还禁止粮食出口资敌，调剂了各根据地间的粮食使用。粮食斗争较好的是鲁中区，不但收割的〔得〕快，而且藏的〔得〕也彻底，虽在敌人百般抢掠与破坏下，仍能供给军民食用，坚持斗争。

3. 金融斗争。A、打击伪钞：敌人自一九三九年起，在华北发行大量伪准备银行票，首先在各大城市及交通沿线流通，并逐渐向我根据地推行。我们严予查禁，并动员群众不得使用，使伪币流通范围日渐缩小，不但根据地不能流通，游击区一般的也不使用。一九四一年冬，山东省平市官钱局及民生银行被敌收买变为伪币，我们也明令禁止，除个别游击区外，已不流通。B、取缔土杂钞：抗战后，因秩序紊乱，金融滞涩，各地商民大量发行土杂钞，特别是友顽区更多。为统一币制，用登记、交押金、限期收回或代为兑换等办法肃清了土杂钞。C、反假票斗争：敌人为破坏我金融，一九四〇年在鲁中即发现两种伪造北票，一九四二年内复有计划有组织的〔地〕在各地区伪造北海票多种，利用奸人向我根据地行使。在我们的宣传、查禁、建立识别所等办法的打击下也均先后绝迹。在胶东，曾破获大伪造假票犯五起。滨海、鲁中亦查获数起。

4. 法币的贬值与停用。太平洋战争爆发后，法币外汇绝迹，敌人于是将沦陷区法币大量向我根据地输入，一方面吸收我之物资，一方面造成我根据地通货膨胀。针对敌人这一阴谋，我们先后采取贬值和停用政策。目前胶东的东海、北海、沂蒙区、滨海区已完全停用；胶东的西海、南海三折，清河五折，鲁南八折，并有的限制种类流通，把大量法币逐渐推出根据地。

5. 此外，在货币斗争上为粉碎敌人操纵北票及挤兑的阴谋，一九四三年起实行限制地区流通。前发“山东”票正加盖地区图章。

在金融斗争中以胶东最好，不但贬低与停用了法币，肃清了土杂钞，而且打击了伪币，提高了本币，降低了物价。原因是：A、群众基础好，自动抬高本币价格，停用法币。B、胶东外汇内流甚多，形成货币入超。C、胶东有大量金子及出口的土产，调剂了外汇。D、胶东财政收入大，能及时紧缩货币流通。

（五）开展了生产节约与反贪污浪费斗争。

1. 根据环境的变化及物质的困难，一九四一年起即提出生产节约号召及反贪污浪费斗争。在生产办法上提倡开荒、种地、打油、喂猪、开磨坊、粉坊与开办合作社等。节约办法上提倡节省经费、粮食的使用，停止一切不必要的开支，如减少会餐、慰劳，期制支差，自磨自食，不准随意浪费人力、物力、财力。特别自实施精兵简政后，对财力、物力的节约更有大的成绩。

2. 生产节约成绩；A、一九四一年有的地区节约了十到十二三个月份菜金或经费。B、据滨海区统计，一九四二年一个区公所的用费，比一九四〇年的按经费及物价的对比减少九十九倍；一个县政府的用费，按经费数及物价对比减少九倍。C、泰山区精简后共减少一千四百零五人，每年节约八百四十三万元；沂南、沂中两个县共精简五百三十四人，每年节省三百二十万零四千元。D、全省一九四二年生产节约两千万元以上，以滨海和鲁中最好。E、全省大精简三次，共精简人员、马匹百分之二十七，共节省粮食三千万斤，平均根据地每人减征五斤。

3. 在反贪污浪费斗争中，着重区村政权税收人员及生产管理人员，一九四二年提出整理村财政，经整理的村庄不得增加群众额外负担，计共整理二千二百余村。此外并：A、加强下级政权及税收人员的政治教育。B、严格法治精神，裁汰违法失职分子。C、提高税收人员待遇，实行薪金制。D、严格制度，加强督察工作。由于以上这些办法的执行，使贪污浪费之风大大减轻。

（六）改进了征收救国公粮办法，解决了军食。

1. 五年来共征粮食二万万九千一百七十九万七千七百九十三斤（统计尚不完全），保障了军政人员食粮供给，并建立了粮食上的会计、预决算、审计、粮库、开支报销及统一收支、粮票等制度。

2. 改进征收救国公粮办法，求得人民负担逐渐合理。

山东沦陷以后，人民负担办法极不合理，非常紊乱不一。为改善人民生活，使负担合理，先后实行甲、乙、丙三种合理负担办法，较之旧政府之摊派办法已为进步合理，民生较为改善。然而过去甲、乙两种负担办法亦不十分合理，加以实行之初干部缺乏经验和感情用事，以致发生若干流弊。

甲种合理负担办法，负担户数太少，只能占全体户数百分之三十一百分之五十，富农地主负担较重。所谓特户，其负担竟有超过其收入百分之八十以上，甚至有的产量不足交纳公粮，被迫与当土地者，当时即有“特户”—“驼户”之称，致使部分地主逃往敌区，离开了我们。

乙种合理负担办法虽较甲种为合适，但免负担户太多，内容太复杂，总负担户低于百分之八十，计算困难，易为乡村中上层分子包庇操纵，从中渔利。但乙种公平负担办法在技术上也有优点，在工作基础比较好的地区，如沂蒙，五天就可以完成一个区的征粮，三天完成一个区的田赋；如滨海，有一个行政村的公粮，只用三点四十分钟就全部征齐了。

鲁中区一九四一年有半数左右村庄实行过甲种合理负担，一九四二年有半数以上村庄（一千余村）实行了乙种合理负担办法。滨海区一九四一年实行乙种办法者二八一村，[实行] 甲种办法者五三二村。清河区实行乙种办法者一七一村，实行甲种办法者六〇一村。胶东区甲种办法在根据地内普遍实行了、鲁南亦曾推行甲乙两办法。冀鲁边征收公粮办法与冀南同，上层负担较重。

甲乙两种合理负担办法虽有毛病，但比未实行地区，大多数人民负担还是轻一些。如鲁南滕费边实行公平负担办法的结果，贫农负担平均占其收入百分之一点六，中农负担平均占其收入百分之一一点六，富农负担平均占其收入百分之三七；但在同一地区未实行合理负担办法的村庄，贫农负担平均占其收入百分之一九点八，中农负担平均占其收入百分之一九点六，富农负担平均占其收入百分之一六点九，地主负担平均占其收入百分之一五点三。从这个简单的统计中，也说明了过去旧的按银两摊派的办法如何不合理而又为少数上层分子所操纵，轻重倒置，实际上中、贫农的负担竟比富农地主还要重些呢！

一年来，根据过去推行甲乙两种负担办法的经验，我们又规定了按产量征收公粮的新办法。今年我们更进一步的〔地〕修正了这个办法，使其更趋于公平合理。为了奖励农业生产，规定在其产量中扣除二成（即百分之二十）作为农本，不纳负担。为了奖励富农，保证雇工不失业，又规定雇工列入雇主家作一口人计算。一般的要求负担户在百分之八十以上，地主负担不超过百分之三十五。

历年负担比较，人民负担是在逐渐减轻着。如滨海区莒南县筵宾区东兰墩十庄的调查，今年夏粮征收一般比较去年减轻许多，负担占收入的百分比——富农自百分之二五增至百分之二五点四（稍增），中农自百分之一六点八减至百分之一一点〇，贫农自百分之一一点三减至百分之三点二。同区五十三个村的调查，今年夏季征粮，总共占总收入的百分之一四，各阶层都感到负担较前确实减轻了。沂蒙区负担一般比滨海区为重，今年夏粮征收占收入的百分比（沂南县孙×村调查），计地主百分之二八点七，富农百分之二四点四，中农百分之二一点七，贫农百分之一三点五，除中农贫农负担稍重之外，一般还算公平合理。

把我们根据地的人民负担与敌占区顽占区相比较，更可看出目前根据地的人民负担还并不算重（当然还应更求减轻）。下面是胶东一九四二年我、顽、敌区负担比较（以北币元为单位）。

	每两负担	每亩负担	指数
我占区	562.50	11.25	100
顽占区	2 850.00	47.50	422
敌顽我区	3 270.00	54.50	484
敌我区	1 520.00	76.00	676
敌占区	2 800.00	140.00	1 244

在推行合理负担中，同时进行了人口登记、土地丈量和反黑地斗争。沂蒙区仅沂南一县过去即查出黑地二十万余亩，沂中某村之黑地为原有地之十六倍。最近建校下去实习，在征粮工作中即查出黑地一六〇〇〇亩，其中陡山区三〇〇〇亩，沟头区二〇〇〇余亩，涝坡区三八八二亩，大店四〇〇〇亩。其他关于这一方面的材料很多，兹不详述。总之，如不能彻底丈量土地，则负担仍不能公平合理，封建势力对于隐瞒土地是特别有经验的。

第四节　经建工作

在一九四一年以前，各地区的经建工作都是自流的〔地〕发展，主要生产只是军需供给。至一九四一年春财经会议以后，始设立经建机关，配备干部。但至一九四二年一月，精简并入财政机关，工作无形又陷［于］停顿。三月恢复经建科，但因干部缺乏，有些地区经建机关迟迟未能恢复（如清河、鲁南）。经建处本身只有处长及干部各一人，只能了解滨海区的情形，其他地区全恃不完全的工作报告，因此内容极不充实。兹就几年来经建工作的收获报告如下。

甲、农业生产。

（一）开垦荒地，增加生产。

在这方面成绩最好的是清河区，几年来总共垦荒七十万亩。一九四二年垦区垦荒四十四万亩，较上年（一九四一年）耕地扩大四倍，增产粮食四十万石，成立新村三十七个，垦户七千余户，计六万八千余人，同时解决土地纠纷，确保地权，安定生产情绪。这是几年来山东各地农业生产建设之一最大成绩。其次是胶东区，垦荒计四万九千六百三十一亩，其中以一九四二年开垦最多，计三万六千余亩。滨海区垦荒约达八千亩。其他地区无统计。

（二）代耕换工，调剂人力牛力。

代耕抗属和孤寡土地，在鲁中是有相当好的成绩，计代耕三万四千八百亩。在领导春耕方面，军队、政府与群众密切配合，其组织领导的健全，是值得其他地区学习的。特别是沂蒙区，因群众有很好的组织，信仰政府领导，如今春号召人民锄麦，普遍锄了一次，果然产量大增。此外如组织换工，调剂人力牛力，也在生产上起了巨大作用。唯在组织领导上尚有缺点，往往片面帮助而非互相帮助，如借用耕牛未用人工报偿，以致有些富农不愿多养牲口。在胶东区、滨海区都曾发生此等情形。

（三）掘井开渠，筑堤造林。

胶东掘井约计五万七千眼，成绩最好。鲁中掘井九百余眼，滨海区掘井四百余眼，仅有少许成绩。开渠筑堤，胶东也有比较好的成绩，计修河二十万丈，筑堤四百万丈；此外植树三百七十万株（胶东统计可能有夸大之处）。鲁中开渠四千余丈，筑堤六百丈，造林五十四万株。滨海区造林六十万株。其他地区无统计。

此外如选种、施肥等，在鲁中区也稍有成绩，但无统计数字可以报告。

乙、手工业生产。

（一）纺织手工业的发展。

去年手工业生产以纺织业为中心，在这方面已获巨大成绩。如胶东，在一九四二年纺纱六万五千六百斤，织布二十五万匹（每匹二丈），而且发明了六个锭子、二十个锭子及三十个锭子的改良纺纱机。此外缫丝十余万两，织绸三千九百余匹。但布匹仍只能满足胶东军民需要的四分之一，而纺纱则只能满足织布需要的十分之一（其余均用洋纱）。今年春夏纺纱手工业有更迅速的发展。

鲁中在一九四二年织布一万九千三百三十匹，滨海区织布二万二千五百一十六匹，只能满足军队需要。现在鲁中区有布机一千一百八十九架，滨海区有布机一千四百三十八架。今年又有更显著的发展，纺车在鲁中共有九千余辆，滨海区有二万四千余辆。这些地区纺织工业均有相当好的基础，尤其清河区一向即以纺织手工业著名。现在政府奖励扶助之下，生产情绪一般很高（有些富农地主出卖土地，改营织布），将来发展是很可乐观的。此外在鲁中区毛织工业发展也有成绩，惜无报告。

（二）肥皂牙粉等的生产。

肥皂是卫生的必需品。各地制造肥皂已有相当成绩，如去年胶东制肥皂十四万条，鲁中区四万条，滨海区五万条。牙粉只有胶东能够制造，去年共计生产三万五千五百包。其他地区如滨海也能制造，唯产量不多，更待迅速发展，以减外货输入，并利部队卫生。

其他如毛巾厂、鞋袜厂、印刷厂、造纸厂，各地已先后建立。以胶东手工业生产成绩最好，部分是由于客观条件，如交通便利，原料丰富，易得熟练技术工人及工业知识分子。但同时亦不得不归功于主观上对生产工作的重视，值得表扬。但其缺点是多少抱着兴趣主义，花样繁多，工作缺乏中心。

（三）渔盐业生产。

胶东盐田在一九四一年前有二万二千四百四十一亩，于一九四二年新增四万三千一百十六亩，产盐六百四十四万余担，以每担三元计算，计值一千九百余万元。又渔船从一九四一年的一千一百三十六支，增至一九四二年的三千二百七十二支。滨海区产盐于去年也达一百万担。

丙、合作事业。

合作事业在一九四〇年已开始，至一九四一年发展到最高峰。唯大多数合作社仅有形式，组织极不健全，在群众中毫无信仰。后经重新整理，胶东从一九四一年的七百二十六处减至三百八十四处（一九四二年），鲁中从三百五十处减至六十二处，滨海区自三百六十三处减至二十三处。资本，鲁中有十九万元，滨海［有］二十九万元，更是微不足道。在这方面，过去组织领导上的缺点最多，值得详细检讨。

丁、贸易工作。

贸易工作虽然已有三年历史，各地且已成立贸易局来领导这一工作，但所得到的成绩还是不大。例如：（一）在资金方面，总共只有公家资本三百二十余万元，私人资本一百七十余万元（滨海区无统计），共合五百万元。在今天全省只有这样一点资本，实在太少（内胶东占二百万元，鲁中占一百五十万元）。（二）营业方面，主要只是代办军队所需物品，如购布一万六千余匹，购棉花十一万五千余斤、羊毛七千余斤等。严格说来，仅是一个采买机关。（三）设立交易所，初步管理重要物资，如粮食、食盐等，但仍未能起积极调剂作用。

总之，过去各地对于经建工作一般是不够重视的。因此除纺织较有成绩外，一般所得到的成绩是不大的。特别是贸易合作事业，更犯着方针和政策上的错误，致成绩更少。

戊、各种创造和发明。

（一）文化事业的制造和发明。

造纸是仅次于纺织的极重要的工作。去年单只滨海区，纸的输入就达二千万元（大部分是火纸烧纸，今年纸价更高，估计所值将达五千万元）。但造纸手工业还极落后，仅胶东造纸二万三千四百二十刀（每刀一百张），其他地区仅有少数生产。计滨海区有纸厂十个，鲁中区有纸厂二个，今后必须力求发展。

胶东且能制造其他文具，如油印机（一二五架）、墨水（二千斤）、粉笔（二千匣）、复写纸（一九四六打）、钢笔尖（一三九〇〇〇个）等，且能生产电池。

（二）农具的制造和发明。

各地都有，但无统计。政府对这方面的注意也很不够，仅胶东制造了些改良农具，如利民犁（较旧式犁省力三分之二）、锄地机、播种机、剥包米机、水车等，目前尚在研究阶段，仍未能大量采用。

以上就是经建工作主要方面的几点收获。在鲁中沂蒙区和泰山区，由于生产小组的大量发展，一般的发动了人民的生产积极性，使根据地奠立了自力更生的基础。由于纺织事业的开展，打击了敌人的洋布倾销，提高了本位币，统制了物资，不但对根据地自力更生有了意义，并且使群众工作也开始了一个新阶段，如纺织生产改善了妇女的经济地位，提高了妇女参加社会生产的积极性。此外农业生产也减轻了灾荒的威胁，创造发明上有了初步萌芽。现在离自力更生、完全打破敌人的封锁固然还远，但对根据地建设上已有其意义。

第五节　公安工作

根据地锄奸工作的成绩与收获：

（一）一般的建立组织机构，训练了干部。战工会设公安处，以下设公安局，区设公安特派员。全省计有三个主任公署公安局（鲁中在内），两个直属专署公安局，七个专署公安局，七十个县公安局和二百一十九个区特派员（胶东因正在调整与审查，未统计在内）。共训练干部连公安处的在内有五百八十九个。（以上整个统计没有冀鲁边）

（二）制定了奖励人民锄奸办法、羁押差犯条例、惩治盗匪条例、战时锄奸条例以及锄奸纪律等条例，提高了干部掌握政策的能力，纠正和转变了公安局没建立以前的群众性的左和公安局成立后的右的偏向，结束了过去的混乱现象，使锄奸工作开始走上正规。

（三）真正打击了敌特奸细，维持了社会秩序。共破获案件三千七百二十四件，其中敌特占百分之一二点一六，汉奸占百分之三〇点八五，汪派占百分之〇点四五，其他土匪、毒犯、逃亡、破坏根据地、反民主的占百分之五六点五（附表）。对保卫根据地、保卫政府、保卫民众起了重大的作用。

（四）镇压死心塌地的奸细破坏分子；宽大的〔地〕争取了盲从的没做过什么罪恶的可能悔悟的有民族意识的分子。

各地区锄奸案件统计表

		清河	鲁中	鲁南	滨海	合计	百分比
类别	敌特	148	236	37	32	453	12.16%
	汉奸	141	377	166	465	1 149	30.85%
	汪派	12		5		17	0.45%
	其他	211	715	419	760	2 105	56.5%
	总计	512	1 328	627	1 257	3 724	100%
处理	处决	82	201	105	239	627	16.8%
	争取	363	1 078	509	809	2 759	74.08%
	逃跑	20			13	33	0.88%
	其他	47	49	13	196	305	8.2%
	总计	512	1 328	627	1 257	3 724	100%

说明：1. 清河的统计是一九四二下半年的。
2. 鲁中的统计是泰山区、泰南区一九四二年和主署沂蒙区一九四二下半年的。
3. 鲁南的统计是一九四二下半年的。
4. 类别“其他”包括土匪、毒犯、破坏份〔分〕子，土匪占三分之二。
5. 处理内“其他”项包括送往司法机关服劳役等。

第六节　司法方面

司法工作的建立，在一九四二年五月才开始比较有系统的进行。其收获：

甲、建立了各级司法机构（除鲁南和冀鲁边外，大部分都有），采取三级三审制。即全省设高级审判处，为全省最高司法行政机关兼三审机关；行政主任公署设高审处分处，代行高审处职务；专署设地方法院，为第二审兼第一审机关；县设司法处，为初审机关。在原则上与旧的司法有基本区别。它是在新民主主义政治要求的原则下，确立一个新的组织。组织原则与方针：是采取了维护各抗日阶级与保护大众利益的新民主主义司法，并为适应敌后环境，采取简便手续，强调调解作用，是与行政合一，不是独立的，是宽大与镇压政策的统一。

乙、建立新的司法制度。

（一）取消一切诉讼费用。因为讼费是限制劳苦大众的稗政，是不平等的。

（二）改订〔定〕诉讼程序。起诉或声请，不论书面口头均予受理，其以书面起诉或声请者，亦无一定的书状与样式的限制，以便广大民众之诉讼。此制现已普遍实行。

（三）厉行责付保释，严禁滥押犯人。本保障人权的精神，严定民事案件不准羁押，刑事案件非案情重大者一律责付保释在外候审。如过去赣榆曾押犯人四十余，并有许多民事案件当事人被押，现仅刑事犯三五人。

（四）厉行调解和建立调解委员会。凡民事案件一律先由调委会进行调解，已有收效。如临沭一九四二年一年调解成立者，计民事四百二十三件，刑事四百零七件。同年临沭县政府仅收到民事二百五十件，本调解精神调解成立者即达一百八十件；刑事二百九十六件，因调解撤销者亦达二百一十三件。

（五）严惩诬陷。由于诉讼便利，每有狡黠者挟嫌藉〔借〕故诬陷。为贯彻保障人权的精神，对诬告者一经查实，即以诬告罪处严惩。

（六）取缔恶俗。滨海区赣榆、临沭等地旧有抢劫寡妇之风。如有寡妇或离婚妇女，无赖流氓即结伙抢劫，或则据为己有，或则价卖，而社会亦习不以为怪。为纠正恶俗，保护妇女人权，规定首犯处以死刑，从犯十五年有期徒刑，并由群众团体协助进行普遍教育。

（七）严格审级，厉行判决批答制度。规定案件非经县判者不得上诉二审，无二审判决者不得上诉三审；讯明后应即制发判决书，以尊重人权；诉讼进行中凡收到诉状以后，必须批答寄交当事人，并制发各种诉讼用纸、表格及判决批答式样，以便统一。

（八）规定月报。将受理案件在每月终分别民事、刑事、已结、未结，依式造报上级司法机关，以便统计。除滨海区临沭县已经常实行，其余各地尚未严格实行。

（九）建立复审制度。因为慎重人命，特规定此制。即凡判处死刑之刑事案件未经上诉者，原审机关须将全案卷宗判决呈由上级指定之二审机关进行复审，并提交行政委员会讨论。认为罪行适当者，即指令照判执行；尚有事实不明或罪刑失当者，即分别发回更审或改定罪刑，在复审未批准前不得执行。在滨海区已切实做到。

（十）训令各地以主署或专署为单位开办司法训练班，或召集司法会议，以教育司法干部。清河区正在筹办训练班，滨海区已开司法会议。

丙、各地处理案件情形及受理案件罚金数目：

（一）本会高审处自成立以来受理三审上诉案件：民事六件，刑事一件，复审三十余起。

（二）滨海区专署一年来受理上诉民刑案件约一百五十余起。临沭自三十一年三月至十二月，共计受理民事二百五十起，刑事二百九十六起；莒南自三十年三月到三十一年十二月，共计受理民事四百零五件，刑事二百九十起；莒中从三十年六月到三十一年十二月，共计受理民事九十六起，刑事五十八起；沭水自三十年至三十一年十二月，共计受理民刑案件一千五百余起。

（三）胶东据三十年七月到三十一年六月一年来的统计：第三审民事四起，刑事四十三起；第二审民事四十五起，刑事五十四起；第一审民事一千八百八十八起，刑事八百六十五起。

（四）罚款共二百八十四万九千八百六十一元一角（附表）。

山东省各地五年来司法罚款统计表

区别	年代	罚款数
胶东区	一九三九	27 505.58
	一九四〇	108 624.24
	一九四一	299 831.61
	一九四二	795 410.49
	合计	1 231 371.92
清河区	一九四〇	36 901.57
	一九四一	102 788.76
	一九四二	66 524.90
	合计	209 215.23
滨海区	一九四〇	58 958.88
	一九四一	155 935.01
	一九四二	178 719.63
	合计	394 613.52
鲁中	一九三九—一九四二	337 160.43
冀鲁边	一九四一	177 500.00
鲁南	一九四〇．一——一九四一．八	500 000.00
总计		2 849 861.10

第七节　在人民武装方面

本会初建立时原有军事组之组织，意图统一全省人民武装之领导。后因环境关系，联络不易，执行困难，乃决定专署以上之武装科取消，县设武装科，专门负责推动民兵自卫团工作。现在全省各县武装科大部分均已建立。特别是经过去年一年和今年的努力推动，与中共山东分局及山东军区的有力支持，并发出训令，规定具体办法，印发了九一告山东民兵同胞书，都曾发挥了很大的推动作用。一九四一年本会颁布了山东人民抗日自卫队组织条例，一九四三年颁布了民兵奖励抚恤条例，启发了人民对敌斗争的热情，安定了伤亡者的家属，提高了民兵的社会政治地位。几年来我们的主要收获：

甲、初步的〔地〕开展了群众性的游击战争。

主要的〔地〕表现在反"扫荡"、反蚕食、反分割、反掠夺，保卫抗日民主根据地，保卫人民生命财产方面有着显著的收获，坚持敌后抗战到第七年。在敌人频繁的〔地〕轮番"扫荡"、分割封锁、逐步蚕食的恶劣环境下，敌人随时从四面八方深入到我们的心脏地区，来扰乱破坏我根据地。这就要求我们在每一个角落里、每一寸土地上，坚决予敌伪以有力的反击。在这形势之下，单靠主力是绝对不能支持的；且在敌人烧杀奸淫的“三光”政策荼毒之下，人民怒吼了，成千成万的老百姓英勇的〔地〕武装起来，配合主力，同敌伪展开了全民性的游击战争，创造了不少可歌可泣的战绩。各地区都有模范的例子：

（一）鲁中泰山区××一带附近民兵，在新庄反吴逆化文的战斗中，缴获机枪三挺、手炮二门、步枪三十余支，消灭了一个连队。这完全是民兵自己的力量，也是那些汉奸投降派的愚笨家伙做梦也想不到的。

（二）鲁中区新蒙边民兵在去年反“扫荡”时曾捉住两个鬼子。

（三）鲁中沂蒙区民兵指导员张恒谦同志，在去年“扫荡”中的第一天，当敌人迫近该村时，便指挥民兵救出伤号一二三人，将他们送到山沟里。回家去抢救自己的老爹时，又忽然想起来还有四个病号未送走，又丢下老爹去抢病号。及至再回到村里的时候，敌人已经打进村庄来了。指导员又找到民兵几个手榴弹，打退了二十九个鬼子，与敌人反复冲锋，激战半日，拖住了敌人的前进。黄昏时敌人退去，回家看不见老爹，乃四处寻找，在村西路旁发现了老爹的尸体，他痛苦的〔地〕流下了眼泪。但紧接着他又想：“不救死的救活的，还有那些伤号同志一天没有吃饭呢！”乃又把尸体背回家中，烧了一锅开水，亲自向山里送饭。天黑了，友军一部转来，他们的重炮、电台还丢在山头上。指导员闻此情形，又急忙集合民兵，进行了临时政治动员，星夜摸过敌人重重的封锁岗哨，爬到悬崖峭壁的山巅，把大炮、电台安全运回。友军首长感激备至，赏以重金。指导员说明道：“我们是为了国家民族，谁要你的钱。”友军更为感动，乃赠以手榴弹、子弹表示谢忱……（详载沂蒙导报）

此外，围困垛庄、土门、响水湾、城子等据点，斗智斗力，极其艰苦，许多民兵英雄也跟着产生。像沂蒙宴婴崮上青抗先队员王东和同志壮烈的〔地〕牺牲自己救护他人，伟大的民族的阶级的气概真是值得表扬！

（四）胶东区牟海十区和海阳七八区民兵，在“扫荡”中掩护群众安全突围。栖西牙山一带民兵更为活跃，敌人特别头痛的〔地〕说：“进了牙山，好似进了鬼门关！”

（五）胶东区荣成县民兵曾打退了敌人军舰的进攻。

（六）胶东区烟潍路两旁民兵曾以地雷埋在公路上，炸毁敌人的汽车，地雷战有了一些开展。

（七）他如清河区民兵的反投降，滨海沭河民兵的保卫麦收，鲁南民兵的反顽斗争，包围埠阳斗争，诸如此类的例证举不胜举。特别值得介绍的是民兵在作战中创造了自己的战术：麻雀战——占山头，地雷围困战——开门见血，车轮战术，以虚对虚，化装侦察，太公钓鱼，老鹰捉鸡，蜂子朝王，改造村形，联防指挥，和敌人瞪眼等是很多的。

乙、一年战斗统计。

一九四二年战斗统计：

（一）作战次数共 3 625 次，计鲁中 1 295 次，胶东 455 次，清河 635 次，鲁南 61 次，滨海 181 次。

（二）敌、伪、投伤亡俘虏统计：

（1）毙敌、伪、投数目共 203 名，计敌 124 名，伪 62 名，投 17 名。

（2）伤敌、伪、投数目共 681 名，计敌 27 名，伪 544 名，投 19 名，土匪 91 名。

（3）俘获敌、伪、投数目共 469 名，计敌 8 名，伪 305 名，投 95 名，土匪 61 名。

（4）捕获敌、伪、投数目共计 169 名，计敌探 13 名，汉奸 114 名，投军便衣 41 名，土匪 1 名。

以上总计 1 731 名，鲁中 1 141 名，胶东 267 名，鲁南 38 名，滨海 285 名。（缺清河材料）

（三）缴获总计：计轻机枪 5 挺，掷弹筒 2 个，步枪 1 182 支（内有伪陈三坎部步枪 80 支），手提式 6 支，短枪 38 支，土枪 30 支，土炮 30 尊，指挥刀 5 把，刺刀 430 把，手榴弹 4 248 个，炸弹 48 个，地雷 20 个，子弹 7 784 发，炮弹 23 发，其他弹药军需略。

（四）破坏交通统计：拆桥 104 座，破路 11 579 里，收电线 6 453 斤，收电杆 15 836 根，毁汽车 6 辆，其他略。

附注；本材料之数目字为鲁中、滨海、胶东三地区统计，清河、鲁南残缺不全，冀鲁边未列入。

这些具体数目字的统计，虽然不十分精确，但它却是保卫根据地、保卫群众利益的明证。正因为民兵确实起了它消耗与牵掣敌人的作用，主力军才能够更机动的〔地〕打击敌人，取得反“扫荡”反蚕食斗争的最后胜利。

丙、山东省人民武装发展现状。

（一）山东省人民武装发展现状统计：（略）

（二）民兵之发展速度：以鲁中为快。沂蒙各县在八一训令前四个月，民兵指数为一〇〇，至同年十二月为八九三；边联为一四二二；沂南为五八八。其次是滨海区，五月份民兵指数为一〇〇，同年十二月份为三〇三。其他地区未统计。

（三）民兵占青年壮丁百分比：据鲁中十四个区的材料，其中人口总数九三九一四人，十六岁至五十三岁的青年与壮丁二四一六八人，占总人口百分之二六；民兵计五二一九人，占壮丁百分之二一点五，占人口百分之五点六，野店区民兵占壮丁百分之七一。

（四）民兵的社会成分：据鲁中十八个区（边缘区较多）材料，共有民兵四六七五人，其中雇农百分之三，贫农百分之六七点一，中农百分之二五点二，富农百分之四点七四，地主百分之〇点二。这个材料告诉我们，只有坚决改善工农基本群众的生活，才能够更广泛的〔地〕发展游击战争啊！

（五）民兵中各救会员参加百分比：据鲁中岸堤区材料，民兵四九八人，农救会员百分之五八，职工百分之八，青救百分之三四。

丁、我们的收获当然还不能令人满意，还不能符合于客观环境的迫切要求。但即令是这些初步的成绩，也绝非一纸命令所能完成者。主要的是：

（一）自去年整风以来，我们对于人民武装斗争的认识方面已在思想上有些进步，深刻的〔地〕领悟了毛主席在持久战中早已预示的政治远见，并开始转变了我们在工作上的官僚主义、形式主义作风。本着民主自愿的原则，坚决反对强迫命令“上册子”“抬死驴”的办法。根据各地具体情况，提出符合于当地人民迫切要求的适当口号，如防匪保家。如某村民兵以及各种工作不能顺利推行的原因是恶霸横行，人民敢怒而不敢言，恶霸家里养着很多小鸡吃邻舍的禾苗。后来经过我们工作同志深入了解，就抓住人民这一个迫切要求，发动反恶霸反小鸡吃禾苗的斗争，村民很快的〔地〕组织起来加入斗争中去了，民兵从此突然活跃起来。

（二）军区去年关于发动民兵的指示决定中，曾特别强调各军区军分区武装部队，都必须将各地存枪发给民兵使用。如过期不交，民兵起枪武装自己，不受法律干涉。这[样]一来，大批枪枝〔支〕出现了。

（三）为了解决民兵武器问题，各地兵工厂除大批制造手榴弹以外，并多多修理制造原始武装，并进行广泛宣传，提倡使用土枪土炮、枪刀剑戟。

（四）本会颁布了民兵伤亡抚恤条例，伤亡每个人有安家费三〇〇—四〇〇元。

（五）提倡武力与劳力结合，加强生产，奖励劳动英雄。当然其他党政军民的配合等有利条件还很多，但上述四项工作，实为民兵工作获得如上成绩之关键。

第八节　战时邮政交通工作

战时邮局的建立：

几年来我们各方面对这一工作均未予以重视，各部门都有一套交通组织，互不关心，各自为政，既不配合，也不联系，只具交通形式，不起实际作用，且组织庞大，浪费人力物力。直至一九四二年夏，始统一领导，健全组织机构，并定名为山东省战时邮政总局，主署区设管理局，专署、县均设邮政局，区设邮务代办所。目前除冀鲁边不计外，其他各战略区如清河、鲁南、滨海、胶东、鲁中、湖西，均已于去年先后筹备成立战时邮政管理局，专署、县、区邮政机构正在积极建设中。一年来的工作概况兹就四方面加以说明。

甲、山东战时邮局各级组织机构统计。

（一）山东战时邮政总局以下已有管理局三个，专署邮政局十个，县邮政局六十二个，邮站八十六个，代办所七十四个。其中各战略区邮政单位计：滨海一〇一个，鲁南三十六个，鲁中一百五十二个，清河四十八个，胶东二十五个，共计三六二个。

（二）各级干部通讯员，总局五〇人，滨海二百一十人，鲁中四百二十六人，鲁南一百三十五人，清河一百九十七人，胶东二百五十人，冀鲁边约二百人，合计一千五百〇六人。

乙、交通工作方面。

目前山东交通路线大体上已具雏形，计有四大干线，约长九千里。

（一）通清河、胶东、冀鲁边大干线——该线共分五段，通达冀鲁边仅一月左右，滨海到鲁中仅两天，沂蒙到泰山三天，泰山到清河半月，清河到胶东十几天，滨海直达胶东之线仅半月即可通达。

（二）通华中大干线——每月来往一次，紧急信四天可到。

（三）通鲁南湖西大干线——半月或一月可达。

（四）通冀鲁豫大干线——每月平均一次。

丙、发行工作。

过去大众日报销路仅四〇〇〇份。交通工作整理及报纸本身改进后，今年春天已增至一一〇〇〇份。每隔一日出版一次，均由邮局传递。其他出版宣传品，每月不下十余种，五百至一万份，平均两三千份。我们的交通员，不管春夏秋冬，都爬〔跋〕山涉水，冲过敌人重重的封锁，完成了他们光荣神圣的任务。

丁、邮务工作。

我们仿照中华邮局的一切手续，简略适用于我们的邮务方面，业务的种类为：信函类，新闻纸印刷品类，包裹类，汇兑类。信函平均每日有四五百斤的重量，有五六十斤至二三百斤不等。新闻纸类每天多至一〇〇〇余斤。包裹类一、二月份已达三三〇〇余件。汇兑只滨海邮局，每月平均达十万元左右，很少损失。

因时间关系，未能详细报导〔道〕。但这一工作，在今后敌我斗争更加尖锐的分割封锁情况之下，更值得我们研究和重视了！

第三部分　关于山东民主政权缺点与错误的检讨

三年来我们虽然获得了不少的成绩，有了不少的建树，但不是说已经十全十美了。相反的，由于我们是新兴的革命的阶级，缺乏执政的经验，尤其在斗争复杂、形势变化剧烈的情形下，我们在政策上、在领导方式方法上，都曾犯过错误，直至今天也还有缺点，甚至是错误。我们革命的政权，是不怕暴露自己的弱点的，只有进行严格的自我批评，才能健全民主革命的事业。现在把各部门工作中的缺点错误分述如下：

第一节　在民政方面

甲、民主精神还没有高度的〔地〕发扬起来，民主制度还不够巩固确实。表现在：

（一）选举问题上：选举是一种民主制度，是实行民主的具体方法。施政纲领上要求，村以上一律民选。但现在实行情形如何呢？(1) 各级政权除村政外，区县以上改选的少，有的没有行政委员会。鲁中是中心根据地，但主署区参议会至今尚未建立。清河区村政权真正掌握在积极分子进步力量手中的只占少数，大多数的村政还在封建势力旧的统治者手中。胶东区村政虽在数量上改选的〔得〕很多，但改选工作不认真，仍不够深入巩固。(2) 选举权利还没有成为广大群众的迫切要求。虽然先进区域到选民达百分之九十六，但大部分地区还非常不够。如胶东我区人口一百七十八万余人，登记选民只有五十余万，而参加者仅四十七万，仅占全人口四分之一。产生这种现象的原因，在于对选举宣传得不够，没有能把人民的民主利益与经济利益、生活问题密切联系起来。如沂蒙区开展民主文化运动时，正是春荒的时候，动员选举者不能和这一迫切的要求联系起来，以致群众说：“肠子饿得贴着脊梁骨了，再民主就要断了。”(3) 选举布置比较潦草，动员时还有些违犯民主、强迫命令的行为。如胶东黄县×村选举时群众四散逃避，区级干部把人硬赶回来选举；滨海某县选举村长，干部布置选一工人，结果选了个老头子，干部竟异想天开，宣布有胡子的不要，推翻了大家的意见。

（二）日常行政上不善于运用民主，缺乏民主习惯：如行政委员会议与各科联席会议不区别开，忽视行政委员会议，或开会不讨论，或民主而不集中。还有干涉别人民主权利，随便打击侮辱等。

（三）对于民意机关（各级参议会）之树立是忽视的，已经建立的对其尊重也不够，没有认为它是代表人民最高权力机关。驻委会的职权规定不明确，参议员本身有许多不重视其职责，有的则乱用参议员的权利。

产生这些现象的原因，由于中国是个半封建半殖民地的国家，社会缺乏民主习惯，存在等级观念、反平等、认为自己高人一等的想法。同时对民主教育也很差。

乙、土地政策、劳动政策之执行还不善于把握中心，且存在一些过左过右倾向，尚未及时解决。

（一）佃业劳资间纠纷之处理还未能完全依照法令。这表现在两方面：一方面是雇工方面存在左的倾向，如强迫拔地，侵犯到中农富农利益，或者不让地主收回土地，减租超过二五。胶东东海区减租达百分之五十，增加工资过高，胶东有到一千八百斤者。增资后又提出许多额外要求，要衣服，要烟钱等。还有在春荒中强迫借粮，形成分粮吃大户。有的算三十年前的老账，有一地主三十年前杀了人，到现在又提出来罚他。这些现象都是违背政府法令的。政府当然要扶持群众，而且要照顾到群众动员起来时不在群众头上泼冷水，但这是有限度的。政府是统一战线的，必须照顾各阶层。以上偏向阻止了根据地经济的发展，侵犯富农中农利益，违犯保障人权财权的原则，而且增加了社会纠纷，是应该制止或予以说服的。这是群众方面左的情形。另一［方］面，又有些地主阶级的违法行为，如明减暗不减，违犯双方契约，造谣威胁，假当地，解雇还地，贿买工作干部等。对于这两方面的违法行为，政府往往不能及时正确处理，更不会采取适当的调解方式，使佃业劳资双方均感满意。

（二）过去不应没收而没收之土地还未很好处理。如过去乱没收庙产，黑地初次查出即予没收等。代管土地往往管理不好，不能保障地主应得利益。

（三）黑地仍未彻底清查，每次丈量时都会发现黑地，这就使负担不能达到真正公平。

丙、拥军优抗虽有转变，但还不够贯彻。如过去优待地方部队多，优待主力少，对荣誉军人轻视，对抗属还是单纯物质优救，没注意帮助其生产，而某些抗属亦不能体念根据地的艰难；对于县区武装之供给一般忽视。这些现象都是还存在的。

以上是民政方面的缺点与错误。

第二节　教育上的缺点

甲、教育行政机构还未十分健全，有的缺乏干部，有的调动频繁，流动性太大，有的质量不高，因此不能很好研究经验，甚至犯强迫命令、脱离群众的官僚主义。领导上不照顾全面，好的小学者愿意去，坏的则不愿意去。有的是文牍主义，只发指示，不实际督导。胶东曾有一些小学，领了公粮经费，并未好好上课，政府也未及时发觉。社会教育没和群众利益密切结合起来，和群众生活脱节，甚至有对不到课者乱罚或用绳绑的现象。

乙、学生还不普及，特别是滨海、鲁中、清河、鲁南，对贫苦学生求学的问题，还没设计出更好的办法。

丙、小学教师文化水平一般都很低，未及时抓紧训练师资中心的一环。这从下面材料中就可看出来：莒南二三七个教员测验，二五减租会算者只有三十六人；什么是同盟国，什么是轴心国，有一半是乱答的；为什么小学教员要参加社会活动，有一二七人不了解；敌后有那〔哪〕些根据地，也有一半的人不知道。

丁、教材课本不够多也不够好，或者偏重政治，一些抽象的政治名词，使儿童甚至教员都难以了解；或者缺乏实际斗争故事与模范人物之介绍。通俗读物也还未充分供给。

戊、在教育中理论与实践的联系，即教学用合一特差，教育中的教条主义相当严重。

己、教育款产还未很好整理。如滨海区有学田一二九七三亩，年收入七二五五元；鲁中区［有］学田四四〇二亩，年收入七五三七三〇元。从这比较中可以看出，鲁中整理后亩数少，收入大，滨海则很差。鲁中收入八一六二八九元，支出一二一七三五七元，不敷四〇一〇六七元，也未很好解决。

以上是教育方面的缺点。

第三节 财政方面

甲、几年来山东财政工作还没有达到主观的要求。如田赋税收尚未积极改进，官产、学田尚未开始整理，使财政开源工作不大。而且初期在政策上曾犯过错误，如乱捐乱罚乱筹等等，增加了贫农中农的负担（因当时乡村政权尚操在旧统治者手中）。以后的征粮办法也都还有毛病，税收上有乱查乱没收及收重税等现象。

乙、在制度上不够巩固与严密。许多人把制度看成可有可无的东西，认为制度是制人的，是财粮人员自己设立的，因而对制度执行不够彻底，有阳奉阴违、强调特殊、自收自用、先斩后奏等现象，不一而足。

丙、在货币斗争上的缺点：

（一）货币发行数量太少，不够市场流动需要，同时又没有充分的准备金，无法调剂发行数量，调剂外汇。没有基金就无力量与人斗争（鲁中、鲁南均因缺乏准备金而无力斗争，滨海亦因此而非常困难）。

（二）斗争方法的主观主义，不合市场规律，孤立的〔地〕看问题。如不管市价高低，强定一元兑一元；不顾贸易需要，不去负责调剂外汇，以致黑市流行无法控制。清河、滨海均因此遭受过失败。

（三）执行上的官僚主义。不动员自己支配下的经济力量造成有利形势，对民众的宣传解释不够，甚至颁布禁令而不严格检查，使人民视法令为儿戏（滨海人民甚至一些部队机关多作此想）。

（四）领导的不统一，自己破坏自己的政策。交易所、合作社、机关所经营的商店，只求自己赚钱，不顾政府禁令，形成“官折民不折、上折下不折、明折暗不折、进折出不折”等矛盾现象。

丁、征粮工作的缺点；

（一）甲种公平负担是摊派性质，把全部负担放在少数富农身上。

（二）乙种公平负担纠正了前项缺点，但免征户太多，计算方法困难（级数方法）。

（三）征粮新办法缺点：（1）计算产量收入困难，少报多估，引起纠纷。（2）多收多征，而且提高征收率，使人不愿增加生产。（3）重征勤劳生产的富农和经营地主，轻征不劳而获的收租地主。

（四）今夏滨海、胶东征粮新办法：（1）按照同级土地平均产量征收，勤劳增产者占便宜。（2）除生产成本百分之二十，稍稍减轻富农及经营地主的负担。缺点是黑地清查不彻底，有些地区估计产量太高，增加人民负担。有的地区征粮工作中有严重官僚主义，强迫性的〔地〕提高产量，有害社会统战（如胶东）。

戊、生产节约的提倡虽然有了一些成绩，但严格检讨起来，贪污浪费现象仍相当严重。尤其粮食上的浪费更大，如在生产中节约了金钱，浪费了粮食，以粮食租种田地，以粮换菜，变卖公粮等。据一般人数与粮数的统计，每年粮食尚有相当大的浪费数，我们尚未给以严格纠正。特别胶东、清河两地对粮食的浪费与管理的马虎是很严重的。

己、过去财粮工作大部着重于整理健全上层，而忽视了基础组织——村财政的整理。一九四二年始提出了这一工作，但成绩寥寥，整理巩固的仅有一百余村，大多数村庄尚存在村公费、慰劳费、娱乐费不必要的支出。而且这一工作没有与民主运动、改造村政等密切配合起来，因而使工作孤立，不能有更大的成绩。

第四节　在经建方面

甲、对新民主主义经济性质认识模糊，限制了资本主义经济的自由发展。

（一）如在农业生产方面：把富农与地主同样看待，公粮负担重征富农和经营地主，妨碍增加生产。增资政策执行中也间或有打击富农的过左行为。在代耕换工、调剂人力牛力时不照顾富农，无代价的〔地〕强用耕畜，不是用人力交换牛力，以致有些富农减少耕畜，有两头的减少一头，甚至大牛换了小牛。滨海区强拔富农土地，要求生产上的平均主义（个别最幼稚的农救会提出一人三亩地的主张）。这些错误，都是妨碍富农经济自由发展的。

（二）在手工业方面：过去是公营多于私营，只注意军队和政府工作人员的需要，而不注意广大人民的需要。纺织手工业发展虽然采取私营方式，但吸收私人资本还不大胆。商人投资于纺织手工业（调剂纺户织户间的供求）不但没有奖励，有时反予限制（有些幼稚的合作人员以“反对私人剥削”的错误口号来排挤商人）。

（三）在贸易方面表现得更显著。少数机关所经营的商店垄断市场、排挤商人。贸易局也只注意部队的供给，不注意满足广大人民生活需要。没有大量吸收私人资本（贸易局所组织的公营商店，私人资本仅占三分之一，不及二百万元），没有注意到扶助商人，帮助他们解决困难。没有充分保证商人营业和营利的自由，往往赚钱稍多即目为“奸商”，予以打击。或者相反的对商人采取自由放任主义，任其损害政府和人民的利益。

（四）合作社对外的垄断，对内的不敢大胆吸收地主富农基金，以致限制了自己的发展。或者相反的按照土地财产多少强征股金，使合作社变成了人民的负担。

乙、领导上的主观主义、官僚主义，执行政策的机械化简单化。

（一）农业生产领导上间或有主观主义、官僚主义现象。如胶东某村把换工变成集体耕种，大大的〔地〕降低了劳动效率（实行一天后即停止）；把人力换牛力变成组织耕牛站，集中耕牛，编号轮用，妨碍牛主利益（已迅速纠正）；甚至组织合作农场，提倡集体经营（共同生产，按劳分配）。但这仅是个别现象。

在发展纺织、贷棉贷款的时候，过去有些地区也曾按村摊派、按户摊派，但不久就迅速纠正了（有强派地主妇女贷棉二斤，使她只好雇人纺织的笑话。也有的将贷款由团体经营，雇佣妇女纺织，如胶东初期纺织）。

（二）贸易上主观主义错误更严重。误解“自给自足”“以货易货”政策，机械的〔地〕简单的〔地〕来执行，以致〔至〕于妨碍了有利于我的对外贸易。特别是些土产的输出，影响人民生活及商人利益。如沂蒙贸易是由北（潍县）输入，向南（鲁南、滨海）输出；滨海贸易由东（新浦）输入，向西（郯城、临沂）输出（主要是食盐）。其他区亦有此种现象。机械执行“以货易货”，必使商人大感困难，贸易大受妨碍。鲁南因为机械“以货易货”，以致曾有一个时候妨碍了山货（金银花）土产输出。滨海区曾有一个时候，妨碍了食盐的输出，使政府、人民俱受损失。胶东曾禁花椒（大宗生产）输出，说是敌人买去制造毒气，调查结果是制造香料。鲁中粮食东贱西贵，棉花西贱东贵。滨海粮食西贱东贵，食盐东贱西贵。我们未能利用差额，调剂有无，平抑物价，解决小贩贫民生活困难。鲁南某地区五六十里之间粮食价格相差三分之一以上（东贱西贵），我们机械禁止粮食搬运，以致大好机会不能利用，西面人民只得吃高价的粮食。这种机械的贸易统制，实是利少害多。但直到现在，许多贸易工作同志执行政策还满足于过去的机械化、简单化，不能研究具体情况，灵活运用。

违犯市场自然规律，关着大门决定政策的主观主义、官僚主义态度，是极端有害的。像各地货币斗争中，不管市价如何，规定一元兑一元、二元兑一元的本币法币兑换比率，以致有价无市，黑市流行；不准输出输入商人兑换法币本币（藉〔借〕口“以货易货”），或在兑换时候应兑入的不敢兑入，应兑出的不敢兑出（比如滨海兑换时，东面不敢兑出法币，西面不敢兑入法币，以致双方贸易俱受不必要的阻碍）。用这样机械的简单的方式来作经济斗争，是一定会失败的。

（三）合作事业上的官僚主义，过去有一时期也很严重。如把集股变成摊派（按村按户按银两硬派。鲁中过去曾用“合理负担”办法强派股金。胶东曾有专署、县、区、乡、村、农救、青救七种“合作捐”）；其次不开会，不结账，不分红；甚至只集股不营业，干部调动不交代，丢了股票不检查，人民认为是一种捐，以致合作社在人民中的威信很差。去年大加整顿，固然大大的〔地〕纠正了上述错误现象，但整顿的结果，把大部分合作社取消了。

丙、领导上不统一，有些贸易机关本位主义，唯利是图，违犯政策。如过去曾有某些机关、部队所经营的商店不纳税，派民夫民骡，私卖粮食（现已纠正），自相竞争，甚至屯〔囤〕积抬价；某些合作社卖奢侈品、迷信品，甚至卖棉掺水，包庇走私，贪污浪费，霸占市场；有些交易所只求抽手续费，为着多收手续费而不愿抑低物价。这些虽然是个别的，而且大多是过去的情形，但仍值得今后严重注意。

有些地区贸易局与银行间、与生产贸易机关间是不协调的，不但不能朝着同一目标配合行动，反而互相牵制，为着本位利益不惜破坏整个经济斗争计划。如在货币斗争、贸易统制中，有些生产贸易机关公然袒护黑市，包庇走私。这些现象更应彻底纠正。

第五节　在司法方面

甲、司法组织尚不健全，同时存在着轻视司法等不正确观念。没有认为这是新政权维护法治工具，保障人权财权，解决社会纠纷的机关；缺此则社会秩序不能建立，不成为政权。同时有拘泥于旧的法制观点，不能照料新民主主义的精神亦存在着。

乙、司法与群众结合不够，有的判处主观，违〔危〕害群众利害。每一个重大案件或判处徒刑，应使群众明了以及用群众力量消除犯法行为。

丙、缺乏调查研究与尊重法治的精神，特别是区，违犯人权保障的倾向不断发生。对于案件犯罪的来源加以研究，并提出防止犯罪设施，是一般不注意的。

第六节　在公安方面

甲、组织不够健全，特别是区级干部，数量不够二分之一，质量又差，使工作不能深入及推向全面与群众化。

乙、个别地区的干部掌握政策仍有偏向，特别是不能及时处理，以及深入调查情况准确处理，常有偏左偏右的现象。尤其过去曾有一时由于干部的幼稚与主观主义，犯过不少的错误。但各级政府未能执行本会颁布条例，加强领导，特别是县以下常常发生不按手续乱捕的现象，使公安局处理感到困难。

丙、司法不健全，常将司法案件羁押公安局，并常羁押经久未能处理；再加上民兵各地盘查的现行犯，因之使公安局经常限于事务与被动中。

丁、公安工作的动员宣传教育不够，使各方面正确认识不够。常有把公安局当作警卫队看，把侦察员当作通信员，把公安局当作专审讯押犯的机关，使不能发挥其对敌斗争之主动性，及组织领导或指导军政民全面进行反特务斗争。

第七节　在人民武装方面

甲、人民武装发展还不强大，尤其普遍自卫团对于其任务大部未执行。

乙、民兵的武器弹药还不够充足。县府对于弹药调剂不重视，形成边缘区个别村庄多打仗、多负担的现象。对一些必要的不脱离生产吃用公粮亦机械加以限制，使民兵初期发动受到损失。

丙、民兵过去的某些偏向还未彻底纠正。

丁、人民武装领导机关，还未民主的〔地〕建立与统一。

戊、对人民武装的奖励不够，往往见战利品则收回，这是泼冷水办法。对本会颁布抚恤奖励条例认为是全省的，不适合于他县。这种政治上的幼稚，组织上闹独立，不但是反对群众性的游击战争发展的任务，而且是违反人民意志与政府法令的。这一些县长应受到批评，而且也会受到敌人的惩罚。

第四部分　山东抗日民主政权建设的基本总结

第一节　优点与成绩

甲、根据以上山东民主政权的创造发展，与民政、财政、经建、教育、司法、公安、人民武装、战邮各项工作的树立，我们可以说山东抗日民主政府三年来的施政，确实开展扩大了山东民主政治推行的范围，建立了各级行政机构与行政系统。初步建设了抗日根据地，坚持了边缘游击区，开始伸进了敌占区。初步的〔地〕实施了民主政治，拥护与坚持了抗日民族统一战线，吸收了抗日的各党派各阶层参加管理政权，大部分成立了参议会民意机关，部分的〔地〕改造了村政权，实施了正确的土地政策、劳动政策、公平负担、救灾济贫，限制劳役支差，举办低利借贷，各方面的生产节约，精兵简政，初步改善了人民生活，减轻了人民负担，提高了工、农、妇女、青年社会政治地位。初步开展了战时财政经济建设，支持了全山东几年来抗日经费、抗日公粮；废除了苛捐杂税，实行了累进税制；发行了本位币，打击了伪钞，初步整理了税收，发展了鱼〔渔〕盐业；提倡了造井，个别地区开展水利，防止水患；一般注意了垦殖荒田；初步开展了土货生产，尤其纺织业生产，生产事业中有一些创造发明；实行了预决算制度、金库制度、审计制度，严惩了贪污分子，厉行节约，初步反对了浪费。初步实施了新民主主义教育，普遍建立了小学，超过了战前的小学数目；初步开展了民众、学校与社会教育；改革了学制，改编了教材；改善了小学教员的待遇，吸收与培养了一些师资；整理筹划了教育经费，部分实行了免费教育。扶持了工农群众团体，并初步的〔地〕开展了人民武装，优待主力，救济抗属。树立公安、司法的组织与工作，保障社会秩序，一般的已无土匪，偷窃案件亦逐渐下降，保障了抗日人民的人权、地权、财权、政权；镇压了敌探、汉奸、汪派、托派等民族公敌，及一切反民主、破坏根据地、危害人民利益的犯法罪行受到了惩罚打击。这就是建立民主政府以来几年的收获与建树。

乙、当然这些建树、收获还只是初步的低级的，我们并不自满，但这些收获说明了以下几个问题：

（一）山东抗日民主政府是初步的〔地〕执行了山东省参议会所通过之施政纲领，而且是抗战建国纲领最忠实最彻底的执行者。

（二）这就说明了山东抗日民主政府，一般讲它已经不同于大地主大资产阶级包办、独裁、腐化、官僚的政府，而且有本质上的区别。它是一切抗日阶级革命的联合专政，是新民主主义的精神所指导，成为抗日民主政权。

（三）这就说明了没有几年来这个政府的建设，没有这些政策纲领的实施，也就不能有过去的游击战争的坚持。如果说"山东八路军是山东抗日根据地的支柱"的话，山东抗日民主政府就成为山东抗日根据地的茅屋草舍，就是一切抗日队伍的营盘。这个基础是打下了，坚持今后胜利的基础是打下了。但还需要改善，将茅屋草舍建筑为丰衣足食的辉煌的人民之宫，将营盘修理的〔得〕"温暖适宜、整齐壮观"。

（四）这就说明了山东抗日民主政权已经成为山东人民自己的权力所在，是解放自己有力的工具，是山东人民身经敌伪统治与军阀、官僚、地主、资产阶级长期腐败的残酷的压榨之下，最后选择了的求生的道路，而且已经考验了它是人民的不可须臾离开的生命。战后新中国的光明，已经微微的〔地〕放射在山东。而山东一切腐朽的封建统治，正像"日落西山，气息奄奄，人命微浅，朝不虑夕"，快进博物馆了。而民主政权虽身经百战，但是越战越坚强，正如美妙之青春，磅礴于全山东以至全中国。其排山倒海之势，不可当也。潮流所趋，时代使然。只要大家一齐努力，胜利就在前面。

丙、这些建树收获是事实。我们还要向大家说明，为什么能得这些收获呢？

我们深深感觉到，我们所以能有此建树，没有中国人民领袖毛泽东的思想指导，没有中国共产党指出敌后坚持抗战的方向，我们是不能做到这样的。没有华北、华中各个根据地经验的介绍，我们的工作是更困难的。没有中共山东分局历次所指出坚持山东抗战的方针的指导，我们也是困难的。没有山东八路军——五师、山东纵队子弟兵团及其他抗日军队浴血苦斗，打击敌伪，抵抗反共反民主的顽固投降派数万次的战斗，数万将士见义勇为，抛掷自己的头颅，换取民族与山东人民的自由，收复国土，创造根据地，我们要建立民主政治更是困难的。他如国民抗敌协会、各群众团体、各进步人士及广大人民之支持，都给了政府建设以很大的帮助，使我们能顺利的〔地〕有了今日与数年来的建设。

同时我们也必须指出，我们之所以有此成就，还依靠参议会的制定法规条例与政府工作同志掌握政策、努力实施，尤其是许多政权岗位上的战友英勇牺牲、艰苦奋斗的结果。我们沉痛的〔地〕向大会说明，战工会副主任委员陈明同志，为民主斗争而牺牲了；另一副主任委员李澄之同志被俘不屈，至今还身困囹圄；我们的秘书长兼民政处长又是参议员的李竹如同志，去年在坚持反"扫荡"中牺牲了；我们战工会委员刘子超同志、宋澄同志也牺牲了。鲁西的范筑先专员为抗日为进步而牺牲，也值得我们追念。此外我们各地区的政权干部为抗战和民主事业而牺牲的更是举不胜举。

如冀鲁边政权干部牺牲者有：一专署专员杨靖远同志，为推行民主政治亲到津南，一九三八年十一月被反民主国特分子袭击而殉职。一专署专员石景芳同志，无棣人，一九四〇年春曾任鲁北行署主任，是有名的东光模范县长。一九四一年敌四次治强时以五千之众合击专署，他受伤后仍指挥队伍与敌肉搏，最后光荣牺牲了。一专署秘书锺凡同志、阳信县长吴大风同志、东光县长王家骥同志、乐陵县长于××同志、平原县长×××同志，都英勇牺牲。东光区长傅振武同志，于一九四〇年被敌俘去，打得死去两次仍不屈服，坚决不吃敌人的东西。敌利用叛徒来说服他，他用被子蒙着头，感动得汉奸落泪而出。最后敌没有办法，将他枪杀了。

我们泰山区政权干部中牺牲者有：淄川八区区长岳一川同志，矿工出身，单人独马开展了张店附近敌人交通三角地带的工作，被敌捉去后，仍利用旧关系组织了九十支匣枪想拉出来，不幸事泄，被敌活埋。新甫县汶南区区长张之亮同志，被俘后不屈而死，敌占区人民自动捐款为之立追悼碑。

我们沂蒙区政权干部中牺牲者有：沂蒙公安局长朱玉同志，沂南一科长赵致平同志，沂南公安局长刘来之同志，联办教育处副科长李浩同志，专署经建科副科长李依敏同志等。

我们滨海区政权干部中有：沭水板泉区区长冯干三同志，率领区中队及民兵坚持壮烈的渊子崖战斗，英勇牺牲。莒中县长王玉璞同志，率领一个连与抢粮之顽军一个团作战而牺牲，但群众粮食一粒未被抢去。莒南汀水区主区长，在敌顽夹击之下，开展该区工作，被顽俘去，不屈而死。莒中垛庄区武装助理员朱柏同志，率领民兵截击敌人牺牲。

我们做交通邮政工作的干部中牺牲者有：泰山区邮局六十二岁的交通员刘光明同志，为完成越过胶济路通达清河的任务，曾被捕过两次，均以灵活的斗争方式脱险。去年吉山战斗中，他叫其他同志突围，自己留守文件，被俘后丝毫未泄露秘密，不屈而死。清河区一个交通员，携带重要文件，遭遇敌人，投小清河而死。全省交通干部牺牲者共十九人。

我们还没有接到详细的报告统计，所以遗漏的还很多。这些牺牲的同志，绝大部分是共产党员。他们用自己的鲜血和头颅，换得了美满的民主之花。他们的牺牲是有代价的，是光荣的。我们应该永远继承他们的遗志前进！

除了上述牺牲的同志外，我们还必须指出一些艰苦奋斗、坚持工作的模范干部。

首先是我们的范议长，年已八十余岁，经过几次反“扫荡”斗争，但坚持民主不屈不挠。我们的马、刘二位副议长，张伯秋处长，都是老当益壮，在鲁中几次严重大“扫荡”中经历饥寒交迫之苦，都能坚持工作。我们的杨希文处长以残废之身，数年来纵横鲁中、滨海，不觉其劳，为民主文化事业而奋斗。我们公安处长刘居英同志，为了保障人权，为了锄奸政策正确的实施运用，也为了政府工作，东西南北各地区到处奔波，到湖西，到鲁中，到鲁南，到清河，到胶东，深入布置检查工作。其他处长均努力工作，不多叙述。

我们还要指出，某些地区在敌伪蚕食、环境恶化之下，许多干部不避艰险，吃苦耐劳，终日与敌伪搏斗，坚持民主政治。如冀鲁边据点林立，他们有时背张狗皮在野外宿营，仍坚持工作。泰山区某些地方因给养困难，政权干部终日工作不得一饱，甚至亲自到几十里外负米自炊，毫无怨言。还有许多区级干部终日下乡执行具体任务，物质生活亦甚恶劣，但一般都能艰苦奋斗。如清河区邮局交通员王青山，在严寒钓冬天赤身下水，过小清河运送文件，每月经过三五次。另一交通员“扫荡”中受敌毒打，刺了三刀，文件仍未遗失，醒来后带伤送到目的地。日照县六区过去为顽控制，区长古芳亭仍坚持工作三个月，直到恢复以后。泰山区几年来环境益趋严重，但全区县长无一个脱离岗位者，都在与群众密切联系下坚持了工作。益都县长冯毅之同志，全家在马鞍山殉难，他仍毫不动摇的〔地〕坚持下去。莱芜雪野区区长，全区沦为敌占区后仍坚持工作。去年冬“扫荡”中给附近主力送情报被敌俘去，因他在群众中有高度信仰，大家设法使他脱险。卧床三月不能动，愈后仍照常工作。敌百般威胁其家属，他仍毫不动摇，想做到“有据点，无敌区”。

这些同志的艰苦奋斗，也是山东民主建设成绩的来源。此外我们培养了一些模范区长、县长，提拔起一些青年庄长，都是坚持民主斗争的有生力量。

第二节　缺　点

甲、综合第三部分的检讨，我们的基本缺点就是：

（一）我们对敌政治攻势还不够坚强，特别是在反“扫荡”中备战动员不够深入，对敌占区民主宣传还不够深入。

（二）民主的力量还不够平衡、深入、巩固，民主作风不够贯通。人民的负担上仍有畸轻畸重。开源节流仍不够大。贪污浪费现象未能彻底清除。本位币信用不够高与不平衡。工农商及合作事业还很幼稚，尤〔犹〕未掀起群众性的组织性的潮流，因此还未能有力的〔地〕打破敌人的封锁与经济进攻，而达到根据地基本上的自给自足。人民武装还未走上普遍化，群众性游击战争还不够广泛，特别是人民武装武器弹药还未大量生产与补充，政府中许多干部还未认识其重要。文化教育的民族化、科学化、大众化还不够，师资质量未达到应有的水平，社会教育不广泛。法令条例还不够适应人民之需要与施政之遵循，而尊重人民的法治精神亦未深刻教育与自觉服从。司法之组织不健全，质量低。根据地组织不够严密，群众性的检举敌探奸细不够，使敌探及一切破坏民主的奸细潜伏腹地活动的现象仍未消除。交通邮电仍有完成〔全〕断绝之虞。总之，我们各部分均有漏洞，仅仅是走上民主简政之门，尚未朝见民主之大厦、简政之高楼也。

乙、由于这些方面的弱点缺点，以至某些方面的错误，所以抗日根据地还未十分牢固有力，各阶层的民力还未有广大的〔地〕发扬起来，而行政上亦事倍而功半。

丙、这是我们应该虚心的自我批评的。我们并不因此自馁、无信心。我们认为这是建设过程中难免的缺陷，尤其一批新的革命同志缺少执政的经验，这是不可避免的。谁都不愿有这些缺陷的，但是它有主观与客观的物质基础，如敌人的频繁“扫荡”，顽固力量的捣乱，物质的困难，干部的软弱、不敷应用，几千年封建的传统的传染，这都不能否认。但主要在于主观方面与主观指导方面还有不少的缺点，其主要者：

（一）我个人尽力不够。一年以前，本人因军事任务在身，常系身于一个区域，未能多参加实际工作，这是一个抱歉的地方。战工会因干部少和分割之环境，亦未能更多的〔地〕及时的〔地〕了解全山东情况，加以更多的集［体］帮助，同时亦与各地之主动联系不够，使指导上亦增加了困难。

（二）各地各级干部培养教育不够，以及旧的统治传染，本身斗争经验缺乏，特别区级更弱，因此作风上有主观主义存在，政策掌握不紧。

（三）对民主思想认识不足。

（四）与群众结合不够，群众观念不强，不会运用，不会配合。

（五）尤其重要的是领导的不够深入朴素，而主观主义、官僚主义存在于政权干部的作风中，还未彻底克服。表现在不深入调查人民生活，不大了解下层情况，不善于总结工作经验，等级观念的表现，强迫命令惩罚的偏向。

这些缺点存在，我们工作就要受损失。我们已经开始注意了，今后还要继续彻底克服，才能达到民主简政，战胜敌人。

第五部分　今后山东民主政权建设的基本方案

第一节　山东当前政治形势及其发展，对我们今后坚持与建设民主有些什么问题呢？

过去几年的建设，由于党政军民的共同努力，特别是广大人民的热烈拥护，我们已获得不少的成绩，同时也还有不少的缺点和错误。今后怎么办？我们民主政治的建设方向是什么？这是我们今天要来研究的问题。这里我首先指出，我们一切工作的建设是和客观形势的发展不可分离的，关于目前总的形势的发展，中共中央“七七宣言”已经明确的〔地〕答复了我们，在此不必赘述。但山东最近形势之发展趋势若何？我们在思想上应如何准备自己？就需要分析研究。

甲、民主与反民主力量的对比已起了重大的变化，民主力量已逐渐上升为全面优势，而反民主力量则积极下降，趋于更大的劣势。这具体表现在：

（一）于、李的明争暗斗，东北军被迫退出山东，李仙洲自己又不能够坚持山东阵地，这样坚持山东抗战的责任便完全落在我们身上。这是山东国民党顽固派势力下降，民主势力与反民主势力对比发生变化的转捩点。这由于：

1. 李仙洲之入鲁，原望其能与我共同抗战。但李存心不良，不但不抗战，反而高唱反共第一，以致失掉民心。鲁南人民有云：“想中央，盼中央，中央来了遭了殃。”所谓关怀桑梓，原来就是这么一套鬼把戏。

2. 李部妄图倾覆抗日民主政权，几次进攻我山东八路军。我们忍无可忍，被迫实行自卫，予以迎头痛击。李部损失惨重（鲁南的一个师只有二千人左右了），因而招致地方顽固势力的悲观失望、动摇叛变，纷纷投敌。这一方面增加了敌伪的力量，另一方面则使顽固反共势力大为减弱。

3. 于学忠被迫调出山东，放弃了沂鲁山区反攻前进阵地，削弱了山东抗战实力，予敌伪以可乘之机。幸我山东八路军又从敌人手里夺了回来，安定人心，组织群众，开展民主，扩大了抗战民主的力量。

4、敌人虽曾千方百计诱李投降，李亦以“只反共不抗日”来求得敌人谅解，但敌顽彼此矛盾仍然无法消除。

5. 无论李部如何狡猾狠毒，而先机之利已为我有。我有充分准备，可以击败反动顽固派之任何进攻。但还须要动员群众配合作战，才能更有效地坚持山东抗日阵地。

（二）山东省政府已正式退出山东。这一个大地主大资产阶级反民主反人民的腐败官僚政府之引退，对今后山东的抗战也是有利的。但我们还须〔需〕要说明，这是它自己开了小差，绝非我们把它排挤出去的。

（三）目前山东反共顽固派势力日益倒退，存在着叛变祖国的危机。于学忠已出鲁，李仙洲之入鲁似乎还不那么容易。于是地方顽固势力乃“向隅而泣”，纷纷投敌。除吴逆化文等第一批汉奸不计外，今春投敌者计有：鲁南荣子恒、刘国祯，滨海张步云、厉文礼，清河区刘景良等。其次，胶东之赵保原、王尚志正在互相厮杀，壁垒森严；清河之张景月正在动摇徘徊中；盘踞滨海北山区之顽军，几乎全部投敌了；张里元又于今日南下，鲁中沂山区有名的反共大将秦启荣最近勾结敌人进攻我八路军，在战斗中呜呼哀哉了；那里还剩下一个张天佐、曹克明，如果不进步，仍旧反共倒退，恐怕很快就要叛国。我们希望他们迅速回头，来与我们共同抗战。

诸如上述，山东反共顽固势力大势已去，正在迅速崩溃瓦解中；他们固然无力而且无心抗日，同时也已不成为民主之大害。所谓“顺民者昌，逆民者亡”，信哉斯言！

乙、今后形势发展的重心，还是敌我斗争的严重局面。

（一）敌人的进攻是死亡前的挣扎，是会更加残酷的。不到反攻的最后胜利，敌人是不会放弃对我们的进攻的；而且今天敌人已有很多有利的条件：

1. 大体上已完成其对我华北抗日根据地的分割封锁，更便利于其随时出击。

2. 几年来对我们内部的情况和战略战术已经有了一些了解。

3. 华北机动兵力似已增加（目前已有两个师团北调）。

（二）敌人进攻我们的方式、花样可能更多。其规律亦将随具体情况之不同经常变化，但主要的〔地〕将采取：

1. 优势兵力的频繁拉网“扫荡”。

2. 蚕食推进，更行分割，

3. 总力战的结合，即所谓军事的、政治的、经济的、文化的、特务的种种花样相结合，针对我们的特点与情况，而变化其残酷的方式。

（三）在这种残酷的“扫荡”进攻之下，我们部分地区的损失、干部的伤亡、困难的增加，是不可避免的，也是不可忽视的。但是我们是可以坚持的。我们一定能够坚持到最后胜利。我们必须认识到各方面的有利条件。

1. 国际方面：国际上的两大阵营在力量对比上已发生了巨大的变化，即是说，反法西斯同盟国根本改变了一向的劣势地位，逐渐上升为空前有利的形势；而法西斯方面则大势已去了。它的国际地位的孤立，内部的军事政治危机，人民的反战压战，这一些都决定了第二战场迅速建立的客观有利条件。如果第二战场迅速实现，则打败希特拉将是今后一年内的事情。

目前法西斯最弱的一环已经开始崩溃。墨索里尼的下台，法西斯党的被解散，不久就要投降。苏联夏季攻势的伟大胜利，奥勒尔、比尔哥罗德、卡尔科夫的收复，西西里岛的占领，太平洋美军的逐岛前进，节节进迫，这种形势的发展，显然的，东方的法西斯的寿命也不久了。希特拉的失败，就是一切法西斯的失败。这是无容〔毋庸〕怀疑的。我们虽处在黎明前的黑暗中，但红日快要上升了！

2. 国内方面；国内虽然有大地主大资产阶级的代表——国民党顽固派，在日寇第五纵队分子挑拨之下调动大兵，包围陕甘宁边区，破坏民主，高唱法西斯主义，但它忘记了中国与国际盟邦的关系，英美既不赞成，法西斯的祖师也大势已去，而且已去了一半，它还有什么依靠呢？难道它还要裸体跳舞么〔吗〕？全中国的人民是要求抗战民主的。他们是中国的命运的决定者，而且他们又把极大的希望寄托在敌后抗日根据地中国共产党、八路军、新四军和我们的抗日民主政府身上。谁要胆敢违背这个真理，而同全国人民开玩笑，谁就不免要撞一鼻子灰，而且有撞破脑袋的危险。这就是中国的命运，也就是《中国的命运》的作者的命运吧！

3. 我们有中国人民的领袖毛泽东同志和团结在他周围的中共中央的英明领导。他们的预告和指示，就是我们中华民族争取最后胜利的南针和方向。

4. 我们有五十万华北华中的八路军、新四军及山东八路军子弟兵。这是民主的武装，人民的武装。有了他们，就有了民主的地位、人民的地位。

5. 我们有华北华中各个抗日民主根据地的配合与经验的交流，可以借镜，减少我们的缺点和错误。

6. 我们有山东数万共产党员及数百万有组织的群众来赤心耿耿的〔地〕拥护民主，为民主而斗争，而且还有中共中央山东分局正确方向的随时指导和帮助。

7. 我们有几年来为民主斗争锻炼出来的成千成万的干部和战友。

只要我们能够坚持，我们就能胜利！

丙、那么，根据我们的斗争环境，根据我们的民主建设的经验和需要，我们究竟怎样来完成我们抗战建国的伟大事业呢？除了全部忠实的〔地〕执行八一施政纲领而外，我们的基本任务便是：

（一）我们要团结一切抗日民主力量，粉碎敌人“扫荡”与蚕食，反对国民党反动派分裂、投降、反民主的阴谋逆行，坚持新民主主义，保卫并巩固山东抗日民主根据地，迎接反攻局面的到来。

（二）为保证我们上述艰巨任务之完成，我们具体奋斗的目标和方向是：

1. 一切为了抗日战争的胜利。

2. 发展生产事业，奖励劳动英雄。

3. 厉行民主政治，反对官僚主义。

4. 推广教育，提高人民政治文化水平。

这就是：战斗、生产、民主、教育，便是我们今后，努力的目标和方向。为什么呢？因为：

（1）我们知道，我们所处的环境是深远的敌后方，是极度紧张的战争环境，地区又如此被分割；敌人千方百计设法从内部外部来进攻破坏我们，我们稍一疏忽，就如同悬在空中那样危险。过去许多地方太平观念已经吃了很大的亏。我们的民主是在与敌人搏斗胜利之下逐渐建设起来的。我们一切的工作必须服从于战争，把它孤立起来的观点意识是非常危险的，也是敌人所高兴的。只有高度的〔地〕提高政治警惕性，把一切服从于战争的思想贯穿在每个行政部门每个政权干部的思想中，我们的工作才能做好。

（2）我们知道，民主最高的要求就是经济地位的平等。今天虽然做不到这一点，但解决民生问题，向丰衣足食的道路上迈进，民主政治才能够更好的〔地〕建设起来。如果我们和广大人民饥寒交迫，非特民主政治无从谈起，坚持今后的敌后战争也将遭遇到难以想象的困难，甚至不能支持下去。“战争就是物质力量的竞赛。”没有雄厚的物质基础，打败法西斯也是困难的。

为今之计，我们的生产建设工作再也不可延缓了。不管军队、机关和学校，在不妨碍作战、工作和学习的条件下，都要发动生产自给运动，用我们自己的手来改善我们自己的生活，力求减轻人民负担。除一切公营企业以外，要广泛发展民营生产贸易事业，奖励劳动英雄，开展生产竞赛，惩治贪污浪费，反对懒惰分子。

(3) 我们知道，我们的民主还不够巩固和深入。我们的政府中还存在着旧思想、旧作风、手工业工作方式。我们的政还不够简，行政效率还不高，还不能很好的〔地〕应付战斗的复杂的客观环境。我们要战胜敌人，还要充分的〔地〕发扬民主精神，养成民主作风，建立民主制度，提高行政效率。

(4) 我们还要知道，我们大家都有了民主的自觉，才能为坚持民主而斗争；人民大众有了民主思想和文化知识，才能建设巩固的抗日民主根据地。我们的教育虽有某些进步，但民众中保守迷信等封建思想还相当浓厚（如烧纸入口年达二千万元）。我们必须给广大人民以民族的、科学的、大众的、新民主主义的思想教育，我们才能够取得更多的胜利，才能确立战后广大人民的政治优势，才能建立起新民主主义的新中国。

（三）这四大方向不是孤立的，而是与各部门工作互相结合的。每一个政府工作者必须具备这个正确的思想，并在工作岗位［上］互相关照、互相配合，我们的各种工作才能做好，我们的任务才能完成。否则彼此分离，相互脱节，甚至互相矛盾冲突，那就是官僚主义最坏的态度。因此不但每个同志必须密切配合联系工作，尤其各级政府负责人应在整个行政工作中，使这一中心思想与经常工作结合起来，使个别的与一般的结合起来，不是“百端并举，百废俱兴”。

（四）有了这个努力的方向，还必须在领导上确立一个极其重要而能适应形势发展的领导思想。这就是在战工会和战略区主署的领导之下，在分割、封锁、蚕食的情况之下，应提倡在统一政略领导下，整饬政纪，发扬独立自主、坚持地方民主斗争的工作作风。

第二节　各个行政部门的主要工作

甲、民政方面。

（一）切实掌握三三制，健全民主制度

1. 三三制的宣传与执行。什么是三三制？三三制是中共中央所提出的，共产党员在政权中、民意机关中、一切行政机构中只占三分之一，无党无派其他人士共占三分之二的政治纲领。不是法律上的规定。为什么共产党要提出这个号召呢？共产党、八路军、新四军在敌后创造了根据地，但为了彻底执行民主革命的任务，政权应由各阶层来参加。不但在形势〔式〕上而且在内容上完全符合于抗日民族统一战线的方针。所以，共产党宁愿以三分之二的权利予其他各阶层各党派，共同抗战，共同建国。参加政权的三分之二的非共产党人士，只要是赞成抗战又赞成民主的，不管他属于社会上什么阶级都可以，也不管他是政治上的任何派别。但我们过去宣传不够深入，很多人不了解，今后应广泛深入宣传，详加说明，以教育各阶层人士，争取他们共同抗日和建国。

三三制既是一个政治纲领，不是法律上的规定，而各地的政权机关与民意机关又都是由普选产生，那么选举的结果就不一定完全符合于三三制。怎样来坚决执行三三制的号召呢？这就要依靠各级政府与参议会的筹备会加以适当调整。

2. 确实建立民意机关，发挥民意机关的作用。各级行政机关都有参议会，但非独立的专署区不设参议会，因为专署是督察机关，不是执行机关。什么是民意机关？就是各级的参议会。参议会是人民代表直接选举出来的，是代表人民的最高权力机关，有选举、罢免、创制、复决等权力。而各级政权是由参议会选举出来的，所以参议会是各级政权的上级机关而不是平行机关。但大会闭会期间，各级政府是行政上的最高权力机关，在两次参议会大会之间，政府有权制定暂行法规，经驻委会同意即可颁布执行，至下次参议员大会时再提请追认。政府直接对参议员大会负责，参议会对人民负责。为了抗战，为了反对一切反民主的势力，为了新民主主义的政治原则而奋斗，是三权合一，不可分离的。

3. 驻委会的职权问题。首先说为什么要有驻委会？因为A. 参议会两次大会之间，需要有一个监督大会决议执行的机关。B. 需要有负责召集下次大会的机关。C. 需要有解释宣传各种法令的机关。D. 参议会大会未完的文献，要有委托一定任务并处理会务工作的机关。驻委会不等于全体大会，因之它与政府是平行的，只有任务的不同，不是政府机关的上级，在行政范围必须服从政府法令，不是一个不受任何管束的独立行动机关。

今天的参议会，既不是英美式的，也不是苏联式的，而是新民主主义的，同时又是战时的敌后的。干部的伤亡调动，“扫荡”与反“扫荡”，定期会议难于召开，斗争环境变化迅速。为了适应上述特点，除各级参议会努力争取定期召集会议，改造各级政权，以免发生官僚主义外，必须给驻委会一定的任务与职权，以便适应战时环境，本三权合一的精神与政府共同制定各种法令条例，一面颁布执行，一面等待下次大会修改追认。这便是驻委会所以必须建立的主要原因。为了加强与提高驻委会的作用，它还必须：A. 经常参加各级行政委员会，密切与政府关系，监督推行工作。B. 将所有参议员组成三五人一组的调查小组，协同政府了解各种政策法令的执行情况。C. 为了发扬民主，密切与各地参议员的联系，广泛征求参议员的意见，可以采用通信表决的办法，考验各种政令的正确与否。D. 经常访问考查民间疾苦。E. 驻委会与同级政府如有意见冲突不能解决的问题，可呈请上级或召集大会商讨解决。F. 为了扩大民主，各行政区参议会在接受上级所颁布的法令条例原则之下，如遇地方情况不相适应之情形，行政区参议会有单独制订〔定〕地方性法令条例之职权，但仍需呈报上级行政机关核准。

（二）彻底改造村政，深入布置，使群众真正自觉起来为健全村政而斗争。严格检举贪污分子，整饬政纪，坚决废除邻闾保甲制度，认真实现公民小组（打破以户为单位的习惯，划分公民小组，以免妇女与青年之公民权遭受家长之侵犯与干涉）、公民代表会议制度，定期召开村民大会，选举村行政委员会与正副村长。

（三）完成户口登记与土地陈报，发动群众进行反黑地斗争。

（四）与粮食部门配合，经常有系统的〔地〕调查民众负担与民间疾苦。

（五）抓紧备战动员及一切拥军优抗等工作，帮助武装科与武委会解决民兵之困难问题，切实执行战工会颁布之拥军决定，指示各种有关拥军之条例办法，特别是注意执行奖励与抚恤民兵条例，推动群众性游击战争。

（六）健全区级行政（必要时可增设助理员），深入帮助村的工作，消除走马观花的官僚主义作风。

（七）在接敌区与敌占区，应设法救济广大失业工人，争取广大青年知识分子，团结上层，开展敌区工作，扩大民主政府的影响，维系敌占区人心。

乙、财政方面。

（一）今后财粮工作的中心要领在于健全制度，肃清贪污浪费，厉行生产节约，减轻人民负担，保障军队及政府之必需开支，以期克服困难，迎接胜利。

（二）财粮开源工作，一般的以改善税收，改善征粮办法，清丈土地，整理官产学田，代管没收土地，举办营业税或所得税，经营公营企业，举办农工商业贷款［等为主］，以培植与开发财源，求得经济上的繁荣。

（三）计划实行统一累进税，使群众负担更趋合理，稳定、各阶层生产情绪，减轻农业负担，刺激农业生产。

（四）减少支差，照顾群众利益，减轻敌占区、游击区人民负担（一般的照我占区三分之一至二分之一），休养民力，积蓄力量，准备战后建设。

（五）彻底整理村财政，建立严格的村财政制度，正确解决区村的一切必需用费，废除群众的额外负担，并与改造村政、推行民主运动联系起来，要求整理一个，巩固一个。

（六）加强货币斗争。改进办法：1. 确定以发行额百分之五十为准备金（其中大部为重要物资），俾于必要时能收回一部分货币（出售物资）或换取外汇，保证本币比值。贷款应保证按时收回本息。2. 研究市场变化，掌握市场规律，采用合于市场规律的灵活的斗争策略，反对官僚主义，反对主观主义。3. 设立经常兑换所，调剂外汇，按照市场情况，随时规定兑换比率，一切输出输入在得到贸易机关许可后，均有权利按照法定比率去向兑换所调剂外汇，兑进兑出，切实加以保证。4. 统一经济斗争领导。货币斗争应与贸易统制密切配合，只有贸易出超，才能继续保证并提高北海票之比值（此项工作现已划归工商管理局负责）。

（七）改进征粮办法，减轻人民负担。1. 登记土地，清查黑地。这是增加公粮收入，减轻人民负担，达到公平合理的必要基础。2. 土地登记完成的地区，按亩征收（按每人平均亩数中中亩分级累进征收。租出租入土地，二亩作一亩计算）。3. 土地登记未完成地区，仍得按照收入征收（按各级土地平均产量估计收入。为奖励农业生产，应依产量的百分之二十除去生产成本）。4. 精兵简政，严格制度，改善伙食，节省粮食消耗。过去有些缺点，如，A. 虚报人数，超过预算；B. 来往不带粮票，两头开支；C. 改善伙食浪费粮食，节约菜金；D. 生产机关庞大，吃公粮等，均必须彻底纠正。

（八）加强各地区间的联系，交换经验，调剂各地人民负担。比较富裕的地区要帮助比较贫瘠的地区；但比较贫瘠的地区亦应力求自力更生，不应依赖人家帮助。

丙、经建方面。

（一）发展农业生产，改进生产技术。

1. 农业生产仍是今后经建中心工作。但农业生产完全是分散的、群众性的（不能官办），所以不但要靠政府提倡，尤其要靠群众团体，特别是农救会的深入动员。希望农救帮助政府。在增资减租已经成功的地区，群众团体应以发展生产作为中心工作，只有发展生产，方能达到丰衣足食。

2. 发展农业生产，一方面要政府各种政策均能奖励生产发展，不是限制富农、剥削富农，而是帮助贫农上升为中农、中农上升富农。比如公粮征收办法过去多收多征，重征生产农民（尤其富农），削弱了农民（尤其富农）生产的情绪；借粮的过火行动，只借不还，也使富农不愿增加生产，雇工解雇没有适当解决，也会影响生产；无原则的〔地〕拔地（不是双方自愿，而是片面强制，甚至把它当作一种处罚），使土地分散，生产减退，也应迅速纠正。

3. 发展农业生产的另一方面，是改进生产技术。垦荒仍应继续进行，但应把重心移向增加产量方面。如：（1）改善水利，提倡灌溉。（2）提倡早种多锄。（3）改良品种。如太行山用美国麦种、高粱种等，增加产量一倍。提倡浸种选种，免除病害。这是增加生产之一重要关键，应由政府大量供给粮种（农民用普通粮食种来调换），农民不易单独解决。（4）增施肥料，改善贮肥方法，奖励多养猪，不浪费一点粪尿。这也是增加生产之一重要关键。（5）除蝗防害。

4. 更重要的是要加强生产上的组织领导，帮助农民解决生产上的困难。如：（1）按照当地习惯及双方照顾的原则，普遍组织换工变工劳力互助，调剂人力牛力。（2）帮助农民制订生产计划，发展副业，务使男女老幼一年四季均能参加生产。（3）保护耕畜，禁止屠牛，禁止耕畜输出，奖励耕畜繁殖，贷款帮助贫苦农民购买耕畜。（4）广设农具制造厂，制造改良农具。（5）贷款贷种，及时分发，妥善分配。

5. 加强农业生产建设的领导机关，设立农林委员会来专负改进农业的责任。设立农林试验场，广设示范农场（仍由农民自己经营，但受农业试验场的技术指导，如用改良品种，改良施肥方法等），吸收及培养农业技术人材〔才〕。地方工作人员应当学习替农民作生产计划。

6. 培养吴满有一类模范的农民，奖励劳动英雄，展览生产［品］，刺激生产热潮。

（二）发展手工业生产，达到自给自足。

1. 发展手工业的重心，除继续发展纺织（毛织也应发展），力求自足自给外，应更努力造纸手工业的发展，今后一年内应达到军民所需布匹的自给自足，达到报纸印刷用纸的自给自足，进而供给人民所需火纸烧纸（破除迷信，节省浪费）。

其次是文具（墨水、油墨等）和卫生用品（肥皂、牙粉等）的制造。要向胶东学习，并由胶东派遣技术工人协助各地手工业技术之改进。

2. 发展手工业一般采用集中领导、分散经营的原则，扶助手工业者独立生产。政府通过合作社来供给必需资金（贷款）、原料，负责制成品的运销。奖励地主、富农、商人投资于手工业生产，保障其营业及营利之自由。凡私人不易举办及完全供给部队需要之生产，仍由公家经营。

3. 奖励技术发明，优待技术人员，奖励劳动英雄。纺织手工业要提高生产品质，能与洋纱洋布竞争。

（三）改正贸易政策，发展贸易，繁荣市场。

1. 整理公营商店，保护私营商店，扶助商人，保障根据地内自由贸易。部队和机关所经营的商店立即合并，统归工商管理局直接领导。此等公营商店不应存单纯营利观点，应在调剂有无、平衡物价上起领导作用。

对于私人企业应当予以合法保护，不准垄断市场、排挤商人。对外贸易固须统制，对内贸易则应力求自由，而且对外贸易的统制同时也就是保护对内贸易的自由（使物资不致缺乏，可以自由流通）。

2. 严密管理对外贸易，限制奢侈品、迷信消耗品（如烧纸）的输入，奖励过剩物资（如鲁中的烟叶，清河的棉花，鲁南的山货，滨海胶东的食盐、生油……）的输出，开辟运销路线。这些过剩物资的输出，是保护人民生活、换得必需物资及吸收外汇保护本币的必要条件。过去硬用“以货易货”政策来阻挠这些物资输出，是自杀政策。

今后必须加强各根据地间的物资交换（如用鲁中的棉花换滨海的食盐），加强山东（特别是胶东、滨海）与华中根据地的物资交换，而且要打通与敌占区敌占大城市的商业联系，争取敌区商人，建立商业上的联系，这样来破坏敌人的封锁政策。

3. 利用各地物价差额，尤其是敌占区与敌占区间的物价差额（这种差额是敌人的分割封锁所造成的，无法可以消灭）来从中取利。因为“反对投机”，而不去利用差额，这种迂腐态度是完全错误的。像鲁南，不利用东西、粮食价格间的差额，而自己造成了政府财政和人民生活上的极大困难。利用差额可以：（1）调剂有无，平衡物价。（2）发展贸易，繁荣市场。（3）增加政府税收，增加公营商店利润。（4）使失业贫民难民获得工作和生活。这是一举数得的事情。

4. 管理重要物资，设立粮食调剂所、食盐调剂所，低价处买进，高价处卖出，低价时买进，高价时卖出，这样来平衡物价，保证人民生活需要（不是为着营利），同时防止敌人掠夺物资。必要时且可以利用这些物资来调剂货币流通量（卖出物资收回货币，买入物资发出货币），使其必要的〔地〕紧缩或膨胀，吸收外汇（法币伪币），保证本币信用。

重要物资对外输出应由政府统制。根据地内贸易准许私人自由买卖，但由调剂所或公营商店来调剂供求，调剂市价。

5. 组织商人，扶助商人，帮助他们解决贸易上的困难。贸易局的责任主要是领导商人大家来干，不是排挤商人自己来干。过去某些地区帮助小商人、打击大商人，或帮助根据地商人、打击敌占区商人，也是不正确的。应当争取大商人，争取敌占区商人（除受敌伪利用者外），来共同进行对敌经济斗争。

（四）发展并健全合作事业。

1. 合作社应当成为政府银行与小生产者之间的桥梁。政府通过合作社来组织和领导小生产者。所谓“集中领导，分散经营”，便以合作社为枢纽。所以发展合作社事业是经建工作中之一个重要构成部分，应当设立专门领导合作事业的机关（工商管理局设合作事业科），派出合作指导员，培养合作事业的干部，灌输合作知识，把这工作真正建立起来。同时必须依靠群众，动员群众自己来干，才能求得真正发展。一切强迫命令、包办、代替，是一定要失败的。

2. 目前合作社的组织应与发展手工业生产相结合，如纺织合作社（对纺工供给棉花，收买棉纱；对织工供给棉纱，收买棉布，联络纺工与织工、生产者与消费者之间的关系）、打油合作社（生产合作、运销合作）以至食盐合作社（生产合作、运销合作）等。此外还可组织农业合作社，如组织贷款的“信用合作社”、耕牛农具的“利用合作社”等。为着扶助合作事业，政府的一切生产贷款，实当尽量通过合作社。

3. 估计到过去合作社在人民中有错误印象，因此最近应当采取“发展一处，巩固一处”的原则，不能急求大量发展。许多机关部队所经营的商店不应冒用合作社的名称，致给人民错误印象。为着避免形式暴露起见，就是真正的合作社也可以采取商店的名称。合作社的组织应当遵守民主原则（如一人一票权的选举制度，按着交易数额或者股份交易各半的分红制度），按期公布账目，反对贪污包办。在执行中最好要民兵或村农会自己组织，先求得一些赢利，以后可逐渐扩大。政府人员不得随便干涉。

（五）建立统一领导机关——工商管理局。

贸易管理、货币斗争、生产建设，这三者是密切联系不可分离的，配合行动才能保障胜利，各自行动甚至互相牵制必然失败。为着统一领导，加强斗争力量，应即成立工商管理局，来统一领导贸易、工业生产建设（农业归农林部门领导）、货币外汇管理（发行仍归银行）、合作事业等类工作。关于这点已另有提案及组织条例，预备提交大会讨论。

为着肃清领导上的主观主义，必须建立调查研究工作，调查物价币值变化、商品产销情形，研究各地各时市场供求规律、敌伪经济政策和我们的对策。要建立经济情报网，建立经常的调查统计制度。没有这些，就像瞎子摸鱼，决〔绝〕不能保证经济斗争的胜利的。

丁、教育方面。

进一步实施民族的民主的科学的大众的教育，提高民族意识，巩固胜利信心。开展对敌文化斗争，及时揭发敌伪及一切反民主的武断宣传、文化麻醉，配合开展群众性游击战争。提高生产热忱，鼓励农业生产。启发民主思想，克服迷信落后［的］封建思想、观念意识。使教学做合一，造成社会上的学习热潮，并加强政权干部的整风学习，努力政策法令的研究。这是我们今后一年的中心任务。为此，我们应该：

（一）加强小学教育的改造及中心小学的示范作用，解决贫苦儿童入学的困难问题，求得学龄儿童达到百分之七十（已达到百分之四十即要求达到百分之五十，已达百分之五十即要求达到百分之六十，已达到百分之六十即要求达到百分之七十）。

（二）开展民众学校，推行夜校、识字班、冬学运动，普遍建立农村俱乐部、读报小组，加强各种方式的社会教育。尤其是要联系生产，在不违农时的原则下，鼓励学习，求得党政军民各机关团体配合深入动员，并参加助教。

（三）加强师资轮训与辅导，并建立督学制度，经常检查帮助教育工作，奖励群众团体干部参加教育事业，配合开展群众工作。

（四）重新编辑完整课本，适应新的要求。并提倡文化出版事业，恢复《教师之友》，奖励编著通俗读物。战工会设通俗读物及文化事业奖金委员会，以示鼓励。

（五）整理教育款产，统一解决教育经费问题。

（六）加强教育行政，深入调查研究，创造新作风与学风。

戊、公安方面。

（一）公安工作是反对敌探奸细破坏根据地、保卫社会治安、保卫人民利益、保卫民主的主要机关。但这是每个政权、每个抗日公民的责任，反对麻木、推诿责任，认为是公安机关自己的事情。

（二）开展群众性的锄奸教育，动员人民自觉的〔地〕进行反敌特奸细斗争。

（三）公安工作人员参加社会活动，帮助其他机关部门、民众开展反敌特奸细斗争。

（四）严格执行锄奸政策，保障人权，遵守锄奸纪律，使宽大与镇压统一起来。反对左右倾。

（五）统一锄奸机构，调整政府领导，争取一元化，密切合作。

（六）统一领导。区的特派员改为公安员。建立专署以上的公安会议，以专员、公安局长、司法科长组织之，代表行政委员会，专门研究具体政策及正确处理案件纠纷，勿使堆砌搁置，妨碍日常行政。

（七）纠正锄奸工作人员的神秘观点，转变作风。

己、司法方面。

（一）健全司法组织机构，开办司法干部训练班，加强在职干部业务教育，提高干部质量，是开展司法工作的关键。

（二）加强区村调解委员会。区调解委员会须要脱离生产者一人，而且质量必需〔须〕强，才能胜任。如此可使区长及区公所干部抽出时间深入村政权帮助工作。

（三）深入巡视并建立轮回游击司法处。

（四）加强群众中司法教育，密切群众团体的配合，使违犯法令者受到社会舆论制裁。或经群众积极调解，求得社会互助友爱之发扬。

（五）依照案件性质，分别综合加以研究，找出矛盾的根源及消除之方法。及时交流经验，提高司法知识。

庚、人民武装方面。

（一）严格执行自卫团条例，发挥普遍的人民武装自卫，巩固根据地，坚持边缘区斗争。

（二）提倡奖励民兵在反“扫荡”中杀伤、袭击、疲劳敌人，并加强对边缘区民兵的支持。

（三）发展武装与生产的联系，使枪杆与镰刀结合，奖励民兵生产。

（四）解决民兵的弹药武器问题，提倡使用落后原始武器，平均负担弹药费。

（五）健全民兵组织，加强训练，建立各级武委会，统一领导。

（六）确实执行奖励与抚恤民兵及自卫团条例，创造爆炸大王、神枪手、手榴弹手、土炮英雄。

辛、邮政方面。

（一）加强邮政工作，纠正过去忽视这［一］工作的现象。加强组织领导。

（二）建立各级邮政机关。战工会设战时邮政总局，各主署区设战邮管理局，专署县设邮政局，区设邮务代办所。

（三）保证各抗日根据地的通信联络，建立邮政交通线，各方面打通联系。

（四）提高技术，加强邮政人员修养，提高干部质量。

（五）改善邮务人员待遇，提高工作效率。

壬、树立正确的领导（报告提纲）。

（一）什么是正确的领导？表现于五个因素的统一、结合，就是说：

1. 首先要有正确的政策，正确的行动方针、工作计划。这个政策、方针、计划不是以主观愿望去代替现实，凭空想出来的，而是要根据新民主主义基本精神，根据具体情况的了解，调查切合于客观的要求。

2. 有了正确的决定、政策、方针和计划，还必须组织决定的执行，忠实于自己的决定，贯彻自己的决定，不是“说了就完事”，也不是有了正确决定之后，胜利就可到来。因此确定力量、配备力量、划分步骤、研究方法、动员群众，才能得到收获。如果不以为老生常谈，我就将斯大林同志的话引出来：“有些人认为只要规定党（亦可说政府）的正确路线，向大家宣布它，用一般提纲和决议的形式来叙述它并一致通过它，就足以使胜利到来，所谓自流式的来到，这当然是不正确的，这是很大的错误。只有不能救药的官僚主义者和文牍主义者才能这样想。事实上，这些成绩和胜利不能自流到来的，而是在为实行党的路线而作的残酷斗争中得到的。无论什么时候，胜利都不是自行来到的，它通常是由人们奋斗得来的……在正确的路线已经提出以后，在问题的正确决定已被提出以后，事情是否收成效，这就有赖于组织工作。”这完全可应用在政权工作领导方面。

3. 在为这个正确决定组织奋斗过程中，还不是一帆风顺，而会遇到很多方面的困难问题。领导者的责任，就必须想尽一切可能的办法，克服这些过程上的困难，才能贯彻。

4. 为了贯彻完成决定，还必须检查工作进行的程度。“正确组织审查执行程度，这件事情，在与官僚主义及文牍主义作斗争的事业上具有决定的意义。”这种检查，不仅在办公室里按照他们形式上的工作报告来审查，而首先应要在工作地方按照实际的执行结果来审查。这就要求从实际工作了解干部，认识干部的品质，提拔干部，从检查工作中间证验领导机关工作优缺点，从检查工作中间审查上级领导机关本身的决定方针之正确与否。发扬自我批评，寻找问题的来源及优良的经验，纠正缺点错误，改进工作。

5. 检查后要总结出结果，提高到理论政策的阶段，并根据此介绍经验或推广这个经验，使其帮助其他部门其他地区工作，教育干部，提高干部，继续决定进一步工作方针计划。

以上这些，基本上就是说政治决定、组织领导、检查工作三项一体，是与正确的完整的领导一时不能分离的。

这虽是老生常谈的公式，然而却是领导的总公式、总规律，是科学的。我们今天政权工作领导上，在许多处还得好好学习。从我们工作来找：所谓决定、政策、方针，不经过详细调查情况、从实际出发的很多决定指示如麻，主观主义、文牍主义是何道理。所谓贯彻决定上，许多是有头无尾，只有下指示，不去组织，或者不会正确的〔地〕使用组织力量去实现，或者因困难半途而废。所谓检查，是发文件一堆一堆，而检查寥寥，或者为年度总结才四处奔走，忙得一塌糊涂，去找材料。而所谓能执行检查的要求的，在任何一个报告中均未看见过。

至于由检查而提高到理论介绍经验、教育干部，更是寥寥。所以我提出老生常谈的一套还是整风的问题呀！

（二）掌握政策法令，贯穿基本领导思想。

1. 首先如何去掌握政策法令呢？应该有以下的观点：

（1）要好好的〔地〕研究讨论政策法令，反对马马虎虎，或对法令有意见，又是自由散布自己的观念，不向上提出，完全反集中的倾向。

（2）政策法令不是绝对不变的，要善于观察形势，变化了不适用了，就要提出新的适合的政策法令。明明大家有反映，行不通，而偏偏硬干，不倾听意见，甚至有某些十足的新官僚主义者说“逼起暴动也得执行政府法令”，这真是好一个忘本的权威者！

（3）不但熟悉政策法令条文，而且还要熟悉其实质与精神。这就是说：如果懂得群众性游击战的开展是一个重大任务的话，就不会对民兵的困难熟视无睹，也不会机械的〔地〕执行制度而使民兵垮台；同样也不会看到贫苦人民受剥削而不在当地解决，要等待上级法令。这都是不看新民主主义政治的实质，而表现了与政治精神相反的事。

2. 基本领导思想贯穿于任何一个部门，才是一个完全的新民主主义整体的几方面。这些思想在目前主要是：（1）民主作风；（2）勤政爱民，不是不〔上〕司，而是公仆；（3）提高民族矛盾，对敌斗争；（4）拥军备战；（5）调查研究；（6）民主集中制。

（三）开展反官僚主义斗争。

1. 不是空喊，而是实际检查官僚主义倾向。

2. 官僚主义目前表现于：（1）高高在上，脱离群众，不关心群众生活。（2）坐在机关办公室写计划，文牍主义，不去深入下层，对下层模糊无知。（3）等级观念，讲地位，闹高低，否认政治上人格上的平等。（4）动不动遇事命令强迫，打人骂人，声色俱厉，压制下级说话。（5）浪费公物，破坏制度，生活腐化，不守政纪。（6）敷衍了事，高谈阔论，不守职责，不总结经验，不学习，感情用事。

3. 反对的方法：要反省检查，治病救人。不可救药者，应罢免撤职，提拔积极分子。但必须清楚，反对官僚主义，最有效办法是到下层去，或调查巡视。经常保持与下级与群众密切联系，就可减少以至克服官僚主义。

（四）民主集中制适应战时环境的变化。

要求政策法令之统一，领导上之统一（一元化），制度上之统一，对上级负责之精神。

个人服从组织，下级服从上级，少数服从多数，战时环境之机动，在分割环境下，求得统一在政治方面。向下发扬独立自主、负责坚持斗争，养成民主精神、民主习惯。上级不要强调集中，下级不要强调民主。至于利用民主集中制字眼来为自己个人企图服务，完全是错误的。

一切服从战争的胜利与战争的紧急任务。

（五）不同的地区树立不同的领导。

这就是说，今天各个地区环境有了极大的不同，有基本山区，有根据地，有边沿游击区，有隐蔽的根据地，有我游击的敌占区，有完全的敌占区。这些不同性质的地区，无论在政策上、工作上都应当适应环境的要求。其目的，是更加团结群众，反对敌人。同时我们还必须知道，同一根据地又有其人情地理的特点与时间空间的变化，这就是要对其人民生活习惯、文化政治程度、国民经济特点、有无天灾人祸，随时适应这些情况达到施政的总目的。反对机械，反对老一套。应该是经常调查情况的变化，根据实际出发来改善自己的领导。如在基本根据地，以民主、生产、教育等建设为主，并严格督促领导；在游击区，以政策上小心谨慎，团结人民，发扬民兵斗争、锄奸工作、对敌政治攻势，反对蚕食为主，同时审查自己法令，不要一般运用；在游击区，在游击的隐蔽根据地，以争取革命的两面派，对敌斗争，打击敌人之特务，减轻人民对敌负担，力求纠正殖民地政策的偏向，求得进一步团结人民、蓄聚力量为主，同时一切组织形式更求适应分散状况，以短小精悍、一元化、隐蔽的时聚时散、完全与人民结成一体，进行对敌斗争；在敌占区，以武宣队游击，设法争取上层人士开展对敌伪工作，输送宣传品与抗日课本，启发人民民族思想，以达到敌进我进，创造新的游击区，以至游击根据地。游击队长兼县长或将敌区划入我游击区，有县长政府简单形式，与党军民结成一体，分工合一进行工作。至于敌区政权工作如何实施，当另文叙述。

（六）学习中共中央关于领导方式的决定。这一决定是科学的，完全可以适用。政府工作人员必须仔细研究，在具体工作中应用。尤其是凡任务，先求创造一个两个的模范经验，以领导一般工作。

而在进行工作中不要离开群众、离开互相结合。首先求得与群众团体配合，以深入群众并且亲自与群众联系。如农业生产，只有吸收老农经验，而推广到群众中去，成为群众自觉的运动，就有力量。

（七）提倡创造，奖励模范，严格督促学习，使一切工作与整风结合起来。要什么创造呢？就是根据行政的基本任务，把它应用在具体环境，作出的模范。如生产事业，我们就要在一个村或几个庄配合一些干部，把它实验完全成为一个新民主主义的典型。举凡在文化上、生产上、军事上、发明上、行政上有模范有创造，都得到奖励与鼓励。

其次是严格督促学习。因为简政要好，各项任务要做好，首先决定于干部质量。今天干部是一批新的，思想上、政治上均很幼稚，同时在政府机关上又养成一些自高自大、权威思想，如不督促学习，是不能做好工作的。这种学习，必须是先求得整风，将主观主义、宗派主义、形式主义的实质弄清楚，并且着重反省，集体批评，发扬民主思想，才能求得政纪之整饬。自然，这种学习不光是看文件，必须是于违犯政策或主观的政策，于各系统不团结、闹独立、闹别扭、腐化贪污、堕落、命令、脱离群众等行为上，去检举事实，在理论上、思想上加以说明，求得成为一个真正的人民代表或人民公仆，一个真正的新民主主义的战士，才会使工作日有进步。

（八）真正调查研究。

这对于行政人员更为迫切，否则就无法决定方针政策。过去无调查，带上了不少的主观主义，可是今天还有许多干部高高在上，不去组织一些调查，是很危险的事。因此除调查研究室有计划的〔地〕调查，并且要使调查服务于下次任务政令的决定，及时了解群众负担，或每一个重要政令执行的程度、结果，就即时纠正，或介绍经验，推动工作。今年提倡每一个政府工作者要有本身业务一个至三个的系统调查，并要求各地调查研究室做到：

（1）一个至三个（最好、中等、最差）县参议会的调查。

（2）一个至三个（最好、中等、最差）村政权的调查。

（3）公粮负担调查，各阶层的负担（占收入的百分［比］）比较，今年与去年前年比较。

（4）几个村庄（几种典型地区，如山区与平原区，工作好与工作差的地区等，各查一村）的土地分配、租佃雇佣关系及减租增资政策执行情形的调查。

（5）农业生产（各类农民比较，战前与现在比较）增减及各类农民升降情形调查。

（6）纺织业与其他手工业及合作社的调查。

（7）物价币值变化及重要输出输入货物（种类、数量、价格）的调查。

（8）学龄儿童、入学儿童、教师学生程度、成分及课程、成绩的调查。

最后，我的全部报告完了，花费大家很多时间，希望大家提出批评与指正，以开展今后山东民主建设事业。

八月二十日

选自《山东革命历史档案资料选编》，第 10 辑，济南，山东人民出版社，1983 年版，第 226～334 页。

43. 山东省临时参议会致党中央和毛泽东同志电

1943 年 8 月 28 日

延安中国共产党中央委员会并转毛主席钧鉴：

山东省临时参议会于八月十二日在鲁中区召开第一届第二次议员大会，检查三年来全省施政工作，并检讨今后施政方针及一切重要方案，备受党政军民各界热烈拥护，与会议员均极度兴奋。敬维我国自抗战以来，贵党在贵中央与毛主席正确领导之下，坚持抗日民族统一战线，坚持进行反日反汉奸斗争，领导八路军新四军创造了华北华中各抗日根据地，捍卫了广大的国土，保卫了近万万人民的生命与财产，推行了三三制与新民主主义政治、经济、文化等政策，树立了新民主主义的楷模，发动了全民力量，坚持了敌后游击战争，并屡次制止了抗战阵营中妥协投降危机，坚持了六年的抗战，争取了抗战有利形势，迎接民族解放胜利。本会之所以能在此从容开会，顺利工作，推本求源，胥出于贵党之所赐，故敢代表全山东人民，向贵中央与毛主席致极崇高之敬意，并致最恳挚之慰问。本会今后自当追随贵党中央山东分局之后，竭尽绵薄，加倍努力，坚持奋斗。迩来日寇特务奸细阴谋制造内战，撤退河防大军，意图偷袭陕甘宁边区，虽遭各盟邦及全国正义人士之揭发斥责，然消息所传，迄无悔祸与诚意。本会愿与全山东人民，誓为贵党与八路军新四军之后盾，准备予以彻底反击，以惩凶顽，而利抗战。务期根本肃清法西斯思想，彻底实现新民主主义，争取抗战最后胜利，建国彻底完成。区区之意，敬祈垂察。

山东省临时参议会第一届第二次议员大会叩

原编者按：一九四三年九月一日毛泽东同志复山东省临时参议会电：贵会坚持敌后，艰苦奋斗，不屈不挠，为民族伸正气，为全国做榜样，凡属国人，莫不钦佩。当此中国抗战阵营内部一部分“绥靖主义者”、失败主义者、投降主义者企图对敌妥协，制造内战，危机严重之际，尚望贵会及敌后全体爱国军民，团结一致，再接再厉，为坚持抗战团结进步，反对投降分裂倒退而奋斗。全国爱国同胞，都是愿意援助你们的。目前世界局势，极端不利于德意日法西斯强盗与中国叛卖民族及准备叛卖民族的无耻的反动的投降派。苏联红军的铁拳，即将打断希特勒野兽的脊骨。英美盟邦的爱国军民，亦正为最后打倒法西斯而努力。中国人民打倒日本帝国主义，获得自由解放的伟大目标，是日益接近了。

选自《山东革命历史档案资料选编》，第 10 辑，济南，山东人民出版社，1983 年版，第 139～140 页。

44. 山东省临时参议会一届二次议员大会关于通过战时工作推行委员会施政报告的决议

1943 年 9 月 6 日通过

战时工作推行委员会黎主任委员在大会上报告了“山东抗日民主政权三年来的总结与今后施政之中心方案”，大会完全同意这一报告的全部内容。认为三年来随着山东斗争形势的变化，我们山东民主政权是在不断的〔地〕创造与发展，在民政、财政、经建、教育、司法、公安、战邮、人民武装各项工作都有了辉煌的建树，表现出山东的抗日民主政府一般已经完全不同于大地主大资产阶级包办、独裁、腐化的官僚政府，而是为新民主主义精神所指导的抗日民主政府。报告中详细检讨了这些成绩产生的原因，以及工作上存在的基本缺点，审慎的〔地〕提出今后山东民主政治建设的方案。方案中指出山东当前的政治形势及其可能发展，及其对我们今后坚持与建设民主所发生的问题；说明今后的敌后形势虽是严重的，我们却一定能坚持到最后胜利；指出除了全部忠实的〔地〕执行山东省战时施政纲领以外，我们今后的基本任务是：团结一切抗日力量，粉碎敌人“扫荡”与蚕食，反对国民党反动派分裂、投降、反民主的阴谋逆行，坚持新民主主义，保卫并巩固山东抗日民主根据地，迎接反攻局面的到来；指出我们具体奋斗的目标是：战争、生产、民主、教育；指出民政、财政、经建、教育、公安、司法、人民武装、战邮各行政部门的主要工作；最后并指出树立正确领导的基本方针。大会认为，所有这些都是切合全山东人民要求与适合今后斗争形势的正确方案。因此大会在郑重讨论本报告之后，经全场一致议决通过。希望新选出之战时行政委员会全体委员领导所有政权工作人员，以最大努力贯彻此一方案之要求。本会亦愿号召全山东人民，为实现此一方案而奋斗到底。

选自《山东革命历史档案资料选编》，第 10 辑，济南，山东人民出版社，1983 年版，第 225～226 页。

45. 山东省临时参议会一届二次全体议员大会宣言

1943 年 9 月

本会成立于民国二十九年八月。我全体参议员同仁接受全省人民的重托，为执行抗战建国纲领、坚持山东抗战与实现革命的三民主义而奋斗，已整整的三年了。在本次大会开会之际，全体参议员无不以中国抗战所以能坚持至今，敌后抗日民主根据地所以能建立发展与巩固，广大敌后人民所以能过自由的生活，得免于敌伪的蹂躏与国民党反动派的摧残，胥赖毛泽东先生及中共中央的政治领导，朱彭总副司令正确指挥之下八路军全体指战员与各地地方武装以及所有民兵的英勇奋战浴血杀敌。于此，谨代表山东人民向毛泽东先生、中共中央与朱彭总副司令致崇高之敬礼，向所有八路军全体指战员与各地地方武装以及所有民兵致诚恳之慰问。全体参议员追念数年来山东各级参议会与各级政府工作同志为坚持抗战民主事业均能努力不懈，并有不少流血牺牲为国家捐躯者，于此谨向努力工作之诸同志致其敬佩，向流血牺牲之诸先烈致其哀悼。至所有敌占区同胞备受敌伪蹂躏，国民党反动派统治下的同胞尝尽摧残荼毒，本大会均殷殷置念，深致其同情与义愤！

三年来，本会驻会委员会在革命的三民主义的原则下，接受中国共产党建设抗日民主根据地各种政策的指导，以及根据第一次全体议员大会接受的施政纲领、各项决议和战时环境的临时需要，制订〔定〕了各种单行法规；监督各级政府执行大会决议；视察各地民主政府施政概况；号召各级政府及全体人民拥军、优抗、生产、节约、救济春荒及灾民难民；号召减租增资，调整业佃主雇关系；征询人民疾苦，调解民间纠纷，促进各阶层的团结。凡此诸端，均已得到了全省人民的热烈拥护，而使新民主主义的各项政策能够初步贯彻于各种法令及广大人民的生活中，奠立了各级民主政权的群众基础。民族独立、民权自由、民生幸福的曙光，已照耀于山东的大地之上。

唯以山东既处于敌后，敌我斗争的残酷自不待言；而我各抗日根据地，因为遭受敌人频繁的“扫荡”、蚕食、封锁，陷于分割的状态。驻会委员会曾一再函电各地参议员同仁磋商全体议员大会的召开，均以环境困难，建议延期，以致迁延至今，而始有此次大会的举行。正因为如此，也特别加重了这次大会的意义与任务。

第一，驻会委员会委员与战时工作推行委员会委员以及各地参议员同仁，在这三年来，有的殉国，有的被难，有的因故不能执行职务，有的因原选举区以战略关系划归其他抗日民主地区，以致缺额甚多，对于全省民主建设的推行与行政领导感到极大困难。补选缺额议员，重新调整驻会委员会与行政领导机关，成为召开此次大会的首要任务。

第二，山东省战时工作推行委员会与其领导下之各级政府，在过去三年来的施政状况，政策法令的执行程度，所有成绩与缺点，均有作全部总结的必要。因此，检讨三年来民主建设，成为召开此次大会的第二个重要任务。

第三，检查各地民意机关的建立健全与工作概况，各地参议会与政府的关系，职权的划分，发挥的作用如何，在群众中的威信如何，今后如何健全各级民意机关，如何发挥其效能与促进民主事业的发展，成为召开此次大会的第三个重要任务。

第四，本会第二次全体议员大会所接受（二十九年各界代表联合大会所通过）的山东省战时施政纲领，曾经推动了全山东在过去三年来的民主建设；但因抗战形势的变化、工作的发展和今后斗争的需要，有加以补充、修正或重新制订〔定〕的必要。因此，通过更适合于今后斗争形势的新的施政纲领，实为召开此次大会的第四个重要任务。

目前国际反法西斯战争大有急转直下之势，苏联红军正以排山倒海之势反攻前进，英美在东西战场节节胜利，意大利已无条件投降，最后消灭德国及日本法西斯强盗，为期更加迫近了。我们中国是反对法西斯同盟的一员，处在目前这样极端有利的国际环境中，应该怎样努力，以实践对于盟邦、对于祖国、对于人民应尽的神圣天职，这是所有一切不愿作〔做〕亡国奴的中国人都看得清楚的。但国民党的反动派与日寇第五纵队，却丧心病狂，挑动内战，虽为全国人民一致反对与盟邦朝野一再指责，而仍倒行逆施，迄无悔罪之意，步希特勒、墨索里尼、东条之后尘，移植法西斯主义于中国，以代替孙中山先生的革命的三民主义，污蔑共产主义，否定民主主义与自由主义；提倡复古、迷信、封建、愚昧，厉行专制独裁，除国民党反动派而外，一切抗日党派，都不能有合法的存在和人权的保障。以致国都的所在，抗战的大后方，民生凋敝，民怨沸腾。而国民党反动派的官僚，竟熟视无睹，充耳不闻，遂致贪风日炽，腐化不堪，士气萎靡，敌探满朝，而又不知悛改，奢谈“中国之命运”，其用心是必欲败坏抗战以致亡国而后已。

大会一致认为，中国的命运乃四万万五千万人民的命运。中华民族子子孙孙的命运，必然决定于两条政治路线斗争的消长：一条是在毛泽东先生的新民主主义思想指导之下使中国走向独立自由幸福的道路，即是抗战民主的人民的道路，也就是认真实行三民主义抗战建国纲领的政治路线；一条是国民党反动派所力行的反共反人民反民族民主的道路，也就是实行买办的封建的法西斯主义，使中国毁灭，使人民受奴役的政治路线。我们是坚决拥护前一条路线，誓死反对后一条路线的。

六年来，全山东抗日人民，看尽了也尝尽了国民党反动派像沈鸿烈、秦启荣之流制造磨〔摩〕擦、挑动内战、对敌妥协投降、对人民蹂躏荼毒的罪恶。在国民党反动派盘踞的地方，满目疮痍，一片荒凉。反之，在共产党八路军和一切抗日部队所收复的国土上，抗日民主政权建立起来的地区里，则呈现了欣欣向荣的新气象。即以我山东人民所体验的事实，也就足够证明：共产党八路军才是人民的救星，是抗日民族解放战争的指导者与执行者。没有共产党，就没有抗日民主根据地，也就没有了中国。大会代表全山东人民对于国民党反动派的阴谋罪行，提出严重抗议：我们坚决反对分裂、内战、企图对敌妥协投降的阴谋，坚决反对法西斯主义和一切反共反人民反民主的思想。我们是坚持孙中山先生革命的三民主义的原则，拥护毛泽东先生新民主主义的思想领导的。大会的各项决议，即是在革命的三民主义与新民主主义的思想指导之下作成的。大会的成功，象征着今后山东的民主事业不久即将进入一个新的阶段；大会的收获，使我们有足够的信心彻底实现三民主义，把山东建设成为新民主主义的新山东。

第一，大会所批准的驻会委员会与战时工作推行委员会的三年来的工作与施政概况，说明了以下的几个事实：（一）山东抗日民主政权，已经在山东人民的生活当中和思想上认识上奠定下了初步的根基；（二）山东抗日民主根据地，因为减租减息、交租交息、增加工资、奖励劳动的法令之执行，广大的勤劳人民的生活已得到了初步的改善，群众已经广泛的〔地〕动员，并且开始组织起来、武装起来，成为建设民主政治的伟大的物质力量；（三）新民主主义的国民教育、社会教育已有大量的发展，群众文化活动亦正在开始活跃起来，有的地区入学儿童超过了学龄儿童的百分之六十；（四）人民武装的组织和发展，逐渐的〔地〕成为配合主力打击敌人的重要力量；（五）根据地生产建设的发展，对敌经济斗争、货币斗争、粮食斗争的开展，打击了敌人的封锁、倾销、掠夺、以战养战的阴谋，奠定根据地人民自给自足的基础；（六）由于公安司法各项政策法令的正确执行，已经使根据地的社会秩序趋向稳定，人权有所保障；（七）救国公粮征收办法和各种税捐征收的逐步改进，一方面保证了抗战军队和政府工作人员的最低限度生活需要，另一方面又废除了过去摊派性的办法，使各阶层的负担更加公平合理；（八）财政制度的建立，贪污浪费的防止，生产节约的提倡，造成廉洁政风，并使全省的财政收支开始进入了统一正规的道路；（九）培植了大量的新的干部，树立了新的作风，积蓄了新的经验。所有这些成绩，虽然还不能作过高的估计，然而它却是山东历史上所从来没有过的。

第二，通过了新的施政纲领。这一纲领是中共中央山东分局根据民国二十九年联合大会所通过的战时施政纲领和三年来的形势变化、工作发展、斗争经验所制订〔定〕，向山东省临时参议会第二次全体议员大会所提出来的关于本省今后的施政方针。大会认为，这一纲领是中共新民主主义各种政策在山东的正确运用，是全山东人民的共同要求，而其内容亦完全适合于当前的斗争需要的；故特诚恳的〔地〕接受了中共山东分局的提议，并对这一施政纲领展开了热烈的详尽的民主的讨论与民主的通过，使这一纲领变成全山东人民今后坚持抗战、建设新民主主义新山东的具体方案，成为全山东人民为实现新民主主义而奋斗的行动方针。紧接着《山东省战时施政纲领》的通过之后，中共中央山东分局代表向大会提出过去超过“三三制”的共产党参议员十七人，候补参议员八人辞去参议员职务。大会对于中共中央山东分局的忠实于自己所提出的政治纲领的精神和行动表示无限的敬佩，认为这是忠实于人民、忠实于民主事业的大公无私的模范行为，所以对这提议大会也诚恳的〔地〕接受了，并且具体布置了补选缺额的方法。

第三，大会经过详尽的讨论，修正了各级参议会和各级政府组织条例，根据民主集中制和简政原则，确定了参议会驻会委员会与行政委员会的关系以及上下级的关系，划清职权，以专责成，为今后山东民主政权建设奠立下更坚实的基础，并将“山东省战时工作推行委员会”更名为“山东省战时行政委员会”，使之成为名符〔副〕其实的全省行政最高领导机关。此外又讨论并通过了其他提案一百四十余件，除关于执行性质的交行政委员会依照提案要点制订〔定〕实施办法执行外，凡关于立法性质的，均经大会详尽的讨论，决定原则，交给驻会委员会及行政委员会去周密计划，使之成为贯彻新民主主义政策，彻底实现三民主义与抗战建国纲领的完善的法令与实施方案。

第四，大会根据所通过的山东省临时参议会组织条例及山东省战时行政委员会组织条例，用不记名投票方式选出了行政委员会委员十一人、参议会驻会委员会委员十五人。所有这两项选举，均严格遵守三三制的原则，并按前项条例，驻会委员兼行政委员者，不超过驻会委员全数三分之一。在二十余天会议中，会场上均充满着民主精神和融洽气象，这是三年来山东民主建设进步及各阶层人民亲密团结的具体反映。

大会对于今后坚持山东抗战、推行民主事业的意见，俱见于大会所通过之施政纲领与各项决议；而其中心环节，尤应着力于战争、生产、民主、教育四大方针。

抗战愈益接近胜利，敌后斗争愈益艰苦，坚持斗争、战胜日寇是今后的主要任务。加强战争的机构、战争的动员，切实执行拥军、优抗、抚恤阵亡将士及荣誉军人的法令，切实帮助主力，增强主力，加强县区武装，普遍发展民兵，开展分散性群众性的游击战争，积极打击敌人，粉碎敌人“扫荡”、蚕食、分割，封锁、三光政策、总力战，是今后的第一等任务。

其次，加强民主建设，健全民主制度，发扬民主精神，贯彻法治精神，建立与健全各级民意机关，彻底改造村政，普遍开展民选，是实现新民主主义、加强战争、争取最后胜利的政治基础。

再次，促进经济建设，加强对敌经济斗争，粉碎敌人的封锁与以战养战的阴谋，发展工商业，整理与发展公营企业，提倡并保护私营企业，发展农业生产，改进生产技术，完成经济上的自给自足，求得军队和人民的丰衣足食，是保证抗战胜利的物质基础。

更次，进一步的〔地〕实施民族的民主的科学的大众的文化教育，启发人民民族民主的思想，灌输抗战建国的知识与技能，进一步的〔地〕改造国民教育，开展社会教育，普遍开展群众性的文化活动，提高大众的文化政治水平，是反对敌伪奴化教育、反对法西斯主义及一切反民主的思想，推动民主运动、加强战争、争取最后胜利的思想基础。

民主、生产、教育的具体实施，必须与战争结合，一切为了保证战争的胜利。

大会闭幕之后，即是全山东人民为实现大会新的施政纲领和各项决议而共同努力的〔地〕开始的时候了。山东根据地的建设，还处在青年的时期；山东的民主运动虽然已经奠定了初步的基础，但是还没有普遍的〔地〕充分的〔地〕发展，还不够积极活跃和经常化、正规化，而且我们的各项工作还存在着缺点和错误。我们必须加倍的〔地〕努力，为实现大会所通过的施政纲领、大会的各项决议，贯彻发扬大会的精神而奋斗！为实现新民主主义而奋斗！为彻底实现革命的三民主义与抗战建国纲领而奋斗！为战胜日本法西斯强盗而奋斗！为中华民族的独立自由幸福而奋斗！

选自《山东革命历史档案资料选编》，第 10 辑，济南，山东人民出版社，1983 年版，第 350～357 页。原注："原载 1943 年 9 月 23 日《大众日报》。"

46. 山东省战时行政委员会成立通令

1943 年 9 月 10 日

山东省临时参议会第一届第二次议员大会决议将"山东省战时工作推行委员会"改称"山东省战时行政委员会"，并推选黎玉、罗荣桓、刘居英、梁竹航、艾楚南、张伯秋、耿光波、田佩之、杨希文、郭维城、辛葭舟十一人为行政委员，当于九月八日宣誓就职。随即召开第十次行政委员会议，决议：推黎委员玉为主任委员兼工商管理处处长；刘委员居英为秘书长兼公安处处长，梁委员竹航为民政处处长，艾委员楚南为财政处处长，张委员伯秋为高级审判处处长，田委员佩之为教育处处长，耿委员光波为工商管理处副处长。并委任冯平同志为财政处副处长，吕麟为工商管理处副处长，苏孝顺为公安处副处长，薛暮桥为工商管理处监察委员兼本会调查研究室主任，王觉为秘书主任。刊刻印信一颗，文曰"山东省战时行政委员会之印"，于九月十二日开始启用，除公函公令并通令外，合行检发印模令仰知照，附具印模相应函请查照为荷！

附本会印模（略）

选自《山东革命历史档案资料选编》，第 10 辑，济南，山东人民出版社，1983 年版，第 337～338 页。

47. 山东省临时参议会一届二次议员大会始末记

1943 年 10 月

为了进一步巩固山东抗日民主根据地，以便克服困难，准备反攻，并为战后新山东奠立基础，彻底实行民主政治，已成为今日根据地建设的中心一环。因此，省参议会的第二次议员大会，遂隆重的〔地〕召开了。这次大会集中表现了数年来山东民主建设的成绩及其困难问题。这次大会的成功，将给于〔予〕今后民主建设以极大的推动。特将大会始末概要记述，以备参考。

一 筹备经过

大会的开始筹备，远在大会开幕前两个月。在六月初，就由省参议会驻委会慎重讨论决定了大会的召开，并估计到各种实际困难，开始了筹备工作。筹备工作约分五个方面。

一、决定补选参议员缺额：省参议会原有参议员八十一名，候补参议员二十六名。三年来有的已经壮烈殉国，有的因原选地区已划归其他战略单位领导，有的已经因公离鲁。他们不仅不能执行职务，且如不出缺重行补选，将影响大会的进行。遂由驻委会召集扩大会议决定权宜办法，将上述各参议员出缺，分配给各抗战部队、各地区、各团体分别补选（参看驻委会工作报告第三部分）。

二、确定开会日期，函电各参议员准时到会：这项工作好象〔像〕是例行公事，但在今日敌后分割的情况下，交通不便，邮电时常发生障碍，函电之不能递达的事情是很平常的。再加参议员大都有其一定的工作岗位，在工作紧张繁忙情形下，必然增加了到会的困难。何况三年来没有召集大会，驻委会与各参议员的联系又不密切，各参议员对大会的重视可能是不够的，也会影响他排除困难前来出席的意志。驻委会分别把握了这些问题，暂行决定大会于八月一日开幕，用各种方式，不嫌重复的〔地〕分别函电敦促各参议员于七月二十五日赶来报到，并委托各地参议会及政府代为催促、招待、护送。单是普遍性的电报，就发到四次之多，其他就可以想见了。

三、交换意见，准备提案，约请各地代表来宾：为了使此次大会内容充实，确能把山东民主建设中的问题集中反映出来，并且照顾到战斗情况，希望大会以很短的时间把所有问题都能归纳起来予以适当的解决。我们一方面在通知参议员的时候，提出大会的中心议题请充分的〔地〕准备意见，并约请各地专署以上的参议会和当地各县参议会派代表到会列席，以便多方吸收实际经验；另一方面驻委会曾约集住在本会附近的省参议员举行扩大会议，委托专人，准备重要提案，如施政纲领的修改，各级参议会组织条例和各级政府组织条例的修正等。同时也推动省级党政军民各领导机关准备专门提案，交由他〔它〕们自己的参议员届时提出。

四、参考材料的汇集与印刷：根据大会的中心议题，我们将三年来所颁布的主要法令汇集印刷，以供大会讨论中各参议员的参考。

五、大会生活的筹备：大会生活如何，对大会进行会起相当大的影响。我们一开始便接受了这种经验，因此把大会生活的筹备，作［为］一件非常重要的工作来做。关于食宿及日常用品与各种特殊必需，以及大会期间的娱乐生活、学习生活，都分别加以计划，尽可能作〔做〕了妥善的准备。

在两月的筹备期间，是一步紧一步的〔地〕展开了筹备工作。虽然参议会本身力量有限，但战工会、军区、大众报社、文协、各剧团等均以全力协助。假定说筹备工作能算完成了任务的话，这种大家齐力支持的情况，是唯一的保证。

在筹备期间里，国内政治上发生了一个重大问题，便是国民党反动派不顾民族存亡、人心向背，悍然进行制造内战破坏抗战、制造分裂破坏团结的阴谋，狂吠“取消共产党”，诬抗日民主根据地为“封建割据”，调动河防大军包围陕甘宁边区，派遣所谓“中央军”进犯敌后各抗日民主根据地，高唱“反共第一”，置抗日于不顾。山东人民对此罪恶逆行，义愤填膺。驻委会因时不及待，乃以临参会名义代表山东人民发表通电，坚决反对国民党反动派制造分裂内战的罪行，坚决拥护共产党团结抗战的政策，号召山东人民为声援陕甘宁边区、保卫敌后抗日民主根据地而斗争。

二　两次预备会议

自七月下旬，驻鲁南、滨海两区的省参议员开始报到，但以不足法定人数，大会势难于八月一日开幕，乃决定延期。至八月初，各地参议员陆续前来，驻委会遂决定大会于八月十二日准期开幕。至八月十一日，报到的参议员已达四十三人，合于法定人数，乃于十一日全日及十二日晨，召集到会参议员举行两次预备会议，讨论大会中的进行问题，决定了下述重要事项。

一、建立大会各种机构。首先因为这次大会任务的重大，而范议长、刘副议长均因身体关系不能远道赶来，由马副议长一人主持，实感精力不支，乃决定除马副议长外，加推萧华、姚尔觉、郭维城、张伯秋、梁竹航、谷牧、杨希文、彭畏三、高赞非、宋逸安、祁菁若等十一人组织大会主席团，主持领导大会之进行，并于主席团内留一席以待胶东参议员之到来。其次推选梁竹航、薛暮桥、姚尔觉、田佩之、彭畏三、孙陶林、周纯全、祁菁若、王均治、苏展、刘群等十一人组织提案审查委员会，负责大会提案之发动、整理与审查，由梁竹航为召集人。第三，推选张伯秋、耿光波、孙鸣岗、陈沂、谷牧、张立吾、杨希文、张凌青、高赞非等九人组织起草委员会，负责起草大会宣言、重要决议及临时付委修正之各种条例，由张伯秋为召集人。第四，推选杨希文为大会秘书长，并聘请王觉为秘书主任，王鹤坪、李迪生、王左青、韩景文、刘梅岑、马仲常分任秘书处会务、文书、招待总务各股股长，即日起正式成立大会秘书处，在主席团领导下办理大会会务事务工作。第五，决定设生活学习委员会，由到会参议员与代表来宾共同组织，推动与会人员建立生活学习制度。十一日晚即行开会，推定孙陶林为主任，并决定了生活秩序、分组学习、娱乐活动及出版大会期间民主快报（墙报），反映大会日常生活。于是大会遂开始了有组织的活动。

二、决定议程：为了使大会在各种提案讨论中，对政治形势有一致的了解作依据，决定在开幕后，首先以两天的时间举行时事座谈会，继之便以一天的时期听取驻委会工作报告，以一天的时间听从到会的各专署区以上参议会代表的报告，以一天的时间以驻委会工作报告为中心讨论参议会工作中的各种问题。这是大会的第一段。第二段即以四天的时间听取战工会的施政报告，继之以两天的工夫进行质询讨论。但后来则因为质询的问题具体而重要，须由战工会各处分别答复解释，在质询后以两天时间听从各处的答复，然后作综合的讨论，这样延长了两天。第三段为提案讨论和选举。原定六天，后因为提案多至一百四十余件，且其中如施政纲领、各级参议会与各级政府组织条例及田赋、财、粮等重要提案讨论时间颇多，又延长了两天。中间曾移动了一次，也耽误了两天。因此原议程大体是照计划进行了。但原拟三周结束的大会，不得不变成了四周，于九月八日才最后闭幕。又因有县参议会组织任务、征粮问题与土地纠纷，各地需要交换经验，于闭幕后又举行座谈会两天，故至九月十日大会进程才算完成。

三、通过会场规则；为了使大会严肃有秩序，预备会议上并通过了会场规则十项：

（1）正式开会时，不佩带〔戴〕大会秘书处发给之证件者不准入场。

（2）出席大会之议员及列席旁听之代表来宾，一律按席次对号入座。

（3）出席议员发言时，须先举手呼主席报告号数，俟主席许应后始得发言。

（4）有议员两人以上同时要求发言时，主席依其举手先后指定一人先行发言，遇有争执，主席有制止一方或一律停止其发言之权。

（5）佩有代表证者，在讨论案件时无主动发言权，如被咨询，经主席指定；或要求发言，经主席特许时，方得发言。

（6）佩带〔戴〕来宾证者，在会场上纯为旁听性质，无发言权，并不得以任何方式向全场表示意见。

（7）主席有掌握时间、制止冗辞及不正当之发言之权。

（8）除出席议员外，他人均无表决及选举之权。

（9）不得主席允许，不得随便离席。

（10）会议正在进行时，禁止阅读书报、相互谈笑及一切扰乱会场之行动。

所有这些规则，目的在使会场有秩序，便于普遍发扬民主，且将参议员的权利特别重视，使大家也提高对参议会这一最高权力机关的尊重。至于战工会委员，则依参议会组织条例的规定，是有发言权无表决权的。各地远道来此的代表来宾，好象〔像〕因此规则限制了发言。但我们一方面在几个重要的议题进行时，主动由主席团宣布特别给予各代表来宾以发言权；另一方面，在会外我们推动参议员通过学习小组、生活小组和原选举区等关系，尽量与各代表来宾交换意见，务使各代表来宾的实际经验与工作意见均得表达出来。

另外，在开预备会议的时候，我们曾宣读范议长、刘副议长的来信。范议长勖勉大家代表山东人民坚决反对内战，给予大会以极大的鼓励与感动；刘副议长指出地方政府工作中一些具体问题，对大会讨论实际问题给了不少的启发，均经大会一致接受，并决定电范议长、刘副议长致敬慰之意。

三　庄严隆重的开幕典礼

八月十二日，大会举行了庄严隆重的开幕典礼。正当典礼举行之际，鲁中区的参议员六人赶到，给大会以异常的兴奋。计出席议员四十九人，各地代表来宾三十余人，中共山东分局、山东军区、百十一师、省战工会、各群众团体、省领导机关、日人反战同盟、朝鲜独立同盟等各界代表十余人，以及新闻记者和特许旁听观礼的人员，在特别布置的大会会场中，济济一堂。在升旗、鸣炮，恭读总理遗嘱，向林故主席、殉职参议员、阵亡将士、死难同胞默哀以后，马副议长致开幕词，指示出大会的任务，并号召所有出席议员及代表来宾以知无不言的精神提出问题，以民主集中制的精神解决问题，以团结愉快的生活保证大会的进行。继之各界代表、各地代表、各方来宾发表其对大会的希望。而中共中央山东分局代表朱瑞先生并于致词后，郑重提出中共中央山东分局于八月一日通过的山东省战时施政纲领，请大会接受，民主的〔地〕讨论，民主的〔地〕通过，作为山东抗战人民的行动方针，博得大会的热烈欢迎。至于开幕典礼中其他情节，八月十七日大众报有较详的记载，兹不赘述。

四　时事座谈会两日

八月十三、十四两天，举行了时事座谈会。讨论题目有五：

一、目前国际反法西斯的形势及其发展。

二、在反法西斯战争接近胜利、法西斯开始倒台的国际环境下，中国大地主大资产阶级国民党反动派包围陕甘宁边区，发动内战，出版《中国之命运》，发动法西斯运动，我们对它的认识和估计。

三、反动派发动内战，推行法西斯主义，对国内团结的影响，抗日民族统一战线的前途，克服危机的条件和我们应有的奋斗。

四、在反动派发动内战，敌寇对华政策可能有的新变化，抗战前途问题，今年或明年能否胜利问题，我们争取胜利的条件和任务，战后新中国问题。

五、反动派策动下，东北军调去（反共不力）李部入鲁（专门反共），今后山东斗争形势的估计，我们坚持山东抗战的有利条件、方针、任务与工作问题。

以上的题目，不过仅供发言的参考，发言时是不受其限制的。大家为了座谈能得到最后的一致的认识，乃决定敦请中共中央山东分局领导人朱瑞先生参加座谈，并作结论。

在两天的座谈会中间，天一直是在细雨濛濛〔蒙蒙〕。大家团聚在一个较大的宿舍里，虽然天气非常郁闷，但为热烈的谈论所改变了，会场内充满着紧张生动的气象。

在讨论中，大家为反动派的罪行和内战危机所激荡，无不义愤填膺，揭发了反动派的阴谋及在反动派统治下的大后方的黑暗，和李部入鲁后之丑恶表现，一致主张：我们坚持团结，反对分裂，坚持抗战，反对内战。我们一定要彻底实现三民主义和抗战建国纲领，为战后新中国树立楷范。我们坚决拥护共产党和八路军，拥护新民主主义的各种政策，拥护八一施政纲领。每一个人都充满了胜利信心，毫无疑问的〔地〕相信，胜利是必然属于抗战民主和人民的。

在十四日的下午，朱瑞先生明确有力的〔地〕为这次座谈作了总结，指出了在国际、在国内反法西斯斗争胜利的条件及前途，和我们奋斗努力的具体方向，获得了全场一致的拥护（时事座谈会详情，可参看八月十九日大众日报）。

五　参议会工作的汇报和讨论

八月十五日的全日，大会听取马副参议长代表驻委会报告三年工作，内容分为三部分，第一为三年来工作的经过，第二为所制法规的分析与说明，第三为过去的检讨与今后改进的意见。八月十六日的全日，先后由鲁南、泰山、沂蒙、滨海四个专署区参议会的代表，报告各该参议会及各该地区内县参议会工作情况，及数年来各地民意机关之发展与演变，提供了不少的实际经验与具体问题。八月十七日全日，以驻委会工作报告为中心，展开了参议会工作的讨论，对参议会的性质和任务、建立健全各级参议会的重要及其条件，曾引起热烈的争论。最后大家一致认为：

省参议会是全省人民的代表会议，是全省各级政权的最高权力机关。同样，各级参议会则为其本地区各级政权的最高权力机关。但在今天，山东的各级参议会都未能充分发挥出这样的作用，这是有其客观原因的。如敌后战争频繁，环境动荡，交通困难，政府终年忙于应付紧急情况，以致一切工作制度都不容易经常化、正规化。而且按照敌后抗日民主政权一般的发展规律，必须先有了人民武装斗争的发展，然后才能建立民主政权，才能发动与组织群众，改善其生活，群众逐渐动员起来，民主运动逐渐开展以后，民意才能发扬，代表人民的参议会才能进一步的〔地〕健全而发挥其作用。山东抗日民主根据地的发展也正是循着这样的规律前进。过去在长期中各级参议会很容易形成空架子，也正是工作发展还没到能够充实健全阶段的事实表现。但是今天已经与过去不同了，在山东已经普遍发展了人民的武装，已经树立起各级民主政权，已经大部分改善了群众的生活，认真的〔地〕发动组织起广大的群众，而且民主运动已开始在展开，彻底实行民主政治已经成为巩固根据地中心一环。所以今天提出健全参议会，使他〔它〕能够发挥其最高权力机关的作用，已经具备了客观的条件。问题即在于如何配合整个民主运动的开展，加强主观的努力了。

那么在主观上，我们是不是也有些不够呢？由于中国人民几千年都是处在专制压迫之下，在思想上、习惯上、认识上、作风上，都显然的有着缺欠。因此，为了使民主运动充分发展，各级参议会认真健全起来，必须大家一致努力，发扬民主思想，培植民主习惯，加强民主认识，树立民主作风，由以创造民主制度，贯彻实行民主政治。

大家在认识逐渐一致之后，遂决定通过了驻委会三年工作报告，并交付起草委员会归纳会场上的意见，起草关于通过驻委会工作报告的决议。这时候适逢胶东的代表团和参议员兼战工会公安处长刘居英同志等一行从新打开的交通道路赶来，带来不少的胜利消息与有趣故事，大会受此激动，几天的疲劳都消逝〔失〕了。刘居英同志当被推选参加了主席团。

六　施政报告及其质询答复和讨论

在一天的休息以后，八月十九日，大会开始听取战工会的施政报告。这个报告，是战工会根据各地区五年政府工作报告，用了两三个月的工夫整理出来的总结，内容充实丰富，并由黎主任委员亲自到会报告。消息传出，轰动了附近各机关、团体和学校，纷纷要求旁听，都经大会特许，四五百人参加了。在酷热的炎暑，大家一面揩汗，一面倾听，一面挥笔记录，紧张而静穆的〔地〕一直进行了四天。在工作发展和工作现状的报告中，给予大家对山东政权工作以全面的精细的了解，在生动事实的叙述中，又引导大家去把握各种活泼的具体例证。尤其在最后提出了今后施政的系统的方案，揭示出战争、民主、生产、教育为今后施政的四大方针，并据以详陈各方面工作的努力目标，着实明确了大家对山东根据地建设的方向，并提高了大家工作的勇气与信心。

八月二十三日，大会开始对于施政报告的质询。对各地发现的特殊问题，报告中未及详加说明的，大家踊跃的〔地〕提供出来，有的希望在今后工作中注意，有的希望加以补充说明，整整的一天，一个接一个的〔地〕发言。战工会各处负责人，都在那里倾听着自己所职掌的工作中，在什么地方发生着什么问题，有什么事项还须要加以解释。

八月二十四日，战工会各处负责人开始了答复，一天中仅仅进行了民政、司法两处。二十五日移防，二十六日休息，二十七日又赓续以公安、教育、经建、财政各处的答复，有的建议是接受了，有的问题是解释了。全会场上充满了兴奋和愉快！二十八日便在这种气象中深入的〔地〕讨论了今后施政方案。最后，全场一致通过了施政报告，并交付起草委员会起草关于通过的这一报告的决议。

七　提案的讨论和选举

从八月二十九日起到九月六日止，除中间休息一天外，八天的工夫，我们讨论决定了一四三件提案，并根据提案的决议，还解决了一些必须立即解决的问题。中间更争取了一天进行了省行政委员会及驻会委员会的选举，紧张空前，顺利异常。且在提案的讨论开始以后，清河区省参议员夏震东偕清河区代表团经二十余日的长途跋涉，赶来与会，并带来了清河区反蚕食大胜利消息，给提案讨论的进行以极大的鼓动。

一、在所有提案讨论之前，主席团提出以大会名义向各方分别函电致敬致慰，当经全场一致决定，发表下列文件：

（1）向毛主席暨中共中央致敬电。

（2）向山东军区致敬，并请分转向朱彭总副司令致敬。向山东八路军全体指战员、地方武装及所有民兵致慰电。

（3）向陆军百十一师致敬电。

（4）向滨海军区致慰电。

（5）向战工会黎主任暨全体委员并转各级政府致慰电。

（6）慰问荣誉军人书。

（7）告敌占区同胞书。

（以上七件，除第四件在民兵报发表、第七件另印专件外，余五件均在《大众日报》上发表。）

向毛主席暨中共中央致敬电拍发后，越一周即接到毛主席复电，对大会倍加鼓励，与会人员无不兴奋鼓舞。

二、讨论通过中共中央山东分局提出的施政纲领。在提案讨论的开始，首先提出了中共中央山东分局建议的山东省战时施政纲领。经过了一整天的精细研究，大会认为这一纲领是山东抗战民主事业数年来斗争的结晶，是中共新民主主义政策在山东的正确运用，在基本上完全同意了该纲领所列各项各款的原则，而在文字上、在执行上则提供了一些具体的意见。除执行上的意见交付省行政委员会于执行时参考外，当由中共中央山东分局代表竭诚声明，欢迎大家详细讨论，多提意见，分局准备接受大会意见，再作文字上之修改，并于次日开议时，郑重提出接受大会意见作文字修正之各点。这种虚怀若谷、见善惟恐不及的政治风度，感动了所有与会人员，对中国共产党的拥护与爱慕愈加增长。最后全体一致的〔地〕通过了接受这一纲领作为全山东人民今后行动纲领的决议。

三、通过超过三三制共产党参议员的辞职。施政纲领通过了。中共中央山东分局为了忠实于自己所提的纲领，声请大会准许将群众选举超过三三制的共产党员参议员十七人、候补参议员八人辞职，另行补选党外人士。同时，有几位正在参加大会而在辞职之列的参议员，一面陈述其辞职的诚意，一面声明大会于准其辞职后即愿退居来宾地位，旁听大会的讨论。大会复为共产党这种忠实于自己的诺言、忠实于民主、忠实于大会的光明磊落态度所感动了，一致通过了这一决议，并决定致函中共中央山东分局表示敬意。对已到会而在退出之列的参议员除不参加选举外，大会仍特请其照旧参加此次大会的讨论，好把大家的宝贵意见充分供给大会。关于缺额议员的补选，当交主席团计议，再提大会讨论。

四、决定缺额议员的补选。主席团自接受大会交给的任务以后，经几次的交换意见，根据各地区现有议员的多寡及人口比例，提出了名额分配的初步计划，请大会讨论。经大会又提出了女参议员刘孟和现在鲁西工作，不能执行职务，照驻鲁西参议员出缺前例，亦应出缺。候补参议员张问山被敌掳去后，即失掉民族气节，应即罢免。候补参议员赵冠五、穆澍田、王仲怡，三年来均未曾与本会发生关系，对山东抗战民主运动亦不参加工作，均应一同出缺。以是连同共产党员辞退之缺额，共计出缺参议员十八名、候补参议员十二名，仍交主席团重新设计各地区应选举名额之分配。复经主席团慎重考虑，再度提出方案请大会讨论，最后一致决定补选名额之分配如下：

（1）原候补参议员刘子才、孙立基、徐子真、杨云阶、王天翼五人，递补为正式参议员。以是参议员实缺十三名，候补参议员实缺十七名，作如下之分配。

（2）胶东补选参议员六名，候补参议员四名。

清河补选参议员三名，候补参议员三名。

鲁中补选参议员一名，候补参议员三名。

滨海补选参议员一名，候补参议员三名。

鲁南补选参议员一名，候补参议员三名。

冀鲁边补选参议员一名，候补参议员一名。

以上各地区应行补选之参议会〔员〕，交由驻委会分别函电通知，迅速选出。

五、讨论修正通过各级参议会暨各级政府组织条例。在提案讨论中，这一案分量最重，包括八个条例，并合并讨论着关于各级参议会和政府组织问题的二十多个提案。因为关系于民主制度的创建，大家都用尽心思，慎重考虑，经过反复的研究，最后在原则上达到了一致，并三读修正通过了省参议会及省行政委员会的组织条例。其余各级参议会、各级政府组织条例，均交驻委会与行政委员会共同根据大家决定的原则，精细修正文字后径行公布。

在这一案的讨论中，关于参议会的主要问题，是参议会和政府的关系问题，是驻委会的性质与任务的问题，是各级参议会的任务执行问题。大会经过深入的讨论后，一致认识并决定了参议会是代表人民的最高权力机关，政府对它负责。但是，第一，这个权力应该是为大会所有。在大会闭会期间，行政委员会便是代表人民的行政最高权力机关，它可以根据大会通过的纲领原则和方针制定〔订〕实施方案和执行办法，它是对大会负责的。驻会委员会是代表大会监督行政委员会执行大会决议的机关，它也是对大会负责的。因此，行政委员会和驻会委员会是平行的，它不是对驻会委员会负责的。但在大会闭幕期间，如有紧急措置，行政委员会应该征求驻委会的意见，如有变更大会决议或双方不同主张的时候，最后决定权应属于大会。如大会不便召开，可用通讯讨论通讯投票办法。至于基本大法的创制，则由驻委会负责准备草案，提交下次大会讨论通过。但驻委会为集思广益联系实际，亦应尽量与行政委员会协商。第二，各级参议会间，因同系由人民所选举，不应发生上下级领导关系。但上级参议会应与下级参议会联系，予以帮助，下级参议会在部分服从全体的原则下，应遵守上级政府的法令。第三，行政区，县两级参议会，在过去的选举上，在参议会的成分上，在一向的活动上，是不够作为一个最高权力机关的，今后应行改正，以期认真提高参议会的权力。但是由于主观客观条件的限制，克服和改正这种现象是需要艰苦努力和一定的过程的。在条例的规定上，应主要把握参议会为权力机关的一面，但目前的可能如何，亦应注意。究竟如何将此两方面适当的〔地〕照顾，则又各地不能一致，需要根据各地情况分别规定。于大会闭幕后，应将各地经验分别交换。

关于政府组织方面的主要问题，是各级政府的性质及精简问题。大会一致认为，行政区在今日敌后环境中当自成一战略单位。因此，行政上在不违背全省总的原则下，对具体问题，应发挥行政公署的独立自主的精神。专署除直属专署即同于行政公署为行政专员公署外，其余行政区下的专署系督察性质，为行政督察专员公署，它不是一级完全政权，而是代表行政公署实行督察的机关。县则为一级完全政权，且为今日以至将来最重要的一级政权，为民主政治完整之单位，应注意使之健全。区公所亦不应成为一级完全政权，而系代表县政府传达推行的机关。至于因当前工作的繁重，区公所精简后干部太少，不能完成任务，酌予增设干部是应该的。各级政府的组织，因地区的差异颇大，即同一地区各县的情况又常有不同，故在条例的规定上应多留地方伸缩之余地，不要太一律，致难行通。

在讨论省行政委员会的组织条例开始，大会一致的〔地〕坚决主张把战时工作推行委员会更名为战时行政委员会，便〔使〕成为名符〔副〕其实的全省行政统一领导机关。这足以说明战工会在过去三年中间，在全省民主政权的推动上起了实际的领导作用，确已拥有高度的威信，而在大会上才表现了实至名归的结果。

六、新的省驻会委员会和省行政委员会同时产生了。在讨论完结各级参议会和政府的组织条例后，便接着讨论了省驻委会及省行政委员会的改选案。经大会决议，改选并决定了省行政委员会委员为十一人，驻委会委员为十五人，除继续拥戴范议长、马副议长、刘副议长领导省参议会工作，为当然驻会委员外，应重选驻委十二人。大会以一天的工夫进行了这两种选举，用不记名投票法投票，全体监选，当场开票，计选出：黎玉、刘居英、艾楚南、张伯秋、田佩之、耿光波、罗荣桓、郭维城、杨希文、辛葭舟十一人为行政委员，薛暮桥、谷牧、朱则民、祁菁若、杨希文、姚尔觉、孙鸣岗、孙立基、张伯秋、梁竹航、张立吾、牟宜之十二人为驻会委员。会后，两委员会又先后开会，具体分工，计行政委员会互推黎玉继任主任委员；刘居英任秘书长兼公安处长，公安处设副处长，委苏孝顺充任；梁竹航任民政处长，艾楚南任财政处长，财政处设副处长，委冯平充任；工商管理处处长由黎主任兼，设副处长二，一推耿光波充任，一委吕麟充任；另设监委一，委薛暮桥充任，田佩之任教育处长，张伯秋任高级审判处长；另委薛暮桥任调查研究室主任，委王觉为秘书处主任；驻委会则推杨希文任秘书长，孙鸣岗任单行法规编审委员会主任。凡此结果均经大会热烈欢迎，认为这一新的阵容，必然会加强了山东民主政治建设的领导。

七、概算、田赋、公粮各案的讨论。继一天之休息，大会复讨论其他各案，首先提出的是概算、田赋和公粮的提案，因为这是关系于国计民生的大问题，直接影响到人民生活和抗日经费的，也是参议会表现其为权力机关的一个重要方面。大会认真的〔地〕审查了一九四三年下半年的概算书，决定了田赋改征实物的原则，并限制每年每亩所征田赋不得超过粮食三斤，附加税不得超过正税的三分之二（二斤）。至对征收公粮，应该有统一的原则的规定。但是大会认为，这一问题异常复杂，数年来征收办法已不断改进，但各地区所用办法不无差异，其中亦利弊互见，都深感征粮问题关联到减租问题、土地陈报问题、产量问题、奖励生产问题、拥军问题，依地亩征收有依地亩征收的好处，有时依产量征收不能脱离地亩的关联，依地亩征收也不能不照顾到生产的情况。因之经交换意见后，决议交行政委员会与驻委会再进行精细的调查研究后，慎重拟定统一的办法。

八、一个新鲜而严肃的问题——反战日人与朝鲜人在我根据地内公民权问题。在大会的进行中，在华日人反战同盟山东支部和朝鲜独立同盟山东分盟是有代表经常列席大会的。在大会的开幕典礼上，他们对参议会过去曾通过公布的保护反战日本军民和朝鲜人民的条例，表示无限的感谢，不过希望反战日人和朝鲜人民能在根据地内和中国抗战人民享有同样的公民权，能同样选举参议员出席参议会。这个希望作成了建议书，经主席团提交大会讨论了。这是一个新的问题，因涉及国籍，又是一个非常严肃的问题，于是在会场上展开了争论。有的本国际主义的精神，完全赞成这个提议；有的则认为事关国籍，在新民主主义的原则上，仍应以民族独立为基准考虑这一个问题：有的则引苏联为例，主张允许这个请求；有的则以中国尚在民族民主革命阶段，不能不慎重研究。经过了差不多半天的争论，最后大家一致认为这一请求是值得尊重的，因为关系的方面颇多，慎重考虑也是应该的。朝鲜人民及反战日人如系改变国籍向中国政府要求入籍，我们自可变通办法，允许入籍。但今天的问题不是他们改入中国国籍的问题，而他们是要求获得中国公民的同等待遇而仍努力为日本民族自身的解放和朝鲜民族的独立而斗争，我们是同情这个意见的。问题的所在，就在于怎样措置更有利于他们的独立和解放事业。享有与中国公民同等待遇，是会争取一部分反战日人和朝鲜人民的，但如将其日本、朝鲜原国籍模糊了，也会失掉一部分反战日人和朝鲜人民的信赖的。于是大会明白决定，给与〔予〕反战日人及朝鲜人民以中国公民之同等待遇，但保留其原国籍，于本届省参议会设特别参议员二名，经日人反战同盟和朝鲜独立同盟推定，由本会聘请之。半天的争论，至此告一结束。

九、百余提案，两天讨论完毕。除上述一些主要提案外，尚余百余提案，但或系执行性质，经大会提出意见，交行政委员会参照，或系个别法令的具体修改，经大会审查后，或交驻委会和行政委员会研究修改，或系基本大法，则须由驻会委员会详细搜集材料整理草拟。因此，百余提案，竟于两天的时间内顺利讨论完毕。关于法规者，主要的是请拟制本省土地单行法规、婚姻单行法等提案。关于财政经建者，主要的是解决鞋子、菜金调剂，生产节约、普遍注意干部生活的改善，奖励生产，奖励工业，奖励生产技术等提案。关于干部的，主要是训练和提拔培养各方面的提案。关于文教者，主要是加强对敌文化斗争，普遍开展文化运动，开办中学，大量编印教材及群众妇女读物，确定新闻政策，增设社会教育干部，改善中学教员生活，中小学贫苦教员家属得与抗日政民工作人员同享优待，及改善文化工作者的待遇等提案。关于拥军者，主要是认真执行优抗、抚恤、保护抗日军人婚姻等条例的提案，并对各条例有个别的修改意见。关于民兵的，主要是增加民兵弹药费的提案。关于社会救济的，主要是加强社会卫生工作，救济矿工及救济各地灾荒的提案。这些提案有的原则通过，有的修正通过，有的全部通过，真是内容丰富、集思广益了。

十、号召节约移赈，展开救济运动。华北年来受敌伪摧残抢掠，许多接敌区游击区是日见艰苦、灾荒屡现了。在山东，国民党反动派更加的〔地〕烧杀蹂躏，也有许多地方受灾甚重，如泰山区之博莱、鲁南区之费南，均先后向大会呼吁，请求救济。而当大会将要闭幕的时候，忽闻太行山区灾情严重，为百年来所未有。大会认为太行山区为华北先进之抗日根据地，对敌后抗日民主事业，贡献甚大，且为十八集团军总部驻地，关系敌后抗战者尤为重要。太行山区之灾难，亦即全华北抗日人民的灾难，乃决定对太行山与对本省泰山、鲁南等区的灾荒，号召全省军民节约移赈，展开救济运动。一面交省行政委员会详拟办法切实推行，一面分别电晋冀鲁豫边区参议会及政府，函泰山区、鲁南区参议会专署，先致慰问，并将大会所收各方慰劳贷金之尚未动用者六千余元，分交泰山、鲁南两区助赈。参加大会所有人员，均带了满腔热忱，准备回到各地区后，为推动救济运动而努力。

八　胜利的闭幕，严肃的宣誓

九月八日是大会胜利闭幕的日子。全体参议员也因为誓词的修改，在闭幕典礼上进行了宣誓；新的行政委员也同时宣誓就职。会场的布置是简单而严肃。与会的人员无不带着满怀的热情，面部挂着胜利的微笑。在典礼正式进行以前，首先换发参议员证章，上面印着新的誓词；行政委员也分发了专印的誓词，大家都分头习读着。典礼开始了，马副议长致闭幕词，扼要的〔地〕指出大会的成功，并表扬了大会所充满着的民主精神和所有为着大会的胜利而始终勤劳工作的人员。最后并说明在大会胜利进行之际，国际上反法西斯斗争不断的〔地〕胜利，苏联继收复奥勒尔后，又收复了卡尔科夫等名城，并正以排山倒海之势，迅速前进，节节胜利。盟军攻占西西里，墨索里尼这个法西斯魔王不得不狼狈下台。东方盟军亦攻占了蒙达，进兵雷区。民主的胜利光辉，照遍全世界。国内反对内战的斗争，也日益进入胜利的形势，尤其在山东，民主的力量在此一个月内的重大发展，曾经在东北军撤防的情况下，和敌伪坚决搏斗，开辟了十几个县单位，建立了抗日民主政权，曾经打退了反民主、反人民、反抗战力量的进攻，保卫了山东几个重要民主地区。希望大家在这种胜利的基础上，为贯彻大会民主精神，实现大会的决议，回到各地区，坚持对敌斗争，以争取抗战胜利和民主胜利！胜利的心情，充分〔满〕着全会场。接着马副议长领导参议员宣誓了，黎主任委员领导行政委员宣誓了。马副议长又致了监誓词，给予宣誓人以极大的鼓励。参议员代表周纯全致词，响亮有力的〔地〕回答了监誓人的鼓励。行政委员代表黎主任委员沉着严肃的〔地〕说明全体行政委员一定坚决的〔地〕负担起这个重责，为实现大会决议、开展山东抗战民主事业而奋斗，庄严肃穆的气象又在笼罩着大会场。继之便是各界代表讲话，对大会的胜利表示祝贺，对大会的决议各依其分的〔地〕说出如何拥护与支持的决心与诚意。参加大会的各地代表、来宾和参议员们，在最后又踊跃登台，讲述了自己对大会的观感，一致认为这是第一次参加这样盛大的民主会议，在会议中不仅增加了经验，尤其学习了民主。大家都不期而然的〔地〕想到国民党把持政权的“训政”是如何的〔地〕错误，反动派所统治的地区是如何的〔地〕摧残民主，越发证明了只有共产党八路军所到的地方，才能实现真的民主政治，人民才能得到解放，中国才有办法！

九　交换经验，两日座谈

与会的人员多是各地区远道来此，大家在实际工作中都有丰富的经验。因此，新任驻委会和行政委员会遂于闭幕后接着召集了两天的座谈会，以参议会尤其县参议会的健全、征粮及土地陈报、土地纠纷等问题为中心，交换各地经验。大家很自然的〔地〕述说自己的所见、所闻和所作，尽情的〔地〕在倾吐和听。许多宝贵的经验汇集在一起，大家讨论着，研究着，真是集腋成裘！

两天座谈会过了以后，驻委［会］和行政委员会又分头和各地区参议员代表、来宾分别接洽，更深入的〔地〕了解各地特殊情况，解决特殊问题，一直把大家留到九月十四日，共同过了团圆的中秋佳节。

座谈会刚开过以后，意大利已向盟国无条件投降的消息传来了。法西斯主义的下场必然如此，更证明了民主是世界人民与各个国家民族的光明大道。

在一个浓密的松林里，围坐着一群山东民主运动中的重要角色。大家一面谈笑着圆月，大唱“明月松间照”的佳句，一面还谈着大家陆续登程以后的工作与步骤。在这种和乐愉快的情景下，省驻委会又和大家商订了各地参议员通讯的办法，建立了各地省参议会通讯处，推定了各通讯处负责人。所谓“千里同此月”，今后大家虽分驻各地，有了通讯处，便依然象〔像〕今天一样的团圆啊。

十　大会生活

最后，让我们略记一下大会的生活吧！大会一直保持着紧张、活泼、团结、愉快，大会生活应该算是一个重要因素。自有参议员到会起，大会生活在饮食起居方面都是比较舒适而有秩序的；大会的学习生活是非常自觉而充满着热情的；大会的娱乐生活是活跃而中节的。除大会自己为与会人员所预备的日常食用物品务使不缺外，又几乎没有一天不收到所在地区各部队、机关、团体以及农村的群众、小学生将他们生产所得的猪、羊、鸡、咸菜、青菜、水果、手巾、肥皂、鞋子等等送来慰劳的礼品，调剂了大会的饮食和日常的必需。各个文化机关团体，则将他们出版的书籍、报纸、刊物、画刊、笔记本等按时送给大会，帮助与会人员的学习，象〔像〕鲁中、鲁南，或则电拨慰劳金，或则派遣专使将土产水果送给大会。至于娱乐方面，除大会不断自己组织晚会、布置俱乐部活动外，省文协的平剧团、实验剧团，山东军区的战士剧社、鲁中军区的宣大，都为大会组织大晚会、小晚会，活跃大会生活。山东军区全体指战员代表，莒南群众代表，莒南团林区民兵、学校和各界代表，沭水县各界代表，临沭县各界代表，滨海中学代表，均先后来大会献旗献礼，并率领农村剧团、学生剧团、杂耍队到大会表演祝贺。在大会移动驻地的时候，路经百十一师驻地，他们又烧茶煮饭，准备房屋，设宴招待。中共中央山东分局和山东军区则又赠送蚊帐，并治丰富筵席，由主要负责人殷殷招待与会人员，聚餐畅谈。凡此不仅使所有参议员、代表、来宾等生活舒适愉快，同时也使大家感到各界人士及广大人民对大会属望之殷切，自觉责任重大、益事奋勉，以期大会能不负各方之厚望。所以，更加夙夜不懈，精细的〔地〕研究问题，认真的〔地〕钻研和讨论，深入的〔地〕交换意见，开小会，个别谈，翻参考，尊重大会秩序，恪守会议时间，以此保证整整一月的大会能始终如一的〔地〕紧张活泼、团结严肃，直到大会胜利的〔地〕完成了任务！

×　×　×　×

最后，大会是胜利了。这一胜利，在山东民主运动的历史上可以说是空前的。它将为今后山东民主事业的开展指出了道路。这一胜利，不仅是所有与会人员的胜利，也不仅是省临时参议会的胜利，它是山东民主运动几年来的成就的集中表现，它是全山东党政军民各界共同努力的结果。没有这些，也没有这次大会的胜利！

同时，大会也不是没有缺憾的，第一，筹备工作还不够精细周到。譬如有些地区接到通知颇迟，以致本来还可以来的参议员未及赶来，有的则来晚了。至于补选参议员，也有的没能及时选出，也就无法参加这次大会。关于各地人民意见的征询，不够切实系统，工作经验的整理也不够完整，致使大会讨论的参考不够充实。其他如大会主要提案的准备也比较草率，也使大会在讨论时费力多，但结果仍难精到。第二，大会的进行还不够科学，不够有条理。譬如提案的整理还不够严格，对提案的研究还不够深入，没有更好的〔地〕利用小组交换意见，以帮助大会讨论的进行。对开会经验较少和不善于当众发言的人没有足够的帮助，致有一部分与会人员发言过少，意见好象〔像〕不能充分提供大会。在讨论时，对各种问题的轻重把握得还不够好，有的问题浪费了时间，有的问题则因时间抓得过紧，未得到充分的发挥。凡此都也说明了大家对于此种重大的会议还是经验不足，须〔需〕要继续学习研究和积累经验的。

选自《山东革命历史档案资料选编》，第11辑，济南，山东人民出版社，1983年版，第66～88页。原注："原载1943年10月《山东省临时参议会一届二次大会特刊》第一辑。"

48. 山东省战时行政委员会训令——努力实现政府工作半年计划

1943年10月1日

一、根据山东省政权工作一般的发展情形，拟定〔订〕全省民、财、工商、教育、司法、公安各项工作计划，作为全省半年（至一九四四年三月）之政府工作建设方针，各级政府及各工作部门中必须贯彻的〔地〕研究及全部接受，并为彻底实现而奋斗。

二、在执行各项工作计划时，应照顾不同工作及不同地区的不同实施方法方式，分别先后与急缓。一般的除整风、深入下层、对敌斗争应成为贯彻各个时期的中心外，其他工作应依据各该地区某项工作之强弱或时间、空间、条件之不同，而有先后缓急之分。在时间上，秋后一般应强调反"扫荡"、反蚕食，加强征粮、藏粮、备战及食粮统制，实行战时戒严，清查敌奸；冬季一般应开展民主文化运动及健全各种组织；冬春之际，应强调生产，领导春耕，互助互济，在推动此中心工作之下，完成一般的工作。要求各地区应从事调查研究，灵活掌握情况，根据具体情况，布置实现此计划。总之，对于战争、生产、民主、教育，必须应是一切行政之中心，应按照各项计划要求随时实现之。

三、在推动各项工作之际，必须同时改造领导。各级政府除一般指示号召外，必须组织力量具体检查，亲手实验，随时吸收经验指导下级，求得工作完成后，总结经验。切实纠正过去某些上级两头领导（只下决定、要报告）、中级文牍主义（照抄照转）与下级填表应付等一串官僚主义、形式主义的领导方式。在工作进行中，中心工作与经常工作应统一起来，一切工作必须围绕一个中心，而又不是取消经常工作。

四、各行政公署接此训令后，应进行讨论布置，并将讨论布置情形及进行之工作经验随时呈报本会，以资考核。

此令

行政委员　黎　玉　刘居英
梁竹航　艾楚南
耿光波

选自《山东革命历史档案资料选编》，第11辑，济南，山东人民出版社，1983年版，第3～4页。

49. 山东省战时行政委员会公布令（公布三级参议会组织条例）

1943年10月9日

兹将山东省临时参议会通过之《山东省临时参议会组织条例》《山东省行政区临时参议会组织条例》《山东省县参议会组织条例》公布施行。自以上三条例施行后，所有前山东省战时工作推行委员会公布之《山东省临时参议会组织条例》《县各级参议会组织条例》《县各级参议会选举条例》即予废止。

此令

行政委员　黎　玉　刘居英
梁竹航　艾楚南
耿光波　田佩之
张伯秋　罗荣桓
郭维城　杨希文
辛葭舟

选自《山东革命历史档案资料选编》，第11辑，济南，山东人民出版社，1983年版，第6页。

50. 修正山东省临时参议会组织条例

1943年9月山东省临时参议会修正通过，
同年10月9日山东省战时行政委员会公布、施行

第一章　总　则

第一条　本条例依据国民参政会第一届第四次会议决议及国民政府颁布省临时参议会组织条例之基本原则，并适应敌后环境制定之。

第二条　山东省临时参议会（以下简称本会）为代表本省人民之最高权力机关。

第二章　参议员

第三条　中华民国之人民年在十八岁以上居住于山东省境内者，无职业、性别、党

派、宗教、民族、财产、文化程度之区别，均有选举与被选举为省参议员之权，但有下列情形之一者，无选举权与被选举权：

一、有汉奸嫌疑者。

二、有精神病或吸食毒品者。

三、在抗战中受刑事处分，褫夺公权尚未复权者。

第四条　省参议员名额定为八十一人，候补参议员二十六人，其分配如下：

一、由各行政区选出总名额十分之六，由全省抗日军队及群众团体选出总名额十分之四。

二、妇女参议员不得少于百分之十。

三、特别地区不能进行选举时，由本会聘请之。

省参议员之选举办法另定之。

第五条　省参议员之任期定为二年，连选得连任，遇必要时得由本会驻会委员会与山东省行政委员会共同提议，经各行政区参议会及省群众团体过半数之同意延长之，但以二年为限。

第六条　省参议员为无给职，但得酌发公旅费。驻会委员之待遇与省行政委员同。

第七条　各地区、各团体所选出之省参议员，原选举地区或团体认为不足代表其意见时，有详具理由请求本会准予罢免改选之权。原选举地区或团体不明确及由本会聘请之省参议员不足代表民意时，其决定罢免改聘改选之权属本会。

第八条　省参议员如因犯罪被褫夺公权时，由本会决定解除其参议员职务，通知其原选举地区或团体补选之，原选举地区或团体不明确及由本会聘请之参议员，由本会决定补选补聘。

第九条　省参议员如有死亡或其他事故不能执行职务而致缺额时，由原选举地区或团体之候补参议员递补，或由本会决定补选补聘。

第三章　职　权

第十条　本会之职权如下：

一、制定或通过本省施政纲领。

二、制定本省单行法规。

三、审查通过本省预决算，决定赋税、公粮之增收或减免。

四、选举省行政委员。

五、听取及通过省行政委员会之施政报告。

六、监督本省各级政府对本会决议之执行。

七、弹劾违法失职之各级行政、司法人员，本省驻军有违法失职行为时，得向其上级机关检举。

八、促进下级参议会之建立，协助下级参议会正确行使职权。

九、行政区以下各级政权所决议之案件，如本会认为违反政策时，得通知省行政委员会以命令停止执行。

十、决定有关改善人民生活及救济事项。

十一、审议政府请议及人民请愿事项。

十二、根据本条例第七、八、九各条之规定，处理省参议员之罢免、改选、改聘、递补等事宜。

第四章　组　织

第十一条　本会设参议长一人，副参议长二人，由省参议员互选之。

第十二条　本会由参议员互选十一人至十七人组织驻会委员会，参议长、副参议长为当然驻会委员。

第十三条　本会驻会委员得兼任省行政委员，但不得超过驻会委员总额三分之一。

第十四条　本会设秘书长一人，由驻会委员互推之，协助参议长、副参议长处理日常会务。

第五章　会　议

第十五条　本会每年召开参议员大会一次，会期一月，必要时得缩短或延长之

第十六条　本会召开参议员大会时，以参议长为主席，参议长缺席时，由副参议长担任之，必要时得加推参议员若干人组织主席团。

第十七条　本会参议员大会，如遇特殊情形得延期召开。有下列情形之一时，得召开临时大会：

一、驻会委员会之决议。

二、全体参议员二分之一以上之请求。

三、省行政委员会之请求。

四、全省行政区参议会三分之二以上之请求。

五、全省县参议会二分之一以上之请求。

六、全省公民二十分之一以上之请求。

第十八条　本会召开参议员大会时，非有参议员总额过半数出席不得开议，非有出席参议员过半数通过，不得决议。

第十九条　本会开参议员大会时，如参议员有请假者，得由到会候补参议员临时递补出席。

第二十条　省参议员在会议中所发言论及所为表决，对外不负责任。

第二十一条　省参议员在开会期间，非现行犯不得逮捕，在闭会期间因犯罪而被逮捕时，逮捕机关须通知本会驻会委员会。

第二十二条　本会开参议员大会时，省行政委员会须向大会作施政报告，各委员及各处、局、会主要负责人均得列席会议。

第二十三条　本会之决议案交省行政委员会执行之，省行政委员会对决议案有不同意见时，得提出理由请求复议，如仍照原案通过，应即执行。

第六章　驻会委员会

第二十四条　驻会委员会受大会之委托处理大会交办事项，及大会闭会期间之日常工作。

第二十五条　驻会委员会之职权如下：

一、监督省行政委员会执行大会决议，并得随时提出质问、建议与批评，省行政委员会须迅速答复。

二、审查省行政委员会为执行大会决议而制定之各种规程、条令、方案及适用某一地区之暂行办法，或以紧急情况而拟定之紧急措置。

三、根据大会通过之概算案，检查省行政委员会财政收支状况。

四、弹劾违法失职之各级政府人员，但省行政委员有违法失职行为时，须经大会提出弹劾。

五、派代表列席省行政委员会之会议，并得定期听取省行政委员会之施政报告。

六、视察各地区施政状况，监督各级政府执行大会决议，征询人民意见。

七、对散处各地之省参议员，经常联系，征询意见。

八、接受政府请议及人民请愿事项。

九、草拟各项法规，提交下次大会讨论，为下次大会进行准备工作，并向大会报告工作。

十、在大会闭会期间，代表大会处理本条例第十条第十二款所规定之事宜，但须向下次大会报告请求追认。

十一、召开下次大会或临时大会。

第二十六条　驻会委员会每月召开会议一次，必要时得召开临时会议。

第二十七条　驻会委员会视工作之需要得设立各种专门委员会，如单行法规编审委员会等，必要时可聘请专家充任委员。

第七章　经　费

第二十八条　本会之经费每半年造预算一次，由省行政委员会支付之。

第八章　附　则

第二十九条　本条例修正及解释权属于山东省临时参议会。

第三十条　本条例由山东省临时参议会通过公布施行。

选自《中国新民主主义革命时期根据地法制文献选编》，第2卷，北京，中国社会科学出版社，1981年版，第341～347页。原注："选自山东省胶东行署《法令汇编》，一九四四年版。"

互校版本：《山东革命历史档案资料选编》，第11辑，济南，山东人民出版社，1983年版，第7～11页。

51. 山东省行政区临时参议会组织条例

1943年9月山东省临时参议会通过，
同年10月9日山东省战时行政委员会公布、施行

第一条　本省为推行民主政治，各行政区依本条例之规定，组织临时参议会。

第二条　行政区临时参议会，为代表各行政区人民之最高权力机关。

第三条　中华民国之人民年在十八岁以上居住于本省各行政区者，无职业、性别、党派、宗教、民族、财产、文化程度之区别，均有选举与被选举为本行政区参议员之权，但

有下列情形之一者，无选举与被选举权：

一、有汉奸嫌疑者。

二、有精神病或吸食毒品者。

三、在抗战中受刑事处分，褫夺公权尚未复权者。

第四条　行政区参议员名额，依地区大小与人口之比例，每区定为四十五人至八十一人，候补参议员十五人至二十六人，其分配如下：

一、由各县选出总名额十分之六，由全区抗日军队及群众团体选出总名额十分之四。

二、妇女参议员名额不得少于百分之十。

三、特别县区不能进行选举时，由行政区临时参议会聘请之。

行政区参议员选举办法另定之。

第五条　行政区参议员之任期定为二年，连选得连任。

第六条　行政区参议员为无给职，但得酌发公旅费。驻会委员之待遇与本区行政委员同。

第七条　行政区参议员之罢免、改选、改聘、递补，准参用修正山东省临时参议会组织条例第七、第八、第九各条之规定。

第八条　行政区临时参议会之职权如下：

一、在不抵触省法令范围内，制定地方性之单行法规或条例。

二、审议通过行政公署制定之施政方案。

三、审查通过行政区之预决算，检查财政公粮收支。

四、选举行政区行政委员。

五、听取及通过行政公署之施政报告。

六、监督行政区各级政府对行政区临时参议会决议之执行。

七、弹劾违法失职之行政区各级行政、司法人员，当地驻军及省附设机关人员有违法失职行为时，得向其上级机关检举。

八、促进县参议会之建立，并协助其正确行使职权。

九、决定有关改善人民生活及救济事项。

十、审查［议］政府请议及人民请愿事项。

十一、根据本条例第七条之规定，处理行政区参议员之罢免、改选，改聘、递补等事宜。

第九条　行政区临时参议会设参议长一人，副参议长一人或二人，由参议员互选之。

第十条　行政区临时参议会由参议员互选七人至十一人组织驻会委员会，参议长、副参议长为当然驻会委员。

第十一条　行政区临时参议会驻会委员得兼任本区行政委员，但不得超过驻会委员总额三分之一。

第十二条　行政区临时参议会设秘书长一人，由驻会委员互推之，协助参议长、副参议长处理日常会务。

第十三条　行政区临时参议会每半年召开参议员大会一次，如遇特殊情形得延期召开。

第十四条　行政区临时参议会开大会时，以参议长为主席，参议长缺席时，由副参议长担任之，必要时得加推参议员若干人组织主席团。

第十五条　行政区临时参议会有下列情形之一时，得召开临时大会。

一、驻会委员会之决议。

二、全体参议员二分之一以上之请求。

三、本区行政公署之请求。

四、本区县参议会二分之一以上之请求。

五、全行政区公民二十分之一以上之请求。

第十六条　行政区临时参议会开会时之法定人数及参议员请假临时递补出席办法，准参用修正山东省临时参议会组织条例第十八、第十九两条之规定。

第十七条　行政区参议员在会议中与开会期间及闭会期间之法定权利，准参用修正山东省临时参议会组织条例第二十、第二十一两条之规定。

第十八条　行政区临时参议会开会时，行政公署须向大会作施政报告，各委员、各处（科）、局、会主要负责人均得列席会议。

第十九条　行政区临时参议会之决议案交行政公署执行，行政公署对决议案有不同意见时，应详具理由请求复议，如仍照原案通过应即执行，如遇有与省法令抵触时，应请示省行政委员会，但在未有新指示之前，以遵照原有法令为原则。

第二十条　行政区临时参议会驻会委员会之职权与会期，得参用修正山东省临时参议会组织条例第二十四、第二十五、第二十六、第二十七各条之规定。

第二十一条　行政区临时参议会之经费，每半年造预算一次，由行政公署支付之。

第二十二条　本省直属行政专员区设临时参议会，准适用本条例。

第二十三条　本条例之解释及修正权属于山东省临时参议会。

第二十四条　本条例由山东省临时参议会通过，省行政委员会公布施行。

选自《中国新民主主义革命时期根据地法制文献选编》，第2卷，北京，中国社会科学出版社，1981年版，第347～351页。原注：“选自山东省胶东行署《法令汇编》，一九四四年版。”

互校版本：《山东革命历史档案资料选编》，第11辑，济南，山东人民出版社，1983年版，第12～15页。

52. 山东省县参议会组织条例

1943年9月山东省临时参议会通过，
同年10月9日山东省战时行政委员会公布、施行

第一章　总　则

第一条　本省为推行民主政治，各县依本条例之规定，组织县参议会。

第二条　县参议会为代表全县人民之最高权力机关。

第二章　参议员

第三条　中华民国之人民年在十八岁以上，居住于本省各县者，无职业、性别、党派、宗教、民族、财产、文化程度之区别，均有选举与被选举为本县参议员之权，但有下列情形之一者，无选举及被选举权：

一、有汉奸嫌疑者。

二、有精神病或吸食毒品者。

三、在抗战中受刑事处分，褫夺公权尚未复权者。

第四条　县参议员名额依县境大小及人口比例定为四十五人至七十五人，候补参议员十五人至二十五人，其分配如下：

一、由全县区村选出总名额十分之六，由全县抗日军队及群众团体选出总名额十分之四。

二、妇女参议员名额不得少于百分之十。

三、特别区村不能进行选举时，由县参议会聘请之。

县参议员选举办法及选举区之划分另定之。

第五条　县参议员之任期定为二年，连选得连任。

第六条　县参议员为无给职，但出席开会得酌发公旅费。驻会委员之待遇与县行政委员同。

第七条　县参议员之罢免、改选、改聘、递补，准参用修正山东省临时参议会组织条例第七、第八、第九各条之规定。

第三章　职　权

第八条　县参议会之职权如下：

一、审查通过县政府制定〔订〕之施政方案与推行政令之实施办法。

二、选举县长及县行政委员。

三、听取及通过县府之施政报告。

四、根据上级政府所规定之原则，审查通过县财粮之预决算，检查县财粮收支。

五、依据上级法令，决定地方建设重要设施，及其他应兴应革事项。

六、监督县区村对政策法令及县参议会决议案之执行。

七、弹劾全县违法失职之各级行政、司法人员；当地驻军及上级附设机关人员有违法行为时，得向其上级机关检举。

八、县参议会对县政府之设施有不同意见时，得提出质问，县政府须迅速答复。

九、决定改善人民生活及救济事项。

十、审议县政府请议及人民请愿事项。

十一、根据本条例第七条之规定，处理县参议员之罢免、改选、改聘、递补等事宜。

第四章　组　织

第九条　县参议会设参议长一人，副参议长一人，由参议员互选之。

第十条　县参议会得设驻会委员会，由参议员互选五人至七人组织之，参议长、副参议长为当然驻会委员。

第十一条　驻会委员得兼任县行政委员，但不得超过驻会委员总额三分之一。

第十二条　县参议会设秘书一人，由驻会委员或参议员兼任之，协助参议长、副参议长处理日常会务。

第十三条　县参议会驻会委员会之职权如下：

一、接受大会交办事项，对大会负责报告工作。

二、监督县区村对县参议会决议案之执行。

三、派代表列席县政府行政会议。

四、接受及审查县政府请议及人民请愿事项。

五、检查县财政收支状况。

六、弹劾全县违法失职之各级政府人员，但县长或县行政委员如有违法失职时，须经大会提出弹劾。

七、驻在本县上级附设机关之工作人员有违法失职行为时，得随时检举之。

八、视察各区村施政状况，征询人民意见。

九、对散处全县之参议员经常联系，征询意见。

十、在大会闭幕期间，代表大会处理本条例第八条第十一款所规定之事宜，但须向下次大会报告，请求追认。

十一、召集下次大会或临时大会。

第五章　会　议

第十四条　县参议会每三个月或半年召开参议员大会一次，如遇特殊情形得延期召开。

第十五条　县参议会开大会时，以参议长为主席，参议长缺席时，由副参议长担任之，必要时得加推参议员若干人组织主席团。

第十六条　有下列情形之一时，得召开临时大会：

一、驻会委员会之决议。

二、全体参议员二分之一以上之请求。

三、县政府之请求。

四、全县公民二十分之一以上之请求。

第十七条　县参议会开会时之法定人数，与参议员请假临时递补出席办法，准参用修正山东省临时参议会组织条例第十八、第十九两条之规定。

第十八条　县参议员在会议中与开会期间及闭会期间之法定权利，准参用修正山东省临时参议会组织条例第二十、第二十一两条之规定。

第十九条　县参议会开会时，县政府须向大会作施政报告，县长、各行政委员、科、局、会主要负责人均得列席会议。

第二十条　县参议会之决议案交县政府执行，县政府对决议案有不同意见时，应详具理由请求复议，如仍照原案通过即须执行，如遇有与上级法令抵触时，应请示上级政府，但在未有新指示之前，须仍遵照上级原有法令执行。

第六章　经　费

第二十一条　县参议会之经费，由县政府统一编造之。

第七章　附　则

第二十二条　本条例之解释及修正权属于山东省临时参议会。

第二十三条　本条例由山东省临时参议会通过，省行政委员会公布施行。

选自《中国新民主主义革命时期根据地法制文献选编》，第2卷，北京，中国社会科学出版社，1981年版，第352～357页。原注："选自山东省胶东行署《法令汇编》，一九四四年版。"

互校版本：《山东革命历史档案资料选编》，第11缉，济南，山东人民出版社，1983年版，第15～19页。

53. 附：山东省各级参议员之权利与义务

1943年10月9日

甲、权利：

一、得列席下级政府之行政会议及下级参议会与驻委会之会议。

二、对下级政府之设施认为违反政策时，得提出质询。

三、对下级政府，得就地方应兴应革事项提出建议。

四、遇有政府人员违法失职时，得提请驻会委员会依法弹劾。

乙、义务：

一、随时向人民宣传并解释政府之法令。

二、经常征求人民意见，向驻委会或当地政府反映。

三、应作执行法令之模范。

四、协助政府解决推行法令中所发生之困难。

五、执行大会所委托之一定工作，向驻会委员会定期报告。

六、供给驻会委员会调查研究材料。

选自《山东革命历史档案资料选编》，第11辑，济南，山东人民出版社，1983年版，第19页。

54. 山东省战时行政委员会公布令（公布五个政府组织条例）

1943年10月9日

兹将山东省临时参议会通过之《山东省战时行政委员会组织条例》《山东省行政公署组织条例》《山东省行政督察专员公署组织条例》《山东省县政府组织条例》《山东省区公所组织条例》公布施行。自上项四条例施行后，所有二十九年十一月七日山东省战时工作推行委员会公布之《山东省战时县区乡村各级政府组织条例》即予废止。

此令

行政委员　黎　玉　刘居英
梁竹航　艾楚南
耿光波　田佩之
张伯秋　罗荣桓
郭维城　杨希文
辛葭舟

选自《山东革命历史档案资料选编》，第 11 辑，济南，山东人民出版社，1983 年版，第 20 页。

55. 山东省战时行政委员会组织条例

1943 年 8 月山东省临时参议会通过，
同年 10 月 9 日山东省战时行政委员会公布、施行

第一条　山东省战时行政委员会（以下简称本会）为山东全省行政之统一领导机关，对山东省临时参议会负责。

第二条　本会对于全省行政得颁发命令，并得根据抗战建国纲领及省临参会通过之施政纲领与各项决议，制定实施办法与规程及特别地区之单行法规。

但关于人民负担、涉及人民政治权利及重要行政设施，须经省临参会通过施行之。在省临参会闭会期间，倘因应付紧急情况须有重大设施时，得征求省临参会驻会委员会之意见，确定办法暂行实施，并须将实施情形向省临参会提出详细报告，请求追认。

第三条　本会设行政委员九人至十三人，由省临参会选举之，行政委员之任期与省参议员同。

本会委员出缺过多，执行职务困难时，须由省临参会补选。如省临参会不能召集时，由行政委员会推选，提请省临参会驻委会同意，暂时执行职务。

第四条　本会之组织原则为民主集中制，各项行政工作之进行，由各委员或主管部门负责计划，拟定〔订〕方案，提交本会委员会通过执行之。

第五条　本会设主任委员一人，由委员互选之，对外代表本会，对内根据施政纲领及委员会决议指导督促各部门之工作，及处理临时紧急事项，委员会开会时任主席。

第六条　本会设秘书长一人，由委员互选之，协助主任委员处理日常会务，如主任委员公出时，由秘书长代行其职务。

第七条　本会设下列各处：

1. 民政处；2. 财政处；3. 工商管理处；4. 教育处；5. 高级审判处；6. 公安处。

第八条　本会各处各设处长一人，由委员互推之，必要时设副处长。

第九条　本会设秘书处，受秘书长领导，处理本会文书、会计、庶务及不属其他各处

事项。

第十条　民政处（科）之职掌如下：

一、关于提请任免行政人员事项。

二、关于干部管理及训练事项。

三、关于土地行政事项。

四、关于户籍事项。

五、协同财政处筹划征收公粮事项。

六、关于选举事项。

七、关于卫生行政事项。

八、关于赈灾、抚恤、优抗、保育及其他社会救济事项。

九、关于战时邮政交通事项。

十、关于婚姻登记及礼俗宗教事项。

十一、关于劳资及业佃争议事项。

十二、关于战争动员事项。

十三、关于人民团体之登记事项。

十四、其他有关民政事项。

第十一条　财政处之职掌如下：

一、关于税务、公款及公债事项。

二、关于编制预算、决算事项。

三、关于金库收支事项。

四、关于金融及银行之监督调整事项。

五、关于田赋公粮事项。

六、关于财粮审计事项。

七、关于公产管理事项。

八、关于支差事项。

九、其他有关财政事项。

第十二条　工商管理处之职掌如下：

一、关于对敌经济斗争之计划与组织领导事项。

二、关于工业生产及渔盐矿产之管理事项。

三、关于出入口贸易统制及物资管理事项。

四、关于外汇之管理调整事项。

五、关于商业行政市场管理事项。

六、关于合作事业之指导推动事项。

七、关于公营企业之管理事项。

八、关于进出口税、盐税、所得税、营业税等征收及缉私稽查事项。

九、其他有关工商事业。

第十三条　教育处之职掌如下：

一、关于各级学校事项。

二、关于社会教育事项。

三、关于编辑图书教材事项。

四、关于对敌文化斗争及文化宣传事项。

五、关于社会文化及学术团体等之指导奖进事项。

六、关于出版物之审查及登记事项。

七、其他有关教育事项。

第十四条　高级审判处之职掌如下：

一、关于司法行政［及］提请任免各级司法干部事项。

二、关于审核各级司法案件之处理。

三、关于司法人员之培养及教育。

四、复审下级司法机关判决而未经上诉之重要刑事案件。

五、受理特种刑事第一审案件。

六、受理不服直接下级司法机关之判决而上诉之案件。

七、受理不服直接下级司法机关之裁定而抗告之案件。

八、其他有关司法事项。

第十五条　公安处之职掌如下：

一、关于维持全省抗日民主社会秩序事项。

二、关于汉奸敌探之侦察破获及缉捕事项。

三、关于人民除奸组织之指导事项。

四、关于防匪事项。

五、其他有关公安工作事项。

第十六条　本会得视工作之需要，增设其他工作部门，聘请专门委员组织常设或临时专门委员会。其组织办法临时规定。

第十七条　本会依工作需要得聘请各项专门顾问。

第十八条　本条例如有未尽事宜，得提请山东省临时参议会修正之。

第十九条　本条例由山东省临时参议会通过公布施行。

选自《中国新民主主义革命时期根据地法制文献选编》，第2卷，北京，中国社会科学出版社，1981年版，第358～362页。原注：“选自山东省胶东行署《法令汇编》，一九四四年版。”

互校版本：《山东革命历史档案资料选编》，第11缉，济南，山东人民出版社，1983年版，第20～24页。

56. 山东省行政公署组织条例

1943年8月山东省临时参议会通过，
同年10月9日山东省战时行政委员会公布、施行

第一条　为适应战时环境，将全省划分为若干行政区，设行政公署。

第二条　行政公署为行政区之行政最高领导机关，在不抵触省法令范围内，带有地方性的应兴应革事宜，得依照本行政区参议会之决议发挥其独立自主的精神。但重大行政设施须呈请省行政委员会核示。

第三条　行政公署之组织原则为民主集中制，由行政区临时参议会选举行政委员七人至十一人组织行政委员会，并呈报省行政委员会备案，其任期与行政区参议员同，如行政委员经上级调动时，行政公署须通知本区临时参议会。

第四条　行政公署设主任、副主任各一人，由行政委员互推之，并呈请省行政委员会加委，其职务为对外代表行政公署，对内根据行政委员会之决议指导督促各部门之工作及处理临时紧急事项，行政委员会开会时任主席。

第五条　行政公署设秘书长一人，由行政委员互推之，协同主任、副主任处理日常行政工作。

第六条　行政公署设下列各处（科）局：

1. 民政处（科）；2. 财政处（科）；3. 工商管理局；4. 教育处（科）；5. 高级审判分处；6. 公安局。

第七条　行政公署各处（科）、局，各设处（科）、局长一人，由行政委员互推，必要时得设副职，均须呈请省行政委员会加委，或由省行政委员会直接委派之。

第八条　行政区临时参议会尚未成立时，行政委员及正副主任，由省行政委员会直接委派之。

第九条　行政公署设秘书处，受秘书长领导，处理本署文书、会计、庶务及不属于各处（科）、局事项。

第十条　民政处（科）之职掌如下：

一、关于提请任免行政人员事项。

二、关于干部管理及训练事项。

三、关于土地行政事项。

四、关于户籍事项。

五、协同财政处筹划征收公粮事项。

六、关于选举事项。

七、关于卫生行政事项。

八、关于赈灾、抚恤、优抗、保育及其他社会救济事项。

九、关于战时邮政交通事项。

十、关于婚姻登记及礼俗宗教事项。

十一、关于劳资及业佃争议事项。

十二、关于战斗动员事项。

十三、关于人民团体之登记事项。

十四、其他有关民政事项。

第十一条　财政处（科）之职掌如下：

一、关于税务公款及公债事项。

二、关于编制预算决算事项。

三、关于金库收支事项。
四、关于金融及银行之监督调整事项。
五、关于田赋公粮事项。
六、关于财粮审计事项。
七、关于公产管理事项。
八、关于支差事项。
九、其他有关财政事项。
第十二条　工商管理局之职掌如下：
一、关于对敌经济斗争之计划与组织领导事项。
二、关于工业生产及渔盐矿产之管理事项。
三、关于出入口贸易统制及物资管理事项。
四、关于外汇之管理调整事项。
五、关于商业行政市场管理事项。
六、关于合作事业之指导推动事项。
七、关于公营企业之管理事项。
八、关于进出口税、盐税、所得税、营业税等征收及缉私稽查事项。
九、其他有关工商事项。
第十三条　教育处（科）之职掌如下：
一、关于各级学校事项。
二、关于社会教育事项。
三、关于编辑图书教材事项。
四、关于对敌文化斗争及文化宣传事项。
五、关于社会文化及学术团体等之指导奖进事项。
六、关于出版物之审查及登记事项。
七、其他有关教育事项。
第十四条　高级审判分处之职掌如下：
一、关于司法行政及提请任免各级司法干部事项。
二、关于审核下级司法案件之处理。
三、关于司法人员之培养及教育。
四、复审下级司法机关判决而未经上诉之重要刑事案件。
五、受理特种刑事第一审案件。
六、受理不服直接下级司法机关之判决而上诉之案件。
七、受理不服直接下级司法机关之裁定而控告之案件。
八、其他有关司法事项。
第十五条　公安局之职掌如下：
一、关于维持全区抗日民主社会秩序事项。
二、关于［对］汉奸敌探之侦察、破获及缉捕事项。
三、关于人民除奸组织之指导事项。

四、关于防匪事项。

五、其他有关公安工作事项。

第十六条　行政公署得视工作之需要增设其他工作部门及各种专门委员会，如农林委员会，其委员由行政委员会聘任之，并呈报省行政委员会备案。

第十七条　各行政区根据具体环境及工作上之需要得划分若干专员区，委派行政督察专员，成立行政督察专员公署，代表行政公署督察其所辖区之行政工作，行政督察专员公署之组织条例另定之。

第十八条　各直辖专署（行政专员公署）其性质及职权与行政公署同，其组织机构适用行政督察专员公署组织条例。

第十九条　本条例如有未尽事宜，由山东省战时行政委员会提请山东省临时参议会修改之。

第二十条　本条例由山东省临时参议会通过，山东省战时行政委员会公布施行。

选自《中国新民主主义革命时期根据地法制文献选编》，第 2 卷，北京，中国社会科学出版社，1981 年版，第 362～367 页。原注："选自山东省胶东行署《法令汇编》，一九四四年版。"

互校版本：《山东革命历史档案资料选编》，第 11 缉，济南，山东人民出版社，1983 年版，第 24～28 页。

57. 山东省行政督察专员公署组织条例

1943 年 9 月山东省临时参议会通过，
同年 10 月 9 日山东省战时行政委员会公布、施行

第一条　根据山东省行政公署组织条例第十七条之规定制定本条例。

第二条　行政督察专员区设专员一人，由行政公署遴选，呈请省行政委员会委任之。必要时设副专员。

第三条　行政督察专员之职权如下：

一、传达上级政府的命令与指示，领导所属［各县］推行政策法令。

二、代表行政公署督促检查所属各县对于政令之执行。

三、根据各县施政状况，提请任免所属行政人员，并实施奖惩。

四、对于地方应兴应革事宜，得拟定〔订〕计划，呈请行政公署核准施行。

五、对于驻在于所辖地区之上级附设机关，得指导监督之。

第四条　行政督察专员公署设秘书主任一人，协助专员处理日常工作，并领导文书、会计、庶务等事项。

第五条　行政督察专员公署依工作需要，得设民政、财粮、教育、司法、卫生、农林等科及工商管理、公安等局，各科、局设科、局长一人，必要时得设副职，由行政公署提请省行政委员会委任之。

第六条　各科、局之职掌如下：

一、民政科——关于干部管理与教育；户籍调查；土地陈报；办理选举，及优抗、抚恤、救济，战争动员，改善民生；婚姻登记；礼俗改变等事项。

二、财粮科——关于田赋税款之征收与解交，公粮之筹征与分配；财粮预决算之审核与编造；公产之管理，金库之监督及支差等事项。

三、教育科——关于学校教育与社会教育之管理，各种文化学术团体之指导，对敌文化斗争与文化宣传等事项。

四、司法科——关于复审转呈县级司法机关判决而未经上诉之重要刑事案件；受理重大刑事第一审案件；受理不服县司法机关之判决而上诉之案件；受理不服县级司法机关之裁定而抗告之案件及其他司法事项。

五、卫生科——关于卫生行政，社会卫生，指导与监督地方医院及医生、药店登记及管理等事项。

六、农林科——关于推动耕种收割，指导农业改进；提倡水利，推广垦殖畜牧及农业副产；指导育苗植树，管理公有林场；协助举办农业贷款；管理农业试验场所等事项。

七、工商管理分局——关于计划领导对敌经济斗争；管理工业生产及矿产渔盐之开发；统制出入口贸易，掌握物资，管理外汇；组织商人，管理市场；推广合作，管理公营企业及进出口税收等事项。

八、公安局——关于维持社会秩序，侦察破获缉捕汉奸敌探；防止盗匪，及组织与指导民众锄奸等事项。

第七条　行政公署或直辖行政专员公署以下临时设立之办事处，其性质及职权与行政督察专员公署同，得适用本条例。

第八条　本条例如有未尽事宜，由山东省战时行政委员会提请山东省临时参议会修正之。

第九条　本条例由山东临时参议会通过，山东省战时行政委员会公布施行。

选自《中国新民主主义革命时期根据地法制文献选编》，第2卷，北京，中国社会科学出版社，1981年版，第367～369页。原注：“选自山东省胶东行署《法令汇编》，一九四四年版。”

互校版本：《山东革命历史档案资料选编》，第11辑，济南，山东人民出版社，1983年版，第28～30页。

58. 修正山东省区公所组织条例

1940年11月7日山东省临时参议会通过，
1943年9月修正通过

第一条　各县划为若干区，设区公所，代表县政府管理本区各村镇行政事宜。

第二条　区公所设区长一人、副区长一人，由县政府呈请专员公署委任之。

第三条　区公所设下列人员，由县政府委任之。

一、文书一人。

二、民政助理员一人。

三、财粮助理员一人。

（民政助理员、财粮助理员由区长兼任其一。）

四、文教助理员一人，由完全小学或高小校长或中心小学校长兼任。

五、武装助理员一人，由区武委会主任兼任。

六、公安员一人。

第四条　区设区中队，中队长由区长兼任，其编制表另定之。

第五条　区公所至少每半月开区务会议一次，由区长召集之，其出席人员为正副区长、文书、助理员、公安员等。

第六条　区公所每月举行全区行政会议一次，出席人为区长、副区长、各行政村镇长，列席人为区公所其他干部及群众团体负责人。

第七条　本条例如有未尽事宜，由山东省战时行政委员会提请山东省临时参议会修正之。

第八条　本条例由山东省临时参议会通过，山东省战时行政委员会公布施行。

选自《中国新民主主义革命时期根据地法制文献选编》，第 2 卷，北京，中国社会科学出版社 1981 年版，第 390～392 页。原注：“选自山东省胶东行署《法令汇编》，一九四四年版。”

互校版本：《山东革命历史档案资料选编》，第 11 辑，济南，山东人民出版社，1983 年版，第 28～30 页。

59. 修正山东省县政府组织条例

1940 年 11 月山东省临时参议会通过，
1943 年 9 月修正通过

第一章　总　则

第一条　县政府为全县行政最高领导机关。

第二条　县政府对于全县战争动员、民主设施、生产建设、文化教育及地方应兴应革事宜，依据上级政府之法令制定〔订〕施政计划，经县参议会之通过实行之。

第二章　组　织

第三条　县政府之组织原则为民主集中制。由县参议会选举行政委员七人至九人组织县行政委员会，并呈报上级政府备案，其任期与县参议员同。

第四条　县政府设县长一人，由县参议会就行政委员中选举之，并呈请山东省战时行政委员会加委。在县参议会未成立前，由山东省战时行政委员会直接委任之。

第五条　县长如经上级政府调动时，县政府须通知县参议会改选，县参议会不能选举时，由上级政府派员代理。

县行政委员经上级调动时，县政府须通知县参议会改选。

第六条　县政府设秘书一人，协助县长处理日常行政工作，并领导文书、会计、庶务等事项。

第七条　县政府得设下列各科、局：

一、民政科；

二、财粮科；

三、农林科；

四、教育科；

五、司法科；

六、武装科；

七、公安局；

八、工商管理局。

第八条　县政府各科、局设科、局长，必要时设副职，均由行政公署（行政专员公署）委任，或由县行政委员会推选，呈请加委，县政府之编制表另定之。

第九条　县政府视工作之需要得设常设或临时专门委员会。

第十条　为适应战争环境，县政府得呈准省行政委员会设立行署，其组织办法，得参用本条例，由行政公署核准施行。

第三章　职　权

第十一条　下列各事项须经县行政委员会之决议施行之：

一、关于上级政府令办之重大事项。

二、关于执行县参议会之决议事项。

三、关于县区村之选举事项。

四、关于全县预决算事项。

五、关于行政人员之任免事项。

六、关于组织训练调整地方武装及民兵之计划事项。

七、关于人民负担事项。

八、关于筹划地方建设事项。

九、关于重要民刑案件之处理事项。

十、其他认为应经县行政委员会讨论决议事项。

第十二条　县长之职权如下：

一、召集县行政委员会议，开会时为主席。

二、领导所属执行上级政令及县行政委员会之决议。

三、处理县政府之日常工作与紧急任务。

第十三条　县长因公外出时，由秘书或民政科长代行其职务。

第十四条　民政科之职掌如下：

一、推动指导区村行政工作。

二、登记审查区村行政干部。

三、提供关于区村行政人员任免之意见。
四、关于区村选举事项。
五、关于土地陈报、人口登记事项。
六、关于协同财粮科筹划征粮事项。
七、关于减租减息、增加工资、改善民生及调解劳资业佃争议事项。
八、关于优抗救济、抚恤保育及其他社会救济事项。
九、关于卫生设施及公共医院指导管理事项。
十、关于婚姻登记及礼俗宗教事项。
十一、关于禁毒、禁烟、禁赌、放足事项。
十二、关于战争动员事项。
十三、关于战时邮政交通指导事项。
十四、关于人民团体登记事项。
十五、其他有关民政事项。
第十五条　财政科之职掌如下：
一、关于征解田赋、整理公产及整理村财政事项。
二、关于编制预决算事项。
三、关于监督县金库收支事项。
四、关于金融之监督调整事项。
五、关于执行改善人民生活之财政政策事项。
六、关于协助民政科办理土地陈报、人口登记事项。
七、关于筹征、保管及分配救国公粮、公草事项。
八、关于领发粮票、管理支差事项。
九、其他有关财粮事项。
第十六条　农林科之职掌如下：
一、关于推动耕种收割、指导农事改进事项。
二、关于提倡水利、推广垦殖畜牧事项。
三、关于指导育苗植树、管理公有林场事项。
四、关于协助举办农业贷款事项。
五、关于管理农业试验场所事项。
六、其他有关农林事项。
第十七条　教育科之职掌如下：
一、关于全县学校教育与社会教育事项。
二、关于学校教育与社会教育工作人员之审查登记事项。
三、关于师资及文化工作人才之培养训练事项。
四、协同财粮科筹划保管与分配教育款产及经费事项。
五、其他有关文化教育事项。
第十八条　司法科之职掌如下：
一、关于民刑诉讼案件初审事项。

二、关于推动组织与指导各级调解委员会事项。

三、关于民刑案件之执行、罪犯之管理与教育事项。

四、关于受理非讼事项。

五、其他有关司法事项。

第十九条　武装科之职掌如下：

一、关于协助武委会推动人民抗日自卫武装组织事项。

二、关于指挥民兵作战事项。

三、关于指导人民武装执行政府法令政策事项。

四、关于民兵武器、弹药补充事项。

五、关于民兵抚恤、奖惩事项。

六、关于民兵战斗与生产结合之指导事项。

七、关于民兵教育事项。

八、其他有关民兵指导事项。

第二十条　公安局之职掌如下：

一、关于汉奸、敌探、土匪、奸细的侦缉及预审事项。

二、关于敌伪活动情形之侦察与通报事项。

三、关于戒严、盘查、维持治安等事项。

四、计划推动全县人民锄奸教育及指导民众锄奸工作事项。

五、协助司法科执行侦察及缉捕事项。

第二十一条　县工商管理局之职掌如下：

一、关于对敌经济斗争之计划与组织领导事项。

二、关于工业生产及渔、盐、矿产之开发管理事项。

三、关于出入口贸易之统制、掌握物资、管理外汇事项。

四、关于组织商人、管理市场事项。

五、关于推广合作事业、管理公营企业事项。

六、关于管理进出口税、盐税及所得税、营业税等征收、缉私稽查事项。

七、其他有关工商事项。

第四章　附　则

第二十二条　本条例如有未尽事宜，由山东省战时行政委员会提请山东省临时参议会修正之。

第二十三条　本条例由山东省临时参议会通过，山东省战时行政委员会公布施行。

选自《中国新民主主义革命时期根据地法制文献选编》，第2卷，北京，中国社会科学出版社，1981年版，第384～390页。原注：“选自山东省胶东行署《法令汇编》，一九四四年版。”

互校版本：《山东革命历史档案资料选编》，第11辑，济南，山东人民出版社，1983年版，第30～34页。

60. 山东省战时行政委员会关于修正县政府组织条例的训令

1943 年 11 月 6 日

查本省县政府组织条例，业经山东省临时参议会首届二次议员大会修正，并经本会以民字〇〇八号命令公布施行在案，兹再提出以下各点，希各地区遵照办理。

（一）县政府组织条例，经此次修正后，原有三十一年十月三日公布之山东省普通县政府人员武器马匹编制表，已不能完全适用，兹特予以修改，随令颁发施行。其原有特种县政府人员武器编制表，仍照常适用。

（二）自此次修正县政府组织条例施行后，各地区已经具有县政府实质之县政府行署、办事处或联合办事处，应即改称县政府，并视其实际情形，适用修正县政府组织条例及新颁编制表各规定，由各行政公署或行政专员公署核情施行，并呈报本会备案。

（三）各县如确因环（县）境辽阔、敌伪分割或其他人为障碍，在行政上指挥联系不便时，得于适当地区设置县政府行署，就近领导各该地区行政工作，其内部组织由各该县政府呈请行政公署或行政专员公署，核准施行。

此令

附：山东省普通县府人员武器编制表（略）

主任委员　黎　玉

民政处处长　梁竹航

选自《山东革命历史档案资料选编》，第 11 辑，济南，山东人民出版社，1983 年版，第 173 页。

61. 山东省临时参议会驻会委员会关于二次大会决议案执行情形的通报

1945 年 4 月 5 日

各位省参议员同仁们：

在民国三十二年秋天，驻委会承二次大会选举成立，并接受了二次大会全部决议，在正副议长领导下进行工作。去年例应召集三次大会，但因省政委会召集全省行政会议，且各地区参议会正在筹备选举及举行大会，时间不易分配。当由驻委会决议延期召集三次大会，并经通告各位省参议员，均无异议。唯关于二次大会决议，驻委会虽将随时执行情形在通讯一二三号上通告各位，但尚不够全面，难期各位系统了解。近特将所有决议案，会同省政委会检查一次，省政委会刘秘书长、艾处长分别向驻委会作了报告。兹将执行情形

通报各位，请予审查，提供意见为荷！此致

敬礼

山东省临时参议会驻会委员会

总计二次大会决议案除大会中已经执行者外，计交驻委会及政委会者共一百十三案，内关于本省各级政权组织者十四案，关于法规的制定及修改者十九案，关于财政经济工作者二十三案，关于干部工作者六案，关于文教工作者十四案，关于拥军工作者九案，关于社会事业者十二案，关于司法工作者七案，关于公安工作者二案，关于敌伪工作者二案，关于国际问题者五案。有的系驻委会办，有的系政委会办，有的是驻委会与政委会商办。兹将各案执行情形列后。

（一）关于本省各级政权组织者，共十四案：

一、战工会请改名为山东省战时行政委员会，并附组织大纲草案请公决案。

二、拟定山东省战时各级政府组织大纲及条例请公决案。

三、请规定各级行政委员会之任期，并按期进行选举案。

四、健全区组织机构案。

五、健全区公所，充实干部，扩大编制，以切实领导村政权案。

六、修正教育行政组织机构，以加强教育工作案。

七、请改区公安特派员为区公安员案。

八、拟请修正省参议会及各级参议会组织条例案。

九、应按不同的具体环境制定不同的条例或条文，以健全参议会机构案。

以上九案均关系各级政权组织的调整，大会上曾讨论决定了原则，交驻委会与政委会据以整理各级参议会及各级政府的组织条例。大会闭幕后，驻委会与政委会即会同赶办，于当年十月即行公布印发。

十、坚持民主集中制，划清权限，确定工作关系案。

本案曾经大会详细讨论，原则通过，交驻委会及政委会于整理各级参议会及各级政府组织条例时贯彻之，现各级参议会及各级政府组织条例已经公布。整理条文时，我们注意了本案所提民主集中制的原则。惟于全省行政会议总结各级政权的领导时，颇感民主集中制的原则在各组织条例中仍有未尽贯彻之处，并提出一些意见，尚待研究。

十一、为加强调查研究，县以上各级政府应设立健全的调查研究部门案。

于此次全省行政会议研究行政机构时，曾将本案精神提出，现县以上各级政府正在积极准备，政委会调查研究室并设有训练班，为各级政府训练调查研究人才。

十二、为专署以上建立公安会议案。

本案省政委会已有指示，各地政府均已照办。

十三、冀鲁边区参议会如何建立案。

因清河与冀鲁边两区合并为渤海区，现由清河区参议会增聘冀鲁边参议员，行使渤海区参议会职权。本案所提问题已有变化。

十四、积极建立及健全各级参议会，以推进民主建设案。

省政委会接受本案精神，曾于三十二年十月半年工作指示中列为一项，去年已有部分行政区、县参议会建立或改选。

（二）关于法规的制定及修改者，共十九案：

十五、请修正惩治贪污条例，将贪污五百元以上即处死刑、无期徒刑及十年以上有期徒刑的规定予以变更案。

十六、请修正惩治贪污条例案。

惩治贪污条例，业经驻委会与政委会根据本案所提精神修正公布。

十七、请议土地典当回赎处理办法案。

十八、为解决土地纠纷，请制定土地单行法规案。

十九、请议定土地代管条例案。

二十、建议政府重整河淤案。

以上五〔四〕案均系土地问题，驻委会曾分散调查表格，请各位省参议员搜集材料，政委会调查研究室亦曾作专题调查。除民主导报已将随时研究所得发表供各地参考外，于全省行政会议上对土地问题曾专作详密讨论，作出总结，并于最近驻委会与政委会又共同制定土地租佃条例公布。各案所提问题，已大体得到解决，其尚未详明者，亦均正在研究中。

二十一、逐渐改善不合理的婚姻制度，有力制止买卖婚姻、童养媳、重婚（纳妾在内）等不合理婚姻制度案。

二十二、拟请制定本省婚姻单行法案。

以上两案关系婚姻法规，经驻委［会］与政委会共同研究，已制定婚姻暂行条例公布。

二十三、请议全省征收公粮条例案。

二十四、平衡各抗日根据地民众财粮负担以恤民困案。

二十五、根据各地区公粮收支情形适当的〔地〕调剂各地区公粮，以求各战略区群众负担平衡案。

征粮统一办法经再三研究，最近已由驻委会与政委会共同讨论通过，即将公布。至各战略区调剂问题，政委会亦注意掌握。

二十六、修改与切实实行朝鲜人民优待案。

优待朝鲜人民暂行条例第六条，已根据本案改为“凡朝鲜俘虏，按照优待俘虏办法优待之”，由政委会公布。至切实执行对朝鲜人民优待一节，省政委会已切实注意。

二十七、拟请制定民刑法适用标准，并对难适用各条酌加修正案。

本案经再三研究，于全省行政会议司法总结中曾确定旧民刑法只做〔作〕补助参考。本案所提问题，业经解决。

二十八、锄奸条例可详细规定案。

因对敌斗争时刻发展变化，详细规定不无滞碍，省政委会会同军区已根据治病救人抢救失足分子之精神，发布关于处理汉奸特务办法的联合规定。

二十九、请修正土地陈报条例，彻底揭发黑地案。

因土地陈报非有深厚群众基础难期平衡一致，政委会在工作上就具体情况已注意掌握，但原办法尚未修正或另行制订〔定〕。

三十、为规定批准死刑制度案。

因各级政府有公安会议之建立，本案所提问题已得初步解决。至此次全省行政会议时，在司法总结中已决定了批准死刑的手续及制度。

三十一、请制定群众团体组织法，并明文规定群众团体须向民主政府登记案。

本案正根据将来工作发展的需要缜密研究中，尚未制出公布。

三十二、请议限期完成根据地之村政权改造，并公布村选举办法案。

本案因前战工会已制有村选举工作大纲，且根据实际情况发现一般的规定常有滞碍难行之处，全省行政会议村政总结中对村选已有原则意见提出，故尚未重行制定村选办法。

三十三、为提高工人生产热情，请求制定山东劳工保护条例，而利经济生产建设案。

本案所提问题关系重大，除已有改善农村雇工待遇条例切实推行，并于公营工厂中推行公私两利、按劳分红办法外，至劳工保护条例，正在搜集材料与省工会研究，尚未制定公布。

（三）关于财政经济工作者，共二十三案：

三十四、造具一九四三年下半年全省收支概算，请审核案。

本案经大会交驻委会后，曾经详细审核，认为适当。最近政委会财政处长艾楚南同志曾出席驻委会会议，报告年来收支概况甚详。一九四三至一九四四年因工作发展，收支未能相抵，各战略区多少有亏空，自数百万至千余万不等，分由银行及工商局借支。至收入方面，主要为税收及田赋。为减轻农民负担，以便发展农业生产，税收比例已逐渐提高，田赋比例已逐渐降低，滨海税收占总收入的百分之八十以上，最为显著。税收（包括专卖利润）为有发展前途之税源，政委会已强调指示各地区，以此为财政开源之主要方向。

另外，艾处长在驻委会议上，又报告了一九四五年财政收支估计入不敷出颇巨，除由发展税收方面开源外，主要希望由机关、部队的生产节约中弥补。最近省政委会发布生产指示，强调指出机关、部队生产节约之重要，并提高了要求，应成为各位参议员在各地宣传推动之重要工作。

三十五、为田赋改征实物案。

本案经大会讨论决议，每亩年征正税（省税）不得超过粮食三斤，附加税（地方税）不得超过正税的三分之二（二斤）。据政委会财政处艾处长报告，曾经切实执行。惟至一九四四年，以货币价格提高，粮价暴跌，与布价的差额甚大，而田赋又适为部队、机关服装费的基本依靠，实感无法支付。各战略区有不得不依实际需要，将田赋征收实物，变更办理者。此外亦有开始按等级实行累进税制，以昭公平合理者。现以物价较前稳定，粮布差价可能渐低，将来仍拟以征收实物为原则，并为便利农民，尽可能随公粮一齐征收，且逐渐研究农业统一累进税之征收办法，准备试行。

三十六、请议定货币发行量案。

本案经大会讨论决议，在不使通货膨胀的原则下，发行量不得超过×万元，授权驻委会监督。年余以来，政委会切实掌握，坚决执行。惟近者根据地扩展，人口增加一倍有余，而且本币信用提高，人民经济较前活跃，本币流通范围及需要量大增，各地每因本币数量不足影响经济工作。驻委会与政委会一再协议，最近决定提高本币发行最高额，以应需要。

三十七、为统一币制加强对敌货币斗争案。

本案经省政委会切实执行，年来成绩显著，停用法币，禁止伪钞在根据地流通，取缔土杂钞，均告成功。物价已经稳定，本币信用日高，流通范围已逐渐伸展至敌占区。

三十八、为成立全省各级工商管理局以加强对敌经济斗争案。

现全省各级工商管理局均已建立，对敌经济斗争成绩显著。有些工作中的缺点，正在开会检讨中。

三十九、为增加农业生产，提倡奖励劳动英雄案。

本案精神业经政委会迭次在有关农业生产的布告指示中贯彻执行。惟以敌后环境，多由各战略区主持分办，故原附统一办法尚未修正公布。

四十、为拟具奖励生产技术及奖励工业办法，请讨论决定以利进行案。

本案精神业经政委会迭次有关生产的布告指示中贯彻执行。惟在初步发展工业当中经验不足，故原附统一办法尚未修正公布。

四十一、加强注意边缘区之调整劳役、减轻负担、抚恤伤亡、组织劳动互助案。

四十二、制定农村贷种办法以利生产案。

四十三、改良与提高农业生产案。

以上三案经大会讨论，交政委会参考，年来颇为注意。其经验及办法于全省行政会议上业经分别于生产财粮总结中确定。

四十四、为欢迎敌占区商民向根据地投资案。

本案业经工商管理机关注意执行，已令各地召开工商业家座谈会收集意见，以备颁布具体奖励办法。

四十五、为提议准予组织商人救国会案。

商救会组织已有法规公布，工商管理机关均注意推动。

四十六、省战工会应成立技术研究室案。

政委会现正罗致人才，筹备建立。

四十七、一面加强税收人员教育，一面严惩其贪污分子，以洽舆情而遏贪风案。

各级税收人员正在进行坦白反省，改造思想，并开办财经人员训练班，以培养骨干。至贪污严重不知悛改者，则按惩治贪污条例处理之。

四十八、统一管理党政军民各机关经营生产，加强领导统一收支案。

省政委［会］最近颁布之财粮统一收支办法及生产指示，均有分别具体规定。

四十九、本实事求是精神，重新确定经费预算标准（以实物为标准），通令全省各机关团体认真执行预决算制度案。

五十、为群众团体供给制度更加改善，真正达到补助之意义案。

五十一、请确定政府应准许各合法群众团体及武委会向政府报销一定数量之粮款，以扶植群众团体的会务而利会员教育案。

五十二、请增加民兵子弹费附加额，以利广泛开展群众性的游击战争案。

五十三、为改变民兵子弹费附加、支付办法，以便调剂缓急而利群众性的军工建设案。

五十四、请增加民兵子弹费附加额，改善支付办法，以利开展群众性的游击战争案。

五十五、为彻底解决鞋子问题案。

五十六、停止征鞋办法，发款由妇救会或用鞋机关团体设立鞋厂，有计划的〔地〕生产，以符合简政原则，并保证工作人员及战士有鞋穿案。

以上八案均关财政开支制度，除民兵子弹费、鞋费问题已分别解决，其他亦随时注意外，全省行政会议财粮工作总结中均又一一研究。最近政委会正拟制全面统一的开支标准，不久即可公布。

（四）关于干部工作者，共六案：

五十七、积极培养各级政权干部，充实与提高各级政权工作案。

五十八、分期轮训区行政干部，加强其工作能力，以健全区级政权机构案。

五十九、培养与提拨〔拔〕工农干部案。

以上三案关系各级政权干部工作，政委会成立后即行注意，并责令各级政府专设管理干部部门。年来各地区及省政委会均已设学校或训练班训练区县级干部，全省行政会议上对干部工作及干部教育均作了详细讨论和总结，今后培养训练干部当更有计划。

六十、请议改善工作人员待遇案。

本案迭经政委会研究，最近已颁发政权干部保健决定，通令各地执行。

六十一、请注意妇女干部及婴儿保健问题案。

本案经政委会根据实际情况制有妇女干部保健及婴儿保育的决定，已颁发执行。

六十二、请妥为安插精简下来的妇女干部及长期病号案。

经检查，过去精简的人员多已安插，近者精简人员甚少，无甚问题。长期病号的安置，已由多方面注意，并有成立教养院、休养所者。

（五）关于文教工作者，共十四案：

六十三、请以开展民众文化运动列为重要施政方针，请各级参议会及政府扶助民众文化工作发展案。

六十四、提请添办正规中学及师范学校，大量培植知识青年，训练小学师资，改进国民教育案。

六十五、增加社教及农村社会文化活动经费，以利工作发展案。

六十六、为提高妇女文化水平，加强妇女社会教育案。

六十七、加强社会教育，以适应斗争形势的发展案。

六十八、确定民校识字班教员待遇案。

以上六案关系文化教育的方针，政委会已切实注意，将文教工作提为中心任务之一，列为工作的第三位。关于具体进行，经年来研究，于全省行政会议上明确提出干部教育及群众教育的方针，干部教育重于群众教育，在职干部的提高又重于未来干部的培养。中等以上学校，应担负起在职干部轮训及未来干部培养的任务。高小亦应改变形式，培养提高乡村不脱离生产干部。此外并可由各业务机关附设各种专门干部训练班，由政府协助之。至群众教育，则以成人教育为主，实行民办公助。现各地正本此方针，进行教育工作的改进。

六十九、加强对敌文化斗争案。

本案经政委会一九四三年秋半年工作指示中，确定各级政府设对敌文化斗争委员会，执行已有成绩。

七十、大量的〔地〕编印中小学课本以普及教育案。

七十一、加强印刷出版事业，保障小学教材及群众读物之印刷供给案。

以上两案关系教材及读物之编印。小学教材、群众读物除政委会编辑交新华书店印行者外，胶东、渤海、鲁中各地区或自行编印，送政委会审查，或设厂翻印以符应用。至中学教材，则因内容较难确定，现仍由各校自编讲义，送各行政公署或省政委会审查，尚未能统一印行。

七十二、中小学教员应列为抗日工作人员，以提高其政治地位，其家属应与抗工属享受同等优待案。

本案业经照办。

七十三、请改善文化工作者待遇案。

在开支标准上，已有优待学校教员的规定，其他各单位文化工作者则由各单位自定。政委会于核支钱粮时，亦已注意。

七十四、对敌占区来投奔根据地之青年，战工会应明令各级政府给以生活及安全之保障案。

本案精神，各级政府已贯彻执行。

七十五、拟请提高中等学校教职员待遇，以利中等教育之进行案。

一九四三年秋政委会半年工作指示中规定，根据各地区实际情况，中等学校教职员之待遇，其最低限度不得少于高小校长之待遇。

七十六、请确定新民主主义新闻政策案。

省政委会对新闻事业已随时尽力协助。至确定新闻政策一节，经再三考虑，觉其关涉问题甚多，故尚未能执行。

（六）关于拥军工作者，共九案：

七十七、拥军工作应定为各级政权的经常工作，并做〔作〕为考绩标准之一案。

七十八、请彻底实行优抗条例案。

七十九、请修正优待抗属实施办法案。

八十、请切实执行抚恤阵亡将士、荣誉军人，保护抗日军人婚姻关系，以巩固并鼓励抗日军人情绪案。

八十一、请切实执行优待抗日军人家属条例案。

八十二、请确定民兵自卫团法定年龄及动员枪支武装民兵案。

八十三、请发动各界扶助民兵并对捐助械弹者予以褒奖案。

八十四、本籍荣誉军人如何安插案。

八十五、久病不愈，因老退伍者，应如何处理案。

以上九案除已有条例决定均切实执行外，自一九四四年起，并强调开展群众性的拥军运动，驻委会及政委会均分别发布号召指示，全省行政会议上曾对拥军工作详细讨论总结，各案所提问题均有确定。至民兵自卫团问题，已见人民武装自卫团条例。

（七）关于社会事业者，共十二案：

八十六、请注重社会卫生，加强卫生设施，增加卫生经费，推行社会卫生教育案。

八十七、普及卫生教育，增强卫生设施，以保证军民健康案。

以上两案，政委会曾一再研究，卫生运动现已逐渐提高为群众文化运动的一个重要组成部分。至确定社会卫生经费一节，已先由滨海区试办，以占政府经费百分之五为准。

八十八、为开展群众性的妇女生产运动案。

本案已于开展根据地大生产运动中同时执行，年来成绩颇为显著。

八十九、广泛宣传新民主主义经济政策，具体合理改善基本群众生活，并指导富农、地主经营生计的方向，从国民经济生活中切实调整阶级关系，以利团结案。

本案已于开展大生产运动中注意。

九十、为接受泰山、沂蒙两区参议会及本会刘副议长建议请参考案。

本案已转政委会分别于各种工作中参考注意。

九十一、为救济难民，安插抗属，使其参加生产以利抗战案。

关于救济难民，政委会已切实注意，于春荒期间并责令各地政府设难民收容所。至安插抗属生产问题，于拥军优抗工作中已切实推行。

九十二、对各地灾情及时调查、及时报告、及时赈济案。

本案已分别执行，并进一步的〔地〕切实注意。

九十三、请救济泰山区饥民案。

九十四、请补助一批粮食救济泰山区贫苦抗属案。

以上两案当即由政委会接受，急拨粮食救济。

九十五、请拨款急赈淄、博、莱、章炭矿失业工人案。

九十六、为保证我根据地经济建设，请求设法解决失业工人生活，以杜绝劳工出口案。

以上两案已由政委会商同省工会研究办理，对外来工人注意安插，对根据地工人注意增资及留雇。

九十七、如何救济被敌捕去监禁之抗日军人及抗日工作人员案。

本案因各事件具体情况不同，难期统一，已责令各地政府注意，具体办理。

（八）关于司法工作者，共七案，

九十八、为加强区村调解委员会工作，拟请决定调委会经费伙食及调解委员会主任不一定由区村长兼任案。

九十九、司法应建立卷宗案。

一百、厉行保障人权法令案。

一百零一、请添设行政公署以下司法看守武装，以专责成案。

以上四案省政委会迭有指示，最近全省行政会议的司法工作总结上又均具体指示，分别规定。

一百零二、积极训练司法人员，普遍建立及充实司法机关案。

本案政委会已注意执行，胶东建校曾设司法队，滨海曾举行司法干部整风班，省建校已加司法课程，并注意司法干部的业务学习。

一百零三、切实保障女子财产继承权案。

驻委会与政委会已共同制定保障女子继承权暂行条例，颁布施行。

一百零四、抗日工作人员在抗战初期违〔危〕害人权案件应处理案。

本案当时经大会讨论即无结果，复经政委会研究，因无法清查，故未执行。

（九）关于公安工作者，共二案：

一百零五、为在基本根据地内建立村公安员案。

已建立。

一百零六、争取反动分子应把握原则及战后人权应明确规定案。

本案所提关于战后人权问题，当时大会上即因无法具体规定未予讨论；至争取反动失足分子，现在执行宽大政策，进行坦白运动，政委会并已与山东军区共同颁布执行宽大政策的联合决定。

（十）关于敌伪工作者，共二案：

一百零七、为加强敌占区政权的掌握与领导，加强对敌斗争，团结敌占区人民积极抗战案。

一百零八、为调查伪军伪属以便分别争取或挞伐，以及便于将来处理案。

以上两案，政委会已责令各级政府切实注意。

（十一）关于国际问题者，共五案：

一百零九、给予朝鲜独立同盟介绍的朝鲜反法西斯人民以公民权案。

一百一十、对日人反战同盟介绍［的］在抗日根据地内居留的反法西斯日本人民，给予公民权案。

以上两案，经大会慎重讨论后，决议“得予以公民之同等待遇，但保留其原国籍，本届本会增聘特别参议员二名，由日朝两团体推出，交本会聘请”。经驻委会转函日朝两团体请其推选，惟尚未复函确定人选。

一百十一、向中国大大宣传优待反战日人条例案。

已由政委会注意扩大宣传。

一百十二、在各游击区建立日本人领路站案。

因所走道路难于具体确定，故尚未建立，且凡我民主政府所辖地区，群众已有共同认识，暂可不设专站，故尚未执行。

一百十三、为反战事业牺牲之寺泽、黑田、今野三日本战友建立纪念碑案。

黑田系在鲁西牺牲，以在鲁西建立纪念碑为宜，寺泽、今野在渤海牺牲，已由政委会责令渤海行政公署建立纪念碑。

选自《山东革命历史档案资料选编》，第14辑，济南，山东人民出版社，1984年版，第258～272页。

62. 山东省出席延安解放区人民代表会议代表要求成立山东省政府申请书

1945年8月12日

山东省临时参议会驻委会、山东省战时行政委员会公鉴：

苏联对日宣战，日本无条件投降，打败侵略者、建立新中国的目的即将实现，我们解放区的责任更加繁重。为了战争的彻底胜利，领导人民进行接受敌伪的投降事宜，进一步的〔地〕扩大巩固山东的人民政权，处理战争与战后的一切建设事宜，我们的意见：立即将山东省战时行政委员会改名为“山东省政府”。我们认为，山东省战时行政委员会的设立，当时是为了争取反人民的国民党反动的山东省政府共同抗战，为顾及团结，当时的措施是完全正确的。但反动的山东省政府继续执行消极抗战、“曲线救国”的错误政策，逃出山东，仍进行其破坏抗战反人民的罪恶行动。幸赖山东的共产党八路军与山东行政委员会，坚持人民战争的路线，执行人民战争的政策，使山东解放区日益扩大壮健，以至今日。在敌人宣布无条件投降的今天，全山东人民对山东行政委员会寄托的希望更为重大，代表山东人民，领导山东人民，贯彻最后胜利，建立新山东的任务亦更艰巨。为了加强全山东的行政领导，扩大政治影响，今天改为山东省政府，使其成为名符〔副〕其实的为山东人民的唯一的民主政府，我们认为这个改变是完全必要的。我们山东代表，商讨再三，认为这是目前最重要的一个紧急措置，因此提请贵会接受这个意见，迅速作〔做〕到这样的设施，以应人民迫切要求，原行政委员会各处，似亦可改名为厅，并增设处理战争与战后各种问题的临时委员会，均请贵会商讨决定。谨将我们意见简陈如上，即请鉴核实施为盼！此致敬礼！

山东省出席延安解放区人民代表会议代表：

范明枢　罗荣桓　黎　玉　马保三　郭维城
张伯秋　姚尔觉　高赞非　周纯全　牟宜之
李辑五　彭显伦　马馥塘　李菊轩　孙启明
徐敏山　朱富盛　王　寅　宋诚德　李澄之
宋逸安　董尧卿　胡大勋　李　诚　邱如一
张永逊　刘格平　刘冠甲　辛葭舟　李洪洲
张奎垣　孙鸣岗　王可举　张静斋　张庆祥
李　务　张渐九　白汝瑗

（留延安及未报到代表未列入）

八月十二日

选自《山东革命历史档案资料选编》，第15辑，济南，山东人民出版社，1984年版，第198～199页。

63. 山东省政府关于改“山东省战时行政委员会”为“山东省政府”的布告

1945年8月13日

溯自“七七”日寇侵华以还，山东国民党军队不战而溃，国民党政府纷纷逃散，置国家人民于不顾。中国共产党及抗日进步人士，为抢救危局，拯民［于］水火，发动人民，创造民主政权，加强团结，坚持抗战，实行民主政治，改善人民生活，革命秩序赖以建立，大好河山未沦敌手，八年以来，解放人民两千万，树立民主县市政府百二十一个，荦荦政绩，举世共见。现在，苏联已对日宣战，红军正在解放东北，日寇宣告无条件投降。为迎接此最后胜利之伟大局面，经山东省出席中国解放区人民代表会议之全体代表联名建议，将山东省战时行政委员会改为山东省政府，以膺今后之重寄，并经省临参会驻委会、政委会第二十次联席会议接受建议，一致通过，当推选前省政委会主任委员黎玉为山东省政府主席，于二届省参议会未召开前，即以前政委会之行政委员为省政府委员，暂以原有各处改称为厅，自即日起行使职权。除分行外，合行布告周知。

此布

主席　黎　玉

选自《山东革命历史档案资料选编》，第15辑，济南，山东人民出版社，1984年版，第200页。

64. 山东省政府关于公布出席解放区人民代表会议代表的公报

1945年8月13日

顷接中国解放区人民代表会议山东代表选举委员会函称："山东出席解放区人民代表会议代表业经分别选出，名单如下：

（一）正式代表五十六名，计：康生、罗荣桓、黎玉、张经武、马保三、程照轩、隋灵璧（女）、郭维城、王彬、张伯华、姚仲明、张伯秋、姚尔觉（以上十三名系省各领导机关选出者）、范明枢、江华、马馥塘、王寅（女）、朱富胜、徐敏山、孙启明、宋诚德（以上八名系鲁中区选出者）、林一山、吴仲濂（女）、王少文、孙鸣岗、王可举、张静斋、张庆祥、李务、李紫辉（女）（以上九名系胶东区选出者）、刘格平、张永逊、张奎炳、刘冠甲、李洪洲、于勋臣、齐燕铭、傅炳翰（以上八名系渤海区选出者）、陈光、周纯全、高赞非、牟宜之、彭显伦、李辑五、魏益斋（以上七名系滨海区选出者）、李澄之、郭子化、宋逸安、邱如一、胡大勋，董尧卿、李诚（以上七名系鲁南区选出者）、靳玉翰（合作社代表）、白汝瑗（新闻业代表）、张健华（小学教育界代表）。尚有中学教育界代表一名后报。

（二）后补代表十二名：李菊轩、张渐九、辛葭舟、朱永顺、张天民、曹漫之、马千里、夏辅仁、张修己、张迅如、孙揆一、张立夫。请予查照。"等情，准此，合行公报周知。

主席　黎　玉

山东省政府关于公布递补出席解放区人民代表会议代表的公报

1945年8月13日

顷接中国解放区人民代表会议山东代表选举委员会函称：

"查山东出席解放区代表会议代表范明枢、林一山、于勋臣、傅炳翰，均因病不能前往，并已书面声明不能出席；代表齐燕铭业经其他解放区选出。遗缺由李菊轩、朱永顺、辛葭舟、张渐九递补。请查照”等情，准此，特公报周知。

主席　黎　玉

选自《山东革命历史档案资料选编》，第 15 辑，济南，山东人民出版社，1984 年版，第 204～206 页。

65. 山东省政府关于调整各级政府行政机构及县以下行政区划的指示

1945 年 10 月 31 日

两月来大进军的结果，除沿铁路线之城市外，其余所有中小城市及广大国土业经全部解放。为便于提高行政效率，更好的〔地〕完成今后任务起见，各级政府行政机构及县以下行政区划，亟应作适当的调整。兹提出下列各项办法，希各地研究推行。

一、关于县以下区划幅员和驻所的

A. 不接敌之县，应斟酌交通、经济等情况，分别平原、山区、人口密度，并参照战前老区划，作县界的适当调整。其原则大致为每县人口三十万上下，村庄在七百至一千上下，县界之能符合战前县界者，尽量依从其县界，以便于适合人民之习惯。但过去之县界太不合理者，如插花地、飞地、落星地等，则须调整，使其便于行政。大致战前面积最大之县可划分为三个县（如临沂以城为中心划临沂，东南连郯城一部为临沭，以向城为中心划赵博等三县），次大者可划分为两个县（如费县以城为中心划费县，以大平邑为中心划平邑县），小县基本上可不变动；三种县俱可作适当的调整。

B. 凡县境内有县城者，须以原县名命名，县政府并须争取进驻县城，以扩大政治影响。新成立之县，须择定在交通上、经济上、文化上有条件之重要大市镇作为长期驻所，以增加行政便利。

C. 各县所辖应以十个区至十五个区为原则。区公所应进驻适宜之重要市镇。

D. 各县的太大市镇（不一定各县都有），可设县直属镇（等于区的）。此等镇可根据自然条件，包括若干与之有密切关系的村落。但一般县城城关连附近村落在内，则概划城关区，不必算之为市。县直属镇及城关区，以其居民必〔比〕较集中，有市民性质，且情况比较复杂，故配备干部须较一般区为强。

E. 各行署可指定一个县，令选择一个区，参酌联防区、学区、集市及其他工作条件，作划乡之实验，将实验之结果呈报核定后，然后决定应否推行，以采取慎重态度。

F. 区所辖一定之大集镇可设镇，受区公所领导，并适当加强干部。

G. 新解放区可采用联合村、单一村制。一般村为单一村，极小而分散的村落采取联合村制，仍须注意居民习惯、觉悟程度及其他历史的自然条件，多尊重民意，不得强制。

H. 铁路沿线尚未完全解放之地区，应服从军事斗争形势及需要，其区划为临时过渡性质的，一切调整应服从军事与对敌斗争。

二、关于调整各级政府行政机构的

各级政府行政机构的调整，仍须贯彻精简、节约、效能、统一、反官僚主义的精神，一面注意科学分工，一面注意发展过程，既须照顾现有条件、干部状况，又须贯彻将来民主政府的建设和培养干部的意义。因此：

甲、行政公署，分设秘书处和民政处、财粮处、教育处、实业处、司法处、公安局、卫生局、工商管理局。

秘书处之分工：一般为干部、文书、总务三科，另设一二秘书，并设调查研究室。

民政处之分工：一般为民政（选举、区划、机构）、土地（农工问题）、内务（拥优、救济、抚恤、礼俗、保育等）等三科。

财粮处之分工：一般为财务行政、会计、审计、粮食等四科，另设金库、粮库。

教育处之分工：一般为干部教育、群众教育、编审等三科，或教育行政、编审两科。

实业处之分工：一般为农业、合作、建设等三科，另附设技术室或研究试验场所。

司法处之分工：一般为司法行政、审理两科，在建设过程中干部缺乏的情况下，可与民政处配合，或暂时合于民政处，设司法科。

公安局仍旧。

卫生局之分工：一般为医政、保健两科，在建设过程中可与教育处配合，或暂时合于教育处，设卫生科。

工商管理局为半事业性之机关，局长一般可由实业处长或副处长兼，具体组织另发指示。

说明：

（1）各处、局附设之事业机关，视需要另行设立。

（2）各科俱用一、二、三、四等数字排列，便于在发展过程中调整业务。

（3）各科干部视工作需要及干部状况而定。

乙、专员公署为行政公署之代表机关，机关应尽量避免庞大，其关联较大之业务部门，应尽量采取合一的办法，专署干部应加强巡视督察。专署分工一般如下：

秘书主任：直接领导干部、文书、总务三股（争取设调查研究股）。民政科、财粮科、教育科、司法科、实业科、卫生科、工商管理局、公安局等原则上可分设。但司法与卫生，于干部缺乏时，可合并于民政、教育科中设股。医院等可与所在地之县政府合办。各科局酌设副职干部。

丙、县政府：

设秘书一人，下设干部、文书、总务三股，各股股长及干事共一人至三人，另设调查研究员一至二人。民政科、财粮科、教育科、司法科、实业科、卫生科、公安局、工商管理局俱分别设立。工商管理局视需要决定设立与否。民政、司法配合，干部缺乏时，于民政科设司法股或司法科员。卫生科须尽量筹设事务机关，卫生科负责干部兼任事业机关负责人，卫生干部缺乏时，合一于教育科。

县为地方自治的基本单位，在不违反精简、节约、效能、统一和反官僚主义的原则下，应尽量争取配备健全。

除财粮科科长分工财政、副科长分工粮食外，其他各科俱可酌设副职，便于培养干部。事业机关及附属机关视需要设立。

丁、区公所：

区公所除正、副区长外，设文书、民政、调解、财粮、教育、生产、卫生（如无干部时，可由文教助理员兼）等助理员及公安员。统一增加规定员额时，经行政公署批准。

以上各项只是原则性的〔地〕提出，在新形势下各地基础条件仍有不同，尚不便作出统一的规定与详细编制表。在执行时，仍须注意不要妨害支援前线的紧要任务及中心工作，并须防止铺张庞大和因此而引起的混乱现象。边沿区的组织要战斗化，服从军事。本指示希各行政公署即行讨论，具体布置，即向我们提出意见，并希于两月内将二十万分之一之新行政区划简图及实际编制呈报。

主席　黎　玉

选自《山东革命历史档案资料选编》，第15辑，济南，山东人民出版社，1984年版，第540～543页。

66. 山东省政府办事通则

1945年11月

（一）权限

一、各厅、处、局在主席领导下，根据行政委员会及政务会议决议执行工作。

二、各厅、处、局在职掌范围内，依据政策法令、决定、指示、命令、原则，对下级部门工作作业务指导。但必须同时注意对下级政府之统一领导，重要问题仍得商同主席或秘书长处理之。

三、各厅、处、局秘书、科长、科员、干事，根据职掌分工，在直接领导人指导下执行日常工作，并接受指定之一定任务。

四、秘书处对秘书长负责，日常文书、会计、庶务工作由秘书处分工部门与各厅、局发生直接关系，政务工作由秘书长决定，或径商同有关部门处理之。

（二）会议

五、根据行政委员会之决议，在具体执行中设以下工作会议：①政务会议。②业务部门（厅、处、局、科）会议。③有关部门联席会议。

六、政务会议：

1. 政务会议内容范围如下：（一）讨论行政委员会决议具体执行等事项，主席交议或部门会议不能解决事项。（二）听取各部门工作会报。（三）布置一定时间之中心工作。

2. 政务会议以下列人员组成：（一）主席、秘书长及正、副各厅、处、局长。（二）有关业务之秘书科长及指定之人员。

3. 会议召开之前二日，由秘书处收集议案，确定议事日程，通知各厅、处、局。

4. 政务会议设记录簿，由秘书科掌管，将讨论事项逐一作成记录备查。每一会议完毕，须宣读会议纪要。

5. 政务会议每月召集一次，必要时临时召集。

七、业务部门会议：

1. 会议内容：（一）根据政务会议或行政委员会之决议，具体布置业务工作。（二）研究解决各种专门业务问题，并准备提出建议于行政委员会或政务会议。

2. 会议组成：本厅、处、局长、秘书、科长及指定之人员。

八、有关部门联席会议：会商有关共同业务工作，由各厅、处、局中之主管人员或指定人员组成。如秘书联席会、预决算审核会议等，由主管部门召集之。

（三）文书处理

九、为便于工作查考，所有保管文件、图书均须登记，不得遗失或损坏，并设“大事记”，由秘书科管理之。各业务部门均设“工作日记”。

十、处理工作或答复下级文件，应随到随办。紧急文件，不得逾一日；次要文件不得逾三日；寻常文件不得逾五日。特殊事件或须会议决定者，须向领导人申明。

十一、处理正式文件，均须经过一定手续，并盖章记时间，表示负责，手续另定之。

十二、有关业务之统计，由各部门主管人随时收集。其综合及机要统计，由秘书处负责。

（四）机关经理及财政

十三、财粮开支依据财粮制度执行，各部门临时需要，由秘书处商决处理报销之。

十四、各直属单位之经常费，由秘书处统一处理。事业费，会同有关部门审核，各业务主管部门对直属单位之事业费并须登记查考。

十五、本府之一切公用物品，均须统一购置、分配、登记、保管，不得损坏或携出。

十六、机关生产保证机关生活经费开支，由生产委员会计划推动，由主管部门执行之。

（五）服务规则

十七、所有人员在工作时间内，均须进行工作，外出必须请假，作息时间按照季节规定之。

十八、如因特殊事故不能工作者，得履行请假销假手续，准假权限如下：（一）科长对所属干事一日以内。（二）厅、处、局长对所属科员、干事七日以内。（三）科长请假三日以上，须经厅长会同秘书长批准。

十九、出发工作非有特定委托，不能代表本府发表意见。出发帮助检查工作，除主管业务外，并须受领行政工作任务，定期回报。

二十、未经公布事项，不得泄露秘密。向报纸发表文件，必须经过秘书长。报导消息，必须经过主管领导人审阅。

二十一、所有人员均须按照规定执行学习任务。

二十二、无特殊情形者，均须参加业余驻地工作及业余生产。

选自《山东革命历史档案资料选编》，第16辑，济南，山东人民出版社，1984年版，第20～22页。

67. 山东省政府关于建立与充实县级参议会的指示

1946年4月4日

为加强山东省民主建设，确立地方自治的巩固基础，以迎接今后和平民主的政治斗争形势，并推动全国性的政治民主化，本府特决定全山东解放区县级参议会于本年六月底以前普遍地建立与尽可能的〔地〕充实起来。关于县参议会选举的进行，除适用前山东省战时行政委员会民国三十四年六月七日公布之《山东省县参议会参议员选举办法》外，再作如下的指示和建议：

（一）无论新老地区，凡无县参议会之县份，一律于本年六月底以前成立县参议会。此项工作为建立县参议会、选举政府之主要工作。

（二）原有县参议会之县份，因地区扩大、人口增多，或区划变更、人事调动，致原有参议员不足代表全县地区、人口者，可按新增加地区人口之数目，依据原有地区县参议员数额之比例，补选相当数额的县参议员，重新选举县长及行政委员。其补选之县参议员与原有县参议员名额之总和，不受上述县参议会参议员选举办法第十一条之限制。

（三）有县参议员之县、区，如在地区改划时，甲县一个或数个区划入乙县领导，甲县原有各区选举之县参议员，一律有效，参加到乙县参议会去。如一个区分划到几个县领导，则按照人口比例及居住地址，确定原有该区之县参议员，参加到那一个或那几个县的参议会去。某一个区的部分人民，因改划地区而致缺少代表该部分人民意见之县参议员时，各县可按人口及其他条件，予以补选一定数额之县参议员。

（四）某些原有之县参议会，过去由于客观条件的限制，成立时手续过于潦草，参议员代表性亦欠广泛者，可按本指示各项规定予以改选或充实。

（五）由于去秋大进军以来各县地区、人口均有增加和变动，上述县参议会参议员选举办法第十一条县参议员名额之规定，已难适应目前及今后事实上之要求。兹特决定各该选举或补选县参议员之县份，县参议员名额一律依照上述选举办法第十一条规定之最高名额（七十五人）为标准。

（六）由于全山东现正展开普遍、广泛、热烈的群众运动，和县参议会参议员选举完成时间（六月底）的要求又比较紧迫，因此，各县参议员选举全过程之时间，一般应紧缩到以二星期为限。因此，关于公民登记问题、选举程序问题，应采取比较简单易行的办法，由各行署、专署或各县政府按照各该地区具体情况自行研讨决定。

（七）在此次县参议员选举中，各县县境一般暂不多所更动，俟将来整个调整时，再彻底合理解决。其过去分划过于零〔凌〕乱者，可酌予调整。原有县城，最好即以该县城为中心建制一个县份，并须加强城区干部的配备与工作的领导。过去把县城单独划分出来建立市政府，而使县政府不能领导县城的做法亟应纠正，应把这种市政府撤销，改为城区区公所或改为县以下等于区公所之市政府。至于政治经济条件需要成立或已成立市政府者，各该市亦应参照上述县参议员选举办法及本指示成立市参议会。

（八）某些在目前环境仍甚动荡之边缘县份，无法分区进行公民代表选举县参议员时，可采取各界代表和各群众团体推选县参议员的方式，成立临时性的县参议会。但候选人与被选举人不限于各该团体以内人员。

（九）县（市）参议员完全选出后，即应召开县（市）参议会全体参议员大会，选举各该县（市）行政委员及县（市）长，以完成县（市）级政权机构之民选。

（十）凡新成立县（市）参议会或补选一定数额参议员之县（市）政府，在布置工作后，应随时总结经验，报告各该管专署、行署，以便交流经验，推进工作。并须于工作完成后，做出全面总结，附具县参议员成份〔分〕、出身、年龄、文化程度、分布状况及“三三制”概况等各种统计图表，呈报各该专署、行署，并转一份到本府民政厅备查。此项统计图表，各行署在接到本指示后，并应通令所属不须改选或补选之各县（市）政府，将各该县（市）参议员按照规定项目（或更详细一些）调查确实，直接报告本府民政厅。

以上各项，希各行署切实布置，负责推动所属各县（市）政府依限（六月底）完成，并将布置情况先行报告本府备查。在工作进程中，各县如有较好实际经验，亦望即时报告本府民政厅，以便发布通报，推动全面工作的进展。

现值全省大胆放手发动群众工作热潮上升时期，各该地区务须在一元化领导下，掌握工作的中心环节。不能把选举县参议员成立县参议会的工作与发动群众对立起来，而应把进行民主教育选举成立县参议会与发动群众工作结合起来。即是在群众发动到相当程度之后（约占全县市人口三分之一——二分之一），抓紧时间进行选举县（市）参议员，或在发动群众的有利条件下，结合群众工作去进行县（市）参议员的选举。

主席　黎　玉

选自《山东革命历史档案资料选编》，第16辑，济南，山东人民出版社，1984年版，第301～303页。

68. 山东省支援前线委员会组织大纲

1946年9月2日

一、本会以组织运输，调剂物资，计划生产，保证供应，合理使用、积蓄与调节人力物力财力支援前线，争取自卫战争的彻底胜利为职责。

二、本会之工作以全省为范围。

三、本会为计划与集中权力性之机关，受华东中央局、山东省政府、山东军区直接领导，对任务范围内之具体工作得有所决定，各系统所属之各级机构有保证执行之义务。

四、本会执行任务一般的应通过各系统之原有业务部门，但如遇特殊紧急情况，亦得直接指示各系统之下级部门办理（同时通知各该业务部门），各该下级部门应坚决执行，不得迟疑推诿，但应随即按系统补正手续以免紊乱。

五、本会对下级支援委员会系指导关系，有指导工作、传达经验之责任。下级支援委员会有对本会报告工作及其经验之义务。

六，本会对外得发出通知、指示、公函等文件，以主任委员、副主任委员名义行之。

七、本会主任委员、副主任委员及常务委员应常驻会办公，各有关支援工作之业务部门应派出代表驻会办公，在正副主任委员及常务委员领导下处理经常工作。

八、本大纲经领导机关核准后公布施行，如有未尽事宜，由委员会议随时讨论议决呈准修订之。

一九四六年九月二日

选自《山东革命历史档案资料选编》，第17辑，济南，山东人民出版社，1984年版，第300～301页。

69. 山东省政府为战争准备行动的命令

1946年9月5日

一、情况：

1. 敌企图打通陇海，切断我与华中联系，进一步威胁山东。

2. 我已逐渐走向主动，最近可能有大的胜利。但必须以大力争取，始能实现大的胜利。

二、任务及部署：支援前线，巩固后方，是当前的紧急任务。

1. 为了精干战斗保存自己，提高效率，保证完成任务，决定将省直机关分作前后方两起进行工作。

(1) 粮食局、交通局、民政厅靠近后勤，协同完成支援前线之任务。

(2) 教育厅、司法厅全部及实业厅干部全部去后方，进行巩固后方工作及完成经常工作任务。

(3) 卫生局：A. 医疗队按原任务执行抢救免疫工作。B. 临沂医院除门诊部不动外，并组成一临时休养所，连训练班到后方执行任务。C. 卫生局以一部干部组成原地卫生所并坚持原地工作，并帮助抢救工作。

(4) 公安局：侦察队仍继续原部署任务，犯人清理就绪，即以警卫队执行押差任务。警卫营加强整训，准备战斗。

(5) 财政厅、工商局、公安局机关精干后，在前方完成战时任务。

(6) 省府城内联络站及银行办事处仍照常执行工作。救济分会仍住城，靠近民政厅进行工作。

2. 原地各单位应做到精干战斗化的要求：

(1) 以下人员应全去后方：A. 适合固定位置进行工作之机构。B. 派赴各地帮助工作之人员。C. 家属、老弱人员。D. 后方需要之人员。

(2) 合并伙食单位，减少用具笨重。

(3) 前方不需要、难以携带之文件、用具、行李统送后方，做到随时行动自如，行军不依靠民伕。

（4）除整备行军需要之设备外，办事员、战士行李一律自带，科员有特殊情形者，公家设法负担五斤，科长公家负担十斤，有马者行李自带。

（5）实行班排连编制，日常生活军事化（早操、集合、机关会议、传达问题、保守秘密、服从军事指挥等）。

3. 组织及武装备属：

（1）后方以王善志、李立知、吴缣三同志组成大队部，以王为大队长，李为政委，吴为秘书，在马老直接指导之下，执行后方机关行政管理、军事指挥工作。事务人员自后方各部门调整配备之。

（2）前方与军政治部共同组成大队部，暂由崔、张处长分任正副大队长，商同政治部组成。

（3）武装配属：警卫营第三连以一个充足排警卫银行工厂，连主力归王，李指挥警卫后方；第二连警卫省府（仍以一个建制班驻城内，保护省府驻地）；营主力靠近省府行动，并准备以一个排警卫政治部。

三、各单位即开始分头进行后方转移笨重工作，限于九号完成报告。交通、粮食两局即靠近后勤行动，前方即整理组织，限于十号完成。

四、本府仍驻原地不动。

五、山大仍驻原地进行教育，按照原计划地点布置后方，并依以上精神进行战时化的整理。

各单位首长即负责进行思想动员、军事教育、整理组织、调整人事、分配任务，严格纠正草率从事发生问题，并检查群众纪律，清理赔偿，检查武器，如期完成为要！

此令

后方部署图及代号另发（现仍用旧代号）

主席　黎　玉

选自《山东革命历史档案资料选编》，第 17 辑，济南，山东人民出版社，1984 年版，第 301～303 页。

70. 山东省政府机关人员立功暂行办法

1947 年 2 月 28 日

第一章　总　则

第一条　为加强战争观念，高度发扬革命英雄主义，激励全体同志以忘我精神，节衣缩食，奋发工作，一倍数倍的〔地〕提高工作效率，有力支援前线，为人民解放事业立下不朽功劳，以争取二次爱国主义自卫战争的早日胜利，特在我省直机关开展立功运动，并制订〔定〕本办法。

第二条　凡我机关全体人员，不分工作性质、工作岗位，皆应响应号召，热烈参加立功运动，造成“人人立功、处处立功”的热潮。并有随时或定期向各级评功组织报功，及接受各级评功组织评定之权利，按本办法论功行奖，不受任何工作岗位等限制。

第三条 凡在立功运动中立下功劳皆可积小功为大功，并以晋级方法评定计算（例如三个三等功可擢升为一个二等功。余类推）。

第四条 根据只能将功折罪、不能因罪妨功的原则，凡过去犯过错误受过处分者，得于立功运动中视其功绩表现，酌情予以减免处分。

第二章 组 织

第五条 省府直属机关，由十三人至十七人组成立功委员会总会。为便利于处理日常工作，得于该委员会中选出常委三人至五人，以执行立功委员会闭会期间之职责。各单位（如厅、处、局）可成立分会，各单位下应以科为单位组成立功小组。行政机构层次较多之单位，可设立功大组。

第六条 上述各级立功委员会，应以民主选举方式产生之。

第七条 各级立功委员会之职责：

（一）对立功运动之开展和贯彻负全责，为此应进行不断的多样的动员教育和全盘的组织领导（如计酬督促检查、纠正偏向、总结等）。

（二）审查“功”之真实情况，并照章加以评定，呈请政府委员会颁发奖品。

第八条 各级立功组织之间的关系，确定为垂直的领导关系，并与各级行政领导结合。

第九条 功之等级可分为特等、一等、二等、三等四级。特等功由小组通过，经分会审查合格交总会作出决定，呈省政府委员会批准、发奖；一等功、二等功均由小组通过，经分会审查，作出决定，交总会批准，呈请发奖；三等功由小组通过，由分会审查作出决定、发奖，但须及时报告总会登记。

第三章 标 准

第十条 具备下列各项之一者，得为三等功：

（一）领导一个部门或一级组织，由于正确领导，在半年内工作有显著成绩或提高者。

（二）无论作〔做〕何种革命工作，在半年内经常埋头苦干，服从领导，服从工作，按时完成任务，且有显著效果者。

（三）主动积极钻研工作提供意见，因而帮助领导改进工作者。

（四）在工作方式方法上有新的创造，对工作有指导意义者。

（五）积极响应号召，联系群众团结干部，因而推动工作且有实际效果者。

（六）在半年内不违犯政策法令，且能经常了解下层情况、提供意见，因而使政策法令易于推行生效者。

（七）在困难条件下积极负责，不避艰险，克服困难，因而完成某一既定任务者，

（八）战时能遵守纪律，服从指挥，英勇顽强完成指定任务，或开展工作坚持工作，或有英勇事迹者。

（九）自动节约减少财政开支，干部自动节约一套单衣一双鞋，或相当于此价格之其他物品者，战士自动节约一套单衣，或相当于此价格之其他物品者。（均按当时市价折算）

（十）不论干部战士献金满一千元者。

（十一）经常注意防匪、反特保密工作，获致成绩或破获一桩案件者。

（十二）爱护公物妥管资财，厉行节约，规劝制止检举别人贪污，因而使公家少受损失者。

（十三）技术上有发明创造，对工作效率支援战争有作用者。

（十四）其他一切对革命对人民有一定贡献者。

第十一条　前条所列各项为三等功之标准，其功绩表现在超此标准者，得酌情评为二等功、一等功或特等功。

第十二条　在某一立功小组或分会范围内之全体成员，在同一问题上都能立下功劳，得视为集体功，其等级则按其每一成员所能普遍达到之功劳等级评定之。

第四章　奖　励

第十三条　评功分为定期评功与随评功两种。在执行某一临时任务终了，或于执行经常任务中达到第十条所列各项之一者，各级立功组织得随时按其表现予以评定，不得积压。除随时评功外，立功小组须两周评定一次，分会三月评定一次，总会半年评定一次，并须将每次评定结论记入功劳簿，以资各级立功组织审阅评定。

第十四条　凡经评定为三等功之个人，得授予锌质奖章一枚；二等功之个人，授予铜质奖章一枚：一等功之个人，授予银质奖章一枚；特等功之个人，授予银质金字奖章一枚。（其式样另行公布）

第十五条　凡评定为集体功者，除个人奖章外，另发奖旗一面，其等级于奖旗中记明之。（其式样另行公布）

第五章　附　则

第十六条　本办法所订之立功标准，为一般之标准，各分会应依据本办法和各部门之性质与任务，分别订出具体标准。

第十七条　本办法自一九四七年一月一日起施行，如有未尽事宜，得随时经立功委员会总会修正之。

选自《山东革命历史档案资料选编》，第18辑，济南，山东人民出版社，1985年版，第296～299页。

71. 山东省政府主席委员及其他负责干部名单

1947年3月

主　席　黎　玉

委　员　黎　玉　梁竹航　艾楚南　耿光波

　　　　杨希文　张伯秋　辛葭舟　田佩之

　　　　李澄之　郭子化　薛暮桥

秘书长　郭子化

副秘书长　艾楚南
秘书处　处　长　崔　价
人事处　处　长　陈少卿
总务处　副处长　张三奎
民政厅　厅　长　梁竹航
　　　　副厅长　宋日昌　孟东波
财政厅　厅　长　艾楚南
　　　　副厅长　冯　平　李人俊
实业厅　厅　长　薛暮桥
　　　　副厅长　耿光波　石　英　吴山民
教育厅　厅　长　杨希文
　　　　副厅长　孙陶林
司法厅　厅　长　张伯秋
　　　　副厅长　王可举
卫生总局　局　长　白备伍
粮食总局　局　长　郭子化（兼）
　　　　　副局长　冯　平（兼）　陈国栋
公安总局　局　长　杜　明
　　　　　副局长　李丰平
邮管总局　局　长　赵志刚
工商总局　局　长　石　英（兼）
　　　　　副局长　李人俊（兼）
监委　李景春
北海银行
总行　行　长　艾楚南
　　　副行长　洒海秋　陈　穆
海防办事处　主　任　王众音
　　　　　　副主任　丛烈光
荣管局　局　长　梁竹航（兼）
　　　　副局长　孟东波（兼）　罗应怀
山东大学　校　长　李澄之
　　　　　副校长　田佩之
建设大学　校　长　李亚农
　　　　　副校长　夏征农

选自《山东革命历史档案资料选编》，第 18 辑，济南，山东人民出版社，1985 年版，第 395～396 页。原注：“选自省府人事处制《干部状况汇集》。”

72. 山东省参议会议长副议长驻会委员名单

1947 年 3 月

议长　范铭枢

副议长　马保三　刘民生

驻会委员　范铭枢　马保三　刘民生
张伯秋　梁竹航　薛暮桥
杨希文　孙鸣岗　谷　牧
朱则民　祁菁若　孙仰田
姚尔觉　牟宜之　张立吾

原注：祁菁若、孙仰田、牟宜之三委员已去东北，姚尔觉委员已去延安。

选自《山东革命历史档案资料选编》，第 18 辑，济南，山东人民出版社，1985 年版，第 397 页。原注："选自省府人事处制《干部状况汇集》。"

73. 山东军区海防司令部山东省政府海防办事处关于本部处遵令结束工作的通知

1947 年 10 月 4 日

奉山东军区、山东省政府九月二十二日电令："因新形势发展需要及加强地方之一元化对敌斗争领导，决定：山东军区海防司令部，山东省政府海防办事处二机构，及所属各机关即行结束。"本部处除遵令克日办理结束工作外，并已分令各海口管理处、各特派员遵照办理，原海上公安局及所属各海口公安分局，亦分别移交与〔于〕滨海公安局及日照、竹庭公安局接收，各海口管理处干部，均另行分配工作。特此通知。

此致

山东军区海防司令部
山东省政府海防办事处
十月四日于本部处

选自《山东革命历史档案资料选编》，第 19 辑，济南，山东人民出版社，1985 年版，第 405 页。

74. 山东省区市乡政权组织法

1947 年 10 月

第一章　总　则

第一条　为切实改造下层行政机构，便利于人民监督行政，便利于政府接受人民意见，领导人民（是站在人民里面领导人民，不是站在人民头上统治人民）进行新民主主义的建设工作，造成政府与人民的密切联系，以充分发挥爱国自卫战争力量，彻底实现民主政治，争取新民主主义建设之胜利起见，根据联合政府之建国纲领，改革行政机构，实行民主政治之原则，特制定本组织法。

第二条　改革新发展的旧蒋管区的违反民主原则的保甲制度，改造抗战后的新村长制，进一步的〔地〕建立新民主主义的人民代表会议的基层政权：市乡民主制度。

第二章　市乡政府管辖范围

第三条　农村为“乡”，市集城镇为“市”，划定市乡范围依地区人口密度而定，同时顾及集会与领导之便利，其主要原则如下：

（1）人口稠密之农村地区，以二千人到三千人为一乡。

（2）人口极稀散之农村地区，应以二千人左右为一乡。

（3）符合（1）项人数之大自然村庄，也只能划成为一乡。

（4）小村庄则联合若干村以上合为一乡，为往来便利与领导方便，纵横远近以五里为宜。

（5）市集或城镇人口在二千人以上至八千人以内者，均可单独成为一市，超过八千人以上者，得成立市区政府，其下按市面街道或自然界限，划成若干市区政府。

第三章　市乡代表会及市乡政府之组织

第四条　市乡代表之产生：划每一个自然村庄或市镇街道、工厂学校、产业单位为一选举单位，先按居住公民人数编为若干小组，每组推选代表一人。公民小组之组成，农村以五十人左右，城市应以八十到一百公民左右为原则（十八岁以上男女为公民）。

第五条　市乡代表大会，由市乡区域内务公民小组选出之代表组成之。

第六条　市乡政府由市乡代表大会选举七人至九人组织市乡行政委员会，并于其中选出正副市乡主席，即为该委员会正副主席。

第七条　各市乡所辖各自然村与街道有代表三人以上者，得成立代表组，互推主任代表一人；其不足三人者，应联合附近村庄或街道之代表组成之，以协助市乡镇工作。

第八条　每一市乡之代表，必须负责代表其本组公民之意见，并为该选区居民服务。若该代表不能称职，或有违法及损害人民利益者，经该组公民三分之一请求撤换时，得由区政府派员会同该市乡主席召开该组公民会议，进行重选。

第九条　市乡公民如有对市乡主席不满者，经公民代表三分之一提议，得召集市乡代表会议改选市乡主席。

第十条　市乡政府名称，应以市乡政府所在地之乡村或市镇原来地名称之。

第十一条　市乡行政委员会之下，按各乡实际情形之需要，应设立各种经常委员会协助工作。

甲、市乡政府下须设如下经常委员会（必要时可增减）：（1）民政委员会；（2）教育委员会；（3）生产委员会；（4）自卫委员会；（5）财政委员会；（6）调解委员会；（7）合作委员会；（8）优军委员会；（9）粮食（公粮田赋）委员会。

乙、市乡政府必要时得设立各种临时委员会，如水利委员会、清查田亩委员会、劳动互助委员会、救济委员会等等。各种经常委员会之主任委员，由市乡行政委员会各委员兼任之，其他各委员及临时委员会委员，均由市乡行政委员会决定聘请之。

第十二条　市乡政府组织如下：

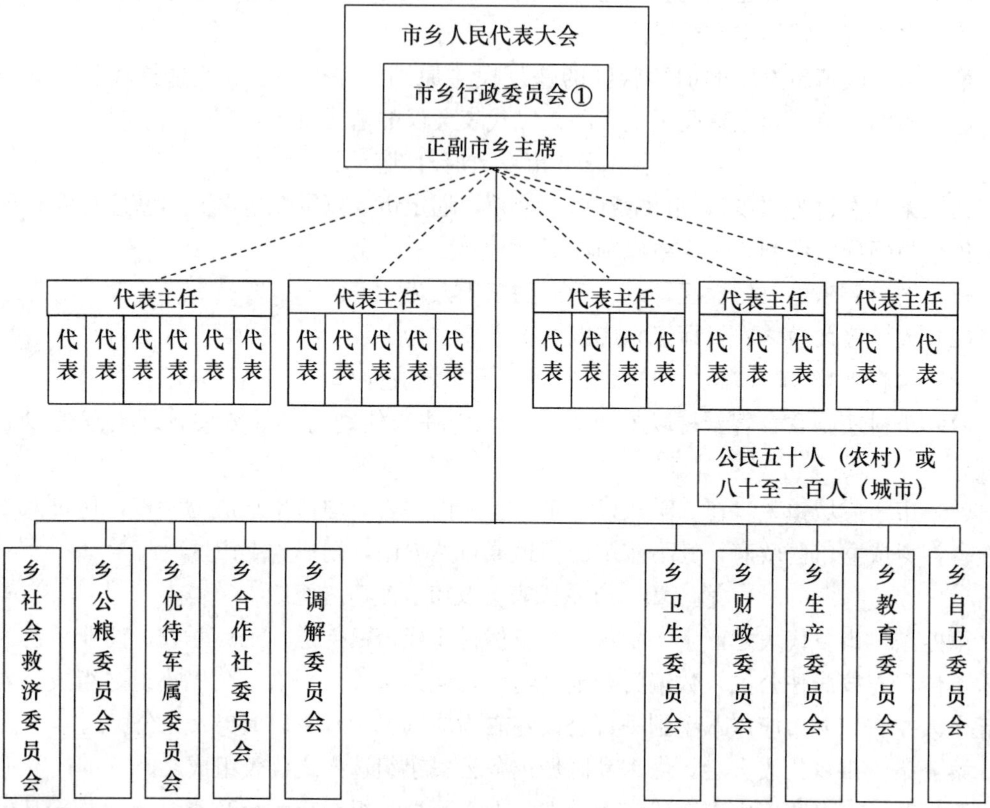

第四章　职　权

第十三条　市乡人民代表大会为该市乡之最高权力机关，其职权如下：

（1）选举与罢免市乡主席与行政委员会。

（2）选举与罢免出席区代表大会之代表。

（3）讨论与决定本市乡之工作计划及一切应兴应革事宜。

（4）监督与检查市乡行政委员会工作。

（5）讨论如何执行上级政府一切重要法令及指示。

（6）审核人民向市乡民代表会所提之提案，并定期向本市乡人民大会报告市乡行政工作。

第十四条　市乡行政委员会的职权如下：

（1）执行上级政府之法令、命令、训令、条例及指示。

（2）执行市乡民代表会决议案。

（3）拟定本市乡行政工作计划及编制预决算。

（4）向市乡代表会定期报告工作。

---

① 本图表所列市乡行政委员会的名称与上页第十一条甲项和下页第十六条不一致，皆按原样未作改动。

（5）向人民传达政府法令、命令、训令、条例，并负责收集人民意见，转呈上级政府。

（6）召集市乡代表会议。

第十五条　正副市乡主席的职权如下：

（1）对外代表市乡行政委员会。

（2）对内主持市乡政府日常工作。

（3）负责召集市乡行政委员会。

（4）负责代表市乡行政委员会，召集市乡人民代表大会。

（5）推动主任代表与各代表协助市乡政府工作。

（6）负责指导所属之市乡自卫队及各种委员会工作。

第十六条　市乡行政委员会所属各委员会之工作任务

甲、民政委员会：

（1）负责办理本乡户口之调查登记。

（2）关于协助办理本乡选举事宜。

（3）关于禁烟禁赌事宜。

（4）关于人民风俗习惯之改进事项。

（5）关于筹划及改进本乡人民之公共卫生事宜。

（6）关于动员与组织民力支援前线工作事宜。

（7）关于优待军属、安插荣誉军人等事宜。

乙、自卫委员会：

（1）负责动员十八岁至四十五岁人民，除残疾外一律参加自卫队，并组织十八岁至二十三岁之青年加入青先队（或称少先队），及十八岁至三十五岁之强壮男子参加民兵和子弟兵团模范队（或称基干自卫队模范队）。

（2）经常注意利用人民空闲时间，领导自卫队民兵上操、上课，借以提高军事技术、政治认识。

（3）组织游击小组与组织脱离生产之游击队，进行爱国自卫战的游击行动，以担负保卫家乡任务。

（4）经常担负后方勤务，如戒严放哨防匪，维持地方秩序，以至动员配合主力部队，帮助担架运输、修筑工事（拆桥、挖路、阻河、破坏敌人交通等工作）。

丙、教育委员会：

（1）宣传人民送儿童和青年上学，负责组织和领导市乡小学校。

（2）组织市乡俱乐部，进行有益于人民身体及文化之娱乐，并进行宣传爱国自卫战时事，提高人民民族自尊心与自卫战的胜利信心。

（3）开办男女识字班、补习学校与夜校等，开展识字运动，提高人民文化水平，进行消灭文盲工作。

（4）筹办学校，在政府协助下解决经费困难。

丁、生产委员会：

（1）团结本地工农商学各业有经验有学识之人，研究发展本市乡生产事宜。

（2）计划发展本市乡内增加生产事业，如开矿、熬盐、垦荒种植果园、改良耕作、加强生产、研究肥料、改良种子、兴办水利、预防水患、建设风车等，以利农事等。

（3）创办各种手工业生产事业，如纺纱、织布、做鞋、榨油、研粉，以及其他可能兴办的工业。

戊、财政委员会：

（1）清查田亩，团结人民正确折合中中亩与登记田亩工作。

（2）协助区财政股征收各种田亩赋税。

（3）筹划捐募征集工作。

（4）登记公产，筹划市乡内学校教育经费。

（5）协助生产事业，推进市乡经济建设。

（6）编造市乡经费之预决算及其他有关财政事项。

己、粮食委员会：

（1）宣传人民按合理负担原则，执行上级政府所颁布办法，助理征收公粮。

（2）计划收藏与保管公粮，保证公粮不致损坏，并不得有私自移用公粮与贪污吞没公粮行为。

（3）遵照上级政府所发支付公粮凭证支付公粮。

（4）在市乡主席指示下动员民夫运送公粮。

（5）执行政府禁粮出口法令，以免粮食资敌。

（6）计划本乡粮食筹划与调剂。

庚、调解委员会：

（1）团结市乡大公无私而有威望人士，依据政府法令原则，担负调解本市乡一切人民纠纷。

（2）保障人权财权，反对各种无理横行。

（3）帮助人民向市乡政府以至上级政府申诉冤屈。

（4）调解委员会委员应洁身自好，不得有受贿违法行为。

辛、乡合作委员会：

（1）发起组织全市乡消费合作社、生产合作社、信用合作社及运销合作社等工作。

（2）组织市乡粮食合作社，调剂人民粮食，救济饥荒。

（3）指导各合作社经管事宜，监督各合作社工作人员日常工作。

（4）合作社账目，必须定期审查，开展反贪污及，［与］一切破坏合作社［的行为］作斗争。

（5）以物资或名誉奖励尽职之模范合作社工作人员，定期分给社员红利，同时保证以百分之五十之红利充实合作社基金，发展合作事业。

壬、优待军属委员会：

（1）调查登记军属户口，切实研究改善优待军属工作。

（2）组织优待军属慰问娱乐会，收集军属意见，确实解决军属困难。

（3）组织优待军属代耕队，帮助军属生产，并动员比较富裕或愿意帮助军属人士，在自愿自动原则下捐赠物品优待比较贫苦的军属。

（4）教育人民尊敬军属，提高军属社会地位（如军属到合作社买卖，应有先买先卖的优先权）。

（5）减少军属应征公差，其劳动力缺乏者完全免派，但参加各种救会与自卫队等应照常不变。

第十七条　市乡政府下各种临时委员会之主任委员，得列席市乡行政委员会议，不是市乡委员者只有发言权无表决权。

第十八条　市乡代表会各主任代表职权如下：

（1）主任代表接受市乡主席委托，协助市乡工作。

（2）代替正副市乡主席通知市乡代表到会。

（3）团结本自然村代表，在市乡政府指导下推行本村市乡工作。

第五章　会期与任期

第十九条　市乡人民代表会会期与召集：

（1）常会每一个月开会一次。

（2）经代表三分之一请求时，得由正副主席临时召集之。

（3）上级政府重要指示应由市乡人民代表会讨论执行时，得由正副市乡主席召集之。

（4）市乡行政委员会规定每十天开会一次，必要时得临时召集之。

（5）公民小组会规定一月开会一次。

第二十条　各市乡代表、市乡行政委员及正副市乡主席，任期为一年，期满依照规定重新改选，但得连选连任之。

第二十一条　市乡行政委员及正副市乡主席有渎职违法行为，上级政府得随时予以撤换，并召集市乡人民代表会改选之。

第二十二条　在本市乡有重要事故，涉及全市乡者，市乡主席得召集开全市乡民众大会报告和讨论之。

第六章　经　费

第二十三条　行政委员及各委员会委员主任均为义务职。

第二十四条　正副市乡主席经常主持市乡政府工作者，照政府工作人员给以津贴，并按月发给菜金公粮。

第二十五条　市乡政府事务繁重时，呈报上级批准后，得设文书一人，津贴、菜金、公粮照发。

第二十六条　市乡政府办公费，由上级政府决定之。

第七章　附　则

第二十七条　本组织法自公布日起开始实行。

第二十八条　本组织法由本省府制定公布，如有未尽善事宜，得随时以命令修改之。

区选举委员会组织法

第二十九条　为指导市乡民主选举事宜，得组织区选举委员会。

第三十条　区选举委员会以下列人选组织之：

（1）区农会代表三人（如系市镇区即改为一人）。

（2）区工会代表一人（如系市镇区即改为三人）。

（3）区青年会代表一人。

（4）区妇女会代表一人。

（5）教师会代表一人。

（6）商会代表一人（无商救会乡下免派）。

（7）地方热心新民主主义知识分子代表一人。

（8）地方民兵代表一人。

（9）区政府唯区主席不能担任委员外，区政府得派代表一人为主任委员。

第三十一条　区选举委员会之下，得在其所属各市乡分设办事处，进行选举事宜，由选举委员会派员一人，会同该市乡政府及各民众团体之代表（其人数及分配标准按区选举委员会之规定）共同组织之，以区选举委员会之特派员为主任，其下设宣传、组织、总务等股。

第三十二条　选举委员名单，应呈报县政府批准，始能宣布成立和进行选举事宜。

第三十三条　凡有选举权之公民，一律分区登记，将所登记之公民姓名、年龄、职业详细公布之，并将十八岁以上而无选举权者姓名及其原因详细公布，以便人民讨论争辩，以至上诉。

第三十四条　选举委员会应划定选举区域，协助政府召开人民大会解释民选重要性与民选伟大意义，使选民踊跃参加选举会议，并同时责成所选出席之市乡代表向政府反映人民意见，改善政府工作，收集各种人民团体及人民政党领导机关所提出之候选名单，在全市乡内到处公布，使人民得事先讨论与考虑，以便届时选举适当之人充当市乡代表大会代表。

区选举委员会办理全区选举完毕，并在区代表大会开幕时报告各市乡选举经过，以后即宣布结束。

区选举委员会应负责规定选举区域，决定并通告选举大会日期，开会时检查到会选民在半数以上才能宣布进行选举，若选民到会少于半数或只有半数，均不合法，应停止选举，改期进行；若连开三次均不足半数者，即认为未到会之选民自动放弃选举权，在最后一次（即第三次）选民大会虽然人数还不足过半数，仍应按照市乡组织法进行选举事宜。

第三十五条　本组织法之修改权，属于省府。

附注：

登记好了的公民与不及公民年龄之男女，和因犯法被政府剥夺公民权者，用红、白、黄（或其他颜色）三色纸分别把有公民权者列入红榜，不足公民年龄者列入白榜，被（暂时或长期）剥夺公民权者列如〔入〕黄榜，公布本市乡各地，以便人民讨论争辩，不服者有权向政府申诉，不会写字者可以口头向政府报告，自己认为当地政府不能公平解决受了冤屈者，有权向最高政府起诉或口头报告，要求高级政府解决。

原编者注：该组织法原载于一九四七年十月十五日华东局出版的《斗争》第三期。《斗争》的“编者按”说：市乡政权组织法已由华东局正式通过，拟由党组织提交省府行政委员会讨论正式颁布，作为改造山东基层政权的根据，但因战争关系，机关之转移与人员的分散，省府行政委员会无法召集过半人数，未便公布；而目前各地正实行“土改”，急需改造下层政权组织，故此市乡政权组织法特登载党刊，望各地在“土改”运动中，通过群众按此组织法改造下层政权机构，并创造新的经验。

选自《山东革命历史档案资料选编》，第19辑，济南，山东人民出版社，1985年版，第407～417页。

75. 山东省政府关于成立鲁中南行署及淄博特别专员区的通知

1948年7月20日

一、为统一加强对大鲁南地区的工作领导，决定将鲁南行政区、鲁中行政区及滨海行政专区合并为鲁中南行政区，成立鲁中南行政公署，并决定以李乐平为主任，张劲夫为第一副主任，程照轩为第二副主任。

二、划淄川、博山、张店、周村市为淄博特别专员区，并任李云鹤为特区专员，宋竹庭为副专员，受鲁中南行政公署直接领导。

山东省政府（印）

选自《山东革命历史档案资料选编》，第20辑，济南，山东人民出版社，1986年版，第312页。

76. 中共华东中央局关于济南解放后实行短期军事管制的通知

1948年9月25日

我军已于本月二十四日下午五时全部解放山东省会济南。为彻底执行保护城市政策，决定实行短时期之军事管制。除由华东军区济南特别市军事管制委员会布告颁布入城守则外，特规定在军管期间，除指定之卫戍部队及特许入城之机关人员，持有军管会所发通行证及佩带〔戴〕特许之证章符号者外，任何机关部队人员，一律禁止入市；并严禁各机关部队派人入市抢购物资，紊乱市场，造成政治不良影响。

以上规定，责成直属各机关负责同志命令所属人员切实执行，如有违犯者，以纪律论处。

此致

中共华东中央局

选自《山东革命历史档案资料选编》，第21辑，济南，山东人民出版社，1986年版，第87页。

77. 中国人民解放军华东军区济南特别市军事管制委员会布告第一号——本会即日成立

1948年9月26日

奉中国人民解放军华东军区司令政治部电令；“济南蒋匪全部就歼，城埠人民同庆解放。唯战役甫告结束，恐有散兵溃匪及不法之徒，扰乱治安，危害人民利益，为确立革命秩序，保障全体人民生命财产，维护社会安宁，着令暂时实行军事管制，成立济南特别市军事管制委员会，为该市军事管制时期之最高权力机关，统一全市军事行政管理事宜。特任命谭震林、曾山、许世友、郭子化、袁仲贤、谢有发、刘顺元为该会委员，以谭震林为主任，曾山为副主任。俟社会秩序安定，军事管制结束，该会即行撤销。”遵此，本会即日成立，开始工作，仰全市军民一体周知。

此布！

主　任　谭震林

副主任　曾　山

选自《山东革命历史档案资料选编》，第21辑，济南，山东人民出版社，1986年版，第92页。原注：“原载1948年9月26日《大众日报》。”

78. 华东山东地区各行政单位所辖新旧县系统表

1948年12月20日华东局秘书处制

鲁中南区

一专区（泰山区）
- 新制县：泰安、莱芜、历城、章邱。
- 旧制县：莱芜全部，及泰安、历城、章邱各一部。

二专区（沂蒙区）
- 新制县：沂中、沂南、沂东、蒙阴、蒙山、新泰、泰宁、沂源。
- 旧制县：新泰、蒙阴全部，沂水及宁阳的一部。

三专区（沂山区）
- 新制县：莒沂、沂北、临朐、淮安、安邱。
- 旧制县：临朐，及沂水、莒县、安邱各一部。

四专区
- 新制县：泗水、曲阜、邹县、滕县、滋阳、平邑、白彦、凫山。
- 旧制县：泗水、曲阜、邹县、滕县、滋阳，及费县之一部。

五专区
- 新制县：邳县、峄县、临城、费县、临西、赵博、苍山、麓水、兰陵、铜山。
- 旧制县：邳县、峄县全部，及费县、临沂、铜山之各一部。

六专区 新制县：莒县、莒南、日照、竹庭、临沭、临沂、郯城、东海。
　　　 旧制县：日照、郯城、赣榆的全部，莒县、临沂的一部。

七专区 新制县：长清、肥城、平阴、东平、汶上、宁阳、泰西。
　　　 旧制县：长清、肥城、汶上、济宁，及东阿、东平之一部。

淄博特区：淄川、博山两县，周村、张店二市。

新海特区：新海市、连云市、云台区。

直属市：济宁市。

胶东区

东海区（一分区） 新制县：荣成、文登、昆嵛、牟平、乳山、牙前、海阳，及威海市、石岛特区。
　　　　　　　　 旧制县：荣成、牟平、文登、海阳。

南海区（四分区） 新制县：莱东、莱西，五龙，平南、平东、即墨、即东、莱西南。
　　　　　　　　 旧制县：莱阳、即墨全部，及平度之一部。

西海区（三分区） 新制县：掖县、掖南、平度、平西、昌邑、昌南、潍北、潍南。
　　　　　　　　 旧制县：掖县、昌邑全部，及平度、潍县各一部。

北海区（二分区） 新制县：黄县、蓬莱、福山、栖东、栖霞、招远、北招及龙口市。
　　　　　　　　 旧制县：福山、栖霞、招远、蓬莱、黄县。

滨北区（五分区） 新制县：胶县、胶南、高密、诸城、藏马、莒北、五莲、胶高、胶河。
　　　　　　　　 旧制县：高密、胶县、诸城全部，及莒县、日照一部。

直属市：烟台市

渤海区

一专区 新制县：靖远、南皮、吴桥、东光、振华、乐陵、庆云。
　　　 旧制县：东光、庆云、乐陵、宁津、吴桥、盐山、南皮。

二专区 新制县：齐河、济阳、匡五、商河、临邑、德县、平北、禹城、德平、杨忠。
　　　 旧制县：德县、陵县、德平、商河、临邑、济阳的全部，及平原、禹城、齐河各一部。

三专区 新制县：寿光、益寿、广饶、博兴、临淄、桓台、邹平、高青、齐东、耀南、章历、羊角沟市。
　　　 旧制县：青城、齐东、邹平、长山、桓台、高苑、博兴、广饶、临淄的全部，及寿光、章邱、历城的各一部。

四专区 新制县：蒲台、利津、垦利、沾化、惠民、阳信、无棣、滨县。
　　　 旧制县：无棣、阳信、惠民、沾化、蒲台、利津、垦利、滨县。

直属市：德州市。

昌潍直属特区

新制县：昌乐、益临、寿南、安邱、潍县、益都。

旧制县：昌乐全部，及潍县、安邱、寿光、益都、临朐的各一部。

济南特别市

潍坊特别市

徐州特别市

选自《山东革命历史档案资料选编》，第21辑，济南，山东人民出版社，1986年版，第470～472页。

79. 山东省政府训令
——为召开省人民代表大会及时进行准备工作由

1949年3月4日

令各行署、直属专署、直属市府、各有关部门

本府决定在适当时间召开省人民代表大会，为及时的〔地〕进行准备工作，特作以下决定：

一、准备向大会作政府工作报告。我们统一规定以下内容：

甲、本地区民主政权的建设经过（各行署、直属专署、直属市府对本区建立民主政权的开始和经过，本地区的区划、面积及人口的变动情形，作简要的叙述即可）。

乙、本地区建立民主政权后所作的重要工作（自一九四五年省府成立至今年拥军月工作结束，新解放的地区自解放之日开始至今年拥军月工作结束。内容包括对敌斗争、支前、土改、生产、参军、归队、救灾、文化教育、兴修水利、人民生活改善、发动组织群众、组训民兵、优待烈军工属荣军及人民负担等）。

丙、本地区政权建设中的方针路线和工作作风检讨。

丁、本地区今后一年的工作计划（自今年七月至明年六月）。

为了多方研究、对照，以上的工作报告除由各行署、直属专署、直属市府负责于四月五日前送达本府外，并由各业务部门同时作专门的工作报告。除函请山东军区司令部、政治部负责对敌斗争及参军归队，华支后办负责支前，农会负责发动组织群众和土改外，实业厅负责生产、兴修水利、救灾和人民生活的改善，人武部负责组训民兵，财政厅负责人民负担，教育厅负责文化教育，民政厅负责优待烈军工属及荣军，于四月一日前写好。

为对人民负责，以上材料必须力求切实简明，好的应该充分发扬，缺点应该严格的〔地〕检讨。为郑重的〔地〕对待这一工作报告，各负责同志必须拿出一定时间，亲自动手执笔和经过一定会议郑重讨论，以通过这一工作把本地区的政权工作建设作一有分析有结论的总结。

二、准备在大会中举行我解放区各种建设的成绩展览，如对敌斗争、支前、土改、参军、生产、工业建设、治黄、文教、民主建设等一般性的，某一事件的典型模范人物及图表、奖品、照片、发明品等列单，由各行署、各直属专署、各直属市府、各人民团体、及省府各厅处局院等，各自负责准备，于四月五日前送达本府。这是一件宣扬和交流我山东解放区三千七百万人民在解放事业中伟大贡献的标志，各地各部门应很好的〔地〕组织这一工作。

三、准备若干基本法令。各级政府组织法与选举法，及战勤服务条例，由民政厅负

责，生产建设方案由实业厅负责，农业税条例由财政厅负责，各自于四月前准备好草案。

四、为做好大会的组织准备和积累经验，准备于今年下半年开展全地区的民主运动。决定听候通知。调以下干部来此临时参加工作，胶东、渤海、鲁中南行署的民政处长（或副处长）及各该行政区专署的民政科长（或副科长）二人，并五个县的民政科长（或副科长）、两个区长（或副区长），昌潍专署、济南、潍坊、徐州及烟台市府的民政局的民政科长，济南的二个区长或副区长。

这些干部调来的目的，主要是参加大会的各种工作和在会前会后举行一次或二次的民政会议，研究全地区的民主运动及战勤荣军工作等民政工作。

选自《山东革命历史档案资料选编》，第22辑，济南，山东人民出版社，1986年版，第228～230页。

80. 山东省人民政府布告省字第一号
——公布推选之省府主席副主席

1949年4月2日

兹经山东省人民政府行政委员会暨山东省临时参议会驻会委员会三月三十日联席会议，推选康生任山东省人民政府主席，郭子化任第一副主席，方毅任第二副主席，纪〔记〕录在案。康生等业于四月一日就职视事。除分函并分行外，特此布告。

主席　康　生

第一副主席　郭子化

第二副主席　方　毅

选自《山东革命历史档案资料选编》，第22辑，济南，山东人民出版社，1986年版，第363页。

81. 山东省人民政府公函
——成立山东省人民代表大会筹备委员会并推定委员

1949年4月4日

兹经三月三十日本府行政委员会暨山东省临时参议会驻会委员联席会议决议：召开山东省人民代表大会，即日成立筹备委员会①，负责起草召开大会办法，主持代表选举，确定大会举行日期，筹备大会事务及展览会等。推定康生等二十一人为筹备委员，并推定康生、郭子化、张福林、贺致平、张伯秋、孟东波、姚仲明七人为常务委员，康生为主任委

① 原注：山东省人民代表大会筹备委员会4月12日发出秘字第一号通知，内称：本会遵于4月10日正式成立。

员，郭子化为副主任委员，孟东波为秘书长，纪〔记〕录在案。特此函知。此致
各筹备委员

选自《山东革命历史档案资料选编》，第 22 辑，济南，山东人民出版社，1986 年版，第 364 页。（筹备委员会委员名单略。）

82. 山东省人民政府关于日常公文处理基本要求的通知

1949 年 6 月

近查各部门送来之报告、电稿、表报及呈请审查之章则条例、法规指示等文件，大部尚能适合规定，惟有少数单位所送文稿，往往字迹模糊不清，词句不能通顺，且常有别字错字，又未能正确使用标点符号等现象，以致无法迅速审阅与研究，而徒然往返查询，耽误时间。兹为克服如上不良现象起见，特提出日常公文处理中基本要求如下：

一、凡送本府审查之工作报告、章则条例、电稿等油印、复写、抄写之文件，一律均要词句通顺，缮写清楚，如有打字机之单位，一律以打字机打出，无打字机者，最好以中文正楷字体，自右至左以墨笔书写清楚；如有报表，需扼要明了，自左至右横写清楚。

二、所有文件一律使用标点符号，文之开端必须简要摘由。收发时，应各自系统编明字号，以便稽查。

三、各单位经常抄写之文件与编制报表时，纸张大小、宽狭、长短应力求一律，以便月终汇总装订。凡数页以上之文件，应装订整齐，而免递送时散失。

四、文件书写以后应校对正确，如有错误及别字必须改正，报表数字更正时，负责人应于更正数上盖章。

五、凡属请示性之文件，各部门应事先研究，提出具体方案，以便考虑。

六、各部门所发出之电稿，请示文件，工作报告及送请审查之章则、条例等，各部门负责首长应亲自审阅，并于封面签字盖章，电稿子右下角签字，以示负责。

上列各项希各部门切实负责执行。

选自《山东革命历史档案资料选编》，第 23 辑，济南，山东人民出版社，1986 年版，第65～66 页。

83. 山东省人民政府关于告知本府地方法规研审委员会组成人员的函

1949 年 6 月 1 日

本府设置地方法规研究审查委员会，邀请郭子化、刘民生、彭康、任质斌、刘贯一、柳云光、贺致平、王集成、李坚贞、刘导生、夏征农、王哲、郑文卿、杨希文、辛葭舟、

张伯秋、王可举等十七同志为委员。特此函达，即希查照为荷！

此致

山东省人民政府

六月一日

选自《山东革命历史档案资料选编》，第23辑，济南，山东人民出版社，1986年版，第5～6页。

84. 山东省人民政府办事通则（草案）

1949年7月

第一条　本府主席、副主席依本府组织大纲之规定，执行其职务。

第二条　秘书厅承主席、副主席之命办理日常行政事务及不属于各部门之工作，各部门所有呈送主席、副主席核阅之公文报告等，一律送交秘书厅登记转呈。

第三条　本府设办公厅，视工作需要，各厅、部、行、局长，各会主任，定时在办公厅集体办公。各厅、部、行、局、会均应设一定办公室，适当组织本部门的集体办公，并与办公厅密切联系。

第四条　本府办公时间，定为每日八小时，星期日休息，在办公时间内，不得擅离职守。假日应采值班制，必要时由各单位自行决定，实行轮班制。

本府所有工作人员，在规定办公时间以外，如遇有紧急公务，或遇有人民来府接洽公务，均应随时处理。

第五条　凡属下列性质的发出文电，均以本府主席、副主席名义行之：

一、关于政策方针与重要计划之决定、指示。

二、关于政策方针与重要计划之变更及重要解释。

三、关于各种政务条例法令规章之颁布及修改。

四、关于本府各厅、部、行、局、会科长、秘书级以上干部之任免，及下级政府县长、专员及行署处长、直属市府局处行院长以上干部之任免。

五、关于对外文告。

六、关于本府各部门均有关系的具体执行事项。

七、关于死刑之核准执行。

八、关于各部门派遣干部代表本府巡视检查下级政府工作，及对外代表本府之联络接洽事项及其他代表本府之证明文件。

上述各项行文，各部门撰稿后，经各部门负责人核签或与其他有关部门负责人会签后，统交秘书厅由秘书长作初［步］研究后，呈由主席最后审定签发。

上述各项行文，暂分函、令、状、指示、决定、批复、通知、通报及布告等九种，统一由秘书厅按规定程式登记编号封发之。

第六条　凡属下列性质之发出文电，得以本府各主管部门名义行之。

一、关于既定的方针政策及重要计划的具体执行及具体问题之解释事项。

二、关于技术问题的通报、指示。

三、关于各该部门日常工作之对内通知、通报事项。

四、关于代表各该部门之证明文件。

五、对于各该部门内部一般干部之工作调动，及代表各该部门关于日常事务之对外联系派遣。

上述各项行文，由各主管部门负责人审核签发，其属于会衔行文，由会衔部门负责人会签之，但有关本府既定方针政策与重要计划之具体指示、重大预算之动支、重大案件之判决，行文时均应先请示主席核准。

上述各项行文，暂分函、令、指示、通知、通报、签呈、报告及布告等八种，由各部门登记编号封发之。

第七条　本府各部门及其负责人行文所用之印信，由秘书厅制订式样，经主席核定，统一刊刻之。

第八条　关于本府公文程式及公文处理办法，由秘书厅统一制定，经政务会议通过执行之。

第九条　有关政府委员会重要决议之执行，在政府委员会闭会期间发生的紧要事项及与各部门有关的重大事项，得提交本府政务会议讨论之。

政务会议每周举行一次，由主席召集本府各部门负责人举行之，各部门科长以上或相当于科长以上之干部，于讨论有关问题时，得指定列席，会议决议之执行，由主席核定之。

第十条　各部门会议每月举行一次，工作汇报每周举行一次，由各部门负责人及科长或相当于科长以上之干部组织之；科以上有处、局等组织者，工作汇报会由各部门负责人召集处、局长举行之；会议决议之执行，由各该部门负责人核定之。每月会议整理摘要之记录，应于会后五日内呈送主席核阅。

第十一条　各部门单独组织及联合组织之专门会议，须经主席批准，方得召开。会议对重要问题之处理方针及会议决议之制定，均应事前请示主席，会后应于十日内将整理摘要之会议记录呈送主席核阅，未经批准，不得径行公布或传达执行。

第十二条　本府各部门工作报告，每月一次，限于下月十日前送达主席核阅，属于专门材料或总结文件，可随时呈送或另作附件。

第十三条　各部门对经办事宜及未经核准公布之会议决议及文件草案，有保守秘密之责，非经主席核准或政务会议决议，不得以单独部门或个人名义对外发表谈话及文告，其属于重大的对外通讯报导〔道〕宣传事宜，统一由秘书厅经主席核准后发布之。

第十四条　各部门机要文电之收发、抄摘、保管等事宜，由部门机要秘书掌管或指定专人兼管，各部门对此项机要人员的配备，须经秘书厅审核登记，秘书厅对其机要工作之执行，并负有指导之责。关于机要文电之处理办法，由秘书厅制订〔定〕之。

第十五条　各部门秘书、庶务、生产、医务卫生、警卫及调查研究等工作，均应与秘书厅密切联系，秘书厅在业务上有指导之责。

第十六条　各部门处理日常政务及承办公文电报，应随时办结，不得无故稽延，如因故不能及时办结，应向主席及各主管负责人申明原因。

第十七条　凡经主席核准公布之会议记录、工作总结、报告文件、研究材料及各种行文，均得经秘书厅统一于本府政报及大众日报上发表之，其注明不另行文者与行文同。

第十八条　本府各部门组织机构以精简为原则，所有组织机构人员配备标准及经费预算标准，均须经政务会议审核通过及主席批准。

第十九条　本府工作人员生活制度由秘书厅统一制订〔定〕，经政务会议通过执行之。所有工作人员，非经批准，均须在指定之宿舍住宿，不得任意租房、借房或在家居住。

第二十条　本府工作人员之请假，均须由主管上级批准，请假制度由秘书厅统一制定，经政务会议通过、主席批准执行之。

第二十一条　本府工作人员调动时，必须办清交接，其到职、离职手续，概由秘书厅登记，并发给证明文件。

第二十二条　本通则如有需要补充修改之处，各部门及本府工作人员均得随时建议，交秘书厅汇集研究，呈由主席提交政务会议决议补充修改之。

第二十三条　本通则经政务会议通过及主席核准施行。

选自《山东革命历史档案资料选编》，第23辑，济南，山东人民出版社，1986年版，第220～224页。原注："载1949年8月1日《山东政报》第一期，成文时间考证为1949年7月。"

85. 山东省人民政府关于办公及各种制度的暂行规定

1949年7月15日

为适应新的工作情况，转变过去农村环境下的工作作风，建立科学的工作制度，提高工作效率，特先暂定办公及各种制度如下：

甲、办公

一、严格建立集体办公制度，省府设办公厅，规定［每星期］一、三、五下午二时至五时（除适逢规定之会议日期及假日外）为本府主席、秘书长及各厅、部、行、局长在总办公厅内集体办公之时间。各厅、部、行、局及其所属局、处，亦须根据集体办公的原则，结合具体情况酌设办公室，为各该工作部门集体办公之场所，室、科、股均实行集体办公，参加集体办公之人员及集体办公之时间，视工作需要，在不抵触省府办公及各种制度下自行规定，送交秘书厅汇存备查。

二、集体办公的主要内容是：

1. 办理电报及重要公文；

2. 向主席请示工作；

3. 互相接洽工作；

4. 传阅重要文件。

在集体办公时间内，除紧急问题外，概不会客和与外界接洽其他公务。

三、办公厅、室由秘书部门派设秘书或值日员，其职责是：

1. 与参加集体办公的同志联系；

2. 传阅与管理文件；

3. 管理办公厅、室事务；

4. 管理办公厅、室电话；

5. 使省府办公厅及有关厅、部、行、局间取得工作联系；

6. 担任会议及必要之谈话记录；

7. 各种交办事项；

8. 写办公日记。

四、省府所属各厅、部、行、局等行政机关（企业、工厂、学校不在内），每天办公的时间是八小时（星期日为假日），依时令季节之需要，由秘书厅统一规定。

五、除集体办公以外的其他办公制度，由各厅、部、行、局自行规定，送交秘书厅汇存备查。

六、办公纪律：

1. 按时办公，不得无故迟到早退，如因公务或私人要事不能在办公厅、室办公时，必须得到办公厅、室领导人或主持人的同意，才能不到、迟到或早退。

2. 保守秘密，未经决定公布的问题，严禁对办公厅、室以外人员传播。

3. 节约办公用具。

4. 办公厅、室内保持严肃整洁。

乙、会议

一、本府政府委员会每两月举行例会一次，于每双月之第一周举行（必要时得举行临时会议），除政府委员参加外，本府各厅、部、行、局长及主席指定之人员得列席会议。

各政府委员及本府各厅、部，行、局须向政府委员会报告或提请讨论追认之议题，必须于开会前七天书面汇交秘书长统一整理编排议程，经主席批准后于会前印发出席人先行研究准备。

二、本府政务会议，每周一次，于每星期五上午九时至十一时半举行，各厅、部、行、局长及主席指定列席同志参加，其内容是：

1. 传达和研究政策法令；

2. 讨论省府拟发的有关政策性的重要指示决定；

3. 讨论下级请示的有关原则性的问题。

三、各厅、部、行、局会议，每月举行一次，于每月终举行，其主要内容是传达省府重要措施，检查本部门上月的工作和布置本月的工作，参加人是科长、秘书以上干部，列席人由各厅、部、行、局长自行规定，必要时可开全体干部会。

四、本府各厅、部、行、局内部的其他会议制度，在不抵触本规定范围内自行规定，送交秘书厅汇存备查。

五、本府每半年召开全省行政会议一次，参加人是本府各厅、部、行、局长，行署主任，直属专署专员，直属市府市长，及经省府指定参加的同志。其主要内容是传达和讨论重要政策法令，检查和布置全省的政府工作。

六、本府各部门召开专门会议，视工作需要提出会议内容、时间、参加人员及准备的材料等，经主席批准后召集。

丙、学习

一、严格保持每天二小时的学习制度，一般工作同志在早饭前进行学习，具体时间由秘书厅在作息时间表内规定。

二、规定每星期四及星期六下午为本省各厅、部、行、局长（甲组）的学习时间。

三、在学习时间内，非因特殊紧要工作，概不办公和会客。

丁、接待

一、为节约人力与时间，凡向本府接洽公务者，可按其接洽问题的性质，直接到本府有关各厅、部、行、局、会接洽。

二、每星期二、四、六上午办公时间，为本府各厅、部、行、局长相互间会商工作及与外界接洽工作的时间。

三、为免妨碍接洽公务，一般私人宾客，规定于办公时间以外接见。

戊、签发行文

一、用省府名义之发文，属于政策、方针、法令、条例、规章、布告等性质者，由主席签发，属于一般事务性者，由秘书长签发。

二、在省府已公布的政策、方针和法令范围内，本府各厅、部、行、局长可以本厅、部、行、局名义签发。执行省府政策、方针和法令的各项文电，重要者应先向主席请示。涉及其他厅、部、行、局业务者，应由有关厅、部、行、局长会签后会衔发出。

已、干部之任免调动

一、本府各厅、部、行、局、会科长、秘书以上干部，除各厅、部、行、局长及各会委员由本府政府委员会决定任免外，余由各厅、部、行、局、会与民政厅人事处会商，提请主席决定公布。科员级干部由各厅、部、行、局、会商得民政厅人事处同意，自行决定公布。办事员级以下干部由各厅、部、行、局、会自行决定公布，通知民政厅人事处备查。

二、各县县长，各专署专员，各行署及直属市府局、处、行、院长以上干部由本府决定公布。其他干部由各行署、各直属专署和直属市府自行规定决定及公布办法，报请本府批准后执行。

庚、工作报告

一、本府各厅、部、行、局向主席作书面综合报告一次，于每月十日前送达。各行署、直属专署、直属市府及烟台济宁两市府、新海连特区专署每逢双月向本府作书面综合报告一次，于该月十五日前送达。报告工作动态、工作中发生的问题与倾向，及其症结所在与解决方法，有分析、有总结的〔地〕着重说明执行政策、法令的经验和阐明工作中的优点长处和缺点错误。文长一千字到两千字为限。

二、本府各部门和各地送来的工作报告，由秘书厅先择要印发至各厅、部、行、局及各行署、直属专署、直属市府、烟台济宁两市府及新海连特区专署负责同志研究和征求意见（由收阅者接到后在五天内提出），但因其尚未经主席审阅和省府研究，除收件人有批判的自阅和妥为保存外，不准传阅和对外公布。

选自《山东革命历史档案资料选编》，第23辑，济南，山东人民出版社，1986年版，第157～161页。

86. 山东省人民政府通令——关于鲁中南、渤海行署所属各专署更名及有关事项的规定

1949年7月25日

令各行署、直属市府、直属专署

兹将鲁中南、渤海行署所属各专署更名及有关事项规定如下：

一、原鲁中南第一专员公署改为泰山专员公署，第二专员公署改为沂蒙专员公署，第四专员公署改为尼山专员公署，第五专员公署改为台枣专员公署，第六专员公署改为滨海专员公署，第七专员公署改为泰西专员公署。原渤海第一专员公署改为沧南专员公署，第二专员公署改为泺北专员公署，第三专员公署改为清河专员公署，第四专员公署改为垦利专员公署。

二、已更名之各专员公署印戳，附发式样字体，由各该行署负责统一刻发，并呈报本府备查。

三、今后县以上各级政府必要改变名称者，须先报经本府批准，不得自行更改。

附专署印信式样（略）

选自《山东革命历史档案资料选编》，第23辑，济南，山东人民出版社，1986年版，第199页。

87. 山东省人民政府关于各市政府参照执行济南市政府召开各界代表会决定的通知

1949年9月1日

查各市政府近来正拟进行召开各界代表会，为便于及时进行，减少往返请示时间，本府前对济南市政府召开各界代表会及代表产生办法决定，业经研究批准，并经该市政府具体执行，其中方针、原则认为一般适合，因此各市政府召开各界代表会，可参照济南市政府召开各界代表会决定执行，不再另拟决定。至于召开各界代表会的时间、代表单位及各单位代表人数的分配等具体问题，由各该市政府根据本市具体情况自行决定。并根据中共中央关于新解放城市组织各界代表会的指示的原则精神，对代表人选的确定，掌握以劳动人民及革命知识分子占多数及多请原与群众有密切联系的代表的原则。除检发济南市政府

召开各界代表会及代表产生办法决定一份外，望将大会布置及会议总结随时报告省府为要。特此通知。

主 席 康 生
副主席 郭子化

附：

济南市人民政府为成立本市各界代表会及代表产生办法的决定

1949 年 7 月 22 日

本府为密切与人民的联系，倾听和集中人民意见，使本府各种设施进一步符合人民的实际需要，以达工人阶级、农民与其他劳动群众、知识分子、自由资产阶级团结一致，协助人民政府，在中国共产党领导下，群策群力，发展生产，建设新济南之目的，在人民代表会未成立前，由本府聘请各界代表组成各界代表会，并作如下决定：

一、各界代表会为协助本府推行政策、联系人民的协议机关。其职权为：

1. 听取本府的各项政策与一切市政设施的报告，并进行讨论并提出建议，供本府作最后决定。

2. 向本府提出各项应兴应革的施政设施与政策的建议，在实行过程中，各界代表并须负责对其所代表之机关、职业、团体、工厂、学校、部队等召开适当会议，报告和解释这些政策与设施的内容，并向各界代表会反映人民的意见。

二、各界代表会设主席一人、副主席二人，并组织秘书处，以执行日常事务。

三、代表名额及其分配。代表暂定一百八十五人，并根据需要得随时增加之。其名额分配如下：

1. 职工代表五十五人，大致分为：职工总会二人，公营工厂三十人，私营工厂十七人，店员六人。

2. 农民代表七人：九、十一区各一人，八区二人，十区三人。

3. 各区合作社、运输队及劳动人民的其他组织代表二十人，八区、十区各一人，城区、四区各三人，其余各区每区二人。

4. 自由职业者代表为十人：工程师五人，医生三人，其他二人。

5. 工商界代表二十四人：工业界代表十四人，商业界代表十人。

6. 青年与学生代表为十五人。

7. 妇女代表为十五人。

8. 军警代表为十一人：本市警备部队代表五人，山东军区所属驻济各机关代表三人，市公安局及警察代表三人。

9. 文化教育界代表为七人。

10. 民主人士代表为五人。

11. 回民代表为三人。

12. 荣军、烈军工属代表为三人。

13. 机关职员代表为十人：市级所属各机关代表为七人，省级驻济机关代表为三人。

四、代表的产生：

1. 职工、青年与学生、妇女、军警、机关等代表，均由各该机关、工厂、学校或团体单位召开适当会议推选后，由本府聘请之。

2. 各区合作社、运输队及劳动人民的其他组织，由区政府会同以上各该团体提出名单，由本府审查后聘请之。

3. 其他代表均由本府直接聘请之。

五、如查明代表中确有反人民之行为者，即由本府撤销其代表资格。

六、各界代表会之会期暂定为一月一次，必要时召开临时会议。

七、各界代表会于人民代表会议成立时，即予撤销。

八、各界代表会之会议时间与地点，另行通知。

九、本决定业经呈请山东省人民政府批准，公布施行。

选自《山东革命历史档案资料选编》，第23辑，济南，山东人民出版社，1986年版，第405～408页。

88. 山东省人民政府工作报告（草稿）——自第一次政府委员会议后至第三次政府委员会议前（四月至八月）

1949年9月

在今年三月三十一日第一次政府委员会议上，康生同志代表中共中央山东分局作了关于中共二中全会各项决议的通知（传达）和说明，得到政府委员会的衷心拥护，并当作政府工作的今后方针。五个月来，省府根据中共二中全会的精神，结合山东的具体情况，在分局的正确领导和康生同志的直接领导下，担负了光荣而艰巨的支援前线与恢复和发展生产的任务，依靠三千七百五十万人民和全体党政军工作同志的努力，在过去的五个月中曾经做了不少有利于人民解放事业和建设事业的工作。就其主要者，述其概况如下。

一、大力支援人民解放军渡江南进，收复京沪并继续向国民党匪帮的主要巢穴进军，对于江南新解放区人民给以兄弟的援助，以争取革命在全国范围内彻底胜利。

首先是供应物资。五个月内供给前方部队和新区人民的主要物资（陇海路、济南路局不在内），除军械外，有粮食四七七六，一九五四斤，柴草三〇四七，七三三〇斤，煤一三，九八八〇吨，汽油四八九，八二六八斤，西药、电料、印刷器材及轻重工业原料总价人民币五八，五八六七，〇〇八二元（当时的价格），夏服二一三，〇〇〇〇套，鞋子五四八，九二八三双。

调了一百个区级以上干部和五百七十余工人同志南去加强新解放区工作。

接收了前方归来的万余荣军，编入荣校学习和分别安置。并从原来荣校的学员中整编了两个江南荣校，有八千余江南各省籍的荣军同志在进行新区政策等学习，随时准备到新区去工作，或复员回乡作发动和组织新区人民的骨干。

为了鼓励前线将士远征，各地人民帮助烈军工属及远征工作人员家属的生产，比之过去任何时期［做］得更好。用“固定代耕”、“包产量”与“拨工”等代耕方式，普遍确实的〔地〕做到了不荒烈军工属土地的要求，并创造了不少经验。省府在民政会议中，把优待烈军工属当作中心问题之一进行研究，总结以往经验，完成了优待烈军工属的法令起草，并由省府和军区会衔公布热诚招待来往烈军工属的办法。

为了褒扬和永远纪念英勇牺牲的人民英雄，省府决定在济南、徐州、临沂、青岛及烟台五地兴建革命烈士纪念塔、纪念堂和各乡普遍建立烈士纪念碑。现济南、临沂已动工，徐州及烟台已确定图样即将动工。省府决定拨秋粮七五六，七五六〇斤的折价［款］作各地建塔建堂的补助费，已请毛主席、朱总司令、刘少奇、周恩来及任弼时同志等为纪念塔纪念堂题了字，并决定在今冬推动各地建碑。对于牺牲和积劳病故的革命军人、民兵和民工，省府已公布了统一的抚恤标准，烈属的运灵问题也已作了新的决定，以期克服抚恤和运灵问题上长期存在的缺乏统一方针、缺乏统一办法的混乱现象。

在支前工作中，也还存在着不少缺点，最主要的是有部分的烈军工属在遭受旱涝等各种灾害中生活发生困难，当地政府没有及时的〔地〕帮助解决，以至有不少烈军工属到前方去找亲求助，影响前方的军心，和某些部门对荣军的转业尚存在不正确的观念等。省府已要求各地政府切实解决这些问题，并把帮助烈军工属解决生产困难，保障烈军工属的生活，提高到支援前线、争取革命最后胜利的意义上去认识问题和处理问题。

二、初步恢复和发展工业、农业和商业，响应毛主席“生产长一寸”的号召，向着“生产长一寸”的方向努力。

在重工业方面，除了生产前方需要的武器弹药外，首先着重增加煤产，一月份煤的月产量是一二，六四三一吨，四月份增产至一八，六一五六吨，而六月份约产二二，〇〇〇〇吨。铁矿、云母及石墨的生产，过去因无销路，不能扩大生产。铁矿三月份产五七三〇吨，五月增产至六九七八吨。云母月产五吨。石墨月产十五吨。现分别找到市场，准备扩大生产。玲珑金矿现日产矿石二十到三十吨，及硫酸一吨至一吨半与硝茶半吨，因设备不够，还只进行小规模的生产。修装动力设备上，洪山发电厂八〇〇〇瓩〔千瓦〕的发电机已修复，由洪山移置坊子的一五〇〇瓩〔千瓦〕发电机与轻金属发电厂三〇〇瓩〔千瓦〕发电机亦已装竣。添设工厂上，水玻璃与硫磺〔黄〕窑十座，胶东电石粉厂及制铅用的洋灰机器之一部等均已安装完毕，并已分别开始生产，炼钢厂的一吨电炉亦已安装完竣，因炭极、电力不够，尚未正式生产。博山化工厂约在九月亦能建设完成。但重工业的生产中亦存在着不少的缺点和错误：某些成品（如子弹）不合标准，造成巨大损失，及行政管理不严，屡次发生爆炸与器材被窃等事件。必须在今后工作中严重注意和求得改进。

轻工业生产方面，公营归生产部领导的纺织、造纸、面粉、化工、火柴、蚕丝、酿造及棉织等工厂现已达六十二个，职工有四万三千五百余人。其中许多工厂生产是有成绩的，如被服工厂，上半年做了军衣三〇八，二七六〇套，衬衣裤一五二，二〇〇〇套，帽子一七一，七〇〇〇个，如华兴造纸厂，五月份产纸一二，四六四二磅，六月份增产至一三，〇〇六四磅；如恒泰及龙华火柴厂，五月份共产火柴五九八九箱，七月份增产至一，一三〇〇箱。主要原因是工人积极性提高，树立了新的劳动态度和经营有方。但有一些工厂生产率是一直下降的，如有二个纺织厂，四月份共产纱一五七〇件，布一，四一五〇匹；五月份减产至纱一四七四件，布一，一四二二匹，六月份减产至纱一三九〇点六二件，布一，二〇六七匹，七月份减产至纱一三五八点八九件，布一，〇八二九匹。其原因除了棉花不好及天热工人易倦等客观原因外，主要是领导上有官僚主义作风，管理松懈的结果。

因为贯彻了毛主席“发展生产，繁荣经济，公私兼顾，劳资两利”的正确政策，许多工商业资本家已结束观望等待状态，开始向有利于国计民生的工商业方面投资，因此有些地区私营工商业已进入发展的时期。如济南的私营面粉、火柴业在现有基础上尽量发展，并作出一年生产计划；华兴胰厂、宏星汽水厂、平民烟厂及五个磨坊，在六月份共增资八〇，八〇七〇元；裕兴颜料厂五月份日产颜料一千七百斤至二千斤，六月份则增至四千斤。只有那些过去专为少数有钱人享用消费、不为广大人民所需的工商业（如绸缎庄、西服店、化妆品产销部门等）日趋衰落，有些有远见的已开始抽回资本向有利于国计民生的工商业方面转业。政府为了扶持正当的工商业活动，四月份在工商部下成立了工商管理处，各地的工商机构也已次第建立，并已在进行工商业登记，个别地区已开始进行市场管理工作，以保证新民主主义经济的发展和繁荣。但我们对扶助有益的私营工商业发展的计划性和组织性是不够的，今后我们必须立即计划和逐步克服这一缺点。

在极其紧张的农业生产中，农村虽有劳力、畜力及农具缺乏的困难，但在广大农民勤劳耕作下，各地耕种及时，一般的地区春耕比往年早开始半月，除个别地区因天旱未能及时全部下种外，大部地区不仅做到及时下种、多上粪、多锄地，而且消灭了大批荒地（鲁中南、昌潍及胶东三地不完整的统计，即消灭七十三万亩）。

学习技术，掌握技术，如何总结和提高广大农民中潜在的经验和技术，以之武装广大农民，这是今后改进农业技术的中心问题。植林亦有推广，据六处农场和胶东、鲁中南九个县统计，共造林四四五〇点七三亩，植树四六，〇一四五株。

农村的供销合作社，除及时部分的〔地〕供给农民生产所需的种子、肥料、工具、牲畜及日常生活资料外，并结合救灾制成军鞋四〇二，七七六〇双。分局、省府会衔发出了加强合作工作的指示。合作局曾召开合作会议研究业务与下半年工作计划。现在合作事业中存在的问题是国营经济如何普遍的〔地〕扶持供销合作社的发展，加强城乡互助与物资交流。

前方部队为了增加后方生产的力量，在收复京沪后，决定我区的民兵民工全部复员。省府公布了办理民兵民工复员的决定，成立了省和行署的民兵民工复员委员会及分区的分会，已办好六，〇六六六个民兵民工的复员。无疑的，这批力量回至农村，对各地的生产和支前工作都有极大的推动作用的。

虽然我们在各方面积极努力，准备了实现农业“生产长一寸”的各种条件，但接连遭受到旱灾、虫灾、病灾、雹灾、水灾及风灾等各种严重灾害。就某一种灾说，各地受灾轻重虽各不一，但这种灾害很多地区都遭到一种或两种以上。全省遭受水灾的约有八百万亩左右。各地党政机关，当灾象发生后，一般的均能主动负责，领导人民抓紧防活〔险〕抢救。分局和省府公布了抗旱救灾工作的紧急指示，成立了生产救灾委员会，统一领导各地开展生产自救运动。在生产自救、社会互济和公家扶助三者结合的方针下，通过扶持副业生产、支前与救灾相结合、以工代赈、政府救济等方式，给人民以有力支持。如省府给鲁中南人民的经济支持（以工代赈、做鞋取工资等）就有九千余万斤粮食，使二百万至三百万灾民渡过了今春的灾荒。但因各种灾害相继而至，各地秋禾歉收已成定局，秋冬明春必须大力开展生产救灾工作，以从提高生产中减少灾害。

从总的方面看，今年过去几个月的农业生产是有很大成绩的，学得了不少经验。但工作中还存在着严重的缺点与错误，如对农业生产的领导上，部分地区尚存在着自满麻痹与放任自流的思想，严重的〔地〕危害了对生产和救灾工作的领导；及如未很好集中力量解决种子问题等，必须彻底纠正。

为扶助工业农业生产的恢复和发展，并沟通城乡间、地区与地区间的经济关系，银行以扶持生产工业原料为重点举办了农贷，春夏两季共贷出粮食七三二六，九〇〇〇斤，和人民币二，七五二五万元。灾区则发放生救贷款，一般均经人民民主评定。但仍存在着平均发放、干部包办、单纯的任务和救济观点，及未能通过贷款普遍扶持改进合作社等缺点。同时在贷款方针上，对发展工业举办工业贷款开始是忽视的，五月份后才专门讨论和布置工业贷款。开办汇兑业务，半年内省内外通汇的已有九十个行处。四月起已开始在济南、潍坊及博山三地试办存现折实储蓄存款，办理了存放款业务，代理公营企业收款，与试办公营企业票据交换和贴现，使公营企业资金周转更为灵活，减少收付手续与节省出纳人员，并使银行成为公营经济的总会计和总出纳，扶助公营企业逐步导向计划性发展。

贸易部门在实行“城乡互助、内外交流”方针以繁荣经济上，也作〔做〕过很多工作。对外贸易上实行几种主要物资的统销和采取国营为主缩小私营的方针，掌握主动，争取了巨额必需物资的进口和向外推销农工产品，支持外汇。但其中也有浪费外汇、进出物资缺乏计划性等的缺点。对内贸易上，以加工或工业原料换成品的办法，扶持面粉、纺织、轧油、火柴等工业发展。在工作过程中，一般的〔地〕掌握了先公后私、先机器后手工的原则。缺点是仅仅重视组织农产品进城，而忽视组织工业品下乡。在经营上，注意到通过合作社，但不少贸易工作人员中对合作社仍残存着旧的观点，未把通过合作社联系广大人民当作严重的政治任务，因此使自己在市场上陷于孤立无援的境地。年初来至目前为止，我区物价曾有三次大的波动，形成跳跃上升的现象，其中尤以农产品上升为大。除客观原因外，主观上不善掌握情况，思想被动，某些地区物价政策上的错误未及时纠正，对投机商人打击不力，和许多公营企业冻结抢购物资，是主要原因，对生产和人民生活发生危害。后用动员各公营企业大量抛售物资，打击奸商，收缩通货，开展折实存款，吸收游资等办法，配合全国的物价平稳，使现在的物价一般的比较稳定。

公路运输工作上，公营汽车担任运输任务的已有五百五十辆，班车线已扩展到四千公里（包括苏北、皖北、豫东），运输的物资百分之九十属生产品。修筑公路干线一七二一公里，和副路五五〇公里（鲁中南在外）。但在运输营业上和公私兼顾政策执行上，尚存在着一些偏向，如对私营汽车限制太严等。七月份召开了省公路运输会议，制定了《公路交通管理规则》与《管理私营汽车暂行办法》，已在开始改进运输管理业务。

邮电工作上，发展了邮政汇兑和包裹寄递业务，互寄包裹局增加到一二四处，互汇局一二二处。“五一”开始举办通报业务，现与外省通报的已达一〇一处。最近把邮电分开设立两局，以期加强领导和改正邮电工作中存在的许多缺点。

为积累恢复和发展生产的资金，提高勤劳精神，减少人力物力的浪费，使各级政府机构合理化、科学化，提高工作效率，省府成立了整编委员会，重新研究和初步订定了省直各机关的编制，并公布了《十大禁令》。从省府各机关开始，提倡节约，克服目前存在于省直各部门中的组织重叠、人浮于事、工作不灵、效率不高的缺点，和克服省直某些部门（特别是生产部门）中十分严重、为人民所不可宽恕的贪污浪费现象，以期在省直取得一定经验，进一步全面开展精简节约运动。

三、教育工作①

江南解放后，华东军区决定将本省过去被国民党反动派欺骗外遣的学校和教职员资送回省，省府在徐州设立回鲁教职学员处理委员会，接收了二十一个单位、九千余人，分别吸收向华东大学、各中学、师范等转学、参加工作，或资送回乡生产。为了安置四五百中学教职员，除各师范吸收一小部分外，省府举办教育研究会，帮助他们学习政策和业务。因这批教职学员来得较速，准备不及，有的来得零零落落，加上处理这项工作缺乏经验，因此处理上有些混乱。

关于职工教育，各地已开始重视，如济南已开办职工学校和职工夜校等教育职工。为了取得经验，由教育厅负责调集了一部分同志与济南市工会、青联等配合，分成工作组，深入工厂街道去创造经验。这工作开始不久，以后继续总结经验，继续推广各地。

本区有三千七百五十余万人口、七万多村庄，现有小学二万处，容纳小学生一百二十六万左右，容量太小。现在训练的师范生共六千余名，师资太少，今年因受灾荒的限制，不可能有更大的扩充，要求把现有的师范生切实训练好，以备明年夏秋后逐步扩大师资训练和大量发展农村小学。

干部教育上，省府本身曾组织过二中全会决议的学习，和正在进行思想教育，但对各地政府干部的学习缺乏帮助。现在的干部教育存在着一个大缺点，是各专科学校各自为政，缺乏统一领导，盲目性极大，浪费人力物力亦很大。省府已成立专门委员会研究和改进此状态，并准备建立行政学院，有计划的〔地〕轮训和培养行政工作干部。

四、财政工作，除了保障前方供给和大力进行农业和工商业生产和其他建设事业的投资外，税收的主要情况是。

公布了三十八年度农业税夏征工作指示和改革农业税征收办法。老区每人平均中亩七分地以下者不负担，七分地以上者每人扣除七分地免征，每中亩全年负担公粮三十斤、田赋粮五斤、柴代粮五斤、村经费粮“附加”六斤，每亩共负担四十六斤，比去年减轻百分之五至百分之十。新区仍按一百五十斤年产量为一中亩，累进征收，从每亩六斤到七十斤（包括公粮、田赋、粮、柴代、村经费粮等），与老区比较平均减轻百分之十左右。但新区平均每人均有地三亩五分地以上者，则逐渐加征。麦季全省共征收小麦六亿五千五百零四万斤，除去村附加粮百分之十三外，实收小麦五亿六千九百八十八万四千八百斤。在征收中，不少干部发生和平麻痹和狭隘的地方主义思想，不了解必须在支援战争取得最后胜利和发展生产的基础上，才有可能真正的〔地〕减轻农民的负担，以致在思想上、工作上陷入被动。在执行受灾的减免政策上，因有些地区对灾情缺乏具体的调查研究，因此也曾发生主观的自上而下平均分配减免比数，及在非灾区宣传减免办法，造成某些人民虚报灾情等紊乱现象。

---

① 原件缺三的标题，试补为“三、教育工作”。

在新形势下，转变了过去盐务工作上的轻税倾销政策，而采取增加盐税及交通不便地区食盐减产的新方针。因自长芦、两淮、胶澳三大盐场解放后，盐运畅通，偏僻地区小盐场交通不便、运费大、成本高，此种地区如不减产和扶助盐民转业，势必无法推销，使盐民蒙受很大损失，因之采取新的方针。

因物价上涨曾数度变更税率，八月份增至每担人民币三千元。虽如此，七月份税率因仍未能与市价相适应，以致商人从中投机，总计减少收入人民币五亿七千万元之巨。在实行新方针时，减产与增税同时布置，缺乏深入的宣传教育，致使一般干部和人民不易接受。部分干部在执行中犯了强迫命令的官僚主义毛病，造成严重的走私和某些与人民对立的现象。后经深入动员，说明增税减产意义，帮助盐民解决转业困难，方才得到贯彻执行。

烟酒产销工作上，由于灾荒严重，照顾军需民食的缺乏，七月份除留九处酒厂试用酵母菌外，余均暂时停酿。产烟方面，逐增烟机和提高产量，五月份月产量已达六十七万条，占济南全部烟产量的百分之二十五。如加上青岛、徐州、德州各厂产量，估计约占全省烟产量百分之二十。半年来，始终是供不应求，但六月份起外销停滞，均减产销量三分之一以上。

货物统税，过去多是征收产税，不仅搁置资金，而需垫借税款，影响资金周转与发展生产。六月初起已改为出厂征税。七月召开会议，确定下半年业务重点是驻厂征税。围绕这一重点，加强缉私等工作，而缉私对象主要放在自设厂偷造统税货者与交通要道、走私商人等方面。至于街道市面检查，则用抽查办法。

自省财政与地方财政作一定的划分后，各种地方税款的收入（商营业税、牲畜交易税、屠宰税、迷信品产销税、房捐和娱乐捐等）开支上约有百分之六十八用于经临费，百分之三十二左右投入事业资金。实行以县为单位统筹统支的村经费制度后，基本上克服了任意摊派、随便开支的严重现象。过去村经费开支一般约占全年粮赋负担的百分之四十至百分之百；统筹统支后，村经费只占粮赋的百分之十五左右，其开支一般的是文教费、村政费、社会救济费、民兵弹药费和支前动参费。经验证明，一般的有营业税、房捐、土地税、交易税等项主要收入的城市，全部经费即可以自给；工作深入之后，尚可上解一部。但由于城市税收较集中，种类较多，征收方式也较复杂，因此城市税收中有很多问题尚待研究。省与地方税划分后，各地加强税收和加强地方建设的责任心、积极性和创造性是提高了，克服了过去一把抓的事务主义现象，更好的〔地〕照顾了实际情况，做到了按级负责民主管理。但在执行统一的制度上也发生了不少无纪律无政府现象，急待纠正。

五、接管青岛和支援我军攻占长山列岛，从陆上到海上全部解放我境，建立人民的统治。

六月二日解放青岛。我接管伪政权的方针，是彻底打碎其反动机构，各按系统整套接收，对其人员进行登记、审查，交待〔代〕完毕，经过组织学习后分别处理。第二个伪山东省政府又在青岛被我接收，伪政府向我报到的有一三五人。接收流亡在青之伪省法院所属及各县司法处看守所等就有七十一个单位。整套接管的工厂有二十五个，各厂的设备一般均好，如中纺公司的纺织厂，设备为中纺公司各公司之冠；齐鲁公司之橡胶厂、植物油厂，中蚕公司之绢纺厂，机器是新式的，规模亦大，有发展前途，中纺公司有发电机十一部，发电量有二，六四四〇瓩〔千瓦〕。但因国民党官僚化经营和蒋匪军政机关的〔地〕不断搜括〔刮〕，原料燃料奇缺，如中纺解放前仅存能开工一星期的棉花，中蚕公司一点原料不存，加上敌人的海上封锁，使当时开工生产和维持工人生活发生极大困难。现经各方努力，已部分克服这些困难，部分的〔地〕进行生产。对于国民党造成失业而无法维持生活的工人及苦力等，解放时发了一百万斤以工代赈粮和五千万斤急赈粮，加以救济。在接管中，方针和政策是明确和正确的，但有些同志在执行中也曾发生一些偏向和缺点，如对旧职员的态度发生左右摇摆现象等。

长山列岛是敌人藉〔借〕以封锁我渤海湾的最后一个海上据点。省府为了支援我军渡海歼敌，七月中旬在北海前线成立了支前办事处，满足战争的人力物力要求。在军区正确领导、许司令亲自指挥和参战部队英勇作战下，我军已全部解放长山列岛，我长山岛特区办事处已进入该岛恢复人民政权和办理善后工作。

以上是省府调整后五个月来几件主要工作的一般概况。通过以上工作，省府和华东财办后方办事处进行合并，除原有厅、部、行、局外，并增设秘书厅、公安厅、卫生厅、劳动局和恢复荣管局等组织，并开始整顿和充实省府的组织机构。所属各厅、部、行、局除司法厅外，各单位都召开了一次或多次的业务工作会议，研究和通过省府加强业务工作的领导。省府为了统一各部门和各级政府工作的领导，曾先后公布了办事通则（草案）、办公及各种制度的暂行规定、报告制度的决定、日常公文处理基本要求的通知，及送文手续的通知等文件，并逐渐开始行动，已得到一定效果。如这次召开政府委员会扩大会，就是执行工作制度的一例，以期迅速停止五个月前存在于政府工作领导上的散漫状态。从历史上看，我们在这方面是有很大进步的。从现状上看，我们领导上的散漫状态还是存在的。领导机关日常事务工作多，对下面缺乏经常的政治领导，机关庞大，冗员增多，手续繁〔烦〕琐，制度不严，使组织涣散无力，有部门布置（这是必要的），缺全盘打算（这是决不可少的，部门布置只能在全盘打算的基础上去进行），使各部门和下级政府工作上发生很大困难。这是省府领导上引以为咎和必须在今后工作中力求转变的。这次召开政府委员会扩大会，应该成为进一步建立统一集中领导的开始。

检查过去的工作，主要是为了改进于将来。我们应该在这次会议上集思广益的〔地〕把下半年的政府工作讨论和布置好，以便会后领导人民进行新的胜利的斗争。

关于下半年的工作，省府已起草了一个决议，并准备了贯彻这个决议的几件重要工作的决议草案作大家研究的参考，望大家充分发表意见，大家负责的〔地〕给以补充和修正，以期正确的〔地〕确定下半年工作的方针和工作要求，作各级政府订立工作计划和全体政府工作人员行动的指针。

原编者注：山东省人民政府委员会第三次会议（扩大）召开于1949年9月7日至10日。这个报告草稿似是为这次会议准备的。报告缺第三个问题。

选自《山东革命历史档案资料选编》，第23辑，济南，山东人民出版社，1986年版，第512～524页。

89. 山东省行政区划

1949 年 9 月

山东省共辖三个行政区、两个直属专区、四个直属市。三个行政区分辖十六个专区、两个直属市；连两个直属专区，所辖共一百三十四个县、八个普通市（同县），名称如下。

（一）鲁中南行政区辖七个专区、一个直属市，共四十八个县、一个普通市。

泰山专区：泰安、章邱、历城、莱芜四县。

沂蒙专区：沂水、沂南、沂东、蒙阴、蒙山、泰宁、新泰、沂源、莒沂九县。

尼山专区：泗水、曲阜、邹县、滕县、滋阳、平邑、凫山、白彦、济北九县。

台枣专区：邳县、峄县、费县、铜山、临城、赵博、苍山、麓水、兰陵九县。

滨海专区：莒县、日照、东海、临沂、郯城、莒南、竹庭、临沭八县。

泰西专区：长清、肥城、平阴、东平、汶上、宁阳、泰西七县。

新海连专区：连云、云台二县，新海市。

直属市：济宁市。

（二）胶东行政区辖五个专区、一个直属市，共三十八个县、三个普通市、一个特区。

东海专区：荣成、文登、昆嵛、牟平、乳山、海阳、牙前七县，石岛、威海二市。

西海专区：掖县、南掖、平度、平西、昌邑、昌南、潍北、潍南八县。

南海专区：莱阳、莱东、莱西南、五龙、即墨、即东、平东、平南八县。

北海专区：黄县、福山、蓬莱、栖霞、栖东、招远、招北七县，龙口市，及长山岛特区。

滨北专区：胶县、胶南、诸城、高密、藏马、五莲、莒北、胶河八县。

直属市：烟台市。

（三）渤海行政区辖四个专区，共三十七个县、两个普通市。

沧南专区：乐陵、庆云、南皮、东光、吴桥、盐山、宁津七县。

泺北专区：商河、临邑、德平、德县、济阳、齐河、禹城、平北、惠济、陵县十县，及德州市。

清河专区：广饶、博兴、齐东、邹平、桓台、临淄、长山、高青、章历、寿光、益寿十一县，及羊角沟市。

垦利专区：无棣、阳信、滨县、蒲台、利津、沾化、垦利、惠民、海滨九县。

（四）两个直属专区辖十一个县、两个普通市。

昌潍专区：安邱、昌乐、潍县、临朐、淮安、邱南、寿南、益临、益都九县。

淄博工矿特区专区：淄川、博山二县，及周村市、张店市。

（五）四个直属市：济南市、青岛市、徐州市、潍坊市。

原编者注：《山东政报》第三期“编后”中称：“第二期《山东省行政区划》稿内，台枣专区所辖铜山县，已于今年三月划归徐州市领导，特此更正。”据此，台枣专区所辖县，应去掉铜山县，九县改为八县；鲁中南行政区所辖四十八县应改为四十七县；徐州市之后应增加“辖铜山县”字样。

选自《山东革命历史档案资料选编》，第23辑，山东人民出版社，1986年版，第410～412页。原注：“载1949年9月1日出版的《山东政报》第二期。”

90. 中共中央山东分局关于济南各界代表会议后的情况向中央及华东局的报告

1949年9月6日

现将济南市各界代表会议召开以后的情形报告如下：

（一）方式：

1. 职工：有的以行业为单位，有的以工厂为单位，有的利用学习单位（如店员学校），举行集会传达。

2. 其他劳动者：有组织者运用组织传达；无组织者，有的由区政府帮助召集群众，有的利用群众其他集会进行传达。

3. 工商界：召集了各行业代表会进行传达，然后又分开按行业进行了传达。

4. 文化教育界：在教联会上进行了传达；青年学生多以学校为单位进行了传达。

5. 民主人士：因无法确定其群众，没有召集会，只做了些口头宣传。

（二）传达后广大群众的反映极好，而且在实际工作上〔中〕发生了良好的效果。工人说：“知道了当前的困难，才明白了我们以往光要政府给办福利是不妥当的。”“要改善生活必须积极生产。”在生产上显然的〔地〕已看出了向上。有的劳动妇女讲：“街政府取消了，各处又有了代表。好人认为更有了依靠，代表比街干部还有用，能直接去市政府谈话。坏分子认为街政府取消了，刚拔去了眼中钉，又添了一些眼中刺。”工商界反映：“在政策上解决了很多疑虑，感到从前有意见无处谈，现在可方便了”，都在纷纷提出意见。

现在政府感到与各方面的人民群众比从前大大的〔地〕通气了，联系亦大大的〔地〕增强了。

（三）代表会的正副主席，每星期一下午到会办公，处理上周所接到的问题，并接见来谈问题的代表。两星期开一次代表小组长的联席会议，搜集意见，讨论问题，或传达政府的主张。小组长都很积极，能反映很多意见，也能带来很多问题。代表会秘书处每日照常办公，经常有代表和群众来找。

（四）从目前的情况看急需解决以下几个问题：

1. 促使代表与其代表的群众进一步的〔地〕联结起来，真正发挥其代表作用。

这次证明，有组织的群众传达的〔得〕好，无组织的群众传达的〔得〕就不好。另外有些代表，因群众无组织，无法与群众建立联系。代表小组，只按行业划分，相处分散，小组长与代表联系亦深感不便。因此我们除积极的〔地〕开展各式的群众组织外，今后市府、区公所、代表会秘书处，拟适当协助代表们的传达，事先组织集会，事后进行检查，并根据行业又照顾地区，重新划分小组。

2. 研究政府与代表们在实际工作上进一步之结合，发扬民主精神，逐渐扩大代表会的作用，准备下早日实现人民代表会的条件。除在大会上所集中的各界代表之意见外，并经常将正副主席与小组长所反映之意见及各界代表随时所提之意见，及时加以研究，能办者即分别交有关部门执行，不能办者亦及时解释，并在报纸上作适当的解释，防止敷衍拖拉，使人家感觉代表会是个形式。

（五）现在济南正在开职工代表大会。定于九月下半月召开一次各界代表会议。目前正与代表会中之主要人物商量，如何筹备庆祝济南解放一周年。

九月六日

原编者注：华东局9月13日电复山东分局，认为济南市各界代表会议闭幕之后，各界代表回去即组织进行传达并反映群众各种意见的做法很好。唯对成立代表小组和推选代表小组长并经常半月召集组长联席会议一次，值得考虑：其一，成立代表小组这种组织形式似觉重复，且易发生流弊；其二，各群众团体及各界代表会议均有定期的会议举行，似无再成立代表小组专门召集代表小组长会议之必要。可根据实际需要吸收一定代表组织各种专门委员会，既可反映群众意见，又可与政府各部门发生密切联系。如此可以免除在群众团体与政权中多一种组织形式，以致发生抵触和纠纷。

选自《山东革命历史档案资料选编》，第23辑，济南，山东人民出版社，1986年版，第431～433页。

91. 中共中央山东分局关于召开各界代表会议给各地的指示

1949年9月8日

关于城市召开各界代表会议及其重要意义，中央自去年十一月即早有指示，但山东自分局至各区党委、市委对这些指示没有加以重视认真执行。虽然有些城市也曾分别的〔地〕召开过工人、学生、工商业家带有代表性的座谈会或代表会，但直到现在除济南以外，各地尚未召开过正式的各界代表会议。这就使我们各城市党及人民民主政府未能进一步与各界人民群众建立密切的联系，造成工作中的相当损失，表现了我们对贯彻中央指示的无纪律现象。这是必须深加检讨和立即改正的。为此，分局特作如下指示：

一、各级党委应即将中央关于召开各界代表会议的各种指示、各种经验，及华东局、山东分局所发的上海、济南的经验（凡中央、华东局的指示均已转发），进行深刻的研究和认真的自我检讨，认清各界代表会是我党与政府密切联系人民群众，贯彻党的政策，建立政权中的民主制度的一种最好的组织形式，彻底纠正对各界代表会的重要意义认识不足或认为要有长期群众工作准备才能召开等等错误观点，改变过去长期不开各界代表会的不良作风，彻底克服党内许多领导干部只相信少数人的党内干部会议、不相信各界代表会议的官僚主义，立即做〔作〕出执行中央指示的具体方案，迅速召开此种会议，并成为一种经常制度，使党与政府和各界人民代表亲密结合，经过他们去团结各界人民，克服当前困难，恢复发展生产，协助政府进行各种建设，并为召开普选的人民代表大会准备条件。

二、在青岛、徐州、潍坊、烟台、新海连、济宁、德州、博山、周村、青州等三万人口以上的城市，一律于九月份开一次各界代表会议。至三万人口以下人口较集中、商业较发达的城市，如惠民、兖州、羊角沟、龙口、威海卫、石岛、沙河、临沂、张店等地，亦应召开此种会议。但目前应抓紧三万人口以上的城市首先迅速召开。

三、城市各界代表会议的人数不拘，应根据各城市的大小及工作进度而定（一般三十万人以上者，可三百人左右；十万人上下者，二百人左右；五万人以下三万人以上者，一百到一百五十人左右，三万人以下者，数十人到百人左右）。代表应包括工人、学生、文化教育界、工商业界、近郊农民及其他劳动者、青年、妇女、民主人士、少数民族、共产党及各民主党派、人民政府、人民军队等。各方面代表中，党员及完全可靠的左翼分子总共超过二分之一能保证通过我们的意见即够，以便团结大批中间分子及争取一部分必须参加的右翼分子，使之靠拢我们。

四、代表产生方法，除政府聘请一部分外，可由工会、学生会、文化教育团体、工商业界团体、青年妇女农民及其他群众团体与党政军各方面选派代表；没有组织的其他劳动者和市民，可由区域推选。有些城市工商业界尚无工商联合会或同业公会的组织者，可由政府召集其各行业的代表人物协商推选。各地召开会议前，应根据当地具体情况制定组织条例与代表名额比例产生办法，并报告分局审核。

五、各界代表会可选举主席一人、副主席二人（三人中党员不能超过二人，必须由党外人士参加），并组织秘书处以执行日常事务。定期召集会议，一般的中小城市应每月一次，大城市应每月一次或三月两次，会议时间至多不得超过三天。经过各界代表会，将我们一切施政中重大问题逐一提出，已有准备的、想过的、有了办法的问题，及要做的和不要做的、做好的和未做好的事情，公开向各界代表报告，交付会议讨论，征求代表们的意见，和他们认真加以商讨，并作出结论，通过决议，以便将党的政策和决议变为各界人民共同商定、共同负责、共同执行的决议。但每次会议不要提出很多问题，而应集中［在］一、二个问题上面求得解决。

六、在会议前，党的组织在可能条件下最好先开一次党的代表会议，政府应吸收群众中的积极分子与党外人士共同协商组织筹备委员会，协助政府进行准备工作；政府要提出的工作总结与今后任务的报告，大会要通过的文件、会议开法及民主程序等等，都必须事前计划好准备好，经审慎研究后交党委通过，并送分局审查。在开会时要贯彻民主作风，实行批评与自我批评，发扬群众的积极性，同时又要组成强有力的党组，有组织的〔地〕有领导的〔地〕指导党员团员，发挥党的领导作用。在闭会时要分配各界代表分别向广大群众传达会议报告和决议的任务，将各代表组成若干小组，推出组长，有组织的〔地〕联系广大群众；同时经过小组长及代表将群众意见反映上去，与政府及各界代表会议主席发生密切联系。在会议中和闭会后，必须将开会情形公开在报上发表并广播。对大会所决定的问题，会后政府立即去做，取得言必行、行必果的信任；同时适时的〔地〕认真的〔地〕检讨会议的经验教训，并作出结论，报告分局。

七、除城市各界代表会议外，遵照中央指示，老区各县应一律召开人民代表会议，其代表除由各村人民大会选举外，并应由农会、工会、学生会、文化教育界、工商业界及党政军选派代表，并可选择若干开明士绅参加，讨论全县工作。各县代表会代表数目，大县三百余人，小县数十人，每月或两月开一次，每次两天至多三天。区村（或乡）两级，按分局农村工作会议决定亦须召开各界人民代表会议。县区村（或乡）的人民代表会议，应结合生产救灾中心任务，在今冬明春建立起来，并有重点的〔地〕在条件成熟的县村（或乡）试开人民代表大会。

至于新区，因工作差无经验，应先在一、二个县中重点试验召开人民代表会议，取得经验，再加推广。

八、省政府应根据党的决定，向各级政府颁发城市乡村召开各界代表会议的具体指示，并准备在新政协开会后召开全省人民代表会议。办法另有通知。

九月八日

原编者注：9月8日，分局将该指示作为草案报华东局。9月13日，华东局电复山东分局，要点如下，指示草案第七项开头“老区各县应一律召开人民代表会议”之下，应加“其代表除由各村人民大会选举外，并应”等字，下接“由农会、工会、学生会……选派代表”。对新区召开各界代表会议问题，应修改为“在新区各县，亦应召开各界人民代表会议。”指示草案其余各项均同意。分局接此批复后，已通知各地，与指示一并贯彻执行。

选自《山东革命历史档案资料选编》，第23辑，济南，山东人民出版社，1986年版，第433～437页。

92. 山东省人民政府关于召开各界人民代表会议与人民代表大会的指示

1949年9月20日

一、各界人民代表会议，是当前人民政府联系广大群众的最好的组织形式。它比临时参议会好得多，可以更广泛而有效的〔地〕联系群众，并洗涤国民党政权机构的官僚主义的遗毒，使人民政权在群众中面貌一新，加强政府与人民联系，协助政府进行各项建设工作，克服困难，并从而为召集普选的人民代表大会准备条件。过去我们对此认识不足，仍习惯于命令方式和简单化作风，所以山东各地，除济南在八月份已开过各界人民代表会议外，其他城市均召开较迟。事实证明，凡开了各界人民代表会议并开得成功的地方，政府与群众的联系就更加密切，政策与工作的贯彻也更加有力。我们过去没有及时普遍召开这样的会议，是很不好的，必须立即纠正。为此，各级政府应立即认真研究九月十七日《大众日报》所载新华社《迅速召开各界人民代表会议》的社论，及本府《关于召开山东省人民代表会议及代表选举办法的决定》及其他有关文件，务求领会其精神，认清各界人民代表会议的重要意义及其性质与作用，检查克服目前存在的官僚主义作风。凡人口在三万以上，或人口不足三万而商业较发达，成为当地经济中心的城市（前者包括济南、青岛、徐州、潍坊、烟台、新海连、济宁、博山、周村、青州等，后者例如惠民、兖州、羊角沟、龙口、威海、石岛、沙河、临沂、张店等），未开过各界人民代表会议者，应立即筹备迅速召开。新区各县也普遍召开各界人民代表会议，其区、乡（或村）召开农民代表会议。老区县、区、乡（或村）一律召开人民代表大会，但开始可先开各界人民代表会议，以准备条件取得经验，再过渡到普选的全权的人民代表大会。不论老区和新区，目前均应首先召开县各界人民代表会议。已召开过各界人民代表会议的，亦应认真研究上述文件，检讨上次会议的经验教训，提高一步，并按期召开下次会议。以此进一步密切联系人民，扩大人民政府正常的民主生活，并成为一种经常的制度。各界人民代表会议是过渡时期人民参与政权建设的机关，到了条件成熟时，并可赋予执行人民代表大会的职权，以便过渡到普选的全权的人民代表大会。

二、城市各界人民代表会议代表名额及比例，可视各市人口之多少与工作情况而定，一般在三十万人口以上者可产生代表三百人左右，十万人口上下者二百人左右，三万人至五万人口者一百至一百五十人，三万人口以下者数十人至百人。名额分配，原则上要使各民主阶级的人民群众，都能经过他们的代表与人民政府发生密切关系，故须照顾普遍与适当，应包括工人、学生、文化教育界、工商业界、近郊农民，其他劳动者、青年，妇女、民主人士、少数民族、共产党及其他民主党派、人民团体、人民政府、人民军队等代表。其中工人代表应占较大之比数，工商业界亦应占相当数量。凡有组织之各党派、各团体、各机关、部队之代表，统由各该党派、团体、机关、部队自行推选或民主选举；无组织群众代表，除由政府聘请一部外，其余可由政府分别召集适当会议，协商推选后由政府加聘。各代表暂定为半年改选一次，连选者得连任，在六个月内不称职者临时改换，未吸收者逐步增加。

三、各界人民代表会议应切实避免形式主义，因此政府应向会议进行各项政策及一切行政设施的报告，并经过其讨论和建议，再作出决定付诸实施。各界人民代表会议可向政府提出各项行政建议。会后各界代表则须负责向其所代表的机关、团体、学校、工厂、部队、街道组织等单位的群众大会报告和解释这些政策和设施的内容，对无组织的群众，除代表随时宣传外，可由政府派员协助召集群众进行传达。务使会议的决议真正为人民群众了解和接受，成为群众的行动。此外，代表并须向各界代表会议之常设机关反映群众意见。

四、在各界人民代表会议开会之前，应将各界人民代表会议的意义及代表产生的方法，向各界人民及干部进行广泛深入的宣传教育，并吸收各界人民群众中的代表人物，共同协商组织筹备委员会，协助政府进行准备工作。政府所要提出的过去工作总结与今后任务的报告，及准备在会议上通过的议案，会议的开法与程序等，事先都必须经过审慎认真的研究，很好准备。在施政报告中，要把做得好的和做得不好的、将要做的和不要做的，都公开的〔地〕报告出来，以便启发大家认真讨论，使人民群众的要求能够切实反映出来，政府的施政措施也从而得到代表的了解。但会议上提出的问题不要多，且须事前征求人民群众的意见。每次会议准备一两个与本地广大人民生活有关而又急待解决的中心问题即可，例如恢复与发展公私营生产事业，恢复与开展文化教育事业，调处劳资争议，沟通城乡贸易，实行整编节约，疏散人口，取缔投机奸商活动等。在会议中，人民政府应虚心倾听代表的意见，了解人民的生活和要求，对一切正确的建议，都应明确表示接收，但成立任何决议却要十分慎重，不可草率。在讨论中要引导代表研究本地实际情况，了解施政中心，分别轻重缓急，以便对各种议案作出切实的不同处理办法。会议决议必须认真执行，执行情形应向下次会议作正式报告。

五、各界人民代表会议可选出主席一人，并设副主席，其人数视需要而定，并组织秘书处，设立经常办公的机关，以便在闭会期间执行日常事务，联系代表，定期召集会议等。各界人民代表会议会期，在济南、青岛、徐州可以一月一次或三月两次，每次一天至两天，至多不超过三天，潍坊、胶县、青州、济宁、新海等中小城市要至少每月一次，每次一天至多不超过两天。

六、除城市外，各地县、区、乡（村）应分别情况召开各界人民代表会议或农民代表会议，以及进一步召开人民代表大会。在新区的县同样应即准备，以召开各界人民代表会议，区、乡（村）则召开农民代表会议，但应注意吸收革命知识分子和手工业工人参加。小城市的县，如其县城不须单独召开各界人民代表会议时，则可城乡合并召开。在老区土地改革已经完成、群众已经发动和组织起来的县、区、乡（村），则应召开人民代表大会；但开始可先召开各界人民代表会议，以便准备条件、取得经验，一俟条件成熟，即过渡到正式召开普选的全权的人民代表大会。县各界人民代表除由各村人民大会直接选举外，并应由县农会、工会、妇女、青年与学生团体、文化教育界及各机关各部队选派代表，并可选聘部分开明士绅参加。代表人数一般在大县（三十万人口以上）二百余人、中县（二十万人口左右）一百五十人左右、小县（十五万人口左右）六十人至一百人。分配比例可依各地具体情况而定，并呈报上级批准。区各界人民代表会议（或农民代表会议）之代表数目，一般大区（三万人口以上）六七十名、中等区（二万人左右）五六十名、小区（一万人左右）三四十名。乡则一般产生代表三十至五十名。至于人民代表大会之代表名额与选举问题和会期，以后另有指示。各界人民代表会议或农民代表会议或人民代表大会之内容，均必须切实联系贯彻各地区中心任务之执行，及解决执行中心任务中所发生的问题。县、区、乡（村）之各界人民代表会议或农民代表会议之会期，一般县须一月一次或三月两次，每次两天至三天；区每月一次，每次一天，乡一月或半月一次，每次不过一天。

以上指示，希各地研究执行。对各界代表会议农民代表会议之准备情形，代表名额分配，连同政府准备在会上提出之报告、提案、拟解决之问题，须于事前报告上级政府批准再开，会后应将会议进行情形及代表并各界人民反映综合报告。

选自《山东革命历史档案资料选编》，第 23 辑，济南，山东人民出版社，1986 年版，第474～478 页。

93. 山东省人民政府关于召开山东省人民代表会议及代表选举办法的决定

1949 年 9 月 26 日

根据山东省人民政府委员会及山东省临时参议会驻会委员会三月三十日联席会议的决议：“召开山东省人民代表会议，健全以无产阶级领导的、工农联盟为基础的人民民主政权”，特作如下决定。

一、山东省人民代表会议的任务：

甲、听取政府工作报告，检查政府工作，并根据中国人民政治协商会议第一届全体会议的决议，结合本省具体情况，决定本省的工作计划。

乙、制定山东省人民政府的组织法、选举法，及各级人民代表会议组织法、选举法等问题。

丙、选举山东省人民政府委员会。

二、代表的名额及其分配：

代表名额共定为三八七名，分区域代表、职业团体代表、当然代表及聘请代表四种。

甲、区域代表一八四名。

1. 各县代表一二七名，每县一名。

2. 各市代表十八名：济南、徐州及青岛各二名；潍坊、烟台、济宁、新海、德州、威海、博山、周村、张店、龙口、石岛及羊口各一名。

3. 各行政区之人民团体、民主人士、开明士绅、新式富农、自由职业者及革命职员等代表三十九名：各行署区各七名；济南、青岛各五名；昌潍专署区、淄博特区、徐州、潍坊各二名。

乙、职业或团体代表一七一名。

1. 职业代表五十名：省职工会三名，公营企业的军工工厂、矿山、铁路、生产供应工厂各五名，印刷工厂、邮电及运输事业各二名，私营企业的职工代表计分：济南、徐州、青岛、淄博特区及各行署区各二名，烟台、潍坊、济宁、新海、德州、威海等市及昌潍专署区各一名。

2. 农民代表除由各县及各行政区选出者外，省农民团体代表为四名。

3. 军队代表二十六名：山东军区，在本境内的野战军、后备兵团，及山东军区所属各军区各三名，各警备区各一名；各荣校（包括军区及地方荣校）共二名。

4. 青年学生及文化教育界代表共二十六名：各行署区、济南、徐州及青岛各二名，昌潍专署区、淄博特区及潍坊各一名，省青联会三名，省青年团二名，省学联会、省文协会、新闻记者协会、华东大学及山东大学各一名，各专科学校共二名。

5. 妇女代表三十三名（其他选举单位选出的不在内）：省妇联会四名，各行署区各六名，淄博特区、昌潍专署区、济南、徐州及青岛各二名，潍坊一名。

6. 工商业者代表二十五名：各行署区、济南及青岛各四名，徐州二名，淄博特区、潍坊及昌潍专署区各一名。

7. 回民代表六名：由省回民协会分配名额。

丙、当然代表十七名：现任山东省人民政府委员。

丁、聘请代表十五名：由省人民政府就合于代表资格之民主人士中聘请。

三、代表的资格：

凡年满十八岁以上，居住本境内的中国公民，不分性别、民族、宗教、信仰、教育程度、居住年限、社会职业及财产状况，均得被选为代表。有下列情形之一者，无当选资格。

甲、不及法定年龄者。

乙、患精神病者。

丙、经军事法庭、司法机关和人民法庭判决褫夺公权尚未恢复者。

丁、有反革命行为，经人民政府缉办有案者。

四、代表选举办法：

甲、区域代表，由各该地区的人民政府召集各界人民代表会议或召集各人民团体代表及有关各界人士，举行联合选举会议选举产生。

乙、职工代表、青年学生及文化教育界代表、妇女代表及省农民团体代表等，由各该团体召开代表会议选举产生。

丙、部队代表，由山东军区统一规定选举办法，选举产生。

丁、工商业者代表，由各该团体选举产生，或由各该地区人民政府召集适当会议选举产生。

戊、各专科学校代表，由专科学校管理委员会召开适当会议选举产生。

己、回民代表，由省回民协会召开适当会议选举产生。

五、选举事务的办理：

甲、选举事务，由省人民代表会议筹备委员会统一领导。省级选举事务，由省人民政府办理，各行政区选举事务，由各该地区人民政府办理。

乙、各区域和职业或团体代表，限于十月二十日前选举完毕，由办理选举的机关于省人民代表会议举行前十日，将当选代表之简历（包括姓名、性别、家庭成份〔分〕、本人出身、年龄、职业、代表的单位等）及选举经过详报省人民代表会议筹备委员会。

六、省人民代表会议的召开时间与地址另行通知。

七、本决定由省人民代表会议筹备委员会制定，交由山东省人民政府公布执行。

选自《山东革命历史档案资料选编》，第23辑，济南，山东人民出版社，1986年版，第490～493页。

四、民政法规

1. 山东省青年救国联合会组织条例

1940年8月

第一章　总　则

第一条　本会定名为山东省青年救国联合会（简称青救会）。

第二条　本会以动员青年参战，促成青年团结统一，领导青年学习与教育，谋得青年之切身福利，争取抗战胜利，完成中华民族彻底解放为宗旨。

第三条　本会加入山东省各界救国联合会，服从其统一领导，并加入全国性的统一的真正代表青年利益的青年组织。

第二章　会　员

第四条　本会会员分团体会员与个人会员两种。

一、团体会员：凡各种忠实于抗日救国事业之青年团体，同意本会组织章程与工作纲领，愿意遵守本会纪律及愿在本会统一领导下进行一切工作，经本会个人会员或团体会员之介绍，并由县以上青救会之执委会通过者，得成为本会之团体会员。

二、个人会员：凡十六以上二十三岁以下之男女青年，承认并遵守本会章程及工作纲领，服从本会纪律，愿在本会领导下进行一切工作，自动请求入会或经本会会员一人介绍并经村以上青救会批准者，皆得为本会之个人会员。

第五条　本会会员之权利如下：

一、有选举、被选举、监察、罢免各权。

二、有工作上、组织上之提议权。

三、参加本会的一切集体活动，享受其利益。

第六条　本会会员之义务如下：

一、执行本会决议。

二、参加本会任何一级组织之工作。

三、服从本会纪律。

四、发扬会员间的互助友爱精神。

五、照章缴纳会费。

第三章　组　织

第七条　本会以民主集中制为组织原则，即：

一、各级领导机关皆以选举制产生。

二、行动方针与一切决议，须经过民主的讨论，以多数意见为准绳。

三、有严格的纪律，少数服从多数，个人服从团体；

四、上级之决议，下级及会员必须服从与执行。

第八条　本会之组织系统如下：

山东省青年救国联合会——行政区青救总会——专员区青年救国分会——县青年救国会——区青年救国会——乡青年救国会——村青年组。

第九条　各级代表大会或会员大会为各级青救会之最高权力机关。

一、代表大会由下级代表大会选出之代表组成，乡代表大会由村青年组普选之代表组织之。

二、代表大会之职权为听取并审查执委会之工作报告，决定工作方针，修改章程，改选执行委员会及决定其他重要事项。

三、各单位出席代表大会之代表名额由上级执委会决定之。

第十条　各级执行委员会为各级代表大会闭会期间之最高权力机关。

一、各级执行委员会由各级代表大会中选出执行委员组织之。

二、各级执行委员会之执行委员数量，得由各级代表大会依实际情况决定之。

三、执委会得根据代表大会决议制定〔订〕工作计划，选举常委会，领导下级工作，监督本会干部及经费，召集代表大会并准备工作报告。

第十一条　各级常务委员会为各级执行委员会闭会后之最高权力机关。

一、各级常委会由各级执委会中选出。

二、各级常委会之数量由各级执委会依实际情况决定之。

三、常委会得根据执委会之决议处理日常工作、召开执委会并作工作报告。

四、常委会分工依据实际情形分担下列工作：1. 正主任，2. 副主任，3. 组织部，4. 宣传教育部，5. 军事体育部，6. 儿童工作部，7. 社会服务部，8. 秘书。但必要时可兼任。

五、常委会各工作部，得依据工作需要，经常委会通过各设若干科及干事，必要时常委会得成立特种或临时工作委员会。

第十二条　村青年组互推正副组长各一人，以领导全组日常工作。如人数过多，宜设若干小组。

第十三条　各级儿童团为本会各级组织领导之一部分。专署区——行政区——省之儿童组织均隶属于本会之儿童部。县——乡——村之各级儿童组织得建独立系统，但均应接受本会同级组织之领导（儿童团组织条例另定之）。

第四章　会　期

第十四条　各级代表大会会期如下：

一、省代表大会及行政区代表大会一年一次。

二、专员区代表大会及县代表大会半年一次。

三、区代表大会及乡代表大会每三个月一次。

第十五条　各级执行委员会会期如下：

一、省级常委会及行政区级常委会半年一次。

二、专员区级执委会及县级执委会三个月一次。

三、区乡级执委会一月一次。

第十六条　各级常委会会期如下；

一、省级常委会及行政区级常委会半月一次。

二、专员区级常委会及县级常委会十日一次。

三、区乡级常委会七天一次。

第十七条　村小组会五日一次。

第十八条　各种会议必要时可由半数以上人员（代表执委、常委、组员）提议临时召集之。

第五章　纪　律

第十九条　本会纪律为自觉纪律，依靠本会会员自觉遵守。

第二十条　本会之纪律为：

一、履行会员义务。

二、不做任何违犯抗战建国事业之言行。

三、不染恶劣嗜好，不做嫖赌行窃等行为。

第二十一条　对违犯纪律者，要采取教育和说服；但必要时按实际情形，分别予以劝告、警告及开除会籍等办法制裁之。

第六章　经　费

第二十二条　本会经费之来源为，会员之会费，政府之补助费，会外之募捐。

第二十三条　本会经费概定用于工作上。

第二十四条　会员每月缴纳会费数目规定如下：

一、每人每月缴纳会费二分。

二、经济困难者，每月缴纳铜元一大枚。

三、有固定收入者，每月自动认额缴纳。

第二十五条　各县以上青救会每月须将预算及决算送上级青救会审核批准，各级得按额开支，但必要时得追加预算。

第二十六条　各级收得之经费须按级缴至省青救会保存，但必要时经省会允许得开支或临时保存。

第七章　附　则

第二十七条　在敌占区内本会组织法另行规定。

第二十八条　代表大会之选举法另行规定之。

第二十九条　常委会各部工作细则另行规定之。

第三十条　为工作便利计，村青年组织同时受村农救会统一领导。

第三十一条　本条例经山东省青救会成立大会通过后施行。

第三十二条　本条例如有未尽事宜，由山东省青救会代表大会修改之。

选自《山东革命历史档案资料选编》，第5辑，济南，山东人民出版社，1982年版，第287～292页。

2. 山东省妇女救国联合总会组织章程（修正）

1940年9月

一、名称：本会定名为山东省妇女救国联合总会。

二、宗旨：本会以动员山东妇女参战，拥护国民政府，拥护国共合作，巩固与扩大抗日民族统一战线，坚持抗战团结进步，改善妇女生活，争取抗战最后胜利，并谋得妇女解放为宗旨。

三、会员：本会分个人会员与团体会员。

甲、凡年在十五岁以上之妇女，赞成本会组织章程、工作纲领，服从本会纪律，愿在本会领导下参加抗战工作，经常缴纳会费，经本会会员一人之介绍，并由村妇救会小组会上讨论通过者，皆可为本会之个人会员。

乙、凡属抗日救国之妇女团体，赞成本会组织章程及工作纲领，缴纳一定会费，愿在本会领导下参加抗战工作，并经地方（专署区）以上妇救会之常委会批准者，皆可为本会之团体会员。

四、组织：本会以民主集中制为组织原则。

甲、本会之组织系统如下：山东省妇女救国联合总会——各地区（行政区）妇女救国联合会——各地方（专署区）妇女救国联合分会——县妇女救国会——区妇女救国会——乡妇女救国会——村妇女组。

乙、各级妇救会之最高权力机关为各级代表大会或会员大会，审查检讨执行委员会工作，报告制定工作方针，选举执行委员会。

丙、两届代表大会间之最高权力机关为执行委员会，由代表大会选出执行委员组织之。各级妇救会执行委员之数量，可依各地工作及干部情形，由代表大会决定。

丁、执行委员会闭会期间，组织常务委员会，执行多项工作。各级常委会由执委中推选之，常委数量按当地情况由执委会决定之。

戊、常委之分工为正副会长、组织部（科）、宣传教育部（科）、战时工作部（科）、生活改善部（科）、秘书等，必要时可斟酌情形兼任之。各部（科）下可设若干科（股）或干事（在县的各部门叫科，区的叫股，乡的叫委员）。

己、正会长负责推动领导妇联经常工作，副会长辅助正会长进行工作，必要时可代理正会长工作。

庚、秘书负责联络、保存、缮写、收发各文件书信及其他日常事务等工作。

辛、组织部负责发展巩固组织、审查及统计会员、缴纳会费、了解干部等领导组织工作。

壬、宣传教育部负责对外宣传、对内教育训练及一切社会教育工作。

癸、战时工作部负责领导动员一切参战、参政、武装等工作。

子、生活改善部负责领导一切改善妇女地位及生活之工作，领导妇女参加生产事业及为民主民生之斗争工作。

丑、村妇女组由若干小组（每小组是三人至七人组成）共同组织之，并推选组长一人，副组长一人。但若有五小组以上时可设分小组，由妇女组直接领导。

寅、代表大会之代表由下级代表大会选举之，村之代表由会员普选之。

五、会期：

甲、代表大会。省一年一次，行政、专员区半年一次，县与区三个月一次，乡一月一次。

乙、执行委员会。省及行政区半年一次，各地方及县三个月一次，区乡一月一次。

丙、常务委员会。省与地区及地方均半月一次，县以下十天一次，乡村七天至五天一次。

丁、必要时可经正副会长或委员三分之一提议，得召开临时会议。

六、经费：本会公费由以下办法解决之。

甲、由会费拨支（每月各级收纳会费按实际情形留十分之一，余交上级机关）。

乙、请求政府及生产机关补助。

丙、向社会各界募集。

七、纪律：本会为自觉纪律，依靠本会会员［在］遵守共同利益上遵守本会纪律。

甲、不做违反抗战利益之行动。

乙、坚决与破坏抗战利益者做斗争。

丙、如有违反纪律者，得由乡以下之妇救会通过开除会籍。

丁、坚决接受上级指示，执行上级决议。

附则

甲、本会参加山东省各界救国联合会，并接受其统一领导。

乙、本会常委得成为省总动委会常委之一，应有执行其一切有关抗战之动员决议的义务。

丙、村妇女组为村农救会之组成部分，得受村农救会之统一领导。

丁、本会之选举法另定公布之。

戊、本章程如有未尽事宜，得由省代表大会修改之。

己、本章程自公布日起施行。

山东妇联总会制

选自《山东革命历史档案资料选编》，第5辑，济南，山东人民出版社，1982年版，第337～340页。原注："原载1940年9月13日《大众日报》。"

3. 山东省战时工作推行委员会关于保健养病育婴等费的规定

1940年11月7日

一、保健费——凡各级机关、部队、团体连级或县级以上之干部，经过医生检查证明有长期病者（肺病、胃病等），按病之轻重每人每月发二元至五元之保健费。工作人员年老力衰需要保养费者，经过主管主人（县以上之机关）核准，每月亦得发给二元至五元之保健费。

前项保健费如家庭可以供给者不发给。

二、养病费——临时病员如系病重不能工作者，得送医院，一切生活由医院管理，不另发养病费。如系轻病不住医院，仍在原机关、部队休养者，经医生核准，每天发菜金一角五分（普通菜金在内），食粮由机关管理人员自行调剂。

三、中药费——各级机关、部队、团体之病员，如住地无西药可吃或必须吃中药者，须经医生核准始得报销。

四、育婴费——凡男女双方均在机关、部队及法定团体工作又无家庭供给者，其生产小孩自哺乳者每月发津贴费五元；雇人代育者月发津贴费七元，由女子所住机关、部队、团体造入预算发给之，自婴儿初生之日起，满三年为止。小孩满三岁后，比照成人供给衣服、给养、菜金。

五、生育费——女子在生产时发给生育费二十元，由女子所住机关、部队、团体造入预算发给之。

六、卫生费——十四岁以上脱离生产之女工作员，自二十九年十一月份起每月加发卫生费五角。

选自《山东革命历史档案资料选编》，第6辑，济南，山东人民出版社，1982年版，第44～45页。

4. 山东省优待抗日军人家属条例

1940年12月13日山东省临时参议会通过、公布、施行

第一章　总　则

第一条　为改善抗属生活，提高抗属之社会地位，以期抗战部队之巩固与扩大，特制

定本条例。

第二条　抗日军人家属之优待事宜，由政府切实领导各级优待抗属委员会办理之。

第三条　所谓抗日军人家属系指下列人员之家属：

（一）正规军；

（二）游击队；

（三）一切脱离生产之抗日武装。

第四条　凡因伤病退伍与阵亡者，其家属除仍照本条例优待外，并另依抚恤条例办理之。

第五条　本条例所称家属，系指其直系亲属、配偶及赖其生活之旁系亲属，其他家族不在此例。

第六条　（一）县优待抗属委员会应制发抗属证以凭优待。但不得转借他人，否则以放弃被优待权论。

（二）抗属证由县优待抗属委员会统一制定，分发各乡镇优待抗属委员会，凡抗属即可向所属乡镇直接领取。

第七条　意图接受优待冒充抗属者，一经查出或被告发，即从严治罪。

第二章　优待抗属委员会

一、组织

第八条　优待抗属委员会在政府直接领导与监督之下，由政府代表及各群众团体代表、抗战士绅共同组织之（其组织条例另定之）。

二、任务

第九条　为优待抗属工作变为群众运动，保证优待工作之顺利进行，优待抗属委员会应经常向群众进行宣教工作。

第十条　各级优待抗属委员会应将所属范围内之抗属，按其生活状况及参加之部队分别调查以资救济。

第十一条　各级优待抗属委员会应发动组织劳动工作队，代替缺乏劳动力之抗属耕种、收获及其他日常必要工作。

第十二条　各级优待抗属委员会除自动设法经常对贫穷抗属予以物质救济外，应筹设各种小规模工厂，使其参加生产，以免单纯消费，致造成抗属之依赖性。

第十三条　各级优待抗属委员会所需之粮款由下列方法筹集之：

（一）每半年由优待抗属委员会统计所需数目，通过政府并由群众团体协助动员募集之。

（二）没收当地汉奸之财产，以百分之三十充作优待基金。

（三）各级优待抗属委员会可向当地富裕之家通过政府定期劝输。

（四）政府补助，但其总数不得超过所需全部粮款百分之二十。

第十四条　对生活困难之抗属，每年分四次救济（春节、清明节、端午节、中秋节），如抗属有迫切困难时，优待抗属委员会须随时救济之。

第十五条　救济生活困难抗属时，须分别其实际生活状况办理之，不得一律平均优待。

三、权利义务

第十六条　各级优待抗属委员会应将所属范围内之抗属名册及救济情形按时呈报，并得随时受政府之检查与督促。

第十七条　优待抗属委员会如有忽略优待救济工作或执行不力时，得由政府或群众团体及抗属救国会之要求，提前改选之。

如因此致抗属发生死亡者，得将该会主要负责人依法治罪。

第十八条　各级政府讨论处理抗属问题时，应有各当地抗属委员会之代表一人参加。

第三章　抗属之权利义务

第十九条　抗属入学免除一切费用，贫苦者其书笔文具由公家供给之。

第二十条　抗属拖欠外债无力偿还者，得延至抗日战争停止后偿还之，并得商请债权人停息还本，债权人不得借故拒绝。

第二十一条　抗属有优先借使低利贷款之权利。

第二十二条　抗属有优先参加公共营业及租种公田之权利。

第二十三条　抗属有疾病时，由公家医院免费治疗，如无公家医院而抗属又无力治疗者，由优待抗属委员会酌予补助医药费。

第二十四条　不受物质优待之富裕抗属，得由政府给以名誉奖励。

第二十五条　抗属有参加公共生产之义务，不得借口抗属拒绝服务。

第四章　附　则

第二十六条　本条例如有未尽事宜，得由山东省临时参议会随时修改补充之。

第二十七条　本条例自山东省临时参议会通过后公布施行之。

选自《山东革命历史档案资料选编》，第6辑，济南，山东人民出版社，1982年版，第166～169页。

5. 山东省优待抗日军人家属委员会组织条例

1941年1月4日通过、公布、施行

第一条　本条例依据优待抗日军人家属条例第八条之规定制订〔定〕之。

第二条　优待抗日军人家属委员会（以下简称本会）以下列人员组织之，其委员名额，得因事实之需要酌定之。

甲、政府代表；

乙、动委会、各界救国会、职工会、农救会、青救会、妇救会、文化界救亡协会及其他抗日群众团体代表；

丙、士绅代表；

丁、有抗属救国会地区之抗救代表。

第三条　本会设主任委员一人，由委员公推之。

第四条　本会分为县区乡三级，但非垂直系统。关于优抗工作之进行，分别受各该级政府之直接领导。

第五条　本会不设专职之工作人员。关于一切工作之进行，由各级政府主管部门之工作人员兼任之。

第六条　本会之具体工作为执行优待抗日军人家属条例第六条及第九条至第十八条规定事项，并帮助抗属解决前项条例第十九条至二十五条之规定事项。

第七条　本会关于优待经费、粮食之筹措与发放，应以全县为范围，统筹支配。

第八条　本会每月开全体委员会议一次，讨论会务重大事宜。其日常工作，由主任委员负责处理之。

第九条　本会委员之任期为一年，任期届满时，除政府代表可不改派外，由各参加团体自己改选之；士绅代表则由政府改聘之，但得连选连任。

第十条　本条例未尽事宜，由山东省临时参议会随时修改公布之。

第十一条　本条例自山东省临时参议会通过后公布施行。

选自《山东革命历史资料选编》，第 6 辑，济南，山东人民出版社，1982 年版，第 245～246 页。

6. 山东省行政人员奖惩暂行条例

1941 年 1 月 13 日颁行

第一条　本条例依照山东省临时参议会大会决议案制定之。

第二条　山东省各级行政人员成绩之优劣，依本条例奖惩之。

第三条　凡行政人员工作积极、能切实完成任务或能创造新的工作方式方法而成绩优良者，按下列各款分别奖励之：甲、嘉奖；乙、记功；丙、提升。

第四条　凡行政人员工作消极、不能完成工作任务或违犯政令者，按下列各款分别惩处之：甲、申斥；乙、记过；丙、免职。

第五条　凡行政人员违法渎职者，除免职外并须移送司法机关依法审判之。

第六条　第三条与第四条之奖惩，由县以上之行政机关核准后始得执行之。

第七条　各级行政机关对于所属行政人员执行奖励或惩罚后，须呈报直属上级机关备案。

第八条　本条例如有未尽事宜，由各专员公署以上之行政机关呈请修改之。

第九条　本条例自公布之日施行。

选自《山东革命历史档案资料选编》，第 6 辑，济南，山东人民出版社，1982 年版，第 258 页。

7. 山东省战时工作推行委员会关于颁行山东省支差办法的通知

1941 年 1 月 18 日

兹为爱护抗日根据地、节用民力起见，制订〔定〕山东省支差办法一种，提由本会各组长联席会议讨论通过，特予印发，并附支差票式样一份。希于接到本通知后，即行仿制支差票，并商同驻军最高政治机关迅予实施为要。

1941年1月18日

附件：

山东省支差办法

第一条　支差不论长差、短差、平时、战时，均依本办法行之。

第二条　支差包括人、畜、车三种。所称人，谓年在十八岁以上、五十岁以下之男子；所称畜，谓一对牙以上之驴骡牛马等；所称车，谓大车、小车及二人车。

第三条　支差统由县政府制定支差票，由部队团以上政治机关或相等之机关颁发各部队机关使用。各部队机关要差十人以下者，即持支差票向就近村公所要差；如要差在十人以上不满百人者，须经由乡公所统筹拨派；要差在百人以上者，须经由区公所统筹拨派。除战斗运输及特殊情形外，严禁任何部队不持支差票径向村庄要差。

前项特殊情形，谓非在当地村庄要差，即遭〔招〕致重大损害时（如做向导等）始准行之，并须于事后补给支差票或其他要差手续。

第四条　各区、乡、村支差多寡之比例，由县区政机关按照人口、牲畜、车辆分布实况，根据有力出力之原则，每三个月规定一次（每月支差票之制发即依此比例规定数目）。各区乡、村每月实际支差数目有超过规定比例者，由其上级机关根据每月终之报告，于下月支差中调剂之。如交通要道及后方勤务机关所在地支差经常超过定额者，由县政府设法调剂之。

第五条　各部队、机关每月支差之最高限度，由其颁发支差票之机关规定之。

第六条　平时支差规定，如运输伤病员、军需用品、救国公粮及其他特殊事项不属此规定者，一律不准支差。

第七条　春耕、秋收及农忙时期，除第三条所称战斗运输及特殊情形外，一般停止支差。

第八条　公私企业或部队、机关之合作社等营业机关需用人、畜、车辆时，得按时价出资雇用，禁止以任何理由借口要差。

第九条　凡要人、畜、车辆支差，去时一般按日供给饭食草料，不给差价。差毕返回时，规定人夫每名每日发给食宿费伍角，牲畜每头每日发给草料费伍角（不足一日者，按半日计算）。前项差价由用差部队机关直接付给，不得由各级政权机关代付。

第十条　各村支差，须本有力出力之原则，按照应行出差人民数目，列为名单依次拨派，不得以公款雇人、畜、车辆应差。

第十一条　各村庄应行支差之人民，每人每月出差不得超过三日，全村每次出差人数，最多不得超过应行出差人民之半数。

第十二条　人、畜、车辆在支差中受损害者，要差机关、部队负责赔偿。但由于使差者个人疏忽致受损害时，要差机关、部队得负责令其个人赔偿。

第十三条　凡合于下列条件之一者，得免其本人支差：

一、残废宿疾或长期重病，经村民公认或经村政委员会证明者；

二、贫寒抗日军人直系亲属；

三、乡级以上之行政工作人员、村长、自卫团长指导员、小学教员，及工农青商文各抗日群众团体之团长、会长、主任，及其他规定脱离生产人员。

前项免支差人之家属人等及牲畜车辆，均不适用本条规定，而须一律支差。

第十四条　违犯本办法之规定，任意抓差者，准由民众扣送县政府，处以七日以下之拘役；其属于部队者，则送由原部队处理之。

（支差票式样略）

选自《山东革命历史档案资料选编》，第6辑，济南，山东人民出版社，1982年版，第266～269。

8. 山东省战时工作推行委员会关于妇女干部保健及婴儿保育规定的通知

1941年3月25日

兹准山东省临时参议会函送第八次会议决议案二起，请通令全省执行：

一、关于妇女干部保健案：

1. 脱离生产及无家庭经济依靠之法定机关、团体及抗战之妇女工作干部，在产前休假一月至一个半月，产后休养一个半月，并在可能范围之内改善其生活，如发给米面及临时保健费等。

2. 生产时发给生产费三十元，休养期间给养津贴照发。

3. 经期准其休假三天或免参加一切激烈集体活动。

4. 上项费用由各该工作机关列入预算始行发给。

二、婴儿保育问题，按照前参议会通过之育婴费规定切实执行。

查妇女干部保健之规定，有关妇女工作同志生产期间之健康问题，自应查照参议会议案切实办理。至婴儿保育办法，业经本会于二十九年十一月七日以财字第三号通知施行在案，唯各地执行尚有未切实际者。

以上二项统希转令所属切实执行为要。

1941年3月25日

选自《山东革命历史档案资料选编》，第6辑，济南，山东人民出版社，1982年版，第312页。

9. 山东省战时工作推行委员会关于登记审查各级行政干部与调遣干部手续的决定

1941年7月17日

干部问题是政权建设中有决定意义的问题。但过去由于政权工作处于始创时期，行政系统未建立，对干部缺乏系统的了解，调遣干部手续亦极混乱，这对政权本身组织的建设与巩固、工作系统的建立，都有极大的影响。为此，对于审查了解各级行政干部与调遣干部的手续，特作如下决定：

一、各级政权干部应进行普遍登记，进行审查。其应登记事项为：职别、性别、年龄、籍贯、家庭经济状况、个人经济地位（成份〔分〕)、受过何种教育、担任过何种工作、有何特长、现任工作的优缺点、参加过何种党派等项。负责审查机关各级行政首长、秘书处、民政科干部属于同级与上级之民政处或民政科，其他财政、经建、教育、粮秣、武装、公安等属于有关主管之各科，其审查决定权属于行政委员会或由行政委员会指定之审查委员会。

二、为使各级政府深入了解下层干部起见，各级政府应了解下级政府之干部。如主署应了解专署干部全体及县政府科长以上干部，专署应了解县政府干部全体及区助理员以上之主要干部。审查干部时应以审查工作为原则。

三、各级政府干部之任免升遣，必须报告上级政府核准、加委或委任。无一定的政府命令者，任何人或机关团体不能随便调遣。委派各级主要行政干部，其调遣之程序及手续如下：

甲、专员、专署公安局长及主署科长处长以上干部之调动或委派，必须有省战工会之批准或决定。主署股长科员等干部由主署自定。

乙、县长、公安局长及专署科长以上干部之调动或委派，必须有主署之命令或批准，并报告战工会备案。

丙、区长及县府科长以上干部调动或委派，必须有专署之命令或批准。

丁、乡长及区助理员以上干部之调动，必须经县政府之命令或批准。

戊、村长、副村长及村政委员之调动或任派必须经区公所之命令或批准，并报告县府备案。

四、命令或批准下级干部调动委派之权，属各级政府行政委员会，其主管机关各级行政首长、秘书处、民政科干部属于民政处或民政科。其他财政、经建、教育、武装、公安等干部属于各有关主管之各科。各主管处、科审核后提交行政委员会通过，以行政首长名义及有关主管之处长或科长付署施行之。

五、各级政权机关接到这一决定后，即将现有在职干部按照本决定规定手续，于十月底以前审查完毕，逐级呈报一定机关备查。

主任委员　黎　玉
副主任委员　李澄之　陈　明
常务委员　艾楚南　杨希文
张伯秋　李竹如
孙陶林

选自《山东革命历史档案资料选编》，第7辑，济南，山东人民出版社，1983年版，第185～187页。

10. 山东省战时工作推行委员会关于反对日寇拉壮丁开展对敌占区人民工作的决定

1941年9月19日

一、日寇在四年侵华战争中，消耗兵员达二百万以上。今天又要进行北进、南进的侵略战争，大感人力缺乏，因此在华北及山东沦陷区内各地疯狂的〔地〕大批捕捉青年壮丁，强调各地伪军到关外、内蒙［古］去充当战时苦役及充当伪军，作为侵华及反苏战争的工具。

二、我抗日民主政府必须粉碎敌寇这一阴谋毒计，必须给敌占区人民以援助，开展反对日寇拉壮丁与对敌占区人民之争取工作。

1. 各级民主政府应配合抗日党派军队及群众团体，印制出版各种宣传品，散发到敌占区去，揭破敌人捕捉壮丁、强调伪军这一阴谋毒计，提高敌占区人民的警惕性和愤怒，号召他们到抗日民主地区来做工、耕地、经商、读书，民主政府决予优待和保护，使其安居乐业。其愿做工者负责帮助介绍职业，［愿］种地者负责给予佃地耕种，［愿］经商者可给予贷款，［愿］求学者得免费受教育。其自愿参加抗战者，其家属可完全受政府按照抗属之优待。

2. 各地政府应深入普遍宣传八路军朱彭总司令关于优待反正伪军之命令（命令附后），民主政府完全赞成这一命令，并保证其实现与劝其反正。

3. 各地政府应积极宣传并利用各种关系，争取替伪政府、伪军服务之各种人员反正，决不追究既往，给予自新自明。如因一时环境不能马上反正者，可以订立条件、秘密为抗战服务，以不妨碍我抗战人员活动、报告敌情，及捐输财物、帮助抗日经费等。但需与地方军区主力组织共同委员会，决定相互间工作范围，不得争夺工作关系、工作线索，以致影响工作。

4. 靠近敌占区各级政府应在敌占区内建立秘密的点线工作，使能有计划经常进行对敌占区人民工作。并得委派敌占区之村长、乡长、区长、县长等各级政府负责人，使其代表政府在敌占区进行各种工作，利用各种方式进行政府政令，以维系敌占区人心，扩大政府影响。

5. 各级政府应在靠近敌占区边境设立招待所，专门接待敌占区逃来我区之人民及反正伪军，给予慰问、招待住宿，并负责介绍到县政府及专署，以安插他们做工、种地、经商或求学。并以各种方法争取敌占区青年到我占区，勿为敌利用。其招待费用由救济费项下开支。

6. 上述决定为我民主政府目前与敌寇斗争、争取敌占区人民之重要政策。各级政府接到这一决定后，应即切实讨论布置工作，加强这一根据地的建设，并定期作工作报告为要！

选自《山东革命历史档案资料选编》，第7辑，济南，山东人民出版社，1983年版，第257～259页。

11. 山东省战时工作推行委员会关于举行公民誓约运动的决定

1942年2月7日

一、中共北方区、十八集团军野政等于去年十月二十日联合发表关于军民誓约运动的号召，是在于进一步的〔地〕“从政治上、思想上武装全体军民，提高民族意识，发挥民族气节，激发对敌战斗情绪，坚定抗战备战的决心”；在于“加强抗日民族统一战线，巩固军民合作”。这是集中力量坚持敌后抗战、战胜日本帝国主义的基本环节，意义至为重大。

二、山东各地近来屡次遭受敌人所谓“治安强化运动”及空前的“扫荡”，因此我们的物资更加困难，部分人的信心不高。我们为了克服这空前的困难，坚定人民胜利的信心，准备与实现反攻，兹经本会第二十四次扩大常委会决定，热烈响应军民誓约运动，特号召普遍开展公民誓约运动。使我们山东同胞认识我们山东当前所处的困难环境，从政治思想上进一步的武装起来，为国家、民族，为自己的生存解放，在任何残酷斗争与困难条件下，不动摇，不屈服，不灰心，更英勇、顽强、坚定、振奋起来，抱有我无敌的决心与信心，勇〔踴〕跃的〔地〕参战、参军、参加生产，为完成十项建设运动，为保卫家乡、保卫根据地、保卫祖国，为法西斯日寇的迅速死亡战斗到底。

三、为着顺利开展公民誓约运动，我各级政府应特注意下列各点：

甲、建立公民誓约运动筹备委员会——各地区应以县、区、行政村为单位，自上而下地建立领导，推动公民誓约运动的组织，以政权机关与同级党、群众团体、当地驻军为单位的代表，并聘请当地士绅组织之。会内应设总务、组织、宣传、登记、审查各部门，以便进行工作。

乙、普遍地进行登记考查——这一工作是公民誓约运动的主要环节，要有充分的政治动员，要精确地进行登记考查，丝毫不得马虎了〔潦〕草。要与土地陈报中之人口登记、选举工作联系起来进行，要发起反奸细的检举与斗争，要将这一运动深入接敌区、游击区甚至敌占区去。公民的资格以本会颁发各级参议会选举条例中选民资格为标准。

丙、举行公民誓约大会时应注意的几点：

（一）大会的进行应以行政村为单位。各地因环境及工作基础不同，可由县誓约会自行规定，分别地区先后进行，动员好一个村即宣誓一个村。本年“七一”至“七七”为公民正式宣誓日期。接敌区及游击区应采取分散方式秘密进行。在军队防区中，可与驻军联合举行军民誓约大会。

（二）大会仪式求简单、热烈、隆重，大会上，专署、县级政府要分头派人参加、领导致勉词，宣誓后亲自发给公民证（附样式），公民证以县为单位自行照样印制。

（三）大会上可举行气节、参战、参军等模范人民的表扬奖励。

四、各地进行完毕后，要将进行情况及收获详细汇报本会。

附：　　　　　　　　　　　　　　**公民誓约誓词**

我是中华民国的国民，我为着中国人民的利益，为着中华民族的生存，我愿遵守公民誓约，作如下宣誓：

（一）不当汉奸顺民；（二）不当伪军官兵；（三）不参加伪组织；（四）不给敌人汉奸作〔做〕事；（五）不给敌人汉奸送粮食、送钱、送礼物；（六）不买敌人的货物；（七）不使敌伪钞票；（八）爱护抗日军；（九）保守军事资产秘密；（十）服从抗日民主政府法令。

以上誓约倘有违背，愿受法令处置，谨誓。

附公民证式样（略）

选自《山东革命历史档案资料选编》，第8辑，济南，山东人民出版社，1983年版，第157～159页。

12. 山东省战时工作推行委员会关于妇女干部保健及育婴问题的通知

1942年2月10日

一、查脱离生产之妇女干部保健问题及脱离生产之干部的婴儿保育问题，早经本会规定办法，先后以财字第三号及民财（会）字第二号通知各级政府遵照办理。现在生活程度日渐增高，原定保健育婴各费不敷实际需要；另一方面，在实施上项规定的工作过程中，存在着某些亟应纠正的缺点。因此，经本会第二十四次常委会议扩大会决议，对以前两次规定重新予以修改和补充。

二、脱离生产之妇女干部的保健办法如下：

1. 凡十四岁以上之妇女工作人员卫生费，每人每月增为一元五角（在怀孕期间停发）。

2. 经期休假三天至五天，不参加剧烈集体活动。

3. 经医生诊断证明确有妇女病者，各工作机关应尽为之治疗痊愈。

4. 怀孕者在生产前后，共休假三个月，在休假期间应改善其生活（如发给米面等）。

5. 生产时发给生产费四十元。

三、凡男女双方均在机关部队或法定团体之工作人员，无家庭供给者，其所产之婴儿作下列办法保育之：

1. 生产前一个月发给布二丈、棉花二斤，以为婴儿衣被之用。

2. 婴儿自初生之日起至满两周岁，自己哺育者，每月发给养育费十元；雇人哺育者，每月发给公粮六十斤。

3. 满两周岁以上六周岁以下者，如不在婴儿所，每月给保育费十元，细粮二十斤至三十斤（两周岁至四周岁二十斤，五周岁至六周岁三十斤）；如雇人哺育者，仍照发奶母粮食六十斤。

4. 婴儿自初生之日起，每冬、春二季发给单棉衣二套（照小孩衣服尺寸）。

四、自此次通知重新规定后，关于妇女干部保健问题及脱离生产之干部的婴儿保育问题，统以此通知为准。各机关、部队或法定团体之妇女干部如需要按照本通知各项规定待遇者，即由各该妇女干部所在机关、部队或法定团体编造预算，呈由上级核发经费粮食。

选自《山东革命历史档案资料选编》，第8辑，济南，山东人民出版社，1983年版，第160～161页。

13. 山东省战时工作推行委员会关于救济旱灾预防粮荒的指示

1942年7月18日

入夏以来，天气亢旱，禾苗枯槁，几濒于死，且旱区广阔，救济困难，敌人抢粮又极凶残，因之粮价飞涨，人心不安。本会为挽救旱灾，避免粮荒，决定关于预防灾荒办法数项。希各级政权以最大的努力，根据各地区的实际情况，研究具体有效的实施计划，切实执行，并希各界一致奋起，抢救灾荒。其办法如下：

一、大大减征公粮，改善征收办法，减轻人民负担（本会另有指示）。

二、禁粮出口。

目前敌人正以高价向我根据地购买各种粮食，一般奸商亦正在暗中偷运粮食出口。我们必须采取严格禁粮出口（任何粮食）政策，如有违犯，一经查觉，即全部没收。

禁粮办法：

1. 缩小自由运输的数量。在根据地内运输食粮自用而确非资敌者，一般的每人每次不能超过五十斤。

2. 严格运粮手续。五十斤以上不足一百斤者，须由村公所或区公所具条证明；一百斤以上不满二百斤者，须由区公所或县政府证明方准运输。各机关之证明须负绝对责任。

3. 奖励缉私，增加提成。偷运粮食的商贩，人人都有报告政府的义务和权力。倘经查获确系资敌者，应将全部粮食没收，并加重提成奖励侦缉人员及告发者。提成额应以粮额百分之十到百分之五十。

4. 指定专地、专人成立粮食交易所。具体办法应由各专署或各县按照实际情形订定之。

三、严防敌人抢粮。

1. 深入宣传动员，务使民众深切认识到敌人抢粮的阴谋。并且严密藏粮，切实武装护粮，打击敌人。

2. 召开士绅名流座谈会，讨论藏粮办法，并动员他们以身作则，积极的〔地〕藏。

3. 严密注意分散隐避〔蔽〕。藏粮应秘密进行，不应为多数人知道，以免暴露。此外，对于藏粮地点，尽可觅取隐蔽处所，在藏粮时每处不宜太多，一般的应以三百斤为限度。

4. 实行羼沙。粗粮羼细沙，细粮羼粗沙，羼沙数量最少须一半粮一半沙。

5. 动员群众破坏啣〔衔〕接敌区的道路，限制敌人运粮队活动。各村堵塞巷口，改变道路，使敌人进出不易。

6. 广泛组织游击小组，打击抢粮队。

四、号召党政军民实行节粮运动。

为了预防粮荒，目前即应节省俭用。其办法：

1. 在部队、机关内，应严格人数，决不应虚报一人、浪费一粒。

2. 彻底实行自磨、自蒸，尽量使用不出或少出麸子的一拉面。

3. 各部队、机关的给养，每人每月数量各单位应酌量减少，留有余，补不足。

4. 提倡民间食粮掺菜，节省食粮。

5. 绝对禁止酿酒。

6. 减少用食粮为〔喂〕牲畜的数量。

五、大量向外购粮。

1. 由政府筹拨专款，贸易局布置购买。

2. 通过盐运路线，提倡以食粮换盐的办法，奖励粮食输入。

3. 奖励群众贩运食粮，由银行贷款协助。

六、抢救灾荒，提倡开渠掘井，实行灌溉。

为了灌溉田地、抢救灾荒，农救会要组织集体互助灌溉。我们的口号是做一分是一分、浇一亩是一亩。

1. 开渠、濬〔浚〕河、引水灌田。调查地点，经过宣传动员，克日着手进行，部队机关随时帮助。

2. 奖励掘井，举办贷款，由各地区银行减低利率，切实执行。

3. 准备荞麦及其他晚熟的粮食种子，以便落雨后播种。

4. 搜求菜和萝卜种，大量种菜。

5. 发现蝗虫地区，应设法认真扑灭，特别注意扑蝻，消除蝗虫来源。

以上各项办法，各地区应自即日起深入讨论，传达动员，配合党政军民切实进行，并将各地灾情及救荒办法报告本会。是为至要！

选自《山东革命历史档案资料选编》，第8辑，济南，山东人民出版社，1983年版，第430～433页。

14. 中共山东分局精简委员会关于安置老弱残废人员的指示

1942年9月7日

（甲）在实行精兵简政中，对老弱残废［人员］的处理需要适当，他们曾为抗战负伤流血，积劳成疾，是有过功绩的，是最光荣的战士。因此，精简对他们不是裁减，而是为着使他们在坚持渡过两年难〔艰〕苦斗争中得到比较更加安定的生活，不致增多痛苦，完全是为着爱护他们。这一意义必须向一切老弱残废人员说清，感动他们对处理的满意。但还必须指出，各处理该项人员机关组织及工作者更应重视这一意义，以认真负责的态度保证每一受处理的人员精神上都是很愉快的，反对官僚主义的对待、粗枝大叶的马虎了事。最近如鲁中区，对老弱残废遣散回家者，只发几斤粗粮票、二十元北海票，并限日期到家；又如抗大对外籍人员遣散回家者，发给二百五十元，还要从中扣除九十元便衣费，以致沿途苦贷无门、饥寒交迫，对部队群众影响极坏；亦有借口情况紧张，对难以治疗与患慢性病的伤病员一律遣散回队，如滨海区×医务所将病较重的一个除奸股长、一个宣教干事令其归队，在路上又走不动，由群众送回部队，谈话时表示非常不满。这虽然是个别的例子，但确是严重的现象。这种不负责任、不认真、不耐心，甚至对精简下来的人员不给任何考虑、马虎从事的办法送出自己的大门以外，一切都不照顾的想法，不作深入的政治动员，使其明瞭〔了〕精简的意义，似此破坏我党我军之政治影响，这在客观上就是帮助敌人，削弱抗战力量，是与完满执行精简政策中务使党政军民人员各得其所、各尽所能相违背的。

（乙）正确的〔地〕处理老弱残废人员是执行精简政策中不可分离的重要部分。如果这一批人员能组织处理得好，掌握在我们手上，则是我们有利的宣传队、开展后方工作的一支力量，如果处理得不好，则可能被敌人欺骗、麻痹、利诱，可能成为破坏队。此严重的政治意义，我全体党政军民必须深刻了解。

（丙）为正确的〔地〕处理老弱残废，特提出以下办法：

1. 对不愿回家或不能回家之老弱残废人员，应由后方勤务部门协同前方各该所属机关加以登记鉴定，以具体情况发给一定的生活补助费、退伍军人证明书，务使其在政治上有合法地位、物质上生活上得到保证后转送当地高级政府，适当分别处置。能参加生产者，由经建科介绍参加生产，逐渐由学习生产达到能维持生活，如系外籍人，既不能生产，又不能回家者，则给以安家；凡还有可能作〔做〕一部分工作者，都安插到地方党政军民工作。

2. 对于能回家之退伍老弱残废军人或党政民之老弱［者］，应按照各种不同条件发给路费与安家费，填发荣誉军人证书，内注明姓名、年岁、籍贯、住址、入伍年月、任职及残病残废之处，由部队协同军区以上军政首长签名盖章，请当地高级政府发给护照，负责转送回籍，并尽量解决其途［中］之食宿问题。其原籍当地政府应按优抗抚恤条例予以优待，组织对他们教育，务必使［其］服从政府法令，爱护抗日军民，同老百姓站在一起。他们有的五官不全，有的少手跛足，有的身体太弱，但他们尚有半个劳动力和嘴巴言论行动等与敌人斗争的能力，故应以各种不同情况尽量争取他们参加各种后方工作。(1) 在根据地内，可参加公开的各种抗日宣传和活动，由各地政府明令公布协助之。(2) 在游击区、顽敌占区，应站在抗日和革命立场上参加隐蔽工作。(3) 要反对把人员送出自己大门外，仅仅作〔做〕了第一步就算完事的想法和作〔做〕法，并须从积极照顾他们生活中教育他们不要一出门就可自由随便，不顾党的立场、抗日军民的品质，不尊重政府，不遵守纪律的一切现象。

3. 凡各机关部队经精简委员会准予退伍之老弱残废人员，应按具体情况，区分伤病情形及残废程度、斗争历史及革命功绩、家庭状况、路程远近、币值贵贱、根据地与敌占区游击区、愿意回家与不愿意回家等各种不同情形分别处理。但一定要使在政治合法地位上、物质生活上能得保证。师后勤抚恤委员会处理属于胶东、冀鲁边、清河、湖西、鲁西、鲁中、鲁南、滨海等地区回家之老弱残废一百二十三名，其中安家路费规定为二百五十元到八百元，便衣费二百元，鞋袜费二十元，各地可根据实情处理，不可一般化，陷于形式主义、粗枝大叶的错误。

4. 对于慢性病或难于治愈之伤病人员，由政府系统设立卫生科，统一根据地内中西药房，成立军民医院，收容分散隐蔽［在］群众中治疗休养，并着重政治上的说服，指示抗战胜利后其光明的前途。

5. 各战略区正规部队协同党政民最高领导机关成立优抗抚恤委员会，负责督促指导各该地区内的优抗抚恤事宜，并负责对于尚有工作能力之老弱残废人员，在地方工作中适当安置和组织，使其能为抗战和革命事业继续服务。

选自《山东革命历史档案资料选编》，第 9 辑，济南，山东人民出版社，1983 年版，第 21～24 页。

15. 山东省战时工作推行委员会关于优抗工作的指示

1943 年 1 月 23 日

（一）本省优抗工作数年来获得不少的成绩，但仍存在着相当严重的缺点。首先是对“抗日军家属”的解说未弄清楚，认为凡是参加抗日工作的，不论党政军民任何机关团体都是抗日军人，其家属都可享受优待抗属的规定。其次是轻视或忽视巩固主力、扩大主力、优待主力的政治意义，在优抗工作上把主力与地方部队、其他抗日工作人员之家属看成一样，甚至过分着重局部利益，先优待地方武装或其他抗日工作人员家属，次及于主力的家属，或对于地方武装或其他抗日工作人员家属的优待，比对于主力家属的优待为丰。再次是在优抗工作上犯了严重粗枝大叶的毛病，对于应受优待的抗属没有深入详尽的调查，致形成“有抗皆优”的现象。因之，不需要物质优待的地主富农等抗属，也受了物质的优待，而非依靠政府物质优待即无以为生的真正贫苦抗属，反倒所得无几，于事无济。再次是优抗工作过程中的办法与手续纷乱庞杂，极不一致，以致每年的经常的优抗次数，各地区之不相同，而临时优待者亦到处可见。此外不依规定，不按手续，单凭情感或封建关系解决问题者并不在少。再次对于优抗粮食，未能量出为入、多方筹措，以致各地区优抗比例悬殊，个别面积狭小、抗属众多的地区，不但所给抗属的帮助微乎其微，并且该地群众在优抗负担上较其他地区为重。最后，在优抗工作中，没有发扬抗属参加生产的积极活动，以致养成某些抗属依赖政府的落后观念，并且从而影响增加生产这一政策的正确执行。

（二）彻底纠正上述缺点，开展全省优抗工作，本会特提出以下几点意见，希按照各地区具体情况切实遵照执行。

（甲）首先确定什么是抗日军人家属。除参加部队人员之家属外，其他参加党政民之工作人员的家属，均不称为抗属，不能一律享受优待条例的规定，其必需〔须〕救济的贫苦工抗工作人员的家属，由政府随时斟酌实际情形救济之。

（乙）为坚持与巩固敌后抗日根据地，必须强调爱护主力、帮助主力、巩固主力、扩大主力的政治意义。因此，规定物质优待应有如下之条类：

1. 县独立营以上之部队为主力部队，其贫苦抗属分为下列三种优待，计：甲等每家每次粮食三百斤，乙等每家每次粮一百五十斤，丙等每家每次粮一百斤。

2. 县大队、区中队为地方武装，其贫苦抗属分为下列三种优待，计：甲等每家每次粮一百五十斤，乙等每家每次粮一百斤，丙等每家每次粮食五十斤。

以上规定，凡享受优待之抗属，每户人口三人以下者列入丙等，三人者列入乙等，四人者列入甲等，五人以上者由所在地之政府另行规定。被优待之人，原以非依赖参加部队之人员赡养即无法为生者为标准，其能自己或有其他生活依靠者均不能享受物质优待。抗属居住敌占区者，亦须按规定享受优待，其不便领取优待粮食者，可改发代价。

（丙）为了统筹优抗粮款的便利和统一优抗工作的进行，规定每年内分二次，一般以春季及年关为标准。临时优待者由各级政府视实际之情况自己酌定。

（丁）强调调查研究工作，做到“实事求是”。切实调查各该地区应受优待之贫苦抗属户数、人口，按照其家庭经济确定等级，反对粗枝大叶的作风，消灭“有抗皆优”和“应优不优”的现象。

（戊）严格抗属优待手续。按照本会所公布之抗属优待条例和各地区自己规定的优待抗属手续，制发优待证（主力由旅或军区以上政治机关制发，地方武装由专署以上机关制发），反对不按手续、感情用事。

（己）优抗粮款必须有计划、量出为入，按照本指示规定等级、数目统筹。如果地区狭小、抗属过多的县区，专署以上的政府机关须注意设法调剂，消除各邻县邻区悬殊过甚，而能实际给予抗属帮助。

（庚）无论经常或临时的粮款优抗，这只是消极的救济办法。我们必须从增加生产上着眼，有计划的〔地〕动员和组织贫苦抗属，参加根据地各种生产工作，必要时由政府或银行贷款于生产者。抗属若无生产劳动力者，必须广泛的〔地〕组织代耕队，为抗属解决耕种上的困难。这样来免除某些抗属的依赖观点，并推进根据地的生产事业。

（三）这一指示，虽然指出了不少在优抗工作上的缺点，并提出一些纠正和补充的办法，但各地区存在着的实际缺点和有效的补救办法一定还有，可与本指示参考研究，具体执行，达到优抗工作更进一步。

主任委员　黎　玉

选自《山东革命历史档案资料选编》，第9辑，济南，山东人民出版社，1983年版，第237～239页。

16. 山东省临参会、山东省战工会关于拥护抗日军队的决定

1943年2月23日

（一）拥护抗日军队，是山东省全省抗日人民和各级抗日政府应尽的责任。

没有抗日的军队，就没有抗日根据地，就没有抗日民主政府，抗日人民的民主民生利

益也就不能维护。抗日军队与抗日人民、抗日政府，是结成休戚相关、血肉不可分离的关系。尤其坚持山东敌后抗战的军队，是在国防最前线，在极度艰苦局面下，与敌苦搏。它克服了一切困难，给敌寇以莫大打击，牵制了敌寇大部的兵力，在全国抗战中发挥了它的支柱作用。

在坚持敌后抗日根据地的八路军及一切拥护民主、团结抗日的军队，它更具有高尚的政治认识与坚强的战斗能力及优良的作风。这样的抗日军队，是值得人民和政府拥护的。所以拥护军队，是政府和人民应有的责任与义务。

（二）过去人民和民主政府，对于八路军及一切抗日军队基本是拥护的，所以也做了不少的拥军工作，但是自流的、不普遍的，并且还存在有许多不够与不良现象。

（1）由于敌后形势的紧张，各种工作的繁巨，政府机构的不健全，群众组织的薄弱，因此在一部分人民和政府人员中间，致对拥军工作重视得不够，并滋长着强调个别人民利益与爱护军队成为对立的错误观点，对一切服从抗日战争的原则注意得不够，并有只凭主观的愿望，对军队要求过高，不顾及军队困难等现象。

（2）由于敌后被分割、封锁，物质条件困难的情形下，一部分人员有时只了解与照顾本身的困难，以致不积极帮助军队解决困难问题。如对军事供应及生产帮助等，间或采取被动与应付态度。当军政民发生缺点或误会时，某些政府人员不能首先检查本身，批评与责备自己，并向人民做〔作〕积极的解析，而采取观望态度，或诿卸责任，而忘记了自己领导人民帮助军队的责任。

（3）对于优待抗属做得太不够，没有按照敌占区、根据地、游击区不同的具体情形，使各种不同地区内的抗属普遍受到优待，对工属与抗属分不清楚，有时发生“重工轻抗”及“人在情在”的现象。此外对抗属的离婚问题，也有处理不适当的。这些严重的缺点，致妨碍了军队的巩固与扩大。

（4）在敌后不断战斗中，军队的减员成为严重问题，人民和政府未能普遍掀起参军热潮，忽视了扩大主力的重要。对动员逃亡战士归队的工作也做得不够，竟有把逃亡战士留在地方工作，或为之托词包庇的。

（5）对残废的荣誉军人及精简退伍的老弱军人，他们的生活虽有安置，但不够妥善周密，致影响他们的情绪，以致影响到军队的情绪。

（三）今后敌我斗争形势更加紧张，物质困难日益增多，为了渡过困难，坚持根据地，迎接胜利，军民更须血肉相连，必须积极改善和加强拥军工作。

（1）要使干部认识拥军的意义和重要性，要通过干部向群众作广泛深入的解释。坚持敌后抗日根据地的八路军及一切拥护民主团结抗战的军队，是人民自己的军队，应当经常把爱护军队与帮助军队当做〔作〕自己的责任与义务，要纠正对军队的困难存漠不关心的现象，遇有问题，应及时提出，协商解决。要改正一部分工作人员背后埋怨的自由主义。

（2）关于粮草供给、运输、担架、救护等问题，政府要领导人民积极的〔地〕主动的〔地〕提出妥善而切当办法，竭力给军队以帮助。对军队生产节约中的困难，政府和人民亦应积极帮助解决。

（3）军队于作战后，各级政府应发动群众举行慰劳慰问，在旧历年节前后，对驻军要举行隆重之慰劳慰问一次。对驻在医院之伤病员，亦应时常注意其生活，予以适当之慰劳慰问，以振奋军队的情绪。

（4）在作战时，政府人员应积极领导民兵，配合军队作战，并保证送情报、作〔做〕向导、抬担架与饮食之及时，以及帮助解决战时各种需要。

（5）在敌人“扫荡”期间，人民应用各种方式方法掩护军队的伤病号及后方非战斗的工作人员，要尽量设法求其安全，在生活（饮食、住处）[上]亦尽量求其妥善。

（6）要根据山东省临时参议会颁布之优待抗日军人家属条例，具体调查各地优抗工作，把各不同地区的抗属调查清楚，根据具体情形，采取不同的具体办法，予以普遍的优待。在优待工作上，应做到先贫后富、先抗后工、远近一样、存亡一样，反对任何忽视优抗工作的现象；同时要注意动员、组织、帮助和教育抗属，使其积极参加生产，并奖励生产中的模范抗属。

（7）各级政府应通过各种关系，用各种方式方法，动员人民踊跃参军，普遍的〔地〕掀起参军热潮。对动员逃亡战士归队工作，要当做〔作〕自己的任务，应彻底执行山东省战工会、山东军区颁布的动员潜逃及逾假不归战士归队办法。

（8）军政军民间在关系上发生纠纷时，政府负责人应以严责于己薄责于人的态度协同军队负责人就地解决，解决不了的呈报上级解决。

（9）各级政府应将本决定及有关本决定的各种文件配合起来，作详细具体的讨论，并请军队派人参加，切实检查当地的拥军工作，总结经验，纠正缺点，以期更进一步的〔地〕增强军政民的团结。

（10）各级政府应将拥军工作看成经常的重要工作，给以定期的切实检查，成绩优良者，予以奖励，漠不关心、毫无成绩者，予以批评指责和惩罚。

选自《山东革命历史档案资料选编》，第9辑，济南，山东人民出版社，1983年版，第268～271页。

17. 山东省战工会、山东军区动员潜逃及逾假不归战士归队暂行办法

1943年2月23日公布

（一）为巩固抗日部队，充实抗战力量，准备反攻，特制订〔定〕本办法。

（二）凡曾经自动或经政府动员入伍八路军或山东各地县区武装服役之战士，而自行潜逃或逾假不归者，如无特别违法行为（包括军法及刑法），均依照本办法动员其归队。

（三）凡潜逃回家或请假回家之战士，政府或其他地方机关团体及非原属部队，不得自由留下分配工作。应动员其迅速归队。在本办法颁布前，其有个别参加地方工作而成绩卓著者，亦须商得原部队之同意后，方可停止归队。战士请假回家，须持有原部队证明书，否则以潜逃论，并即动员其归队。

（四）凡动员归队，以潜逃及逾假不归之战士本人为限，不得强拉他人代替。

（五）凡有下列情形之一者，不得视为八路军或山东各地县区武装之潜逃战士，并不得动员其回到八路军及各地县区武装。

甲、曾从八路军或县区地方武装中潜逃至其他军队服役后又回到家乡者（无论其为潜逃、退伍、请假、被开除）；

乙、曾被八路军及各地县区武装开除军籍并有证明者。

（六）凡曾在八路军及各地县区武装服役有下列情形之一回家者，不得视为潜逃，勿〔无〕须归队。

甲、因残废或年老准予退伍，并持有退伍证者；

乙、凡体格不合、患神经病、染有恶劣嗜好或有重大宿疾，经遣回并有证明者；

丙、潜逃及逾假不归之战士，患前款所列疾病，经医生检查属实者；

丁、有其他原因经部队洗刷淘汰，并有证明者；

戊、年未满十七岁，不合入伍年龄，经部队遣回者。

（七）凡曾在八路军及各地县区武装服役，而在民国三十年以前因年龄未满十七岁经动员遣回之青年，现已合于入伍年龄，自本办法颁布之日起，则欢迎其自动报名入伍。

（八）凡在八路军及县区武装服役有下列情形之一而归家者，须依军法处置，各地政府应协助办理，不得徇情隐匿。

甲、携带武器军饷或军事机要文件潜逃者；

乙、为首组织一人以上潜逃者；

丙、潜逃二次，以前仍在通知归队又拒绝履行者；

丁、凡在部队中有犯法行为而畏罪潜逃者。

（九）归队工作须由政府负责进行，军队不得直接逮捕。军队中如有潜逃及逾假不归者，可及时将潜逃战士姓名、籍贯、住址通知当地政府，请求政府帮助动员。

（十）凡在山东抗日民主行政区域驻防之其他抗日部队，如有潜逃及逾假不归战士，亦依照本办法动员其归返原队，各地政府驻军及有关机关团体应尽量协助进行。

（十一）凡合格归队战士，自其归队之日起，其家属可按照政府优抗条例享受各种优待。

（十二）本办法自公布之日起实行。

选自《山东革命历史档案资料选编》，第 9 辑，济南，山东人民出版社，1983 年版，第 266～268 页。

18. 山东省战时工作推行委员会关于公布施行《修正山东省行政人员暂行奖惩条例》的通知

1943 年 3 月 1 日

查本会于三十年一月十三日公布之《山东省行政人员奖惩暂行条例》业经省参议会予

以修正，兹将《修正山东省行政人员暂行奖惩条例》公布施行，原条例即行作废，特此通知。

主任委员　黎　玉
常务委员　杨希文　张伯秋
刘居英　艾楚南
耿光波

附：　　　　修正山东省行政人员奖惩暂行条例

1943年3月1日

第一条　为提高行政人员工作热忱，增进工作效率，特制订〔定〕山东省行政人员暂行奖惩条例。

第二条　本省行政人员之奖惩悉依本条例办理之。

第三条　奖励办法分嘉奖、物质奖励、晋级三项。

第四条　有下列情事之一者按第三条规定之奖励办法分奖励之。

（一）工作深入，能依限完成或超出工作计划，成绩优良者。

（二）在工作中能创造新的工作方式方法，致效率提高者。

（三）抗敌防匪有功绩者。

（四）在任何艰苦环境中能坚持工作者。

（五）确实执行上级政令，恪遵各种制度者。

（六）对战时动员工作有特殊劳绩者。

（七）能维护群众利益，深得群众信仰、拥护与爱戴者。

（八）能团结干部，领导有方者。

第五条　惩戒办法分批评、警告、记过、停职、撤职或撤职查办六项。

第六条　有下列情事之一者，按第五条规定之惩戒办法分别惩戒之。

（一）非因特殊情形不能依限完成工作计划或上级所交任务者。

（二）不能坚持工作岗位，擅离职守者。

（三）有意或藉〔借〕故怠工，使工作遭受损失者。

（四）生活腐化，行为堕落，或破坏群众纪律者。

（五）假公济私，滥用职权者。

（六）徇情舞弊，破坏制度者。

第七条　行政人员如有违法渎职行为，经查明属实者，送司法机关依法处理。

第八条　村区两级行政人员受奖惩时，由县府核准执行，县级以上受奖惩之行政人员，由直接上级机关核准执行。

第九条　本条例如有未尽事宜，得山东省临时参议会同意随时修正之。

第十条　本条例经山东省临时参议会通过，由山东省战时工作推行委员会公布施行之。

选自《山东革命历史档案资料选编》，第9辑，济南，山东人民出版社，1983年版，第275～276页。

19. 山东省修正产妇保健婴儿保育暂行办法

1943 年 3 月 11 日

查脱离生产妇女之保健及婴儿保育问题前经本会规定在案，唯以物价不断高涨，原规定之标准多不敷实际需要。兹经山东省参议会第三次扩大驻会委员会决议修正如下：

一、妇女在生产期间保健规定

甲、凡脱离生产之法定机关团体妇女工作人员，在产期前后共休养两个月（身体羸弱者可延长休养期）。

乙、妇女生产期间之物质供给：红白糖二斤，鸡子一百五十个，鸡二只，草纸两刀，棉花二斤（小孩用）；白布两丈（小孩用）。

丙、妇女怀孕在四个月以上小产者，按大产保健规定待遇之。

二、婴儿保育规定

甲、婴儿自初生至一周岁：

（1）雇人养育者，每月发给保育粮食八十斤。

（2）自己哺乳者，婴儿之母亲尽可能吃细粮，并每月发给婴儿保育费二十元。

乙、婴儿自一周岁至四周岁：

（1）雇人养育者，每月发给褓〔保〕姆粮食六十斤，发小儿细粮二十斤至四十斤（一周岁至二周岁发二十斤，二周岁至三周岁发三十斤，三周岁至四周岁发四十斤）。

（2）每月发婴儿保育费三十元。

（3）自一周岁起发给婴儿棉被一床（照婴儿被子尺寸）。

（4）婴儿鞋袜费按实际需要酌量发给之。

（5）婴儿自初生至四周岁，每年按冬夏两季发单棉衣服各两套（照婴儿衣服尺寸）。

丙、儿童自四周岁至七周岁：

（1）雇人养育者每月发给褓〔保〕姆粮食六十斤；如褓〔保〕姆随机关行动时，与普通之人员待遇同。

（2）每月发给儿童保育费四十元。

（3）四周岁以上之儿童，其衣食一律按成人待遇，但自四周岁至七周岁期间，应尽可能发给细粮。

三、妇女卫生费及化装费之规定

甲、十四岁以上之妇女，每月发给草纸三十张或每半年发给白布二尺，不发实物者，可按当地价格酌量发钱自买（孕期停发）。

乙、每人每年按冬夏两季发给裤叉〔衩〕两件。

丙、每半年发给化装〔妆〕费十五元，作购置化装〔妆〕品之用（如网子、叉子等）。

自此次通知之日起，凡脱离生产之妇女需要保健及婴儿需要保育者，均以此为准则，各机关团体亦应依照以上规定认真办理，切实执行。至于妇女有病期间之医治，孕期经期之休养，及其他保健规定未列入本通知者，仍希参照以前之规定执行为要。

选自《山东革命历史档案资料选编》，第9辑，济南，山东人民出版社，1983年版，第283～285页。

20. 山东省战时工作推行委员会关于拥护抗日军队运动的指示

1943年3月15日

我各地区已展开拥军运动，但尚不够普遍，在政府与人民中，尚存在着不少的轻视保卫我根据地武装部队的倾向。为了使这一工作成为经常，更加普遍，兹再根据本会与参议会共同颁发之拥军决定，具体表现拥军运动的精神，兹特向各级政府指出进行如下的具体工作：

（一）扩大拥军的宣传鼓动工作，以造成拥军热忱。

（1）召开各级政府干部会议，讨论与研究省战工会关于拥军运动的决定，及有关拥军运动的文件，首先使干部了解拥军之重要及其内容，在思想上认识到拥军工作是人民与政府应尽的责任。

（2）召开拥军运动大会（以较大村镇为单位），宣传解释拥军之重要，并向人民与抗属详细解析关于拥军文件的内容，使人民都能了解，并照着去做，以提高人民爱护军队之热忱；同时使抗属懂得自己享受些什么优待。

（3）扩大拥军的宣传工作，请各报应尽量多登载拥军运动消息及其执行情形；各地要制各种标语、漫画、口号，以及利用各种形式（如秧歌、演剧、说书、集会、各种文化娱乐等）向人民宣传拥军决定及各种有关拥军文件之内容。

（二）慰劳与慰问当地驻军、警卫部队、伤病兵、残废军人及抗属，并进行各种军政军民的联欢会。

（1）各级政府应派代表携带慰劳现金或物品及慰问信，以慰劳与慰问当地驻军、警卫部队、伤病兵、残废军人以及退伍的残废军人与抗属。

（2）号召群众募集各种食物及日用品、并推举代表慰劳与慰问驻军、伤病兵、残废军人及抗属（在慰劳退伍的残废军人及抗属时，应以区或大村镇为单位分别进行；慰劳驻军、警卫部队、残伤兵时，应以县为单位分别进行）。如本县无驻军时，仍要募集现金或物品，慰劳附近邻县之驻军。为激发人民之拥军热忱，在募集时要注意宣传动员，绝对不准有摊派现象。

（3）召开军政民联欢会，进行联合演剧或唱秧歌、赛球以及各种文化娱乐。在可能［范围］内可斟酌当地习惯及当地情况，召开抗属联欢会。

（4）要发动群众为抗属做具体劳作，如担水、拾柴等。

抗属向公营商店、合作社赠买物品时，得享廉价折扣等之优待办法（享受优待之证明文件，应由县或区发给之），以示对抗属之尊敬与优待。

（三）检查过去拥军工作，发扬成绩，纠正缺点，具体布置今后拥军各项工作。

（1）根据拥军决定及其有关文件，要在思想意识上检查过去对拥军工作之认识，纠正轻视军队，要把拥军工作与爱民工作对立的观点，深自反省。要认识到八路军及一切拥护民主、团结抗战的军队，他坚持敌后战争，保卫民主民生的利益及在全国抗战起支柱作用的功绩与其重要性。

（2）根据拥军决定及其有关文件，在实际工作中检查过去对优抗、抚恤伤残、归队、运输、救护及一切军事供应有什么成绩，有什么缺点，好的发扬，不好的纠正。

（3）要根据以上思想上与工作上之检查结果及各地区不同的具体情况做〔作〕出结论，定出今后各项拥军工作的计划。

（四）下列各项调查统计工作应定期完成，并经常注意之。以县为单位：

（1）每月为军队动员之人力与畜力要经常统计清楚。

（2）各县抗日军人数目，抗属户口数目，给抗属代耕的土地数目，无法维持生活的抗属户口数目，要每月都统计清楚。

（3）依据归队办法，各县尚有应归队之战士多少，已归队者多少，要按其所属部队分别登记之。

（4）以区为单位进行调查已退伍的残废军人有多少，他们一般的生活情形如何。

（5）各主署与战略区的专属，应确实对拥军工作具体布置，加强督促领导，并按时检查，吸收经验教训，及时向省战工会作报告。

（6）今后各级政府于总结工作时，无论口头或书面，应把拥军工作经常列入之。

选自《山东革命历史档案资料选编》，第9辑，济南，山东人民出版社，1983年版，第319～321页。

21. 山东省抚恤阵亡将士、荣誉军人暂行条例

1943年4月2日公布、施行

第一章　总　则

第一条　为抚恤抗日阵亡将士及荣誉军人，特制订〔定〕本条例。

第二条　凡抗日阵亡将士及荣誉军人，不论其属予〔于〕任何部队，均依本条例抚恤之。其家属优待条例另定。

第二章　抚恤阵亡将士

第三条　凡抗日军人阵亡或因伤死亡，均由主管部队或地方政府办理葬埋，其葬埋费不得超过三百元。

第四条　凡抗日军人阵亡或因伤死亡，除葬埋费照前条之规定外，并发给抚恤金五百元，由其直系亲属（祖父母、父母、子女）、配偶或依其为生之旁系亲属具领之。

第三章　抚恤荣誉军人

第五条　本条例所称之荣誉军人，依下列残废标准规定等级：

（一）一等残废：

（1）两目失明者。（2）神经失其记忆力或不能说话者。（3）脊柱神经失其作用者，上下肢瘫痪，半身不遂，痉挛瘫痪（如全身动摇不定），萎缩性瘫痪。（4）两手瘫痪者。（5）下肢截一者。（6）内脏损坏而他部不能代偿者。（7）口腔咽头失去作用不能咀嚼者。（8）生殖器完全失其作用者。

（二）二等残废：

（1）一目失明或两目羞明者。（2）声带损坏说话不清者。（3）口腔不便饮食者。（4）两侧性面神经瘫痪或因伤而经常头痛者。（5）一手一足下垂者。（6）大便自遗，小便失禁者。（7）下肢关节僵直而行动不便者，内脏损坏而他部尚能代偿者。（8）一手切断或瘫痪者。（9）生殖器失去一部分者。（10）上肢截一者。（11）两耳失听者。

（三）三等残废：

（1）一目羞明者。（2）上肢关节僵直，筋肉收缩不能伸张者。（3）手趾〔指〕足趾失去过半者。（4）生殖器失去一部（如去一睾丸者）。

（四）四等残废（即临时残废）：

凡伤愈后神经麻痹，运动不便，须经一年方能恢复其原状者。

第六条　荣誉军人仍留部队者，除生活所需随军供给外，每年发给抚恤金：一等三百元，二等二百元，三等一百元，四等只发一次五十元。

第七条　荣誉军人归政府管理时，依下列规定办理：

（一）一、二等除粮、柴、菜金、衣服等随地按时供给外，并照前条之规定发给抚恤金。

（二）三等能担任工作者，应介绍职业，使其参加一定工作，但生活待遇仍按荣誉军人供给标准办理。其能担任工作而不愿参加者，遣送回籍。

第四章　退伍荣誉军人

第八条　荣誉军人退伍回籍时，依下列各款分另办理之：

（一）一、二等退伍回籍时，其籍贯为本省民主区域者，除由主管部队或地方政府发给路费并设法遣送外，得凭荣誉证向原籍或所在地县政府领取粮柴、菜金、衣服及抚恤金。

（二）一、二等退伍回籍时，其籍贯虽为本省而非民主区域者，除由主管部队或地方政府一次发给二年之抚恤金与抚恤证外，并按其路程远近发给三百元至六百元之川资。

（三）一、二等退伍回籍时，其籍贯为外省又非民主区域，且路途遥远者，除主管部队或地方政府一次发给二年之抚恤金与特别抚恤证（为以后领恤金之用）外，并按其路程远近，发给五百元至八百元之川资。

（四）三等退伍回籍时，不论为本省或外省，一律发给一年之抚恤金，并按路程给以路费。其原籍为民主区域时，可凭证向县政府领取每年恤金；其［原籍］非民主政权区域者，发给特别抚恤证，以为日后领抚恤金之用。

（五）凡荣誉军人退伍回籍时，沿途所过各民主区域，一律招待食宿。

第九条　退伍荣誉军人不能回籍者，由政府设法安置之，其待遇办法除按照第七条之规定外，并须注意其安全与教育。

第十条　退伍荣誉军人在所在地安家者（有父母妻子者），按其等级分别优恤之。

（一）一、二等除每年之抚恤金照发外，另由政府筹拨公田三官亩（有耕种权，无处分权），并发给一人一年之粮、柴、菜金衣服等费。

（二）三等除每年恤金照发外，并由政府筹拨公田二官亩，与一次粮食三百斤。

（三）无分田之县区，由政府发给生产资本，一、二等一千元，三等五百元，只限一次。

第十一条　退伍荣誉军人死亡时，由所在地县政府发给葬埋费三百元。

第五章　附　则

第十二条　如有冒充荣誉军人或冒领恤金者，政府依法惩治之。

第十三条　本条例实施办法由山东省战时工作推行委员会制订〔定〕之。

第十四条　本条例如有未尽事宜，由山东省临时参议会临时修正之。

第十五条　本条例由山东省临时参议会通过，由山东省战时工作推行委员会公布施行。

选自《山东革命历史档案资料选编》，第9辑，济南，山东人民出版社，1983年版，第414～417页。

22. 山东省战时工作推行委员会修正优待抗日军人家属暂行条例

1943年4月2日公布、施行

第一条　为保障抗日军人家属（以下简称抗属）生活，提高抗属社会地位，安定抗日军人情绪，巩固部队，提高参军热潮，加强对敌武装力量，特制定本条例。

第二条　一切抗日军人，不论其为现役、牺牲、殉国及因残废退伍回籍或调任其他抗战工作，其家属均发给优待证，依本条例优待之。

其非因残废而退伍回籍或调任其他抗战工作者，不适用本条例。

第三条　本条例所称家属以直系亲属（祖父母、父母、子女）、配偶及向依其为生之未成年弟或妹为限。

第四条　优待原则依下列各款之规定：

(1) 凡应受优待之抗属，应尽力保障其物质上日常最低生活为准，尤应注意指导与扶助其职业生产，使力求自给。

(2) 抗属分为主力部队与地方武装，在优待标准上主力部队应优于地方武装，在优待顺序上主力部队应先于地方武装。

(3) 抗属居住地不论为我区或敌占区，均予以适当之优待。

第五条　抗属所受优待列下：

(1) 表扬（颁发光荣牌、奖状或奖章等）。

(2) 慰问。抗属持优待证赴部队探视其亲属于来往途中，政府、部队、群众团体均应尽量予以帮助。

（4）抗属与现役军人通讯，各地战时邮局有免费传递之义务。

（5）对劳力不足之抗属，其本村居民在日常生活上应予以帮助（如担水、抬粪土等）。

（6）抗属子弟不分性别，入学一律免费，如因经济困难不能就学时，政府应设法予以补助或供给。

（7）抗属得在公共卫生机关免费治病，在无公共卫生机关地区贫苦抗属有病时，当地政府应酌量帮助其治疗。

（8）政府机关、群众团体应负责为抗属介绍职业，公营事业公共机关雇佣员工时，应尽先延用抗属。

（9）在公营事业或合作社购买生活必需品时，抗属得凭证享受九五折折价之优待，在物品缺乏时，由抗属尽先购买，但以自用为限。

（10）抗属有享受政府或银行农工商业等贷款之优先权。

（11）公有土地、房屋、场所、器具、物品之分给借用和贷售卖予私人时，抗属有优先承领、承租、承借、承买之权，但以自耕自居自用为限，如有争执，以先贫后富为序。

（12）公私荒山、荒地，政府召人开垦时，抗属有优先承垦之权。

（13）抗属如有婚丧等事，本村居民应尽量予以帮助。

（14）贫苦抗属在农业生产上无劳动力或劳动力不足者，由政府设法经常予以实际辅助（如代耕、助耕、代收、助收等）。

（15）贫苦抗属不能维持生计者，政府应按季予以一定数量之粮食接济。

第六条　抗日军人有下列情形之一者，即停止其家属之优待。

（1）抗日军人逃亡者（归队后恢复优待）。

（2）抗日军人被开除军籍者。

第七条　抗属优待证不得借予〔与〕他人使用，违者取消其优待资格。

第八条　本条例实施办法由山东省战时工作推行委员会制订〔定〕之。

第九条　自本条例公布之日起，本会于二十九年十二月十三日公布之优待抗日军人家属条例即行废止。

第十条　本条例如有未尽事宜，由山东省临时参议会修正之。

第十一条　本条例由山东省临时参议会通过，由山东省战时工作推行委员会公布施行。

选自《山东革命历史档案资料选编》，第 9 辑，济南，山东人民出版社，1983 年版，第 418～420 页。

23. 山东省战时工作推行委员会修正优待抗日军人家属暂行条例实施办法

1943 年 4 月 14 日

第一条　本办法依据修正优待抗日军人家属暂行条例（以下简称修正优抗条例）第八

条之规定制订〔定〕之。

第二条　凡修正优抗条例所规定之有关优待抗日军人家属（以下简称优待抗属或优抗）工作，概依本办法实施之。

第三条　优待抗属工作之实施，由专署以下各级政府组织优待抗日军人家属委员会（以下简称优抗委员会）办理之，其组织如下：

甲、委员名额由各地按具体情形自定之，惟须设主任一人，可由各级政府民政工作人员兼任。

乙、组织成份〔分〕包括政府代表（民政工作人员）、抗日群众团体代表、热心优抗工作之地方有声望人士，有抗属救国会地区之抗救代表。

丙、不设脱离生产之专职人员，日常工作由主任负责，有时间性之特定具体工作，由各委员分任。

丁、委员由各级政府分别聘任，任期一年，可以连任。会议无定期，由主任视实际之需要随时召集之。

戊、各级优抗委员会无上下级垂直系统，其领导权县以上属于民政科，区以下属于区村长。

第四条　修正优抗条例所称抗属系指阵亡将士、一二等残废荣誉军人及现役军人之家属而言，一切政民工作人员及其他抗战工作人员之家属，均不包括在内。

第五条　修正优抗条例第二条所称之优待证，由专署或主署会同军区统一制订〔定〕，由县优抗委员会会同各该抗日军人隶属部队详加调查（其因参加主力调往他地无法会同调查者，即由区县府调查属实呈准优待），后呈由专署区优待委员会会同军区（军分区）或旅以上之政治机关评定等级，发交各县政府填发优待证。优待证应记载下列事项：

甲、抗属姓名、住址、人口、家庭经济状况。

乙、抗日军人姓名、隶属部队番号及其与抗属关系。

丙、是否需要物质优待。

丁、如需物质优待，则填明受优待之等级。

戊、填发优待证日期及其有效期间。

上项优待证如有遗失，可声请补发。

第六条　优抗条例第四条第二款所称抗日家属优待顺序，必要时可同时进行。

第七条　优抗条例第五条第一款所称之光荣牌等表扬物品，如抗属因特殊情况（例如游击区、敌占区等）不便接受时，可不颁发。

第八条　优抗条例第五条第二款所称之慰问，除年节书面、口头慰问外，并可召开抗属座谈会，询问疾苦，解决问题。

第九条　优抗条例第五条第三款至第十三款优抗具体工作，各级优抗委员会之委员均有接受抗属请求并代为请求与办理义务。同条第四款之规定，各地战时邮局应特制信封凭优待证发给抗属使用。

第十条　优抗条例第五条第十四款所称之代耕、助耕、代收、助收等工作，应由各抗属之本村与邻村之村长及群众团体负责组织代耕队、助耕队及劳动互助队办理之，并须做到耕种锄收完全无缺。

第十一条　优抗条例第五条第十五款所称“按季予以一定数量之粮食接济”，必须注意下列各项：

甲、县以上部队之抗属，每户每年接济粮食最少一百五十斤，最多不过二百五十斤；区以下武装之抗属，每户每年接济粮食最少一百三十斤，最多不过二百斤（具体数目按被优待抗属之人口的多少确定）。

乙、凡抗属人口特别众多、生活维艰者，除按甲款之规定接济一定数量之粮食外，当地政府须按修正优抗条例规定之各项优抗办法切实帮助之。

丙、敌占区需要粮食接济之抗属，应与我区抗属同等看待，如情况不便接受粮食优待时，可酌予代金，并注意保守秘密。

丁、优抗粮食来源，主要在公粮中附加，由各战略区按各县需要粮食数目具体决定，有少数不足时，可以向群众募集（绝对禁止摊派）；其次当地没收大汉奸款产，可抽出百分之三十作基金。

戊、为了达到量出为入，县优抗委员会应经常调查各该地区抗属之变动情况，详确统计。

己、接济贫苦抗属粮食应以县为单位，每年分二次发放，必要时并可以专署区为范围调剂优抗粮食。

庚、优抗粮食必须凭优抗证所列等级按数放发，无证发粮或粮证数目不符者，由经手人负责。

辛、在发放优抗粮食时，而优待证遗失尚未补发者，可请凭邻居证明先领粮食，随后补验优待证。

第十二条　本办法施行后，民国三十年一月四日本会颁布之优待抗日军人家属委员会组织条例即行废止。

第十三条　本办法如有未尽事宜，得随时修正之。

第十四条　本办法由山东省战时工作推行委员会公布施行。

选自《山东革命历史档案资料选编》，第9辑，济南，山东人民出版社，1983年版，第437～440页。

24. 山东省政权干部保健暂行条例

1943年4月19日

第一条　为保障政府干部之身体健康，维持身体虚弱之政权干部的一定营养，特制定本条例。

第二条　凡主署以下、区级以上之政权干部，及相当于各该级政权干部之各级政府附属机关（如贸易、税务、管理局、纺织局、银行等）之干部的保健工作，均依本条例办理。

第三条　各级政权干部之保健工作，由各级保健委员会办理之。其组织如下：

一、主任公署（联合办事处）、专员公署设保健委员会，委员名额三人至五人，由民政科（处）长、秘书主任（秘书长）、财粮科（处）长、卫生科科长（或指定之医生）等组织而成。

二、县政府设保健通讯员，由民政科长任之。

三、各级保健委员会在各级行政委员会领导下进行工作。

第四条　干部保健，分粮食及其他补助营养之物品二种：

一、细粮（麦子、大米或小米，按具体物质条件决定）。

二、肉、鸡蛋、蔬菜、油。

第五条　下列事项为法定保健，不需经过保健委员会讨论，每月由行政上列入财粮预算内，按时支取。

一、县长、专员、行政主任公署之主任、秘书长，各处正副处长以及相当于上列人员之各级附属机关的主要干部，县以上各级参议会驻会委员（以常驻会办公者为限），全年尽可能吃细粮。

二、专员公署、主任公署之秘书主任、各科正副科长以及相当于上述人员之各级附属机关之重要干部与第一款所列各人员，每日每人发给保健油五钱。

第六条　下列人员，有三年以上之抗战工作历史并具有第七条所规定各款之一者，可以请求保健，但其决定权属于保健委员会。

一、于细粮及保健油之外，需要其他补助营养物品之第五条第一款人员。

二、于保健油之外，需要其他补助营养物品之第五条第二款人员。

三、正副区长、县政府秘书科长、专署以上之股长、主要科员以及相当于上列人员之各级政府附属机关之重要干部。

第七条　合于第六条各款之资格，有下列情形之一者，始得请求保健。

一、年龄在五十岁以上者。

二、因劳成病，不能维持健康及工作者。

三、慢性病（如结核、肠胃、贫血等），需要营养以维持现状者。

四、大病后身体极为衰弱，需要营养以恢复健康者。

第八条　保健等级分下列四等：

一、全年吃细粮及保健油外，每月发给肉四斤、蔬菜每天一斤者为甲等。

二、全年吃细粮及保健油外，每月发给肉三斤、蔬菜每天一斤者为乙等。

三、全年吃细粮及保健油外，每月发给肉二斤、蔬菜每天一斤者为丙等。

四、全年吃细粮及保健油外，每天发给蔬菜一斤者为丁等。

五、如需要每天吃鸡蛋等特别补助营养物品者，由保健委员会临时决定。

第九条　依本条例第六条、第七条之规定请求保健者，得由本人经过其本部门负责人员向本级或上级保健委员会（或保健通讯员）报告，再经指定医生检查填表并保健委员会审查讨论决定之。其应受保健之等级及为永久的或临时的保健。均由指定医生检查后提出意见，由保健委员会讨论决定。

第十条　本条例第二、第五、第六各条所称“各级政府附属机关干部”与各级政府干部职位之比例，由专署以上之政权机关规定之。

第十一条　受保健之干部，须由保健委员会发给保健证。调动工作时应将保健证携带到任职机关，以供参考。

第十二条　受保健之干部，保健委员会有随时检验其身体健康与监督其健康保养之权。

第十三条　本条例未尽事宜得随时修正之。

第十四条　本条例由山东省战时工作推行委员会公布施行。

选自《山东革命历史档案资料选编》，第 9 辑，济南，山东人民出版社，1983 年版，第 446～448 页。

25. 山东省抚恤抗日阵亡将士、荣誉军人暂行条例实施办法

1943 年 4 月 26 日

第一条　本办法依据山东省抚恤阵亡将士、荣誉军人暂行条例（以下简称抚恤条例）第十三条之规定制定之。

第二条　凡抚恤条例规定之各项工作，概依本办法实施之。

第三条　县以上各级政府在办理抚恤工作时应设立抚恤委员会。其名额为五人至九人，由各级政府就民政科（处）长、卫生科科长（或指定之医生）、财粮科（处）长、军区（军分区）或地方武装之代表、参议会代表、群众团体代表及其他有关部门中选聘组织之。

第四条　各级抚恤委员会，直属于各级政府之行政委员会。

第五条　各级抚恤委员会，设立主任委员一人，由委员互推担任，负责召集委员会议；设秘书一人，处理日常工作，由各级政府之民政工作人员兼任。

第六条　各级抚恤委员会工作范围，限于退伍荣誉军人之抚恤、安置及地方武装阵亡将士之埋葬与其家属之抚恤事宜。荣誉军人仍在部队工作者，其抚恤由部队负责办理。主力部队阵亡将士之葬埋及其家属之抚恤等事，亦由部队之抚恤委员会办理之（但在战斗情况下部队不及葬埋时，当地政府应负责办理之）。

第七条　抚恤条例第三条所称之阵亡或因伤死亡将士之埋葬费及第十一条死亡之退伍荣誉军人的埋葬费，由其原隶属部队或其亲属或当地之政民工作人员缮具葬埋费收据，赴所在地县政府领取之。（葬埋费收据式样见本办法附件三）

第八条　抚恤条例第四条所称之阵亡或因伤死亡将士的抚恤金，由原隶属部队之军区以上政治机关填发请领恤金证明书，交由其应领恤金之亲属，附具恤金收据赴所在地之县政府领取。（请领恤金证明书及恤金收据式样，见本办法附件一、二）

第九条　抚恤条例第五条所称荣誉军人之残废等级，由原隶属部队之军区以上政治机关与卫生机关（或其抚恤委员会）检验后，填具荣誉军人证明书，交荣誉军人持赴所在地县政府换领抚恤证。（荣誉军人证明书及抚恤证式样，见本办法附件四、五。各县政府需要之抚恤证由专署统一印制。）

荣誉军人仍在部队工作者，其抚恤证由部队制发。抚恤证遗失时，可以填具补领抚恤证声请书呈请补发。（声请书式样见本办法附件七。）

第十条　抚恤条例第六条所称之抚恤金，由其隶属部队发给。

第十一条　抚恤条例第七条所称归政府管理之荣誉军人得酌设荣誉军教养所一类之专管机关负责荣誉军人之管理教养事宜。同条第一款前半段所称之粮柴、菜金、衣服等项，由荣誉军人管理机关按照荣誉军人供给标准造具预算向政府领发。同条例第一款后半段所称之抚恤金，由荣誉军人管理机关按照各该荣誉军人抚恤金证等次、金额，汇造预算按时领发。同条第二款前半段所称参加工作之荣誉军人的待遇标准，应由各该誉军人所在地之抚恤委员会负责证明。

第十二条　抚恤条例第七条第二款后半段及第八条各款所称回籍之荣誉军人，在其回籍途中，各地政府都有保护其安全之责任。

第十三条　抚恤条例第八、第十两条所称之抚恤金，由荣誉军人凭抚恤证，附具抚恤金收据，向所在地政府领取。（抚恤金收据样式见本办法附件六。）

第十四条　抚恤金每年一月、七月分两次发给。

第十五条　抚恤条例第八条第一款所称之“荣誉证”即“抚恤证”。同条第三、第四两款所称之特别抚恤证，式样见本办法附件八。

第十六条　抚恤条例第九条所称不能回籍之退伍荣誉军人之安置，应按本办法第十一条之规定办理之。

第十七条　抚恤条例第十条所称在所在地安家之荣誉军人，各地政府对其经营农工商业时应切实从各方面扶持之。

第十八条　荣誉军人死亡后，所在地政府应调〔吊〕销其抚恤证。

第十九条　县以上各级政府关于办理荣誉军人抚恤安置所需之粮食经费，由各该级政府按规定预算之。

第二十条　本办法有未尽事宜，得随时修正之。

第二十一条　本办法由山东省战时工作推行委员会公布施行。

附：（一）请领恤金证明书式样；（二）恤金收据式样；（三）葬埋费收据式样；（四）荣誉军人证明书式样；（五）抚恤证式样；（六）抚恤金收据式样；（七）补领抚恤证声请书式样；（八）特别抚恤证式样。（略）

选自《山东革命历史档案资料选编》，第 9 辑，济南，山东人民出版社，1983 年版，第 452～455 页。

26. 山东省参议会、省战工会、中共山东分局、八路军山东军区关于迅速救济难民的号召

1943 年 4 月

全山东的抗日同志们！父老们！兄弟们！姐妹们！

目前由于敌寇的烧杀抢掠，敌人配给制度的吸吮压榨，加以部分天灾，致使许多敌占区、游击区甚至某些根据地内同胞，不能不离乡背井，沦为难民。连日以来，我各根据地

均有发现，数目巨万，泰山、鲁南两区且有饿毙者。查此等难民，均为我国家元气、民族之一分子。救济他们，进而教育与组织他们，不仅是我们代表人民的机关、抗日民主政府、共产党、八路军的责任，亦是全山东父老兄弟姐妹每一个人的责任。试问谁无父母，谁无妻女，谁无姐妹，谁无兄弟？如今无数万难民已到嗷嗷待哺之时，我们岂能坐视？为此，我们特向我全体军民发出紧急号召，迅速救济难民；尤望情况较好的地区，除救济本地区及过境难民外，还要救济最困难的泰山、鲁南两区难民。

救济的办法首先是急救。为什么要急救呢？就是因为难民有很多已经完全没有饭吃了。如何急救？首先就要求家家打发难民，决不使一个难民空手过门。其次要求政府想办法，先由公家拨出一部分粮食来。再次党政军民机关从上到下各级均厉行节约，每人每日最少节约粮食一两至二两，办公费可节约百分之十到百分之二十。目前天气渐长，每天可多办一点钟的公，省下晚间一点钟的灯油；各地均可实行集体吃饭，亦可相当节省；部队机关自己推谷推面，剩下的糠、麸子均可少喂牲口，捐出一部，停止不必要之会议或节省会餐费用。复次，掀起群众性的救济运动，把难民向各村安插。根据滨海专署的讨论，这完全是可能的。目前滨海难民共计数万人，但必须估计到在春荒未过之前，还是要继续增加的，假定最低以三万计算，滨海区一村救济三户或五户是很容易的。这里除政权下命令要求各村全村负责外，首先即要求各村为每一个难民筹出五斤粮食（五户二十五斤，这在今天是不成什么大问题的）。并要告诉村庄，饿死一个人，全村负责，村长各群众团体首先负责。

如果这个急救有了办法，下半月党政军民机关节约出的粮食就可接济上了。但正因为这是一个群众的运动，不是一纸命令所能奏效的，所以就需要党政军民士农工商共同来办。因此在进行这一工作时就要每一村都能召开村民大会，动员士绅，倡导商民捐款（尤其是商人更应慨解义囊尽量捐助），得到全村一致拥护，把政府的命令在村民大会上通过，要求大家发挥民族友爱。

此外，并在各村提出以下几个具体办法，作为比较长远之打算。

一、场院种春白菜，一亩地可长二百到四百斤，这些白菜再掺上点果子饼等就相当可观了。

二、有计划的〔地〕管理榆树、槐树、柳树等树叶子，由各村按需要统一分配，不许随便折，发动有树的人乐捐。

三、收容难民之村，给难民打一辆或二辆纺棉花车（一人纺一天，可集斤半粮食），还可凑点钱作〔做〕买卖。

四、村里做变工，即雇难民做零活，这对雇工也无影响，而且目前正是春耕大好时节，大家都要人做活。

为了顺利而迅速的〔地〕实现以上急救，除了各种具体办法提出外，必须有强有力的组织领导。这里我们建议加强各地各级优救委员会，并设难民招待所，邀请士绅参加，党政军民配合。但必须有专人负责，不能派个不负责任的去开开会就算完事。专署一级的优救委员会应是动员、计划、调查机关，县级优救会是调剂登记机关，区级优救会是责任机关，而且是重心，村则是具体实行。这一优救会必须立即加强，反对任何拖延迟缓的现象。

关于党政军民机关部队节约的粮食，由各机关动员讨论，节约出一定数目后即由发粮机关扣除，将数目一面报告专署，一面直送住地县区，取得收条，作为该部队机关的生产节约。同时党政军民机关可派代表前往慰问难民，以加强我党政军民和难民的联系。

最后必须指出，由于日寇的罪行有加无已，故今后难民是会时时有的，只是数目的多少。因此今后的救济难民工作就不是一个临时性的工作，而是一个经常工作，也因此除急救外，必须筹设根本办法，这就是：

一、救助难民参加生产。

二、教育难民，提高其对敌斗争与胜利信心，莫寻短见，莫走岔道，莫下关东，咬牙求活，渡过春荒。只要我们活着，我们就能胜利。

三、组织难民中的互助互爱，加强我们和他们的联系，介绍我们根据地的情形，解释抗日民主政权的法令；和他们共同讨论逃难的缘〔原〕因，造成他们逃难的敌人是谁，以及计划今后他们如何对付敌人和回家生产。

全山东的抗日同志们！父老们！兄弟们！姊妹们！紧急任务已经在我们的面前了，谁无父母？谁无妻女？谁无兄弟？谁无姊妹？如今万千难民已嗷嗷待哺，逃来我根据地，我们岂能坐视？是我们发挥民族友爱的时候了，我们的口号［是］：“不让难民在根据地内饿死一个”。

选自《山东革命历史档案资料选编》，第9辑，济南，山东人民出版社，1983年版，第434～437页。原注：“原载1943年4月9日《大众日报》。”

27. 山东省战时工作推行委员会关于救济敌占区逃来难民办法

1943年6月2日

一、滨海专署应于讨论本训令后，立即训令所属各县县政府在最短期间于优救粮食项下，按大口十斤、小口五斤为原则普遍急救一次，无优救粮食者须暂借公粮发放。发放时由县政府决定日期，以区为单位，由区公所办理，并尽量于六月五日办竣。在发放赈粮时，应同时举行难民登记，及进行宣传教育解释工作，使其了解苦痛之来源及抗战之必要。

二、各县应召开士绅名流座谈会，号召参议员绅商踊跃捐输救济难民，并公推公正绅商及参议员成立救济委员会，负责难民救济工作。

三、各县出布告，号召人民发扬民族友爱及互助精神救济乞食难民，切勿闭门不纳，任其辗转沟壑。

四、举行难民登记时，对于难民之原籍、家庭状况、逃来原因及有无生产能力，均须登记清楚。登记证可印为红白二种。第一次登记用白的，为初步登记，表示对他尚未详细审查，其经考查确系善良难民后，即换发红色登记证。难民流动地区应以县为范围，非经重新登记，不准随意移入他县，藉〔借〕免混乱及奸细匿迹。

五、急赈及登记以后，其不能返回原籍者，可由专署讨论办理，予以安置。有劳动能力者，可介绍雇工或公营企业工作；无劳动能力者，分配于各村，由村长及群众团体负责介绍做临时工作，并设法维持其生活。

六、敌占区逃来之抗属，经登记查明后，按优抗条例救济。

七、近据确报，敌人自东北运来大批妇孺老弱至我根据地就食，在青岛登陆者已达数千。此种难民恐已混入我根据地内，各级政府须严加注意，随时向本会报告，以便处理。

八、由本会函请党政军各机关、各团体节省粮食，于六月五日前汇交当地政府发放，或协同当地政府直接放发，以资救济。

选自《山东革命历史档案资料选编》，第9辑，济南，山东人民出版社，1983年版，第494～495页。

28. 山东省抗日政民工作人员贫苦家属救济条例

1943年6月14日

第一条　为救济抗日民主政府及抗日团体脱离生产工作人员贫苦家属（以下简称抗工属），特制订〔定〕本办法。

第二条　凡区级以上各级政府机关、抗日团体之脱离生产工作人员，其家属确系贫苦者，均得依本办法请求救济，但以直系亲属或配偶及一向依其为生之未成年弟妹为限。

第三条　前条所称之抗日工作人员，不论其在职或因公殉职或因残废卸职，其家属确系贫苦者，均得依本办法救济之。

第四条　贫苦抗工属之救济，依下列各款办理之。

一、有土地而无力生产，且无力雇工经营者，由政府或群众团体动员与组织其邻居协助耕种，并得适用优待抗属之代耕助耕等办法。

二、有生产能力而无土地者，政府及群众团体在可能范围内，代为租借公地、庙地、学地、政府代管土地，或代找荒山荒地耕种之，或由政府负责为其介绍适当之工作及职业。

三、有生产能力之贫苦抗工属，可动员其互相协助，或数家联合共同经营一种生产事业，政府及群众团体可尽力协助之（如介绍银行贷款，政府贷棉、贷种等）。

四、无土地而又缺乏生产能力，或土地太少不足维持生活，或遭受敌患天灾致不能维持生活者，得由政府予以每户每年一百二十斤至二百斤粮食之救济。

第五条　依本办法第四条第一、二、三各款救济之贫苦抗工属，由各县政府根据各该抗工属之声请，分令各所在地之区公所负责调查办理之。

第六条　依本办法第四条第四款救济之贫苦抗工属，由各县政府根据各该抗工属之声请，调查确实后，呈请各该主管之专员公署批准办理。

第七条　依本办法第四条第四款予以粮食救济之贫苦抗工属，一般以随同优待抗属之粮食救济办理，其时间同于优抗时间。

第八条　由敌占区逃来我区之抗工属，除依第四条各款救济外，并于其初来时妥为安置，无使有冻馁之虞。

第九条　依本办法第四条第四款救济贫苦抗工属所需粮食，由公粮中附加。

第十条　贫苦抗工属之救济事宜，由各级优抗委员会办理之。

第十一条　贫苦抗工属之子弟入学，得援照抗属子弟之优待办法办理之。

第十二条　本办法实施时，应本拥军意旨尽先照顾抗属，不得先工属而后抗属。

第十三条　本办法如有未尽事宜，得随时修正之。

第十四条　本办法经山东省临时参议会通过，由山东省战时工作推行委员会公布施行。

选自《山东革命历史档案资料选编》，第9辑，济南，山东人民出版社，1983年版，第500～501页。

29. 山东省抚恤因公伤亡抗日政民工作人员暂行条例

1943年6月26日公布、施行

第一条　凡本省现任各级政府及抗战团体之脱离生产工作人员（以下简称政民工作人员）因公伤亡者，均依本条例之规定抚恤之。

第二条　抗日政民工作人员之抚恤，按下列不同情形分别办理之。

一、阵亡殉难，除发给三百元之埋葬费，并将其生前略历及英烈事迹报由县以上政权机关立传褒扬外，一次发给抚恤金四百元。

二、在职日久确有成绩积劳殉职者，除发给埋葬费三百元外，得酌予褒扬，其家境贫困者，并须发给一次抚恤金三百元。

三、因公伤残者，依照抚恤荣誉军人条例规定发给抚恤金。

第三条　阵亡殉难殉职抗日政民工作人员之埋葬费与抚恤金，由其直系亲属、配偶或向依其为生之旁系亲属向当地县政府具领之。

第四条　因公伤残抗日政民工作人员之抚恤金，由其本人按时向当地县政府具领，领取时间与荣誉军人之抚恤金同。

第五条　抗日政民工作人员抚恤金领取手续及抚恤证式样，参照抚恤阵亡将士荣誉军人暂行条例实施办法之规定，由专署以上政府机关统一规定。

第六条　阵亡殉难殉职抗日政民工作人员之家属，于领得抚恤金后仍不能维持生活时，得按照抗日政民工作人员贫苦家属救济办法之规定，向当地县政府请求救济。

第七条　阵亡殉难殉职抗日政民工作人员之家属无力回籍者，当地县政府须按其路程远近，予以资助。

第八条　因公伤残之抗日政民工作人员愿回原籍者，其隶属机关须按其路程远近发给旅费，其每年应领之抚恤金，得凭证向所在地县政府领取。

如原籍为外省或虽在本省而非民主区域者，除发给旅费外，并一次发给二年之抚恤金及特别抚恤证（特别抚恤证之式样及发给手续，参照抚恤荣誉军人暂行条例实施办法之规定）。

第九条　回籍之因公伤残抗日政民工作人员，沿途所过民主区域一律招待食宿。

第十条　因公伤残之抗日政民工作人员不能担任工作又不能回籍者，当地县政府须设法妥为安置之。

第十一条　因公伤残之抗日政民工作人员死亡时，由所在地县政府发给埋葬费三百元。

第十二条　冒充因公伤残抗日政民工作人员或冒领抚恤金者，依法惩治之。

第十三条　本条例如有未尽事宜，得随时修正之。

第十四条　本条例经山东省临时参议会通过，由山东省战时工作推行委员会公布施行。

选自《山东革命历史档案资料选编》，第9辑，济南，山东人民出版社，1983年版，第514～515页。

30. 山东省战时工作推行委员会关于开展妇女放足运动的指示

1943年7月5日

查妇女缠足，为我国独有陋习。它不仅摧残了妇女身体的健康，妨碍与限制了妇女政治上社会上的一般活动，而且占全国人口半数的妇女同胞被缠足，妨害了身体正常的发育，肢体无力，步履维艰。这就大大的〔地〕减少了参加生产的劳动力，而使妇女同胞变成为依靠男子生活的状态。这从增加生产、食足衣足的意义上说，不仅是妇女本身的解放问题，而是一个全民族的福利问题。因此，妇女放足问题，成为全国各阶层广大人民所一致同情赞成的问题。处在敌后抗日民主根据地的妇女同胞，虽因抗日民主政权的爱护，在政治上、经济上均有改善，妇女的社会地位亦在逐渐提高之中，但因频繁战争的环境，妇女同胞们受敌寇蹂躏侮辱的威胁，其情形是极端严重的。因此，敌后妇女放足问题，[是]更为最迫切的紧急要求。因此本会特根据山东省施政纲领及山东省临时参议会最近决议，号召全省民主政权机关动员劝导人民展开妇女放足运动。惟是这一放足运动应依据妇女年龄及具体情况逐渐推行，不可操之过急、机械的〔地〕普遍推行。一般在十二岁以下之未缠足幼女，一律禁止缠足；十八岁以下之缠足妇女，一律限期解放；十九岁以上至三十岁之缠足妇女，可逐渐劝导解放；过三十岁以上之缠足妇女，自愿解放者予以奖励，不愿放者不加勉强。这一放足运动，虽由各级政府明令提倡，但基本工[作]应该依靠各级群众团体，尤其是妇女团体广泛深入的动员说服，求得广大妇女的自觉自愿的实行放足，只有甘心损毁其子女或自己身体健康之最落后分子，才需要酌予处罚。至予〔于〕动员农村青年不与缠足女子订婚或结婚，尤为转移陋俗之有力武器。此一运动之造成热潮，除了依靠各群众团体之会员团员的有力保证以外，政府应该有计划的〔地〕主动的〔地〕配合群众团体，在社会教育上予以最大的努力，求得在提高群众的政治水准上及实际的政治经济利益上，促起广大人民自觉自愿拥入这一放足运动，而完满的〔地〕实现这一政治目的。

这一指示，只是原则的〔地〕提出来如上的问题，具体实现是依靠于各地区最高政权机关，根据具体情况规定出详细推行办法，并依靠于县以下政权机关的具体组织工作的。希望各地区接到这一指示后，立即紧张的〔地〕动员与组织起来，尤望各级政权干部尤其是区村政权干部以身作则，先从自己家庭做起，求得以自己的模范作用来影响与推动这一工作的开展。所有各地区工作过程中的经验教训并盼随时报告本会，以资交流各地为要。

选自《山东革命历史档案资料选编》，第9辑，济南，山东人民出版社，1983年版，第538～539页。

31. 山东省战时行政委员会训令
——关于反“扫荡”工作

1943年9月20日

查秋收已过，敌之季节性“扫荡”日益迫近，加以今年山西、河北诸省均遭旱灾，惟〔唯〕山东秋收较好，故山东已成为敌寇抢粮之中心地区。近日来津浦、陇海、胶济各路敌伪调动繁忙，并已在鲁南、泰山等地区先后出扰。反观我某些抗日民主根据地到处“太平”景象，许多干部和人民都沉醉于和平气氛之中，一旦进入反“扫荡”的实际行动，其损失之惨重是难以预计的。为粉碎敌寇“扫荡”、蚕食和抢粮的阴谋，保护根据地的人力、物力、财力，各级政权应立即动员民众，进行紧急备战工作。

一、从思想上动员起来。各级政权应配合各抗战团体深入的宣传动员，说明敌人“扫荡”是必然到来的。而此次“扫荡”，敌将采取疯狂的抢劫政策，故各地应切实纠正麻木大意、因循苟且等不正确的太平观念。另一方面必须指出，只要我们努力，反“扫荡”的胜利是完全有把握的，不仅因为我有抗战人民和军队，有抗日民主根据地，而且由于红军伟大的胜利、意大利的投降、山东民主根据地的扩大、日军情绪之低落等空前有利的条件所决定。防止悲观恐惧等现象发生。

二、彻底藏粮，空舍清野。敌人以抢粮为其“扫荡”之主要目的，我之藏粮则是反“扫荡”最重要之工作。各级政权应有组织的〔地〕领导此工作，并切实检查，限期完成，使民众自愿自觉的〔地〕藏粮清野。某些一贯和平的根据地（如滨海、胶东），尤须努力，并切实根据各县区不同的具体环境，想出具体有效之办法，使公粮民粮迅速藏好，免遭损失。如有玩忽藏粮工作，致使公粮遭受不应有之损失者，决依其情节之轻重，予负责人员以必要之处分。

三、开展广泛的群众性的游击战争，整理巩固和扩大民兵自卫团，“扫荡”期间充分的〔地〕发挥麻雀战、地雷战之效能，创造射击神枪手，开展爆炸运动。各级政权干部应参加与领导民兵反“扫荡”斗争。对某些反“扫荡”树立功绩者应予奖励。组织抗日戒严，实行盘查放哨。各级政府与公安机关应切实领导此项工作，使我根据地内杜绝敌奸活动。

四、必须加强组织领导，深入传达动员和检查。为此，各级政权应紧缩机关，分配干部到村中去进行备战工作，使其成为群众运动，纠正过去备战动员中某些照例下令布告，而人民寂无声息的官僚主义现象。在反“扫荡”斗争中，政权干部更应发挥其领导作用，纠正某些“逃难”现象。各地必要时可成立战时指挥部，以领导备战及反“扫荡”战斗中各项工作。

各级政府于接到此训令后，必须根据具体环境，立时作深入的讨论与详细的布置，并将工作情形及进行中的困难与收获随时报告本会，以凭考核并介绍各地区仿行为要。

此令

主任委员　黎　玉

秘 书 长　刘居英

选自《山东革命历史档案资料选编》，第10辑，济南，山东人民出版社，1983年版，第348～350页。

32. 山东省战时行政委员会关于半年民政工作的指示

1943年9月30日

根据省临参会首届二次大会所通过之战工会三年施政报告中关于今后山东民主建设的基本方案，即本会第三次委员会议关于今后半年工作之决议，兹提出今后半年民政工作之主要任务如下：

（一）建立与健全各级参议会，使其发挥民意机关应有的作用。明年春季以前，须完成全省各行政区县以上民意机关（参议会）之选举，鲁中、滨海及鲁南、清河等区之基本地区彻底实现民选，胶东酌予改选。为节省人力和时间，各级应行同时选举（即县参议会参议员及行政区参议会参议员同时产生）。专署一级除战略区专署外，一律不设参议会。原专署级之参议会，任期届满后即行结束，案卷移交行政区参议会。

（二）于明年春季以前，完成县及行政区两级行政机关主要负责人员及行政委员会委员的选举。

（三）彻底改造村政，奠定新民主主义的巩固基础。坚决废除旧的邻闾保甲制度，认真实行公民小组、公民代表会议制度，定期召开村民大会，选举村政委员会与正副村长（由村代表会议的主席、副主席兼任）。鲁中、滨海、清河、胶东等区之基本地区之村政改造工作，应注意全面的〔地〕普遍的〔地〕开展；其工作比较薄弱的地区，如清河、鲁中、滨海、鲁南某些新开辟的或边沿地区，应有步骤有计划的〔地〕进行村政及县政改造工作，务期踏实彻底，切忌粗枝大叶的形式主义作风。于进行此项工作时，尤须注意与民生斗争、村财政等与村民有切身利害的问题联系起来，避免空洞干燥的单纯选举。其不能进行选举之地区（如敌占区两面政权之类），可斟酌委任，但须注意民意及人的政治条件。上列三种地区的选举完成后，应切实注意充实村政工作的内容及领导，分工检查帮［助］并实现统一领导的精神。

（四）为准备实行比较划一的合理负担征收公粮新办法，并准备将来实行统一累进税起见，特限期办理土地陈报、人口登记。此项工作务于今年底或明年春清明节以前以突击的姿态完成之，求得明年夏季公粮能普遍的〔地〕按照征收公粮新办法（以中中亩为标准）征收。

上述四项工作为今后半年内民政工作之中心任务，各级政府之民政工作计划不得与此相抵触，并须针对具体情况拟具详细工作计划及实施步骤。此外关于拥军、优抗、备战、健全区政、救济灾贫、开展对敌政治攻势等经常工作，各地区可根据实际情形自行确定计划。本会于接到各地区今后半年之民政工作计划后，自当随时予以指示。仰即于切实讨论布置后，附具计划，呈报本会为要。

主任委员　黎　玉
民政处处长　梁竹航

选自《山东革命历史档案资料选编》，第10辑，济南，山东人民出版社，1983年版，第398～399页。

33. 中共山东分局关于抽调大批干部去东北的指示

1945年8月17日

1. 根据中央指示方针及我们所负担的任务，分局决再抽调大批干部派往东北开辟工作。胶东除指定的部队外，应调足两百个地方干部。鲁中、滨海各调地方县、区干部五十个（县级应占五分之一，县区两级均应在总数内适当配备党政、财经、地武、民运各种干部）。渤海、鲁南和军直则按分局指定名单抽调。

2. 抽调干部应从整个党的利益出发，有严重政治问题或估计不能起什么作用的不应派去。被抽调的干部应于动身前将工作交代清楚。

3. 渤海干部于十月初直接到达，胶东、鲁南、鲁中、滨海于本月底十月初到达分局集中。

4. 东北籍干部不在以上指定数内，应早到。

选自《山东革命历史档案资料选编》，第15辑，济南，山东人民出版社，1984年版，第230～231页。

34. 山东省政府关于成立救济机关的指示

1945年8月17日

日本无条件投降，我山东全省及各大城市即将全部光复。为实行紧急救济并向日本要求全部赔偿起见，亟需〔须〕各行政区、市成立救济机关，以充分的〔地〕准备、紧张的〔地〕工作。为此，除本省已成立中国解放区临时救济委员会山东分会外，特摘要指示如下：

（一）各行政区市成立各该区市救济委员会，立即布置工作，妥为筹划，准备救济物资，组织工作队，随军出发，实行调查救济。

（二）各专署各县，即充实原有优救委员会，并加强其临时工作力量，妥为筹划，准备物资，组织工作队，随军进城，实行城乡调查与救济。

（三）救济委员会为在政府指导下协助政府工作的机关，进城之后，应注意吸收新收复城区之有民族气节、素为群众所拥护的人士参加工作。

选自《山东革命历史档案资料选编》，第15辑，济南，山东人民出版社，1984年版，第249页。

35. 中国解放区临时救济委员会山东分会组织及工作条例

1945年8月17日

第一条　本会定名为中国解放区临时救济委员会山东分会，隶属于中国解放区临时救济委员会，俟中国解放区救济总会成立后，隶属中国解放区救济总会。

第二条　本会由山东省政府聘请十三至十七人为委员组织之，并由委员中推选主任、副主任、秘书长各一人主持日常会务。会址设山东省政府所在地。

第三条　本会在正副主任领导下，分设调查（报道）、救济（联络、运输）、医药（卫生、保育）、会计（保管）等科，由秘书长总管其事，以便进行日常工作，并得按工作需要，设各种专门委员会。此外并得聘请顾问若干人，以便帮助工作。

第四条　本会全体会议每月举行一次，决定重要会务，审查预决算，并检查会务之进行。

第五条　本会工作规定如下：

一、调查报导〔道〕目前及八年来山东解放区被敌伪烧杀、抢劫、轰炸、破坏以及水旱虫荒所造成之一切人民损失，和对医药卫生、儿童保育、难民救济等项的各种情形，搜集一切敌伪罪行向国内外控诉，并报告总会，向日本要求赔偿。

二、协助政府及人民团体筹划并进行战时及战后一切救济、抚恤、赔偿、建设等事宜。

三、联系国际国内各种善后机关、盟国各种援华团体以及中外一切同情人士，以便取得援助和交换救济工作经验。

四、募集、接受、保管、调剂、分配、运送、审核各种救济款项物品，并接待分配各种救济工作的技术人员。

五、指导各行政区市救济机关工作之进行。

第六条　本会经费由政府协助，并得向其他机关团体或私人筹集解决，不支用任何救济款项，各项救济帐〔账〕目均按期公布。

第七条　本条例由山东省政府通过，请中国解放区临时救济委员会备案。如有未尽事宜，由省政府随时修改之。

选自《山东革命历史档案资料选编》，第15辑，济南，山东人民出版社，1984年版，第249～250页。

36. 山东省战时人民紧急动员纲要

1945年8月18日

（一）根据山东省政府政字第三号布告，及山东军区八月十三日战斗动员令第五项之规定，凡解放区人民及各种人民团体，统须实行紧急动员，分别担负各种战时勤务。

（二）民兵须积极实行下列各项：

甲、配合前方主力部队作战，担任次要侧翼之警戒、牵制，在敌之侧后开展爆炸，控制占领地带，包围中小敌伪据点，协助战地居民进行第一线之拆破、修复、担架、运输及押解俘虏等。

乙、依照自愿原则，分期轮流服务，以代替县区地方武装负责地方警备，如警卫党政机关，看押俘虏，镇压反动的叛乱，监视与抵抗任何反人民势力对我解放区的侵占等。

丙、以县为单位，依照自愿原则，动员民兵二万零六十至二万五千零六十名，实行战时编制，并依照大队、中队、分队、小队之建制，随时听候调遣，分别配合主力作战，配合县区地方武装，加强警备、押解与看守俘虏，加强一般民兵的社会戒严，保护交通运输线。

丁、大量的〔地〕发展民兵组织，努力学习爆炸射击技术，学习时事，严密监视与揭发一切阴谋、奸细、特务分子，协助自卫队进行运输担架。

（三）自卫队保证完成由前方到后方、由后方到前方之一切运输任务。妇女自卫队须严格执行站岗放哨、盘查行人的制度。

（四）工农青妇文各团体须分别执行下列各项：

甲、工会须负责动员各种技术工人，积极参加后方之邮电、公路运输等战时交通机构，并保证各大城市工厂及交通线被我占领后使生产与交通不致中断，及时开展新解放区的雇工增资，加倍提高后方工业及有关军需工业的生产量。

乙、农会须在一切为了支持前线胜利的口号下，积极进行拥参军及优抗的动员，加紧完成秋收秋耕，贯彻大生产运动，并及时发动新解放区的减租减息运动。

丙、青救会须积极扩大战时宣传，动员青年在执行后方战时勤务时起模范作用，并动员大批青年参军上前线。

丁、妇救会须有组织有计划的〔地〕动员参军，发动慰劳部队、慰问伤员、协助医院工作，推动妇女自卫队实行戒严锄奸，并积极参加各种变工互助，努力发展生产。

戊、文化团体须动员一切人才，利用一切方式，加紧前线与后方的宣传鼓动工作，保证各种战时工作在广大人民自觉自愿的基础上得到彻底完成。

（五）作战地区居民须实行下列各项：

甲、依照前方作战的要求，平毁封锁沟墙、碉堡、围寨各种障碍工事，并修竣各种交通设备。

乙、抢救伤员，搬运弹药、给养及一切军用资财。

丙、自动报告敌伪所埋藏的武器、资财，检举战争罪犯及罪大恶极之奸细特务分子。

丁、自动解散与镇压各种伪组织的活动，依照前方部队政治机关之指导，积极建立抗日政权，成立各种人民抗日团体，并实行救济员工、农民减租减息、雇工增资、武装工人和农民。

（六）一切受抗日民主政府刑事处分的罪犯及一切曾危害抗战危害人民的分子，应乘此时机积极担负战时勤务，将功折过。

（七）除二、三各项另发具体办法外，各团体应连续动员所属，贯彻本纲要的各种基本要求。

选自《山东革命历史档案资料选编》，第15辑，济南，山东人民出版社，1984年版，第256～258页。

37. 解放区山东省回民协会组织章程草案

1945年9月7日

一、名称

第一条　本会定名为解放区山东省回民协会。

二、宗旨

第二条　本会以组织解放区广大回民同胞，加强回民团结，解除回民痛苦，改善回民经济政治生活，提高回民政治文化水平，在民族自觉的原则下，为中华各民族亲密团结、携手并进，以促成联合政府的实现，建设独立、自由、民主、统一与富强的新中国为宗旨。

三、组织

第三条　本会组织原则是民主集中制。

第四条　本会各级组织：

一、战略区设分会，战略分区设支会，县设支分会，以下直接设村会，为回协之基层组织。

二、战略分区及县视回民居留之多少与分布情形确定是否成立。如回民分布极少，则支会与支分会可依据实际情况酌量减少一级或二级，直接由上一级直接领导。

三、上下级系统为直接领导关系。

第五条　本会设执行委员会，由代表大会选出，人数视实际情形确定。代表大会为本会最高权力机关，大会闭幕由执行委员会秉承大会意旨执行一切。

第六条　由执行委员会推五人至九人为常委，执行执委会一切决议。常委会设主任委员一人，总理本会日常工作；下设宣传、组织、服务各部。各部组织及工作细则视工作需要另行规定。

第七条　本会执常委任期为一年，年终由代表大会改选，连选得连任。

四、会议

第八条　代表大会：

一、代表大会每年召开一次，由常委会召集之。执委三分之一认为有必要时，或经会员三分之一以上的联名请求，得召集临时会议。

二、代表大会的职权为改选与任免执行委员，检查与通过上届执委会之工作，决定下届工作任务，决定与修改本会之一切章程条例等。

第九条　执委会每半年召开一次，研究各地情况，听取常委回报，总结半年工作，提出新的方针。如认为有必要时，由常委决定或执委三分之一要求，可随时召开。

第十条　常委会每月开会一次，由主任委员召集之，讨论研究经常工作问题。遇有必要，得随时召集临时会议。

第十一条　各部务会每周一次，由部长召集之。

五、会员入会出会

第十二条　凡合乎公民条件之回民，赞成本会宗旨，经本会会员介绍，经村会通过，均得参加为本会会员。

第十三条　凡具有下列各款之一者，得取消或开除其会籍：

一、不赞成本会主张自愿退出者。

二、触犯民主政府之刑法者。

三、被褫夺公民权者。

四、不遵守民主政府的政策法令或作反革命宣传经一再警告不改者。

五、有破坏本会组织之行为者。

六、不遵从本会之规章者。

六、会员之权利与义务

第十四条　凡加入本会会员，得享有下列权利：

一、会员享有选举与被选举之权利。

二、会员有参加本会一定会议、讨论工作、建议批评、阅读文件之权利。

三、对违犯本会章程纪律之干部及会员，有检举与罢免权。

第十五条　凡本会会员，均应执行以下各项之会员义务：

一、执行本会决议，积极工作。

二、遵守本会之规定纪律。

三、按期缴纳会费。

七、附则

本草案如有未尽善之处，俟本会组织扩大，召开代表大会时再讨论修正之。

选自《山东革命历史档案资料选编》，第15辑，济南，山东人民出版社，1984年版，第328～330页。

38. 山东省政府关于调查八年战争损失的指示①

1945年9月12日

为了有组织的〔地〕调查本省八年来由于敌伪的烧杀抢劫、轰炸破坏以及各种压榨侵占乃至水旱虫灾给予人民的损失损害，求得比较确实的情况，以便转送中国解放区临时救济委员会山东分会向国内外控诉敌寇罪行，并报请总会向日本要求赔偿，特制定战争损失损害调查表，会（分）发各该地区切实调查统计，务于三十四年十二月三十一日以前汇送本府。并仰遵照后开注意事项，参照各该地区实际情况妥为进行。

一、这一调查，主要是从政治上给广大群众以深刻的民族教育，使广大群众回忆起日本法西斯侵略者的凶恶残酷的罪行，我们是在怎样的敌忾同仇的积极抗战之下，获得抗战的最后胜利，而胜利之后的战争损失与损害的调查，以及搜集敌寇罪行，向全世界控诉，又是多么严肃而光荣的权利。因此，我们切忌单纯的〔地〕宣传只是为了经济上的赔偿，以致妨碍了群众的民族觉悟更加提高。

二、由于抗日战争前后历时八年之久，群众在战争中的损失与损害已经不是一次，而且损失与损害的种类也是多种多样的，群众已经是不胜记忆了。要想获得比较翔实的科学调查成果，必须依靠我各级政权干部的深入与耐心的工作精神，而且只有依靠很好的〔地〕运用群众路线，才能完成这一巨大的工作任务；粗枝大叶的〔地〕单纯要求数目字，不与细密的组织工作与耐心的教育工作相结合的工作方法，必须坚决反对。

三、本府制发调查表的式样，一要求各该地区以村为单位调查，以县为单位统计，由各行政公署汇报本府。在各县领导进行这一工作时，可制发统一表格（或由行署专署统一制发均可），召集各区主要干部开会研究，解决进行中可能发生的问题及困难，并将表格分发各区公所从事调查。区公所则召集各村主要干部开会研究具体进行的各种办法，解决进行中可能发生的问题及困难。每村发一张统一的表格，并将表格要求讲解明白，准备各该村按户调查清楚后，按照统一表格规定项目，加以分类统计，汇报县府。各村挨户调查时，则可按群众实际损失与损害，如记“流水帐（账）”的方式，记明物品数量，并挨户折成共值本币数额，妥为保存，以便将来可能赔偿时之依据。

四、在进行调查时，必须注意通过群众自己的系统，而掌握这一工作，则是各级政权干部不可诿卸的责任。这一工作比较麻烦的地方，是村中挨户上了“流水帐（账）”以后的分类统计。要想顺利的〔地〕完成统计任务，必须抓紧运用村学教员及村公所文书的力量，没有村学的山僻小庄，可由区公所酌予调剂，热心公益之农村知识分子、情愿为人民服务者，亦应吸收参加这一工作。

五、这一工作进行最好的季节与场所，是在秋收完毕后冬学教育中进行，但必须估计

---

① 原注：在本指示之后，山东省政府又先后发出《关于调查八年战争损失的补充通知》（10月12日）、《关于调查八年战争损失的补充指示》（12月7日）和《关于调查八年战争损失的布告》（12月11日）三个文件，为避免内容重复，不再选入。

在限期（三十四年十二月三十一日以前）以内保证完成。在进行工作期间，要求每月检查一次，以收及时指导之效。

六、以上各点，希望各级政府同志能够多所研究，求得更能有效的〔地〕完成任务。尤望根据各该地区实际情况，予以充实与发展。

附发战争损失损害调查表式样（略）

主席　黎　玉

选自《山东革命历史档案资料选编》，第15辑，济南，山东人民出版社，1984年版，第333～335页。

39. 罗荣桓、黎玉关于山东全省人口和行政区划统计简况给中央军委的报告

1945年9月24日

军委：

（一）全省共五个行政公署，二十二个专署，一百二十七个县府，计：渤海——专署六，县府四二；胶东——专署五，县府二七；滨海——专署三，县府一七；鲁中——专署五，县府二四；鲁南——专署三，县府一七。此为反攻前数，反攻后增加威海卫、烟台两市。

（二）全省人口：反攻前约为二千万，反攻后成为二千八百万。

罗、黎

九月廿四日

选自《山东革命历史档案资料选编》，第15辑，济南，山东人民出版社，1984年版，第339页。

40. 山东省参议会驻会委员会为支援前线保卫山东解放区给省参议员及各级参议会的紧急通知

1945年12月10日

各位省参议员，各行政区、各县参议会暨参议员同仁们：

国民党反动派不履行“双十协定”诺言，继续向各解放区进攻，制造大规模内战。我山东解放区的津浦、胶济两前线越来越紧张了。我们越退让，他们越凶狠。我们说理说的〔得〕舌敝唇焦，他们还是充耳不闻。我们一切合理的要求，他们不仅不接受，并且污蔑我们抗日人民为“奸匪”，反而认汉奸为他的忠实同志，我们实在不能再忍受了。他们正布置全面的进攻，我们实在不能再退让了。我们只有坚决的〔地〕自卫，只有动员全山东

一切的人力物力支援前线，用八年苦斗锻炼出来的铁拳，把敢于向山东解放区进攻的反动派打出去，用人民自己的力量，保卫和平，保卫民主，保卫山东人民的山东！

这一自卫战争，是大规模的，是严重的，是决定山东人民命运的关头，只有战争胜利，才能制止内战逆流，取得和平民主团结的胜利，山东人民才能过自由平等幸福的日子。我们有足够的力量，我们有一切有利的条件，只要我们紧张动员起来，我们一定能够胜利。

为此，本会特发表告各界同胞书，号召全省人民一致动员，为支援前线保卫山东解放区而斗争。深望我代表山东人民的各位省参议员，各行政区、各县参议会及参议员同仁们，首先动员起来，站在人民的最前列，作人民的表率，并协助各级政府进行下述工作：

（一）组织各地干部、士绅及各界同胞座谈时事，深入冬学，加强群众的时事教育。揭发国民党反动派制造内战的阴谋罪行，说明我们为争取和平一再忍让，现已仁至义尽，只有坚决起而自卫。指出国民党内部腐败不堪、矛盾丛生，我有力量有条件取得胜利，粉碎一切谣言，提高人民的战斗意志及胜利信心。

（二）开展拥军参战运动，组织民兵民夫上前线，协助军队作战，研究一切好办法，随时建议政府，克服工作上的困难。

（三）巩固后方，推动生产节约，加强各阶级阶层的民主团结，争取逃亡地主士绅早日回家，勿一误再误自绝于人民。

（四）有组织有计划地到新解放区去慰问当地人民，解释他们的疑虑，宣传政策法令，争取团结各阶级阶层人士。

（五）利用一切社会关系，向敌伪顽占城市开展写信运动，慰问联系居住在那里的亲友，说明当前时局和我们的主张，争取他们对我的同情，帮助他们早脱苦海。

注：战局已经十分紧张了，我们应该为保卫和平，为保卫山东解放区，为保卫山东人民的福利，立即行动起来！

此致

敬礼

山东省参议会驻会委员会

十二月十日

选自《山东革命历史档案资料选编》，第16辑，济南，山东人民出版社，1984年版，第41～42页。

41. 山东省政府山东军区复员工作条例

1946年4月

第一条　总　则

第一节　为着贯彻全国和平建设的方针，并彻底执行整编军队基本方案，我军复员工作正开始着手进行，从四月份起于六月底七月初完成全省全军区十万人的复员。为使此项工作有统一计划、统一步骤，并健全遂行其任务，特制定本条例。

第二节　凡复员人员，不论老弱废疾或编余人员，又不论其家在本省或外省，均应做到妥善安置，保证就业。经过充分的动员教育、恰当的组织分配与积极的地方协助，务使各尽所能，各得其所，各安其业。

第三节　复员之老弱残废因其有功［于］国家，应享受各种荣誉和尊敬，各级政府须按本条例之规定，予以特殊优待。其因参加抗战解放事业之民主政府工作人员、群众团体工作人员及民兵因负伤而成残废，已失去生活能力者，均得受荣誉军人之同等优待。

第四节　各种复员工作之进行，均受同级复员委员会之指导，并实行首长负责，亲自动手，以认真负责之态度来处理此项工作。

第二条　复员类别

第一节　下述几类均在复员之列：

1. 复员回家就业者。

2. 军营工厂、军营医院转为企业化者。

3. 各级军政机关及其附设机构缩减或编余之工作人员及一部分干部，须重新分配工作参加社会建设事业者。

4. 老弱废疾及一部分久治不愈之慢性病员，须要退伍妥为安插者。

5. 县、区武装回家务农者。

6. 其他一些不宜在军队工作者。

第三条　复员步骤

一般应按下列步骤：

第一节　四月份充分思想准备组织准备工作，进行各种调查登记统计，按照编制表及本单位具体情况，订出自己的复员计划，包括企业化精简、转业、改业等等，交上级复委综合研究作出全盘计划，有了相当准备之后即开始全面动员实施复员。

第二节　计划已定即须动员集中，按本条例规定完成补充登记等手续，分批分类送上级委员会集中，由各战略单位复委统筹总办，指定各师、各纵、各警备旅集中时间地点，并指导各复委分头接受。

第三节　集中之后，遵照复委工作细则，进行必要的组织训练工作，分别予以证章、奖章等，造具清册，举行欢送，并预先通知地方准备接收。

第四节　复委依总复委规定，举行热烈欢迎款待，以相当于复员人员原定生活标准解决其餐宿问题，并迅速介绍职业，直到完全就业。

第四条　就　业

第一节　凡各地编余部队和各机关之编余人员。有生活能力，有家可归者，即回家就业。

第二节　凡复员者按其有特长技能，或自愿提出参加解放区各企业矿山、文化教育等工作者，得介绍其就业。

第三节　凡复员者参加生产，政府必须帮助土地、农具、种子等问题。首先安置其就业，如有公共土地，每人租种二亩至三亩，但必须按“先主力后地方的原则”分配之。

第四节　除上述外，应视其经验能力吸引参加各种地方工作。

第五条　转　业

第一节　凡军营工厂、兵工厂、被服厂等，均有组织集体的〔地〕由军营转为企业化。按其性质由政府贷资或合股营业，为解放区之社会建设事业服务。

第二节　凡编余之军营医院，均实行地方化，为社会卫生事业服务。其转业办法，或为政府之各公立医院，或为服务于社会慈善事业，由私人股份办理。

第三节　凡集体有组织之转业单位，在其转业以后实行企业化，由不吃公粮逐渐做到完全自给盈利。但在其初期，政府得尽力帮助（包括借款、房舍等），使其积极参加解放区之各种建设事业。

第四节　凡集体有组织之复员单位，不办理个人复员手续，不按人发复员费，只由各级军政机关和复员委员会按其对国家对军队之贡献，予以资金、物质及精神上之奖励，但其中个别人员不适宜或请求离开该单位而复员者，依个人手续办理之。

第五节　关于企业化之各项具体问题，须专行研究，并征将该单位之同意办理之。

第六条　荣誉军人老弱废疾待遇

第一节　凡在抗战中负伤之一、二等残废，年老在四十五岁以上，及一部分久治不愈的慢性病员，而完全决定失去生活能力之一半以上者①，均须有妥善之安置，以及特别的生活上之优待。

第二节　凡参加抗战革命事业，英勇作战负伤致残，有团以上之卫生机关及抚恤委员会之证明书者，均为荣誉军人。

第三节　凡退伍荣誉军人，依其残废之等级向当地县以上之政府机关领取残废金，每年分春、秋两季，按下列标准折合发给（在部队者，团以上抚委会发）。

（甲）一等残废，全年抚恤金为一百二十斤猪肉。

（乙）二等残废，全年抚恤金为七十斤猪肉。

（丙）三等残废，全年抚恤金为三十五斤猪肉。

第四节　一等残废或相等于一等残废者，由地方政府供给其终身生活，其标准相等于地方保安部队人员之待遇，或拨公田三亩至四亩，由地方组织代耕维持其个人终身生活为止；二等残废或相等于二等残废者，由政府供给其每年生活之一半，或拨公田二亩至三亩，以维持生活，其标准与办法与上同。

所有供给物品、粮食服装（粮以小麦为标准），均按市价折钱发给，为求领发之便利，应由当地县级机关批发交区乡发给之。

第五节　凡退伍之荣誉军人，生病或伤口复发，地方医院或公营医院得免费诊治，如病故，政府得协助其家属予以安葬，家境贫苦时并由政府支出安葬费五百至一千元。

第六节　凡年在四十五岁以上，身体衰弱或患久治不愈之顽固疾病者，而又有五年以上之军龄者，其退伍回家后之待遇与上述二等残废相同，但不再领发老年军人优待金。

第七节　凡合上述退伍之荣誉军人，除上项规定外，并得享受下列之尊敬与优待：

（甲）规定每年“七·七”为荣誉军人节，以县或区为单位召集荣誉军人大会，倾听其意见，教育鼓励他们参加生产和各种社会建设事业。

---

① 原文如此。

（乙）公有房屋场所、用具物品之借用、租贷（赁）、售卖与〔于〕私人者，有优先权，但以自居、自用、自买为限。

（丙）公私荒田政府招人开垦时，有优先权，但以自耕自种为限。

（丁）子女入学一律免费，但以直属为限。

（戊）本人免除一切公差勤务。

第八节　凡在抗战中英勇牺牲为国之烈士家属，应享受政府之长期优待，上节之乙、丙、丁各项，同样适于对烈士家属之优待，但以其直属为限。

第七条　本地与外籍

第一节　凡复员者家在本省，有家可归，除其本人志愿介绍参加各种社会建设事业服务外，一律发费遣回就业。

第二节　凡复员者家在外省之解放区者，得由上级政府机关与该省民主政府取得联系，有计划、有组织的〔地〕分批遣送。在复员期间，须具报总复委，并依总复委规定有组织的〔地〕遣送。

第三节　凡家在外省暂不能归者，一律按其志愿由各级复员委员会负责，或则安置地方，或介绍职业。

第四节　凡复员者，因无家可归或有家不归而志愿参加某项职业或愿在某地安插者，各级政府及复委会得考虑其本人意见，做到妥善之安置和就业。

第八条　教养院

第一节　凡退伍军人之老弱残疾，因其无家可归或家在外省暂不能归，而又没有生活能力者，得介绍入教养院。

第二节　各地行署或专署级政权之下，得成立专门教养院，由各该政府直接领导和管理。其组织办法如下：

（甲）设正、副院长，由荣誉军人中挑选或政府委派人员充任之。

（乙）院部设医生、管理人员、生产教员、干事。如人数在二百五十人以上者，可设分所。

第三节　教养院生活待遇：

（甲）伙食费及日用品服装等，按其原在部队服务时之等级供给之。

（乙）每年残废金照发，并一律每三年发棉大衣或长袍一件。

（丙）如组织手工业生产时，可按实际情形规定分红比数。

（丁）驻教养院之家属，如有职务者按职供给之，否则不在供给之内；如入院后又结婚安家者，按退伍军人手续处理。

第四节　凡入院者，得有旅师以上、军分区或专署行署以上之军政机关介绍方准入院。

第九条　待遇与手续

第一节　凡复员者，经旅及专署、军分区级以上之复员委员会登记后，发给复员证明书，并按其在部队服务时间之长短，分别发给复员费。其标准：

（甲）服务一周年以内者，发给复员费本币一千元（约合粗粮二百斤）；服务一年至二年者，发给本币一千五百元。

（乙）服务二年至三年者，发给复员费本币二千元（约合粗粮四百斤）；服务三年至四年者，发给本币二千五百元。

（丙）服务四年以上者，按每多一年增发复员费本币五百元。

第二节　凡复员者，按其路程之远近发给路费，其标准为每日按四十五里计算，每人每日发给以三斤大饼折钱为伙食费，每五天以上路程发六天。

第三节　凡复员者，每人发给单衣二套，并补充其鞋、袜、毛巾等日用品，其原有之被毯服装完全由他自带。

第四节　凡复员者，在集中待发时，每天每日按普通人员二人伙食费招待；临走时并会餐一次，每人按两斤猪肉折价报销。并召集欢送会，由各级首长亲自讲话鼓励与送别。

第五节　为复员者行动之便利，各级复员委员会应指定在主要地点成立复员招待所，代办其食宿。但被招待者，必须按照规定支付伙食费。如因行动实在困难者，得由各招待所派夫遣送。民夫之伙食由公家报销。

第六节　上项规定之复员费，如有个别特殊情形或在部队中过去曾有过特殊功绩者，可按具体情形斟酌增加，但不得超过原规定之半数以上。

第十条　权利与义务

其一、复员军人应享有从事社会职业之优先权，各民主政府应给其就业之便利，如介绍职业等。

其二、复员军人应以革命军人之荣誉，为国家各种建设事业积极服务到底。

其三、复员军人应成为恪守民主政府法令、维持社会秩序的模范，成为良好公民，除享受公民权外无特殊权利。

其四、复员军人应尽虚心向人民大众学习，与他们打成一片，永远保持为人民服务的本质，贯彻始终为人民服务、为革命事业奋斗到底的决心。

其五、复员军人在一旦国家遭受任何严重危害时，除老弱残疾退伍者外，应立即响应民主政府的号召归队服役。

其六、复员军人在遭受意外灾害时，应受到国家之优先救济。

其七、复员军人如在地方违反民主政府法令时，各级政府得依法惩处。

第十一条　经　费

第一节　复员费用按规定报销，超出规定者须经同级军政首长批准。

第二节　复员委员会之常驻委员，其生活相当于原来水平委员会各种办公付支，须有预算决算，建立严格会计制。

附：残废等级之规定标准（略）

选自《山东革命历史档案资料选编》，第15辑，山东人民出版社，1984年版，第287～294页。原注：“山东省总复员委员会1946年4月4日印发。”

42. 山东省政府关于改变“抗日军人”等称呼的命令

1946年6月28日

抗战胜利，“抗日军人”应即改称“革命军人”。“抗日军人家属”，应即改称“革命军人家属”（简称“军属”）。政民机关工作人员家属，简称“工属”。烈士家属，仍称“烈属”。自此命令颁布之后，凡法令及工作中有“抗属”字样者，均应改称“军属”，如“优抗”工作，应即改称“优军”工作。仰即知照并转令所属及全体人民知照。

此令

主席　黎　玉

选自《山东革命历史档案资料选编》，第17辑，济南，山东人民出版社，1984年版，第24页。

43. 山东省政府关于加强人力的动员与组织更好的〔地〕支援前线的指示

1946年9月13日

由于国民党反动派动员其百分之八十五以上的军队，全面的〔地〕进攻解放区，而且有着美帝国主义的直接支持，内战的规模与时间有日趋广泛与持久的形势。因此，作为支援前线重要条件的人力的动员与组织问题，亦必须从持久着眼，始能源源不绝，争取最后的胜利。具体的人力动员与组织工作，各地区在两次自卫战争中已有不少经验，但亦存在着某些缺点。兹特就过去已有材料，针对今天需要，作以下原则指示，望各地区根据自己的客观情况、工作经验，更具体的〔地〕发挥充实，贯彻到实际工作中去。

（一）民夫的组织、教育、生活及待遇如能搞好，就能巩固民夫，更有力的〔地〕支援前线，反之，则必致贻误事〔时〕机。兹就过去经验，提出以下问题：

1. 老地区一般应以“有力出力”为原则；新地区如群众尚未充分发动起来，可采“壮丁、地亩兼顾”的办法。城市居民出夫，可酌采自行雇人代替或规定出夫工价，交纳代金办法。

2. 凡年在十六岁以上五十岁以下之男子，均有为战争服役之义务（个别地区现采用之雇夫办法，在支援前线时期，应即停止）。村干部除村长、农会主任、自卫团长、指导员、民兵队长外，一律支差。有大批担架、运输工作时，上述不支差之村干部，除留一、二人在村坚持工作外，均应带领民夫出发，以资掌握。边沿地区之民兵，集训之民兵，参加子弟兵团之民兵，个别地区担任反奸防匪特殊任务之民兵，负责保护军事运输之民兵，均准不支差。除此以外之民兵出夫时，可按一工折两工或一工折一工半计算。

3. 民夫之编制，应适合征调时之需要。各地区应以县为单位，按照群众觉悟条件，壮丁、车辆、牲口的分布情况，编为担架、挑夫、大车、小车、驮驴（骡）各队，以备随时征调。各队均应有班、分队、中队、大队的编制，并须按级配备县、区、村干部掌握领导。民夫、车辆、牲口之征用，一般以定期轮换为适宜。如群众自己采用变工办法，形成长备民夫制，亦可受到鼓励，因这样可以减少换班麻烦，而且能巩固民夫情绪。

4. 民夫支援前线时之生活供给，各地应作统一规定。应注意：①每一中队应设专职的管理供给人员，有时并应有固定的炊事员——均由民夫自己选任。②尽量自带民间医生及救急药品，或在交通要道动员民间医生担任路过民夫急救工作。③天气渐冷，必须自带衣被或大袄——民夫个人无法解决者，应由村中负责借用。④鞋子自给，个别特别贫苦的由村中捐助。⑤民夫在外宿舍问题，带领民夫的干部应随商同用夫机关部队，负责妥为解决。⑥粮食柴草，应照规定充分供给。

5. 征用民夫、车辆、牲口时，应视具体情况，确定如下不同待遇：

①一日可以往返之短期民夫，可规定为纯粹义务性质，饭食自带，公家供给茶水——每人每日可以报销烧柴一斤。

②大批征用民夫、车辆、牲口，无论上前线、到兵站、运粮食、送部队、在后方，均由公家供给饭食茶水——粮食烧柴标准与部队同，菜金照部队标准发给三分之一。

③一个月以上之长期民夫，如家庭地亩较少，依赖运输或小商业、手工业之收入作大部分家用者，应设法照顾其家庭生活。如家无田产，完全依运输为业之小车、大车夫，应采半征半雇办法，规定出一定的"官价"来。此种"官价"，一律以粮食为标准。但应采用"官价"办法之民夫，应由支拨民夫机关事先确定，告知用夫机关。

6. 民夫在支援前线中，如有伤亡，应按本府民财会字第六号命令规定，依民兵伤亡抚恤办法办理抚恤。

7. 巩固民夫，减少逃亡的保证，除解决以上问题外，还应注意：①民夫必须是政治上纯洁的——担架与运输军火的民夫尤应注意。②每一民夫中队，可与党民机关协商，最好能配备政治文化工作者一人。③与部队研讨，由部队自己或民兵自愿组织火线抢救队，使民夫不上火线，以减少其害怕心理。

（二）欲求完满达到长期支援前线之目的，在人力的动员与组织工作领导上，必须强调计划性、准确性与精密性。在干部的思想上，必须能遵守制度，又能机动灵活。兹提出以下三点，望充分注意：

1. 各地区应以行署（或专署）区为单位，确定民夫车辆、牲口的调剂计划。在前线部队云集的地方，交通要道及兵站运输线的两侧地带，后方机关（如工厂、医院等）驻地附近，一般需要民夫、车辆、牲口特多，应确切考虑如何由内地调剂。抬运伤员的前方担架，运输军火之车辆、牲口、挑夫，均属关系重大，应多从老解放区征发，其他一般运输、修路等，不要多从老地区取给，以免畸轻畸重。

2. 对于部队、机关支援前线需要的民夫，各地区拨夫机关应充分保证达到要求，但应与用夫机关、部队精密计算实在需要民夫、车辆、牲口数目，作〔做〕到完全准确。

3. 用夫机关，部队就实际情况说，约有如下五个方面，即：①前线，②运输兵站，③运粮，④后方机关，⑤其他临时支差（如部队过境，修路，拆破等）。各地区领导机关应在可能情况下，按照具体需要作一通盘计划，把以上各方面需要的人力、车辆、牲口划分清楚，并须注意民夫一定时期的休整。这一计划的概略，必须通知有关的部队、机关。支拨民夫、车辆、牲口的机关必须统一，以免头绪纷乱，贻误时机。

（三）在支援前线中占重要地位而为过去未能完全做好的一个问题，是支援前线与生产的结合。一般说，民夫出发后，其家中的农业与副业生产，在老解放区大体用换工互助办法均能解决，但新地区则还有不少村庄存在着这一问题。其次，民夫在前线，如何运用战争的空隙时间进行生产，如何在运输中带"回头货"，后方机关某些常备民夫的工余生产如何解决，过去均尚无很多创造，各地区应不断研究这些问题，以便巩固民夫，达到长期支援战争之目的。

（四）为了使人力的动员与组织工作作〔做〕得更好，除以上的工作原则外，必须加强领导机构，兹决定：各县人力的动员与组织工作，一律由县政府民政科科长或副科长（无副科长即增设）负责。在工作需要时，除民政科本身干部外，并须由县统一抽调干部参加。区的人力动员与组织工作，由区长或副区长亲身负责主持。

（五）各地区民夫，无论上前线、到兵站、运粮食、送军队，在后方，凡属离开本村支援前线者，要求领导干部及全体民夫作〔做〕到：

1. 随时随地（尤其是新解放区）尽可能参加或单独进行驻地群众工作。

2. 以自己的拥军实践去巩固部队，提高士气。

3. 及时报告情况，积极学习时事，坚定打垮国民党反动派进攻的信心。

（六）各地区政权干部除积极担负起组织与动员民夫支援前线外，并应结合群众团体组织妇女、儿童、老年人民进行碾米、磨面、做鞋、缝衣、看护伤病员等一切有关支援前线的工作。我们号召："每一户居民好好作〔做〕一双鞋，卖与〔予〕部队后勤机关"，"每户居民晒干菜至少一斤（青菜、萝卜、豆角、肉、鱼、豆腐均可）捐助部队"。政府应在一定时期收集贮存备用。

（七）各地专署以上政府，应即日商同同级党、军、民机关组织支援前线委员会，县级成立支援前线指挥部，统一的〔地〕领导全面的支援前线工作——省级支援前线委员会业经成立，并已开始工作。

（八）各地区在动员与组织人力支援前线工作中，应时刻注意发现、创造培养大批的模范群众、模范干部、模范团体、模范村庄，搜集整理典型，及时报导〔道〕。随时总结经验及模范事例，报告本府，以便及时交流经验，加强宣传教育。在第二次自卫战争胜利来到之时，各地区并须由下而上的〔地〕总结经验，检阅成绩，检讨缺点，表扬模范，抚恤伤亡疾病，批评与惩罚失职人员。

主席　黎　玉

选自《山东革命历史档案资料选编》，第17辑，济南，山东人民出版社，1984年版，第338～342页。

44. 山东省政府、山东军区关于在自卫战争中动员使用人力及运输工具办法的命令

1946年9月20日

国民党反动派不顾三大协定，倾全力向解放区进攻，造成了空前未有的大规模内战局面。我们虽然要争取反内战的迅速胜利，然而必须准备可能的持久。此次战争不同于过去，很明显的〔地〕具有大规模的运动性，但我们的交通运输工具赶不上需要。因此，在政府与人民方面，就需要强调动员一切人力物力全面的〔地〕支援前线，在军队

方面，就需要强调节省人力物力，保持支援战争的动力源泉。而组织使用起来，便要求精密准确，方能保证及时供给并不致形成浪费。除前由山东省政府以民财粮会字第二号指示，规定了人力动员组织使用的一般原则外，兹再联合规定关于动员人力及运输工具办法，令仰遵行。希各地在具体执行中，随时细心创造办法，介绍经验，使本办法更加充实为要！

此令

附：　　　　　　**动员使用人力及运输工具办法**

一、凡本省男女老幼有劳动力者，皆有出差或在家为支援前线而工作之义务。

二、凡本省十六岁以上五十岁以下之男子，皆有出夫之义务。

三、凡本省公有或民有之车辆、牲口、船只，皆有（义务或定价）为支援而运输之义务。

四、各级政府，各级军区，皆须会同有关部门组织支援前线机关。各支援机关须有作实际工作之内部分工，以掌握人力物力之调剂、征发、组织、动员。

五、各区村除民兵已有组织外，十六岁以上五十岁以下之男子，须按车辆、骡驴、担架、挑子，迅速组织成班、分队、中队、大队，以备随时应征出动。举例：

挑夫以十至十二人为一班，自选正副班长。二班至五班为一分队，自选正副分队长。二个分队或二个以上的分队编为一个中队，自选正副中队长，政治文化教员一人，供给员一人，炊事员一人。二个中队或二个以上的中队编为一个大队，设正副队长、指导员各一人，并须动员配备医生。

担架以三付〔副〕为一班（带轮担架三人一付〔副〕，普通担架五或六人一付〔副〕）。分队、中队、大队编制，干部职员配备与上同。

小车五辆为一班（每辆二人）。分队、中队、大队编制，干部职员配备与上同。

大车三辆为一班。分队、中队、大队编制，干部职员配备与上同。

以上各种编制，应以村区为单位照顾生产，将全村人力、畜力、车辆分别编为几个班或几个分队，以便轮流出差。

六、各项组织须于十月半以前组织齐备，听候征用。

七、各使用民力机关，须尽量注意节约，尽量少耽误生产劳动，或使用时使之与生产及运输业相结合。用夫应采用轮流办法，减少往返时间；但每须出夫，以不超过一个月为原则。运输应采用分段办法，后方运输以不超过三百里为原则。

八、以经营运输业为主要职业者，如车、船、牲口等被征用时，给以能顾赡家口、继续维持营业之代价（等于义务包雇）；但此项代价，须低于一般市价，其经营并须服从支援前线工作。

九、城市居民，亦须出夫；但以生活与农民有差别，出夫时应准许其自行雇人代替。

十、民夫待遇：民夫牲口出差不足一天者，伙食饲料自带。一日以上者，到用夫机关后，伙食饲料由用夫机关供给。其标准如下：

甲、民夫伙食

（一）前线民夫与长期（自半月以上者）民夫，其伙食与民兵同（每日每人粗粮二斤四两，青菜十两，盐六钱，油四钱）。

（二）短期民夫（半月以下者）每日每人粗粮三斤四两（菜金、饮食、柴火在内），饮水需由用夫机关报销柴火一斤。

（三）食具由民夫自带。

乙、牲口饲料

（一）大牛每日每只草十五斤，料五斤；中牛草十二斤，料四斤。

（二）驴每头每日草七斤，料三斤。

（三）驴子每头每日草十斤，料八斤。

十一、兵站为军队之组成部分，其主要任务为运输供应及便于部队之交通，故应确认兵站为用夫机关。组织动员及调集民夫之职责应属于政府或支援前线委员会（县指挥部）。兵站须注意节省民力物力，照顾民夫、牲口之生活及情绪，并应确实作〔做〕到精密与准确。政府或各支援机关须保证人力物力之及时与无缺，并须注意民夫之政治动员与教育。各支援机关及政府须与兵站密切联系并须做到工作统一。前线兵站，应由部队自设，政府与支援机关应予充分之供应与支援，并使之与后方兵站相衔接。

十二、支夫手续：除兵站外，后勤各部门工厂、医院以及其他地方军政机关之用夫，须统一由当地各该用夫机关之最高机关主管部门核准介绍，方得挑夫；否则一律不许支夫，以防紊乱，其手续：大车一辆、小车三辆、牲口五头、民夫十名以下者，得直接向村公所交涉。过此数以上，须向区公所交涉。支拨之后，须于十日内向上级报告。其大车二十辆以上、小车五十辆以上、牲口五十头以上、民夫一百名以上者，俱须向县政府交涉县政府支差，须有月报向上级政府或支援前线委员会报告。大量用夫及用夫频繁之地区，须有旬报，以资统计并及时调整。

十三、民夫及运输工具之计工：挑夫、担架，俱以每人全日按一个工计算。驴一头，全日作一个工，驴夫一人全日作一个工计算。小车一辆全日作一个工，车夫每人全日作一个工计算。大车一辆，本身全日作一个工，中牛每只每日作一个半工，大牛每只每日作二个工，车夫每人全日作一个工计算。其他运输工具及牲口，俱准此由各地自行规定。此项计工标准，纯为调剂平均负担之用。出差者须按照被征之种类及数量应征，不得假借此项标准有所推诿或擅自更换。

十四、在出差时，牲口、车辆如有死亡损坏，而非由于牲口之原来疾病或车辆之原来破旧或使用人之有过失者，用夫机关须视具体情况，酌予赔偿。此项赔偿费用可作正报销。

司令员　陈　毅
副司令员　张云逸
政治委员　饶漱石
副政治委员
主　　席　黎　玉

选自《山东革命历史档案资料选编》，第17辑，济南，山东人民出版社，1984年版，第373～376页。

45. 山东省实行常备民夫制及使用民夫办法

1946年11月28日

第一章　总　则

第一条　为了有计划的〔地〕动员、组织和使用民力，使人民的负担合理，既可满足自卫战争的需要，又能节省民力，发展生产，达到民夫“调动灵活，供应及时”，以争取人民的自卫战争的胜利，特制定本办法。

第二条　凡解放区人民，年龄在十八岁以上、五十五岁以下，体格健全，身无恶疾的男子，均有出夫的义务。

甲、常备民夫：凡年在二十岁以上、四十五岁以下的男子，均服常备民夫。

乙、短夫：十八岁至十九岁，和四十六岁以上至五十五岁以下的男子，均出短夫。

第三条　凡离作战地区较远的中心县区，实行常备民夫制。作战地区、接近作战地区及边缘区，则出短夫。

第四条　各村除留村长、指导员（或农救会长）二个主要干部照顾村政和其他工作外，其他村干民兵一律有出夫的义务，不得藉〔借〕口特殊，避不出夫。

第二章　常备民夫

第一节　常备民夫的组织

第五条　应出常备民夫的县区，必须适应军事的要求，按下列规定，将常备民夫编成班、排、队的组织。

一、常备担架队的组织：担架（轻担架）每付〔副〕三人，每四付〔副〕担架为一班，共十二人（内正副班长各一人）；三班为一排，排长一人，四个排为一队，队有正副队长各一，正副指导员各一，管理排长一（详见军区颁发之担架运输队编制表），总计每队有担架四十八付〔副〕，附设于团。至于旅、师，则附给运输担架大队。

二、运输队的组织：运输队又分挑夫队、小车队、大车队、驴骡队。

甲、挑夫队：每挑一人，每十二付〔副〕挑子为一班（内正副班长各一人），三班为一排，四排为一队。

乙、小车队：每辆小车二人，每小车六辆为一班（正副班长各一人），三班为一排，四排为一队。

丙、大车队：每大车五辆为一班，三班为排，四排为队。

丁、驴骡队：每马驴骡十四为一班，三班为排，四排为队。

第二节　常备民夫的载重

第六条　常备民夫运输队载重；每挑重量，在前方不超过五十斤，在后方由六十斤至七十斤；小车每辆载重，前方不超过二百斤，后方二百五十斤至五百斤，驴子每头负重，前方不超过一百斤，后方一百斤至一百五十斤；骡子每头负重一百五十斤至三百斤；大车载重一千斤至一千五百斤。

第三节　常备民夫的服务期限

第七条　常备民夫的服务期限，从到部队服务之日起计算，以二个月为一期，轮流更调，但须保证三分之一或二分之一的熟练工作者在部队。

第四节　干部配备

第八条　常备民夫必须由村、区、县、专署配备适当干部率领，以加强教育、管理、领导与掌握。村出常备民夫三人以上必须配备村干一名；每调一队服务，区必须配备区干一名；县调两个队以上同时服役者，必须配备县干一名；两个县至数个县同时服役者，专署必须配备干部一名。

第五节　常备民夫的供给

第九条　常备民夫每天每夫粗粮二斤半、烧柴三斤（如遇重活，粮食不够时，得实报实销）、四钱油、六钱盐、十两菜，每月半斤猪肉。

第十条　常备民夫须自备鞋子一双、大棉袄一件，如实属贫苦无力自备者，得由村募给鞋子一双，借给大棉袄一件或棉被一床，服务期满回家后归还。

第十一条　每夫每月医药费十元，由使用民夫的兵站或部队报销，县区须配备卫生干部，随队服务。

第六节　常备民夫的服务范围

第十二条　常备民夫编成班、排、队、大队的军事组织后，除按战争需要，听命征调，配备至团、旅、师各野战部队服务外，其未出常备夫者，仍须出短夫，为战时后勤服务。

第三章　民夫的使用

第十三条　凡合于下列规定者，可以使用民夫，但不得以少报多、以缓报急，如有违犯，一经查出，即按情节轻重，以纪律论处。

甲、后方兵工、被服、印刷等工厂及医院的移动，兵站运送军工器材、军实等。

乙、政府粮库调剂粮草，修筑及拆破道路、桥梁。

丙、后方机关的伤病员及不能行走的荣誉军人的转送。

大批使用民夫时，必须经军区司令部或省政府及战略军区或主署的证明，专署级以上支援前线委员会的批准。

第十四条　凡下列情形，一律不准使用民夫：

甲、公私贸易及机关学校部队公营商店的运输事业、农业生产等，禁止使用民夫。

乙、机关学校部队过往人员的代步、背行李、驮东西、接送眷属、递送公私信件，机关搬家、建筑房屋、器具，帮助机关学校部队挑水、劈柴、做饭、做零活等，一律不准使用民夫。

后方机关须严格做到“自做自吃”，节省民力。

丙、二十里路以内的粮草运输，应由机关部队学校自运，不准使用民夫；二十里以外的运输粮草，由当地粮库调剂之。

第十五条　凡不按使用民夫的手续，私向区村要夫，或不应用夫而强行使用民夫者，政府与群众均有权拒绝之，倘有违犯，得报告上级机关，按照情节轻重，依纪律惩处之。

第十六条　县以上的政府，有批用民夫之权，区村无权批付民夫。

第十七条　短夫除公家每天每夫供给三斤四两粗粮、柴一斤外，其余完全自备。

第四章　民夫的计工算账

第十八条　出夫为人民服务战争应尽的义务，必须以村为单位，全村合理负担，实行全村记工算账，全村民夫大换工。

第十九条　常备民夫在服务期间，一天（一工）算一个半工，未到部队服务前的常备民夫和短夫，均一天（一工）算一工。

第二十条　民工无论奉命出发参战（如爆炸组、子弟兵团及服务前线等）或出常备民夫，均以一天（一工）算一个半工，如出短夫，则以短夫计算。

第二十一条　城市和大镇的居民、小贩、工厂、私营及公私合营的商店，不出常备夫，但须出短夫。其不能以人力出短夫者，则以五斤至十斤粗粮抵算一工。

第二十二条　凡城市贫民及乡村中贫苦无力出夫者，得免于出夫。全村算账时，不计在内。

第二十三条　出夫人（特别常备民夫）离家后，其庄稼活计应由村中及时还工、代耕代种，不得有违农时。

第二十四条　牲畜车辆计工算账，牛算二工，马骡算二工，驴算一工，小车算一工，大车算二工。

第五章　民夫的管理教育

第二十五条　带领民夫的干部，必须具有高度为人民服务的精神和高度的责任心。要爱护民夫、教育民夫、关心民夫的生活，提高民夫自觉为战争服务的觉悟程度。

第二十六条　开展民夫中的立功运动、创模运动，设立功劳簿，论功行赏。

第六章　附　则

第二十七条　本办法公布施行后，凡本省过去颁布［的］有关民夫使用的条例法令与本办法相抵触者，概依本办法执行之。

第二十八条　本办法经山东省政府委员会通过，自公布之日起有效。

选自《山东革命历史档案资料选编》，第18辑，济南，山东人民出版社，1985年版，第41～46页。

46.　山东省政府布告——关于宣布奖惩条例

1947年2月

我军已获空前伟大胜利。全面反攻与全国民主高潮即将到来之时，解放区的军民，正在用全力进行最英勇的斗争，边沿区蒋占区工人、农民、学生、工商业界及社会贤达人士中也出现了无数忠勇奋斗与坚持正义的民主爱国主义者。但同时也有一部分反动地主恶霸、土匪、特务与助纣为虐的坏蛋分子，企图乘机复辟，实行对群众的报复手段，响应与配合蒋军向解放区进攻。本府为表彰正义、镇压反动分子，保证人民翻身利益及自卫战争的彻底胜利，特宣布下列奖惩条例：

一、凡在解放区散布谣言、刺探军情、打冷枪、组织破坏、暗杀暴动与武装叛乱者，当地军民应即严予镇压逮捕，送交民主政府组织法庭审判。如在紧急情况下，可就地处理，情节严重者处以死刑。

二、凡被敌人一时强迫带路侦探及作〔做〕各种特务活动而自愿悔过者，准许其向当地民主政府公开或秘密自首，依情节轻重，从宽处理，轻者得免予治罪。

三、凡在蒋占区边沿区直接或勾引蒋军汉奸、国特分子，杀害我军属工属群众及各种干部，以及盗卖或毁坏公粮公物者，由当地民主政府组织法庭，依情节轻重，从严处理，重者处以死刑。

四、凡在蒋占区边沿区向群众报复收回土地及其他财物而为群众所痛恨者，于收复后，可向民主政府提出控诉，组织法庭审判，按照情节轻重处以劳役，徒刑，情节严重者处以死刑。

五、凡在收复区俘获之还乡团、保甲长与伪县区政府人员及特务分子、反动地主等，应交地方民主政府组织法庭审判，依情节轻重处理；而在收复前自愿悔过自新者，准许其立功赎罪。

六、凡在蒋军占领期间罪恶不多，不积极向群众报复，或先反动而后改悔之分子，应按情节轻重予以适当处分，在其认错悔过后，如再为非作恶时，应从严处治。

七、凡在蒋占期间保持中立，不向群众报复，不收回土地，并对我表示同情或有所贡献之地主、士绅及其他人等，应给予奖励和表扬，照顾其生活。其有特殊贡献与有才能者，于格外奖励表扬、照顾生活外，并予以录用。

八、凡在蒋占区边沿区坚持斗争、杀敌有功者，须论功行赏。

九、凡在敌人摧残压迫之下誓死不屈，或被敌俘获而不泄露机密、不损害群众基本利益，保持高尚气节者，应予表扬。

有功必奖，有罪必罚，为人民服务，为民族树立正气，此为民主政府一贯之精神。而目前自卫战争的胜负，更有关整个民族国家前途。反对蒋介石的内战、独裁、卖国与争取全国真正的和平、民主、独立，实为我全体人民应尽之天职，凡我人民务各奋勉！

此布

主席　黎　玉

选自《山东革命历史档案资料选编》，第18辑，济南，山东人民出版社，1985年版，第300～301页。

47. 山东军区、山东省政府关于民夫待遇办法的联合决定

1947年7月10日

一、从爱国自卫战争爆发以来，我华东解放区，经常动员数十万民夫，担任前后方担架运输，完成了前线抢救伤员、运送粮弹及转运作战物资的任务，尤其在经过“土改”地区，

成千上万的农民在保卫家乡、保卫土地的口号下，踊跃出伕，在抢救伤员、转运物资、输送给养等工作中，创造了无数英勇的事迹。我们解放区人民，这种支援前线的热情，是我们战胜强敌、争取自卫战争胜利的有力保证。

二、但由于大规模运动战需要浩繁，民力使用过多，群众负担太重，而民夫待遇又一律采取供给制与义务制，完全拒绝包工制、包运制与按成抽奖制之采用，因此民夫中由于“多干少干反正是二斤半”（长夫供给制）“多运少运，横直是自己管饭”（短夫义务制），提不起积极性，存在“磨洋工”心理，致劳动效能减低，另一方面由于民力使用只靠政治动员与大批干部领导，因此又增加大量的伙食支付，这对社会生产既极妨碍，对公家财政又属浪费，长此下去，势难持久，这必须促起我们极大的警惕。

三、为长期支援战争，今后对民力使用，除在政治上深入动员与组织上加强领导外，必须在经济上改变单纯的供给制与义务制，除前方民力需用供给制外，其余尽可能采取包工制、包运制、按件计工制或供给提奖制，达到公私两利原则。既要节约财政开支，提高民夫使用效率，又要改善民夫待遇，减少民力浪费。为此特作如下决定：

（甲）凡兵站及各机关、各部队、各工厂之粮食、公草、弹药、被服、军用品、原料（如棉、布、煤、铁）等，运输有一定收发地点者，不论长夫短夫，原则上一律不采用供给制，而采用包运制、按件计工制。如运粮每百斤每百里给工粮十二斤至十五斤，运棉给工粮二十斤等（但工商企业性组织的使用民夫，须按市价给资，不得援用此例）。此运输工资，应以能养活一个人至一个半人为标准，其具体实施责成兵站部、财政厅、民政厅及供给部，按不同物资、不同地区，分别规定公布施行。

（乙）在兵站服务之常备民夫，立即采用按件计工制或供给提奖制（即照供给制规定每人每日一定运输量与一定里程，超过此运输量及里程者，每斤每里发给奖金）。但常备民夫队，因特殊原因（如下雨生病等）或公家无东西可运时，其生活费仍由公家按一定标准供给。

（丙）凡半脱离生产之包运队，有固定之组织形式，保证随调随到，由兵站掌握担任临时突击性之接力运输，则完全采用包工制、按件计工制。但因雨雪及其他环境障碍在途中耽搁吃亏时，亦应由公家酌量情形，予以补助。

（丁）不脱离生产之包运队及短途民夫，则完全采用按件计工或包运制。

（戊）凡部队机关指战员与工杂人员运输本机关自用粮草者，亦照民夫一样按件计工，所得工资以三成归该单位小公家，七成归私人。

（己）凡属医院担架队及前方部队之随军担架队与随军运输队、常备担架及运输队，因流动不定，运输任务亦不经常，不能采用包工制，只能仍用供给制。

（庚）为保证担任运输民夫之饮食住宿，各地政府应加强民站工作，保证运输队粮食柴草之需要，并尽量采用民办公助方针，组织群众性的饭店、客店。

（辛）民夫在服务期间，因劳成疾或负伤，无论军队或地方医院，均有免费治疗之责。

（壬）民夫因弹药爆炸、敌机轰炸或其他意外事件而死亡残废者，由政府按民兵抚恤办法抚恤之。

（癸）为避免供给制民夫情绪受影响，除作充分政治解释外，上述包工制民夫，仍应在政治动员基础上，给予适当工资，应由各地政府与支前委员会统一动员筹划、公平支配，使各村摊派一定数量之供给制民夫，也摊得同样数量之包工制民夫，使义务权利，各得其平。

上述各点，望各有关机关及各军区、行署，根据此原则，规定具体计划迅速执行。

司令员 陈毅
政治委员 饶漱石
副政治委员
主席 黎玉

选自《山东革命历史档案资料选编》，第19辑，济南，山东人民出版社，1985年版，第187～189页。

48. 山东省政府通令
——关于起义部队在解放区军属的待遇问题

1949年1月

兹接华东军区致本府建议："凡起义加入人民解放军的部队，自起义之日起，其官兵之家属即为革命军人家属，在解放区内应享受革命军人家属之待遇；其生活确有困难者，请按优属条例给以适当照顾。"据此，查起义部队全体官兵，即已加入人民解放军，其家属即为革命军人家属。各级政府在接到部队关于其家属的正式通知及证明后，即应登记为革命军人家属并通知其家属本身，按照中国土地法大纲、新区减租法令、优待革命军人家属条例及一切现行民主政府法令等，酌量军属实情予以应得的社会待遇。其生活确有困难者，按优属条例予以适当照顾。

此令！

山东省政府

选自《山东革命历史档案资料选编》，第22辑，济南，山东人民出版社，1986年版，第103页。

49. 山东省政府关于解决革命烈属军属工属复员荣军等生产困难暂行办法

1949年2月10日

第一条　为帮助革命的烈属、军属、工属及复员荣军等之生产困难，使前方部队与后方干部无家庭顾虑，特制订〔定〕本办法。

第二条　凡本行政区境内之因公牺牲或病故之烈士家属（简称烈属）、革命军人家属（简称军属）、脱离生产之男女革命工作人员家属（简称工属）及在革命战争中因伤残或积劳成疾而复员的荣军，其家境贫寒，确因缺乏劳力而发生困难者，均得依本办法之规定解决之（参加解放军之被解放战士家属，从其子弟正式参加解放军时算起），藉〔借〕以帮助上述人员建立家务，发展其生产。

第三条　本办法所称家属，系指烈士及军工人员之配偶、父母、子女及无依靠之祖父母与未满十六岁之弟妹。本办法所称荣军，系指参加人民解放军而伤残之荣军。

第四条　在解决烈军工属、荣军之困难时，应着重从长期打算，帮助其进行生产，建立家务。并须分别情况，即有劳力能全部自耕者，应奖励其全部自耕；部分无劳力者，实行部分代耕；全部无劳力者，全部代耕。防止单纯救济及养成烈军工属之依赖思想，并应掌握“先烈军属、后工属，先主力、后地方”之原则。

其暂行办法，有以下几项规定：

甲、凡烈军工属，因劳力不足，其土地之全部或一部不能从事耕种，致影响其生活者，得由区乡政府实行代耕，其代耕之工，由全乡负责。代耕人如耕作不力，致土地荒芜者，须负赔偿之责任，并须受到批评。

乙、请求代耕之烈军工属，得将其土地、劳力状况报告乡政府，由村代表会或群众会讨论。除自力能够耕种者外，其不能耕种之土地，由代表会或村民会公议，经本人同意，交区政府批准执行。

丙、凡烈军工属之鳏寡孤独残疾及一等残废之荣军，其因丧失劳力，家中无人寻柴、担水、送粪者，可经群众讨论实行专工固定帮助，其工可抵折公差、勤务。

丁、烈军工属、荣军之口粮困难，致无力生产者，可经村政府与村农会共同讨论，在分配贷粮、贷款及其他社会救济时，尽先予以照顾。

戊、烈军工属、荣军之公粮田赋负担，须酌情减免者，依照本府颁布之征收公粮田赋办法中减免规定执行。

己、城市之烈军工属及荣军生产困难无法生活者，可优先给以贷粮、贷款，帮助其从事生产。

庚、老区之老的乡或行政村，如烈军工属、荣军已占全村户数百分之六十以上者，除应酌量予以优待外，应同时提倡烈军工属及有劳力之荣军实行互相帮助，必要时可从附近邻村调剂劳力。

第五条　凡烈军工属其生产及生活之困难，均由其所属之区乡政府负责解决。县以上之机关，应将督促检查所属对本办法之执行当作经常工作。

第六条　各机关、团体、公营企业（包括工厂、商店等）所雇用员工（领取薪水工资者）之家属及其他不脱离生产人员家属，不得享受本办法规定之优待。

第七条　下列人员家属经查明属实，亦将依本办法之规定予以解决：

甲、抗日战争爆发以前及该地区在解放以前，因参加共产党领导的革命工作或革命暴动而牺牲之共产党员及革命群众之家属。

乙、常备民兵、民工，在执行任务期间家庭生活确实困难者。

丙、调离本行政村（乡）出外工作之行政村（乡）级干部，在耕种或收割期间不能回家，其家庭（同工属）无力生产，经群众公议，区政府审查，确须适当照顾者。

丁、一九四九年脱离生产去新区干部之家属，其待遇与军属同。

第八条　凡因犯罪行为被开除军籍或清洗，及经证明确系逃亡或脱离革命者，经村政府与村农会共同查明属实后，即停止其一切优待。

第九条　凡烈军工属或荣军自觉的〔地〕积极生产，不求群众帮助或逐渐减少帮助，能自己克服困难，因而节省民力者，以及干部群众帮助烈军工属建立家务有显著成绩者，各级政府应分别予以精神或物质之奖励。

第十条　干部或群众如有轻视此项工作，或利用此项工作假公济私或进行贪污者，须分别予以批评或处分。烈军工属如因游惰、生活奢侈、染有不良嗜好，不事生产者，或其家中本有依靠，不必群众帮助，故意分家，或以其他借口藉〔借〕以取得优待者，均得召开群众大会，予以批评教育。屡经批评教育而仍不改正者，经群众讨论，得停止其享受代耕或其他一切优待。

第十一条　本办法系根据已进行土改地区（老区、半老区）之情况制定，未进行土改地区（如边沿、游击区、新区）可依据本办法之精神变通执行。

第十二条　本办法自公布之日施行，所有以前颁布之有关烈军工属及荣军优待办法与本办法相抵触者，以本办法为准。

第十三条　本办法如有未尽事宜，得随时修正之。修正权属山东省政府。

选自《山东革命历史档案资料选编》，第22辑，济南，山东人民出版社，1986年版，第144～147页。

50. 华东军区山东省政府优待抚恤荣誉军人及年老病弱退休军人暂行条例

1949年3月1日

第一条　凡人民解放军之指战员（指一切已取得军籍之人员），因参战负伤致成残废者，称荣誉军人（以下简称荣军）；因年老病弱确实不能担任部队工作，经一定手续退休者，称年老病弱退休军人（以下简称退休军人）。荣军及退休军人现住华东地区者，得享受本条例之优待与抚恤。

第二条　为优待抚恤荣誉军人及退休军人，解决其生活困难，组织培养其生产能力，提高其社会地位，鼓励其参加工作，继续为人民服务与立功，特制定本条例。

第三条　荣军应依其残废轻重和失去劳作能力之大小，按下列标准确定残废等级。

特等残废：凡全身瘫痪，或重症半身不遂，或失去三肢以上（包括三肢以上伤后完全失去作用者），或具有一等两条或一等二等各一条以上，致劳作能力全失，且必须有专人招护者，为特等残废。

第一等：具有下列情形之一，致全部失去劳作能力者，为一等残废。

1. 两肢失去或伤后完全失去作用者。
2. 手指完全失去者。
3. 两目失明者。
4. 咀嚼及言语机能均全废者。
5. 重要脏腑受伤或其他与上列各项相当之伤残者。

第二等：具有下列情形之一，致失去大部劳作能力者，为二等残废。

1. 一腿或一足，一臂或一手失去，或伤后完全失去作用者。

2. 两肢以上伤后部分僵直尚能勉强行动者。

3. 拇指全失者。

4. 两耳全聋且哑者。

5. 两眼（角膜受到损伤或烧伤及眼底出血或混沌）视力高度障碍，且根本不能恢复者（仅可勉强看见一米达近之物体）。

6. 大小便失禁漏屎漏尿者。

7. 咀嚼机能全废者。

8. 重要脏腑受伤或其他与上列相当之伤残者。

第三等：具有下列情形之一，致失去一部劳作能力者，为三等残废。

1. 一肢骨折，伤后僵直或一肢关节僵直，致运动受重大障碍者。

2. 一手之拇指自第二指骨处截落，并有其他三指以上折断或全失者。

3. 失去全部足趾或足之一部者。

4. 生殖器损伤失去生殖机能者。

5. 头部或腰部因伤致运动发生较重障碍且不能恢复者。

6. 重要脏腑受伤或其他与上列相当之伤残者。

第四等：具有下列情形之一，致影响劳作能力但尚能自谋生活者，为四等残废。

1. 一目失明或双目视物不清，且短期不易恢复者（尚能看见两米达近之物体）。

2. 两耳全聋者。

3. 言语全废者。

4. 鼻管脱落者。

5. 一手拇指自第一指骨关节断离，且兼有食指或其他二指以上均折断者。

6. 足趾失去过半或足跖关节僵直者。

7. 伤筋伤骨行动不便者。

8. 伤愈后精神上有障碍者。

9. 其他与上列相当之伤残者。

第五等：具有下列情形之一，致影响劳作能力但仍能自谋生活者，为五等残废。

1. 言语障碍不清者。

2. 听觉有重大障碍者。

3. 一手拇指自第一指骨折断或其他一指以上失去或僵直者。

4. 足趾失去两个以上者。

5. 关节筋肉伸缩时有不便者。

6. 脏腑受伤短期（一年以下）尚能恢复，或其他与上列相当之伤残者。

第四条　荣军确定残废等级后，得按下列标准享受抚恤。

（一）参加工作者除享受其所参加部门应享受之待遇外，另发给荣誉金（每年于一、七两月分期发给，每期发给半数）。其规定如下：

一等，每年发给荣誉金小米四百市斤。

二等，每年发给荣誉金小米二百七十市斤。

三等，每年发给荣誉金小米二百市斤。

四等，每年发给荣誉金小米一百三十市斤。

五等，每年发给荣誉金小米一百市斤。

（二）退休或安家者，按下列规定发给抚恤费及荣誉金：

特等，每年发给抚恤费小米一千三百市斤，荣誉金小米四百市斤，供给终身。

一等，每年发给抚恤费小米一千市斤，荣誉金小米二百七十市斤，供给终身。

二等，第一年发给抚恤费小米九百市斤，二年后减半，供给终身，并发给荣誉金小米一百三十市斤，供给终身。

三等，第一年发给抚恤费小米六百市斤，二年后减半，供给终身，并发给荣誉金小米一百三十市斤，供给终身。

以上特等及一、二、三等之抚恤费及荣誉金，均于每年一、七两月分期发给，每期发给半数。

享受长期抚恤之荣军，其残废等级每二年应由县以上政府协同公立地方医院检查一次，等级有变动者，应即换发新证，按新证之残废等级享受抚恤，残废消灭者，应即停止抚恤。

特等及一、二、三等荣军在抚恤期间死亡者，再一次发给其家属半年之抚恤费及荣誉金，后即行停止。（转业地方之荣军免发抚恤费）

四等，发给抚恤费小米五百市斤，于退休后到达原籍或安家所在县府时一次发完，每年发给小米一百市斤，至残废等级取消时为止。

五等，发给抚恤费小米三百市斤，于退休后到达原籍或安家所在县府时一次发完，每年发给荣誉金小米八十市斤，至残废等级取消时为止。

（三）住荣校、教养院（所）之荣军按野战军生活标准供给，特等荣军得按三人设一招护员照顾，并按下列规定发给荣誉金（发给时间、次数与参加工作者同）。

特等，每年发给荣誉金小米四百市斤。

一等，每年发给荣誉金小米二百七十市斤。

二等，每年发给荣誉金小米二百市斤。

三等，每年发给荣誉金小米一百三十市斤。

四等，每年发给荣誉金小米一百市斤。

五等，每年发给荣誉金小米八十市斤。

第五条　退休手续：

（一）荣军伤愈出院，凡需要向地方转业或退休的，由医院根据本办法第三条之规定，认真评定残废等级，并详细填具“残废证明书”（式样由华东军区统一印发），发齐一切应发之供给品及填好“供给登记表”，分别介绍师（四级军区）以上政治机关审查合格，给以退休证后介绍至各行署荣管分局安置处理。

（二）凡属华东军区、华东野战军及三级军区之主力和基干部队之退休军人，退休时应由部队师（四级军区）以上政治机关批准发给退休证，并将其在部队按规定应领之被服、鞋袜、津贴、日用品、荣誉金、保健费等及由部队到达荣管局之路费补发齐全，随带服装等供给登记表，直接介绍至原籍行署荣管分局办理退休手续。

（三）四级军区以下之地方武装（县区武装）即由原部队介绍至四级军区政治机关批准办理退休手续。其籍贯属于本军区所辖之县市者，直接介绍至专署办理退休手续，若其籍贯属于其他专署或其他行政区者，直接介绍至行署荣管分局办理退休或转移手续。

（四）家在兄弟解放区之退休军人，一律由行署以上之荣管机关办理转移手续，介绍至兄弟地区（行署一级）办理退休手续，按当地规定加以优待。

第六条　荣军及退休军人退休回家时，得依其入伍期长短按下列规定发给退休优待金（即生产补助金）：

（一）入伍满一年者发给小米一百市斤，每多一年增发小米五十市斤，尾数超过一个月者以半年计（增发小米二十五市斤），超过七个月者以全年计。

（二）排级以上干部除依上项规定发给外，另加发小米五十市斤。

（三）入伍未满半年（六个月）之退休军人，一律不发退休优待金及退休证，入伍已满半年（六个月）以上而不满一周年者，只发给退休优待金小米五十市斤，但不发退休证。

荣誉军人不问其入伍期间之长短，均依本条第（一）款之规定发退休优待金和退休证。

（四）患严重慢性病久不痊愈者，由医生证明经师（四级军区）批准退休，介绍至行署荣管分局加发退休优待金，但最高不得超过其优待金总数二分之一。

（五）老年退休军人退休时，除照本条第（一）款之规定发给退休优待金外，并得再发给一次抚恤费（不包括荣誉金）。其规定如下：

1．年在四十五岁以上，入伍满五年者发给小米三百市斤。

2．年在五十岁以上，入伍满十年者，发给小米五百市斤。（不发给抚恤证及老年证）

第七条　本条例自公布之日施行，所有以前颁布之有关荣军及退休军人之优待抚恤条例与本条例相抵者，均即作废。

选自《山东革命历史档案资料选编》，第22辑，济南，山东人民出版社，1986年版，第212～217页。

51．山东省纪念革命烈士建筑委员会第一次会议决议

1949年5月6日通过

一、本会的任务是：

甲、领导济南、徐州、临沂、烟台及青岛等五地，建立革命烈士纪念塔、革命烈士纪念堂及革命烈士陵园。

乙、领导各乡建立烈士碑。

丙、编纂革命烈士史迹。

二、建立分会组织：

甲、在济南、徐州、青岛、烟台及临沂等地建立分会，各分会委员的名单，由各该地党、政、军、民领导机关商定，在五月二十五日前，提请本会批准。昌潍、潍坊及滨北行政区各遴选两个得力干部经本会批准后，参加山东省纪念革命烈士建筑委员会青岛分会为委员。渤海行政区遴选三个得力干部经本会批准后，参加山东省纪念革命烈士建筑委员会济南分会方委员，并由其中决定一人为副主任委员。

乙、各分会的任务是执行和贯彻本会的一切决议指示，和向本会提出各种建议。

丙、各分会接受本会及同级政府的领导，并通过同级政府推动组织，完成任务。

丁、各分会可酌设设计委员会、工程处、秘书处及编纂委员会等组织，根据工作的需要自行决定，报告本会。

戊、各分会所在地的政府，应商同当地党、军、民领导机关，选派必要的得力干部，充实各分会的组织，专司其职。

三、革命烈士题名于烈士纪念堂和烈士碑问题：

甲、凡下列革命烈士，都须在烈士纪念堂题名，以纪念其不朽功绩：

1. 原华东人民解放军（现第三野战军）光荣殉国的本籍烈士和外籍在本解放区光荣殉国的烈士，以及中原人民解放军（现第二野战军）在淮海战役中光荣殉国的烈士。

2. 参加本解放区地方武装，光荣殉国的烈士。

3. 在人民解放军兄弟部队中，光荣殉国的本籍烈士。

4. 在本解放区内党、政、民机关团体工作的，在革命斗争中光荣殉国，或积劳成疾因病逝世的本籍和外籍烈士。

5. 在兄弟解放区党、政、民机关团体工作，在革命斗争中光荣殉国，或积劳成疾因病逝世的本籍烈士。

6. 在进行革命的秘密工作中光荣殉国的烈士。

7. 在抗日斗争中光荣殉国的，尚未名标抗日烈士塔的烈士。

乙、凡下列革命烈士，都须在本乡的烈士碑上题名，以纪念其不朽功绩：

1. 党、政、军、民部队机关团体的工作同志，在革命斗争中光荣殉国于本乡的烈士。

2. 在革命斗争中，在其他地区光荣殉国的本乡烈士。

3. 在当地革命斗争中，为保护人民利益光荣殉国的烈士。

丙、为便于烈士名标纪念堂，作如下的一般划分：

1. 淮海战役中光荣殉国的烈士，名标徐州烈士纪念堂。

2. 济南、兖州、泰安、莱芜等战役中光荣殉国，及在渤海区光荣殉国的外籍和本籍烈士，名标济南烈士纪念堂。

3. 在鲁中南地区历次进行的战役（除已列一、二项地区纪念外），及宿北战役中光荣殉国，及在鲁中南地区光荣殉国的其他外籍和本籍烈士，名标临沂烈士纪念堂。

4. 在胶东地区（四个海区及烟台）历次战役中光荣殉国，及在胶东地区光荣殉国的其他外籍和本籍烈士，名标烟台烈士纪念堂。

5. 在潍坊、昌潍、滨北、青岛等地区历次战役中光荣殉国，及各该地区光荣殉国的其他外籍和本籍烈士，名标青岛烈士纪念堂。

丁、广泛和有组织的〔地〕搜集烈士名单及烈士史迹：

1. 在烈士纪念堂褒扬的烈士，由人民解放军各部队团以上政治机关，山东军区政治部，县、市以上政府，中共党委及人民团体，分头搜集备函直接分送各分会。

2. 在烈士碑上题名的名单，由该乡乡政府，会同人民团体，拟定呈报县政府审查批准。

3. 各地人民亦可向当地县政府提出应该褒扬的烈士名单及烈士史迹，由县政府查实签署分送各分会。

四、编纂革命烈士史迹，由各分会直接负责。凡对革命有特殊贡献，其光荣史迹应予褒扬，以励革命意志的光荣殉国烈士，可由县团以上政治机关、中共党委、人民政府、人民团体编纂史迹送交各分会，统一研究、统一编纂，交本会审查。

五、所有革命烈士墓，原则不动，而任职县团级以上的烈士，可以移入就近陵园，在各该分会统一筹划下设墓。

六、经费问题：

1. 建塔、建祠、建园经费由省款项下开支的暂定北币一百四十亿，计分徐州及济南各四十亿，烟台、临沂及青岛各二十亿，分期拨付。余由地方报请省府批准后自行筹措，但须尽量运用当地的资材（如拆用城墙砖石等）及群众的积极性和集体力量（如机关团体工作人员及驻军参加运材搬土等），和人民的自愿捐献，以节省开支。

2. 建碑经费在节约原则下，在乡（村）公款内开支，但须尽量运用群众自愿捐献的旧石碑加以改造。

七、设计和计划中的两个问题：

1. 纪念塔、烈士纪念堂的设计，必须使其充分表现烈士的革命精神和革命风格（伟大、庄严、坚实），并须防封建性塔祠图案的简单搬移和脱离政治要求的单纯技术设计。

2. 各地区（除青岛）应根据本决议拟定〔订〕计划、图案及预算，于本月月终以前送到本会审查。

选自《山东革命历史档案资料选编》，第22辑，济南，山东人民出版社，1986年版，第443～446页。

52. 山东省人民政府关于加强民政工作建设的指示

1949年7月1日

一、民政工作是政权工作中的一个重要组成部分。在革命战争中，为了适应支援战争的要求，民政工作曾经把工作内容、力量配备主要集中在两件工作上——动员人力物力支援前线和安置从前方回来的荣军，因此，当时也采取了适应工作要求的新的组织形式和新的工作方式（如参加和领导民工团担架队随军服务和建立荣管局、荣校安置荣军等），这是十分必要和正确的。现在全国形势已有根本变化，国民党反动派已被打倒，肃清残余敌军已为期不远，山东全境已全部解放，今后我们将在毛主席的英明指示下，担负起支援前线以最快速度肃清国民党反动派残余力量，和有系统地、有步骤地进行政治、经济、文化和国防建设的艰巨任务。为此，我们的政权建设工作的各方面需要加强，民政工作亦应列为加强政权建设中的一个重要方面，而要求各级政府负责同志和全体民政工作同志立即去努力地解决改进和提高民政工作中的四个问题——明确职责，健全组织，研究业务，建立制度——以期使民政部门在今后的政权工作中担负更艰巨的任务。

二、省府规定的民政工作职责和业务，有以下内容：1. 组织建设。2. 人事行政。3. 市政建设。4. 行政区划。5. 户籍、人口的调查登记。6. 举办选举。7. 土地、房产确权登记和调解纠纷。8. 烈士褒扬抚恤。9. 优待烈军工属。10. 安置荣老病弱人员。11. 参军归队。12. 人力物力动员。13. 社会救济。14. 婚姻登记。15. 保育儿童。16. 少数民族。17. 改革礼俗。18. 宗教信仰。19. 实施禁政。20. 其他有关民政事项。

三、根据民政工作的业务和当前工作需要，在各级政府新编制尚未公布前，仍照省府已印发的编制草案的精神将民政工作的组织形式及其分工暂行调整如下：

乡（村）——由乡（村）长负责，乡（村）的其他民政工作组织形式（如优军小组等），由当地人民根据需要自己决定。

区——仍设民政助理员。

县——民政科中仍设民政股（其工作内容是二项的 1、3、4、5、6、7、13、14、15、16、17、18、19、20 条）、战勤股（其工作内容是二项的 11、12、20 条）、荣优股（其工作内容是二项［的］8、9、10、20 条）等，原属秘书室的人事股（其工作内容是二项的 2 条）调归民政科领导。

专署——民政科内各股的组织形式同县，原属秘书室的人事股调归民政科领导。各股的分工同县。

行署——民政处内仍照以前规定设民政科（其工作内容是二项的 1、3、4、5、6、7、16、20 条）、社会福利科（其工作内容是二项的 13、14、15、17、18、19、20 条）、战勤科（其［工作］内容是［二项的］8、9、11、12、20 条），原属秘书处的人事科（其工作内容是二项［的］2 条）调归民政处领导。

省——民政厅内仍照以前规定设秘书室、民政科、战勤科和社会福利科，原属秘书厅的人事处调归民政厅领导。各处、科的分工同行署，秘书室的工作内容是核阅文电、文牍、编印资料、管理机关人事、组织学习、领导总务工作和办理不属其他处、科的事项。

注：直属市府民政局的组织另定。

四、全体民政工作同志必须在各级政府负责同志的统一领导下，加强业务学习，并建立加强上下业务部门联系的工作制度。

甲、大家动手，集体负责，继续办好《民政资料》，作为业务学习的主要材料。

1.《民政资料》的内容，是转载省府有关民政工作的指示、决定，交流各地民政工作的经验，解答民政工作中的疑难问题，答复各地的意见，和摘要介绍兄弟解放区的民政工作经验。

2.《民政资料》发给对象是县以上各级政府的行政负责同志和民政工作同志，区以下口头传布。

3.《民政资料》的稿源，主要依靠各地的民政工作汇报，并欢迎各个同志的投稿。

4.《民政资料》录用的稿件，酌给酬劳。

乙、建立民政部门的业务汇报制度，密切上下联系。

1. 县每月分别向专署及省府民政厅写民政工作简报一次，在月终前送出；专署每月分别向行署和省府民政厅写民政工作简报一次，于下月十日前送出；行署、直属专署、直属市府每月向省府民政厅写民政工作综合简报一次，于下月廿日前送出。简报都由民政部门草拟，请各该级政府的行政负责同志审阅修正后缮送，并在简报上注明已经谁审阅。有重大问题随时汇报。有的地区已规定有简报制度，时间上如有出入，在保证一月一次的条件下，或加更改，或照原定时间执行，由各行署、直属专署及直属市府研究决定报请备案。

2. 工作简报的内容，是工作情况、工作经验（一件二件工作的）、遇到的工作困难和解决办法、工作的意见和疑问，每次不一定把上列内容都写在内，写一个二个问题亦可，形式不拘。

丙、建立会议制度。

1. 省府民政会议每年举行两次，在一般情况下规定五月与十一月分别召集，参加人是专署民政科长、直属市府民政局长、行署民政处长及有关科长，因工作需要得临时增减。

2. 省府民政会议的一般内容，是传达省府有关民政工作的政策决定和指示，总结前半年工作和布置后半年工作。

3. 为使省府民政会议在有充分准备的条件下举行，由各直属专署、市府及行署每半年作一次民政工作书面总结报告（每年三月及九月上旬写好送出），内容是前半年民政工作的检查总结、后半年的工作计划和民政工作的经验和改进的意见。

4. 各行署、专署、县府的民政会议由各行署自行规定。

主　席　黎　玉

副主席　郭子化

选自《山东革命历史档案资料选编》，第23辑，济南，山东人民出版社，1986年版，第123～126页。

53. 山东省政权干部任免暂行条例（草案）

1949年8月

第一条　为统一选拔任免干部，以发扬干部的积极性、创造性，提高工作效率，适应本省新民主主义建设和全国革命胜利形势的需要，制定本条例。

第二条　凡省府各厅、部、行所属之局长、处长，各厅、部直属之科长，行署处长、局长与等于行署之市府处、局长及相当于以上之干部，均照专员级干部配备之。

第三条　提任为专员级干部，须具下列条件：

（甲）参加革命工作在七年以上者；

（乙）在革命中任过省府处、局、行之科长，行署、专署之科长、县长以上之工作满二年或相当于以上之干部者；

（丙）坚决执行新民主主义路线、政策，服从纪律，与群众有密切联系，有独立工作能力，积极肯干，不为私利，并不断的〔地〕努力学习，改正错误，因而在工作中已经获得显著之成绩者。

第四条　省府各局、处、行所属科长，各行署、专署科长，省府各厅、部、行、会、直属局、行署之秘书，各中等学校校长以及相当于以上之干部，均照县长级（以下简称县级）干部配备之。

第五条　提任为县级干部，须具下列条件：

（甲）参加革命工作在五年以上者，

（乙）在革命工作中任过区长、县府科长，省府、行署、专署科员以上的工作满年半，或相当于以上之干部，并符合第三条（丙）项之规定者。

第六条　省府、行署科员、助理秘书，专署科员、秘书，供给范围在三千人以下之总务科长及相当于以上之干部，均照区长级（以下简称区级）干部配备之。

第七条　提任为区级干部，须具下列条件：

（甲）参加革命工作在四年以上者；

（乙）在革命工作中任过乡长、区助理员，省府、行署、专署之干事，县府科员以上之工作满一年，或相当于以上之干部，并符合于第三条（丙）项之规定者。

第八条　省府、行署、专署之干事，县府科员，区助理员，乡长，或相当于以上之干部，均照乡长级（以下简称乡级）干部配备之。

第九条　提任为乡级干部，须具下列条件：

（甲）参加革命工作在二年以上者，

（乙）在革命斗争中业经证明，基本上符合第三条（丙）项之规定者。

第十条　凡在革命斗争中业经证明，全心全意献身于人民事业，并具有优越才能，因而在工作中已获得优异之成绩者，不受第三条、第五条、第七条（甲）（乙）两项及第九条（甲）项之限制，可酌量越级提任乡级、区级、县级、专员级工作。

第十一条　凡现任专员级、县级、区级、乡级之干部，经事实证明不合于第三条（丙）项之规定，因而不能圆满完成所负之任务者，得本团结爱护方针予以教育改造。情节严重，不宜继续工作者，得撤免之。凡情节虽不过分严重，但经屡教不改仍坚持错误者，亦得撤免之。

第十二条　凡因犯错误而被撤职或降级使用之干部，不问其撤降前曾任过何等重要职务，提拔时不得以撤降前职务为根据，须以撤降后改正错误之程度及工作成绩为根据。

第十三条　凡因工作需要而被派至下层工作者，不得视为降级。

第十四条　省府直属机关（包括各企业、学校在内）区级以上干部之任免，得报告省府决定之。乡级以下干部之任免，自各厅、部、行、局（直属局）决定，但事后得报告省府。

第十五条　各行署区及省直属市、县级及相当于县级以上干部之任免，得报告省府决定。区级以下干部之任免，由行署及省直属市府决定之，但事后得报告省府。

第十六条　凡任用一切技术人员及录用旧职员，均不适用本条例。

第十七条　本条例自公布之日施行。

选自《山东革命历史档案资料选编》，第23辑，济南，山东人民出版社，1986年版，第381～383页。

五、军事法规

1. 山东省抗日民众武装动员方案

1940年12月3日通过、公布、施行

第一条 抗日民众武装动员的意义：

抗日民众武装动员，在于保证抗日民族革命战争的胜利，为充分发挥我全民族之抗战力量，坚持持久战，坚持敌后方游击战争，巩固与扩大敌后方抗日根据地，克服严重的投降分裂倒退的危机，争取抗战胜利，建设新的三民主义共和国。

第二条 抗日民众武装动员之任务：

（一）抗日民众武装负有肃清汉奸及一切破坏抗战的分子，瓦解与消灭敌伪政权，保卫抗日民主政权、抗日民众团体及人民利益之重大任务。

（二）抗日民众武装是抗日主力部队战胜敌人唯一的助手，抗日民众武装协助与配合主力部队作战，是应有之天职。

第三条 抗日民众武装之具体任务：

（一）一切抗日民众武装，为了保卫国土保卫家乡，有帮助主力军队作战或单独袭击扰乱敌人之战斗任务。

（二）破坏敌人之交通运输，如破坏铁路公路、割电线、拆桥梁、拆围墙等，是抗日民众武装的经常工作。

（三）站岗警戒，建立盘查站，侦察敌情，捕捉汉奸敌探及一切阴谋破坏抗战分子。

（四）建立通讯网，给抗日政府与抗日部队传递情报与抗战书报。

（五）在敌人“扫荡”时，动员空舍清野，协助抗日部队运送军需、担架伤兵、打扫战场。

第四条　抗日民众武装组织问题：

（一）抗日民众武装组织，暂限于民众抗日自卫团，按其性质可分两种：一、基干自卫团，为半脱离生产的民众武装组织；二、普通自卫团，为不脱离生产的民众武装组织。

（二）凡年在十六岁以上四十五岁以下之国民，均应参加民众抗日自卫团（汉奸除外，残废者免其参加）。

（三）抗日民众自卫团之编制，由民众抗日自卫团组织条例具体规定之。

（四）各级军政首长选任问题，采用民选与委任兼用制。大队以上军政首长，须由上级军政机关委任之；中队以下军政首长，由各级团员大会选举之，但须呈请上级军政机关审核加委。

第五条　抗日民众自卫团之教育与训练：

为了提高自卫团之战斗力、民族觉悟与抗日积极性，必须进行经常有计划的抗日的军事与政治教育（其具体办法，由《民众抗日自卫团组织条例》上另定之）。

第六条　民枪征收办法：

（一）征收民枪的意义：为了扩大抗日武装，补充武器，增加抗日力量，凡民间每一枝〔支〕枪、每一粒子弹、每一件武器，都应运用在抗日战争上。

（二）征收民枪的办法：

1. 抗日政府与抗日部队可用适当手续向民间借枪，但须发给枪主收据。

2. 奖励自动的〔地〕将枪枝〔支〕、子弹、武器捐予抗日政府或抗日部队，以及本人持枪参加抗日武装组织者。

3. 一切部队向民间借枪须有县政府以上政权机关或团以上军事机关之证明书，取缔一切不合手续的征收枪枝〔支〕之举动。

4. 严禁以枪枝〔支〕武器资敌，其自动的〔地〕将枪枝〔支〕武器资敌者，以破坏抗战论罪。

第七条　本方案由参议会通过后公布施行之。

选自《山东革命历史档案资料选编》，第 6 辑，济南，山东人民出版社，1982 年版，第 153～155 页。

2. 山东省人民抗日自卫团组织条例

1940 年 12 月 3 日通过、公布、施行

第一条　为普遍加强人民抗日自卫能力，动员民众参战，武装民众，实行对日抗战，特组织自卫团。

第二条　人民抗日自卫团，不论在敌后方或我后方、游击区、沦陷区，均应普遍组织，在敌占区得采取秘密形式。自卫团队员以不脱离生产为原则。

第三条　人民抗日自卫团的任务：

（一）维持地方治安，镇压汉奸，肃清匪患，设立盘查哨检查行人，捕捉敌探，封锁消息。

（二）侦查敌情，传递消息，运送抗战书报，破坏敌军交通，维护我军交通。

（三）在敌人进攻时实行空舍清野，协助抗战部队运送军需、搬运伤兵、打扫战场。

（四）配合抗日主力军及抗日游击队或单独进行抗日游击战争，袭击扰乱敌人，破坏敌人交通运输，截击敌辎重。

第四条　人民抗日自卫团之队员：

（一）凡年在十六岁以上四十五岁以下无残废笃疾者，均应参加自卫团（妇女以志愿为原则，其工作无基础之地区男子亦以志愿为原则）。

（二）参加自卫团之妇女，得按编制组织单独妇女队。

第五条　人民抗日自卫团之编制：

（一）自卫团按小队、中队、大队、乡团部、区团部、县团部的编制，以县团部为最高单位。

（二）自卫团员五人至十五人编为一小队，设正副队长各一人；每二小队至四小队编为一分队，设正副分队长各一人；每二分队至四分队编为一中队，设正副中队长各一人、正副指导员各一人；每二中队至四中队编为一大队，设正副大队长各一人、正副指导员各一人。乡设乡团部，设正副乡团长各一人、正副指导员各一人，统率全乡自卫团；区设区团部，设正副区团长各一人、正副指导员各一人，统率全区自卫团；县设县团部，设正副县团长各一人，设正副教导员各一人，统率全县自卫团（凡队员不足五人之村可与邻村合编）。

（三）自卫团以村为单位设小队或分队，或与邻村编成一分队或一中队。

（四）区团部以上得酌设干事，辅助工作。

（五）大队以上须脱离生产之干部，得由县政府及区乡村公所发给生活费。

（六）为适应抗战、配合主力与发扬模范作用起见，得组织基干自卫团。各中队得按情况设立基干自卫团的小队与分队；大队设立基干自卫团分队或中队；以上类推。基干自卫团于必要时，可半脱离生产或脱离生产。

（七）妇女自卫团之编制与男子同，惟干部均应由妇女充当，并与村乡自卫团中队、分队合并组织。乡分队或中队得设妇女小队或分队。

第六条　人民抗日自卫团各级军政干部之选任：

（一）抗日自卫团大队以上军政干部均由县团部委任之。如县团部成立时，由当地救亡团体推选，经县政府审查批准加委。

（二）中队一级军政干部，由中队队员大会选出，经大队部审查，呈请县团部加委。

（三）分队一级军政干部，由分队队员大会选出，经中队部审查，呈请大队部加委。

（四）小队一级军政干部，由小队队员大会选出，经分队部审查，呈请中队部加委。

（五）抗日自卫团各级军政干部不称职时，按任用之同等手续罢免之，按同等手续产出继任人选。

第七条　人民抗战自卫团之武器：

（一）每个自卫团队员，均须自备一件武器（如土枪、大刀、长矛等武器）。

（二）用动员方法借用，或由政府征调民间存枪。

（三）基干自卫团最好配备较多的新式武器。

第八条　人民抗日自卫团的纪律：

（一）为了严密组织与保证自卫团各种任务顺利完成，与发扬自卫团队员之积极性，在自卫团中必须有严密的纪律，全体队员应自觉遵守。

（二）自卫团之纪律：

甲、坚决抗日救国，努力保卫家乡；

乙、服从命令，服从指挥；

丙、努力完成自卫团的任务；

丁、实行军民合作，不扰民，不损军；

戊、不怕死，不贪财，不怕苦，不畏难；

己、爱护团体，服从组织；

庚、按时上课与操练。

（三）如有违犯上项纪律，应由各级队部军政负责干部按情节轻重予以适当之处分：

甲、劝告；

乙、警告；

丙、严重警告；

丁、队前悔过；

戊、实行劳动教育处分（如多做帮助抗属、送信、站岗等工作）；

己、开除团籍；

庚、如有违犯国法时，得交行政机关予以法律上的处分。

第九条　人民抗日自卫团之训练：

（一）为加强抗日自卫团的抗日能力与完成其任务，必须实施军事政治训练，凡自卫团队员均须受训，不准藉〔借〕故缺席。

（二）训练内容：

甲、军事训练：站队、集合、散开、报数、新旧武器使用、侦察、警戒、防空、防毒、扔手榴弹、救伤、行军、运输、简单的战斗动作、游击战术、麻雀战术、军事常识等。

乙、政治训练：抗战的一般常识、宣传组织民众的方法、政治动员、军事纪律与政府抗战建国法令之解释及进行文化娱乐等，以提高政治水平。

（三）平常训练时间，以村为单位（或以中队为单位），每周集合训练军事、政治各一次，每次一小时至二小时；以乡为单位，每半月集合训练一次（农忙时得斟酌减少），每次半天或一天；以区为单位，每三月择适中地区集合检阅一次，于必要时可集合全县自卫团作检阅。

（四）每年秋收后农闲时，基干自卫团集合区团部训练半月至一月。

（五）训练人材〔才〕，可由各级队部聘请或呈请军政机关委派干员协助进行。

第十条　人民抗日自卫团之待遇：

（一）队员因公负伤，由队部负责延医诊治，并酌发医药费。

（二）队员因公牺牲者，由队部呈请政府给予抚恤。

（三）队员因公随队远出服务因此家庭发生困难者，由本村人民负责优待。

（四）集中训练在一天以上或因公出差在一天以上者，均由队部供给伙食费。

（五）凡日常勤务，自应在有力出力的原则下不另外补助津贴，以节省消耗。

第十一条　人民抗日自卫团之经费由下列办法筹措之：

（一）政府的津助；

（二）没收日寇及汉奸财产之一部；

（三）当地富有者的捐助；

（四）自卫团之经费须完全公开，每月作出预算，并于月终将决算向全体队员全体人民公布，必要时得组织各级经济委员会或审查委员会，监督经济之收支。

第十二条　本条例由山东省临时参议会通过后公布施行之。

选自《山东革命历史档案资料选编》，第6辑，济南，山东人民出版社，1982年版，第147～151页。

3. 山东省青抗先章程草案

1941年9月25日

一、名称

本队定名为“山东省青年抗日先锋队”，简称“青抗先”，为山东省青年救国联合总会组成部分之一。

二、宗旨

本队是青年自己的不脱离生产之半武装组织，为民兵之坚强骨干。宗旨在锻炼体格，学习军事，发扬青年英勇卫国精神，成为抗日军的坚强后备队伍。其主要任务为加强军事知识与技术的学习，戒备锄奸，担任后方勤务工作及战时服务工作，配合军队自卫队对敌人作战，积极袭扰敌人，瓦解敌伪军，保卫家乡，保卫抗日根据地，驱逐日寇出中国。

三、入队资格

凡十六岁至二十三岁之青年男子，赞成本队宗旨，遵守本队纪律，体格健康者，得履行入队手续，加入本队为正式队员。

四、入队手续

凡具备上项资格的青年男子，在自愿原则下，经本队队员一人之介绍，或青救会及其他抗日救国团体保送，或自动要求加入者，得随时向本队分队部正式报名，加入本队。每年中国青年节“五·四”、山东省青救联总会成立纪念日、“八·一”、国际青年节、“九·六”及各地区青联总会成立纪念日定为新队员入队日。凡正式报名，经本队分队认为合格之青年，得举行入队仪式，宣誓典礼，成为本队正式队员（典礼仪式务求庄严、隆重、活泼）。

五、本队队员之权利与义务

（甲）权利：

（1）选举权与被选举权，罢免权及在会议上之发言权。

（2）工作上与组织上之提议权。

（3）参加本队之一切集体活动并享受其利益。

（4）享受各级青救会之一切优遇权（如教育、赠送书报、招待、联欢慰问、奖励等）。

（乙）义务：

（1）遵守本队章程和纪律，坚决服从上级领导，坚决执行命令，完成任务。

（2）发扬青年之高尚美德，作成模范的青抗先队员。

六、组织

（甲）省设总队部：总队部为本队最高执行机关，受山东省青联总会直接领导，设总队长、教导主任各一人，由本队代表大会选举之（在代表大会召开前，得由省青联总会物色适当干部指派充任之，组织临时总队部），任期一年，但得连选连任。下设组织、训练干事若干人，由队长聘请之。

（乙）主任区设区队部：置区队长、教导主任各一人，下设组织、训练干事若干人。

（丙）专员区设地方队部：置地方队长、教导员各一人，下设组织、训练干事若干人。

（丁）县设大队部：置大队长、教导员各一人。

（戊）区设中队部：置中队长、政治指导员各一人。

（己）乡设分队部（如已取消乡之地区，则按自然单位，三村或五村建立一分队）：置正副分队长各一人。分队可由二小队（村）到五小队组成之。

（庚）以上各级队部，均受同级青联、青总及青救会之直接领导，而为各该级之队员代表大会或队员大会选举产生，并经上级队部批准委任之。区队以上之各级队部任期一年，大队部任期半年，中队部、分队部任期三个月，各级队部得按工作需要聘请干事若干人。

（辛）小队为本队之基干单位，由五人到十五人组成之（如一村之队员不够五人，可编入邻村，或数村合编成一小队，如超过十五人以上者，则可编成两小队或数小队），置正副小队长各一人，由队员大会选举之，每月改选一次，得连选连任。

（壬）各级代表大会与队员大会由各该级青救会领导召集之，其职权为：

（1）决定本队基本工作方针；

（2）审查各级队部工作；

（3）产生各该级队部。

七、与其他方面之关系

（甲）本队各级队部在军事行动上受省最高军事机关——军区、军分区及其垂直系统之统一指导；在军事教育上并接受其指导。

（乙）省至村各级青年抗日先锋队部在各级军事系统（军区、军分区……）统一指挥下及在各级人民武装抗日自卫委员会之统一方针、决议与教育计划下，根据青年特性，负责青抗先之一切工作，并有单独行文发布命令之权。

（丙）本队之分队与小队，为自卫队中相当独立的一部分，在执行后方勤务与战时服务工作上（如站岗、放哨、担架、出差等），受自卫队统一指挥，但在日常管理教育、军事生活及集体活动上，归青救会直接负责。自卫队应赞助之，并尊重其独立性。

（丁）二十一岁至二十三岁之青年，则依本人自愿原则任择加入青抗先或基干自卫队，但同时不得加入两种组织，并且参加青抗先之青年，不再编入自卫队。

（戊）各级青年抗日先锋队为各该级青救直接领导下的组成部分之一（青抗先为青救会中之积极觉悟的一部分），青救会须负责培养、教育、配备、提拔青抗先之干部，并有供给青抗先以得力干部之责。凡参加青抗先之青年，均得为青救会之当然会员，即青抗先之队员必须是青救会之会员，而青救会之会员却并不尽是青抗先之队员。

八、教育方针

以彻底的民族革命精神，灵活实际的军事知识，民主集中的集体活动，健全活跃的青年生活，高尚纯洁的革命道德，来训练队员。训练要求，要使得队员：

（甲）初步了解国内政治形势的基本趋向，并能把握持久战、抗日民族统一战线及抗战最后胜利的中心内容。

（乙）初步了解敌人军事政治阴谋与敌后的特殊环境，和巩固根据地的任务等主要问题。

（丙）学会简单的军事动作、基本军事常识与武器使用等必要的知识和技能。

（丁）熟悉本队宗旨、组织、队风、纪律、队旗队歌，并能具体表现出来。

（戊）生活上要富有朝气，紧张严肃，工作学习都迅速确实，不轻视妇孺及染犯不良嗜好与行为。

九、纪律

本队纪律共六项，每个队员都要自觉遵守：

（甲）服从上级的命令，工作学习要认真。

（乙）盘查放哨锄汉奸，战斗动员不稍停。

（丙）军事秘密严保守，爱护团体如家庭。

（丁）尊敬抗日的将士，优待抗属和伤兵。

（戊）武器公物要爱护，群众利益不可侵。

（己）游击敌人莫怠慢，抗先队员方可称。

倘有违犯纪律时，待斟酌情形给以下列处分：（1）口头劝告；（2）警告；（3）队前警告；（4）最后警告；（5）开除队籍。

十、武器与经费

（甲）武器：

（一）刀、红缨枪、手榴弹、土造枪、大盖枪，都可作青抗先的武器。

（二）青抗先的武器，不论新旧，每人必须有一件，我们的口号是：“夺取敌人的武器来武装自己。”

（乙）经费：

（一）本队经费来源可由：

（1）政府津贴。

（2）胜利品一部或全部折用。

（3）各级青救会由会费中酌予补给。

（二）本队经费之开支：

（1）本队经费概用于训练、教育、公差勤务及战斗活动上。

（2）各级队部需按月编造预算，由同级青救会审阅，交政府批准，由政府直接开支，并得按月向政府呈报。

（3）同级政府与上级部队有定期审核本队经费开支之权。

十一、队风

为本队特有作风，每个队员都要体会表现出来："忠实勇敢，活泼敏捷，整齐严肃，友爱团结。"

十二、队旗、队徽、队歌，为本身精神之具体表现，另行发表。

十三、礼节

右手紧握拳心向下，拳高出头四指，表示团结友爱。

十四、附则

本章程自公布之日起施行之，如有未尽事宜，得由队员代表大会提出意见，经山东省青年救国联合总会批准修正之。

誓词：我为驱逐日寇，争取中华民族彻底解放，志愿加入青年抗日先锋队，立誓服从组织，遵守纪律，发扬队风，作一个模范队员，倘有违背，愿受同志批评，团体处分。谨誓。

山东省青年救国联合总会

选自《山东革命历史档案资料选编》，第7辑，济南，山东档案出版社，1983年版，第259～264页。

4. 山东省战时工作推行委员会关于颁布《修正山东省人民武装抗日自卫团条例》的通知

1942年2月5日

为了适应敌后游击战争新环境，武装全体抗日人民，胜利地进行群众性抗日游击战争，渡过最艰苦的两年，前于二十九年十二月三日公布施行之"人民抗日自卫团组织条例"的内容，已不适客观之需要，因此本会特会同山东省各军事机关拟定"修正山东省人民武装抗日自卫团条例"一种，并于本月四日提请山东省临时参议会审查备案，兹特公布施行。自此修正条例公布施行后，以前公布之原有是项条例即行作废。各级抗日民主政权机关接到本通知后，务各按照新颁修正条例整理扩大各该地区人民武装抗日自卫团工作，尤其要求广泛热烈地掀起抗日人民参加民兵（青抗先、基干自卫团、游击小组）的热潮，配合主力军、地方军队不断地打击敌寇，展开我民众性的游击战争，保卫抗日根据地为要！

主任委员 黎 玉
副主任委员 李澄之
常务委员 艾楚南 杨希文
张伯秋 刘居英
李竹如 孙陶林
王子文

附：　修正山东省人民武装抗日自卫团暂行条例

第一章　总　则

第一条　本团定名为山东省人民武装抗日自卫团。凡政府法令在一定年龄内之男女公民，均须编入该团。

第二条　人民武装抗日自卫团应在执行基本任务上接受抗日民主政府的指挥，但在其组织性质上仍为人民自己之抗日武装组织。

第三条　本团以组织与加强广大人民武装自卫力量，保卫家乡，保卫抗日根据地，保卫抗日民主政权及抗日群众团体，保卫人民利益，争取抗战胜利，实现独立幸福的三民主义新中国为宗旨。

第四条　本团基本任务如下：

甲、进行群众性游击战争；

乙、配合抗日军队作战；

丙、维持抗日治安，担任抗日勤务。

第五条　为便于执行本团之基本任务，本团分为下列各款：

甲、警备自卫团（亦称普通自卫团）。

乙、妇女自卫团。

丙、青年抗日先锋队（简称青抗先，有其独立的组织）。在新地区，可组织为青年自卫团。

丁、基干自卫团（包括游击小组，简称基干队）。

戊、于公营私营企业内得组织工人自卫团。但在基本地区，一律划分甲、乙、丙、丁四种组织。

第六条　青抗先和基干队（包括游击小组）合称民兵。民兵为人民武装中之高级组织，以自愿参加之原则组成之，执行比一般自卫团较高之任务，即农忙时从事生产，农闲时从事训练，战争时期成为不脱离生产的武装骨干。

第七条　妇女自卫团之参加，须按各地区工作发展情形适当的〔地〕进行组织。在工作薄弱或新开辟地区，要以自愿的原则动员说服之，不得丝毫强制。

第八条　警备自卫团（青年自卫团在内）执行下列各项具体任务：

甲、抗日戒严，捉拿汉奸，肃清敌探。

乙、破路拆堡，空舍清野。

丙、递送情报。

丁、救护伤病员（无论在任何情形下，白天，夜间，随有随运），输送战斗器材（医药、战利品等）。

戊、协助医院工作（看护休养员，洗涤衣服等），并在上列的原则下帮助军队补、缝、洗衣服。妇女自卫团员不担负过重勤务，如运输伤病员、战斗器材，破路拆堡等。

第九条　民兵（青抗先、基干自卫团、游击小组）除执上列甲、乙、丙、丁四项具体工作外，主要地执行下列工作：

甲、配合军队参加战斗。

乙、封锁敌人据点，警戒地方，保卫政权，保护生产，保护财务。

丙、对敌人进行交通战斗与游击动作中侦察敌情，捉拿汉奸。

丁、战时掩护人民，转移民众，并应减少一般自卫团之勤务，以便执行本身更高级的任务。

第二章　组　织

第十条　本团组织原则为民主集中制。

第十一条　本团于省主任区（军区）、专员区（军分区）、县、区、村（有行政村者为单位，下同此）各级设“人民武装抗日自卫委员会”。省由委员七人至九人，主任区、专员区由委员五人至七人，县以下由委员五人组成之。

第十二条　省至县各级人民武装抗日自卫委员会各设主任一人，下分总务部、组织部、教育训练部、妇女部、基干队部、青年武装部等，各设部长一人。区村两级人民武装抗日自卫委员会设正、副主任各一人，下分组织训练部、妇女部、基干队部、青年武［装］部等，各设部长一人，正副主任、各部部长均由委员担任，在人数不足时，一人得兼任二部。

第十三条　省主任区（军区）、专员区（军分区）、县各级人民武装抗日自卫委员会得按工作需要，各设干事若干人，由各该级委员会通过聘定并商同政府武装科科员或干事兼任之。

第十四条　省至各级人民武装抗日自卫委员会均由本团各级代表大会选举之。村级选举，同级之青救、妇救可提出代表自己团体之候选人各一人。

第十五条　村级人民武装抗日自卫委员会为本团之基本组织，村人民武装抗日自卫委员会主任、副主任得参加该村之村政委员会议。

第十六条　各级人民武装抗日自卫委员会任期规定：省及主任区为二年，专员区为一年半，县、区、村均为一年，但得连选连任。

第十七条　省至村各级得设青年抗日先锋队队部，为各级人民武装抗日自卫委员会所属之独立的组织系统。

第十八条　各级青年抗日先锋队队部组织由省青年抗日先锋队代表大会另定之。

第三章　编　制

第十九条　凡年满十六岁以上五十岁以下之男女公民，不分宗族、信仰、阶级，均应登记编组为本团团员。

第二十条　凡年满十六岁至二十三岁之男子，均须参加青年抗日先锋队（须以政治动员、自愿为原则）。新地区之青年自卫团之年岁亦同此。

第二十一条　凡年满二十三岁以上至年满五十岁之男子，均应登记编入警备自卫团。

第二十二条　凡年满十六岁以上五十岁以下之女子，一律编入妇女自卫团。

第二十三条　凡年满二十四岁以上至三十五岁以下之男子，均得以自愿原则加入基干自卫团或游击小组为队员，不加丝毫强制。

第二十四条　每人只限加入一种组织，凡加入民兵（青抗先、基干自卫团、游击小组）者，不再加入警备自卫团之组织。

第二十五条　青年自卫团、基干自卫团（包括游击小组）、妇女自卫团均为人民武装抗日自卫团村团部所属组成部分，从村至省，各级均不得设立单独的组织系统。

第二十六条　妇女自卫团之分队及班得以下列标准编制之：

甲、年满十六岁至年满二十五岁之全体妇女团员，及年满二十五岁以上至年满三十岁之大足妇女并无四岁以下小孩之累者混合编制之。

乙、年满三十岁以上至年满五十岁之全体团员，及年满二十五岁以上至年满三十岁以下之小足妇女并有四岁以下小孩之累者，混合编制之。

第二十七条　警备自卫团、青年自卫团之分队及班，得以下列标准编制之：

甲、凡年满十六岁至年满二十三岁之男子，除参加青抗先者外，混合编入青年自卫团。

乙、凡年满二十三岁以上年满三十五岁以下之男子，除参加民兵（青抗先、基干自卫团、游击小组）者外，混合编制为警备自卫团。

丙、凡年满三十五岁以上年满五十岁以下之男子，亦混合编为警备自卫团。

丁、警备自卫团、青年自卫团、基干自卫团、青抗先中之雇工，得按实际情形编成一小队或一分队。

第二十八条　本团团员均有下列权利：

甲、选举与被选举权及平时之罢免权，会议有发言权、表决权。

乙、对本团一切问题均有表决与建议之权。

第二十九条　本团团员均有下列之义务：

服从本团章程和纪律；坚决服从上级领导；坚决执行命令；彻底完成任务。

第三十条　本团编制及指挥系统如下：

甲、县设县团部，设正副团长各一人，专负军事行动指挥之责。

乙、区设区团部，设正副团长各一人，专负军事行动指挥之责。

丙、村单位过多之区，得按具体情形设立若干大队部，以资联系。

丁、村设村团部，设正副团长各一人，担负军事行动之责。

戊、村团部下设警备自卫团、青年自卫团、妇女自卫团、青抗先、基干队（包括游击小组）各个中队、分队或小队（以人数多少来决定），并规定每十人至十五人为一小队，二小队至五小队为一分队，二分队至五分队为一中队，二中队至五中队为一大队。每小队至每大队各设正副队长各一人，分队、中队、大队并须分设政治指导员各一人。

第三十一条　大队、中队、分队、小队各级队长及政治指导员由各团员大会选举之。

第四章　职　权

第三十二条　本团最高权力机关为全省代表大会，闭会期间为人民武装抗日自卫委员会。

第三十三条　各级人民武装抗日自卫委员会正副主任职权如下：

（甲）按期召开委员会议，开会时为主席；

（乙）计划、领导、督促、推动全盘工作；

（丙）经常检查与帮助下级工作；

（丁）参加下级各种会议；

（戊）对外代表委员会。

第三十四条　各级人民武装抗日自卫委员会各部职权如下：

（甲）总务部负责文书、会计、收发及下属其他各部之事。

（乙）组织部负责登记、审查、调遣干部及所属各级队员编制事宜。

（丙）教育训练部负责编发军事、政治教材，按期检阅及举办训练班事宜。

（丁）妇女部动员妇女参加妇女自卫团及计划实施一切有关妇女自卫团之特殊的教育和任务。

（戊）基干队部讨论、计划与布置基干队（包括游击小组）具体工作。

（己）青年武装部负责加强青抗先队员的政治、军事教育，有计划开展青抗先的组织。

（庚）各部在实施各自工作任务时，须商取各级团部和正副队长之意见。

第三十五条　各级青年抗日先锋队队部在各级人民武装抗日自卫委员会之统一方针、决议及教育计划下，根据青年特性，负责青抗先之一切工作，并有单独行文、发布命令之权。

第五章　关　系

第三十六条　人民武装抗日自卫团与政府之关系如下：

（甲）人民武装抗日自卫团在执行基本任务上得接受政府之指挥，但各级政府指挥各级自卫团不得越级指挥。

（乙）县区政府设有战时指挥部时，人民武装抗日自卫团须接受其指挥。

（丙）政府如有公差命令，人民武装抗日自卫团必须执行。

（丁）人民武装抗日自卫团之组织训练、干部调动等，由各级自行处理之，不经过政府。

（戊）人民武装抗日自卫团上下行文不通过政府，不用政府关防和印信，而用主任、部长、团队长名义。

（己）人民武装抗日自卫委员会与同级政府武装科，区武装助理员之关系，为了工作上的便利，政府武装科正副科长，区武装助理员，得以同级人民武装抗日自卫委员会正副主任兼任之，政府应补充人民武装抗日自卫团之经费。

第三十七条　人民武装抗日自卫团与军区、军分区之关系如下：

甲、人民武装抗日自卫团在军事计划、军事行动上，得接受军区、军分区之指挥。

乙、人民武装抗日自卫团在配合主力军、地方武装及游击队作战时，应接受其指挥。

丙、军区、军分区及正规军、地方武装、游击队，得努力帮助自卫团民兵之训练，但不得干涉其一切组织及制度。

第三十八条　人民武装抗日自卫团与群众团体的关系如下：

甲、青抗先接受青救之政治领导，青救须给青抗先以得力干部。

乙、妇女自卫团与妇救建立密切之联系，妇救须给妇女自卫团以得力干部。

丙、工人自卫团与工救建立密切关系，工救须供给工人自卫团以得力干部。

丁、得各群众团体之帮助，巩固本团组织与纪律，并发展民兵。

戊、为了减少脱离生产人员，各级群众团体已脱离生产者，可竞选为各部人民武装抗日自卫委员会负责人员，当选后仍得兼□□委。

第三十九条　各级人民武装抗日自卫委员会负有动员新战士加入正规军、地方武装、游击队之责。

第六章　会　议

第四十条　本团省及主任区代表大会定期二年一次，专员区定期一年半一次，县、区两级定期一年一次，村团员大会定期半年一次，均与〔由〕各该级人民武装抗日自卫委员会召集之。

第四十一条　各级人民武装抗日自卫委员会召集期限如下：

甲、省三个月一次；

乙、主任区三月一次；

丙、专员区一月一次；

丁、县一月一次；

戊、区半月一次；

己、村半月一次。

第四十二条　各级代表大会与委员会遇必要时可召集临时会议。

第七章　纪　律

第四十三条　本团全体团员均须遵守本团条例，服从命令，完成任务。

第四十四条　违犯纪律者，得由上级按其轻重予以批评、警告或撤职、开除等处分。但须绝对禁止打骂、罚款及一切物资胡罚。

第八章　经　费

第四十五条　本团经费来源：

甲、政府补给；

乙、胜利品一部或全部。

第四十六条　本团经费由省或军区军事机关及省主任区（军区）人民武装抗日自卫委员会统一预算，经政府批准后由政府直接开支，并须按月向政府呈报开支帐〔账〕目。政府有审核本团经费开支之权。

第九章　武　器

第四十七条　本团各队队员武器，以发扬使用原始各种武器为主，并使用各种手榴弹、地雷、拉线炮、工厂造长短枪。

（甲）警备自卫团除长短枪外，以梭标、长矛、土枪、土炮、大刀、屠刀、铁棒武装队员。

（乙）民兵以长短工厂造枪、手榴弹、地雷及抬杆、土炮、土枪、长矛、大刀武装队员。

（丙）以上武器，除由各村自行设法外，政府、军队得自由补助之，军区与专署应筹备生产补助之。

第十章　附　则

第四十八条　敌占区与接近敌占区人民武装组织法另定之。

第四十九条　本条例由山东省战时工作推行委员会与山东省最高军事领导机关商得同

意颁布，自颁布之日起发生效力。

第五十条　本条例已提请山东省临时参议会备查。

第五十一条　自本修正条例颁布施行后，在二十九年十二月三日颁布之山东省人民抗日自卫团条例即行作废。

第五十二条　在山东省人民武装代表大会召集前，本条例之解释权、修正权属于山东省战时工作推行委员会。

选自《山东革命历史档案资料选编》，第8辑，济南，山东人民出版社，1983年版，第136～147页。

5. 修正山东军区人民武装抗日自卫团暂行条例

1942年9月1日公布

第一章　总　则

第一条　本团定名为山东军区人民武装抗日自卫团，凡依政府法令在一定年龄内之男女公民均须编入该团。

第二条　人民武装抗日自卫团，在执行基本任务[上]，接受抗日民主政府的指挥。但在其组织性质上，仍为人民自己之抗日武装组织。

第三条　本团以组织与加强广大人民武装自卫力量，保卫家乡，保卫抗日根据地，保卫抗日民主政权及抗日群众团体，保卫人民利益，争取抗战胜利，实现独立的自由的民主的繁荣的三民主义新中国为宗旨。

第四条　本团基本任务如下：

甲、进行群众性游击战争。

乙、配合抗日军队作战。

丙、维持抗日治安，担任抗日勤务。

第五条　为便于执行本团之基本任务，本团分为下列各队：

甲、警备自卫队（亦称普通自卫队）。

乙、妇女自卫队。

丙、青年自卫队及青年抗日先锋队（简称青抗先）。青抗先自省至村有其独立的组织。

丁、基干自卫队（包括游击小组），简称基干队。

戊、于公营私营企业内得组织工人自卫队（如无三十工人以上在一处生活之生产机关，则免设之）。

第六条　青抗先和基干队（包括游击小组）合称“民兵”。民兵为人民武装中之高级组织，以自愿参加之原则组成之，执行比一般自卫团较高之任务，即农忙时从事生产，农闲时从事训练，战争时期成为不脱离生产的武装骨干。但民兵的组织名称，各地不必强同，可依照当地实际情形及群众的爱好而定，以能执行民兵的任务和要求为原则。（如有的都愿意参加游击小组，就叫游击小组，实际上就是基干自卫队；再其中把较优秀较积极的分子编成一组或模范组亦可；其中如果青年多，可另编成一个青年组，实即青抗先。）

第七条　妇女自卫队之参加，须按各地区之工作发展情形，适当的〔地〕进行组织。在工作薄弱和新开辟地区，要以自愿的原则动员说服之，不得丝毫强制。

第八条　警备自卫队（青年自卫队、妇女自卫队在内）执行下列各项具体任务：

甲、抗日戒严，捉拿汉奸，肃清敌探。

乙、破路拆堡，空室清野。

丙、递送情报。

丁、救护伤病员（无论在任何情况下——白天、夜间，随有随送），输送战斗器材（医药、战胜品等）。

戊、协助医院工作（看护休养［员］，负责洗涤衣服等）

站在上列原则下，帮助军队缝补、洗衣服。妇女自卫团员，不担负过重勤务（如运输伤病员、战斗器材，破路拆堡等）。

第九条　民兵（青抗先、基干自卫队、游击小组）除执行上列甲、乙、丙、丁项具体工作任务外，主要执行下列工作：

甲、配合军队参加战斗，保卫家乡。

乙、封锁敌人据点，警戒地方，保卫政权，保护生产，保护财物。

丙、对敌人进行交通战斗与游击动作中侦察敌情，捉拿汉奸。

丁、战时掩护人民转移，并应减少一般自卫队之勤务，以便执行本身更高级的任务。

第二章　组　织

第十条　本团组织原则为民主集中制。

第十一条　本团于山东军区、军区、军分区、县区各级设人民武装抗日自卫委员会，山东军区由委员七人至九人，军区、军分区由委员五人至七人，县以下由委员五人组成之。村级（依照行政村，无行政村者可依照自然村）由全村全体人民武装大会选出正副自卫团长及指导员各一人，直接对区武委会及区团部负责，不另设武委会。

第十二条　省至县各级人民武装抗日自卫委员会各设正副主任务一人，下设总务部、组织部、教育训练部、妇女部、基干队部、青年武装部等；各部设部长一人。区级人民武装抗日自卫委员会设正副主任务一人，下不分部，由各委员兼任组织训练委员、妇女委员、基干队委员、青年武装委员，正副主任、各部部长、委员，均由委员兼任，在人数不足时，一人得兼任两职。

第十三条　山东军区、军区、军分区、县各级人民武装抗日自卫委员会得按工作需要各设干事若干人，由各该级委员会通过聘定，并可由同［级］政府武装科科员或干事兼任之。各群众团体同级之武装工作部门等，得因事实上的便利统一于同级武委会内办公，并服从武委会之统一领导，但可仍保持其原属团体在组织上的独立性。

第十四条　省至村各级人民武装抗日自卫委员会，均由本团各级代表大会选举之。村选村自卫队部时，青救可提出自己的候选人一人。

第十五条　村团部为本团之基本组织，村团部之正副团长及指导员，得参加该村之村政委员会议。

第十六条　各级人民武装抗日自卫委员会任期规定：省军区、军区为二年，军分区为年半，县区均为一年，但得连选连任。

第十七条　山东军区至村，各级得设青年抗日先锋队部，为在武委会统一领导下独立的组织系统。

第十八条　各级青年抗日先锋队队部组织，由省青年抗日先锋队代表大会另定之。

第三章　编　制

第十九条　凡年满十六岁以上至五十岁以下之男女公民，不分种族、信仰、阶级，均应登记编组为本团团员。

第二十条　凡年满十六岁至二十三岁之男子，均应登记编入青年自卫队，并以政治动员自愿为原则，参加青年抗日先锋队。

第二十一条　凡年满二十三岁以上至五十岁之男子，均应登记编入警备自卫队。

第二十二条　凡年满十六岁以上五十岁以下之女子，一律编入妇女自卫队，

第二十三条　凡年满二十四岁以上至三十五岁以下之男子，均得以自愿原则加入基干自卫队或游击小组为队员，不得丝毫强制（不拘名称）。

第二十四条　每人只限加入一种组织，凡加入民兵（青抗先、基干自卫队、游击小组）者，不再加入警备自卫队之组织。

第二十五条　青年自卫队（包括青抗先）、基干自卫队（包括游击小组）、妇女自卫队，均为人民武装抗日自卫团村团部所属组成部分，除青抗先外，从村至省各级均不得设立单独系统。

第二十六条　妇女自卫队之分队及班，得以〔依〕下列标准编制之：

甲、年满十六岁至二十五岁之全体妇女团员及年满二十五岁以上至三十岁之大足妇女，并无四岁以下小孩之累者，混合编制之。

乙、年满三十岁至五十岁全体团员，及年满二十五岁以上三十岁以下之小足妇女及有四岁以下小孩之累者，混合编制之。

第二十七条　警备自卫队、青年自卫队之分队及班，得以下列标准编制之：

甲、凡年满十六岁至二十三岁之男子，除参加青抗先者外，混合编入青年自卫队。

乙、凡年满二十三岁以上［至］五十岁之男子，除参加民兵（青抗先、基干自卫队、游击小组）者外，混合编为警备自卫队。

丙、警备自卫队、青年自卫队、基干自卫队、青抗先中之雇工，得按实际情形编成一小队或一分队。

第二十八条　本团团员有下列之权利：

甲、选举与被选举权及平时之罢免权，会议有发言权、表决权。

乙、对本团一切问题均有表决与建议之权。

第二十九条　本团团员均有下列之义务：

甲、服从本团章程和纪律，坚决服从上级领导，坚决执行命令，彻底完成任务。

第三十条　本团编制及指挥系统如下：

甲、县设县团部，设正副团长各一人，专负军事行动指挥之责。

乙、区设区团部，设正副团长各一人，专负军事行动指挥之责。

丙、村单位过多之区，得按具体情形，设立若干大队部以资联系。

丁、村设村团部，设立正副团长、指导员各一人，担负军事行动之责。

戊、村团部下设警备自卫队、青年自卫队、妇女自卫队、青抗先基干队（包括游击小组），可共编成一个中队或分队，各个中队、分队或小队［以］人数多少来决定，并规定每十人至十五人为一小队，二小队至五小队为一分队，二分队至五分队为一中队，二中队至五中队为一大队。每小队至大队各设正副队长一人，分队、中队、大队并须分设政治指导员一人。

第三十一条　大队、中队、分队、小队各级队长及政治指导员，由各全体团员队员大会选举之。

第三十二条　区以上之人民武装抗日自卫委员会主任兼负大队至区团以上的政治指导员之责。

第三十三条　为便利基干自卫队以区为单位集中行动，得于区团部之下设基干自卫队中队部，设中队长、政治指导员各一人，由区人民武装抗日自卫委员会委员中推选之。

第四章　职　权

第三十四条　本团最高权力机关为全省代表大会，闭会期间为人民武装抗日自卫委员会。省军区及军区一级如因特殊情形无法召集代表大会时，得由有关机关提议，由各有关团体机关派出代表组成临时委员会负责，直至正式武委会成立。

第三十五条　各级人民武装抗日自卫委员会正副主任职权如下：

甲、按期召开委员会议，开会时为主席。

乙、计划、领导、督促、推动全盘工作。

丙、经常检查与帮助下级工作。

丁、参加下级各种会议。

戊、对外代表委员会。

已、兼任各该队正副部队长，用部队长名义指挥军事行动。

庚、主任兼负同级部队政治指导之责。

第三十六条　各级人民武装抗日自卫委员会各部职权如下：

甲、总务部负责文书、会计、收发及调剂弹药武器、收集储存作战资材及不属其他各部之事。

乙、组织部负责登记、审查、配备、调遣干部及所属各级队员编制事宜。

丙、教育训练部负责编发军事政治教材、按期检阅及举办训练班及对外宣传事宜。

丁、妇女部动员妇女参加妇女自卫队及计划实施一切有关妇女自卫队之特殊教育和任务。

戊、基干队部、讨论计划与布置实施基干队（包括游击小组）之特殊组织、教育、训练工作。

已、青年武装部负责加强青抗先队员的政治军事教育，有计划的〔地〕开展青抗先的组织，同级青年武装部长可兼同级青抗先从长。

庚、各部在实施各自工作任务时，须商取各级团部和正副队长之意见。

第三十七条　各级青年抗日先锋队队部，在各级人民武装抗日自卫委员会之统一方针，决议及教育计划下，根据青年特性，负责青抗先之一切工作，并有单独行文发布命令之权。

第五章　关　系

第三十八条　人民武装抗日自卫团与政府之关系：

甲、人民武装抗日自卫团在执行基本任务上，得接受政府之指挥，但各级政府指挥各级自卫队不得越级指挥。

乙、县区政府设有战时指挥部时，人民武装抗日自卫团须接受其指挥。

丙、政府如有公差、命令，人民武装抗日自卫团必须执行，但政府不得要人民武装担任催缴钱粮赋税及属于民事刑事方面拘人提案等勤务。

丁、人民武装抗日自卫队之组织训练、干部调动等，由各级自行处理之，不经过政府。

戊、人民武装抗日自卫团上下行文不通过政府；不用政府关防和印信，而用主任部长团队长名义。

己、人民武装抗日自卫委员会与同级政府武装科、区武装助理员之关系，为了工作上的便利，政府武装科正副科长、区武装助理员，得以同级人民武装抗日自卫委员会正副主任兼任之，政府应补充人民武装抗日自卫团之经费。

第三十九条　人民武装抗日自卫团与军区、军分区之关系如下：

甲、人民武装抗日自卫团在军事计划、军事行动上，得接受军区、军分区之指挥。

乙、人民武装抗日自卫团在配合主力军、地方武装及游击队作战时，应接受其指挥。

丙、军区、军分区及正规军、地方武装、游击队得努力帮助自卫团民兵之训练，但不得干涉及〔其〕一切组织及制度。

第四十条　人民武装抗日自卫团［与］群众团体的关系如下：

甲、青抗先接受青救的政治领导，青救须给青抗先以得力的干部。

乙、妇女自卫队与妇救建立密切之联系，妇救须给妇女自卫队以得力干部。

丙、工人自卫队与工救建立密切联系，工救须供给工人自卫队以得力干部。

丁、得各群众团体之帮助，巩固本团组织与纪律，并发展民兵。

戊、为了减少脱离生产人员，各级群众团体已脱离生产者，可竞选为各级人民武装抗日自卫委员会负责人员，当选后仍得兼职。

第四十一条　各级人民武装抗日自卫委员会，负有动员新战士加入正规军、地方武装、游击队之责。

第六章　会　议

第四十二条　本团山东军区及军区代表大会定期二年一次，军分区定期一年半一次，县、区两级定期一年一次，村团员大会定期半年一次，均由各该级人民武装抗日自卫委员会召集之。村由村团部召集之。

第四十三条　各级人民抗日自卫委员会召集会议期间如下：

甲、军区至县均为一月一次。

乙、区半月一次。

第四十四条　各级代表大会与委员会遇必要时，可召集临时会议。

第七章　纪　律

第四十五条　本团全体团员均须遵守本团纪律，服从命令，完成任务。

第四十六条　违犯纪律者，得由上级按其轻重予以批评警告，或撤职开除等处分，但须绝对禁止打骂罚款及一切胡罚。

第四十七条　本团经费来源：

甲、政府补给。

乙、胜利品一部或全部。

第四十八条　本团经费由同级人民武装抗日自卫委员会统一预算，经政府批准后，由政府直接开支，并须按月向政府呈报开支账目，政府有审核本团经费开支之权。

第八章　武　器

第四十九条　本团各队队员武器以发扬使用原始各种武器为主，并使用各种手榴弹、地雷、拉线炮、工厂造长短枪。

甲、警备自卫团除长短枪外，以梭标、长矛、土枪、土炮、大刀、屠刀、铁棒武装队员。

乙、民兵以工厂造长短枪、手榴弹、地雷、抬杆、土炮、土枪、长矛、大刀武装队员。

丙、以上武器除由各村自行设法外，政府、军队得自由补助之。军区与军分区应筹备生产补助之。因作战消耗之弹药，应由政府从田赋附加中统一补发。

第九章　附　则

第五十条　敌占区与接近敌占区人民武装组织法另定之。

第五十一条　本条例由山东省战时工作推行委员会及山东省军区共同商得同意颁布之，至〔自〕颁布之日起发生效力。

第五十二条　自修正本条例颁布施行后，在三十一年二月五日颁布之《修正山东省人民抗日自卫团暂行条例》作废。过去各团体自行印发之各种武装组织条例，凡与本条例相抵触者概作无效。

第五十三条　在山东省人民武装代表大会召集前，本条例之解释权、修正权属于山东省战工会及山东军区。

选自《山东革命历史档案资料选编》，第9辑，济南，山东人民出版社，1983年版，第1～13页。

6. 山东军区人民武装抗日自卫临时委员会指示（第三号）

1942年9月30日

（一）各地农救会、青救会，积极动员自己的会员参加人民武装，并负责建立各种人民武装的组织，这是非常有意义、非常重要的配合，并希望继续发扬这种模范的表现。但各地对农救的组织形式和斗争方式与人民武装的组织形式和斗争形式认识不够，互相混淆，致常发生乱捉、乱罚、乱打等严重现象，影响根据地的社会秩序，妨害团结，可能使人民武装陷于狭隘而没有出路的境地，这是极端危险的。因此，特提出下列原则，希各团体分别进行教育，并切实注意纠正：

（1）欢迎各团体继续积极动员所属会员，大量参加自卫团民兵，并在其中起模范作用，但须切实建立村自卫团部及区以上武委会的威信，在武装行动上，服从其统一领导。

（2）凡加入自卫团民兵的各救会员，在武装行动与使用武器的情形下，必须服从自卫团民兵的纪律，不得以各救会的组织关系，代替村自卫团团部及区以上武委会的领导。

（3）村级个别农救会干部，如因为工作繁忙，不及参加民兵时，其个人携带之武器，应交民兵使用。

（4）村级农救会长及自卫团长，原则上不互相兼职，以免职责不专，降低工作效率。

（二）在自卫团与民兵之间，在个别地区，同样存在着各种不正确的危险现象：有的地区在成分上表现出自卫团为富有者的集团，而游击小组则为贫苦农民的集团；有的地区在执行任务上表现出自卫团专门出差站岗，而游击小组则专门查岗（实际上成为自卫团的监督者）、缉私，以致互相不满、互相忌视，甚至互相戒备，这都是不好的偏向，必须严加纠正。除应根据九月一日修正颁布之自卫团暂行条例，有系统的〔地〕进行教育外，并应着重教育与实行下列各点：

（1）自卫团民兵都是全民性的人民武装组织，凡合乎政府法定年龄的男女公民，不分穷富，都有参加的权利与义务，但民兵在自愿参加的原则下，要比一般自卫团有较高的政治觉悟，有较强的体力。

（2）自卫团是民兵的基础，民兵是自卫团的骨干，两者绝对没有可以互相对立、互相分离的根据。自卫团应经过民主讨论后，尽可能减少民兵的公差勤务，从各方面表示爱护民兵；民兵（特别是游击小组）要服从村自卫团部的统一领导与指挥，不得把自己看作是自卫团的“宪兵”，或超出自卫团以外的特殊组织。

（3）应取消游击小组查岗的规定，查岗应由自卫团之各队长及分队长、班长等轮流担任，游击小组平时可在夜间担任本村周围之游动巡逻，及村与村间的会哨等工作，战时则听指挥行动。

九月三十日

选自《山东革命历史档案资料选编》，第 9 辑，济南，山东人民出版社，1983 年版，第 50～51 页。

7. 山东省民兵奖励抚恤暂行办法

1943 年 3 月 18 日公布

第一条　为发展民兵，开展群众游击战争，保卫家乡及激发其对敌斗争热忱，特制定本办法。

第二条　本办法所称民兵，系指青抗先、基干队、游击小组等不脱离生产及半脱离生产之人民武装。

第三条　奖励办法分名誉奖励、物质奖励两种。名誉奖励为表扬、嘉奖（锦旗、奖状等）。物质奖励为金钱、弹药武器等。

第四条　凡民兵个人或全体有下列情事之一者，依前条之规定分别奖励之。

一、积极配合主力打击或牵制敌人致获胜利者，给以四十元至二百元之奖金，并得予以名誉奖励。

二、生俘敌伪官兵者，给以百元至二百元之奖金，并得予以名誉奖励。

三、夺获敌人之各种炮及炮弹、轻重机枪、电台、电话机、重要文件以及军用物品者，给以百元至二百元奖金，并得予以名誉奖励。

四、执行政府禁运法令，如查获违禁品及缉获偷运粮食、铁器等出口有重大成绩者，除按禁运条例提成办法奖励外，并予以名誉奖励。

五、当敌人进行“扫荡”或出扰时，能积极打击或袭扰敌人有成绩者，酌予表扬。

六、经常包围封锁敌伪据点，坚持边缘区并有战斗成绩者，给以奖状。

七、维护战时秩序，保护公粮公物不受损失及帮助人民空舍清野有成绩者，给以锦旗。

八、掩护人民后方机关、团体、伤病员、残废军人、抗属安全转移者，给以奖状。

九、平时能盘查敌探奸细及防匪有成绩，战时能迅速及时侦察敌情，完成通讯联络任务者，酌予表扬。

十、因积极破袭遮断公路电线之交通及便利我之交通者，给以奖状。

十一、积极深入敌占区帮助抗日政府推行政令，并发展和扶植敌占区人民武装有成绩者，给以奖状。

十二、积极参加政治攻势，瓦解敌伪军，争取伪机关团体人员有成绩者，给以奖状。

十三、爱护主力、参加主力有成绩者，酌予表扬。

第五条　各县区村政权必须将民兵活动情形按月按年总结，报由县政府转呈专署以上行政机关评定成绩，给以名誉奖励。其有特殊成绩者，应呈由省战工会给以奖励。

第六条　民兵因参战所得胜利品或缴获其他物件者，依下列规定办理之。

一、民兵俘虏敌伪，应送交当地县以上政府处理。

二、民兵所获军械、弹药、牲畜、日用品，除重炮、机枪、电台、电话机及兵工生产器材等由政府给奖归公外，其余均归民兵自用，任何机关团体或个人不得强取或没收。

三、正规军击溃敌人、进攻敌人，民兵配合打扫战场时，其胜利品归正规军分配。

四、民兵配合正规军实际作战所获胜利品由正规军协同当地武委会分配。

五、民兵夺回敌人所抢掠人民之牲畜或物品时，除由原主认领归还原主外，原主应酌予草料费，并应根据该牲口之市价酌予百分之五至百分之十的报酬，但不得强迫要求。如为其他物品时，应斟酌实际情形，酌予报酬。

第七条　凡民兵因作战或掩护人民及后方机关团体任务进行战斗致负伤者，应由当地或就近之医院、卫生机关、公营药房及时免费治疗，政府应派员慰问，其残废者依下列规定办理之：

一、一等残废每年发给抚恤金三百元。

二、二等残废每年发给抚恤金二百元。

三、三等残废每年发给抚恤金一百元

第八条　民兵因参战配合军队作战，作游击活动，或掩护人民及后方机关等进行战斗致光荣殉国者，应发给公葬费二百元，并一次发给善后抚恤金四百元。

第九条　民兵负伤致残废不能从事劳动，或作战牺牲，其家庭生活不能维持者，除给以抚恤金外，并由政府设法为其个人或家属介绍适当职业。

第十条　本办法之奖励抚恤，由县政府会同县武委会执行之。

第十一条　其他一切应奖励事宜，得由各级人民武委会呈请政府另行给奖。

第十二条　本办法如有未尽事宜，由山东省临时参议会修正之。

第十三条　本办法经山东省临时参议会通过，由山东省战时工作推行委员会公布施行

（附注）

一、残废等级的规定由卫生机关检查后，给予证明信，由县以上政府发给残废证。

二、残废金每年五月、十二月两次发给之。

选自《山东革命历史档案资料选编》，第 9 辑，济南，山东人民出版社，1983 年版，第 331～333 页。

8. 山东省战工会、山东军区训令——确定县武装科及区武装助理员的任务

1943 年 4 月 19 日

关于县武装科及区武装助理员的任务，过去并无明确规定，以致各县区武装干部，抓不住工作中心，不能发挥其应有的作用，一般的都忙于应付县区地方武装的勤杂事务。另方面，军分区及县区政府，对武装科及武装助理员的领导，常常中心不一致，任务不统一，以致县区武装干部无所适从，顾此失彼，都是非常不好的。为了充分发挥县区武装工作机构应有的作用，特确定其基本任务为组织与领导县区人民武装。并分别规定如下：

（一）根据县区政府关于人民武装工作的要求和决定，对同级或下级武委会和自卫团部实行政治上的指导，并直接实行工作上的帮助与配合（但无组织上之隶属关系）。如没有村团部及县区级武委会，应负责普遍的〔地〕推动与建立。在建立武委会时，县武装科长及区武装助理员应成为同级武委会当然委员之一，并直接参加武委会的经常工作。县武装科的干事得依照民国三十一年九月一日修正山东省人民抗日武装自卫团暂行条例之规定，被聘为县武委会的干事。

（二）根据环境需要进行全县区的战时动员，实行空舍清野、拆破，配合县区公安机关实行抗日戒严，组织抗日勤务，通过武委会和自卫团部指挥人民武装进行战斗。

（三）根据抗日部队的要求和计划，动员与领导参军、归队等事宜。

（四）必要时帮助检查县区地方武装之精神纪律状态及军政工作的情形。

自本训令公布后，各军分区应依照《八一训令》的规定，迅速健全县区地方武装的军政干部，加强其领导。关于供给、卫生等勤杂事务，其属于军分区者，由军分区的后勤机关负责，其属于政府者，由同级政府之管理机关或管理人员负责，不得彼此推诿，妨害工作为要！

此令

选自《山东革命历史档案资料选编》，第9辑，济南，山东人民出版社，1983年版，第449～450页。

9. 山东军区、一一五师关于拥政爱民的决定

1943年6月

一、山东政权与山东人民和我军有着特殊密切的血肉相联〔连〕的历史关系。山东军队是由山东人民中土生土长起来的，在山东人民拥护爱戴中发展壮大起来的。而抗日民主政权又是人民的政权，是抗日根据地的基石，是军队休养生息的支柱，如脱离政权与人民的支持，则坚持分散性、地方性的游击战争，开展对敌政治、经济、文化全面斗争是不可能的，虽然山东政权是在军队帮助下建立起来的，人民是在军队扶持下组织起来的，但基本上是由于广大群众对我政治上的信任。如没有政权与人民的动员，人力、物力、财力的解决就不可能，则我坚持五年抗战也是根本不可能的。

二、但由于我军对政权与人民尊重不够，曾使我军在某一时期形成对政权的包办代替与对人民的隔离。近年来虽有很大进步，但还是存在弱点与缺点的。

三、为更加密切我军与政权、人民的关系，贯彻拥政爱民精神，建立军政民正确关系，执行党的领导一元化，坚持渡过一九四三年，争取胜利的到来，特有拥政爱民之决定如下：

第一，军队要尊重政权，在观念上进一步认识抗日民主政权是我们整个国家机构的一部分，要完全以公民资格对待之，执行政府法令。政府法令是我党政策的具体实施与贯彻，抗日民主政权是“三三制”的，是各抗日阶层人民组成的，因此尊重抗日民主政权，就是尊重党的统一领导，尊重各阶层人民的共同利益。另一方面，我们是党军，是工农武装，同时是中国一切抗日人民的武装，我们是抗日民主政权的支柱，我们六年来的艰苦奋斗，就是为了建立新民主主义新中国政权。因此，我们尊重政权就是尊重自己的利益，就是自己的斗争目标。我们必须遵行政府法令，遵从各级政府的领导，从职〔战〕工会、主署，特别是区村政权。违背政权法令、将政权当做〔作〕充办差事的机关，那是错误的，而应该做尊重政权与执行政府法令的模范。对政权有意见或与地方有纠纷，只能以政府委员或公民资格建议，设法商讨，就地解决，或提交上级，决不能以军队组织或军人资格直接干涉，武断处理，更无权打骂侮辱政府工作人员。军队应经常征求政权意见，注意信礼往还，礼尚来往，应彻底肃清军阀土匪残余习气。军队派往地方帮助工作之干部，均须完全服从政权统一领导，不得以任何军人资格表现特殊化，或强调军队系统。

第二，军队要把爱护与帮助政权当作自己的一种义务和职责，经常研究政府法令，向战士进行教育，向群众进行宣传解释，以提高政府威信。对政府的建议与批评，态度要完全诚恳谦虚。在战斗情况下，不论有无上级命令，须负责保护政府安全，并与政府随时联系，互通情报。政府遇敌袭击，任何连队必须自主的救援。平时，帮政府推行各种政令，配合开展工作。在边缘区或工作基础薄弱区，更要帮助扩大政府影响，最近应注意帮助改选驻村村政，举办春耕贷款，协助动员逃亡之战士归队，但不能重复过去代替包办政权工作之错误。

第三，军队不但要以平等民主精神对待人民，而［且］把人民当作自己的母亲。不但尊重基本群众，而且要尊重一切抗日人民，尊重他们的一切权利，如人权、政权、财权，尊重他们的民主自由，如团体组织、个人人格。军队中每个指战员也是一个普通公民，是一个武装起来了的公民，有捍卫人民利益的义务。只有更加依靠及密切与人民的联系，尊重人民，才能得到人民对自己的帮助，这就是我们力量的源泉。把自己当作群众的上司，站在群众头上，这是一种剥削阶级军阀主义的思想残余，随便打骂侮辱人民应该受到纪律制裁。人民有错误，军队有耐心解释之责，但态度要和蔼，注［意］礼貌、人情风俗、待人接物，凡事要商量、要讲理。人民对军队不好，军队要自我检讨其原因。军队对人民不好，军队要自我批评。军队和人民互相有纠纷，军队应负主要责任。要帮助群众工作，要照顾人民的利益，有为人民真心服务的精神。

第四，军队要爱护人民，象〔像〕爱护自己的肌肉皮肤一样。要爱护人民一针一线、一草一木的利益。除人民交纳的公粮田赋等义务外，不应丝毫侵犯其利益。这是军队对人民的一种义务，不论何时何地，不论东西贵贱、大小，特别是在战时，在敌占区，在对一些日常细小的问题上更应注意。更应注意借物送还、损物赔偿，借物时要顾到人民自己的需要，要负责爱惜保护，不得随意传借，丢失时要负责寻找，或［按］东西大小、新旧程度及损坏情节轻重恰当处理，在特殊紧张情况下，亦应予尽可能的妥为安排。战时不准打骂向导，不许在混乱情况下对人民态度蛮横、混〔浑〕水摸鱼发洋财、没收人民东西，这都是要受到纪律制裁的。平时注意节省民力财力，自背柴草粮食，执行支差规定，自做自食，行军不踏青苗，拴马不啃树皮，宿营不住公共场所（小学、冬学、办公处），打铺不用牛草，看戏不乱拆墙头，修操场不损庄稼，买卖公道。

第五，军队的天职就是为保卫人民的利益，要负责保护人民一切生命财产的安全。敌“扫荡”时，要告诉人民情况，动员人民备战；人民遭危险要拯救，反对把战争与人民利益对立起来。敌伪掠夺“清剿”时，要配合民兵打击之，抢救粮食，抢救壮丁，掩护村民转移退却。各种对敌斗争（拆围、破路）均须从保护群众利益出发。平时要告诉人民卫生常识，防止瘟疫传染疾病，贫苦抗属急症要尽量诊治。军队要随时帮助人，在农忙季节除自己开荒生产外，并要帮助人民劳动，帮助人民春耕、夏收、秋收。目前要帮人民春耕、推粪、拉犁、拉耩子，进行文化教育，帮助人民组织民兵与进行对民兵的军政教育，告诉民兵如何侦察警戒，如何掩护人民转移、战斗配合。其他减租减息、增资各种实际困难问题之解决，群众团体之组织，军队均应尽力帮助。

四、为使我军拥政爱民精神在全军造成一种热潮，并成为经常作风，必须使每个指战员、政工人员，对这一决定的内容与精神有深刻的理解与具体的遵行。因此，各军区、旅、团接此决定后，应联系军队有关实际问题之检讨，在干部中进行深入的传达、讨论，在战土中进行专门教育，并以之作为管理事务人员的整风题材与业务教育，并将此种精神特别贯彻于目前扶持民兵、协助归队及帮助春耕工作中。

选自《山东革命历史档案资料选编》，第9辑，济南，山东人民出版社，1983年版，第518～522页。原注："原载1943年6月《拥军与战时动员法令》第一集。"

10. 中共山东分局关于加强国防企业职工工作的指示

1943年7月15日

（一）为坚持敌后抗战积极准备反攻力量，造成根据地国防企业部门的生产热潮，掀起工人高度的生产热忱，加强根据地国防企业部门的职工工作，建立与健全国防企业职工会的组织，已成为各级党与职工会目前的重要工作。

（二）国防企业工会的任务是：团结组织与教育所有的工人职员积极参［加］根据地生产建设，建立工人新的劳动观念，保证一切生产计划的胜利完成，帮助与推动工人的发明与创造，加强职工的政治、文化、技术的教育，保障工人生活的改善与帮助解决其困难问题。

（三）国防企业工会的组织机构，以区党委级或地委级为单位，成立统一的国防企业工会，同时要加入同级的地方职工联合会，成为团体会员，并接受其领导。县级的各工厂工会可直接由县级地方职工联合会的领导，如工厂集中的县份，可以成立县级的统一国防企业职工会，同时要加入县级地方职工联合会并接受其领导。依〔以〕工厂的行政系统为单位，建立工会的组织系统与领导机构（如成立××职工会、工会支部、小组等）。

（四）工会与行政上的关系，在工作上是互相帮助，保持独立系统，可互派代表参加会议。

（五）凡公私营工厂内的工人职员，参加一定工厂工作的劳动者，不分智力与劳力皆可加入工会为会员。对工厂行政上所用的事务管理工作人员不得加入工会。

选自《山东革命历史档案资料选编》，第9辑，济南，山东人民出版社，1983年版，第547～548页。

11. 山东八路军拥政爱民公约

1943年12月8日

一、不轻视政府地方工作人员，象〔像〕部队首长、干部同志一样尊敬。

二、不违背政府法令，象〔像〕执行部队命令一样忠实。

三、不打骂老百姓，当自己家里的父母兄弟姐妹一样看待。

四、不打骂村长、庄长、办公人员，鼓励老百姓管理财政。

五、不拿群众东西，不让马啃树皮，把老百姓利益当做〔作〕自己利益。

六、借东西要解释，用了要还，坏了要赔，住房子要商量，顾到对方需要。

七、不妨害老百姓生产，按时帮助耕种、锄地、收割。

八、尊重民情风俗，不怨老百姓落后，多宣传，多鼓励上学，帮助民兵训练。

九、关心贫苦群众，接近了解他们，帮助他们争取生活改善。

十、节省公物，救济灾民难民，努力生产，减轻群众负担。

选自《山东革命历史档案资料选编》，第11辑，济南，山东人民出版社，1983年版，第199～200页。

12. 山东人民武装抗日自卫团组织条例

1944年5月26日山东军区司令部政治部公布、施行

第一章　总　则

第一条　本团定名为山东人民武装抗日自卫团（简称自卫团），为群众性的半军事组织。

第二条　本团组织原则为民主集中制，其领导与指挥为村自卫团部以上之各级人民武装抗日自卫委员会（简称武委会）。

第三条　本团以组织与加强广大人民武装抗日自卫力量，保卫家乡，保卫抗日根据地，保卫抗日民主政权及抗日群众团体，保卫人民的利益，争取抗战胜利，实现独立的、自由的、民主的、幸福的新民主主义，亦即革命的三民主义新中国为宗旨。

第四条　本团基本任务如下：

甲、进行群众性的游击战争。

乙、配合抗日军队作战。

丙、维持抗日治安，担任抗日勤务。

第五条　为便于执行本团之基本任务，本团之基本组成部分一为民兵，一为自卫队。

第六条　自卫队执行下列各项任务：

甲、抗日戒严，捉拿汉奸敌探。

乙、破路拆堡，空舍清野。

丙、侦察与递送情报。

丁、救护与掩护伤病员，协助医院工作。

戊、有军事之担架，运输，埋藏公物。

第七条　民兵除协助执行上列各项任务外（应减少一般自卫队的勤务，以便执行本身较高级的任务），主要执行下列工作任务：

甲、独立自主作战及配合军队反“扫荡”、反“蚕食”、反抢粮，保卫家乡。

乙、封锁敌人，围困据点，进行交通战斗，坚持边缘区。

丙、警戒地方，保卫政权，侦察敌情，捉拿汉奸，依法缉私。

丁、战时掩护人民，保护生产，保护财物。

戊、实行武力与劳力结合，发展生产。

己、经常巩固与发［展］组织，努力提高自己。

第二章　组　织

第八条　依政府法令，凡年在十六岁以上、五十岁以下之男女公民，不分阶级、种族、信仰，均应登记编为本团团员。

第九条　本团基层组织为村自卫团，在村团下设自卫队和民兵。

第十条　自卫队为义务的人民武装组织，可依照不同的职业、性别、年龄分别编为：

甲、普通自卫队。

乙、妇女自卫队。

丙、公、私立完全小学以上之学校，得成立青年自卫队。

丁、有十人以上在一处劳动之公、私营企业，得组织工人自卫队。

戊、沿海各村有十人以上之职业渔民，可成立渔民自卫队。

第十一条　妇女自卫队须在有工作基础地区经动员说服后，以自愿参加为原则，并须免除其担架、运输、拆破及其他过重劳动服役。

第十二条　民兵为高级的人民武装组织，战时成为自卫团的骨干。凡身强力壮、愿意武装杀敌者，以自愿参加为原则。

甲、凡年在二十四岁以上、三十五岁以下者，可参加基干自卫队、游击小组。

乙、凡年在十六岁以上、二十三岁以下者，可参加青年抗日先锋队（简称青抗先）。

第十三条　民兵组织形式，各地不必务求一律，可依照当地实际情形及群众爱好而定，以能执行民兵的任务和要求为原则。

第十四条　每人只限加入一种组织，凡参加民兵者（基干队、游击小组、青抗先）不再参加自卫队。

第十五条　本团成员均有下列之权利：

甲、选举权与被选举权。

乙、平时之罢免权及会议时之发言权。

丙、对本团一切问题，均有建议与批评之权。

第十六条　本团成员均有下列之义务：

甲、服从本团条例和纪律。

乙、坚决服从上级领导，坚决执行命令。

丙、积极完成任务。

第三章　编　制

第十七条　民兵自卫队得以下列原则编成之。

甲、凡年满十六岁以上、五十岁以下之男自卫队员除参加民兵者外，混合编成之。

乙、凡年满十六岁以上、五十岁以下之全体妇女自卫队员可混合编成之。

丙、凡学校之男女青年学生，除参加青抗先者外，一律编为青年自卫队，其中妇女可分别编成之。

丁、凡公、私营企业内之工人，除参加民兵者外，一律编为工人自卫队。其中妇女可分别编成之。

戊、民兵得以村团部所属之自然村或行政村为单位，共编成一队。基干队（游击小组）、青抗先得各保持其单独的组织单位。

己、沿海各村渔民自卫队，平时统一于村团部，渔季可直接在县、区武委会领导下建立海上联防。渔民民兵可依照分布情形，在区武委会直接指挥下，在渔季单独编成一队。

第十八条　民兵自卫队得以下列原则编制之：

甲、自卫队以十人至十二人为一小队，三小队至五小队为一分队，三分队至五分队为一中队，中队以上为自卫队长。

乙、民兵以三人至五人为一小队，以三小队至五小队为一分队，分队以上为民兵队长。

第十九条　各村妇女自卫队，得设妇女干事一人，青抗先得设青年干事一人。人选由青救、妇救提出，由村团部提请区武委会宣布之。

第二十条　自卫队（妇女、青年、工人自卫队）及民兵（基干队、游击小组、青抗先）均为人民武装抗日自卫团部所属组成部分，从村至山东均不设单独系统。

第二一条　村单位过多之区，得按具体情形，设立若干联防大队部，以资联系，但不是一级。

第四章　领　导

第二二条　本团最高权力机关为山东人民武装代表大会，闭会后为山东人民武装抗日自卫委员会（即武委会）。

第二三条　本团自山东至区各级均设立人民武装抗日自卫委员会，村设村团部。

第二四条　自山东武委会至村团部，为本团上下一致之垂直领导系统。

第五章　武委会

第二五条　各级武委会由各级人民武装代表大会选举产生之，连选得连任。各级武委会为各级人民武装代表大会决议之执行机关，并对上级武委会负责。

第二六条　各级武委会得以下列规定组织之：

甲、自山东至各军区，由委员九人至十三人。

乙、自军分区至县，由委员七人至十一人。

丙、区由委员五人至九人。

丁、各级得设候补委员若干，但不得超过正式委员三分之一。

戊、各级武委会可推定正、副主任各一人。

己、自山东至各军区级武委会推定三人至五人，成立常务委员会，正、副主任为当然常委。

庚、各级委员如有缺额，得由候补委员抵补，不足时得召集临时代表大会补选之。

第二七条　各级武委会选出后，其委员名单须报告上两级武委会批准公布之。

第二八条　各机〔级〕武委会的工作机构如下：

甲、自山东至县各级武委会，下设参谋工作组、政治工作组、青抗部，由正、副主任分兼参、政各组组长。各组可因工作需要，另设副组长及干事二人至四人（内妇女干事一人）。青抗部得酌设干事。

乙、区设正、副主任，政治教导员，青抗委员，妇女干事各一人。

丙、县、区武委会兼县、区指挥部时，其条例另订之。

第二九条　各级武委会参工组及政工组之正、副组长，须经上一级武委会批准委任公布之。

第三十条　各级武委会正、副主任职权如下：

甲、按期召开委员会议，开会时为主席。

乙、计划、领导及推动全盘工作。

丙、经常检查与帮助下级工作。

丁、参加下级各种会议。

戊、对外代表委员会。

己、指挥民兵自卫队之军事行动。

庚、委任下级工作人员。

辛、奖惩工作人员及民兵自卫队。

壬、提议与筹备下次代表大会之召集。

第三一条　教导员之职权与工作任务另订之。

第三二条　各级武委会各组之职责如下。

甲、参谋工作组管理：

一、作战训练。

二、侦察情报。

三、通讯联络。

四、队列编制。

五、武器配备与火药生产。

六、其他。

七、一切指示、计划、命令、训令通过武委会下达，无上下级系统。

乙、政治工作组管理：

一、组织统计。

二、宣传教育。

三、除奸防谍。

四、瓦解敌伪。

五、战争动员。

六、武劳结合。

七、其他。

八、对下级政工组有工作指导关系，属于政治工作方面的问题，有对下级武委会直接指示的权力。

丙、青抗部及［区］青抗委员管理：

一、负责推动与实施有关青抗先之教育。

二、负责推动青抗先组织之发展与整理。

三、一切工作通过武委会，无上下级之垂直系统，亦无单独行文发布命令之权。

第三三条　各级武委会之会议如下：

甲、各级人民武装代表大会，自山东至各军区二年一次，军分区至区一年一次。

乙、各级武委会之全体委员会议，自山东至各军区半年一次，军分区至县一月一次，区半月一次。

丙、各级武委会之常委会一月一次。

丁、必要时召集临时会议。

第六章　村团部

第三四条　村团部以行政村为单位（无行政村者可依照自然村或对敌斗争执行任务之便利）建立之。

第三五条　村团部由村全体人民武装大会选举之，半年改选一次，连选得连任。村团部须执行全体人民武装大会之决议，并对上级武委会负责。

第三六条　村团部设正、副团长，指导员各一人（必要时得设副指导员），经村全体人民武装大会选出后，其名单须经县武委会批准。

第三七条　村正、副团长及指导员之职权如下：

甲、按期召开全体人民武装大会，开会时为主席。

乙、计划、领导与推动全盘人民武装工作。

丙、对外代表全村人民武装。

丁、自卫团长：

一、兼任民兵队长。

二、负责实施有关军事训练工作。

三、管理侦察、通讯工作。

四、负责武器弹药之检查登记，分发保管。

五、战时得与指导员、村长共同指挥前方战斗活动。

戊、副团长：

一、兼任自卫队长。

二、负责战时民兵粮食之供给。

三、民兵伤亡之救护安置。

四、战时与副村长、农救会长（或各救会长）共同指挥后方人民转移及空舍清野事项。

己、指导员：

一、监督与考查村团部全盘工作实施状况。

二、保证完成上级武委会之命令决定，并根据上级政工组之计划，负责在民兵自卫队中进行一般政治工作。

三、有系统的〔地〕与破坏民兵组织及武器之奸细、特务分子作斗争。

四、领导民兵自卫队员武力与劳力结合之各种集体活动。

五、战时与村长、自卫团长指挥前方之战斗活动。

六、监督与检查民兵自卫队之纪律。

第三八条　村级人民武装会议如下：

甲、村全体人民武装大会半年一次，除决议各项工作外，并改选村团部。

乙、民兵队员大会一月一次，民兵小队及分队队务会议每月不超过两次。

丙、自卫队及各队队员大会最多每月一次。

丁、必要时村团部及各队随时召集会议。

第七章　指　挥

第三九条　山东武委会至村团部即本团之指挥系统。

第四十条　本团得接受军区、军分区、县、区指挥部所给予的任务，并服从其统一指挥。

第四一条　本团在执行各种基本任务时，得接受同级政府之指挥。

第四二条　本团与主力、地方武装配合作战时，得接受主力、地方武装之统一指挥。

第八章　关　系

第四三条　本团与政府之关系：

甲、政府可根据本团之基本任务，经过同级武委会及村团部实行指挥。

乙、政府得依法令保障本团遂行其基本任务。

丙、民兵自卫队不得直接担任催缴田赋、税收及属于民事刑事方面拘人提案等勤务。

丁、同级武委会正、副主任，可以成为同级行政委员会之当然候选人。

第四四条　本团与抗日军队关系：

甲、本团有积极主动配合军队作战，掩护军队休整，帮助军队动员参军、归队以及配合作战时服从其统一指挥之义务。

乙、军队有帮助本团进行教育训练，补充弹药武器及援助民兵作战之义务。

第四五条　本团与抗日群众团体之关系：

甲、各级武委会与各级各救（抗联）为平行互相配合之关系，双方负责干部可以互相参加委员会为委员或常委。

乙、各级武委会及村团部得接受同级青救会有关青抗先组织发展教育之建议，青救须供给青抗先以得力干部。

丙、妇女自卫队得与妇救会建立密切联系，妇救须供给妇女自卫队以得力干部。

丁、工人自卫队得与工救建立密切联系，工救须供给工人自卫队以得力干部。

戊、各群众团体须帮助发展与巩固民兵自卫队之组织，并提高其纪律。

己、各级武委会选举时，同级工、农、青、妇的负责干部可以成为候选人。

第九章　纪　律

第四六条　本团全体民兵自卫队员除坚决执行第十六条各项义务外，均须遵守下列之纪律：

甲、不准违犯政府法令及上级命令。

乙、不准勾通敌寇、汉奸、土匪及一切反革命势力。

丙、不准损坏与盗卖武器弹药。

丁、不准向敌人暴露抗日根据地内的秘密。

第四七条　违犯纪律者，得由上级按其轻重予以批评、警告、撤职、开除等处分，但须绝对禁止打骂、罚款及一切肉刑，重者得交政府依法处理。

第四八条　执行警告以上处分时，须经上一级武委会批准。执行干部撤职、民兵开除之处分时，须经上两级武委会批准。

第十章　经　费

第四九条　本团经费来源：

甲、政府补给。

乙、胜利品一部或全部。

第五十条　本团经费由各军区武委会统一预算，经同级政府批准后，由政府直接开支，并须按月向政府及上级武委会呈报开支账目。

第十一章　武　器

第五一条　本团以发扬原始武器（特别是石雷、石炮）并使用手榴弹、地雷及工厂造长短枪。

甲、自卫队除长短枪外，以梭标、长矛、土枪、土炮、石雷、石炮、大刀、铁棒等武装队员。

乙、民兵以工厂造长短枪、轻机枪、手炮、手榴弹、地雷、石雷、抬杆、土炮、土枪、长矛、大刀武装队员。

第十二章　附　则

第五二条　敌占区及接敌区人民武装组织法另订之。

第五三条　自本条例公布施行起，三十一年九月一日颁布之《修正人民武装抗日自卫团暂行条例》及一九四三年十一月印发之《山东人民武装抗日自卫团组织条例》即行作废，过去各团体印刷之各种武装组织条例凡与本条例相抵触者概作无效。

第五四条　本条例经山东人民武装第一次代表大会通过，由山东军区批准颁布之，自公布之日起，发生效力。

一九四四、五、二十六

选自《山东革命历史档案资料选编》，第12辑，济南，山东人民出版社，1983年版，第177～188页。

13. 山东军区对日本驻军的通牒

1945年8月11日

顷奉　本军总司令朱命令

日本政府已于八月九日向盟国及本国无条件投降，本军认为此系日本军民免除无谓之牺牲、求获早日和平之最后机会，兹特通告：

一、立即命令所属部队及机关停止一切抵抗，并在原驻地点不得调动，听候处置。

二、须于二十四小时内派遣代表前来接受无条件投降处置。

三、自接到本通牒之时起，对于一切军器、交通工具、军用器材及所有物资，不得有任何损坏，并不得交于本军以外之任何方面，否则本军概不负责。

四、对于盟国俘虏及中国人民，不得有伤害行为。

日本军接受无条件投降后，本军即按照优待俘虏条例予以生命安全之保障。如违犯上列任何一项条例，即视为敌对行为，本军即予以坚决消灭。

右通知日本军司令官部队长。

司令员兼政治委员　罗荣桓
副政治委员　黎　玉
政治部主任　肖　华

选自《山东革命历史档案资料选编》，第15辑，济南，山东人民出版社，1984年版，第188～189页。

14. 山东军区司令部关于管制战俘暂行办法

1945年8月13日

一、为管制敌伪投降后大批俘虏，特决定在山东军区及各军区成立俘虏管制委员会，各军分区设分会，县设县会。各级管委会以同级武委会为主，吸收敌工部门、解放联盟、独立同盟及政府公安局等有关部门参加组成之。设主任一，副主任三，下分管理、审查、教育三组。管理组负责警戒、生活、指挥、卫生等事项。各级管委会应随时协同所在地区之前方部队设立俘虏登记处，负责登记俘虏之年龄、姓名、职别、阶级出身，并负责分类编队。在编队前检查及收缴俘虏身上之小刀、毒品及其他暗藏武器。关于服装及日用品，则应保证由俘虏本人自用。

二、编制：关于日军俘虏：应按下列分别编制。甲、大队长以上者；乙、中小队长以下者；丙、班长以下者；丁、侨民（上下层应分开，男女酌量分开，顾问属上层）；戊、特务宪兵。朝鲜俘虏可统一混合编制于朝鲜俘虏队。伪军伪组织应将官兵分别编制。

编制系统为分队、小队、中队、大队。大队直属于县管委会。中队长以上之官佐按以上编制由军区编制之。

俘虏配制以县为单位，每县分住三个至五个大队。

朝鲜俘虏则以军区为单位分住。

伪军俘虏应审查争取教育，分别补充部队及各种劳役队。

伪中队长以上军官及有特别专长者由军区级管制之。老弱无劳动力者清洗，审查后则遣散回家，但土匪及不良分子应慎重处理，以免滋扰社会。

三、审查：除前方随时登记外，关于到达指定地点后的审查办法，另发指示。

四、教育：在前方应及时教育下列各项。

甲、纪律——（1）绝对服从军事指挥，不得自由行动。（2）绝对遵守群众纪律，不得乱抢乱拿。（3）绝对不能进行反人民的反宣传。

乙、宽大政策的教育。

丙、对日俘及时印发《建设民主的日本》、解放联盟纲领等文件。对鲜俘印发朝鲜革命问题、独立同盟纲领。对伪俘则散发《论联合政府》及《论解放区战场》。关于俘虏到达指定地点后之教育，另发指示。

五、生活：不分官兵，每人每日菜金一元五角，粮食以小米高粱为主。如由兵站线解运时，伙食由兵站负责，否则按规定与当地政府接办。另酌量发给烟等，应当注意其卫生。

六、战争时期警备：押解及警戒，各县组织由民兵大队负责。分批解押时，一般的民兵与俘虏之比数为一比一。民兵接近俘虏时，应为预备刺姿势，不得肩枪。一般应夜间休息，白天行军，休息警戒时，民兵应严密监管，防止意外。俘虏进入驻地区，当地附近岗哨由民兵负责，在重要处所应特别加强警戒，每班岗哨应为复哨。在驻地外围应组织多层的警戒联防，并规定一定警号。俘虏在驻地不得自由出入，每天黄昏后、日出前为经常的戒严状态，外界任何中外人士非经管委会的许可，概不准进见俘虏，严防日特及国特之阴谋活动。

七，日侨民和俘虏同样看待，其财产一律没收。但投降前确因帮助抗日有据者，可另行优待处理。

此令

司令员兼政治委员　罗荣桓
副政治委员　黎玉
政治部主任　肖华

选自《山东革命历史档案资料选编》，第15辑，济南，山东人民出版社，1984年版，第202～204页。

15. 山东军区命令——令各部队向主要伪军伪政权送出通牒限于二十四小时内率队反正

1945年8月14日

奉总司令朱十日二十四时命令，日本已无条件投降，各解放区任何抗日武装部队，均得向其附近一切伪军伪政权送出通牒，限其于敌寇投降签字前率队反正，听候编遣，逾期即须全部缴出武装。各解放区所有抗日武装部队如遇敌伪武装部队拒绝投降缴械，即应予以坚决消灭。

我山东各解放区所有抗日武装部队，应即对下列各伪军伪政权机关送出通牒，限其于接通牒二十四小时内率队反正，并指定地点时间听候编遣，如遇拒绝反正及投降缴械，即应坚决消灭之。

山东军区司令员兼政治委员　罗荣桓
副政治委员　黎玉
政治部主任　肖华

计开下列各伪军伪政权：

一、山东各级伪政权及部队

伪省长兼济南绥靖主任　杨毓珣

伪登州道尹兼保安队指挥　白书普

伪莱潍道尹兼保安队指挥　王子枫
伪济南道尹兼保安队指挥　宋介
伪泰安道尹兼保安队指挥　吴仲轩
伪沂州道尹兼保安队指挥　王峰青
伪武定道尹兼保安队指挥　刘佩臣
伪济南市长　程镕
伪青岛市长兼保安总队队长　杨作礼
伪青州特别行政长官兼保安指挥　常子英
伪诸莒沂日办事处处长　张福
伪张店专员　潘正仁
伪威海专员　徐瑞卿
伪龙口专员　熊毅
伪烟台市长　邵中枢
伪海州市长　邵竞生
伪淮海省长兼徐州绥靖主任　郝鹏举
伪淮海省第六区专员兼保安司令　毕书文
伪徐州市长　李铁民
以及所有一切伪政权武装、各伪县长、保安旅团长、保安队、自卫队、警察所等

二、山东各大股伪军部队

…… ……

选自《山东革命历史档案资料选编》，第15辑，济南，山东人民出版社，1984年版，第207～211页。

16. 山东军区命令——对敌伪俘虏政策

1945年8月14日

兹将我军对敌伪俘虏政策颁布如下，希各地制成布告，普遍向伪军伪警宣传，并教育部队、民兵严格执行。

一、凡敌伪军伪组织与日朝侨民，一经放下武器或失却战斗力者，即为我军俘虏，均依俘虏政策处理之。

二、我所有主力部队、地方武装、民兵，对所有俘虏敌伪军官、士兵、日朝侨民及一切轻重伤兵均应捕捉看押，不得有杀害行为。

三、凡我主力部队、地方武装、民兵，对俘虏均应将其武器、弹药、军用器材及带有危险性的物品一律迅速收缴归公，其个人衣物及日用品等，一概不得私自没收。

四、对一切俘虏严禁打骂或人格侮辱行为。

五、对俘虏食宿待遇，与我军相同，以示优待。

六、俘虏伤病员应设法医治，死亡者负责掩埋。

七、所有俘虏必须：（一）服从我军命令。（二）不得侵犯人民利益。（三）停止一切反动行为，如有违犯者，即按情节轻重依法处理。

司令员兼政委　罗荣桓
副政委　黎　玉
政治部主任　肖　华

选自《山东革命历史档案资料选编》，第 15 辑，济南，山东人民出版社，1984 年版，第 206 页。

17. 山东省人民自卫队战时勤务动员办法

1945 年 8 月 17 日山东省政府公布

一、自卫队的战时勤务动员，系依照主力反攻作战的需要而规定（但须〔需〕要适当照顾到农忙，不过于影响生产）。

二、战时自卫队的任务，在前方说，要把伤病员及收缴的战利品运送到后方；在后方说，要把粮食和一切供应品及时的〔地〕运送到前方。

三、以自卫队为基础，再配合许多有组织的群众，利用人民的牲畜、运输工具，分别组织各种运输队，来担任战时不同的运输工作。其组织如下：

（一）每村设一中队，设正副队长各一人，以村长、村团副分别担任正副队长，负责指挥调度。

（二）每区设一大队，设正副队长各一人，以区长或副区长为队长、武委会副主任为队副，负责指挥调度。

（三）各县县政府须指定人员，负责筹划及调剂事项。

（四）每中队（即每村）须详细调查每一户之人力、物力、畜力之多少，分别组织担架队、大车队、小车队、船舶队、担运队、驴骡队，每一队均须指定队长，负责管理。

四、勤务之分配如下：

（一）除荣誉军人、妇女、村长、病人及五十五岁以上无劳动力之老者或十六岁以下无劳动力之儿童等可免除劳役外，其余一律担负战时勤务，任何人之畜力或运输工具等亦不得拒绝使用。

（二）民兵得按个人计算，以在村民兵为标准。在不妨碍战斗任务的条件下，以民兵一等于自卫队二的比例负担运输勤务工作。

（三）凡私营商店、作坊及民营之合作社，亦应依照本办法第四条第一项之规定，一律负担勤务。

（四）花户缴纳公粮，应送到指定之粮库，无论路程远近，不得作为战时勤务来出夫（不记工）。其依照政府、军队计划出夫者，得按夫记工。

（五）兵站干线两侧二十里以内村庄之人力、物力、运输工具，须完全服从战时交通运输之需要，不足时得向二十里以外之村庄抽调使用。至于兵站支线至兵站之运输，由政府规定之。

（六）为考查在战时出勤务之多寡，以便调剂起见，得由政府颁发出差证，交由各中队部（兵站干线两侧二十里之各村）负责按时填写，其出差过多者，可由县政府在一定期间适当予以调剂或补助之（以县为单位）。

（七）骡、马、牛、驴每出差一天作一工计。

五、政治动员：

（一）根据目前形势，进行深入动员，使民兵、自卫队普遍认识这是为抗战革命光荣服务，而不是派差。在执行运输任务时，应爱惜资财。

（二）干部积极分子要起模范骨干作用，推动与号召民兵、自卫队为前线工作，服从调遣，完成任务。尤其兵站周围各区之大队部，更应指挥勤务的干部轮流住在兵站，协助兵站工作。

（三）兵站干线的干部，对于自卫队和民兵的态度要和蔼可亲，随时给以鼓励，严禁打骂现象和官僚作风。

六、待遇：

（一）不足一日行程者给养自备，满一日或一日以上者由兵站按日发给粮票，每人每日二斤半。

（二）各兵站及沿途休息站供给开水，所用柴草由公家负责。

（三）小车车轴、车耳，在执行任务时如有损坏，由兵站负责修补。

（四）运输所用之牲畜，其行程在一日以上者酌发草料。

选自《山东革命历史档案资料选编》，第15辑，济南，山东人民出版社，1984年版，第243～245页。

18. 山东战时民兵编制办法

1945年8月18日

一、此办法系不脱离生产之民兵，为了便于配合主力反攻作战，便于指挥调遣，便于动员和复员，随时完成临时性之战斗任务而制定之。

二、民兵战时基本任务：

甲、配合主力夺取大城市、铁路及沿海港口，围困中小敌伪据点及敌占城镇，解除被部队击散之敌伪武装。

乙、押解与看守俘虏，掩护交通运输，及其他一切战时勤务。

丙、配合县区地方武装加强地方警备。

三、根据民兵对上述任务自觉的了解，并以自愿参加为原则，可以县为单位，动员全县民兵百分之二十—二十五，实行如下之编制，并随时听候调遣。

甲、以十二人为一班，三班为一分队，三分队为一中队，三中队为一大队，每县可编三至五个大队，其人数以充实编制为标准，不受地区限制。

乙、班设正副班长及政治队员（政治队员不脱离班建制），分队设正副分队长，中队设正副中队长、指导员，大队设正副大队长、教导员。

丙、自班至大队之军政干部，一律由民兵自己民主选举，经县以上人民武装部委任。

丁、依照命令集中参战时，以中队为基础建立伙食单位。

设司务长一，炊事员十。中队部设文书一、通讯员二、卫生员一（从医救会动员）、担架三（每付〔副〕四人），另设三—五人之宣传组（不脱离班建制）。

大队：设管理员一、文书一、卫生员一、侦察通讯班一（十二人）、炊事员二。伙食随靠近之中队。

戊、参加上列编制之民兵，除外出执行战斗任务外，复员后仍归还原村团之建制。

四、番号：实行上述编制之民兵，其名称或番号由各县依照群众的爱好自定，如××县子弟兵第×大队，或××县民兵教导队第×大队等均可。中队至大队由县人民武装部制发队旗。

五、指挥：

甲、民兵集结时，依照建制实行指挥。

乙、配合作战时受主力统一指挥。

丙、复员后，除仍保持其指挥建制关系外，仍受村团部之统一指挥。

丁、大队直接受县人民武装部之指挥与调遣。

六、供给：

甲、依照命令，临时外出执行战斗任务时，粮食菜金由部队供给，复员后即不供给。

乙、在执行战斗任务时，办公用之纸张、墨水实报实销。

丙、以上经费由县人民武装部预算，交县以上政府批准开支。

七、民兵战时政治工作及制度，另规定之。

选自《山东革命历史档案资料选编》，第15辑，济南，山东人民出版社，1984年版，第259～260页。

19. 山东省俘虏管制委员会简章

1945年8月20日

为了推动和指导全山东的俘虏管制工作，山东省俘虏管制委员会已于八月二十日正式成立。经各个有关部门负责同志讨论，制定了工作简章，即日起即开始办公。

一、任务：

(1) 指导、督促、调整、检查山东各级俘虏管制委员会的工作。

(2) 掌握和执行俘虏政策，纠正偏向，交流工作经验。

(3) 按照俘虏管制条例规定内送省之俘虏（日军大队长以上日俘及高级伪军官等），由本委员会设一直属俘虏大队，直接处理之。

二、组织分工：

(1) 本委员会由以下七个委员组成：张梓桢、朱则民、郑文卿、李明、本桥朝治、王凤池、徐光。

（2）以张梓桢为主任委员，李明、本桥朝治为副主任委员。

（3）委员会设秘书二人，徐光、上田正雄，进行委员会的［工］作。

（4）委员会下分四个部门：

管理部——梁昌武。负责划定地区，调整民兵，指挥警戒，生活管理，文化娱乐，制订〔定〕管理规则。

教育部——李明。下分日伪、朝俘、伪俘三组。负责订立教育计划，编辑教材，准备搜集教育材料及书籍研究、教育方法等。

审查部——宋光。负责订定大纲，制造审查办法及表格，进行组织审查工作。

总务部——王凤池。负责供给粮食，采办菜蔬，保证生活及必要日用品供给，注意卫生。

各部门工作主要是通过委员会，推动和指导全山东的俘虏管制各项工作，同时直接参加直属俘虏大队的各项工作。

三、直属大队编制：

大队长一人，教导员一人，大队副二人，总务股长一人，粮秣员一人，上士一人，卫生员一人，文书一人。

大队下设几个中队，各设中队长、事务长等。

四、委员会每半月召开一次，讨论决定与审查工作方针与计划，解决重大问题，研究总结经验。

大队及各部负责同志，每周向委员会会报工作一次，必要会议临时召集之。

五、本章程如有未尽事宜，可经过委员会讨论修改之。

本章程自公布之日施行。

选自《山东革命历史档案资料选编》，第15辑，济南，山东人民出版社，1984年版，第267～269页。

20. 山东省战俘管制条例

1945年8月24日

一、总　则

1. 为了迎接新的任务，接受大批敌伪俘虏，特根据山东省俘虏管制命令制定此条例。

2. 处理俘虏有其严重的政治意义，与彻底消除敌伪俘虏中法西斯思想及奴化思想、根除战争毒素，帮助朝鲜民族解放、帮助日本人民解放是不可分离的全面组织工作过程，各地必须重视。

3. 下列各种人员，均得成为我之俘虏，应按照俘虏处理细则处理之。

（1）敌军、伪军、伪警、武装侨民于缴枪后或失去战斗力以后。

（2）宪兵、特务、密探及带有特务性的一切机关人员及特务机关所使用之各种外籍人员，为我军解除武装及逮捕者。

（3）军事工业、军需部门职员。

（4）伪政权、伪机关、伪组织各种人员。

（5）所有在华日韩侨民。

二、俘虏管制组织机构

1. 山东省军区、各战略军区、军分区到各县均成立各级俘虏管制委员会，以各级敌工部武委会为主，吸收公安局及民政、财经部门参加，并与日人解放联盟、朝鲜独立同盟联合组成之。

2. 各级俘虏管制委员会设主任一、副主任三，下分管理、教育、审查三部，进行警戒、军事管理、教育、审查之责。各部设正副部长，其职务由各个副主任分别担任。

3. 日军俘虏大队长以上送省管制委员会，设俘虏高级军官队处理（如路途遥远，暂可不送）；军曹以上送各军区俘虏管制委员会，设军官队处理；朝鲜士兵及侨民亦由各军区俘虏管制委员会单独设队处理；日军士兵由军分区俘虏管制委员会编制处理，如人数多时，可再分交各县处理，日侨按其职位、财产由军分区或县之俘虏管制委员会处理，伪军伪组织由县俘虏管制委员会直接处理，其高级军官酌送军分区或军区处理。

4. 县俘虏管制委员会由县武委会、敌工部、公安局、财粮科组成，直接领导统筹宿营、警戒、供给、卫生、教育、审查事宜。各区政权及武委会尽量协助之。

5. 县俘虏管制委员会直接领导数个俘虏大队，大队部设大队长（日、鲜队由日人解联、朝鲜独盟派员担任）、政工人员、总务股长。

大队下根据情况以百五十名上下为原则设中队，日、鲜队尽可能随设一翻译，干部由县俘虏管制委员会指定。

中队下分三个到五个小队，每小队分三个班，日、军〔鲜〕队干部尽可能由解联同盟、独立同盟去担任，或由敌伪俘虏中挑选训练出积极分子担任小队长班长。中队内可设俱乐部，由俘虏选举出组织之。敌伪俘虏驻地均以区单位分散为原则，由各县俘虏管制委员会具体规定之。

6. 各级俘虏管制委员会均应派医务人员一、二名常驻会内，治疗俘虏之伤病。各个俘虏大队、中队内应派管理人员二名，负责筹集粮草、购买蔬菜等。

7. 各级俘虏管制委员会均设前方俘虏收容所，于战斗部队附近负责收容俘虏，登记编队后由民兵押送后方指定之机关及地点。

三、俘虏管制干部及人员配备

1. 目前处理日、鲜俘虏之干部最为缺乏，除现有解联、独盟干部及盟员外，又必须从日、鲜俘虏中提拔一些干部，很为迫切。其条件如下：

（1）政治上纯洁及工农青年学生成分者。

（2）在群众中有威信者。

（3）有一般工作能力者。

培养办法为：

（1）在俱乐部生活中、自由座谈会中、日常生活中发现积极分子，大胆的〔地〕使用，担任班长、小队长及文化教育人员。

（2）从审查中发现日本共产党员、反战进步分子、民主主义者、左翼社会大众党员、左翼无产党员，给予相当行政任务。

(3) 必要时以军区为单位，抽出短期训练使用之。此外，各军区尽早选派成分纯洁积极分子日、鲜人各三十名，到工农学校、军政学校培养。

(4) 从积极分子中大量发展解联盟员，必要时作公开号召吸收，其中进步分子即可给予一定任务。

2. 各地区应物色许多会日语之人材〔才〕，及从敌区青年中、敌伪军俘虏翻译中，只要无特务嫌疑者，加以短期训练，以协助处理日、鲜俘虏（平均每县应有一、二个）。

3. 各级俘虏管制委员会应先计划抽调一批干部专门负责此项工作。各县敌工部及网站应参加俘虏管制委员会，在前后方处理俘虏工作及俘虏中队之政治工作。各军分区事先应抽调一批班、排、连级干部，以担任伪军俘虏队大队长、中队长等职，又便于及时抽调补充主力部队。

4. 供给管理人员，由各县政府事先准备抽调适当人数。医务人员可动员医救会及从各种俘虏中调查抽出，加以短期训练，分赴各大队进行卫生工作。俘虏大队之伙夫，则由伪军俘虏中抽调之。

5. 各级俘虏管制委员会应在前方配备一定足够数量之民兵，以便护送、警戒俘虏。

四、前方处理俘虏细则

1. 各级俘虏管制委员会应协同前方部队政治部设立俘虏收容所，并应掌握足够民兵，担任警戒及准备押送之用。应有足够的伙夫、饮食、房屋，并有相当数量之干部，准备押送之用。应有急救所或卫生员一人。

2. 总则第三条内敌伪军、伪组织等于缴枪后，立即全部送往收容所。

3. 俘虏到收容所后，立即实行检查。下列物品一律予以没收，转交有关部门处理。

(1) 残存之枪械、子弹、炸弹、马匹、刺刀、小刀、防毒面具、照相机。

(2) 毒药或含有毒质的药品。

(3) 反动书报杂志。

(4) 有关军事记载之日记本、军用地图及照片。

下列物品由俘虏自带：

(1) 被服、鞋袜及漱洗等日用品。

(2) 钢笔、手表、纸张文具以及进步书报。

(3) 勋章、书符、千人针、亲朋照片及一切私人纪念物品。

下列物品交俘虏收容所保管，并随同俘虏一并送往后方：

(1) 超过百元以上之钞票及贵重金银手〔首〕饰等。

(2) 一般药品、身份证、护照。

4. 检查后立即登记下列事项（登记表由各军区统一印发）：姓名，年龄，籍贯（国籍），职业，所属部队或机关名称，俘虏情形、时间、地点，没收物品登记，私人保存物品登记，收容所代管之物品登记，处理意见。

5. 宣布俘虏应执行之纪律：

(1) 绝对服从我军之一切命令，不得违抗。

(2) 绝对遵守我之群众纪律，不得违犯群众利益。

（3）绝对停止对我之一切破坏活动（宣传秘密组织及公开反抗逃跑等事项）。

6. 宣布后，执行上项纪律下，我予以下列保证：

（1）保证其生命安全。

（2）不打骂，不侮辱其人格。

（3）不干涉其宗教信仰之自由。

（4）于和平确立后，保证日、韩俘虏送还原国，中国俘虏决定适当任用或遣送回家。

7. 按照下列情形分别编队：

（1）敌军士兵与一般侨民为一队（妇女儿童如数量较多时另编一队）。

（2）敌军中小队长下士官为一队（军曹以上）。

（3）敌军大队长以上及高级侨民为一队。

（4）敌军中朝鲜士兵及朝鲜侨民混合编为一队（特务另外）。

（5）伪军士兵队。

（6）伪军官队。

（7）伪政权机关、伪组织人员为一队。

（8）宪兵特务、密探队。

8. 编队后作简单的讲话，宣传以下各项，即分别送往后方。讲话内容为：

（1）报告世界战局近况及各战线胜利消息。

（2）反复说明八路军俘虏政策之精神与实质。

（3）说明编队及送往后方之理由，及我方之办法。

9. 对伤病俘虏应设法予以简单的治疗，如有重伤重病行走困难者，可就地予以安置，重要者可设法医治转送。

10. 如有死亡，就地埋葬，立标记，并在登记表上面注明。

五、运送途中处理俘虏细则

1. 俘虏编队后，由收容所决定押送方向后，即指定干部民兵负责，并将所有代管物品、登记册等一并送往各级俘虏委员会及指定地点。宪兵特务、重要战争罪犯、罪大恶极汉奸，直送战争罪犯处理委员会处理。

2. 民兵数量应按俘虏种类及俘虏多少，以保证安全到达不出问题为原则。

（1）敌军士兵及一般侨民队，应按两个俘虏一个民兵之比例。

（2）敌中小队长、下士官、大队长、高级侨民等，应按一个俘虏一个民兵之比例。

（3）伪军士兵，伪政权机关人员等，每五百人应有一个排民兵押送。

（4）伪军官每百人应有一个排民兵押送。

（5）宪兵特务应予以最高限度警戒，必要时可以捆送。除（5）项外一律不准捆缚。

3. 民兵押送途中应注意：

（1）不准打骂侮辱俘虏。

（2）不准搜俘虏腰包。

（3）不准接收〔受〕俘虏财物及向俘虏夺取财物。

4. 押送俘虏尽可能白日行军，行军时应注意以下各项：

（1）应持枪作战斗姿态。

（2）每到休息地点，应占领有利地形，并放出警戒。

（3）指定俘虏大小便地点，并命令其分批大小便。

（4）不准俘虏玩石头或其他铁器。

（5）如有俘虏逃跑，部队可暂时停止休息，少数人尽量追捕，万一追捕不及，应严格处理。

（6）如有暴动行为、夺我武器者，应实行军事制裁，但要严格禁止借口枪杀俘虏，如故意违犯，按情节轻重处分。

5. 押送俘虏应按指定交通线，经过各地兵站。各地兵站应负责供给茶水饭食住处（按俘虏委员会的供给标准）。

6. 重伤病员有重大作用之必要运送者，各地兵站应给以担架或牲口。

7. 押送途中如有死亡，就地埋葬。

8. 到达宿营地点后：

（1）立即布置警戒，天黑后即宣布戒严，不准行动。

（2）住地应比较集中，最好选择大的院落，墙垣较高、房屋比较坚固的地方。

（3）应设一班哨，经常巡视。此任务可由驻地民兵协同担任。

（4）与周围村庄联防区联系，规定暗号，如发生事件，一致配合出动。

（5）对逃跑俘虏，各地民兵应随时逮捕捆送俘委会。

收容所及运送途中，均应保证在俘委会所规定之供给标准下，应设法改善给养，注意卫生。

六、后方管理教育俘虏细则

1. 警戒：驻地警戒由俘委会统一计划征调民兵担任，具体事项由县俘委会决定。

2. 供给卫生：

（1）给养每人每日按二斤四两计算，菜金每人每日一元五角。

（2）给养菜金由县政府事先统一筹划解决。

（3）设法改善生活，注意公共卫生。

（4）各县政府事先应准备部分医药品，严重病症可设法治疗，发生传染病号必须隔离。

（5）儿童及病号如需改善生活时，可酌量发给部分细粮，由各级俘委会报销。

（6）对俘虏中进步分子已争取为我工作者，应予适当优待或改善其生活。

3. 教育：各俘委会对俘虏不单纯是消极的看管与监视，而且要有计划的〔地〕进行管理教育，改造其反动思想，永远根除其战争毒素，并培养积极分子，争取为革命服务。

（1）教育内容：

对日俘虏：

甲、对我党我军之认识与驳斥一切反共宣传。

乙、宽大政策与俘虏政策。

丙、解放联盟纲领。

丁、冈野进《建设民主新日本》。

戊、特别强调揭露军部罪恶，指出其个人前途、战后建设民主日本等问题。

对朝鲜俘虏：

甲、我党我军之认识、宽大政策、俘虏政策。

乙、朝鲜亡国历史。

丙、独立同盟纲领。

丁、战后民主朝鲜问题。

戊、特别强调其将成为朝鲜主人翁的信心和朝鲜革命的胜利前途，肃清朝鲜的正统派思想。

对伪俘虏：

甲、介绍中国人民战争与我党我军的宽大政策。

乙、介绍新民主主义的一般纲领。

丙、揭破国民党消极抗战、曲线救国反动独裁的面目，促使伪军反省自己的罪恶。

丁、特别强调教育《论联合政府》与中国革命的胜利问题。

(2) 教育方式：

甲、采取报告与讲话方式。

乙、教革命歌曲。

丙、召开座谈会、漫谈会，发扬自由思想。

丁、必要时发动群众跳舞、演戏、讲话方式来进行教育。

戊、供给书报，加强俱乐部活动。

己、印发解放联盟纲领、独立同盟纲领，供给军官及高级侨民自修。

庚、处理战争罪犯及特务分子时，应参加公审大会，以使教育和镇压结合。

4. 教育人员由各级负责之中、日、韩干部及大中队干部直接轮流担任，采取巡回教育方式；如军队，并可吸收村级干部分别参加。

5. 教育中审查工作：

(1) 填写履历表（由各军区统一印发）：姓名、年龄、籍贯、职业、出身、本人成分、家庭成分、家庭经济状况、履历、参加过什么党派。

(2) 写自传。

(3) 从言语行动中观察其活动。

(4) 在座谈会中，了解思想活动，发现积极分子，运用积极分子来调查。

(5) 用启发方式，相互间供给材料。

(6) 分清思想问题与特务活动，前者个别教育，后者押送上级处理。

6. 生活制度之规定：

(1) 实行军事管理，应规定出操、上课、讲话、点名、会报、出入请假等制度。

(2) 俘虏购物须通过中队部，以当时当地币值（伪币等）设法换算代购，但限于零食、纸烟、日用品，不准购买其他有危险性物品。

7. 教育一定时期即行分别处理：

(1) 俘虏中应将青年政治纯洁、成分良好者迅速补充部队。

（2）老弱或有病之伪俘，及一般妇孺，应迅速遣散回家。

（3）一般伪俘，可使之做伙夫，或编成劳役队，修理道路、运输粮草及其他劳役工作。

（4）日鲜俘虏中政治纯洁、成分良好者，真正的技术人材〔才〕，应提出送各军区听候使用。

七、附　则

（1）本条例适用于全省范围，由省俘虏管制委员会制定，经山东省军政机关公布实行。

（2）本条例如有未尽事宜，由各地具体讨论充实，根据具体情况执行之。

选自《山东革命历史档案资料选编》，第15辑，济南，山东人民出版社，1984年版，第282～292页。

21. 山东军区各级人民武装部及村团部组织条例

1945年9月7日山东军区公布

第一条　各级人民武装部及村团部为各级人民武装代表大会或武委会之执行机关，在行政上为山东军区系统下的组成部分之一，亦即抗日民主政权中军事机构的组成部分之一，并保持其自山东至村的垂直系统。区以上均设人民武装部，村仍为村团部。

第二条　各级人民武装部及村团部之基本任务如下：

甲、组织与指挥自卫队、民兵之一切战斗参战事项。

乙、计划与实施自卫队、民兵之一切服务、参军事项。

丙、管理与组织自卫队、民兵之一切地方防奸、防匪、警备事项。

丁、管理代替县区武装分期轮流服务、民兵之动员、复员及服务期间之军政工作事项。

戊、管理自卫队、民夫〔兵〕组织之巩固发展事项。

己、管理自卫队、民兵之教育课练及检阅事项。

庚、指导民兵之劳武结合事项。

第三条　各级人民武装部设部长一人、副部长一人，区另设教导员一人，村团部设正副团长、指导员各一人。各级正副部长及区教导员得由同级武委会正副主任及分区书或副分区书分别兼任，并由上两级军政首长及人民武装部长委任公布。村正副团长、指导员由村人民武装大会直接选出，由县人民武装部委任公布之。

第四条　各级人民武装部之工作机构如下：

甲、自山东至各军区人民武装部内设参谋工作科、政治工作科、总务科。

乙、自军分区至县人民武装部内设参谋工作股、政治工作股、总务股。

丙、区人民武装部内设干事一人至三人、文书一人。

第五条　各级人民武装部正副部长之职责如下：

甲、计划实施第二条所规定之各项基本任务；

乙、经常检查与帮助下级工作；

丙、副署军区关于人民武装问题的各种命令；

丁、奖惩工作人员及民兵自卫队；

戊、以身作则，推动机关及全体干部之学习和生产。

正副部长应遵照集体负责、科学分工之原则，互相尊重，互相照顾。如有争议，副部长应尊重部长意见。在重要原则问题上争持不决时，应提请军政首长及上级人民武装部解决之。

第六条　各级人民武装部各科（股）之职责如下：

甲、参谋工作科（股）管理：

（一）作战教育训练；

（二）侦察情报、通讯联络；

（三）队列编制；

（四）其他。

乙、政治工作科（股）管理：

（一）组织建设；

（二）宣传教育；

（三）战争动员、战时鼓动工作；

（四）有关青抗先及妇女自卫队、民兵之特殊教育事项；

（五）防奸防谍；

（六）劳武结合。

丙、总务科（股）管理：

（一）来往文件、联络接洽；

（二）统计、登记工作；

（三）机关供给与生产节约；

（四）指导群众性的军火生产。

第七条　区人民武装部主要依照县人民武装部之命令与计划进行工作，其细则另定之。

第八条　村正副团长及指导员之职责如下：

甲、自卫团长：

（一）兼任民兵队长；

（二）负责实施有关军事训练工作；

（三）管理、侦察、通讯工作；

（四）负责武器弹药之检查登记、分发保管；

（五）战时得与指导员、村长共同指挥前方战斗活动。

乙、副团长：

（一）兼任自卫队长；

（二）负责战时民兵之粮食供给；

（三）民兵伤亡之救护、安置、医治；

（四）战时与副村长、农救会长（或各救会长）共同指挥后方人民转移及空舍清野事项。

丙、指导员：

（一）指导与考查村团部全盘工作实施状况；

（二）保证完成上级人民武装部之命令、决定，并根据上级政工科（股）之计划，负责在民兵自卫队中进行一般政治工作；

（三）有计划的〔地〕进行防奸教育，与破坏民兵组织及武器之奸细特务分子作斗争；

（四）领导民兵自卫队员武力与劳力结合之各种集体活动及文化娱乐工作；

（五）战时与村长、自卫团长指挥前方之战斗活动。

（六）监督与检查民兵自卫队之纪律。

第九条　各级人民武装部与机关团体之关系如下：

甲、参谋工作科得受同级参谋处之指导。

乙、政治工作科得受同级政治机关之指导。

丙、各级人民武装部与各级各救或农救为密切工作上的互相配合，双方负责干部可以互相参加委员会会议或为委员。

丁、各级人民武装部及村团部得接受同级青救会有关青抗先组织发展教育之建议，青救须供给青抗先以得力干部。

戊、妇女自卫队得与妇救建立密切联系，妇救须供给妇女自卫队以得力干部。

己、工人自卫队得与工救建立密切联系，工救须供给工人自卫队以得力干部。

庚、各群众团体须帮助发展与巩固民兵、自卫队之组织，并提高其工作服务的积极性和自觉性。

第十条　人民武装系统之供给，由军区后勤系统负责。民兵弹药费仍照以前规定，由政府开支。

第十一条　关于自卫队、民兵之组织编制另定之。

第十二条　自公布之日起施行。

选自《山东革命历史档案资料选编》，第15辑，济南，山东人民出版社，1984年版，第322～325页。

22. 山东军区山东省政府关于山东民兵自卫队开展“立功运动”暂行办法

1946年10月10日

第一条　为发扬全山东民兵自立队的革命英雄主义，在第二次自卫战争中“每人立一件功劳”，以争取第二次自卫战争的彻底胜利，特制定本办法。

第二条　凡因勇敢打击敌人而有下列表现之一者，均应视为有功：

一、在敌人所到之处，积极主动埋设地雷，炸响一次以上而有杀伤效果者；

二、在敌人所到之处，积极开展冷枪战、麻雀战，而杀伤敌人在一名以上者；

三、以各种勇敢与机巧办法，活捉敌人在一名以上者；

四、以各种勇敢与机巧办法，缴获敌人武器或机要文件在一种以上者；

五、破袭敌人之道路（铁路及公路）、桥梁、电线、车辆（汽车火车）、仓库等获有具体成绩之一者；

六、积极开展政治攻势，瓦解敌人在一名以上放下武器或反正来归者；

七、对民兵战术或爆炸技术有新的发明与创造者。

第三条　凡积极在前方参战及就地配合主力作战之民兵，除适用第二条所规定各项外，另有下列表现之一者，均应视为有功：

一、向集中驻址〔地〕之敌人积极扰袭爆炸，迫使敌人作分散配置者；

二、向分散配置之敌人积极封锁围困，迟延与破坏其修筑工事之计划者；

三、在向我前进之敌人的前后左右积极进行游击爆炸，迟延其前进时间、错乱其作战计划者；

四、战斗中积极担任战区警戒及侧翼佯动者；

五、战斗中积极进入敌人侧背开展游击爆炸，切断敌人供应联络及增援道路者；

六、战斗中积极主动完成一般民夫所不能胜任之任务者（如火线上抬担架、救护与火线上之拆围墙、破碉堡等）；

七、在战区外围积极肃清与解除溃散敌人之武装者；

八、战斗间隙中，在主力外围积极进行游击爆炸活动，掩护主力休整待机者；

九、无论战斗前后，积极发挥群众性侦察的威力，随时供给主力以可靠情报者；

十、自己遵守战场纪律（主要是服从指挥及遵守城市政策、俘虏政策）并说服别人一同遵守者；

十一、在战地帮助群众翻身，进行清算土地者；

十二、在战地帮助组织训练民兵，坚持对敌斗争者；

十三、服从指挥，积极完成所授予之其他具体任务者。

第四条　凡边沿区民兵，除适用第二条所规定各项外，另有下列表现之一者，均应视为有功：

一、勇敢击退敌伪进攻，保护群众生命财产者；

二、封锁围困敌人据点、碉堡，彻底断绝其与外面之供应联络，或逼退敌人而收复失地者；

三、深入敌区宣传与武装群众，打击特务，瓦解敌政权，恢复我政权而有成绩者；

四、保护边沿区党政民干部之安全坚持工作者；

五、主动增援被袭击村庄，或抢救一切被围被捕人员出险者；

六、主动利用一切方法，查明敌情，及时向就近之部队、机关、团体报告者；

七、实行劳武结合，保卫群众生产，及时完成耕收任务者；

八、推动本村及外村经常备战，实行空舍清野有显著成效者。

第五条　凡临时被敌占领地区民兵，除适用第二条所规定各项外，另有下列表现之一者，均应视为有功：

一、继续坚持武装斗争，镇压特务反动分子，维系人心，掩护工作而有成绩者；

二、说服坚定其他民兵自卫队员，因而巩固组织、保存武器者；

三、爆炸或阻〔狙〕击敌人之重要人员，或袭击敌人之后方机关，以紊乱其统治秩序者；

四、掩护我党政民干部或营救一切被捕人员出险者；

五、将敌人方面的情况及时向我区报告者。

第六条　凡中心地区（新地区在内）之民兵自卫队，除适用第二条所规定各项外，另有下列表现之一者，均应视为有功：

一、检举告发特务反动分子之阴谋破坏活动，因而破案者；

二、及时查获奸细特务及重要逃犯者；

三、及时镇压叛乱清剿匪特有成效者；

四、保卫后方兵站物资、粮库、兵工厂、医院、俘虏收容所等有成绩者；

五、积极拥军（参军在内）优属（参战民兵家属在内）有显著成效者；

六、自动参战在两次以上者；

七、推动本村和外村积极整训有成绩者；

八、以自己的模范作用，推动民兵遵守政策法令，纠正偏向，改造领导，因而巩固民兵组织者。

第七条　凡以上各种功劳，个人立的个人得功，集体立的集体得功，集体功劳中个人有特殊作用者，得依照民主方法，另评定个人功劳。

第八条　凡有功之个人或集体，均应适当记功受奖。奖励分名誉奖与物质奖两种，并由各地人民武装自卫委员会与人民武装部共同依照功劳之大小，及当时立功之具体情形，评定为特等、一等、二等、三等。

一、特等功，由山东武委会及山东军区人民武装部评定授奖；

二、一等功，由各军区武委会及人武部评定授奖；

三、二等功，由各军分区武委会及人武部评定授奖；

四、三等功，由各县武委会及人武部评定授奖。

第九条　各种奖励由武委会及人武部评定后，报请山东军区及山东省政府颁发。

第十条　本办法自公布之日起施行。

选自《山东革命历史档案资料选编》，第 17 辑，济南，山东人民出版社，1984 年版，第 511～515 页。

23. 新四军兼山东军区政治部处理俘虏暂行条例

1946 年 11 月 12 日

甲　总　则

一、各地区已俘虏大批国民党军官，管理教育尚不一致，随着今后战争延长，俘虏仍将大量增加，为使处理统一起见，特制定此条例。

二、凡我军在各战场上俘虏之国民党正规军、地方部队官兵、宪兵、警察、特务、还乡团、行政官员等，除有特殊原因与特殊作用者外，一律暂不释放，以便分别集中后方管制和训练。

三、集中管制之俘虏官兵，主要在于教育争取其为我服务，最低要求了解我四大政策，释放后对我有一般良好印象；同时着重物色培养有社会关系者，分别加以适当训练，派出开展国军工作，并确定每一军官团、处应以此为中心任务，且作出成绩来。

乙　组织领导

四、军部、山东军区设军官训练团，各军区设军官训练处，各兵团视战争情况需要，分别设立解放官兵收容所，以便收容教育士兵，甄别各级官佐，转送各训练团、处。

五、各级训练团、处之组织：

1. 设正副团（处）长各一人，总揽团（处）之教育设施、生活管理及一切内外事宜。

2. 设教育长、总队长各一人，分别掌握教育实施及生活管理事宜。

3. 总队以下设大队、中队，派队长、政协或政指管理之。

4. 团（处）本部视工作需要设人事、行政、教育等科股，协助正副团长等进行工作。

工作机构之大小繁简，以俘虏数目多少，求其适应，但须符合精简原则。

六、各团（处）由各军区政治机关负责领导，通过国军工作部门具体执行；各种干部配备由司政机关共同负责，从各该有关部门抽调之。

丙　管理教育

七、对俘虏官兵政治上要采取宽大态度，以便启发其自由思想而进一步了解掌握之。但对生活上则要严格实行军事管理，配备必需的警卫部队，防止其逃跑或其他意外行动。特别对有交换价值的高级军官尤须注意，保证在任何情况下不要跑掉。

八、教育方针以接受独立、和平、民主思想，争取为我工作为准则。

九、教育内容上应紧紧掌握爱国主义的统一战线，介绍我和平、自卫、宽大、合作四大政策，揭露蒋介石卖国、内战、独裁罪行的本质，并结合其个人真正前途进行教育之。

十、教育方式应灵活运用，如上课、座谈、参观、实地调查等，以使其接受为原则。

十一、教育时间，尉级军官以三月为宜，将校级军官以半年为宜，但特殊情况下，经军政批准可以变动之。

丁　生活待遇

十二、俘虏士兵之伙食菜金，要相当我部队待遇。争取补充部队之新战士，除照战士规定立即补给被服鞋子日用品外，每人发给优待费本币一百元。

十三、尉级官佐除按部队待遇外，每人每月优待猪肉一斤。

十四、校级官佐除按部队待遇外，每人每月增加猪肉二斤、土造烟三百枝〔支〕，并一律细粮。将以上军官可酌情另行优待之。

十五、各级俘虏管理教育机关须设立卫生所，由卫生机关负责配备之。

十六、俘虏官兵之被服供给，由各军区后勤供给部门负责，颜色式样以不同于我军为宜，但为优待，得提前发给。

戊 处 理

十七、一般士兵由各兵团集中训练，争取补充部队。

十八、尉级官佐及乡、区级政权人员，送各军区军官训练处负责。校级以上军官，送军部、山东军区军官训练团。所有被俘军官，各地应随时将部队、职别、阶级、姓名、籍贯、何时何地被俘、俘后表现具表二份，一送军官团（处），一送政治机关，以便考核并分别呈报。

十九、技术人员尽量争取留我部队或解放区工作。

二十、俘虏中宪兵、警察、特务分子、战犯、叛徒要慎重审查，并配合保卫部门共同处理，情节较重者提交保卫部门处理，但须注意不要引起其他俘虏恐慌。

二十一、“还乡团”之俘虏（或与类似之特务性武装组织），由团以上政治机关甄别后，分别解交当地县以上政府机关按情处理。

二十二、凡是有开展国军工作条件并可争取教育之俘虏官兵，须有计划的〔地〕加以训练，派回工作。

二十三、凡老弱残疾，无交换俘虏价值而不堪造就者，为避免徒劳往返，于各战场俘虏之后，应立即甄别礼送出境。如甄别未及或甄别遗漏者，去军官团后可再行详细甄别。如其仍有上项情形者，经上级批准后即行礼送出境，但不得求其省事，无原则的〔地〕大量释放。

己 附 则

二十四、俘虏官兵及军需人员携带巨款，经证实确系公款者，由旅以上政治机关没收归公，呈报上级并充作释放俘虏之用。俘虏官兵私人财物，一律造具清单，按级随俘虏缴送，不得有任何私人没收行为，否则查出追缴。

二十五、所有缴获之蒋军公文表册、日记及军政重要文件，均应由各部队政治机关按级转送军政。

二十六、各军官团（处）每月应作月终工作报告，其中一份报告军政。

新四军政治部
山东军区政治部
十一月十二日

选自《山东革命历史档案资料选编》，第18辑，济南，山东人民出版社，1985年版，第5～9页。

24. 新四军兼山东军区《立功运动暂行条例》

1946年12月25日

一、为发扬我军高度的革命英雄主义传统，开展群众性的立功运动，造成我全军上下、前线后方气壮山河之势，表扬英模，赏励功勋，争取自卫战争的彻底胜利，特颁发此条例。

二、评奖组织：战斗单位，排设报功员一至三人，连设记功委员会（五至七人），均由民主方式推选，团以上政治部（处）设评功委员会（五至七人），其他司、政、供、卫各机关部门，得按伙食单位及行政班排或生产工作单位，分别组成报功员、记功委员会等。

三、凡战斗单位（或工作单位）及个人之建有功劳者，得按级呈报各级评功委员会，载入功劳簿，经评定后，视功劳等级分别奖励。

四、功劳种类及要求，得依各部具体要求及现状而具体决定，一般要求：

（一）英勇作战、建立奇功的指战员或战斗单位；

（二）英勇沉着、射击精确、杀伤敌人的指战员；

（三）指挥艺术、机动灵活的指挥员及各种各样战术上成功的创造；

（四）作战中英勇艰苦，坚决完成重要任务的供给、卫生、侦察、通讯、联络、政工等人员；

（五）模范的政治纪律、战场纪律及团结巩固的模范单位或个人；

（六）坚持或开展边沿、敌后游击战及政治攻势之武工队、小部队、有功绩之单位或个人；

（七）提高生产效率，创造或改进生产技术，加强节约，成绩优良之单位或个人；

（八）俘虏政策，火线喊话宣传，瓦解敌军成绩卓著之单位或个人；

（九）一切军政供卫机关部门，工作效率最好，或超过常例的各种工作单位或个人。

五、功劳等级及评奖：

（一）功劳等级：依其当时当地具体情况、功劳大小，评定为功勋四等，即：立功、小功、大功、特等功勋。并可应用积功办法，即：立三功积为一小功，积三小功为一大功，大功以次数记，不积成为特等功勋。

（二）战斗员、工作人员与班排干部之个人、单位建功者，得由报功员、记功委员会搜集事实，并经全连（相当于连之单位）民主评定，记载于功劳簿内，呈报上级，请求奖励，并得自行表扬。

（三）连以上之单位，或连以上之干部个人建有功劳者，经团或团以上之评功委员会之评定，载于功劳簿内，并呈报上级，请求奖励。

（四）建立“立功”“小功”“大功”之单位或个人，经团（或团以上）评功委员会评定。班排以下的指战员（或工作人员）个人，由团首长颁发：(1)“立功章”并赐称丙等模范荣誉衔；(2)“小功章”并赐称乙等模范荣誉衔；(3)“大功章”并赐称甲等模范之荣誉衔。单位给以荣誉奖状，由军区（纵队、师）以命令行之。连以上干部个人之立功奖励，由军分区（旅）或军区（纵队、师）首长颁发。

（五）建立特等功勋之单位或个人，经逐级评定后，个人由军区（纵队、师）或军（山东军区）首长颁发特等功勋章，并赐称英雄荣誉衔；单位则由军（山东军区）发布荣誉令。

（六）凡建立功劳之个人，除奖章外，另颁发奖状，并由各级政治部（处）通知得奖者家属，以光耀门庭，并通知地方政府给予优待。

（七）各单位得根据具体情况，得酌量给立功之单位及个人以物质奖励。

（八）立功之单位或个人均可登报表扬，建立特等功勋之单位及个人，则由各级政治部宣传部门负责起草汇报军政，由军政审定后交总分社发延安广播全国。

六、表扬英烈：

（一）凡英勇牺牲之英模，各军区（纵队、师）应及时予以追赠一定的荣誉衔。

（二）通知地方政府对英模烈属优待外，部队应以具体情况予以慰问抚恤。

（三）各级宣传部门负责督促整理英烈传记，寄交军政。

（四）各军区（纵队、师）对所部英烈认为有加以全军表扬之必要者，得电告或呈报军政，追赠荣誉衔，并发通告志哀。

七、各级政治部组织部门应建立英模档案。凡属登记表、鉴定表内应将英模立功等级、奖励次数等评加登记，如有调动，随登记表、鉴定书一同介绍，以免埋没。

八、加强对英模的教育，帮助其进步，推动他功上加功，保持其长期的荣誉。鼓励将功赎罪，号召人人立功、事事立功。但英模应自加警惕，不断努力，功可赎罪，罪亦可折功。英模如自不上进，或屡犯错误，可经民主检举或上级决定，撤消〔销〕其荣誉，退回其奖章奖状，并加以适当的惩罚。

新四军兼山东军区司令部
政治部

选自《山东革命历史档案资料选编》，第 18 辑，济南，山东人民出版社，1985 年版，第 94～97 页。

25. 中共华东中央局　山东军区司令部联合决定——关于海防委员会办事处及司令部暂由滨海地委及滨海分区司令部领导问题

1947 年 3 月 1 日

前为统一海上斗争，华东局决定建立海防与组织海防委员会（对外称海防办事处），统一领导对外的海面的工作。并成立海防司令部，统一指挥沿海军事斗争。海委直属华东局与山东军区及受社会部反特斗争的领导，以期创造海港工作经验。

最近南线情况紧张，海面必同时告紧，海防工作更须加强。但因战争情况，又须要求集中统一领导，并求精干。为此，关于海防委员会办事处及司令部，应暂受滨海地委及滨海分区司令部之领导，一切经费供给亦由滨海分区司令部负责解决。如关重要干部配备、武器弹药、特别费用等，则呈请华东局与军区解决之。海防司令部应以滨海二团团部为办公机关，可酌增参谋教育人员，但不另设机构。

以上决定，望即遵照执行为要！本决定发给

滨海地委会分区司令部

海防委员会司令部

华东中央局
军区司令部
三月一日

选自《山东革命历史档案资料选编》，第 18 辑，济南，山东人民出版社，1985 年版，第 319 页。

26. 山东军区　山东省政府关于防空问题的联合命令

1947年5月5日

查自第二次自卫战争以来，蒋军迭遭惨败，为挽救其垂死命运，屡派美造飞机对我山东解放区施行战略轰炸，近半年来由于我解放区军民对防空注意不够，致使我和平城镇村庄田园庐舍被毁，物资受损颇重。今后蒋军为图最后挣扎，势必会更加疯狂对我施行轰炸，为使我解放区军民避免遭受无谓之损失，关于目前之防空问题特命令规定如下：

1. 部队或群众驻地，应利用附近适当地形地物分散挖掘防空壕，遇空袭时即进入壕内躲避或躲入屋内，不许向外乱跑。

2. 各城镇村庄尽量每户准备水缸贮水及沙堆、梯子、铁耙，以便扑灭火烧。

3. 凡易暴露之物件（如马匹、车辆、电杆线、晾晒衣服及返〔反〕光杂物），均应切实荫蔽与伪装。

4. 部队或群众重要物资粮食，应分散荫〔隐〕蔽或埋藏，不宜堆积一处。

5. 部队转移运输及伤员转运，均应在夜间进行。

6. 白天走路应分散前进，以便空袭时容易疏散。如突然受敌机空袭时，应沉着，不要乱跑，就地利用地形地物卧倒荫〔隐〕蔽，在情况可能条件下可迅速脱离空袭圈。

7. 各城镇村庄逢集，为避免遭受空袭，应改为早晚或分散进行。部队或群众集会均应夜间进行。

8. 部队在可能时应有对空射击准备，如敌机低飞至有效射程时，集中交叉火力进行射击，但射击位置应构筑隐蔽工事。

9. 部队或群众驻地应设防空瞭望哨，规定防空警报及随时派出警戒，维持防空纪律及捉拿暗示目标之特务。

10. 当敌机出动时，在前面凡安有总机的地方，应即利用电话，将飞机数目、飞行方向及空袭情形等报告有关机关及友邻部队。

以上规定，仰我解放区军政机关群众团体，立即动员全体军民严格执行为要。

此令

司　令　员　陈　毅
副司令员　张云逸
政治委员　饶漱石
副政治委员
主　　席　黎　玉

选自《山东革命历史档案资料选编》，第19辑，济南，山东人民出版社，1985年版，第24～25页。

27. 华东局华东军区人民武装部关于山东人民武装冬季整训工作向各地人民武装部的提议（草案）

1948 年 11 月 4 日

（一）年来我山东人民武装，连着经过了几次严重斗争的考验（如配合主力粉碎了蒋匪的进攻，积极参加了土改、复查、整编、生产救灾和夏防运动等），大部份〔分〕在政治上受到了很好的锻炼和提高。但由于领导上的薄弱，未能在运动中及时进行思想教育和组织整理，发扬积极因素，克服消极因素（如思想上组织上的不纯现象等），加以土改、整编中执行政策上的某些偏差，以致人武工作仍存在着很多严重的问题。虽然六月人武干部会议后，有了很大的转变和进步，但基层组织在思想上和组织上的混乱，以及由上而下的领导上的削弱等现象，仍然严重存在着。随着主力连续和扩大的胜利作战，支前和兵源问题更迫切的〔地〕要求及时和大量的〔地〕得到解决，直至有组织有制度的〔地〕给以保证，同时，警备后方的责任也将逐渐加重。因此，必须利用今冬明春的农闲季节，在民兵自卫队中，积极开展整训运动。而整训的基本任务，在于从政治上提高群众对革命战争的自觉，使其集中表现为坚决配合主力，彻底打败蒋介石匪帮，争取全国革命胜利的信心和勇气；在于从业务上加强人民武装基本任务的教育，达到停止混乱、遵守政策、严格纪律、恢复与巩固基层组织、提拔干部，为今后更大规模的〔地〕支前（参军参战）、警备后方和发展生产等任务作〔做〕充分准备。

（二）今冬整训的基本对象是不脱离生产的村乡（未划乡前，有联防或行政村者同）负责干部，及经过斗争考验的积极分子和群众领袖。整训的结果，在于发现与培养出大批具有相当政治自觉，明瞭〔了〕人民武装基本任务，懂得有关的主要政策、纪律，密切联系群众，积极进行工作的基层骨干，也就是为了进一步通过他们，从政治上、思想上、组织上大量整理、恢复和发展民兵自卫队的组织，并求得培养提拔一批脱离生产的干部，充实县区领导机构，更好的〔地〕适应新的客观需要。

（三）今冬整训的性质为政治整训。其主要内容与要求是：

甲、在政治上：

1. 扩大政治眼界，克服自满保守倾向。首先，使广大村乡干部及民兵自卫队员，认清战局的发展。人民解放战争早已由防御转为进攻，并逐步向全国范围作胜利的进军，蒋介石匪帮则早已由进攻转为防御，并已走上最后崩溃的边沿。最近我华东人民解放军仅在八天内即解放济南，全歼十万守敌，活捉王耀武，东北人民解放军歼灭东北守敌，迅速解放全东北等伟大胜利，更是蒋匪必败、人民必胜的又一证明。但应同时反复说明，我们已得的胜利只是完全消灭蒋介石匪帮总胜利的一部分，山东的解放与争取全国的解放更不能分开，我们曾在“保卫家乡”的口号下配合主力战胜了日寇，也曾在“保卫解放区”的口号下配合主力打败过蒋匪的进攻，但在目前必须更进一步在“解放全中国”的口号下，配合主力彻底消灭蒋介石匪帮，一切自满于一时一地的胜利而保守不前的想法，是不对的。

2. 提高参战参军的认识和积极性，克服坐待胜利的倾向。使广大武装群众懂得，帮助主力军，扩大主力军，争取解放战争的最后胜利，是中国人民总的最高要求，也是我们民兵自卫队员的切身利益。因此，继续发扬过去坚决对敌斗争、艰苦完成任务、自觉为人民立功的优良传统，把拥军、参军、积极支援前线，看成是每个民兵自卫队员最基本和最光荣的职责，表扬积极的，说服落后的。应特别指出，所谓“立功越多错误越多”的说法，是完全错误的；一切以为战争已快打出山东，山东便可站在战争圈外，以及单纯依靠主力、依靠别人别地的想法，是不对的。至于曲解或藉〔借〕口“八项禁令”逃避战争勤务的倾向，也是不对的，因为“八项禁令”是在去冬今春严重灾荒的情况下，为了生息民力、克服困难准备更好的支援战争的正确办法，但决〔绝〕不是简单的〔地〕不顾战争。群众对参军参战的某些意见，我们应从积极方面去研究教训，发现群众的要求（如负担公平合理，家庭生产有保证等），注意发扬群众的创造性，吸取群众的经验，求得有适当解决的办法，并及时报告华东局或军区，以便集中研究，统一解决。

3. 加强一切为了前线胜利的教育，克服轻视民工和一般战争勤务的思想。在民兵中反复说明，前线的每一胜利，都是前方与后方、军队与人民、主力与人民武装有机联系、互相配合、互相帮助的结果。根据革命战争的需要和分工，一切工作都是必要的和光荣的，过去有的民兵轻视民工，看不起或不愿执行一般战勤的观点，是不对的。而且应深入说明，在大规模的现代的主力进攻作战的情况下，民兵单独作战或直接配合作战的〔地〕可能已日见减少，而一般战争勤务（如担架、运输、看押等）的规模与意义则在急速的〔地〕扩大和提高。因此，民兵不仅不应轻视民工或战勤，相反的，必须以更高的自觉性、组织性和积极性，在民工与战勤活动中起不可缺少的带头作用和骨干作用。

乙、在业务上：

1. 加强人民武装三大基本任务的教育。当前民兵自卫队的基本任务是支援前线、警备后方、发展生产，这三者又互相联系、不可分离的，并且是长期性的。因为人民武装仍是人民革命战争不可缺少的组成部分，是解放区“三大类部队”之一，是后方军事建设的基础和制度，如由于客观形势的变化发展，具体任务的不断转移，而模糊了对基本任务的坚定思想，甚至怀疑“民兵要不要、有没有”，是没有根据的。根据目前实际工作的需要，各地应将三项基本任务分别反复的〔地〕进行教育。

（子）关于支援前线：除从政治上提高民兵自卫队员对革命战争的自觉外，必须反复教育下列两点：第一，民兵自卫队是与主力、地方武装不可分离的“三位一体”的革命力量，而且山东的民兵自卫队一开始就是在主力的扶植和帮助之下发展壮大起来的。另方面，在我主力军中，同样是由于我们民兵自卫队的优秀分子积极带头参军，而得到了大量的发展和充实，而且很多民兵自卫队员参加主力后，很快的〔地〕被提为优秀的各级指挥员、政工人员，这是我们民兵自卫队员最大的光荣！因此，我们必须积极学习主力军为人民利益而英勇奋斗的光荣传统，学习主力军的各种斗争经验，求得在军事上、政治上努力提高自己，以便在目前解放全中国的革命高潮下，更进一步的〔地〕发挥我们民兵自卫队与主力、地方武装三位一体的伟大作用。第二，部队逃亡战士以及无正式手续自行回家的人员，一律不准留在民兵自卫队内，而应服从巩固部队的要求，随时说服或欢送他们归队。如果逃亡者原为民兵自卫队员，则应在民兵自卫队中进行教育，认为是民兵自卫队的耻辱！

（丑）关于警备后方：由于蒋介石匪帮日益接近死亡，美帝国主义对中国人民解放运动的仇恨和畏惧，他〔它〕们必将采用一切卑鄙毒辣的阴谋和手段，从各方面进行其破坏活动。因此，必须深入教育下列各点：第一，加强边沿斗争，发扬抗日战争时期的经验，加强边沿武装联防，封锁敌人，不让敌探奸细混入解放区，并防止敌人武装的突然袭击。第二，敌人正利用沿海盗匪扰乱我后方，必须十分重视和加强海防工作，特别着重教育沿海的渔民、盐民武装，依政府法令，切实检查过往客商，监视形迹可疑的船舶，并坚决准备和海上匪特作长期斗争。第三，加强中心地区的锄奸防特工作和新区、新收复区的剿匪工作。我们绝不能因前线的节节胜利而滋长太平麻痹思想，松懈组织，以致敌特、奸细、反动地主有隙可乘，相反，应保持和发扬高度的革命警觉性，坚决和匪特、奸细、反动地主进行斗争，积极担负维持革命秩序、保护人民利益的光荣职责。

（寅）关于发展生产：针对有些民兵不好劳动、轻视生产的错误倾向，加强“生产致富”的教育。“因为只有解放区的生产提高，才能长期的〔地〕更有力的〔地〕去支援前线的革命战争；只有解放区的生产提高，才能改善解放区的人民生活，使人民更加团结，解放区更加巩固。”（新华社社论：《把解放区的农业生产提高一步》）因此，民兵自卫队员必须积极参加变工组和冬季副业生产，在生产战线上发挥应有的带头作用和骨干作用，团结家庭，团结群众；另方面，坚决和破坏生产的偷窃分子作斗争，坚决保卫群众的生产果实。

2. 进行整理恢复组织和爱护武器的教育。目前应着重教育下列各点：第一，民兵自卫队是革命的劳动人民的半军事组织，是坚决同阶级敌人和民族敌人作斗争，坚决保卫人民大众的切身利益的工具之一。因此，必须爱护自己的组织，并经常保持组织的纯洁和巩固，只有具有相当政治自觉，并表现能为人民大众利益服务的劳动青壮年，才能参加民兵，有公民权的男女公民，才可按年龄编入自卫队。对于未经思想改造、劳动改造和斗争经验的地主狗腿、流氓、地痞、惯匪等分子，暂一律不准参加民兵，对于地主、旧富农，在其阶级成份〔分〕未改变前，没有参加任何武装组织的权利（已经参加的地富成份〔分〕，则着重于从思想、行动上加以改造）。至于目前各地仍存在着的组织不统一、领导不统一等混乱现象，必须在民主基础上求得统一，一律暂按山东军区一九四四年五月二十六日命令公布之《山东人民武装抗日自卫组织条例》整理编制，选举村团部，实行统一领导。关于过去因敌人进攻或在土改和整编中一时失去领导而停止组织活动的区县人武部，应分别情况，经过教育动员后重新恢复组织，积极执行任务。第二，革命的武器是革命武装的第二生命，同时也是革命人民的财产，我们每个民兵自卫队员手中的武器弹药，又都是从对敌斗争中流血流汗换来的，因此必须爱护武器弹药，切实和迅速的〔地〕进行清理，认真负责的〔地〕加以保管，防止特务、奸细破坏或盗卖，并克服损坏武器浪费弹药等不良现象。第三，人民武装是依照共产党武装人民的政策发生和发展起来的，绝对保证共产党的领导，是人民武装建设和胜利的重要关键。因此，每个民兵自卫队员必须努力提高自己的政治觉悟，遵守共产党的各项政策，坚决保卫人民大众的利益，并和一切破坏政策的错误倾向作斗争。

3. 加强八条纪律的教育。革命的纪律，是革命政策的集中表现和具体化，是保障最大多数人民的最大利益的好办法，是团结多数、孤立敌人、促进革命胜利的好办法。所以每个民兵自卫队员，都应自觉遵守纪律，并和破坏纪律的现象作斗争。下列八条纪律应深人进行教育并严格遵守：

（子）在家积极生产，出发服从指挥；

（丑）不非法地侵犯群众的人权；

（寅）不非法地侵犯群众的财权；

（卯）不霸占和强迫多分斗争果实；

（辰）不损坏和盗卖武器弹药；

（巳）不包庇走私和缉私不报；

（午）不擅自武装进入城市，不乱拿东西，不破坏公共建筑物；

（未）不搜俘虏腰包，不虐待俘虏。

（四）必须注意在不同地区不同条件下整训。

甲、在老区半老区，大体上经过初步土改整党工作，民兵自卫队组织有相当的基础，且有懂得今冬整训精神的干部作为整训骨干的条件下，应在结合当地当时党的中心任务的原则下，有分别有计划的〔地〕整训。一般的可分为：

1. 在战区（如津浦、陇海沿线）应在全力支前、保证完成支前任务中进行整训，即将支前中的政治工作与整训要求结合起来。

2. 在边沿区应在坚持边沿斗争、缉私等活动中进行整训，着重进行群众纪律、缉私政策和瓦解敌军政策教育，并结合进行实战教育。

3. 在一般中心区应在执行支前、生产与后方警备等任务中进行整训，并在组织与推动公私两利的群众行动（如修铁路、公路，修河，运输等）中进行。在财粮及干部条件许可的地区，可在春耕前实行村干集训。

乙、在新区一般不提整训，而以全力参加减租减息等群众运动，在运动中提高群众政治觉悟，求得逐步建立自卫队民兵，以保卫自己的翻身利益。

丙、各地在土改、整编中遗留下的某些悬案，除在有关队员的队籍等问题由县区人武部负责适当处理外，至于有些民兵、自卫队员和干部的人权、财权遭受不应有的侵犯者，应积极通过党委和农会进行适当解决，求得减少不必要的混乱和顾虑。

（五）必须有准备有步骤的〔地〕整训。

甲、自目前至十一月底以前为整训准备时期。做到：

1. 开好区以上的人武干部会议，切实研究今冬整训的任务、要求、内容以及如何实现的方法与步骤，求得思想上与认识上的一致。

2. 以村乡干部为对象，根据第三项的要求和内容，由军区级以上人武部制发必需的简明教材。

乙、正式整训时间，自十二月起至明年二月底止，由县以上各级人武部集中精力，分批集训村乡负责干部。训练时间，每期十天左右即可，然后再有领导的〔地〕通过他们去开展民兵自卫队的整训运动。

（六）必须有领导的〔地〕有掌握的〔地〕进行整训。

准备不足，县、区领导干部过弱或未经军区以上人武部训练者，不得布置整训和集训。整训的内容，主要是深入教育第三项的具体内容（对战争的认识、三大基本任务、八条纪律），各地只能按照实际情况加以发挥和具体化，但不得乱提口号，另出花样，专弄形式或自由传播未经审查批判的经验。必须随时请示，及时反映情况，有分析有批判的〔地〕介绍经验，也就是由上而下的，将今冬整训与目前反无政府无纪律状态及反经验主义的学习运动密切联系起来，求得在实际工作中改造思想，转变作风，提高领导。

华东局华东军区人民武装部

十一月四日

选自《山东革命历史档案资料选编》，第21辑，济南，山东人民出版社，1986年版，第288～295页。

六、财金税法

1. 山东省战时工作推行委员会关于募捐及罚款的决定

1940年11月7日

（一）凡在山东民主政权所属地域以内之各机关、部队、团体，有向人民举行募捐之必要时，将募捐之理由及地区范围，与募捐数目及用途，报告该地区最高行政机关或本会批准，并通知各该地区之政府后，才能进行募捐。否则不许募捐。

（二）凡经过批准之募捐，该募捐机关于结束后，必须将募得之财物数目及捐助人姓名，逐一公布，并报告该地区最高行政机关备查。

（三）凡未经各该地区行政机关或本会批准而擅自在各地区进行募捐或征发者，或虽经批准而有从中舞弊及敲诈、勒索等不法行为者，一经告发，查有确据，就按情节轻重分别予以惩处。

（四）凡司法及县以上政权机关以外，一切团体机关（民众团体及自卫团、地方部队等）均无实行没收及罚款之权利。如有违犯法令行为，一经查出或报告政权，得依法制裁之。

（五）民众团体、自卫团、地方部队、游击队等有逮捕及扣留土匪、汉奸、逃犯及贩卖违禁物品之权，但必须在十二小时以内，将所逮捕或扣留之人证财物缴由就近地方政府，转解县以上政权或司法机关处理。

（六）各级政府、部队如有没收财物或罚款，如数解交各该地区最高政权机关，报本会，各该下级政府无处理动用之权。

（七）凡运输违禁毒品（烟土、红丸、烟泡、料面等）到民主政权地区者，一经告发或查出，一律没收，各级政权机关应按级汇缴各地区最高行政机关，各该下级政府无处理之权。

（八）各机关、部队、团体接到本决定时，应深刻讨论动员，并布告保证实行之。

选自《山东革命历史档案资料选编》，第6辑，济南，山东人民出版社，1982年版，第25～26页。

2. 山东省战时工作推行委员会关于统一财政之决定

1940年11月7日

要想使山东财政走向普遍平衡的道路，以坚持山东长期抗战，统一财政收支是当前重要的工作。二年来，山东财政工作由于许多同志的努力固有不少成就，但因制度不完整，领导的不健全，以致财政工作尚未能走上完全统一的轨道，甚至个别地区仍有自收自用、随意开支及贪污浪费等情事发生。这是现阶段民主政权中不能容许和不能再继续存在的现象。

这个决定是统一山东财政的具体规定，希望各部队、机关、团体自接到本决定之日起，提出讨论，切实执行并传达所属各单位，保证百分之百的〔地〕做到，绝对不许再有忽视制度自收自用的现象发生，以便根据整个收入合理的〔地〕统筹与分配，以免在支付上顾此失彼。兹将具体办法列后：

（一）凡各项税收、田赋、官产、逆产（没收汉奸）、行政罚金、募捐等款项一律规定为国家收入，非经每个地区最高政权及财政负责人允许，概不得动用。

（二）各级行政费、群众团体补助费，每月开支按规定编造预算，经该地区审核机关审核批准后，由该地区最高行政机关指定某种款项内拨用之。但其经费不得超过总款预算百分之三十。群众团体之经费以自足自给为原则，万一不能自给时，其补助费按规定数目每月不得超过百分之六十。初开辟地区之群众团体尚不能征收会费时，可酌量增加补助费。

（三）凡正规军，每月经费须按规定开支数目编造预算，呈报上级批核，就各该驻军地区最高财政机关拨支。地方部队及脱离生产之游击队，每月经费按规定数目编造预算，经各该地最高审核机关批准，由该区最高财政机关拨支。

（四）正规军每月如有收入，必须向所驻地区最高财政机关（财政部或财委会）报告转账，作为该财政机关正式收付之款，不得将收入截留自用匿不报告。

（五）各级金库收到缴解款项，随时发给收款单据，支款时依照支票（或电文）付款。各机关部队如在尚未接到支票（或电文）以前而需要借款时，亦可暂予借支，但不得超过每月份经费二分之一，俟接到支票（或电文）付款时扣除之。

（六）各级财政机关金库确实建立收款单据和支票制度，并保证所有收入交给金库保管。尤其预决算制度更要确实建立，如无预算之机关、部队，不得随便开支。

（七）各级部队（地方基干兵团在内）、机关团体之预决算，应按山东财委会一九四〇年二月十八号之规定编造正规军预决算，送由最高上级领导机关审核（或电请审核）。县级以下政府及地方部队的预决算，由县政府编造汇集专署。直属军政部队由军区司令部编造，均送由各该地区最高审核机关审核，由各审核机关每月编造总预决算表，送交本会备查或电请本会备查。

（八）各地区最高财政机关必须每月将各该地区所有财政收入汇报本会备查。

（九）凡各级机关部队团体人员，如自收自用、贪污浪费查有证据者，各级审核主管人及金库主任有权向司法机关提出控告。

（十）乡村两级政权之经费由县政府计算，每半年在所属各乡内统筹一次，所筹之款由县府二科代为保管，每月开支由县府按规定发给之。此外概不得随意向人民摊派。

选自《山东革命历史档案资料选编》，第6辑，济南，山东人民出版社，1982年版，第39～40页。

3. 山东省财委会关于发行北海银行辅币的通知

1940年11月22日

当抗战进入艰苦的相持阶段的今天，敌寇愈益加紧对其占领区及敌后抗日根据地之经济上的榨取，掠夺、破坏、封锁等种种阴谋，不一而足。其毒计，一方面吸收国家资财物力，大量抛弃我法币，使我外汇暴跌，企图使我经济陷于困难；一方面以挽救其经济危机和加强其侵略中国之经济实力，以达其彻底灭亡中华民族之目的。

目前我们在敌后的财政经济政策，应亟针对敌寇侵略诡计急筹对策，始能粉碎其以战养战之经济掠夺阴谋，并增其困难，促其崩溃。此乃我们渡过难关、争取最后胜利之重大任务之一。

因此，山东敌后财政经济政策急需发行辅币，以便维护法币之信仰和整理地方金融之需要。我们必须深刻认识，它是与开发地方经济、创设产业工厂、扶助农村手工业之发展、推行产销合作事业等，有不可分离之关系。

本会为保护法币、稳固金融与粉碎敌寇“以战养战”之经济侵略、争取最后胜利之到来起见，爰拟发行“北海银行”辅币，以资周转而利抗战。其意义之重大，实关整个战略。此“北海银行”之辅币计分一角、二角、五角等三种（计有二十七年度及二十九年度），十足兑换（凑足十角换法币一元）。凡我各地民选政府、部队及附属机关、合作社等，均得负责兑换。

“北海银行”为抗战后我山东军民艰苦自营之银行，信用素著，妇孺皆知，兹扩大使用范围和给敌寇有力打击计，特先通知。希各级政府、部队、机关、团体人员等，将发行辅币之重大意义，对附近民众普遍深入的〔地〕宣传，务使群众彻底认识以利发行。此告。

山东省财委会

一九四〇年十一月二十二日

选自《山东革命历史档案资料选编》，第6辑，济南，山东人民出版社，1982年版，第99～100页。

4. 山东省战时工作推行委员会关于公布公平负担暂行办法的通知

1940 年 11 月

查公平负担暂行办法，业经山东省临时参议会通过甲、乙、丙三种，自应公布实施，兹将关于公平负担之决议照录如后：

一、甲、乙、丙三种办法同时公布，凡未实行公平负担之地区，首先实行甲种办法；俟甲种办法行有成效、逐渐清查地亩财产确实后，即可实行乙种办法；俟乙种办法行有成效后，逐渐实行丙种办法。

二、如已实行乙、丙两种办法，确有成效，且经当地军政民一致认为满意，可仍实行原办法。

三、其已经实行乙、丙两种办法，以条件不够不能发挥实际效力者，应改用甲种办法。

四、其各地区如按合理负担原则自拟合理负担办法，行之有效，并经当地军政民认为满意者，得呈请专署以上机关核准，暂予实行。

一九四〇年十一月

附：甲、乙、丙三种公平负担暂行办法

山东省公平负担暂行办法（甲种）

一、为遵奉抗战建国纲领，实行公平负担，以改善人民生活，保证抗战胜利起见，特拟定本办法。

二、公平负担以户为负担单位，以村为实行单位，村中遇有一切负担（给养、公费），均以本办法分配负担之。

三、各村除特别穷户无力负担者，及特别富户应有特别捐助者除外，其余村户均按其贫富程度之不同，分为十等分别负担之。

1. 一等户负担十五分；
2. 二等户负担十二分；
3. 三等户负担九分半；
4. 四等户负担七分半；
5. 五等户负担六分；
6. 六等户负担四分半；
7. 七等户负担三分；
8. 八等户负担二分；
9. 九等户负担一分；
10. 十等户负担半分。

四、县政府决定征收救国公粮或救国公捐之总数后，由县政府召集区长联席会议，按照各区之负担能力、贫富程度，决定各区之负担比数分配与各区；区公所再召集乡长联席会议，依各乡负担能力决定各乡负担比数分配与各乡；乡公所再召集乡政委员及村长联席会议，依各村之负担能力，将全乡各村分为十等，确定各等负担比例分配与〔于〕各村。

五、村长与村政委员会同本村各抗日民众团体之代表开会商讨，并提出本村各户之等级及无力负担之户后，召集村民大会，经大会讨论决定本办法第三条所称之各户等级，并按各级村户负担之分数分配负担之。

六、各村村户分等时，须依其农田、园地、商业、工业、利贷及其他一切动产不动产总收入量之多寡及有无负债、人口多寡等估计决定之。

七、凡村中之特别穷户无负担能力者，及全户每人每年全部平均收入之价值折合不足二百斤麦子者，应不列入负担户，由村长及各抗日群众团体代表共同提出，经村民大会决定之。凡特别富户，其帮助抗战力量特大，有捐助抗战财力物力之义务者，由区行政委员会或乡长联席会议决定之。其捐助数目之多寡，由区、乡公所与各抗日群众团体之代表及其本人共同商讨公决（在未决定前可由其本村村民大会提议其负担比例，经乡政委员会决定，作为暂时负担标准），由区公所实行募集或委托其本村村公所代为收集。

八、各村之特户负担数目，不在村负担总数目之内，但在乡区负担数目之内（但在乡公平负担未实行前由村民大会提议、由乡政委员会决定之负担应先交本村村公所）。

九、凡属公族祠堂、寺庙等之负担，概由村民大会公决之。如系特户或其他特殊情形者，按第七条办法办理或由区公所决定办理之。

十、如地主他去委有代理人者，一切照常办理；如无代理人，即依第九条办法办理之。

十一、适合下列条件之一，免其负担：

甲、凡贫寒之抗日军人家属，依照优待抗日军人家属条例之规定，经县政府批准并发有免除负担证者，免其负担。

乙、凡在本办法实施后开垦之荒地，一律免其负担三年。

如有其他特殊情形呈经县政府批准，持有免除负担证者得免其负担。

十二、本办法自公布之日实行。

十三、本办法如有未尽事宜，由山东省临时参议会修正公布之。

（附注）各区区长注意：关于全区之特别富户，务须于区行政委员会会议或乡长联席会议分配各乡负担时即行决定，并将各村各乡之特别富户名单预先交给各该乡、村长，以便村户分等时，不列入十等户之内。

附：　　　　　　　　甲种公平负担暂行办法实施说明

一、公平负担暂行办法是比较摊派合理的一种办法，经此办法逐渐改进而更加公平。

二、公平负担之实施，有赖于深入之政治动员，造成民众之爱国热潮而自觉的〔地〕负担。

三、实行公平负担之动员工作：

甲、县、区、乡政府召集扩大行政会议，深入的讨论公平负担之实施事项，并传达下级。

乙、动员各级动员委员会及各抗日群众团体召集会议讨论之，并向其所属群众作广泛的宣传与鼓动。

丙、各级会议讨论要点：

（一）为了抗战胜利，改善人民生活，必须实行公平负担。

（二）实行公平负担之优点。

（三）公平负担之办法。

（四）公平负担实施之一切准备工作及困难之克服。

丁、召集村民大会，讨论并宣传实施公平负担之意义。

戊、各级政府召集士绅会议、抗属会议，并宣传实施公平负担之意义。

四、公平负担之实施：

甲、由县政府根据上级政府分配给本县征收救国公粮或救国公捐之总数，召集各区区长及各抗日群众团体之县级代表与县动委会，举行联席会议，按各区富庶实况公决各区间之负担比例数目，按比例算出各区应负担之数量。

乙、由区公所召集各乡长及区级各抗日群众团体代表联席会议，确定全区之特户及其区应负担之数量，并公决各乡间之负担比例数，按此比例算出各乡负担之数量。

丙、由乡政府召集各村长及乡级各抗日群众团体联席会议，公决各村之等级（共分十等），再按各等村间富庶实况确定各等村之负担比数，按此等级比数算出各村应负担之数量。

丁、各村村长召集村政委员会或各抗日群众团体代表会议，拟定各户所属等级草稿及免负担户，然后召集村民大会确定全村无力负担之户，并公决各户之等级。按公平负担暂行办法第二条规定之比数，算出各户应负担之数量。

五、实施公平负担应注意之事项：

甲、各区间、各乡间、各村间、各户间之负担等级之比例。既经拟定，日后全县内（全区、全乡内、全村内）之一切负担，均按此比例分配负担之。

乙、各户分等时，其一切收入均应计算在内。

丙、各村户分等时，先将无力负担贫户提出议决，从两头定起，即先将全村最富足之户定为一等户（特户除外），将负担户中之负担力量最弱者定为十等户，其余各户再比较决定。

但分等时须按各户实际情形定其等级，中间并可空等，不受十等规定次序之限制。

例如：王村共有十五户，除三户为特户、二户为贫苦无力负担外，其余甲、乙、丙、丁等十户按其各家实际情形，分等如下：

甲、乙为一等户　　二等户（无）

丙、丁为三等户　　四等户（无）

戊、己为五等户　　六等户（无）

庚、辛、壬、癸为七等户

八等户（无）　　九等户（无）　　十等户（无）

丁、特户之负担数亦算在该区乡内，故于定区乡之负担比例时应列入。

六、实施例举：

例一：甲、某某县五个区（甲、乙、丙、丁、戊）。甲区共五个乡（子、丑、寅、卯、辰）。子乡共有五个村（赵、钱、孙、李、周）。赵村十四户（吴、郑、王、冯、陈、褚、卫、蒋、沈、韩、杨、朱、秦、尤）。

该县共拟筹救国公粮二百七十三万斤，经区长联席会议决定：甲、乙、丙、丁、戊五区之比例为一、二、四、六、七（即一比二比四比六比七），则甲区应征十三万六千五百斤，乙区应征二十七万三千斤，丙区应征五十四万六千斤，丁区应征八十一万九千斤，戊区应征九十五万五千五百斤。算法＝总数÷比数之总和×该区之比数＝该区之负担数。如计算甲区：［2 730 000 斤÷（1＋2＋4＋6＋7）］×1＝136 500 斤。

乙、甲区各乡长联席会议决定子、丑、寅、卯、辰乡之负担比例为一、二、二点五、三点五、五，则子乡应征九千七百五十斤，丑乡应征一万九千五百斤，寅乡应征二万四千三百七十五斤，卯乡应征三万四千一百二十五斤，辰乡应征四万八千七百五十斤（总数为十三万六千五百斤）。算法同甲项。

丙、子乡各村长联席会议决定赵、钱、孙、李、周各村之比例为一、一点五、二点五、四、六，则赵村应征六百五十斤，钱村应征九百七十五斤，孙村应征一千六百二十五斤，李村应征二千六百斤，周村应征三千九百斤（全数为九千七百五十斤）。算法同前。

丁、赵村之村民大会按公平负担办法第三条规定决定：

（一）吴户为七等户，应负担三分；

（二）郑户为无力负担者，免征；

（三）王户为十等户，应负担半分（即比数零点五，以后同）；

（四）冯户为四等户，应负担七分半；

（五）陈户为三等户，应负担九分半；

（六）褚户为一等户，应负担十五分；

（七）卫户为八等户，应负担二分；

（八）蒋户为二等户，应负担十二分；

（九）沈户为六等户，应负担四分半；

（十）韩户为七等户，应负担三分；

（十一）杨户为九等户，应负担一分；

（十二）朱户为五等户，应负担六分；

（十三）秦户为贫苦之抗属并有免征证，故免征；

（十四）尤户为九等户，应负担一分。

总计全村列入普通负担者共有六十五负担数，依本条甲项算法，则：

（一）吴户应负担公粮　三〇斤

（二）郑户免征　〇斤

（三）王户应负担　五斤

（四）冯户应负担　七五斤

（五）陈户应负担　九五斤

（六）褚户应负担　一五〇斤

（七）卫户应负担　二〇斤

（八）蒋户应负担　二〇斤

（九）沈户应负担　四五斤

（十）韩户应负担　三〇斤

（十一）杨户应负担　一〇斤

（十二）朱户应负担　六〇斤

（十三）秦户免征　〇斤

（十四）尤户应负担　一〇斤

（全村共计六五〇斤）

例二：如例一内之赵村于收救国公粮后，全村欲修河堤共需公款一三〇元，依例一丁项之负担比例算法：

（一）吴户应摊　六元

（二）郑户应摊　〇元

（三）王户应摊　一元

（四）冯户应摊　五元

（五）陈户应摊　九元

（六）褚户应摊　〇元

（七）卫户应摊　四元

（八）蒋户应摊　四元

（九）沈户应摊　九元

（十）韩户应摊　六元

（十一）杨户应摊　二元

（十二）朱户应摊　二元

（十三）秦户应摊　〇元

（十四）尤户应摊　二元

七、实施时应遵照公平负担规定之各条办理。

附则：征收救国公粮时，负担户最高负担额不得超过其全部收入百分之三十五。

山东省公平负担暂行办法（乙种）①

第一章　总　则

（一）为普遍迅速实行公平负担以改善人民生活起见，除颁布实施甲种公平负担暂行办法外，再拟定本办法。

（二）暂行公平负担以县为分配范围，以村为实施单位，村中遇有一切负担，皆以本办法分配负担之。

（三）实行公平负担以每人为单位，视其平均地之多寡及其他动产不动产收益之数目划分等级，实行累进法。

（四）地亩计算以现有数（即现种地）为标准，出租出佃者其现有权为法定（即地主），但典当地产之计算，须列入承典人。

（五）地亩以外之动产或不动产应交纳公平负担者为以下各项：

1. 工商业之有利润收入者；

① 原注：一九四二年四月七日，山东省战时工作推行委员会在编印《山东省战时法规政令汇编》时，对乙种公平负担办法作了如下附注：乙种公平负担办法各地在实施中已有许多发展，本会几经研讨，遂根据各地实施经验拟定《修正山东省乙种公平负担暂行办法草案》，印发各地试行，试行有效后再提交省临时参议会通过，正式颁布。因省临时参议会通过之旧乙种公平负担办法已不再适用，故只编入本会拟颁之草案，望各地注意！

2. 存放现金之有利息收入者；

3. 大宗房屋出租有租金收入者；

4. 出产果品之林木每年有大宗进款者；

5. 每户有五只以上之牛群或五十只以上之羊群者；

6. 非年入之其他大宗收入财物。

上列六项以外之家庭畜养牲禽及资以耕种之牛马驴骡一概不纳公平负担。

（六）按照第五条各项动产或不动产之收入交纳公平负担者，可由村政委员会商同应负担之民户酌计折合其与田亩之比例，提经村民大会议决实施。

（七）人口计算，以本家人为标准，女子出嫁者列入夫家，雇工及长年寄居亲友家者均列入本家，不得列入主家或寄居之亲友家计算，但有特殊情形者由村民大会公决之。

（八）儿童亦按成年人计算，经常在敌区（如铁路线各城市青岛、济南、潍县等地）居住之人口（短期往来者不算在内）及外出三年以上而无音信者，均不得列入计算。

（九）暂行公平负担应按全县土地肥瘠将各村分为上中下三等。一等村每人除去七分、二等村每人除去一亩、三等村每人除去一亩三分不负担外；其超过此数者即按累进法计算。如有土地特别硗瘠之村，得由县府决定提高其每人不负担之亩数。

（十）各县分配负担时，按土地之肥瘠与负担之能力依下列会议决定其比例分配之。

1. 县分配于各区时，由县政府召集各区长联席会议，公决各区间之负担比例。

2. 区公所分配于各乡时，由区公所召集各乡长及区级各抗日群众团体代表联席会议，公决各乡间之负担比例。

3. 乡公所分配于各村时，由乡公所召集各村长及乡级各抗日群众团体联席会议，公决各村间之负担比例。

4. 村公所分配负担时，由村长召集村政委员会或各抗日群众团体代表会议，拟定各户负担，然后再召集村民大会确定之。

第二章　分　则

（十一）依照本办法实行公平负担者，每人除第九条规定之不负担亩数外，以二亩（以折合亩计算）为一级计算，平均有地在二亩以下者为第一级，二亩一分以上四亩以下者为第二级（未足一分者不予计入），四亩一分以上六亩以下者为第三级，六亩一分以上八亩以下者为第四级，八亩一分以上十亩以下者为第五级，十亩一分以上十二亩以下者为第六级，十二亩一分以上十四亩以下者为第七级，十四亩一分以上十六亩以下者为第八级，十六亩一分以上十八亩以下者为第九级，十八亩一分以上二十亩以下者为第十级，二十亩一分以上二十二亩以下者为第十一级，以后之地均按第十一级计算。

（十二）公族之祠堂地及其他公田不能以人口计算者，按地亩之多寡依第十一条之规定划分等级。庙地之有僧道尼姑者以人口计算，如无则依祠堂地之办法征收之。学田为扶植抗战教育计，不予列入负担。

（十三）开垦无粮之荒山旷地，其耕种期限在三年以上者，以两亩折合中等地一亩，按本办法各项规定负担公平负担。如耕种不及三年者，免其负担。本办法执行后新垦荒地，亦应在耕种三年以后再课其负担。

（十四）本办法以第一级为基本单位，第一级之每亩仍按一亩计算，各级累进之差为一分，即一、二、三、四、五、六、七、八、九、十之比，即第二级之每一亩以一亩一分计算，第三级以一亩二分计算，第四级以一亩三分计算，第五级以一亩四分计算，第六级以一亩五分计算，第七级以一亩六分计算，第八级以一亩七分计算，第九级以一亩八分计算，第十级以一亩九分计算，第十一级以二亩计算，第十一级以后之地亩数每亩均按二亩计算。

第三章　施行举例

（十五）地亩计算公式：例如某户有人二口，共地十六亩，除每人除地一亩共二亩外，尚有十四亩，每人平均有地七亩，根据第十一条之规定分为四级：

第一级二亩，

第二级二亩，

第三级二亩，

第四级一亩。

再根据第十四条之规定，

第一级按亩计算共计二亩，

第二级之每亩按一亩一分计算共计二亩二分，

第三级之每亩按一亩二分计算共计地二亩四分，

第四级之每亩按一亩三分计算共计一亩三分。

根据上例即可得到计算应纳负担地亩之公式：

（第一级亩数＋第二级亩数×一亩一分＋第三级亩数×一亩二分＋第四级亩数×一亩三分＋第五级亩数×一亩四分＋第六级亩数×一亩五分＋第七级亩数×一亩六分＋第八级亩数×一亩七分＋第九级亩数×一亩八分＋第十级亩数×一亩九分＋第十一级亩数×二亩）×该人口数＝应负担地亩数。

（附注）数学定例，括弧内之数目计算，先乘除后加减，依上例数字化之则为：

(2＋2×1.1＋2×1.2＋1×1.3)×2＝15.8（亩负担地）。

（十六）地亩计算举例：

例如某村共有四户：

甲户，有人五口，共地四亩，平均每人不足一亩地，免负担。

乙户，有人七口，共地二十八亩，除每人除地一亩共七亩应免负担外，尚余二十一亩，每人平均有地三亩，根据第十四条之规定，可分为两级：第一级共十四亩，第二级共七亩。复根据［第］十五条之规定计算，该户共合负担地二十一亩七分。

丙户，有人三口，共地三十六亩，除每人除地一亩免负担外，尚余三十三亩，每人平均十一亩，按［第］十四、十五两条之规定计算该户共合负担地四十亩零五分。

丁户，有人五口，共地六十二亩，其中二人经常在济南（敌区）居住，一人外出三年无音信，根据第八条之规定，均不得列入计算，故丁户只按二人计算，除每人除地一亩共二亩不负担外，尚有地六十亩，每人平均有地三十亩，根据［第］十四、十五两条之规定，该户共合负担地九十八亩。

（十七）负担举例：

每户应纳款额之计算，以该村共合负担地之总数，除该村应纳负担款总数所得之商数，即为每亩应纳负担款数；再以每户共合负担地亩数乘每亩应纳负［担］款数所得之积数，即为每户应负担款之额数。

公式：该村应纳负担款总数÷该村共合负担地亩之总数×每户共合之负担地数＝每户负担款数。

例如：该村应纳负担摊款共十六元零二分，而该村共合负担地一百六十亩零二分（见［第］十六条举例），则每亩应摊一角，即甲户免负担，乙户应纳二元一角七分，丙户应纳四元零五分，丁户应纳九元八角。

第四章　附　则

（一）如因报告地亩不实发生困难时，可实行清丈土地。

（二）地主他去家中无人者，其负担可由下列办法解决：

（1）由地主委托之负责人以代佃或代耕之资格负责办理之。

（2）无委托负责人时，可由该村村长指定负责人或其自愿负责之亲属报经村长许可，以代佃或代耕资格负责处理之。

（3）代佃或代耕应得之代价，以减租减息办法实行，其为负担之办法依本法第四条之规定处理之。

（三）无论用任何方法隐瞒地亩或其他动产或不动产之收益与租息者，任何人皆有告发权。一经查出，除将他应摊各款如数追交外，并予以处罚。

（四）公平负担概以现耕种地为原则，不以省县区乡村之界限受限制（如人在甲地，地在甲、乙两地，应以地随人转之原则，统在甲地计算。）

（五）鳏寡孤独因本身无劳动力而将田地出租于人耕种，其每人平均田地数目在十亩以下者，应酌量降低级数计算公平负担。

（六）抗日军人家属有与附则第五条情形相同者，亦应斟酌降低级数计算公平负担。

（七）本办法自公布之日起施行，其已按照甲种公平负担暂行办法实行有效者，可暂不更改。

（八）各地如有特殊情形本办法须变通时，得由县区行政会议或村民大会讨论规定后呈请上级转函山东省临时参议会核准变通之。

（九）本办法之解释权属山东省临时参议会及山东省战时工作推行委员会。

（附注）如地亩转移时，须呈报县政府。但其合理负担之比数的变更，须于每年规定之一定时期变更之。

山东省公平负担暂行办法（丙种）

（一）为调剂各阶级利益逐渐走向真正合理化起见，除前颁之甲、乙两种山东省公平负担暂行办法照旧实施外，特制定本实施办法，在民主政权比较巩固的区域中实施之。

（二）实行公平负担，以县为分配范围，以村为计算单位。

（三）民户公平负担比例分数调查简表及填表说明与公平负担累进分数表，由县政府印发，每村三张。

（四）由村公所制发民户公平负担比例分数调查简表，每户三张，纸张大小不必拘泥。

（五）先由民户据实自填一张交给村公所，经过评议会之核定后再填造二张，一张汇存村公所作为根据，另一张汇报县政府备案。

（六）县政府备案后，村中一切负担皆按分数分担；未得分数者，概不负担。

（七）如一时不能将民户各种收入折成现金，而须直接征收粮食者，其起码点及比例数如下：

1. 每人每年平均收入小麦在二百斤以下者免征。

2. 每人每年平均收入小麦在二百斤以上、二二〇斤以下者，征收百分之一。

3. 每人每年平均收入小麦在二百二十斤以上、二五〇斤以下者，征收百分之二。

4. 每人每年平均收入小麦在二百五十斤以上、三百斤以下者，征收百分之三。

5. 每人每年平均收入小麦在三百斤以上、四百斤以下者，征收百分之四。

6. 每人每年平均收入小麦在四百斤以上者，每增一百斤增征百分之一，直至增到百分之二十为止；不及二百斤者，亦以每一百斤之比例计算。

［附注］其他粮食最好折合小麦征收，如不便折合时，可按各地具体情况，以他种主要食粮为征粮标准。

附件一：　　　　　　　　村公平负担评议会简章

（一）每村之工农青妇等救国团体，各推代表一人至三人，与村长（副村长）共同组织之（有村政委员会者即由村政委员会负责），无各种救亡团体或村政委员会者，由村民大会选举代表若干人组织之。

（二）评议会系临时组织，不负执行责任，评议终了后即行解散。

（三）讨论某评议员之本身负担时，某评议员只有发言权，无表决权。

（四）评议会不得开支公杂饭费等。

（五）评议会无固定主席，开会时临时推举之。

（六）评议会由村长负责召集之。

附件二：　　　　　　　　填表说明

（一）各种资产之价值及收入，先由户主自报，再经村公平负担评议会公平审定。

（二）土地一栏之地租及收量，均按时价计值。收量价值应减去购买肥料种子及雇工等成本，将余数填入。年入数目系由地租与收量两项价值相加而得。

（三）房屋之无人租赁、无人居住又无人肯出时下公平价格购买者，可暂不计值。

（四）林木包括各种果树及葡萄在内。

（五）畜养只包括大的羊牛群。家庭畜养之少数鸡、猪等牲禽及资以耕种之牛、马、驴、骡等不能算入。

（六）工商业之总值，本年公积金、成本均在内，非单指本金。

（七）人力一栏之生产人数系指能生产、有收入者（如为人作长工或短工，有工价之收入；当教员，有薪金或生活费之收入）而言。

（八）人力由智力、技艺等所得之报酬均在内，非专指出体力者而言。

（九）存款存粮均系指现存及出放者两项而言，非单指现存。

（十）存粮的年入息系将出放粮食，收入息粮按时值计算而得。

（十一）计算全年共收入时，土地一栏内只加其年入数，地租与收量两数不可再加。

（十二）工场商店财东之资本及其应得之红利，应分别算归财东之资产收入内，向财东所住在之村庄交纳公平负担。其场工及店伙之收入，应向场店所在之村庄交纳公平负担。该场店即以一户论，其人口只计场工店伙数，财东不可计入。

（十三）土地房屋及其他财产无论其在何处，一律须将其收入算归本主之资产收入内，向本主所住在之村庄交纳公平负担。

（十四）人口不论老幼俱按一口计算。但雇工应列入其本家人口中，不得列入雇主家。出外三年以上而无音信者，不得列入计算。

（十五）每口平均资产系用人口数除除债净值数而得。

（十六）每口平均收入系用人口数除除出净人数而得。

（十七）格内有斜画者，勿〔毋〕庸填写。

（十八）各民户应得分数应查照公平负担累进分数表计算。

（十九）计算举例：

比如某户有六人，有一人出外三年无音信，按人口计算法，全家应按五口人计算。设其家每年共有收入五百三十五元，其每口平均年入为一百零七元，查与公平负担累进分数表上所列收入一百零五元者最相近，即应按该级分数计算，每口应得二分五厘（因其零数为七元，照附注五元计算规定，应按五元计），合全家五口共应得十二分五厘。

（二十）摊款举例：

比如某村共有九家得分者，有二户各得六分，有三户各得六分五厘，有三户各得七分，有一户得十八分五厘，则该村共得七十一分。该村某次应摊款洋四百九十七元，则每分应摊洋七元，得六分者摊四十二元，得六分五厘者摊四十五元五角，得七分者摊四十九元，得十八分五厘者摊一百二十九元五角。

（二一）学田、学款、学产之资产及收入，均免除负担。

（二二）开垦无粮银之荒山旷地，其耕种期限在三年以上者，一律交纳公平负担；如耕种尚不及三年者，免其负担。本办法实施后之新垦荒地亦应在耕种三年以后再课其负担。

（二三）逃亡地主之资产的收入，由其代理人或承租承佃人负责填表交纳公平负担。

附表（略）

选自《山东革命历史档案资料选编》，第6辑，济南，山东人民出版社，1982年版，第100～117页。

5. 山东省货物税征收施行细则

1940年12月14日通过

第一条　本细则是根据《山东省税收暂行条例》制定，一切货物均依该条例规定之税率征收之。

第二条　本细则所征收之货物税包括出入境货物及在内地贩卖之奢侈品两种。

第三条　凡货物在起运前与运入时，承办人应将货物名称、数量、价值及运输地点连同货单向就近之征收机关报请纳税始得起运。

第四条　征收机关对报请纳税之货物查验相符时，即照章收税，填发税证，并于货物上加盖戳记以资凭证。

第五条　如货物数量或价值与货主报告不符，征收机关得协同当地公正人士或村政权按市价估计征收之，物主如不愿意得备价收买之。

第六条　货主于照章纳税后应将税证妥慎保存，准备经过其他征收机关时查验之用。

第七条　各种货物只收一道税即可通行各地。但入口货经我占区再运敌占区者，得按出境货征收之。

第八条　各税收机关遇有税则内未定明税率之货物时，得按货物之性质参照税率原则酌量征收，但须随时将征收情形呈报上级征收机关审核之。

第九条　凡已纳税之货物半途分运或改装时，货主应声明由税收机关另给凭证，但不再收税。

第十条　各税收机关每届月终应将所收税款及罚款联同税款联单及罚款联单一并汇缴县征收处存查。

第十一条　各税收机关在所辖区域内之冲重地点或市镇，得酌派稽查员随时查验往来货物以防偷税。

第十二条　稽查员如查有未纳税之货物，应直接送交或委托就近政权机关或群众团体送往征收机关办理。

第十三条　凡货物经过首次征收机关未报验亦未纳税，或有税证而无戳记及虽有税证而货物与税证不符者，均为漏税。

第十四条　凡漏税货物除补征应纳税款外，并照所征税额处以百分之五十至一倍之罚金。

第十五条　稽查员如查获违禁物品及应没收之货物，应连同人、物送交，由征收机关转县征收机关处理之。

第十六条　偷税商人在半年内重犯者，按应纳税额处以一倍至二倍之罚金，三犯者将货物没收并得视情节轻重科以罚金，但不得超过其货物之总价格。

第十七条　各税收机关处罚时，应随时发给罚金收据，并令受罚人出具领物证将货物领回，即将处罚经过情形报告县征收机关审核。

第十八条　凡偷税商人经群众团体及人民告发，或经税务人员查获，以罚金百分之十奖励之。

第十九条　税务人员如有失职违法情事，一经查出或经受害商人及民众告发，得按情节轻重随时处罚或送司法机关办理之。

第二十条　本细则如有未尽事宜，由山东省临时参议会修正之。

第二十一条　本细则自山东省临时参议会通过后公布施行之。

选自《山东革命历史档案资料选编》，第 6 辑，济南，山东人民出版社，1982 年版，第 170～171 页。

6. 山东省战时工作推行委员会关于统计工作的决定

1941年2月16日

一、统计工作的任务

统计是社会科学之一。研究各种学术，不论自然科学或社会科学，都需要统计的帮助。举办各种事业，不论其为经济建设事业、教育事业或其他任何事业，亦必须统计，使其管理科学化。同样的，统计工作在政权工作中是执行政权政策的具体工作之一，它的任务在于：

甲、由简明的数目字中，指出工作的具体成绩，指出各种工作的进度。

乙、由简明扼要的统计图表中，指明工作发展的方向。统计这种科学的管理，是使工作有组织、有系统的〔地〕进行，不致紊乱、无头绪盲目的〔地〕前进。

丙、我们的群众力量、物质力量及各方面的力量在某一个时期内的消长，是要统计工作来告诉我们，来帮助我们认识工作计划的正确与否，甚至政策的正确与否。

丁、由统计中得到各种工作间的关系、某一时期中的具体关系及各种工作间的联系动态，因而使工作可以循着正确的政策前进，更正确的〔地〕规定逐次具体计划的中心工作的方向方针。

以上说明了统计工作一般的任务，同时也说明了它的重要性。因此，政权工作一定要有统计，而统计工作要能完成它的任务，必须要：

二、统计工作的方式方法

甲、统计一定要求准确，也就是要“真”。统计一种工作，不是依据个人的想象或估计，而是实事求是、脚踏实地的〔地〕依据于真实的数目字，“大约”“约计”是不允许的。

乙、统计的“真”与准确还不够，更需要“详细”。就是说，一件事物或工作中要在统计说明它、了解它，那必须统计本身是多方面的，要统计事物或工作的各方面而不是一方面。因此就要“详细”，不怕麻烦琐碎。

丙、有了“真”而且“详细”的统计材料后，就是整理材料的问题。各种材料要联系起来看，不要孤立为了某种目的制定一种统计图表，为了另一种目的再由有关系的材料中制定另一种图表。

丁、统计要经常，只有一个时期的统计是没有大用的，必须有每一时期的数字，才能看出指数的增涨〔长〕和降落，才能看出过去与现在的比较，而规定将来的计划。因此，统计不是一劳永逸的，而要经常。

戊、求得统计的“真”与“详细”的基本条件，需要求得统计材料的“真”与“详细”，因此就需要准确的〔地〕调查，详细的〔地〕调查。但一般的调查是不会准确与详细的，必须由各方面的〔地〕调查，利用多种调查表、登记表，经常的〔地〕调查。例如调查合理负担，要从各级政府中调查，同时还要从群众团体中调查，从民众中调查，不止一次的〔地〕调查，才能求得详细和准确。

己、统计要制有各色各样的表，同时还要有多种样式的图，图表要详细清楚明了，但无意义的图表是不需要的。

三、建立统计工作制度

甲、组织的建立——主任公署秘书处下设统计室（或科），设主任（科长）一人、干事一人至二人；专员公署秘书处下设统计股或统计干事；县设统计干事一人，专司统计事宜，制定各种工作的统计图表、调查表、登记表等。区民政助理员兼司统计事宜。

乙、在［主］署的各处，专署及县的各科及各种委员会，要定期的〔地〕供给统计的原始材料。统计室（科）、统计干事要经常的〔地〕将各种表格交各处、科、委员会及群众团体定期转达下级填写，并帮助解释及填写。

丙、各级将调查所得及根据《政权工作汇报的决定》的内容，制就图表呈缴各该上级，汇报中没有统计图表的，不是完整的汇报。

丁、各期的统计图表在一年或半年内再整个的〔地〕统计起来，制定全部图表逐级转呈本会。

戊、附发本会各种统计调查表各表式样全份，以为各级政权机关进行统计工作之参考，但不必机械的〔地〕一般仿用。

（各种统计调查表式样略）

选自《山东革命历史档案资料选编》，第6辑，济南，山东人民出版社，1982年版，第290～292页。

7. 山东省推行新钞宣传大纲

1941年4月1日

一、为什么发行新钞：

A、为人民谋福利。

1. 发行新钞是为了统一山东的币制，避免土票充斥，澄清金融市场，解除人民痛苦。

2. 发行新钞是为了便利市面的金融流通，补救辅币缺乏。

3. 发行新钞是为了增进商业的发达，帮助农村手工业的发展，帮助小营业小商贩的便利与活动。

4. 发行新钞可以免除破票的泛滥，便利人民之买卖交易与日常生活。

B、保护法币，抵抗伪币，巩固游击区的经济基础。

1. 因战争的关系，山东与大后方的交通联系非常隔绝，大后方不能向游击区经常供给法币，必须加以保护，以新代替。

2. 发行新钞是为了对抗敌伪发行伪钞（准备银行）和大量的伪造法币来破坏我们的金融制度和掠夺我们的资财。

3. 发行新钞是以经济游击队来对抗敌伪的经济侵略，新钞可以掩护法币，就如游击队可以掩护正规军一样。

4. 发行新钞可以巩固山东游击区的经济基础，可以保证军事上政治上的胜利。

二、发行新钞的保证：

A、山东游击区有着大量的法币，这些法币可以兑换收集起来，做〔作〕为新钞的准备金。

B、山东游击区有着大量的白银硬币、金银首饰和现金，这些东西也可以兑换收集起来，作为新钞的准备金。

C、这次所发行的新钞，绝不是过去的土票，它是山东最高行政机关根据人民的利益与需要以山东抗战的需要决定发行的。它不但有着坚固的经济基础、政治保障，特别还有山东全体民众的拥护。

D、根据上述三点，这次新钞的发行，就有了绝大的保证。

三、山东各界民众应努力推行新钞：

A、山东各界人民要相信新钞，爱护新钞，因为它是属于山东人民的，是有经济基础与政治保障的。

B、新钞发行以后，山东各界人民应遵守政府的规定，迅速将所有法币在各处设立之兑换所兑换新钞（如未成立兑换所之各县，先由第二科代理兑换）。

C、新钞发行后，山东各界人民关于完粮、纳税、交易、存款等，应一律使用新钞。

D、每一个人要负责向自己的亲友、邻居、街坊、同乡扩大宣传发行新钞的意义，鼓励并说服他们兑换新钞、使用新钞。

E、每一个人要负责防范、告发奸商走私、汉奸破坏，维护新钞的信用，保证新钞的顺利流通。

F、要明了发行新钞就是发挥抗日力量。

四、要遵守政府的推行新钞通告与规定：

A、所有法币悉数兑换新钞使用。

B、反对汉奸以法币走私资敌。

C、如必要携带法币出境时，必须向政权机关领取证明文件。

D、新钞发行时，一切货物价格仍照原价交易，不得故意提高。

山东北海银行总行

1941年4月1日

附：

（一）宣传推行新钞办法

A、召集区长及区级群众会议。

B、分别召集村长、士绅、群众团体会议。

C、召集县级群众团体会议。

D、召集士绅代表会议。

E、由县或区政府联合群众团体、士绅，组织新钞推行队到重要市集宣传。

F、分组作家庭访问、商号访问。

（二）推行北海银行纸币的标语口号

A：

1. 北海银行是山东抗战民众公有的银行。

2. 北海银行是培养山东抗战经济的摇篮。

3. 北海银行是对抗敌伪经济侵略、破坏阴谋的堡垒。

4. 北海银行是保护山东抗战民众经济利益的堡垒。

5. 北海银行是实施各种抗战正确经济政策的枢纽。

6. 北海银行是安定山东金融的机关。

B：

1. 北海银行纸币是打击敌伪经济破坏阴谋的有力武器。

2. 北海银行纸币是整理与安定山东金融的工具。

3. 北海银行纸币是山东抗战经济建设、活泼与发展农村经济的工具。

4. 北海银行纸币是统一山东通货的法偿纸币。

5. 北海银行纸币是山东人民改善生活的工具。

6. 北海银行纸币是整理山东流通券土票的工具。

7. 北海银行纸币是巩固山东抗日根据地经济基础的工具。

8. 北海银行纸币是山东抗日经济战线上的武器。

9. 北海银行纸币是山东抗日人民用以对抗敌伪经济侵略的武器。

10. 北海银行纸币是一种国有的地方法币。

11. 北海银行纸币是抗拒敌伪推行伪钞、假钞票的武器。

12. 北海银行纸币是抵制敌伪输入杂钞的武器。

13. 北海银行纸币是全山东工农商学兵共同统一的交易流通工具。

14. 北海银行纸币是凡公私款项、完粮、纳税一律通用的货币。

C：

1. 拥护北海银行，通行北海银行纸币。

2. 凡我抗战同志、同胞们应该使用北海银行纸币。

3. 使用北海银行纸币就是拿起抗战经济的武器。

4. 使用北海银行纸币就是站稳了抗日经济战线上的岗位。

5. 使用北海银行纸币就是保证了我们抗战同志们自己共同的经济利益。

6. 使用北海银行纸币可以享受山东统一通货的便利。

7. 使用北海银行纸币可以求得抗战胜利更有保证。

（三）对付假造本币的办法

一、对群众的宣传教育：

1. 发动各种群众组织继续深入的〔地〕作拥护新钞的广泛宣传，把拥护新钞、反对一切伪币、建立与巩固山东抗战经济阵地的工作，作为本身中心的战斗任务之一。

2. 政令与群众政治动员的密切配合，说明新钞对于山东抗战人民切身利益具有血肉关联不可分离的意义。从这个基点上掀起反对日寇、汉奸、一切阴谋家、捣乱者伪造新钞、危害人民利益、破坏山东抗战的运动，铲除经济战线里的奸细。

3. 明令军、政、民各级组织及全体同志，除严密的〔地〕防止伪币以外，应随时的〔地〕组织经济游击小组等到集会、市场、群众所在之地检查伪币，并帮助群众对本币及伪币的识别。

4. 普遍的〔地〕由银行办事处（在未成立银行办事处的县份暂由第二科代理），并设立各地的纸币识别所，帮助群众识别本币与伪币，随时供当地群众之咨询。

二、揭破伪造本币者的阴谋：

日寇、汉奸以及一切阴谋派、捣乱者，对于任何有利于人民、有利于抗战的设施是在切齿的〔地〕痛恨着、到处破坏着，北海银行是抗战的经济堡垒，当然也不例外的。

1. 正因为北海银行纸币是替人民谋利益，它才获得了广大群众的热烈拥护。在这面前，日寇、汉奸、阴谋家、捣乱者的公开破坏是失败了，于是跟着必然的〔地〕又采取了一贯的卑鄙无耻的下流手段，偷偷摸摸的〔地〕伪造北海币，企图从暗中来破坏。

2. 伪造北海币的出现，是日寇、汉奸、阴谋家、捣乱派一贯的卑劣勾当，企图利用北海币坚固不拔的信仰与广大群众的拥护，来大量的〔地〕印发无基金的伪币，来吃吸我们民众的脂膏，来攫取我们抗战的物资，来作为他们的向中国人民进攻、破坏中国抗战的资本。

3. 伪造北海币的出现，是日寇、汉奸、阴谋家、捣乱派的下流手段，企图以伪造币的混迹市场来损污北海币在群众中至高的威信，来阻碍北海币在广大地区里的发展，来达到他们破坏北海币、破坏我抗战事业的阴谋。

4. 伪造北海币的出现，是日寇、汉奸、阴谋家、捣乱派一贯的毒辣诡计，企图以毫无代价的伪造币无限度的〔地〕倾注到我们的内部，来摧残我们抗战的金融，来保持伪准备票毒害民众的地盘，特别是企图以这些废纸的潜入到市场来贬低币值，使人民生活愈益艰苦，危害民众，驱广大人民群众于饥寒交迫的绝境。因此对于日寇、汉奸、阴谋家、捣乱派及其所制造出来用以破坏抗战、危害人民利益的伪造北海币，我们山东三千八百万人民应该义不容辞的〔地〕共同起来坚决反对之，严格肃清经济战线上的奸细。

三、假票之处理及奖惩办法：

1. 凡查获持有五元以下之假票而确系善良人民，经可靠者负责证明后不予处分。但为制止假票之混淆市场，必须予以注销作废，以免继续危害人民。

2. 如果持有五元以上之假票者，一经查获后即送交当地区县抗日政府，除将假票没收呈交上级机关外，须按情法办。但经证明确属无辜良民者，可由两个以上之县级群众团体绝对负责保释。

3. 如确系故意携带假票在五元以上企图使用变利者，经县府调查属实后呈报上级机关核办，以私造伪钞扰乱抗战金融论罪，定予严厉处分。

4. 凡拘获使用假票犯送交政府或报告政府因而捕获者，经讯明属实后，得给予以下的奖励。

甲、奖金：

（1）凡查获在五十元以下者，给予百分之十五的奖金。

（2）五十元以上百元以下者，给予百分之二十的奖金。

（3）百元以上另议，酌情优待。

（4）凡自行拘获送交政府者，增加奖金百分之五。

乙、名誉奖：凡查获假票在五十元以下而不愿受领奖金者，得在各报给予登载，以资表扬。

丙、奖章：凡查获假票在五十元以上而不愿受领奖金者，得给予特制的名誉奖章。

丁、其他：军政机关人员凡经自动查获者，亦得按上列办法奖励之；如愿放弃，可由军政机关首长酌情予以嘉奖或记功。

四、识别假票办法：

A、识别机关：

1. 在银行县办事处尚未设立之地区，由县、区、中心村各级政府负责帮助群众识别假票，供群众之咨询，如系假票即予盖销作废。

2. 县银行办事处设立以后，由办事处与政府方面共同负责，召集各村公所财经干事，授以区别本币与假票的办法及盖销假票之手续。然后由各村财经干事负担纸币识别所的责任，随时帮同当地民众对于纸币的识别与咨询。

B、识别法：

1. 纸质：假票比本币的纸质要低劣柔薄。

2. 号码：假票的号码往往都是重复的。

3. 花纹：本币贰角周围是网丝状，轮船小旗是黑色；假票贰角周围是点状，轮船小旗是白色，其他各种花纹也模糊。

选自《山东革命历史档案资料选编》，第 6 辑，济南，山东人民出版社，1982 年版，第 320～326 页。

8. 山东省战时工作推行委员会关于乙种公平负担办法的补充与修正决定

1941 年 4 月 4 日公布

（一）为使不负担人数减少，百分之八十以上之绝大多数公民负担抗战供给起见，对于山东省参议会所通过之乙种公平负担办法第八、九两条作下列修正：

十八岁至四十五岁之壮丁，不免除负担地。其他妇女及四十五岁以上之老人，现役抗日军人及按照规定脱离生产之政府工作人员、群众团体负责人员、现任小学教员，不能劳动之残废人员、小孩，得免除负担地。八岁至十八岁之学龄儿童，不进学校及八岁以下之小孩，均以二人当一人折合免除负担地。

（二）为使地主、自耕农、佃农之间实行真正公平负担起见，在实行了五一减租之地区，凡出租之土地、自耕之土地、佃种之土地，得按下列比例实行公平负担，即：

（1）出租之土地，以折合之中中亩一亩半当一亩地负担。

（2）自耕之土地，以折合之中中亩一亩当一亩地负担。

（3）佃种之土地，以折合之中中亩三亩当一亩地负担。

（三）地亩大小不一，不便计算，因此决定以官亩为标准，即以营造尺五尺为一弓之二百四十弓为一亩。

（四）土地肥瘠悬殊太大，过去分三等折合，尚嫌不够，因此决定按收获量多寡分为三等九级，即以普通收获年成每官亩全年收获小麦（其他秋粮杂粮折合麦子）不及三十斤者不列等负担，三十一斤至一百斤者为下等，一百零一斤至二百斤者为中等，二百零一斤至四百斤以上者为上等；而每等中又分为三级，即三十一至五十斤为下下地，五十一至七十五斤为下中地，七十六至一百斤为下上地，一百零一斤至一百二十五斤为中下地，一百二十六斤至一百五十斤为中中地，一百五十一斤至二百斤为中上地，二百零一斤至二百五十斤为上下地，二百五十一斤至三百斤为上中地，三百零一斤至四百斤及其以上为上上地。

各级土地折合比例，还不能完全以收获量来折合，因下地消耗人工肥料种子多，上地则较少。因此决定以中中地一亩等于中下地一亩半、等于下上地二亩、等于下中地四亩、等于下下地六亩、等于中上地七分五厘、等于上下地五分、等于上中地四分五厘、等于上上地四分，列表如下：

等 / 级	下等			中等			上等		
级	下下	下中	下上	中下	中中	中上	上下	上中	上上
产量（斤）	31～50	51～75	76～100	101～125	126～150	151～200	201～250	251～300	301～400
折合地亩比例	6	4	2	1.5	1	0.75	0.5	0.45	0.4

（五）小麦与其他秋粮杂粮之一般比例如下：小麦十斤等于高粱十二斤、谷子十六斤、小米八斤、豆子十三斤，其他花生、地瓜等，以时价折合。各地得照当地实际情形酌予增减。

（六）为奖励农业副产起见，凡有小块之莲汪、菜园不以营利为目的者，按普通地亩折合；大块经营以营利为目的者，得按实际收入，照粮食收成折合之比例减二级，折合中中亩计算。

（七）各地接到这一决定后，应即详加讨论实施，并在报上公布，并在各级政府及群众团体中进行深入动员解释。

主任委员　黎　玉
副主任委员　李澄之　陈　明
常务委员　艾楚南　杨希文
李竹如　张伯秋
刘居英　孙陶林

选自《山东革命历史档案资料选编》，第6辑，济南，山东人民出版社，1982年版，第327～329页。

9. 山东省战时工作推行委员会关于查禁北海银行假钞问题的通知

1941年5月5日

查北海银行发行之“北”字壹元票业经流通市场，深得民众拥护，在打击伪钞、调剂金融上已起伟大作用。而敌寇汉奸竟蓄意破坏，制造假票，秘密流行，近在北沂水一带发现假票一种。兹将识别办法列后，希即转知所属县府，布告民众一体注意，并严行查禁为要！

附假票识别办法：

一、假票的纸质不好，且反正面之颜色较真票为淡，系石印的。

二、假票号码多系一三三一六。

三、假票花纹模糊，红白颜色不分明。

四、真票背面“一”字下有数小点，假票没有。

1941年5月5日

选自《山东革命历史档案资料选编》，第6辑，济南，山东人民出版社，1982年版，第373页。

10. 山东省战时工作推行委员会关于发行北海银行一元新钞的通知

1941年5月

查目前敌伪除在军事上加紧对我根据地不断进攻、在政治上实行引诱分裂投降外，尤其在经济上实行残暴之掠夺，实行“以战养战”，滥发伪钞，破坏我金融，实行各种封锁，以致物价日益昂贵，影响人民生活至巨。本会为坚持敌后长期抗战，保证抗战经费，稳定金融与发展农村经济，彻底打破敌人经济掠夺与封锁，遂徇各界之要求，特继续印发胶东区民国三十年度北海一元票币，以期维持金融之流通，抵制伪钞之行使。除经山东临时参议会核准在山东省一律通用外，并可与华北各抗日区域之各银行互相建立汇兑制度，以资流通。希即转知所属并布告民众周知是要。

山东省战时工作推行委员会

1941年5月

选自《山东革命历史档案资料选编》，第6辑，济南，山东人民出版社，1982年版，第403页。

11. 山东省金库暂行条例

1941年6月公布

第一章 总 则

第一条 为建立金库制度，统一财政收支，巩固财政基础，特制定本条例。

第二条 各机关一切财政收入，尽交金库核收，一切支出非依奉上级金库支付命令，不得动支。但各地分金库因特殊环境，未得到总金库支付命令，可由主任公署会同省战工会财政特派员签发命令，通知金库付款。

第三条 各机关一切收入支出，均依本条例办理之。

第二章 组 织

第四条 山东省战工会财政处设总金库，主任公署设分库，专员公署设支金库，县政府设县金库。

1. 总金库设金库主任一人、出纳员三人、记账员一人。

2. 分金库设主任一人、出纳员二人、记账员一人。

3. 支金库设主任一人、出纳员一人、记账员一人。

4. 县金库设主任一人、出纳员一人（兼记账员）。

第五条　各级金库主任之任令，得依下列规定办理之。

1. 各级金库主任，均由各级政府推荐，并呈省战工会委任。

2. 各级金库之出纳员、记账员由各级金库主任推荐，经同级政府委任，并呈省战工会备案。

3. 各级财政科长及会计员均不得兼任金库主任。

第六条　各级金库之工作职权如下：

1. 关于一切财政收入保管及支付事项。

2. 关于监督各机关之财政收入不交金库事项。

3. 关于保管有关财务事项。

第七条　各级金库之领导关系如下：

1. 总金库直接受省财政处领导。

2. 分金库直接受总库领导，并受主任公署之监督与指导。

3. 支金库直接受分金库领导，并受专员公署之监督与指导。

4. 县金库直接受支金库领导，并受县政府之监督与指导。

第八条　各级政府对金库有监督指导权并支配权，以保持金库独立之系统。

第三章　收支手续

第九条　各级金库收支款项之手续如下：

1. 各级金库收入款项时，随即填具收款书。交解款机关支付款项时，须接到上级金库支付命令始得付款。

2. 填发收款书及支票时，应写明某机关某月某日收款及支款数目，并须经各该金库主任签名盖章。

第十条　各级金库收支款项，得随时向上级金库报告，但距离较远者得以电报报告上级，通知时亦同。

第十一条　各级金库接到支票，须与支款机关所持之支票核对支款数目及号数，不对时不得付款。

第十二条　县金库所存之款，直属上级金库有提用之权；支金库所存之款，直属上级金库有提用之权；分金库所存之款，总金库有提用之权；总金库有越级提款或通知付款之权。

第十三条　各机关团体部队预算单位，在每月支票未发到前，可以向该级金库按照上月预算数准借三分之二，但非先送其预算不准借支。部队借款时，须经过主署；县府借款时，须经过专署。

第十四条　各机关团体部队借款时，必须由负责首长出具借款证书，待接到支票向金库领款时，即将借款扣除，同时将借款证书付给领款人。

第十五条　各机关每月支款，以下列规定办理之：

1. 省战工会所属机关，每月经费按批准数先向主管机关领取支付命令，再向总金库领款。

2. 主任公署所属机关，每月经费按批准数，先向主管机关领取支付命令——再向分库领款。

3. 专署所属机关，每月按批准数，先向主署领取支付命令，向分金库换取支票，再向支金库领款。

4. 各县所属机关每月经费，按批准数先向专署领取支票，再向县金库领款。

5. 各级机关持支票向各级金库领款时，须付有正式领款书。

第四章　解款及抵解手续

第十六条　各级机关解款及抵解款项得依下列规定办理之：

1. 各机关向金库解款时，须填三联解款书，以现字编号。除留“存根”一联外，其余“通知”“报核”二联，连同现款一并解交金库，金库除核收现款及截留“通知”一联外，其余“报核”一联，转交财政处。

2. 金库收到解款，校核与解款书所列数目相符，即填具二联收款书，现字以编号，除留“存根”一联外，其余收据一联解交款机关报核，一联交上级金库，并将所收解款书加盖收讫及年月日章记。

3. 各机关经费就事实上之便利，经上级允许，可从应解交款项内拨付或坐支。但仍须填具解款书及领款书，向该级金库办理抵解手续。

第十七条　各级金库，将各机关每月领款之支票收齐后送回原发支票之金库核销，并在支票上写明某月某日付讫。

第五章　单据说明

第十八条　各级金库收款，应用单据说明如下：

1. 各机关向各金库解款用三联解款书。各级金库收款书用三联收款书。

2. 下级金库向上级金库解款，用二联解款书。

3. 各级金库所用之支票均用三联，一联交领款机关，一联交付款金库，一联为存根。

4. 省战工会所属机关，按预算单位由总金库分别发给支票。

5. 总金库给分金库发给支票，分金库接到总支票，再分发给所属机关分支票。

6. 分金库给支金库发总支票，支金库接到总支票，再分别发给所属机关分支票。

7. 支金库给县金库发总支票，县总会计即向金库领款，分别发给各预算单位，不再另发支票。

第六章　报　告

第十九条　各级金库之报告均依下列规定办理之：

1. 各级金库之回报，县金库于下月五日前，支金库于下月十日前，分金库于下月以前。

2. 各级金库报告时须向直属上级金库，不得越级报告。

3. 报告时须附有金库存表及日计表、月报表。

第七章　交代手续

第二十条　各级金库主任交代手续得依下列规定办理之：

1. 新旧任交代时，旧任须将经管款项、簿据、戳记及有关财务等事项，逐一点交新任接受〔收〕。

2. 新旧任交代清楚后，须与监交委员会衔呈报直属上级金库转报总库备案。

3. 呈报时须将交接一切款项，及有关财务等事项分别造具表册，一并呈报备查。

第八章　附　则

第二十一条　各级金库簿籍、凭证、报告保证年限暂定为三年，如有特殊情形，须得主管机关及审计机关之批准，始得毁销。

第二十二条　各级金库应有一切单据及日计月报等表样式另定之。

第二十三条　本条例如有未尽事宜，得由山东省战工会修正之。

第二十四条　本条例经山东省战工会通过后公布施行。

附：统计表（略）

选自《山东革命历史档案资料选编》，第7辑，济南，山东人民出版社，1983年版，第124～129页。

12. 山东省战时工作推行委员会关于统计工作问题的通知

1941年6月15日

为明了政权工作的具体情况、具体进度与具体成绩，以便更正确的〔地〕把握运用与执行巩固抗日根据地的各种政策，帮助各级抗日民主政权有组织、有系统的〔地〕进行工作，战工会曾于今年二月十六日有《关于统计工作的决定》，指示建立统计工作系统及对统计工作的要求，但至今各级政府对此项工作尚未予以应有之注意，因而各级政府的工作报告中，统计数字一般的都非常少，且大多不甚正确，以致工作进度和成绩未能很好的〔地〕表示出来。有些地区报告中的统计数字往往一件事物，县级所报告者与专署所报告者不相符合，一本工作报告内总的报告数字与各部门工作报告数字前后不符，而数目字大多是估计或约计的，并非从多方面调查得来的，所以不准确，图表也很少或根本没有，至于百分比则大多不正确，有的总数不及一百，有的总数则超过百分之百，致对整个工作难以得出正确的结论。因此，战工会要求各级政府对统计工作应作〔做〕到下列几点：

一、各级政府应于七月底以前，根据《关于统计工作的决定》中之规定，选择文化政治水准较好的干部专司统计，确切建立统计工作的组织系统。

二、县以上各级工作报告中，在各种具体工作报告后，一定要附有战工会此次规定之有关该种工作之统计表（随通知附发），以示统一而便统计，如有附表项目未都包括之事项，可添制表格并附说明。

三、在本年九月全省第二次行政会议前，要准备充分的各种统计材料，制定的表以专区为单位，有系统、有组织的〔地〕看出政府工作的历史过程及发展方向，以便总结并计划全省政权工作。

四、建立统计工作的工作报告制度。统计工作也要同其他工作一样，按期按级报告工作过程、方式方法、经验教训。

五、与同级及下级政府各科、各种委员会、各群众团体建立密切关系，并请他〔它〕们帮助调查，供给原始材料，并将统计好的材料供给他〔它〕们参考。

六、最后要求各级政府负责同志要正确认识统计工作不仅是技术问题，而且是检查政策具体实施的成绩的政治问题，不容许丝毫忽视它的重要性。伟大的苏联的社会主义建设成绩中的巨大数目字，即是这一真理的有力明证。

1941 年 6 月 15 日

选自《山东革命历史档案资料选编》，第 7 辑，济南，山东人民出版社，1983 年版，第 11～12 页。

13. 山东省战时工作推行委员会关于讨论修订乙种公平负担办法的通知

1941 年 7 月 18 日

查山东省临时参议会在二十九年十一月通过之乙种公平负担暂行办法，业经本会于二十九年十一月以秘字第二号通知公布实行，并于三十年四月四日及三十年六月五日两次决定补充及修改各在案。兹为实施便利并求得这一办法更趋发展与完备起见，特根据原办法及此次决定以及各地区在实行这一办法的经验教训，拟订修正山东省乙种公平负担暂行办法草案，随通知附发各该专署及县政府。希于接到后，在八月底以前，根据各地区实施公平负担的经验教训，深入讨论完毕，做〔作〕出总结，报告本会。在讨论时，我们提出以下的意见，供各地区参考，并提出你们讨论后的意见，以便作最后决定。

一、修改草案第九条第一项关于满十六岁以上之妇女每人除免负担地一亩的规定，本会讨论特有以下不同的意见：

甲、成年妇女并非完全无劳动力，而且在人格上应与成年男子一样看待，因此主张不除免担负地。

乙、妇女劳动力软弱，每人可除免负担地半亩。

丙、从事实上着想，妇女参加农业生产者较少，同时也因为穷人妻子特别厉害，主张维持原案。

二、因为妇女除或不除免负担地问题牵涉到同条同项满五十岁以上男子不除免负担地问题，也有主张维持原案除免负担地者。

三、修正草案第十三条甲、乙、丙三种产量折合地亩等级，原案有十二级及十级两种，本会讨论时有人主张改为九级，其理由谓九级可分为上中下三等，在折算时比较便利；也有主张维持原案，以便在九级所不能包括的范围以便机动者。

山东省战时工作推行委员会

1941 年 7 月 18 日

选自《山东革命历史档案资料选编》，第 7 辑，济南，山东人民出版社，1983 年版，第 187～188 页。

14. 山东省战时工作推行委员会关于印发税收等三个条例办法的通知

1941年9月

查本会前颁发之《山东省税收暂行条例》《整理及征收田赋暂行办法》《田房税契暂行办法》[①]，根据执行结果业作必要之修正，并经提交本会第十三次常务委员会议修正通过在案。唯以省临时参议会各驻委员俱因公出发，该三项修正之条例办法尚未经参议会讨论通过。兹为争取时间、适应工作上之需要，特照本会通过之原案，暂先印发各地执行，一俟提经参议会讨论通过后，再另行公布，希即查照是荷。

山东省战时工作推行委员会

1941年9月

附件一：

山东省税收暂行条例

1941年3月6日颁布

第一章 总 则

第一条 为统一财政收入，充实抗战经费，改善人民生活，特根据抗战建国纲领改善税收之意旨及山东具体的环境与战时需要制定本条例。

第二条 各地税收除本条例所规定者外，不得另立名目征收。凡未经本条例列入之税，而事实有征收之必要，须呈由专署转呈上级核准后方准征收。

第三条 一切军需品，各种粮食、棉花、土布等必需品，一律不准出境，入境免征；但因事实需要，由本会议决，准由贸易局统制出口者例外。

第四条 出入界限系指敌占区我占区而言。

第二章 分 则

第一节 税收种类

第五条 税收项目暂定下列各种[②]：

1. 国家收入：

甲、田赋；

乙、盐税；

丙、矿务税；

丁、货物税；

戊、营业牌照印花税（营业牌照暂免）。

① 原注：此所指前颁之三个条例办法，其颁发时间分别是：《山东省税收暂行条例》为一九四一年三月六日，《整理及征收田赋暂行办法》与《田房税契暂行办法》均为一九四〇年十二月十四日，前颁该三条例办法与修正后的在内容上大同小异，为避免重复，故未收入。其重大修正处，分别作注说明。

② 原注：修正前，税收项目未划分是国家收入还是地方收入。

2. 地方收入：

甲、田房契税；

乙、牲畜屠宰税。

第二节　税　率

第六条　田赋暂定全年每两银征收正税四元，附加不得超过正税。其土地登记办理完善之县，可按地亩征收，每标准地一亩征收五角（约等于麦子一斤半的价格），附加不得超过正规税。①

第七条　食盐每百斤征收出场税三元，鱼、盐酌量减轻，在产盐区内由政府统一办理，由敌占区运来者每百斤征收入境税一元（可根据各地实际情形酌量增减）。②

第八条　矿务税征收按其产量，每月向矿主征收之，其税率不得［超］过百分之十（金矿另定之）。

第九条　田房买卖契约税，按买价百分之五征收，所有抗战以前未纳税之白契，一律补征契纸费，每张五角。

第十条　货物税率分别详列于后。

第十一条　在我政权达到之区，烟酒一律禁绝。酒入口时，得征收入口税百分之百，黄酒（老酒），以营业为目的者，按价征收百分之三十；烟叶出口者征收出口税百分之十，内地买卖者免征；土制纸烟出口者，征出口税百分之十，内地买卖者免征；外制纸烟入口者，征入口税百分之百。

在敌占区土制纸烟入口税与外制纸烟同。③

第十二条　牲畜屠宰税依下列税率征收之：

牛、马、驴、骡买卖税，按价向买主征收百分之三，猪、羊免征。

猪、没牙牛犊、驴驹出口，按价征收出口税百分之十至二十。

大小骡、马、耕牛、羊禁止出境口。牛每头按价征收屠宰税百分之三（能耕作之牛禁止屠杀）。

猪、羊每口按价征收屠宰税百分之三。（牛、猪、羊之屠宰税各地区可按这原则，规定每头各征收若干。）④

第十三条　营业牌照、印花征收条例另定之。

第三节　税收办法

第十四条　各种税收，以自办为原则，不准出包，如须出包，须将出包的情形转报上级。

第十五条　各种税收无论自办或出包，税务机关应严加督察，防止一切足以扰民之事发生。

---

① 原注：修正前，只规定土地登记办理完善之县按地亩累进征收，未规定每标准亩征收多少。

② 原注：修正前，规定食盐每百斤征收出场税一元，规定由我占区运往敌占区者，每百斤征收出口税一元五角。

③ 原注：修正前，规定酒税按池征收，大池每月三百元，中池二百五十元，小池五十元，洋酒入口税百分之百，烟叶出境征收出境税百分之三十。

④ 原注：修正前，规定牛马驴骡买卖税按价向买主征收百分之五；屠宰税，牛每头征收三元，猪每口征收五毛，羊每只征收三毛。

第十六条　凡出入口货物只收一道税，不准重征。①

第十七条　凡外来之必需品，由迷信品或奢侈品掩护输入者，其必需品在百分之八十以上者，得将应纳税额减轻百分之八十，必需品在百分之三十以上者减轻百分之三十。②

第四节　奖罚规定

第十八条　凡延税、漏税或匿价取巧者，一经查获，除补交应纳税款外，并按情形轻重，处以应纳税额百分之五十至一倍之罚金，其特殊者，得专案办理。

第十九条　凡商人因违犯税章所出之罚款或没收物品拍卖款，如系人民告发或查获，得提百分之十作奖金，但总数不得超过一百元，如系税收人员或各机关团体人员，得提百分之五作奖金，但总数不得超过二十元。③

第二十条　税务人员有违犯下列各项之一者，得按情节轻重予以处罚，或者送司法机关按惩治贪污条例惩处之。

1. 私吞公款公物或接受外界贿赂及物品；

2. 借故敲诈勒索，对商民故意为难及私扣商人财物者；

3. 包庇运贩，从中渔利，或暗中舞弊因私废公者；

4. 对违犯税章之商民不经一定手续滥罚或私罚者。

第三章　附　则

第二十一条　本条例如有未尽事宜，由山东省临时参议会随时修正之。

第二十二条　本条例经山东省临时参议会通过后公布施行之。

附：

（一）必需品货物税率表（略）

（二）通用货物税率表（略）

（三）非必需品货物税率表（略）

（四）奢侈品货物税率表（略）

附件二：

整理及征收田赋暂行办法

1940年12月14日颁布

一、过去各县田赋征收办法陈陈相因，积弊甚多，管理田赋的人，故意弄得神奇奥妙，以便专利。尤其事变以后，各县粮册有的遗失，便无从查考。因此，整理及征收田赋应下最大的努力，由旧办法中逐渐改进，以达到粮地相符之目的。

二、粮册未遗失的地方，仍按旧粮册征收，但因粮册之编定多沿用旧法，如几社几甲等，同时花户姓名也不符，有的沿用他祖宗的名字或堂号，有的张三用李四的名字。应按现在区乡村系统，以村为单位另行誊编，同时将花名一律换成现名。

三、旧粮册遗失的地方，应用尽一切方法，向旧日管过田赋的人或存有粮册的地方访

---

① 原注：修正前，该条之后还有“但货物经我占区再往敌占区者，得另按出口税征收之”一句。

② 原注：此条是修正后新增加的。

③ 原注：修正前，该条只规定：“凡商民因违犯税章所出之罚款，不论人民告发或税务人员查获，均以百分之十提奖出力人员。”

查，或收买过来。如物色不到时，可责成各村村长、农救会的主任等，会同各花户将全村地亩钱粮数另行整理，定立粮册。如报告不确者，政府得清丈地亩，重新规定粮银数目，但在未确定前，县府得酌量预征之。

四、征收办法应根据各地实际情形，以区或乡为单位，由征收机关派员办理，并责成各区乡长协助之，必要时征收人员得亲到各村流动征收。

五、田赋每年按两期征收，第一期自二月初开始至四月底征收完毕，第二期自八月初开始至十一月底征收完毕。

六、征收田赋时应随时发给征收证，以资证明，征收证为三联式，一交花户，一交专署，一留县存查（征收证附后）。

七、在划分区乡村开始征收前，应有充分之政治动员及令文或布告，并将收税地点及应附钱粮数目明白宣布，使民众事先预备，以期速收速结。

八、过去粮册极不公平，有的有粮无地，有的有地无粮，我们应采取以下办法逐渐整理之：

1. 发动有粮无地之花户自行报告，根据钱粮追问地亩所在，追问出无粮之地亩时，即将钱粮过拨有地无粮之花户。

2. 发动民众互相举发，政府根据报告情形，审慎调查确实后，有地者纳粮，无地者豁免。

九、征收田赋应向敌区开展，各县征收机关得派坚强干部，利用一切社会关系，用一点一滴及政治说服办法，到敌占区各村征收，必要时得有部队配备，以扩大影响，但不是强制。如各村负担过重时（有的向敌人交纳），得酌量减轻之。

十、在征收田赋时，应将过去一切积弊如地保串票费等一律革除。

十一、各花户如故意延期不纳田赋者，得照下列处罚：

1. 逾限在一月以上未满三月者，除补交应纳钱粮外，并照所纳钱粮数处以百分之五十罚金。

2. 逾限在三月以上未满半年者，除补交应纳钱粮外，并照所纳钱粮数处以百分之七十罚金。

3. 逾限在半年以上者除补交应纳钱粮外，并照所纳钱粮处以一倍之罚金。

十二、本办法如有未尽事宜，由山东省临时参议会修正之。

十三、本办法经山东省临时参议会通过后公布施行之。

附：征收证（略）

附件三：

田房契税暂行办法

1940 年 12 月 14 日颁布

第一条　凡民间置买田房，须于契约成立后三个月内照章纳税领契[①]，始为合法买卖。

第二条　契税按买价百分之五征收，于买卖成立后三个月内[②]，由买主会同中人携带白契（由政府制定）向契税征收机关交纳，并随收契纸费每张五角，典契不税。

---

① 原注：修正前规定为六个月。

② 原注：修正前规定为六个月。

第三条　契税一律按国币计算，其有写钱数者按每十吊折合一元，至未有钱数之换契（以地换地），应有村长及公正人士按时值作价，成立双契，交纳双税，其税款由双方负担之。

第四条　凡民间未纳税白契，于公布后六个月内照章投税，否则以延税论。

第五条　其有因故遗失契约者，应会同本村村长、农救会主任及四邻照原价商写草契，在六个月内声请补契，只纳税额之半，但逾六个月者按延税论罚。

第六条　凡外国人在我国内，对于田房有租赁权无购买权，其用教会或其他名义买卖田房者，依法无效，拒绝其投税。

第七条　凡机关团体及其他公益法人为不动产之买卖者，免纳契税，但以收入为目的者不在此限。

第八条　办理税收机关应随时注意业主的钱粮名是否与现名相符，不符者须改正之。

第九条　田房买卖契纸式样定为三联单式，由各专署印发各县备用，第一联交业主，第二联交专署，第三联由县存查。

第十条　各县征收契税，除由县征收处办理外，并得酌量情形，委托区公所代办。

第十一条　凡人民买卖田房，各区、乡、村长有随时催令纳税之权，如有故意违抗投税者，得报告县政府核办之。

第十二条　凡人民置买田房，如无故不纳税或匿写契价者，一经查出或被告发，除补交应纳税款并将匿价契纸改正外，须照下列标准处罚：

1. 延期罚金：

一、逾期一月以上未满三月者，应照纳税额处以十分之五之罚金。

二、逾期三月以上未满六月者，应照纳税额处以十分之七之罚金。

三、逾期在六个月以上者，应照纳税额加罚一倍。

2. 匿价罚金：

一、匿价十分之一以上未满十分之三者（按实有契价计算），照短纳税额处以十分之五之罚金。

二、匿价十分之三以上未满十分之六者，照短纳税额处以十分之七之罚金。

三、匿价在十分之六以上者，照短纳税额加罚一倍。

第十三条　各县所征之契税为地方收入①，随时连同联单契纸费一并解交专署，其契纸费作为各县之材料费归各县留用。

第十四条　各级司法机关审理田房诉讼案件时，如系未税契约，应交县政府按章处理后始得有效。

第十五条　各司法机关登记不动产置买之权利时，应以完过契税之款数为证据，遇有未税白契，应交县政府照章处理后再行办理。

第十六条　凡我占区之人民，有向伪组织交纳契税者，除将契约作废外，以资敌论罚。敌占区人民向伪组织交纳契税者一律无效。

第十七条　本办法如有未尽事宜，由山东省临时参议会修正之。

---

① 修正前定为国家收入。

第十八条　本办法自山东省临时参议会通过后公布施行之。

附：田房契纸式样（略）

选自《山东革命历史档案资料选编》，第7辑，济南，山东人民出版社，1983年版，第266～279页。

15. 修正山东省乙种公平负担暂行办法草案

1941年10月2日山东省战时工作推行委员会拟颁

第一章　总　则

一、为普遍迅速实行公平负担，以改善人民生活起见，除新开辟地区工作尚无基础或政令不能公开到达之游击区不能进行清丈土地、登记人口之地区，得暂时实行已颁布之甲种公平负担暂行办法外，在一般工作有基础之抗日民主政权区域内应实行本办法。

二、实行公平负担暂以土地为范围，土地以外之动产不动产负担办法另定之。

三、实行公平负担以每人为单位，视其平均地之多寡，划分等级实行累进法。

四、地亩计算以现有权（即现种地）为标准，出租出佃者其现有权为法定（即地主），但典当土地之计算，须列入承典人。

五、为使地主、自耕农、佃农之间实行真正公平负担起见，凡出租之土地得以一亩半当一亩负担，佃耕之土地以三亩当一亩负担，自耕之土地以一亩当一亩负担。

六、人口计算以本家人为标准，女子出嫁者列入夫家，雇工及长年寄居亲友家者均列入本家，不得列入主家或寄居之亲友家计算。但有特殊情形者，得由公平负担实施委员会决定之。

七、经常在非民主政权区（如在关外及敌占区）居住之人口（短期往来者不算在内）及因抗战外出三年以上而无音信者，均不得列入计算。

八、地亩负担以清丈土地折合标准亩计算。

九、为使人民有最低限度之生活保障起见，实行公平负担得以下列规定免除一定数量之负担，如：

（甲）年满五十岁以上之老年男女，现役抗日军人，按照规定脱离生产之政府、政党、群众团体工作人员，行政村村长、副村长及农救会主任，满七岁未满十六岁之在学儿童、抗日小学教员、不能劳动之残废人员，每人除标准地一亩免负担。

（乙）七岁未满之儿童、满七岁未满十六岁不上学儿童、满十六岁未满五十岁之妇女，每人除标准地半亩免负担。（为了鼓励放足，凡二十岁以下之未放足妇女，经民意机关决定、妇救会同意，可不免除负担地。）

（丙）满十六岁未满五十岁不脱离生产之壮丁一律不除免负担地。

十、各县分配负担时，按各区村共有折合之负担亩及收获状况分配之。如乙种公平负担办法尚未普遍实行时，可召开同级群众团体及下级行政负责人联席会议，按各区村土地之肥瘠及负担之能力分配之。

十一、为使负担真正公平，一切负担不致集中于少数民户之身，在全县范围内要做到户口、土地百分之八十以上均负担抗战军需（以土地为主），不负担之户口土地不得超过百分之二十。

十二、为维持第十一条之原则不变，在免除负担地亩之土地人口过多之地区，得经县公平负担实施委员会之决议，将应负担地亩之每人数量酌予减低，即除一亩者可减为除八分或六分（惟不得少于六分），除半亩者可减为除四分或三分（惟不得少于三分）。

第二章　分　则

十三、依照本办法实行公平负担者，每人除第九条规定之不负担亩数外，以二亩（以标准亩计算）为一级计算。平均有地在二亩以下者为第一级，二亩一分以上四亩以下者为第二级（不足一分者不予累进），四亩一分以上六亩以下者为第三级，六亩一分以上八亩以下者为第四级，八亩一分以上十亩以下者为第五级，十亩一分以上十二亩以下者为第六级，十二亩一分以上十四亩以下者为第七级，十四亩一分以上十六亩以下者为第八级，十六亩一分以上十八亩以下者为第九级，十八亩一分以上二十亩以下者为第十级，二十亩一分以上二十二亩以下者为第十一级，凡十一级以上之地亩，均按第十一级计算。

十四、本办法以第一级为基本单位，第一级之每亩仍按一亩计算，各级累进之差为一分，即一、二、三、四、五、六、七、八、九、十之比。即第二级之每一亩以一亩一分计算，第三级以一亩二分计算，第四级以一亩三分计算，第五级以一亩四分计算，第六级以一亩五分计算，第七级以一亩六分计算，第八级以一亩七分计算，第九级以一亩八分计算，第十级以一亩九分计算，第十一级以二亩计算，第十一级以后之地亩数每亩均按二亩计算。

十五、祠堂坟茔之祭田、庙田及其他公田，均列入负担，按一人逐级累进，不除免负担地。庙地之有僧道尼姑者，按第九条之规定免负担。学田为扶植抗战教育计不予列入负担。耕种学田、祭田、庙田、公田之佃户，按第五条之规定计算负担。

十六、开垦无粮之荒山旷地，其耕种期限在三年以上者，按实际收入折合标准地负担，如耕种不及三年者免其负担。本办法执行后，新垦荒地亦应在耕种三年以后再课其负担。

十七、为奖励农民开渠、筑堤、兴办水利增加生产起见，凡因开渠筑堤增加之收获量一律优待三年不增加负担，其因凿井而增加收获量者永不增加负担。

十八、在农村中之宅地、场地及坟地，因无直接生产，均不列入负担；荒地、林地、汪地及清查土地时不及一级之劣地，亦不列入负担。

十九、为奖励家庭副业起见，凡有小块之莲汪菜园，不以营利为目的者，按普通地计算负担；大块经营以营利为目的者，得按其邻近土地之地等级增加二级计算负担。

第三章　实施举例

二十、地亩计算举例：

（例一）某户有标准地四十亩，共有人五口，内不脱离生产的壮丁一人，参加抗战部队的一人，在学的学龄儿童一人，满十六岁的妇女一人，未满七岁的小孩一人。按本办法第九条各项之规定，抗日军人一人，在学［的］学龄儿童一人，各除免负担标准地一亩，共二亩；满十六岁的妇女一人，未满七岁的小孩一人，各除免负担地半亩，共一亩；不脱离生产的壮年男子一人，不除免负担地。因此该户除去免负担标准地三亩外，应负担公平负担标准地三十七亩。

（例二）例一之民户，除去免负担标准地外，有应负担标准地三十七亩（如例一），内有自耕地二十二亩，出租给人耕种地十五亩。根据本办法第六条之规定，自耕地一亩当一亩，出租地一亩半当一亩计算，按耕种性质折合地亩共有三十二亩。其算式为二十二亩加（一五亩÷一点五亩）等于二十二亩加十亩等于三十二亩。

（例三）例一之民户应负担之标准地按照耕种性质折合后，如例二之标准地三十二亩，其家共有人五口，每人平均有负担地标准地六亩四分。根据本办法第十三条之规定，计列入第一级者共十亩，列入第二级者共十亩，列入第三级者共十亩，列入第四级者共二亩；复根据第十四条之规定，第一级每亩当一亩计算，第二级每亩当一亩一分计算，第三级每亩当一亩二分计算，第四级每亩当一亩三分计算，因此该户按照累进法计算后，实有负担亩三十五亩六分。其算式为：10＋10×1.1＋10×1.2＋2×1.3＝10＋11＋12＋2.6＝35.6（亩）。

（注）以数学定例，上列算式先乘除而后加减。

二十一、负担举例：

（例一）县政府分配负担于各区时，必须按各区负担地之多寡及收获状况分配。假设某县应征收救国公粮二百五十万斤，清查土地实行公平负担结果，该县共有十万亩负担地，每亩平均应负担二十五斤，某区之收获状况较好，可按每亩二十八斤计算，该区有负担地一万亩，因此该区应负担公粮二十八万斤。其算式为：（全县应征公粮数÷全县负担亩数＋或－因收获状况不同每亩应加减数）×某区负担数＝某区负担数。用数字代写则为：（2 500 000斤÷100 000亩＋3斤×10 000亩＝28斤×10 000亩＝280 000斤）①。

（例二）区公所分配负担于各村时，亦必须按各村负担亩之多寡及收获状况分配。上列之某区共负担地一万亩，按每亩二十八斤计算，应征救国公粮二十八万斤。该区各村间之收获状况，无显著差别，故仍按二十八斤算。某村共有负担地五百亩，因此该村应负担公粮一万四千斤。其算式为：280 000斤÷10 000亩×500亩＝28斤×500亩＝14 000斤。

（例三）村公所分配负担于各户时，亦必须按各户之负担亩多寡分配，上例每亩负担公粮二十八斤，某户有负担地二十五亩，因此该户应负担公粮七百斤，其算式为：28斤×25亩＝700斤。

第四章　附　则

二十二、依本办法计算负担时，不足一分者不累进（但实负担地亩不足一分者之数目不能舍去）。累进后不及一分之地亩按“四舍五入”计算。

二十三、依本办法实行公平负担时，每户之负担额不得超过其每年全部收入百分之三十五，如土地出租于人耕种，每年实际收入在地亩全年产额百分之四十以下，致负担额超过其收入总额百分之三十五者，亦以最高不能超过其实收益百分之七十为限。举例说明如下：

某民户有人四口，全家共有负担地标准亩一百五十亩，完全出租于人耕种，平均每亩

① 原书将后括号放在最后是不正确的，应移至3斤之后，即：（2 500 000斤÷100 000亩＋3斤）×10 000亩＝（25＋3）×10 000＝280 000斤。

每年产麦一百斤，共计年产麦子一万五千斤。该户每年实际收入为全产量百分之四十，共为六千斤。根据本办法第六条之规定，每一亩半当一亩计算，该户应纳公平负担地一百亩，该户共有人四口，老年男女各一口，满七岁未满十六岁之学生二名，共除免负担地四亩，尚有负担地九十六亩，每人平均有交纳公平负担地二十四亩，根据本办法［第］十三、十四两条之规定，每人均可累进到第十一级计算，其总数得交公平负担标准地一百四十八亩。假如该村每亩按三十八斤征收救国公粮，该户按一百四十八亩计算，共应纳公粮五千六百二十四斤，而其实收入则只有六千斤，实有超过百分之七十，故应当将该户负担公粮数目减至四千二百斤以下，以保证其有余粮维持其生活之必需用度。

二十四、地主他去家中无人者，无论其原有人数多少，均按一人累进计算负担，不除免负担地，其负担之交纳可由下列办法解决。

（甲）由该地主委托之负责人以代佃或代耕之资格负责办理之。

（乙）无委托负责人时，可由该村村长指定负责人或其自愿负责之亲属报经村长许可，以代佃或代耕资格负责处理之。

（丙）代佃或代耕应得之代价，以减租减息办法实行，其为负担之办法依本办法第六条之规定处理之。

二十五、公平负担之交纳概以地随人转为原则，不以省、县、区、乡、村界限受限制，如人在甲地，地在甲乙两地，应统向甲地交纳。但如人在民主政权区域以外居住者，则向土地所在地之民主政权交纳负担。而地主在甲地、佃户在乙地，则佃户亦不随地主向甲地交纳负担，而向乙地交纳负担。

二十六、无论用任何方法隐瞒地亩者，任何人皆有告发权，一经查出，除将其应摊各款如数追交外，并予以处罚。

二十七、鳏寡孤独因本身无劳动力而将田地出租于人耕种，其每人平均田地在五亩以下者，可酌量降低级数计算负担。

二十八、抗日军人家属有与第二十七条情形相同者，亦可斟酌降低级数计算负担。

二十九、本办法自公布之日起施行，其已按照原有乙种公平负担暂行办法实行有效者可暂不更改，但一有机会即必须加以修正，俾适合于本修正办法之要求。

三十、本办法实行后，如地亩人口再有变更，须于每年之春秋二季征收田赋公粮前变更之。

三十一、各地如有特殊情形，本办法须变更时，得由县区行政委员会或村民大会讨论规定后，呈请上级转函山东省临时参议会核准变通之。

三十二、按照本办法计算之负担暂以粮食为限，柴草田赋均按标准亩计算之，至地主、佃户间之负担柴草，以分配情形而定（即谁分得了柴草谁出柴草），田赋概由地主负担。

三十三、本办法之解释权，属于山东省临时参议会及山东省战时工作推行委员会。

三十四、本办法草案俟提经山东省临时参议会通过后，正式公布施行，但在未经参议会通过前各地可试行之。

选自《山东革命历史档案资料选编》，第7辑，济南，山东人民出版社，1983年版，第372～379页。

16. 山东省战时工作推行委员会关于发行北海银行五元新钞的通知

1941年10月18日

据北海银行总行呈称："本行现发行新五元券一种，该券正面为淡黄，底套以蓝色花纹，背面为深绿色，在'伍'字两旁有经理图章，在行名两旁反正面打有双号码，特印制票样，请转发各机关团体部队以资认别"等情。查该行此次发行新钞，乃在适应市场之需要，维护法币之信用，巩固根据地之金融。为此，兹将票样发下，希即转知所属并布告民众，以便行使而利抗战是要。

1941年10月18日

附：票样（略）

选自《山东革命历史档案资料选编》，第7辑，济南，山东人民出版社，1983年版，第415页。

17. 山东省战时工作推行委员会关于禁用民生银行钞票的通知

1942年1月11日

查山东省民生银行纸币，原系韩复榘在山东时所发行，资金短少，等于空头支票。抗战后，沈鸿烈不顾民生疾苦，复继续大量印发，数年来流通巨万，我全山东人民受其毒害者实非浅鲜。乃近来敌人为扰乱我金融，破坏我抗战，竟以山东省兴农委员会名义（伪组织），复将该行接收继续办理，据伪青岛新民报三十年十二月十日载称："山东省民生银行整理委员会青岛整理部顷奉到整理委员会函：以山东省兴农委员会业经成立，所有该行资产应依照章程移交清楚。该行奉函后已将十一月底以前各项事务结束移交完竣，自十二月一日起，该行一切事务统由山东省兴农委员会民生银行青岛整理部名义启用新关防继续办理。该民生银行青岛整理部为使各界明了内情，俾便接洽事务起见，特函达各界查照。兹录原文如下：'敬启者案奉山东省民生银行整理委员会第八四一号公函略开：山东省兴农委员会业经成立，所有本行资产应遵章移交清楚，函达查照办理等因，奉此。敝行遵于十一月底将前段事务结束移交完竣，即自十二月一日起所有敝行一切事务，统由山东省兴农委员会民生银行青岛整理部名义启用新关防继续办理。'"等语。是该行自去年（三十年）十二月起，业已为敌利用，直接成为敌人扶植下之伪钞。我们为巩固敌后抗战金融，避免人民受害，对伪民生银行伪钞之流通，自当禁止使用。特此通知全山东各级民主政权机关，自即日起应即布告民众，明令禁用，并广为宣传，严加查禁，以期彻底禁绝流通为要。

选自《山东革命历史档案资料选编》，第8辑，济南，山东人民出版社，1983年版，第97～98页。

18. 山东省战时工作推行委员会关于禁用伪平市官钱局纸币的通知

1942年1月20日

查山东省民生银行纸币业经为敌接收继续办理，本会曾于一月十一号通知停止使用在案。兹据济南伪山东新民报三十年十二月一日载有伪山东省兴农委员会第一号通告一则内称："本会奉山东省公署令，组织成立接管山东省民生银行暨平市官钱局两整理委员会事务。为此，通告自本年十二月一日起，关于民生整委会事务来本会民生银行整理部接洽；又平市官钱局整委会事务，向本会平市官钱局整理部接洽。兹将地址列后，即希周知：山东省兴农委员会本会民生银行整理部地址西门大街十三号，即山东省民生银行整理委员会旧址；本会平市官钱局整理部地址院西大街十三号，即山东省平［市］官钱局整理委员会旧址"等语。是山东省平市官钱局纸币于三十年十二月一日起与山东省民生银行纸币同时为敌利用，沦为伪币。为打击敌人扰乱我金融、破坏我抗战之阴谋，该伪平市官钱局纸币自当与伪民生银行纸币一律查禁，希各级政府即一并布告民众严予禁绝，停止其流通为要！特此通知。

选自《山东革命历史档案资料选编》，第8辑，济南，山东人民出版社，1983年版，第104页。

19. 山东省战时工作推行委员会财政处关于一九四二年财政工作的指示

1942年1月

一、一九四二年是准备反攻与实现反攻的一年，同时也是最艰苦的一年。敌人为配合其南进，对我敌后各抗日根据地加紧其分裂、封锁、破坏政策，使我地区分割、交通阻碍，今后在财政工作的统一领导上将存在着许多困难。为加强工作效能，渡过这艰巨的一段路程，此后各地区应积极发挥独立工作与创造精神，一切工作的决定、制度的建立、人员的配备，都要按照当地具体环境与具体要求而自行处理。特别是胶东、清河、冀鲁边、湖西、鲁南等地区，除原则上的问题外，更应发挥这一精神，反对把问题留待上级解决的态度，但同时各接近地区应自动取得密切联系与配合，在不断的交换工作经验中，以大量开展财政工作。

二、在敌后战争新形势与新任务之下，在敌我经济斗争日益复杂与尖锐之下，我们的工作作风也应来一彻底转变，一切过去铺张、表面、拖拉、迟缓、坐机关和抓一把现象，都不适合于我们的要求。事实告诉我们，今后惟有点滴深入，实事求是，从艰苦奋斗中才能开展一条血路，打破敌人的四期治［安］运动。因此，积极创造与研究对敌经济斗争的新方法方式，以克服目前困难，是每个财政人员应有的任务。

三、自上级提出精兵简政和消灭浪费现象的号召后，厉行节约，充实抗战力量，已成为目前严重的政治问题。我们作〔做〕财政工作者首先要响应这一号召，认识它的重要性，把我们过去工作来一检讨，力改铺张、表面、浮支浪费现象，实行紧缩政策。今后无论在工作上、用度上、用人行政和一饮一食上，都要联系到这一问题。特别在经费开支中，一定根据精兵简政的原则，切实遵照规定编制制定开支标准，除菜金津贴外，一切用费得比照去年颁发之各级政府用费开支标准减少三分之一至二分之一，而一切浮支、滥报、会餐、招待等（除招待外宾）要一律禁止。同时对贪污、腐化、浪费公款公物之不良分子给以严厉制裁，以肃清财政开支上的漏弊。

四、今后财政开源上要特别着重整理、开展各种税收，尤其沿海和交通便利的地区更应抓紧这中心一环及时进行。而过去一切违犯政策的捐款、罚款、任意摊派，以敌占区作殖民地的坏现象应一律停止。无论在敌占区或我占区，无论对方是乐捐或是强捐，在任何情况下都要遵守这一规定。因此，建立税收机关，充实税收人员，加强税收机关的组织领导，是刻不容缓的工作。我们要求今后税收要占总收入的百分之六十以上，以解决各地区的用费。

五、战时财政工作是积极的、创造的，我们要想使工作做好，在经济上战胜强大的敌人，唯有加强学习与研究工作，才能把自己从狭小的事务圈子里跳出来。因此，我们不但要加强政治学习，同时还要加强业务学习，特别是财政政策的学习。政策是工作的指南，要重视政策的研究，从实际工作中去实现它。我们因为不了解政策，不学会运用政策，过去在工作上不知犯了多少错误，使工作受了多少损失。为纠正以往缺陷，今后在财政的开源节流上，金融、货币、贸易、生产上，以及怎样蓄积民力、争取商人开展对敌斗争上，在在须要特别研究。同时，对上级每一政令的公布和每一号召的发起，都要深刻讨论，并以之教育每个财政工作者。

六、关于金融问题上，为提高北票信用，巩固我抗战金融，各地区应迅速确定以北票及民主政权所发行之纸票为本位币，对法币实行七折、八折、九折等使用。对伪杂钞在我占区流通者，一律禁止使用（如民生银行、平市官钱局等票），但必须通过各级机关、团体、部队向民众宣传动员后方限期执行，反对不加解释强迫执行的办法。

七、为加强我们上下的联系，密切工作的配合，本处今后除经常派员到各地区巡视检查外，仍希各地区财政机关将工作实施情形、人员配备、工作困难等，每三月缮具报告一次，每半年总结报告一次送来，以便根据具体情况制成指示，不得因故停止或延期，使工作增加困难。

1942 年 1 月

选自《山东革命历史档案资料选编》，第 8 辑，济南，山东人民出版社，1983 年版，第 120～122 页。

20. 山东省金库暂行条例

1942 年 5 月重制

第一条　金库为政府经营现金、票据、证券及其他财物之机关。其设立得由战工会责成北海银行办理之。

第二条　山东省各级金库之设立依照下列规定办理之。

甲、战工会设总金库；

乙、主署设总分金库；

丙、专署设分金库；

丁、县设支金库。

其未设立北海银行之处，得委托其他银行及经济机关或指定各级政府专人负责办理之，但须总金库之承认与财政处之批准。

前项分金库应按专区次序冠以第一、第二等数目字，县支金库冠以各县县名。

第三条　各级金库承战工会之命办理省之公款公物（金银、有价证券）之保管、出纳、移转等事项外，并须办理地方款之保管、出纳事项。但一切收支不得与省款混淆，并不得相互流用。

第四条　各级金库收存之省款，非奉有战工会财政处（或主署财政处）之支付命令，不得支付任何机关或部队。

第五条　一切岁入之款，概由金库按收款手续收纳保管，任何收入机关不得收款不缴，更不得于未缴金库前擅自动用，违者金库应加干涉，并报告该管上级机关及财政处处分之。

第六条　前条收入，必要时可由金库派员于收入机关代收之，按科目别、机关别分别报告收入机关及该管审计机关，并由金库及收入机关分别递报至金库主管机关。

第七条　各专员公署及各县政府如因交通阻碍或［战］斗关系，与战工会或主署财政处失却联系时，得向各本区分金库或支金库暂借，事后仍应补行预算书，呈请战工会或主署财政处追认核销。但此项借款不得超过其本机关每月经费数目。

第八条　支金库须于每半月向分金库汇报收支实况一次，分金库须于每月向总金库或总分金库汇报收支实况一次，总分金库须于每月以电报向总金库报告一次，总金库于每月向总金库主管机关汇报收支实况一次。

第九条　战工会或主署财政处及该管审计机关，均可随时派员检查各级金库账簿单据及库存现金、票据、证券等。

第十条　各机关应设立金库委员会，管理金库事宜，以各级行政负责人、财政科长、审计机关负责人及金库负责人等三人至五人共同组织之。

第十一条　金库委员会对金库有指导、监督、检查之权，没有支配财产之权，其支配权属于上级金库。但各地分金库可由主任公署会同战工会财政特派员在一定范围之内签发命令，通知金库付款。

第十二条　各直属之专署因战斗环境及交通阻碍，与战工会财政处失却联系时，一切收支事项得由战工会财政处委托该专署财政科或财政特派员处理之。

第十三条　各级政府违犯上列第四、第五、第七、第十一、第十二各项之规定，擅行收支或命令收支，得分别以法惩处，并令其赔偿金库之损害。

第十四条　代理金库之银行或受委托人违犯上列之规定擅行收支，致金库受损害时，得同前处理。

第十五条　本条例如有未尽事宜，得由山东省战工会修改之。

第十六条　本条例公布后，前三十年六月颁发之山东省金库暂行条例即行作废。

第十七条　本条例自公布之日施行之。

选自《山东革命历史档案资料选编》，第8辑，济南，山东人民出版社，1983年版，第333～335页。

21. 中共山东分局财委会关于法币问题的指示

1942年5月29日

（一）自太平洋战争爆发后，法币外汇停止，沪港有做外汇投机［者］，法币必向后方逃退，使后方法币流通量倍增。再国府今年财政赤字一三〇万万元以上，主要靠发新钞弥补，因此法币购买力无形下降，反使财政赤字更加增大。并传国民党有放弃沦陷区法币之维持而另发新钞之说，这在财政困难日益严重、西南国际交通断绝，而法币内流情况下是可能的。但不管如何，法币价格继续下跌则是确定的。

（二）敌汪四月一日起压低法币价格，近又停止中央、中农两行法币在沦陷区行使。汪政府并曾布告，自六月八日，限沦陷区人民于半月内将法币以一与二之比例兑换伪中央票。敌汪这些步骤，其中心企图，第一是企图停止法币使用，以便使伪钞垄断敌后金融市场流通，第二是使大量法币驱入我根据地，吸收我资财。所以最近法币价格狂跌，并大批流入我根据地，以使我之物价高涨，危害我根据地巩固扩大。为阻止敌人这一阴谋，展开对敌金融斗争，特作如下通知，请深入讨论并执行。

甲、各个根据地已建立贸易机构，应立即实行贸易统一管理制，严格实行对外以货易货制度，以阻止法币内流及物资低价外流现象。这是最基本的最有效的办法。

乙、各地税收机关及财政上一切收入，党政军民之公营事业，均应只收我北钞，其余法币等概不收受。如有的地区因我［北］钞流通量少非征收法币不可时，则必须折价征收。至于折价多少，由各地区视我［北］钞流通量而自行决定。此办法一方面在于提高北票，另方面亦可拒止法币流入。

丙、各级政府应立即严禁粮食、耕牛、棉花、毛皮等重要产品出口，与商人合力共筹。一般土产剩余品应由贸易局统一运出；商人亦可自行运出，但须经贸易局检查登记，并保证换同样价格或一定比例的我之必需品，否则不发出口证（无证者不准出口）。因此贸易局及税局缉私工作必须加强，并加强对根据地商人的联系和组织工作。只有这样，才能阻止法币大量流入。但在我不巩固地区内，统制限制是不可能的，一般应劝告商人运货换货，并减少资敌原料之输出。

丁、宣布以北海银行票为我山东各地之本位币。自七月一日起，所有军政民间之来往账目、借约契据，一律以北币计算。北币与法币则应以北海银行规定比价折合使用。如能真正做到以货易货时，则我还可能将北票的价值提到伪币的高度，以完全停止法币的流通。并以我钞吸收一部分伪币，储存一部分金银以作基金，以便将来更困难时购买我之军用品。

戊、在经济上应以发展农村经济建设为主。各地贷款应遵照分局财委会四月的指示，以百分之五十用于农业发展，逐渐达到自给自足。利用代用品发展土货土业，减用外货，以致不用外货，以减少入口。在政治上宣传法币跌价之必然性与必要性。

己、健全各级银行组织，有计划的〔地〕发行、管理北钞，提高信用，扩大我钞流通范围，逐渐达到取消法币。凡党政军民所办公营合作事业，应保证我钞之信用，反对暗中折价的行为；并用所得之法币速向敌占区购回我之必需品，不得存留或用于我境内。

选自《山东革命历史档案资料选编》，第8辑，济南，山东人民出版社，1983年版，第309～310页。

22. 山东省战时工作推行委员会关于统一村镇财政及人民负担的决定

1942年5月30日

一、村镇财政是整个财政工作的基础，因为过去对这一工作的重视不够，以致收支紊乱，加重人民负担，形成普遍贪污浪费现象。为减轻人民负担，改善人民生活，巩固抗日根据地，特决定整理村镇财政及人民负担，使之平衡一致，达成统一要求。

二、村镇财政混乱的主要原因，是没有专人负责管理，成为自流现象。因此，每个行政村和县直辖镇应设立财政委员会，以民主方式由村镇全体民众中选举二人至五人为委员。财政委员的条件，应该是大公无私、忠实可靠、勇于负责，而为民众平素所信仰者。其委员的主要任务是：

1. 负责讨论执行本村镇的财政工作，并以集体力量监督检查本村镇财政粮食之开支。

2. 经常向全村镇民众解析政府一切财政上的设施，用说服教育的方式督促村民踊跃输将，并办理征收、保管、征解等事项。

3. 定期结算经手账目，向村民公布收支情形，并负责编造概算及报销事项。

三、村镇财政委员会成立后，即将本村镇过去粮款收支作一彻底整理（整理办法另订之），重新建立账簿和制度，刷新以往乡村积弊。其未收起之粮款，应按民众负担情形决定征收或豁免。

四、为防止村镇财政之浪费，应执行严格概算制度。村公所之经常费在规定限度内，按需用数量每半年由区政府造具概算一次，按级呈报主署（或直辖专署）批准后，在田赋附加中统一征收保管，照批准数按月发给。镇公所之经费，亦按月造具预算呈县，按月发给。村镇公所每至月终应造决算一次报县。其村镇公所之规定如下：

1. 行政村每月由十五元至二十元（副村在内）。

2. 县直属镇每月由二十元至三十元。

五、行政村之村长如确系贫苦，且以大部分时间做村政工作者，每人每月得津贴食粮六十斤。镇公所之脱离生产人数，按工作之繁简及工作人员之经济状况酌设三人至五人，其津贴之粮食应以工作最多、家庭最贫者为限，反对平均主义和雇庸〔佣〕观念。各村镇应按规定造具粮食预算，在每季救国公粮中一起征收，由县府一次发给半年之食粮，由村镇政权自行保管之。此外任何人不得在村镇公所报销菜饭。

六、各村镇之教育、建设等一切公益事业用费必须开支时（迷信费用在外），须由村民大会讨论通过，经区公所派人参加，由财政委员会呈请区公所转呈县政府批准备案后始得筹集，否则一概不准向人民私行摊派（群众团体收会费在外）。

七、自此次决定施行后，各机关部队群众团体应严格遵守规定，不得随意向民间索取款项，粮食、鞋袜用品等亦不得随意支差。关于慰劳捐助等事项，在群众自愿的原则下，由群众自动办理，各级政权机关不得代办。如机关团体部队要政府代办用品时（如鞋袜等），必须经主署（或直辖专署）批准后统一办理，并按实价支款，不得使用官价，致增加民众负担。

八、人民一切财物之负担，除主署（或直辖专署）有权给人民负担外，其他任何下级政权机关团体无有给人民摊派负担之权。主署每次决定人民财物负担时，亦须事先将应摊之数布告民众周知，下级政权不得随意增加之。

九、各机关部队团体之往来人员，村镇政权概不得额外招待，彻底执行粮票菜金制度。此外，关于人力物力的使用，一定按规定办理，不得出资雇用或购买，以致增加民众负担。

十、村镇长或财政委员会更动时，应实行交代制度，将一切经手之财物及有关财物事项交与接充人。其交代上不清者，应按情节轻重给以处分，必要时县区政府得派人监交之。

十一、因为村镇级干部的经验少、能力差，财政科应经常派人下乡巡视，并定期检查区财政助理员，更以大部分时间到村中去实际帮助指导村财政工作。在不断的协助与教育下，以提高村镇级干部，使村镇级财政工作逐渐走入正规。

十二、要想使混乱已久的村镇财政走入正规，不但要动员机关部队团体自上而下的〔地〕注意改善民主，减轻人力物力财力的负担，同时要发动群众自下而上的〔地〕实行检举制度，每个人民对本村财政之征集与开支有监督检查权。只有使全体村镇民众感觉到督检财物的收支与自己有切身利害关系时，则健全村镇财政，使之统一一致，便容易做到。

十三、各级政府接到此决定后，即讨论布置，布告民众，并将实行期间遇到的困难问题及实施情形随时向上级报告，以备考查。

选自《山东革命历史档案资料选编》，第 8 辑，济南，山东人民出版社，1983 年版，第 311～313 页。

23. 山东省经管收支款项统一处理办法

1942 年 5 月 30 日山东省战工会公布

第一章　总　纲

第一条　为了统一财政收支，巩固财政基础，保证抗战经费之供应，特制定本办法。

第二条　各机关经管收支各款之解缴、领发及报告，均依本办法办理之。

第三条　各机关直接收入款及所属机关收入款，均交就近金库核收代解取据，按期制表报各主管机关汇总报告。

第四条　各机关及所属机关之经费，统由本会（或主署）统筹核发。

第二章　解缴款

第五条　县支金库收到缴款，应即填具五联收款书，除留存根一联外，其余以收据、报查两联交缴款机关存转，以副报告一联送交县财政科，正报告一联送呈上级分金库。

第六条　分金库收到缴款，应即填具五联收款书，除留存根一联外，其余以收据、报查两联交缴款机关存转，以副报告一联交专署财政科，以正报告一联送呈上级总分金库（直属专区送总金库）。

第七条　总分金库收到缴款，应即填具四联收款书，除留存根一联外，其余以收据、报查两联交缴款机关存转，以报告一联送交主任公署财政处。

第八条　各缴款机关作缴款报告时，应填具四联缴款书，除留存根一联外，余报告、报查、批回三联连同收款书之报查一联及所属机关收款书之报查一联一并汇总表报交财政处（或主署区财政处）核办，其所属机关不须适用缴款书。

第九条　财政处收到缴款报告、报查、批回三联，除报告一联留存外，以批回一联发交缴款报告机关，以报查一联转送该管审计机关。

第三章　请领款

第十条　各机关团体根据法令规定，每季按时编造预算书三份，送呈审计机关审核。

第十一条　审计机关核准预算后，除一份留存外，一份发还原预算机关，一份送交同级财政处，并将核准金额按机关别通知付款金库。

第十二条　各机关收到核准预算书，应即填具四联领款书，除第一联留存外，以第四联送呈财政处（或主署区财政处），以第二、第三两联送交付款金库存转。

第十三条　财政处收到各机关之领款书第四联核对与该机关核准预算无误，即应签发三联支付书，除留存根一联外，以通知一联交领款机关，以命令一联交付款金库。

第十四条　领款机关收到支付书通知一联，即联同领款书之第二、第三两联送交付款金库领款。

第十五条　金库收到支付书通知一联及领款书第二、第三两联后，与支付书命令一联及该机关核准预算额（以不超过预算为限）相互核对无误时即可付款。

第十六条　金库付款后，即将书据加盖付讫年月日章，除支付书通知一联留存外，以支付书命令一联按期制表报告上级金库，以领款书第三联送呈财政处（原签发支付书机关），以第二联送呈该管审计机关。

第十七条　各机关之经费得就事实上之便利，由他机关应缴款内拨付，或本机关应缴款内座支，领款机关对于拨付或座支经费仍照领款手续办理，财政处将支付书命令一联交拨付机关或座支机关。但如有未经核准之款项付出，原命令机关须绝对负责。

第十八条　领款机关对拨付经费与领款手续同，惟领款书等送交拨付机关，拨付机关以领款书之第二、第三两联及支付书之命令、通知两联抵充现款抵解，收到收款书之收据、报查三联后，照第八条办理。

第十九条　领款机关对座支经费，参照第十八、第八两条办理之。

第四章　省款与地方款

第二十条　田赋、盐税（包括盐田及交易所收入）、烟酒税、营业税、矿产税、货物税、司法罚款退还款、公营收益、杂项收入等均为省有收入，归山东省战工会财政处分配，其他机关概不得擅自动用。

第二十一条　主任公署级以上之行政费、教育费、建设费、财务费、内务费、群众团体补助费等，均由省款内支付之。

第二十二条　田赋附加、公产收入、契税、牲畜屠宰税等均为地方收入。专署级以下、区级以上之行政费、财务费、建设费、教育费、内务费、特别费、群众团体补助费等，均得在此收入内支付之。

第二十三条　地方款之收入均须交金库核收保管，未持有主署区财政处之支付命令，金库不得付款（经战工会财政处特别允许者不在此例）。

第二十四条　地方款之收支程序准采用本办法。有关各条之规定，由各主署区另订详细办法，呈报战工会备案施行之。

第五章　附　则

第二十五条　本办法如有未尽事宜，得由山东省战工会修改之。

第二十六条　本办法自公布之日施行之。

选自《山东革命历史档案资料选编》，第 8 辑，济南，山东人民出版社，1983 年版，第 313～317 页。

24. 山东省战时工作推行委员会关于罚款募捐及没收代管的决定

1942 年 5 月 30 日

一、为严禁乱罚现象，决定县以上之政权机关始有行政上及司法上之罚款权。但必须依法律规定办理，并须经县以上之行政委员会讨论通过后始得执行。其不依法律手续及行政委员会通过者，任何罚款，均为违法行为。

二、各级政权机关在行政上及司法上之罚款，应随时解缴金库，不得截留自用，并须将罚款案由、数目每半年汇集向上级报告一次，以备查考。

三、为爱护根据地与争取敌占区民众，各级政权机关、群众团体、部队不论用任何方式，一律不准向敌我区域内商民捐款或募集财物。

四、为慎重处理逃亡地主之土地财产，各级政权机关没收大汉奸之土地财产时，须将具体情形事先呈由各战略区之最高政权批准后始得办理，并报告本会备查。

五、凡代管汉奸或逃亡地主之土地财产，必须经县以上之行政委员会通过，区村政权不得决定代管。

六、各级政权机关接到本决定后，即通令所属并布告民众严格执行，其有不遵守决定或执行不力者，应给以行政上之处分。

主任委员　黎　玉
常务委员　李竹如　艾楚南
杨希文　张伯秋
刘居英　耿光波

选自《山东革命历史档案资料选编》，第8辑，济南，山东人民出版社，1983年版，第317页。

25. 山东省战时工作推行委员会关于税务问题的决议

1942年5月30日

本会第三十一次常委扩大会议关于税务问题有如下之决议，希各级政府即通令所属税收机关切实执行。

一、本会前制定之货物税率表有的已不适用，特予重新修正公布施行，前颁发之税率表即行作废。

二、各种货物税率自此次修正后，各税收机关在执行期间认为有增减之必要时，须事先报由该区最高政权机关核准施行，并报告本会备查；同时各级政府应会同税务局将增减之税率向商民布告，否则不准随意增减之。

三、为彻底执行一道税制，今后根据地与根据地间之商人运销货物，由商联会及贸易局证明者，税收机关得发给运销证不收出境税。但事先须向贸易局声明，并由商联会作保证。如商人偷向敌占区运输货物经税局查实者，除向商联会或贸易局追交税款外，并酌情处罚之。

四、决定自本年七月一日起，所规定之奢侈品，一律禁止入境，由政府及税务机关按税率表规定种类布告商民，同时对商民宣传将现存奢侈品限期出售，将来政府实行禁卖。

主任委员　黎　玉
常务委员　李竹如　艾楚南
杨希文　张伯秋
刘居英　耿光波

附：山东省修正货物税率表（略）

选自《山东革命历史档案资料选编》，第8辑，济南，山东人民出版社，1983年版，第318～319页。

26. 山东省审计处暂行组织条例

1942年6月

第一章　总　则

第一条　为保证财政制度之执行，防止贪污浪费，在各行政区设立审计处，施行财政上之司法监督。

第二条　各级审计处受各该地区检查委员会之领导，并受行政委员会之指导，但仍保持其独立之系统。

第二章　组　织

第三条　省设审计处，主署区设审计分处，专署区设审计员。

第四条　省审计处设主任一人，审计员四人，统计员一人。主署区审计分处设主任一人，审计员三人，统计员一人。专署区设审计员一人，审计干事二人。

第五条　省审计处主任由省检查委员会推荐，省参议会通过。主署区审计分处主任、专署区审计员，由各该级检查委员会推荐，上级审计机关委任。

第三章　职　权

第六条　审计处职权如下：

1. 关于审核各机关团体地方部队开支决算事项。

2. 关于审核各级财政粮食机关征税征粮与一切开支事项。

3. 关于审核各机关团体部队公有财务事项。

4. 关于审核各级金库及公管事业收支事项。

5. 关于贪污舞弊及浪费之检举事项。

第四章　附　则

第七条　审计条例另定之。

第八条　本条例如有未尽事宜，由山东省战时工作推行委员会修正，经省参议会通过施行。

第九条　本条例经省参议会通过公布施行。

选自《山东革命历史档案资料选编》，第 8 辑，济南，山东人民出版社，1983 年版，第 354～355 页。原注：“据考证，此条例成文于 1942 年 6 月 5 日以前。”

27. 山东省审计暂行条例

1942 年 6 月 5 日山东省战工会常委会通过

第一条　本条例系根据审计处暂行组织条例第七条制定之。

第二条　审计之方法分下列三种：

1. 书面审计，包括各机关团体部队收支预算书、收支决算书、公营事业之营业报告、金库之收支报告及其应附表册等。

2. 实地审查，对上列书表认为有疑义者，或发现某机关团体部队有贪污浪费时，得派员随时进行实地检查。

3. 委托审查，为事实之便利及监督之周密计，审计处得将一部分审计任务委托某些机关团体部队代为审查。

第三条　各机关团体部队之概算每半年一期，预算每三月一期，其造送日期如下：

1. 各县之概算（包括行政费、群众团体补助费、地方武装费、经建费、教育费）应于上期第五个月之十日前预算，于上期第三个月之十日总合送专署审核。

2. 专署总概算及总预算（包括各县）应于上期末月十五日前呈主署审核。

3. 主署区审计分处每期之总概算及总预算，应于上期末月二十日前送省战工会备查（胶东、清河、鲁西拍电报告）。

4. 主署以上之直属机关团体部队另定之。

第四条　各级审计机关于接到收支概算书及预算书时，应为下列之审核：

1. 造送日期及手续是否与法令规定相符。

2. 概算数及预算数是否以法定收入与开支标准为范围。

3. 备考栏之说明是否正确。

4. 概算及预算书格式与规定之格式是否相合。

5. 概算及预算书有无加盖编制机关首长及其会计人员之印信。

6. 专署之总概算及总预算是否有审计员初审之意见。

第五条　省审计处及审计分处接到送审之概算及预算书审核完竣后，即提出意见送交同级行政委员会。

第六条　审计处与审计分处所审之概算及预算，要于收到之十日内审核完竣，送交同级行政委员会。

第七条　各机关团体部队收支决算书，每三个月一期，其送交时间如下：

1. 各县之总决算应于下期第一个月之十五日前，总合送交专署审核。

2. 专署总决算（包括各县）应于下期第一个月底前，呈主署总合后，送审计分处审核。

3. 审计分处审核之决算书，应于下期第二月底前，报告审计处备查，同时将原审决算及附件发还原送机关。

第八条　各级审计机关接到收支决算书时，应如下列之审核：

1. 核对预算，即将预算书与决算书逐款核对，审查其有无超越预算或预算之外之支出。

2. 审核数目，即审查系列各项收支数目是否正确无讹。

3. 审查单据，即审［查］各项单据是否真实，开列金额与决算所列金额是否相符，并有无与单据证明之规定不相符合之处。

4. 审查用处，即审查各项用途是否合法正当及有无浪费之处。

5. 审查格式，即审查书表格式是否与法定格式相合。

第九条　审计分处接到专署送审之总决算，应即根据专署审计员之意见进行审核，如认为无疑义时，即签署审核证明书，连同原决算书及附件发还送审机关。

第十条　审计处及审计分处审核之决算如认为有问题时，即通知其主管首长提出声辩书，或派人实地审查，如发现贪污舞弊情节时，得提请同级检察委员会检举。

第十一条　各级公营事业及各级金库之审核办法，由各地审计分处以具体情形自行规定，呈审计处备案。

第十二条　本条例如有未尽事宜，由省战工会随时修正，经省参议会通过。

第十三条　本条例经省参议会通过公布施行。

选自《山东革命历史档案资料选编》，第8辑，济南，山东人民出版社，1983年版，第355～358页。原注："据考证，此条例于1942年6月5日由山东省战工会第三十二次常委会讨论通过。"

互校版本：《中国革命根据地审计史料汇编》，北京，北京工业大学出版社，1990年版，第9～10页。

28. 山东省战时工作推行委员会关于各县经建费的决定

1942年6月21日

查各县经济建设费用过去没有明确规定，以致影响工作，兹经本会第三十五次常务会议提出讨论，决定办法如下：

（一）在敌后战争频繁的环境下，经济建设工作以大量开展群众性的生产事业为主要方向。各地现有之公营企业，应即缩小范围，改变方式，转变为公私合营或完全交由群众经营，以适合于战斗环境，并可发挥更大效能。

（二）各县经济建设工作，必须抓紧研究试验，注意创造工具，改良技术，以提高生产力。各种研究试验场所（如农场、林场、研究室等）之经常费用，决定自本年七月起以专署为单位，根据各县具体情形，每半年造送预算一次，经由专署行政会议通过，上级财经机关批准，就地拨款开支。该项经费数目，决定一般专署每半年应以三万元为标准，并应保证执行。

（三）各县经建机关对于某种企业，经试办成功，确能获得利润，如欲继续发展时，应按照银行低利贷款办法向银行贷款经营，不得动用经费，影响其他工作。

以上决定办法，合行令仰遵照办理，并将每期办理情形呈报本会，以备考查为要！

此令

选自《山东革命历史档案资料选编》，第8辑，济南，山东人民出版社，1983年版，第378页。

29. 山东省战时工作推行委员会关于规定处罚漏税及没收违禁品的权限的训令

1942年9月7日

查检查商人、处罚漏税原系税收机关之主要职责，没收禁品与拘押违法商贩应属政权机关之职权范围。本会前颁发之税收条例业经大体规定，但不够完备，而各地政府在执行时亦未严格限制，因而许多下级机关、群众团体或部队，对往来商贩有随意检查、处罚与随便没收、扣押等情事发生，致使秩序紊乱，有碍商人营业，甚至土匪宵小乘机肆扰，不但有碍政府法令之推行，抑且影响根据地商业之发展。本会为纠正以往不良现象，保护今后商业流通起见，特将各地权限详为规定如下：

一、税收人员查获漏税商人及禁止入境之奢侈品时，应送交征收所以上之税务机关照章处罚或没收，税收人员不得擅行处理。

二、各机关、团体、部队或人民查获漏税商人或禁止入境之奢侈品时，应随时送交征收所以上之税收机关处理，其查获重要违禁物品（如鸦片、毒品、现金银、粮食、军用品等）与法币入境，在五百元以上者应随时送交县以上之政权机关办理，查获机关或人民不得自行没收、扣押或处罚。

三、违法商贩一经处罚或没收后即发给正式收据，以资证明，并将应得提成提交查获人，以资鼓励。

四、各税收机关与政权机关，应将罚款与没收物品及处理情形随时报解各战略区最高政权或税局作为财政收入一部，下级机关不得自由处理。

五、查获违法商人应即迅速处理，不得故意留难或拖延时间，以致影响商业流通与加重商人损失。其有敲诈勒索或虐待情事，准许商人提出控告，并依法制裁之。

以上规定，各级政府与税收机关应即切实执行，并布告商民一体周知。如有阳奉阴违或徇私舞弊，一经查出或被人告发，定即从严惩治。定即遵照。

主任委员　黎　玉
常务委员　李竹如　张伯秋
艾楚南　刘居英
杨希文　耿光波

选自《山东革命历史档案资料选编》，第9辑，济南，山东人民出版社，1983年版，第20～21页。

30. 山东省战时工作推行委员会关于查禁伪造北海本币的指示

1942年12月11日

最近在鲁中、沂蒙、泰山等地区发现奸人伪造北海五元本币，计有红色的（第一次发行），套版蓝色的，及胶东版、蓝色、正面盖有“繁”字的三种。该伪造来源，就现有端倪观察，似自泰安、章邱、新甫等县临敌区偷运入境。此外是否尚有其他来源，尚待继续调查。除此三种五元的伪造北海本币外，是否尚有他种伪币出现或尚有他种伪造北海本币已经暗中流通未被发觉，亦堪注视。为了巩固抗日根据地的经济阵地，确保金融的流通，对此种伪造北海本币自应予以严密查禁。兹经本会财政处召集有关各方负责人员缜密研讨，一致认为有如下意见，特提出供各地区参考执行。

（一）首先我们应该从政治上认识此三种伪造北海本币，是敌寇有组织有计划破坏我根据地的整套阴谋表现之一种形式。它的目的是在以伪乱真，降低北海本币的信用，抬高根据地的物价，从金融问题上来破坏我根据地的经济壁垒，以配合其政治上军事上摧毁我根据地的阴谋。另方面，由于敌寇的物质缺乏……〔缺〕

（二）我们究竟怎样妥筹对策才能禁绝伪造北海本币的来源和巩固北海本币的信用呢？

第一，通过党政军民各种组织自上而下的深入动员，先使每个组织内的成员对于这个问题都有正确的认识，对于真钞伪币知道识别，这样才能从各方面向广大人民深入宣传。

第二，由政府布告人民，指出真钞与伪币区别之点，使群众自己知道识别。

第三，由县政府以区为单位召集村长联席会议，研讨识别方法及如何查禁问题。会后各村分别召开村民大会，深入动员和传达识别查禁办法。

第四，由贸易局、北海银行召开各地商人座谈会，说明敌寇阴谋和对北海本币爱护的必要，从商人自己的识别真伪，达到禁绝伪币的目的。

第五，利用各种报纸书刊及冬学等教育机关揭露敌寇扰乱我金融的阴谋，指出维护北海本币，查禁伪造假票，是全体抗日人民的严重政治任务。告诉群众识别伪币的方法与发现使用大批伪币的奸人对策，造成查禁伪币的群众路线。

第六，对于伪币来源，应由各地公安局负责严密侦察，必要时可以利用与我关系好的商人到接敌区去找线索，做到正本清源。

第七，查获大批使用伪造北海本币、确与敌寇勾结、计在破坏我根据地金融之奸人，应即处以极刑，以资镇压。但执有伪币之安善良民，因昧于识别方法致被愚弄者，应耐心解释说服，除将其执有之伪币作废外，不能苛责。

第八，北海银行总行、各地分行及办事处应会同各地政权机关设立识别所，替人民辨别真伪。其组织为：

（1）有集市的村镇，其村镇长兼任识别所负责人。

（2）区公所兼识别所责任。

（3）各地贸易税收机关兼任识别所。

（4）各级银行机构兼识别所（无银行办事处之县份，由县府财政科兼任识别所）。

在宣传时，亦可利用集市，用彩色布幅粘贴各种真钞伪币，号召群众自己鉴别。

（三）这一工作是巩固根据地的基本环节，必须党政军民全体动员，有机配合，才能达到预期的任务。因此，我们要求各地政府应负主要责任来组织查禁伪造北海本币的各种工作。北海银行，为自己业务所关，贸易、税务各局与金融有密切联系，均应主动与政府配合，进行这一工作。各地公安局为查缉违反根据地的利益的各种罪犯的主要机关，查禁伪币亦是其应尽的天职。这里我们并且要求各地党与群众团体，动员其组织内的成员，对这一工作予以确切的保证。

（四）今天已经发现的三种伪造之北海本币，一为红色的五元票，此票共只发行 20 万元，总数四万张，其码号截止 040000 号，系去年春天发行，以后即未续发，流通已久，皆已相当破旧，如有纸色崭新而码号超过 040000 号以上者即系伪币。其另一种蓝套板蓝色五元票，与假票区别之处前已电知各地。其最显著之点，即第一，真票正面两章，一为“经理之章”，一为“董事长章”；假票正面有两种，一种均是“经理之章”，一种与真票两章一样。但真票图章四周边线略细而不整齐，假票图章第一种两个“经理之章”均较真票图章为小，图章四周边线，第一、第二两种假票均较真票略粗，而且整齐。第二，真票正面楼景阶上是阴影，故较模糊，假票正面楼景阶上是阳影，故较清楚，二者颜色深浅迥不一致。至胶东版蓝色带有“繁”字的真票与假票之别，即第一，真票正面一联五个牌坊，周围的虚影多稍有粗点，假票多细点；真票牌坊顶上多小点，假票小点少。第二，真票背面楼景右边小点较假票多，楼下小点真票不均匀，假票很一般。各地区在识别真假时应即特别注意此数点。但望各地区继续调查研究，以期继续发现其他种类之伪币，达到根绝伪造假票，安定根据地金融。本会为防止伪造假票之继续暗中扩大流通额，现决由北海银行即日公告停止使用红色的及胶东版蓝色带“繁”字的两种五元票，以后再由银行公告定期全部收回，其兑换基金可暂由各地政府收入项下垫借，由银行拨款偿还。

（五）最后，要使根据地经济阵地益臻巩固，金融币制真正不为敌寇所扰乱，必须把维护本币信用、查禁伪造假票与平抑物价、统制货物出入口等工作密切联系起来。因此我们号召各级政府，切实研讨制发购物证与卖物证，以粉碎敌寇破坏与掠夺我根据地物质资源的阴谋，尖锐的〔地〕展开对敌经济斗争。

（六）这一指示所提查禁伪造北海本币的办法，只是原则的规定，具体灵活运用还是各地政权机关的责任。只要我们认清楚这一工作的政治意义，掌握住对敌斗争的锁钥，北海本币信用的继续提高，伪造假票的根绝，是可以办到的。

黎　玉
艾楚南
冯　平
十二月十一日

选自《山东革命历史档案资料选编》，第 9 辑，济南，山东人民出版社，1983 年版，第 141～144 页。

31. 山东省处理伪造及行使伪造北海本币案件暂行办法

1943 年 1 月 12 日公布

第一条　伪造北海本币意图行使者处死刑。

第二条　查获行使伪造北海本币之人犯，经证明确系勾结敌寇、扰乱金融或意图营利者，按下列各款治罪：

一、行使数量达五百元以上者处死刑。

二、行使数量不满五百元者处十年以下有期徒刑，并科以行使数量一倍至五倍之罚金。

第三条　查获行使伪造北海本币之人犯，经证明确系良民因不能识别致受欺骗而行使者，按下列各款处理：

一、行使数量在五十元以下者，将其行使假钞每张剪留四分之一，并将持票人姓名、住址登记后即予开释。

二、行使数量超过五十元者，须送交区级以上之政权机关处理。如持票人经证明确系良民，除剪留所持假钞每张四分之一并登记持票人姓名住址外，须取具确实保结，始能释放，但不得无故久押。持票人如系商贩，除按上项规定办理外，须经贸易局或商联会证明其确为忠实商人者始得释放。

第四条　查获行使伪造北海本币之奖励办法如下：

一、各机关之工作人员查获假钞著有成绩者，一般由其主管机关在会议上或报纸上予以褒扬。如能根究假钞来源因而破获重要人犯者，由政权机关函请北海银行予以物质上之慰劳。

二、群众团体、地方武装、民兵自卫团主动配合政权银行查获行使假钞数量在一百元以上者，得由政府函请银行酌予奖励之。但严禁乱查乱罚，以维市场秩序。

第五条　关于行使假钞案件，其情节较重应科罚金或徒刑者，须由县以上政权机关处理，并须有专署以上政权机关之批准。区级政权机关不得擅自处理，违者应受处分。

第六条　行使假钞案［件］情节重大应处死刑者，须经主署或战略区专署之批准始得执行。

第七条　各县政府每月应将查获假票人犯姓名、住址、罚金总额、判刑种类及办理情形，连同剪品及没收之假钞汇呈专署或主署转送银行存查，以资考绩。

第八条　本办法未尽事宜，得随时修改公布之。

第九条　本办法自山东省战时工作推行委员会公布之日施行。

选自《山东革命历史档案资料选编》，第9辑，济南，山东人民出版社，1983年版，第229～230页。

32. 山东省北海银行组织章程

1943年6月12日

第一章　总　则

第一条　为繁荣根据地经济，加强对敌金融货币斗争，特设立北海银行。

第二条　各地北海银行均依本章程组织之。

第二章　组　织

第三条　总行设总经理一人、副经理一人，下设秘书一人、科长三人。

一、发行科：分发行、鉴定、收支各股及印刷所。

二、会计科：分稽核、会计、金库三股。

三、营业科：分营业、汇兑二股。

四、庶务股。

各股设股长一人，并视事务之繁简，得设股员若干人。印刷所之组织另定之。

第四条　分行设经理一人，下设秘书一人、科长三人。

一、发行科。

二、会计科。

三、营业科。

各科视事务之繁简，分设科员若干人。

第五条　支行设主任一人、行员三人、办事员一人至二人，分掌会计、营业、出纳等事宜。

第六条　县办事处设主管员一人、办事员二人，分掌会计、营业、出纳等事宜。

第七条　各县得在重要集镇酌设代办所，其组织另定之。

第八条　各级银行除受上级银行之垂直领导外，并受同级政府之指导与监督。

第九条　各级银行得兼理所在地下级银行之业务。

第十条　总行对各分行及直属支行除在工作上作原则的领导督促外，其一切银行业务，得按各地区之需要自行统一办理之，但本币发行数目应事先报告总行批准。

第三章　营业会计及发行

第十一条　各级银行除照规定经营存款、放款、汇兑及一切银行业务外，并代理同级政府之金库事宜。

第十二条　本币之发行除经指定之分行外，其他分支行及以下之组织不得代理发行事宜，并依战略区为单位注以地名。

第十三条　各分行或直属支行每年决算一次（一月一日至十二月三十一日），以计算营业之盈亏，并将决算报告总行审核，如有盈余，按下列比例分配之。

一、公积金：百分之二十；

二、公益金：百分之十；

三、资本红利：百分之七十；

四、奖劳金：在结账时，提经总行批准后，可从资本红利内扣除。

第四章　附　则

第十四条　本章程如有未尽事宜，得随时修正之。

第十五条　本章程由山东省战时工作推行委员会公布施行。

选自《山东革命历史档案资料选编》，第 9 辑，济南，山东人民出版社，1983 年版，第 498～499 页。原注：“据考证，此件成文于 1943 年 6 月 12 日。”

33. 中共山东分局关于停用法币的指示

1943 年 7 月

滨海区专署已经发出布告，决定于七月二十一日起停用法币。这一决定，是根据党中央的货币政策，根据华北、华中各地斗争经验，根据滨海区的具体情况，经分局详细研究后的结果。这是民主政府的法令，同时也是我们党的政策，全体党员必须保证它的胜利实现。任何党员如果违反停用法币的法令，他不但要受政府国法的制裁，而且要受我党党纪的制裁。

保证停用法币法令的具体方法：第一是自政府宣布停用法币之日起，全体党员均不使用法币，不收受法币，看到人家使用法币便应依法没收，交给政府。为使全体公务人员、战士、干部都能做到这点，政府财政机关和部队供给机关不准再用法币发到下级去，并通令各级机关、部队，把过去公家和私人所保存的法币，限七月二十日以前送到银行按市价去兑换本币。过期不换，则照政府法令处理。同时防止向市场收买法币，送到银行里去兑换本币的投机行为，如有此种行为，应按贪污论罪。

第二是在停用法币以后，军政机关如须〔需〕向外购买物资，必须依照政府所定比率到银行去兑换法币或者伪币；如因出卖物资获得法币、伪币，亦应依照法定比率向银行换回本币。不准贪图小利私自卖买法币、伪币，更不准与黑市交易。所有公营商店及机关和部队的生产贸易工作人员，更应严格遵守政府法令，不得恃势横行。领导机关必须切实检查督促，防止此等不法行为，如果故意纵容，同样应受国法和党纪的制裁。银行亦应切实供应外汇，使军需器材购买不致发生困难。

以上两点，各级党的机关应即详细讨论，切实保证，应当认识自私自利破坏政府停用法币法令，是党性不强之具体表现。

选自《山东革命历史档案资料选编》，第9辑，济南，山东人民出版社，1983年版，第541～542页。原注：“原载1943年7月9日《大众日报》。”

34. 中共山东分局关于银行工作的决定

1943年9月23日

关于银行工作，最近决定如下：

甲、本币发行数，决定胶东、滨海各发行六千万元，鲁中四千万元，清河三千万元，鲁南一千万元（总行代印）。该发行数连前发行数在内，一般流通量暂以不超过根据地每人三十元为标准，如发行数需要增加时，应先说明理由，报告分局批准。以上数目限于明年上半年完成。各分支行应大量购置材料，作〔做〕完成任务之准备。

乙、暂决定胶东分行发〔拨〕工商局三千万元，滨海、清河两行各拨二千万元，鲁中拨一千五百万元，鲁南拨五百万元。该款包括过去各分支行投资于工商等款在内（已移交工商局者），但须拨给部分现款。

丙、各地区发行之本币，应以百分之五十投资到工商局，作统制物质、调剂外汇用，其余百分之五十作农贷及其他临时之用。各地接电后，即将过去各种贷款及投资彻底整理，按期收回，以加强资本之周转。其有损失或不能收回者，须由财委会审查后报销，并将办理经过、分配情形、报销数目在一个月内报告本会。

丁、过去财政机关借用银行之款，应在财政收入中逐渐归还。今后财政及供给机关，不能随便借用银行之款，各分支行不经过分局财委会或者总行之批准，亦不得擅行向外借支。至临时性少数急需，须经各区党委之批准。

戊、为加强银行工作之领导与开展对敌金融斗争，在省政委会领导下成立金融事业委员会，作金融事业之设计、策划机关。各地区亦可延聘专家，作工作上之指导。

选自《山东革命历史档案资料选编》，第10辑，济南，山东人民出版社，1983年版，第361～362页。

35. 山东省战时行政委员会关于半年财政工作的指示

1943年9月30日

根据山东整个工作开展情形及目前财粮金融工作发展状况，确定今后半年财政粮食及银行的主要工作如下：

一、组织与开发财源，开展正规收入。

1. 田赋征收方面：

(1) 改变田赋征收办法，改征款为征粮，并与公粮合并征收，以减少人民麻烦，节省收入，平衡收支。各地秋季田赋粮应随同公粮一起完成。

(2) 配合民政工作，继续办理土地陈报，揭发黑地，求得增加收入、负担公平。

2. 在税收方面：

(1) 建立边沿区缉私网，划分主要路线，严密组织，加强出入口货物的缉私工作，并开展群众性缉私运动，停止在市场收税的办法。

(2) 审查税收人员，调整干部，利用时间普遍轮训，半年内完成全部人员的二分之一。

(3) 根据对敌斗争及保护小商贩、照顾群众利益的原则，由各地区根据实际情形，重新审查与改订税率，一般税率要富有弹性，纠正绝对化观点。

(4) 整理地方税，以不扰民而又增加收入为原则。一切地方税应尽量做到自办自收，废除中间剥削。

3. 制定营业税则，委托工商管理局登记商人，开始征收营业税，使商人负担纳税义务。

4. 彻底整理公有款产、教育款产及没收土地，以扩大政府收入（详细另有指示）。

(1) 重新调查登记各地公有款产、教育款产及没收土地数目。

(2) 审查租户及租约的规定，重立契约。

(3) 限定机关、部队、团体租种公地必须履行交租规定。

5. 参照国民政府之契税条例，实行税契，但首先须从巩固地区及已经办理土地陈报的地区做起，同时要与保护地权的政策联系起来，从加强宣传、扩大政府影响中来开展税契工作，并将契税改为省款收入。

6. 开源工作的另一方面，是开展新地区的工作。如滨海、鲁中及鲁南、清河等某些新地区，应抓紧时机，及时整理。要求在半年内配备干部，将机构建立完善，开始征收田赋及税收。

二、改善征粮办法，调整粮食机构，完成征粮任务。

1. 各地征粮办法多不一致，而且在执行上有许多偏差，极应修正。改善的办法应以减轻民众负担，确定各阶层负担比例及免负担户，发展富农生产为主。因此应由省政委会制定统一的征粮办法，由各地区根据实际情形参照执行。

2. 完成今年秋季征粮工作，是目前粮食部门的主要任务。因此，应在不放松备战工作中，抓紧时机争取完成。同时要深入动员藏粮，破坏敌人抢粮阴谋，开展群众性的对敌粮食斗争。

3. 为密切工作配合，增强工作效率，各战略区军政之上层粮食部门要实行合并，组织统一的粮食局，并配备强的干部领导这一工作。

4. 严格支差管理，调剂人民负担。

(1) 不合支差规定者，不准使用民夫。

(2) 交通要道和边缘区及战争频繁的地区负担较重，应由各地区负责计划调剂。

(3) 在全省范围内说，山区和环境恶化地区收入萎缩，生活困难（如冀鲁边、泰山区、鲁南区等），应有统一的计划，由其他地区调剂。

(4) 深入了解敌游区人民的痛苦，适当减轻敌游区及新开展地区的群众负担。

三、严格财粮制度，进一步开展节约运动。

1. 巩固和坚持制度的中心环节，首先要检查制度本身是否适于环境需要，否则必然障碍重重，执行不通。但是有了制度，还不等于制度的实现，必须要有严格的经常的检查督促及必要的行政奖罚，才是贯彻制度的有力保证。因此，就必须：

(1) 重新审查各种制度，厘定适合于各地区新的开支标准，划清科学的供给系统。

(2) 配合民政部门，规定各级人员的等级，统一待遇，统一供给标准。

(3) 成立各级检查委员会，首先由各级负责人及本单位做起，深入检查下层。

(4) 执行制度有成绩者（不论个人或团体）给以奖励，执行不力者给以处罚，并严惩贪污分子。

2. 为保证财粮制度之彻底实现，必须训练大批的会计人员分配各单位，以统一掌握各种制度。在建国学校训练完成六十至一百的会计人员。在胶东分校训练完成四十至六十的会计人员。其他各地可临时开办短期会计人员训练班。

3. 重新号召与开展节约运动。

(1) 节约的目的：A、救济灾区（太行区、泰山区、鲁南区等）；B、预防来年的春荒；C、减轻群众负担。

(2) 节约的办法：A、公家节约，如减少经费开支，减少支差，节约粮食，爱惜物品，裁汰冗员等；B、社会节约，如减少宴会，废除馈赠，改善靡风等。

(3) 节约的方向：A、严格粮食制度，节约粮食开支；B、严格支差制度，节约民力。

(4) 总的要求：为二千四百万元而奋斗。

四、彻底整理村财政，减轻群众负担。

1. 首先要认识整理村财政是个长期的艰苦的工作，把它看成突击性或一蹴而就的工作是错误的。因此，应该作长期打算，从深入实际点滴做起，根据不同情况、不同地区，适当提出计划要求，整理一个，巩固一个。

2. 整理村财政是与开展民主和群众运动统一的、一致的。只有民主群众运动彻底开展、村选彻底完成的地区，村财政才能得到彻底整理，否则，群众没有民主的习惯或觉悟程度不高，村财政是整理不好的，即便整理了，也不巩固。因此，把整理村财政孤立起来，或把它当作财政人员的单独任务，也是错误的。

3. 整理村财政中又必须彻底纠正一般人员缺乏群众观念的现象。只有上级机关或人员首先提高群众观念，从开支联系到征收，从浪费联系到群众负担，彻底认识了群众是我们的母亲，少动员，多吃苦，才是工作的又一保证。

4. 此外，还要深入乡村了解村干的困难，正确解决村中一切必须用费，也是工作的重要环节。

五、加强银行工作的领导。

1. 发行方面：

(1) 调整印刷机构，利用时机有计划的〔地〕印发本币。要求在本半年内发行二万万元（连前发行数），胶东、滨海各六千万，清河三千万，鲁中四千万，鲁南一千万（由总行代印）。

(2) 提高技术，加强管理，并大量购买材料作〔做〕完成工作的准备。

2. 贷款方面：

(1) 确定工商贷款九千五百万（连同以前的），胶东、滨海各三千万，清河一千五百万，鲁中一千五百万，鲁南五百万。秋耕和春耕贷款×元。

(2) 彻底整理过去之各种贷款，按期收回，以加强资本之周转与流通。

(3) 提高一般人员重视银行业务的观点，不得随意干涉和借用银行之款，以前借用者要逐渐归还。

3. 关于货币斗争方面：

(1) 配合工商管理局，运用一定的经济力量，从掌握物资、发展生产、争取出超、调剂差额的实施上来提高本币比值，扩大本币流通范围，争取货币斗争的胜利。

(2) 彻底打击伪币和伪造北币，继续停用和贬低法币，多设边沿区兑换所和识别所，实行兑出兑入，消灭黑市，消灭假票。

(3) 确实做到限制地区流通，逐渐做到统一颜色、式样。已发行之山东票，要在本年年底普遍完成盖戳任务，以免被敌人利用，乘机捣乱。

4. 关于组织领导方面：

(1) 省行政委员会下成立金融事业委员会，加强总行及金融工作的设计及领导。各地区可延聘专家作指导。

(2) 调整银行干部，加强薄弱地区，充实下层工作，尤其与工商管理局要有密切配合。

(3) 自各地工商管理局成立之后，改变过去银行代理金库的制度，将各级金库划归政府，各地自行讨论执行。

主任委员　黎　玉
财政处长　艾楚南
副 处 长　冯　平

选自《山东革命历史档案资料选编》，第10辑，济南，山东人民出版社，1983年版，第402～407页。

36. 山东省战时行政委员会关于整理官产逆产及教育款产的指示

1943年11月25日

（一）官产、逆产及教育款产均为政府公有财产之一部，是扩大财政收入及开展教育工作的主要方向。过去因为对这问题认识不够，各地区多半都忽视整理，即便有的整理了成绩也不大，致令许多公有款产成为个人或团体之私产，于公家多无补益。本会为纠正这一工作中的偏向，特提出把整理官产、逆产及教育款产作为今后财政和教育工作中的重要任务，以期达到迅速办理彻底完成。

（二）所谓官产，系指各县在法律上传统上属于区以上公有之土地荒山及其他财物而言。所谓逆产，系指战后背叛国家民族利益已受国家法律裁判所没收之动产不动产而言。此项官产逆产，有的为人民所租借或管理，有的为机关团体部队所使用。整理的办法应以县为单位，利用各种关系，将全县官产逆产之种类、数目、地点及其沿变情形作详细确实的调查、登记，并重新审查租借人及契约的规定，如契约过低或租借人不适当者应重立契约，另予更换。在整理过程中发现问题时，要配合民政司法部门合理解决，以息民间纠纷，免为强梁分子所把持。为提倡生产，消灭公荒，凡公山公滩和荒地未经开发者，政府应奖励民众或有计划的〔地〕分配给机关团体部队设法开垦，以免荒废。

（三）关于教育款产之整理，除一般依照整理官产逆产的办法办理外，并应特别注意以下几问题：

（1）凡村有、族有、社有及庙产等，如得当事人同意愿捐作开展本村、本族、本社或本区之教育款产者，不得为公有教育款产，由当事人以民主方式共同组织委员会管理之。

（2）个人或团体捐助指定作某校或某项教育事业之用费者，不得移作他项之用，更不得视作公有。

（3）庙产、族产、社地等，未经主持人或当事人之同意者，不得强迫收作教育款产，尤不得干涉当地人民之习尚，如驱逐僧道、勒令充公或变卖等。

（4）在教育款产之整理保管与开支上我们确定：

A、整理工作是教育部门与财政部门的任务，县教育科（利用教育款产整理委员会的组织去进行工作）应把整理教育款产工作为开展工作的主要一环，切实负责，认真整理，不得稍存忽视观点。

B、教育款产的收入，应通过教育科交由财政科负责保管，这是财政科的主要职责，不得推诿不管，反对将全部收入交由教育科自由使用的不负责任现象。

C、在开支上，县教育科应按本县教育工作开展情形及收入状况分期造具预算，呈由县行政委员会详为审核，并呈报上级照实批发。不足者由田赋附加中筹拨，剩余者移作他项之用，以保证战时财政收支之统一。

（四）为提倡生产，增加收入，凡官产、逆产及教育款产经公共机关团体部队租种或贷用者，应与私人租借同，照一般规定交租交息，不得视作团体之私产，但不交纳政府粮款负担（照生产数由公粮中扣除）。公共机关团体部队开垦公荒者，三年以内其生产归各单位之使用，三年以后与租种公地同。私人开垦者三年内免租免负担，三年以后照纳；抗属和荣誉军人承租承借者，与私人租借同。逆产一经没收后，一律充作公产，不得视为各单位之私产。无论公私租借，一律执行政府之减租减息条例。

（五）本指示中所规定之各项系照一般情形提出，各地区在执行当中，应根据实际情形变通办法，要求今冬明春在基本区能作〔做〕到普遍整理，并逐渐向边沿区游击区开展。各地在整理过程中，所完成之数字及发现的问题要随时向上级报告，以作为了解和检查工作之根据，并限明年四月总结全区报告本会为要。

主任委员　黎　玉
财政处长　艾楚南
副 处 长　冯　平
教育处长　田佩之

选自《山东革命历史档案资料选编》，第11辑，济南，山东人民出版社，1983年版，第181～183页。

37. 山东省统一财粮收支暂行办法

1945年3月5日

第一章　总　则

第一条　为统一收支，保证财粮供给，防止自收自用，照顾人民负担，特根据山东省战时施政纲领制定本办法。

第二条　本省各级政府及其所属机关之财粮收支均照本办法之规定办理。

第三条　本办法所称年度为一月至十二月，上半年度为一月至六月，下半年度为七月至十二月，所称季为三个月。

第二章　收　入

第四条　款项收入分下列各项目：

一、田赋。

二、税收（货物税）。

三、契税（契纸费在内）。

四、公产收入（公有款产及学田、庙田、逆产等收入均属之）。

五、营业税。

六、公营事业收入（各级政府公营和公私合营事业之盈余均属之）。

七、行政司法收入（凡行政、司法、公安等部门之罚款、没收财物及拍卖款等均属之）。

八、矿产收入。

九、杂项收入（非上列规定而应由政府之收入者均属之）。

十、缴获（从敌方所缴获之货物款项等）。

第五条　粮秣收入分下列各项目：

一、麦季公粮。

二、秋季公粮。

三、公柴公草。

四、公粮公柴公草折价（在一定地区按一定价格折款征收者）。

五、没收粮草（依法没收者）。

六、缴获粮草（缴获敌方者）。

七、生产节约之粮草。

第六条　各种财粮收入必须依照各有关收入之法令制度办理，未经准许者不得随意增减，更不得巧立名［目］征收。

第七条　财粮一经收起后，即按一定之手续依次解缴（解缴手续另定）。各行政公署或行政专署县以下不经批准，不得擅自截留动用。

第三章　支　出

第八条　本省之财粮开支分下列二种：

一、军费（主力及地方部队均包括在内）。

二、政费（各级政府及其所属群众团体补助费均包括在内）。

第九条　各级政府之支付规定如下：

一、区公所之财粮支付由直属县政府按年度、半年度造具概决算，按月造具预计算，由政府代领代支（区、村公所不造概决算，也不造预计算）。

二、县以上政府所属各机关之财粮供给，由各该政府统一支付（有垂直系统者由该管上级支付）。其年度、半年度之概决算及每月之预计算，由各机关向各该政府造报，并由各该政府作初审。

三、县以上政府财粮之开支（包括所有机关），应按年度、半年度、季依次向行政公署（或行政专署）造报概决算及预计算，由上级分别核定之。

四、各行政公署、行政专署将各该地区财粮之开支按年度、半年度造报概决算各一次，呈由省行政委员会核定之。

五、各级政府核定其所属机关之财粮开支概算或计算时，不得超过上级核定之总数。

六、为适应环境，简便手续，县以上政府应将所属之财粮照批准数按期由收入中实行坐支，但必须由上级政府支付命令书。

七、各种开支标准另定之。

第十条　本省抗日部队之财粮供给，由各行政区之行政公署或行政专署按期供给，并保证不得少于全部收入百分之七十。其支付手续另定之。

第四章　收支原则

第十一条　各行政区之财粮收入除供给各该区之开支外，所有粮款每年应分上下两期解缴省行政委员会，如因特殊情形需保留一定数量之财粮时，应呈由省行政委员会批准，各级政府不得擅行截留。

第十二条　各行政区每年之财粮收入比原核定数减少时，其原核之财粮支出概算数亦必须按原来比例缩减。其因特殊情形收入减少而支出无法缩减者，应呈由省行政委员会核定。

第十三条　各行政区每年财粮收入比预计数增加时，其原核定之财粮支出概算数不准擅自增加。其因特殊情形必须增加者，须造具追加概算或预算呈由省行政委员会核准。

第五章　附　则

第十四条　本办法由山东省战时行政委员会公布施行。

第十五条　本办法公布后，以前公布之统一财粮收支办法或决定即行废止。

选自《山东革命历史档案资料选编》，第14辑，济南，山东人民出版社，1984年版，第214～217页。

38. 修正山东省营业税暂行条例

1945年3月5日

第一条　为调剂各界人民负担，保证抗战经费，特根据山东省战时施政纲领制定本条例。

第二条　营业税为省款收入，凡在本省民主根据地内营业者均须完纳营业税。前项所称营业，谓以营利为目的之一切事业，但农业不在此限。

第三条　凡应纳营业税之营业者，每半年须向各地工商管理局登记一次。登记证由各地工商管理局统一制定之。

第四条　营业税按等级累进征收。等级之划分视营业者之资本额、营业额、营利额、营业种类、营业状况而定。累进率最低为资本额千分之五，最高不得超过资本额千分之四十。工业税率应低于商业税率，其等级之大小、累进之多少，由各地依照当地商业情形自行制定之。

第五条　公营企业及已登记合格之合作社免征营业税，但公私合办之营业不在此限。

第六条　政府应特别奖励之生产事业得酌量减免营业税。

第七条　营业税每半年征收一次，由一月至六月为一期，七月至十二月为一期。但短期或临时营业者按季（三个月）征收，税率减半。

第八条　营业税不得征收附加税。

第九条　营业税应由纳税者向当地工商管理局直接交纳，不得由他人承揽包办。

第十条　营业者请领营业税登记证划分等级时，如有伪报资本情事，由评议委员会评定之。评议委员会由工商管理局、商会及区村群众团体共同组织之。

第十一条　凡逾限不请领营业税登记证或不交纳营业税，及再请领登记证时报告不实而又不受评议委员会之评定者，按其情节轻重酌予处罚或停止其营业。

第十二条　营业者一经请领营业税登记证后，办理营业税之人员对营业者之资本凭证应负责保守秘密。

第十三条　营业税每期征收完毕后，由主管机关汇交行政委员会查核。

第十四条　本条例之实行细则由各行政区按具体情形自行制定之。

第十五条　本条例由山东省战时行政委员会公布施行。

选自《山东革命历史档案资料选编》，第14辑，济南，山东人民出版社，1984年版，第217～218页。

39. 山东省战时行政委员会关于统一本币流通的通令

1945年8月1日

随着年来我对敌军事经济斗争的巨大胜利，现在我山东各根据地基本上已打破过去分割状态，货币斗争亦已普遍胜利。今后为全面的〔地〕调剂物资、稳定金融、统一步调，更有力的〔地〕开展对敌经济斗争，特决定全省各地区发行之本币不分地区统一流通，同时过去各地北海银行及工商管理局所发行之本票与流通券等，应立即停止在市面流通，并限期由各发行机关负责兑回。

全省本币统一流通，政府暂不公开宣布。希各地党政军民接此通令后，立即传达所属各部遵照执行，并自行商量具体实施办法为要。

此令

主任委员　黎　玉

选自《山东革命历史档案资料选编》，第15辑，济南，山东人民出版社，1984年版，第181页。

40. 山东省政府关于占领城市后与法币斗争的指示

1945年8月18日

关于城市经济货币问题，除工字一二号命令已做〔作〕具体决定以外，特作专门指示于下：

一、目前三种货币均发生了基本变化：伪钞已成废纸；法币由于美国支持及战争胜利，自日本宣布无条件投降以后迅速提高，据报大后方物价已跌落三分之一，但这应该了解是短期的“强心剂”，战争过后的法币物价回涨很可能到来；本币由于过去发行数目不高，今天敌我封锁均已撤销，税收减少，城市与农村物资交流畅行无阻，加以我们直接占领了城市，本币迅速提高的程度必会加倍的〔地〕超过法币，这也是我们与法币斗争经济上的优越条件，只要我们斗争掌握得好，到军事行动过去，大局渐趋稳定时，使本币成为绝对优势的全省本位币是完全可能的。

二、因此在这一斗争的要求上，本币占领市场与抵制法币侵入都是同等重要的。在宣传方面，重点对本币应说明它的发行政策完全是生产投资与物资调剂，保护人民利益，以几年来事实与币值作说明；对法币说明国民党反动派的财经政策、通货膨胀与敌我大后方人民生活情况，敌后抗战是解放区人民自己坚持苦斗，蒋介石没有给任何援助，在联合政府没有成立以前，解放区的人民对法币是不负任何责任的；对伪钞暂时只说明敌人既垮，当然成为废纸，另外暂时不要作任何表示，因为这是全华北统一的问题。

三、具体执行上，对扩大发行与稳定币值都应切实掌握情况，采取有效办法。首先占领大城市以后，迅速集中印刷机器大量印刷，由银行负责。发行方式可酌量采用：（一）大量吸收物资；（二）机关部队开支；（三）工人贫民的救济贷款；（四）钱庄商号以物资抵押进行短期贷款。

稳定币值：（一）首先由工商局组织商店以粮食、食盐、生油运往城市调剂，只卖本币、现洋、铜元，那〔哪〕怕就是用物资来交换，也不接收法币、伪钞。（二）在可能情况下，救济贫民之粮食可改为发款，使其以本币来买粮食。（三）确定铜元银元与本币自由相互交换，定价或不定价均可，如果定价时，要与钱庄商会共同商讨。（四）一定时期可召集商会钱庄公布一切交易计算，来往票据、政府收入均须以本币为单位。（五）赤金暂不要定价，一定时期银行可以挂牌。（六）其他地区抗币流入时，应准自由流通，但币值上可能产生比额，暂时可任其自由黑市兑换，我们不加干涉。

估计在第一阶段大交易还不会起来，只是一般市场流通，本币需要量不会很大。如果在本币不够流通，商人对本币怀疑，法币侵入情况下，可采取由商会自发临时流通券办法：（一）数目由我们批准；（二）须要有百分之百的物资或有价证券抵押保证；（三）只能印五元以下的小票；（四）负责等价兑换本币。这一办法只能行于大城市与商业中心地区。

这一斗争在执行上对大城市应具体掌握情况，行政作用与经济作用适当运用，采取稳健有效步骤。但在一般中小城市，估计由四乡本币挤进去，加以我们发行，可以解决流通需要问题，因此在这些地区，对法币应采取坚决禁止的态度。如果一般中小城市、市镇斗争取得胜利，对大城市就会发生很大的支援作用。

另外，如果大城市商人提出解放区货币不统一及对其他地区的贸易问题，可答复军事时期过去，一定会得到很好解决。

望各地执行这一指示时，迅速随时将情况报告省工商处，切要！

主席　黎　玉

选自《山东革命历史档案资料选编》，第15辑，济南，山东人民出版社，1984年版，第254～256页。

41. 山东省政府布告
——决定北海银行本币在全省统一流通

1945年8月29日

随着日本无条件投降，山东我解放军向大城市、交通要道进军的胜利，现在我全省各根据地基本上已联〔连〕成一片。为全面的〔地〕调剂物资、流通金融，特决定全省各地区（滨海、鲁中、鲁南、胶东、渤海）过去所发行之北海银行本币，今后不分地区统一流通。过去各地区北海银行所发行之本票流通券等仍限本地区流通，并由发行机关负责收回。

以上仰我全体军民遵照执行为要！

主席　黎　玉

选自《山东革命历史档案资料选编》，第15辑，济南，山东人民出版社，1984年版，第300页。

42. 山东北海银行各级行处组织暂行规定[①]

1945年年底

第一章　总　则

第一条　为适应目前山东情况趋于统一与正规便于掌握起见，暂订定本规定，以供发展之准绳。

第二条　各级行处定名为：（一）总行——山东北海银行总行；（二）分行——各行署区为山东北海银行××分行；（三）支行——以支行所在地之名称命名；（四）办事处——以办事处所在地之名称命名。

第三条　各级行处组织系统表如下。（略）

第二章　总行编制及分工

第四条　总行设正、副行长二人至三人，负责领导全行行政计划工作实施检查，掌握政策等事宜。

第五条　秘书室设秘书主任一人，负责辅助正副行长处理有关行政及领导全行处理日常工作等事宜，下设秘书及文书一人至三人，收发、油印、保管一人至二人。

（一）秘书及文书——负责文电之拟撰、缮写、编纂及一般文书等事宜。

（二）收发人员——负责一般文件之收发、油印及保管等事宜。

第六条　总务科设科长一人，下设庶务、管理两股，各设股长一人，科员练习生三人至五人，分掌各项工作，及警杂人员［十七］至二十四人。

（一）庶务股人员负购置、供给、保管之责。

（二）管理股人员负总行总务会计、卫生及警杂人员管理教育。

（三）警卫班兼通讯班七人至十人，内设正副班长各一人。

（四）勤务员四人至六人。

（五）炊事员四人至五人。

（六）饲养员二人至三人。

第七条　会计科设科长一人，下设会计、稽核两股，各设股长一人，科员两人至四人，办事员及练习生二人至四人。

---

① 原注：据考证，此件约成文于1945年年底。

（一）会计股负责各级行处会计制度统一领导，会计设计、会计检查、供给制度之设置，及总行会计工作等事宜。

（二）稽核股负责各级行处会计复核及资产负债之统计等事宜。

第八条　营业科设科长一人，下设营业、汇兑两个股，各设股长一人，科员两人至四人，办事员及练习生二人至四人。

（一）营业股负责掌握政策，指导各级行处，处理日常存放款项、投资及一般有关银行业务等事宜。

（二）汇兑股负责掌握政策，指导各级行处，处理内外汇兑、代收代付外埠款项及有关银行业务事宜。

第九条　出纳科设科长一人，下设出纳、保管两股，各设股长一人，科员三人至六人，办事员及练习生三人至六人。

（一）出纳股负责全行各种款项之收支、库存保管等事宜。

（二）保管股负责生金银及一般实物之保存。

第十条　发行科设科长一人，下设工厂及发行股。工厂设正、副厂长各一人，正厂长由科长兼（工厂组织及编制另订）；发行股设股长一人，科员、办事员及练习生三人至六人。

（一）工厂负印刷钞票之责，详情另定。

（二）发行股负办理破币兑换，并得组织销毁委员会，销毁破币及发行事宜。

第三章　分行编制及分工

第十一条　分行设正、副行长各一人，承总行之命，负责领导分行行政、计划工作实施、对下级行处之检查等事宜。另设秘书一人，承正副行长之命，处理日常工作、一般文件之拟换［撰］及保管等事宜。

第十二条　总务课设课长一人，课员一人至二人，办事员及练习生一人至三人，及警杂人员十人至七人。

（一）总务课负责购置、供给、卫生、保管、分行总务科〔课〕警杂人员之管理教育及收发油印等事宜。

（二）警卫班兼通讯班五人至七人，内设班长一人。

（三）勤务员二人至四人。

（四）炊事员三人至五人。

第十三条　会计科〔课〕设正、副科〔课〕长各一人，课员一人至三人，办事员、练习生二人至四人，平时根据统一之会计制度，承总行会计科之指导，负责实施对下级行处会计之检查与领导，及分行会计工作之处理等事宜。

第十四条　营业课设立正、副课长各一人，下设营业、汇兑二股，各股［设］股长一人，课员二人至四人，办事员及练习生二人至四人。

（一）营业股承总行营业科之指导，负责领导下级行处处理日常业务，及分行存放款项投资汇兑等事宜。

（二）汇兑股承总行营业科之指导，负责领导下级行处处理日常汇兑及分行汇兑等事宜。

第十五条　出纳课设正、副课长各一人，课员二人至六人，办事员及练习生三人至六人，平时负责全行各种款项之收支、库存与生金银之保管及破币之兑换，并得组织销毁委员会，办理销毁破币工作。

第十六条　仓库设主任一人，办事员及练习生一人至四人，平时负责保管抵押放款之收买实物及收付登记等事宜。

第四章　支行编制及分工

第十七条　支行设正、副行长各一人，承直属分行之命，负责领导支行行政计划工作，实施对所属各办事处之检查等事宜。

第十八条　会计股设股长一人，办事员及练习生二人至四人，平时承直属分行会计课之领导，负责实施对下级所属各办事处会计之检查与领导及支行会计工作之处理等事宜。

第十九条　营业股设股长一人，办事员及练习生四人至六人，平时承直属分行营业课之领导，负责领导下级所属各办事处之日常营业及支行一般业务之处理等事宜。

第二十条　出纳股设股长一人，办事员及练习生五人至八人，平时负责全行各种款项之收支、库存与生金银之保管、破币之兑换等事宜。

第二十一条　仓库设主任一人，办事员及练习生一人至三人，平时负责保管抵押放款及收买之实物及收付登记等事宜。

第二十二条　另设文书一人至二人，庶务员一人至二人，及警杂人员八人至十三人。

（一）文书承正、副行长之命处理日常行文、收发、保管及一般文书事宜，并负责领导庶务工作。

（二）庶务员负责支行一切总务工作，并受文书之指导，管理与教育警杂人员。

（三）警卫班兼通讯班四人至六人，内设班长一人。

（四）勤务员二人至三人。

（五）炊事员二人至四人。

第五章　办事处编制及分工

第二十三条　办事处设正、副主任各一人，承直属支行或直属分行或直属总行之命，负责领导办事处行政工作、计划工作及一般业务等事宜。

第二十四条　会计设主管员一人，办事员一人至二人，平时承直属上级行会计之领导，负责处理日常及办事处之总务会计。

第二十五条　营业设主任一人，办事员二人至四人，平时承直属上级行营业之领导，负责办理各种存放款投资及汇兑等有关业务。

第二十六条　出纳设主管员一人，办事员二人至三人，平时负责办事处各种款项之收支、库存、生金银之保管及破币之兑换，直属总行之办事处，呈准总行得组织销毁委员会，处理销毁破币之工作。

第二十七条　仓库设主管一人，办事员一人，平时负责保管抵押放款与收买之实物，及收付登记等事宜。

第二十八条　另设庶务员一人，练习生六人至八人，警卫员兼通讯员二人至五人，勤务员一人至二人，炊事员一人。

第六章　附　则

第二十九条　各分支行及办事处，得酌量情形在各处设破币兑换所，委托妥实商店代为办理，原则上不派人协助。

第三十条　渤海、胶东两地得根据当地情形酌增设金库，设主任一人，办事员及练习生一人至二人。各级行处如因业务需要，得呈请总行酌增人数。

第三十一条　各级行处人员之任用，待山东省政府颁布北海银行各级行处组织条例后，再行规定。

第三十二条　在山东省政府未颁布北海银行各级行处组织条例前，本规定暂行通用。

第三十三条　本规定如有未尽善处，得提交总行行务会议修改之。

第三十四条　本规定自公布后实行。

选自《山东革命历史档案资料选编》，第16辑，济南，山东人民出版社，1984年版，第54～59页。

43. 山东北海银行关于制发存款放款投资汇兑等业务暂行规程的通知

1946年1月1日

根据总行总字第一号关于目前银行工作指示的业务方针方一面："……根据银行现有的力量及发展的过程……目前应特别强调农业、合作社、手工业贷款及经过破坏之中小城市恢复现有工商业为主……"根据这个指示的精神，特制定本行存款、放款、投资、汇兑四［六］种业务的暂行规程（农业贷款另有章程）。此规程一般适合于城市，农村可参酌执行，希按当地情况讨论执行为要！

附本行营业六项暂行章程于后。

附件一：　　**山东北海银行定期存款暂行规程**

第一条　此项存款目的在于奖励与倡导个人或团体的资财积蓄，银行又可借此而集中社会游资，适当分配到生产建设上去。

第二条　存款人先到营业部门填写定期存款申请书，注明姓名、职业、住址、存款金额、存款期限，银行据此填写定期存款单。存单加盖行章及行长章后，即发存款人，以凭到期领款。

第三条　此项存款最少额为壹百元。

第四条　此项存款在未到期之日不得提取。

第五条　此项存款利率以期限长短规定，三月至六月者月息一分，六月至一年者［月息］一分二。

第六条　到期不来领取者，逾期之时日不给利息。

第七条　存款到期如要续存，须到银行换取存单，自换单日起重新计息。

第八条　存单如有遗失者，存户应立即来行挂失，注明金额及存单号数，并在当地报纸上声明作废，待两星期后如无纠葛，再由银行补发存单。但未来本行挂失以前已被人冒领者，本行概不负责。

附件二：　　　　　　**山东北海银行活期存款暂行规程**

第一条　宗旨：为便利公私商号、机关、团体款项之及时积蓄生息及存取方便而设。

第二条　开户：第一次存款须在一千元以上，以后继存每次金额不得少于三百元，惟结存数不得超过二十万元，超过之数额不计息。如取款超过十万者，可于五日前通知银行备款。

第三条　凭证：本行填发加盖行章之活期存款折，并附发支票以凭取款，附发送金簿以凭存款。

第四条　印鉴：存户在开户时，须将签字图章式样于本行印鉴簿上填明，交存本行，以凭取款，即于支票上加盖原留印鉴方可付款。如不用支票亦不愿留印鉴，只凭存折取款者亦可，但亦须打具本行制定取款条。

第五条　存取：存户凡在本行营业时间内，随时可以存入或支付。存入时自行填写送金簿，连同款项交本行收款处收款，由收款员加盖图章为凭，支付时须用支票或存折。

第六条　透支：存户如未与本行订有透支契约，则所出支票之款额不得超过存款数，如与本行订立透支契约者，则以约定透支额为限。

第七条　利率：存款息日息二毫，透支息日息四毫，每日存款结数在一元以下者之零数不计息。

第八条　挂失：存折、图章、支票如果遗失时，存户应即刻到本行挂失，并在当地报纸上声明作废。如在挂失前，因已为人冒领款项，本行概不负责。

第九条　支清：存款支清时，应将未用完之支票、存折一并交还本行，免生流弊，否则不予支清。

附件三：　　　　　　**山东北海银行定期放款暂行规程**

第一条　此项放款为本行有计划有目的扶持公私工商业的一种放款，其种类有二：一为抵押放款，一为信用放款。

第二条　凡向本行借款者，应首先填具申请书，说明借款用途、金额、期限、担保人及抵押品，经本行之许可后，按照本行制定之格式，填写借据。借款人及担保人必须在借据上签字盖章，如系团体，并须加盖公章，始为有效。

第三条　凡抵押放款者，抵押品须具有下列各条件：1. 不会灭失损毁而便于保存者；2. 价格极少变动者；3. 随时可以就地变换现金者。到期不能本利清还逾期十天者，即依法变卖押品。如因押品价格跌落仍不能清偿本利者，仍归借款人承担补足，如有余数则悉交借款人。

第四条　押品抵押金额不得超过该押品的百分之六十。

第五条　借款金额不得超过借款人原有资本一半为度，但本行得考查其需要之程度而增减之。

第六条　此项放款利率：一月至三月者月息一分四，三月至六月者月息一分五。

第七条　借款人到期不能偿还（信用放款），担保人应负完全责任，应立即备款归还。

第八条　借款人如未到期前，先还借款之一部，得结束前次手续另订新约。利息计算满一月者以一月计，五日以下者不计息，五日以上者按半月计，十六日以上者按一月计。

附件四：　　　　山东北海银行活期放款暂行规程

第一条　此项放款亦为本行有计划有目的扶持公私工商业的一种纯为便利借户而整借零还的放款，其种类亦分信用与抵押两种，其详细章程与定期放款同。

第二条　此项放款订明一定期限，在此期内，借款人可以分期偿还。

第三条　借款人已商得本行之许可时，应照本行制定之格式填写借据，每次还款后由银行给予收据，以作凭证。

第四条　此项借款期限最长不得超过半年。

第五条　此项放款利率：一月至三月者日息四毫，三月至六月者日息五毫。

第六条　此项放款如借款人不能按规定期限偿还时，信用的，由担保人负完全责任；抵押的，本行可以自由变卖抵押品。如变卖之款不足偿还本利时，须向借款人追补，并由担保人负连带责任。

附件五：　　　　山东北海银行投资简章

第一条　对象：经政府登记之公私工商业。

第二条　限额：一般不超过全资本额百分之六十。

第三条　凡开始筹办或已开办之公私工商业，由主管机关或经理人员之请求或股东大会之决议愿吸收银行投资时，可向银行请求投资，经银行详细调查后，决定投资与否。

第四条　银行调查决定后，即进行商谈，签定〔订〕投资合同，经双方签字盖章各执一份。其商谈内容如下：

1. 全资本额与银行投资之数额。

2. 结算账目之日期及遵守本行之会计规定。

3. 红利分配之比例及亏损分摊之比例。

4. 内部组织规则及人员待遇。

5. 如系已开办者，须将以前账目结清。

第五条　期限以半年为度。

第六条　合同签订后，即按应投资本即日交款。

第七条　本行投资之商号，每月有报告其营业概况之义务，银行有随时检查其账目之权利。

第八条　本行投资之商号，不得任意经营原业以外的业务，如果需要经营，须商得银行之同意。

附件六：　　　　山东北海银行汇款暂行规程

第一条　为便利商民及机关团体款项之拨转，本行汇款暂设为两种：（一）票汇，（二）信汇。

第二条　汇款人要求汇款时，先到本行营业部门填写汇款申请书，说明汇款种类、金额、汇往地点、汇款人及收款人姓名、职业、通讯处。

第三条　凡票汇者，本行发给本行之汇票，收款人可持此票向指定之本行取款，并按照背面所列各条办理手续。

第四条　凡信汇者，本行发给汇款收据，汇款人可持此据，于两月后换取收款人之正式收据。如一切手续已妥，本行即以信汇用纸邮交付款行，再由付款行通知收款人收款，惟收款人须打具本行制定之收据，并觅妥保始可付款。

第五条　无论票汇或信汇手据，均须加盖本行本章及行长之图章，始为有效。

第六条　汇款限额及汇费（包括汇水及手续费）：票汇以一千元为起码，最多不得超过十万元，汇费千分之二（即一千元二元）。信汇以五十元为起码，最多不得超过一万元，汇费百分之三（即一百元三元）。

第七条　通汇地区暂以渤海、胶东、鲁中、滨海、鲁南五分行及总行临沂办事处等地实行。

第八条　如汇款人将汇票遗失，应立即将该票字号、金额等详告汇款行与付款行，并将作废意旨登载当地报纸上，待接到付款行之通知后，如无纠葛发生，再由汇款行补发汇票。但在挂失前已被人冒领者，本行概不负责。

第九条　汇票不得向非指定之本行支取，汇票不得作票据流通。

第十条　汇票背书应与原收款人同，如系转让，汇款人应在背面签字盖章，并注明新收款人姓名，新收款人再觅妥保领款。

选自《山东革命历史档案资料选编》，第16辑，济南，山东人民出版社，1984年版，第89～94页。

44. 山东省暂行审计规程（草案）

1946年2月18日

第一条　本规程依据山东省战时施政纲领之第五条甲项规定订定之。

第二条　本省各级政府及其所属各机关财粮收支之审计，除法令有特别规定者外，均应依照本规程之规定办理之。

第三条　各级政府及其所属各机关财粮收支之审计，由省参议会审计处负责办理之。在审计处未成立之前，由省参议会授权省政府财政厅代理之。

财政厅因办理省参议会委托审计事项之需要，得委托各区行政公署财政处办理初审之事项。

第四条　审计之事项如下：

一、公款公粮之收入及支出预算之审定、预算执行之检查及决算报告之审定等事项。

二、公营事业计划之审定及计划执行之检查及决算报告之审定等事项。

三、公款公粮出纳保管之检查事项。

第五条　送审之各种书表及附件之格式及送审之期限，同各项计政法令之规定。

第六条　审计方法如下：

一、书面审计：对各机关［呈］送［之］预算决算书类及附件，［作］书面之审核。

二、实地稽查：必要时，派员至各机关就地抽查或稽查。

第七条　审计之程序如下：

一、初审：各区行政公署及直属各机关及所属各级政府之预算决算书类及附件，由各区初审机关依据法令规定，初步审核加注意见，转送省审计机关。

二、决审：省审计机关收到已经初审之预算书类及附件，应即依据法令规定，参考初审意见审定之。

省政府本机关及直属各机关之预算及决算，得径送省审计机关核定之。

第八条　各级政府机关会计，对所属机关及本机关之预算及决算，应严格执行行政审核制度，并根据审核修正之数汇编各级总预算或总决算。

第九条　审计之处理

甲、有下列事项之一者，应退回更正之或代为更正之。

一、计算错误者。

二、不合规定程式者。

乙、有下列事项之一者，应剔除之或删改之。

一、不合法令之规定者。

二、违背供给之制度者。

三、浪费及不经济之支出。

丙、有下列事项之一者，应负责教育之或通知其上级机关处分之。

一、变相贪污之事项。

二、贪污舞弊之事项。

第十条　送审各种单据，均应根据法令之各种证明规则及其细则另定之。

第十一条　审计工作之实施细则另定之。

第十二条　自本规程施行之日起，凡与本规程抵触之审计法令，其抵触之部分无效。

第十三条　本规程如有未尽事宜，得由山东省政府随时修正之。

第十四条　本规程自公布之日起施行。

选自中国审计学会审计署审计科研所编：《中国革命根据地审计史料汇编》，北京，北京工业大学出版社，1990 年版，第 21～22 页。

45. 山东省暂行收支规程草案

1946 年 2 月

第一章　总　则

第一条　本规程依据山东省战时施政纲领第五条甲项之规定订定之。

第二条　本省各级政府及其所属各机关财粮之收支，除法令有特别规定外，均应依照本规程之规定办理之。

第三条　各级政府及其所属各机关财粮之收支，由省政府财政厅统一筹划、调剂、支配之。

第四条　财政厅为办理财粮之出纳、保管，得设置金库及粮库，其条例另定之。各机关收入之财粮，应悉数解缴金库或粮库；其支出由财政厅通知金库或粮库拨付之。

第五条　收支之年度，自每年一月一日起，至十二月三十一日止为一年度，整理期间为年度终了后三个月。

第二章　收支之分类

第六条　收入分类之标准如下：

甲、款项部分

一、关税：凡进出口货物之课税均属之。

二、盐税：凡盐类之课税均属之。

三、矿税：凡私有矿产之课税均属之。

四、田赋：凡土地之租课均属之。

五、契税：凡不动产权移转之征课均属之。

六、营业税：凡各种私营及公私合办营业之课税均属之。

七、牲畜屠宰税：凡对牲畜之买卖及屠宰之课税均属之。

八、公营收入：凡公营及公私合办之事业盈利收入均属之。

九、矿产收入：凡公有矿产之收益与租赋均属之。

十、公产收入：一切公产之租赋利息等收入均属之。

十一、司法行政收入：凡司法、行政、公安等罚款及没收变价等收入均属之。

十二、缴获收入：凡一切战利品及敌产变价收入均属之。

十三、生产节约收入：凡各机关生产节约协助经费之收入均属之。

十四、其他收入：凡不属于前列各项之收入均属之。

乙、粮草部分

一、春季粮草：凡春季征收之公粮公草及代金粮草均属之。

二、秋季粮草：凡秋季征收之公粮公草及代金粮草均属之。

三、缴获粮草：凡缴获之粮草均属之。

四、生产节约粮草：凡各机关生产节约协助经费之粮草［均］属之。

五、其他收入粮草：凡不属于前列各项之粮草均属之。

第七条　各项收入之征课条例另订之。

第八条　支出分类之标准如下：

甲、军费：凡主力及地方部队之各项财粮经费之支出均属之。

乙、政费：分下列各项：

一、行政费：凡各级参议会及各级政府之各项财粮经费之支出均属之。

二、内务费：凡有关民政设施之财粮之支出，如抚恤、埋葬、救济、奖励、优抗、选举、优俘、遣散、社会卫生等经费均属之。

三、财务费：凡有关财务征收之票照、簿籍、表册等印刷费及粮库建设、运粮费、征收费等经费均属之。

四、实业费：凡有关实业及建设之设施之财粮经费支出，如试验场经费、农林水利房产建设费等均属之。

五、教育费：凡有关教育设施之财粮经费支出，如干部教育、学校教育、社会教育、文化事业补助费等经费均属之。

六、司法费：凡有关司法设施之财粮经费支出，如训育队、监狱等经费均属之。

丙、交通费：凡有关邮政、电政、路政之支出［均］属之。

丁、工商费：凡有关工商管理之经费支出［均］属之。

戊、补助费：凡补助一切群众团体及民兵经费与村长津贴之经费均属之。

己、预备费：各机关依法设置之预备财粮［均］属之。

第九条　各级政府机关应根据其收入与支出数编造预决算，其章程另订之。

第三章　收支之程序

第十条　收入之程序：

甲、款项部分

一、征收系统

1. 区公所财经助理员逐日经收款项，每五日报解一次（如有大宗收入应当日报解），报解手续应填具二联交款单，连同现款及票照缴查联送主管县政府财粮科核收（区公所得代县财粮科直接将款交县收款员）。

2. 县政府财粮科收到各区所送之现款与交款单核对相符后，以报告一联存查，回证一联加盖收讫之章，发还交款区公所，并当日填具解款书，以第一联存查，其余第二、第三、第四、第五联连同现金交金库收款员核收，由金库收款员出具五联收款书，以第一联存查，其余第二、第三、第四、第五联交县政府财粮科；由县政府财粮科抽存第二联，另编收支日报表四份，连同收款书之第三、第四、第五联及票照缴查联送主管专署财粮科核收。

3. 专署财粮科收到所属各县所送收支日报表及附件，经核对无误后，除抽存收支日报表一份及收款书之第三联外，以收支日报表一份加盖核讫之章发还原送各县，并汇编收支日报表三份，连同县政府收支日报表各二份及收款书之第四、第五联及票照缴查联送主管行政公署财政处核收。

4. 行政公署财政处收到所属各专署所送收支日报表及附件，经核对无误，除抽存县政府及专署收支日报表各一份及收款书之第四联外，以专署收支日报表一份加盖核讫之章，发还源〔原〕送各专署，并汇编收支日报表二份，连同县政府及专署收支日报表各一份及收款书之第五联及票照缴查联送省政府财政厅核收。

5. 省政府财政厅收到各行政公署所送收支日报表及附件，经核对无误，以行政公署收支日报表一份加盖核讫之章，发还原送各行政公署外，其余书表留存。

二、金库系统

1. 各县收款员每日收到款项及解款书之第二、第三、第四、第五联，经核对无误，应即填具五联收款书，以第一联存查，其余第二、第三、第四、第五联交解款机关，并编具收支日报表二份，连同解款书之第二、第三、第四、第五联送主管支金库核收。

2. 支［金］库收到所属各县收款员之收支日报表及附件，经核对无误，除抽存收支日报表一份及解款书之第二联外，以收支日报表一份加盖核讫之章，发还原送各县收款员，并汇编收支日报表四份，连同解款书之第三、第四、第五联送主管分金库。

3. 分金库收到所属各支库之收支日报表及附件，经核对无误，除抽存收支日报表一份及解款书之第三联外，以收支日报表一份加盖核讫之章，发还原送［各］支库，并汇编收支日报表三份，连同支金库之收支日报表二份及解款书之第四、第五联送总金库核收。

4. 总金库收到分［金］库所送之收支日报表及附件，经核对无误，除抽存分支库之收支日报表各一份及解款书之第四联外，以分库之收支日报表一份加盖核讫之章，发还原送各分库，并汇编收支日报表二份，连同分支库收支日报表各一份及解款书之第五联送省政府财政厅。

5. 省政府财政厅收到总金库收支日报表及附件，经核对无误，除以总金库之收支日报表一份加盖核讫之章，发还总金库外，其余书表留存。

附注：

（一）各级政府及其所属机关所具之解款书暨各级金库所具之收款书，得因中转级数之递减，递减其联数。

（二）各级工商管理局之收入，应解交上级工商管理局转总局汇解总金库，毋庸解交同级金库。

乙、粮草部分

一、征收系统

1. 村公所征起公粮公草后，应即解交县分库，由县分库出具二联公粮公草收据，以存根联存查，收据联交村公所。

2. 县分库每五日根据所收粮草总数填具三联收粮书（或收草书），以存根联存查，以收据联交区公所解县财粮科，另一报查联由县分库报专署支库。

3. 县政府财粮科收到各区公所交来之县分库收粮书之收据联，应即填具两联粮草收据，以存根联存查，以收据联交区公所，并将区公所交送来之县分库收粮书收据联，持向县粮库换取县粮库之收粮书收据联，并每五日编制粮草收支五日报表三份，连同县粮库之收粮书收据联送主管专署财粮科。

4. 专署财粮科收到所属各县粮草收支五日报表及附件，除抽存一份外，以一份加盖核讫之章，发还县政府财粮科，以县粮库收粮书收据联持向支粮库换取收粮书收据联，并每五日编制粮草收支五日报表三份，连同支粮库收粮书收据联送主管行政公署财政处。

5. 行署财政处收到所属各专署粮草收支五日报表及附件，除抽存专署之粮草收支五日报表一份外，以另一份加盖核讫之章，发还原送专署财粮科，以支粮库之收粮书收据联持向分粮库调换收粮书收据联，并每五日编制粮草收支五日报表二份，连同分粮库之收粮书收据联及专署粮草收支五日报表一份送省政府财政厅粮食局。

6. 省政府财政厅粮食局收到各行署粮草收支五日报表及附件，以行署之粮草收支报表一份加盖核讫之章，送回行政公署财政处，其余书表留存。

二、粮库系统

1. 县分库收到各村解交之公粮公草，应填具二联粮草收据，以存根联存查，以收据联交各村公所（此项收据之存根应定期缴区公所转上级财粮机关审查）。县分库每五日根据所收粮草总数，填具三联收粮书，以存根联存查，以收据联交区公所，以报查联附入粮草收支五日报表二份送主管县粮库。

2. 县粮库收到所属各县分库之粮草收支五日报表及附件，除抽存一份及附件外，其余一份加盖核讫之章，发还县分库，并每五日汇编粮草收支五日报表二份，连同本库换给县政府财粮科之收粮书报查联送主管支粮库。

3. 支粮库收到所属各县粮库之粮草收支五日报表及附件，除抽存一份及附件外，以另一份加盖核讫之章，发还各县粮库，并五日汇编粮草收支五日报表四份，连同本库换给专署财粮科之收粮书报查联送主管分粮库。

4. 分粮库收到所属支粮库之粮草收支五日报表及附件，除抽存支粮库收支五日报表一份及附件外，以支粮库粮草收支五日报表一份加盖核讫之章，发还原送支粮库，并每五日汇编粮草收支五日报表三份，连同本库换给财政处之收粮书报查联及支粮库之粮草收支五日报表二份送总粮库。

5. 总粮库收到所属各分粮库之粮草收支五日报表及附件，除抽存分支库粮草收支报表各一份及附件外，以分库之粮草五日报表一份加盖核讫之章，发还原送分粮库，并汇编粮草收支五日报表二份送财政厅粮食局。

6. 粮食局收到总粮库之粮草收支五日报表及附件，除以总库粮草收支五日报表一份加盖核讫之章发还总粮库外，其余存查。

附注：收粮草代金应照款项收入程序之规定解交金库，按级呈报，由总金库保管之。以代金收买粮草时，由省政府财政厅粮食局开具支票向总金库提取之。

第十一条　支出之程序如下：

甲、款项部分

一、经费系统

1. 政费部分：由省政府财政厅根据核定预算书通知省政府秘书处领款，省政府秘书处当即填具两联领款书，以存根联存查，以收据联交财政厅。

2. 财政厅根据核定预算书及省政府秘书处领款收据，填具三联支款书，以存根联存查，以命令联及通知联交省政府秘书处持向总金库领款，总金库于付款后于该二联上盖付讫章，以命令联存查，以通知联随同收支日报表报财政厅。

3. 各行政公署秘书处及省政府各直属机关之经费，由各该机关填具二联领款书，以存根联存查，以收据联持向省政府秘书处领取经费。

4. 专署秘书处及行政公署各直属机关之经费，由各该机关填具两联领款书，以存根联存查，以收据联持向行署秘书处领取经费。

5. 各县政府秘书处及各专署之直属各机关之经费，由各该机关填具二联领款书，以存根联存查，以收据联送专署秘书处领取经费。

6. 县政府所属各机关，由各该机关填具二联领款书，以存根联存查，以收据联送县政府秘书处领取经费。

附注：

（一）军费由军区后勤部系统照前项程序领发经费。

（二）政权部分另有独立经费系统者，如工商管理局、交通局、民众团体（如各救会）

等均由各该系统领发经费，毋庸经过同级政府秘书处之会计系统。

二、金库系统

1. 总金库收到领款机关转来之领款书命令联与通知联，应即根据库存情形支付现款，或开具三联拨款书，以存根联存查，以收据联及报告联交领款机关向所属分金库取款或转账，收入该机关往来存款，以备该机关陆续提取。

2. 分金库收到领款机关交来之总金库拨款书，应即根据库存情形照前项办法付款，并于付款后以收据联存留，以报告联随收支日报表报总库。

3. 支金库支付款项同分金库之办法。

附注：

（一）粮草部分同款项部分之规定。

（二）粮草以省政府财政厅粮食局为填发支粮书之机关。

第四章　附　则

第十二条　自本规程施行之日起，凡与本规程抵触之法规，其抵触部分无效。

第十三条　本规程如有未尽事宜，得由山东省政府随时修正之。

第十四条　本规程自公布之日起施行。

选自《山东革命历史档案资料选编》，第16辑，济南，山东人民出版社，1984年版，第226～234页。

46. 山东省进出口货物征税暂行章则

1946年4月10日

第一章　总　则

第一条　为保护生产贸易，发展人民经济，特制订〔定〕本章则，

第二条　凡本解放区内之货物运往其他地区或从海上运出者为出口，其他地区之货物或海上运进之货物至本解放［区］者为进口。

第三条　凡本解放区与其他直接毗邻解放区间货物往还，一律不征进出口税。

第四条　进出口货物税率分海口和陆地两种，其税率分别另订〔定〕之。

第五条　本章则所规定之征税范围内，不论公私商号、公私工厂以至群众合作社，均须照章接受检查，并办理纳税手续。

第六条　各级工商机关对进出口货物之检查及征收，均依照本章则及税率办理之，不得自行规定或变更，如有特殊情形必须变通章则与税率者，得由工商总局呈准山东省政府核准施行之。

第二章　征收手续

第七条　凡出入口货物税，由指定之边沿工商机关征收之。凡内地工商机关，只负责检查缉私，如查有漏税之进口货物，依照第十四条规定办理之。

第八条　工商机关征收进出口税应填发税票。税票由省工商总局统一制发（胶东、渤

海由该区工商局统一印发），为两联式：第一联为税票，第二联为存根，第一联交商人收执，第二联递缴工商分局审核。

第九条　已纳税给税票之进口货物，在有效期间，如须分运，商人得将原税票持向就近工商机关换领分运证，不再征税。分运证由总局统一制印。分运办法另订之。

第十条　其他地区之海运货物经由解放区海口转口者，征收转口税，填发转口税票（由总局统一制发），并暂定转口税率一律百分之五征收。

第十一条　陆运货物凡其他地区之货物通过本解放区者，转运者入口时按入口征税，于税票上批明准予过境（如通过数道被封锁地区，在第一道征收后不再重征），出口免征。毗邻解放区之货物通过本解放区出口者，入口免征，出口时照章征收。

第十二条　为防止漏税及避免重征起见，工商机关得在已征税之货物上粘贴税证或加盖戳记，以资识别。

第三章　惩奖办法

第十三条　凡特定禁出禁入之货物，商人违法偷运者，没收其一部或全部。其情节较重者，移送当地司法机关依法惩处。执行没收时，应制给规定之没收处分书。

第十四条　如有商贩未经报验纳税私自运输或绕越偷运者，以逃税论，一经查获，除责令补缴应纳税额外，按其情节轻重处以应补税额一倍以上十倍以下之罚金，但罚金最高额不得超过其处罚部分之货价总额百分之八十。执行罚金时，应制给规定之罚金收据。

第十五条　商贩夜间运货须在日间报税。如查获夜间运输未经报税给票之货物，以偷税论，应照第十四条规定办理之。

第十六条　商贩运货已经报税给票，如有隐匿短报，经查获，其短报［部］分应照第十四条规定办理之。

第十七条　商贩运货已经报税给票，如沿途加载，应预先向就近工商机关报请补税，否则，一经查获，其加载部分以偷税论，应照第十四条规定办理之。

第十八条　如有拒检、抗税或武装走私情事，按其情节之轻重，除没收其货物一部或全部外，并移送司法机关依法惩处。

第十九条　凡以上各条之没收权属于支局，罚款权属于事务所。事务所对没收问题或检查站对罚款问题，不得擅自处理。

第二十条　工商支局对处罚中执行没收之货物，在半月以后报送分局处理之。工商分局于收到支局报送之货物半月以后，应即作价拍卖之。

第二十一条　商贩犯有以上各条之一因而受没收或罚金处分，如有不服，在半月内得持没收处分书或罚金收据并提具理由向该地县市政府声请再议。县市政府得按照事实重行裁处。如仍不服，得向该管专署声请复议，专署得按事实作最后裁决。

第二十二条　凡缉获之偷运漏税货物依法处理后，应将没收价款或罚金提十分之三奖给缉获机关或人员。

第二十三条　如经群众告发因而缉获者，应将罚金提奖额的三分之二奖给告发人，三分之一奖给缉获机关或人员。

第二十四条　工商机关人员对货物检查及征税填票等手续，须力求敏捷，不得延搁留难。如有受贿及其他舞弊情事，一经举发或查觉，依法从严惩处。

第四章　附　则

第二十五条　本章程经山东省行政委员会通过，由山东省政府公布施行。

选自《山东革命历史档案资料选编》，第16辑，济南，山东人民出版社，1984年版，第315～317页。

47. 山东省产销税征收暂行办法

1946年4月10日

第一条　本解放区内之产销货物属于下列各类性质者征收产销税。

一、消耗品；

二、迷信品；

三、特产品。

第二条　暂应征收产销税之种类与税率规定如下：

一、卷烟按量征收，手工制烟每支征税三分，机制烟每支征税六分。

二、黄烟叶按价征收百分之十。

三、土烟叶按价征收百分之五。

四、果酒、黄酒按价征收百分之十。

五、特种酒类，如白兰地、葡萄酒、啤酒等，按价征收百分之二十。

六、烧纸从量，每块征收一百元。①

七、食盐从量，每百斤征收三十元。

八、煤、各种矿产以实产量计算，按价征收百分之五。

第三条　凡在本解放区内属于第二条所列各种产销品，不论公营、私营、公私合营、合作经营，均须向所在地工商机关遵章缴纳产销税。

第四条　卷烟、烧纸及特种酒类之制造户，应按章购领税证，自行粘贴外部或封口，并于税证边沿加盖该户牌号戳记，方准销售。黄烟、土烟、食盐在交易或出场时，随时纳税给票。煤及各种矿产、黄酒、果酒按实产量计算，定期纳税给票。

第五条　已纳产销税之货物如贩运出口者，仍应按照进出口货征税办法缴纳进出口税。

第六条　税率从价计算者，其物价应照当时当地之批发价格，估价不得提高与降低。

第七条　各地工商机关得在规模较大之企业场所斟酌派出驻厂员，驻厂征收之。

第八条　烧纸每块以四十刀为标准，每刀四十张，纸面以市尺长一尺宽七寸为标准。

第九条　盐税由食盐店在食盐出场时代征，不另设征收机关。

第十条　如有未经纳税给票及不贴税证或重用废证另行粘贴者，均以偷税论，一经举发或查获，除责令补缴应纳税额外，并处以一倍至五倍之罚金，但处罚最高不得超过处罚部分物价百分之八十。

---

①　原注：本年7月30日省工商总局以税字第二号命令将烧纸产销税每块修改为二百元。

第十一条　如有隐匿短报者，其短报部分按照前条规定处罚之。

第十二条　按期征纳者，应于每月内报验缴税，如借故推延，每逾期一月加征纳罚金五分之一。

第十三条　凡违犯本办法所处之罚金，以十分之三提奖举发人及缉获机关。

第十四条　本办法［经］山东省行政委员会通过，由山东省政府公布施行之。

选自《山东革命历史档案资料选编》，第16辑，济南，山东人民出版社，1984年版，第318～319页。

48. 山东省屠宰税征收暂行章则

1946年4月10日

第一条　凡在本解放区内以营利为目的屠宰牲畜者，均须依章缴纳屠宰税。

第二条　凡屠宰牲畜每头应征收税款如下①：

一、羊每头征税十元。

二、猪每头征税三十元。

三、牛每头征税一百元。

第三条　凡非以营利为目的之牲畜屠宰概不征税。

第四条　征收屠宰税，应由征收机关按照规定税额征收后制给税票，并加盖查验戳记。

第五条　第二条所指之牛屠宰系指老牛、残废牛、菜牛等而言，屠宰前须经过检验许可方准屠宰，如有耕作能力之耕牛则一律不准屠宰。

第六条　违犯本办法第四条规定，未经纳税制票私行宰卖者，除追缴税款外，并应按原税款加罚一倍以［上］五倍以下之罚金。

第七条　所处之罚金提百分之三十充奖举发人及缉获机关。

第八条　本章则经山东省行政委员会通过，由山东省政府公布施行。

选自《山东革命历史档案资料选编》，第16辑，济南，山东人民出版社，1984年版，第320页。

49. 山东省牲口交易税征收暂行章则

1946年4月10日

第一条　凡在本解放区内牲口买卖，均须依照章则缴纳牲口交易税。

第二条　本章则所指之牲口为牛、马、驴、骡四种。

---

①　原注：本年7月30日省工商总局以税字第二号命令将该条修改为：羊每头征税二十元，猪每头征税六十元，牛每头征税一百八十元。

第三条　牲口交易税按照当时买卖市价百分之三征税，税款由买方负担。

第四条　已纳牲口交易税之牲口，如贩运出口者，仍应按照进出口货物征收办法完纳出口税。

第五条　如有偷税或短报价额，一经举发或查觉，除追缴其偷税或短报部分税额外，并按补纳税额处一倍至五倍之罚金。

第六条　所处罚金以十分之三提奖举发人及缉获机关。

第七条　本章则经山东省行政委员会通过，由山东省政府公布施行。

选自《山东革命历史档案资料选编》，第16辑，济南，山东人民出版社，1984年版，第321页。

50. 山东省办理营业执照暂行章则①

1946年4月10日

第一条　为发展贸易，保护商人营业权益，特订本章则。

第二条　凡在本解放区内所有商号、摊贩，不论公营或民营，均须依照本章则请领营业执照。

第三条　按照营业性质及经营方式，分类规定领取营业执照，并交纳执照费如下。

第一，下列各业每期应交营业执照费一百元：菜馆、茶馆、咖啡馆、冷食店、糖果店、水果店、茶食店、旅馆、珠宝首饰古玩等业、金银器具店、玩具店、乐器业、钟表眼镜镶牙照像〔相〕业、典当业、银钱业、烟酒茶参茸枣桂艮〔银〕耳业等。

第二，下列各业每期应交营业执照费五十元：堆栈仓库转运业、中西服装业、南北货业、洋广货业、绸布呢绒业、杂货店、鞋店、帽店、酱园、皮革业、坊店、理发馆、澡塘〔堂〕、戏院电影院、书场、杂耍场等。

第三，下列各业每期应交营业执照费二十五元：成衣铺、中西药房、书籍文具等业。

第四，凡摊贩一律按照第三类计算领照交费。如摊贩每月营业额在两千元以下者，每期减为交执照费五元。其他负账叫卖等小贩及临时交易行为者，准予免领营业执照。

第五，凡兼营上述营业两类以上者，应以其主要营业为准领取执照。

第四条　营业执照每年分两期领取，一月至六月为第一期，七月至十二月为第二期。

第五条　凡商号、摊贩应于开业前十日内将营业人姓名、牌号名称及营业地址、资本总额、营业种类及估计每月营业额报请工商机关，查核相符照章取营业执照，并交纳执照费方准营业。

第六条　旧有商号及摊贩，于本办法施行后一月内照前条规定办理。

第七条　摊贩如无一定营业地址者，应将营业人住地报明登记，如住址变更时，应随

---

① 原注：1946年4月25日，省工商总局为执行该章则发出税字第三号指示，指出从下半年开征营业税，要求各地须于六月底完成办理营业执照的工作。

时向领照机关报告。

第八条　如商人停止营业，须于五日内报明，申请该管工商机关缴销其执照。如迁移地址营业、改换营业种类或另有他人转承营业者，应将旧照缴销，另行重领新照。

第九条　领照营业至次期一月内须将旧照缴销，重领新照并交纳执照费。

第十条　营业执照须妥慎保存，悬挂明显地方，以便检查。如有遗失应详叙原由，觅具保证人，申请核明补发并交执照印刷费五元。

第十一条　营业执照不得转卖借用或逾期使用。

第十二条　无照营业，如经发觉或查获，除责其补行领照外，并处以应交执照费一倍以上三倍以下之罚金。

第十三条　营业者不依照第六、第七之规定如期交费领照，每逾期一月加征应交费额三分之一滞领罚金。

第十四条　营业执照由山东省工商总局统一印制之。

第十五条　凡依法领取营业执照之商人，得享受本解放区各级政府有关保护工商事业法令之各种权益。

第十六条　本章则经山东省行政委员会通过，由山东省政府公布施行。

选自《山东革命历史档案资料选编》，第16辑，济南，山东人民出版社，1984年版，第321～323页。

51. 修正山东省田房契税暂行条例

1946年9月22日

第一条　本条例依保障地权、防止土地纠纷之原则制定之。

第二条　凡人民对不动产（田产房屋）之买卖、赠与交换及地权转移等，承受人均须取得所在村政府之证明，照本条例之规定完纳契税，领得契纸（红契），始为有效。

第三条　契税税率，均按官亩（即营造尺二百四十弓）于土地陈报后评定之土地等级征收。其税率如下：

一、买契税：房基及七、八、九级地每官亩征收契税六十元；四、五、六级地每官亩征收契税五十元；一、二、三级地每官亩征收契税四十元。

二、赠与契税（意存破坏土地政策及不正当赠予〔与〕者不在此限），及人民在减租算账中所得之土地，税率与买契税同。

三、交换契税（指土地互换者），按买契税减半征收。

四、补契税（指遗失、焚毁或霉烂契纸者，须经四邻及村长证明），按买契税减半征收。

第四条　在未举办土地陈报之地区；人民税契时，应依照当地情形由区公所会同村政委员会，评定土地等级后，照上条办理之。

第五条　契纸费不论地亩多寡，每张本币十元。

第六条　已举办契税发现契地不符者，按以下规定办理：

一、土地超过原契不足半亩者，准予免税换契，契纸费照纳。

二、土地超过原契半亩以上者，其超过数补税，并另行换契。

第七条　政府没收敌人汉奸之土地房屋分给人民者，承受人须照章税契，其税率与买契同。

第八条　已投税之红契，不得私自挖补或涂改。违者除将契纸注销、另行补契外，并得依法惩处之。

第九条　村有、社有、族有之不动产，均按规定照纳契税。

第十条　新垦之荒山、河滩亦得照章契税，按买契减半征收。

第十一条　民国以前已税契者得验契易换新契纸。伪政权对公私不动产所为之处分及所发之证件，一律无效，并须另行税契。

第十二条　完纳契税，应于契约成立后，六个月内为之。逾期不投税者，除责令补税外，并课应纳税额二分之一之罚金。

第十三条　本条例公布前，所有民间未税之白契或无契而须补契者，应一律照章纳税，超过六个月不税者，以延期论罚。

第十四条　在规定纳税期间，因特殊情形，不能按期完纳者，得声明理由，经查明属实后免罚。

第十五条　为便利人民，契纸由省统一式样，委托各县县政府印制，契税由各县直接办理。

第十六条　本条例于三十五年十月一日起施行之。

原编者注：一九四六年十月三日，山东省政府以财字第五十四号文发出指示，对该条例第三条作了修改。文内称："房基及七、八、九级地每官亩征收契税七十元，四、五、六级地每官亩征收契税五十元，一、二、三级地每官亩征收契税三十元。"一九四七年一月十二日，山东省政府又以财字第六十号命令对该条例作了如下修改：第三条原文改为："契税税率均按土地陈报后之中中亩（即一百五十斤产量之折中亩）征收。"其税率第一项原文改为："买契税每中中亩按五十元征收，典当地应契税者由原业主（即出典人）投税，房基按其坐落之连边地级折算征收。"第五条原文改为："契纸费不论地亩多寡按张收费，其价格按各地纸价及印刷费由各行署、滨海由专署规定之。"第十条原文改为："新开垦之荒山河滩之契税，生荒五年以内、熟荒三年以内者按买契税减半征收，逾年限者同买契税。"第十一条原文改为："民国以前及以后国民党政府所为主契税及伪政权对公私不动产之处分及所发之证件一律无效，并另行契税。"

选自《山东革命历史档案资料选编》，第17辑，济南，山东人民出版社，1984年版，第381～383页。

52. 山东省政府关于征收田房契税工作的指示

1946年9月23日

我山东解放区在八年的抗日战争中，执行了减租生产两大政策，日本投降后的反奸诉苦、清算等运动，农民生活日渐上升，土地关系发生了普遍显著的变化。但除部分地区点滴地进行了税契外，大部分地区尚未进行这一工作。为确定人民土地所有权和增加财政收入，以增加自卫战争的物资供给，决定今冬明春普遍进行税契工作，并作如下指示：

一、欲求这一工作的顺利完成，必须充分的〔地〕进行宣传动员，应在各级政民干部及广大人民中予以深切的说明。

1. 过去封建地主剥削农民的土地，现当转移到广大劳动人民手里之时，真正关心广大人民利益的民主政府，应更进一步的〔地〕对人民负责，明确保障其所有权，防止以后发生土地纠纷，使人民对既得土地房产无所疑虑，安心生产，这和维护封建地主剥削的国民党政府是完全不同的。

2. 正当以蒋介石为首的反动派，向我解放区疯狂进攻，战争烽火蔓延全国之际，为粉碎其全面内战完成独裁之梦想，争取和平实现，保障广大人民已得利益，政府以契税方式集中一部财力供应前线，亦是为了人民利益，因之保障产权和进行税契二者是统一的。

3. 在契税工作中，我们反对不顾战争需要的单纯的仁政观点和恩赐观点，同时亦应反对和群运脱节的单为收入而税契的偏差。

二、关于契税工作的组织执行。

1. 在组织力量方面，各地还应贯彻精简方针，不另设机构，主要是调整和加强原有力量，争取各方面的配合，尤其应掌握群众路线，运用村干力量，来完成这一工作。

2. 由于这一工作联系到民政司法、群众团体等部门，因此在研究布置时，应吸收各有关部门参加，求得配合上步调一致（特别是宣传动员）。

3. 在手续上，应注意到民便公利。在宣传动员调查登记、检验地约、完纳契税各方面，各地根据具体情况，创造办法，吸收经验，传播各地，造成全面的热潮。

三、几点要求。

1. 抓紧冬春两季农闲时间普遍的〔地〕进行，要在今冬大部完成（首先是老地区），过于拖缓，甚至到了春荒农忙之际，势难进行，会影响整个工作。

2. 同时结合土地登记、整理地级、反黑地等工作。其尚未评定地级之地区应首先进行评议地级，折成标准亩后税契。但在老地区已实行土地登记者，不要机械的〔地〕等待整理地级和反黑地，而影响这一工作的完成。

3. 斗争频繁之边缘区与尚未进行土地改革之县区，暂时可以不进行这一工作。内地因灾情严重，亦可缓税。贫苦无力者视实情缓税或免税。

4. 契纸由县级政府根据省府所发之式样，刻制木版印刷，一律用毛头纸、黑颜色印刷，缮写时，一律用毛笔松墨、正体汉字，力戒草率。

各行署接指示后，应即根据具体情况，进行布置，切实贯彻为要！

主席　黎　玉

选自《山东革命历史档案资料选编》，第17辑，济南，山东人民出版社，1984年版，第383～385页。

53. 山东省营业税征收暂行条例

1947 年 4 月 9 日

第一章　总　则

第一条　为调剂各界人民负担，扩大社会负担面，保证财政收入，特制定本条例征收营业税。

第二条　凡在山东解放区内，以营利为目的之工商业，不论公、私经营，经常或临时营业，均依照本条例之规定，向当地工商机关按时缴纳营业税。

第三条　营业税之征收，以营业单位为课税单位，以其营业纯利为课税标准，分级累进征收。

一、凡纯利满五千元者，征收百分之三。

二、凡纯利超过五千元至三万元者，其超过数之累进率为百分之三点一七，前款五千元之税额不变，与超过数之税额合并征收。

三、凡纯利超过前款规定者，累进率每三万元递增百分之零点一七，分别计算与依前款规定算出之税额合并征收。

四、凡纯利超过二百九十七万元以上者，其超过数之累进率均为百分之二十；原二百九十七万元之税额不变，与超过数之税额合并征收。详细税率表另行订定之。

第四条　下列各种营业，依照规定得免征营业税：

一、军事工业非营利性质者；

二、营业纯利一期不满五千元者；

三、营业本身即为直接税收性质者，如工商局管理之烧酒专酿与食盐专卖等；

四、凡纯系家庭副业及其出卖自己之生产品者；

五，凡群众性的合作社，为群众自身组织，从事生产、运输、供销等基本业务而非营利性质者；

六、为政府法令规定免税者。

第五条　凡应纳营业税之营业，不论新设或旧有，均须依规定向当地工商机关申请登记领取营业执照，如系新设营业，应于开业前请领；但新解放区或城镇之工商业，须在解放后一月内办理之。

第二章　征　收

第六条　营业税每半年征收一期，一至六月为第一期，七至十二月为第二期，征收时间由征收机关于期内规定临时通知之；但短期营业者，于营业结束时征收之。

第七条　征收机关于接到评议委员会交来营业纯利申报表后，应即书写营业税征收通知，通知纳税者如期缴纳之。

第八条　营业税之征收，由纳税者于接到征收机关通知后，按规定时间，持征收机关之通知向当地征收机关自行缴纳之。

第九条　征收机关于税款收讫后，应掣给纳税者以正式收据。

第三章 评 议

第十条 纳税者每期之营业纯利，均应填入申报表，报告评议委员会接受评议，纳税者如遇意外损失无力纳税时，亦应述明原因，申报评委会考查之。

第十一条 评议委员会分区、村或城市、区两级，依照下列规定组织之：

一、村评议委员会由村长、农会代表、商会小组长或商人代表五人至七人组织之。

二、区评议委员会由区长、当地工商机关、商会、群众团体代表五人至七人组成之。

三、直属县领导之镇，其评议委员会之组织与区同；以下可设小组，其组成人员与村同，设组长一人。

四、城市，由当地政府工商机关、商会、群众团体代表五人至七人组织城市评议委员会，以下酌情成立区评议委员会，由区长、商会、群众团体代表三方面五人至七人组成之。

五、各级评议委员会均须设正、副主任委员各一人，负责召集会议办理评议事项。城市以下之区及乡村评议委员会，主任委员由政府及群众团体负责人分任之。乡村之区与城市评议委员会，主任委员由政府及工商机关负责人分任之。

第十二条 各级评议委员会，得依下列规定，办理评议事宜：

一、村与城市之评议委员会及镇以下之评议小组，负责审查评议纳税者报告之营业纯利，如认为纳税者申报纯利不确或不接受评议时，得有权考查其营业状况及账目，另行据实评议之。

二、乡村之区与镇及城市评议委员会，负责最后审查评议批准各村与城市各区评议委员会或镇以下之小组对纳税者申报之营业纯利的评定，如认为有不妥时，村或城市各区评议委员会或镇以下之评议小组，得另行评议之；如经审查合适时，则将纯利申报表汇交征收机关依照征收之。

第十三条 各级评议委员会，对纳税者申报之纯利的评议，须取得被评议者之同意，如纳税者在村或城市之区、镇以下之小组不服评议时，可提出理由经区、镇或城市评议委员会另行调查评议，最后决定之。

第四章 罚 则

第十四条 纳税者如有下列情形之一者，除责令补纳税款或补领执照外，并酌情处以一期税额一倍至五倍之罚金。

一、不论经常或短期营业，不领执照而私行营业者。

二、拒绝评议，抗纳税款者。

三、逾限期不纳税者。

第十五条 征收人员如有与纳税者沟通隐报纯利、偷漏税款或贪图贿赂等情，除征收人员依法惩处外，纳税者亦应照章酌予处罚。

第五章 附 则

第十六条 本条例由山东省参议会驻会委员会、山东省政府委员会联席会议通过，山东省政府公布施行之。

第十七条 本条例如有未尽事宜，由山东省政府委员会讨论决定，山东省政府随时明令修正之。

选自《山东革命历史档案资料选编》，第18辑，济南，山东人民出版社，1985年版，第416～419页。

54. 山东省政府布告
——严格禁止生金银等之私自买卖交易

1948年2月21日

查近来各集市发现生金银、元宝、银元、铜元等之买卖交易，并代替本币流通使用，扰乱我解放区金融，提高物价，损害人民利益不浅。因此，必须严格禁止，以确保本币之统一市场，特规定以下办法：

（一）一切生金银、元宝、银元、铜元等都不准在市场上当货币使用或私自买卖，并规定由各地北海银行按市价统一收买。至于铜元，除银行收买外，各地工商局所属商店亦须同时按市价收购，以便利人民出售。

（二）各地农民群众，在进行土改复查中，凡没收地主阶级的浮财中，所有的生金银、银元、元宝等在分配前务要一律全部按市价卖给银行，换得北海币再进行分配，不准把生金银、元宝、银元等在市场上使用私自买卖，违者以扰乱金融论处。

此布

山东省政府

二月二十一日

选自《山东革命历史档案资料选编》，第20辑，济南，山东人民出版社，1986年版，第76～77页。

55. 山东省进出口货物征税暂行章则

1948年3月6日

第一章　总　则

第一条　为保护解放区生产贸易，发展人民经济，保证战争供给，以贯彻解放区独立自主经济政策，特制定本章则。

第二条　本解放区之货物运往蒋匪区或从海上运出者为出口，蒋匪区之货物或从海口运进之货物至本解放区者为进口。但本解放区内海口出口货物至本解放区另一海口且持有出口海关征税证件者不再征进口税。

第三条　凡本解放区与其他直接毗邻之解放区［间］货物往还，不论税率是否一致，一律不征进出口税。但本解放区禁止进口货物不得进口。

第四条　新解放区及重新收复之解放区，商贩所存征税进口或禁止进口货物，解放后可令其登记、查验，准予销售，不得征税或没收（毒品除外）。但禁入货物只准在原地销售。①

第五条　进出口货物税率另定之。

第六条　本章则所规定之征税范围内，不论公私商号、工厂及群众合作社，均须照章接受检查，并办理纳税手续。

第七条　各级税收机关对进出口货物之检查及征收，均依照本章则及税率办理之，不得自行规定或变更，如有特殊情形，必须变通章则或税率者，得呈报山东省政府批准后以命令施行之。

第八条　为便利缉私及商货运输，陆地边缘地区税收机关得与当地政府商同划定检查地带及贸易路线，为确定进出口之界限。禁止出口货物到检查地带内线以外者即为走私，应纳税出口货物到检查地带内线以外、未纳税持有票据者即为偷税。禁止进口货物到检查地带外线以内者即为走私，应纳税进口货物到检查地带外线以内未纳税持有票据者即为偷税。但在指定之贸易路线上运输而未越过征收机关之所在地者不得视为走私漏税。

第九条　如有下列情形之一者，查明属实应予退税。

（一）计算税率税额估价错误因而多征者。

（二）如有特殊情形报税后无法运出者。

（三）如有海运遭遇风险因而返回不再出口者。

（四）如有特殊情形报关后闭关不能出口者。

（五）如因特殊情形进口货物报税后不能卸货，原船原货返回者。

第二章　征收手续

第十条　进出口货物税由指定之边缘税收机关征收之。凡内地税收机关只负责检查缉私，如查有走私偷税之进口货物，依照第十六条规定办理之。

第十一条　税收机关征收进出口税应填发税票（陆地用两联税票，海关依海关征税手续办理）。税票由省工商总局统一印制（胶东、渤海由该区工商局统一印制），为两联式，第一联为税票，交商人收执，第二联为存根，征收机关按期层送工商总局转省财政厅备查。

第十二条　已纳税给票之进口货物，在有效期间，须要分运时，商人得将原税票持向就近税收机关换领分运证，不再征税。分运证由工商总局统一印制（胶东、渤海由该区工商局统一印制）。分运办法另订之。

第十三条　为防止漏税及避免重征起见，税收机关得在已征税之货物上粘贴税证或加盖验讫戳记以资识别。

第三章　奖惩办法

第十四条　凡规定禁出禁入之货物，商人违法偷运者，除将禁出禁入之货物全部没收

---

① 原注：同年4月3日省府以工字第2号命令对该条作了修正，内称：为使得新解放区商民营业起见，将“但禁入货物只准在原地销售”的规定撤销。命令规定：凡属新解放区商民所存货物，除毒品外，不论现行税则是否禁入或征税之货物，经登记、查验之后，准予自由销售。运到新解放区以外地区销售者，可按照分运办法中之规定予以办理分运手续。

外，其情节较重者，应将人犯送交当地政府依法处理。

第十五条　如有拒查抗税武装走私情事，按其情节之轻重，除没收其货物一部或全部外，并将人犯移送当地政府依法惩处。

第十六条　凡征税进口出口之货物，商贩违犯下列各款之一者，以偷税论。经查获后其偷税、匿报、短报、加载部分，除责令补缴应纳税额外，按其情节之轻重处以税额一倍以上十倍以下之罚金，但罚金最高额不得超过处罚部分货物总值百分之六十。

（一）未经报验纳税，私自运输或绕越指定贸易路线偷运者。

（二）商贩夜间运货未在日间报税者。

（三）商贩运货已经报税给票，沿途加载未向就近税收机关报请补税者。

第十七条　凡边缘海关事务所、分所、检查站，查有偷运货物或偷税货物，均可就地按章执行处罚，没收之货物应给予没收处分书，罚金应给予罚金收据。如遇特殊情形为章则内所未规定者，应按级请示上级机关，不得擅自处理。

第十八条　凡处罚中执行没收之货物除各种粮食及其制品按第二十条执行外，其他物品均解缴县局处理，并按章及时给予查获人以应得之提奖。

第十九条　商贩犯有［第］十四、十五、十六三条因而受没收或罚金处分，如有不服，在十天内得持没收处分书或罚金收据并提具理由向该地县市政府或上级税收机关声请再议，县市政府或上级税收机关得按事实重行裁处，如仍不服，准予向山东省政府申诉。

第二十条　凡查获禁出禁入之没收货物，应折合现金以百分之五十奖给查获群众。但没收之货物为各种粮食及其制品者，应以实物百分之五十奖给查获群众，百分之五十交政府救济当地贫苦群众。[①] 本条所指查获人本人未直接查获只口头密报者，减为百分之二十五提奖。如查同一货物中有报告者与查获者，按功绩大小以百分之五十总数共同分配之。

第二十一条　凡查获走私漏税之货物，经税收机关依法处理后，以罚款百分之八十提给查获人，报告而非直接查获者减半。

第二十二条　上项提奖对象只限于群众或民兵。其他税收机关或脱离生产人员均不得提奖，但因缉私有卓著成绩并廉洁奉公者，按功绩大小经省政府批准给予政治表扬或物质奖励。

第二十三条　本章则所定之没收处罚机关为指定之工商税收机关。其他任何政府机关或群众查获之走私偷税货物均应交由当地税收机关依法处理，不得自行处理，违者以破坏法令论处。

第二十四条　税收机关人员对货物检查及征税填票等手续须力求敏捷，不得延搁留难，如有受贿及其他舞弊情事，一经查觉或举发，依法从严惩处。

第四章　附　则

第二十五条　本章则经山东省政府公布施行之。

选自《山东革命历史档案资料选编》，第20辑，济南，山东人民出版社，1986年版，第99～103页。

---

① 原注：对查获粮食及其制品以百分之五十交政府救济群众的规定，省府于同年11月以工商字第25号命令作了修正。命令称：现各地粮荒已过，兹为调整财政，特决定缉私查获经决定没收粮食交政府救济部分，由税收机关依没收物品处理变价解库。定于11月份内开始执行。

56. 山东省食盐运销暨征税暂行章则

1948年3月

第一章 总 则

第一条 为扩大食盐运销，保护与组织盐运，改善与调剂群众生活，加强税收管理，特制定本章则。

第二条 盐运盐税由工商局依盐场分布、盐运路线之实地状况，组织盐店管理之。

第三条 盐之场销盐价，由盐店会同盐户定期商定之，以不影响销售并保证盐民最低限度之生活为原则。

中地盐店之收价与出价同一日内必须一致，收价应绝对保障运输利润，出价加收手续费最高百分之五，以抵消耗与盐店开支。

第四条 盐税就场征收，税率暂定为场销价百分之一百五十（个别地区有特殊情形者，得经省批准酌予增减）。为简便手续，得由工商分局按月根据所属各场盐价规定统一征税价格，计算出分局范围内的统一从量税率，传达执行之。（例如每担统一征税价为一〇〇〇元，其每担从量税款则为一五〇〇元。）

就场征税之后，出口与内销均不得再行征税。

第二章 盐 店

第五条 盐店任务是：调剂运销，掌握盐价，协助组织生产，征收盐税。具体规定如下：

盐场盐店：指导确定盐价征收盐税，协助组织生产并代盐户收取盐价以及分配各盐滩之销售数量与次序等。

内地盐店：调剂运销，掌握市场盐价。

出口盐店（指面对蒋匪区之陆地边缘。如直通友邻解放区者，则与内地盐店管理相同）：调剂运销，掌握盐价，结合外汇管理，实施统购统销。

第六条 盐之产量与销售，由盐店管理，盐户随时向盐店登记产量，销售时由盐店过量，盐堆由盐店验讫，维持销盐秩序，以利组织运销。

第七条 内地盐店与运盐群众为交易关系，以及时收购保护盐运，不得采用任何行政管理与检查手续。

第八条 盐场盐店执行其权力，均须与盐户密切联系，征得同意，与盐民利益有关之制度，须经盐户通过。

第三章 场销规则

第九条 运盐购盐须先向盐店登记，缴齐盐价盐税，领取产销税证，始得照指定盐场装运。

第十条 盐户与运盐人过盐时，须经盐店负责人过量，启动盐堆与验讫盐堆，必须经盐店盐户共同进行。

第十一条 运盐出盐场时，须经盐店派员检查，并于“产销税证”上加盖“出场”字样，以便查验。

第十二条　海上出口食盐亦依前九、十、十一条之规定办理之，并须依照海关规则报关出口，海关得收回其“产销税证”予以办理结关手续。

第四章　征税手续

第十三条　盐税征收手续，使用两联“山东省工商总局产销税证”，一联扯交运盐人收执，一联存根，按期报解分局审核，由山东省工商总局暨省府财政厅随时抽查审核之。

第十四条　盐税计算及征收以市担市斤为数量单位，盐民自用不出售者不征税。

第十五条　盐税征收须先依运盐人之拟运数收款，再行填发产销税证，最后指定其盐场前往装运。

第十六条　盐场食盐经过盐销手续进行出场检查之后，须于产销税证上加盖刻有“出场”字样之戳记。是项产销税证不得再行重运，未经检查之产销税证不得出场。

第五章　缉私奖罚

第十七条　盐场附近超过盐场盐店以外到十里以内的村庄确定为缉私带。在缉私带以内群众有权对运盐人加以检查，超过十里以外之地带者，可自由运销，不加任何检查。查获偷运偷税情事，应连同人犯送交盐店处理之。凡属持有“产销税证”之运盐，不得予以任何留难。

第十八条　一经查获或告发有下列情形之一者，即为偷运或偷税，除应令其补税外，得视情节轻重予以税额一倍至五倍罚金。

（一）未经盐店而私行装运或启动盐堆售卖者。

（二）擅自超过“产销税证”所载数量加运者。

（三）用一份“产销税证”装一次以上者。

（四）用其他方式偷运偷税者。

第十九条　依照十八条规定处理之偷税案件，以其罚金百分之八十奖给查获人及告发人，如仅系告发而非直接查获者，则减半提奖。但查获系盐店及其他脱离生产之人员，则不予提奖。

第六章　附　则

第二十条　本章则由山东省政府公布，自公布之日起施行。

选自《山东革命历史档案资料选编》，第 20 辑，济南，山东人民出版社，1986 年版，第 129～132 页。

57. 山东省政府布告——免征三十七年度营业税

1948 年 4 月

为扶助生产，发展贸易，繁荣国民经济，并恢复我解放区与各新解放城市被蒋匪摧残之工商业，特决定民国三十七年度之营业税，无论老解放区或新解放城市一律免征，特此公布，并仰全省各级政府各级工商税收机关一体遵行为要。

主席　黎　玉

选自《山东革命历史档案资料选编》，第 20 辑，济南，山东人民出版社，1986 年版，第 170 页。

58. 山东省管理银钱业暂行办法

1948 年 8 月

第一条　为调剂社会金融，辅助正当的工商、合作及运输各业的发展，私人得在本省各城市开设银号钱庄。凡属私人营业必须符此方针，并依本办法办理之；不称银号钱庄而经营范围类似银钱业者，亦适用本办法。

第二条　凡经营银钱业者，应于事先订立章程，载明下列各项，呈报当地政府认可后，转呈本府最后核准。

1. 名称；2. 组织；3. 资本金额；4. 营业范围；5. 经理姓名、籍贯、住址及简历；6. 董监事及股东名册。

第三条　凡已停业之银钱业申请复业者，于申请复业时，除办理前条各款所规定之手续外，并须向当地政府呈明停业原因及经过情形、以往业务范围及组织情形、历年营业状况及盈余分配情形，并附有关账册与股东、经理、董事名册及略历。

第四条　凡复业之银钱业，如系与官僚资本合资经营者，其属于官僚资本之股金、存款及其盈余，应依法全部由政府接收并经清查确实后，其私人股份始得依本办法办理复业或另行集股开业。

第五条　凡申请复业之银钱业，于申请复业之先，必须清理以往期间之债权债务，以免复业后发生纠葛。

第六条　钱庄业资本至少须北海币五千万元，银号业资本至少须北海币一亿元。开业时至少须收足半数，经当地政府检查确实后，方准开业，余额限期筹足。复业者同。开业后业务流通资金须经常保持其资本额三分之二以上，房地产及其他固定资金不得超过三分之一。

第七条　本办法公布以前已开业之银钱业，其资本不足前条规定之资本限额者，应限三个月内筹足之。

第八条　银号钱庄限于经营下列业务：一、存款；二、放款；三、解放区内汇。其营业章程须在开业前一个月拟就，呈报当地政府转呈行署批准；直属专员区、市［的］，由专员公署、市政府批准。

第九条　银号钱庄除经营上列业务外，绝不得经营外汇生金银以及其他任何业务（政府或银行指定或委托者例外），并不得为商号公司及工厂之股东。

第十条　各银号钱庄须按时向当地政府作下列报告。

（一）每月营业状况报告。

（二）每结算期报告（资产负债表，损益计算表，盈余分配表，营业报告书）。

第十一条　本府或当地政府为了解各银行钱庄业务实况，必要时得指定北海银行派员检查其各项账册。

第十二条　凡银行钱庄的业务有违反本办法者，视情节之轻重予以下列处分：一、警告；二、罚金；三、令其撤换主要职员；四、定期停止营业或取消其营业证。

第十三条　银号钱庄如发生破产或因他故不能继续营业时，应列举事由呈报当地县市以上政府，经验查属实后，方准其停业，并将资产负债情形公布，实行清理。

第十四条　银号钱庄如需于解放区各城市开设分号经营第八条各项业务者，其开业管理办法同于以上各条。

第十五条　本府指定山东北海银行及各地分支行协助各地政府关于管理银钱业之检查稽核等事项。

第十六条　本办法自公布之日起施行。

第十七条　本办法公布施行前各级政府公布之管理办法，即行废止。

第十八条　本办法之修改与解释权均属本府。

选自《山东革命历史档案资料选编》，第20辑，济南，山东人民出版社，1986年版，第397～399页。

59. 山东省政府布告
——山东与华北两区货币固定比价互相通用

1948年10月5日

兹为便利华北与山东两解放区货物交易，特与华北人民政府商定，将华北与山东两区所发行之货币固定比价，互相通用，并规定办法如下：

一、从本年十月五日开始，冀南银行、晋察冀边区银行所发行之钞票，与北海银行所发行之钞票，在华北与山东两区准许互相流通。

二、冀南钞与北海钞比价固定为一比一，就是冀南钞一元等于北海钞一元；北海钞与晋察冀边钞比价固定为一比十，就是北海钞一元等于晋察冀边钞十元，以后不再变动，两区任何地方所有纳税交易，及公私款项往来，一律按此比价流通收付，任何人不得变更。

三、不论军民人等，如有私定比价、投机取巧，意图扰乱金融、垄断物资者，一经查获，决给以严厉处分。

此布

主席　黎　玉

选自《山东革命历史档案资料选编》，第21辑，济南，山东人民出版社，1986年版，第168页。

60. 山东省各县村经费收支保管暂行办法

1948年10月7日

第一条　为促使本省各县村财政迅速纳入正规，彻底废除摊派，杜绝贪污浪费，减轻人民负担，以巩固新民主建设之基础起见，特订定本办法。

第二条　自民国三十七年度秋季开始，本省所属各县得随从秋季公粮附征村经费，其征额暂定为公粮征额百分之二十。

第三条　各县村经费之征收保管动支事项，由各县组织村经费管理委员会（以下简称村经费管委会）掌管之。各县村经费管委会受各县县政府之领导。

第四条　县与县间，如因个别县有特殊情况（如边沿坚持武装斗争）村经费不敷开支时，得由该地区专署召集有关各县协议互助办法调整之。

第五条　各县村经费管委会设委员七人，由该县政府（包括县长及财政、粮食、教育各部负责人）代表四人、民众团体代表二人及武装部代表一人组织之，并由县长及民众团体代表分任正、副主任委员，财政科长任秘书，另设会计一人至二人，负责会计与出纳事项。

第六条　各县村经费管委会之职权如下：

甲、筹划与掌握村经费之征收事项。

乙、拟定各项开支比例并呈准专署后执行之。

丙、审核与批准经费之预决算。

丁、检查与督促村财政之整理工作。

戊、按季向上级政府做工作报告，并向全体人民公布收支状况。

第七条　各县村经费由粮库代收代管，县粮食局于征收终了后，须出具总保管收据交各该县村经费管委会存照。

第八条　凡村经费之动支，由各县村经费管委会审核批准后通知县粮食局支拨之。

第九条　各区区政府应秉承县村经费管委会之指示，经常负责掌握与检查村经费之使用，并按季造送预决算报告收支状况，其具体业务由财政助理员负责执行之，必要时得设会计一人帮助工作。

第十条　各区村经费之开支，按季由区政府召开各村村干联席会议，根据经费开支标准及各村之具体条件（如户口、地点、工作范围），以民主方式评定之，然后由区政府统一编造、预算，呈报县村经费管委会按季颁发之。

第十一条　各村得成立各该村之村经费管委会，由全体村民推选委员五人至七人组织之，由村长、农会会长分任正副主任，负责村经费之征收使用及按时向村民及区政府报告收支账目。

第十二条　各项临时经费之动支，由县村经费管委会于布置该项工作时，根据经费标准及实际需要情况将所需经费及时分发。各区村如有单独须要请求临时费者，需由区造呈预算，经县审核批拨之。

第十三条　各村所开支经常费，应于每季终了后十日内结算出榜公布收支账目，经村民大会审查后，随即呈报区政府，由区政府统一编造各村支出决算表，呈报县村经费管委会审核备案。经常费如有结余，得由村按照需要自行调剂或作村政建设之用，但在下季结账时，需一并报告区政府备查。

第十四条　各村所开支临时费，于每次特定工作任务完成后，须同时总结经费开支公布，经村民大会审查后，随即呈报区政府，由区统一编造各村临时费决算表，呈报县村经费管委会审核备查，如有结余可暂存该村村经费管委会保管，在续发经费时扣除之。

第十五条　本办法颁布后严禁再有任何摊派行为。村经费之使用应遵守标准，不得额外开支。

第十六条　本办法附发村经费标准一份，经实施后如发现有未尽事宜，得由本府以命令修改之。

第十七条　本办法修改之权属于山东省政府。

第十八条　本办法自公布之日起施行。

附件：

村经费标准

（以下列实物标准发放时，按市价折合粮食，以市秤发给。）

甲、经常费

二百户左右村庄全年最高不得超过下列实物标准，二百户以上或以下村庄得依工作繁简、村庄大小及交通条件等，按季民主讨论增减之，如一庄分数村而仍联合办公者，仍以一个单位计算。

一、办公费：灯油三十六斤（包括村政办公处、民兵宿营处、群众团体办公处）；纸张六十张（以光连纸计算，包括办公及征粮赋册在内），毛笔六枝〔支〕，墨四锭，印色洋红一两，油半斤；火柴二十四盒，席子，民兵集体住宿用，中心区五人一条，边沿区三人一条，报纸一份。

二、村干生活补助费：每村每月秋粮一百二十斤（小村最少六十斤），由区评定发给村政府，作为村干因工作而影响生产之补助费。

三、文教费：教师薪粮（指村初级小学校），代用教员每人每月一百五十斤，正式教员一百六十斤至二百斤，按教师质量由县教育科分别规定之（内每人每月细粮二十斤，余为秋粮）。学校办公费，每教室每学期实物数如下（增一教室加三分之一计算）：粉笔两盒，灯油五斤，应用课本一套，纸十张，毛笔两枝〔支〕，席子一年一床，墨二锭，火柴五盒，扫帚两把，报纸一份。社会教育费：教员尽义务职；经费包括粉笔、纸张、火柴、灯油等，全年秋粮二百斤，由村政府颁发。

乙、临时费

一、战勤补助费：民工服务战勤从出发日起，所有给养由公家供给，如需携带熟给养，应由公家发给粮食分别自制。其服务期在月半以上者，在出发前检查工具时得按以下标准开支，修补费由区调节使用之，担运民工每付〔副〕挑子秋粮二斤，担架民工每付〔副〕担架秋粮十斤（新做担架按值给价），小车每辆秋粮五斤，大车每辆秋粮二十斤。

二、参军欢送费：为纠正过去某些地区任意摊款及变相雇佣现象，规定今后欢送出征军人可由区或数村联合举行，其开支不得超过每人秋粮二十五斤、鞋一双、毛巾一条。

三、民兵弹药费：由县武装部统一领购与发给。

四、学校修建费：按每教室每学期秋粮四十斤至八十斤由区统一调节使用。

五、铺草消耗：交通要道过往人员常川住宿之村庄，区政府应呈报县村经费管［委］会，以粮换草做成草苫，分发使用。

六、其他费用：如修桥、补路等建设费，防疫抢救等卫生费，救灾救难等救济费，及上述范围不能包括之其他费用均属之。

选自《山东革命历史档案资料选编》，第21辑，济南，山东人民出版社，1986年版，第171～174页。

61. 山东省征收迷信品出厂税与登记迷信品制造厂户暂行办法

1948年10月

第一条　为便利查禁迷信品之输入及适当限制解放区迷信品之制造与消耗，特制定本办法。

第二条　凡在山东解放区内制造迷信品之厂户，均须依本办法之规定，向就地税收机关办理登记。

第三条　本办法所指迷信品暂规定：烧纸、黄表纸、神香、鞭炮、锡箔五种。

第四条　凡属迷信品制造厂户，从本办法颁布之日起，一个月内均须将其住址、字号名称、商标名称、工具数目、工人数目、每月产量，填具申请表，检同商标三份，并觅取两户以上之铺保，一并呈报就地税收机关登记备案，领取登记证始准营业。

第五条　迷信品制造厂户如有变更商标、字号、迁移住址、更换经理、增减生产工具等情形之一时，应事先向原登记之税收机关申请，并经允许后方准变更其登记。

第六条　迷信品税从价征收，税率按出厂价格暂定为百分之五十。

第七条　迷信品征税估价，以出厂价为标准，由各地工商分局或市局根据所辖区内之出厂价格，以当地迷信品所采用之单位为计算标准，按月统一估定公布之。

第八条　迷信品征税估价与粘贴出厂验讫证单位规定如下，如各地与所规定之单位不符者，按各地之具体惯用标准及大小规定之。

（一）烧纸以块为单位。

（二）黄表纸以刀为单位。

（三）神香以封为单位。

（四）鞭炮以盘为单位。

（五）锡箔以块为单位。

第九条　凡属迷信品制造厂户其成品出售时，须于出厂前向原登记之税收机关购领出厂验讫证，在厂内自行逐件粘贴，并于粘贴验讫证之骑缝上加盖厂章或字号戳记，方准出厂销售。

第十条　凡出售之迷信品，未粘贴出厂验讫证或启封重用者，不论厂户和商贩一经查获，初犯者除补纳应缴税额外，并处以税额一倍至五倍之罚金，再犯屡犯如为厂户，除依法加重处罚外，并酌情停止其一定时期之营业，至停业期满必须觅具两户以上之铺保，保证其不再偷税后始准恢复营业，如再犯屡犯之为商贩者，应同样加重处罚，但本人能告发并证明确系制造厂户偷税者，则商贩只令补缴其应纳税额，罚金由制造厂户全部负担。

第十一条　凡查获或告发偷税出售迷信品者，经税收机关查明决定处罚后，除税收人员不得提奖外，其他任何机关、团体或个人均以罚金百分之八十随时奖给查获人或告发人。

第十二条　本办法由山东省政府公布施行之。

选自《山东革命历史档案资料选编》，第21辑，济南，山东人民出版社，1986年版，第240～241页。

62. 山东省征收屠宰税与登记屠户暂行办法

1948年10月

第一条　凡在山东解放区境内经营屠宰业者（包括屠户与屠宰行），均得依照本办法之规定，向就地税收机关办理登记，领取屠宰业登记证，方准营业。

第二条　本办法所指征收屠宰税之种类，暂规定为猪、羊两种。

第三条　屠宰税率从量规定，从价征收，暂规定征收标准如下：

（一）猪每口税率以三斤肉为标准。

（二）羊每口税率以一斤肉为标准。

第四条　屠宰税估价，由县或市税务局根据所辖地区市价，按月统一估定公布之。

第五条　屠宰税征收办法，分下列两种：

（一）凡税收机关驻地之城、镇、市、集，由税收机关随时直接征收。

（二）未设有税收机关之城、镇、集市，以屠户为单位一月或半月一次定期征收之。

第六条　凡属经营批猪出口业，购买活猪自行屠宰者，其登记与纳税办法与上列按期征税之屠户同，但须按其实际屠宰数目缴纳税款。

第七条　凡定期征收之屠户，除按章领取登记证外，应按期先向原登记之税收机关报告赶集数目，拟屠杀猪羊数目，纳税领票后方准屠宰。

第八条　凡非经常经营屠宰业，临时屠宰猪羊出售者，须于屠宰前先向就近税收机关纳税领票后，始准屠杀出售。

第九条　凡未经登记纳税之屠户，私行屠杀出售者，各登记纳税之屠户，有检举并向税收机关告发之权。

第十条　凡违犯本办法第一条、第六条、第七条、第八条各条之一，私行屠宰猪羊者，一经查获或告发，初犯者除补缴应纳税款外，处以税额一倍至五倍之罚金，并须补办登记手续后方准营业，再犯屡犯者，除补纳税款并加重处罚外，其情节较重者得酌情停止其一定时期之营业，至停业期满，须觅具两户以上之铺保，保证其不再继续偷税后，始准恢复营业。

第十一条　凡查获或告发未经登记，未经纳税持票私行屠宰偷税者，经税收机关查明，决定处罚后，除税收人员不得提奖外，其他任何机关、团体或个人均以罚金百分之八十随时奖给查获人或告发人。

第十二条　凡群众自行屠宰猪羊过年过节或慰劳不出售他人者，准予免纳税款。

第十三条　本办法由山东省政府公布施行之。

选自《山东革命历史档案资料选编》，第21辑，济南，山东人民出版社，1986年版，第241～243页。

63. 山东省征收纸烟出厂税与登记卷烟厂户暂行办法

1948年10月

第一条　为保护卷烟业之发展，便利税收管理，平衡群众负担与保证财政收入，特制定本办法。

第二条　卷烟税征收分为手制与机制两种，机制每枝〔支〕暂定为税额本币拾元，手制每枝〔支〕暂定为税额本币五元。

第三条　凡在山东解放区内，设厂经营卷烟之厂户或家庭手工业卷烟者，不论公营私营，均须依本办法之规定，向当地税收机关办理登记手续。

第四条　凡属卷烟制造厂户，从本办法颁布之日起，一个月内均须将住址、字号名称、商标名称、工具数目、工人数目、每日产量填具申请表，检同商标三份，并具铺保两家，径向当地税收机关登记备案，领取登记证后始准营业。

第五条　卷烟制造厂户，如有变更商标、字号、迁移住址、更换经理、增减生产工具等情形之一者，均须先向原登记之税收机关申请，经允许后方准变更其登记。

第六条　为便利管理起见，凡手工业卷烟制造户较普遍之地区，税收机关得根据其分布情形，划分小组，选出小组长一人，以便利有关事项之传达，但已有同业公会组织者，不再组织，可通过其同业公会管理之。

第七条　凡属卷烟制造厂户于纸烟出厂前，须先向原登记之税收机关购买纸烟税证，自行粘贴于每盒封口处，并于骑缝上加盖厂章或字号戳记，方准出厂销售。

第八条　凡未粘贴纸烟税证私行出厂或启封重用者，不论制造厂户或商贩，一经查获，初犯者除补纳应缴税额外，并处以税额两倍至五倍之罚金，再犯或屡犯如为制造厂户者，除补缴税额及罚金外，并酌情停止其一定时期之营业，停业期满，必须觅具两户以上之铺保，保证其不再偷税后，始准恢复营业；如再犯屡犯之为烟贩者，经查获后应同样加重处罚，但本人能告发证明确为制造厂户偷税时，则烟贩只令补纳应缴税额，其罚金部分全由制造厂户负担。

第九条　凡查获或告发偷税之厂户或烟贩，经税收机关查明决定处罚后，除税收人员不得提奖外，其他任何机关、团体或个人均以罚金百分之八十随时奖给查获人或告发人。

第十条　本办法经山东省政府公布施行之。

选自《山东革命历史档案资料选编》，第21辑，济南，山东人民出版社，1986年版，第243～244页。

64. 山东解放区征收进出口税暂行条例

1948年12月15日

第一条　为保护解放区之生产建设及充裕财政支援战争，特制订〔定〕本条例。

第二条　进出口货物税目税率，依下列原则另行分别具体制订〔定〕之。

一、凡解放区之多余土产、日用工业品、农村副产品等普通输出品，均予以免税或低税，奖励出口；凡进出口贸易管理中所规定之统销品、管理品，征税出口；凡军需原料及其成品与工业原料等重要物资，禁止出口。

二、凡军需原料及其成品，生产与交通工具医药用品与文化用品等，予以免税或低税，奖励入口，非必需品及解放区生产不足之物资，予以征税，限制入口，凡奢侈品、迷信品、毒品及解放区已能生产自给之物品，禁止入口。

第三条　进出口货物之检查征税，由各地海关或陆地进出口事务所负责执行之。

第四条　凡货物进出本解放区之沿海口岸或从陆地进出解放区与国民党统治区之间，经过进出口税收机关及其划定之缉私地带者，即为进口或出口。

第五条　本解放区与直接毗连之友邻解放区间货物往来，不征收进出口税，但经过海口或陆地边缘之征税地带者，则以进口或出口论。

第六条　本解放区各海港之间货物往来以及外来货物通过本解放区之海港转运者，均为转口，得依下列规定予以免税或征税。

一、本解放区各海港之间转运货物，不论土货或已征税进口之外来货物，一律免征转口税。

二、外来货物通过本解放区之海港转运，有装卸行为而保证不发生走私情事者，一律按百分之五征收转口税，并于货物卸地前征收之。

第七条　旅客进出海口与征税地带，所携带之行李家具旅途用品，亲朋馈赠之礼物，自用之衣、履、鞋、帽等，确无贩卖谋利行为者，一律予以免税放行。但超过自用性质之范围，以贩卖谋利为目的者，均得依照旅客行李内带货物税之手续照章征税。

第八条　凡居住国民党统治区或侨居国外之中国人民，将其所经营之工商业或其他私有财产转移至解放区者，在进入海口或征税地带时，经申报查明后，得依下列规定处理之。

一、行李、家具及一切自用财物等，均照第七条之规定予以免税。

二、金银、外币经报验进口后，应照章向指定之进出口外汇管理机关兑换之。

三、征税进口货物，依本条例照章征税。

四、禁入品，凡经公开报验者，不予处分，但须估价征税百分之五十。

第九条　本条例所附税目税率表规定之征税进口或免税进口各项税目以外之任何货物，均为禁止进口。

第十条　本条例所附税目税率表规定之征税出口或禁止出口各项税目以外之任何货物，均为免税出口。

第十一条　凡商人经营进出口货物，均须先向进出口地区之海关，或陆地进出口事务所办理报验纳税或免税登记等手续后，始得正式进口或出口。

第十二条　凡属已纳税之进出口货物，因天灾或其他原因致不能进口或出口者，原纳税人可直接向原税收机关申请退税，经审查属实予以退还税款。

第十三条　凡新解放区或新收复区，商人所存之外来征税货物，一律准予免税自由销售，如为禁入品者，亦准予限期登记查验自由销售。

第十四条　凡进出口货物之征税，均确定为从价征收，由进出口管理局或陆地边缘区之工商分局依下列规定按时估价公布之。

一、出口货物应按出口地点之市场批发价格为征税估价标准。

二、进口货物应以进口地点之市场批发价格，除去该项货物税率所含之税额后，为征税估价标准。

第十五条　凡不按照本条例及进出口贸易管理办法之规定输出输入货物者，除按本条例补纳税款外，处以税额一倍至三倍或货值百分之三十以上之罚金，情节重大者，得没收其货物或送司法机关处理；初犯者，得酌情减免其罚金。

第十六条　重犯第十五条规定在三次以上者，除没收其输出输入之货物外，并得适当停止其营业。

第十七条　凡查获或者告发走私偷税者，得依下列规定予以提成奖励之。

一、没收部分，按估价提奖百分之三十；罚款部分，按罚款提奖百分之五十。补税部分及发还部分不得提奖。

二、前项所规定没收品之估价，一律依该项没收品当时市价百分之八十计算之。

三、除工商税收机关人员外，凡查获走私者，不分机关、部队、群众均予照章提奖。但告发后，经税收机关查获者，得减半提奖。

第十八条　凡被没收处罚之商人，如有不服处分者，准予半月内持没罚处分书，申请上级工商税收机关重行审查处理。

第十九条　本暂行条例及所附进出口货物税目税率表，经山东省政府公布施行之。

选自《山东革命历史档案资料选编》，第21辑，济南，山东人民出版社，1986年版，第446～449页。

65. 山东省政府关于征收房捐及娱乐捐的指示

1949年1月1日

此次财政会议已决定划房捐及娱乐捐为地方收入的一部分。这两种收入都是新办的税捐，又其征收办法必须根据各地具体情况决定，不可能也不必作出统一的决定与规定统一的税制，但征收的范围与原则必须一致。根据统一的范围与原则，由各行署及直属省的市及专署按照当地的具体情形，制定征收办法实施之。

下列各项为财政会议讨论房捐与娱乐捐时所拟具的几项原则：

甲、关于房捐：

一、征收房捐的范围限于工商业集中的大城镇，开征房捐的地点除济南、潍坊二市外，其余均须经行署或直属专属讨论拟具地名，呈省核准后方得开征。

二、房捐捐率由各市根据当地情形自行订定，最高不得超过房租额百分之十五。商铺房捐应高于住户房捐。

三、房捐由房主负担向住户征收，住户得凭房捐收据向房主抵缴房租。自有房屋亦应按估定租额负担房捐。

四、大集镇经批准征收房捐者，只限商铺征收，不征居民房捐。

乙、关于娱乐捐：

娱乐捐按财政会议决议征收之，其征收率不得超过门票价百分之十五。

以上各项，望各地研究执行为要。

山东省政府

选自《山东革命历史档案资料选编》，第22辑，济南，山东人民出版社，1986年版，第3～4页。

66. 山东省征收营业税暂行条例

1949年1月1日

第一条　营业税为对营利事业者纯利益所征课之赋税，其征课依本条例之所定。

第二条　营利事业每季纯利额不满新币（即人民银行券）一万元（每元合北币一百元）者免征，其每季纯利在一万元以上者，依下列税率对其纯利征课营业税：

每季纯利数额	每季征收税率
一万元至不满二万元	百分之五
二万元至不满三万五千元	百分之六
三万五千元至不满五万元	百分之七
五万元至不满十万元	百分之八点五
十万元至不满十五万元	百分之十
十五万元至不满二十万元	百分之十二
二十万元至不满三十万元	百分之十四
三十万元至不满四十万元	百分之十六
四十万元至不满五十万元	百分之十九
五十万元至不满六十五万元	百分之二十二

六十五万元至不满八十万元　百分之二十五

八十万元至不满一百万元　百分之三十

一百万元以上　百分之三十五

第三条　下列各项营业免征营业税：甲、政府经营之军事工业、矿山、工厂、贸易、银行、交通运输、专卖专制业及合作推进社；乙、经政府批准不以营利为目的之文化公益慈善事业；丙、初创试验性质之工业，在创办期间经县市以上政府批准者；丁、以农业为主之家庭副业；戊、其他依法令规定之工商业。

第四条　有特别发明，有利于工农业生产，设厂制造经行署或属省专署、市政府批准者，得免交五年以下之营业税。

第五条　公私合营之营业照本条例交纳营业税。

第六条　下列各项营业依其应征之营业税额减征五分之一之税款：甲、榨油业；乙，针织棉织业；丙、陶器瓷器等制造业及砖瓦窑；丁、酒精染料制造业。

第七条　下列各项营业依其应征之营业税额减征五分之二之税款：甲、铁木农具制造业；乙、印刷机、胶皮、胶水、蜡纸、油墨等制造业；丙、毛织及丝织业；丁、搪磁〔瓷〕、纽扣、牙刷、纸张等制造业；戊、机器制造业；己、机器零件及各种五金材料制造业；庚、各种矿业。

第八条　经县市以上政府批准之合作社照本条例第二、五、六、七各条计算应纳税额减半征收之。

第九条　合伙或公司组织之营业，依其营业单位之纯利额征课营业税，不得以其纯利额分为各个合伙员或股东所得之数额，再依本条例第二条之税率分别计算应纳税额。

第十条　本办法所称之纯利，谓工商业者营业收入减除其购买或制造成本营业费用、机器房屋等折旧后所剩余之纯利益而言，遇有天灾人祸遭受损失，得扣除该项损失。

建造房屋、增添机器资本、利息巨额馈赠、营业所有主或伙员股东本人及其家属之费用，均不得自营业收入中扣除。

第十一条　应纳营业税之营业者，不论新设或旧有均须于本条例公布后一月内依照下列事项填具申请表，申请营业税征收机关登记备案，如为新设厂号应于开始营业时十五天前办理之：甲、营业种类；乙、厂号名称及所在地；丙、经理人姓名、籍贯及住址；丁、营业资本额。

第十二条　应纳营业税之营业，依照第十一条规定登记后，其登记内容如有变更时均应随时报请原登记机关变更登记。

第十三条　营业税之征收办法分下列两种：

甲、营业资本不满二百万元者，或每季纯利益不满十五万元且无完备营业簿记者，由当地征收机关分别各种行业、厂号、资本、营业等情况，根据税率估定其纳税数额，提示该业内各厂号民主讨论，确定各户应纳税额，经征收机关批准后征收之。

上述各业内民主讨论各户税额之程序，在较小之城镇得由该城镇之商会统一办理。

乙、资本在二百万元以上或每季纯利额在十五万元以上之营业，由该营业按季申报其纯利额及应纳税额并交纳税款，营业税征收机关如认为其申报不确实时，得派员或委托当地北海银行检查其账目，并重行确定其税额。

第十四条　营业税全年分四季征收，每季终了后二十天内交纳税款。

第十五条　意图漏税隐报收益结合同业互相包庇者，主管征收机关得依其情节轻重处以隐匿部分二倍至三倍之罚金。

前项之同谋犯处以同样数额之罚金。

第十六条　知有上述隐报漏税情事报告营业税征收机关而查获者，报告人得受查获漏税部分百分之三十以下之奖金。

第十七条　不依限期交纳税款者，除限期追交外，并依下列规定处罚之：甲、欠交税款逾期一月者处以欠额百分之十之罚金；乙、欠交税款逾期二月者处以欠额百分之二十之罚金；丙、欠交税款逾期三月者处以欠额百分之三十之罚金。

第十八条　行署及直属专署、市政府得根据本条例参照当地情形，订定征收营业税施行细则呈准省政府施行之。

第十九条　本条例自公布日起施行，如有未尽事宜，得由山东省政府随时修正之。

选自《山东革命历史档案资料选编》，第22辑，济南，山东人民出版社，1986年版，第7～10页。

67. 山东省征收牲口交易税与交易员登记管理暂行条例

1949年1月

第一条　凡牲口交易税，税款征收与交易员之登记管理事项，均依本条例之规定办理之。

第二条　牲口交易税为地方税，由各该地方政府所属征收机关征收之。

第三条　本条例征收牲口交易税之范围暂规定：牛、驴、骡、马四种。

第四条　牲口交易税税率为交易价格之百分之三。

第五条　凡以成交之牲口，须由买卖双方及交易员当面报请征收机关完税领票，其税款由买方负担。

第六条　凡在集市为群众办理牲口交易收取佣钱之交易员，均须经当地征收机关登记审查，发给正式登记证后始准办理交易。

第七条　交易员有协助征收机关办理税款征收责任，不得包庇走私偷税，如有包庇私行买卖双方偷漏税款及其他敲诈索取额外费用情事，一经查觉，征收机关有权停止其交易员资格。

第八条　凡在集市交易之牲口，如买卖双方愿自行交易者，交易员无权干涉，但有权协助查问照章纳税和查缉漏税者，并报告征收机关处理之。

第九条　凡牲口交易漏税者，一经查获，除责令补交应纳税款外，并酌情处以税额五倍以下二倍以上之罚金。被罚人交足罚金后，征收机关得掣给罚金收据。

第十条　凡查获牲口交易漏税者，经征收机关决定处罚后，不论何人均以罚金百分之六十提奖，如为报告后经他人或税收机关查获者，其奖金由报告人与查获人各半平分。

第十一条　本条例自三十八年一月一日起实行。

选自《山东革命历史档案资料选编》，第22辑，济南，山东人民出版社，1986年版，第37～38页。原注：“载1949年1月14日《大众日报》。”

68. 山东省政府、华东财经办事处、华中行政办事处布告——公布山东、华中两地区各种合法流通的货币

1949年1月

为统一华北、西北、华东三大解放区的币制，特将山东、华中两地区各种合法流通的货币公布如下：

一、山东境内合法流通的货币，有中国人民银行钞票、北海币、冀南币、晋察冀币、华中币等共五种，其中以中国人民银行钞票为主币，北海币、冀南币、晋察冀币、华中币四种货币为辅币。无论是主币和辅币，都一律合法流通，任何人不得拒用。

二、华中地区合法流通的货币，除现在的华中币、北海币外，自即日起，中国人民银行钞票亦开始在华中地区流通，并以中国人民银行钞票为主币，华中币、北海币为辅币。主币、辅币一律合法流通，不得拒用。

三、中国人民银行钞票、北海币、冀南币、晋察冀币及华中币之相互比价规定如下：

（一）中国人民银行钞票对北海币、冀南币、华中币，均为一比一百，即中国人民银行钞票一元等于北海币一百元，或冀南币一百元，或华中币一百元。

（二）中国人民银行钞票对晋察冀币为一比一千，即中国人民银行钞票一元等于晋察冀币一千元。

（三）晋察冀币十元等于北海币或冀南币或华中币一元。

（四）北海币、冀南币、华中币各一元等于一元。

四、自二月一日起，山东、华中各级机关、公营企业、民间一切商业往来、款项收付、新老债权债务及货物标价、契约合同之订立，均须一律改以中国人民银行钞票为计算本位。

以上规定，仰各遵办执行，如有造谣生事、破坏货币统一、违反以上规定者，应依法惩处，决不宽贷。

此布

山东省政府
华东财经办事处
华中行政办事处

选自《山东革命历史档案资料选编》，第22辑，济南，山东人民出版社，1986年版，第101～102页。

69. 山东省征收货物统税暂行条例

1949 年 2 月

第一条　货物统税为对解放区内生产制造货物所征之税，其征收依本条例之规定。

第二条　凡本条例所列举各种统税货物，不论为公营、私营、合作经营所产制，除另有规定者外，均依本条例征收货物统税。

第三条　货物统税由山东省税务局所属税务机关征收之。

第四条　征收统税之货物分列如下：

一、卷烟：凡用卷纸卷成之机制卷烟、手工制卷烟暨用烟叶制成之雪茄烟，及其他仿制洋式之烟类均属之。

二、棉纱：凡机制棉纱、烧茸棉纱、下脚棉纱等均属之。

三、火柴：凡硫化磷火柴、安全火柴均属之。

四、洋酒饮料：凡洋式酒类（酒精除外）、汽水、果子露、果汁水等均属之。

五、化妆品：凡发蜡、发油、面油、香粉、胭脂、香水、香皂等均属之。

六、麦粉：凡机制麦粉、半机制麦粉均属之。

七、煤。

八、颜料：化学制各种颜料均属之。

九、金矿：金及金砂均属之。

上项征收统税货物之种类，必要时由山东省政府随时公布增减之。

第五条　货物统税税率分别规定如下：

一、卷烟：从价征收百分之四十。

二、棉纱：从价征收百分之十五。

三、火柴：从价征收百分之十五。

四、洋酒饮料：白兰地、葡萄酒等上等洋酒，从价征收百分之一百；啤酒、土制洋式果酒及果子露、果汁水，从价征收百分之五十；汽水及各种瓶装罐装冷饮，从价征收百分之三十。

五、化妆品：从价征收百分之四十，香皂从价征收百分之十五。

六、麦粉：从价征收百分之五。

七、煤：从价征收百分之五。

八、颜料：从价征收百分之十。

九、金矿：另行公布。

上项税率，必要时由山东省政府随时修正公布之。

第六条　新解放区留存之非解放区及解放前产制之货物，其补税办法及税率另定之。

第七条　凡从价征收之统税货物，应以货物产地上月五日、十五日、二十五日之市场平均批发价为核定下月征税价格之计算根据。但在下月中，市场实际批发价超过或低落于征税价格百分之二十时，得随时为适当之调整。前项平均批发价格包括：

一、该货完税价格。

二、原纳统税之数（即该货完税价格应征税率之数）。

三、商人利润（定为完税价格百分之二十）。

（注）完税价格之计算公式如下：

$$核定完税价格＝产地平均批发价格\times\frac{1}{1+税率+商人利润}$$

第八条　凡已完纳统税之货物，在解放区内一律自由运销，不再重征任何捐税。但运出解放区时，应依照进出口税则法令办理。

第九条　凡由未施行统税地区运入施行统税地区之货物，仍应照章报完统税。

第十条　凡已完纳海关税之外来统税货物，不再另征统税。

第十一条　卷烟、洋酒、饮料、化妆品运出解放区以外销售时，得免除其应纳之海关出口税。

第十二条　凡山东境内各地出产之统税货物，由各该地税务机关派员驻各地区或工厂（场）及矿区征收之。其有特殊情形者，得由省税务局直接派员征收。事实上不便派员驻在征收者，得由省税务局委托地方税征收机关代为征收之。

第十三条　货物完纳统税后，应依下列规定核发完税凭证方准行销。

一、卷烟、火柴、洋酒饮料、化妆品、颜料，应由驻厂税务员或经征机关于：(1)卷烟最小包装（十支、二十支或五十支），(2)火柴每十小盒包装，(3)洋酒饮料最小容器封口处，(4)化妆品及颜料最小容器或规定包装单位封口处，监贴统税花证，并于箱面包件上监贴完税证。

二、棉纱应由驻厂员或经征机关于大小包件上监贴统税花证及完税证。

三、麦粉应由驻厂税务员或经征机关于粉袋上加盖戳记。

四、煤及金矿应由驻矿税务员或经征机关核发完税凭证。

第十四条　凡产制、运储、销售或代客买卖统税货物之公司、商号、行栈、商人及货物持有人有下列行为之一者，处以比照所漏税额十倍以下之罚款，并得没收其货件（或货价）之一部或全部，其触犯刑事部分，应送司法机关处理。

一、私制统税货物者。

二、以未税货物私运私售者。

三、购运未税货物私自加工者。

四、运销统税货物并无照证或货物照证不符查系漏税者。

五、超过包装容器之标准数量或重量漏税者。

六、以高价货物冒充低价漏税者。

七、以高价货物掺夹低价或其他货物内漏税者。

八、厂存货物数量与账表不符确系漏税者。

九、以多报少查系漏税者。

十、将完税证、花证私自改窜或重用者。

十一、伪造完税证、花证、机关戳记使用蒙混漏税或冒领退税者。

十二、有其他漏税论处之行为者。

上列各项漏税行为，如在代客买卖统税货物之公司、商号、行栈、商人及货物持有人处所查获者，除按章予以处分外，并追究其制造厂商，一并予以处分。

第十五条　凡产制、运储、销售及代客买卖统税货物之公司、厂号、行栈、商人及货物持有人，有下列各项行为之一者，处以人民券一万元以下之罚款。

一、花证完税证不按规定实贴于包件或容器上者。

二、不遵规定办理登记者。

三、未遵规定手续报告或报告不实者。

四、不依照定式包装完整或用旧纸旧壳包装者。

五、将已贴旧花旧证撕揭预备重用查有实据者。

六、将贴有旧花证之包装容器未经洗刷私自入厂者。

七、抗拒检查者，其涉及刑事部分应依刑法处断。

八、有其他违章论处之行为者。

第十六条　凡欠缴税款、罚款及没收货物之货价，税务机关得请地方政府责令欠款人限期缴纳，如逾期不缴纳者，由地方政府强制执行之。

第十七条　本条例如有未尽事宜，由山东省政府随时修正公布之。

第十八条　本条例由山东省政府公布施行。

选自《山东革命历史档案资料选编》，第22辑，济南，山东人民出版社，1986年版，第180～184页。

70. 山东省征收手工卷烟统税暨厂户登记管理实施暂行办法

1949年2月

第一条　手工卷烟统税之稽征暨厂户登记管理等事项，除遵照各项税务法令所规定者外，并依本办法办理之。

第二条　本办法所称手工卷烟厂户，包括集资设厂经营、合作社经营及家庭副业经营之卷烟制造厂户。

第三条　凡手工卷烟制造厂户，自本办法颁布之日起一个月内，均须将字号、名称、地址、组织性质、负责人姓名住址、商标牌号名称、工具数目、工人及职员数目（家庭副业以直接参加卷制及营业劳动人数计之）、每日产量，填具申请表，检同商标十份，并具铺保两家，径向当地税务机关或税务机关委托代征之地方税机关申请登记。如登记不合格或不办理登记手续者，得停止其营业。新设厂户限于合作社组织经营者方准登记，集资及家庭副业经营者不予登记。

卷烟木机，经登记后发给卷烟机证，实贴机子上，方得卷制。其用未登记之机子或无证机子卷制者，以私制论。

第四条　手工卷烟制造厂户，如有变更原登记事项之一者，均须先向原登记之税务机关申请，经核准后，方准变更其登记。

第五条　手工卷烟之商标登记，依照《山东省统税货物制造厂商及商标登记暂行办法》第十一、十二、十三条办理之。

第六条　手工卷烟之包装单位，分十支、二十支、五十支三种，不得散装或利用他厂及本厂旧壳包装。其依定式包装之包壳上，并须将商标及厂户名称及地址印明齐全，违者以违章论。贩卖人并不得承销上项违章卷烟，否则以串通违章论。

第七条　手工卷烟统税在大城市及卷烟户集中之地区，由省税务局所属机关直接稽征之。乡村及省税务局不便管理之地区，委托地方税稽征机关代征之。

第八条　手工卷烟统税花证，除由省税务局所属机关及地方税稽征机关出售外，并得委托地方政府邮局及公营企业机关代售之。

第九条　凡手工卷烟制造厂户，于卷烟出厂前须向税务机关及花证代售处购买统税花证，自行实贴于每盒封口处，并于骑缝上加盖厂章或厂户字号戳记，方准出厂销售。

第十条　手工卷烟不装箱出售者，除每小包须实贴统税花证外，准予免贴完税证。但欲装入整箱运销时，应临时报请主管税务机关或委托代征之主管地方税机关查验后，发给完税证，实贴于每箱之上，方准起运。

第十一条　手工卷烟漏税违章案件，发生在省税务局直接稽征地区内者，由省税务局所属机关处理之，其发生在委托之地方税机关代征地区内者，由地方税机关处理之。

第十二条　手工卷烟之查缉及违章漏税之处理，除依照查验缉私暂行办法及处理违章漏税案件暂行办法之规定外，并依下列规定处理之：

一、商贩贩卖之手工卷烟，包皮上印有制造厂户字号、地址及商标三项齐全者，查有漏税行为，处分其贩卖人。但贩卖人能指证告发，确系制造厂户所为，经查明确实后，处分其制造厂户，贩卖人免受处分。

二、商贩贩卖之手工卷烟，其包皮上未印有制造厂户字号、地址及商标，或印不齐全缺少一项漏税者，处分贩卖人外，并应追究制造厂户，予以同样处分；贩卖人并应负责指出制造厂户之处所及负责人，否则，制造厂户所受之处分并由贩卖人承受之。

三、手工卷烟户或贩卖人违章漏税屡犯至三次以上者，得酌情停止其一定时间之营业，情节重大者，得永远停止之。

四、手工卷烟厂户，如受罚金之处分，拒不缴纳，追究其铺保人负责代偿之。

第十三条　手工卷烟制造厂户，其资本及范围较大具有工厂规模者，应尽力设法自行购办机器，改为机制卷烟，其规模较小或家庭副业，应发展为正式合作社组织经营。该管税务机关应随时鼓励督促办理。

第十四条　本办法如有未尽事宜，由山东省政府随时修正之。

第十五条　本办法经山东省政府公布施行。

选自《山东革命历史档案资料选编》，第22辑，济南，山东人民出版社，1986年版，第185～187页。

71. 山东省货物统税查验缉私暂行办法

1949 年 2 月

第一条　各级税务机关为严密稽征，防止违章及漏税事项，得在各该管地区内，依本办法之规定查验缉私。

第二条　凡在解放区设有海关关所之货运要道，应由各该关所代为执行查私。

第三条　各级税务机关及税收人员，应兼办查缉地方税违章漏税案件。

第四条　查缉货物应就以下场所执行：

一、税务机关所在地、货物起运地点、货物到达地点、货物集散地点。

二、各统税货品产制场所、收购场所及商店。

三、火车站、汽车站、轮船埠及其他货运要道有办理查缉必要之地点。

第五条　查缉人员如查得货证相符，应立即放行，不得借端留难。

第六条　查缉人员查获违章漏税案件，得将货物暂予扣留，发给货物扣留证；情节重大者，得将人犯交军警或政府机关暂行看管，一面应立即报告主管机关依法办理，不得私自处分；如仅系手续不合，情节轻微者，得将货物先行交保发还货主，一面报告处理。

第七条　查缉人员执行工作有必要时，得邀同当地机关、部队、团体工作人员，或区、街、乡、镇、村负责人员在场作证。

第八条　查缉人员如遇下列情事，应立即报告当地税务机关办理。

一、未经核准登记之场、厂、所、店，私自开工、私制统税货品者。

二、已经核准登记之场、厂、所、店，有私立商标或冒牌行销者。

三、已经核准之场商自用机器，有私供他人制用统税货品者。

四、各地商号商店有违章运销漏税货品者。

五、货栈、转运公司等有代客运卸漏税货品者。

六、其他有违犯统税章则及各项条例之非现行犯性质者。

第九条　税务查缉人员应携带查缉证，执行工作时应出示查缉证。此项查缉证由省税务局颁发之。

第十条　税务机关或查缉人员如遇有顽强不服查验或武装走私情事，本身力量不足缉拿时，得要求地方军警机关派部队协助执行。

第十一条　查缉人员执行工作后，应将案情经过或调查事项书面详细报告主管机关。

第十二条　任何机关、部队、团体或群众，均得向税务机关举发，密报漏私违章案件，并得协助税务人员查缉之。

第十三条　当地警备部队、公安局及各级政府机关，得径行查缉违章漏税案件，但应立即移送税务机关办理，不得自行处理。其他机关、部队、团体及群众，非得税务机关之请求或委托，不得自行查缉。

第十四条　税务人员或机关、部队、团体工作人员及群众，查缉违章漏税案件，如有受贿或其他徇私舞弊情事，一经查觉或告发，即予依法查办。举发密告人，如有借端诬陷或其他非法行为者，应负法律上刑事责任。

第十五条　本办法如有未尽事宜，由山东省政府修正之。

第十六条　本办法经山东省政府公布施行。

选自《山东革命历史档案资料选编》，第22辑，济南，山东人民出版社，1986年版，第187～189页。

72. 山东省货物统税违章漏税案件处理暂行办法

1949年2月

第一条　凡查获货物统税之违章漏税案件，其属于山东省税务局征收范围内者，应由山东省税务局及所属税务机关依法处理之，其他任何机关、部队、团体不得径行处理。其属于地方税之违章漏税案件，经省各级税务机关所属人员查获者，应移送地方税征收机关处理。

第二条　违章漏税案件发生地点，如离主管税务机关路途过远时，得由该主管税务机关指定授权之派出机关或委托之代征机关处理之，但派出机关处理后，应立即呈报其主管上级机关。代征机关处理后，应呈报其上级机关，转报省税务局。如案情重大须慎重处理者，仍应解送或呈请上级主管机关处理之。

第三条　受理之违章漏税案件，如遇有疑义时，得通知与本案有关人员到案陈述案情或作证。

第四条　举发告密之违章漏税案件，如情节重大者，应令举发或告密人用书面切实详细报告，以便根据处理。

第五条　受理之违章漏税案件，如属于货物漏税者，应将货物予以扣留保管（如不便保管时，得令货主觅具殷实铺保，将货先予发还），于三日内依法处理。但扣留之货物，其所有人如逾十日不到案听从处理，即将货物没收。

第六条　受理之违章漏税案件，如遇情节重大触犯刑事案件者，应将刑事部分在一天内移送司法机关处理。

第七条　受理之案件，除照章应令补税或仅系手续轻微错误应予警告者外，其应予处罚者，均须制成处分书。

第八条　前条处分书，须于处理终结后五日内，送达被处分当事人。

第九条　凡被处分当事人，须于收受处分书后五日内，将处分书所列事项办理完竣；如有不服，得于十五日内缮具诉愿申请书二份，分呈原受理案件机关及其上级机关处理之。

第十条　已经处理之违章漏税案件，于送达处分书后，如逾诉愿期限，即为处分确定，应予执行，不得再行申请变更。

第十一条　执行案件处分或决定时，如有阻碍，得商请地方政府协助之。

第十二条　违章漏税案件经处分确定并执行后，应将没收处分之货物即予标卖。凡标卖之货物，应给予证明书，并于货物上加盖戳记，承买人方得使用。如系贩卖者，承买人仍应补具纳税手续，方得行销。

第十三条　没收货物及罚金，应由处理机关填发收据，给予被处分人。此项收据由省税务局统一颁发之。

第十四条　凡没收货物充公变卖之款及罚金，除税务人员外，无论机关、部队、团体、群众，均依下列规定奖励之。

一、直接缉获送交税务机关者，变价款按百分之五十提奖，罚金按百分之八十提奖。

二、举发密报并协助税务机关查获者，变价款按百分之四十提奖，罚金按百分之七十提奖。

三、举发密报后经税务机关查获者，变价款按百分之三十提奖，罚金按百分之六十提奖。

第十五条　本办法如有未尽事宜，由山东省政府修正之。

第十六条　本办法经山东省政府公布施行。

选自《山东革命历史档案资料选编》，第22辑，济南，山东人民出版社，1986年版，第189～191页。

73. 山东省税务局货物统税稽征实施办法

1949年2月

第一条　货物统税之稽征手续及管理等事项，除遵照各项税务法令所规定者外，并依本办法办理之。

第二条　本办法所称之货物统税，暂为机制卷烟、棉纱、火柴、麦粉、洋酒饮料、化妆品、颜料七种。煤、金矿及手工制卷烟之稽征办法另定之。

第三条　货物统税由各地主管税务机关派员驻厂稽征，或由各地税务局派出机关征收之。

第四条　货物统税于制造完竣，成为商品，包装为计税单位时征收之。

第五条　各项货物统税计税单位，暂定如下：

一、机制卷烟以最小包装（即十支或二十支）或听（五十支）为单位，雪茄烟以每小包（或盒）为单位，粘贴统税花证一枚。

二、棉纱以小包为单位，粘贴统税花证一枚。

三、火柴以每封（十小盒）为单位，粘贴统税花证一枚。散装火柴以市斤为单位。

四、洋酒饮料以瓶或其他容器为单位，粘贴花证一枚。

五、化妆品以最小容器（不论瓶、盒、罐或小包）为单位，粘贴统税花证一枚。

六、麦粉以每袋为单位，如盖完税戳记。

七、颜料以每小罐（一斤装）或小包为单位，粘贴统税花证一枚。

第六条　货物出厂单位依照商业习惯，暂定如下：

一、机制卷烟以箱（每箱分五万支、二万五千支两种）为单位，每次出厂至少一箱；雪茄烟以一千支为单位，每次出厂至少一千支（小型雪茄烟厂得酌减之）。

二、棉纱以件（内容四十小包，计重四百磅）为单位，每次出厂至少一件，非经特许，不得以小包出厂。

三、火柴以小箱（或称听、篓、提、包、桶）为单位（每小箱内装一百二十封，每封十盒，及内装二百四十封、每封十盒二种），每次出厂至少一小箱。联头断残火柴，每次出厂至少五十市斤。

四、洋酒饮料用瓶装者，每次出厂至少一打，用其他容器装者，每次出厂至少十二市斤。

五、化妆品不论瓶装、盒装、罐装、纸包，每次出厂至少一打。

六、麦粉以袋为单位，每次出厂至少十袋。

七、颜料以罐、筒、包为单位，每次出厂至少十市斤。

第七条　货物统税一般征收手续规定如下：

一、凡驻厂征收之税款，由厂商于应缴纳时，依照核定税额，报请驻厂税务员签发缴款凭单，持单径向当地主管税务机关所指定之银行或收款机关缴纳税款，取得收据后，再向驻厂税务员换取纳税收执（即税票），凭纳税收执领取统税花证。

二、统税花证由厂商依照第五条之规定，每计税单位实贴一枚，并加盖骑缝厂章。装成箱件运销者，由税务员核发完税证，监视实贴于每箱件之表面上，加盖验讫戳记，方准出厂行销。

麦粉发给纳税收执，毋〔无〕须发贴统税花证及完税证，但须于布袋上加盖“已完统税”戳记，方得出厂。

三、为照顾厂商包装大件便利起见，得由驻厂税务员凭厂商负责经理人预借统税花证书，核借花证，于包装小包时随时粘贴，但预借数量不得超过该厂五日产量。

四、未派有驻厂税务员征收统税之货物制造厂户，须于货物出厂前，备款向就近税务机关或税务机关指定之驻在税务员，缴纳税款，购领应贴统税花证及完税证，由税务人员随同前往监视实贴，加盖验讫戳记后，始准行销。

第八条　棉纱厂附设织布间者，其移送织布间之棉纱，稽征手续如下：

一、每日由纺纱间移送织布间之棉纱，应由厂方报请驻厂税务员监视过称。

二、移送织布间棉纱未经打包，无标准包装重量，系以原筒子纱径行移送者，应按该筒子纱每单位实际重量，扣去筒子及加装布袋或木箱重量，核计完税。

三、移送织布间棉纱，不发给统税花证及完税证。

四、每日移送棉纱应缴税款，每五日一次结缴，填发纳税收执（即税票）。

五、厂商应将每日织成之布匹数量，按日报告驻厂税务员。

第九条　联头断残散装火柴按斤出售者，出厂时须先报明驻厂税务员查验，并监视过称。按章纳税后，由驻厂税务员填发税票，始准凭票出厂行销。如作为非卖品赠送者，得免除其统税，但仍应报由驻厂税务员检查，必要时并应请由驻厂税务员加盖戳记，方得出厂。

第十条　凡军用麦粉自备原料委托厂商代为磨制者，得予免税，其免税手续如下：

一、采办军用麦粉机关应将需要数量、交厂原料数量、估计制粉数量及时间，开列清单，连同与厂方所订合同副本，函送当地主管税务机关查核，准许后方得免税代制。

二、前项麦粉出厂时，应由驻厂税务员签发军用麦粉免税凭证，袋上加盖“代磨军粉不得出售”戳记。此项粉袋上不得印有牌号或商标，否则即不准出厂。

第十一条　凡磨制麦粉之动力、磨粉及筛粉三部分中有一部分使用机器者，为半机制麦粉，其装袋运销者按机制麦粉征税，其不另包装，只供门市论斤零售者免予征税。此项免税麦粉并限就地行销，不得外运。

第十二条　凡已用过之装货旧箱、旧包皮回厂时，须先将旧贴之证照及戳记洗刷干净，报请驻厂税务员验明后始准入厂。

第十三条　各地税务机关查验货物时，如系整件（箱）货物，以皮面粘贴之完税证并加盖之骑缝戳记为凭。如整件（箱）合装为大件大箱者，以大件大箱封面粘贴之纳税凭证为凭；如系小包，以包上粘贴之统税花证及骑缝戳记为凭。

第十四条　新解放区厂商在统税未公布开征前，已运销出厂之货物，依照新解放区旧存货物处理办法处理，不再向厂商追征统税；未出厂货物不论已售定货或未售存货，应一律照章补纳统税。

第十五条　凡已完统税之货物，如在解放区内有被重征其他捐税者，应于三个月内提出证据，请求原征统税机关退税，经核明属实，得按重征数额退税，但退税之最高数以原征统税额为限。

第十六条　凡卷烟、洋酒饮料、化妆品运出解放区以外销售，贩运商得呈请由出口海关，免除其应纳海关出口税。

第十七条　凡派有驻厂税务员之工厂，应将工作钟点规定，报明驻厂税务员记载，以便管理，其有因故停工及延长或缩短工作时间者，应先期以书面报明驻厂税务员转呈主管税务机关备案，恢复正常状态时亦同。

第十八条　厂商应每日填造产制存销日报表（规定格式由厂方自行印制），呈报驻厂税务员，表中所填数字须与该厂账册相符。

第十九条　厂商关于各种报告表册报税等事件，应负真确责任。驻厂税务员及主管税务机关必要时得检查货件，并调核其簿据，厂方不得拒绝。

第二十条　本办法如有未尽事宜，得呈准山东省政府随时修正之。

第二十一条　本办法呈准山东省政府公布施行。

选自《山东革命历史档案资料选编》，第22辑，济南，山东人民出版社，1986年版，第191～195页。

74. 山东省统税货物制造厂商及商标登记暂行办法

1949年2月

第一条　凡在山东省境内制造机制卷烟、棉纱、火柴、洋酒饮料、化妆品、麦粉、颜料等货品之厂商（以下简称制造厂商），应悉依本办法向当地主管税务机关申请登记备案。

第二条　制造厂商申请登记，应将下列各款详细填明：

一、工厂名称。

二、组织（甲、独资，乙、合伙，丙、公司——无限、两合、有限等，分别标明）。

三、资本性质（公营、私营、公私合营、合作社经营）。

四、资本总额（如系分厂，应说明与总厂资本关系）。

五、董事长、经理之姓名、年龄、籍贯、简历。

六、职员及工人数目。

七、总分厂所在地。

八、营业所及分所所在地。

九、产品种类（自制、代制）。

十、设立年月。

第三条　制造厂商依照前条登记时，应备具下列各项文件：

一、厂商登记表。

二、机器说明书。

三、设备说明书。

四、每月产量说明书（应将厂内每日开工时间，每小时——不能以小时记者按日记，生产数量，每日每月平均产量，详为说明）。

五、印鉴。

六、保证书（凡无机器设备者，应觅具殷实商铺保证书）。

第四条　厂商申请备案之登记表所填各项及上条所列附件之内容，如有变更时，应分别报请原登记机关核准变更登记。

第五条　本办法未公布前，已开工营业之厂商，均须于本办法公布之日起一个月内申请登记，在申请登记期间得继续制造营业。停工已久重行复业及新设立之厂商，均应于开工十五日前办理登记，经核准后，方得开工营业。

第六条　制造厂商在外埠设立之分厂，除该分厂应向当地主管税务机关申请登记外，并应由总厂于分厂登记核准后十日内，向总厂所在地主管税务机关申请备案，申请时应附交下列文件：

一、分厂登记表。

二、分厂登记核准证件副本或抄本。

三、商标式样（十份）。

第七条　制造厂商如代人制造货物，其代制产品、商标等登记，由承制厂商按自制品同样办理。

第八条　制造厂商如因故长期停工或歇业时，应于事前据实呈准主管税务机关备案。

第九条　制造厂商应将所制货物之商标（或牌名）向主管税务机关申请登记。申请登记时，应将所制物品之商标名称、品级、特点、包装式样及出厂价格据实报明，并备下列规定之文件，一并呈请审查核准发给登记证。

一、商标登记申请书。

二、商标样张十份。

三、特记印戳样式。

四、商标注册凭证或审定书（未有民主政府注册凭证者得交旧注册凭证，未取得注册凭证者免缴）。

第十条　凡未取得注册凭证之商标，有下列情形之一者不予登记。

一、文字、图形、记号模糊不明显者。

二、有他人之肖像、姓名或其他商号及团体之名称者。

三、蓄意为侮辱、讽刺之图案或文字者。

四、商标上所列工厂、字号、住址无中国文字者。

五、相同于已经登记之商标使用于同一商品者。

六、相同于世所共知他人之商标使用于同一商品者。

七、相同于同一商品习惯上所通用之标记者。

第十一条　凡未取得注册凭证之商标，二人以上于同一商品，以相同或近似之商标各别呈请登记时，应准最先使用者登记。其呈请前均未使用或孰先孰后无法证明时，得准最先呈请者登记；其在同时呈请登记者，须经各呈请人自行协议，让归一方专用，否则全部不予登记。

第十二条　未经核准登记之新商标，不准使用。凡核准登记商标如变更图样或附记时，应申请变更登记，在未核准前不得使用。

第十三条　办理制造厂商各项登记手续，除收回各项单证印刷费外，不收任何费用。

第十四条　手工卷烟、煤矿及金矿开采淘炼厂商登记办法另定之。

第十五条　本办法如有未尽事宜，由山东省政府修正公布之。

第十六条　本办法经山东省政府公布施行之。

选自《山东革命历史档案资料选编》，第22辑，济南，山东人民出版社，1986年版，第195～198页。

75. 山东省税务局征收煤及金矿统税实施办法

1949年2月

第一条　煤、金矿及金统税之稽征手续，除遵照各项税务法令所规定者外，并依本办法办理之。

第二条　煤及金矿统税由各地主管税务机关征收，或委托地方税稽征机关代征之。

第三条　煤及金砂统税于运出矿场时征收之，金于淘炼完成时征收之。如事实上不能按上述规定征收者，得由主管税务机关或代征机关查明核定平均产额，按定期征收之。

第四条　煤之计税单位为“吨”（二千市斤），金砂计税单位为“担”（一百市斤），金之计税单位为“两”。

第五条　凡由税务机关派员驻矿征收之煤及金砂（不自行淘炼者）统税稽征手续，规定如下：

一、矿商应将每日出产之数量，报由驻矿税务员点明（如过磅者应由驻矿税务员监视过磅），插牌编号，登入表册，发给核对单。驻矿税务员得随时查点其存货。

二、产品运销时，矿商应于起运前填具运销凭单，将数量报明驻矿税务员，依照实销数量核收税款，按批掣给纳税收执（税票），运销时应持凭运销凭单，以便检查。

三、矿商每批销售之产品应纳之税款，有殷实商铺书面担保者，得按定期（最多以一月为限）清结汇缴。

第六条　矿商所产之煤，不运出矿区，移用作动力燃料或炼焦及其他用途者，应一律完纳统税，其手续得按每日平均耗用量征收之。

第七条　矿商将金砂自行淘炼不运往外埠或出售者，就金征税，不再征金砂税。

第八条　金税之稽征手续如下：

一、矿商应报明每月平均产量，由税务机关派员验估属实，按矿区或矿井规定应纳税额后，由矿商出具承缴统税书，按规定缴纳之日期缴纳税款。

二、派员驻矿稽征者，应按规定数额每五日缴纳之，未派员征收者，得按定期（最多一个月）清结汇缴，但须殷实商号书面担保之。

三、矿商缴纳税款后，由征收机关或税务员填发纳税收支为凭。

四、金税得以实物缴纳。

第九条　矿商应每日填造产销日报表，呈报驻矿税务员，表中所填数字须与账册相符。其未派有驻矿税务员者，应规定日期填造旬报或月报，呈报主管税务机关。

第十条　凡已完纳统税之煤、金砂及金，如在解放区内有被重征其他捐税者，得于三个月内提出证据，请求原征统税机关退税，经核明属实，得按重税数额退税，但退税之最高数额以原征统税为限。

第十一条　矿商关于各种报告表册报税等事件，应负真确责任。驻矿税务员及主管税务机关，必要时得检查产品并调核其簿据，矿方不得拒绝。

第十二条　本办法如有未尽事宜，得呈准山东省政府随时修正之。

第十三条　本办法呈准山东省政府公布施行。

选自《山东革命历史档案资料选编》，第22辑，济南，山东人民出版社，1986年版，第198～200页。

76. 山东省税务局驻厂（场矿）税务员工作细则

1949年2月

第一条　凡驻厂（场矿）税务员，除应遵守各项税务法令外，并应遵守本细则之规定。

第二条　驻厂（场矿）税务员受该管税务机关之领导，遇有指示及交办事件，应迅速接受办理。

第三条　税务员应负驻在厂（场矿）稽征之责，分别如下：

（一）关于依照各项法令办理各项征收手续事项。

（二）关于厂（场矿）商应纳税款之催缴解库事项。

（三）关于票照之签发，花证之监贴、经领、保管及缴核事项。

（四）关于产品出厂运销报验事项。

第四条　征收手续之具体施行办法：

（一）日常产品

A. 按厂商每日所需统税花证数量，依其所开之领条登记，预发统税花证，最多以足够五日需用为限，令其自行按章粘贴。

B. 已打件装箱（包）之货物，应经常检查。

C. 煤及金砂应于计数或过磅时监视。已计数之煤堆、砂堆应插牌编号，记明重量，并填发核对单。矿商运销出场时，应予核对注销。

（二）货物出运之前，接厂（场矿）商运销报单之后，即行粘贴完税证，并在与税证包皮之骑缝处加盖大验讫戳。麦粉盖戳，不发统税花证及完税证。煤、金砂及金应于出场时签发运销凭单，随货运销。

（三）接厂（场矿）商之日报表核查无讹后，即行登账，并在日报表上盖章送主管税务机关。

（四）核算五日应缴税款额，填写纳税凭单，督备税款，解赴银行换取收据，根据银行收据，即行登账，掣给纳税收执（即税票）。如就近无银行者，应由厂（场矿）方径解税务机关或税务机关指定之收款机关，凭据掣发纳税收执。如离收款机关路途过远，每五日径解有困难者，得由厂（场矿）方以欠款手续出具收据，于规定期内（最多不得逾一个月）一并由厂（场矿）方解缴银行或税务机关，凭收款据核销欠款手续。

（五）产品出厂（场矿）批发价格，逐日填入物价调查表，按期送主管税务机关。

（六）每旬终结账，须将票照现金旬报表、解款书与银行之收据、税票缴查，一并解缴主管税务机关。

（七）月终除填造票照税款月报表外，并将一月之工作情形、工作经验、改进意见，总结报告主管税务机关。

第五条　税务员应负驻在厂（场矿）税源之查报及掌握之责。

（一）关于征税货物产制运销情形暨厂商牌号、商标数量之查报及登记事项。

（二）关于厂（场矿）户停工、开工及营业情形之查报及登记事项。

（三）关于违章漏税之防止及查报事项。

（四）关于征税货品出厂价格之统计及查报事项。

（五）关于建议厂（场矿）户增加生产事项。

第六条　商民对税务法令有未尽了解或有疑问时，税务员应尽解释宣传之责。

第七条　税务员办公时间除依照一般规定外，并应照顾厂商营业时间，必要时得延长办公时间。

第八条　税务员应常川驻厂（场矿），不得擅离岗位，如遇有事故请假时，应先呈请主管税务机关核准派员代理。

第九条　税务员调迁时，应将其工作计划及执行情形与改进意见，并主管之文卷、公物，印章等项全部移交清楚，会同接办人列表报请主管税务机关查核。

第十条　税务员于上级机关派员调查及视察时，应将一切情形详细报告。

第十一条　税务员不得接受商民馈赠供应，或利用职权图利舞弊，并不得泄露业务上机密。

第十二条　本细则如有未尽事宜，得随时修正之。

选自《山东革命历史档案资料选编》，第22辑，济南，山东人民出版社，1986年版，第202～204页。

77. 新解放区税务工作实施纲要

1949年2月

一、凡新解放地区随军事而进入之税务机关，应立即开征货物统税。

二、税务机关进入新解放地区后，应于城市出入口及其他货运要道派出稽征机关或小组，执行各项税务工作。此项派出机关或小组，待税务工作完全进入正常时撤销之。

三、凡制造统税货物之工厂、工场、矿区，应立即派税务员驻在征收统税。产量不多，无派员专驻必要者，得令邻近驻厂（场矿）税务员兼办。

四、驻厂（场矿）税务员应将各该驻在厂（场矿）下列各项查明，于七日内分别列表报告主管税务机关转报省税务局。

1. 厂（场矿）名。
2. 厂（场矿）址、营业所及分厂（场矿）地址。
3. 组织（独资、合伙、公司等）。
4. 资本性质（官僚资本、私人资本、官私合营、外人资本）。
5. 资本总额。
6. 负责人姓名、籍贯、住址及简历。
7. 职员及工人数目。
8. 机器数量及机器生产力。
9. 工厂、工场、矿区之经历及目前营业情况。
10. 产品之种类、商标、牌号。

五、驻厂（场矿）税务员，应将驻在厂（场矿）存货不论已售未售及余存原料，分别种类、牌号、商标一并登记，于七日内列表报告主管税务机关。此项存货应照新制货物同样按照法令报纳统税，方准出厂（场矿）销售。

六、手工卷烟厂户，立即派员予以调查登记，并将各厂户存货及余存原料一并登记，于十五日内报告主管税务机关，并按照前条办理征税。

七、手工卷烟厂户登记之核准以旧设者为限，新增设厂户不予核准。

八、卷烟、棉纱、火柴等存货，如已装成整件或整箱，准许不予拆件开箱实贴小件花证，只须〔需〕于箱件表面实贴完税证，即准行销。其应领贴之小件花证，应加盖特别戳记，发交商人，自行于拆装时实贴后，方得出售。

九、存货完税价格，暂以原出厂价格按银行规定蒋币折算价折合人民银行新币为计算根据。

十、市面旧存货物除另有规定者外，以下列办法处理。此项旧存货物系指（甲）原为解放区所禁止进口或征税进口之货物，（乙）应纳统税之货物。

1. 甲项旧存货物得在新解放之城市或指定地区内自由销售，不征捐税。

2. 甲项旧存货物如运出市境或指定地区外销售或使用，运货人应持货赴稽征机关或小组驻地申请外运，经检查后签发旧存货物运销报运单，并加盖验讫戳记，方得运货出境。

申请报验手续，除收回报验单印刷费外，不收其他任何费用。

3. 乙项旧存货物，不论本地自产或外来，均应在规定限期内办理登记补税手续。此项限期，由主管税务机关视市面存货数量及销售情况，按各类货物分别规定之，但至多不得逾两个月。

4. 在上项规定登记补税限期内，商人应持货向就近税务机关或税务机关所委托之处所申请登记，经查验后发给登记证明单，并于货物之大包件上加盖戳记。商人应即购领盖有特别戳记之统税花证及完税证，自行按照规定实贴货件上。逾期不行登记补税，一经查获，即以漏税货物论处。

5. 上项登记补税手续，如商人因存货过多无力一次补足统税者，得觅具殷实铺保，请求一次登记，分批补税，经核准后发给分批补税核准单。商人应履行核准单说明栏中所开各事项，凭单分批补税。

（4）（5）两项登记手续，除收回证明单、核准单之印刷费外，不收其他手续费。

6. 乙项旧存货物，在规定登记补税期限内，得将未税货物在市境或指定地区内自由销售。但运出市境或指定地区以外，应补税贴证方得出运。

7. 旧存货物兼属（甲）（乙）两项性质者，以（乙）项旧存货物论。新解放地区税务机关应负责协助银行排除敌币工作，办理敌币封包出境手续。其办法另定之。

十一、本办法未规定事项，新解放区税务机关视当地需要，得呈准上级税务机关办理之。因时间关系不及呈准者，应商得当地最高政府同意办理之。但一面仍应向上级税务机关呈报备案。

十二、新解放地区在军管时期，税务机关应接受军管当局之命令，执行临时任务。

十三、凡有关税务上法令性之布告，除省税务局颁发及核准者外，应以当地最高政府名义行之。

说明：

本纲要系根据济南解放后税务工作情况草拟之，以后解放非孤立据点之大城市，本纲要所列各条未必完全适合，只能作为参考之用。

选自《山东革命历史档案资料选编》，第22辑，济南，山东人民出版社，1986年版，第204～207页。

78. 山东省人民政府关于解放区间贸易往来概予免征进出口税的通令

1949年7月21日

令从各级政府各进出口管理局

随着人民解放战争的胜利发展，各解放区已相继联〔连〕成一片。为便利解放区间物资交流，决定凡属解放区间贸易往来，概予免征进出口税，并具体规定如下管理办法：

一、解放区间及本省各商埠间之贸易往来，均须经过各起卸港口之进出口管理机关或其所属机构，发给正式证明手续，始为有效。

二、为本省规定统销出口之物资，除国营对外贸易公司外，非经对外贸易管理机关批准，不许自由转运出口。

三、由其他解放区运来之国外进口货物，如经证明确已先行于起运口岸办理进口手续者，准照解放区间进口货物办理，否则得按国外货物进口手续办理。

四、本省与旅大的贸易往来，亦免征进出口税。

五、为防止海上走私情事之发生，凡经由海上转往其他解放区之货物，均得由经运商人事先妥具殷实保证，再行申请报关办理手续，并限令商人取得货物运达证明后，始可销保，否则以出口论，补办出口手续，并视情节轻重酌予处分。

以上各项，仰即于八月一日起开始执行为要。

此令

选自《山东革命历史档案资料选编》，第23辑，济南，山东人民出版社，1986年版，第191页。

79. 山东省人民政府关于北海币与人民币固定比价行使不得拒用的通令

1949年8月11日

令各公营企业部门、税收机关

查自北海币发行以来，信用卓著，已有巩固的基础。人民币发行后，北海币仍准予按固定比价流通。但近据各地反映，铁路车站及税收机关与公营企业部门，在收进各种款项当中因点数不便，竟有直接或间接拒绝收受之事。此举不仅影响北海币流通信用，而且可能发生商民人等不欲行使之错觉，因而造成市场混乱，影响政府威信。今后除饬令北海银行，继续收回小面额之北海币，并尽量发行人民币外，铁路各车站与税收机关及公营企业部门，在收受款项时，无论大小面额之北海币，均应按固定比价行使，不得拒用；收进后可到当地北海银行换取人民币，借以维护北海币之信用。特此通令，仰即遵照执行为要！

此令

选自《山东革命历史档案资料选编》，第23辑，济南，山东人民出版社，1986年版，第313～314页。

80. 山东省人民政府通令
——为克服当前财政困难颁发十项禁令由

1949年8月15日

令县市以上各级政府

为紧缩经费开支，减轻人民负担，反对铺张浪费，发扬艰苦朴素作风，以克服当前严重的财政困难，经本府政府委员会决定，颁发十项禁令：

一、禁止自由扩大编制，机关不准随便增加人员，学校不准随便扩充公费生名额。在编制未确定前，准减不准增，特殊需要时，必须先请省府批准。在编制确定后，坚决按编制整理，不得省府批准，不得变更。

二、禁止浪费公共资财，提倡节约。各单位储存的公共资财，应于清查登记后，呈报上级审核。非经上级机关批准，不得动用或变卖。所有资金物资应服从统一管理调度，反对分散独立，各自为政。

三、禁止大兴土木。一切机关房舍暂维现状，不许随便装修新建和租赁购置房产。破漏房屋，如确须修补免致更大损毁者，须经主管部门负责人严格检查，报告上级核准，方能动工，不得“先斩后奏”。

四、禁止滥增家具、添置设备和不照规定随便使用汽车浪费汽油。提倡爱惜公物，不得攀比铺张。城市机关尤需严格节用水电，取消乘马。

五、禁止大吃大喝、请客送礼，提倡省吃俭用、节约开支。所有工作人员的待遇及往来接待，一律按制度行事，不得额外开支。冬季服装尽量发穿旧衣，节约新衣。

六、禁止随便聚餐、看戏、献旗及募捐、慰劳等，反对奢侈浪费。

七、禁止机关学校经营贸易生产，不准抢购囤积物资、紊乱市场，并不得以生产赢〔盈〕利任意挥霍。

八、禁止虚报人数、多领公粮公草和公物。规定缴公的节余部分，必须按时缴公，不得私自留用。

九、禁止自由扩军派夫。不得省府、军区批准，不得动员参军，非经县以上政府批准，不得随便动用民力。

十、禁止随便摊派及随便征用人民财物，增加人民额外负担。

以上禁令，仰我各级政府及所属机关、学校、企业、工厂，切实遵照，具体研究，保证贯彻执行。

切切此令

主　席　康　生
副主席　郭子化

选自《山东革命历史档案资料选编》，第23辑，济南，山东人民出版社，1986年版，第315～316页。

国家出版基金项目
NATIONAL PUBLICATION FOUNDATION

海上絲綢之路文獻集成

總主編 陳支平 陳春聲

歷代史籍編 107

主編 范金民

海峽出版發行集團
THE STRAITS PUBLISHING & DISTRIBUTING GROUP
福建人民出版社

本册目次

籌議海防文稿一卷

〔清〕沈炳垣撰

《籌議海防文稿》一卷，清沈炳垣撰。炳垣原名潮，字魚門，號曉滄，浙江桐鄉人。嘉慶十五年（一八一〇）舉人，歷官上海、南匯、元和、崇明、太倉等知縣，擢太倉直隸州知州、松江府海防同知。是書當係官海防同知時所撰，彙集道光二十年（一八四〇）第一次鴉片戰争期間籌備海防之文書，如奇營左哨千總張某稟報拏獲英俘事宜、江浙藏盜各山嶴島、長安沙出力文武人員、署崇明水師中營游擊周名揚條陳水師營務略、署崇明鎮標中營游擊周松漁（名揚）條陳水師營務回條、葉恒澍條陳制服夷匪之法六條等。末附英國海軍與清廷交涉戰俘發還文書及被俘英國軍官嘤士達唎供詞。據上海圖書館藏稿本影印。

籌議海防文稿

桐鄉沈曉滄炳垣著 當係官海防同知時所著

崇明寄家信以初三十八為期

又陸寄崇明以初十廿五為期

無任

十七年案內、以修舢板船六只、已領銀具報開工、

十八年秋冬兩季案內、應以修造小哨船九只、

十九年春夏季案內、應以修造小哨船九只

樟樹條爲纜、以燃礮火、風雨不熄。見朱竹垞所作楊以齋侍郎神道碑

八月廿六日午刻大小夷船三只在協安汐西南平安長安汐西首洋面往來游奕 地保張瑚報

廿九日大夷船二只自長安汐西南往東行，忽噴風入南門港及二条坚河後有小夷船一只並脚船駛過 營信自長安汐來

奉諭照出 控施和泰被出船糖包六月廿二日載四艘一万八千餘包 價值九万餘千

單交地保徐朋黏貼花名字号七月廿▢日被夷施叔華搬運在家一案

簽林秀徐太

蛋。詐。呈内有此二字，詢之代書，謂其隨處詐人如蛋也。

紙。棺。呈内有此二字，詢代書，謂混寫契紙，並無四址開明，如同假紙誑騙之

意。係此間俗語。

粹後

皂頭　湯相五十五歲在城北門外　金元四十四歲在城

快頭　楊文六十七歲東門外　徐坤五十三歲在城　王陞四十二歲朝陽門外　王占二十七歲北門外

戚洪三十三歲北門外　沈工二十八歲在城　費洪五十六歲在城　高上二十五歲朝陽門外

副快頭　張品四十三歲南門外　費太三十歲在城　嚴文五十三歲在城　徐立四十五歲北門外

倉書　王鳳池　兵書　袁紹忠

吏書　嚴誠　戶書　王沛江

捕廳書　劉達　施纘　王亮

吏書姚承慶
戶書陳懷玉
庫書李震亨

刑書郭孝儀
軍工顧鴻成
戶書張太和

工書劉敦裕
張慎修

條陳時宜　庠生劉琦　文生徐汝霖　制軍發下會營垂委員議兩貴以

一防剿　謂於十滾外口。排列戰船一二十只。大帥居其要衝。與吳淞於勢相依。夷船自不敢出入。其餘內外沙地二十餘處埘岸。設精兵駐守。夷亦不敢乘間登岸。

一聯命　遠近守汛之兵。沿鋪七十餘丈。而城郭防禦者。似亦可稍給烽燧之資。終日夜守墩。至于在汛官弁。不得遲報。

一岸擊　於諸埘坎要害處。添設重兵。多築土墩。以便藏兵匿砲。土墩外旁遮叢青藏砲。俟夷船近岸。倏然開砲。擊破小船。而大船失其引導。不攻自斃矣。

一禦陸　於要害之所。設旁對面茅艸房三間。向東設整孔。內藏大砲五六座。兵二百名。去艸房里許。兩翼各伏鄉勇一百名。俟夷[illegible]登岸。營兵二十名。誘奔而伏所。然後開砲。兩翼邀截。兵之接應攻擊。則砲聲轟轟。賊魂驚自無遺類矣。

一、圍城

崇邑磚城已壞。非補葺可以言守。惟泥城可以衛城。且能禦砲。應照邑志開掘外岸高阜。并將河中淤泥。幫潤泥城基。約兩旁可四五尺。長潤乃五六丈。上土力加倍給發。每名給二百文。聞風來役者日可致數千人。連至十日。可竟其功。

物價

冬舂米每升五十八。秋米四十八。菜油一百卅八一觔。煤每担一千五百文。

羅卜七十二文一觔

奇營右哨千總張錫鴻謹稟

八月二十日，鎮海縣鄉勇在寧海川山地方，擎獲白夷匪一名、黑夷匪一名，解赴寧郡。又於二十二日，餘姚、慈谿兩縣交界後山北觀海衛地方，有大夷船一隻，追趕民船，駛至臨沙擱淺，被該處鄉勇擎獲白黑夷匪二十四名，在船夷匪約四百餘名，俱泅水逃遁，並在船起獲大銅炮二門，每門約重六七百觔。該二縣業經鄉勇將夷匪、銅炮於二十四日押解軍前，其縣即將該匪嚴監禁。其大夷船仍擱陷泥，不能拖起云云。

江浙藏盜各山嶴島

南麂山在浙省石浦东南深水大洋，黃岩鎮標所轄洋面，慣於藏盜窩賍。係福建同安、惠安兩縣匪人寄頓。

石塘山屬台州府太平縣，係黃岩右營所轄洋境，乃福州、泉州、興化諸府州人寄頓處所，慣於通盜銷賍。

三盤山屬浙省溫州府玉環廳，係玉環營及溫左營所轄洋境，乃福建同安、惠安、晉江漁匪窩囤之處。

東庫山坐江省洋面，崇標所轄，係浙省鄞縣漁民采淡菜寄頓之所。

盡山係浙省定海左營所轄洋面，係匪船寄頓之處。

洛華山一名陳錢山。係江省崇明營所轄。盜犯每有逃匿是山者。
花腦山係江省崇明營所轄。盜犯逃逸。每於此山緝獲。查此山與洛
華东庫俱係江省所轄。曰於獲盜後。將山上茅廠盡行燒燬
魚腥腦山此山在大浦洋直東。定海右營管轄。川沙八淳團、南滙五團船
板塗船慣藏此山。大浦放洋船隻。每被行劫。
桃渚山屬台州府寧海縣。黃岩右營管轄。凡盜匪藏匿之所。該處
暗礁稠密。
南麂山屬溫州府平陽縣。瑞安協所轄洋面。此山形勢高險。自山上

望瑞安、平陽、鎮下、北関、南関，如在目前。及駕舟赴山，中阻橫水洋三百餘里，斷非一二日可到。故向為盜匪藏匿之所。以上各山，俱係藏盜窩贓之處。內南魚、南麂兩山為尤甚。南魚山銷賣盜贓，有象山縣所屬之石浦外山一帶、寧海縣所屬之牛頭山、桃渚港、太平縣所屬之金星港、狗洞門諸該皆通。南麂山銷賣盜贓，有浙閩交界之沙埕港、大魚山、小魚山、王孫、七溪及瑞安銅山一帶，諸該皆通。因之此二山盜匪寄頓尤多。至於江省之東庫、花腦、後華各山，及浙省之盡山、些默山，經名周揚前於該處起獲盜贓，係將存山茅廠

盡行燒燬。現雖有鄧耿採、洪英淦民。在彼栖存宿。仍有遺風

船隻。不過洋受酬錢而已。不敢公然在此搶刼也。

長安沙出力文武人員

署左營守備千總劉∟　查∟

二員爭先抵禦。擊傷夷匪多人。

奇營把總黃∟　鄧∟　郭∟

留局委員江寧候補經歷徐∟　祿∟　芝∟

留局委員丹徒司巡檢謝∟　綸∟　園∟

崇明縣典史吳∟　賴∟　曾∟

三員平日分派防守出力。復率領丁勇居後。同時奮勇爭先。

奇營額外、委景∟　文∟　春∟

擊傷夷匪多人。

龔∟　成∟　良∟

二員衝鋒接仗。又殺斃夷匪一名。景文春復奪取夷刀一把。

留局差遣盟生王敷政

拔効歐陽濤

二員平日偵探夷艘。半係御勇。不辭勞苦。又首先帶領御勇攻擊加禾餘黨夷匪。該盟生係能幹旋者。歐陽濤係革員。拔効來營隨同。俱不敢仰邀獎勵。

御勇龔加和

隨同首先傑夷出力。餘黨夷匪一名。擊傷一名。詢為奮勇。

中營馬兵黃錫昆

會同御勇。擒倒夷匪。奪取火鎗一桿。

奇營餘兵鄭士良

御勇徐定

均與英匪往來接仗。衝突攻擊。身受石子、鎗珠重傷。

鄉飲高秀時

團練鄉勇。同場出力。幫奪英鎗一桿。

壽營牌兵戴德

本營牌兵鄧天祿

均奮勇當先。與英匪往來接仗。擊退英匪。

以上人員實為出力。

總查候補都司俞大銓

督飭兵弁同場、効力。并於平日特押防守。始終無懈

中營千總張鴻亮

奇營外委陳其恕　兵丁李士良　俞吉成

協同兵勇。擊傷來匪三名。

右營外委周志元　兵丁鞠振乾

額外熊中元　御勇顧徐順

協同兵勇。追獲來匪船一只。

御領龔炳南

團練御勇隨同官兵抵禦報效。

以上人員其次出力。

掘港營都閫周名揚條陳水師營務略　署崇明鎮中營游擊

設守立營，以水師營伍以熟悉水師為要。緝捕緝私，而平時講貫總以船隻為先，其外巡船之行駛風潮與內河迥不相同。內河船隻駛風不過三面，如船從正南，北風則大順，東北西北兩風單戧而以行駛。若船從正南，正東正西二面之風，其通潮之處借水力長落尚可折戧行駛，若無潮水長落之處，即不能行駛矣。至江省外海船隻，在大洋則能行風五面，如從南行駛，遇正風，不論潮水長落，逢有兩面，即為大順。若東北風謂之櫓前出綫風，西北謂之櫓後出綫風，多不用攊頭，無分長水落水，皆是順風，便于行駛。若從南行駛，遇正東風，行櫓前戧，落櫓後攊頭，正西風行櫓後戧，落櫓後攊頭，此二面風雖能行駛，但出綫祇教順風及半、如遇東南西南二面、即難以行駛、若在長江黃浦、乘潮水長落、假借大汐水力、謂八字戧、亦可行駛、教之順風出鎮、祇十得其三、至于浙省網判釣艇及福建釣鮮魚艇、此等船隻、時刻在洋捕魚、時刻在洋防禦盜、獨能行七面之風、五面一體行駛、緣該船底有龍骨梗水、祇不用櫓、頭尖、江省外海船隻、不能行駛之二面、該船獨能行駛者、江省巡船頭方底平、以頭角迎浪、故照針盤迎風偏四字方能折戧行駛、該船頭尖腹闊、可以破浪而行、故照針盤迎風側偏二字有餘、即能行駛、江省船隻中可以同該船行駛者、祇有上海之高之艙、川沙之八槳船板二種、所以每每在洋行劫販私、是上數種船隻、視巡船行駛、已覺便利、而尚有一種閩省同安縣所建䑸地方之白艙匪船、狀如鳥間鴨尾、能行八面之風、七

雨因綱刈等船一體行駛當有一兩艘不能行駛乞該船遇有水
師巡哨船隻急追追擊該船即收篷落桅兩旁加槳十六枝頭桅用
櫓七枝不特大洋中可以迎風快走即在山門急水中亦可以迎風敵艇
充快而前所以此項匪船在洋最肆猖獗追擊最難擒獲都司
前在崇標帶領緝盜巡哨於道光十三年正月初一日在洋遇見曾折
蝕尾追跟匪至夜午將見該匪船收篷落桅擺開槳櫓不一時
已迎風遠去且該匪船之身小較商船低淺以下單工勢必致傷
人命將在船之人喊避方可過船因之所劫之案每係事主即在
該匪船而行此在大洋行劫盜匪其所駕船隻較商船巡船終屬
快于駛櫂是即水師員弁平時難行駛折戧之法請責熟悉
在洋遇有匪船尚恐難于濟事今就都司平時與巡洋弁兵
請責水師緝捕官兵練習各條仰祈

憲條

一水師負弁將輪巡哨，其在船舟師、槓具、器械，皆先配合演試也

在船司事兵丁，捕盜為首，次則司舵、司繚、司斗、司椗、船夏及在船

篷桅繚舵，一切槓具、火砲器械，及捕盜等項，皆先行嚴飭整理，如

有損壞破折，必預為檢點修固。再將所有舵工、舵搭、在船水手人等

必使熟悉部序，各按所長，人人合用，庶在洋臨事，不致紊亂。至

司繚必使伸縮應手，寬緊合宜，一視舵工顧帶，如遇轉戧，先將大繚腳帶緊，頭繚放鬆，庶船可易轉，待其篷吃風，即須繚收緊，船身自然快利直前，凡遇順風，亦不得將繚腳拴緊，以防大風驟至，偶遇拋當，視舵工招攬，船頭迎風，即須繚鬆大繚，急收，以便下椗，此篷之類

當

司斗必擇壯盛之年，膽氣長足，臨高望下，不至手腳慌軟，牢裹繩

索便利，桅手必須擇其身長力大之人，拋錨不致遲緩，點椗點下，必須勸

緊報水深淺，必須清明，拋當時，聽候舵工口號，拋字，隨手而下，斯自

船內舵繚各有所司，至各水手必使靜聽舵工指使，口手相應，禁止喧擾，如此能令精熟，即出洋遇颶、遇盜，自然船保萬全，事無不濟。

一、水師兵弁於洋巡哨，必須察看風雲氣色也。風有主客之分，四時不同，早晚互異，如春則以東南為主，反則即為客風。每有颶風，若船向東南而行，東颶風未息之時，忌行，即行五六百里海程，亦必躲避，至至夏則以西南為主風，如船向西南，忌行，早晚視太陽出入，如有黑雲遮蔽，日中當有小風陰雨，必先鬱黑一切，以備帶雨而行。秋則以東北風為主風，如船向東北，必候天氣燥熱，當有南風至。冬則以西北風為主風，如向西北，必候濃霜及海中水底見星，即有南風，當即準備開行，如五六百里洋面，亦可無妨，如向千里外者，即莫定停泊之地方而行。然雲色亦四時不同，四方各異。察看以黎明為准，如春向東南風，東南雲色而露淡青色，如黎明時黑雲腳潛縮，別方起有雲腳，將主轉風。黑雲起于何方，即有何方風至。夕照時瞭望四邊海角，有低而無帶氣象，三日內定有大風颱起。抑或在洋行駛時，見巨魚高撐背翅，游奕水面，亦定有颱風疾至，當主拋錨地拋碇，可保護船隻。夏以紅色為主，雲、天氣燥暴。洋中無風起浪，水有臭味，日出時有黑雲條貫日，日入時有烏雲托日，潮長時定有雷陣大颱。再四邊雲色突起如山，亦主有雷陣，第即有風雨驟來，不過當頭為地步。秋雲以青色為主，如海中東北羅漢雲起，日夜不散，太陽出入時，又有黃白雲起，如下壁樓樣，防大起秋汐颱潮。黑風必主東北，又有西北還風在洋，當於南一面寄椗，在船必加錨加纜，準備一切，庶保萬全。冬以黑色為主，如有淡白雲起，即主有長颱，如月色清朗，處見濃霜，四角俱無雲起即當轉有南風，如四邊起有白雲如霧，布合東北，風急即主有颶雷之後反生起颶之虞。海船行駛，諺有云：天底未動，海底先動。水師弁兵，若不能察看風雲，即行駛船隻，尚有踪實昧事之機，豈有能隨機應變。是平時講貫風雲，在所亟務。

一、水師弁兵放洋巡哨，當避患沙，緣此沙有隱有見，見者易知，隱者忽至於隱沙，則不可得見，如浪頭粗大，來勢遲緩，水起青色，下必是沙。如起浪翻滾，水聲急驟，即當行有礁沙，船當向急溜中駛出，望大浪而行，尤至淺擱之患。且沙有軟沙、鐵板沙之別，船擱軟沙，尚無亡；若擱鐵沙，則船身必致傷漏；如擱在沙，係沙之性甚是緊硬，船身鎮壓在沙，任長落水將船尾底沙抽去，前後俱空，必致分裂毀壞。若如閩廣船隻，底有龍骨，一經淺擱，不論何沙，必不保全至程船中測水鉛錘，即為線，在船以針盤為心，以線為目，水之深淺以線測之，因之色味以線辨之，能窺水底情態，能擇錨於地位，如在外放洋，聽線手口中報水丈尺，皆知何丈尺是何沙泥，何丈尺是何洋面、洋面之各別，是此線之尤要，總係水師員弁必不可少。

一水師員弁皆須辨山河水勢，凡海洋水勢，潮長自東而來，潮退向東而歸，水歸一定，惟逢山河，水勢不同，如河從東出，潮來則水勢西沙，南則向西南沙，北則向西北，至山門之水，較河又有不同，如兩山並峙，中間即為山門，此等水勢，其奔騰之勢如矢離弦，若由長堤及港而駛入者，則兩傍潮平時，水勢略平，而退至各港山環峙，則四面有門，其中水勢緩急亦特殊各不同，既入山門，必更有急湍之水，如船入其中，又乘水旋轉，甚險異常，故皆先事準備，加慎舵櫓之外偏避而行，方保無事。再巡船從山而行，未及近山，水底皆先防礁石，日間審其水勢，夜間聽其水聲，必蜿蜒而行，斯無妨礙。是山沙水性，水師員弁在所必講。

一、水師員弁，皆熟悉各省船隻及大洋各山嶴島也。水師員弁緝盜，而盜不能盡處而得，亦不能概擒而獲。如大洋商船失事，所來盜船必有式樣可憑，篷桅可認，口音可辨，總以所劫客貨之字號遺記、所失渾賍之南貨北貨，今船何式樣，是何省盜船，何篷桅，是何省何州好船隻，再今船何省盜匪，向來窠穴何山，出沒何嶴何島，何山嶴島向者何省船隻，何省何州好盜蹤，並根緝從江從海何地方乃通盜銷贓之處，何地方向銷何路贓物，何地方向通何山嶴島盜匪，今船根緝，大器已得，然後於何山嶴島，皆歸何路總民歸買贓物，皆

用好人而緝得有贓盜，按有匪蹤，並無內山奧島，尚用好人跟拿盜匪
影踪，尚須好人密報，仍會捕，全局合算已完，再加以隨機應變，自然有案
可破，有盜可期必獲。新司自道光九年起至十六年止，所破獲各案
各案及洋面各案之多，不勝屈指，船員或探悉深入偏僻奧島，得所破獲
者，其所向在之大海，緝盜虛無捕，一經詳細盜蹤，自然經年累月
積案不破，其各省船員及大洋各山奧島，凡水師員弁，尚患不深詳，
一水師員弁尚深悉閩販巨梟之出沒，尤得緝販之源流也。水師員弁捕
盜而外，尤重緝私，捕盜以靖海疆，緝私工關
國計。而論者謂緝私一役流弊以開，原遂未以為係本地內地步接肩挑一人之
力，所勝背負者，知得鹽以去，莫過于場灶之漏私巨梟之海販，場灶
漏私，或儎以板船，或儎以牛車，積貯通運，自河而以達江，巨梟之

海贼一船总以数百计，一帮总以数十船计，或来自浙省，或由山贼自
山东及台湾运米贩盐，其所得浙省引地者，祗有一二只，直达长江以
得所引地在十之七八，则水师营伍又生员场灶地方，皆根究各场
户灶漏私，其间又港支河路，四出来，以其变最闲要隘之方法而以诸
拿调度兵，以地营伍以兵，窝顿贩盐之地及有之人，并根保海贼
巨枭之船只贩之盐，以船只引地之港之所，旨在于
船只窝顿之人，贩来之地，之港方，且根保以船只置有炮械之船
只自遮蔽者，以船只贩私，查又为盗之地方，通盗查又贩私通盘
居党，几从筹以一路船只，商贩以路绿营，以一种私枭，旨在于
才杜截，制其抢劫，窝其根据，自然场私漏断赖，畏忌不徒之
徒，稍知敛踪，是水师兵弁于捕盗而兼为兼办缉私，方可称职。

△

一籌議防堵英夷夷板船額數章程，查該夷現在廣東，與官兵接仗，回國帳兩姓授稍莫測，難保拘齊各國夷船後來爭鬪，不能不預為防堵。伏思乃在寧波英夷兩處，目見該夷船身長十餘丈，桅頭二丈餘，其大桅分三接，頂稍之桅分兩接，風小而長，風大則短。所有起篷，夷人上桅用撻鐵錨，只用二蓬銅鐵造成錸條繫住，如拋錨，思思子跟下海底，鈎著沙脊盤錄而上，如起錨，不用人力，輪盤推動，自轉而起，其行駛先將風秤吹輕重，合既逆桅，行動如飛，較之江省船只出路倍加。該夷輪流常居桅頂，將千里鏡縮近，四面探望，船內設列砲位，分上中下三層，中下皆用發攻大砲八十餘門，八面布設，上層用一萬餘觔熟鐵砲五六十門，鳥鎗約三四十根，一鎗三筒，不用火繩，自然發出，在船不時換演，鎗砲二三觔頭只齊繳刀械俱係團總收藏袋內刀之分量不及半觔設有使用不出好手套入圈向外一撇其刀直挺設遇小艇在青徑急被其一磐只撓兩斷設使登陸但走半後上山下嶺行走必氣或跌倒難以起身只靠全口吹叫子其聲甚遠伏思江省祗有兩樣戰艇以及餘艇人力器械俱不能勝○○再四籌思必須用火攻庶圖相剋不勝所用火攻當之今艇船更必須用雙開鴨尾艇設在八面威風此頭艇須多備所有經費甚大不如將內河外海師船及內河充艇更換鴨尾式樣設於行駛從前之艇集各院久又不便初與只虛糜國帑而且事歸實濟而水師亦便於操駕也此船能居山門水夾或逆風逆水長落潮汐均無礙是捕盜緝私兩無誤使其造法吃水不必過深

頭尖腹闊，約長五丈七八尺，大樑肌約一丈二尺，船底艙口約五尺，吃水約二尺，篷桅配用大鐵，兩邊配槳十六枝，梢櫓三枝，官艙兩旁櫓四枝，船身板約厚二寸半，餘艙以樑所約四尺一隔，官艙不宜寬大，宜鹽須用硬料，將槳櫓方可久固，兩旁兩樑排出五寸，開洞做成架子，用生牛皮加生漆之固，布掛兩旁以避鎗炮鉛彈，上則保人身，下則不傷船，遇有淺線緣沙而過，不畏颶風，緩亦可經涉渡海，每只約計工料銀六百餘兩，較之各營額設師船節價，反短四百餘兩，愚昧之見，伏祈

裁奪

一 營中應備火藥噴筒火罐西瓜砲等項，火器均有成數，惟抬出火器不甚長，難以延燒，籌思再四，無有以棟樹果、將桐油汁浸三晒、

候乾堅，再加松香、硫磺、樟腦，磨末，用高粱燒酒調勻，將楝樹果壹成經寸圓圈，彷彿彈子，然用火藥末調酒，晒令晒乾，用鉄噴筒藏貯施放。噴筒壹尺圓圈約七八寸，約長三尺餘，厚三四分，根用樹柄一尺，作長中用鉄腳，5接中倒設勾子，碰相纏，筒內安火彈方好點。每紙噴筒火藥竹桶彈出滿船火星，若燃，但必須照法配合，先行試驗，方知出火遠近，以彈子數粒，再加小擻攪，鉄釘三枝，將楝樹果橫竪穿入，施放外任去遠，更能釘着船身，延燒篷桅，此攻勝之良法也

一、藁中須設火箭，將箭頭換裝鑽釘，四面裹用紙筒，內藏藥線，火藥週圍繫縛，然後掌着楝樹果十餘顆，用麻布箱裝好，約四五十枚，將藥線攢成一綫，拖出火星，點火，念命釘着船身篷桅

鏃

迎風而擺，使彼柁失舵，易于攻打。再西瓜砲一項，內藏火藥鐵

蝶蛤，碎而火彈五六方顆，砲上裝竹桶，用無鐵硬弓，將瓜砲套在

桿頭，遠近十餘丈，可以射至伊船，其費低廉，更加猛烈。巡船亦須多備，

候賊船中火互相圍裹，以火器攻之，彼必措手不及矣。至於用噴

筒銃彈等件，尤形迅捷，製備務多，施放合用，飭派水師明

悉之千總外委暨弁年力精壯水陸兵丁，配搭小艇，練成務令

下體操演，先操措陣，後操順風順水，再加緊操一統，親自巡

遶，火攻陣勢純熟，再操逆風逆水，長艇裹尾火攻陣勢，使

緊操遠近純熟，如探有賊船形跡，則內河駐守要隘更番使

彼難以逃遁，則外海巡哨總領自巡至于羊山島嶼一帶探緝

以該夷動輒即將大炮等陣柱燒盡兩需棟樹根為使久

留兵赴鄉間早為採擇將乾餉備交易既無此物矣

潮汛時刻開列於後

初一日子午	初二日子午	初三日丑未	初四日丑未	初五日丑未	初六日寅申
初七日寅申	初八日卯酉	初九日卯酉	初十日卯酉	十一日辰戌	十二日辰戌
十三日巳亥	十四日巳亥	十五日子午	十六日子午	十七日丑未	十八日丑未
十九日丑未	二十日寅申	二十一日寅申	二十二日卯酉	二十三日卯酉	二十四日卯酉
二十五日辰戌	二十六日辰戌	二十七日辰戌	二十八日巳亥	二十九日巳亥	三十日子午

自瀏至崇，西南為順風，長落潮均可行。正西或西北，為橫風，應行長潮。東南風亦為橫風，應行平潮。惟東北風為頂風。

自崇赴瀏，東北為順風，長落潮均可行。正東或東南，為橫風，應行平潮。西北風亦為橫風，應行長潮。惟西南風為頂風。

署崇明鎮標中營游擊周枚遂名揭 條陳水師營務四條

一汛口宜分段添派防守也地方欲弭外患必先除内奸則汛守之巡防實為首務查崇標中左右奇四營内外汛地向係各營每歲止派耑汛千把一員協防外委一員四季調防遵為成例但四營内地汛口雖各分界限若僅派耑協二員查防究竟地方遼闊未免巡察難周就如中右奇三營外沙汛口非接近外洋即遠隔重洪再因三月一更職無長守遇有地方事件每多因循容隐今者欲絶内奸必須巡防嚴密欲巡防嚴密必須酌分汛段添派員弁以期周歴崇標額設每營千總二員把總四員外委六員每歲每季輪巡外洋千把一員内洋耑巡千把一員協巡外委一員耑汛千把一員協汛外委一員城

守千把一員餘俱存營聽差故輪差者趨事赴公存營者棲遲

聞聽伏思

朝廷設官必有分職今查中營外城北汛東西綿長百里南北徑闊三四十里沿海汛口十三條擬分東西兩汛東汛飭派把總一員外委一員西汛飭派把總一員外委一員外沙汛永旺永豐惠安楊家等沙毘連一脉四面環海東面綿長八九十里南北徑闊或十二三里或二十餘里不等四圍汛口十餘條其西南新漲連昇沙東南舊有永興沙合計六沙飭派把總一員外委一員自永旺永豐等沙西北則協旺一沙北面則永泰永昌羣帶三沙均與海門廳南境毘連東西又與廳轄之天南丰洋等沙各相連接沿海汛口計及十餘條俱歸崇標管轄飭派把總一員外委一員巡北統歸狼山營管轄如此分闢設落加派汛員按照川沙吳

淞營制駐汛防守倘遇應輪巡洋差遣飭令嵩協互相代防以昭職守而專責成則防汛可期周密庶地方整頓而奸宄潛蹤矣

一城守宜分員酌量久任也崇標四營額兵三千二十八名中營額兵七百八十名向係每歲每季飭派千把一員經管存城兵丁查驗馬匹戰船等項并操演各技及將備出洋代拆代行公務是該員經管原煩而僅屆三月權又屬于他人其于營伍是否熟諳兵丁技藝是否操演老弱是否挑剔狗情滋弊一遇交卸似乎置身局外雖將備隨時稽查而輾轉更換恐不足以收指臂之助與其泥舊章而未臻妥善孰若另擬新制而得有實益查中營擬派防汛把總四員外委四員尚有千總二員外委二員擬派左哨千總經管本哨兵丁三百九十名操演各技查驗馬匹并將備出洋代拆代行一切存城公務右哨千總經管本哨兵丁

三百九十名操演各技查驗馬匹及大船小哨舢板船隻并巡防外城附廓本汛十里一帶汛地外委二員隨哨協理遇有巡洋差務左哨以右哨兼管右哨以左哨兼管或調派防汛把總暫行代辦俟出洋期滿回營仍歸該哨管理是內外城汛分派兩員分任則職有專司久任則權有專屬倘經管未能得力亦可隨時參辦以昭勸懲如有地方緊要公務飭令四營汛把總各分司哨報撥差遣隨地搭防庶兵丁不致怠惰而營政整飭矣

一小哨船隻宜酌汰改造也崇標四營額設小哨船三十二隻各營每季派撥崗巡順巡兩船內洋巡緝總巡內洋分巡內洋將備及輪巡外洋員弁緝匪差遣總以此船駕駛例限三年小修五年大修與民船之年年修葺其鬆脆堅利大相懸殊夫以不甚堅利之小哨一遇逆風折戧未能輕

快即在洋巡查瞭探亦未能迅速確切況通來內洋各處漲有暗沙長潮浮行尚便退潮淺擱可虞今昔情形各有不同而盜梟奸匪每乘小船行駛較為便捷在洋營船雖奮力追趕梟匪已得遠颺及至跟探賊蹤匪犯被獲涉及犯事經由之處巡洋員弁已咎無可辭矣今擬四營小哨船三十二隻每營酌汰四隻改造八團舢板八隻計四營共汰十六隻改造三十二隻以大改小以一更二其一切工料估計不甚相懸所存小哨十六隻以備洋中差遣舢板每營八隻分撥防汛員弁更替行駛梭織巡查該船頭尖底濶吃水尺餘迎風波浪行駛如飛將來防堵夷船大有用處其舵水兵丁擬募沿海捕魚等人充補令其置備網業潮汐在洋捕採有事則飛報汛員無事則採捕取息以供日用並可餘資以備歲修該船之用倘舢板槽朽不堪行駛仍照小哨例限修造

盖以捕魚人等熟悉内洋淺水道涉險經風是其常技苟得捕魚取息亦可節省巡洋盤費一轉移間廢内洋捕務得有實益而水師奚有出色矣

一内洋巡緝宜防汛兼理也崇標四營内洋各分洋面每營四季輪派總巡内洋遊都一員分巡守備一員在于四營内洋洋面及各沙口隘周流巡察各營輪派常巡千把一員順巡外委一員在于本境巡防遇有案件本營陸汛員弁同水汛員弁一體協處第内洋非外洋可比外洋水面遼濶内洋如中營所轄之三沙洪老墩灣港海稍等口北至永旺永豐惠安楊家及連昇等沙中隔大洪不過八九十里百餘里不等永旺永豐惠安楊家等處北至永泰永昌兩沙中隔小洪不過二三十里不等西至海門廳轄之天南沙半洋沙及崇明縣轄之協旺沙亦不過四五六十里不等俱係

一帆可達今若擬內汛分段駐防則本營內洋亦可分別管轄飭令駐汛把總外委更替駛巡且擬酌汰小哨改造舢板以八隻便捷輕利之船梭織于周圍百餘里之內洋洋面既免顧此失彼又非鞭長莫及即使船報內港陸汛員弁一聞飛報即可帶領來船飛駛追赶又可隨報總巡分巡以便照會環擭是汛弁職兼水陸巡防更加周密外患內奸自必漸除淨盡而參罰不致兩岐矣

以上四條俱係現在營伍因時制宜中營如此左右奇三營亦可倣此而行前

鎮憲擬立新章咨稟

督憲在案而今管見所及謹謬擬畧陳以備採擇焉

再現擬添設八團船板三十二隻查此項船隻只係江省洋面
最爲輕快再加四櫓八槳不論風潮駛轉隨心即用謀一切
能進能退名曰海燕子用以防夷補救極爲得力該船用價
約估價銀二百兩必須籌款趕造以俟小哨扁輪大小修造
再行酌添撥款若能造此船惟川沙廳該管之八團一帶
地方匠工能造別處不能造也

葉恒澍條陳制服夷匪之法六條 録四

一夷匪來閩浙江南等省洋面滋事止有兩路大路由廣东嶼门外老萬山進內小路從閩东相近大琉球小琉球海道而來然此路海面淺窄大船行走較难不常來往急則防其竄逸一面在老萬山上原設砲臺處添厚兵弁多架大砲鎮守把截使來船不敢駛入内洋用粤洋大號洋船多隻装載石塊磨鍊以鐵索使水鬼漁人在夷船經過海路稍淺之中叠加沉放阻其行徑緣老萬山生於海面遥相對峙其閒係夷船出入總路山裡即謂内洋通閩浙等處洋面内海路之水深不過三四丈海底多爛泥能吃住船石風浪僅蕩水面不能動移一面知會閩东省分探明夷船必由海路水淺處照此設法沉放船石而福建淺浙江海口等處亦一律推淺阻船使無海面行船伎倆然後用大兵乘

機轟轟擊該夷匪進退無援粮食斷絕必畏懼乞哀蓋夷性貪詐甚其忽往忽來擾攘不休非使真心怖懼不能絕其希冀伊行船測淺最畏海底有石如聞前項辦法撓其心病必不戰而降服矣

一夷匪所有銅砲靈便放開十餘里之遠我兵抵禦非大將軍則遠近不接戰船又與夷船高下懸殊入洋攻擊未能全勝惟沿海距岸二十里外相度本船所經海路用大号漁船或廢壞粮船裝載鉚石相間沉放水底該夷測淺知有船石心疑畏懼不敢近岸用砲即使開放亦不能到岸傷人我兵防守不理以老其師該夷困守無計必圖归國而粵东等處归路已絕則束手待斃矣

一夷匪怕冬令北風如九十月內不回本國必避海島探明停泊沙處用漁船綁紮木筏上堆藏硝磺引火等物令善水漁人順

風向夷船停泊處駛放縱火焚其篷桅竿板船底雖然銅包而上身皆係木料、塗飾青油、着火便燃、此火攻可獲全勝也、

一 夷匪果敢抗逆不服、而由廣借西洋船隻、駕駛擒拏、或即借所屬安南國戰船火炮、入洋轟擊、該夷曾與安南国打仗敗回、怕其船炮、我兵借用、雖深水外海、可以追擒逐北、盡加勦戮矣、

大英國特命水師師暫署將師爵子佾麥　為咨會事照得
前業經照會本國特命大臣前往討
大清宰相伸寃正會議聞本國兵弁不得文戰等言求將師果然
守約但雖然免戰查閱寧波撫權　官憲常以挑撥定海居民
謀以陰之不肯賣食物況且日前擄掠實僕一人且本月二十
一日無法之匪類擄本國之武官安突德與其跟班一名無帶兵
械在內地遨遊即時擄帶　而送到
大人台前等情不可疑矣但自稱大國而作此如此殊辱不堪當
也是以本將師催討將安突德與其跟班並取前稱實僕
並即送回設使一名一毫受害本國兵弁義然嚴以報仇
累及有罪並無辜者一概均之特此照知

貴部院提督電鑒一千八百四十年九月廿日即道光廿年八月廿五日咨
前往浙江巡撫部院烏提督祝爲照覆事、本月廿七日據鎮海
營桂參將、接收
貴將師差三板小船投來字帖、均已閲悉、現奉
大皇帝欽差宰相兵部尚書都察院右都御史兩江總督欽帶
子伊、及欽派太子太保軏清门侍衛福建提督余未寧查
办本部院提督、即將來字譯呈閲核、查字内所稱之實
僕及武官安突德、現均在此、且
天朝所獲之人、不但安突德等數名、另有陸續獲到之黑白英人
二十餘名、英婦一人、現俱好爲看待、並不一毫傷害、今來字欲將
安突德等討还、必須貴將師先退出定海城、並將船只全數退
遠道頭、

欽差大臣自當奏明

大皇帝天恩將安突德等釋放且前此來書內所求通商一事

欽差大臣伊　亦可代為奏請邀

恩允許兩下罷兵兩國享太平之福豈不全美欽差大臣伊係當

朝宰相是天子一家之人奉

大皇帝特派來查辦此事與別項官員不同　貴將師即詳揆

情理審度利害如再有書帖只發差交來遞可也為此照覆

貴國將師　知照須至照覆者

大清道光二十年八月廿九日

白夷一名供称我係嘩士達喇年三十二歲英吉利正埠人無父有母年六十七歲有兄弟二人兄在本國弟在孟加喇皆開鋪面我在本國當小武官管有兵丁一百六十名本年正月由英吉利動身六月初旬到定海我坐的船不甚大只有二百五六十人有小砲七八位我會畫地圖前日攜黑鬼一名由北門出離城三里登山瞭望形勢用這銅尺測量遠近要畫舟山地圖不料被鄉民細拏此次兵船到中国來係去年義律寫書寄爵子伯麥伯轉達国王書中如何說法則不知道国王只着兩隻兵船去一係伯麥管一係布尔利管兩人都五孑十歲此兩隻坐船最大每船兵約七百名大砲七十四位其砲有長有短此二船由紅毛本国正埠來的其餘隨由孟加喇來新家坡孟咄三處來的總共三十八隻又火輪船三隻又一隻由紅毛來兩隻由孟加喇來其中樣的船裝兵二百五六十名砲二十餘個或十餘個不等其火輪船大砲兩個小砲十五位共船四十隻有六千餘人白夷三千二三百人其餘都是黑鬼黑鬼都是當兵當水手的火藥係用銅箱裝收每箱高廣不過一尺銅砲不過十分之一餘都是鐵砲因用漆油好與銅砲一樣不能分別其大砲甚重不能抬上岸內還有糧船四隻又不在兵船之

數前四十幾天已有火輪船寄信回去報知国王已得定海緣由爵子伯麥又名晏之敷律現在往天津去這兩三天可以回來布尔利又名加倫布應利現在定海船上住所有兵船都是聽這兩個人調度現在岸上有三千三四百人伯麥之兄乃本国武官最大底伯麥係次大底又有頭目洋治瑪頓亦係武官中樣大底所有定海布置安營扎兵都是他一人主理現在住南门內關神廟又有頭目一名罷喇利一名義律都住鎮台衙门郭士利住定海縣衙门亦是紅毛属国之人有妻女在此他人都無家眷城內夷人都是武官兵丁人等前在定海病死之夷目名急頡烏汝達係当三總兵的如中国參將遊擊之類葬在鎮台衙門後山夷兵病死三四十人西门外有賬房十二個共兵一百八十人我也在內我只管手下兵丁不曉得貿易的事聽得他门說都想佔據定海馬頭是不肯退出底聽說福建江南廣东兵船前来所以先于兵船入浙反搶寶山口洋面安舡準備我国的人不怕洋面打仗的他们都說定海馬頭最好必須佔住此時総未聽見往廣东的話我英吉利国人不信大主教不識字不產鴉片烟亦不吃鴉片烟只有

孟加喇国人會做，其做烟房屋不許別国人入，恐其看見，所以別国人都不會做，都是向孟加喇買來轉販到中国的。這回兵船只有軍器、粮食、火藥等，並無鴉片烟貨
又查該夷身量单長，兩腿硬舉，不能跪拜，脚穿皮鞋，後跟底堅高，行走極不便利，卧地爬起甚難。

防海輯要十八卷首一卷

〔清〕俞昌會撰

《防海輯要》十八卷首一卷，清俞昌會撰。昌會字同甫，順天府宛平（今屬北京）人。曾任湖南桂陽知州。有感於清中葉以降，西人進犯，海岸一線遂爲朝廷隱患，積累數年，纂輯此書，以期資政之備覽。卷首圖一卷，繪直隸盛京、山東、江南、浙江、福建、廣東、澎湖、臺灣、臺灣後山、瓊州、安南國、海國等十三幅江海防禦地圖，於地理形勢、地名、要塞、海湖港汊，無不詳盡標注，力求精確。卷一至十一，論各地海域地理，及沿海邊防之總體策略。卷十二至十八，備論海防海戰、艦船形制、海戰兵器、水戰戰術等，並繪其圖形，以佐參考。又就江海防務，撮其要點，編爲十二條，列於書序之後，以爲通覽全書之關鍵。據上海圖書館藏清道光二十二年（一八四二）刻本影印。

防海輯要　序

道光壬寅孟夏

防海輯要

百甓山房藏板

暎咭唎在荷蘭佛郎機兩國之西國懸三島東西長六百里南北横六七百里本歐羅巴屬國植產惟豆麥小稻不足於食故常仰給鄰封專以泛海貿易爲業其船隻甚巨其火砲至精與荷蘭佛郎機相等而狡悍則又過之舊無所謂暎咭唎殆即英圭棃譯語異耳凡西北諸番皆爲紅毛今則稱暎咭唎爲紅毛曩爲西番小國後漸與荷蘭大西洋佛郎機諸國爭戰皆爲所敗恃其兵力權譎夷市船掠烏鬼爲奴遂雄長於諸夷西海之亞默利加西南海之亞非利加甲域孟哈拉皆其屬藩南海之新嘉坡新荷蘭諦面地呂宋皆其分國西南海之舊柔佛沙羅俄新埠徹里耕明雅鎼曼打拉沙阿英假網買蘇拉者莽姑盧

俺門旡低里亦其埔頭所屬之國地皆大於暎咭唎其海道或距本國十餘日或一二月或三四五六月不等他國土地有不相連屬者以兵船往來聯絡之間築城據要防守雍正十二年始來通市所屬孟哈拉孟邁二國產阿片歲收稅約千萬元凡兵補官俱皆取給焉且誘內地無賴奸民潛蓄窺伺之意殆非一日自其本國至廈門無慮五萬二千餘里皆浮大海以往來其人習於舟與水戰不惜厚貲爲戰船火輪船一船費數十萬緡可載數百人船材以堅木外傅吧嗎油厚寸許檣索縱橫如織布帆錯落飄觸廻旋故無逆風之患兩旁載砲十餘具砲以銅爲之各有機輪可轉運又有辨方視遠之器遠近不差常能命中

熬畏淺與火乾隆間紅夷有入粵之黃埔觸禁梗法者李中丞欲以船載石沉之塞其出路且將縱火焉始畏伏道光甲午夏夷目律勞卑故智復萌盧制府仿以制之亦畏遁兹自來破紅夷者未有不用火攻其巨舶入內河又宜塞其出路爲妙策然與之乘巨舶浮游大洋彼畏火吾亦畏火吾少弱而不能制彼彼之火且施於我矣惟用於內海廣川則可以制彼之死命去歲逆夷之舶復至番禺曩時故計會未論及豈今昔之形勢殊耶然北鄉義勇僅數百人出死力以擊之殲其巨目而渠魁亦幾就擒是則內地之民未爲怯逆夷之兵未爲强抑又可以驗其易破矣通商議成不旋踵即犯厦門陷定海鎮海而踞甯波是逆

意豈僅欲通商者哉夫彼逆夷之來船不過數十衆不過一萬又皆習水而不能陸戰能陸戰者不及數千竟敢截糗糧火藥遠涉五萬里之重洋以馳騁於粵於閩於浙視明之倭寇爲尤劇其非海禁弛奸細繁無業狡獪之民失職無恥之士不知順逆有爲其用者與不然何以能若斯也若堅壁清野誘之深入以一兵五勇殺一夷卒我尚有餘力焉嚴米礦之禁肅賞罰之條沿海士民孰肯甘爲漢奸以從遠來之逆夷是又翦其羽翼不戰而勝之術也夫英夷之與倭不相侔者倭舟小而無火砲故戚繼光俞大猷輩乘浙閩巨艦與之戰於海洋均能屢屢敗之然登陸剽悍不畏死且掠且前輒難禦敵蓋倭國近內洋閩浙之舟皆可濟故能進退自如而英夷遠處西洋非彼之船不得歸未敢跬步暫離恐焚其舟也如蟍蛣之蠏是又不足深爲患耳曾少長東粵夙有見聞今茲逆夷擾攘東南凡有血氣能無憾乎顧未能荷戈以導甲士之先因稽往籍水戰之備惟嚴樂園先生洋防一書乃蒐集籌海紀效諸家所論攻守之策採其適於今者更增訂之曰防海輯要俾談兵海上者庶幾佐其指掌而備採擇云爾道光壬寅年孟夏月宛平同甫氏俞昌會序

防海輯要序

爰自三代以迄宋元其海外遠國侵陵中土者未之有聞是以廟堂不傳其謀史冊不載於紀迨於明代始有倭患先後終始且百餘年而後籌海之編防海之記相繼有作然倭之爲患皆內地奸民導之使來意在刦奪未有遠謀其舟楫器械與中國相等驅之可去誘之可獲茲英咭唎之來其處心積慮已久其舟航甚堅其帆檣甚捷其火器甚烈其計謀尤深狡而難測洵乎勁寇未易旦夕除也守吾之要害治吾之軍實嚴防禦之法練攻戰之具是宜求之故籍明於一心此俞子同甫防海輯要之書所爲作也余得而讀之體例既審斷制復精可謂約矣備矣用之得

其人人得盡其用則患禍不足平也用之不得其人得人不盡其用則託諸空言而已矣又有今日之急務而書不能盡者請得而陳之東南數郡地阨賦重民無恒產十居六七不知禮義圖利其身平時猶輕犯法遇變從而生心不必寇爲之招卽已遙相應結徒就目前之利詎顧異日之患則彼之所藉者近海土著之人我之所恃者西北遠調之卒易主客之勢異水陸之用以致兵連禍結積有歲月莫得端倪但求數百循吏布滿宇內緩催科而勤撫字先教養而後刑罰惟孝弟忠信之脩無救死不贍之懼民心既堅邊圉自固然後申其號令厲我甲兵作其先聲見其後實則彼越數萬里之重洋入不常至之內地且無所施其運用又安敢肆其憑陵蓋法令之流弊惟經術足以救之聖人所以聞俎豆之事而不言軍旅斯可爲萬世之程者也聊以同甫之書而申言及此如以當危難之際爲迂闊之談又安得而辭其咎哉同甫籍隸北平生長粤東宦吾鄉者數載曩行海運曾與其事故其爲書能得要領非僅有益於今茲可以垂之於久遠也道光二十二年八月長洲宋翔鳳記

防海輯要目錄

防海輯要卷首

沿海程路由盛京東南寧海縣鴨綠江入海起北而西經義州錦州至直隸昌黎縣洋山計一千三百餘里由直隸昌黎經天津府直沽口出山東武定府境自西而東經青州萊州至寧海州又北而南至登州府成山轉勞山向西至沂州府日照縣計一千一百里入江南界由江南贛榆縣自北而南經海州通州太倉州至松江府之金山計一千八百里交浙江界由浙江海鹽至杭州府鼈子壘自西而東至鎮海折北而南經台州至溫州之和平縣蒲門所計二千七百里交福建界由福鼎縣之沙埕火門自東北轉東南經福寧福州興化泉州至漳州之詔安計二千里交廣東界由廣東饒平自東而西轉西南經潮州惠州廣州高州雷州廉州至瓊州之欒會交安南界計五千里共沿海程路一萬一千九百里

府用口州用△縣用○提鎮駐處用◇

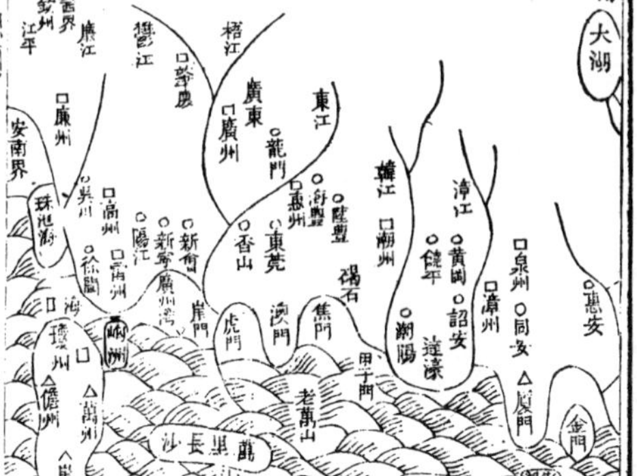

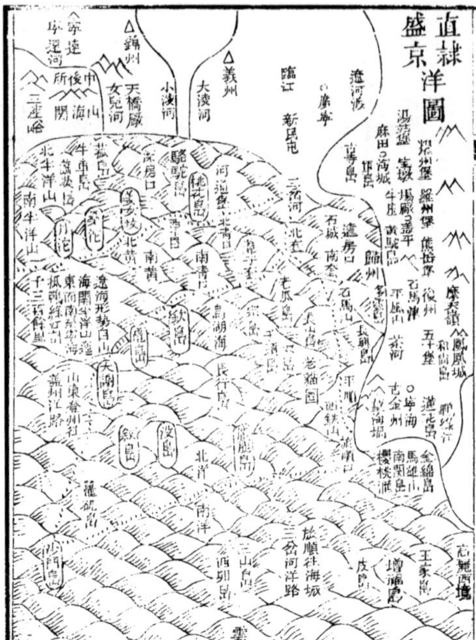

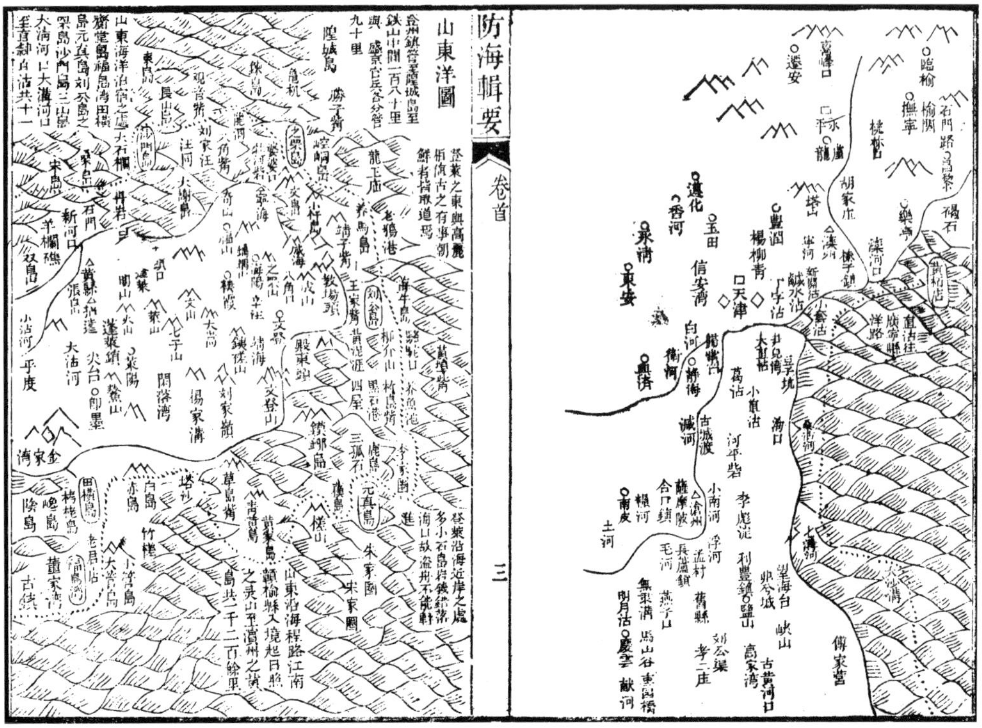
防海輯要
卷首
三
山東洋圖
天津
海口
登州府

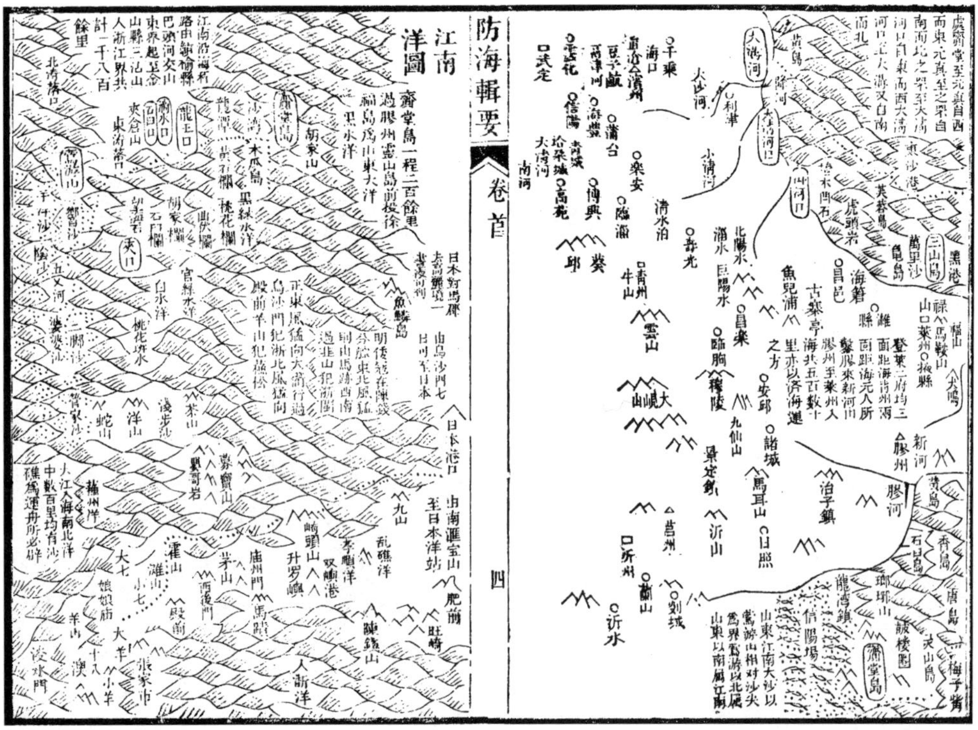
防海輯要
卷首
四
江南洋圖
大沽河
膠州
膠河

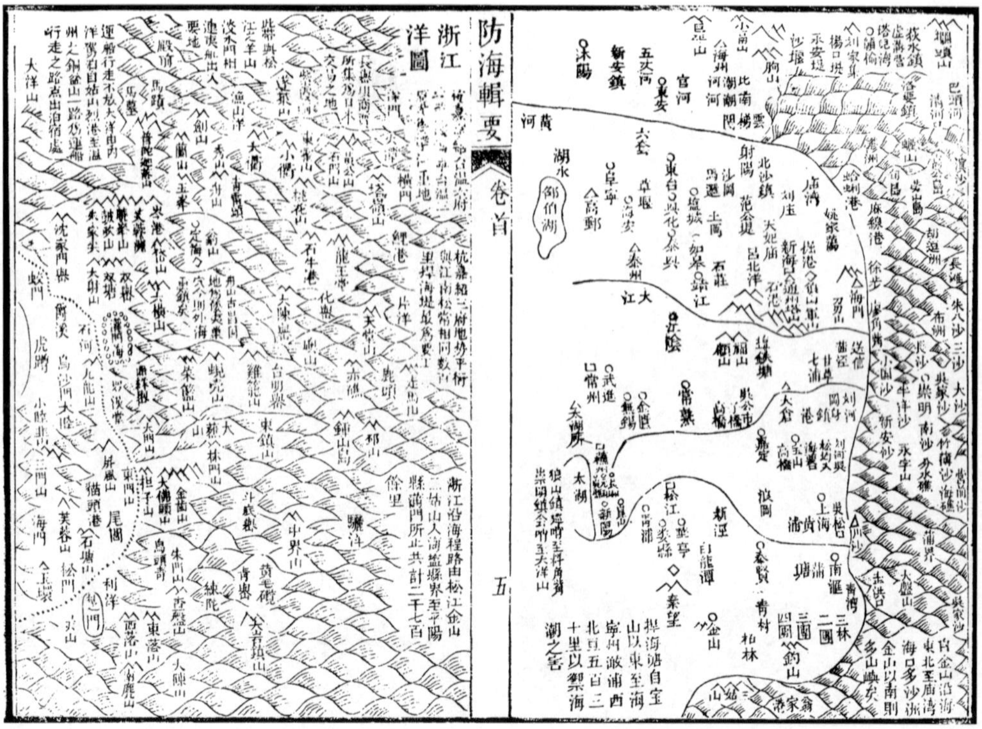
防海輯要
卷首
五
浙江洋圖
浙江沿海程路由松江金山至平陽縣蒲門所止共計二千七百餘里
捍海塘自寶山以東至海寧州澉浦西北亘五百三十里以禦海潮之害

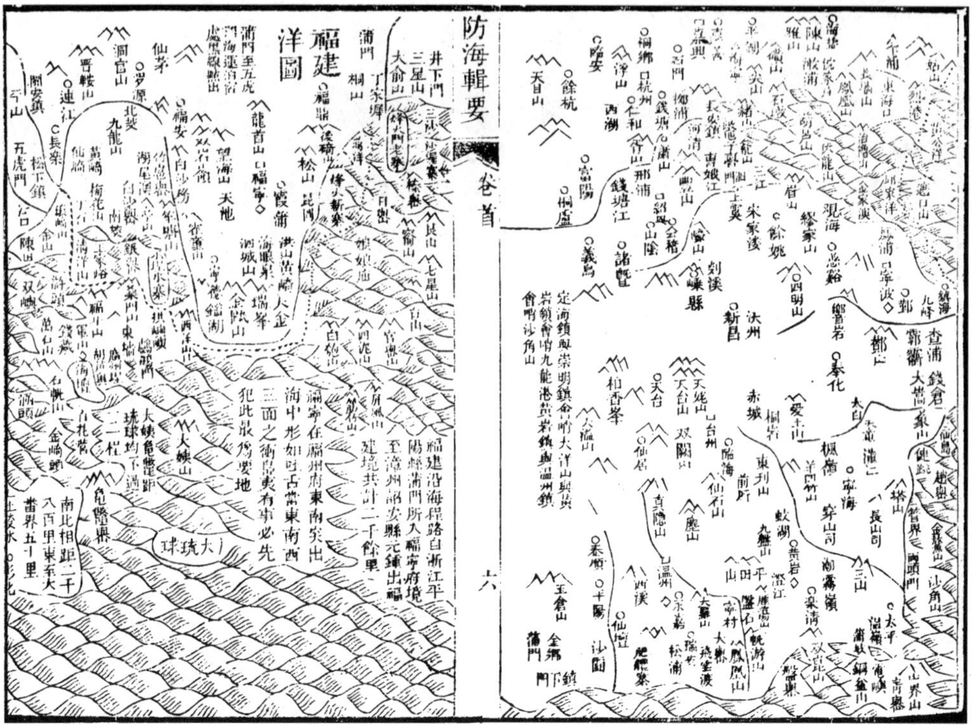
防海輯要
卷首
六
福建洋圖
福建沿海程路自浙江平陽縣蒲門所入福寧府境至漳州詔安縣元鍾出福建境共計二千餘里
福寧在福州府東南突出海中形如斗舌當東南西三面之衝島夷有事必先犯此最為要地
定海鎮與崇明鎮會哨大洋山與黃岩鎮會哨九龍港黃岩鎮與溫州鎮會哨沙角山

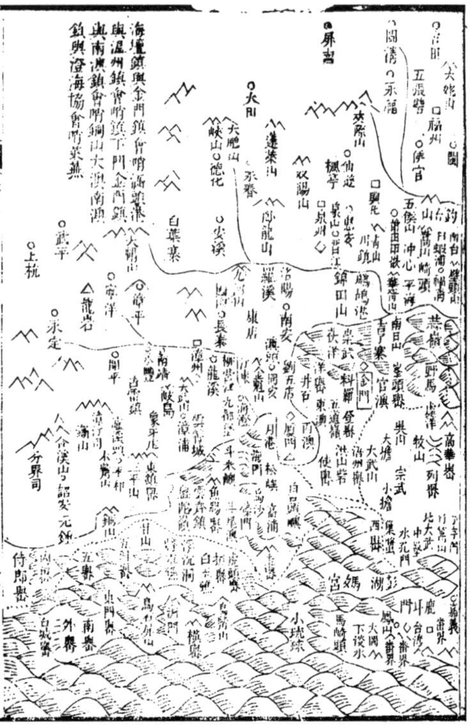
海壇鎮與金門鎮會哨於涵頭澳
與溫州鎮會哨於鎮下門金門鎮
與南澳鎮會哨於銅山大澳南澳
鎮與澄海協會哨於萊蕪

廣東洋圖

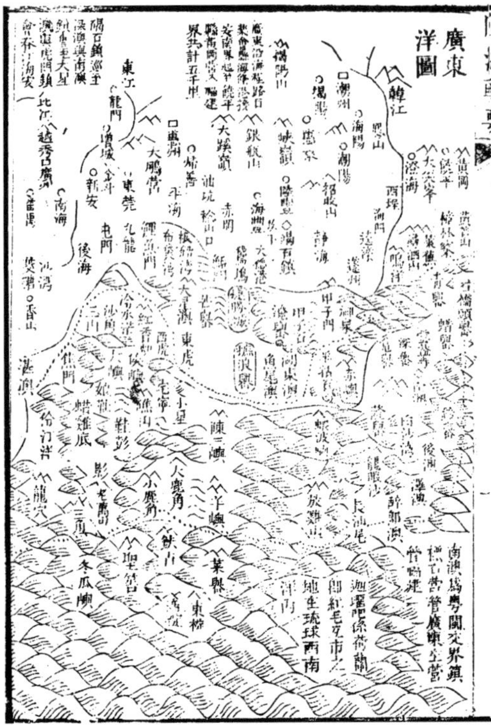
南澳爲粵閩交界鎮
標右營管廣東左營
管福建
地在琉球西南

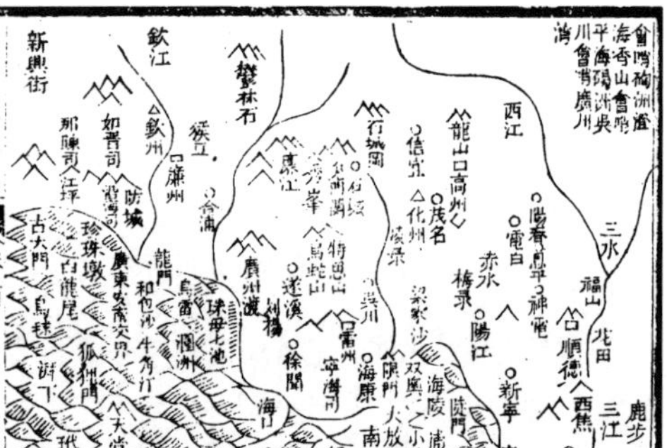
瓊州爲古珠崖地西面鉅洋
廣袤一千數百里黎岐雜處
海口至徐聞三十餘里

澎湖圖

臺灣圖

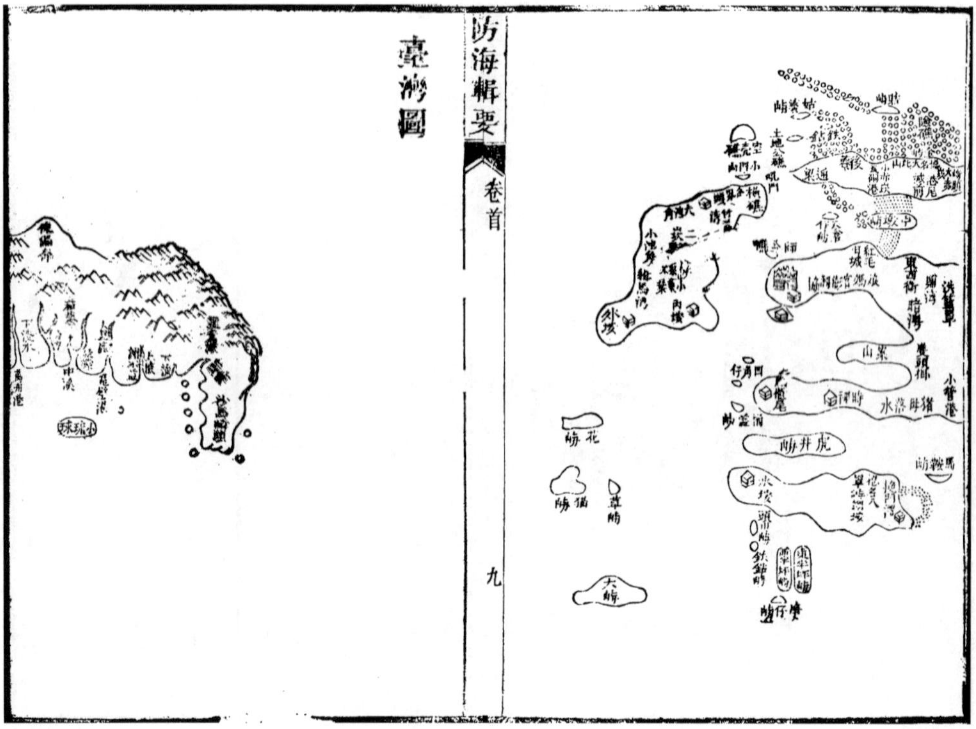

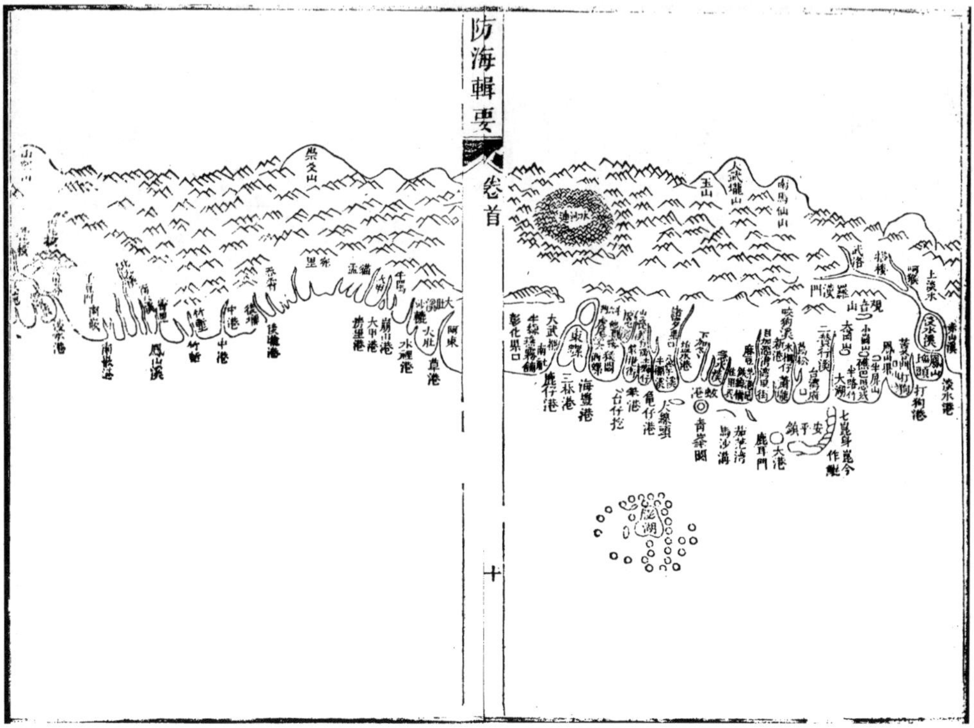

臺灣後山圖

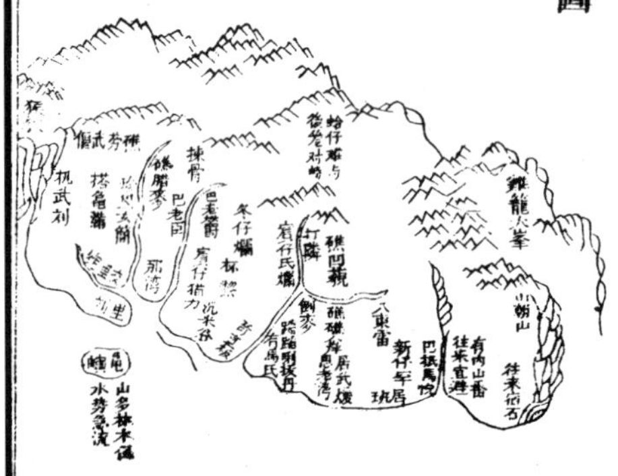

瓊州圖

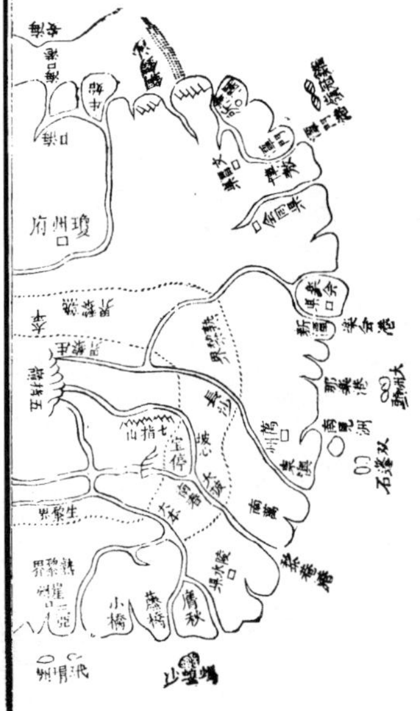

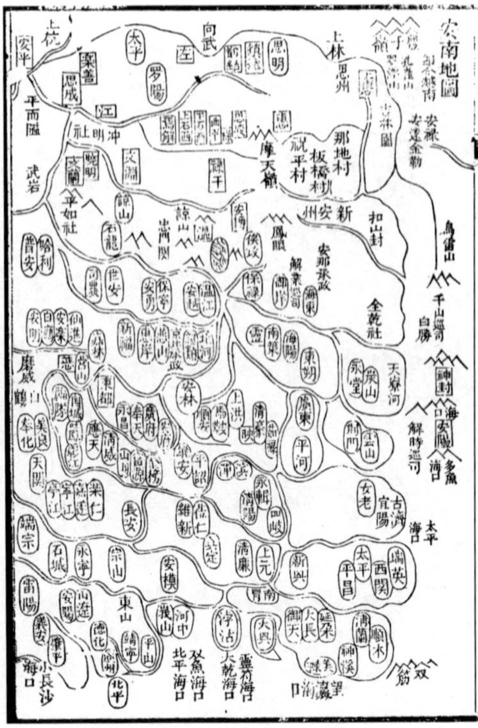

防海輯要　卷首　十三

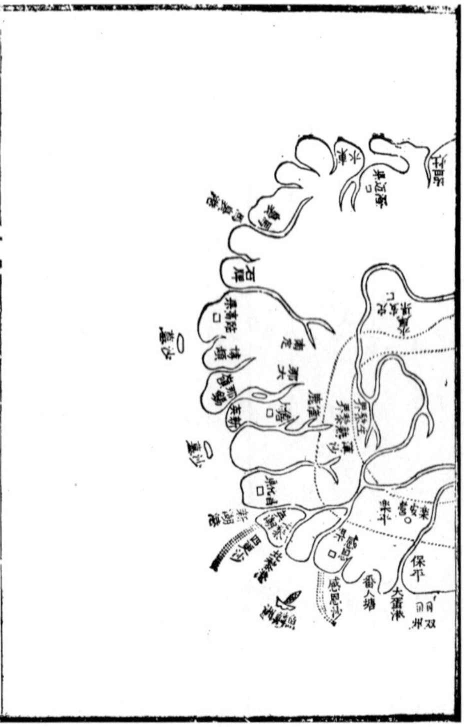

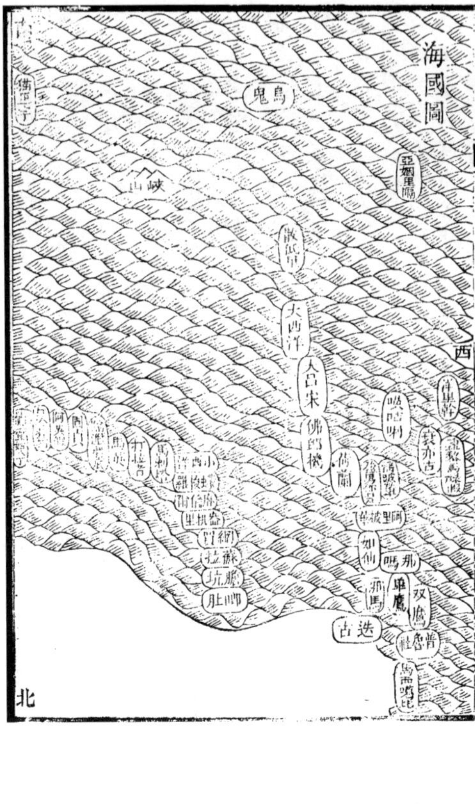

防海輯要　卷首　十四

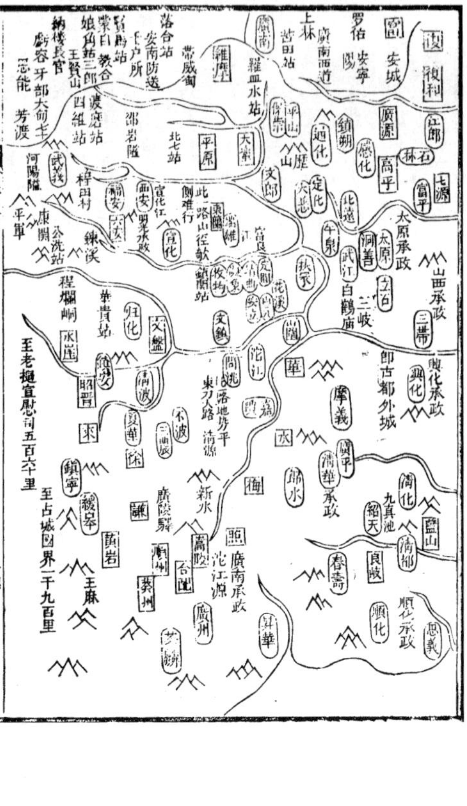

防海輯要　卷首　十五

防海輯要約言

律不可不嚴也凡訓士卒須先示以忠盡使各自効其天良斯其心固矣而又講明主客之勢熟習險易進退之方俾知主帥謀畧爲先不薄於險不輕於進一切有備無患山岳不搖足以奪賊兵之恃而爭軍志之先斯其氣銳矣且寒暑恐有不時則親身勞卹之甘苦恐有不均則加意拊循之至於簡練武技必使強者不相凌厲弱者益思鼓舞斯上下彼此之情更親矣其有先登斬獲必行賞有差或有慢軍心違師律亦必論罰毋赦穰苴立表而誅莊賈呂蒙雪涕而斬鄉人令在必行也經曰師出以律語曰知感莫如兵其恩威並立乎昔岳鄂王練背嵬軍以少破敵

戚少保練浙兵三千製爲鴛鴦陣法持箄人死則全伍皆誅故倭奴雖銳而戚家軍獨能制之亦莫不著有成效何也兵貴精而法在信耳此行軍之本也肅賞罰第一

機不可不密也兵者陰道也上應乎月其精氣爲太陰古之用兵者動莫神於不意勝莫大於不測機者陰之用也出之者有正即有奇用之者有順即有逆是故視爲險者陰用其利視爲輕者陰用其決視爲鈍者陰用其勇凡一切設伏誘敵突出佯退種種機謀有策於未事有變於臨時非至親密不得與聞營伍中惟金鼓旗幟明係三軍耳目其餘暗號儆備雖士卒尚有不盡知者而況其機事乎使或洩於敵人是我反入彼彀中矣經曰機不密則害成

失於疏而喪於耀也其可不慎歟此兵家之要也防洩漏第二

賊不可使有接濟也逆夷滋擾非向內地帀米必不足以資口粮使第就近處海島稍爲販買而出者無多其勢不繼斯食者常匱其情自蹙矣然而內地米粮往往有接濟而難禁者何也衜積軍仗本非民間所用可以嚴查若豆麥稻秔則海濱居民皆所日需故彼得以重價勾引出洋耳但今被賊之處不勝荼毒轉徙已多而零星居民儘可按戶查稽只准購易月米其有依海生活向係安分者月給口粮編入遠營操演再聽調用沿海二十里內各處把守專派員弁嚴立關隘一切販夫米行除零星月米官給

米票外敢有偷販出洋者立按軍法總之沿海一帶見有運米下船者卽以黨賊之罪罪之庶賊航無接濟矣此不攻自潰之勢也禁米粮下海以扼之第三

賊不可使坦然安也凡賊無所怯則勢常據有所儆則力亦疲今夷船大於內地戰船不啻十倍若驟與開洋戰鬥不敵之勢懸殊卽挂網張革亦僅爲避砲計非能以制勝也然豈可聽其安然洋面乎惟先就沿海多造小快船編成字號另調水師選平日守分精壯之夫重加糧餉先期操演如法每船多設划水之具務在便捷如鳥船中多貯火器配用抬鎗或乘昏色或近背中或縱火燒粮或浮水截舵忽而蜂屯蟻聚衆兵各放抬鎗忽而星散雲飛悄地

又歸水次葢用之黑夜則覩遠之器既無所施而出以快船則賊人之砲亦不及巧中矣至於疲敝既久或再募敢死士輕舠夜襲火具交攻勝之固足策奇功否亦彼不敢晏然終夕此多方以肄之之法也造快船設法以儆之第四

沿海奸民每多洋面附賊之徒而其中駕舟捕魚弄潮曬滷之輩亦皆趨利如鶩愍不畏死此固極難安插者也顧彼與島夷相習其伎倆短長固所素稔昔戚少保募義烏兵以禦倭未嘗不因地制宜今或不與收卹則必反爲賊用非得計也夫彼既趨利則莫如以利誘之方爲收拾之計倍以口粮厚以賞犒示以從逆之條行其間離之法則

亦防海機宜之要也然收之難防之尤難葢得此輩雖可以輸敵情實亦可以賣我機關須陽則結以好言實隱以防其歹心幸暫時不爲賊用耳總之收彼者所以剪賊之爪牙而防彼者所以使就我之羈紲也或曰此輩習於海瘴因內地禁嚴有不方便是緩急之法又在當事之知權宜者清內訌第五

近地鄉勇卽係古者軌里之法而往往官府召募甚不得力葢素不相識則品流莫別亦情僞難知也今惟與村莊約人各練勇令各鄉紳士自爲操演編立鄉勇冊籍量給賞犒聽調軍門當其平時守望則賴以保家不患被寇及至官軍赴敵則出而殺賊亦可立功無奸人之反戈補甲

士之不足莫要於此顧兵與勇有未可並用之勢兵謂勇非行伍則輕勇勇目兵爲怯敵則輕兵惟不使之相脅而立法必期以相援不令其相傲而用情自出於相顧則主兵者亦甚費體貼調度於其間也選義壯第六

賊奸詭百出往往故露其瑕使我兵進屯爭以爲利彼乃肆其中傷今惟禁約諸軍但遠扼海口要害之處而又教以撒星陣法俾彼火砲之利既不能中遠集亦不能擊散兵且伏地砲設機關尤英夷所長我兵所到之處須刻刻隄防戚少保禦倭用步步搜伏法其遺意固尚可師歟卽軍中平時必當嚴整巡綽亦庶乎隨時知儆矣防埋伏以免中計第七

賊釁隙難窺匪黨亦深爲隱秘然其虛實動靜不可不知是故軍中偵諜實爲至要之務特尤是選者不易得其人也非素有忠悃則慮其可劫非夙有見識則患其不周非有果敢之色則中道必縻非有趫捷之材則深入必陷惟得膽壯心細力武之夫久經歷練俾輪流偵探或暗乘賊間或潛搆敵情不獨其舉動可以周知卽稍有計謀亦無不窺破自來名將出敵所未防趨敵所不意誠以賊之一舉一動爲虛爲實已早有盡得其情形者故一切布置俱有把握耳若我之纖微彼皆洞悉而賊之消息我轉未得盡知豈我之用諜不若彼歟愼偵諜以探賊情第八

相地以扼要爲主須形勢完固防海之策賊據水面我據海岸其大勢也顧古人水戰欲謀料敵先謀料地則扼地之要卽行兵之要矣近海之深淺若何風浪之當衝與否前後某崖壁賊兵不能駐則我可把守上下某灘港賊船不能來則我可藏伏至海口處若屬平衍當何以避其衝若係高原當何以據其要凡某府某州某山某谷必全了然胸中皆爲我用然後賊乘我而沮洳皆兵我誘賊而隘道若穽矣審水土第九

駐兵須犄角爲營使聲氣聯貫古來戰陣每用兩翼兩甄之法卽犄角勢也況駐兵之地乎昔李廣行軍每日札營必分左右軍擇水草便宜之處營中不設刁斗而首尾自應非有他也士卒聯貫故也若大營離六七十里駐札而

前隊又往往不相度形勢堅守要害一經衝突便撤營而退卽大營亦幾乎動搖無怪乎士卒不知所恃而輒以怯取敗也苗賁皇塞井夷竈而蒐行首倉猝間尚自有法度如此堅壁壘第十

謀集矣思所以破賊之有具矣非精造火砲不可今逆夷所用銅砲體短而粗特其製藥精而受子重然正惟體短而子重則亦不能致遠故施砲必搜諸桅上欲其以上凌下稍爲得勢耳且其以銅爲砲者非銅之質勝於鐵也銅用久則軟又須重鑄彼特以海島產銅而鐵不可多得也況賊用之船上取其體薄中寬而多受藥覺轉移較爲輕便今我軍若製大砲必以純鐵愈用愈堅製火藥必受萬

杵愈鍊愈遠若某砲受藥多寡配子輕重擊之遠近準之低昂亦皆得其一定之法其取勝必矣或曰賊船甚堅砲即能中未能必損不若用天毬神火丸以代砲子輕可及遠中則黏而焚之亦火攻之一術也要之欲破夷船全在先事齊備或大砲用於近岸則置木簰或中砲用於出奇則使巨艦或飛則用火筒或射則用火箭人力風勢一鼓而擒非旦夕間安排計也鍊火砲以破賊第十一

事平矣思所以防賊之仍來矣非阻險故道不可夷舡漂數無常來往四五萬里外其勢原不可測乃近日滋事爲匪或於粵或於閩或於浙江天津而不敢近山東界者以海道中有石梗也今惟以舟載石沉諸各處隘口而他處

懸崖淺灘又不能攏且請增設水師諸營每歲益加善後之法則海疆可靖而夷患永息矣塞海口以杜後第十二

是書纂輯既竣因撮其要約爲十二條僅就管見所及者言之耳夫防海之策因時制宜臨機應變亦存乎其人而已豈能悉覼縷哉即沿海沙島郡縣要害以及兵船戎器火器兵仗之屬其見諸圖說者詎謂該括無遺茲所擬各條則譾陋尤甚祈閱者鑒諒焉　昌會謹跋

防海輯要卷一

直隸　方輿紀要

河間府東至山東海豐縣三百五十里南至山東德州二百五十里西南至眞定府冀州三百三十里西至眞定府定州三百有八里西北至保定府安州百里自府至京師四百一十里

任邱縣府北七十里東至霸州大城縣九十里北至雄縣七十里西北至安州亦七十里漢使中郎將任邱築城於此以防海寇

白洋淀在縣西三十里周六十里跨安州新安高陽之境又三淵淀在縣東北十三里西接五龍塘縣西北唐

堤之南又有居龍淀前後有塘爲衆流支壑

五官淀在廢阿陵縣之東上流諸水悉滙於此東北接通州武淸縣爲三角淀達直沽以入於海

掘鯉淀在縣東南鐵登竿口之水自河間縣引流東北出入縣境滙而爲淀遇霪潦則洪波東注溢於五官淀而入海

靜海縣府東北百八十里西南至靑縣七十里西北至霸州文安縣八十里

海在縣東北百五十里與山東遼東接境古名勃海自海口發舟至廣寧右屯河逼堡不及二百里中間若曹泊店月沱桑沱姜女墳桃花島咸可灣泊各相去四五

十里無風濤盜賊之虞
衛河在縣城西北自青縣合滹沱河流入境至小直沽與白河會
小直沽在縣北九十里志云出縣北五十里爲楊柳青又十里爲當城又十里爲里堡城又十里爲小南湖又十里爲小直沽其北則白河受北路之水其南則衛河合南路之水皆會於此周流入海天津衛設爲由直沽而西北三十里卽武清縣之楊村驛矣
大直沽在縣東志云縣南十五里有雙塘渡又東五里爲古城渡又七十里至大直沽今天津衛東南十里卽大直沽渡也小直沽受羣川之委流大直沽又在其東

南與小直沽並注於海
丁字沽在天津衛東北五里今有丁字沽渡又新開沽在衛東九十里相去十里曰水套沽長四十餘里
鹹水沽在天津衛東六十里卽古豆子䴚也負海帶河地形深阻自高齊以來羣盜多匿其中又衛東北四十里有塌河淀周百里
信安灣在天津衛西北卽漕河曲折處也
尹兒灣在天津衛城東明永樂築城於此以貯海運
劈地口縣東北其地盖在小直沽東
馬家口在天津衛東南二里又東南十三里有苑家口渡志云今縣南十五里有雙塘渡當南北通衢

河平砦在縣東北卽小直沽口也又有三河砦又曰小南河砦在縣東北八十里
防海營在縣東北志云其地名葛沽去天津衛城六十里
寕津衛府東南二百九十里東南至山東武定州百三十里南至山東德平縣八十里
古黄河縣西三十里廣約一里自吳橋縣東南流入界又東北流入南皮縣境又隋堤在縣北三十五里
土河在縣南二十五里其上流自山東德州經德平縣西北流入境內又東流入山東樂陵縣界縣東四十里有涎河又有流河俱入於土河謂之三渡口

龍灣在縣北二十里自景州吳橋縣流入界亦名谷家河東南流入土河
天津衛府東北三百里水行三百五十里南至靜海縣七十五里水行百里東至通州寶坻縣梁城所百四十里水行百七十里北至通州武清縣楊村驛六十里水行七十里西北至順天府二百五十里水行四百里城周九里北瀕衛河東統潞河爲京師東南之巨鎭
滄州在府東北五十里東北至永平府五百里南至山東德州二百四十里東南至山東武定州二百五十里
海在州東百八十里東接登萊北連遼碣
衛河在城西市西橋跨其上其上游自南皮縣流入境

又東北入興濟縣界州南二十里有磚河水驛爲衛河津要處

漳河在州西

浮河在州東南五十四里東入海其西南二十三里有迎河從南皮縣來分漳水以入於浮水

毛河在州西南五十七里來自南皮亦名屯氏河經鹽山縣城南又東北入於海

無棣河唐志在清池縣西南五十七里

減水河在州南十五里西接衛河東達於海

李彪淀在州西南十里

薩摩陂在州東北五十里陂周五十餘里

長蘆鎮即古長蘆縣又合口鎮在州西又盟亭在州南又州治東有狼烟臺周世宗備契丹築此

鹽山縣在州東九十里東至山東海豐縣百二十里南至山東樂陵縣六十里

千童城在縣東北饒山在縣東南四十里

海在縣東七十里

劉公渠縣西南五十里自燕子口至高家灣四十三里入古黃河直達於海

漂榆津縣東北百里水經清河東北過漂榆邑入於海

望海臺在縣東北一名漢武臺其地俯臨大海岸多峻石

傳家營縣南五十里又南接山東海豐縣境舊置戍守於此又利豐鎮在縣東北

慶雲縣州南一百六十里東至山東海豐縣四十里南至山東陽信縣七十里

馬谷山在縣東北七十里多石無樹中有洞深廣二丈餘

獻河在縣南三十里縣西北境之水多滙於此經海豐縣引流東注於海有棗園橋長里許跨其上

無棣溝在縣南又明月沽在縣東北七十里

防海輯要卷二

山東方輿紀要

海在山東東北境者皆謂之勃海一名少海北至平州碣石南至登州沙門島皆為勃海之口濶五百里西入直沽幾千里廣志山東自兗州東昌而外其當大海一面之險者濟南東北境也當兩面之險者青州府北及府東南境也當三面之險者登萊二府之東南北皆以海為境也至越海而有遼東則又與山東共險者也秦攻匈奴使天下飛芻輓粟起於黃腄琅琊負海之郡轉輸北河漢滅朝鮮自齊浮勃海而進隋伐高麗自萊泛海趣平壤唐征高麗自萊州泛海趣遼東盍山東海道

與高麗勃海相接大約自南直海州至登州六百里而近惟登萊三面島嶼環抱幾及千里若從利津至直沽亦六百里而近耳又海防考山東海防惟在登萊二郡而成山以東白蓬頭諸處危礁亂磯失沙險湍不可勝紀故守禦較易自宋以前日本入貢皆自新羅趣山東今則風帆絡繹豈可視為泄泄無思患預防之策乎

武定州省東北二百四十里東至海二百二十里東南至青州府三百一十里西至德州二百二十里北至北直滄州二百五十里今改州為府

州南連青濟北接滄瀛左環勃海右控平原所以屏蔽畿甸權衡南北消幽燕之氛翳靜海岱之風烟不然不幾與靖難之師接踵哉

蛤垛城在州南

大清河在州南八十里自齊東縣東北流經州界又東入青城縣境

商河在州南四十里亦從商河縣流入境東北入陽信縣界

大灣在州南四十里方十餘頃北有堤

海豐縣州東北六十里西至北直慶雲縣四十里

鬲津河在縣北九十里自樂安縣流入境合於無棣溝

覆鬴河縣西北三十里自北直慶雲縣流入境注於海

濱州府東北三百五十里東至海九十里西南至武定州

百里西北至北直滄州百二十里

州濱海為險蓋海道之噤喉三齊之戶牖也勃海廢縣今州治土城周七里有奇

大營城在州西二十五里故丁河口也昔人嘗屯兵於此

海在州東北八十里古千乘海口也今大清河會汶泗諸流俱由此入海

大清河州南二十八里自武定州南經青城縣之北又東流入境又東北入蒲臺縣界

秦臺在州東北二十里高八丈周二百餘步

利津縣州東六十里本勃海縣之永利鎮今編戶四十里

海在縣東北三十里
大清河在縣東志云自蒲臺縣北流經高苑縣北又北
經縣東至縣東北以達於海
鐵門關縣北七十里舊置關於此以控海濱之險稍東
豐國鎮也
霑化縣州西北六十里西南至陽信縣五十里
海在縣東北六十里
蒲臺縣州南三十里東南至青州府高苑縣四十里
溼沃城在縣東南又三姑臺在縣東一里
大清河在縣北自州境東北流經縣北又東北入利津
縣界

海在縣東百四十里海畔有沙阜高一丈周廻二里
青州府東至萊州府三百十六里東南至海五百里南至
兗州府沂州四百四十六里西南至兗州府四百二十
里西至濟南府三百二十里東北至海一百八十里自
府治至京師千里
府憑負山海爲三齊根本潘聰說慕容德曰青齊沃壤
號曰東秦土地二千里四塞之固負海之饒可爲用武
之國蓋謂地險足恃也
樂安縣府北九十里西至博興縣三十里
小清河在縣北十八里自博興縣流入境又東合時水
入壽光縣界滙眾流以達海

淄水在縣東南五十里自臨淄縣流入境東北流經朱
家道口入壽光縣界
北陽水在縣東南二十五里自益都縣流入界又女水
自臨淄縣北流合焉俱至壽光縣入海
巨洋水在縣東南二十五里卽瀰水
勃海在縣東北百十里與壽光博興縣接界府境之水
皆歸於此
塘頭寨在縣東北百里濱海要地也備禦百戶所駐守
於此有土城周三里又樂安鎮在縣北六十里與高家
港並爲守禦之所
柏寢臺在縣東北二十八里淄水經其下

壽光縣府東北七十里東南至萊州府濰縣八十里
巨洋水在縣東十里自樂安縣流入界過廢劇縣西又
東北會於黑家泊亦曰鉅昧水
清水泊在縣西北五十里淄水北陽水及東西獄龍泉
水俱滙流於此
諸城縣府東南二百八十里東北至萊州府三百里東至
膠州百八十里
九仙山在縣西南七十里高聳摩空峰巒十有一盤石
十有八金時土賊常據此爲巢穴今山之西北元子山
南有大路東出信陽場西走沂莒爲奸徒亡命出入之
處有黃草關亦邑之要害也

馬耳山在縣西南六十里雙峰聳割形如馬耳高百丈
海口在縣東南百三十里在信陽場南一里南北往來客商泊舟於此又琅琊山東南五里海中有齋堂島其上平地可千餘畝多土少石又信陽場東南一里海中有木官島多石不可耕
景定鎭在縣北七十里爲縣及安邱高密之界居民四五千家築土城爲衛
龍灣鎭在縣東南百三十五里又縣南百二十里爲信陽鎭有寨城又縣東南百二十里有龍潭寨又東南十里有蕭家寨俱築土城其相近者又有崔家民寨
萊州府東北至登州府二百四十里東南至海二百五十

里西南至莒州四百五十里西至青州府三百六十里北至海九十里自府治至布政司六百四十里至京師千四百里
府內屏青齊外控遼碣藉梯航之便爲震疊之資足以威行海外豈島嶼之險足以自固乎哉唐太宗言高麗本四郡之地吾發卒數萬攻遼東彼必傾國救之別遣舟師出東萊自海道趨平壤水陸合擊取之不難也
曲臺城在府東南又府東北二十里濱海有沙邱廢城
高望山在府南十五里又南五里爲天柱山又寒同山在府東南三十五里
二山島在府北五十里海之南岸又蜉蝣島在府西北百里
萬里沙在府東北三十里夾萬歲水兩岸皆沙長三百里
海在府西北二十里道出遼東朝鮮通典郡北至海五十里西至海二十九里西北至海二十一里東南至海二百五十里今自府西北環昌邑濰縣界東南環膠州即墨縣界皆大海也
掖水在府東南十五里源出寒同山西北流經城南又西北注於海
萬歲河在府東北三十里其兩岸即萬里沙也
小沽河出府東南三十里馬鞍山東南流經平度州與

大沽河合經膠州即墨縣界入於海
五龍泉在府西三里又城東有青龍泉與濠水相接
海倉口鎭在府西北九十里即膠河入海之口爲濱海要地又柴葫寨在府北五十里
朱橋驛在府東北七十里又南關有城南驛
萊州衛在府治東南領左右中前後五千戶等所
王徐寨備禦前千戶所府東北八十里明初置百戶所有城周三里
馬埠寨備禦百戶所在府西二十五里城周二里又竈河寨備禦百戶所在府北五十里所城周二里有奇又東北百六十里有馬停寨備禦百戶所所城不及一里

平度州府南百里南至膠州百二十里西南至青州府莒州二百四十里

州西至濰河北枕勃海山川襟帶屏蔽東陲

大沽河在州東八十里源出登州府黃縣蹲犬山經招遠萊陽二縣界至州東南故卽墨城與小沽河合經膠州卽墨縣界入海

新河在州東南源出高密縣流經此分南北二流南自膠州麻灣口入海西北自掖縣海倉口入海

昌邑縣州西北百三十里西南至壽光縣九十里

海在縣北五十里有魚兒浦巡司爲濱海戍守處

膠州在府南二百二十里東至海三十里南至海九十里

西至青州府莒州二百八十里

州聯絡淮沂屏蔽齊兗控海道之咽喉爲登萊之襟要

防險說膠州卽墨皆逼近海濱而卽墨南望淮安安東東海衞所諸城左右相錯如嶫喉關鎖倭若犯淮則漸必犯萊矣故登萊三營之設卽墨一營視登州文登二營尤爲切要

石臼島在州南百里海中又黃島在州東南六十里海中又州東南九十里有薛家島橫伏入海每爲行旅患

又古鎭島在州東南百十里海中有巡司戍守

海在州東三十里州南門外有唐家灣宋元時海舶往來皆由此

膠水在州西出鐵橛山東北流接高密縣境又北入平度州界又有洋河亦出鐵橛山東流經城南三十里入海

沽河在州東北三十里自平度州流入境又南流入海

新河在州東北三十里西北入高密縣界州東南百里有馬家濠濠長三里餘夾兩山中南北俱接海口自淮安循海而行至靈山之東浮山勞山之西有薛島陳島石峙林立橫伏海中若橋號槐子口橋最險難越故放洋於三沙黑水歷成山正東踰登州東北又西北抵萊州海倉然後出直沽以達天津

卽墨縣州東百二十里

勞山在縣東南六十里二山相連東濱大海周圍八十里高二十五里

田橫島在縣東北百里海中去岸二十五里中可居千餘家

栲栳島在縣東北九十里有寨城又東北雄崖所東有旬島其相近者又有赤島志云田橫諸島而外爲塔沙竹槎及巉島陰島香島皆諸島之有名者

海在縣西南四十里有金家灣海口及大任海口又西南六十里有天井灣海口南九十里有董家灣海口東南七十里有松林浦海口東六十里有陳家大川海口九十里有鵝兒海口東北七十里有周疃海口盎自西

南而東北四環皆海
淮涉水在縣西一里又白沙河在縣東四一里西流亦合淮涉水入海
即墨營在縣北十里營城周四里又張家寨在縣西南五十里樓山寨在縣南四十里子家莊寨在縣東南九十里蕭旺莊寨在縣東南五十里與金家嶺寨俱築城戍守
走馬嶺寨在縣東北九十里又東北十里有羊山寨志云縣東北六十里有大港寨九十里有田村寨與栲栳島等俱築城戍守
靈山衛在膠州東南九十里城周三里依山環海最爲

險固志云衛領左前後三千戸所由安東衛魚溜一道至衛轉向東北行海中有島橫伏若橋卽薛島陳島伏入海洋者最險惡若沿溜而行由安東衛至靈山衛馬家濠灣泊大約三百餘里風便一日可至可保無虞
鼇山衛在卽墨縣東四十里城周五里志云衛領右前後三千戸所
夏河寨備禦前千戸所在膠州西南九十里城周三里
雄崖守禦千戸所在卽墨縣東北九十里又浮山寨備禦前千戸所在縣南八十里
登州府東至海七十里西南至萊州府二百四十里北至海三里由海道東北至遼東旅順口五百里自府泊至布政司九百里至京師千七百里
府僻在東陲三面距海北指旅順則扼遼左之嗌喉南出成山則控江淮之門戸形險未可輕也又海防考府四面皆海惟西南一隅接萊州境國家緣海置防登萊二府指臂相倚設登州營於北面則青萊二衛及濱海之地俱屬焉語所則有奇山福山王徐諸處語砦則有黃河口劉家窪解宋盧洋馬停寨河馬埠諸處而海外則島嶼環抱自府東北百餘里之崆峒半洋西抵長山蓬萊沙門鼉磯三山芙蓉桑島錯落盤踞爲登州北門之護過此而北卽遼陽矣此天設之險也又營城以東若抹直石落灣子劉家窪平暢盧洋諸處營城以西若

西王莊西山欒家孫家海洋山後八角城後之罘莒島皆可通番舶登涉嚴戸外以綏堂闈責有攸屬矣
羽山在府東南三十里又九目山在府東南七十里山有九竅與黃縣連界又朱高山在府東八十里山臨海
沙門島在府西北六十里海中海舟必泊此避風志云沙門島相連屬者有鼉磯牽牛大竹小竹四島皆紫翠巉岩出沒波濤中又西北七十里爲鼉磯島與鼉磯相對者爲欽島相距三十里又高山島在沙門島北百餘里
黃城島在鼉磯東北或曰黃城鼉磯本一島也爲人物海要口又有廟島在鼉磯西南此三島實爲登萊門戸

黃城之東北曰御林山硊磯之南曰井島皆與沙門相連絡硊卽鼉也

烏湖島在府東北二百五十里海中與大謝戍俱爲泛東海之要路自登州東北海行至大謝島龜歆島淤島而後至烏湖島三百里北渡烏湖海至馬石山東之都里鎭二百里東傍海壖過靑泥浦桃花浦杏花浦石人江橐駝灣烏骨江八百里乃南傍海壖過烏牧島貝江椒島得新羅西北之長口鎭又過秦王石橋麻田島古寺島得物島千里至鴨綠江唐恩浦口乃東南陸行七百里至新羅王城自鴨綠江口舟行百餘里乃小舫泝流東北三十里至泊灼口得渤海之境又泝流五百里

至丸都縣城故高麗王都又東流泝流二百里至神州又陸行四百里至顯州天寶中高麗王所都又正北向東六百里至渤海王城五代唐天成初契丹東丹王奚欲居扶餘城蓋在唐高麗扶餘川中長興初奚欲以不得嗣立越海自登州來奔蓋道出烏湖大謝間

大謝島在府東北三十里海中又長山島在府北三十里海中東西長四十餘里又有宜島虎島半羊島皆與長山島相近又莫邪島在府東北三百里海中

海在府北五里又東西兩面皆濱海各去城三里許志云府東北五里有抹直海口丹崖之東爲新開海口戍守最切山下又有石落海口府西七里爲西王莊海口又西二十餘里爲欒家海口又十里曰孫家海口又田橫寨西曰西山海口又灣子海口在府東二十五里又東二十里曰劉家汪海口又二十里曰平陽海口又十餘里曰盧洋海口舊皆爲戍守處

之罘水在府南十五里又石門水流合之罘水北注於海

登州營在丹崖北卽新開海口也明指揮使謝規奏立帥府於此設備倭都司駐守其城周三里由新開海口西北至沙門島六十里又正北行一百二十里至鼉磯島又北至欽木二島六十里又北至南半洋六十里又北至北半洋二十里又北經雙島洋頭窪黃洋川平島和尙島共二百餘里至遼東鐵山旅順口通計五百五

十里諸島相望俱可灣船避風

黃縣府西南六十里西南至萊州府百八十里

萊山在縣東南二十里

蹲犬山在縣西南三十里大沽河源於此又縣東南四十里有土山環繞如城

海在縣北中有𡶶屺島桑島皆屹峙海中

大沽河在縣西南十四里經䆼山招遠萊陽三縣界下流至膠州卽墨縣入海

黃水在縣東北五里源出於黃山又洚水在縣東北三里源出洚山合黃水至馬停鎭入海馬停鎭在縣西四

十里
福山縣在府東南百四十里東北至寧海州百里
之罘山在縣東北三十五里連文登縣界周圍五十里
三面距海
海在縣東北三十里有海洋山後海口又縣北十五里
有城後海口縣北四十里又有之罘海口西北四十里
又有八角海口海洋官家潘家胡家韓家諸島俱在縣
北海中
清洋河在縣東十里源出棲霞縣翠屏山流入界北注
於海又義井河在縣西南三十里源亦出翠屏山流經
縣城東合於清洋河
大沽河在縣東一里自黃縣流入界又孫夼鎮在縣北
四十里
棲霞縣府東南百五十里西北至黃縣百二十里
岠嵎山在縣東北二十里又有岠嵎水北流入海
百澗山在縣東北七十里又北曲山在縣西北三十里
其相近者曰艾山山前有溫泉流入大河
碁山在縣東三十里迤東又有寨山上有兵寨遺址又
方山在縣南二十里山頂方平曰大方山迤西又有小
方山
招遠縣府西南百五十里西至萊州府百七十里
五澗河在縣西北三十里又縣西北五十里有萬盛河

俱由石灰灣流入海
東良海口鎮在縣西北五十里即東良河入海處也
萊陽縣府南二百五十里西北至平度州百二十里
大沽河在縣西九十里自招遠縣流入境又西南入平
度州界
登州衛治府城領左右中前後中左中右七千戶所
奇山守禦千戶所在福山縣東北三十里所城周二里
又福山備禦中前千戶所在縣治西
大嵩衛在萊陽縣東南百三十里領中前後三千戶所
城周八里志云衛南海中有巨高島西南邊海有草島
觜俱戍守處
大山備禦前千戶所在大嵩衛西所城周四里有奇
寧海州府東二百二十里北至海五十里
州北控遼海南拱江淮憑島嶼之險擅鹽鐵之利亦東
道之雄矣志云寧海居府境之東文登一縣又在州之
東設文登營於縣東北所以當東面之險也文登營所
屬之衛曰寧海威海成山靖海凡四所則寧峰海陽金
山百尺崖尋山凡五又有清泉赤山等寨辛汪溫泉鎮
諸巡司而成山以東若旱門灘九峰赤山白蓬頭島沙
磧連絡登犯不易夫建營之意所以北援登州南衛即
墨爲犄角之勢也牟山在州北七里又州東四十里有
繫馬山

大崑崙山在州東南四十里其相連者爲小崑崙山
海在州東北五十里有莒島海口北通遼海南達江淮海艘往來必經之道也又海中有崆峒島其相近者又有㸦㹀島浮山島相連島東濤島西濤島及竹島莒島鹿島黃島之屬皆環列州北特爲捍蔽
金水河在州東五里一名沁水源出州南八十五里之黃堆禽諸山溪澗水北流經此又東北注於海又五丈河在州西北十里源出州西南六十里之嵖山合澗谷諸水亦東北流入海
乳山寨在州西南百四十里又東北有清泉砦寨城周二里

文登縣州東南百二十里
㬙城在縣西七十里又成山在縣東北百五十里海濱斗入海中
文登山在縣東二里又鐵槎山在縣南百二十里山有九頂
海在縣南六十里又縣東百八十里縣北八十里皆濱海志云縣北九十里海中有劉公島多林木又有海牛島亦在縣北海中其相近者爲海驢島產海驢又有雞鳴島西南去不夜城五十里相近者又有鏌鎁五里元眞蕪心雙島柘島之屬皆環列縣境又白蓬頭港在縣南二百二十里相近者又有旱門灘雙峰諸島

送駕河縣西北五里出縣東北四十里碁山之麓西南流經此又南入海縣東諸河多流合焉又古橋河在縣西南六十里南入海又柘埠河在縣東北六十里源出導谷中北入於海
辛汪寨在縣北七十里又溫泉鎮在縣東北九十里又城西有赤山寨志云縣東南八十里舊有竹島寨又縣南八十里有五壘島城又南二十里爲元眞島城縣西南八十里又有遠島寨城舊皆爲戍守處
寧海衞在州治西領左中前後四千戶所
金山備禦左千戶所在州東北四十里所城周二里
威海衞在文登縣北九十里領左右二千戶所衞城周六里有奇

百尺崖備禦後千戶所在文登縣東南百四十里所城周二里
成山衞在文登縣東北二十里領左前二千戶所衞城周六里有奇
尋山備禦後千戶所在文登縣東南百二十里所城周三里有奇
靖海衞在文登縣南百二十里領左中後三千戶所城周六里有奇
寧津守禦千戶所在文登縣東南百二十五里所城周三里又海洋守禦千戶所在文登縣南百四十里所城

周三里

遼東東至鴨綠江五百六十里南至旅順海口七百三十里西至山海關一千一十五里西北至大寧廢衞八百六十里東北至建州衞七百九十里自都司至布政司二千三百三十里至京師一千七百里控馭戎貉限隔海島漢劉歆議孝武東伐朝鮮起元菟樂浪以斷匈奴之左臂者也

西彌島在司東南海中毛文龍言西彌相連有三山周廣二百餘里中雲從山前西彌島後珍珠島與朝鮮國境鐵山城相近陸城則八十里水程僅三十里西彌大路至朝鮮之義州百六十里鐵山水路如之義州與鎮

江相對止三四十里鎮江去遼陽三百六十里

遼水在司西百六十里又西距廣寧衞二百里自塞外流入三萬衞西北境南流經鐵嶺瀋陽而至此又南至海州衞西南入海行千二百五十里

鴨綠江在司東五百六十里新唐書馬訾水出靺鞨長白山色鴨頭號鴨綠水闊三百步在平壤西北四百五十里遼水東南四百八十里

海在司南七百三十里海之旁出者爲勃遼東延袤二千里其南面皆臨勃海遼志遼陽府東至北烏魯虎克四百里南至海邊鐵山八百六十里西至望平海口三百六十里東西南三面皆抱大海

蓋州衞司南二百四十里至復州衞一百八十里西北至廣寧衞三百六十里東至鴨綠江五百五十里

衞控扼海島翼帶鎮城井邑駢列稱爲殷阜論者以爲遼東之根柢允矣

海在衞西十里又西十里爲歸州又西南百十里曰葦子套波濤險惡不利行舟志云衞南海口有馬石津新唐書自登州大洋東北行過大謝龜歆等島北渡烏湖海至馬石山東之都里鎮所謂馬石津當即此處也

連雲島關在衞西十五里置關以控海濱之險又梁房口關在衞西北九十里又有梁房口堡設兵戍守與海州接界

復州衞在司南四百二十里南至金州衞百八十里西北至廣寧衞五百四十里東南至海二百四十里

長興島在衞西南四十里內容五軍又茶河島在衞西南五十里又西南三十里曰長山島上有塔

海在衞西四十五里有白沙洲最爲險要南爲南信口北爲北信口

金州衞司南六百里南至大海百二十里西北至廣寧衞七百二十里

南關島在衞南二十里又杏園島在衞西十里河口島在衞北三十五里海青島在衞東南四十五里

蓮花島在衞東三十里濱海險要處也衞東南百二十

里又有金綿島俱有兵戍守志云王家山島在衛東南
二百里海中馬雄島在金綿島東南
雙島志云有二南雙島在衛西南百里又北十里卽北
雙島衛遼圖自旅順口西鐵山至老猫圈三十里又西
北至雙島四十里自雙島至羊頭凹四十里羊頭凹至
八隻船四十里八隻船至宗島三十餘里宗島至長山
島亦三十餘里長山島至老爪島六十里又至歸州百
餘里又至南套三十里南套至蓋州二十里又由北套
百餘里而至三岔河自旅順口至三岔河凡五百五十
里此由海道泝遼河之舊迹也
三山島在城南海中毛文龍言三山島在旅順東三百

里從島可以入旅順旅順者登萊朝鮮水路津要也三
山島轉北二百里爲廣鹿島從島可入金州廣鹿島而
東五十里爲長山島從島可入復州長山東北二百餘
里爲石城島從島可入海州石城相近有小松島從島
可入蓋州石城又東二百餘里爲麗島從島可入岫巖
麗島而東二百里爲鮮鎭寬甸以兵守之乘閒抵隙可
以惟意所向矣
皮島在衛東七百餘里地形廣衍有險可恃其東北爲
增福島又東北卽朝鮮東境之鐵山矣又長行島在衛
東南百餘里
海在衛西三十里又衛境東南二面皆濱大海

旅順口關在衛南百二十里有旅順口南北二城金州
衛中左千戶所在此備禦又哈思關在衛南十八里
望海堝堡在衛東南七十餘里地特高可駐兵千餘倭
寇至必先經此海濱咽喉地也櫻桃淮在堡東北又堡
西有左眼右眼三手西山沙洲山頭爪牙山敵臺凡七
所接旅順口
寧遠衛司西七百七十里西至廣寧前屯衛百三十里
東南至廣寧中屯衛百八十里東至廣寧衛三百里西
北至故大寧衛廢利州百五十里
海在衛南二十五里又衛東南至海僅十五里

登州府福山縣

營後墩（在縣東北一十五里）竈後墩（在縣北二十里）郭家莊墩（在縣西北二十五里）
八角墩（在縣西北四十五里）雞鳴墩（在縣西北二十五里）白石墩（在縣西北五十里）
磁山墩（在縣西北四十里）城陰墩（在縣西三十里）以上八墩福山備禦
官軍守瞭
碁掌墩（在縣西北一十五里）浮欄墩（在縣西二十里）以上二墩參領巡檢
司
木作墩（在縣東北二十里）埠東墩（在縣東北二十五里）熨斗墩（在縣東北三十里）
現頂墩（在縣東北三十五里）淸泉墩（在縣東北四十里）以上五墩奇山守
禦官軍
登州衛墩六座曰蓬萊閣曰横田寨曰西莊曰林家莊
曰抹直口曰教場

劉家汪寨墩五座曰繳家莊曰灣子口曰林觜曰西峯
山曰城兒嶺
𦩍宋寨墩三座曰木基曰𦩍宋曰虛里
楊家店巡檢司墩三座曰黃石廟曰城後曰石圂
高山巡檢司墩二座曰大山曰高山
孫夼鎮巡檢司墩三座曰旗掌曰塔山曰崗嵛
福山備禦中千戶所墩二座曰竈後曰後營
奇山守禦千戶所墩四座曰木柞曰埠東曰熨斗曰現
頂
清泉寨墩二座曰清泉曰石溝
寧海衛墩六座曰後至山曰草埠曰小峯曰戲山曰貉

防海輯要　卷二　山東沿海輿地考　三十

子河曰馬山
金山備衛千戶所墩五座曰廟山曰鳳凰曰小峯山曰
駱駝曰金山
威海衛墩八座曰遶遶曰麻子曰斜山曰磨兒山曰焦
子埠曰陳家莊曰古陌頂曰廟後
辛汪寨巡檢司墩一座曰辛汪
百尺崖備禦後千戶所墩六座曰望天嶺曰蒲臺嶺曰
百尺崖曰嵩里曰老姑頂曰曹家島
溫泉鎮巡檢司墩二座曰可山曰半月山
成山衛墩十座曰白峯頭曰狼家頂曰高蚰山曰仲山
曰太平頂曰奪姑山曰馬山曰咽嘴曰俞鎮曰裏島

尋山備禦後千戶所墩七座曰青魚曰葛樓山曰楊家
嶺曰小勞山曰黃連嘴曰古老石曰長家嘴
寧津守禦千戶所墩八座曰慢埠曰龍山曰羊家島曰
芝麻灘曰蔄古曰柴家山曰青埠曰孟家山
赤山寨巡檢司墩一座曰田家嶺
靖海衛墩二十座曰柘島曰鐸木曰郭家口曰石崗山
曰唐良頂曰標杵頂曰爪隻寨曰狗腳山曰路家馬頭
曰赤山曰長會口曰紅土岸曰明光山曰青島嘴曰姚
山頭曰峯窩曰浪浪曰大灣口曰黑夫廠曰石鄉山
海洋守禦千戶所墩七座曰乳山曰帽子山曰驢山曰
白沙曰峯子山曰城子港曰小龍山

防海輯要　卷二　山東沿海輿地考　三十一

乳山寨巡檢司墩一座曰裏口
大嵩衛墩七座曰望石山曰擒虎山曰草島嘴曰新家
寨曰劉家嶺曰麥島曰楊家嘴
大山寨備禦千戶所墩二座曰大山曰虎巢山
行邨寨巡檢司墩三座曰高山曰田邨曰靈山
福中備禦中前所堡二座曰福山曰芝陽
奇山守禦千戶所堡二座曰黃務曰西牟
寧海衛堡十二座曰宋家曰曲水曰管山曰板橋曰石
子現曰栲栳觀曰湯西曰脩福曰杏林曰峯山曰辛安
曰蕪隻
金山備禦左千戶所堡四座曰綁山曰清泉曰石溝曰朱家

成海衛堡四座曰曹家莊曰虎豹曰峯山曰天都
百尺崖備衛千戸堡三座曰芝麻嶺曰報家崖曰轉山
成山衛堡九座曰神前曰祭天嶺曰報信口曰堆前曰
歇馬亭曰洛口曰石岴曰北噹郙曰張家
尋山備禦後千戸所堡七座曰曲家埠口曰勝佛口曰大
水泊曰老翅曰紀了埠曰蒸餅曰青山
寧津守禦千戸所堡九座曰帽子山曰嶼山寨曰高樓
山曰拖地岡曰王家鋪曰大頂山曰土現口曰龍虎山
曰嶼山
靖海衛堡八座曰蒸餅曰孤西曰慼山曰望將曰墳臺
曰店山曰葫蘆山曰起雨山

海陽守禦千戸所堡十座曰夻山曰猪港曰扒山曰桃
郙曰孤山曰黃利河曰孔家莊曰撇雨山曰老埠港曰
湯山
乳山寨巡檢司堡二座曰長角嶺曰高莊
大嵩堡四座曰黃山曰青山曰管郙曰界河
大山寨備禦千戸所堡二座曰雙山曰黃陽

防海輯要卷三

江南方輿紀要

海自蘇松而淮揚上達山東自金山衛而東北爲柘林
堡青村所又北爲南滙觜川沙堡又北爲吳淞江此皆
蘇松之喉吭吳淞而南雖有港汊每多沙磧賊可登岸
兵難泊舟實兼水陸之險於此防禦至爲切要吳淞而
北爲劉家河爲七鴉港又東爲崇明縣七鴉而西爲白
茅港爲福山又折而西北爲揚舍爲江陰爲靖江又西
爲孟河爲圌山此皆江南岸之險舟師備禦之地江北
岸則東起廖角觜大河口以及呂四盧家等場沿楊樹
港海門裏河（以上今多湮於海）達通州如皐泰州則逼近揚州

矣踰海門而北則爲徐步營（在舊海門縣北）又北則爲掘港又
東北則爲新插港（舊在海門縣西北）轉而西北則金沙鹽城廟
灣劉莊姚家蕩（在鹽城縣）又西北則蛤蜊麻線等港（俱在山陽縣）
而至大海口矣（大海口即淮河入海處在淮安府東）賊繇狼山江而西則
三江口（在揚州府東南）爲登犯之徑若越港門而北則必犯大
海口大海口有水陸路南通廟灣與劉庄姚家蕩俱爲
大鎮賊每覬覦若安東海州之東北有大北海不惟道
里迂遠且沙磧甚多掘港新插海之東亦有北海沙磧
亦多不堪重載爲備稍緩矣海防考江南之要害四曰
金山衛以迫近海塘北接吳淞口也曰吳淞口以蘇松
二郡之要害也曰劉家河繇太倉入犯之徑道也曰白

茅港自常熟入犯之要口也江北之要害三曰新港三郎
吅以通近揚州也曰北海所通新插港又有鹽徒聚艘
於此也曰廟灣以其為巨鎮而可通大海口也明翁大
立曰海防惟有三策出海會哨毋使入港此為上策循
塘距守毋使登岸此為中策出水列陣毋使近城此為
下策不得已而至守城則無策矣
蘇州府東至海岸百五十里東南至松江府百八十里南
至浙江嘉興府百二十里西南至浙江湖州府二百十
里西北至常州府百九十里北過江至揚州府通州二
百七十里自府治至江寧府五百六十里至京師二千
九百五十里府枕江而倚湖明唐順之王士祺等輯防

海防倭防江等說凡數十家合為防險說以吳郡越江
而北可以并有淮南常熟與江北接壤涉海而南可以
兼取明越崇明去明越密邇泝江而上可以包舉昇潤
渡湖而前可以捷出苕浙繇太湖過湖州徑向杭州也
夫浙西為賦財淵藪而吳郡又為浙西都會天下大計
安可不以吳郡為先務哉蘇松喉吭皆在吳淞江吳淞
江沿袤而南則自老鸛渚海濱以至寶山南滙金山出
江口迤邐而北則自採淘以至黃姚劉家河繇江口而
深入則南迤五十里即為黃浦直至黃姚而登岸則嘉
定太倉崑山蘇常連數百里是吳淞江者南為上海門
戶西為蘇常藩籬備吳淞即所以備上海備上海即所

以備蘇常也而崇明一縣孤懸海中諸沙環之幾三百
里為諸郡外護此亦天設之險矣
常熟縣在府北九十里東南至太倉州九十里西北至常
州府江陰縣百二十里西南至常州府無錫縣百十里
本吳縣地晉太康中分置海虞縣屬吳郡故城在今縣
之南嘉靖中以倭亂營坂築西北據山東南憑濠屹然
完固
福山在縣西北四十里下臨大江亦名覆釜山唐天寶
中改曰金鳳山天祐初吳越於此築城戍守控扼江道
亦謂之金鳳城周時謂之福山鎮明置福山寨嘉靖中
以倭亂築堡屯兵為控禦要地蓋縣境之北門亦吳郡

之重險也志云山周五里東通大海北枕大江土人亦
謂之福山岡
福山港在縣北四十里自城北水門二十里經斜橋又
二十里經福山入大江亦曰福山塘亦曰福山浦與白
茅許浦并為要害嘉靖中倭賊自福山港突犯郡城婁
門尋自太湖突犯楓橋又經婁門還福山是時江湖深
闊今就淺澁矣又港東北曰崔浦曰丁涇亦舊時通江
之口舊志縣北五十里有崔浦橋即崔浦入江處也
梅李鎮在縣東北三十六里臨梅李塘其地為許浦之
上游許浦未塞通泰蘇湖商舶皆集於此嘉靖中倭賊
自許浦登陸徑犯梅李後又竊據於此與福山白茅賊

相聲援志云鎭東北達許浦東南達白茅西北達福山爲適中之地有事時戍守處也

嘉定縣在府東北四十里東逾海口至崇明縣百七十里南至松江府青浦縣七十里北至太倉州三十六里唐爲華亭縣之堰城鄉宋嘉定十年析置縣以紀年爲名

寶山在縣東南八十里嘉靖中倭冦入犯每以寶山爲望故邑之被害最劇而寶山常爲賊藪三十四年大敗倭賊於寶山洋患稍息志云寶山之外沿海一帶有楊家路倭自崇明而來必取道於此山之南有寶鎭堡亦設險處也今置寶山縣屬太倉州

東岡在城南亦曰東岡身又縣西五里有青岡亦曰中

岡身又西七里曰外岡有溪環其下縣西南十五里又有沙岡西南十八里曰西岡或謂之淺岡蓋海濱岡脊天然障衛志云縣境北至太倉南至南翔俱曰岡身路

海在縣東四十五里北至黃姚港南抵上海界環縣境凡八十餘里晉湖州刺史虞潭嘗築壘海濱以禦衝潮明洪武末以海患遣官修築北抵太倉衛南跨劉家河長千八百餘丈永樂初復增築高廣成化間於寶山北舊壘外又築新壘嘉靖中復於寶山南增築外岸直抵上海草蕩

吳淞江在縣南三十六里志云吳淞江過澱山湖經崑山夏駕浦東抵縣界至顧浦又東過黃渡又東過江灣又東北抵吳淞所入海嘉靖中倭入吳淞江登岸焚掠久之始息

顧涇港在縣東四十里上流接黃白涇通練祁塘東入於海宋寶歷初置顧涇水軍砦於縣東北四十里其北爲川沙港南接顧涇港東北入海亦曰川沙浦宋時與茜涇下張七鴉楊林掘浦共爲崑山六大浦顧涇西去許浦百里與海上黃魚垜相望宋寶慶初置寨明設巡司又施家港在縣東西通川沙港又西北接新涇嘉靖中賊從南沙襲渡至施家港進犯縣城轉掠南翔諸鎭尋敗却

黃姚港在縣東北四十里西接新涇東北合五岳塘入

海嘉靖三十二年倭賊自黃姚入劉家河進掠婁塘遂北犯太倉轉犯吳淞所尋進薄縣城會救至賊引却明年賊復自姚黃登岸轉掠而南越南翔繇封家浜犯松江境内三十四年倭舟復泊姚黃舍舟登陸西至婁塘轉掠鄰境蓋其地逼近海濱與太倉州接界北去劉河咫尺南接吳淞江向有陸兵戍守姚一作窯

綵綯港在縣東南吳淞所北其西四里爲周浦又四十八里曰羅店鎭嘉靖中賊避吳淞守兵往往出沒於此三十四年賊突犯綵綯港掠東境尋引却

南翔鎭在縣南二十四里爲商賈湊集之所南去吳淞江十里至上海縣五十里嘉靖中倭賊犯南翔廣福鎭

未幾復犯南翔縣封家浜直抵松江邑西境皆爲騷動

志云廣福鎮在縣東南四十里

江灣鎮在縣東南六十里其水自吳淞江屈曲入虬江因曰江灣宋有巡簡寨建炎中增置江灣鄉兵砦亦曰義兵砦淳祐中又置江灣忠節水軍寨賊入黃浦犯上海江灣其必經之地也

黃渡鎮在縣西南三十六里與青浦縣接界又縣西南爲紀王廟鎮亦市易之所也

安亭鎮在縣西南二十四里與崑山縣接界以安亭涇而名又縣西十五里曰外岡鎮水陸衝要處也縣西北二十四里又有葛龍廟鎮與太倉州接界一名吳公市

北至太倉州二十里

婁塘鎮在縣北十二里因水而名西北去太倉州十二里舊有婁塘南館爲往來中頓處嘉靖中倭賊每從劉河突犯婁塘縣境及太倉皆被其患

滬瀆壘在縣西四十里傍吳淞江志云今青浦縣青龍鎮西有滬瀆村

吳淞江守禦千戶所在嘉定縣東南四十里吳淞江北岸屬太倉衛有土城嘉靖中倭寇突犯城潰改築新城內外皆爲濠增兵戍守翁大立曰吳淞所爲水陸要衝蘇松喉吭北可以扼長江之險南可以援金山之急故汛守特重自是而北曰劉家河曰七鴉港又東爲崇明縣七鴉港而西曰白茅港曰福山又西則江陰之揚舍皆控扼之所而要以吳淞爲根本

寶山守禦千戶所在嘉定縣東南八十里本名青浦鎮一名高橋鎮其地東北距海西濱吳淞江洪武中建青浦堡砦於此與吳淞所相犄角增立城堡設官軍鎮守嘉靖三十二年官軍與倭戰於高橋不利三十四年倭賊入吳淞官軍焚其舟賊登岸據青浦法昌寺官軍與戰不利賊遂南據浙江海鹽縣之乍浦萬歷中增築新城

太倉州在府東一百五里東至海七十里南至松江府百三十五里北至大江口一十六里州枕大海之濱控三

江之口東翼吳郡南蔽雲間嘉靖中倭寇出沒州每當其衝就東南言之州亦津要之所矣

岡身在城東南元潘應武云自常熟福山而下有沙岡身二百八十餘里以限滄濱岡身間有港浦百五十餘處以洩太湖之水今州據岡爲城有上岡身下岡身踏吳等岡身其岡門亦多堙塞州境得名者猶二十有六皆環於城西及南北間吳郡續圖經濱海之地岡阜相屬謂之岡身天所以限滄溟而全吳人也

劉河在城南自崑山縣流入境又東南七十里爲劉河口即古婁江入海之口自此抵崇明百二十四里爲海濱要害嘉靖中倭寇屢繇劉家河突犯南掠嘉定北擾

太倉所至塗炭劉河益爲汛守重地初置鎮海衛兵戍守今設把守官軍營

七鴉港在州北三十六里又東三十餘里爲七鴉口注於海志云婁江別一支自崑山西至和塘而北合常熟崑承及陽城巴城諸川澤滙流爲七浦塘經州西三十里直塘市又東北十里爲沙頭市又東北十里經塗松鎮一帶而入海嘉靖中以倭亂築七鴉壩於浦口港口有把守官軍營寨撥軍戍守

茜涇浦在州東北五十里宋時與七鴉浦俱爲大浦之一志云茜涇東去海僅二十里有茜涇鎮宋曰楊林寨元改爲鎮海防考劉河以北有新塘茜涇又北抵浪港

東出七鴉口幷爲設險處

鹽鐵塘在州城北舊經城中南越婁江流十二里入嘉定縣界又南注吳淞江北流四十里入常熟縣界又北注白茅塘

海在州東七十餘里志云州北去海百里東北至崇明縣二百餘里其間沙洲錯雜居民皆畋治之而劉河七鴉二口則州境之要防也

塗松鎮在州東北三十五里鎮有塗松岡因名志云鎮西達沙頭東連龍市東北爲橫涇又甘草涇東南爲七鴉浦及茜涇蓋水陸交會處也自唐以來皆置鎮於此設兵戍守

雙鳳鎮在州北二十四里亦名雙林又北六里曰直塘市居民繁密之所也自是而西北十里曰任陽莊入常熟縣界又沙頭鎮在州東北三十六里又州東北六十里曰璜涇鎮

吳公市在州南十五里一名小婁塘又南五里曰葛隆鎮與嘉定縣分界

奇子橋在州西十八里崑山接境處也今亦曰奇子鋪

崇明縣在州東百五十里西至府城二百五十里北至通州二百里

蛇山在縣東海中相距約二百餘里一名長山又羊山亦在縣東與蛇山相近南北官軍往往會哨於此海口

要道也

蘇州洋在縣東南志云東沙之外曰蘇州洋即大海也北接大江口南入嘉興府境內江浙間有事此爲戍守要衝又有淡水洋在東沙東北鹹水洋在東沙東南

北新河在舊縣北六十二里海水西流而入又南新河在舊縣北五十二里海水北流而入與北新河通今三沙口圯河道亦堙

清瀆港在舊縣東南其相近有張家等港又界溝港在舊縣東北其相近有道堂等港又曾姚港在舊縣西南其相近有富民永安等港又有蝦港又有水竇等港在舊縣西北嘉靖三十二年倭寇從水竇港登劫攻東南

水門及東北栅城陷三十八年復由水竇港登岸盤據
三沙官軍就圍之賊尋遁去
施翹港在今縣北經享沙吳家沙而西至港口渡海面
至劉河口不過三十餘里繇渡口東抵平洋沙海面約
六十里又符浜在縣西八里有渡口七十里至太倉劉
河爲往來通道曰符浜渡又有黃家港渡自縣西至渡
口海面約六十里又西至太倉璜涇海面約四十里
渡船港在縣東南有渡口去縣三十里至舊城平陽沙
界溝渡海面不過十里縣東又有舊城河渡及爛沙渡
皆爲往來津口
楊家港在縣東南又有姚皮等港亦在縣之東南皆孳

沙通海處也
長沙今縣治建於此旁連十餘沙又東北曰享沙其相
連者曰吳家沙
營前沙在縣北爲大江入海之砥柱其相接者曰山前
沙海防考倭寇至營前而西則江北淮陽江南常鎮皆
有衝突之慮蓋營前沙與海門縣廖角嘴相對海面約
濶百五十里倭寇入江此爲第一重門戶與狼福互爲
聲援
平洋沙在縣東南舊名半洋沙其相近者曰馬腰沙嘉
靖三十二年移建縣城於此明年倭登平洋沙焚刧攻
新城東門不能陷乃却萬歷中復移縣於今治又西曰

登舟沙與常熟縣對境嘉靖三十四年倭自常熟三丈
浦遁出海太倉知州熊桴邀擊之於登舟沙賊走吳淞
江海防考登舟沙爲福山白茅之門戶又西北曰伏龍
沙萬歷中新漲此沙與江北狼山相近
南沙在縣南七十里與竹箔沙相接舊志沙長八十里
廣十餘里嘉靖中倭登南沙盤據經年官軍擊之不能
克久之遁去旁有蔣六洪口爲舟行要道其西北盡處
曰宋信嘴
竹箔沙在縣東南七十餘里卽南沙盡處外爲大洋內
爲內海其西南與淞江高家嘴相對爲內海之南門賊
自羊山而入欲入吳淞江此河正當轉屈閒至此然後

從楊家路沿海而北吳淞江首受其衝以次及劉河等
處蓋海道東南之險也海防考竹箔沙爲吳淞之屏蔽
外爲羊山爲陳錢皆倭寇所從入竹箔沙之內高家嘴
之外沿海而西北者謂之楊家路海舶得此方能轉舒
蓋縣多陰沙暗途觸絲錯雜故也說者以竹箔沙高家
嘴爲蘇松四郡之咽喉海防第一關鍵又爛沙在竹箔
沙之北其南接南沙之宋信嘴卽長沙下脚也有爛沙
浜與七鴉白茅相對志云爛沙小團孫家白蜆縣前等
沙與南沙竹箔舊皆錯列海中波濤洶湧今漲合爲一
南北長百四十餘里其東西濶四十餘里
三沙在縣東北卽舊縣治所云控諸沙上游爲一邑中

新場鎮在下沙南九里一名南下沙嘉靖中倭賊據新場大爲東南患又東南廿里一團鎮商販多聚於此志云下沙捍海塘外有石筍灘距海三十餘里沙中有石如筍一名分水港以潮汐遇石筍而分流也

周浦鎮在縣東南三十六里一名杜浦嘉靖中倭賊自柘林移據周浦官軍敗卻之又三林塘鎮在縣東南十八里又有吳會鎮本名吳匯後易今名

烏泥涇鎮在縣西南二十六里海防考烏泥涇與黃浦東之三林塘周浦鎮相望倭賊繇三林周浦渡黃浦而西即犯縣治若犯府境必繇烏泥涇而西爲控扼之要地

閔行市在縣西南五十里橫瀝東志云南匯陶宅入府之通衢也又南與葉謝相爲應援有事時兵屯於此足爲府城之捍衞海防考南蹌渡沈莊塘周浦閘港閔行鎮與華亭之葉謝曹涇張涇皆賊渡黃浦入犯府城道

沙岡塘在縣東四十里南絶黃浦至捍海塘北入淞江西達盤龍沙岡之東曰竹岡塘又東卯橫瀝塘竹岡橫瀝之間七寶鎮在焉接上海縣界

金山衞在府東南七十二里衞南濱海與金山對峙西連乍浦東接青邨南匯嘴東北抵吳松江控引幾三百里衞城周十二里爲府境東南之險當浙直要衝且與寧波定海關同爲錢塘江鎖鑰北之沙堡至此而盡南之山嶼自此而始置兵於此不惟固蘇松之藩籬亦堅嘉湖杭三郡之門戶

青邨守禦中前千戶所在府東八十里本青邨鎮城周六里屬金山衞志云金山而東爲柘林柘林而東爲青邨青邨而東爲南匯相去各五六十里海防考府境三面環海金山當其南南匯當其北而青邨爲東南二面轉屈之會與海中羊山東西相値倭船易於登犯輿程記繇府東門水路至青邨百十三里又北至上海新場八十九里

南匯嘴守禦中後千戶所在上海縣東南八十里城周九里有奇屬金山衞志云南匯而東爲川沙川沙而東

爲吳淞相去亦各五六十里海防考北去吳淞所百五十里南去青邨五十里下沙新場周浦八團皆其汛道嘉靖中倭入南匯寇嘉定據吳淞所今縣南有五里橋習家池皆官軍攻賊持賊拒戰處也

常州府東南至蘇州府百九十里西南至廣德州二百八十里西北至鎮江府百八十里西北渡江至揚州府二百三十七里東北至通州三百九十里自府治至江寧府三百六十里至京師二千七百二十里府北控長江東連海道川澤沃衍物產蕃阜周處所云三江之雄閭五湖之腴表也且地居數郡之中翼帶金陵爲轉輸重地脫有不虞則京口之肘腋疎而吳郡之咽喉絶若其

北守靖江則內可以固沿海之鎖鑰明初吳良守江陰而寇不敢犯是其證也外足以維淮南之藩蔽五代周顯德五年南唐將陸孟俊自常州將兵渡江趨泰州周師退遂復取之亦一驗也南扼宜興則近足以消濱湖之寇何明初亦遣重兵駐宜興遠可以清浙右之烽煙宜興與浙江湖州俱控太湖之險又有陸道可以徑達長興明初自宜興遣舟師越太湖攻張士誠於湖州克之亦其證也昔者南唐守此以禦吳越明初得此以制姑蘇郡豈非東南之襟要與

靖江縣在府東北百十里東至海口六十里北至揚州府泰興縣界二十五里東北至泰州如皋縣界三十里本

江陰縣之馬馱沙

展蕪港在縣西二里又有大新港在縣西南十五里又瀾港在縣西通城河又縣西北十里有楊鐵港又西北三十四里有范家徐家等港又五里曰蔡家港又孤山港在縣東北十二里西南十二里有焦山港其西里許曰揚機港又西南二里曰西楊機港又蟛蜞港在縣東十五里

開沙郡在縣東南十五里有開沙港又縣東有麪條沙縣西有西宮沙西南有新沙稍西曰小沙其在境內者又有青草朱家段頭等沙皆以漸壅積民田其間聚爲邨落

于塘村在縣西北三十里舊爲晉陵縣地

鎮江府東南至常州府百八十里西南至寧國府四百五十里西至江寧府二百里北渡江至揚州府五十里至京師二千三百里丹徒縣附郭

金山在府西北七里大江中一名浮玉山一名氏父山又名獲符山亦名伏牛山亦名頭陀巖里道記金山北岸爲瓜洲渡南岸直西津渡口俗所謂西馬頭也其西去儀徵縣高資港不過四十餘里實爲中流之險

焦山在府東北九里江中與金山並峙相去十五里或名譙山唐時有譙山戍亦曰浮玉山山之餘峯東出有二島對峙江流中曰海門山亦名海門關又謂之雙峯

山也里道記焦山南岸曰東馬頭以山爲捍蔽金焦北固世稱爲京口三山云

圌山在府東北六十里濱大江宋置圌山寨於此江防考圌山屹立江濱江中有順江圩擔諸沙動亘數里爲之外護舟行其間僅通一路矢石可及況當江流自東而西而北轉屈之間層峯峭壁俯瞰湍波若屯設重兵水陸協守賊必不敢越此而西也江北岸適與圌家橋相對實京口之咽喉留都之門戶最爲控扼要地

揚州府東至海三百六十里南渡江至鎮江府五十里西至滁州二百六十里西北至泗州二百一十里北至淮安府三百二十里　府治至江寧府二百二十里至京

師二千三百二十里

揚子江在府南四十里繇六合縣經儀徵縣至瓜洲鎮又東過泰興如皋歷通州故海門縣而入海江心有南泠水與鎮江府分界唐宋以來濱江洲渚日增江流日狹初自廣陵揚子鎮濟江江面闊相距四十餘里唐立伊婁埭江闊猶二十餘里宋時瓜洲渡口猶十八里今瓜洲渡至京口不過七八里渡口與江心金山寺相對自瓜洲而東十八里爲沙河港其東南與江心焦山寺相對亦謂之沙𡑞河舊與白塔芒稻二河俱爲洩水通江處又東五里曰深港俱東面設防處也又東五十餘里曰寶塔灣爲鹽盜淵藪其南岸汊河可進圌山又東

南四十五里曰三江口亦曰新港又東至周家橋四十里正與江南圌山相對中有順江洲江面稍狹水流至急此處扼守則瓜儀可保此爲金陵門戶江心要會有一字港上接圌山十里下接三江口十里官兵可以駐劄賊繇通州狼山而西窔於此泊守若一入新港登岸爲夏家墳周家墳稍西則揚州矣此新港爲可以登岸可以入海之要口江防最切處也舊圖經揚子江自黃天蕩西牛步沙與建康爲界繇瓜步下小帆由經儀徵境內東下至鐵丁港蕎餇蕉與鎮江分界東北趨江都運通州入海所謂揚子江也江防說大江南岸圌山北岸三江口爲第一重門戶而鎮江瓜洲則第二重門戶

儀徵天寧洲爲第三重門戶

伊婁河在府南二十里揚子鎮南通大江自隋以前揚子鎮臨江南渡京口唐時積沙二十五里渡江者繞瓜步沙尾紆回六十里開元間齊澣請開伊婁河於揚州南瓜洲浦長二十五里即達揚子鎮因立伊婁埭亦曰瓜洲渡瓜洲西七里爲花園港又西十五里爲儀徵縣之何家港皆爲江岸設防處

泰州在府東百二十里東至海二百四十里東南至通州二百七十五里西至高郵州百五十里南渡江至常州府二百五十里州面江枕淮川原沃衍魚鹽繁殖稱爲奧區若夫風帆便利跨越吳會聯絡青齊則海舟之利

絶南北之津梁扼江淮之襟要也

海安城在州東百二十里南北朝時戍守處也今爲海安鎮有土城周六里海防考鎮居如皋泰州之中東可以禦狼山通州海門之入西可以捍衛揚州藎控扼要道也

捍海堰在州東自北海寨東南至景莊環一百八十里

胡逗洲寰宇記在州東南二百八十三里海中東西八十里南北三十五里逗一作豆

海陵監在州東北百二十里又西溪鎮在州東北二十里

如皋縣在州東南百四十里東南至通州百四十里西至

泰興縣百里㵮海陵縣地

高陽蕩在縣東南八十里西接運河東通海舊名祥符湖又縣東北百二十里豐利場有鄭公灘宋富鄭公判揚州備海寇以戰艦每爲海濤所壞因鑿此灘以避之且習水戰於其中又有汉河亦在豐利場南通運河北抵海

掘港在縣東百三十里西通運鹽河東抵海有掘港營堡志云掘港營距洋五十里三面環海其北接於美舍寨寨在東臺場海口又南至石港寨寨在掘港西南六十里接通州界

丁堰鎮在縣東四十里嘉靖中倭賊嘗犯此又東百里

有馬塘場又東三十里爲角斜寨北通泰州角斜河因名

安民營在縣南江中沙洲上爲防禦之所

白蒲鎮在縣東南七十里又六十里至通州即宋之白蒲堰明嘉靖中倭寇江北分數道入犯撫臣李遂馳至如皋與賊遇於白蒲勒兵不戰賊益進遂策之曰賊分道入過如皋必合合則道有三一自泰州過天長鳳陽犯皇陵一自黃橋偪瓜儀搖南都梗漕若自富安場而東海濱荒涼無所得至廟灣絶矣乃吾得地時也於是部諸將防遏毋令得過天長瓜儀而分兵綴賊後賊果走廟灣擊平之

曹家堡在縣北又東北有潘莊皆嘉靖中官軍敗倭處

通州在府東四百里東至海一百三十里西南至常州府靖江縣九十里南渡江至蘇州府常熟縣一百二十里西北至泰州二百七十五里州據江海之會繇此歷三吳聞兩越或出東海動燕齊亦南北之喉吭矣

狼山在州南十五里與塔山軍山馬鞍山刀刃山相連屬亦謂之狼五山高五十三丈周三百四十六丈胡氏曰狼山上接大江下達巨海絶江南渡八十里抵蘇州常熟縣福山鎮順江而東至崇明沙揚帆乘順風南抵明州定海頃刻可至陶隱居所謂狼五山對句章岸者也又狼山之外即大江亦名狼山江設官兵戍守

刀刃山在狼山東高二十九丈周四百七十二丈下有淡竹灘又軍山在刀刃山東南隔江數里高三十五丈周九里十三步又塔山在狼山西一名黃泥山高十七丈周二百九十丈下有沈雁灣通濟閘又馬鞍山在塔山西高如之而周倍之又海門島在州東南海中

布洲夾在州南四十里有南布洲東布洲大海中沙漲爲洲也東布洲一名大安鎮本海中沙島後漲成陸地民戶頗繁又南布洲舊亦淼然大海沙漲成場即今金沙場在州東三十里

海在州東北自淮安鹽城縣界南經興化泰州如皋折而東過通州海門至呂四場東南廖角嘴始與江會海

防考通州東北阻海南通大江狼山實當江海之吭而餘東餘西則控扼之所也

江在州南二十里渡江而南闊七十餘里稍西卽常州之靖江江陰界稍東卽蘇州之常熟界一葦可航爲出奇之道

劉家港在州西南通大江

運鹽河在州西北自江都灣頭經泰州如皋縣流入界至州東北三十里接西亭河有西亭鹽場巡司戍守近場有賣魚灣嘉靖三十八年倭自海門縣七星港登岸流劫西亭金沙等場將犯揚州參將邱陞敗之於鄧家莊賊沿海覓舟官軍尾之於劉家橋白駒沙諸處皆敗

之又追敗之於七竈莊茅花墩賊盡殲焉其地皆近州北境

褚家沙在州南三十里江中其西北爲江陰之靑草沙其西爲蒲沙而褚家沙當其外口倭賊北犯易於登涉亦汛守要處也

范公隄在州東北志云隄起自海門呂四場迄於鹽城之徐瀆綫三十鹽場之西去海遠者百里近者數十里隄之外俱竈戶煎鹽之地又任公隄在縣西五里長二十里

利豐監在州南三里宋置鹽監於此管金沙西亭馬塘石港豐利利和餘慶呂四等八場今置豐利馬塘掘石岡西亭金沙餘西餘東餘中呂四爲上十場

石港場在州北七十里又馬塘場在州東北九十里掘港場在州北九十里豐利場在州西北四十里皆如皋縣接界

海門縣在州東四十里本海陵縣之東洲鎭

海門城舊城在州東二百五十里元末以水患徙治禮安鄉去州城百里正德中徙餘中場嘉靖中又徙金沙場寄治州境瀕來復圮於海非復舊壤矣又海門大江入海之統名也

海舊在縣東十里沿海有六港潮漲則盈水退則涸而七星港東夾港在六港中尤爲要害今皆沒於海舊志

宋時大海去縣八十里

新插港在縣西北東臨北海賊每從此登岸西擾揚州北擾淮安爲防禦要地

廖角嘴在縣東南李寶膠西之捷道出於此江防考江北岸東起廖角嘴大河口以及呂四盧家等場汎於揚樹港海門縣裏河鎭以達於通州此海門縣之南路也嘉靖中官軍敗倭於此

餘東場舊在州東九十三里又餘西場在州東五十里又東二十里爲餘中場後皆爲縣境海防考餘東餘西揚州之保障也賊從狼山窺通州及海門之廖角嘴呂四場新插港掘港來犯者扼之於此要害既得則揚州

可以無患

呂四場舊在州東百二十里後爲縣境有白水蕩其地寬闊其通海處曰新河亦名新港海防考縣東呂四場又東南廖角嘴皆形勢控扼之處

徐步營舊在縣北又北爲掘港又北爲新插港皆賊登岸之處海門北境之防也

淮安府東至海岸二百三十里南至揚州府三百二十里西至鳳陽府泗州百九十里北至山東莒州五百九十里西北至山東沂州五百四十里自府治至江寧府五百里至京師二千五十里府阻淮憑海控制山東歷朝倚爲重鎮卽淮陰舊鎮蓋淮陰去丹陽四百里而近北

對清泗則轉輸易通南出江津則風帆易達繇淮入江此其要道唐李邕曰淮陰者江海通津淮楚之巨防也其後楊吳據有淮南以山陽淸口爲門戶遂能挫朱溫之鋒及山陽入於後周而南唐之烽火近在江濱矣宋人南遷以江淮立國於是山陽之勢益重吳表臣曰山陽控扼之地失之則無以屏蔽淮東徐宗偃曰山陽南北必爭之地也我得之可以進取山東敵若得之淮南不能以朝夕固矣陳敏曰楚州南北襟喉也長淮二千餘里河道通北方者凡五曰潁曰蔡曰渦曰汴曰泗而通南方以入江者惟楚州運河一處周世宗自北神堰鑿老鸛河通戰艦入大江唐之淮南不可復保此前車也是故韓世忠嘗保山陽以拒方張之寇陳亮曰韓世忠頓兵八萬於山陽如老熊之當道而淮東得以安寢此守淮之要法也劉錡議塞清口以阻逆亮之師紹興三十一年金亮南侵劉錡鎮楚州鑿敵舟沈清口敵之舟師不能越也會淮西喪敗錡孤軍不能獨立又病甚不能治軍乃引而南敵勢遂益張及蒙古侵陵叛臣劉整亦勸其從事於清口桃源爲進取之計豈非地利不可或忽乎然則南北安危所係淮安其要矣

山陽縣附郭漢臨淮郡射陽縣地後漢屬廣陵郡

淸江浦在府城西自城外達於淮凡六十里舊爲沙河一名烏沙河

海在府東二百里有大海口爲淮河入海處其南爲廟灣廟灣之西爲劉莊又西南爲鹽城縣之姚家場皆沿

海大鎮也大海口東南有蛤蜊麻線二港爲窺伺之徑道嘉靖中倭亂廟灣劉莊受害爲甚

廟灣鎮在府東北百八十里爲濱海衝要處亦曰廟灣場志云府東北九十里爲馬邏鎮有巡司戍守百六十里爲北沙鎮又二十里卽廟灣

劉莊在府東南百五十里嘉靖中倭據廟灣東侵淮安官兵敗之於姚家蕩又敗之於劉莊賊復遁入廟灣尋敗走官軍追至蝦子港賊乘舟開洋遁去

鹽城縣在府東南二百三十里西南至高郵州二百四十里北至安東縣二百里漢鹽瀆縣屬臨淮郡後漢屬廣陵郡

沙岡在縣西北南抵縣西十八里之岡門鎮東北距海延袤六十里

海在縣東自海浦東北出洋凡五十里有捍海堰歷代修築俗名塘潮岸亦謂之范公隄嘉靖中倭賊從山陽海口入縣境官軍據岸遏之賊不能前蓋守禦要地也

喻口鎮在縣西北二十里有喻口渡淮河津要也嘉靖中倭屯廟灣唐順之韜若從寶應拖船過壩自清溝喻口水路進攻路徑而餉易是也清溝鎮今在縣西北四十里有清溝渡

朦朧鎮在縣北百八十里志云廣陽射陽諸湖下流昔時俱經朦朧喻口出廟灣入海又伍祐鎮在縣東南三

十里新興鎮在縣北十八里即伍祐新興二鹽場也又沙溝鎮在縣西百四十里又縣西七十里有大岡鎮又西十里爲唐橋鎮皆商民輻輳之所

姚家蕩在縣北商賈輳集爲濱海大鎮

海州在府北三百七十里東至海岸二十八里西南至鳳陽府泗州五百四十里西至徐州四百八十里西北至山東沂州二百二十里北至山東莒州四百七十二里州阻海連山爲南北襟要六朝時置重鎮於此以掣肘索頭南寇之鋒蓋東南之藩蔽也

朐山廢縣今州治秦曰朐縣屬薛郡漢屬東海郡續通典漢朐縣故城在今州南九十里又東海廢縣在州東十九里漢贛榆縣地即鬱州山也又海西廢縣在州南百二十里漢東海郡屬縣又懷仁廢縣在州北八十里漢贛榆縣地

朐山在州南四里上有雙峯如削俗呼馬耳峯旁有龍潭山瀕海孤危前朝每置戍於此其東北嶺曰石棚山嶺甚高峻又洲西二里有謝祿山

鬱洲山在州東北十九里海中有大洲周圍數百里謂之鬱洲亦曰郁州其山名郁鬱山又名蒼梧山

巨平山在州北三十里一名繇吾峯南接東海北抵虛溝中有龍潭其南嶺有呂母固高二里山之東嶺曰棲雲山海曲見山東莒州日照縣

小鬲山在州東北六十里孤峯特秀三面壁立俯臨深溪惟東隅可通人行其上累石爲城亦謂之田橫固又有平山在州東北百里其相去十五里曰嚶游山

鷹山在州東南百里海中四面平坦潮生則沒其半又州南百里有大小伊山南北相距約二十里又東西二陬山亦在州東南百里一在海隈一在海中東西相對皆海濱守望處也

海在州東二十八里南接朐山北接贛榆西邊州城往來渡處廣二十餘里寰宇記州渡海處名黑風渡七月渡者多覆溺之患餘月則否東有捍海堰南兗州記堰有二一在東海城東北三里西南接鬱州山東北至巨

平山長二十九里一在城北三里南接謝祿山北至石
城山長六十三里高五尺亦名東西堰
官河在州西十里志云今州南四十里有新壩西障沂
沭東捍海湖導漣河之水達於官河東南流接安東之
支家河又有房山河在州西南六十里房山鎮源自馬
嶺山流入官河又有一帆河在州東南八十里自官河
分流至伊盧山南達安東縣
沙堰在州城東北又州西十里有韓信堰
永安堤在州東二十里北接山南環郭長亘七里
楊口堤在州南長十五里東至板浦西抵漣河爲南北
要地又西接劉公堤長亦十五里

北關在州北五里南宋棄此據險戍守以保障州城自
此而北六十里爲安東衞屬山東境內
雲梯關在州東南海岸有軍戍守輿程記繇虛溝營飄
海百八十里至高公堍又一百二十里達雲梯關又百
八十里達安東縣之六套又六十里至安東縣此繇山
東達淮安之海道也
虛溝營在州東北輿程記州東北六十里至塔兒灣又
北三十里爲南程又北三十里爲大村又東北三十里
卽虛溝營也又三十里渡海爲海州北出山東之水
道
石湫鎮在州南二十里舊有石湫堰今鎮東北有九濱
橋
新壩鎮在州南四十里新壩置於此今爲往來要衝
板浦鎮在州東南四十里有板浦堰壩爲商賈輻輳之
所輿程記自板浦渡海口至州城道五十里
臨濱渡在州北十里有臨濱鹽場又莞瀆浦鎮在東南
百四十里有莞瀆鹽場又新橋在州北
高橋在州西九十里又興國莊在州西七十里今置驛
於此州南百二十里有惠澤巡司南七里卽龍溝湖也
贛榆縣在州北百二十里西至山東沂州百八十里北至
山東日照縣百六十里漢縣屬瑯琊郡後漢屬東海郡
欄頭山在縣東北七十里有石欄際海可遮洪濤其並

峙者曰阿山亦接日照縣
懷仁山在縣北四十里昔以此名縣又有末山在縣西
南七十里志云西北之山至此而盡因名
腰帶河在城南志云源亦出沂州環繞縣城東流入海
又有臨濱河在縣南六十里流入海州境
海在縣東十五里北接山東東通大洋汪洋迴繞島嶼
參差稱爲易守而難犯云
荻水鎮在縣東北七十里有荻水源出莒州東流入海
又有臨濱鎮在縣南六十里又有洛要鎮在縣東南六
十里

防海輯要卷四

浙江方輿紀要

海浙江以海爲境東南必備之險也宋紹興二年敵人分屯淮揚軍海州樞臣慮賊以輕舟南來蘇洋之南海道通快可以徑趨浙江詔遣官相度中丞沈與求言海舟自京東入浙必由泰州石港通州廖角陳貼通明鎭等處次至平江北洋次至秀州金山次至明州向頭又聞廖角水勢湍險倘於石港廖角等處拘束水手優給傭値而存養之以待緩急之用彼亦安能衝突呂頤浩言敵舟從大海北來拋洋直至定海此浙東路也自通州入廖角放洋至青龍港又沿流至金山邨海鹽縣直

泊臨安此浙西路也望分設沿海制置司專管淮東浙西及浙東福建路從之而海道之窺伺益少防險說云浙江之源始於黟縣林歷山一線之微合流萬壑終於錢塘之鼈子亹而入海故鼈子亹者乃省城第一門戶石墩鳳凰外峙乃第二重門戶此外無山惟羊許獨立海中東接衢洋西控吳淞江口爲第三重門戶羊許二山有防然後石墩鳳凰有蔽石墩鳳凰有蔽然後錢塘鼈子亹可守此其大畧也沙起錢塘東至吳淞曾無間斷海外諸沙亦向北而轉平坦延曠故賊皆可登是蘇松嘉杭四府連壤一脈利害安危輔車相依者也今欲求錢塘無虞當守附海之三關欲求三關寧謐先防大海之羊許但羊山孤懸大海去乍浦太遠我舟頓此設遇東北颶風賊舟便捷彼此齊驅勝負難必許山奥門淺狹止可避東南之風賊乘東北風利我開舟擊之嘗虞並駕次者金山衞城西灣沙塗頗輭可暫停舟但遇東南風亦未易出惟海鹽白搭山去秦駐山不遠四風皆便賊若由大洋而來隨處可擊是海鹽一關尤四面之控制也總而論之賊由北洋經蛇山茶山其患必犯吳淞然吳淞之口北向舟難逆出必藉崇明等沙兵船以禦之賊由東洋經陳錢馬蹟犯寧定者必藉衢山馬墓兵船以禦之賊由南洋經韭山烏沙門犯昌國臨觀者必藉舟山烈港兵船以禦之若由羊山直進犯海鹽

者必藉乍浦三關兵船以禦之是防海之總要也又曰列郡之海口有溫州之飛雲横陽館頭台州之松門海門寧波之定海大浹湖頭渡紹興之三江泗門杭州之龕山赭山嘉興之乍浦澉浦皆倭寇窺犯之地列郡之門戶也海洋之要害有金鄉盤石衞之鳳凰山南麂山松門海門衞之大陳山大佛頭山昌國衞之韭山定海衞之舟山遠而陳錢馬蹟山臨海觀海衞之烈港海寧衞之羊山許山皆倭寇必經之地沿海之藩籬也又曰陳錢羊山浙直共守之門戶也桐山流江閩浙相依之唇齒也蓋倭從彼國開洋必徑抵陳錢山㪷潮候風集艘分犯若遇東南風高則望羊山以犯蘇松浙西東南

風和則望韭山朱家尖以犯寧紹東北風和則望大佛頭三山鳳凰山以犯台溫東北風急則越桐山流江以入閩此巡哨者所當究心也屠仲律云守平陽港拒黃華澳據海門之險則不得犯溫台塞寧海關絕湖口灣遏三江之口則不得窺寧紹扼鼈子亹則不得近杭州防吳淞江備劉家河則不得掩蘇松嘉興矣俞大猷曰水戰最難舟在海中收舶安澳一違其宜則不戰而自敗矣今考沿海之中上等安澳可避四面颶風者凡二十三處曰馬蹟曰兩頭洞曰長塗曰高丁港曰沈家門曰舟山前港曰岑港曰烈港曰定海港曰黃岐港曰梅港曰湖頭渡曰石浦港曰猪頭澳曰海門港曰松門港

曰蒼山澳曰玉環山梁澳等澳曰楚門港曰黃華水寨曰江口水寨曰大澳曰女兒澳中等安澳可避兩面颶風者凡一十八處曰馬木港曰長白港曰蒲門曰觀門曰竹齊港曰石牛港曰烏沙門曰桃花門曰海閘門曰九山曰爵谿澳曰牛欄基曰旦門曰大陳山曰大床頭曰鳳凰山曰南麂山曰霓澳其餘下等安澳只可避一面颶風如三孤山衢山之類不可勝數必不得已寄泊一宵若停久恐風反別汎必不能支矣至潭岸山灘山許山之類皆團十無澳一面之風亦所難避可不慎乎

杭州府東南至紹興府一百三十八里西南至嚴州府二百七十里北至湖州府一百八十里東北至嘉興府一百九十五里自府治至京師三千三百里

錢塘江在城東三里即浙江也自嚴州府桐廬縣流入富陽縣界經郡西南而東北接海寧縣界出海門入於海海潮晝夜再上奔騰衝擊沿江歷代築塘以捍之其渡江之處自草橋門外江西岸渡者曰浙江渡對蕭山縣西興自六和塔渡者曰龍渡對蕭山漁浦

柳浦在府城東南五里候潮門外江干有浙江亭亭北有跨浦橋六朝時謂之柳浦隄又城東北舊有范浦今堙

海寧縣在府東百二十里東北至嘉興府海鹽縣一百十里漢海鹽縣地屬會稽郡吳王濞於此立鹽官三國吳

因置鹽官縣屬於吳郡（今改縣為州）

海昌城在縣南二十里又縣西北四十一里有海安舊城

石墩山在縣東五十里下有小港外通大洋賊舟每泊於此今有石墩山寨稍東一里曰小尖山上有烽堠可去四十里皆築土城戍守

赭山在縣西南五十里其對岸相峙者曰龕山屬紹興府蕭山縣界橫江截海謂之海門西南去郡城六十里為控扼要害嘉靖中倭寇突犯赭山郡境被其害今為汛守重地海防說海門與乍浦相形援乍浦海中有山至下八山為極遠此外即茫洋無山倭船之來必至八

山及陳錢壁下山取水候風流犯先年兵船畏風濤危險止分守入山內港倭賊不時入劫隆慶三年始議直哨壁下等洋蓋賊於下入山可徑至鼈子亹鼈子亹之險與下入山之哨首尾相應者也

硤石山在縣東北六十里名紫微山其並峙者曰贊山兩山相夾中通河流曰硤石湖山之西爲硤石鎮嘉靖三十四年倭犯硤石明年復犯登泊爲易

妙果山在縣東六十里一名龍山相連者曰袁花山袁花塘經其下嘉靖中倭據尖山横掠袁花市官兵敗績

尖山在縣東六十四里高峯崛起南臨大海建烽堠於其巔一名大尖山嘉靖中倭嘗據此

黄灣山在縣東六十五里一名盈山周九里旁近大海黄灣浦與海鹽澉浦所接界北通硤石袁花諸處嘉靖中倭賊出沒於此設黄灣山寨築土城戍守

金牛山在縣東八十三里高三百丈周十九里山側有淵深不可測稍北爲廟山鳳凰山下有烽堠山寨廟山東三里曰望夫山亦烽堠處通志廟山在縣東南六十八里高百丈周九里與望夫山皆接海鹽縣界

海在縣南十里東連海鹽西接浙江潮汐往來衝激不常有捍海塘歷代脩築

赭山港在縣西四十五里志云縣西二十八里有天門港又西二里曰褚家堨港又西二里曰馬牧港又西十三里曰赭山港又有渾水港在縣東四十五里五港皆分運塘河之支水南抵海塘岸

長安鎮在縣西北二十五里爲商旅聚集之地

石墩鎮在縣東南六十里嘉靖中築城禦倭爲戍守重地又赭山鎮在州西南四十五里文山堂上元置巡司嘉靖中亦築城戍守以禦倭寇

嘉興府東至松江府百二十里南至海八十三里西至湖州府百八十里北至江南蘇州府百五十里自府治至布政司百九十五里至京師三千一百里府負海控山川原沃衍自春秋時已爲吳越爭衡之地豈非以三江五湖相爲襟帶圖志吳越多山而湖澤漸其下崇德居山澤之下孔道四出且濱於

海澨可以出奇制敵捍錢塘之肩背制吳越之肘腋海防說府偪近海口與杭州同忠海寧一衞尤爲要害魚鹽饒給商旅四通亦江東之雄郡也

平湖縣在府東南五十四里

雅山在縣東南十七里或譌爲瓦山嘉靖中官軍敗倭於漸港又追敗之瓦山卽雅山也俗呼葱山有葱山舖南涇塘繞其下又有故邑山亦謂顧邑西南去海鹽縣三十六里

陳山在縣東三十里西南至海鹽縣五十里高八十餘丈周十五里山有龍湫一名龍湫山舊置烽堠於山上

又覩山在縣東南二十八里一名官山其南一里曰高

公山山周入里稍北又有蒲山萊蕎等山皆瀕於海
乍浦在縣東南二十里與海鹽縣接界志云乍浦之水
舊自官河入海番舶皆萃於此明洪武中築城浦上以
爲備禦嘉靖中倭據乍浦犯杭州官軍敗卻之又潘港
在縣東南與乍浦相接
乍浦鎮在縣東南三十六里又白沙灣在縣東二十七
里舊有屯堡嘉靖中改築小城爲戍守處
廣陳壂在縣東南二十七里元曰廣陳鎮又東南十二
里爲新倉又陸行五十里即松江府之金山衛也
沈家莊在縣東十里亦曰沈塘與乍浦相近東西二莊
中縮河爲塹

海鹽縣在府東南八十里西南至杭州府海寧州百十里
東北至平湖縣三十六里古名武原鄉秦爲海鹽屬會
稽郡漢因之
鰍城在縣西北十里晉築今爲鰍城寨又有望海城在
縣南十八里唐築爲瞭望之所
秦駐山在縣南十八里濱海高百六十丈周二十里下
有秦駐塢一名秦徑山有秦駐山寨又豐山在縣西南
十八里高三十餘丈周十八里又白塔山在縣東南二
十里海中山有白塔山下舊有港通聲浦曰白塔潭海
舟多泊於此今古道已堙又望虞山在縣東南二十二
里高九十丈周十二里

長牆山在縣南三十五里西去澉浦鎮三里山高八十
丈周十九里橫截海濤若堵牆然下有石巖臨海名穿
山洞嘉靖中設東西諸寨於山上以防倭寇南有黃道
山宋有水軍寨造船場立烽堠於山頂志云縣西南三
十五里有青山亦在澉浦鎮東三里舊有烽堠與青山
寨相近有金粟山周回六里亦名六里山下臨澉浦
葫蘆山在縣西南三十五里海中東北去澉浦鎮四里
下有葫蘆寨西有西山寨又澉浦城南三里有石帆山
屹立海中志云縣南三十五里有泊灣山在澉海鎮西
北三里高百五十丈周四里
茶磨山在縣西南三十七里舊志云山側有黃巢衖又

竹港周回山下港外爲城塹昔人結寨避兵處相接者
曰石屋山上有石壘成屋亦居民避兵處旁有紫雲山
及邵灣山皆高七八十丈周八九里又金牛山在縣西
南五十里周四十里高百三十六丈與金粟山相對中
有夾山周七里志云夾山在縣西南三十五里金粟山
亦謂之龔墳山
鳳凰山在縣西南三十九里澉浦鎮西南二里高四十
丈周五里海防志山南臨大海倭每犯此最爲衝要有
鳳凰山寨其與鳳凰山環列於海濱爲郡隄障者凡數
十計俱錯峙於澉浦所之四旁而鳳凰山爲之冠又馬
鞍山在澉浦所西北五里縣西南四十五里又有巏山

上有烽堠
衢山在縣東南海中亦曰大衢山其相望者爲小衢山
又有茶山亦在縣東南海中爲南浙汛兵會哨處
羊山在縣東北乍浦所之東山峙海中衞所官兵與金山衞官兵並汛守於此胡宗憲曰乍浦海灘淺闊無山奧避風之處不若海中羊山有奧可以泊舟若分防乍浦之船以守羊山未爲非策也又許山亦在縣東大海中爲南浙官軍會哨之所
海在城東舊去城二里今不及一里西南去海四十里有東海口南海口西海口諸處爲郡境衝要因設海寧衞於城中以司守禦海防考東海口在縣東北三十里

海灘沙汙船艦難泊迤北與乍浦相連內有白馬廟圍圩諸處居民聚集嘉靖中倭賊突犯必先入此觀望虛實然後四出剽掠此爲嘉興嘉善平湖諸邑要口其南海口在縣南去海止半里操備廠在焉稍東南爲黃道廟港濱海與南岸臨觀二衞相峙倭寇最易登犯其西海口在縣東北五十里南通大洋北近平湖不特平湖之門戶亦浙西之咽喉也海塗高硬潮水長涸不一倭每乘潮突至宜開濬海口建立水閘以備之南匯許山金山青邨一帶與吳淞水哨互相聯絡庶爲有濟設有捍海塘歷朝脩築今亦謂之石塘
澉浦在縣南三十六里縣西南境之水由此入海宋開禧初置澉浦水軍元時居民漸集海商往來遂成聚落洪武中築城浦上置澉浦所志云澉浦鎮山灣潮峻爲南面之衝是也
藍田浦在縣南三里浦口有藍田寨又橫浦舊在縣東二里東北通故邑西通貴湖南入海今廢又呂港在縣東北有海塲
唐灣在縣東北宋嘉熙中增置水軍寨澉浦唐灣並爲要地或云海塘自東北折而西南卽唐灣也譌塘爲唐耳有唐家灣寨又長沙灣在乍浦所南又有金家灣在西海口南潮深沙僻倭賊往往泊此內犯則直抵平湖沿海則侵乍浦抵海鹽舊撥西海口水軍哨守又置金

家灣寨於此
澉浦鎮縣東南十八里置堡於此爲戍守處又沙腰邨置海口所亦置堡設兵於此
鮑郎市在縣西南二十里舊有鮑郎浦今澉浦西門外曰鮑郎鹽場
梁莊寨在縣東北嘉靖中倭賊每從此登犯又縣東南有獨樹林及毛竹等寨縣西北有東轉塘朱公亭等砦縣南有南石山等寨皆嘉靖中置今廢又演武場在城東南北枕海嘉靖初有陸路廠三十五年倭賊泊犯據爲巢賊平廠毀設軍戍守
龍王堂在東關外卽大洋直對浙東臨觀等衞迤南半

洋卽白塔山賊每泊此若登岸而南則使澉浦西則有天寧寺爲水陸通衢直抵嘉興此縣城之咽喉沿海之首衝也

海寧衞在海鹽縣治西轄左右中前四所及澉乍二所又東轉唐朱公亭頭寨第二南寨北寨龍王塘闕口落塘大寨小寨寨頭等凡二十寨皆在境内屬衞軍戍守

守禦澉浦千戸所在海鹽縣南三十六里城周八里有奇有南石山秦駐山東鹽團西鹽團青山東海青山鹽場東中牆山平漾牆山東牆山西南門水閘葫蘆灣南湖灣凡十四寨皆撥所軍戍守

守禦乍浦千戸所在海鹽縣東北三十六里北至平湖

縣十八里城周九里有獨樹東獨樹西蒲山外蒲山西蒲山大東山東山嘴唐家灣鹽山聖妃宮金家灣周西海口等十三寨皆所軍戍守守禦嘉興千戸所府治北

紹興府東至寧波府二百二十里東南至台州府三百里西南至金華府四百五十里西北至杭州府一百三十八里北至海口三十里至京師三千四百五十里府襟海帶江爲東南重地舊以會稽臨海永嘉東陽新安吳郡吳興義興爲三吳八郡明初以重兵戍諸暨蓋固婺衢之藩籬卽制杭越之肘腋兼控明台之喉吭越州居明台之上游形勢之勝此其要矣

豐山在府東北六十餘里地臨曹娥江東南接壕山志云壕山在府東七十里下臨舜江接上虞縣界一名蒿尖山又偁山在府東北六十里豐山西北北環大海

海在府北三十里曹娥錢清浙江三水所會謂之三江海口海防考三江港口深闊直通大洋甚爲險要港口稍東有宋家漊賊若從此突犯趨陡門一帶海塘則竟抵郡城若越港而北趨浙西則赭山其關鍵也

邢浦在府東北晉紀云邢浦去山陰北三十五里又府東北四十五里有蟶浦隔岸對海寧縣石墩山爲戍守要地嘉靖中倭賊經府東北六十里之西匯渚入犯官軍卻之於此

防海塘在府東北四十里又運道塘在府西北十里又

府東五十里有鍊塘一云鑄劍處

纂風鎭府東北八十里當會稽上虞之界黃家堰巡司置於此築城戍守

三江鎭在府東北四十里浮山北麓小江經其前大海浸其東與三江所城南北相峙爲東海之門舊有小城方一里置兵以禦倭又三江場鹽課司亦置此

三界鎭在府南百二十里路出嵊明又府南四十里有離渚市舊設關於此又紹興場鹽倉批驗所在府西北六十里白鷺塘

蕭山縣在府北九十三里西至杭州府四十里西南至杭州府富陽縣百五十里東南至諸暨縣百三十里

龕山在縣東北五十里吳越錢氏嘗屯兵於此有營寨舊址下瞰浙江與寧海之赭山對峙旁有小山曰鼈子山江出其中故有鼈子亹之名亦曰海門爲錢塘之鎖鑰嘉靖中嘗敗倭於此舊有龕山寨設兵戍守今革寨北獅子口爲登涉要地

海在縣東北五十里胡氏曰自龕山而東至蘭風石堰鳴鶴松浦蟹浦定海皆謂之海浦有海塘自縣東北二十里長山閘抵龕山凡二十里直至定海凡五百餘里歷代隨時修築邑志浙江經縣北十里亦謂之北海有長山渡沿海而東五十里爲丁邨渡云

定山江即浙江也在縣西十里舊闊可三十里近潮沙

漸積闊不及二十里其海口闊處則幾七十里西興渡而外沿江西南五里有黃家渡又南十五里有上沙渡稍折而東有漁浦渡皆東西渡口而西興漁浦最爲通道又西江塘在縣西南三十里塘亘五十里

查瀆在縣西南九里水經注浙江東經查瀆謂之查瀆亦曰查浦

漁浦鎮在縣治西南漁浦上宋置漁浦寨又錢清鎮在縣東四十里與山陰縣接界又單家堰在縣東南十五里又新林寨在縣東二十里宋置與西興龕山漁浦共爲四寨設兵戍守今俱廢

餘姚縣在府東北百四十七里東至寧波府慈谿縣九十里東南至寧波府百里西南至上虞縣八十里

歸勝山在縣北三里又縣西北五里有豐山上有東西二峯旁多古穴又有點兵山在縣西北十一里縣東北十五里曰屯山

陳山在縣東北十里高千餘仞一名客星山又石匱山在縣東北二十二里峙燭溪湖中三面皆水上有烽堠舊址山之東麓相接者曰航渡山又東曰許郎山一名海郎山北向開廣登涉僅可及半其上陡峻必繇東西透迤乃得上山嶺亦有烽堠舊址又東曰眞武山北面燭溪湖志云縣東北二十八里有孤山南麓臨燭溪湖前有墩曰漲沙墩浮出湖中水溢不沒與眞武山相對

繆家山在縣東北三十里山甚高登其嶺北望大海其西南陡峻不可登北上則平坦自山而東羣山縣延數里不絕又東北十里曰游源山游涇水出焉山多大谷稱險僻又懸泥山在縣東北七十里俗呼勝山嘉靖中屯營於此以備倭

眉山在縣北三十五里又滸山在縣東北三十八里其下爲三山所又姥嶺在縣東北十五里東去燭溪湖五里湖西南岸有梅嶺道出梅溪又有茭湖嶺在縣南五十里山徑峭險亦四明之別嶺也縣西南六十里又有筆竹嶺與上虞會稽二縣交界

海在縣北三十五里有海塘海防考縣境臨山衞北有

臨山港衛東有四門港皆汛守要地而三山所東有勝山港尤爲深闊倭舶可乘潮以入嘉靖中官軍敗倭於勝山又敗之於龜鼈洋今海中之山六曰西霍山曰黃山曰勝山曰長横山曰扁樵山曰毬山礁二曰葵杯曰柴排皆臨觀二衛必備之險也

牟山湖一名新湖在縣西三十五里三面距山北面爲塘周五百頃又汝仇湖在縣西北四十里南距山西距孟家塘北距海隄周九百七十一頃縣西五十里又有餘支湖周五百頃北距孟家塘與汝仇湖接界又有上林湖在縣西北六十里周五十八頃有奇

眉山鎮在縣西北四十里地名湖海頭又梁壽鎮在縣

西南四十里志云鎮居四明上游最爲要口又廟山鎮今臨山衛也洪武中移廟山巡司於上虞縣之中堰築城戍守又三山鎮在縣東北五十里金山上舊置巡司洪武年間移於破山西南去縣六十里有小城戍守

上虞縣在府東一百二十里東北至餘姚縣八十里南至嵊縣百五十里

東山在縣西南四十五里又縣西南五十里曰壇讌山有成功橋

夏蓋山在縣西北六十里南臨夏蓋湖北枕大海西去三江口密邇又佛跡山在縣西北四十五里夏蓋湖南宋時置寨於此縣北五十里又有横山亦名九峯山横枕夏蓋湖之東

蘭風山在縣西北二十五里舊與餘姚之石堰俱爲海浦要地一名蘭芎山又西北五里曰龍頭山即龍山也與蘭芎岡巒相屬西瞰曹娥江

海在縣西北四十五里有海塘歷代以時脩治

上虞江在縣西三十里即曹娥江也自會稽縣東經縣西南東山下曰琵琶圻亦曰琵琶洲曹娥廟當其處西去府城七十里乃運河渡口也又經西四十里蔡山東麓曰蔡山渡亦曰百官渡又北至龍山亦謂之舜江又西北折入於海

梁湖堰在縣西三十里亦曰梁湖壩壩西即曹娥江東

岸爲往來必由之道有曹娥場

通明堰在縣東三里亦曰通明壩其東有七里灘輿程考自浙抵鄞凡七壩通明其第五壩也又中壩在縣東十八里一名通明北堰明初改建曰鄭監山堰又東十八里即餘姚之下壩

三江守禦千戶所在府東北三十七里浮山之陽城周三里有奇有大閘閘下爲三江城河各縣糧運往來之道也所東爲三江場東南即宋家漊防維最切

臨山衛在縣西北五十里明初置城周五里有奇東接三山西抵瀝港嘉靖中倭賊屢屢突犯海防考衛北有臨山港切近衛城直衝大海海口曰烏盆瀝化龍瀝爲

汎守要地衞東又有泗門港越海而北卽浙江之澉溪
嘉靖三十二年倭賊突犯衞城尋引卻三十五年倭船
出東北列表突犯官軍禦卻之此二港衞境之關要也
又觀海衞在縣東北八十里今見慈谿縣境
瀝海守禦千戶所在府東北七十里屬臨海衞城周一
里近海岸有施湖隘四匯隘爲戍守要地
三山守禦千戶所在縣東北三十五里滸山下一名滸
山所屬臨山衞嘉靖中倭寇犯此守將劉朝恩敗卻之
寗波府東至海岸百有四里南至台州府四百二十里西
至紹興府二百二十里北至海岸六十二里自府治至
布政司三百六十里至京師三千七百里府控海據山

爲浙東門戶浙東有難必先中於明州說者曰明州三
面皆海而北面尤爲孤懸吳淞海門呼吸可接明州有
難必先中於江淮往者晉有孫恩之禍明有倭夷之禍
其大較也夫明州北望成山南指嶺表樓船十萬破浪
乘風用以震疊海外此亦一發之樂也乃虞自保無策
哉舊圖經四明據會稽之東抱負滄海枕山薮江重阜
崇嶺連亘數千里又爲海道輻輳之地南則閩廣東則
倭夷商舶往來貨物豐衍東出定海有蛟門虎蹲天設
之險亦東南要會也海防說云海道之備在昌國衞衞
坐衝大海倭夷出沒必繇之處設備之所不一而韭山
正對日本山以外俱遼闊大洋番船往來必望此爲準

此又昌國之咽喉也進而定海衞衞南臨港口極爲要
害防禦爲難昔人云定海爲寗紹之門戶昌國爲定海
之外藩又進而臨山觀海翼援東西防維南北皆爲要
區而樞臣楊溥嘗言鏖戰於海上不如邀擊於海中議
者韙其說總兵俞大猷則云海本遼闊舟行全藉天風
海潮人力不能與抗若風順勢重潮之順逆自不能與
風爭若風輕潮逆則良難矣且我就所短彼用所長邀
擊海中未爲良策不如設備於海上海上之備多途而
必當厚集共力於明州以明州地形陡險控壓懸遠且
迫近港口因利乘便於事爲易也
海府東北二境皆瀕於海志云府東極海岸百有四里

東南極海岸百十二里北極海岸六十有二里東北極
海岸七十二里自海岸迴於大海東極石馬山之洋可
六百里東南極踞門山陽可八百里極蘇州洋可千五
百里東北泛於大海可千里
螺峯鎭在府東二百六十五里海中置螺峯巡司又有
岑江寶陀三巡司今皆見定海縣
慈谿縣在府西五十里西至紹興餘姚縣九十里西南至
紹興府百五十七里本句章縣地
五峯山在縣西北三十里山有五峯其下兩巖屹立如
門又五磊山在縣西北四十五里亦五峯南有巖如門
以通出入

鳴鶴山在縣西北六十里下有鶴鳴場又西十里則觀海衛城也城內有磨石浪港二山稍北爲廟山其相近者爲瓜替桑嶼箬嶴諸山皆際海中又十里有大忌小忌二山對峙則海中危石行舟之所忌也今已近岸岸東有向頭山如龍頭尾相向龍頭以東屬定海龍尾以西屬餘姚二山捍潮其巾漲塗漸與山相接爲海濱要地志云向頭山在縣西北八十里舊有海塘閘西北百里又有泥横山俗名掘泥在海中今亦連大岸又有東向山算嶴山黃牛山俱在縣北六十里大海中

海在縣西北六十里舊有塘三十里以捍風濤又有黃牛桑嶼諸山與嘉興海鹽爲界引而東接定海境海防

考龍山所去縣六十餘里所東北有金家嶴與邱家洋相連東對烈港海洋北望羊山三姑大洋嘉靖中倭船盤據於此及邱家洋官兵攻克之繇此突入腹裏歷鴈門鳳浦嶺一帶犯慈谿直抵寧波最爲險要其旁曰清溪港由此可入金家嶴此間道所當備也又有金墩浦亦在所東西接伏龍山北連邱家洋倭自東北來往往繇此繫泊又古窑港在縣西北六十里北對乍浦東控伏龍山西連磨石山縣境之咽喉也嘉靖中倭舟據此突犯慈谿旣而松浦口之賊由此遯入漁山海洋總兵俞大猷追敗之又敗之於馬迹洋盡縣境海防與定海餘姚一帶相唇齒云

長溪關在縣西北長溪嶺溪流其下又杜湖關在縣西北四十里杜湖嶺上俱路達觀海衛

松浦鎮在縣西北五十里嘉靖中倭賊繇此登犯爲戍守要地又向頭鎮在縣西北向頭山又車廐驛在縣西南四十里地名石台鄉與鄞縣相接

定海縣在府東北六十二里西南至奉化縣一百二十里西至慈谿縣界七十里本章句縣地（今改鎮海縣移定海縣於舟山）

望海城卽今縣城周九里有奇

威遠城在城東招寶山上山聳峙海口最爲衝要城周二百丈置兵戍守與縣城相唇齒山麓西南置靖海營堡周二百四十丈布戰艦以嚴扃鑰形完勢固說者以

城爲江海之咽喉郡治之門戶云

翁山城在縣東北海中舟山上春秋時越之甬東也唐置翁山縣宋置昌國縣明徙其民於內地僅存在城五百戶隸定海吳萊云昌國古會稽海東洲東控三韓日本北抵登萊海泗南抵慶元四面環海中多大山人居篁竹蘆葦之間或散在沙嶼習於舟航風帆便利雖田穜差少而附近大山如秀岱蘭劒金塘五山每歲墾之可得數十萬石蓋亦形勝之地矣嘉靖中屢爲倭酋所據事平以官兵戍之唐順之曰江南控扼在崇明浙東控扼在舟山天設此險以障蔽浙直門戶諸哨船皆自此分而南北總會於羊山明廢縣而內徙之未必非計

慮之一失也舟山為里四為奧八十有三
招寶山在縣城東北本名候潮山後易今名南臨港口屹然聳峙極為要害舊設臺堠於此今改設城堡其東南峙一小山高僅尋丈名昌國山與招寶並峙者為巾子山潮水出入二山為之障
金雞山在縣東八里亦與招寶山對峙海口又縣東南十二里有龍頭山甬東巡司置其下旁有葫蘆嶼又東南三里有青嶼山皆戍守要地又石門嶴山在縣西南二十里圖經陳山在縣南七里嶺有白龍潭將雨則雲濛山頂將晴則嵐繞山腰人以為候龍山在縣西南三十五里

伏龍山在縣西北八十里首尾跨東西兩海門南去龍山所十里屹臨水滸為番船必繇之道蓋龍觀兩衛之咽喉也嘉靖中官軍敗倭於此一名箬山又施公山在縣西北九十里商舶往來地極險要明置烽堠於山上其相近者曰澤山一名櫟山又大蓬山在縣西北百里今見慈谿縣
蛟門山在縣東海中去岸約十五里環鎖海口吐納潮汐一名嘉門山此即大海洋昔人稱蛟門虎蹲天設之險是也虎蹲山今在縣東五里海中
搭嶴山在縣東南七十五里水繞太白山陰而出凡三山在縣東南八十里有十二峯相峙其相近即慈嶴山也志云慈嶴山在縣東南九十里西去大嵩所二十五里又有橫山隘在大嵩所西
金塘山在縣東南海中約百里半潮可到周環二百里舊為昌國縣之金塘鄉明初徙民入內地嘉靖中倭夷竊據叅將盧鏜擊敗之其山北海洋曰清港洋又烏崎頭山在縣東南百十里濱大海其下為崎頭海洋
大謝山在縣東南百二十里海中其旁為小謝山山西南二里即穿山所也南臨黃崎港北繇大貓海洋至金塘鹿山最為險要有兵戍守
舟山在縣東北二百里海中一名翁山在昌國故城南其相接為關山圓峯聳矗為昌國城內案上有烽堠稍

北為鎮鼇山山自北來蜿蜒南走舊翁山縣治據其麓今舟山所城內山也又東三十里曰翁洲山亦曰翁山又有雙髻山俗謂昌國之鎮山志云昌國城東七里有青雷頭山高二里與城西五里曉峯山對峙青雷頭在東南海中又有石衕門山亦名十六門山今皆謂之舟山防險說舟山羣山環峙海港四通為設險之處旁有馬秦山又有芙蓉洲又有鼓吹山在山之陰有戰洋山巔平坦容數百人蓬萊云昌國東南海中有桃花山又有東霍山轉而北為蓬萊山屹立千丈旁有紫霞洞又石門山亦在昌國東海中並峙有黃公山山南為塔嶺山邑志昌國東北海中曰蘭山秀山劒山岱山玉峯等

山山東南海中曰雙嶼雙塘六横等山皆倭寇出沒所
經也今爲定海縣治
普陀落迦山在故昌國縣東百五十里海中一潮可到
爲海岸孤絶處一名梅岑山往時日本高麗新羅諸國
皆由此取道以候風信嘉靖中倭寇據此官軍擊破之
其西有石牛港西北有巡檢砦皆當時進兵處
雁門嶺在縣西北六十里又西北十里曰鳳浦嶺又二
十里曰桃花嶺皆接慈谿縣界志云縣東南五十里有
排陣嶺南二十里有布陣嶺
天同砦在舟山之岑江司東南其相近者有紫皮砦又
弔嶼在舟山之岱山司西北切近海口嘉靖中倭屢犯

此爲汛守要地
海在縣東北兩面皆據海縣北而西接慈谿縣界由東
而南接象山縣界志云縣東北爲灌門海在故昌國縣
海中有砥柱屹峙中流水匯於此旋涌若沸舟行必投
物以殺其勢而後過風雨將作有聲如雷又自蛟門而
外有霍山馬蹟馬墓錢山龜鼈小春等洋又東南則有
分水礁石牛港崎頭孝順烏沙門横山雙塘六横雙嶼
亂礁等洋抵象山縣之錢倉所而止皆嘉靖中控禦倭
夷處也
大浹江在縣城南有大峽渡亦曰大浹口舟師屯舶於
此謂之定海關汛守要衝也邑志鄞江會上流諸水入

縣境其支流爲小浹江皆東注於海舊圖自蛟門海洋
分派爲支江向西遡流七十里抵郡城三港口又分流
西南六十里至沱山堰又西北二百里抵上虞之通明
壩俱謂之大浹港東晉時置浹口戍於此胡氏曰浹口
在虎蹲山外是也其小浹江在縣南十二里自縣東南
十二里竹嶼山海口分流爲支江蜿蜒西南六十里至
鄞縣東三十五里之五鄉碶合於鄞江并瀉東錢湖之
漲海防説小浹港内通東江出穿山所達寧波城極險
要嘉靖中倭賊繇此内犯奸民亦繇此出入漫無關禁
因於縣南十里東山下江流淺處設東岡碶及堰志云
東岡碶去五鄉碶五十五里五鄉碶亦曰回江碶東錢

湖吐納要口也
烈港在縣西北五十里東出海近金塘山嘉靖中賊汪
直引倭入定海關官軍擊卻之遂移泊於此地形曲折
進勦爲難督臣王忬分遣二哨一繇列表門進當其前
一繇西後門進防其逸別遣將俞大猷徑營木砦與賊
僅隔一山出奇攻之賊敗走復泊馬蹟潭久之始逸去
木砦蓋在烈港之東
岑港在舟山所西北有巡司戍守海口衝要處也嘉靖
中屢爲倭賊所登劫後遂倚險列栅據守其地三十七
年胡宗憲督兵討之分兵泊其南北又遣兵分路進勦
中路繇小河嶺右路繇碇礁左路繇小嶺並趨賊巢敗

之賊恃援力守復出奇破之賊遂遁去
中大河在縣西三十里源出慈谿之丈亭渡由夾田橋過茅洲化紙二閘直達城西亘五十里又有夾江河在城西二里自鄞縣桃花渡直抵城西亦謂之顏公渠今廢
鳳浦湖在縣西北六十里湖周十八里又湖北有沈窖湖周亦十八里又西爲白沙湖周二里靈緒湖周二十里四湖俱西接慈谿縣界又曰泉湖在故昌國城東北周三十里舊名富都湖亦名萬金湖
長山寨在縣南四十里又東南四十里有長山場又東南百二十里舊有穿山巡司今有穿山所又霞嶼巡司

在縣南百里今廢
管界寨在縣西北六十里又上岸太平輿山巡司在縣南六十里甬東巡司在縣東南十五里大嵩巡司在大嵩港皆廢又清泉場在縣南十里龍頭場在伏龍山西十里大嵩場在大嵩所與長山穿山謂縣境五鹽場也
螺峯寨舟山所城西南十五里有巡司又所西北四十里有岑江巡司所東北二十里有岱山隘巡司所東南三十里有寶陀巡司皆隸寧波府海防考所境四司與縣之長山穿山霞嶼太平管界共爲九巡司舊俱爲海防要地設兵戍守又有湖頭關在大嵩所西西南接象山縣界亦要隘處也又有袁邨在湖頭之西又王家團

在縣北嘉靖中倭嘗出沒於此
沈家門寨在舟山所東八十里原係水操之地番舶去來皆泊於此內有趙嶴南嶴蘆花嶴大嶴去寨不過三五里以大嶺口爲阻截要路嘉靖中倭係水路或間道而入官軍擊卻之輿程記由沈家門經蓮花洋石牛港釘盂山共七十里至普陀山
碇礵隘在舟山所西五十里去岑港密邇與外港相對倭賊易於登犯爲戍守要地嘉靖中胡宗憲擊岑江賊分軍出此時賊黨有據烏沙懸山者宗憲策其必與岑港寇合陸路則設伏於碇礵水路則設伏於礵礁門賊果繇二路奔沈家門寨合於岑港官軍平之礵礁門亦

在所東海中
按鎮海古鄮縣望海鎮地吳粵更名靜海鎮後梁置望海縣屬明州後改定海縣尋屬慶元府明洪武時以昌國縣省入屬寧波府今定海縣治卽舟山所城春秋時越甬東地唐開元二十六年置翁山縣大歷六年廢宋熙寧六年置昌國縣隸明州元至元中升爲州屬慶元路明洪武初復爲縣尋廢入定海縣康熙二十三年巡撫趙士麟總兵孫惟統等疏言舟山爲寧郡藩籬請移定海總兵駐劄鎮守二十五年題請設立縣治二十七年建縣治　賜名定海縣而以舊定海爲鎮海縣也

象山縣在府南二百七十里西北至奉化縣二百一十里
西南至台州府寧海縣二百三十里
韭山在縣東南百里海中自縣東四十里雙泉山來歷
小睦大睦西殊東殊以至韭山皆列峙海中又東南百
里有大雉山卓然孤立憑據大洋直望日本夷船往往
視此爲準
三芌山在縣南六十里海中有三峯一名三仙山亦曰
三岳山賊自韭山來道必經此嘉靖中爲倭船所盤踞
官軍力戰始克之葢昌國衛及石浦所之襟要也又面
現山在縣南入十里海中
東門山在縣南百二十里其狀若門下有橫石如闕一

名天門山高二百丈周二十五里明初昌國衛置此倭
寇往往南犯溫台爲必備之險又南十里有大門擔子
石壇等山或曰石壇山即壇頭山有南北蜆殼菜藍等
嶴可以避風泊船賊由日本而來每望此山收泊嘉靖
中設軍哨守山外又有雞籠嶼其外一望大洋別無島
嶼倭從韭山南來道必經此亦戍守要地也
大佛頭山在縣南百五十里海中其地名南田海中十
洲此爲第一日本入貢每望此山爲嚮道圖說云大佛
頭山有斗底蝦嶴鳥頭青後城壺底等嶴係倭船來往
棲泊處山周百里中甚平曠地皆膏腴宜耕稼稍西爲
台明嶼兩山對峙中流爲台明二州分界處

金齒山在縣南百六十里海防說山島嶴頗多有金齒
門港倭船往來每棲泊於此亦南路要衝也又有朱門
山在大佛頭山西倭賊從南來每從此棲泊嘉靖中設
兵戍守又有林門山在朱門之東山爲金齒朱門之喉
舌島嶴亦多縣南二百里又有秋蘆門楊士嶼等山俱
在海中接東甌界又花腦山亦與大佛頭相近俱倭夷
出沒處也
鋸門洞在縣東南三十里置戍於此曰鋸門隘其外曰
鋸門洋亦爲海中要地
海在縣東二十里又縣南去海三十五里東北去海四
十里嘉靖中倭寇屢屢窺犯縣南百九十里爲秋蘆門

海洋西南百五十里爲漁溪海洋則寧海縣分境處也
鄞港在縣東北四十里港口直接大洋中流與鄞縣分
界西入奉化縣界中流有白石山東南去縣六十里其
分界處也上流諸水悉匯入焉
入排門港在縣南百四十里與佛頭山相連港內多腴
田地便於棲泊倭船據此勦滅爲難嘉靖中有兵戍守
又旦門港在昌國衛東北係懸大海洋外有東旦山與
韭山相對賊由韭山來必望旦門突入以往南路內近
何家礪仁義南盤一帶老岸嘉靖中設何家礪仁義二
寨戍守其相近者有馬岡嘉靖中官軍嘗敗倭此
三門港在縣西南百里港口爲石浦巡司及土灣番頭

一帶居民喉舌倭從溫台突犯必取道於此海防說三門去石浦稍遠而與朱門海洋鄰近戍守最切又牛欄基港在石浦所北爲石浦關後戶外洋必由之隘也有山環抱可避東北颶風如分哨南北此爲適中之地又下灣門港在石浦所東南志云下灣門外即壇頭大洋內則舊城東門港關潮急且與大爐頭山對峙又四門入路總會於此此守下灣門要地也又洞下門港在石浦所西南志云洞下門逼近石浦所城港窄潮急賊舟進此必紆回磐折於兩岸夾山之下而石浦左連一山名打銅坑與洞下門正相對此守洞下門要地也

竿門港在縣西北錢倉所南倭夷來犯每棲泊於此南

距石浦關百餘里

陳山寨在縣東十三里有巡司又趙嶴巡司在縣東南七里又爵溪巡司在縣西五十五里石浦巡司在縣西南百二十里

遊仙寨在爵溪所南

寧波衛在府治西

觀海衛在慈谿縣西北七十里東南去寧波府百五十里西南去紹興府餘姚縣八十里城周三里有奇領所一

龍山守禦千戶所在府北七十里西南至餘姚縣百二十里東至定海縣七十餘里隸觀海衛築城周三里嘉靖中倭賊往往登犯海防考所北對金山蘇州大洋東對烈港伏龍山控臨海際相去僅十里許爲賊艐往來必繇之道又臨觀二衛之門戶也

定海衛在定海縣治東北領所五

舟山中中千戶所在昌國故縣城中城周七里城南二里曰舟山關

穿山後千戶所在定海縣東南九十里西北去府城百五十里城周四里東南接霩衢所南接大嵩所所北一里有稷頭烽堠東臨黃崎港永樂中有流倭繇此入犯嘉靖中倭由崎頭海洋突入黃崎港犯穿山所因設軍戍守最爲要地

霩衢守禦千戶所在定海縣東南百二十里西去府城百八十里城周三里所濱海孤懸其東南爲梅山港東至碕頭大洋南至雙嶼港俱約五十里西至大嵩港約百里北五里爲三塔峰最險要嘉靖中倭嘗巢此因築寨港口以備之

大嵩守禦千戶所在定海縣東南百三十里西北去府城九十里西南去奉化縣一百里南至象山縣七十里城周四里所東援霩衢南連錢倉其東南爲大嵩港對峙韭山直衝大海嘉靖中倭船往往由此犯所城東即慈嶴山亦是時倭賊衝突處也

昌國衛在象山縣西南八十里北去府城三百五十里

城周七里爲海洋保障領所四
石浦守禦前千戶所在象山縣西南百里北去府城三百七十里阻青山爲城周不及五里前臨石浦關口切近壇頭韭山乃倭出没咽喉要路翼蔽昌國此爲門戶
石浦守禦後千戶所同上志云石浦去昌國十餘里城下一帶水涯可以棲泊戰船對而有山即石浦舊城今謂之石浦關關外大洋有山曰壇頭倭盜出没處也寧郡之衝以石浦昌國爲最寇自南來必由三門林門下灣門東門四路而入寇自東來必繇牛欄基洞下門而入備禦切矣
錢倉守禦千戶所在象山縣西北三十里北去府城二

百六十里四面阻山城周三里東臨大海至大嵩港約一百里南爲塗次烽堠外接竿門蒲門等處西北至湖頭渡海爲大嵩所界乃昌國之藩籬與大嵩相爲犄角者也
台州府東至海岸百八十里南至溫州府三百五十里西南至處州府三百六十里西北至金華府五百七十二里北至紹興府三百一十里自府治至布政司四百四十里至京師三千七百七十八里府山海環峙川澤沃饒陸走紹興則明州中斷而臨安震水向定海則錢塘可襲而京口可塞也或者曰台之最切者海道也其地僻處海濱四塞爲固南有桃渚金竹北有桑洲桐巖西

有關山衛墅疊嶂層岡重關烏道庶幾可恃惟是南去松門不過百里東至海門僅八十里海門者固台之門戶也三面阻水無險可恃自海門而上則一潮直達若棄舟登陸亦徑至城下倉卒將何以禦之圖經云台三面阻山一面瀕海形險如此而患戰守無策得乎臨海縣附郭漢回浦縣地
白鶴山在府東南二十里上有展旗峰劍巖諸勝寰宇記白鶴山上有深湖中有盤石又蓋竹山在府南三十里上有石室香爐天門三峯一名竹葉山圖經山周百八十里起於臨海之長石縣亘黃巖之西以至婺之東陽溫之樂清蓋郡境大山矣

九盤山在府東南七十五里山路縈迴九轉絕頂可眺大海又東刊山在府東九十里海中此山極高亦名天柱山縣東百里又有兵山舊志云唐末屯兵處也又有石鼓山在縣東百有五里唐置城設兵戍守
金鼇山在府東南百二十里其相峙者曰海門山對立如關在北海岸東枕海又四里曰亦山又東曰翠環山與海中諸山相望
芙蓉山在府東二百里海中有芙蓉海口又臨谿山在府東北二百四十里一名牛頭山下有谿二水合流一名[illegible]溪志云山逼海岸亦曰臨海山
三山在府東八十五里海門衛西南衛濱海散漫無險

可依山峙立椒江南岸爲衛境之望又城門嶺在府東南百五十里當衛城北亦峙椒江南岸稍東北卽前戶所城也由此達仙居走溫州爲所境之險

雙巖在府南十五里與府治對又馬蹄巖在府南二十里甚險峻一名聖巖又仙巖在府東南一百二十里高廣約數百仞

海在府東百八十里有兩頭門諸險嘉靖中爲倭賊出没處又有螺門亦在府東海中嘉靖中官軍敗倭於此海防考府境最切者曰海門衛衛城北卽海門港一名椒江渡港水流入二十里分兩支一抵台州府城下一抵黃巖城下此府境咽喉也論者謂海門之防視定海

尤棘定海水港旣狹港外連山遠近皆可泊船分哨今海門港一潮之遠止有二山一座形小勢削並無隱蔽港內不可禦敵外洋風浪洶湧更無山嶼回抱故明初至嘉靖中屢被其患所當增設水軍爲港口之備

澄江在府城南一名靈江其上流爲三江三江者一自天台始豐溪一自仙居永安溪至府西十里而合爲澄江故曰三江環繞郡郭潮至此而止故曰澄江接於黃巖縣之永寧江而入海

柵浦在海門衛東南嘉靖中倭賊由此入海門港又由此犯松門衛志云柵浦去松門不過數里

蛟湖鎭在府東百有二里有巡司又連盤巡司在府東北百二十里地名長沙逼近海口亦曰連盤港口明置巡司與前千戶所相爲形援

三石鎭在府東嘉靖中倭掠臨海之三石鎭卽此

黃巖縣在府東南六十里南至溫州府樂淸縣百八十里西北至仙居縣百五十里本漢回浦縣地

古城在縣南三十五里外城周十里內城周五里志云城在大唐嶺東與太平縣接界又有漢城在縣北十里

蓋竹山在縣西北三十里與臨海縣接境縣西六十里又有三萫山周二十餘里分上中下三萫相近者又有平田山甚高峻至巔平衍可田縣西五十里有靈石山百二十里又有黃巖山一名仙石山

東鎭山在縣東二百四十里臨海記洋山東有東鎭大山去岸二百七十里有四磊極險峻山上望海中突起一石郞高麗山頭也又盤龍山在縣東南二十五里又盤山在縣南五十里盤回十里石磴碕嶇

海在縣東百里其入海之口曰椒江由椒江而西直接永寧江抵城下不過七十里故縣之海防視他所爲切嘉靖中倭嘗繇此登犯

永寧江在縣北二十里有二源大源出縣西南三百餘里之塵山東南流二百十里至左溪村小源出黃巖山東北流合於大源皆平淺不通舟合流三十里至官路村無灘磧直接永寧江廣踰百步可通舟又東流百里

過縣北又三十五里而爲臨海縣海口入於海從源至海計四百八十里亦曰澄江

長浦寨在縣東南四十里有巡司置城戍守又路橋鎮在縣東三十里亦爲戍守處縣東南四十里又有泉井市亦曰泉井鎮

寧海縣在府東北百八十里東北至寧波府象山縣二百三十里北至寧波府奉化縣百二十里漢回浦鄞二縣地

王愛山在縣西六十里路接天台縣界又鳳山在縣南百二十里健跳所城跨其上

二門山在縣東二百五十里海中海舟出入必經之所

今設兵船泊守南與大佛頭北與林門各兵船會哨又里恩山在縣東百里大海環其下縣東北九十里又有葢蒼山瀕大海一名茶山一曰茶巖下有柴溪引流注海

桑洲嶺在縣西六十里有桑洲驛又縣西南百二十里有桐巖嶺其上爲朱家嶴驛又西南六十里即府城也舊路由狼坑縣渚海遊而西紆回阻滯宋靖康以後取道於此至今便之嘉靖中戚繼光討倭寇駐軍桃渚寇屯聚桑洲糧援久之不至葢控扼要地也

海遊嶺在縣南六十里下有鎮又戰坑嶺在縣南百里危峻難登俯瞰大海其相近又有佹橋嶺兩石峙立如門架木爲梁以渡下有泉甚湍急

楓槎嶺在縣南二十里亦曰楓嶺嘉靖中倭寇入犯官軍禦之於此敗績又南五里有摘星嶺一名新嶺

大龍嶺在縣西南百里回旋曲折凡三十五盤接天台縣界

紫溪洞在縣東北四十里幽阻險隘亦曰紫溪嶺路出象山縣又縣西南百餘里有前溪洞入天台縣界

海在縣東四十里夷堅志縣東海中有尾閭與海門馬筋相值自高山望之其水湍急陷爲大渦者十餘舟楫不可近舊傳東海泄水處又健跳港在縣東百二十里健跳所東有長洛渡闊四百餘丈出海往茅頭大洋上

接海中查盤山與練陀等處下接海中青嶼黃毛礁與牛頭桃渚諸處海防考健跳所孤懸於重山之外恃舟船爲命守港之師不可暫撤是也又茅頭洋一作貓頭洋亦在健跳所東北嘉靖中官軍敗賊於此又追破之於青門洋青門洋即青門港見象山縣

鄞江在縣東北四十里與象山縣接界自奉化縣東境合諸溪之水及縣北白渚溪馬紫溪俱匯流以入海縣北五十里地名海口

梅嶴嶺在縣南百里舊有鐵場亦戍守處也嘉靖中倭賊寇縣繇梅嶴突入樂清縣界縣南七十里舊有曼嶴巡司及東南八十里有寶嶴巡司縣東二十五里有越

溪巡司東百里有長亭巡司縣北六十里有鐵場巡司俱築城置戍爲海濱之備又長亭鹽課司在長亭巡司東三十里

臨門寨在縣東二百里海頭又麻嶴寨在縣西南七十里俱廢

南陳館在縣西南六十餘里又上嘐村在西北四十三里今有上窑山

登臺橋在縣東七十二里跨海港凡二十四洞路通象山

太平縣在府東南百四十里北至黃巖縣入十里西南至溫州府樂清縣九十里本黃巖縣及樂清縣地

松門山在縣東南五十里海中亦曰松門島又桂巖山在縣東南二十里其南有碕頭山嶺頂所置烽堠於其上又盤馬山在縣東北四十里回旋險仄有巡司戍守

石塘山在縣東南六十里海中嶼嶴參錯大山環峙其相近有三女山二石如柱潮平則沒舟行畏之又大陳山在縣東南海中每爲倭賊所據防守最切嘉靖中官軍敗倭如此相近者又有南赤嶕山夏公嶴亦在海中小山也嘉靖中倭賊由此犯松門衛

玉環山在縣西南七十里楚門港中又有靈山與玉環山相接其峽如門名楚門港海泊由此出入海防考楚門所東北海岸有雞腨山倭犯楚門此爲必由之道

溫嶺在縣西十里一名中嶠山亦名溫嶠亦曰嶠嶺永嘉記妖賊孫恩築城嶠嶺高四丈周六百步卽此處也有東西兩峰東大西小亦曰大嶺小嶺嶺北又有路橋爲黃巖縣之通道志云縣北五里有虞嶴嶺路通溫嶺或譌爲漁嶺嘉靖中官軍敗倭賊於新河所賊遁走漁嶺復追敗之卽此

湖霧嶺在縣西北三十三里屹立湖側西連鴈蕩北接唐嶺

藤嶺在縣南二十餘里又東南卽隘頑所也南出溫州又所東北有慢遊嶺爲松門之阻隘

南灣嶺在縣境楚門所西北有高山萬仭環列海濱又

長嶼在縣東北二十五里又東曰撮嶼上有烽堠

海在縣東南二十里曰大閭港亦曰大閭洋志曰大閭港在長沙海口南有驪洋下有驪龍窟出此則茫無畔岸矣

迂江在縣東源出王城山之桃溪一名月河東流合諸山水爲新建河經縣北三十里爲官塘河河西南達溫嶺東南抵縣城北通黃巖爲舟揖交會之衝又東至新河所城乃爲迂江閭二里東入海

山門港在縣西南十五里源出溫嶺諸山亦曰溫嶺江江下南出松門港及楚門港入海凡海艦西去溫州樂清北趣台州黃巖率繇此艤泊又松門港在縣東南五

十里甘嶴海口出海卽石塘山也又靈門港東接海中雞脣山與松門港接境南接楚門洋坑下接硐礁山隘頑所之藩衞也有兵戍守又有中洲港南出海中夢瀝山與蒲岐港接境北出海中邳山與靈門港接境嘉靖中亦設軍戍守

沙角寨在縣南二十五里有巡司

斗橋在新河所西北又清港渡在縣西南三十五里爲三山楚門要衝

海門衞在府東九十里城周七里有奇領所四衞爲浙東門戸三面阻水倭易登泊其救援之道自臨海黃巖而東有泉井路橋三山三道禦之於港口又當備之於

內地蓋水陸俱切也

前千戸所在衞城北七里城周三里有奇所南臨椒江與衞城僅隔一水利害相共東北有連盤港健跳桃渚會於此倭每恃爲巢穴

桃渚千戸所衞東北五十里城周四里有奇衞城及府治之藩翰也海防考所東有桃渚港外接大海北達健跳有鹽塘除下仙巖諸海灣寇每從此突至由裏路至海門不過四十里當設舟師以備禦海口而昌埠港在所城東百十里有埠嶺與桃渚港皆委蛇細曲慮賊以小舟襲入所南又有肯埠嶺北有白蓮嶺東有安聖寺諸處皆可設伏以遏賊衝嘉靖中倭賊圍所城官軍敗之賊遯昌埠倚山爲固官軍復攻克之是也

健跳千戸所在衞東北百十里寧海縣南百二十里城周三里海防考所東去昌國衞隔大洋西去桃渚百里去府城百四十里三面阻山皆羊腸鳥道緩急不能遽達惟東面山前距海倭泊城下江中陸路之援不可恃惟應以海門舟師擣之而邀之於山道以防其內潰庶爲完策

新河千戸所衞南五十里太平縣東北三十里城周四里有奇所去松門隘頑黃巖各五十里所謂適中之地也三面俱有大路可以進兵應援惟北至海門皆田塍雨久潦溢則泥濘可虞海防考所東南卽新河港港口

淺狹賊往往繇此登陸來犯所東有藤嶺及橫山諸處俱爲戍守要地又有週洋港亦在所東嘉靖中倭繇此登陸入犯又金淸閘在所北嘉靖中官軍敗倭於此

松門衞在太平縣東五十里西北去府城百八十里城周九里有奇領所二海防考衞東卽松門港港東岸爲朱門山又東爲積穀山及下洋大陳嶴諸處外卽大海直抵日本北往化嶼龍王堂鯉港橫門大潭深門諸處與新河三汊港接南往雞脣釣柵硐礁鹿頭片嶼驪洋邳山諸處與靈門接海內小山最多若倭賊由溫州來此往抵城下若自外洋來止過大陳邳山大鹿登岸皆爲賊巢港內迂回屈曲捍賊尤難也

隘頑千戶所在衛西南五十里太平縣南三十里城周
五里有奇志云所北衛太平南阻楚門城北四面皆山
高插天表城垣欹仄不足恃唇齒之援惟恃松門水軍
嘉靖中官軍敗倭於此
楚門千戶所在衛西南百二十里太平縣西南六十里
城周七里有奇對岸爲溫州蒲岐所賊繇三山大荆趨
溫州必徑度蒲岐所防守爲切海防考所西北有東門
港繇所城至太平溫嶺江之道也沿山濱海而行山林
密茂水港出入又十五里爲南灣高山環海即所謂南
灣嶺也又有泥湖碓在所南嘉靖中賊繇此入犯所城
溫州府東至海岸九十里南至福建福寧州五百九十里

西至處州府三百六十里北至台州府三百十五里自府
治至布政司八百九十里至京師四千三百一十里府
東屆巨海西際重山利兼水陸推爲沃壤且與閩爲隣
郊揚帆振轡分道南下是扼八閩之吭而拊其背也海
防考曰溫州與閩接壤寇船犯境必首攖其鋒惟先嚴
蒲門鎮下官嶴南臺之險庶足以扼其來於此不戒而
入內地溫殆岌岌矣哉夫舍其險而求一日安必不可
得爲溫計者豈惟海道爲然乎永嘉縣附郭漢回浦縣
地
大羅山在府東南四十里廣袤三十餘里一名泉山頂
有大湖又吹臺山在府南二十里頂平正山麓廣袤二
十里接瑞安縣界又有岫環山在府西南四十餘里
青奧山在府東二百里海中兩山對峙如門亦名青澳
門又東有東洛鹿西諸山皆爲海道之衝要
中界山在青澳東百里洪武初倭賊嘗犯此舊設巡司
戍守又靈昆山與中界山並峙海中有田數千畝相近
者又有黃大澳亦多田可耕
霓澳在府東百餘里海防考倭船南北往來泊於此徑
達盤石衛城最爲險要嘉靖中倭繇此登岸突犯湖頭
官軍擊却之又南龍山在澳東北亦要地也
海在府東九十里有雙昆海口內控郡城外聯島嶼爲
郡境之門戶自海道而南至福建福州府八百二十里

北至台州府三百三十里舊時嘗有漂溺之患又沙溝
寨在府東五十餘里稍西即寧村所逼近海口賊易登
犯其相近又有沙村寨
長沙寨在府東寧村所東南東臨海塗地勢頗險亦曰
長沙灣又太平寨志云在府南六里
瑞安縣在府南六十里南至平陽縣五十里西至泰順縣
二百七十里西北至處州府青田縣三百五十里本章
安縣地
廟山在縣東南五里亦曰安祿山山障蔽海門有玉泉
洞可容百人又東曰浮龜山控臨海門横捍江流稍南
又有黃公巖

隴山在縣西三十里周二里前江後湖元末邑人在此築城禦賊又四十里有許峯山高數千仞海舶視爲方向俗呼景福山又西五里曰福全山山之北有白雲嶺

帆遊山在縣北四十五里東接大羅山與永嘉縣分界爲舟楫要衝又西有桐嶺山與帆遊並峙縣北面之保障也亦曰桐溪山

遮蒲山在縣西南三十里其南爲坑嶺接平陽縣界嘉靖中倭寇自閩犯平陽將自坑嶺入縣界邑人設險於柘浦山天門埭以拒之柘浦卽遮蒲也

梓奧山在縣東北四十餘里有二十四盤嶺

海在縣東十里繇海口直上飛雲渡至爲險要海洋有

鳳凰山飛雲關舟師駐泊處也海防考倭犯瑞安平陽必由銅盤南龍及鳳凰山而入守禦爲切

天門埭在縣西陶山南元末邑人在此築城禦賊嘉靖中倭犯平陽由天門埭趨青田縣志云天門埭在縣西三十五里

飛雲渡在縣南七里安陽江津濟處也波流洶涌橫截南北有飛雲關往來者必出此渡西有中洲東出爲飛水寨海防考飛雲水寨西面去金鄉衞百三十里此爲溫州適中之地舊名中軍水寨南臨海港外接鳳凰山內逼府城郡境之衝要也

梅頭寨在縣東五里有海口爲戍守要地又丁田寨在縣北海安所東相近又有前後岡二寨丁田地勢平緩前後岡俱臨深水至險要嘉靖中賊屢登犯西北犯府城西犯瑞安爲戍守要地

東山寨在海安所東北又有上堨寨東西分峙爲犄角之勢坐臨海濱倭賊自東山而來繇九里而至府前自上堨而來由丁田徑至海安險要處也寨東爲東山港嘉靖中倭寇繇江口登犯嶺門岐頭入坡南涯至瞭高山下敗官軍遂攻縣城官軍擊却之退泊東山港卽此

眉石北隘在縣東南沙園所東東至大海南會陌城寨西至平陽所北會陡門極爲衝要嘉靖中倭賊從此登犯又眉石南寨亦在沙園所東東濱大洋鳳凰山澳一

潮可至西抵仙口寨從仙口寨至平陽縣三十里

仙口寨在沙園所南近平陽縣之仙口山其相接者又有宋埠寨亦爲防險處

樂清縣在府東北百二十里東至台州府太平縣百三十里東北至台州府黄巖縣百八十里北至台州府仙居縣三百八十里

玉環山在縣東南二百里海中其上舊有古城山西北十餘里有楚門山有峽如門廣二十步海艦由此出入海防說玉環山北隔一小港卽台州府楚門所山聯絡深長島回百里舊有居民洪武初倭賊來犯因徙民於內地當台溫二府之交海寇去來駐泊之所也

盤嶼山在縣西南五十里濱海其下即盤石衛
接莆嶺在縣北六十里道出太平又佛嶺在縣東九十
里
鷂嶺在縣東嘉靖中倭寇樂清登鷂嶺嘗徙白沙巡司
戍守於此
海在縣南五里又縣東十里有海渡道出太平志云縣
境之海橫亘幾三百里東起玉環山西至象浦皆以海
為險亦曰白沙海
館頭江在縣西南六十里與甌江接經盤石衛至縣東
五里白沙嶺又南入於海又萬橋江在縣東六十里窰
澳諸山之水至此入海亦名萬橋港縣東南七十里又

有樫江東北諸山溪水南匯於此亦曰清江港又北港
在縣東北三十里鴈蕩山頂九折諸溪之水流合諸山
溪東出數十里亦曰北港川皆入於海
館頭鎮在縣西五十里館頭江口有巡司又館頭驛南
去府城四十里
窰奧鎮在縣東五十里窰奧山下南臨海有巡司並寄
守堡城周二里有奇為戍守處又有窰奧驛又東北有
和尚奧接台州太平縣界嘉靖中官軍逐賊於此
石馬鎮在縣南五里石馬山下嘉靖中倭賊由此登犯
又縣後堡在縣城北城周不及二里又永康堡在縣東
南竹嶼山城周二里有奇相近有寧安堡亦有城又石

梁堡在縣東八十里即鴈蕩山之石梁洞也又有福安
堡城周四里
嶺店驛在縣東北九十里東至太平縣四十里北至黃
巖縣六十里又西皐驛在縣城西
白沙寨在縣東五里有白沙嶺為水陸要害嘉靖三十
七年賊從此犯縣城三十九年復從台州境入犯參將
張鈇大破之於此又東二里為白沙橋志云白沙嶺臨
陸走台境水通海島縣境之咽喉也
章奧寨在縣西章奧山旁近海口賊船易登頗稱險要
障禦慎固則東衛塔頭西衛盤盤東衛黃華北衛長林
賊船不能犯

沙角寨在縣西二十五里沙角山下濱大海界於黃華
章奧間嘉靖中倭繇此登犯由縣西十里支奧至三條
嶺有道徑抵縣城防禦為切
黃華水寨在縣西南盤石衛東三十里東接大海大小
門霓奧南枕港口乃溫州之咽喉也水哨南會飛雲北
會白雲巖備禦最切嘉靖三十七年倭繇此港入溫州
而於處州府青田縣官軍擊卻之又有黃華山寨在水
寨東二里嘉靖中倭嘗登犯黃華之外為下馬洋嘉靖
中參將湯克寬追黃華賊戰於下馬洋是也海防考倭
犯黃華必繇邪山大麂山及黃大奧而入有黃華關過
臨海口汎守最切

岐頭寨在縣西南海防考縣西四十里有白塔山其地謂之塔頭有長林鹽場又西南即岐頭也海舟經此必艤舟而後行謂之轉岐繇摺疊舆而東北達於驪洋即台州之松門寨

白巖塘水寨在縣東北蒲岐所東濱海爲蒲岐之外戶水哨北會台州府之松門楚門南會黃華港爲戍守要處又後塘寨亦在蒲岐所東南臨大海形勢險要嘉靖中賊屢登犯其南爲李奧西爲湾江渡北爲雙陡門皆寇所必窺之道有鷄渚堡嘉靖中置築小城戍守周不及二里

高嵩砦在縣東四十里高嵩山上臨大海亦近蒲岐所

爲所境之鎖鑰嘉靖中賊每犯此從梅婆橋入逕至長山窺築清近郊亦險要也

下堡寨在蒲岐所南五里南臨大海所之南藩也其相近者又有蔞奧亦備禦要地

峽門橋在縣西南十三里又西三里有峽門山橋東十五里又有陡門橋南臨海

陽縣在府西南百二十里西南至福建福寧州二百九里西至瑞安縣五十里

仙山在縣治東上有平石號仙壇本名橫奧亦曰積有九盤嶺又昆山在縣治西南絕頂有巨巖俗稱山縣治前又有嶺門山山分左右翼中關如門

仙口山在縣東二十五里本名陽嶼東枕大海亦名神山上有風門嶺又將軍山在縣東南七十里舊嘗駐軍於此

玉蒼山在縣西南八十里亦名八面山山周百餘里跨峙八鄉稍北巖岫四圍止通一門相近又有松山

大巖頭山在縣東南海中海防考倭賊自南麂鳳凰竈奧蒲岐楚門玉環而來俱經此山巡哨最切

南麂山在縣東海中有平壤數千畝環海負島逋逃之徒易以蓄聚倭寇每出没於此其北接鳳凰山山奧闊大外皆大洋別無山島倭寇每恃爲巢穴乘潮御風直抵飛雲港此哨守要地也

東洛山在縣東南海中倭寇往往泊舟取水於此明嘗設舟師戍守

南龍山在縣東海中倭自北洋而來此爲必經之地其相近者又有銅盤山亦倭船内犯之道也又洋嶼在縣東南江口關水師每駐泊於此

海在縣東二十五里郡志縣境之海北接瑞安界榆木浦經陡門仙口江口抵大奧蒲門俞山諸處至福建烽火寨止橫亘三百餘里

江口關在縣南二十五里下臨橫陽江爲往來衝要又有江口水寨在縣南金鄉衛南臨大海控五嶼等奧外接琵琶長腰陌城洋嶼等大洋爲平陽門戶嘉靖中倭

犯平陽前倉徑口諸處從此港入南至舥艚炎亭北至瑞安飛雲鳳凰皆其哨探處也又龜峰堡在縣東南九十里

舥艚寨在縣東南八十里寨東北兩面皆濱海嘉靖中倭屢繇此入犯又有舥艚堡及巡司戍守又縣東有余洋堡相近爲宋埠仙口二堡縣南有前倉堡又有蔡家山東魁等堡

陌城寨在縣東南寨東南濱海其相連者曰陸路寨俱戍守要地也又汶路口寨在縣東三十里東臨海洋洋嶼門南接江口水寨北援眉石南北二寨地勢險要嘉靖中倭嘗繇此登犯

炎亭寨在縣南金鄉衞東七里有海口嘉靖中置寨並設珠炎營戍守備倭又西南十里爲大奧海口亦戍守處也

大小漁野二寨在衞東南濱海倭由此犯衞城又北則逼近縣境南鹽場諸處嘉靖中設軍戍守

大蓬寨在金鄉衞東有大蓬海口又南爲小蓬寨近蒲門所西臨海北鎮山其相接者爲龜峰巡司皆備禦要地

程溪寨在縣南蒲門所東南南至海西抵鎮下門水寨蒲門之要區也又葛蒲洋寨在蒲門所東海濱皆嘉靖中倭嘗登犯處俱撥水軍戍守

嶼山寨在縣東北壯士所東南臨海口賊從此突入則西犯天仙南犯雙峰諸鄉北犯所城爲備禦要地又平山寨在壯士所東北西接盤石後所南接嶼山北接白沙爲樂清之唇齒嘉靖中賊從此登犯南入石馬港逕抵樂清白石山亦備禦要地也

鎮下門水寨在縣東南百四十里亦曰鎮下門關坐臨大海其東有官奥守禦最切水哨南會烽火流江北會江口水寨又有上下魁海口亦在蒲門所東南爲戍守要地

天富場在縣東南三十餘里又縣東有沙場子場南有蒲門子場

溫州衞在府治東領所三

寧邨守禦千戶所在府東五十里隸盤石衞北渡江至衞十里所城周三里有奇志云所東至沙溝海口一里南至永嘉場十里西北至樂清縣五十里西南至瑞安縣七十里爲守禦要地

瑞安守禦千戶所在瑞安縣治東隸溫州衞

海安守禦千戶所在瑞安縣東北三十里隸溫州衞西北去衞七十里城周三里有奇爲海濱要地

盤石衞在樂清縣西南五十里又西南至府城五十里南至盤石巖頭海口一里西至館頭驛十里城周九里領所三

盤石守禦後千戶所在樂清縣東三里隸盤石衞城周

二里有奇所南五里爲石瑪海口東至蒲岐所三十里
北至窯奥驛五十五里
蒲岐守禦千戶所在樂清縣東北三十里隸盤石衛城
周三里有奇東渡江至楚門所二十里南至下堡海口
五里海防考洪武中倭寇突犯官軍擊卻之嘉靖中爲
禦倭要地
平陽守禦千戶所在平陽縣治西隸溫州衛
金鄉衛在平陽縣南七十里北至府城百八十里西至
蒲門所八十里南抵福寧州二百十里城周七里有奇
領所二
沙園守禦千戶所在瑞安縣東南二十里隸金鄉衛南

至平陽縣三十里城周三里
蒲門守禦千戶所在平陽縣南百二十里隸金鄉衛城
周三里有奇南至福建流江寨二十里西南至福寧州
百里西至泰順縣二百十里
壯士守禦千戶所在平陽縣東北五十里隸金鄉衛城
周二里有奇隆慶初併入蒲門

防海輯要卷五

福建方輿紀要

海在福建爲至切之患漢橫海將軍韓說浮海滅閩越
三國吳遣軍自建安海道與荆州之師會於合浦以擊
交阯陳章昭達趨建安討陳寶應隋楊素泛海擊王國
慶五代漢吳越遣將余安自海道救李達宋張世傑等
共立益王昰於福州蒙古阿剌罕自明州海道來襲明
湯和討陳友定由明州海道取福州洪武間倭氛告警
江夏侯周德興經理閩海置烽火南日浯嶼三寨於海
中正統中焦宏蒞其事則遷烽火南日於內地景泰初
薛希璉又遷浯嶼水寨於廈門議者以爲棄其藩籬矣

是時雖增置小埕銅山二寨沿邊衛所鎮戍之設漸加
密焉而奸商釀亂勾引外夷自潮州界之南澳及走馬
溪舊浯嶼南日三沙一帶皆爲番舶所據浸淫禍發淪
者謂東南之倭亂閩實兆之也自是審斥堠嚴會哨寇
去之後猶亟亟不敢懈焉蓋列戍於海上而哨守於海
中不易之法矣說者曰海中島嶼東南錯列以百千計
但其地有可哨而不可守者有可寄泊而不可久泊者
若其最險要而紆迴則莫如澎湖蓋其山周遭數百里
隘口不得方舟內澳可容千艘往時以居民恃險爲不
軌乃徙而虛其地馴至島夷乘隙巢穴其中力圖之而
後復爲內地備不可不早也又海中舊有三山之目澎

湖其一耳東則海壇西則南澳皆並爲險要守海壇則
桐山流江之備益固可以增浙江之形勢守南澳則銅
山元鍾之衞益堅而可以厚廣東之藩籬此三山者誠
天設之險也
福州府東至海岸百九十里南至興化府二百八十里西
南至泉州府五百里西至延平府四百有五里北至福
寧州五百四十五里自府治至京師二千一百三十三
里閩縣侯官縣附郭
府西阻重山東帶滄溟南望交廣北覘淮浙亦東南之
一都會也然而延建諸郡控我咽喉福寧一州扼我項
背興泉諸郡伺我肘腋揚帆矣至則有海道之虞踰險

飈馳實切上游之懼封疆不可憑山谿不足恃國門以
外皆戰場也三山之險誠不在近郊而在四境矣宋蔣
之奇曰八閩之地長樂爲冠以其地肥衍民殷富而濱
海足以自固也噫是豈折衝之長策哉
釣臺山城南九里崇阜屹立俯瞰大江建江經此曰南
臺江
平山在府東南三十二里志云城東南三十里有鳳山
鼓山支隴山其東爲平山又羅星山在府東南五十里
爲江中登之百里內諸山皆在左右爲遠近奔流之砥
柱又南五里曰大象山其山巍峩廣大爲城南之巨障
有峯曰銀峯下瞰馬頭江江之南曰白田山又九龍山

在府東南六十五里九峯插天狀若龍騰下有潭潛通
馬頭江
五虎山在府東百里大海有五虎門與江口相接明初
湯和由海道取福州處也山下爲官母嶼相近者有浮
江山亦曰文筆山對峙者曰王捕山又琅琦山亦在府
東海中一名羅崎山其旁又有清洋福斗諸山
海府東南二境皆濱海海防考福州境內有閩安鎮東
定海關下娘媽宮濂澳鑑江館頭小埕牛田東營後瀛
松下大小社諸處皆海口登犯之衝而備禦之所也
閩江在府城西南七里自建寧延平二府境流經古田
閩清二縣界復東南流至府西北八十里之白沙驛亦

曰馬瀆江亦曰螺女江雪峯山以東諸溪之水皆流合
焉南流分二派一派自北而東歷侯官而至芋原驛濱
江有石岊山亦曰石岊江又南至府西七里曰洪山江
亦曰洪塘江經城南七里曰金鎖江又南經釣臺山下
曰南臺江亦曰白龍江又東南經鼓山下而東出匯爲
馬頭江一派自西而南經府西南三十里高蓋山又南
至方山北曰淘江亦曰瀨江又名黄江亦名黄岸江循
山西麓又南至仙琦山曰仙琦江亦曰湯岐江復折而
東流二十餘里曰峽江經府東南五十餘里接馬頭江
又東爲琅琦江至五虎門以入於海志云馬頭江爲閩
縣極南界西北衆流悉入焉風濤洶湧中有巨石形如

馬首隨潮隱見爲行舟患大抵閩江上流至馬濱漸廣而緩馬頭當衆流入海處勢尤浩瀚也

白蝦浦在府南或曰卽白龍江別名也又有直瀆浦舊從江岸開河口通潮北流至故海晏門爲澳橋浦又北通於東湖今廢郡志南臺江舊自河口而北繚繞三十有六曲爲城南濠分引自水步門水關入宏治中鎭守內臣鑿新港遂失故轍云

閩安鎭在府東四十里爲會城東面之險要海防考海水潮汐與馬江匯於閩安鎭有兩口一東出雙龜門外繞壺江五虎一南出琅琦門外遶厂石梅花閩安爲江海之鎖鑰而會城之門戸也

五縣砦在府西北五十里

長樂縣府東南百里南至福清縣百里北至連江縣百二十里

海在縣北五里又縣東南東北境皆濱海山港澳嶼回環爲險海防考縣西北閩安鎭五虎門諸處實爲省城門戸東北广石梅花所突入海中與連江縣定海所相對亦省城右臂也自梅花至松下巡司中歷十一澳皆東沿大海波濤衝激並岸水淺寇船難近獨松下漸南與福清接壤廣浙商船往往泊此海壇也其東南亦有觀音澳蘇澳可以暫憩故松下之備宜豫

元祚港在縣東南三十里流遶漳港入海共相近有卓嶺港入縣東四十里陳塘港人海志云陳塘港水源自梅花山下會東西濱淵湖並七十二洋之水下流達海又縣南有沙京港亦名普邦港又有嶺柄等港皆下流入海

延祥湖在縣南三里又南數里有桃枝湖橫嶼湖

松下鎭在縣東南三十五里爲長樂之咽喉福清之門戸城周二里有奇有門四水關一稍東北有旗山濱海置烽火於此

黃崎寨在縣東北四十餘里志云縣有仙崎寨广石寨東山寨與黃崎爲犄角四寨又有大祉捍寨近大祉澳俱爲濱海之備

福清縣府東南百二十里東北至長樂縣百里西南至興化府百二十里

門嶼山在縣南百里海濱一名陳田山絕頂有鴻休巖巖竇天成下瞰滄溟浩無涯際其相連者曰雙嶼以二山突起海中也旁有山曰壁頭山又金山在縣東南百里居民繞山麓而前後左右皆海也又東南十里曰萬石山巖洞玲瓏洞之廣者可容萬人而千百人者不可數計又南數里卽萬安所城矣

海壇山在縣東南七十里海中周七百里其山如埠南北長而東西狹上有三千餘戸其山南曰黃崎曰紫闌曰牧上曰砦頭曰流頭曰大小鼇網有三十六派湖環

繞峯巒如畫宣和後湖皆決入海近塢有大小場游頭及錢藏皆爲泊船澳迤東高者爲單山其間曰後門曰獺步曰廣州埕曰流水隔東江曰小牆小牆北曰十二藍蕉東牆北曰白兵蕉大桑小桑兩桑開曰桑門而兩牆間爲鷗鴣門是外極東之島而舟不可行矣迤南有南匿里其北有沙澳又有沙溪行一日皆沙而澳當海口爲寨又五里西抵鍾門亦曰鍾山嶼玲瓏如鍾內有淡泉近嶼石高二丈狀如媼東南瞰石七二十丈其中井泉與潮候應亦船舶之都會也半潮抵磁澳則爲長樂縣界又有草嶼唐嶼皆近於南匿南匿陀陋且風多不宜樹一曰大姨山當日未出時極望有如空青微露

水面爲小琉球國海水深碧東流不返莎蔓如組舵不容轉必刳木爲盂乃能旋開浮沙以濟暴風不夙避者往往漂至於此是爲東角洋蓋極海之窮徼矣又有支山曰水馬山有石如舟帆相近者曰覇前曰金崎頭此海壇之西麓也海壇山盤踞聳峙迴出海上故元時民戶嘗滿四萬中有西湖湖之東羣山環互不可勝紀外隔小琉球三晝夜內通海口至縣僅一湖中開以郵名者百有餘處陂湖潭澳不一而足其著者曰葫蘆澳碧沙洋其百花砦鍾門三鎮街衢闤闠景物繁多眞海表名區也

恭嶺在縣西南五十里登其巔東望漲海瀰漫無際

海在縣東五十里志云縣東南至海百五十里南至海百二十里而海壇雙嶼諸處爲汛守要地又縣東近境之海謂之九海以港嶼曲折也其外爲大海

海口鎮在縣東十里民城周四里有奇鎮東北倚龍山鎮南二里即瑞巖山也

壁頭山鎮在縣南百餘里壁頭山下

松下寨在縣東北五十里濱海捍寨也志云縣境自東而南有平北里有平南里沙塢連盤長沙峯頭與松下爲七寨外有松嶼永平白鶴峯頭大坵牛頭等六砦舊皆設兵戍守

連江縣府東北九十五里南至長樂縣百二十里東北至

羅源縣百二十里

荻蘆山在縣東南四十里一名九龍山下荻蘆峽亦名九龍江宋置荻蘆寨於此有水軍千人亦曰武濟水軍

馬鞍山在縣東北五十里山勢透迤達於海又東有三德山三峯並列下瞰海門縣北四十里有香爐山其形聳秀上有童井雖旱不涸道書以爲七十一福地

上竿塘山在縣東北八十餘里大海中峯巒屈曲有竹扈湖尾等六澳又有下竿塘山突出海岸山形峭拔與上竿塘山並峙中有白沙鏡港等七澳三山志上下竿塘大小亭山桑嶼關嶺蛤沙北茭鎮俱在縣東北海中相近又有拱嶼澳皆倭賊由此出洋是也

海在縣東二十里志云縣東南至海三十五里與長樂縣接界其與潮汐吐納者則宫塘洋荻蘆峽黄岐堡鶴嶼諸處也而定海小埕皆爲戍守要地

北茭鎮縣東北百十里西北至羅源縣八十里本名荻蘆鎮洪武二十年改今名並置城於此與定海相爲唇齒又蛤沙鎮在縣東北五十里崖石峭立如壁洪武時置城於此亦爲戍守處

小埕寨縣東百二十里海中籌海說小埕北連界於烽火南接壤於南日連江爲福郡之門戸而小埕又連江之門戸盍汎防要地矣又光臨里砦在縣西南有兵戍守

羅源縣府東北五十里西南至連江縣百二十里西北至古田縣百三十里東北至福寧州寧德縣八十里

仙茅山在縣東北十里兩山相連曰大茅小茅巖石甚勝又北五里爲銅官山峯巒錯立其著者爲五馬峯又東北有寶勝山黄沙溪山

海在縣東北十五里又東南接連江至海二十五里灘澳淺僻不利登涉故縣境之防禦爲畧

福州左衛在府治東南又福州右衛在左衛西福州中衛在左衛東

梅花守禦千戸所在長樂縣東五十里洪武十年築城爲備三面距海南連沙江延袤三里有奇有三門設兵戍守又萬安守禦千戸所在福清縣東南百二十里城周三里有門三俱屬鎮東衛

興化府東至海九十里南至海三十里西至泉州府百六十里北至福州府二百八十里至京師六千四百里莆田縣附府

府憑峙高深山川奇秀北屏會城西翼泉郡介於兩大之間海道舟車絡繹而至誠襟要之地矣

嵩山在府東南三十里峭拔海濱其南有小嶼在海中潮退有石橋可渡居民千餘家

雙髻山在府東五十里積石崚峋上摩霄漢頂有湧泉岩大旱不竭又蚶山在府東八十里大海上其相近者

爲演嶼

夾漈山在府西北八十里其相近者有蘼林山又南爲環山其旁有三燧峯又百丈山在夾漈之東山延袤百餘里上有六岩又有百丈嶺東接福清界

石梯山在府西南四十里高千餘仞又龜山在府西北二十里又有浮山在石梯之南近海濱

南日山在府東百里大海中與琉球相望舊名南匿山爲會哨之所又華胥山在府東南百里與湄州嶼隔海相望下有東西二灣爲闤市輻輳之所

海府東南兩境皆濱海島夷有警府當其衝其防維之處吉蓼平海三江其最衝也又甲嵌頭青山其次衝也

志云府東北五十里有支海自碧頭入與北山諸溪合江面最闊中有盤石突起如平地居民集焉有江口橋通道所經也橋北即福清縣境相近有下黃竿支海流入此兩涯宏闊北涯舊有寧海鎮鎮前有渡元元統中創爲橋又有峯頭澳在府東平海衛南

迎仙寨在府東北四十里其地有迎仙橋下即子魚潭明初置巡司於此有城前臨海後負江爲商民輻輳處又冲沁寨巡司在府東六十里有城三面阻海與岐頭三江澳港相接又嵌頭寨巡司在府東南九十里有城界山海間爲登涉要地又青山砦巡司在府東九十里有城東西南三面皆阻海夷舟多由此入南日山峙其

南渡海不過五十里爲郡之門戶

吉了寨巡司在府東南華胥山下有城郡志司距城八十里前控南日右引小嶼左帶湄洲迫臨大海東有吉了水寨又大洋巡司在府西北八十里山谷中蹊徑叢雜奸民嘯聚

南日砦在府東南志云府東平海衛東有舊寨設於海中南日山下北可以遏南茭湖井之衝南可以阻湄洲代嶼之阨亦要區也後移於吉蓼之東仍以南日爲名舊南日棄而不守番舶皆北向泊以寄潮論者以爲自棄其險然而孤懸海中大約與泉州之浯嶼情事相類云

碕頭鎮在府東八十里志云鎮東至平海衛十里

林墩在府東南海防考平海衛墩臺有小澳石獅礪前新浦三江埕口碕頭澄港湖邊石城蔡山石井等一十二座

仙遊縣府西八十里南至泉州府百五十里西至泉州府永春縣百十里東南至泉州府惠安縣百二里西南至泉州府南安縣百七十里西北至泉州府德化縣百三十里

雞鳴城在縣東七里其相近者又有彭城遺址縣東又有蜿灣城俗呼爲越王城

二飛山在縣北五里宋志作大飛山縣之主山也蜿蜒

數百里屹立爲二高可千仞下有鍾鳴馬鞍二山東爲將軍山稍北爲瀑布山下有龍潭又大飛山有平湖澗其地有平湖數頃

白嶺寨在縣西四十里又陳噇關在縣南又南即惠安縣界閩見錄仙遊西南數十里有大普陀又數十里至長嶺即晉惠兩縣界縣西又有石獅隘接永春縣界嘉靖中倭寇常出沒於此

興化衛在府治東北又守禦莆禧千戶所在府東九十里城周三里有奇有門四三面瀕海西爲濠西南有文甲澳又嵌頭青山諸港口皆爲要地海防考莆禧墩臺有山柄文甲嵌頭東湖山

福寧州東至海六十里南至福州府五百四十五里西至建寧府八百五十六里北至浙江溫州府五百九十里至京師六千六百七十七里今改府霞浦縣附府

州北甌永嘉南屏候官山川險峻實爲要地防險說閩興泉福漳之地皆濱海要衝然莫有如福寧之尤險者蓋地勢自西北而東南至會城盡之矣而福寧又在東南突出海中如吐舌然其左爲甌括海若東面其右爲福興海南而福寧獨當東南北三面之衝島夷入寇必先犯此故防爲最急也

龍首山在州城北分爲五枝又名五葉蓮花山山巔平夷昔黃巢犯閩嘗屯兵於此州東門外有華峰下有雷

壇又城南三里有南峯峯頂岐首有三亦曰三台山郡志龍首山峯巒峭拔爲州主山前挹長溪東抱華峯西接蓮坡又有金字山在州治東北高聳如龍首又東爲獅山城東北曰大溈山又明宋山在龍首山西亦曰蓮花山

松山在州東十里下有松山港昔時風濤險惡歲患溺舟後流沙漸合有徑可行正統九年徙置烽火寨於山下其對峙者曰後崎山山全體皆石又鐵嶂山在州東十二里壁立千仞相接者曰馬冠山山勢連亘數十里志云松山東南海中有斷嶼名火焰山

洪山在州南三十五里勢極高峻望溫台如在掌間志以爲州南第一山也有泉一泓通海名曰海眼其西有數峯連接又小洪山在州西南五十里有天池闊二三畝又霞浦山在州南四十里中有青黑元黃四嶼又南十里曰羅浮山泊船山下可避北風若南風則石崖齒齒難近相接者曰水澳山旁又有石筍山上有清泉又南曰文崎山與武崎山並峙海中廣袤五里

望海山在城西北七十里去海百餘里勢極高峻上有石池又柘洋東山在州西北百二十里東望海外數百里諸山皆在履舄之下

嵛山在州東南海中有三十六澳旁有艮山有日嶼東有七星山明官軍嘗敗倭於此志云出州東門三里遙

南而西水天茫茫浮於水面有台山官澳山屏風山筋竹山四礵山皆在煙波浩淼中難以里記及其方隅也

又榛嶼在州南海中爲防戍要地

泗城山在州西南五十餘里危壁峭立山下多屯田軍營東隔溪有小崙山又白瓠山在州南大海中山脊與寧德縣接界志云州西南六十里又有竹嶼其相近者爲孤山

桐山在州西北百六十里接浙江平陽縣界其地阻阨可以戍守

海在州東南一百里志云州境海環三面其在東北者三沙海形勢陡絕最爲險要沙埕砦稱首衝蓁嶼次之

而泥坪防衛港口松山過近州城水則烽火砦陸則左右營又有桐山閭峽下滸諸處分防水陸與連江縣之定海所州南之大金所聯絡控制並爲州境之險云

大筼簹鎮在東北百里蔡嶼堡有城又水澳巡司在州東百里有城嘉靖中置於桐山堡爲蘆門巡司又清灣巡司在州東北五十里亦有城又高羅巡司在州南五十里志峽堡延亭巡司在州南百里下滸堡俱洪武年置有城

烽火門水砦在州東松山下

三沙寨在州東北相近又有清灣寨又東北有丁家黃岐小筼簹大筼簹等砦州東百餘里又有南鎮水澳等

砦俱屬福寧衛

沙城堡在州東北海防署沙埕征榷要衝商民輻輳三面俱海賊所垂涎而秦嶼堡地亦濱海民殷庶秦嶼而下爲三沙信地襟山帶海舊設土堡於相近之高巖以防海口

寧德縣州西南二百二十里西南至羅源縣八十里西至古田縣二百六十里北至建寧府壽寧縣二百二十里

金甌山在縣東南十六里與酒嶼猿毛大小金崎撒纜諸嶼聯絡海中而此特近四際平曠又梅溪山在縣南二十里東接飛鸞嶺南俯大海梅溪遶其下其相屬者爲勒馬山又有楊溪山俱環拱縣南又城澳山在縣南四十八里四面環繞如城郭然內有南北中三澳可容萬人然四際皆海中無所產人跡罕到

霍童山在縣北七十里高三千四百丈周圍三百里白玉蟾云此山周還九十九峯諸峯俱備名著者三十六最勝者四十八

石壁嶺在縣北十里石壁峭拔下有溪與瑞迹溪環遶溪旁小山曰龜嶼石壁相連

瑞峯在縣東三十里海上秀拔萬仞與白鶴峯對峙其相並者有嵩嶼黃灣峯又五馬峯亦在縣東南志云縣捍門山也五峯列峙如馬縣南諸山皆趨海海濱垂盡處忽五峯突起高聳海上

海在縣東南志云縣境之水入海者有三派一自酒嶼由金崎過三江洋而入一自三嶼前過三渡洋會藍田之水而入一自峬村港經峬門徑至白瓠山而入其海潮之入於縣境者有五一自南門溪一自金鼇橋一自藍田一自東墻渡一自金垂云

穹窿溪在縣西五十里上有穹窿巖因名源出古田縣境合周仙湖東流至右堂山下合於唐溪又東爲穹窿溪又環溪在縣西百二十里亦出古田縣界雙溪夾拱周圍環繞至穹窿巖合流爲天柱窟又東爲泛尾經赤鑑湖至峬門下達於海

赤鑑湖在縣西南上通穹窿溪下達峬門又周仙湖在

縣西百餘里接古田縣界城東又有東湖起㕵馬嶴歷
洒嶼歷金甌延岫至藍岫又水南湖在縣東北之銅鏡
村
麻嶺鎮在縣北百二十里涵村有東洋麻嶺巡司
長崎鎮在縣東五十里亦曰黃崎又東北六十里至福
寧州輿程記寧德縣東四十里地名大梨嶺頭又十里
至黃崎過江而北有路達福安縣又自鎮東北行十五
里過江又十五里曰鹽田又三十里即州東門或曰此
自縣至州之逕道也
福安縣州西北二百里南至寧德縣二百里西北至建寧
府壽寧縣二百里北至浙江泰順縣二百五十里

雙巖嶺在縣東南百二十里宋韓世忠討建寇范汝爲
嘗屯兵於此又樓雲嶺在縣西十五里當往來之道志
云縣東南五十里有百辟巖相傳宋少帝航海入閩集
勤王之師於此因名
海在縣南志云縣境之海與福寧州寧德縣相接
福寧衞在州治東洪武二十年建領所一
泉州府東至海百二十里南至海百有三里西南至漳州
府二百七十里西至汀州府五百五十里西北至延平
府五百五十里東北至興化府百六十里自府治至布
政司四百十里至京師七千五百五十五里晉江縣附
府

府倚山爲險濱海稱雄北負吳會之藩籬西連嶺粤之
唇齒一有不虞不惟八閩數州同憂共患而已蓋水陸
異用戰守殊趣一隅之地而千里之形在焉
刺桐城即府城郡有衙城子城羅城翼城内外有濠舟
楫可通城市衙城在子城内子城周三里有奇羅城周
二十三里有奇元至正十二年拓羅城翼城而一之周
三十里有奇城内有濠縈迴三面獨東北阻山麓無濠
城有門六水門三
泉山在府城東北八里周圍四十里橫跨十餘里高數
千仞郡之主山也其左右二峯俱高秀層巖稠疊達於
郡治有事時爲攻守要地矣

雙陽山在府北四十里泉山來脉也兩峯並峙曰大陽
小陽又五洋山在府北五十里高頂中有田千畝有小
髻洞可以避兵
紫帽山在府西南五里又獅山在府南十里相傳昔人
置烽寨處又南爲行華山
羅裳山在府南三十里其東有玉髻峯又南十里曰靈
源山蜿蜒數十里高出東南諸峯
寶蓋山在府東南四十五里山頂有石塔商舶以爲抵
岸之標半山有虎岫巖東南跨海相近者曰金鞍山
金釵山在府南二十里今浯澳水寨移置於此相接者
曰石湖山

洋嶼在府西南十里四圍田疇數百頃嶼特起其中又岱嶼在府東南六十里突起海中介於石湖北鎮兩山之間志云岱嶼相連者爲白嶼聳出江中爲洛陽聖姑北鎮石湖諸港湍流分匯之處而左右多沉沙遷徙不常屢爲商船患又烏嶼在府東北二十里潮水環繞民居輻輳舊有石路潮至則沒宋寶祐中作橋以通往來人以爲便

澎湖嶼在府東南海中山形平衍東西約十五里南北約二十里周圍小嶼頗多自府城東出海舟行三日可至又有東西二碇山亦在海中自東碇開洋一日夜可至其海水號澎湖溝水分東西流西達漳泉東達呂宋

海防考隋開皇中嘗遣虎賁陳稜略澎湖地其嶼屹立巨浸中環島三十有六如排衙居民以苫茅爲廬舍推年大者爲長以畋漁爲業宜牧牛羊元志云三十六島巨細相間坡隴相望有七澳居其間大約有土無木不宜禾稼產胡麻綠豆山羊尤多居人煮海爲鹽土商興販以廣其利貿易至者歲常數十艘爲泉外府至元末置巡司於此明洪武五年湯信國經略海上以島民叛服難信議徙之於近郭二十年盡徙嶼民廢巡司而墟其地繼而不逞者潛聚其中倭奴往來停船取水亦必經此嘉隆以後海寇曾一本等屢嘯聚爲寇官兵大舉始討平之萬歷二十年倭犯朝鮮哨者云將侵雞籠淡水雞籠密邇澎湖於是議設兵戍險二十五年增設遊兵春冬汛守四十五年倭犯龍門港遂有長戍之令兼增衝鋒遊兵以厚其勢其地環衍可二百餘里三十六嶼之勝蓋清漳溫陸二郡之門戶但地斥鹵水鹹澀常燠多風稼穡差艱耳嶼之正中曰娘宮嶼從西嶼入二十里曰茶盤又十里爲進嶼即娘宮嶼矣波平浪息無泐奔激射之勢其狀如湖因曰澎湖湖面寬轉可里許深穩可泊遇南北風我舟汛守皆顯其中夷人往往窺伺以爲窟穴面爲案山右爲西安今各置小城列銃其中以爲戍守名曰銃城又左爲風櫃夷人嘗築銃城於此山略高至七八尺夷掬其中上壘土若雉堞今毀其

城仍分軍戍守與案山西安相犄角東爲蒔上澳豬母落水最當東南之衝夷寇從東南來者遇風輒寄泊焉由陸趨娘宮二十餘里舊有舟師戍守今更築銃城以防橫突又東向爲鎖管港林投仔龍門青螺諸澳龍門有原泉舊爲居民聚落萬歷三十五年倭流劫大金所餘船突犯泊此嶼西爲西嶼頭正夷寇出入之道有巢葉澳泉甚冽可飲稍北爲竹篙灣又西爲蚶仔員又西北爲丁字門水吼門非乘潮舟不得出入今皆有水陸兵戍守嶼北爲北山墩有北太武稍卑爲赤嵌衕港而進越一澳屈爲鎮海港壘城於此又西北爲吉貝嶼諸海諸山亂石森列港道迂曲非練熟舵梢不能駕舟也

又北太武與中墩稱兩太武俱湖中最高處便於瞭望娘宮稍後二里有隱澳山頗紆坦自萬歷三十七年紅夷一舟闌入澎湖久之乃去天啟二年六月有高文律者乘戍兵單弱以十餘船突據澎島遂因山爲城環海爲池破浪長驅肆毒於漳泉沿海一帶要求互市欲如粵東香山澳夷例總兵俞咨皋者用間移紅夷於北港乃得復澎湖議於穩澳山開築城基通用大石壘砌高丈有七厚丈有八東西南共闢三門直北設銃臺一座內蓋衙宇營房鑿井一口戍守於此以控制娘宮然議者謂澎湖爲漳泉之門戶而北港即澎湖之唇齒失北港則唇亡而齒寒不特澎湖可慮漳泉亦可憂也北港

蓋在澎湖之東南亦謂之臺灣天啟以後皆爲紅夷所據

海在府東南八十三里府境羣川畢達於此舊志自城東海道正東行二日至高華嶼又二日至黿鼊嶼又二日即琉球國也海防考郡境濱海之地東則惠安與興郡莆田接界西則同安與漳郡澄海接界延袤三百餘里今分設衛所以防門戶而邊海之佛堂蚶江兩澳亦肘腋之虞也又有沙塘灣在永寧衛城南或謂之沙頭澳

玉瀾浦在府南四十里匯靈源山東南諸澗之水趨於海又南四十里有植壁港匯橫山以南諸溪澗水而入

海沿植壁而南有陳坑港匯井尾埭烽火埭西湖諸水趨於海志云濱海之港以十餘計西南隅又有安海港南安縣境諸溪亦由此入於海

圍頭鎮在府南八十里宋置寶林寨志云宋淳熙十三年於泉州城南十里置寶林寨城東十五里置法石寨嘉定十一年以海寇衝突圍頭守臣眞德秀移寶林兵戍圍頭立寨曰寶蓋而以法石爲重地是也元砦廢明初徙永春縣陳巖巡司置於此改今名有城周不及一里又烏潯巡司在府東南九十里有小城相近又有深滬巡司有城戍守又祥芝巡司在府東五十里有城

安海鎮在府南二十里爲商民輳集之處嘉靖三十七

年以倭亂甃石拓城周五里有奇爲門四水關大小凡八設官軍戍守亦曰安平鎮三十八年倭寇兩攻安平四十三年復自仙遊來攻皆不能陷萬歷三十四年移府通判駐此爲濱海要地又府東南有石湖鎮濱海扼要地也萬歷中增築石城幷設戍兵

萬安砦在府東北洛陽橋旁與惠安縣分界處又府南六十里有涵徑寨府東南有吳山等十五寨

石筍在府西臨漳門外跨筍江橋上宋紹興間改浮橋爲石橋慶元中又造二小石橋相續以達臨漳門明嘉靖間倭賊犯郡往往嘯聚於此官兵斷橋拒倭後復修築又順濟橋在德濟門外長百五十一丈嘉靖間官兵

禦倭於此又北爲車橋亦是時屢被焚刦處
南安縣府西十五里北至永春縣百里西北至興化府仙
遊縣二百十里
英茇山在縣西五十里山勢盤踞數十里與安溪縣接
界相近者爲九仰山又菌山在縣西六十里秀銳峭拔
航海者常望此山爲標準又西二十里曰大帽山廣袤
千餘里與同安縣接界
海在縣東南志云縣三面距山惟東南一隅切附海口
有石井巡司及淘[illegible]運河二澳頭爲守禦之處
澳頭鎭在縣西有巡司又塔口隘在縣西北接永春縣
界

同安縣府西南百三十里西至漳州府百五十里西北至
漳州府長泰縣八十里
蓮花山在縣西三十里又西三十里有三重山複嶺重
岡高聳千仞其相近者曰文圃山南濱大海其山層巒
疊嶂深洞長谷與海澄縣接界又四里許曰夕陽山以
在西方最高遙接落日也縣西五里有西山亦名五虎
山
五通嶺在縣東七十里路旁二巨石夾峙高四五丈文
信國題曰龍門
浯洲嶼在縣南四十里海中周圍二十里餘稍東有白嶼
周圍四里許縣東西二溪之水合流經此兩嶼又南繼

處嶼入於海又嘉禾嶼在縣西南七十里海中一名廈
門廣袤五十餘里五峯並立而無盡巖居其中最高者
曰洪濟山又有嶺曰薛嶺前後居民舊凡千餘家
浯州嶼在縣東南大海中陸行至縣九十里水行五十
里嶼廣袤五十餘里有山十數最高者曰太武又有海
印巖石門關諸勝其地亦名五澳番人巢窟也明初設
浯澳水砦於此嘉靖中倭自浙江舟山南行泊浯嶼福
建大震旁又有大擔嶼小擔嶼周圍皆數里嘉靖二十
七年賊攻沙頭澳衛大擔外嶼官軍擊卻之賊因流刦
北茭羅浮諸處又有列嶼廣二十里上有大小山數十
其高者曰吳山牧山樓山湖山而吳山爲最牧山前有

軍營山後有馬砦有草湖昔嘗置場牧馬於此
大登嶼在縣東南海中又南有小登嶼皆廣六七里其
西有鼓浪嶼及夾嶼舊皆有民居
海在縣南八十里與海澄縣接界志云縣三面距海而
金門廈門尤爲險要今既設兵戍守又於圍頭諸處分
布營哨相爲應援所以嚴門戶之防也其澳頭若烈嶼
五通劉五店神泉諸處亦爲防禦之要而廈門港塔頭
澳其最著者
高浦鎭在縣南高浦村有巡司相近爲塔頭巡司又田
浦巡司在縣東南浯州嶼官澳巡司峯上巡司相近者
爲陳坑巡司又南爲列嶼巡司亦皆由他處移於浯州

嶼以上七巡司各築城爲守禦又有苧溪巡司在縣西四十里

石鼓寨在縣西南宋靖康閒築以禦山寇故址尙存又浯嶼寨在縣東南水砦也志云洪武初江夏侯周德興置砦與福州之烽火興化之南日爲三寨景泰閒復增漳州之銅山福州之小埕共爲五寨寨置於浯州嶼太武山下實控泉州南境外扼大小擔二嶼之險內絕海門月港與賊接濟之奸成化中或倡孤島無援之說移入厦門內港仍曰浯嶼寨山澳崎嶇賊輕舟入淺我舟大難以轉舒每失事機舊浯嶼棄而不守番舶得據爲

窟穴嘉靖四十二年議復置於浯嶼增兵戍守志云浯嶼寨今移於晉江縣之金釵山

劉五店澳頭寨在縣東又東有牛嶺等寨志云縣西又有青崎山等砦西南有下崎等寨其屬於官者十四而民閒自爲戍守者不可勝計又鎮南關在縣南舊爲鴻店亭後置關於此爲海濱扼要之地

大輪驛在縣治西又深青驛在縣西五十里

石菌鋪在縣南海濱爲烽堠之所其地與潘徑陳坑皆相近有戍兵哨守

惠安縣府東北五十里西北至與化府仙遊縣百餘里

九峯山在縣南二十五里又城山在縣西南三十餘里東連大海西境長江延袤如城志云縣西數里有蟠龍山

錦田山在縣南四十里下有腴田萬頃志云縣南有青山山臨大海王閩將張栩嘗立寨於此以禦海寇又縣南濱海有鴉山今有鴨山堠

松洋山在縣東南三十餘里爲一方巨鎭山北有松洋洞洞口僅容一人中寬廣容二三百人宋元之季民嘗避難於此又靈瑞山在縣南三十里志云山北十里有峰崎山又北三里爲輞川山有居民數千家

獺窟山在縣南五十里大海中宋開禧閒僧道詢運石成橋七百七十閒直渡海門約五里潮平則沒半落則通人行至今藉其利亦曰獺窟嶼有巡司又大岞山在

縣東南海中山頂有洞由小石門入丈餘折而右轉巨石如屏可蔽內外容數百人一人持戟守門千百人攻之不可入明參將王麟追敗倭寇於此

淨山亦在縣東南海中又小岞山在淨山東十里北對黃崎山南控大岞山邑境諸山之東趨於海者至此三山而止志云黃崎山在縣東南三十里三面環海又有圭峰在縣東北四十里與黃崎山對峙於海門又東北海中有樂嶼舊有民居明初遷於內地

岱嶼在縣南大海中舟楫必經之地常有戈船守此

海在縣東南兩岸至海皆四十五里北自樂嶼南屬岱嶼並海壖凡百餘里支海穿達上接溪港不可悉計又

東與莆田縣接界邑志縣西北跨山東南皆際海永樂間島夷爲患始築沿海五城曰崇武曰獺窟曰小岞曰黄崎曰峰尾以爲屏障今皆有兵戍守
峰崎港在縣東五十里縣境驛坂諸溪發源大帽以東等山匯流入峰崎港以達海又前林港在縣東南四十里縣南有金山等溪發源九峰諸山下流會羣溪東至東井埭出前林港以入海縣東北四十里又有添崎港其上流爲證果眞如等溪悉由此入海
輞川鎮在縣東北十里阻山負海城周四里與縣城相犄角又峰尾鎮在縣東北四十餘里有城又小岞巡司在縣東南小岞山下黄崎巡司在黄崎山下縣南有獺

窟巡司在獺窟山下諸司皆有城
白水寨在縣北五十里白水鋪南其地甚峻元末鄉人築壘爲寨以禦寇又東坑寨在縣西北志云日曝嶺距縣三十五里又西五里卽東坑也路入仙遊地亦險仄元季兵亂邑人於此築寨自衛與白水寨俱爲北境保障
虎窟砦在縣西南山谷中崇山夾峙狹徑僅通正統末置砦以禦沙汀之寇遇亂輒爲戍守處又青山寨在縣東南四十餘里隸崇武千戶所
錦田驛在縣治西南一里河泊所在縣東三十里輞川洟正德中重設

安溪縣府西百五里西南至漳州府二百三十里西北至漳平縣二百四十里東北至永春縣百里
白葉坂在縣西北八十里舊有寨城尋廢縣境有東嶺等隘十有一志云縣西八十里有大深隘路出漳平又打鼓隘在縣西北五十里打鼓嶺下又桃舟隘在縣西北百里西逼長泰北接永春盜賊往來之衝也
永春縣府西北百二十里東至興化府仙遊縣一百十里南至安溪縣九十里西北至德化縣五十里
大鵬山在縣城北稍西南爲大羽山縣之主山也縣東南三里曰化石山嘉靖二年官軍拒賊於此
蓬萊山在縣東北二十里相對者曰錦繡山亦高勝又

天竺山在縣東北二十里極高峻接南安仙遊二縣界又東北有四臺山四面各有一山巒山居中亦曰五臺
苦竹嶺在縣東接仙遊縣界嘉靖四十一年倭自仙遊來犯義兵拒御之於此
南峯寨在縣西北百五十里又有蝴蝶金雞等砦俱據山爲險又石鼓寨在縣西北五十里相近有陳坑寨及山中上下二寨龜洋馬頭寨縣西二十餘里曰陳巖寨因山以名又西北爲通場寨
泉州衛在府治西永寧衛在府東南六十里城周不及五里領守禦千戶所五
守禦福全千戶所在府東南八十里北距衛城二十里

有城周四里海防考所西南接深滬巡司與圍頭峯上
諸處並爲番舶停留避風之門戸哨守最切福全深滬
有備寇不能犯矣
守禦中左千戸所在同安縣西南五十里城周二里有
奇轄縣西南東澳伍通二砦天啟二年紅夷突犯總兵
徐一鳴據城拒賊敗卻海防考所西有白石頭澳嘉靖
間官軍敗賊於此今爲島夷出没之所有兵戍守
守禦金門千戸所在同安縣東南五十里城周三里有
奇轄縣東劉五店等五砦縣西洪內等三砦海防考所
東有官澳巡司相近又有料羅烏沙諸處皆番舶入犯
之徑其控扼要害則在官澳金門

守禦高浦千戸所在同安縣西南六十里城周不及三
里轄縣西高浦大圓堂馬鑾等三砦海防考所西有松
嶼與海澄縣之月港相接爲海濱要衝
守禦崇武千戸所在惠安縣南七十里西去府城八十
里宋元豐二年以海寇猖獗置小兜巡司徽晉江同安
南安惠安四縣沿海地明洪武二十年設立城池移司
於小岞而置千戸所於此城周四里有奇嘉靖間倭賊
來犯官軍禦之賊不能陷已上俱屬永寧衛
漳州府東北至泉州府二百七十里東南至海六十里西
南至廣東潮州府五百有五里西北至汀州府六百三
十里北至延平府七百三十五里自府治至布政司七
百里至京師七千五百二十五里龍溪縣附府
府雄據海濱襟喉嶺表山川清秀原野坦平爲閩越之
南屏控島夷之北戸志云福興泉爲八閩之藩籬而漳
南又爲兩廣之唇齒備禦不可不早矣
海在府東南六十里舊志府去海二百里今海澄縣東
北卽濱大海與龍溪接境也志云興泉之境皆兩面瀕
海惟府境與會城皆三面瀕海故防禦最切而澎湖嶼
實漳泉二郡之外衛也
柳營江在府東四十里上有虎渡橋志云九龍江水自
華峰而來注九江山下爲漫潭兩山如壁流十餘里漫而
不湍淵而不測卽梁時龍躍處南流經香州渡又南經

蓬萊峽出兩峽間亘虎渡橋爲東偏要害丁氏古譜云
六朝以來戍閩者屯兵於龍溪阻江爲界插柳爲營江
當梅溪之交兩山插峙波濤激湧西岸盡屬蠻獠唐總
章間諸衞將軍陳政戍閩征没子元光代領其衆陰遣
人沿溪而北就上溪緩處結筏連夜從間道襲擊之遂
建寨柳江之西以爲進取恩威並濟士黎歸附因轄其
地爲唐化里柳營之名自六朝時始也舊志唐末王潮
下泉福嘗宿重兵以守之故有柳營之號元末陳友定
攻漳州度柳營江敗漳人於馬岐遂下漳州使人鑿山
道城守自固江南橋梁虎渡第一宋太守李韶易梁以
石長二百丈址高十丈卽柳營江橋也又南與南溪合

流謂之福河又東爲錦江中有許茂烏礁紫泥等洲江流經此分爲南北南流至海澄縣界北流遶白石青礁石美鎮東與南流合納浮宫水入海

福河堡在府東南四十五里福河濱嘉靖中鄉人以福河係各港之要害築土城以防倭寇尋置官兵戍守亦爲福河把截所又福河上十里有鎭門土堡在鎭門河濱河即南溪下流也又東會九龍江志云鎭門港外通大海內逵城河實爲郡城門戶萬歷末築二小城夾港南北對峙設兵戍守與福河堡及海澄縣相爲形援

柳營江巡司在府東二十里柳營江之西縣東四十里又有柳營江把截所志云縣北百餘里有新嶺把截所

漳浦縣府南百里東至南靖縣百三十里南至廣東潮州府三百十里西南至廣東程鄉縣二百十里

太武山在縣東北百里山高千仞周迴亘百餘里屹立海上其南十里爲鎭海衛東望大海汪洋無際陟其巔漳泉二郡盡在目中有小石城

盤陀嶺在縣南三十里志云在梁山西路出潮州漢蒲葵關路也爲郡境之要隘又登雲嶺在縣東北鎭海衛城西南

魚腸嶼在縣東南三十里海中相近爲竹嶼居民數百家又石城嶼在縣東南四十餘里海中旁曰菜嶼盤石壘聳舟船不通又縣東五十餘里有大柔小柔嶼在井尾港內港口又有大撒小撒嶼皆聚沙所成

海在縣東南八十里又縣東北距海百二十里志云縣境去海爲近通潮大小港不一處而斗米井尾虎頭等澳則防禦要衝也

漳江在縣南八十里其上流曰西林溪出平和縣界南流過雲霄鎭城北亦名雲霄溪又南流而東納梁山以南諸溪水至鼓雷山南銅山所北入於海又縣東五十里有黃如江源出縣北五十里龜山下合諸小溪過縣東五十里會竈山水又東出大坑佛潭橋爲白石夾港由井尾澳入海俗曰鴻儒江近設鴻江營以此名也

古雷鎭在縣東南鼓雷山下有巡司有城戍守又後葛

巡司在縣東南五十五里有小城縣南盤陀嶺下又有盤陀巡司山林深邃爲草寇出沒之衝亦有城

青山巡司在縣東四十里又井尾巡司在縣東百里皆有城

雲霄鎭在縣南即漳浦故縣之地明正德初鄉民築土城以禦寇嘉靖閒砌以石隆慶六年增築完固又設防海館於城內以督捕通判駐此爲戍守要地

南靖縣府西四十里西至龍巖縣三百二十里南至廣東程鄉縣百五十里北至漳平縣二百二十里

深渡溪在縣西北五十里又三團溪在縣西南百三十里

古雷鎮在縣西又九龍嶺巡司在縣南百餘里亦曰九龍寨志云龍溪之海門漳浦之鳥尾南靖之九龍皆爲海防之險要

平和縣府西南二百五里西北至廣東饒平縣一百里北至汀州府永定縣二百五十里東北至南靖縣七十里

三平山在縣東南嚴谷深邃詰曲崎危登者必歷三險三平乃至其巔又大峯山亦在縣東南縣之鎮山也自山麓至巔可五十餘里商船渡海以此山爲表

蘆溪鎮在縣北漳汀巡司置於此志云縣境大峯山南有龍峯頭堡又東有溪口堡路當平和南靖漳浦之交嘉靖閒寇亂居民壘土爲城因溪爲池寇不敢犯又東

北二里許有西山堡亦土人築以禦寇處

詔安縣府南二百里東北至漳浦縣一百三十里西至廣東饒平縣百七十里

金溪山在縣西北四十里俗曰金雞山與六峒諸山相接又龜山在縣西南二十五里山之右有漳潮分界巡司又大南山在縣南十五里自山而西綿亘數十里接於龜山

漸山在縣東五十里高峭千仞志云山在縣東三十五里與厚廣山相連又元鍾山在縣東南三十里其地屢爲倭寇所憑志云元鍾之北又有梅嶺爲戍守處

大帽山在縣東負海最奇聳又川陵山亦在海濱半入海北去銅山所十里相接者爲虎岡山又有揭榜山亦曰東湖山山下有小湖也又甘山在海中天將颶風驟雨則形狀變幻不一又虎仔嶼南村嶼崎嶼犬眠嶼皆在川陵山南大海中

海在縣東南海防考縣咫尺即海控引潮粤最爲險要而元鍾所之勝澳則縣之門戶也由海口西出半日程爲饒平之南澳山砥柱海中周圍二百餘里與元鍾所對峙其山之遠者曰黄芒山長三十里逋逃之民居焉伏險竊發爲信地要害又有蠟嶼山長二十里相近爲洋嶼中多平田漳潮民雜處耕佃樵牧於此逕南入潮之澄海潮陽縣界郡志詔安之海有三派一由銅山所

之大京門入縣東百浦走馬溪止一由元鍾所北港門入經漸山匯梅洲上湖止一由元鍾所南港入經赤石灣繞縣治至甲洲止其從南澳入者則潮之黄岡廣之南海矣

港頭溪在縣西匯諸溪水出龜山西象頭渡入海又大陂溪在縣東十四里由西北馬洋山東南流至大陂南繞梅州村復抵漸山而入海又走馬溪在縣東南內有東澳爲海口藏風之處寇船往來嘗泊此俗呼爲賊澳距元鍾所二十里嘉靖三十九年倭賊自廣東突入走馬溪勢甚張官軍與戰沉其數艘賊敗遁官兵追至廣東南澳大洋而還

金石鎮在縣東南海中有賊又洪淡巡司亦在縣南海中地名北埔又東沉赤山巡司在縣西二十五里正德間改曰漳潮分界巡司俱有小城戍守

白葉堡在縣西百餘里有白葉洞賊巢也志云縣西二十里有分水關又二十里卽廣東饒平縣之黄岡驛又有老虎關及半沙嶺關牛掌等隘俱接饒平縣境縣北又有龍過關接平和縣境

海澄縣府東南五十里東至泉州府同安縣百四十里

大鵝山在縣西南十里又南岐舖頭山在縣西南十五里南漢之水自檺溽而下大海之水自浮宮而入至此會合倒流紆迴而分繞於邑內亦名倒港山

圭嶼在縣東海口中今爲戍守要地又嵩嶼在縣東又有長嶼皆三面臨海居民各數百家縣東北又有浯嶼在同安界海中官軍備倭耆置水砦於此後遷砦於嘉禾嶼此地遂爲盜藪又胡使二嶼在海門上下延袤數里今改爲海門南北山海中又有丹霞嶼亦曰赤嶼海在縣東北諸水入海處曰港口江港口有大泥諸險又自圭嶼以西有紫泥洲西接烏礁許茂諸洲又西北數里卽栁營江合諸溪處也謂之三汊河河口之地謂之溪頭卽福河北岸自郡東抵省會之通道海舟登泊最易防禦爲切由海門東出水程二日卽澎湖島漳之汛守歲凡再至云

月港在縣城西南接南溪東北通海潮其形如月屢爲寇據嘉靖間於縣東北十餘里海滄澳置安邊館隆慶五年濱月港爲縣城而安邊館仍爲守禦處又普賢港在縣西志云上通九十九坑之水達於海

南溪在縣西南六里源出平和縣三平山經馬口受漸水檺溽諸水下流至浮宮入於海

海門鎮在縣東十餘里有巡司又檺門巡司在縣東嵩嶼上又島尾巡司在縣東南

九都堡在縣城西學宮餉館設於此

港口堡在縣北又有珠浦廣林虎渡等堡在縣西南相近又有嶼上田尾二堡縣東北又有長嶼何山石囷等

堡

石馬鎮在縣北十五里北達郡城之津要有兵戍守又西五里卽龍溪縣之福河堡又安邊館在縣東北海濱戚繼光討寇吳平於此今有兵戍守

寧洋縣府北四百里東至延平府大田縣百八十里北至延平府永安縣百四十里西北至汀州府連城縣二百五十里南至漳平縣百二十里西南至龍巖縣二百里志云龍巖縣東北境有東西洋界於漳平永安大田連城四縣之間溪洞深邃鳥道險峻經二百餘年鞠爲寇穴至正統間亂無寧歲乃置巡司控制之其地四山環列中寬平嘉靖四十一年饒寇掠境山賊廖選等聚衆

爲亂官兵不能制四十四年賊平隆慶元年置縣以巡司爲縣治割龍巖及大田永安地益之名曰寧洋城周不及二里

漳州衛在府治西屬所二曰守禦龍巖中千戶所在龍巖縣治西北成化七年調漳州衛中所官軍守禦隸漳州衛又南詔守禦千戶所在詔安縣治東宏治間調漳州衛後所官軍守南詔故屬漳州衛

鎮海衛在漳浦縣東北九十五里城周四里有奇領所三志云衛城東南十餘里有東鎮嶼南鎮嶼西南數里有鴻儒嶼南鎮嶼西曰連進嶼衛東南又有將軍礁水底石骨內接鳥鼻頭山外連東鎮嶼里許又半洋洲東

接龜嶼西接南鎮晴明時見白浪長百丈名白玉礁龜嶼在衛城東南島嶼綿亘海濱爲衛城拱衛

守禦六鼇千戶所在漳浦縣東南志云縣東丹竈山南有鐵竈坑南行三十餘里平沙漠漠三面皆海惟正北可以陸行所城憑焉如巨鼇戴山亦曰鼇山所城周二里有奇城北曰大澳山東爲對面山又東北爲虎頭山與古雷山對峙商船皆經此城東南又有烏觜雞心等山又有橫嶼在海中長亘里許又有雙洲俗名洲門自廣入海船艦必經之道也

守禦銅山千戶所在詔安縣東城周三里有奇三面環海爲濠惟西面行二十里始踰陳平渡志云所舊置於井尾澳景泰間始移於西門澳北自金石以接浯嶼南自梅嶺以達廣東皆屬哨守有西門澳水寨五水寨之一也城中有山曰古樓南對川陵山山右爲白沙山又城西爲瞭望山又西爲東嶺山西二里曰水寨大山在其海中曰烏石平山列屏如黛周圍數里又有大小甘山以嶼名者曰東門嶼流浪衝激俗呼大驚門下有沙島積石壘起者爲鐵汀嶼五墩聚立者曰五嶼川陵山東曰雞心嶼沙灣環帶曰南嶼水寨旁爲後澳港海舟避風處也其相近者又有井仔灣燕殼澳及沙洲諸處

守禦元鍾千戶所在詔安縣東南北接銅山所西南抵潮州界自澳口至南澳約三十餘里城周三里有奇城

內有果老山四面八山連環相向城東有東山海中有內嶼外嶼又有蛤洲鴛洲敏洲紅洲臥岡洲陳洲澳上爲南山墩海防考鎮海衛及所屬三所皆列海濱賊自粵趨閩則南澳雲蓋寺走馬溪乃其始發之地哨守最切者銅山元鍾二水寨而已銅山有把總駐守而元鍾隸焉故止稱二水砦嘉靖中最爲賊衝

臺灣府四面皆海東西距百里南北距二千八百里東界大山番西界澎湖南界海馬磯頭北界雞籠城至省水路十一程至京七千二百五十里臺灣縣附府

臺灣爲海中孤島地在東隅形似彎弓中爲臺灣而市以外皆海由上而北至淡水雞籠城界與福建相近其

東則大琉球也離灣稍遠由下而南至加洛堂郎橋止其西則小琉球也與東港相對由中而入一望平原三十餘里層巒聳翠樹木蓊茂卽臺灣澳之所也而澳外復有沙堤名爲崑身自大崑身至七崑身止起伏相生狀如龍蛇復有北線尾鹿耳門爲臺灣之門戶大線頭海翁窟爲臺城之外障船之往來由鹿耳今設官盤驗

臺灣一府四縣臺灣縣居中轄四坊十五里九街六鄉南爲鳳山縣自臺灣府起至沙碼碕頭止共五百三十里轄六里十四鄉二十餘社過沙碼碕頭山之背爲呂宋開洋處其餘則土番負固稀到城市今土官加老師統之北爲諸羅縣自臺灣府起至雞籠城共五千三百

三十里轄四里十四鄉四大社人衆力役尤多其餘二十四社至雞籠城而界盡過此則無路可行亦無灣可泊用小艇涉海猶有十日之程至直腳宣前面則人跡不到矣商人所常泊之社曰大武壠倒咯嘓諸羅山打猫社他里務東螺猴悶西螺南社麻支千二林三林猫羅社大武郡半線馬芝遴阿東竹塹等社

南路之山曰大岡山在臺灣之東南三十里狀如覆舟天陰埋影晴霽則見上有仙人跡鐵猫兒椗龍耳甕奇焉又有小岡山觀音山鳳山赤山打狗山半屏山龜山凹底山皆在海濱突起平地若阿猴林則大樹蔽天北路之山曰木岡曰里沙放種買豬來穜半線阿里雞籠而金山則在雞籠山山朝溪後中產精金奇冷山卽奇嶺社之山高百丈積雪至春杪不化玉山在野番中月夜仰視其色晶瑩如玉

南路北路溪港甚多四通五達中路離臺灣縣八里曰鯽魚潭採捕之利足供軍需計由臺灣府起至淡水止溪凡十八重皆發源於山以海爲歸云

南港口有長沙線自南港口起至淡水洵外止不知其幾千里北線尾與安平鎮城相連與赤嵌城相對復有大線頭海翁𡷊爲臺灣之外障鹿耳門與北線尾相連船隻出入之處是臺灣之大門戶也

安平鎮城在一崑身之上東抵灣街渡頭西畔沙坡抵

大海南至二崑身北有海門原紅毛夾板船出入之處

按一崑身周圍四五里紅毛築城用大磚桐油灰共搗而成城基入地丈餘深廣亦一二丈城牆各垛俱用鐵釘釘之方圓一里堅固不壞

赤嵌城亦係紅毛所築在臺灣海濱與安平鎮相向其城方圓不過半里

雞籠淡水小城也紅毛築之以防海剽然利於南風不利於北風

自臺灣至安平鎮相去僅五里許順風則時刻可到風逆則半日難登灣之津頭水淺用牛車載人下船鎮之澳頭淺處則易小舟登岸其餘各港船可沿溪而入

澎湖爲臺灣門戸環繞有三十六嶼大者爲媽祖嶼等處澳門口有兩砲臺次者曰西嶼頭等處各嶼唯西嶼稍高餘皆平坦自厦門至澎湖有水如黛色深不可測爲舟行之中道順風僅七更半水程一遇颱颶小則漂流别港大則犯礁覆舟故舟子有望風占氣之法羅經針定子午放洋各有方向春夏由鎮海圻放洋正南風坐乾亥向巽巳西南風坐乾向巽冬由寮經放洋正北風坐戌向辰至夜半坐乾戌向巽辰東北風坐辛戌向乙辰或由圍頭放洋正北風坐乾向巽至夜半坐乾亥向巽巳東北風坐乾戌向巽辰至天明俱可望見澎湖西嶼頭由澎湖至臺灣俱向巽方而行薄暮可望見其地貿易輻輳營將外復設一巡檢治之

防海輯要卷六

廣東　方輿紀要

海環廣東南界倚爲險固然攻守之計亦莫切於海唐乾元初波斯圍廣州掠倉庫焚廬舍浮海而去明洪武永樂閒倭夷入犯屢爲所擾嘉靖中倭寇閩浙滋蔓亦及於廣東議者謂廣東海防當分三路三路者左爲惠潮右爲高雷廉而廣州爲中惠潮二郡皆與福建接壤而潮尤當其衝柘林南澳皆要區也由柘林而西爲大城海門靖海蓬州諸所又西接甲子門碣石平海諸衞所皆爲南面之蔽倘柘林南澳失守是無潮也平海碣石失守是無惠也海防考惠潮之備以柘林爲最要柘林乃南澳海道之門戸據三路上游番舶自福趨廣悉由此入其去惠潮水寨遠幾百里水寨爲惠潮之衝而柘林又爲水寨之衝愼固之防不可不預而大城所聲援差近備尤不可或疎也若夫中路之備則在屯門雞栖佛堂門冷水角老萬山虎頭門等澳而南頭澳在虎頭門之東爲省會門戸海寇往往窺伺於此爲闌入之途則東莞大鵬之戍守宜切也又西則峽門望門大小横琴山零丁洋仙女澳九竈山九星洋諸處而浪白澳在香山澳之南爲番舶等候接濟之所則香山所之戍守宜切也又西爲崖門寨門海萬斛山硇洲等處而望峒澳在崖門之西爲番舶停留避風之門戸則廣海衞

及新寧海朗二所之戍守宜切也若西路三郡去倭島
似遠而安南占城暹羅滿剌諸番風帆易達高州之南
神電衛所轄一帶海澳若蓮頭港汾洲山兩家灘廣州
灣皆府之南翰也雷州凸出海中三面受敵其遂溪湛
川涠洲樂民等四十餘隘固爲門戶之險而海安海康
黑石清道并徐聞錦囊諸隘亦所以合防海澳者也至
於廉州之境尤爲全廣重輕故兵符特制於靈山達堡
增屯於衛北海寇之驚尚獠之擾外夷之侵有兼憂焉
永樂七年倭嘗陷廉州矣而瓊州又廉之外戶也五指
腹心盡爲黎據所設城邑類皆瀕海備倭之制若白沙
石矡埕頭文昌與海安海康對峙番島飄風奚來防禦

限此西路所當加意者也又瀕海諸邑爲盜賊淵數
如增城東莞之茶窖十字窖番禺之三硒波羅海南
所之伸船岡茅窖順德之黃頭涌香山新會之白水分
水等處往往歲集凶徒以小艇出沒珠禁弛則糾黨盜
珠珠禁嚴則誘倭行劫此又當詰奸禁宄以消其萌矣
海道考廣州海船往諸番出虎頭門始入大洋分東西
二路東洋差近西洋差遠宋於中路置巡海水師營壘
今爲東莞縣南頭城東南海路二百里至屯門山水皆
淺日可行五十里乃順帆風西行一日至九州石又南
二日至象石若用東風西南行七日至九乳螺洲又西
南行三日至占不勞山西去占城二百里又南二日至

陵山其山峻而方有泉下遶如帶即占城地也陸行至
賓童國一月程東去麻逸國二日程水行一日至東西
竺崑崙洋又一日行至古苴國其王號苴屈即眞臘也
又半日行至奔陀浪洲即丹眉流國又二日至軍突弄
山又五日至海硤南北百里北岸則羅越國即暹羅也
南岸則佛逝國占城屬國也又東水行四五日至訶陵
國今爪哇也爲南海中最大洲又西出硤三日至葛葛
僧祇國即佛逝西北隅之別島國人多躁暴乘船者多
畏之疑即昔之婆利國今佛狼機也其北岸則阿羅國
一名阿羅陀今滿剌加也阿羅西則阿谷羅國一名阿
羅單又從葛葛僧祇四五日行至婆露國一名阿魯國

也又六日行至婆那國一名須文達那即門苔剌
國也又西至伽藍洲一名翠藍嶼又北四[illegible]至獅子
國其地在西洋之西北岸距南天竺大岸百里自伽藍
洲行二十日至榜葛剌國即西天竺也一曰西印渡海
口有槃地岡番商於此抽分云天竺之西千五百里曰
注輦國宋大中祥符八年其貢使言從本國舟行七十
七日歷郍勿丹山婆里西蘭山至古羅國舟行七十一
日歷加八山占不勞山舟寶龍山至三佛齊國又行十
八日渡蠻山水口歷天竺山至賓頭狼山之西王母塚
距舟所將百里又行二十日度羊山九畏山至廣州之
琵琶洲離本國凡千一百五十日云又雷州捴入海水

路從州東至海三十里渡海抵化州吳川縣之硇洲入
廣州通閩浙從州南陸行一百七十四里至遞角場抵
海南泛海一程可至瓊州從州西陸行一百五十里泛
海水路至安南諸番國又瓊州東至海一百二十里直
通大洋故諸番舶雖東洋琉球等國被風漂多瓊州也
廣州府東至惠州府三百六十里南至海百里西至肇慶
府二百三十里北至韶州府七百二十里自府治至京
師七千八百三十五里府連山北峙鉅海東環所謂包
山帶海險阻之地晉義熙中盧循據此分兵北出江左
震動既而與劉裕相持於潯陽裕密遣孫處等自海道
至番禺傾其巢穴循敗無所歸因以覆滅使裕計不早

循猶得險阻為奸其為東南患豈有已哉唐置嶺南經
畧使為五管之樞要黃巢假息於廣州而毒蠚遍天下
明初廖永忠以海道之師自福州先至廣州廣州既下
而嶺南郡縣皆望風欵服盎州不特廣東之根本亦制
廣西之肘腋也南海縣附郭在府治西偏番禺縣附郭
在府治東偏
越秀山在府治北聳拔二十餘丈
番山在番禺縣治東南山北一里曰禺山禺山之陽又
有西竺山志云南海縣治西南一里有破山在闤闠中
高僅三四丈
蓆帽山在城北山高二十餘丈周六里下為蘭湖又馬

鞍山在府北六里馬援嘗駐兵於此郡志馬鞍山自北
而西有鳳凰鴻鵠二嶺自北而東有松柏麒麟望州諸
嶺
雙女山在府西十里宋潘美伐南漢駐師處
抱旗山在府西南四十里江水環遶上有古烽堠其南
為南山峽屹立江濱志云抱旗山北八里有青螺嶂高
五百丈沙灣水出其下又石壁山在番禺縣南二十里
又縣南二里有萬松山與盧循城相近
三山在府南二十七里舊有三山寨今為桂華堡又秀
羅山亦在府南二十七里
金鷺嶺在府東北四十里其山峻險下枕茭塘接洋海

正統末鄉民立鎮於此以避寇
戙旗岡在府東南十里又十里曰盧堠石相傳吳隱之
與盧循戰處一名南箕臺又四十里曰冠岡其東有相
對岡兩兩相峙於大江中流
海在府南百里志云府東八十里出古斗村又東南二
百里至南海衛又南六十里出虎頭門又南一百五里
抵南頭城皆切近海洋由此東歷閩粵南達島夷海防
考府南有濠鏡澳寇自虎頭門入犯往往駐泊於此為
腹心之疾云名勝志府西南百四十里海中有兩峯並
列其形如月名海月山
西江在府西北五十里其上流為潯鬱二江合賀江而

東過肇慶入府界與湞水會湞水即北江也又東過瀝滘堡北去城十餘里謂之東衝孫處襲盧循至東衝焚舟艦而前即日攻拔之是也又東南流至城南而會於東江亦謂之三江江中有海珠石是曰珠江又分流經西朗凡十餘里謂之蜆江俗呼白蜆殼江匯於府東南八十里南海廟前志所謂扶胥之口黄水之灣也一名扶胥鎭海隅出日水中見之是爲波羅江合諸水入於南海

北江在府西北三十里即湞水湟水合流而南出者也自三水縣流入境會西江出石門而東南流會於東江

又東江在府東南二十五里自惠州府博羅縣西流歷

東莞增城縣而西至府東南會西江入海或謂之南江

西澳在城南城中舊有六渠迴環貫串皆匯流於西澳亦謂之南濠又有東濠在府城東其西濠則在城西四里嘉靖五年引東南二濠之水皆流匯於西濠合西江以入海

琵琶洲在府東南三十里江中閩浙舟楫入廣者多泊於此又荔枝洲在府西七里舊圖經云洲廣四十里袤五十里又拾翠洲在府西南三十里

金利砦在府西十五里置　又縣西鹽步堡有神安巡司又西有三江巡司在側水村又西有黃鼎巡司在西隆堡

五斗口巡司在縣南平洲堡嘉靖五年移置於磨刀石縣西南龍江堡又有江浦巡司

鹿步堡在番禺縣東有巡司其相近有車陂烏涌二堡又沙灣寨巡司在縣南三十里亦爲白沙堡又茭塘巡司在縣南巡口堡

五羊驛在府城南又西北八十里有官窑驛四十里爲三水縣之西南驛又胥江驛在府西北又番禺縣北茅田村有涖湖驛

順德縣在府西南八十里東南至香山縣百里

碧鑑海在縣西南一里又三漕海在縣北三十二里又北八里曰庚流海縣西二十里曰錦里海八十里曰洪

濛海皆小川也志云縣北四十二里有疊石海東接新會西南七十里曰石頭海西通香山皆自北而南注於南海

都寧砦在縣南百里明置巡司其北有獅嶺

馬岡巡司在縣南三十里有小灣堡又南有馬寧巡司志云縣西有江村巡司縣南百餘里又有紫泥堡巡司

鶴沖堡在縣南又古樓堡在縣西南八里

黃涌頭營在縣南四面環海設兵戍守所轄有仰船岡三瀝沙等哨接新會縣界

東莞縣府東南二百五十里東北至惠州府博羅縣一百七十里

道家山在縣治西城址環其西南麓又金牛山在縣西
五里山勢岧嶢下瞰海水一名海月巖
虎頭山在縣西南五十五里大海中有大虎小虎二山
俗號虎頭門志云即秀山也今外國來入貢及出使外
國皆取道於此
武山在縣南五十餘里大海中每潮汐消長高低可辨
銅嶺在縣東二十里橊花村又太平嶺在縣東南從山
麓而上連頓九阜至山頂則平曠一名九頓嶺
三門海在縣西南六十里海中有三洲潮自東南來至
此分爲三道既而復合因曰三門舊志縣境海道之備
有南頭屯門雞栖佛堂門十字門冷水角老萬山零丁

洋等澳皆有哨兵戍守又縣西南有烏豬海洋吳惠日
記正統六年奉詔使占城發東莞次日過烏豬洋又次
日過七洲洋瞭見銅鼓山次至獨豬洋見大洲山次至
交阯洋有巨洲横截海中怪石廉利爲舟楫患次日至
占城外羅陽校杯墅口明日入其國門舊志古城西去
廣州二千五百里海行殆難以里道計也
東江在縣北自博羅縣流入境又西入增城縣界至南
海縣入於西江
武山砦在縣南又縣東有虎頭寨志云縣境有把截所
三曰南岡頭曰沙潭曰蘆荻角又有企石營亦在縣南
城西驛在縣城西水驛也縣東北有黄家山水驛又鐵
岡水驛在縣東
新安縣府東南一百六十里東北至東莞縣七十里
梧桐山在縣東四十里又杯渡山在縣東南百二十里
下瀆海舊名屯門山唐置屯門鎮兵以防海寇又梅蔚
山在縣南百里大海中又西南八十里大海中有官富
山山之東有官富場
大奚山在縣南三百餘里大海中環三十六嶼周回三
百餘里一名老萬山
佛堂門海在縣南二百里潮汐相通志云𦍙牁水經官
富山西南入海分爲二門佛堂門海在其左急水門海
在其右凡潮自東南大洋西流經官富山而入急水門

番舶至此無漂泊之恐故曰佛堂自急水角經官富場
又西南二百里曰合連海水通東南大洋連深澳桑洲
零丁諸山而匯合於此故曰合連
合蘭洲在縣南百九十里在靖康場海中與龍穴洲相
比又有大步海亦在縣南百餘里
官富鎮即官富場也有巡司
香山縣府南百五十里東至東莞縣三百里
北臺山在縣南四十里又南二十里曰南臺山志云自
雍陵至濠鏡澳計一日程有山對峙如臺曰南北臺即
澳門也外環大海接於𦍙牁曰石峽海爲番夷市舶交
易之所又香爐山在縣南六十里縣以此山名

石門山在縣西十里中有崗宋末嘗拒元兵於此又黄
楊山在縣西南七十里其陽有赤坎岡
浮虛山在縣北七十里海中又石甑山在縣南百六十
里志云縣南百里海中有金星門兩峯相對蠻蜑多漁
於此相聚爲寇又南百里有大小横琴山其下卽井澳
又三竈山在縣南三百里海中周回三百里設官兵防
守
海在城外宋阮泳縣治記香山環海孤嶼是也今縣西
北接虛浮山者曰石岐海中多洲潭縣西二十里曰象
角頭海又西三十里曰疊石海西南七十里曰分流海
東注東洲門合大洋又三竈山東曰烏沙海向爲番夷

竊伺處明有官軍駐守
井澳在縣南海中横琴山下志云縣有浪白澳爲海道
戍守處
零丁洋在縣東百七十里又九星洋在縣西南又謝女
峽亦在縣境
香山鎮在縣北大欖村有巡司又小黄圃巡司在縣北
百二十里
象角頭營在縣西志云縣有鎭頭角南禪佛縣港口及
浮虛大埔洋等營俱有官軍戍守又把截所四曰石岐
縣西東洲門在縣東乾務在縣南大人嶺在縣北
府西南二百三十里西北至肇慶府高明縣九十

里西至恩平縣百一十里
金岡山在縣西八十里西北有石洞曰金山巖深廣皆
二丈今爲盜藪俗呼鬼子窟
曹幕山在縣西北二十里上有猺人壘山爲畬
厓山在縣南百里大海中延袤八十餘里高四十二丈
與奇石山相對立如兩扉潮汐所出入也亦曰崖門山
故有鎭戍守志云厓山對峙有湯瓶嘴山最高峻又南
有雙壁山高百餘丈又南十里曰九曲山
海在縣南二十一里一名熊海以傍有鼠熊馬鞍熊東
熊長熊四山也統名曰熊子山其下皆曰熊海東經香
山縣爲小梁海西經蜆岡自北而東至厓山爲厓門海
通謂之南海海防考濱海有望崗澳係廣海衛軍巡哨

鑼鼓潭在縣西四十里水南流入海
沙村鎭在縣南長沙村有沙村巡司又縣東潮蓮村有
潮蓮巡司又藥逕巡司在曹幕山藥逕口
沙岡巡司在縣西又松柏巡司在縣西松柏山又縣西
河村有牛肚灣巡司又西有大瓦巡司
臨江臺堡在縣東南濱海又東爲良村營俱接順德縣
界志云縣有白虎頭官來逕等關五又有把截所八曰
長沙在縣南濱海曰企官曰雙煙堡曰潭溶曰企頭曰
横山皆在縣西南濱海曰仰船岡在縣東南曰寨門在
縣西亦濱海

新寧縣府西南三百二十里西北至肇慶府陽江縣百二十里大隆山縣西南百二十里有徭寨舊爲盜藪又縣南百六十里曰龍溪山山險峻上有石室

海在縣南志云縣西七里有紫霞山其下爲紫霞海又有矬洞水源出大隆山山南爲大牌海又南二百里經銅鼓山衆水合焉風濤觸石如銅鼓聲是爲銅鼓海至上川山左右爲大小金門又西南二百里爲番舶往來之衝是曰寨門海

城岡𡶶在縣西南七十里城岡堡有巡司又望高巡司在縣南

廣州左衛在府治北又有廣州右衛在左衛之西又廣

州前衛在府治西其北爲廣州後衛

南海衛在東莞縣治南廣海衛在新會縣南一百五十里城周五里有奇環城有池

增城守禦千戶所在縣治南又從化守禦千戶所在縣城內隸南海衛

肇慶府東至廣州府二百三十里西南至高州府七百七十里西至廣西梧州府四百里北至連州五百二十里至京師七千四百二里府帶山控江延袤數千里據廣州之上游當賀梧之津要漢武帝自巴蜀發夜郎兵下䍧牱江會番禺即今西江路也李吉甫曰端州當西江口入廣西之要道明初廖永忠奉命平廣西亦由肇慶泝西江而上抵梧州恭郡爲兩粵之要膂東西有事此其必爭之所也高要縣附郭

陽江縣府西南四百四十里西北至陽春縣一百四十里東北至恩平縣一百三十里西至高州府電白縣二百二十里

望夫山在縣西百六十里周四百餘里接電白縣界稍南爲錢帽頂山最高峻巖洞紆迴狼猺恃爲天險相近者曰雞籠山舊嘗調神電衛軍戍守又梅嵩山在望夫山北高二百餘丈周二百里接陽春縣界

北津山在縣南三十里其對峙者爲南津山夾峙海口自東隄海而西延袤數里二山之間有獨石高十餘丈

周四十餘里山出海口二里其下淵深不測志云北津山外捍夯潮內衛村陌邑之外藩也又有銀坑山在南洋山側高三十餘丈周二十里有十八井稍西有馬毋山在大海中去縣五十里

海陵山在縣西南七十里大海中周三百里列爲數峯高三百餘丈其中峯名草黄山其東爲平章山下有平章港受海陵漲潦以達於海郡志海陵西南爲馬鞍山下爲颺船澳西北爲鶴洲山海陵巡司置於此又西北爲麻龍渡山四面皆大海也

三汲山在縣東南大海中又東有小鑊中鑊大鑊三山皆在大洋中相去有數十里大鑊高二百餘丈望之如

覆釜
望海岡在縣南六里高百仞周四五里爲縣治之案山又有夾岡在縣東南二百里高二百五十丈周三十里兩岡對峙
海在縣西南海防考由縣南雙翼城歷海陵山過北津港至海郎城爲縣之門戶由大澳而東北卽新寧縣界中有柳渡三洲大金門上下川俱倭寇停泊處春汛秋防皆有水師哨守志云縣南北津外名曰鎮海自此東屈而北可達新會東莞廣州西轉而南達高雷廉瓊商運咸取道焉
漠陽江在縣城西自陽春縣東南流歷受衆水其勢始

大入縣界至縣西北三十餘里麻橋岐分二派東流至縣北十餘里瀲爲龍湖水至城西亦名鼉江南流二十五里匯爲石潭其西流隨地得名亦曰黄江亦曰牛馬海又東南流合於石潭至縣南北津港入於海志云港在北津山之陽陽春陽江衆水皆由此達海每潮起洶湧而入遇風則其聲砰轟如雷舟楫往來重防陰磧蓋東南大海港口皆亂石舟可行者僅僅丈餘必俟大潮始進故海寇不敢睥睨也
麻藩水在縣西三十里出羅琴山流經縣西南四十里豐頭港入海又有丹陽水在縣西八十里源出梅嶺山東流十里經大墟渡復東南流匯於豐頭港又有丹城水在縣西百二十里亦出梅嶺山東流六十里匯於豐頭港並入於海
儒峝水在縣西百六十里源出望夫山南流九十里由北額港入海志云北額港與電白縣接界
海陵鎮在縣西南七十里海陵山西北有巡司
永安營在縣東南八十里地名黄竹逕又馬牯逕營在縣東九十里又麻思營在縣西百十里後改名印岡營志云縣西五十里有高嶺營進退前嶺又有長亭舊營有六三鄧等逕俱有兵哨守
北津砦在縣南北津山上明築城以防海寇海防考海陵山西南戙船澳舊爲禦倭要地水司巡哨皆期會於

此嘉靖以後防禦漸弛海寇往往突犯後遂以北津水砦爲重地所分汛地東至芒洲上下川與廣海寨會哨西至吳川限門與白鴿寨會哨既又以戙船澳豐頭澳爲中哨新寧縣寨門海爲左哨電白縣蓮頭澳爲右哨萬歷以後復劃界爲守以海浪寨官兵分守汛海東自廣海砦界娘澳起西至雙魚界馬骝石止雙魚寨官兵分守汛海東自海郎界馬骝石起西至蓮頭寨界北額港止而北津寨官兵每至汛期則協同出哨戙船澳蓋府境海防惟陽江爲最切也
博贜砦在縣境宋志縣有海口海陵博贜遂訓四砦蓋皆濱海戍守處也

梅口埸在縣境宋時採鉛處又雙恩場在海朗所西明
改設鹽課司
西平驛在縣治東明洪武初置後改曰平豆驛又蓮塘
驛在縣東北六十里近合門山城周一里有奇又太平
驛在縣西百十里城周一里有奇
恩平縣府南三百二十里東至廣州府新會縣百十里西
南至陽江縣百三十里西北至新興縣百八十里
灣雷海在縣南八十里其南通大洋
南門河在縣南一里志云縣境諸水其大者曰漈頭水
在縣西二十里源出龍罾山流經縣西十五里之相公
潭爲羣流匯河之處又東爲南門河又有横槎水在縣

東南十里源出藍坑山西北流會南門河遶縣南迤東
達於新會縣之蜆岡而入於海亦謂之恩平江
塘宅堡在縣東北百里明嘉靖中設後議以堡當新會
新寧新興恩平各縣適中之地四面崇山峭壁爲盜賊
淵藪乃增建城垣於縣治西南移廣肇高韶參將駐於
此萬歷年間改築開平屯廢堡入焉又馬岡營在縣東
北八十里
大夾腦營在縣西南三十里志云縣北二十里有蓮塘
頭營縣東三十里有烏菱塘營截籬子逕要路又白蒙
逕營在縣東南四十里今爲白蒙屯邑志逕東通白麻
逕懷寧營南通灣雷逕至海西南通陽江那龍村北通
那虔上嵛諸猺路又有鎭安屯在縣東南六十里
籬子逕在縣東南二十里東通十三村達蜆岡又寨喉
逕在縣東北七十里又十里爲羊逕又十里爲火燈逕
俱接新會縣界
十二逕在縣西南又西南爲白石逕皆通陽江陽春盜
賊出没之處又瓦巷逕在縣西五十五里又有雙穴逕
在縣西北四十里又五里爲清油逕又西北十五里爲
老鴉灘皆當陽春新興盜賊出没之道志云縣北六十
里有黄竹逕又北十里爲鎭戎屯舊名擒頸爲控守要
地又倉步在縣東北百十里通新會新寧諸賊砦今爲
開平屯又縣境有石并等營一十有九皆有兵戍守

武定屯在縣東南六十里本新寧縣界苔村賊巢隆慶
五年立屯萬歷二年建城又永安屯在縣東南四十里
十三村石逕賊巢也又永安鎭屯在縣東南五十里十
三村横山賊巢也其地入新會縣界與縣北肇靖諸屯
縣南北蒙諸屯共爲二十屯
海朗守鎭千戶所在陽江縣東南五十里隷廣海衞城
周四里有奇城據海朗山下臨海亦曰鎭海山與雙魚
所並爲海防襟要志云所西近北津山明季於北津大
王廟小尖津口山前置銃臺並築小城設兵屯戍
雙魚守鎭千戶所在陽江縣西南百五十里隷神電衞
城周二里有奇所東有雙魚角臨大海頗險又東五里

爲管杯石兩石屹立大海中中通一門雙魚所舟航出
入要道也昔人議疊石塡塞從右側淺沙入港以免寇
舶衝突又東爲馬鞍糞箕等山皆屹立海中志云所旁
有石門南尾山明季置銃臺並築小城設兵戍守
惠州府東至潮州府七百九十五里南至海岸百十里西
南至海岸二百五十里西至廣州府三百六十里北至
江西龍南縣界六百三十里至京師八千三百九十五
里府東接長汀北連贛嶺控潮海之襟要壯廣南之輔
展大海横前羣山擁後誠嶺南名都也歸善縣附郭
梁化城在府東南八十里梁置梁化郡隋廢改置循州

平政山在府東百五十里有平政驛相近者爲碧甲山
有巡司戍守又濁水坑山在府東南海濱亦名乾溪山
下爲涌船澳
海在府城南百十里自府東南以迄西境皆以海爲險
東江在府城東北源出江西安遠縣界南流過龍川河
源縣界流入境繞白鶴峯之陰至府城東西江水流入
焉西流歷城北經博羅縣而入廣州府境亦謂之龍川
江
西江在府東南源出九龍山西流與羣川水合至府城
東受西湖水乃北折而合於東江
豐湖在府城西廣袤十餘里
蜆殼營在府西北與博羅縣接界有官軍戍守馬公寨
在府東北志云嶺南賊巢曰洋烏潭馬公等寨皆叢山
深箐延袤八百餘里一夫當關萬夫莫過前明賊首伍
端黃世喬等嘯聚其中蠶食東路者數十年萬歷初督
臣殷正茂剿平之
懷安戍在府南懷安山下唐置戍於此
欣樂驛在府北一里又水東驛在府東九十里苦竹驛
在府東百六十里平山驛在府東南八十里平政驛在
府東南百五十里輿程記自欣樂邑西四十里至博羅
縣之蘇州驛爲入廣州之道自平政驛東八十里至海
豐縣之平安驛東達潮州府之道也
海豐縣府東三百里東至潮州府惠來縣二百七十八里

銀瓶山在縣北三十里山高而銳瀑布懸流縣之鎮山
也其南十里曰蓮花峯又南十八里曰五坡嶺南去縣
城僅二里皆岡脈相接
金龍山在縣東南十里志云此爲小金龍山大金龍山
在縣西南八十里蜿蜒高廣鎮長沙海口又法畱山在
縣東三十里有巖如屋
朱師嶺在縣東二十里志云縣東南二十五里有新窖
水今閩廣商船多聚其地
大蹊嶺在縣西六十里又西北五里爲楊桃嶺今爲往
來通道又五里沙在縣西南九十里大海濱亦達府之
路也

旗峯在縣東百九十里山狀如旗半枕海上東南夷入
貢望此爲表識
海在縣南百里舊志謂之灘海卽南海也亦謂之長沙
海口圖經縣南一百里有麗江合龍津蛟溪諸水東流
入海
衛口水在縣東北九十里源出黃泥坑東合蛟溪諸水
至南沙渡入於海又東海窖水在縣東北八十里志云
源出吉康羅溪南流一百里分爲二派東流出縣東南
迎仙橋西流至沙塘渡與衆水合入於海
甲子門水在縣東二百十里志云縣有大陂龍溪諸水
俱由此入海今有千戸所戍守

鳳湖在縣西百里志云湖受鷲浦嶺赤口港諸水西流
入海
甲子關在縣東甲子門水口爲濱海襟要石門深廣各
二十丈有巡司又長沙港巡司在縣南長沙海口港口
深廣各三十丈
謝道山營在縣南二十里又縣東南有湖東澳魚尾澳
二軍營皆近碣石衛
南沙軍營在縣南相近有大德港海寇出沒處也有大
德軍營又南竈軍營在縣南五十里又長沙軍營在縣
南八十里距麗江浦相近又有石山營大磨軍營向俱
設官兵戍守

南豐驛在縣治西又西七十里有平安驛縣東八十里
又有東海窖驛又東七十里曰大陂驛東入潮州之道
也
碣石衛在縣東南百二十里大海濱
海豐守禦千戸所在縣治東又捷勝千戸所在縣南八
十里又甲子門千戸所在縣東二百十里皆濱海又平
海千戸所在府東二百里俱隸碣石衛
潮州府東南至海岸俱百五十里西南至惠州府七百九
十五里西北至江西贛州府千一百六十七里北至福
建汀州府六百六十里東北至漳州府五百五里自府
治至布政司一千一百九十里至京師九千七百四十

七里府介閩粵之間爲門戸之地負山帶海川原饒沃
亦東南之雄郡也往者倭寇闌入則警戒東南奸宄伏
藏則張皇西北郡亦要地矣海陽縣附郭
瘦牛嶺在府西北五十五里爲往來通道卽揭陽山之
南麓也又鳳栖峽在府北二十里兩山對峙鳳水經其
中
海在府南百五十里有南洋三灣嘉靖中官軍敗倭於
此
韓江在府城東韓山下源出江閩汀贛二州境流入界
會三河而南出又合產溪九河鳳水過鳳栖峽經惡溪
而至山下爲韓江又經老鴉洲分流爲三一自縣東鬣

口遶澄海水寨入海一自縣南分東西二溪俱入於海一自溪口東南流達急水門經北關亦入於海
惡溪在城北一名鱷溪韓江經此合流而南蓋即乾江之別名矣
北關鎮在府東南六十里海口向設兵戍守又楓洋巡司在府南
潘田堡在縣西北百三十里僻在山谷通潮揭漳韶爲戍守要地又縣有田心豐順二營
柘林寨在府東南百三十里濱海戍守要地也又金山北有摧峯寨
新關隘在府南又府境有萬里橋湯田楓洋等隘舊志縣又有海門東龍關望等隘

鳳城驛在府城北又北七十里有產溪驛輿程記自鳳城驛西至揭陽縣之桃山驛七十里又西七十里爲潮陽縣之靈山驛又自產溪驛而北凡百里至大埔縣之三河驛
潮陽縣府南百三十里西南至惠來縣百六十里
東山在城東其相接者亦曰韓山又城西十里有西山上有磚塔下有石室名海潮巖又西十里曰曾山雙峯並峙出海望之愈高
臨昆山在縣西三十五里相接者有龍首山又錢澳山在縣東十里前有蓮花峯下臨滄海又東五里曰大湖山亦南臨海下有龍潭又十里曰廣澳山北有招收山三面踞海盤據數十里河渡逼焉其北十里曰磊口山馬耳在外是爲洋海之門
海在縣東南志云縣境濱海潮汐入港支析成川招收山臨河渡長數十里南爲錢澳爲廣澳北爲馬耳爲磊石皆通海磊口海洋之門也其外爲牛田洋澄揭之水皆匯於此有海門所爲扼要處倭嘗自磊門登陸攻海門所
東溪在縣西七十里源出大南山而東注又瀟溪亦在縣西俱流注於練江志云縣北諸山之水皆匯西達於練江又臨昆山下有西豐水靈山西北有山陂水又西

十餘里有麒麟水及西條東條之水南流而東折爲浹水合雲落水即練江也又西南之水曰司馬浦東流會於銅鉢湖匯南有桃溪水東流會於東溪其下流皆合流過和平橋注於練江練江蓋匯縣境諸水爲大江流至海門入海也
吉安鎮在縣西北七十里地名貴嶼村有巡司又門闢巡司在縣北六十里招寧巡司在縣東三十里桑田巡司在縣北三十里又雲落巡司在縣西南百二十里又縣西和平村有河泊所
興安鎮在縣東南三十里有兵戍守又北關隘在縣城北河溪隘在縣北二十五里門闢隘與巡司相近又河

渡門隘在招收山下志云縣有下遊營守河渡門𥕢口等處又有紹興營置於海門所倭嘗從招寧巡司河渡𥕢口入犯

靈山驛在縣南門外又武寧驛舊在縣南七十里縣西南有和平橋長三十丈

揭陽縣在府西南七十五里西北至惠州府長樂縣二百八十里

揭陽山在縣西北百五十里南北二支直抵興寧海豐二縣界亦曰揭嶺嶺之陽為海豐縣西北之瘦牛嶺去縣治百里嶺之西為飛泉嶺壁立數百仞周圍數十里逕通惠州府長樂縣為惠潮之關隘嶺西北又有貴人

山通志山跨揭陽長樂二縣界周圍百里曰灘下曰大竹園曰鑛山頭曰粗石坑曰麻竹坑曰畚箕坪皆其處也

桑浦山在縣東百里濱海接海陽縣界又東二十里曰菱池山三峯插天中有深池數十畝下有石巖形如獅子中可容千人相近者又有桃山透迤百餘里

玉窖溪在縣治南有南北二溪志云南溪源出魚梁灘北溪源出瘦牛嶺又縣東南三十餘里有雙溪口南北溪水並會於此入海

北砦鎮在縣東有巡司又湖口巡司在縣東北之棉湖砦

獅子營在縣西防七戍徑關隘又西北有馬頭營防石碎飛泉徑等關隘又東北有長布營防䃔內官碩逕等關隘又有西營在縣西

官溪隘在縣南志云縣東有桃山隘北有藍田隘西有霖田隘皆為戍守處又桃山驛亦在縣東二十里又有大窖橋

饒平縣府東二百里東至福建招安縣百七十里東北至福建平和縣百里

南澳山在縣西南二百里大海中去福建元鍾澳口約三十餘里周二百餘里內三澳曰青曰深曰隆即長沙海尾延袤三百里田地沃饒幾數千畝洪武年間居民

為海倭侵擾詔令內徙遂墟其地其山四面蔽風大潭居中可以藏舟嘉靖初倭泊於此互市既而倭自福建之浯嶼移泊南澳建屋而居大為粵東患其後海寇吳平許朝光等亦窟穴於此萬歷中增設重兵屯據其地築城周三里左右有灣曰白沙灣為郡境之鎖鑰海防考南澳周圍六七百里有青澳後澤澳番船多湊泊於此而深澳尤為形險小舟須魚貫而入官兵攻勦勢甚掣肘嘉靖間常用木石塡塞澳口未幾倭人使善水者撈起木石澳口復通既而劇賊吳平等結巢於此官兵勦逐之然常為賊藪萬歷初設營置兵創築三城一在深水澳一在雲葢寺一在龍眼沙互相聯絡墩臺瞭望

錯綜布置三處田約共四五萬畝軍民耕種可以坐食云

大尖峯在縣東南百里爲高埕柵之鎭東有大埕柵近鳳髻山又東則虎嶼獅嶼西有大港柵則近烟樓山南有柘林柵則近柘林澳中有紅旗山四柵之中設大城千戸所其東南有鯉魚山又二里有紅羅山灣港皆通潮汐蟠蜒四十里爲一方關隘柘林澳在其南暹羅日本及海寇皆泊巨舟於此因設官兵戍守

海在縣東南百三十里縣境諸水皆匯入焉南澳山在其中分三澳與南澳爲四海岸皆沙也由南澳東折日青澳一名青逕口風濤險惡鮮有泊舟者深澳內寬外

險蠟嶼赤嶼環處其外一門通舟中容千艘番舶寇舟多泊焉隆澳則舳艫往來門戸也中有辭郎洲宰猪澳後澤澳皆寬衍海寇嘗竊據於此又有錢澳或以爲郎淺澳

黃岡鎭在縣東九十里有巡司及右營志云鎭洞谷深邃北與福建平和縣接界堡城周六里有奇嘉靖中倭自漳州寇饒平攻黃岡鎭據其城官軍敗卻之復從和平突犯入分水關至黃岡既又自福建雲霄所突入黃岡皆敗去輿程記縣東百里爲黃岡驛自驛達漳州陸行不過七十里

柘林寨在縣南大尖峯西南有柘林澳西北去府城百三十里置寨於此爲戍守要地海防考柘林波連南澳跨閩粵之交海寇恒窺伺於此往來突犯盡他寨或山或礁或港皆有險可恃柘林寨南面平洋海寇揚帆直指瞬息可至且四面孤懸無附近衞所可以緩急應援海寇李之奇劉香皆突陷柘林遂入潮陽揭陽劉香且直入會城後又突入虎頭門等澳既而閩帥鄭芝龍破香於柘林寨患始息故柘林之備爲最切

魚村隘在縣東南相近又有小榕隘縣東北又有九村隘嶺腳隘縣東又有黃山坑黃岡等隘

水寨在縣南去柘林一日程近澄海縣界明初築城周不及二里鑿池於內置水關於西北闕內通海港自南

而西轉入水關瀦於池以泊戰船

竹林堡在黃岡鎭東北福建招安山賊由此出沒志云饒平東境險阨有茅山分水二處皆險要接平和縣界俱立營於此以禦寇

惠來縣府西南三百里西至海豐縣二百七十八里東南臨海西北盤礴萬山僻遠荒畧爲盜賊出沒處

峽嶺在縣西北六十里盤經紆曲盜賊出沒處也又銘湖巖在縣東南三十里山麓有石寬平數丈盤盎爲室南北相通中容百餘人又東南十里爲雙髻山上有巖曰寶峯巖又縣西八十里有黃山徑路通海豐隘不容車羣盜所窟

大陂溪在縣西九十里由澳頭達海豐縣之甲子港入海又洪橋溪在縣東六十里源出金剛髻山東至靖海港入海

赤沙澳在縣南四十里沙隄菽濤海艘時集於此爲防禦要地其相近又有石井澳鉛錫澳

神泉鎮在縣南十里有巡司當神泉澳口城周不及二里有兵戍守

文昌營在縣南文昌山下又有[illegible]寧隘在縣東接潮陽縣大陂隘在縣西接海豐縣皆有兵戍守

北山驛在縣西又大陂驛在縣西九十里接海豐縣界輿程記自大陂驛而西八十里至海豐縣之東海滘驛

惠潮通道也

澄海縣府東南六十里東北至饒平縣百三十里

北殿山在縣西北七里又鳳山在縣北十里又北五里曰仙門山又二十里曰三髻山皆高聳

蹲洄山在縣西五十里突起海中接潮陽縣界又小萊蕪山在縣東十里海中又東二十里曰大萊蕪山志云縣東南三十里有南澳山接饒平縣界山之左有侍郎嶼

海在縣東南志云外沙海中有鳴羊聲起若雷東風西雨海人每以爲候又牛田洋在縣西南四十五里揭陽縣境內南北二溪及楓溪諸水俱匯於此入大海

三川溪在縣北一里又北一里有玉帶溪流合焉又有南港北港及黃洲溪新溪諸水俱流注於三川溪下流入海

闔望鎮在縣南南洋村濱海有巡司

大場鎮在縣西南近海其相近有夏嶺新港等鎮接連馬耳萊蕪等海澳以防賊衝又有大埕營在縣南門外

潮州衛在府城內

蓬洲守禦千戶所舊在揭陽縣東南九十里濱海後移建於西堤村石城周三里有奇

高州府東北至肇慶府七百七十里南至海岸百五十里西至廉州府二百六十里北至廣西梧州府五百二十

里府據二廣之間爲交衢之地西北一帶山箐盤互猺獞伺隙其閒一旦竊發則東西俱病矣東南皆距大海雖有沙帶限門之阻而水深潮平倏忽易達禦倭營堡不容少疎志云郡控山濱海谿峝中聯爲水陸襟要允矣茂名縣附郭

海在府南百五十里海防考府境所轄海澳若蓮頭港汾州山兩家灘廣州灣皆南面之險也

平山鎮在府東南四十里有巡司又赤水巡司在府東北志云府東百十里有故那黎寨

東門營在府城東志云府西北有雙威寨即今廣西北流縣之雙威鎮又有寧峝在府東南十里四山環合中

有隙地可以藏兵當山缺處一逕迤邐通神電以西諸
路
電白縣府東四十五里東至肇慶府陽江縣二百二十里
海在縣南五十里又東南與陽江縣接境
立石關在縣西北立石驛西又龍門營在縣西四十里
又獅子堡在縣西七十里與舊縣城並爲控禦猺賊之
要路相近有三橋堡志云卽茂名縣之那夏驛皆有兵
戍守
北額砦在縣西又望夫山砦在縣境猺砦也志云縣境
有二十一猺山
化州在府西南九十里西南至雷州府三百六十里西至

廉州府百八十里西北至廣州陸川縣二百三十里州
接壤粵西控扼猺峒而大海南環寔伺易及亦襟要之
所
吳川縣州南七十里東北至高州府一百三十里
羅州廢縣在縣西北百十里翔龍廢縣在縣南百四十
里硇州上
特思山在縣西南七十里又高山在縣西八十里
海在縣城東南與雷州府接境志云縣南三十里有限
門港合羣川之流注於海水道曲狹值潮退沙磧淺露
或潮滿風急舟楫不敢往來因名又硇州在縣南大海
中宋置寨後爲翔龍縣海防考縣南四十里有廣州灣

海寇出沒處也向設兵戍守
寧村鎭在縣南五十里有巡司又硇洲巡司舊在州南
濱海後遷於洲上
新和驛在縣治西又三合驛在縣北七十里息安驛在
縣西八十里輿程記由廣西陸川縣永寧驛七十里而
達三合驛由車頭羽能化江平山墟等河共七十里至
新河驛又由三合堡河江頭渡共七十里至雷州府遂
溪縣桐油驛
神電衞舊在電白縣東南百八十里成化四年電白縣
移治於衞城內
高州千戶所在府城內調雷州前千戶所官軍守禦信

宜千戶所在縣治東北又寧川千戶所在吳川縣治東
南俱隸神電衞
雷州府東至海岸十里南至海岸二百二十里又南渡海
至瓊州府七十里西至海岸二百里北至化州石城縣
二百五十里又北至廣西鬱林州亦二百五十里自府
治至布政司一千四百五十里至京師九千四百十里府
三面距海北負高凉有平田沃壤之利且風帆順易南
出瓊崖東通閩浙亦折衝之所也海康縣附郭
虎頭山在府東七十里山枕海中府東北八十里又有
麻囊山亦枕海濱又有時禮山在府東南八十里高五
十丈

海在府東十里亦曰東洋海南通瓊崖西通對落楊梅二珠池東北通閩廣中有思靈島產米豆又有渡洲在府東南百八十里蝂起海中周五十餘里上有田頗腴沃又府西南境之海亦曰西洋海中有卵洲又有邵洲在府西南百十里海中周圍六十里

擎雷水在府南擎雷山下志云水源有三一出海康縣北銅鼓村一出縣西鵲鴣坡一出徐聞縣界三水合流環繞郡治南流七十里東入於海

羅湖水在府城西一名西湖又潭望水在府西南六里源出遂溪縣界流入境又平望水在府西北十五里俱合擎雷水入海又博袍水出府西博袍山之陽西流入

海

清道鎮在府西南百二十里地名烏石港有巡司又黑石巡司在府東九十里志云府南二里有水軍砦宋置屯兵以備海道又府城北有澄海牢城二營

雷陽驛在府城北輿程記自驛而南六十里爲將軍驛又南七十里爲徐聞縣之英利驛又百里爲杳磊驛渡海廣六十里至白沙驛由白沙驛十里而至瓊州府城

遂溪縣府北百八十里北至化州石城縣七十里

螺岡山在縣西南七十里高二十仞又縣西南二百里海中有瀏洲山志云山團圍皆海周七十餘里內有八村人多田少皆以採海爲生一名大蓬萊舊爲防海要隘山之陽有蛇洋洲一名小蓬萊特起海中周四十里與瀏洲山相對

海在縣東南百餘里志云海中有調雞門周百有五里隔吳川縣硇洲僅一港縣西南亦濱海海中有瀏洲山也

椹川鎮在縣東南又瀏洲巡司在海中瀏洲山

桐油驛在縣城內又縣有城月驛

徐聞縣府南一百五里南渡海至瓊州府一百九十里

小蓬山在縣南三十里海中前有海嶼名曰三墩舊志由此渡海四百里乃至瓊州

海在縣東南二十里志云海中有老鴉洲抵瓊州界僅

四里渡海至瓊州折旋四百一十里輿程記云舊志謂由徐聞縣而南舟行四百三十里渡海達瓊州今自雷州東海洋徑達瓊州白沙口一日夜可至也

大水溪在縣東十里源出縣東北龍牀山至縣東爲龍潭南流經海安所城東入於海又古源水在縣東南十里志云源出潭田村南流入海

東場鎮在縣西南濱海有巡司又寧海巡司在縣東南

杳磊驛在海安所城中其南有杳磊浦由瓊州至硇洲海道灘水峻急止有杳磊浦可通舟楫又縣北五十里有英利驛

雷州衛在府治東海康守禦千戶所在縣西百七十里

有城戍守樂民守禦千戶所在遂溪縣西南百九十里又海安守禦千戶所在徐聞縣西南二十里錦囊守禦千戶所在徐聞縣東百里皆隸雷州衛

廉州府東至高州府二百六十里南至海岸八十里西至廣西上思州界五百三十里北至廣西橫州三百里西北至廣西南寧府三百五十里東北至廣西博白縣二百里自府治至布政司一千二百六十里至京師九千六十五里府南濱大海西距交阯固兩粵之藩籬控蠻獠之襟要珠官之富鹽池之饒雄於南服合浦縣附郭

廉州故城在府東北七十五里蓬萊鄉

龍門嶺在府東八里下有龍門村有龍門水分二支曰

源頭曰龍門環城北入於廉江又冠頭嶺在府南八十里自此涉海北風順利一二日可抵交之海東府

珠母海在府東南八十里巨海中珠池在焉

廉江在府北三十里一名合浦江源出廣西容縣大容山南流入府界地名州江口分為五江曰州江曰王屋屯江曰白沙塘江曰大橋江曰新村江環流至府城西南入海又府北二十里有石灣江府北十里有猛水江皆廉江分流也

鍾灣水在府南七里其灣接江通海又府東二里有南津水源出薛屋嶺西流繞城入州江府東五里又有劉公涌水亦流會於州江

山口營在府東南百四十里又新寮堡在府東五十里防新寮隘皆有官兵戍守

欽州在府西北四十里南至海岸二百五十里北至廣西南寧府三百五十里西至安南界三百六十里州控臨大海制馭安南為藩籬要防折衝重地永樂中兩征交阯皆自廣西之憑祥雲南之蒙自而未嘗以奇兵出欽州傾其內險故賊得以偷息海上則欽州者去交阯之要途也嘉靖中州臣林希元嘗建議而不果用有事交阯者安可後欽州而不講與

安京山在州西北八十里或謂之西羅浮又十萬山在州西北百二十里又銅魚山在州西北六十里州北三

十里又有石浪山

分茅嶺在州西南三百六十里與交阯分界舊志馬援立銅柱在交州古森洞即此嶺云

望海嶺在州北十五里州北十里又有雙角嶺

海在州南二百餘里自此涉海揚帆一日至西南岸即交州潮陽鎮明尚書黃福議交阯萬寧縣接雲屯海口並連廣東欽州地方最為險要圖經雲屯海鎮在交阯新安府雲屯縣之雲屯山在大海中番賈舟舶多萃於此永樂中置市舶提舉司其山摩空直聳兩相對峙一水中通自海門黎母山發船西行水程九百里至海寶山自海寶北行水程三百里取雞唱門入雲屯鎮就此

鎭轉入新安府或往安邦州皆便近又州西南有六水口曰談家水口黄標水口藏涌水口西陽水口大灣水口大亭水口並爲入海之路向皆置卒戍守

欽江在州治東源出靈山縣洪牙山流經城東南下流入海又漁洪江在州西二十里出西北安京山之陽州西三十里又有鳳凰江流會漁洪江又平銀江在州東二十里又州東南百餘里有防城江俱注欽江以入海

龍門江在州南六十里志云安京山之陽有涌淪江南經州南四十里亦曰羅浮水又南曰龍門江兩山對峙形勢若門又西經涌淪周墩而達交阯永安州界爲欽州之要害

淡水灣在州南百三十里明正德八年安南入寇官軍敗之於此又五湖在州城外

如昔砦在州西百六十里連左右兩江谿洞接交阯界砦據大山之巔勢甚險阻宋置峒長管轄時羅貼浪等七峝天禧閒歲調兵守之明置巡司宣德及嘉靖年閒屢爲安南侵占後始歸復志云貼浪峝在貼浪都思牙村相近爲澌凜峝在澌凜村又西爲古森峝其時羅峝在時羅都如昔峝在如昔都思勒村相近者爲博士峝在了葛村鑑山峝在羅浮村所爲七峝也

千金鎭胡氏曰在州西南又如洪鎭亦在州西南如洪或曰卽漁洪之譌也明永樂中交阯賊船刼掠欽州漁洪村官軍追至交阯萬寧縣海上遇賊舟盡擒之

防城營在州南二百里又南五十里有思勒營相近者曰羅浮營

天涯驛在州東永樂十四年張輔奏自天涯驛經猫尾港至涌淪佛淘從萬寧縣抵交阯多由水道陸行止二百九十一里比邱溫故路近七驛宜設水馬驛傳以便往來從之乃設防城佛淘二水驛寧越涌淪二遞運所及佛淘巡司

瓊州府東至海岸四百九十里南至海岸千一百三十里西至海岸四百十里北至海岸十里又北渡海至雷州府二百九十里自府治至布政司一千七百五十里至

京師九千四百九十里古百越地府外環大海中盤黎峝封域廣袤二千餘里蓋海外之要區西南之屏障也

瓊山縣附郭

蒼屹山在城南二里又靈山在府南十五里自北渡海者至中流卽見此山又府南六十里有瓊山

扶山在府東南五十里山之東有五嶺一曰從衡二曰思峝三曰光螺四曰居祿五曰居林其西有萕巡峝峝深廣中有二井山下又有巨潭流三十六曲以達於江

西石山在府西四十里山多石下有洞容數百人頂上有井源與海通其西南一里有遞蓮洞自石門入邐竇大小凡五洞甚深邃容數千人上有一門透露天日旁

一洞深黑可三十許里志云府東南七十五里又有東
石山
雲露山在府西南六十里又那射山在府東南八十里
龍潭嶺在府東北二十里登絕頂可望黎母諸山又南
岐嶺在府西南百六十里嶺之南接生黎地志云府南
十里有瓊崖嶺其下有古珠崖郡城址
海在府北十里亦曰海口港北接雷州府徐聞縣境舟
行一渡可抵岸一名海口渡宋白曰州北十五里卽大
海泛大船使西南風帆三日夜至崖山門入江一日至
新會縣或便風十日可逕達廣州志云海口港南岸有
神應港舊名白沙津番船所集之地初港不通大舟宋

漪忽颶風作自衝一港人謂之白沙口由此渡海七十
里而至雷州府徐聞縣之杏嘉驛舊置白沙驛於此
南渡江在府東南十里源發五指山歷臨高澄邁定安
三縣界會諸水至此北流至白沙入於海又滴渭溪在
府南十六里水源有二一出謝潭一出磨潭合流十餘
里入南渡江
黎母水在城東三里源出黎母山北流入海志云儋州
亦有此水盖黎母山之水分五派流入四郡界矣又府
城東有峻靈山高二百餘丈
第一水在府西三里繞流經縣西北一里之下田村又
北入海又西去十里有一澗亦流入海謂之第二水又

學前水在府城西南又白石河在府東南三十里
大坡立營在府西南防守居林居碌沙灣三峝黎賊志
云瓊山縣村峝凡百二十有六處又白沙營在府北白
沙港口防白沙東營芒芒三港賊船
居鈌峝在府西境黎有九峝而居野居中爲最大周百
二十里
瓊臺驛在府西北隅土城外自此而東七十里爲兵峯
驛又四十里爲文呂驛東達萬州之路也由瓊臺驛而
西四十里爲澄邁縣之西峯驛又西七十里爲臨高縣
之珠崖驛爲西南達儋崖二州之道
澄邁縣府西六十里西至臨高縣百十里

澄邁鎮在縣西北十里有巡司又居便營在縣西南防
芧甲己等村峝生黎其地與瓊山縣居林居碌沙灣三
峝黎相近志云縣境村峝凡一百三十有七
西峯砦在縣東宋史政和間管帥郭曄乞於澄邁置西
峯砦臨高置定南砦以隘阻黎人由是道路無梗郎西
峯驛也
毘耶山在縣西北十里美龍灘在縣東十里又龍潭在
縣西三十里
甲牌鎮在縣南二十里有巡司又縣北三十里有博鋪
巡司
那峇營在縣南又南有屯建營俱防生熟黎人劫路志

云縣境村峝凡二百三十有九處又縣北有新安三家末落烏石博白黃龍呂灣博頓等八海港俱有民兵瞭望防賊船灣泊

定安縣府南八十里東南至會同縣二百二十里城周三里有奇

五指山在縣南四百里山有五峯極高大屹立如人指據瓊崖儋萬之間爲四州之望一名黎母山黎人環居山下內爲生黎外爲熟黎山巔常在霧中久晴則見翠尖浮於半空其下猶洪濛不辨也熟黎所居已阻且深生黎之巢人跡罕至元明時黎人屢叛屢討平之廣記議者嘗以五指山居州邑之中爲吾內患宜於兵威剷

平之際開十字大路大約以道里計之自府治至崖州千里而近自儋州至萬州六百里而遙此四至徑一之大凡也細數之自府治至沙灣三百里而遙自崖州至羅合三百里而近俱爲坦途矣度其中未開通處不過二百里若大集軍民土兵通力合作相其谿壑易其險阻假以數月而瓊崖之路可由黎峝中行矣儋萬視此其工則又殺焉四路交達度中建城量地置堡就堡立屯貯食以攻則取以守則固矣又云五指山下東南有陽春峝爲郡境之中其南有滴他香根竹茂竹擁諸峝西南有萬家羅活磨岸磨魁等村東有思河等峝東南有縱橫斬兇等峝北去定安東南出萬州陵水西北至

儋州俱六日程惟西至昌化中阻大溪須浮筏乃濟初人自思河僅六日前半路頗崎嶇愈入愈愆其地皆可耕作也

邁本嶺在縣南十里一名丫髻嶺自西南蜿蜒而東北復峙一小峯爲縣之主山

建江在縣北一里源出五指山自澄邁縣流入境又北流爲瓊山縣之南渡江又思河水在縣南亦出五指山流經縣南境透迤數百里復東南流入樂會縣界爲萬泉江上流

嶺背營在縣南志云縣境思河光螺峝水口嶺背等村黎嘗搆瓊山縣境內諸黎爲患因設南倫營防守又縣

境諸黎村峝凡一百十有二

文昌縣府東百六十里南至樂會縣一百七十里

玉陽山在縣北十里邑之主山也其西曰蒼錫山又紫貝山在縣北一里一名靈山嶺

銅鼓山在縣東北一百里又抱虎山在縣東北百二十里

焚艛嶺在縣北一百三十里枕海濱志云縣東北五十里東昆港水之北有眉邱邱狹而長延亘六七里

文昌江在縣南一里志云江源有二一出縣境之邁南山一出龍塘至縣南一里合流又東南達清瀾港海

白延架營在縣西南防斯脚峝黎等賊志云縣境村峒凡三十有五處又縣有鋪前木欄抱虎七星港澳皆與

瓊山連洋大海賊船易入撥軍瞭守

會同縣府東南二百九十里東南至樂會縣六十里

小祿山在縣西二十里又西十里曰西崖嶺峯高千仞下有石穴多異嶺在縣東南二十里又縣東北三十里有文豊嶺亦高峻

天塘溪在縣北二十五里源出文昌縣界天塘嶺流入境下流達樂會縣合萬全江又縣南有大塘水源出黎母山分流經縣南豬爲巨塘

調囂鎮在縣東南十五里有巡司

樂會縣府東南三百五十里西南至萬州八十里

陰陽山在縣東北一里又縣東二里有雷撲山又香爐

山在縣南二里金牛山在縣東南十五里峻聳插空海舫望此以爲表識又白石山在縣西四十里

風門嶺在縣西南七十里爲諸黎出入咽喉之所又三山神嶺在縣東南十里龍見石在縣西北十五里

萬泉河在縣西北二十五里源出五指山入定安縣界爲思河水又東南流至縣西分二支繞縣治後經雷撲山下而復合出博敖港入海志云萬泉河納會同諸縣眾水之流因名

溫泉河在縣南十里志云河自西黎山縱橫崗發源流經縣西界至東北博敖港入海

豬母營在縣西南防守加冨中心等村生熟黎又有沙牛嶺營防葵根水口等村黎皆撥民兵戍守志云縣境村崗凡五十有三處

儋州在府西南三百七十里東南傍海至崖州五百八十里北至海岸五十里州外濱瀕海內扼黎俚翼帶瓊崖互爲脣齒

松林山在州北二十里縣之主山也又州東北六十里有輔龍山

黎毗山在州西北四十里近黎母山又州西四十里有德義山俗呼黎曉山馬蝗山在州東三十里俗傳漢將曾屯兵於此蓋其地嘗爲戰場也

龍門嶺在州西北三十里海岸夾起石峯兩趾奔海其

狀若門可以泊舟嶺上又有石穴中虛通海峯出其中名曰風門內容數十人白馬井在州西南三十里

海在州西四十餘里一名瓊海中有獅子石舟楫所經也

鎮南鎮在州西南三十里有巡司又州西八十里有安海巡司

山口寨在州境昔七方崗黎符那南叛官軍討之憑險阻不下既而破其上下多邦山口寨追擒之於落賀洲並平其黨姜花等崗志云州境村崗凡二百有九處

歸善驛在州東四十里又鎮南巡司西有田頭驛安海巡司西有大村驛輿程記州城外有古儋驛又由歸善

驛而東六十里爲臨高縣之珠崖驛大村驛而南三十里爲天員驛又四十里爲昌化縣之昌江驛北州境達瓊崖之道也

昌化縣州南二百九十里南至崖州感恩縣七十里

峻靈山在縣北十里海航往來恒泊舟汲泉於此

九峯山在縣東百六十里山有九峯盤旋百餘里又馬嶺在縣南三十里山勢起伏至海濱與城相對聳起三峯形如天馬

昌江在縣南十里源出五指山西北流滙羣川水至縣東南矦村分南北二流南江西流經赤坎村而南出會海潮成港北江北流遶縣南又西流至泥浦與潮水會

而成港並入於海

峩娘溪在縣東出九峯山下西南流注於昌江

德霞寨在縣東南地勢平衍黎賊梟於此議者請建城砦於此據其膏腴仍由德霞沿溪水以達縣治志云縣境村峝凡三十三處

大南驛在縣南自縣之昌江驛四十里而至大南驛又七十里至感恩縣之縣門驛

萬州在府東南四百七十里西南至崖州三百六十里東至海崖三十里州控臨大海雄峙東隅瓊崖之指臂也

赤龍山在州東南三十里有岡隴相連又獨洲山在州東南五十里海中風帆半日可達峯勢插天周圍五十里

六連山在州北六十里山脈接黎母山六峯突起峻拔連續起伏三十里志以爲州之主山也宏治間官軍討鷓鴣啼龍吟洞諸叛黎賊多匿於壇口村六連山麓官軍遇伏敗績

湳陵山在州西南二十里南有大溪流繞岡阜又劒門嶺在州西南十里勢如劒鋒卓然對峙又東山嶺在州東七里志云州東北百里濱海又有金牛嶺

金仙水在州北二里源出黎母山至城北瀦爲潭繞流經東山嶺轉北入小海港達於海又大溪水在州南十里源亦發黎母山繞流經此下流入海又南陵水在州

西南二里都豐水在州西南三十里其下流俱匯大溪入海

小海港在州東北二十里港口有二小石山南北對峙如門海舶往來取道於此

蓮頭鎮在州東三十里有巡司

蒲萼營在州西北最爲襟要又南頭營在州西其相近有黄坎等村黎爲患特設官兵戍守志云州北有沙牛壩營兒樂會縣又有馭北營在州西南馭南營在州東南其相近有南港蓮塘蓮岐大塘新塘諸港澳俱海寇出沒處設兵瞭守宋志州境有買扶諸峝黎舊嘗梗化端平初效順今州境村峝凡九十有二

岐峒在州西北岐人所居岐人又在生黎之外亦有生熟二種居五指山中歷代不賓黎人懼之隋志所謂奄也永樂三年嘗設土官統之尋革宏治中始爲寇正德七年官軍討之不克嘉靖以來嘗爲寇暴黃佐曰黎外有岐黎所懼者岐也生岐疆界由瓊抵崖不過三百餘里自儋達萬不過二百餘程候彼三八月飢荒分兵四面開示信義彼必聽從乘此開路可立衙門岐既從而黎伏矣

多陳驛在州東五十里輿程記州城北有萬全驛又東北四十里爲多陳驛又北四十五里接會同縣界之溫泉驛

陵水縣州南六十里西至崖州二百九十里

獨秀山在縣西南一里又小五指山在縣西南百里生黎洞中與崖州接界脈接黎母山挺立數峯黎人環居其下有溫郎嶺鄉二峝外險而內坦明科臣鄭廷鵠言溫郎嶺鄉實萬州臨水之衝大軍攻黎賊必合二峝以擾我陵水當分奇兵出此使二峝賊自救不暇然後大兵直擣匪賊巢穴黨渙勢分可以得志是也

博吉山在縣東二十里下有博吉水又聲山在縣東八十里又加枕山在縣西境宏治間黎亭峝黎陳那洋等作亂官軍討之自加枕山進至大播山賊平

多雲嶺在縣南十里雙女嶼在縣東百里大海中去岸半日周圍數十里上有淡水海舶多就汲焉

大河水在縣東二里源出五指山繞流經此有古博渡南流至縣南十五里與海潮會曰水口凡遠近羣川悉由此入海

陵栫水在縣東北十五里又有都龍水在縣西南二十里東入大河水

牛嶺鎮在縣北二十里有巡司通志司在萬州臨水間爲海灣平陽之地多盜賊爲腹心患司南有地名南峝議建鎮南營於此司北有地名楊梅議建馭北營於此庶官民往來可期無患云

絡繹營在縣西北向設官兵防桃油信脈山澗打繞朝

纏凡遐等村黎又有鴨塘營防壽山蘆嶺諸黎最險要又合水營在縣西其相近有白水回峯番秋若那龍等村黎爲患特設官兵戍守志云縣境村峝凡三十處又縣東南有水口黎庵等港門海寇易入皆撥兵戍守

崖州在府南一千四百一十里南至海岸四十里西北至儋州五百八十里東北至萬州三百六十里州山林環遶黎獠錯雜屹峙海濱最爲艱遠嶺表之絕徼滇南之奧區也

南山在州南十里壁立枕海爲州屏障又南十里曰釣臺山中有試劍峯又有巖曰大伺天巖前瞰大海後環曲港峭壁在南小洞附北巖之西北復有一巖曰小洞

天巖志云小洞天在州西南十里海濱
澄島山在縣西南十五里孤峭枕海又州東南十五里
有石板山旁有横石平如砥周圍數里
迴風嶺在州東北百二十里以颶風不過此嶺而名又
入横嶺在州西十里嶺高峻下有路北入黎界志云州
北十里有報福嶺又州北三里爲馬鞍山五里爲豺狼
嶺
落筆峝在州東百里石壁峭立上有石門中有二石形
如懸筆其東復有石峝外窄內寬中有井源與海通
海在州西五十里有龍棲灣海水灣旋二里又州南亦
濱海海槎餘錄海面七百里外有石塘北之海水特高

入九丈其南波流甚急海槎必遠避而行舟入迴瀾中
罕得脫者又有鬼哭灘舟行至此必以米飯擲之而後
過宋天禧二年占城使言國人詣廣州或風漂船至石
塘卽累歲不達石塘在崖州海面七百里
大河水在州城北源出五指山東流轉西遶州南宋知
軍事毛奎塞爲平地導流經城北三里分南北流以入
於海今名爲三汊河又臨川水在州東百三十里源亦
出黎母山分兩派前後夾流南入海
木飲川在州境酉陽雜俎失崖有一島民居甚衆而地
無井海邊有巨石數十丈如屋
藤橋鎮在州東二百二十里有巡司又州西八十里樂

羅邨有抱歲　又通遠巡司志云在州北黄流村郎
鳳嶺下
羅活寨在州東北其地膏腴黎賊嘗據此曰羅活峝議
者謂當由羅活峝斬開路以達安定使道路四達以攝
奸萌志云州境村峝凡九十有二其最強者曰羅活曰
抱宥曰多澗曰千家而千家尤路邇官道爲諸黎門戶
義寧驛在州城西北七十里志云在州城外自會城至
此凡二千五百五十里東去陵水縣陸路三百里輿程
記云由感恩縣縣門驛八十里至甘泉驛又南八十里
至義寧驛東行六十里爲德化驛又東百里爲潮源驛
感恩縣州西北三百二十里北至儋州昌化縣七十里廢

鎮在縣東北七十里
感勞山在縣北十里山之陰感恩水出焉
息風山在縣東南五十里中有巨穴深不可測海上颶
風作黎人禱之則止
小黎母山在縣東百五十里脈接黎母山至此危峯特
聳崖石崎嶇人迹罕至羣黎環居其下元時討叛黎常
駐軍於此又黎虞山在縣東五十里
抱透巖在縣東北五十里巖在山巔口僅二尺許內闊
如巨室黎人常藏穀帛於此又魚鱗洲洞在州北七十
里海濱特起一峯上有石洞重疊狀如魚鱗
海在縣西南四十里有石排港巨石排列海濱灣環里

許可泊舟祝穆曰江浙之潮皆有定候欽廉之潮則朔望大潮謂之汛水餘日之潮謂之小水瓊海之潮半月東流半月西流潮之大小係長短星不係月之盈虧也南龍江在縣東北五里源出黎母山流經此感恩水流入焉又遶流經縣治而西會潮成港入海又延澄江在縣東北四十里源亦出黎母山流經此有透道嶺江遶其下又西南流會潮成港一名白沙港

延德鎮在縣東南八十里有巡司又縣門堡在縣南志云縣有南港嶺頭白沙南北溝諸處向皆設官兵防諸黎賊縣境村峝盡四十有一也又黎港在縣西北縣南又有抱駕港白沙灣皆濱海水深寇船易入置兵哨守

海南衛在府治西

清瀾守禦千戶所在文昌縣東南三十里西北去衛治一百九十里城周五里又昌化守禦千戶所在昌化縣北十里東北去衛治六百六十里城周三里有奇又南山守禦千戶所在陵水縣西南去衛五百六十里築城於馬鞍山之北環城有池周不及二里已上諸所俱隸南海衛

防海輯要卷七

江南

職方考鏡曰蘇松爲畿輔望郡瀕於大海自吳淞江口以南黃浦以東海壖數百里一望平坦皆賊徑過往故不禦之於大海致倭深入二府一州九縣之地無不摧殘其禍慘矣今建議松江之有海塘而無海口者則自上海之川沙南匯華亭之青邨柘林乃賊所據爲巢空各設陸兵把總屯守之而金山界於柘林乍浦之間尤爲浙直要衝特設總兵以統領又添游兵把總專駐金山往來巡哨所以北衛松江而西援乍浦也至於蘇州之沿海多港口者則自嘉定之吳淞所太倉之劉家河常熟之福山港凡賊舟

可入者各設本兵把總堵截之而崇明孤懸海中尤爲賊所必經之處特設參將以爲領袖又添游兵把總二員分駐竹箔營前二沙往來會哨所以巡視海洋而警報港口也內外夾持水陸兼備上可以禦賊於外洋不但巡哨而相守亦既精且密矣但調募客兵不如練土著之兵可驅習而有常官造戰船不如雇民造之私船反堅久而省費是在當事者酌行之而已

海防志曰青村南川達於寶山延袤二百五十餘里一望平陸隨處可登其川窪沙水深丈餘翁家港雖淺然潮漲即可登岸二港最深危各該汛地來往設兵巡哨第恐風雨晦明之時營兵各歸汛地而二處港口萬一有警誤事

非輕舊規南匯撥兵五十名委官一員帶領專守川沙窪青邨撥五十名委官一員帶領專守翁家港俱聽委官約東各官聽該總約束遇警馳報各路官兵合勦每年春汛依期選撥汛畢歇班

李家港孤懸海口東至寶山六里東北至吳淞所一十二里此口間隔在寶山吳淞之中兩難交顧賊若乘潮突入不移時即抵上海城下豈可不預爲之地近議大汛時吳淞所撥兵一支哨守如遇有警聽總鎮提兵勦截而寶山兵亦星馳夾擊庶幾得策矣

翁家港離羊山僅隔一水之遙島夾望港門爲便昔年倭從此登岸故議兵防守今海沙泛積人呼爲涯觜盈稱險

地募浙兵五十名委官一員統練守之

川沙當羊山一帶水勢灤洄昔年倭從此登據川沙爲巢萬歷十九年又倭艘特犯議復窪兵一百委官一員統練守之

清窪深闊內可泊船連年海盜於此登劫應如昔年特造南北厰川沙寶山撥兵上海嘉定出餉以守之

李洪萬歷中海潮衝成大口吳淞之險移於是也題設沙船五十隻未幾改調別用

海防之策有二曰禦海洋曰固海岸何謂禦海洋會哨陳錢分哨馬蹟大衢羊山遏賊要衝是也何謂固海岸修復備倭舊制循塘拒守不容登泊是也總督胡宗憲云海防之制謂之海防必宜防之於海斷乎以禦寇羊山爲上策其言是也蓋蘇松事體與福浙不同夫倭船之來必由下八山分艘若東南風猛則向馬蹟西南行過韭山以犯閩粵若正東風猛則向大衢西行過烏沙門以犯浙江若東北風猛則向殿前羊山過淡水門以犯蘇松羊山在金山之東大七小七之外吳淞江順帆不過一潮而已其爲賊之要衝雖與馬蹟大衢相若而淡水門捕黃魚一節乃天設此以爲蘇松屏翰豈可謂遠山爲備禦之難而以羊山與馬蹟大衢例論哉蓋淡水門者產黃魚之淵藪每歲孟夏潮大勢急則推魚至塗漁船於此時出洋撈取計寧台溫大小船以萬計蘇松沙船以數百計小滿前後凡三度

浹旬之間獲利不知幾萬金故海中常防劫奪漁船必自募久慣出海之人以格鬭則勇敢以器械則鋒利以風濤則便捷其時適當春天之時其地則又倭犯蘇松必經之處賊至羊山見遍海皆船而其來舟星散而行以漸而至勢孤氣奪必遠而他之敢復近岸乎不募兵而兵強不費糧而糧足不俟查督而自毋躲閃之弊大利存焉此在他處皆無而惟蘇松洋有之豈非天生自然之利也哉或問約束之法柰何曰遡來漁船出洋輔以兵船相須而行協力而戰取甘結給旗票謹盤詰驗出入船回之日當道委官抽稅以助軍餉此法必不可行也何也漁船專欲覓利兵船專司擊賊其志不侔其力不協況所稅能幾何而欲

分其所有也哉莫若兵船專於把港匆用出洋但令願捕魚者籍名於官立首領編旗甲保以耆民示以盟約如殺賊而有功也照例陞賞永許釆捕若縱賊近岸則一體坐罪永不許其出洋凡漁利與所獲賊資悉以畀之如此則漁人皆以禦倭爲己責感恩畏罪捨死直前豈不愈於專督兵船耶然吾郡所設松江海防又與蘇州不同松江有海塘而無海港其設備也以水兵爲主蘇州有海港而無海塘其設備也以陸兵爲主何謂有海塘而無海港蓋松江之海起於獨山而迄於小湯窪迢迢二百四十八里皆有護塘爲之限隔高厚如城別無港汊可以通海護塘之內相夾皆有水也在內者謂之運鹽河又謂之横港在外

者謂之塹濠又謂之護塘溝昔人所以築此塘者爲捍鹽潮恐其害苗也明初用爲金湯以備倭患設衛所墩堡於塹濠之外倭至則捍禦於海岸灘塗不容登泊萬一不支則逾塹而守倭進不得攻退無所掠護塘之功用豈小小哉邇年塹濠多湮護塘海岸合爲一片寇至即護於護塘而運鹽河之內水田狹爪難於屯禦爲今之計必須浚治塹塘不復衛所墩堡之法選陸兵委知兵參將精練於平時遇汎則分布信地協守互撥無容登岸則松江海防庶幾其無悞乎

禦海洋之說有言當泊舟於外洋山島分乍浦之船以守海上羊山蘇州之船以守馬蹟定海之船以守大衢則三山品峙哨守連聯可扼來寇者總督胡宗憲也有言文臣不下海則將領畏避潮險不肯出洋合無春汎時令蘇松兵備暫住崇明寧紹兵備暫住舟山而總兵官常居海中嚴督會哨者中丞唐順之也有言聚船於馬蹟山以爲諸路水軍老營仍於羊山設水營以扼賊入乍浦川沙窪由吳淞江口入蘇松之路於大衢山設水營以遏賊入寧波温台之路專設海上總兵特造出海大艦如古拏飛艦飛虎艦戈船樓船將軍之制仍大申出洋之令修復大風風尖八槳等船以便行使者尚書馬坤是也有言守海者必先設險於險之外守之所謂海戰之重兵必治戰船備火攻而謹斥堠迎賊於沿海之上賊未泊岸則爲夾水而陣

以遮擊之賊既登岸則當隨其賊艘所泊之處而直擣之是謂海上格鬬之兵副使茅坤也但海中無風之時絕少一有風色即白日陰霾颶風時作全軍往往覆沒雖以元世祖之威伯顔之勇艨衝千里皆爲魚鼈則海戰亦未易言也故鄭若曾云哨賊於遠洋而不常厥居擊賊於近洋而勿使近岸兩言頗爲知要

海中以風潮爲主水操之法欲進則進欲退則退欲轉折則轉折回翔如飛横風鬬風皆能調戧者惟沙船也其次則倉艙之類帆櫓兼用亦可操演若廣船福船皆不設櫓所恃者帆耳其船重大順風而往逆船即不可回乘潮而往逆船即不可回進退轉折皆非所便也將欲操之於內

港歟則又港形甚狹潮勢甚迅舟船操者甚多大船順風其迅如矢向前衝擊船遇卽碎故斷斷不可行惟募舵工得人奪上風施火器或迎而牵或尾而追或合而圍或横而衝總副參游注意遴選賞罰則可耳

松郡稱水鄉邊則大海腹則泖浦尤不可不習水操然古今論操法戰法皆詳於陸地而畧於海海以風潮為主分合進退難也勝之之法惟有鬭船力不鬭人力如遇賊舟之小者則以吾大舟犂而沉之遇賊舟之大者則使調戧奪上風用火器以攻之當前衝敵者一舟之人皆賞觀望不應援者一舟之人皆戮其賞其戮尤以督哨之人與舵工為重每船必設舵二副以備不虞每舵工必設二三人

以防損失此戰之之法也其在平日置船於陸地上集水兵演而教之兵械火器如何而設施金鼓旗幟如何而照會前後左右如何而列哨飢飽勞役如何而更代晝夜風雨如何而防守山島沙積如何而收泊號令約束如何而轉報習之於平陸操之於江海此操之之術也奚秋蟾云海中有風時多無風時少舟易散而難聚且逐潮勢而行若風猛潮平則以風為主潮湧風微則以潮為主風潮皆逆則回船向後而後行風潮順則一瀉千里每日所行程途之數與東西南朔方向皆不可料敵船亦然故吾行若干里敵亦行若干里愈追愈遠愈求戰而愈不得況兵船分行大海渺茫有與我相望而見者有不可望見者昏黑之夜起火為號則隱隱見之然亦不能辨其為賊船與我兵船也有時遇賊欲戰而吾同哨離遠則勢孤有時隣哨相近賊舟又遠難於攻擊有時我兵遇合敵舟亦近可以戰矣而風或大作舟在浪槽中低昂起伏方欲仰而攻敵瞬眼之間吾舟或擡高一二丈敵舟反在下矣船出浪槽之時船首向天落槽時船尾向天兵士竚立且難況戰乎亦有風不甚猛而怒濤為虐兩舟相擊卽碎亦不敢戰惟是舵工巧妙能占上風撞碎賊舟或乘風火攻或揚灰沙以迷賊目方能得勝勢所患者一舟衝前而餘舟不至一哨接戰而餘哨不援方其戰時或兵四散遠望旌旗而招之弗顧也張號火以呼之弗聽也戰敗則去不援戰勝則

聚而分功及責之則托諸風帆不便今又皆傳海戰利用火箭與石砲弓弩殆非也火箭惟微風可用若無風則帆不可焚風急則火亦反熄皆無益也石砲弓弩因舟蕩漾故發去無準皆虛擲於浪中槍鈀亦無用惟鏢槍鉤槍撓鉤三件舟在上風者以撓鉤鉤住下風之舟以鉤槍鉤住賊人之足以鏢槍鏢射賊人之身胥為有用之器

武經總要曰凡水戰以船艦大小為等勝人多少皆以米為准一人不過重米二石帆檣輕便為上以金鼓旗幡為進退之節其戰則有樓船鬭艦走舸海鶻其潛襲則有艨艟游舸其器則有拍竿乘上風順流以擊之諸軍視大將之旗旗前亞聞鼓進則旗之聞金則止旗偃則還若先鋒

遊奕等船爲賊所圍以須外援則視大將赤旗向賊點則進每點一船進旗亞不舉則戰船徐退旗向內點每點一船退則張㦸兵列於浦海虛旌旗檣帆以惑之此其大略也

遊艇無女檣船上槳牀左右隨艇子大小長短四尺一椿計會進止回軍轉陣其疾如風虞候用之夫拍竿者施於大船之上每艦作五層樓高百尺置六拍竿並高五十尺戰士入百人旗幟加於上每迎戰敵船若偪則發拍竿當者船舫俱碎

艨艟以生牛革蒙戰船左右開製櫂穴矢石不能敗前後左右有弩窗矛穴敵近則施放不用大船務在疾速乘人

之不備

樓船船上建樓三重列女牆戰闘樹幡幟開弩窗矛穴外以毡革禦火炮製礌石鐵汁狀如山壘其長者可以奔車馳馬若遇暴風則人力不能制不甚便於用然施之水軍不可不以張形勢

走舸船舷上列女牆櫂夫多戰卒皆用勇力精銳者充之往返如飛鷗乘人所不及金鼓旗旌在上

闘艦以舷上列女牆可蔽半身牆下開櫂孔船內五尺又建柵爲女牆齊柵上又建女牆重列戰士上無覆蔽前後左右樹牙旗金鼓

海鶻船形頭低尾高前大後小如鶻之形舷上左右置浮板形如鶻翼翅肋其船雖風濤怒漲可無傾側覆背左右以生牛皮爲城牙旗金鼓如常法　已上俱古制

福船高大如樓可容百人其底小其上闊皆護板護以茅竹翼立女垣其帆桅二其中爲四層最下層不可居惟實土石以防輕颺之患第二層爲兵士寢息之所地櫃隱之須從上躡梯而下第三層左右各設水門置水櫃乃揚帆炊爨之處也其後前各設木杙繫以椶纜下碇起碇皆於此層用力最上一層如露臺須從第三層俯瞰而發賊又難於仰攻誠海戰之利也

廣船穴梯而上兩旁板翼如欄人倚之以攻敵矢石火砲皆備廣船視福船尤大其堅緻亦遠過之蓋廣船以鐵力

木造福船不過松杉之類而已二船在水若相衝擊福船即碎不能當鐵力之堅也故倭船亦畏之但廣船難調不如福船爲便易廣船若壞須用鐵力木修理難乎其繼且其制下窄上寬狀如兩翼在裏海則穩在外洋則動摇此廣船之利獘也

黃魚船非以禦寇也每年四月出洋時各郡魚船大小以萬計人力則整肅器械則犀利唐公順之捧勅視師約軍門每府魚船若干配以兵船若干相須而行協力而戰取甘結給旗票謹盤詰驗出入船回之日該府差官收稅於軍餉大有助焉黃魚出處惟淡水門在羊山之西兩山相峙如門故曰門羊山在金山東南大七小七之外今漁船

出海皆在淞江濴鈌口孟夏取魚時繁盛如巨鎮然亦須候潮潮大勢急則推魚至塗否則無有盞月出潮長月沒潮落月直潮平月斜潮退此利素爲沙船所占夫羊山淡水洋爲倭奴入寇必經之道黄魚出時乃春汛倭至不先不後之期此殆天意有在假手於山沙精悍之人出捍吾邊鄙柔脆之民焉天時地利人力三者兼得亦東吳禦寇之一策也

沙船沙民生長海濱習知水性出入風浪履險若平但此船惟便於北洋而不便於南洋亦僅可以協守各港出哨小洋而不可以出大洋雖能接戰而上無壅蔽火器矢石何以禦之不如鷹船兩頭俱尖不辨首尾進退如飛其旁

皆茅竹板密釘如福船旁板之狀竹間設牕可以出銃箭牕之內倉之外可以隱人盪槳先必用衝敵入賊隊中賊技不能施而後沙船隨後而進短兵相接戰無不勝鷹船沙船乃相須之器也

王在晉賴述云福船之小者爲草撇船今名哨船又爲海滄船今名冬船其再小者爲蒼山船卑隘於廣福船而闊於沙船用之衝敵頗便溫人呼爲蒼山鐵船賊船入裏海我大福海滄不能入必用蒼船追之又可撈取首級近又改蒼山船制爲艟䑸船比蒼船稍大比海蒼較小而無立壁得其中制艟䑸之稍次者爲鐵頭船首尾皆闊帆櫓並用深淺俱便人呼爲鐵頭以其堅而有用也閩人將草撇

蒼船改造鳥船式如草撇兩旁有櫓六枝尾推梢櫓二枝不畏風濤行使便捷往來南北海洋福草蒼艟等船無出其右溫州有槽艚船船不如鳥船之疾速可與沙唬船並駕焉唬船頭尖稍銳倉闊槳多風順揚帆風息盪槳吃水惟止三尺慣走遠洋體式低小雖無衝犁之勢進退殊捷可備追逐之需閩浙以喇唬船兵夫坐向後而掉槳其疾如飛有風豎桅用布帆槳斜向後準作偏桅亦能破浪順便追逐哨探倭號曰飛帆蓋懼之也輪船式如唬船而與唬船並速開浪船式如鳥船而與鳥船差小

兵船之能任重者爲蜈蚣船東南夷用以駕佛狼銃銃重千斤小者亦百五十斤葛稚川曰蜈蚣之氣能逼蛇夷之

制義爲是故歟

設哨船爲溫州捕魚船銷梭船乃魚船之最小者魚船於諸船中制至小材至簡費至約而其用爲至重以之出海洋載三人一人執布帆一人執槍一人執鳥嘴銃布帆輕捷無墊沒之虞易進易退隨波上下敵船瞭望所不及是以近年賴之取勝擒賊者多其力焉

上海縣　海在縣東七十里北起嘉定南抵華亭爲縣所轄淞江與黄浦合流入焉東接諸番惟日本最近宋元間入貢皆由青龍市泊司後漸取於四明貢者不復取道沿海皆淺灘物產不逮閩浙俗號窮海獨鹽利爲饒自淸水灣以南較川沙以北水鹹宜鹽考舊制鹽場近有沙堤壅

嗝其外水味浸淡滷薄難就而煮海之利亦微矣淞江在
縣北橫浦在縣東一名春申浦其源受杭州嘉興之水起
自秀州塘經華亭縣界又迤而東以入南北兩涯之水迨
至西廣福寺折而北趨於縣以入東西兩涯之水稍北舊
名范家港洪武中吳淞江塞潮汐不通永樂元年邑人葉
宗行上書言浚江通海引流直接黃浦闊三十丈遂以浦
名今橫闊二里許又折而東北合於江以達海其兩涯孔
道則置舟以渡
砦　白節砦在常熟縣東北九十里海口天順五年鎮守
都指揮蕭紹宗奏置每春夏蘇州衛分委指揮一員千戶
二員百戶四員領軍士四百餘人至此操練備倭設船四

隻巡哨官軍俱至秋末還衛　劉家港砦今稱水砦在劉
家港海口即婁江也去崑山縣東七十里與嘉定接境河
北岸元立分鎮萬戶府於江北岸至正初又於江北南岸
各立萬戶府共三區明初就萬戶府立巡檢司三每司設
弓兵八名又立烽堠六正統初金山有警侍郎周忱都指
揮翁紹宗議此爲吳地衿喉乃設砦蘇州衛分委指揮一
員千戶二員百戶四員領軍士五百人海船八隻春秋更
番巡哨備倭又開教場操練悉如白節制　青浦砦二在
嘉定縣東南四十五里八都青浦洪武十九年鎮海衛指
揮朱永建堡城高一丈六尺廣二丈五尺周圍一百八十
步鎮海衛分委指揮一員千戶二員百戶四員領軍士四

百人守備一與前堡對峙洪武三十年太倉衛指揮劉源
太建今太倉衛發官軍守備如前正統初翁紹宗遣太倉
官軍守崇明遂委鎮海衛官軍兼管
營　水營在崇明沿海本處千戶所委千百戶領軍士一
千人管駕船出海巡哨　長沙營在崇明縣東北四十五
里海中爲土堡一內設煙墩一座上爲二鋪戍卒二十名
瞭望分委千戶一員百戶二員軍士二百人駐劄守備
明威坊營在崇明縣治西明威坊內太倉衛分委指揮一
員千戶二員百戶四員領軍士四百人駕備倭船十隻守
備又小船十馬八十四正統八年翁紹宗奏置
墩臺有二百三十四縣巡司者各係其下　崇明縣沿海共七十一

處環東南北海岸每處相距二里築土壘高五丈周圍二
十丈上建屋一門軍士五人葦五束晝夜守望正統初翁
紹宗設　煙墩在崇明縣其制大畧同前周圍四十丈沿
海八座　上港　南海　會姚港　張家港　下界　泙
港　大套　青潭港
西沙十座　下椿港　東滑　鍾家窳　出水套　蝦港
水竇港　南大港　陳八港　沈婆港　潭子港
巡司　吳塔巡司在齊門外蠡口舊在吳塔移此管閶門下塘山
塘並婁齊二門外　陳墓巡司在陳湖東管葑門外獨桑墅大姚至用直浦以上屬長洲
縣　木瀆巡司在縣西二十七里木瀆鎮管閶胥盤三門外木瀆橫塘新
郭三鎮　橫金巡司在縣西南四十二里橫金村管二都三都並沿太

湖地　角頭巡司在縣西南八十五里洞庭西山上（管洞庭西山）
東山巡檢司在洞庭東山成化中巡撫王恕奏置（管洞庭東山）
石浦巡司在縣東南四十里沺川鄉七保石浦鎮宋祥符
中置洪武十二年巡司舒秀始建景泰二年移立千墩浦
口煙墩十一座　石浦口　夏駕口　陸港口　棠棃涇
新塘口　張浦口　勾婆舍　大莒港口　潭港口　諸
天浦口　千墩浦　巴城巡司在縣西十五里朱塘鄉三
堡高墟村洪武三年置今徙置眞儀村煙墩十二座　狀
元涇　綽墩　員村　眞儀　臭云　景村　黃港　李
長墳　新村　嚴家橋　余港村　徐公橋（以上昆山）　白茆
巡司在縣東北十九里抵海洪武初立煙墩十一座　白

茆港口　新河　北港　金涇　唐浦　舊衙前　雙洪
義塘　長毫　芝塘　河仝　黃泗浦巡司在縣西北八
十里抵揚子江煙墩九座　顧沙港　黃泗浦港　西洋
拘　新莊港　奚浦港　西洋浦　黃港　小陳河　黃
泗浦港東　福山巡司在縣北四十里南抵揚子江北抵
海煙墩十座　墅橋　新娟　陳陳浦　福山港口　頂
山　龍王廟　曹轎廟　曲塘　與福　與塘涇　許浦
港巡司在縣東北七十里北抵揚子江東抵海煙墩十五
座　青墩　大宏　姚后　耿涇　九里　上墅　陶舍
丁涇塘　雙廟　四叉　低壩　徐港　十里程　勝法
海洋塘（以上常熟縣）　長橋巡司在縣東二里松陵驛東（管三都據）

西二十三都二十五都　簡松巡司在縣東南十五里充浦（管一都二都四
都十九都）　震澤巡司在縣東南八十五里震澤鎮（管九都十都十二都
十三都）　平望巡司在縣東南四十五里平望鎮（管十八都二十都二
十一都二十二都二十四都）　汾湖巡司在縣東北四十五里蘆墟村（管二
十八都二十九都）　同里巡司在縣東北十五里同里鎮（管二十六
都二十七都）　爛溪巡司在縣東南九十里嚴墓鎮（管十四都十五都十
六都十七都以上吳江縣）　顧村巡司在縣東三十里煙墩四座　月
浦　爛倉　顧涇溝　五岳塘　吳塘巡司在縣西南三
十里煙墩九座　青岡　黃泥涇　外岡　城西　石門
岡　馬陸　馮家橋　黃渡　沙岡　江灣巡司在縣東
六十里煙墩一十七座　沙浦　湯字圩　呂字圩　生

字圩　南翔　周家浜裏　周家浜外　衣有字圩　致
字圩　東潛字圩　中潛西圩　西潛字圩　大場　湖
陸灣　江灣　五聖廟　秦家店（以上嘉定縣）　茜涇巡司在
縣東北四十五里湖川鄉即宋楊林砦吳元年改煙墩五
座　七浦塘　花浦口　謝家口　楊林塘　大敎口
唐萬涇港口巡司在州東北五十四里新安鄉洪武七年
設成化中遷置東花浦口煙墩十二座　日字圩　向字
圩　露字圩　新塘　職字圩　坌字圩　風塘　上社
寒字圩　同字圩　吳字圩　李字圩　劉家港巡司在
州東七十里煙墩六座　楊家橋　薛市門　小錢門
二十三都　二十五都　二十六都　甘草巡司在州東

七十里東抵海煙墩四座　黃浜　唐茜涇　錢涇　陸
鳴涇（以上太倉州）　西沙巡司在縣西八十里煙墩十三座
南沙　薛家港　第五港　第八港　第九港　界溝港
水洪港　道堂港　秦子中港　秦墳港　川洪港　石
家港　第三小洞枚三沙巡司在縣北五十里煙墩七座
長敵　徐公港　清水港　北新河　新港　北白滑
沛漠（以上崇明）
信地　水營中哨專守劉河海口稽察海船出入左哨派
守川港防海南至施翹港一里北至牛角尖十五里東至
大海右哨派守七了港防海南至劉河三十里　陸營前
後二哨常日本營操練有警聽調前哨分守六公壩東至

海日五里西至本壩地十里北至甘草司界十二里南至
茜涇界十八里後哨分守牛角尖東至海口五十里西至
海口六家行五里南至川沙港三里北至劉河十里　海
在長洲縣城東七十里自劉家港南環七鴉浦北百餘里
東至崇明縣二百八十里水面兩岸距四十里
石湖亦吳城西南諸水之委瀦以太湖猶一勺耳何以圖
爲豈翠巘長虹陸行水汎足誇勝概乎當此四郊多壘所
在綢繆石湖密邇城闉其南北東西港水縱橫四出又與
吳江長洲錯壤交轄險猶足恃嘉靖甲寅乙卯之歲倭舶
率由此進退幸吳江令楊公芷帥鄉貢士周大章諸生吳
詰督水師拒戰鮎魚口生俘馘獻大挫賊鋒吳江尙傳述

梗概而吳境泯其迹矣可歎也時吳令曺公世曜捧檄守
禦城西往來於楓橋木瀆之間不遑兼顧楊公一心報國
不辭越境奮力迎鬬至今談之凛凛有生氣予故圖石湖
撰說畧記其事始知石湖亦吳邑之要害邇藉督撫設營
分哨練精勇飛艇如珠卽有盜寇不敢陸來然叨司上不
可不留意於此湖也
嘉定縣　海在縣東四十五里北至黃姚港南抵上海界
環縣境凡八十餘里海水鹹鹵而此地不異江湖有灌溉
之利蓋南則黃浦吳淞江北則劉家河又北則大江注焉
半天下之水皆泂沿洑潑滌蕩於數百里之內故與南北
獨異夫治水者注之海則事畢矣然沿海之人歲至夏秋

之間不幸遇颶風霪雨挾潮而上漂没人民廬舍倏忽皆
盡故至其時莫不惴惴然如虞寇至胥湖州刺史虞潭築
壘於沿海一帶以遏潮衝明洪武三十年老人朱六安具
奏海患工部遣官修築北接崑山南跨劉河長一千八百
一十丈高一丈基廣五丈面廣三丈永樂二年水宮何傳
督工加築高倍於前成化八年僉事吳瑞知縣白思明於
寶山北舊壘之外又築新壘嘉靖二十三年知縣張重文
又加築其南直抵上海草蕩惟吳淞所迤北舊壘坍没未
修今數十年來物力漸詘有司以工役爲諱顧不念昔人
經營豈其謂此爲可已之役哉創與修勞逸難易不啻牛
猶然莫之省則且終乞靈於海若耶

劉家河卽古婁江在縣北二十四里發源於震澤從吳縣鮎魚口經郡城之婁門東貫崑山又東至太倉環州城而南與縣合界又東三十里入於海

兵防考嘉定在江海之閒天下有事非必爭之地往者江淮以南閩粵以北暴骨蔽野而兵燹不及焉然東晉時劉徵浮海入婁孫恩出沒海上袁崧築滬瀆壘宋南渡都臨安完顏亮欲從海道窺兩浙嘉定遂爲重地及李全作亂亦虞其豕突吳淞蓋中原板蕩則不爲用武之地海寇惡陵輒爲禍先故宋元之末終不被兵惟張氏之敗上海人錢鶴皐欲以螳螂之斧一當太阿誘邑狂子弟蓋有死於外者及明師入城市不易肆老少倚門而觀之是後瀕海

奸民弄兵萑葦然均蝦鰱之醜倏而糜爛矣迨倭夷內閧禍首發於嘉定數年之內肝腦塗鋒刃脂髓充供億閭閻蕭然累世休養生息之澤盡矣夫金城湯池熊虎守之無食不可以久處縣不產米仰食四方夏麥方熟秋禾既登商人載米而來者舳艫相啣也中人之家朝炊夕爨負米而入者項背相望倘令金鼓聲震矢石交加城門十日不啟饑人號呼得不自亂乎彼倭之處城陷者數矣大抵攻破者少襲破者多賊常執鄉人而使之偵伺倘執其父母妻子陰令入城何事不可爲夫驅市人於矢石之閒欲勒以兵法未易也雖人情莫不顧其室家而受兵登陴之人多販夫傭客未必有擔石之儲妻子之戀非結之以恩義

之以法未可卒用而士大夫之家亦必時時相與勞苦不惜愛子介弟參於行伍之閒夫如是可以使百姓喜勇而效力此城守者不可不知也賊一船之中驍捷者不過二三人然吾主彼客而不可得用者多嚮導也我衆彼寡而不可得圍者善分襲也因糧於我而不可得饑者吳地不得淸野也臨陣之際狙狡百端雖十人亦戰必分三四人爲奇兵離合前後使人不知所備我衆整而不可亂或以所虜金銀諸物投之戰士不悟自相躪踐因乘其亂而敗之此野戰者不可不知也方事之殷徵兵四方東蘭南丹永順保靖諸蠻夷兵至者無慮數萬人而嘉定民兵常在其閒邑人嚴氏兄弟五人各有膽力每戰爲先登其後數

犯法皆誅死故功名不立後言兵者必言太倉嘉定崇明之沙兵是知嘉定不患無兵而在蓄養兵之財不患無財而在行富民之政然豈非有司之事也哉

戍鎮　倭奴蕞爾之醜數躑躅於波濤閒東南並海州縣時被其毒信國公視沿海形勢凡築五十九城復以魏國公與祖安陸侯吳燦江陰侯吳高江夏侯周德興治兵海上遣都督商嵩楊文劉德出戰此皆元勳宿將國之虎臣謀之數年不克底定又遣南雄侯趙庸招撫魚丁蜑戶及販鹽之徒爲水軍至數萬人蓋倭奴天性狡猾以剽刦爲俗而溟海萬里因風力乘潮候倏忽不可蹤跡所謂來如風雨去如絶絃猶不足以喻之故武備既設時復跳梁警

之勇者驅虎豹戮鯨鯢而不禁畜虱之嚙噬無足怪之者吳淞外控竹箔內捍蘇松非獨爲嘉定蔽也迺者江南置鎮始於嘉靖八年若十九年江海有警常設總兵官駐常熟之福山尋移鎮江已又往來儀徵瓜步事平而罷壬子之變禍始吳淞明年遂入其城蓋兵未甲朽非一朝一夕之故也是時南京給事中項巡請設副總兵於金山制可而邵州湯克寬實領協守之任及處州盧鏜來代猶居縣城後乃移駐吳淞至敘南劉顯再來臨鎮始改協守曰鎮守蓋尊重矣兵興之初湯盧最稱善將是後俞大猷劉顯戚繼光郭成並著威名惟戚公未嘗作鎮則所云水陸之衝南可以援金山之急北可以扼長江之喉故常以熊羆

之士守之耳三十二年添設金山參將分守蘇松增置把總四員以守南匯吳淞劉河京口三十八年始命總兵官專駐吳淞居中調度明年勅凡內地守備衛所俱隸之又改置南洋遊兵都司北洋遊兵都司又設柘林川沙把總蓋以國家重根本之地故師中之命不啻三錫矣夫浙中之定海浙西之乍浦直隸之吳淞若人家有東西戶耳一方失守其禍共之議者莫不言禦倭於海謂之上策竹箔沙者吳淞之屏蔽也其外爲羊山爲陳錢皆倭奴之所從入而南自浙江之界北之大江沿海砂磧皆可登岸邀之初至謂之中策往者國家懲忘戰之害不愛養士之費故吳淞水陸兵精爲天下最垣墉既固堂室自安固其宜也

自是以來當事者不欲以繁徭重役之民厚奉韜戈橐矢之士故艅艎之舟甲冑之夫時有增汰矣夫義烏陸兵之精者也江淮之間鹽徒魚戶水兵之精者也南北皆在千里之內一旦有事置十萬金於軍門則壯士萬人可以立致顧此費安從出哉

鎮臣　用兵之道不知遠近之勢者不可以制敵不知衆寡之用者不可以決勝明初殪方於越殲張於吳其餘孽多亡匿海外說倭奴以爲寇之利當其時竊發東南者多不過數百人烏合獸散視所不備者則得志焉故置守吳淞又守戍清浦（即今寶山所）譬之備穿窬者關嘖之處多爲藩籬而已嘉靖中賊之來者舳艫連雲鋒刃耀日萬室之邑

三軍之重往往嬰城自守乃欲以數百戶逆其至邀其歸不亦難乎蓋吳淞之潰前者之明鑑也自鎮以來屹然遂爲三吳之鎖鑰乃寶山孤懸江海之間守則難固援則難達萬一蹉跌所謂藉寇兵齎盜糧者也語有之五指之更彈不如奮掌之一扶故兵志曰無所不分則無所不寡今智計之士謂宜并於吳淞蓋分則俱弱合則並強自然之勢也且文皇帝遣使異國乃築寶山以識出入之道非所以防盜也設賊欲寇蘇州乃望此山而入當時半淪於海居人以爲天幸夫祖宗之法不得不變者多矣乃者利害之形昭昭不睹胡不熟計哉

汎期　海洋要害莫過陳錢倭船來率以此爲停泊之所

覘伺風候以決所向過此則羊山矣羊山去鎮城猶數千里爲竹箔外蕩春時魚船鱗集無慮萬艘賊舟入其中輙以摽掠乘東南風利經日可達竹箔在崇明之南與大洋高家觜相對賊所必由從此西向則吳淞首禍北向則劉河受敵於此置重兵焉扼之使不得渡而江南可以高枕矣至於寶山尤收泊標識永樂時以海運茫無涯涘築此不準面賊乃望爲指歸守此可以絕其登陸凡備禦哨偵分布宜嚴歲以二月下旬調遣遊兵水營諸軍出守羊山陳錢浦與灘寶馬迹竹箔禪草李家淇馬沙墩等處而把總親於軍中專往來督察遠至落華花腦外洋而陸兵專守寶山沙川餘穗隨宜策應至五月終旬而罷秋防止於內地巡緝鹽盜此汛期之大畧也

知縣楊旦條陳五事其三重水戰曰今日之鎮守藩籬者惟有水戰一節耳今吳淞江劉家河福山港青村南匯等處皆有福船蒼船沙船以爲哨守分布非不密也但海洋空闊不守要害則賊來不能知賊去不能追縱使能追亦已晚矣且賊船之來乘風渡海勢難聯絡飄蕩既久筋力困怠故必於陳錢由丁與馬迹等山會集調理數日方始入寇爲今之計如大樣福船各港共得幾十隻此船惟利於深水大洋爲修其器具堅其蓬纜預給兩月口糧得熟慣忠勇將官一二員率領各船直至陳錢馬迹羊山等處待其避風之港停泊以伺以小巡船十隻四面哨探遇賊船來則擊之此第一層藩籬也但此計雖善而勞險難行人多阻之或云海島中不可泊船是以計雖善而終不行也其次樣蒼船各港共得幾百隻此船極利於乘風巡哨則爲之分爲三班每日一班出哨直至高家觜外如一班三十隻賊如來時則以二十九隻與賊對敵其一隻飛回本港通報進發各船出應此第二層藩籬也其小樣沙船惟利於沿涯淺水則亦分與信地延袤往來巡哨遇賊來時有福船所不盡勦蒼船不盡禦者則沙船共擊之不使上岸此第三層藩籬也沙船又不能禦賊有上岸者始以旱兵勦之此第四層藩籬也如此賊來雖多恐登岸者少矣

其四據險要曰夫浙江與江南地不同而備禦之法亦宜有異卑職生於浙東之瀕海官於江南之隸海其間形勢險阻皆目覩其詳而非按圖遙度者也浙東自溫台延袤至寧紹一帶均有海塘田高海低內河與外海不相同塘外有沙塗少者十餘里多者二三十里畧無港汊可以灣泊賊船若至百姓望見皆收其貲貨挈其妻奴豫先走避賊至爛塗二三十里力已倦怠及至民家而無所得船泊海灘潮退則擱淺遇風則打碎是以浙東之倭患畧少者非兵之强備之善職此故耳若浙西與江南自乍浦青浦南匯以至上海嘉定大倉常熟江陰靖江延袤一帶內河與外海相通一里之內有港三四皆可以停舟避風塘外

無沙塗賊舟倏忽直抵海岸民不及知知不及避擄有所得則因糧於我結爲巢穴官兵攻之則彼據其險我攻其利及其深入則結夥數千勢不克禦是以蔓延而不可遏者也故浙東防禦之法止於定海普陀瀝海三江等處各得數十兵船守之卽可以無事矣若江南沿海一帶乘賊退之時急宜立備如吳淞江劉家河等港極大者已有兵船抵禦其餘港汊如柘林七八潭青水窪等處皆須設法堵之或打樁於港口投以連根大木或泊舟於窪內使我先據其險其海岸上每三十里內擇要害之地屯兵一枝各縣各率其人民各守其封域其勢大不能支者軍民發兵剿之必須初登海岸乘其饑倦勢易爲圖若登岸後卽

難爲力矣此扼險要者誠今日之急務也

揚州兵防　明初以維揚圻郊近郡置淮海翼元帥府命大元帥繆大亨張德林鎮之庚子改淮海翼元帥府爲江南諸處樞密院仍命繆大亨同僉樞密院事乙巳以大都督府經歷陳瓘總制其州軍事自後行樞密院總制官皆罷而揚州高郵儀徵三衛徑屬中軍都督府焉其衛所之制曰揚州衛指揮使司一其屬經歷鎮撫司爲千戶所者五所各統百戶所十鎮撫所一高郵儀徵衛制如揚州於通泰興化鹽城置守禦千戶所者四統吏自鎮撫及千百戶所占諸郡縣犬牙錯處以軍爲民衛而軍有從征有歸附有讁發著籍各衛之中俱以十分爲率八屯種二守城

吏番迭休均勞逸且耕且守蓋仿古屯營法爲固圉策甚具然於時方國珍張士誠甫擒滅其逸賊皆濱海郡人習兵悉航海附倭數引倭寇並海郡縣始出山東淮北轉掠浙閩粵諸郡至遣使招諭彼國不能止於是上命信國公湯和行視師海上備倭籍民四丁調一爲戍兵而如皋掘港始設備倭軍營堡斥堠與通泰所並列矣永樂中左都督劉江大破賊於望海堝倭稍戢然夷終猾獰時時駕舟載方物戎器以來遇防守嚴輒陳方物入貢得宴賜而去復再至亦如之伺無備持戎器出剽掠殺戮亦滿載而去無論得閒不得閒無不得意去者欲沿海所在防倭嚴而揚子江上有九江下至通州海門數千里江南北岸遠者

數十里近亦十餘里中滆諸洲港汊叢雜諸奸俠亡徒竄其中伺閒刦掠商旅船舶往來輒被擄去甚則賊殺公吏不顧在揚州境者黃天蕩孟瀆河其要害也海濱故饒魚鹽其豪不逞者規私販爲厚利張高桅巨船出沒怒濤駭浪中什伯相聚爲越境興販船回則因而刦客或黨羽自相淩暴剽刦於海嶼中有司者莫可如何蓋利之所集而害生若山礦涉海鹽徒所從來矣自永樂遷都北平念南京根本重地於新江設水標軍以萬計而都御史督之自九江以抵蘇松通泰凡地方緩急寇盜鹽徒出沒聽調兵擒捕蓋督臣兼綜江海諸務於事權至重是時衛所軍屯者城守操江備倭諸役令民運糧儲於瓜洲給軍船腳價

爲兌運於是有運糧軍歲一轉輸京師以爲常正統十四年虜犯順又調揚州各衛所軍分春秋兩班更番入戍名京操軍而卒伍疲甚其後軍政日益廢弛丁壯困課求屯田苦兼幷諸隸衛尺籍者逃亡居半其僅存著籍亡慮皆枵腹窶人倚月糧以糊其口又不能以時給即力稍自贍又不能當轉餉更戍（轉餉指今之運糧者更戍指軍之分番京操者）諸無已之役而武弁婪索之日朘月削也雖歲有清勾補撥及屯政倉政諸令甲甚嚴而弊蠹叢生無由詰衛所軍之不可復驅以即戎無論淮以南即天下猶是矣正統中令府州縣招募丁壯爲民兵（或名快手或名餉手）而巡司故有弓兵俱有司率領操練然民壯祇供公門役使分兵所緝里閈鳴吠及負擔輿

販而已正德中劇盜劉六劉七齊彥明寇齊魯聞轉掠河南襄陽所過屠城破邑殺撫臣遂率衆浮江東下泊狼山欲自通泰登岸還山東時總漕尚書張縉督兵扼淮口賊不敢渡乃自通州泝流至九江又下南京往返者三操江兵懼怯無敢近而兵部侍郎陸完調沿邊諸健卒討之尾賊行駐福山隔江而陳僅移檄往來通州城甚危夜半忽海颶大作賊舟覆溺死無算完遣裨將襲其餘黨盡殲之以捷聞遂奏凱獻俘勒碑銘狼山上州人惡焉嘉靖初倭貢使相蜂起爲變蹂寧紹諸郡縣已倭市舶據海洋不去而中國大猾王直毛海峰等以財物役屬倭惡少行海上爲亂壬子破黃巖象山諸邑浙東騷動遂蔓延蘇松閒其

黨徐海者屯松江柘林始分掠江北甲寅犯如皋通州海門時承平久揚俗日漸於紛華上下巽愞偷安沿海備不復設猝聞變皆望風奔潰賊卒不過數百人所至焚燒斬戮荼毒不可道每戰輒赤體提三尺刀舞而前善設伏能以寡擊衆及勞逸客主而用之遠近相傳恐言賊有神不可與戰率甸伏而受戮縣無城守者毒尤慘先是操江臣以倭患急勢不能兼理海防軍務朝議於江南北設二巡撫與提督操江畫地而守揚州三江會口以上操江統之周家橋以下江北撫臣統之而都御史鄭公曉始以巡撫兼海防知府吳桂芳爲言自倭犯並海郡縣有城則守無城則殘破城之爲利明矣如使寇逾廖州而譟北海犯鹽

場而南則如皋弗城爲可虞道南江而西舍舟而北犯口岸則泰興弗城爲可虞風帆西下直抵西市則瓜州弗城爲可虞況海門僻處東偏爲海寇必由之所弗城爲可恃乎撫臣然其議始奏築如皋海門泰興瓜州四城逾年城成稍恃無恐乙卯倭猝薄揚州城民斂避不及被刦殺及溺死者數千人屍斷流焚掠大東門外盡燬鹽堆而去府同知朱袞及高郵衛經歷以率兵禦賊死焉淮南北大震於時衛所軍無所用而各州縣鄉團民兵或時時扼殺倭及嬰城時擊殺之始築東關新城其明年參將王元伯率所部徐充精鋭兵守揚州設伏於鎮杵廠引弱兵轉戰至伏所麾奇兵衝擊倭大破之賊稍戢又劉顯擊破之泗州

而遁明年都御史李公巡撫江北以土兵客兵俱脆弱疏請山西邊兵三千戍如皐明年賊大舉衆分道入遂與海防副使暨諸將伍約曰賊業入海門必入如皐夫江淮根本在鳳泗賊若趨泰興陵窺江都則天長以北震畏亦惟予自督禦咎弗在將瓜儀漕挽津會西北衿吭抑又陪都之屛輔焉賊若壓黃橋奔泰興西擾卽諸重地危海道遊擊任之二路旣抗賊宜御出富安並海岸東馳我振旅淮安出其不意賊成擒矣畫旣定部署諸將令聲援相犄角於是倭入丁堰鎭趨如皐遊擊兵邀擊敗之已又犯海門鎭副使劉景紹率陸兵追勦盡殲之賊果不敢西掠兩淮循富安並海隄東出撫臣夜提師至淮城適所謂青沂曹

邳兵並集賊猝見兵衆盛大愕麾突騎橫搏斬賊首千餘級賊退據廟灣夜乘風竊舟去亡何而江南倭據三沙者一千五百餘輩忽北犯通州參將岳陞戰沒民悼痛甚會副總兵劉顯以禦江南倭寇失利乃渡江赴援請自贖諸將欲拒弗納總臣令予卒助攻顯感奮首礫入賊壘壯士乘之賊潰圍走追攻之白駒場又追及之七竈毛家墩先後俘斬六百餘奪器物無數賊逸竄海堧爲土兵格殺殆盡於是三沙賊並散殄無遺類而江淮靖焉自甲寅以至己未五六年間江北橫罹倭禍未有甚於此時以督撫重臣將佐戮力匡襄而定然負海千里焚蕩蕭然民被殺戮僵尸如積諸將吏士卒捍禦死者不可勝數以僅無陷城

屠邑至今言倭事者猶慄慄云自是沿海並增置營戍設將領通州有副總兵及水營把總掘港有守備大河周橋有把總揚州有參將而儀徵守備及三江口把總瓜州營衛總領操江如故所統兵或招募土著或以義烏東揚習水戰者充之自江達海分信地列戰船嚴會哨所在疆屬棋布而倭以入犯鮮生還懼不窺海者凡三十年其後營兵制復浸壞而土著兵率豪有力者所詭寄以勢要挾將領無敢詰臨關期則僱丁壯習技者虛應或多蓄傭奴居恒爲作百役使並囑免其操戍當散餉則盡括以肥已而什三給之其力能修艌官船及以私船應募者爲耆民捕盜諸水兵皆聽役屬率沒其月餉之半爲治船之費稍違

咈則擅榜掠駈逐之或更爲募補弗以白於主將弗敢問也淅兵性驕悍與土著不相能時時擾閭左細民患之則亡去難控禦蓋自戎政圮而將官非納賄夤緣無由進多者費千餘金勢不得不取之營伍以償供貸（諺云債帥）又歲有賂遺交際諸當道主文賦役有常稗將月廩幾何勢不得不尅取之兵人尅取則懼叢怨則又於隊伍中逃亡者空其十之一藉虛兵糧用度而自哨隊伍長以下轉相仿傚彼此挾怨相制毋敢發其有律已嚴正繩下以法則衆嘷蜂涌爲蜚語以聞廉訪者無何而挂彈劾甚則連名牘具訴衆爲証而互訐之將官或坐褫職或以飛贓抵罪後來者益蓄縮畏懦以營伍爲傳舍苟得利以圖復爲夤緣妄

望桓桓不二心之臣緩急爲國家出死力者乎江海故多劇盜其黠猾者以所掠餘貲厚賂諸哨船輒故縱諸鹽徒亡慮皆其親戚子弟或者捕竄入其中倚兵船爲盜販遇詰責則時緝其盜之被勾誘爲役使者私鹽之勢單弱及弗輸月錢者以邀功爲得厚賞沿江海所在皆然而淮南北其著者矣萬歷二十年倭酋關白專其國山城君不能制遣二將淸正衡長以兵襲朝鮮之釜山據之屬國告急朝廷遣帥督兵征之師少挫遼左戒嚴而倭僞乞封貢爲緩師計比遣使而悖驁益甚於是江南北及浙東西福建俱募兵船赴援議者謂倭不得志於朝鮮必分兵內寇矣天津登萊淮揚將無所不犯於是所在增兵置堡嚴戍守

如異時然營伍兵皆恇怯甚與衛所卒無異幸倭不來來即先亡魄委甲而遁耳知府郭光復乃申防倭十二議曰修城池繕軍器僉門夫嚴保甲復副役（凡里甲壯快等正役外許帶副役一名分工食之半演習操備）補額兵練鄉兵募壯勇復沙船畱糧餉議名實並阻險要諸建議皆奉文舉行而撫按臣復疏請於江中永生洲添水兵遊擊一員統南北水兵數千人以上下應援庶南北彼此之防固疏報可二十五年上復用言官言以總河臣兼漕務而江北專設督撫臣治軍務蓋武備稍振焉會關白倭其時狼狽內顧戰不利遂燔釜山砦柵移輜重而去而東征兵漸撤諸所題畱馬價鹽課備餉銀戶部以帑藏詘乏催征解嚴於星火而新增餉科派民閒

者業有旨停免顧諸營兵枵腹以待東征兵撤回者猝未易散團聚海上慮爲變當事者益難之矣嗚呼時平而養兵兵易集而餉不得繼及時急而募兵餉易益而兵不得精不經挫刃陷城之後未有能先事預防者也善夫盱郡鄧元錫之論兵制也蓋傷之矣（鄧論不爲揚州而發然近事有類故引以示警焉）以爲國家分軍民籍而來民力農養兵兵守城衛民天下久平衛所軍日耗而變劇於衛兵外復取民財購民而爲兵且後天下益多故財耗兵脆衛軍僅名額而機快徒虛尺伍不能有所捍禦每腹裏盜發輒請調漢土狼達兵以已難調且至盜輒去而所調兵狼戾多暴又羈旅怨曠所過騷動寇刼有司不敢詰將領莫能制故諺有盜來討火

軍來飯我之謠而糜費不貲故召外兵以除內寇寇未平而民已大受其禍矣其後又申嚴保甲自相統轄而要害地請選兵結砦立墩召備器械其追胥一專之於民國有事總兵者懼喪師難諱而見短其將領又憚失伍當坐而受誅且營伍久不任調於是諸大盜起領軍不復遣獨遣州郡所發民兵以行即卒潰死得不報也其最後國儲殫乏遇有故則各增兵餉兵銀取之民急召募以應難事稍靖則又各革兵減兵餉兵銀藉之以上供而費出於民者一增而不復減也嗚呼國家養兵二百年此其費安由出出於民者養兵以衛民曾不得一旅一卒之用又益之以機快民壯機快民壯者朋戶醵金而充之者也不足又益

之以保甲於是盡民而爲兵既盡民而爲兵矣乃其初畝儈稅斂以養官兵戶醵金以完民兵者如故曾不一少貸也是爲官兵者既已養之又從而驕之爲民者既稅斂之又驅使爲兵又驅而貸之死也其不失也得哉則知寓兵於農畫地爲守固自然之法地水之象終百世不與易也其議愷切深至然或緩難行爲方今計者夫有能之將有制之兵得數千人焉督撫重臣日置標下而調習之卒有警可調發諸要害地姑仍其舊汰羸弱嚴哨探使不逞知有所攝亦或國家所養兵衛民之意轉弱爲強存乎其人若其守成說以言方畧按地名以求要害者不可以言知兵故無取焉

營砦　標營即軍門中軍營也舊以鳳揚巡撫兼總督漕運駐劄淮安府而中軍大營則以都司領之萬歷二十六年漕運十總開分設巡撫於泰州而中軍營仍留於淮因置標營於泰州又謂之內中軍擇廢閒將領統其眾原設官兵七百員名近增一千餘員名

泰州營即海防道中軍營嘉靖三十三年以倭人寇題各指揮賢能者爲中軍後減至四百九十員名萬歷設海兵備道駐泰州原設官兵一千二百員名擇其精壯二年裁新增三百名二十八年復裁去一百八十名止百餘員名

總兵府在州城　嘉靖三十三年以倭寇故巡撫都御史鄭曉奏設按察副使爲海防道及參將爲分守道海防至三十七年倭益甚乃改參將爲提督狼山等處總兵與海防道相策應統狼山掘港周橋大河守備把總等官舊領設水道營兵八千餘人今裁減

揚州參將府初制揚州有守城坐營指揮一員操習馬步隊正軍其教場在小東門外嘉靖中以倭變增築新城遂改隸城內於教場右置參將府設置參將一人近多以遊擊代署又名遊擊府因操演水陸軍馬以防外寇凡衛所等官皆以軍法節制之原設官兵一千人照舊

儀徵守備府洪武初議者以地當要害大軍甫經空建統帥一秩以臨轄軍衛始增置守備一員於儀徵初以都督

自後或以都指揮或署都指揮咸受勅諭宣德中嘗裁之成化初復置寄寓於天寧禪寺宏治初始以馬廠改設守備署焉守備一人於浙江都司列銜舊額官捕者兵共六百六十八員名

三江會口把總司嘉靖四十二年南京兵科給事中范宗吳題議上自九江下至江南圖山江北三江會口每年防春調取各府州縣健勇二千餘名征銀僱募水兵防守至四十三年兵部覆水兵內揀選精壯者四百名分爲二班一班專守江南一班坐委指揮協守江口隆慶三年都御史吳時來題請三江會口兵部議設欽依把總一員統領之額兵七百五員名

瓜州營衛總舊設陸兵與常操民壯各一百七十五名水兵四百八十六名巡江軍舍八十名大小戰船五十餘隻萬歷二十六年議增水軍三百名沙船十隻選指揮一員統領兵爲三大哨一駐沙河港一駐花園港一駐馬頭爲犄角應援之勢其昔年所謂腳斛二行驍勇則前已一切罷去令其納銀以充兵餉近改儀徵守備爲瓜儀守備督率操防

周家橋把總在泰興周家橋原因兌糧於此每年撥泰州兵快一百名與彼處兵民一百名防守後因倭變籌海圖編云泰興周家橋乃沿海衝要之區據守所當先須添設把總堵截海寇遂設把總一員領兵三百復增百餘又添

艒兵船四十餘隻

掘港守備在掘港場東迤海洋五十里爲倭寇首登要地舊惟揚州衛遣指揮千戶防禦嘉靖三十四年倭夷大舉巡撫都御史鄭曉奏易札總三十八年巡撫都御史李遂復奏易守備統東西二營

大河營把總司在海門縣境內初無城堡倭難後巡鹽御史崔棟題准遂築止場及蘆便倉二堡東西相望俗名東西場東場堡內嘉靖中設大河把總官一員領兵千人鎮守萬歷中裁減狼山把總司一駐劄通州舊設於嘉靖中副總兵中軍所統陸兵爲陸營而守備則專管水砦操演水兵之事永生洲遊兵把總萬歷二十五年因倭警及江

海寇盜出沒知府李光復議以永生洲中據大河置遊兵把總統船兵一萬人南北應援都御史褚公鐵題准以江南北各兵五百名餉亦均出近復題革鎮江參將并爲永生州參將

郡東南新城基磽易摧西北阜高於城可俯而瞰識者慮焉通州江海要害雖增築石城然止東西一隅用民勞瘁已甚且慮左腋臃腫忘右腋偏枯非完策也若沿海鹽場及海安諸城舊所剏建今悉隳壞時平則以爲不急之役有事而圖則已晚使前人所殫心畢力以幾得成爲幸者而委諸榛莽砂礫不亦惜乎

掘港營在如皋城界一百三十里距海大洋三十里東南

西三面環海西一路接如皋尤倭寇首犯要地舊設土堡每歲汛期委揚州衛提控指揮一員領軍一千三百名守堡防禦天順間挑選精壯入衛京師止存軍五百五十名嘉靖三十三年倭夷大舉入寇大被蹂躪巡撫鄭曉奏設把總三十八年巡撫李遂奏改守備東西二營召募民兵三千餘名設戰船一百餘隻後經承平漸加減汰尚存水陸官兵六百餘名萬歷十九年倭犯朝鮮沿海增備復召精勇千餘名設戰船六十隻增置馬步軍五百六十有奇事平漸罷水陸營兵四百名沙船八隻戰馬二十二疋所轄信地南至石港北接丁美舍西達如皋東抵大洋土堡一座周圍二百七十五丈五尺

通州

通地近江海自昔無入衛之軍京操之制起自正統己巳之變二百年來頽敝已極日有清勾撥補之制矧地方頻年水患災傷民窮財盡近日有司追徵錢糧京邊之外覩爲緩賦以此軍士月糧鮮爲及期者勉給春班而秋班又至矣夫補軍則本所難堪支糧則全運難給故京操起行不但額數不敷而已班軍枵腹趨役去至中途尋復逃回武臣坐視黜罰近年辦京操者至京師借貸招募壯勇士入補班軍虧欠之數盡額補給赴工比其反也查扣所在月糧賠補官無欠軍之罪而軍無勾攝之擾此或一策也又有司追徵月糧卒難湊辦班軍戒行促迫無給間有借

支別項者頗稱權宜此又一策也今若於五年考選之日擇武臣之賢能方正者爲領操官不使闒茸婾阿輩參於其內每京班赴操仍三令而督責之缺伍之軍隨宜招募回班日聽其查扣月糧補選亦無不可或曰班軍缺伍招募非制也今邊開新軍不奉詔行乎月糧借支非法也今邊糧起解不挪移倉口乎此又調停緩急不可以膠柱爲也審能行之數年則軍士知月糧無虧樂行向往不必淸勾撥補行伍得休養充食操官免降調之苦而國家獲拱衛之益矣且往年京操兩番更代蓋緣江海寧謐故爾自嘉靖甲寅以後倭夷數犯戎伍銷耗至於招募客兵餉費不貲而番戍者止應在京工役本所備伍四寨僅存老稚軍百餘人力何以支乎今日切務莫大於此復舊制以拯時艱當路者宜深長思之嘉靖三十三年以倭故設巡撫都御史鄭公曉奏設按察副使爲海防道及叅將爲分守通泰海防至三十七年倭益甚乃改叅將爲提督狼山等處副總兵與海防道相策應治通州下統狼山周橋大河口守備把總等官皆欽依

自大河營而東至廖角觜中間如秦家營舊地直對日本揚帆數日可至實江北一大門戶萬歷四十年兵備道熊尙文特立新營設官兵以扼其要與狼山互爲聲援

防海輯要卷八

浙江

杭紹寧海防舊圖有險要十六處一金家嶴係邱家洋地
方要衝嘉靖三十五年倭賊登犯近議每年漁汛之期輪
撥臨觀兵船一隻繫泊蠏渟海洋盤詰奸細一龍山所城
係要衝嘉靖三十四五等年倭賊登犯每年春汛軍門撥
發標兵一總五百四十一員名防守分哨邱家洋等處一
觀海衛係近海險要每年春汛派撥臨山營後總官兵四
哨共四百一十七員名防守分哨平石等處一古窰地方
嘉靖三十三四等年倭賊登犯議設兵船哨守緣沙硬水
淺今改烈港駐泊一勝山係海洋要衝嘉靖三十四年倭

賊入犯議設兵船防守今改駐泊烈港一三山所係近海
險要每年春汛分撥臨山營右總管兵共四百三十一員
名防守分哨勝山等處一臨山衛係要衝嘉靖三十年倭
賊攻陷令畱本營左右後三總各一哨官兵三百五十員
名防守巡哨四門等處一西海黹係邊海險要嘉靖三十
二年賊船登犯春汛派撥臨山營左總官兵二哨共二百
一十四員名防守分哨蟶浦等處一宋家漊係北方要衝
嘉靖三十五年倭賊登犯會設兵船於蟶浦港防守因水
淺沙硬議將前船改泊烈港哨防一三江所係衝要嘉靖
卅五年倭賊突犯攻城敵退春汛撥臨山營左把總官兵
哨共三百員名分哨宋家漊等處一龕山龕子亹衝要

嘉靖三十一年倭賊登犯先會建寨撥兵一百名防守會
哨後裁革一健跳所每逢汛期軍門請發標下官兵百餘
員名分哨沿海一帶一大佛頭洋海係海門關信地合派
哨官一員部領兵船八隻泊守縣南靜寇門東北與濟門
金齒門西北與若固二門各兵船同哨一三門居林門之
南係賊匯處嘉靖二十六年賊船由此登犯官兵追捕今
設哨官一員領兵船二隻看守南與大佛頭北與林門各
哨船會哨一林門居昌司之南外有齒入排門內有南田
土沃田腴先年起造處也嘉靖四十一年番船突犯官兵
捦獲今派把總一員部領兵船十二隻南與三門北與下
灣門各兵船會哨一下灣門當門有礁福蒼船難於出入

雖外有壇頭干𥗽之險亦要衝也今設哨官一員部領兵
船入隻泊守南與林門北與牛欄基各兵船往來會哨

戍海篇

洪武二年倭犯山東淮安明年犯浙東福建其五年寇我
澉浦殺掠民人而長老亦言洪武四年有海民沈保童用
竹筏載倭登犯海寧等縣首被倭患如此洪武五年上郎
家起信國公和相視並海要害築城置衛所統官軍各占
信地戍守其法甚備於是鹽之衛所始建一曰海寧衛指
揮使司在縣城內一曰澉浦守禦千戶所在澉浦鎮一曰
乍浦守禦千戶所在乍浦鎮今析平湖二所隸衛衛隸浙
江都指揮使司以內隸於左軍都督府有烽堠有砦凡五

十有七聯布海崖南屬之海寧所北屬之金山衞居汛月各以軍五百人守之瞭海洋船火報聲息有戰船爲大清爲風尖爲八槳凡七十有二其五百料者以軍百人駕之汛月出海洋巡倭大汛二三四五月小汛九十此五月風多從東北來倭入犯易也三城鼎足稱重其後澉有小警旋就晏寧先臣鄭曉曰洪武末年海中方張諸遺賊壯者老老者死以故沿海郡縣得休息謂此也永樂中益嚴守汛其七年有沈家門遠哨之議沈家門在定海洋外舟山普陀之閒往倭人入貢每泊船於此信國經理時因立水寨防禦至是調衞所戰船協哨益欲聚衆兵一處壯兩浙聲援然此山去浙東爲近去浙西實千里而遙非本衞衞

要必守之地洪熙元年巡撫周翰請撤歸近海地各守信地宣德初行在兵部又以爲言皆未果撤至正統中倭警作頻年寇大嵩寇桃諸且寇我乍浦者再朝廷命侍郎焦公竑巡視海防因漸有釐改焉先是衞五所並在衞署至是以乍浦新中中所軍單弱奏調後所移署乍浦城貼守其北十里梁莊堡地尤衝增拓爲城以指揮一人統官軍戍焉徐泰曰浙西並海之地海鹽爲要而乍浦當西海口可泊往往致寇國朝旣設防禦所正統中倭夷登岸吏兵不能支故復以後所協守至今海口梁莊等砦歲必專官設備監往事也而澉浦所以調湖嚴海寧三所軍遇汛協防添築二所城及縣城南北二瞭望臺弁省烽堠與砦爲三十七所其沈家門戍亦以其時撤回增設騎操馬一百五十四匹傳號塘報在海岸設防

而戰船則減爲小矣哨船二十備乍之西海口不復遠汛申飭洋事稍異開國時矣成宏而後海上久而無事罷三所之戍澉者諸弁寖而文雅諱言兵軍亦服四民籍者多虛尺籍至嘉靖中海船廢盡馬額亦減武備衰耗已極而倭變適大作初明仿宋元遺制市船寧波嘉靖三年因是有宋素卿之鬨旣而革舶司禁番船往來顧不能盡如禁革船近嶼私與內豪市內豪更狡猾漸賒負弗償諸奸商益讎憤起爲賊勾倭人沿海寇犯不休朝廷爲設巡撫及總制大臣兼轄浙直福督勦若朱公紈王公忬張公經李公天寵及胡公宗憲先後來涖師而衞所軍不堪用則募民爲兵用之兵制因大變都督萬表云向來海上漁船出近洋打漁樵柴無敢過泊通番

近因海禁漸弛勾引番船紛紛往來海上各認所主承攬貨船裝載或五十艘或百餘艘成羣合黨分泊各港又各用三板草撇脚船不可勝計在於沿海兼行劫掠亂斯生矣自後日本暹羅諸國無處不到又誘帶日本島倭奴借其強悍以爲護翼徽州許二住雙灣港最稱強被朱都御史遣將官領福兵破其巢穴焚其舟艦擒殺殆半就雙嶼港築截許二逸去王直亦徽州人原在許二部下管拒素有勇畧人多服之乃領其餘黨改住烈港漸次弁殺同賊陳思盼柴德美等遂至富強以所部船多乃令毛海峯宋碧溪徐先亮分領之番船出入闌無盤阻而興販之徒紛錯於蘇杭近地之民有餽時鮮餽酒米獻子女者自破黃巖居郭衢而其志益驕其後四散劫掠各通番之家則不相犯人競趨之杭城歇客之家貪其厚利任其堆貨且爲之打點護送如銅錢用以鑄銃鉛以爲彈硝以爲火藥鐵以製刀槍皮以製甲及布帛絲棉油麻酒米等物無不資送接濟而內地之人無非倭黨矣按鄭曉吾學編日本考言海寇之起由於內豪賒欠其貨因而怨憤劫掠擄萬都督所云又起於自相防衞自相吞弁遂盡變爲盜賊合觀兩說當時寇起之原始矣先時浙江把總四臨指揮卽選衞指揮充之至是分六總攺欽依以都指揮體統行事重其權浙西者

曰海寧把駐乍浦海防類考云兩浙原有考選把總四員分爲定臨觀一總松海昌一總金盤石一總海寧一總嘉靖二十八年分定海臨觀爲二總松海昌固爲二總共六總三十六年以六把總事權不重奏以都指揮體統行事先時設總督備倭都指揮臨各總列衛都司至是以都司權輕設總兵定海節制兩浙別設參將四統領六總浙西者曰分守嘉湖參將駐縣城海防類考云洪武三十年設總督備倭一員都指揮一員於都司統沿海各把總嘉駐定海三員十五年復設總兵官於定海改參將於臨山共四參將分守統樂而定海總兵居中調度節制各參總焉會典云嘉靖三十二年添設杭嘉參將三十四年改爲嘉湖參將三十五年改設專駐海鹽建置年歲較類考尤詳分設參將理浙西至是復增設副使兵備杭嘉湖台其兵之區曰嘉興區用上承督府下鑒本區之總參駐郡城海防類考云巡視海道舊制以侍郎都御使領之洪武三十年後始銜於按察副使嘉靖初年駐省城遇汛巡歷全浙沿海地方三十三年駐台州三十七年改駐寧波仍巡歷沿海至

防海輯要　卷八　浙江防海畧　五

三十二年間以倭變始添設杭嘉紹各兵備而海道所轄止寧紹區矣添設參政事類考不載惟景泰黃志云正統七年倭奴登乍浦初設布政司參政一員專一提督海道因設分司公署又錢薇集云正統中奉設藩參一員駐紮鹽城理海防而陸兵則郡城設五營縣城設二營乍浦二營澉浦一營合十營營各五百餘人遇汛分派沿海循塘扼守汛畢仍守城也水兵郡城亦五營營之人數同陸營平時截守郡城水港遇警分調邀擊而海上募福蒼船七十七艘兵二千餘人立海鹽乍浦澉浦三關三總戍守分撥出哨羊許二山羊山至許山一潮許山至乍浦一潮倭來至陳錢山合艐自陳錢至羊山復占風分艐犯浙直故羊許尤浙西門戶永樂時哨沈家門則已遠正統時撤而泊乍之海岸則已近惟哨羊許於浙西海徑有合耳海防類考各區戰船先年但於衛所食糧旗軍內選駕海寧總計二十隻後損者不修缺者不補嘉

靖三十一年倭變船無可用海寧總政募福蒼等船七十七隻官爲給稅至其他征調客兵如坑兵邳章廣東山東兵狼山兵及橫江馬尾船兵往來以遊擊者不在前所設營哨數坑兵處州銀坑之兵劉大仲嘗統五百名守鹽之屢有戰功後敗沒邳兵參將湯克寬家丁也守城卻敵甚得其力時凡三百餘人漳兵漳州兵參將盧鏜張鐵部下皆有之倭中多漳人戰時兵有與賊通敗事者廣兵三十五年調至守鹽一千二百人山東兵故老言三十四年嘗調至宿賊外掠人索食不減於賊廣西田州土兵亦三十四年調至土婦瓦氏率之過鹽進犄金山賊失利而歸廣東烏尾橫江船較福船尤大三十五年調一百八十艘分撥浙直海洋所在給稅海艦之外又有湖州水兵指揮徐行健統有甲士百人嘗考胡公用兵時故籍歲費嘗六十八萬有奇而嘉興七邑所增田畝額餉凡五萬搜括奇羨餉銀又不下二三萬悉以兌給本區增設兵則兵數之多可知已朱九德倭變事畧云時海田一畝出兵餉銀一分三釐沿海之民膏血幾盡惟時縣境大小戰不知凡

防海輯要　卷八　浙江防海畧　六

幾秒艘新塘兩戰殺指揮三人蒲朝馬呈圖來綵千百戶七人王繼隆江揚錫臣康緩王相呂鳳姚岑孟家堰殺指揮一人全軍並覆指揮李元律與處州千戶薛炯寧波百戶朱應蘭並死於陣所兵士死者一千四百七十五人北王橋之戰亦殺指揮一人徐行健又指揮姚宏戰於松江陶宅死衛城澉浦再被攻賴參將湯克寬令鄭茂指揮徐行健尉李茂力守得完而攻乍浦所中人大半殲於後諸賊以掠飽不得去誘之僞降離解其黨使自相縛以效功於是陳東葉麻縶徐海亦燔王直受餌就阱諸主名賊帥及羣倭相繼盡海上始就寧胡公功實多然東南郡縣大抵皆殘我三城四郊外民廬稀煙火欲斷矣嘉靖末以警息有銷兵之議始汰兵備令巡道兼攝初稱杭嘉與湖兵備今以嘉湖分巡道兼攝因稱嘉湖兵巡道仍駐郡城隆慶三年汰諸

營郡城及衛所三城合畱兵五營又汰海鹽澉浦二關水兵畱乍浦一關居平泊守臨汛出哨且有抽選軍丁補兵之議四年巡撫谷公中虛始定嘉興區兵制曰陸兵凡一營五總中總守嘉興左後總守海鹽右總守澉浦前總守乍浦曰水兵一關凡四哨一哨羊山一哨許山一哨乍浦西海口一哨白塔港其哨守之規則每週汛日各總號移屯就遠以資防禦中總屯海鹽右總屯鹽之龍王塘前總屯梁左後總屯乍浦城右總屯澉之南海口水哨兵遠出海洋各哨所占山嶼南與臨觀海哨會北與直隸金山吳淞海哨會哨陸有籌哨水有符稽驗各有法而陸兵募兵一總軍兵與民壯兵各二總水兵耆舵募兵貼駕用軍兵

當時以軍與民壯並在食糧之額用以充抵民兵則兵數不虧餉數自減蓋於總參新法中仍參用軍伍存衛所初建意兵制有變而得其善者此也海防類考云倭亂時兩浙名募陸兵不下十萬餘續因減免餉銀議將水陸募兵漸次大減選取軍民壯弓兵軍兵抵用至隆慶四年督撫軍門谷題准各區水陸官兵內加足一營五總募兵一總民壯軍各二總海寧總水兵畱用民捕者舵兵九百十五名加添軍兵五百二十二名謂之貼駕軍是以餉數減除而兵數反加敷防守又王兵憲樵檇李記曰自倭亂平三關改爲四哨白塔港爲一哨兵船九艘哨官一人領之乍浦爲一哨兵船八艘參將中軍把總領之以許山爲第二層門戶立爲一哨用蒼船二艘沙船小哨船喇叭唬船共十六隻水兵把總一員領之以羊山爲第三層門戶立爲一哨用船如許山之數以備倭把總親督領之據此則當時船方減爲五十三艘數有可稽民船始於正統時後正德中立每縣額十人尋又定爲每里一人初爲力差嘉靖五年工食派秋糧中帶征始有額編又隆慶四年題准浙江道省額設民壯除畱看守各府州城池庫獄其餘征收工食挑選稍壯之人設立隊伍聽各該總操練把總官與軍兵合營操練縣衙志隆慶三年以兵餉缺乏奉文議設民兵在於海寧南衛幷澉乍七所軍兵挑選足名數總以海寧衛指揮統領哨官以各所百戶統領軍兵糧在於軍儲倉本折關支萬歷初水兵貼駕者復改用民兵堡存軍兵之半軍院方設革水哨軍兵一百八十名募民兵補之在萬歷二年時以倭警久息始裁五總中哨又裁白塔港哨船之半不數年金山見告海上復修舊所裁者多補又以乍浦地尤衝兵止一營爲弱增設軍兵一總名左哨而稱舊左總爲中左營舊中總爲標營汛時左營屯乍後營改屯龍王塘南標營自守郡城聽調發移屯之規稍變其黃道關舊置澉浦關處亦增設哨船以白塔港爲中游左哨此爲中游右哨而每週汛期督撫軍門檄嘉湖兵巡道同分守參將督發兵船出戍海洋督撫則間歲一親行焉陸兵練習每總以中哨三隊習鳥銃每什

以二人習刀牌二人習狼筅四人習長槍二人習鉤鐮短槍暇時俱習弓弩臨時鳥銃衝陣則刀牌手護之刀牌手衝陣則長槍手護之弓弩鉤鐮手衝陣則狼筅手護之長短必相開而進而火器尤利於用其各營百子銃鳥銃火藥火繩鉛彈噴筒及水哨將軍銃佛狼攢之類皆官銀造發各有成領各汛所募福蒼等船皆官爲給稅隆慶以後改爲官造官修以致倭兇獘多不堪經久萬歷二十五年合設各捕置稅銀自造充爲私船應免他獘定議三年燂洗四年輕修五六年重修七年折修遇修造年分船兵照例放庫舵兵改食兵糧扣省餘餉抵奏船稅今計各船每年有隻稅銀縮船七十四兩三錢四分蒼船二十四兩沙船內一等二十五兩二等二十二兩小哨船二十二兩號船四兩木區船稅共該銀一千一百二十二兩六錢八分其銀於嘉興府須派料銀幷扣省月糧銀內支給修造係各隊兵自造自修例不給稅

紹興府

明紹興府設三衛伍所隸浙江都指揮使司總轄於左軍都督府宋禁例軍也各衛所復有帶管及召募名色宋廂

郡例也弓手領於巡檢司規模與宋不相遠其軍始調自南北從征者繼乃抽台溫等處民四丁之一以充伍焉指揮郡將也千戸則營將百戸鎮撫隊將大務取防海居常則用以弭寇賊民既出食食軍則守本業率妻孥戮力他無預矣承平久無所事軍江南諸省率用以轉漕捨及持櫓浙雖有海備亦半漕焉憂國者或謂東南士卒罷於轉漕殆非也余曩爲職方主事常攝入衛班軍班軍數萬人自正德來俱作役司空度匠作日自金五分歲省冬官六七十萬金若以還營則爲隊而已矣入衛者習爲工或不具兵器聞輸作則便聞營操乃顧不甚稱便也昔人有言日巧於用短兵亦確然故九邊軍亦大率用輸作而挑其

鋒於家丁築城垣治器械司空城旦猶司農篙師也何爲罷乎衛軍既驕陣没者又以死事錄功有司憚用之正德中王晉溪本兵乃起民兵之議今民壯快手捕盜等名色是也是亦廂軍類也而沿海則多用義烏兵先是嘉靖中金衛北郡有礦賊踰山抵義爲義烏鄉兵擊勝之斬數魁其技以長槍鄉人私相傳稍得兵法自茲遠近競募義烏兵故惡少子弟不習爲耕則習爲戰美食好衣以待募義烏人大患之而往昔兵法乃或廢衛家說曰故者不挑補逃者不清勾軍政何煩然額糧固省矣今俗呼衛者曰軍而募者曰兵兵禦敵而軍坐守兵重軍輕軍借衛於兵壯軍乃復充兵其變勢也不以漕將何之乎石曼卿以建鄉兵題名至或用之捍敵則笑曰此得吾粗也餘姚江南鄉兵怯甚謝生軍勇敢五百人聲赫赫四馳竟敗死徧人與自衛異雖精猶麤矣況敺市人而戰者乎兵日增軍日損兵日驕軍日儒此無足患者患異日之兵復如軍耳義烏之待募者可觀矣邇稍裁餉遂有壬午二月之變而汎時恐鈇需則每每以海艘傳羽書令人耳目驚也兵不戰不利戰又下策不忘戰之術蓋難言哉

先年浙江沿海原設總督備倭都司一員考選把總指揮四員統轄衛所而分定臨觀爲一總嘉靖三十八年分守處海總臨觀總全浙共六總三十一年添設參將一員駐定海分守寧紹等處三十四年賊破臨山衛則添設總兵

官一員駐臨山三十五年移總兵駐定海而參將駐臨山專統陸兵三十六年六把總俱授以都指揮體統行事隆慶二年參將改駐舟山專統水兵以定海總兵把總調臨山領陸兵所萬歷十二年裁革陸兵把總俱屬臨觀把總統轄駐臨山（今移定海總兵駐舟山並設縣治）

兵部尚書譚公綸昔爲海道副使嘗建議云衛所官軍既不能殺賊又不足自守往往歸罪於行伍空虛徒存尺籍似矣然浙中如寧紹台溫諸沿海衛所環城之內並無一民相雜廬舍鱗集豈非衛所之人乎顧家道殷實者往往納充吏承其次賂官出外爲商其次業藝其次投兵其次役占其次搬演雜劇其次識字通同該伍放回附近原籍

歲收常例其次舍人皆不操守卽此八項居十之半且皆精銳至於補伍食糧則爲疲癃殘病老弱不堪之輩軍伍不振戰守無資獘皆生此可委賢能有司同該把總官往各衛所督同掌印等官不必論其伍分先核城中街巷計有若干每街每巷共有門面若干戶分格眼紙一張諭令自開房屋幾間男婦幾口某係精壯某係老弱至於釜竈床鋪若干亦俱實開貼於大門上乃各委官持籍領各伍官旗沿街履戶逐一面詰該管官旗有無隱漏並執詰明白然後比對戶口文冊庶幾可得十之七八於是取其見在人數通行挑選精壯者存留食糧老弱不堪者通行革退卽以精壯餘丁選補如果在營故絕無丁者將本地方

仍舊行勾郎查照近例嚴選別戶精壯餘丁補伍至於充納吏承違例役占者通行禁止其賣放逋逃出外行商業藝投兵搬劇及隱容在籍收取常例等項俱責令該管官旗及家屬人等免其前罪通行勒限招回一體選補務使食糧者皆精銳之士無復以老弱充數不食糧者照依保甲之法編定守城如百姓守城之例不得以無糧藉口該管守旗招徠補充至五分以上卽量行獎賞其有仍前縱容賣放者掌印及諸伍官旗聽各巡道從實查參輕則問罪降級重則綁解軍門治以軍法如此庶軍政可肅戰守有人不至臨時紛紛請兵矣自嘉靖三十一年以來兩浙召募陸兵不下十萬近年漸次汰減選取民壯弓兵正軍

抵用在紹興蘇兵民壯軍兵各一總臨觀總留用民捕者舩兵五百二十四名加添軍兵一百二十九名并原用軍兵一百二十一名萬歷二年加復臨觀總民兵一百四十二名今查總數不甚符合倭亂之後民財竭矣減兵而選軍益取足於正例原在食糧之額雖加至一石比之全給兵餉者已省矣乃日久獘生正數逃亡餘兵貪緣補役月給之儲與民兵無異且強悍難制是以有復民之議云

訓練之法臨觀一總水兵每春防汛畢六月中兵船收港七八兩月留舩稍守船俱聽把總督同哨官在定海衞教塲至九月初上船防遇小汛十一月中起至來年正月止俱在定海關水寨同定海總三日一次訓練臨山營陸兵

每年汛期發沿海防守聽把總督同衞所官與寧波兵合營訓練汛畢回營遇三六九日臨山把總自行訓練水兵長技軍火互用如賊船離遠則以鳥銃百子銃發熕爲先賊船逼近則以長槍鏢箭籐牌爲便各派器械沿守本境遇掣與陸兵齊操陸兵長技長短相濟中哨三隊俱習鳥銃每什以二人習刀牌二人習狼筅四人習長槍二人習鉤鐮短槍暇時俱習弓弩如鳥銃衝陣則刀牌手護之刀牌手衝陣則長槍手護之弓弩槍鐮手衝陣則狼筅手護之兵制之常經也哨探之規各區官兵分撥小哨叭喇唬網船輪流遠出外洋往來哨邏仍與隣近兵船交相會哨烽堠撥軍瞭望遇有警急通行飛報其初哨者撫臺有賞

汎兵皆會哨取單憲司仍刊刷哨符發各總照依派定處
所給符往來會哨交符俱填發日到日時刻汎畢齎核不
許延洋交爭其沿海烽堆臺寨置兵循環哨籌每日南北
各遞發一籌彼此循環毋分雨夜逐墩遞送傳報有無聲
息責令陸路官置簿登記遞到籌號姓名日時每五日彙
驛飛報各將領皆親督兵船出洋哨探遇賊船經由信地
即從實飛報某處賊船幾隻大約賊有幾何傳報隣境分
頭防禦應援即急督官兵相機夾勦其遠哨兵船見賊即
報不拘定信地其虚張聲勢及望風輕報者覈實治罪若
賊在洋搶擄而隱匿不報者處以軍法
鎮關烽堠　蕭山西興鎮西去縣城十里偪錢塘江陰宋

時有寨　新林舖東去縣二十里宋時有寨　黄嶺巖下
貞女三鎮西南去縣一百里唐劉漢宏常分兵據守錢鏐
擊破之　諸暨長清西南去縣五十里元時有關　陽塘
西去縣城五十里元時有關　湖頭舖南去縣城五十里
元時有巡檢司　管界東去縣城八十里唐宋有寨　五
指巖西南去縣城六十五里李將軍文忠築新城拒謝再
興　餘姚李家牐東南去縣城三十里是四明東門元時
有巡檢司　梁弄西南去縣城四十里人烟湊集亦一巨
鎮是四明西口　筆竹嶺西稍南去縣城三十里與上虞
接境　上虞梁湖西去縣城三十里曹娥江東岸　百官
渡西南去縣城四十里瀕於江唐時舊縣址　糜家山東

南去縣城四十五里元時有巡檢司常山縣界地甚僻
佛踪山西北去縣城四十里宋元有寨　智果店東北去
縣城十五里　嵊縣清風嶺北去縣城四十里　白峯嶺
西南去縣城八十里唐宋有長樂寨元有巡檢司　三界
北去縣城六十里　新昌黄罕嶺北去縣城五十里其地
形可入而難出唐王式敗裘甫於此　三溪渡西去縣城
十二里唐裘甫敗三將處　關嶺東去縣城七十里接天
台界以上皆內地宜設備者也　三江所不濱於海地勢
稍緩然去省城八十里海上有警烽火於此通焉嘉靖三
十五年倭寇突犯攻城我兵敵退
臨山衛坐當要衝東接三山西抵瀝海嘉靖三十一年倭

賊攻陷瀝海所東衛臨山西捍黄家堰三山所界於臨觀
之門東西策應觀海衛三山爲右翼龍山爲左翼居中節
制應援地屬慈谿而轄於紹興犬牙勢也不欲以全險與
寧波也龍山所北對金山蘇州大洋東對烈港伏龍山獨
臨海際去所僅十里乃賊船往來必由之路臨觀一總之
咽喉也封守鎮固省城安枕而臥矣地屬定海嘉靖三十
四五年間倭賊屢登犯
關四三江所一曰大閘關　觀海衛三曰大亭曰長溪曰
桂湖
隘六臨山衛三曰酒門曰烏盆曰化龍　三山所一曰眉
山瀝港所二曰施湖曰四匯舊以二處海水衝激夷船易

泊吖立寨委官一員旗軍五十名守之今廢
敵臺四三江所一曰蒙池山　臨山衛一曰羅家山　瀝
海所一曰西海塘　龍山所一曰龍山
烽堠二十七三江所六曰航烏山曰山蕺山曰烏烽山曰
朱家漊曰周家墩曰桑盆　臨山衛九曰趙嶼曰烏盆曰
廟前曰荷花池曰方家路曰道塘曰周家路曰四門曰夏
葢山　瀝海所三曰槎浦曰湖家池曰椄樹　三山所八
曰瀝山曰眉山曰徐家路曰撮明山曰勝山曰察山曰吳
山曰澥山　觀海衛六曰向頭曰瓜誓曰四隴山曰新浦
曰古窰曰西隴尾　龍山所五曰龍頭曰龍尾曰石塘曰
青溪曰施公山

寨一蕭山縣曰龜山寨扼錢塘江下别實郡西臂賊嘗登
犯
廠一曰嵿山廠以上皆海岸宜設備者也
港七曰三江港　臨山港　泗門港　勝山港　古窰港
烈港（並見武備志）　淸溪港由此可入金家嶼
浦四曰金墊浦爲定海慈谿相界之地北連大海西連伏
龍山賊船由東北來必於此繫泊嘉靖三十八年賊登犯
壂浦　松浦在古窰東　堰浦在古窰西門二曰蛟門
直觀海衛龜子壘直蕭山縣
口一曰獅子口直龜山寨
嘴一曰西匯嘴在黃家墟賊嘗登犯

漊一曰朱家漊在三港東賊嘗登犯
海中山六曰西霍山黃山勝山長橫山扁樵山毬山
蟭二曰茭材蟭　柴排蟭
石一曰平石以上皆海港及海洋宜設備者也
兵船　浙江沿海先年原有戰船五百四十八隻內有四
百料（用軍一百名）二百料（用軍七十五名）八櫓風快銅斗高把稍十槳
（用軍五十名）風快（用軍二十名）等項名色俱於衛所食糧旗軍內選
駕復因駕稍不便損缺不修補嘉靖三十一年來臨觀改
募蒼山平底船一百二隻嘉靖三十五年又調廣東烏尾
橫江大船一百八十隻分撥浙直海洋哨禦後臨觀總又
議定福蒼沙魚叭喇唬船二十八隻（私造給稅福船以鈔尺自面梁爲界每尺

稅銀一兩蒼船二十四兩沙船並鍒頭船十九兩小魚船
十六兩小哨船梁頭一丈以上者十二兩八九尺者九兩
五錢叭喇唬船四兩每年共該給銀六百五十五兩四錢
又閏月銀三十三兩五錢將紹興府額徵民六戰船料銀
五百二十六兩五錢並臨觀二衛軍兵扣
抵戰船料銀及各路造船停支稅銀湊給）舊例三年小修
六年重修九年折造今改爲一年二年燂洗三年輕修四
年重修五年折造（私造兵船每年出海防遇大汛不准借
稅俱令該管捕盜自修出防小汛四闆
福船折造限六十日行府量借稅銀三十兩重修限四十
日量借稅銀一十五兩輕修限二十日不准借稅蒼沙漁
船折造限五十日蒼船借稅二十兩沙漁船借稅一十五
兩重修限三十日蒼船借稅十兩沙漁船借稅八兩輕修
限二十日蒼沙漁船俱不准借稅小哨叭喇唬船折修限
二十日小哨船借銀五兩叭喇唬船年給銀三兩重修限
十五日輕修限十日不准借稅共口糧捕盜者民隊長照
舊全支造修銀內將船工暫改支給兵糧幫工折造福船
與幫工民兵五名軍兵五名蒼漁船各民兵四名軍兵四
名沙船民兵三名軍兵三名小哨船民兵二名軍兵二名
叭喇唬船原無軍兵貼駕只准民兵二名其餘民兵薪水
俱行停止不給其重修輕修准捕盜者民隊長口糧一名）

餘兵俱行住止不准幫工之例各船稅銀自截船上塢之日住扣所借稅銀限一年之內扣還船若過限不完捕兵口糧截日住支船完出水再支通限正月十五日齊完
說者曰探哨莫便於力䑸衝犂必資於樓艦福船形勢巍峩望若邱山建大將旗鼓風行翰海撲賊艇如鷹鸇此海防第一法也然惟利深洋耳若小哨叭喇唬之類則追勦便捷易於趨利故好事材官遂爲小船當增大船當減且云於料作爲省豈知小船止利於零賊之追捕而不利於大舉之仰攻豈可因噎廢食耶

寧波府

自夏少康封庶子無餘爲諸矦以主祀事是爲越國而鄞鄮句章三縣爲越東采邑句踐無餘後也周敬王四十六

年爲吳所滅尋復封之旣而返國嘗膽勵志遂滅吳欲置夫差甬東君百家是其地也周屬越秦屬會稽句章郡至漢成帝陽朔元年以寇警徙句章後漢晉齊梁皆因之唐武德四年於句章置鄞州八年廢鄞州爲鄮縣則其地屬鄮明皇開元二十六年置明州析鄮置翁山縣因采訪使齊澣之言也代宗大歷六年廢於元晁之亂五代改鄮爲鄞則其地又屬鄞宋端拱三年置鹽場熙寧六年析鄞東之海中洲因部使薛戎之言也以蓬萊期安富都三鄉置尉以主鬬訟盜賊之事已而刱縣賜名昌國蓋王安石宰縣憫其繁劇故豐之元豐元年復益以定海之金塘鄉共四鄉爲下縣而明之屬縣凡六矣紹興十三年戸部員外

沈鱗編類籍戸計萬餘而丁口再倍建炎中高宗航海舟次昌國縣金人自明州引兵攻定海縣破之遂以舟師絕洋犯昌國縣欲襲御舟至碕頭風雨大作和州防禦使張公裕引大舶擊敗之虜乃去元至元十五年陞爲州至正十八年爲方國珍所據明洪武二年改州爲縣十二年立昌國守禦千戸所時明州衛守禦千戸立城募地五百丈未竟次年指揮許及展跨翁山城之洪武十七年太祖以東南控海之地乏兵以守恐致寇虜命設衛所及岑寶螺岱四巡司隸於縣兵民乂安教化流洽海東一隅規模宏遠誠駕宋軼元爲邊陲捍禦二十年湯信國奉置地方據書到各所在地圖革衛縣學校而遷其民於內地夷縣爲

二所帶屬定海縣噫信國是舉與往時改州爲縣增立衛所之意不亦天淵也耶

舊邑曰翁山宋志云縣城周廣五里熙寧六年析三鄉益之改名曰昌國始築城鑿池至元中陞昌國爲州自宋元以來倭夷微弱不足爲患耕漁之民惟知貢賦各安其生[illegible]初夷氛漸熾太祖絕其朝貢嚴以馭之洪武二年增葺昌國城池改州爲縣設立衛所練兵恤民以固封守城高二丈四尺池廣一丈周回一千二百十六步延袤五里辟東西南北四門門各有樓穴水門於東南各置弔橋羅以月城城之上有雉堞二千六百七十三警鋪六十外爲濠自東南及西一千二百六十丈北際山十七年改昌國衛

二十年湯信國公徙衛於象山縣之東存中左二千戶所屬定海衛革縣存民五百餘戶屬定海縣勅命總帥居守永樂十六年都指揮谷祥以地衝要重加修繕至正統八年戶部侍郎焦公宏以城大兵少裁東北隅半里今廣四里半濠隨城廣城門凡四各置名南曰文明濠橋外木柵曰迎恩東曰豐阜外木柵曰賓陽西曰太和外曰西安北曰永安外曰北固西北跨鎮鼇山東抱霞止餘皆平陸嘉靖四十年都督盧公鏜海道譚公綸增築敵臺二十處以備倭武歲久傾圮萬歷甲寅副鎮張公可大修築增陴浚隍以次受工修完城身一千九十八丈九尺女牆一千四百十丈五尺四門大城樓四座兵馬司房四座箭樓五座

敵臺八座鋉木門十八扇弔橋二座石隄四十一丈此因其舊而葺之又南門月城一座二十丈水門一座九丈兵馬司房二座總臺一座箭樓四座敵臺五座窩鋪三十八座

海防書祖宗之制於邊海郡縣經營控制為備至嚴語形勢之遠起遼海而終瓊崖考浙之東西首澉乍而達蒲壯郡南達台溫北連滇渤並海幾六百里置衛者四曰觀海曰定海曰昌國而寧波衛則附於郡城衛之隙置所者十曰龍山曰穿山曰霩衢曰大嵩曰錢倉曰爵谿曰石浦前後所舟山則懸峙海中而中中中左二所在焉所之隙置巡檢司一十有九曰螺峯曰岑江曰岱山曰寶陀四司環置舟山之四面隸寧波府曰甬東曰大嵩隸鄞縣曰松浦曰向頭隸慈谿曰結崎曰塔山隸奉化曰長山曰穿山曰霞嶼曰管界曰太平隸定海曰爵谿曰陳山曰石浦曰趙嶼隸象山莫不因山塹谷崇其垣墉陳列兵卒以禦非常復於津陸要衝置為關隘曰東津曰西渡曰桃花隸鄞縣明皆置船防守以備倭寇衛兵曰定海在南薰門外最為衝要舊設指揮一員旗軍五十名盤詰舟航以防奸細官哨戰船亦泊於此後增協守兵民福蒼大小戰船悉為寄泊曰舟山關舊設官軍盤詰停泊戰船後增置福蒼等船防守曰文亭關曰長溪關曰杜湖關曰石浦關凡九曰湖頭渡寨遷塔山巡檢司於此曰竹頭寨曰長山砦曰小狹港隘曰青嶼隘曰碶頭隘曰錢家隘曰梅山隘曰慈嶴隘曰橫山隘曰螺頭隘曰定崙隘曰小沙隘曰沈家門水砦曰路口嶺隘曰岱山隘曰大展隘

曰何家硯砦曰仁義砦曰赤坎山寨曰黃沙寨曰松嶴砦曰上鑾寨曰南保砦曰遊仙砦凡二十有五皆屯兵置艦以為防守其中若定海關舟山關湖頭渡寨沈家門水寨遊仙砦南保寨小狹港隘最為險害自昔尤致嚴焉定海置烽堠一十三穿三烽堠十霩衢烽堠六大嵩烽堠六舟山烽堠二十五觀海烽堠六龍山烽堠六昌國烽堠三石浦烽堠二錢蒼烽堠五爵溪烽堠四咸設旗軍以瞭望聲息晝夜烽火互相接應若霩衢之三塔山舟山之朱家尖矗崎最高所望獨遠故設總臺多撥旗軍戒嚴尤至設總督備倭以公侯伯領之巡視海道以侍郎都御史領之洪武三十年以後總督領於都指揮海道領於憲定臨觀三衛設一把總指揮僉海

昌三衞設一把總指揮金盤二衞設一把總指揮海寧衞設一把總指揮分方備禦各有攸司海上諸山分別三界黃牛山在慈谿縣北大海中與海鹽縣海洋爲界馬墓長塗册子金塘大榭蘭秀劒山雙嶼雙塘六横韭山壇頭等山爲上界灘山滸山羊山馬跡兩頭洞漁山三姑霍山徐公黃澤大小衢大佛頭等山爲中界花惱釆芝落華東庫陳錢壁下等山爲下界率皆潮汐所通倭夷貢寇必由之道也前哲謂防陸莫先於防海沿邊衞所置造戰船以定臨觀三衞九屬所計之五百料止定海卷一只四百料二百料尖𦨴等船一百四十三昌國衞四屬所四百料等船六十七量船大小分給兵仗火器調撥旗軍駕駛而督領以指揮千百戶每值風汛把

總統領定臨觀戰船分哨於沈家門初哨以三月三日二哨以四月中旬三哨以五月五日由東南而哨歷分水礁石午港崎頭洋孝順洋烏沙門横山洋雙塘六横雙嶼青龍洋亂礁洋抵錢倉而止每所抵錢倉所取列單并各處海物爲之驗凡韭山積固大佛頭花惱等處爲賊舟之所經行者可一望而盡由西北而哨歷長白馬墓龜鼈洋小寨洋兩頭洞東西霍抵洋山而止哨至亦取海物爲驗凡大小衢灘滸山丁與馬迹東庫陳錢壁下等處爲賊舟之所經者可一望而盡即由此南通於甌越北涉於江淮皆以南北兩洋爲要害而南北之哨則以舟山爲根柢昌國戰船南哨則抵於松門北哨則抵於大嵩分哨之期有同於三衞而與沿海哨船別統於

把總六月哨畢臨觀戰船則泊於岑港觀海戰船則泊於黃崎港昌國戰船則泊於石浦關海中至六月十二日爲彭祖忌颶風大作舟必辟之仍用小船巡邏防守備至密也至倭奴肆惡更不可以春汛期自三月至五月爲汛期六七八月風潮險惡舟不可行九十月小陽汛復可渡海亦可停泊海島來開而賊至故四時皆防倭也而備禦益嚴設總督直隸福浙軍務大臣及巡撫都御史命卿佐以督察軍務督視軍情三十四年命工部尚書趙文華督察軍務三十八年命右通政唐順之督視軍情以藩臬分任兵儲調發廣東横江烏尾船二百餘艘改造福清船四百餘隻五百料等船於軍四民六料銀增給價值改造福船雇稅蒼沙民船復數百隻召募福建兩廣邳徐山東松潘保靖永順桑植麻陽鎮溪大康及蒼處等兵不下十萬勑鎮守總兵駐紮臨山後改定海協守副總

兵駐剳金山後改吳松叅將分守各府杭嘉湖一叅將寧紹一叅將台州一叅將溫處一叅將而把總統轄諸衞舊制四後分定海昌國臨觀沿海金盤海寧六總裁去備倭總督而各把總俱以都指揮體統行事復時有遊擊浙兵總兵等職以督水陸之兵皆以都指揮領之一時任事之官非不殫慮謀畫務底安攘而豺豕日煩烽烟未靖者蓋以蹊徑日開告急者多則疲於奔命庫帑日匱而費用者乏則窘於設防糧餉不時而凍餒者衆則怯於應敵主兵不實而召募者多則難於行法此皆用兵之大患也試舉目前之事籌之倭奴入寇彼自黑水大洋舟行一二日抵天堂山復一二日渡官綠水抵陳錢壁下漸經濁水西北過步川洋亂沙入鹽城縣山可犯淮安入廟灣港可犯揚州再越而北則犯登萊矣西

南過韭山大佛頭積固山入黃華港可犯溫州入桃諸海門柘門諸港可犯台州再越而南則涉閩廣矣又西過茶山入廖角嘴大江口涉谷櫝狼羂山諸港可犯通泰瓿儀常鎭過馬迹灘滸羊山歷崇明七了白茅劉家河吳淞黃浦白沙灣諸港可犯蘇松過大小衢徐公石堵山馬鞍山登梁莊西海口西嘴頭可犯嘉湖入鼈子亹諸山錢塘江則薄於省城登龕山烏嘴頭可犯蕭山縣過魚山兩頭洞三姑山入蟶浦三江可犯紹興臨山瀝海三山過霍山洋五嶼烈港表登捱泥烏山平石則薄於吾郡之觀海龍山慈谿登邱家洋官莊龍頭則犯定海又西北界過岱長山塗頭秀山劒山登千山大小展則東北一面可入舟山過

烏沙門順母塗登沈家門謝浦則東南一面可入於舟山過大小千山十六門嶼山盤嶼登門山螺頭則西南一面可入於舟山過東西青長石幮馬荔港柵千山登岑江碇齒則西北一面可入於舟山由舟山之南經大猫洋入金塘蛟門則竟趨於定海城下過穿鼻港入黃崗港則犯穿山過崎頭洋雙嶼入梅山港則犯鄞衢過青龍洋入大嵩港則犯大嵩自東西廚入瀏頭渡則犯奉化縣及象山縣之東界過韭山海閘門亂幮洋登浦門則犯錢倉所過青門關登沙灣遊仙砦則犯爵溪象山之南界入石浦關則偪石浦城與昌國衛宋時嘗於招寶山寺抵陳錢壁下置十二水鋪以瞭望聲息在當時已病海氣冥濛風雨冥晦

難於接應今浙直兵船督領於遊兵把總官管謂定白春歷夏及小陽汎期直隸船北哨至茶山廖角嘴海洋江北淮揚沿海後設總叅遊兵等官督領兵船哨守各洋港南哨至羊山馬迹山滸衢山等處蘇松常鎭兵船於游兵外又分別支哨守各洋港浙船南哨至鎭下門南麂玉環烏沙門普陀等山溫台等船又分別支哨守各洋港北哨則交於直海寧紹兵船於海外又分一支哨守馬迹一支哨守兩頭頭一支哨守衢山一支哨守長塗一支哨守普陀陳錢爲浙直交界分路之始復交相會哨遠探窮搜遇有賊舟卽爲堵截馳報內境俾爲預防復於沈家門別置兵船一隻以一指揮領之馬墓港別置兵船一隻以一指揮領之把總則駐劄舟山兼轄水陸則總叅標下各選練精兵三千以聽征勦定海則屯聚重兵扼爲巨鎭賊或流突中界

則沈家門馬墓兵船遮北截過長塗霍山洋三姑與浙西兵船爲犄角而吾郡之北境可以無虞遮南截過普陀青龍洋韭山青門關與昌國石浦兵船爲犄角而吾郡之南境可以無虞賊或流突上界則總兵官自烈港督發舟師北截於七里嶼觀海洋面叅將自臨山洋督兵船爲之應援南截於金塘大猫洋崎頭洋而石浦梅山港兵船爲之應援則沿海可以無虞是故今日之海防會哨於陳錢分哨於馬迹羊山普陀衢山諸處爲第一重出沈家門馬墓之師爲第二重總兵督發兵船爲第三重巨艦雲馳倭夷之舟航弗與也火器飇發倭夷之短兵弗與也以我之衆制彼之寡以我長技制彼短技折蛇豕之勢可免內地震

鸞之虞斯策之上者也萬一疎虞而賊得登陸由扼溷歷烏山鶴鳴場逾杜湖嶺入慈谿由平石歷沈思橋逾孔家嶺入慈谿渡大亭走車廐桐嶺寨石塘灣得鄞之西鄉可達於郡城則觀海河頭拓浦之守不可以不嚴而慈谿新城之建實所以扼其衝由邱家洋入雁門嶺由官莊越桃花嶺由龍頭越鳳浦嶺渡靑林李溪可達於郡城則龍山官界之備與領口把截之兵不可以不嚴而兵洋金嶼石之築實所以扼其衝由定海港可直走寧波則西渡東津海墟桃花渡之備不可以不嚴而招寶山築城設險實所以扼其衝由夏蓋山之梁湖逼明壩入申明梁衝出樟村小溪櫟社可達於郡城則臨山瀝海廟山之防不可以不

嚴由四門石堰渡桃江入樟村以達於郡城則三山之防不可以不嚴由山沙港循長山橋鄖山橋七里店走甬東可達於郡城則港口置守船防守港口置鎮發熕重者五十斤一座發福船二隻舊船四隻防守港口添設本港民八槳船六汎期則巡邏哨探暇則容其樵采與甬東巡司之備不可以不嚴由穿山嶼頭逾育王嶺歷寶幢盛店可以走甬東則穿山橫港水陸之備不可以不嚴由火嶴韓嶺逾涉東湖可以走甬東則霸衢大嵩霞嶼太平之備不可以不嚴由趙嶼白沙灣走象山渡黃溪歷仇村逾陳嶺入乾坑橫溪桃江可以走甬東則錢倉爵溪諸濱海之備不可以不嚴由昌國石浦桃渚健跳黃巖寧海經鐵場缸窰黃溪靑嶺入奉化渡蔣家浦越鄞江橋達鄞城之西南則缸

窰黃溪口與諸險隘之防不可以不嚴凡此皆倭寇所經之故道爲郡城根本之慮凡在任事者所當宣猷而致力也然郡之舟山故縣治也四面環海其中爲里者四爲嶴者八十三其五穀之饒魚鹽之利可以食數萬衆不待取給於外初以承平無事止設二所守之軍卒不過二千四百有奇而歲月既久逃亡大半重以城垣低薄不足爲固萬一夷且生心據以爲穴則險阻在彼苟有勁兵良將卒未易以驅除而彼方探其利使四出攻掠則濱海郡縣容得安枕而臥乎此今日之所當以爲憂蓋不止如雙嶼烈港之爲賊窟而已也夫海防莫急於舟師合定臨觀昌各港楊蒼官民船可二百艘八槳小網船倍之今復增造福

蒼沙船五十隻舊例船價六分征於里甲四分扣於軍儲以充造作三年輕修六年重修九年拆造其價扣除於月糧變賣於釘板而仍給公帑以佐之今之造船給稅又數倍於昔矣昔之出海旗軍食糧八斗五斗安家三斗隨行今之給餉水兵者又數倍於昔矣公私安得不困哉且昔日之水軍固皆尺籍之編伍未始征兵於外者也閒有老弱雜糅傭夫冒充可簡而汰也自巡撫朱紈以上軍積疲不振悉從罷免專募福清兵船用之戍守用之攻擊率以亡命剽掠之徒充敵愾干城之役於時議者已謂前門拒狼後門進虎而將來之患至不可祛除矣卽今分舟而伍則詭名冒糧一或不遂卽有脫甲之變奉調而行則劫掠

飽欲一或抗拒卽有殺戮之慘及其臨陣抵賊非其生同里門則素所交通之人唱以甘言嘗以隱語卽倒戈反走矣自興兵以來以福兵而收勝者能幾何哉夫習知其不可而必欲用之有禦寇之名無禦寇之實此誠所爲大舛也爲今之計漸罷各兵而兼用土著使久而習其揚帆操舵之法戰攻衝擊之技豈無不便者況寧紹之民流亡直隸投充水兵者亦不下萬計彼閩人固能施長技於浙海也浙人又能施長技於直海也歸吾浙人而行於浙海又奚不可哉此言用土人可以省募兵或謂今之水戰止能要擊去賊而於來者未能遏其鋒夫來賊銳而去賊惰擊惰易而攻銳難人情所習知也然擊來賊者譬之撲火於方燃之始火

滅則棟宇可以無虞擊去賊者攻燎於既燼之後此其利害則有間矣自海上用師其擊來賊者僅一二見戊午參將張四維擒朱家尖之寇己未總兵盧鏜斬三爿沙之寇而要去賊者不過文其縱賊不追之罪今若以擊來賊之賞優於追去賊縱來賊之誅嚴於縱去賊而當事者同心戮力急如救焚盡過海外方來之寇則邊鄙又何不寧耶此言水戰以擊來賊爲奇功或謂我兵陸戰每退怯而鮮成功夫倭奴嘗敗於水而得志於陸者非其勇怯有殊也交兵海上吾特以戰艦之高大帆檣之便利火器之多取勝耳至登陸而沈船破釜所以一其志也環龜自守專其力也顧能飽以饑我逸以勞我伏以伺我佯北走以誘我盖其以狡獪習兵器入重地之窮寇與我柔

脆之兵相角逐勝負之數可坐而策也誠能察彼己之情卽以其勝我者而勝彼握符馭衆者復以威克厥愛行之寧不足以殄滅兇頑耶此言陸戰當謀勇兼全勝以古之善用兵者必先明其賞罰故金帛之錫茅土之封非濫捐之也莊賈之誅宮嬪之戮非忍以立威也以爲不如是無以驅之死地耳國家著令於敗軍之屬嚴矣見兵律飛報軍情條下今後奏擬五等賞功之例曰論首級凡水陸主客民快臨陣斬擒有名眞倭賊首一名顆者陞授三級不願陞授者賞銀一百五十兩獲眞倭從賊一名顆并陣亡者陞授一級不願者賞銀五十兩獲漢人脅從賊一名顆者陞署一級不願者賞銀二十兩曰論奇功如在海洋遇賊有能要擊中沈船隻或追逐海岸使賊不得登岸如賊復登岸有能衝鋒破陣奮其聲勢或追出境或偏下船使地方不致受禍或所部兵少而擒斬多者均皆以奇功論聽總督卽日具題巡撫作速覆勘越格陞賞曰分信地凡守備把總及海防民兵府州縣佐

各有信地如賊至不能拒守致賊突入者固當律以守備不嚴之罪若能奮勇鏖戰獲有首級功罪相當者亦許滿贖若罪小功多者仍以功論如賊從別港口出境有能邀截擒斬打獲船隻所有貨物盡行給付仍照例陞賞至於故縱出入本港專圖要取賊贜者聽督撫官參究治罪曰計職任如武自守備把總以下文自海防民兵同知以下聽領軍兵民勇五百名部兵臨敵擒斬眞倭一每五名顆陞一級十名顆加一級部下每五名顆陞署一級十名顆陞實授一級各以則例遞陞至三級而上如獲功之前或以失事革職者准收贖若總兵副總兵之與巡撫參將之與兵備水陸士卒與聽統令職守機宜與聽調度除不在有違節制者免究其餘功罪參將照所屬同知論兵備隨之總副照所屬道論巡撫隨之但今經理之初暫將臨山總兵分理海防金山副總兵分理陸地其功罪亦當查照分別重輕但聽總督巡撫酌量時勢究核情實明白同奏曰處報效凡官員舉監生員人等督領家丁赴軍門隨戰截殺得獲功次及仗義輸粟者俱聽軍門及撫按官臨時奏請從厚陞賞以爲懷忠慕義者之勸至於耆民統領沙兵或屬把總或屬府縣官管轄者所獲功次先照部下論功推賞必如是而行之則有功不至於濫賞有罪不容於倖免而將士僇力用

令矣（此言賞罰之令當嚴）或謂定海沿邊舊通番船宜准閩廣事例關市抽稅則邊儲可足而外患可弭殊不知彼狡者倭非南海諸番全身保貨之比防嚴禁密猶懼不測而況可啟之乎況其挾貲求利者卽非餔肝飲血之徒而捐性命犯鋒鏑者必其素無賴藉者也豈以我之市不市爲彼之寇不寇哉殷鑒不遠往事足徵當商船未至而絕之爲易貿易旣通而一或不得其當將窮兇以逞則將何以禦之耶今之寇邊者動以千萬計果能一一而與之市乎內地之商風聞膽落果能驅之而使市乎旣以市招之而卒不與市將以何詞罷遣之乎夷以百市兵以千備夷以千市兵以萬備猶恐不足以折其奸謀我之財力果足以辦此乎

且市非計日限月之可期也彼之求市無已則我之備禦亦無已果能屯兵而不散乎凡皆利害之較然者也乃謂可以足邊儲而弭外患不已大謬乎（此言番船不可通）是故修治垣隍愼固城守一策也編立保甲內寓卒伍一策也譏察非常嚴禁闌出一策也綏撫瘡痍固我根本一策也此皆所以治內也修復墩堡嚴明烽堠一策也繕治器械查復戰船一策也出哨會哨悉遵舊規一策也據險守要聯絡響應一策也此皆所以治外也至於練土兵而免調募之擾足財用而資軍興之需聚芻糧而給餉以時嚴賞罰而功罪不掩設畫樹防出奇應變爲吾之不可勝以待敵之可勝則在中外任事之臣加之意可也

兵政書國初以全額之糧養全伍之卒以全伍之卒充四境之備故海波澄晏狼烽息煙凡二百年號爲太平間有疥癬之虞遣偏師應之卽望風而解矣乃今尺籍空虛僅存罷羸原額三萬有奇今已耗損一過小警輒狼顧魚駭巽愞觀望以戰則敗績以守則不足至徵發四方召募非類如狼苗等兵布滿海宇而供億浩繁帑藏不繼遂至存畱京運挪貸鹽本抽取商賈錢以取辦支吾猶爲不足而科民丁田曰兵費曰兵餉曰兵米諸色目殆十倍往昔兵無休期征無停日而閭閻郊遂之間十室九空矣當事之臣可不爲寒心哉今欲爲安攘久遠之計非他也不過舉

祖宗之成憲申復軍之舊額糧復糧之舊額振刷耗蠹而責其實效調定法意而與時宜之耳何以明之清勾之法旣壞里書脫漏戶籍勾補者百無一至卽有至者本官過爲誅求收伍未幾而旋卽竄匿至於犯法充新軍所在種種曾未有隸尺籍而荷戈殳者兼之汰黜之令過嚴異姓充投及無妻者輒俱罷革贅壻義子一切不錄軍安得復舊額乎歲撥糧儲止准見在軍伍他皆謂之羨餘歸之計部其存畱者又拖欠於奸民侵欺於豪長官司置不爲問稟庾之儲曾不及逋欠之半糧安得復舊額乎故軍日銷糧日耗以至不可簡閱雖謂之無兵亦宜可恃之以折衝禦侮爲萬里長城乎軍旣銷勢不得不募客兵糧旣耗勢

不得不額外科徵夠今募兵他省動越數千里徵發僅千百人未及至而已損官累民需不貲矣況至者未必皆精以之赴鬬則往往貪懾致敗恐官府之詰之也即又棄戈而竄走所過道路率又逞其狼豕貪殘之性白日剽掠昏夜則污瀆婦女一或捍拒則露刃而譁殺人無忌由此而觀客兵有害無益明矣況使之久居內地閑熟道路習知土風民俗必有不戢自焚之禍如元末苗帥楊完者流毒吳楚並可鑒已爲今之計莫若奏復全額原糧盡充該衛所養兵募兵之用不復得以羨餘解京而悉禁拖欠侵欺之奸不得以國賦潤豪猾如又不足不得已而加賦於吾民當不如今日之甚矣其足兵也仍嚴行清勾之法移查

原籍有無丁壯可補者補之即贅壻義子年力強壯俱准收充原額如原額原係亡絕即於所在衛所簡見在丁壯補足行伍不必執卒籍以糜歲月其犯罪充軍者嚴爲解發明隸尺籍脫又不足則召募上著之人膂力精壯者習能試補復其身而給之食立以程限如二十歲爲始五十而罷復爲民有疾病願復民者聽不苦之以終身不陷之以永遠則人皆鼓舞爭爲兵矣仍籍應募他郡者責令來歸其冊籍則歲治之給以懸牌嚴虛冒私替之弊當其精壯善鬬之時得以盡力武事而不出二十年後復爲平民則皆知自好而重犯法不至呼叫無賴爲兇人如此則軍無缺額糧不虛糜而必無不任戰之人死於無罪者矣夫

吳越之人以舟楫代輿馬以江海爲坦途伍員對闔閭以舟軍之數比陸軍之法大翼當陸軍之車小翼當輕車突冒者當衝車樓船者當行樓車樓船者當輕足驃騎舊制官哨戰船勢鈍難進銅銃碗石力疏不足及遠近來更用福蒼等船即大小翼樓船之遺制用八槳小漁船以哭目周旋其輕捷視驃騎以發熕佛狼機代砲石以烏嘴銃代大黃連弩奮迅著物無堅不碎又制之最良者也摯而肆之刑賞以勸懲之有不足以賈勇而威敵哉況保鄉井之人與去鄉井之人其蹤跡不同也自衛其骨肉廬舍與衛人之骨肉廬舍其情不同也官司自馭其民與馭千萬里外不根之人其約束不同也主兵漸強則客兵自可次第

罷遣此非計之得者乎若夫三軍之司命則任將帥令之世祿固有宜力翼戴長於馭眾者矣寧無朘削以自肥用賄以干進者乎畀之兵柄求無敗事不可得已昔普悼公使弁糾爲戎御以訓諸御知義使荀賓爲戎右以訓勇力之士可以時使山林草澤行伍之間未嘗無干城腹心之任也歐陽修所謂求賢勞之士不必限以下位知畧之人不必限以弓馬山林之士不可薄以貧賤以非常之禮待人人亦以非常之效報國又謂取禁軍府軍年少有力者不拘等級因其伎倆每百人團爲一隊而教之技其技精而最勇者百人之中必有一人得之以爲禆將合十禆將而教之又於其中擇有見識知通變者十人之中必有一

人得之以爲大將此一人之智勇乃萬人之傑卽是說而推行之擗髀之思庶幾可慰乎若夫各縣民壯巡司弓兵皆膺編戶之徭而司防禦之費者也今官府旣占之以爲勾捕跟隨之役而積年市儈又據以爲窟穴或以錢乙而代趙甲或以一人而包數人支糧有名而戰鬬無實官司查點則倩募以應不知弓矢何物擊刺何技又何使之以赴敵乎今宜如海道副使譚綸編立隊伍團聚訓練責統領之官嚴勾稽之法明賞罰之令不許私隸尺籍不許私擅占役是亦足兵之一道也議者謂盡罷兵費兵餉諸征而總括一縣丁田增編民壯擇其壯勇有抵業者鄉舉里保以之訓練以之調遣一可以漸代客兵而桀驁兕竄皆

不足患矣議者又以鄉兵代官兵奏疏文檄卽滿案牘而迄未有能行者何也懼調遣之失業也糾聚之妨農也差官審編又不以賢能正官而率以佐貳首領所至之地富者行賄求脫強者挾詐求脫故冊籍未定而委官之囊橐已滿其充數者非貧難下戶卽愚蠢無知而鄉長叫長則無賴猾岻也謂宜明示號令不調遣遠出不糾聚妨農委賢能印官親詣關廂郵落備查編戶隨其住居相近團聚大莊以二十二家爲一甲就中選有力者二名立爲甲正甲副置牌一面上書甲正某人甲副某人居民某人某人仍於五甲之內選其才能服衆者立爲鄉長使之統領總置一牌上書鄉長某人管甲正幾名甲副幾名各該居民若干居民某某列於各甲正甲副之後仍令每家書寫粘門勑壁互相識察各備鋒利器械一件鄉長管下置大旗一面及合用銃砲等項聽從鄉長統領前至空閑處所演習武藝一遇有警卽使升旗舉砲各率牌內之人同赴要害地方設卡把守併力截殺仍於通行街巷路口樹立壯固木柵堆積石塊以便拒守其居民或多或少隨宜團練不拘定數保甲領袖先行給與冠帶以爲激勸有功之日一體陞賞庶幾家自爲守人自爲戰不行調發之勞而坐收保障之績矣

宋吳潛以觀文殿大學士沿海制置使判慶元府寳祐六年准樞密院札子勘會邊聲日急賊謀叵測合嚴行措置

仍自金山以至徘徊頭剏立烽燧接連澉浦行下定海水軍一體措置聯絡聲援專委官司統制按視險要均布經界置立烽燧分爲三路皆發軔於招寳山自招寳山至海千壁下山者共十二鋪招寳山帶東北取至烈港一鋪約[illegible]潮可到傍近雖有七里嶼銕捍山俱是小山每有風潮皆衝激而上不可置立烽燧烈港山而北取至浯嶼[illegible]約一潮可到傍近別無以次山嶼浯嶼山東北取一鋪約一潮可到傍近別無以次山嶼已上三鋪[illegible]明烟火旗號僅可相應遇海氣冥濛霧露遮蔽皆難應號岦山西北取至三姑山一鋪約兩潮別無以次山嶼相隔稍遠不問晴明陰晦烟火

旗號皆難相應三姑東北取至下工山一鋪約一潮可到傍近別無以次山嶼其二鋪汛息與烈山至宜山三鋪同徐公山帶西北取至鷄蟠山一鋪約四潮可到傍近別無以次山嶼其汛息與宓山至三姑山相類水路約一十五里下干山東北取至徐公山一鋪一潮可到雞鳴山直東取至北沙山一鋪止隔一港煙火旗號皆可相應北沙山直北取絡筆山一鋪約一潮可到傍近別無以次山嶼終筆山東北取壁下山直西至石衕山一鋪風水便當半潮可到稍逆一潮傍近別無以次山嶼二鋪汛息與徐公山至鷄鳴山鋪同自石衕山東北以至西北別無山嶼皆深洋大海泱漭無垠是爲壁下山一鋪其自招寶山沿海抵

向頭砦者共九鋪招寶山二十里至陶家酒店一鋪陶家店約十八里至貝千念邱家前一鋪貝千念邱家前約二十餘里至獬浦山正覺寺前一鋪獬浦山頭約一十五里至沙角山頭陳亞三家前一鋪沙角山頭約一十餘里至伏龍山尾徐亞三家前一鋪伏龍山尾約一十五里至施家山王友三家前一鋪施家山約一十八里至周家塘鹽場周大家前一鋪周家塘鹽場約二十里至下澤山頭林大家前一鋪下澤山頭約一十餘里至南頭山分成營外翁大家前一鋪其自招寶山沿江達本府看教亭者共五鋪招寶山約一十五里至石橋渡沈李二大家前一鋪石橋渡約一十五里至馬阻匯徐鹽戶家前一鋪馬阻匯約

一十里至路楊林冉公大家前一鋪路楊林約十二里至白沙王大家前一鋪白沙約八里至本府看教亭一鋪用兵五名合千人一名往來照管巡轄及招寶山一鋪增差合千人一名沿海以至河頭沿海以至府城亦如之鋪兵口食每年日一番支給每夜發更時自看教亭齎號火平安牌至帳傳入押教報覆葢法當於奉國樓置立一鋪相映以內郡耳目易眩遂從看教亭密傳一牌竟達轅帳而沿江沿海號火疾馳觀者悚懾

舟山卽今定海縣治四面環海東接普陀桃花南連崎頭橫水西接長白馬募北連長塗劒山自所城至東塘頭烽堠程一百里至南舟山烽堠程三里至西碇礵烽堠程六十里

至北烽堠程三十里其地之險者東則塘頭螺門一帶地勢遼濶而塘頭極險逐利者嘗於此處勾引盜艘南則曹山謝浦梅家墩螺頭天童密邇所城關係非輕而梅家墩直對酉山大洋倭奴曾經入據西則岑江碇礵大沙小沙馬嶼一帶地形廣遠雖有馬募兵船然相去較遠嘉靖時王直輩曾自岑江登岸竊據蘆花嶼結巢北則柯梅白泉大嶼鈎嶼等地而柯梅亦昔時倭夷蟠踞爲巢穴所當在在嚴防者也葢舟山周圍皆海賊舟無處不可以登岸而東之沈家門切近烏沙門去普陀不遠一望海洋浩淼無際島夷相連嘉靖乙卯夏倭船百餘隻突犯普陀而入據之遂至東浙鼎沸及征兵七省費金錢四十餘萬幸而撲

滅皆由平日無備致此禍患實南北兩洋扼要之區爲舟山最衝險之地宜設重兵以守之今參將標下官兵分派三信一時有警策應不前深爲可虞按地之極衝者沈家門而漸出塘頭亦正不輕皆昔倭奴流災之處今屬盜賊窺伺之區次衝者岑江碇磡二處塗淺易登入犯爲易且自蛟門至横水崎頭等洋倭面四達均宜設兵船防守夫定邑爲寧郡咽喉而舟山爲定邑門戶攘外正所以安內舟山固則定邑固定邑固則寧郡以達紹郡俱固有地方之責者不可不深長慮也

東五潮至西莊石馬山與高麗國分界　西二潮至蛟門與定海縣分界　南五潮至隆嶼與象山縣分界　北五潮至大噴山與蘇州府分界　東南五潮[illegible]山與象山分界　東北五潮至陳錢壁下與海州分界　[illegible]北五潮至灘山與嘉興府分界

水程　定海關東約六十里至金塘金塘約九十里至舟山舟山約一百四十里至普陀　定海關南約三百里至昌國青門青門東約一百五十里至韭山青門南約二百里至牛欄基牛欄基約一百里至金齒門　定海關北約去十里至烈港烈港約百里至兩頭洞兩頭洞約二百五十里至洋山

胡宗憲舟山論信國公湯和經畧海上區畫周密獨於舟山似有未妥者葢洪武中倭犯中界犯玉環犯小護皆浙東海濱信國所親見也其來也自五島開洋銜目風湯困眩精神者數日至下入陳錢而始少憩然孤懸海外瞻野蕭條必更歷數潮泊普陀烏沙門之類而後得覘我虛實以爲進止若定海之舟山又非普陀諸山之比其地即故縣治也其中爲里者四爲嶴者八十三五穀之饒魚鹽之利可以食數萬衆不待取給於外乃倭寇貢道之所必由寇至浙洋未有不念此可巢者往會被其登據卒難驅除可以鑑矣我太祖神明先見置昌國於其上屯兵戍守誠至計也信國以其民孤懸徙之內地改隸象山止設二所兵力單弱雖有沈家門水砦然舟山地大四面環海賊舟無處不可登泊設乘昏霧之間假風潮之順山深大而

哨船不多豈能必禦之乎愚以爲定海乃寧紹之門戶舟山又定海之外藩也必修復其舊制而後可

山　翁洲山自四明之東湖小白寶幢育王透迤而走大謝伏黄牛越金塘策子而崛起於岑港之西山山稍北發二大脈而南北岐之西北一帶約六十餘里自烏邱山紫竊山大沙山青嶼山五百嶴山大周嶺山寺嶺山嶺洞嶺山大頓河山長青嶺山平石嶺山山椒多方廣石碧流紆澗左右引映下頗夷曠馬嶴山平衍環帶原隰膏腴唐開元時議城其間緣北面土磽不果　五雷山小扈山虞巒山小蘆山干覽旁之支脈曰三江山横縮而東曰長嶼山大虞山東湖山自泉山田嶼山祝家山邱家山北墠山弔崎山柯梅山地坦田腴嘉靖中倭結巢泝而爲炭余山小梓山而盡

其去海中附麗者曰岑港山總哨之兵船泊此西堠山挑搖山西
莊山魚龍山長白山北哨兵船泊處官山岱山蘭秀山灌門山長
塗山定北會哨駐此南嬋山浦東山紫微嶴山天童山南山溪口
山王家嶺山折而爲虹橋山青岑山突兀而起曰雙髻山
二峯如髻矗立天表相傳葛稚川煉丹處鎖蟄山舊縣據其麓山判而爲二支
脈左曰州衙山巉岩多怪石巔平可構屋翁山一名觀山去城東南半里乃受降點賊王直處
曰舟山在城南三里其形如舟關山負峯琢矗爲城內案右曰曉峯山長岡山
王家山金家山引而爲茅嶺山馬横山裏嶴山野嶴山螺
頭山城西南有島突起海心其狀如螺故名縮一脈發自北之五雷山迤東
而行曰河嶺山金字山壘石嶺山東皋嶺山東灣山王家
山龜山山之外曰淡水坑山東江山青雷頭山石衕門山

防海輯要　卷八　浙江防海畧　卅九

東南海中數峯突起潮汐經流其中傍爲十六門楊嶴山陳嶴山小麗山甬東山
謝浦山鼓吹山山巔平坦可容數百人石弄山山石玲瓏雲影穿編桃花山世傳
安期生煉丹之所皆以醉墨灑石成桃花故名劉嶺山石牆墩山沈公嶺山石門
山尖山翁浦山又名翁州山去城東四十里葛仙翁鍊藥處宋乾通中有人得一鋼鼎無足有耳
不穿竅中容一斗鼎上篆未泯識者爲煉丹器也陣嶴山偃王列陣處牙頭山山足裏典
曰第洋山洩嶴山龍塘山王大扈山大蒲嶴山蘆花山邱
家攬山塔嶺山故名小扈山大展山下塘山沈家門山正兵哨駐
處普陀落伽山東海中終一潮可到佛書稱海岸孤絕處也一名梅岑山或云梅福煉丹處因名有
潮音洞乃觀音大士化現之地東霍山東北海中有石棋盤竹環之風枝埽拂常無塵垢玉峯山
在岱山鶴子尖頂下岡巒秀拔時有白露蒙扶其頂寺鍾山在秀山陪傍一井隱隱有鍾聲佛嶴山
在秀山頂一峯特立巉如佛像碓砧山在岱山北海中屹起形如碓砧順母山東海中有石如牛

竹嶼山西南海中隔岸有叢竹生盤嶼山與竹嶼山並海對峙山勢盤旋故名黃楊山城東
北嶼岩巉峻一峯傑出曰黃楊岩西蘭山大茗山裡岸山溪頭山舊名浮塗嶴
岩山漆嶴山穿客山俱南海中小竿山大竿山崑斗山麻嶼山
蛟山登部山馬秦山黃公山徐公山雙嶼山石珠山俱東南海
中東勾曲山石馬山嶼山俱東海中浪港山深水山蛇山竹山
東蘭山無霍山西拓山東曉山東拓山桑子山舊名桑山石蜀
山東胸山穿石山比壁山大衢山小衢山三皇山冷嶼山
西嶼山須皓山洛華山青閣山馬迹山丁興山羊山陳錢
山一名神前俱北海中大磧山東北山東岱山西胸山大洋山中嶼
山俱北海中回峯山西艮山三姑山西岱山正策山吳農山加
岸山横子山西桑山五嶼山岦山龜鰲山俱西北海中嘉門山

防海輯要　卷八　浙江防海畧　卌

小茆山三山大茆山沙羅山俱西海中
嶴金家嶴地窄頗腴茅嶺嶴土瘠多湖田虹橋嶴偪窄而瘠頌
河嶴地廣而瘠青嶺嶴水田少產竹王家嶺嶴地窄溪口嶴土頗
腴員鹽嶴地窄迫瘠小泉嶴窄瘠侯家嶴地頗脆紫微嶴
土肥力倍雖值儉歲不至荒之內有鹿夫善射曾勝倭寇寺嶴卑狹芊嶴地平妥天
塘嶴地廣高下相值多魚鹽之利裏嶴土產多鹽田野嶴頗坦鹽倉嶴
田地頗腴鹿頭嶴腴瘠相半黃泥嶴土肥石頭嶴土頗腴西嶴
土肥大沙嶴地曠居民多資藪竹木爲生岑江嶴衝要海口賊屢登犯後居民築牆自
衛青嶴土瘠產竹小沙嶴土瘠居民捕魚爲生磋礵嶴土瘠居民多資魚樵
五百嶴土廣居民多資魚樵馬嶴地坦而腴高下百餘頃杜家嶴窄瘠壬戌春被
總章廷臬斬倭夷干覽嶴山水頗奇小路嶴偪瘠黃沙嶴土瘠後

嶼瘠窄　西嶼窄　白泉嶼土膏腴　茅洋嶼地窄而瘠　蟂嶼
孟家嶼窄　柯梅嶼向倭夷所巢之地　北墠嶼地頗腴　釣嶼嶼
土廣而肥多魚鹽之利因近海口每被登劫　長嶼窄瘠　炭山嶼地高低　外嶼
多鹽　大展嶼地廣而瘠民以樵魚為生　小展嶼地窄瘠　塔嶺嶼土頗腴
小蒲嶼土窄而腴　蘆花嶼地廣頗腴　大嶼腴瘠相半　邵嶼地腴嘉靖丙辰
春倭夷百餘自湖浦梅家塈走巢於此冬十一月參將張四維統領湖南桑柏兵勦之　蒲嶼地廣肥瘠
相半多資魚鹽　司基嶼坦廣　祝家嶼窄肥　施家嶼土頗腴　南嶼
地窄而腴　吳山嶼地廣肥瘠相半　嶼土瘠　洩嶼土窄瘠　龍塘嶼窄瘠
苕蒲嶼窄頗肥　東湖嶼土卑而瘠　蘇嶼窄而瘠　陳家嶼平坦
甬家嶼坦廣頗腴多藉魚鹽　大揚嶼廣而腴　小揚嶼窄而瘠　東嶼
中坦而腴　西嶼窄瘠　郎家嶼頗腴　大蘋嶼地廣而腴　下須河嶼

防海輯要　卷八　浙江防海畧　四十

民藉樵獵為生　附洞嶼以上東北隅地
嶺　西硤嶺　沈公嶺　東皐嶺　石家嶺　油渚　張
家嶺　洞嶺　沙岡嶺　洩嶺　漫石嶺　茶茶嶺　新
嶺　大干嶺　桂嶺　蘆花嶺　西嶼嶺　大嶺　塔嶺
龍塘嶺　小展嶺　摩鼻嶺以上東鄉　曉風嶺　茆嶺　野嶼
嶺　鄭思嶺　長青嶺　鮑家嶺　岑江嶺　寺嶺　小
嶺　夾門嶺　清嶺　朱和嶺　藤坑嶺　大周嶺　石
嶺　柯梅嶺　白泉嶺　栎西鼻嶺　壘石嶺　黃泥嶺
以上西北鄉
嶕　丁家嶕在內境海西一潮可抵左茅洋右螺洋颶風石中起潮大則沒舟入不戒觸之輒壞昌國僉
王與善立石表以示往來者便之　缸斗嶕合沙灘際南海中　分水嶕連花道中

磯　邱家磯城東六十里大嶼之南　干磯城北三十五里　刑馬磯在岱山東
北名秦頭相傳隋將軍陳稜伐琉球至此刑馬祭神
港　舟山關港城南二十里官哨船只停泊於此　岑港城北四十五里六國港口南北
舟舵鱗集於此潮自挑搖而後二門會竹嶼溪頭之派而漫漲於西南之大洋謂之橫水岑港右龍洞其神甚靈異
竹叶向內則龍在洞竹叶向外則龍在海　雙嶼港城東南百里南洋之表為倭夷必由之路總制朱公
紈命都指揮盧鏜率兵堵塞之　烈港城北入十五里倡近金塘山都督盧鏜擒斬倭酋辛丑郎等於此勦
石更名平倭港　馬墓港去城北海中百餘里　長峙港南關外二里魚鹽樵獵之利頗饒
長塗港在岱山西南　穿鼻港潮入松子渡舟過橫水風色不堪率泊此　沈家門
港總哨兵船駐此　白沙港大小漁船泊此　石牛港總哨兵船泊此　嶼山港
通城樵漁絡繹之處　青龍港兵船泊此　洍泥港兵船會哨　忝吞港在盤峙之
東南北潮流匯處

防海輯要　卷八　浙江防海畧　四十一

灣　施家灣在城東南江浦之內戰船收泊之處宏涵以
前田皆斥鹵今悉成熟腴　白棋子灣與黑棋子灣相對
蚌螺之甲隨潮上下淘洗成質瑩光潔潤欲得之者撒白
米易之　黑棋子灣在烏石塘之右螺甲似石其形員巧
紺滑欲得之者禱於神撒黑豆易之
塘　烏石塘在東海中馬墓山之陽綿亘百餘丈高可二
丈餘枕海之濱表裏一色塘下民田皆成沃壤天色晦冥
則光怪閃錯故老相傳此塘一夕暴風雨捲挾而至者塘
有二一則舟山下塘頭一在桃花澳百年之間或捲沙以
為隄或堆石以為塘生就膏腴不藉人力然則海變桑田
非誕謾也

烽堠二十　舟山　外湖　螺頭　鹿頭（近海民少勢孤常被賊登犯）
蒲沙　西山　碇礄　崎嶼（大沙地方賊嘗於此登船）　郎家礇　袁
家礇　三江（與沙嶼相近賊嘗登犯）　干覽　朱家尖（以上屬中中所）　青
雷　謝浦・石牆　包家　石衕　沈家門　接待　亦
石　小展　鈎嶼　程家　石墷　塘頭　石峡　順母
塗（以上屬中左所）
關一　舟山關（在城南二里）
臺一　青雷頭
砦三　沈家門砦（原係外操之地有軍防守內有稍嶼南嶼蘆花嶼大嶼去砦五里向居民築牆大嶺阻截總路近經由水路或闌道而入屢被劫掠）　干覽寨　西碶寨
隘六　碇礄隘（與外港相對居民勢孤累被登劫）　大展　螺頭　少沙

路口鎮　岱山
前明巡鹽御史楊鶴疏云浙直松海自信國公經畧以來至嘉靖末年築城建堡添設營砦棋布星列足可防禦但今識者尚有遺議謂舟山仍宜復縣以固浙東之藩籬金山亦宜建縣聯浙直之勢其松城宜移近李家濱以扼三江之水口太倉宜分一衞於崇明以控蘇松之上游是亦一議也說者謂倭奴與三吳對峙東南東北正東風俱可入犯是日日夜夜時時刻刻所當防者吳中惟春汛遊兵一營出守羊山以三月初十日經五月二十五日收撤正防七十五日況修理船隻措處錢糧往往至四月初始過洋是一汛實防止四十五日耳而冬防則不復至海清明以前小滿以後倭奴遂不可帆乎大洋山馬迹蘇賨蒲嵴等山我兵防守則爲信地萬一未汛之先收汛之後倭奴突至而據之是一對馬島故事矣以其下形勢言之羊山蘇賨外海之天險也藩籬也南沙海上之要害也屏翰也吳淞劉河則蘇松之門戶也福山楊舍則留都之門戶也今惟守門庭而忽藩屏非勝算也謂宜於蘇賨嶼中屯遊兵營營兵船於內高山置堠數百里帆檣盡在目中種屯田千餘畝官兵藉供糧餉歲可省帑金萬兩倭奴入犯可扼其吭而拊其背且蘇賨一山亘海中適倭之去與倭奴之來必由之路使此處常屯有官兵則勾引接濟之奸絕而窺伺竊發之路消海中增一道金湯吳下多一重屏藩

防海上策莫過於此惟是渡海屯田是一大作用難與拘攣者道耳臣巡歷越中周行海上見溫台寧紹皆介海濱而錢塘乃在裏海以臣計之昔日之倭非今日之倭今日禦倭之局非昔禦倭之局台州四塞之國昔年倭寇內犯先臣戚繼光殺戮殆盡溫州環海而居然崇山疊嶂難以散掠此皆非倭所利也寧紹爲浙之門戶重兵控扼定海是矣然賊徑實繁不必更言他處即慈谿之龍山平石賨爲開道使倭由之入攻如斜谷徇秦陰平入蜀我反在外彼反在內是不可疏於防也雖然臣所慮者乃在錢塘鱉子亹其險似未易卒犯然江潮三日不至何常之有島夷之所垂涎通番下海之徒潛爲內應患正在此耳羅水營

之所兵今猶善戰然詳於陸而畧於水臣嘗言之當事謂省會腹心亦宜沿江置艦使之戈戟如林檣櫓相望所以內壯根本外消窺伺南北兩遊兵議撤其一置此地此斷斷可行者也至於金塘玉環諸山且屯且種足食足兵自是萬全無患如謂信國起遣恐異日者藉寇兵齎盜糧則舟山孤懸海外比之金塘玉環之偪近者相去天淵矣

台州府

寧海縣　宋胡融曰寧海水利講之舊矣然皆不得其要領胃爾爲之卒無成績且如官莊大嶼竹口梅林九頃田晴開闢雖號出穀處吠澮溝洫與夫河渠無可倚賴周世宗顯德中祖父孝孫元祐中本路羅提刑遵非不究心於

此未逾年歲尋皆廢壞故吾鄉之田凡在路北者凶歲多豐歲少大抵河渠之利獨於蘇湖杭越何則土平水緩勢不可激故也吾邑界兩山之中春夏溪流暴漲奔放衝突聲如雷震小小堰埭一埽而盡豈容瀦蓄故嘗爲之說上策莫如作陂下策莫如浚池相視吾邑土疎而多沙石山峻而不鉗鏁無透迤漫泉沮洳大澤可以作陂上策之說不可行矣不得已則有下策耳各以十畝爲率問其田凡屬幾主裒其錢買田一畝浚而爲池遇旱共以灌溉一應大戸有田在高仰者一依此例推而行之如此則吾邑之地皆成良田矣雖曰下策猶愈於束手而無策者乎

溫州府

兵防　先是浙東設總督一員金盤名色把總一員嘉靖三十五年始改設叅將駐劄磐石衞復設欽依把總專管水關統領兵船駐劄瑞安隆慶年間移駐寧邨所其南北要隘如黃華蒲圻石馬梅頭飛雲鎮下門等處俱設名色把總帶領水陸官兵畫地防汛海總不分水陸俱設兵五百名以募兵衞所選軍充之黃華關飛雲關江口關鎮下關各設總哨官一員哨官一員

黃華關屬樂清縣地方原係水砦派磐石衞官軍防守嘉靖三十一年改設總哨官帶領民捕軍隊舵兵泊梁灣海洋

飛雲關屬瑞安縣地方原係水砦派溫州衞官軍防守嘉

靖三十年改設總哨官帶領民捕軍隊舵兵泊鳳凰海洋

江口關設平陽縣地方原係水砦嘉靖二十八年改設總哨帶領民捕軍隊舵兵泊洋嶼海洋

鎮下關屬平陽縣地方原係水砦該金鄉衞官軍防守宏治中廢隆慶四年題設總哨官帶領民捕軍隊舵兵泊官嶼海洋

參將標營左右中前後五營每營設名色把總一員哨官五員各領官兵一枝標營平時屯插磐石衞汛期出守黃華蒲岐梅頭海口專禦洋田日圖一帶地方左營平時屯插蒲壯二所汛期出守上魁海口專禦鹽捕鎮下一帶地方並哨福建流江界右營平時屯插磐石後所汛期出守

石馮海口專禦三禦嶼鹽磐沙角南瀆平山白沙一帶地方中營平時屯插金鄉衛汛期出守大護海口專禦石塘澶頭七溪大小澳野一帶地方前營平時屯插平陽縣汛期出守仙口海口專禦柏城汶頭口眉古宋埠徒陡門江宋一帶地方後營平時屯插海安梅頭汛期出守前後岡海口專禦長橋長沙永嘉場沙邨黃石浦一帶地方

珠炎營名色把總一員哨官一員領民兵一枝平時屯劄炎亭專禦珠明石平大嶼舵漕洪嶺一帶地方（往年每大汛軍門調發標下二營來守此處萬曆十九年因警急議免調發以本處民兵分布防守者責水砦）

大汛以春分二月中天方陽和洋面東北風盛作日本島夷諸國與國互市或乘風剽掠可以徑至溫臺故防之夏

至後南風盛海水熱蛟龍起則風作彼既難來我亦難哨故於此時撤防小汛以十月小陽東北風與南風時或連作故防之冬至後海寨北風欲冱故十一月撤防惟四月漁船出洋乘掠鹽米壯勇不敢深入內地九十月海外諸國互市者皆乘東南風之廣中香山過船劫掠故小汛亦不可不防也

永嘉縣沿江有三洲西洲浦洲任洲入江有十三浦上戍浦竹浦桑浦甌浦西郭浦外診浦朱村浦黃石浦白沙浦梅嶼浦樵頭浦河田浦象浦通江有四港安溪港菰溪港荆溪港柟溪港

甌海一名壘海去郡城東六十里江流東至磐石（寧邨會）

於海洋茫無際涯是謂甌海自寧邨而南積沙成城以捍潮勢沿海皆沙塗亭民取鹹潮漉沙釃鹵煮鹽　甌海之長潮西至白沙接安溪北至潮際接柟溪（舟過此洋由干石入柟溪港潮至潮際）退潮東去北至館頭（抵樂清縣界前次樂港次崎頭舟行至此始出江口入大海分南北行謂之轉崎北至青田縣門而永嘉之海境盡矣）

瑞安縣安陽江（在縣南門外）舊名安固江吳時名羅陽河唐時名瑞安江又名飛雲渡其長潮西上下抵三港一抵陶三港潮際其退潮江口東接洋嶼入海次橫河南次榆木抵平陽縣界（由江南岸自雙射門外歷寧村沙城梅頭抵瑞安界出江北岸則自羅浮華巖梅溪港強嶼拱綵泉浦口館頭青嶼鹿西朱抵嶼清界）

平陽縣海在縣東二十五里北至瑞安縣界榆木浦起經

斗門仙口自仙口南經江口山茹南監鄧溪鹽亭抵大嶼王孫浦門自浦門抵壁頓嶺俞山自俞山抵福寧縣烽火砦止橫亘三百餘里

沿海巡檢司一十處管烽堠九十三所　館頭巡檢司管撥白沙山南岸山三嶼山嶼頭山黃華山洋田山盤嶼山田灣山館頭山茅竹山下關山上關山瞿嶼山　中界山巡檢司管撥楓葉山東白山蜜蠟山黃家山殊磊山川石山大嶼山長沙山沙下山沙匯山洛灣山　北監巡檢司管撥芝門山茗坑山烏岩山蘇家岡後轎山西門山湖頭山礦頭山前山下山化山蘆灣　小鹿巡檢司管撥馬鞍山靈門山魚井山于江山丫髻山三山石橋西門烏沙門

亭頭東門　蒲岐巡檢司管撥岐頭山水粤山高松山南蒲山纜嶼山蒲嶼山梔頭山　梅頭巡檢司管撥颱田俞山錢家步有塘路岩井山白岩南岸渡頭横河塘路鄭家莊　下村巡檢司管撥攔頭濛灣劉家山小王孫大王孫後嵯闞山元中岩下村頭　小漁野巡檢司管撥大護山皁灣上洋山莫山鳳凰山白崎山涞盤頭半塘　江口巡檢司管撥嶼門山蔡家山麥城山福全山同前塘塘岸仙口巡檢司管撥白洋石刺山斗門風門塞平山烽火山防禦倭寇官軍戰船於首門小源野青奥門中界山楚門等處海口灣泊防備遇有警急即便策應追捕

聯蘇松常鎮並浙江之嘉湖杭嚴八府屬一督撫以保江

南心腹議今西北盡戎馬之場矣識者謂江南豐芑必當鞏固以備巡幸正財賦所自出也然其腹心則在蘇松常鎮杭嘉湖七府之地以形勢言之北則長江天塹南則錢塘襟帶東則大海汪洋西則萬山屏蔽眞山川大險以衛此神皋乃以地本一區屬分直省贊指不應吭腹不通眞若七府屬一督撫駐劄鎮江巡歷蘇杭改吳淞參將爲大將海鹽參將爲副將設鎮江京口一副將如常山蛇以鎮江爲首蘇州爲腹杭州爲尾湖州帶山枕江負海爲左右翼常嘉爲喉脘腸胃諸經絡嚴州雖稍窵遠然地界杭上高踞山巔屏蔽錢塘不可他屬以之爲足然後可以扼險守要而南都之左馮翊以固不然自蘇松常與杭嘉湖接境諸地既無山海之阻又無關隘可塞劃然中斷臂之人身恰至腰膂分爲兩截其何能生今試言其邊腹水陸之不可分者有八江海入口處北自鎮江京口南盡杭州錢塘江之鼈子亹自京口鎮而下爲常州之孟河（水營把總）江陰之黄田港（兵備有水陸營）爲蘇州常熟縣之福山港（水營把總）係江海接界遠過嘉定縣之吳淞鎮大海（總鎮駐劄水陸各營把總）爲太倉州（兵備道）劉家河（遊擊水陸把總）爲松江上海縣之黄浦門漴缺口（兵防）（見海塘）再至金山（無海口參將水陸把總）而直隸之兵防已盡過此爲浙江之乍浦港（所軍）澉浦港（所軍）海鹽港鼈子亹（參將）而大海從鼈子亹而入錢塘浙江直達杭城下上溯嚴州以上諸山溪灘十里之間累若貫珠此口邊水路之不可分者一太

湖浩蕩廣八百里在蘇州之西常州之南湖州之北所屬縣有長洲吳縣吳江武進無錫宜興常熟烏程歸安長興德清平湖等縣此中腹水路之不可分者二平望（吳江）鶯脰湖爛溪等處爲蘇嘉湖三府之咽喉所跨縣有吳江歸安烏程嘉興秀水等縣此中腹水路之不可分者三泖天獨墅澱山沉湖仰湖等處爲蘇松嘉三府之間道海船可入所跨縣有長洲崑山（蘇）華亭青浦（松）嘉善海鹽秀水嘉興（嘉）等縣此中腹水路之不可分者四運河如帶長亘八百里自杭之北新關至鎮江之京口歷杭嘉蘇常鎮五府此中腹水路之不可分者五海塘長亘五百里自杭之鼈子亹築起至松之黄浦口塘岸高闊如城一騎可到中間設立

寶山所軍川沙水圍把總青邨所軍陸營把總陸路官南匯所軍選鋒把總柘林陸營把總陸路官金山衛參將水陸四營把總將水以上直境乍浦所軍澉浦所軍海鹽叅將以上浙地諸衛所營砦設金山海鹽兩叅將以彈壓之而金山以上屬直乍浦以下屬浙彼此不知堅瑕莫辨此沿海陸路之不可分者六宜興以上即至溧陽應東壩直接蕪湖若從蕪湖過壩竟入常州內地稍南奚便從廣德入湖州之長興縣宜興長興二縣對峙所當聯絡陸兵留守此中腹陸路之不可分者七官塘延亘如運河之界可以馬步並達中無險要可斷此中腹陸路之不可分者八有此八不可分又有三大害一曰吳耕浙販浙之米價每溢於吳浙商舳艫晝夜不絕居民之射利者又與之囤販以致吳

民當苦饑而浙商倍以獲利自用兵以來江廣之米漸次難致全賴此本地之粟而秋成之後搬運一空吳人不能越境而戰諸商此其爲害者一一曰吳盜浙竊嘉湖之間湖蕩寥闊爰有巨憝庇匿奸盜每聚至千人刼掠於吳而逃庇於浙官兵互相推諉文移莫可勾攝此其爲害者二一曰吳鹽浙稅蘇松沿海有鹽竈而不及設運司分隸於浙夫鹽產於吳而稅歸於浙當此兵興之際獨不可以佐吳力乎況乎私鹽出沒亦不能行其清核此其爲害者三夫直隸四府皆衛江海浙之四府惟杭嘉臨海我蘇松四郡既出兵力以衛浙而浙反以累吳其平時尙然若一旦有事必至此堅彼瑕此彼一處潰防則在在無用故以兩

府合屬一撫以統三鎭而杭嘉四府亦宜設處兵餉以佐協守則地勢既專地利亦盡此保江南之急著也其浙撫則移駐浙東紹興以保障寧紹溫台處金衢七府以爲江南尻脊外蔽可耳蓋浙海要衝皆在浙東若寧波之定海關台之南北洋諸境並溫處萬山如天台鴈蕩溫括蒼處四明寧四大山亦皆在浙東浙撫允宜坐駐紹興以控制外海並攝諸山伏莽之寇此不易之定論也

寧紹海道之備一曰昌國對衝大海倭夷出沒必由之處其設備之口則有旦門三門大佛頭牛欄寨壇頭鸛籠峙等處不下數十寨而韭山日本山俱遼東大洋夷船往來必望此爲準又昌國之咽喉一曰定海衛之南應臨港口

爲要害沿海之備則小浹港黃崎梅山嵩港等處海外之備則有丹山螺峯涔江天童嶼沈家門寨等要害易於衛奚難於守禦也臨山觀海二衛其海岸之備則有瀝海龍山等處而三山河界臨觀之間相爲聲援龍山等口北對金山蘇州大洋東對烈港而伏龍山獨爲兩衛之咽喉

溫州備則有金鄉磐石二衛其設備於海岸者舥艚夾亭以下凡二十二寨皆海舟登犯之要也其設備於海外者大嵩頭海島以下五山嶼皆海舟經泊之所也而海港口當備者黃華府城之咽喉江口平陽之門戶飛雲各境之外戶鎭下門烽火門戶會哨處而白岩塘實蒲岐所之外戶故有五水寨爲寧紹海防

若夫海港之備則有蟶浦勝山等港而四門港爲餘姚東北之襟帶古窰港爲慈谿咽喉金塹浦爲定海慈谿相連界烈港爲臨觀門戶而三江港爲大洋之口若從宋家漊陡門一帶竟至紹興越港而北即赭山寨又省城第一關鎖處也

台州守海之要松門衛海門衛也松門外即大海直抵日本而港内迂曲難以拒賊必出大陳山而迎戰於海中乃爲得之若海門浙東三台門戶也三面阻水無險可恃故賊之犯台恒必由此健跳所面山距海亦冲要處也自此而下爲中州臨門等港凡七焉若夫陸路之備則兩衛以下又有六所海門前所與衛等峙中臨大港爲椒江新河

所去諸衛所五十里去太平縣三十里水陸可恃也隘頑桃渚或險或易而楚門南隔小港爲玉環山周百里則海舟往來停泊之淵藪溫台二境所宜深慮也

附論潮

西溪叢語舊於會稽得一石碑論海潮依附陰陽時刻極有理不知爲誰氏復恐遺失故載之觀古今諸家海潮之說者多矣或謂天河激湧（葛洪潮說）亦云地機翕張（見洞正一眞經）盧肇以日激水而潮生封演云日周天而潮應挺空入漢山湧而濤隨析木大梁月行而水大（見竇叔蒙濤志）源殊派異無所適從索隱探微宜伸確論大中祥符九年冬奉詔按察嶺外嘗經合浦郡（廣州）沿南濱而東過海康（雷州）歷陵水（化州）涉恩

（恩州）住南海（廣州）迨由龍州（惠州）抵潮陽（潮州）泊出守會稽（越州）移蒞句章（明州）已上諸郡俱沿海濱朝夕觀望潮汐之候者有日矣得以求之刻漏究之消息（消進息退）十年用心頗有準的大率元氣噓翕天隨炁而漲斂溟渤往來潮隨天而進退者也以日者衆陽之母陰生於陽故潮附於日也月者太陰之精水爲陰類故潮依於月也是故隨日而應月依陰而附陽盈於朔望消於朏魄虛於上下弦息於輝朒（女六切朔而見月於東方）故潮有小大焉今起月朔夜半子時潮平於地之子位四刻一十六分半月離於日在地之辰次日移三刻七十三分對月到之位以日臨之次潮必應之過月望復東行潮附日而又西應之至後朔子時四十六刻一十六

分半日月潮水俱復會於子位其小盡則月離於日在地之辰次日移三刻七十三分半對月到子位以日臨之次潮必應之至後朔子時四刻一十六分半日月潮水亦俱復會於子位是知潮當附日而右旋以月臨子午潮必平矣月在卯酉汐必盡矣或遲速消息之小異而進退盈虛終不失其期也或問曰四海潮平皆有漸惟浙江濤至則亘如山岳奮如雷霆水岸擁飛雪崖傍射澎騰奔激吁可畏也其漲怒之理可得聞乎曰或云夾岸有山南曰龜北曰赭二山相對謂之海門岸狹勢逼涌而爲濤耳若言狹逼則東溪自定海吞餘姚奉化二江（江以[illegible]爲名一屬會稽一隸四明）侔之浙江尤甚狹逼潮來不聞濤有聲也今觀浙江之口起

自龕風亭（地名屬會稽）北望嘉興大山（屬秀州）水闊二百餘里故海商泊船畏避沙潬不由大江（水中沙屬潬徒旱切）惟泛餘姚小江易舟而浮運河達於杭越矣葢以下有沙潬南北亘連隔礙洪波蹙遏潮勢夫日離震兌他潮已生浙江潮水不同月經潮信始來已半濁浪堆滯後水益來於是溢於沙潬猛怒頓涌聲勢激射故起而爲濤耳非江山淺偪使之然也

防海輯要卷九

福建

福州府

衛兵有三曰征操軍曰屯旗軍曰屯種軍征操軍者入則守城謂之見操軍以時訓練出則守砦謂之出海軍按季踐更均月給米八斗如銀則月給四錢唯外衛所軍有出外海及守煙墩者每月給一石如銀則月給五錢更有選練備戰餘丁亦月給米八斗其軍戸有幼弱及老病者則優卹之或月給七斗六斗三斗各有等差如給銀則視其斗數以定多寡屯旗軍者乃國初奉紅牌及議田事例之屯軍也屯種軍者即見在頂種之屯軍也此二項軍第歲

視受田之數輸糧於官並不沾官餉自正統中鄧茂七之亂郡方戒嚴調屯軍以爲防守始有給八斗者今已報罷客兵者舊制無有也嘉靖三十六年郡苦倭寇巡撫始有調廣西向武州兵禦之者未幾遣歸四十一年倭寇又入巡撫告急隣省總督都御史胡宗憲遣參將戚繼光以所練義兵八千人自浙來援與倭戰大捷明年巡撫譚綸與繼光以浙兵平興化之寇斬首萬餘級乃奏留浙兵戍閩散於八郡而開府與帥府駐在省會故聚兵亦多環處教場統以將領名曰浙營其營有六八數大抵不下三千餘人

海防　水砦自洪武初命江夏侯周德興經畧海疆設衛

倭衛所巡檢司築城數十防其內使又於外洋設立水砦初惟烽火門南日山浯嶼至景泰中增立小埕銅山共五砦成化末當事者以孤島無援奏移內港內港山澳崎嶇賊舟窄小易趨淺水而兵船闊大難於近敵遂至失利嘉靖四十二年巡撫譚綸始請復舊制五砦以扼外洋其原屬福州者烽火門與小埕後烽火改屬福寧惟小埕專屬焉南日舊隸福清今屬興化浯嶼屬泉州銅山屬漳州隆慶初始添設海壇浯銅二遊兵萬歷初尋增南嶼崳山湄洲三遊海壇遊則屬福州崳山屬福寧湄洲遊屬興化浯銅屬泉州南澳屬漳州寨遊各有把總一人統其衆寨總由武進士或世勛高等題請陞授以都指揮體統行事謂之欽依遊總由撫院委差或以指揮及聽用把總領

督謂之名色各爲分汛地嚴會哨賊寡則各自爲戰賊衆則合力以攻時值春秋二汛必駕樓船以備海外憲司巡海道與郡海防館視防守之疎密而差次殿最焉

小埕水寨在連江縣定海前所今定額船四十六隻官軍一千六十四名北與烽火門會哨南與南日會哨西洋丁日下竿塘白犬皆其汛地省會之門戸也

海壇遊在福清海壇山由故唐牧馬地宋置牧監尋罷聽民漁耕增兵守之洪武初守備李彝要金於島民弗與奪遂奏徙其民於內地遂爲盜藪之區隆慶初年始立遊兵於此額船三十隻官兵六百六十九名泊海壇汛地與南日兵船協守　按砦與遊之初設砦必用世胄及勛陞者欲尊其體統令有以馭舟師懾衆志也至遊第用材官及良家子所以便吾

鞭弭可使飛伏應援耳故寨爲正兵遊爲奇兵砦可以分
疆言遊難以汛地執也近槩題請欽依其設一遊一砦相
間以居俾分疆不淆而汛地各守此祇足塗觀聽耳夫指
臂不聯則秦越異視輔車既隔則唇齒不依幸無事也非
勢成犄角倘變起倉卒而觀望參商庸足賴乎殆與先臣
奏請設立之意異矣

把截砦　長樂四 入石 黃崎 仙崎 東山　連江一 光臨里　福清
六 松關 永平 白鶴 峯頭 大址 牛頭
捍砦　閩縣一 石館　長樂一 大祉　連江一 北交　福
清七 松下 連盤 沙窩 峯頭 平北里 牛南里 長沙
墩臺　閩縣十有一 鳳浦 長崎 琅崎 海嶼 象洋 拱嶼 東崎 猴嶼 旺崎 鹽倉

鼓山　長樂二十一 礪酢 广石 魁洞 巷山 斗湖 牛山 湖頭 旋山 大興 甲峯
塔山 焦山 石濃 流水 壺井 小祉 江田 石門 山亭 渡頭山 壆泉山　福清二十
七 松下 峯前 大丘 後營 白鴿 燕積 仙岩 大娘 壟下 汶流 桃嶼 茶林 鉋頭 蟹嶼
前晏 白沙 塔山 馬頭 蒲海 石馬 陳塘 前村 洪坑 巒山 西嶺 雙嶼 峯頭

右五十九墩見舊志

平海衛十二座 小澳 蔡山 石城 坊前 埕口 澄 港 石井 三江 新浦 石獅 湖邊
崎頭　莆禧所凡五座 文甲 山柄 西山 火頭 東湖

右十七墩萬歷二年改築

中路遊擊　嘉靖中倭侵興化福建撫按請置參戎以專
統將領復罷參戎而置守備以都指揮體統行事萬歷二
十五年題請改遊擊銜門欽降旗牌三面勅書一道加設
中軍把總一員哨探把總一員掌號把總一員以便彈壓
其管轄水陸南日一砦海壇湄洲二遊興化前左右泉州
新舊共五營欽依名色各把悉聽節制自福州左右中鎮
及興化平海共六衛莆禧萬安梅花共三所巡檢一十八
司大小職官凡有廪餉月糧及色箄各屯大者申文小者
輒自約束

巡司　前志曰巡尉職邏警宰四封非宂官也本朝周江
夏經營炎海於吾郡東南建平禧衛所又念南日湄洲至
迎仙環海二百餘里疎節闊目非一衛一所能遙制之乃
於隙地又設六巡司各有寨城有官有射手有閒雜以房
幛墩臺斥堠相望壯哉昔人之紆策也自兵政淩夷巡警

失職當道者乃贅疣之乃減削射手數移以餉水陸兵存
在寨堡僅三之一耳不知六司絡繹分則自衛疆場合則
以五百兵并力勦捕懸軍插羽唇齒相依又附砦村落去
郡城迢遠有警各攜老稚挾衣糧馳入砦城避鋒鏑亦堅
壁清野意也昔賢才智豈下今人而故輕變置之胡爲乎
昔宋燕達守延州懷寧砦以五百兵破羌胡三萬騎彼其
官非巡尉其兵非射手耶

民兵　明初衛所設置軍伍各砦巡司編僉弓兵皆以防
禦寇盜景泰中柄兵者建議凡臨敵失軍以上與失機罪
同而民兵之制起矣

客兵　閩中陸設衛所海立水砦皆本地軍兵原無客兵

名目自嘉靖中寇起始設叅將遊擊帶領各處客兵四十三年專設中路守備二員以都指揮體統行事轄福州興化平海泉州永寧各衛所軍并興延二府陸路客兵守備衙門坐鎮本府取道里適均有警便於應援除泉州一營外本府二營初止分北城內民舍隆慶六年始置營望仙門外曠野去處每遇操練調入城教場校閱春秋二汛移屯平海莆禧吉了城內萬歷十九年添設一營曰興泉營本府北門外安置至二十年改爲興化新營俱守備領之二十五年因有朝鮮之警復設右營一營北門外西庚地方屯札以舊營爲前營新營爲左營共三營設遊擊領之三十一年軍門朱運昌將右營一營調守平海建城安插

前左二營仍駐守府城團練防守汛期每營撥守一哨出守賢良文甲濱海扼要地方量撥兵隊分扼三江汛畢撥兵二三十名哨探信地以防不虞收汛全營操守

水兵　明初立水寨三烽火門(屬福寧州)南日山(屬興化府)浯嶼(屬泉州府)景泰中增署小埕(屬福州府)銅山(屬漳州府)共五砦後以各寨在漲海中無援奏移內港本府南日一砦移入新安里吉了澳官府文移仍以南日水砦稱當時撥興化平海泉州三衛旗軍充爲舟師各衛撥指揮一員總管所部之軍謂之衛總又選各衛指揮才能出衆者由把總行事視都指揮而衛總聽節制焉興化衛指揮一員平海衛把總指揮一員泉州衛把總指揮一員南北海洋哨捕百戶六員守備

雙嶼改移三江口指揮一員成化中巡撫都御史張瑄欲軍休息分爲三班(上班今年二月上明年二月下中班今年八月上明年八月下下班明年二月上後年二月下)輪流更代衛總一年一換把總五年一代不欲數易以廢砦事昇平日久武備廢弛倭船總由內港發岸葢內港山澳崎嶇賊舟窄小易趨淺水而兵船闊大難以迎敵皆爲無用之器嘉靖四十二年軍門譚綸巡按李邦珍總兵戚繼光會議題請復舊制五水砦以扼外洋將烽火門南日山浯嶼三艘爲正兵銅山小埕二砦爲遊兵選各衛指揮千百戶有才力者充五砦把總以都指揮體統行事分汛地明斥堠嚴會哨定功罪五砦兵船每砦各屯札二哨又分二哨屯札大洋賊船必經之處其餘各砦附近

緊要港澳則分哨往來以防內侵又於道里適均海洋定爲兩砦會哨之地葢倭賊由浙而南則烽火門爲先故分兵屯札於烽火以上之井下門而與浙船會哨南則與小埕會哨於西洋山(屬羅源縣)小埕則分札於西洋而與烽火會焉南則與南日會哨於梅花所之南茭南日則分札於松下又移至南茭與小埕會焉本砦屯札兵船則移至平海衛前與浯嶼會哨浯嶼則分札於湄洲而移與南日會焉又兵船二哨屯札於料羅移至擔嶼與銅山會哨其銅山兵船則二哨屯札浯嶼又二哨屯於沙洲山由此而南則爲廣東界矣汛地既定兵勢聯絡賊寡則各自爲戰賊衆則合力并攻以擊外洋之來賊爲第一擊去賊次之失賊

弗擊與放賊登洋者查照汛地論罪五砦把總俱屬督府
監軍道提督惟銅山一營去省路遠聽該道於漳州調閱
隨汛督發本寨坐駕官員把總以都指揮體統行事指揮
僉事一員協總一員前後左右各哨官一員各衛所抽充
本砦征操軍共八百九十八名分駕哨船十隻自是夷遭
𨘷鉅（嘉靖四十二年爲總兵戚繼光破滅）邊境稍寧萬歷二十四年夷會關
白侵朝鮮羽書雜遝海上戒嚴巡撫都御史金學曾委分
守張鼎畏都司鄧鍾躬歷汛地規畫萬全議請添設崳山
海壇湄洲浯銅元鍾臺澎湖諸遊於一寨之中以一遊間
之砦爲正兵遊爲奇兵錯綜迭出巡徼既周聲勢亦猛且
砦與寨會哨東西相距南北相抵而支洋皆在所搜遊與

遊會哨東西相距南北相抵而旁澳皆在所及如閩浙分
界則烽火爲先盖倭船必由此南下扼津要守門戶誠防
禦之一大關鍵也（始倭之通中國實自遼東今乃從南道浮海自溫州福寧以入若東北風自彼
來此可四五日程盖其去遼甚遠而去閩海甚近也）故烽火全力守官澳北與浙船
會哨而南與小埕會於羅浮小埕兵船二艘一艘屯西洋
一艘屯竿塘北與烽火會哨南與南日會於松下南日兵
船二艘一艘屯若嶼一艘屯舊南日北與小埕會哨南與
浯嶼會於大小岞浯嶼兵船二艘一艘屯崇武一艘屯料
羅北與南日會哨南與銅山會於擔嶼銅山兵船二艘一
艘屯鎮海一艘屯沙洲北與浯嶼會哨而南與廣船會若
諸遊屯札則崳山屯西洋霜山白山屯莆溯官澳海壇屯

蘇澳龍王宮湄洲屯賊澳大小岞浯銅屯擔嶼等處而會
哨則北標與海壇會於下水海壇與湄洲會於西砦湄洲
與浯銅會於圍頭浯銅與南澳會於陸鼇信地分明兵勢
聯絡規模建置不外戚總戎範圍中也寨遊俱屬分守巡
海一道總鎮遊擊提督及淸軍海防同知稽核
自倭變之後議者以三江地方爲吾郡門戶海流至此分
爲三路一路稍北通端明陡門入北洋涵頭等處一路稍
南通林墩港門入南洋黃石等處中流通寧海橋直抵熙
寧橋白湖等處距郡城二里計自海洋入三江口自三江
口入郡城不半日可到議設指揮一員守禦防汛之時撥
軍一百二十名澳船六隻坐駕防禦至收巡之時撥軍三

十名調船二隻巡守萬歷二十七年分守馮收以指揮無
益防禦徒肆漁獵遂議裁革然亦因噎廢食之論近同知
江懋功議春秋二汛復收泊三江之劉澳遇有警便於肆
應已經題允遵行
海防館同知江懋功條陳題爲南日砦兵船收泊劉澳及
區畫南日山事宜夫兵船當汛時碁布星列在在周防可
無罣啄惟收汛時砦遊之船盡入泊吉了內澳但湄遊與
吉了不遠泊之於此或發或收無甚關阻至若南日四十
餘艘并聚此澳既非五都之衝又無扼要之險不過藉以
避颶颱免震蕩耳然自吉了沿崖一帶以至蒲禧平海三
江遠及萬安若嶼五六百里無舟停泊瞭守空虛萬一當

發汛之時北風迅烈大艘聚於吉了之中卒難出澳倭帆據我上游雖有一二小防船隻巡徼在外猶孤羊而遇羣虎也合無於汛畢之時將湄洲遊兵船仍泊吉了以南日砦船撤泊三江今復親履其地徧覽形勢去三江不遠曰劉澳者四山藩蔽又且寬廣更善於三江昔戚總戎曾泊兵於此矧在三江口外爲南日左哨信地況南日前哨若嶼去此僅二潮水左哨萬安去此僅一潮水右哨南日山兩寨去此止半潮水後哨平海亦一潮水居中四達隨發隨至不異於遠倚吉了之阻哉夫南日山居民始焉浮居今成土著徙擅沃饒之利罔顧堂幕之災既不能徙而之他獨不可預爲安全之策誠如宋時沿邊弓弩射之法仿

而行之擇其丁壯時其訓練獲倭者敘之擒盜者賞之若慮其獷悍也則以鄉保倡鄉民　未必逆也若慮其艱費也則以船器充兵器未必乏也若慮其鳥獸散也則南日山四面阻海勢無所逃也如云弓矢之備於民難需古云矢石如雨則石亦戎事所不廢況從高而下尤捷於矢取之不禁用之不竭乎至於築壁之議誠爲萬全但責鉅工煩取民則斂怨取官則無資有未易言者惟擇要地捌一墩臺取其足以備一時之瞭望早知備禦可也如改則鄉兵虎視於南日樓船龍驤於要津陸營鷹揚於沿岸聲勢相倚應援交濟藩籬治而門戶固矣

戎器甲冑之屬衛所軍匠爲之有定式有成數都指揮視其利鈍而藏之於庫三衛舊各有庫宏治四年始設武備庫合而藏之　銃砲火箭飛鎗之屬謂之火器三衛置局藏之其外衛所則取兵器於庫局又有歲造解京軍器府衛並造取辦於料銀不足則征之屯耗折鈔衛所造故有軍三民七之目　防海之舟曰官船曰快船曰哨船委指揮一員造之三衛舊各有廠景泰中始并爲一廠在河口隆慶元年改設於閩洲郡寨遊外烽火南日浯嶼銅山四寨不隸福州衛亦造舟於此

論曰郡之戎器歲有督造顧器一而直十軍之家四胥之家六甲冑楛惡器械朽鈍所從來矣上下相蒙利弊相續久之皆烏有也至於戰艦其費倍蓰歲糜金錢祇實奸橐

收汛撤兵守之則羸卒連艘積水觸之則虛舟也夫器不堅好卒不服習趨利弗及避難弗畢塵飲塗羹直兒戲耳噫安得臨敵含及如楚之劍戟而教習水戰如越之舟師也豈憂倭奴哉

泉州今改州爲府

明朝洪武初以郡治建泉州衛旁列五所已乃城永寧爲永寧衛城小兜爲崇武所城廈門爲中左所於大復擔南大武山外建浯嶼水寨扼大小擔二嶼之險絕海門月港接濟之奸與福州烽火小埕興化南日漳州銅山聲勢聯絡其爲全閩計甚周先年烽火南日二寨移入內灣浯嶼寨復移廈門縱賊登岸而後禦之無及矣嘉靖戊午浙江

舟山倭徙巢梅柯復駕舟出海泊於浯嶼負嵎莫攖四出摽掠興泉汀廣並受其害越一載乃揚帆去此已事之殷監也譚巡撫戚總兵議請復舊旋復旋罷近又移浯嶼水寨於石湖說者謂濱海四郡隔藩籬而懷酖毒原非便計乃石湖則於內地尤近置鯨波若罔聞矣倘亦一長慮乎

巡司　隆慶志洪武至正統年間經畧諸臣江夏侯焦侍郎等官自福寧州以迄漳泉置衛所共二十五巡司四十有五水寨五衛所巡司控賊於陸水寨防之於海則知巡司衙門雖小而與水寨同時建設所以聯絡聲勢保障居民也邇年兵餉缺乏扣銀解充似亦一時不得已之權今海防無警生齒日繁彼處離城窵遠則酉官彈壓與弓兵

防守皆似難免者況土民魚鹽爲生慣習風濤尤嫻水戰飛石放鏢乃其長技近年屢與賊鬭賊亦畏之若以弓兵工食就彼招募土民籍之於官且耕且守禁其遊惰作其銳氣郎勝兵千餘不召而集恐客兵不及也

客兵　泉州陸設衛所海立水寨皆本地官兵原無客兵名目自嘉靖季年都督戚繼光用浙兵勦倭寇著績嗣而撫按請設參將遊擊等官帶領各處客兵來去不常至隆慶四年院道議募浙江一營設名色把總一員哨官一員名募客兵六百名劄守有城至萬歷二十年海上有警院道又議添新浙兵一營又設把總一員哨官一員以舊營見在者就中裒益每營各額定五百七十五名至三十三年以餉詘裁減每營官兵定以四百五十員名爲率內把總一員哨官四員哨長高招一十七名隊長書記四十九名把總家丁二名健步三名四哨官家丁健步各一名兵夫雜流三百四十七名每營每月約支糧銀四百六十兩有奇俱派在本府七縣徵給至於春冬二汛舊營分兵一哨守料羅一哨守安海一哨守圍頭兼顧福全一哨守府城近議以安海爲泉郡門戶奸盜出沒之藪題設專官駐鎮其地防守宜亟而圍頭尚在福全內地且有浯嶼寨右哨兵船在圍頭洋捍衛於海兼有巡司福全所犄角於陸議將圍頭一哨陸兵掣撤添守安海其新營二哨守崇武一哨守永寧沙堤一哨劄守府城

水寨官　舊制水寨統以指揮一員謂之把總軍門譚綸題奉欽依比照浙江定海等關把總以都指揮體統行事於是浯嶼寨爲欽總其浯銅遊兵把總及新設澎湖遊兵把總俱軍門劄給名色者

水寨軍兵　舊時水寨舟師皆撥各衛所軍南日寨則撥泉州衛合興化平海二衛共一千五百餘人浯嶼則撥永寧衛寨福全所合漳州衛共二千五百餘人近來軍伍缺寨卒悉係募兵而衛所軍止貼駕船浯嶼兵一千七十（糧每月九錢布政使發給）貼駕五百八十名浯銅遊兵五百三十六（糧俱布政司發給）貼駕軍三百名澎湖遊兵八百五十名（春汛糧給於泉冬汛糧支給於漳）

兵船　浯嶼寨管福哨冬鳥等船四十八隻浯嶼遊管冬鳥等船二十二隻澎湖遊管哨船二十隻

信地　浯嶼寨兵分四哨出汛時一屯料羅一屯圍頭一屯崇武一屯永寧每汛與銅山南日兩寨及浯銅遊兵合哨稽風傳籌浯銅遊兵分二哨出汛時一屯舊浯嶼一屯擔嶼每汛與浯嶼寨兵合哨僅澎湖遊兵專過澎湖防守凡汛春以清明前十日出三個月收冬以霜降前十日出二個月收收汛畢日軍兵放班其看船兵撥信地出防

按泉郡濱海縣亘三百里與島夷爲隣其最險要宜防之地有三一曰崇武在惠安東北接湄洲與興化連界西通泉州大港東接海洋南與祥芝對峙正當泉之上遊海寇

入犯首當其衝一曰料羅在同安極東突出海外上控圍頭下瞰鎮海內捍金門可通同安高浦漳州廣潮等處其灣寬大可容千艘凡接濟萑苻之徒皆識其地以爲標準嘉靖間倭寇由此登岸流毒最慘一曰舊浯嶼在同安極南孤懸大海之中左連金門右臨岐尾水道四通乃漳州海澄同安門戸明初設寨於此最爲遼遠至崇武而上有永寧料羅而上有圍頭舊浯嶼之北有擔嶼列嶼南有卓岐鎮海皆海寇出入之路抑其次也汛兵屯崇武永寧分哨則獺窟祥芝深滬福全一帶有賴屯料羅圍頭分哨則洒洲安海官灣白浦峯上陳坑一帶有賴遊兵屯舊浯嶼擔嶼巡哨則鎮海岐尾島沙港一帶有賴澎湖絶島舊爲盜賊淵藪有遊兵防守則賊至無所巢穴又泉郡藩籬之故也至若選將校練卒伍修艨艦明賞罰使水軍狎風濤不敢偷安內澚則在人而不在地

寨隘　晉江縣寨十有七北曰萬安洛陽橋惠安縣分界南曰潘徑在十都東南十有五曰吳山曰中寨曰坑尾曰沙隄曰新寨曰尾寨曰古雲曰油浦曰倉後曰東店俱二十都曰龍安曰湖邊曰東浦曰深蘆曰龍尾俱二十二都俱隸永寧衛　烽燧十有二西曰安平南曰龍及曰古雲俱二十都曰坑山十六都曰東門外曰浮下十五都曰陳坑曰石菌曰番徑曰淦浦曰石頭曰蕭下俱十都

南安縣寨無　烽燧四西南曰石井四十三都曰漢東四十五都曰

街內曰下吳俱二十六都

同安縣寨十有四浯嶼爲海防重鎮東曰劉伍店澳頭十七八都曰牛嶺曰檨林俱三十都曰歐山五都西曰青奇山曰洪山八都曰西山一都曰大寶九十都西南曰下畸曰大寶營曰馬鑾俱十五六都曰東灣曰五通俱二十二都　烽燧十有四南曰白石頭十一都曰劉山曰西蘆上俱十一都東南曰葉了十九都隸金門所北曰東關潯曰亨泥俱四十都西南曰厦門曰歐舍曰徑山二十二都東西曰下尾曰流嶼二十三都曰井上曰龍淵俱二十四都

惠安縣寨西北曰白水在白水浦南一名陳同元李寇作鄉人築以自固正統年知縣閻貞重建兵守之西北曰東坑在西五里曰昧嶺西南曰虎窟在縣西南山谷間崇山夾峙狹徑僅通人行東南曰青山二十六都　澚有五曰崇武曰獺窟

曰小嶫曰黄阿曰峯尾俱有城壘控制大海烽燧二十二東北曰海頭六都曰下頭七都曰後黄曰烽尾俱八都曰大山曰馬山在九都曰蕭山十都曰爐頭曰下朱俱十一都曰後任三十四都曰白沙十九都東南曰白崎二十三都曰柯山二十四都曰獺窟二十五都曰大岞曰古雷俱二十七都曰赤山二十八都曰埕埭曰小岞俱三十都曰尖山三十一都曰青山曰馬頭俱三十二都

安溪縣寨二曰白業坂在縣崇信里諸嵩往來經此僉事余爌建圍以石城曰盤中寨在新溪里赤嶺村隘十有一曰東嶺在依仁里東嶺下曰與林在崇信里正德十年知縣彭黄建曰眉田龍涓里正德十三年知縣張俊建曰大保感德里知縣彭黄建曰厲鈴新康里曰打鼓來蘇里知縣龔穎建曰東溪崇善里曰燕尾龍涓里俱知縣龔穎建曰鶯頭崇信里軍寨山下知縣彭黄建今廢曰白汎長秦里今廢曰挑舟

感德長樂二里閩盜賊往來之地最爲關係

永春縣寨二十七曰南峯在一都龍坑村曰占仔在一都古隔村曰碧溪在一都敗尾村曰蝴蝶在三都橫村曰金鷄在上店洋村北曰石鼓在儒華村曰陳坑在防坑村曰山中上下二寨在上秦村曰龜洋馬頭在龜洋村上四五都以曰大横在六都溪邊村西曰陳巖在溪邊村北蕭安六建峻險壁立中青泉四出又有蕭公路亦蕭姓者指貲開以通龍亢二縣憑虛架石下臨深谷曰道場在高麗山之巔勢極高寬廣可容萬人曰仙亭在十都東園村後曰銀瓶在十一都石壁山西峻險壁立中有清泉曰雙魚在蠻灣山頂以山名雙魚故名曰玉山在縣鍾山後以上十四都曰陳占在石谷山鱗石峻岩半壁有洞深廣莫測昔有劇盜陳占據此虎食與全二郡憚不能討不用大師曰湖安在湖安山曰白鶴在白鶴層巒環障清泉四出正德十四年尤繼兒修築城賊首陳德攻之不克引去曰石壁在南洋村曰覆船在蓬壺村曰横山在溪兜村曰猫巖在小兜村以上二十二都曰磁竈在磁竈村後曰苦崎在地前村曰河坂在河尾村曰張林在山前山下以上二十二都隘二十有二曰樟坑在三臺山下路通漳平曰任田在岱山下路通龍溪曰白山嶺在東湖山下路通安溪曰吳畬在二都東山下曰上畬在白岩山下曰蘆地在新犁山下自任田至此皆嘉靖二年知縣柴鏞建曰呂不在縣鼓洋頭曰田中在七都西北曰許平在七都西曰高平路通安溪打鼓嶺知縣柴鏞敗賊於此曰上達在苦坑山後乜上二隘俱知縣柴鏞建曰横龍徑嶺頭在横龍徑嶺頭曰西向嶺在向西嶺曰泥門在十四都白岩掘北以上二隘俱知縣柴鏞建曰東關在十五都曰梅北在十七都曰塔嶺在縣北二十都曰白隔在縣東北八都曰石獅山在十八都塗嶠村東曰苦竹山在下九都苦竹村已上五隘知縣柴鏞建曰頭隘在大嶺頭曰蘇坑英山在二十一都東知縣柴鏞建

德化縣關四曰官關在梅陽中團曰彡毛關在湯泉下曰岩市關在小龍關曰平蘆關在東石圖隘一十有三曰蕭山隘在防隅通永春曰劇

頭隘在防隅通永春曰蓋福洋隘在防隅曰上漈隘在永豐里曰石門隘即平蘆關在東石圖曰油竹隘在楊柳中大官嶺下曰蛇嶺隘在楊梅中曰湯嶺隘即湯尾寨在湯梅上曰龍牀隘在湯泉曰赤嶺隘在湯泉上曰蕉嶺隘在小尤中曰長安隘在黄超圖曰伏虎隘在湯泉上萬豐岩　按泉郡西北負山安永德三縣與汀漳延平爲鄰各處逃民闕作不靖先年處處設有寨堡或遏賊所必由或守賊所必據其建立防守大抵出於民爲多東南瀕海接迹島夷晉南同惠諸寨皆爲備倭如圍頭烏潯深滬蚶江等滬其土民慣戰海賊所畏兵亦賴之嘉靖季年倭寇充斥村落之民多以寨堅人強得免者承平以來各寨僅存其名邇年巡撫徐二公曾屢行申飭各鄉都築堡防虞然上有經營之勤常患

於民不可使知下有出辦之繁常苦於官不能盡量不蚤計而預築難得堅完然無故而興役又涉謗端自非瞭若觀火憂切桑土之長孰能曲突徙薪於必然未然之際哉

漳州府

兵防　洪武三年置漳州衛指揮使司其屬爲經歷爲鎮撫爲千戶所者五五千戶所各統百戶若鎮撫後設鎮海衛所統亦如之又置陸鼇銅山元鍾守禦千戶者三衛軍可五千餘人所軍可千餘人耕其屯田而食之成宏間又設鎮海之後千戶所戍龍巖而以漳州衛之後千戶所戍南詔此衛所始末之大較也銅山漳濱海之重鎮也明初遣江夏侯周德興入閩築城備倭置五砦銅山其一爲寨

在井尾澳景泰中移今西門澳初以衛官有才望者統其事而後以欽依把總一人元鍾澳屬焉籌海圖編曰漳州府所轄漳浦縣最近海澳設水寨者二銅山西門澳爲把總水寨而元鍾交其節制故今止以五寨爲名巖撥鎮海漳州永寧衛及元鍾銅山所軍分番巡哨北自金山以接浯嶼南自梅嶺以達廣東隆慶六年知府羅青霄議置土兵五營分鎮諸處或廢或存萬歷初年又爲銅山置浙兵營則自萬歷十一年爲吳雙引倡亂而設蓋主與客交駐云澎湖在漳泉海外與倭僅隔一衣帶水嘉靖以來曾一本林鳳輩往來嘯聚其閒數爲邊患壬辰朝鮮告變時傳倭且內侵當事謂不宜坐棄澎湖爲設官兵據險戍之又慮孤島遥懸汛期分諸路兵遞爲應援以水犀杜其皃窺此營砦始末之大較也漳入明領縣五成化中以溫文進之亂割龍巖居仁等五里置縣漳平謂險遠難制也正德中象湖諸處亂起巡撫都御史王守仁督兵討平之復采鄉三老議以爲盧溪等處地里遥遠政教不及釀成大禍今動三軍之衆合二省之威雖曰殲厥渠魁掃除黨類特一時之計未爲久遠之規乞於河頭中營添設縣治引帶汀漳暌襟清寧政教既敷盜賊自息上疏請朝置和平縣嘉靖初以南詔廣寇出沒置詔安縣月港者龍溪海上一大都會也自內外賊盤據爲難烽燧戒警歲無虛日都御史朱紈疏請建邑不果後郡守唐九德力持其議都御史汪道昆爲更請置縣海澄而是時又以初平蘇阿晉等於殺孤嶺割龍巖之集賢里置縣寧洋國家剖牧民

之符非惟臨長百姓夫亦以父母依邇威信亦敷赤子潢池弄兵自息設險守國勝於數十萬甲兵也郡又有海防同知春秋防汛近又設督捕通判駐雲霄丞主海上事而別駕職內賊此郡邑始末之大較也漳初未有大帥建牙者嘉靖二十八年以軍興設參將一人二十五年命以水陸參將二人三十八年請分福建三路爲三將軍主之其駐漳者爲南路所轄自詔安廣東界北達祥芝盡鎮漳而兼控泉也先南澳尚未開府每遇汛期專駐元鍾後南澳既設移駐銅山萬歷二十年議者謂偏處一方移駐鷺門居中調度焉而南澳者在閩廣交界爲逋藪吳平許朝光巢穴於此曾一本林道乾遊魂於海至合兩省會勦始平

遂議善後題設副總兵官協守漳潮拓地捌鎮無事則玉斧彈壓有事則金鉏窮追兼制兩省秩亞驃姚此將帥始末之大較也夫宏正以前承平既久人不知兵故規制尙畧嘉隆之閒所部雲擾歲歲苦兵故規制寖詳然衛所官大則金緋小亦列校歲糜月俸錢甚夥其錚錚者多脫穎以出樹勳他處而卑者長傍桀戟乘堅策肥刻削自豐恣睢自豪至不識鞘鈐爲何物戰場爲何地告以鼓鞞聲心悸欲絶且凭空頓於戸下安望其緩急使乎若正統鄧茂七之寇指揮顧斌擁兵銅陵募死士人衛遂大破賊二百年來一人而已彼鎮海爲饒賊所陷諸將束手坐觀板蕩此曹之肉豈足食哉至於衛所軍世守尺籍執其鋭器不

能刑鶏鶩無論卽戎脫有變棄甲不暇耳國家養兵世世僅得其空名守內皆然不獨漳也正統天順閒所在招募丁壯爲民兵（卽快手機兵之屬）而巡司故有弓兵俱有司操練然今民壯僅供公門役使弓兵所緝卑閒鳴吠及負擔與販而已議者始復仰借於客兵乃客兵之大利大害亦畧可言方嘉靖鼎沸時海內名將如戚繼光俞大猷俱統重兵入漳征勦海上父老猶言繼光時事賊圍孤城急復四出剽掠父老扶攜登陴女牆上冀援兵旦晚且至嗣見遠煙數點影嚮如旌旗狀忽砲響官兵業抵近郊與賊接戰大破之蓋繼光每出師或急或緩人莫能測賊偵繼光方與所在當道歡飲解甲犒師似未卽發繼光已夜從閒道急

迸出沒若神賊猝不意輒狼戾死甚衆云蔡陂之役賊又預度繼光當至設伏待之猝然鱉起兵爲少却繼光斬前怯者數人身自督戰賊竟潰四十四年海寇吳平據梅嶺繼光兵來賊遁入南澳繼光追擊之俘斬萬五十人賊潰遁赴海而漳遂平自漳中賊亂而繼光之功亦與之終始漳人爲之語曰俞龍戚虎殺賊如土皆他路兵也然事急則徵召事平輒復遣去徵召而屠戮者已饒受其禍矣故邇者爲客兵置營居守如土著顧在壬戌參將楊縉以東莞兵來顧爲備禦漳賊實納東莞兵爲內應縉下令漳門不得夜闢門閉輒兵之漳大駭諸生相率嚮當道固爭富家夜自爲登陴固守不呼而集次日清明東莞兵從南郊

辱人婦女睥睨殺之郡守始下令鄉兵截殺須臾東莞兵頭顱被地幾盡所部始寧萬歷癸未吳雙引之事敗就誅也有司者慮之議駐客兵於西郊其後長泰囚越獄刺殺縣令囚實與客兵約爲外應先一日客兵以庭毆羅中軍有信改期不能達因登城四顧外無援者始就擒雖社稷有幸末焰旋熄不可不謂往事之明鑑也夫漳所最苦者莫如倭嘉靖時閩所初置巡撫則以倭故倭非外能自來也起於中國之民爲之嚮導都御史朱紈練甲兵嚴糾察按詰通海者若干人悉誅之紈竟爲朝議所中忿恚自殺舶主土豪益自喜爲奸走波濤中交相往來後乃大舉入寇而海寇應之至陷城郭禍墳墓男女駢戮遠近震駭此

亦人神之大痛矣網以亂至而密密則已亂網又以亂辭
而踈踈則安窮比歲海濱人視越販爲常事詭給沙埕引
無不詣小城居者當事憂之嚴爲令與民更始有梗化者
無赦夫越販起於富人射利其意原非勾賊唯是輸其寶
貨露其情形此其漸不可長者耳禁越販自是防倭急務
未可謂越販之門一杜而倭便不復來也海上行刦何處
無倭奴犯漁舟居貲舶旋復散去不逞之徒手無生活日
覬彼心與夷雜處彼狡焉有窺中國之心何日忘之中山
之藩破矣長蛇封豕爲食未央故待敵宜預也向者夷從
西方來賈胡別種也髮盡赤巨艦迎波結中貴人以互市
請如東粵香山敎事當事持不可參將施德政躬抵澎湖

宣威耀武與夷相持者久之夷乃去其後數歲更入海上
申前請益力當事嚴緝居民不得與售一錢乃更指東粵
以往若輩僅以聲勢恫喝然舟大不便勒轉卽有變火攻
可燼耳防之無使登岸彼將自消其食指威之無使見瑕
彼將自戢其殺機後此出沒而未有常也故防敵宜周也
國家皇靈旁揚然二百年中深山窮谷之區小醜間發始
而鼠竊繼而狼噬驅之則鳥獸散至二十四將而禍烈矣
鯨鯢之不淨以煩縣官安能便置反側於度外萬歷以後
帶牛佩犢之萌旋就誅滅然餘黨尚未悉散往者漳浦見
告人或訝其太張皇然與其張皇也猶勝坐視必以踪跡
之尚未露也而槩置之罔聞人心愈怠城守愈踈脫有眞

變烽火在庭而不悟矣詎細故哉語云涓涓不止流爲江
河今近郊之內夜半殺人劫掠財物肆行無忌比比有之
此固揭竿之漸也故緝敵宜嚴也漳浦林太史偕春之論
兵防也築土堡練鄉兵而又以外城空守內賊空攻纚纚
具悉此是倥傯時事非所施於承平且所營寨諸軍是亦
鄉人也是則練之而已客兵久於吾土耳目肝腸豈盡異
類是則制之而已張萬紀爲銅山把總每雨雲陰晦意賊
所在輒駕小舟身携一劍以驍勇數輩自隨裝束如漁人
因以誘賊賊相遇手自擊殺之或死或縛萬紀雖屢經險
阻神意逾壯海上數年間得安枕無恐者則萬紀之力爲
多是外賊未嘗不可攻也頃歲中丞巡歷海上一切與將

士綜核名實乃其選將僅騎射故事所選士令抱石以識
勇怯著令甚迂而所用又非所擇則何取焉往事材官及
兵目人應缺補者將軍與郡國議上主者裁決之比歲自
旋門所出不知何人坐名送寨彼其人與地既不相習而
部曲儕伍又不相能安望其得熊羆之用哉諺曰文臣空
不愛錢武臣空不惜死然吾謂武臣愛錢正軍政所由敗
壞而難於收拾第必自文吏大臣始夫將將者之原旣清
下方自肅不然主者以縟節望之大帥大帥以望偏稗偏
稗以望卒伍轉相尅剝尢而效之而兵日貧困以日怯雖
今日更張明日整飭徒侈靡文何裨廓淸之方畧矣鄭尚
書曉曰福建海抱東南汀漳外寇內逋與南贛勢聯絡海

物互市時起兵端此其治亂非徒一方之機局者誠哉是
言也故爲差次梗概以備閱稽如此
南路參將　漳原未有專設嘉靖二十八年軍門朱紈題
請福建設參將一員至三十五年巡撫王忬題改設水陸
參將二員然未有專管汛地三十八年巡撫劉燾題請福
建分南北中三路添設參將三員以漳州爲南路并水陸
爲一參將奉勑分守銅山浯嶼二砦浯銅澎湖三遊漳州
銅山二浙營陸鼇一土營漳州鎮海泉州永寧四衛南詔
龍岩陸鼇銅山元鍾梁武福泉金門中左高浦十所自洋
芝以至大城皆爲汛信蓋控漳而兼制泉也先是南澳未
設副總遇汛則參將專駐元鍾調度水陸防禦南澳設後

移駐銅山萬歷二十年倭躪朝鮮議者謂銅山偏駐一方
始兼移駐中左所居中調度
銅山砦　洪武初皆以衛官考選備倭帶領軍兵出守銅
山嘉靖四十二年題准改設欽依把總一員非汛時團泊
寨澳輪番出哨以防緝盜汛期則分四哨前哨鎮海左哨
陸鼇右哨沙洲後哨鸞毅澳各防汛信地皆險要而横嶼
菜嶼井仔灣大小甘山則外洋島嶼之最險者
漳州浙兵營　始萬歷十一年因叛民吳雙引等謀爲變
當事集議特設浙兵一營駐扎團練設於西教場邇以補
頗至鎮門一帶河道萑苻竊發肆掠商船議設哨船一隻
輪營兵坐駕隨潮往來巡緝平時到府城内外以主鎮游

井尾等沿海萬松嶺岩亭北道皆更番哨守有事則專聽
征調隨賊所向相機征勦
銅山浙兵營　始萬歷九年爲沿海邊警而設駐扎銅山
所城外平時則團練彈壓自銅山以至元鍾詔安等沿海
淄柑嶺鳳山等孔道皆其哨守有事專聽調度征勦
陸鼇土兵營　始隆慶六年因詔安縣五都土瘠民貧寇
盜蜂起當事者議設土兵一營抽選貧民充之爲弭盜安
民計初守銅山砦與浙營對調札守陸鼇城外平時則操
練彈壓自該營北抵莆頭南至古當等沿海與内地雲霄
堡皆其哨守有警則隨賊向往勦擊用爲哨探嚮導耳目
澎湖遊兵　澎湖島在漳泉遠洋之外隣界東番順風乘

潮自料羅開船二晝夜始至山形平衍東南約十五里西
北約二十里周圍小嶼頗多先年原有民居隸以六巡臾
徙其民墟其地自是嘗爲盜賊假息淵藪倭奴往來停泊
取水必經之要害嘉隆之季萬歷初年海寇曾一本林鳳
等嘗嘯聚往來分艘入寇至煩大舉擣之始平蓋閩海極
遠險島也壬辰歲倭犯朝鮮時有侵雞籠淡水之耗雞籠
密邇澎湖當事者集議不宜棄乃設官兵先據險戍之二
十五年冬初添一遊一總四哨冬鳥船二十艘目兵八百
有奇二十六年春又慮孤島寡援增守一遊總哨舟師是
又於海壇南日浯嶼銅山南澳大寨遊各抽哨官一人領
堅船三隻汛時遠哨該島以聯聲勢後慮兵餉難繼裁去

一遊而海壇南日南澳三處遠哨船漸各停發今僅有一總二哨冬鳥船二十隻官兵八百五十有奇月糈則漳泉共餉之

南澳副總兵　澳在閩廣之交夙爲盜賊逋藪先年山寇吳平許朝光海寇曾一本林道乾等聚衆爲亂荼毒生靈至合兩省會勦始平萬歷四年建議善後設協守漳潮副總兵官專駐南澳始鄉鎮城無事坐鎮彈壓有警督兵窮追兼制兩省事權歸一屹然海上一重鎮也所轄南澳遊兵柘林守備二砦防倭中頓二遊福建廣東二營陸兵

癸西志南澳去元鍾澳口約三十餘里屬廣東饒平洪武間居民負險作亂遂墟其地其澳周圍六七百里有青澳後澤澳夷船多湊泊於此而深澳爲尤險小舟須魚貫而入官兵攻勦勢甚掣肘嘉靖中潮州府用木石塡塞澳口未幾倭人善泅水者撈起木石澳口復通嘉靖四十四年劇賊吳平鳩集結巢大兵征勦賊黨雖散其地尚爲賊窩萬歷初同知羅拱辰相視其地議設參將一員統兵駐札築城三座一在深水澳一在雲蓋寺一在龍眼沙至目歸絡立墩臺瞭望調兵哨守計三處田約四五萬畝召軍民給牛耕種自後題設協守副總兵駐札遂蔚然重鎮矣

南澳遊兵　萬歷年設見額福哨冬鳥船三十四隻官兵八百七十四員名遇汛貼駕征操軍四百二十名非汛時月團泊遊澳輪番出哨汛期則分勝澳青澳雲蓋等信洋

防守並專設副總兵統轄調度

漳州土堡舊時尚少惟巡檢司及人烟湊集之處設有土城嘉靖辛酉年以來寇賊生發民間團築土圍土樓日衆沿海地方尤多

龍溪縣　石美土城在二十九都距郡城東七十里城廣二千四百五十丈　福河土堡在十一都府南二十里　天寶土樓　塔尾土樓　壟場土樓　山尾土樓俱二十一都府南二十里　埔尾土樓　豐山土樓　汰內西坑土樓　歸德上村土樓　華封土樓　獅陵土樓　馬安招土樓俱二十五都府西北二百里　坂上土樓　埔尾土樓　岐土圍俱二十六都府東十五里　官埭土樓　東州土樓　王洲土樓　流傳土圍俱二十六都府東四十里　白石土樓　新埭土圍

梁齊土樓　長橋土城在郡東北十里尚書林士章砌石築焉

漳浦縣　雲霄土城在六都縣西南七十里鄉民所築嘉靖三十九年爲饒賊所燬隆慶六年知府羅青霄重修設海防官其內以督捕通判居守之　西林土城在六都　赤湖土城在十七都縣東十里　前塗土堡在六都始累土爲之倭亂更砌以石　埔尾土堡在六都去雲霄九里始累土後稍緣以山石嘉靖三十六年倭寇突至所在殘毀獨是堡堅守旬餘倭不能克寇退乃更拓基加以磚石　洋丁土堡　莿嶼土堡　梅安土堡俱六都　東窑土堡在七都縣東南三十里　下嶼土堡　娘仔塞土堡在八都縣南四十里　橋頭土堡　埭頭土堡俱九都縣南五十里　南杜土堡　官倉前土堡　下尾土堡　西山土堡負山帶海殊爲險固　嶼頭土堡　高山土堡　香爐埭土堡俱十都縣南五十里　梅月土堡　佛潭橋土堡砌石爲之雉堞雄壯在十七都　東坡土堡在二十三都縣東一百里

竈土堡　廻厝城土堡　濠礡土堡　白埕土堡　構口土堡 俱三十八都縣北一百里

長泰縣　石高寨 在方城里縣東九里　天成寨 在欽化里縣東南十里朝天嶺之南

泰安砦 設有砦官今廢

平和縣　龍峯頭土堡 在清寧縣東北六峯山之南　溪石土堡 在清寧里路當平和南靖漳浦之交居民累土為城寇過不敢犯　西山土堡 在清寧里與溪石堡相望嘉靖中鄉官李文蔡築

詔安縣　嶺頭土堡 在三都去防西三十里　梅州土城 在四都縣東四十里　上橋土城 今圮　上湖土城 嘉靖二十四年築　甲洲土城 嘉靖二十五年築　白葉堡 在二都縣西一百二十里

海澄縣　九都土堡 在縣西　龜嶼城 砥柱海口實為郡城門戶又為澄海之要先是知府羅公議移海門濠門二巡司屯城其上未果　港口堡 在縣北　草板堡 在縣南已撤　下塔顛厝城土堡 俱六七都　珠浦堡　廣林堡　虎渡堡 俱八都　嶼上堡　田尾堡 俱九都　長嶼堡　何山堡　石囷堡　鍾林尾土樓　青登嬴土樓　青礁土樓 俱一二三都　田尾土樓

關隘之設所以防奸細備寇盜也漳之所屬地方凡扼要之處俱設有關隘亦名把截所舊時嘗於就近各衞所撥旗軍無衞所處撥義民鄉夫守把今久廢矣

龍溪縣　福河把截所 在縣東　新嶺把截所 縣北離城百餘里

柳營把截所 縣東接泉州界

漳浦縣　吳田把截所　北岐把截所 俱六都　港口把截所 九都　埠頭把截所 十五都　井尾把截所　大徑把截所 俱二十三都

龍巖縣　雁石關 縣東北三十都　黃坑隘　水曹隘　東坑隘　蕭坑隘 俱表政里　九出嶺隘　倒嶺隘 俱龍門下里　三峯嶺隘　廖天山隘 俱廬安里

長泰縣　林口隘 旌孝里　鷓鴣隘　下分隘 俱石銘里　上寧隘　磨槍隘　白桐隘 俱善化里　朝天嶺隘 即巡檢司

南靖縣　韓婆隘 在縣北永豐里宏治中漳南道杜啟㓂鑿石為門　水尾砦隘 縣西清寧里

漳平縣　三峯隘　葉口隘　安井隘　赤坑口隘 俱居仁里　不頭隘　白泉隘 俱和睦里　長塔隘　卓安隘　石門隔隘　南坑村隘　石錐嶺隘 俱感化里　朝天嶺隘　下馬坑隘　香樹嶺隘 俱永福里

平和縣　高磴隘　朱公嶺隘　曹克隘　赤珠隘　三寨洲隘　茶寮隘 俱清寧里　半地隘　三角隘 俱新安里

詔安縣　南詔把截所 三都　陳平渡把截所 五都　老虎關　關砂隘　牛掌隘 俱饒平界　龍過關隘 平和界　十八間洞 雲霄鎮界　梅嶺安邊館 在海濱嘉靖甲子賊寇吳平巢於此都督戚繼光追逐遁去收其餘黨盡殲之築京觀於此　走馬嶺 內有東澳為海口藏風之處寇船往來泊焉呼為賊澳以上二處非關隘以險要備見焉

墩臺即古之斥堠也漳自明初沿海地方相度地理遠近各設墩臺賊至舉烽火為號以便防禦

漳浦縣墩臺十座　白塘　大逕　流會　卓枝　江口
小澳　燈火山　灣角　埠頭　高山塔
詔安縣墩臺三座　梅嶺　洪淡　古樓山
海澄縣墩臺三座　海滄　青浦　月港
陸鼇所墩臺三座　陸鼇　洪坵　峯山
銅山所墩臺三座　泊浦　陳平渡　瞭望
元鍾所墩臺八座　南山　東山　鹽倉　東溗　黄崎
漸山　洋林　瞭望

漳浦縣　海跨邑之東南彌望無際潮至而網取鮮物者謂之網門有深水網有淺水網潮涸而手取鮮物者謂之泊網門之下即泊也有泥泊有沙泊泥泊産鮮盛沙泊次之網泊以水漲涸爲限各有主者往年濱海民以力自疆界爲已業泊之於今必以資値轉相鬻貿非可徒手博矣顧其爲値一而利十之明年利輒盈其値環海之利歲收不啻四五千金其所輸官課未及五十分之一也利廣故爭輒起往往鬭奪以必得爲快其勢必歸於巨室彼附海之奸民窺其利也亦時乘閒羣而駕舟逞干戈以強捕其所有之物詰於官非縛首而竄則聚而譟官亦莫誰何也其故皆起於利耳

詔安縣兵防　蒲葵關百里而遙控潮引潮則浦治之南詔場也周漢之職方無考唐嗣聖卽垂拱三年左郎將陳元光篳輅藍縷以建州治立行臺於四境命將分戍四時躬巡南詔保其二也自下游抵潮之揭陽宋置有沿海砦元爲萬戸府俱調官兵屯守時代湮沒故壘無傳明初仍謂南詔場宏治甲子年十七冬寇盜充斥地方駭鹿始調漳州後衞所官軍置守禦南詔千戸所嘉靖十年設詔安縣治從縣治而東三十里至元鍾千戸所洪武二十年江夏侯周德興爲備倭而建也所之外城又有南澳遊營專治水兵距南澳總戎鎮一葦航之與柘林銅山諸營所鼎峙相望百里之內札以二所兼領營鎮不可謂無兵而統兵諸將大則開府建節小亦分府列校不可謂無將此何論彈丸之安堵以之保障遐荒折衝瀚海亦有餘矣頻年以來鯨氛屢熾戰莽時伏吳平曾一本諸賊搆亂東南二十餘年

軍兵莫敢誰何俞大猷戚繼光兩將軍以客兵入援而後海靖山寧崇禎初年海寇周老三劉香復發沿海等處地方竄逃則山谷皆滿屠戮則城堡俱空千里內外營所諸軍兵環列也立視其毒而莫之救毋論民不得而請之官亦不得而責之蓋所以藉口於鑰城而不肯援乎野營亦篤言於泛海而不肯援乎陸迨各偏其圉司鑰者或逃城而之野守汛者多棄海而奔陸征調則交有所委戰守則兩無所效其勢且至於募土兵藉鄉兵鄉兵之藉官無養兵之費民有餘兵之用豈不甚善但須聽民間之自衞不宜屬官府之調撥自衞之則民也而調撥之卽兵也既出賦以養兵復出身以當兵棄本業而間戎行兵民交常其

制決無以善後而多行召募亦未爲計之得也使軍盡有用毋待於兵使軍盡無用亦毋庸於軍今衛所之尺籍繼世糜稍曠而不覈更覓亡命之惡少以爲兵抱石以試之紛呼以鬨之其揭旗而奔馳者僅同兒戲不知養之者何需練之者何爲也近日當事者蒿目時艱歷沿海之隱慮於是有聽縣節制撥守要害之議此其制甚善要須度營所地方之遠近酌軍兵勞逸之機宜不疲其力而有以耀其武如萬歷甲寅天啟乙丑已行之實效每險置舖更番輪守遠不過數十里多不過數十人合營與所而均調之一歲一人不過十餘日計程責守賞罰隨之軍兵習險要之防而寇盜潛嘯聚之蹤其振武修備不猶愈於揭旗而

馳抱石而試乎況乎文武合籌則兵民安利害相關則同仇切措置得其宜綠林之豺元海之鯢將縮爪解鬐而不敢逞矣故嘗論之山海之區縱之則滋蔓撲之則力盡何者寇能荷戈而逞不能負耒而耕伏莽之寇由於近村之窩囤防海之寇由於奸商之接濟及蠢茲之方萌制附近之奸爲出海之禁彼焉能枵腹而求逞也哉毋論內寇即如嘉靖之季倭夷內訌能令片帆還者乎向令當事者早從巡撫朱紈之議盡法通倭之豪右嚴行保甲之規條閩浙之高枕豈待俞戚而收功也頃者紅夷闖至朝泊夕殲不移旬日彼利水而不利陸扼之無使登舟將自銷其食指何況偏武臣力之用命乎大約天下事預而圖者易爲

力濵而維者難爲功東南無大盜而有小奸小奸者大盜之漸也惟其小而不足畏故其發也恒足以亂天下涓涓不息遂成江河理勢固然無足怪者今日沿海之民以保甲爲故事以小逞爲習慣嘯而往挐而還設財自衛官不能問城里之間祀神結會者動數千人忿恚會鬬禮讓不能化法令不能戢緩急有變化爲異類是不可爲寒心乎故今日之民有亂之萌無亂之形則飭法宜肅也今日之軍有軍之費無軍之用則征調宜參也今日之兵不必廣餉以募民但須選兵而核餉則冒濫宜靖也而後桑土綢繆封豕不突潢池無弄制治保邦之猷其在斯乎其在斯乎

要海守兵　縣治叢山阻海寇盜出沒設險守要置關隘

墩堡或調官兵協守或召民兵共守關隘以防奸細備寇盜近衛所處則撥旗軍輪守無衛所處則撥鄉兵把守城堡舊惟巡檢司及人烟湊集之處設有土城自嘉靖辛酉以來盜賊生發民自爲築在在有之凡諸關堡俱緣昇平日久今昔異宜廢圮者多惟要害地方不當廢圮自鳳山嶺一路至磨西橋等處地險民羣伏莽竊發萬歷甲寅年開漳之防海盧公申請每五里置一營舖召銅山浙營分汛迭守天啟二年六月汛兵撤回派附近居民把守而責守不嚴去住不以其時其黠者往往藉兵爲寇至天啟六年寇盜之猖獗極矣知縣朱始建議詳行撥南詔所軍五十名汛守牛沙古林相見嶺深田舖等處崇禎八年所軍

停止知縣王又就近村撥鄉兵輪守日差快手二名執循
環二面巡視督守今復由大與至雲霄仍調銅山浙營兵
一百名汎守道路漸清鄉兵營兵之防守其得失利害益
可睹矣
關隘　南詔把截所在三都　陳平渡把截所二所建撥漳州明初建
置衞銅山所帀守把今俱廢　分水關節漳潮巡檢司　古關　半沙關俱在四都
原有兵十名把守　老虎關　窑龍關　關砂嶺　牛掌隘以上俱在
一都與饒平輪兵把守　龍過岡隘在二都與平和界　澗嶺　竹西嶺俱在
三都
城堡　金石巡檢司城在五都　洪淡巡檢司城在五都　漳
潮巡檢司城在三都　南陂土堡在二都　岑頭土堡　寶橋

防海輯要　卷九　福建防海畧

土堡正德三年築　甲洲土堡嘉靖二十五年築　溪南土堡　仙塘
土堡　咸英土堡　仕度土堡俱在二都　梟鼻土堡距縣治五里乃
水口咽喉之處嘉靖中海寇吳平犯詔堡民所仕篤等率
其族拒守與賊持三日夜賊不能取勝乃解去詔賴以安
天啟崇禎之間海寇
復至本縣柵木於堡　上湖土堡　梅州土堡　後溝土
堡　馬厝土堡俱在四都　張塘土堡在五都　川陵土堡同知羅青
霄建俱在五都
險隘　葵岡山在縣東四十五里跨梁田鋪上下兩山相峙號相見嶺有古閣隘壘石爲之
烏山在縣北三十里由水晶坪而進此山乃諸方奸民嘯集之處　十八洞在縣北五十里從烏
山入山勢巉巖壁石森列有石室數十處可容百餘人嘉
靖中山寇出沒進士蔡一楠被擄於此官兵莫何旋乃散
去天啟二三年中烏山賊起營　六洞在縣西北六十里
此以爲賊窟官兵勦之底定　聯接金溪諸山
白葉洞在縣西六十里詔安饒平接壤之區崇山峻嶺賊
倚爲巢嘉靖二十五年賊寇陳榮玉劉文養出沒

潮汀之關南贛軍門檄平和知
縣謝德明率鄉兵征勦平之　河竈徑在縣西入十里峻崖深谷鳥道
崎嶺饒平二和商旅之路　安邊館在四都之械嶺　走馬溪在五都海濱內有東澳爲海口
藏風之所寇船往來俱泊於此
墩臺　詔安墩臺舊志在梅嶺洪淡古雷山三座嘉靖二十八年撫院檄知縣李侑理修之後只
有二座一在洋林乃元鍾對峙一在
洋尾墩萬歷二年知縣詹立添設
山鹽倉東灣黃崎漸山洋林七座今只
有四座日南山日東灣日黃碕日鹽倉　元鍾墩臺舊志在南山東
南澳遊兵　寨遊之設古未有也洪武二十年閩海防倭
計遣信國公湯和江夏侯周德興分行海上置水砦三曰
烽火曰南日曰浯嶼置遊營三曰海壇曰浯銅曰元鍾歲
撥衞軍操駕巡哨選各衞指揮才能出衆者充把總領之
宏治中海宇晏清倭不爲患民狃承平寨遊俱廢嘉靖四

防海輯要　卷　福建防海畧

十二年倭寇交訌督撫譚綸巡按李邦彥總兵戚繼光奏
復砦遊砦以欽依把總領之遊以名色把總領之元鍾遊
隸銅山砦節制萬歷四年巡撫劉堯海建議改立鍾遊爲
南澳遊題受欽依把總視都指揮以重其權聽漳潮副總
兵統轄調度澳之東南屬遊哨守澳之西北屬廣東柘林
寨哨將尋治水兵非汛期月則團泊遊澳輪番出哨汛期
則分布防守原額艑哨冬鳥船四十隻官兵一千八百三
十五員名自萬歷二十四年至天啟二年陸續裁減外尚
存冬鳥船三十四隻官兵八百七十四員名遇汛貼駕征
操軍四百四十名自天啟末年崇禎初年船被海寇楊六
周三鍾斌劉香等相繼焚毀不復造修崇禎六七年只得

奉文裁減二十四隻惟餘十隻十年八月又減二隻止存八隻因餉設置定哨官四名捕盜十名共官兵七百二十一員名每月支糧銀七百六十四兩七錢歲支銀九千一百七十六兩四錢其貼駕鎮海衛陸鼇銅山元鍾三所征操軍四百二十名俱停止不調

汛有春冬二期春以清明前起計三箇月而撤冬以霜降後起計兩箇月而撤期至則整搠舟師聽漳潮副總兵與漳南分守道海防館督發汛地四哨輪守一哨守雲蓋寺等處一哨守青灣等處一哨守娘宮前走馬溪等處一哨守勝灣及前浯等處各有會哨上至勝灣以至娘宮前二哨兵船齎籌簿與銅山下砦會下至青澳以及雲蓋寺二

哨兵船齎籌簿與廣東柘林防倭兵船會瞭望鯨氛勦捕倭寇自汛守不嚴寇盜無警海上脊脊多事矣

一勝灣在啣石灣之海口相去里餘有水源一處無論發汛守汛兵船俱札於此可泊東北風船五六十隻內通詔安外通大海及前浯散嶼雲霄等處小寇屢屢竊發去娘宮前約水程五十里信地次衝一哨兵船防守

一娘宮前可泊東北風兵船四五十隻一面汪洋一面大山山有水源一處倭寇取汲於此上至銅山竇散澳約水程三十餘里信地極衝一哨兵船防守

一青澳在南灣之外內有大灣可泊南風船數隻其地淺狹取水甚難其地居民數百家田園數百畝外有小嶼

三里至九歸灣九歸灣五里至金較椅信地次衝一哨兵船防守

一雲蓋寺在南灣山之東南可泊西北風船五六十隻其地出有水源二穴相聯倭寇常出沒於此舊有三寶寺時有雲烝遶蓋故以得名信地極衝一哨兵船防守

按海上防守莫急於船造戰船大號官給五六百兩其次亦三四百金每歲修葺一船且數十金然皆侵欺隱匿苟且苔應防海使者歲一閱視只壞船而飾以新灰望之若新整郎之實破潰故其船隻可泊港不可征戰賊人目官船爲草坪謂其衝之則立敗燎之則速燼也諸將領亦利船之速壞冀其新造可以濫支崇禎以來

海氛屢熾焚燬殆盡當事不敢建議更造只飭議裁減并所謂草坪者而盡去之矣原議四十隻今只八隻猝有叵測如楊六劉香之猖獗不知能以桴筏禦海否也

東南半壁未得高枕而臥矣

銅山浙營（雖屬銅山而汛守地方俱在詔安故并志之）浙營距銅山城里許萬歷元年爲沿邊海警而設官兵原額裁減外壬子志記存四百五十員名平時則團練彈壓自銅山以至元鍾詔安等沿海油柑嶺鳳山古林等處孔道皆其哨守有事則專聽調度隨賊所向相機征勦

崇禎七年有紅毛番船泊銅山及五都地方焚殺甚慘官兵縱火焚之船燬夷無一人逃者

海澄縣築塞港口議縣治之設業有成績且城垣壯固亦似可守但凡設城邑必以水泉爲先今城中鹵地不可爲井惟汲淡潮城外萬一寇至水門關閉安所得水又縣治去海咫尺賊舟無所防限乘風頃刻直至月港潮漲之時舟高於城深可危懼所以議者輒有築塞港口之說但其間利害相半衆論不一具載於左一議云今縣治濱海水潮由海門入中流有泥仔烏礁許茂三洲分爲二派一派迤東從海滄而上一派迤南而西約一里許至月港鹹水夕漲沿邊土田失收且奸徒駕船爲非往來不測賊艦乘潮瞬息可至若從下流於泥仔尾隘處設法塡塞海鹹不通淤泥數年可以成田西溪并南溪淡水匯於八九都灌

溉永賴且海船必由東北沿海滄石靈而上橫過福河下至港口水道迂曲信宿方達月港奸賊出入勢甚掣肘況堪輿家謂此方閉塞可固內氣若此舉可成亦興利扼險爲新縣奠安之良策也查得嘉靖十六年鄉民曾請鄉官御史陳遷鳩工壘石興築未及成功今一帶基址俱生泥泊因而爲之其力易焉一議云縣臺所以設於月港者正以其地近海潮汐吞吐氣象豪雄舟楫流通商賈輻輳今若塡塞則商賈舟楫無所停住或泊於壩外則有風波衝擊之慮若由福河入月港水道迂遠其勢非在福河必在石美而近縣之處泉貨不通生意蕭條深爲未便且江流泛漲功恐難成卽幸而成勢必潰決三洲地方先受其害

就使不決則北邊石美一帶不能免其崩頹且舊有二港洩水江東南門二橋以裏尚有洪水之災若止留一港則下流壅塞水災愈甚今若欲興水利須設法疏通若欲爲縣防患莫若查照當日原議於港口再立一橋築垣其上接連港口九都二堡下設水閘以通小船其大船止泊於閘仍於閘外多布石釘不許大船近閘如此則不惟城中居民無乏水之憂賊船不得突至城下而港口九都二堡亦可恃以無慮矣查得近日修造浮橋勢難禦賊且滯商船又有修補之費恐非長策按二說俱存之以俟采擇

郭造卿閩中經畧議閩經畧之大者繫於督鎭蓋閩之巡撫自正統前侍郎楊勉始也至成化末王繼而後或罷遣

矣嘉靖間胡璉朱紈王忬兼閩浙巡視事平而不常設專設自阮鶚始未幾而兼提督軍門矣璽書居漳則於防山寇爲疎居省城調度則去南澳太遠以地理較之[illegible]海州縣通潮汐者六縣而抵大海者十五縣耳尚有重岩疊嶂者三十七縣爲盜賊穴窟者何乃遺之乎然諸縣屬之南贛軍門建邵延三府及福興漳泉山縣皆當居中綰轂而四出哨應然後可也置節鎭與立會省不同會省取舟楫所集以爲民生便節鎭取道理所均以爲控制便也如總兵鎭鎭東則鎭軍門無如泉左與右漳其城高如省中而加廣五百十九丈且無省城九山泉及諸公署而闤闠星聯料甲鼎盛壯哉郡也宜爲鎭者一閩郡城大者三福也

建也泉也皆昔僭僞所都故恢闢若此歴考僭據而泉於唐末王審陳三姓尤久故其城尤大而非當上游之衝宋末蒲壽庚元末那兀郡納虜酋所據流毒福興甚熾爲無重臣鎮之耳今福有三司三縣建有都司三衛而泉獨一縣一衛以制甚大易據之郡他日之憂當不下於唐宋元之季世矣宜爲鎮者二沿海州郡外衛備倭者其一帶守禦所不過一二三耳獨泉外衛一而帶所五及十五巡司獨多於他郡者蓋其濱海最廣而其地重故也宜爲鎮者三沿海國初島民多內徙而泉同安之嘉禾浯州諸島不徙二守禦所及鹽場諸巡司居之邇來所城陷其一矣且外嶼澎湖最大有三十六島與琉球直視他島爲獨遠不

預爲之所漸爲海寇所據則其巢難攻往年之覆轍可鑒宜爲鎮者四夫均閩海也而漳潮多寇者爲私通多而嚮道熟救援便耳故南粵甚多而閩漳多泉次之其北邑惠安而上非爲擄掠不徙之矣故惟梅川雲霄月港海滄桑嶼劉店及同安晉江二三海堧也璽書鎮漳亦爲此耳今安邊館又開番市非軍門鎮之如戎心叵測何但鎮漳則反側不安是急而之海也居會城則去此遠而彼無忌矣惟居泉彈壓此輩其勢易於搜捕且令會城迤南不敢睥睨焉宜爲鎮者五海上難以里度惟視風之順逆若沿海之陸其程可計省城南行六驛至泉漳城北上至泉五驛則其道理稍均可通上下羽檄而左右策應不至於後時

宜爲鎮者六夫上下各去四郡在山海分言也其實建連福州汀連漳州而邵延居興泉之直北卽汀爲閩西極邊泉至其界五百五十里若汀至福州則千餘里也故其由水至延平又陸抵泉四百里其由漳至者陸路七百餘里耳建由東溪下邵由西溪下皆會於延而入泉泉屬德化西至延界二百餘里北至福之永福二百餘里卽福雖隔府而其西北古田閩清皆可由永福入泉非惟漳泉便而福建邵汀延蓋無不便也宜爲鎮者七閩驛詳於邇徧而深山茂林獨少是以官吏罕至而奸宄逋亡沙龍鄧寇倡獗至熾坐此耳汀漳初設兵備諸臣經畫爲通道置驛故其盜區漸弭自省城而下江狹濤險宋初泉人避之於北

門而往有驛二三鳳龍溪入福此其故道可考也倘軍門移鎮而尋故蹟於大田德化置驛則山路四達可無盜賊憂矣宜爲鎮者八若以戶口稅賦論之雖無贏於福而福有三司臺院加以軍門總兵民不勝其疲矣而泉爲開府雖其愚民一時或恐煩擾而福獨匪民可使有不均之歎乎且軍門多巡他郡豈能常居此如居此則視之如家必多方經畫不惟城池如金湯之固而舟車所會冠蓋所集儼然齒於上國矣宜爲鎮者九夫泉自宋鹽場多於他郡而番舶於此置司故其郡爲獨富餘力及於橋而寺觀甲七閩今科甲雖侈於昔而橋道之類多廢則其富盛不及昔者尚多耳邇者番舶爲漳所移而鹽利興之未善必得

開府畫之則令重而民遵以遏外夷則舶可與以復古制
則鹽利可通於地方所益良多而軍興可以佐費矣宜爲
鎮者十故移鎮莫善於泉爲山海皆可區處也兹第就閩
而論之若經畧之遠者如舊軍門汪道昆所奏福廣共設
總兵鎮漳潮二省各副總兵則福居五寨之中而廣居三
路之中聽其調度爲宜然溫福之間尤爲上游要路元末
方國珍遁而入閩湯大夫濳而取閩皆是道也島夷入必
先此今雖陸寇稍戢安保後日無事乎一當有事則猶稽
總矣此一時權宜之術而非可以常設者也若令副總兵
於南灣而掣肘於二省奔馳於一隅則其不便亦甚矣且
南灣孤山延袤既廣而無衛所非所以壯形勢也無論瓊

崖儋萬立州郡於孤島中及嘉未浯州孤嶼而各立守禦
所南灣可不爲之所乎故必移衛及所方可以重帥府以
藉其犄角其如繁費何哉夫潮今有柘林守備以控南灣
而漳有銅山寨足以扼其吭喉但當遴將簡卒峙糧益治
艦而左右會師漳下潮之大城潮上漳之元鍾使接壤之
粵不得蟠以爲窟漳於銅山而北至擠嶼以會浯嶼浯嶼
會南日於平海南日會小埕於南交小埕會烽火於西洋
烽火山北蒲門以會溫之金盤而南下亦如之此其大勢
也覘寇之所在而總兵往赴之賊在溫而鎮烽火賊在潮
而鎮銅山禦不使入此定策也安用副總兵而待寇以煩
民乎且漸漳各有參將其事權與之顓頊而兩部遵奉不

一其文移尤難行於州縣盖視之猶贅旒也然昔漳南設
參將爲有潮寇耳北路重地僅設守備所轄本衛二所小
埕水寨即在定海所外有警輒閉所城而罪則不之坐益
以陸藉口爲其無與於海即守備之賢者無以行其令矣
宜改守備爲參將而管烽火小埕二寨防北戶而重鎖鑰
南參將則管浯嶼銅山二寨爲之聲援而山海俱聽其令
興化守備南日水寨南北參將皆得調之方如常山蛇勢
首尾及中擊則皆應矣是故加副總兵不足爲南路重而
改設參將所以重北路者大則總兵居中而轄二參將如
命左右手五寨皆所提挈而臂指之勢成矣況廣綜理亦
密而足爲守助乎宜罷副總兵於彼此各便否者宜爲之

處而重其事權若城池諸費皆不可緩者也

福寧州今改州爲府

軍政　州初惟有衛軍與民壯無所謂土客兵也嘉靖中
倭變選軍五百餘名於本等月糧者各給飯食銀三錢謂
之軍兵又選民壯及募鄉兵共五百名各給餉銀有差謂
之民兵巡道舒公春芳令習邊銃鳥銃倭賊攻城而不能
犯銃之力也嘉靖三十六年倭寇犯閩孔亟於是軍民兩
兵罷而土客兩兵出矣嘉隆間土客更易不常萬歷初年
募松溪政和等處土民一營駐札城西名左營後增募一
營駐札城南名右營十九年軍門趙公參晉以倭警復從
本道李公琯議募浙兵以重江防守鑒江爲一州二縣之

應援汛畢撤回團練駐札城東名福寧營三營並峙兵威振矣不戢而焚尚屢當事者之深虞也又初選軍政衛所指揮千百戶才堪備倭者卽署備倭賊衛烽火砦把總以福建十六衛中選一員任之衛總聽把總節制以福寧衛福州中左二衛中選一員任之又選千百戶分守海洋要害至嘉靖末年議把總奉欽依一員衛總罷設協總一員至萬歷初年亦罷而千百戶諸員不用矣

論曰州之沿海有墩臺以瞭外洋各路則有廠隘分兵哨守此陸路之扼塞守在堂皇矣至於海洋則守官溪鎮下門閩峽大金爲內地之咽喉臺山崳山七星霜山爲外洋之門戶既入內地則東南之陸路寨嶼三沙爲最要至松

山則去州十里而近而南之陸路閩峽大金黃崎下滸寧德鑑江爲最要至漁洋則去州亦二十里而近倭奴之來也不乘南風則乘北風然南風則入吳越爲最便北風則入閩爲最便舊制設烽火於五六都三沙海面正統九年以海面風波不便泊停乃移砦於一都之松山把總一員則由兩院舉薦兵部選差奉欽依以都指揮體統行事仍設中軍遊把總一名領兵哨守往來應援各處要害故不謂之砦而謂之遊萬歷二十年改守備爲參將節制水陸改中軍爲崳山遊二十八年增設台山一遊春秋二汛參將鎮崳山分遣陸兵守各要害水兵則烽火砦把總紮屯松山分前哨於官澳後哨於斗米澳左哨於鎮下門右哨於三沙舊烽火台山崳山兩遊各守本處可謂周於慮矣

戚都護元敬有言曰防海有三策海洋截殺毋許入港是得上策循塘拒守毋使登岸是得中策阻水列陣毋許近城是得下策不得已而守城則無策矣吁格言哉

鄉堡　松山堡一都州東十里　赤岸堡二三都州東十五里　三沙堡五六都州東北六十里舊置烽火水砦後因孤島無援烽火徙松山　牙裏堡內有巡檢司舊在四嶺因倭徙　橫山堡　雲陽堡俱七都州東北七十里　㵐村堡才裏堡才外堡　秦嶼堡俱十都州東北百里貧簹巡檢司徙此　屯頭堡　黃崎堡俱十一都州東北一百十里　水嶼堡　澳腰堡　釣澳堡　南嶺上澳堡　下澳堡　甘家崎堡　嶼前堡　店下堡　沙埕堡近浙南門今城鎭市委官抽稅烽火官兵守之俱十二都　巽城堡十二十三都州東一百二十里　小村堡

流江堡　南崎堡俱十四都州東北四十里　前崎堡　蔡江堡　窩口堡俱十五都州東北五十里　桐山堡高家一姓所築蘆門巡檢司徙此一十七都州東北五十里　唐底堡十九都　籐嶼堡二十都州東北百一十里　東安新堡與拓洋巡司城隔溪嘉靖己未年築三十一都州西北百二十里　南屏堡　沙哈東西二堡四十都州南三十三里　古縣沙塘堡　上洋堡　下村堡　砧澳堡　洪江堡四十一都州南四十一里　漁洋堡　武曲堡　傳臚堡四十二都州南三十五里　小麻堡　厚首堡　武崎澳堡　長溪堡　積石堡　胡羅堡　閩峽堡俱四十三都州南五十五里高羅巡司徙此　棠源堡四十三都　竹嶼堡四十四五都州西南五十五里　霞江堡　塗灣堡四十六七都州南四十五里　長邊堡四十八都州南七十里　文星平堡五十一都州南百里　下滸堡延亭巡司徙此　塘頭堡萬歷元年海賊破堡殺戮殆盡　赤

崎堡（俱五十三都州南一百里）　按海濵南有大金北有松山俱屯重兵巡司居中先年屢議裁革況今弓兵十工可當勁敵乎如南鎮流江既設哨兵則青灣負簹二司量存其一而大箬哨兵居守延亭則延亭爲冗員且四巡司兵發之後舊址荒榛倣居州城卽今青灣移牙裏負簹移秦嶼延亭移下滸高羅移閭峽蘆門移桐山皆非舊地泰順高埸原爲大盜營窟居民騷擾累歲不休乃置蘆門巡司今棄蘆門而銅山矣脫礦寇復作將誰移乎至於鄉堡之設有司聽民自築不免多濫如古縣一村而三堡之地鼎逹沙洽一埠而二堡角立似宜并而爲一庶使於守不然力弱勢分鮮克濟矣

福安廉村堡　三塘堡　鹿灣堡　黃崎鎮堡（白石巡司移於此）

蘇洋堡

厰隘　州東關（東門外建善寺前）　西關（西門外教場左）　西城關隘（涵山巷南養濟院邊）　倒流厰　官田　湖坪　楊家灣　錢土　龍亭　王頭陀　杜家　蔣洋（以上東北路上截）　五蒲　萬里林隘（原盜窟嘉靖戊子同知趙廷松建康東樓以兵守之）　虎巢　白琳　王孫乞兒厰　岩前　馬頭山　牛嶺　水北　分水隘（以上東北路下截）　九島嶺　十八層　栖雲嶺頭　鴛鴦隘　白箬隘（以上西路）　九家灣　晴橋（以上南路）　福安大萊　松羅　中嶺五嶺　寧德南城關（今名龍門嘉靖中縣丞李詔設民兵把守）　南靖關（在二都縣東五里嶺頭羅源界嘉靖中開路設民兵把守）　白鶴界　金乘界　閩坑界一

烽燧　州中軍瞭望臺（龍首山東）　松山煙墩　臺嶼（並一都）　後崎　頼離（並三都）　州離智　烽火峯　東壁　大青浩　小青浩（並五都）　梅花（七都）　南金　金家山　三石　大峯（並入都州東北八十里）　黃崎　白岩（十一都）　南嶺　白露　水澳（十二都）　沙埕（十五都）　古縣（四十都通前二十一墩福寧衛撥兵把守）　長門煙墩　北山嶺　積石　閭峽　赤崎　南山　小商　羅浮（並四十三都）　下滸　塔尾　青山界石（並五十二都州南七十五里）　石湖　下篔　車安　劉全　關崎（並五十三都通前十七墩大金定海撥軍把守）

古關　分水嶺（與溫州平陽交界）　疊石關（在十八都州東百六十里與分水嶺皆閩王立以防吳越之役）　後溪關（在柘洋閩王時立宋時建寧賊范汝爲由政和來攻長溪人王袞率衆守賊不得過而歸）　營頭關（在四十八都霞浦山前有小嶼跨海路通大海中可容數千人）

古塞　三沙　青灣（俱在五都）　丁家（一都）　小篔簹　黃崎　大篔簹（並十一都）　南鎮　水溪　下滸（並十二都通前八砦皆洪武中置福寧衛軍把守）　延亭　西臼　車安（並五十三都）　高羅（四十二都通前四砦皆洪武中置大金所軍防守）　箬頭砦（五十三都先年曾移烽火砦於此）　嵛門鎮（在十四都與溫州界）

洋稅　嘉靖中有佛狼機船載貨泊浯嶼漳龍溪八九都民及泉之賈人往貿易焉巡海道至發兵攻夷船而販者不止總督朱紈獲通販者九十餘人悉斬之而海禁嚴三十六年海寇許老謝策等寔至月港大殺掠明年冬倭寇三千人再抵月港散劫八九都往來浯嶼寇累歲不息土人乘機爲叛號二十四將沿海騷然四十三年巡海道周

貿宜討平之其明年奏設海澄縣治隆慶初年巡撫福建涂澤民題請開海禁准販東西二洋遏政唐順之有云國初浙福廣三省設三市舶司在浙江者專爲日本入貢帶有貨物許其交易在廣東者則西洋番舶之湊許其交易而抽分之若福建既不通貢又不通舶設立市舶之意漫不可考矣舶之爲利也譬之礦然封閉礦洞驅斥礦徒是爲上策度不能閉則國收利權而自操之是爲中策不閉不收利孔洩漏以資奸萌嘯聚其中斯無策矣今海賊據浯嶼南嶼諸島公然番舶之利而中土之民交通接濟殺之而不能止則利權之在外也宜講查國初設立市舶之意毋洩利孔使奸人得乘其便其於海禁利害晰如也然

市舶之與商船其說稍異市舶者諸夷舶泊吾近地與內地民互爲市若廣之濠鏡澳然商船則土著民醵錢造船裝土產徑望東西洋而去與海島諸夷相貿易其出有時其歸有候廣洋巨浸船一開帆四望天水相連茫無畔岸而海人習知海道者率用指南針（卽羅經）爲其道嚮相傳有航海針經針或單用或指西辰間以前知某洋島之所在約更時當行水路幾許打量水深淺幾托（方言幾仞爲幾托）海中島嶼作何狀某洋礁險宜慎或風雲氣候不常以何法趨避之異時海販船十損二三及循習於常所往來舟無虞若安瀾焉蓋海濱民射利精如此東洋若呂宋蘇祿諸國西洋暹羅占城諸國及安南交趾皆我羈縻屬國無侵畔

故商舶不爲禁（東洋有呂宋屋司沙瑤玳瑁宿霧文萊南旺大港吶嗶嘽磨差英華架山密雁中邦以寧磨里呂味六合高藥武遲岣河崙岸塔呂蓬西洋有下港暹羅舊港交趾東埔寨丁機宜順塔占城麻六甲順化大泥烏汀礁林新州啞齊交留吧那彭西亭陸坤占波高址州高堤里隣吉連羅乘物吉寧邦日隸安汀義里遲悶蘇祿難滏又有雞籠淡水不係東西洋船數）而特嚴禁販日本者比於通番接濟之例先是海澄未置縣時有靖海館以通判一員司巡緝其後請設海防同知易靖海館萬歷二年巡撫劉堯誨題舶稅充餉歲以六千兩爲額委海防同知專督理之刊海稅禁約一十七事（時海防同知沈植條陳）其禁歷各議以爲過洋之船以東北風去西南風回雖回綫亦不過夏惟自倭回者必候九十月間風汛且日本無貨祇有金銀凡船至九十月

方回又無貨物者明係假轉交倭縱有給引仍坐以通倭罪同艘船夥及澳甲等許其舉首給賞之於時凡販東西二洋雞籠淡水諸番及廣東高雷州北港等處商漁船引俱海防官爲管給每引納稅銀多寡有差名曰引稅（東西洋每引納稅銀三兩雞籠淡水及廣東引納稅銀一兩其後加增東西洋稅銀六兩雞籠淡水稅銀二兩萬歷十八年商漁文引歸沿海州縣給發番船引仍舊）每請引百張爲率隨告隨給盡即請繼原未定其地而亦未限其船十七年巡撫周寀議將東西二洋番舶題定隻數歲限船八十八隻給引如之後以引數有限而私販者多增至二百十引矣其征稅之規有水餉有陸餉有加增餉水餉者以船之廣狹爲准其餉出於商船陸餉者以貨之多寡計值征餉其餉出於鋪商又

慮有藏匿禁船商毋輒起貨以舖商所接買貨物應稅之數給號票令就船完結而後許鬻賣焉西洋船面闊一丈六尺以上者征餉銀五兩每多一尺加銀五錢東洋船頗小量減西洋十分之三陸餉胡椒蘇木等貨計值銀一兩者征餉銀二分雞籠淡水者名曰小番地近船小每舟面闊一尺征水餉銀五錢陸餉亦如東西二洋之例加增餉者東洋中有呂宋其地無出產番人率用銀錢錢用銀鑄造字用番文九六成色漳人多用之易貨船多空回即有貨亦無幾故商販回澳征抽水陸二餉外屬呂宋船者每船另追銀百五十兩謂之加增後各商苦難輸納萬歷十八年量減征二百二十兩每年至五六月七八月間風汛屆期各商船回至海外俱由南澳浯銅諸水砦及烏尾濠門海門各巡檢信地經過隨報府縣及海防館逐程撥船護送防寇掠其實稽察隱匿漏稅者云自萬歷四年餉

防海輯要　卷九　福建海防畧　四九

溢額至一萬兩刊入章程至十一年累增至二萬兩有餘二十一年報倭警禁止通販而海濱民苦爲生難輒違禁私下海或假借縣給買穀捕魚之引故越販於是巡撫許孚遠深念之恐後爲變仍嘉靖時出示招諭凡貿販人船不論從前有引無引日遠日近俱准駕回照例報官納餉一切私通及壓冬各情罪悉宥免是時越販商人胡臺謝楠等二十四船隨撫綏令皆駕船回澳報餉與正引之商一例征納二十二年餉驟溢至二萬九千餘兩然則海民趨利之情與商船通塞之利病其大畧可睹矣其後當事者疑稅餉多寡海防館所報不盡實始議彷各處關稅之例歲委各府佐貳官一員輪管之示清核毋專利竇而泉

州以兵餉告匱分巡興泉道[illegible]議於泉州中左所設官抽餉如漳之海防例令漳民[illegible]泉民販東洋毋相攙越事併下府議時漳民紛稱不便[illegible]具詳言本府屬縣歲派額餉數少民又多逋軍需往往告匱即隆慶中開設海澄船稅僅數十金萬歷中增至一萬兩以此佐之猶且不敷動請司餉濟給考之累年各請撥司餉二萬兩往牒具在迨十三年以後船稅增至二萬餘兩兼以欒府尺土半壥凡屬官者靡不括以充餉即鐵爐牛行渡船網稅搜無遺利始免仰給司帑然亦必縣餉船稅盡數征完方克有濟查見在十縣餉額共三萬七千七百九十餘兩湊船稅二萬餘兩大都在六萬上下而水陸官兵月糧修船置器犒

防海輯要　卷九　福建防海畧　五十

賞諸費歲不下六萬兩如萬歷二十一年禁海餉絀則括府縣帑藏及借諸站剩銀等支用豈有贏餘積藏於庫哉漳泉均爲海郡兵餉並屬吃緊餉在漳則漳利餉在泉則泉利其便均也漳餉匱則請在漳泉餉匱則請在泉其不便亦均也今欲以東西洋分屬漳泉割漳餉以贍泉兵不惟漳之兵食無所措給從此私販之徒緣爲奸利不漳不泉東影西射公然四出不可究詰者又常什伯於昔日本府籌之未見盡善無弊也惟是榷稅不籌責於海防官聽上裁於是漳泉分販罷議不行而題請改設餉館給關防會上方大榷天下關稅二十七年中貴人啣命至閩凡山海關津之稅畢蒐羅以進內帑而船稅歸內監委官征收

矣時議委三司首領一員與內監委官協管一於正稅外泒辦盡方物費不貲重以委官需索土人狡譎無忌憚者投充爲巡攔藉端擾害漳民情因洶洶焉賴有司調停安輯之不爲變而是時漳泉民販呂宋者或折閱破產及犯壓各境不得歸流寓土夷築廬舍操傭雜作生活或娶婦長子孫者有之人口以數萬計而同安人張嶷者謬奏言海有機易山與福建相近地產金若採取之可得成金無算有詔遣中貴人委官往勘視而呂宋番聞之大恐以中國將畧取夷地諸流寓人皆內應也於是盡坑殺漳泉民之在呂宋者以二萬人事聞張嶷以欺罔首禍寘極刑海夷有別種號紅夷番饒財寶擅給中使文移招諭以來船舶澎湖其人非東西洋

種人髮純赤强而多力以船爲家於海島諸港門販鬻爲生涯其船宏壯甚出沒海洋怒濤中亡所損爲兵器自護衛若佛狼機銃發熕銃之屬亦甚具其交易頗以信義怨輒殺人海島中諸夷畏避之利中國羅綺繒布諸貨諸奸人啗以利謂漳之南澳澎湖各島可以市泊紅夷者以爲信至凡數船事聞撫按行守巡道議以市舶必不可許且奏下兵部覆疏責中使令所在守將督信地兵嚴拒之紅夷船始去而漳泉間射利者意鞅鞅以爲此不費航海而坐收遠夷珍寶利百倍若之何而失之嗚呼其亦不思甚矣哉夷性無常非我族類而海邊惡少尤習狙詐無事猶引妄奇爲寇擾地況日夕與豺狼處非欺負貨物激

怒夷而至爲變則將爲陰陽播弄啗夷以玉帛子女而爲之嚮導患之至也其何日之有若嘉靖中倭寇藉入貢蹂躪寧紹閩皆起於市貨不售土人負利無行者爲搆誘煽亂禍蔓延至不可解殷鑒不遠爲閩計可復爾耶或曰紅夷性朴直非狡倭比是又不然獨不聞廣香山之有澳夷乎其初亦尋常販易今結聚日衆盤據濠鏡澳諸作奸犯科者悉亡命藏匿其中築崇城百雉據險阻兵勢駸迫於省會若癰之附項疽之附骨治之不可養之日深當事者廑以爲憂矣今之紅夷其疆鷙出澳夷上邇年與澳夷爭市舶地相賊殺廣之海上澳夷輒不勝而高峻其城郭以防禦之其人魁偉者殆防風氏之骨專車焉可玩其狡不

如倭而垂涎以爲利藪此奸人之以國爲嘗者也第今東南隱患又不但此頃撫臣奏言閩地斥鹵磽确田不供食以海爲生以津舶爲家者十而九也況今軍需國課半取給於市艘豈能禁之不去但奸民有假給由引私造大船越販日本者矣其去也以一倍而博百倍之息其來也又以一倍而博百倍之息愚民蹈利如鶩其於凌風破浪直偃息視之違禁私通日益月盛有暗結婚姻有私受夷職甚者或賣船以資敵我無胥魏絳之五利而彼饒中行說之三窟長此安窮況今琉球告急屬國爲俘而沿海奸民揚帆無忌萬一倭奴竊據窺及鷄籠淡水此輩或從而勾引之門庭之寇可不爲大憂乎請申飭沿海清查由引嚴

禁壓冬不許私造違式大船及以引餉爭權悉歸海道管
核便疏下兵部覆如議行而沿海民大黠猾及憑藉有勢
力者借東西洋由引而潛趨日本時時有之禁雖嚴未全
戢
魯之裕臺灣始末偶紀臺灣閩海諸島之饒也幅隕南北
約三千里東西踰六百里漢番生齒百有餘萬其產者布
穀金石牛馬齒革羽毛竹木絲枲蔗漆藥物其番有生者
熟者其聚族而居之所曰社合臺灣之社有三百五六十
焉其社有生番有熟番生者何不與漢羣不達吾言語者
也熟者何漢番雜處亦言吾言語吾語者也而總之躬生
飲血嗜殺果鬬挾其饒以致夯近諸島相爲犄角明以前

禁弗與通隆萬間華人劉香老林道乾者貫其中彝踞之
未幾爲顏思齊所奪思齊者亦華人習于倭而因以用之
者也思齊死乃并入于紅毛鄭芝龍之投誠也子成功當
閩思得臺灣以苟存臺灣之門戶曰澎湖俗呼鐵門限以
其有吸鐵石焉船至則膠前此之所以不通也至是洋人
見王衣冠者乘巨鯤時時往來衝突其間踰月鐵石盡成
功適載輜重至停泊澎湖而使何斌誘諸番應于臺紅毛
守者不能拒成功遂僭王其中至康熙二十一年成功卒
子克塽來歸　朝命籍而郡縣之置府一曰臺灣縣三曰
臺灣鳳山諸羅監司一曰厦門道更爲置南北二路營將
弁佐之以守備分防之以千把四司而總轄之以元戎纂

布星羅制甚善也蓋嘗綜其形勢而論之閩粵江浙之賈
舶出洋皆不能越臺灣而别由乎他路者固以其三千里
之區曲而抱乎東南海隅也而澎湖則中梳乎臺之曲以
相犄角焉形勝據而產復饒此臺之治亂之所以易也且
臺之東所聯屬者爲呂宋琉球紅毛諸國西南則交趾又
東則暹羅柔佛大年占城六昆皆近焉直西則與麻六甲
咬𠺕吧啞齊英圭藜荷蘭大西洋相通北則日本朝鮮直
接乎盛京要皆可一帆而涉遠者不踰旬日近或旦夕間
可達蓋臺灣內濵于廣東福建浙江江南山東五省外羅
以數十餘國臺灣而得潔己愛人恤兵明于治要者柄之
則五省以有所衛而無虞于外患而澳門厦門寧波崇明

四口之貿易者源源其來矣如是而沿海之汛隘俱可以
無警臺灣之治忽其有關于內也豈淺鮮哉
趙翼論臺灣要害臺灣之變總督李公赴閩道過常州邀
余偕行佐其幕事凡一年有餘此編即幕中所記也事皆
與方畧合故不復删改林爽文本漳人其將反也當時漳
泉二府人械鬬之後恐泉人不同亂乃邀泉人劉志賢共
起事欲使爲泉人倡劉志賢自署理番同知至鹿港收貨
稅有泉民林湊等起義擒之鹿港得無恙是時賊方蠭起
漳人仗賊之勢常凌泉人及黃任兩提督率兵至賊稍斂
則泉人又仗官兵之勢凌漳人迨官兵久頓不進賊勢日
熾脅各村民從之不從者輒焚刦於是泉人亦皆彈首附

於漳矣惟鳳山縣南有粵民數十村結寨自守賊終不敢犯蓋賊本烏合非真有不可撲滅之勢故福將軍等兵至一鼓即敗之乃知前此諸將之過於畏慎未免重視賊也今臺灣既平有當酌改舊制者彰化縣城宜移於鹿港而以臺灣道及副將駐之康熙中初取臺地時僅臺灣鳳山諸羅三縣地鳳在南諸在北臺灣居其中又有鹿耳門海口通舟楫故就其地設府治其後北境日擴閩人爭往耕於是諸羅之北增彰化縣彰化縣北又增北淡水同知則府城已偏於南且舊時海口僅一鹿耳門由泉州之廈門往海道八九百里今彰化之鹿港既通往來其地轉居南北之中由泉州之蚶江往海道僅四百里風順半日可達

此鹿港所以為臺地最要門戶較鹿耳門更緩急可恃也幸林爽文等皆山賊但知攻城不知扼海口故我師得揚帆至然海舟大不能附岸須鹿港出小船二十里來渡兵倘賊稍有智計先攻鹿港鹿港無城可守其勢必拔拔則據海口禁小船我海舟雖至亦不得灣而登所恃以入臺者祇鹿耳一門耳兵即由鹿耳入府城又須自南而北轉多紆折必不能如此次之路捷而功速也彰化城距鹿港二十里不傍山不通水本非設縣之地若移於鹿港鎮以文武大員無事則指麾南北聲息皆便有事則守海口以通內地應援與鹿耳門互為關鍵使臺地常有兩路可入則永無阻遏之患時　上方有　旨修築臺郡各城

余囑李公以此奏李　公以築城事別有司之者遂不果然此議終不可廢後之留意海疆者或奏而行之實千百年長計也

藍鼎元論鎮守南澳事宜書南澳為閩廣要衝賊艘上下所必經之地三四月東南風盛粵中奸民哨聚駕駛從南澳入閩縱橫洋面截刦商船由外浯嶼料羅烏紗而上出烽火流江而入於浙八九月西北風起則捲帆順溜剽掠而下由南澳入粵刦獲金錢貨物多者各回家營運卒歲謂之散斗刦少無所利者則汎舟順流避風于高州海南等處來歲二三月土婆湧起南方不能容則仍駕駛北上由南澳入閩所以南澳一鎮為天南第一重地是閩粵兩

省門戶也鎮南之法以搜捕賊艘為先今承平日久將卒疲玩大帥養尊處優不肯輕身出海將弁奉命巡哨泊船近岸沈湎樗蒱以為娛樂遷延期滿揚帆回汎賊夥連䑸刦掠莫過而問或上命督責不得已稍稍出洋則大張聲勢揚旆徐行又于舟中旦暮鼓樂舉礮作威惟恐賊船不知遠避賊亦若相體諒不來衝突自於他處行刦俄而失事之處偶屬他鎮地方則此鎮自相慶賀以為賊不敢犯吾境是則今日沿海水師之通病也吾兄前在溫州威望素著搜捕賊船如探囊取物海島亡命之徒望風遠遁浙江提督吳公總制覺羅滿公僉謂兩省將才無出兄右

皇上眷兄勞績一年之中超遷大鎮又使官于家鄉書

錫殊榮則所以上報　國恩下酬知己增宗族鄉黨之光
必有其道矣凡人困抑下位每不憚艱難險阻思建功名
及功名既成身家爲重無論追風逐濤出入水天茫淼之
中非其所肯即求一二留心海務督責將弁亦難言之蓋
富貴之氣移人最深養尊處優盡改前轍固其宜也上偷
安則下怠惰營伍廢弛則士卒弱將帥素尸則盜賊恣自
古及今必然之理前人有言曰官怠于宦成詩曰靡不有
初鮮克有終願兄無以開府滿盈常如新進之日抖擻精
神勤勞哨緝一洗向來鎮弁積玩逡巡畏縮之習夫昇平
小醜有何難治海洋雖寬得其要如一室耳去勾賊之人
賊勢自然窮蹙練兵丁選死士精器械愼機密搜醜類而

殲之治其標也平日恩威並濟必有大服軍士之心雖使
赴湯蹈火亦無所避又當知弭盜之源在乎民風士習課
農桑修學校以養以教自然不爲盜賊治其本也敢抒管
見略陳數事一哨船〻接濟宜察也匪賴逃藏外洋非能
不食而操舟徒手而行劫由內地奸人接濟之也濟以糧
米物食然後能久延濟以火藥軍器然後敢敵殺論者多
歸告漁船不知漁船所帶糧米斗石不能濟幾何火藥軍器
犯禁之物惟哨船可以攜之向來南澳地方皆守港哨船
接濟如東隴港南洋港樟林港澄海港沙汕頭海山柘林
井洲各處哨船無一不接濟者而東隴海山南洋三處爲
尤甚每猪十隻價近百金米十石價五六十金火藥鳥鎗
藤牌軍器價皆十倍潮人謂坐港之利勝於通番此之謂
也夫民船犯禁官兵可緝官船作弊孰敢攖鋒是在鎮將
留心稽察無使復蹈前轍海孽之肅淸思過半矣
一兵丁之老弱宜換也　國家糜費金錢養一兵必得一
兵之用而將官蔭空糧老弱充軍數可用者幾何南澳之
兵老弱參半胥梁子弟厠身行伍生事賭博逃避差徭此
之不可不汰也然沿襲既久驟行裁革未免怨聲沸騰有
苛刻之議竊意老弱之兵及病船不能衝風破浪者皆另
造名冊准舉餘丁自代併不必問其爲眞餘丁假餘丁但
人材精壯武藝高強則補之一舉不佳則再再舉不佳則
三三舉而不中用則除之官自招募勇敢强力之人以補

其缺勿于此中取利焉則兵皆精兵無虛冒名糧之弊而
又于每月三六九期勤行操演考其技能工拙而賞罰之
使兵識將意將識兵情屹然爲一方雄鎮知所向之無敵
也
一親隨之精銳宜選也雖有猛虎無爪牙不威雖有名將
無左右不雄況殺敵重事可無心腹親軍死生不離者哉
竊意鎮兵既選練精壯又于精壯中拔其武勇超羣才能
出衆者約三百人爲巡哨親軍特加優卹每出洋則與之
俱又于三百人中擇其武藝尤精敢[illegible]不二心之士約五
六十人爲親隨待以心腹休戚相關[illegible]把總缺出量才
拔補以鼓勵之擒獲賊船有金銀貨物按其多寡均分之

凡隨行出哨之人共沾其惠切不可自私自利有臨陣盡
力功在衆上者倍加優賞遇缺先補則敢死之軍勇氣無
敵一遇賊船如鷹攫兔功名財利悉在此中皆將魁首政
足惟恐鎮主之不出哨也
一哨船之軍器宜審也北人乘馬專以弓矢見長南人乘
舟角逐于煙波浩蕩之際當其相距遼濶則弓矢無所用
之及兩船既交一人能發幾矢一矢能傷幾何則莫若礮
火之爲功大也竊意哨船軍器専用鳥鎗鹿銃連環子母
西瓜等礮噴筒火罐火箭佐以單刀藤牌長鎗大鉤而其
餘可一槩不用約略一船中爲礮火者十之七爲刀鎗者
十之三賊雖有艨艟巨艦不能當官軍礮火重疊惟俛首

就擒耳倘欲用箭必取諸弩而尋常之弩又不堪用必依
諸葛武侯連環弩遺法上有方箭箭分十道中藏百箭二
人挽之觸機自發一發十矢隨發隨挽矢復自出每艘安
置十弩則瞬息間發矢千計一飯之頃萬矢連環雖有劇
賊無所逃避此亦舟中之長技也
一巡哨之踪跡宜密也兵法有奇正賊勢有大小出其不
意敵乃可致往者遊魂猖獗賊首百十連䑸聚泊大小業
蕪等處明目張膽受千把總饋獻而不辭哨船之出非所
畏也今所謂賊不過無賴之輩饑寒偪身三五成羣踏斗
而出遇船小人弱則奪而駕之因其舵水糧食湊集匪類
所奪船漸大然後敢公然行刦其爲賊也有限其窺伺在
商船貨貝財帛衣糧又必孤行離援乃肆其侮非立意與
官兵哨船爲敵者也見商船則趨見哨船則避哨船輕而
浮其行速商船重而滯其行遲哨船旗幟飛揚牌刀高掛
商船無之此賊所能辨也竊謂哨船之出當如商船之式
勿張旗幟勿掛牌刀多運小石壓載以疑貨物有急可當
軍器行莫連䑸但度策應所可及若斷若續及遇賊船對
敵然後舉大礮爲號衆哨齊集堵截環攻擒賊獲船百不
失一若夫妝點軍容張揚聲勢是呼賊船使之避耳非真
心捉賊者也
一馭下之恩威宜兼濟也體卹不周則軍心怨望號令不
嚴則將權不振今之爲帥者意在立威則巍然自尊大視

士卒死生若秦越之肥瘠微疵細過鞭撻無常左右惴惴
心悸膽裂此刻薄寡恩衆心離散不可以見敵者也其矯
爲大度包荒則廢弛營伍兵驕而不能戢將悍而不能制
法令不行朝三暮四此又當場木偶徒有人形而無生氣
者也御兵之法莫大乎體貼人情爲之設身處地饑寒疾
苦痛癢相關婚姻死喪酌量周卹上下相親如手足腹心
之不可離至于法令一出泰山不移敢有犯者雖親無赦
使軍士凜然知軍法之不可犯故令無不行禁無不止三
軍之士懷德畏威此腹心之上計也
一島嶼之蒼黎宜卹也用兵之道安民爲先弭盜之源撫
民爲本南澳僻處海中居民鮮少兼地界兩省有司政教

之所不及則鎮主營弁實民父母也兵丁恃黨驕恣未免欺制小民民懟鎮主而不伸則無能伸之地摟怒積怨為毒無已故緝兵貴嚴待民貴寬不使强凌弱衆暴寡是則兵民一體之意也凡舉動必順民情不則去之有竊盜則為嚴緝重懲有奸棍則為革逐出境米價騰貴運載平糶雨暘不節齋戒禱祈又以春秋巡行阡陌課農桑擇其勤者奬勵之悅色和顏如家人婦子之相親切又于每月朔望集諸生鄉耆公所宣講　聖諭十六條使兵民共聽咸知為善之樂且曉然于　聖天子軫念民生諄諄教誨之意而相戒相勉不敢作奸犯科尤經理海疆之要務使民無盜之原也

一澳城之學校宜興也雖在海外不廢詩書雖有戈矛必興禮樂孟子曰壯者以暇日修其孝弟忠信則知教化之興亦武備根本也南澳海島荒陬無郡縣官司古未立學前鎮周公特于澳城建義學文廟捐衙門舊規為春秋丁祭延師修脯之資既已勒碑刻石而未竟厥施中途奄沒署鎮弗紹前修仍將祀業入已輿論嘖之鄙意以為義學宜興學舍宜擴祭祀之費膏火之資宜續捐增益春秋丁祭宜親臨釋奠萃闔澳諸生及兵民子弟之秀者咸令入學延漳潮間名士之學行兼優才品出衆者一人為師表以教育之月課生童第其高下以鼓舞之朔望行香謁
聖畢進諸生而親切慰勞之開府忘其尊處民興于學甚盛事也南澳舊有澳生二名一閩一廣今在廣者存而在閩者廢殊非公道捐一紙之文書請當事以開復之宏功盛業千載不朽詎於暇日加之意乎

陳倫炯南澳氣氣居南澳之東南嶼小而平四面掛腳皆嶁岵石底生水草長丈餘潛有沙洲吸四面之流船不可到入溜則吸擱不能返隔南澳水程七更古為落漈北浮沉皆沙垠約長二百里計水程三更餘盡北處有兩山名曰東獅象與臺灣沙馬崎對峙隔洋闊四更洋名沙馬崎頭門氣懸海中南續沙垠至粵海為萬里長沙頭南隔斷一洋名曰長沙門又從南首復生沙垠至瓊海萬州曰萬里長沙沙之南又生嶁岵石至七州洋名曰千里石塘長

沙一門西北與南澳西南與平海之大星鼎足三峙長沙門南北約闊五更廣之番舶洋艘往東南洋呂宋文萊蘇祿等國者皆從長沙門而出北風以南澳為準南風以大星為準惟江浙閩省往東南洋者從臺灣沙馬崎頭門過而至呂宋諸國西洋呷板從崑崙七州洋東萬里長沙外過沙外崎頭門而至閩浙日本以取弓弦直洋中國往南洋者以萬里長沙之外渺茫無所取準皆從沙內粵洋而至七州洋此亦山川地脈聯續之氣而於汪洋之中以限海國也沙有海鳥大小不同少見人遇舟飛宿人捉不識懼搏其背吐魚蝦以為羹余在臺時有閩船在澎湖南大嶼被風折桅飄沙壞有二十人駕一三板腳舟用被作帆

帆回臺餓斃五人余詢以何處擊碎彼僅以沙中爲言不識地方又云潮水溜入不得出余語之曰此萬里長沙頭也尚有舊時擊壞一呷板潮雖溜入若以南風棹長潮再不得歸矣大洋之水爲沙兩隔節次斷續南北沙頭爲潮汐臨頭四面合流外長而內退外退而內長須沿沙節次撑上斷續沙頭夾退流乘南風東向盡流南退雖欲北上求生而南下者正所以生也何也南風夾退潮方能出溜雖溜下然而歸於大海不入內溜方得乘南風而歸諸人聞余言羣起而呼曰曾到此地乎不則何爲知之確且詳有如目覩壞呷板尚存爲飛沙汙没我等飢抱海鳥爲餐渴飲其血駕長潮爲溜所吸不得開者三四日無奈禱筶

棹退潮吉乃溜入大洋飄十二日而到臺也余又語之曰呷板飄壞閩之粵東七八年矣爾之舟飄風於何處計風信而度之諒在斯矣至於潮水分合退爲長長爲退夾流變開臨頭匯足易知近隔難識遠扞自有一定之理在悉海國形勢於胸中意會變通有可到處有不可到處安能處處而指識豈操舟者把死木之所爲哉則如南澳氣受四面流水吸入而不出古爲落漈試問入而不出歸於何處豈氣下别有一海以收納乎四入者從上而入必從下而出如溪流湧急投以葦席入而出於他處此理甚明也沈鐵請建澎湖城壁置將屯兵永爲重鎮書謹陳爲澎湖處置起基善後永固閩疆事紅夷潛退大灣蓄意叵測征

兵調兵殊費公帑昨偕陳移檄暹羅委官宣諭約爲共逐一節未知可允行否若澎湖一島雖僻居海外實泉漳門戶也莫道紅夷灣泊即日本東西洋呂宋諸夷所必經焉地最險要山尤平坦南有港門直通西洋紅夷築城據之北有港門名鎮海港官兵渡澎居之中間一澳從南港門而入名曰暗澳可泊舟數百隻四圍山地人云可開作園栽種黍稷瓜果等物牧養牛羊牲畜未可遽墾爲田以山多頑土無泉可灌故耳今欲使紅夷不敢去住澎湖城諸夷不得往來澎湖港其策有六一曰專設遊擊一員鎮守湖內二曰招募精兵二千餘名環守湖外三曰造大船製火器備用防守四曰招集兵民開墾山蕩以助糧食五曰

議設公署營房以安官兵六曰議通東西洋呂宋商船以備緩急此六議似當斟酌舉行者夫澎湖險地什倍南澳南澳地在海島夙溢藪也萬歷初年撫臺劉凝齊移會廣東制臺題設副總兵坐鎮於中祇令兵民完聚田土開闢屹爲海邦重鎮俾夷不敢窺伺漳潮賴以安枕信明驗矣今澎湖可倣而行之請設遊擊一員坐鎮湖內仍設左右翼把總哨官爲之輔佐擇閩中慣歷風濤諳練水路者充之無事則演藝守汛有事則料敵出奇俾諸夷不得窺中上併議久任責成凡兵之進退糧之出入咸遊擊是賴三載加銜六載成勳特陞大將每歲或委廉幹佐貳不時查點如兵士有虛捏月糧有尅減參處查究追出銀兩以充

兵餉庶知勸懲永奠沃壤殆與南澳一鎮並爲閩中屏翰
矣此設遊擊之策一也夫有官守必有兵戍戍守哨探之
兵非二千餘名不可每名月糧九錢此定例者其糧餉或
出自漳泉二府或支自布政司庫原有定議沿海濱捕魚
之民愼擇以充之或撥出洋遠探若干名遇賊則攻擊之
或撥港內守城若干名有警則應援之遊擊標下親兵與
把總哨官人役各自另設不許占用水陸戍兵一人不許
虛冒戍兵月糧一分其月糧按季關支該道委海防館照
名數鑿鑿包封逐名唱給不許將官總哨代領以防尅減
尤不許防館吏書需索常例以奪兵食遊兵營堡宿弊亟
宜申明禁革之凡汛地之守探具數總報院道以便查考

夷情之緩急飛報院道防館以便調度一或誤事自有軍
法庶水陸並進犬牙相制澎島一帶可保無虞此議戍兵
之策二也夫各寨遊船每板薄釘稀委官製造價銀十不
給半一遇海濤便自潰裂安可出戰今宜令駕船者領價
監造每船歷幾汛方許修理載幾汛方許改拆而拆造儘
給半價則造船駕船均出一手或不敢以僨漏之舟自試
蛟龍之窟耳若火藥尤紅夷所懼者中左所火攻已破其
胆大舟四集自爾宵遁則火器當多備明甚而大銃大船
尤不可少者宜造大船十餘隻安置大銃十餘門布列港
口俟寇至夾攻之夷酋悍我長技不惟不敢侵我疆土且
遠遁無敵再出矣此議造船火器之策三也澎湖山地雖

云頑土不堪墾田而遍度膏腴之區或可佈種禾穀者即
黍稷麻頭柑蔗果木凡可充兵民口食之需須廣招同安
海澄濱海黎庶乏田園可耕者多四五百人少亦二三百
人俾挈犁鋤種子以往就居撥地聽其墾種每人量給二
三十畝仍帶妻子方成家業併畜牛羊捕釣漁利少資糊
口仍禁遊擊總哨各官不許索租一粒各戍兵下班之日
有能用力種植者亦聽之明示十年以內決不抽稅俟十
年以後田園果熟酌量每畝抽銀二三分以爲犒賞官兵
之用務使民兵相安永遠樂業此議招民開墾園地之策
四也若官既守海必有公廨居之戍兵寓民亦須藉營房
寮舍爲藏身計今議蓋遊擊府公署或在鎮海港口或在

娘媽宮前當查舊基擴充之標兵量撥百名環列左右仍
設倉厫數間爲貯糧之所擇寬廣爲教場以備操練而暗
澳口相對二銃城及東北面大中墩各量置營舍以爲守
禦方免各兵暴露船兵營兵輪流撥用少均勞逸即招募
種植居民就令自蓋房舍或官量給房價咸附兵營居住
相依爲命守望相助此議官廨兵營之策五也夫澎湖大
灣上下官兵船隻把港則番船不出入紅夷不許互市無
待言者然泉漳二郡商民販東西兩洋代農賈之利比比
然自紅夷肆掠洋船不通海禁日嚴民生憔悴一夥豪右
奸民倚藉勢官給納遊總官兵或假給東粵高州閩省福
州及蘇杭買貨文引載貨物出外海徑往交趾日本呂宋

等夷買賣覓利中以硝磺器械違禁接濟更多不但米糧
飲食也禁愈急而豪右出沒愈神法愈嚴而衙役賣放更
飽且恐此輩營生無路東奔西竄如李旦黃明佐之儔仍
走夷鄉代為畫策更可慮也不如俟澎湖島設兵鎮後紅
夷息肩暫復舊例聽洋商明給文引往販東西二洋經過
澎湖赴遊府驗引放行不許需索阻滯回船之日若帶有
夷人在船即拿送上司以奸細論庶可以生意飽商民之
腹亦可以夷貨增中國之利俟澎湖設官建城之後可徐
議為之此議通商便民之策六也以上迂議六款前五款
似可為澎湖善後之一助後通商一款亦聊備後日通變
之微權伏望憲臺不棄迂朽仍會藩臬巡海守巡司道洎

總兵副參等衙門面議停妥一面題請一面舉行非但澎
湖一島堪與南澳並稱重鎮而八閩上民永有攸賴矣

防海輯要卷十

廣東

廣東三面皆瀕海地也禹貢三江皆從會稽入於南海會
稽之南五嶺復有三江又從廣南城一百里合流入於南
海分東西二道焉東南八十里出古斗郵南自此浩淼無
際　增城志南海在縣南八十里至沙縣二十里近波羅
水出虎頭門外波羅水近古斗郵
又東南二百里抵東莞南海衛又東南六十里出虎頭門
又南一百五十里抵南頭城　有東莞守禦千戶所一名
城子岡南通鮮洞其西南有佛堂海門經官富山流入
急水門入海

下海可抵甌越　山海經甌在海中郭璞注今臨海永寧
縣即東甌故地也漢書閩越國圍東甌東甌告急天子
天子遣大中大夫嚴助發兵往救未至閩越止兵東甌
乃舉國徙中國處之江淮間而後遺人往往漸出乃以
東甌為回浦縣今按一統志永寧今黃巖回浦今臨海
寧海二縣海在台州府城東三面皆濱海海中有尾閭
與海門馬筋相值自高山望之其水湍急陷為大渦者
十餘乃東海洩水處北至寧波鄞慈谿定海象山四縣
皆濱海倭夷諸國皆抵此登陸西至會稽山陰縣北則
浙江入於海
自嶺東惠州府海豐縣南八十里出甲子門又東至潮州

府城南一百五十里出潮陽東北可抵閩越　博物志東
越通海出南北尾閩之間三江流入南海通東北山高
海深險絕之國也今按一統志漳州府龍溪漳浦二縣
濱大海與潮相接然山多於東甌故閩越可至東甌東
甌不可以入閩越又東至泉州府東南下海行二日抵
澎湖嶼自府正東海道行二日至高葉嶼又一日至黿
鼊嶼又二日至琉球國
又東則抵青齊以至登萊島嶼環抱爰有蜃樓　漢書海
旁有蜃氣爲樓臺海賦天琛水怪鮫人之室
是爲東海其別則渤澥故東海又名渤澥云　海運自金
陵之龍江經出越海閩海而南行可以至廣州古斗海

晉劉裕滅南燕還建康遣孫處襲盧循至東衡卽此道
也東衡在番禺江中今東莞屬前俗字以衡爲涌　西道七十里出上弓灣是西
海壖海南海志斜西近東莞縣　又西南二百里抵新會縣出坻南入
十里爲厓門厓門在海中俗呼海爲烏豬洋　又南七十里廣海衞扼其
要衝官軍每征海寇必集於此又西蜆山至南寧有夜
郎豚水出牂牁山　一統志廣西南寧府本古邕州
其西南鬱江一名大江卽夜郎豚水也
可通巴蜀　漢武發夜郎兵會番禺卽此道也牂牁江今黔江通四川
其西南由憑祥海路可抵駱越　郭璞謂甌在閩海中鬱
林郡爲西甌今邕州與思明府憑祥縣接界入交阯海
皆駱越地也唐咸通末安南都護高駢奏開本州海路

從之初交阯以北距南海有水路多覆巨舟駢往視之
乃有横石隐在水中奏請開鑿以通南海之利詔從其
請駢乃召工啖以厚利削其石鑿爲五道交廣之民至
今賴之
又自嶺西陽江縣西南　陽江西南本吳海安縣南越志
縣南小水南注於海極目滄嶼渺望溟波
抵電白縣東一百里而往西南出限門則川流皆放於海
爰有海騎　水犀龍鯉　南越志海中出騎馬似馬一角
而牛尾水犀似牛出入有光水爲之開魚似龍者曰龍
鯉海在電白縣東連茂名吳川[illegible]二縣限門則在吳川縣
南三十里

是多文魮珠鼈　南粤志海中有[illegible]鳥頭而魚尾鳴似
磬而生毛又多珠鼈狀如肺四目[illegible]而吐珠
有海人焉見之則風　形如僧而小[illegible]坐至則戒舟
人寂然不動少頃復沈於水否則大風翻舟
有魚人焉腹有兩洞皮可飾刀劍其名曰鱕　長二丈兩
洞渕水以養子子朝出食暮還母腹常從臍入口出
中有軒轅之邱鸞自歌鳳自舞是爲天樂其外有炎洲洲
上有獸焉如貍而青鐵椎擊之輒死張口向風而活其
名曰風生可以已疾　常持一小杖遇物指之飛走輒
不能去有人得之所指必有獲若椎破其腦急以菖蒲
塞鼻乃死腦和菊花服之益壽以酒浸則愈風疾

洲之下多鮫人蜃氣或蒸爲海市• 海旁蜃氣時結爲城
郭樓臺人馬狀謂之海市
去海康縣東十里對面即爲瓊海郡邑則居島上又南則
逼島夷藩服之國以千百數　占城暹羅諸番國皆古林
邑等國極多更易不可枚舉見星槎勝覽
自巴蜀而抵于闐之西則水皆西流注於西海　史記西
海其水東流注鹽澤鹽澤潛行地下其南則河源出焉
海一而已自青齊北至滄州則曰北海亦曰瀛海其別至
於極北爲瀚海南與渤海合自碣石通朝鮮諸國直抵扶
桑一望汪洋溟涬三神山在焉　博物志海中有蓬萊方
丈瀛洲金銀宮闕仙人所集

其西海則逼西域樓蘭姑師邑有城廓臨鹽澤至條支則
臨大海　洪邁容齋隨筆海一而已地之形勢西北高而
東南下所謂東北南三海其實一也北至於青滄則云
北海南至於交廣則云南海東漸於吳越即云東海無
有所謂西海者詩書禮經所載四海蓋引類而言之漢
書西域傳所云蒲昌海疑亦渟居一澤耳班超遣甘英
往條支臨大海蓋即南海之西云按邁止據漢書不考
史記故云無西海可謂謬矣以條支所臨大海爲南海
之西則得之矣
惟南海居東委輸之極爲萬水所宗故出虎頭甲子二門
則東西二洋隨舶所之東可以至倭國西可以逼西藩故

曰海爲百谷之王以其下也翕受自北而東西迤演夾乎
左右故南海獨浤且遠稱爲天池焉
海口有三路設巡海備倭官軍以守之春末夏初風汛之
時督發兵船出海防禦中路自東莞縣南頭城出佛堂門
什字門冷水角諸海澳　海船自東莞之南亭門放洋至
烏猪獨猪七洲三洋星盤坤未針至外羅坤申針則入
占城至崑崙洋直子午收龍牙門港則入暹羅若番賊
海寇則入什字門打劫故防之
東路惠潮一帶自柘林澳出海則東至倭奴國故尤爲瀕
海要害　漳州番船北風過洋必經此路水砦去此尙
離一日之程彼處海寇出沒水砦一時何知倘視我無

備乘虛而入無柘林則無水砦矣東路官軍宜於九月
無事日掣班之時定以柘林爲堡阻其咽喉之路且附
近大城所管軍互相哨守各據險把隘庶保無虞
西路高雷廉海面惟廉州接近安南占城爲重地焉　廉
州東水路自榕根大廉港一日至永安一日至淩祿日
半至雷州少南二日至瓊州正北十日至廣州西水路
自大潭口半日至大洗港少北一日至平銀渡正西二
日至欽州歷猪沙南沙大石三娘灣爲雷三墩篤簩灣
水急灣麻鹽頭牙山七十二經龍山海茅墩官渡等處
東經烏雷頭而達合浦又自烏雷正南二日經涠淪周
墪而至交阯永安州歷大小麻墩思勒隘茅頭少東則

日龍尾海東府界至南大海外抵交趾占城二國界
泛海者每遇大風則舟飃七八九晝夜至交趾貴州府
界如舟不能挽徑南則入占城又自郡城西橋下舟沿
海而東至永安千戶所則歷乾禮高德港冠頭嶺龍潭
五刀白沙珠場朧林祿村等寨地方瓊志又云占海之
西與廉境對順風一日可至唐置廉州控海口有瘴江
西南置麻井砦東南置三村砦以守之東至高州百二
十里西至欽州三百里南至大海六十里北至欽州百
四十里西南即儋也據此則廉之東實與瓊之儋州相
望

海道江道哨兵　東莞縣南頭屯門雞栖佛堂門什字門

冷水角老萬山伶仃洋等澳香山縣浪白澳　廣海衛望
江崗澳　潮州柘林澳與漳州接界外牧諸番　碣石海
澳在惠州東三百里　惠來縣靖海澳在縣東　石城縣
兩家雄海澳在縣東南三十里通大海賊船多泊於此
吳川廣東灣在南三都地方爲海賊灣泊之所　欽州龍
門港　瓊雷二府白沙石礶琯頭文昌各港　雷州海安
海康二所海港　德慶州南江上自都城下至楊所止凡
二百里　白龍水小口增城

廣州府營堡

南海縣　城西營　城北營　城南營　茅窖　洲岡
石門三埠　番禺縣　白墳營　神頭營　在城東南營
波羅等八埠　波羅石岡　獵德三埠　烏涌　車陂二
埠

東莞縣　介石營

香山縣　鎮頭角營　南禪佛營　縣港口　象角頭
大埔洋營

順德縣　黃涌頭營 四面環海　仰船岡　三漲沙哨 係黃涌營所管
與新會接界

新寧縣　倉步營坐南接村離縣四十里去甘村營三十
里四面通新會恩平新興三縣甘村營坐上澤村離縣三
十里去城岡堡二十里城岡營與巡岡巡檢同城離縣七
十里去那銀堡二十里那銀堡坐那銀村離縣九十里去

何木堡三十里何木堡在何木逕離縣百二十里去廣海
衛十五里以上五堡俱久亂地　分猪坑營　三合營
官步水營　甘村營 今廢　蒼步營　望岡營 俱廢　荷木營
那銀堡　城岡堡 今並廢　那西　田北二哨哨船二隻自新
寧縣治西邊北至東逾紫霞法竹那西斗崗溽陽凡由海
順風可一日夜逆風可二三日達新會自西邊北至西由
交萩嘴可一日達蜆岡而上小水至恩平

新會縣　利徑營 左右旁近蓮塘等二十村有崑崙曹汾募二山通新興高明山嶺險阻多賊
水江營 在懷仁都近二山十六村水哨　赤水口營 在得行都水邊近餘良尾等六村有五坑崗險蜆凹山賊　蜆岡營 在得行都近合山等十入村有羅漢山狼城　良村營 在博都近麥地等二十六村　鬼子窟營 在登名都近甘村等二十村以防鬼了窟良金雲豕山賊　占五隴逕營 在登

名都近沙岡等三十村防甜水坑良金雲永三山逕道多岐接連恩平新寧二縣）長沙塘營（在平康都近長沙等二十七村防北獵山船金坑雷公岩斬頭等山賊）遊魚山營（在平康都近山岡等十八村防偏岩頭金銀二山賊）金釵營（在平康都近石灘處三十六村防牛仔欄北獵王坑王牯嶺羅漢等山狼賊通新寧恩平二縣）濠逕營（在平康都茅岡甲防羅漢大山連新興高明恩平新寧等界多賊）倉步營（在新寧界與本縣赤水口逕營相去三十里）水流逕營（在得行都近倉步營有山尖等十九村防新寧上節張邊恩平交逕等山賊）火爐嶺營（在潮陽都近里固等九村防新寧石鼓村狼賊）臨江臺堡（在華鄂歸二都地方濱海防海寇）

增城縣　嶺表多燠少寒若增城北負崇山南蔽漲海內盤鬱而外疏暢故山氣由北降而陰海氣由南蒸而陽陰陽相搏所以一日之間氣候屢變炎蒸則熱風雨則寒或夏棉冬葛有之諺云四時皆是夏一雨便成秋又曰急脫急著勝服藥言不時也增處山海之間故其候如此若大雨候霧有謂之分龍雨彼淫淫下雨此則赤日行天者有謂之白撞雨酷暑蟲蟲忽濵濛暴至者（地酷氣蒸土生菌蕈）有謂之黃日雨日色微黃且日且雨者（主生螟螣農夫忌之）至於颶風恆發在六月望之前後（俗謂之祖忌風）彭如斷虹飲海而北指赤雲夾日而南翔此其候也作則伐木殺稼水陸不寧而舟害爲甚餘則薰風解慍然地方少雪有霜瘴癘絕少若語音亦稍不同邑之上負山之氣秙多故其音剛而直其下則稟海之氣秙多故其音柔而婉然與省會無甚差異

陽山縣　山心營　稍逕營　旗鼓營　長婆營　九巾營　茶坑營　丹竹營　天堂營　馬丁營　何皮營

防海輯要　卷十　廣東防海畧　八

李岡營

惠州府

營二十三　歸善之營曰蜆殼岡（嘉靖三十年歸博三縣民自建）曰大星港口（今廢）曰西壩曰鬱頭曰盤員曰乾溪曰碧甲（俱廢）今博羅之營曰橋子鋪曰南坑曰橋子頭（三營地方俱界龍門第六七等屯嘉靖二十九年僉事尤瑛立以防流賊）曰檳榔潭　海豐之營曰油坑（在石塘都）曰河田（今廢）曰赤岡（與歸善惠來連界南離海三十里北深山多賊冦成化八年立）曰射道田（在縣南二十里嘉靖十一年立）曰湖東澳曰魚尾澳曰南沙曰南竈曰長沙（郎麗江浦一名長沙港口在縣南八十里）曰石山曰大德（海濱）曰大磨

砦三　歸善之砦曰富沙圍（縣東曠塗數十里南臨江北阻金斗山元季士豪劉守正據之何眞引兵環而攻之數日乃克）曰周逕（郡城西南沿濠數十里中有腴田其外岡阜環複崖壁峭立東口通麻莊南口出中崗北口抵橫江西口接大嶺路皆曰險峻山石曲折下流瀾水舊嘗屯兵於此以援郡城）

防海輯要　卷十　廣東防海畧　九

船澳（見故迹）

烽堠十八　歸善之烽堠曰大星嶺曰竹山嶺曰潭州角曰西涌嶺曰碧田嶺（以上平海所）　海豐之烽堠曰牛鼻曰麗江山曰麗江門曰平安曰新逕曰小漠（以上六處俱海濱地方海寇出沒之區）曰甲子港曰青山曰娘岡曰銀瓶山曰白沙湖曰大磨山曰東坑山（俱捷勝所）

海澳四　歸善之澳曰大星海（平海所）曰渹娘山（碧甲巡司）對屬東莞大鵬所地方可藏賊船數百隻嘉靖三十三年巡檢孫鏸請將海道塡塞可守　海豐之澳曰海豐所曰甲子門

潮州府

寨一　曰柘林去府治一百三十里

隘四十七　海陽之隘曰新關溪在龍溪都曰萬里橋在太和都曰湯田在豐政都曰楓洋在歸仁都　潮陽之隘曰北關在北郭曰河溪在縣北二十五里曰門闢在縣北六十里曰河渡門在招收村　揭陽之隘曰桃山在縣東曰官溪在縣南曰藍田在縣北曰霖田在縣西　饒平之隘曰於村曰小格俱在縣東南曰九村曰嶺脚俱在縣東北曰黃岡曰黃山坑　海陽縣北關鎮坐海口在縣東南六十里　潘山堡坐豐政都潘田村在縣西北一百三十里埤在山谷通潮揭漳饒　潮陽縣河溪隘在縣北二十五里地在招收山下與洋海相接村閭遼曠時有寇竊隆慶三年知縣黃一龍始於斗崖高處設為瞭望之所募民丁戍守以堂海艘遇至舉旗為號行者即止於是前患少息往來稱便　揭陽縣獅子營在霖田都馬頭

營在蓬田都已上二堡原有官軍防馬鞍山飛泉石壁奉經等處流賊今廢長布營在海陽大場營鎮在鮀江蓬州都今廢夏嶺鎮新港鎮亦在蓬州都以上三鎮原在官溪東並東西新港口樓馬耳萊蕪等鎮防海溪賊人今廢　惠來縣靖海關在縣東南六十里有守禦千戶所西關為產鹽之地龍岡關在縣西三十里有東西二關西通龍江溪東通林招渡頗稱險要神泉關在縣南十五里有巡司偪近大海南北險東各營在縣西五里宏治六年流賊童阿二據此劫掠始築堡以民壯一百六十名守之正德十四年賊首曾鈀頭復據此為營次年就擒遺址尚存　饒平縣竹林堡漁村隘俱在鉉化都宣　小榕平溪嶺脚牛皮石九村黃坭大經鳳凰小村青竹逕十隘俱在鉉歌都　澄海之隘曰冠隴曰鮀埔曰南洋曰烏江嘴

論曰潮郡十縣皆阻山帶海而最為險害者程鄉之徑竇平惠來澄海之澳港平遠之隘山崗葱鬱海濤噴薄或通閩越或通廣惠瓊崖及外夷之屬號為水國最霸勝矣山川之氣代有憑依故治則賢哲藉以興亂則鯨鯢藪之狐兎穴之其初漢一大縣耳再析而四又再析而七已又再析而十行部典郡及防守之員纍纍不絕豈非有惕於歷年山海之氛民莫必其命耶邇來自任公兵備副使任可容整飭兵戎玆土稍得息肩後至者當亦有當暑歲寒之思乎語云不恃無亂恃在禦亂恃吾無以生亂深慮者是可以長世

兵防兵署　鎮守總兵府正統末黃蕭養亂設副總兵賊平裁革後以廣東界在江閩多警復設總兵駐劄程鄉與寧嘉靖四十二年巡撫侍郎吳桂芳奏移潮州駐劄

南澳總兵府萬歷二年提督尚書殷正茂奉部咨據福建

巡撫劉堯誨會議開設駐劄南澳信地以為聯守兩省門戶焉

參將府原設後因設總兵駐劄遂改惠潮陸路參將為惠潮把總嗣總督御史言　題復萬歷八年總督侍郎劉堯誨題革十一年總督侍郎郎應勝題復

澄海總兵府萬歷四年置在南溪山之深嶼山孤懸海中界在潮漳閒而屬漳居多舊為饒平縣信寧都四山高竦可避風汛周遭水面約三百里沿山腴田數千百頃頗擅山海之利歷代居民殷富宋避元兵駐此數月洪武二十六年信國公湯和奉命經畧海上謂其巢倭遂徙其民而墟其地其田糧則派之海洋各縣至今街衢遺址尚存漁

獄往來其間稱爲水國以其界在兩省之交轉爲盜區棄而不守嘉靖三十七年海寇許朝光吳平會一本輩相繼竊據勾引倭奴泊舟爲患是年閩廣軍門殷公正茂劉公堯誨會勦平之奏立南澳副總兵協守潮漳合用部兵卽以潮之柘林砦水兵漳之銅山砦遊兵共船八十二隻官兵三千六百六十員名充之分撥信地海上防守又增專守深澳中軍水哨二官一員大小船十一隻捕兵四百名專守城池把總二員廣營福營隊兵三百名此鎭旣設不惟海寇駐足無地抑且逋賊出沒不便雖從此以爲久安可也

肇慶府

新興縣東通恩平西北通東安南陽春舊猺狼賊藪設巡檢司三今存一其營砦軍門志有東營在縣東三里西營縣西二里通利營縣東十二里白鳩營縣東四十里高村營縣東六十里蘆村營縣東六十里平要岡營縣東南十五里石子營縣東南九十里張公腦營縣西南五十里第八營縣西南七十里茶崗營縣南二十里裏崗營縣南四十里舊志有良崗營縣西北二十里下洋營縣治西二十四山要地設鄉夫守每月一四七日從金山河頭護陸路商人至新興山口又以二五八日從新興山口護至金山河頭至六九日設往來商人量取牛船及商人錢以充糧食泊崗營縣南七十里廣東圖說有下里巢去縣三十里今部署立茅田逕腰古逕東利逕回龍逕四營軍守之同知方應時請置每營軍十人

陽春縣東南通陽江西東安北新興者最患寇設古良逕司其營砦軍門志有北寨逕蕉木逕倶西南界曹崗逕閘白水逕閘蟠尾逕閘倶東北界牛厄曲營縣北百二十里思良都設千長嶺鄉夫防新興黃三坑思平君子山等賊岩南營縣北百五十里順陽都設千長領鄉夫防龍水四賀等山猺賊舊志有陽鬬營在縣西西口營在縣西六十里順陽都鳳凰營縣西南九十里太平都縣志有東營西營縣城北糧營縣城西八十里太平都正德中防崗羅陳合水黃東木閣等山猺猖獗知縣黃寛令排年招廣西狼兵二百餘家分三營耕守廣東圖說有上下魚跳營去縣百五十里今部署無叅守四隻也

陽江縣東通恩平西電白北陽春南大海山海寇並爲患舊設海陵巡司今革其營砦軍門志有永安營縣東南八十里喬馬都黃竹逕設旗軍民壯鄉夫防新寧白水山賊馬粘逕營縣東九十里北貫都設鄉夫防新寧白水等山賊麻思營縣西一百一十里處儒都設民打手千餘防陽春樂安等山賊蓮塘逕縣西六十里防陽春恩平樂山狼賊路

戙船澳近大洋民壯及神電雙魚海朗陽江衛所官軍防番寇舊志有高嶺營縣西七十里縣志有三鄧逕蟠龍逕雨霖山珠環嶺北寨逕上下瀧麻瀝逕雲霄逕桐油園榻村逕名同陽春者兩縣界縣志云東自那柳至縣九十里兵營非一而永安營爲要害西自儒崗至縣百七十里兵營非一而印岡營爲要害往守以軍壯打手鄉夫所官領之今十里一營與舖參列守以營兵領以哨官偹有他虞餘能相助廣東圖說有長亭營教場營倶去縣五里歸善營去縣十里黃崗營那凋營倶去縣二十里獨石營去縣三十里望牛營尖岡營倶去縣四十里按海防圖尖岡接電白縣界此云四十里悞登觀營去縣五十五里按海防圖登觀連尖岡此云五十五里悞漂竹營去縣六十里按海防圖漂竹接登觀此云六十里悞日寮營去縣五十里樂安營去縣六十里高嶺營同上山口營去縣七十五里平望營去縣八十里望斗營去縣八十五里六墟營去縣一百二十里按海防圖六墟連平望北在麻思營下悞鐵爐頭營去縣

二里坑名安插於此今部署恩平營左哨六隊守平望堆錢嶺樂安蚺蛇窟橫桐歸善六營其三隊守恩平縣城後哨六隊守黄竹橋山口田寮憑村那凋長亭六營其三營守恩平木梗水邊莇那龍營中哨六隊守陽江縣城其三隊守恩平城凡哨九隊隊長一人兵十人三隊旗總一人共一百二人每哨哨官一人其平望以西大墟麻思安樂漂竹登觀尖岡六營則陽電營兵也烽堠陽江所六白沙北津南樂那貢南津黄村海朗所六那蘇平山三了北環澳仔東稔雙魚所四石門將軍帽白沙施村陽江縣濱海東海朗西雙魚皆海堧也舊制二所備倭各一人每歲四月風汛之時督率旗軍出海防禦陽江所旗軍七十人海朗所旗軍

八十二人雙魚所旗軍一百人各戰船一哨船一霜降後撤回軍分二班一班仍就防禦一班辦備倭科銀又每歲調東莞烏艚船十雷州神電寧川錦囊等九衛所官軍乘之俱赴戚船澳防汛嘉靖二十七年掣三十五年復掣陽江雙魚所軍船自此多事隆慶六年都御史殷正茂以神電雙魚連陷奏設東西巡海參將以西路參將駐陽江萬歷三年設海防同知亦駐陽江四年始設北津水砦改西路巡海參將爲陽電海防參將八年設北津水寨把總而陽電海防參將罷初船烏艚橫江白艚元鍾哨馬叭喇唬共四十七隻每年省河一修共二千二百九十人修船則放班正二七八九十十二月收汛三四五六十十一月出汛所分信地

東至三州上下川與南頭砦會哨西至吳川限門山與白鴿門砦會哨又以海闊分爲三哨中哨泊於戚船灣豐頭港左哨泊於砦門澳右哨泊於電白之蓮頭灣軍器火藥咸具自是縣所軍士掣而不用收汛亦免放班止給大半工食然自七年以後兵船屢有裁減又裁船大小二十捕兵六百三十三人益白鴿門以守烏兔至十五年尚存大小船三十五隻官兵九百九十七人先是總兵戚繼光改三哨爲三司兵司左右二哨中司復有中哨凡七哨今仍左右司之名而中司止一哨凡五哨嶺西分守道以右哨原守電白縣蓮頭赤水等信地其船防兵二百四十八其餘悉屬高州海防同知於是肇慶海防各所屬止船二十

六隻官兵七百四十九人中哨船五隻兵一百五十二人守北津港分哨南津等港左司左哨船八隻兵二百一十人信地東自大灣廼西至馬拇石每月東與廣海遊兵會於海朗西與左司右哨會於馬拇石左司右哨船七隻捕兵二百人信地東自馬拇石廼西至砦杯山每月東與左司左哨會馬拇石西與右司左哨會砦杯山右司左哨船六隻兵一百六十人與高州海防所屬船二隻兵五十人爲一哨信地東自雙魚角砦杯山西至蓮頭角每月東與左司右哨會砦杯山西與右司右哨會蓮頭角右司右哨船七隻一百九十三人信地東自蓮頭角西至暗鏡山每月東與右司左哨會蓮頭角西與白鴿門砦兵船會暗鏡

山則高州海防所屬者也各哨雖有汛地仍哨外洋會哨兵備道給有簿所至結報

高州府

郡山叢土厚溪峝聯中隋初馮盎盤據三世跨八州之地形勢使然也東南距海電白吳川雖有沙帶限門之阻而水深潮平倏忽變生備倭官堡不容少弛西南倚於博陸化州石城山箐盤深猺獞伺隙以虔劉我人民胡可滋蔓且於二廣爲衝衝之交寇攘竊發則東西壤地斷絕議者欲復高涼舊邑於電白廢臺以控砦衛郡城招募丁壯於信地以耕以守庶幾寇虐可除而民安矣

營四　茂名之營三曰熱水在縣東一百里曰平鋪曰沙田在縣東六

十里電白之營曰龍門在縣西四十里德善鄉

堡六　茂名之堡曰舊電白去縣四十里北安鄉平山巡司電白之堡曰獅子在縣西七十里善德鄉曰三橋在縣西七十里郎那夏驛

險四　茂名之險曰桃峝開電白之險曰蕉林在德善鄉曰陀埇曰三人關

信宜縣　嶺底堡在縣治東六十里近羅馬村防懷鄉堅固六定嶺底各堡忠堂堡縣東九十里

廉州府

營二十五合浦之營曰北營在城北濠外曰新寮在府東北五十里清和鄉遞廣西雲蓋大湖蕉林等處成化中建土城曰山口在永安所城外與博白化州石城連界曰清頭去永安城五十里曰陸湖在府東北曰黃連去府四十里在大說港曰朱港在府北三十里後設汛竹營今改爲鋪曰城隍去府治三百里今改永平巡司以上廢欽州之營曰黃土卽舊防城營在時羅都交趾連界後廢知州董廷欽復建今改名曰黃觀在新立鄉曰墰兀卽舊總捕營在州東北二百里曰龍門在龍門港曰平銀在州東三十里曰濕時在州東七十里曰大幕水在州北三十里以上存曰羅浮在防城外西二十里河頭村曰思勒在防城外九十里初以河州營去州治遠量運悉由夷界於江平地界設思勒衛二營各相應援色衝先裁後軍兵因事逃散復廢思勒曰上扶龍在貼浪都通十萬大山挨廣西交趾界曰白皮在白皮村曰方家在方家村曰煙通在煙通嶺通羅門海山曰陸眼在永樂鄉以上俱廢曰那迫營在州西北百五十里新至鄉都隆等村曰那羅營在州西百一十里曰團圍營在州西百三十里俱連界那陽龍王等村

關三　合浦之關曰東關在府東北今改名備鳳欽州之關曰天板在州西六十里曰魚洪在州西北三十里

險四　合浦之險曰新寮在府東城五十里今廢欽州之隘曰那蘇在如昔都接立夷界曰稔均在那蘇南相去七里隘外卽交趾大海曰那隆在那蘇東相去十餘里隘外卽交趾大海有匀經奸民通夷由此路

墩九　合浦之墩曰山口在府東北百四十里山口鋪曰平鴨在府東北一百里平鴨浦曰珠場在府東南七十里珠場港口曰龍潭在府南四十里龍潭砦曰高德在府西南三十里高德港口舊爲防守要地曰獨江在府南十里獨江村地方爲防守要地曰安寧在府南十里近山村地方爲防守要地曰西場在府西五十里葛麻山曰冠頭在府西南五十里

堠十二　合浦之堠曰川江在府東南八十里川江村前曰龍村在府東南七十里隴村岩前曰白沙在府南五十里白沙寨曰豐城在永安城西一里豐城砦前曰白望在永安城西二里白望村曰丹兜在永安城東北五里曰英羅在永安城東十里英羅砦

二所每所各官一員督營軍船三艘旗軍三百名各分上下班出海巡哨以防倭寇

廉州遊擊廉州卽潿洲在珠母海中當冠頭嶺之南約二百里每天降陰雨輒望見之晴霽則否周回七十里昔爲寇穴萬歷六年移雷州民耕住其地萬歷十八年設遊擊一員鎮之二十八年移於永安所距廉州一日之程距廉州百八十里之遠呼吸難通巡道張因經議移駐於冠頭嶺俯瞰六池爲廉門戶猶得臂指之用而未果行

珠池（卽廉州之七池）　烏泥池（至海猪沙一里）　海猪沙池（至平江五里）　平江池（至獨攬沙洲八里）　獨攬沙洲（至楊梅池五十里）　楊梅池（至青嬰池十五里）　青嬰池（至斷望池五十里）　斷望池（至烏泥池總計一百八十三里）

海寨　烏兔砦（至陵祿九十里烏泥池二十里守軍五名）　淩祿砦（至英羅十里至烏泥池十五里）　英羅砦（至蕭村五里至烏泥池十五里）　蕭村砦（至井村五里至海猪沙十三里）　井村砦（至對達五里至海猪沙十里）　對達砦（至豐城十里以上守軍同烏兔）

按海寨皆營堡類也砦爲珠池設自英羅至對達俱近海有箔只宜遷近不可插遠

豐城砦（至黃泥十里海猪沙十五里守軍五名）　黃泥砦（在大廉港之北去海猪沙愈遠今無守軍）　以上八砦俱永安所地　川江砦（至調埠十里至平江池十里）　隴村砦（至調埠三里）　調埠砦（至珠場十里）　珠場砦（至白沙二十里三砦至平江同川江以上守軍俱十一名）　白川江至此俱近珠池不可插箔　白沙砦（至武力十里至楊梅池十里）　武力砦（至龍潭十里楊梅池十里守軍俱十一名）　本砦沙尾有池工所不可插箔　龍潭砦（至古里十里至青嬰池十五里）　古里砦（近冠頭至青嬰池二十里）　西場砦（在大洗港東去葛麻江二里許以上守軍俱十一名）

按沿海建寨蓋自金始由西而東而北凡十七處分軍巡哨以防賊取之患然法禁稍疎軍士卽玩盜者有所賄則得者不以聞擇人而任可不愼歟

寰宇記俗有四民一曰客戶居城郭解漢音業商賈二曰東人雜處鄉村解閩語業耕種三曰山戶深居遠村不解漢語耕墾爲活四曰蜑戶舟居穴處不解漢音以采海爲生夫廉古珠官扼塞海北遙鎮交南視嶺外諸郡最爲樞莞鼇山爲城踐海爲地有天險焉颶風一作百里震動南登海角西望天涯（海角亭在郡南天涯亭在欽州）眞南裔也漢馬援旣平徵賊之亂標銅柱於分茅嶺以爲華夷之限於今賴之水經注昔馬文淵積石爲塘達於象浦建銅標爲南極之界

俞益期箋曰馬文淵立兩銅柱於林邑峯之北惟寧越四峒陷入交阯守土之臣邀功喜事直欲犂巢搗穴郡縣賴之我朝謝絕其請慓彼荒夷歸我侵地嘉靖二十一年夏六月莫登庸來降收復四峒民歸欽州版籍民得免於湯火誰之賜歟媚珠海砦寶藏所與領以內臣雖嘗釐革迄今未聞投珠於淵也昔人以爲所獲不補所亡近事足爲明鑒若夫嚴永安之軍衛以防四達之衝謹沿海之防以備倭夷之擾復白博於我土以均道里之勞皆安壤之不可廢者也今兵備特剳於靈山建堡增立於衞北交寇峒獠惟廉爲重豈可以其僻遠而易視之哉

雷州府

雷三面距海東通閩浙北負高涼有平地沃壤之利然雷出而震地濕而熱蓋五嶺之地南盡於此積土薄而陽氣洩也雷廉之交颶風最大驅潮則鹹流逆上挾雨則拔屋撼山東陽之地彌望渺漫凶祲之至不繫於人事矣所恃以保障者其捍海之隄乎故西湖以瀦其淳二渠以麗其派然後斥鹵之地化爲耕桑而雷之民亦可免於爲魚隄防之飭是在司牧者他如永安寧川以達石城三道皆陸所以衞遂溪而守隘之禁當嚴於齊康永寧海澳之衝也備倭之責尤重明初經畧之迹猶有存者安陸侯吳傑等選練而簡稽之以固沿海之防非惟雷郡安而廉瓊亦資其控制之利矣

瓊州府沿海衝要

府城北十里曰白沙港宋設水軍趙汝路拒元兵於此明隆慶初始設白沙砦兵船防守與海口唇齒相通凡大舟商船皆住泊焉此瓊治之咽喉也

三亞一百二十里至崖州大蜑保平二港上一百二十里有黃流抱駕二港六十里至鶯歌嘴數十里至吉家澈入十里至感恩深田灣又八十里至北黎港三十里至魚鱗州皆屬三亞信地距昌化英潮有百里焉

府城西去七十里曰澄邁石矍深廣可泊船約五十里至馬裊三十里至石牌又百餘里至臨高縣博頓港有兵船防於此百餘里至儋州洋浦三牌石海口入新英港港皿有二沙如不識水道則壞舟泊船雖穩便但嘂警出船不及海上多故須輪哨船時出海口瞭守亦瓊郡之腰絡不可疎備者也南去約八十里至海頭港西岸石壁難以進舟一百里至烏泥港逼昌化城又三十里至英潮灣俱賊船出沒處　按瓊郡州縣俱附海濱周回數千里時有倭寇番船之警又設東西二路左右前司守哨防守策應而統領於白沙寨兵家所謂星布棊置之勢況加以天塹之險第夷情叵測風波靡常尤當於衝要處整飭兵船精選器械查詰墩堠巡察海道始可保孤嶼之金湯也故特詳之於篇以備防海者采焉

諸黎村峒　瓊山黎東曰清水峒今爲東黎都南曰南岐

南椰南虛環鄉南坤居禾嶺平沙灣居碌居岐峒南岐七峒今爲西黎都惟沙灣三峒尚稱生熟黎叛服不常沙灣峒自平黎馬屎復向化當差　澄邁黎南曰南黎今爲一都二都水土平善西曰西黎今爲一都終都尚染於風氣時出爲害　臨高黎峒大率有八曰積營曰坡頭曰那律曰番吉曰路遶曰番溪曰松柏曰重遶八洞皆以番豹山爲險祇容一人入過此十里則西至重遶坡透等峒東至番溪等峒南至番泗等峒時出爲害　安定黎南曰南閭峒去縣三百里地東曠民樂居之見充里甲惟光螺縣西南四百里思河縣東南三百里原係黎峒出沒之衝時爲民患　文昌黎曰斬腳峒治平已久田地經常入有司特人丁尚屬土舍隨軍聽調而已附峒

地多險阨爲瓊文定會遊賊往來之區樂會黎曰縱横峝(去縣四百餘里)北接思河光螺南接萬州青山聲勢相依馭失其道則嘯聚焉　儋州黎硯諸處最𧃹昔梁隋間儋耳歸附者千餘峝詣此今生熟凡五都曰花驛曰黎附曰順化曰來格曰來王宏治五年招至桐横一處嘉靖九年招至修途竹松番下　郡那大落化打爽水頭入處東黎屬土舍峝首部領南黎屬州部領其餘自耕食不屬州　昌化黎散處山谷不相統攝與民雜居不爲寇害舊有土職二員以招黎爲名而旣歸有司遂不復領於土舍　萬州舊有民黎九郡屬黎九十三村西南則鷓鴣啼峝(去州一百二十里)與陵水黎亭筆峝潛通北則龍吟峝(去州五十里)與思河縱横

二峝潛通不復領於土舍時出爲患　陵水黎北有黎亭(去縣二十里)南有嶺脚(去縣三十里)嶺脚由葫蘆門而止黎亭由黎羅而出又有東北哨有大牛嶺小牛嶺爲往來必由之路黎人時出遮道爲寇　崖州黎其地多於州境其八十倍之分東西二界生熟半熟三種屢爲害而州之戸口日耗凡百徭編取給諸縣營脤因地盡爲黎有羅活千家爲甚德霞抱顯次之感恩縣附版籍者什九不附者什一與民雜居無他志患在崖之生黎切近出沒孔道有二一自峩茶總路分入陀與必改一自湳麻嶺總路分入嶺頭白沙時出爲民患

論曰黎峝內抵五指外界州縣者不可勝計此乃其大較耳自梁馮冼氏收降千餘峝唐廉訪使諭五州首領親詣其境則當時道路之遠可知至宋末畧不競犬羊梗道復借途浮海丁謂所稱再涉鯨波是也迨明初天戈所擣直欲逕穿五指而瓊文洞落多編齊民獨瓊儋諸黎逾越省地其故何哉葢自永樂以來以撫黎職之土人借撫爲名奪我熟黎覯儋州抱驛首役遂致南蛇之亂崖州舊圖分轄起於土舍之奸(如附郭董平三圖爲黎那陳三土舍分管)故梁之崖州隋之延德唐之落場落屯縣宋之盛德堂諸基皆設於今黎圖中餘可知矣開有念王土者未嘗不披輿圖而抱恨也以故洪武時指揮張庸繼欲開五指縱横之路及邵宗季貴之徒亦歷長慮成化時副使涂棐德意尤殷使後居其位

者以前人之心爲心犂庭開道寢食在念則古之書村書峝者今皆爲都爲啚矣天順中感恩令羅鉉賣黎啚於婁鑑宏治末備兵使者副使王某貪賂邀功賣久化之編啚歸附固之土尊致開後來之禍黎之尾大吁可惜也

瓊山縣營新舊十三砦一堡三　達子營　民壯營　揚威營　振武營(以上四營今廢)　揚武前營(郎浙營以上俱海防)　張隘山營　黄嶺營　藤寨營　分蹤營(原名南坤營)　大坡營　大定營(郎唐心營)　大會營(在居禄洞郎馬縣巢)　水蕉營　白沙砦　紅花堡　藤砦堡　望樓堡

澄邁縣砦二營七　永靖砦　保義砦　分哨後營　籬謹營　營所　籬藏營　判塹營　居便營(在南黎地方防茅甲邑等)

村峝生黎攜同璦山居林居琭沙灣三峝黎爲患今廢　定全營
臨高縣營入　分哨後營　那零營在鄉錦鋪　屯建營防新安三
家木落烏石博白黃龍呂灣傅頓入港　南峚營　獨木營　羅壯營　口
郎營　居嘧營三營俱嘉靖初建後廢今移南峚於此
安定縣營十三　鹿屈營　西平營　南斗營　黃竹營
南閭營　南倫營　坡田營　大葵營　楓木營　太平
營　五嶺營　石盤營　嶺背營防光螺水口嶺背等處村黎攜同璦山居林居
琭沙灣賊首黎佛二爲患設南倫官防守嘉靖十三年賊平改今營
文昌縣營八堡二　白延架營防斬腳峝黎屬並別境流賊　馬攬坡
營　赤岸營　大欄營　銅鼓營　港門營　揚威左營
教場分營　鋪前堡鋪前大欄抱虎七星港澳璦山連洋六處賊船易入　楊橋堡

會同縣營二堡一　分哨左營　清平營　馮家堡
樂會縣營二　分哨左營　豬母營
儋州砦二營十六　歸姜砦　田頭砦　揚威後營　堡
吉營　墳襄營　蓬虛營　七坊營　南巢營　大羅營
催羅營　可塱營　樣鷥營　那大營　羅化營　日南
營　清寧營
昌化縣營一堡三　烏泥營卽分哨後營　吉家堡　魚鱗洲
堡　小洲塘堡
萬州營新舊十五堡四　新潭營　蓮塘營　揚威左營
貢四營　張豆巿　五香營　太平營　南頭營有黃坎體抱打
羅透表羅無俗等村黎爲患　蓢苧營防鷓鴣啼等村峝黎　葵根營　長沙營

沙牛墑防遮北青山龍吟與樂會縣縱橫峝葵根水口等村黎　駁北營在北段防本州與陵
水合界五嶺海灣路口諸黎　駁南營在南段防南港連塘蓮岐大塘海賊　潭港澳通海
賊船易入　南頭堡　牛塘堡　運塘堡　烏石堡
陵水縣營十三堡四　分哨右營　軍堡營　葫蘆營
黎庵營　牙狼營　鎮南營　駁北絡繹營防桃油信脈山澗打索嘲
纏凡遐等村黎　鴨塘營防壽山蘆嶺等黎爲患故置　馬騮橋營　合水
相近有泉回岑番扒若那龍等村黎爲患故置　白茅營　南萬營　半嶺營
膺修堡　石楨堡　嶺腳堡　黎亭堡
崖州砦二營十九堡十五　三亞分砦　連珠砦　揚
右營　合水營　牙力營在本州九所地昔有羅千家澗等黎爲患置守軍防守嘉
二十六年大征遺黨不多今營已廢　樂羅營　否淺營　抱活營　羅

營　半嶺營　殘字營　牙根營　錦臥營　千家營
抱懷營　莪茶營　回風嶺　藤橋營　樂安營　樂定
藥弩　樂平營　深溝堡　郎鳳堡　多營堡　抱拖堡
郎芒堡　石梓堡　高村堡　山麻堡　落機堡　高
東堡　高領西堡　望樓堡　榆林堡牙狼不頭利桐瑁洲港澳在州東
界　多零堡　回風門堡
感恩縣營入堡六　分哨右營　莪茶營　陀興營　必
改營　南北溝營　白沙溝營在縣南外水深寇船易入　黎港營在縣
西北　抱駕港營　深田堡　嶺頭堡　滿麻堡　縣門堡
南港堡　白沙堡
水口黎有港門通海賊船易入議者謂萬州等處多盜惟

陵水牛嶺猶人心腹之疾益海灣平陽之地賊據險殺人劫財歲無虛日宜於牛嶺之南曰南嶺建一鎮南營兩徒南山千戶所領哨百戶一員領原哨軍五十名就遷牛嶺巡司佐之牛嶺之北曰陽梅建一馭北營而以萬州千戶所領百戶一員帶領哨兵五十名就遷牛塘巡司佐之凡軍民客商往來則量撥軍兵護送交割

龐尙鵬撫處濠鏡澳夷疏竊惟廣東一省西北聯絡五嶺東南大海在焉蠻夷雜居禁網疎闊山海之寇嘯聚不時詩曰迨天之未陰雨徹彼桑土綢繆牖戶夫智者鏡幾以先圖勇者乘時以自固此何時也而謾之曰陰雨未至可乎臣生長海邦習聞已久除倭夷山寇出沒擾攘具見經

畧者臣不敢煩瀆外謹摘其禍切門庭履霜堅冰者著爲論列竊效詩人桑土預徹之義惟陛下試垂聽焉廣州南有香山縣地當瀕海由雍麥至濠鏡澳計一日之程有山對峙如臺曰南北臺卽澳門也外環大海接於牂牁曰石峽海及番夷市舶交易之所往年夷人入貢附至貨物照例抽盤其餘番商私齎貨物至者守澳官驗實申海道聞於撫按衙門始放入澳候委官封籍抽其十之二乃聽貿易焉其通事選漳泉寧紹及東莞新會人爲之椎髻環耳效番衣服聲音每年秋夏間夷舶乘風而至往止一二艘近增至二十餘艘或倍增焉往年俱泊浪白等澳限隔海洋水土甚惡難於久駐守澳官權令搭蓬棲息待船出洋卽撤去近數年來始入濠鏡澳築室以便交易不逾年多至數百區今殆千區以上日與華人相接濟歲規厚利所獲不貲故舉國而來負老携幼更相接踵今築室又不知其幾許而夷衆殆萬人矣詭形異服彌滿山海劍鋩耀日火砲震天喜則人而怒則獸其素性然也奸人則導之陵轢居民蔑視澳官漸不可長若一旦豺狼改慮不爲狗鼠之謀不圖錙銖之利擁衆入據香山分布部落控制要害鼓噪直趨會城俄頃而至其禍誠有不忍言者可不逆爲之慮耶議者欲於澳門狹處用石塡塞杜番舶潛行以固香山門戶誠是也然驅石塞海經費浩煩無從取給舉事當待何時或欲縱火焚其居以散其黨爲力較易然往年

嘗試之矣事未及濟幾陷不測自是夷人常露刃相隨伺我動靜可復用此故智耶議者又欲將澳以上雍麥以下山徑險要處設一關城添設府佐官一員駐紮其間委以重權時加譏察使華人不得擅入夷人不得擅出惟抽盤之後驗執官票者聽其交易而取平焉是亦一道也然關城之設勢孤而援寡或變起不測適足以爲桀驁之資豈能制其出入乎安邊者貴消禍於未然懷遠者在伸威於既玩臣愚欲將巡視海道副使移駐香山彈壓近地曲爲區處明諭以朝廷德威厚加賞犒使之撤屋而隨船往來其灣泊各有定所悉遵往年定例如或徘徊觀望卽呈督撫軍門親臨境上　諭而譬曉之必欲早爲萬全之慮而

後已若以啓釁爲憂則禍孽之萌亦當早見而預待之況有舊澳見存皆以耳目所親見聞者彼將何入執怨乎番舶抽盤雖有一時近利而竊據內地實將來隱憂黨類既繁根株難拔後雖百其智力獨且奈何或謂彼利中國通關市豈忍爲變孰知非我族類其心必異殷鑒不遠明睹未萌況已若乎急則變速而禍小緩則變遲而禍大惟督撫軍門加意調停從議酌處毋逆其向慕中國之心就於通事中擇其便給者優以殊格使掉其舌鋒爲說客開布禍福以陰折其驕悍之烈自後船入境仍泊往年舊澳照常交易無失其關市歲利復嚴布通番之令凡奸人之私買番貨䝋民之投入番船及畧賣人口擅賣兵器者悉按

正其罪俾人皆知有法之可畏而不敢爲射利之徒區畫既定威信潛孚皆往年所以禁制而防禦之者悉遵舊例施行諸夷自將馴服而默奪其邪心即禍本潛消矣伏乞勅下該部覆加詳議轉行督撫衙門參之輿論酌以時宜如果臣言可採即便舉行此豈獨嶺海一隅之福實宗社無疆之福也

冒起宗陽電山海信防圖說陽電地方北枕山南面海東接廣肇西通雷廉蓋嶺西三郡之咽喉也水陸迂回不下二千里粵稽祖制神電一衛以及陽江海朗雙魚寧川四所皆附於邊海又設新興陽春信宜高州石城五所皆附於邊山水陸犬牙相制有司從中協守亦一尉一吏之意

哉而泄泄至今日僅存其名矣試言陸信北自新興捻村兵營接藍坑營交界起東自恩平官來逕接新會信界起歷狠琦營而西抵石城之高嶺營與雷廉接界止郊洞遼曠叢陰莽薄計程一千二百有餘里設有恩平陽電高州吳川四兵營分布信防據險扼吭此則陸信之大畧也以水信言之東則自廣海寨茫州接界起西至白鴿寨硇州交界止汪洋瀚海寇盜出沒計汎凡三百里設有海朗雙魚限門蓮頭四水砦紮船分守扼要哨防此則海防之大畧也蓋海廣則隙多地廣則險衆也近年兵額日縮餉額日虧船額日減軍額日鈌雖規制如初而迹類象人塗馬所謂指臂使而首尾應者則茫乎未之講也

肇屬山海圖說肇屬自新興而下彌望荒蠻煙炊寥落北自捻村兵營起至石井營而抵恩平縣則百三十里東自官來逕至靖東營而抵恩平則八十里地當新會新寧之交山賊肆出摽掠非嚴兵防禦地方無安枕之期若馬岡砦步開平等處肩寧會而枕封慶尤素稱逋逃藪數邑錯壤土孽竊發雖開平屯額設官兵七十餘名而去縣治則九十里矣議者謂恩陽守備秋冬應移紮於恩平豈無見哉由平南營而東至蓮塘稍平而南至長寧凡百二十里而抵陽江縣自縣而南三十里則有海殷砦商賈輻輳廛市星羅越港門而歷銃城則爲北津撫民此所謂大要害也自寨門而東二十里則有海朗所去陽江僅五十里有

警呼吸可通第所城孤懸積匪猾民作奸捍網幾如南陽
之不可問非嚴為約會無以破海上接濟之囮也山陽江
西門鯖善營歷麻橋兵桐蚺蛇欒安高嶺平望而西上太
墟則為陽電兵營矣由大墟至儒峝則為電白縣界矣由
儒峝轉折而東上五十里又為陽江之雙魚寨而所城在
焉去陽江二百七十里去電白八十餘里卒有緩急能一
呼而即至哉是為當事者萬分毖飭務令營砦合防軍兵
夾道庶陸可稱乎壤而環海亦恃為長城矣
海朗寨所圖說按海朗兵冊見在官兵計百五十四員名
戰船一十二隻東接廣海西界雙魚樓船組練雄踞上游
儼然一天塹哉其本港內通陽江陽春等處商賈輳集奸

宄易生港中雖設有銃城城設有銃臺三座港門津要似
可資控守但港外無臺可抵勢既孤懸由港門而越銃城
即北津撫民環居其地此輩鷹眼不化豪氣猶存每日會
曹出海捕魚為生若邀劫若接濟若勾引未可信其必無
也況乎土宄敢於捍網旗軍串青衿子復從而翼之哉今
協總許三才任事方始所應申嚴號令凡漁舟出入朝往
暮返不許遨遊逗留致開釁隙此為救時之第一要著若
本砦去縣城二十里去所城二十里所去縣城則五十餘
里所軍弱不能支而銃軍少有可用一直汛期督發海朗
陸哨官兵為之犄角庶幾孤懸者不至為孤注耳
雙魚砦所圖說雙魚砦設有砦城一座內置發汛公署及

寨署哨捕兵防守險之制亦云密矣兵船一十二隻官兵
四百四十四員名左哨孤守雙魚港內通雙魚所城港門
兩山對峙銃臺三座復有東山官兵據險而守賊未敢卒
犯也去砦八里則有雙魚所城離陽江縣一百七十里離
電白縣九十餘里聲援遼遠實為邊海孤城外洋勢難逕
控覺察責在滕軍每歲春汛除督發雙魚一哨官兵外又
例調東西兩山各營共協守所城并一帶海岸若東汛則
止雙魚一哨虛應故事矣右哨泒守豐頭港與海朗砦接
界港內通織簀墟五里許則至太平驛防奸緝盜未可刻
疎况猶高山夙號盜藪山勢延緜路通雙魚信海奸宄窺
伺疎防常駕客船藏盜出入相應嚴飭海朗會哨分防毋
以一港為秦越可也

高屬山海圖說自儒峝分界電邑錯壤於是有陽電營官
兵接防自大墟歷麻緦等營皆地當要衝時聞劫掠歷營
而西至夏藍及麻西營凡一百二十里而抵電白縣南有
蓮頭海面在焉港門遼濶非他處可比也自電城西出烏
石歷筋竹夾吳川之那蓬等營南至上廊凡二百五十里
而抵吳川縣去縣南二十五里則為限門砦港門設有銃
臺新營設有戍卒乃吳川一哨官兵為之分防也本港內
通芷芋及梅祿墟皆盜賊豕突之區又自電城之烏石港
苦藤營西至平岡北入高州勒菉營而抵高州府城乃陽
電官兵信地一百三十里也高州而北由狂邏營至淋水

營凡八十里抵信宜縣則與廣西之博白陸川爲界與猺獠雜居矣獨馭隄防惟以不踈不擾爲善策焉高州而南自濕田歷樟木等營接陽電兵防而西入化州再歷兵營而至高嶺凡一百三十里西抵石城縣深箐叢林豹虎窟穴非申嚴斥堠不免西賊之衝突自此西下三十里爲大安中火又西去五十里爲橫山徑皆雷州交錯之地地方互相諉卸每致踈虞右西北之廉州三了那綢等處以至息安堡官橋紅嶺一帶地方原有高州官兵一哨守之近日又移紫石城遏入犯之西賊矣統而論之高郡南控滄溟北負叢箐故大小放雞蓮頭赤水限門海陵皆高涼之唇齒其新興安平石城信宜陽春諸邑則高涼之門戶也

蓮頭寨港圖說蓮頭港近在電白縣城之南設有銃臺三座戰船一十七隻官兵分防信海東接雙魚西界限門二十餘里左哨則以厚港爲信右哨則以赤水港爲信各分領兵船五隻而把總官則領兵船七隻紮守蓮頭三港之中蓋以蓮頭港門遼渺無可據也然銃臺雖設僅可近張聲勢無能及遠況港外海洋如大小黃放雞山博賀青洲皆環對城南號海洋之扼險者議者謂築樁塞港效往年故事庶備電城一重之藩籬是矣然而水深港濶未易用力且言之易行之難行於有事之日易行於無事之日難爲目前計惟應練舟師習水戰勤哨探嚴汛防多積糗糧使土兵不敢私家客兵不敢登岸更整備快船遇賊必追有警必應何難褫小醜么魔之魄哉今點驗大船止存六號一隻七號二隻其餘盡改八號艟艚小船矣原其將大改小之意亦欲以櫓楫代風濤捷於追擊耳此可角勝於裹海浪平波靜之處非可施於汪洋萬頃長年袖手之處也且本寨凡有突犯必係廣料聯䑸大船樓棚高至二三丈艟艚甚小勢不及三之一能仰而面擊之哉至於海船火器莫過斑鳩銃而現在所存者僅一十四門尚不及海雙二䑸一船之器計非增造五六十門不可議者欲扣本寨官兵之糧以作料價針頭削鐵不堪令賊聞也再查本䑸官捕兵原額四百四十員名而原額不補虛伍充數者居其半即現伍捕兵皆捕魚土人雖習慣不畏風波而窮

餒不堪餙勵且暮夜歸家擅離汛守誅之不可勝誅今欲一兵得一兵之實用非募廣肇習水之客兵不可也若夫岸賊則有窩主海賊則憑接濟在電白海濱如蓮白頭蕉南海山厚等村之民專以捕魚爲業中有一等奸民凡遇有賊在海便輕身投入詐稱被擄使家屬告案假爲勒贖張本公然多運酒糈與賊交通使官兵不敢盤詰教猱升木導虎爲倀勾連盤固習爲固然恐非五日京兆所能徹底破除也敢以告後之君子

限門海港圖說海門之要害兩嶼夾峙厥口水淺屈曲如綖必俟潮漲舟始放轉數回而後進嶼寨防官兵共四百四十員名戰船一十七隻以七隻派守本港上接蓮頭下

至限門港口東西錯置銃臺四座內通芷芋吳川縣城以及梅菉墟埠並化州高州一帶港門離縣治僅三十里每歲三四月中閩艚販糴數百人如風雨之驟至人非土著奸偽易滋司是港者塞萌杜漸視之如敵人可也右哨領船僅九隻泒防新門接連白鴿寨信海北港去吳川縣九十里內通石城之梁家灘奸宄不時竊發外海尤極汪洋該哨一官猶宜慎選可令闒茸之庸材鑽營之積猾充之哉大都本砦據限門之險憑銃城之要大寇未易窺伺禁內港導引察外海情形是在得人而已矣

石城所山海圖說本所隸石城縣治洪武年間奉調雷州衛後千戶所官軍鎮守以邑在山肩間猺獠編氓錯壤雜

居且使節絡繹商賈征途為四郡之通衢故也城之北雉堞遶建於山巔東百里抵化州西百里抵樂安所南七十里抵遂溪北一百二十里抵廣西之博白縣東北九十里抵陸川縣東南一百五十里抵吳川縣西北一百五十里抵廣西之舊林曹村西北百餘里抵樂民所所雖附縣官軍以隔屬相推諉刁疲散漫城守空虛故西賊時時突擾截禦罔聞查東北六十里有曰三合堡者逈接博白陸川之邊界猺獞盜賊更番騷動曾設官兵防守旋復掣回遂致乘瑕擣虛無寧日非仍復堡兵無以杜鴟張也其正西六十里曰横山堡當廉路之衝邃谷叢林逃亡恃為淵海又西一百二十里曰吳浦墩近博白縣之邊界狠猺逼處

地方土賊搆之出刦此皆西隅原守之險要亦有原守之軍兵核實而整頓之則石城之畛固矣此外若東南之梁家灘壞連遂溪商船灣泊縣西之凌祿司近枕珠池尤劇盜横騖之地因並及之

寧川所山海圖說寧川所卽附吳川縣東南瀕海西北負山縣城南去二十五里有限門海港有沙春兩行自外達內凡二十餘里賊若含舟登岸步抵芷芋距縣所僅五里許縣之側有墟曰梅菉生齒繁多米穀魚鹽板木器具等皆聚於此漳人駕白艚春來秋去以貨易米動以千百計故此墟之富庶甲於西嶺宜乎盜賊之垂涎而歲圖入犯也計本所見在旗軍屯駐郭內者僅二百八十餘名鶻形

鶻狀何足為有無惟合限門為截禦聯海港之偵巡水陸交防軍民協力眈眈者庶有憚乎

信宜所山圖說信宜所附縣同城設居萬山逼近羅營界連西粵鬱林北流等州縣穿溪絡谷居雜狠猺叢林密箐之間奸徒伏竊旗軍僅三百餘披破甲持白挺弱不堪守無問戰矣故近日屢報西賊營兵之力居多按正統九年間曾設有狼兵五百九十餘名給官田米五百七十餘石以餉之居以資捍衛行以應征調未嘗不資一臂今逃亡故絕僅存者皆亡命之流孳耳問存真種一二說者又有非我族類之虞然使撫綏駕馭得其道詎狼心終不可化哉倘更於懷鄉北流之界特設精兵一枝北聳信宜之藩

衛西壯石城之聲援外絕狼猺之窺伺內杜奸宄之勾結
是在縣所文武協力共圖耳
海朗雙魚蓮頭限門四砦圖說水汛東自廣海砦起西至
白鴿寨界止合計四砦爲程共八百餘里沿海置戍雖稱
鴿列而所守者不徒在險而在要焉四砦情形業各指其
概矣今更合而論之電白蓮頭爲最衝吳川限門次之陽
江海朗次之雙魚又次之信地中惟島嶼山灣賊船潛泊
如上自海朗則有娘澳大澳海陵戙船澳若雙魚蓮頭則
有獨洲青洲大小黃經放雞山下而限門則有新門三合
窩硐州廣洲灣等處皆可紮船賊每寄碇其中窺伺貨艘
往來即爲掩襲摽掠之事以故陽電特設一參將居中調

度仍不時申嚴各砦犯哨務令兵不離汛更選備堅整快
船數隻多設杠熕銃器精選慣歷波濤善搖櫓諳放銃之
目兵共五六十名一遇賊警即飛駕出洋衝鋒追截而各
兵船復合力夾攻之賊未有不披靡就擒者固封疆以安
堂奧其在廉勇之將領乎
恩平陽電高州吳川四營圖說六信四營官兵分防兩郡
要隘通計一千二百餘里法曰兵無所不分則備無所不
寡今每營多者一隊少者止三四名以之擊豕突之賊來
不能禦去不能追徐徐蹣跚其後而已然一二小醜在在
有之又未可以噎廢食也今查恩平之東如見岡官來逕
一帶北如田心樓逕一帶俱與新會新寧錯壤賊以羅漢

山爲窟穴官兵不敢越界窮追相應詳請督撫分撥標下
精勇兵百名屯紮東路之要地遇有警報扼截歸巢追兵
夾攻一鼓成擒矣其在陽電之大墟麻緦等營一帶路通
陽春百足大山盜賊潛迹伏刦悉由逕口其聚衆糾黨則
團紮龍高山其假牧牛爲名入山裹糧接濟者則附近之
土人也此應責成陽江縣嚴行保甲杜塞盜萌而又於太
平等處屯兵百名北可扼百足山徑之出入南可斷龍高
山之屯聚矣此外如分營置防戢小醜而張聲援次而高
州營次而吳川營寨布已周毋容置喙
神電衛所官軍圖說國初開郡設衛立縣置所合陸海而
犬牙相制有深意存焉承平日久軍衛廢弛至於今而敝

壞極矣查神電一衛原額旗軍四千八百餘名僅六百六
十有五高州陽江等所每所一千一百或二十名僅各存
一百五十或二百餘最多者亦不過三百莫可究詰矣今
以邊海五衛所言之海朗雙魚偏守一隅防禦情形已載
二砦圖說至神電陽江寧川皆附縣城頭關陽江所軍鶉
衣百結無異乞兒神電衛皆豪右包充名存實缺甚則子
衿攬買糧米即官莫敢誰何嗷嗷窮卒歲無粒糈充腹上
下欺蒙三尺不按可謂非吾輩之咎乎其附山五所若新
興尚當要道若高州猶近郡城或可恃無恐他如陽春州
城之一所設居萬山中去電白且三百餘里天台等處土
宄嘯聚每從百足山逕口出入肆行刦擄一遇官兵即走

入百足山兎脫矣其出而號召即皆團紮於陽春之龍高山中也陽春雖設官兵一哨哨官轄於有司不受本將調度相應請撥肇標勁兵五十名扼駐太平閘營即由捷徑疾趨至百足逕口則賊之歸路絕矣以上衛所皆附山邊海嶺表要區當事者宜極力整刷何難漸奏敉寧而前人推之後人今日俟之明日可爲長太息也

北津撫民協總圖說北津即今海朗砦港也先時海賊許恩受撫因令插住港口海岸且耕且漁復給其子許應舉以協總名色責以統馭撫民協守北津原議遞年將自造料船並漁船共十隻目兵二百名住守戚船澳洋面口糧以出汛日起支收汛日止此澳孤懸大海中係雙魚砦信

地賊船每拋紮其中故以習慣之撫民守之邇來撫民官亦久不到汛海賊有無之情形亦無一字具報浸尋成故事矣但撫民一枝善鳥銃出入蛟宮蜃宅若平地合宜申嚴責成令之備船練兵出洋守汛不時偵報一遵受撫之初議不則治以弛防梗令之罪無少貸野心狠子庶不至以萬頃爲三窟矣

趙翼外番借地互市海外諸番與中國市易必欲得一屯駐之所以便收泊明初暹羅占城爪哇琉球浡泥諸國皆在廣州互市正德中移於高州電白縣嘉靖中始移香山之壕鏡歲輸課二萬金卽今澳門也佛郎機人因得混入其中後佛郎機併呂宋滿剌加二國勢力獨强諸國人之在壕境者皆畏之遂爲其所專據築城建寺焉大西洋人來亦樂居此故市易益廣今番人皆立家室長子孫不下數千家從無不軌之謀蓋其志在市易取利無別意也然海外諸番不一壕鏡所居大約只數國之人而他國不與焉故往往各欲乞地以爲永業如嘉靖中林道乾遁於臺灣後去而荷蘭人卽據之萬歷中荷蘭人又賄稅使高寀求築城於澎湖都司沈有容往諭之始去其在臺灣者亦爲鄭芝龍所逐芝龍降後荷蘭又據之鄭成功又奪其地

本朝取臺灣後始不復爲外番所佔可見諸番互市必欲得一屯泊之所也近日英吉利國遣使入貢乞於寧波之珠山及天津等處撥地築室永爲互市之地　皇上

以廣東既有澳門聽諸番屯泊不得更設市於他處所以防微銷萌者至深遠矣

張甄陶澳門圖說澳門在廣州府香山縣之東南去縣治陸路一百四十里水路一百五十里凡海中依山可避風有淡水可汲曰澳又其東有大十字門西有小十字門海船由以出入因呼曰澳門先是海船皆直泊廣州城下至前明備倭遷於高州府電白縣後嘉靖十四年番船夷人言風潮濕貨物請入澳晾曬許之令輸課二萬兩澳有夷自是始萬歷二十九年西洋人利瑪竇入中國始居澳門於後西洋人來者日益衆而諸夷稍稍去焉　國初以海氛遷界凡沿海地皆棄弗收稅西洋夷人改歲課輸地租

五百兩西洋夷人聚居於澳自是始今按圖由香山縣東百二十里有邱壟然設有官署者為前山寨前明副將守之康熙七年移於邑城以都司統兵一百駐其地與都司官署對峙者海防同知也由寨而東十五里為關閘設把總守之為民夷出入要隘明制每月六開關支給夷人米石支給訖仍閉關今關常開惟不許夷人闌入他皆不禁出關閘五里為望夏村設縣丞分駐其地專治民夷詞訟而統其成於海防同知由望夏而西三里為澳門其地週一千三百八十餘丈因山勢高下築屋如蜂房蟻垤者澳夷之居也夷有黑白二種白曰白鬼西洋人其性黠而傲黑曰黑鬼西洋之屬地滿人其性愚而貪受役於白鬼其夷目曰兵頭主約束夷兵曰庫官主文移申覆澳中為礮臺五為寺八寨夷有巧思諸礮臺頗據形勢夷人不祀鬼神澳有天妃廟二皆閩粵人所建澳有關稅一主抽稅小稅館三主譏察曰南環稅館專稽察夷民登岸及探望番舶出入曰孃媽角稅館專稽察廣東福建二省寄港商漁船隻防透漏杜奸匪夷舶入港必由十字門折而西經南環又折而西至孃媽角又折而東乃入澳由澳稍西為青洲其地多樹木有臺榭園囿夷之別業也由青洲稍北為沙尾洲又稍北為磨刀角秋風角可抵香城而水稍淺凡商民船須乘潮出入夷船不能進此亦香山中外之界也澳舊有夷城前明總制何士晉墮之今惟築短垣一帶為

限夷人自設夷兵一百二十名司夜禁察漏稅又前明時督撫嘗建議請就其聚廬中貫大街樹高柵編以各字號分為東西使互相維繫稽察聽市舶提舉司約束後亦不行蓋粵人之以澳夷為虞久矣凡番舶入廣望老萬山為會歸西洋夷船由老萬山而西至香山十字門入口諸番國夷舶由老萬山以東由東莞縣虎門入口泊於省城之黃埔其西洋船既入十字門者又須由小十字門折而至南環又折而至孃媽角然後抵於澳其水路至香山須易小艇夷船不可到陸路惟關閘一徑兩限大海無他歧也夷畏卑濕故好樓居夷俗貴僧故多建寺其人將死則均其資以其半入寺夷僧坐而享其利其人晡卧而夜作其食以左手其睛藍色其出入必帶利刃其用以鉛鍊水銀俗傳非得華人之睛則不能成故誘人入其教將死則為之懺悔實竊其睛以去其貨則明珠珊瑚玻璃洋布鼻烟及諸珍詭之物其人積思於伎巧若自鳴鐘千里鏡風琴響樂及泰西水車水器皆詭異不可意測而無濟於實用天主教之說尤鄙淺不足道惟以利啗愚人入教其性喜人而怒獸外强而中乾干犯法度則必逃匿不出非反覆譬曉而又脅之以威則不可得而治其性食必以蘇合油久則腸胃膩塞非得中土之茶不能去其惡晝卧而脾緩非得中土之茯苓以扶之則病不可起此澳夷之大略也今度其情形大約昔多而今少昔富而今貧昔强而今怯

何則夷國有二王一曰善世一曰治世凡爲僧者皆屬善世主行教爲商者皆屬治世主營利貿易今天主教久奉禁絀而不行而各番生齒日繁回易之利亦減於昔以故來澳之夷頗少而在澳者又多死徙而去今在澳之夷約六百餘家每家約三男而五女其樓房多空曠無居人賃華人居之是少於昔夷船大於中國萬斛之舟每號可容人五六百其貨值數十萬金始經題定澳船限額二十五隻後有覆於水者有失利不能營運者有壞不修者今船不過十隻其貨如胡椒錫蠟檳榔之類皆從交趾安南諸國轉販而來無珍異瑰奇或無貲置貨惟以船賃各夷取其租今澳夷中已有流爲乞丐匪類者行乞之夷婦尤多

是貧於昔夷之勇力不逮於佛郎機嘆囒諸國惟精於火器又善以千里鏡測量發無不中以故能雄長諸番今澳中乃真夷絕少有粵人與夷妻私產者有華人貧乏無賴衣其衣操其音而爲僞者雖桀驁恣不顧身實柔脆無能爲役是弱於昔又以澳門形勝論之遠隔關閘孤懸外海計其地在香山僅如黑子之著面守老萬山則凡諸番舶皆不得入內港守十字門則西夷船不得至澳地其由澳而內入香山有山與星羅碁布非易小舟乘潮汐不能出入制夷之法但閉關閘則無所得食斷小艇則窮而無所往禁工匠則船朽不可用非有叢箐幽壑可狡而匿重關設險可閉而守洛倉郿鳩可堅而待其陽爲桀驁不馴乃逆知　國家懷柔天覆必不輕加誅戮因有恃而不恐非真能不顧死命而敢悍然無忌也然爲澳夷者亦有所苦焉夷少男而多女又多挾資遠出累歲不歸則苦於漢奸之誘拐稍有資積而孤居島上漁艇小舟出沒不可稽察則苦於匪類之偷竊貨物入內地而子錢拖欠逾期無償或致鬨鬭無告則苦於牙行之負賴馴悍頑之類平其氣而後可以服其心固中外之防修乎內而自可以服乎外而又嚴爲之防以折其驕悍豫爲之別以杜其紛紜此則夷民相安萬年無事之至計也

張甄陶論澳門形勢狀職撰澳門圖說既畢因竊念今澳夷在粵貿遷藉以資民而桀悍亦足生事圖近利者視爲

必不得已之局懷遠慮者視爲必不可解之憂竊以二者皆非也蓋夷人之必當備者三其不足備者亦三而所以制之者亦有三何則凡異端左道邪說旁門皆以其教詐財而夷人獨以財行教此其志不在小故所至之國無肯容留惟明之末造人心喜異利瑪竇始入售其說一時士大夫或震其歷學之精詣或眩其藝事之經奇其實疇人歷算古有專司分杪差歧亦無大害至於鳴鐘風琴響樂水車非奪天巧則不能成以利民用全無所濟徐光啟殫心水器未有施行湯若望講究火攻何嘗一試惟是壟斷澳門歷局聚徒營利而已今其立說有刊行者皆下俚不足比於二氏之皮毛惟以利啗人從之日衆凡一貧民入

教每歲予以十餘金又讀書識字之人入教每歲輒數十
金又另擇頭人暗相邀結牢絡分肥爲利尤厚近年奉
旨嚴禁而貪昧者仍首鼠兩端非爲服教歸依只以利
心難割緣西洋治世國王之外別有善世國王偷身僧服
惟以行教爲事凡夷商夷僧能誘人入教者厥最多寡給
其傺食以此精心煽誘凡內地之人入教彼國明立冊籍
謬加稱號藉口中華信奉即可震讋諸番至其所用十字
水錢不過鉛汞煎鍊若得華人目睛點入即可成銀都無
消耗凡奉教之人臨死則夷人以布冪其面喃喃持咒識
悔實乘間竊其睛以去點鉛之外雜之藥物別有奇功用
之不窮術由於此事頗秘密民爲所愚即如香山聯界各

邑人民從前入唐人寺禮拜改服爲夷業經封閉今聞其
弊尚未盡絕只向之入唐人寺者今入三巴寺尤無迹可
見耳稅關司稽察而民事不親同知駐前山而鞭長莫及
雖有縣丞移駐官卑秩小政令難行若稍縱容即滋芽蘗
可慮者一且夷性堅忍過人凡所規畫期於必遂如服習
此藝未精即戒子孫世世承學故其奇伎淫巧若出天成
實皆積思所到其謀入中土積慮尤深即如澳門本屬紅
毛賄還之地至萬歷間始有西洋夷人雜居之不知何以
潛奪默移全歸彼類曲營臺榭旁及青洲高建礮臺隱如
敵國納地租即取償地租輸關稅實未輸關稅蓋夷人所
納地租僅五百兩即將此澳內屋地租與在澳商民每歲

收租數倍其額又其貨船入口不服稽查但量船身即撥
入澳迨至內地商人赴買始行輸稅是所稅皆內地之泉
流非夷人之刀布也雖　天朝體統不計錙銖但夷性不
苦其漸奸而苦其漸近近日省冬夷人住省竟不回澳即
在十三行列屋而居危樓相望明樹番旗十字飄颺一望
眩目雜居狎處既恐事端躬利鉤奇又妨商業澳門在遠
猶恐他虞漸入省城殊難操縱可慮者二且入國問禁出
使從俗況在陪藩尤宜恭順而夷性狡陰有異於此凡觸
禁網雖明知無所逃遁必強顏抗拒以此爲能如從前鬼
兵擅折稅館柵門抗不就逮停稅封船幾於一月桀驁不
顧至諭澳門居民盡行遷出示以閉關過羅始憂槁餓送

出鬼兵懲責修柵謝罪又如封禁唐人寺一案先亦強抗
稱願回國後經丞令武職各帶兵役前往諭以果願回國
立即出具遵依以憑題達始知悔懼將寺閉封然只封其
中一座兩旁今仍如故又如前年毆斃人民公然抗匿前
張丞百方勸諭始一出訊旋即領回順風揚帆徑歸本國
後雖叅處官吏已經招之不來又如去歲丞令通詳禁約
勒碑澳地條內有不許引誘華人入教一款必不肯從延
抗多時後乃以番字碑立議事亭漢字碑立縣丞公署草
草了事難馴已甚長此安窮可慮者三然而謂之不足慮
者何也蓋制馭番夷在揣得其情而制其死命則自氣奪
而不敢肆所謂知彼知已上兵伐謀者也今由澳門往小

西洋水程幾於半載由小西洋而歸大西洋則須過大嵛
山賈舶難行浩無畔岸以此來中土者多不願回郎使此
輩干紀伏誅該國安能爲之雪恥且以澳門地形論之由
香山縣南去一百二十里前山有寨名曰蓮花相其形勢
宛然惟肖蓋前山如荷根山路一綫直出如莖澳地如心
此外如大小十字門九洲洋雞頸頭金星山馬騮洲星羅
棊布宛如花之瓣澳夷男婦共有二千餘人如蟻蟆蠕動
於荷心蓮蕋之中非能爲害於華嚴香海也其地不生五
穀菜蔬一切仰於內地關閘堅閉立槁非難郎使泥沙淺
海可以潛行走漏一夫豈足爲患澳夷知之甚審不過外
强中乾以求苟免其形勢一不足慮又或謂夷船往來歲

收其利今倘操之已甚彼則相率飄然而去不特歲額立
絀而粵民之游食者亦無以爲生不知澳夷並非輸其本
國之貨而販鬻於中土不過以澳門爲居貨之地以暹羅
蘇祿交趾呂宋爲行貨之地耳今考其輸稅絶無大西洋
土物雖以鼻烟無用今亦累歲不來惟是錫蠟胡椒檳榔
檀木之類皆由外番各國販運而來又得中土之細茶茯
苓湖絲糖果之物販往各番抽其所得先輸本國之稅以
養夷僧夷目夷兵又施其半入寺行教是彼方以澳爲利
藪非由彼國挾鏹而至於澳從前制府題限澳船以二十
五號爲額今連年澳夷失利有被風漂沒者有缺資不能
營運者僅餘十號是澳船額不止去其半矣而粵中關稅

轆日益增事理灼然去留何損蓋該夷壟斷逐利素爲諸
番所惡若西夷舶逐漸減少則各番國亦必逐漸增至且
彼舍澳門則歷局無灌輸之路其伎立窮各番無回易之
途其財立匱是彼當仰命於我我不應有虞於彼二不足
慮又或恐其失志難歸遊竄島外或刼掠沿海諸寨或引
誘內地人民不知洋夷若離澳門如魚失水現在如紅夷
佛郎機諸國皆彼深仇一遇大洋相爲屠劊闌入內地船
筆難行至於入教奸民不過爲財起意天主教除不祀神
祇祖先以外別無他能三不足慮雖然善籌國者無忘衣
袽無忽蜂蠆無以未陰雨而弛綢繆無以已治安而遺厝
火則不可不籌所以防微杜漸永遠久安者其策亦有三

一曰治之以漸二曰示之以別三曰備之以豫何謂漸治
語曰猛虎在深山百獸莫敢抗居檻牢之中搖尾乞憐求
食積威約之漸也今夷人之肆久矣欲驟而馴之勢不可
得是必漸以束之使徐入吾條教而後可從前設有海防
同知雖儀衛規制頗屬赫喧其實馭夷肯綮全在行商導
之立郎爲非惕之亦隨斂戢今同知不司稅務則不能駕
馭行商通事高而無民勢不相屬今雖據暴令稟請夷船
出入必經同知點驗其實從前同知何嘗無點驗之責正
如十羊九牧徒見贅疣審欲振肅紀綱莫如核綜名實但
將稅關協辦之驍騎校改用同知兼理則自然外夷內商
悉就約束而小艇漏稅違禁出海入寺奉教諸弊自除再

於澳地設同知公館一所往來居住彈壓番夷稽查奸宄
情既相習愛戴自生可使革心何憂不率是治之之策一
曷爲示別澳夷舊有城垣爲明總制何士晉所墮今尚築
有短垣一帶垣以下係望夏莊今縣丞所駐空無居人垣
以內則澳夷之居華人雜入其中賃屋營生租既歸夷又
日滋夥從前有遷民出澳之議詳牘雖在託之空言今若
暫請將關稅贏餘酌借一二萬金搭造官店賃與澳民初
年免租以爲遷徙之費次年以後將租抵稅十載可完十
載以後歲收其利審能行之有數利焉夷人居樓上賃華
人居下體統倒置遷則可免一也夷人最重夜禁而華人
奸於黃夜往來易於挑釁啟傷遷出則不相涉二也盜賊

無自竄入擾害夷人三也漢奸無因拐誘夷婦四也且百
物工匠皆在澳外夷每日仰命於我何敢跳梁勝於以口
舌爭五也此治之之策二曷謂備豫今粵人談澳夷輒爲
變色不知如佛郎機紅毛皆非善類而內泊黃埔尤近肘
腋此地迫居省會無用設官請倣閩省海關之例番舶入
境起柁封銃開船之日給還出口仍請　旨曉諭各國
夷王令自行曉諭一年之後如例遵行則規制森嚴可保
永遠無事是治之策三也雖現今德威宣暢中外同風何
庸長慮卻顧然欲覩未然而彌後患其策實不外此雖事
關重大非敢以卽見之施行或者千慮之愚足資采擇
陶元淳論昌化海防海上告警屬以譏察奸宄不自揣量

輒有敷陳想已奉達顧昌化百事苟且而英潮移汛尤爲
失策屢欲建議更置而崖營命案糾纏寬於骫法之免而
嚴於執法之吏坐此心冷豈敢復議更置今蒙大人垂情
地方故纚陳移汛之失以備採擇昌化沿海皆礁惟英潮
一港上至蛋場村又上至城西之烏泥港下至四更村二
三十里間沙洲灣環頗可挽泊此要地也向設英潮營汛
百總一員額兵二十七名又有墩臺一座以備瞭望此善
策也但其地空曠並無村落水皆鹹鹵故營兵以爲不便
該營具詳制府以守護城池爲名移置烏坭港口而其報
部之冊仍名英潮此從前移汛始末也職查烏坭一港雖
係昌江入海之口而港口淺狹旁多塘礁賊必不敢冒險

深入卽入其地而營在烏坭之濵山谷之內外不足以瞭
望內不足以守禦置兵於無用之所而於英潮要地反棄
不守此失策也職嘗相度形勢昌城之西有小神山嶺雖
不甚高而城中纖毫畢見礮火所及雉堞皆碎往年嘗從
此處破城此必爭之地也小神山之麓卽烏坭大江海舟
出沒港口嶺上皆見若置一營於嶺上與昌城互爲犄角
多造單桅漁舟分泊江中及蛋場四更等處賊若近港先
令漁舟前行誘探後發陸兵邀截此一奇也英潮一營仍
移置於舊墩賊舟近岸營兵堅壁自守漁舟從蛋場四更
出口竟燒賊船前後擊之又一奇也總之賊在外洋未悉
我之虛實我憑高遠望覘賊所向隨地設拒此萬全之策

也職懷此日久而兩年來畢謨文法又因崖營六款之詳
爲武臣搆陷今日身隱爲文安敢復觸兇咸議其失策姑
述其梗概以備大人之採擇以俟後之能者而已

防海輯要卷十一

海疆總論　郡國利病書

沿海自廣東樂會縣接安南界起歷海條澳爲文昌界鋪前港爲會通界神應港豐盈浦爲瓊州界麻頭浦呂灣頭爲臨高界田禾灣爲儋州界裝許山爲昌化所界歷白沙營爲感恩縣界大洞天小洞天爲崖州界牙娘澳雙洲門爲陵水縣界七十二經牙山淡水灣爲欽州界卓木營烏甶山爲靈山縣界青嬰池楊梅池平江泖爲廉州界碙洲爲永安所界泖洲爲康海所界潿洲爲錦囊所界網洲獨猪山爲石城千戶所界岡洲小黃洲汾洲爲寧州所界青聚山羅浮峰爲神電衛界海陵山爲雙海所界小鑊山爲

海朗所界中鑊山爲陽江所界大鑊山爲新寧縣界西熊山鶚洲山爲新會縣界萬斛山上川山爲順德縣界石岐峰爲香山縣界蛇西山又南常山爲南海番禺界烏沙洋爲白沙巡司界九星洋爲福永巡司界珊瑚洲渡杯山爲東莞縣界合蘭洲爲大鵬所界馬鞍洲爲鐵岡驛界寧洲山梧洲山爲惠州界記心洋爲平海所界徐娘山爲海豐縣界大星尖山爲健勝所界吉頭峰爲碣石衛界前標峰爲甲子門所界陶娘灣靖海洲爲靖海所界大浮山王嶼山爲潮陽縣海門所界小柑山爲蓬州所界大柑山爲大城所界大京山九猴山爲饒平縣界計五千里抵福建南澳山爲元鍾所界歷侍郎洲石城嶼爲銅山所界歷谿僊

嶼沙汭嶼爲陸鰲所界大澉嶼壁洲山爲鎮海衛界小澉嶼爲月港界舊浯嶼爲高浦所界嘉禾山大担山爲中左所界小担虎頭山爲金門所界大登山小登山爲福全所界大埔山小埔山爲永寧衛界埕埭峰獺窟峰爲崇武所界沙塘灣爲惠安縣界嶕嶼白嶼爲峰尾巡司界湄洲山爲南泉柴莆禧所界石獅峰小澳峰爲平海衛界埕口三江口爲沖心巡司界綱山王家嶼爲萬安所界六湖山碧水島爲鎮東衛界踵山爲蕉山巡司界日嶼月嶼爲梅花所界郎會城三波嶕五虎澳爲連江界下干塘四嶼爲定海所界花瓶爲北茭巡司界飛鸞渡爲寧德縣界青山峰爲大金所界天干山丁家埕大俞山三星山流江爲福寧

州界計二千里抵浙江懸中峰爲蒲門壯士二所界歷長沙門大崑山爲金鄉衛界鳳凰山爲平然所界銅盆山爲沙園所界仙口峰飛雲渡爲瑞安所界大衢山海安港爲海安所界霓嶼破山爲寧村所界黃華港爲盤石衛界大岩頭爲盤石沒岩界前山雙斗門爲蒲岐所界兀眼塘斗門關爲三山巡司界丫髻峰爲楚門所界臨門隘爲隘頑所界省梅坑爲沙角巡司界大陳山石塘港爲松門衛界金清牐西嶼牐永豐牐皆朱文公所造爲新河所界金沙灘錯嶕爲海門衛界海門港爲海門前所界五嶼爲桃渚所界三門山爲健跳所界石蒲港爲前後二所界青苕灣爲昌國衛界小目山爲爵溪所界西厨山爲錢倉所界孝

順洋白塗爲大嵩所界大射山爲穿山後所界衿迦山長白山爲中左所界大魚灣爲長山巡司界招寶山巾子山爲定海衛界金家嶼爲寧波界邱家洋爲慈谿界金熟浦爲龍山所界松浦港爲松浦巡司界黃山爲觀海衛界破山浦爲三山所界化龍浦爲餘姚界臨山港爲臨山衛界西海塘爲上虞界宋家漊爲紹興三江所界鼈子亹爲蕭山界和尙山栲門爲會城界茶浦門爲海寧所界大衢山小衢山爲澉浦所界桑株山爲海寧衛界西海口馬迹山北丁興殿前山淡水門爲乍浦所界計二千七百里抵江南隸三姑山爲金山衛界胡家港爲金山巡司界上釣山中釣山下釣山大盤山爲青村所界蒲界爲南匯所界陳

錢山茶山爲南蹌巡司界寶山爲上海界永字山分水嶕爲海嶕界綵淘港爲吳淞所界浪岡山顧涇港爲嘉定界竹泊沙送信嶕小團沙新安沙爲太倉界太氣沙管家沙爲崇明界福山狼山三槿口爲通州千戶所界唐家港海門島爲泰州界亂沙新陽港爲鹽城界開山淮河口鶯山爲安東界蠣山高公島爲海州所界清河口巴頭河爲贛榆界甸島勞山島爲安東界孤耆山爲石白所界計一千八百里抵山東青城峰界歷胡家峰爲高家港巡司界沙嘴峰爲靈山衛界黃埠峰爲夏河寨界浮河峰爲膠州界大勞山田橫島爲鼇山衛界走馬峰爲卽墨界馬山爲浮山所界甸島赤島爲雄崖所界吾島採福島爲大山所界

巨高島爲大嵩衛界竹島爲海嵎所界松島莫邪島漫鷄
島爲靖海衛界佛島爲津寧所界五壘島下勞山爲尋山
所界歆馬墩洛口堡爲成山衛界海牛島爲不夜城界寶
家峰爲百尺砦所界古陌頂爲威海衛界文島爲金山所
界新安堡戲山峰爲寧海衛界海鷄山爲蘆洞砦界盛家
庄爲馬埠砦界洋山爲萊州界八角島蜿蠖島爲登州界
劉家墰爲蘆洋砦界沙門島爲解宋砦界單山爲黃縣界
乘島爲馬停砦界鼉島爲昌邑界歆末島爲壽光界都里
鎮爲蒲台界青島爲利津界黃島爲濱洲界直沽口爲寶
坻界塔山爲蘆龍衛界南半洋山爲昌黎界計一千一百
里抵遼東北半洋山爲山海衛界蔬菜島爲中前所界牛

車島爲中後所界孤山爲中右所界向陽島羅兒島爲金
州衛界石灘島爲中左所界多云島黃駝島爲蓋州衛界
屏風山爲復州衛界鳳凰山爲中左所界女兒河爲中屯
衛右屯衛界遼河渡古寺島爲廣寧衛界麻田島軍島爲
海州衛界湯站堡爲鎮遼所界臨江爲義州界計一千三
百餘里抵鴨綠江爲朝鮮界總其入寇則隨風所之東北
風猛則由薩摩或由五島至大小琉球而視風之變北多
則犯廣東東多則犯福建正東風猛則必由五島歷天堂
官渡而視風之變東北多則至烏沙門分艘或過韭山海
閘門而犯温州或由舟山之南而犯定海犯象山犯奉化
犯昌國犯台州正東風多則至李西嶼壁下陳錢分艘或
由洋山之南而犯臨觀犯錢塘或由洋山之北而犯青浦
犯太倉或由南沙而入大江犯瓜儀犯常鎮或在大洋而
風颷東南也則犯淮揚登萊若在五島開洋而南方風猛
則趣遼陽天津防倭者以三四五月爲大汛以九十月爲
小汛向之入寇者薩摩肥後長門三洲之賊居多其次則
大隅筑前筑後博多博人善進舟而臨前豐後和泉之人
間亦有之乃因商於薩摩而附行者

廣東列郡者十分爲三路高雷廉近占城滿剌諸番烟烽
稀曠中路東莞東路惠潮皆倭寇不時出沒之地而東路
尤爲要衝若柘林者則又爲東路控賊之咽喉門戶也無
柘林是無水寨矣無水寨是無東路矣瓊州四面環海東

西九百里南北一千一百四十里長山峻嶺生黎錯居其
間而五指腹心盡爲黎據郡岡之定安山險稍或撤備門
庭皆勍敵矣茲因辛丑之亂舉兵討平事雖天定險終在
夷識者欲於羅活岡據以重兵斷其往來竄伏噫必如是
而後爲久安之計乎福洋烽火門寨設於福寧州所轄官
井沙埕羅浮爲南北中三哨後官井添水寨則又以羅江
古鎮分爲二哨是在烽火官井當會哨者五小埕水寨設
於連江所轄閩安鎮北茭焦山等七巡司爲南北中三哨
是在小埕當會哨者三日南水寨設於莆田所轄衝心莆
禧崇武等所司爲三哨而文澳港則近添設於平海之後
是在日南當會哨者四浯嶼水寨設於同安上自圍頭以

抵日南下自井尾以抵銅山大約當會哨者二銅山水寨設於漳浦界北自金山以抵浯嶼南自梅嶺以達廣東大約當會哨者二由南而哨北則銅山會之浯嶼浯嶼會之日南日南會之小埕小埕會之烽火而北來者無不備矣若由小埕而哨南則烽火會之小埕小埕會之日南日南會之浯嶼浯嶼會之銅山而南來者無不備矣哨道聯絡勢如長蛇防禦之法其能踰此耶總計八閩之地二面當海者二與泉是也一面當海者二福漳是也其要害地如晉江深扈獺窟興化衡心平海龍溪海門漳浦烏尾南埼九龍寨溪是也然莫有如福寧之尤爲險者三面孤懸海中如人吐舌賊人必首犯之舊寨設於州東北六十三里

三沙海面援焦竑倡議棄徙松山今必復舊而後可予浙江沿海舊設四總今增爲四參六總矣四參者杭嘉湖一寧紹一台一溫一也六總者定海昌國臨觀松海金盤海寧也悉其防禦之制自內達外有三重焉會哨於陳錢分哨於馬迹洋山普陀爲第一重沈家門馬墓師爲第二重總兵督發兵船爲第三重備至密也乃若定海者是寧紹之門戶舟山者又定海之外藩也其地則故縣治也爲里者四爲嶴者八十有三五穀之饒魚鹽之利可供數萬人不待取給於外非若普陀山之比也國初置昌國衞於其上屯兵戍守誠至計也信國經畧海上以其地孤懸徙之內地改隷象山識其小而未見其大也蘇松爲圻輔望郡

濱於大海自吳淞江口以南黃浦以東海壖數百里一望平坦皆賊徑道往因不能禦之於海致賊深入其禍慘矣今建議者曰松江之有海塘而無港口者則自上海之川沙南匯華亭之青村柘林凡賊所據以爲巢穴者各設陸路把總以屯守之而金山介於柘林乍浦之間尤爲浙直要衝特設總兵以爲陸路各將之領袖又於其中添設游兵把總一員專駐金山往來巡哨所以北衞松江而西援乍浦也至於蘇之沿海而多港口者如嘉定之吳淞太倉之劉家河常熟之福山港凡賊舟可入者各設水兵把總以堵截之至於崇明孤懸大海中尤爲賊寇所必經之處特設參將以爲水兵各將之領袖又於其中添設游兵把

總二員分駐竹泊營前二沙往來巡哨所以往哨海洋而遮蔽港口也內外夾持水陸兼備上之可以拒賊於外洋下之可以巡塘而防守亦既精且密矣乃若淮揚二郡介於江淮之間東濱大海三面隄防考其形勢起自東南廖角嘴抵姚家蕩綿延四百里抵安豐等三十六場俱在腹裏未爲要害要害之處乃通州也狼山也楊樹灣裏河鎮也餘東餘西等場也廖角嘴呂四場也掘港新閘港也廟港劉家庄金沙場也其尤要者有三曰新場爲其出入至近逼揚州也曰北海所爲其通新閘港且有鹽艘聚泊也曰廟灣爲其巨鎮而且通大海口也須設三把總以駐之仍用陸路遊擊一員駐紮海安則東可以控狼山通州海

門之入而西可以捍禦揚州矣倭患之作嶺嶠以北達於維揚靡不受害而山東獨不之及者豈其無意於此哉良以山東之民便鞍馬不便舟楫無過海通番之人爲之嚮道接濟再所虞者登萊突出海中三面受敵且危礁暗沙不可勝數非精練之至則舟且不保何以迎敵而追擊乎故安東以北若勞山赤山竹篙𡵆門劉公之罘八角沙門山諸島乃賊之所必泊而我之所當伺者若白蓬頭揚子口橋鷄鳴澳大人嶼金勞石倉廟淺灘亂磯乃賊之所必避而我之所當遠者當事諸臣毋恃其不來恃吾有以備之造舟選卒練習故常將來廟堂或修海運以備不虞亦大有賴焉獨禦寇云乎哉遼東古營丘地也其背爲沙漠

花當吉列迷諸部落在焉其面爲滄濱其餘氣爲朝鮮至明設瀋陽遼陽三萬鐵嶺四衛繞於開原以遏北陽之衝金復海蓋旅順諸軍聯屬海濱以防島夷之入東北藩籬可謂固矣洪武初倭夷以玩南方之心而玩遼東遼人以禦北敵之法而禦倭寇斬賊無遺海氛蕩熄劉江金綿島之捷是已二百年來邊備無改倭敢遽犯哉但地方千有餘里馬步官軍九萬員名止藉山海關一路餽餉我朝北都燕而遠漕江南又自京師達於遼陽飛挽不繼何以食之此其患非眇小矣邇者登萊運米達遼甚便惜未多耳愚謂國初軍屯適中之制至爲精當而大壞極敝司國計者當深念而亟圖之不當專責幕帥而已也

海道南自瓊崖北達遼碣回環二萬餘里魚鹽之饒下被於民輓輸之利上濟於國而撻伐之方戍守之備所係亦綦重矣今畧舉海濱州縣著之於篇而城邑形勝山川事跡及里程俱散見各卷中此不載其要荒蕃服及島嶼諸夷皆畧而不書者亦以見重內畧外之意云爾

廣東爲府者有十而濱海之府八瓊州府則回環皆海也

海在府北渡海至雷州府海岸六十里所屬十邑類皆濱海而澄邁臨高文昌樂會及儋之昌化萬之陵水崖之感恩去海尤近云

大海在欽州之南又東爲廉州府之南

海在欽州南與安南國接境又東爲廉州府北

又東折而南爲雷州府之南

海自廉州府南境折而東南出雷瓊二府間又繞而東北今雷之東西南三面皆環海東去海最近屬縣徐聞尤逼近海濱矣

又東北爲高州府之南

府屬州一縣五化之吳川最迫海濱次則電白縣也海自雷州而東北經吳川縣南又東經高州府電白縣南而入肇慶府境

又東爲肇慶府南境

府南境去海爲遠而所屬之陽江縣近海縣在府西南與高州府之電白縣廣州府之新寧縣界相接也

又東北爲廣州府南
海在府南所屬新寧新會香山東莞新安五縣爲濱海要衝自陽江縣而東經新寧縣南又西南二百里名寨門海尤爲番舶往來之程又東北爲新會縣南米之崖山在焉又東北經會城南而三江之水流入焉三江西江北江東江也其南則香山縣也又東北經東莞縣南又東南爲新安縣南海自縣之西北繞而東南番舶往來皆由於此又東北接惠州府界
又東北爲惠州府南
海在府南所屬海豐縣爲濱海要地縣城南有甲子門諸險志云海自廣州府新安縣東北經府南境又東三百里乃經海豐縣南閩廣往來海豐其必出之途矣
又東北爲潮州府南
海在府南所屬潮陽惠來普寧澄海四縣尤近海濱自惠州海豐縣東經惠來縣南又東經揭陽縣南又東經潮陽縣南又東經府南又東經澄海縣南而接福建漳州府界
福建爲府八而濱海之府四其西與潮州府接境者曰漳州府
海在府東南所屬詔安漳浦海澄三縣皆濱海衝要自潮州澄海縣東北入詔安境又東北經漳浦縣東又北經府東南而海澄爲漳州之門戶縣東北以及西南皆濱大海欲固漳州必先衛海澄也

又東北爲泉州府南
海在府城南所屬同安惠安兩縣尤爲衝要自漳州府海澄縣東北經同安縣南又東北接興化府界
又東北爲興化府南
海在府南自泉州府惠安縣入府境又東北接福州府福清縣境東南有警防維最切
又東北爲福州府東
海在府東所屬福清長樂連江羅源四縣皆濱海之區也自興化府東北經福清縣東又北經長樂縣東又北經府東而建江流合焉又北經連江縣東又北經羅源縣東南又東接福寧州界福州者東南之隩區海州之襟要也自福州而達江浙風帆往來最爲捷徑自福州而達交廣乘潮駕浪東西便易東晉末孫恩肆毒於東海其黨盧循等竄入番禺既而劉裕與循等相持於潯陽裕潛遣水軍自海道襲其番禺則閩海非經行之地乎唐咸通中安南陷於南詔諸兵屯聚嶺南曾自福建運米泛海至廣州以足軍食宋景炎祥興之際自閩入粵亦與蒙古爭衡於海島明初定閩粵皆由海道湯和出明州海道取福州廖永忠自福州海道定廣東而倭寇播惡殲除之績亦多在閩粵海中迄於安南用兵識者皆以海道之兵不繼故蕩平未奏然則交廣用兵閩

海又其上游之勢與
又東北爲福寧州東
海在州東自福州府羅源縣東折而北出經州東又繞州北而達浙江温州府界
浙江爲府十一而濱海之府六其南與福寧州接界者曰
温州府
海在府東所屬平陽瑞安樂清三縣皆濱海要地自福寧州北經平陽縣東又北經瑞安縣東而海港直通縣城南又北經府東又東北經樂清縣東又東北接台州府界
又東北爲台州府東
海在府東所屬太平黃巖寧海三縣皆濱於海自樂清縣東北經太平縣東又東北經黃巖縣東有海港直入徑至縣城北府境海防縣爲最衝黃巖台郡之門戶也
又北經府東又東北經寧海縣東與寧波府接界
又東北爲寧波府東
海在府東南所屬象山鎮海慈谿三縣皆濱海要地定海則孤懸海渚爲寧郡藩籬自寧海縣東折北而出爲象山縣東西南三面皆濱海相距皆不過數十里防衛至切又迤北而西折鎮海縣當其衝縣城東北兩面皆濱大海不特寧波一郡之鎖鑰而全浙之襟喉也由鎮海而西爲寧波之北境又西則慈谿之北矣蓋大海自

閩至浙皆北行至台州東北乃益折而東過象山又折而西府境適當折旋之處東南北三面皆險也自寧波北望金山大洋出崇明沙上海門風帆隼飛信宿可至寧波告警大江南北安得晏然無事與
大海西折而北出西南爲紹興府境
海在府北浙江錢清江曹娥江之水並會於此而入海謂之三江海口西北趨杭州不過百餘里會城以此爲門戶而所屬之餘姚縣亦爲濱海要地自府北而東北對海寧海鹽一帶烽火相接也
又北爲杭州府境又東北爲嘉興府境
海在杭州府海寧州南與紹興府三江口相接並爲襟要自海寧州而東又微折而北經嘉興府海鹽縣城東里許又東北折而入江南松江府界
江南爲府十有四而濱海之府四其南與嘉興府接境者曰松江府
海在府東南所屬上海縣爲濱海要區自海鹽縣東北折卽府境金山衞其南遙對定海門當江南之要衝又東北經府東又北歷上海縣東而吳淞江之水自縣北以達於海矣
又微折而西北經蘇州府之東
海在府東所屬嘉定縣太倉州常熟縣皆濱海崇明縣則孤懸海渚在太倉州東大海環其四面東北與海門

廳之廖角嘴相爲控帶爲長江外衛舊稱險要自上海縣而北卽嘉定縣之東境縣南吳淞江與上海縣分界又北卽太倉州之東境劉河入海處也又北爲常熟縣東北境大江經縣北以達海江之北岸卽揚州府境矣

又北爲揚州府之東境

海在府東所屬通州海門如皋興化諸州縣皆濱海自海門而南爲大江入海之口最稱衝要東南與崇明縣相望自縣東又折而西北爲通州之東北境又西北爲如皋縣之東北境又北爲興化縣之東境又北接淮安府鹽城縣界

又西北經淮安府之東

海在府東所屬鹽城安東縣以及海州贛榆縣皆濱海自興化縣而北經鹽城之東又北經府東益折而西北爲長淮入海之口淮河北岸卽安東縣也又北經海州之東接山東青州府境

大海自江南海州而北爲山東青州府之境又折而東爲萊州府及登州府之南境

海在青州府日照縣東與海州贛榆縣接界折而東北爲萊州府之膠州境又東北經卽墨縣境自縣南以達於東北皆濱海南與海州及安東縣相望又東北爲登州府萊陽縣境又東爲棲霞縣境又微折而東南爲文登縣境東北兩面亦皆濱海此山東東南面之海道也

大海經登州府東境又折而西經登州府之北及萊州府青州府之北

海自寧海州文登縣東北出而西折經寧海州之北又西經福山縣之北又西經登州府之北北與遼東相望自新開海口而北至遼東金州衛旅順海口五百里而近又西經招遠縣之北又西經萊州府之北又西經昌邑縣北又西經濰縣北又西經青州府壽光縣北又西經樂安縣北與博興縣接界又西北入濟南府境此山東北面之海道也

大海西折而北出經濟南府之東北

海在濟南府濱州東北自青州府樂安縣西北經蒲臺

縣東又北經濱州東又北經利津縣東又北經霑化縣東入直隸滄州境此山東之爲郡者六而濱海者凡四

又北經直隸河間府之東

海在河間府滄州東自霑化縣境經鹽山縣東又北經州境又北經靜海縣東當漳衛諸川入海之處所謂小直沽也天津衛在焉衛爲畿輔襟喉之地

大海又北折而東出經順天府東南及永平府之南

海自天津而東北爲順天府寶坻縣東南境又折而東爲豐潤縣之南境又東爲永平府灤州南境又東爲樂亭縣南境又東經永平府南又東爲昌黎縣南碣石山在焉又東經山海關南而接遼陽界自登萊以迄於盛

州永平境古所謂渤海之險也

大海自西而東經廣寧之南境又南折而東出經遼陽之南境

遼東南面皆濱海為險回環幾二千里自山海關而東舊曰廣寧前屯衛又東舊曰寧遠衛又東北舊曰廣寧中屯衛又東舊曰義州衛又東舊曰廣寧右屯衛此古所稱遼西地也自此折而南經故海州衛之西南曰梁房口關亦曰三岔口亦曰遼河口為遼河入海之處又南經故蓋州衛西又南經故復州衛西又南經故金州衛西又南折而東經衛南曰旅順口關為遼東全鎮咽喉之地南對登州府新開海口又東北至遼陽南境又

東接朝鮮境內此古所稱遼東地也蓋西南以安南為翼衛東北以朝鮮為藩維懷柔震疊之規模於此亦可覩矣

七省海疆總論粵稽七省之海疆自遼東為東北極際沿海而南則北直之天津與山東之登萊三省相連而不可離山東之膠州歷大勞山田橫島不夜城至登州壽光利津(此山東界)由天津文安直沽口永平至山海關(此北直界)轉而錦州金州鳳凰山鴨綠江(此遼東界)計一千三百餘里(此總言大槩海道難以測度也)而登萊突出於海如人吐舌與遼東為北直之脣齒而天津為河海運之咽喉也自山東之膠州至江北之安東縣黃河之水由此入海次狼山揚子江出焉(揚州要害之處通州也狼山也)為南北條二水之歸宿次崇明(崇明為江南之控扼)上海為吳淞三泖震澤諸水所歸由此入浙則為乍浦海鹽之界其東南則為定海縣界沿海而數計一千八百里日本則在定海之東北東洋諸國在焉自浙之定海(即舟山為浙東之控扼)由寧波台州温州而至浙之蒲門所北關交界計二千里(若自乍浦由海寧從杭州慈谿出大海到北關則有二千七百里)過南關烽火門則為閩省門戶迤邐而南則興化泉州漳州三府之間有海壇金門廈門銅山南澳在焉計閩之南關至南澳二千餘里而商船之通外洋諸國者悉由廈門出入澎湖在廈門東南臺灣又在澎湖之東呂宋在臺灣東南琉球在臺灣東北又自閩之南澳(南澳界閩粵兩省之區)過潮州惠州香山虎門(廣之要商悉從虎門入)

高雷而至瓊州迤邐而南北出入計五千里(總而計之七省共一萬二千餘里此其大畧也若由大洋直溜未必有此多也)而安南交趾西南洋等諸國在焉考之前明自七省安設衛所開列島嶼記載甚詳著論甚悉然其弊在於水師之不設水戰之不修未嘗無哨船也船小不可以任戰未嘗無水兵也兵弱不足以出洋將領畏縮而責之小校小校躲避而不敢遠行以致外寇乘虛登岸殘破地方陸兵獲罪水師旁觀計之最左者也又其初守土之兵出於屯衛以耕為餉用烏合之衆驅枵腹之兵不得已而調客兵接運不至人地不宜任倭奴之肆横而民間受毒此地利不如人和故也嘉靖辛酉年倭陷興化戚繼光陸師直抵興化俞大猷整戰艦直泊南

日大猷告繼光曰公兵主驅我兵主截大猷乃刱鷂艚船於南日海上以左右呼吸探於蒲禧吉了船分飛鳥之勢陳兵以待之繼光兵入攻其無備披靡而奔爲大猷所掩襲不留一奴矣時繼光惟知報己合戰之功而遺大猷之勞當事者亦遂以戚功奏或告大猷若當有請辨大猷曰不然吾惟知使隻倭不歸爲吾閩萬世之安不知有己之勞也繼光聞之服其智又得鷂艚船之法遂下拜結爲刎頸之交彼時故有俞龍戚虎之稱倭自此而滅此人才相宜故爲尤重也第七省之中典師者只知水師之名而不知水師之所以爲水師者固自有其良法而不可或忽者也

陳倫炯天下沿海形勢錄

天下沿海形勢從天津東向遼海錸山黃城皮島外對朝鮮左延東北山海關寧遠蓋平復州金州旅順口鴨綠江而抵高麗右袤東南山東之利津清河蒲臺壽光海倉口登州而至廟島成山衛登州與旅順口南北隔海對峙東懸皮島西匝兩京登萊是爲遼海登州一郡陡出東海盡於成山衛海船往盛京天津者以成山爲標準也成山衛轉西南則靖海大嵩萊陽鼇山靈山而至江南海州此皆登州西南之海也海州而下廟灣而上則黃河出海之口河濁海清沙泥入海則沉實支條縷結東向紆長潮滿則沒潮汐或淺或沉名曰五條沙中間深處呼曰沙行江南之沙船往山東者特沙行以寄泊船因底平少擱無礙閩船則底圓加以龍骨三段架接高昂擱沙播浪立見碎折更兼江浙海潮外無藩扞屏山以緩水勢東向澎湃故潮汐之流比他省爲最急若乏西風開避則舟隨溜擱靡不爲壞是以海船往山東兩京必從盡山對東開一日夜避過其沙方敢北向是以登萊淮海稍寬海防者職由五條沙爲之保障也廟灣南自如皋通州而至揚子江口內狼山外崇明鎖鑰長江沙坂急潮其槩相似而崇明上鎖長江下扼吳淞東有洋山馬蹟花腦陳錢諸山接連浙之寧波定海外島而嘉興之乍浦錢塘之鼈子餘姚之後海寧波之鎮海雖沿海相聯要疆但外有定海爲之扞衛實內海之堂奧也惟乍浦一處濱於

大海東達漁山北達江南之洋山定海之衢山劍山外則汪洋言海防者當留意焉江浙外海以馬蹟山爲界山北屬江山南屬浙而陳錢外在東北俗呼盡山山大澳廣可泊舟百餘艘山產水仙海產淡菜海鹽賊舟每多寄泊江浙水師更當加意於此南之海島由衢山岱山而至定海東南由劍山長塗而至普陀普陀直東之外出洛迦門有東霍山夏月賊舟亦可寄泊伺劫洋船回棹且與盡山南北爲犄角山腳水深非加長椗纜不足以寄普陀之南自崎頭至昌國衛接聯內地外有韭山弔邦亦賊舟寄泊之所此皆寧波郡屬自寧波台州黃巖沿海而下內有佛頭桃渚崧門楚門外有茶盤牛頭積穀鸎殼石塘枝山大鹿

小鹿在在皆賊艘出沒經由之區南接樂清溫州瑞安金鄉蒲門此溫屬之內海樂清東峙玉環外有三盤鳳凰北屺南屺而至北關以及閩海接界之南關實溫台內外海逕寄泊樵汲之區不可忽也閩之海內自沙埕南鎮烽火三沙斗米北茭定海五虎而至閩安外自南關大崙小崙閭山芙蓉北竿塘南竿塘東永而至白犬爲福寧福州外護左翼之籓籬南至長樂之梅花鎮東萬安爲右臂外自磁澳而至草嶼中隔石牌洋外環海壇大島閩安雖爲閩省水口咽喉海壇實爲閩省右翼之扼要也由福清之萬安南臨平海內虛海套是爲興化外有南日湄洲再外烏坵海壇所當留意者東北有東永東南有烏坵猶浙之南

屺北屺積穀帀丮韭山東霍衢山江之馬蹟盡山是也泉州北則崇武獺窟南則祥芝永寧左右拱抱內藏郡治下接金廈二島以達漳州金爲泉郡之下臂廈爲漳郡之咽喉漳自太武而南鎮海六鼇古雷銅山懸鍾在在可以寄泊而至南澳以分閩粵泉漳之東外有澎湖島三十有六而要在媽宮西嶼頭北港八罩四澳北風可以泊舟若南風不但有山有嶼可以寄泊而平風靜浪黑溝白洋皆可暫寄以候潮流洋大而山低水急而流迴北之吉貝沉礁一線直生東北一目未了內皆暗礁布滿僅存一港蜿蜒非熟習深諳者不敢棹至南有大嶼花嶼貓嶼北風不可寄泊南風時宜巡緝澎湖之東則爲臺灣北自雞籠山對

峙福州之白犬洋南自沙馬崎對峙漳之銅山延綿二千八百里西面一片沃野自海至山淺闊相均約百里西東穿山至海約四五百里崇山疊箐野番類聚建一郡分四縣山川形勢生熟番性蜂窠蟻穴誌考備載郡治南抱七崑身而至安平鎮大港隔港沙洲直北至鹿耳門鹿耳門隔港之大線頭沙洲而至隙仔海翁隙皆西護府治而港之可以出入巨艘惟鹿耳門與雞籠淡水港其餘港汊雖多大船不能出入僅平底之䑸船四五百石之三板頭船堪以出進此亦海外形勢以扞內地沿海要疆南澳東懸海島扞衛漳之詔安潮之黃岡澄海乃閩粵海洋適中之要隘外有小島三爲北澎中澎南澎俗呼爲三澎南風賊

艘經由暫寄之所內自黃岡大澳而至澄海放鷄廣澳錢澳靖海赤澳此雖潮郡支山入海實爲潮郡賊艘出沒之區晨遠揚於外洋以伺掠夜西向於島澳以偷泊而海賊之尤甚者多潮產也赤澳一洋自甲子門南至淺澳田尾遮浪汕尾鮎門港大星平海雖屬惠州而山川人性與潮無異故於居中碣石立大鎮下至大鵬佛堂門將軍澳紅香爐急水門由虎門而入粵省外自小星筆管沱濘福建頭大崙山小崙山伶仃山旗纛嶼九州洋而至老萬島嶼不可勝數處處可以樵汲在在可以灣泊粵之賊艘不但艚船海舶此處可以伺劫而內河槳船櫓船漁舟皆可出海羣聚剽掠粵海之藏垢納污者莫此爲甚廣省左扞虎

門右扼香山而香山雖外護順德新會實爲省會之要地不但外海捕盜內河緝賊港汊四通奸匪殊甚且共域澳門外防番舶與虎門爲犄角有心者豈可泛視哉外出十字門而至魯萬此洋艘番舶來往經由之標準下接岸門二竈大金小金烏豬上川下川䑸船澳馬鞍山此肇屬廣海陽江雙魚之外護也高郡之電白外有大小放鷄吳川外有碙州下鄰雷州白鴿錦囊南至海安自放鷄而南至於海安中懸碙州暗礁暗沙難以悉載非深諳者莫敢內行而高郡地方實藉沙礁之庇也雷州一郡自遂溪海康徐聞向南斡出四百餘里而至海安三面濱海幅闊百里對峙瓊州渡海百二十里自海安繞西北至合浦欽州防

城而及交阯之江平萬寧州延長一千七百里故海安下廉州船宜南風上宜北風自廉之冠頭嶺而東白龍調埠州江永安山口烏兎處處沉沙難以名載自冠頭嶺而西至於防城有龍門七十二逕逕逕相通逕者島門也通者水道也以其島嶼懸雜而水道皆通廉多沙欽多島地以華夷爲限而又產明珠不入於交阯是以亭建海角於廉天涯於欽瓊州屹立海中地從海安渡脈南崖州東萬州西儋州北瓊州與海安對峙瓊山文昌樂會陵水感恩臨高定安澄邁沿海諸州縣環繞熟黎而熟黎環繞生黎而生黎環繞五指嶺七指山五指西向七指南向周圍陸路一千五百三十里府城中路直穿黎心至崖州五百五十五里萬州東路直穿黎心至儋州五百九十里自海口港之東路沿海惟文昌之潭門港樂會之新潭那樂港萬州之東澳陵水之黎庵港崖州之大蛋港西路沿海惟澄邁之馬裊港儋州之新英港昌化之新潮港感恩之北黎港可以灣泊船隻其餘港汊雖多不能寄泊而沿海沉沙行舟實爲艱險內山生黎嵐瘴殊甚吾人可住熟黎而不可住生黎生黎可住熟黎而不可到吾地熟黎夾介其間以水土習宜故也此亦海外稍次之臺灣惜乎田疇不廣歲仰需於高雷雖產楠沉諸香等於廣南甲於諸番究非臺灣沃野千里所可比擬也

姜宸英海防論　國家混一區宇聲教覃被迄於無垠唯

是東南綰波而州者千餘里一二狂孽弄兵島嶼烽烟時接吳越間至不得安枕而寢　皇帝御宇之十八載神謀潛運劃平反側從疆吏請以大用兵於臺灣樓船直指繫組待命厥角稽首恐後遂畧定其地　天子乃按輿圖置一府三縣設之官府綏戢之易鱗介爲衣裳於是依島之國爲我邊界海隅出日罔不率俾皇哉振古無前之偉烈雖詩書所載何以加玆先是海寇鄭成功盤踞金門廈門閩尋奪臺灣居之遊䑸入犯飄忽南北軍吏苦於奔命康熙初廷議以爲徙民內地寇無所掠食勢將自困遂悉徙粵閩江浙山東鎮戍之在界外者賊計果絀降者接踵二年立定界椿連歲遣官巡閱邊海諸郡縣八年有

詔稍展界縱民得採捕近海十三年成功予經乘閩叛溶居漳泉　王師收閩寇遁疆臣再修邊備而海壇金廈復置戍兵矣十九年六月福建督撫臣議處投誠之衆奏請給還民界外田地以無主者俾之耕種且曰方今海外要地已設提督總兵大臣鎮守是官兵在外而投誠在內計可萬全無慮　詔許之閩界始稍稍開復二十三年五月克臺灣十月兵部議請各省開界得　旨江南浙江福建廣東沿海田地可給民耕種諸要地防守事宜其擇大臣往視焉乃以工部侍郎金世鑑都御史呀思哈往江南浙江吏部侍郎杜臻內閣學士石柱往福建廣東
上面諭遣之許以便宜設防守事竣奏聞世鑑等往會

督撫巡視遂盡復所棄地與民各就地險易撥置戍兵疏
上報可自是沿海內徙衛所巡司墩臺烽堠寨堡關隘皆改設於外畧如明初之制民內有耕桑之樂外有魚鹽之資商船交於四省遍於占城暹羅眞臘滿剌加浡泥荷蘭呂宋日本蘇祿琉球諸國乃設榷關四於廣東澳門福建漳州府浙江寧波府江南雲臺山置吏以涖之使泉貨流通則奸萌自息此上策也而諸番緩耳雕腳之倫貫領橫襄之衆莫不纍譯款貢叩關蒲伏請命下吏凡藏山隱谷方物瓌寶可效之珍畢至闕下輸積於內府於是　恩貸之詔日下德澤汪濊耄倪歡悅嘉見太平可謂極一時之盛然而帆檣接於內地則盜賊生心互市通於外國則敉爲患迨此前代已事始未嘗不警誡而後稍弛防患輒中之宜　皇上之惓惓南顧慮此至重也始明太祖吳元年用浙江行省平章李文忠言調兵戍海鹽海寧各州縣洪武二年命參政朱亮祖副平章廖永忠取廣東遂命亮祖鎮守建置衛所七年詔以靖海侯吳禎爲總兵都督僉事於顯副之領江陰廣洋橫海水軍四衛舟師出海巡哨所統京衛及太倉杭州溫台明福建漳泉廣東潮州諸衛官軍悉聽節制事權專而責亦綦重矣十七年起信國公湯和於家使巡視浙江福建沿海城池和至浙則建議北起乍浦南迄浦門縈迴二千里設九衛築五十九城及諸所巡司民丁四調一爲戍兵是年江夏侯周德興亦築

福建海上十六城置巡司四十有五按籍練民兵十餘萬戍並海衛二十七年敕都督僉事商暠巡視兩浙城隍簡閱軍士又命魏國公徐輝祖安陸侯吳傑練兵海上時廣東都指揮同知花茂上言請徙海屬逋逃蜑戶爲兵增設依山碉石等二十四衛所城池於要害山口海汊立堡撥軍戍守詔從之而命傑董其役故閩廣江浙一切海上阨阨城堡傑德興和所建設爲多蓋是時中國數被倭二年寇山東並海郡縣又寇淮安三年寇山東遂轉掠浙閩自後南北並受其患太祖深憂之先後設衛所屯軍所轄於衛衛轄於都司而總屬之五府其卒伍之設每百戶所旗軍一百一十有二千戶所一千一百二十衛列五所及衛

鎮撫軍凡五千五百有奇各衛屯田軍率十分其七守城三屯種屯軍一人賦田二十畝而官征其什之一軍屯錯列分堠而守自粵抵遼延袤八千五百餘里烽火相望而並海以南迫近倭故其戰守備尤密云廣東瀕海之府八其六府分爲三路東路惠潮接壤閩疆商船通番所必經也左挈惠潮右連高雷廉而爲中路者廣州倭寇衝突莫甚於東路而中路次之西路高雷廉又次之高雷廉西洋貢道之所從入也守廣者以三路爲扼要福建設水寨五在漳州曰銅山泉州曰浯嶼興化曰南日山福州曰小埕福寧州曰烽火門皆控制於海中浙江立沈家門水寨兩浙衛所戰艦協哨南哨至玉環烏沙北哨至馬蹟洋山而

歸重於舟山定海江南之邊海在蘇松松有海塘而無海口其要在金山衛爲之衝蘇州之沿海多港口者各設水兵堵禦而崇明爲賊所必經地故兩處皆設重兵鎮之至狼福山與圌山三江相呼應又爲南北海防第一門戶江北之戰水陸兼用登萊三營連絡曰登州曰文登曰即墨其外島嶼環抱迤邐以及遼陽而今復海蓋旅順各衛星羅碁布足嚴守望此其大凡也自成宏後迄嘉靖初倭警寢息者五十餘年邊備廢弛衛所屯田并兼豪右軍戶亡耗不復勾補水寨移於海港墪堡棄爲荆榛哨船毀壞不修而奸民逸四漁人蜑戶咸伺隙思釁勾引山城失職之貢使嘯聚稱王騷然蠢動一旦烽突四起武夫喪氣抱首鼠竄賊無亡矢折刃之衂蹀躪徧於江南城野蕭條白骨塡路矣然後謀臣猛將分道出鎮增兵設屯人人扼擘而談戰守起壬子至癸亥首尾十餘年中國始得安息此浸失祖制之故也善乎總制胡宗憲之言曰夫謂之海防者則必宜防之於海猶江防者必防之於江國初每衛各造大青及風尖八槳等船百餘隻更番出洋哨守海外諸島皆有烽墪可泊後弛其令列船港次浙東於定海浙西於乍浦蘇州於吳淞江及劉家河夫乍浦灘塗淺闊無所避風吳淞江口及劉家河出海紆迴又非防海要地故嵗欲分番乍浦之船以守海上洋山蘇松之船以守馬蹟定海之船以守大衢則三山鼎峙哨守相聯可扼來寇而又其

地陳錢諸島久爲賊衝三路之要宜以總兵屯泊其地每於風汛時協軍巡哨使不得越島深入則內地可以安堵總兵俞大猷亦曰倭自彼島入寇遇正東風經茶山入江以犯直隸則江內正兵之船可以禦之遇東北風必由下八山陳錢淸水馬蹟蒲嶴丁興長途衢山楊山普陀馬墓等嶴經過然後北犯金陵西南犯浙江請於浙江共設樓船蒼船數百隻分伏諸島往來巡探攻捕名之曰遊兵而遠過之於大洋之外議者多是之或謂海棲經月必有颶風巉崖覆礁廉隅侔劍戟不可下碇癸丑俞大猷圍王直於馬蹟蛟龍驚砲起幾致覆沒師旋賊逸乙卯秋浙直會兵大衢殿前遡賊歸路暴風雨大作飄舟以萬計是邀擊

海上之難也蓋倭從南來晝行夜止依山棲宿始至必泊陳錢次馬蹟次大衢次殿前洋山若驛傳然可逆數知也然海波無際賊䑸知諸山有備東西南北何所不適官閩海中長年云避颶風者舍山泊泛大洋多得全逆知死地不避寇知豈出其下哉故必依此四山嚴會哨應援之令潛師伺敵發無不中此與設官屯駐顯示之標者利害相去懸甚右通政唐順之疏曰臣竊觀崇明諸沙舟山諸山各相連絡是造物者特設此險以迂賊入寇之路蔽吳淞江定海港口國家設縣置衛者以此而沈家門分哨之制至今可考今宜於春汛時用兵備數員暫駐崇明舟山而總兵以下分海面南北會哨晝夜揚帆環轉不絕其遠哨

必至馬蹟而止副使譚綸甚善其說而謂陳錢馬蹟諸山在內海之外止可出哨不能設守蓋海戰之弊有四萬里風濤不可端倪白日陰霾咫尺難辨一也官有常汛使賊預知趨避二也孤懸島中難於聲援三也將士利於無人掩功諱敗四也昔江夏侯五水寨舊址設在大洋後人以應援不便移其三於海岸致寇無門庭之限議者謂宜復如舊制或謂後之不便而信國經營浙海棄下八山不守謹置汛於沈家門人卒便之非江夏之先見不逮信國浙閩之勢異故也然賊自五島開洋諸山曠遠蕭條無居人得採捕小民嚮道以來近岸常無覺者自嘉靖乙卯後禦洋之法立哨探嚴緊官得預備則藩籬之守其法終不可

廢故必哨賊於遠洋而不常厥居擊賊於內洋而不使近岸斯策之最善者初日本之犯中國山東寧海成山諸衛數被其毒及嘉靖之亂首犯福建以及浙直而延蔓於淮揚獨山東竟未嘗被兵何也蓋明起南方大兵所聚北地置戍猶少故寇時躪入然東南猶不免焉迨防守既密南北少事承平日久士卒生長南方風土脆弱兼之衛所軍部眾不多兵力散渙而瀛渤之間風氣堅悍如故寇來獲少所失亡多所以日夕垂涎江南北或比壤一日而破數縣或千里同時而殘諸郡其時召客兵募土著徵調煩苦民力大竭必待督撫重臣前後彈壓而後定　本朝創業撤都指揮千百戶之兵而槩統於將軍提督總鎮分領於

城守協鎮以下大者宿兵累萬次亦數千各城保守要害清野以困跳踉之賊如是者三十餘年而卒制其命賊不能以流劫郡縣生民不至大困者則兵力出於一故也時勢不同代各異制考之於古三代以前尚矣秦命南海尉任囂築瀧口漢陽嘉中亦詔緣海益屯兵備盜賊至晉咸和間趙將劉徵帥眾數千浮海抄東南諸縣殺南沙都尉許儒南沙今常熟縣地尋寇婁縣武進郗鑒擊卻之此自北而南寇道之始通而海上自此漸以多故及晉末運恩循道覆相繼倡亂始人會稽上虞終於廣州始興又寇道自浙入廣之始也時謝炎以會稽守督五都軍事率徐州文武戍海浦今自龍山而東至闕風石堰鳴鶴松浦蟹浦

定海皆其地劉裕戍句章吳國內史袁崧築滬瀆壘後裕
與盧循相持潯陽潛遣水軍從海道襲其番禺則其戰守
皆在吳越之間史記恩曾一走郁洲今贛榆縣東北有郁
洲山而未嘗逸出爲民害然則防海之亟於江南舊矣顧
其制不槩見考宋時嘗於明州招寶山抵陳錢壁下置十
二水鋪以瞭望聲息然宋終始未嘗罹倭患也至有明之
世建置詳矣謹次明自洪武以來所設官立軍以防海外
海港海岸事宜各省哨海界及日本朝貢入寇互市始末
然後備列　今制別爲篇如左嗚呼強弱因乎時也盛
衰本乎治也明太祖不勤遠畧來則撫之貳則絕之選將
練兵修備日如寇至故不庭之國再世來王後人反是卒

防海輯要　卷十一　海疆總論　三十

以招亂今　皇上端拱穆清之上闇昧幽阻罔弗耀以
光明以故　天威所震陸讋水慄猶數諭邊吏慎固封
守毋敢邀功生事疆埸之臣亦朝夕討訓以稱　上德
意今坐享太平覩所經畧若纖悉過計一旦有事舉而措
之成法具在始知創制者之用意深遠不可測量而以遺
萬世子孫之久安長治者豈其微哉臣所撰次依海道所
經自廣東西路始福建浙江江南登萊天津衛遼陽以次
及之又括海南北所經各省郡縣自爲一卷其沿海山沙
寇艅入犯分合日本地輿皆有圖

嚴如熤洋防輯要序昔談海防以禦外洋堵海口爲要策
國家於崇明舟山玉環海壇金門澎湖南澳碙洲島嶼
深阻之處皆特設鎮將而臺灣在澎湖外距海岸水程千
里雞籠鳳山隸我版圖設官涖長人物繁昌屹然爲海外
鉅鎮聲威雄壯杜島夷之窺伺矣口岸則直隸之天津山
東之登萊江南之狼山浙江之黃巖溫州福建之福寧廈
門漳州廣東之潮州碣石虎門高廉瓊州各設專閫分布
重兵而天津以畿輔要地舊制已設陸營近又增以水師
松江當劉河吳淞川沙要口寧波當杭紹定海象山要口
泉州當金門廈門要口惠州密邇碣石虎門特駐軍門就
近統領防禦營城汛堡礮臺烟墪星羅碁布口岸之綢繆
密矣亟於擇將弁練兵卒整備船隻器械斷接濟嚴透漏
禁奸徒出入哨巡岸稽著爲令甲罔不嚴密整齊沿海人

防海輯要　卷十一　海疆總論　三十一

民農桑絃誦二百年來晏然無匕鬯驚夫不知前代之失
無由知　國家之所以爲得也明自嘉靖以降陵夷不可
言矣當信國公沿海設立衛所之初棄昌國浯嶼澎湖南
澳名要不守論者已有撤我藩籬貽寇巢窟之憾迨後紀
綱日弛衛所虛存內地奸民勾結倭夷乘間發難東南濱
海數千里生靈塗炭一時名臣宿將羣策羣力經營十數
年會倭飽思歸直海受餌吳越烽煙浸熄而閩廣洋患旋
撲旋生蔓延而不已失要則亂詎不信與嘉靖用兵時唐
順之茅坤譚綸胡世寧諸名人身在行間目擊失事之端
委屢條防堵之機宜其他[illegible]先哲就所見聞存之記載
皆得失之林也顧寧人[illegible]先生當勝國末造視洋患

爲切膚災蒿目時艱憂深慮遠而生長吳越文獻之邦野史家集郡邑志乘足以供其採擇考訂景范之學長於輿地寧人之識兼通方畧其慨嘆而發之議論往往一篇中三致意焉較之諸家尤精而切予往佐那制軍籌辦廣東洋匪于海防形勢畧悉一二守郡無事乃取緣海山川險要輯直隸山東浙江福建廣東海疆輿地并次其兵防軍政兵事他如水戰之臨機決勝出洋之風信潮候船筏帆艣臨敵之火器弓弩皆洋防之要以次輯焉元明之衛所運道鹽政外夷市貢雖得失參半亦莫非當年要務輯之以備參稽成書二十四卷名曰洋防輯要覽此者知勝國疏於防制因以啟釁召侮諸君所太息爲未能舉行者至

聖朝而措置罔遺也書曰鑒於成憲其罔有愆有封疆之責者尚留意哉

防海輯要卷十二

策畧

戚繼光曰選兵之法第一不可用城市油滑之人面目光白行動伶便者是也又不可用奸巧之人神色不定見官府藐然無忌者是也最可用者鄉野老實黑大粗壯手肉堅厚有土作之色選兵以膽氣爲主人肥大而膽不充則脂重不能疾趨反爲肉累藝精而膽不充則手足倉卒反至失戈先衆而走伶俐而膽不充則未陣先思自全臨事必然先奔反以利害恐人爲己避罪之地力大而膽不充則臨時眼花足軟呼之不聞推之不動諺曰藝高人膽大言高藝可添於有膽之人非謂懦弱之夫熟一藝而即可

膽大也但此輩不可多得其次則武藝尚可教習必精神力貌兼收人之精神露於外選人以精神爲主而參用相法忌凶死之形重福氣之相鄉野愚鈍之人畏官府畏法度不測我顛倒之術誠信易於感孚愾氣易於振作先壓以異常之威使就我彀中而即繼之以重恩收其心結之以至誠作其氣則爲我用命無疑非伶俐油滑者可比也胡世寧曰練壯丁之法每戶令各置堅利器械二件請教師晝夜演習槍把要長短大小不齊弓弩各隨氣力強弱人長者學弓學槍人短者學把學牌而學槍學銃兼使學棍學弓弩牌者兼使學刀軍民中有膽力過人武藝精熟者許報名另立義勇名色重加優待臨用之時與官軍同

給糧賞有功卽爲超拔

唐順之曰攻捕之法不在增兵而在練兵兵果練得精銳士爭抵掌人賈餘勇遇賊必不退懾屹然足爲倚重

茅坤　曰南人不習射當於兩河以北懸射銀錢之利以誘之弓師弩師能教百人善得兼二人之食卽爲百夫之將不數月全軍善射矣鄉長約束甲長聞警舉砲爲號各甲赴援有不聽約者許其鄉縛而告之官按軍法治之

又曰吳越之間鉅家勢族不惜千金爲子弟謀官若令自募之兵能奮勇勦賊斬首級者倍官兵之賞奏予官職則不獨思保其妻子田廬之有且競得夫爵賞寵祿之及其氣百倍矣使船必用造船之人則不吝工料而且知愛惜

領兵必用練兵之將則用心訓練而相識認凡練兵者不但練其藝必先練其心

戚繼光曰練兵者不可但學空套必將臨陣的眞法眞合眞藝眞學習庶操一日有一日之效熟一件有一件之利

又曰善操兵者必使其氣性活潑心志兢業或逸而沉之或勞而息之或相其意態察其動靜而撙節之

仇俊卿曰兵須有選鋒冗兵之費徒勞膏脂

邵芳曰本地之兵習知地利可爲本地防守而顧戀桑梓不能追勦大敵追勦大敵非客兵不可故練土兵與調客兵亦不可偏廢

廣西狼兵出自東蘭那地丹州者能以少擊衆十出而九勝其軍令極嚴凡一人戰沒左右不夾擊者斬一伍之衆論罪以差退縮者斬走者斬言恐衆者斬敵人衝而亂者斬敵既敗走佯以金帛遺地爭取而不追躡者斬號令畫一故能成功

浙江處州之梁高山坑兵自幼開坑盜礦驍悍難制而其勇可用

周文襄巡撫江南凡父老士庶無不延訪或時在路亦止輿愛言始則集衆人之細長終則成一人之大智陽明先生自入仕以至節鉞動隨生徒顧問帷幄後值濠變龍光蕭愛諸人或爲間諜或潛伺察或通機密皆以平日腹心爲之遂能成功

嚴如熤曰兵貴選鋒而操練必精昔岳鄂王令子雲與張憲等練背嵬軍三千人身披重鎧驀坡注澗如履平地雲一日馬躓墜地鄂王怒欲斬之以故其兵極精嘗以少而破敵戚少保禦倭練浙兵三千人爲鴛鴦陣法筅牌鏢刀次第而進持筅人死則全伍皆誅軍止則樹立如植與鄂王之撼山無異以故倭寇雖銳而戚軍獨能制之則兵未有不練而可制勝者也三廣公陶魯將三百人名震兩粵賊聞陶家兵無不避者初選時都御史韓襄毅公部下兵十五萬合格者僅二百五十人至三日方能足數則勇健之士固足摧鋒取勝而募選爲不易也夫後世辦賊者往往調集多兵以衆取勝不知分佈要害固不能不資多兵

而當臨仗之時多而不精徒牽顧以致敗且兵多餉糜經歲累時則帑虛民困粵兵浙兵古稱勁勇嘗挑數十人合成三千人遴鎮將知兵者操練之必勇力過人蹻捷異常年不踰三十者方以入格而參用岳鄂王戚少保各法以練之數月之後號令既嫺技藝皆精山賊發用勦山賊海寇來以禦海寇計得此兵三千人可當常軍十萬也

唐順之云軍制不足權行召募未爲經久之計梟猾之徒方應募於江北忽應募於浙東方以得募價而留忽以滿募期而去譬如借債之人主人不得而羈安得而練之總之以練土兵爲實事以募兵爲權宜以調兵爲寄道募兵則遠募不如近募調兵則多調不如少調募兵之法當於

本處報選何也其家在是則所獲工食便於歸寄若四方泛募則是烏合之衆無賴之徒招之甚易散之甚難今日之兵又卽異日之盜賊矣

又曰軍貴以氣勝人將官棲泊海岸日遇海風則頭暈目眩夜聞潮聲則耳聾心惕望其長驅海島掃清大憝能乎督師宜時禦戎服出入軍中發揚蹈厲以作武夫之氣大將遇有賊戰戎服出入陣中以作偏裨小校之氣小校遇有賊戰戎服先登以作士卒之氣又於臨陣督戰間取潰校逃卒遵奉旗牌事例百萬中忽然斬戮一二人以變士卒之耳目使我之氣日益精明則賊之氣自然銷沮

法宜先行於將官及左右親幸之人若於此稍存姑息則士卒不服矣又罰典宜行於臨陣對敵之時不止行於參提之後則士畏而知威賞格不廢於尋常用兵之日而不止用於大軍征討之日則士習而知恩古者賞不踰時罰不後事過時而賞與無賞同後事而罰與不罰同況過時而不賞後事而不罰何以齊人心而作興士氣乎

賞罰之典雖在而操縱失宜進而效死無爵賞之勸退而奔逃無誅戮之及士安肯心死也

方廉曰用兵之際衝鋒爲難斬級次之海上賊船初來能迎其鋒犂沉一船飽去之賊犂沉一船均當受上賞如不能對敵搖駕小船撈取首級者不惟不賞合以退縮論又鄉村零斬必要審地方鄰証見賊犯某處從何斬獲取有

結狀方可照格行賞查係假冒卽當以妄殺平民論臨陣不可生擒在野不可妄殺又去船殺人劫財已厭其欲殺一賊止是一賊若殺却來賊一人是全了幾個好人性命故論功行賞當以海中擊來船爲奇功

出入波濤冒不測之險人情所甚不堪但地理有險夷而土著者無險人情有利害而利重者忘害沿海諸軍自少至長身履目擊習於波濤若於垂危冒險轉戰窮追亦止同常廩無以作其氣矣今須多給行糧豐其犒賞定格將弁兵民能使賊船不得登岸而於海洋擒斬首級得敘異格比內地所獲賞之加倍若止獲賊船但在洋面亦以大小論級則人皆爭奮而無不堪之情矣

胡世寧曰以首級論功非善法也兩軍相當爭先格鬬者手眼瞬息不得差池使其取首則再不得戰而爲敵所乘後軍所爭奪死矣故首級非賊大敗遠奔不能割而割之者多或非眞也貪軍奮死殺賊止望得賞豈圖陞官故殺賊者不能取首而得首者又爲勢要所奪又或因爭首自相蹂踐而爲敵所敗甚至戮平民傷戰士取首以爲功其弊有不可言者今須於將臨陣時報明願衝鋒者給予衝鋒木牌使衆兵皆知彼雖不前誰則容之衝鋒者不許砍取首級先挐首級來獻杖一百仍不給賞通計一陣斬獲首級若干賞銀若干以七分賞衝鋒兵以二分給予助陣砍取首級之兵以一分賠其在陣被傷者給之庶賞有差

等不致爭亂而人皆思奮矣

凌雲翼曰領兵官員不能奮勇運謀爲地方保障往往將被擄逃回或窮鄉避難之民殺以報功至行路者非成羣不敢是不能禦賊而反爲民害至指稱奸細必假妝吾民可以審究止許生擒不許殺害違者一體抵罪又吾民被賊殺而無人收葬正堪矜憫而或割其首級請功詎非太很宜於所獻首級驗明果係皮肉緊縮有血瘢刀痕者方爲眞正給賞否則立予責打庶愼軍功重民命兩得之矣

唐順之曰鳥銃手不能割首級論賞照數分給與諸軍同

毛希秉曰軍之克敵者在器兵不完利與空手同射不中的與無矢同勝奇兵者必以正勝短兵者必以長明部分正約束遠斥堠行如戰戰如守是爲正兵強弓勁弩射疎及遠是爲長兵凡辦賊以殄滅爲期不可犯危險而取必旦夕所謂致人而不致於人也

體恤將官乃任將第一義將官不能成功正以貪者無德以服衆廉者無力以設施若能恤其利則貪者可以無貪而廉者可以成功矣

仇俊卿曰有良將無弱兵

張椿曰爲將須有膽有畧有量有德殺人如刈苗草從善如轉圜用財如揮沙保民如恤子拘泥故常不足有爲也

胡宗憲曰將不同有大將有偏將偏將不同有先鋒有哨援有守營有奇伏大將必善將將者也偏將亦須恤下而

不苟過敵而不懼奉令而不違沉機而不露應變而不窮古人所謂善將兵者也

胡世寧曰知府知州知縣三等親民之官使非其人則上官雖有好官行得好事不能實到百姓所以自古國家愼重此職

茅坤門曰近海郡縣有司有當別議者何則國無鷄犬之警則廉靜長厚之吏當爲治最矣時有羽檄之馳則長駕遠馭之士亦所急使矣爲大僚者當令郡縣長吏及其佐雜並量其才而器使之大約近海者則擇強智精悍之材一切練軍實築城堡謹斥堠嚴部署皆藉之以備緩急而其餘腹裏郡縣則擇其寬和柔靜之士愼出納謹莞籥務

令與民休息此擇有司之畧也

胡世寧曰近日盜賊所在充斥實由昔日權奸獘政及守令乘機侵尅之所致今朝廷屢下寬大之詔而盜賊猶未革心惟以平日貪庸之吏揚揚猶在民上其一二黜職者則又歸作富家翁或反玷要職故無以服盜賊之心而散脅從之黨宜簡風力憲臣出詢民瘼凡舊日貪官暴吏按其罪以快吾民之情追其贓以代吾民之賦而又選用循良之吏委以便宜寬其文法倣龔遂賈琮故事使得推誠布德散其徒黨而一二渠魁稔惡難宥輕則就委守令設法擒捕重則選委將帥調兵勦除則盜賊平而患永絶矣若因循荏苒襲用舊人行舊政吾恐盜賊難治其不至滋

蔓者鮮矣

策畧云守必以戰而守城必以野徒負孤城而棄其四境煙焰相望所至蕭條有不忍見聞者又安用此孤城乎故李牧備邊先收保而不失不能收保是資賊也宜畧倣墩堡之制使大村市築列為堡約其道里之中使勢可相及每賊至則墩堡固守而郡縣急趨而助之而又特嚴其法飭四境殘甚與失城同罪則人各為戰地各為守矣

章煥曰北邊城堡相望凡以防衛突備擄掠也南方之畜侈於北邊風帆之力疾於馬足苟無城堡賊何畏而不來民何恃而不散且賊勢之熾凡以鄉民奔竄奸民煽亂助其聲也有城堡則居者守逃者歸耕者斂遠近按堵什伍相保奸民無所容無奸民則無鄉導何以能深入居民不散田野不蕪賦稅不乏根本之要務也

賊遠來持升斗之糧未達岸多苦饑矣徒以海濱廪藏露積故賊至而掩據之因財以為用因糧以為食奸人為之黨而窮民為之役故所向無前如使多為城堡蓄積而野無所掠賊不能宿飽則不能深入不能深入則不能多獲不能多獲饑疲易制可不煩兵而守矣

胡世寧曰擇人而守之重其權久其任使得為萬全久遠之策可也或以築城勞民為病者是不然夫自古王公設險以守其國使仗將和卒練一時善戰之功而不為設險守國長久之計智者不為也況盜賊每長於野戰短於攻

城而兵民每與之相反故吾乘城拒敵是用其所長而乘其所短且以土石而蔽血肉也若無險可恃而專以戰為守是勉其所短而校其所長且以血肉而代土石也況築城雖勞而合力均財為之以漸亦不至苦民所難於團結之法宜相大小以三十四十家為一團除租房單丁外每一團合養客兵一名每家各設器械一件出人一丁以為團勇凡二團六十八十家出銀一錢造一巷門門上蓋一更舖舖內置鼓鑼各一面鐵銃六口盤查一方就六十八十家每夜輪人夫二名守之居常無事止鳴金鼓巡更有警即連放三砲團勇各執器械追勦諸團皆應之所養客兵官為嚴立法度不許擅離本團搔擾閭戶每日有暇即

教習本處團兵四郊之外隨地皆堡隨民皆兵大城屯守之卒將有不必用者矣

馬坤曰土著之人各就一鄉編入保甲盡歸團練五人爲伍十人爲甲五十人爲保上下聯絡各府州縣佐貳官賢能者不時就其鄉團兵閱其武藝又因而稽其入丁如有潛入賊中勾引或探聽者坐罪若有隱弊互相連坐

譚綸曰保甲之法委所轄各府佐貳官同屬縣印官省約輿從親詣地方不問腹裏沿海城郭鄉鎮去處官吏生徒舉監之家逐戸挨查每十家編爲一牌牌內分十直格皆以巷道爲准每戸塡明人口執業村鎮無巷道者亦依村鎮編之就於本戸下坐定日期每一家輪値三日挨日於

本家門首懸挂每一牌年輪一名爲甲長管領九家每一家年輪一名爲保長領百家其中若有遠出不歸或逋逃海外或私收絲綿火藥等物潛往通洋者許牌內値日之人抱牌赴首官爲拏究敢有隱不覺舉一家有犯十家連坐毋容姑息其有原犯通番但逃回自首准其免罪若有假公濟私乘此害人者從重懲治保甲之法行庶通番之黨消而地方之不逞亦可禁絶矣

保甲之法止可安新附之民禦鼠竊之賊諺曰省錢易飽吃了還饑眞正殺賊總須練得精兵方可取勝也

團練鄉兵不過共保室家小警則虛張聲勢以幸賊之不來大警則預行收斂以免禍之太慘若欲力禦之民盡爲荷戈之衆誠恐操練不素則爲不教之民簡閱以時又有妨農之患聽其自食則人弗樂從給之官帑則所費滋多勢旣難行事多虛衍耳

策畧云調客兵不如練土兵調兵一而當練兵者其費百當土著之兵者其費十

嚴如熤曰沿海數千里處處均有港汊地廣防多分汛兵嘗虞不足調本省各營戍守則路或數百里勞同遠征而定例本省不領口糧鹽菜則勢難枵腹從事至於洋賊之犯邊往往乘風順利我迎頭以堵則爲逆風若跟尾以擊則聞警發兵賊帆已遠出洋數十里不過掩飾觀聽此堵禦之茫無勝算也竊嘗思兵之衞民不若民之自衞沿海

各村庄無賴之徒受賊豢爲耳目者固不乏人而良民有室家自營生計不肯爲賊用者勢必百倍無賴近聞奸民勾結洋賊猝至庄村將良家人口擄去索重貲以贖不遂意則剮臠任意備極酷虐故沿邊居民莫不恨賊而村民非奉官令難以聯絡旣畏奸民之患生肘腋又恐殺賊報官光棍差役誣以仇殺則拘喚驗訊受累更大雖懷恨賊殺賊之心相視而莫之敢先夫自古所藉以集事者民心耳乘民心憤怒行團練之法於沿海各村庄編戸口十家設一旗頭二三村設一團長十數村設一正副團總遴老成紳耆充之能者予以冠帶加之禮貌官給軍火以時操練令其各衞地方把守口岸有能殺賊立功立加奬賞旗

頭圍長於閭內不時稽查有奇衺之民蹤跡可疑縛送到官派員亦司其事以時鼓勵纘以作其禦侮之氣卽陰以折其作奸之萌團練既成飭飭寓兵於民賊勢稍重官兵迅爲應援勿令民氣挫折如此則籓籬固窺伺杜矣又綠營兵額分防似覺稍單而增兵先議添餉一時難以籌辦查各州縣例設民壯防護城池庫獄例與官兵一體操練近日但奉勾喚之票不講擊刺之方殊非設立本意宜飭地方官捐置鳥銃旗幟按期操練俾得技擊與兵丁無異督提巡閱時附各營閱視以驗州縣能否俾文職亦有護衛每省有民壯幾千卽添勁旅若干不加餉而兵增是亦壯聲勢而遏奸宄者籌議海防者輒曰洋面廣闊分布難

周也海澳險阻巨艦易壞也汛地空虛奸宄易乘也接濟潛通盜源難塞也擔當任事之人亦至畏難而縮手然賊匪鴟張而商旅因之折貲農桑以之失業病國害民莫此爲甚詎可稍有因循至釀巨禍哉唐順之有言洋禁之嚴有宜查其外出者有宜查其內伏者而外出總由內伏內伏不除則根株未清查賊人在海邊劫掠不過布帛米蔬擄人勒贖而已至於船上器具桅舵硝磺之類皆所藉以行其劫畧烏得而有之此必沿海奸民利其財用貨賤而價倍濟以兵器帀之槓料故賊船得以修理而爲拒抗逋逃之計夫海上無兩載不修之船亦無一年不壞之槓料桅舵折則船爲虛器風蓬爛則寸步難行船既漸棄賊亦漸散則槓料之接濟固宜與米穀並嚴也訪聞此類接濟有賊人自行購備有奸民船載送出自購者恐兵役盤拏爲數甚少奸民送出者雜之商販捕魚出沒無時賊與小旗爲號瞭見卽爲接應其導賊劫掠此處登岸劫奪另至一村蹤跡詭秘所以得行其奸然以奸民之時獲厚利鄉里族鄰詎無知覺特以害未切己與之爲難恐其夥賊報仇因而不敢耳宜於各海口遴試用知縣稽查於所管海口行團練之法舉殷實紳耆三四名帮助酌定章程有實力奉行拿獲奸細予以優敘或儘先補用紳士有功亦據實上聞知縣官職較大多自愛惜且人多缺少藉此可以上進必不肯負圖買放小利紳士自保身家宗族戚友共

相防衛卽爲子弟之兵地形既熟心志更強較巡徼客師當更得力至堵賊之方以固海岸禦港口爲上賊至內地雖能擒斬傷損已多而地方官往往避失事處分幸賊空過不敢怒賊去來所由無忌也如地方不專坐事之罪而並坐賊所從入查明失事處果曾與賊堵截力有不支量爲處分其沿海文武官吏有能抵遏賊鋒阻賊不得上岸不能入口雖無首級以奇功論如此則巡堵嚴密米糧槓料之類既無所濟於奸民而擄掠又不能有所得絕嶼孤島勢成坐困矣

又曰利於水者不利於陸鯉鱠之屬出水便死嘗見受撫洋匪行走蹣跚日不過二三十里良以在船住居波濤撼

箯兩脚必作八字勢開立方穩久之脚踝筋力皆強直能立不能行乃考嘉靖年間倭禍陸地遭居戮爲甚而官兵亦多敗績於陸路良由將不知兵兵不習戰東南民氣脆弱聞賊先行膽落望風逃竄而沿海無業貧民反附賊爲用賊雖不利於陸而陸居之從賊未嘗於陸不利故賊得逞其豕突鴟張也夫沿海居民習於風波如崇明上海太倉之沙民寶山南匯象山鄞縣之亭民漁戶淮海各場之私販廣東東莞等處之各鳥槽船子弟兵潮州之鄉夫其氣勁悍與温處延邵之礦徒義烏之民兵戚俞諸名將用之往往取勝此往事之明驗也倘值有事之時講團練之方收海濱壯健無爲賊誘迫行招募之計練温處義勇使

爲我爪牙何須遠調客兵糜餉勞衆滋地方害也哉

又曰明嘉靖間閩之漳泉浙之温處傍海依山者多以築寨堡得完嘗取而論之海賊所恃銃砲攻至百數十步外而不能擊洞重垣堡壘之固或用毛石砌成薄者亦築土四五尺可遮蔽銃砲一利也賊匪乘夜放火就僻村棚寮潛縱一炬居民紛紛驚竄既有堡土則房屋皆在堡內無能縱火二利也鄉民四散住居形勢單弱難以守望相助有堡以聚之則多者數百戶少亦數十家比廬聚族聲勢雄壯保甲團練之法均可就堡施行三利也散地難守禦有堡可憑則聞警之時荷戈登陴數十百人分布一堡人數敷用自然嚴密四利也民間所收糧食貯積堅堡牛豕

牲畜俱儼養於內堡長堡副以時稽察買賣交易耳目衆多不能潛行接濟之奸五利也鄉間村落市集勸令相度地勢修堡作壘堡壘既多一堡有警各堡互應或用邀截或行夾攻既有輔車之勢自成犄角之功六利也築堡取土之處挖成深濠則堡成而濠具濠旁密栽棘刺叢竹之類一二年後棘刺叢生是生成鹿角蒺藜七利也愚民之情可樂成難慮始鄉人重利多吝惜工費若明示利害俾令曉然於心地方官勸諭獎勵富者出貲貧者出力總期工程完固聲勢聯絡則一二年間環海一帶高垣崇墉星羅碁布足資捍衛矣

又曰沿海數千里汊港紛歧墊防兵丁常形不足但洋岸

多坦沙碕坎盜船出入有一定海口康熙年間飭內洋沿海相度地勢修建砲臺誠扼要制勝之方惟無數港汊砲臺工費繁多難以處處修砌必得功同費省始可多備無虞查碉樓一法高三四丈每面寬一丈許洞門一層銃砲眼三層碉身所用或石或磚制小而固難以攻破港口陡岸曲灣均可作碉賊船近口我兵於碉眼看準遠者放砲近用過山鳥擊之而身藏碉中不爲賊傷一利也碉樓高可眺遠望見賊船施放號砲各碉次第相應頃刻聞百里內外村庄得以戒備二利也每碉碉長一名碉卒十名要緊海口廻環照應只須數座用兵不過數十名兵少則費省三利也碉制三層守兵銃砲器械薪火糧食先爲預備

有警閉門以守不須臨時搬運四利也硐兵責成硐長約束食宿均在其中離硐者罪非如散地可以自便人少而氣自完賊輕不敢近硐勢重亦不能踰之內犯五利也奸民接濟透漏處所多作數硐硐卒常川偵視非如巡邏兵丁風雨得以阻隔稽防尤爲嚴密六利也有砲臺之處不須建硐硐以彌縫臺之空虛其松江以北沿海沙多土少難築堡壘只建硐一法可以堵截挖濠栽叢竹荊棘可以防護論邊防者以保聚爲上沿海官設硐樓民修堡壘團練壯勇均固本自強之計次第施行其利可數十年非如一時戰伐之功兵撤而事變旋生也

王守仁曰沿途該用廩給口糧等項合令計算總支庶免

阻滯

楊溥云今日之事不難於禦寇而難於馭兵不難於足兵而難於足食投募之兵多有游民參雜其間官司未得其用地方反受其害

茅坤門曰守險者必先設險於險之外設戰艦備火攻謹斥堠賊未泊岸則當夾水而陣以邀擊之賊既及岸則當隨賊艘所泊而直擣之此海上格鬭之兵將之最猛兵之最精者可以當之

陳可願曰吾昔使日本見陳錢乃孤山突出極東大洋水深不可下碇又無澳可泊以此爲期會之地不便也馬蹟有小潭可以泊舟但有龍窟不可放砲此山在陳錢之西離大衢尚遠以爲會哨之地可也大衢與長塗相對其西有礁無澳不可泊船亦有龍窟宜避東面之衢東澳可容廣福船四十隻其水震蕩不寧舟泊易壞不如大船藏長塗之北而以哨船泊衢東澳遇警舉號招廣福船擊之但大衢在北長塗在南相離不過半潮之遠潮從東西行兩山束縛其勢甚疾哨船戰船潮平然後可行策應亦有不便者

胡宗憲曰禦海洋者離內地太遠聲援不及接濟不便風潮有順逆碇船有便否蛟龍之驚觸礁之險設伏擊刺之難將官之命危於累卵無惑其爭執難行也然自禦海洋之法而賊至必知爲備甚易苟因將官之不欲而遂已之

是因噎廢食也如愚見哨賊於遠洋而不常厥居擊賊於近洋而勿使近岸是謂善體法之意

蔡汝蘭曰茫茫巨洋極目無際雖於要害之處聯艦設備而疾風怒濤不時亦必擇善地而停泊焉豈能揚帆起碇常出洋口而能盡阻賊船之不出入哉必欲盡收全功以爲經久不易之圖在於水陸夾攻探有賊船潛入海口水兵星羅於外陸兵雲布於內其將至也擊其困憊既至也擊其先登既登也擊其無備以疲憊倉皇之賊而當我養盛豫備之兵一鼓成擒可不血刃矣

凌雲翼曰哨探者兵之耳目也哨探既真則先事有備今沿海把守官弁賊至皆不聞知及已近岸倉皇失措甚則

我船亦被擄而爲賊資能無失事乎宜飭各哨官弁多置蜈蚣飭梭船精選知水性之人遠出外洋分投哨探如有聲息先來傳報附近各港官兵一聞警急邀合綜約會截擊大洋庶可獲制勝之功

胡宗憲曰哨探與間諜不同間諜者使人於敵中設法離其腹心覘其虛實之謂也哨探者將欲進兵預遣人裝作田夫漁樵之類於兵所經行險阨路口宵行夜伏分探我兵將到之前夕某處有伏某處無伏逐路預報兵庶安心前進此惟極其機警熟知道路之人方可任使乃將之腹心所託兵之安危所係也

嚴如熤曰堵勦機宜第一要在偵探不誤偵探確則賊從

何處來於何時到何路勢重勢輕皆可預爲之備堵截埋伏布置停當有戰必勝矣若賊未動而以爲動則徒勞士卒既動而以爲未動則毫無準備必至坐失事機故探卒最關緊要惟探卒之用因地而異山谷之間伶俐兵卒竟可妝賊狀混入巢穴假乞丐候諸道路平原曠野則分塘探馬亦可遞偵賊壘至海洋難言矣不能用馬而用船船行巨海中小則爲波壓沉大則用櫓用帆必須多人而烟波浩茫島嶼遮蔽賊船灣泊行駕無從往探偶然相值賊順風而來船大帆濶行使如飛探舟帆力不足反至落後海岸失事往往因此碉樓之設高至二四丈再擇地勢高敞處及近洋島嶼各作數座以當瞭望之墩臺偵有賊船傳砲爲號以之濟探船之窮更爲得力

又曰兵貴用奇奇莫妙於間諜巨洋隔阻聲息難通賊之虛實我無由知我之虛實則逃軍閩民逸入海中反以告諸賊洩漏偵事往往以此我誠善用間諜則假作逃軍閩民投賊附賊或即用賊間諜以寄我耳目未始不可要在機事密而用心精昔岳武穆平楊么黃誠楊欽即楊么之黨胡梅村平徐明山用華老人蔣胡輩爲間乃至枕席之旁王翠翹亦間之可謂用間之善若种諤之用王和尚間元昊即王和尚亦不自知則尤神乎間矣賊船大者恒數百人其腹心不過數人十數人餘皆投附脅從賊徒惟利是視劫掠所獲不過數人十數人共之其銀錢貨物狼籍

艙中餘匪詎無垂涎心若許以殺賊投誠則一船所積即行給與且加之賞勞則人人生心矣即不生心而船頭與其腹心數人十數人日以防內訌爲心則必攜貳不用命矣故司其事者務以能用謀爲上自遣之諜無論已眞正投誠賊匪可潛留賊中不必責以即出即勦捕所拿之賊不妨留其生命厚遇而遣之佯怒而縱之正用反驅皆可供我駕馭或用降匪轉相招誘或驅順賊先行攻擊賊黨之中自相魚肉大勢既解根株立盡

策畧云列地定制大牙相入所以相衛也封疆相錯所以相保也春秋鄰國不能救則譏之宜嚴鄰援之約賊攻西則東出銳師攻其左賊攻南則北出銳師繞其後賊攻中

則左右前後各出銳師四面而起非其守地而兵先至者有異賞坐視其鄰之敗者與同罰則賊腹背受敵安能肆而不顧哉

魏校曰海寇須開其自新之路王守仁曰出給告示凡脅從皆不問雖嘗受賊官能逃歸者皆免死斬賊歸降者給賞使內外居民四路傳播以解散其黨

仇俊卿曰海寇之黨有冤抑難伸憤而流於寇者有貨殖失計困而營於寇者有功名淪落傲而放於寇者有傭賃作息貧而食於寇者有知識風水能而誘於寇者有親屬被拘愛而牽於寇者有搶掠人口壯而役於寇者諸如此類不無可矜雖在盜賊之日未必無求生之心可以招徠

爲攻心之謀伐交之計揭榜通衢於賊所出入之處明諭賊黨中有願歸籍者許令不時投首官給口糧分遞本籍傳親鄰保認即時釋放中有豪傑能以智力取賊首來獻或說誘謀主出降者准奏予官職如此則彼心危疑其黨易散又聞寇至地方必先擄其土著之人以爲嚮導吾即以鄉人之智巧遺之擄去反行間諜或假作接濟之人與之往來使不相疑或暗貽之財使厚相結兼餽飲食使日相狃如此則彼之情得而可行吾計以取之矣

胡世寧曰盜賊之興即當撲滅於微若其既久而多則不得不撫捕兼行蓋以情則脅從勿治以勢則延蔓難根誅也已招者不殺再叛者不招新起者必撲滅於微

王守仁曰招撫之議可偶行於無辜脅從之民不可常行於長惡怙終之寇可以施於回心向化之徒而不可屢施於隨招隨叛之賊

吳孝子曰治兵以得民心爲本今海隅之民富者遇劫掠而盡其貲財貧者課逃徙而不得耕種在城郭者官役其力而無所給取其有而無所賞書曰怨豈在明不見是圖必須軫念惻怛愷悌之念十分撫綏之而後可以得親上死長之心撫綏之道柰何曰緩催科輕徭役禁酷暴戒苛罰

唐樞云凡商於海者武具而力齊雖有小寇無所容於其間市通則寇轉而爲商市禁則商轉而爲寇

漁戶竈丁但當用小船不當容其打造大船通番引寇

胡梅林曰海商常恐遇寇海寇惟恐不遇商如陰陽晝夜判然相反爲商者曷常有爲寇之心哉自甲申歲凶雙嶼貨壅而日本貢使適至海商遂販貨以隨售倩倭以自防官司禁之弗得西洋船原回私澳東洋船遍布海洋而向之商船悉變而爲寇船矣然夷人有貧有富有淑有慝富者與福人潛通改聚南澳至今未已雖驅之寇不欲也貧者標掠肆志每歲犯邊雖令其互市彼固無貲也亦不欲也

鄭曉曰外夷服飾器用多資於中國有不容一日缺者若禁其貿易則入寇劫奪一定之勢且彼既不容不資於我

則利重之處人自趨之豈能禁民之交通乎故官法愈嚴小民寧殺其身而通洋之念愈熾也

唐順之曰海船先發制人一惟有望斗上用工夫然必以重利使人每船一隻望斗人一夜給與銀一兩使一夜常有人坐在斗上看賊動靜雖月黑之夜若抬船撑船未必無一兩把火光我船便可作手脚月明之夜則斗上纖悉必見至如小船叭喇唬八槳船宜多置銃手火器旣多賊來便死打又有望斗內人先報賊動靜不患小船制賊不下也至望斗人若報賊的當水軍因以成功則望斗人即當給予重賞若有誤事定以軍法斬首

仇俊卿曰地有南北時有冬夏自春徂夏則時多南風而

利於北行自秋徂冬則時多北風而利於南行此番船往來出沒之候也彼瞰其時颿乘風連雲以出洋我當其衝欲破浪逆濤以邀擊未必便也蓋亦隨時應之時乎北風必先於北道遏其衝而以南舟曳後而追之其居中各寨澳之舟又從旁遞出以擊之時乎南風也亦如前法或遏於前或躡於後或擊於旁此亦迭肆之方也

又曰以船之大者爲中軍坐船而當其衝以船之中者爲左右翼以分其陣以船之小者繞出於前後兩旁之間海寇所恃全在於銃吾亦以銃爲應中軍大船之前仍用次等船載佛狼機大銃數架以鎮之兩翼中船之前亦用再次船載將軍大銃數十以應之其小船亦各載鳥銃噴筒數百以備於四面各船編定字號每數船列爲一行每一陣列爲數行晝則麾旗爲號夜則震鼓爲號迭出更進則彼此衆寡不同未有不殲此渠醜者也

船之外須護以牛革魚網毡絮之類其大者列木爲柵可辟砲石又有車船之制令戰士前後踏輪舟自進退又須預募能射與善泅之人一遇番船或用火箭焚之或用水鑽溺之是皆可用也

俞大猷曰或問兵船官造與私募孰便曰私募便官造之不便者造易而修難也雖督造堅好用之海上衝波激浪不旋踵必議修矣修後閣岸日多浮水日少以之守港則可以之出洋追捕則不足恃在官府不能立無弊之法天

下古今豈有視官物爲己物者哉或曰民間安得有許多私船可募乎曰厚之以稅銀使逐利之民爭造新船以應何患不多責府縣以及時給稅責船戶以及時修整則經年累月皆有堅船可用然則用官造之船以守港用私募之船以追捕則如何曰必若是然後攻守各適其用也

譚綸曰凡水戰專係於舵工與管船捕盜之官舵工使船必近賊捕盜又從而倡之則士卒不得不戰戰則蔑不勝矣故捕盜舵工不可無破格之賞與必罰之法至於分合節制與陸戰同臨陣占上風使火器得用是亦在舵工耳

仇俊卿曰僱募水稍其弊不可不知蓋通番下海接濟窩藏皆沿海人多水稍之親故我謀未成彼或先洩兩船相

及之際或以口哨或以物色爲號揚帆轉舵故意放開或放彼先行而我船曲折遥躡其後或邀截於港内寇計已窮突開一門縱之軼去或追赴將及寇丢棄一船爲餌卽不直前情獘難以殫述彼以暫僱於官非籍於官終身服役者可比宜將水軍之老弱者簡退扣出月糧以給水稍是兵得實用而官無重費況水稍係沿海之人而水軍亦沿海之人允當卽令水稍教習水師令以一人教十人十人教百人藝優者另加厚賞則期月之間莫非水稍矣

戚繼光曰網船形似織梭内容二人以罩罩之大風浪可以拖之塗上且不能覆吃水七八寸耳以之爲哨探走報之用極其便當或用之裹港窄河動以百數每隻内用鳥

銃二三人蜂集蟻附沿海沿途而打之甚妙如賊追逼就可棄走一舟不過一金之費耳

兩頭船者兩頭製舵遇東風則用東舵而西馳遇西風則用西舵而東馳海道諸船無踰其利

太倉崇明嘉定之屬一種沙船沙民生長海濱習於水性出入風濤如履平地可以協守各港但便於北洋而不便於南洋北洋水淺南洋水深沙船底平不能破深水之大浪也北洋有滚塗浪福　石山船底尖底尖最畏此浪沙船却不畏惟北洋可拋鐵錨南洋水深惟可下木碇

廣東大戰艦用火器於浪漕中砲發而浪之起伏高低未必使能中哉　無幾何但其形龐然長大可假

此以褫賊人之膽又所恃者有二發鑛佛狼機是惟不中中則無船不粉一也以火毬之類於船頭相遇之時從高擲下火發而賊舟卽焚二也大福船亦然

顧祖禹曰登萊二郡東南北三面距海故設營連絡每營當一面之寄登州營則扼北海之險者也登萊二衛及青州龍衛皆屬焉其策應地方則有奇山福山黄河口劉家庄皂河馬埠諸寨楊家店高山海倉魚兒鋪諸巡司海外有空洞革洋長山蓬萊以及三山芙蓉諸島皆登州北門之護也然而取島中之利者皆遼陽之編戶故諸島之在登州恒可畏而不可恃焉國家既於新河海口置城而又有本營之建所係誠不輕也營以東抹直石落灣子劉家

庄平嶋蘆洋諸處營以西王莊西山欒家孫家海洋山後八角城後之罘呂四島等處皆番舟之道也嚴外戶以援堂閫必出於此也

又曰文登逼近東海設營所以扼其險也寧海威寧成山清海四衛隸焉其策應地方則有寧峯海洋百丈崖尋山等所清泉赤水等寨幸注温泉諸巡司而成以東若旱門山九峯赤山白蓬頭諸島皆縱橫沙磧聯絡潮汐勢若難近而明初倭寇固從此入矣不可忽視之也夫建營之意北援登州南應卽墨犄角之雄實在於此可不重歟

又曰山東與直南連壤卽墨望淮安東海所城之道左右相錯咽喉關鎖倭若犯淮其折回必犯萊矣卽墨所係視

二營爲重大嵩巃山靈山安東一帶海南之險皆本營控禦處也其策應地方則有雄崖膠州大山浮山下河右洞等所亂山行村虎跨古鎮信陽夾倉諸巡司其海口若唐家灣大任陳家灣鵝縣栲栳天井灣顏武周疃金家灣青島徐家庄諸處皆衝要也夫山東地高埠而民強悍非倭所能患所可慮者惟登萊一途耳國家特設備倭都司一員巡海副司一員分置郡縣豈不壯歟又聞宋以前日本入貢自新岡趨山東此亦今日內寇之路也但登萊之海危礁暗沙不可勝測其可畧則安東以北若勞山赤山竹山高旱門劉公島倭而八角沙門三山諸島皆倭所必蹈而吾所當備者也若白蓬頭槐子鷄鳴峙金嘴石倉廟淺

灘亂磯乃倭所必避而吾所當遠者也此固禦備之先資而海運之機謀也

又曰海防之法禦之海口易禦之江中難禦之江中猶易禦之於陸路尤難而江南江北同險而共患者也論江北大勢東起廖角嘴大河口及呂四盧家等場沿海門裏河通州等境漸近揚州次踰海門而北則爲徐步營又北爲崛港又東爲插港轉而西北則金沙鹽城廟灣劉庄姚家蕩再而西北則蛤蜊麻線等港而至大海口矣劉庄東北爲安東海州贛榆泰州西北爲高郵寶應寶應以北則淮安也賊入海之道有三其一爲新港卽所謂三江口蓋由江南狼山越儀徵瓜州而稍入東卽揚州矣此可以登岸亦可出海之便道也其二則蛤蜊麻線等港爲一道北大海口有水路通廟灣賊若據此則屯射蕩岸以扼之也必尋大江口而出矣蓋安東海州之東北其海迂遠而多沙磧不能重載可入而不可出之道也故賊出海之途有二若其登岸之處東則廖角嘴呂四場楊樹港又西則狼山北則新衝港是也若賊登狼山窺通州或於廖角嘴呂四場等進則榆東之要害旣得揚州可以無患矣又淮揚之地類多商岡東南抵呂四場西北姚蕩賊若登岸不伺淮安則出劉庄灣之境我若據險待之可一戰而擒也是故江北險要除安豐等三十六場俱在腹內而通州而狼山以及楊樹港等皆要害也向有堡戍守之矣其要之尤

者曰新港逼近揚州出入最便者也以北海可以通新港者也曰廟灣巨鎮而通大海口者也至海鎮在如皐泰州之間東可以控扼狼山通州之入而西可以捍衛揚州其要亦均也要以狼山當海江之吭而廖角嘴等皆揚州東境朐山據淮海之首鬱洲嬰遊山皆淮東北境中包泰興之周家橋鹽城之射陽湖山陽之雲梯關廟灣等處皆沿海衝要之區盜寇出沒之所夫海口江淮之際運道所經可不重哉江南海患蘇松爲要常鎮次之自金山衛之南匯所各有關軍守禦之信地而議者謂於金山青村適中柘林地方南匯吳淞適中有七八圍地方皆宜添汛設兵相爲應援此海塘設備之大畧也沿海港口金山以東有

翁家港柘林等處南匯所有五六七八圍洪口川沙青水等處皆宜多設戰船結爲水寨嚴明廵守此海港設備之大畧也若夫內地守禦則黃浦一帶實爲蘇松要害今吳淞江口卽爲黃浦口此門戶之地至上海之高倉渡等處華亭葉村等處則亦登岸渡浦甚易所當分布水軍廵邏把截以備之此內地設備之大畧也議者又謂洋山爲松江所屬爲定海吳淞二處兵船會哨處總兵水寨往來遊徼於外則爲定海吳淞之羽翼內則爲海港把守之捍蔽又海洋設備之大畧也蘇松沿海一帶險隘甚多其大者如常熟之福山港太倉之劉家河嘉定之吳淞江皆海之通衢而東吳之門戶也長洲有泖湖浩蕩吳淞有鶯湖相

屬吳縣有太湖交通此又賊之徑道而腹裏之關隘也其次則福山以西有三丈浦東有許浦劉河以北有新塘浪茜港如賊自東南來必由寶山吳淞宜於吳家沙堵截賊自東北來必由三沙劉家河宜於營前沙堵截而三丈浦老鸛嘴則皆犄角聲援處也此蘇之外防也至於風帆時越吳淞水兵統發勝墩平望以防嘉興突犯之寇則蘇之內防也或曰沿海之備常熟福山爲最腹裏之備吳淞勝墩爲最亦大畧也若夫常鎭之備則沿海一帶皆要衝也議者謂崇明靖江江陰守禦所必先而三沙圌山孟河尤爲要害故昔人謂海賊入江由江兩岸登陸處廖角嘴營前沙南北對峙海面約百四十五里爲二重門戶周家與圌山對峙爲三重門戶失此三門而守金焦兩岸則無策矣此常鎭內外設備之畧也要之吳淞實水路之要衝松鎭之喉舌南可援金山之急北可拒長江之險自此而北爲劉河七丫又東爲崇明七丫而西爲白泖福山又折而西爲江陰靖江又西爲孟河圌山皆水戰處也圌山官兵駐營前沙以會哨江北吳淞官兵駐竹泊沙以會哨羊山常鎭官兵據江海之交鎭守陽舍亦云密矣又吳淞而南爲川沙堡南匯青村所而西爲柘林堡皆不遠六十里聲援易及金山西連乍浦東接柘林而北護松江防維或疏禍之發烈矣此平時所宜留心而寇至所宜加意者也

又曰廣東三路雖並稱扼要而東路尤甚蓋惠潮與福建

接壤漳舶通番之所必經議者謂潮爲嶺東巨鎭柘稱南粵要區拊背扼吭之防不可一日緩也而靖海海門蓬州之所又皆跬步海濤所賴以近保三陽遠衞東嶺若惠州海豐東南濱海捷勝平海甲子門皆瞬息生變惠潮守備駐劄固有以嚴其防矣然不如柘林爲要也柘林乃南粵海道門戶據三路上游番舶自福趨廣必從此入且水寨有一日之遠警報易阻無柘林則無水寨卽無潮惠故當以此爲津要之首而靖海碣石甲子門等處遞加防固此守東路之上策也廣州郡環大洋中哨樓船亦不可緩使賊來犯柘林一路有以遏其衝勢難越中路西往也向虎頭門等澳而南頭澳可停船以待潮或據爲巢穴也故險

患尤甚此守中路之急務也若西路則高雷廉一路逼近占城暹邏滿臘諸番島嶼森列防閑或懈變在肘腋神電一衛所轄皆高州南岸瓊州又其外戶心腹盡爲黎處郡守封疆悉皆濱海防維之責雖盡崖州舊有參戎果無曠厥官哉此西路所當經畫者也

又曰福建八府東南皆濱海狡獪之賊日本爲最國家旣設衛所巡司以捍之於陸又設水寨以防之於海初有烽火門南日浯嶼三寨增小埕銅山二寨論者曰三寨乃正兵二寨乃游兵也閩海第一險要在烽火門一寨宜分作二䑸徑至井下地方屯劄而三沙要潮小量撥巡哨以遏內侵小埕則分一䑸至西洋屯劄一䑸量撥巡哨以固內

地南日則分一䑸直至松下屯劄一䑸直至舊南日屯劄而䑸磁灣革嶼量撥巡哨淸浦則分二䑸一䑸至省州屯劄一䑸至料灑屯劄而峻上一帶量撥巡哨銅山則分一䑸直至舊浯嶼屯劄一䑸直至州上屯劄而宮仔走馬一帶量撥巡哨此信地所當知者也其會哨則烽火至西洋與小埕會哨小埕至百丈南日會哨蓋倭賊之來由此而南則井下門當以烽火門全力守之而崙山次之西洋當以小埕全力守之舊南山次之浯嶼又移而上以全守峭州而與平海衛前與南日會哨銅山又守舊語嶼與浯嶼會哨五寨兵力各分作一大䑸俱自北守緊急外洋門戶故烽火必北以漸江爲界南以西洋爲界小埕必以北洋爲界南日必北以南茭爲界南以平海爲界南垣嶼爲界銅山必北以垣嶼爲界南以環林爲界此信地邊表均其力足用之道也

施琅曰天下東南之形勢不在陸而在海陸地之爲患有形易於消弭海外之藏奸莫測亟思杜漸而論粵中事宜者曰海寇負海作証外以諸夷爲逋藪內藉山寇爲腹心吾民介於二寇善事之則通有無而得利不善事之則併其身家以靡始也海寇潛結山寇繼而吾郊郭之民亦陰託於二寇故必先除山寇盡去郊郭之爲寇偵者而後可從事於海寇玆二說者夫固各有所當也嘗取而論之海寇之譸張卽被勾結之山寇亦不能知其底裏而其實不

過張聲勢以搖惑乎人心以鄙意推測絶嶠孤嶼難容多人海外諸夷互市爲利禁令亟嚴誰肯比附爲奸考海患見之載籍者莫劇於嘉靖之世而各傳所稱眞倭無多徐海汪直之黨亦數不盈萬特以東南民氣脆弱聞警逃竄奸民乘亂劫奪均託之於海寇又明末鄭芝龍稱十船長又以臺灣爲老巢澎湖爲門戶金門厦門爲藩籬盤踞三十六島祖孫相承四十餘年是自來海寇之雄盛未有若鄭氏者然自靖海侯一意征討稽其荷戈之衆特二萬有餘出戰之船不踰三百我兵乘銳攻擊敗剿莫支今奏牘具在班班可考也豈非以重洋阻隔别無生聚之方逃軍閩民潛入其黨亦不易蹈海相從而修造船隻工費不貲

非洋面窮賊所能支給乎近時海寇更不能若鄭氏之顯爲號召海外諸夷各守其疆又未聞竊據地方若澎台地廣林深可爲巢窟可供採伐修造者賊船以風潮爲聚散號令未能畫一我隔重洋而難以搜捕賊即隔重洋而難爲招納我不能驅商船而供征戰賊詎能盡刼商船以肆侵犯雖海洋萬里合數省而計之其勢原爲不輕而眞賊未必盡聚一隅則約畧可知矣而語賊勢者動曰戰船無數也技勇不可當也夫此無數戰船何處得來不可當之技誰與角試彼倡爲此言者不過追躡兵弁利賊之奉或張賊以文其退縮而無佐証以詰之勾結奸細爲賊所用故張賊而大其聲勢而聳庸人以聽之波濤浩渺形迹莫

窺賊之情形不能衆著於沿海居民弁兵之心目而惑於無稽者之塗說轉相傳說是賊嘗得虛聲搖我也如知賊雖狡如徐汪強如鄭氏其伎倆不過如此則皆有壯其膽而思持梃以制之矣至於山寇之發以習教惑愚頑以結會聯渙散往來邊境勾引迫脅數萬之衆易致烏合而實皆我赤子弄兵潢池誅之則不勝誅不誅則慮釀大事此眞腹心之疾而機宜之當密計者也於海寇審其伎倆而攻守並用於山寇防其滋蔓而撫勦兼施壯猷遠畧當有卓越古今者矣

嚴如熤曰陸戰莫便於騎水戰必資乎船粵中戰船用鐵栗木爲底非若浙閩只用松杉可比故自來稱粵船爲堅緻惟例於小修大修有一定年限而海洋鹹水船多生蛆艕板易爛蓬槓易霉平時不能牢固猝然有警或桅舵中折船不能駕或碇纜傷損船不能泊遂至賊來不敢堵賊去不能追所關非細修整戰船經費不易即出洋大船足備追勦之用而四櫓二櫓入槳急跳各色中船小船亦宜次第量爲修整往時賊巢巨島長計者議爲搗犁之舉不得不多修出洋戰船近則伏匿處所即著名之老萬山廣州灣等處亦只在內洋海濱刼掠所到不過沿海村庄及內河各汊港是海岸海口內河之遊徼爲急遊徼截勦之師大船駕使不甚便捷且查海邊各要緊汛地必有港嶼可避風泊船而港門有深淺灣澳有險易港澳深廣固可

多藏大船若碣石口之海石嵯岈船易衝磕甲子門之港口淺涸船多滯頓又若白沙湖鬼叫門之泥深沙積颶風驟起船質粗笨急切不能灣泊其損壞尤多則多置中船小船更爲利便核明各船值修整之年固爲急工即年例未及亦須驗看應否修整或要地額船不能敷用竟須設法添補船隻已備恐守汛兵無事登岸或颶風起無人防護而船壞海寇至無人驅駕而船失務揀勇壯守船遇有逃亡事故限一二日申明扣餉另補船泊在澳不許各兵登岸偷閑將官尤不得身先登岸至堵賊軍器長矛短刃尤不可少而水戰總以火器爲先一應軍器火藥隨船大小支給雖有定數總須多爲預備弁兵始有恃無恐飭各

兵將官物鑿記年月以防私換仍不時檢點遇銃砲爆裂火藥短少當即更換找發務令寬然有餘又竹將軍鬼箭連弩陷河伏弩於守海岸可以得力宜頒其式於海口各村庄而逆風火藥於風色不順之時尤爲要緊均不可以不預爲之備如此則槓櫓修而船有實用戎器裕而兵皆壯胆以堵以勦均皆可以得力矣

又曰海洋盜賊根株難盡沿邊無賴干犯法紀跳身入海即難捕緝官於地方失事畏承緝處分往往改重爲輕甚者賄囑事主匿不稟報至其地有積匪夥盜力不能除慮生事干咎雖明知養癰貽患異時發覺不能無過而與其以生事失事獲咎目前毋寧以失察掩飾規避上下相蒙

以至釀成大案夫盜賊本在重洋非能娶婦生子繁其族姓也地方官何以聽無賴之羣投奸民之陰附至盜賊伏匿日多而不力爲阻遏剪除此其中毋亦有縛束於文法懼以辦事取咎者乎且查沿海州縣不第有無賴奸民潛相接濟並有山賊與洋寇往來勾結則失事甚多失事即干嚴譴人情愛惜其官鮮不思掩覆倖免即不掩覆而惴惴然懷五日京兆之慮亦誰肯留心緝捕夫緝捕必地方官視爲切己不吝貲財以購線駕馭差役以供用併寬則賊偵事懈而復歸過嚴則賊知事急而遠颺此中機宜實爲情事之不易者沿海州縣揀任賢員有能兩年內堵海賊不上岸阻山賊不下海者特爲保陞設施方畧聽其因地制宜不拘成格於失事量爲展限差役知官在則緝捕必更踴躍盜賊知官之久於其地亦漸將改行似寬而實嚴吏安其職民安其業矣

又曰海洋之中波濤浩渺寇盜飄忽無形迹可尋非偵探不可官弁初到事宜全是茫然即久居此地非有成憲可稽難以酌古準今則籌辦亦無把握夫好問者大智之本而前事者後人之師攻勦方畧胡唐戚俞諸君經猷固爲卓卓即如江南海口居民聯絡大小漁船暗藏浦內誘賊入伏遂以殲賊紹興吳主簿暗諭居民積薪待賊賊至火光燭天而别沈其船賊遁無歸盡爲吳戮此類事宜皆奇之可採也撫則尤爲不易如臺灣之役非施靖海澎湖之

全勝賊鋒挫折鄭克塽劉國軒詎即束手歸命徐明山之降雖有華老人王翠翹內外相誘而非王官涇之捷戚俞威聲丕著明山黨羽已攜詎肯就撫一應勦撫機宜情形雖殊名臣名將已試方畧均可參酌供用譬之醫家時醫未嘗無人而仲景丹溪之方不能盡棄也島嶼遠近風潮上下有一定方向制敵禦寇舟帆器械均宜講求摘取史傳採訪家乘並咨取浙閩江蘇各通誌事關海洋者別爲録出周咨博訪參以時髦議論輯成海防之書分給沿海將吏俾得有所稽仿是誠經世之大畧不朽之盛業也

陸茉通洋宜防倭患議曰前代倭患在嘉靖間不僅被於湖邑即以湖邑論倭屯清溪不過沈氏兩宅非有樓櫓之

設塘塹之防可以堅守而力拒卽如邑志所記虛張倭勢不過千人而召集官兵則有七萬三千之衆是以七十三人擒一人而不足有是理哉況父老相傳眞倭止一十八人耳徐海以新安無賴通洋貿易貲本蕩然遂與其黨汪直葉麻輩誘入倡亂驅煽沿海貧民聚而爲寇吳越財賦之區承平既久民閒累世不睹干戈豈能單衣而捍鋒刃至於汛師水哨皆同兒戲調至客兵土兵不諳川原形勢而且先有几肉居民之心無異於賊將不識兵兵不識伍宜乎曠日縻餉縱賊流毒於數郡數十縣之間釀成東南一大害也而其原不過起於通洋貿易之徐海一人甚矣通洋之利小而害大利在下而害在上不可不預爲之憂

也或曰氓之蚩蚩鮮不謀利通洋亦生財之一途貿易者什伯其羣皆挾貲求贏以自贍其父母妻子安得人人徐海是大不然凡人之有恒產與恒業者守墳墓樂廬肆有田者供租稅有丁者供力役皆良民也卽逐末而從事於商販南走閩粵北走燕秦遠者至於滇池遼海而止亦足以權子母而收息倍蓰矣何至泛不測之淵入鯨鯢蛟蜃之窟以求贏餘此其人必素行無賴者也必生計凉薄不豐於商販之貲者也必嗜利忘禍貪狠而不仁僥倖於一獲者也必斷棄其身視其父母妻子如路人者也通洋之徒本非良善而往來數數玩易波濤又聞日本風俗出入佩刀男女雜沓飲食之費倍於中國妓館博家比比而是

貿易者本少利多又素性狠鷙不自惜其貲卽所獲甚饒而挾妓呼盧同胥及溺是以贏餘之財得於彼仍失於彼或至盡喪其所有如向之徐海輩嗟乎夫人而嗜利忘禍輕其身路視其父母妻子貪狠不仁試不測之險以僥倖一旦之獲則亦何事不可爲且涉大海如衽席習見夫獷悍佩刀之俗浮浪倏忽若鳥獸之聚散不以故國鄉井爲念久相忘於法制禁令之嚴又且喪其所有窮困無歸更何所不爲而尚有忌憚哉彼徐海者始不過一通洋貿易之人非素有不軌之志樂與島倭爲伍逞其邪謀入寇內地秖因貪利而進喪其所有窮困無歸乃激而爲盜耳而謂凡今之人通洋貿易必無若徐海輩者疇敢信耶或又

以爲倭俗饒於貲財未嘗闌入爲盜此亦不可恃也良楛共產易地皆然中國嗜利忘禍之人可以聚類而往則彼中桀黠者流亦相煽誘亦可以因導而來向所云眞倭一十八人者非其故轍耶然則戢亂於既熾彌亂於未萌利害較然可見廟堂之上遠而未周身任封疆者不宜晏然而處堂也封疆大吏周而未悉各任濱海民社之寄者不宜忽焚如之災而待焦頭爛額之客也康熙初年以海島遊魂未滅沿海防兵縻餉日久立界遷民禁及採捕議者或謂損魚鹽之利絕貧民衣食之原然不出數年投誠者接踵海氛遂息以所損之利較所省之餉果孰贏而孰詘耶寇在海中不能自耕而食必資內地之粟以爲生濱海

奸民受其白鏹聚米於家䰟日相濟反以被掠報官官日夕惟盜是諱而何暇詰其奸食不乏寇不消自遷界禁筏粒米不得盜入於海而海寇悉爲安插之編戶此計之最得效之已收者也海寇既彌　朝廷下寬大之詔復其遷界許令結筏捕魚可以厚民之生矣而言利者遂進通商貿易充裕　國課之謀於是洋禁大開富家巨室爭造貨船游手惰民競充販客微貨所挾倍息相期往而獲利則貪進而不肯休苟失其貲則流蕩而不能返或負豪門重息之債或親戚義助之財負者莫償索者逼迫相迫不已至於相仇凡爲此者皆所謂系行無賴嗜利忘禍忍蹈不測之險而路視其父母妻子者也其情其勢不易驅而爲

徐海輩哉夫開洋之利稱貸於豪富者羡餘於持權者侵蝕於胥吏者各取什之三其歸於　國課僅什之一而已下取其九上取其一利無幾也數傳之後承平相習脫有不虞如嘉靖間故患則徵兵調餉費數十倍悉所入之課而不償而黔黎有殘害之厄地方多蹂躪之禍所謂利小而害大利在下而害在上不大彰明較著哉愚謂封疆大吏能直陳利害破羣情而罷其役但許濱海細民結筏捕魚凡通洋船隻一切禁之則內地之奸謀無自生海外之邪釁無由召此上策也否則顯立條約檄諭所屬有司察覈地方通洋貿易之人照山海關例報明姓氏居止編爲一冊冊內註明某人於某年某月某日置買某貨向[illegible]口岸某戶船逮其歸也又一一報明而注之冊取其里長兩隣結狀其隻身無賴貲本不足者不得偕往則來去可稽商盜可驗放蕩之心有所顧畏而奸匿之志未敢萌芽雖非永安長治之良規或亦防患詰奸之中策然而杞人之憂終未能已也

耿橘平洋策曰昔龔遂治渤海悉罷逐捕盜賊吏諸持鉏鉤田器者皆爲良民吏毋得問持兵者乃爲賊於是羣盜解散復爲良民不殺一人不費一餉而大盜悉平然則今日治江海之盜者亦宜畧仿此意而行之再吳中風俗農事之獲利一而勞最愚懦之民爲之工之獲利二而勞多彫朽之民爲之商賈之獲利三而勞輕心計之民爲之販

鹽之獲利五而無勞豪猾之民爲之吁私鹽之行官鹽之滯勢不得不設爲重禁添兵巡捉名之曰賊然其實皆良民也夫鹽之爲物乃人家常用如水火之不可缺也故禁之愈嚴而價愈涌價愈涌而私販愈多大利在前走死地如騖毋足怪者而自有諸巡役以來兵船周游列械張旗而販者之船亦各具旗械以應之矣應者人日益衆勢日益張而巡者止有此數矣曾止有此數而已始婁常例以縱之販繼且躬爲販而假之尋終且尋一二愚懦買鹽自食者而誣之販甚且以己鹽計擲商民船中而誣之賊彼販者視諸兵役之往來巡視直蠅翼過前耳始具械以應諸巡已而巡無足應械有可持往往於空濶之處波濤之

中刲擄人財矣勢大黨多横行江海如無人矣至於今日
名爲販而實爲盜矣故愚以爲不大弛鹽禁而欲靖江海
之盜必不得之數也惟鹽禁弛則販鹽者無不諱之名得
與諸商賈等與諸商賈等自無用多招亡命屢設兵械亦
不必豪猾之民始爲之吾乃視其船有旗械者即爲賊無
旗械者即爲商賈商賈通鹽價平彼豪猾者將驅之販而
亦不爲已此令一申而諸盜可保十九爲良民也即有一
二怙終不悛者其勢孤其擒剿易易耳第鹽法之設乃祖
宗之制臣子不得議弛若論其實祖宗之所以設行鹽法
者不過得鹽之利以濟國計耳若查各州縣舊例如每年
應獲囚鹽若干應賣官鹽若干定爲規則其囚鹽令有司

均派各販名下如典稅之法四季易銀類解其官鹽引到
日仍發各販易銀交付商人於國計何損不然爭錙銖之
利陷赤子於不赦之條而以誅殺從事即能勝之於元氣
必有所損萬一不勝其所損可勝道哉夫天下有禁之而
反以熾弛之而反安於無事者此計是也此化盜爲良之
最善策也
鄭若曾作太湖圖而爲之論曰太湖延袤五百餘里雄跨
蘇常湖三境全吳巨浸無大於此論水利則三郡田賦豐
歉係焉論兵防則三郡封疆安危係焉全吳利害亦無大
於此向來論經畧者多未之及或謂東西洞庭及濱河諸
山古來兵火不及矣必議守然自古大兵之下江南也或

從京口或從三塘志在城郭則山林必在所棄若倭夷土
寇則不然志在擄掠棄無就有今腹內諸村鎮搜括已盡
必趨於未經兵火之地則沿湖諸境非當所防者耶況自
太湖入宜興以至金陵爲道甚捷不可不先事而爲之防
也或曰湖中風波與江海異若之何其禦之曰此非漁網
船不可蓋江船與海船不同海船與內河之船不同內河
之船與湖泖船又不同內河之船即今之官航民船是已
江船大者爲州爲襄小者爲滿江紅爲擺渡之類海船十
餘種曾已圖形於籌海圖編可覽而知若湖泖之船雖生
長吳地者問之多不知況以宦遊之人而知用之乎請詳
言之夫湖泖之船大小不齊運石者謂之山船運貨者謂

之駁船民家自出入者謂之塘船衞所巡司所用者謂之
巡船鄉夫水兵所駕者謂之哨船往來津口用者謂之渡
船之六者雖皆習知湖中風濤之性猶未若漁船之利便
也漁船莫大於帆罟其桅或六道（可裝二千石）或五道（可裝一千四五
百石）或四道（可裝千石）無間寒暑晝夜在湖每二隻合爲一舍素
爲賊之所畏聯而艘之太湖攻戰此其最善乎此船小者
亦可入港桅三道（可裝五百石）二道（可裝百石以下）是也江湖中皆有
之若風息時無問大小皆不適用蓋罟之所利者狂風怒
濤也其尾無櫓其旁無槳風息帆弛即不如巡哨船之擊
楫爲有用矣其次爲江邊船（大者可裝二千石以漸而降止於百石）自五桅
以至二桅亦專使帆無櫓無槳其中號以下者可入港最

大者不可入港若欲出揚子江則繇錫山高橋下江水寬處行然須重載壓船吃水方可過高橋也其次爲廠稍船大者可裝六七百石漸降至六七十石又其次爲小鮮船即湖中航船是也大者不滿百石二者皆有櫓而有帆又其次爲剪網船亦合二隻爲一舍船雖狹小第一迅駛又其次爲絲網船駕使不過三人而風帆迅駛人亦堪用此二者各湖所共有也又其最小者爲划船三四人盪槳如飛疾於剪網但不用風帆不利湖裉用之以探報諸舟所不及矣其遇賊也以槳超淖泥潑賊舟舟滑難立大爲賊之所憚此船惟吳江長洲有之他縣皆無而吳江之二十九都者慣一行刦至爲可惡凡此皆漁船之可用者也其他湖泖内港漁船尙有輙網一人坐於船首取魚者是

趕網一取趕者是逐網一船一頭者是二口網在罩網秋冬罩魚夏月則江歇而捕田雞者是網立木於吳淞江鮎魚口水中兩相持其人登架其船下泊是也滬網一只帶頭一只安坐滬岸上起網者是六者皆遲鈍不適於用所適用者惟鸕鷀船一名木老鴉一櫓一槳或二槳出於吳江長洲二縣其駕使不過二三人其駛埒於剪網善用之大爲軍旅之助或又曰週湖港口無慮百數焉得港港而備之曰不然湖口雖多通舟往來者不過如吳江之韭溪葉港雪落洪坍關鮎魚口吳縣之莫舍漊胥口港無錫之獨山浦嶺吳塘門武進之馬蹟山宜興之荆溪東蠡河忻溪直瀆之類可指而數也各練鄉兵守之而以巡哨船爲之探報帆罟邊江等船常居深水賊豈能入湖也哉然大小漁船未經調集一旦用之欲望其出死力不能也須平時籍之於官蠲其役專委一廉仁有司訓教之則善矣

李紱山路連環三疊陣法說余旣以海操舊圖斟酌變化定爲八圖又念廣西多深山鳥道羊腸古法難用因昉宋將吳璘疊陣遺意爲山路連環三疊陣變一爲三倍三爲六賊施一鎗我放六鎗賊始回鎗我已進步似可制勝考吳璘疊陣法每戰以長鎗居前坐不得起次最強弓次強弩跪膝以俟次神臂弓約賊相搏至百步內則神臂弓先發至七十步強弓併發次陣如之見陣以拒馬爲限鐵鉤相連俟其傷則更代之遇更代卽以鼓爲節騎兩翼以蔽於前陣成而騎退諸將始猶疑之璘曰此古束伍令也諸

君不識耳得車戰遺意無出於此蓋戰士心定則能持滿敵雖銳不能當也今按山路逼仄難施拒馬猺獞土苗亦鮮馬匹拒馬可以弗用卽長鎗亦非山路所宜每戰以五子礮在前每礮一尊以籐牌十名護之如賊至一里之內卽放五子礮如賊從旁出近在百步之內則籐牌礮手讓出山路則用山路連環鎗陣其法以兩人爲一疊肩隨雁翅而進三疊爲一層前一疊二人伏地放鎗第二疊二人跪膝放第三疊二人立放三疊六鎗齊放放訖時每疊二人左人左旋右人右旋直至隊末第二層六人進行一步照前放鎗放訖退回三層以後俱同每隊大旗一桿健卒二人礮手五人護礮籐牌十人鳥鎗每層六人五層共三

十人每層之末督戰紅旗二人鼓手一人大共五十人爲一隊每兩隊爲一路更番代進每代亦以鼓爲節凡山路多者數路並進大將居中一路前用五子礮二尊籐牌二十人以攻勁賊左右旁路裨將領之前用五子礮一尊籐牌十人或三路或四五路直抵賊巢勒令出降敢或抗違毀巢洗穴如須暫退卽將大旗礮手牌手撤回每隊之後以後爲前望本營緩緩而退其鳥鎗五層三十人隨於隊後倘敵有追兵照前按層放鎗惟不用進步卽以漸退歸不至奔北此法不惟廣西凡南北多山之地皆可用而南九省尤宜惟前一層伏地者必用交鎗交鎗者前有雙岐可支於地者也

李紱籐牌撒星陣法說籐牌蓋昉岳忠武麻札刀遺制而爲之者也忠武在潁昌兀朮以勁軍逼郾城其軍重鎧貫以韋索三人爲聯號曰拐子馬官軍不能當武穆戒步卒以麻札刀入陣勿仰視第斫馬足一馬仆二馬不能行官軍奮擊遂大敗之今籐牌入陣亦專斫敵兵馬足顧其入敵陣勿仰視非有籐牌護其身不能入也南方多山利用步戰叉弓弩鳥鎗宜於遠不宜於近宜於平原不宜於山谿若方圓曲折無往不宜必用短兵短兵之技籐牌爲善余至廣西繙閱籐牌舊陣圖其第八圖曰聚守散殺心甚喜之疑卽宋將張威撒星之法比至閩操乃甚不然宋史威本傳云威守荊鄂多平川廣野以爲是騎兵之利鐵騎一衝則步技窮蜀中戰法不可用乃以意創爲撒星陣分合不常聞鼓則聚聞金則散騎兵至則聲金一軍分爲數十簇敵人隨而分兵則又鼓而聚之倏忽之間分合數變敵人失措然後縱擊之以此輒勝少時讀史至此以爲施之籐牌爲宜閩中工用籐牌每遇鬭中老將退卒必訪之莫有知其法者先侍郎公有僚壻曰洪獅山先生嘗爲余譚國初事云順治十五年有族兄旅寓鎮江適海寇入犯鎮江城中官軍悉出城拒賊族兄與居民並派出登城守陴因得縱觀戰事云官軍出城陣於江口江中海寇巨艦抵岸遙聞掌號聲寇蟻附而上集於沙洲約數千人通爲一圓陣四面籐牌皆外向若聚數千牌爲一牌兵隱不見

官軍馳馬往衝將近百步整馬引弓射之矢不能入寇屹然不動官軍鳴金徐退復鼓而進仍前衝射寇仍不動如是者三寇陣寂然徐聞其陣中擂鼓甚急約十餘聲寇一齊吶喊分爲五陣官軍方愕而覷之其中陣復擂鼓五陣齊吶喊分爲二十五陣其中陣復擂鼓各陣吶喊分爲無數陣睇視之則皆五人爲伍也散如亂星飛奔而來官軍射之不中遽薄我陣徑斫馬足箭無可施馬驚刀傷望城回奔寇隨以入城遂陷余曰此卽張威撒星陣也蓋海上猶有傳其法者今陣圖有聚守散殺之名而其法則已謬矣因仿其意別爲新圖授中軍官俾演之其法以六百二十五人爲一營一營分爲五軍分軍一百二十五人每軍

又分爲五隊每隊二十五人中軍一隊守備一員主之輔以千總二員大纛二人金鼓三人牌十人挑刀十人居中督陣二十五人常聚不散餘四隊各用百總一員牌手二十四人前左右翼各一軍後左右翼各一軍每軍各用牌手一百二十五人每軍亦分爲五隊前後四軍各以把總一員百總四員主之初合陣時中軍居中前左右翼二軍環抱於前後左右翼二軍環抱於後共爲一圓陣牌皆外向以禦鎗箭外一層牌手伏地二層跪三層以內皆立使牌挨聚而上衆牌混成一牌名曰渾天陣如敵兵用騎來衝敵不至三十步內俱不得動屹然靜守以挫其鋭俟敵一再衝後中軍擂鼓一齊吶喊變爲五陣名曰五星陣陣

定時中軍再擂鼓吶喊每陣散爲五陣共散爲二十五陣名曰小撒星陣陣定時中軍再擂鼓再吶喊每陣又各散爲五陣俱五人爲伍前左右翼五十陣向前奔殺中軍二十五陣繼之後軍五十陣又繼之如後有敵兵則後軍回兵向後左有敵則向左右有敵則向右名曰大撒星陣如敵騎驍勇第一次徑衝至三十步內者中軍即擂鼓變陣如敵騎持重衝至三十步外即復退回者務必俟彼衝至三次然後變陣一以挫彼兇鋒一以蓄我鋭氣所謂彼竭我盈也凡敵騎兵用弓箭者照此應之或敵係步兵用弓箭者亦照此應之如敵用馬上火鎗火礮及步下火鎗火礮者敵至一里之外即擂鼓變陣前進蓋五子礮百子礮可及一里且火礮非牌可當故須分隊速進地近則礮無所施隊散則鎗不能中也每遇敵先以游兵數十騎當敵衝至敵陣前百步而旋左右分歸本陣之後蓋游騎衝至敵陣之前敵必施放兵器即知是用弓箭是用鎗礮如係弓箭按陣不動如係鎗礮即擂鼓變陣散隊速進凡散皆以鼓凡聚皆以金鳴金一遍則大撒星陣聚爲小撒星陣鳴金二遍則小撒星陣聚爲五星陣鳴金三遍則五星陣復聚爲渾天圓陣張威舊法以金散以鼓聚者將以疑敵也今則悉如常法

李紱五子礮說礮始用以飛石故字從石自明徐文定公用西洋穴礮之法而軍威之烈至此而極其辟易糜滅雖

雷霆不能過也顧其爲器重而難舉其用法遲鈍而不靈往往施放未及爲敵所乘則反爲敵用惟五子礮則靈速應手迭用不窮克敵制勝莫之或先爲其法用好鐵百二十觔煉至六十觔然後造爲母礮再用好鐵五十觔煉至十五觔造子礮五每子礮重三觔母礮背開一關以子礮入之藥裝於子五子互換終日不息捷於鬼神舊法礮口之上有實中星一以定準頭今於礮腰之上添一虛中星由虛窺實其直益準然火礮所擊者衆非止一二人而已準頭猶緩而遠近爲急礮梢過低則前高而所及者遠冒過敵兵礮梢過高則前低而所施者近不及敵兵準頭雖正究歸無用今增設梢尺一根以鐵爲之長二尺一寸與

礮架平滿尺放之平及一里減尺三寸後低前高可及一里三分凡營造尺五尺爲一步弓三百六十弓爲一里長一百八十丈每里畫作十分梢尺低一寸則礮及一里一分低二寸則及一里二分低三寸則及一里三分梢低至三分而止每礮用礮手五人一人爲礮頭專主扶立母礮擇膽氣壯而目力巧者膽氣不壯則臨時多倉皇失措目力不巧則無以定準頭而規遠近膽氣之壯否須其人自任又常以捕賊事試之目力則須生來巧捷又令終日料估演試就平地演之遙指一木一石或牆或岸料估爲若干遠再以步弓量之是否相合演至百估百合而後視法乃精既估平地又估不平之地或近高遠低或遠高近低

高低既殊視法即異演習熟者許倍食戰糧令其鼓舞不時親閱以覘勤惰餘四人止令裝子礮火藥行則二人擡礮一抗架一負火藥筐其裝藥之法亦令演習至熟每一礮用火藥鉛子各二兩

俞益謨行軍策畧

一探哨　山內平原地勢不同戰陣行兵亦異山內險阻萬狀或懸巖絕澗一線之路灣曲窩長或兩傍深箐或亂石叢雜或坍溪斷橋或茂草蓬蔽或深溝陷泥無地不可伏兵無路不可邀截若哨探不明誤入其中既不能用衆又不能施巧雖云兩鼠鬬於穴中將勇者勝我之將士未必人人皆勇難以決其必勝萬一前途稍卻則道路窄狹

自相蹂擠墜巖墮壍舉不可知此孟浪無籌之失也今有良法我兵與賊戰不在能破賊先在我不可敗今且以營兵一千言之每百爲一哨撥膽捷步兵一名配馬兵一名作十塘令其前行或二三里四五里凡路傍有山馬兵不能上則步兵執小號旗一面上山周圍探望若無埋伏及賊兵在前即執旗立於山上馬兵馳回即報一塘無警一哨立營其第二哨又向前或一二里或三五里探望的確來報如前以次至八九十塘皆如此立營若十塘已盡又自一塘捲起向前若一邊是山一人可以瞭望若兩面是山未免見一面不見一面致有差錯亦未可定應再撥步兵分左右登望左右皆無警不必舉號旗或一邊有警則

一邊山上之人舉旗馬兵馳回報知以便應敵如此行兵凡賊之情形我得預知彼雖邀截佯誘我已先有不敗勢矣倘探兵不虞突然遇賊馬兵馳回報知即相山形布陣準備迎敵其步兵一名如走得及火速走回如走不及即潛入深山巖石或草木深茂之地暫爲隱避一人之身敵猝不暇尋覓自可免難如果探報得實我兵有功即將此探報之人準頭功賞敘庶我兵無倉皇猝急之虞關係重大故賞獨加於衆也

一山谷行營　山深道險探兵恐一時搜索不到誤入伏中或遮我前或衝我中或斷我後彼以有謀待我無備山隘之間首尾難援百步之險前後莫救若不預先申明必

致倉皇無措凡爾將士先將所部兵丁預定兩哨官兵若逢要險卽令於兩山剳營若前部一遇有警卽將本哨退入兩傍立營之中正當路口包山連原立營抵禦賊退則躡其後後營復蜂涌而出相連立營更番迭戰此反客爲主我逸賊勞之法也倘賊自中間突出我兵卽兩頭剳住山險踞住高陽以待敵人相機應變士氣百倍彼雖有謀難施其巧蓋我兵先立有營壘以待其來譬之到處有家自然軍心齊一不致奔潰彼此爲援人膽自壯矣如賊斷我後當以退爲進將後哨作前哨量留敵兵倒捲而囘彼自難邀如遇山溪險隘必先留兵據守然後再進山谷行營無踰此法此捲簾陣步步爲營之勢也

一申嚴夜劫　每下營遇夜凡有隘路可攀可越俱要放卡其防卡兵丁謹藏火繩加謹窺探如有賊警放銃爲號在營官兵不許脫衣熟睡甲包打開兵器在傍每帳房一人輪遞支更一有警息切勿聲張卽時推醒同伴披甲執械靜坐待敵賊至近處卽放銃發矢切不可走動如有動者卽是賊軍卽行射殺總之遇有夜警若衆人安然不動咳嗽無聲任他是如何強兵只敢在遠處空噪斷不敢近我營壘又黑夜賊來劫營或東或西或南或北侵犯營壘所當之營與未當之別營俱安靜戒嚴不可妄動各守營壘至死不移方爲萬全若東營不支欲奔西營不特西營不納反遭銃箭射死豈不是自送性命所以各營有事遇黑夜惟有死守不可妄行若我往劫賊營悄悄密密銜枚潛行臨賊營一半里地卽便放銃齊聲大呼不可驟進觀其營中或亂喧擾或亂奔走卽便乘勢前擊可以全獲若彼安然不動久無聲息此必有備萬萬不可前進卽便結陣速退不可忽也

一立表　每營既定卽於東西南北相地形勢各立旗表每表安設撥夫多則二十名少則十數名務要弓箭刀銃齊備其探樵汲牧之兵丁俱不得擅越旗撥之外犯者貫耳示衆仍曉諭瞭哨兵丁嚴加守望如有過表之人卽行查拏倘徇情疏縱軍法重處不貸

一謹防　凡大箐深溝冬氣凜冽每有霜雪冰滓白晝如

晦賊每乘此攻擊我兵遇有此等時候務必嚴切防範比黑夜更爲緊要其登高放撥兵丁寸步不可擅離汛地誠恐一時審視不詳誤爲所乘切切

一卡瞭　一坐卡兵丁每日清晨登瞭必候坐夜卡兵丁至彼方許歸營夜卡兵丁至曉必候清晨登瞭兵丁至彼方許歸營敢有遲違不俟彼此兵丁交替卽離卡歸營者必將在營將弁治罪如夜間雨雪將弁安眠帳房竟不念坐夜卡兵之苦及至天明又不早遣登瞭兵丁往換當以軍法重處若登高瞭遠兵丁望有賊來卽响銃爲號旗指某方以便軍中接應

一甲明樵牧　每日巳時吹海螺三聲撥頒旗一名帶領

五營兵丁二十五名架梁瞭望各營餘丁僱工齊出採樵務足一日之用午時再吹海螺三聲各各歸營違者查拏重究每日收馬採樵汲水兵丁僱工人等若聽營内銃礮響及掌號聲不論遠近卽速回營違者貫耳

一傳令整暇　凡遇對敵之際必先留有餘地兵有餘備方免臨事倉忙兩軍旣舉固應大勢齊上然前面之隊務要疏均後面留五七隊整齊者以待一則可助前隊之威一則可以更番迭戰一則我有餘備可以接應出奇矣倘若一槩向前未免擁擠反多礙手且無表裏相依出奇之勢此臨機絕勝之祕法也爾將士各宜切記

一埋伏　行兵之道貴知地利地利不明萬難出奇設伏

所到之處管營務將官先將彼處山川險易形勢繪成圖本山山水水不可混淆更不可巧飾點綴以圖壯觀必將我兵應由某處而進某處可守某處可伏有無分途暗度之處某處可以合師歸一某處可以決戰賊兵必由某處而來某處可以埋伏及有無傍徑抄截我後之處若在某處對敵我兵宜佔某處可得地利某處山險谷深有無林木其中寬狹若何可以伏兵若干名一一註明獻之大將參以己見詳加斟酌如伏處在我去路之中者設伏以爲佯走夾攻之用伏處在敵路之中者設伏以爲傍出邀截之用隨機應變密書錦囊付心腹能將密密埋伏多持金鼓旌旗銃礮爲亂敵心日之兵齊起伏之法亦必預爲約定只視某山上放某礮幾聲晝揮旗幾次夜懸燈幾盞一時並符方可起伏蓋恐敵兵多詐或見地勢有疑無故放礮或著人執旗登山瞭探一有暗合我兵遽起必失事機矣至若狡賊或聚或散據極險之處鼓噪放銃誘我往攻彼則速退俟我方回彼又假追追則鼓噪張勢退則沿途暗插毒簽伏兵隘口以待我兵入險則爲得計如我勢大攻急彼則滚巖四遁總之賊不可輕追卽追必須分兵三路一路從中前追兩路於左右山上架梁而行則賊雖狡不能爲也大凡我兵進退非架梁不可爾各將士遵行之

一遊兵　大軍未進威武先張其在遊兵之法歟必左右各立頭隊二隊各統以驍將爲之張兩翼而前驅之一可

哨探敵兵之至止一可搜羅敵兵之有無埋伏一可猝然遇敵夾我大軍而飛擊也如頭隊前去遊巡則二隊翼我左右而行頭隊至若干里立營及至其營二隊又前去遊巡頭隊又可翼我左右而行二隊遊至若干里立營頭隊又如前法行之往回環護絡繹不絕則左右遊兵雖各止二隊而師行千里皆有翼焉且一往一遊更番迭進尤無疲乏之虞

一臨敵布置　臨陣分敵之法有二一爲兩軍遇於平原之野賊分幾路而來我兵亦分幾路以應之只須一登高阜賊之來勢槩可見矣平地分兵亦易爲力卽或前後有賊我兵亦可從中而分前軍敵前後軍敵後惟指麾舒徐

不可倉忙失措轉前以敵後也一為兩軍遇於山險之中我兵一軍而進賊若按山頭分隊而來我初急卒難見及賊近方見之一時分兵不惟不易抑且四圍皆山急難展布賊已據高趨下易至逼壓不無措手不及之虞嗣後若會戰山內除迎敵大軍仍照大勢前迎之外若四傍有山可以撲賊來路者先按山分路而進倘賊兵分隊而來自可頭頭相對倘賊未分隊而來則乘其不備四面夾擊使賊之所短皆我之所長矣又除分路之外大將必登最高之山將自衛之兵分為幾隊每隊統以能將嚴整森立遙觀我兵某路與賊相遇之情形如隊伍舒展意氣踴躍則知此路必勝或見某路步趨踉蹌行伍失列則知此路必

怯急命帳下能將率兵助之或見賊之某路倍於我兵亦命率隊兵以助之可也然分路迎敵之時亦有要法如我兵方至山頭賊已至我山下我則拒山不下待賊上至半山我兵卽發山上木石以擊之不惟居上省力且木石滚擂傷之者衆如賊尚在山頭我兵至賊山下則故為怯回之狀引賊半山我兵平鋪急上以攻之蓋我怯回者一則離其山溝免受木石之擊一則引賊失險且無木石可擊倘彼銃手未備草束更不能放滴水銃也

一餘兵擄獲　當兩軍交戰之際而我前軍得勝止許追奔逐北隨賊掩殺其有賊棄輜重牲畜以及倉庫米料財貨子女之類一槩不許瞻顧一恐縱敵遠颺收𢹂散卒仍成勁敵一恐彼此爭取錯亂隊伍賊或反戈相向中其餌敵之計矣各當嚴戒前軍一意追殺止令餘兵沿途收獲俟營立定盡獻大帥之前分上中下等次上者賞得勝之前軍中者賞擄獲之多者下者分賞在事之全軍或留後充賞敢有隱匿查出法必處死其隊目及同伍之人連坐如有一人出首者賞此一人餘免坐

一安置傷兵　大凡臨敵帶傷者皆係壯士奮往之人如前隊有帶傷者急令卧倒不可亂動待戰後扶還大營或送舟次撥醫救治其金槍等藥必須預備一營之中專委老成仁厚者一人以司其事立照賞格給發以資日用時賜恩問免人輕忽痊日重賞重用以勵士氣倘成廢疾不

能用武永當留營食糧以資暮年之養以固後人用命之心

一鷹營伏路　兩軍相遇兩陣或我軍遠來初至之夜或對敵勝負未分之夜或我分兵別往之夜或風雨陰晦之夜或我軍偶憂戚之夜或軍中有賽神宴樂之夜敵人每謀乘我疲懈無備偷營劫寨務必觸景警心晝示極疲極得意極安凉之狀至晚則必鷹營設伏虛立旗幟營中燈火明滅相間不廢更鼓以待之四路密布銃手靜聽俟敵入伏約以三銃五銃按數齊放伏兵聽其銃數相符然後四圍齊起若不約定銃聲響數恐敵尚未入界自鳴數銃以為驚探我兵之意我伏先起殊無益也伏兵既起邀擊

則大營兵從後夾攻恐黑夜莫辨彼此則令我兵各吹一蘆筒爲號庶不致誤矣惟是我兵進止一日行程幾何賊能預計之我兵下營之處賊亦預知之其下營之山險可[illegible]處樵汲必至處賊皆得而料之且我兵必須循路遠山[illegible]箐而行賊則無路之山皆可抄徑越險而行每於我營[illegible]近山險之處三三五五晝伏夜起放銃吶喊誘兵出營捕伏草竊擎人畜以爲驚擾之計使我疑畏不能久留當於未曾移師之時先詢鄉導計其下營之地而後移至其地相其險易樵汲之處可設伏者卽先據地設伏以待賊之來則先手在我矣其騰營伏路之法頻頻而行不可厭煩憚疲也再我或兵力單弱或大軍不繼前軍勢

孤敵倚大勢來壓則有衆寡懸殊退之不可拒之難敵亦可以用騰營伏路之法先探聽確實計其遠近敵若日暮可至則我謹閉寨柵虛設旗鼓示死守難犯之勢以疑之而密伏兵於四險俟敵主持不定自然安營於將安營未定之際我四圍銃礮齊鳴以驚之敵若錯亂則乘勢起伏以擊之我逸彼勞可收以寡破衆之功敵若敗退尤先於叢密山澗處皆宜多張旗幟燈火亂鳴金鼓銃礮不惟可助我勢可亂彼心抑且使敵不知我兵多少不敢再來矣若計道里敵可辰午而至則我連夜移營於三二十里有險可伏之地照前騰營設伏之法使敵見我空營爲怯必來追我及至我營亦日暮矣一如前法行之可也蓋以寡勝衆非勞之不可非日暮不可如遇草木叢密之處因風縱火更易爲力

一得勝戒嚴　我兵既獲全勝追敵不過餘威耳倘緊追之際賊忽陣止不動非有接應兵至卽係前有險阻不能急遁故也我兵若乘此擊之則我以疲困之兵賊以生力之卒我以既勝而驕之心賊以救死洩忿之志我再勝不過追奔逐北若敗則前功盡棄矣豈非犯窮寇毋追先死後生之忌乎惟可隨後尾追令其自相踐踏收其輜重降卒如賊止不動我卽收兵或卽下營晝則多豎旌旗夜則多張火鼓洗放銃礮號令嚴明人馬喧闐金鼓應節兩旁密佈伏兵四圍暗設銃手而戒嚴之令較未曾勝敵之時

尤加嚴緊一則以防偷劫一則以勵驕玩也再書招撫檄文射入賊營或遣能辯之士曉以利害示以誠信賊以垂頭喪氣之餘生見此堂堂正正之威勢驚心眩目盛衰相形一夜思量已無堅志及聞招撫不散卽降獲萬全而收必成之功者此之謂也而下營威敵之法初立營盤不妨數層於其中倘賊一日不見動靜至晚抽出一層於肘腋之外又下一營二日不見動靜又抽一層於外又下一營賊必謂我兵力日添其心愈散其功愈速是虛虛實實之變法也

一受降謹備　古云受降嚴於受敵蓋謂受敵已嚴矣而受降當更嚴也受敵彼此皆有殺心也皆戒嚴也若受降

不嚴彼有疑畏而我多驕玩設有不虞變起倉猝莫之能禦矣務必先察勢之强弱情之眞僞確有可信然後準其投誠定以限期嚴整營伍外張兩大隊翼於大營左右之前以待之更宜侍衛森立使不能見幕後之有無司執事者各司其職如不見不聞者不許交語聚觀致失位次俟兩翼處掌號發金鼓三次陞礮大坐威儀整肅方傳號令降兵立住止傳渠目解去什物先行入見撫慰事畢呈上所降官兵馬匹器械糧草數目册籍給一免死文牌令渠目持去宣諭各降兵盡去什物交我執事人員收管方令率至轅門外俯伏聽撫訖渠目或賞給衣帽或給牌劄各降兵或量賞米肉以示恩信若委能員詢各降兵願歸者

另立一旁聽候塡給文牌交地方官遣發回籍安插其文牌皆須預備止塡姓名籍貫以速遣爲宜願爲兵者另立一旁分派我兵隊中聽我將弁參雜管領尤必營隊相隔不可令聚一處密加隄防毋令時常聚語渠目照以給劄品級每日隨我將弁班次待茶畧無異同或擇內中有才技忠誠者一二先用之以繫衆心兵丁遇缺補伍亦先補一二以示必用嚴諭我兵不可欺生凌辱不可對降兵誇詡勝敗不可妄以降卒之名呼之恐惱羞成讐也至若大敵未滅先有來歸者非識時務之士即有嫌疑之人又當寬其禮數嘉與維新厚賞重用不撤其兵不廢其權以廣招徠總在經權之得宜耳

防海輯要卷十三

風潮占驗

海候諸占占天　朝看東南有黑雲擁起東風勢急午時前必有雨暮看西北有黑雲擁起西風勢急半夜必有雨

占雲　天頂早無雲日出將暫明暮看西無窮明日更晴明遊絲天外飛久晴便可期淸明起朝雲風雨霎時辰風轉鬱烝熱雲雨雷必震東風雲過西雨下不移時東南卯無雲雨下巳時辰雲來起雨上風雨辰時見日出卯遇雲無雨必大陰雲隨風雨急風雨霎時息迎雲對風行風雨轉時辰日沒黑雲接風雨不可說雲布滿山低連宵雨亂飛雲從龍門起颶風連急雨西風黑氣生雷

雨必聲訇雲勢若魚鱗來朝風不輕雲鉤並後掛風色厲人怕夏雲鉤內出秋風鉤背來晚雲東不應夜雨愁過西兩陣雨雙前大颶連天惡雲起半開閉大颶隨風至風息始靜然亂雲天頂皈風雨來不少風送雨傾盆雷過都暗了紅雲日出生勸君莫出門紅雲日沒起晴明便可許

占風　秋冬東南風雨下不相逢春夏西北風下來風不縱訊頭風不怕沉後風雨毒春夏若東風不必問天公秋冬西北風天光晴可喜長夏風勢輕舟船最可行春深風勢動風勢浪來靜夏風連夜傾不晝便晴明雨過東風至晚來越添驚巨風潮相攻颶長難相避初三須有

颶初四還須懼望日二十二颶風君可畏七八必有風
汎頭有風至春雪百二旬有風君須記二月風雨多出
門還可記初八及十三十九二十一三月十九兩四月
十八至風雨帶來潮傍船人難避端午汎頭風二九君
須記西北支風狂西南必亂地六月十二彭祖忌連天
大忌終須忌七月上旬爭秋風穩泊河南莫開船八月
半旬潮候時風雨隨潮不可移

占日　烏雲接日雨必傾滴傍雲雜光晴朗無妨早間日珥
狂風卽起申後日珥明日有雨一珥單日兩珥雙起午
前日暈風起北方午後日暈風勢須狂暈開門處狂而
不狂早白暮赤飛砂走石日沒暗紅無雨必風朝日烘

天暗風必揚朝日映地細雨必至暮光烘天日光晴彩
久晴可待日光早出晴明必久返照黃光明日風狂午
後雲遮夜雨滂沱

占虹　虹下雨垂晴明可期斷虹晚見不明天變斷虹早掛
有風不怕

占霧　曉霧卽收晴明可求霧收不起細雨不止三日霧濃
必起狂風白虹下降惡霧必散

占電　電起西南明日炎炎電光西北雨下連宿辰闌電飛
大颶可期遠來無慮近則可危電光亂明無風雨時夏
風電下秋風電起閃爍星光辰下風狂

占海　螻蛄放洋大颶難當兩日不至三日無妨滿海荒浪
雨驟風狂大海無慮至近無防金銀遍海風雨立待海
泛砂塵大颶難禁若近山岸仔細思尋烏鰤弄波風雨
必起二日不來三日准抵水上鷺毛風大難拋東風可
守回南暫熬白蝦弄波風起便和

占潮　月上潮長月沒潮退大凡月上水漲東北東南旋漫
西南水回便是潮落北海之潮終日滔滔高麗漲來一
旦一遭萊州洋水南北長落北來陡長南退方覺錫子
江內糧舟之患最怕船密大風緊急繫定纜索守船走
纜定必有凶直至沙岸走花落村神鬼驚散要知村地
大洪泥破灘山一船鋏村可全漳海泥濘須拋水村黑
水洋深接纖數尋成山無護開處鑼鼓地磨斷椶毛篾

可拋成山鋏山萬丈深泉

福建潮候

初一初二初三十六十七十八辰戌潮　丑未汐　初
四初五十九二十日巳亥潮　寅申汐　初六初七初
八二十一二十二二十三子午潮　卯酉汐　初九初
十二十四二十五丑未潮　辰卯汐　十一十二十三
二十六二十七二十八寅申潮　巳亥汐　十四十五
二十九三十卯酉潮　子午汐

浙東潮候

初一初二初三十三十四二十五二十六日寅申潮
巳亥平　初四十五十六二十七二十八卯酉長　十

午平　初五初六十七十八二十九三十日辰戌長
丑未平　初七初八十九二十巳亥長　寅申平　初
九初十二十一二十二子午長　卯酉平
十一十二二十三二十四丑未長　辰戌平

江南潮候

初一子午正　初二子午末　初三丑未初　初四丑
未正　初五丑未末　初六寅申正　初七寅申末
初八卯酉正　初九卯酉末　初十辰戌正　十一辰
戌末　十二巳亥正　十三巳亥末　十四子午初
十五子午正　十六子午末　十七丑未正　十八丑
未末　十九寅申正　二十寅申末　廿一卯酉初

廿二卯酉正　廿三卯酉末　廿四辰戌初　廿五辰
戌正　廿六辰戌末　廿七巳亥初　廿八巳亥正
廿九巳亥末　三十子午初

夫朝生爲潮夕生爲汐晦朔弦望潮汐應之故潮平於地下之中而會於月潮生於寅則汐生於申潮生於亥則汐生於巳陰陽消長不失其時故曰潮信

定太陽出沒以應潮信長短歌

正九出乙入庚鄉二八出兔入鷄場三七發甲入辛地
四六出寅入犬藏五月生艮歸乾上仲冬出巽入坤方
惟有十月與十二出辰入申仔細詳

正月日出在乙入在庚月出在申入在戌
二月日出在卯入在酉月出在卯入在酉
三月日出在甲入在申月出在乙入在申
四月日出在寅入在戌月出在辰入在申
五月日出在艮入在乾月出在辰入在申
六月日出在寅入在戌月出在辰入在申
七月日出在甲入在戌月出在乙入在庚
八月日出在卯入在酉月出在卯入在酉
九月日出在乙入在庚月出在甲入在申
十月日出在辰入在申月出在寅入在戌
十一日出在巽入在坤月出在艮入在乾
十二日出在辰入在申月出在寅入在戌

定寅時法

正九五更三點徹二八五更二點歇三七平光是寅時
四六日出寅無別五月日高三丈地十月十二四更二
仲冬纔到四更初此是寅時切須記

逐月冰消日

正七二八當　三六四七防　五五六六見　七四八
五同　九三十四散　子二丑三凶

詩曰冰消瓦碎最難當蓋屋未成先居喪歷官未任先罷職夫妻到底不同床

十二時辰風雨定數

子日東風卯日雨　午日東風卽日雨　丑日東風辰

日雨　未日東風申日雨　寅日東風巳日雨　申日東風子日雨　卯日東風午日雨　酉日東風丑日雨　辰日東風未日雨　戌日東風寅日雨　巳日東風申日雨　亥日東風辰日雨

六十甲子逐日晴雨定數

甲子日雨丙寅日止　己巳日雨立止　乙丑日雨丁卯日止　庚午日雨辛未日止　丙寅日雨夕止　辛未日雨戊寅日止　丁卯日雨夕止　壬申日雨卽止　戊辰日雨半夜止　癸酉日雨甲戌日止

甲戌日雨卽止　乙亥日雨卽止　丙子日雨辛未日止　丁丑日雨夕止　戊寅日雨卽止　己卯日雨立

止　庚辰日雨卽止　辛巳日雨癸未日止　壬午日雨立止不止下日陰　癸未日雨甲申日止

甲申日雨卽止　乙酉日雨丙戌日止　丙戌日雨夕止　丁亥日雨卽止　戊子日雨庚寅日止　己丑日雨壬辰日止　庚寅日雨卽止　辛卯日雨卽止　壬辰日雨辛丑日止　癸巳日雨夕止

甲午日雨卽止　乙未日雨丁酉日止　丙申日雨乙亥日止　丁酉日雨立止不止久陰　戊戌日雨辛丑日止　己亥日雨卽止　庚子日雨壬寅日止　辛丑日雨壬寅日止　壬寅日雨卽止　癸卯日雨辛亥日止

甲辰日雨卽止　乙巳日雨丙午日止　丙午日雨卽止　丁未日雨卽止　戊申日雨庚戌日止　己酉日雨辛亥日止　庚戌日雨卽止　辛亥日雨癸丑日止　壬子日雨癸丑日止　癸丑日雨卽止

甲寅日雨卽止　乙卯日雨丙辰日止　丙辰日雨丁巳日止　丁巳日雨卽止　戊午日雨卽止　己未日雨卽止　庚申日雨甲子日止　辛酉日雨卽止　壬戌日雨卽止　癸亥日雨卽止

十二時辰晴雨定數

子日雨立止不止寅日止　丑日雨寅日止不止卯日止　寅日雨立止不止卯日止　卯日雨立止不止巳

日止　辰日雨立止不止戌日止　巳日雨未日止不止申日止　申日雨夕止不止主陰　酉日雨立止不止久陰　戌日雨立止不止久雨　亥日雨立止不止久陰

許眞君傳授神農行水時候

正月初三日初八日二十一日　二十五日月盡龍會

初十日十九日二十二日　午時主有大風

二月初三日初九日十二日　龍神朝上帝

初九日十二日十四日　酉時主有大風

三月初三日初七日二十七日　龍神朝星辰

初十日　十七日　下時主有大風

四月初八日　十五日　十七日　龍神會太白
初九日　十九日　廿一日　午時主有大風
五月初五日　十九日　廿八日　龍神朝玉帝
十九日　申時主有大風
六月初九日　二十七日　地神朝玉帝
十九日　二十日　卯辰時主有大風雨
七月初七日　初九日　神殺大會
十五日　十七日　午時主有大風
八月初三日　初八日　龍神大會
十七日　廿七日　主有大風雨
九月十五日　十六日　龍神朝玉帝

十七日　十九日　主有大風雨
十月初八日　十五日　府君朝玉帝
十八日　十九日　廿七日　卯時主有大風
十一月初三　初八　十五　廿九日　府君朝玉帝
十八日　十九日　廿七日　卯時主有風
十二月初二　初五　初六　初七　初八　廿八日主有大風雨

定月日風汎

正月初十日　廿一日乃將軍降日逢大煞平旦時候無
風卽雨
二月初九日　十三日　廿四日　酉時主風
三月初三日　十七日　午時後主風
四月初八日　十九日　廿五日　午時後主風
五月初五日　十一日　十九日　申時主風
六月十六日　廿七日　卯時主風
七月初七日　初九日　十五日　廿七日　午時主風
八月初五日　初八日　十二日　廿七日　午時主風
九月十一日　十五日　十七日　十九日　主風
十月十五日　十八日　十九日　廿七日　卯時主風
十一月初一日　初三日　十九日　主風
十二月初五日　初六日　廿二日　廿八日主風

逐月風忌

正月忌初七日　初八日風　二月忌初一日風　三月

忌清明日北風　四月忌立夏日風　五月忌夏至日
風（以正月下旬爲始算至五月一日上十日之內主北風）　六月十二日忌彭祖
風（在前後三四日）　七八月（若有三日南風必有北風報之）　九月初九前後
三四日忌九廟風　十二月廿三四日忌掃塵風

占日月星辰雲氣風雨

一日暈則雨月暈則風何方有闕卽此方風來也
一日沒臙脂紅無雨也有風須看返照日沒之前臙脂
紅在日沒之後記之記之
一星光閃爍不定主有風
一夏秋之交大風及有海沙雲起謂之颶潮名曰颶風
此乃颶四方之風有此風必有震雷大雨同作

一凡風單日起單日止雙日起雙日止
一凡風起早晩和須防明日大起
一有暴惡之風盡日而沒
一凡夜起之風必毒
一凡東風急雲起愈急必雨最難晴
一凡春風易於傳報一日南風必還一日北風雖早有
此風向晩必静
一防南風尾北風頭南風愈吹愈急北風吹起便大
一春南夏北有風必雨
一雲若砲車形起主大風
一雲起下散四野滿目如烟如霧名曰風花主風起

一雲若魚鱗不雨也風
一凡雨陣自西北起者必雲黑如潑墨又必起作眉粱
陣主先風後雨雨急易晴
一水際生靛青主有風雨
一秋天雲陰若無風則無雨
一海燕忽成羣而來主風雨烏肚雨白肚風
一海猪亂起主大風
一夜間聽九逍逢鳥叫卜風雨一聲風二聲雨三聲四
聲斷風雨
一鰕籠張得鯶魚主風水
一水蛇蟠在蘆青高處主水高若干漲若干望下水即

至望上稍慢
一月盡無雨則來月初必有大風雨俗云二十五六若
無雨初三四日莫行船春有二十四番花信風梅花
風打頭楝花風打末
一忌犯七娘子凡作事行船逢此日切不可用
正月初七日十五日　二月初四日十二日
三月十二日十六日　四月初九日廿一日
五月初一日　六月初二日
七月初一日　八月初八日十五日
九月初三日二十日　十月十四日
十一月初三日廿二日　十二月初六日廿五日

八卦方位
乾西北　坎正北　艮東北　震正東
巽東南　離正南　坤西南　兌正西
指南方位
正東甲卯乙　東南辰巽巳　正南丙午丁　西南未
坤申　正西庚酉辛　西北戌乾亥　正北壬子癸
東北丑艮寅
定三方
東風巳酉丑　西風亥卯未　南風申子辰　北風寅
午戌　東北乙坤辰　東南申乾丁　西北癸巽庚
西南午艮辛

定四方

子午卯酉　寅申己亥　辰戌丑未　癸丁辛巳　乾巽艮坤　甲庚丙壬

定針風雲法

春夏二季必有暴風若天色濕熱午時後或風雷聲所作之處必有暴風宜急避之

秋冬二季雖有暴風每日行船先視四方天色清明由五更至辰時天色光明無變雖有微風無論順逆行船無虞

觀電法

春天電推雷夏天左右隨秋天電大發冬電實其推東

電長江水西電紅日隨北電南風起南電雨如雷

諸神風暴日期

玉皇暴正月初九日　龍神會暴正月二十九日　春祈暴二月初七日　觀音暴二月十九日　閻君暴三月初一日　眞武暴三月初三日　眞君暴三月十五日　天后暴三月二十三日　諸神朝上帝暴三月二十九日　白龍暴四月初一日　太子暴四月初八日　太保暴四月二十三日　龍神太白暴四月二十五日　屈原暴五月初五日　關帝暴五月十三日　龍母暴五月二十一日　彭祖暴六月十二日　雷祖暴六月二十四日　神煞變會暴七月十八日　茄藍暴八月十四日　龍神大會暴八月二十一日　重陽暴九月初九日　冷風暴九月二十七日　信風暴十月初五日　東嶽朝天暴十月二十日　水仙暴十一月十四日　西嶽朝天暴十一月十九日　候臘暴十二月初八日　拂塵暴十二月二十四日

凡月內遇箕壁翼軫四宿之日主有風起以上逐月起暴之日如不在本日則在前後三日之中嘗聞年高船師所說故附於此愼勿忽也

年孤虛

甲子旬中孤在戌亥乾虛在辰巳巽甲戌旬中孤在申酉兌虛在寅卯震甲申旬中孤在午未離虛在子丑坎

甲午旬中孤在辰巳巽虛在戌亥乾甲辰旬中孤在寅卯震虛在申酉兌甲寅旬中孤在子丑坎虛在午未離

月孤虛

正月孤在坎虛在離二月孤在艮虛在坤三月孤在震虛在兌四月孤在巽虛在乾五月孤在巽虛在乾六月孤在離虛在坎七月孤在巽虛在艮八月孤在坤虛在艮九月孤在兌虛在震十月孤在乾虛在巽十一月孤在乾虛在巽十二月孤在坎虛在離

日孤虛

子日孤在亥虛在辰丑日孤在子虛在午寅日孤在丑虛在未卯日孤在寅[illegible]申辰日孤在卯虛在酉巳日

孤在辰虛在戌午日孤在巳虛在亥未日孤在午虛在子申日孤在未虛在丑酉日孤在申虛在寅戌日孤在酉虛在卯亥日孤在戌虛在辰時孤虛與日同

五嶽之風以納音爲論甲子壬申甲午庚辰丙寅庚戌爲陽商乙丑癸酉辛亥乙未辛巳癸酉爲陰商丙寅戊子甲辰甲戌丙辰戊午爲陽徵丁卯己丑乙巳乙亥丁酉己未爲陰徵戊辰庚寅壬午壬子戊戌庚申爲陽角己巳辛卯癸未癸丑己亥辛酉爲陰角庚午丙戌戊申戊寅庚子丙辰爲陽宮辛未丁亥己卯己酉辛丑丁巳爲陰宮甲申壬辰丙午甲寅丙子壬戌爲陽羽乙酉癸巳丁未丁丑乙卯爲陰羽宮風當日雨商風七日雨角

風九日雨徵風三日雨羽風五日雨又曰宮風近十里中百里遠千里徵風近七里中七十里遠七百里羽風近六里中六十里遠六百里商風近九里中九十里遠九百里角風近八里中八十里遠八百里

又曰風發於初遲後疾者來遠初急後緩者來近動葉則十里鳴條者則百里搖枝二百里落葉三百里折小枝四百里折大枝六百里飛沙走石千里拔木五千里

又曰凡大風非常滿三日三夜者天下盡風也一日一夜者千里之風也

京房曰乾位西北風從乾來爲折風主人不利坎位正北風從坎來爲大風宜先發[illegible]發主人不利艮位東北風從艮來爲小風主人不利震位正東風從震來爲兇風亦名嬰兒風主人利巽位東南風從巽來爲小弱風宜主人利離位正南風從離來爲大弱風宜後發主人利坤位西南風從坤來爲諫風宜後發主人利兌爲正西風從兌來爲衝風宜先發爲客利

凡子曰風從午上來午日風從子上來甲日風從庚上來壬日風從丙上來皆爲衝破甲乙日風從庚辛辰申上來壬癸日風從辰戌丑未上來皆爲刑尅餘皆倣此

世俗出行有大小紅沙之忌大紅沙曰春鷄亥子忌行裝夏兎龍蛇不敢當秋馬未羊冬牛狗行船走馬謹須防小紅沙曰孟月常居酉仲月巳上加季月歸丑上此

是小紅沙

其占晴曰早起滿天晴日出漸漸明早晨霧露雲晦午日蒸曛日光明又彩久晴定可待暮日光燭天晴明且又炎暮看西邊請次日主晴明紅雲日莽起晴明便可許夜觀魁斗淨明日天色正電光起西南明日天氣炎遊絲天外飛久晴定可期白虹若下降惡霧盡消亮西南北微風可喜天晴融

其占風曰魁罡氣白黃須防風勢狂早間日晒耳狂風即時起早白與暮赤飛沙及走石午前日忽昏北方風怒嗔午後日昏暈風起須當嗔日月忽然圓風來不等閒雲掩日不動風勢如山重返照色黃光明朝風必狂

天道忽昏慘狂風如下摅天色黃復赤狂風在頃刻黑雲片片重眼底至狂風黑紫雲如牛狂風急如流雲勢如魚鱗來朝風不輕黑雲北方簇暴頭風太毒黑雲半開閉大颶隨風至雲起亂行急風勢難支値亂雲來似絞狂風來不少辰闕電光飛大颶必可期連日霧朦朧必定起狂風星辰若盡見頃刻狂風變

其占雨曰雨自雲中出須兼風信測節令方位從便知吉與凶春嫌逢虎嘯夏忌龜蛇到乾亥怕交秋純金冬更愁先風後復熱雷雨將旬春風來雲腳西大雨不須疑日落雲堆裏晴明未敢許朝霞照地紅午後雨相逢海水忽然黑恐有蛟龍出黑雲風後生須臾雨不輕白

鳥杭杵站半夜天須變雨腳忽斜連三日雨綿綿雨後風仍暴來朝還有暴霧後色仍昏來朝雨必傾虹見雨不止霾霖從此始雷重電不高次日雨滔滔月暈明而闕來朝雨可決太白角放光風高雨亦狂忽然腥風噴大暴難投迹無端寒氣衝風雨鬬蛟龍海魚吐沫起越口必風雨黑霧罩船頭須防風雨稠雨中黑復亮傾盆難計量細浪忽迴環前途風雨漫

其占暴曰正月初至八行船去還泊十三至十七觀燈風最急二月二與九元武風必有三月三日晴還要過清明四月浴佛雨初八十八日五月端午前風高雨亦連二九是分龍須防風雨衝更有夏至忌郎將正月計六月忌彭祖十二前後數七夕降黃姑望後風始和八月大潮日南北各不一八七兩月中三日一換風九月重陽暴舟子須停泊前三與後三勸君莫等閒十月忌初五海豬要起舞十一二月間鐵漢也停舶

觀太陽如風雨圖

太陽初升有黑雲如雞頭如旌旗如山如陣鳥如龍頭如蛇如魚如靈芝如張蓋如壯丹狀並應本日未申時有雨如魚鱗主有風

熒火會金虎出遊象

巳午時出未申時應狂風驟雨乾上出有誅伐坤巽艮入無震坎出霹靂雨雷離兌出入大善

熒火帶煞象

熒火會金虎帶雷煞出遊來日未申酉時霹靂大雷雨狂風誅人伐廟等事皆天暗地飛來掩日不開有雨不小

熒火衝駕象

熒火衝駕巳午時有此雲氣應未申時有雨若未申時見應酉戌時雨也

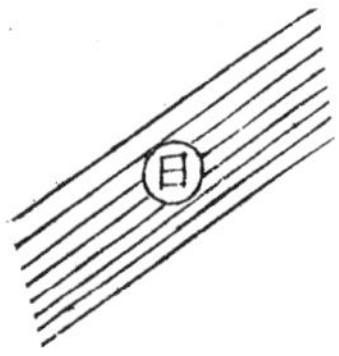

熒火帶虎象

熒火帶白虎出遊主來日未申時雷雨大作

熒火會雨象

熒火會雷霆大煞又名赤離赤鵝主本日未申時雷霆大作折木誅人驟雨傾盆也

雨師倒海象

雨師倒海主頃刻雷電大作霖雨傾盆

雨師化水象

金火大煞至宮又名雨師化水春月主當時風雨夏秋月應未申均雨

熒火出令象

熒火出神霄號令主當日申酉時烈風震雷大雨傾盆飛沙走石

熒火展旗象

熒火下水府展旗發號施令申酉時發現應當日雨雷滂沱陸地與波若半夜子時發現應有震雷大作

徵鳥現跡象

此徵鳥現跡又名赤鼠五六月南方有此之象中夜天河內又無雲此乃久旱天數不可禱也

金虎出戰象

金虎大煞會戰主未時雷雨大作霹靂震動誅邪伐木飛沙走石三日下大雪如無雪則有電

熒火轄雨象

熒火號令雷部諸煞聽命主未申時狂風飛沙走石霹靂雷電驟雨傾盆折樹誅邪天地昏暗

熒火遣煞象

熒火遣煞金虎傳令主三日內雷雨大作

都水出遊象

此是斗中使者名都水使出遊主當日未申時風雨大作遍濟通流又看北斗左右或天河中有濃雲二更時前後應

獨雷太乙象

欻火與太乙相會若有在今日現主來日狂風大雨伐木誅人一占主本日未申時雷雨大作伐屋折樹

火鈴號令象

北斗陽茫火鈴將軍鄉火號令又四赤蛇五六七月壬子至丁巳日丙有雲氣如此乃旱數不可祈禱大災歲也

欻火纏舍象

欻火纏舍或成投如布幪長千丈主天旱狂風若蔽日主未申時大作雷雨誅人畜如掩日雲帶望巽方主殺伐

乾精大煞象

乾精大煞黑雲

如魚龍雙行度

巽方者主日內

風雨大作轟雷

掣電誅邪伐木

欻火轉陰象

早晨有此雲氣主當日午未時雷雨大作如本日不應定來日午未時震雷疾風驟雨

欻火展翅象

太陽東方升

殿時有此黑

雲氣主當日

申酉時雷雨

大作

欻火伏氣象

太陽升時東方有此黑氣[illegible]爲太

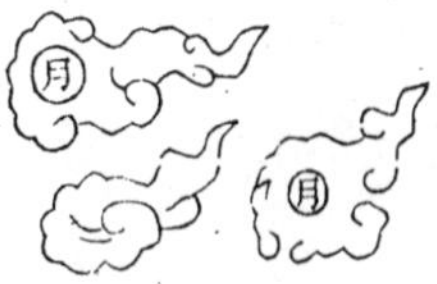

辛君步月象

此二象背名辛君步月子丑夜現掩月冬主有雪凍夏秋主有雨雷電蟲蝗食物人遭劫春三月形如龍蛇多者六七月風雨多也

陰陽相戰象

陰陽相戰此

兆否極泰來

三日內主有

風雨

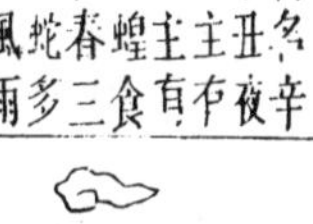

辛天君出遊象

辛天君帶金火出

遊四處無雲只有

黑雲如此或如龍

蛇形蔽月主來日

未申時雷雨大作

使者化陰氣象

使者化陰氣出坎天君得旨化陽轉陰先施水氣應在日後有小雨連發之光

辛君會雷霆象

辛天君會雷霆大煞遊月宮有黑雲如龍蛇形自巽方入月者主明日狂風驟雨

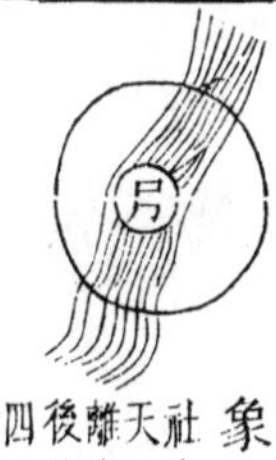

雨師灌天河象

社令雷神卯天河取水魁離宮應三日後陰沉天氣四五日後有雨無雲之兆

辛君與使者出遊象

來日未申時雷雨大作沉天沒地驟風伐斎雷霆霹靂

雨師現水象

雷公使者度天

河領水人黃道

坎宮應亥子丑

時有雷雨大作

辛君遊月宮象

黑雲如蛇自兌方而入月宮者主三日內必有大雨

使者探月象

寅午戌夜一更前後有此兆出之擬於申酉亥子日天陰機動三日後雷雨大作

鼠形戳法象

此象應三日後有雷先乾坎方動有雷雨大作

觀北斗知風雨圖

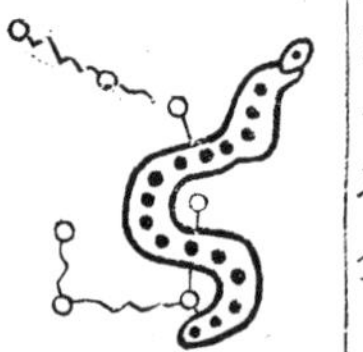

有白氣射斗口貪星應來日未申時徵雨有白氣射巨祿文星旁亦如之白氣通

使者會七煞出遊卽陰陽大煞主來日未申時雷雨大作退雷驟雨而行殺伐斗口若無雲射入則主大旱

使者會北斗都水使者主來日未申時或戌亥時必有雷雨殺伐

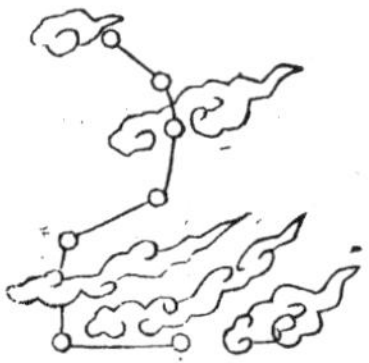

使者領大雷五鬼出遊郎使者與五氣雷公也主來日未申時雷雨大作無雲則大旱

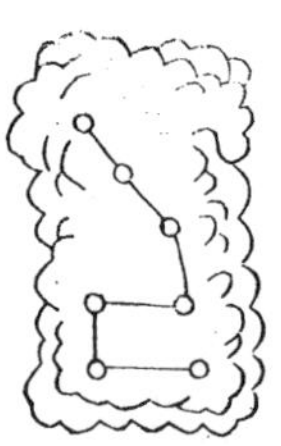

使者朝斗有此黑雲氣來日未申時先雨後風若斗口有白氣先入後黑氣蓋過來日未申時狂風刮地大雷雨飛砂走石黑雲通蓋過斗七星不現斗口有閃閃龍光主迅雷轉至坎艮方來日申酉時風雨雷電交作

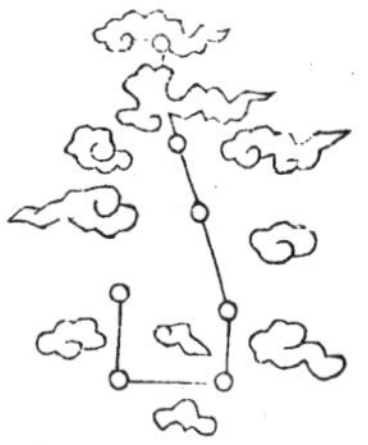

太乙交宮黑氣加雲遮來朝斗並有墨黑雲蔽斗者主當夜有雨來日有雨若開了主明日未申時雨

使者介天罡趕殺一二日內主雷雨大作

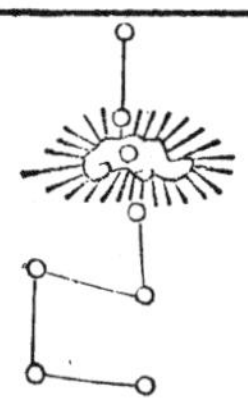

使者會雨師先黑雲如龍蛇或飛鳥破絮先從東北面而來先掛廉貞星畔主二口內雷雨大作後遮廉貞星黑一時久者主來日未申時雷雨

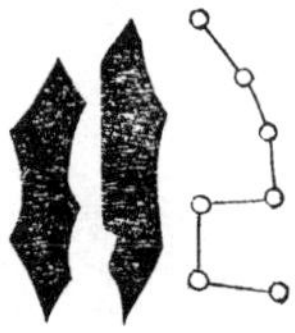

雷神出遊申酉戌亥子丑時現象主朔風大雪

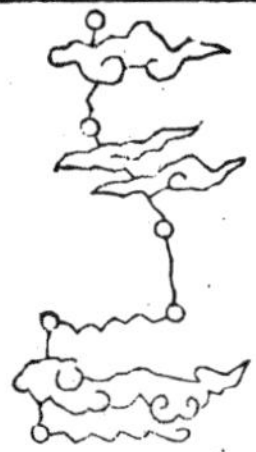

使者入都水司應在四水宿日天陰二日後有風雨

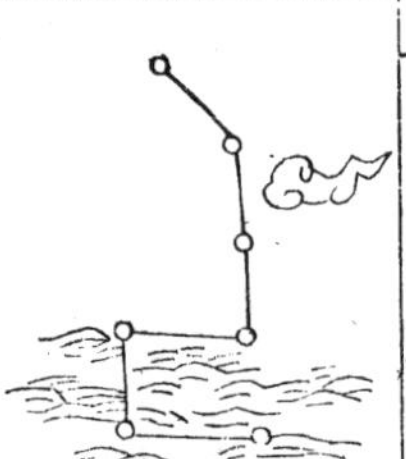

雷神來斗中明日亂風刮地飛砂走石

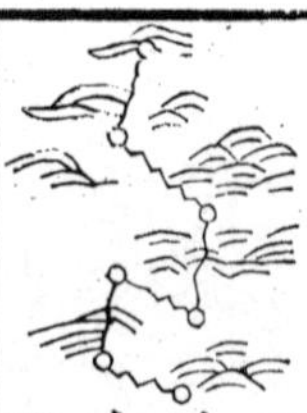

天罡會太乙二日內主陸地成流霹靂大震伐廟誅邪

赤雲如此侵逼北斗者主久旱不可祈禱否則蝗蟲火光盜賊熾也若光花長是天災劫數

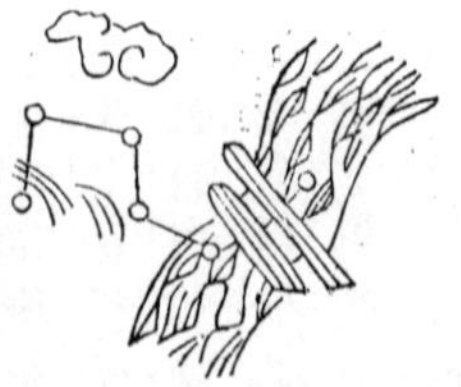

使者過河如黑猪形如陣馬過河明日未申時大雷雨如天河中有聲如風聲名使者掩水來日大雨平地波濤

觀南斗知風雨圖

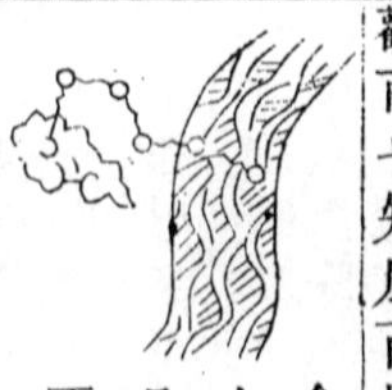

金星察訪人間主三日內定有雨

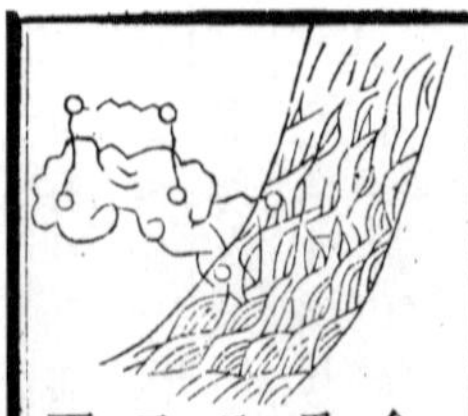

金星化水黑雲掩斗口不移者二日後雷雨大作

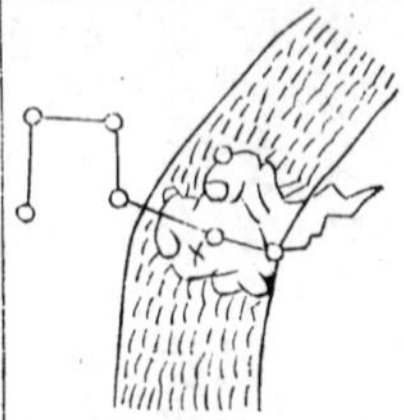

此兆久旱數不可祈禱蝗發東方天災劫數也

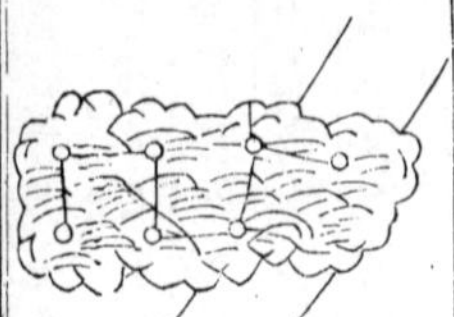

使者掩水天河中有此水波紋雲氣者二更前後有响聲來日大雨

雲氣占候

凡候氣之法氣初出時若雲非雲若霧非霧髣髴若可見初出森森然在桑榆上高五六尺者是千五百里外平視則千里舉目望則五百里仰瞻中天則百里内平望桑榆間二千里登高而望下屬地者三千里敵在東日出候之在南日中候之在西日入候之在北夜半候之旺相色吉囚死色凶軍上氣高勝下厚勝薄實勝虛長勝短澤勝枯我軍在西賊軍在東氣西厚東薄西長東短西高東下西澤東枯則知我軍必勝

凡候氣常以平旦下晡日出没時處氣以見知之占期内有大風雨久陰則災不成故風以散之陰以緩之雲以勝之雨以厭之

凡欲知我軍氣常以甲巳日及寅子辰戌午未亥日八月十八日去軍十里許登高望之可見依别記占之百人以上皆有氣

凡大軍行氣如三疋布前廣後銳陣雲如立垣占曰見此客勝一日天中明朗兩邊有雲如一字又形如疊荷錢無數此爲陣雲也必有戰者三五夜如此三色愈甚交戰在卽陣雲如疊荷錢五色俱現於西方獨北方黑雲見者賊必敗凡雲氣高卽戰遠低戰近本氣乍高乍下往往而聚騎氣卑而布卒氣高而摶前卑後高者病前方後高者銳後銳而卑者却其氣卑者至徐前高後

卑者不至而返校騎之氣正蒼黑長數百丈遊兵之氣如彗掃一云長數百丈無根本杼雲類杼見此兵亂軸雲搏而尖銳殺氣黑而勁橫於空中或白

凡軍士氣安則軍安氣不安則軍不安氣南北者則軍南北氣東西則軍亦東西氣散軍破散

凡天見五色雲氣望東西南北至子午卯酉若百步千步一丈十丈百丈數百丈如本道與日辰相尅者大戰不相尅者不戰旺氣所臨有天命兵強相氣所臨戰勝將吏有功死氣所臨疾病死喪饑饉破散敗亡囚氣所臨被圍降伏休氣所臨兵罷無功士卒敗亡

凡青雲入營者兵弱驚恐白氣入營者兵強黃氣入營

者主兵和解赤氣入營者兵弱驚恐黑氣入營者主疾病又主兵相殘宜徙營

凡氣如白蛇見敵上其下必大戰流血

凡赤氣屈盤停住者其下有兵流血

凡雲如驚蛇或四或五亂走而出者敗軍之氣在我軍上勿攻戰在敵軍上戰大勝其賊亂走攻破城寨或有伏兵慎防之

凡雲如野馬向前行在我軍上勝在敵軍上勿戰大凶

凡雲如彎弓如箭射如怒氣如魚鱗湧起不散在我軍上大勝在敵軍上不可用兵

凡雲如驚鳥三三五五棲止不定此亂氣也在我軍上勿用兵在敵軍上戰大勝

凡雲如敗甲如死人偃臥如人無頭兩兩僵尸在地者如人荷枷如列鈇鉞者皆大敗在敵軍上宜攻戰

凡雲如兩人相揖在我軍上有私通降敵者在敵軍上是敵將投降

凡雲如兩人對立主交通議和在我軍上防有反叛在敵軍上有投降

凡雲如兩蛇中交而首尾異處分向四隅四方雲衝其間列若八卦圖式者在我軍上我敗在敵軍上敵敗

凡有雲斷頭如兩旌前後相隨如兩人執鉞前導皆叛軍之氣愼防其變在敵軍上敵來投降

凡上下有雲三四段上下疊見而雲分開半從左半從右若相反者名釋背陳又有雲一段更有薄雲疊出其上附之若相纍者又有雲形如太山又有雲如鄉兩開均停者在我軍上大勝在敵軍上不可用兵

凡雲如亂髮名愁雲日月無光又有雲氣六段各分雲鄉竄亂爲敗氣在我軍上戰不利在敵軍上攻戰大勝

凡軍行雲如橫木過其上或白或黑或黃爲伏兵之氣宜謹防備如在我軍上戰則大勝在敵軍上勿戰

凡雲四散四段對峙如迎營者可攻

凡雲如一石黑吉赤敗黃可戰

凡進軍之時雲氣順隨我軍者急宜戰若雲氣忽散則

凶
凡赤氣如徽蓋覆於軍上千里內戰有慶千里外戰有
憂黃氣臨營西向東向並凶北向吉
凡黑雲如積山石在我軍上敵來襲我必堅守經月敵
心離而後戰大勝
凡出軍東代有白雲西來隨而擊之大勝若赤雲青雲
東來逆軍者敵勝
凡夜覩彼軍上有黑氣出上有赤氣臨我軍上彼強我
弱弱能破強小能擊大大戰大勝小戰小勝
凡城營有五色霞氣者敗軍之兆
凡霞氣青黃赤白者皆吉

凡軍出欲知賊可得者赤氣前行而有黑氣隨之赤氣
賊可得若赤氣獨行無黑氣隨之者其賊不可得
凡初出軍日天昏溟濛雲氣陰沉寒者必戰若清暘晴
和風塵不起不見敵亦不戰
凡觀雲只論子午卯酉四時如天陰雨晦暗只看天色
雲象以知勝敗如何黃者和氣無敵黑者乃賊殺氣有
敵白者兵氣前後有暗兵來應大勝紅者血光湧起者
有賊青者瑞氣吉昌文書之兆黑者賊勝赤者我勝他
敗紫雜者有謀議必死戰
凡遇四方盛氣無與之戰甲乙日青氣在東方丙丁日赤
氣在南方庚辛日白氣在西方壬癸日黑氣在北方戊

己日黃氣在中央四季凡戰背此日勝向此日敗兵法
切要順天時甲乙喜黃丙丁白庚辛青霧喜相逢捷勝
便回歸戊己黑雲滿天飛壬癸赤雲半路垂旌旗莫進
莫憂疑切要識天機甲乙怕逢雲氣白丙丁黑雲莫相
遮
凡軍前雲氣在日午者凶甲乙日忌白雲丙丁日忌黑
雲戊己日忌青雲庚辛日忌赤雲壬癸日忌黃雲敗軍
之兆宜堅守勿戰子時有氣應午丑應未寅應申卯應
酉辰應戌巳應亥午應子未應丑申應寅酉應卯戌應
辰亥應巳
凡東方青雲生於亥南方赤雲生於寅西方白雲生於

巳北方黑雲生於申此皆爲正雲或黑雲盛於東南西
不可進兵黑雲淡薄正雲現兩三夜甚逼黑雲又在死
絕賊敗若黑雲在墓上生於旺時又遷於西方又變作
青黃紅白此賊勢強或黑生於北方彼寨我軍前赤白
青黃雲去惹之吾軍大勝若黑雲來宜謹守勿戰黑雲
生於死絕時賊敗黑雲速散不久鬬南方起吾軍大勝
凡青黃赤雲皆變白白變赤吉白變青黑凶正雲皆變
白於西方大吉
白雲滿天皆變黑雲天地皆暗順風吹來軍營中謂
夜雲宜謹備之
軍有青雲覆其上經時不散遇敵必勝攻城自限

若五月七月見之自損兵馬
凡軍氣如塵埃粉拂其色黃白旌旗無風而颺揮揮指
敵此軍必勝
凡雲如日月而赤氣繞之如日月暈狀有光者所見之
地大勝不可攻
凡敵上氣囚廢枯散或如馬肝色如死灰色或類偃蓋
或類偃魚或類奔鹿皆爲敗象
凡軍上十日無氣發則軍必敗十日無氣而忽有赤白
氣乍出卽滅外聲欲戰其實欲退散
凡軍上氣有黑雲如羊形或如猪形者此瓦解之氣軍
必敗

凡彼軍上有蒼氣須臾散去擊之必勝在我軍上須宜
堅守
凡黑氣臨營或聚或散如鳥將宿敵人畏我心意不定
終必逃遁逆之大勝
凡雲氣紛紛相連及似蒿草數尺此以車騎爲伏兵
凡雲如布幕之狀及似蒿萊盈尺許此以步卒爲伏兵
凡黑圍之中有赤氣爲伏兵赤雲爲火星爲殺氣亦有
伏兵青爲憂氣黑爲死氣白爲兵氣黃爲和氣凡氣順
光明則吉黃爲喜氣惟散枯死馬肝色卽爲惡氣
凡前有黑氣後有白氣必有伏兵不可攻一曰黑氣中
有白氣如人形有伏兵不可擊

凡黑雲變赤反白形如山林者有伏兵一曰如雲如山
林在外者有伏兵一曰有伏兵萬人不可擊

蒙霧占候

凡兩軍相當霧散不見日光舉兵後取勝
凡攻寨之際霧遶寨黑忽然一面無者隨無處攻之必
克
凡霧遶城城中無者主將不吉兵離
凡對敵時有霧來似雨紛紛入眼彼軍馬步一時來也
宜防備吉
凡兵發之日霧從敵邊來者此爲天泣血當駐泊犒軍
則吉

凡軍營內久霧連朝晝夜不開出軍大敗
凡城營內大霧起城頭白色沙烟兵戰有喜
凡青黃霧騰照山川乍開乍合防詐僞
凡兩軍相當有霧卽日有微雨者客勝霧而不雨主勝
凡霧既除而氣彌大者賊多晴明者賊少
凡霧不濕衣如此三日主兵大敗
凡霧春以甲乙寅卯日氣色青出東方向西行者客勝
夏以丙丁巳午日氣色赤向西行客利主人凶四季以
戊己辰戌丑未日氣色黃向北行客利主人內亂秋以
庚申辛酉日氣色白向東行客利先主兵勝後主兵敗
冬以壬癸亥子日氣色黑向南行客勝

虹蜺占候

凡雄爲虹雌爲蜺色鮮明者爲虹暗者爲蜺又日見於衝曲而青者曰虹見於日旁白而直者曰蜺虹蜺主內淫主惑心一曰樞星之氣散而爲虹蜺斗之亂精也斗失度則爲之又曰填星散而爲虹蜺又曰清明後十日虹始見小雪之後虹藏不見一曰陰陽不和虹出邱墓之上防前後有伏兵

凡白虹長十餘丈大如杵上下銳或直或曲皆爲大戰流血從所指擊之勝

凡白虹屈曲見城上有大戰

凡白虹繞城不匝謹守其闕

凡虹入軍並或以鼠形見營上交戰大敗

凡軍行之次有虹橫於前當即駐兵鳴金吹角以禳之俟虹滅進發

凡軍行見長虹在軍前飲水兵馬若從所飲水處渡河大凶即宜却退五七里駐營虹滅進發望別路避虹先飲水處濟軍吉

凡虹蜺狀如日月暈必主破軍先軍者勝

凡兵行之次虹出路邊前有伏兵

凡虹見城寨可攻之

凡虹直入來爲疾疫青虹主軍瘴急宜徙營避之

凡軍行有虹橋斷路兵當不久却回

凡白虹出軍上軍中有亂

凡虹從營中飲水流血荒墟將軍病死移之吉

凡夜間虹犯北斗日若拖錦之狀三日內必有敵人素裝假作使命來入營內應宜令精兵伏於帳內待之必擒其將

雨雹占候

凡細雨沾衣者名曰沐浴兵大吉

凡雨不沾衣名曰浴衣大凶

凡軍行雨從後來沾衣者得天助必勝

凡雨忽晴主兵強心堅能殺賊

凡無雲而雨軍出逢之其兵必不還

凡兵始發遇雨驟急立地成泥曰淋屍宜駐師勿進

凡兵行日微雨即止名潤軍所向大利若半晴半雨霧氣迷者須詳慎勿輕進

凡兩軍相持而雨雹視風雨之所發順擊之勝

凡軍行而雨發天不順也不避必敗

雷雹占候

凡軍發之日雷鳴坎上我凶若居我軍中大吉冬三月忽雷鳴者客軍利

凡軍發之日忽雷鳴一聲不宜進兵

凡軍行或對壘有雷從我軍起入彼軍大戰大勝從彼軍入我軍者敗

凡軍行風吼雷鳴二五血戰
凡軍行日霧起赴我軍雷逐其後此天神助也大勝之兆
凡軍中尤多迅雷者其軍罷
凡軍營上雷鳴一聲有勑命至
凡軍帳上忽震雷一聲宜捜奸伏
凡營上有暴雷霹靂主軍大敗
凡雷擊樹及諸物在彼軍營難與敵
凡圍城過旬無雷雨者城中有輔佐人宜審之
凡入敵境之日有風雨雷霆從我軍上發入彼軍戰大勝

霜露占候
凡軍中霜成芒角遍於鎗旌之上不可動兵
凡霜下有聲外兵來伐
凡霜晝下刑罰妄濫宜省察軍前

風聲占候
凡風動皆不安之象如在山川空穴間風所出處不可占若城營之内戰陣之所風勢异常日光昏濁發屋撼樹揚沙捲塵乃可占之
凡無兵之時風雷相交爲雨用兵之時龍虎相交爲戰大交大戰風爲主雲爲客風勝雲主人勝雲勝風客兵勝

凡風暴起聲如破鼓有兵必敗
凡出軍之日暴風折旗幟大雨不止此天怒也必待晴日擇日進兵
凡兵大舉出城逆風乃凶敗之兆即結營駐守過候起行更審彼方假令三冬敵在乾而狂風自西北來則不可攻八方之風准此
凡出軍風雲不與草木不動有風驟來牙旗折瘤繞竿或下垂者交戰凶一日將死
凡軍行道逢急風甚雨沾濕人馬行步不利出軍或連日有霧風聲錯亂密雲不雨皆防下人有謀
凡初出軍旋風旁起至前軍飄轉引道者軍必大勝

凡軍行回風相觸者中道必還戰亦無功
凡軍行有八難風生必須廻避敵來接戰必敗八難風者遍歷八方回轉不定拔木摧屋吹塵蔽天望在敵上急攻之勝在我軍嚴備勿戰行道逢之宜結營寨令弱兵退守輜重奇兵强努分據要害猛將鋭卒陳於軍前防其冲突擊其遁歸
凡初出軍人聲怯馬不嘶或從旁或從後風起吹沙觸塵人馬行過無跡名黑風必敗
凡初出軍日時風從後來冲霧捲雲人馬壯嘶旌旗前指鼓角響亮及鴉在後順風叫者全勝
凡風從旁來而向前者得天之助獲敵資糧敵人來降

凡風從五行相生之方來生我爲母翊子愛我生爲子投母天色清明風氣調暘者必勝
凡軍出之頃有風而草木不動者賊不可得
凡軍行有風驟來吹捲牙旗旛或繞竿者此爲天不順上將死
凡軍在敵境下營纔未定逢戰晝夜有急風來射我軍雲勢奔速乍東乍西急防賊兵逼我營寨
凡下營畢而風聲卒如雷鳴吹倒旗鎗須防敵至大戰流血若大風聲如雷吼三朝五日者占同
凡臨陣風從後來戰大勝
凡風夜動晝止賊必夜來攻

凡四季內忽猛風揚沙所來之方必有精兵急宜備之
凡猛風吹物上天人皆恐怖我軍有人與賊陰謀
凡旋風入寨亦爲狂賊急宜嚴備
凡旋風入敵城從所入攻之必破
凡風飄物入營得敵土地大勝如飄書紙來者不祥
凡營寨上有旋風歷過者隨所歷過處將有寇至急宜備之
凡占風雨之書汗牛不勝載有名之爲乾坤秘録者有雷霆都司者有測天賦者有洩天機者細究其法皆不過候風雲氣象而已且其說多迂渺不足信今擇諸書中取其簡而明明可驗者則以玉帝親機爲最故獨録之以資勝算

防海輯要卷十四

水軍操練 紀効新書

一兵船束伍法　每福船一隻捕盜一名舵工二名繚手二名扳招一名上斗一名碇手二名用甲長五名每甲兵十名

第一甲佛狼機甲長專管放佛狼機賊近管放火磚烟罐等器

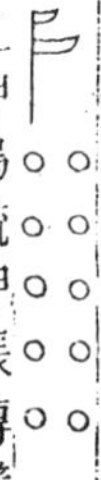

第二甲鳥銃甲長專管放鳥銃賊近攻打

第三甲標槍雜藝甲長賊遠照管船隻搖櫓賊近發槍刀石藥等項

第四甲標槍雜藝甲長賊遠照管船隻搖櫓賊近發槍刀石藥等項

第五甲火弩甲長以一半打弩以一半放火箭賊近從便攻打

以上如與賊逼近船邊一時遇巧不拘何人用何器但能奮勇當鋒用火藥火器成功用刀槍戳殺有功各為首者俱以破格奇功論

每甲長一名管兵十名甲長小旗一面照方色今以見在船分之福船二隻海滄船一隻艟艚船二隻為一哨立一哨官左右二哨官為一營立一領兵官以松門關分右後二營海門關分前左二營各以

指揮一員統領其船上大旗則俱用黑布仍用白布做一大字在旗通寫作台字各照方色製以號帶甲長旗各照號帶方色

福船大旗式 凡旗尺俱官尺

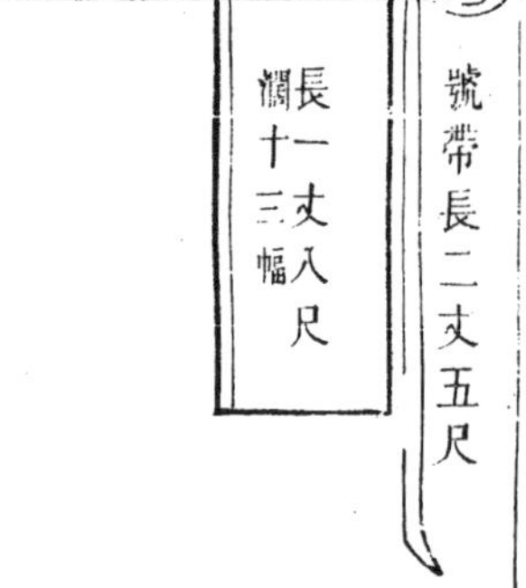

號帶顏色

前營紅帶　左營藍帶　中軍黃帶

右營白帶　後營黑帶

甲長旗式

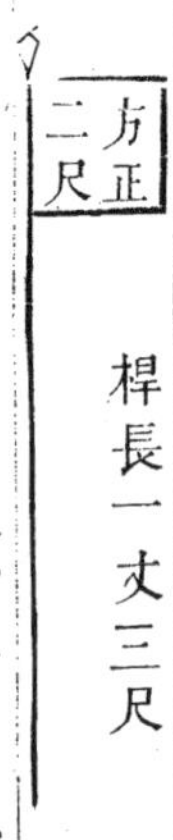

前營紅　左營藍　右營白　後營黑　中營黃

每船五方旗一副

前營

紅旗紅邊一面　藍旗紅邊一面

白旗紅邊一面　黑旗紅邊一面

黃旗紅邊一面

左營

紅旗藍邊一面　藍旗藍邊一面

白旗藍邊一面　黑旗藍邊一面

黃旗藍邊一面

右營

紅旗白邊一面　藍旗白邊一面

白旗白邊一面　黑旗白邊一面

黃旗白邊一面

後營

紅旗黑邊一面　藍旗黑邊一面

白旗黑邊一面　黑旗黑邊一面

黃旗黑邊一面

中軍

紅旗黃邊一面　藍旗黃邊一面

白旗黃邊一面　黑旗黃邊一面

黃旗黃邊一面

兵夫列船式

平時在船四面擺五甲總合為一大哨於船四面各甲各器長短相閒分方面外而立加遇打賊隨賊所在之面併力動手無賊之面亦留每面二人防看其船頭用銃一架第一甲撥兵四名專管船頭閘板下

第二甲撥兵四名專管兩水倉門

平時立船閱視圖

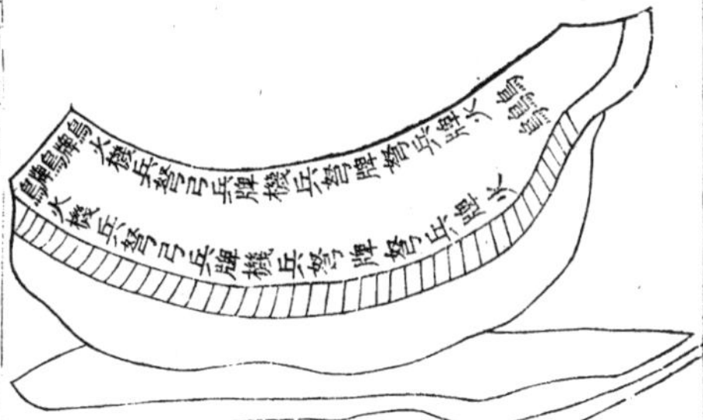

每海滄船一隻捕盜一名舵工二名繚手二名碇手二名扳招一名甲長四名兵夫四十名旗幟方色俱隨本哨福船相同但尺寸不同另開於旗圖之中

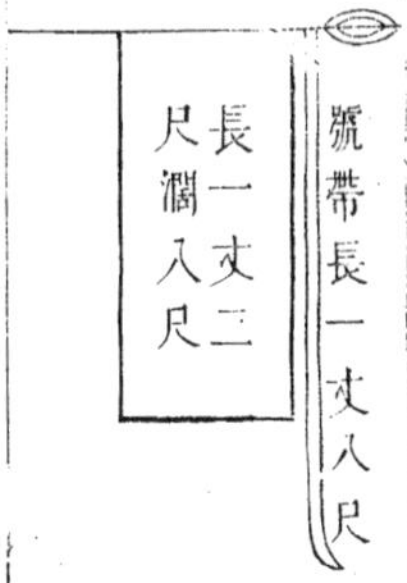

第一甲佛狼機鳥銃甲長專管放機銃賊近管放火砲磚烟火藥等器

第二甲標槍雜藝甲長賊遠槍刀打石傾放火藥等項

船隻搖櫓賊近管使

第三甲標槍雜藝甲長賊遠照管船隻搖櫓賊近管使槍刀打石傾放火藥等項

○○○○○
○○○○○

第四甲火箭甲長以一半打弩一半火箭賊近各色軍火器俱要便宜攻打

○○○○○
○○○○○

艟䑸一隻即大蒼山船也捕盜一名舵工一名碇手一名繚手二名甲長三名兵夫三十名旗幟方色俱隨本哨福船相同但尺寸不同另開於旗圖之中

號帶長一丈五尺

長一丈一尺
闊七尺

第一甲佛狼機甲長專管放機銃賊近管放火砲烟藥等器

○○○○○
○○○○○

第二甲標鎗雜藝甲長賊遠照管船隻搖櫓賊近各色軍器俱聽持用專備攻戰

○○○○○
○○○○○

第三甲火箭甲長以一半弩手一半火箭賊遠照管船隻搖櫓賊近各色軍器俱聽持用專備攻戰

○○○○○
○○○○○

水兵腰牌

營
縣　都人身長　尺　寸　年　歲
面鬚　土有　處
力　百　斤習　藝
嘉靖　年　月　日給

平居號令禁約

福船應備器械數目

大發熕一門　大佛狼機六座　碗口銃三個　噴筒六十個　鳥觜銃十把　烟鑵一百個　弩箭五百枝　藥弩十張　粗火藥四百斤　鳥銃火藥一百斤　弩藥一瓶　大小鉛彈三百斤　火箭三百枝　火磚一百塊　火砲二十個　鈎鐮十把　砍刀十把　過船釘槍二十個　標槍一百枝　藤牌二十面　寧波弓五張　鐵箭三百枝　灰罐一百個　大旗一面并號帶　大蓬一扇　小蓬一扇　大櫓二張　舵二門　碇四門　大索六根　小索四根每根長十八丈　扳舵索一根

繚後手索二根　碇繖四根每根長二十丈　絞碇索四根　鐵鍋四口并竈蓋　花碗八十個　鐵鍬四把　鐵鋸四把　鐵鑽四把　鐵鑿四把　鐵斧四把　薄刀二把　銅鑼一面重五斤　大更鼓一面　小鼓四面　大桅旗一頂　五方旗五頂　水桶四擔并擱梁　燈籠十盞　木梆鐵鐸一副　火繩六十根　繩十根　備用大小松杉木十株　鐵蒺藜一千個

捕盜自備用釘四十斤　油五十斤　麻六十斤　灰三擔

各兵自備用籛盔一頂　隨身釘槍一根　腰刀一把

海滄船應備器械數目

大佛狼機四座　碗口銃三個　鳥嘴銃六把　噴筒
五十個　烟罐八十個　火砲十個　火磚五十塊
火箭二百枝　粗火藥二百斤　鳥銃火藥六十斤
藥弩六張　弩箭一百枝　弩藥一瓶　大小鉛彈二
百斤　鉤鐮六把　砍刀六把　過船釘槍十根　標
槍八十枝　藤牌十二面　寧波弓二張　鐵箭二百
枝　灰鑵五十個　大旗一面帶（弁號）　大篷一扇　小篷
一扇　大櫓二根　舵二門　碇三門　竹篙十根
大索四根　小索四根（每根長十五丈）　繚後手索二根　扳
舵索一根　碇纜四根（每根長二十丈）　絞碇索四根　鐵鍋
二口（弁竈盞）　水桶二擔　花碗五十個　鐵鍬二把

鐵鋸二把　鐵鑽二把　鐵斧二把　薄刀一把　鐵
鑿二把　更鼓一面　小鼓二面　銅鑼一面（重五斤）
五方旗五面　燈籠四盞　木梆鐵鐸一副　備用大
小松杉木五株　火繩二十六根　繩六根　鐵蒺藜
八百個
捕盜自備用釘三十斤　油四十斤　麻四十斤　灰
二擔
各兵自備用箬盔一頂　腰刀一把　隨身釘槍一根

蒼山船應備器械數目

大佛狼機二座　碗口銃三個　鳥嘴銃四把　噴筒
四十個　烟罐六十個　火磚三十塊　火箭一百枝
粗火藥一百五十斤　鳥銃火藥四十斤　藥弩四張
弩箭一百枝　弩藥一瓶　大小鉛彈一百六十斤
鉤鐮四把　砍刀四把　過船釘槍八根　標槍四十
枝　灰鑵三十個　大旗一面帶（弁號）　大篷一扇　小
篷一扇　遮陽篷八扇　大櫓一枝　邊櫓八枝　舵
二門　碇二門　竹篙二十根　大索四根　小索二
根（每根長十五丈）　扳舵索一根（每根長二十丈）　繚後手索二根
碇纜二根（每根長二十丈）　絞碇索一根　箬纜一根　鐵鍋
二口（弁竈盞）　鐵鋸一把　花碗四十個　鐵鑽一把
鐵斧一把　鐵鑿一把　薄力一把　銅鑼一面（重五斤）
更鼓一面　小鼓一面　五方旗五面　燈籠四盞

木梆鐵鐸一副　火繩二十四根　備用松杉木五株
繩五根
捕盜自備用釘三十斤　油三十斤　麻三十斤　灰
二擔
各兵自備用箬盔一頂　腰刀一把　隨身釘槍一根

一平日各照派定武藝時常檢點船上器具每日一次看驗損壞火藥遇天晴五日一曬收閣乾燥避火之處槍刀鐵器半月一磨遮蔽風雨一各件收磨不如法扣罰工食甲長連坐

一每船斧口右大擂石務足若干入分放在船底二分放在船面用過即補不補者扣工食

一每甲兵十名如有在逃一名將甲長綑打收監甲下兵夫以五名收監以五名齎文分投捉拿獲日卽以本犯歷過工食充賞限三月拿不回將差過之兵各打四十監候又差在監一半去拿如此輪拿一年不獲將前甲兵夫俱革其一年工食通扣在船修艌船隻凡差出拿逃兵者工食卽日扣收在官拿獲有功之日給與其逃兵自首免罪不到者春汛時月發船之期依臨陣示衆在逃法每甲俱有逃兵連坐捕盜每船俱有逃兵連坐哨官各哨俱有逃兵連領兵官依次連坐卽行覺舉者免罪

一兵逃甲長卽時稟捕盜捕盜呈哨官轉呈把總呈府詳冊拘該甲兵夫給文行拿

一每月初一十五捕兵卽於二十九十四日該管捕盜募兵到船送付哨官帶到領兵官驗呈把總類驗本府驗中給與腰牌發總呈道收冊發船駕操

一各船捕盜遇夜出哨脚船三板船俱要收藏穩便不許拖帶恐遇風急潮滾頓流者一船兵役取水不便誤失者管船兵夫一面治以軍法一面扣月糧賠造

一在港每日清晨中軍船定營吹打三通放砲三個升太平旗左右前後四營依序安擺各擂鼓鳴金亦升太平旗

一捕舵兵夫上岸買辦柴米及神福船具俱赴中軍船給籌票刻限時日回船敢有不行稟明私自擅離及該管小甲互相容隱知而不舉者一體連治軍法

一各船領兵指揮哨官捕舵兵夫風汛時月不許偷安假托事故在岸宿歇虛竊錢糧致悞事機者不分貴賤一體軍法重治如有警掌行號已畢而未到船已起碇而方來俱係畏避卽發保候無功者斬

一各船捕舵小甲兵夫各照定名分長幼尊卑務念同舟共命如父子弟兄相處不許嗜酒在船爭打違令喧嘩俱以軍法連坐然後另行發官問理曲直

一兵與甲長凡事務相推讓惟甲長是聽甲長平時見捕盜一跪一揖遇軍中發放跪聽號令

一捕盜見哨官平時皆一跪一揖遇在中軍或臨敵以軍

法施行

一哨官見領兵官一跪一揖臨敵臨操軍法施行

一領兵官戎裝見把總兩跪一揖平時許以冠帶臨操臨陣戎裝聽令小則徑自綑打

一哨官見把總兩跪一揖臨操叩頭捕盜見把總叩頭捕盜見領兵官平時兩跪一揖臨操叩頭跪見

一各船官捕兵役各備簑衣箬笠一副以便遇雨應用毋得抗違

或者曰兵舟當在船上操豈有取兵下陸地而操水戰之理耶繼光曰海舟比江中不同戰賊時惟用風力帆檣之功但有舟利帆速者隨便徑上以鬬船之力耳海中

風濤潮汐非內地江湖搖櫓整次之比也舟中既不能
操矣而不取於陸以習之不幾於棄之也或又曰取之
操於水寨是矣而又何以陸操繼光曰水陸之分可恨
正在此逼賊登山將不捨舟步戰乎哉或者曰然

安擺船式之圖

分鬮二營擺圖

一營擺圖

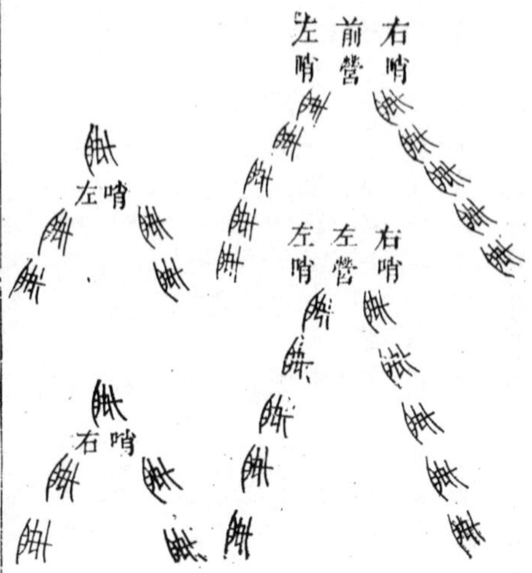

以上擺船之說大端海濤洶湧港有灣曲濶狹當風隱風
之不同隨港形深淺難拘一定之勢此言處寬迴水善
之形耳設使狹如羊腸則又當單隻一字順下不可拘
方也

一每日日落時分聽中軍船上吹打三通放砲三個各船
一體鳴金擂鼓落旗

一夜暮以朦朧爲期中軍船發擂三通起更各船齊擊竹
梆打更者打鼓一次梆響一遍每更用兵二名一名船
頭遠視一名船尾高瞭遇有船過卽便鳴鑼各船齊備
倘水上有黑塊夜浮者恐賊人踏水偷碇支更兵夫速
以石打一面高叫本船捕兵同看若是別物流入則已
若是賊人卽便鳴鑼打銃各船一體防備違令支更兵

夫重治割耳因而失事者斬首

常時赴水寨操習

一每隔夜把總官先禀該操大旗一面於中軍船上示兵
知之次日早掌號官先於船上五更吹長聲喇叭一遍
各兵起收拾做飯約中軍船炊熟吹第二遍喇叭各兵
食飯吹第三遍喇叭各官捕帶兵先登岸赴水寨照圖
擺立

一俟水寨演熟部伍然後照前操法以操兵船俟泊處關
港潮平依法操於舟如其關港狹曲風潮不可操大舟
者以小船摘甲長每甲摘兵一半用小船三板操其形

狀之畧

擺立圖

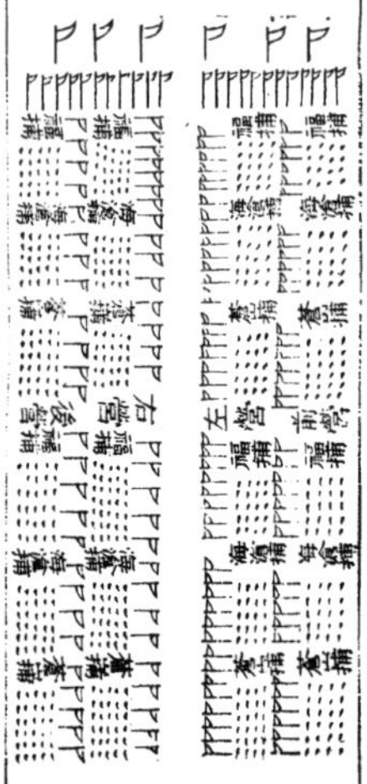

一本總擺清道建五方旗鼓進塲坐定中軍官稟放砲升旗又稟放靜砲三個即放砲三個諸營一時肅靜稟掌號筒官旗聽發放掌號筒官捕甲各執旗由兩邊路到臺下立定金響號筒止其立定之法每一船捕盜在前甲長旗挨次在後中軍官呼官旗過來齊應一聲先甲

長次捕盜次官跪聽發放掌號官發放云官旗聽着耳聽金鼓眼視旌旗駕船如馬見賊爭先同舟共命奏凱還師依次分付起立舵工跪過稟稱舵工聽發放發放云舵工聽着一舟之功全賴爾輩稍有歪斜不能直射賊舟者軍法示衆舵工起此後如有別事發放逐一講明起立中軍分付官旗下地方各應一聲鳴金大吹打各照原路回信地各領兵官照依臺上規矩於各營掌號發放畢聽各捕盜將本船甲兵盡數俱令跪聽其先發放招扳手日船若着淺治爾之罪次發放繚手日使風不正治爾之罪次發放舵工日船去不能直射賊舟治爾之罪發放畢各營肅靜

一下營中軍掌長聲喇叭三遍吹哱囉各兵起身再吹哱囉中軍旗幟擺出當中立定點鼓各船捕兵依前畫港內列船式樣由中照前圖擺出仍爲每甲一行每船各甲平行俱在塲之當中一行立畢金響鼓止一面預於塲之盡首立左右二的左右相去一百步其的高六尺濶三尺每的下立高桅一根高三丈粗不拘又立近的二座於左右的之中相去二十四步的高三尺濶一尺看中軍點何色旗其該營兵即聽吹天鵝聲喇叭擂鼓各兵吶喊一船一船挨次近的一船之兵約去五十步即照前圖內閱視擺船圖相開擺開爲一長圈趨的之中先鳥銃狼機射手照遠的打放火箭向高照遠桅放

之其佛狼機預先立三架在彼臨時止用各船機兵到即放打不必擡行將鳥銃一遍狼機各一個火箭一枝弓箭二發其鳥銃兵即向近的打石佛狼機手每人包火藥五兩向近的擲火然之各色火器各放一件其標槍手打標弩手放弩俱中近的爲則各照方面攻打石矢各三發鼓少間一船兵即於大臺前面抄傍而回又擂鼓吶喊又一船到的照前行之又過傍抄回如此俱完則前一船兵復又如環輪轉再近的金響鼓止鑼響即各於脚下止息乃將前四的四桅俱取立居中一字立之中軍掌哱囉各起身擂鼓吹天鵝聲吶喊各兵因面向中攻打一番鳥銃不用銃子火箭高放火藥標石

不必施以其四圍遠攻使賊不敢出露身體於船之上我可徑造而擒之此遠勢非逼近勢也如臨敵則自有一船逼近用標石火藥擲傾近攻不可預習如此一陣金鳴鼓止捽鈸響各收成每甲一行每船爲一方立定再捽鈸響收照原出在港圖次立定放砲三個鳴金大吹打挨次照初出擺營序列回還原劄信地立定鳴鑼坐地休息各官赴臺下稟操畢中軍稟比較先列佛狼機六座立一百步的一面豎起紅旗各船佛狼機手通赴臺下立聽唱名打放每人三銃中一者量賞中二者平賞中三者超格重賞不中者打罰如比較陸兵格眼次立八十步的一面豎起紅高招各船鳥銃俱集臺下

照佛狼機試打賞罰次立六十步的一面豎起黃旗各弩手射手火箭手通赴臺下每人亦三發亦照銃手行賞罰次立二十步的一面豎起藍旗各船標槍手打石手俱赴臺下每人三發亦照銃手行賞罰次立白旗各船刀手勾鐮手槍手俱赴臺下先每名單看使舞手法身法步法次斬馬刀與長槍較次叉鈀勾鐮與長槍較看其遮當何如但能任槍誘哄執立不動目不瞬視候到見肉分槍就使不能遮架亦爲第一等若一見槍來遠近迎架頭搖身傾手動足亂卽爲生疎且其人無膽或治或革惟公道行之是爲下等俱演畢放砲落旗散操各船三板俱來岸下候兵登船歸艅每演此一遍則

演陸操一遍不拘二項但操一遍歇一日水操每月一五九十三十七二十一二十五二十九日陸操每月三七十一十五十九二十三二十七日其陸操照依本府陸兵新書內止操自一隊起以至一官者止不操方營與前一半蓋水兵有水操大勞故也其武藝各照所執比較一如官旗調集臺下之法

一變水兵爲陸兵小隊操束伍圖

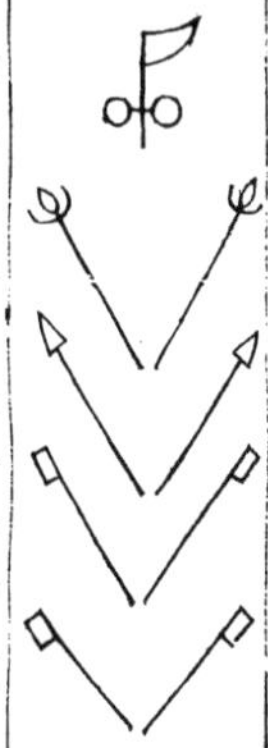

一放火磚火砲火毬之法須火線然之將入方可擲下不

然擲而滅就不滅賊可反手正當發時反爲所害

一火箭只着棚帆當中一點打去當高中則不可撒低則易救

一弩弓不可遠遠則無益徒費矢竭力

一標槍非兩船相逼不可用往下打更難准

一打石着人頭面方打不可空往船上擲之

一賊船如近我船便傾下火藥一二桶少則無用連桶則恐滚擲水中須傾桶到下一面用一二人用鐵鍬執炭火數鍬隨藥擲下火多則必有然藥者或用粗碗一個種火一碗用灰蓋之放於桶口擲藥之時碗內火同藥傾及船一磕而火藥相粘必發難救此第一全勝捷徑

妙法智者不能施其巧勇者不能用其力也

發船號令

一隔日先行牌諭各捕兵將以出洋若干日該備薪米水數目令備完限時點查欠者綑打罰工食凡中軍吹長聲喇叭一遍立起黄旗一面各哨船出洋哨賊如報有警本總即升船廳聽砲三個大吹打畢先吹哱囉一盪各船一面起碇掌號箇官捕旗甲俱坐三板赴中軍船下兩邊照營列定掌號官稟稱官旗到齊聽發放船上叫官旗進來水倉門報名俱赴船面掌號官叫官旗過來以下俱照常時在水寨操練規矩發放畢各官捕回船亦照寨操一體發放畢中軍船擂鼓升行旗吹第二

盪哱囉响各船起篷第三盪哱囉依次開船夜洋行使首尾相接雁行而進不許太相違離艅哨一船違令捕盜之罪二船違令哨官之罪四船違令領兵官之罪中軍畏縮把總之罪其舵工繚手皆加倍重治遇有船漏風水不使者驗實免罪

遇夜洋行船

各船以燈火為號中軍船放起火三枝放砲三個懸燈一盞各船以營為辨前營船懸燈二盞平列左營懸燈二盞各桅一盞右營大小桅各懸燈二盞平列後營懸燈二盞一高一低看燈聽尾收艅船到將近船上捕盜先自呼名識認

一遇夜泊船聽中軍船招艅喇叭響各船依序隨艅安插不許私求穩便遠泊因而疏虞斬首示衆哨官連坐

一守夜號令俱同在港號令但每夜加鳥銃手二名點火執銃遇疑即便對放

一各船遇夜有急看中軍旗五方高豎燈五盞是欲設疑以見船多之意每船後尾上立燈左右一盞前桅上加燈二盞

臨敵號令軍法

一中軍船戰聲喇叭響各鳴鑼齊擂戰鼓天鵝聲響大聲吶喊奮勇勦殺獲有功級各送領兵指揮驗實類送中軍紀驗彌報退縮後至者斬其捕盜船行遲曲而後到

者斬其捕盜舵工遇淺者斬其扳招手船雖先到而不直射賊船傍邊擦過者斬其舵工繚手使風不正者斬其舵工繚手如已使過賊舟相并不能成功致賊舟復走者斬其捕盜各甲長有能挨報某兵不用心某兵不用心者其不用心之兵斬首甲長止於綑打

一敵人慮我官兵追戰將船內器物遺棄水中兵夫敢有撈拾而不追賊者許本船捕甲割耳示衆故縱者連坐斬首

一凡已打敗賊舟一隻而餘舟不行分投追打別賊共相攢來爭撈首級致賊遁走者各船獲級俱止歸先打一船之功餘船捕盜綑打一百割耳其一船雖已逼到賊

舟而未即打敗餘舟援應會同用力者不在此例
一各船遇敵敢有畏勢揚帆遠望逗遛不進者捕盜舵工
俱就陣斬首示衆
一各船放銃須將火藥收藏妥便免至火星爆入貽患匪
細倘有失誤銃手管藥兵夫一體軍法施行
一各船打敗倭寇所擄獲財物包裹聽船捕盜從公分給
以多半付動手首功之人餘皆均處敢有官捕頭目勒
分甚至夾打追侵公然放肆者許各兵徑於回日赴官
告首決打重治加倍追付各兵頭目依律治罪其軍器
則要報官査驗不許各兵隱藏
一與賊船對泊船碇纜上用猫竹劈開包裹纜上以防敵

人夜竊之患違令碇手綑打
一各船遇警聽中軍船天鵝聲喇叭響各船鳴金鼓一遍
捕兵大聲吶喊以壯軍威違令治以軍法
一各船遇警捕舵兵夫不許解衣而卧違令察出治以軍
法
一報警至急起碇不前即使用大猫竹一段計長一二丈
縛於碇纜浮水以便班師各自認取違誤碇手割耳示
衆
一各船捕舵兵夫遇泊船山澳無故不許上山閒遊恐遇
警一時下船不便致有誤事若要取水輪直兵夫赴中
軍船告稟明白方許取水違令上山人拿治不恕

松海島嶼外洋哨船發火號令
一健跳者北至金齒門南至漁西其信地則青珠山茶盤
山靑門黃芽覽
一桃渚者北至牛頭門南至聖塘門其信地則獨鰻山白
達山米篩門
一海門者北至擔門南至三山其信地則擔門山三山頭
一松門者北至深門南至鹿頭其信地則礁頭山胡孫尖
道士冠山大高城山鹿頭山
一隘頑者北至鷄臍南至派引洋其信地則沙角山靈門
山
一楚門者北至邳山南至芽嫗山其信地則久引山老宮

前山
一往來巡哨遇有警急各在信地登各相近山上先行舉
放煙火所在兵船瞭見火光煙焰就行開帆望火前進
哨勦聯近烽堠即時拔放傳報南北大兵防截其哨船
仍探賊船向往踪跡親報領哨官以便進止如火報不
爽兵船逗遛誤事罪坐該管領哨官員若哨船不盡信
地止於一處探望或在漁樵船隻人內取信或到山放
火而原積柴草不足火小不能燎遠致失傳報誤事者
該直哨船軍甲俱以軍法斬首
福船說　夫福船高大如城非人力可驅全仗風勢倭舟
自來矮小如我之小蒼船故福船乘風下壓如車碾螳

鄉鬬船力而不鬬人力是以每每取勝設使賊船亦如我福船大則吾未見其必濟之策也但吃水一丈一二尺惟利大洋不然多膠於淺無風不可使是以賊舟一入裏海沿淺而行則福舟爲無用矣故又有海滄之設

海滄說　夫海滄稍小福船耳吃水七八尺風小亦可動但其力功皆非福船比設賊舟大而相並我舟非人力十分膽勇死鬬不可勝然二項船皆只可犂沉賊舟而不能撈取首級故又有蒼船之設

蒼船說　一名艟䑸又蒼之大者　夫蒼船最小舊時太平縣地方捕魚者多用之海洋中遇賊戰勝遂以著名殊不知彼時各漁人爲命負急之勢亦山賊之入我地是

也今應官役便知愛命然此船水面上高不過五尺就加以水打棚架亦不過五尺賊舟與之相等既勢均不能冲犂若使徑遇賊舟兩艘相連以短兵鬬力我兵決非長策多見誤事但若賊舟甚小一入裏海其我大福海滄不能入必用蒼船以追之此船吃水六七尺與賊舟等耳其撈取首級水潮中可以搖馳而快便三色之中又此爲近利者改制爲艟䑸比蒼船稍大比海滄更小而無立壁最爲得其中制遇倭舟或小或少皆可施功但水兵人技皆次於陸兵使將水兵教練遴選亦如陸兵而後登之舟中則比陸戰加一舟險其功倍於陸兵必矣司寄者何憚而不爲哉

三船利鈍說　大端天若風動勢順則滄不如福蒼不如滄若風小勢逆則福不如滄滄不如蒼其開浪網船之類皆可備哨探而不可戰者開浪以其頭尖故名吃水三四尺四槳一櫓其形如飛內可容三五十人不拘風潮順逆者也又不如八槳船左右十六槳後一櫓更爲飛迅但坐卧處不冠冕耳網船形似織梭內容二人前後用二人以罩罩之風波大又可拖之塗上且不能覆吃水七八寸耳此可走報或用之裏港窄河動以百數每隻內用鳥銃二三人蜂集蟻附沿淺沿塗而打之甚妙如賊追逼就可棄走一舟不過一金之費耳

相寇情　小舟數往來者謀議也遲而審顧者疑我也欲

進而復退者探我也既退而卒進者襲我也鼓噪而矢石不下者兵器少也却而顧者欲復來也先急而復緩者整備也促鼓而不戰者懼我也泊而揚帆者欲出不意也既退而不速者謀我也火夜明而呼噪者恐我襲彼也擲纜而即起者欲擇其利也火數明而無聲者備器也夜泊而趨於涯涘者鄉道欲往也促纜而不呼者急欲遁也促纜及流懸鐙於途者夜遁而潰也久而不動者偶人也鼓而無韻者僞響也近岸連村而不登刦者怯也不久因請和投降者詐也

謹行泊　我舟在洋出哨追趕賊船天欲黃昏潮時將盡不可貪程一意前往須防今夜自安泊處恐無收奥風

至之處過龍潭神廟不可放銃吹打吶喊或有驚動起風作浪之失早晚占看日月星雲氣色飛鳥預知風雨未到晚黑便收澳宕高登四瞭恐隔山先泊賊船而我不防也

戰船器用說　夫水戰於舟火攻爲第一籌固然也其火器之屬種目最多然可以應急用者甚少何則兩船相近立見勝負其諸器或有宜於用而制度繁巧一時倉忙不能如式擲放致屢發而無用或精巧宜用而勢不能遍及一舟或重贅而不能發及賊船最不宜者是見行火器安藥線在口如若俟點入口則發在我手若方然卽擲則擲下又爲賊所救又有所謂火瓶者內用石

灰蓋舟上惟利滑使人不能立脚一說用鷄鴨卵擲下或鄉滑泥者猶可今乃用灰瓶是又濕賊之足而使之立牢也不可不可今屢試屢摘合以眾情共愛而數用無異者止有二種一遠一近至矣足矣愈淫巧繁多愈無實用記之記之

一舊用火藥傾下賊舟此固長策然又別用火器或炭火再傾擲使之發藥每每或連桶擲入水中或被賊乘藥桶及伊舟以水沃濕亦皆未中肯綮可以必發故復重出此說因以見此法之萬分至妙也所謂二種者遠則只用飛大噴筒近則只用埋火藥桶至易至便萬用無差除此之外所謂火箭神機火磚噴筒之類皆遠不及此苟具此二種則他種又皆不必用也

右約賊船在遠先將炭火燒紅盆盛一處約賊舟相近百十步以火入粗碗灰培再俟賊近三二十步以碗平放在藥桶內蓋了俟兩舟相逼將桶平平擲下至賊船被磕動碗內火跌泛而出與藥相觸卽發時刻不失較之別器藥線不然及線濕放早之病皆可無矣

船碇　走風從颶事急追賊俱關人力起碇遲誤備此臨急解繫繳尾泛之以便回取

此用桐木燒黑外一寸甚妙

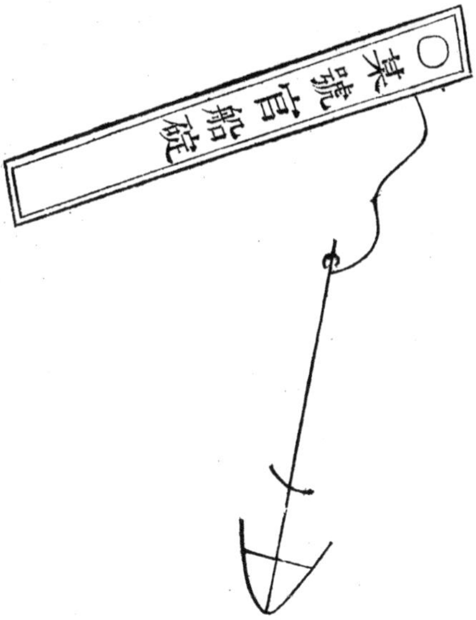

諸家水軍營圖

水軍營圖

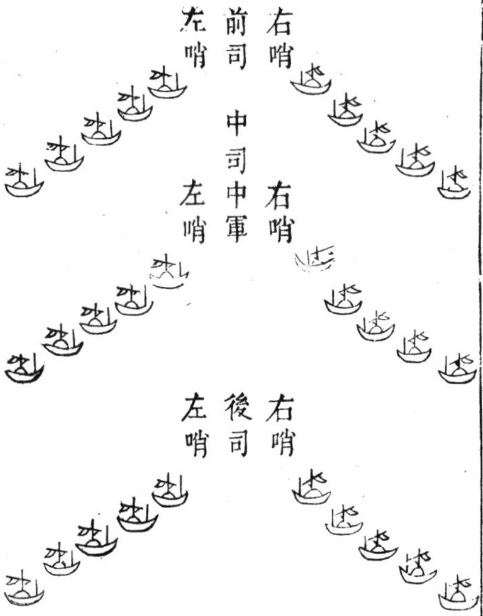

山路道險步步為營倒捲疊進圖式

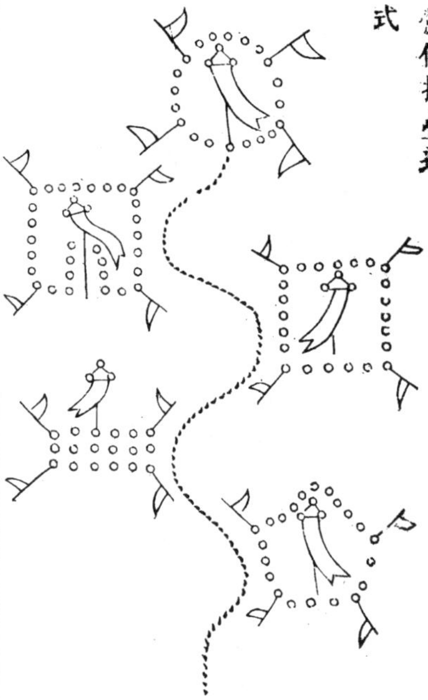

拒馬　每根長五尺二寸重三斤十二兩鐵錘一把重二斤六兩鐵釘一根重十二兩皮條一根長四尺

安營拒馬

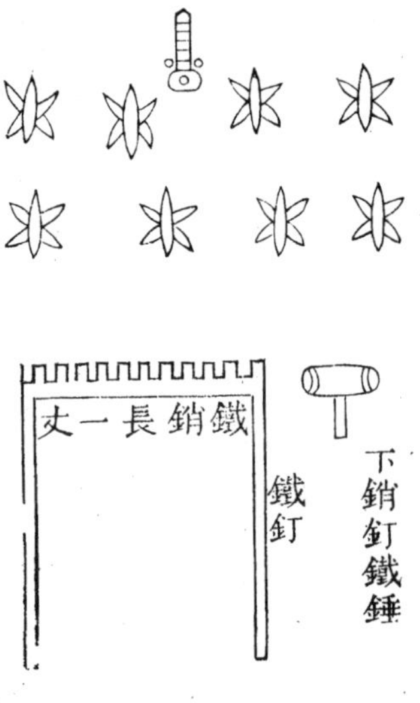

諸家水軍營法　水軍營用船不拘其數大船落篷排列四面內藏甲士火器如在江中下鐵猫若在海則下木碇䂐四門各船須要易放易發營內左右設快船上站善水勁兵執長槍鉤鐮火銃出敵在相風勢兵力舉之耳

營地　下營貴得地利得其道則合不得其道則乖是也大約大河南北幽燕魯衞之間地平如掌營之方圓惟其所置西北隴陝之間地無百里之平置營多在廣原高坂之際或尖邪或屈曲或斜坡大山或臨深澗塘陂地互相掩人馬咫尺相隔惟登高者可以遠視江南泥濘澤多惟平衍而四通者可居若二廣之地山水重複

雖有平曠盡爲水田亦必占高原平曠之地可以固守至西南巴蜀界地接連蠻夷僰緯蠻書云高山峭壁萬仞連天深澗有底莫測其源者昔武侯屯兵舊跡亦隨岩穴關道屈曲坡坂之中故今之置陣也但擇其地土穩便相度人馬多寡有出入可以通糧運草無岡隴使人下視之勢則善矣

一不居大谷之口四面受敵人馬易爲衝突名曰天竈是也

一不居大山之端防後有人馬沿山而來破我營寨前臨險阻被賊堅守我無出入之路名曰龍首之地是也

一不居死地謂安營不臨墓塚之地人馬多夜驚士卒必生疾病

一不居地柱謂下低中高其地上面廣平中間有㘭如覆釜之形若安營其上入面招風周匝受敵

一不居地獄謂高隴之下其地廣衍平原中有地形如仰盆之象若安營其中被賊四面乘高攻我必敗其中

一不居山林草木蒙密之地春夏枝葉茂盛不見人馬恐賊穿出路而來驚我營寨秋冬草木枯敗恐被上風放火因而刦我難以迴避應敵

一不居江湖溝澗灣曲之地恐被賊於要害處堅守則我無進退之路外無交接卒難相救

一不居大江險絕掩抱之中被賊守定隘阨若救軍不至

我無進退應敵之路

一不居江湖之岸大山之側防三面受敵且後無進退之路若中有舟楫船筏傍岸又有通糧之道上流有救應之兵乃可安營

一不居江河夾岸浮水下營須防上流穴船及水賊鑿船沉溺之患

一不居四面長川四達之境四面賊攻擊外無救援受敵最多

一宜居背高面低前有淸流後有通糧之路四面無高山大隴雖在遠亦不妨

一下營訖司門及佐郎巡隊檢校兵甲器仗等如有破綻

損汚卽須修葺磨礪

一兵士每下營訖先令兩隊共掘一厠

一入地境安營造飯樵採薪柴不可遠去須用哨馬四面卓望見賊急回

一營若無水踏看他生葭葦水草之處及有蟻壤之地其下必有伏泉可開水井又尋野獸踪跡去路不遠有水如軍去戰要備水隨行者可於羊皮囊中盛之或大葫蘆竹筒皆可用也

營規　一軍下營訖司騎及佐分行巡視馬驢有疾者醫之

暗營　凡暗地移營別處夜則鐙籠罶在虛營各聽隨時編發字號如中軍說甲字則是左哨凡言甲字一郎左哨第一隊餘倣此不預定者恐奸細知之也　凡要下暗營各營鐙籠點起用草蓋藏於地不可以不用遂不然恐一時卒用然之不及也

夜營　凡軍營久駐於野谷賊路掘斷爲土壕濶三丈深二尺以細沙散土塡平每日檢行掃令靜平奸人出入與兵馬往來盡見　凡下營之旁或下地雷或下水砲懸機於路敵若一至機動火落砲必打出不惟駭敵人之來亦可警吾師之備

用連珠倒捲營法　山深道險馬不得幷列人不得連肩恐敵人伏兵險路或摭我前或冲我中或斷我後雖有哨兵探馬恐一時搜索不到敵人出我不意或哨兵探馬誤闖入敵人伏兵之中爲其所陷不及報我冒然而進萬一遇敵一線之路彼以有備待我無備險山之要首尾難援百步之險前後莫救豈容不先爲之防今用連珠倒捲之法如飛天蜈蚣之勢如彼來攻吾中則兩山出兵夾攻彼攻在左之營則右營出兵爲援彼攻右營則左營出兵爲援彼退則我躡其後營後復如噴珠而出又相連下營更番迭戰敵勞我逸是敵人欲來前面攻我勢不能突如敵斷我後以退爲進後哨作前哨倒捲而回敵亦難邀截如遇大江關隘之地我又必先留兵把守豈肯輕進使無歸路之理考古証今而各戰行營萬萬無過此者

防海輯要卷十五

水戰　金湯借著

大江要道　舟師可以進可以守東南之師趨三齊者自淮入泗而上劉裕伐南燕舟至下邳是也趨河北者自汴入河而止桓溫伐燕至枋頭是也捨舟登陸尚得半利趨關中者自河而入徑至長安王鎮惡以蒙衝小艦至渭橋是也水陸並進可得全利此皆以舟師進者也塞建平之口使自三峽者不得下此王濬伐吳楊素伐陳之路也據武昌之要使自漢水者不得進此何尙之所謂津要根本之地也守釆石之險使自合淝者不得渡蓋韓擒虎嘗因以滅陳也防瓜步之津使自盱眙者不得至蓋魏大武欲

據此以寇宋也扼其要害不得進此皆以舟師守者也

舟戰

大勝小　福船廣大如城非人力可驅全仗風勢倭船自來矮小如我之小艙船故福船乘風下壓如車碾螳螂鬭船力而不鬭人力故每每取勝　金兀朮入寇韓世忠與相持於黃天蕩世忠以海艦進泊金山將戰海舟乘風使篷往來如飛兀朮大敗　宋虞允文及金主亮戰於江中部分甫畢敵已大呼殼操小紅旗麾數百艘截江而來瞬息抵南岸者七十艘直薄我軍士殊死戰官軍以海鰌船衝敵舟皆沉敵半死半戰日暮大敗　陳友諒圍南昌明太祖親督舟師三十萬援之友諒解圍東出鄱陽湖逆戰悉以巨舟連鎖爲陣旌旗樓櫓望之如山我軍舟小卻於仰攻往往退縮太祖不懌斬隊長而下十餘人猶不能止郭興趨前曰彼舟如此大小不敵非人不用命也非火攻不可卽命常遇春諸將分調網船載葦荻置火藥其中至晡時東北風起乘風縱火焚其戰艦數百艘煙焰張天十里湖水盡赤友諒弟友仁及平章等皆焚死

堅勝脆　廣船視福船尤大堅緻亦遠過之蓋廣船乃鐵力木所造福船不過松杉而已二船在海若相沖擊福船卽碎不能當鐵力之堅也倭夷造船亦用松杉之類不敢與廣船相沖

順風勝逆風　吳越王鏐遣其子傳瓘擊吳吳遣彭彥章

拒之戰於狼山吳船乘風而進傳瓘引兵避之旣過自後隨之吳回船與戰傳瓘使順風揚灰吳人不能開目及船舷相接傳瓘使散沙於己船而散豆於吳船豆爲戰血所漬吳人踐之皆僵仆因縱火焚吳船大敗　金亮遣蘇保衡統水兵由海道趨二浙李寶舟師至東海縣時敵圍海州寶麾兵登岸敵驚引去出海口泊唐島候風卽南寶禱於石臼神風助順丙寅風雨南來衆喜爭奮引帆俄頃薄敵敵驚失措敵帆皆以油纈爲之彌亘數里忽爲波濤捲聚一隅窘促搖兀無復行次寶以火箭射之煙焰隨發延燒數百艘降者三千人

順流勝逆流　吳李神福自鄂州東下田頵遣其將王壇

江建將水軍逆戰神福謂諸將曰彼衆我寡當以奇取勝及暮合戰神福佯敗引舟泝流而上塏建追之神福復還順流擊之因風縱火焚其艦塏建大敗士卒焚溺死者甚衆

防淺　吳權舉兵攻皎公羨於交州漢主命其子宏操將兵救公羨權引兵逆戰先於海口多植大杙銳其首冒之以鐵遣輕舟乘潮挑戰而偽遁須臾潮落漢艦皆礙鐵杙不得返士卒覆溺大半　明討陳友諒大戰鄱陽湖所乘舟膠淺沙賊乘勢攻之急欲犯明主舟諸將計無所出帳前親兵將韓成曰古有殺身成仁者臣不敢愛死遂服明主袍冕對賊衆投水中賊信之攻稍弛會諸將兵至始退

俞通海與衆議曰湖水有淺處舟難迴旋不利於戰莫若入江據敵上流彼舟若入即成擒矣劉基亦密言請移軍湖口期以金木相犯日決勝從之敵見我水陸結寨不敢出糧盡益窘繞下流欲遁通海追敗之

防砲　鄱陽之戰瀕危後安一日與友諒鏖戰劉基在御舟忽躍起大呼太祖亦驚起回顧但見基雙手揮之連聲呼曰難星過可更舟太祖悟如言更之坐未半晌舊舟已為敵砲擊碎矣

防火　元張宏範襲厓山張世傑結大舶千餘作一字陣碇海中中艫外舳貫以大索四周起樓棚如城堞奉帝居其間為死守宏範舟薄之世傑舟堅不能動宏範乃舟載茅茨沃以膏脂乘風縱火焚之世傑戰艦皆塗泥縛長木以拒火舟不爇宏範無如之何

防風　宋陸秀夫負帝赴海死張世傑收兵至海陵山散潰稍集謀入廣颶風大作將士勸世傑登岸世傑曰無以為也登柁樓露香祝曰我為趙氏亦已至矣一君亡復立一君今又亡我未死者庶幾敵兵退別立趙氏以存祀耳今若此豈天意耶風濤愈甚墮水溺死大學衍義補有兩頭船之法以海運船遇巨風難旋轉兩頭製柁遇東風則西馳遇南風則北馳海道諸船無逾其利蓋武備無嫌於多慮患不妨於遠莫為之前猶將求之而況設之前者有未泯乎以之衝敵賊舟雖整可亂也

防鑿　舟用夾底庶可無虞舟底有用釘者

舟製

八卦六花船此船江海中攻守皆用不懼風濤攻則敵不能當守則敵不能近故水戰首此以保全勝用厚楠木板作五槽底槽後為尾槽前平頭有八卦六花之義故名焉上有三桅中有八輪後有舵樓順風有篷逆風轉輪其快如風底中一槽高七尺闊六尺旁二槽高六尺闊五尺儘邊二槽高五尺闊四尺每槽相離置輪一尺五寸其闊三丈六尺兩頭皆鋪平中間上作艙長三丈六尺槽前平頭三丈六尺槽亦三丈六尺尾起舵樓底空內定八輪中作官艙長三丈六尺闊一丈八尺兩艙

各濶九尺前後中共三桅篷索用藥水刷過遇雨不濕火到篷卽滅遇圍用挨牌艙上用生牛皮包裹底用狼牙釘品字密釘以防奸細水怪此乃統軍大將取勝也

鬭艦船舷上設女牆可蔽半身牆下開掣櫂孔船內五尺又建柵爲女牆齊柵上又建女牆重列戰士上無覆蔽前後左右豎牙旗金鼓晉謀伐吳詔王濬修舟艦乃作大舟連舫一百二十步受二千人以木爲城起樓櫓開四門其上皆得馳馬畫怪獸於鷁首以懼江神水怪

鬭艦

樓船

船上建樓三重列女牆戰格樹幡幟開弩牕矛穴外施氈革禦火置砲車擂石鐵汁狀如山壘其長者可以奔中馳馬若遇暴風則人力不能制似不甚便於用然施之水軍不可以不設足張形勢而鎮風濤以上諸船皆用以壯威者也

輪船

一名車船岳飛破楊么於洞庭么時與劉豫通負固不服方浮舟湖中以輪激水其行如飛旁置撞竿官舟迎之輒碎　金主亮既至江北掠民船指麾欲濟虞允文伏舟於七寶山後令曰旗舉則出伺其半渡卓旗於山人在舟中踏輪以行船但見船行而不見人遂歷敵舟人馬皆溺

神飛火輪舟狀類海船周闈生牛革為障或剖竹為笆以當矢石上留銃箭眼上中下分三層首尾設暗艙以通上下中層安刀板兩旁設飛槳或輪乘浪排風往來如飛水手用泗人遇賊詐敗棄而與之精兵暗伏艙內泗人伏水走待賊登船機關一轉翻人中層刀釘板上皆就戮矣若衝入賊船隊兩旁暗伏火器勢不可當

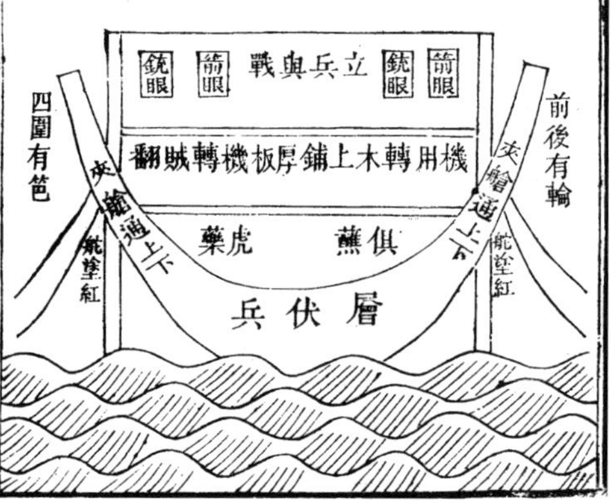

鷹船崇明沙船可以接戰但上無壅蔽火器矢石何以禦之不如鷹船兩頭俱尖不辨首尾進退如飛旁皆茅竹板密釘竹間設牕可以出銃箭內隱人盪槳

海鶻船形頭低尾高前大後小如鶻之形舷上左右置浮板如鶻之翅以助船之飛雖風濤怒漲而無側傾之虞左右以生牛皮為城牙旗金鼓如常法

沙船能調戧使鬬風舊制深嚴雙桅下海之禁承平既久法度浸弛不但雙桅習以為常甚有五桅者長江大帆一日千里若從權取而用之但於兩舷增設戰棚以為捍衛亦利水戰

以上諸船皆用以戰敵者也

叭喇唬船浙中多用之福建烽火門亦有其製底尖面濶首尾一樣底用龍骨直透前後濶約一丈長約四尺末有小官艙舷面兩旁各用長板其兵夫坐向後而棹槳每邊用十槳或八槳其疾如飛有風豎桅用布帆亦能破浪甚便追逐哨探倭奴號曰軟帆賊亦畏憚

按福船有六號一號二號俱名福船三號哨船四號

冬船五號鳥船六號快船福船勢力雄大便於冲犁
哨船冬船便於攻戰追擊鳥船快船能狎風濵便於
哨探或撈首級大小兼用俱不可廢而哨探則無如
叭喇唬船爲妙

叭喇唬船

遊艇無女牆舷上槳船左右隨艇子大小長短四尺一椿計會進止回軍轉陣其疾如風廣候用之

開浪以其頭尖故名喫水三四尺四槳一櫓其行如飛內
可容三五十人不拘風潮順逆皆可用也
漁船於諸船中制至小材至簡工至約而用至重以之出
海易進易退隨波上下敵舟瞭望所不及是以海上取
勝擒賊多賴之
八槳船此船但能供哨探之用難以擊賊閩廣浙直皆有
此船
宋趙善緗知鎮江製多槳船五百艘無論風勢逆順捷
疾如飛
以上諸船皆用以哨探者也
無底船

襄城之圍張貴爲無底船百餘艘中樹旗幟各立軍士於兩舷以誘之敵皆驚躍以入溺死者萬餘亦昔人未有之奇也夜戰誤敵未有過於此者又一法以三舟聯爲一舫中一舟裝載左右舟則虛其底而掩覆之

蒙衝

蒙衝者以生牛皮蒙戰船背左右開掣棹穴矢石不能敗前後左右有弩窻矛穴敵近則施放此不用大船務在捷速乘人之不備

宋武帝北伐王鎮惡請率水軍自河入渭直至渭橋鎮惡所乘皆蒙衝小艦行船者悉在艦內泝渭而進艦外不見有行船人北方素無舟楫驚以爲神

鴛鴦槳　二舟並一處不用篷桅各長三丈五尺闊九尺生牛皮裹櫂槳人並槳靶俱在艙內槳尾自內入水每邊八把艙上留箭眼赴敵則兩邊飛櫂相迎近則放神器分兩邊夾攻彼則左右難救未有不敗者也

邱瓊山曰舟大非風不行而行必以帆帆非布則篛葉竹篾火箭射之即焚柰何曰楊么之舟以輪激水無風可行巧思者師其意製之不用帆亦可行

以上諸船皆用以掩襲者也

走舸

用十四槳船舷上立女牆往還如飛鷗乘人不及

子母舟長三丈五尺前二丈如艙船樣後一丈五尺只有兩邊帮板服內空虛後藏小舟通連一處亦有蓋板掩人兩邊四櫂前母舟使風櫂槳艙內裝茅薪置火藥船頭兩腋俱用狼牙釘定鋼尖快利一抵彼船即將母船發火與彼并焚我舟後開子船而歸

連環舟舟約四丈外觀之若一舟分則為二舟中聯以環前截載火砲神煙神砂等器舟首旋大倒鬚釘數枚後截兩旁施數槳或乘順風或自上流徑趨賊營以舟首釘撞賊舟上前環自解後截則回乘其驚惶用器擊之過水戰奇策也環者大鐵圈兩箇釘前截用鐵鈎兩箇鈎住後截撞於賊船則放其鈎後截即回本寨矣

以上諸船皆用以焚燒者也

丈船舺用大木五根各長三丈餘將木居中鑿空仍鋪平厚以蔴粘之前後橫拴串釘一處如筏兩邊六輪上作船艙輪軸在內前平頭長一丈艙長一丈五尺尾長七尺安舵樓前平頭上安破舟銃其銃如神槍樣槍頭如蕎麥樣用純鋼極快利頭長三寸後柎長四寸如槍安置銃內凡一舟前用三具約木頭與水頭相平約船相近船內點放火線徑打入船內

木筏焚敵舟莫如火碎敵舟莫如砲但大砲用於船上恐未損人反先損己自碗口大之上不敢放也今宜造木筏不拘若干座式用整木縱橫平底風不可翻水不可沉上安木架極其堅固量其高遇敵船於扼險處平排如堵下安樁木以識之用神器照賊來路打去計步數若干遠將步數打到之地亦用樁木識之戰船居筏後五十步外以防其坐筏上以絮被遮蔽於前將二三十俱一字排列賊船遠望不啻城牆莫測其中虛實伺看賊船將入吾原識樁木浮板步數內將絮被放落走舸之人將筏支正用諸火器照賊打去次第制之以二三十座之筏一齊擊發賊船未有不損可以禦可以守乃水戰必需者也

砲之信藥用柿油等紙封固防水氣潮濕此用以守者也

水攻圖訣

兵法曰以水佐攻者強善用水者其道有四一曰因二曰賊三曰逆四曰絶因風縱火順流焚舟此所謂因也或我居上流用藥毒彼此所謂賊也築提以障其下決堤以灌其營此所謂逆也賊必藉水險爲深渠以涸之此所謂絶也倘渡泛溢及入山谷逢水暴漲止則無舍濟則無舟豈以飛橋轆轤越溝塹飛江天艎濟大水而不傳其制古韓信以木罌渡河而擒魏王豹鄧訓以縫革置筏而繫月支此皆臨時制宜者也今繪其式於後以便相機利濟

飛渡式

募善遊水士或使人腋挾浮水繫繩於腰先浮渡水次引大繩於兩岸立大樁急定其繩使人挾繩浮水而過如大軍可爲數十道渡

浮囊以渾羊皮吹氣令滿繫其空束於腋下人浮以渡

皮船以生牛馬皮以竹木緣之如箱形火乾之浮於水一皮船可乘二人以竿擊水助之

木罌

木罌者縛甕缶以爲筏甕缶受二石力勝一人甕間容五寸下以繩勾聯編槍其上形長而方前置筏頭後置梢左右置櫂

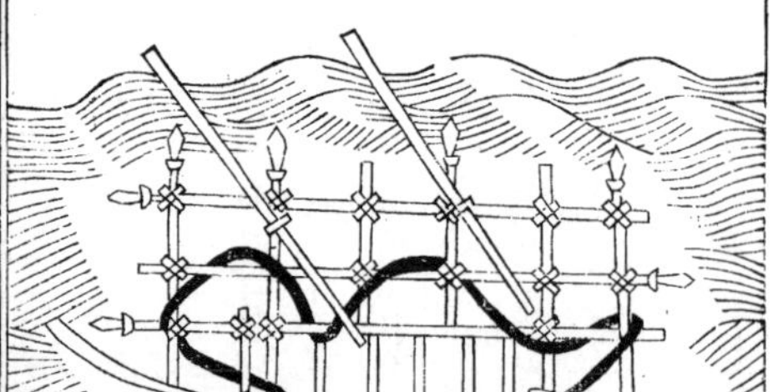

械筏以槍十條爲束一束力勝一人但以五千條爲率爲一筏槍木鏄刀鱗次而排縱橫縛之可渡五百人或左右各繫浮囊二十先合水工至前岸立大柱繫兩大繩屬之兩岸以夾筏繩上以木繩環貫之施繩聯著於筏筏首繫繩令岸上牽挽之以繩爲約免漂溺之患

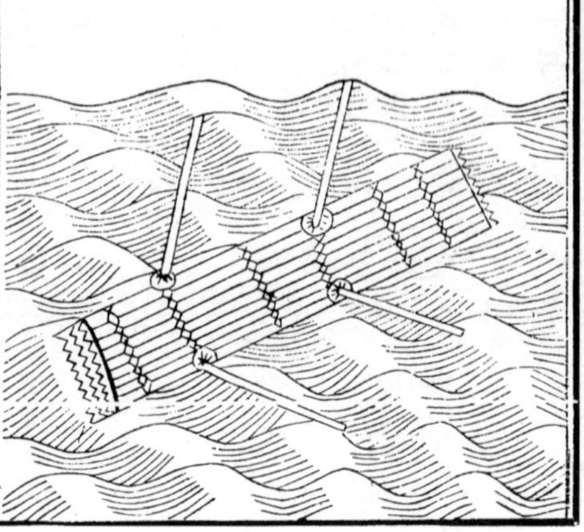

蒲筏以蒲束九大圍顛倒爲十道縛如束艙狀量長短爲之無蒲用葦可以浮渡

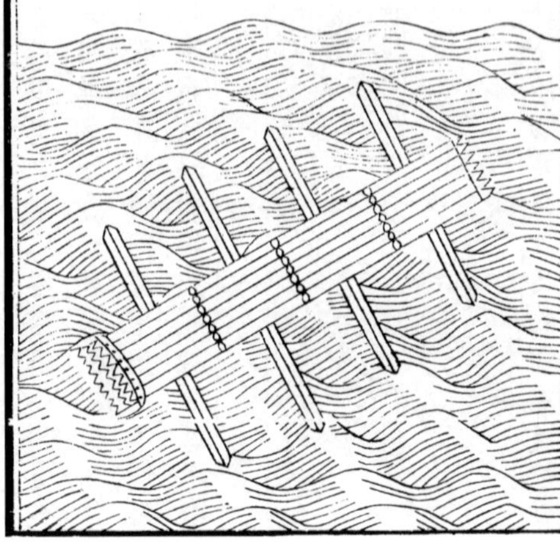

破船筏用大木五十根長三丈餘將木居中鑿空仍用板鋪平以油灰蔴塡縫釘完油過前後橫串一處兩邊四輪中作船藏輪軸在內前平頭上安破舟等器木頭與水相平此制射打賊船輕便

攔火飛篷

水戰之制莫要於篷帆一沾火藥則三軍之命休矣必用晉石脂蜜蝬漬爲水將竹篾箬葉蔴索蔴繩或布浸之晒乾再浸務令極透編造篷帆大書飛龍天兵爲號則火箭火毬火牡丹等件沾染不着吾可保無虞而進可克敵矣此水戰要具也

製藥方　晉石出山西透明者佳十斤　脂蜜出闖地者佳三斤　水五斤　又製篷索藥方　白礬十斤　皮硝五斤　梔子四斤　共爲末入水五斗熬三五沸刷篷索上以防雨火

攔火飛篷式

飛波甲水戰之具固多而甲胄之制爲要用絹紬爲裏外板爲甲砌如魚鱗先用礬水浸透晒乾用或以鵝鴈翎編疊爲甲浮行水上架浪乘風頃刻數十里水不沉溺長江大河之險不足慮也武經有羊皮水袋浮罌等製不如此妙

飛波甲式

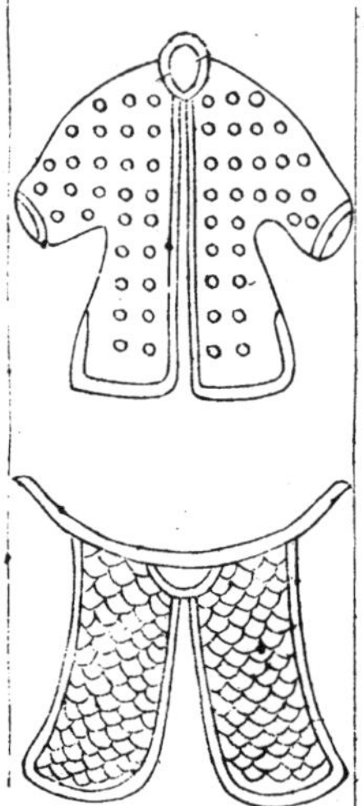

橐籥潜伏水底用銀打造法物約長一尺上分兩竅管塞

於鼻下合一管啣於口中蓋人之被溺以水隨呼吸而入故也能使口鼻之氣上下往來能保無虞

橐籥式

護臂護脚用椰瓢漆黑以護臂囊用棉帶繫腰內漆絹裏脚底蓋臂囊與脚底湧泉穴入水其紅如火惡魚水獸望光而來斯傷其命護之則光不現而害可免亦水戰必備者

器式

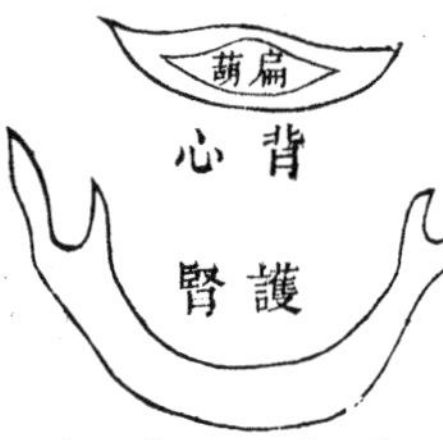

水馬黃藤造形如馬腰似斗粗下用四足橫出水上馬頭高一尺遮前浪尾高一尺遮後浪各虛其中外用布裹堅漆拴一礬鏈人騎其中以便扳扯馬頭另外安插中空一段可藏乾粮有此則人人膽壯其體不重船中易載再用綿裹上用鉋片爲甲葉鉋取其浮綿取水濕可禦矢石旁跨一堅木短橈橈首用鐵爲刃可爲戰具橈杆藏一小刀備急用雖船損落水猶可以戰有此水馬再繫今時所用水帶無憂溺矣

水老鴉流賊劉七等舟泊狼山蘇人獻計用火攻者名水老鴉藏藥及火於礮水中發之又製形如烏喙持之入水以喙鑽船而機發之以自運轉轉透船可沉試用之

已破一船賊駭謂江南神兵能水中破船捨舟登山遂爲守兵所殲

鈎鐮舟中或刮其撩或鈎其船或割其篷間繩索必不可少須竹長而輕刃彎而利乃得實用

鈎鐮式

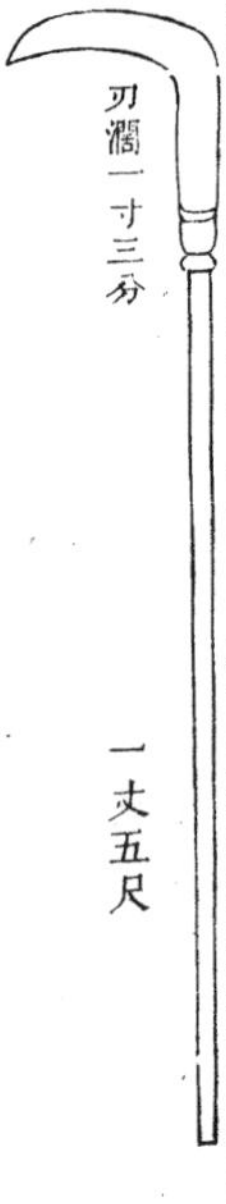

撩鈎兩船犂沉賊舟用此撈級或鈎搭賊船使不得去或鈎撩索以牽其篷舟中必不可少者但須鈎粗稍固十數人扯拽鈎萬鈞而不曲乃可鈎柄長手執難準須用三鈎一搭即得粘掛也

撓鉤式

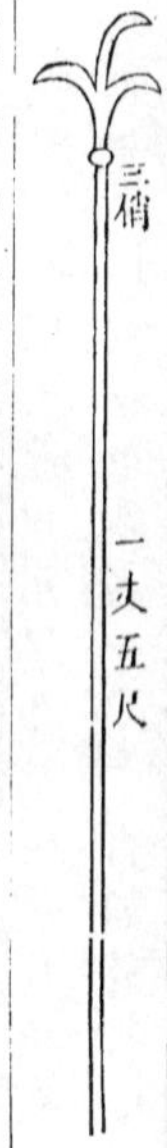

鉤距楊鋭守備九江安慶諸郡聞寧濠變作先引軍設鉤距於江滸勿洩比寇至船二百餘艘抵岸爲鉤距所破

犂頭鏢此器船頭船尾皆可用下擲賊舟中舟必洞中人必碎斗上止容一二人多亦難攜發不過三五次全在鐵重柄粗尾細太長則攜上難太短則不直下鋒但利即可不必加工用其體重利下之勢而已平時要習熟先擇能上桅斗人於高山峭壁比桅斗尤高處山下立小圓牌把如一人粗自山上擲鏢每發必中把方爲精熟

犂頭鏢

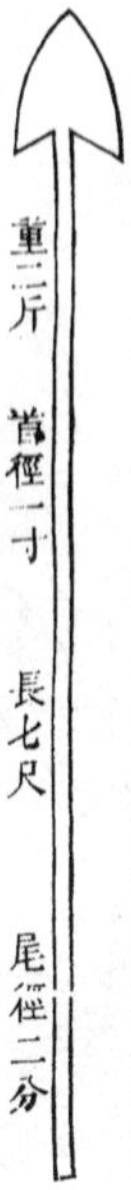

小鏢每相近一二十丈遠若賊舟低小我舟高大用此最利擲之如雨無不中賊但習之不熟或翻筋斗或中而無力皆爲徒費鋒須有鋼頭重尾輕用竹尤妙竹體和軟頭粗尾細相宜也無竹處用木杆須使頭粗尾細取其發之有力而準也用銀錢懸十步習之能矢矢命中則又加遠五步習之至三十步止過此則力弱而無用矣

小鏢

拍竿其制如大桅上置巨石下作轆轤繩貫其顛施大艦上每艦作五層樓高百尺置六拍竿並高五十尺戰士八百人旗幟加於上每迎戰敵船遇則發拍竿擊之當者立碎楊素伐陳自信州下峽造大艦名五牙艦上起五層高百餘尺左右前後置六拍竿高三十尺容戰士八百人旗幟加於上次曰黃龍置兵五百人又乘舴艋等各有差軍至荊門陳將以艦拒素素令五牙四艘逆戰船近拍竿碎陳十餘艦遂奪江路

鐵綆金主欲北渡韓世忠與之相持於黃天蕩世忠預以鐵綆貫大鉤授健者朗旦敵舟譟而前世忠分兩道出其背每縋一綆則曳一舟沉之金主窮蹙

罟網此器凡樓船無女牆板木者用之懸於船外左右防賊跳入十數層厚方可避槍箭惟銃子不能避如只二三層難以遮蔽不如無矣先將網張無牆船上用矢射之或槍戳銃擊一層不效則加二加之至十以不穿爲準

罟網

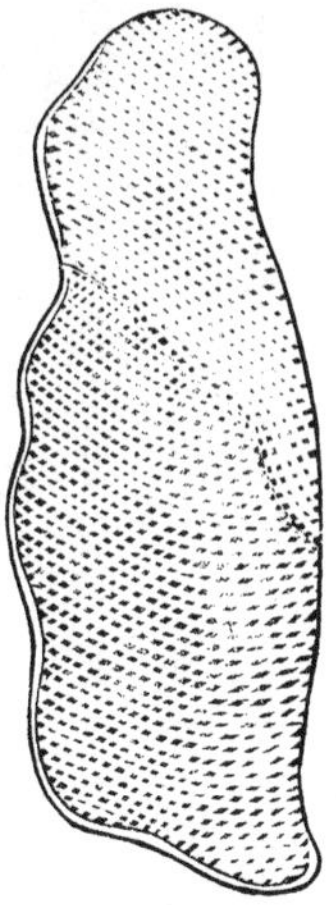

即壞魚網也絕粗者爲佳

飛空滑水神油罐

用鵝鴨鷄蛋盡去其黃和以稠油將磁罐注滿掩塞其
口細繩爲路使勇士持之約離賊船二三丈許擲入擊
碎四散流溢兼以風波洶湧滑不可立器不可施况油
沾船板惹火易焚我兵更於上風或揚神砂縱神火舉
火砲雖微法小技取勝之功則甚大矣爲將者愼勿忽
而畧之可也

飛空滑水神油罐

水師

束伍

船號最忌名色雜沓不一不一則號令繁雜沓則士難辨
混淆無有綱領何以坐籌制勝自一號至六號而止每一
寨係一將領不拘船之大小多寡均勻分派不拘參遊都
守把總一例曰主將親船爲中中司擇第一堅大者中軍
領之餘分爲中司左司右司每司分二哨前司後司又各
分二哨共十哨大約十船以下五船以上爲一䑸哨官領
之兩哨爲一司分總領之三司二司爲一部主將領之
旗色此條可與紀效新書參看　每船大旗俱用黑布一則便於遠瞭一
則合於水色也仍用白布取寨名一字大書加於旗心各
照方色製以號帶每隊長小旗一面各照本船號帶方色
責成　捕盜專管一船之務凡人船各兵俱聽管束第一
當重其事權俾有專力無掣肘可也舵工專管舵兼防
舵門下攻守碇手專管碇正頭前攻守繚手專管帆檣
繩索主持調戧斗手遇賊即上斗用犂頭鏢下射賊舟
神器手專管定發無敵神飛砲掌號手專管接應司哨
號令手及對敵進止號令守艙門平時管一應家火損
具支銷晝夜出入關防隊長司一隊內攻守督兵用命
賊近專發火筒平時督兵習藝修治軍營火器
舵工　一船之命盡係舵工一人必擇練達長年善知風
頭熟諳水勢者充之再置副貳以防疏虞糧賜從優有

功加賞
聞昔有高弁名應奎者以善捕盜聞東南嘗言每遇
寇必親以手拊舵工兩肸若股戰髀慄必擇有膽氣
者代之蓋以懼奪其神則東西易向必至誤事眞歷
練後語也
水兵　沿海鹽徒儘可選用其次水兵奇妙如浙之七里
瓏并金山寺下漁人俱能朝入水暮方出白晝鑽船致
敵舟沉溺黑夜抽帮致賊師失隊其次則南直以販賣
私鹽者人船輕便且習風濤黑夜潛行駕棹如飛因以
出奇偷營偵探亦一策也　魏中山王英與楊大眼等
衆數十萬攻鍾離梁主勅曹景宗救之景宗慮城中危

懼募軍士言交達等潛行水底齎勅入城城中知有外援勇氣百倍　淮南兵圍蘇州吳越王鏐遣錢鏢等救之蘇州有水通城中淮南軍張網綴鈴懸水中魚鼈過皆知之吳越司馬福因潛行入城故以竿觸網敵聞鈴舉網福因得過入城由是城中號令與援兵相應敵以爲神　周師攻吳壽州吳人大發樓船蔽川而下泊於濠泗周師頗不利張永德使習水者沒其船下繫以鐵鏁急引輕舸拏之吳人船不得進退溺者甚衆奪巨艦數十永德解金帶賞習水者　宋劉錡以兵駐清河口扼金師金兵以氊裘船載粮而來錡使善沒者鑿沉其舟　宋張貴入襄陽呂文煥固留共守貴恃其驍勇欲

還郢乃募二士能伏水中數日不食使持蠟書赴郢求援元兵增守益密水路連鎖數十里列撒星樁雖魚鰕不得過二人遇樁卽鋸斷之竟達郢還報　宋趙善湘知鎮江教浮水軍五百人常以黄金沉江使探得者輒予之於是水藝極精練能潛行水底數里又製赤鳥白鷁二大舟每舟載二千人依八陣法每一蒐閱舟艦參錯襍以浮水諸軍履波濤爲部伍角技奏樂如陟康莊

水戰之法與其死戰賊於舟上不如陰制賊於舟下蓋角力尙互有勝負運奇則操術萬全也與其破賊之卒不如破賊之舟蓋破卒尙斬獲有限破舟則死亡無算也收功全在泅人爲將者宜預爲簡别厚加撫養勤爲練試以備不時之用中流一壺千金亦之矣

潑泥　嘉靖間倭寇吳郡掠舟過黄天蕩鄉民憤甚斂河泥船數十隻追之以泥潑船頭倭足滑不能立舟人皆躡草履用長脚鑽能及遠倭溺甚衆

以上皆水戰利器也

曹操伐吳周瑜劉備遇於赤壁部將黄蓋取蒙衝鬭艦十艘載燥荻枯柴灌油其中環以帷幙上建旌旗預備走舸繫於其尾時東南風急蓋以十艦最著前中江舉帆餘船俱進同時發火風猛船往如箭燒盡北船延及岸上營落煙熖張天瑜等率輕銳繼其後操軍敗退

陳友諒圍南昌俞通海等西援友諒出鄱陽湖逆戰通海乘風擢七舟載葦置火藥入敵水寨焚其戰艦數百獲友仁友貴時通海舟深入敵寨鏖戰意其戰沒少頃飄飄遠出敵舟旁我舟見之大喜躍呼奮前大敗敵人

韓世忠與兀朮相持於黄天蕩以海艦進泊金山下兀朮見海舟乘風使篷往來如飛曰南軍使船如使馬柰何募人獻策閩人王姓者教以舟中載土平板鋪之穴船板櫂槳俟風息則出海舟無風不可動也以火箭射其篛篷不攻自破矣兀朮然之天霽風止兀朮以小舟出江世忠絕流擊之海舟無風不能動兀朮令善射者乘輕舟以火箭射之煙熖蔽天師大潰

以上水戰而專用火攻者也

晉盧循徐道覆率衆數萬方艦而下劉裕悉出輕利鬭艦命衆軍齊力擊之又分步騎於西岸參軍庾樂生乘艦不進斬而徇之衆軍踴躍爭先軍中多萬鈞神弩所至無不摧陷裕自於中流蹙之因風水之勢賊艦悉泊西岸西岸上先備火具乃投火焚之煙焰翳天賊衆大敗初分遣步兵莫不疑怪及燒賊艦衆皆悅服　盧循收餘衆走交州刺史杜惠度悉散家財賞軍士與循合戰擲雉尾炬焚其艦以步兵夾岸射之循衆艦俱燃兵大潰盧循滅而廣州平

以上水戰而兼用陸兵者也

後梁王琳攻陳文帝命侯瑱督軍屯蕪湖琳率舟師東下去蕪湖十里而泊擊柝聞於陳軍侯瑱令軍中晨炊蓐食以待時西南風起琳自謂得天助引兵直趨建康瑱等徐出蕪湖躡其後西南風反爲瑱用琳擲火炬以燒陳船皆反燒其船瑱發拍竿擊琳艦又以牛皮冒蒙衝小船以觸其艦並鎔鐵灑之琳軍大敗　陳閩守陳寶應反據建安晉安界水陸爲柵陳將章昭達討之據其上流合軍士伐木帶枝葉爲筏施拍其上綴以大索相次列營夾兩岸寶應挑戰昭達按甲不動俄暴雨江水大漲昭達放筏衝突水柵盡破寶應大潰定閩中

水戰以上流爲勢此可類推矣

晉伐吳詔王濬修舟艦吳爲鐵鎖橫江又作鐵椎暗置江中濬知狀乃作大筏數十方百餘步縛草爲人令善水者以筏先行遇鐵椎輒著筏去又作大炬長十餘丈大數十圍灌以麻油在船前遇鎖燃炬燒斷順風鼓棹逕造三山　梁賀環攻晉德勝南城百道俱進以竹笮聯艨艟十餘艘蒙以牛革設埤堄戰格如城狀橫於河流斷晉之救兵晉王自引兵救之陳於北岸不能進乃積金帛於軍門募能破艨艟者親將李建及請以死決之選敢死士三百人披鎧操斧乘舟而進將至艨艟流矢雨集建及使操斧者入艨艟間斧其竹笮又以木罌載薪沃油燃火於上流縱之隨以巨艦實甲士鼓譟攻

之艨艟既斷隨流而下梁兵焚溺殆半環解圍去　歐陽紇據嶺南反陳將昭達討之紇聞出頓湞口多聚沙石盛以竹籠置水柵外用遏船艦昭達令軍人啣刀潛行水以斫竹籠籠篾皆解因縱大艦隨流突之賊衆大敗擒紇　宋垣護之爲鍾離太守隨王元謨攻滑臺護之以百舸爲前鋒進據石濟魏救將至馳勸元謨急攻不從元謨敗退不暇報護之魏軍以鐵鎖三重斷河絕護之還路河水迅急護之中流而下每至鐵鎖以長柯斧斷之魏人不能近唯失一舸餘舸並在　梁趙祖悅率水軍據峽石魏崔延伯討之夾淮爲營取車輪去輞削鋭其幅輛輛接對揉竹絙連貫相屬並十餘道橫水爲

橋兩頭施大艫艫出沒任情不可燒斷既斷祖悅走路又令舟舸不通梁武援兵不能赴救祖悅被獲　梁湘東王命王僧辯等東擊侯景侯子鑒屯姑蘇景遣兵助之及戰僧辯麾細船令退留大艦夾泊兩岸子鑒謂水軍欲退爭出趨之大艦斷其後路鼓譟大呼合戰中江子鑒大敗　陳將吳明徹軍至呂梁周徐州總管梁士彥頻戰不利明徹堰清水灌之列艦城下王軌爲行軍總管率軍赴救引兵輕行據淮口令達奚長儒多豎大木以鐵鎖貫車輪繫以大石沉之清水橫斷陳船歸路明徹破堰遽退冀乘大水入淮比至清口川流已濶水勢亦衰船礙車輪不得過軌因率奇兵水陸並發圍而

蹙之將士二萬人器械輜重並就俘獲

以上皆謀斷水者也

初唐池州樊若水不第釣采石江上月夜乘小舟載絲繩維南岸疾櫂抵北岸以度江之廣狹尋詣汴上書言江南可取狀請造浮橋濟師宋立遣內侍往荆湖造黃黑龍船數千艘以大艦載大竹絙自荆渚而下命丁匠營之三日橋成議者謂古未有浮橋渡江者宋主不聽若水爲嚮導克池州即用爲知州試舟石牌口移置采石梁成不差尺寸宋師濟江如履平地

以上皆謀濟水者也

水攻要訣　水攻之法必先相地形測高下水因地而成勢或原高於城水高於屋可以壅而至可以決而流或引而絕路或堰以灌城或注毒於上流或決壅於半濟其法非一總在相機之妙可以灌其城絕其道汎其積漂其廬百萬之衆盡爲魚鱉昔絳水灌平陽汾水灌安邑河水灌大梁洧水灌潁川韓信夾淝水決囊沙而斬龍且曹操引沂水注下邳而擒呂布關羽決泗水而渰七軍皆控帶山阜得地形之利也即如杭州開西河之水則一城皆沉竈産鼃矣日今汴城之變非明驗乎凡此之類不一而足懼其淺而步騎可涉也吾則曲鐵爲鉤曳之以索謂之聚鉤所觸無不死傷直鐵爲針透之以木謂之涉針所過無不殘滅編竹爲索紐篾爲刺謂之水毛蝟所以錐涉者之肌

膚斷木爲軸鐵釘爲錐謂之水蒺藜所以刺水兵之脛股煉竹爲簽植之泥濘謂之踢簽所以毒人之脚面埋柘爲距置之淺沙謂之鷄距所以碎人之脚板凡此六者雖有慣涉積賊安能涉我境哉懼其深而舟楫可航也吾則綴鐵鉤於浮筒之上謂之浮鉤遇賊船則底廢可沉繫索網於江流之中謂之拒櫓遇賊舟則槳櫂可得採綿根採禾稭以裹賊船之拍拖也而桿櫓難搖割纒蘆割藤蔓以礙賊船之划水而車版難蹈水勢湍急則立刀口木而使賊舟之底不鑿自破水勢浩渺則立曲膝鉾而使賊舟之版不錐自透置挽索於水底使賊舟過之而尺寸不移兵家謂之卿繫卓倒纂於水渦使賊舟湊之而旋轉千匝兵家

詞之鬼鑽凡此十者雖有舟楫安能及我岸哉懼賊兵浮罌浮環以襲我之津岸也吾則造木竹造谽木於灘磧而賊不可用懼其駕飛翼搭浮橋以跨我之河道也吾則造火牌造撞筏於急流而賊不可施懼其細蘆束葦以濟也吾則斷木爲查手木穿木爲皂角木置之半渡之處而使其物之不可行懼其附纜結稈以濟也吾則横木爲攔河連木爲截河置未渡之時而使其具之不可至懼吾步岸之易登也吾則立仗牛交馬使賊人之船近岸不得以下卸懼吾壕塹之易通也吾則釘暗樁使賊人之船曳蕩不可以順流懼賊舟之乘風而前也吾則有撩風榻木以絕其帆之不可使懼賊舟之拽牽而至也吾則有礙竿虛木

以阻其繂索之不可道上流高而下流低吾則佔其上流立堰陂以灌其軍彼勢濶而吾勢狹吾則因其勢堆沙囊以沒其卒賊迫岸則立四索番車以碎其船賊卒上岸則立獨面暗棒以掩其卒此爲利顧不偉歟然勝在於敵人之不及知事敗於吾人之不能秘事機之無窮一或不密則吾之所以制敵者敵反得以制我矣公孫述拒岑彭述爲浮橋攢鈎以拒彭之舟纜其術似矣未幾彭乃預知縱火焚橋鈎而述兵以敗章昭達征嶺南賊爲竹籠盛沙石以拒昭達之舟楫其智非不巧也不知昭達得以預知使士卒持刀砍籠而賊兵以潰吳人之禦晉可謂得策然鐵筏船之術一泄而不能免王濬大筏火炬之衝燒杜弢

之禦晉可謂盡善然桔槔打船之具一彰不能免周訪長岐棖之拒是皆敗於輕泄而貴於善秘也

濟水

凡殊方異域水勢有洄洑險惡者及蛟鼉水害之屬兵師濟渡須皆先得鄉導問狀預爲防慮

凡將渡先於岸上四面陣列仍令乘高望遠以候騎探之防寇之掩襲後分隊旋濟

凡牌筏設之竹木及有屋宇處可以毀拆爲筏浮渡並草束芻亦可用之

凡遇溝澗小水可伐水旁木並枝柯縻以藤蔓纆索推置水中使前後積聚相挽可以渡人

凡軍行遇溪渡未得濟者則度水濶狹以軍中車用鐵索相維横絕中流實以土囊以遏水勢水勢若淺諸軍可渡

防海輯要卷十六

兵器　金湯借箸

火器

攻守神器火爲當先積之宜多製之宜善收之宜密防之宜嚴得其法則害賊失其法則害己與其誇多不如精少驗之於先試之於後行其所明去其所疑子母相匀人器相習萬舉萬全天下無敵

硝　每硝半鍋清水半鍋煮至硝化開時用大紅蘿蔔一箇切作四五片放鍋內同滚待蘿蔔熟時撈出用鷄蛋清三箇和水二三碗傾入鍋內以鐵杓攪之有渣滓浮起盡行撇去再用極明亮水膠二兩許化開傾在鍋內滚三五

滚傾出以磁盆盛貯用蓋蓋定不可掀動動則泄氣硝中渣滓不肯隨水而出放涼處一宿看煉極細明方可用若不細不明尚有鹹味未可入藥當再如前法清提每十斤用蛋二箇硝不潔者多用數箇先將鷄蛋白水攪匀訖次將硝下鍋水高二指復將蛋水傾入大滚數次則鷄蛋白雜硝滓俱浮鍋面以笊籬抄起又用細大布爲濾巾濾過復將前鍋洗淨再以濾過硝水傾入用文武火煮成冰塊將鍋放地上一日冷定則鹽沉於下硝浮於上去鹽用硝研細聽用

驗硝不出三法煉宜極細色宜極亮味宜極淡如此硝更白但無亮光者渣滓未淨也以舌舐嘗味尚鹹澀者堿鹽未淨也二物最能滚珠爲害不小又合製硝之人置硝掌中以火點放硝去而掌不熱或置硝扇上以火點放硝去而扇不焦方爲合式

提硝宜在二三八九月餘月炎寒不宜或欲急用夏天入井冬天放於暖處可也

提硝用瓦烏盆濾至一百斤得三十斤乃可作藥線用熬熟桐油黏紙作藥線末過水入地無礙

磺　蔴油牛油各數斤熬熟乃以磺徐徐投入隨投隨攪使磺溶化投時莫使纖毫著鍋恐其發火

磺用生者佳洗槌碎去砂土每十斤用牛油二斤煮溶火不可太旺以木棍旋攪鍋底看磺溶化時以麻布作濾巾

濾在缸內則油浮於上磺沉於下去油用磺研細聽用必去磺脚下沾黑色底方可研

炭　灰用柳條如筆管大者去皮去節取其理直者用以燒灰入藥爲上清明前後採取以此時柳葉將發未發精脈盡聚枝上故也北方柳木甚少用茄幹灰蒿灰瓢灰杉木灰代之不知諸木中惟榆柳桑柘四木火性更旺四木中又惟柳木枝幹直上火性直走餘皆枝幹曲折文理縱橫且質堅炭硬火性不甚輕便是以古人惟取柳木又必去皮去節者皮則煙多節則逆炸也古法豈可輕改杉木火力雖弱其理尚直其餘俱不可用北方麻稭灰甚輕但可入發藥若作筒藥無力矣

火藥方（火藥別無方也但以三者製造得法分兩得宜而已）

先將硝磺炭三種研極細末用水噴濕搗至一萬杵取出放手心內燃之燃手心不覺熱者方可用若覺熱如前法再搗再試不覺熱然後將藥用水和搗作餅晒乾再搗碎用極密竹篩篩過上粗大者不用下細者不用止取如粟米般者入銃其大小者再如法製造蓋銃筒甚長細則下藥時盡黏筒上不得到底太粗藥又不實大槩磺欲快發火炭欲作力硝取噴送至遠全要精細須與研搗之人先約藥成即放其手心點試自然不敢苟且銃筒亦令經手鐵匠點火試放誰不愛惜性命若研時工夫不到硝磺滚爲細珠不閉火門必糊銃筒雖搗到無用若研搗工夫俱

到自然渾化不但渣滓俱盡而氣息亦盡去矣再加銃筒光滑毫無罣礙即終日舉放亦無他虞

搗藥杵臼須用銅鑲木杵須用銅包搗時復將酸菓汁破雨水或泉水不時洒濕使搗有力搗藥之人須擇勤慎者莫使毫釐砂土入藥內恐搗藥之際石能生火亦不可犯鐵器鐵易生火也藥搗至七日後用木板試放畧無渣滓煙起白色快且直者始妙即以粗細夾篩篩過粗者成珠在上細者在下用樹下日色照乾不可用暴日慮日中有火也照乾後以內外有黝磁罈收之如日久有濕氣再取酸菓汁破雨水泉水洒濕搗過如前點放自然遠到矣

北方火藥試放不響既而大響損銃何也南方火藥對定分兩皆入水舂硝磺與炭三者合一如綠豆子大臨時入銃甚易今止將三者研細末入水舂過又不定分兩用紙筒竹筒裝盛總入一大皮袋終日馬上撞攏硝磺性重而沉底炭性輕而浮上初放者炭也故多不響繼放者硝磺也故多損銃此理甚明

大銃藥方

硝六斤　磺一斤　炭一斤

搗之膠結成塊用銅木刃切碎篩珠用細灰再搗

小銃藥方

硝六斤　磺一斤二兩（或一十六兩二錢或十五兩）　炭一斤

火門藥方

火門藥與小銃藥分兩相同但磺用最上面一層者配以硝炭多搗數時不用篩揉成珠照乾研細即是

鉛子、製藥已精銃眼又平不中何也對未眞也對眞而又不中何也鉛子之病也銃猶弓鉛子猶矢弓弖矢直無不中矣今習銃之人全不知用藥若干則可遣動幾錢鉛子猶如弓幾個力氣能發動幾遠箭如稱衡稱錘務要相配少差則不準矣舊有歌曰子重於藥則多半落藥強於子火鎔子死子藥相停更合管門子門同圓藥力氣全門大子小藥氣上燎子或偏歪出之必乖子被火死決無中理習者知子等於弓矢數言盡火器之妙

鉛彈全要合銃口模鑄滚過極圓方可用銃成時先將鉛

彈試口大小口容鉛彈一錢用藥一錢彈重則隨彈加藥分數臨陣要狠彈重一錢加藥二分銃筒堅厚是木炭打成者即加三著藥無妨

佛狼機　佛狼機國名非銃名也其銃以鐵爲之長七尺爲妙五尺爲中再短則不堪矣巨腹長頸腹有長孔以小銃五箇輪流貯藥安入腹中放之銃外又用木包鐵箍以防決裂腹洞與子口同乃出子有力若子銃口大母銃腹小必致損傷子銃口小母銃腹大則出子無力子銃後尾須抵門前後緊逼無縫乃不傷門其放法先以子銃酌大小用藥舊用木馬又用鉛子以輕馬催重子每致銃損又多遲滯今人藥不必築不用木馬惟須鉛子合口之半舊

以平頂送杵將子打平出則不利今製鐵凹心送子一根送子入口內陷八分子體仍圓而出必利可打一里有餘人馬洞過

紀效新書云此銃妙處在前後二照星後柄稍從低庶不礙托面以目照對其準在放銃之人用一目眇看後照星孔中對前照星孔中對所打之物并具圖於後

每佛狼機一架　子銃九門　鐵門二根　鐵錘一箇
鐵藥匙一根　鐵凹心送子一根　供征火藥三十斤
合口鉛子一百箇　火繩五根

此舟中利器也船舷下每邊置四五箇艙內暗放之敵船相近取銃·彈則板破船漏矣

佛狼機圖

二尺二尺五寸三尺三尺五寸四尺五尺不等重亦隨之降殺鐵門隨母銃大小子銃隨母銃大小鐵錘隨母銃大小火繩長二丈五尺重四兩

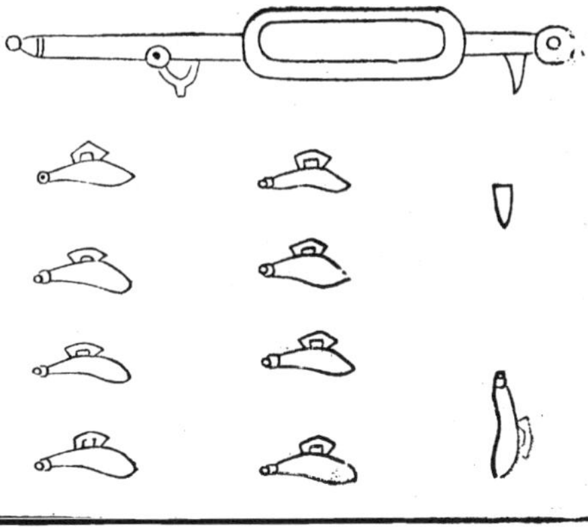

架佛狼機式

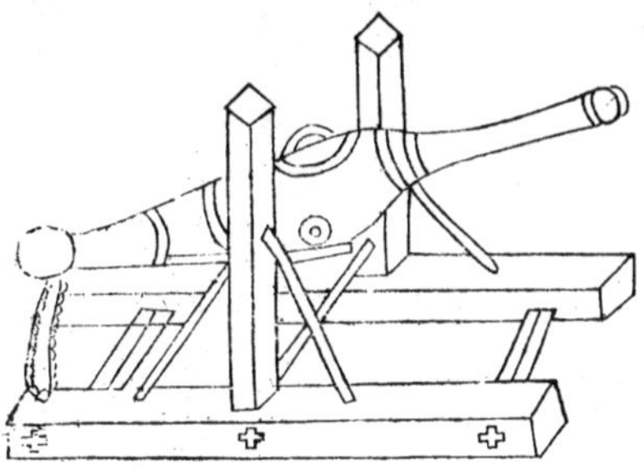

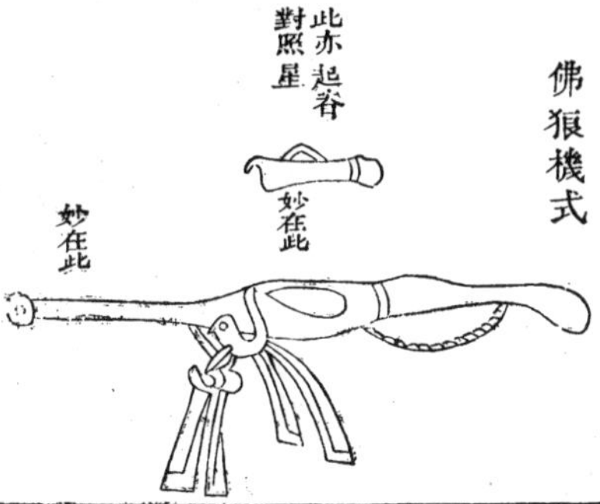

佛狼機式

鳥銃　鳥銃不惟攻賊陷陣致遠摧堅鋒不可當即較獵射飛亦甚快人意淺識之夫極口訾其不便遂令行伍間目爲賤事不如鳥銃收功百倍短兵十倍弓矢業專於精服久自便州縣有司誠能設法鼓舞村落富人首以禦縣民快弓手亦各責之服習萬一有警便可驅市人乘城而守即使制梃亦可挾以赴敵何致仰給征調上縻帑藏下困民生實建威銷萌一大機括凡有軍旅民社之寄者不可不加意焉

中國鳥銃不能專精者鳥銃頒之官司造作未必如法極好銃筒三次便熱私自演習慮及炸壞艱於賠償不易常習一烽燧息警舉放火器恐駭官長驚聽聞不易常習二

火藥鉛彈帀肆既無誰敢私造不易常習三演習必得空曠之地中國人煙輳集恐致傷人不易常習四銃值頗多無故誰肯置辦不易常習五爲將者苟悉諸弊器求精堅藥求輕快置隨地可放之把鼓舞作興神氣日旺機槍自消矣

鳥銃藥方

硝十兩　磺七錢北方減二錢　柳炭一兩七錢北方減二錢　又方

硝一兩　磺二錢五分　柳炭二錢五分剌桐樹燒炭尤妙

製法先將硝磺炭各研爲末照數兌合一處用水二碗下在木臼木杵舂之不用石杵者恐有火也每一臼舂可萬杵若舂乾再加水一碗又舂以細爲度舂半乾取出日曬打碎成豆粒大塊此藥之妙只在多舂數萬杵如製墨極類若添水舂至十數次將一撮試於紙土用火燃之藥去紙不傷可入銃矣若燃過仍有黑白點仍前再加水舂之如式方止

鳥銃全製圖

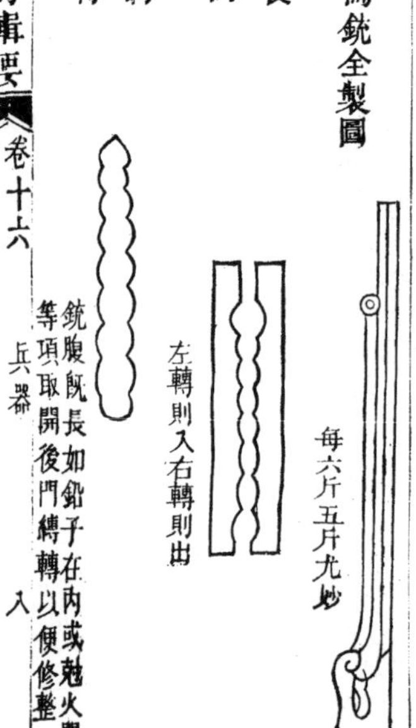

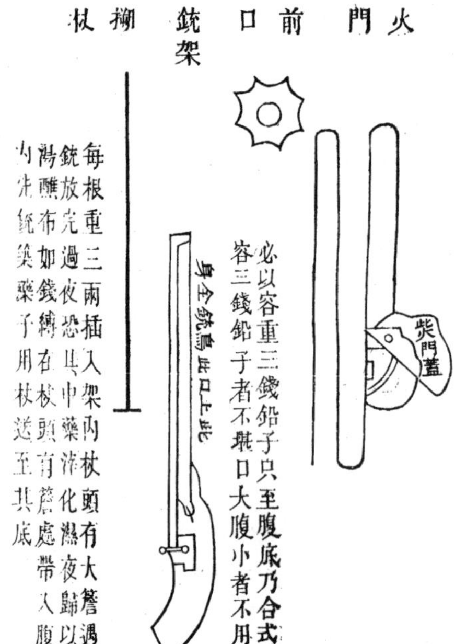

銃頭

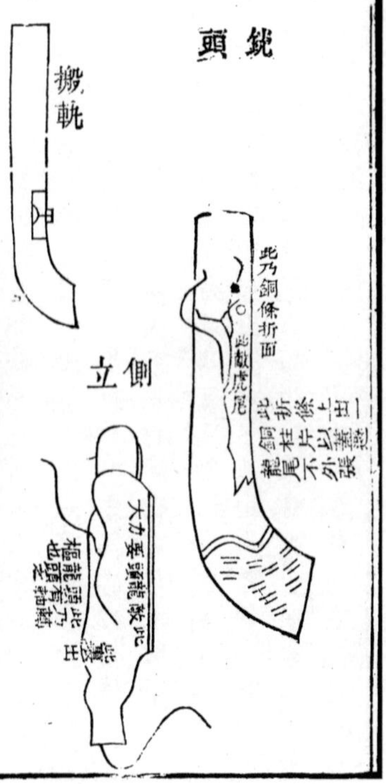

側立裏面
軌撐形

此乃爲木架內搬軌勾逼用右手無名指頭
搬此則此軌之頭退入皮內龍頭落而火發

龍頭等凡銅
皮俱要厚

鳥銃分形圖

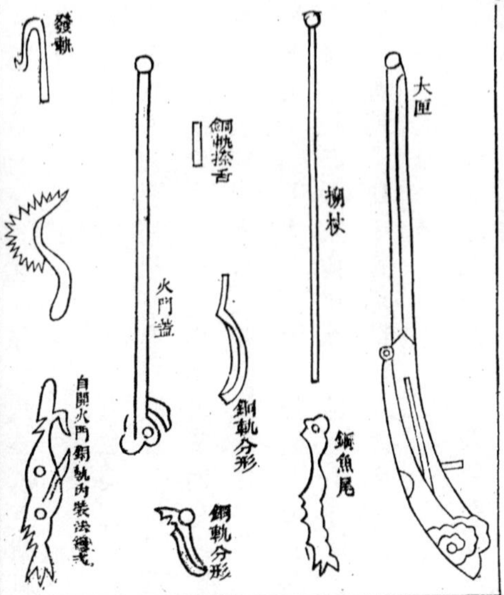

百子銃　百子銃每門可容大彈一枚小彈二三十枚一發可傷數賊且裝放便而成功多製法數門須用荒鐵百斤煉成四五十斤長而厚大又於鳥銃之法添有照星望打方妙

百子銃

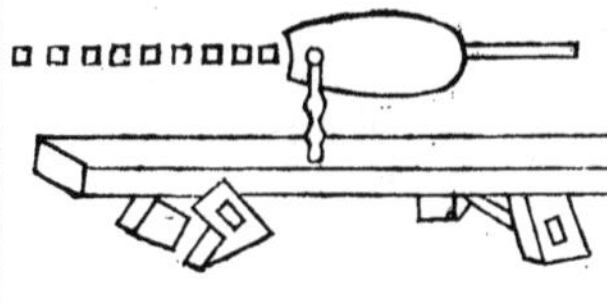

一試銃　凡新舊神器用藥切不宜卽著本等分兩譬如常時著藥三錢且先著一錢再添二錢再添三錢若係官司製造暫歇片時然後加至四錢再著本等分兩用彈乂試若家製者不必暫歇冬天鐵冷卽堅厚亦怕驚迸常用銃亦當用半藥噴過方可打放試小器只須避之樹後或用藤牌護身若佛狼機鷹揚砲須築堅厚土牆鑿開一隙置筒於中如前法著藥若大將軍須置地坑中用走線試放非過計也恐萬一失事無知士卒因而氣餒放銃時神氣疑沮不暢

一舊銃　久不打之銃砲恐其驟打而炸也挖地窖丈餘先用火燒炕其銃使砂石打洸內外俱淨入坑中內以泥

塗覆薪燒煉俟其冷取出復用桃叉湯洗以牛或羊豬血塗內外仍入坑煉之方可用

一放銃　放銃發機全要凝神定氣攢身極緊自然不致動搖又要手準眼疾右眼對照門照門對照星照星對敵對把此不易之法但銃筒十無四五正準者或偏左或偏右或上或下銃手必須時令服習人知銃性庶便臨陣擊打出征帶藥幾何可令浪費臨陣裝藥甚難可令浪放無論遠近必須一彈一賊方可發機銃手必得短小伶變手疾眼快膽壯有力者為上切不宜用粗蠢大漢及氣弱之徒

一收銃　神器不問陣上並教場中放畢時卽將銃筒取出堵住火門用滾水灌滿筒膛待水滲入螺螄旋中然後用棚杖裹布刷洗倒去渣滓再用滾水將筒膛衝淨以紙團搌乾直立高處候筒內無熱氣再以紙搌乾火門用香油抹螺螄旋裝安停妥如銃常日所用火藥分兩裝飽收不近燈火處所春夏每月收拾二次秋冬每月收拾一次不收拾底必繡住繡二三年雖精堅之筒必致損壞

一修銃　銃筒輕長用久或為物壓彎或為木床帶累屈曲出彈定然不準須於放畢時仔細一看銃筒少有歪斜卽將墨線自照門眼起直至照星分中處將線一彈曲直立見卽將銃烘熱放厚板橙上用木錘顛直將線再彈如筒簿可用鐵筒條一根以紙包裹放在筒內庶免打扁銃

筒試看舊銃不用圓筒專做八稜各國鳥銃圓筒者必磋平上面是為彈線計也如係木床彎曲將木床調直床筒俱彎至一并整理

一洗銃　舊日之銃三發後或藥下自然或致迸炸近日放至十銃猶然可用何也銃膛光與不光火藥精與不精使然爾舊日之銃不知鑽搌膛內坑坑坎坎藥又不精火經再發藥渣盡挂於膛內坑坎之處急裝後藥前火未滅自然舉發膛有坑坎又不知刷洗卽刷洗未必去淨一經潮濕筒必蝕壞坑坎中日深一日漸至透漏安得不炸耳

火箭方　硝十兩　磺二錢　炭三兩五錢

右三味研極細拌微濕每下藥一匙初打百錘第二匙加二十錘以後照數遞加每筒打至三千七百方有力筒卷要極堅藥線須用麻楷灰他灰不得透上以藥分為十分鑽至六分半止多則鑽頂出火不妙

火籠箭　用竹篾編筒長四尺口大尾小紙糊油刷以防風雨內編橫順閣箭竹口三節旁留小眼穿藥線總聯內起火箭上每筒裝十七八枝或二十枝鋼箭頭塗毒藥起火前控明火一丸焚粮草城樓船隻俱妙遇敵則前衝可也

箭頭式

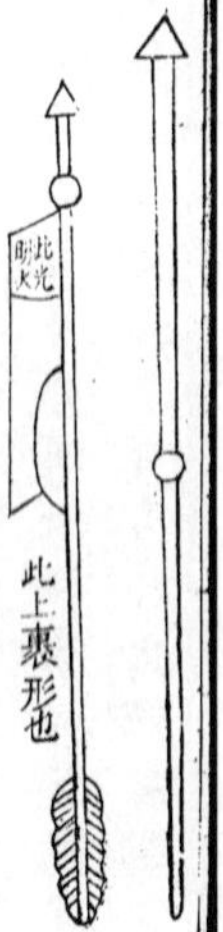

甲脊要厚兩旁要長而利頭上縛火藥至妙

火籠箭

一窩蜂　木桶內貯神機箭三十二枝以射虎毒藥塗箭頭名一窩蜂力能貫革可射三百餘步南北水陸靡所不宜西北車戰每車可架十數桶去敵二百步外總線一燃衆矢齊發勢若雷霆且至輕以皮條綴之可佩而行每營百桶多多益善城上放時垂其頭向賊臨陣放時以小鐵足架地昂其首三四寸蜂尾另用一小木樁釘地止之一發百彈無不中傷行營利器也

大一窩蜂　每籠藏火箭五十枝每枝盛火藥五錢共藥一斤九兩該牙硝一斤二兩九錢硫磺四錢七分杉炭五兩六錢三分編篾籠南竹二十五根紮口黃藤三兩裱籠舊綿紙麵糊四兩裱籠蓋布一丈二寸桐油三兩並漆底箭幹五十枝刷花線纏牛筋油漆鐵箭頭五十箇托箭鑽眼板一片並吊板鐵絲紮筒苧麻一兩五錢雙連帽簷紙七十五張油飾礬紅三兩槳線五十條紙二張

佩法

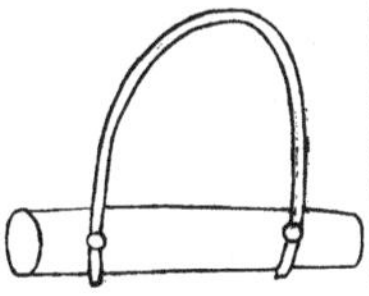

窩蜂

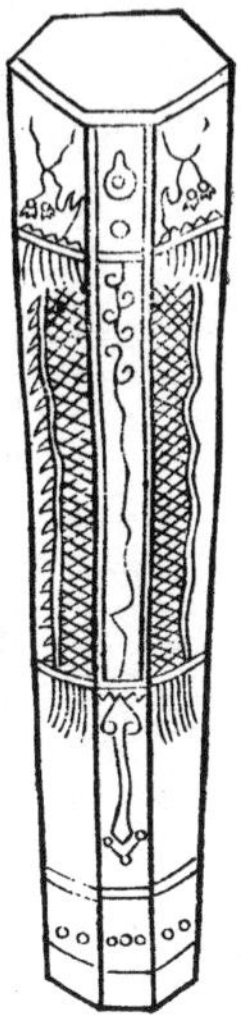

放法

分形

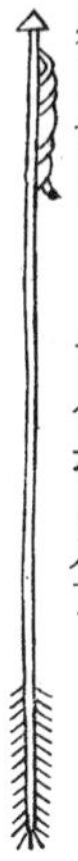

木蓋

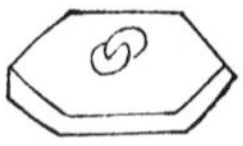

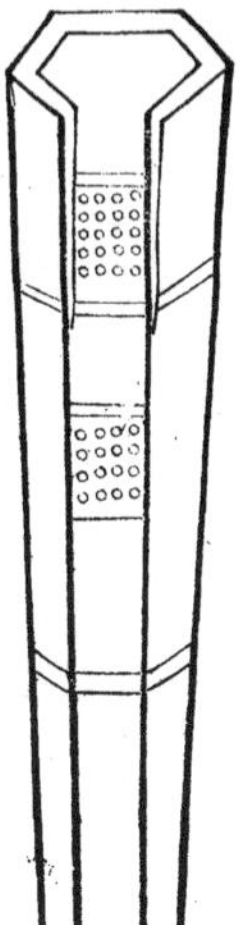

火門板

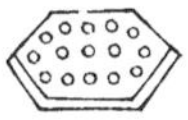

架箭上格板

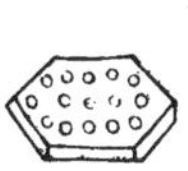

下格板

火箭勢猛敵畏之過於弓弩善造者可六七百步遠一枝約打二萬鎚方能濟頭上用回火約十分之二因火箭力大而篷蓆薄一射徑過無益於焚如尚慮透過當於火門

下一二寸遠用竹打十字交叉以阻留之竹鐵交接處用筋纏用漆固翎毛亦用漆下方耐風雨濕氣南方之製多聚百枝三五十枝裝入一籠曰一窩蜂曰火籠九枝曰九龍筒小者曰溝箭馬上亦可放

飛火抓

賊船遠用火箭近數十步內或焚帆焚棚非火抓不可制用木鏇作棒槌形自頂上入刀將內中鏇空入火藥裝滿週圍共擣七八孔出火用倒鬚釘釘之外糊油紙避雨濕臨敵用手擲去或高釘帆上或釘人身釘入篷棚皆可延燒陸戰前面長兵相抵後面短兵手點火擲中敵人此亦亂而取之之意也

飛火抓式

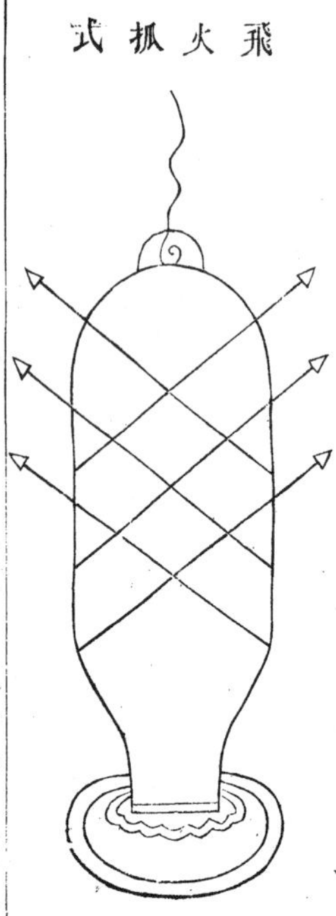

火桶　用木桶可容一斗者用緩藥即今各船不堪之藥每桶先入藥五斤平平鋪定上用薄沙土一層覆之將粗碗一隻內用灰埋火二三塊平平關在桶內沙上輕輕加蓋加門門孔要大門要細恐入門時撞動也裝完雙手平舉輕輕落下彼舟火潑藥發全舟盡焚此器無藥線長短之失遇潑便燃不及反擲我舟必臨用時方裝火碗裝入火碗就要擲去不可留在我舟恐碗熱藥燃又恐忙中忘之或爲物件手足所觸動反害本船必平日習熟試過者臨陣方從容不致錯亂誤事

火桶

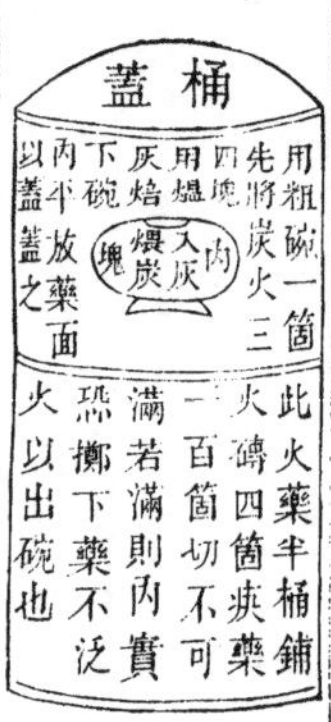

竹將軍　用茅竹圓厚者長四尺開通其節止留頭節作底後節留一尺四五寸用一木柄柄頭照竹節凹凸之形直抵竹節處周圍用四肥釘犬牙樣釘之以苧麻打成辮

或三股繩自柄至口緊緊纏固傍節底上先置潤黃泥二寸以一分厚彀筒口大鐵錢一箇蓋泥上傍錢上開一藥線眼先將雙藥線引入四五寸直透上爲妙入藥一斤看竹之大小增減已入藥用木杵輕輕築實少用紙團或乾土實之又將一分厚彀竹筒圓大錢一箇鑽眼如蓮房式置藥上以彀筒口大圓石彈一箇置錢上再加碎鐵釘小鉛彈於錢上更妙若單用石彈則蓮房式錢不必用矣以徑寸粗柴二根長三尺許縛成權架之取其便也對敵舉放欲遠則稍昂其頭如近在二三百步外只消平架放去柄尾須以大石塊抵住防其後坐惟麻繩圓石子鐵錢鐵釘火藥竹火門油灰及斧鋸圓鑿等項預備多帶軍中隨

地可造其體甚輕每兵可擔十數位而威力在佛狼機上發時響聲震地可及七八百步之遠故以將軍名每營數十位架在陣前分作十數層次第發之再以數位分架兩翼或橋口或津渡敵可往來處

竹將軍即竹發熕雖木亦可為之亦謂之木發熕北方謂之千里勝其器雖一發而壞然不似銅鐵崩毀傷人其利一敵人得去不可再用其利二每位通計工價不過七分其費廉工省一刻可就其利三無難取之物隨地可造其利四體輕可以遠負其利五易於分布易於捨棄其威猛與銅鐵相等能威敵心能壯吾膽其利六南北水陸無所不宜匠不論工拙皆能造其利七對壘立陣防營守城無不可者但安藥信又與別器少異不然則橫出者多而直出者少矣

竹將軍

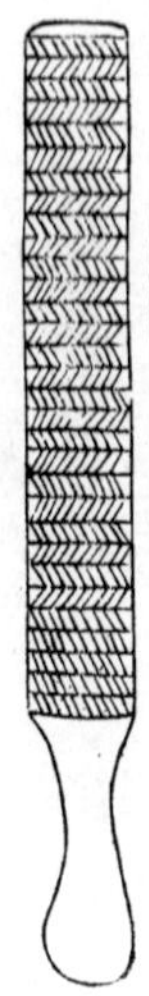

竹將軍

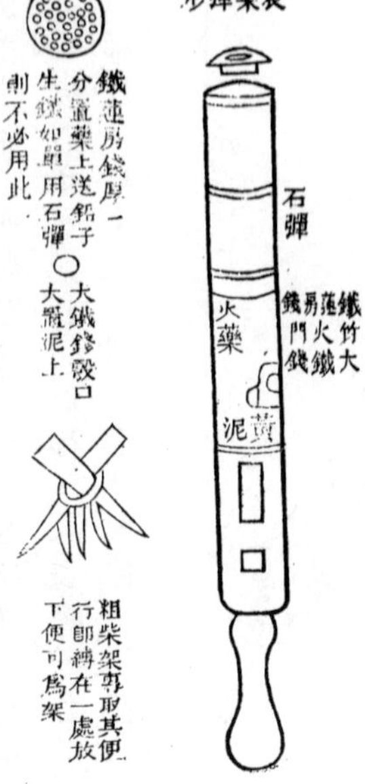

分形圖

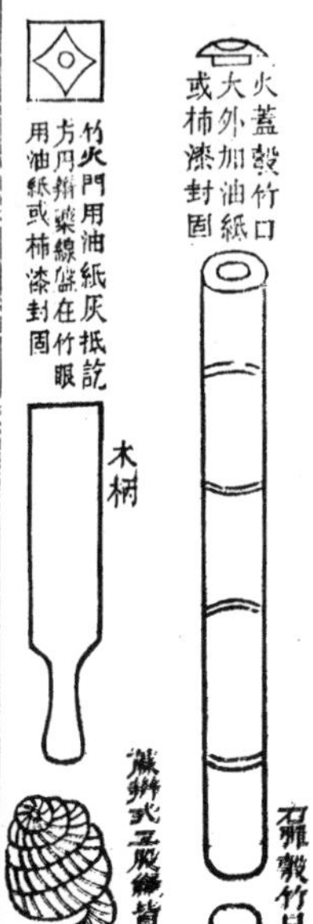

威遠砲　每位重百二十斤舊製周圍鐵箍徒增斤兩點放不準今改為光素惟於裝藥發火著力處加厚前後加照星門千步外皆可對照每用藥八兩大鉛子一枚重三斤六兩小鉛子一百枚重六錢對準星門墊高一寸平放大鉛子遠五六里小鉛子遠二三里墊高三寸大鉛子遠十里小鉛子四五里若攻山險砲重二百斤大鉛子重六斤墊高五六寸遠可二十里此砲不炸不後坐就近手可點放

重一百二十斤高二尺八寸底至火門高五寸火門至腹高三寸二分砲口徑過二寸二分火門上有活蓋以防陰雨重二百斤照前加二寸

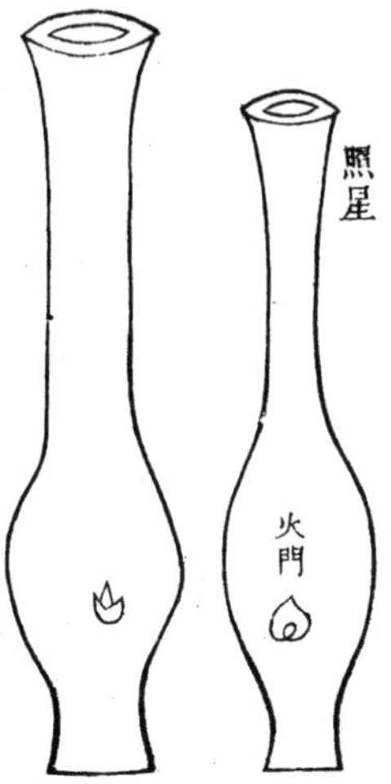

竹發熕　用茅竹截筒長三尺先用冷火之藥浸透以易其性使不染火為度外以鐵線纏之再用牛筋麻裹瓦灰

灰之晒乾生漆漆之內裝發藥五升次裝碳鋒一斤俱用砒黃巴豆磠砂等藥妙製再用神砂三合毒火一合裝畢上用黃泥塞其口口上用鐵箍箍之堅木為柄柄長二尺裝實聽用

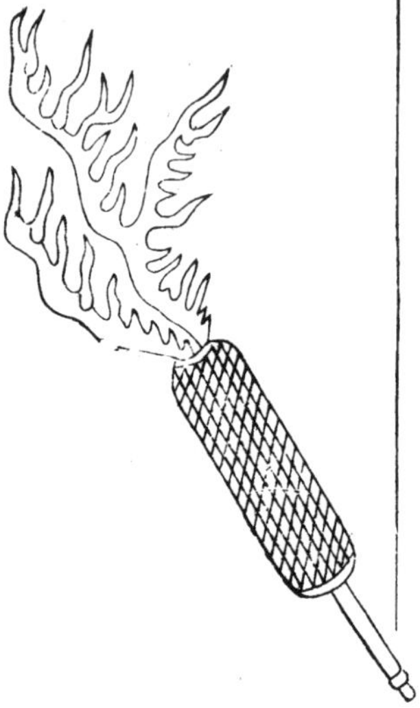

衝鋒追敵竹發熕

滿天噴筒　截中樣竹二節外用膠布重箍藥用硝磺砒霜斑蝥江子磠砂膽礬皂角銅綠川椒半夏燕糞煙煤石灰斗蘭草草烏水膠大蒜得法分兩製度磁砂與磠砂炒毒挪於長槍頭上燃火守城

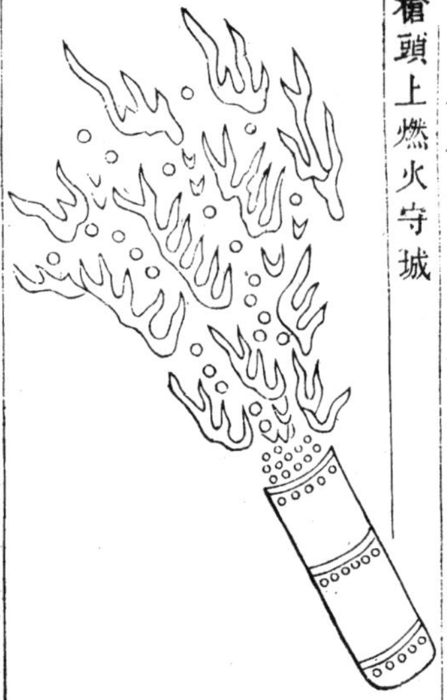

滿天噴筒式

毒龍噴火神筒　截竹為筒約長二尺以貯毒火爛火藥懸於高竿之首令壯士持至城垛口中乘風發火煙焰撲人掩賊面目鎖賊孔竅竚立不定昏眩撲倒蟻附而登內外相應隨將利器繼之破之必矣此器可以攻城郎可以守城矣

毒龍噴火神筒式

毒火歌

黑砒先擣巴霜浸毒氣沖人嘔見心乾漆晒乾乾糞炒松香艾肭更均停雄黃一味為君主透徹光明用二斤石黃諸味各四兩四六火藥配分明裝入砲中攻打去破敵衝鋒更殺人

石黃（燒酒浸蔴油炒晒乾為末）　雄黃　雌黃　黑砒　銀杏葉

蘆花　艾肭　松香　豆末　乾糞　火硝　硫黃

著灰　柳灰　巴豆霜

景泰三年國子監學錄黃明善疏陳禦寇事宜內請用毒毬行煙為毒毬所燻口眼出血行煙所向咫尺莫辨彭天祥火龍書載之甚備

震天雷　金有火砲名震天雷者用鐵罐盛藥以火點之砲起火發其聲如雷聞百里外所爇圍半畝以上火點著鐵甲皆透蒙古攻金時爲牛皮洞直至城下掘城爲龕間可容人城上無可奈何有獻策者以鐵繩懸震天雷順城而下至掘處火發人與牛皮皆碎迸無跡又有飛火銃注藥以火發之輒前燒十餘步人亦不敢近蒙古惟畏此二物

炸砲　敵人所畏惟我神器近皆思效我所長反以制我矣當因而用之以生鐵礫沙鉛鑄成各樣銃式磧性主横用之爲君炭灰用樹節燒令存性滿裝炸藥兼藏毒火毒砂在內併爲藥去令其封去若來攻我必先自傷後雖得

吾眞銃不敢用矣

炸藥方

硝一兩硫磺半斤柳木炭一兩六錢石黃一兩六錢雄黃八錢研爲細末用燒酒半斤調勻晒乾剉如豆大臨用之際每一斤加末二兩一云每煉鐵紅時入醋浸脆而可碎

火器雖小技乎必兼格物度數之學身之長短徑之廣狹牆之厚薄子之大小質之劑量藥之增減毫釐千里利害攸分未有不由師傳頓悟神解者種類煩繁未敢輕試與其泛而寡效孰若專精一二千百人立鬻爲愈哉用者行所明勿行所疑先求無害於己後求有傷於敵可也

火攻神器圖畧

火攻之法用無不勝如赤壁一炬百萬煙銷盤谷發焰藤甲灰燼但非利不動不危不戰主不可以怒而輕試將不可以忿而漫施者誠以必上順天時下得地利中應人和而後可舉也火器旣精必當盡法教演置牌一座由近及遠中牌者厚賞之精練幾月而後行之則焚營殺賊誠爲無敵之兵矣

神火鐵圍營

用堅木爲樞內排神弩神箭神彈毒火烈火神火等十六件用壯士守之賊若攻營相近萬火齊放乘機擊之無不敗

神火鐵圍營

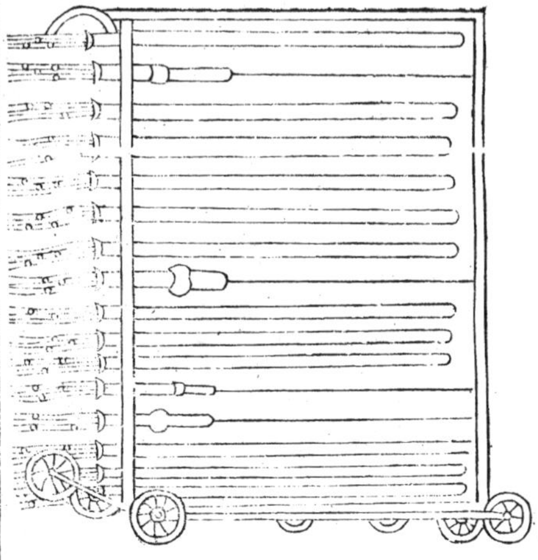

萬勝火龍刀

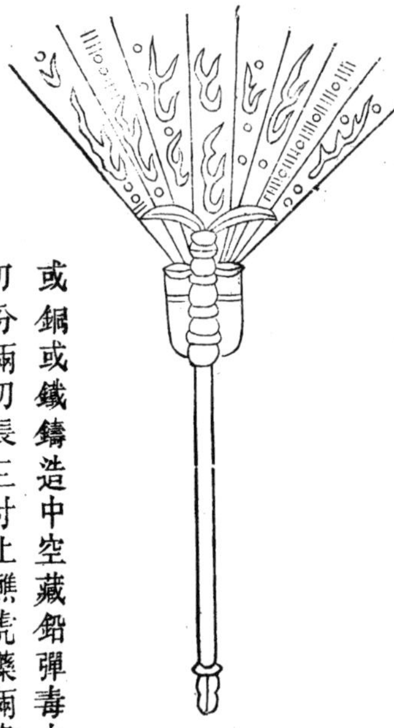

或銅或鐵鑄造中空藏鉛彈毒火刃分兩刃長三寸上蘸虎藥兩旁縛毒火上砍賊首下鈎馬足一器三用沖敵上策

羣蜂砲　蔑編成圓籃以紙厚糊四五十層晒乾上糊油紙數層開砲一竅以火藥三斤加鐵蒺藜半斤飛燕毒火各數十箇其中拋入賊船飛燕火發其船立破高阜拋入賊營無不立潰

羣蜂砲

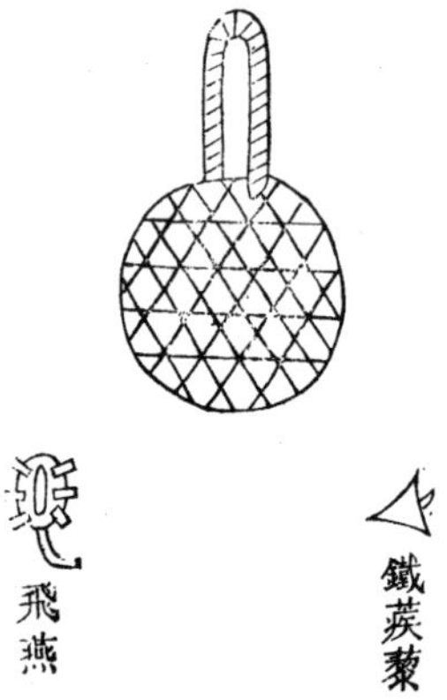

銅發熕　每座約重五百斤鉛子一百箇每箇重四斤此攻城之利器也

銅發熕

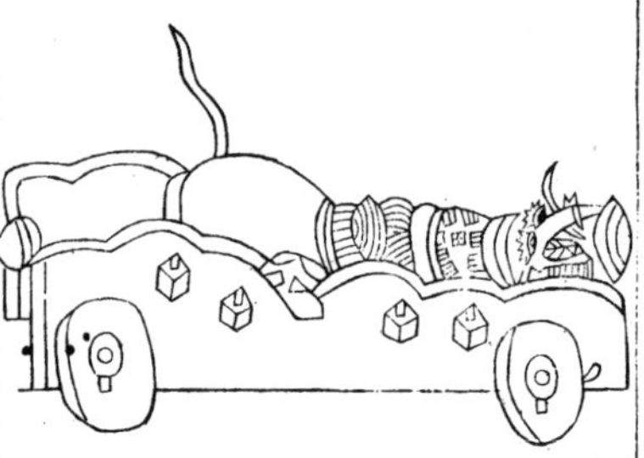

欲放發熕須掘土坑令火者藏身然後燃藥線可以免死若用以水戰須以木筏載而用之城上不可用

自犯砲　或鐵或磁燒造空腹用藥信通連火槽火櫃相機連連埋置要路賊犯其機萬砲俱發

自犯砲

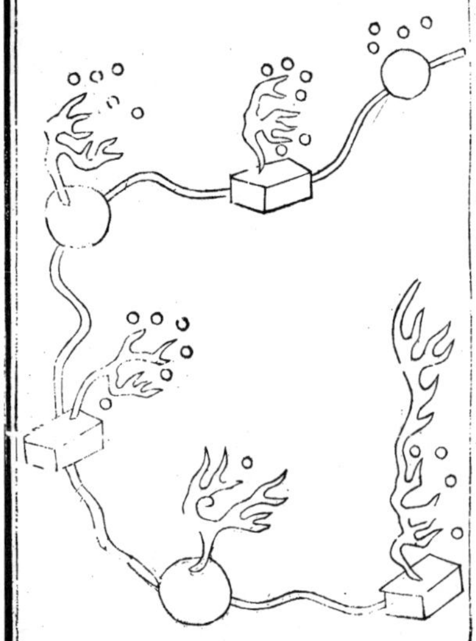

隱跡火陣

伺賊來路每處爲方陣中安磁硐四角各立藥彈四箇內藏鐵蒺藜毒火等實滿各以竹緡人獸罩覆橫直蓋地道接聯火線引窨藏鐵石等砲多埋鋼輪機繩誘賊蹈此人馬俱亡

伏地衝天砲

料賊必至處挖地三尺將神火火砲埋伏火種用烏盆盛放在砲上藥線總盤盆內相近火種其鳥盆連於槍刀杆上仍以土覆平不露其跡槍柄插地上賊見旗械搖拔提機火種倒在藥線上火發擊賊

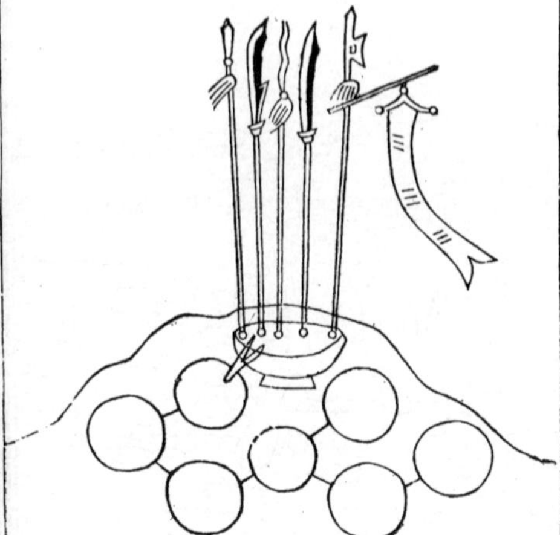

伏雷砲

中用鋼輪一箇埋入地下四圍將木做行條旁鑿空裝發藥每行條旁鏨根以備裝砲將伏雷法湊在槽眼將砲藥線引入槽內發藥中木槽頭湊嵌鋼輪匣中匣旁入眼分開入處四圍俱埋火砲藥線俱湊入行條眼內用土蓋沒方用法線裝於匣上相賊來處埋藏發必鏨粉

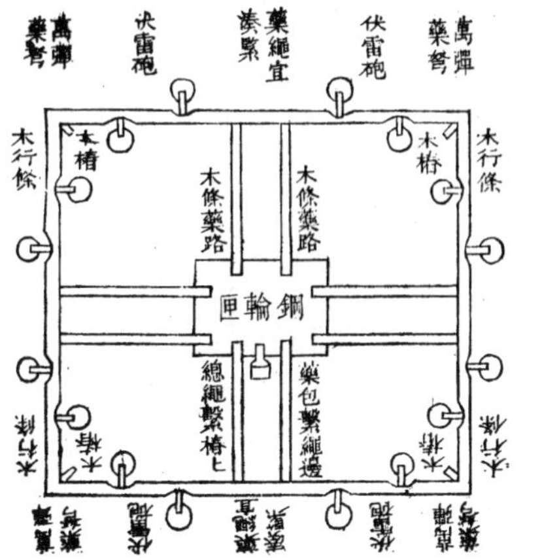

渡水神機砲

隔水爲障暗使細作將砲埋險隘用猫竹剜去節用麻水浸紙晒乾裹其藥信則不生潮藏於竹內埋於地槽土掩將磁盆對合敲眼與竹口相對以埋發火火種用不灰木製合用鐵精桃油小灰木硝硫等物合之埋於地機將長繩繫於藥信埋於火種之旁賊至用繩拽動其機則砲應手而發

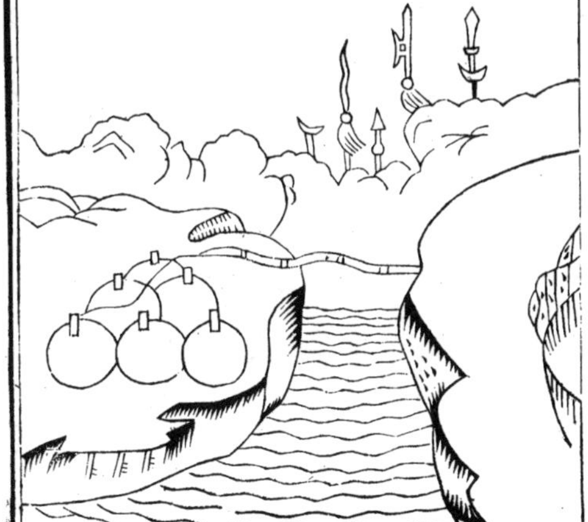

水底龍王砲

用熟鐵打造以木牌載之其機巧在於藏火砲上結香爲限香到信發時刻不差裹以牛脬而不通氣則火悶死通以羊腸硝過夾以粗鐵線上以鵝鷹錮爲浮隨波上下則水灌入而火不滅全在機之玄妙量賊船泊處黑夜順流放下香到火發砲從水底擊起船底粉碎水沸賊沉可坐而擒也

草人活馬砲

或草或禾作人形飾以衣帽中藏火砲神箭神砂神火左右列神銃神箭縛於馬上馬左右用火銃夾住不容轉頭臨敵營燃信策馬而奔火砲齊發聲震如雷大軍隨擊敵無不潰

火牛轟雷砲

用廢牛爲之角縛利刀蘸虎藥兩旁竹夾其足使不旋轉背負火砲一筒容藥一斗內藏毒火神砂神火鉛子等牛至信發勢若霹靂人馬皆斃

飛砂神砲　用燒酒炒製毒藥盛於磁罐暗藏城下賊近發火觸無不焦

飛砂神砲

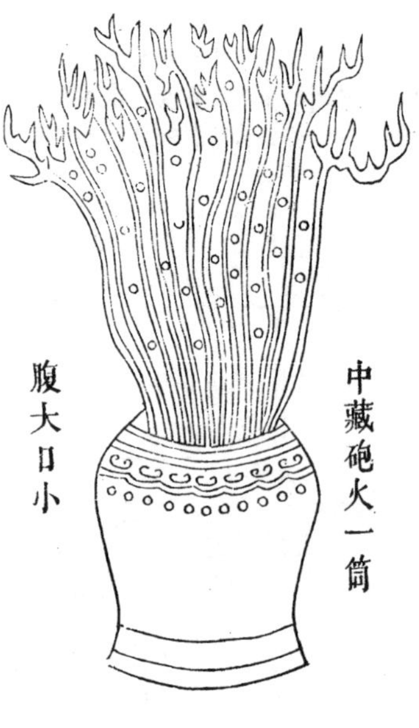

中藏砲火一筒

腹大口小

衝陣火葫蘆　形類葫蘆中爲銃心以藏鉛彈毒火等藥
堅木爲柄長六尺用猛士持放與火牌相間列於陣前馬
步皆利

衝陣火葫蘆

霹靂猛火砲
砲用生鐵鑄
容藥三升內
藏飛火神火
毒火四面齊
發攻城神器

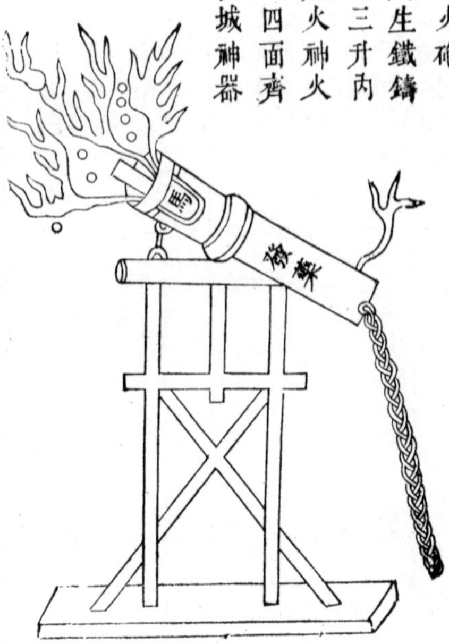

地雷連砲
十位一連每
連用一人帶
銃棍一根前
後用照星照
門以鐵釘貫
共環中初用
火櫃今用走
線以發火扁
線以傳火

震天飛砲
其砲徑三寸五分
用篾編造中用紙
桿一筒長三寸內
裝送藥筒上安發
藥神煙藥線接著
送藥外以紙糊十
數層兩旁插風翅
兩扇順風點信飛
人賊營藥發亂擊
身焦日晴

送藥進飛空擲火賊
攻發開火燒煙迷惟
多最妙
其腹藏稜角數枚一
砲角發釘人身上其
尖上加蘸虎藥

雷瓜砲　其大如斗升
至半天墮入賊巢黑
夜攻賊自潰此擊賊
燒營之神器

火榴砲
砲用生鐵鑄造形
如石榴上留一孔
先灌毒火神煙一等
發藥次放酒盞一
箇盞內放火用鐵
蓋掩其口砲外畫
以五彩多列路旁
賊見必拾而弄之
搖動火種砲擊煙
障無不斃

爛骨火油神砲
砲用桐油 主燒
銀黝 主染火
硇砂 主火爛皮肉
金汁蒜汁 主毒
炒製鐵砂磁
粉將生鐵鑄
小子砲發去
一擊粉碎無
不焦爛也

中藏鐵子神砂

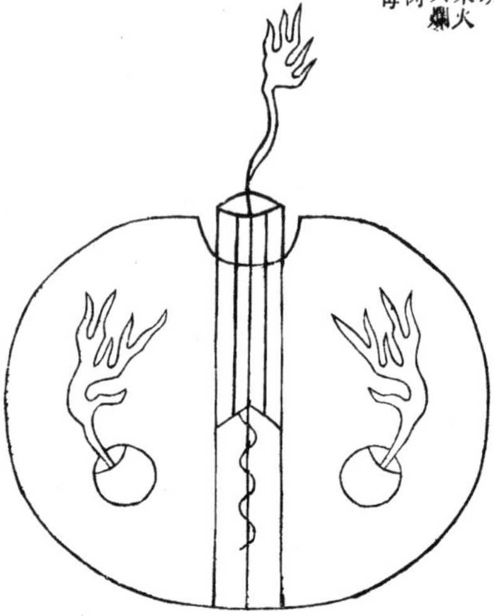

猛火無攔砲
捲紙為筒中藏神火二三十種隨風四散燒人面目焚糧擊馬勢不可遏

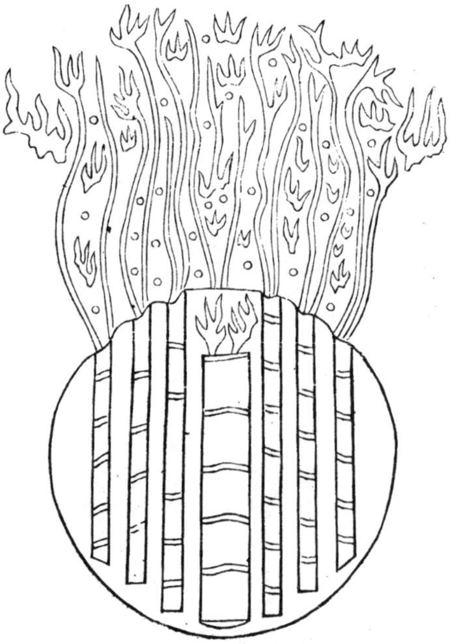

百子連珠砲
砲用精銅鎔鑄
約長四尺中藏
發藥一升五合
藥從口發旁鎔
一嘴長一尺餘
約藏鉛彈百枚
堅木為柄八面
旋轉橫於架上
豎起則彈落砲
竅次第發出

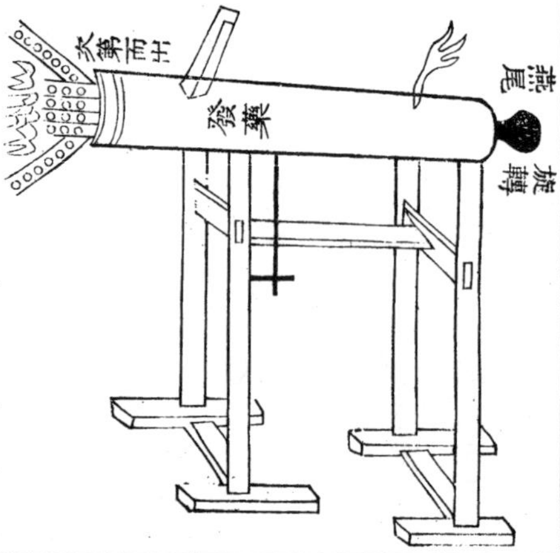

虎蹲砲　內吞百子每子五錢子小碗口大則出無力土用大石子一或蹈于一約三十兩先用藥線縛之以布次用藥八兩上用木馬以合口者爲草送至二藥子上用土少許入鐵子一層又用土少築再下鐵子一層以五十丸爲限用合日大鉛子一夜下口一半漫漫築入平口而止後尾稍用鑁去土三四寸二爪釘後用雙爪尖絆在下四藥後庶不退走此破敵之衝器

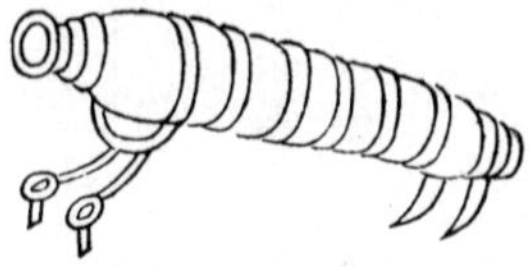

長二尺重三十六斤大釘每根長一尺二寸重三斤半鐵絆每根一尺二寸重三斤火繩每根長二丈五尺鐵鑁每把重三斤

神霧筒

藥方

風火灰（用大塊灰桐油浸一斗）　走硝（一斗）　鐵脚砒（五斤）　硫磺（五斤）　南星（二斤）　半夏（三斤）　細辛（二斤）　甘遂（一斤）　川烏（二斤）　草烏（二斤）　硇砂（二斤）　牙皂（十斤）　巴霜（二斤）　斑蝥（二斤）　蕉粉（二斤）

銅青（四兩）

共爲細末灰麵二十斤入鍋內炒半熟次下羣藥同炒取聽用臨敵順風揚之血涌目瞎萬無不勝

毒藥噴筒　用圓大貓竹長三尺餘以蔴繩纏密下用木柄長五尺先下灰多硝少漫藥一層次下噴藥一層次下餅一枚餅照原製務要合口用力築過餅碎無用也要妙全在此處送藥多則裂其腹送藥少則送出餅子不遠必以竹筒粗細餅子大小爲送藥加減耳

毒藥噴筒

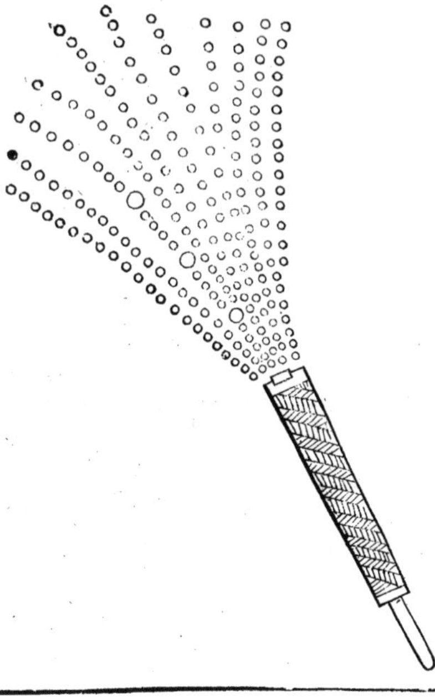

滿天噴筒
截竹二節外用粗布重箍用毒火
烈火毒煙等縛於木上燃火守城

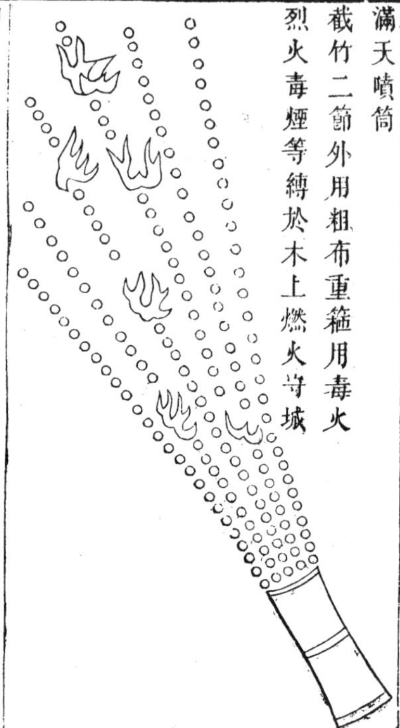

神雷銃　銃長一尺五寸重五斤底至火門高一寸每銃各有照星柄上總一照門銃裝柄上可以旋轉火繩匝銅管內剛對火門放時以左手托住柄挾右腕照準以左指按銅管點放一銃放後輪對星門再放

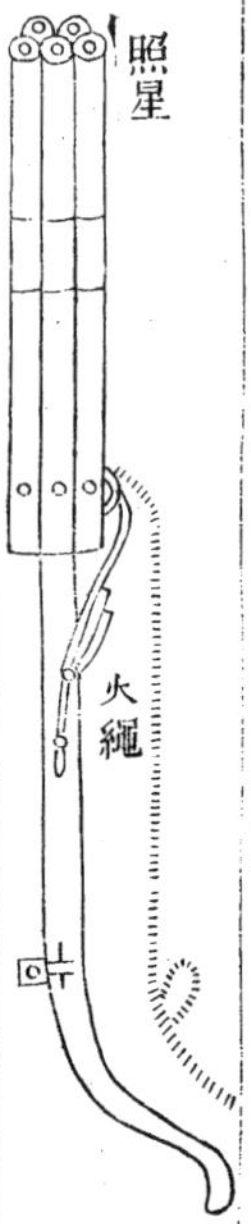

半天雷　用鐵打造管長三尺柄長二尺步戰用此內藏發藥毒火鉛子等一發三百餘步無堅不破之利器

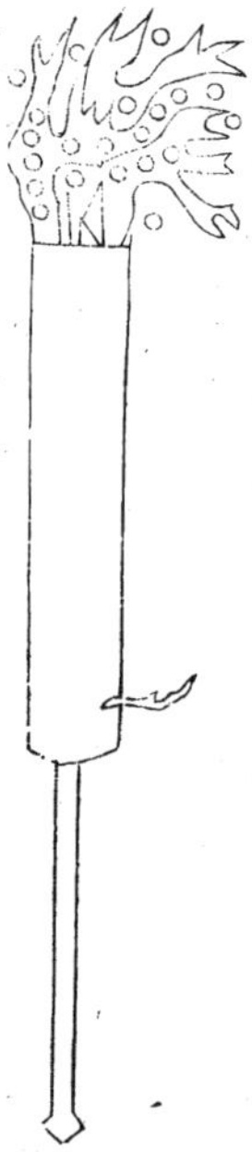

夜叉銃　用堅木車為法馬馬上釘利鏃上熊虎藥布裹神火鐵線縛緊鏃上遇人馬則釘入骨遇輜車則焚糧草遇船則焚篷帆鏃制三稜倒鈎遇物釘入利害百倍

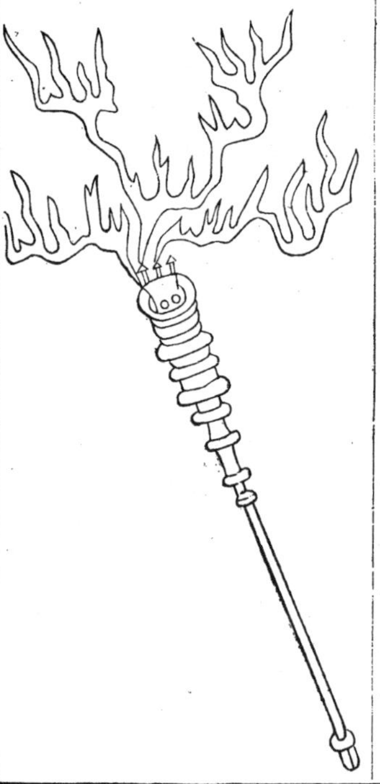

一把蓮　截竹為筒約長三尺貯毒火等藥懸於高竿之首令壯士突至城垛口乘風發火觸者皆倒蟻附而登無堅不破

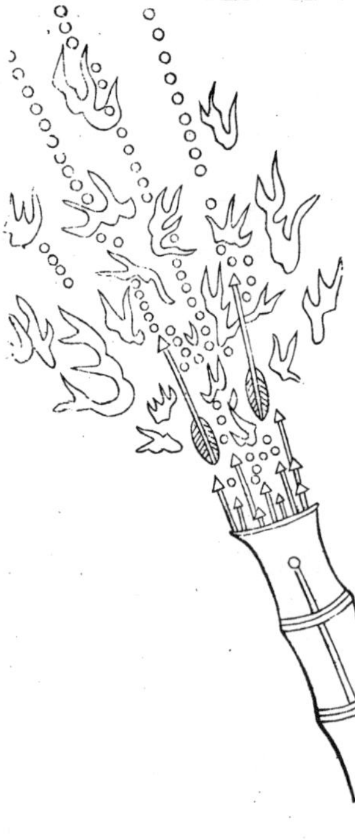

神火箭屏　用木板造箱可容火箭百枝預置要路機動火發箭如飛蝗人馬皆斃

神籠火箭　用竹篾筒長四五尺粗厚紙油刷以防雨每筒火箭二十枝鏃塗毒藥萬矢齊發誠燒糧焚寨之神器

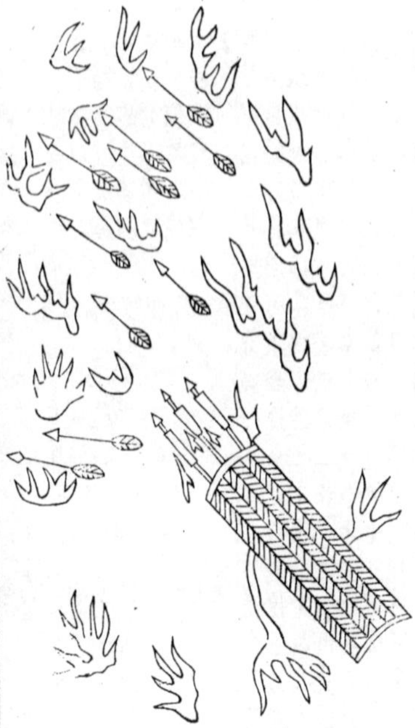

埋砲

生鐵鑄大如碗空腹上留口容藥木杵實塡入小竹筒穿火線於內外長線穿火槽擇寇必由之路掘坑多埋坑中藥槽通接鋼輪土掩使賊不知踏機火發砲焰冲天敵無不克

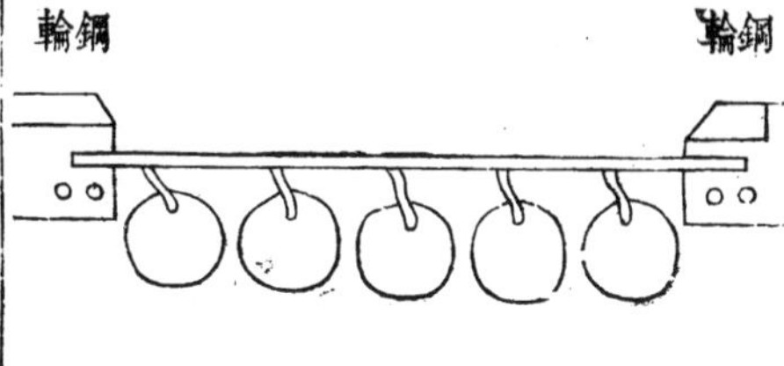

神機火箭　其要全在線眼眼正則出之直不正則斜眼太深則後門泄火太淺則無力而落每箇以五寸長爲度眼須四寸深杆要直而去頸二寸稱平翎要勁羽長而高稍筒用簭紙間以油紙便不走硝此誠水陸之利器

神機火箭

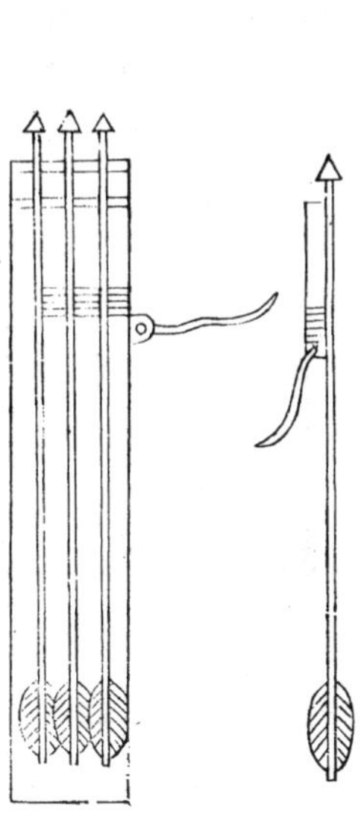

飛礮砲用純鐵打造長一尺徑三寸柄二尺五寸內舂火藥外小鐵砲長四寸口徑二寸五分裝毒藥鐵渣爲滿用夾紙封口藥線通於大砲置之砲口大砲一發小砲自去

飛礮砲式

虎頭牌箭牌高五尺厚三分濶一尺七寸外用生牛皮包畧頂上用鐵釘釘固可禦鋒刃皮畫獸形挖二孔爲眼横設鐵皮轉活開閉本牌旁邊上下鑿二方眼長六寸濶二寸嵌以小匣每匣藏機箭二枝一牌有匣共箭八枝牌後釘木牙四条將木匣梢任木牙上使其活動遇敵扯出上梢匣向後落箭簇向外發逺三百餘步箭完可以再裝牌上鑿一圓孔透出神鎗一根虜若少近扯出神鎗攻打爲之援此器日可對敵夜可安營行可礟止可竪虜騎衝突此牌可拉後將三眼神鎗隨之攻打阻彼衛突奮吾攻擊無有不勝

虎頭木牌正面式

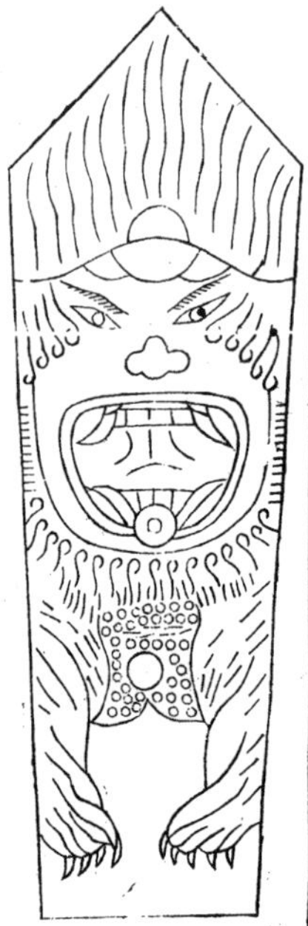

虎頭木牌後面式

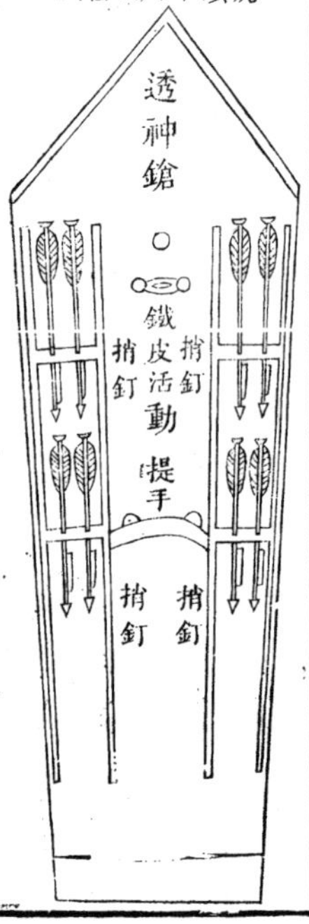

萬矢飛廉箭

編篾爲籠中藏百矢矢上捲紙爲筒長二尺餘前裝燒火（用砒霜巴豆等）後裝發藥縛於鏃上順風發火鏃蘸虎藥神效無敵

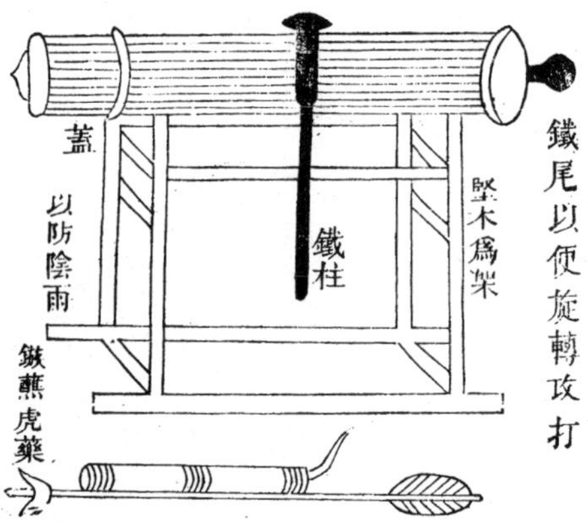

火弩流星箭　猫竹筒長二尺五寸用牛筋苧蔴鐵線生漆魚膠纏定步戰用此列於第三層筒內箭長二尺共十矢上陣藥信一燃十矢齊發勢若飛蝗一弩可抵十兵之用

火弩流星箭

神火飛鴉　用篾爲之照
今人淸明時所放紙鷂
之式或八角或圓或鷂
中藏毒火毒煙等藥信
上結線香一段香盡信
燃線斷鷂落火焰齊發
燒營焚船之妙著

製扁線藥　用細布裁成條以稀麵糊刷過乘濕敷火藥
搓成線粘壁上陰乾用生桐油油過聽用以防水雨

火攻神藥法品

硝火主　硫黃主　葫蘆灰烈火　箸灰砲灰也　竹葉柳灰主灰
杉灰主灰　樺樹皮灰銃灰　蔴稭灰無聲　石黃法火　雄
黃毒火

火攻從藥

桃花砒紅　瑪瑙砒五色　潮腦發火　辰砂炮　水銀炮
銀黝爛　鐵腳砒黑　江子油毒　乾漆火　巴豆吐
巴油爛　蔴油煮　蔴子油炮　鬧羊花迷　桐油燒
金汁爛　蒜汁毒　狼毒熱　天雄熱　甘遂逆　常山
嘔　鐵卩蓮毒　大小蓼毒　川黃利　藺粉迷　牙皂
嚏　半夏燥　爛骨草皮肉沾之即爛　川烏毒　草烏毒　鈎
吻斷腸　礦灰毒　血肉草毛竅沾之血湧　巴戟毒　巴霜毒
人精毒　狼糞風　封喉草喉沾之立啞　斑蝥毒　蜈蚣毒
虺蛇毒　蝰蛇毒　斷腸草入腸腹則寸斷　蝦蟆毒　竹黃毒
蒲花草火　蘆花火　墨記草毒爛

右從藥品製煉神火毒火法火飛火爛火各火配合煅
煉有訣差之毫釐謬以千里專閫宜留意焉

神火藥偷營刦寨衝鋒破敵用之歌曰

神火燒營第一方石黃一味最難當燒酒浸來蔴油炒足
用三斤性太剛加上雄黃與黑信蘆花艾肭並松香豆末
攪和銀杏葉更加乾糞與巴霜松香一斤餘四兩三七均
分火藥強飛雲砲裏深藏貯落地喧天發火光吐霧噴煙
紅滿寨箇箇賊兵盡著傷破陣衝鋒能利害燒燬衣甲及
輜糧

石黃燒酒浸蔴油炒晒乾爲末　雄黃　雌黃　黑砒　蘆花　艾肭
松香　豆末　銀杏葉　乾糞　巴霜　硝火　硫黃
箸灰　柳灰

無敵毒龍神火藥至難之敵用之歌曰

二十八宿按天曹二十八味神藥苗開天闢地安邦國用
之鬼哭與神嚎蛇埋一味獨爲尊上應天垣木角星此物
一斤合二兩除邪滅亂最威靈上風揚去號神砂迷人瞎
眼便昏花砲中發去號神煙孔竅須臾噴血鮮但得毫釐
鑽鼻竅腦漿流出命歸泉注於溪間號神水寸腸立斷碎
心肝順風送入賊營去百萬賊兵一陣空不用干戈並汗
馬奪去淩煙第一功

木角蛟（天罡星蛇埋草應之一云卽馬旋草）亢金龍（武曲星龍尾丁蔞草應之）氐土貉（天厚星連珠十夏草應之）房日兔（明堂星兔頭蔏陸草應之）心月狐（多疑星狐陂藜藺草應之）尾火虎（剛烈星虎牙鈎吻草應之）箕水豹（文曲星豹眼南星草應之）斗木獬（忠烈星捜風甘遂草應之）牛金牛（柔順星牛舌天雄草應之）女土蝠（后妃星鬼頭大附草應之）虛日鼠（天倉星鼠尾芫花草應之）危月燕（吉祥星神仙草應之卽草麻草）（苗）室火猪（酒食星猪牙皂角草應之）壁水貐（財帛星劍貐牙鬼箭草應之）奎木狼（天德星狼牙宜菱草應之）婁金狗（天鬼星木必斷腸草應之）胃土雉（天廩星雉頭鬼血草應之）昴日鷄（天鳥星鷄目胡辛草應之）畢月烏（天耳星川烏草應之）觜火猴（大劍星江了將軍草應之）參水猿（陰陽星川江細辛草應之）井木犴（天法星雷公藤草應之）鬼金羊（天日星羊躑躅草應之紫大黃花）柳土獐（天相星大戟紅牙草應之）星日馬（鑾輿星雷丸草應之）張月鹿（青龍星紫玉金絲草應之）翼火蛇（天翌星蛇蟠不食草應之卽蔓蛇草）軫水蚓（土德星魚鱗艾朒草應之松樹皮外綠衣卽艾朒也）

右神草二十八品應天垣二十八宿炮煉極乾研羅絕細和以砒黃礦霜斑蝥石黃蜈蚣蝦蟆蝰蛇蝀蛇孔雀尾蝎尾各爲細末以蛇埋草爲君或用爲神砂順風揚去或用爲神煙火砲發去或用爲神水注於溪河井澗隨機而應砂入人目頭眩睛瞎煙鎖賊竅血湧髓流水入賊腹腸斷心裂騾馬傷藥者亦然我兵須噙解藥方可合製然製藥已成選天將吉日各依方位主將者齋戒沐浴盛服虔設鹿脯酒醴香燭之儀夜深於壘中先禱於天垣二十八宿之神東方七宿青旗青甲達於東方南紅西白北黑中黃各依方列

烈火藥燒營燒糧燒賊燒馬用之

銀杏松香各一斤二斤硫黃要均停石黃雄信各三兩提過明硝要七斤每斤四兩灰爲使劫寨偷營最有名

斑蝥　艾朒　銀杏葉　豆末　松香　石黃　雄黃

砒信　硝火　硫火　箬灰　稈灰　柳灰

飛火藥衝陣劫寨焚糧燒賊水陸馬步俱用歌曰

蘆花合用桐油拌密室攤乾仔細藏一毫風日不可見見了之時放光明此物十斤不可少更配松香與豆黃銀葉細羅乾糞配更加皂末要相當松香三斤各半斤一分明不可忘却用火藥三七配霹靂臨風烈焰揚燒人衣甲鑽人眼滿面焦膚爛眼瘡縱爾賊兵雄百萬砲響連聲一陣亡

蘆花（桐油拌晒）　松香　豆黃　紅杏葉　乾糞　皂角末

硝火　硫火　箬灰　稈灰　柳灰　斑蝥　石黃

法火藥最利害生擒賊兵用歌曰

羌皂爲君足十斤二椒二蓼細羅成白砒須用巴油拌礦灰燒酒製須精六味各加半斤足烏梅淨末一斤勻諸味攢成合一處便將紙砲巧裝成周圍却把松香蘸霹靂小砲在中心砲響一聲如吐霧迷人鼻竅瞎人睛眩暈昏花無可柰一物不見自縱橫滿營猛火燒人馬箇箇生拏與活擒

硝火　雄黃　硫火　箬灰　樺灰　良薑　柳灰　乾

薑　竿薑　胡薑　川椒　胡椒　黑蓼　赤蓼　榆皂
大皂　白信巴油拌研　礦灰燒酒拌炒　人精炒　松香　石黃

煙火藥著賊皮立爛見血封喉歌曰

鐵子磁鋒豌豆粒硇砂銀黝人中汁連浸三朝火焙乾再入桐油炒燥烈取將虎藥輕輕滾一碗不過二三合假使賊兵十餘萬此砲只須三四十飛雲打入賊兵中霹靂一聲天地裂鑽入孔竅透入腸見血封喉不可說頃刻橫尸滿戰場此是火攻眞妙訣

鐵子　磁鋒　硇砂　銀黝　人中汁炒　桐油　虎藥
硫火　硝火　箬灰　斑蝥　樺灰　柳灰

送風火藥風逆愈勁煙焰蔽天歌曰

狼糞多收並艾朒須要加入江豬骨骨煅爲灰肉煉油油拌硝硫火性烈晒焙須當用極乾逆風愈勁眞奇絕還當二八配分明火攻隊裏神仙訣

狼糞　艾朒　江豬骨　江豬油　硝火　硫火　箬灰
杉灰　稈灰　斑蝥

三火合一藥

飛火獨火神火三火合一每火一斤硝火一斤硫火六兩箬灰葫灰柳杉灰各四兩入硃砂三錢水銀三錢研不見星

火毬

不木灰一斤　鐵衣三兩　炭末三兩　麪皮三兩　紅棗肉六兩

畧拌米泔爲餅每兩管一月

火信

硝火一兩火酒製　葫灰　斑蝥各二錢　硫火三錢

銃用常藥

硝火四兩　硫火一錢　灰一錢七分　斑蝥一錢

五里霧

木屑將桐油炒過共合一處要研極細用布袋盛之臨敵人各量帶如遇順風先傾於地詐退百餘步用走線點火結成霾霧朦蔽五里人馬聞氣涕淚不絕互相戕殺突出爲銃驍騎追殺此亦用兵一奇出其不意儘足破敵

硝百斤　炭五十斤　木屑五斗　松香三十斤　雞糞一斗　狼糞

二升　頭髮五斤燒灰　砒五斤　人糞一斤

神噀噴霧

薑汁一斤　食鹽二兩　烏梅肉四兩　魯醋半斤　四味共爲膏聽用　硇砂　膽礬各一兩　白礬　細鐵末各五錢　右共爲末和膏丸指頂大揚塵爲衣每遇賊人將一丸入口嚼爛迎面噴之二目立瞎

神煙

火硝一斤　硫黃四兩用小便煮過　炭三兩　樟腦一兩　輕粉一錢　陽起石一兩　石黃一斤　砒四兩　右爲極細緊築竹筒內發之可迷百步良久不散

神火

焇硫一斤為末燒酒三斤拌汁曬乾　硇砂一兩　硝半斤　針砂四錢　硫黃四兩
炭二兩　右共研極細緊築於銃筒內臨敵發之可燒賊人

結煙

狼糞　雌黃　石黃　陽起石

青煙

火硝二兩　樺皮一兩　硫火五錢　灰一錢　青黛三錢

白煙

硝火一兩　硫火五錢　灰一錢　鉛粉四分

紅煙

硝火一兩　松香二兩　黃丹一兩　瀝青八分

紫煙

硝火一兩　硫火二錢　灰三錢　木煤三錢　生皂角三錢

潮腦水秀才

隔河放砲擊賊　藥內加潮腦水秀才無此二樣鉛子不過水船上用砲亦當用此防水氣

石油　四川有石油和藥可入水不滅若以石油造成藥團藏火器中借火器一發之力而石油之火扇散船篷船艙中掩敵不備縱以水救之石油不畏水愈救愈熾

江豬油　江豬在水中能逆風逆浪而上故其油能逆風可合石油共為藥

毒方

桑柴灰五斗　苦蕎麥灰十斗　豆稭灰三斗五升　茄稭灰三斗

五燈頭灰五斗　巴豆灰一斗五升　藜蘆灰一斗　川草烏灰二斗　地星草汁三斗　右共淋水三石煎至八斗後入地星草汁微熬再入硇砂五兩砒三兩膽礬五兩棗末二兩銅青三兩再微熬藥冷為度

附解毒聖藥

明礬半斤　好箭頭砂二兩　右將白鴨取血拌浸九浸九晒又綠豆漿三浸三晒又白蘿蔔汁三浸三晒又藍根煎汁三浸三晒又含春水煎汁三浸三晒研極細末用烏梅肉四兩甘草半斤熬膏為丸雞豆大製藥放藥裝藥皆噙一丸並用眞阿魏搽口鼻七

麻藥

潰花　川草烏　附子　半夏　南星

毒水方

蔴花並尖人參對配或加白芷草烏共研末注陰溝井泉

又方　雷公藤巴豆五月草常山為末用

毒酒方

川烏俱取尖　草烏　五月草取花並脂　天仙草取花子　陀羅花子每五兩浸酒一埕

砲　砲本作礮甘延壽傳投石絕等倫范蠡立法飛石重十二斤為機發行二百步唐李密以機發石為攻城具即此砲也有單梢雙梢七梢旋風虎蹲往腹獨脚卧車等類大同小異今存兩種以例其餘覽後二圖用法了然矣

奢賊圍城時一小卒言於朱巡撫曰昔戍獐獵見敵薄城遊擊張良賢以七梢砲禦之問其製用三柱各七尺左右二根埋土三尺五寸上各開一圓孔中一根本粗末細中腰梢下一圓木貫之入左右二孔末繫長繩七尺一頭緊纏一頭活機置石於筐前段用繩不拘若干條每繩用人不拘若干名但以能舉其梢爲率待其勢急方放活機其石自然飛去所向人馬無不虀粉自高打低靡不中者名曰七梢砲此誠攻戰利具也

蝎尾套

每繩長如梢之體不必拘定若干條但能舉其梢可矣每繩用二人量輕重扯之

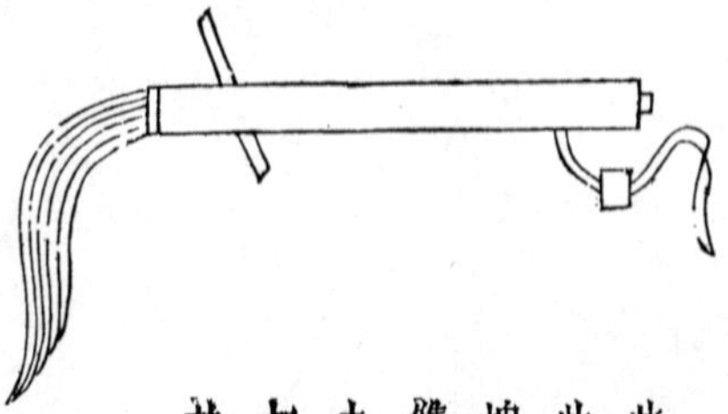

此蝎尾套在梢頭挂之此處安大石子不拘數塊方圓蝎尾既挂一人雙手墜石候前扯起放去如箭方離弦必後手扣緊出始有力耳此礮訣也

此繩人墜起礮自發

石出

砲石　武經雖載而獨行砲車架者甚明人鮮悟之故重開明其勢守城第一器也既省火藥之費又有不竭之資

砲石用人扯起打去式

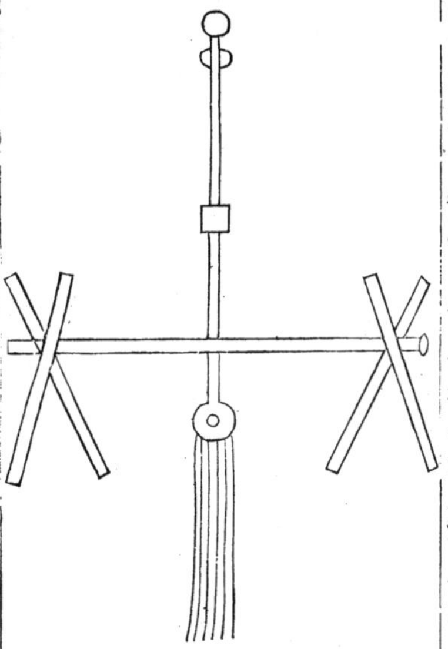

砲車　以大木爲牀下施四輪上建獨竿竿首施羅筐置砲梢高下約城爲準推徙往來以逐便利

砲車

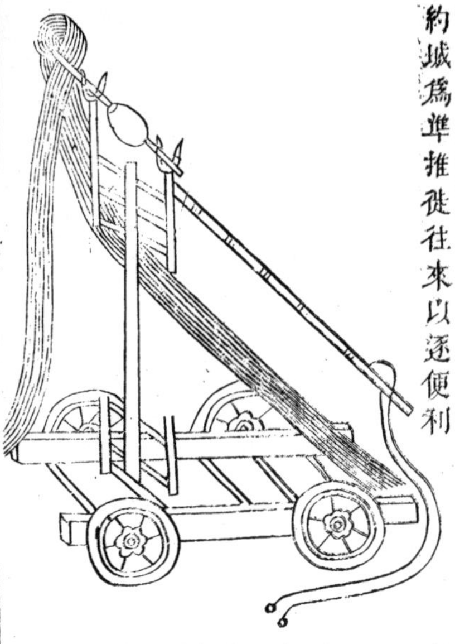

砲架

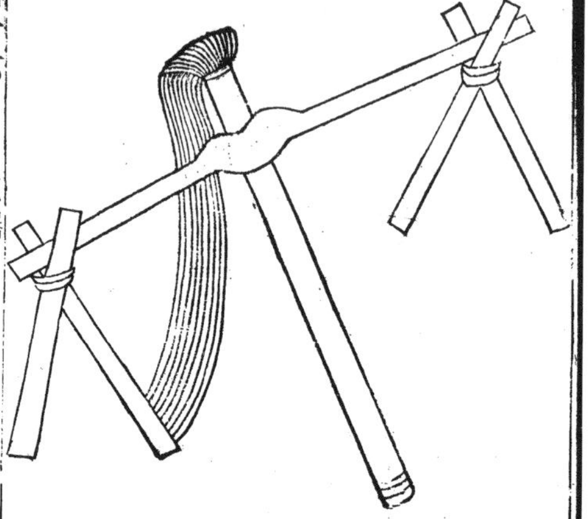

史思明過太原李光弼撤民屋為擂石車車二百人挽之作大礮飛巨石一發輒斃二十餘人賊死者什二三乃退營數十步外

蒙古攻金洛陽強伸創過砲用不過數人能發大石於百步外所擊無不中

元攻襄陽置砲城東機發聲震天地呂文煥遂以城降渡江之日宋兵陳南岸擁舟師迎戰元人於北岸陳砲擊之舟悉沉沒

飈石　每用一握竹長五尺以長繩二股一頭繫竹上一頭用小環繩中分用一皮兜徑五寸搖竿為勢一擲而發守城宜用且飈石易得但手發不遠用飈竿發之可遠可重須平時習慣發則有准為有司者令每家每戶出少年一人擇空曠之地於農隙之時教而習之久自熟矣

以圈挂竿頭貯石打去石發圈落竿用竹為之長五尺

飈石

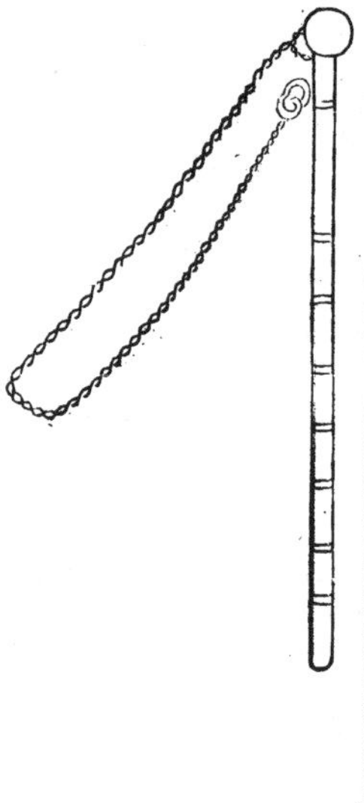

弓制　古有為弓三年而成者試之穿七札九年而成者試之飲石梁是惡可語於今日哉弓有六善一者往體少

而勁二者和而有力三者久射力不屈四者寒暑力一五者弦聲清實六者一張便正凡弓欲其勁妙在治筋筋生長一丈乾則減半以漆湯濡而極之復長一尺然後用之則筋已盡無復伸弛故往體少而勁也凡弓節短則和而虛

弓式

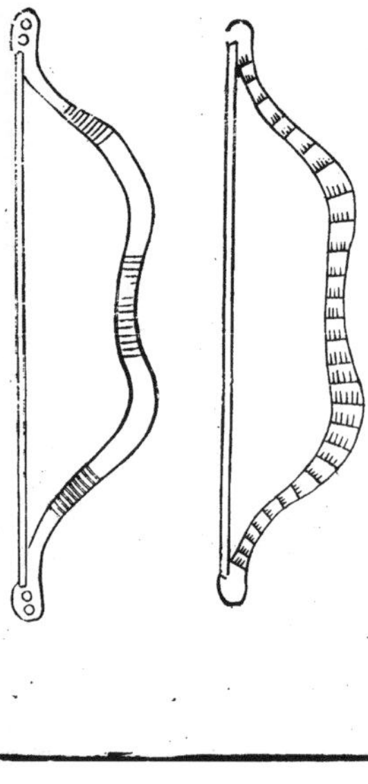

蝎蝗面弓　用大牛角截成面闊拽滿則曲如扇圈受力均勻不走不䏺

泥鰍面弓　用小牛角截成面狹拽滿則曲如折竹受力不勻易走易䏺

披背筋法　披筋一板晴暄合待半月陰雨一月方再上若連披數板則內濕外乾解脫可待

漆弓法　用漆一重晴暄合待十日陰雨二十日方再漆若日漆數重亦內濕外乾斷脆可待

褁弓法　用黃樺桃皮朱紅不若黑生漆免水透

䈥弓法　用白角魚枕綵畫不若黑生漆免費工

焙弓法　江南地多卑濕四時必以火焙弓去火四尺上

下太迫則燥大遠則火氣微凡火四時有增減太猛則枯太實則火易息正二月五分三四月六分五月十分六七月七分九十月六七分十一二月五分弓面向上焙背不焙面也焙後必冷定絕無火氣方可安弦無傷折之患也值天時清爽時取弓出列於架上使筋角活也

軍器三十有六而弓爲首易之制器尚象五兵中獨言弧矢誠重之也今之制何滅裂甚耶蓋筋角不能自相固結故假之以膠漆膠漆不能自然堅實故壯之以筋角二物相資必隔旬日候其自堅然後再用是謂年弓月箭否則弓雖易成膠亦易脫弓面闊則力硬受弦端正故取象蝎蝗乃扁闊之介蟲也弓面狹則力軟易走易斷故取象泥鰍乃圓滑之水族也皆由擇角之初大角價高小角價低有司喜賤而惡貴故小角常多大角常少因而誤事多矣敵中軍器上皆有原監造官姓名年月有悞則正法所以敵器一一犀利孰知中國有司止欲速成備數而已哉

箭制　矢不破堅與無矢同矢不等弓與無鏃同爲箭重則緩輕則飃也近日製箭有四失一曰鏃太重二曰幹太粗三曰膠易解四曰翎易落古人製箭欲其去之勁直也故翎之以羽曰鵰曰鶴曰鴻曰鵲不一其名欲其去之鋒利也故鏃之以金曰石蓮曰鑿子曰蕎麥稜曰破甲錐不一其式然驗之已往翎以鵰鶚野雉爲最捷以寸金鑿破甲錐爲最銳以通幹爲直而易中䈥以黑漆爲省而易成

餘皆不堪實用矣語云箭頭重過三錢箭去不過百步箭身重過十錢弓力當用一碩大約弓八斗以弦重三錢半箭重八錢爲準而火箭藥箭別有法

指機製　近製眼孔皆圓人指骨扁孔圓必塞以楮布則血柱指黑弦兜致掃食指宜將孔前後稍長横入指中轉正則骨横而扁指轉而鬆不致脫落而眼中圓活不磨指節不逼矢不掃皮有三善焉

弩說　秦野有枉矢星形似弩其星西流天下見之而驚

故曰王弩發驚天下弩者怒也言其有怒勢也此武經所謂弩者天下之勁兵四夷所畏服也其實守城利器無踰於此以他器或利仰或利平弩則利俯故也然則弩不利於戰歟非弩不便於戰乃將不善於弩耳前代名將如孫子伏萬弩射龐涓耿恭傳藥弩驚北敵項羽伏弩而漢王捫足甘寧持弩而渠帥揚舲李陵發大黃參連弩射單于虞詡二十強弩射一人退羌兵諸葛亮損益連弩謂之元戎一弩十矢俱發司馬懿發石連弩射遼東呂蒙據濡須塢置強弩萬張以阨曹公唐李郭子儀宋劉錡吳璘宗澤輩用弩破敵者不可勝數漢且置強弩都尉積弩將軍南郡有發弩官唐李元諒築連弩臺開元十二年命羽林飛

騎習弩有伏遠臂張角弓單弓靜塞等弩宋有神臂弩克敵弓之制其實卽弩也熙寧之神臂弩始命張若水依式監造之繼命韋少寬著令申明之又御筆命民間不得私製誠重之也善用者列為五層攢箭以射射訖者掣回而張張訖者挨次而射遞相輪番繼而不絕敵射藝極精矢無虛發何能當此萬一哉故射堅及遠爭險守隘遏衝制突非弩不克

弩制　弩以腰開為上蹶張次之手弩又次之腰開可十石弓之強者不及也晉馬隆平樹機能用之古人有大黃弩伏遠弩螞蝗弩今其制不傳蹶張則有跳鐙弩木弩鐙弩亦曰小黃其用尤利木弩邊兵不甚用其力之強弱皆以石斗為等手弩僅可用以射獵箭去不遠鏃薄不重只可入人寸許若有厚衣堅甲不可入矣所恃惟毒藥之性不利深但射人皮肉外血行之處能化血為水中者立死

弩箭　弩箭制與弓箭不同弓箭瞰弦安筈頗難弩箭平頭安筈甚易弓箭長擇幹甚費弩箭短擇幹甚省用石蓮頭喬麥稜則光滑不能入甲不若用破甲錐寸金鑿子則鑿上有鋒易入竅隙翎用禽羽則得箭者尚堪再射不若用竹片裁製則翎口如刀易穿肌肉箭有點鋼木羽風羽木撲頭三停木羽者以木為幹中人幹去而鏃留牢不可拔風羽者當安羽處則空兩邊以容風氣則射時不撼三停者箭形至短羽幹鏃三停中物不能出以短故也

跳鐙弩

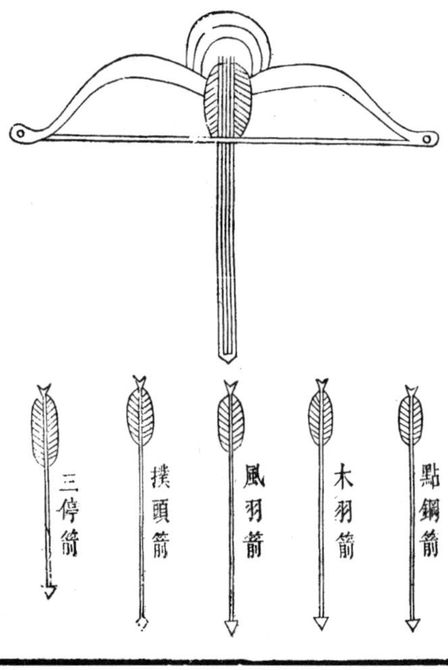

耕戈
伏路防賊偷營用
弩前梁草烏毒藥
以引線繫捺於二
三十步橫路而下
推草藏形觸線則
機動箭發然須先
授我箪以暗記近
來賊用長竹先打
而行則機發於人
足之先今當多用
如百弩連成數丈
其機只在向求處
弩盡頭下之候彼
入弩將盡處就長
竿先發其機則不
能遠退出數丈矣
又當分作三四箇
機渠能打發一機
不意又有未發之
機地

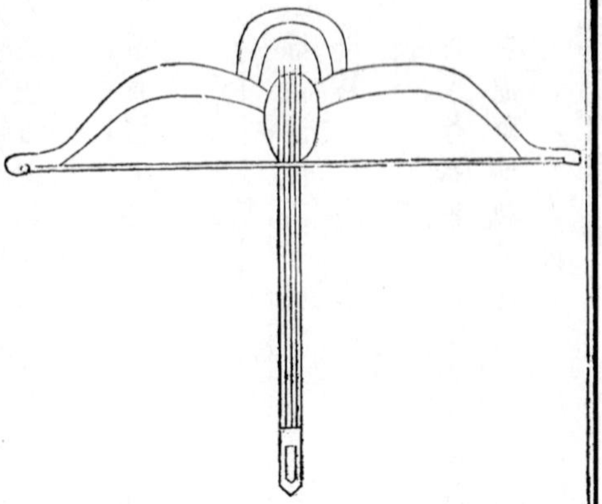

鬼箭　用竹弩一

張作架牀埋地
弩頭斂向上以
馬尾繫機攔於
當路以竹樁或
樹枝釘於隔路
賊馬衝馬尾線
動機發箭然繫
機馬尾須退機
後架牀轉出乃
可發機

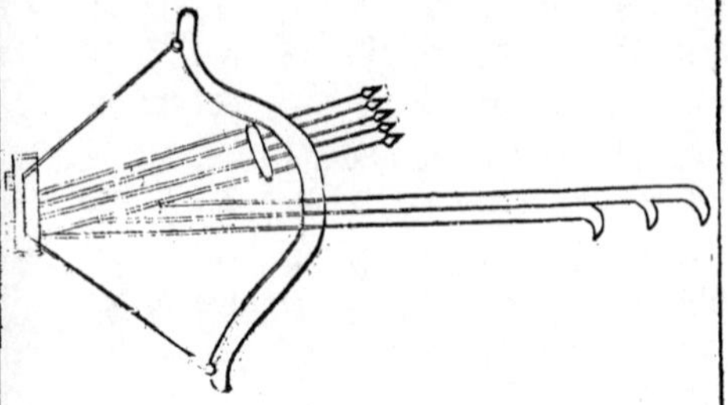

連弩　用木作牀

埋九矢七矢五
矢等弩於道旁
草茵浮蓋撐滿
搭箭卽以繩結
其弦穿度弩前
橫竹通節引至
排弩末釘兩樁
道旁攔繩當路
馬衝弦敀連弩
迸發

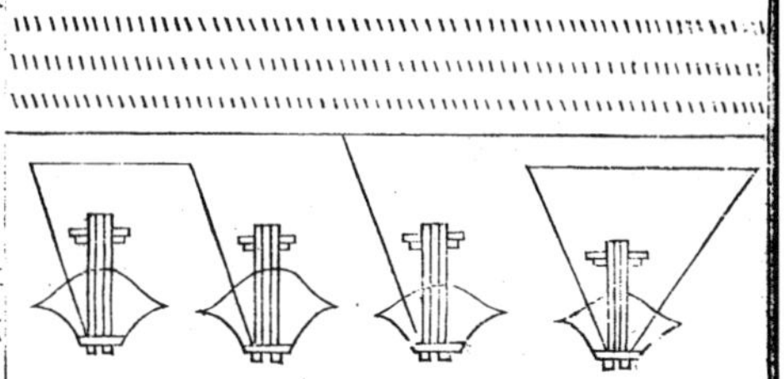

隔河伏弩

用連矢弩
十條張隔
岸伏藏作
連架牀持
之此以繩
繫於牀發
箭若轉度
弩機則與
鬼箭法同

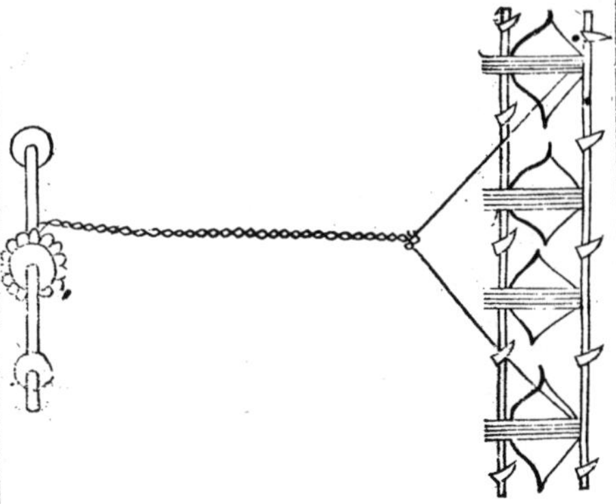

弩箭藥方

大金蔡　飛虫藤　地鞘　地油蔴　呂公絲　樟木
閭多羅根　百蛇藤　草麻根　半天藤　烏龍藤許少
木通　右各等分為粗末用淨瓦碗一箇地上掘一孔放碗在孔內用薄竹笆蓋在碗上用茅草三葉十字放在竹笆上後放藥末在竹笆上用大樹葉或諸般樹葉蓋在藥上留頂上孔却用溫灰圍圓煨住頂孔上放炭火徐燒盡火量時揃出茅草看黃色為度取出竹笆用碗內藥汁調擴藥母乳缽內研爛不稀不稠就插上箭頭上晒乾後用眾穀草燒煙薰箭頭此箭見血便死每一錢擴藥母須搽七根箭頭為效此箭用箭筒裝不要走了氣掛在燒火有

煙處搽藥時箭頭上用綿紙些少纏在箭頭上然後搽藥方不落藥

又方　烏頭一名烏喙味辛甘溫大熱有大毒八月採其汁煎之名射罔殺獸

又方　土附子味辛熱有毒生去皮搗濾汁澄清旋添晒乾取膏名為陶獵人將作毒箭使用

又方　君子寶　狼毒　川烏　草烏　硇砂　升麻各五錢　真麝香四錢

右各藥用五兩蔴油二十五斤煮鐵子一升候乾聽用每藥一兩油五斤鐵子一合與虎藥同功或與同用

射虎藥方

取生鮮草烏或一二斗洗去土沙再用籮盛人脚踏去黑皮以內肉白為度搗碎用布濾榨出汁汁乾為度去渣不用用磁盆澄汁盆底下有粉去粉不用約於清汁有十碗用四碗入鍋內煎一滾起沫用篾片刮去沫傾入磁盆內再將存六碗生汁入煎熱汁內一順攪勻露一宿明早取澄清散分碗內下澄渣粉不用量升多寡以碗大小盛之放日中晒至午時又取澄清汁下澄渣粉不用晒至晚如前取澄清汁再用薄棉紙鋪罩籬內濾過渣不用第二日第三日如前晒法澄法紙濾去渣粉每日晒時用竹片從碗底挑起順攪晒不致上熟下生也至第四日晚濾稠藥存留勿去另用碗盛夜露一宿取澄清汁用底下存硬稠

者不用第五日入總晒至六七日各碗漸少減歸各碗晒時觀看碗弦上起黑沙點子面上結冰有五色雲象其色紅黑如香油樣歸總罐盆內放淨處陰四五日聽用再磚砌一爐高二尺周圍大小容藥盆放內中為度爐中從地上一尺五寸用木物架盆於上爐上空五寸用布物蓋於藥盆之上不許煙透走爐旁取一火門如鵝卵大從地起高三寸外用炭火十數塊並櫪戚柴又名檕條又名覗戚又用皂角花椒燒煙合煙入火門內燻藥盆熱藥面上結成冰是火候好矣約燻一箇時候其結冰要厚如薄再燻厚則除火取藥出令冷收入磁瓶內封固聽用如冬天寒冷用絮物包放暖處勿令凍省如夏天炎熱放清冷處勿

合潮墣如冬凍省夏潮壞出沫用磁盆盛如前法上爐煑之藥熱即止或將藥上於箭上用皂角花椒煙燻之如舊前藥晒時如遇日色太烈晒一二日又要露一宿如日色淡緩不必露也初做藥之日觀天色晴明即用烏頭如前法製之如晒一二日有雨照前燻藥爐上只用炭火烘熱盆為度攪勻又放一二日候晴再照前法晒之烏頭取來不可堆厚恐爛壞必要潮濕地下攤開又不可吹風乾了搗汁即取搗為妙其藥製完放瓶内封固日久下澄有稠者如沙糖樣挑起取用上箭最快箭致身上不滿數步即斃矣此藥名為晒藥比燻藥更妙或人誤中藥箭用松毛搗調冷水服之或香油服之如不及自溺泥中和泥漿水服之如旁有人用口㗇水吸箭傷處吐之再㗇水吸再吐之不致藥散走喉封也其藥忌見香油如入一點香油藥即解無效其性有二飛見水飛見油飛造藏甚易

又射虎藥方

三四月間採草烏頭子二丙斤去皮葉止用肉舂碎酒醋部醃水約三十斤將竹篾做甕高四尺週一丈下留一門燒火紙糊將薄板三四塊作一箇架楞上半中間將大碗盛藥水用紙蓋碗口放在板上下用水窩樹柴有星在上出在杭州明火如蔑纜頭火燒四日四夜時時要將藥水并在大家火盛一處去碗底渾脚將布拭淨又將碗盛炘一日如此要并十次夜并換去脚十次後用細柴煨煙炘三日三夜仍前并換去脚不可絶火炘至成藥將鷄試不效再炘試好收入磁器封貯吊在煙火頭上不可冷處又忌松煙一入藥性則解又忌煤煙並出脚丢在河内猪牲食死

附解藥方

大昴頭解牙齒緊又能治塗毳腫痛喉內疼痛　大統管解擴治肚痛　小昴頭解散治骨脈疼痛毒瘡搖爛酒調　山桂皮治大畜散　山八角解壯血存生氣治痢　九將官解身骨疼痛　木都管解橫藥治百木死氣　飄風浪解水面生氣　山明靈解飛　木明靈解水上魚飛毒　飄風散解散心氣血脹　解土藤解吐　青龍藤解百蛇噴心　白龍藤解百蛇　南蛇藤解百蛇氣　猛蛇藤解毒　烏龍藤解擴藥子　霜涼藤解喉渴　大烏蛇藤解蛇

蝴蝶藤解迷悶困睡　大柑藤解牙關　半天藤煮水洗刀傷　大金藤解身骨疼痛　小烏蛇藤解蛇　白蛇藤解蛇　引領藤解擴存生氣即天冬　蜈蚣藤治蜈蚣洗癱青　木通藤解手脚軟弱　車帶藤洗刀傷　川石藤治板勆發　照頂木煮洗臚爛　通引藤引出生氣　七鬬根洗刀傷骨節　破石拳根解瞌睡即胡絲菖　百萬金解生氣即則根　銀弟解擴　金弟解擴　縛脛香藤生氣不合藥發用水浸轉細如筋縛喉上藥箭不攻喉　頂固藤解牙緊　山獸藤煮酒食洗　小丁茄藤洗箭口　身硬藥煮水洗身　高樓望月即龍飛禽　山都管解擴藥

右為末引子用五倍子為末用鹽等分焰硝等分烏梅肉多用水煎爛同煉蜜為膏磁罐收之不許乾了如不酸倍加五倍子烏梅肉此係酸藥各每服一錢重噙化下日進

三服治被藥箭傷透卽先服此藥蘇醒後却服定心丸

定心丸

木香　硼砂　焰硝　甘草　沉香　雄黃　辰砂各等分
母丁香半減　右煉爲膏蜜用罐盛之每服一錢噙化日三
服爲丸用米粥

又方服酸藥

大鼎豆　九將官　大統管　木都管　山都管　金弟
銀弟　地菊　山苦楝　金藤　紗藤　山八角
右併爲末合成用酒煎滚放冢鹽摻温服不犯鐵器用銅
銚煎之將原燒藥竹笆燒作灰碾爛酒調服合解了將用
藥先合就每服一餅細嚼薑湯送下如利不止凉水補之

便用凉水洗手然後吃粥

過藥方

大戟五兩　地油麻一兩　土當歸一兩　右爲末稠米糊爲餅子

千里漿

木瓜　紫蘇　葉桂各五錢　烏梅肉　赤茯苓各一兩
右爲細末煉蜜爲丸如彈子大噙化一丸咽津
又方　百藥煎　烏梅肉　紫蘇葉　人參　甘草　麥
門冬　右各等分爲細末煉蜜爲丸噙化
又方　甘草三兩爲末　乾葛二兩爲末　緑豆粉一兩五錢　蒲黃五錢
烏梅肉二兩　紫厚朴二兩　紫合花草二兩
右將蜜水與烏梅肉爲丸如圓眼核大噙化

藤牌　老粗藤如指用之爲骨藤篾纏聯中心突向外内
空庶箭入不及手腕也周簷高出雖矢至不能滑泄及人
内以藤爲上下二環以容手肱執持此主衛而不主刺矢
石槍刀皆可蔽所以代甲胄之用每兵執一牌腰刀一把
擱刀手腕一手執鏢槍將鏢擲去急取刀在手隨牌殺人
一入槍身内則槍爲棄物我必勝彼矣牌無鏢能禦而不
能殺將欲進一步然後起鏢匆發岳武穆用旁牌蔴紮刀合
軍士低頭下砍馬足敗金師拐子馬是也置於行伍之先
必在狠筅之下蓋恃筅爲勢架護於上方能筅下突進若
無筅則牌刀皆短不能獨出獨入每爲長器所制

藤牌

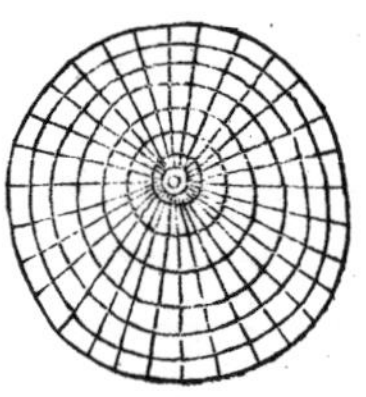

挨牌　用白楊木長五尺闊三尺下頭比上畧小四五分
可以補陣可以發矢用繩索用木橛欖取其可挂項上以
左手中指健中挨牌下短繩木橛欖仍以五指挽槍前半
節右手執槍後半節或伸縮左右旋刺兩手俱不持牌

挨牌

長牌　浙中用團牌形短不能蔽體西兵用挨牌性剛不能當鏃惟粵東長牌用沙桐木包以皮革其質輕舞運可以如意其性柔箭鏃不能砍裂左手執牌右手持刀可蔽人體砍馬足與鳥銃夾隊列爲前鋒眞上策也粵東先年征黎黎之弓箭更勁於敵而長牌勝之

腰刀　腰刀造法鐵要多煉刃用純鋼自背起用平剷平

削至刀刃芒平磨無肩乃利妙尤在尖近時匠役將刃打厚不肯用工磨平止用側銼將刀横出其芒兩下有肩欲入不深刃芒一禿卽爲頑鐵矣柄要短形要彎庶宛轉牌下不爲所礙蓋就牌式也無牌則刀短不可入陣惟馬上用之

腰刀

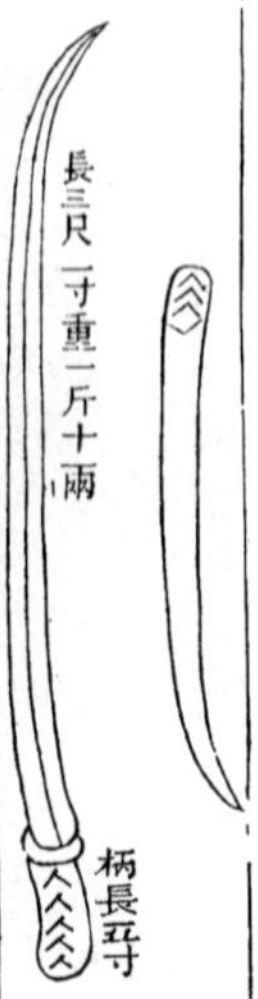

長刀　自倭犯中國始有之跳舞光閃而前我兵已餒氣矣我兵短器難接長器不捷遭之者身多兩斷緣器利而雙手使用力重故也賊遠則發銃近身則無他器可攻刺惟此刀輕而且長可備臨陣棄銃之用

長刀

甲論　甲爲用命之本當鋒鏑而立於不敗之地者此也周禮有函人之職司馬法有甲士之制馬燧以短長三等制造鎧衣士皆賴以全肢體便進取古人之甲以皮後人之甲以金南方地形險陷多用步兵難以負重天雨地濕銹爛易生萬不可用矣此外有藤有角而體重難久鉛子易入今擇其利者惟有綿甲用棉布不等須厚一寸造甲

之法步軍欲長馬軍欲短弩手欲寬槍手欲窄其用不同其制亦異若拘於定式肥者束身太緊甲身可周後背而前胸不交甲裙可閉後臀而前襟不掩瘦者挂體太寬挽弓發箭則甲不貼體而胸臆絣撲有弦斷脫筈之憂揮箭刺槍則甲不附身而腰背鬆虛有抵手礙足之患長者不過膝腕而矢石可及短者垂其腳面而泥濘不前小則拆去甲葉遺棄不收大則割去全段拋擲不顧不幾徒費乎故君子必愼其微於制作之初也

甲

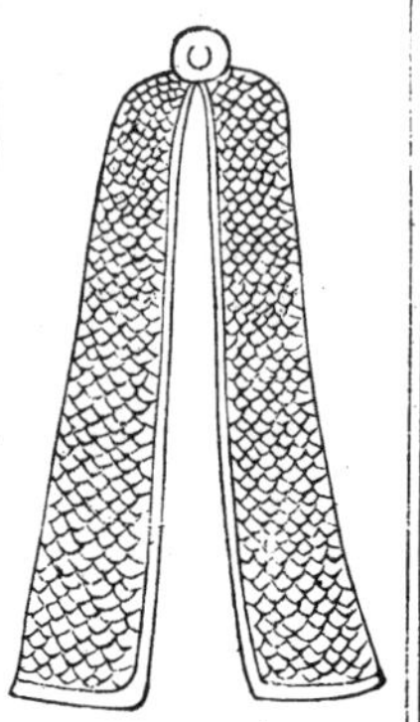

慶歷元年太常臣田況言今賊甲皆冷砧而成堅滑光瑩非勁弩可入我兵衣甲皆軟不足當矢石豈中國之巧力不如一小羌乎彼專而精我漫而畧故也今請令打造純鋼甲先用八九斗力弓試射以覩透箭深淺而賞罰之

棉甲　棉花七斤用布盛如夾襖粗線逐行橫直縫緊入水浸透取起鋪地用腳踹實以不胖脹為度晒乾收用見雨不重襖顯不爛鳥銃不能傷

紙甲　起於唐宣宗時河中節度使徐商劈紙為之用無性極柔之紙加工鎚軟疊厚三寸方寸四釘如遇水雨浸濕銃箭難透

皮甲　廣西造皮甲法生牛皮裁成甲片用刀刮毛以破碗舂碎篩去米大屑調生漆敷上油浸透則利刀不能入

馬甲　周馬之身最為利害惟頭面胸臆馬面於舊制雖巧近日符離陳蔡之後馬多被傷巾壽星腦額而死今制為貼腦用棉衣両作一片貼在馬面子內額腦之間脫遇矢石可透鐵面尚有鐵額可隔此馬面所以合用鐵額大全裝雞項大而秒錢小或暑月悶熱雪雨水結撤去秋錢尚有雞項可蔽肌肉此馬甲所以合用小全裝我軍馬甲垂下過纔尺許故重滯絆賊軍馬甲只平腹下用虎斑布裙遇箭皆被矯揉故輕捷俏俊此馬甲身所以合用平韉雞項重則頭低項曲馬被控抑雞項輕則頭高項直馬臆鬆寬此雞項所以合用棉花衲赤身帶甲則擦損肌肉襯以藉褥則護惜皮毛此馬甲所以未帶甲先用馳滑辣

甲圈兩件是為甲制

國家武備極弛年來浮慕節省之名不究實際之用器以節省愈恣苦窳今何時哉技不精膽不壯驅使入陣空殺無辜是以國僥倖也自今軍需修造悉遵舊估不妨稍寬其值以盡其用估務充不務儉器貴精不貴多庶幾製一

器獲一器之用至於作奸冒銷法在必懲赫連勃勃之治軍器也以弓射甲射不貫即斬弓人射貫即斬函人今極大奸猾每從輕釋人亦何憚而不玩法以漁利哉當此用兵之日一器不精即戕一卒之命必須造器時即鐫官匠姓名送營試驗不堪者坐名鞭貫臨敵悞事必斬以殉治軍器參用軍法理或宜然亦庶知儆乎

軍中制器將官多推有司蓋避嫌耳不思臨戎悞事其咎誰歸銀両出入不親何嫌之有其買辦工料巡視監製隨完隨試堪否行罰須將官親為之方俾實用不然航海者漁人而造舟者梓人彼何與於利害而焦勞困苦以底其精司出納者惟知屈估減價以為省一金民受一金之賜

且估之不耆司事者無從侵尅不知委用非人稽查無法任是如何估減愈減愈於器具上剥削而自侵之數原不減而器成無用並給造之資盡置無用之地所謂惜小棄大掩耳偷鈴有大計者思之

防海輯要卷十七

城守篇

仁人不問伐國書生不足譚兵而守圉之制兼愛者許之專城之名守土者居之道非同儆忽也事非必將帥也屌非必亂世也以救人以衛民兵者不得已而用之故言攻不如言守作城守篇

修備　豫備不虞善之大者也不備不虞不可以師故董安于之治晉陽可謂備之於時平者也顏眞卿之修平原可謂備之於幾動者矣沈璞之繕盱眙抱眞之實澤潞則以其衝要而備之也宋祖襲清流關之徑金人出饒風關之背失於間道而未備之也勿因敵遠而忽之如弦子之

玩郢勿因地險而恃之如姜維之輕魏備之如何一曰城二曰池三曰城之內外

城所以衛民也守城之法從攻城之謀而生虞仰攻則高壘以衛之虞直攻則厚築以衛之虞其迫於垣而隳靡也則隍池以衛之虞其遠於隍而憑陵也復陴睨以衛之故欲善守必明善攻惟知患者能捍患古者公輸墨翟恒相攻而措師城之善者一曰險要朔方受降涼州和戎拓地千里不假戰功种營寬州復完廢壘玠移合城釣山爰徙此之謂據險魏勝海州城枕孤山庭芝守揚敵瞰平山皆拓重城包之內環或浚溝渠以限馬或瀦塘濼以陷敵或沺三海以衛郢或種榆林以制騎此之謂設險二曰基固

基固必根深而土實開土及丈或得石或得堅土皆可爲勝重之本浮泥鬆沙必豫令盡試觀掘井者然一層沙一層泥最下必有黃土至於基址廣厚必較其上所載者倍之乃久而不圮一曰堅厚金世宗取虎牢土以築汴城及蒙古攻汴受炮所擊惟凹而已是之謂堅朱序鎮襄陽序母韓氏謂西北角當先受敵於其角斜築二十餘丈賊攻西北潰便固守新城是之謂厚一曰形制宋藝祖築京城取圖以進用御筆塗之如蚓曲焉命依式修造及蔡京改營擴爲方城金人來攻植砲四隅一砲所擊應聲摧墮然後知藝祖之遠見也唐肅宗時武威九姓商胡反時武威大城中有小城七胡據其五判官崔偁以二城兵拒之旬

日而平則又重城之利也

濠所以衛城也濠之得失城之全毀係之故築城必鑿池池有三宜一宜深深不易塡約以三丈爲度如淺則令内外居民凡築室燒磚聽於濠取土官府工作亦如之民有輕罪者罰推土數車内培城脚而免之諺云池深一丈城高十丈池深及泉城高觸天是臨深益以助高也二宜闊闊不易越約以十丈爲度底闊半之以城上銃彈得及其外岸者爲得中太遠則銃力不能及敵也沿岸多栽盤根宿草以固之防善崩也三宜暗穽有暗穽則不易偷渡法於池底十步鑿井深闊皆丈及泉爲度復外引河流内洩城潦以益之又暗表淺處以使遣兵渡擊也是之謂重淵三者濠事備矣若其山城地勢不可以池距城二丈掘坑高卑或錯石條以拒衝梯又或冬月囊沙列柳汲水灌之一夜凍厚堅滑莫上功約易守此之謂重險其有溪河遶城可通舟楫者則與樹樁木於水上不若伏鐵杙於水際蓋利器不可以示人故有形者賊易防無形則賊必墜

城之外則敵臺宜備堞垣宜備牛馬牆宜備暗門宜備敵臺者以殺敵爲義也不能殺敵則如勿臺臺之制貴長出不貴横闊大石厚砌其前面所以捍蔽也虛其左右而空其中以梯上下層各竅之以施火器以便瞭望也其孔内狹外闊以便左右取准也各臺相距不宜太近近恐對放神器自擊其城也更不宜太遠遠則矢石無力不能及敵

也凡敵攻城但顧上擊不虞旁攻轒轀木驢旱船之屬皆防上而不防下守城者每無如何則任其挖掘若有虛臺之制左右夾擊則兩臺之間雖守垣無人賊亦不敢登矣

城堞亦名城垜以躲身爲義也不能躲身則如勿堞堞不宜太高高則擲石無力堞口不宜太狹狹則礙於擊賊今之爲堞者高與肩齊口僅容肘皆不可用如欲用之宜於堞内各砌一基高闊三尺則可固堞可擊賊可甜卒又必各留懸孔賊遠則堞口瞭之銃矢射之近則懸孔視之隨機禦之我可捍賊賊不能傷我則禦之易矣凡懸孔之磚先爲彎胚以陶之既成而甃用之若夫牛馬牆者則在城外與濠上凡濠之岸不拘寛狹狹卽丈許寛不踰倍其濱

爲牆磚石隨便每垜一大銃眼每過五步則一中銃眼距地三尺每垛上各爲直縫三寸高二寸闊以便瞭視再上三尺一小銃眼寬扯牆脊用尖石銳磚以制之賊對濠則小銃擊之賊衆則大銃擊之賊登牆則大斧火棍一擊而墜之或一時收斂不及或昏夜難辨不敢開門則避難之人牛畜之屬皆暫於牆內以避之城與牆爲依牆恃城爲命緩急相助進退有術施之無濠之城尤見其力此劉琦所以勝於順昌也守禦已堅始可出奇用詐以戰代守以禦解圍則莫要於暗門暗門之制潛視出入便處鑿城爲門外存尺餘臨時方穿內施排柱鐵木相撐或賊初至營陣未整或暮夜乘賊不覺或賊攻城初息或賊圍久已怠潛出精

騎銜枚襲擊勝不遠追賊疲自逸仍於城上多積磚石防敵犯門急擊勿失是爲暗門亦曰突門藏於九地之下爲暗動於九天之上爲突暗門防奸細之逸出突門防敵人之襲入愼之哉

城以內則城路宜備內濠宜備巷戰宜備保甲宜備儲峙宜備凡城之內多留磴道半里一座以備緩急磴各一柵嚴司啟閉一防賊登一防怠卒凡城之內皆設內濠深廣制度與外相當外岸周遭亦作垣牆賊即入城尙有內防互相夾擊賊必敗傷昔睢陽之圍賊於城外築重濠木欄以守張巡亦於內作濠以拒此之謂也有嚴城有內濠始可言巷戰巷戰之法許逵行之於樂陵使民築牆高過屋宇圭竇其下一丁實內餘皆入伍設伏巷中洞開城戶賊果大至火施無所兵加無處旗舉伏發擒斬無數蓋拒之城外者上也然數賊入城而闔門鼎沸亦不可不防也繼不能拔巷盡備而近城要路必不可不嚴戒以陷敵也至於守土之法可通行之平日與臨時者惟保甲與積儲保甲之制以兵法部伍其民凡審丁查賬詰盜皆賴以行而施之城守尤急以肅號令以均力役以稽奸細以愼火盜保甲行而儲積亦易矣積糧莫便於令民自積蓋輸之於倉顆粒亦有難色貯之於室雖崇墉誰不樂從但使家有蓋藏何虞有警無備然儲積非特粟也臺城之閉公卿以食爲念男女貴賤並出負米而不備薪芻及後壞尙書省

以爲薪撤薦剉以飼馬又不備魚鹽久之人多身腫氣急死者什八九是則薪宜備芻宜備鹽宜備匈奴圍疏勒絕其城外之汲澗北魏圍虎牢穿地道以洩城中之井脈則水宜備外此更有醫匠技藝必用之人宜備兵器火器木石灰油必用之物宜備

兵法曰軍無糧食則亡若乃賊無輜重擄掠爲資彼已先犯兵家所忌我將斷其乳哺以死之乎抑將借兵而齎糧乎欲籌堅壁必先淸野凡淸野之法有五一曰淸五穀秦人芟麥桓溫潰趙犨徙糧黃巢蹶寇準瘞穀敵兵畏惟輔芟粟金師匱于謙空倉強寇悴然或諭之而不信令之而不從者一則城中積貯無所一則官府假借堪虞也必給

城中官地或寺觀以爲囷積令自典守而自糶易之官不過問焉其般運不盡者而後官糴入之粟有入城無出城則以米易錢鄉民便以錢易米城民便飽我飢敵一舉三便如迫不及寧從焚瘞二曰清牧畜凡擄掠之最便者莫如牧畜不煩運載驅之而去未交一兵已飽敵欲是以李牧嚴堠入保而胡不窺邊陳俊輕騎收掠而賊自散走近城則入城聚之遠城則堡壁收之施諸邊塞尤爲要策三曰清芻草敵恃馬以強馬恃草以食守邊將士每秋月草枯出塞數百里縱火燒荒劉仁恭以之制契丹思摩以之待薛延陀若夫西夏元昊之於遼則且退師三舍每退輒赭其地遂以誘敵取勝矣若夫金人據牟駝岡之芻豆而

汴京圍于謙空近郊之牧廠而敵騎退則芻茭峙積尤易遺敵往事可鑒矣四曰清水泉敵所資者非草卽水秦人毒涇上流以餒晉隋將藥境內泉以病虜劉錡毒潁困敵師毒草困敵馬五曰清廬舍清郊場凡近城三丈內有屋者賊或內伏以仰射或取梁柱爲雲梯或順風延燎或乘基起堙此皆不守之城也嚴下令撤之急則燬之凡濠外里許皆宜曠野有村落則敵得而據之有臺塔則敵得而瞰之有土阜則借以塡濠而礙砲有豐草溝渠則敵可隱匿其有大樹及竹木囷積者皆攻城之具也或除或禁或運入之有水筏在百里外者暫移小港而隱匿之違者以軍法治五者行而野清矣我能害敵而敵無以害我則先

爲不可勝矣雖然城之所衞者有限而郊野村落之不可盡衞者無限則所以犄角分錯各自爲守非堡寨莫尙焉

守禦　守禦之具旣備宜籌守禦之人大端有三曰定號令嚴禁約廣方畧號令之要先一事權守土官爲主居中調度餘分四面四隅各設正副以丞倅紳士爲之小事聽其處斷如旌旗號令有不便者必稟主守毋得擅易政出多門者敗法令不行者敗次安鄉民土木之變于謙奏凡兵皆出營郭外毋得示弱郭外之民皆徙入內毋令失所凡避亂入城之民有親者依親無親者官爲設處男女毋雜各從其伍鄉民旣多宜防奸細防之之法立柵濠外以詰之分門出入以別之親識保領以核之然後分汛地聚

則難周分則易守則段落不可不明也孤則易折衆則難摧則衆志不可不和也然後擇賢能有十人之能者統十人有百人之能者統百人有千萬人之能者統千萬人是得一人則得千百萬人失一人則失千百萬人也柔懦者不爲長昏愚者不爲長暴橫者不爲長執拗者不爲長奸私者不爲長志不奮發力不強健者不爲長一隅稍疏三方失守可勿愼也然後編丁壯計其貧富以定多寡使富民無丁而有丁貧民無食而有食則均而無怨也堞三四人少亦二人更番宿食各近其居則勞而不困也然後給守具計城若干堞計守具若干事按地而給之餘置城樓以備不時之需有神機火器勁弩堅盾於阨要而備之凡

人夫各記姓名於堞各識其處而以時演習之如此則號令定矣禁約之宜申者數事禁訛言禁力士恐其煽衆而洩情也禁茶坊奸人諜議多在茶坊者慮酒後洩言耳禁寓店禁夜行恐其藪奸而誨盜也禁吹響器舉表竿恐其應賊而亂耳目也禁妄動禁呼噪恐賊驚我而乘之也禁擅離汛地凡門柵臺堞庫獄中營遊營奇營戰營各止其所離一步者斬所以壹衆也禁擅入汛地恐賊諜托藝販以覘探也禁私啟門竇禁私闕賊語禁私啟賊書有犯者斬尤軍法所必治也守既固矣乃可以禦禦之方畧曰具犒賞以鼓士共甘苦以固衆謹斥堠以備警設墩臺內設望樓遠鏡厚偵諜以審敵選死士爲親兵以彈壓設更番之遊兵以策應屯扼要之外

兵以犄角凡賊來攻則人各保堞有警輪守無警輪巡傳食而迭宿各止其處凡便利皆貯之瓶甕以澆敵也石各以類積之可大摧而小擊也灰之以瞀其視也樓櫓泥之以防其爇也雉置楮壘以備緩急也時而邏之以稽其疏佚也誅信而賞必所以作其氣也凡賊之攻我也有七乘晝夜疲勞乘我倦曠日持久乘我怠風雨晦冥乘我忽矢竭砲稀乘我乏堞單垛平乘我隙失火驚擾乘我急聲東擊西乘我不意此七乘者城之存亡不可不備也凡守城之術心欲一氣欲壯力欲逸足欲定聲欲靜知同生而共死則其心一矣知攻難而守易則其氣壯矣守里不如守丈守丈不如守尺愈遠徒勞愈近得力十步而外毋虛矢

石則其力逸矣賊攻東南我備西北遊兵四應守兵勿易各死其所毋離五尺寧我致人不爲人致則其足定矣聲亂斯號令不聞聲譁斯心志不肅聲擾斯賊人得計手示目語毋囂其氣夜惟更柝晝惟旌幟則其聲靜矣凡賊之屯城也以逸待我勞以飽待我飢以堅忍挫我銳以優游懈我備聲言解圍以安我意聲言增兵以奪我氣乍動乍靜以疲我志緩進散衛以耗我力築壘增柵以老我智我惟一定示以不憤撤圍勿喜疾攻勿慯示怯勿進歸師勿躡約和毋信詐縶毋利忽退毋懈久持毋斁有待援毋出弃弃必死援必生

聞之善守者如環使敵不得其間而入焉敵詭有萬守豈

一端其道賾殺不厭詳參請極情變知者覩焉防莫重於門槎其外以備敵之楚也坑其內以陷敵之乘也縣板其上以誘敵人而使爲禽也凡門之制宜備火攻故竅其扇以出銃架則攻者不敢前也羊侃守臺城門扇爲孔出槊刺賊鑿池其上以溜水則火者無所施也鑿城上近門處爲池橫長與門等上闊底窄形如槽橫門七孔臨時灌滿水如聞洩此滅火上策亦羊侃法若火已然則提甕缶而擲之或囊糠沙而濕之或益薪月城爲火池以隔之皆所以備急也毋徒石砌土填以自塞而張敵也防莫多於堞防堞之法濕氈絮而懸之以蔽矢而制火也但防賊鉤竿或石懸刺木或外架浮籬防潛襲而梯登也竹編牛皮而鑿其中出內矢而捍外射也隨攻所向而布幔張之則矢石衝車不能壞也

若壞及堞則木爲女垣而輪推之所以代堞也若壞及城則急柵而拒之勁槍弩以守之否則益火以絕之急築偃月城以翼之內掘深濠以備之則敵莫能害也門堞既固乃專防奸凡奸之生也有內外被圍者當先安其內而後及其外賊至而甘心從逆賊入而乘機劫奪者窮民之患也開倉而廩之授戈而使之則窮民效用矣北門之管以仕而危維州之壘以嫁而敗汝州之城以販糴應募而潰是內應之奸也擇親信以任之加外鑰以固之則內應塞矣闔守既久人無固思一夫下縋衆心危疑或嫌釁於我或貳敵居奇是離畔之奸也單激燕劓卽墨怒鄢縱反間降兵疑則離畔止矣嚴失火之令備救火之具防火藥防

草場所以杜變也獄者變之藪庫者劫之招徑竇者賊之媒所以除蘖也奸之外至非惟諜詗也有詭冒焉有潛襲焉有詐誘焉欒乘婦車入曲沃蠻衣敗卒陷犍爲暉效蜀幟敗景崇賊稱中使入幽州是之謂詭冒雪入蔡州霧破夾寨則乘晦冥而襲之歲首破秀容元夕奪崑崙則乘介節而襲之梯倚城外華州危十六騎入隆德破（宋王德禽姚賊事）則乘不備而襲之是之謂潛襲佯退而實進已去而復來聲前而攙後求和以緩備僞降以納間是之謂詐誘介嚴可以杜冒備密可以防襲持重可以制詐雖然敵之外攻者非惟陰謀也有顯術焉顯攻之術十有二曰土山曰磴道曰塡壕曰雲梯曰木驢曰地道曰撞木曰鉤竿曰蟻附曰砲石曰火攻曰水攻距之之法曰外山既臨內山應焉層樓增高明制其巓或則地道潛引彼土陷不能立陰制其下此拒土山之法也囊土積柴將磴以登我潛投蒿雜以松明因風火之彼積必傾此制磴道之法也塡濠之攻或草包土擲者如雨或推輪橋中實薪土且薦且覆遂渡莫禦若是捍之火藥爲主星擲飈發敵敗而去此制塡濠之法也雲梯飛空上施濕氊多載壯士翼以轒轀薪土陸之塡塹遂前則如之何曰度其可焚火箭是宜或則鑿垣三木並施一鉤一距一則燎之若皆不制必謀地池通隧蓄乾潛焰勿熺重必偏陷鼓鞴急隨其焰亘天積尸如坻此制雲梯之法也（或爲撞車鐵裹竿首遂便移徙伺梯撞之）梯高既敗乃創木

驢蒙以生革十卒一車徑造城闉俯劚且鋤城毀於隍矢石莫加則如之何曰束葦實脂岐如燕尾縋而燒之立爐可俟革濕或阻更以冶爐鐵汁篩之若幷萬珠穿厚徹堅潰炙須臾雜以膏油烈焫必俱則制木驢之法也（或作絞車施鉤索四輪可以挽重俟攻具逼城則以長竿舉鉤索拽而入之）上攻既窮俯攻復敗乃謀暗道鑿土爲害角鳴地中牆傾垣壞則如之何曰以山制山以坑防坑繞城多坎伏甕而聽其聲空空掘塹以迎颶灰煽烟若颺遇熏客知有備計輟不行則制地道之法也城攻既鈍將謀女垣爰撞爰鉤蟻附砲傷四者各施主人倉皇則如之何曰客若撞木來者宜以鉤竿割之繩斷木墜計不得施客若鉤竿來者宜以推刀制之曲刃外向長

柄下垂迎刃而隕以銳爲宜若拒蟻附其道多端繩鉤上挽鉏板下搏轉石擂木如雨循環急則重斧斫其近攀遠則蒺藜刺馬礙轒若拒砲石以柔制剛張幕結網布桔囊糠障以牛革補其壞牆此拒四者之法也敢問火攻則如之何曰火之來耶或以高車加鑊於鑪炙炭沸油積薪助嘘得水益焰樓熁可虞宜下濕沙泥漿與俱或束松竿灌膏焚櫓利用鐵鉤以斷其炷若燎已及水滅則宜或筩或袋以熄爲期撲緩則殆毋悔噬臍此待火攻之法也敢問水攻則如之何曰水之攻耶必城庫窪繕版窒竇勿爲魚蝦急募善檝載鍬乘划衛枚夜出決堰囊沙敵壘潰亂急擊無譁此待水攻之法也問者曰善

制勝　攻者爲客守者爲主勝在守乎攻者生地守者死地勝在攻乎曰勝無定在制勝在人援不可恃守不可恒凡破軍禽敵之道先在自治弔死問傷所以恤下積薪誓死所以厲士齎財犒軍所以勸勇託神設誓所以固衆設像朝闕所以激忠誅除反仄所以伸威聲言援至所以安困開門出擊所以壯氣此制勝之本也出如脫免動如發機此制勝之術也其術如之何曰邀其歸路而截之誘其近城而取之佚能勞之飽能飢之靜待動暇鎮卒佚制困險而制之犄而角之援而結之圍而解之敵將能識之敵失能取之禕扼爽於三嶺也桓彞休於夾石也清河之禽明徹也京口之困兀朮也知歸路之可乘矣謝之弱弩誘羌也宮之僞降陷操也雄之設伏間尙也錡之浮橋濟敵也知詐誘之可用矣佚而勞之其術有二夜鼓嚴隊若將出擊及旦乃寢伺怠忽出備夕攻晝備晝乘夕更衝迭突不令休息此之謂明擾或募死士效敵衣號乘怠劫營因風縱砲雷起奮殺雷止則寂驚與同驚睡與伴睡呼散嘯聚如萬如一暮往曉返東出西入疑鬼疑神無聲無迹此之謂暗擾飽能飢之其術有二敵有糧艘募鑿沉之敵特囷積伺間使之輜重禽之火藥焚之此之謂明害毒其水泉以渴其人毒其草芻以飢其乘囊土壘沙以揚其聲此之謂陰害雖然不可以不靜也守陴靜坐徐城莫測雞犬無聲順昌逐北巷斷夜行刁斗寂默譁則易驚靜無不克

雖然不可以不暇也臨敵倉皇躁則可乘灑門卻掃強敵斂形飲博澶淵解衣新亭其外有餘何機不應雖然不可以不佚也毋失飲食之節無絶人馬之力無肆寒暑之極請言其要番休迭息彼竭我盈厥勢相百雖然不可以坐俟也漢阻與勢爽不前唐阸虎牢夏兵邅玠保大散巴漢全蜀失陰平成都覆燕亡大峴滅廣固幽棄榆關胡馬牧不守釆石侯景祝縱敵渡河金捧腹無悔噬臍無忘蟻築舍易卽難前車屢覆雖然不可以株守也善守者守郊原不善守者守城垣奇正相輔如環無端何處可偏師合牽顧何處可遊兵絶餉路何處可伏兵摧半渡步騎屯外分據要害城與相應敵受腹背抄糧掠樵困久必敗布圍陳

宮困於邳慕容離城卒全棘永援彭城而不入元景守隨而分卒雖然不可以孤恃也楚非包胥郢都覆趙非信陵邯鄲璧史慈告急於平原崧女突圍於州牧虛聲應和者不可恃鄰不知兵者不可恃解糾者不控拳救鬭者不搏撠批亢擣虛格形禁勢守陴聞之銳氣百倍表裏夾攻坐收其弊雖然不可以久困也可恃者己難恃者人求援莫應非奇曷生廉范形之以緩而圍解耿恭詭之以神而圍解虞詡示之以衆而圍解田單火攻以牛而圍解皇甫火攻乘風而圍解劉琨胡笳悲嘯而圍解光弼地道陷營而圍解張巡詐走破敵而圍解郝昭死守力戰而圍解趙襄間其與國而圍解陳平間其後宮而圍解勾踐間其謀臣

而圍解華元劫其主帥而圍解曰然則識敵將之法如之何曰射之以書以觀其取而告也嘗之蒿矢以矢盡故以觀其走而白也急選善射中之勿失是殪一以當百也請問矢盡如之何曰縛蒿爲人夜縋之城敵爭射之其矢盈坑或則垣內張蓋往回敵疑主將發矢蝟來因資於敵其巧莫階

問曰若夫荆揚之國半皆瀕水踐山爲城塹江爲池則守岸重於守城水戰急於陸戰矣敢問守之如何曰舟師可以進可以守東南之師趨三齊者自淮入泗而上趨河北者自汴入河而上捨舟登陸倘得半利趨關中者自河入渭徑至長安水陸並進可以全利此皆以舟師進者也塞

建平之口使自三峽者不得下據武昌之要使自漢水者不得進守采石之險使自合淝者不得渡防瓜步之津使自盱眙者不得至此皆以舟師守者也扼江之城不過十郡十郡之要不過七渡其中形格勢禁扼吭拊背諱兵攬閫之士類能道之矣請言舟要大勝小堅勝脆順風勝逆風順流勝逆流防淺防火防風防鑿防鐵鎖鐵杙以閩船遇倭船如以車碾螳者鬭船如城倭船如艙大海相逢鬭船力而不鬭人力此以知大之勝小矣以粤船過閩船如以石破缶者粤材皆鐵力而閩材僅松杉風濤相衝材枯者一撞即碎此以知堅之勝脆矣韓世忠以海船敗金兵虞允文以海鰌船沉敵舟孫曹劉盧之爭劉裕盧循順風者得天助逆風者失事機可

以知乘風之利矣春秋吳楚之爭從水戰者楚常勝從陸戰者吳常勝可以知上游之利矣雖然鄱陽之戰敵艦高大我難仰攻明軍縱炬而燼之此以小勝大脆勝堅者也吳越之戰敵得風勢傳瓘引舟佯避俟敵過而回舟揚灰以敗之此易下風爲上風者也梁陳之戰敵順流而東直趨建康侯瑱徐出蕪湖躡其後敵舟反風而自焚之此易溯流爲上流者也若大淺之爲患則御舟膠沙鄱湖幾危然岳平楊么預置草筏以塞港迫敵走險而遂禽之吳攻交州乘潮挑戰以僞遁俟敵舟潮落礙杙而後乘之則可以淺致敵也風之爲患世傑颶覆於厓門金師濤捲於唐島然海船之制兩頭設柁東風西馳南風北馳占驗有定

無適不宜是可以人備風也火之爲患以孟德之強而敗世忠之智而敗徐道覆之譎而敗或乘風烈而火之或乘無風而火之海艦無風不能動或分步兵夾岸而火之然匡山之戰海舶皆塗泥而火箭不爇河陽之戰鐵竿拒油艇而須臾自燼是可以計禦火也中流失船一壺千金與其死戰於舟上不如陰制於舟下與其破敵之卒不如破敵之艘則鑿患甚焉然或艙用夾板或底置鐵釘或募善泅以護舟則亦備敵之沉我也若乃敵進欲距敵走欲禽或橫鐵鎖或絙舟輪繫樹沉石伏椎扼津非皆斷水之計歟欲破鐵鎖暗椎者宜作大筏乘以先之椎著筏去大炬後隨長木灌油鎔鐵斷維若破笮聯艨艟者宜募壯士披鎧進攻

綆則斧之薪油以從艦斷隨流焚溺蔽空若破篋石礙淺者宜令善水潛以鋭刀籠解水漲順流莫膠此又防敵之斷水者也請言舟制曰八輪船厚板五槽中有八輪其上三桅枕樓後横順風使帆逆風轉輪帆索藥浸雨火不侵周以生革捍矢衞兵狼牙釘底用防奸人攻守皆用風濤不驚曰樓船重列女牆戰士憑之窻矛穴弩砲車外施濕氊生革禦火是宜周環如壘可戰而馳牙旗金鼓大將之威無風難使多則非宜此皆用以統率者也曰火輪神舟形如海艘生革障矢上下三重旁輪激水中層刀釘機關以候下艙伏卒闇疑神鬼募泅善櫓破浪如駛佯敗爭泅空舟以委踐機觸刃精卒驟起火器四發檣隊披靡曰鷹船兩頭俱鋭不辨首尾竹板密釘旁窗出矢進退如飛順逆可使多其櫓槳水戰可恃曰漁船材簡用巨出海最諳每載三人一槳一帆一以銃護任意往還隨波上下敵莫我覘此皆用以哨探者也曰蒙衝多張生革用障矢石篙師在內弩槍是衞但取神速乘其不備空見船行曾驚入渭曰無底船士立兩舷旗幟壯觀誘敵競入溺死無算又或三舫聯爲一貫中實旁虛浮板易謾夜戰誤敵功倍事半曰走舸舷立女牆多槳如飛壯士徑進絶流出奇或火或挑急遁勿疑此皆用以掩襲者也曰子母舟長餘三丈前爲巨艫廣實藥薪後艙內虛小舟藏之使風齊驅抵彼火發後舟則遁曰聯環舟舟分二截聯以環鈎外視若一

徑趨敵舟前實鐵釘載砲實油釘撞於敵環解鈎抽砲火擊之後去前留此皆用以焚敵者也曰沙船調戧使風三桅五桅一日千里大帆長馳增以舷柵江海是宜曰鬬艦形如樓船其制稍遒外牆內棚伏弩重矛上無蔽覆死士環周衝陣陷敵克壯援枹曰遊艇有舷無牆多槳迅櫓虞候用之回轉陣伍計會進止不失敵處此皆用以戰敵者也焚敵莫如火碎敵莫如砲砲或自震以筏易船水小可沉風不能顛竪架曩高審敵測竿暗表識之遠近直舷舟處筏後布障筏前敵莫我測望之如垣賊近發之齊聲震天外摧內圍施必萬全此用以自守者也若乃飲馬天塹欲渡狐疑宜用浮橋枕席過師大艘數十巨笮絙之試諸

上游移置敵磯夜釣量江謀士堪師此用以濟水者也舟艦繕矣必練水師水師二要一專號令二重募練號繁則淆令紛則雜編什五舟為一綜哨官領之兩哨為一司分總領之三司為一部部將領之旗皆同色異鑲異號以別之舟各一總管專其責成而悉鈐束之凡舵工必擇膽而練者如臨戰股栗必亟易之此之謂號令募練之法因其漁丁而用之因其老商而用之因其鹽徒而用之因其蛋戶而用之其效用也或泅鑽敵舟而溺之或夜抽艘隊而亂之或蒿燧潛發而燎之或鐵綆繫舟而拽之或出奇載砲而擾之或冒險伺閒而偵之或達信圍城而應之或齎蠟請援而致之其入水也敵密列星樁則遇而鋸之敵張

網綴鈴則先觸以竿俟其舉網而過之其招致也或懸重賞而購之或投金大江而試之此之謂募練水師習矣宜備水器自守之器四或帆或衣或橐或騎水軍之命制於帆帆制於火必熬晉石蜂脂礬水以淹之竹箬繚索皆以此浸之再乾而後用之則火箭火毬不能燎也人不習於水衣不宜於水或狐片為甲而礬淬之編以鵝雁翎而浮之則皮囊木罌不能及也水底潛伏閉氣為難宜屆銀橐而三管竅之上二塞鼻而一口含之使氣自相呼吸而水不能入也臂與足心（謂湧泉穴）入水如火水族望之厭來為禍上漆椰瓢以護之下裹漆絹以蔽之則無光而可免也藤為水馬腹大如囊四足橫出尻尾俱昂前後進退中藏乾

糧漆布為襘手援以行短橈冒鐵可戰可杭此所以備不虞也攻敵之器六或火或鈎或竿或鏢或豆或油火箭力猛過步數百箭勁帆薄虛射無益宜近鐵施竹乂以留之欲辟濕則筋纏而漆固之是曰火箭敵近十步箭遠非宜焚帆焚棚火抓是賫圓木陷刃空中藥施火孔六七倒錐實之臨敵亂擲釘入帆桅或高或下釘著火隨是曰火抓桶可受十斤四硝磺薄沙覆之火碗中央（溫灰焙炭貯碗內平置沙面此臨時力置者）加蓋徽扃輕擲敵艙火激藥發迫不及防以暇出奇急則自傷（一擲則碗傾而火出藥發敵不及返擲我舟故臨用時必輕裝速擲恐火動藥然也）是曰火桶更有噴筩二尺堅篁纏以繩麻柄五尺長層藥一餅數層迭裝（餅用硝磺樟腦松脂雄黃砒霜製成餅中留渠以拴藥線）實藥虛發寸丈

莫當遼粘檣帆煙發倉皇是曰噴筒此皆火攻之器也更有火而水發之者蜀之石油入水不熄造藥作團借火器力一發四迸篷隙艙側敵備不及水沸愈熾更有火而逆風發之者江豚之性逆浪逆風煆灰煉油硝硫助功狼糞艾肭并焙則同逆風愈勁神焰鬼工此則火攻之奇器也（明流賊劉七等舟泊狼山蘇人獻計火攻藏藥及火於礟水中發之名水老鴉其制未詳）火藥不備火攻不及則如之何曰有鈎鐮焉或割其繚或鈎其舵物徵用便利輕以彎有撩鈎焉三鋒一柄左鈎右漉或撈首級或鈎帆幅梢固鐵堅萬拽不曲有潛置水中者焉或距或鈎嚴禁匆泄賊艘徑撞碎於銳鐵此鈎之利也（賊劉七等泊狼山有賊器如鳥喙者持入水以喙鑽船機自旋轉船透可沉）有鐵鏢焉升桅斗而擲之船

頭船尾乘高則駛體重利下巨鐵細尾中舟必洞中人必死勢雖多入技習可使首重二斤徑寸尾徑二分長七尺全鐵爲之敵舟若近我高彼小鋼頭竹尾得力爲巧擲之如雨敵衆雲擾首重四兩尾長七尺此大小鏢之利也拍竿之制施於樓船上置巨石轆轤貫爲層樓百尺六竿相聯壯士數百層環其巔發之碎敵熊羆莫前撞竿之制施於戰艇堅木冒鐵敵艦莫近迎之立碎摧陷無並此竿之利也以人制人用巧出奇雞白兼油擲以瓦磁風濤簸掀足滑不持油板易火縱風乘之又聞錢璙擊吳狼山已船篩沙豆灑敵舩戰血所漬僵仆相延又聞倭寇掠舟過吳鄉民憤追泥潑其艫我躡草履倭顛不扶奮前殪之枕尸滿塗此油豆沙泥之利也雖然

有要焉勝於敵之不及知敗於吾之不能祕我以制敵反爲敵制浮橋攢鉤拒非不善也岑彭預知縱焚橋鉤而逃兵敗竹籠沙石遏非不密也昭達預知潛水斫籠而嶺賊潰吳人欒晉之計非不力也鐵鎖截船泄而不免大筏火炬之燒杜彀欒晉之謀非不智也桔槔擊船彰不免長岐棖之拒功以密成謀以泄危哉乎危乎智者慎之海戰諸說已分条載於前卷此就城守篇文不厭贅也

唐節度使杜佑守城法在相機以應敵扇棧必塗泥城門扇及門上木棧皆以泥塗之厚可三五寸以備火樓櫓必苝籬上建候樓以板爲之跳出爲櫓苝籬戰格於女牆跳出椽牆夫三尺內着橫栝椽端安轄以荆柳條編長一丈寬五尺懸椽端用遮矢石橋有轉關橋一梁爲橋梁端着橫栝去其轉人馬不得渡皆傾水中堞有積石每一城堞積石百倚

塊大小隨事又或積長大如鏢狀皆以備拋擲叉竿竿如鎗刃爲兩岐用之又合爲飛梯或兩旁曲刃以便勾拾連梃如打禾連枷狀用打女牆外上城敵人布幔復布爲之以弱竿懸挂女牆七八尺以折拋石之勢則矢石不復能及牆木弩以黃連桑柘爲弩弓長一丈二尺徑七寸兩梢三寸絞弓張之大矢自副一發聲如雷吼行爐融鐵汁爐也融熱鐵汁舁行於城上以灑敵人遊火以鐵筐盛火加脂臘鐵鏁懸縋城下燒穴中挖城之人灰眯灰麩糠粃因風於城上擲之以眯敵人之目因以鐵汁灑之松明積松明燎之夜以鐵鏁縋城下巡城照敵人防其乘城而上燕尾炬縛葦草爲炬尾分爲兩岐如燕尾之狀仍以油蠟灌之如火縱繩墜城下使騎木驢而燒之鹿角鎗斬木及竹如角狀爲鎗或交對突突椏牙女柵狀高一丈或五尺大小不等以繩或藤篾縛而聯之列於城下以拒敵今九邊用之爲擡營名鹿角柞木柵無城壘處乃建立木爲之方圓高下隨事深埋木根重複彌縫其闕內重並爲閣道外柱木重長出四尺爲女牆皆泥塗之內七尺又立閣道內柱上布板木爲棧立闌籌柵上懸門擁牆壕塹拒馬以守鐵菱狀如鐵蒺蔾於要路中置之以刺人馬陷馬坑長五尺闊一尺深三

尺坑中埋鹿角鎗竹籤鐵蒺藜之類其坑似亞字相連狀似鈎鏁以草及細塵覆其上軍城營壘要路宜皆設之拒馬鎗以木徑二尺長短隨事十字鑿孔縱橫安鎗長一丈銳其端可以塞城門巷口要路人馬不得奔馳近日九邊所製兩頭裹鐵中施橫棍長七尺五寸每七寸七分鑿一孔用鐵榆五杆以小棍五杆交界之連以鐵索令游軍伏其前後左右烽臺於高山四顧險絕處置之無山處亦於孤迥平地置之下築羊馬城高下任便常以三五爲準臺高五丈下闊二丈上闊一丈形圓上建圓屋覆之屋徑闊一丈六尺一面跳出三尺以板爲之上覆下棧屋上置突竈三所臺下亦置三所並以石灰飾其表裏復置柴籠三所流火繩三條在臺側近上下用屈膝梯上收下乘屋四壁開覷賊孔及安視火筒置旗一口鼓一面弩二張拋石壘木停水甕乾糧麻蘊火鑽火箭蒿艾狼糞牛糞每晨及夜平安舉一火聞警戒舉二火見煙塵舉三火見賊燒柴籠每晨及夜平安火不來卽烽子爲賊所捉一烽六人五人爲烽子遞守更刻觀視動靜一人惟主知文書符牒轉牒馬鋪每鋪相去三十里於要路山谷間收馬兩疋與游奕計會有事警急烟塵入境卽奔馳報探游奕於軍中選驍勇果毅諳山川泉井者充之常與烽鋪上河計會交牌日夕邏候於亭障之外捉

生問事其軍中虛實舉用勿令游奕人知副使于將在久軍行人取善騎射者兼令人枕空胡祿卧有人馬行三十里外東西南北皆響震於胡祿中名曰地聽則先防備　於城池接近蠻寇者不可不豫備也至於攻蠻寇破營寨則有火攻水攻二法焉

火攻者火兵以驍騎夜啣枚縛馬口人負束薪麻藴懷火直赴敵營一時舉火彼營中驚亂急而乘之靜而勿攻凡火攻皆因天時燥旱舍茅竹積蒭糧軍營於結草宿莽之中因風焚也　又有火獸以艾熅火置瓢中瓢間鑽四小孔繫瓢於野猪獐鹿項下或繫其尾端向敵營而縱之奔入草中瓢敗火發　火禽以胡桃剖空中實以艾火開兩小孔復合之繫野鷄項下足間針其尾而縱之奔入草中器敗火發也　火盜遣人晴伏與敵人同者夜竊號遂使懷火偷入敵營中焚其積聚火發必亂而出　火弩以營張弩可射及三百步者以瓢盛火藥縛矢端以數百張中夜齊射敵營芻草積聚之處　火箭先以小瓢盛油冠矢端射敵城樓櫓板木上瓢敗油散燒矢鏃向射中油散處火立燃復以油瓢翼之則樓櫓盡焚　火杏以杏核中空以艾實之繫雀足上加火薄暮羣放飛入城壘上棲宿其聚廬舍須臾火發　毒

藥煙毬毬重五斤用硫黃十五兩草烏頭五兩焰硝一斤十四兩巴豆五兩狼毒五兩桐油二斤八兩小油二兩五錢木炭末五兩瀝青二兩三錢砒霜二兩黃蠟一兩竹茹一兩一分麻茹一兩一分搗合爲毬貫之以麻繩長一丈二尺重一斤八兩爲絃子更以故紙一十二兩五錢麻皮十兩瀝青二兩五錢黃蠟二兩五錢黃丹一兩二分炭末八兩搗合塗傅於外若有氣熏人則口鼻血出二物並以砲放之可制敵人來攻城也

煙火藥毬郎煙火架上所用作四方架綴毬其中遇風勢便用火攻以小艇先潛使人架於敵舟上點著疾風而乾荻隨之則敵舟盡焚　攻者以水因地而成勢爲原高於城而斜小可以遏而止可以決下流故汾水可以灌安邑絳水可以浸平陽先設水平可以漂城灌軍沉營殺將而照版度竿亦所不可無者也　水平槽長二尺四寸兩頭及中間鑿爲三池池橫闊一寸八分長一寸深一寸二分分開相去一尺五分中間通水渠闊二分深一寸三分池各置浮木木闊狹微小池渠厚二分上建立齒高八分闊一寸七分厚一分槽下置轉關脚高下與版等以水注之三池浮木齊起眇目視之齒齊平則爲天下準式十步一里乃至數百里目力所及置版度竿亦以繩計其尺寸則高下丈尺分寸可知　照版形如方扇長四尺下二尺黑上二尺白闊三尺柄長一尺大可握也　度竿長二丈刻作二百寸千分每寸內小刻其分隨向遠近高下五竿以照版映之眇目視三浮木齒及照版又以度竿上尺寸爲高下遞而往尺寸相承則山崗溝澗水源高下深淺可以分寸而度　此古人守城之具以其詳悉故採之以爲式

總督胡宗憲云凡賊圍城必須選募勇敢夜斫其營或夜舉銃砲使賊驚疑其圍自解　此言解圍之法

一凡賊可結巢穴去處必諭令居民盡行搬移入城房屋拆卸務使賊難棲止　此言清野之法誠與城守相兼

一大兵進攻賊巢城內不無空虛恐墮誘敵奸計或敵出我之背乘虛來襲吁亦危矣必須嚴加防守仍撥人把住來往要路　此言備賊乘虛來襲之道嚴城守者不可不知

海道副使譚綸云自來城守攻破者少襲破者多此嚴夜廵詰奸細爲第一要緊事也　此總言城守要法

一守城之器佛狼機銅發熕鳥嘴銃床子弩旋風砲最利弓弩次之到用刀斧是最下策矣然亦不可不備也

一凡城有敵臺者最好守若無敵臺架櫓起望臺亦善或皆未備則用絮被挑懸出垛外五尺以蔽矢石庶臨敵無失耳

一凡敵在城外不獨當爲守禦具亦當爲修城之具如木石灰磚之料與匠作皆不可不備也

一凡守城用燭不如用松明　松明可代十燈也　以上

四項俱言守城之具當預備者

一凡遇勁敵則須在城外爲土壘屯兵拒守與城中爲犄角勢最爲上策敵築甬道架雲梯以攻我或穴地道以襲我則又當隨事有應免至臨時倉皇無措也　此言遇大敵攻城則守城之法又不可拘於常格

一凡敵夜襲我多在五更悉衆攻我多在黎明出我不意也

一凡敵環而攻我至曠日持久計内乏薪芻則佯退數舍夜則還襲之或伏賊雜爲採薪者入城爲内應此皆不可不知也

一凡敵用雲樓攻我必先驅吾人負土塡濠我卽當爲之

備矣

一敵每擄吾人縶其父母妻子使爲間諜内應此最難辨識當事者須嚴察之　以上四項俱料敵攻城必用之計守城者所必嚴爲之備也

一凡盤詰奸細須立木柵在城濠之外百步陳兵守衞而詰之城門之下又嚴兵以待之遇警則閉令人聞警輒將城門晝閉或止開一門或一日止開二次而詰奸又在城門之内外間避難之人一擁而入又孰從而詰且辨之　此言詰奸細之法

參議唐愛守城各条

一守城之法每垛口五個立爲一伍置木牌牌上寫趙甲錢乙孫丙李丁周戊每夜一人守一更四人穩臥每更置一小旗上寫更分及夜巡兵姓名在上如趙甲爲一更錢乙爲二更之類巡更者執持在手只瞭望五垛口城下有無奸細一有賊至喚醒同事四人執持灰瓶石塊器械攻打如此庶使五垛不過數步之内易於瞭望一人巡更四人休息精力不疲緩急有備餘垛照此式若每垛口原編二人牌上備開十人每更用二人瞭望尤爲加愼酌行之

一守城各垛兵夫勤惰不一不可不稽察使人人點名更更喧嚷則守垛者不能睡臥精神困疲非計也城小以城門爲限如自東門至南門南門至西門西門至北門

每門巡邏兵十名每更分二名巡視垛口不許叫喝搖打梆鈴止挑燈巡視若有輪更守垛兵夫熟睡不行瞭望者則暗掣更旗明早稟該管官究治仍喚醒防守不得驚擾擅自責打責法并查究五垛之内燈火斷滅卽記輪更人并治城夫自東門某窩鋪至某窩鋪巡邏週而復始每更二人稽察均照前式

一設巡邏之役又恐疏虞誤事每門另選官二員各與以馬給以更牌更箭如東門巡至南門時值二更東門巡警官將以更箭交付南門城樓上官驗收南門官隨付二更牌與東門官爲號彼此各收次早送總巡官處查考若各官將牌箭私換不親巡警者查出以軍法重治

其巡警官以察巡邏十人爲先次查各垜口偶有熟睡失於瞭望許即責治執其更旗次早連巡邏人一并送至總巡官處究治其巡警官止許巡視亦不得擅自呼喝點名搖打梆鈴以驚擾各垜口守城之人此周圍夜巡之要畧也若城有衞所者就令衞官有司分門巡警不必另選職官馬各自備尤便

一城上白日止張旗號非寇臨城不許鄉夫上城以疲其力臨晚登陴俱要雨具器械遶城不許喧嚷屏去鈴柝若無人者使寇不知城上虛實且城上不譁城外有警庶可傳報以便策應各門另設遊兵五十人各持利器鳥銃使有警協力禦敵仍先示約凡遇夜間寇賊集衆

攻門方許放火箭三枝再緊發銃三箇十分緊急鳴鑼三通原派本門遊兵一面禦敵總管另帶枝兵應援一門有警各門堅壁固守不得輕動以防聲東擊西之患尤禁垜兵驚擾離次至於疾風暴雨半夜黎明人易懈弛困倦賊每乘間登城此當嚴加申諭可也

一守城之具甚多急用惟灰瓶石塊爲便俟圍久勢急因時出奇又當措備城上燈籠每五垜口止用燈一盞用新紙油者方明燈上用一油紙蓋以防雨蓋上仍壓以一小瓦片以防風每燈製一挑竿索懸城下離地七尺庶使賊抵城下我能照見我瞭垜口賊不見我換燭即輪更之人不許誤事若官府給燭五人輪管使兵夫自備恐曠日持久所費不給未免誤事油燭須官處爲便不當靳小費可也

一守城官兵至城邊遇賊向內射放箭銃城上不得喧嚷俟賊近城令慣熟銃手善射者乘便打射務要巧發奇中得斃賊人一二其餘自退更不知我兵伎倆虛實無得一槩亂發以竆矢藥若四面雲梯攻圍當併力齊禦又難拘泥

一閑雜人等不得無故上城垜口窺覘擾亂軍伍且防城外矢石誤中旁人趨避不便驚惑衆心倘有奸細亦難防閑相應嚴禁如賊向城射箭放銃守城官軍各帶綿被或用牌盾取便掩掛垜口露隙瞭望以防矢石

一警報緊急城中居民近城者不宜堆積稻草蘆葦恐防城外火箭飛入在內柴堆亦易發火故宜禁諭少則收藏多則遠置隙地爲便倘城中偶有失火去處城上訛言賊人驚亂爲害不細平日有司分定坊隅編立保長小甲名色各分地多備水桶蔴斗鐵鉤麻搭竹梯斧鋸每一坊隅火起即以本坊火甲救之不得亂擾守城兵夫各顧垜口就使本家失火不許離次若係本坊火甲救援不力致有延蔓及不係本坊居民乘機搶火者查出一體以軍法處治如此緩急有備防守無虞此在平日素講而預備可也

一城門多備水缸水桶一以濟渴次備火攻樓櫓城門當

路間設火器品窖蒺藜以防衝突若賊囊土束薪塡塹登城者此無別法惟鳥銃並發人不敢近此無庸慮然亦在臨時討策之

一城近山者峻處城垣宜增培高厚或內立一敵臺瞰外以便瞭望運發矢石城峻處賊不敢近則城中虛實不得窺測而平城易於防守矣若繞山築城勢若仰盂賊憑高窺見城內更當盡驅老弱爲兵多用鮮明器械旗幟虛張聲勢使賊不敢輕易此不得已之策又在臨期應變何如耳難以懸論也

一城外民居近城者如賊勢重大將逼城下須將房屋拆毀焚燒不然賊將藉爲遮攔且登城尤便於雲梯及樑

櫓塡壕草束燒門以資賊用是不當姑息若水門柴米出入所須尤急但要視勢緩急委官嚴加盤詰不致疏虞可矣一槩閉絕適以自困此守城者所深戒也若城中無水宜多穿井無米者亦宜預備或勸富戶積粟許其乘時取利官弗爲禁或官移帑金先期買米以備緩急至於鳥銃火藥燈籠油燭之類邊海衛所縣分賊易登犯者尤當預爲計處庶爲有備

一城外沿濠攔馬牆不可不堅築高六七尺內多留隙穴以便窺伺更容放鳥銃每城一面另募敢死士百人各執鳥銃利器潛布在內賊夜攻城必渡濠踰牆而入使內有備不必喧嚷俟賊半渡銃擊之近牆手刃之地上城下俱不得傳呼叫喊使賊不知伏兵在牆內故輕犯而多敗馬牆有備城上更無虞矣　此詳言守城事宜

呂新吾守城事宜

一縣父母當平居無事宜先將本縣鄉居士民作有柄手牌式一面寬六寸長一尺二寸白粉油面每家照樣做來上書本家某人年若干歲面色及有無疤麻男幾口官票字樣各家領去待聲息將近四面各照四門進入守門官吏於門外照牌點查婦女只驗兩足若有面生之人牌上無名或年貌不同即時擒拏送審以防奸細夾雜進入爲賊內應

一城外居民年五十以下十八以上各以方面分記姓名

於城垛粉壁之上以便臨時各認汛地此事倉卒做不得須預安排

一本縣倉積須有穀豆二萬石以上方爲寬綽城一被圍缺食五日豈能食紙煑靴羅雀掘鼠哉安慶緒據鄴郡郭子儀與九節度圍之城中食盡一鼠四千錢食麋萬分要務此圍城第一緊急者

城中寺廟空閒之地或有甜水之泉務須添井三五十眼以備城上城中緩急之用

一賊入境先搶鄉村一則燒燬房屋姦污婦女二則殺其老幼三則搶其財帛糧食資其供給食用四則驅逼丁壯男子攻城鄉村集店之人既無山莊又無地洞何處

逃生若賊在五七百里外聽得聲息速諭鄉民早將家
中用度糧食柴草牲口家伙箱櫃盡數搬入城中不止
救了全家老小賊見四野無糧豈能四五十里外搶別
縣之飯食攻我縣之城池哉即使鎖房埋窖不過爲窮
人掠搶之資一入城中誰能救久圍之性命乎早見豫
待清野招民在斂果之縣王耳若催到不從門閉不許
放入一富足人家聞有聲息將各莊積聚收入城內城
困之時但有不足者不分親疏除自己足用外盡數借
貸與人救緊急之性命百倍陰騭借衆人之精力萬分
保障仍將所借記　簿籍令本借親筆畫押人有良心
得命之後誰不補還如不補還者官爲加倍追償決不

相負不然自己亦不得受用也
一父母官爲主守居中調度城上分爲四面一面守正一
人守副二人俱以佐貳丞尉或大小鄉宦舉監老成練
達執法嚴明者爲之處斷一面之事練成民壯二十人
督率城衆教演守法守城原是軍法欲救一城性命難
做一些人情主守須借之威權以便行事寬緩柔懦避
事徇情之人決不可用蓋一面稍疏三面雖嚴何救於
一面之失一城萬口之命付於守城之人守城數千人
付之十數個守城者何等關係可不擇人
一賊之攻城也有七乘乘我之倦如日夜勞苦神疲力竭
之類乘我之怠如日久心安官不戒訓民不恐懼之類
乘我之忽如風雨雪夜賊遠賊稀思想不到之類乘我
之無備如兵刃不利矢石不足火砲缺乏之類乘我之
疏如城有卑薄地有平陂外有攻沖之資內有不備不
具之類乘我之緩如往日遲心怠意一時招架不及手
忙腳亂之類此七乘者城之安危所係不可不慎也
一賊在城外屯聚以逸待我之勞以飽待我之饑以寧耐
挫我之銳以優游懈我之心聲言解圍以安我之意聲
言增兵以寒我之胆乍動乍靜以疲我之精神緩進零
沖以耗我之氣力忽散忽聚以老我之智謀築壘增柵
以示彼之持久我意已定一切勿動內門須閉須留甕
門不時開閉練就敢死士三五百人重加賞犒三更以

後我軍與賊一樣打扮自有暗號乘其困倦密斫其營
放大砲鳥銃令其驚起自相亂殺吹角聲而散五更點
名令隊長認進謂之鬼兵鬼兵三兩行賊已防備後卻
用排燈將托砲鳥銃佛狼機前棘大擾之若有積聚乘
順風用油薪縱火焚之如此三兩番賊自不能存也其
委曲不具詳
一賊欲攻西先在東面熱混撒得人護東門西面必鬆他
卻一枝兵乘機一擁自西登城謂之聲東擊西聲南擊
北聲晝擊夜聲晴擊雨總是出其不意攻其無備八個
字耳兵法擅離汎地一步者斬城上之人分定人數各
照粉壁日夜防守不許越過一垜面目只向外面看城

下藏如果攻東十分緊要三面之人安定不移城中有游兵多者千人少者六七百人最少亦不下三四百立一中軍統之常在隅首屯聚以防策應東面緊急放大砲三聲南面緊急擂大鼓西急撞鐘北急鳴鑼游兵火速向緊急之方齊力防護一千者分為兩應以備兩面受敵六百四百人少難分看賊勢緩者六百四百亦可分為兩應如急再行催促全調專守一面極力防護若更有餘人一城樓屯聚三四百賊急而人不足再調一枝似更便也

一每垛定要二人鄉縣各一預寫垛上一人歇息吃飯解手一人常用瞭望昔劉大王守寧陵時令其甥在西北

隅凝目外望不許回頭內顧王即斬首示衆守城四十日無人敢犯城賴以全

一城上夜間最要安靜無聲以聽賊之消息四城門俱有更鼓每交一點放砲一聲高聲人大叫一聲云大家小心城上衆人齊喊一聲餘時俱不許動一些聲色使賊不得以揜彼之形聲探我之消息也

一懸簾萬分緊要或氈條褥子亦可兩角綴兩鼻掛於垛邊鈎頭釘上中間亦綴兩鼻將丌字木棖入鼻內丌腳簪於垛口之斜坎夜則取以蓋霜露晝懸則取以招砲箭丌木棖柱高下隨便下闞登城之賊

一守城男子務要十分飽煖婦人小口但不餓死足矣如闌到幾時男子日夜要氣力精神萬萬不可忍饑受凍也

一城上鍋竈不便城下各照所分人口二十人屬一火頭一日三飯早麵食下晡乾飯三更時麵食火頭各照所管之人以器盛飯城上人用索扳取每盤菜總一盤有私送食者不禁

一兵貴如山千搖不動萬震不驚庶乎賊智自窮我守可固昔曹成攻賀州日久不下忽有一人登城大呼曰賊登城矣守城之人都滾下城來賊遂登城原來曹成用了炁營計一人訛言萬人驚走以後守城丁寧此令但有一人謠言惑亂人心者守城之人寸步休移抵死莫

動只將謠言之人與先動之人當即斬首懸在高杆示衆

一賊挖城根當頂桌子門扇用捶白石磨扇下擊之或用油鐵縧縋下油薪焚之如果剜挖不止當記對挖之處將穿透內城穴邊備五十餘人執利鎗快鍘鳥銃戳打之或用積薪當穴續添不斷令不可入

一賊至城根扒城挖城守垛之人只用礌石灰瓶糞筒之類箭不得加全憑墩臺箭手兩下交射故墩只可五十步立一座今既太稀須用有力量挽強弓發勁弩者守墩臺否則遠不相及矣

一守城之人見賊遠處放箭即以草人當之可收其箭切

勿張弓對射對射何益賊到城下用梯爬城也不須動手只等兩手爬住城口奮力用鋒斧見手則斷手見頭則斷頭此是要著勝敗關頭手眼萬分留心不可遲緩一刻其餘任他千轟萬亂吶喊搖旗只要有眼力觀看不可一毫動心　以上皆守城至計

同知羅拱辰云頻年賊來野獲多得是以無攻城之志今各郡鎮劫掠遷移已盡如其再來寧不垂涎於城哉竊照各城雖有濠河之險必須附近城濠邊挑起淤土離城脚丈餘卽堤圍築五尺高牆使賊雖或渡濠難抵城下此古人羊馬牆之制也況不時出奇兵數十人於城下得此遮蔽可以藏伏窺視如賊近在對濠我兵卽於

牆內潛發火器使彼不知我兵在城下者多寡有無所謂有有無無虛虛實實者此也且四鄉逃難男女得此可以暫容其身既有此牆只須謹閉城門俟賊到城外方去弔橋亦不為晚況賊畏城上銃砲決不敢近每敵臺左右各置小弔車四五架以便兵士上下及鄉民逃難者弔人之法婦女隨卽弔上若係男子須審其聲音貫址方許弔入其城無敵臺則不能眺遠顧下何以言守必貼城增築每座相去五六百步或七八百步或二三百步不等各隨城勢曲直以為遠近臺下須離濠水丈餘有近濠水者釘品字樁木百餘根於水中高出水面尺許防其樓船臨衝我也各城樓設游兵二[illegible]隊

約兵二十五名為率左右往來交相巡警每垜口派兵夫一名專守之其敵臺上垜口每垜用兵夫三名選擇精勇者傾身外望以背向裏遠近彼此互相顧視其守之之法最禁諠譁庶臨敵不亂又必將各臺編以字號分以信地別以號旗金鼓響器之類日間則觀旗色夜間則聞號聲各將字號大書垜牆使各熟認各分信地俱以敵臺為準如天字號敵臺左邊向地字號敵臺管垜口若干地字號敵臺右邊向天字號敵臺管垜口若干兩臺中分信地如天字號該管十垜以十垜為一號第一號十垜用紅旗用鼓則大書日觀紅旗夜聽鼓聲八字於垜牆上第二號十垜用黃旗用鑼則大書日觀

黃旗夜聽鑼聲八字於垜牆上第三號十垜用青旗用喇叭則大書日觀青旗夜聽喇叭八字於垜牆上第四號十垜用白旗用木梆則大書日觀白旗夜聽木梆八字於垜牆上其餘各敵臺垜口皆然如賊日間犯天字第一號信垜城下該管臺上搖紅旗而該垜口亦豎紅旗夜間犯天字第一號信垜城下該管臺上起鼓聲而該管垜口亦擂鼓信守兵夫一齊戒嚴俟擊左右城樓各遊兵到彼應援而兩邊附近敵臺相向互為摧擊其餘各臺垜官兵非係信地者不許亂動各門雖無警亦加戒嚴不許擅離應援恐賊人聲東擊西乘虛而上庶防守嚴備而靜鎮不亂矣又慮賊攻日久我兵疲倦必

更番休息又恐賊人乘怠而入須於垜外蓋出浮棚每扇約闊三四尺或長七八尺環城架設其法或木或竹每根比棚闊三四尺以一半橫出垜外一半斂入垜內其外擱浮棚棚上壓以磚石天晴加石灰數包於上其內用繩縛石虛懸若賊加梯棚上則棚軟不能勝梯磚石將墜擊賊下城而牆內守垜者且自警覺若賊置梯棚下而上登其棚觸首移動而亂石又墜矣若欲再加嚴固沿城垜上豎架柰何木其制豎立架木二根機關横挑木各一根上擱一木謂之柰何木木上錯綜釘以竹簽其木之輕重與挑木相稱賊來攀援則其木自然下擊人既不能攀駕又不能放脫也敵至城下我兵轉

動其木墜下又可擊之此棚木易於成造費又不多今各縣城低難守相應速製至於夜間守城燈燭費多且皆高懸垜上是使賊得視我我不得視賊利在彼矣必造鐵火毬中燃柴木則柴木之價比油燭相去倍蓰況火光散遠比燈相去十倍每垜口二十箇或三十箇止該用火毬一枚挑出垜外墜於城半則火在下我視在上其光不墜我得以見賊而賊不能見我其利在我矣又如製造紙糊圓砲今製者不過震响而已無益也因此舊物而變爲新製待糊成紙殼之時中含小鐵刺蔆二三十枚地火鼠一二十枚入藥於內然後緊糊其口每砲一枚開藥線眼四處賊近城下時燃放之砲一响

而砲中刺蔆自然布散其中火鼠飛走賊被焚身必走而刺蔆又傷其足城上且擊之矣若城中一時火發恐奸細爲內應或居民失愼守城兵夫未免驚疑往救家宅必棄所守宜先出示禁諭庶免疏虞各鄉邨鎭蓄積米穀之類須於冬末春初盡令遷入城中則邨野既淸城郭又固賊不得食則饑攻城不下則勞饑且勞必思去矣我出兵以要路擊之有不勝乎　此亦詳言守城事與唐參議互有異同

主事唐樞云守城之法近日東南不知此女牆不可太高厚堵空處欲如圭首斜銳所以便外瞭便俯瞰城上傳箭不敲梆所以便聽聞守者必更番所以養精力陟降

有號頭夜有火晝有旗所以一衆伍違犯有常罰所以定心志風雨露日有遮蔽所以安體力火器石塊灰油懸槌鐵蒺藜諸物畢備所以供急用須參酌定規遍諭各城守習　此言守城之法

尚書胡世寧云城門愼勿用土塞止於門扇中當腋開鑿五孔以五弓弩守之賊自不能近矣　又云箭將盡不宜亂放有號纔放發　又云無先閉門以示賊怯而使屬邑被殘　又云僧徒多善少林棍法宜收進城內無俾爲賊用　此言守城當戒者四

舉人王文祿云海寇之來我兵俱守城中城外之民棄之而不顧不敢出一兵以擣之寇乃得深入內地橫行無

阻是皆我兵不知攻守互應之法也自古用兵非可執一攻之中有守守之中有攻攻而無守則爲無根守而無攻則爲無幹且一城之中不下數萬家若定守之而不外攻圍困日久食盡兵罷寇雖不攻而我亦自潰矣安用其守乎凡寇攻城不過數次甚急捍禦已過寇亦必怠我乘其怠而懸兵夜出負砲偷營寇亦擾亂自救之不暇而何暇攻我若狷焉定守寇知我兵虛實併力來攻曠日不解而援兵不至則我坐守以待斃無益也昔者己巳北狩也先南侵攻圍京城精兵皆出城外石亨于謙督兵於城北孫堂江淵督兵於城西每每攻也先營殺傷相半也先退去若使文臣謙淵無謀武臣亨

堂無勇皆守城中不亦危哉而大事去矣惟其知攻守之一道故攻不忘守而守不忘攻是以克濟時艱也

此言守城必須時出兵以攻敵

鎮撫盧云守城之法斷不可每垜口用一人守之止許三垜口用一人垜口之下用灰瓶六七箇大石子四五百滚木擂石皆設備凡守城切不可用貧民須用紳士大夫舉監生員吏承義官與各有產之家或弟男子姪或家人各帶器械編成隊伍急則上城緩則斂於教場操練則各自爲戰各自爲守不惟可省有司錢糧而亦不致貧民怨咨矣　此言派城夫之法

生員沈栻云凡寇賊未至城下則城守之夫晝夜不宜皆似爲贅設宜於晝日止令保長甲長在城俟有寇警約鳴金鼓爲號聚集人夫必不悞事俾人夫晝得在家作業日入時方使之乘城其夜間守城亦有法夫人未有能終夜不寢者若使終夜不寢疲憊困倦勇如關張亦不能操戈赴敵矣是徒自憊其民也愚謂夜間城夫宜用五人爲伍之法凡城垜口必聚大石塊方五尺高稱之於五人止令一人登而擊柝觀望站立既高得以俯瞰城下其餘四人聽之休息俟一更徹捱次番換是名雖終夜之守實則一更之勞勞逸有節彼將勵精任役不敢偷安矣如有偷安者巡更官吏痛責記名仍罰之達旦不得更番替代則彼雖昏愚必不肯任竟夕之勞

而易一時之安也五垜之間其地甚近一有寇警休息四人呼之即應何悞事之有　此言城夫晝夜更番之法

戚繼光云城外有大樹宜伐之近城尤礙防禦城內無馬路不可城外三丈內有房屋賊勢衆撤之撤不及則焚之係木壁者一焚而盡即日可守係磚石爲壁者賊遠則居民不服賊近則撤毀不前若賊以百數伏屋脊外射擊守城人賊衆將屋內打通牆壁扛梯木到城下可徑登或就民房中運土幫城起闉而登皆無可柰何或一丈以內者城身又低於屋此不守之城也

所忌

生員蘇獻可云倭寇不靖大戶有饋餉之煩小民有調遣之役實爲民窮財盡柰何城上管夫之官索要常例有銀者則老弱不計點缺不究無銀則百般刁蹬小民旣勞其力而又費其財苦楚何似至於府縣吏胥皂甲賄賂尤甚或報大戶或拘舖戶其中賣放者其九而拘認者其一認者固當其苦而賣放者亦損其財官府之所用者有限而吏隸之所取者無窮人民痡而官吏肥可哀也已　此言守城須禁官吏刻剝之苦

主事鄭文茂云地方有事之秋所賴者富家而已今富家往往變產遷徙地方若富者盡去貧者僅存其誰與守必將各圖里甲人等取具執結不容逃散是亦保城之

大端也　此言守城須寬縻富家若逼走之則城內空虛矣爲有司者所當深念也

御史邵惟中奏稱欲轉行督撫二臣嚴令該府州縣衞所出示曉諭沿海居民各將妻女財貨糧米及時搬運入城僦居存貯仍留壯丁在家防守并將當年糧長人等預令將應辦糧石收送城倉以聽運兌如有積粟數多不搬入城者則官爲扣糴給償時價卽貯附近屯兵衞堡以充軍餉支用此權宜之術民必樂從事寧之日仍復舊業則城中積粟萬餘財貨充盈城外無所掠而城內有所資矣　此篇專言積聚不當留在城外以資盜賊

譚綸云島寇志在得財糧食尤爲緊要我能堅壁清野則失其入寇初意衆旣可離勢亦難久乘其倦而擊之易如拉朽摧枯矣攘寇安邦計無出於此者顧其事言之甚易而行之甚難何哉邊氓習知利害故行之輒有成效今浙直之民被害處少倖免處多凡聞寇至則觀望不爲遷徙卽有徙者又近在山林之間計小費而忘大計此行甚難一也世家官族蟬聯鱗湊一令之出競相是非煽惑齊民甘同燕雀有司督行過嚴輒飛語流布此行之甚難二也浙直之地沃野千里宮室器用習爲奢僭棄徙爲難寇至倉猝各以牛酒錙幣開門延納以圖僥倖又預集舟楫以資其去彼此顧其廬舍焉念法

度自爲一家一時之利曾無遠大之謀此行之甚難三也夫安土重遷惡勞好逸古今所同然勞之固所以逸之擾之實所以安之而況乎勞之擾之者暫時之事而所以逸而安之者甚久且大也爲今之計惟在責成有司親詣各鄉鎮多方譬曉使之預於二月初旬盡將婦女聚積徙入附近城郭仍會同衞所掌印官爲之安插得所其倉廩搬運不盡者卽及時發賣有司嚴督糧長糴買上倉一切兵餉有可以徵本色者作速改議徵收凡城中穀粟止許於城中糶賣不得顆粒糶運出城其有不肯預期搬運入城臨時棄遺在鄉致資盜糧及以牛酒錙幣開門延寇卽係通賊之家查照律例從重問

遣其有已遺棄而未貲賊亦通查入官以充兵餉有司務宜用心毋事姑息間有成績者卽註以上考部院特加獎勵其有偏拗悞事者卽與失事武職官員一體從重參究如此庶法令必行而長策畢舉成效可臻矣此言賊寇深入皆由鄉民不遷積聚入城之故善反之則寇念息矣

都御史唐順之云春汛時月倭患雖熾然禦之於海禦之於江又禦之於海塘禦之於江岸豈至盡是無策哉國家平時養兵設官何用之而稍聞警報只有塞城門塞水關風縱不通委城外於虎口遂爲奇策甚至不論有害無害輕意將城外房屋拆毀除塞城塞門任從有司

自行本部不敢干預外其近城房屋苟非寇患逼近及與城垣委實干礙不得輕易拆毀使民無所棲若因不拆屋以致失事本部自任其罪不以累有司

丹陽邵芳云善守者必以城視地以人視城以粟視人三相視而墨翟之術宋可得而言矣何謂以城視地蓋無不備則無不寡焉得城城而守之必守一處足以保障數十處扼一里足以牽制數百里斯能視地矣何謂以人視城蓋除四門中軍應敵出奇外每人轄地幾尺而又有幾人更代休息幾人搬運器械幾人輪管炊爨如百雉則用若干人與伍法無異斯能視城矣何謂以粟視人彼探穀煮弓不鬬自困雖古名將不免有此者失於不審也蓋必計其積聚料其丁口每粟幾斗可供幾月萬不得已則疲弱婦女無益有損者當爲別策斯能視人矣故余嘗曰以城爲可恃則古有不破之城乎以城爲不可恃則古有必破之城乎亦在乎守城之人何如耳鄭若曾按城一也有關繫一方之利害者有關繫數十里數百里之利害者關繫一方之利害一守令愼之而足矣此守令之事也關繫數十里數百里之利害者豈宜以一守令支之乎爲將帥者須提重兵以鎭之合羣帥以授之其城無恙則敵人必不敢越此而他攻卽有所攻亦無關繫而非敵之所必欲取以爲巢穴者矣是所守者雖一城而所庇者吾不知其若干城也此

將帥之事也若爲將者不論城之重輕緩急而漫焉以居之其身之所居則力爲之救而其所不居者雖有關繫亦聽賊攻取萬一失守則樞要爲賊所握而其餘所守皆無用也曾是爲善守城乎譬之海防焉自廣至遼迢迢數千里賊舟無處不可登泊港堡無處不當設備若一一而照拂之則將帥之精神有限分用於無關繫之地則其有關繫者反有遺而不到者矣惟諒寇所從來之道哨之於遠洋勦之於近洋寇賊在洋先後而來星散而行風濤驚其心踴躇苦其形吾以衆而待其寡以逸而待其勞以飽而待其饑以備而待其所未備至簡至易之道也若其近岸也惟擇總要之處爲水寨陸

寨以扼其衝以遏其入其餘港堡堅壁清野賊進不得
攻退無所掠計自窮矣若曾聞論守城者多矣率局於
區區一方之見惟邵子與若曾合惜其引端而未竟也
故詳之以爲爲將者之助

防海輯要卷十八

海國畧

東洋記天地之大何物不容輕清之氣包涵萬類星辰日
月亦有所不及而聖人測理備至定四方製指南分二十
四籌由近之遠莫出範圍啟後世愚蒙識萬國九州然而
九州之外又有九州謹按四方外國地方海道人物風土
粗據所見聞而畧誌之俾後之君子有所採擇朝鮮居天
地之艮方聯盛京對天津古箕子地分郡縣幅員里道朝
貢經由歷代史典輿圖備紀無庸勦說其南隔一洋日本
國屬之對馬島順風一夜可抵明關白爲亂者是也自對
馬島而南寅甲卯東方一帶七十二島皆日本倭奴之地

而與中國通貿易者惟長崎一島長崎產乏粟菽難供食
指開貿易入公家通計終歲所獲利就長崎按戶口均分
國王居長崎之東北陸程近一月地名彌耶穀譯曰京受
封漢朝王服中國冠裳國習中華文字讀以倭音予奪之
權軍國政事柄於上將軍王不干預僅食俸米受山海貢
獻上將軍有時朝見而已易代爭奪不[illegible]王而爭上將軍
倭人記載自開國以來世守爲王昔時上將軍曾篡奪之
山海應貢之物不產五穀不登陰陽不順退居臣位然後
順若如故至今無敢妄冀者官皆世官世祿冀僕帶以刺
史千石爲名祿厚足以養廉故少犯法即如年[illegible]舉一街
每街官者鄉保也歲給膽養五十金事簡而閒通文藝者

爲高士優以禮免以徭俗尙淨潔街衢時爲拭滌夫妻不共湯虀飲餘婢僕尙棄之富者履坐絮席貧者履坐薦席名曰毯踏棉各家計攤毯踏棉之多寡爲戸口男女衣服大領濶袖女加長以曳地畫染花卉文采裤用帛幅裹繞足著短襪以曳履男束帶以插刀髡鬚而薙頂額留鬢髮垂後枕濶寸餘向後一挽而繫結髮長者修之女不施脂而傅粉不帶鮮花剪綵簪珥而插珧瑁綠鬟如雲日加滌洗薰灼楠沉髻挽前後爪甲無痕惟恐納垢至於男女眉目肌理不敢比勝中華亦非諸番所能比擬實東方精華之氣所萃人皆覆姓其單姓者徐福配合之童男女也徐福所居之地名曰徐家村其塚在熊指山下其國男子年

五十餘陽多痿奴者儂也故呼之曰倭奴俗尊佛尙中國僧敬祖先時掃墳廬得香花佳果非敬佛僧則上祖墳人輕生有犯法者事覺向荒山剖肚自殺無累他人立法最嚴人無爭鬬語言寂寂呼僮僕鳴掌則然諾無售買人口傭工朔滿即歸所統屬國二北對馬島與朝鮮爲界朝鮮貢於對馬而對馬貢於日本南薩峒馬與琉球爲界琉球貢於薩峒馬而薩峒馬貢於日本二島之王俱聽指揮氣候與山東江浙齊長崎與普陀東西對峙水程四十更廈門至長崎七十二更北風從五島門進南風從天堂門進對馬島坐向登州薩峒馬坐向溫台地產金銀銅漆器磁器紙箋花卉染印海產龍涎香鰒魚海參佳蔬等類薩峒馬山高巉巖溪深水寒故刀最利兼又產馬人壯建嘉靖間倭寇者薩峒馬是也日本原市舶永嘉因倭之漁者十八人被風入中國奸人引之爲亂髡鬚薙額雜以遠處土語遞相擄掠羣稱倭奴後平回國僅十八人王正以法隨禁市舶中國聽我彼往至今無敢來者倭載十八奇士普陀往長崎雖東西正向直取而渡横洋風浪巨險諺云日本好貨五島難過廈門往長崎乘南風見臺灣鷄籠山北至米糠洋香蕈洋再見薩峒馬大山天堂方合正針糠蕈二洋者洋中水面若糠粃水泡若蕈菌呼之爲米糠洋香蕈洋薩峒而南爲琉球也居於乙方計水程六十八更中山國是也習中國字人弱而國貧產銅器紙螺甸玳瑁無

可交易其衣冠人物貢由福州久熟習見故不詳載自曰本琉球而東水皆東流莊子所謂尾閭泄之不知何時已而不虛也

東南洋記東南諸洋自臺灣而南臺灣居辰巽方北自鷄籠山至南沙馬崎延袤二千八百里與福興泉漳對峙隔澎湖水程四更隔廈門水程十有一更西面一帶沃野東面俯臨大海附近輸賦應徭者名曰平埔土番其山重疊野番穴處難以種數捕鹿而食薯芋爲糧不知年歲以黍熟釀酒合歡爲年性好殺以人顱爲寶文身黑齒種種不一晨聽鳥音以卜行事吉凶男女野合成耦迨崇禎間爲紅毛荷蘭人所據就安平　港建砲臺城三層以防海口

教習土番耕作令學西洋文字取鹿皮以通日本役使勞瘁番不聊生鄭芝龍昔鯨鯢海上娶倭婦翁氏生成功隨帶數十倭奴聚泊臺灣視海外荒島不足以有為仍寇江浙閩粵因囑其子曰倘不可為臺灣有如虬髯之安及鄭成功寇鎮江敗歸阻守金廈始謀取臺灣會荷蘭之通事何斌逋負欽鹿耳門知港路深淺說成功聯檣並進荷蘭嚴守安平大港成功從鹿耳門進水漲三丈餘入據臺灣與荷蘭相持甚久因諭之曰臺灣係我先王所有現存倭人為你等所據今還我地資貨無染荷蘭悉衆而去至康熙二十二年鄭克塽歸順方入版圖以承天府為臺灣府天興州為諸羅縣萬年州為臺灣鳳山二縣雍正二年

分諸羅北之半線為彰花縣鳳山沙馬崎之東南有呂宋居巽方廈門水程七十二更北面高山一帶遠視若鋸齒俗名宰牛坑山有上番屬於呂宋與沙馬崎西北東南遠拱中有數島惟一島與臺灣稍近者名曰紅頭嶼有土番居住無舟楫往來語言不通食薯芋海族之類產沙金臺灣曾有舟到其處呂宋大山北從宰牛坑延繞東南昔為大西洋干絲臘是班呀所據地宜粟米長者五六分漳泉人耕種營運者甚盛年輸丁票銀五六金方許居住經商惟守一隅四方分定不許越界廣納丁票聽憑貿易東南洋諸番惟呂宋最盛因大西洋干絲臘是班呀番船運銀到此交易絲綢布帛百貨盡、番土產雲集西洋立教

建城池聚夷族地原係無來由番今為據轄漢人娶無來由番婦者必入其教禮天主堂用油水畫十字於印堂名曰澆水焚父母神主老終歸天主堂挖坑土親膚而埋富者納貲較多寡埋堂上基內貧者埋墻外三年一清棄骸骨於深澗所有家資明於公堂天主妻子作三股均分其蠱殊甚母傳女而不傳子即如牛皮火腿呪法縮小如沙令人食而脹斃又有蝦蟆魚鱉之類彼能呪解從口躍出成盆禁龍陽父子兄弟亦不得共寢席夜啟戶聽彼稽察拭床席驗有雨溫氣者捕以買罰晨鳴鐘為日方許開市肆經營午鳴鐘為夜闔市寂閉不敢往來昏鳴鐘為日燈燭輝煌如晝營生夜半鳴鐘為夜以閉市肆晝夜各以三

時辰為日為夜傍午捉夜禁闔地皆鬼市下接利仔夋水程十二更至甘馬力水程二十一更二處漢人從呂宋舟楫往彼貿易利仔夋之東南隔海對峙有五島班愛惡黨宿務貓務烟網巾礁臘中國俱有洋艘往通亦係無來由族類山海所產與呂宋同如鹿麂牛皮筋脯蘇木烏木降香速香黃臘燕窩海參等類水程必由呂宋之利仔夋海而南呂宋至班愛十更至惡黨二十三更至宿務二十四更至網巾礁臘五十八更人愚罔有知識家無所蓄需中國布帛以蔽身國各有王惟謹守國土其東南又有萬老高丁機宜二國居於巳方國土人物產類相似水程呂宋至萬老高一百七十四更至丁機宜二百一十更由呂宋

正南而視有一大山總名無來由息力大山山之北爲蘇祿從古未奉朝貢雍正戊申六年至閩貢獻西鄰吉里問又沿西文萊即古婆羅國再繞西朱葛礁喇大山之正南爲馬神其山之廣大長短莫能度測山中人跡所不到產野獸亦莫能名其狀蘇祿吉里問文萊三國皆從呂宋之南分籌而朱葛礁喇必從粵南之七州洋過崑崙茶盤向東而至朱葛礁喇一百八十八更馬神亦從茶盤噶喇吧而往水程三百四十更廈門由呂宋至蘇祿水程不過一百一十更共在一山南北遠近相去懸殊矣又隔東海一帶爲芒佳虱大山由馬神至芒佳虱水程二十七更復繞而之東即係丁機宜東北係萬老高而蘇祿吉里問文萊

朱葛礁喇總名皆爲無來由繞阿番性喜銅鉦器皿皆銅沿溪鑿屋爲居俗甚陋身不離刃精於標鎗見血即斃以采色布帛成幅衣身經商其地往來乘莽甲（即小舟）夥從持利器相隨產珍珠氷片玳瑁海參燕窩烏木降香海菜藤等類而馬神番性相似人尤狡獪紅毛人曾據其港口欲佔其地番畏火礮莫敢敵入山以避用毒草浸洗上流使其受毒而自去產鋼鑽胡椒檀香降香科藤豆蔻氷片鉛錫燕窩翠羽海參等類鑽有五色金黑紅者爲貴置之暮夜密室光能透徹投之爛泥汚中上幔青布其光透出各番以爲首寶大如棋子値價十萬餘兩西洋人購之爲至寶呂宋至吉里問三十九更至文萊四十二更此皆東

南洋番國而朱葛礁喇馬神非從呂宋水程應入南洋各國因同蘇祿文萊南北大山是以附載東南洋俾覽者識其形勢焉

南洋記南洋諸國以中國偏東形勢用針取向俱在丁未之間合天地包涵大西洋按二十四盤分之即在巽巳矣越安南接聯中國而言海接廉州山繞西北而環南直至占城形似半月名曰廣南灣秦象郡漢交阯唐交州宋安南明交阯陸接兩粵雲南風土人物史典備載後以淳化新州廣義占城謂廣南因舅甥委守淳化隨據馬龍角砲臺北隔一水與交阯砲臺爲界自淳化而南至占城爲廣南國亦稱安南王阮姓本中國人氏古日南郡產金楠沉

諸香鉛錫桂皮象牙綾䌷燕窩魚翅赤菜糖與交阯相類以交阯爲東京廣南爲西京强於交阯南轄祿賴東埔寨崑大嗎西南鄰暹羅西北接緬甸栽莿竹爲城人善没紅毛呷板風水不順溜入廣南灣內者國遣小舟數百人背竹筒攜細縷没水密釘細縷於呷板船底遠槳牽絏船以淺擱火焚而取其輜重今紅毛呷板以不見廣南山爲戒見則主駕舟者曰夥長國有常刑廈門至廣南由南澳見廣之魯萬山瓊之大洲頭過七州洋取廣南外之呫嗶囉山而至廣南計水程七十二更交阯由七州西繞北而進廈門至交阯水程七十四更七州洋在瓊島萬州之東南凡往南洋者必經之所中國洋艘不比西洋呷板用渾天

儀量天尺較日所出刻量時辰離水分度卽知爲某處中國用羅經刻漏沙以風大小順逆較更數每更約水程六十里風大而順則倍累之潮頂風逆則減退之亦知某處心尚懷疑又應見某處遠山分別上下山形用繩錘探水深淺若干錘底帶蠟油以粘探沙泥各各配合方爲確準獨於七州太洋大洲頭而外浩浩蕩蕩無山形標識風極順利對針亦必六七日始能渡過而見廣南咕嘽囉外洋之外羅山方有準繩偏東則犯萬里長沙千里石塘偏西則恐溜入廣南灣無西風不能外出且商船非本赴廣南者入其境以爲天送來稅物倍加均分猶若不足比於紅毛人物兩空尚存中國大體所謂差毫釐失千里也七州

洋中有種神鳥狀似海雁而小喙尖而紅脚短而綠尾帶一箭長二尺許名曰箭鳥船到洋中飛而來示與人爲準呼是則飛而去間在疑似再呼細看決疑仍飛而來獻紙謝神則翱翔不知其所之相傳王三寶下西洋呼鳥插箭命在洋中爲記廣南沿山海至占城祿賴繞西而至東埔寨廈門至占城水程一百更至東埔塞水程一百一十三更東埔寨雖另自一國介在廣暹二國之間東貢廣南西貢暹羅稍有不遜水陸各得並進而征之番係白頭無來由裸體居多以布幅圍下身名曰水幔讀平聲地產鉛錫象牙翠毛孔雀洋布蘇木降香沉束諸香燕窩海菜藤自東埔寨大山繞至西南爲暹羅由暹羅沿山海而南爲斜仔六坤大哖丁噶㖊彭亨山聯中國生向正南至此而止又沿海繞山之背過西與彭亨隔山而背坐爲柔佛由柔佛而西爲麻喇甲卽丁噶㖊之後山也由麻喇甲而西出雲南天竹諸國之西南爲小西洋戈什嗟暹羅沿山海至柔佛諸國者皆有王均受於暹羅國所轄古分羅暹二國後合爲暹羅國俗崇佛王衣文彩佛像肉貼飛金用金皿陸乘象亭象輦舟駕龍鳳分官屬曰招誇以裸體跣足俯腰蹲踞見尊貴不衣褌而圍水幔尊敬中國理國政掌財賦城郭軒豁沿溪樓閣羣居水多鱷魚從海口至國城溪長二千四百里水深潤容洋舶隨流出入通黃河支流夾岸大樹茂林猿猴采雀上下呼鳴番村錯落田疇饒廣農時

闔家棹舟耕種事畢而回無俟鋤芸穀熟仍棹收穫而歸粟蒿長二丈許以爲入貢土物因播秧畢而黄河水至苗隨水以長水尺苗尺水丈苗丈無澇傷之患水退而稻熟矣幹河入中國勢猛而急支河入西域歸東埔寨暹羅以出海勢散而緩田疇藉以肥饒故產米之國石可三星俗語捕鹿枝頭牽牛上樓葢鹿爲水漂没擱息於樹梢溪屋爲水注浸引牛於樓人有被虎噉鱷吞者告於番僧僧呪拘而虎自至呪攎綿紗於水而鱷自縛剖而視之形骸猶存有受蠱者向僧求呪則解是以俗重佛教富者卒後葬以挖卽釋氏塔也又有一種男女名謂尸羅蠻與人無異但目無瞳子人娶之亦生男女夜眠魂變爲貍狗率類向

水厠嗜食糞穢將明附魄若熟睡翻覆其身魂不得附歸女爲經紀人戲以酸柑擠汁噀之眼淚長流而不可恐人染痢者若不洗滌夜爲尸羅蠻舐食化作小物入穀道而食腸腹故居暹之人以近水搭廁便於淨滌又有一種共人共者呪法名也刀刃不能傷王養以爲兵衛犯事應刑令番僧以呪勸化之使其自退共法方與受刑國多祟魔相傳三寶到暹羅時番人稀少鬼祟更多與三寶鬬法勝許居住一夜各成寺塔將明而三寶之寺未及覆瓦覩鬼之塔已成引風以側之用頭巾頂插花代瓦幔覆今其塔尚側三寶寺殿今朽爛樓繩猶存於屋瓦洋艘於篷頂桅上加一布帆以提弔船身輕快爲頭巾頂又於篷頭之傍

加一布帆以乘風力船無欹側而加快爲插花番病每向三寶求藥無以濟施藥投之溪令其水浴至今番唐人尙以浴溪澆水爲治病外洋諸番以漢人呼唐人因唐時始通故也番俗死後焚而後葬爲消除罪孽又一種生前發願死後恬問飼鳥飼魚者恬問卽捨身也恬問鳥揳之山石之上羣鳥翱翔畢集然後內一鳥紅嘴足先下而啄羣鳥集下頃刻僅存髏骨收而埋之恬問魚焚化存灰和麪作塊投之溪亦有先飼鳥後飼魚兩者皆兼之矣國造巨艦載萬餘石求桅木於深山大樹先以呪語告求允許方敢下斧不則樹出鮮血動手者立亡用牛挽輦沿途番戲以悅之呪語以勸之少有不順則拔木而自回舊地挽至

廠所其靈方息產銀鉛錫洋布沉束象牙犀角烏木蘇木氷片降香翠毛牛角鹿筋藤席佳文席藤黃大楓子豆蔻燕窩海參海菜以銀豆爲幣大者重四錢中者一錢次者五分小者二分五釐其名曰潑皆王鑄字號法不得剪碎零用找以海螺巴廈門至暹羅水程過七州洋見外羅山向南見玳瑁洲鴨洲見崑崙偏西見大眞嶼小眞嶼轉西北取筆架山向北至暹羅港口竹嶼一百八十八更入港又四十更共水程二百二十八更而東聯東埔寨僅水程一百十二更何以相去甚遠蓋東埔寨南面之海一片盡屬爛泥故名爛泥尾下接大橫山小橫山是以紆迴外繞而途遠也由暹羅而南斜仔六坤宋腳皆爲暹羅屬國大

哖吉連舟丁噶呶彭亨諸國沿山相續俱由小眞嶼向西分往水程均一百五六十更不等土產鉛錫翠毛佳文蓆燕窩海參科藤氷片等類相同惟丁噶呶胡椒甲於諸番爲美番皆無來由族類不識義禮裸體挾刃下圍幅幔檳榔夾烟嚼穀米和水吞貿易難容多艘而柔佛一國山雖聯於彭亨其勢在下水程應到崑崙用未針取茶盤轉西至柔佛計廈門水程一百七十三更番情與上諸國相似而所產相同較之各美而倍多年經商可容三四船就舟交易產沙金國以鑄花小金錢爲幣重四五分銀幣不行由柔佛而西麻喇甲亦係無來由族類官屬名曰惡耶國王彷暹羅用漢人理國事掌財賦產金銀西洋布犀角象

牙鉛錫胡椒降香蘇木燕窩翠毛佳文蓆等類金錢銀䥊
皆互用往西海洋中國洋艘從未經歷到此而止廈門水
程二百六十更至於小西洋烏鬼國大西洋雖與大塊相
聯西洋呷板來往語具大小西洋記麻喇甲南隔海對峙
大山爲亞齊係紅毛人分駐凡紅毛呷板往小西洋等處
埔頭貿易必由亞齊經過添備水米自亞齊大山生繞過
東南爲萬古屢盡處與噶喇巴隔洋對峙紅毛回大西洋
者必從此洋出然後向西南過烏鬼呷繞西至大西洋就
中國往噶喇吧而言必從崑崙茶盤純用未針西循萬古
屢山而至噶喇吧廈門計水程二百八十更原係無來由
地方爲紅毛荷蘭所據分官屬名曰呷必丹外統下港萬

丹池問三處下港產胡椒萬丹另埔頭池問產胡椒檀香
而噶喇吧甲諸島番埔頭之盛各處船隻聚集貿易中國
大西洋小西洋白頭烏鬼無來由島番馨珍寶物食無所
不至荷蘭建城池分埔頭中國人在彼經商耕種者甚多
年給丁　銀五六金方許居住中國人口浩盛住此地何
啻十餘　近荷蘭亦以新塘禁革不許居住令隨船而回
茶盤　居崑崙之南毗於萬古屢山之東皆南洋總路
水程　處島番捕海爲生產佳文草頂細而長者年僅
足二　用入王家辟蟲蟻值價四五十金次者二三十
金而　者值一二金者猶錦繡布褐之相去也
小　西洋居於丙午丁未方從麻喇甲暹羅繞西

沿山而至於白頭番國人即西域之狀綣鬚環耳衣西洋
布大領小袖纏腰裹白頭故以白頭呼之國有二東爲小
白頭西爲包社大白頭二國北接三馬爾丹即噶爾丹之
本國也而三馬爾丹之北鄰細密里也國而細密里也之
西爲俄羅斯國小白頭東鄰民呀國民呀人黑穿着皆白
類似白頭英圭黎荷蘭佛蘭西聚此貿易民呀之東接天
竹佛國民呀之東南達及暹羅民呀之南臨海民呀之北
接哪嗎西藏及三馬爾丹國屬而小白頭南入於海之地
曰戈什嗒東西南三面皆臨大海外懸一島曰西崙中產
大珠戈什嗒東之沿海地名有三曰網礁臘係英圭黎埔
頭曰房低者里係佛蘭西埔頭曰呢顏八達係荷蘭埔頭

西之沿海地名有二曰蘇喇曰網買皆英圭黎埔頭其地
俱係紅毛置買所建也　包社大白頭國東鄰小白頭北
與小白頭皆聯三馬爾丹西北梳裏海西鄰東多爾其西
南鄰阿黎米也南臨大海　多爾其分東西二國皆回回
東多爾其國不通海東鄰大白頭東北傍裏海北接惹鹿
惹也西鄰西多爾其南接阿黎米也　裏海者諸國環而
繞之東北細密里也西北俄羅斯東三馬爾丹西惹鹿惹
也西南東多爾其南包社大白頭內注大海不通海棹其
水惟從包社出海故爲裏海　惹鹿惹也一國亦不通海
東傍裏海西傍死海北聯俄羅斯南接東西多爾其女人
姿色美而毛髮紅氣味臭衣着同白頭貢於包社　死海

者間黑海源從地中北俄羅斯南西多爾其東惹鹿惹也西氏吁呻四面環繞不通大海故爲死海而西多爾其民吁呻二國不通小西洋之海而濱於中海之東北中海係從大西洋之海而入語附大西洋記　阿黎米也東鄰包社大白頭北接東西多爾其西北濱於大西洋之中海西聯烏鬼國陸地一隅自西至西南與烏鬼之地隔對一海南臨大洋國爲多爾其所屬貢男女於多爾其爲奴婢烏鬼國東北山與阿黎米也相聯向西南生出坤申方大洋何啻四五國之遠其盡處曰呷卽中國支山入海盡處曰表表者標也佛蘭西曰呷英圭黎曰岅皆順毛烏鬼地方是以紅毛呷板從小西洋來中國者由亞齊之北麻喇

甲之南穿海過柔佛出茶盤而至崑崙自呷而東至戈什嗒自戈什嗒而東至亞齊其海皆呼曰小西洋人黑白不同皆西域裝束長衫大領小袖裹頭纏腰國富庶產寶器生銀洋布丁香肉果水安息吧喇沙末油蘇合油等類以金爲幣鑽石爲寶

大西洋記按紅毛等國居於西北辛戌乾方而烏鬼自坤申而繞極西至與西方皆烏鬼族類之國總而名之曰大西洋地缺東南乾艮坤三方博厚相均而於巽未缺少故外生東南斷續諸國尚未適均而又於噶喇吧萬古屢之東南另生一地以補東南之缺按天圓分度十二月日月方行到之度正當烏鬼地方之呷處日月行度呷巽相對因人蹟不到尚未立名曾詢之佛蘭西人云昔時伊國呷板曾到彼處地有土人語言不通執其數人而去伊國王載之歸此所以地面正四方於適均之處未均而又補之也是以西洋人誌四方洋名以東南缺處之海洋爲小東洋與戈什嗒少西之小西洋相對以日本之洋爲大東洋與紅毛大西洋相對　自烏鬼地方係順毛烏鬼北與小西洋阿黎米也之山相聯沿海生向西南坤申方而盡呷處方繞向西北與閭年烏鬼王國爲界又於呷之東面懸海大山係嗎里呀氏簡烏鬼一國間有舟楫通粵東自閭年又向西北復繞出極西西方一帶皆閭年綣毛烏鬼地方又自西復往西北與蘇麻勿里烏鬼爲界中又一國亦

名烏鬼國王西面皆沿海接聯北面一帶陸地俱聯蘇麻勿里東與接聯阿黎米也之順毛烏鬼爲界周圍皆屬烏鬼地方種類繁多肌骨皆黑生相不一地方廣濶難以枚舉沿海亦有通舟楫貿易者各國以爭鬭擄掠爲事所掠人口活者俟紅毛經過售買爲奴死者類牲畜剖塊晒乾爲食蘇麻勿里亦係烏鬼西臨大洋北鄰彌黎呂黎惹林二國南北相聯人口稀少山林深密多產奇狀野獸彌黎呂黎惹林西臨大洋北一帶與猫喇猫里也毗聯猫喇猫里也乃回回族類多爲海賊在中海西海刼掠西臨大洋北一帶與紅毛隔中海對峙海從西入東自隔海之西北而東沿中海有葡萄牙是班呀佛蘭西那嗎民吁呻西多

爾其而盡中海之東處阿黎米也由阿黎米也而向西直出至西洋皆猫喇猫里也中海沿邊之地南北東諸國二面夾繞惟西通外海是爲中海海産珊瑚西洋人來中國者謂中海阿黎米也之地西聯烏鬼陸地處恨不能用刀截斷即於中海可通阿黎米也內海而出小西洋戈什嗒至亞齊出茶盤何用繞極西極西南極東南而至噶喇吧北上茶盤遠近相去年餘之遠也　葡萄牙者澳門之祖家也東北二面地鄰是班呀西臨大洋南俯中海　是班呀者呂宋之祖家也西北臨大洋東南俯中海西鄰葡萄牙東北接佛蘭西　佛蘭西者西臨大洋北接荷蘭南鄰是班呀東接那嗎東南俯中海由中海之東接聯那嗎

那嗎者天主國王處也北接黃旗東沿中海而至民哖呻由民哖呻沿東南中海而至西多爾其由西多爾其東沿中海至阿黎米也由阿黎米也向西沿中海之南猫喇猫里也之地而出西洋就民哖呻之陸地東至死海北聯那嗎民哖呻者天主之族類也此從中海東北之地而言

荷蘭者噶喇吧之祖家也西鄰佛蘭西沿佛蘭西而至西北皆臨大海北面隔海對峙英圭黎東鄰黃旗南接那嗎由荷蘭北海而至黃旗　黃旗者均係紅毛種類素未通中國近有舟楫來粵營生南接那嗎民哖呻東鄰普魯社爲界普魯社係俄羅斯種類也北接吝因西隔海與英圭黎對峙沿北海而至吝因　吝因者西北海之國亦係紅毛種類素未通中國西南隔海與英圭黎對峙　英圭黎一國懸三島於吝因黃旗荷蘭佛蘭西四國之外海自吝因沿海而東繞俄羅斯自俄羅斯而東至細密里也皆爲北海不能行舟海氷不解故爲氷海自吝因而南至烏鬼諸國皆爲大西洋紅毛者西北諸番之總名淨鬚髮披帶赭毛帶青毡卷笠短衣袖緊襪而皮履高後底畧與俄羅斯至京師者相似高準碧眸間有與中國人相似者身長而心細巧凡製作皆堅緻巧思精於火礮究勘天文地理俗無納妾各國語言各別以摘帽爲禮而尊天主者惟千係臘是班牙葡萄呀黃旗爲最而辟之者惟英圭黎一國産生銀哆囉哞羽毛緞嗶吱玻璃等類

海國紀聞　祿賴爲廣南地在廣東新州西南海

本底國在安南西南山川相連而自爲一國其境甚小古名占城又名勘明其人膚色較安南稍黑語音亦少異土産箭翎班魚脯米價甚平

暹羅國在本底西雲南之外界也與本底地亦相接而陸路不通國甚富厚無刼掠盜竊者男女俱赤上身男以方幅布圍下體女則以裙官則上身披衣製似中國雨衣以色辨貴賤紅者爲上民居皆板屋王居則蓋以瓦臨水爲之無城郭土人多力農商賈多中國人其釀酒販鴉片及業賭三者榷稅最重上佛教寺僧晨起披袈裟托鉢行每至一家必以精飯一器及肴蔬跪拜獻之

僧置諸鉢滿則回寺奉佛乃三分食之一僧衆一鳥雀一蟲鼠也終歲如是僧無自舉火者出家爲僧土人謂之學禮富貴子弟亦多爲之弱冠後聽其還俗然頗知重文雅尊中國人閩客有能詩文國王必延請隆其飲食國有軍旅取兵於民一月之内民自携糗糧越月則王家饋發土產象熊犀角鹿（無角）山馬（形如鹿而大角亦如之）翡翠孔雀蘇木檳榔胡椒豆蔻砂仁花生油白糖鉠錫

宋卡國（即宋腳國）在暹羅南稍東疆域可百餘里其人皆無黎由人留鬚止留下頷俗近回回不食猪肉出入常帶短刀衣偏袒婦人穿衣褲男則穿短褲亦上身有事則以布丈餘縫兩頭掛於右肩名曰沙郎國王傳位必嫡室

子庶子雖傳位不得立嫁娶則男女各少割其私處死無棺槨葬椰樹下以濕爲美不封土不墓祭人民稀少山多古木每歲入貢暹羅民情亦相類閩人貿易者甚多亦時有船來廣州土產象犀胡椒檳榔椰子沉香速香降香番鉠

大哖國亦名阿羅帥在宋卡東南亦小國人民稀少而性克惡產金歲以三十金貢暹羅

咭嘣吲國在大哖東南國亦小而產金粤人在彼淘金者甚多產金之地有呀勞頂如鈎古靠麻黎諸名亦歲以三十金貢暹羅

丁機宜國又名打鼓巖在咭嘣吲東南國稍强其王常養象歲納貢於暹羅安南咖喇吧荷蘭諸國所產油魚鮑魚螺頭（做鮑片者）紫菜胡椒檳榔沙藤氷片閩粤人多往貿易者

彭亨國在丁機宜南國亦小納貢暹羅產金最佳粤人多往淘金者

舊柔佛在彭亨之後本柔佛國都後徙而墟其地嘉慶二十四年紅毛新開之地可數百里土人本無黎由種類山路崎嶇樹木叢雜民情兇惡所產檳榔膏紫菜藤貿易者潮州人爲多

麻六甲即滿喇加在舊柔佛西稍北其後亦與彭亨相連土產金錫氷片大藤沙穀米檳榔胡椒燕窩閩粤在此

貿易者三四千人今爲荷蘭所轄

沙曜俄國亦曰沙鏄我在麻六甲西北道經紅毛淺船行往來甚艱此國即在淺内其後與丁機宜咭嘣吲相連人居稍稠而性兇惡山中別有一種山番名獠子每採寄膽藤沈速諸香犀角山馬鹿脯虎皮等物出與土人交易俱鑽木取火閩粤人亦有在此貿易者

新埠在沙羅俄北大海中獨峙一山周百餘里不與諸國相連紅毛於乾隆四十八九年間新開土人是無黎由種類甚少閩粤人在彼種胡椒者不下萬人紅毛在此者二三萬人有叙跛番兵千餘人守之土人則從無黎由紅毛則從紅毛每歲釀酒賣鴉片及業賭者納餉十

餘萬與紅毛宰猪者亦有餉

吉德國亦名格達打在新埠西北與宋卡地相連民人稀少米價甚平閩粵人間有往貿易者自宋卡至此皆無黎由種類性多兇惡出入帶短刀以花鋑爲之約長六七寸鑲以金以海馬牙爲柄刀末有花紋者持以相鬭頭有花紋者則佩之以爲吉利

烏土國在暹羅蓬牙西北疆域較暹羅稍大多大山王所居曰盎盡有城郭衣服大畧與暹羅同男女俱椎髻婚嫁或男家送入女家或女家送入男家交拜成親死則聚親朋哭之瘞於山不封不樹民情長厚居多板屋無賊盜夜不閉戶亦無鬭毆法度亦寬有過惡者罰之或拘圄旬日亦無鞭朴之刑自雲南至此沿海皆有鱷魚有食人者請僧說法念咒以鉤鉤之則吞鉤而出其形如壁虎未食人者不可鉤土產銀玉石寶石犀角紫𥑮（番人以代印信）泥油（取之土中止可點燈）燕窩兒茶

徹裏耕在烏土大山之北近數十年紅毛所開

明雅鋪在徹裏耕西對海海口名噶支里海口甚濶水濁而淺船至此先放炮使土人聞之以小船爲道方能進口若四月至八月卽不能緣彼時風雨多故也進海口有礮臺行二日到交牙礮臺又行三日到姑哩噶打則明雅鋪都會也洋商貿易俱在於此其地周圍四千里紅毛所轄也土人有三四種有明雅里有夏吧有巴覽

美明雅里最多而巴覽美頗富厚明雅里則食牛肉不食猪肉夏哩則食猪肉不食牛肉巴覽美則猪牛俱不食娶妻皆童養夫死婦不再嫁薙髮而居然各種不相爲婚男皆胸前葢小印數處額上畫紋或圈女皆穿鼻帶環巴覽美種死則土瘞餘皆棄於水有年老死者子孫親戚送至水旁聚哭各以手撫其屍復舉手向口咶之以示親愛撫畢則舉而棄諸水急趨而回以先到家者爲吉利明雅里富人有火化者夫死妻或殉之火化時積柴而置屍其上乃縱火婦盡携其首飾繞行而哭親戚亦隨之哭乃取首飾分贈所愛見屍形已變則隨跳入火衆皆稱羨不置歲三四月羣聚賽神於廟門外植大木復以一木竅其中而橫貫之爲機使可旋轉兩端一繫繩一繫鉤數人赤身以尺布圍下體手縮竹筐實以時菓架木卽正則以鉤鉤其人之背筋而懸之展手足如飛鳥觀者推橫木疾轉其人則取果撒地羣爭拾之果盡則易一人如前拾得果者歸以奉尊長以爲天神所賜云俗亦不用銀錢以小螺壳有文彩者爲貨貝凡買物皆用之土人名狗哩紅毛居此者萬餘人有聚跛兵五六萬人卽明雅里土人也粵人貿易亦三四百人自此以北地氣稍寒可御單袷土番多赤身以數寸寬幅布圍其腰又自臍下繞至後以掩下體男女皆如此有事則長衣窄袖長至地而縮之其纏頭白布長

二丈身多擦油以牛糞汵屋土產牛黄棉花白糖烟硝
鴉片
曼打拉沙在噶支里海口西南亦紅毛所轄也土番名雷那哩其至廣州貿易帶三角帽者是阿哩敏番資本甚厚地平坦無山所居有城郭紅毛兵二三萬人守西北陸行十三四日有嘵包斧王其地與西南諸番內地皆相近嘵包斧者華言會大也皆回回種類國名甚多大者不過數百里中國亦時往貿易土產珊瑚珍珠鑽石棉花訶子乳香末葯魚翅白糖鴉片金邊洋布（價有至八十番銀一疋者極細緻大西洋各國皆用之）
笨枝哩在曼打拉沙西南佛朗機所轄

宜姑入釘國在笨枝哩西嶺之界耀鴉種類二國俱小其內地俱爲嘵包斧風俗土產與明雅里畧同
西嶺在笨枝哩西北又名咕嚕慕土番名高車子荷蘭所轄其內爲奶努王國地小民貧產海參魚翅棉花蘇合油西嶺石可爲指彄
打冷莽柯國在西嶺西北疆域甚小民情淳厚土產亦稀有嘉斧者西洋人多在此貿易
阿英假在嘉斧西北紅毛所轄產番舡纜棉花燕窩椰子
固貞在阿英假西北荷蘭所轄產乳香末葯棉花舡纜椰子蘇合油
隔遲骨底國在固貞西北馬英在隔歷骨底西北佛朗機所轄
打拉者在馬英西北紅毛所轄以上四國皆小其國後有宴打泥假王國係回回其地綿亘四國後諸國貨物多歸固貞發售風俗物產大畧相同
馬剌塔國在打拉者西北回回類也地稍大沿海數千里風俗類回回產棉花胡椒魚翅鴉片
小西洋在馬剌塔西北又名呡喇喇土番名盈丟疆域數百里大西洋所轄也其俗祀蛇爲神所畫蛇有人面九首者每歲五月男女俱浴於河女將起時必延僧至水濵兩手掬水洗其足僧卽念咒以指擦其額然後穿衣又有蘇肚魯察裏多古魯米者俱望蘇羅國人俗與盈

丟畧同惟不浴故稍黑耳其入西洋教者西洋人取以爲兵其至大西洋有陸路可通有太醫開其妻死遣土番送書回祖家請在家支半俸養兒女故知之也第不知其取道之詳土產禮香魚翅鮑魚象牙（有八九人指一牙者）
蠓棱羅國（卽望娑羅）在小西洋北山中周圍數百里以竹爲城
麻倫爾國在望棱羅北近海疆域亦數百里二國俱與馬剌塔地前後相連風俗物產俱與小西洋畧同貨物亦歸小西洋發售
盎機里國在麻倫爾之北稍西地亦數百里產洋葱碼磁棉花鴉片
網買卽唑眉在盎機里北稍西土番名叺使是紅毛市鎮

有城郭與盎機里國後俱爲嘵包斧地頗廣大人稍白
亦富厚性淳良鄰近馬剌搭盎機里嘵包斧喞肚諸國
貨物至此發售紅毛有數千人居焉產碼瑙葱須棉花
乳香末葯魚膏魚翅鴉片
蘇拉在網買北紅毛所轄
膽坑在蘇拉北西洋所轄
喞肚國在膽坑北疆域頗廣風俗物產與盎機里諸國畧
同土人多以大白布纏頭來中國貿易者皆附紅毛船
不自發船也自戛打拉沙至此土番多不食豬牛羊惟
食鷄鴨魚蝦男女皆帶耳環　自明雅鏬至此西洋人
謂之哥何塔哦聞自喞肚以西萬里俱旱口甚淺不能

通船惟陸路可通其內土番爲金銀回回疆域甚大不
與他國往來又聞自此陸行回明雅鏬須經中國地
新柔佛在舊柔佛南對海周圍數百里自占一山土番無
黎由種類性兇惡多盜賊產檳榔膏藤
柳裏國又名廖里由在柔佛西北地亦數百里與柔佛不
連土人頗盛潮人多在此貿易者
錫裏國在柳裏西北地亦相連產魚脯凡無黎由番俱產
連香鷄骨香檳榔椰子
大亞齊國在錫裏西北地相連產金冰片藤香
小亞齊國一名孫枝在大亞齊南地相連產亦不異
蘇蘇國在小亞齊南地相連

八打國在蘇蘇南地相連
彝姑盧國在八釘東南地相連沿海之地近爲紅毛所奪
王徙居山內紅毛兵數百人守之
舊港國即三佛齊在彝姑盧東地相連有網巾山甚大華
人貿易者多居網巾山下有文都上蘆寮下蘆寮新港
等處其南有小山名空殼檳榔又有山名朱麻裏皆產
錫閩粵人採錫者甚多山西有小港港西爲王所居民
人數萬性兇惡多盜賊
龍牙國在舊港北地相連產大木可爲船桅中國船多往
取用自柳裏至龍牙九國共一島俱無黎由番惟大小
亞齊蘇蘇民情稍厚餘俱兇暴各國俱產黑燕窩

也屎國在蘇蘇八釘二國西對海孤島也人形似中國而
小常擄掠販賣懼礮火食沙穀米和香蕉煎而啖之少
食五穀
尼姑巴拉在亞齊西北孤島也土番皆野人頗淳厚閩人
在吉德貿易者每同吉德番到此採海參其人不食米
穀惟食椰子熟魚產龍涎香其北有人頭馬面山皆人
身而馬首能食人洋船不敢近望之但見屯雲天氣晴
朗常見山頂有火焰
咖喇吧在舊港南無黎由種也天山縱橫二百餘里有城
郭風尙奢靡出入乘馬車性兇惡法嚴峻中國人毆荷
蘭番者斬手戲其婦女者絞荷蘭番在此者三四千人

另有烏番兵二三千烏番兵俱奉天主教死則葬於廟荷蘭死則葬於墳圍土番則從無黎由教四方貨物皆集此貿易閩粵人居此者二三萬人土產花生白糖丁香酒噠子蔴燕窩　由咖喇吧南口向正南行過三洲洋三日即到咖喇吧頭次山山上有中國人土地祠過此山約二十里到海次山海中特峙小山一爲粵人木工所居多用風鋸一爲瘋人所居一爲罪人絞死之地呼爲弔人山其餘俱爲積貨之地過此則爲咖喇吧大山

萬丹國在咖喇吧南南望海中有火焰山山巓常有火焰夏日火甚瓦屋皆生烟疆域甚小土人無黎由種類俱

穴處食生魚外國人誤到者多爲所食常有西洋船到此土人圍而殺之脫者十餘人耳產佳紋席珠

尖筆蘭國在地盤山東北有一山獨峙其後即七洲洋石塘船往咖喇吧者由地盤正南行路遇沙坦少淺須挺東行亦望見此山疆域甚小土人無黎由種產檳榔椰子

古打國又名三劃在尖筆蘭東南周圍數百里多盜賊粵閩人在此貿易者所居名七工司居者近萬人產金香藤

坤甸國在古打南稍東地亦相連其王頗賢禁民爲盜風氣淳厚無行刼外船者山中有山番名狸子能織藤席喜殺外人得其首歸懸諸門以多爲貴古打文來蘇祿麻六甲渤我等國皆有之產金藤閩粵人在此淘金採藤耕田者幾二萬人

巴沙國在坤甸東南地相連風俗亦同多鱷魚常食人有粵人羅姓者以韓文公祭鱷魚文投之竟出此國建於坤甸之先今坤甸強而此國日弱矣出此入內山即金山頂華人往坤甸採金者船多泊此

新釘國　卸岸國　烏鹿國　喇喇國　此四國產金及鑽石與坤甸古打相連在二國山內

燕賴國在坤甸南稍東

馬神國在燕賴國稍東俱產金藤蓆氷片佳紋席馬神有

獸似狼見人則自掩其面或以沙自擁

冀里國在馬神東南地甚小荷蘭所轄在此者數千人

三巴朗在馬神南稍東地稍大亦富厚諸處貨物多在此貿易荷蘭所轄閩人在此亦衆多瓦屋產沉香蠟海參燕窩藤　自尖筆蘭至此皆無黎由種

麻黎國在三巴郎東南土番名耀鴉與無黎由別疆域稍大王即耀鴉王住山內人多貧而勤儉淳厚男女皆短衣緊以繩無褲圍以布女則寬幅貫乎頂女人髻盤於左喜花穿以線而懸諸頂葬無棺（凡番皆無棺惟紅毛諸國有棺）無廟祭娶妻皆童養夫死不再嫁年二十五以內夫雖死仍衣彩至二十五歲乃薙髮二十五歲以後夫死即薙髮

以布蒙其頭不衣彩犯淫者衆引至廟中戒諭之以水
洒其面謂之洗罪歲一迎神舉國皆出以紙爲儀仗送
至水邊盡棄之急趨而散俗與朋雅里多相類華人亦
間有至者產珍珠沉香胡椒燕窩藤海參魚翅
莽咖撒國在麻黎東南俗亦相類與麻黎俱用中國錢歷
代錢文皆有之
細利至在莽咖撒東南緣海土番皆無黎由種山內名栯
數奇皆耀鴉亦荷蘭所轄而國人在此者甚少貨物皆
付咖喇吧發售
耀鴉國又名白字旗在細利至東南自此更東南海中多
亂山或數十里或數百里所居皆無黎由種耀鴉之種

又有一種名撫桔子多爲盜賊行劫外商華人罕往者
故不能盡知也　自古打至此陸地皆相連
俺悶國在耀鴉東南亂山之一也在火焰山東南亦無黎
由種荷馴良服荷蘭沿海皆荷蘭番鎮守產豆蔻丁香
物貨皆赴咖喇吧發賣
俺門亦亂山之一在俺悶東南土產風俗亦相類近爲紅
毛所轄
地問山在俺門東南土番即名地問海中大山也周數千
里山中有國王六其名未悉風俗淳厚氣候甚熱男女
俱不衣褌惟以幅布圍腰多食包粟少種稻者其西南
沿海之地爲地問西洋所轄有兵數百守之產檀香蠟
蜂蜜蕉子大如牛角蔗色紅大如臂貿易亦赴咖喇吧
故邦即地問山之東北荷蘭所轄亦有兵數百守之
文來國即汶萊國在地問之北此國甚長中多亂山少居
人地與莽咖撒相連陸行西南七日可達產水片燕窩
胡椒藤貨物多赴坤甸馬神售易
蘇祿國在文來西北即坤甸馬神國之後陸路俱可通風
俗土產與文來同皆無黎由種
小呂宋又名蠻哩喇在蘇祿西北即古打尖筆闌之後然
陸路不能通其地周圍半月程土番名英綉思兗惡好
鬭大呂宋所轄有兵萬餘守之有市集曰古餘鹿頗大
距其都可五六日東北海中有山曰椰黎人類中國土

產烏木蘇木海參亦產米
猫裏字在地問西北是海島周圍數百里無土人佛郎機
及所買烏鬼居之由此向北稍西行謂之過峽天氣寒
冷六月有霜與猫裏字氣候迥異行半月餘始盡過此
即復炎熱矣產黃牛大烏卵如碗大
峽山在猫裏字西北亦海島荷蘭所轄凡西洋船經此遇
大東南風則泊西北大西北風則泊東南始保無虞風
浪最大盛夏有霜亦無土人惟荷蘭及鬼奴居之
散低里在峽山西北亦海島周圍百餘里紅毛船往來爲
泊船取水之地有兵守之
大西洋國又名布魯機市在散低里正北海口有交牙磯

臺列大礮四五百架兵二千守之無城郭有大市集七處如中國七府進港行半日到頂濟禽亞國王所居又行數日爲金吧喇凡來中國入欽天監及澳門大和易者皆居此又進爲禽達又進爲維酒又有味嚕呵喇賈非渣卑俱有兵鎮守無城郭土番色白好潔所居必樓器皿極精巧色尚白墻屋皆以灰塗之女亦以白者爲貴男子上衣短彩僅及腰褌極窄令貼肉有事則加一衣前短後長如蟬翅女上衣亦短不褌惟以裙圍之多者八九重出必以寛幅長巾披其首富貴者更以黑紗掩其面紗極細緻望之如烟（價有值二十金者）皆徽露其胸手多弄串珠富者以珍珠鑽石爲之自國王至庶民無二妻妻死則可再娶夫死亦可再嫁父母以女不嫁爲耻至竭家貲以供之男之有婦無婦不計也擇婦者亦必計其粧資足其欲而後婚之奉天主教所在立廟每七日男女必入廟禮拜婚時男女俱至廟聽和尚說法然後同歸死則瘞於廟中瘞久者則掘棄其骸骨而瘞新死者於其處生死皆告於廟僧爲記其世次然其家三代以後亦不復知其祖矣王立不改元以所奉教主紀其年以冬至後七日爲歲始合計其日數而分十二月月有三十一日者冬至後五十餘日國中俱不肉食謂之食齋四十九日乃止將止三日婦女徧拜各廟謂之尋祖先三日後廟僧將所藏木雕教主像或置廟隅或

置路旁見者徧告則以爲尋獲次日番僧及軍民人等迎置别廟凡大和尚出衣甚長大前後左右四僧各牽其一角上爲布帳擎以竿富者各執一竿大和尚手執圓鏡中有十字見者皆跪俗頗重利富豪之家其兄弟叔伯不敢入其室不敢與共席而食婦女犯淫即請僧懺悔僧坐小龍旁開窻婦女跪訴之僧爲說法謂之解罪若其僧以轉告他人則絞殺之童僕有犯恐家主罪之者但求之僧僧許爲解罪以一字告其主主雖怒不敢罪也凡出商之船還至海口必綑閘之有生瘡者即不令進俟瘡已平愈乃聽入氣候寒冷多種麥無稻料皆用馬薺珊瑚紫魚蒲桃酒鼻烟多羅絨羽毛嗶嘰

大呂宋國亦名意氏班牙在大西洋北稍西疆域大於西洋民情兇悍亦奉天主教凡行用中國之銀錢皆其國所鑄他國不敢也

佛郎機國在大呂宋北三國疆土相連而佛郎機最大沿海行四十餘日始出境所用錢或三角或四方中俱十字文人性巧而浮亦奉天主教酒極佳磨麪皆用風磨所造時辰表最佳

荷蘭國在佛郎機西北不奉天主教（初亦奉之後以其僧滋事遂絶其教）亦有廟宇七日禮拜亦同死則瘞於墳園亦無二妻國王近絶嗣國中不立主以四臣理國事有死者則升其次如中國之資格不世襲亦以天主紀年風俗淫亂國中

用劍錢亦有用紙鈔者羽緞玻璃較各國爲佳産呀蘭
米（染呀藍色者）
盈男你是國在荷蘭西稍小風俗畧同
阿里披華國在盈男你是西北國亦小人頗富豪男所衣
較西洋稍長女以巾裹頭逓下領包之頭戴一圈平頂
押以花額圍珠翠地與佛郎機相迪俗亦畧同
如仙國在阿里披華北亦小國風俗亦同
逓古國在西洋呂宋佛郎機之後海口在如仙之北回回
種類地甚大人民衆不與諸國往來奉回教衣大袖衣
裹頭衣皮
淫跛韃國與盈蘭你是相連

雙鷹國又名帶韃在迭古海口西北來中國船白旗畫一
雀二頭者是
單鷹國在雙鷹西北來中國船白旗畫一鷹者是二國爲
兄弟之國患難相救恤俱奉天主教地與盈跛韃相連
那嗎在如仙盈蘭你是阿里披華雙鷹單鷹諸國之中有
一廟香火甚盛爲西洋呂宋佛郎機如仙淫跛韃雙鷹
單鷹七國所奉祀盈蘭你是阿里披華二國雖相近不
奉此教
普魯社亦名捕魯寫又名馬錫哥此在單鷹北地相連國
稍大奉回教
馬西噶比國亦名馬西吾畢即俄羅斯在普魯社東北

自阿里披華至此天氣益寒男女皆穿皮衣如斗篷狀
夜臥則以當被
紅毛番即英吉利在佛郎機西對海海中特峙一山周圍
四千餘里而人民稀少年十四以上則供役六十以上
始退民富豪多娼妓屋皆重樓尤嗜利貿易遍海內以
明雅鋍岐打拉沙爲外府國雖小而勝兵十餘萬鄰國
多畏之所産與西洋諸國畧同其海口市鎮名嬾倫第
二海口名論倫有四十五日程
衮亦古國在紅毛西稍北俗與紅毛同而稍淳厚來中國
船藍旗畫白十字者是
盈黎馬祿假國又名嗹一名但國在衮亦古西北共一海

島俗亦同今黃旗船是
洋裏幹國即咪唎嘡在紅毛西海中孤島也初爲紅毛所
分今自爲一國俗與紅毛同今花旗船是有大船産鼻
烟洋參（肉紅色）
亞烟裏隔國亦名阿洋裏隔在峽山正西土番是順毛烏
鬼有一大山名沿爾路大於西洋近西洋王移居於此
舊居是太子監國由沿爾路又西行十日爲埋衣耶亦
西洋所轄又西行十日至一地名彼姑達里近爲紅毛
所奪地産銅蔗酒白糖其餘國亦多爲呂宋荷蘭佛郎
機所占氣候炎熱人性淳良其人脚常生虫雖穿鞋襪
不止虫形如狗虱須長洗挑乞方可多食樹粉如木屑

狀產五穀鑽金石
烏鬼國在猫裏字正西其地極大不知所極闊大小有百餘國統名麻沙壘記人色如鐵髮卷如珍珠皮產五穀象牙犀角海馬牙橙西瓜有生哪哪加補吾葦地三處俱爲西洋所占已經開墾
耶利在臺灣南小呂宋所轄
日本國　琉球國　朝鮮國皆在東北洋
呱夫國　呱希國　非支國　俺你梟・於你梟
蔦格是　娜葦把　阿島歪　以上八國統名猪肉山由臺灣正東行六七十日可到各據一島周圍各數百里土番形稍大性淳龐衣鳥羽有樹不知其名皮似布取

以圍下體可終日在水中氣候炎熱土產檀香有果不知其名形似柚而小熟時土人取之煨以火味如麵包產甘蔗海參珍珠猪甚賤西洋船過此取鐵釘四枝可換猪一頭重三四十斤無五穀牛馬鷄鴨不食鹽
開衣在猪肉山正北約三月程產海虎灰鼠狐狸及各種皮洋船到此必先放礮然後有土人駕小舟而至人甚少形似中國但食乾魚其地遍處是雪惟十四五數日可見月光餘俱不見星斗亦無光日行南方高止丈餘而日入仍有光惟戌亥二時黑暗餘時與日中無異自此再行二十餘日卽無人居聞更前進卽氷海也
努玉山　三里山　阿拉德鈑山　俱在東洋由臺灣正東行五萬餘里至此山中惟鳥獸無居人紅毛船時有至此收芝麻貂皮者過此則南針無準番船亦不敢行矣
按西南海國島夷以千百計卽帆檣所經豈能悉誌且譯音互異諸書記載不同謹就海錄圖紀大致如此
西洋各島至中國海道西番從歐邏巴各國起程約一年之內皆聚於邊海春發入大洋從福島之北過夏至線在赤道北二十三度半踰赤道而南此處北極已沒南極漸高又過冬至線在赤道南二十三度半越大浪山見南極高三十餘度又逆轉冬至線過黑人國老楞佐島夾界中又踰赤道至小西洋南印度卧亞城在赤道北十六度風

有順逆大率亦一年之內可抵小西洋至此則海中多島道險窄難行乃換中舶亦乘春月而行抵則意蘭經榜葛剌海從蘇門答蠟與滿剌加之中又經新加步峽迤北過占城暹羅界閱三年方抵廣州此從西達中國之路也若從東而來自以西把尼亞地中海過巴爾德峽至亞墨利加之界此亦有二道或從墨瓦蠟尼加峽出太平海或從新以西把尼亞界泊舟從陸路出孛露海過馬路古呂宋等島至大明海以達廣州然西人多從西而來不由東道其行海晝夜無停有山島可記者則指山島而行至大洋中常萬里無山島則用羅經以審方其審方之法全在海圖量取度數卽知行至某處去某處若干里故每船中有

歷師二人專掌窺測天文晝則測日夜則測星量取度數以識險易知道里海中夷險不同太平海極淺亘古至今無大風浪大西洋極深深十餘里從大西洋至大明海四十五度以南其風常有定候至四十五度以北風色便錯亂不常其尤異者在大明東南一隅常有異風倏忽更二十四向海舶任風飄蕩風水又各異道如前爲南風水必北行倏轉爲北風而水勢尚未趨南舟莫適從因至摧破小西洋海潮極高大又極迅急平地頃刻湧數百里海中大舶及魚龍之屬嘗乘潮湧入山中不可出歐邏巴新會蠟利未亞大浪山皆風浪險惡滿剌加海無風而浪又不全海皆然惟里許一處以次起滅海上雖多風獨利未亞

海近爲歷亞之地當赤道下者常苦無風又天氣酷熱舶如至此食物俱壞人易生疾海深不可下碇舶大不能用櫓海水暗流遇潮湧泊淺處則舶多破損北海則半年無日氣候極寒舶入氷海爲堅氷所阻必守至氷解方得去又苦氷山海中氷塊爲風所擊堆疊成山舶觸之卽爲虀粉赤道之下則終歲常熱食物水酒至此色味皆變過之卽復如常海色綠惟東西二紅海色淡紅故以名焉

国家出版基金項目
NATIONAL PUBLICATION FOUNDATION

海上絲綢之路文獻集成

總主編 陳支平 陳春聲

歷代史籍編 106

主編 范金民

海峽出版發行集團
THE STRAITS PUBLISHING & DISTRIBUTING GROUP
福建人民出版社

本册目次

海疆防緝各事宜不分卷

〔清〕佚名輯

《海疆防緝各事宜》不分卷，輯者不詳。是書彙録清嘉慶間浙江海防奏折，涉及造炮、查禁偷漏米石、稽查濟匪奸民、添派巡員及駐防把總、視事官員名單及防守配置情況等事，洵爲清中期浙江海防重要文獻。據中國國家圖書館藏清抄本影印。

海疆防緝各事宜

二冊

敬稟者、月前叩辭
憲範、仰蒙
鈞諭諄諄、以温中營鄭遊擊、成造劈山炮位、內發定標兵船九十門、去臘
攻盜、多有炸裂、據呈炮片、薄如屋瓦、其爲偷減工料無疑、
飭令確查稟覆。。履任後、正在查詢間、於五月二十五日、復奉
批示、以。。甫經到任、無所用其迴護、仰即親爲驗試籌稟、等因、奉此。。
遵赴炮局、查有未發石塘義勇戊字二百五十一號起至二百七十號、共二

十門、即行封貯、於二十八日黎明、親赴教場、眼同文武員弁、排齊炮位、

抽秤俱在一百二十二三觔不等、當將每門照例配藥五兩、安放鐵彈、驗

試十二門、俱無炸裂、並將奉發炮片、厚止二分、比對炮坤外包皮相符、

復驗炮身量厚六分有零、傳到成造匠人葉元魁等、逐一研究、亦無

偷減工料、草率趕造情弊、惟查賠造炮位、係本年二月初六日、奉到

憲諭、至今尚未開工、殊屬因循怠玩、詰之鄭遊擊、據云屢請

定海鎮開示共計炸裂若干門、及各門是何字號、以憑補造、迄今未據覆

到、即前奉

諭三鎮炮位全行挪遠賠造、亦未發回等語、。初膺外任、誠如

憲諭無所用其迴護、旬日以來、察看鄭遊擊居官行事、尚屬誠寔、此番成造

炮位辦理不善、上負

大人委任、寔屬咎無可辭、。再四思維、或因鐵質融煉未淨、或係兵船配乘過

多、致有炸裂、若祇以炮身厚薄輕重膛口圍圓尺寸比較試驗、與上屆沈張

兩遊擊成造之劈山炮、俱屬相符、。愚昧之見、三鎮應行挪遠炮位、查係

正月間奉
憲咨行，已經五月，各兵船南北搜捕，並未退還，可否仰祈
大人咨查三鎮，據覆聲覆，如温中營所造存營炮位尚堪配用，應請
格外施恩，免其全行賠造，至定海鎮已炸各炮，仍令鄭遊擊將數目字號，迅
即催查，到日，趕緊開工，務遵
嚴諭，總期工堅料實，以資緝捕之用，是否有當，伏候
訓示祇遵，緣奉

諭驗試籌禀、合將查辦各情形、據寔禀覆、恭請

崇安、統惟

慈鑒、○○○○ 謹禀、

嘉慶十四年五月三十日

浙江等處提刑按察使司、承宣布政使司、分巡寧紹台海防道、分巡杭嘉湖海防道、分巡溫處道為咨會事、嘉慶十四年九月十六日奉

巡撫部院蔣　牌開、嘉慶十四年九月初七日、准

江南河院吳　咨前事等因、到本部院、行司查照粘抄來文事理、即

將咨會覆

奏江蘇上海關禁以杜米石偷漏、並浙江海寧州之長安鎮地方亦係向

米偷販出洋之藪、近年亦未必竟能禁絕一摺、奉到

硃批

上諭緣由、即便會同臬司、移行海口員弁、暨海寧州嚴密稽查、如有奸
商串通胥役巡兵、透漏濟匪情弊、立即嚴拿究辦、守口員弁兵
役、倘敢得規縱放、並即一併參辦、仍將如何稽查之處、妥議詳奪、
并飭海寧州即行詳悉稟覆、毋違、計粘抄等因、奉經移行查辦
在案、又於嘉慶十四年十月十一日、奉
總督部堂方　札開、本年九月二十四日、准

江南河道部堂吳　咨本年八月二十四日奉

上諭穆　奏澍雨頻霑、田禾暢茂情形、及閲單開糧價、而淮安海州竟貴至四兩七八錢之多、該省本年雨水霑渥、收成不致歉薄、又未興辦大工、鄰省亦無客商販運、何以米價有增無減、幾與從前陝甘用兵時價值相同、顯係食米多出外洋、是以內地米少價昂、此皆鐵　汪在任時、因循玩忽、於海口透漏米石一事、不能嚴密斷絕所致、著阿蔣寔力整頓、認真查禁、正在降旨間、適據吳　覆奏查禁米石出洋一事、並

稱浙江海寧州之長安埧地方、亦係偷販出洋之數、未能盡絶等語、昨
因浙江米貴、已降旨諭令阮　嚴查接濟、所有江蘇各海口務當嚴密偵
訪、如有透漏情弊、即據寔条辦、將此傳諭知之、欽此、恭録咨會、查照
欽遵、等因到本部堂、承准此、查各省海氛未靖、屢奉
諭旨嚴拿透漏米石等項、不容稍有疎懈、所有浙江省寧波台州溫州
各口岸、業經
調任督部堂阿　會同

前任撫部院阮　定立章程、調派文武員弁、帶領兵役、在於各海口常川駐防、專拿接濟、邇年以來頗有成效、乃海寧州長安垻地方、係偷販米石出洋之數、該管地方文武、圖避處分、總未稟報、本部堂聞長安垻地方、係各處販米客商往來雲集之所、該處不肖員弁兵役、得受陋規、任聽奸民囤積米石、每於夜靜裝載數十船、運至乍浦放洋接濟盜匪、似此大夥偷漏、非特有妨民食、而接濟洋匪、所關尤鉅、本部堂甫經蒞任、且駐劄閩省、離浙較遠、誠恐所聞尚米真切、海寧係杭州府所屬地方、離省甚近、該司等自必見聞較確、何以竟不查禁、茲承准前因、合亟飭查、札司即便會同臬司、遵照查明長安垻地方、偷漏米石情形、據寔先行察覆、一面遴委幹員改裝易服、前赴該處并乍浦口兩處、嚴密查訪、務將縱故不肖員弁兵役、及囤積偷運奸民、察出一二名、立拿解省、從嚴究辦、以示懲儆、一面揭出弊端、頒發大張告示、分發海寧乍浦二處、剴切曉諭、必須大加整頓、以期米價日就平減、盜源日

就肅清、槩闗米穀偷運出洋、有妨通省民食、萬勿稍存消弭之
見、覩頂了事、切囑、特囑、各等因奉此、該本司道等、會查得浙省
查禁運米出洋、歷經派委千總弁兵、於各海口分段巡查、上年
復蒙
前憲　奏明、分别緊要次要、添派副叅都守丞倅佐雜、帶兵駐
劄、專拿濟匪奸民、立法已極周詳、如果寔力奉行、盗匪口食
無資、自必日就窮蹙、何致未能盡絶、或有奸商違禁多帶、或漁

船夾帶出口、在所不免、叠奉

諭旨勅禁、並蒙

撫憲憲臺暨本司廣　本司蔣　于到任後、又經出示通飭嚴禁在案、

咨復經江省

奏及浙江海寧州之長安鎮地方、亦係偷販出洋之藪、未能盡絕、

奉飭嚴密稽察、並將如何稽查之處、妥議詳奪、並奉

憲臺督憲札飭前司、本司道等謹將原辦章程、參以現在情形、分晰

酌擬数條、恭呈
憲鑒、
一長安米石來蹤去路、應立法稽查、運米河道、應添設巡員也查杭州府屬之海寧州長安鎮、爲米商聚集之區、其米來自外江廣廬州運漕合肥、及内江吴江溧陽平望等處、向據海寧州摺報有案、迨到長安之後、販往何處、向未分晰具報、本屬疎漏、應請飭令海寧州將所到長安之米、責成長安各牙行、設簿登明某日某處到米若干、賣與某縣某姓某字號客若干、販往何處糶賣、由州設立三聯印票、一存州備案、一送司查考、一給牙行轉給買米之人收執、沿途查驗放行、並令駐劄長安之州、將就近稽查、按五日彙報一次、俟米石到地、將印票交牙行彙齊、按五日繳縣一次、該縣亦按五日一次送司比對、並於米袋上標明店號、倘有袋係借貸者、責令牙行於行簿暨印票內、註明某客共米若干袋、内本字號若干袋、借貸某字號若干袋、米船上亦編明某處米船、倘有長安賣數、與買客到地米數袋數不符、即行查究、並飭該州縣於給票繳票時、統令各牙行彙領彙繳、毋許書役經手、反啟藉端需索、以致客販畏足不前、有妨民食。再查長安鎮有小河三道、一名小橋頭、一名楊家渡、一名聖帝殿、係通錢江之下流、防有偷漏之處、已於上年檄飭杭州府海寧州東防同知海防弁備嚴行稽查、又赭山蜀山南沙、係赭山巡檢所轄、常有米商買米下塘過壩、運赴南沙售賣、向設運米單桅小撥船五隻、僅堪擺渡、不能出海、每遇鋪戶來寧買米、必須親赴赭山司衙門具領印照、載明每照只准五十石、由石塘頭過渡、先赴州署投驗後、往米行購米、該行按照發米、海寧州仍給護照爲據、如果寔力奉行、似無出洋之弊、但該處米鋪販去之米、每鋪各約有若干、未有報案、該米鋪賣與赭山蜀山南沙一帶居民、是否不致偷漏、應請飭令赭山巡檢、嚴密巡查、將該處米鋪販去之米、及賣出之米、按五日一次摺報、並令各米鋪聯環互保、出具不致偷漏甘結、通送查考、仍嚴禁藉端滋擾、又每届秋冬、有寧波象山定海一種小釣船、販載山茹帶鮝進口、沿海挨行售賣、經海塩縣之黄道關、驗明船照放行、賣畢開船出口、向係責成該地塘汛員弁廵查、應再重申例禁、嚴飭實力查辦、並於小橋頭楊家渡聖帝殿三處、添派佐襍一員、往来廵查、黄道關添設佐襍一員、會同汛弁查緝、以昭周密、

一浙米来路、應於江浙交界處互相稽查也、查浙省米石、係由江南之震澤縣平望鎮入浙、欲嚴去路、先清来路、應請移知江省、將

運浙米船、飭令震澤縣在於平望鎮地方、每日查明確數、按旬申報咨浙、一面徑移販往之地方官知照、但若照江省来咨、竟令米船、停泊平望、俟探明浙省米價、再行開放、尚有難行之處、查兩浙地方、全賴上江商販接濟、勢難緩待、且恐啟平望牙行擅利把持、以致商販裹足不前、則於民食大有關碍、向来入浙之米、大概俱赴長安鎮糶賣、應令震澤縣責成平望牙行、隨時查放、每行給發印簿一本、令將每日来米若干、運往長安鎮者若干、分赴某

縣某鎮某市某行消賣者若干、查明米袋字號、逐日登簿、按五日
一次摺報、江省地方官移關浙省販往之處、而浙省長安鎮、暨各縣
運到之米、亦五日一報、由藩司衙門、將各縣報到之數、與江省咨浙
之數、再行比對、互相查察、似此層層稽核、可杜偷漏越販之弊、現
已另詳
撫憲
憲臺核咨、
一乍浦海口、應設立巡員以資協緝也、查乍浦海口、稽查偷漏夾帶

米石麥麩等項，向係責成嘉興府海防同知暨乍浦營汛弁，互相稽察，按季取造册結，通送

各憲查考。頻年以來，雖未有報獲之案，但乍浦海口，通達大洋，誠如

憲札，或有奸民囤積米石，每於夜靜裝載船隻，運至乍浦放洋接濟，在所不免。應再重申例禁，嚴飭乍防同知汛弁，嚴禁米鋪居民人等囤積，並添委佐雜一員駐劄乍浦海口，晝夜梭巡，以資協緝。

一各屬海口支流汊港，及聚米販米之區，均應添設巡員，以資防

守也、查寧台温三府所屬洋程二千餘里、海口繁多、業於上年奉前憲奏明、分别緊要次要、派委文武員弁帶兵駐劄巡查、星羅碁布、已極周詳、他如紹興府屬之蕭山縣錢江口岸、山陰縣三江閘口、會稽縣曹娥江口、上虞縣瀝海所、餘姚縣臨山衛、寧波府屬之奉化縣湖頭渡口、慈谿縣觀海衛、向為内地、添設巡員、第恐奸商漁戶巧為詭計、於偏僻冷靜處潛為販運、在所不免、應請各添委佐雜一員、專責巡查、又如山陰之柯橋、蕭山之臨浦、鄞縣之甬東、皆係聚米市鎮、餘姚之江橋、係客米西來要路、應責成各該縣、計其客米所入、核其販糶所出、究其裝運所往、查明確數、分晰造册旬日一報、仍由縣移會受買處所、查照是否相符、互相參考、則糶糴皆歸着落、倘有船艘說秘、立即截拿究辦、仍即責成各該營巡檢、協同查辦、至温州府屬離省窵遠、路隔重山、不能販運外省米谷、毋慮其入、只慮其出、查平陽縣之江南地方、産米較多、向有客米、販至温郡接濟民食、每於經由瑞安境内、被該處奸民。

增價截買、私用小船販至瑞安縣之東山九里、永嘉之蒲州狀元橋等處囤賣、難免偷漏之弊、查平陽米石赴郡、必由瑞安之南鋪起岸、過飛雲渡、應派委佐雜一員在飛雲渡并東山梅頭等口、認真稽查、不許奸商載留、其陸路肩販、責成地保奧長旂埠人等、一體稽查、毋許私向海塗稍可攏岸之處行走、致有踈漏、

一兵船到地買米、應由縣驗放也、查緝匪兵船到境、有須就地購買食米、向係移縣驗放、近來縣中接到文移、往往米已運去、其

數目之多寡、已無從稽核、難保無奸牙影射夾帶情弊、應請移咨提鎮、轉飭舟師於所到地方應須買米若干、務先移會府縣、飭牙分買、由縣驗明米數、裝運放行、不得先自買運、仍照例兵船停泊何縣海口、即在何縣採買、不得船泊彼縣、買於此縣、致難稽察、以致越販之弊、

一漁船配買食米、宜嚴加查察也、查沿海貧民、半以捕魚為業、除各埠小船、朝出暮歸、例不配米外、其餘領照漁船、出洋採捕、總以汛

畢為期向例舵水一名日配食米一升多或兩月少或一月計程授米俱於單內註明毋許升合浮帶立法本屬嚴密近查漁船食米往往串通牙戶多配浮帶而汎口員弁亦不認真查察任其多裝難免偷漏應再重申例禁嚴飭汎口員弁查明牌內舵水幾名單內配米若干據實細驗數目相符方准出口倘有浮帶即行截留解究並治奸牙偷漏旂埠賄縱之罪仍通飭沿海各縣凡有配給漁船食米者一體造冊並出具不致夾帶多裝切實印結按月通送查考倘

有疎縱擾累、均嚴參究辦、

一巡查員弁兵役、應嚴定賞罰以示功懲也、查立法固極周詳、奉行必須寔力、欲員弁兵役之寔力奉行、是在信賞必罰、從前之議記功過、均屬外辦、雖免觀望、今籌議章程、嗣後各營縣及委員、有能拿獲偷漏濟匪人犯、罪應絞決四名以上者、照拿獲洋盜三名以上例、隨案奏請送

部引

見不及四名、及軍流以下罪名、亦隨案咨

部議叙、候補人員仍按名另予記功、絞罪人犯、每一名記功一次、軍流

人犯、每二名記功一次、遇記功者、准其拔委、兵役民人拿獲者、即將所

獲米石船隻器物、全行給賞、仍按所獲賍罪之輕重、人數之多寡、

由縣營分別另行獎賞、各屬拿獲洋匪、即窮究該匪船由何處

洋面竄駛、係何處奸民接濟、由何處出口、俟臬司復勘屬寔、將

失察之該管營縣及委員、立即分別解任撤回、隨案請

旨交部嚴加議處訊係得賄故縱者照例參革以枉法計贓治罪仍從重
先在各口岸枷號示衆倘有貪功邀賞挾嫌誣拿株累無辜仍
照例反坐如此明定賞罰庶各知懲勸可收寔效
以上各條謹就本司道等管見所及或尚有未盡事宜已飭
各府查議詳覆俟查覆到日如有可採之處另行續詳以期偷漏
永絶洋匪自滅仰副
憲臺綏靖海疆之至意緣奉飭議擬合開具各海口原派員弁并

現在添派巡員清摺、會同具詳、是否有當、伏候
憲臺察核批示祇遵、再全衢嚴道所屬並無海口、故不會銜、寧紹
台道未經來省、不及會印合、併聲明、除詳
督撫憲外、為此備由、呈乞
照詳施行、

今開送

清摺三扣

寧台温三府海口原派巡員銜名清摺

寧波府屬

象山縣石浦汛該處巡檢陸鳴和防守

試用從九品陳嵐巡查該員現署瑞安縣大嵩巡檢另委何員接巡未據申報

定海縣沈家門衙頭該處沈彔巡檢王維世巡防

定海縣岑港汛口該處巡檢鄭福長防守

鎮海縣小港口該處長山巡檢汪友穀防守

鄞縣大嵩口試用府經歷歐陽亮巡緝
鎮海縣霩霩汎試用未入流華煥巡防
鄞縣甬江口四明驛丞饒甸萬巡緝
鎮海縣大闗汎試用從九品劉長宗巡查
鎮海縣義成橋試用未入流秘書丞巡查該員現署西興驛丞另委何員接巡未據申報
台州府屬
太平縣石塘松門二處松門巡檢舒清洲防守

秀水縣主簿尚之溥巡查

署台通判陳　豊督巡

寧海縣健跳汎試用未入流鄧成理巡查該員現署嚴州府經歷另委何員接巡未據申報

臨海縣海門汎前所巡檢揭琮防守

試用縣丞姜鎔巡查該員已經丁憂另委何員接巡未據申報

太平縣拗灣試用縣丞易鳳翎巡防該員已經病故另委何員接巡未據申報

黃巖縣路橋試用府經歷傅詩育巡防該員現署臨海縣丞另委何員接巡未據申報

黄太交界之塘甬頭試用主簿朱本椿巡查

温州府屬

平陽縣江口汛署温通判馬心印巡查

玉環坎門汛試用縣丞李嘉明巡查該員現署龍泉縣丞另委何員接巡未據申報

玉環楚門汛試用主簿魁麟巡查

永嘉縣江心寺河田岸等汛試用縣丞秉興玘巡查

樂清縣黄華關等汛試用縣丞顔正榜巡查

瑞安縣東山汎北岸試用從九品張望淦巡查
瑞安縣南岸汎試用從九品李高薰巡查
平陽縣金鄉等汎試用從九品吳景壽巡查
以上原派各員有署事及他去者該府曾否另委接緝現
在飭查具報合併聲明

寧台溫三府海口原汛弁兵名數清摺

寧波府屬

象山縣石浦汛都司一員帶兵二百名駐劄巡查

定海縣衢頭汛千總一員帶兵分駐

鄞縣大嵩口汛千總一員帶兵分駐

鎮海縣霩霱汎汛千總一員帶兵分駐

台州府屬

太平縣石塘汛副將一員帶兵五百名常川駐劄廵查
太平縣松門汛守備一員帶兵二百名駐劄廵防
寧海縣健跳汛守備一員帶兵一百名廵查
臨海縣海門本有黄巖鎮將等官管帶重兵駐守

温州府屬

永嘉縣所轄各海口

遊擊一員　千總一員　把總一員　外委二員　兵丁三百十三名

瑞安縣所轄各海口
把總三員　外委四員　兵丁二百九十九名
平陽縣所轄各海口
都司二員　守備一員　千總二員　把總五員　外委七員
兵丁七百七十七名
樂清縣所轄各海口
都司一員　千總一員　把總四員　外委四員　兵丁三百七十一名

玉環廳所轄各海口

守備一員　把總三員　外委三員　兵丁三百名

現擬添派巡員清摺

杭州府屬

海寧州長安鎮之小橋頭楊家渡聖帝殿三處擬派佐雜一員

嘉興府屬

海鹽縣黄道關擬派佐雜一員

平湖縣乍浦海口擬派佐雜一員

寧波府屬

慈谿縣觀海衛擬派佐襍一員
奉化縣湖頭渡口擬派佐襍一員
紹興府屬
山陰縣三江閘口擬派佐襍一員
會稽縣曹娥江口擬派佐襍一員
蕭山縣錢江口岸擬派佐襍一員
餘姚縣臨山衛擬派佐襍一員

上虞縣瀝海所撥派佐褋一員

温州府屬

瑞安縣飛雲渡撥派佐褋一員

敬稟者，九月二十七日，接奉

憲札，欽奉

諭旨，以海洋接濟未能斷絕，飭令。速即移行營縣，確查有無透漏，一面先行稟覆，并將如何察訪查拿，不致再有透漏接濟之處，悉心妥議，等因，奉此，遵查溫屬玉環一廳，永樂瑞平等四縣，濱臨大海，島嶼紛岐，漁户居民，奸良不一，是以分别緊要次要口岸，派令文武員弁，率領兵役鄉勇，梭織巡查，漁船則編立字號，填寫水手姓名、每於出捕之時、呈明執照、官為查驗、計口授食、早出暮歸、如有一船不回、即行嚴查究辦、米牙行戶、則取具地隣保結、送縣存查、方准開設、責成該行戶等、遇有形跡可疑之人、毋許濫賣、沿海居民、則編立保甲、令牌頭、寔力稽查、如有不安本分、行踪詭秘者、即行稟官究治。。　接篆後、復將最關緊要之瑞安縣飛雲渡南北兩岸、及平陽縣之金鄉等處扼要之地、添派委員、分駐防範、并出示嚴諭各色人等、各保身家、毋貪重利、密遣親信家丁、於海關各口、不時查訪、並親履查察、節經具稟在案、如果寔力遵行、似可無虞透漏、乃○○抵任以來、業將五月之久、屢經札飭、並未據該員等報獲案、如謂業已斷絕、殊不足信、亦奉

札飭、自當倍加整飭、設法巡防務期顆粒不致出洋、方為盡善、除移行營縣、仰遵

嚴諭、確查有無透漏、隨時稟報外、伏查近年以來、歷辦參案、立法已為嚴密、特恐日久因循、奉行不力、若不示以懲勸、勢必視為具文、合

無任懇

大人籌定章程具

奏辦理、請將嗣後各營縣及委員等、有能拿獲透漏人犯者計贓罪

在斬絞三名以上、照拿獲洋盜三名以上之例、給與優叙、寔缺人員、

酌加陞擢、候補人員、儘先補用、不及三名者、准其前後接筭、如止係

軍流以下罪名、寔缺准予紀錄、候補儘先委署、俱仍准記功一次、其

有記功積至三次五次者、即係留心緝捕之員、應請照軍功給與

加級紀錄、惟其隨帶、兵役旂埠人等、亦按所獲贓罪之輕重、人數之多寡、由營縣分別獎賞、以示鼓勵、至各口岸如有透漏出洋、尤應嚴切查究、應請通飭各屬、拿獲洋匪到案、務即確訊該匪船、由何處洋面竄駛、係何處奸民接濟、錄供詳報、俟臬司覆訊屬寔、即將失察之該管營縣及委員等、分別記過撤回參革、兵役等倘有滑規縱放情弊、立即從嚴問擬、並請出示曉諭沿海居民漁戶、如有通盜濟匪、衆所共知者、許其指明據寔隨時首報、定案後官為給賞、倘互相容隱、一經查出、或別處發覺、罪以連坐、如此明定賞罰、嚴覈功過、庶期透漏斷絕、以靖盜源。。愚昧之見、是否有當、理合酌議稟覆、伏乞

憲臺察核批示祗遵、肅此具稟、恭請

崇安、統祈

俯鑒。。。。謹稟、

嘉慶十四年十月十一日

為查議移覆事、本年十月二十三日准
貴司函開、奉
撫憲札飭查禁偷漏一案、即將米穀入境處所、及沿途經由市集
沿海一帶口岸、通盤籌畫、詳細繪圖、將如何派員巡查、如何曉諭
商民、即可不致偷漏、希即議覆以便會詳、等因到道、准此查温
處道所轄海疆、止温州一府、内玉環一廳孤懸海外、永樂瑞平四縣、濱
臨大海、島嶼紛歧、離省最遠、路隔重山、不能販運外來米穀、較台

州情形相似、與寧紹形勢迥殊、永嘉縣海口、共有五汛、俱屬内洋
惟河田岸一汛爲要口、其茅竹等四汛、俱係沙漲泥塗、船隻出入
須候潮水長落、運販艱而稽查較易、樂清縣汛口十二處、黄華關
爲最要、蒲岐萬橋等汛爲次要、瑞安縣汛口五處、東山江岸一汛
爲最要、沙園梅頭等汛爲次要、平陽縣汛口三十八處、江口金鄉炎
亭大漁赤溪沙坡鎮下關大碁大蒦蒲壯十汛爲最要、其舥艚等
汛二十八處爲次要、王環廳汛口十處、内坎門楚門三盤梅碁大成

大麦嶼大古順梁灣八處爲最要、石巵大嶴兩處爲次要、以上各口汛、向俱設有弁兵駐防、近年以來、復於最要次要處所、添設委員、分查防守、章程頗爲嚴密、至各屬惟平陽一縣、産米較多、温郡之永嘉瑞安及處郡之青田麗水等縣、資其協濟、而商販往來、必經由平陽江口、瑞安飛雲渡兩處、港汊直通外海、誠恐奸徒藉稱運米赴郡、影射偷漏、不可不防、敝道到任後、復將江口及飛雲渡南北兩岸扼要處所、添派委員、分駐防範、專司巡緝、温州海關、並無洋船進口銷售貨物應徵稅銀、不過魚糖樂材竹木靛青等物、迥非寧紹海關商販雲集者可比、凡遇商船進口、先將所領牌照繳存查驗、有無違禁貨物、照例輸稅、俟出口時、貨物裝載完畢、再將所繳原照請領、逐一查驗明白、方准開行、仍由營縣查照掛驗出口、斷不致有夾帶透漏情弊、玉環山多田少、所産米穀、止敷本境民食、偶值歉收、即須到郡販買、向由該廳給予護照牌單、填明石數、詳移購買、查驗放行、亦可無虞隱漏、

第立法不厭精詳、防範務期周密、奸商刁儈、有利可圖、即愍
不畏法、欲截其流、須清其源、應請飭令各廳縣、發給市鎮米牙
循環簿各二本、登註出入米數、載明何處運來、何處販去、將客商
的寔姓名、逐細填明、循去環來、按旬吊核、並移會受買處所、查
明米數是否相符、互相稽考、仍責成各縣正佐、及守口員弁、嚴
查密訪、倘形迹可疑、即截拿稟辦、庶顆粒皆歸着落、不致影
射踈漏、是否有當、合將溫屬海口情形、縷晰陳明、并開具各汛

以、派委員弁兵丁清摺、及甌海全圖、備文移送、除移
臬藩司外、爲此合移
貴司、請煩查照察核會詳施行、
計移送
清摺二扣　海圖一幅
嘉慶十四年十月二十四日

敬稟者、本年四月二十九日、桔蒼途次、接奉

憲臺札准

提臺札會、以玉環三盤一山、島澳繁多、不無藏匿奸宄濟匪消賍、應遴派

千總兩員、各帶兵五十名、在於沖要澳口、駐札巡緝、並另奉

手諭、飭即查察寔在情形、稟覆核奪、等因、奉此。○○伏查玉環三盤

地方、係懸海外、山、距城水陸二百餘里、該處種地民人、並無土著、大

半俱係閩省游民、或在地租種、或代人守術、皆搭棚居住、難辨奸良、在

提臺添派弁兵駐緝、固爲慎重海洋起見、惟是該廳地方、有楚門
坎門二處、商漁交集、貿易繁多、如有米穀出洋、以此爲咽喉之地、
最屬緊要口岸、是以奉
前督憲阿　奏明、坎門派陸路守備一員、現有防兵六十名、兼委試
用縣丞李嘉明巡查、楚門派陸路千總一員、現有防兵四十名、兼委
試用主簿魁麟巡查、迄年來、該二處並無偷漏接濟之案、辦理定爲
扼要、至三盤一帶、種植不過番薯等項、向不出産米穀、遇有居民漁

户、向玉環購買食米、定例由坎門楚門查驗出口、該處地方遼阻、島灣紛岐、稽查難於周密、此時或派兵一千名、八百名、分駐在彼、人数較多、可資彈壓、如僅一二百名弁兵、散處其間、盗来不足以抵禦、接濟不足以杜防、更恐將来運送兵丁口粮及器械各項、反爲盗匪刦掠、亦事之所有、以此謂有備無患、未必盡善。○。詢之各營員意見相同、僉称無甚裨益、故從前偶值蔡逆在彼遊奕、曾派兵六百名貼防、旋因盗竄撤退、未必不籌慮及此也、第刻下正值漁汛、或添派弁兵、

暫時駐緝、俟過期後、再行撤回、恭候
大人察核辦理、現據玉環時丞具稟擬將該處租種守術人等、查其來
歷分明及有人具保、誠寔可信者、方准留住、編入保甲、其初到未久、
無人具保者、概行驅逐、果能行之以寔、原可除莠安良、特恐辦理不
易、徒托空言耳、浙省如寧屬之普陀、台屬之鳳尾大陳等處情形
與三盤相似、嘉慶十三年二月內
前督憲阿　奏案內、曾有令緝捕兵船經過、時上山搜查一次、如有搭

蓋蓬廠、立行燒燬、使匪艘無可潛踪、盜船無從接濟、並有派兵前往、多則無可棲止、少則難以抵禦之語、自應仍照原奏章程申明辦理爲妥、至該丞所稱現以防守楚門最要之千總、調守三盤、殊非所宜、應仍令駐守楚門、似屬確有所見、寔於要口有裨、統祈

裁酌。○因奉

憲諭諄諄、不敢不將寔在情形、據寔稟陳、仰祈

恩鑒敬請

鈞安。。。謹稟。

為遵批移明事嘉慶十五年六月二十六日准
貴司移開奉
巡撫部院蔣　批玉環廳具禀該廳所轄之東臼口筐及永嘉縣轄之霓
嶴等洋面聚有土盜遊奕漁戶程子求等帶同該廳民壯三十名出洋
巡緝由奉批前因該廳民人葉吉第即葉吉池充當鄉勇不能緝盜轉
藉照護符刁結匪徒出洋伺刦肆擾甫於春間通行撤去查銷護照今
復據禀請以民壯駕船出洋緝捕等情是否勢在必需抑係已撤之鄉

勇、丰同漁户人等、籍詞揑稟、爲圖復冒充之計、且三十餘人中、僅有程
子求、邱馬良二名熟諳洋面情形、其餘俱不諳習、何以籍資駕駛緝捕、
設使復踵葉吉第等前轍、又憑何稽查禁絶、仰按察司即速飛移温
處道、就近確查、會同核議詳奪、毋稍遲延、仍候
督部堂 提督 批示錄報繳、稟抄發、奉此、擬合移明、查照
憲批事理、希即就近確查、會同核議詳
撫憲核示施行、等因、准此、本道當查玉環孤懸海外、三盤又距城水陸

二百餘里、該處民人、或在地租種、或代人守桁、勢不能不由城來往、此外東
白口厓各島碁佈、非船莫渡、有販賣營生者、有採捕爲業者、孤舟往返、人
數無多、遇有盜匪、束手就縛、故自設立鄉勇船以來、各商漁無不藉資保
護、此寔玉環情形、與別處不同之大概也、稟吉第等全奉裁撤、原爲在
洋添事、勢難復留、而訪之該地民情、平日賴其保護者、往往以撤去鄉
勇爲不便、現在該廳復請以民壯配駕緝匪、亦爲因地制宜起見、惟民
壯不熟洋面、誠如

憲批雖資緝捕、更恐撤回鄉勇、圖復冒充、難保其不仍踵舊轍、不可不
預爲之防、當又查據時署丞具稟、此次點派出洋、確係民壯、並無鄉勇混
迹其中、該役等生長海濱、頗知水性、派定之三十名、尤爲諳練、又有漁户
程子求及邱馬良熟悉海道、可期得益、本道復查民壯係在官人役、承
充入卯時、本屬有人結保、既有名冊可查、又有家室者俱居多、出洋由於自
願、如任聽鄉勇混冒、一經滋生事端、咎在民壯、該役等何所貪圖、甘心代人
認罪、即該廳於鄉勇撤回之後、復倡此舉、若非確有定見、滋事肇衅、責

有所歸、亦斷不敢作掩耳偷鈴之事、自罹重譴、惟是立法原期盡善、日久難免弊生、此時設立巡船、民情所繫、既不能不如稟而行、自不可不妥籌為於始、應請將出洋民壯、吊查承充原案、傳同結保之人、逐一指認、各給腰牌、并將其姓名年貌家室里居、分晰填註簿內、以杜混淆、仍諭令倘有不願緝匪者、及早稟退、既經出洋以後、稍有事端、罪無旁貸、至設船巡緝、原為保護商漁、若追拿盜犯、另有兵船、何藉民壯、應只許其在三盤、及附近一帶島嶼來往、不許擅赴別處洋面、護送商船、索謝、並責成該廳嚴加

約束，如將來民壯有犯，即照失察衙役滋事例議處，務期始終如一，寔
力奉行，庶責成既專，而商漁可臻寧謐矣。所有船隻既經該廳捐辦，民
壯向有口糧，毋庸再議添給，是否允洽，緣准前因，相應核議移覆，爲此
合移
貴司，請煩查照，酌定會詳施行。
嘉慶十五年六月二十八日

敬稟者，本月初六日，接奉

憲行，轉准

提臺容覆王環三盤，添派弁兵，不便遽行撤回各緣由，飭即移行遵

照，仍將三盤一山，添派陸路弁兵，及楚門所派駐防把總，各駐札何處，

是否得力，速即查明稟復，等因，奉此，伏思此案，前奉

諭查，當因該廳地方，惟坎門楚門二處，爲米榖出洋咽喉之所，寔屬最

關緊，防守不可不嚴，三盤島嶼紛歧，若添設兵弁無多，稽察難於

周察、詢之各營員、意見相同、接據時署丞具稟、又與○○所訪情形符合、并稱以防守楚門之千總、調守三盤、殊非所宜、彼時未知

提臺另委員弁、巡查駐守、故即將體訪寔情、縷晰具稟、今

提臺以坎門距營二十餘里、楚門距營十餘里、業派守備二員、輪流巡緝、又派把總專駐楚門、不致空虛、惟是該二處向設把總外委二員、防兵五十名、嘉慶十二年間、蒙

前督憲阿　以原派微弁、不能有濟、防兵無多、亦恐單弱、

奏定酌派守備一員、千總一員、防兵一百名、分駐兩處巡防、重在稽查偷
漏、此等接濟匪徒往往值夜靜更深、無人看守之時、猝不及防、乘
機偷運、若以相距一二十里之守備輪巡其間、雖云來往甚密、究非常
川駐守、無以責成、現在改委把總駐防楚門之處、在徵弁既不足靠、
且與奏案不符、究不若仍照舊定章程、以守備千總、分駐坎門楚
門二處、可以常川杜防之為得力也、應否咨請
提臺、將現派把總撤回、另派千總一員、駐守楚門、伏候

憲裁。至三盤添派弁兵，
提臺既謂不便遽撤，自係爲慎重海洋起見。該處叢海草屋居多，
其内亦有瓦房寺院可以駐札。緣奉前因，合肅稟復。仰祈
慈鑒。敬請
福安。○○○○謹稟。
嘉慶十五年七月初八日

敬稟者，竊由省回署，接奉
鈞札，以浙省洋面，據鎮海縣開送八九月間，船戶倪兆行等先後呈
報，被匪韋刦至十案之多，該匪既能圍刦商船，其船必大，其影
必多，各處小船土盜，從而附之，轉瞬即成大幫，緝捕更覺費手，必
須趁此未曾蟻聚鴟張之時，設法捕獲，以杜後患，飭即轉行所
屬各該員弁，查探各洋面是有若干大船，盜幫賊目，是何姓名，
現在何處遊奕，有無奸民偷運接濟，及代消賍物，據寔馳稟，等

因奉此仰見

大人重念海洋殷殷垂訓靖小醜以清海氛之源深遠謀而杜蔓延之漸敬聆之下欽佩殊深伏思從前蔡朱等巨帮其始亦不過由小盜積漸釀成亟當盜匪零落之時若不認真搜捕盡絕根株將來日積月多一經聯成大帮誠如

憲諭緝捕更覺費手溫屬洋面本年以來經各帮舟師及各廳縣先後拿獲土盜李拴呂成隴張阿賞夏明標陳阿面戴士五王

立黄阿愛等共八起、每起自数名至二三十名不等、訊有行刦接贓服役各犯、俱已随時審辦、并查二三四五六等月内、據廳縣報有李阿奴補網巡臭頭廳郭景帮紅面德頂山帮等盗船、在各處洋面遊弈、自七月以後、並未據報有盗帮賊目船数姓名、在何洋面、惟十一月十四日、玉環廳壯勇、在石塘洋面追獲盗犯九名、起出礮械多件、訊係順興帮土盗、審解到郡、此外亦並無大帮著名巨盗、惟是此等零星土匪、聚散無定、狡黠異常、緝捕稍疎、必致散者復聚、目下洋面、雖各有專駐之師、往来偵緝、若能確探盜踪、出其不意、會合兜拴、自可日就殄滅。。謹當移會舟師、加緊設法捜捕、不敢稍存泄視、至偷漏匪徒、防範必須嚴密、未敢因現無接濟、及代消賍物之案、畧有踈懈。。曾於上年冬間、會同兩司等籌議賞罰章程、添委員弁、在於各海口防堵、如能拿獲接濟者、按賍罪之輕重人數之多寡、分別記功獎勵、其失察及故縱者、分別撤回叅革、兵役民人、有能拿獲者、亦分別獎賞、踈縱則

照例治罪，會詳
憲案暨
撫憲批准通行在案，誠恐日久懈弛，有名無實，再當於各海口
臚列曉示，俾知賞罰嚴明，各思踴躍，一面分別移營，并札飭
各廳縣及守口員弁，認真查拿，庶使奸民斂戢，杜絕濟匪根
源，以冀仰副
憲臺諄諄諭飭之至意，肅泐稟復，伏祈

慈鑒恭請

福安○○○○謹稟

嘉慶十五年十二月十九日

敬稟者、竊。。由省回署、接奉

憲札、轉准

提軍函致、閩洋遭風逃匪、并投誠首民、欲由旱路到浙下海、飭

即督飭所屬、會同營員、在於各要隘嚴密盤拿、并續奉

札據候補府祝守具稟、由閩入浙、尚有小路可通、如福安可以逕達

泰順瑞安等縣、霞浦可以逕達平陽縣、蒲門海口、福鼎可以逕

達平陽縣赤溪沙波金鄉海口、應於各該處分布嚴防、等因、奉

此、伏查前准

提軍札會、行據温府單守先委代理平陽縣縣丞劉光雲駐緝

分水關、續奉

蔣撫憲飭派丞倅一員、相機妥辦、又經添委署温通判馬心印前往

該處、督同劉光雲、并會同營縣、寔力巡查、一面具禀

憲鑒在案、現在平邑縣丞已委陳治安接署、業經温府改飭接手、

至由閩入浙、既有小道可通、自不可不分布查拿、以防疎漏、現經

分飭平瑞泰各縣，在於各要隘，委員分投巡緝，總期星羅碁布，在在無虞，既不致逃盜首民潛踪滋擾，亦不使兵丁胥役累及無辜，庶足以昭嚴密，而臻妥善。至閩省首民有籍隸温屬者，前經遞回管束。○現亦防其故智復萌，潛行爲盜，已分飭各廳縣嚴切稽查，毋任出外滋事，以期仰副

大人弭盜安良之至意。肅泐具稟，伏祈

崇鑒。恭請

鈞安、○○○○謹稟、
嘉慶十五年十二月十九日

敬稟者、竊○○由省回署、接奉

鈞札、以浙省洋面近、有無照船隻、冒稱鄉勇、護送商船之事、此等匪徒、

始則私造船隻、藏匿軍器、偷漏下海、繼則包攬商船、護送勒詐、

乘機擄搶、甚至與奸民土盜、往來勾結、偷運米穀粮火藥等

項接濟、并難保其不與盜匪通風助勢、附合成帮、飭即嚴拿究

辦、一面會營示禁等因、奉此、仰見

大人除奸剔弊、照察無遺、曷勝欽服、伏查無照船隻、冒充鄉勇出洋、

遇有商船、則包攬護送、勒索分肥、若無船可護、即相率為盜、一經兵役盤查、又以鄉勇為名、乘機兎脫、此等詭詐伎倆、其害有不可勝言者。○蒞任以來、曾諭令各廳縣嚴拿詳辦、本年四月間據署玉環同知時敏、轉據巡查海口候補縣丞李嘉明稟、獲保槍船兩隻、獲犯洪文星等十二名、起有器械、並無照據、訊係臨海縣人保送商船來温、詰其器械來歷、皆諉之於在逃船户林士賢、而林士賢亦籍隸臨海、縣雖弋獲、經該廳稟請解

歸臨邑、就近勒緝、一并究辦在案、以後諄諄諭拿、杳無獲解、誠恐緝捕稍涉懈弛、奸徒復萌故智、謹當凜遵

憲諭、會營明白示禁、一面督飭所屬及委員人等、實力查拿、務期有犯必獲、有獲必懲。仍不時移營一體嚴查、海疆要務、責有所歸、斷不敢徒托空言、因循貽悞、自干咎戾、緣奉札飭、理合

肅泐稟覆、仰祈

崇鑒、恭請

福安、○○○謹稟、

嘉慶十五年十二月二十日

敬稟者，竊查。。所屬玉環地方，孤懸海外，三盤又距城水陸二百餘里，該處民人，
或在地租種，或代人守衔，勢不能不由城來往，此外東臼口筐各島嶴，俱非船隻
渡，孤舟往返，人數無多，設遇盜匪，勢難抵禦，故從前曾設鄉勇葉吉第等，在
洋保護，嗣因添事裁撤，本年五月間，該廳時署丞探訪民情，定以撤去鄉
勇為不便，復請將民壯配駕緝匪，因民壯各有身家，易於管束，稟蒙
蔣撫憲批，司會同。。核議，當查玉環情形，委與別處不同，不得不因地
制宜，以資緝捕，詳蒙批准，復設，止許其在三盤及附近一帶島嶴保護商

漁、不許擅赴別處洋面攬送商船索謝、并將各壯勇姓名年貌、填給腰牌、
免致淆混、仍責成該廳加意約束、如有滋事、咎無旁貸、嗣有玉環監生朱
基情愿出洋督緝、冀圖獲盜立功、該廳又以請給印照具稟
撫憲、未蒙准行、亦查該壯勇等自五月迄今、先後獲盜四起、共計四十八
名、其緝捕已著成效、頗為得力、即在近處洋面保護商漁、民情亦甚稱便、
該廳曾給有諭單印旂、以備查考、自與無照鄉勇、迥屬不同、無虞假冒、
但究無照據、應否准其給予、用示區別之處、伏乞

憲示遵行。仍隨時諄飭該廳嚴行稽查，如敢藉端滋擾，即行據寔究辦，
總期有利民生，無悞公事，以冀仰慰
鈞懷。肅泐具稟，恭請
福安，伏祈
慈鑒。謹稟。
嘉慶十五年十二月二十日

敬稟者十二月二十五日、接奉
憲札、以派員巡查海口、原為杜絕濟匪起見、聞溫屬各委員、本不熟
悉情形、又無人役差遣、飭即查明是否得力、如何酌議章程、認真
查緝之處、即日酌議具稟等因、奉此。伏查奸民偷漏、最為海
洋之害、若無人接濟、則盜匪無以為生、自易潰散、即堅壁清野之
良策也。曾於上年冬間、會同兩司、籌議賞罰章程、派委員弁、在
於各海口、寔力巡察、如能拿獲接濟者、按贓罪之輕重、人數之多寡

分别記功獎勵，其失察及故縱者，分别撤回叅革，兵役民人，有能拿獲者，亦分别獎賞，跡縱則照例治罪，詳奉批准通行在案。。當於各海口、節次剴切曉示，仍不時嚴加諭飭，以期𠕁收寔效，查從前原派之員，一年以來，有已經補缺，飭令赴任者，有奉調晋省，另行差遣者，一經空缺無人，不得不隨時請發，以供差委，該員等甫經抵温之時，於海疆情形，本未熟悉。。必諄諄訓諭，令其留心體訪，並酌量地方緊要次要，因人而使，其需用差役，由各廳縣

就近撥給、如遇隻雞斗米、小影偷漏、僅可會同弁兵、隨時查拿、若人
数衆多、向來聽其知會營縣、協同捕獲。。察加體察、該員等奉派
後、自知責有所歸、不敢疏忽、於緝捕尚爲得力、但恐日久生懈、謹
當於各海口、遵照前議章程、廣張曉諭、俾知賞罰嚴明、各思踴
躍、一面分别移營、并札飭各廳縣、及守口員弁、加緊巡察。。於
閒正後、即當與溫府單守、出其不意、輪赴親查、倘有防範不
嚴、虛應故事、者即將該委員稟請撤回記過、以期堵緝認真、

奸民斂跡，杜絶濟匪根源，庶可仰副
大人慎重海疆之至意。除將各委員銜名、及派巡地方，開摺恭呈外，
肅泐具稟，伏祈
慈鑒。敬請
福安。〇〇〇〇謹稟
計呈清摺一扣
溫處道謹將溫屬各海口委員銜名及派巡地方開摺恭呈

憲鑒

試用縣丞李嘉明十二年三月　撫憲派委來溫現在巡查玉環三盤一帶海口

試用主簿魁麟十四年七月初六日藩司派委來溫現在巡查玉環楚門一帶海口

試用從九品丁秉國十四年九月藩司派委來溫現在巡查永嘉海口

試用從九品郭光紳十四年委署泰順縣典史十五年四月十一日卸事留溫現在巡查瑞安縣飛雲渡一帶海口

試用主簿蕭　瀛十五年四月初一日藩司派委來溫現在巡查平陽金鄉一帶海口

試用主簿張啟鰲十五年十月藩司派委來溫現在巡查樂清海口

瑞安縣丞丁纘堃 十五年五月初二日到任現在廵查瑞安東山一帶海口
平陽縣丞陳治安 十五年十二月初四日到任現在廵查平陽江口沨一帶海口
嘉慶十五年十二月二十七日

敬稟者、正月二十一日接奉

憲臺批。具稟玉環壯勇應否給照、由奉批據稟玉環監生朱基出洋緝捕、歷次

獲盜、頗為得力、但前經該廳請給印照、

撫部院係因何批飭未准、未據聲明、且此時應否給照、亦應查叙案卷、通

詳、以憑核辦、未便據稟批准、仰即知照、繳等因奉此、伏查玉環地方、自鄉

勇葉吉第等撤回之後、上年五月間、該廳時署丞揀訪民情、寔以撤去鄉

勇為不便、復請以民壯三十名、配駕緝匪、稟蒙

撫憲批司會同。。核議當查玉環情形委與別處不同不得不因地制宜以
資緝捕詳蒙批准復設該廳又接奉
前憲方批示以匪船二三隻至七八隻不等民壯三十名是否力能抵禦尚
須量敵熟籌故復添募確有身家之漁民人等配令出洋當有監生朱
基以誼關桑梓情願帶領督緝時署丞又以請給印照具詳
撫憲奉批給予印照在首事紳衿或未必遽至通同爲匪但其所募漁民
人等耳目不能遍及豈堪深信若離玉環地面出洋滋事是給照爲盜該

丞能當此重咎耶、據詳監生朱基呈請給照出洋督緝之處、應不准行、仰即轉飭知照繳等因、遵即轉行去後、該廳於未奉批示之先、已令朱基帶領壯勇出洋、先後獲盜多起、緝捕已有成效、因給有諭單印旂以備查考、惟是無照鄉勇、弊竇多端、已奉

憲臺嚴飭查拿、該壯勇等原議章程、本止准其在近地保護商漁、不許擅赴別處洋面、弟獲盜既為得力、海洋風汛靡常、難分畛域、或當撞遇盜船之時、量力可以擒拿、不能不乘風追逐、勢難中道而回、一出外洋、必當使其

與無照鄉勇迥然有別是以稟請

憲示應否准其給照以示區別亦查該廳因壯勇屢被兵船指稟為匪不免有彼此忌功爭利之心借端生衅已稟將添募之漁民人等概行撤回船隻器械盡數收繳嗣後仍止留民壯三十名責令在三盤東臼口筐一帶保護商漁如近地遇有盜犯准其搜拿一出外洋應聽兵船兜拿不許民壯探踪跟捕等情是該民壯等既定以疆界常在該廳內洋已與前次之任聽越界追拿者情形不同且名數無多近在本境人人皆知為玉環壯勇

自無庸再行給照、除飭令該廳嚴加約束、毋任滋事、一面將壯勇造具花

名清册、另送

查核外、合將壯勇現在毋庸給照緣由、肅再具禀、仰祈

鈞照、恭請

福安、○○○○謹禀、

嘉慶十六年二月二十七日

浙江溫處道爲飭委查訊事。嘉慶十六年閏三月十一日奉
憲臺總督部堂汪牌開：案查前據玉環同知時署丞稟據三盤巡役探報，正月初七日有林小菜盜船三隻、賴頭補盜船二隻、大頭凱盜船二隻由三盤外洋超越過北等情。當經本部堂據稟附片具
奏，通飭水師三鎮、率師探勦，暨行沿海各文武查明該匪等同日連䑸行駛，是否勾結同帮，究由何處洋面竄至三盤，何以平陽、瑞安各營縣並未具報過境，切寔稟覆去後。兹據溫中營署遊擊倪起蛟稟覆，行據

三盤汛署把總傅起龍稟稱、正月初七日並無瞭有林小萊癩頭補大頭凱盜船、由三盤起逸過北、即查詢本汛採捕漁民、亦稱並未見有前項盜踪、但是否該匪等遠由深洋竄越、無從瞭探、誠難確指等情轉稟到本部堂、據此、查前項各匪船、據稟係在三盤外洋、並非深洋、該廳役所報帮名船數甚為確切、該汛弁何得以是否遠由深洋竄越無從瞭探等語支飾、如果當日並無盜踪、該廳役何敢憑空妄報海洋盜匪情形、攸關隨時調度入奏要務，詎容稍有錯謬，貽悞事機。究竟此案孰是孰非，必須質究懲辦。合行委訊。仰道官吏立即親提該汛弁、廳役到案，嚴加質訊。正月初七日，有無林小菜等各匪船由三盤外洋，超逸往北，是否該汛弁偷安怠玩，飾詞諱盜，抑係該廳役捕風捉影，混報賊情，務得確切供詞，刻日據實通詳，以憑核辦，毋稍狥延等因。奉此，遵即分别移飭解訊去後，旋據署玉環同知時丞申解探役趙幅一名，並准温中營倪遊擊移解三盤汛署把總傅起龍、兵丁許廷龍前來。當查三盤係屬水汛，向來設有巡船，何以未

據稟報、是否有心諱匿、仰候廳役混稟、隨提案逐一質訊、

問據趙幅供年五十六歲、向充玉環民壯、蒙派巡探盜踪、本年正月初七日、小的駕船從黃大嶴、駛到竹嶼洋面、望見三盤外洋、有七隻船、自南過北、先後行駛、船邊掛有網衣、小的疑是盜船、就向洋裡過往的各漁船查問、據說是林小菜盜船三隻、賴頭補二隻、大頭凱二隻、小的正要回廳稟報、因風色不順、到十六日纔到廳案具稟、的三盤以外、該處並無別有山嶼名目、是以止報三盤外洋、其寔洋匪遊奕之所、離三盤

遼遠、小的駕船在洋、故能瞭望得及、汎弁們在三盤山、那日天又發霧、
不能遠見、小的寔是瞭望確鑿、問明漁戶係屬盜船、始行稟報、何敢冒
昧混稟、自取重咎呢、求詳察、

問據傳起龍供、外委是中營的、現署把總事、本年正月初一日、奉派到
三盤防汎、初七日三盤外洋、有無林小茉賴頭補大頭凱三幫盜船
七隻、由南過北、外委當時沒有知道、後蒙中府行查、當向山廠民人
漁戶、弁廠頭林聖治查問、都說沒有前項盜船、外委就把查過情由、

取具廠頭切結、據寔禀覆、三盤原係水汛、向來設有巡船、因那幾日正在燂洗、所以未經出洋瞭探、盜船在外洋游奕、離三盤山遼遠、是日天又發霧、不能遠見、如今廳役既報有盜船、他是駕船出洋、故能瞭望得及、究竟寔在有無、外委不能確指的、

問據許廷龍供、小的是温標中營兵丁、奉派在三盤防汛、餘與傅起龍供同、各等供、據此。伏查此案、前據玉環廳禀、據巡役探報本年正月初七日、有林小菜盜船三隻、賴頭補盜船二隻、大頭凱盜船二隻、由三盤

外洋超駛過北因未據瑞平各邑稟報當即分別飭查嗣經瑞邑黎令平邑黃署令覆稱是日並無前項盜船入境隨諭令王環時署丞確查去後接奉前因行據該廳覆稱巡役趙幅探報漁船查係屬寔是以據稟轉報將趙幅申解到道當即提訊據稱是日駕船在竹嶼洋面瞭探望見有船七隻自南往北先後行駛船邊掛有網衣查問過往漁戶知為林小菜等盜船因而具稟並非憑空虛捏質之汛弁傳起龍等稱因燀洗巡船未經出洋巡瞭盜船在外洋遊奕離

三盤山遥遠，又時值天霧，不能遠見，屢詰不移，海洋之事，别難再究確據。至該巡役奉公探報，其帮名隻數歷歷分指明晰，若有心捏妄，既不能別見功績，徒干冒昧之咎，度理揆情，斷無其事。惟洋面風汛靡常，盜艘行踪無定，即如瑞平兩縣俱稱彼時並無盜船入境，是該盜船遠由外洋起駛，逼北，因一時風色不順，駛轉深洋，寔未可定。把總傅起龍、兵丁許廷龍究未能一體查稟，本屬不合，姑念爲燀洗巡船，不能出洋巡瞭，踪忽尚出有因，可否從寬，此次免其查議，出自

憲恩、嗣後移會營汛、檄行廳縣、務須嚴飭弁兵差役人等、確切巡探、既不
得過事張皇、亦不許稍涉踈忽、倘有探報不寔、及失於查稟者、即當分
別嚴究、以儆怠忽而重海洋、是否允洽、理合録供查議、具文詳候
憲臺察核批示祗遵、除詳
督憲外、為此備由具申、伏乞
照詳施行、
嘉慶十六年四月初九日

浙江溫處道爲飭委查訊事、嘉慶十六年五月十三日、奉
憲臺
署督憲張　批。。呈詳查訊三盤汛署把總傅起龍玉環巡役趙幅探報盜船緣
由一案、奉批、查正月初七日、三盤洋面、既據訊明確有匪船遊弈、則該弁傅起龍
頭係巡防疎忽、失於探報、現在海洋尚有土匪、未盡殲除、各海口汛巡員
弁、率多任意疎懈、並不認真查探、於捕務大有關係、今傅起龍既經訊明
失報、自應嚴究示懲、未便以燀洗船隻爲詞、聽其飾混、竟置不議、仰再妥
擬另詳、此覆、等因、奉此。。伏查此案、前奉

憲飭 督憲札飭、據玉環同知時署丞稟據三盤巡役探報、正月初七日、有林小菜盜船三隻、賴頭補盜船二隻、大頭凱盜船二隻、由三盤外洋、超駛過北、經本部堂

據稟附片具

奏、通飭水師三鎮、率師探剿、何以各營縣並未具報過境、行據溫中營署遊擊倪起蛟、覆據三盤汛署把總傅起龍稟稱、正月初七日、並無瞭有林小菜、癩頭補、大頭凱盜船、由三盤超逸過北、是否該匪等遠由深洋竄越、無從瞭探等情、飭即親提該汛弁廳役到案、嚴加質訊、是否該汛弁偷安怠玩、飾詞諱盜、

抑係廳役捕風捉影、混報賊情、務得確切供詞、通詳核辦、等因。當即分別移提弁兵、及廳役趙幅到案、訊據趙幅供稱、是日駕船在竹嶼洋面瞭探、望見有船七隻、自南往北、先後行駛、船邊掛有網衣、查問過往漁戶、知爲林小菜等盜船、因而具禀、並非憑空虛揑、質之該弁傅起龍及兵丁許廷龍等稱、是日適因燀洗巡船、未經出洋巡瞭、盜船在外洋遊奕、離三盤遙遠、又時值天霧、不能遠見、屡詰不移、當查林小菜等盜船、既經廳役趙幅供明確鑿、把總傅起龍、兵丁許廷龍未能一體查禀、本屬不

合、姑念爲燂洗巡船、不能出洋巡瞭、其失報尚出有因、可否從寬、免其

查議、出自

憲恩、具詳請示在案、茲奉前因、遵查三盤係屬水汛、向來設有巡船、

凡遇盜船遊弈、自應隨時巡防瞭探、今該弁傅起龍失於稟報、誠如

憲諭、現有土匪未能殲除、汛巡員弁任意疎懈、於捕務大有關係、署

把總傅起龍即非有心懈悮、疎忽之咎難辭、應請由營提案責處、

仍記大過一次、以觀後效、嗣後如再敢怠玩、嚴行革究、兵丁許廷龍

係聽該弁督率，既將傅起龍責記示懲，許廷龍免其置議，餘恙原
詳不贅，是否允洽，理合遵批議擬，詳候
憲臺鑒核示遵，除詳
撫
督憲外，爲此備由具申，伏乞
照詳施行。
嘉慶十六年五月二十一日

再稟者、上年十一月間、接奉
鈞札、轉准
提軍函開、閩洋遇颶逃匪、及投誠盜犯、意欲潛浙下海、平陽與閩省交
界、飭即督飭所屬、會同營員嚴密查拿、并派委丞倅一員、相機妥辦、
等因、並奉
制憲札同前由、職道當查先准
提軍函致、行據溫府單守、檄委代理平陽縣縣丞劉光雲駐緝、嗣又

添派署溫通判馬心印督緝、一面具稟

憲鑒在案、續蒙

制憲札、據侯補府祝守具稟、由閩入浙、尚有小路蓁嶴等六處、可通平陽瑞安泰順等縣、又經飭府委員分布嚴防、伏念該逆等、如果怙終不悛、有心為盜、閩省海口、在在可通、且泉州距溫郡二千數百餘里、何必多此行紆迴跋涉、揆之情理、應無其事、在

提軍既有風聞、不得不預為防禦、誠恐稍涉張皇、致令居民惶感、

行路驚疑、緝捕未見其功、商旅先遭其累、職道節經諭飭、既不許
堵緝稍踈、而杜防兵役滋擾、尤爲着緊、細查委員人等分投巡
察、尚屬安靜、閩省分水關、蒙
制憲派有候補府祝守及莊守倫駐札協緝、祝守曾於上年十二月
十六日改裝易服由平陽瑞安一帶暗赴台屬太平縣石塘地方耽
延兩日、臘底始回、是否奉
制憲委員查事件、抑係私自潛出、無從確探、現知於正月十三日、該

守及莊守倫業已奉文撤回職道因未奉明文各委員尚未遽撤此事兩月有餘派委員弁兵役紛紛巡緝毫無踪影似屬子虛其節次由閩解回温屬投誠首民為数雖屬無多職道恐其故智復萌不可不防其漸當於上冬由省回署後即分飭各縣留意稽查管束毋任潛踪滋事合并稟陳統祈

慈鑒職道○○又稟

嘉慶十七年正月二十一日

浙江温處道督同温州府為坦荒灶廢等事、本職道於嘉慶十五年九月二十一日、奉
巡撫部院蔣　牌開、嘉慶十五年九月十八日、准
鹽院奇　咨開、本年六月初一日、據温所商人王錫衍等具呈、温所引地
廢弛、場灶淤墾、等情詞、當經本院批、查温所引地、專藉官廒掣鹽、
接濟民食、前經
李宮保辦有成效、乃日久弊生、該廒書場役人等、始則重秤浮收、苦累
丁灶、繼又取巧給票、尅和窮黎、以致官廒無鹽、商鋪閉歇、温屬各地

居民食淡、不特鹺務廢弛、而且於地方大有關碍、候檄行温州府
嚴行查辦、力除積弊、以疏幫引而濟民食、至整飭場灶、移駐弁兵、
應如何設法籌辦之處、仰鹽運司查察情形、悉心妥議詳奪外、並
行温州府即日嚴查懲辦、暨咨明
温州鎮、轉飭樂清平陽二協、一體查辦、復行永嘉長林雙穗三場、會
同營縣、寔力整頓去後、又於六月二十九日、准
貴部院咨、據温所商人王恒吉等具呈、又經抄呈飭行鹽運司、迅

速一併確切查議、并先咨覆各在案、迄今未據詳覆、事關廠書場
役重秤浮收、出給銀票、苦累灶丁、相應抄錄王錫衍等在本院衙
門原呈、一併咨會、為此合咨
貴部院、煩請查照、希即派委大員、前往秉公嚴訊究詳、以衛帑
項以裕引課、並祈
示覆施行、等因到本部院、准此、查此案前據商人王恒吉等具呈、當
經札飭温州府暨樂清平陽二協籌辦、嗣又札催、未據辦覆、亦准前

因，合行委查。爲此牌仰該道官吏，查照粘抄呈内情節，確切查明廠書場役人等，如何重秤浮收扣尅，平樂二協兵丁，有無滑規縱放情事，秉公妥辦詳奪，毋延。計粘抄王錫衍、韋榮昌、王元榮、王聚源呈詞一紙，内稱：切身等承辦温所處屬引地，官收商買，串藉官廠帑鹽，接濟民食，自雍正六年間奉

前宫保李　整理鹺規，久著成效，緣日漸廢弛，場灶弊亦滋弊，殷丁則坐享蕩田之利，避匿不煎，窮丁則乏購柴滷之本，流亡過半，以

致坦地灶基、無丁修築、遂爾荒棄、產鹽日絀、加以廒書場役人等、每收灶加鹽觔、於例加耗鹽之外、任意重秤浮收、丁灶苦累莫訴、迫按觔給帑、又不遵照定例、現銀出發、故為出給銀票、稽遲時日、逞其暗中扣尅之計、丁灶窮黎、焉能受此層層剝削、此近來灶丁畏於交官、樂於售私之實在情形也、惟是灶戶習慣漏私、所交官鹽、不過十之二三、故各地俱受私鹽充斥之害、而赴場買配、復遭缺乏之虞、即現在商等請領之鹽四千數百引、帑本繳存溫府庫已久、而正月中下兩句、僅領配三四百引、屢向官廠請領、總以春雨無收、藉詞搪諉、乃私鹽興販、又從何來、仍然肆橫不斂、伏查從前永場官廠、常存之鹽、總不下五六千及萬餘引、出陳易新、轆轤轉運、民無乏食、引滑暢銷、今官廠不但片引無存、且商等兌歸請領之鹽、至今未蒙給發、各地需鹽孔亟、如景寧宣平二縣、因地方缺鹽多事、商鋪均經閉歇、其松遂等縣、亦皆企候望鹽、杳無接濟、鄉民藉端滋鬧、凭何寧謐、似此半載之期、有歸無鹽、民間豈堪茹淡、商情坐困莫甦、勢必官引更壅、

國課愈墮，殊切悚惶。欣逢
大人福曜移躔，清釐鹺政，末所徵商，正沐帡幪之日，若非及時飭查場灶，
則旺產難期；非懲治廠胥，則煎交不前；非移駐弁兵，則私源不靖。商
等曾見，敬陳三款，伏乞
大人俯電輿情，恩准檄行溫州府，以溫府尚主督率場員，呼應有
效；一面懇賜迅飭給領鹽觔，急濟民食；再求嚴辦場廠坦灶，移駐
堵私，剔除積弊，實力奉行，俾運鹽源源無缺，廢私歛官銷，引疏課

裕、閩所感德無涯矣、激切上呈、一場務廢弛、亟宜清釐也、查温所各地、住賣引鹽、向例坐配永嘉長林雙穗三場、而三場之中、永嘉產鹽最廣、所以買配永場者俱多、雍正年間、永嘉場有二十六團、一百一十灶、灶丁三千有零、攤晒整齊、團墻堅固、滷桶充盈、丁灶兩足、一潮之滷、可煎鹽三四千引、團兵脫差、稽查嚴密、按灰稽滷、按滷稽鹽、而且滴滷歸團、粒鹽交廒、無從透漏、而滷足鹽充矣、近因日久法弛、出丁逃亡死絶、數不及半、場灶損壞、十去其四、攤坦有因風潮損壞而廢棄者、滷桶有因日久朽爛而不修葺者、圍墻則盡傾頹無一存者、圍兵無從邏守、况何稽查、一潮之滷、煎盐不滿千引、大半漏私、欲求旺產、盖亦難矣、應請飛檄温州府、迅行整頓、灶丁規避、如何着落辦煎、攤坦灶產損壞、如何着落修葺、滷桶朽爛、如何備置、圍墻傾頹、如何重築稽查、按灰稽滷、按滷稽盐、如何責成場宰、立法辦理、一面並請檄飭先將商等繳帑、未領盐包、概予捆配、以濟民食、庶透漏之弊可杜、旺產之效易期、私盐絕而厫貯足、國課民食、均獲裨益、一厫弊日深、宜亟剔除也、查從前給發灶價、悉照詳定銀數、在廠司事胥役秤手、收發公平、所以灶丁踴躍晒煎、廠貯有盈無缺、近則在在弊竇、給灶多用銀票、便於矢扣、竈丁購買柴灰、不能應用、將票折價轉售、暗中短折更甚、且於秤收滷耗之外、又有折收濫鹽名色、每百觔多至十餘觔不等、所以灶丁憚於交官、官廠無鹽給商濟配、更兼在廠司事人等、又不樂多收久貯、以冀現收現捆、侵吞滷耗、此寔廠鹽不能充足之痼弊也、累商累灶、莫此爲甚、應請撤飭温州府嚴查弊竇胥役、立即斥革、毋許戀棧、其應給灶價、務以現銀給發、所收鹽觔務須乾燥潔白、方許交厰、毋得仍前折收濫鹽、希圖多收侵蝕、厰存帑鹽務照從前成例、常存五六千引、轆轤轉運以儲備民食、庶灶丁可免重觔之累、厰存可無缺乏之虞、寔於商灶兩有裨益、一請移駐弁兵、以嚴堵禦也、查永嘉場有團兵、由城守營派撥到團、稽查透漏、第因團墻盡廢、團兵無從邏守、虛糜經費、以致灶丁晒滷煎鹽、大半售私、交厰者不過十之二三、此官鹽缺產之由也、切查該場一都之司南地方、與瑞邑梅頭毗連、其地乃奸灶漏私必由之路、每每通販濟梟、積困貧賣、並將成滷挑運梅頭一帶、私灶私煎、公行無忌、該地營汛、向在永嘉堡地方、耳目難週、查緝不便、應請移咨溫州鎮、檄飭右營、將向撥永嘉巡團兵弁、移駐司南地方、常川在地巡守、寔力緝拿、就近交場、按例究治、庶灶丁知儆、而透漏之弊可除、且移駐之兵弁、即係向例派撥巡團兵弁、一切巡緝口糧、例不外輸項下支銷、是兵弁不必加派、經費不致虛縻、而一嵩責堵禦、立可收靖私之寔效矣、又王恒吉、王元榮、王錫衍、王聚源呈詞一件、內稱竊商等承辦溫

所處屬引鹽、坐配永嘉長林雙穗三場、永嘉係溫府近屬、長雙係平陽樂清二協所轄、專藉三場官廒帑鹽、接濟民食、自雍正六年間、奉

前官保李　整理鹺規、久著成效、緣日久場灶廢弛、以致灶丁私煎偷漏、不顧交官、又因廒書重秤浮收、不遵定例、現銀給發、故為出給銀票、且多扣尅、丁灶窮黎、受害莫訴、而私鹽興販、遂得與場灶交通、故灶戶樂於售私、商等各縣、既受梟徒充斥之害、赴場買配、復遭缺乏之虞、有引無鹽、況何銷售、此官滯私橫所由來也、惟是鹽出於場、首重場宰、查辦

灶丁、整頓清釐、是其專責、今場宰不但不爲督煎鹽觔、而反庇縱廒書場役、種種作奸、弊不勝指、至平樂二協場鹽、又爲兵役等滑規賣放、習慣滲漏私、雜奉　歷憲屢檄查辦、無如視爲具文、置之罔應、本年各縣缺鹽、蒙運憲飭行温府催煎、並詳請
大人憲示、奉批有案、詎廒鹽仍復空虛、民食惶惶、如景寧宣平二縣、因地方缺鹽多事、商鋪均經閉歇、其松遂等縣、亦皆守候無鹽、雖免鄉民藉擾、商困莫甦、焉能立足、是以具呈

鹽院憲條陳三款、沐批抄　電、伏思
大人撫綏全浙、凡屬文武考成、俱蒙察核、查鹺政承管之員弁、本有處
分之責、若非仰求
大人德威並制、終難寔力奉行、況末所徵商、當此坦荒灶廢、無鹽運銷、
將來勢必商引愈壅、
國課愈墮、引地關碍匪細、爲此不揣冒昧、瀝情籲叩、伏乞
大憲大人逾格鴻慈、俯賜電　鑒、懇求嚴檄溫府、並平樂二協、一面督令場

員認真赶煎迅給盐觔接濟民食一面清查場厫坦灶移駐堵私剔除積
弊并如何例定場員處分之處統祈飭議詳核以奉
憲章庶引課疏裕閭所戴德無旣矣望光上呈奉批候移明
盐院飭催盐運司確查議詳一面檄飭温州府暨樂平二協作速籌辦具
報粘抄并發等因奉此卑府。。奉同前由。。遵即督同卑府。。一體查辦并
檄調永嘉雙穗長林各場員查訊如何重秤浮收給票尅扣該商王錫
衍等旣經指控有無確據一并飭傳質訊并分移平樂二協查明兵

丁、有無浮規縱私、確覈核辦去役、嗣據永嘉場錢大使稟稱、該場於嘉慶五年間、被各丁赴運司衙門呈控重秤浮收、當奉頒發標桿、豎立在廒、凡各丁交鹽、即按標桿一字平秤、每百觔明收一百二十觔、以十觔配商、五觔報上官耗、五觔存廒流折滷耗、此外寔無浮收、凡帑銀每次請發銀三千兩、存貯在場廒中、每日收鹽秤明觔數、核算該銀若干、給該丁執照印票一紙、令其赴場領銀、該場於發銀時、會同在廒司事總書、來場算明本日共應給銀若干、即將存貯之銀、提出若干、照各丁所執、印票、照數兑給、或有窮丁因買柴灰乏本、先向鋪户挪借、領銀時將原票償還、往往被鋪户扣除利銀、致多虧折、寔無别有尅扣、并據署雙穗場李大使、署長林場席大使具稟、以該二場驗收鹽觔、一由平協、一由樂協、派有鹽書秤手經管、所用鹽秤、亦由平樂二協、詳請領用、收發僅止一桿、秤用悉屬公平、如果稍有浮收、該丁等皆係目覩、豈肯甘心隱忍、惟官秤行用年久、星花糢糊、現須詳請領换、至收鹽盡須燥白、或有頑丁將濕鹽攙交、走滷過重、多收抵耗、在所不免、並無别情、其給發帑銀、雙穩場計應存場銀六千兩有零、除杭商於乾隆十六年間、奉文准給預領厰塩、計銀二千九百餘兩、係屬繳前領後、轆轤轉輸、又各丁借欠修築坦地灰本、除節年加二扣還外、尚欠銀一千八百九十餘兩、現在於各丁交塩時、如名下有欠繳灰本等銀、陸續帶扣二分還款、又續借灰本銀三百兩、信團灶丁借領未扣銀四十餘兩、又十四年風潮失塩折銀七十餘兩、又運乍塩被刦未補塩折銀二百五十餘兩、此外僅寔存帑本銀四百餘兩、計筭收塩止數十萬餘觔、適遇旺產之時、如遇帑本散完、各丁交塩給票、無銀散給、必致欠交、內有貧丁急待需用者、只得收票減價賤售、委非廒中故意剋扣、長林場奉發帑銀八千兩、內杭所商人預領銀二千九百餘兩、又各丁借欠柴灰本銀三百七十餘兩、現存銀四千六百餘兩、每於收鹽時、將借欠柴灰本銀、陸續扣抵、而各丁之貧乏無力者、又有先向殷戶借貸作本、俟交鹽給票、領銀付還、再被扣算利息、所得無多、在場中寔無剋扣之事、等情、并准平陽協移稱、雙穗場天地人東信等廒、內天廒地人東浦三廒、俱在瑞安縣所屬地方、該處一帶、係温州

右營所轄、惟信字一廠、坐臨瑞邑飛雲渡、南岸毗連平陽左營、宋埠南岸二
汛、向於防汛兵丁內、派出五名、專司巡緝、嚴加查察、并無得規縱私確情、
或其平日不能寔力查拿、致有疎漏、除將宋埠南岸二汛、派巡兵丁調營
責懲、另行遴撥巡緝、嗣後按兩月更換一次、免致人地熟悉、滋生弊端、復
又移准溫右營、與樂清協、先後覆稱查明各兵、並無得規縱漏情事、等
因前來、惟該商王錫衍等屢傳不到、。。等伏查王錫衍等既以重秤浮
收、給票尅扣、及兵丁得規縱私各情、具詞呈告、若能一一指出確據、方可

按名查提、徹底根究、以期據寔詳辦、今乃有心避匿、而該場等所禀、又出自一面之詞、殊難憑信。。等復咨飭該鹽廠坐落各縣、細加體察、所禀與場員原禀相同、永嘉場秤收鹽觔、向用標桿、不能浮收溢與、雙穗長林各場、或遇有濕鹽掗交之時、多收以抵折耗、出自因公、並非侵收入己、各丁因先有領銀作本、或另向殷戶挪借銀兩、俱於交鹽發銀時、分別抵扣還償、此皆由於貧乏挪用所致、亦不能稱爲場書人等尅扣、至兵丁得規縱私、事或在所不免、惟此時既不能指出是何年月、在何汛口、

及兵丁姓名、又無另有獲破之案、無從究辦、在該商等因鹽引滯銷、出
而具控、詞雖失寔、事屬有因、惟鹺政上關
國計、下繫民生、必須立法周詳、方可永遠遵守、以期便商裕課、現在各丁
類皆貧乏、煎鹽時多方稱貸、領銀時子母並還、力既難於補苴、勢必另
生弊竇、此外亦有應行清理者、查永嘉場鹽務、向由卑府經營、除清查
坦地各項、卑府現已委員查勘、另行籌辦外、茲將永嘉雙穗長林各場、
與現在商人等酌議情形、謹列條議六則、一併附陳、稽呈明、是否可行、伏祈除詳

憲臺鑒核示遵、除呈　鹽院外、爲此備由具申、伏乞
撫憲外、暨咨呈　鹽院外、擬合咨移明、爲此咨呈合移
照詳施行、
貴部院司、請煩查察照、施行、

謹開條議六則

一查鹽廠向例、一坦一窌、配丁一名、其坦晒灰、其窌淋滷、每坦一坵、晒灰數十堆、坦地廣濶者、晒灰百餘堆不等、晒灰一堆、收滷一担、成鹽二十觔、按灰收滷、按滷收鹽、查永嘉場原設二十六團、分爲司南南門五甲北門沙村等五股、共計一百一十灶、額設灶丁二千七百六十七名、每丁名下、各

有一坦攤晒、俱係依灶為業、近年来因坦地之下、間有天漲沙塗、被人報陞耕種、各丁中不能就潮潑晒者、十去四五、以致僅存各丁一千一百六十餘名、亦據永場議將天漲沙塗、查明報陞原案、共有若干畝、逐一丈量明確、聽報陞之人耕種、其餘有未經報陞之塗、可以開坦攤晒者、分給無坦之丁鋪晒、或將坦地塗田、酌量地勢之便、彼此對換、庶耕種塗田之戶、得避潮水淹浸、而灶丁又得就潮攤晒、似為兩得、等語、因思各丁前為坦地廢棄、別圖生計、若仍得有坦

地、則晒灰有所、可以收滷煎盬、自無不樂歸舊業、散而復聚、現在
卑府已委員清查、所有開坦經費、容卑府籌議另詳、至長林場原
設一十一團、分坐東西兩鄉、共計一百零七灶、該丁一千七百餘名、續
因西鄉灶舍坦地、間有被風潮沖坍、屢築屢壞、不能修整、計壞
三十九灶、去丁五百餘名、乾隆五十九年、商人張源裕等、以東鄉
星前星後辰團、計三團、共十六灶、内星後一團、計十二灶、離場窎
遠、呈請運司飭令犁毁、又去丁三百餘名、各丁灶帖、亦奉吊

銷、今僅存五十六灶、計丁九百餘名、丁不足數、則額産之鹽不敷配運、今該場與各商會議、以東鄉星後一圍垣地、前因離場較遠、恐有私煎私售情弊、是以呈請拏毀、惟查該處從前原有樂協餉派員弁巡兵印兵等、在彼駐札、督煎、如能巡察綦嚴、何虞疏漏、且星前一圍、並未拏毀、星後離星前不遠、應請照舊開復、現已就地召募愿充良丁一百餘名、可以認辦五灶、應需修築垣地及搭建灶舍等項用費、該商等自行捐辦、應請運司照

例須發灶帖下場、併散給各丁執守、等情。。等伏查坦缺丁稀、
場鹽少產、擴究坦地、本屬首先要務、長林場東鄉、既向有星復
一圍舊坦、若以離場較遠、稽查難周、則私賣私煎之獘、何地無之、
全在防弁之認真、不便因噎而廢食、定例灶丁人等、夾帶餘鹽
及私煎貨賣者、同私鹽法、如有違犯、不難隨時查拿究辦、東鄉
星復一圍、既據該大使專案具詳、業經召募良丁一百餘名、可以認
辦五灶、並經取具不敢怠惰晒煎、及偷漏私煎甘結在案、自應

准其所請，循舊開復，俾各認真攤晒，踴躍煎交。除由卑府另文詳請照例頒給灶帖，飭發執守外，仍由樂協派兵弁認真督煎巡緝，以杜票賣，庶幾坦多丁足，產盐增豊，寔於丁灶商民均有裨益。

一永場原設一百一十灶，分立二十六團，每團或七八灶至三四灶不等，各丁晒成坍滷，挑運歸團，俱在官灶煎交。如有灶舍坍壞，該灶長煎丁等自行修整。近年来因坦地廢弛，出盐較少，各丁類多貧乏，以致遇有破損，廢棄不修，今據該場議請查勘修葺。。等伏查灶舍爲煎鹽之所，建修自不宜緩，應請將通場各灶，查造清册一本，註明灶長何人，灶丁幾名，由該場先同杭處總商，挨灶親詣查勘明確，何灶尚可煎燒，何灶必須修葺，逐一造册，估計修費，由該商先行墊欵，分別飭傳灶長灶丁，親身赴領，限日修造完竣，俾各丁奮力煎交，俟將來出鹽較多，丁力充裕，再行按册分別飭令還欵，庶不致藉詞推諉，而廒貯亦定必豐盈矣，此外圍墻滷桶，聽卑府飭商一併籌欵妥辦，以期

完固而杜偷漏、

一查永嘉場於嘉慶五年間、被各丁呈控淨收、當已頒發標桿、豎立在廒、凡各丁交鹽、即按標桿一字平秤、每百觔明收一百二十觔、以十觔配商、五觔報上官耗、五觔存廒流折滷耗、不能再滋弊端、至雙穗長林兩場、所用廒秤、一由平協、一由樂協、詳請頒用、收發俱係一桿、鹽觔交廒、皆由該丁自行捆運、目擊秤收、似難高下其手、惟既稱星花糢糊、即無别有弊端、難免各丁藉口、現在該場與各商會

議、即分別由協另請頒換、每次請發三桿、以二桿發廠、一桿存場、
奉頒時官商丁灶、三面會同較準、并請以星花釘作兩面、裡外
俱有觔數、收鹽時官丁對看、發鹽時官商對看、觔數既明、無從
添耍、仍定以五年請頒一次、等情。○等伏查星花釘作兩面、事屬
可行、惟收鹽之多寡無常、每遇興旺之年、秤用較繁、星花易於
糢糊、應將每次請發之三桿、以一桿發廠、兩桿存場備用、如場
中已僅存一桿、即當隨時請頒、不必定以年限、至頑丁以濕鹽

交厫、因此各場多收抵折、固屬公而非私、第交盐例應燥白、一經通融秤收、既開濕盐搀交之端、更起影射浮收之漸、嗣後如遇有濕盐混交者、應退還再令走滷、俟乾燥後交厫、方准驗收、庶足以絶弊端而杜藉口、

一查永嘉場、據稟每次請發帑銀三千兩、存貯在厫、每日收盐秤明觔數、核筭該銀若干、給該丁印票一紙、令其赴場領銀、該場於發銀時、會同在厫司事總書來場筭明、本日共應給銀若干、即將存貯

之銀、提出若干、照各丁所執印票、照數兑給、並無給票尅扣情弊、惟查從前各丁領銀、向係二十日一發。畢府。抵任後、恐爲期太遠、難於轉輸、改爲十日一發、今。。籌酌議、嗣後五日一發、以紓丁力、至雙穗場存帑銀兩、於乍商來温領運乍鹽之外、計存帑銀六千兩有零、内杭所各商領欠銀二千九百餘兩、各灶丁借欠銀一千八百餘兩、又續借灰本三百兩、信園灶丁借領未扣銀四十餘兩、又十四年風潮漏鹽折銀七十餘兩、又運乍鹽被刦未補鹽折銀二百五十餘兩、此外寔存帑本價銀四百餘兩、計止收鹽十萬餘觔、適遇旺産之時、不敷散給、現據該場稟稱、自乾隆四十一年起、至五十四年止、乍商領運乍鹽、共計鹽本銀六千四百餘兩、俱係繳存運庫、嘉慶二年間、平湖備文請領、未經飭發、如得將運乍繳存帑本、酌發若干以備存發轉輸、商灶兩便、并請着領鹽商人、將帑本先行散給灶丁、換取交鹽廠票、由場繳協、抵帑繳兑、則商免易銀折耗、丁免領價遲延、等情。等伏查場灶燒鹽、全在鹽觔充裕、以期旺銷旺

配、官引跣通、一經灶價不敷、遇收鹽觔、止慮其有餘、不慮其不足、而
各處灶丁、原藉鹽價以資養贍、今雙穗場交鹽多而價無全給、
左支右絀、轉運爲艱雒、此外或灰本所需、或修築坦地、或陰雨兼旬、
在在更形竭蹶、安望其踴躍從公、由此易生弊端、亦勢所必至、現
據請發運卞帑本、亦爲因時調劑起、見如蒙
俯准、酌量給發以備存用、似於鹽務有裨、向來該場帑項、歸平協
經營、應由協備文請領、至由領鹽商人先發帑本之處、一轉移間

而丁力得紓，免致轉向殷户挪借，另起利息，自係通融恤丁之一法，應請雙穗場與長林場一體照辦，其有先經借本者，每次作十分計算，扣還二分，似此量加變通，該丁等得有資本，樂於煎交，自可不致惰悞，而鹽務應日有起色矣。

一查鹽務首嚴私販，若私鹽杜絕，則官引何致滯銷，查永嘉場向派千總一員駐札在彼，又撥兵丁一百三十名，分派各團各橋巡查，名爲團兵橋兵，每團圍墻之外，另有營房二間，俾各兵住宿巡邏，以防偷漏，

今若將弁兵照該商王錫衍等所請、全行移駐司南、則各園橋防
守無人、未免顧此失彼。。等伏查司南地方、亦屬緊要隘口、該處
係温標右營大梅汎地、向来設有營房、應請於園橋各兵一百
三十名中、分派三十名、駐宿司南堵緝、庶幾星羅碁布、嚴密無遺
雙穗場原設天地人東信等廒、天廒地人東浦三廒、在瑞安所屬
梅頭等處地方、係温州右營所轄汎地、信字一廒、坐臨瑞邑飛雲
渡南岸、毗連平陽左營宋埠南岸二汎、向来分派兵丁、各在於

要隘、專司巡緝、長林場東西二廒、共有八團、樂協設有巡兵印兵總巡三等、印兵則就團灶、稽查偷漏、按灰稽滷、按滷稽鹽、并報各灶起止時刻、依限煎燒、巡兵則分巡各團、在於僻處要路分投巡查、總巡則四處訪緝、立法固已周備、惟恐奉行不力、以致私販未能盡除、惟是私鹽皆係灶戶所鬻、若場灶無私出之鹽、奸徒從何興販、故欲杜絶私梟、必先清查場灶、而清查之法、惟有嚴禁私煎私頓、定例各場燒鹽、灶盤俱設有定數、無許逾額、而煎燒鹽觔、以一晝夜爲火伏、隨時呈報該場大使、核煎盐息火之候、較盐觔之多寡、既不令其私煎私頓、奸丁無可售販、如果於繳盐之外、另有餘盐、責成商人儘數收買、在各丁盐既獲銷、與其犯法而售與梟徒、莫若減利而歸諸盐廒、此一定之理也、嗣後應飭場嚴切稽查、寔力照辦、汛口要隘、亦由各協選派兵丁、督令認真巡緝、按月更換、免致人地熟識、滋生弊端、如再有透漏等事、一經查出、或在別處拿獲、究明私盐来歷、如出自場灶、及經由汛口、將廒役灶丁、照例究辦、場員同

汛口營弁、分別叅處、如此察場灶之透漏以清其源、嚴要隘之巡緝以遏其流、庶幾私鹽漸絶、厰鹽日見豐盈、

一查雙穗場鹺務廢弛、首緣丁不煎交、揆厥所由、悉因朋丁無所約束、乾隆五十年以來、沙塗沿漲、丁棄舊坦、另開新坦、或以新坦廣濶、工本繁多、糾集三五人朋集一坦、永遠合晒、此即私增朋丁之由來也、現據該場稟請、轉乞恩施、以朋丁改為副丁、不加深究、先令熟諳商人赴各坦點明滷窞、一窞一丁、按丁造册、飭令與正丁照例交鹽、各丁自必輸誠樂業、相率煎交、

以後則易於管束如有應查坦地應建灶舍應修滷桶再行陸續籌
辦等情。。等伏查朋丁既屬私增即應按名驅逐并將坦地犁毀令
則相沿日久窒碍難行該場稟請改為副丁亦為因時籌辦起見
可否俯如所請聽候
憲裁
嘉慶十六年閏三月十八日

敬稟者、竊照鹽務上關

國課、私梟盡絕、則官引自然旺銷、是以定例森嚴、首除興販、處屬之青田縣、上通麗水、下達永嘉、爲溫處兩屬咽喉、向於城南地方設立鹽關、派有兵役防守、原所以扼要地而專堵緝也、查有該縣民人杜沛玉等、及商人程永豐程永祥程杞各、以朱漢松羅旭暹等付本販私、又有董元禮等串同兵役、得規縱放、屢次恨控肇衅、各等情、先後赴○○衙門具控、節經批飭處府、

勒提究辦、并咨明
處州鎮一體飭營協拿、嗣據程永豐等、赴運司呈告、批委溫
州府提訊究詳。。又飭知處府涂守會同溫府審辦在案、查
此案該商民等、所控如果屬寔、奸民付本販私、兵役得規縱
放、目無法紀、亟應按例嚴辦、斷不容稍涉縱延、或其中別有未
確、亦當訊明虛寔、以杜訟端而清案牘。。現因奉
制憲委勘陶聘三赴京具控南田地方、奸民私煎私墾一案、不

日起身赴寧、誠恐案涉延擱、理合肅泐具稟、仰祈

憲臺俯賜檄飭該府等、迅速拿辦、并請咨明

處鎮一體飭營協拿、以靖私梟而肅法紀、寔為公便、敬請

福安、伏惟

慈照〇〇〇〇謹稟

嘉慶十七年九月初二日　　　　並移蕃臬運各司

接柬高批　現據兩司具詳飭委試用知縣趙振影赴溫勒提逃
案人卷並將經歷李嘉賢擬提來省嚴訊各犯一
面遣弁提官在臺仰即提集人卷一俟趙振影抵
溫場令飛解赴省毋稍任延仍將解省日期馳稟
查核並飭
貴部堂抄示飭荷　鄭振英拱柬再道手由

敬禀者、案據處州府具禀撤回縉邑宣署令、另請委員接署
一案、八月十四日、接奉
憲批、飭將縉邑農民請勘喧争寔在情形、及該令宣麟、是否别
有辦理未協之處、詳晰確查具禀等因、奉此、職道遵即轉飭去
後、茲據該府涂守禀稱、縉邑民風向稱頑悍、歷歲秋成豐稔、今
因偶值歉收、各存奢望、是以争請先勘、嘈雜喧嘩、其中又有
造播訛言、謂宣令于各村庄有詳報六七分收成者、無知之民、隨

聲附和、遂益無忌憚、擁擠出城、竟有送出境外之語、經城中生監聞知、即赶出解散、接宣令進署、是時宣令氣結難伸、并恐將來一切呼應不靈、貽悞公事、自請撤回、因查該令平日急于釐剔、待書差人等、未免過嚴、現值辦荒之際、誠恐諸事掣肘、故此擬請轉稟等情、據此職道伏查地方遇有偏災、如果該縣遲延不辦、自有應得之咎、今繒邑田禾被旱、宣署令早經詳報、有案可稽、各庄民人、理應聽候挨次查勘、方可定被旱之輕重、確切造報以貽累寔、今乃爭勘喧嚷、滋生事端、并有不法刁徒、倡言肇衅、以致無知愚民、從中附和、竟將該令擁擠出城、寔屬目無法紀、宣署令既因一時氣忿、又恐日後悞公、自請撤回、而該府亦慮及辦究緊要、設有呼應不靈、諸多掣肘、因而據情轉禀、俱為慎重公事起見、確查宣署令委無别有未協之處、寔皆由于刁民之藉究生事也、現在職道已嚴切曉諭、并督飭該府縣、先後拿獲滋事之柱為樑陳登佐李老三等三名、解郡訊辦、其餘各犯同

書差人等、有無暗約作祟、除札催確訪查拿、一併照例究詳外

合將遵查寔在情形、肅泐稟覆、仰祈

大人察核、恭請

金安、伏惟

恩鑒、職道。。謹稟

嘉慶十六年八月　　日廿六

敬稟者、竊職道於九月十六日、在杭省時、接奉八月二十四日

手諭、仰荷

温詞俯錫、恩睞有加、感激私衷、非言可喻、恭諗

大人鼎祻集慶、黼黻凝庥、

陽和普煦育之恩、全周閩浙、

天眷重封圻之寄、疊沛

絲綸、翹首下風、曷勝抃頌、處屬灾務、惟麗水縉雲較重、青田宣平次

之松陽止屬歉收、職道於八月初抵栝後、督率府縣及委員人等、謹遵
憲臺須發確切查勘之荒政輯要內開載各條、逐一講求、務期事
歸覈寔、惠及災黎、當時察看民情、因市米缺少、價值騰貴、不無
稍形竭蹷、温屬素稱產米之區、商販原在流通、遏糴有干嚴例、
隨高令處府發價招商、給予執照、赴甌採買、一面行知温府曉諭
稽查、毋任刁民阻遏、嗣因得有接濟、民氣安恬、職道當于九月初由
處順便晉省、謁見

撫憲稟商一切、蒙諭麗縉青宣四邑、俱分别酌給一月口粮、以半銀半米散放松陽止辦緩征、職道當將撥用倉穀、及于臘月初開期分厰給放、一切辦理章程、詳細稟明、即于二十日稟辭起身、十月初四日回署、路過處州、責令該府催造區畝、分册結、并確查户口、不得稍有揑冒僞、將来放賑時、再當親詣彈壓稽查、以冀無濫無遺、民沾寔惠、如有不肖縣令、草率徇私、以及胥役人等、尅扣需索、一經察出、即當官叅吏辦、不敢稍事姑容、自干嚴譴、此次赴處查災、並肯恒往返，離甌已及兩月，現將船工事務及一切案牘，次第赶辦。溫屬洋面，據各廳縣禀報，並無盜船遊奕。惟九月二十六日平邑瞭有兵屬師匪船八隻，從東南駛至福鼎縣所轄之臺山外洋遊奕，經護瑞安協劉建業兵船駛往追捕，仍向東洋逃竄。溫鎮黄岩鎮督令各兵船，先後在于坎門、黄華、閔三盤、北閔一帶，分頭巡緝。洋面尚屬寧謐，餘容嚴飭確查，隨時禀報外，肅此具禀，敬請

福安，恭繳

憲東、伏惟

慈照、職道○○謹禀、

嘉慶十六年十月十一日

為詳請招商買運閩穀、援照成例免徵稅銀、以便商民而資接濟事、竊照米穀為民食所關、全在商販流通、緩急相濟、本年五六月間、晴霽日久、杭紹台金嚴處六府之諸暨等十八縣衛、高阜田畝、被旱歉收、蒙

前撫憲前陞憲分別奏請緩徵、酌給口粮在案、溫屬各縣、民間種植早禾約居十分之三、中晚二禾、計十分之七、夏秋得雨較遲、中晚二禾、不無傷損、入秋後晴雨得宜、滿擬收成豐稔、詎至八月中旬、天氣

驟冷、穀粒爲寒氣所侵、不能飽綻、遂至有名無寔、無之處屬
災民、陸續來甌運買、在地民籍端阻遏、既當嚴禁查拿、而甌
郡商販罕通、未免有出無入、前經卑府稟明
撫憲前憲藩司、飭知台屬、亦任聽甌民採買、毋許阻撓、幷請暫通海
運以便商販、職道前次因公進省、又面稟
撫憲、前憲轉行藩司、派委妥員、在於黄太一帶彈壓稽查、以杜阻
遏需索之弊、無如各邑被旱者多、赴彼販運者亦多、雖欲酌盈

劑虛、恐亦寡難濟衆、以致運回者甚屬寥寥、現在米缺價騰、民虞食貴、值此新穀登塲之候、已屬如此、計歷冬春、以至麥秋、為時甚久、更不知如何置之、卑府現雖稟明藩司、預籌明春平糶、職道等伏查倉穀之儲備有常、只可為一時調劑、温屬民居稠密食指浩繁、若待嗷嗷待哺之時、再為設法、窃恐緩不濟急、諸費周章、自不可不預為籌計、以期有備無患、查閩省臺灣、為向來產米之區、刻下洋面平寧、若得暫開海運、給照赴買、則省便

寔多、利之所在、人必趨之、在浙省既樂於往販、更可冀閩商源源
而至、市米充盈、價值自然平減、查乾隆五十年、杭嘉湖三府
禾苗被旱、米價昂貴、經藩司議請招商繳價、給照買運閩
穀、由海運浙糶濟、其領運一切章程、循照乾隆四十三年之例
辦理、詳奉
撫憲
前憲批准轉移知照、計粘單內開、一買閩穀、雖由商運、然係接
濟民食之用、查乾隆四十三年、曾經移知護浙海鈔關、如遇商民

販運閩穀、到關免徵稅銀、自應循例辦理以惠商民、等因、又另准
移知浙西商人赴温台買運米穀商船、一概免徵樑稅、各在案、此時
温屬因鄰封歉歲、買運閩穀以濟民食、并現在招商赴寧台一帶
購買米穀、俱核與舊案相符、似應仿照辦理、職道等爲民食拮据
起見、理合查明例案、據寔具詳、仰祈
憲臺察核、如蒙允准、并祈飭知舟師、關口、遇有閩浙販米船隻、
分別驗照護送、免稅放行、其在寧台購買者、一體免徵樑稅、以

昭慎重而免阻滯，一面飭知閩省藩司，轉行各屬招商，一體販運，寔為公便，

除詳

督
撫憲外，為此備由具申，伏乞

照詳施行。

嘉慶十六年十一月初五日

為報明事、窃照處屬麗縉青宣等縣、本年被旱成災、經藩司詳請
前陞憲、照撫卹口粮之例、酌給一月口粮、所需米石、除於各本縣
常平倉穀動碾外、動撥温州塩義倉穀一萬石、如有不敷、再於
鄰近各縣倉穀内協撥、等因、行知各府遵照、嗣據温府單守具
稟、杭商吳康成原借温甌塩義倉穀一萬石、該商業已隨同委
員鮑郎場塩大使王愉、錢塘縣縣丞朱黙周攜帶價銀、來甌購
買、緣温屬地方八月間天氣驟冷、禾苗為寒氣所侵、結實半多空

癘、以致收成未獲豐稔、歉之處屬災民、來溫買穀者、絡繹不絕、竟有自顧不暇之勢、已將該商未能賑買緣由、稟明藩運各司在案。復加訪察、係屬寔在情形、惟是處屬賑務、有關緊要、而動用鹽義倉穀、已奏
前憲
前撫憲 奏明、現在此項倉穀、一時既難採買、應即先行動碾常平、飭令該商續即買還歸款。 前經札商藩司、原擬於溫處兩屬、各動碾五千石、以符一萬石之數、今溫屬既未缺價騰、各邑又請稟

明春平糶、勢難動用、查處屬十縣中、除被災四縣外、惟松陽歉收、其餘並未被旱、常平貯穀較多、且查藩司原移、擬派各縣放賑穀數、較之處府造送戶口冊、應需穀數、尚有盈餘、現在止須撥動鹽義倉穀五千石協濟、已敷放賑之用、除商明藩司、飭知處府於各邑常平倉內、酌量撥墊五千石、一面札飭委員、押同該商赴金蘭一帶、趕緊買運歸款、由處府出具倉收、另文詳報、此外尚有應行買還鹽義倉之五千石、一并飭令該商、赶買歸還、另飭

温府收貯，隨時出具倉收申報外，理合具文報明，仰祈

憲臺鑒核，除報

撫藩院憲外，爲此備由具申，伏乞

照驗施行。

嘉慶十六年十一月初九日

爲移查事、嘉慶十六年十一月二十一日、准

貴司移開、據温府轉據平邑具稟、各紳士赴台採買穀糧、由海運回、是否不致偷漏滋弊之處、籌議覆辦、等因到道、就經飭府查議去後、茲據温州府知府單可垚詳稱、各屬紳士赴寧台一帶採買穀糧、航海運回、俱領有府縣印照、其在地購買時、飭行各縣營汛、將該紳等所買數目若干、於驗照時填明照内、俟運回到地、着令將原照呈驗、官爲稽查、倘查明運到穀糧、與照内所開數目不符，即不免有偷漏夾帶情弊，著落地方官根究詳辦。如無印照赴縣汎呈驗，即係無照私買，不許擅放出口，並咨移温黄二鎮及各舟師，一體查照護送，仍飭行各縣。如遇商民領照，嚴禁書役人等，毋許絲毫索擾，似此立法稽查，偷漏無虞，商民稱便等情前來。本道復查海運，本奉例禁，此時温屬因隣郡歉收，販米接濟，以致本境口食不敷。既據各紳士稟請赴黄太一帶，採買襍粮由海載運，事關民食，不得不暫從權宜，且與荒政輯要內暫開海禁之例相符，至於夾帶偷漏，防範自不可不嚴，飭據該府議覆，出入口岸，皆有印照可查，航海而逐，又有舟師護送，刻下洋匪日就平靜，偷漏本無利可圖，魚之經理採買者，皆係紳士殷商，更不致蹈法妄爲，自可無虞別滋弊竇，理合備文移明，爲此合移

貴司，請煩查照核詳，以濟民食而期

又施行。

嘉慶十六年十二月初七日

敬禀者、七月十七日、接奉
憲札、據永嘉縣徐署令禀報、於三月初至五月末旬、有閩商運米到
溫、先後三萬九千餘石、飭將何縣商人、執領何衙門照票、由何處
轉運、赴何行售賣、并照票内如何填註、據寔嚴查馳報、等因、奉
此。。於二月間奉委查船公出、直至六月初七日始行回署、前項
閩商運到米石、係三五月間之事。。並未在甌、亦未據該府縣禀
及、當即轉飭查覆去後、茲據永邑徐署令禀稱、傳集各米行槩

豐美等到案查訊、據供向來閩人在溫貿易者甚多、上秋處屬被災、紛紛來甌買米、價值增昂、伊等湊集資本、分赴隣近地方、向富户糴穀、碾米運賣、或僱船裝載、或由陸路挑販、並非由海口運進、其原籍何縣、當時寔未查明登簿、内地販賣米石、亦無照票等情、因恐所稟尚有不寔不盡、復飭該府確查、據覆與縣稟無異。。伏查上年處屬被災、相離甌郡、一水可通、來甌販米者、寔屬不少、該府縣因遏糴有干例禁、若任聽販運、有出無入、轉恐本境糧米缺少，是以出示招商，分赴隣近產米之區，向殷户買運接濟，以資民食，原期商販流通，緩急相濟，今據稟商係閩商，米非閩米，其在內地興販，悉聽商民自便，本未登簿稽查，此時寔無從根問姓名，轉恐滋累，理合將飭查據稟緣由，肅泐稟覆，仰祈

憲鑒，恭請

福安。○○○○謹稟

嘉慶十七年七月二十八日

敬禀者。○抵任後、曾將接收温厰船工、尚須逐一詳查、是以結報稍遲

緣由、禀明

憲鑒、查前任移交册列、應交銀二萬六千零三兩一錢一分七厘、除應交應抵外

尚應交銀三千七百六十九兩七錢三分七厘、業經按册查核各款數目相符、

並移交銀兩、亦照數收明、惟是駕厰二十四船、例應請歸前任修造、但核

之温厰歷任交案、皆有移交船隻、推原其故、統計温厰承辦船九十七隻、

必須照分年修造之例、挨次辦理、斷難同時鳩工蕆事、兼以近年購料

維艱、日甚一日、而前任一經交卸、在在呼應不靈、勢不能以未修各船、仍
令一手修造、反致竭蹶辦理、有悞捕務。。因軍工緊要起見、不得不通融接
收、而寔則仍照溫廠歷任授受章程交代也、現已接續購料興工、以冀仰副
大人慎重捕務之至意、第。。此時仔肩重任、勉力從公、將來前後任交代之際、
恐不免仍多轇轕、致費
憲心、茲據前任陳道移覆內稱、慶藩司前定成規、凡經駕廠之船、悉歸前
任修造、各清各任、原屬一秉至公、第彼時因牆陳二道交代推諉、是以詳定

章程、並未移查温廠情形、在寧廠或可率由舊章、而在温廠未免有所窒礙、緣温廠承辦船工、因地制宜、向隨廠船之多寡、核計約以三分之二交營出洋、三分之一在廠修造、輪替往來、隨時不溢此數、其新舊交代時、即以在廠三分之一爲限、此外如有積壓、責令鉅事之員辦理、歷辦如斯、且舟師南北捜捕、每遇届應修造之船、固不能刻期駕廠、而適當交鉅之候、紛至沓來、如不核計分數、皆屬駕廠之船、恐鉅任之員、不惟不能當此賠累、且辦理諸多掣肘、如照二分在洋、一分在廠、核計温廠九十七隻、除在廠一分外、洋中已有六十餘號、合之寧乍兩廠舟師、已得一百二十餘號、似可無悞捕務、而移交新任時、既未溢三分之一、即係廠內應有修造之船、應請照常辦理接收等因准此。。復查前道移覆、寔係温廠歷辦情形、似應明定章程、於緝捕交代兩無格礙、惟查温廠九十七船內、艇船十五隻、同安船五十隻、快哨八槳等船三十二隻、船隻大小不一、其修造賠貼之數、亦有多寡、若不就各船分別計筭、竊恐承辦之員、避重就輕、臨時又多爭執、應請將艇同等船作為一項、快哨等船作為一項、如艇船十五隻、計三分之一、應得五隻、交代時如有多於此数、即責令前任承修、其同安等船、亦照此核計、如此酌定辦理、庶廠工不致積壓、捕務亦收寔効、而每遇交卸時、前後任各有應交應接船数、總不越三分之一限制、以此遞推遞接、既不致有取巧推諉情事、亦從此可免無数葛藤矣○○因前任移覆、不揣冒昧、附陳末議、是否可行、伏祈

鈞裁飭遵、除備具接收交代册結、移明藩司核轉外、理合肅

稟

慈鑒敬請
崇安。。。。。謹稟
嘉慶十四年七月初九日

温處道　稟撥收舡工交代附陳未議由

嘉慶十四年八月十三日奉

兼署總督部堂張　批據稟撥收前任移交船工欵銀照數收明

浙江布政司速即移取交收清楚冊結逕一核明通送察查至尚有

駕廠未修二而船既經撥辦現已興工購料並即移令赶緊辦竣

交營配緝仍將各船名字號及奉文駕廠各日期先行開摺送查

一面補詳

撫部院示此復又于西年八月十一日奉

巡撫部院阮　批仰布政司速即換明具詳并將在廠各船前後交

代不甬三分之一是否不致積壓一并查議詳奪毋違繳

敬稟者，竊查浙省水師各營，額設戰哨巡船，向有水艍趕繒雙篷八槳六槳彪快巡釣等項名目，查最大之水艍趕繒，及次大之雙篷舡船，當時原爲鎮守巡防，以壯軍威而重捕務，另設快哨一項，爲運送兵糈，更調兵丁之用，此外八槳六槳彪快巡釣等船，係在内地港汊巡查緝私，以及遞送文報，嗣緣水艍趕繒雙篷三項，船身笨重，行駛不便，於乾隆六十年間，蒙前署憲署督憲長奏改同安商式營船，自改造以來，同安船戧駛南北，攻捕盜匪，甚爲靈便得力，即配給兵糈器械，更調兵丁，亦可駛抵内港，較之快哨船隻、艘轉渡送者、尤為直捷、伏查快哨船、現在營中既不以之運送兵糈等事、又不能遠出深洋、攻追緝捕、而內地港汊巡防緝私、探送信息、又有八槳艍快巡釣等船、足敷應用、是此項快哨船、幾成虛設、而拆造大小修及燂洗篷索等項、需費亦復不少、殊不足以昭覈寔、查寧廠額設快哨船二十一隻、溫廠二十四隻。○○等愚昧之見、似應將該船一律裁汰以節糜費、如以捕盜營船、不妨多設、應請咨商

提鎮、就原有快哨營分、酌量情形、或添造同安船數隻備用、庶於經費

捕務、兩有裨益、是否有當、伏候

大人裁核辦理、再乍厰情事相同。。等業經札會、尚未覆到、應請一體籌辦、

俟覆到舢隻若干、即當轉覆、謹肅會稟、恭請

崇安、除稟

督撫憲外。。　等謹稟

為移明事、案查浙省水師各營額設戰哨巡船、向有水艍趕繒雙篷八槳六
槳艍快巡釣等項名目云云、或添造同安船數隻、備用捕務、更為得濟、除稟
兩院憲外、擬合移明、為此合移
貴司、請煩查照、聽候
憲示核辦施行、
嘉慶十六年閏三月初八日

敬稟者、竊照快哨船一事、。前經會同寧紹道籌議裁汰、或另添同安緣由、縷
晰具稟、即由寧波專丁賫呈、諒蒙
慈鑒、乍厰情事相同、前因未據覆到、聲請先行一體籌辦、茲接乍浦劉同知
來函、知該厰向設快哨四隻、亦不甚得用、按時徒費修造、應與寧溫各厰一
律辦理、等因、合肅稟
聞、仰祈
憲臺俯賜查照前稟、彙核議辦、寔為公便、敬請

福安、除稟
制憲外。。。。謹稟
嘉慶十六年閏三月十四日

敬稟者、竊○○等前奉
憲臺札飭、裁汰快哨船一事、接准
提軍函致、議以快哨樑頭一丈四尺者、改爲一丈二尺之大號釣船、以便扮商誘緝、
飭即查議會稟、嗣又奉到
鈞諭、議改大釣之説、確查是否相宜、倘有窒礙、或改而仍無濟於用、不妨據寔
議覆、奉經○○等先稟遵札會議緣由、旋准藩司移奉
憲批、仰布政司俟查覆至日核辦、即使改造民釣、亦斷無兩廠忽添四十餘號

之理、等因奉此、仰見
大人體恤熟籌、務歸盡善之至意。。等伏查快哨一項、前因不甚得用、禀請裁
汰、原期船無冗設、帑不虛糜、今復議改大釣、如果船歸寔用、固屬籌畫周
詳、惟內洋緝捕、既嫌艇船同安笨滯、自以船身較小者方為靈便、第查大
釣船式、不但大於快哨、即較之同安船、惟梁頭收小、而船身底艕等項、俱各
不相上下、斷不能比同安船更為快捷、至巡緝較小各船、寧廠原有額設巡
船八隻、釣船二十隻、各營又有額設釣船三十隻、溫廠原有八槳船五隻、六槳

船一隻、艍快船二隻、各營又有額設釣船八隻、新造寧式釣船十隻、果能寔在配兵
分撥巡緝、足敷應用、此時因快哨虛設而議裁、復舍現有之巡釣各船而議添大
釣、設添造後、仍與快哨同一不甚得用、則是有名無寔、帑復虛糜、與其失悞於
已成之日、莫若妥籌於定議之初、荷蒙
大人殷殷下詢、用敢據寔上陳、在
提軍之議添大釣、原爲慎重緝捕、多多益善起見、但
國帑所關、不得不徹底通盤斟酌盡善、合無仰懇

憲臺、再行咨商
提軍、以緝匪船隻、如以大號者爲得力、則有艇同等項、且同安本係照商式改
造、僅可扮商誘緝、況船身底艕、比大釣不相上下、外洋內港駕駛向俱快捷、
如必以小號者爲靈便、則寧溫兩廠各營、共有過釣等船八十四隻之多、如果
俱歸實用、何虞短少、似此大小咸宜、用無不備、可否無須再行添設大釣、以歸
覈實之處、聽候
核定示遵、肅此具禀、恭請

福安、伏冀

憲照、。。　謹稟

為抄稟移明事、前奉
撫憲札飭裁汰快哨船一事、接准
提軍函致、議以快哨櫓頭一丈四尺者、改為一丈二尺之大號釣船、以便扮商誘
緝、飭即查議會稟、嗣又接奉札諭、議改大釣之說、確查是否相宜、倘有窒碍、或
改而仍無濟於用、不妨據寔議覆、等因奉經本道等先稟遵札會議緣由
旋准
貴司移、奉

憲批前來，除查議會稟
撫憲外，擬合抄稟移明，爲此合移
貴司，請煩查照核辦施行。
計抄稟
嘉慶十六年六月初四日

前署衢州鎮浙江溫處道為具詳移明奉委清釐船政事、嘉慶十六年十月二十三日奉

憲臺督憲牌開、本年十月十三日、准

浙江巡撫部院蔣　咨、據布政司廣。詳稱、該本司查得浙省寧溫乍暨各府廠、承辦

艍同捐及巡快哨各項船隻、為數甚多、或屆應修造、駕廠興修、或攻盜遭風擊碎、

題明補造、又有拿獲盜船、聲請抵補、尚未定案者、船隻既多、頭緒紛繁、其中屆限

應修之船、在營在廠、尤難查考、經本司委員戴燮設局清釐、將各廠額設屆

修各船、查明已未領項及未報完工各船隻、分營逐一清釐、辦造船工底册、以備

查考而杜混淆、第思額設戰船、原以供海洋巡防之用、固不可延宕缺額、亦不便冗設冒濫、水師各營、派委備弁、督駕出洋、責有專司、理宜認真巡緝以重捕務、若稍有曠置、不惟虛糜帑項、且於巡防大有關係、其届限修造船隻、一經駕廠、承辦之員、自應依限趕辦完竣、交營配緝、庶兵船有備無虞、額設不致久懸、巡防亦歸實在、茲查各廠船隻、有業經領項興修、未據具報完竣、亦有尚未據報開工者、雖經本司移行催修、恐致頻關罔應、仍無實濟、其存營船隻、是否全行出洋配緝、營員有無捏冒虛糜粮餉、似應一併清查以

昭核，寔現在洋面已無大帮匪艘，業經較前平靜，然兵可百年不用，不可一日
無備，乘此海氛寧謐之時，正可逐細清釐，本司酌議將寧温乍，暨各府廠承辦各
項船隻，應請派委文職大員，前往各廠查明某廠額設戰巡，及改造
奏捐商捐，並快哨巡船各若干，存營若干，駕廠若干，其駕廠届修船隻，是否寔係在
廠興修，因何尚未完竣，及未報開工，逐一清釐，開单具覆，一面勒限催令趕辦完工，
其存營船隻，某營有船若干，某營應配若干兵，何船寔係出洋，何船寔在存
營，出洋之兵與配駕之船，寔有若干，是否敷数，其存營之船，因何並不配駕出

洋、前因洋匪充斥、額設戰船不敷、是以

奏請捐造、及以拿獲盜船、留營配緝、今海洋寧靜、即有零星土盜、額船似足駕

巡、所有各船內、如有可以裁汰者、即分别議請裁汰、交廠變價、毋使有名無寔、

至各營拿獲盜船、究非額設戰船可比、其一切修費、既不能報

部開銷、而在外籌辦、頗費周章、如有應行抵補者、即查勘明確、通詳抵補、如

不堪抵補、無須配兵出洋者、亦即議請裁除、估變、庶不致有捏混滋弊、所有

存營船隻、應請移咨

督憲、派委武職大員、會同文員、澈底清查、分別妥議開摺具覆、到日再行核辦、寔為公便、等情到本部院、據此除札委温處道前赴各廠清釐外、相應移咨查照、希即派委武職大員、會同該道徹底清查、分別妥議開摺覆司、確核詳辦、以杜冒濫、仍祈示覆施行、等因到本部堂、准此、行委本鎮職會同本職道遵照前赴水師各營、逐細確查存營船隻、某營有船若干、某營應配若干兵、何船寔係出洋、何船寔在存營、出洋之兵與配駕之船、寔有若干、是否足敷配緝之數、其存營之船、因何並不配駕出洋、現在海洋寧靖、所有各船、是否可以勘

量裁汰，并驗明各營拿獲盜船內，何船堪以抵補，何船不堪配緝，應行裁變，徹
底清查，分別妥議，開具細摺，覆司確核詳辦等因。並蒙
陞任撫憲蔣　飭委職本道會同辦理，接准司移移送清册，隨即會督藩貴司派委之餘
姚縣丞趙球、蘭谿縣丞戴㚖、龍泉縣丞沈尚恩，次第驗辦。查浙省額設戰哨
各船，向歸寧波道、温處道及乍浦同知三廠造修，分配提標右營及定海、黃巖、
温州三鎮各營，在洋巡緝。舊制原設水艍、趕繒、雙蓬等船，共一百隻。乾隆三
十三年，裁去十六隻，實存船八十四隻。嗣於六十年，因各船體質笨重，緝捕

不能靈捷、經

前署督憲長

奏請仿照同安商船式樣、改造同安船一百隻、嘉慶四年艇匪滋擾、復添造米艇

大船三十隻、並舊設之快哨八槳六槳艪快巡釣各項船、俱由寧溫乍三廠承

辦、迨後蔡逆不時北竄、並有著名土盜、出没無常、又添造奏捐同安船六十

隻、現存二十八隻、並商捐同安船十隻、現存八隻、洋舶船六隻、現存五隻、分

交寧台溫三、府、暨乍浦同知造修、如遇各船應造應修時、駕送各廠、將

開工完工日期、隨時具報、完工後並取有本營堅固印結、呈送備案、惟各船駕廠後、自勘驗詳定以及購料興工在在有須時日、而前船未竣、後船迭來、不能不次第修辦、是以溫廠前經查照舊日辦理情形、詳定以各船三分之二存營緝捕、三分之一在廠修造、總以轆轤趕辦、無悞各營緝捕在案、茲會查得現在道府廠造修各船、核之存營配緝各船、除報明遭風擊碎無存者、所有字號船數、俱屬相符、並無缺少、其存營配緝各船、節經分投調驗、內有跟隨提鎮、遠出外洋、緝捕緊要、不便駕駛者、由各營造冊、分註船隻字號、弁兵名數備核、仍一面分咨提鎮、確查冊覆、以歸覈寔、此外有遭風營修各船、由司移知勘驗者、亦分別調取勘驗、另案辦理、查兵船所以緝匪、額設原有定數、計自蔡逆殲滅以來、浙洋已無大幫盜艘、即有一二土盜未除、舊有額設之船、儘敷配緝、

國家經費有常、多一船、即多一船糜費、當此海洋日靖、情形今昔迥殊、若仍將從前添設各船、常川留用、則續設之船、幾與額設無異、不惟造

修燂洗蓬索各項、逐年支銷、無所底止、而船多冗設、帑屬虛糜、殊非覈寔辦公之道、並率同委員等詳加查核、各廠承辦船隻、内由水艍等項改為同安者、俱係額設之船、毋庸置議外、其艇船及奏捐商捐同安洋船等船、皆於額外增設、在艇船為提鎮大員乘駕督緝以壯兵威、自未便徑行議裁、然按營計算、無需三十隻之多、今按營分之大小、船隻之多寡、派配應用、擬留二十二隻、裁去八隻、至奏捐商捐等船、初則由於捐辦、繼則全動正款、前據原任寧波府鄧守稟請分年遞減，然須扣至十二年後，方可裁完，其間大小修、歲修等項，糜費已屬不少，似未盡善。今擬將寧、温、乍三廠現應拆造、補造之額設同安船，停其修造，即以此項奏捐等船，儘數撥抵，以後如遇該船大小修、拆造，即歸寧、温、乍三廠動辦，計一二年後，即可全行撥抵完結。其洋船一項，較同安加長加大，應領造價、修價，亦較同安加多。現在寧府廠有應補造者一隻，拆造者二隻，擬即裁除，尚有二隻，係甫經補造小修完工，應留俟額設同安船，如有届限拆造者，一律撥抵。至快哨一項，本係額設爲内洋巡緝及運送兵糈之用、蓋從前各口岸、水勢深濶、行駛得宜、近年沿海一帶、漲生沙塗、港汊紛歧、土匪出沒無定、快哨船身笨大、往來捜捕、營中俱稱不甚得力、是以上年本職道會同寧巡道、稟請裁撤、遣 提軍有欲改大釣船、巡緝内洋之説、復經兩道會議、以内洋淺水沙塗、應以船身較小者方爲靈捷、大釣船式、不但大於快哨、即較之同安船、惟樑頭收小、而船身底艕等項、俱各不相上下、於内洋淺水、仍恐不能得力、經司議詳、毋庸添改在案、此項快哨船共四十九隻、現因内洋各口岸、今昔情形不同、駕駛既不合宜、巡緝又不甚得用、幾成虛設、應請全裁、惟原有快哨各內洋、一自裁汰之後、未免巡緝空虛、殊有關係、訪查寧波有釣槓船一種、船身比快哨畧小、而較各營現在配緝之營釣加大、每船可配兵二十名、亦可駕用傍山砲位、淺水往來、最稱靈便、即風浪中亦堪行駛、擬就原有快哨各營分照數改設、即以原配快哨之兵、酌量派撥以資巡緝、再查寧道廠有額設巡哨船十二隻、溫道廠有額設八槳船四隻、艍快船二隻、亦係船身笨滯、駕用不靈、擬一併改作釣槓船、仍撥原設營分應用、此外沿海尚有八槳六槳巡釣沙艍等小船六十一隻、本係額設、應仍其舊、又有續設之小釣船十隻、則係額外添造、亦擬全裁、竊查寧台溫三府、從前造辦

奏捐商捐同安洋舶等船、現將前項船隻、分別裁抵、府中已無承辦之船、而道廠尚有應留米艇大船、並額設同安八槳六槳巡釣等項、照舊辦理、此時若將改設釣槓船六十七隻、仍歸道廠、未免船隻過多、現在府廠既無船承辦、自應分任其事、以均勞逸、而昭平允、應請將快哨八槳等船、

改作釣槓者、分歸各府廠修造、至額設釣船及沙舸船、有由營修者、有由縣修者、往往延擱不辦、以致有名無寔、此等船身雖小、領價甚微、營中勢難賠累、今擬將營修釣船三十六隻、改歸寧溫乍三廠修造、俱由貴藩司酌核派辦、其餘縣修各船、俱勒限趕緊修造、以免延悞、至各營拿獲盜船、聲明留營配緝者、大小共十六隻、除撃碎無存船二隻、未經丈量、應再飭查船一隻、外其餘勘驗船身堅固、可以抵補者五隻、量明樑頭丈尺、船身大小、酌請抵補同安額船、其船身朽損、及樑頭丈尺不堪抵

補者八隻、應請飭令地方官、及早估變以免廢棄、再查乾隆六十年改造
同安船、原係一百隻、後因遇颶擊碎四隻、未經補造、現止九十六隻、擬將應
裁之奏捐商捐同安船内、撥抵四隻、以符原額、至内外洋巡緝兵丁、前於
嘉慶二年、經
前提督蒼　籌議派配、定有章程、現據各營冊開外洋緝匪兵丁、核
之原案所定數目、有增無減、内洋巡防兵丁、亦或多或少、與原案稍有
不符、惟各船配兵、向有定數、今仍照各船三分之一、在厰修造、三分之二存

營緝捕通盤籌畫計存營之船與配緝之兵尚屬有盈無絀即届限駕駛
陸續造修亦敷輪轉更替之用既於内外洋巡緝得歸定在無虞缺乏而
國帑所關亦可稍從節省不致虛糜矣所有跟隨提鎮出洋緝捕不便調
驗各船當經分咨
提鎮確查現惟温州鎮查明無異造册覆到此外
提督及定海黄巖两鎮尚未查覆應將温州鎮造送之册及各營册先行
呈送核一面將會查各船分别應裁應留應改應抵核計各營兵數酌量派

配、另造清册附送、是否允洽、相應核議具詳、仰祈
憲臺鑒核、轉商
提督核辦、除詳
撫憲并移司核覆外、爲此備由具申、伏乞
照詳施行、
計呈送
各營核配兵船並籌議裁改撥抵各船清册一本

各營拿獲盜船留營配緝分別撥抵額設同安及不堪抵補請餉估變各船清册一本

寧温乍三廠原辦各營米艇同安快哨巡釣等船字號清册一本

寧台温三府暨嘉防同知承辦奏捐商捐同安洋船等船分別撥抵清册一本

改造釣槓船(艇)頭船身丈尺清册一本

提標右營造送出洋緝匪兵船清册一本

定標中左右三營鎮海昌石乍浦等營造送出洋緝匪兵船清册四本

黄標中左右三營寧海營造送出洋緝匪兵船清册二本

溫標中左二營瑞安營玉環營造送出洋緝匪兵船清册六本

溫州鎮造送中左二營瑞安營玉環營出洋緝匪兵船清册三本

為移明奉委清釐船政事、云云照詳稿叙至 另造清册附送、並呈

督撫憲外、是否允洽、相應備文移明、為此合移

貴司、請煩查照洛商

提督核定轉詳示覆施行、

計移送照前同送 添送

各營屆限拆造及現擬裁汰各船分別應造應拆將原船請飭估變清册一本

嘉慶十七年五月初九日

為遵札詳請事。嘉慶十七年六月初八日，接奉
憲札，
總督部堂汪　憲札：嘉慶十七年五月二十三日，准
都察院咨開，據浙江會稽縣民人陶聘三遣抱告陳榮以奸民私墾
私煎，叩請查辦等詞，赴本院具控。訊供與原呈大畧相同。查浙省南
田地方，瀕臨島嶼，每易藏奸，向與玉環、淄洲一例遷徙。至
本朝康熙、雍正年間，玉環已設同知，淄洲亦設縣治，獨留該處，仍未
開墾。嗣於乾隆十七年，經御史奏請，奉

旨詳查該省督撫、仍議封禁奏覆在案、茲閱陶聘三呈詞之意、盖欲驅逐現在居民、假托捐資認墾、將久經成熟地畝、據爲已有、情殊巧詐、未便遽其壟斷之私、惟據稱南田螺絲罩百丈等處、聚集多人、私煎私墾、田不陞科、鹽不納課、甚至各立頭目、朋踞覇佔、強索租錢等情、是否屬寔、遽難憑信、該處相安日久、固不便因伊一人影響之談、輕舉妄動、致滋事端、但查南田各嶴、形勢與他處不同、聚匪藏奸、事所或有、設此時稍事因循、不爲究辦、恐將來日久滋蔓、貽害匪輕、殊於海疆地方、大有關係、惟現據陳榮供稱陶聘三係屬貢生、因患病遣伊抱告等語、查所控情節、係南田地方公事、何獨伊一人出首、且既患病、有何迫不及待、廼陶聘三以貢生遽遣抱告遠涉、保無有包訟歛費、營私利己情弊、亦須究辦、相應抄録原呈、并所呈原奏圖說各件、移咨貴督遴委賢能大員、馳往該處詳晰查勘、酌議章程、嚴切稽察、務爲先事預防之計、毋任積久弊生、方爲妥善、俟核定後、咨覆本院備查可

也、計抄原呈一帋、原粘单二帋、圖一套、告示一張、計送抱告陳榮一名、
等因到本部堂、准此、查此案於嘉慶十五年七月間、據陶騁三等
呈請開墾、照例陞科、經
前部堂方　批飭浙藩司、移會寧紹台道、確切查勘議詳、嗣據
藩臬兩司會詳鎮海縣民王楠赴
九門提督衙門、呈請開墾象山縣屬之百丈等處、經前護寧道李
守等勘明、即在南田總名之内、歷查成案、均以關係禁墾、應請

仍行照舊封禁等情，詳覆

浙撫部院咨覆

九門提督查照各在案，亦准

都察院移咨前因，除札飭紹興府，查拘原告貢生陶聘三前赴石浦，隨同該道親往勘辦外，合行札委，札到該道，即便查照來咨事理，督同紹興府親詣該處詳晰查勘，有無各立頭目，踞佔索租，私煎私鹽，並該貢生陶聘三事不干己，因何一人出首，是否包

訟歛費、營私利己、及該處地方、應如何酌議稽察章程、可免積久
生獘、秉公勘訊、議擬詳候核辦、毋稍草率遲延、致干未便、等因、
奉此、查紹興離寧府不遠、除將發交之陳榮飭解紹府收會、一
面查拘貢生陶聘三聽候押帶督同勘辦外、惟是此案、前據陶
聘三及鎮海縣民王楠先後赴
前憲並
前督憲
九門提督衙門、呈請將該處閘壩、經前護寧道李守等、勘明

詳請咨覆、照舊封禁、今陶聘三復又以奸民私煎私墾、呈請查
辦、伏查南田等處地方、果可開墾、自應逐一查丈明確、各聽認種、
照例陞科、仍酌定章程、悉除弊竇、果應封禁、即不應任聽私行
開墾、此次若非確切確明、妥議定案、必致控端疊起、亦斷不足以
折服原告之心、因檢閱抄卷、嘉慶十五年間、王楠控案內、經藩
司具詳、時届盛夏、草木茂盛、履勘難周、應請展限、奉
撫憲、
前憲據詳咨明有案、此次奉委查辦、亦時值六月、當此樹木陰

翳之候、山多地濶、查勘爲難、今昔情形相同、自應一律照辦、理合具文詳明、仰祈

憲臺察核咨明展限、查案咨明督憲辦理展限、一俟交秋後、可以履勘之時、即當督同趙守、前赴勘辦、俾免草率遲延之咎、寔爲公便、再王楠前次赴京具控咨覆全案、并請飭發以備查核、爲此備由具申、伏乞

照詳施行、

嘉慶十七年六月十三日

敬禀者、本月初八日、接奉
憲札、據會稽縣民陶聘三遣抱陳榮赴
都察院具控、浙省南田地方、奸民私墾私煎一案、飭即督同紹興
府查勘詳辦等因、并蒙發到陳榮一名、除解歸紹府收管、一面查
拘陶聘三聽候押帶督同勘辦外、查此案前據陶聘三及鎮海縣
民王楠先後赴
前憲並、

九門提督衙門、呈請開墾、經前護寧道李守等、勘詳咨覆、照舊封禁、今陶聘三又以奸民私煎私墾、稟請查辦、此次若不確切勘明、將應開應禁之處、妥議定案、必致訟端疊起、亦斷不足以折服原告之心、惟時屆盛夏、草木陰翳、竊恐履勘難周、轉致草率、是以查照展限舊案、具文詳請

憲臺咨明展限、俟秋後再行勘辦、期歸詳慎而昭覈寔、并查該處係寧屬象山縣所轄地方、山多地濶、利在必爭、私開私墾之徒、正

恐不少、似須會同本營大員、前往辦理、方足以資彈壓、因思前次控案、係護寧道李异經辦、現任之景道、未經涉手、無所用其迴護、即將來勘明後、詳定應開應禁、一切事宜、亦必藉本營官就近清理、若蒙添委會同督辦、在此時。。諸凡得資商確、且係隔屬事件、呼應較靈、而日後寧道料理事宜、尤得熟悉情形、亦可免致掣肘、似為兩得、合肅具稟、仰祈

大人俯賜飭委寧紹景道會同。。督勘詳辦、寔為公便、敬請

福安伏乞

慈照。。。。。謹稟

嘉慶十七年六月十四日

為再行詳請事、竊據會稽縣民陶聘三遣抱陳榮赴
都察院具控、浙省南田地方、奸民私墾私煎各情一案、前奉
憲臺檄飭、督同紹興府查勘詳辦、并蒙發到陳榮一名、當經解
歸紹府收管、因時屆盛夏、草木陰翳、惟恐履勘難周、轉致草率、
是以查照舊案、詳請咨明展限、七月十五日接奉
憲批、已據另稟批示、仰即查照、會同寧紹台道、督同紹興府、確
切履勘、妥速議詳、毋稍違延、繳、又○○。稟請添委寧紹道會辦由、

奉批查該道業經
大計案內薦舉俟
部覆至日即應送部引
見此案既經奉委勘辦未便率准咨請展限致滋延宕惟所請添委
寧紹道會辦之處事屬可行仰候札飭遵照該道務即會同寧
紹台道督率紹興府確切履勘妥速議詳一面移明浙江按察司
會同布政司核明通詳察奪毋稍違延此繳等因奉此查原告

陶聘三前據紹興府具稟、查提無着、業已批飭向抱告陳崇追
問下落、嚴行跟拘、不能任其避匿、亦奉前因、除飛速勒催、一面
分別移行寧道、及該府、訂期前往會勘、不敢稍有遲悞外、惟是
此案前據陶聘三及鎮海縣民王楠先後赴
前憲並
九門提督衙門、呈請開墾、經前護寧道李守箐勘詳咨覆、照
舊封禁、今陶聘三又以奸民私煎私墾、呈控查辦、此次若不切

寔勘明、將應開應禁之處、妥議定案、必致訟端疊起、亦不足以折服原告之心。既奉委勘、責有所歸、務期詳慎以昭覈寔、該處山多地廣、盛夏時草、木陰翳、寔屬難於履勘、是以詳請展限、查定例部院衙門咨交之件、以接奉咨交之日、起限四個月完結、委審官如逾限不及一月、及一月以上者、分别罰俸、若遲至三月、即干降調、此時如不將應行展限之處、預爲咨明、將來即遲延有因、定例又不准聲扣。非敢屢爲陳請、

有意宕延，寔因屈指限期已迫，且從前曾經咨展有案，合再具文詳明，仰祈
憲臺俯念○○為詳慎辦公起見，准照前詳咨部展限，俾免草率遲延之咎，寔為公便，除訂期起程，另報公出日期外，為此備由具申，伏乞
照詳施行。
嘉慶十七年七月十六日

浙江寧紹台溫處道督同紹興府、爲遵札查勘議詳事、嘉慶十七年六月初八日、

職道。。接奉

憲札、制憲札飭、嘉慶十七年五月二十三日、准

都察院咨開、據浙江會稽縣人陶聘三遣抱告陳榮以奸民私墾私煎、

叩請查辦等詞、赴本院具控、訊供與原呈大畧相同、查浙省南田地方

瀕臨島嶼、每易藏奸、向與玉環滃洲一例遷徙至

本朝康熙雍正年間、玉環已設同知、滃洲亦設縣治、獨留該處、仍未開墾、

嗣於乾隆十七年、經御史奏請奉
旨詳查該省督撫、仍議封禁奏覆在案、茲閱陶聘三呈詞之意、蓋欲驅逐現在居民、假托捐資認墾、將久經成熟地畝、據為已有、情殊巧詐、未便遂其壟斷之私、惟據稱南田螺絲罩百丈等處、聚集多人、私煎私墾、田不陞科、鹽不納課、甚至各立頭目、朋踞霸佔、強索租錢、等情、是否屬寔、遽難憑信、該處相安日久、固不便因伊一人影響之談、輕舉妄動、致滋事端、但查南田各嶴形勢與他處不同、聚匪藏奸、事所或有、設此時稍事因循、不為究

辦、恐將来日久滋蔓、貽害匪輕、殊於海疆地方、大有關係、惟現據陳榮
供稱、陶聘三係屬貢生、因患病遣伊抱告、等語、查所控情節、係南田
地方公事、何獨伊一人出首、且既患病、有何廹不及待、廼陶聘三以貢生
遽遣抱告遠涉、保無有包訟斂費、營私利已情弊、亦須究辦、相應抄録
原呈、并所呈原叅圖說各件、移咨貴督、遴委賢能大員、馳往詳[該]處、詳
晰查勘、酌議章程、嚴切稽察、務為先事預防之計、毋任積久獘生、方
於[為]妥善、俟核定後、咨覆本院備查可也、計抄原呈一帋、原粘單二帋、圖

一、[告]示一張、計送抱告陳榮一名、等因到本部堂、准此、查此案於嘉慶十五年七月間、據陶聘三等呈請開墾、照例陞科、經前部堂方札浙藩司、移會寧紹台道、確切查勘議詳、嗣據藩臬兩司會詳鎮海縣民王楠赴九門提督衙門、呈請開墾象山縣屬之百丈等處、經前護寧道李守等勘明、即在南田總名之内、歷查成案、均以關係禁墾、應請仍行照舊封禁、等情、詳覆

浙撫部院咨覆

九門提督查照各在案，并准

都察院移咨前因，除札飭紹興府查拘原告貢生陶騁三前赴石浦

隨同該道親往勘辦外，合行札委。札到，該道即便查照來咨事理，

督同紹興府親詣該處，詳晰查勘，有無各立頭目，踞佔索租，私煎私

墾，並該貢生陶騁三事不干己，因何一人出首，是否包訟斂費，營私利

己，及該處地方，應如何酌議稽察章程，可免積久生弊，秉公勘訊，

議擬詳候核辦、毋稍草率遲延、致干未便、計粘抄原呈一扣內開、
具呈抱告家人陳榮原呈陶聘三同籍、浙江紹興府會稽縣人、爲縱
私罔上、害課養奸、奔求奏請查辦、以靖地方、並裕課食事、切嘉慶十
四年間、因已故鎮海民王楠呈請咨查本隸台州府寧海縣地方樊嶴
百丈羅源等處私墾一案、呈奉總督方名維甸、批司移道確勘、嗣
寧波府知府護道李昉查勘、仍溯乾隆十四年寧府胡邦祐詳請、
迄今六十餘年、人多地闢、驅逐其人、不能犂毀其地、勢難禁絶等覆、

經藩司駁飭、今昔情形不同、若祇將從前歷次成案敷衍即可定案、亦不必委員查勘、多此一番周折、詳請督撫再行確勘、仍未勘明咨覆、附稟私墾寔情、亦不咨入、又不稟有私晒私煎虧課情事、經運司批府確查、轉飭象山縣玉泉場會勘、緣該處蠏礁、頭烏巖及南田等處、私灶三百有餘、聚集數萬人、各立頭目、縣以聚衆人多、不敢赴勘、經提督批俟地方官申請委營會勘核辦、俟至一年、不請不勘、第各嶴前以海疆未寧、與南田並廢、查南田洪武二年、同滃洲玉環一例遷徙、至康熙雍正年間、開闢溫洲玉環、設立廳縣、惟南田各嶴形勢、三面環山、緊對石浦、一葦可杭、嶴島不一、田地山塘二十萬餘畝、當今生齒極盛、粒食維艱、寸土足寶、近值孽牙淨盡、海晏河清、
聖天子念切民依、至優極渥、矧今昔情形迥殊、有此二十餘萬畝可墾可煎、儘足養數萬人之命、兼設灶配煎、以疏引課、如復飭禁、旋去旋來、近值歲歉、羣起墾種、皆無所歸、尤難絕禁、已呈請總督、凡一切工本經費、情愿捐資、毋糜帑項、並請墾熟、將樊嶴百丈南田、存立

公田以資晉濟、乃府稟不洛、縣示不勘、節經巡撫同巡道檄飭移會水師驅逐燒燬、煎盤愈多、聚集更衆、以致螺絲罩百丈小塘等處、私自築塘、老東門對過各裊、垄有坟塋、俾該頭目人等、竟得朋踞霸佔、強索租息、十五年正月間、經巡道飭查、據石浦巡司查報包攬搭廠開種頭目二十一人、并私灶四十六處在案、並不究辦、此時蔡孽殲净、海宇方清、尚有此等窮據逞強横行不法、似未便不禁不開、并不勘不查、釀成盜藪、貽害益甚、伏念私煎盛、則官鹽難銷、致虧引課、私盤多則包攬漁利、擾累

窮民、種種下情、無由上達、亦以不辦不勘、守候無期、況寃莫訴、情極奔
請抄錄詳稟呈批縣示、及認墾土名附送玉環成議併總圖同圖說一
套呈送、叩求
大人恩賜奏請、可否共仰
天恩萬民均感、再乾隆十七年、御史歐陽正煥、奏請開墾南田奉
諭旨詳悉查明、如或可行、自屬與民有益、若寔有難於辦理、亦即據寔奏聞、欽
此、當時海疆未靖、似難遽行、今已澄平、煎墾徧聚集極多、現經護道

李昉稟稱雖禁寔情、其可開而不可禁、有益顯然、無難辦理、查開墾玉環、巡撫李衛同提督石雲倬議陞、並派水師抽撥弓兵巡查彈壓、今同屬海疆、地僻人蠻、地禁年多、藐法已久、得經提督會同將各嶴私煎私墾、及私築私壅、併該頭目人等、徹底根查、庶無扶隱、肅清、方克認真查辦、不致有名無寔、弊絕風清、尤為德便、至應何辦理、前寧府胡邦祐詳准批題護道李昉附稟並送在案、仰邀核寔施行、合併聲明、上呈、并奉、發原粘单一帋、圖一套、告示一張、親供一帋、抱告陳榮一名、到道、

奉此、當將陳榮解交卑紹府收管、一面飭查陶聘三下落、提案訊辦、職道
〇〇因該處地方、山多地濶、前次控案、係護寧道李守經辦、現任之景道
未經涉手、無所廻護、即勘明後一切應開應禁事宜、亦必藉本管官就近
清理、隨經稟蒙
憲臺制憲添委職道〇〇會同督辦、并以時屆盛夏、草木陰翳、竊恐履勘難周、轉
致草率、復又援照展限舊案、詳奉批准咨展在案、副卑府〇〇提到陶聘三
具文報明、職道等即訂期起身、卑府帶同陶聘三陳榮俱於九月二十四日

行祇象山縣石浦地方、隨會查各原案內開、南田坐落象山縣石浦之南、寧海縣之東北、周圍八九十里、其中島嶼繁多、山名不一、總曰南田、該山四面環海、東西南三面、俱屬大洋、直達閩粵、及外番諸處、并逼近黃盤大目等洋面、最爲險要、惟北面相離象邑老岸不遠、查核誌乘、南田自晉迄元、其地居民蕃盛、原稱沃壤、迨後洋匪每至剽掠、屢傷人命、明初信國公湯和奏請徙其民、墟其地、自封禁至今、已歷數百餘年、雍正十二年間、有鄞縣士民范淇園等呈請開墾、經藩司張若震查明南

田孤懸海外、或通別省、或通外番、一經開墾、匪徒群集、巡防難周、詳奉
宫保閣部院嵇　批飭永行封禁、乾隆十四年、寧波府知府胡邦祐稟
請弛禁召墾、并據寧象等縣民人宋美英等、呈請認墾南田、經藩司
葉存仁飭委寧台二府會同象協勘辦、確核該處情形、以海外墾
闢、奸良莫辨、洋匪難於防範、其犁鋤等項鐵器、及所收稻穀、無從
分别稽查、保無出洋情弊、仍請永遠封禁、乾隆十七年、江西道監察
御史歐陽正焕奏請開墾南田、欽奉

諭旨詳悉查明如或可行自屬與民有益若寔有難於辦理之處亦即據寔奏

聞欽此經

前撫憲雅　奏覆仍請照舊禁墾奉

旨知道了欽此乾隆四十八年有徐家振等赴

前撫憲衙門呈請開墾南田未經准辦五十二年會稽縣民王紹修赴京

呈請開墾奏明飭查經藩臬兩司寧紹台道會勘議詳以該地孤懸海

外直接外洋波濤浩淼四通八達洋匪来往自如東南西三面處處可

以出入寔屬無險可守、與玉環舟山等處情形迥異、一經弛禁召墾、無籍之人日久聚集蔓延、難保無勾結爲匪之事、開墾以後、若遇收成豐稔、勢不能禁其販運流通、必致詭計百出、潛行偷漏、至於農民耕種營造、及食用器具、在在需鐵、一切犁耙刀鋤鐵鍋鐵釘之類、任聽買用、奸民乘機濟匪、關係尤爲重大、欲議開墾、必先設官建營、文則丞倅、武則都守、鎮以重兵、方資彈壓、并洎各口設立營汛、水陸巡防、以昭慎重、所需官廨營房哨船、以及俸餉糈費等項、需用浩繁、濱海地方、田

地賦稅本輕、每畝徵銀自四分至六分零不等、核計稅數無多、開墾尚
未成熟、而
國帑先已糜費、且塗坦一項、係潮汐所到之處、必須築塘建碶、禦鹹蓄淡、
數年後鹹性退淨、方可成田、不特工費鉅繁、抑且成熟難必、擇腴爭奪、
聚衆鬪毆釀命、勢所必有、即使官爲配搭、均勻分給、而窮民資本有
限、力難建築塘碶、則塗坦終成廢棄、仍屬有名無實、應請照舊永遠
封禁、如有妄生覬覦、仍以開墾爲詞、混行呈請者、除立案不行外、將

具呈之人從重治罪、詳奉
前撫憲覺羅琅 照奏永遠封禁、奉
旨依議、該部知道、欽此、轉飭欽遵、嘉慶十五年正月、前寧紹台道陳廷杰、諭飭
石浦巡司查報、該處有搭廠開種地畝張文盛等二十一人、私灶四十六處、正
在查辦間、旋據陶聘三等呈請開墾、照例陞科、經
前憲前督憲方 批飭藩司移會寧紹台道確勘議詳、嗣藩臬兩司會詳鎮
海縣民王楠赴

九門提督衙門、呈請開墾象山縣屬之百丈箬處、經前護寧道李昉勘明、即在南田總名之內、歷查成案、俱以關係禁墾、應請仍行照舊封禁、搭厰種植各項民人、妥爲驅逐、詳請
前撫憲前憲咨覆
九門提督查照完結、嗣陶聘三等赴運司呈請、於該處設灶煎配、批府轉委查勘、旋奉
撫憲前憲檄行、由道轉飭、如有私晒私煎、包攬漁利、一體驅逐、各等因在案、隨提

陶聘三等查訊、

據陶聘三供、年五十九歲、會稽縣人、乾隆四十年、蒙

前學憲李　歲試入學、補增考名陶聘、並非貢生、是抱告陳榮在京供

錯的、嘉慶四年、因遊幕出外、七年上歲試不到、經本學詳奉批革的

了、從前父親陶聲依與徐家振等、呈請認墾南田、未經准辦、嘉慶十

五年、草生在

前督憲案下、復又具呈、蒙

各憲仍照原案議禁、革生因與父親歷次稟控、用去盤費銀兩、心裡不甘、

故此逞想報墾、要具詞赴

都察院呈控、後因患病、所以遣抱陳榮投遞的、南田地方、永遠封禁、原

是歷次詳定奏定有案、並非地方官不勘不辦、亦無設立頭目、朋踞

霸佔、強索租息的事、這都是革生悞聽傳言、至於私墾等項、寔是有

的、如今只求查勘就是了、

據陳榮供會稽縣人、是嘉慶十五年跟隨陶聘三起的、陶聘三在

前督憲臬下呈請開墾南田、因蒙照舊議禁、他還想報墾、故此具

詞要赴

都察院告狀、嗣因患病、遣小的去投遞、并照着呈詞教習小的口供、

給有盤費、應許後來再行重給、小的一時愚昧、應允代去、陶聘三并

不是貢生、是小的在京供錯的、別的事不知道、各等供、據此、職道等當

即督同卑府及隨帶委員慈谿縣知縣張文照、鄞縣縣丞何廷模、署

瑞安縣縣丞劉光雲、寧波府司獄李際昌暨象山縣知縣葛建椿、石

浦廵查委員陳嵐等、由石浦登舟渡海、至南田樊㟂港、約計洋面三十餘里、自樊㟂港登岸、遍歷北面之百丈螺絲箐㟂、過石門嶺、以及大小南田谷山㟂、四面瞻矚、該山孤懸海外、周圍八九十里、山居其九、地居其一、島嶼紛岐、不成片段、陶聘三於十五年控案内呈繪之處、開墾十五六萬畝、此次又称二十餘萬畝、隨意增添、全屬虚妄、且所稱平曠地畝、多係沙塗海灘、必須築塘禦鹹、建閘養淡、數年之後、方可開墾、并有港深泥陷、潮水長落、衝流無定、不能建築塘閘者、兼以處處逼

近外洋、四通八達、既無港口、又無扼要門戶、一望汪洋、寔屬無險可守、
職道 等周歷查勘、並未見有墾成熟地、種植禾稻之處、歷來呈墾之
人、俱稱膏腴澳（沃）壤、一則由於小民圖利之私、一則習見邑誌載有平曠
豐腴字樣、張大其詞、有名無寔、惟山頭地角、有種植蕃茹烟葉等
物、并搭蓋寮廠、每處自一二廠至三五廠不等、廠內所藏及晒晾各
物、率皆網捕器具、此外大南田及烏巖蠏礁頭地方、間有私煎形
迹、人俱避去、無從查傳、考之案牘、向來該處捕魚之人、春冬兩

汎、聽其搭廠、汎畢燒燬、不在禁逐之列、復又逐細確加訪察、委無各
立頭目、朋踞霸佔、強索租錢之事、勘畢、檢閱十五年圖模、尚有舛
錯、另飭畫匠確繪更正外、又傳陶騁三到案研詰、據稱呈內所指各
立頭目、朋踞霸佔及私灶三百有餘、都係悞聽人言、南田三面環山
原只就南田山內而言、若云全局、寔係四面環海、從前因巡檢報有
私墾人等、是以即將私墾之人指為頭目、其寔並無頭目、況巡檢查
報在先、王柟案勘明訊結在後、何敢再行妄指、故此次在

都察院呈內、並未指出姓名、草生止圖告准後、可以多得地畝耕
種、並沒包訟斂費營私利已的事、究詰至再、矢口不移、餘與原供
相同、不復冗敘外、浙江寧紹台道○○溫處道○○督同紹興府知府○○○會勘得
會稽縣草生陶聘即陶聘三、具控南田地方、奸民私墾私煎各
情一案、緣南田一山、坐落象山縣石浦之南、寧海縣之東北、周圍
八九十里、其中島嶼紛歧、土名不一、總稱南田、該山四面環海、東西
南三面、俱屬大洋、直達閩粵、及外番諸處、惟北面相離象邑老岸

不遠查核誌乘、南田自晋迄元、其地居民蕃盛、原稱沃壤、迨後洋匪每至剽掠、屢傷人命、明初信國公湯和奏請徙其民墟其地、自封禁至今已数百年、雍正乾隆年間、歷據各邑民人呈請開墾、并有寧波府知府胡邦祐詳請弛禁、又有江西道監察御史歐陽正煥奏請開墾、俱經確切確明、因三面逼近大洋、無險可守、若一經開墾匪徒則聞風群集、成熟則米穀出洋、一切農具鐵器、任聽濟匪、利少害多、歷陳獘竇、先後詳定奏定永遠

封禁在案、嘉慶十五年七月間、據陶聘三等呈請認墾、照例
陞科、經
前憲
前督憲方　批飭藩司移會寧紹台道查勘議詳、嗣藩臬兩司
會詳鎮海縣民王楠赴
九門提督衙門、呈請開墾、象山縣屬之百丈等處、經前護寧紹台
道李昉勘明即在南田總名之內、疊查成案、俱以關係禁墾、應
請仍行照舊封禁、詳奉

前撫憲前憲咨覆完結、陶聘三因與其父先後呈請開墾、俱未准行、用去盤費銀兩、心懷不甘、仍圖認墾、明知歷有禁案、無可措詞、轉以該處奸民各立頭目、盤踞覇佔、及私墾私煎、各情、遣抱陳榮赴都察院呈控、幷但言寧波胡守之詳請開墾、不言定案時之仍行封禁、但言歐陽御史之奏請開墾、不言定案時之奏明永遠封禁、意圖含混取巧、爲希異邀准地步、殊不知沙塗之坍漲、今昔或有不同、而處處通洋、無險可守、則係山海之形勢使然、寔屬千古

不磨定論、此從前所以展復玉環、開闢定海、而南田之歷次詳聞奏
聞總未准行者、蓋防弊深而所謀遠矣、今蒙
憲臺制憲飭委職道等勘辦、遵經勘明今昔情形相同、並無各立頭目、朋
踞霸佔情事、在南田之不便開墾、固以久成鐵案、無可更張、惟現
在既驗有墾種番茹等物、及各處私煎形跡、則無籍貧民、乘隙
潛踞其間、去之不能盡淨、已屬顯然、總由該處孤懸海外、既不
能朝伺而暮察、即難保其不旋去而旋來、查南田各山、向歸寧

象兩邑分轄、離象山尚近、已難呼應相通、離寧海較遠、更屬鞭長莫及、且以未滿百里之山、隸分兩縣、縣分兩府、事無專責、本屬牽制不得其宜、乾隆三十五年、曾經寧台二府會議詳定、陸路歸象、水路歸寧、奉

前撫憲前憲永　批飭勒石遵守、所謂陸路者、又僅指鶴鴣頭坦塘小塘等處、爲南田中之一隅、非南田全山也、水陸之分、仍未明晰、且以南田全山而論、鶴鴣頭一山、爲象寧海之最近者、此山既歸象轄、而

轉將相去較遠之山、歸於寧海、斷無是理、疆界無一定之分、即不免有遇公推諉之弊、嗣後應將南田各山、統歸象山管轄、以專責成而杜混淆、其在海邊搭廠捕魚之人、沿海各島嶼、處處有之、既不在禁逐之列、自應仍循其舊、第恐無籍之徒、藉網捕為名、從中私煎私墾、不可不設法稽查、應由象山縣於石浦居民內、擇其身家殷寔、誠信可靠者、立為漁總、凡往南田採捕者、查明造册稽管、漁汛畢後、隨時催令散去、勿任無業之人、乘機潛踪、如漁戶人等、逗遛涿輿，即將本人及漁總一併提處，歸於石浦巡檢，就近寔力查察，此外種植番茹烟葉之人，應出示曉諭，勒限遷徙，倘敢違延，嚴行驅逐，并將其地犂毀，私煎者立即拘究，仍由象山縣會營按季前往巡哨一次，將有無匪徒潛匿緣由，具結通送，該管知府於每年歲終，會同象山協，前赴親查一次，結報，其水汛係寧海健跳營管轄，凡有寧台民人，偷越南田，皆由健跳出入，應令該營於要隘汛口，派兵嚴密巡防，並水師南北往來，該處為必經之所，亦責令於巡防之便，認真

查察、仍於查過後、隨時報明
各憲以憑稽核、免致塵應故事、似此立定章程以後、如由寧台赴南
田者、責成健跳營、由石浦赴南田者、責成該巡檢、再由縣府舟師、
親加稽察、星羅碁布、周匝無遺、庶幾責有所專、而事歸扼要、陶聘
三本屬增生、前因悞考斥革、現在訊無包訟歛費營私利己情事、
其所控各立頭目、盤踞覇佔、未經指出寔在姓名、並非有心誣捏、此
外牽涉私煎私鹽各情、亦尚事出有因、惟案關奏定永遠封禁、匿不

聲叙、且於 卑 紹府衙門具詞、猶稱增生帶頂、是屬朦混巧詐、應請照
不應重律、杖八十折責發落、交會稽縣嚴加管束、抱告陳榮代為投
遞、皆由陶聘三主使、毋庸置議、是否允洽、仰祈
憲臺察核 咨覆、再此案前因盛夏、草木繁茂、難以履勘詳、蒙咨明展限、今於草木黄落
除詳 督憲并移臬藩司核轉外、為此備由具申、伏乞
時九月二十六日即行詣勘、並未遲延、合并聲明、除詳 撫憲并移臬藩司核轉外、為此備由具申、伏乞
照詳施行

計詳送 奉發原粘单二紙 圖一套 告示一張 親供一紙

現勘圖說一二套

浙江分巡寧紹台温處兵備道、督同紹興府、為查勘議覆事、竊本道等接奉
制憲札委、據會稽縣人陶聘三遣抱陳榮赴
都察院具控南田地方、奸民私煎私墾各情一案、飭即親詣該處、詳晰查勘有無各立頭目、踞佔索租、私煎私墾、並陶聘三事不干已、因何一人出首、是否包訟斂費、營私利已、及該處地方、應如何酌議章程、可免積久生弊、秉公勘訊、議擬詳候核辦等因、本道等會查舊案、南田地方因三面通洋、無險可守、一經開墾、則百弊叢生、歷經奏定、永遠封禁在案、

隨又親詣勘明、今昔情形相同、並無各立頭目、朋踞覇佔情事、在南田之不便開墾、固已久成鐵案、無可更張、惟現驗有墾種番茹等物、及各處私煎形迹、則無業貧民、乘隙潛頓其間、去之不能盡淨、總緣該處孤懸海外、既不能朝伺而暮察、即難保其不旋去而旋來、本道等遵經籌議章程、以期責有所專、稽查嚴密、免致積久生弊、并究明陶聘三並無包訟斂費、營私利己情事、除繪圖議擬具詳

督撫兩憲外、理合繕具咨冊、備文移明、為此合移

貴司請煩查照會同
臬
藩司核定轉詳咨覆施行
計移送咨册一本　圖一幅
嘉慶十七年十月二十六日

來廈堂海防私籌不分卷

〔清〕丁大椿撰

《來夏堂海防私籌》不分卷，清丁大椿撰。大椿字小仙，山東諸城人。道光初以諸生南游，二十一年（一八四一）總督牛鑒軍上海，入其幕。此書卷首有丁大椿道光二十一年引言。以「邊防説」一篇爲總説，駁客「防西北之邊急而防東南之邊可緩，防西北之邊難而防東南之邊較易」之論，備述海防之重要。次以海防策論二十二篇，詳論海防事宜，依次爲未事之防十籌、遇事之防十籌、既事之防二籌、補遺。據中國國家圖書館藏清道光間刻本影印。

海防私說

来夏堂書九册

刻海防私籌引

暎賊之船非能有幾也暎賊之兵亦非能有幾也而所攖之處竟無能制禦之者斯誠余所不可解者矣竊嘗深求其故乃知事有固然而無足詫者制敵之道不患無兵患在有兵而不可用人人先有畏敵之心則兵為無用矣今大勢即在人人畏賊之炮火耳以畏賊炮火之兵而强之對擊其膽已裂也其氣已餒也其心已慌而其手已顫也姑勿論發之而未必準就令取準而賊船在海瞬息動遷安必其適當吾炮彼賊誠見我炮之無如彼何也則安穩前進度其炮所能及而後擊我故獨賊能取中耳且以形勢論之我之炮或不能傷賊而賊之炮必無不傷我之理何者我之炮列海岸而賊船則固低於岸也故自過賊以来間有以炮擊其桅者誠聞之矣其寔能碎賊之舟殆未有也而若賊之擊我則不然者賊之船無定方而我之炮有定位賊若以銃尺量之以測遠鏡度之不傷我之兵亦必能毀我之炮一炮毀而他炮不及裝放矣一兵傷而羣兵不敢復前矣此皆近日我兵失利之情形雖愚者無難逆料也然則如之何曰是固莫若先壯吾軍之膽使人人確知賊炮之萬無可畏則膽壯矣雖然賊之所恃者炮也果何如

而能使其炮為無用之炮一任我軍之放心剿捕而無所驚畏也則是又豈可以空言動衆哉或曰若是則子何不昌言之曰善用兵者以心運機以機應勢以勢定計神而明之百物莫測豈在多言乎且余所以不條析之者尤慮此書之流布或為奸人所覺也時道光二十一年辛丑四月七日余著海防私籌畢漫書之以冠於首東武丁大椿

來夏堂海防私籌

古諸丁大椿

防邊說

客有爲防邊之說者謂防西北之邊急而防東南之邊可緩防西北之邊難而防東南之邊較易余竊以爲不然夫所謂防西北之邊急而防東南之邊可緩者得非謂東南去京絶遠且有長江大河之險以限之非若西北當關塞之衝越居庸關不過二日即直搗腹心所謂防西北之邊難而防東南之邊較易者得非謂空海一帶但使之不得登岸賊即無如我何非若西北地面遼濶在在均須防守稍一踈虞即不能禁其行於無人之地乎嗟乎此書生之論未足與議天下事者也今謂西北當關塞之衝越居庸關不過二日即直搗腹心豈知海寇出廣閩不過數日亦即可達天津虜由西北即踰山越險未必能行於無人之地而海寇由廣閩直趨大洋則眞行於無人之地耳且西北諸虜亦萬萬不能踰山越險而來吾內地也何則西北之虜所恃者馬也人可以攀藤附葛緣崖越壁而馬不能人可以裹糧帶水三五日不常飲食而馬不能故凡虜擁騎南下必先求水草其無水草之處即虜亦不能以饑渴馬致千里也夫自太行山以北復折而東直抵大海備極陡峻微有缺者補以邊墻天若故設此險以限南北其可以大出

之路不過數處耳　國家第以專閫任開平興和寍夏甘肅大寍遼東各處多設烽火於沿山一帶防其踰越則虜亦安能飛入哉若西南諸夷由廣東入中國則有雷瓊廣潮數路由浙閩入中國則有福興泉漳溫台寍錢數路由江南入中國則有松蘇通泰數路由山東入中國則有登萊膠諸數路而實皆可出天津而滙爲一路由廣東浙閩江南山東入中國尚有長江山河之險以爲之限若由天津入中國則突發於不意矣然或者以爲有巡海之師有出哨之船聲勢連絡緩急可恃不知茫茫風濤豈能常出洋口卽船在海中極晴之天不過遠望四五十里若昏霧及夜雖咫尺不辨賊若由大

洋直趨天津夫安得而巡之安得而哨之使其分數道而來彼則一兩晝夜可擾我數省我則奔馳數月而不能及且安知其不於廣東浙閩但遏綴我師而疾突騰踔擣我心腹而不及備乎此其勢固甚便於西北諸虜而謂防而備之果孰急孰緩孰難孰易哉今之備東南之邊者吾見其日懈一日而漫不加意也故妄爲之說

大椿又案趙宋以前皆患在北自元都燕京而所患又在於南如福建之澎湖臺灣等處廣東之香山澳門等處每爲外夷所必爭據通考澎湖一帶在趙宋時本謂之毘舍那國元置巡司於澎湖明初內徙其民棄澎湖地其後琉球人入居之自萬歷間海寇顏思齊引倭屯據臺灣而琉球始東去自是荷蘭人爭得之　本朝鄭芝龍子成功又爭得之康熙元年鄭成功死而臺灣遂隸我版圖然中更朱佑龍劉却朱一貴吳福生林耀楊光勲林爽文莊大田蔡牽等皆無不垂涎於臺灣者惟荷蘭既不得臺灣則遂窺澳門始與意大里亞爭不勝退保噶囉巴今暎夷吞併諸國以次而南皆有屯兵試問其居心何如哉伏讀

聖祖仁皇帝康熙五十五年

上諭朕訪聞海外有呂宋噶囉巴兩處地方噶囉巴乃紅毛泊船之所呂宋乃西洋泊船之所彼處藏匿盜賊甚多又

諭云海外如西洋等國千百年後中國恐受其累此朕逆料之言

天語煌煌慮深識遠安可不思患豫防之哉

附陳資齋天下沿海形勢録

天下沿海形勢從京師天津東向遼海鐵山黃城皮島外對朝鮮左延東北山海關寍遠蓋平復州金州旅順口鴨緑江而抵高麗右袤東南山東之利津蒲台壽光海倉口登州而至廟島成山衛登州與旅順口南北隔海對峙東懸皮島西匝兩京登萊是爲遼海登州一郡陡出東海盡於成山衛海船往盛京天津者以成山爲標準也成山衛轉西南則靖海大嵩

萊陽鼇山靈山而至江南海州此皆登州西南之海也海州而下廟灣而上則黃河入海之口河濁海清沙泥入海則沉而實支條縷結東向汙長潮滿則沒潮汐或淺或沉名曰五條沙中間深處呼曰沙行江南之沙船往山東者恃沙行以寄泊船因底平少閣無碍閩船到此則魄散魂飛葢其船底既圓加以龍骨架接高昂閣沙播浪未有不碎折者也故凡海船往山東兩京必從盡山對東開一日夜避過其沙方敢北向是以登萊淮海可以稍寬海防者職由五條沙爲之保障也廟灣南自如皋通州而至洋子江口內狼山外崇明鎖鑰長江沙坂急潮其槩亦畧與五

條沙相似而崇明上鎖長江下扼吳淞東有洋山馬蹟花腦陳錢諸山接連浙之寗波定海外島尤爲海中之要衝其在浙屬如嘉興之乍浦錢塘之鼈子餘姚之後海寗波之鎮海雖皆沿海要疆而總以定海爲之捍衛誠防海者所當留意耳抑又考之浙江海外以馬蹟爲界山北屬江山南屬浙而陳錢外在東北俗呼盡山山大澳廣可舶舟百餘艘山產水仙海產淡菜賊舟每多寄泊其南由衢山岱山而至定海東南由劍山長塗而至普陀普陀直東之外出洛迦門有東霍山夏月賊舟亦可寄泊伺刼普陀之南自崎頭至昌國衛接聯內地外有韭山弔邦亦賊寄泊

之所凡此皆寗波郡屬也自寗波台州黃岩沿海而下內有佛頭桃渚崧門楚門外有茶盤牛頭積穀鷽殼石塘枝山大鹿小鹿在在皆賊艘出沒經由之區南接樂清溫州瑞安金鄉蒲門此則溫屬之內海樂清東峙玉環外有三盤鳳皇北屺南屺而至北關以及閩海接界之南關又實溫台內外海逕寄泊樵汲之區萬萬不可以或忽者由此而爲閩海內自沙埕南鎮烽火三沙斗米北茭定海五虎而至閩安外自南關大崳小崳閭山芙蓉北竿塘南竿塘東永而至白犬爲福寗福州外護左翼之藩籬南自長樂之梅花鎮東萬安爲右臂又外自磁澳而至草嶼中隔石

牌洋外環海壇大島閩安雖皆爲閩省水口咽喉而海壇實爲閩省右翼之扼要也由福清之萬安南視平海內虛海套是爲興化外有南日湄洲再外烏坵與東永相爲犄角亦猶浙之南屺北屺積穀弔邦韭山東霍衢山江南之馬蹟盡山尤不可不加之意者泉州之界北崇武獺窟南祥芝永寗左右拱抱內藏郡治下接金廈二島以達漳州金爲泉郡之下臂廈爲漳郡之咽喉而漳自太武而南鎮海六鼇古雷銅山懸鐘所在皆可寄泊其在泉漳之東外有澎湖島三十有六而要在媽宮西嶼頭北港八罩四澳北風可以泊舟然洋大而山低水急而流迴北之吉貝沉

礁一線直生東北一目未了內皆暗礁㑵滿僅存一
港蜿蜒非熟習深諳者不敢棹至惟南有大嶼花嶼
貓嶼北風雖不可寄泊而南風時宜巡緝澎湖之東
則臺灣北自鷄籠山對峙福州之臼犬洋南自沙馬
崎對峙漳之銅山延綿二千八百里西面一片沃野
自海至山淺闊相均約百里西東穿山至海約四五
百里崇山疊菁野番類聚一郡四縣郡治南抱七昆
身而至安平鎮大港隔港沙洲直北至鹿耳門鹿耳
門隔港之大線頭沙洲而至隙仔海翁隙皆西護府
治而港之可以出入巨艘惟鹿耳門與鷄籠淡水港
兩處其餘港汊雖多僅平底之澎船四五百石之三

板頭但可出進而已此亦海外極形勢之地可以扞
內地之沿海要疆者矣若夫南澳東懸海島扞衛漳
之詔安潮之黃岡澄海實爲閩粵海洋適中之臨外
有水島三爲北澎中澎南澎俗呼爲三澎南風賊艘
經由暫寄內自黃岡大澳而至澄海放鷄廣澳錢澳
靖海赤澳此雖潮郡支山入海實爲潮郡賊艘出沒
之區晨遠颺於外洋以伺掠夜西向於島澳以偷泊
其海賊之尤甚者則多潮產也赤澚一洋自甲子門
南至淺澳田尾遮浪仙尾鲘門大星平海雖屬惠州
而山川人性與潮無異故於居中碣石立大鎮下至
大鵬佛堂門將軍澚紅香爐急水門由虎門而入粵

省外自小星筆管沱浮福建頭小嶼山大嶼山伶仃
山旗纛嶼九州洋而至老萬島嶼不可勝數處處足
以採汲在在皆可灣泊粵之賊艘不但繒艚海舶於
此可以伺刼卽內河之槳船櫓船漁舟皆可出海羣
聚剽掠蓋粵海之藏垢納汚者莫此爲甚也過此而
爲廣之正省廣省左扞虎門右扼香山而順德新會
尤爲省會之要地不但外海捕盜內河緝賊港汊四
通姦匪殊甚且其域澳門外防番船直與虎門爲犄
角外出十字門而至魯萬此則又番船洋艘往來經
由之標準下接崖門三竈大金小金烏豬上川下川
䑸船澳馬鞍山此皆肇屬廣海陽江雙魚之外護也

高郡之電白外有大小放鷄吳川外有硇州下隣雷
州白鴿錦囊南至海安自放鷄而南至於海安中懸
硇州暗礁暗沙難以悉述非深諳者莫敢內行遂爲
高郡地方之芘護雷州一郡自遂溪海康徐聞向南
斡出四百餘里而至海安三面濱海幅濶百里對峙
瓊州渡海百二十里自海安繞西北至合浦欽州防
城而及交阯之江平萬寍州延長一千七百里故海
安下廉州船宜南風上宜北風自廉之冠頭嶺而東
白龍調埠川江永安山口烏兎處處沉沙難以名載
自冠頭嶺而西至於防城有龍門七十二徑徑徑相
通徑者島門也通者水道也以其島嶼懸雜而水道

皆逼也廉多沙欽多島地以華夷爲限而又產明珠不入於交阯是以亭建海角於廉天涯於欽瓊州屹立海中地從海安渡脈南厓州東萬州西儋州北瓊州與海安對峙其瓊山文昌樂會陵水感恩臨高定安澄邁沿海諸州縣環繞熟黎而熟黎環繞生黎而生黎環繞五指嶺七指山五指西向七指南向周圍陸路一千五百三十里府城中路直穿黎心至厓州五百五十五里萬州東路直穿黎心至儋州五百九十里自海內港之東路沿海惟文昌之潭門港樂會之新潭那樂港萬州之東澳陵水之黎庵港厓州之大蛋港西路沿海惟澄邁之馬裊港儋州之新英港

昌化之新潮港感恩之北黎港可以灣泊船隻其餘港汊雖多不能寄泊而沿海沉沙舟行實爲艱險內山生黎嵐瘴殊甚吾人可住熟黎而不可住生黎生黎可任熟黎而不可到吾地熟黎夾介其間以水土習宜故也此亦海外稍次之臺灣惜乎田疇不廣歲仰需於高雷雖產楠沉諸香等於廣南甲於諸番而究非臺灣沃野千里所可比擬也

附沿海各省塞要

廣東列郡者十分爲三路東路爲惠潮二郡與福建連壤漳船通番之所必經議者議潮爲嶺東巨鎮惠州海豐東南濱海瞬息生變急宜嚴加隄防而不知尤當於柘林加之意也柘林乃南粵海道門戶據三路之上游番舶自福趨廣悉由此入故柘林視南澳靖海甲子門尤爲扼要中路嶺南濱海諸郡左爲惠潮右爲高雷廉而廣州中處故於此特置省會環郡大洋風濤千里皆盜賊淵藪往時倭奴入寇多自閩趨廣柘林爲東路第一關鎖此處能遏其衝則必越於中路之屯門鷄栖佛堂門冷水角老萬山虎頭門等澳而虎頭爲尤甚或泊以寄潮或據爲巢穴乃其所必出者誠得附海兵而巡哨之其勢又必歷峽門望門大小橫琴山零丁洋仙女澳九皂山九星洋等處而西而浪白澳爲尤甚乃番舶等候接濟之所也附

海有香山戍卒可以邏之其勢又必歷厓門寨門海萬斛山綱州等處而西而望洞澳爲尤甚乃番船停留避風之門戶也西路議者每謂廣東三路並稱險阨今觀倭奴衝突莫甚於東路即知洋夷入寇莫便於西路也故高州東連肇廣南憑溟渤神電所轄一帶海澳若連頭港汾州山兩家灘廣州灣爲府境之南翰虎門省河爲會垣之咽喉雷州突出海中三面受敵其遂溪湛川潿洲樂民等四十餘隘固爲合郡三道門戶而海安海康黑石清道並徐聞錦囊諸隘所以合防海澳以操縱反側者實爲要區也若廉州則尤爲全廣重輕有專閫之寄者宜何如籌畫哉

福建厦門控泉郡之南境官井羅浮沙埕羅江爲福州之藩戸漳浦最近海嶼控八閩之上游小埕北界烽火南接連江海壇雄據聳峙尤足爲全閩屏翰一切

又案籌海各省事宜云洋船自粤趨閩必出南澳雲蓋寺走馬溪此處有兵哨之則必拋於外浯嶼外浯嶼者乃五澳地方番人之巢窟也此處又有兵以哨之則必趨料羅烏沙此處又有兵以哨之則必趨圍頭峻上此處又有兵以哨之則必趨福興若越福興而東計其所經之地在南日則有岱墜湄洲等處在小埕則有海壇連盤等處在烽火門則有官井流江九澳等處此皆賊船之所必泊者也

浙江濱海處處當倭奴入冦要衝而台州之松門嘉興之乍浦寍波之定海溫州之瑞安尤夷賊所必爭之處唐順之云江南控扼在崇明浙東控扼在舟山天生此兩塊土於大海中以障蔽浙直門戸諸哨船皆自此分而南北總會於洋山若果會哨嚴緊賊亦何從入哉

附録全浙避風島記沿海之中上等安嶴可避四面颶風者凡二十四處曰馬蹟兩頭洞長塗高丁港沈家門舟山前港潯江烈港定海港黄岐港梅港湖頭渡石浦港猪頭嶴海門港松門港蒼山嶴玉環山梁嶴等嶴楚門港黄華水寨江口水寨大嶴女兒嶴其中等安嶴可以避兩面颶風者凡一十八處曰馬木港長白港浦門觀門竹齊港石牛港烏沙門桃花門海閘門九山爵溪嶴牛欄磯旦門大陳山大床頭鳳皇山南麂山霓嶴此外下等安嶴只可避一面颶風如三孤山衢山之類不可勝數必不得已寄泊一宵斷難停久若潭岸灘山許山之類皆團土無嶴雖一面之風亦不可避可不慎乎

江蘇松江惟吳淞口乃水陸之要衝蘇松之咽喉提兵南向可以援金山之急揚帆北哨可以扼長江之險自吳淞而北爲劉家河爲七丫港又東爲崇明縣七丫而西爲白茆港爲福山又折而西北爲揚舍爲江

陰爲靖江又西爲孟河爲圌山此皆舟師可居利於水戰者也其他沿海港口金山以東則有翁家港蔡廟港柘林漴缺等處南滙以北則有四五六七八九團洪口川沙濯清水濯等處皆宜設備蘇州沿海一帶險隘甚多舉其大者則常熟有福山港白茆塘太倉有劉家河七丫港嘉定有吳淞江黄窰港皆賊之通衢而東吳之門戸此則一府之險也長洲則茆湖浩蕩吳江則鶯湖相屬吳縣則太湖交通皆賊之徑道而腹裏之關隘此則一縣之險也其次則福山以西有三丈浦斜橋以東有許浦金涇劉家河以北有新塘浪港茜涇吳淞江以南有寶山以東有老鸛嘴

均所謂險要夫濱海數百里一望平坦非有山岡險阻爲之扼塞皆可以泊舟登岸而防禦之計則不得不先其大者以海濱惟福山爲最以腹裏惟勝墩爲最且如賊自東南來必由寶山吳淞江則吳家沙爲必應堵截之地賊自東北來必由三沙劉家河則營前沙爲必應堵截之地是皆江以南諸郡之大槪也若江北諸郡海道之要害莫如狼山當江海之吭而廖角掘港卽揚之東南界也駒山據淮海之首鬱州嚶游山皆淮之東北境也中包泰興之周家橋鹽城之射陽湖山陽之雲梯關廟灣等處此亦皆沿海衝要之區當事者盍留心焉

吳郡監生金魚云以江北之大勢言之東起瞭角嘴大河口以及呂四盧家等場沿於楊樹港海門裏河通州與如皋泰州稍折而北則爲揚州矣過揚州而西稍北則天長滁州抵中都踰海口而北則爲徐沙營又北則爲掘港又東北則爲新揷港轉而西北則金沙鹽城廟灣劉莊姚家蕩再西北則蛤蜊麻線等港而至大海口劉莊東北則安東安東之北則爲海州贛楡泰州西北則爲高郵寶應寶應之北爲淮安轉西則泗州以達鳳陽此江北形勢之大畧也賊入海之道有二其一新港爲一道新港卽三江口蓋由南江狼山越儀徵爪州而入登岸則卞家墳周家墳稍折而東則揚州城下此可入以登岸亦卽可從以出海也是最爲便道其二則蛤蜊麻線等港沿北大海口爲一道此處有水陸路南通廟灣與劉莊姚家蕩俱爲大鎭賊若據此我兵屯於湯潮岸等處賊南尋新港路出不得則必北尋大海口而出其勢所必然也是賊出海之路只有二途若其登岸之處則固未易一二數東則瞭角嘴呂四場西則楊樹港徐沙營北則新揷港掘港皆可由以入寇

山東登萊二郡突出海中腹背受敵故專設備倭城於新河海口而海口之外若崆峒半洋蓬萊田横沙門鼉磯三山芙蓉桑島錯落盤鋸以爲登州北門之護

過此而北則遼陽矣此天造地設之險也由登而西南則文登再西南則卽墨直接江蘇危礁暗沙不可勝測故安東以北若勞山赤山竹篙旱門劉公芝界八角沙門三山諸島乃賊之所必泊而我之所必當伺焉者也若白蓬頭槐子口橋鷄鳴嶼金嘴石倉廟淺灘亂磯乃賊之所必避而亦我之所當遠者也

直隷海口衝要東對朝鮮高麗諸國一航可渡況腹心之地尤宜加之意

海防私籌目録

未事之防十籌

靖內逆

今以海外蠻夷嗜欲不同言語不通一旦犯吾內地道路之紆曲山川之險阻民物之豐耗官府之動静皆其素所未悉彼亦何敢冒然深入乎則其必勾吾內地之人爲之外附爲之畫策爲之鄉導亦可知矣內地之人誰也即與通交易者也彼既與之勾結而復以內地之人勾吾內地不安本分之人復以內地不安本分之人勾吾內地流離失所之人於是附之者愈多而爲之畫策爲之鄉導者將愈衆在地方豈無厲禁而終不能絶其往來者則奸民之難絶也相應飭各該地方嚴行保

甲除查有向來出洋及在內地海口曾有與夷通交易者悉藉其名址另爲一册如遇有夷寇即先將此輩嚴行根究有無輾轉勾引各情弊外仍專設連坐法使之互相稽察敢有違禁通番者即行首告內逆既絶則外夷之胆自落此第一要務也

厲海禁

凡海寇驀然入吾內地必有通番者爲之接濟濟以米水然後敢久延濟以貨物然後敢貿易濟以鄉導然後敢深入故海禁不嚴通番者必不可得而絶也禁之之法第一合照來夏堂保甲法並依籌海圖編福建事宜條內通行各州縣令沿海民船均定以平底單桅眼各於其鄉編立船甲長副不拘人數惟視船之多寡依十家牌法如船二十隻總統於船甲長內以十隻分統於甲副仍於船尾外大書某縣船某甲下某人翻刻黑塡僉訖其甲長副各置簿一扇備載該鄉中船數并某樣船隻某項生理一一直書按季彙呈到官以憑查核凡

無字號者即係奸匪許人人俱得拏送知而不舉者罪以通同又凡船分載出海各官嚴加盤查如實係採捕之船則計其合帶米水外有無違禁貨物於其返也魚蝦之外有無販載番貨均須海道官設法譏察實力奉行如某項責成某官某地責成某哨某處定以某號某澳束以某甲此而猶慮通番之必不可禁吾未之信也

王子潮案明初定制片板不許下海即　國朝私通番夷亦著有厲禁然聞之海上人云自臺灣至福州半日可達自膠州至高麗不過兩三晝夜其捷徑皆秘不示人此可見暗通番夷者之固未嘗絶也蓋海船有必不可禁者如閩之泉漳全仰食於廣之惠潮

登萊青三郡亦時賴關東之糧若一概嚴禁民何以生有必不可禁之海船而通番之船乃遂得襍乎其中再四思維惟有嚴行保甲法並將中國貨船悉定以處所深鐫船帮如漳泉船南則哨至廣東北但哨至浙江浙江船南則哨至福建北但哨至蘇松蘇松船南則哨至浙江北但哨至登萊登萊船南則哨至蘇松北但哨至天津天津船南則哨至登萊北但哨至關東各限信地交牌回驗敢有私出該定所一步者卽行查究從重問擬仍就各該處船數大小式樣配成帮次不得任意增減其或查有短缺及非原帮舊船並宜卽時究明知而不舉者連坐所慮者通番

之船未必敢在海上或藏於外島鳩工私造是又在巡洋者之不時搜查耳

嚴保甲

保甲之法行不特俗美風淳獘絕奸消卽不待調發而處處皆兵不待屯聚而家家皆兵不待蓄養而人人皆兵誠治天下之要務尤爲防海之上策也因其法已備詳來夏堂州縣職中兹不另錄

附籌海圖編譚綸云連年倭患皆爲私通貿易而起爲今之計莫若立爲保甲法不問腹裏沿海與城郭鄉鎭去處官吏生徒擧監之家務逐戸挨查每十家編爲一牌牌內分十直格皆以巷道爲準如是東巷門起則牌格內左甲尾下塡註東巷門字樣從西順挨一趙甲二錢乙三孫丙四李丁五周戊六吳已七

鄭庚八王辛九馮壬十陳癸各塡註人丁生理卽於右甲頭下塡註褚子姓名是爲第一甲其第二甲牌格內左甲尾下塡註陳癸姓名亦從順挨一褚子二衛丑至十甲止三牌四牌依次挨塡亦然如一巷之內人家已編十牌外有零者卽將大家中人丁煙多者報足編之如村鎭無巷道亦各依村鎭審編就於本名下坐定日期每一家輪直三日第一家輪直初一十一二十一日第二家卽初二十二二十二日以次塡註按日於本家門首懸掛仍每一牌年輪一名爲甲長管領九家每十牌年輪一名爲保長管領百家其中若有遠出不歸或私收禁貨潛往通番或通

逃海外久不還鄉者許牌內直日之人赴首拏究敢有隱不覺舉一家有犯十家連坐其有原犯逼番但逃回自首者免罪編完之日府縣仍將牌每甲一樣再塡一張存留在官時加查考並嚴挾仇揑陷及假公濟私各等弊犯者重懲案此與來夏堂保甲法信不啻有王霸之辨矣然當軍興之際急爲權宜之術此法亦似可行故錄之

附金湯十二籌分方法小民比屋而居以四至衢巷分爲一方本方中推年尊而衆服者一人爲方司擇公而有力者爲方保有心勤力壯上承官府下釆民情者二人爲方甲能舉數百斤手開四力弓者六人

爲方率此八人各有代耕之祿本方奸細之有無丁壯之多寡身家之貧富責令司保等八從公確報無許稍有情弊違者定以軍法一値兵荒即以本方之富賑本方之貧爲數易給不以難繼爲憂也因以本方之貧僱與本方之富計工受値不以冒食爲愧也案此法出自臺公急難之時恐倉卒未易行吾來夏堂保甲法則此亦可通其變云

固海岸

今之籌海者大都謂禦海洋則可以止寇警矣而不知不然也大海茫茫從何處禦起使賊誠知吾海中有備則東西南北何所不適安必其由吾頓兵之處而過之乎且即海上哨探亦正有未可深恃者若迎風而上遇敵歸報賊使順風瞬息百里比報至而賊亦至吾未見其能豫備也不能豫備又安賴此巡海之師哉或曰遠哨洋外勿俟其近岸此說亦似然出海太遠聲援不及亦何自而能必得其力也愚謂凡海寇苟不登岸即任其棲泊於我何損而無如賊之來也爲攻吾內地也爲擄吾民人也爲刼吾錢糧也豈專爲泊舟於海哉夫海

寇轉數萬里而來出没於風濤之險及其抵岸困亦甚矣使即因其困而擊之即未能一鼓成擒亦何難挫其鋭氣惟岸上既無應急之兵即不能不任其奪險鼓勢養鋭畜精比我整師以臨之近者十餘日遠或數十日方得與賊相望反主爲客轉佚爲勞其未能遽得志於彼固亦勢所必然耳愚故謂禦海洋不若固海岸之爲得也固海岸之法本與聯邊鎮廣設險築城堡勤會哨相爲表裏而第一要經畧得宜擇要害之處爲夷酋所必由入寇之路除厚集兵力分頭把截勿至緩不濟急紓不應事外每於路口上下較遠一二里多置木排船備藏火器（式詳下備船隻條所以必用木排船者欲使賊不經心也）平時艤於各岸

一遇有警輙不待賊登陸而并力堵擊之岸上之兵能扼其前即舟中之師能兠其後并嚴定律令沿海保護內地內地策應沿海外內一心水陸併力寇雖狡何所展其手足哉

聯邊鎮

明初沿海廣設衛所及諸營寨烽候彼此聯絡援應接濟法甚善也其後漸弛而倭奴一入幾至不可收拾我朝海防視明初稍疎皆仰賴列聖洪福晏然無事者且二百年然傳有云備豫不虞善之大者也相應奏請自廣東起至遼海止凡一切沿海地方共若干里除相度險洋另設水師專備巡哨外每於沿海各岸擇賊所必登之處去岸十餘里鎮以重兵每三百五十里一鎮每鎮左右各二十五哨每哨七里每七里中設烽堠共相聯絡即沿海以內至於腹地所有營鎮亦當與鎮海烽堠彼此相通互為聲援凡遇海警除沿海各鎮哨悉力堵勦外所有內地鎮兵亦各隨其聲援之所及一體星速赴援毋得推諉

講屯種

屯田之法始於漢無養兵之費而得兵之力　國初益都孫文定公屢請屯田俱以事下督撫旋格其議然國家經費有常合邊腹額兵歲耗　國帑已不啻什之半若更欲爲海疆豫不虞之備則不得不固海岸固海岸則不得不聯邊鎭聯邊鎭則不得不謀兵餉而試問果何自而措乎爲今之計莫若趂此無事之日急修屯田之法計每鎭五十哨每哨兵五十名合本鎭兵五百名自廣東起至遼海止約以三十五六鎭爲率通其養兵十萬七八千名屯田之法每家三丁出兵一名家二丁者亦出兵一名四丁五丁者亦每計二名出兵一名

其無丁及僅有一丁者免屯兵或老與病則以次丁充之無則亦免屯計每兵一名受口田官畝五十畝賦不加額俱約以中地爲率如係上上之地則以四十畝當五十畝其或實係斥鹵則亦以七十畝或八十畝而當五十畝兵既受屯卽以屯爲餉除本兵事事操演外其餘丁夫亦當於農隙仿團兵及保甲之法以備守望但考明初屯衛兵在沿海而田或在腹地招民佃租久而乾没兹定以軍不離屯屯不離海壯而受老而歸毋得私押私賣違者處以軍法惟是海屯之法行計每兵受田五十畝通計當得屯田五萬零三百五十頃沿海一綫安有此如許閒田相應　奏照來夏堂風俗條內將天下寺廟全行拆毁所得寺田當不下一二十萬頃加以抄没官田或亦不下十數萬頃卽以此項賞給沿海邊民而遷之以就其田遷之之法除以各原數償各原地外仍按路之遠近量加半倍或兩倍以爲遷移之費所遺該地卽編爲屯田如數而止只此一轉移閒民無失所兵有餘餉而　朝廷亦遂收扞衛之效豈不海甸永固也哉或有難之者曰百姓家數百年於兹矣邱墓田園奕世相承一旦徙之遠去是使吾民蕩析離居也且文告期會紛頭萬緒事之不便莫此爲甚曰非常者固常人之所驚誠使海岸有警瀕海之民卽身命且無有矣何論邱園今將爲一勞永逸之舉民有欲遷者聽之其不欲遷者或卽估價給値先將原地原民暫編入屯紳衿不便當差應與孤丁及無丁之家統行雇代聽其從容各於就近另謀生産交卸遷移仍許將本處墳墓登明尺丈寄留在案有願終入屯者亦聽之如此則於民既無所苦而官辦亦非甚難若沿戶給

價自有寺廟及抄没各田變估抵欵卽於國帑亦未嘗有所損也何謂不便哉

附籌海圖編議餉說兵部尚書胡盜世云大約足邊儲之道有三一曰廣屯種儘力開墾永不起科則人必有樂於耕種者二曰與鹽利額外多開商中不限引數聽其買補其皂塲煎鹽尤當設關守把止許賣與商人有引之人卽本處軍民有願買者亦須納官得引而後聽之如是則私鹽無從售而利歸於公矣一曰預收糴每歲責成該管糧官月報米價貴賤歲報田收厚薄如當年豐米賤之時卽挪借官銀數十萬兩多糴貯倉或計今年所糴可彀後二三年之用卽將後二三年該給糧銀扣於他邊米賤處所糴之

亦通融之法

又云昔當成祖供邊之制悉以鹽利每鹽一引輸邊粟二斗五升故富商大賈悉於三邊自出財力自招遊民自墾邊地自藝菽粟自築墩台自立堡伍歲時屢豐兵食恒足至天順成化間遂變其法凡商人引鹽悉輸銀於户部商賈耕稼積粟無用遂撤業而歸墩台遂日頹壞堡伍遂日崩折游民遂日離散邊地遂日荒蕪戎虜入寇一遭兵燹生齒遂日凋落地方遂日困敝然則安邊足用之長策孰有如祖宗之鹽法哉

沈栻云當今錢貨民皆私鑄物貴錢賤職由於此急宜奏請各直省官自爲鑄每錢七百准銀一兩非此即不准行錢法既清則利常在上矣此今日之急務也

廣設險

在易之坎曰王公設險以守其國險而曰設則非自然之險可知矣設險而能守其國則雖人之所設其險亦有足恃可知矣查海外諸夷惟西洋最擅用大銃每乘人於不及備除查明海岸本有自然天險無須設備外其自廣東至遼海凡當海衝鎮兵之處各築犬牙墻如式非但利於設伏亦可以避賊大器

附犬牙墻式 墻高厚各四丈每段離長各十五丈

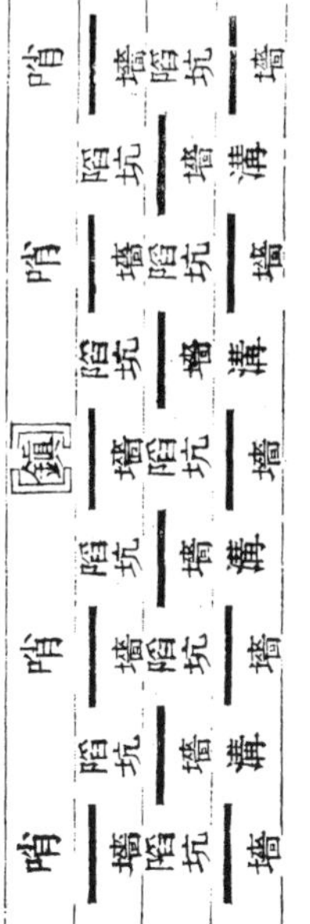

築城堡

欲謀清野須務堅壁壁不堅則無所掠於野者固猶將奪於其家也況海夷不遠數萬里而來其勢非能有幾不過掠吾內地之人爲之鄉導卽刧吾內地之人助其凶焰耳相應嚴飭該沿海除照依來夏堂保甲巷戰各條內建設庄柵無事則耕鑿有事則守望外其零星村庄及各大市鎮均宜量築城堡與各約社星羅棊布互爲犄角一遇有警協力堵截無論賊攻無所掠勢不能枵腹以敵我卽地方無所裹脅而其勢亦日孤未有不遁者也於其遁而要之殲之何難哉

附籌海圖編都御史章煥云北邊城堡相望凡以防

衝突備擄掠也南方之畜侈於北邊風帆之力疾於馬足苟無城堡賊何畏而不來民何恃而不散乎且夫賊之熾凡以鄉民奔竄奸民惑亂助其聲勢耳有城堡則居者守逃者歸耕者斂遠近按堵什伍相保奸民無所容盜賊無所掠賦稅無所損此誠根本之至要或曰公私俱竭如冗費何夫軍興不止費且不貲民散不復賦將何出城堡所以省軍需足國計者也何謂費也

精團結

余所著來夏堂保甲法互相守望卽古者寓兵於農之意誠遏賊之良策也然或謂此但可行於腹內以禦鼠竊之賊而不可以當邊海寇衝何慮之過哉無已則請於保甲守望之外更增一團結法每甲五家公出一人每百人爲一團設團長每三百人爲一結設結長如一村不足或聯數村編成隊伍各備鋒利兵刃及合用銃砲各等器不分晝夜各請教師習演仍於三六九日聽從團結長合操凡一應旗鼓號頭悉如軍制一遇有警除該約社照常守望外各團結長卽於該地方升旗舉砲齊出遏賊卽不爲一團而素與該團隣近者亦卽出

爲聲援相應　奏請除將團結長先行給與冠帶及有功升賞外所有平時該團丁壯查有實在技藝出衆材畧過人者許送地方官考驗分別拔補額外正印營員以示獎厲仍准於殺賊之日論賞有差其團費卽於該約社每歲議捐議罰各倉項下動支其有該團結長已升旗聚衆而不卽時趨赴與臨陣不力者許該團結長執名送官審實後按以軍法該團結長有意縱賊因而失事者查出亦按以軍法惟此項究係民兵各守各地當官不過隨時稽察指授方畧卽本州縣被困亦只聽各團自行赴義斷不許調之遠出及騷擾各情弊

附籌海圖編兵部尚書張時徹云議者欲以鄉兵代

官兵而迄未有能行者何也以調遣之失業也糾聚之防農也差官編審所至之地富者行賄以求脫强者挾詐以求脫冊籍未定而委官之囊橐已滿其充數者非貧難下戶卽蠢愚無知而鄉甲長則亦無賴猾民也今宜明示信令不調之遠出不糾聚防農隨其住居遠近相為團練大率以若干家為一甲就中選有力量者二名立為甲正甲副置牌一面上書甲正某人甲副某人居民某人某人仍於五甲之內選其材能服衆者立為鄉長使之統領總置一牌上書鄉長某人管領甲長幾人某人某人甲副幾人某人某人各該居民若干某人某人列於各甲正副之後

仍令每家書寫排門粉壁互相譏察各備鋒利器械每鄉長管下置大旗一面及合用銃砲聽從鄉長統領前至空閑處所操演純熟以備有警除該鄉長各率牌內之人併力截殺外仍於通行街巷路口樹立壯固木柵堆積石塊以便拒守其居民或多或少隨宜團練不拘定數仍照兵部題奉欽依事理保甲領袖先行給與冠帶以為激勸餘各論功授賞庶家自為守人自為戰不待調發之勞而收保障之效矣

副使茅坤云吳越之間巨家勢族往往有為子弟不惜千金而鬻一官者倘疏之於朝凡民間所籍鄉兵或各大家自募之兵凡頭領若干人有能奮勇勦賊者倍官兵之賞每斬首一級賞銀百兩凡手斬五級以上署爵一級累功至百級以上得世百戶累功至千級以上得世千戶卽所部之兵斬五級以上優以冠帶百級以上亦得世百戶千百十級以上得世指揮有願改文職者亦量酌如例如此則吳越之間非惟各思保其室家亦且競得爵祿之榮自必家爭為守人爭為戰而其氣百倍矣較之歲調客兵其所當利害緩急不尤有間哉

勤會哨

海自天津經由山東江蘇浙江福建至於廣東綿亘萬餘里若分界以守則勢孤且隔聲援不通固不能不有賴於相須也應將直隸天津分爲若干哨每哨若干墩山東登州分爲若干哨每哨若干墩推而至江蘇浙江福建廣東亦然每廣東有警各哨烽火統限三日夜即挨次達於天津天津有警亦以次下達其或山東江蘇浙江福建各省有警則上下一齊會達又如廣東有警福建援廣東浙江備福建江蘇備浙江山東備江蘇直隸備山東而直隸并添兵益備直隸有警各省挨次設備亦如之又如中間或山東或江蘇或浙江或福建每

一處有警山東則直隸自北來援江蘇自南來援仍一面各嚴兵自備江蘇有警則山東自北來援浙江自南來援仍一面各嚴兵自備推之浙江福建亦然惟平時各哨墩堡務當實力整頓不得奉爲故事

附籌海圖編策畧云列地定制犬牙相錯所以相衛也封疆相聯所以相保也緩則相安急則相救固未可坐視成敗也今賊長驅深入愚以爲宜特嚴其法約曰賊攻西則東出鋭師擊其左賊東亦如之賊攻南則北出鋭師繞其後賊北亦如之賊攻中則左右前後各出鋭師四面環擊非其守地而兵先至者有異賞坐視其隣之敗者與同罰則賊腹背受敵我多樹兵也賊亦安能肆而無忌乎

舉人王文祿云今當著爲合救之令若攻一省諸郡救之若攻一郡諸邑救之若攻一邑隣邑救之正猶子弟之衛父兄手足之扞頭目保家保身而不可緩也夫所謂救之者非盡撤居守也蓋每郡每邑但抽其精者而救之則合少成多矣於此而勵以敢死之心歆以信賞之榮或負砲夜偷或繞擊不意則冦腹背受敵驚潰莫支將求解散而不暇何暇困我哉

案以上專會哨於陸

閩縣知縣仇俊卿云國初沿海相近地方轉相哨報勢合情聯承平既久事機漸疎卽以東南沿海直隸

與各省相近之勢言之浙之海寍等處則北與直之金山崇寍相接其蒲北等所則南與閩之流江烽火等寨相接閩之銅山懸鐘等嶼則又南與廣之柘林寨蓬萊驛相接向來各省自分彼此不相哨報緩急難備今欲與各省相近衛寨轉相會哨往來絡繹使萬里海洋無懸料叵測之患其會哨官軍船隻須各添字號牌票以防憸細混雜爲奸並註到銷日期以杜偷玩

案以上專會哨於海

兵部尚書胡寍世云廣福浙三省大海相連地畫有限未可分界而守也查入番罪犯多係廣福浙三省

之人通夥流刼南風汛則勾引夷船由廣東而上達於漳泉蔓延於興福北風汛則勾引夷船由浙江而下達於福寍蔓延於興泉四方無賴又從而接濟之鄉導之若欲調兵勦捕攻東則竄西攻南則遁北急則潛移外境不能窮追緩則旋復合綜難於卒殄此夷船與草撇船之大勢也又有一種姦徒見本處禁嚴勾引外省在福建者則於廣東之高潮等處造船浙江之寍紹等處置貨糾黨入番在浙江廣東者則於福建之漳泉等處造船置貨糾黨入番此三省之通獘也故福建捕之而廣浙不捕不可也廣浙捕之而福建不捕亦不可也必應申令各官務卽於連界

處嚴行會哨如在福建者下則哨至大城千戶所與廣東之兵會上則哨至松門千戶所與浙江之兵會在浙江者下則哨至流江等處與烽火之兵會在廣東者上則哨至南澳等處與銅山之兵會每遇夷患互爲聲援協謀會捕賊勢豈有不孤者哉

案此則水陸一並會哨據私籌已得大概若更兼此隨地與勢而斟酌行之葢無不備之患矣是所望於當事者

遇事之防八籌

急清野

海外入中國不下六七萬里所裹之糧能用幾何其不得不因糧於內地者勢也故凡賊至之日清野爲先清野之法備詳來夏堂守城條內其目爲清五穀清泉井清芻草清竹木清屋宇清油蠟清火藥清六畜清地面而於防海夷則尤莫要於清海舟清海商但使之一無所掠不過旬日饑渴立至兵法所謂不戰而屈人策之上者也惟獸窮則噬寇窮則鬥仍應審其必出之路設伏以邀之斯爲萬全

誘陸戰

海夷長於水攻而短於陸戰以彼素習風濤隨潮之上下久而狃焉一旦登陸决戰坐作進退有心與身不相習者矣卽所用大器隨營扛放亦不易易應飭沿海各城悉照依來夏堂守城法並於城外及隨賊歸路嚴密設伏遥與各鎮哨城堡互爲犄角安排已定誘其來攻而伏發焉各從伏處迭起繞攻鎮哨城堡又從而聲援之則賊必退退而內外夾擊處處截殺節節兜勦務盡殲之而後已尤要在岸上先伏勁旅伺其登岸卽斷彼歸路急以水師直搗其巢焚殺兼施未有不一鼓而滅者也

防漢奸

比年夷匪滋事凡爲賊効力者皆漢奸矣由今觀之雖守禦之兵恐亦不免人人皆畏賊炮之利害而賊遂因以誘之卽人每見我師之失利則亦將甘心許賊以倖免於一死故凡擊賊不力及見賊而退者未必非漢奸也大抵賊之用漢奸也有二有用以攻我之漢奸有用以誘我之漢奸攻我之漢奸吾得而備之誘我之漢奸吾不得而防之何也漢奸皆吾民也其能入吾城市近吾營盤吾無從辨也雖然賊以漢奸而勾引吾民使之明爲漢奸者害猶輕賊以漢奸而勾引吾兵使之暗爲漢奸者其禍眞不可測矣相應嚴行保甲除城鎮及各

營伍悉照依五家牌法外急下令軍中遇有漢奸勾引登時擒首者賞銀三百兩免其差內奸克絕外奸自孤并飭該將士立造木排各等船俾共曉然於賊炮之萬無可畏我戰之萬無不勝而又懸之以重賞束之以嚴罰如是則人人既無畏賊之心卽人人皆有圖功之念一鼓作氣何賊不殲若夫因漢奸以圖賊復因賊以殺漢奸隨機設計是又在當事者之能妙應耳

備船隻

凡禦海寇先備船隻或云我船必高大於賊船方能取勝即與賊船等勝負且未可知今噗夷之敢於猖獗者即恃其船之大於我船耳不知船愈大則掉轉愈艱今擬一必勝之道正要以小船破之應請於各海口多造極小船隻長不過二丈寬三減之而深其底多用石塊壓住夾以飛輪船面橫鋪長杉如木排狀與水相平四圍高起短墻一二尺以防水湯船後安舵樓高方各八寸名曰木排船通用白礬厚塗火不可燒水不可沉風不可翻船之上但安大銃一碗口銃二器昂其首與賊船取中每船舵工一人狠筅手五人每狠筅一枝縛毒火兩筒發火

手五人短器手五人平時俱伏艙內併力激輪別用丈八連環火排船四面攏簇其製亦畧如木排式而短每兩船前後合爲一船前船長八尺後船長一丈聯以雙環所有撑駕及護衛船隻之人悉在前船其後船厚堆油葦毒煙烈火飛火神火近首之處倒置大鐵砲一位可容粗藥一兩斗硝九黃一其火門每近上鑽五六寸以口向後以尾朝賊發時則砲必後响船必前坐瞥眼之間即可衝逼賊舟船頭多嵌以鋒利狠牙倒鬚釘每火木排船之後量隨雙輪船若干隻船分上下通艙兩層塗以白礬所以用通艙者防夷人擊去上層猶有下層也塗以白礬則火不能燃各安大銃及碗口銃精兵百名相機施放凡戰勿當賊衝頂將火木各排船遠遠布置繞賊船背與其兩旁每聽中軍信號即同時進發萬砲齊轟近來我軍怯敵尙未見賊先行開砲以致火藥虛耗賊人乘之裝放不及至于潰敗必應測量遠近果能一發即透賊舟方可點火統俟近賊二三里急將火排讓出觧下頭排一面縱火一面點放倒炮賊舟既焚然後以雙輪船乘之以大兵繼之遠則施放火弩近則拋擲藥桶藥桶式詳軍實門臨用時竪桅於船上安大斗以兩人自上下焚之鮮有不濟者也近傳夷人擅用大銃然恐無奈此小舟錯落流星離合不定何耳又況我舟平僅浮水而夷船且高過我頂一二丈不等縱彼用大銃亦將上颺而不能下擊或曰噗夷最能以千里眼測量遠近凡有所擊無不奇中且彼大船之外如火輪船三板船草撇船

不下數百隻皆有火器往來巡哨又何肯讓我木排等船安穩前進而不横截邀擊乎曰固知之矣隨排之雙火輪船即所以遙擊其哨船也而木排之碗口銃艙內之狠筅火手又足以近禦之若其大船可以擊我大雙輪船而必不能擊我木排船即使碎觸一二舟而不被碎觸者乘其裝放未及早已蜂聚蟻附焚之而無難矣我固未能不折一矢而果克因之成功亦寧所謂枉尺直尋者乎

案木排船之法大椿特以意爲之今在事諸鉅公沿海防堵亦既嚴密矣奚事此顧愚以爲善用兵者不徒在乎我之能備而在乎兵之可用兵不可用猶無

備也楊參贊之於省河顏制軍之於廈門夫豈無備者乃一聞賊至卽雖禁我軍之豕突而獸駭蓋賊砲火之利害在我固已心懾之矣使人人誠知賊砲之萬無如我何我復何畏焉木排船之法眞可使賊砲萬無如我何也知其無可如何而我之膽壯卽我之氣倍是則所謂可用耳此外尚有古人子母連環等舟皆足濟木排船之用并錄如左

一子母舟長三丈五尺前二丈如艦船樣後一丈五尺只有兩邊幫板腹內空虛後藏一小舟通連一處亦有蓋板掩人兩邊四棹前母舟使風艙內多載薪茅及一切毒煙烈火船頭兩旋俱用狼牙釘錠鑞尖快

利一抵彼舟卽將母船發火與彼并焚而後開其子船以歸

一連環舟約四丈外視之如一舟分則爲二舟中連以環雙槳俱施後截首錠大倒鬚釘數枚密載火炮神煙飛火烈火噴火油葦各件或乘風或自上流徑以舟首撞賊船則前環自解後截急回乘其驚也而以火焚之

一神飛火輪舟狀類海船周圍生牛革爲障或剖竹爲笆以當矢石上留銃箭眼分上中下三層首尾設暗艙以通上下中層鋪刀釘板兩旁設飛槳及雙輪乘浪排風往來如飛水手用泅人遇賊詐逃精兵暗伏艙內待賊登船機關一轉翻入中層皆就僇矣卽以之衝入賊隊兩旁暗伏火器亦勢不可當

一破船舸取大木五根各長三丈餘將木居中鑿空仍鋪平以麻粘之前後橫擐串針一處如筏兩邊六輪上作船艙軸在內前平頭長一丈艙長一丈五尺尾長七尺安舵樓人俱在艙內前平頭上安破舟銃其銃內裝鐵神鎗若干鎗頭三稜用純鋼極快利頭長三寸後杆長四寸以藥發出之凡一舟前用三具約近賊船卽於艙內點放火線又有名木筏者焚敵之舟莫如火碎敵之舟莫如砲但大砲用於船上恐未損人反先傷已自碗口大以上之銃不敢放也今宜

造木筏不拘若干座式用整木縱橫平底上安木架極其堅固測量高下平排如堵用神器照賊來路打去每戰船居筏之後五十步外以防其坐

一無底船昔襄城之圍張貴爲無底船十餘隻中豎旗幟各立軍士於兩舷以誘之敵皆競躍以入溺死無算夜戰誤敵未有過於此者又一法以三舟聯爲一舫惟中一舟裝載左右則虛其底而掩覆之

選舵工

一船之命盡繫舵工一人卽臨陣每占上風使船必近賊器必得用是亦在舵工也顧當有事而募舵工不若無事而教習水師使之無人不可爲舵工何也募舵工之弊未易一二罄仇俊卿云大凡通番下海接濟窩藏皆沿海之人其人未必無與水稍爲親故者倘募而用之我謀未成彼已先洩卽不得已從而出兵至於兩船相及之際或以口哨爲號或以物色爲標揚帆轉舵不與交兵或放彼先走而我船迤攝於後或當邀賊港內忽突開一門縱之佚去如此之類情弊百端是固不可不選也選之之法卽水師中擇其機警練達熟諳風頭水性者每船十人以備更代教之以分合進退之宜出沒縱橫之機務使之了於心而應於手每於水操之日依法操駕賞必信罰必果而後用焉臨陣之時仍嚴申號令有功而賞賞倍之有罪而罰罰亦倍之庶兵將無離一心而水師可得其力矣

練水操

堵禦海寇固在陸兵而水師亟關緊要有時鼓櫂而出爲陸路之策應有時循島而伏奪賊巢於不意要在人人皆能入水個個俱會鑿船盪舟往來如水上飛方爲有用之師練之之法與陸戰同凡一應奇正分合出沒進退衝突橫擊與夫五教三官之用悉令純熟大約操兵於水工夫占得一半而陸操亦占得一半戚繼光云使賊舍舟登陸吾亦能不舍舟步戰乎至哉言也

附王守仁水師說沿海鹽徒儘可選用其次如浙之七里瀧並金山寺下漁人俱能下水朝入暮出晝則鑽穿敵舟使之沉溺夜則挾猛火油或四川石油焚賊不意宋趙善湘知鎭江時教浮水軍五百人常以黃金沉江使探得者輒與之於是水藝極精能潛行水底數里大抵水戰之道與其死戰賊於舟上不如陰制賊於舟下收功全在泅人預爲簡別厚加撫養勤爲練試以備不時之用可也

附金湯十二籌滑足說欲滑賊足於舟中使立脚不住或撒以豆或潑爛泥或擲鷄鴨子皆可而尤莫妙於油礶用鵞鴨鷄蛋盡取其黃和以桐油將磁礶注滿約離賊船一二丈擲入擊碎四散流溢兼以風濤洶湧滑不可立器不得施此誠妙術也然使不預練之或擲不及船或及之而不得碎皆不濟事應將此

項專作一藝操之以必中用爲得

火弩火箭火妖火雷皆所以焚賊舟也發而不中與中而不得力皆足誤事而尤莫難於抛擲藥桶未及賊船而火先發將自焚矣應將發火亦專作一藝操之

凡賊船逼近猝不及備船邊之兵莫貴用狼筅叉鈀以逼其來其後一層卽從狼筅手下多抛火藥以燒之亂擲鴨子滑泥以滑之然後以長鎗鈎鐮石子火砲擊刺兼施無不勝者然而眼力手力足力胆力一齊用著是亦水師之所當預習也

附護水兵入水法凡操水軍須用椰瓢漆黑以護腎

囊而以綿帶繫於腰間並用漆絹裹足心蓋腎囊與脚下湧泉穴入水卽紅如火倘有惡魚水怪望光而來卽難保不受其害故必有以護之而始不可見也

審火攻

夷在西南於位爲兌屬金故其人寡髮精思而巧健得金之性爲多以火制之尅金之理也查夷人能擅用大器而短於火法一切火刀火鎗火箭火弩火彈火磚火餅火毬火妖火獸火禽火馬火車火筒及毒火煙火飛火烈火神火之類多未能講故凡與夷戰除旗幟皆用赤以厭之每戰必百出其奇專用火攻務使之中吾計蔑有不濟者也

附火攻相地說火攻之法上順天時下因地利曠野平邊遠擊者勝（用遠器擊之先挫其鋒）叢林隘道夾擊者勝（用火器夾擊則首尾不顧）漫坡盤谷埋擊者勝（先埋神器候賊入套而發）長江大

河迎擊者勝（用法器順風迎而擊之）憑高擊下其勢順用重器猛火以壓之（如山上城上等地以地勢爲主）以下擊上其勢逆用銃器烈火以噴之（如山下城下等地以地勢爲主）彼此皆有火器猝然而遇不及成陣其勢易亂用遠器先擊者勝彼此皆札營寨欲刼輜重先觀伏路其勢易疑用號旗四擊者勝（乘風高月黑之夜先伏精兵勝則掩殺敗則救援使細作入營舉火四圍用砲石攻之各以號頭爲約號响則火發火發則兵起四擊使賊不敢出而內自相殺矣）城中擊外當攻其堅（擇堅處用神器攻之則堅破而圍解）城外擊內當攻其瑕（擇瑕處用神器攻之）水戰必先上風圍器利於煙障（謂火煙塞賊咽喉撲賊眼目使之不得展一技）蓬帆必以藥製使不沾染風煙此火攻之上策也

（附製蓬索方每白礬十斤皮硝五斤梔子四斤爲末入水五斗熬數沸刷蓬索上以防風火）

又案火攻之法有戰器有埋器有攻器有守器有陸器有水器種種不同用之合宜無有不勝其戰器利輕捷攻器利機巧埋器利爆碎火烈而煙猛（用辰砂水銀麻子油和神火藥藏於砲中則爆如豆粒擊傷必透骨）守器用遠擊火長而氣毒（用豆末巴油砒霜辰砂和飛火藥藏於砲中則受毒立死）陸器利遠近長短相兼分番迭出各爲陣號（某陣某將鬭某號而出某將鬭某號而入則兵不疲）火砲火箭火銃火彈此遠長器也則與長鎗火刀相間（鎗刀以交鋒）火鎗火刀火牌火棍此近器短器也則與強弓硬弩相間（弓弩以拒陣）選以精兵練以軍法蔑不濟矣

附燒梔用火箭說火箭力猛而用以焚栅但恐栅薄一射徑過無益於焚耳當於火門下一二寸遠用竹打十字交以阻留之

附隔水用火說凡隔水放砲擊賊藥內須量加朝腦及水秀才若無此兩種則鉛子不能過水即船上開砲亦當用此以防水氣

附避鉛子法每於臨陣時多帶婦女經產穢布以當賊衝則賊之火器必不發即發亦倒洩若敵人亦用此法吾當於死人身上割取其玉莖前一寸安放銃頭無不發出者矣

建炮位

以上制禦暎夷之策殆畧備矣而或有目爲迂濶者則且以昔時已行之效更爲當事者告焉聞紅毛夷嘗欲窺香山澳門乃以巨舶載大銅銃重三千觔大七八圍長二丈有奇受藥以數石計一發則天地晦冥崩石摧山十里之內草木人畜無復生全澳夷乃倣爲之其製比紅毛更精安置南北兩臺以守要害發時以銃尺量之以測遠鏡度之無不奇中紅毛乃不敢犯今暎夷之橫行海上者正恃其大銅銃耳以中國財賦之廣何難採天下之銅如法製之而稍加倍焉每於海夷出没要口建設三四位更迭施放即不待其泊洋而已轟之使郤所謂以逸待勞以靜制動較之數數徵調徒糜　國帑而我兵曾無一能近其前者其得失固何如哉惟製此頗不易蓋銅質欲純銅汁欲清鑄候欲齊土範欲澤引鍼欲後方可免迸裂之患五者備矣藥又欲精發火之人欲鍊乘火之人欲敏轉運之機欲活測量之法欲準否則但曰重器而已安知不反以資敵乎

斷歸路

海寇越數萬里而來吾内地多不過萬餘人少則數千人而已未必能長接濟也以中國數百萬貔貅而殲此小醜本易易事只從其住泊之處挨達於上擇其回路所必由節節伏兵斷其歸路於其離巢也而又斷之於其登岸也而又斷之凡斷賊全在設伏犄角變化迭出環攻賊且欲逃而不得而又安敢與我爲敵哉

搗巢穴

凡賊之來必將全師泊於險要礜島另以小舟逼岸此停泊之處即巢穴也急應密遣水師分爲數路直搗其巢仍於賊所必回之路設伏待之我勝則截殺我敗則作救援賊旣聞吾之搗其巢也必返顧賊而有反顧之憂也必胆怯乘其怯而臨之無賊不殲矣

已事之防二籌

愼招撫

海寇之聚其初未必同情有冤抑難理因憤而流於寇者有憑藉門戶因勢而利於寇者有貨殖失計因困而營於寇者有功名淪落因傲而放於寇者有傭賃作息因貧而食於寇者有知識風水因能而誘於寇者有親屬被拘因愛而牽於寇者有搶掠人口因壯而役於寇者此雖在寇之日未必無求生之心苟能招而徠之是亦攻心之謀伐交之計也必應明揭通衢許令不時投首准予釋放果有能以智力取賊首來獻者另行重賞若是者蓋有二善焉散賊之黨一也使彼心疑易於行

間二也雖然有不可不愼者王守仁云招撫之議但可偶行於無辜脅從之民而不可常行於長惡怙終之寇可一施於回心向化之徒而不可屢施於隨招隨叛之黨何也寇亂之始被害之民恃官府之威令猶或聚衆而與之角不勝則鳴之於官而有司者以爲旣招撫之則皆置之不問盜賊習知官府之不彼與也益從而脅之民不任其苦知官府之不足恃亦遂靡然而從賊由是盜賊益無所畏而出刼日頻知官府之必將已招也百姓益無所恃而從賊日衆知官府之必不爲已地也夫民有冤苦無伸而盜賊乃無求不遂爲民者困征輸之劇而爲盜者獲犒賞之榮則亦何苦而不彼從乎是故近賊者爲之戰守遠賊者爲之鄉導處城郭者爲之交援在官府者爲之間諜其始出於避禍其繼從而利之此盜賊之所以日滋也盜賊之日滋由於招撫之太濫非其明效大驗哉若夫既招之後而又殺之則尤不可昔秦瑨王艮之叛當道嘗誘其降而殺之矣莊渠先生云後日招降之令從此更不可行蓋招而處之則可招而殺之則不可寍可不招招後必不可以失信胡靜菴令軍門之條曰已降者不殺再叛者不饒新起者必撲滅於微斯得愼招撫之意者矣

謹互市

明初廣東閩浙俱設市舶司自倭奴入寇而浙之市舶以罷我　朝天威遠播邊海肅清惟西洋諸國許其在廣東之澳門交易而抽分之此誠　國家無外之仁近者　朝廷嚴吸食鴉片之禁嘆夷私貨無可出售乃敢肆行抗拒竊意

皇上必大彰

天威非特懲將來亦所以警他夷也比因爵相琦善受賊頤使縱其擅入虎門幾至不可收拾

朝廷痛厭兵革俯准靖逆大將軍和議遂爲該逆夷開一面之網許其仍舊通商草野書生安敢與知　國家大

計顧恩以爲善施恩者必施之威伸之後而人始知恩今嘆夷凶焰固未嘗稍挫也其請開市明挾武伸以防之策但以含糊開市爲詞我而亦含糊許之則彼將仍然售其私貨又何以禁吾民之吸食耶夫嘆夷之日夜思逞於中國者不過此鴉片土耳耗我之財而彼得以資其富戕我之生而彼得以乘其贏幸而禁之爲萬世造無疆之福一旦復聽其販賣中國之獘伊于胡底若定海係中國腹心（本年逆夷佔據定海要於此處添一馬頭近復又有覬覦蘇州上海之意）則尤不可令其日久逼處況東通倭路禍變之生雖知者未易逆料然則市斷不可開乎愚又謂不然查嘆夷所需大黃茶葉等物不能不有資於中國利之所在人爭趨之故官法愈嚴小民寧殺其身而通番之念愈熾今不如舉虎門省河之寇以盡殲之爲快俟其帖然伏罪然後明定章程仍准其在廣東澳外互市勿許一人近岸凡夷船到粵必先經搜查無違禁貨物然後許令出售其內地興販出海者亦必經關口盤詰去之日有無夾帶私硝於其回也有無夾帶煙土除一應照例抽稅公平交易外仍於沿海各省嚴設隄備斯眞萬年永奠也哉

附致王夢蓮參軍書

浙事大不可問奈何椿竊統目前之大勢論之如治病然不拔其本但醫其標則病且劇况醫藥亂投耶今之病源安在乎漢奸是也夷以漢奸勾引吾民使之明爲漢奸害雖著而可防夷以漢奸勾引吾兵使之暗爲漢奸禍真不可測矣而試問今之兵民有不爲漢奸者乎夫守城而有漢奸則城必內潰臨戰而有漢奸則戰必先奔不此之急圖但皇皇然以厚集兵力爲要賊未至則堵禦實嚴密也賊至則皆散去猶未堵禦耳如今失守各處非皆其明效大驗哉然嘗反覆思之我兵民之易爲漢奸也有故無人不畏賊炮之利害而又每見我

師之失利賊乃因而嚇之且賄囑之使其望風而逃此我兵之易爲漢奸也百姓非盡無良而實有日夜望賊之至者皆貧而無賴之民而賊乃因而買之人遂以爲窮亦死從賊亦死而猶冀從賊之未必死而尚獲利焉此又我民之易於爲漢奸也誠使漢奸愈引而愈多卽我兵益調而益少萬一內地更有乘釁而動者將奈之何或謂夷賊決不敢深入此眞迂儒之見此時漢奸特借逆夷爲寄身耳今漢奸幾以萬計將來必有與賊分股者夷賊或不敢深入內地之賊何不敢深入之有三江爲財賦之區瓜焦爲咽喉之地倘不及早平定明歲糧運大爲可慮椿一介書生杞人之憂誠屬多事然得

血性如閣下竟不容我默默也椿以爲此時正須以防內奸爲主內奸克絕外奸自孤而後可議戰議守防之之法莫若行吾來夏堂保甲說惜乎緩不濟急則又莫若就臺公分方法而稍變通之每城分九方每方別居民舖戶爲兩等各擇其殷實明幹數人使之自爲保甲互相稽查殷實則自爲謀明幹則能任事凡遇有漢奸進城勾引登時擒首者審實立賞銀五十兩營兵亦分伍保凡遇有漢奸入營勾引登時擒首者審實立賞銀二百兩并飭下沿海遠賊各州縣速造木排等船所以必遠賊者不欲其隄防也俾軍民人等確然知賊炮之萬無可畏我戰之萬無不克人人無畏死之心卽人人皆有圖功之念

一鼓作氣何賊不殲哉

中外時務海防策要四卷首一卷

〔清〕佚名輯

《中外時務海防策要》四卷首一卷，輯者不詳。書前有明胡宗憲撰《平倭海防圖論序》、佚名撰《中外時務海防策要序》二篇。卷首列胡宗憲平倭海防圖諸論。卷一朝鮮輿地圖説、日本疆域險要、瀛海各國統考、南洋東南洋各島、大洋海群島、印度以西四國、西域各回部風土概況。卷二世界諸國簡介，多摘録《瀛環志略》，後附按語，以抒己見。卷三備悉中國沿海形勢，並抄撮舟船火器諸説。卷四抄録清廷文臣武將戰備疏文，如林則徐《覆奏虎門排鍊礮臺疏》、沈葆楨《陳番社就撫疏》、左宗棠《請拓增船砲大廠疏》、張之洞《請戰疏》、劉永福《戰書》等，計十七篇。據上海圖書館藏清光緒二十年（一八九四）石印本影印。

中外時務海防策要上

明胡宗憲平倭海防圖論 坿列卷首

中外時務海防策要

光緒甲午夏日
上海書局石印

平倭海防圖論序

宗憲不敏，天子以東南半壁付之，乃日羣材官而討軍實，邀天之幸，得凌風濤而殲鯨鯢。頃不敏竊有憲焉：交趾無聚米之圖，則伏波躑躅無所措手；孔明即夙稱神武，而益州之圖不出諸張松袖中，即劉璋未易取也。況夫瀚海微茫，中國與虜同此利、不同此害者乎？昔吴郡秋崖朱公以大中丞以郎填制七省，則暨倭發之訌躪入，維時國禁尚嚴，人巧未極，故餘優游而坐鎮。及不敏受事，而海之患益不可言矣。蓋不特倭奴之餘窺我圉，而羣不逞之徒且從而決我藩也。故昔之防海重防其入，今之防海重防其出。重防其入，則礪我戈矛，戒我樓櫓，可以禦日本之倭；今之防其出，則支流必辨，分港必稽，所以禦通日本之倭者，亦未可以更僕數也。蓋不敏所日惴惴焉而不敢即安。凡耳目所歷，哨探所傳，無微不覈，無細不綜，因彙次為《海防圖論》凡若干篇。雖杞人之憂不無過計，他日之後，有思不敏之言而躍然者耶？堂堂之陣，正正之旗，東南保障哉！

前明胡公宗憲譔

序　二

中外時務海防策要序

當今談時務者動以海防為先務吾人閩處一室朝夕咕嗶曾滄海一粟之不如倘律一己之見聞識亦慳矣況咸同以來通商口岸輪船縱橫　朝廷咸思有以制之爰　命大臣專設海軍廣造戰艦精備鎗礮諮訪才士而皇華使者欲採羣論每以此命題士人苟非諳識夷務胸有成策鮮能措辭不紊是書蒐羅繁富考據精詳首列五大洲圖次則自外洋各國及回部諸部山川風土兵艦戰器羅列靡遺誠足學者揣摩以之對策當不僅掄元地亦裕有經濟焉是為序

明胡宗憲平倭海防圖論目錄

卷首

中外時務海防策要目錄

卷一

卷二

東南七省

從此福興
興化
從此漳泉二州
泉州
漳州
潮州
從此潮惠
惠州
從此廣州
廣州
高州
從此雷州
雷州
從此瓊州
萬崖
瓊儋
暹羅
安南
廣
龍
思明

海防圖

日本
五島
薩摩州
對馬島
大琉球
小琉球
從此入松江
從此入錢塘
從此入寧波
從此入台州
從此入溫州
福建
溫州
台州
寧波
朝鮮
從此入朝鮮
入揚子江
松江
蘇州
浙江
嘉興
常州
鎮江
應天
通
泰
高郵
淮安
從此入遼東
從此入登萊
從此入淮安
從此入直沽
遼東
登
萊
膠
青
濱
直沽
京師

廣東要害論

廣東列郡者十分爲三路西路高雷廉近占城滿剌諸番中路東莞等處水賊倭寇不時出沒東路惠潮與福建連壤漳船通番之所必經其受海患均也故舊制每歲春汛各澳港皆設戰艦秋盡而掣回泊水寨至今日則不然倭奴衝突莫甚於中路亦莫便於東路其次則南頭等處又其次乃及高雷廉三府勢有緩急事有難易分兵設備亦當因之故舊例戰船中東二路不過二十艘今則各宜增益而柘林爲尤甚蓋柘林去水寨一日之程警報未易猝達寇若乘虛而入柘林危矣無柘林是無水寨也官兵每秋掣班必以柘林爲堡控賊咽喉附近大城所軍互爲聲援庶保無虞焉耳嘗聞南洋瀕海鄉夫在於東路屢勝眞倭烏艚船子弟兵昔在中路首擒亞八此皆宜豢養者也編號定甲更番作息無事則聽宜農商以養其財聽用則時使休息以養其力有警則預給工食椎牛釃酒以養其氣恩威相濟務得其心有不戰戰必勝矣雖然亦末也沿海港口賊舟何處不可衝入斷賊入路策之要也奸民與賊交通饋之酒米餽之衣服餽之利器斷賊內交策之要也海防者不可以不知

烏艚船子弟兵勇於水戰寔爲禦倭前茅中間編號定甲一段議論深得撫養權宜之術至末斷絕內交尤爲警策云

瓊管論

天下郡邑濱海者有之未有若瓊之四面環海者其東西廣九百里南北一千一百四十里長山峻嶺生岐熟三黎錯居其間而五指腹心盡爲黎據郡縣之中定安尤險郡邑封疆反四面而環列占城暹羅諸番西南外峙東北又與閩浙諸洋相通備或攝備則門庭皆勍敵矣廣東處南海之邊而瓊又當其南實南徼之要害也國朝設府統州縣十三後設南海衛統內千戶所五外守

綮千戶所六各海口咸置烽堠瞭戍指揮部軍統轄之名曰備倭巡捕巡司散布分列海寇望幟而知有備然黎防之制瓊澄臨樂文定諸地舊置營戍事久寖弛亢有炯鑑不可不戒也近因癸丑之亂舉兵討平珠崖駐設參將事雖大定而險終在黎未爲吾有議者欲於羅活嶺據以重兵遲以歲月置官兵鎮之扼陵水要區之衝於崖者則界以十字路斷其往來竄伏更於黎衆民稀如慈恩者樹城郭甲兵以衛之噫必如是而後爲久安之計乎

瓊雖四面環海風俗饒裕可云樂土但其中盤黎峒錯居已爲腹心之疾而倭奴飄洋來者往往有之內外隄防斷不容懈弛

廣福人通番當禁論

倭奴擁衆而來動以千萬計非能自至也由內地奸人接濟之也濟以米水然後敢久延濟以貨物然後敢貿易濟以向導然後敢深入海洋之有接濟猶北陲之有奸細也奸細除而後北虜可驅接濟嚴而後倭夷可靖所以稽察之者其在沿海寨司之官乎稽察之說有二其一曰稽其船式蓋國朝明禁寸板不許下海法固嚴矣然濱海之民以海爲生採捕魚蝦有不得禁者則易以混焉要之雙桅尖底始可通番各官司於採捕之船定以平底單桅別以記號違者燬之照例問擬則船有定式而接濟無所施矣其二曰稽其裝載蓋有船雖小亦分載出海合之以通番者各官司嚴加盤詰如果採捕之船則計其合帶米水之外有無違禁器物乎其回也魚蝦之外有無販載番貨乎有之即照例問擬則載有定限而接濟無所容矣此須海道嚴行設法如某寨責成某官某地責成某哨某處定以某號某澳束以某甲如此而謂通番之不可禁吾未之信也

稽船式稽裝載此實法也責在守港官謹司其鑰萬一防檢少疎縱其出海則亡命之徒側行逆施非唯無可稽抑且不容稽矣

閩洋要害論

三四月東南風汛番船多自粵趨閩而入於海南澳雲蓋寺走馬溪乃番船始發之處慣徒交接之所也附海有銅山玄鍾等哨之兵若先分兵守此則有以遏其衝而不得泊矣其勢必趨於外浯嶼外浯嶼乃五澳地方番人之巢窟也附海有浯嶼安邊等哨守之兵若先會兵守此仍撥小哨守緊要緊港門則必不敢以泊此矣其勢必趨於料羅烏沙料羅烏沙乃番船等候接濟之所也附近有官澳金門等哨守之兵若先會兵守此則又不敢以泊此矣其勢必趨於圍頭峻上圍頭峻上乃番船停留避風之門戶也附海有深滬福金哨守之兵若先會兵守此則又不敢以泊此矣其勢必趨於福興若越於福興計其所經之地在南日則有岱墜湄州等處在小埕則有海壇連盤等處在烽火門則有官井流江九澳等處此賊船之所必泊者也若先會兵守此則又不敢泊矣來不得停泊去不得接濟船中水米有限人力易疲將有不攻而自遁者況乘其疲而夾力攻之豈有不勝者哉果如所論則番船飄泊海洋無處著落矣雖然沿邊將士安肯齊心協力乃爾

福洋五寨會哨論

烽火門水寨設於福寧州地方以所轄官井沙埕羅浮南北中三哨其後官井洋添設水寨則又畫羅江古鎮分爲二哨是在烽火官井當會哨者有五

小埕水寨設於福州府連江縣地方以所轄閩安鎮北茭焦山等七巡司爲南北中三哨是在小埕寨當會哨者有三

南日水寨設於興化府莆田縣地方以所轄沖心莆禧崇武等所司爲三哨南[illegible]文[illegible]添設於平海之後是在南日當會哨者有四

浯嶼水寨設於泉州府同安縣地方上自圍頭以至南日下自井尾以抵銅山[illegible]者有二

銅山水寨設於漳州府漳浦縣地方北自金山以接浯嶼南自梅嶺以達廣東大船當會者其哨有二

由南而哨北則銅山會之浯嶼浯嶼會之南日南日會之小埕小埕會之烽火而北來者無不備矣

由北而哨南則烽火會之小埕小埕會之南日南日會之浯嶼浯嶼會之銅山而南來者無不備矣

哨道聯絡勢如常山會捕合併陣如魚麗防禦之法無踰於此

五寨會哨自可以出奇無窮曰常山曰魚麗其形容宛肖

福寧州論

八閩之地二面當海者二興泉是也一面當海者二福漳是也寇閩要衝晉江之深扈獺窟興化之沖心平海龍谿之海門漳浦之島尾南靖之九龍寨溪皆是也然莫有如福寧州之尤險者蓋大地情勢自西北而東南至於福建盡之矣而福寧尤在福建之東南突出海中如人吐舌然其左爲甌括海居東而北右爲福興海居南而福寧獨當東南北三面之海倭船入寇必先犯此水寨之設職此之故也舊寨在州東北五六十里三沙海面永樂初所置抽用福州中左二衛福寧衛大金千戶所軍守之秦嶼羅浮官井洋胥屬焉正統間焦宏倡議風濤難泊徙今松山之下必復舊而後可

此嚴邑也唯有深溝高壘足食足兵而已

廣福浙兵船當會哨論

大海相連地畫有限若分界以守則孤鬭受敵勢弱而危陳緝捕之謀能不有賴於相須乎思考入番罪犯多係廣福浙三省之人通夥流劫南風汛則勾引夷船由廣東而上達於漳泉蔓延於興福北風汛則勾引夷船由浙而下達於福寧蔓延於興泉四方無賴又從而接濟之向導之若欲調兵剿捕攻東則竄西攻南則遯北急則潛移外境不能以窮追緩則旋復合綜有難於拏殄北夷船與

草撇船之大勢也又有一種奸徒見本處禁嚴勾引外省在福建者則於廣東之高潮等處造船浙江之寧紹等處置只料蔫入番在浙江廣東者則於福建之漳泉等處造船置貨料蔫入番此三省之所弊也故福建捕之而廣浙不緝不可也廣浙捕之而福建不捕亦不可也必嚴令各官於連界處會哨如在福建者下則哨至大成千戶所與廣東之兵會上則哨至松門千戶所與浙江之兵會在浙江者下則哨至流江等處與烽火之兵會在廣東者上則哨至南澳等處與銅山之兵會遇有倭患互爲聲援協謀會捕賊勢豈有不孤窮而滋患豈有不聯貫者哉。二省會同出哨成鼎足之勢矣但海濶天空嫌究日出事生將士互相觀望欲息滋氛吾未見其別有長策也

浙江四參六總分哨論

浙海諸山其界有三黃牛山馬墓長塗冊子金塘大榭蘭秀劍山雙嶼雙塘六橫韭山塘頭等山界之上也灘山滸山洋山馬蹟兩頭洞漁山三姑霍山徐公黃澤大小衢大佛頭等山界之中也花腦求芝絡華彈丸東庫陳錢壁下等山界之下也此倭寇必由之道也海防每值春汛戰船出海初哨以三月二哨以四月三哨以五月小陽風亦慎防之其南哨也至鎮下門南麂玉環烏沙門等山交於閩海而止其北哨也至洋山馬蹟灘滸衢山等處交於直海而止陳錢爲浙直分䑸之處則交相會哨遠探窮搜復於沈家門列兵船一枝以一指揮領之馬墓港列兵船一枝以一指揮領之舟山駐劄把總兼督水陸賊若流突中界也則沈家門馬墓兵船北截過長塗三姑而與浙西兵船相爲犄角南截過普陀青龍洋韭山而與溫台兵船相爲犄角賊若流突上界也總兵官自烈港督發舟師北截之於七里嶼觀海洋而參將自臨山洋督兵應援南截之於金塘崎頭洋而石浦梅山港兵船爲之應援是故今日之設險自內達外有三會哨於陳錢分哨於馬蹟洋山普陀大衢爲第一重

出沈家門馬墓之師爲第二重總兵督發兵船爲第三重備至密也所患者海氣溟濛咫尺難辨風濤翛忽安危叵測兼之潮汐有順逆哨報有難易奸將往往藉以規避吾何從而綜覈之哉自海上用師以來擊來賊者僅一二見而要去賊者不過文其故縱之愆識者謂宜以擊來賊之賞優於追去賊之賞縱來賊之罰嚴於縱去賊之罰風汛時月正副總兵不拘警報有無而親出海洋嚴督各總僇力用命以遏海寇於方來則何邊鄙不甯之有

故縱來賊罪惡深重假行所不待言者夫去賊可追則追不然有促其去而已耳何以罰爲

舟山論

信國公湯和經畧海上區畫周密獨於舟山似有未妥者蓋洪武閒倭犯中界犯玉環犯小濩業皆浙東海汛信國所親見也其來也自五島開洋衝冒風濤困眩精神者數日至下八陳錢而始少憩然孤懸外海曠野瀟條必更歷數潮泊普陀烏沙門之類而後得覘我兵虛實以爲進止若定海之舟山又非普陀諸山之比其地則故縣治也其中爲里者四爲嶴者八十三五穀之饒魚鹽之利可以食數萬衆不待取給於外乃倭寇貢道之所必出寇至浙洋未有不念此爲可巢者往年破其登據卒難驅除可以鑑矣我太祖神明先見置昌國於其上屯兵戍守誠至計也信國以其民孤懸徙之內地改隸象山止設二所兵力單弱雖有沈家門水寨然舟山地大四面環海賊舟無處不可登泊設乘昏霧之間假風潮之順墜至舟山海大而哨船不多豈能必禦之乎愚以爲定海乃甯紹之門戶舟山又定海之外藩也必修復其舊制而後可

舊規不復吾恐舟山之變不在島夷而在海洋之盜賊也

浙直福兵船會哨論

浙東地形與福建連壤浙西地形與蘇松連壤利害安危各有輔車相依之勢故初制責浙兵巡哨

總督浙直福分哨各官互爲聲援而不許自分彼已畫地有限責任相聯此廟謨之所以爲普而海防之所以爲齊也愚考海中山沙南起舟山北至崇明或斷或續暗沙連伏易於閣淺賊舟大者不能東西亂渡如遇東北風也必由下八陳錢馬蹟等山以犯浙江而流突乎蘇松如遇正東風也必由茶山西行以犯淮揚而流突乎常鎮如遇正北風也必由琉球以犯福建而流突乎溫台三途篤遠瞭望難及雖總兵官撥遊兵把總領哨千百戶等船往來會哨其在浙江也南則沈家門兵船哨至福建之烽火門而與小埕兵船相會北則馬蹟兵船哨至蘇州洋之洋山而與竹箔沙兵船相會其在蘇松也南則竹箔沙兵船哨至洋山而與浙江之馬蹟兵船相會北則營前沙兵船哨至茶山而與江北之兵船相會諸哨絡繹連如長蛇群力合併齊如扛鼎南北夾擊彼此不容逭惟逐寇船於一時殆將靖寇患於無窮矣

聯屬諸哨責在巡撫須遵初制重其事權仍加以總督之任浙直始盡歸統屬不然東西互爲參差南北兩相牽制會哨之說祗應故事耳緩急奚賴哉

蘇州水陸守禦論

蘇州爲畿輔望郡濵於大海自吳淞江口以南黃浦以東海壖數百里一望平坦皆賊逕道往因不能禦之於海致倭深入二府一州九縣之地無不創殘其禍慘矣松江之有海塘而無港口者則自上海之川沙南匯華亭之青村柘林凡賊所據以爲巢窟者各設陸兵把總以屯守之而金山界於柘林乍浦之間尤爲直浙要衝特設總兵以爲陸兵之統領又於其中添建游兵把總一員專駐金山往來巡哨所以北衛松江而西援乍浦也至於蘇州之沿海而多港口者則自嘉定之吳淞所大倉之劉家河常熟之福山港凡賊舟可入者各設水陸把總以堵截之而崇明孤懸海中尤爲賊所必經之處特設叅將以爲水兵之領袖又於其中添置游兵把總二員分駐竹箔營前二沙往來會

哨船以巡視海洋而警報港口也內外交持水陸兼備上之可以禦賊於外洋下之可以巡塘而拒守亦既精且密矣但調募客兵不如調土著之兵可調習而有常官造戰船不如顧民間造私船皮堅久而省費是在當事者酌行之而已

蘇松海防所倚賴者無過兵船第招募客兵亦未爲不可至於戰船民造實爲堅久是當永爲例云

江北設險方略論

淮揚二郡介於江淮之間東瀕大海賊舟出沒三面隄防爲難國初備禦之制淮安設衛二內屬所五外屬所五揚州設衛三內屬所十四外屬所三復建兵府雖職司轉漕實示控扼之勢蓋南北之咽喉非他郡比也愚考其地形起自東南蓼角嘴以抵姚家蕩綿延三四百里除安豐等三十六場俱在腹內不爲要害要害之處乃通州也狼山也楊樹港裏河鎮也餘東餘西等場也蓼角嘴呂四場也掘港新閘港也廟灣劉庄伍沙場也其尤要者有三曰新場出入至近瀛近揚州也曰掘海所從以通新閘者且有鹽艘聚泊也曰廟灣其爲巨鎮而通大海口也當事者須設把總三人一駐新港一駐北海一駐廟灣更用陸路遊擊一員駐劄海安則東可以控狼山通州海門之入兩西可以捍衛揚州矣

二郡非惟江淮衛要抑且南北襟喉國家之命脈所係而鎮壓其地者所當惴惴小心者也

江淮要害論

天下之水在北莫大於河在南莫大於江當鎮淮揚當江河入海之際雖極大艦艦皆可乘潮而入近歲倭寇佯言分劫其心之狡實欲自長江以窺留都自淮河以窺中原而終不敢深入者由四府之防禦堅也必水陸當會哨互援審論諸船翼流以遏賊鋒或出賊發賊若登岸則以團練之兵禦

之此常勝之形也四郡無患則中原留都可以高枕而臥矣

東南一帶因邊海易於登岸且承平已久戰具不修故得任其猖獗若云窺我中原恐倭奴無此大志也

山東預備論

倭患之作嶺嶠以北達於淮揚靡不受害而山東獨不之及者豈其無意於此哉亦以山東之民便於鞍馬而不便於舟楫無過晋下海之人爲之嚮導接濟焉耳然邇年青齊之兵多爲所據安知其中無識海道而勾引者乎愚觀山東諸郡民性驍悍樂於戰鬬倭之短兵不足以當其長鎗勁弩倭之步戰不足以當其方軌列騎萬一至此是自喪其元也所虞者登萊突出海中三面受敵難於隄備國朝專設備倭都指揮一員巡海副使一員分駐二郡衛所森嚴墩堡周備承平日久不無廢弛中明振勵庶幾其無患乎雖然倭船至岸而後禦之亦末矣孰若立水寨置巡船制寇於海洋出沙策之上也嘗聞宋以前日本入貢自新羅以趨由東今若入寇必由此路但登萊之海危礁暗沙不可勝測非諳練之至則舟且不保何以迎敵而追擊乎故安東以北若嶗山赤山竹篙旱門劉公芝罘八角沙門三山諸島乃賊之所必泊而我之所當伺爲者也若白蓬頭槐子口橋雞鳴嶼夫人嶼金嘴石倉廟淺灘亂磯乃賊之所必避而我之所當遠焉者也必嚴山洋之合勤會哨之期交牌信驗習熟有素則將來廟堂或修海運以備不虞之變亦大有裨焉獨禦寇云乎哉

青齊風氣剛勁其民勇於戰鬬倭奴憚焉不敢犯也但邇年與朝鮮爲難登萊相去頗近可以一帆而渡迄今會哨分巡爲孔亟云

遼東軍餉論 明御史萬世德撰

遼東古營州地也其背爲沙漠花當吉列迷諸部落在焉其面爲滄溟其餘氣爲朝鮮國朝設瀋陽

遼陽三萬鐵嶺四衛梳於開元以遏北狄之衝金復海蓋旅順諸軍聯屬海瀕以防島夷之入烽堠星列營寨棊布東北藩籬可謂固矣洪武間倭寇嘗以玩南方之心而玩遼東遼東之人以禦北狄之法而禦倭寇斬滅無遺海氛蕩熄劉江金線島之捷是已二百餘年邊備如故獨萬曆二十年倭破朝鮮覬覦遼左天津所謀更逆今數年尚屯兵駐拒釜山西生浦未歸朝廷下明詔勅諭戒防但所慮者以地方千有餘里衛所軍旅凡九萬九千八百七十五員名除新募應援兵不計區區止藉山海關一路饋餉我朝北都燕而遠漕江南粟久自京師達於遼陽飛輓不繼邊卒輒嗷嗷待哺苦至凶荒士卒相食萬一難守密邇畿輔倭寇之日兼以虜騎乘間何以禦之此其患不在兵之不疆而在食之不足食足則兵疆兵疆則守固矣邇者登萊運米達遼甚便惜其不多旋復止愚謂國初軍屯商中之制至爲精當而大壞極敝司國計者當深念而亟圖之不當專責之纛帥而已也

遼東雖北隣朔漠南枕滄溟然東西倚鴨綠長城爲固且開元廣甯各屯重兵鎮之屹然形勝之區也第西北竊發頗多島夷近生覬覦遂不容息肩矣區區一線之饋餉其能充數萬人之腹乎初制已久淹或未能猝如舊也幸有登萊便道暫行旋復中止惜哉

日本考略　明殷都無美撰

日本古倭奴國去中土甚遠隔大海依山島爲國邑其地東高山城居中其國君以王爲姓歷世不多漢時來朝者三十餘國西下東西數千里南北數百里九州居西爲首陸奧居東爲尾歷東漢魏晉宋隋皆入貢唐咸亨初更號日本國初洪武四年遣使臣朝貢永樂以來國王嗣立皆受本朝冊封其地有五畿七道以州統郡附庸之國百餘國初十年一貢由浙甯波達於京師其人兇狡無信洪武中數爲邊患沿海設備倭以待之嘉靖初自宋素卿之亂始絕貢路矣三十二年挾忿深入幾甸所過劫焚雖費朝廷百萬殲制之然亦無大志也萬曆二十年關白以華人襲奪山城君吞併海

外六十六島大舉入寇攻破朝鮮擄王子陪臣留兵屯駐釜山西生浦詭詞以要中朝封貢其實寓窺伺遼左天津之意焉幸賴天子聖明勅諭禁許萬里海防壹戒謹備今考其入寇之路其西北至高麗也必由對馬島開洋南至琉球也必由薩摩州開洋順風七日其貢使之來必由博多開洋歷五島而入中國因造舟水手俱在博多故也若其入寇則隨風所之東北風猛則由薩摩或由五島至大小琉球而視風之變遷北多則犯廣東東多則犯福建若正東風猛則必由五島歷天堂官渡水而視風之變遷東北多則至烏沙門分䑸或過韭山海閘門而犯温州或由舟山之南而犯定海犯象山奉化犯昌國犯台州正東風多則至李西嶴壁下陳錢分䑸或由洋山之南而犯臨觀犯錢塘或由洋山之北而犯青南犯大倉或過南沙而入大江若在大洋而風欵東南也則犯淮揚犯登萊若在五島開洋而南風方猛則趨遼陽趨天津大抵倭船之來恒在清明之後前乎此風候不常屆期方有東北風多過五月風自南來倭不利於行矣重陽後風亦有東北者過十月風自西北來亦非倭所利矣故防春者以三四五月爲大汛九十月爲小汛其停橈之處焚劫之權若倭得而主之而其帆檣所向一視乎風實有天意存乎其間倭安得而主之哉今[illegible]法於梅林公星布水寨截其往來多延智士關其所親時出哨洋擒其登岸厚賞將士[illegible]縱校悍必不能持久島中以自老師其成擒必矣

障紀

戰令

尉子之重刑令也所統千人以上有戰而北守而降離地逃衆命曰國賊身戮家殘去其籍發其墳墓暴其骨于市男女公于官所統百人以上有戰而北守而降離地逃衆命曰軍賊身死家殘男女公于官是故以守而破陷則一軍上下受誅以戰而敗北則一軍貴賤皆斬又曰能殺士卒之半者

威加海內殺其十之三者力加諸侯殺其十之一者令行士卒儒者論兵以尉子為慘刻殊不知尉子者無地無天獨出獨入誠所謂一人之將也善兵者能會其意而去留之得作戰之機矣今也民驕備弛戰上困苦而中制太過將乏賢能令輕刑賞臣謂非尉子之法無能新軍政啓疲弊也乃減加其差等而為之令使戰令必行則士卒自畏士卒畏主將之刑則偏裨畏君上之死矣

未戰之前一二日士卒敢有畏戰逃者捕而殺之伍隊長不能捕者俱斬仍將同伍同隊之卒各打百棍若有知其逃情而不先首者亦斬有能首而密伏所逃之路擒捕其逃者即以所犯之糧幷所犯家貲賞之不實幷誣者反坐如果陡病不能赴戰者聽本營官吏伍隊長驗入中軍調理詐者坐法誣其詐者亦坐或一卒一伍一隊奮勇抵敵而同伍鄰伍同隊救應稍遲致損奮勇伍隊頭目者同伍鄰伍同隊頭目以至軍士悉斬之或一部一營拚命鏖戰而諸部別營觀于備援致潰鏖戰之陣而損將失事者諸部別營大小頭領俱斬之其偏裨將千把總之分布策應應以其地之遠近連坐有從卒能奮力陷陣而復得敵之頭領者即當舉其為千把總或得其謀士及正副敵將者即當拜為偏裨將敵未入彀而伏兵先起敵已越彀而伏兵未發因而致誤機事者領伏頭目俱斬各兵細打仍扣月糧奇正之兵見伏已起而不急應者同罪凡塘報哨探之類為人欺惑傳送不真因而誤事者斬哨探發行不知敵至者斬哨探不以敵情實告至將而反與同黨宣露者斬哨探既真遠近已的多寡已明險易已得惟聽主將分道發遣無許負氣先登貪功先動所以如期不到未會先行臨敵先退者俱得斬之大將懦于料理分措失宜隱蔽賢能引用不肖以致覆軍折將者監軍官奏斬其頭沒其三世監軍官偏執己私不知大將致誤國事者同罪

分營制壘各有汎地上自左右偏裨官將下至材官儲將技士亡命以及伍隊士卒惟視聽主將進退合分號令各不得越界往來私相言語設有犯禁即治以法臨敵違令者橫門斬之故曰內無干

令犯禁罰外無不獲之奸矣所以陣定而足數移頭數顧行伍擠拶稀密不均前後紊次旌旗亂搖金鼓不節者所犯與隊伍長俱死之故舉號差錯則舉號者罪行陣失序則偏裨官亦坐臨敵而誤號則舉號者當斬臨戰而失序則偏裨將亦誅是以出隊行伍爭前滯後不遵將令擅出入者斬陣列已成從左右將以至監軍官而下俱毋得乘鼡馬入營違者斬之更不許私抽營內一人一騎役用抗者斬之無主將符契至而擅發兵者斬之符契既至而不即發兵者斬之失旌旗金鼓符節或爲敵所竊者全隊斬之姦淫敵境及沿途婦女或匿婦女在營幷陵虐所過人民者全隊斬之進退不遵金鼓旗旛火角號令者斬之倡言敵人威勢以悚其衆者斬之巫覡私爲軍士卜其行軍之吉凶所問與巫者俱斬之主將進退而密令出攻伐機事未行而有先聞者告與所聞者俱斬之結黨毀謗詭言妖異者斬之私察是非因以索利者斬之漏洩失機事于敵人匿奸細緣由于境內者斬之嫉蔽賢良使才士不得見用於緩急者斬之更令稍令夫令玩令者斬之違主將一時之令者斬之

守城破陷悉斬守者圍敵潰圍悉斬圍者宜戰不戰悉斬戰者當援不援悉斬鄰隊遇急不舉烽號及先舉而後續繼不應者死之軍行在途糧草遲到所過而誤支給則司餉者死之出軍在道若見前隊遺落器械銀錢等物許所見本隊隊伍長收貯待營定則稟所管偏裨以召失主認領妄認及隱匿者俱斬後隊見而不收者亦打百棍隱匿臨陣死亡士卒資財者斬吏士受賄定罪紀功不實者斬臨敵日任傷殘欲避鬥戰之險者斬臨戰失去衣甲器械或質爲宿娼賭領之資者斬敵有棄械解甲乞降而輒殺者斬覆得敵人私書即宜密送主將或先開讀及先與本營官看者斬敵使入軍非主司輒與語者斬擒獲敵人及來降者即時領見主將不得輙問敵中事宜因而泄漏者斬行軍出戰樵採牧汲不遵號令者斬忽見怪異飛走之物入營能捕獲者急送主將設有私自藏匿私

告于人者斬測度軍中行事者斬出師在道雖值颶風驟雨無令軍士棲止忠臣孝子墓[illegible]家遠令者斬軍臨敵境有妄殺老少發毀塚墓搶擄資財焚燒廬舍踐禾伐木者斬夜深無故喧呼驚營動衆者斬鄰隊鄰伍知其驚營而不靜待亦故附其號呼者俱斬營中無故火起號其輜器具斬其發水之伍仍沒其家除主將傳令某伍某隊救火外[illegible]不得擅離職掌擅動者斬伍兵不利衣甲不精以致臨敵不堪施用者斬

戰機

宜讀熟此篇臨機始能變化變化神易須早早默晤于心中得一發全之上策

戰之機者藏形于無遊心于虛故聖人常務靜以待敵之有形所以故乎九天之上蟠乎九淵之下以其無形可見也深間不能窺智者不能謀以其無隙可乘也不襲堂堂之寇不擊填填之旗欲待其形之先見也見敵之有形矣乃任我之氣勢或擊其先動或乘其釁生敵將堅壁我則突其未成急趨其可攻敵欲衝我我則絕其必返先備其所從敵長則截之敵亂則惑之敵薄則擊之敵疑則攝之敵恃則奪之敵疎則襲之若驚鳥之忽起若飄風之陡發倏忽上下莫知止遏如雷霆之震擊如暴雨之傾注左右前後莫知所禦是故有風雨之行故能威絕域之民有飛鳥之舉故能服待固之國有雷電之戰故能獨行而無敵是以善戰者必以盛而乘衰以實而擊虛以疾而掩遲以飽而制饑應之以不窮投之以不測飄飄忽忽莫知所之獨出與獨人而莫知所謀其合如雲其變如龍若從天降若出地中猶水之撲火無不息湯之沃雪無不濟斷其退也敵不知我之所守其進也敵不知我之所攻且夫水性至柔而能觸崩邱陵性專而觸誠也市合脆而能必勝敵以死而易生也苟能指士卒之進退如驅羣羊驅偏裨之赴戰如縱鷹犬使其上雲巔而不知其爲高入叢棘不知其爲碍蹈重淵而不知其深者乃可稱將其深入敵境而無一人動靜者必有埋伏絕我歸徑須令勤勇爲襲捕繼強弩以翼之發輕騎以應之急守根道故犄角堅壘大師敦出奇兵援其左翼

爲左右逐掠敵若空虛急乘我之機勢地勢相遠彼此力均不可挑戰恐費奔趨之勞敵或有隙必速壓之無使其復備也我可以往彼可以來之地必先居高通餉其勢乃佚其戰則利孫子謂先處戰地而待敵者佚後處戰地而趨戰者勞所以善戰者能致人而不爲人所致尉子謂敵地大而城小者必先收其地城大而地窄者必先攻其城地廣人寡者則必先絕其阨地窄而人衆者則築大堙以臨之故作戰必因地勢之便率與敵遇乃因地而發令焉而復用其險阻山林水泉邱墓之利也地易遠曠以車騎相因草木蒙蔽以步卒接戰長林茂陵以奇伏迭出深峽隘口止衆用少踰水涉瀰益以火弩高下相懸未可逼近晝多旌旗夜多火鼓風雨雪霧變以笳角以寡擊衆務於隘塞必於暮夜伏于叢茂要于險阻以衆擊寡務于廣漫利于旦辰分守要津絕彼運道若驅水火須知攖後搏前偶際晦冥必識相機邀襲與敵分險相拒尤當塞谷備衛廣我戰道處山之左急備山之右處山之右急備山之左我地險悖動有掛碍可往不便于返者當謹我歸路敵若無備分兵擊之敵若有備不可出也壁以武剛隨以運卒續發哨探密遣埋伏務得虛實遠近衆寡之情然後可爲致勝之策哨探埋伏必選精銳誠實抑非庸卒可使然致勝詭譎情狀萬端若指以山谷蒙翳處伏藏之所爲伏不過尋常之伏耳是豈能應命於不窮哉故善伏者敵雖巧智無能測識我之所伏也是以用伏之微非神化乎兵術者未可與語伏

淮南子謂敵躁我靜必罷其力敵先我動必觀其形則其邪正以制其命審其所處或極其因敵或反靜先出我奇敵謹後節即與推移敵有所積必有所虧敵若左轉覆其右陂故能先翳敵而後戰者費不半而功自倍管子曰不明于敵人之將不先軍也不明于敵人之士不先陣也士卒未附教習未精敵情未得不可以言戰也是故文王不能使不附之民先軫不能戰不教之卒王夏渣父不能以弊車驚馬疾趨而致遠后羿逢蒙不能以枉矢弱弓射遠而中微所以善兵者必使其兵利也

甲堅也力治也令信也機得也乃量彼己之勢而後握必勝之權故士卒倚其必勝而自輕鬪魏文侯曰有師甚衆旣武且勇背大險阻右山左水深溝高壘守以强弩退如山移進如風雨糧食又多難與長守則如之何吳起曰大哉問非車騎之力聖人之謀也能備千乘萬騎兼之徒步分爲五軍軍各一衢五軍五衢敵人必惑莫知所加嚴陣堅守以固其兵急行間諜以觀其慮彼聽吾說解而去之不聽吾說斬使焚書分爲五戰戰勝勿追不勝疾走如是佯北安行勿鬪一結其前一絕其後兩軍銜枚或左或右而襲其處五軍交至必有其利此擊强之道也臣謂吳起擊强之道乃以五軍交至而必有其利管仲必勝之道乃以卒附教精兵甲堅利而明敵人之情敵人之將敵人之士而後戰也劉安握戰之機乃累敵力觀敵形因敵勢而與之推移謂先弱敵而後戰者費不半而功自倍三子論兵其殺則一其用則不同耳吳子雄而銳管子重而堅劉子巧而無定巧而無定者談兵者也談兵者每作其形勢難其機權神其應變直欲雄視千古而後已用兵者必盡諸人事處其至成獨處機隨故無往而不利所以談兵與用兵之才大異霄壤如能談兵而又必能用者臣不敢不讓管吳也

摧陷

必死不如樂死樂死不如義死義死不如視死如歸夫一人必死足敵十夫十夫必死足敵百夫百夫必死足敵千夫千夫必死足敵萬夫萬夫必死天下莫當況義死者乎殺有義死之軍出死固難敵矣百人一心則能陷千人之陣亂千人之伍千人齊力則能覆三軍之衆殺萬人之將萬人幷力則四海震驚無敵可向況必死者乎吳子曰有一死賊伏於曠野千人捕之莫不梟視狼顧者何也蓋恐死賊突至奮命傷人所謂一人挺刃萬人避之豈萬人皆不肖也必死與必生之心不同令能使千萬衆之氣如一死賊而誓不俱生則進不可當退不可拒雖有謀者亦難免也故善摧敵之堅

陷敵之勢者能使三軍貴必死之氣也善用必死之氣者當法諸楊素仿諸溫陰考諸賞執可也素每臨戰必令弱卒赴敵陷陣則已不能陷者悉斬之又令復進不能陷者更悉斬之則將士惟知進退皆死所向無不勝爲信當强敵每置軍於不能退走之地謂無所往矣無所往則知非死戰不能生非疾鬭不能出自是併其力齊其氣奮其命一其死而決之戰執每赴敵有步將稍却者輒斬之拔隊中小校以代自率鐵騎以殿乃令之曰鼓發有不進者自後殺之士聞鼓聲無不爭趾以進鬭所以殿刑爲作氣之基作氣爲摧陷之本摧陷爲必勝之權故善決戰者必使諸摧陷能摧陷者必振其死氣善作氣者必極其賞罰法曰剛柔皆得地之利也又曰攜手若使一人不得已也死地有特敵之者有誤至之者死氣有令作之者有自振之者恐其亂目也禁妖祥之事恐其亂心也去狐疑之思乃焚其貨財忘其生路使人人堅髮瞀不待命令而皆自爲之戰所以發令之要在必信從作氣之機存乎心巧且兵無常勇亦無常怯氣使之耳氣强則勇氣懦則怯氣勇則戰勝氣怯則戰北勇怯强懦其由甚微善作氣者得乎機善用機者決諸勢勢莫爲敵所用而我常用敵之勢也氣莫爲敵所奪而我常奪敵之氣也故其攻擊也若迅雷飄風其摧陷也若崩潰倒決其搏執也若鷙鳥擊擾使敵莫測我之所從來莫禦我之所忽及吳子謂戰鬭之場止屍之地是以喻之如坐漏船中伏燒屋下者能厲氣舍死當敵之鋒則敵之勇者不及怒我智者不及謀我我或反生而敵之死理所謂必死則生幸生則死能令人之必死者勵士之功也能使令之必從者教戒之法也故曰令以恩信行氣以振作勇又曰士人盡力我愚陷不懼

水戰

江上之戰必慮上游水上之禦宜柵中流或因風縱火或因潮用灌或囊沙決隄或順逆故用冊自慮不便柵自當逆風舟宜還而旋轉便器宜捷砲炙弩炮分更宜速機寨惟堅旗幟須多張而數變

戰士須輕佻而素練此水戰之機也將須達其機審其利不得其利必爲所害也故處水之軍絕水必遠水客絕水而來勿迎之于水內欲戰者播附于水而逆敵無自處于下而當客所以視生據隆察其所來凡與敵遇于大水之澤且止其旁急令登高瞭望必揣水情得其廣狹淺深乃可決策敵若涉水半渡薄擊我不欲戰拒水阻之我必欲戰故去水稍遠上雨水沫至我欲步者必待其定也敵船鼓譟而矢石不交者兵器必少也敵鼓促急而徐疾失度者衆心疑懼也敵令小舟往來不定者必有謀議也敵既進而復退者探而欲襲也敵泊而揚帆者欲出我不意也敵火夜明喧呼不絕者恐而少備也敵火數明寂靜無聲者治器欲戰不戰即走也敵近村落而不登劫者心有所怯也敵未困窮而求降請總者必有所圖也倘如敵鼓無韻爲虛聲無兵不動爲偶勢此庸將之所不籌然而智者必反其所計

習水戰之令臨汛官兵無得脫衣夜臥無得擅離本船凡角掌一號砲放一聲鼓擂一通吏士皆嚴整器具聽令而去角掌二號砲放二聲鼓擂二通吏士各就本部旗幟魚貫擺列角掌三號砲放三聲鼓擂三通大小戰船依次進發左右前後無得攙越臨戰而忘教習號令者誅之遲行緩到及退縮不至者斬其捕盜遇淺稽遲者斬其扳招手雖先到而不直射敵船或傍擦及使風不正者斬其舵工繚手前船與敵交鋒而諸船不助致敵突走或陷先戰之船者旁觀後到捕盜舵工俱斬之敵船故棄物件于水兵士戀于撈取而不追戰許捕盜割其耳同兵之日誅之同船隱者連坐一船勝敵而諸船攙搶爭功不務分投追殺者以軍法治其捕盜同力勝者不在令內也

洋海之戰所慮風濤不時及慮迷失向往當斗建爲正加四時之知識進退矣或昏晦之際則以指南車子午針分其南北故處水上之占驗與諸占家稍異者似宜記之如日暈主風月暈主雨風雨必從暈缺處來星光閃爍不從及雲起四下散如煙霧者必主大風雲若車形及海豬亂起發風必

猛東風急而雲起愈急者必雨最難晴夏秋之際海沙雲起卽有颶風淫雨水際靛青色風雨連朝夕水面浮黑灰風雨時下來海燕成羣飛白肚主風黑肚雨日沒後起胭脂紅及雲若魚鱗者皆主不風卽雨也單日起風單日止雙日起風雙日止風起早晚稍須防來日多晝起之風慮其久夜起之風防其暴夜聞九逍遙鳥叫一聲風二聲雨三聲四聲斷風雨蝦蘢得鱆魚風水作不止水蛇蟠在青蘆稍太水直至蛇蟠望上稍慢下卽至

火戰

惟善用水火者有震天之威故力不費而功倍之法曰行火必有因煙火必素具因者因天時之燥因敵處之荒穢也具者具我之火器無所不備于軍中也若得其天時簡敵之所處乃用我之所素具是以用火之法考時審日必得其風順縱煙處必取其便發又自幽斷斂無救絕守去路勿令其逃如自犯火覆地雷霹靂火轟山砲之類悉皆神聲所謂發一機以殺百萬者也此雖出塞之天兵而亦守邊之秘事然中國之用又無往不宜如古之名將雄我勢大戰功使敵無所措備無所抵抗者實無出于水火之利也汝火器有陸用水用戰用守用伏用之不同火獸有飛火烈火法火毒火神火之各異其勢在火其機在器孫子謂月在箕壁翼軫爲風起之日固亦無可據驗能乘天燥復得地機發其上風火具必務神巧始可稱善用火戰者若書只拘以孫子五火四宿未可謂其得火之用也火之最難其法者在種火走線如地雷埋地數尺遠廣數里水雷入水丈餘沈伏潘汊但藥線入土卽潮入水卽爛又烏能旬日數月之不溼耶火機一動而卽發之耶況竹筒油蠟之類悉不能擋水此非巧過李載者不得其秘也其燒積燔營教箭打砲不過是遲速便滑宜與不宜巧法手法耳何足道哉所以善製火者有不傳之秘善用火者有心得之巧凡火發于內則早應之於外萬一火發于外者又當隨時應之無待于內發也火發而敵不動者必有恃也或空營也宜少待勿攻

看其火勢內外極盛亂則從之靜則自避如我入敵境偶經叢蔚之所又在燥時且値暮矣必先刻去營前叢茂設若燔我上風當令我軍寂然不動亦以火燒營前之草使兩火相遇草盡火滅彼見火發而我軍安靜疑不敢進懼而必驚驚而必還急令善弩神弩披縣伏于必由之路授以密號入而角起鼓譟亂擊使敵莫知所遇是謂以敵火而反其敵用者也

夜戰

夜戰之法或伏或邀或聚或散發號即行起砲便戰金之而止鼓之而進掌笛隊分吹角陣變務于精少必得鄉道銜枚以火鼓亂敵部伍一徐一疾動靜安機敵莫知我之去處亦莫識我之分移敵如靜固故致其疲敵將亂躁直入不疑凡夜以車為壘以步為守以騎為候籌箭暗支燈炬有製須素令各卒熟認本營隊伍字號設或進退合分忽然舉火則辨別明如白晝錯誤者斬之須慮大風暴雨忽作故陣於爽塏以防水衝急出輕騎嚴備掩襲及觀道路險易之情教人必走之徑若與對壘或去營百步每燃火數堆暗地可見敵之向往風雨則以松節燎把爲之設欲遷移預立空營數處營外各有伏也大抵夜營宜靜在智者必息火鼓及所備防之策又無處不周匝且古之名將驍雄每務夜擊謂其銳寡可以破堅衆疑伏足以驚方張所以用兵之妙妙在夜戰然夜戰之卒非亡命不可也非神術不可也非積盜不可也非強梁無賴不可也將非驍悍不可也非果敢不可也非變通不可也非絕技潑膽不可也能識是機握是竅敵之勇也無所恃其勇敵之固也無所恃其固敵之衆也無所恃其衆風亦可進雨亦可驅寡亦無礙晦亦自宜其制勝也必使敵之無以逆料抑使敵之無所不驚

山林澤谷之戰

孫子曰處山之軍絶山依谷視生處高無登戰隆又曰養生處實軍無百疾大抵好高而惡下貴陽

而賤陰也所以山戰宜居高阜近水草通糧道据形勢以便擊刺故山上之戰不仰其高焉凡屯于高山而四面受敵者爲戰地則爲敵所棲矣屯于中窪而四面山高者爲天井則爲敵所困矣在[illegible]者固不爲人所羈棲亦不爲敵所圍困前後險峻山水深大之處爲絕澗周圍險阻急難退出者[illegible]天牢草木蒙密不便驅馳者爲天羅泥途坑阱車騎陷沒者爲天陷兩山相夾澗道迴狹一人守之萬夫難越者爲天隙行軍遇此必亟去而遠敵若遭之相機絕擊兩山夾近者爲隘形我若先居必須塞滿隘口作陣列勢以待若敵先盈塞陣而待我不可從之如隘處未盈行列未就急擊勿疑太公有林戰之法以弓弩爲表戟楯爲裏矛戟相與爲伍樹木疏處戟車居前以騎爲輔更戰更息各按其部　臣謂林戰則車戟必爲困矣矛戟又何能施之必須遠諜出入各奮短兵斬木開道便利我行毒弩烈火送進互更番向察道妙在晦冥左右前後遠索敵情半伏半擊擴猱騰淩敵雖有見莫得我形故林戰與叢戰相倚其利害相半也軍絕以爲當避苟或遇之勝在人耳晝益旌旗夜益笳鼓無畏其強必慮其火法曰處斥澤之軍惟絕斥澤亟去無留若交軍于斥澤之中必依水草而背衆樹　臣謂若交兵于斥澤則勝負未可爲也莫如緊亂驍騎展開道衢整陣結伍且戰且行必謹遊殿以備敵情敵若強梁急據高阜兩軍角之必有利器其堅舍爐龜之識未可即處地狹山高左右壁陡峭與敵遇兩不便走敵復不能衆我不得徙從起謂之[illegible]衆不能用也須巧設伏奇利在急出遇我輕足之卒以登高險必死之士以斷前徑或分車步四榜伏定敵必堅守營寨不敢輕爲進止乃急出旌旛移營各外半隱半出更番挑之且擊且撈繳以驍騎列強弩而衝接短兵兩關　臣謂行軍而值山林澤谷險阻惡隘伏奸之地控制之所須疾過無[illegible]設或陡然遇敵必觀其治亂而擊之也如不可擊只能謹我部伍齊我進退敵便不能爲我亂耳兵法以處陸之軍右當背乎高阜死地當在軍前生地當在軍後然亦有故置死地于軍後者又曰邱陵隄防必處其陽而右背之是

太盛矣惟善兵者自不拘執何也蓋精銳之兵勢不可禦其鎮靜如山林其流利如江漢其威烈如雷霆雖歷羊腸過鋸齒緣高山入深谷涉大澤渡重淵而亦必不敗者則人人無不膽湊張膽一絕乎疑慮堂堂然決戰而去所謂致之死地亦勝也致之險地亦勝也致之陷地亦勝也不能用兵者雖處生地亦必死之雖處安地尚必危之雖處勝地亦必敗之何也人事不齊之致耳故曰天時不如地利地利不如人和惟能盡諸人事者自得地利之用是合天時之宜

風雨雪霧之設

風雨雪霧之際最難用兵此智者之所深畏而勇者之所怯出也唯能握其機而善克其事者又在此際爲必勝何也疾風暴雨之時人皆謂我不能戰大雪重霧之際人皆謂我不能攻其備自弛其心必懈若乃克其事握其機斷而以致勝之畧闔闘以必勝之權懸千黃金萬戶爵而復信之以必死之形而故置之以必死之地所以牽衆寡而衆寡用命驅強弱而強弱一心赴必死而必死無畏自是一當百也以一當百則無不可勝者矣但今之時將無能致此術耳人言戚繼光能之臣每究其漸閱用兵方畧不過稍識其毫末若謂其能集古名將之大成應機宜以不測則臣未敢以心許之也所謂用兵之勢如轉圜決勝之機如發弩謂圜者無一定之方弩者有抹電之迅然又不可無一定之主抑未可以必迅爲之機實在智者隨時變化應命于不窮也如營陣定而雨不止馬沒蹄車陷軸步撤躪滑進退妨礙逐此士卒之災也其死生呼吸係乎能將是以安營必得高燥免潦水渠必守界道者正防有此方進戰而當地險又値怪風旋作霪雨如傾飛沙障天怒霆奪魄此鬬戰之災也其勢時勝敗務在得機故風順當縱火驟進乘勢擣之風逆須剳定陣基以待迫我嚴令踰壘止衆勿進此亦用寡之時也俟天變少間審勢相機敵若備嚴謹守勿出如我治彼亂以輕銳撓之而大陣不得妄動也敵或順勢追我須令驍騎先馳徑道從夜焚毀其積聚撲殺其老幼敵見根

本有失勢必退崩取亂擊之此其大概也如山寇海夷并中國之盜慣在颶風忽作淫雨不止重霧不開大雪深厚之際爲得志何也蓋南軍守以木柵戰以散卒陣銜壁車出無候騎以脆弱步兵遺此天變自顧且不暇何能遍守險阻設若備禦少踈寇必乘踈掩襲擄掠蟻附而入焉況道路素知入即得志不已也胡馬之來關鄙亟隔而聲息尤闊一當雨雪不便長驅猶易爲防戒耳惟大風重霧亦甚爲寇伏眺折衝乘險時也善守者尤宜識之然亦有因其時反其勢以致勝者故曰能握其機而善處其事者又在此際爲必勝耳

朝鮮地輿說

平湖薛培榕著

朝鮮版籍分置八道若省會焉東西南三面瀕海南北袤延三千一百八十里起北緯綫四十三度止三十四度起偏東經綫八度止十四度東西廣狹一千三百餘里北與寧春吉林奉天等處相毗連東有圖們西有鴨綠兩江之水均自長白發源分注左右交環若連若續一江帶水天塹中分實為東三省之屏蔽星分箕尾故寒燠與燕齊同

咸鏡道又稱北關古沃沮國漢為玄菟郡所屬後挹婁靺鞨代有其地唐開元間為渤海大氏有之後屬女真以定平為界宋徽宗時置九城尋歸女真宋嘉定時永興迤北歸於蒙古元至正間仍歸高麗至於吉州鏡城明初李氏置孔鏡二州永樂時改永吉道景泰時安置六鎮後置茂山長津厚川等邑西北有白頭山山海經為不咸山唐史稱長白山即我○朝發祥之地高二百餘里綿亙千餘里山上有潭曰闥門源深流廣鴨綠混同愛滹三江之水出馬山脈直度東北為先春嶺南越咸鏡之東勢復陡絶高逾萬仞巔項有池水色黝黑積雪不融北隅有水溢出為瀑即黑龍江之源從岡脊而下鴨綠江源在焉再南則康熙五十二年烏喇總管查邊至此勘定界碑西為鴨綠東為圖們其他名山則有天坮長白聖代太白盤龍五峰青苕白鹿七佛七寶十峰等山其嶺則有緩項昌登黃缶白山黃草蔥田摩天横天摩雲十萬五萬厚致等嶺重山複水達海齊雲

江原道在咸鏡道南又稱關東由東北歙谷透迤東南至平海縣均瀕東海平海東懸鬱陵島本于山國都後屬新羅東附于山石不戴土民不堪耕其南有蔚山島有明經略楊鎬敗倭於此境之北有鐵嶺騎竹楸他長踰金剛等山發源南經淮陽入合串江東有麻耆羅雪岳五臺普賢等山經麟蹏縣向西北入昭陽江西經春川府北與合串滙入新淵江其東燕方加里九折八峰等山之源經洪川縣入洪川江東北大關嶺白複嶺鳳山魯山之源環旋善縣入桐江折而西南入忠清道之錦漳江經永春清風忠州折而西北至京畿道之龍門山與新淵洪川合流西匯漢江層巒疊嶂流水縈洄

慶尚道在江原道南古稱東京又稱嶺南本辰韓之地後為新羅所有東南濱海由東萊而南之日本對馬島水程四百七十里康乾之間島中日人至釜山浦互市其先代日高連兵皆緣此島太近之故此境有大白小白劍磨清涼等山發源南經禮安至安東折而西至尚州為濬東江筆直南瀉其東八角毋子

騰雲東南八公雲門等山均源流西匯至玄風昌寧等縣與濬東合西之長安聰裕等山派流東注經居昌陝川達黃屯江又智異山源由東角越丹城達晉州折東北至宜寧爲岐江與北之濬川黃屯兩江匯流東南經咸安聚源昌源金海等縣與黃山江南流入海四嶺拱衛一水流通

全羅道在慶尚道西又稱湖南西南濱海南懸一島設濟州治之幅幀四百餘里初有高梁夫三姓人分處其地新羅法興王賜國號耽羅後服事百濟再事新羅後屬於元復還高麗明末爲李氏增置旌義大靜二縣西北爲黑山島宋史由浙江定海縣入洋順風五日可抵黑山其西諸島櫛比又有紅衣可佳二島名爲著腹裏水道則東由慶尚道之長安智異等山連峰接脈直抵西境蘆嶺之源遠而東北迴而正南稍折而東北由南原雲峰等縣與長安智異山等源接流其南環繞寶城各山之源聚而北瀉經同福縣折歸東北至求禮縣與東西南北東派合流匯入蟾江潮江東南入於南海東爲慶尚西屬全羅其長城漢陽昌平光州永順寶城各縣諸山之源又由寶城西山發源北經綾州西北遠南平縣入榮山江過羅州之南達於木浦口入海東北城堡棊布西南島嶼星羅

忠清道在全羅道北又稱湖西境北吉羊山發源南注東與慶尚連接之俗離靈鷲以及境內之珍連各山異源同流聚於燕坡西向爲錦江泛而西南至定州爲白馬江沂而東南東滙高山來源合流而注經林川過寒山至舒州浦口西入於海山川清曠城市綿延

京畿道在忠清道北都漢陽府諸江環遶南號漢江爲都城之南衛江源有四北由咸鏡道南自頭流山蘆洞嶺高達等山起南經伊川安峽至明寧爲澄波江光朴白冰兩山之源經康平鐵原至麻田入於澄波再西南即於津江西北由黃海道之彥真山大東嶺起過新溪平山金川白川而南爲禮成江江西爲黃海道南向喬桐出口東至通津交河一與臨津江接一由通津陽川幸州等境繞越京南折分東北東南東北與江原道新淵江接流江南與慶尚道錦障江接江華與通津皆京西屏障爲漢江要隘而喬桐又爲江華之蔽其他名山則有三角天摩花嶽龍門佛谷木覓等山肩摩轂擊土厚人文

黃海道在京畿道西北東南西境天神滅惡麒麟首陽天水九月等山均發源西北注歸月唐江由北折西經長連殷栗等縣出許沙口匯入於海

平安道在黃海道北古稱西京又稱關西西北臨江極北有虞芮廢郡即古虞芮國循江南折入慈城江迆多重嶺煙戶蕭疏再循西南折入東南爲禿魯江沿西南直下爲鴨綠江口由禿魯江南之白山林藏

嶺兩源南滙月林江北由崇積充仙等山兩源南滙為凝江又西北各山水源南滙為外江與西路天摩山源下之大定江合而為一凝江與月林二江又西南歸入清川江又名薩水源出妙香山經安州城北又西流三十里入博川江復由清川江西南流至古城右與大定江同歸者江合流入海東北之林狼小白小龍等山之源西南流至德川為三月江再西南流至順川為靜戎江吳江卧龍孔岩姑城等山之源又西流至成川府為沸流江又名卒本川在成川府西其源有二一出陽德縣吳江山一出孟山縣大母院洞至府北合流歷紇骨山山有四石穴水入穴中沸騰而出故名沸流江又與慈山郡禹家淵合流入大同江仍由沸流江上與靜戎接流高達文成等山之流西行為能成江再西為琉球江滙歸大同江又名浿江又名王城江其源有二一出寧遠郡加幕洞一出陽德縣文音山至江東縣界合流為西津江遝府城東為大同江西流為九津弱水至龍岡縣東出急水門入於海由月林三凡靜戎沸流能成琉球諸江之水皆下注大同度平壤而西而南出保山迪入於海支流亦與黃海道之月塘江會此其大略也

朝鮮道里之綿互胥遵驛路紆道而牽算之章亥廣輪非遝數也其東北起自穩城邑邊疊至王都由都而南至海南邑止計程三千一百八十餘里而懸海之濟州不與焉東起自寧海邑西至豐川邑止計程一千二百餘里亦據官站程途之紆遠者而言考其經緯度分以◎京師為中綫經度偏東起八度止十四度緯度起四十三度止三十四度按此度數本諸毘陵申書李氏兼採江陰六君德只之說兩先生胥輿地名家未始不足徵信第先後相距李閱一世六亦廿年以往之人事永無變遷以往之疆域或有更改余心不能無區區也爰訪諸樂知林先生林固美國博士也為言朝鮮經度西自一百二十四度東至一百三十二度相距八度南境稍狹其經度西自一百二十五度十五分東至一百三十一度三十分相距六度有奇緯度北界自四十三度至南界三十三度二十分止相距十度王都在緯綫三十七度零四分經綫在一百二十七度二十分其地長約六百英里濶約一百三十五英里有謂西自一百二十四度者蓋指地球中綫而言較差兩度而緯度不相遝庭云

日本疆域險要

德清傅雲龍著

日本在中國東南其南曰薩峒馬即鹿兒島也與浙江溫台直其西南與臺灣直其西北長崎之天堂二門兩島與浙江之定海江蘇之上海直對馬島近接朝鮮南竟亦中國東南行之一道也其北樺太島已割入俄羅斯不惟千島之北羣島斷續與堪察加逼而與庫頁亦未嘗不相通其東南為太平洋

東海道十五國小笠原島附之沿北而東出北海者曰東山道十三國其北面北海者曰北陸道七國與東山道為向背西南曰畿内五國亦稱五畿五畿之名見宋史匪自今始其西面北海者曰山陰道八國面内海者曰山陽道八國山脈東自東北依厥陰陽而名南海道六國在畿内南四國亦在其中九州為西海道九國又在其西壹岐對馬二島為二國附之北海道十一國其北竟也或稱關東八州指東海道之東六國及接東山道之二國言往時置二關於箱根碓冰故名或稱畿内曰上方稱東山道北之國曰東北稱北陸道曰北國稱山陰山陽曰中國皆俗稱云魏志謂倭地絶在海中洲島或絶或連信然故測量家於日本面積方里先計分測曰日本島俗呼本州島者是亦稱中土東海東山北陸山陰山陽五道及畿内之國惟佐渡隱岐自為一島餘則與南海之紀伊國同列此島面積十萬里有奇（日本萬四千五百七十一）曰佐渡島北陸道七國之一面積三百八十里有奇（日本五十六）曰隱岐島山陰道八國之一積面百四十里有奇（日本廿一）曰淡路島南海道六國之一面積二百里有奇（日本三十一）曰四國島南海道阿波讚岐伊豫土佐四國也面積七千三百里有奇（日本千百八十）曰九州島西海道九國之一面積萬八千有奇（日本千百八十）曰壹岐島面積五十里有奇（日本八）曰對馬島同曰北海道面積三萬五千里有奇（日本五千八十三）千島三十一島北海道十一國之一面積六千八百里有奇（日本千十一）小笠原島十七島面積廿里有奇（日本四）

其形勢國之在東海道者武藏如木葉東西長於南北安房北望之如鴨喙上總南寬如凸字之半下總北寬如側杯日本之測量自此國始常陸如衣（領）相模如敲胄伊豆如巨鏃甲斐如瓜駿河如凹字遠江如箕三河略方尾張如鳥張尾志摩形方伊勢北狹伊賀南北稍長附小笠原舊稱無人島在伊豆八丈島水程三更處合極小島凡八十有九在畿内者山城如櫛以四山為天然城故名大和南北較長如鳥帽河内東西狹如圭諸河注内海而國在其間故名和泉南北較長如敲舟攝津西南受海如矩東山道近江南北圓而長有琵琶湖而近畿内故名美濃略如箕面飛驒橢圓信濃向東略如凸字上野如海鷂捕魚接信濃處一頸哭躍下野如甕而口南磐城如雕巖代如坐犬陸前如委地魚陸中如牛首雙角陸奥北望如氏字羽前羽後如兩翼然在北陸道者若狹如敗荷欹側越前加賀如比目魚躍上半為加賀下半為越前能登如側掌受丸越中如初月越後如蝙蝠舒翼佐渡孤島也如斜蝶在山陰道者丹波南北短於東西丹後略同若狹特左右易耳但馬東出處如罍柄因幡形方伯耆如倒菌出雲如鷙首東向石見如海鼠隱岐如蛛在山陽道者播磨方而長美作如足掌備前西北狹作蓮房狀備中如鳥備後如

鬚首安藝如髑髏周防如破顱長門如折劍之鋒南海道南北縮而東西稍狹讚岐大和伊勢至此而斷
紀伊如析磬淡路北狹阿波斜角東西稍狹讚岐如蓮葉之半伊豫如斜飛禽土佐如鎌首西海道西之
大島也筑前如鱸首筑後如三足器豐前北一大岬角豐後略如貓之弄鞠鞠指接豐前而東突一地也
肥前如孔雀張尾肥後向東如凹而北大日向凹而南高大隅如蝸曲頭左西南隅薩摩如蝦壺岐岬角
四出如手對馬東西較短小岬亂出如蜈蚣在北海道者渡島三稜後志如雙凸字北大於南石狩如握
四指張將指天鹽如人字北見如魚膽振如半鉤日高三角十勝斜角釧路缺東北隅根室如弓闕而不
發千島如棊就全國言作蛟騰狀本州島為身南領四國西首九州北海道腰也千島尾也又如蜻蜓舊
有蜻蜓州目以此

其險要不在陸而在海而諸道疆域時亦有之東海道函嶺以東本蝦夷窟源氏平之地匙險而港穩德
川氏城武藏之江戶即今東京而橫濱其門戶也說者謂安房與上總下總恃利根川耳鴻臺難以久支
然海濱東西有險可恃常陸水戶西之土浦與迤北之笠間西南之下館鼎立而三相模為源氏北條氏
雄據處東北有相根之險可以防西可以制東志摩伊豆突時相對甲斐居叢山間富士山屹立東南甲
斐得其三之一然毗連信濃隱相制伏武田氏之興亡以此富士川奔湍如箭而上游懸橋下流淺瀨平
氏恃險所由潰敗其西阿部川大井川天龍川潦至舟梗潦退則投鞭可渡而今切瀨戶之水又淺甚日
本人謂新被潮衝處為今切瀨戶云信濃地勢高土人所謂四塞之地也三河尾張德川織田兩氏憑藉
各一然非要地鈴鹿山東險而西則夷伊賀山多亦出大坂一間道也畿內之京都定自桓武積弱受陵
乃戰之罪比叡愛宕東西險山勝敗倚之山崎八幡山勢所迫亦次要也大和山路四塞南朝之不易攻
殆繇是歟紀伊有和歌山未為大要河內和泉與攝津接而地坦僅扼大坂二國受制矣然不如兵庫港
之良東山道之要有磨鍼鳥井和田諸坂合渡木曾千隈三川而碓冰阪險與箱根敵上野為新田氏之
所爭下野為足利氏之所起若日光山若那須源[illegible]家所留意者北有白川絕險又北舊有陸奧出羽
今分七國而地曠甚會津多山葦名氏以之為伊達氏所滅蒲生以之而制伊達氏出羽地平而田土漸
多故如往時獨眼龍之以騎戰亦難矣陸前鳴瀨川東至松島北野蒜入海北上川來自陸中西合迫川
江南迤海分為二一東一南南者不通土八艦聞有鑿太渠導野蒜之議以北上川為大南朝之南部氏勤
王不受足利氏制亦地理之助予羽前羽後多山險而通道則從海邊平地踰山脊而出東與青麻又在

其北亦要害也北陸道諸國罔非南山北海故其出山東道之路頗若崎嶇敦賀著名港也自是東北塗坦甚雖勇如在中將而力終屈地使然也蘇越前而加賀而能登皆無險白山加賀峻山也與越中立山峙為日本之脊議者謂以人工開水陸二道與近江通則富七尾在能登為良港粟藪山或譯為俱利伽羅山在加賀越中為北陸第一險要信濃川則可扼之巨流也新瀉北陸之港而佐渡則海表孤島亦一大船藏山陰道丹波山易務兵家雖可忽也後路峭拔出但馬稍平非用武國而彼國六分一公能雄視者以跨有山陽故也伯耆百川並馳與越中彷彿其出山陽之路大率艱險隱岐之於山陰亦猶佐渡之在北陸而內部則在但馬石見山陽道之明石嚴屋皆要害也丹坂三石亦古人扼要地攝津以西備前備中備後皆無險昔有舍山陰趨山陽者攻腹心也長門鮮大河而赤馬關則海路要扼南海道紀伊淡路內海巨島也北狹南寬與紀伊對為畿內之門戶東有能野險甚淡路沿海環山而腹坦其對紀伊播摩阿波處皆海門之要口四國山競南北多鳥道而海邊無大險河以吉野川為最志度與多渡津為著名港西海道亦一巨島古稱筑紫或稱鎮西後則以筑紫專名筑前為西海要路古置太宰府鈐制之筑前有博多港筑後肥前坦甚而筑後川可禦一方菊池氏破敵於此知地要也長崎非小港比肥後地高且河巨也鎮江據此後有菊池氏以之抗室町將軍邪人多之近設鎮臺於熊本豐後山河多險日向與肥後埒薩摩群而要大隅次之皆琉球之右臂北海道箱館咽喉也明治前英船未入長崎先至箱館亦猶美船之未入下田先犯浦賀俄船之未入樺太先逼大坂也松前亦要路也北岸崎嶇蘇能石而久遠而太櫓行旅皆取道於水程石狩之札幌今為廳治地曠而石狩川貫通之浸趨繁盛而惜無港天鹽服地可耕宗谷則西北要港也東岸諸國如日高之礦十勝之水膽振之室蘭港皆彰彰者自札幌至東岸之勇拂白老近鑿新道北近俄羅斯之堪察加則千島之幌筵島也

海道險要西北臨大平洋中土島之西南控日本內海中土島云者括五畿東海東山山陰山陽北陸諸道南海之紀伊淡路次曰四國島括土佐阿波伊豫讚岐次曰九州島括西海道次曰北海道括十國與千島列島他如日本內海諸島豆南諸島指伊豆南小笠原島州南諸島環海無慮五萬八千一百一十里海里一萬五千二百險突為岬亞狹為峽平出為崎若灣若港若湊若濱要中有險若灘若礁若瀨若瀨戶亦險亦要日本人中根淑以南正成防敵於兵庫港遂斷兵庫港為第一要地不知此中權非首要也論者又謂兵庫港北稱神戶猶言西京之戶今都東京則橫濱第一其說近是惟翼險之道有二長崎西之瀨戶內海

兵可以伏平戶之北二島朝五島朝可以守此衛要區也

瀛海各國統考

昔吉甫薄獫狁之功李牧翦匈奴之威漢擊單于之頸唐犂突厥之庭大丈夫手揮十萬橫磨劍縱橫邊外勒天山碑鐫燕然銘然後入玉門關封萬里侯誠得志於時者之所為也然古之所謂立功塞外者不過如禹貢之荒服職方之番國與中國相距實不甚遠即史傳所稱昆堅丁零點戛斯大秦骨利幹諸國亦屬張皇王會之盛而偶通重譯耳若騶衍九州之說山海十洲之書尤為傳聞影響渺而無據地球九萬里誰能畫井計疆而豎章亥之步也哉自有明中葉西班牙葡萄牙荷蘭航海西來中土始有歐人之跡逮我
朝守在四夷而利瑪竇陽瑪諾湯若望南懷仁穆尼閣□□端蒙接踵相望而後五大洲之國喁喁向化誠開虞夏商周漢晉唐宋元明四千餘年未有之局今試按其地而計之在東南曰亞細亞洲其地東距東洋中踞在島餘則有朝鮮日本琉球及俄羅斯之東境西距紅海黑海地中海其地則有五印度阿剌伯南距印度海其國則有越南暹羅南掌緬甸及南洋群島北距冰海其國則有布哈爾波斯愛烏罕俾路芝基發諸回部及土耳其之東中兩境此亞細亞洲之大略也在西北為歐羅巴洲黃海注其中黑海界其北地中海橫其南大西洋海浮其西烏拉大山亙其北都於黃海東岸之彼得羅堡者俄羅斯也都於西岸之斯德哥爾摩者瑞國也都於南岸之哥卑呐給者嗹國也迤東為普魯士之東部其都曰伯靈瑤國之西為瑞威其都曰格里士特阿拿嗹國之南普魯士之西為日耳曼實居歐羅巴洲之中普魯士之南曰曼之東為奧地利亞其都曰維也納奧地利亞之東南枕黑海接亞細亞界為土耳其其都曰君士但丁土耳其之南為希臘其都曰亞德納斯日耳曼之南為瑞士瑞士之南斗入地中海為意大里亞列國日耳曼之西北臨大西洋海為荷蘭其都曰亞摩斯德耳登荷蘭之南為比利時其都曰不魯舍拉斯日耳曼之西比利時之東為普魯士西部兩部夾日耳曼之左右蓋普魯士本日耳曼所分之國也比利時之南普魯士西部之東為法蘭西其都曰巴黎斯法蘭西之西南為西班牙其都曰馬特西班牙之西臨大西洋海曰葡萄牙其都曰里斯波亞法蘭西之西北有倫敦蘇格蘭阿爾蘭三島鼎峙海中為英吉南瑞士之東利倫敦即英吉利之所都也此歐羅巴洲之大略也在西南為阿非利加洲其地廣莫而荒昧僅東北一隅近印度海紅海地中海其國則有埃及一曰麥西督北阿阿北西尼亞等國在西為亞墨

利加洲分為南北兩境南亞墨有巴西孛露即秘智利波非利亞金加西臘等國北亞墨之大國為米利
堅即花旗小國為墨西哥餘無所關焉此亞墨阿非兩洲之大略也又南洋之極東有大荒島曰澳大利亞
又曰南亞細亞即世所稱新金山也其地自為一洲約二萬餘里荒曠無人近人比之亞細歐羅亞墨利
加阿非稱為五大洲而實英人之所闢即英吉利遙領之屬地也故論五洲之土地亞細為最大亞墨顧
[illegible]之相持阿非視亞細之半歐羅視阿非之半澳大僅颐脫耳而論各國之強弱阿非之埃及等國雖擘
[illegible]稍通實受役於歐羅北亞墨之米利堅於乾隆四十年華盛頓畜其沈雄之才卓然崛起駸乎有若敵
蚡冒以啟山林之勢與英吉利血戰八年遂割亞墨之南境而國以立地廣人衆通商最多勢與歐羅諸
大國抗衡風土畧近中國流寓多華人而克罘弗尼亞省尤衆世稱舊金山即其地也然自開創以來分
國為二十餘部不以位傳子孫而以伯里璽天德主之四歲一易退位者與齊民齒民無常主而百餘年
恰無戰爭之事誠非好大喜功之國南亞墨之孛露邇歲始通中國而相去益遠地小而貧故談海防者
不急於阿非亞墨澳大三洲而在於東西南三洋東洋即亞細之東境日本在焉自秦時立國西漢時即
與中國通隋唐宋屢入貢元范文虎伐之無功明代復通貢然數犯邊稱倭寇焉　國初通國定銅船采
買之制同治中始立和約近日效法泰西而衣冠易唐制度禮樂非漢文章矣惟能禁鴉片烟天主教不
使之入境足以差強人意其地與高麗琉球相毗東與俄鄰既與高麗立約而於琉球則滅之識者已知
其非無意於高麗也西洋即歐羅諸國以俄羅斯為最大英吉利法蘭西普魯士皆強盛勢可相敵若土
耳其若奧地利亞地土雖大而已日就頹弱其餘小國鱗次櫛比錯雜其間諸大國各肆其鯨吞蠶食之
心互相兼并互相猜忌亦互相救援頗似春秋五伯爭雄之世而俄羅斯為諸國所忌因忌生嫉合縱而
連橫又成戰國同謀抗秦之局俄之土地東有西伯利八部界中國之北面西連高加索五部南鄰印度
遠包中國之西面迤北則波羅的海東五域三十七部再西則波蘭十四部又跨海邀墨領峽據北亞墨
利加之一隅曰監加札隸西伯利部康熙中擾我索倫立碑定界遂通商於車臣汗部之恰克圖其後日
益南向道光中齊降西域回部布哈爾諸族通波斯以噬印度漸與後藏相鄰咸豐中兩次請地自墨龍
江以東雅克薩尼布楚諸城烏魯木齊以西伊犁庫車阿克蘇諸城皆割而據之而喀什噶爾葉爾羌乘
機竊踞同治十三年以重兵降回部之基發遂進於巴克達山至北印度之克什米爾幾有漢陽諸姬楚
實盡之之患又東得日本薩莫蝦夷之地以科爾立十八島易之更跨東海繞出高麗之東開礦采煤鐵

近又駐兵墨龍江界將營造火車路以通中國雖內通商日久歷二百年不敢闖衅而其心未嘗不叵測也英吉利倫敦五十二部蘇格蘭三十三部阿爾蘭三十二部三島地與廣輪不過中國一省惟屬地爲最多西得北亞墨之北境東得五印度逾南得南洋羣島越海控馭皆在數萬里之外建藩部四曰孟加臘曰麻打拉薩曰孟買曰亞加拉孟加臘之東北緬甸之西北有阿薩密部本土夷崇佛教英人據爲別部東距騰越猓夷猓夷隔之南距前藏狢貐布魯克巴隔之去中國僅咫尺又南印度之南海中大島曰錫蘭古狼牙修地英人滅之循海而東阿克剌朗谷兩埔取之緬甸再東則有新嘉坡麻剌甲檳榔嶼三埔地近暹羅又得澳大全洲又有別島曰搿日倫敦爲亘古人迹不到之處又由倫敦至澳大所經之地有太平洋之飛鑚島亦稱屬焉又有獅山諸地在阿非之西界特墨拉拉諸地在南亞墨之南界遙領之國誠有更僕難數者但倫敦三島地本褊小山澤之利開采殆盡惟仗印度爲外府兵餉皆取資焉近年英主稱徽號以印度綴國號之下其殆有平王東遷之志歟又聞謀開鐵路由印度以通雲南其殆有改趨西遂之志歟未可知也法蘭西地方二千里建八十六部其人精於算學機器尤長於用兵號令如山萬足一步前者雖死後者不敢不進火器之利冠於泰西嘉慶時其王拏破崙第一百戰無前威行西土卒以黷戰自焚亦吳王夫差之流亞也同治中其王拏破崙第三與普國構兵爲普所虜其大臣踢矮士等復興善和改用米利堅之俗不立君以首領統國政同治十年踢矮士任首領十二年麥馬韓代之麥馬韓者拏破崙第三之大臣兵敗不能死君亡不能救又從而代之而國人皆以爲賢賢者固如是乎前咸豐八年以兵船往越之南圻先後侵踞嘉定等省設西貢總督以治其地嗣復添造戰艦挽富良江踞順化佔海防河內處處偪緊雖墨旗黨之劉永福爲法所憚而孤掌難鳴正不能測其所終近又營埔暹羅蕃意緬甸無非爲撤我藩籬之計也法誠無賴之尤者也普魯士東西二境共八部本日耳曼所分之國地小於法兵亦弱於法然其君臣勵精圖治卒能破法蘭西割其愛勒塞斯洛脫七城之城彷之樂殺破齊不是過焉誰謂小國之不能勝大國也亦在人之自強而已德意志本三十六列國奉之爲主雄視四方即英俄亦憚其強盛惟時天主教盛行各國皆尊禮之而法蘭西爲尤甚獨德國大臣畢士麻克惡之盡奪教主之權繩以官法故教至德國而窮萬國公報云教人猛如虎貪如狼德意志搏而縛之翦其爪牙又云教人久持太阿德人奪其柄而擊之扺其額而拒其喉德之强盛畢士之力居多故語其相業泰西之管晏吾也論其拒教又泰西之西門豹也畢士亦人傑也哉意大里亞爲歐羅巴古一統之國漢

書謂之大秦其後日益衰微嘗為土法所併屢滅屢復如楚縣陳封陳之舉至嘉慶二十年各國仿葵邱衣裳之會爭宗號弭兵之盟大會於維也納各反侵地修好息兵遂定其國為九大國有四曰羅馬教主路之曰多斯加納曰薩爾的尼亞曰拉布勒士小國有五曰巴爾麻曰摩德那曰盧加曰摩納哥曰勝馬里虔道光二十八年薩爾的尼亞王威克妥耳依馬努嗣位能中興其國咸豐十一年遂為合衆國復故號取羅馬都之收教主之權而國稱强國焉土耳其本回部崇瑪哈穆特之教與泰西殊越其地分中東西三境東境五都中境六部在亞細亞洲內西土八部都城所在俗無彝倫政無綱紀屢為俄人所侵陵同治十三年國主以荒淫被廢是又蹈陳靈公之覆轍也奧地利亞盛時日耳曼意大里皆其藩屬今則倚為與國瑪加本其附庸近已合為一國疆域三千餘里亦大國也瑞士分二十二部不立王侯推鄉官理事近日交歡於德力黜教黨立為合衆之國國勢方興未艾也希臘本古名邦今為新造之國地分十部國小而治瑞國處窮髮之北瑞典二十四部挪耳瓦十七部北負冰海貧苦特甚丹馬國尤小地形從日耳曼北出如人舒臂與瑞國南境相迎距國分五部小而貧矣西班牙三土四十九部國弱於法而地相若明時航海得呂宋地遂成大國道光中女主依撒伯爾拉立屬地多叛同治中大臣廢女主而迎立意大里亞世子阿馬得牙在位二年其前王之從子登卡洛斯逐奉女主之子阿耳分所既而自立戰爭不休阿馬不安於位遜歸國人迎立阿耳分所屬國復合而登卡洛斯則濹然斂國矣葡萄牙本小國處西海之濱附於西班牙地分六部明隆慶時航海至廣東乞租香山蠔境隙地疆臣林富代請於朝許之因立埔於澳門實為泰西通市之始荷蘭比利時本一國所分東十一部為荷蘭西九部為比利時比利時無足重輕荷蘭好勤遠略南洋島嶼佔據最多但德國寖昌而又偪近肘腋蘭荷恐終為德屬而南洋凡為荷埔者若隸於德則東道關鍵德人握之是又為英法所必爭也南洋諸島國台灣之南為呂宋再南為西里百島西里百之東北為摩鹿加再東為巴布亞大島西里百之北為蘇祿再西為婆羅洲由廈門趨七州洋過崑崙而南為噶留巴再西為蘇門答臘大小亞齊在馬巴蘇兩島相望海口之峽曰巽他即舊港地為歐羅巴西來要道蘇門答臘之東北有大島為新嘉坡麻喇甲稍西別一小島曰檳榔嶼明以前諸島國皆稱朝貢同列藩服迨歐羅巴人航海遠來其始以重幣購片土為埔繼舟立市盤踞既久漸而劫其君奪其地百餘年間翦滅殆盡惟蘇祿以彈丸僅存邇年來呂宋亞齊之人逐西班牙荷蘭所置之吏復自立為國於是南洋各島皆有勝廣求六國後之勢五印度在緬甸之西兩藏之西南地方數

于是明時葡萄牙荷蘭經營其地立市通商　國初英人毆而奪之而南中諸郡有為英滅者有隸其里吏而空存守府之名者有受役為藩國者僅廓爾格克什米爾新的亞信地等國尚能自存餘皆隸英籍矣蓋自同治以來法蘭西侵佔安南之嘉定省英吉利侵佔緬甸之朗谷俄羅斯驕我黑龍江日本滅我琉球國而且通商之埠日多交涉之事愈繁即所定約章亦多挾制要求必遂其欲而後已所以縱談時務者或投袂而起曰寇不可長也是宜戰或借箸而籌曰衅不可開也是宜和有老成持重者曰藩籬不可不固也是宜守而究之能守而後能戰能戰而後能和設我之防閑不密兵甲不堅彼將入我堂奧踞我卧榻欲與之和不可得矣如我之防雖嚴士卒思奮彼且因通商之故永訂盟好何敢踰鴻溝半步哉故欲保中外之和局不得不防之於豫因就臆見所及可以强兵可以富國可以興利可以除害者著危言十三篇明知管不可以窺天蠡不可以測海而有觸斯鳴其敢避夏蟲語冰之誚也乎

地球廣環志畧

地形如球以周天度數分經緯線縱橫畫之每一周得三百六十度每一度得中國之二百五十里海得十之六有奇土不及十之四

地球從東西直剖之北極在上南極在下赤道橫繞地球之中日馭之所正照也赤道之南北各二十三度二十八分為黃道限寒溫漸得其平又再北再南各四十三度四分為黑道去日馭漸遠凝陰冱結是為南北冰海

地球從中間橫剖之北極南極在中其外十一度四十四分為黑道再外四十三度四分為黃道限再外二十三度二十八分赤道環之

大地之上環北冰海而生披離下垂如肺葉凹凸參差不一其形泰西人分為四土曰亞細亞曰歐羅巴曰阿非利加此三土相連在地球之東半別一土曰亞墨利加在地球之西半

亞細亞者北盡北冰海東盡大洋海南盡印度海西枕諸回部西南抵黑海在四土中為最大中國在其東南卦象震巽坤土膏腴秀淑之氣精微之產畢萃於斯故自剖判以來為倫物之宗祖萬方仰之如辰極焉我

朝幅員之廣亙古未有東三省之東北隅地接俄羅斯正北之內外蒙古諸部悉其庭幕編入八旗為臣僕西南之青海兩藏置侯尉而安杌西北之新疆回疆包漢志西域諸國之大半而卡外之哈薩克布魯特諸部歲以牲畜供賦役東海之朝鮮琉球南裔之交趾暹羅緬甸南掌廓爾喀諸國修貢職無愆期是亞細亞一土未奉我正朔者僅有東海之倭奴北裔之俄羅斯極西之弱小諸回部南荒之印度諸國耳則中國之在亞細亞固不止得其半也

歐羅巴者亞細亞極西北之一隅地形與海水相呑齧比之亞細亞不過四分之一部落甚多就其大者言之約十餘國其人性情精密工於製器長於用力四海之內無所不到越七萬里而通於中國凡中國所謂大西洋者皆此土之人也

阿非利加在亞細亞之西南當羅經坤申之位東西南三面皆大洋北面紅海地中海界隔僅一綫與亞細亞相連其地廣莫約得亞細亞之半其北有回部餘皆黑夷天時炎酷土脈粗頑人類混沌在四土中為最劣

亞墨利加在地球之西半與三土不相屬地分南北兩土中有細腰相連北亞墨利加之北界直抵氷海其西北一角與亞細亞東北一角相近中隔海港數十里東面與歐羅巴諸國隔大西洋海遙對西面大洋海直抵亞細亞之東方見岸畔南亞墨利加與北亞墨利加一綫相續其極南地盡之處已近南氷海兩土合計約與亞細亞袤延相埒其地自剖判以來未通别土歐羅巴人於前明中葉始探得之

四土皆從北極紛披下垂南黃道之南僅有島嶼再南則汪洋一水直至南極無片土矣土在上而水在下亦坤輿自然之理也

四大土之外島嶼甚多最大者澳大利亞餘則亞細亞之南洋諸島亞墨利加之海灣羣島皆商艘數至之地也

土之外皆海也一水汪洋誰爲界畫就各土審曲面勢强分爲五曰大洋海曰大西洋海曰印度海曰北氷海曰南氷海

大洋海者由亞細亞之東抵南北亞墨利加之西即中國之東洋大海泰西人因其風浪恬平謂之太平海洋面之廣闊以此爲最蓋環繞地球之半矣米利堅人謂赴粤買茶由此路可近三萬里因其過峽處太險且汪洋數萬里無添備水食之處卒亦罕有行者

大西洋海由歐羅巴阿非利加之西至南北亞墨利加之東遠者萬餘里近者不足萬里

印度海北至亞細亞東至澳大利亞西至澳非利加由適中之印度一土而南望故西人以此稱之即中國之南洋及所傳之小西洋

北氷海者亞細亞歐羅巴北亞墨利加三土之北境環而拱之近岸千百里霜雪凝結堅氷不解海有大魚能吞舟莊子所謂北溟有魚其名爲鯤者殆謂是與

南氷海者在南極之下氣候與北氷海相若

亞細亞瀛環志畧

亞細亞本土耳其買諾古時地名（其土耳其西土名默翰律亞細亞）土泰西人於此土之東統名曰亞細亞幅員之廣為四土之最居是土者為中國之十八省東三省內外蒙古諸部新疆回疆青海前後藏其北際海為峩羅斯之東境其東濱海藩國曰朝鮮海中三島曰日本又小島曰琉球其南與中國之滇粵諸省毗連者曰安南暹羅緬甸南掌散布南海之中者曰南洋群島其西北與新疆回疆毗連者曰西域諸回部其西南與西藏毗連者曰廓爾喀曰五印度再西為阿富汗俾路芝波斯諸回部再西南為阿剌伯回部再西北為土耳其之東土（即古大秦）再西為土耳其之中土買諾所謂小亞細亞者也北距北冰海東距大洋海（即太平洋）南距印度海（即南洋）西距紅海地中海黑海是為亞細亞之全土

東洋二國瀛環志畧

東洋浩渺一水直抵亞墨利加之西界數萬里別無大土附近中國者止有日本琉球二國蓋神洲之左翊也

日本古稱倭奴其國在東海中平列三大島北曰對馬島與高麗南境相直一夜可達明季關白為亂者是也中曰長崎土較大與浙海普陀山相直內地商船互市於此南曰薩峒馬與浙之溫台相直人強健刀最利兼產馬明嘉靖年間擾閩浙之倭寇即薩峒馬也三島之外小島甚多王居長崎之東北地名彌耶殺譯曰京官皆世祿仍漢制稱刺史二千石文字同中國讀以倭音國事柄於上將軍王不干預僅食廩稍受方物上將軍有時展覲而已歷代以來不爭王而爭上將軍故上將軍第宅時更新主而王無易姓以寬永為年號歷世不改立法嚴人少鬬爭犯法者輒走山谷自殺呼童僕鳴掌則應竟日不聞人聲好佛敬祖先得香花佳果必供佛或走獻祖墳俗尚潔街衢時時掃除男女皆大領濶袖女加長以曳地繪染花卉禽鳥為福著短襪曳綠履男髡鬚而雉頂額留髮寸餘綰為髻髮長者剪之女多美髮日洗滌薰以楠沉簪後挽髻插玳瑁簪其男女眉目肌理髣髴華土信東方秀氣之所鍾也長崎與普陀東西對峙水程四十更（六十里為一更）橫洋剪渡風浪極險廈門至長崎水程七十二更由臺灣雞籠山之北渡米穗洋沓草洋北風從五島門進南風從天堂門進前明中葉大西洋之葡萄牙嘗欲據其海口又以天主教誘其土人日本與之戰荷蘭以兵船助日本葡萄牙遁去故其國與通商者中國與荷蘭而已所產者紅銅硫磺海菜之類

附顧亭林天下郡國利病書云倭奴附三韓而國故名彝中倭後自惡其名更號日本在東南大海中依山島而居地方數千里爲畿五曰山城曰太和曰河内曰攝津曰和泉共統五百三十郡爲道七曰東海統一百十六郡曰南海統四十八郡曰西海統九十三郡曰東山統一百二十二郡曰北陸統三十郡曰山陽統六十九郡曰山陰統五十二郡爲島三曰伊岐曰對馬曰多褹各統二郡地皆依水附與郡之大者不過中國一村落戶可七萬課丁八十萬有奇國王一姓歷世不易初號天御中主居築紫宮其子號大材雲尊自後皆以尊爲號傳世三十二至彥瀲尊第四子號神武天皇徙太和州強原宮傳至守平天皇凡四十一世復徙都山城國其國文武僚吏皆世官自兩漢時始通中國魏晉以後得五經佛教於中土於是沙門之教盛行唐貞觀間嘗遣使往諭宋初遣國僧奝然浮海獻貢太宗賜紫衣厚存撫之其傳國已六十四世矣又元史世祖至元間遣的黑由高麗往諭日本日本不納又命秘書監趙良弼往日本始遣使臣彌西郎來然良弼再往皆僅至其太宰府未至王宮十一年命經略忻都等以舟三百載兵一萬五千人征之入其國敗其兵矢盡而還十八年命范文虎阿塔海將兵十萬以戰船九百征日本至平壺島大風破舟文虎等乘堅船遁還棄十餘萬衆於山下盡爲日本所殺得還者三人而已後再議征討以劉宣言而止又明史洪武四年日本國王良懷遣僧祖朝來貢七年以後屢寇山東浙江沿海備之永樂元年國王源道義遣使入貢賜以金印仍寇抄不已十七年總兵劉江大破倭於望海堝俘斬二千餘人由是稍斂跡嘉靖初國王源義植幼闇不能制命羣臣爭貢僧宗設與僧瑞佐在寧波爭坐次相仇遂大肆殺掠屢寇寧台溫人汪直爲倭船導魁奸民徐海陳東毛烈並引倭爲寇沿海騷動王忬督師至浙薦村勇將俞大猷等大有斬獲既而罷去以張經督軍務大破倭於王江涇因趙文華譖搆論死倭遂犯蘇松諸郡縣所至殘破胡宗憲爲總督以計誘賊徐海俘麻葉陳東復誘汪直入渡斬之賊渠略盡而汪直餘黨趨閩海大肆殺掠屢破郡邑宗憲尋被逮自殺命戚繼光劉顯俞大猷協力勦閩廣賊屢戰克捷擒斬略盡倭患始息萬曆二十年倭酋平秀吉寇朝鮮秀吉者薩摩州人販魚爲業關白信長部鉢收養之能簒集會信長爲其下所殺秀吉平其亂遂居關白之位以誘劫降六十六州朝鮮之金山對日本對馬島時朝鮮王李昖湎於酒秀吉謀取其國遣其渠行長清正率舟師數百艘逼金山鎮朝鮮望風潰王奔平壤復奔義州倭遂入王京剗府庫八道幾盡沒王復奔避愛州遣使告急朝議救之簡寧兵科兵部尚書石星議遣人探之嘉興無賴子沈維敬應募往畧以李如松爲東征提督襲平壤大捷斬級千二

百餘皆焚溺死行長遁還龍山宮軍乘勝輕進敗於碧蹄館已而封貢之議起石星王之為倭所紿乃再議東征以刑玠總督薊遼楊鎬駐天津倭將清正攻南原守將楊元棄城遁官軍退守王京麻貴攻蔚山垂克而遽收軍官軍爭大潰死者萬餘時劉綎以川兵至約行長為好會行長以五十騎來綎伏兵欲擒之行長馳去無何平秀吉死諸倭引兵歸劉綎等邀擊之有斬獲倭遂揚帆去諸帥以大捷聞論功有差沈維敬以通倭棄市云

琉球在薩峒島之南東洋小國也周環三十六島皆海中來石其國都之島較大南北四百餘里東西不足百里舊分山南山北中山三國後并入中山為一故稱中山王王尚姓自紀載以來一姓相傳無改步國小而貧逼近日本屬役良苦自前明世修貢職我

國家煦育覆燾體卹尤至其貢舟三年一至許其販鬻中土之貨免其關稅舉國賴此為生王薨則世子遣使請

命例遣文臣二人為正副使

賜一品服持節航海冊其世子為中山王故其國之風土多有能言之者由福州之五虎門放洋用卯針約四十餘更至姑米山其國之大島也再東即至其國國分三路曰首里曰久米曰那霸由內地往收泊必於那霸其地商賈萃集為大都會王居首里山之脊也國與中國同文官之最尊者為金紫大夫歲奉俸米百石以次遞殺守土之官曰按司一按司所轄約六七里土磽瘠產米絕少以地瓜為食非官與耆老不食米地無麻絮以蕉為布頗織蒲簀戴者圍下體餘皆裸露海風最烈屋瓦常飛故構屋甚卑簷與肩齊王居與使館較崇亦以大繩繫柱而釘於地防海風也其士大夫以黃帛為冠如浮屠氏之冠大領博袖與帶

附周海山尚書煌使琉球者中山志云琉球自古未通中國隋時有海船望見之始知有其地因其島嶼糾蟠如虬龍流動之形故稱為流虬後乃改為琉球字唐以後漸通中海明初入貢太祖賜以閩人善操舟者三十六姓修貢職甚謹封舟頻往後為日本所滅王被虜不通音信者數十年已而遣使來言王被執不屈倭送還復國由是復修貢職如常期云

南洋濱海各國 濱海志略

亞細亞大地由中國之西南斜伸入海迤邐漸削至彭亨息力而盡東為中國之南洋西為小西洋中間

大國三曰越南曰暹羅曰緬甸小國一曰南掌四國内用多年南掌彈丸地不濱海今記南洋諸國連類及之

越南即安南古之交趾秦以後唐以前皆隸版圖南界之林邑漢末即自立爲國後稱占城國安南至後五代時乃列外藩今並占城爲一國復兼真臘北境安南故地南境占城真臘故地稱曰廣南北界廣東廣西雲南三省西界暹羅東南面大海都城曰順化在富良江之南岸衣冠仍唐宋之制坐則席地貴人乃施短榻取士用策論詩賦設鄉會科士大夫皆好吟咏詩或有不成句而人人喜爲之國分四十餘省一省所轄止數縣文武官名略同内地總督皆阮姓王之族也貴官坐堂皇或解衣捫蝨其簡陋如此宴客設銅盤置蔬肉各少許無醯醢以鹹魚汁代之鴉片之禁甚嚴犯者立治重典東南臨海有部會曰祿奈占城之故都也南境臨海有部會曰柬埔寨真臘之故都也閩廣商船每歲往來貿易別國商船入港譏防甚嚴権税亦重諸國惡其煩苛故市舶罕有至者所產者番木泥楠諸香鉛錫桂皮象牙燕窩魚翅之類其入　貢由廣西之太平府入關不由海道

附天下郡國利病書云安南古交趾也秦開嶺南以交趾隸象郡漢武帝置交趾九真日南三郡光武中興以任延錫光爲交趾九真守教耕種制冠履始知婚娶立學校女子徵側徵貳反馬援討平之建安中改爲交州南五代並因之唐初設立南都護府安南之名始此五季梁貞明中爲土豪曲承美所據自是迭相篡國内大亂有丁部領者平之宋乾德初上表内附詔以部領爲安南郡王自是始爲外夷矣部領傳子璉及璿大校黎桓篡之傳二十年至子龍廷爲李公蘊所篡李氏傳八世二百二十二年至李昊旵無子女昭聖立避位於夫陳日照詔封日照爲安南國王傳至日烜元世祖召使入覲不奉命大發兵討之尋遣使謝罪修職貢陳氏傳十二世凡一百七十年至明洪武二十一年陳煒爲其國相黎季犛所弑季犛子蒼更名胡奃改國號曰大虞永樂二年老撾送日烜孫陳天平至諭奃迎還故主奃陽奉命天平至伏兵刦殺之命朱能張輔沐晟等率兵討之生擒犛季犛蒼遂復安南爲郡縣立都布按三司分爲十五府五州後因中官馬騏貪黷誅求盜賊蜂起土官黎利乘之爲亂宣德元年命王通柳升討之柳升敗死王通棄地與利盟約而退宣宗由是決意棄安南黎利尋奉表謝恩命利權署國事黎氏傳十世一百十年嘉靖元年黎譓爲其臣莫登庸所篡命仇鸞毛伯温討之登庸面縛降以爲安南都統使自是來貢不絕云按莫氏之後復爲黎氏所篡并占城爲一國稱占城爲廣南以大酋阮氏世守之漸成尾大

我朝乾隆末年黎維祁為廣南大酋阮光平所逼棄國來奔大兵征之光平初拒命尋乞降入朝受封傳子光纘為黎氏之甥阮福映所滅福映請更國名改封越南國王至今世脩貢職焉

暹羅南洋大國也北界雲南東界越南南臨大海西南連所屬各番部西界緬甸西北一隅界南掌其地古分兩國北曰暹南曰羅斛暹多山瘠食羅斛傍水有餘糧暹乃降於羅斛合為暹羅國國有大水二一曰瀾滄江發源青海歷雲南入暹羅之東北境至東埔寨入海一曰湄南河發源雲南之孛仙把邊等河至暹北境會諸水成大河至羅斛南境入海海口曰竹嶼由竹嶼入內港至曼谷都城長一千數百里水深濶容洋艘出入大城皆在河濱最著者曰湛池門曰萬巴碳故都曰猶地亞在湄南河上游沿河一帶居民皆架屋水中華人構瓦屋樓閣相望土人所居皆蓋蓑湄南河勢緩而數田時藉以肥沃農時掉舟耕種插秧畢而河水至苗隨水長不煩籽耔水退而稻熟矣米極賤每石值銀三星時載往粵東售賣王衣文彩佛像體貼飛金用金皿乘象輦以閩粵人為官屬理國政掌財賦俗崇佛僧沿門募食各挽精緻食餘則餇烏雀闢若無罪火者又信番僧符咒一種人善咒法刀刃不能傷名為共人王養以為兵衛犯事應刑合番僧以咒解之方與施刑西界有大城曰馬耳太萬南界有大城曰料郡皆著名富庶之地國之西南有斜什六坤宋卡大哖吉連丹丁嘰奴諸番部皆其屬國所產者銀鉛錫沉香束香降香象牙犀角烏木蘇木冰片翠毛牛角鹿筋籐席佳紋席藤黃大楓子豆蔻海參燕窩海菜其入貢由海道抵粵東

附天下郡國利病書云暹羅國本暹與羅斛二國地古赤土及波羅剌也隋大業三年屯田主事常駿等自南海郡乘舟使赤土至今訛傳為赤眉遺種元元貞初暹人嘗遣使入貢至正間暹始降於羅斛而合為一國明洪武初遣使朝貢進金葉表七年九年二十年皆入貢二十八年遣內臣趙達宋福等使暹羅祭故王賜其嗣王大綺永樂元年遣使賀即位自是入貢不絕十七年遣使諭其國王俾與滿剌加平十九年遣使貢方物謝侵滿剌加之罪自正統至嘉靖間入貢如常期云按暹羅自我朝定鼎之後修貢職尤恭謹乾隆中國為緬甸所滅旋恢復故王無後推立大酋鄭昭為長昭中國人子華嗣立誥封為暹羅國王相傳至今焉暹羅為蠻方大國隔以安南緬甸與中國地界相接者僅滇省邊徼之一隅故自古無擾邊之事而恪修貢職自元明迄我朝五六百年無改易可謂不侵不叛之臣矣

緬甸一名阿瓦蠻部大國也北界野夷東北界雲南南掌東界暹羅西南距印度海西北連東印度其都

城距雲南省三十八程山曰小豹水曰怒江一名路江又稱大金沙江發源前藏歷雲南入緬界瀾五里緬人恃以為險其俗剽悍性多詐有室廬以居象馬以耕舟筏以濟其文字進上者用金葉次用紙次用檳榔葉謂之緬書男子善浮水綰髻頂前用青白布纏之婦人綰髻頂後事佛敬僧有大事則抱佛說誓質之僧然後決國有五城以木為之曰江頭曰大公曰馬來曰安正國曰蒲甘緬王城王所居也其王稱達剌瓦底向由雲南入貢先是英吉利蠶食東印度諸部將及緬界道光四年緬王率大兵迎擊之英師敗績已而英人以兵船入內港緬人奮力搏戰因炮火所轟而潰英師將逼都城王不得已議和讓海濱贖土為英埔頭其西南曰馬爾達般曰達歪其西北曰阿喀剌緬人時懷報復之志尚未動也

南掌即老撾一作撾掌北界雲南東界暹羅西南界緬甸地甚褊小本緬甸別部　國朝內附貢馴象

附天下郡國利病書云緬甸古朱波也漢通西南夷後謂之撣唐謂之驃宋元謂之緬自永昌西南山川延邈道里修阻因名之曰緬也漢和帝永元五年撣國王雍繇調重譯奉國珍寶賜以印綬安帝永寧元年遣使朝賀獻樂及幻人唐德宗十八年驃國王雍羌遣其弟悉利移來朝獻國樂其曲皆梵音經論憲宗元和元年懿宗太和六年皆遣使來貢宋徽宗崇寧四年緬甸貢白象五年蒲甘入貢高宗紹興間俱來貢元世祖至元中由吐蕃三討之後於蒲甘緬王城置邦牙等處宣慰使司明洪武間始歸附永樂間遣翰林撥洪使其地正統間宣慰莽次剽繫麓川叛夷思任思機來獻益以地嘉靖初孟養思倫猛密思真遂兵侵緬殺莽紀歲緬訴於朝委官往勘不聽嘉靖中紀歲支子瑞體起洞吾復有其地東破纜掌南取士暹羅地攻景邁服車里四恩個陷罕拔蹊召三宣為西南雄瑞體死應裏繼之萬歷十三年其族弟莽均來歸應裏怒攻之均弁騰越自是屢為邊患滇南為之騷然後為暹羅所攻乃不暇內犯云我

朝德威遠播悉主悉臣自西林相國建改土歸流之議草雉禽獮經營八九年而後定其南荒列外藩者僅有南掌緬甸南掌弱小不足言緬甸則依山負海疆土遼闊我

朝定鼎之初勦勦明孽首先效順乾隆中崛起犯邊旋乃賓服今且闊隔印度為南海之屏翰關繫亦非淺鮮矣

南洋各島　瀛環志畧

坤輿四大土皆周迴數萬里惟中國之南洋萬島環列星羅棊布或斷或續大者數千里小者數百里或數十里野番生聚其間榛狉相仍自為部落其種人統名巫來由一作無來由又有稱為繞阿卹亞木武紇者作一訛西漢時諸番始通貢獻唐以後市舶麕集於粵東明初遣太監鄭和等航海招致之來者益衆迨中葉以後歐羅巴諸國東來據各島口岸建立埔頭流通百貨於是諸島之物產充溢中華而閩廣之民造舟涉海趨之如鶩或竟有買田娶婦留而不歸者如呂宋噶羅巴諸島閩廣流寓殆不下數十萬人則南洋者亦七閩珠崖之餘壤而歐羅巴之東道主也

呂宋在臺灣鳳山縣沙馬崎之東南由廈門往水程七十二更北面高山一帶望若鋸齒俗名宰牛坑即呂宋之北境也地形似魚振尾南北約二千餘里西界瀕海一帶多腴壤迤東山嶺錯雜林莽深阻有大峰時時地震山內野番黑面拳毛結茅爲衣樹皮與臺灣內山生番相似地本巫來由番國前明隆慶年間歐羅巴之西班牙國遣其臣來牙蘭駕巨艘東來行抵呂宋見其土廣而腴潛謀襲奪萬歷年間以數巨艦載兵僞爲貨船餽番王黃金請地如牛皮大陳貨物王許之因剪牛皮相續爲四圍求地稱是月納税銀番王已許之不復校遂築城立營猝以炮火攻呂宋殺番王滅其國西班牙鎮以大酋漸徙國人實其地其國負東向西有內中外三湖各廣三百餘里西人建城於外湖西海之濱名曰亂豆又於城之左角曰嶼迍嶼者作炮臺以控扼之建城之地名馬尼剌人稱為小呂宋而以西班牙本國為大呂宋云馬尼剌帆檣輳集百貨流通埔頭之盛甲於諸洋土肥濕宜稻產米最多又產白糖棉花麻烟草加非可可子金珠玳瑁冰片燕窩海參烏木紅木　呂宋迤南大小十餘島閩人稱之曰利仔友曰甘馬力曰班愛曰惡黨曰宿霧曰貓霧烟曰網市燕腦泰西人稱之曰纖馬曰馬隣得曰把拉灣曰尼邪巴曰末色地曰西武曰馬迓曰邦閩曰多羅來地曰民答那峩皆巫來由土番族類天時與呂宋相倣中國商船由呂宋分往貿易所產鹿麂牛皮筋脯蘇木烏木降香東香黃蠟燕窩海參之類島番愚蠢無蓄積須中國布帛以蔽形大半歸西班牙管轄

由呂宋正南視之有大島踞於巳方曰西里百島分四支如人臂股汊港尤爲奧曲北一支曰馬拿多東向兩支曰多羅曰摩尼南向一支曰馬加撒荷蘭於南北兩支各立埔頭建砲臺戍以兵馬加撒土番在巫來由中別一種頗稱曰蕪吉剛猛好武技弩最精男女自童時即習之一人持短刀可敵數十人每搒

帆海上海鹹望而引避聞其名無不辟易者其種人散布諸島國人皆重之獲利則歸養其親舊本噶羅巴屬國鮮處馬甲撒山中自稱背喏如爪亞之稱迥別不受荷蘭約束與盟約為兄弟而已又一種番名武敦剛猛類武乞氏居於馬甲撒之南諸島物產與呂宋畧同紡布海參最良

呂宋尊島之西南婆羅洲之東北有小國曰蘇祿接連三島島俱渺小而戶口頗煩本巫來由番族悍勇善鬬民多習為海盜西班牙既據呂宋欲以蘇祿為屬國蘇祿不從西人以兵攻之反為所敗其海產明珠玳瑁山產蘇木豆蔻降香藤條又產鸚鵡戶口繁多地磽瘠食不足糴於別島廈門商船時由呂宋往貿易由廈至蘇祿水程一百一十更

由呂宋西南視之有大島居於午位曰婆羅洲其島周迴數千里大山亘其中曰息力由東北而西南山之西畔極北曰文萊極南曰吉里問山之東畔極南曰馬神與吉里問接壤馬神之北曰新當再北曰卸敖再北曰戴燕再北曰萬喇再北曰崑甸再北曰巴薩極北曰古達由古達適山而西北即文萊界矣自古達至新當舊皆馬神所屬故諸書統稱馬神而諸部之名不著山之西廣莫荒涼其海濤瀧壯猛多礁石舟楫不能近岸故土番南惟吉里問北惟文萊餘皆人跡不到之墟即兩國亦貧甚多馱沿海中為盜山之東物產饒盈海道適利又產黃金鑽石攻礦之工所萃戶丁殷盛部落較多諸番皆巫來由種類沿溪架屋為居身不離刃精於鏢鎗見血即斃性喜銅鉦器皿皆用銅上衣曰沙郎下衣曰水幔貧者以布富者用中國雜色綵綢裂條縫集為文采俗從回教七日禮拜不食豬肉山中別有猓人性兇頑喜殺然不敢出山群擾諸部舊多噶羅巴屬國荷蘭船初到此洲入馬神內港欲據其地番畏炮火避入深山以毒草漬水上流荷兵受毒狼狽去後卒於海濱立埔頭四曰八三灣即巴曰本田卿即崑曰萬郎鄉即萬曰馬辰即馬神繁盛遠遜噶羅巴又海盜時時鈔掠貿易益微息力大山金礦極旺別有鑽山產鑽石鑽石即金剛石俗名金剛鑽有五色金黑紅者為貴歐羅巴人以為至寶大如棊子者值數萬金細碎者釘磁之工用之近年粵之嘉應州人入內山開礦召聚日多遂成土著初娶黎女為婦生齒漸繁乃自相婚配近已逾數萬人擇長老為公司理事謂之客長或一年或二年更易丁口稅銀由客長輸荷蘭洋船凳頭金亦荷蘭征收番酋聽荷蘭給發不敢私征每歲廣潮二府有數船入港貿易獲利甚厚諸國土產金與鑽石之外鉛錫冰片豆蔻胡椒海參燕窩玳瑁翠羽烏木檀香藤條由廈門往文萊取道呂宋往吉里問馬神者取道七洲洋由茶盤轉而東向

由廈門越七洲洋用未針指西南過昆侖越茶盤歷水程二百八十更而抵噶羅巴噶羅巴者南洋大島西界與蘇門答臘隔一海港峽口曰巽他為泰西諸國東來必由之路其國東西橫亘約千餘里背負南海以火燄山為屏障左曰萬丹右曰井裏汶其北兩山夾峙如巷曰狹內狹南諸嶼羅列有王嶼夾板嶼鼎馬嶼白嶼草嶼等名謂之嶼城歷嶼城而抵其闉門戶重疊形勢甚壯舊本繞阿番部其王稱巡欄居於山中地名覽內各部之渠稱史丹王宮有雙柄伽頭山海美色葛內外淡板公沐突公勃壠諸名目史丹官屬有把智淡板公把低等名目古為南洋各國附近諸番島半歸統轄前明中葉荷蘭兵船避風入巴地見其土地雄闊可建城池乃入萬丹餌以卑辭厚幣借海岸片土修船又以設立木柵藏內外為請繞阿貪利從之遂襲破萬丹並取巴地繞阿震懾不敢爭荷蘭與盟約每歲納租銀其沿海一帶之地並歸荷蘭統轄巴王由是為荷蘭所制惟命是從王死王子非荷蘭命不得立除授職官亦聽命於荷蘭荷蘭鎮以大酋於海口建城邑設市廛街衢方廣貨物充牣闤闠之海船大小西洋之夾板每歲往來以千百計遂為南洋第一都會其地當赤道之南炎熱異常隆冬如內地之初夏花木四時相續春雨夏旱歲止一收而土地肥沃米價極賤閩廣之民流寓其地者以數萬計荷蘭擇其賢能者為甲必丹專理華人詞訟近年因華人把持行市禁新到唐人不准留住其部落井裏汶之東南為北膠浪北膠浪之東北有大埔頭曰三寶壠商船萃集之地富庶亞巴城再東為竭力石又極東臨海為土里莫東北臨海為外南旺巴城以西之萬丹古和闌婆國荷蘭據其濱海之地立埔頭繁盛亞於三寶壠巴地所產者米穀白糖加非燕窩近年學種閩茶味頗不惡但不甚多附近諸番島以噶羅巴為總滙之區貨物畢萃於斯噶羅巴迤東諸島接連由東南而東北土里之東曰洛莫洛莫之東曰麻里洛莫差大麻里亞之兩島土腴宜稻平疇萬頃產米最多麻里之東曰松墨窪島形槎牙港澳環曲地差大於洛莫松墨窪之東南曰薩爾溫地如松墨窪之半薩爾溫之東北曰佛理嶼東西狹長地倍於薩爾溫佛理嶼之東有六小島接連相望六小島之南有大島曰池問池問譯言東也地倍於佛理嶼東畔有葡萄牙埔頭西畔為荷蘭埔頭曰古邦以上諸島皆與噶羅巴東西平列纍纍相望由池問而北隔海面數百里曰武羅係荷蘭埔頭地如池問三之一人戶甚稀亦無物產武羅之東曰西蘭地倍武羅野番不解耕作食沙穀米武羅西蘭之直北有大島曰摩鹿加荷蘭所屬地形如人臂股與西里百相似物產頗豐摩鹿加之西南曰安門荷蘭大酋所駐統轄摩島海口設炮臺東北曰萬他有火山多地震摩鹿加之西有小嶼曰德拿其地天時

和煦園林極佳惟火山一發遍地皆灰燼西蘭之東南有吉寗暴慕諸島摩鹿加之西南有亞羅地門律兩島皆野番所居不屬荷蘭大抵自洛莫至池問一帶舊皆噶羅巴屬島迤北諸島亦有歸噶羅巴統轄者自噶羅巴受制於荷蘭諸島半屬荷蘭埔頭其人皆巫來由亦有野番野番面黑色或毛髮螺拳醜惡如夜叉又或深目高準口濶至耳男女皆穿耳而大其孔填以杙所產者胡椒燕窩海參魚翅海菜王果籐條蘇木玳瑁鶴頂紅龍涎香丁香木香豆蔻血竭力類

摩鹿加之東南有大島曰巴布亞形如昂首之龜幅員亞於婆羅洲其地自古未通別土草木蒙翳深昧不測野番從林中跳出黑面拳毛見人則攫而裂之爭啖其肉別有一種似巫來由者稍通人性道光十三年荷蘭人初開港道調兵防守商船偶有至者物產未詳

由七洲洋過昆侖越真臘之爛泥尾越暹羅內海之西岸地形如股由西北伸於東南中有連山如脊山之東有小國七極北界暹羅者曰斜仔南為六坤再南為宋卡再南為大哖再南為吉連丹再南為丁噶奴皆暹羅屬國極南為彭亨俱由小真臘向西分往自廈門往水程一百五六十更不等諸國皆巫來由番族裸體挾刃下圍幅幔所產者黃金鉛錫翠毛燕窩海參籐條冰片惟丁噶奴胡椒最良貿易難容多艘閩廣販洋之船時有至者

過昆侖入白石口轉而西北即彭亨至斜仔一山之背地形如帶與蘇門答臘相對彭亨之南當地盡處諳厄成內港有地曰息力舊本番部嘉慶二十三年英吉利有之其地當南洋小西洋之衝為諸海國之中市英人免稅以聚商船西洋夾板每歲來者以數百計閩粵販洋之船南洋諸國之船亦時至帆檣林立東西之貨畢萃為南洋西畔第一埔頭每年交易之貨價數千餘萬圓英人築樓館以居戶口無多閩廣流寓萬餘人巫來由土人與蕪吉客民居於海濱由息力循海岸而西北約三百餘里曰麻剌甲本暹羅屬國前明時葡萄牙據之旋為荷蘭所奪嘉慶年間地歸英吉利立為埔頭繁盛不如息力麻喇甲西北海中有島曰檳榔嶼內有高峰山水清勝居民五萬四千閩廣人居五分之一亦歸英吉利管轄英有大酋駐息力總理三埠貿易之事三埠所產者金銀鉛錫犀角象牙胡椒玉果降香蘇木燕窩翠毛佳紋席之類廈門至息力水程一百七十三更息力至麻喇甲七更由麻喇甲過紅毛淺有國曰沙剌我亦巫來由番部山中皆猺人裸體跣足與巫來由不相為婚沙剌我之西北曰吉德後山與宋卡毘連土產亦相類閩粵商船間有至此兩國貿易者過此則緬甸南界接連印度諸部稱為小西洋內地舟楫不能往

後遣使入貢多異物武帝時遣應募人與其使俱入海市明珠璧琉璃奇石異物賫黃金雜繒而往所至國皆廩飼爲耦蠻夷賈船轉送致之夷珍貨流入中國始此桓帝時扶南之西天竺即五印度大秦即羅馬等國皆由南海重譯貢獻而賈胡自此充斥於揚粵矣其貢玳瑁象齒古貝（即棉布名）軻沉木香琥珀獸則馴象元犀猩猩之屬多不可殫紀三國吴孫權遣宣化從事朱應中郎康泰使諸番國其所經及傳聞有數百國康立傳記謂之扶南土國曰諸盧中曰優曰横跌曰諸薄曰比據曰濱那專曰烏文曰斯調曰材陽曰馬五洲曰溥跋洲曰躭蘭洲曰巨延洲晉武帝平吴後入貢者林邑扶南之外曰牟羅曰横蘆曰來利曰牟離曰蒲都曰蒲都曰纆余曰沙樓曰蒲林皆昔所未聞者也劉宋蕭齊時入貢者有師子呲加樂（即獅子國）訶擬千陀利（即三佛齊）闍蒲（即爪哇）婆黃阿羅陀（即甲婆剎）阿羅單婆使狼牙修（即?）盤盤頓遜等十餘國梁武帝時通貢者有婆利（即蘇門答臘）門丹丹（即萬丹）呲騫（即巴蒲）等國隋時入貢者益多有投河邏斗之屬其貢大抵金寶香藥等物亦有獻佛牙舍利者皆奉婆羅門教故也　又置嶺南市舶使始於唐以嶺南帥臣監領之設市區令蠻夷來貢者爲市稍收利入官貞觀十七年詔三路舶司番商販到龍腦沉香丁香白豆蔻四色並抽解一分武后時都統路元叡冒取番商貨物酋不勝忿殺之後於廣州設結好使每番船至則審事宜以聞貞元間嶺南奏請移番市於安南陸贄在中書奏議駁之宋開寶四年置市舶司於廣州以知州兼使通判兼判官淳化二年始立抽解二分凡諸番之在南海者並通貨以金錫緡錢易其犀象珊瑚琥珀珠琲鑌鐵鼊皮玳瑁瑪瑙水晶番布烏樠蘇木香藥等物太宗立榷務於京師詔諸番貨至廣州非出官庫不得私相貿易其後又詔非珍奇物皆聽市後又詔他物之良者亦聽市其半大抵海舶至徵其什一而給其餘價值歲入以數十巨萬計縣官經費有助焉熙甯中廣州市舶歲課虧折或以爲市易司擾之故令提舉究詰以聞於是務官呂邈以闌取番物劾免後以言者罷杭州市舶諸司皆隸廣州元豐三年中書言廣船已修定條約宜選官推行詔廣東以轉運使孫迥罷帥臣兼領大觀元年復置廣浙福建三路市舶提舉司三年詔番商欲往他郡者從舶司給券毋雜禁物其防船兵仗給之建炎二年詔市舶多以無用之物枉費國用取税權目令以後篤耨香指環瑪瑙貓兒眼睛之類博買前來及有虧番商者重治其罪准賜臣寮象笏犀帶可者量令輸送紹興二十七年詔廣南經畧市舶司察番商假託入貢隆興中臣僚以象齒珠犀比他貨最重請十分抽一罷博買乾道初臣僚又言福建廣南皆有市舶宜置官提舉淳熙二年詔廣州市舶除榷貨物他物之良者止市其半宋自南渡後經費困乏一切倚辦海舶歲入

矣

息力之南噶羅巴之西有大島橫亘西南曰蘇門答臘長約二千餘里中有大山綿亘曰萬古屢迤東窪下海潮侵漲林莽蟻雜道路難通迤西平坦有大河縈帶地産沙穀米沙藤胡椒檳榔血竭氷片安息香山産黄金銅鐵硫磺河産金沙海産龍涎香獸多水禺狒狒熊虎木多椰子處處成林部落之大者曰大亞齊在此島北面之西界西洋人稱爲亞珍唐宋以來朝貢中國封蘇門答臘國王者即此國也大亞齊之東曰錫里再東曰雷里與息力隔海相對大亞齊西盡海轉而至島之南面曰小亞齊小亞齊迤東曰蘇蘇再東曰叭當再東曰茫古魯茫古魯之東盡海轉而北入峽口峽之兩岸曰舊港本名三佛齊王居峽西北東界部落之大者出峽口而西北又至島之北面海中別一嶼曰崗甲再西北別一嶼曰龍牙龍牙之西即新柔佛與雷里又相望矣諸部皆巫來由番族荷蘭英吉利分據海口各立埔頭近年英吉利以此島埔頭易麻剌甲遂全歸於荷蘭其大埔頭在南界者曰巴唐在東北界者曰巴隣傍巴隣傍即舊港之西岸東岸爲噶羅巴之西界峽口濶止數十里名曰巽他歐羅巴諸國東來必取道於此是爲南洋之總門戶若由麻剌甲息力轉折而來則間道也

按南洋一水萬島環生補巽維之空缺其種人名爲巫來由黑醜無慧蠢如鹿豕漢平南越後諸番稍通貢獻唐宋兩朝番舶乃聚於粵東明成祖好勤遠略特遣詔使遍歷各番島開講於是諸番島喁喁向化效共球者數十族如呂宋蘇祿婆羅洲蘇門答臘之類幅員差廣可稱爲國亦有蕞爾洲島戶不滿千仰慕威靈攜挈求覲遂至瀕葬殯尸攙錫王封雖云盛事抑夸而濫矣中葉以後歐羅巴諸國航海東來蓄謀襲奪番族愚懦不能與校於是呂宋羣島遂爲西班牙所據而蘇門答臘以東大小數十島處處有荷蘭埔頭萬歷後諸番國朝貢之舟無復抵粵山奧者以爲遠人之日久寖疎而不知其流離瑣尾地已爲他族有也自泰西據南洋諸島城池堅壯樓閣華好市廛繁富舟揖精良與前此番族之荒陋氣象迥殊而中土之多事亦遂萌芽於此英吉利諸埔頭在息力以西南洋諸島非其有也然國勢既强西班牙荷蘭非其匹敵莫敢迕視其視南洋諸島若己有之修船炮備糗糧諸島皆奉承惟謹不必涉息力以西而後能辦應也昔之南洋爲侏儒之窟宅今之南洋乃歐羅巴之逆旅履霜氷至豈伊朝夕事勢之積漸蓋三百餘年於茲矣

附天下郡國利病書云漢時朱崖之南有都元諶離夫甘都盧黄支等國近者十餘日遠至四五月程前

固不少然金銀銅錫錢幣亦用是漏泄外境而錢之泄尤甚法禁雖嚴奸巧逾密其弊卒不可言元世祖嘗立提舉司尋罷至英宗治平六年遣使搉廣東番貨乃復立之聽海商貿易歸征其稅順帝元統六年罷廣東提舉二司至正二年復立廣東提舉司申嚴市舶之禁三年總海商貿易歸征其稅明制諸番例三年一貢准互市立市舶提舉司以主諸番入貢附至貨物入抽其十之五其餘官給之直暹羅爪哇二國免抽其番商私賫貨物入為市易者悉封籍之抽其十二乃聽貿易洪武三年頒科舉詔於安南占城以其通中國文字也海外諸番自是朝貢不絕永樂改元遣行人聞良輔內臣侯顯鄭和等招諭西南諸番暹羅爪哇以至西洋古里諸國諸番貢獻畢至奇貨重寶前所未有乃命內臣監鎮市而設公館於城南水濱後改建於郡西仙湖永樂四年置懷遠驛於廣州城蜆子步凡房百二十間以居番人隸舶市所提舉司然內官總貨提舉官吏惟領簿而已成化宏治之世貢獻至者日盛正德十二年西海夷人佛郎機亦稱朝貢突入東莞縣大銃迅烈震駭遠近殘掠甚至炙食小兒海道奉命誅逐乃出境自是海舶悉行禁止例應入貢諸番亦鮮有至者貨舶乃往漳泉貿易已非舊制矣兩廣巡撫都御史林富稽祖訓會典奏上得允於是番舶乃通焉嘉靖中諸夷市舶抵粵內臣衆船至澳遣知縣有廉幹者往船盤抽提舉司官吏亦無與焉按南海諸番之通中國自漢始而嶺南之搉番稅自唐始唐以前之通番不過求珍異之貨琦王享之儀其重在貢唐以後則搉其貨稅以益國用其重在市由唐至明中葉閩廣之所謂番舶者不過南洋小西洋諸島國非今日歐羅巴之番舶亦無所謂鴉片毒物也然南宋時已有錢幣漏泄之憂前明時亦有奸民假冒之弊殆所謂勢有必至理有固然者歟古聖人不貴異物不寶遠物豈惟謹節制杜侈汰之萌而防患未然之意亦可謂深切著明矣

昆侖　海國聞見錄

昆侖者非黃河所繞之崑崙也七州洋之南大小二山屹立呼為大昆侖小昆侖山甚奇異上產佳果無人蹟神龍盤踞昔荷蘭據臺灣至昆侖意欲居之龍與為患藉火炮與龍鬭相持有日多發狂病斃乃揚帆去將至噶羅巴船擊碎存活者可十人康熙四十五六年間紅毛又圖昆侖不敢近山居住就海濱立埔頭以昆侖介各洋四通之所嗜涎不休有中國洋艘載磚瓦往易紅毛洋貨以其本廉而利大夜圍宿於沙洲人蹟稀少後窺竊知為鱷魚步岸所吞伐木圍棚稍息夜聞山中語語促歸紅毛為水土不服斃者甚多又為廣南番劫殺殆盡仍虛其地凡中國洋艘由昆侖者備雞鵝毛鬢羌等物到昆侖天時極晴霽見黑雲一點蜿蜒搖曳狂風立至即如江浙夏月湖中雲龍下蓬惟恐不及幸不及時而霽俗呼為崑尾龍雲雲白者其風尤烈日兩三作或四五作舟人故焚雞毛髮物使龍觸穢氣而遠避遠揚過昆侖即無此事

南澳氣　海國聞見錄

南澳氣居南澳之東南與小而平四面挂腳皆𥗽石底生水草丈餘灣有沙洲吸四面之流船不可到入溜則吸閣不能出隔南澳水程四更古為落漈北浮沉皆沙垠約長二百里計水程三更餘盡北處有兩山名曰東獅象與臺灣沙馬崎對峙隔洋面四更名沙馬崎頭門氣之南續沙垠至粵海為萬里長沙頭南隔斷一洋名曰長沙門又從南首復生沙垠至瓊海萬州為萬里長沙沙之南又生𥗽石至七洲洋名曰千里石塘長沙一門西北與南澳西南與平海之大星成鼎足之勢長沙門南北約潤五更皆南洋極險之地海艘遭風或舟師迷誤犯此數險鮮不敗者粵之洋艘商艘往東南洋呂宋文萊蘇祿等國者皆從長沙門出北風以南澳為準南風以大星為準惟江浙閩省往東南洋者從臺灣沙馬崎頭門過而至呂宋諸國西洋夾板從昆侖七洲洋東萬里長沙外過沙馬崎頭門而至閩浙日本以取弓弦直洋中國往南洋者以萬里長沙之外渺茫無所取準皆從沙內粵洋至七洲洋汪洋一水之中生此界限亦溟渤之門戶也余在臺時有閩船在澎湖南大嶼被風折桅有二十人駕一三板腳舟用被作帆回臺詢以何處擊碎彼僅以沙中為害不識何方又云潮水溜入不得開出余語之曰此萬里長沙頭也尚有舊時擊壞一夾板潮雖溜入汝等若以南風棹長潮再不得歸矣大洋之水為沙兩隔節次斷續南北沙頭為潮汐臨頭四面合流外長而內退外退而內長須沿沙節次撐上斷續沙頭夾退流乘南風東向盡流南退

舩欲北上求生而南下者正所以生也何也南風夾退潮方能出溜雖溜下而歸於大海不入内溜方得乘南風而歸至於潮水分合退爲長長爲退夾流變開臨頭濕足易知近隔難識遠抒自有一定之理在乎識溜圖形勢於胸中意會變通有可到處有不可到處安能處處而指識豈操舟者抱死木之所爲哉則如南澳氣受四面流水吸入而不出試問入而不出歸於何處豈氣下另有一海以收納乎四入者從上而入必從下而出如溪流湧急投以葦席入而出於他處此理甚明並以誌之

東南洋各島 瀛環志略

澳大利亞一名新荷蘭在亞細亞東南洋巴布亞島之南週迴約萬餘里由此島泛大洋海東行即抵南北亞墨利加之西界其地亘古窮荒未通別土前明時西班牙王遣使臣墨瓦蘭由亞墨利加之南西駛再尋新地舟行數月忽見大地以為別一乾坤地荒穢無人迹入夜燐火亂飛命名曰火地又以使臣之名名之曰墨瓦蠟尼加西班牙人以此侈航海之能亦未嘗經營其地也後荷蘭人東來建置南洋諸島展轉尋地遂抵此土於海濱建設埔頭名之曰澳大利亞又稱新荷蘭旋為佛郎西所奪佛人尋棄去最後英吉利得之因其土地之廣堅意懸闢先流徙罪人於此為屯田計本國無業貧民願往謀食者亦載以來他國之民願受一廛者聽之地在赤道之南天氣炎熱海濱多旱土山嶺高者不過三十丈江河絕少雜樹荒草瀰望無垠鳥獸形狀詭譎與別土異土番黑面拳髮裸體食草根山果結巢於樹子之酒一飲即醉臥泥中如豕貧瘠男役女若畜怒輒殺之英人流寓者墾海濱濕土種麥與粟草肥茂牧羊孳乳甚速毛氄細軟可織呢絨現居民不足十萬每年運出之羊毛值銀二百餘萬兩百物未備日用之需皆從別土運往英人於東境海口建會城曰悉尼居民二萬捕鯨之船時時收泊貿易頗盛而流徙之戶本莠民飲博蕩侈相習成風流寓良民亦頗染其俗南境濱大南海英人新徙人戶已成聚落西境亦剖置一廛在江河之濱北境近赤道天氣酷熱產海參海菜無寓英人派陸兵駐守以防侵奪計澳大利亞一土英人四境所耕收僅海濱片土不過百之一二其腹地則奧草叢林深昧不測土番如獸老死無往來不特風土無從採訪即山川形勢亦無由乘軺歷覽英人謂此土雖荒曠而百餘年後當成大國南海諸番島當聽役屬如附庸也近命名曰南亞細亞

班地曼蘭島一作地在澳大利亞之東南隅相隔一港地週迴約七八百里土脈膏腴五穀薯芋皆可種植英人開墾已及大半居民務農之外兼捕鯨魚沿海港口甚多貿易頗盛

擱日倫敦兩島一名新西蘭在班地曼蘭之東幅員倍之有高山插霄漢終年積雪消融而下可以灌溉土番黑醜畧知人事有酋長凶頑好殺獲仇則臠食其肉藏其頭以示武其土極腴宜麥穀蔬菜英人買其土徙戶口墾種之漸以耶穌教化其土人捕鯨之船時至以烏鎗羢氈易食物土番健有力鯨船間僱為水手多或生變羣起盡殺船戶炙其肉而食之　兩島別有佛郎西割據之土

東南洋番島甚多泰西人就其形似隨意命名有新危尼新耳蘭新撒羅門布伯等名或有酋長或成部落

或野番散處野番皆黑面矮身與獸無別或有別土人登岸則磨牙吮血攫而食之

大洋海羣島

自澳大利亞迤東迤北抵南北亞墨利加之西界謂之大洋海水程數萬里島嶼甚稀間數千里乃一遇其島四圍多礁石亦生珊瑚海船近輒擱淺故不能遍及大洋海風浪最恬泰西人稱為太平海各島天氣清和水土平淑產椰子芋薯果實足供採食土人織草為衣以蔽形性馴而慧異於迤西島番之悍獷近年耶蘇教之徒遊其地而誘進之多有信從易俗者島名不能盡悉英人因教事而命以名　一曰會羣島言其入耶蘇之會也島之大者曰阿他害附近羣島甚多以此島為綱領其地山水秀淑風景宜人土人篤信耶蘇教廣設學館又阿亞希者亦大島屬島甚多有國王嘉慶年間耶蘇學館尤盛其王頗諳武備有師船巡海　一曰友羣島言與耶蘇教為友也土人形貌端正有心計耶蘇教之徒時游其地誘化之有加羅林者屬島最多內有一族頗通藝術商船偶遇其地亦停泊貿易　一曰賊羣島言其非善類也各島多西班牙所據西人以天主教誘勸之土人不肯從遂至互相攻擊交鬬不已　此外小島尚多名不盡著土產椰子人戶甚少未與他國往來　道光二十二年佛郎西新開島耳其殺羣島風土未詳

按四海之中惟大洋海最大即中國之東海直抵亞墨利加之西境四萬里茫茫巨浸別無廣土即島嶼亦晨星落落據泰西人所得遠各島風土人類遠勝於亞細亞南洋諸島然帆檣偶涉率略未詳蓋由東道往水程當十餘萬里由西道往須歷南亞墨利加之鋏耳彝離遂既險遠又無利可謀故商船罕有至者惟捕鯨之船專駕大洋無所不到於諸島數數遇之乃得稍通聲問耳

五印度瀛環志略

緬甸之西兩藏之西南有廣土突入南海形如箕舌所謂印度者也（漢書謂之身毒又譯天竺六朝以後釋典唐稱印度今譯溫都斯坦一作痕都又作忻斯又作興都）印度有五地形入海之處為中南兩印度東印度東界緬甸北連後藏北印度雪山拱抱東為後藏之邊徼西為西域之札布（即布哈爾東南部落）西印度跨印度河與西域之阿富汗俾路芝接壤東西約五千餘里南北約七千餘里南境沿海有達山環繞中間數千里皆平土西北界有沙磧餘多沃壤土宜五穀棉花罌粟花山水之所產者金剛鑽黃玉寶石青精瑪瑙明珠珊瑚藥材香木海味又產獅子馴象其人多面黑骨青以白布裹頭故粵東呼為小白頭國地本雕題種類為佛教所從出自後漢通中國唐時屢入貢宋時為回部所侵割元起北方括地西南太祖征服西北印度至憲宗朝復征服中印度以宗王駙馬分王其地東南諸部皆聽役屬由是五印度為蒙古別部元末駙馬帖木耳王撒馬兒罕威行西域印度諸郡皆臣服明嘉靖間撒馬兒罕別部莫卧爾攻取中印度地立國勢張甚力尚回教黜佛教諸部皆納貢為藩屬久而陵夷弱肉強食時時搆兵先是明宏治八年葡萄牙航海至印度西南界之孟買開鑿海港建立城邑市舶通行以此致富荷蘭忌之以兵船相攻亦據其地立埔頭擅利權者數十年迨英吉利東來驅除兩國而有其地佛郎西亦於南印度之東界立埔頭康熙七年英吉利在東印度之孟加拉買地造房築炮臺立埔頭百貨流通日益富盛乾隆十七年孟加拉酋長弒其居囚英人英人以大兵攻之遂滅孟加拉乘勝蔓南中諸部有為英所滅者有聽其置吏有受役屬為藩國者由是五印度全土歸英管轄者十之七英人於沿海立藩部三曰孟加拉曰麻打拉薩曰孟買內地立藩部一曰亞加拉

印度以西回部四國瀛環志略

阿富汗回部大國也北界布哈爾東界印度南界俾路芝西界波斯東西二千餘里南北千餘里乾隆二十四年因拔達克山內附塵貢良馬其國本波斯東境明正德初有巴卑爾者取喀布爾堪達哈爾濟斯尼三城自立為國傳二百餘年至康熙中波斯衰亂阿富汗乘勢并兼得其全土越十七載波斯復興那的爾沙既得國富鋭東伐滅阿富汗部的爾沙死阿富汗王子亞美里沙牧復故土仍與波斯并立乾隆五十四年王塞曼沙為弟馬慕所篡國大亂者十餘年北印度之塞哥與阿富汗隔印度河為鄰阿富汗盛時嘗渡河取塞哥邊地至是內訌塞哥勞爾部酋長林日星收復河東地并渡河割數城阿富汗由是不振近年與英吉利所屬之印度西部講兵數年議和而罷其國介印度波斯之間天氣酷熱多雨西界有沙磧餘皆沃壤俗事耕耘無游牧城池壯麗戶口殷繁勝兵數萬罕習用鳥鎗長矛腰刀不習弓矢風俗與波斯同土產鐵錫碧鹽硝砂琉璜烟葉棉花阿魏青黛丹參甘蔗地球　阿富汗分九部首部曰喀布爾其都城也地處平原烟戶湊密景象繁華曰堪達哈爾在國之東北隔四面皆山亦大都會曰哈斯那與上二部皆商賈輻輳之地曰羅各曼曰日剌拉巴曰維西又曰發來曰都札克曰伊隆達爾

俾路芝在阿富汗之南亦回部也東接西印度西接波斯南臨印度海東西約一千七八百里南北約六七百里沙磧重疊田土磽瘠僅敷耕食物產與阿富汗同國無王分六部各有酋長小而強習於攻戰與英吉利所屬之印度西部時時搆兵至有勝負

波斯回部大國粵東呼為大白頭呼印度為小白頭兩地皆有白布纏頭之俗故名東北連沙漠界布哈爾東界阿富汗俾路芝西接東土其耳北抱裏海與峩羅斯接壤南抵阿勒富海與阿剌伯隔一隅地東邊海長約四千餘里廣約三千里雄富多寶貨立國在有夏之初與中國貿易最早春秋時居魯士由馬大開基稱雄一時後與歐羅巴之希臘諸部搆兵並羅馬既與猶太以西囊括無遺獨波斯未入版圖俗奉太陽火教唐初回教興於阿剌伯波斯為所奪由是為回回大部唐宋兩朝屢貢方物元末附馬帖木兒據撒馬兒罕富强無敵遣其沙魯哈據波斯稱哈烈國明永樂間嘗入貢為西域諸部之首後為土耳其所并傳二百餘年廢弛頻仍尋為阿富汗所并康熙三十三年故王後裔達馬斯恢復舊土大將那的爾沙本盜渠以集事賞不酬勞遂舉兵反弒達馬斯代其位滅阿富汗乾隆十二年那的爾沙為其下所殺國又亂東境復為阿富汗所據那的爾沙部將給霾據西境立國愛民稱為賢主在位三十年卒弟

薩的謀媾嗣王外戚亞里木拉以討亂為名起兵陷都城殺薩的並弑嗣王僭位亞里木拉死大酋日非爾代之寺人馬何美攻滅日非爾據王位馬何美死姪巴巴塞爾達耳繼立今有國者不知為誰都城周四十四里極華固金碧瑩麗無比國王最尊嚴刑賞任意視臣工如奴僕土肥沃節候多暖少雨產良馬紅棗白鹽銅鐵金銀琉璃珊瑚琥珀珍珠翠羽獅子國尚武功嘉慶十八年與我羅斯構兵敗績割北境之日爾日部道光初年波斯欲窺印度度蹟圍札布御廳之布辣城英人以兵拒之乃引還　波斯地分十一部

阿剌伯回教初興之國也北界東土耳其東界波斯及阿勒富海南距印度海西抵勒爾西海（紅海）長四千餘里廣三千餘里其地西南一帶濱海有腴壤中央皆戈壁沙漠商旅必結隊以行否則虞盜劫且慮風沙埋沒物產最多人畜皆食之產名馬日行五六百里駝尤良又產加非香料沒藥之類其地古時為土吳散部恒役屬於波斯陳宣帝元年有摩哈麥者以少年為商致大富不識字而性聰敏以佛教拜偶像為非而泰西耶蘇教已盛行因別創教門著書曰可蘭宣言於衆謂獨一真主禁食豬肉唐高祖武德四年逃難於麥地拿土人靡然從教即以是年為元紀布其教於四隣回教遂蔓延西土當其盛時縱橫三土幾於無敵後為土耳其所攻納貢稱藩焉黠虜籍其名以號召回衆數數犯邊遂為西鄙長患云

阿剌伯地分六部

按佛教興於印度以慈悲為主以寂滅為歸中土士大夫推闡其說遂闢禪悅一派摩西十誡雖淺近而無怪誕耶穌教勸人為善亦不外摩西大旨其用意尚無惡於天下摩哈麥本一市儈忽起而創立教門其禮拜與天主教同所異者僅不食豬肉而其敢處無倫又為泰西諸國之所唾棄乃自李唐以後其教漸行於西域今則玉門以西蔥嶺亞細亞之西上周迴數萬里竟無一非回教者而周孔之化無由宣之重譯鴟鴞嗜鼠蜈蚣甘帶孰為正味正難深求於侏儒之俗矣

西域各回部瀛環志略

西域廣漠兩漢以來羈內屬時合時分地名屢經變易以千百計元起北方先開漠北西域無遺元氏既衰紛紛割據內多蒙古裔亦有回回種族我

朝定鼎之後準噶爾噶爾丹恃其兵力侵擾喀爾喀蒙古部落我

聖祖仁皇帝親統六師犁庭掃穴漠北肅清烽燧息警其後策旺阿拉布坦餘燼復燃據伊犁為巢穴鄰部咸被侵侮易世內訌阿睦爾撒納款關請討

高宗純皇帝神武獨運命將西征雷動星馳拓地萬里其後阿睦爾撒納霍集占相繼叛亂隨時勘定於是天山以北之準部南之回部隸版圖者十六七俄羅斯當元世之衰崛起西北其國都在歐羅巴之波羅的海隅漸拓地至亞細亞黑海之東折而拓至裏海之北之西泰西人所刻地圖新疆回疆後藏之西俄羅斯之南之東波斯阿富汗印度之北統名之曰達爾給斯丹又謂之韃韃里韃韃者游牧行國無城郭室廬歐羅巴人罕涉其地故不詳其部落之名綜其大勢東起蔥嶺西抵裏海不過四五千里南起波斯阿富汗印度北抵俄羅斯界亦不過三四千里其部落之大者不過六七東北多行國西南多城郭國諸番擇引繁稱率多舛誤今就其可據者言之

哈薩克回部之大者也東北界科布多所轄之烏梁海迤南界塔爾巴哈臺東南界伊犁北界俄羅斯西南界塔什干浩罕布魯特諸部地分三部左部曰鄂爾圖玉斯在伊犁之西北右二部亦稱中部西部中部曰齊齊玉斯西部曰烏拉玉斯兩部在伊犁之正西乾隆二十年準部底定阿睦爾撒納叛逆左部誘其汗阿布賚合兵拒戰我軍擊破之左部遂降中西兩部亦納款皆授王公台吉世爵三年一貢歲一市以馬羊易緞布兩稅其百一左部自古為行國逐水草游與準部蒙古同俗而從回夫教右二部則有城郭右二部之北別有部曰北哈薩克以寇鈔為俗時侵掠俄羅斯邊境俄設兵防之

布魯特分東西部東部五在天山北準部之西南復為準部所逼西遷安集延王師定伊犁乃復故地乾隆二十三年率戶口歸附散處新疆回疆卡外西部十有五在蔥嶺之西與哈薩克浩罕達克山毘連每部所轄多者千餘戶少者二百餘戶共二十餘萬口以額德格納部為之長二十四年歸附各授其頭目品官凡二品至七品貢市如哈薩克之例兩魯特皆游牧行國而奉回教與哈薩克左部同俗性剽悍喜擄掠

巴達克山葱嶺西南城郭回國也距葉爾羌千有餘里北鄙有城曰窩罕其地羣山環繞田土膏腴耕田兩食兼收牧獵之利戶口十餘萬乾隆二十四年逆回酋霍集占兄弟為王師所敗奔巴達克山縱其肆掠其酋素爾坦沙禽波羅尼都霍集占四而縊殺之乃獻其屍率所部十萬戶及鄰部博羅爾俱納欵受封賞

博羅爾在巴達克山之東城郭回部也四面皆山西北有河人戶三萬有奇乾隆二十四年與巴達克山同時內附其人別一種族有村落無文字其地男多女少恒兄弟四五人共娶一妻生子女次第分認無兄弟者與戚里共之土半沙鹵其人苦貧取桑葚為粮飲山羊之乳以馬湩為酒稱其酋曰比以人口為賦稅生子女輒其半貢於各回部為奴婢值頗昂

乾竺特別一種類在葉爾羌南與後藏相接無城郭宮室鑿山以居種米麥以食亦有以游牧為生者其俗敬火每晨以柴燒火向之禮拜地鹵斥富者僅自給貧者多傭工於他國稱其酋曰汗亦貧甚惟取所部子女鬻於各處與博羅爾相似

巴勒提在博羅爾南重山複嶺之中人戶寡弱不足六七千有屬邑曰哈普倫稱其酋曰比俗遵回教不蓄髮不食豬肉以游牧為業冬日嚴寒寬山均結寨人畜共處十月雪已盈丈三月雪消始出地產蛇

浩罕俗稱安集延回部城郭之國也地在葱嶺之西有四大城當平陸最東與安集延布魯特毘連其人長於心計好貿遷遊又所屬小城三在西北近年塔什干亦附之故又稱八城云元人所置撒馬兒罕城在城西今成廢墟風俗略同南路諸回部而勢悍專過之習於攻掠與布哈爾毘連世為勍敵乾隆二十四年大軍追霍集占霍集占欲投安集延不納其酋額爾德尼旋奉表貢焉其後霍集占兄弟為巴達克山所殲波羅尼都次子薩木薩克逃赴浩罕故浩罕有逆酋遺孽云

塔什干亦城郭回部在浩罕之西北與哈薩克右部毘連地多園林饒果木土宜五穀民居稠密舊為右哈薩克屬部乾隆二十三年遣使奉表求內屬入貢後又附浩罕為屬城其國介哈薩克浩罕之間弱小不能自立故兩部皆得役屬之

布哈爾回部大國也東接拔達克山諸部東南連北印度之克什米爾南界阿富汗西南界波斯北境與浩罕接壤包浩罕西界抵鹹海而達裏海幅員恢闊諸回部殆無與比東境多山西界大戈壁有城郭耕游牧亘阿母河兩岸皆布哈爾境土元人所置行省者也其地氣候頗炎冬無大雪產五穀蔬果人產聲

重萃俗長騎射與浩罕時時構兵乾隆二十九年因巴達克山請內附道光十九年俄羅斯欲窺印度密遣頭人至布哈爾使與英吉利印度屬國搆兵英人舉兵入險講和而罷

按西域諸國布哈爾最大其地西接波斯東連印度為西南回部之樞紐俄羅斯近年疆土日廣其國之南境已盡裏海之西北兩岸由裏海之北岸直趨東南中間所歷之雜種回部如機窪之類皆冗弱無足比數戎馬往來如入無人之境布哈爾較大實為衆道關鍵故俄羅斯會而降之為進窺印度之計也英人之取印度也由海俄人之窺印度也由陸論巧則俄不如英量力則英不如俄兩國之在西土可謂勍敵數十年後當不知作何變動矣

中外時務海防策要卷之二

歐羅巴瀛環志畧

歐羅巴一土在亞細亞極西北隅以烏拉大嶺為界中國之所謂大西洋也絶長橫短約得亞細亞四分之一西距大西洋海海水由西北灣環注入大地曰波羅的海谿谷轉注東北分兩汊約三四千里波羅的海之南海水由西注入大地曰地中海由西而東約七千餘里再分小汊注東北成巨浸曰黑海周迴約二三千里環波羅的海南盡地中海黑海之北岸為歐羅巴全土其地自夏以前土人游獵為生如蒙古之俗有夏中葉希臘各國初被東方之化耕田造器百務乃興漢初意大里亞之羅馬國創業垂統體土四闢成泰西一統之勢漢史所謂大秦國也前五代之末羅馬衰亂歐羅巴遂散為戰國唐宋之間西域回部方強時侵擾歐羅巴諸國蒼黃自救辭命不暇先是火炮之法創於中國歐羅巴人不習也元末有日耳曼人蘇爾的斯始仿為之猶未得運用之法明洪武年間元駙馬帖木兒王撒馬兒罕威行西域歐羅巴人有投部下為兵弁者携火器炮位以歸諸國講求練習盡得其妙又變通其法創為鳥鎗用以攻敵百戰百勝以巨艦涉海巡行西闢亞墨利加全土東得印度南洋諸島國聲勢遂縱橫於四海現大小共十餘國

波羅的海之東岸有大城曰彼得羅堡峩羅斯之都城也波羅的海之西岸與大西洋海相表裏地形如葵扇下垂曰瑞國從南岸突出如臂亘波羅的海之門闕與瑞國作凹凸之勢曰嗹國嗹國之南曰日耳曼列國為歐羅巴之中原日耳曼之東北臨波羅的海曰普魯士日耳曼東南曰墺地利亞其東南臨地中海曰土耳其（土耳其有三土此其西土中東兩土在亞細亞界內）其地形如人掌拊於地中海曰希臘日耳曼之南曰瑞士再南如人股之著屐入於地中海曰意大里亞列國日耳曼之西北臨海曰荷蘭荷蘭之南曰比利時比利時之南曰佛郎西佛郎西之西南曰西班牙西班牙之西臨大西洋海曰葡萄牙佛郎西之西北有三島雄峙海中曰英吉利

峩羅斯瀛環志畧

峩羅斯國橫亙亞細亞歐羅巴兩土之北境復跨海據亞墨利加之西北隅拱北冰海如玦環長約二萬餘里其南北之勢西土約六七千里東土約四五千里外夷第一大國也其西土西界瑞典普魯士墺地利亞南界土耳其波斯東界西域回部其東土南界哈薩克回部喀爾喀蒙古黑龍江綜其全土在亞細亞

者十之六在歐羅巴者十之四然其新舊兩都城皆在歐羅巴其富盛之部落雄麗之城邑萃於西偏近東之地雖廣莫乃荒寒不毛之土其會盟戰伐亦皆與歐羅巴諸國爲緣國勢在西不在東故隸歐羅巴其國古稱薩爾馬西亞自唐以前爲西北散部受役屬於匈奴唐懿宗咸通年間有酋長祿利哥者招引族類肇造邦土傳至烏拉的米爾詩羅斯詩兩世立國始有規模周世宗顯德年間有王后理國政始崇希臘天主教其嗣位之王有十二子分國爲十二部由是兄弟鬩牆互相攻伐日就衰亂宋理宗年間元太祖西伐滅阿羅思阿速欽察三部立長子朮赤爲汗由是爲蒙古别部元衰峩羅斯故王後裔乃稍稍振起明嘉靖初偕瑞典兵力驅逐蒙古復其土宇後有國王號以萬者有雄畧辟地日廣達於東海之隅性殘忍好殺戮臣民數萬人由是羣下離心傳王波利斯後國勢寖弱內訌四起時波蘭方强日見侵削國人恟懼思得賢王以靖國康熙四十年立彼得羅爲國王彼得羅幼時其姊貪權欲據王位乃避禍隱寺內爲僧既爲衆所推立卑禮招致英賢與圖國事躬教士卒騎射兼習火器悉爲勁旅由是政令更新國俗爲之一變境內既平乃巡行邊界閱通海口嘗以峩人不善馭船變姓名走荷蘭投舟師爲弟子盡得其術乃歸治舟師與瑞典戰勝之割芬蘭講和遂建新都於海濱曰彼得羅堡疏通波羅的海水陸皆操形勢戰勝攻取疆土愈闢峩羅斯近世之强大實自彼得羅始也彼得羅沒其后嗣位敏慧有權謀所任大將名震隣國疆土益廣乾隆二十年王后加他隣嗣位滛蕩多嬖而精於理事招致他國百工厚給廪餼教國人以藝事廣延文學兼修武備南隣之土耳其回部大國與之搆兵數十年后累挫其鋒割其北境又分割波蘭三分之二后死嗣王即位見弑子亞勒山德黎繼立與佛郎西連兵數年講和而罷弟尼歌拉士嗣立伐土耳其大挫波斯來侵擊退之割其日爾日等屬部威聲甚著即今在位之王也其國大畧分四部在歐羅巴境內者曰波羅的海東部曰波蘭部在亞細亞境內者曰高加索新藩部曰西伯利部國有宰相筦政事有大事王召貴者一百二十人議於公會其部有八畧如中國之六部蓋以宗人理藩每年關稅田賦什稅七千八百萬兩陸路額兵丁十一萬長於馬隊而舟楫之利火器之精心計[illegible]遠遜於泰西諸國有大兵船四十隻戰船三十五隻兵船二十八隻小船三百隻水手四萬丁軍法嚴每排陣軍士屹立如磐石無敢移步者用刑最酷俗尚畜奴僕地之所產者五穀之外曰銅鐵曰麻布木料牛馬最珍貴者皮貨如狐貉海龍駱駝羢羊灰鼠之類其貨船止往來西洋諸國未嘗涉大洋至粵東因地氣嚴寒海水之不冰者歲不過六七月或四五月船不能以時往來其南界之黑海由地大尼里海峽

與地中海一綫相連故海道不如他國之通利其民各分種類俗重回教亦有奉希臘教者京師有總教主大有權勢各教師散居各部有廟七十萬間僧一十六萬人男寺四百八十所女寺一百五十六所按俄羅斯舊國在秦漢為渾庾屈射堅昆丁零諸部受役屬於匈奴在唐為黠戛斯骨利幹等國元太祖起北方拓地西域以阿羅思等三部分其長子乃東俄大俄兩部地非今日俄羅斯之全土也元氏既衰俄羅斯故王後裔再燃餘燼歐隣國西費耶忒兵力驅逐蒙古恢復疆土迨後日益強盛沿北海漸拓而東繞出西域回部外蒙古諸部之北直達黑龍江東北徼外名曰西伯利部我

朝順治年間築城於雅克薩侵擾索倫諸部稱為羅剎遣兵毀其城輙復據之康熙年間兩致國書彼由荷蘭附書諭其國王其王乃遣使上書乞撤雅克薩之圍分定疆界立碑為志通貿易於車臣汗部之恰克圖并遣人來　京師學習漢文每十年更易沿為常例至今猶通好如常云

瑞國

瑞國歐羅巴極西北境舊分瑞典挪耳瓦二國今并為一國東南距波羅的海西北距大西洋海北界北冰海南北約三千餘里東西約一千餘里地形如葵扇下垂中有連山脊起瑞立國在山之東西則挪耳瓦故地也地極廣其西荒寒將甚土瘠故民食鮮薄户口稀疎古時為野番部落兩漢時流入日耳曼界內散處各國趙宋初有大酋厄里哥招集部人建造城邑是為瑞典立國之始是時那耳瓦亦推大酋合羅爾德為王數傳後那爾瓦為嗹國所兼并明洪武年間嗹王后馬里加爾達有權略以術招誘瑞民隸大尼(即嗹國)為一國嗹國由是日強再傳至后孫殘忍好殺瑞民多怨畔瑞有王孫曰撒瓦英果不羣隱圖恢復嗹人繫之獄易服逃回瑞地嗹使吏逐捕撒瓦走北地匿僧舍乃免因涕泣募士人誓以除虐復仇引兵伐嗹累戰皆捷故土全復嘉靖二年撒瓦即王位威惠並行瑞國大治王卒世子嗣位荒淫無政為國人所困仰藥死萬歷三十八年王戚世吞嗣位時日耳曼王(即奧地利亞)尚天主教諸國遵耶穌教者咸被攻伐瑞素崇耶穌教主救諸國之同教者帥師伐日耳曼中砲殞於陣其大將卒戰勝乃班師王女基利斯的那嗣位辦好文學厭苦兵事遜位於外戚加爾祿斯之羅馬游學不復反加爾祿斯以康熙三十八年嗣位年十八銳於戰伐以兵侵英蘭割其境土之東波蘭大尼俄羅斯連兵來伐王擊敗之威震一時後再攻波蘭之烏哥來納部全軍盡覆親赴土耳其求援五年不得請乃歸復引兵攻挪耳瓦之非德黎沙爾戰死城下俄羅斯因以大衆壓之嗣王果戰皆北割東境之芬蘭以講俄兵乃罷當俄兵之方

急也諸酋各懷去就或專擅自恣王衛之事定之後王與諸大邦聯盟將討諸酋之不軌者諸酋懼謀弑王禮拜日伏客以火鎗擊殺之王子嗣位性卞急好用兵師屢撓敗括餉愈急國人噪變逐王嘉慶十四年國戚加爾祿斯攝王位其養子伯爾拿多的佛郎西人曾為大將智畧過人攝王委以政柄修武備結會盟用兵謀定而後戰所向克捷攝王因傳以位亦更名加爾祿斯即今在位之王也西境之揶耳瓦本屬嗹國嘉慶二十年各國公使會議於維也納以瑞地之附近於嗹者歸嗹而以揶耳瓦歸瑞

按瑞典本國氣候極寒迤北沙磧皆不毛之土南界土稍沃而濱海多草泥耕作甚艱恒苦乏食富者啗餅薯貧者屑樹皮和醃魚噉之所產者木料銅鐵亦產銀鉛碧礦獸皮舉國以為生計其地舊分四大部外通海口為諸國之大埔頭商船時有來粵東者然國雖處窮髮之北在歐羅巴諸國中為貧瘠而能奮發自保不為强隣所兼并安樂者禍之萌憂患者福之基雖荒裔亦如是矣

嗹國瀛環志略

嗹國歐羅巴小國也其商船常掛黃旗故粵東稱為黃旗國地形從日耳曼北出如人之握拳伸臂於海中者與瑞典南境相對作凹凸之形北西東三面皆海南界日耳曼列國南北約千里東西闊處四五百里狹處二三百里古時為土番部落後為峩特所據與瑞典揶耳瓦合稱斯千的揶瓦國地瘠食不足沿海之民皆捕魚為粮因操舟學泛海漸劫掠為海盜諸國患之趙宋初有大酋哥爾摩者為王以兵船攻英吉利遂據國都英以厚賂緩兵尋以計殲其衆嗹舉兵復仇連年不已英許歲賂以和諸國以海寇目不齒數於列國也後其王有駕奴特者能治國政北伐揶耳瓦滅之伐英吉利破倫敦遂兼王英土駕特奴死其子繼立為英北族威廉所殺嗹國幾危後復有賢王嗣位四境乃安明洪武十年女主馬里加爾達嗣位內修政事外聯與國於是瑞典亦納土為北藩嗣王能守其法擴疆土創科條四隣咸服其子嗣立性酷虐多內寵戕酋長九十人諸酋乃會議滅王立大酋基利斯的亞奴為王時瑞典已立故王之裔兩國構兵數十年乃罷嘉慶二年英吉利師船至波羅的海嗹列巨艦大砲拒之於港口英人攻勝之乃講和而退嘉慶九年佛郎西會破俄命以大兵伐嗹嗹與之和密約以舟師襲英英人偵知先以大衆攻嗹城垂陷乃乞盟復構兵六年國虛耗不可支近年頗戢舉國奉耶穌教迤北語音近瑞典迤南近日耳曼所產惟五穀牲畜每歲賣馬萬餘匹牛七千穀有餘糶於英吉利

按西北大海中有大島曰義斯蘭地亞嗹所屬也地在英吉利三島之北數千里氣候寒冽同於瑞一

之北境有火山曰挨哥啡時迸流火漿地震最烈山陵陷為坎窞其民善捕長鯨取其油獵海犬剝其皮以食地雖褊小未堪與歐羅巴諸大國比權量力而加的牙一港扼波羅的海數千里之喉凡入寶掌其管鑰迭雄然為一方之傑國之强弱豈盡在疆土之廣狹哉

墺地利亞瀛環志畧

墺地利亞歐羅巴大國也其商船初抵粵東時旗畫雙鷹遂訛稱為雙鷹國北界普魯士峩羅斯南界土耳其抵亞得亞海隅意大里亞各國西界瑞士暨日耳曼各國東西三千一百餘里南北一千八百餘里其地古時為勒西亞諾力加巴納尼亞等國羅馬征服之後為北狄所據唐貞元間佛郎西取其地立為別部元初日耳曼有酋羅爾德福者號聰誠攻獲墺地日耳曼各部推立為王稱為東國然疆土褊狹傳至阿爾布配匈牙利女主聯姻疆土數千里遂為大國明正德十四年國內亂時西班牙王查理第五賢能日耳曼諸部招之來墺奉以為日耳曼王治軍行法聲威大著佛郎西來攻與戰破之禽佛王從之西班牙佛人以金贖之乃放還嘉靖四年復得北閔地疆土益闊查理第五殁其弟嗣位國大治時意大理良亂帥師代之諸部皆臣服由是日耳曼稱覇西土萬歷四十六年王匪耳地難嗣位先是查理崇奉天主教臣民有從耶穌教者禁之違者加以刑臣民合黨攻王王誅滅之遂主國奉天主教無敢異康熙三十九年日耳曼各部皆自立為王從此東國墺地利亞不復稱日耳曼嘉慶年間佛郎西拿破侖恃兵力征伐四隣日耳曼列國皆納款墺為藩北利時亦被侵割而不為之下佛無如之何拿破侖既敗於歐羅巴諸國各遣公使赴維也納會議凡佛郎西摧破各國皆申畫疆圻重訂盟約以日耳曼列國雖各復故土而散弱不能自立乃議立公會聯結為與國以墺為會盟之長日耳曼列國之主時來朝議事墺嘗與土耳其搆兵三十年講和而罷其國大勢分四部曰日耳曼地墺之故土也曰意大里地曰匈牙利地曰波蘭地後來所割據者

按墺地利亞內分兩部南曰上墺地利亞北曰下墺地利亞都城曰維也納居民三十萬王宮壯麗自來甚約不尚體統與百姓往來其俗重績布地產水銀硃砂鐵並牛馬羊每歲所產以億萬計女子美姿容淫佚無閑教有書院藏書約七萬册今西土論國勢者英吉利第一佛郎西第二峩羅斯第三墺地利第四

普魯士國瀛環志畧

普魯士亦歐羅巴大國亞於墨地利亞墨東稱為單鷹國亦因其商船之旗而名之北距波羅的海東界峩羅斯南界墨地利亞西什日耳曼列國界荷蘭比利時東西約二千一百餘里南北約一千一百餘里其地古時為北狄所據南宋時日耳曼人征服之立為別部後為波蘭所兼并明萬歷間日耳曼之巴即德不爾厄部復取其地立國奉職忠謹日王悅益以地康熙三十九年乃自王其國其王長於韜畧至子非哩特第二嗣位有大志擴地愈廣王卒姪嗣位淫佚沉湎國勢駸衰時佛郎西拿破侖得國嘉慶十一年以大兵代普王非哩特威廉第三初嗣位力不能禦普遂削弱後普民不悅佛政王因民之怨佛與諸國合縱攻之佛師潰普復故土王乃增修國政百姓親附隣國民皆慕義遂為西土顯國其國分東西兩土共八部其制民及歲者工入律秀入學其國兵多而強額兵計十六萬五千舉國尚耶穌教

按歐羅巴人皆稱普魯士為善國強大不如墨地利而修政睦隣不事撻伐則遠過於墨非哩特威廉第三遭強隣之難轉敗為攻有衛文大布大帛之風其治軍亦得古人寓兵於農之意豈可以荒廢而忽之哉

日耳曼列國瀛環志畧

日耳曼歐羅巴古大國也其地縱橫皆數千里北枕波羅的海南踐地中海為歐羅巴之中原上古時五方什處分數十部羅馬征服之尚未盡入版圖佛郎西戡興其王甲利泰甫攻威日耳曼諸部地梁乾化元年部人畔推酋長官拉多為王王不世及惟衆所推薩克索尼亞佛郎哥尼亞蘇亞維亞三部之酋先後據王位元初墨地利亞酋長為王能服衆由此繼序不復推至明初日強與羅馬代興康熙三十九年普部皆自王其國不相臣屬墨地利既兼并坐大普魯士亦拓地稱雄兩國皆自有名不復稱日耳曼所餘迤西一片土分三十六部稱王者四餘以次遞降如中國之公侯伯大者千餘里小者數十里南北約二千四百里東西約二千二百里嘉慶十一年佛郎西拿破侖以兵脅日耳曼列國皆降服後拿破侖敗日耳曼列國各復爵土嘉慶二十年各國公使會議於維也納稱同盟四十國以墨地利為盟長額兵共三十萬四千餘總帥一人各國公舉多墨地利人他國不敢當此任各國有奉耶穌者有仍奉天主教者地氣北寒冬冷多腴壤反暖百果皆宜花卉亦繁産金銀銅鐵錫鉛寶石玉石花石鉛石滑石磁石陽起石黑白礬硝磺沙鹽等

按日耳曼為歐羅巴適中之地其人聰明潤達其分土列爵以三代封建之制自各部擁土自王墨地

利雖釐土日擴其主之民不復存然小侯數十傳爵土於子孫而諸大國與吞噬之謀則猶有古意存焉又大國佛郎西英吉利小國如比利時希臘之祖皆日耳曼人諸國每遭喪亂猶招致列侯世子爲王殆西土王氣之所鍾歟

土耳其國　瀛環志略

土耳其回部大國也地分西東中三土西土界歐羅巴中東兩土界亞細亞三土合計縱橫約四五千里古時皆羅馬東境唐初阿剌伯回部取東中兩土建爲藩部舊本韃靼種類游牧葱嶺之東（伊犁）奉回教展轉徙入買諾其後種類漸繁元成宗五年頭人阿多曼攻奪買諾回國即名曰阿多曼至孫默拉德鷙食猶太敘里諸部疆土愈廣佛郎西日耳曼書以兵來攻皆失利去元至元年間土王渡海伐東羅馬勝之會蒙古來侵其子巴牙緊之兵敗被擄明景泰三年滅東羅馬城爲國都三土全歸統轄阿剌伯亦納款爲屬國復東取波斯爲大藩幅員之廣比盛於羅馬全國嘉靖以後嗣王多昏庸殘殺以此纂弒頻仍稱爲亂國初土耳其既得三土之地各分部落領以大酋名曰巴札康熙中其王達哈荷麻孱弱不綱諸巴札漸成尾大徵調多不應命延年自立爲小國者又有三部在阿非利加北境者爲佛郎西所滅近年其東土諸巴札勢將內犯英吉利佛郎西勒兵講和乃分土稱外藩其國中衰已百餘年今則有亡徵焉乾隆中與峩羅斯搆兵始猶勝負相當繼則累北乾隆五十四年土王塞黎莫爲峩國所敗割地求和後復大舉來伐佛郎西救之乃免自是瑙河一帶烽燧頻驚奔命不遑道光六年土人侵峩南境戰而敗績峩以大兵圍其都城國幾亡英佛爲之講和乃罷兵

按土耳其三土古大秦國之東境（即意大里亞之羅馬）爲西域著名之地東西疆闢最早唐書所謂拂菻國其國自夏商至漢季今辟賢王歷世最久西土爲希臘開基之地西國之剖啟皆濛實由此土君士但丁則羅馬之東都泰西達隔神州王化無由漸被而在彼土數千里則聲名文物之所萃也土耳其本回部飛族戎諾種類頑滋遭時喪亂恃其兵力鯨食東西遂使名城墜毀典策淪亡回回之性多殘暴不仁而土耳其國無綱紀俗無彝倫朘民脂膏以供醉飽三土之民何不幸之甚觀泰西人所著書西土之困於苛政也尤甚勝廣之徒時時攘臂而爭而彼昏不知猶晏然爲羊車之游亡可翹足而待矣

瑞士國　瀛環志略

瑞士在日耳曼之南奧地利亞之西佛郎西之東意大里亞之北東西約五六百里萬山叠峙高接雲漢

山夤峙高接霄漢常積冰雪地產五穀藥材所造奶餅極甘香民半以牧畜為生國無苛政風俗淳樸百年不見兵革稱為西土樂郊古時地屬羅馬旋為佛郎所有後為日耳曼所奪元大德年間日耳曼王苛斂酷刑民不能堪逐守土吏各推頭人據險畫疆初分三部後分為十三部推鄉官理事不立王侯五百餘年無鳴吠之擾嘉慶三年佛郎西拿破侖以兵力強取入版圖改為十九小部拿破侖既敗各國公使會議於維也納十九部之外益以三部為瑞士國仍其舊俗推鄉官理事諸大國不得鈐制

按瑞士西土之桃花源也懲頑鼠之貪殘而泥封告絕圭伯亞旅自成臥治王侯各擁強兵熟視而無如何亦置之度外花旗人甘明奢嘗遊其地極言山水之奇秀風俗之淳古惜乎遠在荒裔無由漸以禮樂車書之化耳

希臘國瀛環志略

希臘古名國也今為新造土耳其西土之南界也形如臂入地中海其盡處岐牙似人掌是為希臘國縱約五百里橫約七百五十里疆土褊小海灣縈曲港汊四通產棉花南果羊毛葡萄乾橄欖油五穀烟草上古時歐羅巴人草衣木食榛狉未啟有夏中葉東方列國向化有義納發者數士人以搆屋耕田有商中葉灑哥落者立國於雅典始績羊毳為衣釀葡萄為酒鑄金鍛鐵作刀及耒耜又以文字傳其土人歐羅巴之開濟隋通文學自希臘始當商周時分十二國結為同盟周敬王聞波斯攻希臘禦之敗去後希臘有馬基頓王合列國之兵伐波斯乘勝抵印度王卒部將分其土各自為王由是希臘之言語文字布於西土漢時羅馬征服四方屢入版圖後為亞刺伯回部所役日就衰弱土耳其既興取其土地者西百年嘉慶二十五年民逐去土商土人以兵護之土無奈之何乃聽其自立為國即今之希臘也其地關山迴隔九曲盤繞名勝甲於西土藏書之富甲於西土人多博覽各操鉛槧述事立言國王名阿多本日耳曼列侯世子希民推擇立之王賢明勤於政事國雖小蓋方興未艾云

按希臘諸國建於夏商至漢初乃亡凡歷一千數百年雅典最講文學肄習之精為泰西之鄒魯凡西國文士未游學於額里士則以為未登大雅之堂也

意大里亞列國

意大里亞歐羅巴古一統之國漢書所謂大秦國也東北界奧地利亞北界瑞士西北界佛郎西其餘全土斜伸於地中海似人股之著履中有大山綿亘如脊天時和正土膏腴穀麥昌茂花木馨芳西土羨

中外時務海防策要　卷二

爲臘地自周以前爲土番散部周幽王時羅馬崛起國勢漸强疆土四闢西漢時北拓日耳曼諸部至波羅的海南服阿非利加北境各國西辟佛郎西西班牙葡萄牙至大西洋海又跨海建英吉利三島東并希臘諸部括買諾西里亞縱橫十萬里跨歐羅巴亞細亞阿非利加三土海外弱小諸部皆修貢職爲臣妾居然大一統之勢建都城於羅馬諸國仰之如周京東晉時又建東都於黑海之峽稱爲君士但丁其後傳世既久嗣王淫辟內亂廢立屢見諸部皆擁土自王東晉孝武帝二十二年國分爲二以羅馬爲東王至明景泰間爲土耳其所滅君士但丁爲西王居意大里故地劉宋時爲北狄戎特族所滅立國三百餘年佛郎西取之以羅馬都城奉教王後復分裂有伯棱日爾者奮恭并諸部爲一旋以貪暴爲國人所廢墨地利亞割北境兩部自後諸部時合時分日尋干戈嘉慶十年佛郎西拿破侖略定其地爲藩部拿破侖敗諸國公使會議於維也納分其地爲九大國四小國五藩總稱爲意大里亞物產豐饒兼有蠶桑之利歲產絲綿價值三千餘萬其民外若柔而內陰賊往往昏夜殺人好談論喜謳歌有役下之風各國皆從天主教而羅馬爲教宗國　意大里亞列國曰羅馬曰薩爾的尼亞曰那不勒斯曰巴爾馬曰摩德拿曰盧加曰摩納哥曰勝馬里

荷蘭國瀛環志略

荷蘭歐羅巴小國也東界日耳曼南界比利時西北距大西洋海縱約六百五十里橫約三百五十里壤地褊小坦平無山歐羅巴地此最低陷海潮衝齧沮洳卑濕土脈最腴民習水利善操舟能行遠故歐羅巴海市之通行自荷蘭始其地古時爲土番部落漢時意大里據地至佛郎西兵阻水不能進遂不得爭後爲日耳曼人所據蕭齊時佛郎西取之置酋長分領其衆佛有內亂諸酋擁地自擅分爲十七小國後復并諸部爲一自立爲侯國北宋時海潮決堤都城幾陷居民皆沒潮退匯爲巨浸曰亞爾零海經營數十年戶口頓滋商賈通行富遂甚時明初侯查理侵佛郎西時荷蘭富民多恃財犯科條以峻法繩之衆有叛志佛郎西乘勢伐之納賂請盟乃退荷蘭舊分南北部侯政苛虐南部不聽命侯與戰敗死正德季年西班牙王查理第五新爲日耳曼所推立大有權下令兼王荷蘭減稅以悅其民而悉令入天主教遵耶穌教者積薪燔之有阿蘭治者智勇過人衆推爲主起兵距西班牙人人死戰屢敗而氣不衰佛郎西英吉利嘗引兵救之西班牙退去阿蘭治激其衆與西班牙鏖戰數十年屢挫西軍西班牙遣客刺殺之其子繼統雄武過父大破西軍乃歛兵議和荷蘭復自立爲國承平者二百餘年前明中葉荷蘭東來

至中國東南洋據爪哇海口（即噶羅巴）迤東迤北谷島國皆建設埔頭通東西七萬里之海市故國雖小而富甲西土明季嘗以兵船擾閩浙壁臺灣而據之後爲鄭成功所逐小西洋各埔頭亦爲英佛所侵削而南洋數大島依然荷蘭有也康熙二十七年主威康第三有雄略英人招之渡海戡亂西土嘉慶初佛郎西拿破侖侵伐四國兵及蘭荷王走死地歸佛郎西英吉利乘勢據爪哇埔頭拿破侖既敗荷蘭復立故王之裔英人乃還其埔頭先是荷蘭南部與北部相仇當北部與西班牙搆兵南部附西班牙不相助嘉慶十九年南部與荷蘭合道光十一年南部復絕荷蘭立他族爲王稱比利時國其北境出燕麥胡麻西北境出大麥中土出麻與顏料南境出小麥俗喜吸絲烟所製奶餅極佳又織羽毛緞最良其民俗樸實耐勞利之所在不遠數千萬里性喜潔稅餉頗重聽紳士籌辦王不得專地分十一部

按荷蘭爲歐羅巴澤國與魚鱉錯處受水患最甚享水利亦最優勝國季年閩浙兩洋時見侵軼嘗踞舟山㵎普陀鼓棹月港（即海澄縣從前海港深透大船可抵城下後港淤淺乃移市舶於海門又淤乃移洋門於廈門）漸寄跡澎湖卒乃據臺灣而有之彼時概稱爲紅毛卽荷蘭也鄭成功長江之敗金廈不能守適荷蘭通事何斌負逋稅逃內地獻謀取臺灣成功爲銳渡海奪鹿耳據安平相持一年荷蘭大困成功乃縱之去由此不敢復覬中國片土先是鄭芝龍受撫後嘗以小舟焚荷蘭三艘厥後成功逐之於臺灣幾致片帆不返以彼橫肆如鯨鯢遇鄭氏父子而弱馬亦足爲遠夷侵陵中國之炯戒矣

比利時國

比利時歐羅巴小國也北界荷蘭西北距大西洋海西南壁近南俱界佛郎西東接普魯士西部縱約五百里古時本荷蘭南部荷蘭多水比利時多平陸明初荷蘭侯查理好用兵比利時不聽命查理引兵入境掩殺八百人比時結大隊復仇查理敗死後西班牙王非立第二兼王荷蘭兩部比利時遂隸西班牙未敢貳康熙三十五年西班牙以比利時歸奧地利亞爲藩屬者七十餘年嘉慶初佛郎西拿破侖兼并諸國先取比利時次滅荷蘭拿破侖敗荷蘭再立國嘉慶十九年比利時復與荷蘭合先是荷蘭崇耶穌教因與西班牙搆兵數十年獲勝復國比利時從佛郎西尚天主教又屬隸西班牙奧地利皆天主教國既與荷蘭合不肯從荷俗兩部之民時時搆釁而荷蘭以比利時夙附仇國不與恢復之師比利時積不能平道光十一年逐荷蘭守土吏與荷蘭拒戰相持數月伏屍遍野佛郎西以兵助之荷蘭乃退兵比利時遂招日耳曼人奉以爲王自立爲國境內有大河二貨船由此出運既絕荷蘭荷蘭遏其港口使

不得通乃造鐵軌路以火輪車由陸轉運以入於海

佛郎西國瀛環志略

佛郎西歐羅巴强大之國也東北界比利時西北與英吉利隔海港相對東界日耳曼瑞士東南界意大里亞暨地中海西抵大西洋海西南界西班牙縱約二千二百五十里橫約二千六十里其地古名塞盧又名厄里亞為塞爾達野番部落漢孝元元初年間羅馬大將愷撒征服之命大臣鎮守墾田播穀漸從其俗由是為意大里亞西境後羅馬衰亂南境為北狄維西哥多人所據西境為北狄不爾給農人所據東北境為日耳曼之佛郎哥人所據齊高帝建元三年佛郎哥酋長哥羅味驅除北狄據其全土改國號曰佛郎西是為立國之始傳三百餘年至給爾百里哥為國人所廢唐天寶十一年立國相者比諾為王好學修政佛國以康其孫甲約泰甫有文武才於唐德宗六年嗣位時日耳曼東部屢犯邊仔之因略定日耳曼諸部幷兼羅馬羅馬教主為加冠約為上交傳數世後宗支爭權各部亦擅兵相攻國又衰亂宋太宗雍熙四年國人立大酋武額加頒多為王數傳嗣絕更立瓦羅義斯為王宋理宗二年王路易嗣位精於吏術名法號為中興英吉利隔一海港世為婚姻當佛王嗣絕英吉利王以佛故王之甥當得分其地佛人不與英吉利遂與搆釁數十年稱為勍敵元順帝年間國為英滅有幼女年十六號召餘燼倂復境土明萬歷二十五年王顯理被弒顯理第四由旁支嗣立修政恤民百姓歸之萬歷三十七年天主教之魁恨王中刺害死百姓哭如喪父嗣子愚暴國亂至路易第十四好武佳兵諸國皆怨畔乾隆三十八年王路易第十六立時華盛頓據墨亞利加起兵英人攻之不克佛人以全軍助華盛頓英不支遂與講和而佛亦由是虛耗王好漁色擾民民不堪乾隆五十四年國作亂王被弒以拏破侖攝王政用兵如神征營西有大功嘉慶八年國人推戴即王位恃其武略欲混一土宇繼羅馬之蹟兼并泰西諸小部諸國畏之如虎嘉慶十六年以大兵伐俄羅斯俄人燒之而走天方隆寒軍士多凍死諸國乘其敝也合兵攻之師潰所得土全失嘉慶二十年各國遣公使會議於維也納凡拏破侖所侵地各歸故主立盟約不相吞噬拏破侖既敗而避位復立故王之裔路易嘉慶二十一年與英戰敗被擒英人流之荒島道光二年死路易即位數年卒弟查理立愚不任事在位九年國人廢之擇立支屬賢者路易非立以道光九年嗣位性寬仁好納諫有賢聲其地膏腴甲於西土田畝得六園林得二牧場第一南方之民多釀葡萄酒為業味極醇一餅有值洋數十圓者歲可得銀六千餘圓所織呢羽皆精緻歲產蠶絲數十萬担其人心思

精緻工於製器自來火之鎗火輪之車船皆其所創都城有鐘表匠二千人歲造鐘表四萬八千餘架山產石炭鉄鉛白礬其民俗豪俠氣高亢喜歌舞衣裳都麗不惜費城内有大書院藏印本書二十萬六冊鈔本書七萬冊游學之士許往院借讀又設醫院十四所名醫居之又有藝術居各項藝師如學兵法開河道造器物之類學者各就所願羣居講肄焉每年各項稅銀約一萬二千九百萬兩國舊分三十三部近改為八十六府俗重讀書優者擢為美官其制宰相一人別立五爵公所又於紳士中擇四百五十九人立公局國有大政刑賞征伐之類令公所籌議稅餉令公局籌辦相無權傳宣王命而已國有額兵三十萬戰船大小二百九十隻水兵五萬船之大者載砲七十二門至一百二十門火輪船數十隻巡駛地中海人人喜武功知兵者多水戰陸戰之法無不講求又好用縱橫之術故與諸國交兵常十出而九勝與我

朝通市二百年其商船至中國者比諸泰西各國獨少以多貴重之物售之泰西各國已利市十倍故不必遠涉數萬里而謀生也

西班牙國瀛環志略

西班牙即猶班牙亦名大呂宋歐羅巴大國東北與佛郎西接壤東南距地中海西界葡萄牙北距大西洋之海西南至東北約二千四百五十里東南至西北約二千八十里劃分三土北土多腴壤便於農作中土天時炎燥民以牧羊為業南土山川秀發產各項果實羊馬驢騾勝於他國其地古名意卑亞里五方雜處漢初意大里征服之遂為羅馬西境越六百餘年羅馬衰西境為北狄種類三部之人所據東晉安帝十三年東地為峩特族所據尋滅西境諸部以隋文帝季年立國傳百餘年亞剌伯回部據亞利非加北境唐睿宗太極元年其臣人良引回部入寇西班牙王奔北部國為回部所奪僅餘三部降為侯國歷七百餘年傳至女主依撒伯爾贅亞拉岡侯非爾難多明成化十五年諸部仍合為一是為西班牙復建之始依撒伯爾能修國政於宏治初年遣其臣可侖駕巨艦採得亞墨利加之可侖比亞逐土番徙國人實其地漸拓而南北墨西哥秘魯智利拉巴他等部皆聽役屬諸部銀礦極旺歲得數百萬觔西土稱為金穴嘉靖年間航海東來亞細亞東南洋之舊呂宋據海口設埔頭百貨流通由是益富葡萄牙其國西部趙宋時逐回部別立為國萬歷中葡萄牙王殞無子西班牙救復其地越六十年復分裂驅逐回民之後日益貧寡康熙三十九年王查理没無子墺地利王欲立其子佛郎西王欲立其孫搆兵累年卒立佛

王之孫此立第五為西班牙王王立政休養生息西國安乾隆末年佛郎西內亂西班牙攻佛後與約結攻英吉利夫利已而佛郎西拿破侖即位西班牙王與其世子不睦嘉慶十二年拿破侖因其父子立其弟為西班牙王西民不服招英兵合攻之逐拿破侖之弟復立故王世子非爾難多自是內訌四起日就衰亂王歿無子立幼女依撒伯爾母后擅權王弟煽回部遺民為亂岌岌乎危亡之勢焉亞墨利加諸藩國皆畔僅存古巴片土與呂宋埔頭而已其地土膏腴五穀皆備山產金銀各礦近已空竭銅錫鉛尚有惟煤鐵採之不竭又產鑽石寶石五色玉瑪瑙水晶其民俗胆氣粗豪惰於農作男女好彈琴跳舞為樂國奉天主教貿易之頻盛在海濱各埔頭稅餉銀一千八百萬兩養兵太多國用不足國舊分十三部近改四十九部分上中下三等

葡萄牙國瀛環志略

葡萄牙歐羅巴小國也地形狹長縱約一千三百里橫約五百里東北兩面界西班牙西南兩面距大西洋海其地古名盧西達尼亞本西班牙西境自唐以前沿革與西班牙同當西班牙恢復舊土有臣曰英黎給佛郎西之王孫也善將兵戰功最多加斯德辣王（即西班牙時故土尚未全復故不稱西班牙）亞豐蘇妻以女以所克之盧西達尼亞數城封之爵如伯其子亞豐蘇英黎給襲立伐回部大破之擴地漸廣宋紹聖元年國人奉以為葡萄牙王立國之祖其後嗣征服回部盡有盧西達尼亞之地遂與西班牙並立明嘉靖間有賢王立國稱極治子約翰第三嗣位聯昏於西班牙民安國富子英黎吉嗣位亞非利加回部來侵戰歿無子西班牙乘勢并其國由是隸西班牙者六十年西政貪殘葡人患倒懸崇禎十三年起兵逐守者復立故王支屬約翰第四西班牙屢來侵搆兵二十餘年葡萄牙修好於英吉利英以兵護之乃免於亡先是歐羅巴諸國至元時未通別土葡萄牙人精於算數習天文知水陸之方向遠近明初其國王遣賢臣艦南行由亞非利加之西境轉而東歷抵五印度之西境復轉而東至麻喇又遍歷東南洋諸島國所至輒立埔頭隆慶初抵粵東香山縣之濠鏡（俗呼澳門）請隙地建屋歲納租銀五百兩疆臣林富代請許之遂立埔頭是為歐羅巴諸國通市粵東之始其後小西洋東南洋各埔頭咸被英佛侵奪僅餘澳門至今為諸國東道相通之逆旅嘉慶初佛郎西拿破侖侵伐四鄰兵及於葡王棄國航海逃於巴西之南亞墨利加廣土葡人所建為藩部者也拿破侖敗後王乃歸國尋卒其世子留王巴西兼王葡邑西民不服王乃自王巴西遺幼女歸王葡萄王弟已自立不肯避位王在巴西不習其俗國人迫王致位王狼狽歸國與女合兵攻

弟英助以兵滅王弟王女乃定位尋贅日耳曼世子為婿夫卒再贅女慈惠愛民國人安之其地西北氣候頗寒東南則夏苦炎熱穀以小麥蕎麥黍為主大麥油麥高粱粟米秔稻蠶豆豌豆皆有土田最沃而農功疎惰木多松柏惟葡萄最多釀酒極甘販行徧於西土亦解蠶桑產絲無多山產紅藍寶石水晶五金各礦鹽田則沿海皆是與國崇天主教財貨半歸教師民恒貧乏舊分六部後分為八部各有所領小部

按粵東居夷自葡萄牙之居澳門始維時尚方珠玩皆取辦於粵或不時給輒為中涓所賂迫葡人有濠鏡之請當事利其居積寶貨便於供辦又所謂歐羅巴者爾時不知為何地以為不過南洋諸夷之類一枝暫借無足重輕非必貪其五百金之利也葡人本西洋小國得此奧宅如登天上以其餘資廣築樓館西洋諸國來粵者倚為東道主人其留收逋欠者皆租其屋久居不去其始本國商船來者甚多遂致饒裕迨後東南洋各埔頭為諸大國所奪本國估帆絕跡僅以租屋為養命之源其居澳門長子孫者已數百年矣而諸夷之浸淫狎熱於中國則澳門為之權輿　林富一代名臣謀國之疎若此語云涓涓不絕將成江河可不慎哉

英吉利國 瀛環志略

英吉利歐羅巴强大之國也地本三島孤懸大西洋海中迤東南島相連南曰英倫北曰蘇格蘭兩島南北約二千餘里東西濶處五六百里狹處三四百里迤西別一島曰阿爾蘭南北約七八百里東西約五六百里英倫南境與荷蘭佛郎西相近舟行半日可達海港狹處止六七十里兩岸可以相望也古時為塞爾達土番部落後為北狄戎特族所據漢宣帝五鳳三年羅馬大將愷撒畧定西北諸番渡海平英倫建為別部屬意大里者數百年至今猶有羅馬城闕遺址前五代時羅馬衰亂安各羅者亦戎特族種於陳後主元年據英倫立國後分七部如列國小侯時相攻伐有厄伯德者娶佛郎西之女招天主教師來其國為制禮儀由是漸强唐德宗貞元十六年滅七部歸於一是時大尼國卽連突以兵船入英倫都城英人以厚賂緩尋以計焚其船自是冦抄不已王子有亞駢烈者智畧過人方嗣王位而大尼以大衆來攻王乃偽為樂工造敵營請奏伎侑酒因得觀虛實進兵決戰破其連營是時沸郎西已陷北地大尼迭侵擾王枕戈寢甲五十餘戰而外患平乃勸農工招商旅開學堂弭盜賊境內大治王卒於唐昭宗年間嗣主孱弱大業遂衰先是英倫以尚天主教久之教師擅權王娶后禁不令同室王不聽教師以鐵烙毀后容尋斃之王嘿不能仇由是國勢不振大尼復侵擾許以歲賂銀至二萬四千觔而兵不止宋真宗十

九年大尼大舉來攻破倫敦都城遂兼其英王曰罵奴特英人安之子嗣位哥欽好兵先是英伯族即北英部有酋曰威廉嘗仕佛郎西大尼既滅英宋英宗治平年間威廉率舟師伐英大尼王兵敗被殺進據倫敦遂王英北族凌英民英民多反側王怒驅十萬衆於林中皆凍餓僵死以其田宅賜北族既而悔恨卒王顯理第一嗣宋高宗二十七年王顯理第二立有智謀時天主教魁擅權群臣怒殺教魁附近有伊琳大洲王征服之其世子剛猛好戰欲伐居猶太之回回族後果戰死其弟約翰嗣位性強狡又侮天主教師教主怒棄絕英民民怨王王不得已納貢教主於是權遂下移民自擇爲紳議政諸紳欲招佛郎西世子爲王會王殁華義都第三嗣位有權略與佛郎西搆兵累年其子嗣位有別部之酋起兵攻王奪其位明建文帝元年國人立顯理第四滅僭位者國乃定顯理第五立伐佛郎西勝之顯理第六立年尚幼王兩宗爭據王位自相屠攻戰亂數十年明憲宗成化年間顯理第七嗣位削平禍亂稱爲賢王顯理第八立性強傲娶西班牙王女爲后因助西班牙伐佛郎西王有佞臣委以大權偶忤意立賜死四國皆稱爲興道主王殁嗣王信耶穌教寬惠愛民舉國望治立未幾卒其姊馬利嗣位贅西班牙王子爲壻禁耶穌教國人不悅明嘉靖三十八年女主以利撒畢即位賢明勤政英民頌之是時西班牙攻荷蘭不從天主教女主以兵助荷蘭西班牙因移兵伐英英人以其船觸礁石半沈遂圍而燬之片帆無返者國勢益振先是斯哥西亞別爲一國元初英人取之明中葉斯哥西亞人復自立爲國有女曰馬理嫁佛郎西王爲后王卒歸母家父卒嗣王位選群臣美者爲夫淫妬殺夫國人將囚之越城而降於英英女主以犯倫肇亂下之獄十八年復與獄吏姦英人斬之萬曆三十一年英女主卒無子斯哥西亞王熱給斯者女主之姻也英人奉以嗣王位斯哥西亞復與英合爲一國時天主教之徒謀反藏火藥候王蒞殺之會發覺悉誅死萬曆四十二年查理第一立不恤民隱士民怨畔王將佛郎西授甲無應者順治四年國人弒之時有大紳攝王政申明法制英人稱便與西班牙荷蘭戰勝之數年致位於先王世子曰查理第二爲人淫侈遣名將入荷蘭內港戰燬其船王愈法忽倫大火焚宮室民居瘟疫又盛行國勢頓衰其弟嗣位素習天主教強民習耶穌教者從之民乃渡海招荷蘭王爲主王奔佛郎西康熙二十七年荷蘭王入倫敦即王位號曰威廉第三雄武有大略欲席卷西土會嬰疾殁國人招日耳曼之漢挪瓦王若耳治第一立以爲王不諳英俗后爲英故王之女相助爲理民大和前王兩宗苗裔欲國恢復王起兵滅之是時英商船通行四海日益富強與佛郎西交兵屢勝王卒子若耳治第二立修政明刑國稱大治伐西班牙獲全勝

又代佛郎西割其藩屬之在亞墨利加者乾隆二十三年若耳治第三立亦稱賢主先是前明中葉英人涉海得北亞墨利加腴土曰漸離闊倚爲外府後因軍興連年徵税倍常額亞墨利加人不能堪有華盛頓者據地起兵英攻之八年不克佛郎西與英世仇舉傾國之師助華盛頓英不能支乾隆四十七年與華盛頓和聽其自立爲米利堅國（即花旗國）沃土盡爲所據僅餘荒寒北境英遂虛耗已而五印度貿易日甚英富厚遂爲西國之最嘉慶年間佛郎西拿破侖侵伐四鄰英起兵代之嘉慶二十一年破其舟師以九萬登陸攻拿破侖佛師潰英人禽拿破侖歸流之荒島由是威振西土王晚年得狂疾世子攝政王卒世子立有賢聲早卒道光九年其弟嗣立曰威廉第四初爲水師總統及即位不喜兵爭安民和衆論者謂才能不越衆而德量有餘道光十八年四月卒無子有女不慧遺命立兄女維多里亞爲王即今在位之女主也立時年十八贅日耳曼撒可堡侯世子博雅納爲壻

按英吉利三島所產石炭之外兼產銅鐵錫鉛窩宅硇砂馬牛羊最多土宜二麥收穫甚豐然人滿而而食不足資運糶於他國織布者四十九萬人以火輪爲機是以工省而價廉每年用棉花四十萬餘担皆米堅利五印度運來織造大呢羽緞嗶嘰其多又能織絲緞鎗炮刀劍鐘表之類以及日用各項器皿之工約三十萬人每年貨值約一萬萬餘萬其商船四海之中無處不到大利歸商賈而工則貧其國制相二人一專司國內之政一專司外國之務此外大臣一管帑藏一管出納一管貿易一管獄訟一管璽印一管印度事務一管水師事務各有佐屬襄助都城有公會所內分兩所一曰爵房一曰鄉紳房爵房有爵位貴人及耶穌教師處之鄉紳房擇有學術者處之國有大事王諭相相告爵房公議可否復轉告鄉紳房必大衆允諾而後行民間有興除利病先陳説於鄉紳酌核上之爵房轉上之相而聞於王否則報罷大約刑賞征伐條例諸事有爵者主議課税帑餉鄉紳主議此制歐羅巴諸國皆同地分五十二部其餘所屬小島不可勝計本國額兵九萬印度兵三萬土兵二十三萬謂之敍跋兵兵船大小百餘隻火輪船百餘隻近增鐵甲三十餘隻其兵水師衣青陸師衣紅重水而輕陸師專恃鎗砲不工技擊刀劍之外無別械

阿非利加瀛環志略

阿非利加一土在亞細亞之西南當羅經坤申之位其地極廣約得亞細亞三分之一南北一萬八千里東西闊處一萬六千里東距印度海西距大西洋海南抵大南海東北距紅海北西距地中海閒有陸地

一綫與亞細亞回部相連地雖廣而沙磧居千南北炎熇特甚實爲九毒天時地氣人物在四大土中爲最劣其北境古多名國今皆回部東境沿印度海迤北回族與黑夷雜居迤南皆黑夷有葡萄牙上頭南境繞入大南海地盡處之峽樸澥山名大為歐羅巴東來必由之路有英吉利埔頭迤南有英佛米葡萄嗹諸國埔頭迤北皆沙漠沙南乃見壤土有黑夷部落統計阿非利加分東西南北中五土每土各分部落其附近小島甚多大抵黑夷愚憒無經營創造之能歐羅巴諸國僅於海濱營立埔頭而未能廓清開拓如米利堅故事亦斯土之不幸也而番族蠢蠢以人口為奇貨以販賣為恒業而貧弱如葡萄牙乞以販鬻人口為利藪則尤不足道也

亞墨利加瀛環志略

亞墨利加一土與三土不相連地分南北兩土北土形如飛魚南土如人股之著肥褌中有細腰相連北距北冰海南近南冰海計長二萬八千餘里東距大西洋海與歐羅巴阿非利加兩土相望水程約萬里西臨大洋海直抵亞細亞之東境無別土極西北之一隅與亞細亞之極東北隅隔一海港以地球大勢言之三土在東亞墨利加在西三土在地球之面亞墨利加在地球之背也自剖判以來未通別土其人五官肢體似近中國面色紫赤如紅銅如橙色前髮留數寸許歸於頂而總束之蒙茸如繖花北亞墨利加之極北境終年寒凍捕魚而食稍南以獵獸為生衣其皮如蒙古之俗再南皆野番散處再南自墨西哥至南亞墨利加之可侖北亞秘魯玻利非亞智利諸部古時即分國土有城邑前明宏治年間西班牙臣可侖者駕巨艦西尋抵加勒海灣之島先取可侖比亞正德十四年西班牙人攻奪墨西哥以次蠶食南亞墨利加西偏各國開山掘銀以此致富其時葡萄牙船遭風至巴西遂徙國人墾種之英佛聞之亦分據其南北中三土荷嗹瑞諸國亦西來墾闢後佛與諸國所得之土多為英所并自是亞墨利加兩土西班牙葡萄牙得其南英得其北倚為外府者數百年乾隆中米利堅畔英英所據腴壤盡失僅餘北境荒寒之土嘉慶年間佛郎西王拿破侖敗後墨西哥諸部畔西班牙巴西人逐葡萄牙王而南北亞墨利加惟英人尚據北地片土餘皆擁地自擅不受歐羅巴約束矣

北亞墨利加米利堅國

米利堅亞墨利加大國也因其船挂花旗故粵東呼為花旗國北界英土南界墨西哥得撒東距大西洋海西距大洋海東西約萬里南北濶處五六千里狹處三四千里大山繞其東西中間數千里大勢砥平

江河幽析萬餘里入海西有大湖分四汊又有兩湖相屬初英吉利徙三島之人實北亞墨利加腴地而佛𠇗嗹之民亦漸來聚鬬遂成沃壤英以貿易日盛驟致富强乾隆中英與佛搆兵百方誅斂米利堅人不能堪謀舉兵拒英有華盛頓者米之別部人生於雍正九年十歲喪父母少有大志兼資文武嘗為英武職衆既畔英强推頓為帥時事起倉卒軍械糧草皆無頓以義氣激厲之攻取其城佛郎西亦舉傾國之師助頓攻英西班牙荷蘭亦勒兵勸和英不能支乃與頓盟畫界址為隣國其北境荒寒之土仍屬英人南境腴土悉以歸頓時乾隆四十七年也頓既定國謝兵柄欲歸田衆堅推為王頓乃與衆議曰得國而傳子孫是私也牧民之任宜擇有德者為之仍各國之舊分建為國每國正統領一副統領佐之以四年為任滿集部衆議之衆皆曰賢則再留四年否則推副者為正式別行推立鄉邑之長各以所推書姓名投匭中畢則啟視所推多者立之其退位之統領依然與齊民齒各國正統領之中又推一總統領專主會盟征伐之事初華盛頓與英平銷兵務農下令曰自今以往各統領有貪圖別國埔頭朘削民膏與兵搆怨者衆共誅之留戰艦二十額兵萬人而已然地廣國富各部同心號令齊一故諸大國與之輯睦無敢陵侮之者自與英人定盟後至今已六十餘年無兵革之事其商船每歲來粵者數亞於英吉利土產五穀之外布疋棉花無所不有材木最多船料皆取辦焉國分二十六部三其丁口至道光二十年計一千七百一十六萬九千餘

中外時務海防策要 下

中外時務海防策要卷之三

廣東邊海　屠洛平略

廣東列郡者十分為三路惠潮嘉為東路省會廣州為中路高雷廉為西路東路與福建連壤而潮為嶺東之巨鎮柘林南澳俱係要區枕吭拊背之防不可一日鬆而靖海澳門蓬州大城諸所又皆跬步海濤所賴以近保三陽遠衛東嶺者也惠州海豐東南濱海其捷勝平海碣石甲子門皆瞬息生變倘柘林南澳失守是無潮也海平碣石失守是無惠也而不知柘林之地尤為南奧海道門戶據三路之上游番舶自福趨廣悉由此入舊例風汛之期各澳皆設戰船欵盡擊回水寨此在他澳猶可柘林去水寨一日之遠警報未易達倘敵視我無備乘虛衝突不亦危乎故必以慎固柘林為要而附近城所戍互為聲援斯為勝算焉至南澳當閩廣之處交界在大海之中乃明初起發居民遺棄之地嘉隆間倭船於此互市廣捕急則奔閩閩捕急則奔廣而海寇許朝光吳平之徒巢穴於此故萬歷三年設副總兵以彈壓之若廣州地雖中處而環郡大洋風濤千里皆盜賊淵藪帆檣上下烏合突來倭舡屯哨可容緩乎當設諸島入寇多自閩趨廣柘林設備過其衛使不得泊勢必越於中路之屯門雞棲佛堂門冷水角老萬山及虎頭門等澳而南頭為甚或泊以寄潮或據為巢穴附海有東莞大鵬戍守之兵往來巡哨遇警輒敵必不敢泊此矣勢必越峽門望門大小橫琴山零丁洋仙女澳九灶山九里洋等處而西而浪白澳為甚乃番船等候接濟之所也附海有香山所戍守之兵往往巡哨遇警輒敵則亦不敢泊此矣勢必歷崖門寨門海為斜山峒州等處而西而望峒澳為甚乃番船停留避風之門戶也附海有廣海衛新寧海朗所戍守之兵往來巡哨遇警輒敵則又不敢泊此矣夫其來不得停舶去不得接濟雖濱海居民且安枕而卧況會城乎其西郡高廉雷三郡以倭寇東來言之似防守之責可緩然三郡逼近古城暹羅滿剌諸番島嶼森列游心注盼防守少懈則變生肘腋滋蔓難圖矣接高州東連肇廣南懸溟渤一帶海澳若蓮頭港汾州山兩家灘廣州灣為本府之南翰兵符重寄不當託之匪人以貽保障之羞也雷州突出海中三面受敵其遂溪湛川潿州樂民等四十餘隘固為合衛三道門戶而海安海康黑石清道并徐聞錦囊諸隘所以合防海澳操縱反側者也若廉州則尤為全廣輕重故兵符特劄于靈山達堡增屯于衛北海寇撩外夷之憂視三嶺獨勞焉西南雄郡瓊為廉之外戶五脂腹心盡為黎據郡邑封疆無不濱海若白沙石瓊館文昌海安海康黟崎番島颶風突來防禦甚艱凡此皆西路所當汲汲經營者也故其分守也東路則有

於柘林設把總哨至詔頭䧳與碣石會碣石設把總哨至大星洋與南頭會而東則有參將之設南澳又有漳潮副總兵之設中路則於虎頭門設把總哨至三角洲與廣海會廣海設守備哨至黃麖門與北津會而廣州則又有海防參將之設西路則於陽江設參將哨至赤水洋與白鴿會白鴿門設把總哨至海安港與瓊州會而瓊州則有遊擊雷廉則又有副總兵之設瓊州白沙塞則又有把總崖州則又有參將之設所以備粵海者如此

福建邊海

八閩之地西北阻山東南濱海其烽火之臺山小埕之東澳海壇東庠南日島坵浯嶼澎湖元鐘銅山皆島嶼必經之地故分布五寨以鎮之俱江夏侯所設也一曰浯嶼水寨始設於海邊舊浯嶼山外有以控大小嶝嶼之險內可以絕海門月港之奸識為要區後遷入廈門舊浯嶼棄而不守遂使番舶南來據為巢穴是自失一險也今欲復舊制則孤懸海中既鮮村落又無生理一時寇來攻劫哨援不及兵船之設何益哉故與其議復舊規孰若慎守廈門之守于以控泉郡之南境自岱山壁以南接於漳州哨援聯絡豈非計之得者哉一曰南日水寨原設於海中南日山下北可以遏南茭湖井之衝南可以阻湄洲岱山壁之阨亦要區也景泰以來乃奏移苗田縣之吉了仍以南日為名舊南日棄而不守遂使番船北向泊以寄潮是又失一險也今之事體與浯嶼相仿一曰烽火門水寨原設於福寧州三沙海中永樂間倭寇犯境議徙福寧衛大金所官軍防守泰嶼羅浮官井洋皆轄馬正統九年侍郎焦宏以其地風濤洶湧不便樓船徙今松山寨地方其後官井洋雖添設水寨漳州府所轄也漳浦一縣最近海嶼設水寨者二銅山西門澳為把總水寨而元鐘則受其節制焉故今止以五寨為名初水寨在井尾澳景泰間移今西北地方北自全石以接浯嶼南自梅嶺以達廣東險阨所保非淺鮮也況倭船自浙趨閩所必由宜嚴遏其衝并絕慣徒之勾引接濟者則有以控八閩上游之勢矣一曰小埕水寨北接界於烽火南接壤於南日蓋連江為福郡之門戶而小埕為連江之藩輸也海壇連盤雄路犄峙若南屏然為敵船之所必泊其所轄閩安鎮北茭焦山諸巡司為南北中一哨無事往來探視有警協力出戰則此寨之設為不虛矣番船自粵趨閩而入於海南粵雲蓋寺走馬溪乃番船始發之處慣徒交接之所也附海有銅山元鐘等哨守之兵若先分兵守此則有以遏其衝而不得泊矣其勢必趨於外浯嶼外浯嶼乃五澳地方番人之窠窟也附漁背浯嶼安邊等哨守之兵若先會遣守此仍撥小哨把守緊要港門則必不敢以潛泊矣其勢必趨於

料羅烏沙此番船等候接濟之所也附近有官澳金門等哨守之兵若先會兵守此則又不敢以泊此矣其勢必趨於圍頭峻上此番船停留避風之門戶也附海有深扈福全哨守之兵若先會兵守此則又不敢以泊此矣其勢必趨於福興若越於福興計其所經之地南日則有岱墜湄州等處在小埕則有海壇連盤等處在烽火門則有官井流江九澳等處此番船之所必泊者也若先會兵守此則又不敢以泊此矣來不得停泊去不得接濟船中水米有限人力易疲將有不攻而自遁者況乘其疲而夾力攻之豈有不勝者哉其分守也銅山寨領以把總南哨至洪淡巡司北哨至東鎮洋又於舊鎮尤鎮所增游兵寨設設南澳把總領之分哨雲蓋寺走馬溪等處而懸鐘御於漳潮之衝兵浯嶼寨領以把總南哨至舊浯嶼北哨至大岞山而又劃於南路設副總兵兼轄起將芝直抵廣東界之信地南日領以把總南哨至金沙澳北哨至蘇澳與海壇哨會海壇則又增設把總領以游兵分哨觀音胡盧等澳以為小埕之南藩小埕寨領以把總南哨至白犬山北哨至西洋山與烽火哨會而又於中路設參將兼轄起壕澳直抵泉郡界芝之信地烽火門寨領以把總南哨至小西洋北哨至官澳而又於北路設參將兼轄起福寧直抵寧德縣壕澳之信地所以備閩海者如此

浙江邊海

浙江舊時日本貢道在馬跡列郡之海口則溫州之飛雲橫陽館頭台州之松門海門寧波之定海大嵩澳湖頭渡紹興之三江沙門杭州之赭山龕山嘉興之乍浦澉浦皆海寇規犯之所列郡之門戶也論沿海之要害則金盤之鳳凰山南麂山松海之大陳大佛頭昌國之韭山定海之舟山遠而陳錢馬蹟之下八山臨觀之烈港海寧之洋山許山皆洋寇必經之地沿海之藩籬也然溫州與閩境接壤寇賊揚帆必有寄之惟先嚴蒲岐鎮下官與南臺之險以阻其來於此不戒而入內地則溫為正兵而臺為應援寧為臨邊宜戒備矣台州鄰寨之國西有健跳金竹北有桑州桐巖西有關山衛嶺疊峰層圍東關烏道而且南去盤石楚門僅百五十里東南去松門僅百里東去海門僅八十里設戒海寇棄舟登陸皆可奔至城下自海門而上者則一潮直達三面阻山一面瀕海孤懸於數百里之外孤危之勢誠可畏也務在協力防守過溫而台副舍為正兵寧為應援溫則為後勁矣寧區之衛石浦昌國為最石浦一城去昌國僅十里城下一帶水深港以接泊戰船對面有山即石浦舊城山外大洋有山名曰壇頭賊船出沒輒乘其地故關寇南犯必由三門林門下濟門東門四路而入倭寇東犯必由牛欄基洞下門等處而入今棄其最要

則洞下門逼近石浦所城其港闊窄其潮甚急敵船進此必紆迴盤折於兩岸夾山之下而石浦在邊一山名打銅坑與洞下門直衝相對撥兵分撥使趕艅不得乘渡所謂以逸待勞此守洞下門之一策也三門去石浦關陡與台臨朱門海洋鄰界其港頗闊以諸汎稍撥之兵併力提防此守三門之一策也至下灣門外係瓊瑚大洋內則舊城東門港闊潮急且與大貓頭對峙於大貓頭更宿重兵與對岸舊城東門互相防擊此守下灣門之一策也而其最要者則定海一城乃全浙門戶且東北一嶼山石參差每爲下塑捉裡徜敵舟揚帆直抵城下尤宜備禦杭州則鱉子門者乃省城第一門戶石墩鳳凰外峙乃第二門戶此外無山惟洋許獨立海中東接衢洋西控吳淞江口爲第三門戶洋許二山有防然後石墩鳳凰有蔽石墩鳳凰有蔽然後錢塘鱉子門可安此其大略也嘉區之海鹽海寧及乍浦澉浦渠莊等處海以城爲垣城以海爲池去城不及半里登岸即可攻掠所謂洋山許山者遠落大洋不知何處矣往者攻犯乍浦係不忍言顧議及浙海數以寧紹合溫爲上游而嘉區爲可緩不知嘉區西浙之門戶也故其分守也浙江有六總全浙盤石二衛設把總一南與福建烽火會哨北與松門關會哨轄溫州沿海延袤四百餘里而節制之以溫處之參將松門海門二衛設把總一南哨至蒲岐北哨主昌國石浦港轄台州沿海延袤五百餘里而節制之以金台嚴之參將昌國衛設把總一領本衛並在外前後錢爵四所游仙寨而又以南起石浦湖家山北抵南湖頭爲信地於定海衛設把總一領本衛並在外霸所霸衢大嵩中中左右五所而以南起湖頭渡北抵管界巡司及外地舟山爲信地觀海山二衛設把總一領寧紹地方西自走三江所東至龍山所延袤三百餘里及在外金家與爲信地而皆節制之以寧紹之參將海寧衛設把總一則浙江沿海一帶起自鱉子門直抵金山衛延袤五百餘里皆屬焉而節制之以抗嘉湖之參將所以略浙海者如此

江南邊海廣沿平略

江南東濱巨海北亘長淮中貫大江其與浙江連界者爲松江自金山衛至南滙所官軍各分信地而金山北衛松江爲援乍浦尤爲要區若金山以東有蔣家港孫家港柘林漴缺等處南滙以北有四五六七八九團洪口川沙窪清水窪等處防守宜嚴萬一外守不固則黃浦一帶又爲蘇松險要守浦乃所以守門戶也今吳淞江口即爲黃浦口子故設兵一枝以防深入至於上海之高食渡沈莊塘周浦關港閔行華亭之葉榭曹涇張堰等處賊一登岸激浦甚易防禦宜審然賊船之來必至海外大山停泊候潮則導

山之地外為定海吳淞江會哨兵船之羽翼内為海港把守兵船之捍衛矣蘇州沿海一帶險隘甚多常熟有福山港白茆塘太倉有劉家河七了港嘉定有吳淞江黃窰港皆賊之通衢而東吳之門戶此則所謂一府之險要長洲則瀏湖浩蕩吳江則鶯湖相屬吳縣則太湖交通皆賊之徑道而腹裏之關隘此則所謂一縣之險要其次則福山以西有三丈浦斜松以東有許浦金涇劉家河以北有新塘浪港茜涇吳淞江以南有寶山以東有老鸛嘴均之所謂險要而少許馬者況海濱數百里一望平坦非有山嵐險阻為之扼塞皆可以泊船登岸兵力有限而防禦之計當先其大者以海邊惟福山為最而腹裡惟勝墩為最故劉家河吳淞江福山港舟師防守不可單弱白茆口七子港黃窰港俱當預設戰艦庶與港相為犄角又如賊自東南而來必由寶山吳淞江宜於吳家沙堵截之賊自東北而來必由三沙劉家河宜於營前沙堵截則蘇之外防或可無憂至於風汛時月吳淞水兵統發勝墩平望以防嘉興突犯之寇吳縣水兵統發太湖以防姦里突犯之寇長洲水兵統發周莊以防瀏湖突犯之寇則蘇之内防或可無憂惟吳淞所為水陸之要衝蘇松之喉吭提兵南向可以援金山之急揚帆北哨可以扼長江之險者也崇明孤懸海外又天生此一塊土以為蘇州之屏蔽江海之鎖鑰者也若常鎮之所防者在江而不在海海寇入江由江兩岸登陸之路琴角嘴營前沙南者相對為第二重門戶周家橋與圌山相對為第三重門戶衆守門戶豈與自安若三門稍有疏虞至不得已而守金焦兩岸謂之下策矣故其分守也蘇松專防海常鎮兼防江由淅之乍浦以東則松之金山衛扼其衝於是有參將之設而若華亭之柘林上海之川沙則各設陸兵把總屯守之由松之黃浦以北則蘇之吳淞江口當其吭於是有總兵之駐劉把總之哨守游兵把總之策應而若太倉之劉家河常熟之福山港凡賊舟可入處則各設水兵把總堵截之至于崇明孤懸海中尤為賊所必經之處舊設把總一員駐竹箔沙營而與營前沙之名色把總往來會哨又所以巡視海洋而警報港口也由蘇而常而鎮則於揚舍設守備西與孟河堡之官兵相哨望於圌山營設把總西與水生洲新設之游擊相聲援又皆所以東堵江口而遏衝江寇者也所以備蘇松常鎮之海者如此

江北邊海

江北局勢與江南浙福不同難恃舟師止仗陸戰狼山當江海之吭而琴角嘴港皆揚之東南界也朐山扼淮海之首贛州嘤游山皆淮之東北境也中包泰興之周家橋鹽城之射陽湖山陽之雲梯關廟灣等

處此皆據守所當先者而敵入海之道有二其一曰新港即所謂三江口蓋由江南狼山越儀真瓜州而入登岸則七丫家埼周家墳稍折而東則揚州矣此可入以登岸亦可從以出海者也其二則蛤蜊麻綫等港與沿北大海口大海口有水陸路南通廟灣與劉家莊姚家蕩俱為大鎮賊若據此官軍屯於湯潮舟等處賊南尋新港路出不得則必北尋大海口而出勢所必然若安東海州之東北有大北海不惟道里迂遠且砂磧甚多不可運舟者也堀港新插港之東亦有北海砂磧亦多此但可從而入必不可出者也是敵出海之路只有三途若其登岸之處則不一東則琴角嘴呂四場西則楊樹港徐沙寨又西則狼山楊樹港北則新插港堀港皆其所從以登岸而入寇之路也故其分守也則江海淮三者並防琴角嘴之大河口突出東南則設把總沿而西若狼山為通州門戶則設把總通州為全揚之門戶則有總兵特駐焉又西設周家橋把總以防泰興之突犯又西設三江會口把總設儀真瓜州守備以防內地之突入皆意專防江其自海門而北為堀港則設守備又自新插港轉而西北為鹽城則設守備又西北為廟灣則設游擊皆以防東海一帶各港岍之登犯自雲梯關以東為東海守禦所則設把總以防敵出海入淮之路又於揚州設陸營官兵以待調遣接應所以備淮揚者如此

登萊邊海

登萊二郡凸出於海如人吐舌東南北三面受敵故設三營聯絡每營當一面之寄登州營所以控北海之險也登萊二衛併青州左衛俱隸焉其策應地方語所則有奇山福山中前王徐前諸所語寨則有黃河口劉家口解宋蘆馬停皂河馬埠諸寨語巡司則有楊家店高山孫夼鎮馬停鎮東良海口森湖海倉魚兒鋪高家港諸司其在海外則島嶼環抱自東北崆峒半洋西抵長山蓬萊田橫沙門鼍磯三山芙蓉桑島錯落蟠絡以為登州北門之護過此而北則遼陽矣此天造地設之險也然諸島雖近登州而居島中以取魚鹽之利者乃遼陽之編伍非山東之戍卒也叫呶跳梁可畏而不可恃故北海之濱既有府治而復建備倭城於新河海口以為屏翰且有本營之建焉而但建水寨於島與良有以也夫島嶼既不設險則海口所係非輕自營城以東若抹直石落灣子劉家洋平暢蘆諸處自營城以西若西王莊西山孫家海洋山後八角城後芝罘島諸處皆可通番船登突嚴外戶以蔽堂奧其本營典守之責于登萊突入海中至文登縣尤其東之盡處也成山以遠若旱門灘九峯赤山白蓬頭諸島嶼橫沙清聯絡翻勢至此衛尋勝沸議者謂敵船未敢猝達然攷明初倭寇成山海側居民重罹其禍倭果畏海矣而有是哉以

故文登縣東北有文登營之設所以控東海之險也寧海成山靖海四衛皆隸焉其萊屬地方語所則有寧峯海陽金山百尺崖尋山諸所語寨則有青泉赤山等寨語巡司則有旱汪溫泉鎮古山寨諸司遠而北則應援乎登州遠而南則應援乎即墨三營鼎建相為犄角形勝調度雄且密矣其與江南自連壤者為即墨縣南望淮安東海所城左右相錯如咽喉關鎖倘海波告警淮揚被劫則自淮達萊片帆可至也故即墨所保設二營以尤為要自大嵩鰲山靈山安東一帶南海之險皆本營控禦之責其萊屬地方語所則有所崖膠州大山浮山夏河石洞語所語巡司則有乳山行村栲栳島逢猛南龍灣古鎮信陽夾倉諸司其海口若唐家灣大任陳家灣鵝兒栲栳天井灣顏武周疃松林全家灣青島徐家莊諸處俱為衛要提防尤難故其分守也自青之贛而東於安東衛設守備分哨邊猛以西之海口又於即墨縣治南設守備分哨浮山以夾海口又東則於登之萊陽大嵩衛設守備又折而東北則於文登設守備以協防東南兩面之險又折而西北則於府治之北特有副總兵之駐劄設水陸兩游擊分扼港岸前哨旅順以協防北海一面之險又西為萊之西北界則設王徐寨守備防守白狼新河等九海口又西則於府治設游擊南策即墨北應王徐而西與青州之聲援接又西則於青州設游擊南策安東北守唐頭營一帶而西與武德二守備之聲援接所以備山東海者如此

臺灣海防附攷

臺灣古未隸中國版圖明宣德間太監王三保（即鄭和）舟下西洋因風泊此嘉靖四十二年林道乾冠亂邊海都督俞大猷逐道乾入臺偵知港道紆迴不敢進留偏師駐澎時哨鹿耳門外道乾以臺非久居所遂恣殺土番取膏血造舟從安平鎮二鯤身隙間遁去占城（今屬廣南）道乾既遁澎之駐師亦罷因設巡檢守之海天啟元年漢人顏思齊為東洋國甲螺（東洋即今日本甲螺即頭目）引倭屯於臺鄭芝龍附之尋棄去久之荷蘭紅毛舟遭颶風飄此愛其地借居於土番不可乃謂之曰得一牛皮地足矣多金不惜遂許之紅毛剪牛皮如縷周圍環匝已數十丈因築臺灣城居之（今安平城）已復築赤嵌樓與相望設市於城外漳泉之商賈集焉

國朝順治七年庚寅甲螺郭懷一謀逐紅毛事洩被戮辛丑鄭芝龍子成功自江南敗歸其勢日蹙孤軍屢門適甲螺何斌負債逃廈誘成功取臺地舟至鹿耳門乘大霧駢進荷蘭王以死拒戰成功告之曰此地先人故物今珠寶聽而載歸地仍還我荷蘭知不敵乃遁去成功入據之改臺灣為安平鎮赤嵌為承天

府總名都東設縣二曰天興曰萬年成功死子經改東都為東寧一縣為二州設安撫司三南北路澎湖各一康熙二十一年福建總督姚啟聖用間諜陰散其黨約偽賓客司為內應垂成事洩為寇遇害二十二年水師提督施琅統舟師進征六月由銅山直抵澎湖入單溪取虎井桶盤嶼戒軍士毋得妄殺軍士苦水鹹島岸突湧甘泉遂無渴患一戰而澎湖平克塽震懾遂籍府庫納地歸誠其地處大海之中東南負山西北面海東抵羅漢門莊內門六十五里是曰中路西抵澎湖三百二十里水程四更南抵沙馬磯頭四百六十里是曰南路北抵雞籠六百三十四里是曰北路東西廣三百八十五里南北袤一千九十四里臺山自福省五虎門蜿蜒渡海東至大洋中二山曰關潼（俗名官塘）曰白畎（俗曰白犬）是臺灣諸山之祖山穿海渡洋至臺之龍籠山始結一腦磅礡綿延千餘里木岡山為郡之少祖在府治東北長一百三十餘里山南三十餘里為臺灣縣治自木岡山南至沙馬磯頭山在府治西南六百六十里其西盡大海其東北為鳳山縣治自木岡山北至玉案山其西北三十里為諸羅縣里自玉案山北至大武郡山其西北四十里為彰化縣治自大武郡山北至雞籠鼻頭山在府治東北六百三十里其北盡大海其西南三百五十里為淡水廳治（今為臺北府治）大海環繞為閩省外障並江浙粵三省之外界諸番島往來之要會嫁高郎之阻以作屏臨廣洋之險以面勢鹿耳為咽喉澎湖為門戶七鯤身毗連環護三茅港澴聚澄泓誠天設之險為海疆最要北路之後壠港與興化南日對峙後壠而上有竹塹與海壇對峙竹塹而上有南嵌社與福州閩安鎮關潼對峙自南嵌至上淡水與北茭相望淡水至雞籠城與沙埕烽火門相望鳳山縣之獮陀港萬丹港岐港東港加藤港與漳州之古螺銅山懸鐘等處相望風時駕駛針路皆以卯酉為方向不用針轉鹿耳門居府治之西北澎湖乃又居鹿門之西北與泉州府同安縣之廈門東南斜對針路以巽乾為方向由浯嶼或大嶝放洋用羅徑向巽巳行初渡紅水溝再渡黑水溝海水色黑如墨故謂黑水溝險冠諸海順流而東則為弱水水程七更至澎湖島嶼錯落有名號者三十六溝底皆大石參錯凡港泊有南風北風二者殊澳險口不用方舟內溪可泊千艘南有港門直通西洋此臺灣之外門戶也由澎湖水程五更至鹿耳門門外皆鐵板沙港路紆迴舟觸立碎此臺灣之內門戶也越港即安平鎮夾以七鯤身內有水師戰艦商船止宿之地然臺灣之可通大舟者尚有南路之打鼓港及東港北路之上淡水可容多船其可通小舟者尚有南路之蟯港北路之鹹水港及八掌港笨港海豐港鹿子港大甲西二林三林中港竹塹蓬山凡十二處而笨港並有小港可通鹿耳門內即名馬沙溝是也總之臺灣三路俱可登

岸惟鹿耳門為用武必爭之地者以入港即可以奪安平而扼府治也奪安平則舟楫皆在港內所以斷其出海之路扼府治則足以號召南北二路而絕依附之門故一入鹿耳門而臺灣之全勢舉矣或云鹿耳門為天險門戶而又上設砲臺防亦密矣萬一攻之不入不如由北路之上淡水進兵所謂行師如過於衽席之上者謀非不臧也而不知由北路進兵則其勢主緩緩則必以眾而臨寡以強而併弱由鹿耳門進兵則其勢主捷捷則有以反主客之形成控制之勢而且安平不據澎湖尚孤被敵急而揚帆不無他虞是故覘臺灣之形勢而必講明於得入鹿耳門之要為最上之策○臺灣至澎湖五更澎湖至廈門七更廈門至上海四十七更寧波近上海十更俱由廈門經料羅在金門之南澳可泊數百船沿海行至惠安之崇武澳泊船可數十湄州至平海澳可泊船數百至南日澳僅容數艘南日至古嶼門從內港行古嶼玉珠澳覆沿海行二里皆小港南日古嶼東出沒隱見若近若遠則海壇環峙諸山也白犬官塘亦可泊船至定海有失澳泊船百餘至三沙烽火門北關澳亦如之此為閩浙交界至金香鳳皇三牟石臺雙門牛頭門盡沿海行至石浦所亂礁祥崎頭門舟山登厝澳盡依內港其登厝澳之東大山疊出即舟山地赴上海寧波至此分䑸從西由定海關進港數里即寧波從北由羊山放大洋至吳淞進港數里即上海九月後北風盛尤利涉自登厝澳從西北放小洋四更至乍浦海邊俱石岸北風可泊于羊山嶼向北過崇明外五條沙轉西三十四更入膠州口過崇明外五條沙對北三十二更至成山頭向東北放洋十一更至旅順口由山邊至童子溝島向東沿山七更至蓋州向北放洋七更至錦州府

沿海全境

沿海自廣東樂會縣接安南界起懸海條澳為文昌界鋪前港為會通界神應港豐盈浦為瓊州界麻頭浦呂灣浦為臨高界田禾灣為儋州界峩詐山為昌所界懸白沙營為感恩縣界大銅天山洞天為崖州界牙粮澳雙州門為陵水縣界七十二徑牙山淡水灣為欽州界草木營鳥雷山為靈山縣界青嬰池楊梅池平江池為廉州界鄧州為永安所界御州為康海所界潿州為錦囊所界調州獨豬山石城千戶之所界硇州小黃程洲州為寧川所界青騣山羅浮峰為神電衛界海凌山為雙海所界小襪山為海朗所界中襪山為陽江所界大襪山為彰寧縣西熊山鵝州山為新會營界萬斛山上川山為順德縣界又石岐峰為香山縣界蛇西山大南常山為南海番禺界烏沙洋為白沙巡司界九星洋為福永巡司界綱瑚洲渡茹山為東莞縣界蘭州為大鵬所界馬又鞍洲為鉄岡驛界寧洲山梏洲山為惠洲界記心洋為平

海所界徐娘山為海豐縣界吉星古山為捷勝所界吉頭峯為碣石衛界前樑岑為甲子所界崗娘灣清
海壘為靖海所界大浮山五嶼山為潮陽縣海門所界小柑山為蓬州所界大柑山為大城所界大京山
九猴山為銃平界計五千里抵福建南澳山為元鐘所界歷侍郎州石城嶼為銅山所界歷鴻儒嶼沙洒
洒壘為陸鰲所界大擶嶼壘洲山為鎮海衛界小擶嶼為月港界舊浯嶼為高浦所界嘉禾山大担山小
担山為永寧衛界埕棣峰獺窟為崇武所界沙塘灣為惠安縣界𡼏嶼白嶼為峰尾巡司界湄洲山為南
泉塞蒲禧所界石獅峰小澳峰為平海衛界埕口三江口為沖心巡司界網山王家嶼為萬安所界六湖
山碧水島為鎮東衛界鯉門山為焦山巡司界日嶼月嶼為梅花所界卸會城之波礁五虎灣為連江界
下千塘四嶼為定海所界花瓶為北巡司界飛鸞渡為寧德縣界青山峰為大金所界天千山及丁家稆
大俞山三星山流江為福寧州界計二千里抵浙江縣中峰為蒲門莊士二所界歷長沙門大崑山為金
鄉衛界鳳皇山為平陽所界銅盤山為沙園所界仙口峰飛雲渡為瑞安所界大衢山海安港為海安所
界寬壘彼山為寧村所界黃華港為礬石衛界大巖頭為礬石後右界前山後寶門為蒲岐所界省梅坑
為沙角巡司界大陳山石塘港為松門衛界金清閘西嶼閘永豐閘皆朱文公所造為新河所界金沙灘
海礁為海門衛界海門港為海門前所界五嶼為桃渚所界三門山為建跳所界石蒲港為前後二所界
青苔灣為昌國衛界小目山為爵谿所界西廚山為前倉所界孝順洋為白塗為大嵩所界大射山為穿
山後所界洛茄山長白山為中左所界大魚灣為長山巡司界招寶山巾子山為定海衛界全家嶴為寧
波界邱家洋為慈谿界金塾浦為龍山所界松浦港為松浦巡司界黃山為觀海衛界破山浦為三山所
界化龍浦為餘姚界臨山港為臨山衛界西海塘為上虞界漁山蒙池臺為紹興三江所界鱉子山為蕭
山界和尚山梼門為會城界奈浦門為海寧所界大衢山小衢山為澉浦所界乘扶山為海寧衛界西海
口馬蹟山北丁興殿前山淡水門為乍浦所界計二千七百里抵江南省三姑山為金山衛界胡家港為
金山巡司界上釣山中釣山下釣山大盤山為青村所界浦壘為南匯所界陳前山茶山為南蹌巡司界
寶山為上海界永宇山分水嘴海礁山絲陶港為吳淞所界浪岡山顧涇港為嘉定界竺箔沙送信嘴小
圌沙新安沙為太倉界大陰沙管家沙為崇明界福山狼山三槿口為通州千戶所界唐家港海門島為
泰州界亂沙新洋港為鹽城界關山淮河口鶯山為安東界蚄山高公島為海州所界清河口巳頭河為
贛榆界旬島勞山島為安東界孤著山為石臼所界計一千八百里抵山東青沈峯歷胡家峯為高溝巡

司界沙嘴峰為靈山衛界雷嶼峰為夏河寨界洋河峯為膠州界大勞山田横島為鰲山衛界走馬嶺為即墨界馬山為浮山所界句島赤島為雄崖所界吾島徐福山為大山所界巨高島為嵩衛界竹島為甯海陽所界松島莫邪島漫雞島為靖海衛界佛島為津寨所界五夫島下勞山為尋山所界獸馬墩落日堡為成山衛界海牛島為不夜城界蒿家嶺為百尺巖所界古陌頂為威海衛界父島為金山所界新安堡鹽山峯為甯海衛界海雞山為牡河寨界武家莊為馬埠寨界洋山為萊州界八角島硯蟻島為登州界劉家汪為盧洋寨界沙門島為解宋寨界華山為黃縣界桑島為馬停寨界鼉島為昌邑縣界欽夫島為壽光界都里鎮為蒲臺界青島為利津界黃島為賓州界盧沽口為寶坻縣界塔山為盧而衛寨界南半洋山為昌黎縣界計一千二百里抵遼東北半洋山為山海衛界蓮菜島為中前所界牛車島為中後所界孤山為中右所界向陽島羅兒島為金州衛界石夫島為左所界東寧島黃蛟島為蓋州衛界屏風山為復州衛界鳳凰山為中左所界女兒河為中屯衛界遼河渡古寺島為廣寧衛界麻田島平島為海州衛界湯站堡為鎮遠所界臨江為義州界計一千三百餘里為鴨綠江朝鮮界

沿海形勢　海國聞見錄

天下沿海形勢從京師天津東向遼海鐵山黃城皮島外對朝鮮左延東北山海關寧遠蓋平復州金州旅順口鴨綠江而抵高麗朝鮮右袤東南山東之利津清河蒲臺壽光海倉口登州而至廟島成山衛登州與旅順口南北隔海對峙東聯皮島西匝兩京登萊是為遼海登州一郡西出東海盡於成山衛海舶往盛京天津者以成山為標準也成山衛轉西南則清海大嵩萊陽黃山靈山而至江南海州此皆登州西南之海也海州而下廟灣而上則黃河出海之口河濁海清沙泥入海則沉實支條縷結東向紆長潮滿則沒潮退或淺或沉名曰五條沙中間深處呼曰沙行江南之沙船往山東者恃沙行以寄泊船因底平小閣無礙閩船到此則魂散膽落底圓加以龍骨三條架接高昂閣沙擱浪則碎折更兼江浙海潮外無藩籬屏山以緩水勢東向澎湃故瀾沙之流比他省為最急乏西風閃避舟隨溜擱靡不為壞是以海船往山東兩京必從盡山對東放一日夜過其沙方敢北向是以登萊淮海稍寬海防者職由五條沙為之保障也廟灣自如皋通州而至洋子江口內狼山外崇明鎖長江沙垠潮急其概相似而崇明上鎖長江下蔽吳淞東有洋山馬蹟花腦陳錢諸山甚遠浙之寧波定海外島而為與之乍浦錢塘之龍子餘姚之後口寧波之鎮海縣沿海相聯東疆但外有定海為之扞衛實內地之堂奧也惟乍浦一處濱於

大海東達漁山北達江南之洋山定海之衢山劍山外則汪洋言海防者當留意焉江浙外海以馬蹟為
界山北屬江山南屬浙而陳錢外在東丸俗呼盡山山大澳廣可泊百餘舟山產水仙海產淡菜海茲（小鯽）
賊舟每多寄泊江浙水師更當加意於此南之海島由衢山岱山而至定海東南由劍山長塗而至普陀
直東之外出洛迦門有東霍山東月賊舟亦可寄泊伺劫洋船回棹且與盡山南北為犄角山腳水深非
加長椗纜不足以寄普陀之南自崎頭至昌國衛接聯內地外有韭山吊邦亦賊舟寄泊之所此皆寧波
郡屬自寧波台州黃巖沿海而下內有佛頭桃渚松門楚門外有茶盤牛頭積穀黨亢石塘枝山大鹿小
鹿在在皆賊船出沒經由之區南接樂清溫州瑞安金鄉蒲門此溫屬之內海樂清東崎玉環外有三盤
鳳凰北杞南杞而至北關以及閩海接界之南關實溫台內外海徑寄泊樵汲之區不可忽也閩之海內
自沙埕南鎮烽火三沙斗米北茭定海五虎而至閩安外自南關大嵛小嵛閭山芙蓉北竿塘南竿塘東
永而至台山為福寧福州外護左翼之藩籬南自長樂之梅花鎮東萬安為右臂外自磁澳而至草嶼中
隔石牌洋外環海壇大島閩安雖為閩省水口咽喉海壇實為閩省右翼之扼要也由福清之萬安南視
平海內虛海奩是為兵伏外有南日湄州再外烏坵海壇所當留意者東北有東永東南有烏坵猶浙之
南杞北杞積穀吊邦韭山東霍儘山江之馬蹟盡山是也泉州北崇武獺窟南洋芝永寧左右拱抱內藏
郡治下接金廈二島以達漳州金為泉郡之下臂廈為漳郡之咽喉漳自太武而南鎮海六鰲古雷銅山
懸鐘在在可以寄泊而至南澳以分閩粵泉漳之東外有澎湖島三十有六而要在媽宮西嶼頭北港八
罩四澳北風可以泊舟若南風不但有山有嶼可以寄泊而平風靜浪黑溝白洋皆可暫寄以俟潮流洋
大而山低水急而流迴北之吉貝沉礁一綫直生東北一目未了內皆暗礁布滿僅存一港蜿蜒非習熟
海道者不敢棹至南有大嶼花嶼貓嶼北風不可寄泊南風時宜巡緝澎湖之東則臺灣北自雞籠山對
時福州之白犬洋南自沙馬崎對峙漳之銅山綿延二千八百里四面一片沃野自海至山淺闊相均約
百里西東穿山至海約四五百崇山疊箐野番類聚建一郡分四縣（今建府二縣）一山川形勢生熟番性蜂窠
窠蟻穴誌攷備載郡治南抱七鯤身而至安平鎮大港隔港沙洲直北至鹿耳門隔港之大線頭沙州而
至隙仔海翁線背西港府治而港之可以出入巨艘惟鹿耳門與雞籠淡水港其餘港汊雖多大船不能
出入僅平底之澎船四五百石之鐵頭船皆以出進此亦海外形勢以扞內地沿海要鎖南與泉郡海
島什衛漳之路安翔之黃岡澄海潮與澳洋適中之要隘外有小島三為北澎中澎南澎俗呼為三澎湖

風賊艘經由晉寄之所內自黃崗入澳而至澄海放雞廣澳錢澳靖海赤澳此雖潮郡支山入海實為潮郡賊艘出沒之區晨遠颺於外洋以伺掠夜西向於島澳以偷泊而海賊之尤甚者多潮産也赤澳一洋自甲子南至錢澳田尾遮浪仙尾鮕門港大星平海雖屬惠州而山川人性與潮無異故於居中碣石立大鎮下至大鵬佛堂門將軍澳紅香鑪急水門由虎門而入粵省外自小星筆管沱濘福建頭大嶼山小嶼山伶仃山旗纛嶼九州洋而至老萬山島嶼不可勝數處處可以樵汲灣泊粵之賊艘不但艚艇海泊此處可以伺劫而內河槳船櫓船漁舟皆可出海羣聚剽掠粵海之藏垢納汙者莫此為甚廣省左扞虎門右扼香山而香山雖外護順德新會實為省會之要地不但外海捕盜內河緝賊港汊四通奸匪殊甚且共域澳門外防番舶與虎門為犄角有心者豈可泛視哉外出十字門而至老萬山洋艘來往經由之標準下搜岸門三灶大金小金島豬工川下川戝船澳馬鞍山北肇屬廣海陽江雙魚之外護也高郡之雲白外有大小放雞吳川外有硇州下郡雷州白鴿錦囊南至海安自放雞而南至於海安中懸硇州暗礁淺沙難以悉載非深諳者莫敢內行而高郡地方實藉沙礁之庇雷州一郡自遂溪海康徐聞向南斡出四百餘里而至海安三面負海幅濶百里對峙瓊州渡海百二十里自海安繞西北至合浦欽州防城而及交阯之江平萬寧州延長一千七百里故海安下廉州船宜南風上宜北風自廉之冠頭而東白龍調埠川江永安山口烏兔處處沉沙難以名載自冠頭嶺而西至於防城有龍門七十二逕逕逕相通逕者島門也通者水道也以其島嶼懸離而水道皆通廉多沙欽多島地以華夷為限而又産明珠不入於交阯是以專建海角於廉天涯於欽瓊州屹立海中地從海安渡限四崖州東萬州西儋州北瓊州與海安對峙瓊山文昌樂會陵水感恩臨高定安澄邁沿海諸州縣環繞熟黎而熟黎環繞生黎而生黎環繞五指嶺七指山五指西向七指南向周圍陸路一千五百三十里府城中路直穿黎心至崖州五百五十五里萬州東路直穿黎心至儋州五百九十里自海口港之東路沿海惟文昌之潭門港樂會之新潭那樂港萬州之東澳陵水之黎菴港崖州之大蛋港西路沿海惟澄邁之馬裊港儋州之新英港昌化之新潮港感恩之北黎港可以灣泊船隻其餘港汊雖多不能寄泊而沿海沉沙行舟實為難險內山生黎嵐瘴殊甚吾人可住熟黎而不可住生黎生黎可住熟黎而不可到內地熟黎夾介其間以習水土故也此亦海外梢次之臺灣惜乎田疇不滿咸仰需於高雷雖産楠沉諸香等於廣南甲於諸番又非臺灣沃野千里所可比擬也

海防論

海之有防歷代不見於典冊有之自明代始而海之嚴於防自明之嘉靖始蓋周漢之際於海收魚鹽之利晉唐以降於海通番舶之利迨元初范文虎之師敗於日本獲馬啟疆於斯肇焉至於明或柔以致之或戍以拒之不鼓大釁惟嘉靖間倭寇連綜突犯橫肆蹂躪於是濱海之官民將卒聞警則變色於談虎解嚴則疏戒於衣袽夫賊以為巨敵而張皇失計者非也然玩以為小醜而泄沓忘備者亦非也彼其乘潮走舸疾如風雨揭虛聲懈幻若鬼蜮何敢恃其不來不思所以待之乎按東南濱海之地閩廣逼近逃外藪江浙為財賦要區山東橫亘海上為門戶延袤一萬二千餘里處處可犯則處處宜防防之之法一在遏之於遠洋而使之不常厥居也一在擊之於近洋而使之不得旁掠也一在據險固岸而使之不得上一在堅壁清野而使之無所掠也然各有得失其說可得而詳焉蓋遠來倭犯必於山島棲泊會齊整綱方入近洋如茶山陳錢等處為入犯必由之徑說者宜按汛立營分番於遠哨使寇不得駐各島而為依宿自不能越各島而入內洋豈非制敵良策但大海茫茫波濤洶湧而況風候向背潮汐高下沙石起伏州渚攔阻彼皆素所諳悉以我之迷而蹈之危能保必勝乎則遏賊之遠洋之未可恃也若內洋山島如粵之南澳閩之浯嶼南日山浙之舟山江南之洋山設兵以駐守會哨以策應則綜覈易而聲援便乃海中所設之寨雖因其名而實改建傍海之地於是近洋無阻而賊船可以達岸矣則擊賊之當講也至于不能禦之於海則必堅守海岸為要策夫沿海戍守之士祇幸賊之不到其地誰肯互相救援為保護之計者夫賊舟泊岸必擇無沙磧而可登之地故往往設備必先明其地之為要衝為次衝要衝之戍專司守禦次衝之戍兼司策應彼新至之寇人衆飢疲巢穴未定擊之匪艱倘延入內地縱盡殺之所損多矣苟一經闌入而至以堅壁清野為計此出於勢之不得不然者也所慮但知守城而城外之民委而不顧彼則颿突而來原無攻城之志既已擄截而去適合飽掠之心而賊退之後止以全城為功不以縱賊為罪懲安得不垂涎而再來此安得不泄視而弛備也哉若其勾引之當察也接濟之當斷也寸板之不得下海也所以絕內援而消窺伺之謀而又沼之以散其黨也撫之以誘其來也擣其穴以撲滅之也所以雄外強以泯枝蔓之圖則海疆有不敉寧者乎且從來海寇出沒之所閩粵為甚而江浙次之山東又次之今日者設重鎮新壁壘較往代為尤勝焉

國家鞏固皇輿之雄略也夫

海防策

天下治海形勢首旅順城環衛盛京天津山東至荻水口入江南界四千四百五十里自荻水口至吳淞口入浙江界千里自吳淞至蒲門入福建界一千三百六十里自蒲門至南澳入廣東界一千二百里自南澳至廣西欽州入安南界三千二百八十里合而計之凡一萬七百九十里其為防守誠不易言雖然有要道焉失其要則易者難得其要則難者易其要有三一曰搗巢穴二曰扼要害三曰絕樵汲寄泊舟山本浙海門戶今為逆夷所據則巢穴成矣不惟浙江郡縣大肆滋擾即沿海要疆不免動搖且已至之夷艦既据舟山以養銳將來之夷船又藉舟山為內應故舟山一日不復則海疆一日不靖謹案舟山形勢島嶼迴環由大衢小衢馬蹟陳錢等山與江南相接則吳淞崇明之師可入由長白魚山黃盤等處與平湖相接則乍浦之師可入由金塘大謝虎蹲蛟門與招寶相接則鎮海之師可入由沈家門田嶴東嶴西嶴與錢倉相對則象山之師可入雖風勢有順逆潮汛有遲早難以四面合剿然或預為伏應或倚為聲援乘機直搗則定海可復我既覆其巢穴計不難於集殲彼縱逸出外洋勢必日見窮蹙故必以搗巢穴為今日第一要着所謂刻不可緩者也至於海疆要害與陸不同陸地可堵而守之海疆必截而擊之謹案遼海以旅順登州為要害有重兵截擊則夷船不敢過此而犯盛京天津等郡縣浙海以馬蹟陳錢為要害有重兵截擊則夷船不敢過此而犯淮海登萊等郡縣閩海以廈門澎湖南澳為要害有重兵截擊則夷船不敢過此而犯江浙諸郡縣廣海以七洲洋老萬山為要害有重兵截擊則夷船不敢過此而犯閩廣諸郡縣即或海氛溟潒不無偷渡然哨探謹嚴聲勢聯絡或截其前或遏其後進退無據立見殲滅蓋防海者必防之於海猶防江者必防之於江故守之於門戶以內則不足守之於門戶以外則有餘所謂哨賊於遠洋而不常厥居擊賊於近洋而毋使近岸此扼要之說也海船不能不資淡水宜絕其樵汲以重困之海船不能不避颶風宜遏其寄泊以擊碎之謹案浙海可避四面颶風者如馬蹟長塗等澳凡二十三處可避兩面颶風者如長白馬木等港凡十八處閩海在日南則有岱隆湄洲等處在小埕則有海壇連盤等處在烽火門則有官井流江九澳等處廣海之近虎門者則有屯門雞棲佛堂冷水等處近澳門者則有大小橫琴零丁洋九星澳等處此皆寄泊樵汲之所果能連䑸會哨來往巡梭使逆夷無所窺伺漢奸一切斷絕來不得停泊去不得接濟船中水米有限火藥亦罄將不攻而自困不擊而自潰矣況乘其疲而夾剿之豈有不勝者哉若夫練水勇以備攻擊募戰船以壯聲勢添礮臺以濟哨探廣招

術以散逆黨嚴紀律以重軍法明賞罰以作士氣是在當事者實力行之以無負我
皇上止戈為武之至意則洋面肅清海疆安堵矣

其二

天下事至而始為之備患至而始為之防則備之無可備防之不及防苟非防備於平時安能收功於臨事況海道者出入之津梁往來之門户撫其吭而握其背控制之術誠不可以不講求也今有數策敬為陳之一曰炮臺宜精炮臺者所以禦炮故必須堅緻牢實無以大石築以沙土污以英國泥務求堅固是以禦炮而不致毀壞乃西式又有一種炮臺上置鉄天靈蓋以護其頂使敵炮不能乘空而下可謂巧矣然以剛禦剛必致摧折不如以柔克剛擇要隘之地先立長木樁交錯疎布後編粗笆挨次密環每層約隔尺許填沙以實其中視臺基之厚薄分層數之多寡另結繩為網罟塗以瀝油繩大如指笆闊二寸層壘懸挂高於臺二尺餘下垂至地厚約盈尺此則剛柔相濟敵炮難逞其威經數月之久百十次之環攻仍安然無恙此則紅匪倡亂時有鄉團行之而獲效者也今日海氛不靖敵炮過巨力能攻堅如以剛克剛除是增用鉄板厚約二尺比敵船之鉄甲尤堅始能相抗其次莫如柔克即將原炮逐層以樁笆沙之三項增築約丈餘另懸粗網罟多層約厚尺餘臨時漬水以禦火更於沿途扼要處照式添築數座以為後勁而壯軍心此禦炮之一法也又炮臺以土築者為上磚石恐不足恃磚石易裂惟土築者乃能受開花炮之擊以至逐層剝落因而崩解大抵除放戰船加鉄甲之外必不能持久蓋炮臺係在一定處所戰船則可任意西東敵人可注定一處而擊故開花炮之用於炮臺者其功惟倍為今應急之計必先於各海口相度形勢凡敵船必到之處以大毛竹密排夾墻墻後空一尺又復如法為之多至三四層為佳中貯密麻包實以溼泥更於炮位之上用數層大毛竹為簷向後一邊垂落於滴水之處圍掘深坑以避開花炮子此外更備水車以防火箭使敵人攻去我外層我由內可以加築苟嫌木樁力脆易折竹笆又薄而易穿皆不如大毛竹之韌至於用沙則受炸彈能令飛揚易傷守兵之目至築炮臺之處宜擇要地正臺之外高下遠近加築次等炮臺務令不一其處又要有林木之處每處置巨炮一二尊使敵人不能注定攻擊所謂疑敵誤敵之法也至鉄天靈蓋亦不可少但嫌其呆板須改用活機則受砲碼轟擊時圓轉如意自不過於受傷矣又一法建築砲臺宜疏不宜密宜聚不宜分宜平地不宜山脚宜口內不宜口外何謂宜疏不宜密宜聚不宜分敵船之來我軍對準放一後膛砲至遠為時四分炮能擊傷鉄甲至遠不

逾五百丈再遠則目力不及難以命中即中而炮力弱不能透堅船行走速亦時四分可行三百二十餘丈預裝葯彈距船五百丈開第一炮至三炮船已過炮臺一百七十丈現在炮臺星羅棋布炮位無多焉能狙其長驅直進應將後路各炮悉運前敵守一總口每十丈設一炮位不論洋炮土炮安置百尊洋炮力足擊其船身土炮力弱擊其船面艙樓氣管桅桿小船等物雖堅豈敢過此千丈之險何謂宜平地不宜山腳炮火之性天上平擊一里者稍高可及三里俯擊不及一里且準頭極難山腳立炮臺居高臨下我之擊人也十發九虛敵之攻我也自下向上百發百中即使打在臺後石壁山石崩落悉成炮子更難立足況山上不能紮營以護炮臺敵人一經登岸抄我之後炮臺即不能守似宜在去山較遠之平地築五丈厚八尺高之長堤以避敵人炮子每十丈留一空缺安放炮位缺處左右牆用三合土以防坍塌口門前寬八尺後寬二尺外挂棉絮門簾或網罟以護炮口其高低以潮水不到之處為度再於炮臺之後數十步列營保護以免抄後營式宜圓以避開花炮子何謂炮臺宜口內不宜口外海防之設立炮臺祇以拒敵船之不能進口非能制敵之死命宜在口內扼要而守內港水窄不容多船我軍守其一面彼此鬬炮勝負各半今之炮臺多半挺出口外敵人三面環攻鮮有不敗者即使能自守敵人從附近登岸以抄我後或開輪而去我亦無如之何因一不准其進口何必挺出口外使其轟擊乎又有一法於炮臺之外徧設藤壁亦以柔禦剛也其法用沙藤遶環結如牆壁疏而不漏大砲之碼子亦不可太密則工費浩煩宜織成每副或一丈二丈不等扣結牽連置諸炮台之外下平台基上齊雉堞如行伍中以藤牌護身者每至炮門處仍留門戶使炮能轉動左顧右盼而無碍炮門之上仍叢連結遮護周圍厚置數重惟其性軟不能豎立間擇鐵柱以扶之而藤壁每層之內更實以藤絲使綿厚而堅軟而藤絲之價甚賤藤壁之外加以砂包砂包之外加以土壘而藤壁縫又以砂包鎖之臨敵時內外均澆之以水使藤溼而不畏火如此則敵炮雖利既穿土壘復穿砂包其勢已慢其力已緩至藤壁必難洞穿以傷我臺基臺基不傷則雉堞不倒我軍在其中者可免飛彈破石壓打之患炮臺無傷則軍心壯敵人能不敗者鮮矣況用沙藤其價頗廉用亦可久過水不變遇火難傷且舉事甚易一臺之功半月可成有此可恃彼敵人雖強安敢輕視哉

一曰測量宜準西人之炮百發百中者其人皆精通算學知道里之遠近識力之強弱用拋物綫以算砲碼之所落故炮無虛發今擬各炮台須先測量洋面海道寬者分為十餘丈窄者五六丈或三四丈每一

叚設有暗記用拋物錢算之錄於量天尺上每大砲一尊旁置一測準之量天尺一柄如敵船入洋面甚叚則炮位之低昂悉視量天尺之分度以為準則發無不中矣

一曰操練宜講夫測量之法既精砲位既定往往有發而不中者則習之未熟也故必勤於訓練使士皆用命人盡知兵施放既多手眼自熟始雖未能應手久之自然得心則熟極生巧矣

一曰策應宜周海口雖設炮臺第嫌形勢孤零必需多設鐵甲船或小炮船往來遊邏以為策應之用則敵難長驅直至而有炮臺以當其衝復有炮船以匡炮臺之不逮展轉為用而炮臺可恃矣

一曰器械宜良今日所用之器與昔迥不相同砲則以克虜伯大砲為最合用擬於各砲臺每砲一尊設委員一位兵五名或十名不等責成專司一大炮興事則考核量天尺以習準繩有事則督率燃放水雷之製有二一用銅帽為引內放光藥即西人所謂爆發者是也此等水雷一遇船底經過摩動銅帽自然發響一用鐵綫以為電路水雷則安放水中其鐵綫直引至山巔設人在山上瞭望若見敵船駛到該水雷之上即把電氣樽機關一轉立刻轟敵船也有此二法水雷之能事畢矣水雷雖惟電鏡可以破之則電鏡誠不可不設若敵用此等水雷疑我即用此鏡照之不惟於我無備實為於彼有害夫一法既立自有一弊之生我既知用此鏡則我之水雷雖又當嚴防此鏡庶幾可保無虞也

一曰糧糈宜裕人之大命在乎食兵之大命在乎糧可知用兵之道莫要於與糧廣海各省船舶可通則轉運亦易尤宜未雨綢繆先時計與委員設往各產米購回又用砲船以護其來往或命商家代辦亦可廣至廉集議使官倉充積則兵食不至缺社倉豐盈則民食不憂告匱矣

一曰奸細宜防從來外侮之生實由內訌之作往往有所謂漢奸者或以鹽滷摻雜火藥或以積水滲水時灌炮門或係敵人購買謀敗我船誤臨事禍識匪輕貪敵人之貨財以害父母之邦通敵賣國實為最心昧良惟當嚴為防備逐日查驗各單人大開湯網使漢奸得以自新夫奸細之道為人用則害為我用則利中國地大物博知愚賢否原屬難齊每值中外搆釁必有內地奸民輸情敵助道光年間自在外地販牛肉以資敵人之食者雖致巨富且不獨販牛之一端也若我既開漢奸自新之路厚其賞格彼亦係中國人未有不憣然悔者因其悔而善用之使為我敵人或泄漏其軍實或毀壞其軍火或離間其人心亦或擾亂其耳目或臨時內應以戕其大將或先事舉兵以殘其士卒亦可收指臂之一助也

火輪船鐵甲船說

泰西古時兵艘皆用帆船極高大堅固船分上中下三層或二層不等載砲有百餘尊或數十尊至少亦有十餘尊推堅陷陣推為水師中利器自火輪船興而帆船漸廢置不用矣火輪船大者如三桅小者如兩桅船之後半上為水櫃下列火門或五或九火門之內以柴燃煤水櫃之上兩銅管粗尺許彎折而下至船底承以兩木桶高五六尺圍七八尺木桶之前又接以雙鐵管曲折盤環達於輪軸火燃水沸熱氣從銅管入桶桶蓋扇動熱氣貫入雙鐵管宛轉達於輪軸以激動之輪在船之兩旁為鐵圍三層橫施鐵板略如南方灌田之水輪外以木板蔽之望如半月船面有大鐵筒高二丈餘出黑煙以透火氣又小鐵筒一高丈餘出白氣以透水氣船將行先燃火約一時許候水沸而開船船內有銅尺二施於兩柱推之向前則輪前轉推之向後則輪倒轉推之依柱則輪不行船之行輪激水如飛瞬息不見一晝夜約行千餘里船面立小桅二遇順風則施篷以助輪推船腹不開砲洞耳輪船之包以厚鐵者名為鐵甲首置大鋼衝角不船遇此鮮有不被其撞沉者當咸豐十年南北花旗交仗時南人獲得大木戰船一隻名麥里馬鐵甲格外加厚首有衝角撞壞北船甚多時有愛立克生者在美國多年能造最精之大輪船及氣機水龍又與司米德合創暗輪船之法又造直行機器能令船在水面排列令戰船機器不露在水面外遂以此法造成一小砲臺船其體大半在水下內設風箱遍行船內水手等便於透氣如遇大風浪亦能與敵相弱北人乃將其船回前與麥里馬戰撞之頗久小砲臺船安然無事而麥里馬已受大傷即速駛回修理而南人之心胆已落北邊之船得免被撞而各口亦免封閉得以轉危為安其船每點鐘可行二十英里極大有用至馬力四千餘匹者或二三千匹至數百匹不等近今法國水師戰船大小合計共二百七十四艘其帆船及水雷炮艇不在數內鐵甲船五十八艘其餘大小不等大炮一千五百尊水師弁兵則有四萬七千六百員名英國戰船合計二百八十三艘水雷炮艇亦不在內鐵甲船六十二艘其餘大小不等大砲一千九百四十三尊水師弁兵有五萬三千餘名中原太平日久舊用米艇紅單各師船半已失脩自海氛不清於是議海防者則曰用船如用馬陸戰無馬不足以殺敵致果水戰無船更何以陷陣衝鋒津滬閩粵各省設廠製造輪船精益求精亦講求製造鐵甲船豈知此等船體過於笨重以鎮海口頗壯觀若內河淺窄則利小船若用粵東之決蟹蜈蚣長龍等艇上覆牛革數重失其脊以避炮每五船為一隊其操舟習見善泅水者飛駛齊來一近敵舟即拋擲火彈火炮得勢則鉤船而上或放悶煙迷敵人之目不得勢則下水荷舟而歸鎗砲下擊子必落水人在水內斷難被創昔越南曾誘夷人兵船深入內

河用軋船破其數舟其效大驗蓋以小勝大以卑避高以柔制剛理勢然也此外如所謂子母舟者一過敵即鈎其舟母船縱火與彼俱焚伏兵駛子船歸有所謂聯環舟者分為兩舟中連以環遇敵縱火前環既解後舟即歸焚燒敵舟最得其妙均可做造試用前荷蘭拒臺灣明鄭成功以小舟數十中藏火藥駛攏敵船遣死士將小舟釘繫其船旁縱火焚之荷鐵甲二艘片甲不回用是喪胆此其明徵也但使將之用命兵勇同心又烏有不破之艘不摧之敵又何必費數千萬帑項以中國而效夷人之所長哉

炮說

說文無礮字或作炮說文亦無是漢以前未有所礮字文選閒居賦云礮石雷駭李善注云即今之拋石蓋昉於西晉時通典載衛公兵法守城篇曰積石備拋石蓋古之為礮也以機發石漢唐以前皆用此法有石礮而未有火礮攷古之用火攻者若火牛燧象火獸火禽火猻火狙火弩火杏飛火鎗等類孫子火攻其法有五而火礮亦未詳周官司弓矢枉矢絜矢利火射丸火器之設用以守城車戰自古有之唐杜佑通典載有火弩火禽火獸等器後世舟師用之最為犀利如岑彭攻公孫述將用魯奇計飛炬焚任滿田戎船周瑜拒曹操用黃蓋計燒盡北船王濬伐吳作火炬燒江中鐵鎖鐵錐章昭達討歐陽紇縱火艦隨流焚之吳越王伐吳錢傳瓘使順風揚灰眯其人馬之目因縱火焚吳船韓世忠以海舟威金兀术术以火箭射其篷篛世忠軍焚溺不可勝數此皆以火攻取勝然皆以礮名火器也有之自南宋金元之際宋虞允文采石之戰用霹靂礮敗敵而火礮之製已肇其端然霹靂礮以紙為之未知用鐵自金人守汴城中有火炮名震天雷者用鐵罐盛藥以火點之砲起火發其聲如雷此火礮用鐵之始宋應星天工開物內載諸礮式製不一有鳥銃圖百子連珠炮圖神煙炮圖地雷炮圖萬人敵圖混江龍圖火毬神球圖神威大礮圖流星礮圖九矢鑽心砲圖又有西洋砲佛狼機紅夷砲等名夫火器之用或守或戰或攻隨地異宜用於陸戰効用於水師効大地雷埋伏土中用竹管為之虎蹲砲即百子跑陸地為宜水中亦可用西洋砲用熟銅鑄就圓若銅鼓引放時半里內人馬震死混江龍森固皮囊裹砲沉水底岸上帶索引機囊中懸吊火石火鐮索機一動其中自發終是癡物紅夷砲身長丈許鑄鐵為之中藏火藥鐵彈大將軍二將軍三將軍即紅夷之次試放時柱柱有炸破傷人若舟師之用莫妙於無敵神飛炮其次佛狼機六合銃無敵神飛炮每大炮一位子砲三位犀輕可移動且須為裝類臨時祇在大母體安服高下再不取起只入子銃發之然舉總用一人之力可以取出又入一子每銃一發一二百子擊寬二十餘丈又且

子可以洞墻躲避巨艦一擊而碎六合銃以堅木六條作成內管外箍鐵長三尺水陸可用佛郎機水戰舟頭此為最利且便連環此造法毋砲銅鐵不拘寸號必用熟鐵以堅厚為主放法以輕爲發重子每放銃損又多進滓若用凹心送子則送子入口平而又圓其出自利可打一里有餘用甚妙也至元世祖得回回亦思馬因所獻新砲法攻破襄陽世謂之襄陽砲此制火器之用精矣而造法不傳明成祖平交阯得神機鎗砲法特置神機營習之至嘉靖八年造佛郎机砲謂之大將軍發諸邊鎮外閒始知製造之法按明史兵志佛郎机或以銅為之長至五六尺大者重千餘斤小者百五十斤巨腹長頸腹有修孔以子銃五枚貯藥置腹中發及百餘丈最利水戰萬曆時大西洋船至復得巨砲曰紅夷天啟中錫以大將軍號遂我

軍器精備

皇朝禮器圖式載

大清崇德八年造神威大將軍炮後至康熙十五年造神威無敵大將軍炮二十年造神威將軍砲又造全龍砲鑄銅為之前弇後豐底如覆笠重二百八十斤至三百七十斤長自五尺八寸至六尺其受藥自六兩五錢至八兩鐵子自十三兩至十六兩二十八年造武成永固大將軍礮制勝將軍礮威遠將軍礮此外又有得勝礮九節十成礮衝天礮鉄心銅礮子母礮嚴威礮紅衣礮龍礮奇礮行營信礮渾銅礮臺灣礮皆

聖祖仁皇帝所製也自咸同年間與泰西通商以來凡鎗炮軍火西法所至精者無不倣照製造務盡其所長故大炮則以克虜伯為巨擘快槍則以林明頓為新奇以及開花砲格林炮前膛後膛等炮其餘水雷魚雷雞心三礮無不攷求盡善精巧絕倫近時英國鳥身士炮廠鑄一炮重八十墩溯自十二年前花旗南北之戰製成鉄甲戰艦所鑲之鉄厚有三寸半以鉄彈攻之堅不能洞旋又製一船所鑲之鉄厚至九寸須十八噸重之砲方能洞而況之如其船鉄甲厚至十寸須用二十五噸之炮其彈計重七百磅方可制之若鉄甲厚至十二寸十四寸縱有二十五噸之炮亦無所施其技現俄羅斯造一戰船名大皋德所鑲鉄甲厚至二十寸彀其鉄甲二十寸雖有三十八噸之炮亦不能制此英人八十噸之炮之所由作也但炮身既重八十噸炮彈須至一千六百磅每次施放須用火藥三百磅計砲身長二十七尺炮頸圍六尺砲堂徑十六尺其力之猛雖二十寸之厚鉄亦能洞之全炮皆用鋼分寸之間悉以句股核算是炮可謂

無敵於世獨操其勝算者也又有格林砲者將大礮若干桿平行排列成炮之形有机器令其轉動并裝药彈其機關擊銅帽上甚速一分時能放數百槍其彈可抵數千人放槍之力所用之擺為九尺方者可當九十名馬兵或一百五十名步兵之面積在二分時内放六百十六個彈打着有三百六十五個同時别種炮與槍所打之次數比例大不及此此炮之利害從可知矣更有用電氣者西國有格致士以電取火之理變通其法遂以燃火炮謂之地雷其法即將火炮或埋之地中或懸之空中以銅絲為電路復以鉄絲或鋼絲數千兩端接於雷路之銅絲准所接之鉄絲須較銅絲細將接鉄絲一段通於藥中如是將電路之銅絲通至遠處以千里鏡視之待敵人至時將電路一通火藥立燃而地雷立震雖百里之遥均可用之其理因鉄綫通電不若銅絲之速稍阻滯則電盡聚於鉄絲而光亮若燃燭然而藥遂轟欲知其理可用一牛將或橡皮袋或大玻璃瓶内盛以棉花火药或盛以輕養二氣將口杜嚴用電綫通於瓶中二綫相接之處係用細鉄絲一寸如是將電路一通則當中之鉄絲立紅而藥即將瓶爆碎矣惟用玻璃瓶祇宜將花药少許免致有傷水雷之製即仿此法將火炮沉於水底以電氣燃之雖鉄艦鋼船俱已可轟為碎粉以之防守海口營壘最利較之古人用火綫之法固遠勝之矣今西洋有所謂魚雷者亦即水雷之法鎮以機關放水中洄至敵船底與船相撞雷氣一燃火药立轟此水雷較靈而其效則相同守海口之具固無出乎其上者

軍政舟師源流攷

詩曰江漢浮浮武夫滔滔又曰江漢湯湯武夫洸洸此宣王征淮夷之詩也論者以為乃後世水戰之始春秋之時舟師彌盛左傳襄公二十四年楚子為舟師以伐吳昭公十七年吳伐楚戰於長岸大敗吳師獲其乘舟餘皇十九年楚子為舟師以伐濮二十四年楚子為舟師以畧吳疆二十七年與吳師遇於窮令尹子常以舟師及沙汭而還定公二年楚囊瓦伐吳師吳人見舟於豫章敗之四年蔡吳唐伐楚舍舟於淮汭自豫章與楚夾漢左司馬戌謂子常曰子沿漢而與之上下我悉方城外以毀其舟六年吳太子終纍敗楚舟師哀公十年吳徐承帥舟師將自海入齊齊人敗之十七年越伐吳吳禦之笠澤夾水而陳越子潛以三軍潛涉當吳中軍而鼓之吳師大亂據左氏所載吳楚之戰為多則江漢之間信為自古水戰之地矣又案國語吳語曰將舟戰於江史記亦載勾踐發習流二千伐吳之事蓋吳越並當江淮之讓故其用舟以戰亦猶有武夫淮浦之餘風非春秋他國所恒見也暨乎漢興有樓船戈船之制而攷其始則因粵欲與漢用船戰始為樓船南越呂嘉反始遣歸義越侯嚴為戈船將軍其後閩越王入燔尋陽樓船朱買臣為會稽太守詔到郡治樓船備糧食水戰具若斯之類不可勝述無非於楊越之區多水戰之役自漢以降尤不勝紀大抵西北之陣利在騎兵東南之師利在水戰地勢所在往迹皆同而且江漢實為吳會之藩籬故晉之有事於吳會者必先於江漢而經營之如晉之平吳則為順流之計隋之平陳則為東下之謀然則宣王之於淮夷而必首之以江漢者又不獨為後來水戰之權輿亦以著千古舟師之質略矣

軍船異名考

吳有餘皇舟及伍子胥下瀨船秦有大白船夏艘漢有樓船戈船直進冒突露橈孫吳有飛雲大船蓋海船蒙衝闘艦晉有連舫指南舟蒙衝小艦燕有牛皮船齊有三層艦梁有沒突艦鶬船野猪艦陳有柏艦火舫隋有五牙大艦黄龍大艦唐有浮海大航五代有木龍鎖舟梅花海鶻迅舸齊雲船宋有黄黑龍船飛虎戰艦海鰍船車船多槳飛江船刀魚船黄鵠白鷂船此皆水戰所用之船也至韓信擊魏王豹從夏陽以木罌渡軍公孫述遣其將數萬人乘坊箄下江關枋箄以竹木為之郭璞曰水中簰筏也此又不必乘船而亦可以利水軍之用者也

軍船制度考

武經總要曰吳人以舟楫為輿馬以巨海為平道是其所長春秋時其以舟師伐楚又吳軍越軍舟戰於江伍子胥對闔閭以船軍之教比陸軍之法大翼者當陸軍之車小翼者當輕車突冒者當衝車樓船者當行樓車戈船者當輕足驃騎公輸般自魯之楚為舟楫之具謂之鉤拒退則鉤之進則拒之觀此則軍船之用其制度不可不先講矣漢之樓船高十餘丈加旗幟其上甚壯戈船則漢書注曰船下安戈戟以御蛟鼉之害也三輔黃圖又曰漢昆明池有百艘樓船上建樓櫓戈船各數十上建戈矛四角悉垂幡葆麾蓋晉眺志經又曰樓船上建樓櫓戈船上建戈矛又作二石人東西相對象牽牛織女露橈則露鐵在外人在船中此皆漢戰船制度之大概吳之飛雲蓋海者吳都賦注曰飛雲船上樓名甚高蓋海言多也晉之連舫則王濬所修方百二十步受二千餘人以木為城起樓櫓開四出門其上皆得馳馬往來又畫鷁首怪獸於船首以懼江神舟楫之盛自古未有濬造船於蜀其木柿蔽江而下此尤制度之奇者隋之五牙大艦乃楊素所造上起樓五層高百餘尺左右前後置六拍竿並高五十尺容戰士八百人旗幟加於上次曰黃龍置五百人此亦制度之異者唐則李臯運心巧思為戰艦挾二輪蹈之鼓水疾進駛於陣馬此亦制度之巧者宋則咸平中造船務匠項綰等獻轉海船式而其式不傳自宋以來軍船之造雖多均未見有踰越前代之制宋王應麟曰鬪艦之制近世太精昔人智巧殆不能及北人望之驚若鬼神恨以際天之水駕以如山之浪彼雖虎兕豺狼莫敢前也此則專指宋代而言之惜乎竟未言其制何如也

水戰總論

舟師可以進可以守東南之師趨三齊者自淮入泗而止趨河北者自汴入河而止捨舟登陸尚得半利趨關中者自河而入徑至長安水陸並進可得全利此以舟師進者也塞建平之口使自三峽者不得下據武昌之要使自漢水者不得進守采石之險使自合肥者不得渡防瓜步之津使自盱眙者不得至此以舟師守者也此皆宋王應麟之說也然而東南之勢進既非易而守則尤難進必以河故江左之師皆必泝河而上而綜其終始亦僅聞燕秦兩伐之師守必以江吳張昭之言曰操得荊州蒙衝鬪艦浮以沿江長江之險已與我共之矣晉羊祜上疏於武帝曰吳俗急速不能持久弓弩戟楯不如中國惟有水戰是其所便一入其境則長江非其所固然則為東南之守者必先扼長江形勝之區不然戰艦雖多水軍雖衆不能無北軍飛渡之憂此何尚之所以有夏口根本之計矣

古人用砲辨

古用石砲今用火砲石砲之制始於軒轅或謂即本於范蠡蜚石之法唐書李密行田茂造廣雲砲三百具以機石為攻城械號將軍砲此後世用石砲之最著者他如漢之甘延壽能投石絕等倫郝昭以繩連石磨四角擊諸葛亮之衝車後之論者以為皆石砲之遺制是已火砲之制始於元世祖得西域火砲法用以攻蔡州城明更廣求其製遂為有明軍器之要然觀稗編所載西安城上舊貯鐵砲曰震天雷狀如合碗頂一孔僅容指軍中久不用此金人守汴之物也據此則金人已有火砲之器矣宋楊萬里海鰍船賦序又載虞允文於舟中發霹靂砲乃以紙為之而實以石灰硫黃據此則南宋時已有火砲之用不得以其制作未精而掩之也若夫羣書考索又曰宋咸平三年唐福獻火毬火鎗則又為北宋時已有火器之顯證雖非火砲而為火鎗又足為明人火鎗之朔始矣

明用火砲火銃火鎗全考

明永樂中平交趾始得其神機鎗砲法特置神機營以領之用生熟赤銅相間其用鐵者建鐵柔為最西鐵性剛次之發大將軍西洋砲用車發虎砲及百子砲用架追風鎗用樁鳥嘴銃用托重器利於守輕器利於攻小器利於戰隨機而用各有所宜永樂十年敕開平備禦成安侯郭亮等自開平至懷來宣府萬全興和諸山頂皆置五砲架二十年從英國公張輔請增置於山西大同天城陽和朔州等衛防邊禦敵莫如銃砲然利器不可示人當時朝廷亦慎惜之宣德五年敕宣府總兵譚廣略曰神銃國家所重在邊墩堡量給以壯軍威毋輕與人正統六年邊將黃真楊洪立神銃局於宣府獨石帝以火器外造恐傳習者多有漏泄之弊敕止之英宗北狩邊備日亟十四年冬御史楊善請鑄兩頭銅砲各藏鐵彈十枚俟短鎗盡敵乘隙而前則舉銃擊之景泰元年秋巡關侍郎江潮言眞定藏都督平安火傘上用鐵鎗頭環以響鈴置火藥筩三過敵發之可潰敵馬應州民師翱製銃有機頃刻三發及三百步外俱試驗之天順八年延綏參將房能言麓川破敵用火器曰九龍筒一線然則九箭齊發廣州征苗用寸紮窩弓以衛營動其然人馬輒應弦仆請頒式各邊仿造至嘉靖八年都御史汪鋐始言佛郎機之制佛郎機者國名也正德末其國船至廣因得其制以銅為之長五六尺大者重千餘斤小者百五十斤巨腹長頸腹有修孔以子銃五枚貯藥置其腹一發百餘丈外最利水戰駕以蜈蚣船所向無不糜者白沙巡檢何儒得其法遂今造之發各邊用謂之大將軍二十五年總督翁萬達奏所造器兵部試之言三出連珠百出先鋒

鐵棒雷飛俱使用母子火獸布地雷砲俱可夜刼營御史張鐸亦進十眼銅砲大彈七百步小彈百步四眼鐵鎗彈四百步詔工部如式造用萬歷十九年故都督僉事黄應用以大將軍砲數百斤而用之甚難請以堅木做而製之鑿空其中用蔴索實以藥彈輕可舉移而費亦省因疏於朝帝令繪圖進呈命營將試之而通判華光大亦奏其父所製神異火器職方考驗堪用命下兵部其後大西洋番船至復得巨銃曰紅夷長可二丈餘重者至三千斤發之洞裂石城震數十里此明一代得諸火器之由與運用之法其全考俱在是矣

火砲火銃火鎗諸器詳類

明置兵仗軍器二局分造火器宏治以前軍器局三年一造碗口銅銃三千手把銅銃三千銃箭頭九萬信砲三千兵仗局造火車火傘大將軍二將軍三將軍夯門將軍神鎗神銃斬馬銃手把銅銃手把鐵銃碗口銃一窩蜂神機箭銃襄陽砲盞口碗神砲大樣神機砲小樣神機砲碗口砲銅砲大砲小砲旋風砲又砲襄砲宏治以後軍器局增造四眼鐵鎗各號雙頭鐵鎗夾把銃手鎗大中小佛郎機銅銃佛郎機鐵銃木廂銅銃筋繳樺皮鐵銃十眼銅銃七眼銅砲十眼銅砲兵仗局增造四將軍五將軍九龍筒飛鎗筒快鎗無敵銃鳥嘴銃流星砲三出連珠砲百出先鋒砲鐵棒雷飛砲火獸布地雷砲虎尾鐵砲石榴砲龍虎砲發熕火器其各邊自正統十四年俱准自造銅將軍神銃毒火飛砲連珠佛郎機砲此諸器之總類也

附洋砲考

稽洋礮之制設礮廠具砲模先用架木以沙土馬勃雜揉傳諸鐵管以為泥心心為内孔模為外殼選鑄銅以油淬鐵而不以水淬鐵取其堅而有力砲膛與砲子足以相抵助藥而放不致衝口橫爆及迸炸之患煅熟炭以火煅煤使其烟盡便於鼓鑄間以木屑砌以方丈之爐層層疊累圹也洞鼓風槖扇焰炎炎使其膏液流注皆以鐵桶復以旋機掣巨繩衝口瀉於模上脫胎而出有腹有腔腔有前後故謂之前膛砲後膛砲者始則膛祇磨光易於發子今則斜鑿為螺紋法又謂螺紋砲其子隨砲膛之勢轉旋而出鑽空四竅其子始用星顆今易以尖長蓋子圓者加重而膛亦必大濶恐其易炸若尖長砲身雖加大而子不必加重其造砲之法如此其利於陸戰者則有如轉輪取其便捷輕快而發子多所向披靡宜於臨陣如劈山取其身輕推堅如枯槀人可負利於仰攻宜於攻砦如開花取其糜爛四裂擾亂軍心易於碎敵

利於攻城等砲是也其利於水戰者則有如水雷其形如卣字密緘其口沉於水底安藥砲於中機發衝船雖鐵甲船一轟可裂如魚雷形與水雷略同取其翻動如魚滾水逐船則為所擊輒碎等砲是也其利於陸戰並利於水戰者則有如格林其中縱橫四格略似蜂房每欄子十二枚隨放隨納取其發於路窄不絕如飛輪每欄子六十五枚每放五枚以手運機旋轉不已神速之極等砲是也

以制馭之道雖貴乎先不備始不至轉生他弊若謂他國買回之後難保不轉賣英夷此即內地行鋪且售尚難究至日見而況其在域外乎要知英夷平日處於摩積本有長袖善舞之名其分賣他夷以牟餘利乃該夷之慣技今斷絕貿易之後即使從他夷轉售一二亦已忍垢蒙恥多喫虧折譬如大賈殷商一旦僅開子店寄人籬下已覺難堪惟操縱有方備防無懈則原奏所謂該夷當畏懼而求我者將於是乎在矣至於備火船練鄉勇募善泅之人等事則臣等自上年至今皆經籌商辦理惟待相機而動即各山淡水上年本已派行守更始劃定船以布帆兜設雨水幾於不能敷過熾而竟請山泉隨處汲取不窮則已守不屑守似毋庸張總之馭夷宜剛柔互用不必視之太重亦未便視之太輕與其遷謂不分轉致無所忌憚曷若懲創有別俾皆就我範圍而且用諸國以併拒諸夷則有如路覆若因英夷而並絕諸國則不啻驅魚此際機宜不敢不慎況所杜絕者惟在鴉片即原奏亦云凡有夾帶鴉片之夷船無論何國不准通商則不帶鴉片者仍准予通商亦已明甚從各國夷人原難保其始終不帶若果查出夾帶應即治以新例不但絕其經商如其無之自不在峻拒之列也又另片請將澳門西洋貿易定以限制上年臣林則徐先已會同前督臣鄧廷楨暨臣豫堃節次商議及之嗣經核定章程諭令澳門同知轉飭西洋夷目遵照即如茶葉一項每歲連稱准給五十萬斤仍以三年通融併計以示制中之道其他亦各分別議夷均已遵行本年正月奧內客留英夷即暫停西洋貿易逐其將英夷驅示仍即准令開艙亦與原奏請議章程不謀而合至所請責令澳夷代英夷保結一節現既不准英夷貿易自可毋庸置議臣等既此商酌意見相同謹合詞恭摺覆

奏伏乞

皇上聖鑒訓示再此摺係臣林則徐主稿內有密陳夷情之處謹請毋庸發鈔合併聲明謹奏

林文忠公覆奏查勘虎門排鍊礮臺摺

奏為遵
旨查勘虎門海口排鍊礮臺情形恭摺覆
奏仰祈
聖鑒事竊臣等於三月初七日在虎門舟次承准軍機大臣字寄二月十六日奉
上諭據鄧廷楨等奏籌議虎門海口創造木排鐵鍊添置礮臺礮位一摺已降旨允准虎門海口為粵海中路咽喉現當籌議海防章程自宜妥為布置以密巡防該督等所請於海面設木排鐵鍊以羈絆夷船並添設礮臺添置礮位之處是否有益著林則徐詳細查察情形據實具奏原摺著鈔給閱看將此諭令知之欽此伏查粵東中路海口以虎門為咽喉臣此次親至該處督收夷人鴉片即住在水師米艇寄碇海中四面形勢悉可瞭望當經留心相度竊見重重門戶實屬險要天成自伶仃大洋過龍穴而北兩山斜峙東曰沙角西曰大角由此以入內洋是為第一重門戶也進口七里有一山屹立中央名曰橫檔其前有一巨石俗名飯籮排又其前小山一座曰下橫檔海道至此分為二支其右一支多有暗沙左一支以武山為岸武山亦謂之南山山前水深洋船出入皆由於此此第二重門戶也由橫檔再進五里則為大虎山其西為小虎山再西則獅子洋即由黃埔以進省之路是大小虎山乃第三重門戶也此外如蕉門蘆灣山三門口之新湧口等處港汊旁出島嶼周迴均非夷船出入要津姑不具論以礮臺言之先有橫檔南山兩處均係康熙五十六年所建形勢稍狹嘉慶五年於沙角添建礮臺一座二十年復就橫檔礮臺加築月臺一座又於南山礮臺之西北添建鎮遠礮臺一座各安礮四十位二十三年又於大虎山建礮臺一座安礮三十二位道光十年大角山又添礮臺一座安礮十六位迨十四年冬間提臣關天培到粵適在驅逐夷人律勞卑出口之後與前督臣盧坤商議以大角沙角兩礮臺口隔海面一千數百丈之遠兩邊礮火均患不能得力只宜作為望臺遇有夷情應行防堵之時放礮報信其南山鎮遠與橫檔三處礮臺形如品字中隔水面三百餘丈礮火可期得力惟南山礮臺地勢過高礮子易於冒過船頂其餘原建牆垛亦俱單薄於道光十五年會摺
奏准將南山礮臺前面環築月臺名為威遠又將鎮遠橫檔大虎各礮臺加築堅厚添鑄七八千斤大礮分別安配並於橫檔背面山觜及對岸蘆灣山腳續添永安鞏固礮臺二座安礮四十位二十位不等此十

卷四　奏議　三

五年以前陸續添建礮臺之原委也。維時臣關天培即欲於橫檔山前海面較狹之處創造粗大鐵鍊安根兩岸，鐵鍊之下承以木排，木排兩端繫以錨纜，有事則橫絕中流，無事則分披海岸，如門開闔，防堵益嚴。以經費未充，前督臣盧坤任內未及辦理。鄧廷楨到後，正與關天培商議籌辦，旋於十八年夏間有暎咭唎國夷目嗎咃喻坐船三隻窺探虎門，見海口布置森嚴，畏懼而去。復經鄧廷楨與關天培欽遵

諭旨，俗謹隄防，以鐵鍊木排實為阻擋夷船要具，審看威遠、鎮遠、橫檔各礮臺之間海面較狹，安設排鍊兩道，足資堵截。惟威遠、鎮遠兩礮臺雖同在武山腳下，而相距尚有里餘，排鍊既截中流，礮臺尤宜聯絡，故又於威遠、鎮遠中間添建大礮臺一座，安放大礮六十位，以護排鍊而壯聲威。此鄧廷楨等現在

奏辦之情形也。茲欽奉

諭旨令臣詳細查察，當又移舟至武山橫檔一帶流覽登眺。此處本係第二重門戶，最為嚴緊。其海面自西北量自東南，橫寬二百七十餘丈至三百三十餘丈不等。所有排鍊兩道，西北皆安根於武山腳下；其東南則第一道安根於飯蘿排之巨石，第二道安根於橫檔山腳，鑿各加深石槽，以八千斤廢礮橫安槽底，外加鐵箍四道，上扣鐵鍊四條，由四而併為二，由二而併為一，由首尾合兩顛貫以大鐵鍊八條，用大鐵鎖接扣兩邊，以便開闔。其木排則以大木截齊，各長四丈五尺，合四根為一小排，穿以橫木二道，又以四小排聯成一大排，量寬一丈六尺餘寸，每底又各夾以橫木六道，箍用大小鐵箍三十口。第一道安大排三十六排，大鍊三百九丈零；第二道安大排四十四排，大鍊三百七十二丈。兩道排鍊相去約九十丈，共配鐵錨椗纜二百四十副，並設划船四隻，水兵一百二十名，管以把總二員。無事則中間常開，以通出入；如須防堵，則關閉甚速。察看木排極其堅固，鐵鍊煅淬精熟，開閉亦俱得法。其新建礮臺俯瞰兩道排鍊，正盛扼吭之勢，平寬六十三丈，高一丈四尺五寸，臺牆釘樁砌石，堞牆礮臺則用三合土築成，安礮六十位，後圍石牆九十丈，高出山巔。除兵房、望樓、官廳、軍裝火藥兩庫尚未竣工外，其餘均屬完整。演試銅鐵大礮，礮子均能遠及對岸山根。設有不遵道口之夷船妄圖闖入，雖遇順風潮湧，駕駛如飛，一到排鍊之前，勢難飛越。即謂夷船堅厚，竟能將鐵鍊衝開而越過一層，尚有一層阻擋。就令都能闖斷，亦已羈絆多時，各臺礮火連轟，豈有不成灰燼之理。似此重重布置，均極森嚴。聞黃埔及十三行出入夷人行商過此，皆懍然生畏懾心，於海防實屬有益。惟排鍊日被鹹水泡浸，加以潮汐蕩搖，即木大鐵堅，亦難保無損。若有寸鐵脫扣，一木離排，立刻即須修換，總使聯成整片，寔密不任一疏。設或遲延，當添副鍊備用，即全

局為之鬆勁查現臣關天培於排鍊一事久已殫精竭慮寢食以之而鍊臺二程亦時時躬親督造現在文武員弁皆極認真此後歲修事宜均須由關天培立定章程使將備弁兵皆諳成法加以時常操演精熟則海防長臻鞏固邊釁永可潛消堪以仰慰

聖主廑念瀛壖之至意所有詳細查核情形謹繕摺據實覆

奏伏乞

皇上聖鑒謹奏

林文忠公遵議團練水勇情形

奏為遵
旨查議團練水勇情形恭摺覆
奏仰祈
聖鑒事竊準部咨道光二十年七月初二日奉
上諭給事中沈鑅奏請飭沿海各省團練水勇一摺著沿海各將軍督撫等酌量地方情形妥議具奏欽此並鈔錄原摺前來臣等查粵東漁人蜑户以及濱海居民多以採捕為生不畏風濤之險土人所稱為水鬼者隨在有之如新安縣之大澳香山縣之濱澳陸豐縣之高螺鎮平縣之井洲向有善泅之人傳聞能於海底晝行夜伏並能於船底鑿洞沉舟上年粵省驅逐鴉片躉船臣林則徐與臣怡良暨調任督臣鄧廷楨密商即擬募以為用旋經屢次募得多名逐加演試亦僅能於內洋淺港往來泅泳求其深泅數丈潛伏多時者罕有其人始知向所傳聞尚係言過其實也臣阿精阿到任後留心諮訪並據副都統臣宗室奕告知前署將軍時亦曾於操練旗營水兵之便會同副都統臣宗室英　試過水勇技藝所見遠不及所聞然當防堵緊要之時恐此輩被其勾作漢奸或為盤運鴉片剝之所在不免爭趨仍惟收而用之在官多一水勇即在洋少一匪徒與給事中沈鑅現在所陳似已不謀而合又因粵省沿海口岸有三千六百餘里之遙額設水師兵丁實不足以敷分派自上年以來或由民間自行團練以保鄉莊或由府縣雇覓壯丁以資捍衛即如中路一帶所雇練勇用以協防礮臺隘口並配入拖風紅單等船者已有一千五百餘名疊次隨同焚剿嘆夷均可以壯軍威而助兵力惟是雇用此輩流弊亦多權宜雖在暫時而駕馭必須得法蓋其衆從烏合非若營制之師而又類桀驁性成每易藉端生事即令舉出頭目亦係素與習熟之人分數不足以相臨權亦不足以相制全在管帶之員拊循寬嚴並濟約束有方故當其招募之時即令查明親屬取具的保詳開名冊各給腰牌示以將循厚其雇值平日勤加操練漸以化其驁陵臨事不藉衝鋒祇令備為策應其犒勞賞卹仍予從優使有顧戀之心不萌他念第口糧安家一切用費較兼且若輩久處行間習知虛實其中亦有所不宜故又須加意防維隨時稽察果能遵守紀律出力向前則留營酌補入伍否亦酌量資遣妥為管束以杜日後非為是雇募水勇之策須因時制宜而欲其能發能收則惟有妥籌控制始可防其流弊也臣等謹就粵地情形酌議

[illegible]

[illegible]

[illegible]

沈文肅公福建臺灣請移駐巡撫疏同治十三年十一月十五日

奏為臺地善後勢當漸圖番境開荒事關刱始請
旨移駐巡撫以專責成以經久遠事竊臣等於十月二十七日將收回草房營地各情形奏明在案因思洋務稍鬆即善後不容稍緩惟此次之善後與往時不同臺地之所謂善後即臺地之所謂刱始也善後難以刱始為善後則尤難臣等冀為海防孔亟一面撫番一面開路以絕彼族覬覦之心以消目前肘腋之患固未遑為經久之謀數月以來南北諸路縋幽鑿險斬棘披荊雖各著成效卑南岐萊各處雖分列軍屯祇有端倪而無綱紀若不從此悉心籌畫詳定規模路非不已開也謂一開之不復塞則不敢知番非不已撫也謂一撫之不復疑則不敢必何則臺地延袤千有餘里官吏所治祇濱海平原三分之一餘皆番社耳
國家並育番黎但令薄輸土貢永禁侵陵意至厚也而奸民積匪久已越界潛蹤驅番佔地而成窟穴則有官未開而民先開者入山既深人迹罕到野番穴處涵育孳生則有番已開而民未開者疊巘外包平埔中擴鹿豕遊竄草木蒙茸地廣番稀棄而弗處則有民未開而番亦未開者是但言開山而山之不同已若此生番種類數十大概有三牡丹等社恃其獷暴劫殺為先悍不畏死若是者曰兇番卑南埔裏一帶居近漢民略通人性若是者曰良番臺北斗史等社雕題鑿面向不外通屯聚無常種落雜悉獷人如獸雖社番亦懼之若是者曰王字兇番是但言撫番而番之不同又若此夫務開山而不先撫番則開山無從下手欲撫番而不先開山則撫番仍屬空談今欲開山則曰屯兵衛曰刊林木曰焚草萊曰通水道曰定壤則曰招墾戶曰給牛種曰立村堡曰設隘碉曰致工商曰設官吏曰建城郭曰設郵驛曰置廨署此數者孰非開山之後必須遞辦者今欲撫番則曰選土目曰查番戶曰立番業曰通語言曰禁仇殺曰教耕稼曰修道塗曰給茶鹽曰易冠服曰設番學曰變風俗此數者又孰非撫番之時必須並行者雖然此第言後山耳甚繁重已若此山前之入版圖也百有餘年一切規制何嘗具備就目前之積弊而論班兵之情窳也蠹役之盤踞也土匪之橫恣也民俗之滔淫也海防陸守之俱虛也械鬬紮厝之迭見也學術之不明庠序以容豪猾禁令之不守烟賭以為饔飧官斯土者非惟無振作有為正己率屬之員始苦於事權之牽制繼苦於毀譽之混淆救過不遑計功何自使不力加整頓一洗浮澆但以目下山前之規模推而為他日山後之風氣雖多一新闢之區適多一藏奸之藪臣等竊以為未可也嘗綜前後山之幅員

計之可建郡者三可建縣者有十數固非一府所能轄欲別建一省又苦器局之未成而閩省向需臺米接濟臺餉向由省城轉輸彼此相依不能離而為二環海口岸處處宜防洋族教堂漸漸分布居民向有漳泉籍與粵籍之分番族有生番熟番屯番之異氣類既殊撫馭匪易況以剏始之事為善後之謀徒靜鎮之非宜欲循例而兼自使臣持節可暫而不可常欲貞效於崇朝兵民有五日京兆之見倘適將而久駐文武有兩姑為婦之難臣等再四思維宜仿江蘇巡撫分駐蘇州之例移福建巡撫駐臺而後一舉而數善備何以言之鎮道雖有專責事必稟承督撫而行重洋遠隔文報稽延率意徑行又嫌專擅駐巡撫則有事可以立斷其便一鎮治兵道治民本兩相輔也轉而相妨職分不相統攝意見不免參差上如有所疑下各有所恃不賢者以為推卸地步其賢者亦時時存形迹於其間駐巡撫則統屬文武權歸一尊鎮道不敢不各修所職其便二鎮道有節制文武之責而無遴選文武之權文官之貪廉武弁之勇怯督撫所聞與鎮道所見時或互異駐巡撫則不待采訪而耳目能周黜陟可以立定其便三城社之巨姦民間之寃抑覲聞親切法令易行公道速伸人心帖服其便四臺民烟癮本多臺兵為甚海疆營制久壞臺兵為尤甚以弁兵由督撫提標抽取而來各有恃其本帥之見鎮將設法羈縻只求其不生意外之事是以比户窩賭如賈之於市農之於田駐巡撫則考察無所瞻徇訓練乃有實際其便五福建地瘠民貧州縣率多虧累恆視臺地為調劑之區不肖者亂法取盈往往不免有巡撫以臨之貪黷之風得以漸戢其便六向來臺員不得志於鎮道及其內渡每造蜚語中傷之鎮道或時為所挾有巡撫則此技悉窮其便七臺民游惰可惡而戇直實可憐所以常聞蠢動者始由官以吏役為爪牙役吏以民為魚肉繼則民以官為仇讎詞訟不清而械鬬紮厝之端起奸究得志而豎旗聚眾之勢成有巡撫則能預拔亂本而清禍源其便八況閩地伊始地殊勢異成法難拘可以因心裁酌其便九新建郡邑驟立營堡無地不需人才丞倅將領可以隨時剳調其便十設官分職有宜經久者有屬權宜者隨事增革不至廩食之虛糜其便十有一開煤鍊鐵有第資民力者有宜參用洋機者就近察勘可以擇地而興利其便十有二夫以臺地向稱沃饒久為他族所垂涎今雖外患暫平旁人仍眈眈相視未雨綢繆之計正當在斯時而山前山後其當變革者其當剏建者非十數年不能成功而化番為民尤非漸漬優柔不能革然無間與其苟且倉皇徒滋流弊不如先得一主持大局者事事得以綱舉目張為我

國家億萬年之計況年來洋務日密偏重在於東南臺灣海外孤懸七省以為門户其關係非輕欲固地險

在得民心欲得民心先修吏治營政而整頓吏治營政之權操於督撫總督兼轄浙江移駐不如巡撫之便臣等明知地屬封疆事關吏治非部民屬吏所應越陳而夙夜深思為臺民計為閩省計為沿海籌防計有不得不出於此者敢不據實上

聞以為固圉之猷謹將臺灣善後情形及請移駐巡撫緣由恭摺由輪船到滬付驛六百里馳奏伏乞

皇上聖鑒訓示遵行謹奏

沈文肅公奏南北路並擬布置瑯嶠旂後各情形摺

奏為南路開山已抵卑南北路開山已抵岐萊並擬布置瑯嶠旂後各情形恭摺馳陳仰祈
聖鑒事竊臣等於十一月十五日將臺地善後事宜及請移駐巡撫緣由奏明在案而於南北兩路撫番開路情形未遑詳述茲疊據報稱南路一帶自九月間袁聞柝率綏靖一軍越崑崙坳而東張其光隨派副將李光領前隊繼之十月初一日李營至坳東袁聞柝乃得拔營前進初七日至諸也葛社自崑崙坳至諸也葛計程不過數十里而荒險異常土崖懸井下壑昏壁山皆北向日光不到古木慘碧陰風怒號勇丁相顧失色不能不中途暫駐以待後隊之來當袁聞柝駐營諸也葛之日正張其光在內埔辦理兇番之時內社地有老鴉石者崑崙坳之西境也初八日張其光左營有勇丁五人暮經該處草間突起數番截殺何禮一名槍傷譚大一名旋經都司張欣守備周恩培等派隊追趕該番逃散無蹤隨傳內社頭人陳汝玉查係七家蛋社兇番正在勒限緝辦二十四日參將周善初出哨雙溪路見無首勇丁橫卧血地方深疑駭旋見兇番多人執械向山坡狂竄遣勇追之適周恩培出哨橫截坡前槍斃其一兇擒其三餘悉散走訊供被殺者曰拉立被擒者曰亞利目曰蘇拉曰白牛俱為陳阿修社番即割路旁勇丁之首者諱大何禮之死亦該番糾同七家番社所為不諱張其光即將三人就地正法以快人心二十日都司張朝光率兩哨營于大石巖都司張天德亦率隊至諸也葛袁聞柝乃得拔營前赴卑南諸也葛以下地略平坦但榛蕪未翦焚萊伐木頗費人功而該丞累夜露宿空山感受瘴癘染病甚重臣等聞信即委候補通判鮑復康馳往暫領其軍俾歸郡醫治未至而該丞已輿疾率旅徑抵卑南張天德一軍亦已趨紮大貓狸與之犄角辰下卑南一路業已開通其崑崙左近雖有兇番出沒已分別懲儆諒無敢生心惟山道險遠糧運殊艱而卑南一帶海口當此東北風司令波濤泊岸倒捲如壁船隻不能攏泊現留袁聞柝病體漸輕鮑復康亦已到軍自內埔至卑南均已派營分布聲勢尚能聯絡此南路近日開山之情形也臺北一帶疊准提臣羅大春函稱自九月十八日派都司陳光華為首隊守備李英千總王得凱為次隊遊擊李得升為三隊前赴新城別派軍功陳輝煌率兩哨前赴大清水溪再派總兵戴德祥分三哨填紮大南澳分二哨前紮大濁水溪時正風雨連山諸軍阻不能進二十五日天晴陳輝煌先至大濁水溪旋有兇番抗拒經兵勇擊斃二人隨即獸散李得升李英陳光華等踵至會勘形勢近溪荒壤周圍約寬數十里惟地皆沙石不及大南澳之膏腴溪岸南北約距三十餘丈波流陡急副將周維先等連日趕造正河支

河木橋各一條工程既竣各軍乃得越溪而前自大濁水溪以往前者曰小清水溪後者曰大清水溪十月初八日陳光華一營進紮小清水陳輝煌等進紮大清水隨有新城通事李阿隆等帶大魯閣番目十二人來迎願為嚮導陳輝煌李英王得凱等各軍遂於十三日抵新城十四日李得升所部亦至均營於新城河東時又有符吻豆蘭等社番目來迎均各分別賞犒我軍遂趨紮岐萊花蓮港之北此地蓋後山横走秀姑巒之道也自蘇澳至新城計山路二萬七千餘丈自新城至花蓮港計平路九千餘丈統計二百里有奇而沿途碉堡除蘇澳至大南澳已設者不計外應添建十有二處均已興工惟大南澳至大濁水溪一帶兇番充斥狙殺行人因於大南澳山腰再闢一路旁通新城一以避海濱懸崖之險一以塞兇番歧出之途經派千總馮安國帶勇往辦涉溪五重方闢地十餘里十一月十一十三等日勇丁正在闢路突有兇番千餘分段埋伏放槍我兵竭力抵敵經守備黃朋厚等擊斃四人始退是日我兵陣亡者四人受傷者十八人十五日行至一崇山之麓我兵正在峽中開鑿忽聞槍聲四起抵禦兩時之久兇番愈多黃朋厚馮安國料該番等傾社而至社中必空分隊繞搗果有草寮數百間無其人惟見新舊髑髏每寮或數十顆百餘顆不等穢臭難聞旋乘暮風縱火焚寮十數間陣番始散是日計亡兵勇四名重傷者二十名而哨長祝榮山胸受槍傷頗重其駐濁水溪之勇數十人由小南澳運糧而歸亦於十三日路過石壁突遇兇番蜂擁包鈔陣亡者二名被迫落海者四名重傷者一名經守備朱榮彪馳隊赴救始各駭散而十五日五里亭地面復報稱兇番殺斃民人二名羅大春以番族肆擾難疏隄防惟山場遼闊營勇不敷分布飛函商請添兵前來臣等即箚駐彰化之宣義左右兩軍赴之想日內可到至新城岐萊一帶應如何設立營汛建造砲臺俟羅大春親至相度再籌布置此北路近日開山之情形也至琅𤩝一帶臣等復派淮軍兩營紮統領埔王開俊一營紮風港據報十月三十日有日本輪船一隻泊龜山下隨有五人登岸周覽舊營時許始歸十一月十一日復有輪船一隻泊清港口隨有東洋人五名登岸經前臺灣鎮曾元福軍功汪兆榮阻詰據稱係醫支國人查西洋向無此國詢諸日意格云始日耳曼轉音之訛也該洋人求至新營一觀淮軍管帶官李常孚胡國恒等整隊而出該洋人旋即下船開洋而出臣等思急於琅𤩝建城置吏以為永久之計本月初一日臺灣道夏獻綸候補道劉璈先赴琅𤩝臣葆楨擬初四日同臺灣府周懋琦等親赴該處察勘形勢應如何舉辦之處再行請

旨定奪至臺南旂後海口峭壁洪流洵稱天險前經夏獻綸履勘會商淮軍統領唐定奎鑿山壘土建砲臺六

廑以固海防唐定奎委候補府田勤生等挑選營勇於十一月初三日開工理合聲明茲先將南北路開山並擬往琅璚撫後布置各情形恭摺附輪船到滬交上海縣由驛六百里馳奏伏乞

皇上聖鑒訓示遵行再此摺係臣葆楨主稿合併聲明謹奏

沈文肅公請琅嶠築城設官摺

奏為履勘琅嶠形勢擬即築城設官以鎮民番而消窺伺恭摺馳陳仰祈
聖鑒事竊臣等於本年十二月初五日將臺地招墾開禁情形奏明在案臣葆楨前患咳逆調治稍愈遂於十
三日偕同臺灣府知府周懋琦前署臺灣鎮曾元福由郡登程十四日抵鳳山閱淮軍城西八營城東三
營緒構精嚴上埤下壕周方四角突起礮壘分哨扼守外嚴瞭望如內平砥若蔚然偉觀入營接見統領營
官各加獎勵並躬奠其病歿將士之墳而去十五日南行宿東港十六日宿枋寮地本瘠壤道光間有鳳
山令曹瑾者開水圳以通泉脈遂為膏腴至今民食其利時已殘冬麥穗秧針黃綠相間則內地四月間
景象也該處尚為鳳山壤則之區過此以往則皆番社居民寥寥矣十七日過刺桐腳鄉民泣訴先後為
獅頭社番戕者五人而王開俊營長夫過者番疑為民亦斃其二論起釁之根番道而民曲及其仇殺斷
難縱番以殃民且營夫又何罪也夕宿風港適王開俊移營至臣葆楨即令派汛郭占鰲至社飭交兇犯
懲辦如敢違抗則不能不示以威風港倭營俱在四無牆壁草屋數十高僅及肩王開俊嫌其散不可守
擬合紮而加牆濠焉十八日抵琅嶠宿車城為前大學士福康安征林爽文駐兵之處接見夏獻綸劉璈
知已勘定平城南十五里之猴洞可為縣治臣葆楨親往履勘所見相同蓋自枋寮南至琅嶠民居俱背
山面海外無屏障至猴洞忽山勢迴環其主山由左迤趨海岸而右中廓平埔周可二十餘里以為全臺
收局從海上望之一山橫隔雖有巨礮力無所施建城無踰於此劉璈素習堪輿家言經畫審詳現令專
辦築城建邑諸事惟該處不產巨杉且無陶瓦屋材甎甓必須內地轉運而來近石亦宜遠致城池所用
已墾成田不能不給價以卹貧戶未免繁費惟有嚴飭委員等核實估計不得虛糜縣名謹擬曰恆春可否
之處伏候
欽定如蒙
允准擬先設知縣一員審理詞訟俾民番有所憑依畀之親勇一旗以資號召其餘武員學官佐貳且置為
緩圖以一事權而節縻費車城外西南地曰後灣者倭人進營之址也濱海當風水泉又惡當時彼族居
之病亡相繼且船上礮彈可及故淮軍之至棄而不處一營紮車城附近以衛民居一營紮統領埔以扼
牡丹各社出入之道淮勇與番眾均屬相安惟倭人舊營雖只係草屋然交收後不數月今無一存或云
火焚或云風壞四顧蕩然現已飭查實在情形稟覆當臣葆楨自猴洞回車城時適洋將博郎哥嘉吉德

韓德善等四人到車城據稱韓德善於龜仔角左近擬建燈樓隨飭局總瑪興之同往相度俟歸後定議
臣葆楨遂同夏獻綸劉璈等於二十日坐輪船歸郡刻下歲暮暫且緩工開春劉璈當赴琅𤩝督辦營建
諸務夏獻綸當赴中路主辦開山事宜臣葆楨思船政累年動費數百萬方防辦報銷又為臺事所間秉
此稍暇之時擬於本月二十四日由輪船內渡句稽大數具奏事畢再至臺灣續行經理茲先將履勘琅
𤩝擇地建城各情由合詞恭摺由輪船赴滬交上海縣附驛六百里馳奏伏乞
皇上聖鑒訓示遵行再此摺係臣葆楨主稿合併聲明謹奏

張幼樵學士請設沿海七省兵船水師疏

奏為請設沿海七省兵船水師特派重臣經畫以一事權而規久遠恭摺仰祈
聖鑒事竊臣維泰西各國所以縱橫海上雖與爭鋒者船堅炮利而已二十年來中外既通商定約矣而各國鋼船鋼炮制作日新月異其鷹瞵狼貪注目垂涎於亞洲之心固路人所共知也
國家即令大治水師猶懼不敵若復徬徨審顧不為自強根本之計誠恐海上之警殆無已時查中國海岸東起奉錦南訖瓊廉延袤萬有餘里各省海口多者數十處本屬防不勝防而俄據海參崴以睨混同倭襲琉球以伺臺澎英取香港法取越南葡萄牙則取澳門以逼粵五路此為大海之險與彼共之矣西洋各國復闢紅海以趨捷徑設海線以達軍書一旦有事飆駛海三萬里徵調應期饋輸不絕無重溟之險可以直叩門戶我惟自扼海口集陸兵以禦之進則有利退亦無害客之勢轉逸主之勢轉勞此固論兵者所深忌而籌海者所宜知也自粵捻既平中國稍稍治船廠購機器以立兵輪水師權與餉力之不充人才之不出水旱災沴之不時內外議論之不一至今外海師船未改舊章各省輪船未盡定制無警則南北洋之經費闕闕欠解有警則南北洋之經費闕闕截留仍此不變而欲沿海水師足備攻援足資戰守亦已難矣同治年間丁日昌請設三洋水師提督左宗棠請洋防一水可通輪船聞警可赴北東南三洋各駐師船常川會哨自有常山擊蛇之勢若兼分三洋轉生畛域李鴻章亦謂沿海口岸林立處處宿以重兵所費浩煩要在以全力扼要害而尤戒散漫分防其後沈葆楨乃有輪船聚操上海之奏臣考之西洋兵制水師均專設海部兵柄極重英人赫德曾在譯署獻議亦以請設總海防司為言深惟二三老成之籌謀參以五六海國之新制水師之宜合不宜分宜整不宜散利弊亦略可覩矣然則欲求制敵之法非概設外海兵船水師不可欲收橫海之功非設立水師衙門不可水師政要約有數端曰審形勢曰練將才曰治師船曰考工用海防之事督撫不能不問而各省既分疆域即不能盡化町畦若責成重臣舉沿海口岸外別要衝次衝何處可屯鐵船何處可建砲臺何處可修船塢何處可伏水雷將帥一家水陸一氣始能血脈貫注骨節靈通雖海口之廣狹潮汐之往來泥質之靭輭礁沙之厚薄斷非一耳目所能周一手足所能舉而備多用分之弊除斯集思廣益之效著則相地之任宜專也陸軍宿將強令巡海固恐違地勿良即向帶內江長龍舢板之楚將不習風濤海選即帶紅單艇船之粵將不習機器測量理

法亦未敢輕於相委南北洋輪船近多募用洋員廷以重貲臨敵請退終難收客卿畨將之益欲求水師將材惟出洋學徒庶幾中選然非師船時時游弋時時聚操則技藝日就荒嬉心志亦終歸驕惰無能者或以奔競而躐遷多能者或以樸拙而淹滯陶鎔鼓鑄責槓帥臣則馭將之任宜專也海上戰守莫要於師船粵省之船河海兩絀閩廠之船兵商兩絀即赫德訂購之蚊船機露砲重底平行遲長於守港難於涉海亦非水師利用今定遠濟遠鎮遠等鐵艦既未來華惟北洋超勇兩艘南洋開濟五艘號稱新式耳然而中外條議或謂艇船仍不可裁或謂帆船亦不可去或謂中國安置鐵船之口岸甚多或謂南洋水性過熱海蟲水草足為鐵船之害非有深諳其事熟悉洋情者詳為考核購船既受其欺駐船未得其地皆足啟侮揆厥至於照經海嶼考查宜精魚尾雁行陣法宜講尤非專心一志不能日起有功則治船之任宜專也購外洋軍火有年惟南洋北洋有克虜伯礮及各種精鎗而滇粵各軍求云者士得士得乃之鎗尚為奇貨可居則各省之風氣未開也置外洋機器有年而因陋就簡與規矩不能與巧至今造船之材料造鎗砲之銅鐵均須購自外洋則機器之大原未立也誠得專員經理南北洋采木之法別其性質以代洋木鍊鐵鍊鋼之法宜先探其本然後輪機配定何式鎗砲擇定何種用不難而兵精工不雜而械精其他水雷魚雷行軍需用之器擇地擇人通籌兼顧軍火既免於缺乏餉需亦免於虛糜則簡器之任宜專也惟是七省水師特派重臣經畫創辦之始必須特款千餘萬辦成之後必需有經費數百萬統籌國用亦知財力難勝然以水師一軍應七省之防即以七省籌水師一軍之費各督撫通力合作挹彼注茲當不至束手坐視而水軍以漸擴充遠或七年近或五年積蓄經營殫精竭慮或可有成夫以中國之大

聖詔之宏畏

大恤民講信修睦茍彼族漸濡德禮豈不宜詐虞悉泯懷我好音乃十年之中豐大業之景甫定而日本精兵馬嘉利之案甫彌而俄人要約東失中山而南又挫於交海何哉彼以水師火器為長技挾兵以衛商挾戰以要和而我猶狃於舊船舊炮不知改絃更張徒欲將士以血肉相薄文臣以口舌相爭亦常不及之勢矣反復思維目今遴選將帥經畫水師在法事為後事在海防為先著懇請專派大臣將沿海七省水師改為兵輪並為定制俾各局船廠鐵局均歸調度以專責成內以作而外禦侮庶幾收[illegible]新之效乎應如何籌定餉項建立衙門請派大員之處伏懇

敕下軍機大臣總理各國事務衙門大臣會同戶部妥議具奏臣殷憂深念剴切披陳伏乞

皇太后
皇上聖鑒再此摺本係譯署與李鴻章反覆函商擬稿待奏之件現在兩奉
懿旨改為微臣條奏合併聲明謹奏

張學士奏俄約從違利害疏

奏為要盟不可曲從禦侮宜籌早計謹熟權利害披瀝上陳仰祈
聖鑒事竊臣近閱邸抄因俄國定約使臣辱命奉有廷臣集議之
旨所有條約俾閱大概臣竊不勝憤懣謹將此約從違利害縷晰為我
皇上陳之新約十八條他姑勿論其最謬妄者如陸路通商由嘉峪關西安漢中直達漢口秦隴要害荊楚上游盡為所據馬頭所在支蔓日滋消息潛通邊圉難防堂奧已失不可許者一東三省
國家根本伯都訥吉林精華若許其乘船至此即與東三省全境任其遊行無異
陪京密邇肩背單寒是於綏芬河之西無故自蹙地二千里且內河行舟乃各國歷年所求而不得者一許俄人效尤踵至不可許者二
朝廷不爭課稅當恤商民若準西兩部蒙古各盟一任俄人貿易概免納稅華商日困猶未也以積弱苦貧之蒙古供俄人盤剝以新疆鉅萬之軍餉徙為俄人委輸且張家口等處內地開設行棧以後逐漸推廣設敵戍必萬里之內首尾銜接不可許者三中國藩屏全在內外蒙古沙漠萬里天所以限俄人即欲犯邊迤北一面總費周折如蒙古台站供其役使彼更將重利以啗蒙人一旦有事音信易通報無阻勢必煽我藩屬為彼先導不可許者四條約所載俄人准過卡倫三十有六延袤太廣無事而商往則譏不勝譏有事而兵來則禦不勝禦不可許者五各國商賈從無明言許帶軍器之例今無故聲明人帶一槍其意何居假若千百為群闖然徑入是兵是商誰能辨之不可許者六俄人商稅種種取巧如各國希其均霑洋關稅課必然歲絀數百萬不可許者七同治三年新疆已經議定之界又欲內侵斷我南通八城之路新疆形勢北路荒涼南城富庶爭瘠棄膏職務虛名受實禍不可許者八伊犁達爾巴哈臺科布多烏里雅蘇台喀什噶爾烏魯木齊古城吐魯番哈密嘉峪關等處准設領事官是西域全疆盡歸控制有洋官斯有洋商有洋商斯有洋兵初則奪我勢權繼則反客為主馴至彼有官而我無官彼有兵而我無兵且各國通例惟沿邊沿海准設外邦領事若烏里雅蘇台科布多烏魯木齊古城哈密嘉峪關乃我境內今自俄人作俑設各國沿例將十八省腹地徧置洋官不可許者九名還伊犁而三面山嶺內卡倫以外盤踞如故據高臨下險要失矣割霍爾果斯河以西格爾滿島以北屯墾無區畜牧無所地利盡矣金頂寺久為俄人寺屋現與約定俄人產業不更交還是伊犁一綫東來之道必穿俄巢出路絕矣寥

寥遺黎彼又盡遷以往人民空矣擲二百八十萬有用之財索一無險隘無地利無出路無民人之伊犁
將安用之不可許者十俄人索之可謂至貪至橫崇厚許之可謂至謬至愚
皇太后
皇上赫然震怒飭使臣下廷議可謂至明至斷上自樞臣總署王大臣以至百司庶官人人皆知其不可所以
不敢公言改議者誠懼一經變約或召釁端然臣以為不足懼也必改此議不能無事不改此議不足為
國請言改議之道其要有四一曰計決二曰氣盛三曰理長四曰謀定何謂計決無理之約使臣許之
朝廷未嘗許之崇厚誤國擅敢擅許擅歸國人皆曰可殺者也伏望拏交刑部明正典刑治使臣之罪即可
杜俄人之口按之萬國公法既有不准違訓越權之例復有臣執全權可否仍在朝廷之條正與崇厚不
遵密函不請
諭旨之罪相合者英之獄成憲昭然故立誅崇厚則計決何謂氣盛俄人欺我使臣孤懦逼脅畫押挽一償百
而意猶未饜不料俄羅斯硯然大國乃至出此不特中國憤怒即環海萬國亦必不直其所為至俄使不
待定議拏言歸國外洋亦無此例況凱陽德係署理公使豈能擅歸其為恫喝無實情形顯然儘可聽其
去留不必過問莫如降
諭旨將俄人不公不平臣民公議不願之故布告中外行文各國平其曲直兼屬各國會堂將我
國家情理兼盡之處刊入新聞紙明諭邊臣整備以待據衆怒難犯之情執國敵不從之志俄國自與土耳
其苦戰以來師老財竭臣離民怨近歲其國主屢有防人行刺之舉若更渝盟犯順圖遠勞民必且有蕭
牆之禍行將自斃焉能及人故明示中外則氣盛何謂理長種種要挾皆由伊犁而起若盡如新約所得
者伊犁二字之空名所失者新疆二萬里之實際而每年尚須耗四五百萬金餉需以供邊師防軍建城
關屯之用是有新疆尚不如無新疆也索伊犁而盡棄其請則曲在我置伊犁而仍肆其言則曲在彼況
使臣畫押未奉
御批未發
御寶一如載書未歃豈足為憑俄人理屈詞窮焉能生釁故緩索伊犁則理長何謂謀定俄人而講行義兵端
可以不開若俄人必欲背公法棄和好設防之處大約三路一新疆一吉林一天津左宗棠屢勝之威
兵力素強金順劉錦棠錫綸張曜亦皆健將以靜待動俄人必敗聯絡刺嘛提嗒扎拉參邀其歸路彼時

蹤輪不返若出吉林邊地邊負林谷叢雜其地去俄都二萬里懸軍深入饋饟艱難不能用眾

特簡兼資文武之將帥授以重權資以鉅餉分東北洋海防之半為經略東三省之資

命左宗棠金順選撥籍隸東三省之將官數人東來聽用招集索倫赫津打牲人眾教練成軍其人素性雄勇

習與俄鬥定能制勝即小有挫衄堅守數月必解而去天津一路逼近

神京然俄國兵船扼於英法公例向不能出地中海即強以商船載兵而來亦非西洋有鐵甲等船者比李鴻

章高勳重寄糜數百萬金錢以製機器而養淮軍正為今日若并不能一戰安用重臣伏請

嚴飭李鴻章諭以計無中變責無旁貸及早選將練兵做舊德國新式增建砲臺戰而勝則酬以公侯之賞不

勝則加以不測之罰設即以賠伊犁之二百八十萬金雇募西洋勁卒亦必能為我用俄人蠶食回疆吞

併浩瀚意在擣印度之背不特我之患亦英之憂也李鴻章若以此開曉英使輔車脣齒當事同仇近年

立功宿將如彭玉麟楊岳斌鮑超劉銘傳姜慶岑毓英郭松林宋慶喜昌彭楚漢郭寶昌曹克忠李雲麟

陳國瑞等或現任或退閒或處廢籍如蒙

宣召來京令其詳議籌策分駐京通津沽及東三省以備不虞山有猛虎自可建威銷萌故脩武備則謀定臣

非敢迂論高談以大局為孤注惟深觀事變日益艱難西洋挾我權政東洋思啟封疆今俄人又故挑釁

端若更忍之讓之從此各國相逼而來至於忍無可忍讓無可讓又將奈何無論我之禦俄本有勝理即

或疆場之役利鈍無常臣料俄雖有戰不能越嘉峪關雖有勝不能薄寧古塔終不至擎動全局曠日持

久須兵多食其勢自窮何畏之有然則及今一決乃中國強弱之機尤人才消長之會此時猛將謀臣足

可一戰若再閱數年左宗棠雖在而已衰李鴻章未衰而將老精銳漸盡欲戰不能而俄人則以城於東

屯於西行棧於北縱橫窟穴於口內外通衢藏有朝鮮不以今日捍之於藩籬而他日鬥之於庭戶悔何

及乎要之武備者改議宜脩不改議亦宜脩伊犁者改議宜緩不改議亦宜緩崇厚者改議宜誅不改議

亦宜誅此中外群臣之公言非臣一人之私言也輔謀在樞臣作氣在百僚摠理立辦在總理衙門而決

計獨斷始終堅持則在我

皇太后

皇上專閫

宗社大計坐視不能緘默不敢仰懇將臣此疏一併

發交廷臣會議不勝眷眷迫切之至伏乞

皇太后

皇上聖鑒謹

奏

劉省三爵帥請開鐵道疏

奏為時局日艱外患日迫亟宜籌造鐵路以圖自強恭摺仰祈
聖鑒事臣以菲材渥承
恩遇自解兵柄養疴田園每念中外大局往往中夜起立眦裂泣下恨不能竭犬馬以圖報於萬一近者被
命力疾來京仰蒙
召見訓誨周詳莫名感激竊念人臣事君之道知無不言況事變至迫利害甚鉅敢不竭其縷縷為我
皇太后
皇上敬陳之中國自與外國通商以來門戶洞開藩籬盡撤自古敵國外患未有如此之多且強也彼族遇事風生欺陵挾制一國有事各國環窺而俄地橫亘東西北與我壤界交錯扼吭拊背尤為心腹之憂我以積弱不振不能不忍辱含垢遷就不惜玉帛以弭兵戎然而和難久恃財有盡期守此不變何以自立今論者動曰用兵矣竊謂用兵之道貴審敵情自歐州起造鐵路漸近浩罕又將由海葠威開鐵道以達琿春此時之持滿不發者非畏我兵力以鐵路未成故也不出十年禍將不測日本一彈丸國耳其君臣師西洋之長技恃有鐵路動逞螳螂之臂藐視中華亦遇事與我為難臣每私憂竊歎以為失今不圖自強後雖欲圖恐無及矣自強之道練兵造器固宜次第舉行然其機括則在於急造鐵路鐵路之利於漕務賑務商務礦務釐捐行旅者不可殫述而於用兵一道尤為急不可緩之圖中國幅員遼闊北邊綿亘萬里毗連俄界通商各海口又與各國共之畫疆而守則防不勝防馳逐往來則鞭長莫及惟鐵路一開則東西南北呼吸相通視敵所驅相機策應雖萬里之遙數日可至雖百萬之衆一呼而集無徵調倉皇之過兵轉輸艱阻之虞且兵合則強兵分則弱以中國十八省計之兵非不多餉非不足然各省兵餉主於各省督撫此疆彼界各具一心遇有兵端自顧不暇徵調兵餉無力承應雖
詔書切責無濟緩急蓋一國分為十八國也若鐵路造成則聲勢聯絡血脈貫通裁兵節餉併成勁旅十八省合為一氣一兵可抵十數兵之用將來兵權餉權俱在
朝廷內重外輕不致為疆臣所牽制矣方今國計絀於防邊民生困於釐卡各國通商爭奪利權財賦日竭後患方殷如有鐵路收費足以養兵則釐卡可以酌裁並無洋票通行之病裕
國便民之道無踰於此且俄人所以挾我日本所以輕我者皆以中國守一隅之見畏難苟安不能奮興耳

若一下造鐵路之
詔顯露自強之機則氣勢立振彼族聞之必先震驚不獨俄約忠成即日本窺伺之心亦可從此潛消本年李
鴻章奏議沿海安設電線此亦軍務之急需但電線須與鐵路相輔而行省費既多看守亦易或者以經
費難籌無力舉辦為疑竊謂議集商股猶恐散漫難成今欲乘時立辦莫如議借洋債洋債以濟國用斷
斷不可若以之開利源則款歸有著洋商樂於稱貸
國家有所取償息可從輕期可從緩且彼國慣修鐵路之匠亦自願効能於
朝廷此誠不可失之機會也查中國要道宜開二條一條由清江經山東一條由漢口經河南俱達京師北
路宜由京師東通盛京西通甘肅惟工費浩煩急切未能並舉擬請先修清江至京一路與本年議修之
電線相表裏此路經山東直隸地界最多或謂於民間墳墓廬舍有礙必多阻撓不知官道寬廣鐵路所
經只佔丈餘之地於墳墓廬舍當不相妨即偶有牙錯亦不難紆折以避臣昔年剿捻中原屢經各該省
其地勢民情固所稔知非敢為臆斷也事關軍國安危大計如蒙
俞允請
旨飭下總理衙門迅速議辦若輾轉遷延視為緩圖將來俄局定後築室道謀誠恐卧薪嘗胆徒托空言則永
無自強之日矣所有請開鐵路以圖自強緣由謹繕摺具陳伏乞
皇太后
皇上聖鑒訓示謹奏

劉雲生參議請止鐵道疏

奏為中國情形種種不同西洋製造火車勢不可行無利而多害恭摺據實陳所見仰祈
聖鑒事竊聞近有建議火車鐵路者此屬創舉
是宜深思博訪確見妥善然後施行庶無流弊雖數人私言逞臆為工之理然臣顧亟亟言之者無事生
事人心惶惑物議沸騰甚非我
國家之福臣嘗出使西洋講求其事既有所見不敢不陳明以期早日罷論息此紛紜也夫火車之利於遠
行速者一晝夜三千里緩亦一千數百里而且一機器居前能拽十數車於後每車上下兼坐可容百數
十人行不顛簸亦不暈眩雖崇山峻嶺巨壑大河穴以通車則悉成平地而無翻覆之苦此實古今之
奇觀絕世之巧術臣雖迂拙亦樂其便冀以施諸中華是以駐英駐德使事之暇即偏覽其機器製
造之局與其巨商老匠悉心推求而又博致諸各國參以富及波斯日本土耳其等國其非西洋而效
為西洋火車者朝夕以思如此者兩年乃數火車實西洋利器而斷非中國之所能仿行也臣竊計其勢
不可行者八無利者八有害者九敢請為
皇太后
皇上詳細陳之西洋人於各貨總滙行店皆名曰公司火車鐵路亦公司為之無國不有其人衆富商衆擬
集貲多聞議辦事則相聚為奇巧以炫奇譎造既成而勢可行其以國利者貨物運費俾其盈大其重
并不知有同夥來益之慮者每國鐵路公司約數家每公司所集資本約金七八十兆至百餘兆每百兆
金錢計值中國銀三萬五千萬兩用能養益萬工匠造成鐵軌數千萬丈火車三百餘具以應用常不
竭所謂衆擎易舉如此若中國則商民決無約夥為此者倘以官領之而招民入股則遠年百姓受欺於
官屢矣聞輪船招商局嘗集股銀七千餘兩初時以三四分息計之嗣因虧負不敷撥給息五釐而止人
皆視為畏途以為無益豈復肯踴躍輸兒此時民力大困即網羅天下富室亦未易集西洋一公司之巨貲也
其不可行者一也無已則動公帑為之夫帑藏不充久矣上而宿衛公士且乏衣食而無以肅威嚴下而
調飢黎民且領倉廩而無以養贍郵百廢不舉類皆以財力未裕而苟安之乃籌欵項以事此不急之務
其於政體亦似略乖矣然姑勿論此洋人之論謂鐵路必多然後商貨周流而無滯計英國三島南北不
及三千里東西僅二千里其為鐵路共十七道所費金錢六百三十兆之多我中國地與數十倍於英據

卷四　奏議

十七

西洋匠師言由廣州潮州長沙岳州漢口沿大江東折至南京北而淮揚取道臨清天津以達京師為鐵路一道需銀七千萬兩夫一道即七千萬若倣英國十七道之制則十二萬萬矣地與遼遠於英十七道必仍不足則且數十萬萬矣我

國家經費有常何處籌此巨款抑此僅就初造言之耳以鐵輪輾鐵路兩鐵易於逆傷機器板屋亦易震壞每歲必需修而葺之每五年即須易而新之修葺之費或可取償於度債人貨之資更新之費將安所出其不可行者二也西洋專奉天主耶穌不知山川之神每造鐵路而阻於山則火藥焚石而裂之洞穿山腹如城闕或數里或十數里不以陵阜變遷鬼神呵譴為虞阻於江海則鑿水底而熔巨鐵其中如磐石彫以為鐵橋基址亦不信有龍王之宮河伯之宅者我中國名山大川歷古沿為祀典明禋既久神斯憑焉倘驟加焚鑿恐驚耳駭目尊視為不祥山川之神不安即旱潦之災易召其不可行者三也西洋既由商民湊股為之則司事之人莫非自治其事之人修塗造車在在結實與中國之付諸委員吏役視為官事而徒存其狀貌者不同溯自軍興以來法令悉弛矣在下者知假冒不足以干典刑遂相習以自肥其貴豪在上者知徇庇不足以獲重咎因相率而見好於僚屬凡百花為類皆虛縻工料之給發十每不得五矣價值之浮銷一成竟報三矣購火車機器購自外洋道遠而無從稽核其不以一報十者幾何苟一切薄料減工更不足以補虧蝕之機器則有朽而亡其實勢不可以久支即監之以洋人亦豈能直發其而奸如福建船廠所造輪船舉不堪用而美國暨日本人效及有責洋監督曰意格之無良有為日意格原諒其難者蓋方今所謂製造若此其不足恃也豈火車鐵路一事獨能有實際乎其不可行者四也火車飛行其勢最猛路稍不平則或數輪而全車皆碎或陷輪而人力難施故鐵路之設每十里置一亭舍為修道者所居以便隨時葺治凡火車之過或捧旗或立伺候道旁否則責治其人終身無復可圖差使西洋之法人苟失職有據官紳親見聞者皆可懲治其罪不以非所屬而遠嫌故耳目多而人不敢犯令若中國則官各有職界限劃然苟無管轄其人之責即不能斥治其人之非況兵而離汛營夫而離塘泉數視為固然惟悶其本管官出巡一與之西即復他去況辦理火車委員初無刑賞之柄自難迅行之時修道者或貽誤車必待送諸地方官訊質紛紜然後施之薄責而仍無補於其事人何所畏而謹守職復其不可行者五也西洋各國收養孤窮禁止遊惰其事最實其法最周城市鄉閭罕見有鼠竊狗偷者我朝軍興以來

國初教養之政尚未暇舉擴窮之盛行物值一錢即不可道須臾置別此鐵路之鐵延長數千里勢難節節嚴守竊失甯在意中曩年吳淞買回洋人鐵路甫及一月即被人截去鐵段火車不能復馳此其明証其不可行者六也西洋各國惟界口設有稅關火車至此僅停一刻查驗即便啟行故無碍其往來之期限我則各省各屬關卡不一而人心之貪詐亦不可勝窮若照尋常關榷之法逐細嚴查則每關停留時刻無定若虛其行期延誤而稍示寬大則走私漏稅之弊百出

國課益以不供其不可行者七也西洋各國客店最多每室咸備衾裯事事整潔而其人終歲袒裼又復身無重衣故常萬里遠行不攜一物我中國行李笥篋担負纍纍以十洋人所坐之火車受五華人而或虞不足重價少索則我不敷出多索則人莫能堪若以載兵言之洋兵水壺糧袋與其所持器械旦暮恆隨於身雖家居寢食而不離此外無所謂軍裝即遠出戰攻亦露處而無須帳幄是以一火車輒度百餘人華兵固不能如是其簡便也其不可行者八也有此八不可行而利或寓焉猶曰殫心併力務成之不可因咽廢食也然而利果安在哉或曰英國自造鐵路貨物流通各行貿易比前煩鬧數十倍國之益富職是之由得非利乎夫由西洋而迄地中海凡數十國壤地均可相接自鐵路盛行火車互相遞送英商之貨直達歐州而外其所得皆他國之利也若中國則雖造鐵路不過周於兩京十七省而止以彼一省之貨易此一省之財如南子以孟仲之財易叔季之貨耳孟仲得貨而失其財叔季失貨而得其財專以叔季言之誠加富矣然一家言之則毫末殊未有增是安可以為利或曰火車行則各鄉貨物皆可集於口岸不亦不待他國之利乎不知中國食用之物類皆不宜於西洋所銷太宗惟綠茶耳近年各路通商沿江沿海沿邊諸碼頭歲銷均各有定數多寡不甚相懸華商既特為洋裝以待銷洋商亦預計華工以採買備絲茶所集遊離太遠則有擡抬跌價之虞蓋專用中國茶惟俄人專用中國茶與絲者惟英人法人與人其餘則輒圖賤價雜收諸印度東洋等處英法俄與四國之人歲不加多故絲茶之市歲不加旺至於他貨除瓷器白糖毛羽藥材草鞭而外西洋只視為琛玩異物以供陳設以新見聞均不能多售火車運赴口岸不過徒便洋人未足利中國也抑英國商賈之富由其商會頭目隨時訪取各國諸器取合用之式歸示百工使照式製造以便行銷故其貨所及為利最遠若德國則勸工之去費不能然故火車鐵路雖與英同而無所得利今我各省各屬民多曠業莫勸無人製造更鮮知洋式車雖疾馳何所載以遠服賈哉或曰火車行則千里若近隣凡夫探望戚友籌畫出勝者無跋涉之勞自必咸樂遠出往來

卷四　奏議　十八

人衆沿途之飲食住宿船馬駁載土物購帶生理自然增多其為利於民不少也不知此為洋人好遊爲然耳洋俗婦女不喜家居每出則夫必隨行并挾子女故游人多而火車之價客店之費皆易取盈我中國民習勤儉安居樂業者苟非仕宦兵役游幕經商幾終身不出里門至於婦女則尤以踰閾為戒安所得乎游人且西洋火車所經生理暢茂所利者亦在乎遠客耳若就國人而論雖商賈得利何異乎奪此民以與彼民嘗聞英人之有識者言及其國俗習奢華宴游為樂今日甫得工資明日即空諸所有今年甫搆廬舍明年即授諸他人貧富無常比比皆是倘國勢稍衰商務稍減不三五年即恐坍塌不可撐持等語我中國方當禁民惰游何為利此或曰西洋鐵路公司皆獲羸餘苟中國官借洋債為之經理精密亦裕餉之一法也夫

聖朝之生財自有大道豈效商賈所為且亦思洋商利此果何故哉洋俗以銀行息只一二釐多者三釐而止惟鐵路股分可得四釐臣嘗查問數處公司皆是此數故人謂此為於財善術今中國借銀外洋動輒數年委員增取其一經紀增取其一洋人匯票行又增取其一於是三釐之息變而六釐矣且變而一分矣臣駐德國時聞有借銀五百萬加息至一分一釐者夫洋人合衆智以治鐵路之事所得息猶止四釐況我中國視為官事而苟且將之承充委辦之員雖期殷實苟非奸商市儈即是白手棍徒浮冒烏吞弊端百出豈能獲利在四釐之外者以一分重息籌借所辦之事獲利僅及四釐虧絀且無以補安望其藉以裕餉或曰中國幅員太廣恒有鞭長莫及之處有火車則巡察易周官吏不敢踰法是則有裨政治矣不知察吏之旨明在精神不在形迹人之所治莫近於身心官之所治莫近於衙署此固不煩車馬而可到者然而身心且不自察故衙署以內欺之衙署且不自察故同城屬吏欺之暮夜暗時之身雖日駕火車以游其受蔽被惑猶不可解若其治身心以治左右則無私足以普臨照虛衷足以觀視聽有日坐幽齋而萬里無殊一室者康雍乾隆之世凡夫邊方軍務邊徼民情各省官吏之賢否及其措置得失無大無小皆歸

聖人鑒之中豈其時已有火車哉有火車而大吏遂不懷宴安不敢戲豫侈文身徧歷所部各洋商之簡質而耐勞臣恐未必能然第借以快遨遊則有耳或曰中國置兵防各省餉糈所費太多有火車則惟練數萬於京師察事變而馳以勦洗疾風掃葉禍亂立平省餉不甚鉅欵此其說近似有理然臣觀西洋諸國各部均設防兵未嘗以有火車而遂撤蓋身習於其地然後山林谿谷形勢瞭然無迷途入坎之虞且君人

者於其國百姓非欲俟其逆謀既成而盡誅之將鎮以兵威使之積畏而不萌異志就令宵小間作而兵就近則邏察易及於其初起擒治一二即可霧釋冰消無與動大兵致百姓罹池魚之禍此其心固中外如一也又況兵易增不易減自昔為然每聞裁兵則營員煽使鼓譟以挾制疆吏疆吏藉口鼓譟以恐嚇廷臣習陋相沿視若秘訣即如同治間裁兵加餉選練新軍之議發自疆臣矣迨餉已加軍已練而各省經制舊兵亦只少減其數以塞責無有肯任勞怨認真為之裁汰者聞舊兵之餉湖北尚發八成他省則二成以至五成不等兵不譁鬨大率空籍之由營員樂得此空籍以飽其身家疆吏亦得此空籍以彌縫其市惠冗員花銷浪費之缺新軍既已加餉舊兵又減餉無多近年各省報銷輒諸道光以前其數不啻逾倍

國計之萬難充裕蓋以此今若信其可以裁兵而開鐵路他路鐵路既造必爭起而言兵之不可裁省餉之說夫誰欺或曰中國業已開礦無火車則盤運艱難罔以濟用盡謀所以使之不知中國開礦非自今始也周官金玉石錫之地設官掌之而為厲禁以時取之漢有鐵官者凡四十郡唐初銀治五十八家宋初金治十有一銀治八十有四明代陝西浙江福建湖廣雲貴皆有爐冶礦場我

朝會典所載廣西雲南貴州產黃金白金赤金錫鉛鐵水銀丹砂雄黃山西四川廣東產赤金錫鉛鐵水銀丹砂雄黃皆召商試採礦旺則開竭則閉貨不棄地今古同然未嘗藉火車以致之也使因開礦而造火車則是耗無窮之資財博有限之礦課其利安在臣竊以五金之產只宜謹遵會典載至行店如何運赴他方民既取之自知所以銷流之民既販之自知所以轉輸之不必官為經營致滋他弊至於煤鐵為輪船鎗炮所需即輸運艱難亦斷不至如雲南銅差之苦行遲而計期先發可與行速者之到埠同時倘以腳夫價重為嫌豈惜腳價之費猶不惜鐵路之費乎又況產此之山隨在皆是就近浥注何待火車開英國煤鐵之產業將不繼深冀中國采此以火車運送口岸使其取求其於煤尤為切要煤易出口則彼國兵商各船來集久暫可以無憂是亦彼之利而已我利則非所知矣或曰漕河淤塞惟恃海運以濟京師他時或有海氛運道阻絕百官萬民何所取給今无事於清江浦以北造鐵路以代漕固思患預防之至計也臣亦聞嘗籌及之山東之漕業由運河抵通矣事至不得已則移漕運總督於濟甯令南漕秋初皆集清江浦起岸由宿遷取道滕嶧以達濟甯而下河道僅五六百里耳先期由地方大吏預飭沿途州縣會督率汛兵堡夫分段平治道路各於站六造大郵舍多為房屋廠廡以容糧車漕糧所過州縣官咸

出站次派差照料轉相受給爰定該州縣賞罰責彼升斗無缺既下河乃由運糧委員接運至通未嘗不可以達我

朝征準噶爾厄魯特戡定回疆少須迨送兵糧且陸運而無匱況腹地數百里之近而謂必須火車乎火車辦不得人則徒益短欠弊亦相等京倉惟足接濟而已不以一晝夜馳至為益也夫不可行而無利如此一事當勿議矣然決無利而亦無害猶姑備其物以娛耳目也臣請更言其害西洋各國之田統歸近地豪富僱佃以耕無以貧民而御給於十畝者鐵路之造惟商者彼此商允讓地即不至紛擾閭閻我中國則官道而外莫非民田官道為尋常輿馬所經不得不買取民田以開鐵路無論官中發價獲領甚難即領價弗虧民之失地者究無從遽得可購之地銀一到手坐食尋空此後謀生傷哉奚待斯凍餒者眾矣就謂官荒可以撥補民田而官荒所在之處未必即民廬所在之處紛紛徙就載道流離情不深可憫哉其害一鐵路之造填沙杵土可以華民為之若其築路之法則非洋匠而莫得平適至於火車事件與墊路之鐵條脂輪之由水中國皆無由製造一械需者外洋無其鐵條則泥塗足以膠輪而車窒矣無其油則鋼輪易於生火而車且焚矣故不為則已為則必不能不付諸洋匠者勢也為鐵路一道銀之出洋者數千萬為鐵路數道銀之出洋者即數萬萬烟土之來猶多以貨易與此工作則輦出無非實銀難望有珠還之一日即謂借諸彼人實於司庫無與然負此鉅債果能脫然無累乎土耳其大國也其地七千餘里撫有黑海地中海及阿非利加州諸部以為其藩屬自仿西洋造火車所借與國金銀一千九百餘兆無由歸還幾屬國勢借貸困自窮之道也其害二鄉僻小民百畝之入以養十數口猶有餘財其居近城市者則所入倍而莫能如之通都大邑則所入數倍而亦莫能如之何也商賈所不到嗜欲無自生穢食粗衣此外更無他求也今行火車則貨物流通取攜皆便人心必增奢侈財產日以虛糜也嘗聞土耳其國使臣之駐德者言土國風俗向係慕效中華以儉為寶自火車既行西洋各貨流入內地人雖知其無當日用而心好之遂以窮蹙足通商之弊得鐵路而益助以為虐其害三西人每謂搭載火車貨物不能增貴臣嘗疑之迨駐德國因其國相之請至細根部游歷令該部長調取各商總行冊卷查其目前貨價較諸火車未行時騰貴若干旋據查明報稱米麪牛羊肉等戶約四成增一餘物則有十成而增三四者西洋金銀流溢人易營生故米麪之價雖四成增一而不以為貴若中國二十錢觔麪昂起至二十五錢之多則貧民或有飢色矣火車鐵路成本如此其重工食煤火歲修日給各費又如此浩煩而均以加諸

省費之內未有不令軍民度日倍艱者其害四守國之道人和而外兼重地形兵力苟不如人則握險憑之
高亦足自固王公所以設險以守也若造鐵路則不惟不設險而且自平其險山川關塞悉成馳驟之坦
途重門洞開屏障盡撤一夫奮臂可直入室矣西洋人嘗言中國之地崎嶇盤曲不足以騁砲車故攻戰
恒較費力然我中國不能以砲車往人亦不能以砲車來則陸守得宜猶可補水戰之不足曩者外洋搆
釁屢擾邊圉於海隅然而未敢深入者即以道途阻修運糧運砲兩皆易窒之故今奈何自失其險以延
敵哉其害五
列聖之德澤湛深人心歷久而益固然生齒既衆良莠自不能齊聞前大沽之役外國惟募閩粵沿海無賴以當
前驅故其人嘗謂趨犯中國可即率中國人為之今擕帝各屬各鄉地勢民情彼尚未能窺透耳民富則
不生外心民窮則易萌他志西洋各國內地咸聽遠客往來不立界限我則勢不能然若火車既行他族
難禁其附載則洋人蹤跡自必徧及里閭以利啗人村愚尤易為惑甚即不至交通句結內潰為虞然使
百姓之視洋人無異其視華人則他時和局或更民情已不可盡恃其害六鐵路之利行兵實視乎兵力
之強弱兵力強則我可速以搗人兵力弱則人亦因以襲我光緒二年西印度有某國者降於其強鄰遂
助以金錢使開鐵路四年遂佔據地中海之西奔島即派大員餽金錢二百二十萬以開鐵路蓋其借以
敵人久矣今若貸洋人以為此彼必樂從既貸而無力還償必索鐵路以為質貸欠既重堅拒之而無詞
則全局在其掌握矣或謂扣留火車掘斷鐵路即遏截其兵膺詎知鎗砲所指我雖掘斷彼固能填之乎
洋人舂土機器最捷掘之者暫未及填之者道已如砥也火車鐵轍皆其國公司素所多備千萬如同一
式何慮乎我之扣留此舉若成徒代人布置耳其害七然慮及外洋或以為迂則且言土賊西洋各國地
狹而分治者衆莽無伏戎故火車之行無他虞耳我則山林藪箐常有盤踞行旅被刼視為等閒火車所
經勢不能遍布兵勇備其於空僻所在設法梗道奪車而殺司火者以馳之襲邑攻城隨其所指洪頃即
至則不可守矣肆烟之告警羽書之馳報無有能捷於火車者豈能斷鐵路以遏之其害八由是有請先
為鐵路之造以運貨兵為要議若造一道則火車所到者十之一不能到者十之九各處商貨依然不能
周通直指兵威依然不能驟至爾時見為無益廢之則前功盡棄行之則浩費難供此七千萬借款又不
知從何設措而可釋重累是無端作法以自困矣其害九夫興利而有此九害勢又不可行而猶有建為
此議者蓋由火車洋匠之覓生理者立說煽惑而洋人之懷叵測心者布散之華人之好奇喜新不讀詩

書而讀新聞紙者附和之洋樓之執事沿海之縣商捐官謀利者見此可圖貲產以攘莫大之財也遂鼓
其簧舌投上司所好而慫恿之輾轉相惑以致
上聞也不然西洋之政如教藝課工矜孤濟貧禁匪捕盜恤刑獄嚴軍令飭官守達民情等類與我中國政治
之道多有暗合者何以悉屏置弗道而惟火車鐵路是務哉臣嘗闢之西洋如豪商大賈金寶充溢揮霍
恣肆凡其舉止應酬役使奴僕動用器具皆為詩書世家所未經見當其勢焰熾發彼呵叱而莫之敢
仇然一時采烈興高終不如詩書遺澤之遠使為世家者督課其子弟各自治其職業以肅其家政彼豪
商亦不敢輕視若歆羨華侈舍己事而效其所為則一餐之費即足自蕩其產我
朝乾隆之世非有火車然而庫充廩溢物阜民豐今之大勢弗及者以刑政不修民事不勤耳稽
列聖之所以明罰勸農者飭令諸臣屏除阿私遇欲實力舉行之即可復臻極盛亦何事效中國所不能效哉臣
以事關全局安危不避煩瀆之罪逐細條析陳明伏乞
皇太后
皇上聖鑒謹奏

左保相請拓增船砲大廠疏

奏為請
旨飭議拓增船砲大廠以圖久遠恭摺仰祈
聖鑒事竊維海防以船砲為先船廠以自製為便此一定不易之理臣於
同治五年奏設船政局於福建仿造外國兵船前蒙
特允節拜西征之
命一切製造經歷任船政大臣斟酌辦理不致虛費財力所製各船多仿半兵半商舊式近年雖造鐵骨快
船較舊式為精利然仿之外洋鐵甲仍覺強弱懸殊船中礮械倶購配較外洋兵船所用又有多寡利
鈍之分所以兵家一聞皆謂木戰不足恃也夫中國之地東南濱海外有臺澎金廈瓊州定海崇明各島
嶼之散布內有長江洋淀閩粵各港口之洪通敵船一來處處皆為危地戰固為難守亦不易敵人縱橫
海上不加痛懲彼逸我勞彼省我費難與持久欲加痛懲則船砲不逮況今守口之砲率購自外洋子彈
火藥形式雜出各砲各彈南北洋雖能配械而砲身鏽蝕久必損缺各國既守公法一概停售將來由難
而少由少而無誠有不堪設想者臣去冬布置閩海防務親歷長門金牌察看砲臺即將馬江被敵擊沈
之砲起出安配粗足自固然砲位少而海口多陸師仍不能當兵多餉巨司農難支不得已而暫商借洋
款之舉夫借款必還且耗巨息幸而軍務順手尚不失為權宜儻兵戰日張海防日疎而後則內顧虞兇
強支持何以抑強寇而靖海疆臣愚以為攘夷之策斷宜先戰後和修戰之備不可因陋就簡聽彼挾所長
以凌我我必謀所以制之因於船政局舊班出洋學生內詢考製砲大略據稱泰西砲廠不一當以法華
士廠克虜伯廠安蒙士唐廠好兩鷲廠四處為最法克兩廠砲身砲耳砲箍皆煉成全鋼安蒙士唐廠箇
甲精鋼身用熟鐵好兩鷲廠罰稱用精鋼身用鑄鐵皆讓華長然半鋼半鐵製費雖減惟有用久裂縫之
虞不如純用全鋼價雖貴而無弊參觀比較仍以德國克虜伯英國法華士作法為精該中外各國用該
局廠之砲為最多中國欲興砲政必於此兩廠擇一取法聘其上等工匠定購製砲機器就船政造船舊
廠開拓加增剋日興工鑄造雖經始之費需銀五十六萬兩而從此不向外洋買砲即以買砲經費津貼
砲廠當亦寬裕無絀惟製砲之鐵與常用鐵路鐵法不同必須另開大礦添機煉冶以免向外洋購鐵查
福州擾源礦苗極佳閩中官民屢議開採以銷路不旺而止若用以製砲取之甚便如能籌得二三百萬

奏疏

金鑛砲彈舉不惟砲可自製並之鐵甲兵船與夫火車鐵路一切大政皆可次第開辦較向外洋購買路
歲以銀易鐵得失顯然泰西各强國於此等工程斷不貪購買之便而自省須勞良有以也各省諮案由
船政局提調道員楊懋琦齎稟前來臣查西洋各國二十年前尚無鐵船所有兵船與中國船政局現製
相符即砲位藥彈亦多前膛笨重之物詢其昔年兵力物力本非能與我為難孰料諸夷逐漸講求日新
月異兵船鐵甲厚者一尺有餘更以一二尺厚之陰丁香泊如象皮膠者貼襯其裏以故剛柔厚薄堅實
異常其後膛巨砲全重能力突過從前上海製造局所譯克虜伯砲準心法及兵船海岸砲位架圖說言
之甚詳申報所載英國新造巨砲可受藥彈一千餘磅之重能洞穿五尺餘厚之鐵甲讀者莫不咋舌而
自泰西各國視之亦屬尋常工作耳該夷修明武備不惜財力至於如此此次法夷花旗游弈重洋不過恃
其船堅砲利而我以船砲懸殊之故既獨不能海上交綏即臺灣數百里水程亦若難於度涉及時隔應
製辦補牢顧犬已覺其遲若更畏難惜費不思振作何以謀自强而息外患耶穆源鐵礦臣據見聞者言
紳均謂使於閩隸似應委員試辦並拓馬江船廠興工鑄砲臣又聞江南徐州鐵礦煤礦之旺甲五大洲
若能籌款開辦即於楚吳交界之處擇要設立船政砲廠專造鐵甲兵船後膛巨砲實
國家武備第一要議臣老矣無深謀至計可分
聖主憂勞目睹時艱不勝愧憤惟願開採鐵礦製船砲各節事雖重大實係刻不容緩理合請
旨勅下內外臣工迅速妥議具奏仍乞
宸衷獨斷期於必行天下幸甚至目前福建軍務斷不敢因船砲未利託詞延誤除分別咨商外謹會同福州
將軍臣穆圖善閩浙總督臣楊昌濬恭摺陳奏伏乞
皇太后
皇上聖鑒訓示施行謹
奏

彭雪琴宫保請嚴備戰事立自强之基疏

奏為敵情叵測欵議雖定仍宜嚴備戰事立自强之基以弭後患謹瀝愚忱恭摺馳陳仰祈
聖鑒事竊前接總署轉電光緒十一年二月二十二日奉
旨法人現來請和業經允其所請約定越南宣光以東三月初一日停戰十一日華兵拔隊撤回等因欽此臣
比即電致總署萬萬不可先撤兵中其狡謀乞為代
奏二十七日復接總署轉電本月二十六日奉
旨彭玉麟電奏請飭統兵諸臣仍紮原處等語撤兵係照津約斷難失信昨已將辦理此事全局利害諭知張
之洞著即給予該尚書閱看自可了然且撤兵回界仍係整軍嚴防彼即狡詐背盟我亦有備無患該尚
書等惟當懍遵前旨迅速辦理毋誤事機欽此伏讀之餘仰見
聖謨深遠籌萬全於議和息兵之中仍寓思患預防之意莫名欽服但微臣區區愚慮尚有不能已於上瀆
宸聽者請更陳之我
聖朝政崇寬大待島族過於從容決無自我挑啓衅端之事彼族知其然也而以為畏之遂日肆其欺侮而悍
然罔顧無如琉球之未復伊黎之讓界兵端未開猶可言也此次
朝廷赫然震怒命將出師迄今三載本年二月十三日諒山大捷
天討方張乃津約忽以欵局終事墮其術中益見輕於彼矣彼族犬羊成性梟獍為心如市井無賴小人惟利
是趨安知信義挾其趨利之心存一見輕之意見我之兵衛既撤全越悉為彼有險要已失藩籬洞開安
有不來侵軼之理若待至此而始悔失計不亦晚乎且上年津方定約彼即犯越之觀音橋我兵方撤
入關彼即肆擾臺灣前事固昭昭可鑒今復狃其故智以欵欺我我復信之堂堂中華任其玩弄於股掌
而毫不省覺臣愚恐諸國聞之謂吾華之易與也亦必從而生心羣思因我以為利邊鄙之患其有已時
哉抑臣更有慮者西國覬覦中土多歷年所彼其用兵於我忽而請欵者夫豈有愛於我而講信脩睦哉
其必有所圖也明矣自上海告警以來名將徵兵購船製械天下騷然糜餉已數千萬及布置粗定兵機
漸利彼乃以和字誤之而我所用經費盡成虛擲如此行之數四海內罷敝勢必不支不得已一惟和之
是從由是當事者以和為得計無復自强之謀領兵者以和為固然潛消致果之氣邊疆要隘又以屢和
之故武備廢弛而不修一旦艱虞挾其堅船利砲號召彼類環起而與我為難其時財用既匱兵氣不揚

天下大局將有不堪設想者此其用心至深設謀至毒而其勢殆將必欲敗臣每一念及輒中夜以興悲悵彷徨不能一刻稍安也昔趙宋南渡韓劉諸將百戰抗金岳飛力圖恢復長驅北向幾復中原乃秦檜主和金牌遂召遂終宋之世訖不復振何則戰則氣以厲而彌奮故可進於强和則氣以餒而益偷故日趨於弱宋之已事固其明效大驗矣方今欵議已定自難中改然賊虜無信事未可知伏乞

嚴飭沿海各疆臣及將領嚴備陸師戰守外瀕海如天津吳淞福州廣東臺灣等處應趕緊添造大小鐵甲戰船每口至少必須十餘隻各另成一軍募各海島精壯漁戶熟習風濤沙水之性者編為各船之勇免使為敵人募用以成奸細精選久於水師身經百戰健將為之管帶勤加操練靜以待之庶幾立自强之基萬一敵復敗盟狡焉思逞即永絕其好一意從事於戰内外臣工復有敢以議欵之說進而損威納侮者應請照十年七月十五日

上諭交刑部治罪

嚴旨詳切自宜凜遵斷不可一誤再誤仍蹈故轍圖一時之苟安貽無窮之隱患惟務聲罪致討大張撻伐必令頫首帖耳就我銜勒不敢復肆鴟張而後已如此則

國家之威稜遐暢彼族之覬覦既消四海永清寰宇蒙庥矣微臣愚戇不知避忌謹披瀝血忱由驛具陳伏乞

皇太后

皇上聖鑒訓示謹奏

彭宮保奏法越搆兵會同籌辦疏

奏爲法越搆兵廣東防務吃緊遵
旨前往會同籌辦謹將部署大畧情形並起程日期恭摺復奏仰祈
聖鑒事竊臣於九月初六日承准軍機大臣密寄光緒九年八月二十二日奉
上諭法越搆兵一事法人自攻佔順化河岸炮台後迫脅越約十三条該國情形危急法使脫利古現乘兵船來津並有大隊兵船至廣東尋衅之説恫愒要求詭計叵測南北洋防務均關緊要亟須實力籌辦以期有備無患廣東兵力單薄守禦空虛著彭玉麟約帶舊部得力將弁酌量募招勇營迅速前往會同廣東督撫張樹聲裕寬妥籌佈置該尚書接奉此
旨即行部署起程毋稍延緩南洋防務著責成左宗棠悉心規畫妥慎辦理長江防務責成左宗棠李成謀督飭各營認真籌備均不得稍有疎懈北洋防務著李鴻章懍遵八月十九日
諭旨迅即籌核復奏前據吳大澂奏吉林所練防軍堪以抽撥毅勇三千人聽候征調該京卿即行統率此項勇丁航海來津預備調遣現在事機吃緊該大臣務當實力經營妥速辦理以裨大局等因欽此臣一介書生罔知將畧自咸豐初統帶水師至今數十年仰蒙
累朝恩遇洊擢今職今歲巡閱江海事竣本應遵
旨陛見因奔波靡定舊病增加去血過多時形昏眩不敢曠職悞公爰於八月十八日復瀝苦情籲懇
天恩開缺並開除差使俾臣靜養病痊再圖報效尚未
批諭今廣東防務吃緊時事艱難
朝廷宵旰憂勞臣一息尚存斷不敢因病推諉遵即力疾遄征以身報國畢臣素志前摺如蒙
恩准開缺並除長江差使臣亦不敢辭此次廣東之行以免另
簡他員往返遲延曰月致悞大局惟查法夷與越搆兵初謂垂手可得不期越將劉永福起與相持且屢爲劉永福所敗刻下形見勢絀已成觸藩之勢不得已改途尋衅粵東狡詐極矣伏思
聖朝柔遠仁至義盡該夷應如何感激恭順乃竟自外生成日肆欺侮得寸思尺搖蕩邊陲凡有血氣者莫不髮指眥裂咸思奮力一戰以申同仇敵愾之忱爲今之計惟有協力同心與之決戰若再容忍成何國體將來老成宿將日漸凋零恐官不知兵民亦不知兵將帥安享尊榮更不知兵大局何堪設想有心世道

者清夜以思眞若芒刺之在背也所幸民心堅固未泯天良官兵不足民兵尚多可用除主戰外別無自
强之策若論實在把握雖漢諸葛亮再生必不能言操勝算所恃衆志成城通力合作人定足以勝天理
定足以勝數而已若必穩算萬全畏首畏尾其如日肆欺凌何哉臣德薄能鮮不知兵尤不知陸兵調度
治水師三十餘年我行我法惟秉誠實無欺之血忱不要官不要錢不要命仰仗
皇太后
皇上威福同以肅靖江面二十餘年無事臣故知有水師舊部並無陸師舊師江海原相表裏海上有事江防
即甚吃緊是臣長江水師得力將弁不便調歸陸路招募營勇强不能以為能恐遷地弗良易轍不行非
徒無益而又害也臣既未嘗統過陸師非若鮑超舊部有陸軍將弁一招即集可比且鮑超奉
旨招勇尚需部署三月始能成行臣妙手空空軍械口粮無從支取即或求助他山至少募二三十營始足以
壯
天威更非數月不能成軍成軍不練即行是驅市人而使戰也且由湖至粵二千餘里新軍初立紀律生疏雖
有軍令難保沿途不生事端廣東待防至切而此間緩不濟急倘因延遲而悞大局臣更無所辭咎再四
思維與其在湘招募新勇糜費而不能濟急莫若於粵東就地取材查粵中素擇公正廉明紳士邀集團
練候臣到粵後按照陸營規制給與口粮慎選營官統領勤加操練畧定賞罰無事則主守以保衛桑梓
有事則主戰以報效朝廷
朝廷有功者保奬傷亡者賞恤當可得力以應目前戰守之需較之待客兵客餉緩不濟急者固不侔矣閩
浙督臣何璟籍隸廣東臣以函請其邀約同鄉正紳竭力以期衆志成城惟軍興以來餉源久絀臣一身
孫注百事躬親少壯不善謀生至今依然寒士年近七十老病頽唐廼以迂拘性成不能開展於籌餉實
有不能應請
勅下各直省督撫及兩淮兩廣運庫指撥月餉源源接濟以收飽騰之效臣一面函寄左宗棠於江南調撥湘
軍記名淮揚總兵章合才合字營勇二三營暨候補道王之春毅字勇一營並請接濟粮餉尚不知能否
先調又於長江抽調水師二百名以作親兵約調候補人員以資差遣一面函寄李成謀派記名總兵三
江營都司顧世玉前因鎮營都司記名總兵梁成學以充管帶接晤湖南臣潘鼎新已調撥二千勇派記
名提督王永章管帶除接濟該軍粮餉各派並助銀壹萬兩就近調撥輪船由海道先赴廣東以安民心

臣輕裝隨帶跟丁數名於十月初十日即由衡州起程單騎入臣從前足跡未至嶺南於水陸形勢不熟必先趁法兵未到之先察看佈置若法兵先臨城下臣到在後即當另籌辦法現以附張密陳候會商張樹聲妥籌布置奏行會奏外理合將遵

旨部署大略情形並起程日期先行恭摺具報上慰

宸厪是否有當伏乞

聖鑒訓示施行謹奏

再法兵雖由西貢佔越南順化河岸砲台而查據洋報七月廿八日八月十八九日劉永福屢獲勝仗有擊沈兵船之說以官商家信事屢不虛法人進退維艱遂以尋衅粵東為虛聲恫喝之說臣此次赴粵如法已薄城則順化必然空虛緣遠涉重洋萬里人數不能多也臣擬一面協守一面密咨雲貴督臣廣西撫臣各派驍將率領精兵數千督同劉永福所部出其不意攻其不備疾搗順化河岸及西貢敵營覆其巢穴使該夷無處盤踞則犯粵之軍勢將潰退越南未必不可保全應請密諭滇蜀各撫預先佈置乘機赴會冀成通力合作之功查法人之富強不及俄人遠甚前歲俄人百端要挾若非

皇上赫然命將戒備彼亦何由俯首就約今法兵屢為劉永福所敗伎倆已可概見而識者必謂法兵不可輕敵未免為虛聲所怵墜彼術中倘若任其要挾勢將何所底止此次能力圖自強見各國皆不敢存輕視中國之心可以一勞而永逸也謹附張密陳伏乞

聖鑒訓示謹奏

再師以曲直為老壯上兵伐謀其次伐交古之制也既在通商二十餘國法人獨敢吞噬越南意在窺我滇邊垂涎銅鑛之利各國坐視成敗殆以法人先嘗試中國然使法人獨擅富強之利則諸國又將因妬生忌不令獨占便宜情勢所必然也目下既命將出師自因不得已而用兵明宣示各國使知其曲在彼以伐其黨而敗其謀應請

勅下總理各國衙門照會通商之二十餘國通商有彼此之利各守条約無詐無虞此萬國公法所從出也乃法國包藏禍心明知越南世奉中國朝貢乃竟將強凌弱違約稱兵

朝廷早欲應援恐失和好隱忍不發前月法使脫利古竟乘兵船來津並有大隊兵船至廣東尋衅之說恫喝要求覬計叵測我

皇上赫怒命將出師彼若前來則與決戰兵端開自彼國不得已而為之耳且各國通商事宜不無妨礙以一國違約之故自外全局咎有專歸想諸國自有公論商船經過軍民慣認敵船致有波累必須預防以免轇轕如此立言明示曲直之故諸國必不敢暗中助送至預助轇轕一層尤屬自占地步竊謂無論有戰事無戰事而此照會則在必行此後倘別有要求斷不可輕易允許臣愚昧之見是否有當伏乞聖鑒施行合附張密陳奏

再臣此次奉命赴粵因思時事緊迫未敢開募勇營遷延時日應該抵粵察看情形再行復辦查從前故大學士兩江總督臣曾國藩故湖北撫臣胡林翼辦理軍需增兵轉餉皆以湖南為根本即臣此次赴粵所需軍火應用之物皆不能不取給湖南應請旨勅下湖臣凡臣在粵所需均須即時付給以期辦理得手無誤要需謹附張陳明伏乞聖鑒謹奏

張香濤中丞請戰疏

奏為屏藩宜固凶暴須除動一日之干戈靜萬年之邊圉事竊自古稱附庸者欲大國為之保障而排難解
紛也貢獻有期罔敢廢弛今越南素稱臣服盟府昭然朝貢未敢稍違藩國咸知所仰在法人本不得以
強弱相凌縱有得罪亦當上告
天朝自有定議茲乃心懷狼忌藉故啟端公法難容天良何在哉
聖朝當聲明其罪爰興伐暴之師不可游移自弱而議和者曰法人雖存方畀尚有敵愾之心尚哉
朝興師於越南必將藉口而來方今
國庫未充將何以戰然臣以為不足懼也為此議和者實欲貪保祿位偷安旦夕耳現在庫雖未充而設計
籌之未必不成臣欸議和者又曰法人船堅砲利堅忍耐戰尚沿海而來窮年累月將奈何然臣又以為
不足懼也近年各省機器局歲費數百萬無非為備戰之用今若不能出擊將安用之且法人遠涉而來
勞逸之勢主客之形懸殊天壤若更不能一戰將何以振
國威而保附庸也夫義師一出先得人心況法軍屢敗利正可乘若待其重兵鳥集復整三軍則勝負未見
其易今若與法人戰其計有三一曰作氣二曰設防三曰定將作氣若何法人暴虐舉國皆知茲更屠兵
於越南眈視
中朝國人皆曰可殺也伏望
明諭邊臣評其曲直並飭各鄉閭整備以待中明大義加以賞格必當敵愾共戰
仁威設防者何大約閩省滇南江南天津等處在在宜防雲南最近似最緊然雲南地多原野正戰
朝用武之地彼登陸而來則虛實更變必不深知是雲南一路可無虞也閩粵雖近海似戰船易以進攻然
當
諭邊臣嚴飭將士貴無旁貸且於要處多築長堤以助砲台之用更調戰船以資守助是閩粵一路可坐而
戰也江南一路乃戰船聚集之處左宗棠專識多謀必有禦敵之策可保無虞天津逼近
神京當選才貢勁旅駐以重兵設以埋伏彼千里而來其能操必勝之券乎定將者何今號其威振滇南法
人最忌莫如
明諭該督興師助越法人敗級之餘復遇大敵其何以支孫子云先為不可勝以待敵之可勝正謂此也若

更忍之而往返要和則各國相徵將益輕視中國彼時徒嘆奈何不可救藥矣今一戰而勝軍威丕振萬
國莫不共仰
仁威天動一日之干戈靜萬年之邊圍此事豈可緩哉臣非敢過論高談以挑戎為樂事惟視世變日益艱
難敢為我
皇太后
皇上剴切陳之伏懇將臣此疏飭下各省重臣參議以聞臣不勝更情之至伏乞
聖鑒謹
奏

劉提督檄文

維我大將軍三宣提督劉為誓師事嗚呼皇天無親明德是輔聖人有訓佳兵不祥我越南自白雉入貢
以來知中國有聖人不敢自外託於帡幪覆幬之中者數千年於茲中國亦待之以誠撫之以恩愛如骨
肉而視若家庭偶有外患內憂莫不煩
天朝之綏靖越南臣民惟知有中國不知有他國故與各外國絕不相通蠢茲法夷選其強悍恃其機械輒
敢肆為蠶食恣厥鯨吞毒比長蛇貪逾封豕既竊踞夫西貢又潛窺夫東京外託保護之名中懷叵測之
志試思分疆畫界各有臣民各有政教何得越俎代謀是其藉辭行詐包藏禍心可以不言而喻況自法
兵東來之後攻城掠地荼毒越民越南之倉庫據為己有越南之關稅收為私藏越南之城池遣其黨踞
越南之元氣戕其剝喪殆盡越南之叛民以添其翼黨越南之險阻以快其心種種狂悖之行神人之所共
忿天理之所不容我越人凡有血氣莫不痛心疾首遂爪裂眥願得法人之肉寢法人之皮真有一夫大
呼市人皆左袒之勢永福以羈旅之身受
國王恩遇賞以土地授以甲兵興初一成一旅之衆得所藉手十年生聚十年教訓積數十年之心力有勁
卒數萬人賴以保障東南用資戰守三軍之士皆知食毛踐土思義無墜去順效逆殃咎立至越南雖褊
小向為中國不侵不叛之臣今越南有難中國必為援助茲者滇撫唐中丞粵西撫徐中丞皆已帶甲百
萬分道出關
天兵遥臨聲勢赫濯粵督張制軍粵東撫裕中丞亦皆部署周至籌應不窮近又
特簡彭宮保來粵督師以守為戰韜略坐鎮西賊喪膽我軍有此粵援士氣定當益壯本提督不過中原一
武夫忝寓東越荷蒙
國王恩遇有加重資委任爾衆士亦蒙
大恩祿養有年三軍銘挾纊之恩多士戴如春之澤固宜激發忠義競作干城而況中朝
大皇帝特沛殊恩寄以重任本提督固責無旁貸爾衆士亦義不容辭當思受
國王之恩養感懷報主之忱荷中朝之化載彌切尊
王之義先登陷陣奮不顧身戮剝法夷之膚渴飲法夷之血滅此朝食所向無前法夷之機械適足自阱法
夷之凶暴適足自戕前者法酋拿破侖第一頗善用兵其國人稱之天神振甲執兵千人辟易彼恃其武

勇横暴不已卒為英人所俘為世大辱厥後拿破侖第三率乃祖之故行志在開疆性喜用武横征暴斂
戕怨小邦天怒人憤蘊久必發竟假手普國殲厥巨魁殘其國都法人之氣為之不揚歐西各國羞與為
伍似此亦可稍自斂跡矣而乃猶復怙惡不悛不敢吐氣於他邦轉欲逞志於我國我越南雖僻處海濱
號稱積弱然師以義直為老壯兵以順逆為勝負法兵雖強曾何足懼自法夷入寇狼奔豕突跋扈鴟張
幾於目無越人李提督率爾有眾起兵力爭一戰而挫未學援首再戰而波滑遁逃斜列不能逞兵山夏
文不能施其詐大旗所指嵩光增光長茂所揮潟日再見賊軍失窮種盡困守一隅以海防河內為首竭
之恃而我軍分道以援之亟肆以疲之奇兵正兵互為策應攻堅伐野動合機宜南定驚草木之兵海東
懷烽煙之警賊軍皆墨我武維揚法夷猶敢執迷不悟逼我順化戕我都城乘我國之新喪利援兵之道
遠遂乃挾勒新主強為要盟夫要盟神勿之福盟可要亦可寒何足措意而法夷乃自為得志益復驕横
又敢窺我北寧侵我桑臺中朝之大度則貌為畏葸我軍之果敢則視若仇讐不恤眾口之交譏不顧天
心之弗願國殉之撫噬逼乎天邦巴蛇之吞貪遠夫象郡賊與我勢不兩立我與賊義不俱存今與爾有
眾共伸天討各奮神威轉戰無前有進勿退得法夷首一級賞銀五十兩賊目倍之獲兵船一艘賞如其
船之數燬鐵艦者倍之其有我國避民為法夷所羅致爾今當兵者儻能悔罪自拔悉予免究反戈攻賊
國而獲勝者仍論功行賞朮悶前愆惟法夷及其所部之眾畏則盡殺無赦必使東京之餘孽掃蕩無遺
西貢之腥聞蕩除淨盡上以副
天朝倚畀之隆下以報
國王休養之德下以紓越人怨毒之心成敗利鈍所不遑計爾眾士欲建不世之奇勳成不朽之盛業惟本
提督馬首是瞻功多有厚賞不速有顯戮爾眾士惟時懋哉
檄到如律令

劉提督戰書

越南三宣提督義勇男劉致書法國兵頭爲約戰事竊聞法蘭西海外最强之國也本提督於十年前與爾兵頭安鄴接仗一戰斬之如殺雞犬竊笑强國之將不過如是而李威利尤爾國所共稱良將者也本提督又一戰斬之其餘陣斃大小兵頭不堪悉數計自去年四月以後爾兵一敗於紙橋再敗於懷德三敗於丹鳳中外恥笑爾國無以見人竊維仁者之師不爲已甚以我軍一旅之衆而喪爾師千載之名夫何忍乎去年十一月爾兵衆撲山西十二月十三等日陸路則已至日昭社可謂近矣而本提督讓之不忍拒也十五日戰於城下本提督憑堞而觀見爾兵尸横遍野觸目驚心亟飭將士而謂之曰法蘭西海外最强之國也此次再敗顏面何存今宜姑讓此城俾伊一線之便宜而貌群鬼之性命未嘗非君子之用心於是督率全軍退駐興化竟謂爾兵頭必感本提督之恩德不復尋仇乃近日以來又時以兵窺伺瀘江徘徊而不敢渡江醜態萬狀甲胄可笑而其心實屬不知愧悔無賴已極本提督細推其故爾國所以屢屢我戰者實欲一勝而全據北圻耳大丈夫作事磊磊落落以法蘭西爲海外最强之國而爾兵頭率兵數千人鼠伏江干施放鎗砲聽小氣錢不值一笑何妨堂堂正正渡江而來決一勝負爾勝則本提督即解師而去讓爾全據北圻則以爾國所最忌者獨本提督耳我去則無人與爾爲難一戰成功豈不甚便如爾不勝諒亦無顏立天地間勢必捲甲而歸無勞本提督驅逐矣兩國成敗在此一舉何必多苦生靈負天地好生之德乎今與爾兵頭約定爾兵過江我軍必不半渡而擊務俟爾兵登岸列陣而後戰大丈夫決不食言自約定後三日不至期以五日五日不至期以十日十日不至則本提督即當布告中外四海九州又將舉起而非笑之爾法蘭西其何以齒於人類耶本提督僅此數千人耳爾國有堅船而我無之爾有利砲而我無之戰具不及爾遠矣而來有何不敢竊料爾兵頭必不肯忍氣吞聲猶顧後瞻前而不敢至也且勝負亦兵家之常事何必畏之過甚爾畏不來其辱更甚於敗深望爾兵頭之熟思而審處也翹盼旌旆切切此約